四

總評分部

綜　述

文章流別志論

《隋書・經籍志・總集》《文章流別志論》二卷。摯虞撰。

鄭樵《通志・藝文略・總集》《文章流別志論》二卷。摯虞。

姚振宗《隋書經籍志考證・總集類》《文章流別志論》二卷。摯虞撰。鍾嶸《詩品》曰：「摯虞《文志》詳而博贍，頗曰知言。」《文心雕龍・序志篇》：「詳觀近代之論文者多矣：至如魏文述典，陳思序書，應瑒文論，陸機《文賦》，仲治《流别》，弘範《翰林》，或臧否當時之才，或銓品前修之文，或汎舉雅俗之旨，或撮題篇章之意。」又曰：「《流别》精而少功。」

嚴氏《全晉文編》：「摯虞《文章流别論》，今見於《北堂書鈔》、《藝文類聚》、《太平御覽》者，存凡一十二條。」

案：本志史部簿録類有「摯虞《文章志》四卷」，與本傳所載同，似即此。《七録》所有之志二卷也。本志又别著録《流别志論》二卷，似即《七録》之志二卷、論二卷，合并爲帙。

翰林論

《隋書・經籍志・總集》《翰林論》三卷。李充撰。梁五十四卷。

《舊唐書・經籍志・總集》《翰林論》二卷。李充撰。

《新唐書・藝文志・文史類》李充《翰林論》三卷。

鄭樵《通志・藝文略・總集》《翰林論》三卷。李充撰。

又《文史》《翰林論》三卷。晉李充撰。

尤袤《遂初堂書目・文史類》晉李充《翰林論》。

《宋史・藝文志・文史類》李允一作「元」或作「克」《翰林論》三卷。

錢東垣等輯《崇文總目・文史類》《翰林論》三卷。李充撰。原釋以下俱闕。見天一閣鈔本。

姚振宗《隋書經籍志考證・總集類》《翰林論》三卷。李充撰。梁五十四卷。李充有《論語集注》，見經部。

鍾嶸《詩品》曰：「陸機《文賦》，通而無貶；李充《翰林》，疎而不切。」《文心雕龍・序志篇》：「詳觀近代之論文者多矣：至如魏文述典，陳思序書，應瑒文論，陸機《文賦》，仲治《流别》，弘範《翰林》，各照隅隙，鮮觀衢路。」又曰「《翰林》淺而寡要」。案：弘範，李軌字，此當云「宏度」。【略】

《玉海・藝文篇》：「《隋志・總集》：《翰林論》三卷。《中興書目》：『凡二十八篇，論爲文體要。』」

嚴氏《全晉文編》：「李充有《翰林論》五十四卷。今《初學記》、《太平御覽》引見凡八條。」

文廷式《補晉書藝文志・總集類》李充《翰林論》五十四卷。《隋志》三卷。《唐志》同。《初學記》、《太平御覽》引八條。嚴可均《全晉文》録之。《御覽》五百八十八、五百九十三、五百九十四兩引、五百九十五、五百九十七、五百九十八。

文心雕龍

《隋書・經籍志・總集》《文心彫龍》十卷。梁兼東宮通事舍人劉勰撰。

《舊唐書・經籍志・總集》《文心雕龍》十卷。劉勰撰。

《新唐書・藝文志・文史類》劉勰《文心雕龍》十卷。

鄭樵《通志・藝文略・文史》《文心雕龍》十卷。梁劉勰撰。

晁公武《郡齋讀書志・文説類》《文心雕龍》十卷。右晉劉勰撰。評自古文章得失，別其體製，凡五十篇，各係之以贊云。余嘗題其後曰：世之詞人，刻意文藻，讀書多滅裂。杜牧之以「龍星」爲「真龍」，王摩詰以「去病」爲「衛青」，昔人譏之，然不足怪，詩賦蓋卒爾之作故也。今勰著書垂世，自謂嘗夢執丹漆器，隨仲尼南行，自負不淺，乃《論説》篇稱「《論語》以前，經無『論』字」；《六韜》三論，後人追題」。殊不知《書》有「論道經邦」之言，其疏畧殆過於王、杜矣。

尤袤《遂初堂書目·文史類》 梁劉勰《文心雕龍》。

陳振孫《直齋書録解題·文史類》 《文心雕龍》十卷。梁通事舍人東莞劉勰彦和撰。勰後爲沙門，名慧地。

《宋史·藝文志·文史類》 劉勰《文心雕龍》十卷。

楊士奇等《文淵閣書目·文集》 《文心雕龍》。一部，一册。闕。

都穆《南濠居士文跋》卷一 《文心雕龍》。梁劉勰《文心雕龍》十卷，元至正間嘗刻于嘉興郡學。歷歲既久，板亦漫滅。弘治甲子，監察御史馮君出按吴中，謂其有益于文章家而世不多見，爲重刻以傳。夫文章與時高下，時至齊梁，佛學昌熾，而文隨以靡，其衰甚矣。當斯之際，有能深于文理、折衷羣言，究其指歸而不謬于聖人之道如劉子者，誠未易得。是編一行，俾操觚之士咸知作文之有體，而古人之當法。則馮君嘉惠學者之功，豈淺淺哉！

高儒《百川書志·文史》 《文心雕龍》十卷。梁通事舍人劉勰撰，凡五十首。評騷賦詩頌二十七家，定别得失體制。本道原聖，暨於百氏。推窮起始，備陳其訣。如欲爲文，其可舍諸？篇末則係之以贊。信乎世之奇書也！

范邦甸等《天一閣書目·詩文評類》 《文心雕龍》十卷。刊本。梁東莞劉勰撰。明歙人汪一元校。嘉靖庚子新安方元禎序。

錢謙益等《絳雲樓書目·文説類》 《文心雕龍》十卷。劉勰。

《四庫提要·詩文評類一》 《文心雕龍》十卷。内府藏本。梁劉勰撰。勰字彦和，東莞莒人。天監中兼東宫通事舍人，遷步兵校尉，兼舍人如故。後出家爲沙門，改名慧地。事蹟具《南史》本傳。其書《原道》以下二十五篇，論文章體製；《神思》以下二十四篇，論文章工拙，合《序志》一篇，爲五十篇。據《序志》篇稱「上篇以下」、「下篇以上」，本止二卷。然《隋志》已作十卷，蓋後人所分。又據《時序》篇中所言，此書實成於齊代。此本署梁通事舍人劉勰撰，亦後人追題也。是書自至正乙未刻於嘉禾，至明弘治、嘉靖、萬曆閒凡經五刻。其《隱秀》一篇，皆有闕文。明末常熟錢允治稱得阮華山宋槧本，鈔補四百餘字。然其書晚出，别無顯證。其詞亦頗不類，如「嘔心吐膽」，似摭李賀小傳語；「鍛歲煉年」，似摭《六一詩話》論周朴語；稱班姬爲「匹婦」，亦似摭鍾嶸《詩品》語。皆有可疑。況至正去宋未遠，不應宋本已無一存，三百年後乃爲明人所得。又考《永樂大典》所載舊本，闕文亦同。其時宋本如林，更不應内府所藏無一完刻。阮氏所稱，殆亦影撰，何焯等誤信之也。至字句舛譌，自楊慎、朱謀㙔以下，遞有校正，而亦不免於妄改。如《哀誄》篇「賦憲之謚」句，皆云「賦憲」當作「議德」，蓋以「賦」形近「議」，「憲」形近「悳」，「悳」，古「德」字也。然考王應麟《玉海》曰：「《周書·謚法》，惟三月既生魄。周公旦、太公望相嗣王發，既賦憲受臚於牧之野，將葬，乃制作謚。」《文心雕龍》云「賦憲之謚」出於此。然則二字不誤，古人已言。以是例之，其以意雌黄者多矣。

錢東垣等輯《崇文總目·文史類》 《文心雕龍》十卷。劉勰撰。

文心雕龍輯注

《四庫提要·詩文評類一》 《文心雕龍輯注》十卷。江蘇巡撫採進本。國朝黄叔琳撰。叔琳有《研北易鈔》，已著録。考《宋史·藝文志》有辛處信《文心雕龍注》十卷，其書不傳。明梅慶生注，麤具梗概，多所未備。叔琳因其舊本，重爲删補，以成此編。其譌脱字句，皆據諸家校本改正。惟《宗經》篇末附注，極論梅本之舛誤，謂宜從王惟儉本。而篇中所載，乃仍用梅本，非用王本，殊自相矛盾。所注如《宗經》篇中「《書》實紀言，而訓詁茫昧，通乎《爾雅》，則文義曉然」句，謂《爾雅》本以釋《詩》，無關《書》之訓詁。案：《爾雅》開卷第二字，郭注即引《尚書》「哉生魄」爲證，其他釋《書》者不一而足，安得謂與《書》無關？《詮賦》篇中「拓宇於楚詞」句，「拓宇」字，出顔延年《宋郊祀歌》，而改爲「括宇」，引《西京雜記》所載司馬相如「賦家之心，包括宇宙」語爲證。割裂牽合，亦爲未協。《史傳》篇中「徵賄鬻筆之愆，公理辨之究矣」句，「公理」爲仲長統字，此必所著《昌言》中有辨班固徵賄之事。今原書已佚，遂無可考。觀劉知幾《史通》亦載班固受金事，與此書同。蓋《昌言》唐時尚存，故知幾見之也。乃不引《史通》互證，而引陳壽索米事爲注，與《前漢書》何預乎？又《時序》篇中論齊無太祖、中宗，《序志》篇中論李充不字弘範，皆不附和本書。而《指瑕》篇中「《西京賦》稱中黄育獲之疇，薛綜謬注謂之閹尹」句，今《文選》薛綜注中實無此語，乃獨不糾彈。小小舛誤，亦所不免。至於《徵聖》篇中「四象精義以曲隱」句，注引《易》有四象，所以示也。又引朱子《本義》曰：「四象謂陰、陽、老、少。」案：《繫辭》「易有四象」，孔疏引莊氏曰：「四象，謂六十四卦之中，有實象，有假象，有義象，有用象，爲四象也。」又引何氏説，以「天生神物」八句爲四象。其解「兩儀生四象」，則謂金、木、水、火秉天地而有。是自唐以前均無「陰、陽、老、少」之説。劉勰梁人，豈知後有邵子《易》乎？又「秉文之金科」句，引揚雄《劇秦美新》「金科玉條」，又引注曰：「謂法令也。言金玉，佞詞也。」案：李善注曰：「金科玉條謂法令。言金玉，貴之也。」此云「佞詞」，不知所據何本。且在《劇秦美新》，猶可謂之佞詞，此引注《徵聖》篇而用此注，不與本意刺謬乎！其他如注《宗經》篇「《三墳》」、「《八索》」、「《九丘》」，不引《左傳》，而引僞孔安國《書序》。注《諧讔》篇「荀卿蠶賦」，不引荀子《賦篇》，而引明人《賦苑》，尤多不得其根柢。然較之梅注，則詳備多矣。

張之洞《書目答問・詩文評》 《文心雕龍輯注》十卷。梁劉勰。黄叔琳注。盧氏廣州刻本，原刻本。

文章始

《隋書・經籍志・總集》 《文章始》一卷。姚察撰。梁有《文章始》一卷，任昉撰；《四代文章記》一卷，吴郡功曹張防撰。亡。

姚振宗《隋書經籍志考證・總集類》 《文章始》一卷。姚蔡撰。蔡當爲察。姚察有《漢書訓纂》，見《史部・正史類》。《唐書・經籍志・子部・雜家》：「《續文章始》一卷。姚察撰。《唐書・藝文志・子部・雜家》：姚察《續文章始》一卷。案：兩《唐志》並列於任昉《文章始》一卷之後，知即續任氏書，而本志敚「續」字也。

文章緣起

鄭樵《通志・藝文略・文史》 《文章始》一卷。梁任昉撰。

趙希弁《讀書附志・類書類》 《文章緣起》一卷。右梁太常卿任昉彦升所集也。自秦、漢以來聖君賢士所爲文章名之所始，備見於中。

尤袤《遂初堂書目・文史類》 梁任昉《文章緣起》。

陳振孫《直齋書録解題・文史類》 《文章緣起》一卷。梁太常卿樂安任昉彦昇撰。但取秦、漢以來，不及《六經》。

馬端臨《文獻通考・經籍考・文史》 《文章緣起》一卷。

《宋史・藝文志・文史類》 任昉《文章緣起》一卷。

楊士奇等《文淵閣書目・文集》 《文章緣起》。一部，一册。闕。

高儒《百川書志・文史》 《文章緣起》一卷。梁太常卿任昉彦昇集秦漢以來聖君賢士沿革文章立名之始。凡八十五題，自爲序。

錢謙益等《絳雲樓書目・文説類》 《文章緣起》一卷。任昉。

錢曾《讀書敏求記・詩文評》 任昉《文章緣起》一卷。梁新安太守樂安任昉著。此書凡八十五題。洪适曰：「墓誌皆漢人大隸，此云始于晉日，蓋丘中之刻，當其時未露見也。」

《四庫提要・詩文評類一》 《文章緣起》一卷。兩淮馬裕家藏本。舊本題梁任昉撰。考《隋書・經籍志》載任昉《文章始》一卷，稱有録無書。是其書在隋已亡。《唐書・藝文志》載任昉《文章始》一卷，注曰「張績補」。績不知何許人。然在唐已補其亡，則唐無是書可知矣。宋人修《太平御覽》，所引書一千六百九十種，摯虞《文章流別》、李充《翰林論》之類，無不備收，亦無此名。今檢其所列，引據頗疎。如以表與讓表分爲二類，騷與反騷別立兩體。挽歌云起繆襲，不知《薤露》之在前；《玉篇》云起《凡將》，不知《蒼頡》之更古。崔駰《達旨》即揚雄《解嘲》之類，而別立旨之一名。崔瑗《草書勢》乃論草書之筆勢，而強標勢之一目，皆不足據爲典要。至於謝恩曰章，《文心雕龍》載有明釋，乃直以謝恩兩字爲文章之名，尤屬未協，疑爲依託。併書末洪适一跋，亦疑從《盤洲集》中鈔入。然王得臣爲嘉祐中人，而所作《麈史》有曰：「梁任昉集秦、漢以來文章名之始，目曰《文章緣起》。自詩、賦、《離騷》至於勢、約，凡八十五題，可謂博矣。既載相如《喻蜀》，不録揚雄《劇秦美新》；録《解嘲》，而不收韓非《説難》；取劉向《列女傳》，而遺陳壽《三國志評》。」又曰：「任昉以三言詩起晉夏侯湛，唐劉存以爲始『鷺于飛、醉言歸』。任以頌起漢之王褒，劉以始於周公《時邁》。任以檄起漢陳琳檄曹操，劉以始於張儀檄楚。任以碑起於漢惠帝作《四皓碑》，劉以《管子》謂無懷氏封太山刻石紀功爲碑。任以銘起於秦始皇登會稽山，劉以爲蔡邕《銘論》黄帝有巾几之銘」云云。所説一一與此本合。知北宋已有此本。其殆張績所補，後人誤以爲昉本書歟？明陳懋仁嘗爲之注，國朝方熊更附益之。凡編中題「注」字者，皆懋仁語。題「補注」字者，皆熊所加。其注，每條之下，蔓衍論文，多捃拾摯虞、李充、劉勰之言，而益以王世貞《藝苑卮言》之類，未爲精要，於本書閒有考證，而失於糾駁者尚多。議論亦往往紕繆，如謂枚乘《七發》源於《孟子》、《莊子》之七篇，殊爲附會。又謂鄉約之類，當仿王褒《僮約》爲之，庶不失古意，不知《僮約》乃俳諧遊戲之作，其文全載《太平御覽》中，豈可以爲鄉約之式，尤爲乖舛。以原本所有，姑附存之云爾。

姚振宗《隋書經籍志考證・總集類》 梁有《文章始》一卷。任昉撰。亡。任昉有《雜傳》，見《史部・雜傳家》。

任昉自序曰：「《六經》素有歌、詩、書、誄、箴、銘之類，《尚書》帝庸作歌，《毛詩》三百篇，《左傳》叔向貽子産書，魯哀孔子誄，孔悝鼎銘，虞人箴，此等自秦漢以來聖君賢士沿著爲文章名之始，故因暇録之，凡八十四題。以新好事者之目。云爾。」

文章緣起

黄虞稷《千頃堂書目・文史類》 陳懋仁注《文章緣起》一卷。

文筆駁論

張鵬一《隋書經籍志補・總集》 《文筆駁論》數十卷。後魏徐紇。本傳云：「孝莊初奔蕭衍，《文筆駁論》多有遺落。」時或存于世焉。

四代文章記

姚振宗《隋書經籍志考證・總集類》 梁有《四代文章記》一卷。吴郡功曹張防撰。亡。張防始末未詳。

文軌

張鵬一《隋書經籍志補・總集》 《文軌》二十卷。杜正藏。《北史》本傳爲《文軌》二十卷。論爲文體則，甚有條貫，後生寳而行之，多資以解褐，大行于世，謂之《杜家新書》。

文章妙格

鄭樵《通志・藝文略・文史》 任博《文章妙格》一卷。

賓朋宴話

陳振孫《直齋書録解題・文史類》 《賓朋宴話》三卷。太子中舍致仕貴溪丘昶孟陽撰。南唐進士，歸朝宰數邑。著此書十五篇，敍唐以來詩賦源流。天禧辛酉鄧賀爲序。

馬端臨《文獻通考・經籍考・文史》 《賓朋宴語》三卷。

文章龜鑑

《宋史・藝文志・文史類》 王正範《文章龜鑑》五卷。

廣州十賢贊

《宋史・藝文志・文史類》 蔣之奇《廣州十賢贊》一卷。

登科記題解

《宋史・藝文志・文史類》 樂史《登科記解題》二十卷。

錢東垣等輯《崇文總目·文史類》《登科記題解》二十卷。樂史撰。

唐登科題解

尤袤《遂初堂書目·文史類》《唐登科題解》。

韓文辨證

晁公武《郡齋讀書志·文説類》《韓文辨證》八卷。右皇朝洪興祖討論韓愈詩文，推考其根源，因以訂正其訛謬，頗爲該洽云。

馬端臨《文獻通考·經籍考·文史》《韓文辨證》八卷。

韓柳文章譜

晁公武《郡齋讀書志·文説類》《韓柳文章譜》三卷。右皇朝黄大輿撰。大輿之意，以爲文章有老莊之異，故取韓愈、柳宗元文章爲三譜。其一，取其詩文中官次、年月可考者，次第先後，著其初晚之異也；其一，悉取其詩文比敍之；其一，列當時君相於上，以見二人之出處。極爲詳悉。

馬端臨《文獻通考·經籍考·文史》《韓柳文章譜》三卷。

韓文會覽

《宋史·藝文志·文史類》《韓文會覽》四十卷。不知作者。

韓文外抄

《宋史·藝文志·文史類》彭郁《韓文外抄》八卷。

柳文筆記

《宋史·藝文志·文史類》趙師懿《柳文筆記》一卷。

筆墨閒録

尤袤《遂初堂書目·文史類》《筆墨閒録》。

見見録廣類

尤袤《遂初堂書目·文史類》《見見録廣類》。

選注摘遺

《宋史·藝文志·文史類》曾發《選注摘遺》三卷。

文章正派

《宋史·藝文志·文史類》費袞《文章正派》十卷。

文選五臣同異

尤袤《遂初堂書目·文史類》《文選同異》。

《宋史・藝文志・文史類》《李善五臣同異》一卷。

黄虞稷《千頃堂書目・文史類》《文選五臣同異》一卷。

烏臺詩案

尤袤《遂初堂書目・文史類》《烏臺詩案》。

高儒《百川書志・文史》《烏台詩案》一卷。宋祠部員外郎直史館知湖州蘇軾時遭羣小構成詩禍，拘忌烏台之卷案也。

張之洞《書目答問・詩文評》《烏臺詩案》一卷。宋周紫芝。《函海》本。

餘師録

《四庫提要・詩文評類一》《餘師録》四卷。《永樂大典》本。宋王正德撰。正德《宋史》無傳，其爵里皆未詳。此書前有自序，稱紹熙四年。則光宗時人也。其書輯前代論文之語，自北齊下迄於宋。雖習見者較多，而當時遺籍今不盡傳者，亦往往而在。宋人論文，多區分門户，務爲溢美溢惡之辭。是録採集衆説，不參論斷，而去取之間，頗爲不苟，尤足尚也。徵引時有小誤，蓋傳寫之譌。序稱「疲於酧荅，録此以代口述。故時代先後，略不詮次」。此書《宋志》不著録。《文淵閣書目》載王正德《餘師録》一部，一册，亦久無傳本。惟載於《永樂大典》中，首尾雖完具，而不分卷數。今約略篇頁，定爲四卷。各考其譌闕，注於句下。序次則仍其舊云。

懷古録

黄虞稷《千頃堂書目・文史類》陳謨《懷古録》三卷。

倪燦等《宋史藝文志補・文史類》陳謨《懷古録》三卷。

月泉吟社

高儒《百川書志・文史》《月泉吟社》一卷。故宋浦陽盟詩潛齋吴渭清翁著。集立社開科，誓盟拔萃，往復編章，共成勝集也。

荊溪林下偶談

《四庫提要・詩文評類一》《荊溪林下偶談》四卷。内府藏本。不著撰人名氏。以所載文字好罵一條，知其姓吴。書中推重葉適，不一而足。姚士粦跋謂以《水心集》考之，惟有《即事兼謝吴氏表宣義詩》六首，及《荅吴明輔》一書，不知即其人否？案：元無名氏《南溪詩話》引此書一條，稱爲吴子良《荊溪林下偶談》。又陳櫟《勤有堂隨録》曰：「陳筠窗名耆卿，字壽老。吴荊溪名子良，字明輔。二人皆宗水心爲文。」然則此書確爲子良作矣。子良，臨海人。寶慶二年進士。官至湖南運使，太府少卿。別著有《荊溪集》，今已佚。惟陳景沂《全芳備祖前集》載其《葵花》一絶句。此書皆其論詩評文之語，所見頗多精確。所記葉適作徐道暉墓志，王本叔詩序，劉潛夫詩卷跋，皆有不取晚唐之説。蓋其暮年自悔之論，獨詳録之，其識高於當時諸人遠矣。舊本八卷。此本四卷，殆士粦所合併也。

浩然齋雅談

《四庫提要・詩文評類一》《浩然齋雅談》三卷。《永樂大典》本。宋周密撰。密所著書凡數種。其《癸辛雜識》、《齊東野語》皆記宋末元初之事。《雲煙過眼録》皆記書畫古器。今竝有刊版。其《澄懷録》、《續録》則輯清談。《志雅堂雜鈔》則博涉瑣事。今惟鈔本僅存，皆已別著録。《千頃堂書目》載密所著尚有《志雅堂耳目鈔》及此書，而藏弆之家竝無傳本。惟此書散見《永樂大典》中。其書體類説部，所載實皆詩文評。今搜輯排纂，以考證經史、評論文章者爲上卷，以詩話爲中卷，以詞話爲下卷。各以類從，尚裒然成帙。密本南宋遺老，多識舊人舊事。故其所記佚篇斷闋，什九爲他書所不載。朱彝尊編《詞綜》，厲鶚編《宋詩紀事》，符曾等七人編《南宋雜事詩》，皆博採羣書，號爲繁富。而是書所載故實，亦皆未嘗引據，則希覯可知矣。其中考證經義，如解《詩》「巧笑倩兮」，疑口輔當爲笑靨，而不知《類編》面部已有此文。解《易》「井谷射鮒」，以鮒爲卿，不知《説文》「鯽」字本訓「烏鰂」，後世乃借以名鮒，羅願《爾雅翼》辨之已明。如斯之類，於訓詁皆未免稍疎。然密本詞人，考證乃其旁涉，不足爲譏。若其評騭詩文，則固具有根柢，非如阮閱諸人漫然蒐輯，不擇精觕者也。宋人詩話，傳者如林，大抵陳陳相因，輾轉援引。是書頗具鑒裁，而沈晦有年，隱而復出，足以新藝苑之耳目，是固宜亟廣其傳者矣。

張之洞《書目答問・詩文評》 《浩然齋雅談》三卷。宋周密。聚珍本。杭本。福本。

錦　機

黄虞稷《千頃堂書目・文史類》 元好問《錦機》一卷。

龔顯曾《金藝文志補録・評注類》 《錦機集》。元好問。《堯山堂外紀》云：「遺山有《錦機集》，指授學者。又高唐閻静軒《挽遺山詩》云：『野史夜□蟲蠹簡，錦機春暖風停梭。』《倪志》題《錦機》一卷。《金志》則系於子部雜家類，未當。」

詩文自警

王圻《續文獻通考經籍考・詩集》 《詩文自警》十卷。金元好問著。

黄虞稷《千頃堂書目・文史類》 元好問《詩文自警》一卷。

龔顯曾《金藝文志補録・評注類》 《詩文自警》一卷。元好問。《金志》作十卷，系於別集類。

文選心訣

錢大昕《補元史藝文志・文史類》 虞集《文選心訣》一卷。

詩文軌範

《四庫提要・詩文評類存目》 《詩文軌範》二卷。浙江鮑士恭家藏本。元徐駿撰。駿，常熟人。其書雜採古人論文之語，率皆習見。所載詔誥、表奏諸式，尤未免近俗。

錢大昕《補元史藝文志・文史類》 徐駿《詩文軌範》二卷。

修辭鑑衡

楊士奇等《文淵閣書目・文集》 《修辭鑑衡》。一部，一册。闕。

高儒《百川書志・文史》 《修辭鑑衡》二卷。元人集所以爲文與詩之術，次敍諸説，詩爲首，文後之，四六附之，凡百九十餘條，俾學者知其難焉。

錢謙益等《絳雲樓書目・文説類》 王文定公《修詞鑑衡》二卷。

黄虞稷《千頃堂書目・文史類》 王構《修詞鑑衡》二卷。謚文定。

《四庫提要・詩文評類二》 《修辭鑑衡》二卷。編修汪如藻家藏本。元王構編。構字肯堂，東平人。官至翰林學士承旨，謚文肅。事蹟具《元史》本傳。據至順四年王理序，是編乃構官濟南總管時以授其門人劉氏，而理爲刻於集慶路者。舊本殘蠹，闕其前頁。其劉氏之名，則不可考矣。上卷論詩，下卷論文，皆採宋人詩話及文集、説部爲之。構所附論者，惟下卷結語一條而已。所録雖多習見之語，而去取頗爲精核。《元史》稱構弱冠以詞賦中選，至元十一年，爲翰林國史院編修，草伐宋詔書，爲世祖所賞。又稱構練習臺閣故事，凡祖宗謚議、册文，皆所撰定。又稱其子士熙、士點皆能以文學世其家。則構在當時實以文章名世，宜是編所録具有鑒裁矣。其中所引，如《詩文發源》、《詩憲》、《蒲氏漫齋録》之類，今皆亡佚不傳，賴此書存其一二。又世傳吕氏《童蒙訓》，非其全帙，此書所採凡三十一條，皆今本所未載，亦頗足以資考證。較《詩話總龜》之類浩博而傷猥雜者，實爲勝之，固談藝家之指南也。此書久無刊本，傳寫多譌。而卷中不著書名者凡十條，又上卷佚其第五頁，序文僅存末頁，中亦時有闕字。今檢其可考者補之，其無可考者則姑仍原本，以存其舊焉。

錢大昕《補元史藝文志・文史類》 王構《修詞鑑衡》二卷。

黃丕烈《蕘圃藏書題識・集類》 《修辭鑑衡》三卷。舊鈔本。王文定公《修詞鑑衡》，見《絳雲樓書目》文説類，不載卷數。錢竹汀《補元史藝文志・文史類》云二卷。頃郡城賜書樓藏□書散出，中有是書舊鈔本，審是影元鈔本，擬購之，而苦其索直昂，業置不復問矣。後因論他書直未之定，必得番餅十一金。余遂檢此而□其數，往反再四，交易始諧。蓋他書或名人手校及手録，或影宋精鈔，皆爲世所通行之書，唯此行世希有。《四庫》雖收，讀其《提要》語，序文缺第一葉，以致始受書于王公之劉某，不知其名，且云缺第五葉。今劉起宗之名固在，而□□□□義都全，此本居然全本矣。二卷之説，細玩□□□原作，卷一而後添爲上、下者，卷下結尾，卷之下無次第。展視紙本有補綴痕，或尚不止此。然案□□□所□，其次敘論，詩爲首，文爲後，□□附。凡一百九十餘條，今本無一失者，是可無疑其缺失也。書之希有而不敢交臂失者以此。王謚「文肅」，《錢目》云「文定」者，誤耳。□□□□重陽前五日復翁燒燭書。

張之洞《書目答問・詩文評》 《修詞鑑衡》二卷。元王構。指海本。三續百川本。

文章旨要

錢大昕《補元史藝文志・文史類》 馮翼翁《文章旨要》八卷。

文章厚委

錢大昕《補元史藝文志・文史類》 程時登《文章原委》。

雜作管見

錢大昕《補元史藝文志・文史類》 曹涇《雜作管見》。

文章蹊隧

楊士奇等《文淵閣書目・文集》 《文章蹊隧》。一部，一册。闕。

文章緒論

《明史・藝文志・文史類》 宋元禧《文章緒論》一卷。

游藝録

黃虞稷《千頃堂書目・文史類》 瞿祐《游藝録》。

談藝録

高儒《百川書志・文史》 《談藝録》一卷。國朝迪功郎，吴郡徐昌穀禎卿撰，其論情文辭氣，甚分明區別也。

徐㶿《徐氏家藏書目・詩話類》 徐昌穀《談藝録》一卷。

錢謙益等《絳雲樓書目・詩話類》 徐昌穀《談藝録》一卷。

黃虞稷《千頃堂書目・文史類》 徐昌穀《談藝録》一卷。

《明史・藝文志・文史類》 徐禎卿《談藝録》一卷。

張之洞《書目答問・詩文評》 《談藝録》一卷。明徐禎卿。附集本。《格致叢書》本。

文章源委

黄虞稷《千頃堂書目・文史類》 張大猷《文章源委》一卷。順德人。嘉靖中官工部主事。

《明史・藝文志・文史類》 張大猷《文章源委》一卷。

菊坡叢話

范邦甸等《天一閣書目補遺・詩文評類》 《菊坡叢話》二十六卷。刊本。明臨川單宇著。成化癸巳黎擴序稱：「同邑友前進士諸暨尹單公雅好吟咏，嘗集古今人之話言有及於論詩者，隨其得失而叢集之，筆以成帙，分門列類。公名宇，字時泰，别號『菊坡』。」

徐𤊹《徐氏家藏書目・詩話類》 《菊坡叢話》二十六卷。單宇。

錢謙益等《絳雲樓書目・詩話類》 《菊坡叢話》。

《四庫提要・詩文評類存目》 《菊坡叢話》二十六卷。兩淮鹽政採進本。明單宇撰。宇字時泰，菊坡其號也。臨川人。正統己未進士，官侯官縣知縣。事蹟具《明史》本傳。其書採古今論文之語，編次成帙。分二十六門。凡論詩者二十四卷，論四六者一卷，論樂府者一卷。所採自樂府古詞以下宋人居多。元人如薩都剌等，亦間引及，然寥寥無幾。每條各注所出，亦有但注「菊坡」二字者，則宇自記其語也。史載宇待銓吏部時，值英宗北狩，上書請罷監軍内官，又上書請毁王振所建大興隆寺，其人亦錚錚者。而於論詩不甚當行。是編大旨，欲配胡仔之書，故仍以「叢話」爲名，然採摭不及其博。又仔書多論文，此書多記事；仔書多考證，此書但鈔撮舊文，例亦小殊。

彭元瑞等《天禄琳琅書目後編・明版集部》 《菊坡叢話》二函十八册。明卓宇撰。宇字時泰，臨川人。正統己未進士，官侯官縣知縣。《明史》有傳。書二十六卷，卷爲一門。曰天文、地理、時令、花木、鳥獸、宫室、器用、人物、詩人、風懷、婚姻、致政、耆壽、釋梵、仙逸、哀謚、科舉、兵戎、送贈、戲謔、身體服飾、飲食、文史、詩法、四六、樂府。纂輯前人論詩詞、四六之語，各標本書名，如《苕溪漁隱叢話》之例。無序跋、刊刻年月。

藝苑溯源

徐𤊹《徐氏家藏書目・詩話類》 《蓺苑遡源》一卷。張煒。

藝苑巵言

徐𤊹《徐氏家藏書目・詩話類》 王元美《蓺苑巵言》八卷。王世貞。

錢謙益等《絳雲樓書目・詩話類》 王世貞《明詩評》。

黄虞稷《千頃堂書目・文史類》 王世貞《藝苑巵言》八卷。附録四卷。

《四庫提要・詩文評類存目》 《全唐詩説》一卷。《詩評》一卷。編修程晉芳家藏本。舊本題明王世貞撰。世貞有《弇山堂别集》，已著録。是二書載曹溶《學海類編》中。實則割剥世貞《藝苑巵言》，鈔爲兩卷。世貞著作，初無此二名也。

張之洞《書目答問・詩文評》 《藝苑巵言》一卷。明王世貞。在《四部稿》内。

維園鉛摘

徐𤊹《徐氏家藏書目・詩話類》 謝曰可《維園鉛摘》一卷。

騷壇秘語

徐𤊹《徐氏家藏書目・詩話類》 周履靖《騷壇秘語》一卷。

黄虞稷《千頃堂書目・文史類》 周履靖《騷壇祕語》二卷。

詩文原始

《四庫提要・詩文評類存目》 《詩文原始》一卷。編修程晉芳家藏本。舊本題明李攀龍撰。攀龍有《詩學事類》，已著録。此書則自明以來不聞爲攀龍所作，其持論亦不類攀龍語。疑亦曹溶掇拾割裂之書，僞題攀龍名也。

藝活甲編

徐𤊹《徐氏家藏書目・詩話類》 《藝活甲編》五卷。茅元儀。

黄虞稷《千頃堂書目・文史類》 茅元儀《藝圃甲編》五卷。

《四庫提要・詩文評類存目》 《藝活甲編》五卷。副都御史黄登賢家藏本。明茅元儀撰。元儀有《嘉靖大政類編》，已著録。此編皆評詩論文之語。當嘉靖中，元儀祖坤與王世貞争名相軋。坤作《史記鈔》，世貞未見其書，即先斷其必不解。又世貞題《歸有光集》，詆坤《八家文鈔》右永叔而左昌黎。元儀修先世之憾，故此書大旨主於排斥世貞。然世貞摹擬之弊雖可議者多，而元儀評論古人，又往往大言無當，所見實粗。其任意雌黄，亦皆不爲定論也。

語海珠璣

徐𤊹《徐氏家藏書目・詩話類》 《語海珠璣》二卷。

墨池浪語

徐𤊹《徐氏家藏書目・詩話類》 《墨池浪語》二卷。胡維霖。

彈雅集

徐𤊹《徐氏家藏書目・詩話類》 《彈雅集》十卷。趙宧光。

黄虞稷《千頃堂書目・文史類》 趙宧光《彈雅集》十卷。一作十卷。

《明史・藝文志・文史類》 趙宧光《彈雅集》十卷。

獨鑒録

徐𤊹《徐氏家藏書目・詩話類》 《獨鑒録》一卷。觳齋主人。

游藝至論

錢謙益等《絳雲樓書目・文説類》 朱文公《遊藝至論》。

黄虞稷《千頃堂書目・文史類》 余祐《游藝至論》一卷。輯《朱子語類》論文之語。

適意宜資

錢謙益等《絳雲樓書目・文説類》 王止仲《適意宜資》。

黄虞稷《千頃堂書目・文史類》 王行《適意宜資》十卷。

文苑春秋

錢謙益等《絳雲樓書目・文説類》 崔銑《文苑春秋》四卷。

藝贊

黃虞稷《千頃堂書目・文史類》 任慶雲《藝贊》三卷。

藝學淵源

黃虞稷《千頃堂書目・文史類》 温景明《藝學淵源》四卷。

《明史・藝文志・文史類》 温景明《藝學淵源》四卷。

文字談苑

黃虞稷《千頃堂書目・文史類》 王弘誨《文字談苑》四卷。

《明史・藝文志・文史類》 王弘誨《文字談苑》四卷。

文通

黃虞稷《千頃堂書目・文史類》 朱荃宰《文通》二十卷。

《明史・藝文志・文史類》 朱荃宰《文通》二十卷。

《四庫提要・詩文評類存目》 《文通》三十一卷。兩江總督採進本。明朱荃宰撰。荃宰字咸一，黃岡人。所著有文、詩、樂、詞、曲五編，竝以「通」名見於自序。而《文通》獨先刻成。其書取古今文章流别及詩文格律，一一爲之條析。蓋欲仿劉勰《雕龍》而作。其末《詮夢》一篇，酷摹勰之自序。然大抵摭拾百家，矜示奧博，未能一一融貫也。

文章正論

黃虞稷《千頃堂書目・文史類》 《文章正論》二十卷。

修辭備用

黃虞稷《千頃堂書目・文史類》 《修辭備用》一卷。

六藝流别

黃虞稷《千頃堂書目・文史類》 黃佐《六藝流别》二十卷。

續談藝録

黃虞稷《千頃堂書目・文史類》 朱安涀《續談藝録》。字思甫，鎮平王府奉國將軍。

藝苑玄機

黃虞稷《千頃堂書目・文史類》 邵經邦《藝苑玄機》 卷。

儷語指迷

黃虞稷《千頃堂書目・文史類》 邵經邦《儷語指迷》一卷。

藝圃傖談

黄虞稷《千頃堂書目・文史類》 郝敬《藝圃傖談》四卷。

棗林藝簣

《四庫提要・詩文評類存目》 《棗林藝簣》一卷。編修程晉芳家藏本。國朝談遷撰。遷有《海昌外志》，已著録。是編載曹溶所輯《學海類編》中，實遷《棗林雜俎》之一卷也。所談詩文，皆不出明人門徑。其載張弼推尊《洪武正韻》一條，尤爲紕繆。

談龍録

《四庫提要・詩文評類二》 《談龍録》一卷。浙江巡撫採進本。國朝趙執信撰。執信爲王士禎甥壻，初甚相得。後以求作《觀海集》序不得，遂至相失。因士禎與門人論詩，謂當作雲中之龍，時露一鱗一爪，遂著此書以排之。大旨謂詩中當有人在。其謂士禎《祭告南海都門留别》詩「盧溝河上望，落日風塵昏。萬里自兹始，孤懷誰與論」四句，爲類羈臣遷客之詞。又述吴修齡語，謂士禎爲清秀李于鱗。雖忿悁著書，持論不無過激，然神韻之説，不善學者往往易流於浮響。施閏章華嚴樓閣之喻，汪琬西川錦匠之戒，士禎亦嘗自記之。則執信此書，亦未始非預防流弊之切論也。近時揚州刻此書，欲調停二家之説，遂舉録中攻駁士禎之語，概爲删汰。於執信著書之意，全相乖忤，殊失其真。今仍以原本著録，而附論其紕繆如右。

文評分部

白氏制朴

鄭樵《通志・藝文略・文史》 《制朴》三卷。白居易撰。

《宋史・藝文志・文史類》 《白氏制朴》一卷。

錢東垣等輯《崇文總目・文史類》 《白氏制朴》三卷。白居易撰。鑒按：《宋志》一卷。

賦要

《宋史・藝文志・文史類》 白行簡《賦要》一卷。

賦門

《新唐書・藝文志・文史類》 浩虚舟《賦門》一卷。

鄭樵《通志・藝文略・文史》 浩虚舟《賦門》一卷。唐人。

《宋史・藝文志・文史類》 浩虚舟《賦門》一卷。

錢東垣等輯《崇文總目・文史類》 浩虚舟《賦門》一卷。

賦格

鄭樵《通志・藝文略・文史》 紇干俞《賦格》。一卷。渭南尉。

《宋史・藝文志・文史類》 紇于俞《賦格》一卷。

錢東垣等輯《崇文總目・文史類》 紀于俞《賦格》一卷。鑒按：《通志略》、《宋志》「紀」並作「紇」。

賦訣

《新唐書・藝文志・文史類》 范傳正《賦訣》一卷。

鄭樵《通志・藝文略・文史》 范傳正《賦訣》一卷。唐人。

《宋史・藝文志・文史類》 范傳正《賦訣》一卷。

錢東垣等輯《崇文總目・文史類》 《賦訣》一卷。范傳正撰。

文格

《新唐書・藝文志・文史類》 孫郃《文格》二卷。

鄭樵《通志・藝文略・文史》 孫郃《文格》二卷。

《宋史・藝文志・文史類》 孫郃《文格》二卷。

錢東垣等輯《崇文總目・文史類》 孫郃《文格》二卷。

四六格

鄭樵《通志・藝文略・文史》 僧神郁《四六格》一卷。

應求類

《新唐書・藝文志・文史類》 劉蘧《應求類》二卷。

鄭樵《通志・藝文略・文史》 《應求類》二卷。唐劉蘧集。

《宋史・藝文志・文史類》 劉蘧《應求類》二卷。

錢東垣等輯《崇文總目・文史類》 《應求類》上、下二卷。劉蘧編。

賦樞

《新唐書・藝文志・文史類》 張仲素《賦樞》三卷。

鄭樵《通志・藝文略・文史》 張仲素《賦樞》三卷。

《宋史・藝文志・文史類》 張仲素《賦樞》一卷。

錢東垣等輯《崇文總目・文史類》 《賦樞》三卷。張仲素撰。鑒按：《宋志》：一卷。

文旨

鄭樵《通志・藝文略・文史》 王瑜《文旨》一卷。

《宋史・藝文志・文史類》 王瑜卿《文旨》一卷。

錢東垣等輯《崇文總目・文史類》 王瑜《文旨》一卷。

金馬統例

鄭樵《通志・藝文略・文史》 《金馬統例》一卷。

《宋史・藝文志・文史類》 《金馬統例》三卷。

制格

鄭樵《通志・藝文略・文史》 《制格》一卷。

騷雅式

鄭樵《通志·藝文略·詩評》《騷雅式》一卷。

賦格

《宋史·藝文志·文史略》和凝《賦格》一卷。

顧櫰三《補五代史藝文志·總集類》《賦格》二卷。和凝撰。

修文要訣

鄭樵《通志·藝文略·文史》馮鑑《修文要訣》一卷。

晁公武《郡齋讀書志·文説類》《修文要訣》一卷。右僞蜀馮鑑撰。雜論爲文體式，評其謬誤，以訓初學云。

尤袤《遂初堂書目·文史類》馮鑑《修文要訣》。

馬端臨《文獻通考·經籍考·文史》《修文要訣》一卷。

《宋史·藝文志·文史類》馮鑑《修文要訣》二卷。

顧櫰三《補五代史藝文志·總集類》《修文要訣》一卷。馮鑑撰。

左傳類對賦

《宋史·藝文志·文史類》毛友《左傳類對賦》六卷。

賦門魚鑰

陳振孫《直齋書録解題·文史類》《賦門魚鑰》十五卷。進士馬稱撰。編集唐蔣防而下至本朝宋祁諸家律賦格訣。

馬端臨《文獻通考·經籍考·文史》《賦門魚鑰》十五卷。

《宋史·藝文志·文史類》馬偁《賦門魚鑰》十五卷。

制朴

鄭樵《通志·藝文略·文史》《制朴》三卷。宋朝李淑撰。

四六話

陳振孫《直齋書録解題·文史類》《四六話》一卷。王銍性之撰。

馬端臨《文獻通考·經籍考·文史》《四六話》一卷。

高儒《百川書志·文史》《王公四六話》二卷。宋汝陰王銍性之撰。

徐𤊹《徐氏家藏書目·四六類》《宋王公四六話》二卷。王銍。

錢謙益等《絳雲樓書目·文説類》王銍《四六話》二卷。字性之，會稽人。多撰爲書託名他人，如《續樹萱録》亦其一也。王性之記聞該洽，陸放翁深所推服，言自少至老，惟見一人，其傾倒也至矣。放翁平生所與周旋者，如周子充、朱仲晦諸公，皆該洽無比，乃獨以此推王，則其爲人如何哉！性之次子明清，最知名，其該洽亦有父風。

《四庫提要·詩文評類一》《四六話》二卷。江蘇巡撫採進本。宋王銍撰。銍有《侍兒小名録補遺》，已著録。其書皆評論宋人表啓之文。六代及唐，詞雖駢偶，而格取渾成。唐末五代，漸趨工巧。如羅隱代錢鏐賀昭宗更名表，所謂「右則虞舜之全文，左則姬昌之半字」者，當時以爲警策是也。宋代沿流，彌競精切。故銍之所論，亦但較勝負於一聯一字之間。至周必大等，承其餘波，轉加細密。終宋之世，惟以隸事切合爲工。組織繁碎，而文格日卑，皆銍等之論導之也。然就其一時之法論之，則亦有推闡入微者。如詩家之有句圖，未可廢也。上卷之末，載其父素爲滕甫辨謗乞郡劄子，誤刻蘇軾集中。銍據素手迹，殆必不誣。今軾集仍載此文，蓋失於釐正，此亦足以資考訂焉。

張之洞《書目答問・詩文評》《四六話》二卷。宋王銍。《學津》本。

賦評

《宋史・藝文志・文史類》吴處厚《賦評》一卷。

容齋四六叢談

《四庫提要・詩文評類存目》《容齋四六叢談》一卷。編修程晉芳家藏本。舊本題宋洪邁撰。亦於《容齋五筆》中掇其論四六之言別爲一卷。疑與《容齋詩話》爲一手所輯。所論較王銍《四六話》、謝伋《四六麈談》特爲精核。蓋邁初習詞科，晚更内制，於駢偶之文用力獨深，故不同於勦説也。

文説

陳振孫《直齋書録解題・文史類》《文説》一卷。南城包揚顯道録朱侍講論文之語。

馬端臨《文獻通考・經籍考・文史》《文説》一卷。

楊士奇等《文淵閣書目・文集》《文説》。一部，一册。闕。

四六談麈

陳振孫《直齋書録解題・文史類》《四六談麈》一卷。謝伋景思撰。

馬端臨《文獻通考・經籍考・文史》《四六談麈》一卷。

高儒《百川書志・文史》《四六談麈》一卷。宋□陽謝伋景思撰。

徐𤊹《徐氏家藏書目・四六類》《四六談麈》一卷。宋謝伋。

錢謙益等《絳雲樓書目・文説類》《四六談麈》一卷。宋謝伋撰。

《四庫提要・詩文評類一》《四六談麈》一卷。浙江汪啓淑家藏本。案：此書爲左圭《百川學海》所刊舊本。卷首但題「靈石山藥寮」字，不著撰人。《書録解題》載爲謝伋撰。考書中時自稱伋，則其説是也。伋字景思，上蔡人。官至太常少卿。參政克家之子，良佐之從孫。所稱逍遥公，即良佐也。其論四六，多以命意遣詞分工拙，視王銍《四六話》所見較深。其謂「四六施於制誥、表奏、文檄，本以便宣讀，多以四字六字爲句。宣和間多用全文長句爲對，習尚之久，至今未能全變。前輩無此格」。又謂「四六之工在於翦裁，若全句對全句，何以見工？」尤切中南宋之弊。其中所摘名句，雖與他書互見者多，然實自具別裁，不同勦襲。如王銍《四六話》載廖明略賀安厚卿、張丞相諸啓，凡數聯，伋皆不取，而別取其爲厚卿舉挂功德疏一篇。知非隨人作計者矣。費衮《梁谿漫志》曰：「謝景思《四六談麈》甚新奇，然載陳去非草義陽朱丞相制有語忌，令貼改事，又載謝顯道初不入黨籍，朱震乞依黨籍例命官事，皆誤。朱制乃有旨令綦處厚貼麻，非令其自貼改，謝顯道崇寧元年實曾入黨籍，景思記當時所見，偶爾差舛。恐誤作史者採取，故爲是正之」云云。是疎漏之處，亦所不免。然不以一二微瑕掩也。

張之洞《書目答問・詩文評》《四六談麈》一卷。宋謝伋。《學津》本。

雲莊四六餘話

陳振孫《直齋書録解題・文史類》《四六餘話》一卷。楊淵撰。未詳何人。視前二家爲汎雜。

馬端臨《文獻通考・經籍考・文史》《四六餘話》一卷。

錢謙益等《絳雲樓書目・文説類》《雲莊四六餘話》一卷。宋楊囦道撰。

阮元《四庫未收書目提要・詩文評類》《雲莊四六餘話》一卷。傳望樓金帚編本。讀畫齋叢書本。宋楊囦道撰。囦道字深仲，里居未詳。是編藏書家目録未見，此依宋刊本過録。凡宋人説部中之言四六者，若《玉壺清話》、《容齋隨筆》、《能改齋漫録》、《文章叢説》之類，莫不廣搜博採。其論四六多以翦裁爲工。又云：「制誥牋表，貴乎謹嚴。啓疏雜著，不妨宏肆」，持論精審。固習駢體者之所必資也。

文則

楊士奇等《文淵閣書目・文集》　《文則》。一部，一册。闕。

高儒《百川書志・文史》　《文則》十卷。宋少傅文簡公天台陳騤著。評引經書，定文宗旨，凡六十二條。非利場屋一時之計者。

徐𤊹《徐氏家藏書目・總集類》　陳騤《文則》二卷。一闗中趙瀛刻，一四明屠本畯刻。

錢謙益等《絳雲樓書目・文説類》　陳文簡公騤《文則》二卷。

黄虞稷《千頃堂書目・文史類》　陳騤《文則》十卷。天台人。

倪燦等《宋史藝文志補・文史類》　陳騤《文則》十卷。天台人。

《四庫提要・詩文評類一》　《文則》二卷。江蘇巡撫採進本。宋陳騤撰。騤有《南宋館閣録》，已著録。按《太平御覽》引摯虞《文章流別論》曰：「古詩之四言者，『振鷺于飛』是也，漢郊廟歌多用之。五言者，『誰謂雀無角，何以穿我屋』是也，樂府用之。六言者，『我姑酌彼金罍』是也，樂府亦用之。七言者，『交交黄鳥止于桑』是也，於俳調倡樂世用之。九言者，『泂酌彼行潦挹彼注兹』是也，不入歌謡之章，故世希爲之。文章句法，推本六經，兹其權輿也。」劉知幾《史通》特出《模擬》一篇，於貌同心異、貌異心同辨析特精，是又不以句法求六經矣。騤此書所列文章體式，雖該括諸家，而大旨皆準經以立制。其不使人根據訓典，鎔精理以立言，而徒較量於文字之增減，未免逐末而遺本。又分門別類，頗嫌於太瑣太拘，亦不免舍大而求細。然取格法於聖籍，終勝摹機調於後人。其所標舉，神而明之，存乎其人。固不必以定法泥此書，亦不必以定法病此書也。

黄丕烈《蕘圃藏書題識・集類》　《文則》二卷。明本。余於去年聞某書坊有舊刻陳騤《文則》，往訪之，已爲他姓售去，究未知爲何時刻本。檢《汲古書目》有云：「《文則》一本，緜紙，從元板精鈔，八錢。」方疑前所聞舊刻者或是元板。頃吴書估從東鄉太倉來，攜此求售，乃明弘治刻。想去元板未遠，因以家刻《國策》易之。蓋書不多見，索直白金一兩六錢，視毛估鈔本價已倍之矣。嘉慶乙丑春二月三日，蕘翁黄丕烈識。

古文闗鍵

《宋史・藝文志・文史類》　吕祖謙《古文闗鍵》二十卷。

詞學指南

黄虞稷《千頃堂書目・文史類》　王應麟《詞學指南》四卷。

倪燦等《宋史藝文志補・文史類》　王應麟《詞學指南》四卷。

黼藻文章百段錦

高儒《百川書志・文史》　《黼藻文章百段錦》二卷。宋太學生三山方頤孫編。十三格八十八篇。或選録前文，或裁取奇妙。究意定格，提綱示奥，直指頗爲詳明。雖間出古文，而專尚宋製也。

《四庫提要・詩文評類存目》　《大學黼藻文章百段錦》一卷。浙江范懋柱家天一閣藏本。宋方頤孫編。頤孫，福州人。理宗時爲太學篤信齋長。其始末則未詳也。是書作於淳祐己酉。取唐、宋名人之文，標其作法，分十七格。每格綴文數段，每段綴評於其下，蓋當時科舉之學。王惲《玉堂嘉話》載辛棄疾謂三百青銅買一部，即可舉進士者，殆此類矣。

文髓

范邦甸等《天一閣書目・詩文評類》　《文髓》九卷。刊本。宋吉水周應龍選評，裔孫岐鳳刊。洪熙元年，永豐曾棨序稱：「同郡吉水周氏，有皤州先生者，諱應龍，宋太學生，擢紹定辛卯進士，繼登博學宏詞科。上書忤宰相，除漳州教授，不赴。還歸于家，閉户著書。嘗取韓、柳、歐、蘇四家之文，擇其尤精粹者加以批點，辨其體製，析其節目，示其關鍵，而名之曰《文髓》，俾觀者一覽。而文章法度瞭然。距今若干年，其裔職方員外郎岐鳳鋟梓以傳，丐余言以冠其首。」明宣德二年，翰林侍讀宗人述敘後，兵部員外郎六世孫岐鳳識前，進士邑人湜溪郭正表題。

蒼崖先生金石例

錢謙益等《絳雲樓書目・文説類》 《蒼崖先生金石例》潘昂霄。

黄虞稷《千頃堂書目・文史類》 潘昂霄《金石例》十卷。濟南人，集賢學士，謚文簡。舊以爲楊本著，本鄱陽人，蓋常校其書。

答策祕訣

《四庫提要・詩文評類存目》 《答策祕訣》一卷。兩淮總督採進本。舊本首題建安劉錦文叔簡輯。末有跋語，題「至正己丑建安日新堂誌」。跋中又稱「不知作於何人，相傳以爲貢士曾堅子白之作」云云，則又非錦文所輯矣。凡爲綱十二：曰治道，曰聖學，曰制度，曰性學，曰取材，曰人才，曰文章，曰形勢，曰災異，曰諫議，曰經疑，曰歷象。其繫以六十六子目，皆預擬對策活法。如歷象條云：「大凡荅歷象策，雖所問引難千條萬緒，不過一君子治歷明時，但要變换言語。」全書一一似此，其陋可想。觀其《形勢》條云：「如策三國六朝進取策，只是説三國君臣皆以智遇智，乃其勢也。六朝有機可乘，有閒可入，反不能用，深爲可惜。後面由山東、由關中，皆以題中所問融化作已之言」云云。蓋猶南宋人書也。

文章宗旨

錢大昕《補元史藝文志・文史類》 盧摯《文章宗旨》。

文章精義

高儒《百川書志・文史》 李性學《古今文章精義》一卷。元益都子欽録，元國子助教，臨川李塗老卿論古今文章之語，凡百條。

徐𤊹《徐氏家藏書目・總集類》 《文章精義》二卷。元李塗。

錢謙益等《絳雲樓書目・文説類》 元李性學《文章精義》。

黄虞稷《千頃堂書目・文史類》 李塗《文章精義》二卷。臨川人，官國子助教，益都于欽筆授。

《四庫提要・詩文評類一》 《文章精義》一卷。《永樂大典》本。是書世無傳本，諸家書目亦皆不載。惟《永樂大典》有之，但題曰李耆卿撰，而不著時代，亦不知耆卿何許人。考焦竑《經籍志》有李塗《文章精義》二卷，書名及李姓皆與此本相合，則耆卿或塗之字歟？載籍無徵，其爲一爲二，蓋莫之詳矣。其論文多原本六經，不屑屑於聲律章、句。而於工拙繁簡之閒，源流得失之辨，皆一一如別白黑，具有鑒裁。其言蘇氏之文，不離乎縱横，程氏之文，不離乎訓詁。持平之論，破除洛、蜀之門户，尤南宋人所不肯言。又世傳韓文如潮、蘇文如海及春蠶作繭之説，皆習用而昧其出處。今檢核斯語，亦具見於是書。蓋其初本爲世所傳誦，故遺文賸語，口授至今；嗣以卷帙寥寥，易於散佚，沈晦者遂數百年。今逢聖代右文，得以復見於世，亦其名言至理有不可磨滅者歟？

錢大昕《補元史藝文志・文史類》 李塗《古今文章精義》二卷。

古文矜式

黄虞稷《千頃堂書目・文史類》 陳繹曾《古文矜式》二卷。字伯敷，處州人，國子助教。

錢大昕《補元史藝文志・文史類》 陳繹曾《古文矜式》二卷。字伯敷，處州人，國子助教。

文説

黄虞稷《千頃堂書目・文史類》 陳繹曾《文説》一卷。

《四庫提要・詩文評類二》 《文説》一卷。《永樂大典》本。元陳繹曾撰。繹曾字伯敷，《元史》附見《儒學傳》，作處州人。而《吴興續志》亦載其名，蓋家本括蒼而僑居苕水者也。至順中，官至國子監助教。嘗從學於戴表元，而與陳旅友善。師友淵源，具有所自，故所學頗見根柢。是書乃因延祐復行科舉，爲程試之式而作。書中分列八條，論行文之法。時五經皆以宋儒傳注爲主，懸爲功令，莫敢異趨，故是書大旨皆折衷於朱子。《吴興續志》稱：「繹曾嘗著《文筌》、《譜論》、《科舉天階》，使學者知所向方，人争傳録。」焦竑《經籍志》又載繹曾《古今文矜式》二卷。今考繹曾所著《文筌》八卷、附《詩小譜》二卷，元時麻沙坊刻，附列於《策學統宗》之首，今尚有傳本。其文與此編迥殊。惟《科舉天階》與《古今文矜式》今未之見，疑此編即二書之一，但名目錯互，莫能證定。今姑仍《永樂大典》舊題，以《文説》著録，用闕所疑。卷首所稱陳文靖公，蓋即元翰林學士東平陳儼，亦以文名。至其自稱先尚書者，則已失其世系，無可考矣。

錢大昕《補元史藝文志・文史類》 陳繹曾《文説》一卷。

文筌

高儒《百川書志・文史》 《文筌》八卷。此處原空撰人，各鈔本同。

錢謙益《絳雲樓書目・文説類》 陳繹曾《文筌》。

黄虞稷《千頃堂書目・文史類》 陳繹曾《文筌》八卷。

錢大昕《補元史藝文志・文史類》 陳繹曾《文筌》八卷。

《四庫提要・詩文評類存目》 《文筌》八卷附《詩小譜》二卷，浙江巡撫採進本。元陳繹曾撰。繹曾有《文説》，已著録。此編凡分古文小譜、四六附説、楚賦小譜、漢賦小譜、唐賦附説五類，體例繁碎。大抵妄生分別，强立名目，殊無精理。《詩小譜》二卷，據至順壬申繹曾自序，稱爲亡友石桓彦威所撰，因以附後。是此編本與《詩譜》合刻，元時麻沙坊本，乃移冠《策學統宗》之首，頗爲不倫。今仍析之，各著於録。繹曾，處州人，僑居湖州。而序末自稱「汶陽左客」，豈又嘗流寓齊魯間，偶以自號歟。

作義要訣

《四庫提要・詩文評類二》 《作義要訣》一卷。《永樂大典》本。元倪士毅撰。士毅有《四書輯釋》，已著録。是編皆當時經義之體例。自宋神宗熙寧四年，始以經義試士。元太宗從耶律楚材之請，以三科選舉經義，亦居其一。至仁宗皇慶二年，酌議科舉條例，乃定蒙古、色目人第一場經問五條，漢人、南人第一場經疑二問，限三百字以上，不拘格律。元統以後，蒙古、色目人亦增經義一道。明以來科舉之文，實因是而引伸者也。是書所論，雖規模淺狹，未究文章之本源，然如云第一要識得道理透徹，第二要識得經文本旨分曉，第三要識得古今治亂安危之大體；又云長而轉换新意，不害其爲長，短而曲折意盡，不害其爲短，務高則多涉乎僻，欲新則類入乎怪；下字惡乎俗，而造作太過，則語澀；立意惡乎同，而搜索太甚，則理背；皆後來制藝之龜鑒也。國家設科取士，仍以經義爲先。我皇上聖訓諄諄，釐正文體。操觚之士，皆知以先正爲步趨。是書又在明前，法雖小異，而理則相通。録而存之，或亦先河後海之義歟？原序稱兼採謝氏、張氏之説，《永樂大典》注其説，已載《舉業筌蹏》卷中，故不復録。今是卷適佚，姑仍舊本闕之，然大旨則已具於此矣。

東坡文談録

《四庫提要・詩文評類存目》 《東坡文談録》一卷。編修程晉芳家藏本。元陳秀民編。秀民字庶子，四明人。初官武岡城步巡檢，擢知常熟州；後爲張士誠參軍，歷浙江行中書省參知政事，翰林學士。是編雜採諸家評論蘇文之語，大抵諸書所習見。又秀民既別有《東坡詩話録》，而此編又濫及於詩，爲例亦復不純。

尺牘筌蹄

錢大昕《補元史藝文志・文史類》 陳模《尺牘筌蹄》三卷。或作陳樫。

文章大模式

黃虞稷《千頃堂書目・文史類》 寧靖王奠培《文章大模式》。

臞仙文譜

高儒《百川書志・文史》 《臞仙文譜》八卷。國朝涵虛子臞仙著，共九十九體。

范邦甸等《天一閣書目・詩文評類》 《文譜》八卷。刊本。明宣德辛亥涵虛子臞仙著。不自署名。序曰：「余以狂惑之資，不能以宏至道。乃大啓羣典，自爲檢閲。其制作之可法者，取之；不合于矜式者，易之。皆出于一己之公，不經于儒臣之目。乃令童子二三人日與謄録，越五日，是譜告成。後之學者如欲作文，不待奉束修以丐師之授受，觀譜中之文則知體矣，凡爲儒者不可缺焉。」

黃虞稷《千頃堂書目・文史類》 寧獻王《臞仙文譜》八卷。

《明史・藝文志・文史類》 寧獻王《臞仙文譜》八卷。

文斷

高儒《百川書志・文史》 《文斷》三卷。此集經書子史諸家作文法度，該括殆盡。惜乎編述者之不得。分十五類，援引一百六家。

范邦甸等《天一閣書目・詩文評類》 《文斷》一卷。明洪武庚申唐之淳著。序曰：「之淳自成童即嗜古今作者之論文。凡隻言片語，意有所屬，鉅細不遺，詳畧具舉，區分臚積以成編。竊惟太上貴德，其次立言。故總論作文法第一。經以載道，史以載事，故評諸經評諸史次之。大道不明，諸家崛起。純駁混淆，故評諸子次之。肇自先秦，下逮隋氏，作者靡一，故評諸家文次之。李唐之興，文士彬彬，萬目斯舉，故評人文次之。障萎薾之頽波作。有唐之盛典莫踰韓、柳氏，故評韓文、評柳文次之。殊適同歸，厥有深淺，故評□□□又次之。宋承五季，治教休明，道繼孔孟，文幾漢唐，故評宋人文次之。在宋百家，專門四氏，以紹先覺，以貽後來，故評歐文、曾文、王文、蘇文又次之。由韓至蘇制作始備，旁通曲暢，各有攸歸，故評韓、柳、歐、曾、王、蘇六家文終焉。合而言之，爲類十有五，爲條五百三十有二，題之曰《文斷》，非以斷文也，若曰古文所嘗決斷者耳。」

錢謙益等《絳雲樓書目・文説類》 《文斷》。

黃虞稷《千頃堂書目・文史類》 唐之淳《文斷》四卷。一作十卷。字愚士，唐肅子。建文初方孝孺薦其文學，召拜翰林侍講。

《明史・藝文志・文史類》 唐之淳《文斷》四卷。

《四庫提要・詩文評類存目》 明人《文斷》。無卷數。浙江吴玉墀家藏本。不著撰人名氏。皆採掇前人論文之語，鈔録而成。所引如《緯文瑣語》、《湖陰殘語》之類，今皆不傳，頗有足資考證者。然舛誤冗雜，亦復不少。如所引杜牧一條，不知爲《李賀集》序所言，皆譽賀之詩，而誤以爲泛論文章。則其由販鬻而來，不盡見本書可知矣。

麗澤文式

楊士奇等《文淵閣書目・文集》 《麗澤文式》。一部，一冊。完全。《麗澤文式》。一部，一冊。闕。

古賦辯體

楊士奇等《文淵閣書目・文集》 《古賦辯禮》。一部，一冊。闕。

台中文議

高儒《百川書志・文史》 《台中文議》一卷。皇明御史顧□撰，發齋其號也。凡四十八條。

蘭莊文話

黄虞稷《千頃堂書目・文史類》 閔文振《蘭莊文話》一卷。

《明史・藝文志・文史類》 閔文振《蘭莊文話》一卷。

文　脈

《四庫提要・詩文評類存目》 《文脈》三卷。編修程晉芳家藏本。明王文禄撰。文禄有《廉矩》，已著録。此書雜論古今之文，謂文章一脈相傳，故曰《文脈》。第一卷總論，二卷雜論，三卷新論。品藻古今，頗出別解。然其述理學則推象山、慈湖，論文體則推六朝、《文選》，至論唐文，伸柳州而抑昌黎，謂韓非柳匹，尤不免立異太過矣。

文　話

錢謙益等《絳雲樓書目・文説類》 《文話》。李雲輯。

墓銘舉例

錢謙益等《絳雲樓書目・文説類》 王止仲行《墓銘舉例》。止仲有梧園集半軒集。

黄虞稷《千頃堂書目・文史類》 王行又《墓銘舉例》四卷。

文　訓

錢謙益等《絳雲樓書目・文説類》 王禕《文訓》。

玉堂日鈔

《四庫提要・詩文評類存目》 《玉堂日鈔》三卷。浙江巡撫採進本。明黄洪憲編。洪憲有《朝鮮國紀》，已著録。是編鈔撮宋陳騤《文則》、李耆卿《文章精義》、明何良俊《論文》、王世貞《藝苑卮言》、吴訥《文章辨體》五家之言，共爲一書。首有其四世從孫經序，稱洪憲讀書中祕時，隨見手録。蓋偶然摘鈔，本非著述，其後人尊崇手澤，因而藏弆。實則騤等之書具在，無庸此之複陳也。

楚　範

《四庫提要・詩文評類存目》 《楚範》六卷。浙江范懋柱家天一閣藏本。明張之象撰。之象有《太史史例》，已著録。是編割裂《楚詞》之文，分標格目，以爲擬作之法。分十二編：曰辨體，曰解題，曰發端，曰造句，曰麗詞，曰叶韻，曰用韻，曰更韻，曰連文，曰疊字，曰助語，曰餘音。屈、宋所作，上接風人之遺，而下開百代之詞、賦，性情所造，音律自生，所謂文成而法立者也。之象乃摘其某章某句，多立門類，限爲定法，如詞曲家之有工尺，以是擬《騷》，寧止相去九牛毛乎？

古文法則

黄虞稷《千頃堂書目・文史類》 《古文法則》四卷。

古文心訣

黄虞稷《千頃堂書目・文史類》《古文心訣》一卷。

學文廣見

黄虞稷《千頃堂書目・文史類》汪思敬《學文廣見》。

堯山堂外紀

黄虞稷《千頃堂書目・文史類》蔣一葵《堯山堂外紀》一百卷。

堯山堂偶雋

《四庫提要・詩文評類存目》《堯山堂偶雋》七卷。浙江鮑士恭家藏本。明蔣一葵編。一葵有《堯山堂外紀》，已著録。是書取前人比偶之文，自六朝迄宋、元，凡制誥、牋表、賦序、啓劄中名雋之句，及尋常應對俳語，次而録之。蓋王銍《四六話》之類。然摭拾未廣，所採亦不盡工。

史漢方駕

張之洞《書目答問・詩文評》《史漢方駕》三十五卷。明許相卿。家刻本。此書意在評文，故列此。

金石要例

《四庫提要・詩文評類二》《金石要例》一卷。山東巡撫採進本。國朝黄宗羲撰。宗羲有《易學象數論》，已著録。是編凡爲例三十六則，後附《論文管見》九則。自序謂潘蒼崖有《金石例》，大段以昌黎爲例。顧未嘗著爲例之義與壞例之始。亦有不必例而例之者，如上代兄弟、宗族、姻黨，有書有不書。不過以著名不著名，初無定例。故摘其要領，稍爲辨正，所以補蒼崖之闕。其考據較潘書爲密。然如比干《銅槃銘》出王俅《嘯堂集古録》，乃宋人僞作。夏侯嬰《石槨銘》出吴均《西京雜記》，亦齊梁人影撰。引爲證佐，未免失考。又據孫何《碑解》，論碑非文章之名，其説固是。然劉勰《文心雕龍》已列此目。如樂府本官署之名，而相沿既久，無不稱歌詞爲樂府者，是又不必定以古義拘矣。

四六金鍼

《四庫提要・詩文評類存目》《四六金鍼》一卷。編修程晉芳家藏本。國朝陳維崧撰。維崧有《兩晉南北集珍》，已著録。此書載《學海類編》中，取元陳繹曾《文説》中所論四六之法，割剥成編，頗爲淺陋，必非維崧之筆。殆以維崧工於四六，故假其名。猶《木天禁語》之託言范梈，《詩法家數》之託言楊載耳。

增廣文章精義

黄虞稷《千頃堂書目・文史類》《增廣文章精義》一卷。

鐵立文起

《四庫提要・詩文評類存目》《鐵立文起》二十二卷。浙江巡撫採進本。國朝王之績撰。之績字懋功，宣城人。是書皆論作文之法，鐵立其齋名也。卷首曰文體通論。前編十二卷，自序至七凡九十三種。後編十卷，自王言至論判，凡四十八種。大略採之《文章辨體》、《文體明辨》二書，而以己意參補之。然持議多偏，不能窺見要領。甚至以屠隆《溟海波恬賦》爲勝於木華、郭璞，尤倒置矣。

四六叢話

張之洞《書目答問・詩文評》　《四六叢話》三十二卷。孫梅。嘉慶三年刻本。

宋四六話

張之洞《書目答問・詩文評》　《宋四六話》十二卷。彭元瑞。海山仙館本。

賦　話

張之洞《書目答問・詩文評》　《賦話》十二卷。李調元。通行本。亦在函海内。

讀賦卮言

張之洞《書目答問・詩文評》　《讀賦卮言》一卷。王芑孫。

全唐文紀事

張之洞《書目答問・詩文評》　《全唐文紀事》一百二十二卷。陳鴻墀。廣州方氏刻本。

古文緒論

張之洞《書目答問・詩文評》　《古文緒論》一卷。呂璜。指海本。

四書文話

張之洞《書目答問・詩文評》　《四書文話》無卷數。周以清、侯康、胡調德同纂。分二十四門：一原始，二功令，三格式，四法律，五體裁，六命題，七程文，八稿本，九選本，十墨卷，十一社稿，十二元鐙，十三名譽，十四考核，十五師承，十六風氣，十七興廢，十八流弊，十九起衰，二十假借，二十一咎毀，二十二談藪，二十三軼事，二十四五經。文據《學海堂集》。阮元《四書文話》序：「已成書，未刊板。稿本見存廣州學海堂中。此爲一代取士程式，故坿著其名於此。異日當有刊行之者。」梁章鉅有《制義叢話》二十四卷。通行本，未精核。又《試律叢話》十卷，未刊。

詩評分部

詩　品

《隋書・經籍志・總集》　《詩評》三卷。鍾嶸撰，或曰《詩品》。

《新唐書・藝文志・文史類》　鍾嶸《詩評》三卷。

鄭樵《通志・藝文略・詩評》　鍾嶸《詩評》三卷。

趙希弁《讀書附志・別集類一》　《詩品》三卷。右梁征遠記室參軍鍾嶸撰。嶸，字仲偉，《南史》有傳。嶸嘗求譽於沈約，約拒之。及約卒，嶸品古今詩爲評，言其優劣，云：「觀休文衆製，五言最優。齊永明中，相王愛文，王元長等皆宗附約。于時謝朓未遒，江淹才盡，范雲名級又微，故稱獨步。故當辭密於謝，意淺於江。」

蓋追宿憾，以報約也。

尤袤《遂初堂書目・文史類》 梁鍾嶸《詩品》。

陳振孫《直齋書録解題・文史類》 《詩品》三卷。案：《隋書・經籍志》有《詩評》三卷，注云「鍾嶸撰，或曰《詩品》」。唐、宋《藝文志》俱作《詩評》，《宋志》訛一卷。梁記室參軍潁川鍾嶸仲偉撰。以古今作者爲三品而評之，上品十一人，中品三十九人，下品六十九人。

馬端臨《文獻通考・經籍考・文史》 《詩品》三卷。

楊士奇等《文淵閣書目・詩詞》 鍾嶸《詩評》一卷。

高儒《百川書志・文史》 鍾氏《詩品》。一部，一册。闕。

《詩品》三卷。梁征遠參軍鍾嶸著。仲偉字也，以漢還至梁，各定評品，載作者百二十。

范邦甸等《天一閣書目・詩文評類》 鍾嶸《詩品》二卷。刊本。

徐𤊹《徐氏家藏書目・詩話類》 鍾嶸《詩品》三卷。

毛晉《汲古閣書跋》 鍾仲偉《詩品》。仲偉爲梁征遠記室參軍，一時頗號知言。採輯漢魏以來詩家一百有二十人，釐爲上、中、下三品，實詩話伐山也。大略以曹、劉爲文章之聖，陸、謝爲體貳之才。又云：「陳思爲建安之傑，公幹、仲宣爲輔；陸機爲太康之英，安仁、景陽爲輔；謝客爲元嘉之雄，顔延年爲輔。」或軒或輊。宋人詩話數十家罕見，其嚴毅如此。但六朝作者，各自專工一體，後來爭相祖述，故云某出於某也。至若靖節先生詩，自寫其胸中之妙，不屑屑於比擬，乃謂其出於應璩，不知何據。豈以靖節述酒諸篇，悼國傷時，彷彿百一詩，託刺在位遺意耶？

錢謙益等《絳雲樓書目・詩話類》 鍾嶸《詩品》二卷。

《四庫提要・詩文評類一》 《詩品》三卷。内府藏本。 梁鍾嶸撰。嶸字仲偉，潁川長社人。與兄岏、弟嶼竝好學，有名。齊永明中，爲國子生。王儉舉本州秀才，起家王國侍郎。入梁，仕至晉安王記室，卒於官。嶸學通《周易》，詞藻兼長。所品古今五言詩，自漢、魏以來一百有三人，論其優劣，分爲上、中、下三品。每品之首，各冠以序，皆妙達文理，可與《文心雕龍》竝稱。近時王士禎，極論其品第之閒多所違失。然梁代迄今，邈踰千祀，遺篇舊製，什九不存，未可以掇拾殘文，定當日全集之優劣。惟其論某人源出某人，若一一親見其師承者，則不免附會耳。史稱嶸嘗求譽於沈約，約弗爲奬借，故嶸怨之，列約中品。案：約詩列之中品，未爲排抑。惟序中深詆聲律之學，謂「蜂腰、鶴膝，僕病未能；雙聲、疊韻，里俗已具」，是則攻擊約説，顯然可見，言亦不盡無因也。又一百三人之中，惟王融稱王元長，不著其名，或疑其有所私尊。然徐陵《玉臺新詠》亦惟融書字。蓋齊、梁之閒避齊和帝之諱，故以字行，實無他故。今亦姑仍原本，以存其舊焉。

錢東垣等輯《崇文總目・文史類》 鍾嶸《詩品》三卷。

黄丕烈《蕘圃藏書題識・集類》 鍾嶸《詩品》三卷。舊鈔本。 此舊鈔鍾嶸《詩品》上、中、下三卷，藏篋中久矣，苦無別本相勘。適書賈有攜示陳學士《吟窗雜録》舊鈔本，中載《詩品》，殊多删節，唯卷下第四葉第二行「晉徵士戴逵」後所品語脱，又第三行「晉東陽太守殷仲文」後所品人脱，似《吟窗雜録》本爲是，爰補于尾。至于字句異同當別爲籤記，不敢以删節本定此全文也。嘉慶甲戌正月初五日燒燭記。

張之洞《書目答問・詩文評》 鍾嶸《詩品》三卷。津逮本。學津本。

姚振宗《隋書經籍志考證・總集類》 《詩評》三卷。鍾嶸撰。或曰《詩品》。

《梁書・文學傳》：「鍾嶸字仲偉，潁川長社人。晉侍中雅七世孫也。父蹈齊中軍參軍。鍾雅、鍾蹈並有集，見別集類。嶸與兄岏、弟嶼並好學，有思理。仕齊，入梁，至西中郎晉安王記室，卒官。嶸嘗品古今五言詩，論其優劣，名爲《詩評》。」

《南史・文學傳》：嶸嘗求譽於沈約，約拒之。及約卒，嶸品古今詩爲評，言其優劣云：「觀休文衆製，五言最優。齊永明中，相王愛文，王元長等皆宗附約。于時謝朓未遒，江淹才盡，范雲名級又微，故稱獨步。故當辭密于范，意淺于江。」蓋追宿恨，以此報約也。

詩格

陳振孫《直齋書録解題・文史類》 《詩格》一卷。題魏文帝，而所述詩或在沈約後，其爲假託明矣。

馬端臨《文獻通考・經籍考・文史》 《詩格》一卷。

詩例録

《新唐書・藝文志・文史類》 顔竣《詩例録》二卷。

鄭樵《通志・藝文略・詩評》 顔竣《詩例録》三卷。

詩品

《新唐書・藝文志・文史類》 李嗣真《詩品》一卷。

鄭樵《通志・藝文略・詩評》 李嗣真《詩品》一卷。

宗約詩格

《新唐書・藝文志・文史類》 元兢《宋約詩格》一卷。

鄭樵《通志・藝文略・詩評》 元兢《宋約詩格》一卷。

《宋史・藝文志・文史類》 元兢《詩格》一卷。

古今詩文秀句

《新唐書・藝文志・文史類》 元兢《古今詩人秀句》二卷。

鄭樵《通志・藝文略・詩評》 元兢《古今詩人秀句》二卷。

《宋史・藝文志・文史類》 元兢《古今詩人秀句》二卷。

錢東垣等輯《崇文總目・文史類》 《古今詩文秀句》二卷。元兢編。鑒按：《通志略》、《宋志》「文」並作「人」，此作「詩文」，疑誤。

評詩格

陳振孫《直齋書録解題・文史類》 《評詩格》一卷。唐李嶠撰。嶠在昌齡之前，而引昌齡《詩格》八病，亦未然也。

馬端臨《文獻通考・經籍考・文史》 《評詩格》一卷。

詩格

《新唐書・藝文志・文史類》 王昌齡《詩格》二卷。

鄭樵《通志・藝文略・詩評》 王昌齡《詩格》一卷。

陳振孫《直齋書録解題・文史類》 《詩格》一卷。唐王昌齡撰。

馬端臨《文獻通考・經籍考・文史》 《詩格》一卷。

《宋史・藝文志・文史類》 王昌齡《詩格》一卷。

錢東垣等輯《崇文總目・文史類》 王昌齡《詩格》二卷。

詩中密旨

陳振孫《直齋書録解題・文史類》 《詩中密旨》一卷。唐王昌齡撰。

馬端臨《文獻通考・經籍考・文史》 《詩中密旨》一卷。

《宋史・藝文志・文史類》 王昌齡《詩中密旨》一卷。

詩格

《宋史・藝文志・文史類》 王維《詩格》一卷。

樂府古題要解

鄭樵《通志·藝文略·樂類》 《樂府古題要解》一卷。吴兢。

范邦甸等《天一閣書目·詞曲類》 《樂府古題要解》二卷。紅絲闌鈔本。唐史臣吴兢撰。

毛晉《汲古閣書跋》 《樂府古題要解》。漢武帝時乃立樂府，以李延年爲協律都尉，舉司馬相如等數十人，造爲詩賦，略論律呂，以合八音之調，蓋樂府之所肇也。自漢迄唐，作者猋起雲會，從未有彙成一編者。惟唐史臣吴兢纂采漢魏以來古樂府詞，分爲十卷。惜乎不傳，傳者僅《古題要解》二卷。于傳記及諸文集中，采其命名緣起，令後人知所祖習。又有《樂府解題》，不著撰人名氏，與吴兢所撰差異，今人混爲一書，謬矣。但太原郭氏諸敍中，輒引《樂府解題》，不及《古題要解》，不知何故。余家藏是書凡三本。一得之虞山楊氏，一得之錫山顧氏。二氏素稱藏書家，不意施朱傳墨，較訂數遍，其間脱簡訛字，尚多于几上凝塵。既得元版頗善，但《會吟行》俱誤作《吴吟行》。按：「會」謂會稽。謝靈運詩：「咸共聆會吟」，故云。其致與吴趨行同也。如《採薇操》亦曰《晨遊高舉》，《琴曲》注中引吴兢云云，兹集中不載，豈逸文尚多耶？

吴兢，汴州人。少勵志，貫知經史，方直寡諧比，魏元忠薦其才堪論譔詔，直史館，修國史。私撰《唐書》、《唐春秋》。敍事簡核，人以董狐目之。其捃摭樂府故實，與正史互有異同，真堪與《國史補》並垂不朽云。

《四庫提要·詩文評類存目》 《樂府古題要解》二卷。兩江總督採進本。舊本題唐吴兢撰。兢有《貞觀政要》，已著録。考《崇文總目》載《古樂府古題要解》共十二卷。晁公武《讀書志》稱兢纂採漢、魏以來古樂府詞凡十卷，又於傳記及諸家文集中，採樂府所記本義，以釋解古題。觀《崇文總目》稱二書共十二卷，而《讀書志》稱《古樂府》十卷，則所餘二卷爲《樂府古題要解》矣。卷數與今本相合。《崇文總目》又載《樂府解題》稱不著撰人名氏，與吴兢所撰《樂府古題》頗同，以《江南曲》爲首，其後所解差異。此本爲毛晉《津逮祕書》所刊。後有晉跋，稱今人以兢所撰與《樂府解題》混爲一書，又稱太原郭氏諸敘中，輒引《樂府解題》，不及《古題要解》。今考郭茂倩《樂府詩集》所引《樂府解題》，自漢《鐃歌·上之回》篇始，乃明題吴兢之名；則混爲一書，已不始於近代。然茂倩所引，其文則與此書全同，不過偶删一二句，或增入樂府本詞一二句，不應互相勦襲至此。疑兢書久佚，好事者因《崇文總目》有《樂府解題》與吴兢所撰《樂府》頗同語，因捃拾郭茂倩所引《樂府解題》僞爲兢書，而不知王堯臣等所謂與樂府頗同者，乃指其解説古題體例相近，非謂其文全同。觀下文即云以《江南曲》爲首，其後所解差異，是二書不同之明證。安有兩家之書如出一口者乎？且樂府自樂府，雜詩自雜詩，卷末乃載及建除諸體，併及於字謎之類，其爲捃拾以足兩卷之數，灼然可知矣。晉跋稱是書凡三本：一得之廣山楊氏，一得之錫山顔氏，最後乃得一元版。然則是書爲元人所贋造也。

樂府古題解

鄭樵《通志·藝文略·樂類》 《樂府古題解》一卷。劉餗。

樂府詩目録

鄭樵《通志·藝文略·樂類》 《樂府詩目録》一卷。沈建。

樂府古今題解

鄭樵《通志·藝文略·樂類》 《樂府古今題解》三卷。郗昂。

樂府解題

鄭樵《通志·藝文略·樂類》 《樂府解題》一卷。

樂府題解

鄭樵《通志・藝文略・樂類》《樂府題解》十卷。劉次莊。

詩式

《新唐書・藝文志・文史類》書公《詩式》五卷。

鄭樵《通志・藝文略・詩評》書公《詩式》五卷。

陳振孫《直齋書録解題・文史類》《詩式》五卷。唐僧皎然撰。以十九字括詩之體。

馬端臨《文獻通考・經籍考・文史》《詩式》五卷。

《宋史・藝文志・文史類》僧皎然《詩式》五卷。

徐𤊹《徐氏家藏書目・詩話類》《杼山詩式》五卷。皎然。

錢謙益等《絳雲樓書目・詩話類》皎然《詩式》五卷。又《詩議》一卷。馮鈍吟老人極稱其敘置詳盡。

《四庫提要・詩文評類存目》《詩式》一卷。兩江總督採進本。舊本題唐釋皎然撰。皎然有《杼山集》，已著録。此本即附載集末。考陳振孫《書録解題》載「《詩式》五卷，《詩議》一卷，唐僧皎然撰，以十九字括詩之體」，此本既非五卷，又一十九體乃末一條，陳氏不應舉以概全書。陳氏又載正字王元《擬皎然十九字》一卷，使僅如今本一條，則不能擬爲一卷矣。殊參差可疑。又皎然與顔真卿同時，乃天寶、大曆間人。而所引諸詩舉以爲例者，有賀知章、李白、王昌齡，相去甚近，亦不應遽與古人竝推。疑原書散佚，而好事者摭拾補之也。何文焕《詩話考索》議其漏没條，稱夏姬當壚，似蕩而貞，謂夏姬無當壚事，當作文君。不知此用辛延年《羽林郎》「胡姬年十五，春日獨當壚」事，特夏字誤，姬字不誤，不必改作文君。且延年詩稱：「貽我青銅鏡，結我紅羅襦。不惜紅羅裂，何論輕賤軀。」所謂似蕩也。又稱「男兒愛後婦，女子重前夫。人生各有分，貴賤不相逾。多謝金吾子，私愛徒區區。」所謂貞也。若文君越禮，安得曰「似蕩而貞」乎？

錢東垣等輯《崇文總目・文史類》書公《詩式》五卷。

詩評

《新唐書・藝文志・文史類》《詩評》三卷。僧皎然。

鄭樵《通志・藝文略・詩評》僧皎然《詩評》三卷。

陳振孫《直齋書録解題・文史類》《詩議》一卷。唐僧皎然撰。

馬端臨《文獻通考・經籍考・文史》《詩議》一卷。

《宋史・藝文志・文史類》僧皎然《詩評》一卷。

金鍼詩格

晁公武《郡齋讀書志・文説類》《金鍼詩格》三卷。右唐白居易撰。居易自謂與劉禹錫、元稹皆以詩擅名當世，撮詩之體要爲一格。以病得鍼而愈，詩亦猶是也，故曰《金鍼集》。

陳振孫《直齋書録解題・文史類》《金針詩格》一卷。白居易撰。

馬端臨《文獻通考・經籍考・文史》《金鍼詩格》三卷。

《宋史・藝文志・文史類》白居易《白氏金針詩格》三卷。

高儒《百川書志・文史》《金鍼集》一卷。唐白居易撰。撮詩之體要爲此格。詩之得訣，猶病者之得金鍼而愈也。

文苑詩格

陳振孫《直齋書録解題・文史類》《文苑詩格》一卷。稱白氏，尤非也。

馬端臨《文獻通考・經籍考・文史》《文苑詩格》一卷。

詩圖

鄭樵《通志・藝文略・詩評》 倪宥《詩圖》一卷。

錢東垣等輯《崇文總目・文史類》 倪宥《詩圖》一卷。

文章龜鑑

《新唐書・藝文志・文史類》 倪宥《文章龜鑑》一卷。

鄭樵《通志・藝文略・詩評》 《文章龜鑑》一卷。唐倪宥集前人律詩。

《宋史・藝文志・文史類》 倪宥《文章龜鑑》一卷。

錢東垣等輯《崇文總目・文史類》 《文章龜鑑》一卷。倪宥編。

詩體

《宋史・藝文志・文史類》 倪宥《詩體》一卷。

炙轂子詩格

《新唐書・藝文志・文史類》 《炙轂子詩格》一卷。

鄭樵《通志・藝文略・詩評》 《炙轂子詩格》一卷。唐王叡撰。

陳振孫《直齋書録解題・文史類》 《炙轂子詩格》一卷。唐王叡撰。

馬端臨《文獻通考・經籍考・文史》 《炙轂子詩格》一卷。

《宋史・藝文志・文史類》 王叡《炙轂子詩格》一卷。

錢東垣等輯《崇文總目・文史類》 《炙轂子詩格》一卷。王叡撰。

詩格

陳振孫《直齋書録解題・文史類》 《詩格》一卷。沙門神彧撰。

馬端臨《文獻通考・經籍考・文史》 《詩格》一卷。

《宋史・藝文志・文史類》 僧神彧《詩格》一卷。

詩格

錢東垣等輯《崇文總目・文史類》 《詩格》一卷。鑒按：王維、王昌齡、王杞、元兢、徐鋭、僧齊己、僧神彧並有《詩格》一卷，此書未知何人所撰。

續古詩人秀句

《宋史・藝文志・文史類》 僧元鑒《續古今詩人秀句》二卷。

錢東垣等輯《崇文總目・文史類》 《續古詩人秀句》二卷。僧元鑒編。鑒按：「古」下疑脱「今」字。

詩律大格

鄭樵《通志・藝文略・詩評》 徐蜕《詩律大格》一卷。

錢東垣等輯《崇文總目・文史類》 《詩律大格》一卷。

大中新行詩格

《新唐書・藝文志・文史類》 王起《大中新行詩格》一卷。

鄭樵《通志・藝文略・詩評》 王起《大中新行詩格》一卷。

錢東垣等輯《崇文總目・文史類》 《大中新行詩格》一卷。王起撰。

二南密旨

《新唐書・藝文志・文史類》 賈島《詩格》一卷。

鄭樵《通志・藝文略・詩評》 賈島《詩格》一卷。

陳振孫《直齋書録解題・文史類》 《二南密旨》一卷。案：《唐書・藝文志》有賈島《詩格》一卷，《宋史・藝文志》作「賈島《詩格密旨》一卷。」唐賈島撰。凡十五門，恐亦依託。

馬端臨《文獻通考・經籍考・文史》 《二南密旨》一篇。

《宋史・藝文志・文史類》 賈島《詩格密旨》一卷。

《四庫提要・詩文評類存目》 《二南密旨》一卷。編修程晉芳家藏本。舊本題唐賈島撰。案陳振孫《書録解題》曰：「《二南密旨》一卷，唐賈島撰。凡十五門。恐亦依託。」此本端緒紛繁，綱目混淆。卷末忽總題一條云：「以上十五門，不可妄傳。」卷中又總題一條云：「以上四十七門，略舉大綱。」是於陳氏所云十五門外，增立四十七門，已與《書録解題》互異。且所謂四十七門、一十五門者，輾轉推尋，數皆不合，亦不解其何故。而議論荒謬，詞意拙俚，殆不可以名狀。如以盧綸「月照何年樹，花逢幾度春」句爲大雅，以錢起「好風能自至，明月不須期」句爲小雅，以《衛風》「日居月諸，胡迭而微」句爲變大雅，以「緑衣黄裳」句爲變小雅。以《召南》「林有樸樕，野有死鹿」句及鮑照「申黜褒女進，班去趙姬昇」句，錢起「竹憐新雨後，山愛夕陽時」句爲南宗。以《衛風》「我心匪石，不可轉也」句，左思「吾愛段干木，偃息藩魏君」句，盧綸詩「誰知樵子徑，得到葛洪家」句爲北宗。皆有如囈語。其論總例物象一門，尤一字不通。島爲唐代名人，何至於此，此殆又僞本之重儓矣。

錢東垣等輯《崇文總目・文史類》 賈島《詩格》一卷。鑒按：《宋志》「格」下有「密旨」二字。

詩例

《新唐書・藝文志・文史類》 姚合《詩例》一卷。

鄭樵《通志・藝文略・詩評》 姚合《詩例》一卷。

《宋史・藝文志・文史類》 姚合《詩例》一卷。

錢東垣等輯《崇文總目・文史類》 姚合《詩例》一卷。

賈島詩句圖

《新唐書・藝文志・文史類》 李洞集《賈島句圖》一卷。

鄭樵《通志・藝文略・詩評》 李洞集《賈島句圖》一卷。

陳振孫《直齋書録解題・文史類》 《句圖》一卷。唐李洞撰。

馬端臨《文獻通考・經籍考・文史》 《句圖》一卷。

《宋史・藝文志・文史類》 李洞《賈島詩句圖》一卷。

錢東垣等輯《崇文總目・文史類》 《賈島詩句圖》一卷。李洞編。鑒按：舊本脱「詩」字。

本事詩

《新唐書・藝文志・總集類》 孟啓《本事詩》一卷。

鄭樵《通志・藝文略・總集》 《本事詩》一卷。唐孟棨集。

《宋史・藝文志・總集類》 孟啓《本事詩》一卷。

高儒《百川書志・文史》 《本事詩》一卷。唐司勳郎中孟棨著。事因詩敘，詩以事分，品列七題，粹收衆妙。

徐𤊹《徐氏家藏書目・詩話類》 唐《本事詩》一卷。孟啓。

毛晉《汲古閣書跋》 《本事詩》。宋計有功《唐紀事》一書，予酷好之，後微嫌其詳於載詩，略於紀事爾。比覽初中緣情感事七類，皆敘事夾詩句，令人展卷掩卷，美動七情，又不流于靡艷一派，真所謂好色而不淫者歟。或病其卷帙太簡，曾見蟹蛈鴝贉羅列方丈者耶？猶覺傌吴處常子未免蛇足云。

錢謙益等《絳雲樓書目·詩話類》《唐本事詩》。孟棨。

《四庫提要·詩文評類一》《本事詩》一卷。兩江總督採進本。唐孟棨撰。棨字初中。爵里未詳。王定保《唐摭言》稱：「棨出入場籍垂三十餘年。年稍長於小魏公。其放榜日，出行曲謝」云云。則嘗於崔沆下登第。書中韓翃條内稱：「開成中，余罷梧州。」亦不知爲梧州何官。《新唐書·藝文志》載此書，題曰孟啓，毛晉《津逮祕書》因之。然諸家稱引，竝作「棨」字，疑《唐志》誤也。是書前有光啓二年自序，云「大駕在褒中」。蓋作於僖宗幸興元時。皆採歷代詞人緣情之作，敘其本事。分情感、事感、高逸、怨憤、徵異、徵咎、嘲戲七類。所記惟樂昌公主、宋武帝二條爲六朝事，餘皆唐人。其中《士人代妻荅詩》一首，韋縠《才調集》作葛鵶兒。二人相去不遠，蓋傳聞異詞。《薔薇花落》一詩，乃賈島刺裴度作。棨所記不載緣起，疑傳寫脱誤。其李白「飯顆山頭」一詩，論者頗以爲失實。然唐代詩人軼事頗賴以存，亦談藝者所不廢也。晁公武《讀書志》載：「五代有處常子者，嘗續棨書爲二卷，仍依棨例，分爲七章，皆唐人之詩。今佚不傳，惟棨書僅存」云。

文章玄妙

陳振孫《直齋書録解題·文史類》《文章玄妙》一卷。唐任藩撰。言作詩聲病、對偶之類。凡世所傳詩格，大率相似。余嘗書其末云：「論詩而若此，豈復有詩矣。唐末詩格汙下，其一時名人，著論傳後乃爾，欲求高尚，豈可得哉？」

馬端臨《文獻通考·經籍考·文史》《文章玄妙》一卷。

唐詩主客圖

鄭樵《通志·藝文略·詩評》《唐詩主客圖》三卷。張爲撰。

陳振孫《直齋書録解題·文史類》《唐詩主客圖》一卷。唐張爲撰。所謂「主」者，白居易、孟雲卿、李益、鮑溶、孟郊、武元衡，各有標目。餘有升堂、及門、入室之殊，皆所謂「客」也。近世詩派之説殆出于此，要皆有未然者。

馬端臨《文獻通考·經籍考·文史》《唐詩主客圖》一卷。

《宋史·藝文志·文史類》張爲《唐詩主客圖》二卷。

張之洞《書目答問·詩文評》《主客圖》三卷。唐張爲。鏡煙堂本，函海本。

二十四詩品

毛晉《汲古閣書跋》《表聖詩品》。此表聖自列其詩之有得於文字之表者二十四則也。昔子瞻論黄子思之詩，爲表聖之言。美在鹹酸之外，可以一唱而三歎。於乎！崎嶇兵亂之間，而詩文高雅，猶有承平之遺風，惟其有之，是以似之，可以得表聖之品矣。

楊士奇等《文淵閣書目·詩詞》《唐詩品》。一部，一册，闕。

《四庫提要·詩文評類一》《詩品》一卷。内府藏本。唐司空圖撰。圖有文集，已著録。唐人詩格傳於世者，王昌齡、杜甫、賈島諸書，率皆依託。即皎然《杼山詩式》亦在疑似之閒。惟此一編，真出圖手。其《一鳴集》中，有與李秀才論詩書，謂：「詩貫六義，諷諭抑揚，渟蓄淵雅，皆在其中。惟近而不浮，遠而不盡，然後可言意外之致。」又謂：「梅止於酸，鹽止於鹹，而味在酸鹹之外。」其持論非晚唐所及，故是書亦深解詩理。凡分二十四品：曰雄渾，曰沖淡，曰纖穠，曰沈著，曰高古，曰典雅，曰洗鍊，曰勁健，曰綺麗，曰自然，曰含蓄，曰豪放，曰精神，曰縝密，曰疎野，曰清奇，曰委曲，曰實境，曰悲慨，曰形容，曰超詣，曰飄逸，曰曠達，曰流動，各以韻語十二句體貌之。所列諸體畢備，不主一格。王士禎但取其「采采流水，蓬蓬遠春」二語，又取其「不著一字，盡得風流」二語，以爲詩家之極則。其實非圖意也。

風騷旨格

陳振孫《直齋書録解題·文史類》《風騷指格》一卷。唐僧齊己撰。

馬端臨《文獻通考·經籍考·文史》《風騷指格》一卷。

《宋史·藝文志·文史類》 僧齊己《詩格》一卷。

毛晉《汲古閣書跋》 《風騷旨格》。莆田蔡氏著《吟窗雜詠》載：「諸家詩格、詩評類三十餘種，大略真贗相半，又脱落不堪讀。丙寅春，從雲間了予丙父遺書中簡得齊己《白蓮集》十卷，末載《風騷旨格》一卷，與蔡本迥異，急梓之，以正諸本之誤」云。

玄機分明要覽

《宋史·藝文志·文史類》 僧齊己《玄機分明要覽》一卷。

詩　格

顧櫰三《補五代史藝文志·總集類》 《詩格》一卷。鄭谷、僧齊己、黄損同輯。

緣情手鑑詩格

陳振孫《直齋書録解題·文史類》 《緣情手鑑詩格》一卷。題樵人李宏宣撰。未詳何人，當在五代前。

馬端臨《文獻通考·經籍考·文史》 《緣情手鑑詩格》一卷。

續本事詩

鄭樵《通志·藝文略·總集》 《續本事詩》二卷。

《宋史·藝文志·總集類》 《續本事詩》二卷。

詩點化祕術

鄭樵《通志·藝文略·詩評》 《詩點化祕術》一卷。任傳撰。

詞　林

《宋史·藝文志·文史類》 范攄《詞林》一卷。

絲綸點化

《宋史·藝文志·文史類》 王損之《絲綸點化》二卷。

究判玄微

《宋史·藝文志·文史類》 方仲舒《究判玄微》一卷。

詩　格

《宋史·藝文志·文史類》 王杞一作「超」《詩格》一卷。

詩　式

《宋史·藝文志·文史類》 僧辭遠《詩式》十卷。

詩鑑

《宋史・藝文志・文史類》許文貴一作「貢」《詩鑑》一卷。

國風正訣

《宋史・藝文志・文史類》鄭谷《國風正訣》一卷。

詩格

《宋史・藝文志・文史類》徐鋭《詩格》一卷。

處囊訣

陳振孫《直齋書録解題・文史類》《處囊訣》一卷。金華僧保暹撰。

馬端臨《文獻通考・經籍考・文史》《處囊訣》一卷。

流類手鑑

陳振孫《直齋書録解題・文史類》《流類手鑑》一卷。僧虚中撰。

馬端臨《文獻通考・經籍考・文史》《流類手鑑》一卷。

詩評

陳振孫《直齋書録解題・文史類》《詩評》一卷。桂林僧原闕淳撰。

馬端臨《文獻通考・經籍考・文史》《詩評》一卷。陳氏曰：桂林僧德淳撰。

擬皎然十九字

陳振孫《直齋書録解題・文史類》《擬皎然十九字》一卷。稱正字王元撰。不知何人。

馬端臨《文獻通考・經籍考・文史》《擬皎然十七字》一卷。

詩格要律

陳振孫《直齋書録解題・文史類》《詩格要律》一卷。進士王夢簡撰。

馬端臨《文獻通考・經籍考・文史》《詩格要律》一卷。

琉璃堂墨客圖

陳振孫《直齋書録解題・文史類》《琉璃堂墨客圖》一卷。

馬端臨《文獻通考・經籍考・文史》《琉璃堂墨家圖》一卷。

雅道機要

陳振孫《直齋書録解題・文史類》《雅道機要》二卷。前卷不知何人，後卷稱徐寅撰。

馬端臨《文獻通考・經籍考・文史》《雅道機要》二卷。

詩評

陳振孫《直齋書録解題・文史類》《詩評》一卷。不知名氏。

馬端臨《文獻通考・經籍考・文史》《詩評》一卷。

泉山秀句集

鄭樵《通志・藝文略・詩評》黄滔《泉山秀句集》三十卷。

文場秀句

鄭樵《通志・藝文略・詩評》王起《文場秀句》一卷。

吟體類例

鄭樵《通志・藝文略・詩評》《吟體類例》一卷。

寡和圖

鄭樵《通志・藝文略・詩評》《寡和圖》三卷。僧定雅撰。

《宋史・藝文志・文史類》僧定雅《寡和圖》三卷。

風雅拾翠圖

鄭樵《通志・藝文略・詩評》《風雅拾翠圖》一卷。僧惟鳳撰。

詩林句範

鄭樵《通志・藝文略・詩評》《詩林句範》五卷。

詩律詩格

鄭樵《通志・藝文略・詩評》杜氏《詩律詩格》一卷。

律詩洪範

鄭樵《通志・藝文略・詩評》徐三極《律詩洪範》一卷。

風騷要式

鄭樵《通志・藝文略・詩評》徐衍《風騷要式》一卷。

陳振孫《直齋書録解題・文史類》《風騷要式》一卷。徐衍述。亦未詳何人。

馬端臨《文獻通考・經籍考・文史》《風騷要式》一卷。

風騷格

鄭樵《通志・藝文略・詩評》《風騷格》五卷。閻東叟撰。

續句圖

鄭樵《通志・藝文略・詩評》《續句圖》一卷。

九僧選句圖

鄭樵《通志・藝文略・詩評》《九僧選句圖》一卷。

續金針詩格

鄭樵《通志・藝文略・詩評》《續金針詩格》三卷。

晁公武《郡齋讀書志・文説類》《續金鍼詩格》一卷。右皇朝梅堯臣聖俞撰。聖俞游廬山，宿西林，與僧希白談詩，因廣樂天所述云。

陳振孫《直齋書録解題・文史類》《續金針格》一卷。梅堯臣撰。大抵皆假託也。

馬端臨《文獻通考・經籍考・文史》《續金鍼詩格》一卷。

御選句圖

陳振孫《直齋書録解題・文史類》《御選句圖》一卷。太宗皇帝所選楊徽之詩十聯，真宗皇帝所選送劉綜詩八聯。

馬端臨《文獻通考・經籍考・文史》《御製句圖》一卷。

林和靖摘句圖

陳振孫《直齋書録解題・文史類》《林和靖摘句圖》一卷。林逋詩句。

馬端臨《文獻通考・經籍考・文史》《林和靖摘句圖》一卷。

《宋史・藝文志・文史類》《林逋句圖》三卷。

詩苑類格

晁公武《郡齋讀書志・文説類》《李公詩苑類格》三卷。右皇朝李淑撰。寶元三年，豫王出閤，淑爲王子傅，因纂成此書上之。述古賢作詩體格，總九十目。

尤袤《遂初堂書目・文史類》《詩苑類格》。

陳振孫《直齋書録解題・文史類》《詩苑類格》三卷。李淑撰。

馬端臨《文獻通考・經籍考・文史》《李公詩苑類格》三卷。

《宋史・藝文志・文史類》李淑《詩苑類格》三卷。

楊氏筆苑句圖續

鄭樵《通志・藝文略・詩評》楊氏《筆苑句圖》一卷。黄鑑編。

陳振孫《直齋書録解題・文史類》《楊氏筆苑句圖》一卷《續》一卷。黄鑑編。蓋楊億大年之所嘗舉者，皆時賢佳句。續者不知何人。亦大年所書唐人句也，所録李義山、唐彦謙之句爲多。西崑體蓋出二家。

馬端臨《文獻通考・經籍考・文史》《楊氏筆苑句圖》一卷《續》一卷。

詩三話

陳振孫《直齋書録解題・文史類》《詩三話》一卷。無名氏。

馬端臨《文獻通考・經籍考・文史》《詩三話》一卷。

惠崇句圖

陳振孫《直齋書録解題・文史類》《惠崇句圖》一卷。僧惠崇所作。

馬端臨《文獻通考・經籍考・文史》《惠崇句圖》一卷。

孔中丞句圖

陳振孫《直齋書録解題・文史類》《孔中丞句圖》一卷。「中丞」者，或是孔道輔耶？

馬端臨《文獻通考・經籍考・文史》《孔中丞句圖》一卷。

雜句圖

陳振孫《直齋書録解題・文史類》《雜句圖》一卷。不知何人所集，皆本朝人詩也。自魏文帝《詩格》而下二十七家已見《吟窗雜録》。

馬端臨《文獻通考・經籍考・文史》《雜句圖》一卷。

天厨禁臠

鄭樵《通志・藝文略・詩評》《天厨禁臠》二卷。僧惠洪撰。

晁公武《郡齋讀書志・文説類》《天厨禁臠》三卷。右皇朝釋惠洪撰。論諸家詩格。

陳振孫《直齋書録解題・文史類》《天厨禁臠》三卷。僧惠洪撰。

馬端臨《文獻通考・經籍考・文史》《天厨禁臠》三卷。

《宋史・藝文志・文史類》僧惠洪《天厨禁臠》三卷。

錢曾《讀書敏求記・詩文評》《天厨禁臠》三卷。右門洪覺範撰。

《四庫提要・詩文評類存目》《天厨禁臠》三卷。浙江巡撫採進本。宋釋惠洪撰。惠洪有《冷齋夜話》，已著録。是編皆標舉詩格，而舉唐、宋舊作爲式。然所論多強立名目，旁生支節。如首列杜甫《寒食對月》詩爲偷春格，而謂黄庭堅茶詞叠押四山字爲用此法，則風馬牛不相及。又如蘇軾「芳草池塘惠連夢，上林鴻雁子卿歸」句，黄庭堅「平生幾兩屐，身後五車書」句，謂射鴈得蘇武書無「鴻」字，故改謝靈運「春草池塘」爲「芳草」，「五車」書無「身後」字，故改阮孚「人生幾兩屐」爲「平生」，謂之用事補綴法，亦自生妄見。所謂古詩押韻换韻之類，尤茫然不知古法。嚴羽《滄浪詩話》稱《天厨禁臠》最害事，非虚語也。

杜詩刊誤

晁公武《郡齋讀書志・文説類》《杜詩刊誤》一卷。右皇朝王仲至撰。

馬端臨《文獻通考・經籍考・文史》《杜詩刊誤》一卷。

詩史音辨

尤袤《遂初堂書目・文史類》《詩史音辨》。

詩史總目正異

尤袤《遂初堂書目・文史類》《詩史總目正異》。

諸家老杜詩評續

陳振孫《直齋書録解題·文史類》 《詩家老杜詩評》五卷《續》一卷。莆田方深道集。

馬端臨《文獻通考·經籍考·文史》 《諸家老杜詩評》五卷《續》一卷。

《宋史·藝文志·文史類》 方深道《集諸家老杜詩評》五卷。

范邦甸等《天一閣書目·詩文評類》 《諸家老杜詩評》五卷。烏絲闌鈔本。

方深道序云：「先兄史君嘗類集老杜詩史，仍取唐宋以來名士評公詩者，悉摭其語爲卷帙，號曰《老杜詩評》，以附詩史之後，俾覽者有所攷證。深道須次之，暇又於後來諸小説中擇其未經纂録者，自《洪駒父詩話》以下凡八家從而益之，因書卷帙鏤版以傳于世云。」

錢曾《讀書敏求記·詩文評》 《諸家老杜詩評》五卷。方深道取其兄類集老杜詩史，益以《洪駒父詩話》已下凡八家編次成帙。牧翁箋注，頗有採于此焉。

《四庫提要·詩文評類存目》 《老杜詩評》五卷。兩淮馬裕家藏本。元方深道撰。深道，晉江人。官奉議郎，知泉州。舊本題曰元人。案：是編見陳振孫《書録解題》，確爲宋人，題元人者誤也。其書皆彙輯諸家評論杜詩之語，別無新義。

杜陵詩評

王圻《續文獻通考經籍考·詩集》 《杜陵詩評》十卷。興化方醇道著。

古今名賢警句圖

《宋史·藝文志·文史類》 蔡希蘧《古今名賢警句圖》一卷。

唐杜荀鶴警句圖

《宋史·藝文志·文史類》 強行父《唐杜荀鶴警句圖》一卷。

歷代吟譜

鄭樵《通志·藝文略·詩評》 《歷代吟譜》二十卷。

《宋史·藝文志·文史類》 《歷代吟譜》二十卷。

《四庫提要·詩文評類存目》 《歷代吟譜》五卷。兩淮鹽政採進本。宋蔡傳撰。傳，莆田人，襄之孫也。此編始前漢以迄唐、宋，凡能詩之人皆紀其姓字。末載厲鶚跋云：「此書嘗有麻沙刻本，節略不全。其敘次當以漢迄唐爲第一卷，宋爲第二卷，名僧爲第三卷，閨秀爲第四卷，武人爲第五卷。」今本序次悉與跋同，蓋近人因鶚跋更定也。

聲律發微

《宋史·藝文志·文史類》 胡源《聲律發微》一卷。

唐詩紀事

錢謙益等《絳雲樓書目·唐詩類》 《唐詩紀事》。計有功，字敏夫。

黃虞稷《千頃堂書目·總集類》 計有功《唐詩紀事》八十一卷。臨邛進士，好學，有至行。

倪燦等《補遼金元藝文志·總集類》 計有功《唐詩紀事》八十一卷。臨邛進士。

彭元瑞等《天禄琳琅書目後編·明版集部》 《唐詩紀事》二函，十六册。宋計有功撰。有功，字敏夫，安仁人。

徐𤊹《徐氏家藏書目・詩話類》《唐詩紀事》八十卷。計敏夫。

毛晉《汲古閣書跋》《唐詩紀事》。唐詩之流傳者，不啻稻麻竹葦，而正本絶少。凡分類分體，尤爲可恨。予因據初盛中晚世次，每一人全録一册。卷首著紀略，或載本傳，卷尾拾遺文遺事若干則，可稱有唐大觀。第卷帙浩繁，未能旦晚卒業耳。既讀計敏夫《唐詩紀事》八十一卷，雖詩與事未甚詳，而姓氏已備於他集，且率意散書，無評注眩目，頗令人有匡鼎之思。第嘉定間王慶長本子已不可得，迄國朝一刻於嘉靖乙巳，再刻於萬曆甲午，其間遺逸淆譌，讀者不能意逆。或一人重見，如十三卷、十九卷王熊之類是也；或一詩重見，如第四卷、第九卷《凌潮浮江旅思》之類是也；或脱去本詩，如賀知章「江皋聞曙鐘」、趙東曦「上月今朝減」之類是也；或誤入他詩，如虞世南「豫游欣勝地」、韋承慶「萬里人南去」之類是也；甚至有幾人混作一人，幾題溷作一題，或一人一詩反分析幾首者。予參之本集及《御覽》、《英華》、《文萃》、《弘秀》諸書二百餘種，一一釐正，庶幾無遺恨矣。若乃白樂天因九老而再見，非重例也；僧滄浩因晝公而削去，非逸例也。至於綦母潛「鐘聲扣白雲」，向誤「和白雲」；王摩詰「興闌啼鳥換」，向誤「啼鳥緩」，「種松皆老作龍鱗」，向誤「皆作老龍鱗」云云，更定已多，未能悉舉，尚容拈出另編作詩林一段佳話爾。

于敏中等《天禄琳琅書目・明版子部》《唐詩紀事》六函，四十八册。宋計有功著。八十一卷。前有功自序，宋王禧序，目録後載明張子立識語。計有功《宋史》無傳。按：淩迪知《萬姓統譜》但稱有功居魏公幕府，紹興中遣詣行在，奏對獻所著《晉鑑》云云，而未詳其里居。今觀其書中自序識爲臨卭，則知有功乃蜀人也。王禧序作於嘉定甲申歲，稱慶元辛酉始得是書，立命數十吏傳録。翻閱累年，手自讐校，十是正其七八，乃録之於懷安郡齋。是此書初刻係出於王禧之手，而張子立又爲重校覆刊，因作識語於其後也。又考朱彝尊《明詩綜》小傳，張子立字原禮，黄縣人。中嘉靖丙戌科進士，官至右僉都御史，巡撫延綏。梁澍收藏印記無考。闕補卷五十一五。

《四庫提要・詩文評類一》《唐詩紀事》八十一卷。江蘇巡撫採進本。宋計有功撰。有功字敏夫，其始末未詳。李心傳《建炎以來繫年要録》載：「紹興五年秋七月戊子，右承議郎新知簡州計有功提舉兩浙西路常平茶鹽公事。有功，安仁人。張浚從舅也。」又考郭印《雲溪集》，有《和計敏夫留題雲溪》詩曰：「知君絶學謝芸編，語默行藏不礙禪。親到雲溪重説偈，天開地闢見純全。」則敏夫爲南渡時人。詳印詩意，蓋耽味禪悦之士。而是集乃留心風雅，採摭繁富，於唐一代詩人或録名篇，或紀本事，兼詳其世系爵里，凡一千一百五十家。唐人詩集不傳於世者，多賴是書以存。其某篇爲某集所取者，如《極玄集》、《主客圖》之類亦一一詳注。今姚合之書猶存。張爲之書獨藉此編以見梗概，猶可考其孰爲主，孰爲客，孰爲及門，孰爲升堂，孰爲入室。則其輯録之功，亦不可没也。惟其中多委巷之談，如謂李白微時曾爲縣吏，併載其牽牛之謔、溺女之篇，俳諧猥瑣，依託顯然，則是榛楛之勿翦耳。

張之洞《書目答問・詩文評》《唐詩紀事》八十卷。宋計有功。通行本。

杜詩發揮

陳振孫《直齋書録解題・文史類》《杜詩發揮》一卷。金華杜旃仲高撰。

馬端臨《文獻通考・經籍考・文史》《杜詩發揮》一卷。

少陵詩格

《四庫提要・詩文評類存目》《少陵詩格》一卷。《永樂大典》本。宋林越撰。越有《漢雋》，已著録。是篇發明杜詩篇法，穿鑿殊甚。如《秋興八首》第一首爲接項格。謂「江間波浪兼天湧」，爲巫峽之蕭森，「塞上風雲接地陰」，爲巫山之蕭森，已牽合無理。第二首爲交股格。三首曰開合格。四首曰雙蹄格。五首曰續後格。六首曰首尾互换格。七首曰首尾相同格。八首曰單蹄格。隨意支配，皆莫知其所自來。後又有《詠懷古蹟》、《諸將》諸詩，亦間及他家。每首皆標立格名，種種杜撰，此真強作解事者也。

聲律關鍵

胡師安等《元西湖書院重整書目・集》《聲律關鍵》。

阮元《四庫未收書目提要・詩文評類》《聲律關鍵》八卷。宋鄭起潛撰。起潛字子升，吴縣人。少孤力學，舉進士，官至直學士，權兵部尚書。是編乃其官吉州州學教授時所上。前有淳祐元年正月六日尚書省劄子，云「總以五訣，分爲八韻，至于一句亦各有法」。是雖專爲場屋而設，録而存之，以見當時學者之所業矣。

續老杜詩評

《宋史・藝文志・總集類》 方絟《續老杜詩評》五卷。

吟窗雜録

陳振孫《直齋書録解題・文史類》《吟窗雜録》三十卷。莆田蔡傳撰。君謨之孫也。取諸家詩格、詩評之類集成之。又爲《吟譜》，凡魏、晉而下能詩之人，皆略具其本末，總爲此書。麻沙嘗有刻本，節略不全。

馬端臨《文獻通考・經籍考・文史》《吟窗雜詠》三十卷。

范邦甸等《天一閣書目補遺・總集類》《吟窗雜録》五十卷。嘉靖戊申崇文書堂家藏宋版重刊。宋陳應行編，并序云：「余於暇日，編集魏文帝以來至於渡江以前，凡詩人作爲格式綱領，以淑諸人者。上下數千載閒所類者。親手校正，聚爲五十卷，臚分鱗次，具有條理目，曰《吟窗雜録》。」

《四庫提要・詩文評類存目》《吟窗雜録》五十卷。編修勵守謙家藏本。舊本題狀元陳應行編。前有紹興五年重陽後一日浩然子序，序末有「嘉靖戊申孟夏崇文書堂家藏宋本刊」字，蓋僞書也。前列諸家詩話，惟鍾嶸《詩品》爲有據，而刪削失真。其餘如李嶠、王昌齡、皎然、賈島、齊己、白居易、李商隱諸家之書，率出依託，鄙倍如出一手。而開卷《魏文帝詩格》一卷，乃盛論律詩，所引皆六朝以後之句，尤不足排斥，可謂心勞日拙者矣。

疎寮選詩句圖

陳振孫《直齋書録解題・文史類》《選詩句圖》一卷。高似孫編。

馬端臨《文獻通考・經籍考・文史》《選詩句圖》一卷。

高儒《百川書志・文史》《疎寮選詩句圖》一卷。宋高似孫續古選集。

樂府指迷

倪燦等《宋史藝文志補・文史類》 張炎《樂府指迷》二卷。

詩林廣記

范邦甸等《天一閣書目・詩文評類》《名賢叢話詩林廣記》十卷。刊本。宋蔡正孫編。張鼐序。

范邦甸等《天一閣書目補遺・詩文評類》《詩林廣記前集》十卷《後集》十卷。刊本。宋蒙齋蔡正孫粹然編。序稱：「采晉宋以來數大名家及其餘膾炙人口者凡幾百篇鈔之，以課兒姪。併集前賢評話及有所援據摹擬者，冥蒐旁引而麗於各篇之次。凡出於諸老之所品題者必在此選。濟南張鼐有序。」

徐𤊹《徐氏家藏書目・詩話類》《詩林廣記》四卷。

《四庫提要・詩文評類一》《詩林廣記前集》十卷《後集》十卷。兵部侍郎紀昀家藏本。宋蔡正孫撰。正孫字粹然，自號蒙齋野逸。前有自序，題「歲在屠維赤奮若」，蓋己丑年作。考黄庭堅寄蘇轍詩條引熊禾語，則當爲元太祖至元二十六年，時宋亡十年矣。謝枋得集附録贈行諸篇中，有正孫詩一首，蓋即其人也。其書前集載陶潛至元微之共二十四人，而九卷附録薛能等三人，十卷附録薛道衡等五人。後集載歐陽修至劉攽二十八人，止於北宋。其目録之末，稱編選未盡者，見於續集刊行。今續集則未見焉。兩集皆以詩隸人，而以詩話隸詩。各載其全篇於前，而所引諸説則下詩二格，條列於後。體例在總集、詩話之閒。國朝厲鶚作《宋詩紀事》，實用其例。然此書凡無所評論考證者，即不空録其詩。較鶚書之兼用《唐詩紀事》例者，又小異爾。

詩體提綱

錢曾《讀書敏求記・詩文評》 《詩體提綱》十卷。標題江湖詩社聚編，而序文以禪喻詩。謂漢、魏、盛唐入諸佛地位，大曆、元和以降證圓覺聲聞果，晚唐則小乘禪。蓋影畧嚴儀唾餘而衍其説者，不知聲聞即小乘也，書此以正之。

增廣類聯詩學大全

彭元瑞等《天禄琳琅書目後編・明版集部》 《增廣類聯詩學大全》二函，十二册。宋林楨撰。楨，閩人。書三十卷，分二十八門。曰天文、地理、時令、宫室、花木、百果、草木、君道、臣道、親屬、百官、儒學、僧道、人品、人事、雜伎、慶賀、弔慰、飲食、衣服、器用、音樂、圖畫、寶貝、飛禽、走獸、鱗介、昆蟲。每目首曰事類，次曰大意，次曰起，曰聯，曰結，皆以備作詩撏撦之用，與《攔江網》相類。首有無名氏序，稱放翁先生因楊月軒之請勒成一書。然百官門中有「總管」，有「蒙古教授」，皆元時官名，非出於陸游也。書末刻「正德丙子仲春吉旦西園堂刊」。丙子乃明正德十一年，坊賈剗去「正」字以贋元版，然元人德起丁酉迄丁未，無丙子也。闕補卷首一二。

詩律武庫

楊士奇等《文淵閣書目・詩詞》 《詩律武庫》。一部，一册。闕。

黄虞稷《千頃堂書目・文史類》 《詩律武庫》二十卷。

倪燦等《宋史藝文志補・文史類》 《詩律武庫》二十卷。失名。

杜詩學

王圻《續文獻通考經籍考・詩集》 《杜詩學》一卷。金元好問著。

黄虞稷《千頃堂書目・文史類》 元好問《杜詩學》一卷。

杜詩學

錢大昕《補元史藝文志・評注類》 元好問《杜詩學》一卷。

楊士奇等《文淵閣書目・詩詞》 《杜詩學》。一部，三册。闕。

龔顯曾《金藝文志補録・評注類》 《杜詩學》一卷。元好問。

東坡詩雅

黄虞稷《千頃堂書目・文史類》 元好問《東坡詩雅》三卷。

龔顯曾《金藝文志補録・評注類》 《東坡詩雅》二卷。元好問。《倪志》、《金志》作三卷。

詩法家數

《四庫提要・詩文評類存目》 《詩法家數》一卷。兩江總督採進本。舊本題元楊載撰。載有《楊仲宏集》，已著録。是編論多庸膚，例尤猥雜。如開卷即云：「夫詩之爲法也，有其説焉。賦、比、興者，皆詩製作之法。然有賦起，有比起，有興起」云云。殆似略通字義之人，強作文語，已爲可笑。乃甫隔一頁，忽另標一題曰「詩學正源」，題下標一綱曰「風、雅、頌、賦、比、興」。綱下之目又曰：「詩之六義，而實則三體：風、雅、頌者，詩之體；賦、比、興者，詩之注。故興、比、賦者，又所以製作乎風、雅、頌者也。凡詩中有賦起，有比起，有興起。然風之中有賦、比、興，雅、頌之中亦有賦、比、興」云云。載在於元，號爲作手，其陋何至於是？必坊賈依託也。

錢大昕《補元史藝文志・文史類》 楊載《詩法家數》一卷。

杜陵詩律

黃虞稷《千頃堂書目・文史類》 楊士弘《杜陵詩律》一卷。

詩譜

高儒《百川書志・文史》《詩譜》二卷。汝陽右客陳繹曾撰。

錢謙益等《絳雲樓書目・文說類》 陳繹曾《詩譜》。

黃虞稷《千頃堂書目・文史類》 陳繹曾《詩譜》一卷。

古詩訂義

錢大昕《補元史藝文志・文史類》 程時登《古詩訂義》。

感興詩講義

錢大昕《補元史藝文志・文史類》 程時登《感興詩講義》。

學詩管見

范邦甸等《天一閣書目・詩文評類》《學詩管見》一卷。刊本。明俞遠著并序。

錢大昕《補元史藝文志・文史類》 俞遠《學詩管見》一卷。

杜陵詩律

高儒《百川書志・文史》《杜陵詩律》一卷。元楊仲宏作，律止四十三首。此不知出於何人。首著一格，凡五十一格。

增類撰聯詩攔江網

彭元瑞等《天禄琳琅書目後編・元版集部》《增類撰聯詩學攔江網》一函，十四冊。不著撰人姓名。書七十卷，爲七集，每集十卷。分列門類。甲：天文、氣候、晝夜；乙：時令、節候、疆域、城市；丙：地理、宮室、樓臺、人才、人倫；丁：百花、果實、竹木、百木、草木、百草、禾稼；戊：羽族、鱗介、走獸、蜂蝶、昆蟲；己：舟車、鐙火、器用、兵器、衣冠、樂器、文物、珍寶、茶酒、人事、遊賞、女工、農桑、蠶桑；庚：君道、治道、臣職、榮達、經籍、士學、文章、性學、理學。每目首列句之可命題者曰集題；次雙字相偶者曰屬對；次雙字可破題者曰體字；次五言七言起對結句摘聯。率以供初學撏撦應舉倉卒之用。門目繁雜，次序乖互，乃坊刻兔園冊之陋者。麻沙袖珍本，極工細，鈐印二，不可辨。

詩源撮要

錢謙益等《絳雲樓書目・詩話類》 楊仲宏《詩源撮要》。元末人。

松石軒詩評

范邦甸等《天一閣書目・詩文評類》《松石軒詩評》二卷。刊本。明竹林懶仙撰。

徐𤊹《徐氏家藏書目・詩話類》《懶仙詩評》二卷。竹林懶仙。

錢謙益等《絳雲樓書目・詩話類》 臞仙《松石軒詩評》。

黃虞稷《千頃堂書目・文史類》 寧靖王奠培竹林嬾仙《松石軒詩評》二卷。

錢曾《讀書敏求記・詩文評》《松石軒詩》一卷。竹林嬾仙撰。

《明史・藝文志・文史類》 寧靖王奠培《詩評》一卷。

臞仙詩譜

高儒《百川書志・文史》《臞仙詩譜》一卷。

錢謙益等《絳雲樓書目・詩話類》《詩譜》一卷。寧獻王。

黃虞稷《千頃堂書目・文史類》 寧獻王權《詩譜》一卷。

《明史・藝文志・文史類》 寧獻王《詩譜》一卷。

臞仙詩格

高儒《百川書志・文史》《臞仙詩格》一卷。國朝臞仙製十三格古今一百二十八體。

黃虞稷《千頃堂書目・文史類》 寧獻王權《詩格》一卷。

《明史・藝文志・文史類》 寧獻王《詩格》一卷。

西江詩法

高儒《百川書志・文史》《江西詩法》一卷。臞仙編，爲目二十有二。

范邦甸等《天一閣書目・詩文評類》《西江詩法》一卷。刊本。卷首載涵虚子臞仙編并序云：「余得元儒所作詩法，皆吾西江之聞人也。其理尤有高處，乃與黃裳詩法互相取捨，芟其繁蕪，校其優劣，除文法及詩宗正法不取外，擇其可以爲法者編爲一帙。」

錢謙益等《絳雲樓書目・詩話類》《西江詩法》一卷。明寧獻王。《西江詩法》。

黃虞稷《千頃堂書目・文史類》 寧獻王權《西江詩法》一卷。

《明史・藝文志・文史類》 寧獻王《西江詩法》一卷。

顔鮑詩評

楊士奇等《文淵閣書目・詩詞》《顔鮑詩評》。一部，一册。闕。

李巖詩辨

楊士奇等《文淵閣書目・詩詞》《李巖詩辨》。一部，一册。闕。

因詩録

楊士奇等《文淵閣書目・詩詞》《因詩録》。一部，一册。闕。

復齋聞記

楊士奇等《文淵閣書目・詩詞》《復齋聞記》。一部，二册。闕。

沙中金

高儒《百川書志・文史》《沙中金》一卷。元無著者，以全詩摘句，定爲格式。

詩家一指

高儒《百川書志・文史》《詩家一指》一卷。皇明嘉禾懷悅用和編集。

范邦甸等《天一閣書目・詩文評類》《詩家一指》一卷。刊本。明懷悅編集。敘云：「禪家有一指之傳，非取義于指，蓋以明夫心之無二也。詩家有一指之喻，亦以詩法之傳本乎正宗，而貴乎心法之好也。善哉，喻乎！」余偶獲是編，其法以唐律之精粹者，采其關鍵以立則焉。若曰「雙拋」、「單拋」、「內剥」、「外剥」、「鉤鎖連環」、「一字貫穿」之類，深有得乎「詩格」之體，可爲學者之矩度，今不敢匿，命工繡梓與四方，學者共之。

黄虞稷《千頃堂書目・文史類》 懷悅《詩家一指》一卷。

《明史・藝文志・文史類》 懷悅《詩家一指》一卷。

詩家指要

高儒《百川書志・文史》《詩家指要》一卷。

白沙詩教

高儒《百川書志・文史》《白沙詩教》十卷。《詩教外傳》五卷。皇明翰林檢討白沙陳獻章，詩百六十六篇。南京國子祭酒門人甘泉湛若水輯解之，門人二字原脱。從瞿校鈔本補。《外傳》十篇。凡若干條，皆詩談。

徐𤊹《徐氏家藏書目・詩話類》《陳白沙詩教》十五卷。

吟堂博笑集

高儒《百川書志・文史》《吟堂博笑集》五卷。皇明葵亭居士中吴高鉉編，集諸書所載隋陳唐宋婦人女子之事，會萃一篇。分死節、勸戒、奇遇、題咏、寄情五類，著書立格，度越常情，仍係本事，以資考據。

黄虞稷《千頃堂書目・文史類》 高鉉《吟堂博笑集》五卷。吴人，集諸書所載閨閣詩，本其事而記之。分死節、勸戒、奇遇、題詠、寄情五類。

詩論

高儒《百川書志・外史》《詩論》一卷。

唐詩行世紀

黄虞稷《千頃堂書目・文史類》 沈麟《唐詩行世紀》五卷。一作沈鱗。

《明史・藝文志・文史類》 沈麟《唐詩世紀》五卷。

哲匠金桴

黄虞稷《千頃堂書目・文史類》 楊慎《哲匠金桴》五卷。

彭元瑞等《天禄琳琅書目後編・明版集部》《哲匠金桴》一函二册。明楊慎撰。書五卷，依四聲字，凡古書詩句之新艷可入韻語者，皆摘句注，篇前有隆慶戊辰朱茄序。

千里面談

黄虞稷《千頃堂書目・文史類》 楊慎《千里面談》二卷。與張含談詩。

唐音癸籤

《四庫提要・詩文評類二》《唐音癸籤》三十三卷。江蘇巡撫採進本。明胡震亨撰。震亨有《海鹽縣圖經》，已著録。所撰《唐音統籤》凡十集，此其第十集也。九集皆録唐詩，此集則録唐詩話。舊無刊版，至國朝康熙戊戌，江寧書肆乃得鈔本刻行。爲目有七：一曰體裁，凡一卷，論詩體。二曰法微，凡三卷，分二十四子目，自格律以及字句聲調，無不備論。三曰評彙，凡七卷，集諸家之評論。四曰樂通，凡四卷，論樂府。五曰詁箋，凡九卷，訓釋名物典故。六曰談叢，凡五卷，採摭逸事。七曰集録，凡三卷，首録唐集卷數，次唐選各總集，次金石墨蹟。震亨蒐括唐詩，用力最劇。九籤之中，惟戊籤有刻。而所録不出《御定全唐詩》之外，亦不甚行。獨詩話採摭大備，爲全唐詩所未收。雖多録明人議論，未可盡爲定評。而三百年之源流正變，犁然可按，實於談藝有裨。特録存之，庶不没其蒐輯之勤焉。

張之洞《書目答問・詩文評》《唐音癸籤》三十六卷。明胡震亨。明崇禎刻本。

詩學梯航

范邦甸等《天一閣書目・詩文評類》《詩學梯航》一卷。藍絲闌鈔本。明正統十三年，周敘序云：「《詩學梯航》者，論作詩法度源流。先職方府君之所藏而考訂焉者也。永樂初，先君由太學正遷親藩紀善，時纂修《永樂大典》。族伯父溪園先生與東吴王汝嘉先生皆以學官被徵。每朔望，輒過寓邸相與酌酒賦詩，或至夜分。因曰：『作文、咏詩雖由天分，未嘗不本諸法度。』先君曰：『余家有詩法一帙，蓋先叔父子霖承先志所修，但未成之書也。』汝嘉先生曰：『試假觀之。』觀畢，曰：『余伯兄汝器亦嘗著此弟，其所作未加討論，請具稿歸。子合而成之，可乎？』先君唯唯。溪園先生喟然嘆曰：『二家俱以經學專門者也，而兼留心詩學若此，世謂經生難與言詩，詎不誣耶！且各以未備思輯其成，豈非大幸乎？』敘方成童在侍，溪園目曰：『小子識之。』曩時敘丁艱家居，閲故籍，并先君所校録者讀之，已多殘缺。

遂再用編定，間以己意補之。在北京時，臨淮大尹渝川彭君緝頤見而愛之，欲取歸刻梓。敘以無他録本，不及付比。來南京參贊機務，兵部侍郎徐公良玉聞而索觀，且曰：「與其私于一門，曷若公子天下學者乎？」于是余託儒者王庭又書之，侍郎、大尹二君子則各捐貲命工助刻焉。

王圻《續文獻通考經籍考・詩集》《詩學梯航》。吉水周敘書。

黄虞稷《千頃堂書目・文史類》《詩學梯航》一卷。宣宗命學士周叙等編。

《明史・藝文志・文史類》《詩學梯航》一卷。宣德中，周敍等奉敕編。

詩　法

范邦甸等《天一閣書目・詩文評類》《詩法》五卷。刊本。明三山楊成編，李暘刊。

詩家直説

范邦甸等《天一閣書目・詩文評類》《詩家直説》一卷。刊本。明謝榛著。

錢謙益等《絳雲樓書目・詩話類》謝榛《詩家直説》。

黄虞稷《千頃堂書目・文史類》謝榛《詩家直説》四卷。

《明史・藝文志・文史類》謝榛《詩家直説》四卷。

《四庫提要・詩文評類存目》《詩家直説》二卷。兩江總督採進本。明謝榛撰。榛有《四溟集》，已著録。榛詩本足自傳，而急於求名，乃作是書以自譽，持論多夸而無當。又多指摘唐人詩病，而改定其字句。甚至稱夢見杜甫、李白，登堂過訪，勉以努力齊名。今觀其書，大旨主於超悟。每以作無米粥爲言，猶嚴羽才不關學、趣不關理之説也。又以練字爲主，亦方回句眼之説也。如謂杜牧《開元寺水閣》詩「深秋簾幙千家雨，落日樓臺一笛風」句不工，改爲「深秋簾幙千家月，静夜樓臺一笛風」。不知前四句爲「六朝文物草連空，天澹雲閒今古同。鳥去鳥來山色裏，人歌人哭水聲中」。末二句爲「惆悵無因見范蠡，參差煙樹五湖東」。皆登高晚眺之景。如改「雨」爲「月」，改「落日」爲「静夜」，則「鳥去鳥來山色裏」，非夜中之景，「參差煙樹五湖東」，亦非月下所能見。而就句改句，不顧全詩，古來有是詩法乎？王士禎論詩絶句：「何因點竄澄江練，笑殺談詩謝茂榛。」固非好輕詆矣。至所謂「詩以一句爲主，落於某韻，意隨字生，豈必先立意云何」，其語似高實謬，尤足誤人。是但爲流連山水、摹寫風月、閒適小詩言耳，不知發乎情，止乎禮義，感天地而動鬼神，固以言志爲本也。

名家詩法

范邦甸等《天一閣書目·詩文評類》 《名家詩法》八卷。刊本。明吴郡黄省曾編次。

詩源撮要

范邦甸等《天一閣書目·詩文評類》 《詩源撮要》一卷。刊本。四明張懋賢識云：「全編舊名《詩法源流撮要》。此重刊者，蓋以其品題立格簡明切當，真重寶也。編出于子美門人吴成、鄒遂、王恭三子，讀者當自知重云。」

徐𤊹《徐氏家藏書目·詩話類》 張懋賢《詩源撮要》一卷。

詩學權輿

范邦甸等《天一閣書目·詩文評類》 《詩學權輿》二十卷。刊本。明黄溥撰。序稱：「即漢晉唐宋諸大家數之有補于詩道者，博觀約取。凡其體裁格律之辨，命意構思之由，用韻運語之法，比事屬對之方，與夫詩家開闔變化之妙，豐約精粗隱顯之機，雅俗芳穢向背之分，靡不冥蒐。旁引科分條别明著于篇，復繼以儒先之評論諸家之作述。使學者得有所考，以充廣其見聞；得有所式，以不昧其趨向。是則詩雖未易窺其閫室，抑又豈不因之而得其門徑耶？然是編蓋自早歲已嘗著之以課家塾，名曰《詩學權輿》。每患其疏畧未詳，至是重加纂集，頗爲明白，仍其舊名而不改者，良以後先所述，雖有詳畧不同，而其爲初學行遠升高之助，初亦未嘗異也。」

錢謙益等《絳雲樓書目·詩話類》 《詩學權輿》。

黄虞稷《千頃堂書目·文史類》 《詩學權輿》四卷。

錢曾《讀書敏求記·詩文評》 《詩學權輿》二十二卷。弋陽黄溥澄濟撰。觀其採録頗勤，用心亦良苦矣。惜乎下劣詩魔入其肺腑，徒矜淵博，不明持擇，終成傴師革膠之戲耳。

拘墟詩談

范邦甸等《天一閣書目·詩文評類》 《拘墟詩談》一卷。明石亭陳某著。嘉靖壬辰，四明陳沂跋。

黄虞稷《千頃堂書目·文史類》 陳沂《拘墟詩談》一卷。

五言總論

王圻《續文獻通考·經籍考·詩集》 《五言總論》十卷。義烏石一鰲巨卿著。鰲邃于《易》。

詩藪

徐𤊹《徐氏家藏書目·詩話類》 胡元瑞《詩藪》二十卷。

錢謙益等《絳雲樓書目·詩話類》 胡應麟《詩藪》。胡又撰《皇明律範集》。

黄虞稷《千頃堂書目·文史類》 胡應麟《詩藪》二十卷。

《明史·藝文志·文史類》 胡應麟《詩藪》二十卷。

《四庫提要·詩文評類存目》 《詩藪》十八卷。江蘇巡撫採進本。明胡應麟撰。應麟有《筆叢》，已著録。是書凡内編六卷，分古今體各三卷；外編六卷，自周至元以時代爲次，雜編六卷，分遺逸、閏餘各三卷，皆其評論之語。《明史・文苑傳》曰：「胡應麟幼能詩，萬曆四年舉於鄉，久不第。築室山中，購書四萬餘卷，手自編次，多所撰著。攜詩謁王世貞，世貞喜而激賞之，歸益自負。所著《詩藪》十八卷，大抵奉世貞《巵言》爲律令，而敷衍其説。謂詩家之有世貞，集大成之尼父也。其貢諛如此」云云。是應麟著此書時，世貞固尚在。乃内編又自紀其作哭王長公詩二百四十韻事，豈應麟又續有所增益歟？

唐詩談叢

《四庫提要・詩文評類存目》《唐詩談叢》一卷。編修程晉芳家藏本。舊本題明胡震亨撰。震亨有《海鹽縣圖經》，已著録。是書載曹溶《學海類編》中，實即《唐音癸籤》之文。《癸籤》凡分體、發微、評彙、樂通、詁箋、談叢、集録七門。此摘其談叢一門，别立名目耳。

翰林詩法

徐𤊹《徐氏家藏書目・詩話類》《翰林詩法》十卷。

詩　法

徐𤊹《徐氏家藏書目・詩話類》茅一相集《詩法》一卷。

詩學大成

徐𤊹《徐氏家藏書目・詩話類》《詩學大成》三十卷。

藝圃擷餘

徐𤊹《徐氏家藏書目・詩話類》王敬美《蓺圃擷餘》一卷。王世懋。

黄虞稷《千頃堂書目・文史類》王世懋《藝圃擷餘》一卷。

《明史・藝文志・文史類》王世懋《藝圃擷餘》一卷。

《四庫提要・詩文評類二》《藝圃擷餘》一卷。兩江總督採進本。明王世懋撰。世懋有《卻金傳》，已著録。是編雜論詩格，大旨宗其兄世貞之説，而成書在《藝苑巵言》之後，已稍覺摹古之流弊。故雖盛推何、李，而一則曰：「我朝越宋繼唐，正以豪傑數輩得使事三昧。第恐數十年後，必有厭而掃除者，則其濫觴末弩爲之也。」一則曰：「李于鱗七律，俊傑響亮，余兄推轂之。海内爲詩者，爭事剽竊，紛紛刻鶩，至使人厭。」一則曰：「嘗謂作詩，初命一題，神情不屬，便有一種供給應付之語。畏難怯思，即以充數。能破此一關，沈思忽至，種種真相見矣。」一則曰：「徐昌穀、高子業皆巧於用短。徐能以高韻勝，高能以深情勝。更千百年，李、何尚有興廢，二君必無絶響。」皆能不爲黨同伐異之言。其論鄭繼之，亦平允，未可與七子夸談同類而觀也。

張之洞《書目答問・詩文評》《藝圃擷餘》一卷。明王世懋。以上三種，皆收沈德潛《説詩晬語》中，《晬語》并刻宋嚴羽《滄浪詩話》。又廣百川本，秘笈本。

解頤新語

徐𤊹《徐氏家藏書目・詩話類》皇甫百泉《解頤新語》八卷。皇甫汸。

黄虞稷《千頃堂書目・文史類》皇甫循《解頤新語》八卷。

《明史・藝文志・文史類》皇甫循《解頤新語》八卷。

《四庫提要・詩文評類存目》《解頤新語》八卷。浙江巡撫採進本。明皇甫汸撰。汸有《百泉子緒論》，已著録。是編乃其説詩之語。凡分八門：曰敘論，曰述事，曰考證，曰詮藻，曰矜賞，曰遺誤，曰譏評，曰雜記。自稱：「匡鼎説詩，人爲解頤；陸賈造語，帝每稱善。故竊比於二子。」然汸詩有名於當時，而此書乃多謬陋。大抵皆襲舊文，了無精識；好大言，而實皆膚詞。如云：「《詩》首關雎，《易》始龍德，《逍遥》

大鵬，其意一也。」此十六字爲一條，竟不知作何語。又引證不確，搖筆即舛。如鍾嶸《詩品》，家弦户誦，乃云：「《鍾品》已湮，僅存嚴氏、李商隱等三十六體。」《唐書》本傳明云以表啓而名，乃指爲詩派。杜甫已有七言長律，乃云：「元、白餘思不盡，加爲六韻，此七言排之始。」選楊徽之詩十聯寫御屏，本宋太宗事，見《澠水燕談》；張爲《主客圖》作於唐時，其書雖佚，尚散見計有功《唐詩紀事》，乃云：「唐太宗聞楊徽之詩名，盡索所著，選十聯寫御屏，遂有句對句圖及《主客圖》。」他如「黄金費盡教歌舞，留與他人樂少年」，司空圖詩也，而云顧況。「王莽弄來曾半破，曹公將去便平沈」，李山甫詩也，而云李商隱。又所稱商隱「棹裏自成歌，歌竟乘流去」之句，今義山集中亦無之，不知所據爲何本。如此之類，指不勝屈。世以汸名重傳之耳。

詩學須知

徐𤊹《徐氏家藏書目・詩話類》 《詩學須知》一卷。

詩學聲客

徐𤊹《徐氏家藏書目・詩話類》 《詩學聲客》二卷。陳紹功。

詩林正宗

徐𤊹《徐氏家藏書目・詩話類》 《詩林正宗》四卷。

詩言五至

徐𤊹《徐氏家藏書目・詩話類》 《詩言五至》五卷。屠本畯輯。

黄虞稷《千頃堂書目・文史類》 屠本畯《詩言五至》五卷。

學吟新式

錢謙益等《絳雲樓書目・詩話類》 《學吟新式》。

學吟新咏

錢曾《讀書敏求記・詩文評》 《學吟新咏》一卷。雲坡居士麦亭翟公厚述，永樂壬寅張思安爲之序。此猶是其藁本也。

歷代詩體

錢謙益等《絳雲樓書目・詩話類》 《歷代詩體》。

藝藪談宗

《四庫提要・詩文評類存目》 《藝藪談宗》六卷。山東巡撫採進本。明周子文編。子文字岐陽，無錫人。萬曆癸未進士。是編輯明人論詩之語爲一編。凡宋濂、高棅、何景明、李東陽、徐禎卿、王廷相、楊慎、都穆、皇甫汸、王世貞、何良俊、謝榛、王世懋、胡應麟、王穉登、屠隆、焦竑、李維楨、朱長春十九家，或採録其文集，或刪節其詩話，大致以王世貞爲圭臬。蓋萬曆中葉，七子之餘焰猶未盡熸，故子文據《藝苑卮言》一書，遽欲衡量千古也。

嵩陽詩律

黄虞稷《千頃堂書目・文史類》 劉績《嵩陽詩律》。山陰人。

詩　法

黄虞稷《千頃堂書目・文史類》　黄褧《詩法》三篇。字仲褧，成化時人。

織錦迴文詩譜

黄虞稷《千頃堂書目・文史類》　康萬民《織錦迴文詩譜》二卷。武功人。

詩源辨體

黄虞稷《千頃堂書目・總集類》　許學夷《詩源辨體》十六卷。字伯清，江陰人。

《明史・藝文志・總集類》　許學彝《詩源辨體》十六卷。

詩學體要類編

黄虞稷《千頃堂書目・文史類》　宋孟清《詩學體要類編》三卷。萊陽人。

詩　談

黄虞稷《千頃堂書目・文史類》　徐泰《詩談》一卷。

《四庫提要・詩文評類存目》　《詩談》一卷。編修程晉芳家藏本。明徐泰撰。泰字子元，海鹽人。弘治甲子舉人，官光澤縣知縣。是編皆論明代之詩。自劉基、高啓以下，至黄省曾，附以女子朱静菴、道士盧大雅、僧來復、宗泐、守仁、梵琦，各爲品目。大抵宗旨不出七子門庭。其造語多用四言二句，務摹敖陶孫《詩評》，亦頗嫌學步。

冰川詩式

錢謙益等《絳雲樓書目・詩話類》　《冰川詩式》四卷。

黄虞稷《千頃堂書目・文史類》　梁格《冰川詩式》四卷。真定人。

《明史・藝文志・文史類》　梁格《冰川詩式》四卷。

《四庫提要・詩文評類存目》　《冰川詩式》十卷。兩淮鹽政採進本。明梁橋撰。橋字公濟，號冰川子，真定人。由選貢生授四川布政司經歷。是書成於嘉靖己巳。分定體、練句、貞韻、審聲、研幾、綜賾六門。雜録舊説，不著所出。又參以臆見，横生名目，兼增以杜撰之體。蓋於詩之源流、正變，皆未有所解也。

詩　法

黄虞稷《千頃堂書目・文史類》　黄省曾《詩法》八卷。

《明史・藝文志・文史類》　黄省曾《詩法》八卷。

律詩指南

黄虞稷《千頃堂書目・文史類》　邵經邦《律詩指南》四卷。

《明史・藝文志・文史類》　邵經邦《律詩指南》四卷。

名賢詩評

黄虞稷《千頃堂書目・文史類》　俞允文《名賢詩評》二十卷。

《明史・藝文志・文史類》　俞允文《名賢詩評》二十卷。

五言括論

黃虞稷《千頃堂書目・文史類》 石一鼇《五言括論》十卷。字巨卿，太倉人。

蘇氏璇璣詩讀法

黃虞稷《千頃堂書目・文史類》 程先民《蘇氏璇璣詩讀法》。浮梁人。

李杜詩評

黃虞稷《千頃堂書目・文史類》 王象春《李杜詩評》二卷。

名賢詩指

黃虞稷《千頃堂書目・文史類》 程元初《名賢詩指》十五卷。

《明史・藝文志・文史類》 程元初《名賢詩指》十五卷。

緑天耕舍燕鈔

《四庫提要・詩文評類存目》 《緑天耕舍燕鈔》四卷。兩淮鹽政採進本。不著撰人名氏。但署曰雪嶠子輯，不知何許人也。其書雜取明人論詩之語，綴合成編，無所發明考證。大旨排王、李而主鍾、譚。殆當萬曆、天啓之閒《詩歸》盛行之後歟？

雅論

《四庫提要・詩文評類存目》 《雅論》二十六卷。安徽巡撫採進本。明費經虞撰，其子密又增補之。經虞字仲若，新繁人。密有《燕峰文鈔》，已著録。是書詳論歷代之詩，分源本、體調、格式、製作、合論、工力、時代、鍼砭、品衡、盛事、題引、瑣語、音韻十三門。自序稱以詩餘附後，爲十四，而目録及書中皆無之，蓋欲爲之而未成也。經虞著作不概見。密則以「大江流漢水，孤艇接殘春」一聯，爲王士禎所稱，有「十字須千古」之目。而編次此書，乃未爲精密。如源本類中論詩句所始一條，乃摯虞《文章流別》之文，今尚載《太平御覽》中，而引爲孔穎達《詩》疏。葛天八闋一條，乃劉勰《文心雕龍》之文，乃引爲梅鼎祚《古樂苑》。《左傳》載：「渾良夫被髮而譟。」乃呼譟之譟，而以譟爲詩之一體，謂始於渾良夫。楊慎雖有五言律祖，然齊、梁但有永明體、宫體之名，無律之名，而以五言律詩始見齊、梁。排律之名始於楊士宏之《唐音》，古無是稱，而以爲始見於唐。體調類中西崑訓唱，用楊億、劉子儀諸人，億序可證，而以爲西崑乃唐李義山、温飛卿，又併韓偓入之，而段成式乃别立一體。王素有效阮公體詩，李商隱、杜牧均有擬沈下賢體詩，以及宋末四靈、江湖諸體，明末竟陵、公安諸體，皆漏不載，而别撰一才調體。格式類中每一體選録數篇，既非該舉其源流，又非簡擇其精粹，殊爲挂漏。又因齊己《風騷旨格》，益爲推衍，多立名目，而漫無根據。製作類中所選名句，率摭拾詩話。然如何遜「金粟裹搔頭」句，見黃伯思《東觀餘論》，乃引作考證，非謂此句之工。一概列之，殊未深考。所列對偶之法，尤繁碎。合論、工力、時代、鍼砭四類，亦皆雜取陳言。品衡類中分十六格，各選古詩以實之，而皆不愜當。盛事類中多挂漏，亦多泛濫。題引類中論近人製題不雅，頗中其病，然所引諸式，分類標目，實以古題，則多未愜當。瑣語類中皆經虞之筆記，閒有可取之語，大致於古宗滄浪，於近人宗弇州也。音韻類中冗瑣，與格式門同。且即格式中之一，别出一門，亦無體例。其《禮部韻略》一卷，但有字而無注。題曰雅論禮部韻略，殆不成文。觀其附記，蓋經虞有此言，而其孫錫璜補入者。經虞又言吴棫補叶，楊慎轉注，亦當收採，而此本無之，則又不知何意也。大抵意欲求多而昧於持擇。如游藝《詩法入門》所載，律詩平仄一三五不論，二四六分明之類，亦均收入，宜其勞而鮮功矣。

李杜詩句圖

黄虞稷《千頃堂書目・文史類》 伊乘《李杜詩句圖》。

明詩紀事

黄虞稷《千頃堂書目・文史類》 黄德水《明詩紀事》。

唐詩評

黄虞稷《千頃堂書目・文史類》 王經《唐詩評》。

杜詩寄廬小箋

黄虞稷《千頃堂書目・文史類》 錢謙益《杜詩寄廬小箋》三卷。

聲調譜

《四庫提要・詩文評類二》 《聲調譜》一卷。浙江巡撫採進本。國朝趙執信撰。執信有《因園集》，已著録。執信嘗問聲調於王士禎，士禎靳不肯言。執信乃發唐人諸集，排比鉤稽，竟得其法，因著爲此書。

張之洞《書目答問・詩文評》 《聲調譜》一卷。趙執信。單行本。珠塵本。

聲調譜拾遺

張之洞《書目答問・詩文評》 《聲調譜拾遺》一卷。翟翬。珠塵本。

宋詩紀事

《四庫提要・詩文評類二》 《宋詩紀事》一百卷。浙江巡撫採進本。國朝厲鶚撰。鶚有《遼史拾遺》，已著録。昔唐孟棨作《本事詩》，所録篇章，咸有故實。後劉攽、吕居仁等諸詩話，或僅載佚事而不必皆詩。計敏夫《唐詩紀事》，或附録佚詩而不必有事。揆以體例，均嫌名實相乖。然猶偶爾泛登，不爲定式。鶚此書裒輯詩話，亦以紀事爲名，而多收無事之詩，全如總集。旁涉無詩之事，竟類説家。未免失於斷限。又採摭既繁，牴牾不免。如四卷趙復《送晏集賢南歸》詩，隔三卷而重出。七十二卷李珏《題湖山類稿》絶句，隔兩卷而重出。九十一卷僧惠涣《送王山人歸隱》詩，隔一卷而重出。四十五卷尤袤《淮民謡》，隔一頁而重出。二卷楊徽之《寒食詩》二句，至隔半頁而重出。他如西崑體、江西派既已別編，而月泉吟社乃分析於各卷，而不改其前題字。以致八十一卷之姚潼翔於周暕《送僧歸蜀》詩後標前題字，八十五卷之趙必范於趙必象《避地惠陽》詩後標前題字。皆不免於麤疎。又三十三卷載陳師道，而三十四卷又出一潁州教授陳復常，竟未一檢《後山集》及《東坡集》，訂復字爲履字之譌。四十七卷載鄭伯熊，三十一卷已先出一鄭景望，竟未一檢《止齋集》證景望即伯熊之字。五十九卷據《齊東野語》載曹豳《竿伎》詩，作刺趙南仲，九十六卷又載作無名子刺賈似道。八十四卷花蕊夫人奉詔詩，不以勾延慶《錦里耆舊傳》互勘。八十六卷李煜歸宋渡江詩，不以馬令《南唐書》參證。八十七卷《永安驛題柱》詩，不引《後山集》本序，而稱《名媛璣囊》。又華春娘《寄外》詩，不知爲唐薛濤《十離》之一。陸放翁妾詩，不知爲《劒南集》七律之半。英州司寇女詩，不知爲録其父作。皆失於考證。然全書網羅賅備，自序稱閲書三千八百一十二家。今江南、浙江所採遺書中，經其簽題自某處鈔至某處，以及經其點勘題識者，往往而是。則其用力亦云勤矣。考有宋一代之詩話者，終以是書爲淵海，非胡仔諸家所能比較長短也。

張之洞《書目答問・詩文評》《宋詩紀事》一百卷。厲鶚。原刻本。錢大昕《元詩紀事》三卷，未見傳本。

江西詩社宗派圖録

張之洞《書目答問・詩文評》《江西詩社宗派圖録》一卷。張泰來。知不足齋本。

國朝詩人徵略

張之洞《書目答問・詩文評》《國朝詩人徵略初編》六十卷《二編》六十四卷。張維屏。自刻本。

詩話分部

六一詩話

鄭樵《通志・藝文略・詩評》《歐陽永叔詩話》一卷。

晁公武《郡齋讀書志・小説類》《歐公詩話》一卷。右皇朝歐陽修永叔撰。修退居汝陰，戲作此，以資談笑。

陳振孫《直齋書録解題・文史類》《詩話》一卷。歐陽修撰。

馬端臨《文獻通考・經籍考・文史》《詩話》一卷。

楊士奇等《文淵閣書目・詩詞》《六一詩話》。一部，一册。闕。

高儒《百川書志・文史》《六一詩話》一卷。宋歐陽永叔退居汝陰戲作，以資談笑。

徐𤊹《徐氏家藏書目・詩話類》《六一詩話》一卷。宋歐陽修。

毛晉《汲古閣書跋》《六一詩話》。六一居士作詩，蓋欲自出胸臆，不肯蹈襲前人。凡詩話中褒譏，亦多與前人相左，非好爲已甚也。其自道云：「知聖俞詩者莫如修，嘗問聖俞，舉平生所得最好句。聖俞所自負者，皆修所不好；聖俞所卑下者，皆修所稱賞。」蓋知心賞音之難如是。其評古人詩，得毋似之乎？

錢謙益等《絳雲樓書目・詩話類》《六一居士詩話》一卷。

《四庫提要・詩文評類一》《六一詩話》一卷。江蘇巡撫採進本。宋歐陽修撰。修有《詩本義》，已著録。是書前有自題一行，稱退居汝陰時集之，以資閒談。蓋熙寧四年致仕以後所作。越一歲而修卒，其晚年最後之筆也。陳師道《後山詩話》謂修不喜杜甫詩，葉夢得《石林詩話》謂修力矯西崑體，而此編載《論蔡都尉詩》一條，劉子儀詩一條，殊不盡然。毛晉後跋所辨，亦公論也。其中如「風暖鳥聲碎，日高花影重」一聯，今見杜荀鶴《唐風集》，而修乃作周朴詩。魏泰作《臨漢隱居詩話》，詆其謬誤。然考宋吴聿《觀林詩話》曰：「杜荀鶴詩句鄙惡，世所傳《唐風集》首篇『風暖鳥聲碎，日高花影重』者，余甚疑不類荀鶴語。他日觀唐人小説，見此詩乃周朴所作，而歐陽文忠公亦云爾。蓋借此引編以行於世矣」云云。然則此詩一作周朴，實有根據，修不誤也。惟九僧之名，頓遺其八，司馬光《續詩話》乃爲補之，是則記憶偶疎耳。

温公續詩話

鄭樵《通志・藝文略・詩評》《司馬君實詩話》一卷。

晁公武《郡齋讀書志・小説類》《續詩話》一卷。右皇朝司馬光君實撰。序云：「《詩話》尚有遺者，歐公文章聲名雖不可及，然記事一也，故敢續之。」

陳振孫《直齋書録解題・文史類》《續詩話》一卷。司馬光撰。

馬端臨《文獻通考・經籍考・文史》《續詩話》一卷。

《宋史・藝文志・文史類》 司馬光《詩話》一卷。

又 司馬光《續詩話》一卷。

楊士奇等《文淵閣書目・詩詞》《温公詩話》。一部，一册。闕。

高儒《百川書志・文史》《温公續詩話》一卷。宋司馬光續歐公之遺者。

徐𤊹《徐氏家藏書目・詩話類》《温文詩話》一卷。宋司馬光。

毛晉《汲古閣書跋》《續詩話》。文正公一生精力，極於《資治通鑑》。暨目録諸書，古今治忽如列諸掌，與《春秋》並垂不朽。其《傳家集》八十卷，惜乎無傳。今所傳者，不過《集略》三十一卷，《詩集》十餘卷耳。偶閲《學海》，得《續詩話》若干則，每每借詩文託褒刺，非僅如他家參字句、正淆譌已也。

錢謙益等《絳雲樓書目・詩話類》《司馬温公詩話》一卷。

《四庫提要・詩文評類一》《續詩話》一卷。江蘇巡撫採進本。宋司馬光撰。光有《易説》，已著録。是編題曰《續詩話》者，據卷首光自作小引，蓋續歐陽修《六一詩話》而作也。光《傳家集》中具載雜著，乃不録此書。惟左圭《百川學海》收之。然《傳家集》中亦不録《切韻指掌圖》，或二書成於編集之後耶？光德行功業，冠絶一代。非斤斤於詞章之末者。而品第諸詩，乃極精密。如林逋之「疎影横斜水清淺，暗得浮動月黄昏」，魏野之「數聲離岸櫓，幾點别州山」，韓琦之「花去曉叢蝴蝶亂，雨餘春圃桔槔閒」，耿仙芝之「草色引開盤馬地，簫聲吹暖賣餳天」，寇凖之《江南春》詩，陳堯佐之《吴江》詩，暢當、王之涣之《鸛雀樓》詩，及其父《行色》詩，相沿傳誦，皆自光始表出之。其論魏野詩誤改藥字，及説杜甫「國破山河在」一首，尤妙中理解，非他詩話所及。惟梅堯臣病死一條，與詩無涉，乃載之此書，則不可解。考光别有《涑水記聞》一書，載當時雜事。豈二書竝修，偶以欲筆於彼册者，誤筆於此册歟？

静照詩話

尤袤《遂初堂書目・文史類》《静照詩話》。

王禹玉詩話

鄭樵《通志・藝文略・詩評》《王禹玉詩話》一卷。

中山詩話

鄭樵《通志・藝文略・詩評》《劉貢父詩話》一卷。

晁公武《郡齋讀書志・小説類》《中山詩話》三卷。右皇朝劉攽貢父撰。多及歐、梅、蘇、石。攽以博學名世，如言蕭何未嘗掾功曹，亦有誤謬。

陳振孫《直齋書録解題・文史類》《劉貢父詩話》一卷。劉攽撰。

馬端臨《文獻通考・經籍考・文史》《中山詩話》三卷。

《宋史・藝文志・文史類》《劉攽詩話》一卷。

楊士奇等《文淵閣書目・詩詞》《貢父詩話》。一部，一册。闕。

高儒《百川書志・文史》《貢父詩話》一卷。宋劉攽貢父撰。多及歐、蘇二公。又名《中山詩話》。

徐𤊹《徐氏家藏書目・詩話類》《劉貢父詩話》一卷。宋劉攽。

毛晉《汲古閣書跋》《中山詩話》。貢父一字公非，與兄公是同登慶曆六年進士，一時齊名，貢父尤以博學著。劉斯立初登科，自負多聞，謁貢父，貢父所稱引，皆斯立所未知，自是屈服。晚年游館，學摹倣《公羊》最工。有集六十卷，惜無傳耳。

錢謙益等《絳雲樓書目・詩話類》《劉貢父詩話》一卷。

《四庫提要・詩文評類一》《中山詩話》一卷。江蘇巡撫採進本。宋劉攽撰。攽有《文選類林》，已著録。當熙寧、元祐之間，攽兄弟以博洽名一世，而吟咏則不甚著，惟此論詩之語獨傳。宋人所引，多稱《劉貢父詩話》。此本名曰《中山》，疑本無標目，後人用其郡望追題，以别於他家詩話也。花蕊夫人《宫詞》本一百首，攽稱僅見三十餘篇。疑王安國初傳之時，或好事者有所摘鈔，攽未見其全本也。其論李商隱《錦瑟》詩，以爲令狐楚青衣之名，頗爲影撰。其論赫連勃勃蒸土一條，亦不確當。不但解杜甫詩「功曹非復漢蕭何」句，考之未審，爲晁公武所糾，至開卷第二條所引劉子儀詩，誤以《論語》「師也辟」爲「師也達」。漫無駁正，亦不可解。所載嘲謔之詞，尤爲冗雜。攽好詼諧，嘗坐是爲馬默所彈。殆性之所近，不覺濫收歟。北宋詩話惟歐陽修、司馬光及攽三家號爲最古。此編較歐陽、司馬二家雖似不及，然攽在元祐諸人之中，學問最有根柢。其考證論議，可取者多，究非江湖末派鉤棘字句、以空談説詩者比也。

東坡詩話

鄭樵《通志・藝文略・詩評》《蘇子瞻詩話》一卷。

晁公武《郡齋讀書志・小説類》《東坡詩話》二卷。右皇朝蘇軾號東坡居士，雜書有及詩者，好事者因集之，成二卷。

馬端臨《文獻通考・經籍考・文史》《東坡詩話》二卷。

范邦甸等《天一閣書目・詩文評類》《東坡先生詩話》一卷。藍絲闌鈔本。

臨漢隱居詩話

《宋史・藝文志・文史類》魏泰《隱居詩話》一卷。

錢曾《讀書敏求記・詩文評》《臨漢隱居詩話》一卷。宋魏泰道輔撰。洪武九年丙辰，映寫老人寫于華亭集賢外波草舍雨窗。時年八十。老人即孫道明也。

《四庫提要・詩文評類一》《臨漢隱居詩話》一卷。編修程晉芳家藏本。宋魏泰撰。泰有《東軒筆録》，已著録。泰爲曾布婦弟，故嘗託梅堯臣之名，撰《碧雲騢》以詆文彦博、范仲淹諸人。及作此書，亦黨熙寧而抑元祐。如論歐陽修，則恨其詩少餘味，而於「行人仰頭飛鳥驚」之句始終不取。論黄庭堅則譏其自以爲工，所見實僻，而有「方其拾璣羽，往往失鵬鯨」之題。論石延年則以爲無大好處。論蘇舜欽則謂其以奔放豪健爲主。論梅堯臣則謂其乏高致。惟於王安石則盛推其佳句。蓋堅執門户之私，而甘與公議相左者。至「草草杯柈供笑語，昏昏鐙火話平生」一聯，本王安石詩，而以爲其妹長安縣君所作，尤傳聞失實。然如論梅堯臣《贈鄰居詩》不如徐鉉，則亦未嘗不確。他若引韓愈詩證《國史補》之不誣，引《漢書》證劉禹錫稱衛綰之誤，以至評韋應物、白居易、楊億、劉筠諸詩，考王維詩中顛倒之字，亦頗有可採。略其所短，取其所長，未嘗不足備考證也。

沈存中詩話

王圻《續文獻通考經籍考・詩集》《沈存中詩話》，沈括著。

玉壺詩話

《四庫提要・詩文評類存目》《玉壺詩話》一卷。編修程晉芳家藏本。舊本題宋釋文瑩撰。考《宋史・藝文志》載《玉壺清話》十卷，今其舊猶存，已著於録。或題曰《玉壺野史》，無所謂《玉壺詩話》者。此本爲《學海類編》所載，僅寥寥數頁。以《玉壺清話》校之，蓋書賈摘録其有涉於詩者，裒爲一卷，詭立此名，曹溶不及辨也。

瑶溪集

鄭樵《通志・藝文略・詩評》《瑶溪集》十卷。

《宋史・藝文志・文史類》郭思《瑶谿集》十卷。

後山詩話

晁公武《郡齋讀書志・小説類》《後山詩話》二卷。右皇朝陳師道無己撰。論詩七十餘條。

陳振孫《直齋書録解題・文史類》《後山詩話》二卷。陳師道撰。

馬端臨《文獻通考・經籍考・文史》《後山詩話》二卷。

楊士奇等《文淵閣書目・詩詞》《後山詩話》。一部，一册。闕。

高儒《百川書志・文史》《後山詩話》一卷。宋陳師道無己撰。

徐𤊹《徐氏家藏書目・詩話類》《陳後山詩話》一卷。宋陳去非。

以被蒙首，惡聞人聲，謂之吟榻。家人知之，即嬰兒稚子，皆抱寄鄰家以避之，其用意精專如此。自詠絶句云：「此生精力盡於詩」，真無忝矣。朱子云：「無己許多碎句子，是學《史記》。」殆皆《詩話》、《談叢》類耶？或謂此二種非無己作，攷其本集，一一具載，今仍之。

毛晉《汲古閣書跋》 《後山詩話》。無己，一字履常。每登臨得句，即急歸，卧一榻，

錢謙益等《絳雲樓書目・詩話類》 《後山詩話》一卷。陸放翁云：「《談叢》、《詩話》皆可疑。《談叢》尚恐後山少年所作，《詩話》決非也。」意者後山嘗有詩話而亡之，妄人竊其名爲此書耳。

《四庫提要・詩文評類一》 《後山詩話》一卷。江蘇巡撫採進本。舊本題宋陳師道撰。師道有《後山叢談》，已著録。是書《文獻通考》作二卷。此本一卷，疑後人合併也。陸游《老學菴筆記》深疑《後山叢談》及此書，且謂《叢談》或其少作，此書則必非師道所撰。今考其中於蘇軾、黄庭堅、秦觀俱有不滿之詞，殊不類師道語。且謂蘇軾詞「如教坊雷大使舞，極天下之工，而終非本色」。案：蔡絛《鐵圍山叢談》稱雷萬慶宣和中以善舞隸教坊。軾卒於建中靖國元年六月，師道亦卒於是年十一月，安能預知宣和中有雷大使，借爲譬況？其出於依託，不問可知矣。至謂陶潛之詩切於事情而不文，謂韓愈《元和聖德詩》於集中爲最下，而裴説《寄邊衣》一首，詩格柔靡，殆類小詞，乃亟稱之，尤爲未允。其以王建《望夫石》詩爲顧況作，亦間有舛誤。疑南渡後舊稿散佚，好事者以意補之耶。然其謂「詩文寧拙毋巧，寧朴毋華，寧麤毋弱，寧僻毋俗」；又謂「善爲文者，因事以出奇。江河之行，順下而已。至其觸山赴谷，風搏物激，然後盡天下之變」，持論間有可取。其解杜甫《同谷歌》之「黄獨」，《百舌》詩之「讒人」，解韋應物詩之「新橘三百」，駁蘇軾《戲馬臺》詩之「玉鉤」、「白鶴」，亦間有考證。流傳既久，固不妨存備一家爾。

詩話總龜

尤袤《遂初堂書目・文史類》 《詩話總龜》。

楊士奇等《文淵閣書目・詩詞》 《詩話總龜》。一部，六册。闕。

范邦甸等《天一閣書目・詩文評類》 《詩話總龜前集》四十八卷《後集》五十卷。刊本。宋阮閱編。明李易序云：「詩昉《關雎》，詩話即裨官野史之類。《漢・藝文志》注『稗』爲『細糲』。王者欲知閭巷細瑣之言，故立稗官。開係殆亦不小。淮伯王月囪嗜古學文，其志慕東平、河間而欲相揖遜于異代者，官暇迺取阮子《詩話總龜》，延庠生程珖校讐之，命工刊布。徵余言以敘諸首。阮子舊集頗雜，王絛而約之，彙次有義，棼詁可尋。首聖製等篇，次咏物等目，又次藝術、紀實諸例，終以讖夢、鬼神諸簡。約阮之博而又不徒事于博，是則可嘉也。」

范邦甸等《天一閣書目・詩文評類》 《百家詩話總龜後集》存卷二十二至卷三十。

徐𤊹《徐氏家藏書目・詩話類》 《詩話總龜》四十八卷。阮一閱。

《四庫提要・詩文評類一》 《詩話總龜前集》四十八卷《後集》五十卷。兩江總督採進本。宋阮閱撰。閱有《郴江百詠》，已著録。案：胡仔《苕溪漁隱叢話》序曰：「舒城阮閱，昔爲郴江守，嘗編《詩總》，頗爲詳備。蓋因古今詩話，附以諸家小説，分門增廣。獨元祐以來諸公詩話不載焉。考編此《詩總》，乃宣和癸卯，是時元祐文章禁而弗用，故阮因以略之」云云。據其所言，則此書本名《詩總》。其改今名，不知出誰手也。此本爲明宗室月窗道人所刊，併改其名爲阮一閱，尤爲疎舛。其書《前集》分四十五門，所採書凡一百種。《後集》分六十一門，所採書亦一百種。摭拾舊文，多資考證。惟分類瑣屑，頗有乖於體例。前有郴陽李易序，乃曰阮子舊集頗雜，月窗條而約之，彙次有義，棼結可尋。然則此書已經改竄，非其舊目矣。

彭元瑞等《天禄琳琅書目後編・明鈔諸部》 《百家詩話總龜》一函，十册。宋阮閱撰。閱字宏休，自號散翁，舒城人。嘗爲郴江守，見《苕溪漁隱叢話》。書百卷，《前集》五十卷，分四十五門。曰聖製、忠義、諷諭、達理、博識、幼敏、志氣、知遇、狂放、仕進、稱賞、自薦、投獻、評論、雅什、警句、留題、紀實、詠物、宴遊、寓情、感事、寄贈、書事、故事、詩病、詩累、正謁、道僧、詩讖、紀夢、譏誚、詼諧、樂府、送别、怨嗟、傷悼、隱逸、神仙、藝術、俳優、奇怪、鬼神、佞媚、琢句；《後集》五十卷，分六十門。曰：聖製、賡歌、榮遇、忠義、孝義、宗族、仁愛、友義、幼敏、志氣、述志、求意、諷諭、達理、博議、狂放、稱賞、稱薦、投獻、評論、評史、辨疑、正謁、隱逸、恬退、警句、句法、苦吟、留題、寄贈、故事、書事、感事、用事、紀實、用字、押韻、傚法、節候、詠物、詠茶、格致、詩病、樂府、傷悼、寓情、遊宴、怨嗟、譏誚、箴規、詼諧、神仙、鬼神、歌詠、麗人、釋氏、飲食、器用、技藝、拾遺。在詩話中薈萃最爲繁富。前有紹興辛酉閱自序。

是書明宗室月窗道人曾有栞本，譌舛特甚，此本鈔手極工。

孫星衍《平津館鑒藏書籍記續編・明版》 《增修詩話總龜》。《前集》四十八卷，《後集》五十卷。題龍舒散翁阮閱宏休編。皇明宗室月窗道人刊。鄱陽亭梧程

珖舜用校。前有嘉靖甲辰張嘉秀序、李易序，末有嘉靖乙巳程珖跋。末卷後有寫書刊字人姓名。舒江阮閲撰此書。見胡仔《苕溪漁隱叢話》序。此本爲月窗重編，已非阮氏之舊。《四庫全書》所收，即此本也。每葉廿二行，行廿二字。收藏有林汲山房藏書、朱文方印。

歸叟詩話

晁公武《郡齋讀書志・小説類》《歸叟詩話》六卷。右皇朝王直方立之撰。直方自號歸叟。元祐中，蘇子瞻及其門下士以盛名居北門東觀，直方世居浚儀，有別墅在城南，殊好事，以故諸公亟會其家，由是得聞緒言餘論，因輯成此書。然其間多以己意有所抑揚，頗失是非之實。宣和末，京師書肆刻印鬻之，羣從中以其多記從父詹事公話言，得之以呈，公取覽之，不懌曰：「皆非我語也。」

尤袤《遂初堂書目・文史類》《歸叟詩話》。

馬端臨《文獻通考・經籍考・文史》《歸叟詩話》六卷。【略】

《苕溪漁隱》曰：「王直方《詩話》載晁以道云：『説之初見東坡《詠梅》《西江月》詞，便知道此老須過海，只爲古今人不曾道，到此須罰教去。』此言鄙俚，近於忌人之長，幸人之禍，直方無識，載之《詩話》，寧不畏人之譏誚乎？」

西清詩話

陳振孫《直齋書録解題・文史類》《西清詩話》三卷。題無爲子撰。或曰蔡條使其客爲之也。

宣和間，臣寮言其議論專以蘇軾、黄庭堅爲本。奉聖旨，蔡條落職勒停。詳見《能改齋漫録》。

馬端臨《文獻通考・經籍考・文史》《西清詩話》三卷。

《宋史・藝文志・文史類》蔡條《西清詩話》三卷。

范邦甸等《天一閣書目・詩文評類》《西清詩話》三卷。刊本。不著撰人名氏。

錢曾《讀書敏求記・詩文評》《西清詩話》三卷。題無爲子撰。《經籍考》云：「或曰蔡條使其客爲之也。」

潛溪詩眼

晁公武《郡齋讀書志・小説類》《詩眼》一卷。右皇朝范温元實撰。温，范祖禹之子，學詩於黄庭堅。

陳振孫《直齋書録解題・文史類》《潛溪詩眼》一卷。范温元實撰。祖禹之子。

馬端臨《文獻通考・經籍考・文史》《潛溪詩眼》一卷。

詩話集類

尤袤《遂初堂書目・文史類》《詩話集類》。

楊士奇等《文淵閣書目・詩詞》《詩話集類》。一部，一册。闕。

敘事詩話

尤袤《遂初堂書目・文史類》《敘事詩話》。

詩談

尤袤《遂初堂書目・文史類》《詩談》。

《宋史・藝文志・文史類》《詩談》十五卷。

周少隱詩話

尤袤《遂初堂書目・文史類》《周少隱詩話》。

詩　話

鄭樵《通志・藝文略・詩評》《詩話》二十卷。

王明之詩話

尤袤《遂初堂書目・文史類》《王明之詩話》。

詩話雋永

尤袤《遂初堂書目・文史類》《詩話雋永》。

唐宋名賢詩話

尤袤《遂初堂書目・文史類》《唐宋詩話》。

《宋史・藝文志・文史類》《唐宋名賢詩話》二十卷。

洪駒父詩話

鄭樵《通志・藝文略・詩評》《洪駒父詩話》一卷。

尤袤《遂初堂書目・文史類》《洪駒父詩話》。

漢皋詩話

尤袤《遂初堂書目・文史類》《漢皋詩話》。

石林詩話

陳振孫《直齋書録解題・文史類》《石林詩話》一卷。葉夢得撰。

馬端臨《文獻通考・經籍考・文史》《石林詩話》二卷。

高儒《百川書志・文史》《石林詩話》一卷。葉夢得著。

楊士奇等《文淵閣書目・詩詞》《葉先生詩話》。一部，一册。完全。

徐𤊹《徐氏家藏書目・詩話類》《石林詩話》三卷。宋葉夢得。

毛晉《汲古閣書跋》《石林詩話》。予向閲《石林燕語》及《避暑録話》説詩處不減匡鼎，非墨工槧人所能擬議，恨未睹其詩話全帙耳。今春從吴興賈人購得詩話十卷，《石林》其一也。腐蝕幾半，亟爲之補遺正譌。如文同李廌數則，已見之蘇長公外紀中，豈鳳洲先生亦貯之錦囊耶？

錢謙益等《絳雲樓書目・詩話類》《石林詩話》一卷。

《四庫提要・詩文評類一》《石林詩話》一卷。江蘇巡撫採進本。宋葉夢得撰。夢得有《石林春秋傳》，已著録。是編論詩，推重王安石者不一而足。而於歐陽修詩，一則摘其評河豚詩之誤，一則摘其語有不倫，亦不復改，一則摭其疑夜半鐘聲之誤。於蘇軾詩，一則譏其繫懣割愁之句爲險諢，一則譏其捐三尺字及亂蛙兩部句爲歇後，一則譏其失李廌，一則譏其不能聽文同，一則譏其石建腧厠之誤，皆有所抑揚於其間。蓋夢得出蔡京之門，而其壻章沖則章惇之孫，本爲紹述餘黨，故於公論大明之後，尚陰抑元祐諸人。然夢得詩文，實南北宋間之巨擘。其所評論，往往深中窾會，終非他家聽聲之見、隨人以爲是非者比。略其門户之私，而取其精核之論，分別觀之，瑕瑜固兩不相掩矣。

許彥周詩話

陳振孫《直齋書録解題・文史類》《許彥周詩話》一卷。襄邑許顗撰。

馬端臨《文獻通考・經籍考・文史》《許彥周詩話》一卷。

楊士奇等《文淵閣書目・詩詞》《彥周詩話》。一部，一册。闕。

高儒《百川書志・文史》《許彥周詩話》一卷。宋襄邑許顗彥周撰。

徐𤊹《徐氏家藏書目・詩話類》《許彥周詩話》一卷。宋許顗。

毛晉《汲古閣書跋》《彥周詩話》。彥周，建炎間人，但全史不載，未詳其始末。嘗閲《苕溪漁隱》，援其詩話最多，意同時仰止不啻後村諸公耶。其簡端數語，雖云自序，即以作詩話全編總序可也。

《四庫提要・詩文評類一》《彥周詩話》一卷。江蘇巡撫採進本。宋許顗撰。顗，襄邑人。彥周其字也。始末無可考。書中有「宣和癸卯予遊嵩山」之語，下距建炎元年僅三年，當已入南宋矣。觀書中載與惠洪面論《冷齋夜話》評李商隱之誤，惠洪即改正；又極推其題李愬畫像詩，稱在長沙相從彌年。惠洪《冷齋夜話》亦記顗述李元膺悼亡長短句，蓋亦宗元祐之學者，所引述多蘇軾、黄庭堅、陳師道語，其宗旨可想見也。顗議論多有根柢，品題亦具有別裁。其謂韓愈「齊梁及陳隋，衆作等蟬噪」語，不敢議，亦不敢從。又謂「論道當嚴，取人當恕」。俱卓然有識。惟譏杜牧《赤壁》詩爲不説社稷存亡，惟説二喬。不知大喬，孫策婦，小喬，周瑜婦，二人入魏，即吴亡可知。此詩人不欲質言，變其詞耳。顗遽詆爲秀才不知好惡，殊失牧意。又以適怨清和解李商隱《錦瑟》詩，亦穿鑿太甚。至漢武帝李夫人歌，本以之時爲韻，乃讀「立而望之偏」爲句，則此歌竟不用韻，尤好奇而至於不可通。其他雜以神怪夢幻，更不免體近小説。然論其大致，瑕少瑜多，在宋人詩話之中，猶善本也。

歲寒堂詩話

楊士奇等《文淵閣書目・詩詞》《歲寒堂詩話》。一部，一册。闕。

錢曾《讀書敏求記・詩文評》《歲寒堂詩話》一卷。宋絳郡趙戒撰。

《四庫提要・詩文評類一》《歲寒堂詩話》二卷。《永樂大典》本。宋張戒撰。錢曾《讀書敏求記》作趙戒，傳寫誤也。考戒名附見《宋史・趙鼎傳》，不詳其始末。惟李心傳《建炎以來繫年要録》載：「戒，正平人。紹興五年四月以趙鼎薦，得召對，授國子監丞。鼎稱其登第十餘年，曾作縣令，則嘗舉進士也。」又載「紹興八年三月，戒以兵部員外郎守監察御史。是年八月，守殿中侍御史。十一月，爲司農少卿。旋坐疏留趙鼎，改外任。十二年，羅汝楫劾其沮和議，黨於趙鼎、岳飛，特勒停。二十七年九月，以佐宣教郎主管台州崇道觀。」不言所終，蓋即終於奉祠矣。初，戒以論事切直，爲高宗所知。其言當以和爲表，以備爲裏，以戰爲不得已，頗中時勢。故淮西之戰，則力劾張浚、趙開。而秦檜欲屈己求和，則又力沮，卒與趙鼎竝逐，蓋亦鯁亮之士也。是書通論古今詩人，由宋蘇軾、黄庭堅上溯漢、魏、風、騷，分爲五等。大旨尊李、杜而推陶、阮，始明言志之義，而終之以無邪之旨，可謂不詭於正者。其論唐諸臣詠楊太真事，皆爲無禮，獨杜甫立言爲得體，尤足維世教而正人心。又專論杜甫詩三十餘條，亦多宋人詩話所未及。考《説郛》及《學海類編》載此書，均止寥寥三四頁。此本爲《永樂大典》所載，猶屬完帙。然有二條，此本遺去，而見於《學海類編》者，今謹據以增入，庶爲全璧。《讀書敏求記》本作一卷，今以篇頁稍繁，釐爲上、下卷云。

蔡寛夫詩話

《宋史・藝文志・文史類》《蔡寛夫詩史》二卷。

古今詩話録

《宋史・藝文志・文史類》李頎《古今詩話録》七十卷。

李希聲詩話

《宋史・藝文志・文史類》《李錞詩話》一卷。

唐子西文録

高儒《百川書志・文史》《文録》一卷。宋眉山唐庚撰。

徐𤊹《徐氏家藏書目・詩話類》《文録》一卷。宋唐庚。

錢謙益等《絳雲樓書目・文説類》《唐子西文録》二卷。

《四庫提要・詩文評類存目》《唐子西文録》一卷。浙江巡撫採進本。舊本題宋強行父撰。凡三十五條，皆述所聞唐庚論文之語。前有紹興戊午行父自序，稱「宣和元年罷官京師，眉山唐先生同寓於城東景德僧舍，與同郡關注子東日從之遊，退而記其論文之語，更兵火無復存者。子東書來，屬余追録。十不省五六，乃爲追録」云云。考庚以張商英罷相之後，坐爲商英賦内前行貶惠州。大觀五年會赦北歸，道卒。大觀五年即政和元年辛卯，下距宣和元年己亥，庚没九年矣，安得同寓京師？其説殊爲可疑。又劉克莊《後村詩話》曰：「子西諸文皆高，不獨詩也。其出稍晚，使及東坡之門，當不在秦、晁之下。」是庚平生未見蘇軾。而此書言及軾者凡八條，一條稱余雅善東坡，一條稱東坡赴定武，過京師，館於城外一園子中，余時年十八，謁之。則與軾甚稔，克莊不應如是之舛，殆好事者依託爲之。其中記庚論《史記》、《漢書》一條，與徐度《卻掃編》所記庚語同，剽剟之迹顯然。又皎然改御溝詩掌中書中字事，乃進士王貞白，而此謂别一詩僧所言，亦不免疎舛也。

風月堂詩話

范邦甸等《天一閣書目・詩文評類》《風月堂詩話》二卷。藍絲闌鈔本。宋朱弁撰。

徐𤊹《徐氏家藏書目・詩話類》《風月堂詩話》一卷。宋朱弁。

黄虞稷《千頃堂書目・文史類》朱弁《風月堂詩話》二卷。

倪燦等《宋史藝文志補・文史類》朱弁《風月堂詩話》二卷。

錢曾《讀書敏求記・詩文評》《風月堂詩話》三卷。宋朱弁少章著。萬曆庚申春月籛後人跋云：「燈下讀少章傳，即以《風月堂詩話》對坊刻一過，念公子冰天雪窖之中作幅巾林下之想，爲之長歎！」

《四庫提要・詩文評類一》《風月堂詩話》二卷。内府藏本。宋朱弁撰。弁有《曲洧舊聞》，已著録。是編多記元祐中歐陽修、蘇軾、黄庭堅、陳師道、梅堯臣及諸晁遺事。首尾兩條，皆發明鍾嶸「思君如流水既是即目；明月照積雪羌無故實」之義，蓋其宗旨所在。其論黄庭堅用崑體工夫，而造老杜渾成之地，尤爲窺見深際，後來論黄詩者皆所未及。前有自序，題「庚申閏月」。考庚申爲紹興十年，當金熙宗天眷三年。弁以建炎元年使金，羈留十七年乃還，則在金時所作也。末有咸淳壬申月觀道人跋，稱得於永城人朱伯玉家，蓋北方所傳之本。意弁使金時遺其稿於燕京，度宗時始傳至江左，故晁、陳二家皆不著録。觀元好問《中州集》收録弁詩，知其著作散落北方者多，固不得以晚出疑之矣。其序但題甲子，不著紹興紀年，殆亦金人傳寫，不用敵國之號，爲之削去歟？

藏海詩話

《四庫提要・詩文評類一》《藏海詩話》一卷。《永樂大典》本。案：《藏海詩話》載於《永樂大典》中，不著撰人名氏。自明以來，諸家亦不著録。考《永樂大典》載宋吴可有《藏海居士集》，已裒輯成編，别著於録，與此書名目相合。又集中有爲王詵題春江圖詩，又多與韓駒論詩之語。所載宣和、政和年月及建炎初避兵南竄、流轉楚、粤，與此書卷末稱自元祐至今六十餘年者，時代亦復相合，則是書其可所作歟？其論詩每故作不了了語，似乎禪家機鋒，頗不免於習氣。他如引徐俯之説，以杜甫「天棘蔓青絲」句爲見柳而憶馬，頗病支離，謂「渝陰」爲「陰渝」，併謂《廣雅》爲《爾雅》，亦小有舛誤。然及見元祐舊人，學問有所授受。所云「詩以用意爲主，而附之以華麗，寧對不工，不可使氣弱」，足以救西崑穠艷之失。又云：「凡看詩須是一篇立意，乃有歸宿處。」又云：「學詩當以杜爲體，以蘇、黄爲用。杜之妙處藏於内，蘇、黃之妙處發於外。」又云：「絶句如小家事，句中著大家事不得。若山谷蝌詩用虎争及支解字，此家事大，不當入詩中。」又云：「七言律詩極難做，蓋易得俗，所以山谷别爲一體。」皆深有所見。所論有形之病、無形之病，尤抉摘入微。其他評論考證，亦多可取。而胡仔《苕溪漁隱叢話》、魏慶之《詩人玉屑》網羅繁富，俱未及採録。則在宋代已不甚顯，固宜表而出之，俾談藝者有考焉。

紫微詩話

楊士奇等《文淵閣書目・詩詞》 《東萊紫微詩話》。一部，一册。闕。

高儒《百川書志・文史》 《東萊詩話》一卷。宋紫微舍人吕居仁本中撰。

徐㶿《徐氏家藏書目・詩話類》 《吕東萊詩話》一卷。

毛晉《汲古閣書跋》 《紫薇詩話》。紫薇公，希哲之孫，好問之子，祖謙之祖也。自言傳衣江西，嘗作《江西宗派圖》，自黃豫章而下，列陳後山等二十五人爲法嗣，蓋以獨師豫章也。又作《夏倪集序》，論學詩當識活法，極其明快，可補入《詩話》中。劉後村跋云：「夏倪所作，似未能然，往往紫薇公自道耳。」

錢謙益等《絳雲樓書目・詩話類》 《吕東萊詩話》一卷。本中，好問之子，祖謙之祖。

《四庫提要・詩文評類一》 《紫微詩話》一卷。江蘇巡撫採進本。宋吕本中撰。本中有《春秋集解》，已著録。本中歷官中書舍人，權直學士院。故詩家稱曰吕紫微；而所作詩話，亦以《紫微》爲名。其中如李鼎祚《易解》諸條，偶涉經義；秦觀《黃樓賦》諸條，頗及雜文；吴儔倒語諸條，亦閒雜諧謔；而大致以論詩爲主。其學出於黃庭堅，嘗作《江西宗派圖》，以庭堅爲祖，而以陳師道等二十四人序列於下。宋詩之分門别户，實自是始。然本中雖得法於豫章，而是編稱述庭堅者，惟范元實一條，從叔知止一條，晁叔用一條，潘邠老二條，晁無咎一條，皆因他人而及之。其專論庭堅詩者，惟歐陽季默一條而已。餘皆述其家世舊聞，及友朋新作。如横渠張子、伊川程子之類，亦備載之，實不專於一家。又極稱李商隱《重過聖女祠》詩「一春夢雨常飄瓦，盡日靈風不滿旗」一聯，及《嫦娥詩》「嫦娥應悔偷靈藥，碧海青天夜夜心」二句，亦不主於一格。蓋詩體始變之時，雖自出新意，未嘗不兼採衆長。自方回等一祖三宗之説興，而西崑、江西二派乃判如冰炭，不可復合。元好問題《中州集》末，因有「北人不拾江西唾，未要曾郎借齒牙」句，實末流相詬，有以激之。觀於是書，知其初之不盡然也。王士禎《古夫于亭雜録》曰：「《紫微詩話》載張子厚詩『井丹已厭嘗葱葉，庾亮何勞惜薤根』，三韭二十七，乃杲之事，與元規何涉？張誤用而居仁亦無辨證，何也？」今者《南齊書・庾杲之傳》，杲之清貧自業，食惟有韭菹、瀹韭、生韭、雜菜，或戲之曰：「誰謂庾郎貧，食鮭嘗有二十七種。」則杲之但有食韭事，實不云薤。《晉書・庾亮傳》載：「亮噉薤，因留白。陶侃問曰：『安用此爲？』亮曰：『故可以種。』」則惜薤實庾亮事，與杲之無關。此士禎偶然誤記，安可反病本中失於辨證乎？

童蒙詩訓

楊士奇等《文淵閣書目・詩詞》 《童蒙詩訓》。一部，一册。闕。

黃微詩話

尤袤《遂初堂書目・文史類》 《黃微詩話》。

藝苑雌黃

《宋史・藝文志・文史類》 嚴有翼《藝苑雌黃》二十卷。

《四庫提要・詩文評類存目》 《藝苑雌黃》十卷。江蘇巡撫採進本。舊本題宋嚴有翼撰。案：有翼，建安人。嘗爲泉、荆二郡教官。其所著《藝苑雌黃》見於《宋史・藝文志》者二十卷，入集部文史類。陳振孫《書録解題》則入於子部雜家類，稱其書大抵辨正譌謬。其目子史、傳注、詩詞、時序、名數、聲畫、器用、地理、動植、神怪、雜事。卷爲二十，條凡四百。硯岡居士唐稷序之。洪邁《容齋隨筆》又記其中有《辨坡》一篇，皆詆諆蘇軾之語。今考此本，止有十卷，而無序及標目，與宋人所言俱不合。又宋時説部諸家如胡仔《苕溪漁隱叢話》、蔡夢弼《草堂詩話》、魏慶之《詩人玉屑》之類，多有徵引《藝苑雌黄》之文。今以此本參互檢勘，前三卷内雖大概符合，而如《漁隱叢話》所録「盧橘」、「朝雲」、「鞦韆」、「瓊花」等十餘條，《草堂詩話》所録「古人用韻重複」一條，此本皆不載。又如「中興」條末東坡詩云云，「牽牛織女」條末《文選》注云云，俱胡仔駁辨之語。而亦概行闌入，舛錯特甚。至其第四卷以後，則全録葛立方《韻語陽秋》，而顛倒其次序。其中如「東坡在儋耳」一條，立方原文有「三從兄諱延之」云云，此本改作「葛延之」以隱其迹。而其所稱先文康公者，乃立方父勝仲之謚，則又沿用其文，不知刊削。蓋有翼原書已亡，好事者摭拾《漁隱叢話》所引，以僞託舊本，而不能取足卷數，則別攘《韻語陽秋》以附益之。又故變亂篇第以欺一時之耳目，頗足疑誤後學。今特爲糾正，以祛後來之惑焉。

詩話

范邦甸等《天一閣書目・詩文評類》 《詩話》六卷。刊本。一卷宋劉貢父撰，二卷六一居士撰，三卷司馬温公撰，四卷後山居士撰，五卷東萊吕紫薇撰，六卷竹坡老人撰。

珊瑚鉤詩話

楊士奇等《文淵閣書目・詩詞》 《珊瑚鉤詩話》。一部，一册。闕。

高儒《百川書志・文史》 《珊瑚鉤詩話》一卷。宋張表臣撰。

徐𤊹《徐氏家藏書目・詩話類》 《珊瑚鉤詩話》三卷。宋張表臣。

《四庫提要・詩文評類一》 《珊瑚鉤詩話》三卷。江蘇巡撫採進本。宋張表臣撰。表臣字正民，里貫未詳。官右承議郎，通判常州軍州事。紹興中，終於司農丞。是編名曰《珊瑚鉤》者，取杜甫詩「文采珊瑚鉤」句也。其書雖以詩話爲名，而多及他文，閒涉雜事，不盡論詩之語。又好自載其詩，務表所長，器量亦殊淺狹。又如其論杜甫《遊龍門奉先寺》詩，改「天闕」爲「天閲」，引據支離，已爲前人所駁。又如論杜牧「擬把一麾江海去」句，以爲誤用顔延年語，以「麾斥」之「麾」爲「麾旄」。然考崔豹《古今注》曰：「麾者所以指麾也，武王執白旄以麾是也。乘輿以黄，諸公以朱，刺史二千石以纁。」據其所説，則刺史二千石乃得建麾。牧將乞郡，故有擬把一麾之語，未可云誤。表臣所論亦非也。然表臣生當北宋之末，猶及與陳師道遊，與晁説之尤相善，故其論詩往往得元祐諸人之餘緒。在宋人詩話之中，固與惠洪《冷齋夜話》在伯仲之閒矣。

陳日華詩話

《四庫提要・詩文評類存目》 《詩話》一卷。浙江范懋柱家天一閣藏本。舊本題陳日華撰。日華有《談諧》，已著録。是編所記多猥鄙詼諧之作，頗乖大雅。惟所記黄庭堅教人學詩先讀經，不識經旨則不識是非，不知輕重，何以爲詩？又記宋祁語云：「詩人必自成一家，然後傳不朽。若體規畫圓，準方作矩，終爲人之臣僕。」則皆確論也。

全唐詩話

楊士奇等《文淵閣書目・詩詞》 《全唐詩話》。一部，一册。闕。

高儒《百川書志・文史》 《全唐詩話》三卷。宋尤文簡公。盡唐甲子，帝王名士，方外閨秀，三百二十人。各鉤其警語，摭其事實，唐人精力，殆盡於此，一代詩史也，今時罕傳。

范邦甸等《天一閣書目・詩文評類》 《全唐詩話》三卷。刊本。宋尤袤撰。明安惟學序云：「唐詩之傳于世者，殆且百家。而李、杜、韓、柳之全集尤盛行焉。趙宋諸老又有詩話之作，咸淳間有若尤文簡者，乃盡唐甲子詩人，各鉤其警語，摭其事實，分爲三卷，名曰《全唐詩話》。而唐人之精力，殆盡于此。惜乎自來無刻本，未獲傳布。侍御河東秦公民望好文事，而尤工于詩，兹巡按陝右，偶閲此書，如獲至寶。恨屢經筆吏，訛謬相承，亥豕陶陰，漫不可曉。乃躬自校閲，且託強左史晟加磨對焉，録成圖壽諸梓。西安守劉君綱乞予言以弁諸端。」

徐𤊹《徐氏家藏書目・詩話類》 《全唐詩話》六卷。

毛晉《汲古閣書跋》　《全唐詩話》。予刻梁記室參軍《詩品》三卷。上下漢魏六朝，無愧鼎鼎矣。惜有唐諸大家，未有能彙而評之者。偶簡遂初主人《全唐詩話》，約三百餘家，雖片羽點斑，於三百年風會不能無憾，然而三變梗概，已具見矣。更選宋人詩話之最者十册，附存卷末，庶幾稽古饕奇之士採而録焉，或亦祕函之一種云。

錢謙益等《絳雲樓書目・詩話類》　尤袤《全唐詩話》。咸淳辛未。

《四庫提要・詩文評類存目》　《全唐詩話》十卷。内府藏本。原本題宋尤袤撰。袤有《梁谿遺稿》，已著録。考袤爲紹興二十一年進士，以光宗時卒。而自序年月乃題咸淳，時代殊不相及。校驗其文，皆與計有功《唐詩紀事》相同。《紀事》之例，凡詩爲唐人採入總集者，皆云右某取爲某集。此本張籍條下尚未及删此一句，則其爲後人剌取影撰，更無疑義。考周密《齊東野語》，載賈似道所著諸書，此居其一。蓋似道假手廖瑩中，而瑩中又剽竊舊文，塗飾塞責。後人惡似道之姦，改題袤名，以便行世。遂致僞書之中，又增一僞撰人耳。毛晉不爲考核，刻之《津逮祕書》中，疎亦甚矣。

彭元瑞等《天禄琳琅書目後編・元版集部》　《全唐詩話》二函，十册。不著撰人姓名。書二卷，上卷太宗至白居易一百七人；下卷于武陵至權龍褒一百二人。末跋略云：「歲在甲午，奉祠湖曲，專意吟事，誦唐人詩，裒話纂録，名曰《全唐詩話》。今又蒙恩，便養湖曲，因理故篋，復得是編，恍如疇昔浩歌縱談時。咸淳辛未重陽日遂初堂書。」考周密《齊東野語》載賈似道所著書有《全唐詩話》，《武林舊事》載「集芳御園後賜賈平章，有秋壑遂初客堂度宗御書」，此跋時地相合，乃賈似道所撰。而毛晉刻入《津逮祕書》，標爲尤袤撰，乃因袤堂名「遂初」而誤，不知似道亦有「遂初堂」，且袤家錫山，亦無奉祠就養湖曲事，其出似道無疑。

彭元瑞等《天禄琳琅書目後編・明版集部》　《全唐詩話》。一函，三册。篇目同前元版集部。

明秦中刻。有正德丁卯安惟學序、強晟後序。俱誤以此書爲尤袤作，更在毛晉前矣。刻書時秦以御史巡按陝西，惟學方爲陝參政也。末刻印記「正德丁丑春正月穀旦東魯鮑繼文伯正重刊於雲中教養堂」，是明時已再刻矣。

孫星衍《平津館鑒藏書籍記・明版》　《全唐詩話》三卷。分上、中、下。不題撰人名氏，末有跋，題「咸淳辛未重陽日遂初堂書」，亦不書名氏。近刻本皆題作宋尤袤撰。考袤爲紹興廿一年進士，光宗時卒，此當其後人所撰，不知者誤題作袤耳。近刻或作十卷，或作六卷。此尚是舊帙，黑口板，每葉廿行，行十八字。

優古堂詩話

黄虞稷《千頃堂書目・文史類》　吴幵《優古堂詩話》一卷。

倪燦等《宋史藝文志補・文史類》　吴幵《優古堂詩話》一卷。

錢曾《讀書敏求記・詩文評》　《優古堂詩話》一卷。吴幵正仲著。

《四庫提要・詩文評類一》　《優古堂詩話》一卷。兩江總督採進本。宋吴幵撰。幵字正仲，滁州人。紹聖丁丑，中宏詞科。靖康中，官翰林承旨。與耿南仲力主割地之議，卒誤國事。又爲金人往來傳道意旨，立張邦昌而事之。建炎後竄謫以死。其人本不足道，而所作詩話乃頗有可採。其書凡一百五十四條，多論北宋人詩，亦間及唐人。惟卷末載「楊萬里」一條，時代遠不相及，疑傳寫有譌，或後人有所竄亂歟？所論惟卷末「吏部文章二百年」一條，「裹飯非子來」一條，「王僧綽蠟鳳」一條，「荷囊」一條，「陽燧」一條，「《陽關圖》」一條，「珠還合浦」一條，「黄金臺」一條，「以玉兒爲玉奴」一條，「東坡用事切」一條，「妓人出家詩」一條，「蒸壺似蒸鴨」一條，「望夫石」一條，「落梅花、折楊柳」一條，兼涉考證。其餘則皆論詩家用字鍊句，相承變化之由。夫奪胎换骨，翻案出奇，作者非必盡無所本。實則無心闇合，亦多有之。必一句一字求其源出某某，未免於求劍刻舟。即如李賀詩「桃花亂落如紅雨」句，劉禹錫詩「摇落繁英墮紅雨」句，幵既知二人同時，必不相襲。岑參與孟浩然亦同時，乃以參詩「黄昏争渡」字爲用浩然《夜歸鹿門》詩，不免強爲科配。又知張耒詩「夕陽外」字本於楊巨源，而不知「夕陽西」字本於薛能。可知輾轉相因，亦復搜求不盡。然互相參考，可以觀古今人運意之異同，與遣詞之巧拙。使讀者因端生悟，觸類引申，要亦不爲無益也。其中「蓬生麻中」一條，「畜不吠之犬」一條，「韓退之全用《列子》文」一條，「韓退之學文而及道」一條，「《定命論》」一條，「富鄭公之言出元璹」一條，「寧人負我勿我負人」一條，皆兼論雜文，不專詩話。又「手滑」一條，「應聲蟲」一條，更詩文皆不相涉。蓋詩話中兼及雜事，自劉攽、歐陽修等已然矣。

黄丕烈《蕘圃藏書題識・集類》　《優古堂詩話》一卷。明鈔本。余所藏宋元佳刻，大半散佚。惟舊鈔名校尚有一二小品存諸篋衍。近來爲餽貧計，取而估直求售，每册至賤者，亦必以幾餅計。予竊自笑，向日重價收書，銖積寸累，每作一錢物可得書不易得之。想今欲棄之，有誰與予同好耶？吾恐即貶價，仍無過而問焉者矣。頃有平湖賈人持數十種古籍來，大段不及余所藏而價且過之。浙省不售，遂攜至蘇。其難售與予所藏同。乃因欲易余家刻，姑揀一二種應其請，而予之可笑益甚。就卷中近日儲藏各家，如長塘鮑氏，嘉興戴氏，皆予舊識。即平湖錢氏，亦素所神交者。追而溯之，太原之王，崑山之徐，又在吾郡。則是書之去浙而來蘇，幾若吾蘇之尚有緣也？謹就其題識圖章渾括成章，以寄余之感慨，俾予之可笑與後人同笑云爾。「洪熙鈔本真難得，三百年來又幾春去徐跋時又百餘年？父子儲藏傳是舊，友朋轉徙夢廬新近出錢味夢軒。一經世守逾珍寶，千卷窮搜劇苦辛一經、千卷，卷中圖章字。我有一椿輸鮑老，好書堆案轉安貧末句用鮑氏圖章。」蕘夫乙酉六月朔題。

張金吾《愛日精廬藏書志·詩文評類》《優古堂詩話》一卷。舊抄本。宋吳开正仲撰。

䂬溪詩話

陳振孫《直齋書録解題·文史類》《䂬溪詩話》十卷。莆田黃徹常明撰。

馬端臨《文獻通考·經籍考·文史》《䂬溪詩話》十卷。

《宋史·藝文志·文史類》黃徹《䂬溪詩話》。

楊士奇等《文淵閣書目·詩詞》《䂬溪詩話》。一部，二册。完全。

錢曾《讀書敏求記·詩文評》《䂬溪詩話》十卷。黃徹常明著。常明投劾南歸，寓興化之䂬溪，成此書。嘉泰三年癸亥其孫燾題于後而刊行之。

《四庫提要·詩文評類一》《䂬溪詩話》十卷。浙江鮑士恭家藏本。宋黃徹撰。徹字常明。陳振孫《書録解題》作莆田人，《八閩通志》作邵武人。振孫時去徹未遠，當得其真也。朱彝尊《曝書亭集》有是書跋，厲鶚《宋詩紀事》亦載徹詩。彝尊但據《八閩通志》知爲紹興十五年進士，鶚亦但據此書自序言其嘗官辰州，皆不詳其始末。惟鮑氏知不足齋藏本前有乾道四年陳俊卿序，又有徹子廓、徹孫燾及黃永存、聶棠四跋。燾跋載楊邦弼所作墓誌，稱徹登宣和甲辰第。授辰州辰溪縣丞，就升令。在任五年，辟差沅州軍事判官攝倅事。繼權麻陽縣，尋辟鄂之嘉魚令。復權岳之平江，越半歲即真。復忤權貴，棄官歸。張浚欲辟之入幕，不肯就，遂終老於家。又稱其在沅州定猺賊之亂，在麻陽擒巨寇曹成，在平江佐征楊么，運餉亦有功，而卒以不善諂俗罷。所敘徹之生平，尚可概見。彝尊及鶚蓋均未見此本，故所言或舛或略也。其論詩，大抵以風教爲本，不尚雕華。然徹本工詩，故能不失風人之旨。非務以語録爲宗，使比興之義都絶者也。

竹坡詩話

《宋史·藝文志·文史類》周紫芝《竹坡詩話》一卷。

楊士奇等《文淵閣書目·詩詞》《竹坡詩話》。一部，一册，闕。

高儒《百川書志·文史》《竹坡詩話》一卷。宋定成郡公周少隱撰。

徐𤊹《徐氏家藏書目·詩話類》《竹坡老人詩話》一卷。宋周少隱。

毛晉《汲古閣書跋》《竹坡詩話》。予幼時見公集名《太倉稊米》，憎其宋氣大重，急貽一塾師。既從胡元任《叢話》中見竹坡數則，覓其全帙讀之，幽韻可喜。復從塾師索《太倉稊米》，已化作紅腐矣。惜哉！童習之靦面失一竹坡也。但如「刑天舞干戚」之類，往往借舊案作新評，未免貽議於儕輩爾。

錢謙益等《絳雲樓書目·詩話類》《竹坡老人詩話》一卷。周紫芝。

《四庫提要·詩文評類一》《竹坡詩話》一卷。江蘇巡撫採進本。宋周紫芝撰。紫芝有《太倉稊米集》，已著録。周必大《二老堂詩話》辨「金鎖甲」一條，稱「紫芝詩話百篇」，此本惟存八十條。又「《山海經》詩」一條，稱「《竹坡詩話》第一卷」，則必有第二卷矣。此本惟存一卷，蓋殘闕也。必大嘗議其解緑沈金鎖之疎失，又譏其論陶潛「形天舞干戚」句，勦襲曾紘之説；又譏其「論譙國集」一條，皆中其失。他如論王維襲李嘉祐詩，尚沿李肇《國史補》之誤；論柳宗元身在刀山之類，亦近於惡謔。然如辨《嘲鼾睡》非韓愈作，辨「留春不住」詞非王安石作，辨韓愈《調張籍》詩非爲元稹作，皆有特見。其餘亦頗多可採。惟其中「李白、柳公權與文宗論詩」一條，時代殊不相及。此非僻人僻事，紫芝不容舛謬至此。殆傳寫者之誤歟？

元祐詩話

《宋史·藝文志·文史類》《元祐詩話》一卷。

韻語陽秋

尤袤《遂初堂書目·文史類》《韻語陽秋》。

陳振孫《直齋書録解題·文史類》《韻語陽秋》二十卷。葛立方撰。

馬端臨《文獻通考·經籍考·文史》《韻語陽秋》二十卷。

《宋史·藝文志·文史類》葛立方《韻語陽秋》二十卷。

高儒《百川書志·文史》《韻語陽秋》二十卷。宋吏部侍郎丹陽葛立方常之撰。

范邦甸等《天一閣書目·詩文評類》《韻語陽秋》三十卷。刊本。宋葛立方撰并序云：「懶真子既上宜春之印，休于吴興，汎金溪，上讀古今人韻語，披味紬繹，每畢景忘倦。凡詩人句義當否，若論人物行事高下是非，輒私斷臆處而歸之正。若背理傷道者，皆爲説以示勸戒。書成號曰《韻語陽秋》。昔晉人褚裒爲皮裏陽秋，言口絶臧否而心存涇渭。余之爲是集也，其深愧于斯人哉！若孫盛、檀道鸞、鄧粲各有《晉陽秋》，是皆不畏人禍天刑，率意而作，如昌黎公所云者也，余也非惟不敢亦不暇。」

徐𤊹《徐氏家藏書目·詩話類》《韻語陽秋》二十卷。宋葛立方。

錢曾《讀書敏求記·詩文評》《韻語陽秋》二十卷。丹陽葛立方常之撰。朱性甫借得此書宋槧本，邢麗文命工摹寫二部，舉其一贈性甫。朱守中又從性甫借歸，弘治癸亥金成性録成此本，守中爲題其卷尾。三君皆衡山好友，安貧樂志，吴中雅士也。常之詩話無足取，存此見前輩嗜好之勤，互以鈔書爲風流罪過，亦藝林美談也。

《四庫提要·詩文評類一》《韻語陽秋》二十卷。兩江總督採進本。宋葛立方撰。立方有《歸愚集》，已著録。是編雜評諸家之詩，不甚論句格工拙，而多論意旨之是非，故曰「陽秋」，用晉人語也。然晉人以避諱之故，改「春」爲「陽」可也。宋不諱「春」，而立方乃襲舊文，是好奇而無理矣。其中如偏重釋氏，謂歐陽修夢見十王得知罪福，後亦信佛之類，則未免虚誣。議屈原自沈爲不知命之類，則未免偏駁。論李、杜、蘇、黄皆相輕相詆之類，則未免附會。趙與峕《賓退録》嘗議其誤以鄭合敬詩爲鄭谷詩，又議其不知阮咸出處。今觀所載，如以江淹《雜擬》「赤玉隱瑶溪」句爲謝靈運詩，以蘇軾「老身倦馬河堤永，踏盡黄榆緑槐影」句爲杜甫詩，以李白「解道澄江浄如練，令人長憶謝玄暉」句爲襲鄭谷之語，皆未免舛誤，尚不止與峕之所糾。然大旨持論嚴正，其精確之處，亦未可盡没也。

彭元瑞等《天禄琳琅書目後編·宋版集部》《韻語陽秋》一函，四册。宋葛立方撰。立方字常之，丹陽人。紹興八年進士，官至吏部侍郎。書二十卷，前有乾道元年徐林序，列銜敷文閣直學士左朝議大夫致仕，於立方爲中表兄弟。後有隆興二年立方自題。又乾道二年沈洵後序云：「公既殁，或請其書，鏤版以行世。」蓋隆興甲申立方書成而卒，次年林爲刊行之。泰興季氏藏本。

觀林詩話

陳振孫《直齋書録解題·文史類》《觀林詩話》一卷。楚東吴聿子書撰。未詳何人。

馬端臨《文獻通考·經籍考·文史》《觀林詩話》一卷。

《四庫提要·詩文評類一》《觀林詩話》一卷。浙江范懋柱家天一閣藏本。宋吴聿撰。聿字子書，自署楚東人。楚東地廣，莫能知其邑里。陳振孫《書録解題》載此書，亦云不知何人。案：書中稱「衣冠中有微時爲小吏者，作《三角亭》詩，有『夜欠一簷雨，春無四面花』之語。獻其所事，異之，使學。果後登第，今爲郎矣」云云。案：曾三異《同話録》載此事，稱爲余子清之祖仁廓。則子書蓋南宋初人，故所稱引，上至蘇軾、黄庭堅、賀鑄，下至汪藻王宣、而止也。其中如辨「陸厥中山王孺子妾歌誤用安陵君」一條，李善《文選注》已先有此論。聿抒爲新得，蓋偶未及檢。又引《摭言》「趙牧學李長吉歌詩」一條，《摭言》無此文，蓋記杜牧語；又誤增「學李長吉歌詩」一句，亦爲疎舛。卷末録謝朓事三條，不加論斷，殊無所取。核其詞意，似乎欲解王安石、歐陽修倡和詩中「吏部文章二百年」句，而其文未畢。或傳寫有所佚脱，又誤分一則爲三則歟？聿之詩學出於元祐，於當時佚事，尤所究心。如謂黄庭堅論黄獨爲土芋，而云或以爲黄精者，乃指蘇軾「詩人空腹待黄精，生事只看長柄械」句，而不欲顯名。又陳師道所稱「但解開門留我住，主人不問是誰家」句，乃蘇軾《藏春》兩絶句之一，託云古語。又蘇軾「不向如皋閒射雉，人間何以得卿卿」句，世譏軾誤以如皋爲地名，聿謂親見其手寫《會獵》詩，「不向」乃作「向不」。

又軾嘗名賈耘老之妾曰「雙荷葉」，世不曉所謂。聿謂其事載《泉南老人集》，取雙髻竝前之義，其名出於温庭筠詞。《澠水燕談》稱張舜民題蘇軾老人行役詩，乃蘇轍作，王闢之誤記。軾《梅花》詩用「返魂」字乃用韓偓《金鑾祕記》中語。説者誤引蘇德哥及聚窟州返魂香事，皆查慎行補注蘇詩所未及。又如黄庭堅與惠洪詩，實用《陳平傳》「解衣贏而刺船」句相謔。洪作《冷齋夜話》，乃以欲加冠巾自解，與庭堅自稱從王安石得古詩句法，及安石詞「揉藍一水縈花艸」句，乃追用所見江上人家壁閒絶句諸事，亦他書所未言。至於引郭義恭《廣志》證陸龜蒙詩「蕙炷」字，引尉遲樞《南楚新聞》證僧詩「氈根」字，引《隋書・禮志》證古詩「長跪問故夫」句，引許慎《説文》證衣亦可名不借，不獨草屨，引《南史・邱仲孚傳》證唐詩半夜鐘，引《宋書》證吴融誤用虞嘯事，引《世説新語》庾亮事證著屐登樓，引元結自序證歐陽修、黄庭堅誤讀「笭箵」字，引潘岳《西征賦》證「晁錯」之「錯」可讀七各切，引江淹《雜擬》詩證《東觀奏記》誤稱沈約，引顧愔《新羅圖記》證「松五粒」非「五鬣」，引《歌録》證《殷芸小説》誤解蜻蛚，引《西京雜記》駁賀鑄詞誤用玉硯生冰，以及駁蘇軾誤以白居易《除夜》詩爲《寒食》詩，以長桑君爲倉公，以《左傳》「小人之食」爲「小人之羹」諸條，皆足以資考證。在宋人詩話之中，亦可謂之佳本矣。

庚溪詩話

楊士奇等《文淵閣書目・詩詞》《庚溪詩話》。一部，一册，闕。

高儒《百川書志・文史》《庚溪詩話》一卷。宋西效野叟述。

王圻《續文獻通考經籍考・詩集》《唐溪詩話》。陳德固著。

徐𤊹《徐氏家藏書目・詩話類》《庚溪詩話》二卷。宋陳巖肖。

錢謙益等《絳雲樓書目・詩話類》《庚溪詩話》一卷。唐子西。

《四庫提要・詩文評類一》《庚溪詩話》二卷。江蘇巡撫採進本。宋陳巖肖撰。巖肖字子象，金華人。父德固，死靖康之難。紹興八年，以任子中詞科，仕至兵部侍郎。此編記其於靖康閒遊京師天清寺事，猶及北宋之末。而書中稱高宗爲太上皇帝，孝宗爲今上皇帝，光宗爲當今皇太子，則當成於淳熙中。上溯靖康已六十年，蓋其晚年之筆也。卷首先載宋累朝御製，附以漢高帝、唐文皇、宣宗三條。次即歷敘唐、宋詩家，各爲評騭。而於元祐諸人，徵引尤多。蓋時代相接，頗能得其緒餘，故所論皆具有矩矱。其中如趙與旹《賓退録》所稱虞中琳送林季仲詩，殊嫌陳腐。又厲鶚《宋詩紀事》摘所載蔡肇睦州詩「疊嶂巧合丁字水，臘梅遲見二年花」句，實爲杜牧之詩，亦閒舛誤。然大旨不詭於正。其論山谷詩派一條，深斥當時學者未得其妙，而但使聲韻拗捩，詞語艱澀，以爲江西格，尤爲切中後來之病。至遺篇佚句，綴述見聞，亦閒有宋人詩集所未及者。宋末左圭嘗輯入《百川學海》中，但題西郊野叟述，而佚其名氏。明胡應麟《筆叢》據中閒論皇太子作詩一條，自題其名，始考定爲巖肖所作。然吴師道《敬鄉録》已云巖肖著《庚溪詩話》，具有明文，不待應麟始知矣。

錢大昕《補元史藝文志・文史類》陳德固《唐溪詩話》。

續廣本事詩

陳振孫《直齋書録解題・文史類》《續廣本事詩》五卷。聶奉先撰。雖曰廣孟啓之舊，其實集詩話耳。

馬端臨《文獻通考・經籍考・文史》《續廣本事詩》五卷。

環溪詩話

陳振孫《直齋書録解題・文史類》《環溪詩話》一卷。臨川吴沆撰。

馬端臨《文獻通考・經籍考・文史》《環溪詩話》一卷。

楊士奇等《文淵閣書目・詩詞》《吴環溪詩話》。一部，一册。闕。

徐𤊹《徐氏家藏書目・詩話類》《吴環溪詩話》三卷。宋吴杭。

黄虞稷《千頃堂書目・文史類》吴沆《環溪詩話》三卷。

倪燦等《宋史藝文志補・文史類》吴沆《環溪詩話》三卷。

《四庫提要・詩文評類一》《環溪詩話》一卷。《永樂大典》本。不著撰人名氏。皆品評吴沆之詩及述沆論詩之語。卷首稱沆爲先環溪，又注其下曰：「此集非門人所編」，只稱先生爲環溪，蓋其後人所追記。趙與旹《賓退録》稱爲「吴德遠《環溪詩話》」，似乎沆所自著者，誤也。沆所著有《三墳訓義》、《易璇璣》、

《論語發微》、《易禮圖説》、《老子解》、《環溪集》諸書。今惟《易璇璣》存，已著於録。其經術頗有足取，而詩亦戛戛自爲，不囿於當時風氣。其大旨以杜甫爲一祖，李白、韓愈爲二宗。亦閒作黄庭堅體，然非所專主。其與張右丞論杜詩「旌旗日暖龍蛇動」句爲一句能言五物，「乾坤日夜浮」句爲一句能滿天下一條。案：第一條孫尚書下注曰：「環溪所與人議論，只稱官職，不敢指名字，故《賓退録》不知張右丞之名。」今亦仍其原文。《賓退録》嘗駁之曰：「若以句中事物之多爲工，則必皆如陳無已『椒檜柟櫨楓作樟』之句，案：陳師道此句實本之柏梁臺詩「枇杷橘栗桃李梅」，非所自創，趙與旹不引漢詩而引此句，或以漢詩僅六物與？而後可以獨步，雖杜子美亦不能專美。若以『乾坤日夜浮』爲滿天下句，則凡言天地、宇宙、四海者皆足以當之矣，何謂無也？張輔喜司馬子長五十萬言紀三千年事，張右丞喜杜子美一句談五物，識趣正同」云云。其掊擊頗當。蓋宋詩多空疎率易，故沆立多用實字則健之説，而主持太過，遂至於偏。又所舉「白閒黄裏」、「殺青生白」、「素王黄帝」、「小鳥大白」、「竹馬木牛」、「玉山銀海」諸偶句，亦小巧細碎，頗於雅調有乖。所自爲詩如「草迷花徑煩調護，水汩蓮塘欠節宣」之類，自謂摹仿豫章，實僅得其不佳處，尤不可訓。然其取法終高，宗旨終正，在宋人詩話之中，不能不存備一家也。趙與虤《娱書堂詩話》亦稱其《觀獲》詩「新月輝輝動，黄雲漸漸收」之句爲形容最工云。

苕溪漁隱叢話

尤袤《遂初堂書目・文史類》 《苕溪漁隱叢話》。

陳振孫《直齋書録解題・文史類》 《漁隱叢話》六十卷《後集》四十卷。新安胡仔元任撰。待制舜陟之子，居湖州，自號苕溪漁隱。

馬端臨《文獻通考・經籍考・文史》 《漁隱叢話》六十卷《後集》四十卷。

范邦甸等《天一閣書目・詩文評類》 《苕溪詩話》六十卷。藍絲闌鈔本。宋胡仔纂集。

《四庫提要・詩文評類一》 《苕溪漁隱叢話前集》六十卷《後集》四十卷。江蘇巡撫採進本。宋胡仔撰。仔字元任，績溪人。舜陟之子。以蔭授迪功郎，兩浙轉運司幹辦公事。官至奉議郎，知常州晉陵縣。後卜居湖州，自號苕溪漁隱。其書繼阮閱《詩話總龜》而作。前有自序，稱閲所載者皆不録。二書相輔而行，北宋以前之詩話大抵略備矣。然閲書多録雜事，頗近小説。此則論文考義者居多，去取較爲謹嚴。閲書分類編輯，多立門目。此則惟以作者時代爲先後，能成家者列其名，瑣聞軼句則或附録之，或類聚之，體例亦較爲明晰。閲書惟採摭舊文，無所考正。此則多附辨證之語，尤足以資參訂。故閲書不甚見重於世，而此書則諸家援據，多所取資焉。《新安文獻志》引方回《漁隱叢話考》曰：「元任寓居霅上，謂阮閲休《詩總》成於宣和癸卯，遺落元祐諸公，乃增纂集自《國風》、漢、魏六朝以至南渡之初，最大家數，特出其名。餘入雜紀，以年代爲後先。回幼好之，學詩實自此始。元任以閲休分門爲未然，有湯巖起者，閲休鄉人，著《詩海遺珠》又以元任爲不然。回聞之吾州羅任臣毅卿，所病者元任紀其自作之詩不甚佳耳。其以歷代詩人爲先後，於諸家詩話有去有取，閒斷以己意，視《皇朝類苑》中概而竝書者，豈不爲優」云云。雖鄉曲之言，要亦不失公論也。

張之洞《書目答問・詩文評》 《苕溪漁隱叢話》。前集六十卷，後集四十卷。宋胡仔。績溪胡氏校刻本。海山仙館本。此書采北宋詩話畧備。

容齋詩話

楊士奇等《文淵閣書目・詩詞》 《容齋詩話》。一部，一册。闕。

徐𤊹《徐氏家藏書目・詩話類》 《容齋詩話》六卷。陳基虞。

《四庫提要・詩文評類存目》 《容齋詩話》六卷。編修程晉芳家藏本。舊本題宋洪邁撰。邁有《史記法語》，已著録。此編諸家書目皆不載其名，惟《文淵閣書目》有之。《永樂大典》亦於「詩」字韻下全部收入。則自宋、元以來已有此編。今核其文，蓋於邁《容齋五筆》之内各掇其論詩之語，裒爲一編。猶於《玉壺清話》之中別鈔爲《玉壺詩話》耳。以流傳已久，姑存其目於此，以備參考焉。

二老堂詩話

毛晉《汲古閣書跋》 《二老堂詩話》。子充，一字弘道。集中載雜著述二十三卷，詩話其一也。所載不過四十餘則，多翻駁前人，如「唐酒價及斤買」云云，必進竹坡諸公一籌。但載劉賓客《淮陰行》五首，本集止四首；末篇云云，本集作《紇那曲詞》；如「無奈脱萊時」，山谷謂不可解，子充疑作「挑菜」，時引東坡詩句證之。予攷賓客集作「無奈晩來時，清淮春浪軟」，令讀者爽然。姑存之，以俟博洽君子。

《四庫提要・詩文評類一》《二老堂詩話》一卷。江蘇巡撫採進本。宋周必大撰。必大有《玉堂雜記》，已著録。是書其論詩之語，凡四十六條，原載《平園集》中，此後人鈔出別行者也。必大學問博洽，又熟於掌故，故所論多主於考證。如「王禹偁不知貢舉」一條，「劉禹錫淮陰行」一條，「歐陽修詩報班齊」一條，又「陸游説蘇軾詩」一條，「周紫芝論金鎖甲」一條，「司空山李白詩」一條，「杜甫詩閑殷闌韻」一條，皆極精審。至於「奚斯作頌」一條，偏主揚雄之説；「梅葩墜素」一條，牽合韓愈之語，皆未免偏執。又「辨縹緲字」一條，知引蘇軾詩，而不知出王延壽《靈光殿賦》。辨「一麾江海」一條，知不本顔延之詩，而不知出於崔豹《古今注》。是皆援據偶疎者。然較其大致，究非學有本原者不能作也。

誠齋詩話

《四庫提要・詩文評類一》《誠齋詩話》一卷。江蘇巡撫採進本。宋楊萬里撰。萬里有《誠齋易傳》，已著録。此編題曰「詩話」，而論文之語乃多於詩，又頗及諧謔雜事。蓋宋人所著，往往如斯，不但萬里也。萬里本以詩名，故所論往往中理。而萬里爲詩，好用文句及俚語。故以李師中之「山如仁者壽，水似聖之清」爲善用經；以蘇軾之「避謗詩尋醫，畏病酒入務」、僧顯萬之「探支春色墻頭朶，闌入風光竹外梢」爲善用字，與自稱其「立岸風大壯，還舟鐙小明」，以詩篇名對《易》卦者，均非定論。又李商隱「夜半宴歸宫漏永，薛王沈醉壽王醒」二句，暴揚國惡，至爲無禮。萬里以爲微婉顯晦，盡而不汙，尤宋人作詩好爲訐激之習氣矣。至於萬里時代距南渡初不遠，乃以隆祐太后布告中外手詔爲勸進高宗手書，於考論典故亦爲紕謬。殆所謂瑕瑜不掩，利鈍互陳者歟？全書已編入《誠齋集》中，此乃別行之本，今亦別著於録焉。

吴壽暘《拜經樓藏書題跋記》卷四《誠齋詩話》。右舊鈔本一卷。曹氏古林書屋藏本，有「檇李曹氏藏書」印、曹溶二圖記。

續詩話

陳振孫《直齋書録解題・文史類》《續詩話》一卷。無名氏。

馬端臨《文獻通考・經籍考・文史》《續詩話》一卷。

楊士奇等《文淵閣書目・詩詞》《續詩話》。一部，一册。闕。

艇齋詩話

陳振孫《直齋書録解題・文史類》《艇齋詩話》一卷。曾季貍裘父撰。

馬端臨《文獻通考・經籍考・文史》《艇齋詩話》一卷。

楊士奇等《文淵閣書目・詩詞》《艇齋詩話》。一部，一册。闕。

錢曾《讀書敏求記・詩文評》《艇齋詩話》一卷。南豐曾季貍裘甫撰。

張金吾《愛日精廬藏書志・詩文評類》《艇齋詩話》一卷。舊抄本。楊夢羽萬卷樓藏書。宋南豐曾季貍裘甫撰。陳振孫曰：「曾鞏之弟曰潭湘主簿宰，宰之孫曰大理司直晦之，季貍其子也。」見《艇齋雜著解題》。是書《直齋書録解題》、《文淵閣書目》、《讀書敏求記》俱著録。近則罕有傳本。《四庫全書》著録宋人詩話及附載存目者幾五十種，而此獨見遺，則傳本之稀可知。是固與《蓮堂詩話》同爲詩話中之祕册也。

白石道人詩説

倪燦等《宋史藝文志補・文史類》《姜夔詩説》一卷。

新集詩話

《宋史・藝文志・文史類》《新集詩話》十五卷。集者不知名。

晦菴先生詩話

范邦甸等《天一閣書目・詩文評類》《晦菴先生詩話》一卷。藍絲闌鈔本。宋沈㷆纂集。

黄虞稷《千頃堂書目・文史類》沈㷆纂集《晦菴先生詩話》一卷。弘治中人。

山陰詩話

王圻《續文獻通考經籍考・詩集》《山陰詩話》。陸游著。

山陰詩話

陳振孫《直齋書録解題・文史類》《山陰詩話》一卷。李兼孟達撰。

馬端臨《文獻通考・經籍考・文史》《山陰詩話》一卷。

竹窗詩文辨正叢説

《四庫提要・詩文評類存目》《竹窗詩文辨正叢説》四卷。兩淮鹽政採進本。

舊本題嚻嚻子編。以書中所稱引觀之，蓋南宋人。凡作詩辨正二卷，文辨正二卷，皆摘鈔前人詩話、語録而成，詞皆習見。惟《李希聲詩話》、《蒲氏漫齋録》、《世韻語》三書爲稍僻爾。

娱書堂詩話

楊士奇等《文淵閣書目・詩詞》《趙威伯詩話》。一部，二册。闕。

黄虞稷《千頃堂書目・文史類》趙與虤《娱書堂話》一卷。

倪燦等《宋史藝文志補・文史類》趙與虤《娱書堂詩話》一卷。

錢曾《讀書敏求記・詩文評》《娱書堂詩話》四卷。趙與虤威伯撰。

《四庫提要・詩文評類一》《娱書堂詩話》一卷。浙江范懋柱家天一閣藏本。

宋趙與虤撰。虤字，《集韻》音「牛閑切」，《説文》訓爲「虎怒」，故其字爲威伯。以《宋史・宗室表》連名次第考之，蓋太祖十世孫也。書中多稱陸游、楊萬里、樓鑰晚年之作，又稱宗人紫芝，是寧宗以後人矣。其論詩源出江西，而兼涉於江湖宗派。故所稱述如羅隱、范仲淹釣臺詩，高端叔雨詩，又桂子梅花一聯，毛國英投岳飛詩，羅隱繡詩，沙門遊鴈宕詩，唐宣宗百丈山詩，姜夔潘轉菴贈荅詩，黄景説賀周必大致仕詩，無名氏瀼亭詩，危稹送柴中行致仕詩，徐得之明妃曲，黄居萬瀑布詩，無名氏龜峰詩，周鎬將雨詩、壽趙倅詩，劉詠八月十四夜詩、雙柏句、撲滿子句、寓興詩，楊萬里所稱劉應時詩，唐人汴河詩，陸九淵少作，石延年夷齊廟詩，無名氏天開圖畫亭詩，劉敞種柏詩，吴鎰絶句，江東客獻楊萬里詩，劉槩詩，徐似道、楊萬里贈荅詩，趙横釣臺詩，白居易周公恐懼流言日一首，及作詩用法語一條，大抵皆凡近之語，評品殊爲未當，蓋爾時風氣類然。然名章俊句，軼事逸文，亦絡繹其間，頗足以資聞見。失於蕪雜則有之，要其精華不可棄也。書中辨證僅兩條：其一解錢惟演《無題》詩「夜長惟有辟寒金」句，據《拾遺記》嗽金鳥事，謂「辟」字當作「畏辟」之「辟」，讀去聲，惟演誤讀入聲，以爲「辟除」之「辟」，其説頗允。其一解楊億《無題》詩「死諱文成食馬肝」句，不引《史記》之正文，而牽引《拾遺記》馬肝石事，則支離無理。且兩條皆惟據王嘉書，知考據非其所長，存而不論可矣。

深雪偶談

徐𤊹《徐氏家藏書目・詩話類》《深雪偶談》一卷。宋方岳。

錢謙益等《絳雲樓書目・詩話類》方岳《深雪偶談》。宋末人。字巨山，號秋崖。

《四庫提要・詩文評類存目》《深雪偶談》一卷。浙江巡撫採進本。宋方岳撰。岳字元善，寧海人。書中記淳祐初年事云：「縷指二十霜，余已就老。」又載丙寅三月喪子事。丙寅乃度宗咸淳二年，則嶽至宋末尚在也。書凡十有四條，皆評詩詞。又自載其《感舊》、《題畫》二詩，俱不甚佳。至其言「梅花」二字入詩尤爲難工，獨引賈似道「梅花見處多留句」之語，以爲絶唱，更未免近於諂矣。

滄浪詩話

高儒《百川書志・文史》 《嚴滄浪詩話》一卷。宋苕溪嚴羽儀卿著。列詩辨、詩體、詩注、詩評、詩考證。定詩宗旨，正變得失，議論痛快，識高格當。

范邦甸等《天一閣書目・詩文評類》 《嚴滄浪詩話》一册。刊本。宋嚴羽撰。明胡瓊序。

范邦甸等《天一閣書目・詩文評類》 《滄浪嚴先生詩談》一册。刊本。苕溪嚴羽著。

徐𤊹《徐氏家藏書目・詩話類》 《嚴滄浪詩話》一卷。宋嚴羽。

毛晉《汲古閣書跋》 《滄浪詩話》。諸家詩話，不過月旦前人，或拈警句，或拈瑕句，聊復了一段公案耳。惟滄浪先生詩辯、詩體、詩法、詩評、詩證五則，精切簡妙，不襲牙後。其《與吴景仙》一書，尤集大成，真詩家金鍼也。故其吟卷百餘章，如鏡中花影，林外鶯聲，言有盡而意無窮。自謂「參詩精子」，豈虚語耶！

錢曾《讀書敏求記・詩文評》 《滄浪吟集》二卷。滄浪《復吴景仙書》：「僕之《詩辨》，乃斷千百年公案。誠驚世絶俗之談。」又云：「來書謂：『忽被人捉破發問，何以答之？』僕正欲人發問而不可得。」其封己自高，師心自是。數百年來，學人爲其夸詞壓倒，從無卓識士訟言破斥之，何耶？他不具論，即如《詩辨》云：「先須熟讀《楚詞》，朝夕諷咏以爲之本。」别一條云：「《九章》不如《九歌》，《九歌・哀郢》尤妙。」殊不知《九歌》中有《哀郢》否？吾恐滄浪于《楚詞》不唯不熟，兼亦未嘗讀也。哆口妄談，似説鬼説夢。斷千百年公案若是之，驚世絶俗乎？當時有人以此捉破發問之，將何以答乎？今取其言聊發一端，以告世之學吟者，予豈好辯哉！

《四庫提要・詩文評類一》 《滄浪詩話》一卷。内府藏本。宋嚴羽撰。羽有詩集，已著録。此書或稱《滄浪吟卷》。蓋閩中刊本，以詩話置詩集之前爲第一卷，故襲其詩集之名，實非其本名也。首詩辨，次詩體，次詩法，次詩評，次詩證，凡五門。末附《與吴景僊論詩書》。大旨取盛唐爲宗，主於妙悟。故以「如空中音，如象中色，如鏡中花，如水中月，如羚羊挂角，無迹可尋」爲詩家之極則。明胡應麟比之達摩西來，獨闢禪宗。而馮班作《嚴氏糾繆》一卷，至詆爲囈語。要其時，宋代之詩競涉論宗，又四靈之派方盛，世皆以晚唐相高，故爲此一家之言，以救一時之弊。後人輾轉承流，漸至於浮光掠影，初非羽之所及知。譽者太過，毁者亦太過也。錢曾《讀書敏求記》又摘其「《九章》不如《九歌》，《九歌・哀郢》尤妙」之語，以爲《九歌》之内無《哀郢》，詆羽未讀《離騷》。然此或一時筆誤，或傳寫有譌，均未可定。曾遽加輕詆，未免佻薄。如趙宧光於六書之學固爲弇陋，然《説文長箋》引「虎兕出於柙」句誤稱《孟子》，其過當在鈔胥。顧炎武作《日知録》，遽謂其未讀《論語》，豈足以服其心乎？

詩人玉屑

楊士奇等《文淵閣書目・詩詞》 《詩人玉屑》一部，六册。完全。

高儒《百川書志・文史》 《詩人玉屑》十卷。宋菊莊魏慶之醇甫集。自有詩話以來，及近世評論，博觀約取，科别其條。凡升高自下之方，由粗入精之要，靡不登載。詩人句法，品藻詳陳。詩話大成，莫高此《玉屑》也。

范邦甸等《天一閣書目・詩文評類》 《詩人玉屑》二十卷。刊本。宋魏慶之輯。明嘉靖六年洪都王峰潛仙識云：「魏醇甫有志于詩學，乃縱觀諸家論詩之説，兼收類分爲二十卷，題曰《詩人玉屑》。其用心亦勤矣。往年嘗散失，後卒卷而刻于湖南者，亦止前十卷。天順間江　僉憲、宋宗魯蒐訪而全刻之，未幾版罹于火。余近屬知詩者校閲一過，剔訛補遺，乃重刻焉。」

徐𤊹《徐氏家藏書目・詩話類》 《詩人玉屑》□卷。

黄虞稷《千頃堂書目・文史類》 魏慶之《詩人玉屑》二十卷。號菊莊。

倪燦等《宋史藝文志補・文史類》 魏慶之《詩人玉屑》二十卷。

《四庫提要・詩文評類一》 《詩人玉屑》二十卷。内府藏本。宋魏慶之撰。慶之字醇甫，號菊莊，建安人。是編前有淳祐甲辰黄昇序，案「昇」字原本作「曻」，蓋偶從篆體，説在《昇花菴詞》條下。稱其有才而不屑科第，惟種菊千叢，日與騷人逸士觴咏於其間，蓋亦宋末江湖一派也。宋人喜爲詩話，裒集成編者至多。傳於今者，惟阮閲《詩話總龜》、蔡正孫《詩林廣記》、胡仔《苕溪漁隱叢話》及慶之是編，卷帙爲富。然《總龜》蕪雜、《廣記》挂漏，均不及胡、魏兩家之書。仔書作於高宗時，所録北宋人語爲多。慶之書作於度宗時，所録南宋人語較備。二書相輔，宋人論詩之概亦略具矣。慶之書以格法分類，與仔書體例稍殊。其兼採齊己《風騷旨格》僞本，詭立句律之名，頗失簡擇。又如禁體之中載蒲鞵詩之類，亦殊猥陋。論韓愈「精衛銜石填海，人皆譏造次、我獨賞專精」二句爲勝錢起「曲終人不見，江上數峰青」二句之類，是非亦未平允。然採摭既繁，菁華斯寓。鍾嶸所謂「披沙簡金，往往見寶」者，亦庶幾焉，固論詩者所必資也。

彭元瑞等《天禄琳琅書目後編・元版集部》 《詩人玉屑》一函，三册。宋魏慶之撰。慶之字醇甫，號菊莊，建安人。書二十卷，分門纂輯評論。曰詩辨、曰詩法、曰詩評、曰詩體、曰句法、曰唐人句法、曰口訣、曰初學蹊徑、曰命意、曰造語、曰下字、曰用事、曰壓韻、曰屬對、曰鍛煉、曰沿襲、曰奪胎换骨、曰點化、曰託物、曰諷興、曰規誡、曰白戰、曰含蓄、曰詩趣、曰詩思、曰體用、曰風調、曰平淡、曰閒適、曰自得、曰變態、曰圓熟、曰詞勝、曰綺麗、曰富貴、曰詩病、曰品藻古今人物，以下分論兩漢、六代至宋末諸家及方外、閨秀、靈異，而以詩餘終焉。出入於阮閲《詩話總龜》、胡仔《苕溪叢話》、《滄浪詩話》，而棄臼亦所不免。甚至類僅一條，益形瑣碎矣。前有淳祐甲辰黄昇序，稱其「有才而不屑科第」云。末刻「瑞昌府章淮右山龍沙識」。

張之洞《書目答問・詩文評》 《詩人玉屑》二十卷。宋魏慶之。通行本。此書采南宋詩話署備。

後村詩話

范邦甸等《天一閣書目・詩文評類》 《後村詩話》十四卷。藍絲闌鈔本。宋劉克莊著。黄犖序云：唐、宋、元以來，詩話之可傳者，僅數十家。吾莆先正後村先生詩話二卷，列諸《後村集》中。集久不行，故雖鄉之人，亦有匆及見者。太僕少卿楊公始爲表章而壽之梓，海内吟壇咸以先覩爲快，況其鄉人也耶！先生二劉諸孫，早傳家學，及從真西山氏遊，造詣益深。考其立朝本末，均非淟涊婞阿從人求富貴者。

錢曾《讀書敏求記・詩文評》 《後邨詩話》二卷。劉克莊著。

《四庫提要・詩文評類一》 《後村詩話前集》二卷《後集》二卷《續集》四卷《新集》六卷。編修汪如藻家藏本。宋劉克莊撰。克莊有《後村集》，已著録。所撰詩話惟《前集》有本別行，其餘皆編入文集中，共十四卷。末有自跋，稱《前》、《後》二集爲六十至七十歲時所作；《續集》四卷，爲八十歲時所作；《新集》六卷，則八十二歲時作也。克莊晚節頽唐，詩亦漸趨潦倒。如《髮脱》詩之「論爲城旦寧非恕，度作沙彌亦自佳」、《老吏》詩之「只恐閻羅難抹過，鐵鞭他日鬼臀紅」，殆足資笑噱。然論詩則其有條理。真德秀作《文章正宗》，以詩歌一門屬之克莊。克莊所取，如漢武《秋風詞》及三謝之類，德秀多删之，克莊意不爲然。其説今載前集第一卷中。蓋克莊於詩爲專門，而德秀於詩則未能深解，宜其方枘而圓鑿也。《前集》、《後集》、《續集》統論漢、魏以下，而唐、宋人詩爲多。《新集》六卷，則詳論唐人之詩，皆採摘菁華，品題優劣。往往連録全篇，較他家詩話兼涉考證者，爲例稍殊。蓋用《唐詩紀事》之例。所載宋代諸詩，其集不傳於今者十之五六，亦皆賴是書以存，可稱善本。其中如《韓詩外傳》、《西京雜記》、《朝野僉載》諸書，往往連篇鈔録至一二十條不止，以至沈既濟駁《武后本紀》之類，泛及史事，皆與詩無涉，殊爲例不純。又如謂杜牧兄弟分黨牛、李，以爲高義，而不知爲門户之私。謂吴融、韓偓國蹙主辱，絶無感時傷事之作，似但據《唐英歌詩》、《香奩集》，而於《韓内翰集》則殊未詳閲，持論亦或偶疎。至於既詆《玉臺新詠》爲淫哇，而又詳録其續集；既稱歐陽修厭薄楊、劉，又稱其推重楊、劉，尤自相矛盾。然要其大旨則精核者多，固迥在南宋諸家詩話上也。

吴氏詩話

《四庫提要・詩文評類存目》 《吴氏詩話》二卷。編修程晉芳家藏本。此書載曹溶《學海類編》中，題曰宋吴氏撰。名與字未詳。今核其文，即吴子良《林下偶談》中摘其論詩之語，非別一書也。

草堂詩話

《四庫提要・詩文評類一》 《草堂詩話》二卷。江蘇巡撫採進本。宋蔡夢弼撰。夢弼，建安人。其始末未詳。嘗著《杜工部草堂詩箋》及此書。今《詩箋》久佚，惟此書僅存。皆論説杜甫之詩。曰「草堂」者，甫客蜀時所居也。凡二百餘條，皆採自宋人詩話、語録、文集、説部，而所取惟《韻語陽秋》爲多。《宋史・藝文志》載方道醇《集諸家老杜詩評》五卷，方銓《續老杜詩評》五卷，陳振孫《書録解題》載莆田方道深《續集諸家老杜詩評》一卷，又載《杜詩發揮》一卷。今惟方道深書見於《永樂大典》中，餘皆不傳。然道深書瑣碎冗雜，無可採録，不及此書之詳贍。近代注杜詩者徵引此書，多者不過十餘則，皆似未見其全帙。此本爲吴縣惠棟所藏，蓋亦希覯之笈矣。舊本與魯訔、趙子櫟所撰《杜工部年譜》合爲一册，而以魯訔一序冠於此書之前。蓋以篇中有王士禎跋語，先訔而後夢弼，故編次從之。今魯、趙二譜別入傳記類中，故仍移訔序冠於譜前，以復其舊，不更載於此書焉。

竹莊詩話

楊士奇等《文淵閣書目・詩詞》 《竹莊詩話》。一部，一册。闕。

黄虞稷《千頃堂書目・文史類》 《竹莊詩話》二十二卷。未詳何人。

錢曾《讀書敏求記・詩文評》 《竹莊詩話》二十四卷。竹莊居士，不知何時人。遍蒐古今評雜録，列其説于前，而以全首附于後，乃詩話中之絶佳者。至以少卿「雙鳧相背飛，相遠日已長」句，出自《古文苑》耳。

《四庫提要・詩文評類一》 《竹莊詩話》二十四卷。浙江范懋柱家天一閣藏本。不著撰人名氏。錢曾《讀書敏求記》作竹莊居士，不知何時人。偏蒐古今詩評、雜録，列其説於前，而以全首附於後，乃詩話之中絶佳者。考《宋史・藝文志》有何谿汶《竹莊詩話》二十七卷，蓋即此書。惟今本二十四卷，其數少異。或傳寫佚其三卷，或後人有所合併，或《宋史》誤四爲七，均未可知。然出自宋人則無疑也。是書與蔡正孫《詩林廣記》體例略同，皆名爲詩評，實如總集。使觀者即其所評與原詩互相考證，可以見作者之意旨，并可以見論者之是非。視他家詩話但拈一句一聯而不睹其詩之首尾，或渾稱某人某篇而不知其語云何者，固爲勝之。惟正孫書以評列詩後，此以評列詩前，爲小變耳。其所引證，如《五經詩事》、《歐公餘話》、《洪駒父詩話》、《潘子真詩話》、《桐江詩話》、《筆墨閒録》、劉次莊《樂府集》、邵公序《樂府後録》之類，今皆未見傳本。而吕氏《童蒙訓》論詩之語，今世所行重刊本，皆削去不載。此書所録，尚見其梗概。又此書作於宋末，所見詩集猶皆古本。如《焦仲卿妻》詩，明人活字版《玉臺新詠》妄增「賤妾留空房，相見常日稀」二句，謬傳至今。實則郭茂倩、左克明兩家《樂府》及舊本《玉臺新詠》皆無之。此書亦無此二句，足相證明。即其所載習見之詩，亦有資考校也。

對牀夜話

黄虞稷《千頃堂書目・文史類》 范晞文《對牀夜話》五卷。字景文，臨安人。別號葯莊。

倪燦等《宋史藝文志補・文史類》 范晞文《對牀夜話》五卷。字景文，臨安人。

《四庫提要・詩文評類一》 《對牀夜話》五卷。大理寺卿陸錫熊家藏本。宋范晞文撰。晞文字景文，號葯莊，錢塘人。太學生。咸淳丙寅，同葉李、蕭規等上書劾賈似道，似道文致其泥金飾齋匾事，竄瓊州。元世祖時，程鉅夫薦晞文及趙孟頫於朝。孟頫應詔即出，晞文迄不受職，流寓無錫以終。是編成於景定中，皆論詩之語。其間如論曹植《七哀詩》，但知古者未拘音韻，而不能通古韻之所以然。故轉以魏文帝詩押横字入陽部、阮籍詩押嗟字入歌部爲疑。論杜甫律詩拗字，謂執以爲例，則盡成死法。不知唐律雙拗單拗，平仄相救，實有定規，非以意爲出入。論古人某句本某句，而於劉灣《雲南行》「妻行求死夫，父行求死子」句，不知本漢《華容夫人歌》，亦或不盡得根源。至於譏王安石誤以皇甫冉詩爲杜詩，其説是矣。而李端《蕪城懷古》詩則誤執《才調集》删本，指爲絶句，王維《送邱爲下第》詩則誤以爲沈佺期作，亦不能無所舛謬。其推重許渾而力排李商隱，尤非公論。然當南宋季年，詩道陵夷之日，獨能排習尚之乖。如曰「四靈倡唐詩者也，就而求其工者趙紫芝也。然具眼猶以爲未盡者，蓋惜其立志未高，而止於姚、賈也。學者闖其閫奧，闢而廣之，猶懼其失。乃尖纖淺易，萬喙一聲，牢不可破，曰此四靈體也。其植根固，其流波漫，日就衰壞，不復振起，宗之者反所以累之也。」又曰：「今之以詩鳴者，不曰四靈，則曰晚唐。文章與時高下，晚唐爲何時耶？」其所見實在江湖諸人上。故沿波討源，頗能探索漢、魏、六朝、唐人舊法，於詩學多所發明云。

錢大昕《補元史藝文志・文史類》 范晞文《對牀夜話》五卷。

黄丕烈《蕘圃藏書題識・集類》 《對牀夜話》五卷。校舊鈔本。《對牀夜話》

五卷，皆詩話也。宋范景文所著。前有馮去非序，稱景定三年所評。詩自唐而止，其揚榷四詩及六朝作者更詳。蓋沈酣風雅之士。前附去非一書，謂「興懷姜堯章同游，時有高髯静逸輩，日夜釣遊。孫道子、張宋瑞輩謔浪笑傲，今不能復從遊，雖夢中亦不復見，得見景文斯可矣。」則景文爲一時之名士可知。余此本録之趙玄度，以正德閒江陰陳沐所翻刻者兩相細校，字句無訛可考也。甲子清和月曠翁識於高郵舟次。均在末卷後。

《對牀夜話》五卷，知不足齋刻入叢書第三集，其所用乃明正德江陰陳沐所翻刻本也。陳刻世不多有，近時傳者祇鮑刻。余偶於郡城書肆收得一鈔本，分卷有八，而失其八卷最後幾葉，前馮序亦無之。取此鈔本核之，殊不同。每段俱有題詞，句亦多異。當在陳本前。此書書目皆不載卷數，多寡之分，亦無從得其實。就此本核之，頃所得當勝此也，因手校於其上。《夜話》之名，冷齋已有之。鮑改「話」爲「語」，何耶？抑偶誤耶？渌飲髦矣。足跡又不常至吴安，得與之談，俾知此書除陳本外固尚有可采者在也。書之難得善本，信然。乙丑六月朔蕘翁坐雨書。

黄丕烈《蕘圃藏書題識再續録・集類》《對牀夜話》八卷。舊鈔本。此鈔本《對牀夜話》，鈔手當在康、雍間。其與正德江陰陳沐刻本異者，彼分五卷，此分八卷也。且每條皆有題詞，句亦未經節省，文理、文氣較爲明順。鮑氏《知不足齋叢書》所刊即用陳本，故遜此耳。惜第八卷闕其最後幾葉，無從補全。余得諸經義齋書坊，已遭俗手黏漿襯訂。主人屬余校對，審其佳而留之，命工重裝。裝成，誌其同異如此。乙丑六月望日蕘翁記。

南北朝詩話

楊士奇等《文淵閣書目・詩詞》《南北朝詩話》。一部，一册。闕。

古今詩話筆苑

王圻《續文獻通考經籍考・詩集》《古今詩話筆苑》五卷。黄萬頃著。同安人。第進士，知雷州。

滹南詩話

龔顯曾《金藝文志補録・評注類》《滹南詩話》二卷。王若虚。按此種已編入《滹南遺老集》中，凡三卷。此則別刻於《知不足齋叢書》中。

詩話

龔顯曾《金藝文志補録・評注類》《詩話》。范墀。

鼎新詩話

王圻《續文獻通考經籍考・詩集》雷溪子《鼎新詩話》。遼易縣魏道明著。舉進士，累官至國軍節度使。

錢大昕《補元史藝文志・文史類》魏道明《鼎新詩話》。易州人，安國軍節度使。金。

龔顯曾《金藝文志補録・評注類》《鼎新詩話》。魏道明。

王仁俊《遼史藝文志補證・詩評類》雷溪子《鼎新詩話》。按：遼易縣魏道明著。舉進士，累官安國節度使。《續通考》：中州集詩《全金詩》採二首，《中州集》採一首，已輯。繹其詩意，可知論詩之梗概矣。

梅磵詩話

范邦甸等《天一閣書目・詩文評類》《梅磵詩話》三卷。藍絲闌鈔本。吴興韋居安著。

黄虞稷《千頃堂書目・文史類》 韋居安《梅澗詩話》二卷。

倪燦等《宋史藝文志補・文史類》 韋居安《梅澗詩話》二卷。

錢曾《讀書敏求記・詩文評》 《梅磵詩話》二卷。元吴興韋安居著，安居與子昂同時人。

錢大昕《補元史藝文志・文史類》 韋安居《梅磵詩話》三卷。湖州人。

阮元《四庫未收書目提要・詩文評類》 《梅磵詩話》三卷。讀畫齋叢書本。宋韋居安撰。居安吴興人，景定間進士。是編黄虞稷《千頃堂書目》、錢遵王《讀書敏求記》並著録。所論多南宋時人之作。名篇警句，往往在是。采掇亦復謹嚴。卷末云：「余丙子歲司糾三衢，二月十一宋太后詔諭諸郡歸附。郡將而下，奉詔依應，吏民安堵如故」云云。是居安以宋臣而入于元者也。按居安以宋臣仕元，宜改題元人。

詩學禁臠

高儒《百川書志・文史》 《詩學禁臠》一卷。元清江范德機集。唐人詩十五首，具爲格式。

錢謙益等《絳雲樓書目・詩話類》 范德機《詩學禁臠》一卷。

黄虞稷《千頃堂書目・文史類》 范梈《詩學禁臠》一卷。

錢曾《讀書敏求記・詩文評》 《詩學禁臠》一卷。元清江范德機著。

《四庫提要・詩文評類存目》 《詩學禁臠》一卷，兩江總督採進本。舊本題元范德機撰。凡分十五格，每格選唐詩一篇爲式，而逐句解釋。其淺陋尤甚，亦必非真本。

錢大昕《補元史藝文志・文史類》 范梈《詩學禁臠》一卷。

詩林要語

高儒《百川書志・文史》 《詩林要語》一卷。元清江子范梈述。

錢謙益等《絳雲樓書目・詩話類》 范德機《詩林要語》一卷。

黄虞稷《千頃堂書目・文史類》 范梈《詩林要語》一卷。

錢曾《讀書敏求記・詩文評》 《詩林要語》一卷。清江子范標德機述。

《四庫提要・詩文評類存目》 《木天禁語》一卷。兩江總督採進本。舊本題元范德機撰。德機，范梈字也。梈有詩集，已著録。是編開卷標「内篇」二字，然别無外篇，不知何故獨名爲「内」。其體例叢脞冗雜，殆難枚舉。其大綱以篇法、句法、字法、氣象、家數、音節謂之六關。每關又系子目，各引唐人一詩以實之。其七言律詩一條稱：「唐人李淑有《詩苑》一書，今世罕傳。所述篇法止有六格，今廣爲十三格。」考晁公武《讀書志》，《詩苑類格》三卷，李淑撰。寶元三年豫王出閤，淑爲皇子傅，因纂成此書上之。然則淑爲宋仁宗時人，安得稱唐？明華陽王宣墡作《詩心珠會》，全引此條，亦作唐字。知原本實誤以爲唐人，非刊本有誤。其荒陋已可想見。又云：「十三格猶六十四卦之動，不出八卦，八卦之生，不離奇偶，可謂神矣。目曰屠龍絶藝，此法一洩，大道顯然」云云。殆類道經授法之語。蓋與楊載《詩法家數》出一手僞撰。考二書所論，多見趙撝謙《學范》中。知庸妄書賈，剽取《學范》爲之耳。

錢大昕《補元史藝文志・文史類》 范梈《詩林要語》一卷。

木天禁語

高儒《百川書志・文史》 《木天禁語》一卷。以上六種，俱相出入，當削其重複，定成一集，以便觀覽。不然，則紛無定格矣。

徐𤊹《徐氏家藏書目・詩話類》 范梈《木天禁語》三卷。

黄虞稷《千頃堂書目・文史類》 范梈《木天禁語》三卷。

錢大昕《補元史藝文志・文史類》 范梈《木天禁語》三卷。

詩法源流

高儒《百川書志・文史》 《詩法源流》一卷。元人著，有正論、家數、詩解、詩格。

錢謙益等《絳雲樓書目・詩話類》 《詩法源流》一卷。元范德機。

吴禮部詩話

黃虞稷《千頃堂書目・文史類》 吴師道《吴禮部詩話》二卷。

錢大昕《補元史藝文志・文史類》 《吴禮部詩話》一卷。師道。

東坡詩話

《四庫提要・詩文評類存目》 《東坡詩話》三卷。編修程晉芳家藏本。元陳秀民編。秀民既作《東坡文談録》，復雜採諸家論蘇詩者，裒爲此書。其排纂後先，既不以本詩之事類爲次第，又不以原書之年代爲次第，殊無體例。又如記仇池石數詩，直書原詩，前後竝無引述，如此則全部蘇詩皆可入録矣。至記《芙蓉城》詩，於題上加一「遊」字，舛誤尤甚。胡仔《苕溪漁隱叢話》所採歷代詩話，蘇詩僅其中之一家，而核其條目，較此尚多大半，則此録之挂漏可知矣。所引諸書，惟《燕石齋續》一書，世罕傳本。然持論頗淺陋，如證「春事闌珊芳草歇」句，引唐劉琮及傳奇女郎王真詩，而不知爲謝靈運語，則其書亦不足重也。又秀民既元人，而書中乃引《西湖遊覽志》一條。是書爲明田汝成作，秀民何自見之？曹溶《學海類編》喜造僞書，此類亦可疑者也。

蓮堂詩話

黃虞稷《千頃堂書目・文史類》 祝誠《蓮堂詩話》。建陽精舍藏書。

錢曾《讀書敏求記・詩文評》 《蓮堂詩話》二卷。海昌祝誠輯，建陽精舍藏書。

張金吾《愛日精廬藏書志・詩文評類》 《蓮堂詩話》二卷。抄本。從子謙姪藏舊抄本傳録。元海昌祝誠輯。誠仕履未詳，卷下題賣墳牆壁條有云：「至元丁丑以來」，則誠爲元人可知。《讀書敏求記》列之《優古堂詩話》前，或誤以爲宋人歟？是書所論宋詩居多，而唐與金元之作亦間及焉。名篇警句多有他書所未載者，如卷上載金海陵王哀宋姚將軍詩云：「獨領孤軍將姓姚，一心忠孝爲南朝。元戎若解徵兵援，未必將軍死尉橋。」伏讀《御定全金詩》録海陵王詩五首，此詩未經採入，故表出之。末有題識云：「嘉靖壬子春連陽精舍録成」。

詩法源流

范邦甸等《天一閣書目・詩文評類》 《詩法源流》三卷。刊本。明嘉靖傅若川編，仁和邵鋭序。

徐𤊹《徐氏家藏書目・詩話類》 《詩法源流》三卷。元傅與礪。

黃虞稷《千頃堂書目・文史類》 傅與礪《詩法源流》三卷。

黃虞稷《千頃堂書目・文史類》 王用章《詩法源流》三卷。

《四庫提要・詩文評類存目》 《詩法源流》三卷。浙江巡撫採進本。不著撰人名氏。末有至治壬戌楊載舊序一篇，稱少年遊浣花草堂，見杜甫九世孫杜舉，問所藏詩律。舉言甫之詩法不傳諸子，而傳其門人吴成、鄒遂、王恭。舉得之於三子，因以授載。其説極爲荒誕。所載凡五言律詩九首、七言律詩四十三首，各有吴成等注釋。標立結上生下格、拗句格、牙鎮格、節節生意格、抑揚格、接頂格、交股格、纖腰格、雙蹄格、續腰格、首尾互换格、首尾相同格、單蹄格、應句格、開合格、開合變格、疊字格、句應句格、敘事格、歸題格、續意格、前多後少格、前開後合格、興兼比格、興兼賦格、比興格、連珠格、一意格、變字格、前實後虛格、藏頭格、先體後用格、雙字起結格，凡三十三格。其謬陋殆不足辨。楊載序俚拙萬狀，亦必出僞託。然其書乃作第三卷。前二卷則一爲元人論詩之語，分標傅若金等姓名，一爲選録漢、魏、晉詩，題傅若川次舟編。卷末又有嘉靖癸未邱道隆後序，稱憲伯荆南王公用章，取《詩法源流》，增入古人論述與詩足法者，釐爲三卷云云。然則此書爲王用章所輯。諸家著録，有作傅若金撰者，當以開卷第一篇題若金名，因而致誤耳。

錢大昕《補元史藝文志・文史類》 傅汝礪《詩法源流》三卷。

渤海詩話

王圻《續文獻通考經籍考·詩集》《渤海詩話》。高若虎著。字仲容，永福人。

錢大昕《補元史藝文志·文史類》高若虎《渤海詩話》。字仲容，安福人。

珊瑚詩話

楊士奇等《文淵閣書目·詩詞》《珊瑚詩話》。一部，九册。完全。

劉先生詩話

楊士奇等《文淵閣書目·詩詞》《劉先生詩話》。一部，一册。闕。

清林詩話

楊士奇等《文淵閣書目·詩詞》《清林詩話》。一部，一册。闕。

北山詩話

楊士奇等《文淵閣書目·詩詞》《北山詩話》。一部，一册。闕。

錢曾《讀書敏求記·詩文評》《北山詩話》一卷。不著撰人名字。卷終跋云：「嘉靖乙巳晁春陵大史宋本録」。

詩學體要類編

高儒《百川書志·文史》《詩學體要類編》三卷。國朝漢中訓導萊陽宋孟清廉夫編。爲目五十有二，雜取詩家詩話以證之也。

《明史·藝文志·文史類》宋孟清《詩學體要類編》三卷。

南溪筆録羣賢詩話前集　後集　續集

高儒《百川書志·文史》《南溪筆録羣賢詩話前集》《後集》《續集》。述者不傳。序曰：「會羣思以歸於正，執衆言以求乎中。由是形諸歌詠，有警而不敢苟也。匪徒資洽聞，助劇談而已。」

吟堂詩話

錢謙益等《絳雲樓書目·詩話類》瞿祐《吟堂詩話》。

黄虞稷《千頃堂書目·文史類》瞿佑《吟堂詩話》三卷。

《明史·藝文志·文史類》瞿佑《吟堂詩話》三卷。

歸田詩話

高儒《百川書志·文史》存齋《歸田詩話》三卷。國朝錢唐存齋公瞿佑宗吉告歸田時著也。凡百二十條。

范邦甸等《天一閣書目·詩文評類》《歸田詩話》三卷。刊本。元錢塘瞿佑著。洪熙乙巳自序稱：「久羈山後，心倦神疲，舊學荒蕪，不復經理，而呻吟佔畢猶不能輟。平日耳有所聞、目有所見，及簡編之。所紀載師友之所談論尚歷歷胸臆間，十已志其五六，誠恐久而併失之也。因筆録之，有裨于詩道者，得百有二十條，析爲上、中、下三卷，目曰《歸田詩話》。」

徐𤊹《徐氏家藏書目・詩話類》 瞿宗吉《歸田詩話》三卷。瞿佑。

錢謙益等《絳雲樓書目・詩話類》 《歸田詩話》。

黄虞稷《千頃堂書目・文史類》 瞿佑《歸田詩話》三卷。

《四庫提要・詩文評類存目》 《歸田詩話》三卷。兩淮馬裕家藏本。明瞿佑撰。佑有《四時宜忌》，已著録。佑永樂中以作詩事繫獄，戍保安，至洪熙乙巳始赦歸。據所自序，援歐陽修《歸田録》爲例，則似成於放還後。而末一條敘塞垣事，稱尚留滯於此，未得解脱，又似戍所之語。殆創稿於保安，歸乃成帙歟？後弘治中廬陵陳敘刻之。以佑别號存齋，易名曰《存齋詩話》，無所取義。今仍題《歸田詩話》，從佑所自名也。此書所見頗淺。其以「搥碎黄鶴樓」作李白語，以王建望夫石詩爲陳克，譏張耒中興碑「玉環妖血無人掃」句謂楊妃縊死，未嘗濺血，是忘《哀江頭》「血污遊魂」句也。於考證亦疎。而猶及見楊維楨、丁鶴年諸人，故所記前輩遺文，時有可採焉。

黄丕烈《蕘圃藏書題識續録・集類下》 《歸田詩話》三卷。明刻本。瞿宗吉《歸田詩話》，已刻入《知不足齋叢書》中。而舊刻曾見之郡故家，因通體朱筆點汙，又索重值，未之收去。春游玄妙觀前，於冷攤獲此印，雖不如前所見本，而未經塗抹，兼爲義門先生舊藏，遂攜歸。久未給價，昨始以家刻書易成。閒窗無事，檢案頭書及此，因題於卷首。前所見本如尚在，當兼蓄之，蓋彼猶初印無漫滅處也。壬申端陽後一日半恕道人識。

詩話

《四庫提要・詩文評類存目》 《詩話》十卷。副都御史黄登賢家藏本。明楊成玉編。成玉，始末未詳。其彙輯此書時，官揚州府知府。重刊於弘治庚戌，則繼任知府馬忠也。所列宋人詩話，凡劉攽、歐陽修、司馬光、陳師道、吕居仁、周紫芝、許顗、張表臣、葉夢得、陳巖肖十家，在近時皆爲通行之本，在當時則皆祕笈。故十書雖已各著録，而仍存此書之目，以不没其蒐輯之勞焉。

餘冬詩話

《四庫提要・詩文評類存目》 《餘冬詩話》三卷。編修程晉芳家藏本。舊本題明何孟春撰。孟春有《何文簡奏疏》，已著録。是書載《學海類編》中。今檢其文，實於孟春《餘冬序録》中摘其論詩者，詭題此名也。所論多作理語。如謂蘇氏之文，無見於道，枉讀書耳。又謂「故教乞食歌姬院」，用韓熙載事，非君子所宜。皆所謂膠柱而鼓瑟。謂杜詩呈吴郎、題桃樹二律甚費解説，與他律不同，亦殊不解古人用意之處。其他持論多類此。夫以講學之見論文，已不能得文外之致。至以講學之見論詩，益去之千里矣。則何如不作詩文，更爲務本也。

都玄敬詩話

高儒《百川書志・文史》 《都玄敬詩話》二卷。國朝太僕少卿南濠都穆玄敬著。

范邦甸等《天一閣書目・詩文評類》 《都玄敬詩話》二卷。刊本。無錫邵寶刊。

徐𤊹《徐氏家藏書目・詩話類》 《都玄敬詩話》二卷。都穆。

錢謙益等《絳雲樓書目・詩話類》 《都元敬詩話》二卷。

黄虞稷《千頃堂書目・文史類》 都穆《都元敬詩話》二卷。

《明史・藝文志・文史類》 《都穆詩話》二卷。

《四庫提要・詩文評類存目》 《南濠居士詩話》一卷。浙江范懋柱家天一閣藏本。明都穆撰。穆有《壬午功臣爵賞録》，已著録。此編刻意論詩，而見地頗淺。如《許彦周詩話》解《錦瑟》詩，以適怨清和配中四句，附會無理，而摭爲異聞。楊載詩之「六朝舊恨斜陽外，南浦新愁細雨中」，格律殊卑；「柳色嫩於鵝破殼，蘚痕斑似鹿辭胎」，尤屬鄙俚，而指爲佳句。至載入元景文「去年先生靡恃已，今年先生罔談彼」之謔，更傷蕪雜矣。其書世有二本：一爲黄桓所刻，凡七十二則；一爲文璧所刻，凡四十二則，較黄本少三十則，而其中三則爲黄本所無。近鮑廷博始以兩本參較，合爲七十五則，即此本也。

懷麓堂詩話

高儒《百川書志・文史》 《麓堂詩話》一卷。國朝大學士，長沙李東陽賓之撰，即西涯先生。

徐𤊹《徐氏家藏書目・詩話類》 李西涯《麓堂詩話》一卷。

錢謙益等《絳雲樓書目・詩話類》 《懷麓堂詩話》一卷。李東陽。李公詩文有《懷麓堂集》、《續集》、《南行東祀》諸集。

黄虞稷《千頃堂書目・文史類》 李東陽《懷麓堂詩話》一卷。

《明史・藝文志・文史類》 李東陽《懷麓堂詩話》一卷。

《四庫提要・詩文評類二》 《懷麓堂詩話》一卷。浙江范懋柱家天一閣藏本。明李東陽撰。東陽有《東祀録》，已著録。李、何未出以前，東陽實以臺閣耆宿主持文柄。其論詩，主於法度音調，而極論剽竊摹擬之非，當時奉以爲宗。至何、李既出，始變其體。然贋古之病，適中其所詆訶，故後人多抑彼而伸此。此編所論，多得古人之意。雖詩家三昧，不盡於是，要亦深知甘苦之言矣。姚希孟《松癭集》有此書跋云：「李長沙詩以匀穩爲主。其爲古樂府，弇州譏其類小學史斷。廼其談詩，頗津津。是時詞林諸公，多以詩爲事。卷中所載，如彭民望、謝方石輩，相與抨彈甚切，讀之猶想見前輩風致」云云。核其詞意，似頗不滿於東陽。然王世貞詆西涯樂府，乃其少年盛氣之時；迨其晚年作西涯樂府跋，已自悔前論。希孟所引，殊不足爲憑。惟好譽其子兆先，殆有王福畤之癖，是其一瑕耳。林炫《卮言餘録》曰：「成化閒，姑熟夏宏集句有《聯錦集》。《懷麓堂詩話》載其『客醉已無言，秋蛩自相語』爲高季迪詩，宏捏寫他人姓名。今考集中無之」云云。《聯錦集》今未見。然炫與東陽均正德閒人，所見之本，不應有異。或東陽偶誤記歟？近時鮑氏知不足齋刻此編，於浦源「雲邊路繞巴山色，樹裏河流漢水聲」句下注曰：案二句，《宋詩紀事》以爲鬼詩。今考《宋詩紀事》所載吴簡詩，誠有此聯，惟上句稍異一二字。然厲鶚所據，乃《荆門紀略》，其書爲康熙戊戌、己亥閒胡作炳所撰，餖飣龐雜，頗無根據，似未可執以駁東陽。況浦源此事，都穆《南濠詩話》亦載之，知當時必有所據，安知非《荆門紀略》反摭源此聯僞撰鬼詩耶？是尤不當輕信新聞，遽疑舊記矣。

汝南詩話

高儒《百川書志・文史》 《汝南詩話》一卷。皇明秦藩長史汝南强晟著。紀其應接遭際之事，以代客談。

黄虞稷《千頃堂書目・文史類》 强晟《汝南詩話》一卷。

《明史・藝文志・文史類》 强晟《汝南詩話》四卷。

井天詩話

黄虞稷《千頃堂書目・文史類》 强晟《井天詩話》三卷。

蓉塘詩話

范邦甸等《天一閣書目・詩文評類》 《蓉塘詩話》二十卷。刊本。明仁和姜南著。嘉靖癸卯陸深序，稱其友「姜南明叔方攻進士，業餘力及此書。在京師時，嘗一讀之，卷帙尚多。八峰張君國鎮之令海也，捐俸刻縣齋，頗有銓擇其間。古稱文章止于潤身，而學以經世爲大。是集所録，經世之端蓋多矣。書凡二十卷。明叔別號蓉塘，故以名集」云。

徐𤊹《徐氏家藏書目・詩話類》 《姜蓉塘詩話》二十卷。姜南。

錢謙益等《絳雲樓書目・詩話類》 《蓉塘詩話》姜南。

黄虞稷《千頃堂書目・文史類》 《姜南蓉塘詩話》二十卷。仁和人。

升菴詩話

范邦甸等《天一閣書目・詩文評類》 《升菴詩話》四卷。刊本。明楊慎撰。嘉靖辛丑，程啓克敍云：「升菴戍南荒十有八年，上探墳典，不逮史典，稗官小説，暨諸詩賦，百家九流，靡不究心，罔有遺逸。辨譌分舛，自微致遠，以適于道。其事核，其説備，其辭達，其義明，自成一家之言。在滇手所鈔録，漢晉六朝名史要語千卷。所著有《丹鉛餘録》《丹鉛續録》《韻林原訓》《蜀祕文志》《六書索隱》《古音畧》《皇明詩鈔》《南中稿》諸集。此則絜其準于詩者，曰《詩話》」云。

徐𤊹《徐氏家藏書目·詩話類》《楊升菴詩話》四卷。《補遺》三卷。

錢謙益等《絳雲樓書目·詩話類》《升菴詩話》二卷。

黄虞稷《千頃堂書目·文史類》楊慎《升菴詩話》四卷。又《詩話補遺》三卷。

《明史·藝文志·文史類》楊慎《升菴詩話》四卷。

《四庫提要·詩文評類二》《詩話補遺》三卷。浙江范懋柱家天一閣藏本。明楊慎撰。慎有《檀弓叢訓》，已著録。此編乃其戍雲南後所作，其門人曹命編次者也。慎在戍所，無文籍可稽，著書惟憑腹笥。中如稱宋本杜甫集《麗人行》中有「足下何所有，紅蕖羅襪穿鐙銀」二句之類，已爲前人之所糾。至於稱渤海北海之地，今哈密、扶餘、中國之滄州、景州名渤海者，蓋僑稱以張休盛云云。不知哈密在西，扶餘在東，絶不相及。滄、景一帶，地皆瀕海，故又有瀛州、瀛海諸名。謂曰僑置，殊非事實。又香雲、香雨竝出王嘉《拾遺記》，而引李賀、元稹之詩，又以盧象「雲氣杳流水」句，誤爲香字。如斯之類，亦引據疎舛。然其賅博淵通，究在明人諸家之上，去瑕存瑜，可採者固不少也。

彭元瑞等《天禄琳琅書目後編·明版集部》《升菴詩話》一函二册。明楊慎撰。書四卷。凡卷一四十一條，卷二四十八條，卷三五十四條，卷四五十六條。所考據評論，多見《丹鉛録》。前有嘉靖辛丑程啓充序。啓充，字以道，嘉定州人，正德戊戌進士，官御史。

詩話補遺

張萱等《内閣藏書目録·集部》《詩話補遺》一册。楊慎著。

詩話

范邦甸等《天一閣書目·詩文評類》《詩話》一卷。藍絲闌鈔本。陳實華著。

詩法拾英

范邦甸等《天一閣書目·詩文評類》《詩法拾英》一卷。刊本。孫昭纂并序。

錢曾《讀書敏求記·詩文評》《詩法拾英》一卷。斗城山人孫昭纂次。

詩話總龜

王圻《續文獻通考經籍考·詩集》《詩話總龜》二十卷。青州褚仁傑集。

風雅叢談

徐𤊹《徐氏家藏書目·詩話類》《風雅叢談》六十八卷。王應山。

黄虞稷《千頃堂書目·文史類》王應山《風雅叢談》六十八卷。

王南谷詩話

徐𤊹《徐氏家藏書目·詩話類》《王南谷詩話》一卷。

蘭莊詩話

徐𤊹《徐氏家藏書目・詩話類》《蘭莊詩話》一卷。閔文振。

黄虞稷《千頃堂書目・文史類》閔文振《蘭莊詩話》一卷。

《明史・藝文志・文史類》閔文振《蘭莊詩話》一卷。

詩談

徐𤊹《徐氏家藏書目・詩話類》趙仁甫《詩談》一卷。

黄虞稷《千頃堂書目・文史類》趙世顯趙仁甫《詩談》二卷。

蜀中詩話

徐𤊹《徐氏家藏書目・詩話類》曹能始《蜀中詩話》四卷。

黄虞稷《千頃堂書目・文史類》曹學佺《蜀中詩話》四卷。

《明史・藝文志・文史類》曹學佺《蜀中詩話》四卷。

豫章詩話

徐𤊹《徐氏家藏書目・詩話類》郭青螺《豫章詩話》六卷。

錢謙益等《絳雲樓書目・詩話類》郭子章《豫章詩話》。

黄虞稷《千頃堂書目・文史類》郭子章《豫章詩話》六卷。又《續豫章詩話》十二卷。

《明史・藝文志・文史類》郭子章《豫章詩話》六卷，《續》十二卷。

《四庫提要・詩文評類存目》《豫章詩話》六卷。江西巡撫採進本。明郭子章撰。子章有《蠙衣生易解》，已著録。是編論其鄉人之詩與詩之作於其鄉者。上起古初，下迄於明。然多據郡縣志書，所採未免蕪雜。如惠遠七言絶句，子章能辨其僞。然尋真觀玉簡天篆，決非秦代語；巖下老人武帝問荅，決非漢人語；乃以爲四言之祖，何耶？又如房璘妻高氏碑刻之類，無與於詩話；而盧仝、韓愈用龍鍾、蹤踵字之類，亦無與豫章，均有愛奇嗜博之失。

南溪詩話

徐𤊹《徐氏家藏書目・詩話類》《南溪詩話》三卷。《睦挈書目》云程啓元著。

黄虞稷《千頃堂書目・文史類》程啓充《南溪筆録詩話》三卷。又《續集》二卷。

《明史・藝文志・文史類》程啓充《南谿詩話》三卷。

《四庫提要・詩文評類存目》《南溪詩話》二卷。浙江范懋柱家天一閣藏本。不著撰人名氏。其本出明三原王恕家。前有恕子承裕序，稱南溪爲録詩話者之别號，逸其姓名，當爲勝國時人。今觀書中所引，已有白珽、劉履諸名，則元末人所作無疑也。其書雜鈔諸家詩話，而不置議論，略如阮閲《總龜》之例，但不分門類耳。所引詩話，雖習見者多，然如所引吕氏《童蒙訓》，今本皆不載。惟好標立名目，往往非其本書。如祖孝徵論沈約「崖傾護石髓」句，即題曰「祖孝徵詩話」之類，不一而足，亦殊弇陋也。

茗椀譚

徐𤊹《徐氏家藏書目・詩話類》屠田叔《茗椀譚》一卷。

西園詩麈

徐𤊹《徐氏家藏書目・詩話類》張惟成《西園詩麈》二卷。

黃虞稷《千頃堂書目・文史類》 張惟成《西園詩塵》二卷。

葉少洲詩話

徐𤊹《徐氏家藏書目・詩話類》 《葉少洲詩話》二卷。

續全唐詩話

徐𤊹《徐氏家藏書目・詩話類》 《續全唐詩話》十卷。閩凌雲。

黃虞稷《千頃堂書目・文史類》 凌雲《續全唐詩話》十卷。閩人。

《明史・藝文志・文史類》 凌雲《續全唐詩話》十卷。

夷白齋詩話

徐𤊹《徐氏家藏書目・詩話類》 顧元慶《夷白齋詩話》一卷。

錢謙益等《絳雲樓書目・詩話類》 《夷白齋詩話》顧大有元慶撰。元慶藏書萬卷，擇其善本刻之。署曰「陽山顧氏山房」。

黃虞稷《千頃堂書目・文史類》 顧元慶《夷白齋詩話》一卷。

《明史・藝文志・文史類》 顧元慶《夷白齋詩話》一卷。

《四庫提要・詩文評類存目》 《夷白齋詩話》一卷。兩江總督採進本。明顧元慶撰。元慶有《雲林遺事》，已著録。是編論詩，多隔膜之語。如秦韜玉詩「地衣鎮角香獅子，簾額侵鉤繡辟邪」，可謂寒酸窮眼，元慶乃稱其狀富貴之象於目前，品題殊誤。所録明詩多猥瑣。至議蔡邕《飲馬長城窟行》，謂魚腹中安得有書，尤高叟之爲詩矣。

存餘堂詩話

徐𤊹《徐氏家藏書目・詩話類》 朱承爵《存餘堂詩話》一卷。

錢謙益等《絳雲樓書目・詩話類》 《存餘堂詩話》朱承爵，江陰人。

黃虞稷《千頃堂書目・文史類》 朱承爵《存餘堂詩話》一卷。字子儋，江陰人。

《明史・藝文志・文史類》 朱承爵《詩話》一卷。

《四庫提要・詩文評類存目》 《存餘堂詩話》一卷。兩江總督採進本。明朱承爵撰。承爵有《灼薪劇談》，已著録。是編凡論詩二十六條，離合參半。如論《天廚禁臠》假借格之謬，辨《漁隱叢話》論琴阮琵琶詩之非，其説皆確。他論映雪收螢一聯及蘇軾少年詩一條，歐陽修學温庭筠一條，亦皆有理。惟所稱明人諸詩，多涉蕪雜，論樂府必合本題篇名一條，似確而固。至於不知寒山子爲何人，則失之眉睫之前矣。

小草詩話

徐𤊹《徐氏家藏書目・詩話類》 謝在杭《小草詩話》四卷。

黃虞稷《千頃堂書目・文史類》 謝肇淛《小草齋詩話》四卷。

《明史・藝文志・文史類》 謝肇淛《小草齋詩話》四卷。

吏隱軒詩話

徐𤊹《徐氏家藏書目・詩話類》 《吏隱軒詩話》二卷。李蔭。

黃虞稷《千頃堂書目・文史類》 李蔭《吏隱軒詩話》二卷。

讀陶隨筆

徐𤊹《徐氏家藏書目・詩話類》 《讀陶隨筆》一卷。袁宗友。

七人聯句

徐㶿《徐氏家藏書目・詩話類》《七人聯句》一卷。王古直、王存敬、徐栗夫、趙栗夫、陳一夔、楊君謙、侯公繩。

錢謙益等《絳雲樓書目・詩話類》《七人聯句詩記》楊君謙。

詩外別傳

徐㶿《徐氏家藏書目・詩話類》《詩外別傳》二卷。袁黄。

頤山詩話

錢謙益等《絳雲樓書目・詩話類》安磐《頤山詩話》二卷。磐蜀人，嘉靖初以議禮得罪。朱竹垞先生言此書罕傳，蓋亦未之見也。

黄虞稷《千頃堂書目・文史類》安磐《頤山詩話》二卷。

《明史・藝文志・文史類》安磐《頤山詩話》二卷。

《四庫提要・詩文評類二》《頤山詩話》二卷。浙江范懋柱家天一閣藏本。明安磐撰。磐字公石，頤山其號也，嘉定州人。弘治乙丑進士。官至兵科給事中。嘉靖初，以争大禮，廷杖除名。事蹟具《明史》本傳。其論詩以嚴羽爲宗。其中如以海棠爲杜甫母名，尚沿小説之誤。又以「朝扣富兒門」四句，譏杜甫致君堯舜之妄，亦失之固。所載譏陳循詩嘲裁傳奉官詩，亦皆近乎小説，無關詩法。然其議莊㫤「溪邊鳥共天機語，杖上梅花太極」行句，論梅堯臣「歌欲論《長恨》，人將問少君」句，及排周紫芝論林逋梅詩，則固公論也。磐亦能詩，王士禎《池北偶談》嘗載其數篇，深許其工。故其評論古人，多中窾會。蓋深知其甘苦，而後可定其是非，天下事類如是也。

竹枝新話

錢謙益等《絳雲樓書目・詩話類》《竹枝新話》。

莊公詩話

錢謙益等《絳雲樓書目・詩話類》邱文《莊公詩話》。

陸氏詩紀

錢謙益等《絳雲樓書目・詩話類》《陸氏詩紀》。

玉笥詩談

《四庫提要・詩文評類存目》《玉笥詩談》四卷。編修程晋芳家藏本。明朱孟震撰。孟震有《河上楮談》，已著録。此其所爲詩話。皆載明代之事，而涉於江西者尤多，蓋據其見聞所及也。其論詩大旨，則惟以王世貞爲宗。

詩心珠會

范邦甸等《天一閣書目・總集類》《詩心珠會》十卷。刊本。明宗藩味一道人宣墡輯并序。

《四庫提要・詩文評類存目》《詩心珠會》八卷。浙江巡撫採進本。明華陽王朱宣墡編。宣墡字白厚，自號味一道人。蜀獻王椿八世孫。考《明史・宗室表》，其襲封在萬曆十三年。是編前有自序，題嘉靖庚申，蓋作於未襲封時。故其私印一曰「蜀國分藩」，一曰「華陽王長子」也。是編取前人詩話分類編次。凡體格二卷，法則二卷，評論二卷，辯正一卷，雜拾一卷。其所徵引，皆不著所出，龐雜無緒。間有附注，以「味一曰」別之，亦皆膚淺。

冷邸小言

《四庫提要・詩文評類存目》《冷邸小言》一卷。兩淮鹽政採進本。明鄧雲霄撰。雲霄有《百花洲集》，已著録。此書前有自序，稱論詩什九，品古什一。大旨以嚴羽爲宗，尊陶、謝而祧蘇、李，左王、孟而右杜、韓。司空圖所謂「不著一字，盡得風流」者，亦詩家之一派，不可廢也。然以爲極則，則狹矣。

恬志堂詩話

《四庫提要・詩文評類存目》《恬志堂詩話》三卷。編修程晉芳家藏本。明李日華撰。日華有《梅墟先生別録》，已著録。此編載曹溶《學海類編》中，乃摘其諸雜著中論詩之語，湊合成編。如：武伯英「燭翦」一聯，其文甚繁，今删其上文，但云：「『燭翦』句，余改曰『吐殘月魄臺頤動，蹴落春紅燕尾忙』。」此改字竟從何來？是直不通書賈所摘矣。至日華堂名「恬致」，其集即名《恬致堂集》，而改曰「恬志」，尤耳食之誤也。

詩譚

《四庫提要・詩文評類存目》《詩譚》十卷。副都御史黄登賢家藏本。明葉廷秀撰。廷秀有《西曹秋思》，已著録。是集所輯詩話，半録舊文，半出己論。前有廷秀自序稱：「以爲譚詩也可，譚道也可。」然其病正坐於此。第一條即曰「心學」，第二條即曰「行得始爲難」。蓋以講學爲詩家正脈，始於《文章正宗》，白沙、定山諸集又加甚焉。至廷秀等，而風雅掃地矣。此所謂言之有故，執之成理，而斷斷不可行於天下者也。故其人雖風裁嶽嶽，而論詩不可爲訓焉。

佘山詩話

《四庫提要・詩文評類存目》《佘山詩話》三卷。編修程晉芳家藏本。舊本題明陳繼儒撰。繼儒有《邵康節外紀》，已著録。此書別無傳本，惟《學海類編》載之。然其文皆摭拾繼儒他説部而成，殆非其本書。其中如以展子虔爲大李將軍之師。大李將軍爲唐開元中李思訓，展子虔爲北齊人也。疎謬如是，即真出繼儒手，正亦無足取耳。

詩話舊聞

黄虞稷《千頃堂書目・文史類》 秦約《詩話舊聞》。

秋臺詩話

黄虞稷《千頃堂書目・文史類》 葉盛《秋臺詩話》一卷。

《明史・藝文志・文史類》 葉盛《秋臺詩話》一卷。

夢蕉詩話

黄虞稷《千頃堂書目・文史類》 游潛《夢蕉詩話》二卷。字用之，豐城人，弘治辛酉舉人，賓州知州。

《明史・藝文志・文史類》 游潛《夢蕉詩話》二卷。

《四庫提要・詩文評類存目》《夢蕉詩話》二卷。編修程晉芳家藏本。明游潛撰。潛有《博物志補》，已著録。此書中論蔡確一條，謂因自稱「不肖」，而人誤以爲「不笑」，既而誤以「不笑」爲「哭」，既而又誤以「哭」爲「酷」，遂爲部使者所斥。潛殆以酷罷官歟？所論諸詩，明人居其大半，率無深解。或借以自攄不平，尤爲褊淺。如河源襄都實之説，嫦娥祖史繩祖、白珽之論，未免剿襲陳言。論《洪武正韻》一條，謂「沈約在宋、齊、梁、陳時，竝居鈞要，譜韻以詞賦取士，積習久矣。及唐有天下，亦竟因之」云云。考沈約卒於梁代，實未入陳。以詩賦試進士，始於唐高宗調露二年，梁代安有是制，更爲杜撰。惟駁《許彥周詩話》論杜牧詩一條，特有深解，非他家之所及耳。

南皋詩話

黄虞稷《千頃堂書目・文史類》 張鐵《南皋詩話》。

編苕詩話

黄虞稷《千頃堂書目・文史類》 黄卿《編苕詩話》八卷。

《明史・藝文志・文史類》 黄卿《編苕詩話》八卷。

悦巖詩話

黄虞稷《千頃堂書目・文史類》 王埜《悦巖詩話》。

渚山堂詩話

黄虞稷《千頃堂書目・文史類》 陳霆《渚山堂詩話》三卷。

《明史・藝文志・文史類》 陳霆《渚山堂詩話》三卷。

《四庫提要・詩文評類存目》 《渚山堂詩話》三卷。浙江范懋柱家天一閣藏本。

明陳霆撰。陳霆有《唐餘紀傳》，已著録。是書雜論唐、宋以來詩句工拙，而明詩爲多。又喜自載其詩，如《冷齋夜話》、《珊瑚鉤詩話》之例。如論古人作詩，用事當如水中著鹽，寓意當如空中散花。因舉所自作「獨背小闌無一語，門前吹進落花風」句，謂爲空中散花；「風月多情自進樓」句，謂爲水中著鹽。殊皆未確。其引據古人，亦頗疎舛。如李商隱「殺風景」語，本出所作《雜纂》，雖世無完本，然删本尚載《説郛》中。霆乃指爲《義山詩品》，世無此書也。又《復齋漫録》謂張耒「新月已生飛鳥外，落霞更在夕陽西」句，本之郎士元「河源飛鳥外，雪嶺大荒西」一聯，摘其知上句本士元詩，不知下句本薛能「好山多在夕陽西」句可也。霆乃謂其不知本九僧「春生桂嶺外，月在海門西」句，是與耒詩何涉乎？

詩話

黄虞稷《千頃堂書目・文史類》 熊一元、熊子濟《詩話》。

近譬軒詩話

黄虞稷《千頃堂書目・文史類》 謝東山《近譬軒詩話》四卷。

《明史・藝文志・文史類》 《謝東山詩話》四卷。

白石詩説

黄虞稷《千頃堂書目・文史類》 蔡汝楠《白石詩説》。

雲谷詩話

黄虞稷《千頃堂書目・文史類》 張廷用《雲谷詩話》。澄城人。

詩禪瑣評

黄虞稷《千頃堂書目・文史類》 宋登春《詩禪瑣評》一卷。

客窗詩話

黄虞稷《千頃堂書目・文史類》 陳基虞《客窗詩話》六卷。

詩話彙編

黄虞稷《千頃堂書目・文史類》 王昌會《詩話彙編》三十二卷。

《明史・藝文志・文史類》 王昌會《詩話彙編》三十二卷。

《四庫提要・詩文評類存目》 《詩話類編》三十二卷。直隷總督採進本。明王昌會撰。昌會字嘉侯，上海人。參議圻之孫也。是編摭拾諸詩話，參以小説，裒合成書。議論則不著其姓名，事實則不著其時代，又竝不著出自何書。糅雜割裂，茫無體例，亦博而不精之學也。

藕居士詩話

黄虞稷《千頃堂書目・文史類》 陳懋仁《藕居士詩話》二卷。

《四庫提要・詩文評類存目》 《藕居士詩話》二卷。浙江鮑士恭家藏本。明陳懋仁撰。懋仁有《年號韻編》，已著録。是書卷末論盧照隣詩「玉帛委奄尹，鈇質嬰縉紳」句，以爲此熹宗朝十字史，則作於崇禎時矣。懋仁及與袁宏道、鍾惺、譚元春游，故其論詩，大旨以公安、竟陵爲宗。

詩　膾

《四庫提要・詩文評類存目》 《詩膾》八卷。江蘇巡撫採進本。明陳雲式撰。雲式字定之，錢塘人。是書凡分二十四類，皆雜採諸家詩話爲之，而諱其出處。漫無持擇，亦無所考證。

艷雪齋詩評

《四庫提要・詩文評類存目》 《艷雪齋詩評》二卷《詞曲評》一卷。編修勵守謙家藏本。不著撰人名氏。《詩評》有崇禎己巳自序，《詞曲評》有崇禎戊辰自序，皆自署曰「石公」。其私印則名曰「亭奭」，字曰「以召」，其姓則不可考，不知何許人也。是編雜採明人詩話、詞話，手録成帙，非所自撰。大致以王世貞爲圭臬，不出當時習氣也。

旨苕齋詩話

黄虞稷《千頃堂書目・文史類》 王應辰《旨苕齋詩話》。

神仙詩話

黄虞稷《千頃堂書目・文史類》 《神仙詩話》二卷。

西郊詩話

黄虞稷《千頃堂書目・文史類》 《西郊詩話》一卷。

過庭詩話

黄虞稷《千頃堂書目・文史類》 劉世湋《過庭詩話》二卷。

《四庫提要・詩文評類存目》 《過庭詩話》二卷。浙江范懋柱家天一閣藏本。明劉世偉撰。世偉有《厭次瑣談》，已著録。是書卷首有嘉靖丁巳閻新恩序，稱世偉之父爲寧國君冷菴翁，故所著詩話名曰「過庭」。然書中無一字及其家學，殆不可曉。其大旨謂：「後學看詩話，當以嚴滄浪爲準。最可惡者惠洪《冷齋夜話》，於漢、魏、唐人好詩不曾理會得一句，其所論皆蘇、黄之惡詩。大抵宋詩遠不逮唐，亦由蘇、黄共壞之」云云。然據其全書，則皆拾七子之緒餘，實於漢、魏、盛唐了無所解，於宋詩亦無所解也。觀其論絶句，有絶前四句、後四句、中四句諸體，是併不知先有絶句，後有律詩矣。其詆唐詩稱「僧」爲「公」、爲「師」，尤爲迂闊。古人稱謂例皆相尊。林公、遠公，晉時已爾，何獨深責於唐人。且「子」者男子之美稱，而異端莫甚於楊、墨，孟子稱楊子、墨子，其亦崇奬異端乎？至論古樂府一條，稱「『山上復有山』爲字謎之祖。元人《正宫樂府》云：『拈起這紙來呵，好教我目邊點水言難盡。拈起筆來呵，好教我門裏挑心寫不成。』庶幾善學比者」云云。益爲弇陋矣。

瓊臺詩話

黄虞稷《千頃堂書目・文史類》 蔣冕《瓊臺詩話》二卷。

《四庫提要・詩文評類存目》 《瓊臺詩話》二卷。編修吴典家藏本。明蔣冕編。冕有《湘皐集》，已著録。冕爲邱濬之門人，因裒輯濬生平吟咏，各詳其本事。蓋即吴沆門人輯《環溪詩話》之例。凡七十五條，詞多溢美。蓋濬以博洽著，詩非其所長。冕以端謹不阿著，論詩亦非其所長也。

歷代詩話

《四庫提要・詩文評類二》 《歷代詩話》八十卷。浙江巡撫採進本。國朝吴景旭撰。景旭字旦生，歸安人。是書前後無序跋，而中有塗乙之處，蓋猶初定之稿。分爲十集，以十干爲目：甲集六卷，皆論《三百篇》；乙集六卷，皆論楚詞；丙集九卷，皆論賦；丁集六卷，皆論古樂府；戊集六卷，皆論漢魏六朝詩；己集十二卷，前九卷論杜詩，後三卷爲杜陵譜系；庚集九卷皆論唐詩；辛集七卷，皆論宋詩；壬集十卷，前三卷論金詩，後七卷論元詩；癸集九卷，皆論明詩。其體例仿陳耀文《學林就正》。每條各立標題，先引舊説於前，後雜採諸書以相考證。或辨其是非，或參其異同，或引伸其未竟，或補綴其所遺，皆下一格書之。有舊説所無而景旭自立論者，則惟列本詩於前，而以己意發揮之。雖皆採自詩話、説部，不盡根柢於原書。又嗜博貪多，往往借題曼衍，失於芟薙。然取材繁富，能以衆説互相鉤貫，以參考其得失。於雜家之言，亦可謂淹貫者矣。較以古人，固不失《苕溪漁隱叢話》之亞也。

張之洞《書目答問・詩文評》 《歷代詩話》八十卷。吴景旭。何文焕所刻《歷代詩話》，乃彙刻前人書共二十八種，附自箸一種。

圍爐詩話

《四庫提要・詩文評類存目》 《圍爐詩話》八卷。江蘇巡撫採進本。國朝吴喬撰。喬字修齡，崑山人。是書所論，如意喻之米，文則炊而爲飯，詩則釀而爲酒。飯不變米形，酒則變盡。如《小弁》、《凱風》諸篇，斷不能以文章之道平直出之。又謂詩之中須有人在。趙執信作《談龍録》，皆深取其説。然統核全書，則偏駁特甚。大旨初尊長沙而排慶陽，又祖晚唐而擠兩宋。氣質囂浮，欲以毒詈狂談劫伏俗耳，遂以王、李爲牛呞驢鳴，而比陳子龍於王錫爵之僕夫。七子摹擬盛唐，誠不免於流弊。然亦各有根據。必斥之不比於人類，殊未得其平。至於賦、比、興三體竝行，源於《三百》。緣情觸景，各有所宜。未嘗聞興、比則必優，賦則必劣。況唐人非無賦體，宋人亦非盡無比、興。遺詩具在，吾將誰欺？乃劃界分疆，誣宋人以比、興都絶，而所謂唐人之比、興者，實皆穿鑿附會，大半難通。即所最推之李商隱、韓偓二家，李則字字爲令狐而吟，韓則句句爲朱温而發。平心而論，果盡如是哉？閻若璩《潛邱劄記》載喬自譽之言曰：「賀黄公《載酒園詩話》、馮定遠《鈍吟雜録》及某《圍爐詩話》，可稱談詩之三絶。」是何言歟！

詩辨坻

《四庫提要・詩文評類存目》 《詩辨坻》四卷。浙江汪汝瑮家藏本。國朝毛先舒撰。先舒有《聲韻叢説》，已著録。是編評歷代之詩。首爲總論，次爲經，次爲逸，次爲漢至唐，次爲雜論，次爲學詩經録，次爲竟陵詩解駁議，而終以詞曲。其曰「坻」者，揚雄稱所作《方言》如鼠坻之與牛場，用則實五稼，飽邦民，不用遂爲糞壤，坻之於道。先舒取是義也。然先舒詩源出太倉、歷下，故宋元皆置不論。而尤好爲高論，如謂常建「深入強千里」句爲不知句法；謂杜甫《詠懷古蹟》第五首，通章草草，「伯仲」二語殊傷淵雅；謂元結《欸乃曲》傖父之狀，使人欲嘔；謂李白《清平調》「雲想衣裳花想容」句落填詞纖境，「若非」、「會向」，居然滑調，「一枝穠艷」、「君王帶笑」，了無高趣；又謂胡應麟性鶩多，故於宋元詩俱評。然眼中能容如許塵物，即胸次可知。而上下千古，所鑄金呼佛者，則惟一李攀龍焉。

蠖齋詩話

《四庫提要・詩文評類存目》 《蠖齋詩話》二卷。江西巡撫採進本。國朝施閏章撰。閏章有《矩齋雜記》，已著録。是編乃所著詩話也。閏章詩深婉藴藉，世推作手，而詩話乃多可議。如顔真卿判楊志堅妻，李翺嫁韋應物女，李紳題放生池，胡釘鉸感夢能詩，廖有方葬胡秀琯，韓愈、孟郊友善，韓愈等奬進後輩，淳化中老妓詩，老叟改薩天錫詩，石介《慶歷盛德頌》，艮岳詩讖，李後主題《金樓子》，劉長卿題詩不署姓，凡一十三條，皆直録舊文，以爲己語，殊不可解。至《劉貢父詩話》稱李商隱所咏《錦瑟》乃令狐楚青衣之名，説至無稽，而閏章取之。「松際露微月，清光猶爲君」，乃常建《宿王昌齡隱居》詩，而誤作王維《灞橋》。無名氏法帖二詩下題「閒閒」二字，其爲金趙秉文作無疑，而以爲唐人，亦多失考。殆偶然剳記，不甚經意之作耶？

柳亭詩話

《四庫提要・詩文評類存目》 《柳亭詩話》三十卷。浙江鮑士恭家藏本。國朝宋長白撰。長白原名俊，以字行，山陰人。是編成於康熙乙酉。自三代以迄近人，凡涉於詩者，多所記録。時以己意品題，而議論考據，多無根柢。猶明季山人之餘緒也。

西河詩話

《四庫提要・詩文評類存目》 《詩話》八卷。浙江巡撫採進本。國朝毛奇齡撰。奇齡有《仲氏易》，已著録。是編多記其所自作，及同時諸人倡和，亦閒及唐詩。奇齡以考據爲長，詩文直以才鋒用事，而於詩尤淺。其尊唐抑宋，未爲不合。而所論宋詩，皆未見宋人得失，漫肆譏彈。即所論唐詩，亦未造唐代藩籬，而妄相標榜。如詆李白，詆李商隱，詆柳宗元，詆蘇軾，皆務爲高論，實茫然不得要領。第八卷中記姜仲子、姚季方謂奇齡貌似蘇軾像，又記乩仙以奇齡爲軾後身，而奇齡皆以爲辱。反覆詆軾數百言，併有「莫將今日扶乩畫，又認他人著屐圖」句，已爲誕妄。至謂軾不能實見理學之是非，於先聖授受之閒有所取正，尤屬大言。百載以來，日久論定，有以理學宗傳屈指於奇齡者乎？

然脂集例

《四庫提要・詩文評類存目》 《然脂集例》一卷。山東巡撫採進本。國朝王士禄撰。士禄有《讀史蒙拾》，已著録。士禄嘗欲輯古今閨閣之文爲一書，取徐陵《玉臺新吟》序「然脂暝寫」之語爲名。然陵所選乃艷歌，非女子詩，士禄蓋誤引也。其弟士禛書其年譜後曰：「先生著書，惟《然脂集》二百三十餘卷，條目初就。」蓋爲之而未成，僅存此例十條而已。《隋志》有《婦人集》，其書不傳。明以來選本至夥，猥雜殊甚。士禄此例，差有條理，附存其名於詩文評中，俾來有考焉。

原詩

《四庫提要·詩文評類存目》《原詩》四卷。江蘇巡撫採進本。國朝葉燮撰。燮有《江南星野辨》，已著録。是編乃其論詩之語。分内篇、外篇，又各分上、下。其大旨在排斥有明七子之摹擬，及糾彈近人之剽竊，其言皆深中癥結。而詞勝於意，雖極縱横博辨之致，是作論之體，非評詩之體也。亦多英雄欺人之語。如曰「宋詩在工拙之外，其工處固有意求工，拙處亦有意爲拙，若以工拙上下之，宋人不受也。」此論蘇、黄數家猶可，概曰宋人，豈其然乎？至謂謝靈運勝曹植，亦故爲高論耳。

春秋詩話

《四庫提要·詩文評類存目》《春秋詩話》五卷。江蘇巡撫採進本。國朝勞孝輿撰。孝輿字巨峰，一字阮齋，南海人。以貢生官鎮遠縣知縣。其書專取《春秋左氏傳》之言詩者，集爲五卷：一曰賦詩，如重耳賦《河水》，秦穆賦《六月》之類；二曰解詩，如郤至解《兔罝》，穆叔解《三夏》及《文王》《鹿鳴》之類；三曰引詩，如鄭太子忽辭昏引「自求多福」，陳敬仲辭卿引「翹翹車乘」之類；四曰拾詩，乃古詩軼句，左氏拾而出之者，分賦誦、謳歌、謡、箴、銘、投壺詞、繇詞、諺隱各名；五曰評詩，則爲吴公子觀樂一篇。每條後各以所見附著之。既不同詮釋傳文，又非盡沿討詩義。編葺雖勤，殊無所取也。

漫堂説詩

《四庫提要·詩文評類存目》《漫堂説詩》一卷。編修程晉芳家藏本。國朝宋犖撰。犖有《滄浪小志》，已著録。此書乃其説詩之語，載《學海類編》中。較曹溶所收僞妄詩話，猶爲真本。然犖已編入《西陂類稿》中矣。

漁洋詩話

《四庫提要·詩文評類二》《漁洋詩話》三卷。編修勵守謙家藏本。國朝王士禎撰。士禎有《古懽録》，已著録。其論詩之語散見於所著《池北偶談》諸書中，未有專帙。張潮輯《昭代叢書》，載《漁洋詩話》一卷。實所選古詩凡例，非士禎意也。是編乃康熙乙酉士禎歸田後所作，應吴陳琬之求者。初止六十條，戊子又續一百六十餘條，裒爲一集，付其門人蔣景祁刻之。士禎論詩主於神韻，故所標舉，多流連山水，點染風景之詞，蓋其宗旨如是也。其中多自譽之辭，未免露才揚己。又名爲詩話，實兼説部之體。如記其兄士祜論焦竑字，徐潮論蟹價，汪琬跋其兄弟尺牘，冶源馮氏別業，天竺二僧詬誶，劉體仁倩人代畫諸事，皆與詩渺不相關。雖宋人詩話往往如是，終爲曼衍旁支，有乖體例。至如石谿橋壁書絶句，乃晚唐儲嗣宗詩，點易數字。士禎不辨而盛稱之，亦疎於考證。然其中清詞佳句，採掇頗精，亦足資後學之觸發，故於近人詩話之中，終爲翹楚焉。

帶經堂詩話

張之洞《書目答問·詩文評》《帶經堂詩話》三十卷。王士禎。張宗柟輯。乾隆刻本。同治癸酉廣州重刻本。王詩雖專一派，此編論詩，詳允無弊，便於學者。

五代詩話

《四庫提要·詩文評類存目》《五代詩話》十二卷。編修勵守謙家藏本。國朝王士禎撰。宋弼等補緝。士禎有《古懽録》，弼有《山左明詩鈔》，均已著録。是書士禎原稿，本草創未竟之本。弼所續入，務求其博，體例遂傷冗雜，殊失士禎之初意，而挂漏者仍復不免。後鄭方坤重爲補正，乃斐然可觀。是編精華，已盡爲方坤所採。方坤所不採者，皆糟粕矣。今録方坤之本，而此本附存其目。蓋二本皆非士禎之舊，而方坤學問賅洽，不由飣餖而來。其凡例指摘此本之失，皆一一切中。故録彼而置此焉。

師友詩傳録　續録

《四庫提要·詩文評類二》《師友詩傳録》一卷《續録》一卷。編修程晉芳家藏本。《師友詩傳録》，國朝郎廷槐編。《續録》，國朝劉大勤編。二人皆學詩於新城王士禎，各述其師説，以成其書。以郎録在前，故劉録稱續焉。郎録雖以士禎爲主，而亦兼質於平原張篤慶、鄒平張實居，故每一問而三答。其稱歷友者，篤慶之號；稱蕭亭者，實居之號也。篤慶於士禎爲中表，所著有《崑崙山房集》；實居於士禎爲婦兄，所著有《蕭亭詩集》。士禎皆嘗論次之。故三人所答，或共明一義，或各明一義，然大旨皆不甚相遠。

本事詩

軍機處奏《禁燬書目》《本事詩》一部，四本。查《本事詩》，係國朝康熙中編修徐釚所輯。雍正初李本宣重爲訂刊。其書乃裒集明初以來香奩體各詩，蓋仿《玉臺新詠》而作。所録皆綺羅脂粉之詞，查無違礙，應請毋庸銷燬。惟内載有錢謙益、屈大均各詩，及錢謙益詩話，仍應抽燬。

説詩樂趣 附偶詠草續集

《四庫提要·詩文評類存目》《説詩樂趣》二十卷附《偶詠草續集》一卷。浙江巡撫採進本。國朝伍涵芬撰。涵芬有《讀書樂趣》，已著録。此書皆採摭前人詩話。《偶詠草續集》則所自作。以所撰《讀書樂趣》末有《偶詠草》，故此曰《續集》也。其書龐雜無緒，去取失倫。卷端所列引用書目，乖舛不一而足。則其於詩可知矣。涵芬《偶咏草》中有「僑居白下三山市，亂賣柴溪伍氏書」句，蓋貧士刊鬻以自給，原不爲著述計也。

全閩詩話

《四庫提要·詩文評類二》《全閩詩話》十二卷。浙江巡撫採進本。國朝鄭方坤編。方坤有《經稗》，已著録。是編皆薈萃閩人詩話及他詩之有關於閩者。閩士著名始於唐初薛令之，盛於歐陽詹。故六朝以上，惟載郭璞、謝朓、到溉、江淹四人。而郭璞地讖尚以其全作七言律體，辨其出於依託，頗爲謹嚴。唐以後則彬彬矣。凡六朝唐五代一卷，宋元五卷，明三卷，國朝一卷，附無名氏及宫閨一卷，方外一卷，神仙鬼怪雜綴一卷。所採諸書，計四百三十八種。採摭繁富，未免細大不捐。而上下千餘年閒，一方文獻，犂然有徵。舊事遺文，多資考證。固亦談藝之淵藪矣。

五代詩話

《四庫提要·詩文評類二》《五代詩話》十卷。福建巡撫採進本。國朝鄭方坤撰。初，王士禎欲作《五代詩話》，僅草創而未成。其門人務尊師説，遂以未成之本傳鈔，闕陋實甚，體例尤疎。宋弼嘗補其闕遺而刊之，仍多未備。方坤得士禎殘稿於歷城朱氏，乃採摭諸書，重爲補正。原本六百四十二條之中，删其二百一十六條，增入七百八十九條，其成一千二百一十五條。凡所增入，仿宋庠《國語補音》、吴師道《補正戰國策》之例，各以一補字冠之，使不相混。凡國主、宗室一卷，中朝一卷，南唐一卷，前蜀、後蜀一卷，吴越、南唐一卷，閩一卷，楚、荆南一卷，宫闈、仙鬼、緇流一卷，羽士、鬼怪一卷，雜綴一卷。其中有尤而效之者，如原本載羅隱謝表，殷文圭啓事，本爲四六駢詞，無關吟咏。他若李氏藏書、太原草檄、和凝之《詅癡符》、桑維翰之《鑄鐵硯》、徐寅之《獻過大梁賦》，直成雜事，無預於詩，一概從删，殊有廓清之功。而李後主跋懷素書，亦無關詩事，乃録之不遺。原本方干、鄭谷、唐球諸人，上連唐代，方坤既已刊削。而司空圖之不受梁官，韓偓之未食閩禄，例以陶潛稱晉，仍是唐人，列之五代，亦乖斷限。至潘慎修獻宋太宗詩，劉兼長春節詩，宋事宋人，一併闌入，尤泛濫矣。又如蘇軾演《陌上花》，晁補之撰《芳儀曲》，李淑題周恭帝陵，宋徽宗書白居易句，雖詠五代之事，實非五代之人，一概增入，則詠明妃者當列之漢詩，賦雀臺者應入之魏集，自古以來，無斯體例。貪多務得，方坤亦自言之矣。至於「江南江北舊家鄉」一首，《江表志》以爲楊溥，馬令《南唐書》以爲李煜。嘲宋齊邱喪子一詩，《夢溪筆談》以爲老瞽樂工，《漁隱叢話》以爲李家明。如此之類，不一而足。前後竝載，既不互注，又不考定，亦屬疎舛。然採摭繁富，五代軼聞瑣事，幾於搜括無餘。較之士禎原書，則賅備多矣。

張之洞《書目答問・詩文評》 《五代詩話》十卷。鄭方坤。粤雅堂本。補王士禎原書。

榕城詩話

《四庫提要・詩文評類存目》 《榕城詩話三卷》。大理寺卿陸錫熊家藏本。國朝杭世駿撰。世駿有《續方言》，已著録。是書乃雍正壬子世駿以舉人充福建同考官所作，故以「榕城」爲名。案：雍正壬子、乙卯二科皆以鄰省舉人充鄉試同考官，故世駿以甲辰舉人膺是任。謹附識於此。其論詩，以王士禎爲宗。故如馮舒、馮班、趙執信、龐塏、何焯諸人不附士禎者，皆深致不滿。於同時諸人，無不極意標榜，欲以仿士禎諸雜著。然士禎善於選擇，每一集節取一二聯，往往可觀，世駿則未之能也。

吴壽暘《拜經樓藏書題跋記》卷四 《榕城詩話》。右三卷。國朝杭世駿著。有汪沉及杭自序。全祖望長歌先君子校，並有案語。

學稼餘譚

《四庫提要・詩文評類存目》 《學稼餘譚》三卷。浙江巡撫採進本。不著撰人名氏。前題云櫟社老人輯。上卷曰《詩鴿》，中卷曰《詩考》，下卷曰《詩話》。其下卷又分一子卷。《詩考》、《詩話》皆採輯諸書而成，冗瑣特甚。《詩鴿》謂「詩有南北宗，《國風》『林有樸樕』南宗語也；『我心匪石』二句，北宗語也」。勦僞本賈島《二南密旨》之語尤少持擇。又謂七言古爲唐歌行之未成者，則更異矣。

廣陵詩事

張之洞《書目答問・詩文評》 《廣陵詩事》十卷。阮元。文選樓本。

逸老堂詩話

黄丕烈《蕘圃藏書題識再續録・集類》 《逸老堂詩話》二卷。舊鈔本。日來酷暑杜門，清曉早涼，頗有以一二種説部詩話等書，或舊鈔，或舊刻，助余消遣，此亦家居消暑之一樂也。此册爲一書友攜至，問其直，云：「新從故家架上取得，特送覽，尚未有價。」余屬留之。會觸熱出門，日午方歸。偶一披閲後跋，無姓名可攷。偏檢案頭諸家書目，不得《逸老堂詩話》之名。方悵怏，而於卷中得其父俞君寬父之名。是知戊申老人乃俞姓後，又檢得陸其清《佳趣堂書目》載有是書，並注云：「俞寬父之子」，然其名字不傳。可知書既流傳，不患無所稽攷也。喜甚，未及買而已加題識，書魔故智復萌，自覺可笑。明日書友至，如議直不成，尚當向之索酬，方許攜去，蓋後有得此者，可省檢書之勞也。辛未六月二日求古居主人記。

詞部

論述

楊慎《詞品序》 詩詞同工而異曲，共源而分派。在六朝，若陶弘景之《寒夜怨》，梁武帝之《江南弄》，陸瓊之《飲酒樂》，隋煬帝之《望江南》，填詞之體已具矣。若唐人之七言律，即填詞之《瑞鷓鴣》也。七言律之仄韻，即填詞之《玉樓春》也。若韋應物之《三臺曲》、《調笑令》，劉禹錫之《竹枝詞》、《浪淘沙》，新聲迭出。孟蜀之《花間》，南唐之《蘭畹》，則其體大備矣。豈非共源同工乎？然詩聖如杜子美，而填詞若太白之《憶秦娥》、《菩薩蠻》者，集中絶無。宋人如秦少游、辛稼軒，詞極工矣，而詩殊不強人意。疑若獨蓺然者，豈非異曲分派之説乎？昔宋人選填詞曰《草堂詩餘》。其曰「草堂」者，太白詩名《草堂集》，見鄭樵書目。太白本蜀人，而草堂在蜀，懷故國之意也。曰「詩餘」者，《憶秦娥》、《菩薩蠻》二首爲詩之餘，而百代詞曲之祖也。今士林多傳其書而昧其名，故於余所著《詞品》首著之云。嘉靖辛亥仲春花朝洞天真逸楊慎序。

又《御製詞譜序》 詞之有圖譜，猶詩之有體格也。詩本於古歌謡，詞本於詩。《詩三百篇》皆可歌，凡散見於《儀禮》、《禮記》、《春秋左氏傳》者，班班可考也。漢初樂府，亦期協律，魏晉訖唐，諸體雜出，而比於律者蓋寡；唐之中葉，始爲填詞；製調倚聲，歷五代、北宋而極盛。崇寧間，大晟樂府所集有十二律，六十家，八十四調，後遂增至二百餘，换羽移商，品目詳具。逮南渡後，宫調失傳，而詞學亦漸紊矣。夫詞寄於調，字之多寡有定數，句之長短有定式，韻之平仄有定聲。杪忽無差，始能諧合，否則音節乖舛，體製混淆，此圖譜之所以不可略也。問覽近代《嘯餘》、《詞統》、《詞滙》、《詞律》諸書，原本《尊前》、《花間》、《草堂》遺説，頗能發明，尚有未備。既命儒臣先輯《歷代詩餘》，親加裁定，復命校勘《詞譜》一編，詳次調體，剖析異同，中分句讀，旁列平仄，一字一韻，務正傳訛。按譜填詞，渢渢乎可赴節族而諧管絃矣。《樂記》曰：「凡音者，生人心者也。」哀樂喜怒，感于心而傳于聲。詞之有調，亦各以類應，不可牽合，而起調畢曲，七聲一均，旋相爲宫，更與《周禮》「大司樂」三宫、《漢志》三統之制相準。故紫陽大儒，而詩餘不廢。是編之集，不獨俾承學之士據情掇采，有所據依，從此討論宫商，審定調曲，庶幾古昔樂章之遺響，亦可窺于萬一云。康熙五十四年七月十六日。

《四庫提要・詞曲類序》 詞、曲二體，在文章、技藝之閒。厥品頗卑，作者弗貴，特才華之士以綺語相高耳。然《三百篇》變而古詩，古詩變而近體，近體變而詞，詞變而曲，層累而降，莫知其然。究厥淵源，實亦樂府之餘音，風人之末派。其於文苑，同屬附庸，亦未可全斥爲俳優也。今酌取往例，附之篇終。詞、曲兩家，又略分甲乙。詞爲五類，曰别集，曰總集，曰詞話，曰詞譜、詞韻。曲則惟録品題論斷之詞，及《中原音韻》，而曲文則不録焉。王圻《續文獻通考》以《西廂記》、《琵琶記》俱入《經籍類》中，全失論撰之體裁，不可訓也。

張惠言《詞選序》 敘曰：詞者，蓋出于唐之詩人，採樂府之音以制新律，因繫其詞，故曰詞。《傳》曰：「意内而言外，謂之詞。」其緣情造端，興于微言，以相感動。極命風謡里巷男女哀樂，以道賢人君子幽約怨悱不能自言之情。低徊要眇，以喻其致。蓋《詩》之比興、變風之義，騷人之歌則近之矣。然以其文小，其聲哀，放者爲之，成跌蕩靡麗，雜以昌狂俳優。然要其至者，莫不惻隱盱愉，感物而發，觸類條鬯，各有所歸，非苟爲雕琢曼辭而已。自唐之詞人李白爲首，其後韋應物、王建、韓翃、白居易、劉禹錫、皇甫淞、司空圖、韓偓並有述造，而温庭筠最高，其言深美閎約。五代之際，孟氏、李氏君臣爲謔，競作新調，詞之雜流，由此起矣。至其工者，往往絶倫。亦如齊梁五言，依托魏晉，近古然也。宋之詞家，號爲極盛，然張先、蘇軾、秦觀、周邦彦、辛棄疾、姜夔、王沂孫、張炎淵淵乎文有其質焉。其盪而不反，傲而不理，枝而不物，柳永、黄庭堅、劉過、吴文英之倫，亦各引一端，以取重于當世。而前數子者，又不免有一時放浪通脱之言出于其間。後進彌以馳逐，不務原其指意，破析乖刺，壞亂而不可紀。故自宋之亡而正聲絶，元之末而規矩隳。以至于今，四百餘年，作者十數，諒其所是，互有繁變，皆可謂安蔽乖方，迷不知門户者也。今第録此篇，都爲二卷。義有幽隱，並爲指發，幾以塞其下流，導其淵源，無使風雅之士懲于鄙俗之音，不敢與詩賦之流同類而風誦之也。嘉慶二年八月武進張惠言。

雜録

王灼《碧鷄漫志・歌詞之變》 古人初不定聲律，因所感發爲歌，而聲律從之，唐、虞禪代以來是也。餘波至西漢末始絶。西漢時，今之所謂古樂府者漸興，晉魏爲盛。隋氏取漢以來樂器歌章古調，併入清樂，餘波至李唐始絶。唐中葉雖有古樂府，而播在聲律則尠矣。士大夫作者，不過以詩一體自名耳。蓋隋以來，今之所謂曲子者漸興，至唐稍盛。今則繁聲淫奏，殆不可數。古歌變爲古樂府，古樂府變爲今曲子，其本一也。後世風俗益不及古，故相懸耳。而世之士大夫，亦多不知歌詞之變。

王世貞《藝苑卮言·詞之正宗與變體》《花間》以小語致巧，世説靡也；《草堂》以麗字取妍，六朝隃也。即詞號稱詩餘，然而詩人不爲也。何者？其婉孌而近情也，足以移情而奪嗜；其柔靡而近俗也，詩嘽緩而就之，而不知其下也。之詩而詞，非詞也；之詞而詩，非詩也。言其業，李氏、晏氏父子，耆卿、子野、美成、少游、易安至矣，詞之正宗也。温、韋艷而促，黄九精而險，長公麗而壯，幼安辨而奇，又其次也，詞之變體也。詞興而樂府亡矣，曲興而詞亡矣，非樂府與詞之亡，其調亡也。

俞彦《爰園詞話·詞所以名樂府之故》 詩詞，末技也，而名樂府。古人凡歌，必比之鐘鼓管絃，詩詞皆所以歌，故曰樂府。不獨古人然，今人但解絲竹，率能譯一切聲爲譜，甚至隨聲應和，如素習然。故盈天地間，無非聲，無非音，則無非樂。

又《詞所以名詩餘之故》 詞何以名詩餘？詩亡然後詞作，故曰餘也。非詩亡，所以歌詠詩者亡也。詞亡然後南北曲作，非詞亡，所以歌詠詞者亡也。謂詩餘興而樂府亡，南北曲興而詩餘亡者，否也。

又《詞得與詩並存之故》 詞於不朽之業，最爲小乘。然溯其源流，咸自鴻濛上古而來。如億兆黔首，固皆神聖裔矣。惟閭巷歌謡，即古歌謡。古可入樂府，而今不可入詩餘者，古拙而今佻，古朴而今俚，古渾涵而今率露也。然今世之便俗耳者，止於南北曲。即以詩餘，比之管絃，聽者端冕卧矣。其得與詩並存天壤，則文人學士賞識欣艷之力也。

李漁《窺詞管見·詞立于詩曲二者之間》 作詞之難，難於上不似詩，下不類曲，不淄不磷，立于二者之中。大約空疎者作詞，無意肖曲，而不覺彷佛乎曲。有學問人作詞，儘力避詩，而究竟不離於詩。一則苦於習久難變，一則迫於舍此實無也。欲爲天下詞人去此二弊，當令淺者深之，高者下之，一俛一仰，而處于才不才之間，詞之三昧得矣。

王又華《古今詞論·張世文詞論》 詞體大略有二：一婉約，一豪放，蓋詞情藴藉，氣象恢弘之謂耳。然亦在乎其人，如少游多婉約，東坡多豪放，東坡稱少游爲今之詞手，大抵以婉約爲正也。所以後山評東坡，如教坊雷大使舞，雖極天下之工，要非本色。

沈雄《古今詞話·凡例》 詞話者，舊有《古今詞話》一書，撰述名氏久矣失傳，又散見一二則於諸刻。茲仍舊名，而斷自六朝，分爲四種。據舊輯及新鈔者前後登之，一表製詞之原委，一見命調之異同，僭爲纂述，以鳴一時之盛。别列詞品、詞辨、詞評，收所未盡。間有迭見，亦因分類而申言之，稍爲輕重繁簡，勿以複出爲嫌也。

《四庫提要·詞曲類二》 右詞曲類詞集之屬五十九部，一百三卷，皆文淵閣著録。右詞曲類詞選之屬十二部，二百七十四卷，皆文淵閣著録。右詞曲類詞話之屬五部，十九卷，皆文淵閣著録。右詞曲類詞譜、詞韻之屬二部，六十卷，皆文淵閣著録。

又《詞曲類存目》 右詞曲類詞集之屬二十五部，四十三卷，內二部無卷數。皆附存目。右詞曲類詞選之屬一十四部，九十九卷，內二部無卷數。皆附存目。右詞曲類詞話之屬五部，十三卷，皆附存目。右詞曲類詞譜、詞韻之屬五部，三十九卷，皆附存目。

田同之《西圃詞説·詩詞風氣相循》 詩詞風氣，正自相循。貞觀、開元之詩，多尚淡遠。大曆、元和後，温、李、韋、杜漸入香奩，遂啓詞端。《金荃》、《蘭畹》之詞，概崇芳艷。南唐、北宋後，辛、陸、姜、劉漸脱香奩，仍存詩意。元則曲勝而詩詞俱掩，明則詩勝於詞，今則詩詞俱勝矣。

又《詩詞風格不同》 詩貴莊而詞不嫌佻，詩貴厚而詞不嫌薄，詩貴含蓄而詞不嫌流露。之三者，不可不知。

郭麐《靈芬館詞話·詞有四派》 詞之爲體，大略有四：風流華美，渾然天成，如美人臨粧，却扇一顧，《花間》諸人是也。晏元獻、歐陽永叔諸人繼之。施朱傅粉，學步習容，如宫女題紅，含情幽艷，秦、周、賀、晁諸人是也。柳七則靡曼近俗矣。姜、張諸子，一洗華靡，獨標清綺，如瘦石孤花，清笙幽磬，入其境者，疑有仙靈，聞其聲者，人人自遠。夢窗、竹屋，或揚或沿，皆有新雋，詞之能事備矣。至東坡以横絶一代之才，凌厲一世之氣，間作倚聲，意若不屑，雄詞高唱，别爲一宗。辛、劉則粗豪太甚矣。其餘幺絃孤韻，時亦可喜。溯其派别，不出四者。

宋翔鳳《樂府餘論・論令引近慢》 《草堂》一集，蓋以徵歌而設，故別題《春景》、《夏景》等名，使隨時即景，歌以娛客。題《吉席》、《慶壽》，更是此意。其中詞語，間與集本不同。其不同者，恒平俗，亦以便歌。以文人觀之，適當一笑，而當時歌伎，則必需此也。詩之餘先有小令。其後以小令微引而長之，於是有《陽關引》、《千秋歲引》、《江城梅花引》之類。又謂之近，如《訴衷情近》、《祝英臺近》之類，以音調相近，從而引之也。引而愈長者則爲慢。「慢」與「曼」通，「曼」之訓，引也，長也，如《木蘭花慢》、《長亭怨慢》、《拜新月慢》之類，其始皆令也。亦有以小令曲度無存，遂去「慢」字。亦有別製名目者，則令者，樂家所謂小令也。曰引，曰近者，樂家所謂中調也。曰慢者，樂家所謂長調也。不曰令曰引曰近曰慢，而曰小令、中調、長調者，取流俗易解，又能包括衆題也。

孫麟趾《詞逕・詞分門户》 高澹婉約，艷麗蒼莽，各分門户。欲高澹學太白、白石，欲婉約學清真、玉田，欲艷麗學飛卿、夢窗，欲蒼莽學蘋洲、花外。至于融情入景，因此起興，千變萬化，則由于神悟，非言語所能傳也。

謝章鋌《賭棋山莊詞話・兩宋詞評》 北宋多工短調，南宋多工長調；北宋多工軟語，南宋多工硬語。然二者偏至，終非全才。歐陽、晏、秦，北宋之正宗也。柳耆卿失之濫，黄魯直失之傖。白石、高、史，南宋之正宗也。吴夢窗失之澀，蔣竹山失之流。若蘇、辛自立一宗，不當儕於諸家派别之中。

劉熙載《藝概・詞曲概》 詞有創調、倚聲，本諸倡和。倡和莫先於虞廷，觀「乃歌曰」以下三句調，即「乃賡載歌」及「又歌」之調所出也。《風》、《雅》篇必數章，後章亦多用前調。其或前後小異者，殆猶詞同調之又一體耳。

詩放情曰歌，悲如蛩螿曰吟，通乎俚俗曰謡，載始末曰引，委曲盡情曰曲。詞腔遇此等名，當於詩義溯之。又如腔名中有「喜」、「怨」、「憶」、「惜」等字，亦以還他本意爲合。

齊、梁小賦，唐末小詩，五代小詞，雖小卻好，雖好卻小，蓋所謂「兒女情多，風雲氣少」也。

北宋詞用密亦疏，用隱亦亮，用沈亦快，用細亦闊，用精亦渾；南宋只是掉轉過來。

南宋詞近耆卿者多，近少游者少，少游疏而耆卿密也。

金元遺山詩兼杜、韓、蘇、黄之勝，儼有集大成之意。以詞而論，疏快之中，自饒深婉，亦可謂集兩宋之大成者矣。

張之洞《書目答問・别集》 以上國朝詞家集。今人之詞，不能叶律，乃長短句，非曲也，故附集部詩後。詞乃小道，畧舉最精者數家，以備文體之一。

又 《總集》 以上總集類詞之屬。宋詞最著者，姜夔、周密、張炎。姜夔《白石詞》在《六十名家詞》内。周密《蘋洲漁笛譜》、《草窗詞》在《知不足齋叢書》内。張炎《山中白雲》附《浙西六家詞》後。餘若晏、歐、柳、蘇、黄、秦，周邦彦、李清照、張孝祥、辛棄疾、吴文英、劉過、史達祖，皆在《六十家》内。張先、張鎡在《知不足齋叢書》内。有集者亦附集。

陳廷焯《詞壇叢話・詞至明亡》 詞至于明，而詞亡矣。明初如楊孟載、高季迪、劉伯温輩，温麗芊綿，去兩宋不遠。至李昌祺、王達善、楊升庵之流，風格稍低，猶堪接武。自馬浩瀾輩出，淫詞穢語，風雅掃地。明末陳人中，爲一時傑出，但氣數近小，國運使然。

沈祥龍《論詞隨筆・唐詞分二派》 唐人詞，風氣初開，已分二派。太白一派，傳爲東坡，諸家以氣格勝，於詩近西江。飛卿一派，傳爲屯田，諸家以才華勝，於詩近西崑。後雖迭變，總不越此二者。

又 《詞體各有所宜》 詞之體，各有所宜。如弔古宜悲慨蒼涼，紀事宜條暢滉漾，言愁宜嗚咽悠揚，述樂宜淋漓和暢，賦閨房宜旖旎嫵媚，詠關河宜豪放雄壯。得其宜則聲情合矣，若琴瑟專一，便非作家。

張德瀛《詞徵・自五代至明之詞集》 唐人於歌詠之暇，兼製小詞，存于詩中，恒有遺佚，又輪廓初啓，體猶未盛。延及宋代，大晟所掌，復備宗廟之樂，而學士抒其情愫，教坊習其聲律，所作益繁。今取詞集、詞選、詞譜、詞話之具存於世者，稍加詮次，自五代始，迄於明止。若數闋流傳，附諸篇末者則汰之。按籍以求，梗概略備矣。唐五代時，如《金荃》、《握蘭集》、《謫仙集》、《蘭畹集》，目存書亡。至宋劉子翬詞附《屏山集》，岳忠武詞附《金陀粹編》，明王行儉詞附《抑庵集》，此類均未成帙。若本朝《欽定詞譜》外，則有秀水朱氏《詞綜》，王氏、陶氏《續編》，陽湖張氏《詞選》，陽羨萬氏《詞律》，德清徐氏《續詞律》，吴江徐氏《詞苑叢談》，蕭山毛氏、長洲彭氏、吴縣吴氏《詞話》及諸家所撰著者，近在眉睫，度無弗知。

王國維《人間詞話・詞以境界爲最上》 詞以境界爲最上。有境界則自成高格，自有名句。五代北宋之詞所以獨絕者，在此。

又 《詞中三種境界》 古今之成大事業、大學問者，必經過三種之境界。「昨夜西風凋碧樹，獨上高樓，望盡天涯路」，此第一境也。「衣帶漸寬終不悔，爲伊消得人憔悴」，此第二境也。「衆裏尋他千百度，回頭驀見，那人正在，燈火闌珊處」，此第三境也。此等語皆非大詞人不能道。然遽以此意解釋諸詞，恐爲晏、歐諸公所不許也。

況周頤《蕙風詞話・詞非詩餘》 沈約《宋書》曰：「吳歌雜曲，始皆徒歌。既而被之絃管。又有因絃管金石作歌以被之。」按前一法即虞廷依永之遺，後一法當起於周末宋玉對楚王問。音言客有歌於郢中者，下云其爲《陽阿》、《薤露》，其爲《陽春白雪》，皆曲名。是先有曲而後有歌也。填詞家自度曲，率意爲長短句，而後協之以律，此前一法也。前人本有此調，後人按腔填詞，此後一法也。沿流溯源，與休文之説相應。歌曲之作，若枝葉始敷。乃至於詞，則芳華益茂。詞之爲道，智者之事。酌劑乎陰陽，陶寫乎性情。自有元音，上通雅樂，則黑白而定一尊，亘古今而不敝矣。唐宋以還，大雅鴻達，篤好而專精之，謂之「詞學」。獨造之詣，非有所附麗，若爲駢枝也。曲士以「詩餘」名詞，豈通論哉？

又《宋金詞不同》 自六朝已還，文章有南北派之分，乃至書法亦然。姑以詞論，金源之於南宋，時代正同，疆域之不同，人事爲之耳。風會曷與焉？如辛幼安先在北，何嘗不可南？如吳彦高先在南，何嘗不可北？顧細審其詞，南與北確乎有辨。其故何耶？或謂《中州樂府》選政操之遺山，皆取其近己者。然如王拙軒、李莊靖、段氏遯庵、菊軒，其詞不入元選，而其格調氣息，以視元選諸詞，亦復如驂之靳，則又何説！南宋佳詞能渾至，金源佳詞近剛方。宋詞深緻能入骨，如清真、夢窗是；金詞清勁能樹骨，如蕭閒、遯庵是。南人得江山之秀，北人以冰霜爲清。南或失之綺靡，近於雕文刻鏤之技；北或失之荒率，無解深裘大馬之譏。善讀者抉擇其精華，能知其並皆佳妙。而其佳妙之所以然，不難於合勘，而難於分觀。往往能知之而難於明言之。然而宋金之詞之不同，固顯而易見者也。

又《小令慢詞各有天地》 小令以輕、清、靈爲當行。不做到此地步，即失其宛轉抑揚之致，必至味同嚼蠟。慢詞以重、大、拙爲絶詣，不做到此境界，落于纖巧輕滑一路，亦不成大方家數。小令、慢詞，其中各有天地，作法截然不同。何謂輕、清、靈，人尚易知。何謂重、大、拙，則人難曉。如略示其端，此三字須分别看。重謂力量，大謂氣概，拙謂古致。工夫火候到時，方有此境。以書喻之最易明，如漢魏六朝碑版，即重、大、拙三者俱備，輕、清、靈不過簪花美格而已。然各有所詣，亦是一種工夫，特未可相提並論耳。如以作小令之法作慢詞，以作慢詞之法作小令，亦猶以習簪花格之法習碑版，以寫碑版之法寫簪花格。反其道而用之，必兩無是處。

蔡嵩雲《柯亭詞論・清詞三期》 清詞派别，可分三期。浙西派與陽羨派同時。浙西派倡自朱竹垞，曹升六、徐電發等繼之，崇尚姜、張，以雅正爲歸。陽羨派倡自陳迦陵，吳薗次、萬紅友等繼之，效法蘇、辛，惟才氣是尚。此第一期也。常州派倡自張臯文，董晉卿、周介存等繼之，振北宋名家之緒，以立意爲本，以叶律爲末。此第二期也。第三期詞派，創自王半塘，葉遐菴戲呼爲「桂派」，予亦姑以「桂派」名之。和之者有鄭叔問、況蕙風、朱彊村等。本張臯文意内言外之旨，參以凌次仲、戈順卿審音持律之説，而益發揮光大之。此派最晚出。以立意爲體，故詞格頗高；以守律爲用，故詞法頗嚴。今世詞學正宗，惟有此派，餘皆少所樹立，不能成派。其下者，野狐禪耳。故王、朱、鄭、況諸家，詞之家數雖不同，而詞派則同。

綜　述

詞别集分部

陽春録

尤袤《遂初堂書目・樂曲類》 馮延己《陽春集》。

陳振孫《直齋書録解題・歌詞類》 《陽春録》一卷。南唐馮延己撰。高郵崔公度伯易題其後，稱其家所藏最爲詳確，而《尊前》、《花間》諸集，往往謬其姓氏，近傳歐陽永叔詞亦多有之，皆失其真也。世言「風乍起」爲延己所作，或云成幼文也。今此集無有，當是幼文作，長沙本以寘此集中，殆非也。

馬端臨《文獻通考・經籍考・歌詞》 《陽春録》一卷。

范邦甸等《天一閣書目・詞曲類》 《陽春集》一卷。緜紙鈔本。馮延己撰。

顧櫰三《補五代史藝文志・聲樂類》 《陽春詞》一卷。馮延己撰。

李后主詞

尤袤《遂初堂書目・樂曲類》 《李后主詞》。

本事曲

尤袤《遂初堂書目・樂曲類》 楊元素《本事曲》。

珠玉詞

陳振孫《直齋書録解題・歌詞類》 《珠玉集》一卷。晏元獻公殊撰。其子幾道嘗言:「先公爲詞,未嘗作婦人語。」以今攷之,信然。

馬端臨《文獻通考・經籍考・歌詞》 《珠玉集》一卷。

范邦甸等《天一閣書目・詞曲類》 《珠玉詞》一卷。緜紙鈔本。宋晏殊同叔撰。

毛晉《汲古閣書跋》 《珠玉詞》。同叔,撫州臨川人也。七歲能屬文,張知白以神童薦。真宗召見,與千餘人並試廷中,神氣不懾,援筆立成。帝異之,使盡讀祕閣書,每取諮訪,率用寸方小紙細書問之。繼事仁宗,尤加信愛,仕至觀文殿大學士。以疾請歸,留侍經筵。及卒,帝臨奠,猶以不親視疾爲恨,特罷朝二日,贈謚元獻。一時賢士大夫,如范仲淹、歐陽修等,皆出其門。擇壻又得富弼、楊察。賦性剛峻,遇人以誠,一生自奉如寒士。爲文贍麗,應用不窮,尤工風雅。間作小詞,其暮子幾道云:「先公爲詞,未嘗作婦人語也。」

《四庫提要・詞曲類一》 《珠玉詞》一卷。江蘇巡撫採進本。宋晏殊撰。殊有《類要》,已著録。陳振孫《書録解題》載殊詞有《珠玉集》一卷。此本爲毛晉所刻,與陳氏所記合,蓋猶舊本。《名臣録》稱殊詞名《珠玉集》,張子野爲之序。子野,張先字也。今卷首無先序,蓋傳寫佚之矣。殊賦性剛峻,而詞語特婉麗。故劉攽《中山詩話》謂元獻喜馮延己歌詞,其所自作,亦不減延己。趙與旹《賓退録》記殊幼子幾道,嘗稱殊詞不作婦人語。今觀其集,綺艷之詞不少。蓋幾道欲重其父名,故作是言,非確論也。集中《浣溪沙・春恨詞》「無可柰何花落去,似曾相識燕歸來」二句,乃殊示張寺丞、王校勘七言律中腹聯,《復齋漫録》嘗述之。今復填入詞内,豈自愛其造語之工,故不嫌複用耶?考唐許渾集中「一尊酒盡青山暮,千里書回碧樹秋」二句,亦前後兩見,知古人原有此例矣。

張子野詞

陳振孫《直齋書録解題・歌詞類》 《張子野詞》一卷。都官郎中吴興張先子野撰。李常公擇爲六客堂,子野與焉。所賦詞卒章云「也應傍有老人星」,蓋以自謂,是時年八十餘矣。東坡倅杭,數與唱酬,聞其買妾,爲之賦詩,首末皆用張姓事。《吴興志》稱其晚年漁釣自適,至今號張釣魚灣,死葬弁山下,在今多寶寺。案:《歐陽集》有《張子野墓誌》,死於寶元中者,乃博州人,名姓字偶皆同,非吴中之子野也。

馬端臨《文獻通考・經籍考・歌詞》 《張子野詞》一卷。《古今詩話》云:客有謂張子野曰:「人皆謂公爲『張三中』,即心中事,眼中淚,意中人也。」公曰:「何不目爲『張三影』?」客不曉,公曰:「『雲破月來花弄影』、『嬌柔嬾起,簾櫳捲花影』、『柳徑無人,墜飛絮無影』。此余平生所得意也。」又《高齋詩話》云:子野嘗有詩云「浮萍斷處見山影」,又長短句「雲破月來花弄影」,又云「隔墻送過鞦韆影」,並膾炙人口,世謂「張三影」。《苕溪漁隱》云:細味二説,當以《古今詩話》所載「三影」爲勝。

東坡曰:「子野詩筆老健,歌詞乃其餘波耳。《湖州西溪》詩云:『浮萍斷處見山影,野艇歸時聞草聲。』與予和詩云:『愁似鰥魚知夜永,嬾同蝴蝶爲春忙。』若此之類,亦可追配古人,而世俗但稱其歌詞,昔周昉畫人物,皆入神品,而世但知有周昉士女,蓋所謂未見好德如好色者也。」

范邦甸等《天一閣書目・詞曲類》 《張子野詞》一卷。緜紙鈔本。

黄丕烈《蕘圃藏書題識・集類》 鈔本《張子野詞》一卷。錢頤仲孫艾寫本。《張子野詞》,學山海居中尚有藏本,留此以書存人,見頤仲之爲人,可補志乘所未備。復翁記。是書欄格傍有「幽吉堂」三字,卷中有「頤仲」、「錢孫艾印」二印,「彭城」一印,「錢氏幽吉收藏印記」一印。余初不知其爲何許人。客歲有書友攜校宋本《嘉祐新集》來,其鈔補之葉,俱有「懷古堂」字刻於版心,又有「頤仲錢孫艾」印。玩其跋語,知與錢孫保求赤爲兄弟行。而此鈔本《張子野詞》即錢孫艾手筆也。考《蘇州府志》,錢謙貞字履之,讀書求志,闢懷古堂以奉母。子孫保字求赤,爲人方嚴抗特,勤讀書,有父風。獨未及其次子孫艾字頤仲者。幸賴《嘉祐新集》有以證之。「幽吉堂」獨見於此書,可見知人論世之難。而没世稱名不能牽連及之者,爲更足悲也。乙亥仲夏,偶檢及此,因記。復翁。去歲所見校宋本《嘉祐新集》,出於「懷古堂」者,余爲友人陳仲遵言之。後退還書賈,即歸陳氏。頃因欲對錢頤仲筆跡,復從西畇草堂借歸,逐一對勘,知最後老蘇墓銘等一卷皆其親筆,與此鈔手正同,則此本的係頤仲手書矣。頤仲既不附見於《蘇州府志》,而幸賴《嘉祐新集》一書後有錢求赤跋,始知其人。甚哉古書之不可輕棄,足爲知人論世之一助也。因録彼書跋語一則,附考。右《嘉祐集》三本,照紹興宋本校正。其中點閱皆亡弟手筆,兼多手書。其補寫者爲張氏家僕王泰。今舍弟既發憤而没,王泰亦遭口難以死,獨余煢煢踽踽,苟生人間。每一展覽,未嘗不爲之流涕痛哭也。知此者友人則馮君定遠、族兄夕公二君,與余口弟最厚,他日見此,其亦有與余同悲者耶?丙戌三月庚戌日錢孫保謹書於鞠庵。

壽域詞

陳振孫《直齋書録解題·歌詞類》　《杜壽域詞》一卷。京兆杜安世壽域撰。未詳其人。詞亦不工。

馬端臨《文獻通考·經籍考·歌詞》　《杜壽域詞》一卷。

范邦甸等《天一閣書目·詞曲類》　《杜壽域詞》一卷。緜紙鈔本。杜安世撰。

毛晉《汲古閣書跋》　《壽域詞》杜壽域,不知何許人。據陳氏云:京兆杜安世,字壽域。黄氏又云:字安世,名壽域。未知孰是。儕輩嗤其詞不工。余初讀其《訴衷情》云:「燒殘絳蠟淚成痕,街鼓報黄昏。碧雲又阻來信,廊上月侵門。愁永夜,拂香裀,待誰温。夢蘭憔悴,擲果淒涼,兩處消魂。」語纖致巧,未嘗不工。此詞載《花菴詞選》,不載本集。本集載《折紅梅》一首,龔希仲又謂是吴中丞《紅梅閣詞》,紀之甚詳。吴感是應之,以文章知名,天聖二年省試爲第一。又中九年書判拔萃科,仕至殿中丞。居小市橋,有侍姬曰「紅梅」,因以名其閣。嘗作《折紅梅》詞曰:「喜輕澌初泮,微和漸入,芳郊時節。春消息,夜來陡覺紅梅,數枝争發。玉溪仙館,不是箇尋常標格。化工别與,一種風情,似勻點胭脂,染成香雪。重吟細閲。比繁杏夭桃,品流真别。只愁共彩雲易散,冷落謝池風月。憑誰向説,三弄處,龍吟休咽。大家留取倚闌干,聞有花堪折,勸君須折。」其詞傳播人口,春日羣宴,必使倡人歌之。吴死,其閣爲林少卿所得,兵火前尚存。子純字晦叔,文行亦高,鄉人呼爲吴先生。楊元素《本事集》誤以爲蔣堂侍郎有小鬟號紅梅,其殿丞作此詞贈之。可見詩詞名篇,互淆者甚多。同時尚未能析疑,何況千百年後耶?

《四庫提要·詞曲類存目》　《壽域詞》一卷。安徽巡撫採進本。宋杜安世撰。安世字壽域,京兆人。黄昇《花菴詞選》又謂「名壽域,字安世」,未知孰是。《書録解題》載《壽域詞》一卷。其事蹟本末,陳振孫已謂未詳。集内各調皆不載原題,無可參考。觀振孫列之張先詞後,歐陽修詞前,則北宋人也。振孫稱其詞不甚工,今核集中所載八十六闋,往往失之淺俗,字句尤多湊泊。即所載《折紅梅》一詞,毛晉跋指爲吴感作者,通體皆剽竊柳永《望梅詞》,未可謂之佳製,振孫之言非過。至《菩薩蠻》第二首,乃南唐李後主詞,《鳳銜杯》第二首,乃晏殊詞,惟結句增一「空」字爲小異,晉皆未注。晉所稱《訴衷情》一首,見於《花菴詞選》者,僅附載跋中,亦未補入集内。字句譌脱,尤不一而足。首尾僅二十餘紙,舛謬不可勝乙,晉殆亦忽視其詞,漫不一校耶?

六一詞

陳振孫《直齋書録解題·歌詞類》　《六一詞》一卷。歐陽文忠公修撰。其間多有與《花間》、《陽春》相混者,亦有鄙褻之語一二厠其中,當是仇人無名子所爲也。

馬端臨《文獻通考·經籍考·歌詞》　《六一詞》一卷。

毛晉《汲古閣書跋》　《六一詞》。盧陵舊刻三卷,且載樂語於首,今删樂語匯爲一卷。凡他稿誤入如《清商怨》類,一一削去。誤入他稿如《歸自謡》類,一一注明。然集中更有浮艷傷雅不似公筆者,先輩云:疑以傳疑可也。

《四庫提要·詞曲類一》　《六一詞》一卷。江蘇巡撫採進本。宋歐陽修撰。修有《詩本義》,已著録。其詞陳振孫《書録解題》作一卷。此爲毛晉所刻,亦止一卷,而於總目中注原本三卷。蓋廬陵舊刻,兼載樂語,分爲三卷。晉删去樂語,仍併爲一卷也。曾慥《樂府雅詞序》有云:「歐公一代儒宗,風流自命,詞章窈眇,世所矜式乃小人或作艷曲,謬爲公詞。」蔡絛《西清詩話》云:「歐陽修之淺近者,謂是劉煇僞作。」《名臣録》亦云:「修知貢舉,爲下第舉子劉煇等所忌。以《醉蓬萊》、《望江南》誣之。」則修詞中已雜他人之作。又元豐中崔公度跋馮延已《陽春録》,謂其間有誤入《六一詞》者。則修詞又或竄入他集。蓋在宋時已無定本矣。晉此刻亦多所釐正。然諸選本中有梅堯臣《少年游》「闌干十二獨凭春」一首,吴曾《能改齋漫録》獨引爲修詞。且云不惟聖俞君復二詞不及,雖求諸唐人温李集中,殆難與之爲一。則堯臣當别有詞,此詞斷當屬修。晉未收此詞,尚不能無所闕漏。又如《趙溪春》結語「沈麝不燒金鴨,玲瓏月照梨花」係六字二句。集内尚沿坊本誤「玲」爲「泠」、「瓏」爲「籠」，遂以七字爲句。是校讎亦未盡無譌。然終較他刻爲稍善，故今從其本焉。

樂章集

陳振孫《直齋書録解題・歌詞類》《樂章集》九卷。柳三變耆卿撰。景祐元年進士，官至屯田員外郎，世號柳屯田。初，磨勘及格，昭陵以其浮薄罷之，後乃更名永。其詞格固不高，而音律諧婉，語意妥帖，承平氣象形容曲盡，尤工於羈旅行役。若其人則不足道也。

馬端臨《文獻通考・經籍考・歌詞》《樂章集》九卷。《藝苑雌黄》：柳之樂章，人多稱之，然大概非羈旅窮愁之詞，則閨門淫媟之語，若以歐陽永叔、蘇子瞻、黄魯直、張子野、秦少游輩較之，萬萬相遼。彼其所以傳名者，直以言多近俗，俗子易曉故也。

毛晉《汲古閣書跋》《樂章集》。耆卿初名三變，後更名永，官至屯田員外郎，世號柳屯田。所製樂章，音調諧婉，尤工於羈旅悲怨之辭，閨帷淫媟之語。東坡拈出「霜風淒緊，關河冷落，殘照當樓」，謂「唐人佳處，不過如此」。一日，東坡問一優人曰：「吾詞何如柳耆卿？」對曰：「柳屯田宜十七八女郎，按紅牙拍唱『楊柳岸曉風殘月』；學士詞須銅將軍鐵綽板唱『大江東去』。」言外褒彈，優人固是解人。

又《樂章集》。癸亥中秋，借含經堂宋本校一過，卷末續添曲子，乃宋本所無。又從周氏、孫氏兩鈔本校正，可稱完璧矣。毛扆。

《四庫提要・詞曲類一》《樂章集》一卷。江蘇巡撫採進本。宋柳永撰。永初名三變，字耆卿，崇安人。景祐元年進士。官至屯田員外郎，故世號柳屯田。葉夢得《避暑録話》曰：「柳永爲舉子時，多游狹斜，善爲歌詞教坊樂工，每得新腔，必求永爲詞，始行於世。余仕丹徒，嘗見一西夏歸朝官云：『凡有井水飲處，即能歌柳詞。』言其傳之廣也。」張端義《貴耳集》亦曰：「項平齋言『詩當學杜詩，詞當學柳詞。杜詩柳詞，皆無表德，只是實説』云云。蓋詞本管絃冶蕩之音，而永所作旖旎近情，故使人易入。雖頗以俗爲病，然好之者終不絶也。陳振孫《書録解題》載其《樂章集》三卷，今止一卷。蓋毛晉刊本所合併也。宋詞之傳於今者，惟此集最爲殘闕。晉此刻亦殊少勘正，譌不勝乙。

柳耆卿樂府

王圻《續文獻通考經籍考・樂律》《柳耆卿樂府》。柳永著。永，崇安人。景祐中第進士。工詞章，尤善樂府。范鎮嘆曰：「仁宗四十年太平，鎮在翰苑，不能出一語咏歌，乃于耆卿見之。」

荆公詞

高儒《百川書志・歌詞》《荆公詞》一卷。宋臨川王安石介甫著。

東坡詞

尤袤《遂初堂書目・樂曲類》《東坡詞》。

陳振孫《直齋書録解題・歌詞類》《東坡詞》二卷。蘇文忠公軾撰。集中《戚氏》，敍穆天子、西王母事，世不知所謂，李端叔跋詳之。蓋在中山燕席間有歌此闋者，坐客言調美而詞不典，以請於公，公方觀《山海經》，即敍其事爲題，使妓再歌之，隨其聲填寫，歌竟篇就，纔點定五六字而已。端叔時在幕府目擊，必不誣，或言非坡作，豈不見此跋耶？今坡詞多有刊去此篇者。

馬端臨《文獻通考・經籍考・歌詞》《東坡詞》二卷。山谷黄氏曰：「東坡居士曲，世所見者幾百首，或謂於音律小不諧；居士詞横放傑出，自是曲子内縛不住者。」《後山詩話》：東坡以詩爲詞，如教坊雷大使之舞，雖極天下之工，要非本色。

高儒《百川書志・歌詞》《東坡樂府》一卷。宋文忠公蘇軾撰。止二十四闋。

范邦甸等《天一閣書目・詞曲類》《東坡詞》二卷。緜紙鈔本。宋蘇軾撰。

毛晉《汲古閣書跋》《東坡詞》。東坡詩文不啻千億刻，獨長短句罕見。近有金陵本子，人争喜其詳備，多混入歐、黄、秦、柳作，今悉删去。至其詞品之工拙，則魯直、文潛、端叔輩自有定評。

錢曾《讀書敏求記·詞》《東坡樂府》一卷。《東坡樂府》刻于延祐庚申，舊藏注釋宋本，穿鑿蕪陋，殊不足觀，棄彼留此可也。

《四庫提要·詞曲類一》《東坡詞》一卷。江蘇巡撫採進本。宋蘇軾撰。軾有《易傳》，已著録。《宋史·藝文志》載軾詞一卷。《書録解題》則稱《東坡詞》二卷。此本乃毛晉所刻，後有晉跋云：「得金陵刊本，凡混入黄、晁、秦、柳之作俱經芟去。」然刊削尚有未盡者。

黄丕烈《蕘圃藏書題識·集類》《東坡樂府》二卷。元本。請觀之，則延祐庚申刻《東坡樂府》也。其時需直卅金，余以囊澁未及購取。後思余欲去詞，辛詞本欲留存，且蘇辛本爲並稱，合之實爲雙璧。因檢書一二種售之友人，得銀二十四金。千里猶不足，余力實無餘。復益以日本刻《簡齋集》，如前需數，而交易始成，余遂得以書歸。取毛鈔《東坡詞》勘之，非一本。二卷雖同其序次，前後字句歧異，當兩存之。鈔本附《東坡詞拾遺》一卷，有紹興辛未孟冬至游居士曾慥跋。謂：「《東坡先生長短句》既鏤板，復得張賓老所編，并載於蜀本者悉收之。」似前二卷亦係曾刊。而《直齋解題》但云「《東坡詞》二卷」，不云有拾遺，似非此本。然《直齋》云「集中《戚氏》敘穆天子西王母事」，今毛鈔本亦有此語，似宋刻即毛鈔所自出。而此刻《戚氏》下無此注釋，大概錢所云「穿鑿附會」者也。且毛鈔遇注釋處往往云「公舊注」云云，俱與此刻合，而其餘多不同。或彼有此無，或彼無此有。余以毛鈔注釋多標明「公舊注」，則此刻之注釋乃其舊文。遵王欲棄宋留元，未始無意。此書未必述古舊藏。前明迭經文、王兩家收藏，本朝又爲健菴、滄葦鑒賞，宜此書之益增聲價矣。癸亥季冬六日蕘翁黄丕烈識。在卷首。

注坡詞

陳振孫《直齋書録解題·歌詞類》《注坡詞》二卷。僊谿傅幹撰。

馬端臨《文獻通考·經籍考·歌詞》《注坡詞》二卷。

范邦甸等《天一閣書目·詞曲類》《注坡詞》十二卷。鈔本。傅幹撰。傅共洪甫序。

注東坡樂府

黄虞稷《千頃堂書目·詞曲類》孫鎮《注東坡樂府》。字安常，隆州人。承安二年賜第，官陝令。

倪燦等《補遼金元藝文志·詞曲類》孫鎮《注東坡樂府》。字安常，隆州人。

錢大昕《補元史藝文志·評注類》孫鎮《注東坡樂府》。

龔顯曾《金藝文志補録·詞曲類》《注東坡樂府》。孫鎮字安常，隆州人。

書舟詞

陳振孫《直齋書録解題·歌詞類》《書舟詞》一卷。眉山程垓正伯撰。王稱季平爲作序。

馬端臨《文獻通考·經籍考·歌詞》《書舟詞》一卷。

毛晉《汲古閣書跋》《書舟詞》。正伯與子瞻，中表兄弟也。故集中多混蘇作，如《意難忘》、《一翦梅》之類，今悉删正。其《酷相思》、《四代好》、《折紅英》諸闋，詞家皆極欣賞，謂秦七、黄九莫及也。

《四庫提要·詞曲類一》《書舟詞》一卷。安徽巡撫採進本。宋程垓撰。垓字正伯，眉山人。其家有擬舫名書舟見本集詞注。《古今詞話》謂號虚舟，蓋字誤也。《書録解題》載垓《書舟詞》一卷，傳本或作《書舟雅詞》二卷。而《宋史·藝文志》乃作陳正伯《書舟雅詞》十一卷，則又誤「程」爲「陳」，誤「二」爲「十一」矣。此本爲毛晉所刻，仍作一卷。前有王偁序，與《書録解題》所載合。序云尚書尤袤曾稱其文過於詩詞，今其詩文無可考，而詞則頗有可觀。楊慎《詞品》最稱其《酷相思》、《四代好》、《折秋英》數闋。蓋垓與蘇軾爲中表，耳濡目染，有自來也。集内《攤破江神子》「娟娟霜月又侵門」一闋，諸刻多作康與之《江城梅花引》，僅字句小有異同。此調相傳爲前半用《江城子》，後半用《梅花引》，故合云《江城梅花引》。至過變以下，則兩調俱不合。考《詞譜》載「江城子」亦名「江神子」，應以名《攤破江神子》爲是。詳其句格，亦屬垓本色。其題爲康作，當屬傳譌。又卷末毛晉跋《意難忘》、《一翦梅》諸闋，俱定爲蘇作，悉行删正。今考《東坡詞》内已增入《意難忘》一首，而《一翦梅》尚未載入。其詞亦仍載此集中，未嘗刊削。然數詞語意淺俚，在垓亦非佳製，可信其必非軾作。晉之所云，未詳其何所據也。

淮海詞

尤袤《遂初堂書目·樂曲類》《秦淮海詞》。

陳振孫《直齋書録解題·歌詞類》《淮海集》一卷。秦觀撰。

馬端臨《文獻通考·經籍考·歌詞》《淮海集》一卷。陳氏曰：「秦觀撰。」晁無咎言：少游詞如「斜陽外，寒鴉數點，流水遶孤村」。雖不識字人，亦知是天生好言語。

楊士奇等《文淵閣書目·詩詞》《淮海居士長短句》一部，一册。闕。

毛晉《汲古閣書跋》《淮海詞》晁氏云：「今代詞手，惟秦七黄九。」或謂詞尚綺艷，山谷特瘦健，似非秦比。朝溪子謂少游歌詞當在東坡上。但少游性不耐聚稿，間有淫章醉句，輒散落青帘紅袖間。雖流播舌眼，從無的本。予既訂訛搜逸，共得八十七調，集爲一卷，亦未敢曰無闕遺也。

《四庫提要·詞曲類一》《淮海詞》一卷。浙江巡撫採進本。宋秦觀撰。觀有《淮海集》，已著録。《書録解題》載《淮海詞》一卷，而傳本俱稱三卷。此本爲毛晉所刻，僅八十七調，裒爲一卷。乃雜採諸書而成，非其舊帙。其總目注「原本三卷」，特姑存舊數云爾。晉跋雖稱訂譌搜遺，而校讎尚多疎漏。

黄丕烈《蕘圃藏書題識·集類》《淮海長短句》三卷。宋刻補鈔本。嘉慶庚午人日，書友以社壇吴氏所藏諸本求售。中惟《淮海居士長短句》最佳，因《目録》及上卷、中卷之二葉、四葉猶宋刻也。《淮海集》宋刻全本行款不同，無長短句，蓋非一刻。而所藏有殘宋本，行款正同，内有錯入文集序第三葉，與此目録後所列序中三葉文理正同，知全集或有長短句本也。惜此已鈔補，然出朱卧菴家，必有所本。買成之日復翁記。

此册前《目録》後有淮海《閒居文集序》四葉，尤爲可寶。此全集之敘，偶未散失，附此以存，俾考文集顛末。後來翻刻鈔傳之本，均無有矣。道光元年四月蕘夫重檢并記。

又《淮海居士集·前集》四十卷，《後集》六卷宋刻本，藏錫山秦氏，余從孫平叔借校，此甲子年事也。頃偶憶《全集》中不知有詞與否，因檢校本核之。彼弟有詩文，不收詞也。可見殘宋《淮海居士長短句》蓋專刻矣。

潘祖蔭《滂喜齋藏書記·集部》宋刻《淮海居士長短句》三卷。一函，一册。每半葉十行，行二十一字。「驚」字、「桓」字缺筆，北宋刊也。舊爲朱卧庵藏書，宋刻僅存上卷及中卷之二葉、四葉，餘皆卧庵鈔補。明吴文定、文壽承、周天球皆有藏印。國朝道光間，由士禮居入虞山張氏，其面葉題字，蕘翁手筆也。後有蕘翁兩跋，及蔣辛峰因培跋。辛峰亦常熟人，嘉慶間官泰安令，著有《烏目山房詩存》。庚戌九月中澣復生孫雲鴻觀。

道光乙未秋八月十一日，訪芙川仁兄於味經書屋，得觀此朱卧庵補鈔宋刻《淮海詞》，以識心賞。辛峰蔣因培。

附藏印：「原博」、「雁門世家」、「壽承」、「周印天球」、「應禎」、「卧庵居士」、「寒士精神」、「休寧朱之赤珍藏圖書」、「卧庵老人」、「虞山張蓉鏡鑑藏」、「芙川鑑定」、「蓉鏡」、「陳延恩觀」、「風月從横玉篴中」。

小山詞

尤袤《遂初堂書目·樂曲類》《晏叔原詞》。

陳振孫《直齋書録解題·歌詞類》《小山集》一卷。晏幾道叔原撰。其詞在諸名勝中，獨可追逼《花間》，高處或過之。其爲人雖縱弛不羈，而不苟求進，尚氣磊落，未可貶也。

馬端臨《文獻通考·經籍考·歌詞》《小山集》一卷。

范邦甸等《天一閣書目·詞曲類》《小山詞》一卷。鈔本。宋晏幾道撰。

毛晉《汲古閣書跋》《小山詞》。諸名勝詞集删選相半，獨《小山集》直逼《花間》，字字娉娉嫋嫋，如攬嬙施之袂，恨不能起蓮、鴻、蘋、雲，按紅牙板唱和一過。晏氏父子，真足追配李氏父子云。

又《小山詞》。己巳四月廿七日，從孫氏舊録本校，孫氏凡二卷，其次加硃筆所標云。毛扆。

《四庫提要·詞曲類一》《小山詞》一卷。江蘇巡撫採進本。

山谷詞

尤袤《遂初堂書目·樂曲類》《黄魯直詞》。

陳振孫《直齋書録解題·歌詞類》《山谷詞》一卷。黄太史庭堅撰。

馬端臨《文獻通考·經籍考·歌詞》《山谷詞》一卷。陳氏曰：「黄太史庭堅撰。」晁無咎言：魯直間作小詞，固高妙，然不是當家語，自是著腔子唱好詩。

高儒《百川書志·歌詞》《豫章黄山谷詞》一卷。宋太史山谷翁黄庭堅魯直撰。六十八令，一百七十五闋。

毛晉《汲古閣書跋》《山谷詞》。魯直少時使酒玩世，喜造纖淫之句。法秀道人誡云：「筆墨勸淫，應墮犂舌地獄。」魯直答曰：「空中語耳。」晚年來亦間作小詞，往往借題棒喝，拈示後人。如効寶寧男禪師《漁家傲》幾闋，豈其與《桃葉》、《團扇》鬭妖艷耶？

《四庫提要·詞曲類一》《山谷詞》一卷。江蘇巡撫採進本。宋黄庭堅撰。庭堅有《山谷集》，已著録。此其别行之本也。《宋史·藝文志》載《庭堅樂府》二卷。《書録解題》則載《山谷詞》一卷，蓋宋代傳刻已合併之矣。陳振孫於晁无咎詞調下引補之語曰：「今代詞手，惟秦七、黄九，他人不能及也。」於此集條下又引補之語曰：「魯直間作小詞，固高妙，然不是當行家語，自是著腔子唱好詩。」二説自相矛盾。考「秦七黄九」語在《後山詩話》中，乃陳師道語，殆振孫誤記歟。

黄丕烈《蕘圃藏書題識·集類》《山谷詞》一卷。校宋本。乾道刊本《類編黄先生大全文集》後有《樂章》一卷，適殿五十卷之末。因家無《山谷詞》，先借護經書屋《六十家詞》中本校一過，此殘歲事也。今春送考事了，兒輩檢篋中，亦有毛刻，遂復校此，仍借護經本覆勘之，知尚有脱誤。蓋校書如埽葉拂塵，洵非虚語。而原本分類編纂，故一調而先後互見，兹以數目識之，可得宋本類編面目。至於取分之類，不復標出，無損於詞也。若護經本予所校者，向有之，兹不贅。道光乙酉花朝後三日月望復初氏書。在卷末。

冠柳集

尤袤《遂初堂書目·樂曲類》《王逐客詞》。

陳振孫《直齋書録解題·歌詞類》《冠柳集》一卷。王觀通叟撰。號王逐客。世傳「霜瓦鴛鴦」，其作也。詞格不高，以「冠柳」自名，則可見矣。

馬端臨《文獻通考·經籍考·歌詞》《冠柳集》一卷。

閒適集

尤袤《遂初堂書目·樂曲類》《晁次膺詞》。

陳振孫《直齋書録解題·歌詞類》《閒適集》一卷。晁端禮次膺撰。熙寧六年進士。兩爲縣令，忤上官，坐保甲事，中以危法廢徙，晚乃以承事郎爲大晟府協律，三閲月而卒。其從姪説之志其墓。

馬端臨《文獻通考·經籍考·歌詞》《閒適集》一卷。

東山詞

陳振孫《直齋書録解題·歌詞類》《東山寓聲樂府》三卷。賀鑄方回撰。以舊譜填新詞而别爲名以易之，故曰「寓聲」。

馬端臨《文獻通考·經籍考·歌詞》《東山寓聲樂府》三卷。宛邱張氏《序》略曰：「余友賀方回博學業文，而樂府之詞妙絶一世，携一編示予，大抵倚聲而爲之詞，皆可歌也。其盛麗如游金、張之堂，而妖冶如攬嬙、施之袪，幽索如屈、宋，悲壯如蘇、李，覽者自知之。」

張金吾《愛日精廬藏書志·樂府類》《東山詞》一卷。宋刊本。汲古閣藏書。

晁无咎詞

陳振孫《直齋書録解題・歌詞類》　《晁无咎詞》一卷。晁補之撰。晁嘗云:「今代詞手惟秦七、黄九,他人不能及也。」然二公之詞,亦自有不同者,若晁无咎佳者,固未多遜也。

馬端臨《文獻通考・經籍考・歌詞》　《晁無咎詞》一卷。

毛晉《汲古閣書跋》　《琴趣外篇》。《琴趣外篇》六卷,宋左朝奉祕書省著作郎充祕閣校理國史編修官濟北晁補之无咎長短句也。其所爲詩文,凡七十卷,自名《雞肋集》。惟詩餘不入集中,故云「外篇」。昔年見吴門鈔本,混入趙文寶諸詞,亦名《琴趣外篇》,蓋書賈射利,眩人耳目,最爲可恨。余已釐正《介庵詞》,辨之詳矣。无咎雖游戲小詞,不作綺艷語,殆因法秀禪師諄諄戒山谷老人,不敢以筆墨勸淫耶?大觀四年,卒于泗州官舍。自畫山水,留春堂大屏上題云:「胸中正可吞雲夢,琖底何妨對聖賢。有意清秋入衡霍,爲君無盡寫江天。」又詠《洞仙歌》一闋,遂絶筆,不知何故逸去。今依花菴詞客附諸末幅。

《四庫提要・詞曲類一》　《晁无咎詞》六卷。江蘇巡撫採進本。宋晁補之撰。補之有《雞肋集》,已著録。是集《書録解題》作一卷,但稱《晁无咎詞》。《柳塘詞話》則稱其詞集亦名「雞肋」,又稱補之常自銘其墓,名《逃禪詞》。考楊補之亦字无咎,其詞集名曰「逃禪」。不應名字相同,集名亦復蹈襲,或誤合二人爲一歟?此本爲毛晉所刊,題曰《琴趣外篇》。其跋語稱詩餘不入集中,故名外篇。又分爲六卷,與《書録解題》皆不合,未詳其故。卷末《洞仙歌》一首,爲補之大觀四年之絶筆,則舊本不載,晉摭黄昇《花菴詞選》補録於後者也。補之爲蘇門四學士之一。集中如《洞仙歌》第二首填盧仝詩之類,未免效蘇軾檃括《歸去來詞》之顰。然其詞神姿高秀,與軾實可肩隨。陳振孫於《淮海詞》下記補之之言曰:「少游詞如『斜陽外,寒鴉數點,流水繞孤村』,雖不識字人,亦知是天生好言語。」觀所品題,知補之於此事特深,不但詩文之擅長矣。刊本多譌,今隨文校正。其《引駕行》一首,證以柳永《樂章集》及集内「春雲輕鎖」一首,實佚其後半。無從考補,今亦仍之。至《琴趣外篇》,宋人中如歐陽修、黄庭堅、晁端禮、葉夢得四家詞皆有此名,併補之此集而五,殊爲淆混。今仍題曰《晁无咎詞》,庶相别焉。

後山詞

陳振孫《直齋書録解題・歌詞類》　《後山詞》一卷。陳師道撰。

馬端臨《文獻通考・經籍考・歌詞》　《後山詞》一卷。

高儒《百川書志・歌詞》　《後山詞》一卷。宋彭城陳師道履常撰。

毛晉《汲古閣書跋》　《後山詞》。後山姓氏爵里,已詳載《詩話》卷尾矣。宋人好著詩話,未有著詞話者,惟後山集中略載一二。

《四庫提要・詞曲類存目》　《後山詞》一卷。安徽巡撫採進本。宋陳師道撰。師道有《後山叢談》,已著録。其《詩餘》一卷,已附載集中。考陳振孫《書録解題》載《後山詞》一卷,《宋史・藝文志》則稱爲《語業》一卷。而魏衍作《師道集記》,但及《叢談》、《理究》,不及其詞。知宋時本集外别行也。胡仔《漁隱叢話》述師道自矜語,謂「於詞不減秦七、黄九」。今觀其《漁家傲》詞有云:「擬作新詞酬帝力,輕落筆,黄、秦去後無強敵」云云,自負良爲不淺。然師道詩冥心孤詣,自是北宋巨擘,至強回筆端,倚聲度曲,則非所擅長。如贈晁補之舞鬟之類,殊不多見。其《詩話》謂「曾子開、秦少游詩如詞」,而不自知詞如詩。蓋人各有能有不能,固不必事事第一也。

東堂詞

陳振孫《直齋書録解題・歌詞類》　《東堂詞》一卷。毛滂澤民撰。本以「斷魂分付潮回去」見賞東坡得名,而他詞雖工,未有能及此者。

馬端臨《文獻通考・經籍考・歌詞》　《東堂詞》一卷。《百家詩序》云:「元祐中,東坡守杭,澤民爲法曹掾,公以衆人遇之,秩滿辭去。是夕宴客,有籍妓歌贈别一詞,卒章云:『今夜山深處,斷魂分付潮回去。』坡問誰所作,妓以毛法曹對。公語坐客曰:『郡僚有詞人不及知,某之罪也。』翼日,折簡追還,留連數月,澤民由此知名。」

范邦甸等《天一閣書目・詞曲類》　《東堂詞》二卷。緜紙鈔本。宋毛滂撰。

毛晉《汲古閣書跋》　《東堂詞》。澤民自敍:少時喜筆硯淺事,徒能誦古人紙上語。嘗知武康縣，改盡心堂爲東堂，簿書獄訟之暇，輒觴詠自娱，託其聲于《驀山溪》，如圖畫然。凡詩文、畫簡、樂府，總名《東堂集》，盛行於世。昔人謂因《贈瓊芳》一詞見賞東坡得名，果爾爾耶？

又《附編》　《東堂詞》。鄉謂子鴻深于詞，及閲此未免尚隔一層，甚矣學問之難也。己卯五月十六日，從舊録本校一過。毛扆。

《四庫提要・詞曲類一》　《東堂詞》一卷。江蘇巡撫採進本。宋毛滂撰。滂有《東堂集》，已著録。此詞一卷，載於馬端臨《經籍考》，與今本相合。蓋其文集久佚，今乃裒録成帙。其詞集則别本孤行，幸而得存也。端臨又引《百家詩序》，稱其罷杭州法曹時，以贈妓詞「今夜山深處，斷魂分付潮回去」句見賞於蘇軾。其詞爲《惜分飛》，今載集中。然集中有《太師生辰》詞數首，實爲蔡京而作。蔡絛《鐵圍山叢談》載其父柄政時，滂獻一詞甚偉麗。驟得進用者，當即在此數首之中。則滂雖由軾得名，實附京以得官。徒擅才華，本非端士。方回《瀛奎律髓》乃以爲守正之士，蓋偶未及考。其詞則情韻特勝。陳振孫謂滂他詞雖工，終無乃蘇軾所賞一首者。亦隨人作計之見，非篤論也。其文集、詞集並稱「東堂」者，滂令武康時改盡心堂爲東堂。集中《驀山溪》一闋，自注其事甚悉云。

溪堂詞

陳振孫《直齋書録解題・歌詞類》　《溪堂詞》一卷。謝逸無逸撰。

馬端臨《文獻通考・經籍考・歌詞》　《溪堂詞》一卷。

毛晉《汲古閣書跋》　《溪堂詞》。時本《溪堂詞》卷首《蝶戀花》，以迄禫尾《望江南》，共六十有三闋，皆小令，輕倩可人。中間字句舛謬，無從攷索。既獲《溪堂全集》，末載《樂府》一卷，今依其章次就梓。近來吴門鈔本多《花心動》一闋，其詞云：「風裹楊花輕薄性，銀燭高燒心熱。香餌懸鉤，魚不輕吞，辜負鉤兒虚設。桑蠶到老絲長伴，鍼刺眼淚流成血。思量起，拈枝花朵果兒難結。海棠情深忍撇。似夢裏相逢，不勝歡悦。出水雙蓮，摘取一枝，可惜並頭分折。猛期月滿會姮娥，誰知是初生新月。折翼鳥，甚是于飛時節。」疑是贋筆，不敢溷入，附記以俟識者。

又《附編》　《溪堂詞》。己巳三月九日，從孫氏舊録本校。毛扆。

《四庫提要・詞曲類一》　《溪堂詞》一卷。安徽巡撫採進本。宋謝逸撰。《宋史・藝文志》載逸有集二十卷，《溪堂詩》五卷。歲久散佚。今已從《永樂大典》中蒐輯成編，已著録。《書録解題》别載《溪堂詞》一卷。今刊本一卷，末有毛晉跋，稱既得《溪堂全集》，末載《樂府》一卷，遂依其章次就梓。蓋其集明末尚未佚，晉故得而見之也。逸以詩名宣、政間。然《復齋漫録》載其嘗過黄州杏花村館題《江神子》一闋於驛壁，過者必索筆於驛卒。卒苦之，因以泥塗焉。其詞亦見重一時矣。是作今載集中，語意清麗，良非虚美。其他作亦極鍛鍊之工。卷首有序，署漫叟而不名。

竹友詞

陳振孫《直齋書録解題・歌詞類》　《竹友詞》一卷。謝薖幼槃撰。

馬端臨《文獻通考・經籍考・歌詞》　《竹友詞》一卷。

姑溪詞

陳振孫《直齋書録解題・歌詞類》　《姑溪集》一卷。李之儀端叔撰。

馬端臨《文獻通考・經籍考・歌詞》　《姑溪集》一卷。

范邦甸等《天一閣書目・詞曲類》　《姑溪詞》一卷。緜紙鈔本。宋李之儀撰。

毛晉《汲古閣書跋》　《姑溪詞》。端叔趙郡人。辟爲中山幕府，因代范忠宣作遺表得罪，編置當塗，即家焉，自號姑溪居士。客春從玉峰得《姑溪詞》一卷，凡四十調，共八十有八闋。惜卷尾《踏莎行》爲鼠所損耳。中多次韻，小令更長於淡語、景語、情語。如「鴛衾半擁空牀月」，又如「步懶恰尋牀，卧看游絲到地長」，又如「時時浸手心頭熨，受盡無人知處涼」，即置之《片玉》、《漱玉》集中，莫能伯仲。至若「我住長江頭，君住長江尾。日日思君不見君，共飲長江水」。直是古樂府俊語矣！叔陽不列之南渡諸家，得無遺珠之恨耶？

《四庫提要・詞曲類一》　《姑溪詞》一卷。安徽巡撫採進本。宋李之儀撰。之儀有《姑溪集》，已著録。《書録解題》載《姑溪詞》一卷。此本爲毛晉刊，已四十調，共八十有八闋。之儀以尺牘擅名，而其詞亦工，小令尤清婉峭蒨，殆不減秦觀。晉跋謂《花菴詞選》未經採入，有遺珠之嘆。其説良是。疑當時流傳未廣，黄昇偶未見之，未必有心於删汰。至所稱「鴛衾半擁空床月」，「步懶恰尋床，卧看游絲到地長」，「時時浸手心頭潤，受盡無人知處凉」諸句，亦不足盡之儀所長。則之儀之佳處，晉亦未能深知之也。其和陳瓘、賀鑄、黄庭堅諸詞，皆列原作於前，而已詞居後。唱和竝載，蓋即《謝眺集》中附載王融詩例。使贈荅之情，彼此相應，足以見措詞運意之故，較他集體例爲善。所載庭堅《好事近》後闋「負十分蕉葉」句，今本《山谷詞》「蕉葉」誤作「金葉」。亦足以互資考證也。

聊復集

陳振孫《直齋書録解題・歌詞類》《聊復集》一卷。安定郡王趙令時德麟撰。

馬端臨《文獻通考・經籍考・歌詞》《聊復集》一卷。

後湖詞

陳振孫《直齋書録解題・歌詞類》《後湖詞》一卷。蘇庠養直撰。

馬端臨《文獻通考・經籍考・歌詞》《後湖詞》一卷。

晁叔用詞

陳振孫《直齋書録解題・歌詞類》《晁叔用詞》一卷。晁沖之撰。壓卷《漢宮春・梅》詞行於世，或云李漢老作，非也。

馬端臨《文獻通考・經籍考・歌詞》《晁叔用詞》一卷。

清真詞

陳振孫《直齋書録解題・歌詞類》《清真詞》二卷、《後集》一卷。周邦彥美成撰。多用唐人詩語檃括入律，渾然天成。長調尤善鋪敘，富艷精工，詞人之甲乙也。

馬端臨《文獻通考・經籍考・歌詞》《清真集》二卷、《後集》一卷。

毛晉《汲古閣書跋》《片玉詞》。美成於徽宗時，提舉大晟樂府，故其詞盛行於世。余家藏凡三本，一名《清真集》，一名《美成長短句》，皆不滿百闋。最後得宋刻《片玉集》三卷，計調百八十有奇，晉陽強煥爲敘。予見評注厖雜，一一削去。釐其訛謬，間有玆集不載錯見《清真》諸本者，附《補遺》一卷，美成庶無遺憾云。若乃諸名家之甲乙，久著人間，無待予備述也。

《四庫提要・詞曲類一》《片玉詞》二卷、《補遺》一卷。浙江巡撫採進本。宋周邦彥撰。邦彥字美成，錢塘人。元豐中獻《汴都賦》，召爲太樂正。徽宗朝仕至徽猷閣待制，出知順昌府。徙處州卒。自號清真居士。《宋史・文苑傳》稱邦彥疎雋少檢，不爲州里推重。好音樂，能自度曲，製樂府長短句，詞韻清蔚。《藝文志》載《清真居士集》十一卷。蓋其詩文全集久已散佚，其附載詩餘與否，不可復考。陳振孫《書録解題》載其詞有《清真集》二卷、《後集》一卷。此編名曰《片玉》，據毛晉跋，稱爲宋時刊本所題，原作二卷。其《補遺》一卷則晉採各選本成之。疑舊本二卷即所謂《清真集》，晉所掇拾乃其《後集》所載也。卷首有強煥序，與《書録解題》所傳合。其詞多用唐人詩句檃括入調，渾然天成。長篇尤富艷精工，善於鋪敘。陳郁《藏一話腴》謂其以樂府獨步，貴人、學士、市儈、妓女皆知其詞爲可愛。非溢美也。又邦彥本通音律，下字用韻，皆有法度。故方千里和詞，一一案譜填腔，不敢稍失尺寸。

注清真詞

陳振孫《直齋書録解題・歌詞類》《注清真詞》二卷。曹杓季中注。自稱一壺居士。

馬端臨《文獻通考・經籍考・歌詞》《注清真詞》二卷。

詳注周美成片玉集

阮元《四庫未收書目提要・詞曲類》《詳注周美成片玉集》十卷。宋周邦彥所撰。《片玉詞》二卷，《四庫全書》已著録。此宋陳元龍注釋本。元龍字少章，廬陵人。是書分春、夏、秋、冬四景，及單題雜賦諸體爲十卷。元龍以美成詞借字用意，言言俱有來歷，乃廣爲考證，詳加箋注焉。

黄丕烈《蕘圃藏書題識・集類》《詳注周美成詞片玉集》十卷。

大聲集

陳振孫《直齋書録解題・歌詞類》《大聲集》五卷。万俟雅言撰。嘗遊上庠不第，後爲大晟府製撰。周美成、田不伐皆爲作序。

馬端臨《文獻通考・經籍考・歌詞》《大聲集》五卷。

石林詞

陳振孫《直齋書録解題・歌詞類》《石林詞》一卷。葉夢得少藴撰。

馬端臨《文獻通考・經籍考・歌詞》《石林詞》一卷。

楊士奇等《文淵閣書目・詩詞》《琴趣外篇》。一部一册，闕。

毛晉《汲古閣書跋》《石林詞》。少藴自號石林居士，晚年居卞山下，奇石森列，藏書數萬卷，嘯詠自娱。所撰詩文甚富，有《建康集》、《審是集》、《燕語》，後人合編《石林總集》百卷行世。外《石林詞》一卷，與蘇、柳並傳，綽有林下風，不作柔語殢人，真詞家逸品也。其爵里始末，具載年譜及本傳。

又《附編》《石林詞》。子鴻校後，手校一過，其不中欵處多抹去。

《四庫提要・詞曲類一》《石林詞》一卷。江蘇巡撫採進本。宋葉夢得撰。夢得有《春秋傳》，已著録。是編陳振孫《書録解題》作一卷，與今本同。卷首有關注序，稱其兄聖功元符中爲鎮江掾，夢得爲丹徒尉，得其小詞爲多。味其詞，婉麗有温、李之風。晚歲落其華而實之，能於簡淡時出雄傑。合處不減靖節、東坡云云。

注琴趣外篇

陳振孫《直齋書録解題・歌詞類》《注琴趣外篇》三卷。江陰曹鴻注葉石林詞。

馬端臨《文獻通考・經籍考・歌詞》《注琴趣外篇》三卷。

聖求詞

陳振孫《直齋書録解題・歌詞類》《吕聖求詞》一卷。槜李吕渭老聖求撰。宣和末人，嘗爲朝士。

馬端臨《文獻通考・經籍考・歌詞》《吕聖求詞》一卷。

范邦甸等《天一閣書目・詞曲類》《吕聖求詞》一卷。緜紙鈔本。宋槜李吕濱老撰。

毛晉《汲古閣書跋》《聖求詞》。吕聖求名渭老，或云濱老，槜李人。有聲宣和間，其《詠梅詞》寄調《東風第一枝》，先輩與坡仙《西江月》並稱。兹集中不載，不知何故。

《四庫提要・詞曲類一》《聖求詞》一卷。安徽巡撫採進本。宋吕濱老撰。濱老字聖求，嘉興人。陳振孫《書録解題》作「吕渭老」，考嘉定壬申趙師岊序亦作「濱老」。二字形似，其取義亦同，未詳孰是也。濱老在北宋末頗以詩名。師岊稱其《憂國詩》二聯、《痛傷詩》二聯、《釋憤詩》二聯，皆爲徽、欽北狩而作。

簡齋詞

陳振孫《直齋書録解題・歌詞類》《簡齋詞》一卷。陳與義撰。

馬端臨《文獻通考・經籍考・歌詞》《簡齋詞》一卷。

楊士奇等《文淵閣書目・詩詞》《簡齋詞》。一部一册，闕。

高儒《百川書志・歌詞》《無住詞》一卷。宋簡齋陳與義去非著。凡十八闋。

毛晉《汲古閣書跋》《無住詞》。陳與義字去非，其先蜀人，東坡所傳陳希亮公弼者，其曾祖也。後爲汝州葉縣人，每自稱洛陽陳某。又别號簡齋，少年賦《墨梅》詩，受知于徽宗，遂入中祕。建炎中，掌帝制，參紹興大政。以詩名世，劉後村軒輊元祐後詩人，不出蘇、黄二體，惟陳簡齋以老杜爲師。建炎以後，避地湖嶠，行路萬里，詩益奇壯。或問劉須溪：「宋詩簡齋至矣，畢竟比坡公何如？」須溪曰：「詩論如花，論高品則色不如香，論逼真則香不如色。雌黄具在。」予于其詞亦云。

《四庫提要·詞曲類一》《無住詞》一卷。安徽巡撫採進本。宋陳與義撰。與義有《簡齋集》，已著録。陳振孫《書録解題》載其《無住詞》一卷。以所居有無住菴，故以名之。與義詩師杜甫，當時稱陳、黄之後無逾之者。其詞不多，且無長調，而語意超絶。黄昇《花菴詞選》稱其可摩坡仙之壘。

劉行簡詞

陳振孫《直齋書録解題·歌詞類》《劉行簡詞》一卷。劉一止撰。嘗爲《曉行》詞盛傳於京師，號「劉曉行」。

馬端臨《文獻通考·經籍考·歌詞》《劉行簡詞》一卷。

赤城詞

陳振孫《直齋書録解題·歌詞類》《赤城詞》一卷。陳克子高撰。詞格頗高麗，晏、周之流亞也。

馬端臨《文獻通考·經籍考·歌詞》《赤城詞》一卷。

順庵樂府

陳振孫《直齋書録解題·歌詞類》《順庵樂府》五卷。康與之伯可撰。與之父倬惟章詭誕不檢，事見《揮麈録》。與之又甚焉，嘗挾吴下妓趙芷以遁。與蘇師德仁仲有隙，遂與蘇玭訓直之獄。玭，仁仲之子，而常同子正之壻也。與之受知於子正，一朝背之，士論不齒。周南仲嘗爲作傳，道其實如此。世所傳康伯可詞鄙褻之甚，此集頗多佳語，陶定安世爲之序，王性之、蘇養直皆稱之，而其人不自愛如此，不足道也。

馬端臨《文獻通考·經籍考·歌詞》《順庵樂府》五卷。

黄虞稷《千頃堂書目·詞曲類》康與之《順庵樂府》五卷。字伯可。以詞受知宋高宗，官郎中。

倪燦等《宋史藝文志補·詞曲類》康與之《順菴樂府》五卷。字伯可。

樵　歌

陳振孫《直齋書録解題·歌詞類》《樵歌》一卷。朱敦儒希真撰。

馬端臨《文獻通考·經籍考·歌詞》《樵歌》一卷。

黄虞稷《千頃堂書目·詞曲類》朱敦儒《樵歌》三卷。字希真，一作希直。洛陽人，居嘉禾。官鴻臚少卿。

倪燦等《宋史藝文志補·詞曲類》朱敦儒《樵歌》三卷。字希真，洛陽人。居嘉禾。

阮元《四庫未收書目提要·詞曲類》《樵歌》三卷。宋朱敦儒撰。敦儒字希真，洛陽人。紹興乙卯以薦起賜進士出身，爲祕書省正字，兼兵部郎官。遷兩浙東路提點刑獄，上疏乞歸，居嘉禾。此依毛晉汲古閣舊鈔過録。案《花菴詞選》稱：「敦儒東都名士，天資曠逸，有神仙風致。《西江月》二首，可以警世之役役于非望之福者。」是編《西江月》凡八，即指第五、第六二首而言。又張正夫稱：「敦儒月詞『插天翠柳，被何人推上一輪明月』，詞意絶奇，似不食烟火人語。」是作今載集中。餘皆音律諧緩，情至文生，宜其獨步一時也。

張金吾《愛日精廬藏書志·樂府類》《樵歌》三卷。鈔本。

初寮詞

陳振孫《直齋書録解題·歌詞類》《初寮詞》一卷。王安中撰。

馬端臨《文獻通考·經籍考·歌詞》《初寮詞》一卷。

毛晉《汲古閣書跋》《初寮詞》。字履道，真定人。築室自榜曰初寮，年十四，薦於鄉。凡四舉，乃登第。由東觀入掖垣，由烏府至鼇禁，皆天下第一。或謂其受知於蔡元長，密薦於上，故恩遇如此。相傳有《初寮前集》四十卷、《後集》十卷，惜乎罕見。嘗讀周益公序略，極稱其詩文似坡公暮年之作。又云：黄、張、秦、晁既殁，系文統，接墜緒，莫出公右。尤長於制誥，李漢老歎爲徽宗時一人。第見議於先輩，或云：「初爲東坡門下士，其後附蔡叛蘇。」或又云：「受學於晁以道，其後但云晁四丈，而不稱先生。」未知孰是。要未可與持正、可之輩並列矣。其破子如《安陽好》九闋、《六花冬》詞六闋，爲時所稱，玉林不盡録，豈亦疵其人耶？

《四庫提要・詞曲類一》《初寮詞》一卷。安徽巡撫採進本。

丹陽詞

陳振孫《直齋書録解題・歌詞類》《丹陽詞》一卷。葛勝仲撰。

馬端臨《文獻通考・經籍考・歌詞》《丹陽詞》一卷。

毛晉《汲古閣書跋》《丹陽詞》。

《四庫提要・詞曲類一》《丹陽詞》一卷。安徽巡撫採進本。宋葛勝仲撰。勝仲有《丹陽集》，已著録。其詞則《書録解題》別載一卷。此爲毛晉所刻，蓋其單行之本也。勝仲與葉夢得酬唱頗多，而品格亦復相埒。

筠溪樂府

《四庫提要・詞曲類一》《筠溪樂府》一卷。兩淮鹽政採進本。宋李彌遜撰。彌遜有《筠谿集》，已著録。此編舊本附綴《筠谿集》末。考彌遜家傳，稱「所撰奏議三卷，外制二卷，詩十卷，雜文六卷。」與今本《筠谿集》合。而不及樂府，則此集本別行也。凡長短調八十一首。其長調多學蘇軾，與柳、周纖穠別爲一派，而力稍不足以舉之，不及軾之操縱自如。短調則不乏秀韻矣。

酒邊詞

陳振孫《直齋書録解題・歌詞類》《酒邊集》一卷。户部侍郎向子諲伯恭撰。自號「薌林」。

馬端臨《文獻通考・經籍考・歌詞》《酒邊集》一卷。

毛晉《汲古閣書跋》《酒邊詞》。伯恭相家子，欽聖憲肅皇后從姪也。性極孝友，置

義莊，贍宗族貧者。其立朝忠節，胡安國、張九成輩極嘉與之。晚忤秦檜意，乃致仕。卜築清江楊遵道故第，竹木池館，占一都之勝。又繞屋手植巖桂，顔其堂曰「薌林」。自詠云：「須知道天教尤物相伴老江鄉。」又絶筆云：「真香妙質，不耐世間風與日。豈米顛有謂衆香國中來，衆香國中去。」薌林亦庶幾耶？

《四庫提要・詞曲類一》《酒邊詞》二卷。江西巡撫採進本。

漱玉詞

陳振孫《直齋書録解題・歌詞類》《漱玉集》一卷。易安居士李氏清照撰。元祐名士格非文叔之女，嫁東武趙明誠德甫。晚歲頗失節。別本分五卷。

馬端臨《文獻通考・經籍考・歌詞》《漱玉集》一卷。

毛晉《汲古閣書跋》《漱玉詞》。黄叔陽云：「《漱玉集》三卷。」馬端臨云：「別本分五卷。」今一卷。攷諸宋元雜記，大率合詩詞雜著爲《漱玉集》，則釐全集爲三卷無疑矣。第國朝博雅如用修先生，尚慨未見其全，湮没不幾久耶？庚午仲秋，余從選卿覓得宋詞廿餘種，乃洪武三年鈔本。訂正已閲數名家，中有《漱玉》、《斷腸》二册，雖卷帙無多。參諸《花菴》、《草堂》、《彤管》諸書，已浮其半，真鴻寶也。急合梓之以公同好，末載《金石録後序》，略見易安居士文妙，非止雄於一代才媛，直脱南渡後諸儒腐氣，上返魏晉□□□。遺事數則，亦罕傳者。

《四庫提要・詞曲類一》《漱玉詞》一卷。江蘇周厚堉家藏本。宋李清照撰。清照號易安居士，濟南人。禮部郎提點京東刑獄格非之女，湖州守趙明誠之妻也。清照工詩文，尤以詞擅名。胡仔《苕溪漁隱叢話》稱其再適張汝舟，未幾反目，有啟事上綦處厚云：「猥以桑榆之晚景，配茲駔儈之下材。」傳者無不笑之。今其啟具載趙彦衛《雲麓漫鈔》中。李心傳《建炎以來繫年要録》載其與後夫訟事尤詳。此本爲毛晉汲古閣所刊，卷末備載其軼事、逸文，而不録此篇，蓋諱之也。案：陳振孫《書録解題》載清照《漱玉詞》一捲，又云「別本作五卷」，黄昇《花庵詞選》則稱「《漱玉詞》三卷」，今皆不傳。此本僅詞十七闋，附以《金石録序》一篇，蓋後人裒輯爲之，已非其舊。其《金石録後序》與刻本所載，詳略迥殊，蓋從《容齋五筆》中鈔出，亦非完篇也。清照以一婦人，而詞格乃抗軼周、柳，張端義《貴耳集》極推其元宵詞《永遇樂》、秋詞《聲聲慢》，以爲閨閣有此文筆，殆爲閒氣，良非虚美。雖篇帙無多，固不能不實而存之，爲詞家一大宗矣。

梅　詞

黄虞稷《千頃堂書目·詞曲類》 朱雍《梅詞》三卷。紹興中人。

倪燦等《宋史藝文志補·詞曲類》 朱雍《梅詞》三卷。《詞綜》作二卷。紹興中人。

得全詞

陳振孫《直齋書録解題·歌詞類》 《得全詞》一卷。趙忠簡鼎元鎮撰。

馬端臨《文獻通考·經籍考·歌詞》 《得全詞》一卷。

黄虞稷《千頃堂書目·詞曲類》 趙鼎《得全居士詞》一卷。

倪燦等《宋史藝文志補·詞曲類》 趙鼎《得全居士詞》一卷。

焦尾集

陳振孫《直齋書録解題·歌詞類》 《焦尾集》一卷。韓元吉撰。

馬端臨《文獻通考·經籍考·歌詞》 《焦尾集》一卷。

燕喜集

陳振孫《直齋書録解題·歌詞類》 《燕喜集》一卷。曹冠宗臣撰。

馬端臨《文獻通考·經籍考·歌詞》 《燕喜集》一卷。

阮元《四庫未收書目提要·詞曲類》 《燕喜詞》一卷。宋曹冠撰。冠字宗臣，號雙溪居士，東陽人。見縣志。此本有淳熙丁未長樂陳鬢及釣臺詹效之二序，文云：「檢正曹公，臺省舊人，來游宣幕。太守大監詹公，歎賞其文，刊諸宣城學宫。復以所著樂府，析爲别集，名曰《燕喜》。」今從毛氏汲古閣舊藏本録出。

退圃詞

陳振孫《直齋書録解題·歌詞類》 《退圃詞》一卷。鎮洮馬寧祖奉先撰。

馬端臨《文獻通考·經籍考·歌詞》 《退圃詞》一卷。

省齋詩餘

陳振孫《直齋書録解題·歌詞類》 《省齋詩餘》一卷。衡陽廖行之天民撰。

馬端臨《文獻通考·經籍考·歌詞》 《省齋詩餘》一卷。

毛扆《汲古閣書跋·附編》 《省齋詩餘》。壬戌四月十四日，從孫氏藏本校正。毛扆。

黄丕烈《蕘圃藏書題識·集類》 《省齋詩餘》一卷。舊鈔本。乙丑六月十一日，從周氏舊録本再校一過，時斜風細雨。毛扆。毛氏舊藏諸詞余所收最富，精鈔本二種都有，藁本止有廖詞。余皆列諸《讀未見書齋詞目》矣。此二種又出汲古後人毛斧季手校者，非特舊鈔，且於所校之本，必溯其原，詳哉言之。小毛公其真知篤好者耶。余往往見毛氏詞本有舊鈔手校者，有謄清藁本者有畫一精鈔者，雖一詞部，不嫌再三講求。余何幸而一一收之，如前人之兼有其本。自幸，竊自怪也。癸酉四月朔。復翁。

張金吾《愛日精廬藏書志·樂府類》 《省齋詩餘》一卷。舊抄本。

克齋詞

陳振孫《直齋書録解題·歌詞類》 《克齋詞》一卷。苕溪沈端節約之撰。

馬端臨《文獻通考·經籍考·歌詞》 《克齋詞》一卷。

毛晉《汲古閣書跋》 《克齋詞》。按《花庵》、《草堂》二集，俱不載沈端節，故其品行亦無從考。惟馬端臨云「字約之，家于苕溪」。豈即沈會宗同族耶？會宗詞亦不多見，其膾炙人口者，惟《詠賈耘老苕上水閣》一闋云：「景物因人成勝概，滿目更無塵可礙。等閒簾幕小闌干，衣未解，心先快。明月清風如有待，誰門前車馬隘。別是人閒開世界，坐中無物不清涼，山一帶，水一派。流水白雲長自在。」《苕溪漁隱》云：「賈耘老水閣遺址，正去余水閣相近，景物清曠，悉如會宗之詞。故余嘗有句云：『三間小閣賈耘老，一首佳詞沈會宗。』」今讀《克齋詞》，風致亦甚相類，獨長于咏物寫景，又不墮鄭衛惡習，殆《梅溪》、《竹屋》之流歟？

黄虞稷《千頃堂書目・詞曲類》 沈端節《克齋詞》一卷。字約之，吴興人。

倪燦等《宋史藝文志補・詞曲類》 沈端節《克齋詞》一卷。字約之，吴興人。

《四庫提要・詞曲類一》 《克齋詞》一卷。安徽巡撫採進本。宋沈端節撰。端節字約之，吴興人。是集見陳振孫《書録解題》，然振孫亦不詳其始末。毛晉跋語疑其即詠「賈耘老苕上水閣」沈會宗之同族，亦無確證。惟《湖州府志》及《溧陽縣志》均載：「端節寓居溧陽，嘗令蕪湖，知衡州，提舉江東茶鹽。淳熙間，官至朝散大夫。」其説必有所據。獨載其詞名《充齋集》，則充、克二字，形近致譌耳。其詞僅四十餘闋，多有詞而無題。

敬齋詞

陳振孫《直齋書録解題・歌詞類》 《敬齋詞》一卷。臨川吴鎰仲權撰。

馬端臨《文獻通考・經籍考・歌詞》 《敬齋詞》一卷。

逃禪詞

陳振孫《直齋書録解題・歌詞類》 《逃禪集》一卷。清江楊无咎補之撰。世所傳「江西墨楊」，即其人也。

馬端臨《文獻通考・經籍考・歌詞》 《逃禪集》一卷。

范邦甸等《天一閣書目・詞曲類》 《逃禪詞》一卷。緜紙鈔本。楊无咎撰。

毛晉《汲古閣書跋》 《逃禪詞》。補之清江人。世所傳江西墨梅，即其人也。其詩文亦不多見，向有《補之詞》行世，或謂是晁補之，謬矣。無論字句之舛譌，章次之顛倒，即調名如《一斛珠》誤作《品令》，《相見歡》誤作《烏夜啼》之類，亦不可條舉。今悉一一釐正，但散花菴詞客一無選録，豈謂其多獻壽之章，無麗情之句耶？《草堂》集止載《癡牛騃女》一調，又逸其名，後人妄注毛東堂，可恨。坊本無據，反令人疑香籢之或凝或偓云。

黄虞稷《千頃堂書目・詞曲類》 楊无咎《逃禪集》二卷。字補之，清江人。高宗朝累徵不起。

倪燦等《宋史藝文志補・詞曲類》 楊无咎《逃禪集》二卷。字補之，清江人。

《四庫提要・詞曲類一》 《逃禪詞》一卷。安徽巡撫採進本。宋揚无咎撰。无咎字補之，自號逃禪老人，清江人。諸書「揚」或作「楊」。案《圖繪寶鑑》稱：「无咎祖漢子雲，其字從才，不從木。」則作「楊」誤也。高宗時，秦檜擅權，无咎恥於依附，遂屢徵不起，其人品甚高。所畫墨梅，歷代寶重，遂以技藝掩其文章。然詞格殊工，在南宋之初，不忝作者。陳振孫《書録解題》載无咎《逃禪詞》一卷，與今本合。毛晉跋稱「或誤以爲晁補之之詞」，則晁无咎亦字補之，二人名字俱同，故傳寫誤也。

袁去華詞

陳振孫《直齋書録解題・歌詞類》 《袁去華詞》一卷。豫章袁去華宣卿撰。

馬端臨《文獻通考・經籍考・歌詞》 《袁去華詞》一卷。

樵隱詞

陳振孫《直齋書録解題・歌詞類》 《樵隱詞》一卷。毛幵平仲撰。

馬端臨《文獻通考・經籍考・歌詞》 《樵隱詞》一卷。

范邦甸等《天一閣書目・詞曲類》 《樵隱詩餘》一卷。緜紙鈔本。三衢毛行撰。

毛晉《汲古閣書跋》 《樵隱詞》。平仲三衢人，仕止州倅，禮部尚書友之子。負才玩世，頗有毛伯成之風。撰《樵隱集》十五卷，尤延之爲序，惜乎不傳。楊用修云：「毛幵小詞一卷，惟予家有之。」極賞其「潑火初收」一闋。今亦不多見。余近得楊夢羽先生祕藏宋元名家詞鈔本二十七種，內有《樵隱詩餘》一卷，共四十二首，調名二十有三。亟梓而行之，庶不與集俱湮耳。

又《附編》 《樵隱詞》。辛巳六月二十三日，從錫山孫氏鈔本校，次序標上。毛扆。惜夢羽先生藏本已失，無從參考，甲寅午日讀訖。

《四庫提要・詞曲類一》 《樵隱詞》一卷。安徽巡撫採進本。宋毛幵撰。幵字平仲，信安人，舊刻題曰「三衢」，蓋偶從古名也。嘗爲宛陵、東陽二州倅，所著有《樵隱集》十五卷，尤袤爲之序，今已不傳。陳振孫《書録解題》載《樵隱詞》一卷。此刻計四十二首。據毛晉跋，謂得自楊夢羽家祕藏鈔本，不知即振孫所見否也。幵他作不甚著，而小詞最工。卷首王木叔題詞，有「或病其詩文視樂府頗不逮」之語，蓋當時已有定論矣。集中《滿江紅》「潑火初收」一闋，尤爲清麗芊眠。故楊慎《詞品》特爲激賞。

盧溪詞

陳振孫《直齋書録解題・歌詞類》 《盧溪詞》一卷。王庭珪民瞻撰。

馬端臨《文獻通考・經籍考・歌詞》 《盧溪詞》一卷。

知稼翁詞

陳振孫《直齋書録解題・歌詞類》 《知稼翁集》一卷。考功郎官莆田黃公度師憲撰。紹興戊午大魁。坐與趙忠簡往來，得罪秦檜，流落嶺表。更化召對爲郎，未幾死，年纔四十八。

馬端臨《文獻通考・經籍考・歌詞》 《知稼翁集》一卷。

毛晉《汲古閣書跋》 《知稼翁詞》。知稼翁字師憲，世居莆田，代多聞人。唐御史滔，即其先也。先是莆中有讖云：「折卻屋，換卻椽，望京門外出狀元。」紹興八年，孫守益改刱譙門，規撫雄偉。甫成，公果以文章魁天下。公年四十有八，宅邊有大木，可蔽畝，忽仆。又自夢雷電震閃，旗幟殷赫，擁櫬而去。金書化宇以示，迨屬纊之夕，果雷雨大作，人甚異之。其父静以本州首貢，作南廟省魁，中上舍兩優之選。既以公貴，贈中奉大夫。從兄泳以童子召見，徽宗賜五經及第。季弟庚以文藝知名，將試禮部，適公捐館，不忍獨留京師，同護喪歸殯。子五人，沃、泮、洧、洙，皆力學，南僧幼未名。有文集十一卷，子沃編以行世。丐序于莆田陳俊卿、鄱陽洪邁，洪邁評其詞云：「宛轉清麗，讀者咀嚼于齒頰間，而不能已。」又誦其悲秋之句曰：「迢迢別浦雙帆去，漠漠平蕪天四垂。雨意欲晴山鳥樂，寒聲初到井梧知。吾不知謫仙、少陵以還，大曆十才子，尚能窺其籓否？」可謂賞揚之極矣。其居家始末詳于龔茂良《行狀》、林大鼐《墓誌銘》中。近來閩中鏤版甚善，末幅有諱崇翰者，紀録詳摯。倘歷代先賢名集，盡得文孫，各爲表章，如知稼翁者，不大快耶？

《四庫提要・詞曲類一》 《知稼翁詞》一卷。安徽巡撫採進本。宋黃公度撰。公度有《知稼翁集》，已著録。所作詞一卷，已見集中。此則毛晉所刊別行本也。詞僅十三調，共十四闋。據卷末其子沃跋語，乃「收拾未得其半，録而藏之，以傳後裔」者。每詞之下，系以本事，竝詳及同時倡酬詩文。公度之生平本末，可以見其大概。較他家詞集，特爲詳備。至汪藻《點絳脣》詞「亂鴉啼後，歸思濃於酒」句，吴曾《能改齋漫録》改竄作「曉鴉啼後，歸夢濃於酒」，兼憑虛撰一事實，殊乖本義。沃因其父有和詞，辨正其譌，自屬確鑿可據。及朱彝尊選《詞綜》，猶信吴曾曲説，改藻原詞，且坐《草堂》以擅改之罪，不知《草堂》惟以「歸思」作「歸興」，其餘實未嘗改，彝尊殆偶誤記歟？

退齋詞

陳振孫《直齋書録解題・歌詞類》 《退齋詞》一卷。長沙侯延慶季長撰。歷卷爲天寧節《萬年歡》，又有庚寅京師作《水調》，則大觀元年也。

馬端臨《文獻通考・經籍考・歌詞》 《退齋詞》一卷。

金谷遺音

陳振孫《直齋書録解題・歌詞類》 《金谷遺音》一卷。石孝友次仲撰。

馬端臨《文獻通考・經籍考・歌詞》 《金谷遺音》一卷。

毛晉《汲古閣書跋》 《金谷遺音》。

余初閲《蔣竹山集》，至「人影窗紗」一調，喜謂周、秦復生。又恐白雪寡和，既更得次仲《金谷遺音》，如《茶瓶兒》、《惜奴嬌》諸篇，輕倩纖艷，不墮願奶奶蘭心蕙性之鄙俚，又不墮霓裳縹緲雜珮珊珊之疊架。方之蔣勝欲，予未能伯仲也。

黃虞稷《千頃堂書目・詞曲類》 石孝友《金谷遺音》一卷。字次仲，南昌人。

乾道二年進士。

倪燦等《宋史藝文志補·詞曲類》 石孝友《金谷遺音》一卷。字次仲，南昌人。乾道二年進士。

《四庫提要·詞曲類存目》 《金谷遺音》一卷。安徽巡撫採進本。宋石孝友撰。孝友字次仲，南昌人。乾道中進士。其著作世不多見。《釣臺集》載其七言絶句一首，亦無可採録，其詞則至今猶傳。《書録解題》載孝友《金谷遺音》一卷，與此本合。其詞長調以端莊爲主，小令以輕倩爲工，而長調類多獻諛之作，小令亦閒近於俚俗。毛晉跋黄機詞，恨《草堂詩餘》不載機及孝友一篇，跋孝友詞又獨稱其《茶瓶兒》、《惜奴嬌》諸篇爲「輕倩纖艷」。今考《茶瓶兒》結句云：「而今若没些兒事，卻枉了做人一世。」《惜奴嬌》前一闋云：「我已多情，更撞著多情底你。」後一闋云：「寃家，你教我如何割捨？寃家，休直待教人呪駡。」直是市井俚談。而晉乃特激賞之，反置其佳者於不論。其爲顛倒，更在《草堂詩餘》下矣。又楊慎《詞品》極稱孝友《多麗》一闋，此集不載，詳考其詞，乃張翥所作。慎偶誤記，今附辨於此，不復據以補入焉。

歸愚詞

陳振孫《直齋書録解題·歌詞類》 《歸愚詞》一卷。葛立方常之撰。

馬端臨《文獻通考·經籍考·歌詞》 《歸愚詞》一卷。

毛晉《汲古閣書跋》 《歸愚詞》。字常之，清孝公書思之孫，文康公勝仲之子，文定公邲之父也。丹陽人，後以文康守吴興，因家於泛金溪。與弟立象同登紹興戊午進士第。所著《西疇筆耕》五十卷、《方輿别志》二十卷、《歸愚集》五十卷、《外制集》五卷。其膾炙人口者，莫如《韻語陽秋》二十卷。前有小引，以晉人褚裒自況，託故人徐林爲之序，未果而卒。復於夢中索之，豈文人平生得力處，至死未能已已耶？其自題草廬曰：「歸愚識夷塗，游宦泯捷徑。」故文集與詩餘俱名「歸愚」，第集中如《雨中花》、《眼兒媚》諸調，俱不合譜，未敢妄爲更定云。

《四庫提要·詞曲類一》 《歸愚詞》一卷。安徽巡撫採進本。宋葛立方撰。立方有《歸愚集》，已著録。宋人之中，父子以填詞名家者，爲晏殊、晏幾道，後則立方與其父勝仲爲最著。其詞多平實鋪敘，少清新宛轉之思，然大致不失宋人規格。流傳既久，存之亦可備一家。卷末毛晉跋稱：「集内『雨中花』、『眼兒媚』兩調，俱不合譜，未敢妄爲更定。」今參考諸家詞集，其「眼兒媚」乃「朝中措」之譌，歐陽修「平山欄檻倚晴空」一闋，可以互證。至「雨中花」調，立方兩詞疊韻，初無舛誤，以音律反覆勘之，實題中脱一「慢」字。京鏜、辛棄疾皆有此調，立方詞起三句，可依辛詞讀，第四、第五句，京、辛兩作，皆作上五、下四，立方則作上六、下三。雖微有不同，而同是九字，其餘則不獨字數相符，平仄亦毫無相戾，其爲「雨中花慢」，亦可無疑。晉蓋考之未審。他如《滿庭芳》一調，《連城》十闋，凡後半换頭二字，有用韻者，亦有不用韻而直作五字句者。考宋人此調，此二字本無定式，《山谷詞》用韻，《書舟詞》不用韻，立方兩存其體，亦非傳寫有譌也。

信齋詞

陳振孫《直齋書録解題·歌詞類》 《信齋詞》一卷。葛剡謙問撰。

馬端臨《文獻通考·經籍考·歌詞》 《信齋詞》一卷。

澗壑詞

陳振孫《直齋書録解題·歌詞類》 《澗壑詞》一卷。雙井黄談子默撰。

馬端臨《文獻通考·經籍考·歌詞》 《澗壑詞》一卷。

𡤛窟詞

陳振孫《直齋書録解題·歌詞類》 《𡤛窟詞》一卷。東武侯寘彦周撰。其曰「母舅晁留守」者，謙之也。紹興中以直學士知建康。

馬端臨《文獻通考·經籍考·歌詞》 《𡤛窟詞》一卷。

范邦甸等《天一閣書目·詞曲類》 《𡤛窟詞》一卷。緜紙鈔本。宋侯寘撰。

毛晉《汲古閣書跋》 《𡤛窟詞》。彦周東武人，晁氏甥也。渭陽之誼甚篤。如《玉樓春》、《青玉案》、《朝中措》、《瑞鷓鴣》諸調，情見乎詞矣。其《席上送行》云：「後夜蕭蕭葭葦岸，一尊獨酌見離情。」不讓徐勉《送客曲》，弇州先生病美成不能作情語，彦周殆能作情語者耶。

黃虞稷《千頃堂書目・詞曲類》 侯寘《嬾窟詞》一卷。字彦周，東武人。紹興中以直學士知建康府。

倪燦等《宋史藝文志補・詞曲類》 侯寘《嬾窟詞》一卷。字彦周，東武人。

《四庫提要・詞曲類一》 《嬾窟詞》一卷。江蘇巡撫採進本。 宋侯寘撰。 案：陳振孫《書録解題》：「寘字彦周，東武人。紹興中，以直學士知建康。」今考集中有戲用賀方回韻餞別朱少章詞，則其人當在南宋之初。而《眼兒媚》詞題下注曰：「效易安體」，易安爲李清照之號，亦紹興初人。寘已稱「效」，殆猶杜牧、李商隱集中效沈下賢體之例耶。又有《爲張敬夫直閣壽》詞，《中秋上劉共甫舍人》詞，皆孝宗時人，而《壬午元旦》一詞，實爲孝宗改元之前一年，則乾道、淳熙閒，其人尚存，振孫特舉其爲官之歲耳。 寘爲晁氏之甥，猶有元祐舊家流風餘韻，故交游皆勝流。其詞亦婉約嫻雅，無酒樓歌館簪舄狼籍之態。 雖名不甚著，而在南宋諸家之中，要不能不推爲作者。《書録解題》著録一卷，與今本同。毛晉嘗刻之《六十家詞》中，校讎頗爲疎漏。 其最甚者，如「秦樓月」即「憶秦娥」。因李白詞中有「秦娥夢斷秦樓月」句，後人因改此名，本屬雙調。晉所刻於前闋之末脱去一字，與後闋聯屬爲一，遂似此調別有此體，殊爲舛誤。 他如《水調歌頭》之「歡傾擁旌旄」，「傾」字不應作平；《青玉案》之「咫尺清明三月暮」，「暮」字與前闋韻複；又「冉冉年元真暗度」句，「元」字文義不可解，當是「光」字；其《遥天奉翠華引》一首，尤譌誤幾不可讀。今無別本可校，其可改正者改正之，不可考者亦姑仍其舊云。

王周士詞

陳振孫《直齋書録解題・歌詞類》 《王周士詞》一卷。長沙王以寧周士撰。

馬端臨《文獻通考・經籍考・歌詞》 《王周士詞》一卷。

阮元《四庫未收書目提要・詞曲類》 《王周士詞》一卷。 宋王以甯撰。 以甯字周士，湘潭人。 由太學生仕鼎澧帥幕。 靖康初，徵天下兵，以甯走鼎州乞解太原圍。 建炎中以宣撫司參謀制置襄鄧。 是編依毛晉汲古閣舊鈔過録，凡三十一首。 以甯詞句法精壯，如和虞彦恭寄錢遜升《蓦山溪》一闋，重午登霞樓《滿庭芳》一闋，艤舟洪江步下《浣溪沙》一闋，絶無南宋浮艷虚薄之習，其他作亦多類是也。

哄堂詞

陳振孫《直齋書録解題・歌詞類》 《哄堂集》一卷。 盧炳叔陽撰。

馬端臨《文獻通考・經籍考・歌詞》 《哄堂集》一卷。

毛晉《汲古閣書跋》 《烘堂詞》。 盧炳字叔陽，自號醜齋。 多與同官唱和，詞中喜用僻字。如「袢溽皺皷緩子」之類，異花幽鳥雖屬小品，亦自可人。共六十餘調，長于描寫，令人生畫思。昔陳去非見顔持約畫梅，題詩云：「窗前光景晚清新，半幅溪籐萬里春。從此不貪江路遠，勝拚心力喚真真。」又云：「奪得斜枝不放歸，倚窗乘月看熹微。墨池雪嶺春俱好，付與詩人説是非。」一時賞識家，謂詩中有畫。若《烘堂》可謂詞中有畫矣。

黃虞稷《千頃堂書目・詞曲類》 盧炳《哄堂詞》一卷。字叔陽。

倪燦等《宋史藝文志補・詞曲類》 盧炳《哄堂詞》一卷。字叔陽。

《四庫提要・詞曲類存目》 《哄堂詞》一卷。江蘇巡撫採進本。 宋盧炳撰。 炳字叔陽，其履貫未詳，時代亦無可考。 陳振孫《書録解題》列詞集九十二家，而總注其後曰：「自南唐二主詞以下，皆長沙書坊所刻，號百家詞。」其最末一家爲郭應祥，振孫稱嘉定閒人，則諸人皆在寧宗以前。 炳詞次序，尚在侯寘詞後。 寘，紹興中知建康，則炳亦南渡後人。 集中有庚戌正月字，庚戌爲建炎四年，故集中諸詞，多用周邦彦韻，其時代適相接也。 其集《書録解題》本作《哄堂詞》，毛晉刊本則作「烘堂」。 案唐趙璘《因話録》：「御史院合座俱笑，謂之哄堂。」炳蓋謙言博笑，故以爲名。 若作「烘堂」，於義無取，知晉所刊爲誤。 炳蓋嘗仕州縣，故多同官倡和之詞，然其同官無一知名士，其頌祝諸作，亦俱庸下。 至於《武陵春》之以「老」叶「頭」，《水龍吟》之以「斗」、「奏」叶「表」，《清平樂》之以「皺」叶「好」、「笑」，雖古韻本通，而詞家無用古韻之例，亦爲破格。 他若《賀新郎》之「問天公底事教幽獨，待拉向錦屏曲」，《玉團兒》之「把不定紅生瞼肉」，《蓦山溪》之「鞭寶馬，鬧竿隨簇著花藤轎」，皆鄙俚不文，有乖雅調。 惟詠物諸作，倘細膩熨貼，閒有可觀耳。

定齋詩餘

陳振孫《直齋書録解題・歌詞類》 《定齋詩餘》一卷。 三山林淳太沖撰。

馬端臨《文獻通考・經籍考・歌詞》《定齋詩餘》一卷。

漫堂集

陳振孫《直齋書録解題・歌詞類》《漫堂集》一卷。豐城鄧元南秀撰。

馬端臨《文獻通考・經籍考・歌詞》《漫堂集》一卷。

養拙堂詞集

陳振孫《直齋書録解題・歌詞類》《養拙堂詞集》一卷。董鑑明仲撰。

馬端臨《文獻通考・經籍考・歌詞》《養拙堂詞集》一卷。

毛晉《汲古閣書跋・附編》《養拙堂詞》。乙丑六月十一日，從周氏舊録本再校一過。時斜風細雨。毛扆。

黄虞稷《千頃堂書目・詞曲類》管鑑《養拙堂詞》一卷。字明仲。

倪燦等《宋史藝文志補・詞曲類》管鑑《養拙堂詞》一卷。字明仲。

黄丕烈《蕘圃藏書題識・集類》《養拙堂詞》一卷。舊鈔本。

坦庵長短句

陳振孫《直齋書録解題・歌詞類》《坦庵長短句》一卷。趙師俠介之撰。

馬端臨《文獻通考・經籍考・歌詞》《坦庵長短句》一卷。

范邦甸等《天一閣書目・雜著類》《坦菴長短句》一卷。緜紙鈔本。宋汴人趙師使撰。

毛晉《汲古閣書跋》《坦菴詞》。介之汴人，一名師俠。生於金閨，捷於科第，故其詞亦多富貴氣。或病其能作淺淡語，不能作綺艷語。余正謂諸家頌酒賡色，已極濫觴，存一淡妝，以愧濃抹，亦初集中放翁一流也。

《四庫提要・詞曲類一》《坦菴詞》一卷。安徽巡撫採進本。宋趙師使撰。師使字介之，燕王德昭七世孫。集中有和葉夢得、徐俯二詞，蓋南宋初人也。案陳振孫《書録解題》載《坦菴長短句》一卷，稱趙師俠撰。陳景沂《全芳備祖》載《梅花》五言一絶，亦稱師俠。與此本互異，未詳孰是。蓋二字點畫相近，猶田肎、田宵，史傳亦姑兩存耳。毛晉刊本謂師使一名師俠，則似其人本有兩名，非事實也。是集前有其門人尹覺序，據云坦菴爲文，如泉出不擇地，詞章乃其餘事。其模寫體狀，雖極精巧，皆本情性之自然。今觀其集，蕭疎淡遠，不肎爲翦紅刻翠之女，洵詞中之高格。但微傷率易，是其所偏。師使嘗舉進士，其宦游所及，繫以甲子。見於各詞注中者，尚可指數。大約始於丁亥，而終於丁巳。其地爲益陽、豫章、柳州、宜春、信豐、瀟湘、衡陽、莆中、長沙，其資階則不可詳考矣。

晦庵詞

陳振孫《直齋書録解題・歌詞類》《晦庵詞》一卷。李處全粹伯撰。淳熙中侍御史。

馬端臨《文獻通考・經籍考・歌詞》《晦庵詞》一卷。

黄虞稷《千頃堂書目・詞曲類》李處全《晦庵詞》一卷。字粹伯。淳熙中官侍御史。

倪燦等《宋史藝文志補・詞曲類》李處全《晦菴詞》一卷。字粹伯。

近情集

陳振孫《直齋書録解題・歌詞類》《近情集》一卷。鄱陽王大受仲可撰。

馬端臨《文獻通考・經籍考・歌詞》《近情集》一卷。

野逸堂詞

陳振孫《直齋書録解題・歌詞類》《野逸堂詞》一卷。歷陽張孝忠正臣撰。

馬端臨《文獻通考・經籍考・歌詞》《野逸堂詞》一卷。

松坡詞

陳振孫《直齋書録解題・歌詞類》《松坡詞》一卷。京鏜仲遠撰。

馬端臨《文獻通考・經籍考・歌詞》《松坡詞》一卷。

黄虞稷《千頃堂書目・詞曲類》京鏜《松坡居士樂府》一卷。字仲遠，豫章人。官右丞相，謚莊定。

倪燦等《宋史藝文志補・詞曲類》京鏜《松坡居士樂府》一卷。字仲遠，豫章人。

竹坡詞

陳振孫《直齋書録解題・歌詞類》《竹坡詞》一卷。周紫芝撰。

馬端臨《文獻通考・經籍考・歌詞》《竹坡詞》一卷。

范邦甸等《天一閣書目・詞曲類》《竹坡老人詞》三卷。緜紙鈔本。宋周紫芝撰。

毛晉《汲古閣書跋》《竹坡詞》。余昔鐫《竹坡老人詩話》，恨未見其全集，亦未詳其始末。既閲《宣城志・文苑傳》云：「周紫芝，字少隱，居陵陽山南。父覺，訓子甚篤，每曰：『是子相法當貴，然肩聳而好吟，其終窮乎？』兩以鄉貢赴禮部不第，家貧併日而炊，人嗤之不顧。嗜學益苦，嘗從李之儀、吕本中游，有美譽。建炎中，吕好問知宣州，每讌集，必與俱。年六十一，始以廷對第三，同學究出身，調安豐軍，不赴。監户部麯院，歷樞密院編修官，右司員外郎，知興國軍。崇政簡静，終日焚香課詩，而事不廢。秩滿奉祠居廬山。初秦檜愛其詩云：『秋聲歸草木，寒色到衣裘。』留京每一篇出，擊賞不已。後和御製詩云：『已通灌玉親祠事，更有何人敢告猷。』檜怒其諷己，出之。紫芝惟言士遇合有時，吾豈以彼易此？紹興乙亥卒。子槃、栞，皆力學不仕。」茲集長短句凡三卷，末有子栞跋，綴二闋于絶筆之後。但《減字木蘭花》一調，誤作《木蘭花令》，今釐正。紫芝嘗評王次卿詩云：「如江平風霽，微波不興，而洶湧之勢，澎湃之聲，固已隱然在其中。」其詞約略似之。

紫芝集名《太倉稊米》，余少年得而復失，每爲歎惋。始信表聖詩云：「亡書久似憶良朋。」真箇中語也。去冬玉峰李青城同張子佩過訪云：「篋中有是書。」相對擊節，不遠百里見寄，惜非余向所藏耳。名雖相同，乃集金元諸名家詩，但紫芝卒于紹興間，與至元延祐，相去百餘歲，豈能預爲軒輊？敍以問世。況《十臺》、《十雪》篇，曾于《滄浪集》中見之，其爲贋本無疑矣。猶記其本集中，載《惠泉銘》，乃鉅盜圍宣城，衆無所得飲，太守李公倉卒鑿池，甘泉湧出，惠及一郡，因以得名，非無錫惠山中第二泉也。因記于此，以俟品泉者。又記有《劉高尚傳》云：「劉高尚者，濱州安定人，家世爲農，生九歲不茹葷，亦不語。問以事則書而對，其語初若不可曉。已而輒驗，家人爲築別室以居。久之言皆響應，遠近以爲神，聲聞京師。徽宗三使往聘之，辭疾不奉詔。宣和間，賜號『高尚處士』，而建觀以居其徒，因以其號名之。靖康之擾，棣人白其守，使迎高尚，守具安車邀之不至。一日棄濱而來，濱人大恐。後二日，濱州反叛，屠其城。高尚至棣，棣人喜。守爲掃郵傳供帳以居之，高尚見之笑去。乃即城隅治舍水傍，濱人或持金帛攜家室以就其廬者，人往往笑之。既而虜騎大至，城且陷，人之死于兵者以萬數，而火不及其居，就之者果賴以免。虜人見高尚，皆下馬羅拜，不敢入其室。高尚有言曰：『世之人以嗜欲殺身，以貨財殺子孫，以政事殺人，以學問文章殺天下。』後世識者以爲名言，鏤版以傳，惜乎全集不可復得。」聊記此以見竹坡一班，若劉高尚説具在《梁谿漫志》中。晉又識。

《四庫提要・詞曲類一》《竹坡詞》三卷。安徽巡撫採進本。宋周紫芝撰。紫芝有《太倉稊米集》，已著録。《書録解題》載《竹坡詞》一卷，此本作三卷。考卷首高郵孫兢序，稱離爲三卷，則《通考》一卷乃三卷之誤。兢序稱共詞一百四十八闋，此本乃一百五十闋。據其子栞乾道九年重刊跋，則《憶王孫》爲絶筆，初刻止於是篇。其《減字木蘭花》、《採桑子》二篇乃栞續得佚稿，別附於末。故與原本數異也。集中《鷓鴣天》凡十三闋。後三闋自注云：「予少時酷喜小晏詞，故其所作，時有似其體製者。此三篇是晚年歌之，不甚如人意，聊載乎此」云云。則紫芝填詞，本從晏幾道入。晚乃刊除穠麗，自爲一格。兢序稱其少師張耒，稍長師李之儀者，乃是詩文之淵源，非詞之淵源也。栞跋稱是集先刻於潯陽，譌舛甚多，乃親自校讎。然集中《瀟湘夜雨》一調，實與《滿庭芳》兩調相似，而實不同。其《瀟湘夜雨》本調有趙彦端一詞可證。自是集誤以《滿庭芳》當之，《詞匯》遂混爲一調。至《選聲集》列《瀟湘夜雨》調，反不收趙詞，而止收周詞。是愈轉愈譌，其失實由於此。又第三卷《定風波》，今實爲《琴調相思引》，亦有趙彦端詞可證。其《定風波》另有正體，與此不同。皆爲疎舛。殆後人又有所竄亂，非栞手勘之舊矣。

竹齋詞

陳振孫《直齋書録解題・歌詞類》《竹齋詞》一卷。吴興沈瀛子壽撰。

馬端臨《文獻通考・經籍考・歌詞》《竹齋詞》一卷。

蘆川詞

陳振孫《直齋書録解題・歌詞類》　《蘆川詞》一卷。三山張元幹仲宗撰。坐送胡邦衡詞得罪秦相者也。

馬端臨《文獻通考・經籍考・歌詞》　《蘆川詞》一卷。

毛晉《汲古閣書跋》　《蘆川詞》。仲宗别號蘆川居士，三山人。平生忠義自矢，不屑與奸佞同朝，飄然挂冠。紹興辛酉，胡澹菴上書乞斬秦檜，被謫。作《賀新郎》一闋送之。坐是與作詩王民瞻同除名。兹集以此詞壓卷，其旨微矣。人稱其長於悲憤，及讀《花菴》、《草堂》所選，又極嫵秀之致，真堪與《片玉》、白石，並垂不朽。凡用字多有出處，如「洒窗間惟稷雪」云云，見《毛詩疏》：「稷雪，霰也。形如米粒，能穿窗透瓦。」今本改作霰雪。又如「薄劣東風，夭斜飛絮」云云，見《白香山詩》：「錢塘蘇小小，人道最夭斜。」自注：「夭，音歪。」時刻改作顛斜，便無韻味，姑記之以爲妄改古人字句之戒云。

黄虞稷《千頃堂書目・詞曲類》　張元幹《蘆川詞》一卷。字仲宗，長樂人。紹興中坐送胡銓及寄李綱詞除名。别有《蘆川詩集》。

倪燦等《宋史藝文志補・詞曲類》　張元幹《蘆川詞》一卷。字仲宗，長樂人。

《四庫提要・詞曲類一》　《蘆川詞》一卷。安徽巡撫採進本。宋張元幹撰。元幹有《蘆川歸來集》，已著録。《宋史・藝文志》載其詞二卷。陳振孫《書録解題》則作一卷，與此本合。案：紹興八年十一月，待制胡銓謫新州，元幹作《賀新郎》詞以送，坐是除名。考《宋史・胡銓傳》，其上書乞斬秦檜，在戊午十一月，則元幹除名，自屬此時。毛晉跋以爲辛酉，殊爲未審，謹附訂於此。又李綱疏諫和議，亦在是年十一月，綱斯時已提舉洞霄宫，元幹又有寄詞一闋。今觀此集，即以此二闋壓卷，蓋有深意。其詞慷慨悲涼，數百年後，尚想其抑塞磊落之氣。然其他作，則多清麗婉轉，與秦觀、周邦彦可以肩隨。毛晉跋曰：「人稱其長於悲憤，及讀《花菴》、《草堂》所選，又極嫵秀之致。」可謂知言。至稱其「洒窗間惟稷雪」句，引《毛詩疏》爲證，謂用字多有出處，則其説似是而實非。詞曲以本色爲最難，不尚新僻之字，亦不尚典重之字。「稷雪」二字，拈以入詞，究爲别格，未可以之立制也。又卷内「鶴沖天」調本當作「喜遷鶯」，晉乃注云：「向作『喜遷鶯』誤，今改作「鶴沖天」。不知「喜遷鶯」之亦稱「鶴沖天」，乃後人因韋莊《喜遷鶯》詞有「争看鶴沖天」句而名，調止四十七字，元幹正用其體。晉乃執後起之新名，反以原名爲誤，尤疎於考證矣。

黄丕烈《蕘圃藏書題識・集類》　《蘆川詞》二卷。宋本。此書出玄妙觀前骨董鋪中。余聞之欲往觀，而主人已許歸竹厂陳君，僅一寓目焉而已。頃從他處買得影鈔舊本，識是刻本行款，讐校之私，卒未能忘情於前所見者。遂託蔣大硯香假之，而竟獲焉。許以十日之期校補影鈔失真處，何幸如之！庚午七月丕烈記。宋板書紙背多字跡，蓋宋時廢紙亦貴也。此册宋刻固不待言，而紙背皆宋時册籍朱墨之字，古拙可愛。并閒有殘印記文，惜已裝成，莫可辨認，附著之，以待藏是書者留意焉。復翁又記。

又　《蘆川詞》二卷。影宋本。周益公云：「長樂張元幹，字仲宗，在政和、宣和間已有能樂府聲。今行於世，號《蘆川集》，凡百六十篇。以《賀新郎》二篇爲首。其前□李伯紀丞相，此其胡邦衡貶新州詞，以《賀新郎》題，曰『失位不足弔，得名爲不負也』。康熙乙酉心友得此册於錢曾王家，乃錢功甫舊傳本，而不著作者姓氏。録益公語於卷。戊子十月焯記。

前年，玄妙觀西有骨董鋪某收得宋板《蘆川詞》及殘宋本《禮記》，欲歸余，而爲他姓豪奪以去。既物主因曾許余，故假《蘆川詞》一閱，謂畢余讀未見書之願。然余見之，而欲得之願益深。屢託親友之與他姓之熟識者往商之，卒不果，亦遂置之矣。今夏從友人易得舊鈔本《蘆川詞》，行款與宋版同，因重憶宋版，思得一校。余願癡了，復託蔣大硯香請假之，竟以書來。喜甚，取對兩書，而喜愈甚。蓋舊鈔本係影宋，每葉板心有「功甫」二字者，其字形之欹斜，筆畫之殘缺，纖悉不誤，可謂神似。而中有補鈔一十八翻，不特無「功甫」字樣，且行款閒有移易，無論字形筆畫也，因倩善書者影宋補全，撤舊鈔非影宋者附於後，以存其舊。再舊鈔有何義門先生跋，謂此是錢功甫舊傳本。義門但見「功甫」字樣，故以錢功甫當之。豈知「功甫」亦宋版原有，豈係傳録人所記耶？惟是宋版款式向無記人名字於卷第下方者，即有書寫刊刻人姓名，皆列於板心最下處，此卻僅見，故義門不計及此。此「功甫」二字，或當時刊諸家詞，以此作記耶。《蘆川詞》作者姓張名元幹，字仲宗，功甫或其别一字耶。俟博攷之。

此書宋版余雖未得，得此影鈔本，又得宋板影鈔舊所缺葉，并一一手補其蠹蝕痕。宋板而外，此爲近真之本。昔人買王得羊，庶幾似之。他姓雖豪奪於前，而仍慨借於後，余始甚之，終德之，不敢没其惠也。藏此書宋版者，爲北街九如堂陳竹厂云。嘉慶庚午七月立秋後一日，黄氏仲子丕烈識於求古居。

陳氏於去冬負逋數萬，毀家以償，凡而器用財賄償之不足，一切書畫骨董亦舉而償人。未識此宋本猶在否也？復翁記。丙子閏夏。

昨歲陳竹厂介友人以此書宋刻示余，索直百番，且詭言余曾許過朱提五十金，余以一笑謝之。己卯秋復翁又記。

宋刻本《蘆川詞》卷上首葉有藏書人家舊印，原截去其半，釘入綫縫中。茲摹諸影鈔首葉上，故印本不全，其聯珠小方印未損，或當日一人所鈐，惜無從考其人。宋本每葉紙背大半有字跡，蓋宋時廢紙多值錢也。此詞用廢紙刷印，審是册籍，偶閲之，知是宋時收糧案，故有更幾石、需幾石，下注秀才、進士、官户等字，又有縣丞、提舉、鄉司等字，户籍、官銜略可攷見。粳儒省文皆從便易，雖無關典實，聊記於此，以見宋刻、宋印古書源流多有如是者。紙角截殘，印文模糊不可辨識矣。古色古香，不徒在本書楮墨閒也。復翁記。《蘆川詞》一卷載諸《書録解題》，余向藏毛鈔卻作一卷，與此多不同。即《六十家詞》本雖亦作一卷，然不合於鈔本，而差近於宋刻本。惟序次先後，詞句歧異，并羨出幾首，爲不同耳。余佞宋者也，目驗宋刻，卷分上下，且毛鈔及《六十家詞》本皆不言所據何本，則宋刻爲可信矣。余藏詞本甚富，宋刻差少，此影鈔宋本悉從宋刻目驗，而或鈔或校，幾無毫釐之失，信稱善本。書此誌幸，後之讀此書者勿輕視之。蕘圃。

壬申春仲二日，因坊友攜示王蓮涇家鈔本《藏春集》，遂檢閲《孝慈堂書目》，適於目上見有《蘆川歸來集》六卷，宋板四册，襯訂原本不全。知張仲宗所著全集宋版本尚留天壤閒也。蓮涇藏書在國朝康、雍閒，所居在郡之鄉僻，故身後往往有流傳者。未識此詞本在全集中否？抑別刊行？余留心古籍，既遇《蘆川詞》，安知日後不復遇《蘆川歸來集》耶？書此爲券。春社戊申日，陰晦殊甚，雷雨交作，坐百宋一廛中，無聊之至，出此録所見古書源流如是。半恕道人筆。

《社日獨坐聽雨作》：「陰晴剛閒日，風雨迭相催。未斷清明雪，頻驚啓蟄雷。麥苗低欲没，梅蕊冷難開。我亦無聊甚，看書檢亂堆。今朝説春社，雨爲社公來。試問有新燕，相期探早梅。向有詞云：「燕子生平多少恨，不見梅花。」真妙語也。近年梅信故遲，社日猶未盛。停鍼忘俗忌，余家婦女以鍼綫爲事，無日或輟。扶醉憶鄰醅。余斷酒已五年，雖赴席有酒戰者，從壁上觀之。日覺愁城坐，頻看兩鬢摧。」余處境不順，已歷有年矣。雅書可以解憂，今有憂，而書不能解。若反足以甚吾憂，知心境益不堪矣。佞宋主人漫筆。

余於姜白石詞中知同時有張功甫其人，喜甚，謂即是仲宗別一字。既又於《陽春白雪》中得張功甫詞二調，一係《鷓鴣天》，一係《八聲甘州》，然檢其詞句，與此詞中所載無合者，是不得以仲宗、功甫比而同之矣。且《陽春白雪》亦選張仲宗詞，似不應一稱功甫，一稱仲宗，事之無可發明者，有如此種是已。壬申春三月望日。

小病初愈，今纔下樓。晨起書此，以消悶懷。半恕道人筆。

此舊鈔非影宋之《蘆川詞》之殘本，乃余以影宋補其闕而撤之者也。是時不知何時缺失，以此補之，在當日未見宋刻，無從影寫，亦事之無可如何者。茲幸有宋可影，遂以彼易此，非特余之幸，即當日鈔補之人，何獨不幸耶！留此以見購書之苦心如是！如是！

平齋詞

毛晉《汲古閣書跋》 《平齋詞》。舜俞於潛人，其功烈載在史册。如毁鄧艾祠，更祠諸葛武侯，告其民曰：「毋事仇讐而忘父母。」尤爲當時稱歎。迨卒時，御筆批其「鯁亮忠慤」，令鈔所著《兩漢詔》暨詩文行世。樓大防又極賞《大冶賦》一篇，予恨未見全集。其詩餘四十有奇，多送行獻壽之作，無判花嗜酒之篇。昔人謂王岐公文多富貴氣，予於舜俞之詞亦云。

《四庫提要・詞曲類一》 《平齋詞》一卷。安徽巡撫採進本。宋洪咨夔撰，咨夔有《春秋説》，已著録。是編爲毛晉所刊。晉跋稱「未見其集」，蓋汲古閣偶無其本，僅見其詞也。咨夔以才藝自負，新第後上書衛王，自宰相至州縣，無不捃摭其短。遂爲時相所忌，十年不調。故其詞淋漓激壯，多抑塞磊落之感，頗有似稼軒、龍洲者。晉跋乃徒以「王岐公文多富貴氣」擬之，殊爲未允。咨夔父名鉞，號谷隱，有詩名。咨夔出蜀時，得書數千卷，藏蕭寺。父子考論諷誦，學益宏肆。詞注内所稱老人，即其父也。其子勳、燾、熹亦皆能紹其家學。《鷓鴣天》爲老人壽，後闋云：「諸孫認取翁翁意，插架詩書不負人。」可想其世業之盛。又《漢宫春》一闋，乃慶其父七十作。據《平齋集》有《壬辰小雪前奉親游道場何山》五言古詩一首，中有句云：「老親八十健。」而集内未載其詞，疑其傳稿尚多散佚矣。

龍川詞

毛晉《汲古閣書跋》 《龍川詞》。余正喜同甫不作妖語媚語，偶閲《中興詞選》，得《水龍吟》以後七闋，亦未能超然，但無一調合本集者。或云贋作，蓋花菴與同甫俱南渡後人，何至誤謬若此。或花菴專選綺艷一種，而同甫子沉所編本集，特表阿翁磊落骨幹，故若出二手。況本集云「詞選」，則知同甫之詞不止於三十闋。即補此花菴所選，亦安得云全豹耶？姑梓之，以俟博雅君子。

同甫一名同，永康人。光宗策進士。羣臣奏其卷第三，御筆擢第一。既知爲同甫，大喜，又有天留遺朕之詔，其恩遇如此。據葉水心序其集云「四十卷」，今行本止三十卷，想尚多佚遺。其最著者，莫如上皇帝四書，及《酌古論》。自贊云：「人中之龍，文中之虎。」真無忝矣。第本集載詞選三十闋，無甚詮次，如寄辛幼安《賀新郎》三首，錯見前後。予家藏《龍川詞》一卷，又每調類分，未知孰是。讀至卷終，不作一妖語媚語，殆所稱不受人憐歟？

《四庫提要・詞曲類一》 《龍川詞》一卷、《補遺》一卷。安徽巡撫採進本。宋陳亮撰。亮有《三國紀年》，已著録。《宋史・藝文志》載其詞四卷，今不傳。此集凡詞三十首，已具載本集。然前後不甚詮次。此本爲毛晉所刻，分調類編。復有晉跋，稱「據家藏舊刻」，蓋摘出别行之本。又補遺七首，則從黄昇《花菴詞選》採入者。詞多纖麗，與本集迥殊，或疑贋作。毛晉跋稱：「黄昇與亮俱南渡後人，何至謬誤若此？或昇惟選綺艷一種，而亮子沈所編本集，特表其父磊落骨幹，故若出二手」云云。考亮雖與朱子講學，而不廢北里之游。其與唐仲友相忤，讒構於朱子，朱子爲其所賣，誤興大獄。即由亮狎台州官妓，囑仲友爲脱籍，仲友沮之之故。事載《齊東野語》第十七卷中。則其詞體雜「香奩」，不足爲異。晉之所跋，可謂得其實矣。

洺水詞

毛晉《汲古閣書跋》 《洺水詞》。寧懷古，休寧人，世系本河北洺川，自號洺水遺民。十歲詠冰，便有「莫言此物渾無用，曾向滹沱渡漢兵」之句。舅氏黄寺丞，叱非常兒，挾以自隨，以平生所得二吴之學，及有聞於程大昌者，悉以付之。由鄉薦旅試南宫，時丞相趙公典舉，見其文曰：「天下奇才也。」擢魁多士。或以道學相猜，寘本經第二，論者莫不稱抑。嘗讀《宋史》，詳其功業，恨未得全集讀之。癸酉中秋，衍門從秦淮購得端明《洺水集》二十六卷，雖攷之伊子誌中卷次，遺逸甚多，而大略已概見矣。先輩稱其宗歐、蘇，而長於文章，洵哉。急梓其詩餘二十有一調，以存其人云。

《四庫提要・詞曲類存目》 《洺水詞》一卷。安徽巡撫採進本。宋程珌撰。珌有《洺水集》，已著録。詩餘二十一闋，已載集中。此毛晉摘出别行之本也。珌文宗歐、蘇，其所作詞，亦出入於蘇、辛二家之間。中多壽人及自壽之作，頗嫌寡味。

至《滿庭芳》第二闋之「蕭」、「歌」通叶，《減字木蘭花》後闋之「好」、「坐」同韻，皆係鄉音，尤不可爲訓也。

近體樂府

毛晉《汲古閣書跋》 《近體樂府》。南渡而下，詩之富實維放翁，文之富實維益公，先輩争仰爲大家，與歐、蘇並稱。但卷帙浩繁，我明尚未副棗。予於寅卯間，已鐫放翁詩文一百三十卷有奇行世，而益公省齋諸稿二百卷，僅得一鈔本。句錯字淆，未敢妄就剞劂。倘海内同志，或宋刻，或名家訂本，肯不惜荆州之借，俾平園叟與渭南伯，共成雙璧，真藝林大勝事也。兹《近體樂府》數闋，特公剩技耳，先梓之以當相徵券。

《四庫提要・詞曲類二》 《近體樂府》一卷。安徽巡撫採進本。宋周必大撰。必大有《玉堂雜記》，已著録。此編凡詞十二闋，已編入《文忠集》中。此卷乃毛晉摘録之本，刻於《六十家詞》中者也。題下所注甲子，其可數者，自丁亥至庚寅，大約不出四歲中所作。疑當周綸編次全集時，已掇拾散佚之餘，非其完本矣。

空同詞

毛晉《汲古閣書跋》 《空同詞》。叔嶼自號空同詞客，先輩稱其不減周美成。如「燕子又歸來，但惹得滿身花雨」，又「花上蝀，水中梟，芳心密意兩相於」等語，尤艷驚一時，惜不多見。既讀《空同詞》一卷，真若游金、張之堂，而攬嬙、施之袂，宜花菴全録之。但卷尾《清平樂》一闋，是連可久作。可久十二歲時，其父攜見熊曲肱，適有漁父過前，命賦詞，援筆立成，四座歎服。後果爲江湖得道之士，何竟混入耶？

黄虞稷《千頃堂書目・詞曲類》 洪瑹《空同詞》一卷。字叔璵。

倪燦等《宋史藝文志補・詞曲類》 洪瑹《空同詞》一卷。字叔璵。

《四庫提要・詞曲類存目》 《空同詞》一卷。安徽巡撫採進本。宋洪瑹撰。瑹字叔璵，自號空同詞客。此集僅詞十六首。據毛晉跋語，乃全自黄昇《絶妙詞選》中摘出别行，非完帙也。卷末咏漁父《清平樂》一闋，據《花菴詞選》本連久道詞，且載其本事甚明。因二人之詞相連，遂誤入之瑹詞中，實止十五首耳。

惜香樂府

毛晉《汲古閣書跋》 《惜香樂府》。長卿自號仙源居士，蓋南豐宗室也。不棲志紛華，獨安心風雅，每遇花間鶯外，輒觴詠自娱。鄉貢進士劉澤，集其樂府，以春景、夏景、秋景、冬景，及總詞、賀生辰、補遺類編，釐爲十卷。雖未敢與南唐二主相伯仲，方之徽宗，則迥出雲霄矣。原本《柳梢青》前載《近豐城》云云，後載余平生云云，與本詞語意不甚相屬，姑仍舊附卷末。在卷三末。

黃虞稷《千頃堂書目・詞曲類》 趙長卿《惜香樂府》十卷。南豐宗室，自號仙源居士。

倪燦等《宋史藝文志補・詞曲類》 趙長卿《惜香樂府》十卷。南豐宗室。

《四庫提要・詞曲類二》 《惜香樂府》十卷。安徽巡撫採進本。宋趙長卿撰。長卿自號仙源居士，南豐人，宗室子也。是集分類編次，凡春景三卷，夏景一卷，冬景一卷，總詞三卷，拾遺一卷。據毛晉跋語，乃當時鄉貢進士劉澤所定，其體例殊屬無謂。且夏景中如《減字木蘭花・咏柳》一闋，《畫堂春・輦下遊西湖》一闋，宜屬之春。冬景中《永遇樂》一闋，宜屬之秋。是分隸亦未盡愜也。其詞往往瑕瑜互見，如卷二中《水龍吟》第四闋，以了、少、峭叶書、秀，純用江右鄉音，終非正律。卷五中《一剪梅》尾句「纔下眉尖，恰上心頭」，勦襲李清照此調原句，竄易二字，殆於點金成鐵。卷六中《叨叨令》一闋，純作俳體，已成北曲。至卷七中《一叢花》一闋，本追和張先作，前半第四句，張詞三字一句，四字一句，此乃作七字一句，後半末三句，張詞四字二句，五字一句，此乃作三字一句，五字二句，是併音律亦多不協。然長卿恬於仕進，觴詠自娱，隨意成吟，多得淡遠蕭疎之致，固不以一眚廢之。他如《小重山》前闋結句，用「疎雨韻入芭蕉」六字，亦不合譜，殆毛晉刊本誤增「雨」字。又卷六中梅詞一首，題曰《一剪梅》，而注曰「或刻《攤破醜奴兒》」，不知此調非《一剪梅》，當以別本爲是。卷五之《似娘兒》即卷八之《青杏兒》，亦即名《醜奴兒》，晉於《似娘兒》下注云「或作青杏兒」，於《青杏兒》下注云「舊刻《攤破醜奴兒》，非」，不知誤在「攤破」二字，《醜奴兒》實非誤刻。是又明人校讐之失，其過不在長卿矣。

芸窗詞

毛晉《汲古閣書跋》 《芸窗詞》。方叔南徐人，與了翁虛齋相友善。最喜作次韻小令，惜諸家詞選不載。予偶得《芸窗詞》全帙，如「正挑燈共聽夜雨」，幽韻不減陸放翁。如「小樓燕子話春寒」，艷態不減史邦卿。至如「秋在黃花羞澀處」，又「苦被流鶯，蹴翻花影，一闌紅露」等語，直可與秦七、黃九相雄長。或病其饒貧寒氣，毋乃太貶乎！

黃虞稷《千頃堂書目・詞曲類》 張榘《芸窗詞》一卷。字方叔，潤州人。

倪燦等《宋史藝文志補・詞曲類》 張榘《芸窗詞》一卷。字方叔，潤州人。

《四庫提要・詞曲類存目》 《芸窗詞》一卷。江蘇巡撫採進本。宋張榘撰。榘字方叔，南徐人。其始末不可考。觀集中被檄出郊《青玉案》詞，有「六朝舊事，一江流水」句。又和上元王仇香猷、含山邵梅仙有涣敘別《浪淘沙》詞，有「鍾阜石城何處是」句，知嘗官於建康。又次虛齋先生雨花宴《水龍吟》詞，有「何時脱了塵埃墨綬」句，則官乃縣令也。其詞諸家選本罕見採録。此本爲毛晉所刻，亦不詳其所自。詞僅五十首，而應酬之作凡四十三首。四十三首之中，壽賈似道者五，壽似道之母者二，其餘亦大抵諛頌上官之作。塵容俗狀，開卷可憎。惟小令時有佳語。毛晉跋稱其《摸魚兒》之「正挑燈共聽簷雨」，《浪淘沙》之「小樓燕子話春寒」，《青玉案》之「秋在黃花羞澀處」，《水龍吟》之「苦被流鶯，蹴翻花影，一欄紅露」諸句，固自稍稍可觀，然不能掩其全集之陋也。

于湖詞

陳振孫《直齋書録解題・歌詞類》 《于湖詞》一卷。張孝祥安國撰。

馬端臨《文獻通考・經籍考・歌詞》 《于湖詞》一卷。

毛晉《汲古閣書跋》 《于湖詞》。字安國，號于湖，蜀之簡州人也。後卜居歷陽，故陳氏稱爲歷陽人。甲戌狀元及第，出自思陵親擢，故秦相孫塤居其下，檜忌惡之，以事召致於獄。檜亡，上眷益隆。不數載，入直中書，惜其不年。上嘗有用不盡之歎。玉林集中興詞家選二十有四闋，評云：「舊有《紫薇雅詞》，湯衡爲序，稱其平昔爲詞，未嘗著稿，筆酣興健，頃刻即成，無一字無來處。」如《歌頭》、《凱歌》諸曲，駿發蹈厲，寓以詩人句法者也。恨全集未見耳。

《四庫提要・詞曲類一》 《于湖詞》三卷。安徽巡撫採進本。宋張孝祥撰。孝祥有《于湖集》，已著録。《宋史・藝文志》載其詞一卷。陳振孫《書録解題》亦載《于湖詞》一卷。黄昇《中興詞選》則稱「紫微雅詞」，以孝祥曾官中書舍人故也。此本爲毛晉所刊。第一卷末，即繫以跋，稱「恨全集未見」，蓋祇就《詞選》所載二十四闋，更摭四首益之，以備一家。後二卷則無目録，亦無跋語。蓋其後已見全集，删其重複，另編爲兩卷以續之。而首卷則未重刊，故體例特異耳。卷首載陳應行、湯衡兩序，皆稱其詞寓詩人句法，繼軌東坡。觀其所作，氣概亦幾幾近之。《朝野遺記》稱其「在建康留守席上賦《六州歌頭》一闋，感憤淋漓，主人爲之罷席」。則其忠憤慷慨，有足動人者矣。又《耆舊續聞》載：「孝祥十八歲時，即有《點絳脣》『流水泠泠』一詞，爲朱希真所驚賞。或刻孫和仲，或即以爲希真作，皆誤。」今集不載是篇，或以少作而佚之歟？陳應行序稱「《于湖集》長短句凡數百篇」，今本乃僅一百八十餘首，則原稿散亡，僅存其半，已非當日之舊矣。

簫臺公餘詞

黄丕烈《蕘圃藏書題識續録・集類》 《簫臺公餘詞》一卷。繡谷亭吴氏鈔本。

黄蕘圃據汲古閣鈔本校。案《北窗炙輠》紀姚進道事，其名闕如，但云「華亭人」。朱竹垞跋此書，謂子韶以文祭之，云：「生平朋友，不過四人。姚、葉先亡，公繼又去。」又云：「進道名述堯，張孝祥榜進士，有《簫臺公餘詞》一卷。」又案《詞綜》載：姚進道，華亭人，詞一首。此卷無之，疑非一人也。癸酉夏，五柳主人以宋詞三册示余，余獨留此册，以有《玉照堂詞鈔》在也。附收《簫臺詞》，用毛鈔本校，頗有勝於此本者。校畢。復翁記。簫臺爲地名，繡谷欲考而無由。僅據卷中有「東魯風流」字，疑爲齊魯閒地。後以東魯不入南宋版圖釋之，仍無從考其實也。余謂正簫臺花縣，必是作令於此地，故詞以簫臺公餘名也。余案諸詞中，似官於永嘉，又旁及青田云云，必在温處之閒也。惟簫臺典實，一時莫考，當博徵之。癸酉中伏日揮汗書。復翁。

斷腸詞

毛晉《汲古閣書跋》 《斷腸詞》。淑真詩集，膾炙海内久矣。其詩餘僅見二闋于《草堂》集。又見一闋于十大曲中，何落落如晨星也？既獲《斷腸詞》一卷，凡十有六調，幸觀全豹矣。先輩拈出元夕詩詞，以爲白璧微瑕，惜哉。

黄虞稷《千頃堂書目・詞曲類》 朱淑貞《斷腸詞》一卷。

倪燦等《宋史藝文志補・詞曲類》 朱淑真《斷腸詞》一卷。

《四庫提要・詞曲類二》 《斷腸詞》一卷。江蘇周厚堉家藏本。宋朱淑真撰。淑真，海寧女子，自稱幽棲居士。是集前有《紀略》一篇，稱爲文公姪女。然朱子自爲新安人，流寓閩中，考年譜、世系，亦别無兄弟著籍海寧。疑依附盛名之詞，未必確也。《紀略》又稱其匹偶非倫，弗遂素志，賦《斷腸集》十卷以自解。其詞則僅《書録解題》載一卷，世久無傳。此本爲毛晉汲古閣所刊。後有晉跋稱：「詞僅見二闋於《草堂集》，又見一闋於《十大曲》中，落落如晨星。後乃得此一卷，爲洪武閒鈔本，乃與《漱玉詞》竝刊。」然其詞止二十七闋，則亦必非原本矣。楊慎《升菴詞品》載其《生查子》一闋，有「月上柳梢頭，人約黄昏後」語，晉跋遂稱爲「白璧微瑕」。然此詞今載歐陽修《廬陵集》第一百三十一卷中，不知何以竄入淑真集内，誣以桑濮之行。慎收入《詞品》，既爲不考。而晉刻《宋名家詞六十一種》，《六一詞》即在其内，乃於《六一詞》漏注互見《斷腸詞》，已自亂其例。於此集更不一置辨，且證實爲白璧微瑕，益鹵莽之甚。今刊此一篇，庶免於厚誣古人，貽九泉之憾焉。

黄丕烈《蕘圃藏書題識・集類》 《斷腸集》二卷。鈔本。

《斷腸集》舊本不之見。此二卷本嘉興金鑾庭寄余，將以付梓者。適晤鮑丈渌飲，云「有十卷本」，因從鮑借得取校。知多所異，然未敢據也。蓋此雖二卷，有田藝蘅序，似出於明時本，而鮑本之分卷既多未妥，且詞中有校語云「據毛刻增入」，似出毛後矣，未敢信。聊記其異而已。潘本係選本，亦見過，併存其面目。復翁記。鮑云：「此與潘訒叔本不同。」

卷一標題春景。卷二〇〇〇〇。卷三〇〇〇〇。又標題花柳。卷四標題夏景。卷五標題秋景。卷六〇〇〇〇。卷七標題冬景。卷八標題吟賞。卷九標題閨怨。又標題雜題。卷十標題詞。又後集四卷。卷一〇〇春景。卷二〇〇夏景。

卷三〇〇秋景。卷四〇〇冬景。

放翁詞

陳振孫《直齋書録解題·歌詞類》《放翁詞》一卷。陸游撰。

馬端臨《文獻通考·經籍考·歌詞》《放翁詞》一卷。

高儒《百川書志·歌詞》《放翁詞》一卷。宋山陰陸游務觀著。

毛晉《汲古閣書跋》《放翁詞》。余家刻《放翁全集》，已載長短句二卷。尚逸一二調，章次亦錯見，因載訂入名家。楊用修云：「纖麗處似淮海，慷慨處似東坡。」予謂超爽處更似稼軒耳。

又《附編》《放翁詞》。辛亥七月廿一日鈔本校，外有《夜游宫》一，《月照梨花》二，《如夢令》一，共四闋，見《花菴詞選》中，宜刻作「拾遺」。六月十三日曉刻。雨窗讀訖。

《四庫提要·詞曲類一》《放翁詞》一卷。江蘇巡撫採進本。宋陸游撰。游有《入蜀記》，已著録。《書録解題》載《放翁詞》一卷。毛晉所刊《放翁全集》内附長短句二卷。此本亦晉所刊，又併爲一卷，乃集外别行之本。據卷末有晉跋云：「余家刻《放翁全集》，已載長短句二卷，尚逸十二調，章次亦錯見，因載訂入名家」云云。則較集本爲精密也。游生平精力，盡於爲詩，填詞乃其餘力，故今所傳者，僅及詩集百分之一。劉克莊《後村詩話》謂其「時掉書袋，要是一病」。楊慎《詞品》則謂其「纖麗處似淮海，雄快處似東坡」。平心而論，游之本意，蓋欲驛騎於二家之閒，故奄有其勝，而皆不能造其極。要之，詩人之言，終爲近雅，與詞人之冶蕩有殊。其短其長，故具在是也。葉紹翁《四朝聞見録》載韓侂胄喜游附己，至出所愛四夫人號滿頭花者索詞，有「飛上錦裀紅皺」之句，今集内不載。蓋游老而墮節，失身侂胄，爲一時清議所譏。游亦自知其誤，棄其稿而不存。《南園閱古泉記》不編於《渭南集》中，亦此意也。而終不能禁當代之傳述，是亦可謂炯戒者矣。

石湖詞

陳振孫《直齋書録解題·歌詞類》《石湖詞》一卷。范成大撰。

馬端臨《文獻通考·經籍考·歌詞》《石湖詞》一卷。

友古詞

陳振孫《直齋書録解題·歌詞類》《友古詞》一卷。左中大夫莆田蔡伸伸道撰。自號「友古居士」。君謨之孫。

馬端臨《文獻通考·經籍考·歌詞》《友古詞》一卷。

毛晉《汲古閣書跋》《友古詞》。伸道莆田人，别號友古居士，忠惠公之孫也。其居距城不及五里，舍宇矮欲壓頭，猶是伊祖舊物。劉後村過而詠之曰：「廟院蜂房居」。想羨其同居古風歟？但據忠惠公荔子譜云：「玉堂紅一種佳絶，正産其地。」伸道從無一語詠之，何耶？其《和向伯恭木犀》諸闋，亦遜《酒邊集》三舍矣。

《四庫提要·詞曲類一》《友古詞》一卷。安徽巡撫採進本。宋蔡伸撰。伸字伸道，莆田人。襄之孫。自號友古居士。宣和中官彭城倅。歷官左中大夫。《書録解題》載伸《友古詞》一卷。此本卷數相合。伸嘗與向子諲同官彭城漕屬，故屢有贈子諲詞。而子諲《酒邊詞》中所載倡酬人姓氏甚夥，獨不及伸。未詳其故。伸詞固遜子諲，而才致筆力亦略相伯仲。即如《南鄉子》一闋，自注云：「因向詞有『憑書續斷腸』句而作。」今考向詞乃《南歌子》。以伸詞相較，其婉約未遽相遜也。毛晉刊本，頗多疎舛。如《飛雪滿羣山》一詞，晉注云：又名《扁舟尋舊約》。不知此乃後人從本詞後闋起句改名，非有異體，亦不應即以名本詞。《惜奴嬌》一調，晉注云：「一作《粉蝶兒》。」不知《粉蝶兒》另有一調，與《惜奴嬌》判然不同。至《青玉案·和賀方回韻》，前闋「處」字韻譌作「地」字。賀此調南宋諸人和者不知凡幾。晉不能互勘其誤，益爲失考矣。

相山詞

陳振孫《直齋書録解題·歌詞類》《相山詞》一卷。王之道彦猷撰。

馬端臨《文獻通考·經籍考·歌詞》《相山詞》一卷。

浩歌集

陳振孫《直齋書録解題・歌詞類》《浩歌集》一卷。蔡柟堅老撰。

馬端臨《文獻通考・經籍考・歌詞》《浩歌集》一卷。

介庵詞

陳振孫《直齋書録解題・歌詞類》《介庵詞》一卷。趙彦端撰。

馬端臨《文獻通考・經籍考・歌詞》《介庵詞》一卷。

范邦甸等《天一閣書目・詞曲類》《介庵詞》四卷。緜紙鈔本。趙彦端撰。

毛晉《汲古閣書跋》《介菴詞》。德莊名噪乾淳間，官至朝請大夫，直寶文閣，知建寧府軍府事，賜紫金魚袋，恩遇甚隆。而度量宏博，常戒趙忠定公曰：「謹勿以一魁先置胸中。」可想見其大概矣。予家舊藏《介菴詞》一卷，板甚精良，惜未得其全集。又有《文寶雅詞》四卷，中誤入孫夫人《詠雪詞》。又曾見《琴趣外編》六卷，章次顛倒，贋作頗多，不能悉舉。至如《席上贈人・清平樂》，昔人稱爲集中之冠，反逸去，可恨坊本之亂真也。

黄虞稷《千頃堂書目・詞曲類》趙彦端《介庵詞》四卷。字德莊。乾道、淳熙間以直寶文閣知建康府。

倪燦等《宋史藝文志補・詞曲類》趙彦端《介菴詞》四卷。字德莊。

《四庫提要・詞曲類一》《介菴詞》一卷。安徽巡撫採進本。宋趙彦端撰。彦端字德莊，號介菴，魏王廷美七世孫。乾道、淳熙間，以直寶文閣知建寧府，終左司郎官。《宋史・藝文志》載彦端有《介菴集》十卷，《外集》三卷，又有《介菴詞》四卷。《書録解題》則僅稱《介菴詞》一卷。此本爲毛晉所刻，亦止一卷。然據其卷後跋語，似又舊刻散佚，僅存此一卷者，未之詳也。張端義《貴耳集》載：「彦端嘗賦西湖《謁金門》詞，有『波底斜陽紅溼』之句，爲高宗所喜，有『我家裡人，也會作此等語』之稱。其他篇亦多婉約纖穠，不愧作者。集末《鷓鴣天》十闋，乃爲京口角妓蕭秀、蕭瑩、歐懿、劉雅、歐倩、文秀、王婉、楊蘭、吴玉九人而作，詞格凡猥，皆無可取。且連名入之集中，殆於北里之志，殊乖雅音。蓋唐宋以來，士大夫不禁狹斜之游，彦端是作，蓋亦移於習俗，存而不論可矣。

稼軒詞

陳振孫《直齋書録解題・歌詞類》《稼軒詞》一卷。寶謨閣待制濟南辛棄疾幼安撰。信州本十二卷，卷視長沙爲多。金亮之殞，朝廷乘勝取四十郡，未幾班師，復棄數郡。京東義士耿京據東平府，遣掌書記辛棄疾赴行在，京後爲裨將張安國所殺，棄疾擒安國以歸，斬之，詳見《朝野雜記》。

馬端臨《文獻通考・經籍考・歌詞》《稼軒詞》四卷。

楊士奇等《文淵閣書目・詩詞》《稼軒長短句》。一部一册，闕。《辛稼軒詞》。一部二册。《辛稼軒詞》。一部三册，闕。《辛稼軒詞》。一部四册，完全。《辛稼軒詞》。一部四册。

范邦甸等《天一閣書目・雜著類》《稼軒長短句》十二卷。刊本。宋歷城辛棄疾著，李濂批點。

又《詞曲類》《辛稼軒詞》十二卷。刊本。宋歷城辛棄疾著，大梁李濂評，古岡何孟倫校。

毛晉《汲古閣書跋》《稼軒詞》。蔡元長工於詞，靖康中陷虜庭，稼軒以詩詞謁見。蔡曰：「子之詩則未也，他日當以詞名家。」故稼軒晚年來卜築奇獅，專工長短句，累五百首有奇。但詞家爭鬬穠纖，而稼軒率多撫時感事之作，磊砢英多，絶不作妮子態。宋人以東坡爲詞詩，稼軒爲詞論，善評也。

又《附編》《稼軒詞》。辛亥七月三日，敕先所校元板重校訖。

黄虞稷《千頃堂書目・詞曲類》辛棄疾《稼軒長短句》十二卷。歷城人。官樞密都承旨，贈少師，謚忠敏。

《四庫提要・詞曲類一》《稼軒詞》四卷。江蘇巡撫採進本。宋辛棄疾撰。棄疾有《南燼紀聞》，已著録。其詞慷慨縱横，有不可一世之概，於倚聲家爲變調。而異軍特起，能於翦紅刻翠之外，屹然别立一宗，迄今不廢。觀其才氣俊邁，雖似乎奮筆而成。然岳珂《桯史》記棄疾自誦《賀新涼》、《永遇樂》二詞，使座客指摘其失。珂謂「《賀新涼》詞首尾二腔，語句相似，《永遇樂》詞用事太多。棄疾乃自改其語，日數十易，累月猶未竟，其刻意如此」云云。則未始不由苦思得矣。《書録解題》載

《稼軒詞》四卷，又云：「信州本十二卷，視長沙本爲多。」此本爲毛晉所刻，亦爲四卷，而其總目又注原本十二卷。殆即就信州本而合併之歟？其集舊多譌異，如二卷内《醜奴兒近》一闋，前半是本調，殘闕不全。自「飛流萬壑」以下，則全首係《洞仙歌》。蓋因《洞仙歌》五闋，即在此調之後，舊本遂誤割第一首以補前詞之闕，而五闋之《洞仙歌》，遂止存其四。近萬樹《詞律》中辨之甚明，此本尚未及訂正。其中「歎輕衫帽幾許紅塵」句，據其文義，「帽」字上尚有一脱字，樹亦未經勘及，斯足證「掃葉」之喻矣。今竝詳爲勘定，其必不可通而無別本可證者，則姑從闕疑之義焉。

黄丕烈《蕘圃藏書題識・集類》 《稼軒長短句》十二卷。元本。余素不能詞，而所藏宋元諸名家詞獨富。如汲古閣珍藏秘本書目中所載原稿皆在焉。然皆精鈔、舊鈔，而無有宋元槧本。頃從郡故家得此刻《稼軒詞》，而歎其珍秘無匹也。《稼軒詞》卷帙多寡不同，以此十二卷者爲最善，毛氏亦從此鈔出，惜其行款體例有不同耳。澗蘋據毛鈔以增補闕葉，非憑空撰出者可比。而《洞仙歌》中缺一字，鈔本亦無，因以墨釘識之，其十一卷中四之五一葉，亦即是卷七之八一葉之例，非文有脱落，而故強就之也。是書得此補足，幾還舊觀。至於是書舊刻，純乎元人松雪翁書，而俗子不知，妄爲描寫，可謂浮雲之污。甚至強作解事，校改原文。如卷十中《爲人慶八十席上戲作》有云「人間八字最風流，長貼在兒兒額上」，校者云「下兒字當作孫」。澗蘋以爲兒二或是奴家之稱。二語之意，當以八字作眉字解。知此，則兒爲孫，豈不大可笑乎？本擬滅此幾字，恐損古書，故凡遇俗手描寫處，皆不滅其痕，後之明眼人當自領之。嘉慶己未黄丕烈識。《文獻通考》：「《稼軒詞》四卷」。陳氏曰：「信州本十二卷。視長沙爲多。」此元大德閒所刊，以卷數攷之，蓋出於信州本，《宋史・藝文志》云「辛棄疾長短句十二卷」亦即此也。嘉慶己未，蕘圃買得於骨董鋪内，缺三葉。出舊藏汲古閣鈔本，命予補足，因檢卷中所有之字，集而爲之，所無者僅十許字耳。既成遂，識數語於後。七月二十二日澗蘋書。嘉慶庚申十月四日，長洲陶樑，嘉定瞿中溶同觀。

又 《辛稼軒長短句》十二卷。校元本。直齋陳氏曰：稼軒詞以信州本十二卷爲多。黄蕘翁所藏大德刊本，大字行書，流麗娟秀，如松雪翁體。以卷數考之，當出於信州本。此嘉靖歷城王詔刊本，似即出於元本。以元本所闕三葉，此本皆同也。惟中閒每多謬譌不合，或因流傳鈔寫，妄有改竄歟？今借黄氏元本一一校正補闕，有可疑者，則兩存之，亦成一善本矣，嘉慶丙子四月十八日校畢。訒菴居士記。昔人不輕借書與人，恐其秘本流傳之廣也。此鄙陋之見，何足語於藏書之道！余平生愛書如護頭目，卻不輕借人，非恐秘本流傳之廣也，人心難測，有借而不還者，有借去輕視之，而或致損污遺失者，故不輕假也，同好如張君訒菴，雖交不過十年，而愛書之專，校書之勤，余自愧不及，故敝藏多有借去手校者。此《辛稼軒長短句》元本余未及校，已爲他人購去，因復從訒菴借校本，手臨於何孟倫本上，蓋又在王詔本下也。然脱誤並同，又有歧異處，此艾子所謂一蟹不如一蟹也。顧何刊本有一二字合元本，猶未若王刊本之謬，亦有一二字似本勝於王刊本者，此訒菴所云「可疑兩存」之字也。向使未經借出，而無校本之流傳，則元本幾成獨種矣，又何從而臨校耶？書此以爲借書與人者勸。庚辰小春二十九日復翁記。均在末卷後。

顧廣圻《思適齋書跋・集部》 《稼軒長短句》十二卷。元刻本。

顧廣圻《思適齋集外書跋輯存・集類》 《稼軒長短句》十二卷。元刊本。

可軒曲林

陳振孫《直齋書録解題・歌詞類》 《可軒曲林》一卷。盱江黄人傑叔萬撰。

馬端臨《文獻通考・經籍考・歌詞》 《可軒曲林》一卷。

王武子詞

陳振孫《直齋書録解題・歌詞類》 《王武子詞》一卷。未詳其名字。

馬端臨《文獻通考・經籍考・歌詞》 《王武子詞》一卷。

樂齋詞

陳振孫《直齋書録解題・歌詞類》 《樂齋詞》一卷。向滈豐之撰。

馬端臨《文獻通考・經籍考・歌詞》 《樂齋詞》一卷。

鳳城詞

陳振孫《直齋書録解題・歌詞類》 《鳳城詞》一卷。三山黄定泰之撰。乾道壬辰牓首。

馬端臨《文獻通考・經籍考・歌詞》 《鳳城詞》一卷。

和清真詞

毛晉《汲古閣書跋》 《和清真詞》。美成當徽廟時，提舉大晟樂府，每製一調，名流輒依律賡唱。獨東楚方千里、樂安楊澤民，有《和清真全詞》各一卷。或合爲《三英集》行世。花菴詞客止選千里《過秦樓》、《風流子》、《訴衷情》三闋而已，而澤民不載，豈楊劣於方耶？

黄虞稷《千頃堂書目・詞曲類》 方千里《和清真詞》一卷。三衢人。

倪燦等《宋史藝文志補・詞曲類》 方千里《和清真詞》一卷。三衢人。

《四庫提要・詞曲類一》 《和清真詞》一卷。安徽巡撫採進本。宋方千里撰。千里，信安人。官舒州簽判。李蓘《宋藝圃集》嘗録其《題真源宫》一詩。其事蹟則未之詳也。此集皆和周邦彦詞。邦彦妙解聲律，爲詞家之冠。所製諸調，不獨音之平仄宜遵，即仄字中上、去、入三音亦不容相混。所謂分刌節度，深契微芒。故千里和詞，字字奉爲標準。今以兩集相較，中有調名稍異者。如《浣溪沙》目録與周詞相同，而調則誤作《浣沙溪》。《荔枝香》周詞作《荔枝香近》，吴文英《夢窗稿》亦同，此集獨少「近」字。《浪淘沙》周詞作《浪淘沙慢》。蓋《浪淘沙》製調之始，皇甫松惟七言絶句。李後主始用雙調，亦止五十四字。周詞至百三十三字之多，故加以「慢」字。此去「慢」字，即非此調。蓋皆傳刻之譌，非千里之舊。又其字句互異者。如《荔枝香》第二調前闋「是處池館春徧」，周詞作「但怪燈偏簾卷」，不惟音異，平仄亦殊。《霜葉飛》前闋「自遍拂塵埃，玉鏡羞照」句，止九字。周詞作「又透入清輝，半晌特地留照」，其十一字。則和詞必上脱二字。《塞垣春》前闋結句「短長音如寫」句，止五字。周詞作「一懷幽恨如寫」，乃六字句。則和詞亦脱一字。後闋「滿堆襟袖」，周詞作「兩袖珠淚」，則第二字不用平聲。和詞嘗爲「堆滿襟袖」之誤。《三部樂》前闋「天際留殘月」句，止五字。周詞作「何用交光明月」，亦六字句。則和調又脱一字。若《六醜》之分段，以「人間春寂」句屬前半闋之末，周詞刊本亦同。然證以吴文英此調，當爲過變之起句。則兩集傳刻俱譌也。據毛晉跋，樂安楊澤民亦有《和清真詞》，或合爲《三英集》刊行。然晉所刻六十一家之内無澤民詞，又不知何以云然矣。

龍洲詞

陳振孫《直齋書録解題・歌詞類》 《劉改之詞》一卷。襄陽劉過改之撰。

馬端臨《文獻通考・經籍考・歌詞》 《劉改之詞》一卷。

毛晉《汲古閣書跋》 《龍洲詞》改之家於西昌，自號龍洲道人。爲稼軒之客，故小詞亦多相溷。如「堂上謀臣尊俎」之類是也。宋子虚稱爲天下奇男子，平生以氣義撼當世。其詞激烈，讀者感焉。花菴謂其詞學辛幼安，如《别妾・天仙子》、《詠畫眉・小桃紅》諸闋，稼軒集中，能有此纖秀語耶？

倪燦等《宋史藝文志補・詞曲類》 劉過《龍洲詞》一卷。

《四庫提要・詞曲類二》 《龍洲詞》一卷。安徽巡撫採進本。宋劉過撰。過有《龍洲集》，已著録。陳振孫《書録解題》載《劉改之詞》一卷。此本爲毛晉所刊，題曰《龍洲詞》，從全集之名也。黄昇《花菴詞選》謂：「改之乃稼軒之客，詞多壯語，蓋學稼軒。」然過詞凡贈辛棄疾者，則學其體，如「古豈無人，可以似吾稼軒者誰」等詞是也。其餘雖跌宕淋漓，實未嘗全作辛體。陶九成《輟耕録》又謂：「改之造語，贍逸有思致。《沁園春》二首尤纖麗可愛。」今觀集中咏美人指甲、美人足二闋，刻畫猥褻，頗乖大雅。九成乃獨加推許，不及張端義《貴耳集》獨取其《南樓》一詞爲不失賞音矣。《渚山堂詞話》云：「改之《沁園春》『緑鬢朱顔』一闋，係代壽韓平原。然在當時，不知竟代誰作，今亦無從詳考。」觀集中《賀新郎》第五首，注曰：「平原納寵姬，奏方響，席上賦。」則改之且身預南園之宴，不止代人祝嘏矣。蓋縱横游士，志在功名，固不能規言而矩行，亦不必曲爲之諱也。又《沁園春》第七首，注曰：「寄辛承旨，時承旨招不赴。」此原注也，其事本明。又注或作：「風雪中欲詣稼軒，久寓湖上，未能一往，賦此以解。」此毛晉校本注也，已自生譌異。《樂府紀聞》乃謂：「幼安守京口日，改之即敝衣曳履，承命賦詩。」是兩人定交在幼安未帥越之前。《山房隨筆》載此詞，又稱「稼軒帥越東時，改之欲見，辛不納。蔣晦菴、南軒二人爲之地，始得進見」云云。考岳珂與過相善，珂所作《桯史》第二卷載此事云：「嘉泰癸亥，改之在中都。時辛稼軒帥越，聞其名，遣介招之。適以事不及行，因效辛體《沁園春》一詞」云云。與集中自注相合。則諸説之誣，審矣。珂又稱「過誦此詞，掀髯有得色」，珂乃以「白日見鬼」調之。其言雖戲，要亦未嘗不中其病也。

續東几詩餘

楊士奇等《文淵閣書目・詩詞》《續東几詩餘》。一部一册，完全。

張萱等《内閣藏書目録・雜部》《續東几詩餘》。一册。宋岳珂著。

梅溪詞

陳振孫《直齋書録解題・歌詞類》《梅溪詞》一卷。汴人史達祖邦卿撰。張約齋鎡爲作序。不詳何人。

馬端臨《文獻通考・經籍考・歌詞》《梅溪詞》一卷。

毛晉《汲古閣書跋》《梅溪詞》。余幼讀《雙雙燕》詞，便心醉梅溪。今讀其全集，如「醉玉生春」、「柳髮梳月」等語，則「柳昏花暝」之句，又不足多矣。姜白石稱其奇秀清逸，有李長吉之韻。益能融情景於一家，會句意於兩得，豈易及耶？

黄虞稷《千頃堂書目・詞曲類》史達祖《梅溪詞》二卷。字邦卿，汴人。

倪燦等《宋史藝文志補・詞曲類》史達祖《梅溪詞》二卷。字邦卿，汴人。

王士禛《漁洋書跋》《史邦卿詞》。史達祖邦卿，南渡後詞家冠冕。然考其人，乃韓侂胄堂吏耳。御史中丞雷孝友彈侂胄疏云：「蘇師旦既逐之後，堂吏史達祖、耿檉、董如璧三名隨用事，言無不從。公受賄賂，共爲姦利。」葉紹翁記蘇師旦、周均等本末云：「師旦既逐，韓爲平章，專倚省吏。史邦卿奉行文字，擬帖撰旨，俱出其手。權炙縉紳，侍從柬札，至用申呈。有李其姓者，當與史游，于史几上大書曰：『危哉邦卿』，侍從申呈，未幾致黥云。」其人品流又遠在康與之下，今人但知其詞之工爾。

《四庫提要・詞曲類二》《梅溪詞》一卷。江蘇巡撫採進本。宋史達祖撰。達祖字邦卿，號梅溪，汴人。田汝成《西湖志餘》稱：「韓侂胄有堂吏史達祖，擅權用事，與之名姓皆同。」今考集中《齊天樂》第五首注：「中秋宿真定驛。」《滿江紅》第三首注：「九月二十一日出京懷古。」《水龍吟》第三首注：「陪節欲行，留别社友。」《鷓鴣天》第四首注：「衛縣道中。」《惜黄花》一首注：「九月七日定興道中。」核其詞意，必李壁使金之時，侂胄遣之隨行覘國，故有諸詞。知撰此集者，即侂胄所用之史達祖。又考玉津園事，張鎡雖預其謀，而鎡實侂胄之狎客，故於滿頭花生辰得移廚張樂於其邸。此編前有鎡序，足證其爲侂胄黨。序末稱：「數路得人，恐不特尋美於漢。」亦足證其實爲掾史，確非兩人。惟序作於嘉泰元年辛酉，而集中有《壬成立春》一首。序稱初識達祖，出詞一編。而集中有與鎡唱和詞二首。則此本又後來所編，非鎡所序之本矣。達祖人不足道，而詞則頗工。鎡稱其「分鑣清真，平睨方回，而紛紛三變行輩，不足比數」。清真爲周邦彦之號，方回爲賀鑄之字，三變爲柳永之原名，其推獎未免稍溢。然清詞麗句，在宋季頗屬錚錚，亦未可以其人掩其文矣。

竹屋詞

陳振孫《直齋書録解題・歌詞類》《竹屋詞》一卷。高觀國賓王撰。亦不詳何人。高郵陳造併與史二家序之。

馬端臨《文獻通考・經籍考・歌詞》《竹屋詞》一卷。

毛晉《汲古閣書跋》《竹屋癡語》。賓王詞，《草堂》集不多選。選入如《玉蝴蝶》，坊刻竟逸去。又如《杏花天》、《思佳客》諸作，混入他人，先輩多拈出以慨時本之誤。陳造敍云：「高竹屋與史梅溪皆周、秦之流，所作要是不經人道語。其妙處，少游、美成亦未及也。」

黄虞稷《千頃堂書目・詞曲類》高觀國《竹屋癡語》一卷。字賓王，山陰人。

倪燦等《宋史藝文志補・詞曲類》高觀國《竹屋癡語》一卷。字賓王，山陰人。

《四庫提要・詞曲類二》《竹屋癡語》一卷。安徽巡撫採進本。宋高觀國撰。觀國字賓王，山陰人。陳振孫《書録解題》載《竹屋詞》一卷，高觀國撰，不詳何人。高郵陳造與史達祖二家爲之序。此本爲毛晉所刊，未有晉跋，僅録造序中所稱「竹屋、梅溪語，皆不經人道，其妙處少游、美成不及」數語，而不載全文。然考造《江湖長翁集》亦不載是序，或當時削其稿歟？詞自鄱陽姜夔句琢字鍊，始歸醇雅，而達祖、觀國爲之羽翼。故張炎謂：「數家格調不凡，句法挺異，俱能特立清新之意，删削靡曼之詞。」乃《草堂詩餘》於白石、梅溪則概未寓目，《竹屋詞》亦止選其《玉蝴蜨》一闋。蓋其時方尚甜熟，與風尚相左故也。觀國與達祖疊相酬唱，旗鼓俱足相當。惟《梅溪詞》中尚有《賀新郎》一闋，注云「湖上與高賓王同賦」，今集中未見此調，殆佚之歟？

風雅遺音

高儒《百川書志・歌詞》 《風雅遺音》二卷。宋隨菴林正大猷之以六朝唐宋詩文四十一篇，括意度腔，以洗淫哇，振古風，更冠本文於前。

黄虞稷《千頃堂書目・詞曲類》 林正大《風雅遺音》四卷。字敬之，號隨庵。嘉泰中人。

倪燦等《宋史藝文志補・詞曲類》 林正大《風雅遺音》四卷。字敬之。一作二卷。

《四庫提要・詞曲類存目》 《風雅遺音》二卷。編修汪如藻家藏本。宋林正大撰。正大字敬之，號隨菴。據卷首易嘉猷序，蓋開禧中爲嚴州學官，其里籍則不可考。是編皆取前人詩文，檃栝其意，製爲雜曲，每首之前，仍全載本文，蓋仿蘇軾檃括《歸去來詞》之例。然語意蹇拙，殊無可採。卷末有徐釚跋云：「《風雅遺音》上下卷，南宋刊本，泰興季滄葦家藏書。靈壽傅使君於都門珠市口購得，遂付小史鈔録。」林序闕前七行，卷末《清平調》逸其半，皆舊時脱落，今亦仍之。此本字畫譌闕，蓋又從釚本傳寫云。

黄丕烈《蕘圃藏書題識・集類》 《風雅遺音》二卷。舊刻本。此《風雅遺音》上下二卷，余疑爲元刻，因其紙紋之闊，而字畫之古也。初書友攜是書來，略一繙閲，見其雜載詩文，認爲古文選本，且索直甚昂，擬置之矣。是時適有友人借鈔毛氏鈔本宋元人詞，盡發所藏以供展翫，見其中有《風雅遺音》。始知是書爲宋詞，遂取刻本對勘。行款不甚相同，卷首僅林序一首，餘序俱闕。目録分上卷、下卷，卷中標題下多「秫下林正大敬之」一行，上下卷俱如是。每詞下闋俱空一格直下，不提行。每葉二十行，每行十八字。於最後李太白《清平調》辭闕，《酹江月》上下闋處皆有之。此鈔本雖未知何自出，然與刻本大段相類，則刻本與鈔本宜並存之。且讀《四庫全書總目・詞曲類》載有是書，有云「卷末有徐釚跋云：『《風雅遺音》上、下卷，南宋刊本。』泰興季滄葦家藏書，靈壽傅使君於都門珠市口購得，遂付小

胥鈔録，林序闕前七行，卷末《清平調》逸其半，皆舊時脱落，今亦仍之。此本殆從南宋本翻雕者耶？爰從書友購得，手補《酹江月》一闋，林序闕文亦以朱筆填之，較鈔本反多序兩首。即非元刻，究爲希有。所見古書録中，定與稼軒詞争勝矣。原書俱用字紙實褙，命工重裝，裝訖書此以誌顛末云。嘉慶壬戌季夏月十有二日，蕘圃主人黄丕烈書於學耕堂。

白石詞

陳振孫《直齋書録解題・歌詞類》 《白石詞》五卷。姜夔堯章撰。

馬端臨《文獻通考・經籍考・歌詞》 《白石詞》五卷。

楊士奇等《文淵閣書目・詩詞》 《白石道人歌曲》。一部一册，完全。

張萱等《内閣藏書目録・樂律部》 《白石道人歌曲》。一册，全。宋慶元間鄱陽民姜夔奏進樂章。

毛晉《汲古閣書跋》 《白石詞》。白石詞盛行於世，多「逸五湖舊約」及「燕雁無心」諸調。前人云：「花菴極愛白石，選録無遺。」既讀《絶妙辭選》，果一一具載，真完璧也。范石湖評其詩云：「有裁雲縫月之妙手，敲金戛玉之奇聲。」予於其詞亦云：「蕭東夫於少年客游中，獨賞其詞，以其兄之子妻之，不第而卒，惜哉！」

黄虞稷《千頃堂書目・詞曲類》 姜夔《白石詞》五卷。

倪燦等《宋史藝文志補・詞曲類》 姜夔《白石道人歌曲》四卷。又《别集》一卷。

《四庫提要・詞曲類一》 《白石道人歌曲》四卷、《别集》一卷。監察御史許寶善家藏本。宋姜夔撰。夔有《絳帖平》，已著録。此其樂府詞也。夔詩格高秀，爲楊萬里等所推。詞亦精深華妙，尤善自度新腔。故音節文采，竝冠絶一時。其詩所謂「自製新詞韻最嬌，小紅低唱我吹簫」者，風致尚可想見。惟其集久無善本，舊有毛晉汲古閣刊版，僅三十四闋。而題下小序，往往不載原文。康熙甲午，陳撰刻其詩集，以詞附後，亦僅五十八闋，且小序及題下自注，多意爲删竄，又出毛本之下。此本從宋槧翻刻，最爲完善。卷一《宋鐃歌》十四首，《越九歌》十首，《琴曲》一首。卷二詞三十三首，總題曰「令」。卷三詞二十首，總題曰「慢」。卷四詞十三首，皆題曰「自製曲」。別集詞十八首，不復標列總名，疑後人所掇拾也。其《九歌》皆注律

呂於字旁，《琴曲》亦注指法於字旁，皆尚可解。惟「自製曲」一卷，及二卷《南溪梅令》、《杏花天影》、《醉吟商小品》、《玉梅令》，三卷之《霓裳中序第一》，皆記拍於字旁。宋代曲譜，今不可見，亦無人能歌，莫辨其似波、似磔，宛轉欹斜，如西域旁行字者，節奏安在？然歌詞之法，僅僅留此一線，録而存之，安知無懸解之士，能尋其分刌者乎？《魯鼓》、《薛鼓》，亡其音而留其譜，亦此意也。舊本卷首冠以《詩説》，僅三頁有餘，殆以不成卷帙，附詞以行。然夔自有《白石道人詩集》，列於詞集，殊爲不類。今移附詩集之末，此不複録焉。

又《詞曲類存目》 《白石詞集》一卷。安徽巡撫採進本。宋姜夔撰。夔有《絳帖平》，已著録。是集爲康熙甲午陳撰所刻，附於詩集之後，凡五十八闋，較毛晉汲古閣本多二十四闋。然其中多意爲删竄，非其舊文。如毛本《暗香》、《疎影》二調，竝注「仙呂宫」字，且《暗香》題下有小序四十九字，述製調之由。此本佚去，僅《疎影》題下注「仙呂宫」三字。又《鷓鴣天》第三闋題下毛本有「十六夜出」四字，《憶王孫》題下，毛本有「鄱陽彭氏小樓」六字，《齊天樂》結句有原注十一字，此本竝佚，殊爲疎漏。又《齊天樂》題下毛本注「蟋蟀，中都呼爲促織」八字。此本則注俗名「正宫黄鍾宫」五字，又注「促織」二字。《南溪梅令》毛本注曰「仙呂調」，此本乃譌作《高溪梅》，又譌注爲「仙宫調」。《湘月》一闋，毛本題下注「即《念奴嬌》之鬲指聲也」，文義甚明。此本乃以「鬲指」二字爲調名，注曰「一名《湘月》」，皆謬戾無理。其中咏草《點絳脣》一闋，撰跋稱「復見於《逋翁集》中」，援據無徵，難以臆定。不知《草堂詩餘》載此詞，實作林逋。宋人所題，必非無據。且《草堂詩餘》不及夔詞，尤足徵不出於夔，撰亦考之未審。至於《長亭怨慢》題下自注「桓大司馬」云云，乃誤以庾信《枯樹賦》末六句爲桓温本語，則夔之記憶偶譌，又非校刊者之過矣。

別本白石詞

《四庫提要·詞曲類存目》 《別本白石詞》一卷。江蘇巡撫採進本。宋姜夔撰。此本爲毛晉《六十名家詞》中所刻，凡三十四闋。較康熙甲午陳撰刊本少二十四闋，蓋第據《花菴詞選》所録，僅增《湘月》一闋、《點絳脣》一闋而已。

西溪樂府

陳振孫《直齋書録解題·歌詞類》 《西溪樂府》一卷。姚寬令威撰。

馬端臨《文獻通考·經籍考·歌詞》 《西溪樂府》一卷。

王圻《續文獻通考經籍考·樂律》 《西溪樂府》。姚寬著。

黄虞稷《千頃堂書目·詞曲類》 姚寬《西溪居士樂府》一卷。字令威，剡川人。爲六部監門。

倪燦等《宋史藝文志補·詞曲類》 姚寬《西溪居士樂府》一卷。字令威，剡川人。

洮湖詞

陳振孫《直齋書録解題·歌詞類》 《洮湖詞》一卷。金壇陳從古晞顔撰。

馬端臨《文獻通考·經籍考·歌詞》 《洮湖詞》一卷。

審齋詞

陳振孫《直齋書録解題·歌詞類》 《審齋詞》一卷。東平王千秋錫老撰。

馬端臨《文獻通考·經籍考·歌詞》 《審齋詞》一卷。

毛晉《汲古閣書跋》 《審齋詞》。東平王千秋，字錫老。嘗見自製啓聯云：「少日羈孤，百口星分于異縣。長年憂患，一身蓬轉于四方。」其遭逢概可想已。樂府凡六十餘調，多酬賀篇，絶少綺艷之態。衡山縣令梁文恭讀而贈詩云：「審齋先生世稀有，曾是金陵一耆舊。萬卷胸中星斗文，百篇筆下龍蛇走。淵源更擅麟史長，碑版肯居鱷文後。倚馬常摧鏖戰場，脱腕難供掃愁帚。中州文獻儒一門，異縣萍蓬家百口。恨極黄楊厄閏年，閑却玉堂揮翰手。夜光乾没世稱屈，遠枳卑栖價低售。漂摇何地著此翁，忘憂夜醉長沙酒。豈無厚禄故人來，爲辨草堂留野叟。嗟余亦是可憐人，慚愧阿戎驚白首。一燈續得審齋光，多少達人爲裔胄。睠予憔悴五峰下，頻寄篇來復相壽。年來事事淋過灰，尚有詩情閒情竇。有時信筆不自置，憶起居家呂窠曰。審齋樂府似《花間》，何必老夫疥篇右。」集中《席上呈粱次張・水調歌頭》一闋，其互相溢美，可謂無言不讐矣。

黄虞稷《千頃堂書目・詞曲類》　王千秋《審齋詞》一卷。字錫老，東平人。

倪燦等《宋史藝文志補・詞曲類》　王千秋《審齋詞》一卷。字錫老，東平人。

《四庫提要・詞曲類一》　《審齋詞》一卷。安徽巡撫採進本。宋王千秋撰。千秋字錫老，審齋其號也，東平人。陳振孫《書録解題》載《審齋詞》一卷，而不詳其始末。據卷内有《壽韓南澗生日》及《席上贈粱次張》二詞。南澗名元吉，隆興中爲吏部尚書。次張名安世，淳熙中爲桂林轉運使。是千秋爲孝宗時人矣。惟安世詩稱千秋爲「金陵耆舊」，與陳振孫所稱爲「東平人」不合，或流寓於金陵耶？毛晉跋稱其詞「多酬賀之作」。然生日嘏詞，南宋人集中皆有，何獨刻責於千秋？況其體本《花間》，而出入於東坡門徑，風格秀拔，要自不雜俚音。南渡之後，亦卓然爲一作手。黄昇《中興詞選》不見採録，或偶未見其本耳。晉跋遽以「絶少綺艷」評之，亦殊未允。集中如《憶秦娥》、《清平樂》、《好事近》、《虞美人》、《點絳脣》以及詠花諸作，短歌微吟，興復不淺，何必屯田《樂章》，始爲情語也。

海野詞

陳振孫《直齋書録解題・歌詞類》　《海野詞》一卷。曾覿撰。孝宗潛邸人，怙寵依勢，世號「曾龍」者也。龍名大淵。

馬端臨《文獻通考・經籍考・歌詞》　《海野詞》一卷。

毛晉《汲古閣書跋》　《海野詞》。純甫與龍大淵，同爲建王内知客。孝宗以二人皆潛邸舊人，觴咏唱酬，字而不名，怙寵恃勢，純甫尤甚。故陳俊卿、虞允文輩交章逐之。然文藻頗有可觀，如《過京師》、《望叢臺》諸作，語多感慨，令人有麥秀黍離之悲。與張掄不時賦詞進御，賞賚甚渥。至進月詞，一夕西興，共聞天樂，豈天神亦不以人廢言耶？

黄虞稷《千頃堂書目・詞曲類》　曾覿《海野詞》一卷。字純甫，汴人。官少保，醴泉觀使。

倪燦等《宋史藝文志補・詞曲類》　曾覿《海野詞》一卷。字純甫，汴人。

《四庫提要・詞曲類一》　《海野詞》一卷。安徽巡撫採進本。宋曾覿撰。覿有《海野集》，已著録。初，孝宗在潛邸時，覿爲建王内知客，常與觴詠唱酬。卷首《水龍吟》後闋有云：「攜手西園，宴罷下瑶臺，醉魂初醒。」即紀承寵游宴之事，故用飛蓋西園故實。以後常侍宴應制，如《阮郎歸》賦燕、《柳梢青》賦柳諸詞，亦皆其時所作。覿又嘗見東都之盛，故奉使過京，作《金人捧露盤》，邯鄲道上作《憶秦娥》，重到臨安，作《感皇恩》等曲。黄昇《花菴詞選》謂其「語多感慨，淒然有黍離之悲」。雖與龍大淵朋比作姦，名列《宋史・佞倖傳》中，爲談藝者所不齒。而才華富艷，實有可觀。録而存之，亦選六朝詩者不遺江總，選唐詩者不遺崔湜、宗楚客例也。

蓮社詞

陳振孫《直齋書録解題・歌詞類》　《蓮社詞》一卷。張掄才甫撰。

馬端臨《文獻通考・經籍考・歌詞》　《蓮社詞》一卷。

黄虞稷《千頃堂書目・詞曲類》　張掄《蓮社詞》一卷。字才甫。

倪燦等《宋史藝文志補・詞曲類》　張掄《蓮社詞》一卷。字才甫。

順受老人詞

黄虞稷《千頃堂書目・詞曲類》　吴禮之《順受老人詞》五卷。字子和，錢塘人。

倪燦等《宋史藝文志補・詞曲類》　吴禮之《順受老人詞》五卷。字子和，錢塘人。

東澤綺語債

黄虞稷《千頃堂書目・詞曲類》　張輯《東澤綺語債》二卷。字宗瑞，鄱陽人。

倪燦等《宋史藝文志補・詞曲類》　張輯《東澤綺語債》二卷。字宗瑞，鄱陽人。

静寄居士樂章

黃虞稷《千頃堂書目・詞曲類》 謝懋《静寄居士樂章》二卷。字勉仲。

倪燦等《宋史藝文志補・詞曲類》 謝懋《静寄居士樂章》二卷。字勉仲。

龜峰詞

黃虞稷《千頃堂書目・詞曲類》 陳經國《龜峰詞》一卷。閩三山人。

倪燦等《宋史藝文志補・詞曲類》 陳經國《龜峰詞》一卷。閩三山人。

玉照堂詞

黃虞稷《千頃堂書目・詞曲類》 張鎡《玉照堂詞》一卷。字功甫，西秦人。張循王俊孫，官奉議郎。

倪燦等《宋史藝文志補・詞曲類》 張鎡《玉照堂詞》一卷。字功甫，西秦人。

黃丕烈《蕘圃藏書題識續録・集類》 《玉照堂詞鈔》一卷。繡谷亭吴氏鈔本。黃蕘圃據《知不足齋叢書》南湖集本校。

余藏毛鈔詞極夥，多有出於六十家外者。癸酉夏有友人攜吴繡谷鈔藏宋人詞三册，計四家，《日湖漁唱》、《閒齋琴趣外編》及《簫臺公餘詞》，多爲敝藏所有，惟《玉照堂詞鈔》向所未有，遂收之。不知此本外尚有專行詞本否也？癸酉七月初五日，復翁記。翌日往訪吴丈枚庵，因素工詞者，因詢《玉照堂詞》有專刻否？應云「此刻在鮑氏《知不足齋叢書》中」。《南湖集》亦出《永樂大典》所載，故鮑刻亦有來於他處者。是册雖非專刻，然不與鮑刻同源，可取也。名曰「詞鈔」，本非全文，鮑刻有多於此者，各存其舊可耳。七月八日復翁校鮑本訖，書此。

陳允平詞

范邦甸等《天一閣書目・詞曲類》 《陳允平詞》一卷。鈔本。陳繼周撰。

日湖漁唱

黃虞稷《千頃堂書目・詞曲類》 陳允平《日湖漁唱》二卷。字君衡，號西麓，明州人。淳熙中嘗爲餘姚令。

倪燦等《宋史藝文志補・詞曲類》 陳允平《日湖漁唱》二卷。字君衡，明州人。

錢大昕《補元史藝文志・詞曲類》 陳允平《日湖漁唱》二卷。

阮元《四庫未收書目提要・詞曲類》 《日湖漁唱》一卷。宋陳允平撰。允平字君衡，鄞縣人。德祐時，授沿海制置司參議官。祥興元年，允平與蘇劉義書，期九月以兵船下慶元，當内應，爲怨家所訐，同官袁洪解之，得釋。事見《袁清容集》。其詩詞，與吴文英、翁元龍齊名。張玉田嘗論其所作平正，《千頃堂書目》載《日湖漁唱》二卷，此作一卷，或爲後人所併歟？

黃丕烈《蕘圃藏書題識・集類》 《日湖漁唱》一卷。舊鈔本。癸酉夏日，五柳書居以鈔本宋詞四種示余。余以其皆重本，故未留。越日思之，書不厭複，爲有異處也。遂復問之，索直三番，余因攜歸。出此《日湖漁唱》一種以校，郤有一二佳字，誤者亦未免，悉標諸行間。書經繡谷插架，繡谷者，西泠吴氏也。吴君名焯，字尺鳧，蓋藏書家，今其書皆散矣。表之以著雪泥鴻爪云爾。七月初四伏日揮汗識。復翁。

苕溪詞

范邦甸等《天一閣書目・詞曲類》 《苕溪詞》一卷。緜紙鈔本。歸安劉正撰。

貞居詞

范邦甸等《天一閣書目・詞曲類》 《貞居詞》一卷。緜紙鈔本。張天雨撰。

散花菴詞

毛晉《汲古閣書跋》 《散花菴詞》。叔陽自號玉林，別號花菴詞客。早棄科舉，雅意讀書，顏其居曰「散花菴」。嘗選唐宋詞及中興以來詞各十卷，曰《絶妙詞選》，末載自製詞四十首。有總跋云：「其間體製不同，無非英妙傑特之作。」昔游受齋稱其詩爲「晴空冰柱」，樓秋房喜其與魏菊莊友善，以「泉石清士」目之。

倪燦等《宋史藝文志補・詞曲類》 黄昇一作易《散花菴詞》一卷。

《四庫提要・詞曲類二》 《散花菴詞》一卷。安徽巡撫採進本。宋黄昇撰。昇字叔暘，號玉林，又號花菴詞客。以所居有玉林，又有散花菴也。毛晉刊本，以昇作昃，以叔暘作叔陽，而諸本實多作黄昇。考《花菴絶妙詞選》舊傳刻本，題曰「黄㫈」。又《詩人玉屑》前有昇序，世所傳翻刻宋本，猶鉤摹當日手書，亦作黄㫈。檢《詞選》序末，尚有當時姓氏小印，實作「㫈」字。蓋許慎《説文》，「昇」字篆文作「㫈」，昇特以篆體署名，故作「㫈」字。晉不考六書，妄改作「昃」，殊爲舛謬。至「叔陽」乃盧炳之字，炳即撰《哄堂詞》者，晉乃移而爲昇字，益桃僵李代矣。昇所選《絶妙詞》，末附以己詞四十首，蓋用王逸編《楚詞》，徐陵編《玉臺新詠》，芮挺章編《國秀集》之例。此本全録之，惟旁摭他書，增入三首耳。昇早棄科舉，雅意歌詠。曾以詩受知游九功，見胡德方所作《詞選序》。

文溪詞

范邦甸等《天一閣書目・詞曲類》 《文溪詞》一卷。緜紙鈔本。李昴英撰。

毛晉《汲古閣書跋》 《文溪詞》。《花菴詞選》云：「李俊明名昴英，號文溪。」升菴《詞品》云：「李公昴名昴英，資州盤石人。」予家藏《文溪詞》又云：「名公昴，字俊明，番禺人。」未知孰是。因送太平州太守王子文詞，得名，叔陽亦止選此一調，稱爲詞家射鵰手。用修又極稱《蘭陵王》一首，可並秦、周。予讀《摸魚兒》諸篇，其佳處寧遜「楊柳外、曉風殘月」耶？

《四庫提要・詞曲類存目》 《文溪詞》一卷。安徽巡撫採進本。宋李昴英撰。昴英有《文溪集》，已著録。此本爲毛晉所刊，卷首題「宋李公昴撰」。卷後跋語稱：「《花菴詞選》作『名昴英，字俊明』。楊慎《詞品》作『名公昴，字昴英，資州盤石人』。晉有家藏本作『名公昴，字俊明』。」云云。考昴英附見《宋史・黄雍傳》，其《文溪集》載始末甚詳，不云別名公昴。且今本黄昇《詞選》亦實作昴英，不知晉所據《詞選》當屬何本。至楊慎「資州盤石人」之説，覩詞内所述，惟有嶺南，無一字及於巴蜀。慎引爲鄉人，尤爲杜撰。原集具在，何可強誣。其詞集本分爲二卷，此本合爲一卷，字句舛謬非一，亦不及集本之完善。蓋慎與晉均未見《文溪全集》，故有此輾轉譌異也。

默軒詞

陳振孫《直齋書録解題・歌詞類》 《默軒詞》一卷。豫章劉德秀仲洪撰。慶元中爲簽樞。

馬端臨《文獻通考・經籍考・歌詞》 《默軒詞》一卷。

岫雲詞

陳振孫《直齋書録解題・歌詞類》 《岫雲詞》一卷。長沙鍾將之仲山撰。嘗爲編修官。

馬端臨《文獻通考・經籍考・歌詞》 《岫雲詞》一卷。

西樵語業

陳振孫《直齋書録解題・歌詞類》 《西樵語業》一卷。廬陵楊炎正濟翁撰。

馬端臨《文獻通考・經籍考・歌詞》《西樵語業》一卷。

毛晉《汲古閣書跋》《西樵語業》。止濟翁，盧陵人也。西樵乃清海府城西山名，相去數百里。或曰：「曾流寓於此，因以名集。」今亦無攷。但其《語業》一卷，俊逸可喜，不作妖艷情態，雖非詞家能品，其品之閒閒，可想見云。

又《附編》《西樵語業》。己巳二月十六日，從孫氏鈔本校。毛扆。

黄虞稷《千頃堂書目・詞曲類》楊炎《西樵語業》一卷。號止清翁。盧陵人。

倪燦等《宋史藝文志補・詞曲類》楊炎《西樵語業》一卷。號止清翁，盧陵人。

《四庫提要・詞曲類一》《西樵語業》一卷。江蘇巡撫採進本。宋楊炎正撰。炎正字濟翁，廬陵人。陳振孫《書録解題》載：「《西樵語業》一卷，楊炎正濟翁撰」。馬端臨《文獻通考》引之，誤以「正」字爲「止」字。毛晉刻《六十家詞》，遂誤以楊炎爲姓名，以止濟翁爲別號。近時所印，始改刊楊炎正姓名，跋中止濟翁字，亦追改爲楊濟翁。然舊印之本，與新印之本竝行，名字兩岐，頗滋疑惑。故厲鶚《宋詩紀事》辨之曰：「嘗見《西樵語業》舊鈔本，作楊炎正濟翁。後考《武林舊事》載楊炎正《錢塘迎酒歌》一首，《全芳備祖》亦載此詩，稱楊濟翁。是炎正其名，濟翁其字可見」云云。今觀辛棄疾《稼軒詞》中屢有與楊濟翁贈答之作。又楊萬里《誠齋詩話》曰：「余族弟炎正，字濟翁，年五十二乃登第。初爲寧遠簿，甚爲京丞相所知。有啓上丞相云：『秋鶩一葉，感蒲柳之先知；春到千花，嘆桑麻之後長。』丞相遂厚待，除掌故之令。」其始末甚明。足證厲鶚所辨爲不誤，而毛氏舊印之本爲不足憑矣。

雲谿樂府

陳振孫《直齋書録解題・歌詞類》《雲谿樂府》四卷。魏子敬撰。未詳何處人。

馬端臨《文獻通考・經籍考・歌詞》《雲谿樂府》四卷。

西園鼓吹

陳振孫《直齋書録解題・歌詞類》《西園鼓吹》二卷。徐得之思叔撰。

馬端臨《文獻通考・經籍考・歌詞》《西園鼓吹》二卷。

李東老詞

陳振孫《直齋書録解題・歌詞類》《李東老詞》一卷。李叔獻東老撰。

馬端臨《文獻通考・經籍考・歌詞》《李東老詞》一卷。

東浦詞

陳振孫《直齋書録解題・歌詞類》《東浦詞》一卷。韓玉温甫撰。

馬端臨《文獻通考・經籍考・歌詞》《東浦詞》一卷。

毛晉《汲古閣書跋》《東浦詞》。韓温甫家于東浦，因以名其詞。雖與康順庵、辛稼軒諸家酬唱，其妍媸相去，非亶苧蘿無鹽也。余去冬日事畚臿，研田久蕪，托友人較讐諸詞集以行世。入年讀之，如兹集開卷《水調歌頭》，爲之掩鼻。又且坐令其自度曲也，押韻頗峭，但「寃家何處貪歡樂，引得我心兒惡」等語，又未免俳笑矣。

黄虞稷《千頃堂書目・詞曲類》韓玉《東浦詞》一卷。字温甫，北平人。鳳翔府判官。

倪燦等《補遼金元藝文志・詞曲類》韓玉《東浦詞》一卷。字温甫，北平人。

《四庫提要・詞曲類一》《東浦詞》一卷。江蘇巡撫採進本。宋韓玉撰。案：是時有二韓玉。劉祁《歸潛志》曰：「韓府判玉，字温甫，燕人。少讀書，尚氣節。擢第入翰林，爲應奉文字。後爲鳳翔府判官。大安中，陝西帥府檄授都統，或誣以有異志，收鞫死獄中。」《金史》、《大金國志》竝同。此一韓玉也，其人終於金。葉紹翁《四朝聞見録》曰：「司馬文季使北不屈，生子名通國，蓋本蘇武之意。通國有大志，嘗結北方之豪韓玉舉事，未得要領。紹興初，玉挈家而南，授江淮都督府計議軍事。其兄璘在北，亦與通國善。癸未九月，以扇寄玉詩。都督張魏公見詩，甲申春，遣信往大梁，諷璘、通國等。至亳州，爲邏者所獲，通國、璘等三百餘口同日遇害。」此又一韓玉也，其人由金而入宋。

龔顯曾《金藝文志補録・詞曲類》《東浦詞》一卷。韓玉字温甫，北平人。

渭川居士詞

張金吾《愛日精廬藏書志・樂府類》《渭川居士詞》一卷。舊抄本。宋呂勝己季克撰。勝己仕履未詳，是書亦絶無著録者。

好庵游戲

陳振孫《直齋書録解題・歌詞類》《好庵遊戲》一卷。莆田方信孺孚若撰。開禧中使入金國，後至廣西漕。

馬端臨《文獻通考・經籍考・歌詞》《好庵遊戲》一卷。

鶴林詞

陳振孫《直齋書録解題・歌詞類》《鶴林詞》一卷。簡池劉光祖德修撰。紹熙名臣，爲御史、起居郎，晚以雜學士終。蜀之耆德。有文集，未見。

馬端臨《文獻通考・經籍考・歌詞》《鶴林詞》一卷。

笑笑詞集

陳振孫《直齋書録解題・歌詞類》《笑笑詞集》一卷。臨江郭應祥承禧撰。嘉定間人。自《南唐二主詞》而下，皆長沙書坊所刻，號「百家詞」。其前數十家皆名公之作，其末亦多有濫吹者。市人射利，欲富其部帙，不暇擇也。

馬端臨《文獻通考・經籍考・歌詞》《笑笑詞集》一卷。

范邦甸等《天一閣書目・詞曲類》《笑笑詞》一卷。緜紙鈔本。臨江郭應祥著。

黄虞稷《千頃堂書目・詞曲類》郭應祥《笑笑詞》一卷。字承禧，臨江人。嘉定間進士。

倪燦等《宋史藝文志補・詞曲類》郭應祥《笑笑詞》一卷。字承禧，臨江人。

夢窗詞

毛晉《汲古閣書跋》《夢窗四稿》。或云：「《夢窗詞》一卷。」或云：「凡四卷，以甲、乙、丙、丁釐目。」或又云：「四明吴君特從吴履齋諸公游，晚年好填詞。謝世後，同游集其丙、丁兩年稿若干篇，釐爲二卷。末有《鶯啼序》，遺缺甚多，蓋絶筆也。」與予家藏本合符。既閲《花菴》諸刻，又得逸篇九闋，附存卷尾。山陰尹焕序略云：求詞於吾宋，前有清真，後有夢窗。此非焕之言，四海之公言也。

黄虞稷《千頃堂書目・詞曲類》吴文英《夢窗甲乙丙丁四稿》四卷。字君特。四明人。

倪燦等《宋史藝文志補・詞曲類》吴文英《夢窗甲乙丙丁四稿》四卷。字君特，四明人。

《四庫提要・詞曲類二》《夢窗稿》四卷。江蘇巡撫採進本。宋吴文英撰。文英字君特，夢窗其自號也，慶元人。所著詞有甲、乙、丙、丁四稿，毛晉初得其丙、丁二稿，刻於宋詞第五集中。復摭其絶筆一篇，佚詞九篇，附於卷末。續乃得甲、乙二稿，刻之第六集中。晉原跋可考。此本即晉所刻，而四稿合爲一集，則又後人所移併也。

夢窗甲乙丙丁四稿補遺

倪燦等《宋史藝文志補・詞曲類》又《夢窗甲乙丙丁四稿補遺》一卷。

泠然齋詩餘

陳振孫《直齋書録解題・歌詞類》《泠然齋詩餘》一卷。蘇泂召叟撰。

馬端臨《文獻通考・經籍考・歌詞》《泠然齋詩餘》一卷。

蒲江詞

陳振孫《直齋書録解題・歌詞類》《蒲江集》一卷。永嘉盧祖皐申之撰。

馬端臨《文獻通考・經籍考・歌詞》《蒲江集》一卷。

毛晉《汲古閣書跋》《蒲江詞》。盧祖皐字申之，自號蒲江居士，永嘉人，樓大防之甥也。一時永嘉詩人，争學晚唐體。徐照字道暉，徐璣字文淵，翁卷字靈舒，趙師秀字紫芝，稱爲四靈。與申之倡和，莫能伯仲，惜其詩集不傳。黄叔陽謂其樂府甚工，字字可入律吕，浙人皆唱之。

《四庫提要・詞曲類一》《蒲江詞》一卷。江蘇巡撫採進本。宋盧祖皐撰。祖皐字申之，又字次夔，號蒲江，永嘉人。登慶元五年進士。嘉定中爲軍器少監，權直學士院。祖皐爲樓鑰之甥，學有淵源，嘗與「永嘉四靈」以詩相倡和，然詩集不傳。

欸乃集

陳振孫《直齋書録解題・歌詞類》《欸乃集》八卷。昭武嚴次山撰。「欸」音「曖」，「乃」如字，余嘗辨之甚詳。

馬端臨《文獻通考・經籍考・歌詞》《欸乃集》八卷。

清江欸乃

黄虞稷《千頃堂書目・詞曲類》嚴仁《清江欸乃》一卷。字次山，邵武人。

倪燦等《宋史藝文志補・詞曲類》嚴仁《清江欸乃》一卷。字次山，邵武人。

花翁詞

陳振孫《直齋書録解題・歌詞類》《花翁詞》一卷。孫惟信季蕃撰。

馬端臨《文獻通考・經籍考・歌詞》《花翁詞》一卷。

黄虞稷《千頃堂書目・詞曲類》孫惟信《花翁詞》一卷。字季蕃。

倪燦等《宋史藝文志補・詞曲類》孫惟信《花翁詞》一卷。字季蕃。

蕭閑詞

陳振孫《直齋書録解題・歌詞類》《蕭閑詞》一卷。韓疁子耕撰。

馬端臨《文獻通考・經籍考・歌詞》《蕭閑詞》一卷。

竹齋詩餘

范邦甸等《天一閣書目・詞曲類》《竹齋詩餘》一卷。緜紙鈔本。宋東陽黄機撰。

毛晉《汲古閣書跋》《竹齋詩餘》。《草堂詩餘》若干卷，向來艷驚人目。每祕一册，便稱詞林大觀，不知抹倒幾許騷人。

黄虞稷《千頃堂書目・詞曲類》黄機《竹齋詩餘》一卷。字幾仲，東陽人。

倪燦等《宋史藝文志補・詞曲類》黄機《竹齋詩餘》一卷。字幾仲，東陽人。

《四庫提要・詞曲類二》《竹齋詩餘》一卷。安徽巡撫採進本。宋黄機撰。機字幾仲，一云字幾叔，東陽人。其事蹟無可考見。據詞中所注，有「時欲之官永興」語，蓋亦嘗仕宦於州郡，但不知爲何官耳。其遊蹤則多在吴、楚之閒，而與岳總幹以長調唱酬爲尤夥。

梅屋詞

高儒《百川書志・歌詞》《梅屋詞》一卷。宋進士朱子門人程貴卿著。凡十八闋。

黄虞稷《千頃堂書目・詞曲類》程貴卿《梅屋詞》一卷。字□□。宋進士，朱子門人。

倪燦等《宋史藝文志補・詞曲類》 程貴卿《梅屋詞》一卷。

石屏詞

高儒《百川書志・歌詞》 《石屏詞》一卷。宋天台戴式之復古著。

范邦甸等《天一閣書目・詞曲類》 《石屏詞》一卷。緜紙鈔本。宋天台戴復古撰。

毛晉《汲古閣書跋》 《石屏詞》。式之以詩名東南半天下，所稱南渡後江湖四靈之一也。石屏其所居山名，因以爲號。性好游，南適甌閩，北窺吴越，上會稽，絶重江，浮彭蠡，泛洞庭，望匡廬、五老、九嶷諸峰，然後放於淮泗，歸老委羽之下。讀其《自述・沁園春》一闋，《自嘲・望江南》三闋，可想見其大概矣。

倪燦等《宋史藝文志補・詞曲類》 戴復古《石屏詞》一卷。

《四庫提要・詞曲類二》 《石屏詞》一卷。安徽巡撫採進本。宋戴復古撰。復古有《石屏集》，已著録。此詞一卷，乃毛晉所刻別行本也。復古爲陸游門人，以詩鳴江湖閒。方回《瀛奎律髓》稱其「豪健清快，自成一家」。

後村別調

范邦甸等《天一閣書目・詞曲類》 《後村居士詩餘》二卷。緜紙鈔本。宋劉克莊著。

毛晉《汲古閣書跋》 《後村別調》。攷淳祐辛丑八月，御批云：「劉克莊文名久著，史學尤精，可特賜同進士出身。」由是負一代盛名，偶有題跋，後人輒以爲定衡。所撰《別調》一卷，大率與辛稼軒相類，楊升菴謂其「壯語足以立懦」。予竊謂其雄力足以排奡云。

《四庫提要・詞曲類存目》 《後村別調》一卷。安徽巡撫採進本。宋劉克莊撰。克莊有《後村集》，已著録。其詩餘已附載集中，毛晉復摘出別刻。克莊在宋末以詩名，其所作詞，張炎《樂府指迷》譏其直致近俗，效稼軒而不及。今觀是集，雖縱横排宕，亦頗自豪，然於此事，究非當家。

澗泉詩餘

楊士奇等《文淵閣書目・詩詞》 《澗泉詩餘》。一部一册，完全。

南澗詩餘

黄虞稷《千頃堂書目・詞曲類》 韓元吉《南澗詩餘》一卷。字无咎，許昌人。官吏部尚書。

倪燦等《宋史藝文志補・詞曲類》 韓元吉《南澗詩餘》一卷。字無咎，許昌人。

虚齋樂府

黄虞稷《千頃堂書目・詞曲類》 趙以夫《虚齋樂府》二卷。字用文，長樂人。端平中知漳州。

倪燦等《宋史藝文志補・詞曲類》 趙以夫《虚齋樂府》二卷。字用父，長樂人。

黄丕烈《蕘圃藏書題識・集類》 《虚齋樂府》。述古堂鈔本。此錢遵王述古堂藏書，余得諸碧鳳坊顧氏，是影宋寫本，近有書友攜一本來，亦係影宋本，而出於汲古閣毛氏。

黄丕烈《蕘圃藏書題識續録・集類》 《虚齋樂府》二卷。景宋鈔本。此《虚齋樂府》，毛鈔景宋本也。先是書友攜來，索重直，余因有錢遵王家鈔本，遂屬顧千里手校其佳處而還之。不知其售於何所也。此嘉慶丁巳秋事。及歲己巳秋，余姻袁壽階病殁，所遺書籍不免散失。余檢點及此，方知是書歸宿，遂復收之。

顧廣圻《思適齋書跋・集部》 《虚齋樂府》二卷。述古堂景宋本。右依汲古毛氏鈔本改正。此亦景寫者，但每有不審耳。

顧廣圻《思適齋集外書跋輯存・集類》 《虚齋樂府》。述古堂影宋鈔本。

煙波漁隱詞

楊士奇等《文淵閣書目・詩詞》《煙波漁隱詞》。一部六册，闕。

《四庫提要・詞曲類存目》《煙波漁隱詞》二卷。《永樂大典》本。宋宋伯仁撰。伯仁有《西塍集》，已著録。其書蓋作於淳祐元年。

橘山樂府

黄虞稷《千頃堂書目・詞曲類》李廷忠《橘山樂府》一卷。

倪燦等《宋史藝文志補・詞曲類》李廷忠《橘山樂府》一卷。

履齋詩餘

黄虞稷《千頃堂書目・詞曲類》吴潛《履齋詩餘》三卷。

倪燦等《宋史藝文志補・詞曲類》吴潛《履齋詩餘》三卷。

梅屋詞

黄虞稷《千頃堂書目・詞曲類》許棐《梅屋詞》一卷。

倪燦等《宋史藝文志補・詞曲類》許棐《梅屋詞》一卷。

竹山詞

范邦甸等《天一閣書目・詞曲類》《竹山詞》一卷。緜紙鈔本。宋義興蔣捷撰。

毛晉《汲古閣書跋》《竹山詞》。昔人評詞，盛稱李氏、晏氏父子，及耆卿、子野、少游、子瞻、美成、堯章止矣。蔣勝欲泯焉無聞。今讀《竹山詞》一卷，語語纖巧，真《世説》靡也；字字妍倩，真六朝喻也。豈其稍劣於諸公耶？或讀《招落梅魂》一詞，謂其磊落横放，與辛幼安同調。其殆以一斑而失全豹矣。

黄虞稷《千頃堂書目・詞曲類》蔣捷《竹山詞》一卷。字勝欲，宜興人。

倪燦等《宋史藝文志補・詞曲類》蔣捷《竹山詞》一卷。

《四庫提要・詞曲類二》《竹山詞》一卷。安徽巡撫採進本。宋蔣捷撰。捷字勝欲，自號竹山，宜興人。德祐中，嘗登進士。宋亡之後，遁迹不仕以終。是編爲毛晉汲古閣所刊。卷首載至正乙巳湖濱散人題詞，謂：「此稿得之唐士牧家，雖無詮次，已無遺逸。」當猶元人所傳之舊本矣。

錢大昕《補元史藝文志・詞曲類》蔣捷《竹山詞》一卷。

黄丕烈《蕘圃藏書題識・集類》《竹山詞》一卷。元鈔本。竹山先生出義興鉅族，宋南渡後有名燦字宣卿者，善書，仕亦通顯。子孫俊秀，所居擅溪山之勝，故先生貌不揚，長於樂府。此稿得之於唐士牧家藏本。至正乙巳秋七月録。

須溪詞

楊士奇等《文淵閣書目・詩詞》《須溪詞》。一部二册，完全。

王笥山人詞

范邦甸等《天一閣書目・詞曲類》《王笥山人詞》一卷。緜紙鈔本。王沂孫撰。

碧山樂府

黄虞稷《千頃堂書目・詞曲類》王沂孫《碧山樂府》二卷。字聖與，又字中仙，會稽人。一名《花外集》。

倪燦等《宋史藝文志補・詞曲類》 王沂孫《碧山樂府》二卷。字聖與，會稽人。一名《花外集》。

錢大昕《補元史藝文志・詞曲類》 王沂孫《碧山樂府》一卷。又《花外集》二卷。

草窗詞

范邦甸等《天一閣書目・詞曲類》 《草窗詞》一卷。緜紙鈔本。宋周密撰。

黄虞稷《千頃堂書目・詞曲類》 周密《草窗詞》二卷。一名《蘋洲漁笛譜》。

倪燦等《宋史藝文志補・詞曲類》 周密《草窗詞》二卷。一名《蘋洲漁笛譜》。

錢大昕《補元史藝文志・詞曲類》 又周密《蘋洲漁笛譜》一卷。

阮元《四庫未收書目提要・詞曲類》 《蘋洲漁笛譜》二卷。《知不足齋叢書》本。宋周密撰。密著有《癸辛雜識》，《四庫全書》已著録。是書乃其所作詩餘，秀水朱彝尊撰《詞綜》，以爲《草窗詞》一名《蘋洲漁笛譜》。今攷《草窗詞》比斯譜實增多數闋，則知《笛譜》是其當日原定，《草窗詞》或後人掇拾所成，特以此爲藍本耳。

玉田詞

黄虞稷《千頃堂書目・詞曲類》 張炎《玉田詞》二卷。

倪燦等《宋史藝文志補・詞曲類》 張炎《玉田詞》三卷。

山中白雲詞

黄虞稷《千頃堂書目・詞曲類》 張炎《山中白雲詞》八卷。

倪燦等《宋史藝文志補・詞曲類》 張炎《山中白雲》八卷。字叔夏，張循王浚後裔。居臨安。

《四庫提要・詞曲類二》 《山中白雲詞》八卷。江蘇巡撫採進本。宋張炎撰。炎字叔夏，號玉田，又號樂笑翁。循王張俊之五世孫，家於臨安。宋亡後，潛跡不仕，縱遊浙東西，落拓以終。平生工爲長短句，以《春水》詞得名，人因號曰「張春水」。

錢大昕《補元史藝文志・詞曲類》 張炎《山中白雲詞》八卷。

方壺詞

《四庫提要・詞曲類存目》 《方壺詞》三卷。編修汪如藻家藏本。《方壺詞》，宋汪莘撰。《水雲詞》，宋汪元量撰。莘詞本載所著《方壺存稿》中，元量詞亦載所著《湖山類稿》中。此本乃休寧汪森從二集摘出合刊者。《方壺詞》前有自序，則宋嘉定元年嘗刊版別行故也。

水雲詞

高儒《百川書志・歌詞》 《水雲詞》二卷。宋水雲山人吴人汪元量大有著。

黄虞稷《千頃堂書目・詞曲類》 汪元量《水雲詞》二卷。

倪燦等《宋史藝文志補・詞曲類》 汪元量《水雲詞》二卷。

《四庫提要・詞曲類存目》 《水雲詞》一卷。編修汪如藻家藏本。宋汪元量撰。

蕭閑集

陳振孫《直齋書録解題・歌詞類》 《蕭閑集》六卷。蔡伯堅撰。靖之子陷金者。

馬端臨《文獻通考・經籍考・歌詞》 《蕭閑集》六卷。

蕭閒老人明秀集注

黄丕烈《蕘圃藏書題識・集類》《蕭閒老人明秀集注》三卷。影寫金本。

張金吾《愛日精廬藏書志・樂府類》《蕭閒老人明秀集注》三卷。影寫金刊本。從陳君子準藏金刊本影寫。金蔡松年撰，雷溪子魏道明元道注解。原六卷，今存一至三三卷。目録全。卷一、二曰「賡雅」，卷三、四曰「宵雅」，卷五、六曰「時風」。松年、道明俱見《中州集》。明秀者，湖山名。松年雅愛之，故以爲名。金源樂府推松年與吴彦高，當時號「吴蔡體」。

龔顯曾《金藝文志補録・詞曲類》《蕭閒老人明秀集注》三卷。蔡松年撰。魏道明注解。

吴彦高詞

陳振孫《直齋書録解題・歌詞類》《吴彦高詞》一卷。吴激彦高撰。米元章之壻，亦陷金，二人皆貴顯。

馬端臨《文獻通考・經籍考・歌詞》《吴彦高詞》一卷。

玉峰閒情集

龔顯曾《金藝文志補録・詞曲類》《玉峰閒情集》。趙可。

遺山樂府

楊士奇等《文淵閣書目・文集》《遺山樂府》。一部，一册。闕。

范邦甸等《天一閣書目・詞曲類》《遺山樂府》一卷。緜紙鈔本。金元好問撰。韓彦州編次。

黄虞稷《千頃堂書目・詞曲類》 又元好問《遺山樂府》二卷。

倪燦等《補遼金元藝文志・詞曲類》 又元好問《遺山樂府》二卷。

錢大昕《補元史藝文志・詞曲類》 又元好問《遺山樂府》二卷。

阮元《四庫未收書目提要・詞曲類》《遺山樂府》五卷。金元好問撰。好問有《續夷堅志》，《四庫全書》已著録。

張金吾《愛日精廬藏書志・樂府類》《遺山先生新樂府》五卷。舊抄本。金元好問撰。

龔顯曾《金藝文志補録・詞曲類》《遺山先生新樂府》五卷。元好問又别本《遺山先生樂府拾遺》一卷。明淩雲□□□□□□藏本。倪《志》作二卷。不知何據。

遯菴樂府

范邦甸等《天一閣書目・詞曲類》《遯菴樂府》一卷。緜紙鈔本。河東段克己撰。

黄虞稷《千頃堂書目・詞曲類》 段克己《遯齋樂府》一卷。

倪燦等《補遼金元藝文志・詞曲類》 段克己《遯齋樂府》一卷。

錢大昕《補元史藝文志・詞曲類》 段克己《遯齋樂府》一卷。

龔顯曾《金藝文志補録・詞曲類》《遯齋樂府》一卷。段□□。

菊莊樂府

黄虞稷《千頃堂書目・詞曲類》 段成己《菊莊樂府》一卷。

倪燦等《補遼金元藝文志・詞曲類》 段成己《菊莊樂府》一卷。

錢大昕《補元史藝文志・詞曲類》 段成己《菊莊樂府》一卷。

龔顯曾《金藝文志補録・詞曲類》《菊軒樂府》一卷。段克己，一作《菊莊》。

藏春詞

高儒《百川書志・歌詞》　《藏春詞》一卷。元光禄大夫太保文貞公劉侃著。凡七十六首。

黄虞稷《千頃堂書目・詞曲類》　劉秉忠《藏春詞》一卷。

倪燦等《補遼金元藝文志・詞曲類》　元劉秉忠《藏春詞》一卷。

錢大昕《補元史藝文志・詞曲類》　劉秉忠《藏春詞》一卷。

天籟集

倪燦等《補遼金元藝文志・詞曲類》　白樸《天籟集》二卷。

吴焯《繡谷亭薰習録・集二》　《天籟詞集》二卷。元真定白樸太素著，凡録詞一百八首。至元丁亥王博文子勉序。樸又號蘭谷，其父寓齋，與元遺山爲友，曾敘《遺山集》者。遺山亦嘗贈樸詩云：「元白通家舊，諸郎獨汝賢。」其父子皆以律賦鳴于時。

《四庫提要・詞曲類二》　《天籟集》二卷。編修汪如藻家藏本。金白樸撰。樸字仁甫，一字太素，號蘭谷，真定人。父寓齋，失其名，仕金爲樞密院判官。會世亂，父子相失，嘗鞠於元好問家，得其指授。金亡後，被薦不出，徙居金陵。放浪詩酒，尤精度曲。是本乃所作詞集，世久失傳。康熙中，六安楊希洛始得於白氏之裔，凡二百篇。前有王博文序，後有孫作序，及曹安贊。希洛以示朱彝尊，彝尊分爲二卷，序而傳之。

錢大昕《補元史藝文志・詞曲類》　白樸《天籟集》二卷。字仁甫。

龔顯曾《金藝文志補録・詞曲類》　《天籟集》二卷。白樸。

樵庵詞

高儒《百川書志・歌詞》　《樵菴詞》。元劉静修著。

黄虞稷《千頃堂書目・詞曲類》　劉因《樵庵詞》一卷。

倪燦等《補遼金元藝文志・詞曲類》　劉因《樵菴詞》一卷。

錢大昕《補元史藝文志・詞曲類》　劉因《樵庵詞》一卷。

道園樂府

高儒《百川書志・歌詞》　《道園樂府》一卷。元雍虞集伯生著。詞止四闋，餘皆《鳴鶴餘音》。

黄虞稷《千頃堂書目・詞曲類》　虞集《道園樂府》一卷。

倪燦等《補遼金元藝文志・詞曲類》　虞集《道園樂府》一卷。

錢大昕《補元史藝文志・詞曲類》　虞集《道園樂府》一卷。

鳴鶴餘音

高儒《百川書志・歌詞》　《鳴鶴餘音》一卷。元虞紹菴著。雖載本集，此卷較多，凡一十二闋。

吉山樂府

黄虞稷《千頃堂書目・詞曲類》　張埜《吉山樂府》二卷。字野夫，邯鄲人。

倪燦等《補遼金元藝文志・詞曲類》　張埜《吉山樂府》二卷。字埜夫，邯鄲人。

錢大昕《補元史藝文志・詞曲類》　張埜《古山樂府》二卷。字埜夫，邯鄲人。

蜕巖樂府

黄虞稷《千頃堂書目・詞曲類》　張翥《蜕巖樂府》三卷。

倪燦等《補遼金元藝文志・詞曲類》 張翥《蜕巖樂府》三卷。

《四庫提要・詞曲類二》 《蜕巖詞》二卷。兩淮鹽政採進本。元張翥撰。翥有《蜕菴集》，已著録。此編附載《詩集》之後，而自爲卷帙。案《元史》翥本傳稱「翥長於詩，其近體長短句尤工。殁後無子，其遺稿不傳。傳者有樂府、律詩僅三卷」。則在當日即與詩合爲一編。然云三卷，與今本不合。

錢大昕《補元史藝文志・詞曲類》 張翥《蜕巖樂府》三卷。

蛾術詞選

范邦甸等《天一閣書目・詞曲類》 《蛾術詞選》四卷。刊本。元雲間邵復孺著。明新都汪稷校。隆慶壬申，四明沈明臣序云：海上馮先生子喬氏，乃紹介其徒，汪生稷請予序《邵復儒集》，又重以邦憲朱先生慫恿，余蓋重違兩先生旨云。邵復孺者，生勝國時，卒于洪武間。其才名籍甚，以薦起家，訓導松江府學。復以子注誤戍潁上，久之迺赦還。卒年九十三。

黄虞稷《千頃堂書目・詞曲類》 邵亨貞《蛾術詞選》四卷。又《詞集》四卷。

阮元《四庫未收書目提要・詞曲類》 《蟻術詞選》四卷。元邵亨貞撰。亨貞有《野處集》，見《四庫全書》。伏讀《四庫全書總目》云：「亨貞所著《蟻術詞選》，世已無傳。」又云：「其詞世不多見，惟陶宗儀《輟耕録》載所作《沁園春》二首，雋永清麗，頗有可觀。蓋所長尤在于是，惜《詞選》今已久佚矣。」

雙溪醉隱樂府

黄虞稷《千頃堂書目・詞曲類》 耶律鑄《雙溪醉隱樂府》十一册。分前、續、別、外、新五集。

倪燦等《補遼金元藝文志・詞曲類》 耶律鑄《雙溪醉隱樂府》十一册。分前、續、別、外、新五集。

錢大昕《補元史藝文志・詞曲類》 耶律鑄《雙溪醉隱樂府》十一册。

静春詞

黄虞稷《千頃堂書目・詞曲類》 袁易《静春詞》一卷。字通用，吳郡人。

倪燦等《補遼金元藝文志・詞曲類》 袁易《静春詞》一卷。字通甫，吳郡人。

錢大昕《補元史藝文志・詞曲類》 袁易《静春詞》一卷。

竹莊詞

黄虞稷《千頃堂書目・詞曲類》 沈禧《竹莊詞》一卷。字廷錫，吳興人。

倪燦等《補遼金元藝文志・詞曲類》 沈禧《竹莊詞》一卷。字廷錫，吳興人。

錢大昕《補元史藝文志・詞曲類》 沈禧《竹莊詞》一卷。字廷錫，湖州人。

蕉窗蒠隱詞

《四庫提要・詞曲類存目》 《蕉窗蒠隱詞》一卷。編修汪如藻家藏本。舊本題元吳瑄撰。前後無序跋，不知瑄爲何許人。諸家書目，皆不著録，諸選本亦絶不及之。詳考其詞，皆明劉基之作。蓋姦巧書賈，鈔基詞以售僞，嫁名於明代編輯《古今逸史》之吳瑄。既而覺集中舒穆爾案舒穆爾原作石抹，今改正。元帥之類，不似明人，又增題一「元」字，併其人而僞之耳。

圭塘欸乃

高儒《百川書志・歌詞》 《圭塘欸乃》一卷。元光禄大夫許有壬集。

春雨軒詞

高儒《百川書志·歌詞》《春雨軒詞》一卷。元鄱陽劉彦昺撰。凡十八闋。

黄虞稷《千頃堂書目·詞曲類》劉彦昺《春雨軒詞》一卷。

静修詞

黄丕烈《蕘圃藏書題識·集類》《静修詞》一卷。元鈔本。

笙鶴清音

錢大昕《補元史藝文志·詞曲類》傅仲淵《笙鶴清音》。蒙古人，進士。

涼州鼓吹

錢大昕《補元史藝文志·詞曲類》柴望《涼州鼓吹》一卷。

樂　府

錢大昕《補元史藝文志·詞曲類》馮華《樂府》一卷。

滕玉霄詞

楊士奇等《文淵閣書目·詩詞》《滕玉霄詞》。一部，六册，闕。

宋濂詞

《明史·藝文志·别集類》宋濂《詞》四卷。

寫情集

高儒《百川書志·歌詞》《寫情集》二卷。大明誠意伯郁離子括蒼劉基著。凡二百一十六首。

黄虞稷《千頃堂書目·詞曲類》劉基《寫情集》四卷。

眉菴詞

高儒《百川書志·歌詞》《眉菴詞》一卷。皇朝山西廉使吴郡楊基孟載著。

黄虞稷《千頃堂書目·詞曲類》楊基《眉庵詞》一卷。

《明史·藝文志·别集類》楊基《詞》一卷。

扣舷集

高儒《百川書志·歌詞》高太史《扣舷集》一卷。皇明太史高啓季迪撰。凡二十九首。

徐𤊹《徐氏家藏書目·别集類》高啓《扣舷集》一卷。

黄虞稷《千頃堂書目·别集類》高啓《扣舷集》一卷。詞。

又《詞曲類》高啓《扣舷集》一卷。

《明史·藝文志·别集類》高啓《詞》一卷。

白雪遺音

高儒《百川書志・歌詞》《白雪遺音》一卷。皇明三山陳德武著。六十七首。

黄虞稷《千頃堂書目・詞曲類》 陳德武《白雪遺音》一卷。三山人。

又 陳德武《白雪遺音》一卷。三山陳德武，不知何人。

倪燦等《宋史藝文志補・詞曲類》 陳德武《白雪遺音》一卷。三山人。

誠齋詞

高儒《百川書志・歌詞》《誠齋詞》一卷。國朝周府殿下。

誠齋牡丹梅花玉堂春百詠

黄丕烈《蕘圃藏書題識・集類》《誠齋牡丹梅花玉堂春百詠》□卷。影鈔明本。此影鈔明刻《誠齋牡丹梅花玉堂春百詠》，余□□丁竹浯所，鈔而藏焉者也。其原委已詳於竹浯自跋。竹浯屬余一言。余以爲書不必跋，而此影鈔者不可不跋，蓋書之愛否視乎其人之好尚耳，人之愛書與否視乎其人之習氣耳。即如竹浯雖在蔭下，而幼時讀書未成，於文墨一道殊遠也。甲子歲，大兒署伯驥故家中，應對乏人，遂令竹浯常住余家。余一舉一動皆書也，檢書一事，時任之，竹浯亦頗好之。握管學書，書法頗娟秀。其所居近館師書室，因購古文、唐詩朝晚誦習，并求爲之講解。四五年來，文義略知一二，今此書之影鈔并題跋皆其筆也，可見人之習氣不可不慎。余故以此書諸卷端而勗之，竹浯其勉之哉。嘉慶己巳冬至前三日，復翁題。

清江漁譜

楊士奇等《文淵閣書目・詩詞》《清江漁譜》。一部，一册，闕。

御製詞金刻木匾

楊士奇等《文淵閣書目・國朝》《御製詞金刻木匾》。一片，闕。

御製樂府

楊士奇等《文淵閣書目・國朝》《御製樂府》。一部，一册，殘缺。

元先生長短句

楊士奇等《文淵閣書目・詩詞》《元先生長短句》。一部，一册，闕。

紀行詞

高儒《百川書志・歌詞》《紀行詞》一卷。皇明澹庵成始終著。凡十一首。

黄虞稷《千頃堂書目・詞曲類》 成始終《紀行詞》一卷。

餘清詞集

高儒《百川書志・歌詞》《餘清詞集》一卷。皇明錢塘瞿佑宗吉著。共二百首。

黄虞稷《千頃堂書目・詞曲類》 瞿佑《餘清詞》一卷。

樂府餘音

高儒《百川書志・歌詞》 《樂府餘音》二卷。皇明瞿佑著。凡一百十二首，與《餘清》相出入。

黄虞稷《千頃堂書目・詞曲類》 又瞿佑《樂府餘音》二卷。

《明史・藝文志・别集類》 瞿佑《詞》三卷。

《四庫提要・詞曲類存目》 《樂府遺音》五卷。浙江汪啓淑家藏本。明瞿佑撰。佑有《四時宜忌》，已著録。是集自卷一至卷二皆古樂府，自卷三至卷五皆詞曲。其古樂府綺靡軟熟，近於温、李，不出元末習氣。詞欲兼學南北宋，反致夾雜不純，殊不稱其名也。

鳴盛詞

高儒《百川書志・歌詞》 《鳴盛詞》一卷。皇明員外三山林鴻子羽著。凡三十一首。

黄虞稷《千頃堂書目・詞曲類》 林鴻《鳴盛詞》一卷。

蓮　詞

黄虞稷《千頃堂書目・詞曲類》 遼簡王《蓮詞》二卷。

和樂餘音

黄虞稷《千頃堂書目・詞曲類》 徽莊王見沛《和樂餘音》十卷。

秋江詞

黄虞稷《千頃堂書目・詞曲類》 唐恭王彌鉗《秋江詞》。

樂　府

黄虞稷《千頃堂書目・詞曲類》 承休王彌鋠《樂府》。

三徑詞

黄虞稷《千頃堂書目・詞曲類》 樊山王載埁《三徑詞》一卷。

夢玩仙閣

黄虞稷《千頃堂書目・詞曲類》 新樂王載璽《夢玩仙閣》一卷。

神覽滄溟

黄虞稷《千頃堂書目・詞曲類》 又新樂王載璽《神覽滄溟》一卷。

梅柳争春詞

黄虞稷《千頃堂書目・詞曲類》 淩雲翰《梅柳争春詞》一卷。

皇明御製樂府

高儒《百川書志・歌詞》《皇明御製樂府》一卷。宣德年製。凡一百一十二首。

張萱等《内閣藏書目録・聖製部》《御製樂府》一册，全。宣宗章皇帝詩餘。

御製神京八景詞

張萱等《内閣藏書目録・聖製部》《御製神京八景詞》一軸。宣德五年木刻。

歙指調古今詞

黄虞稷《千頃堂書目・詞曲類》 李開先《歙指調古今詞》一卷。

南湖詩餘

黄虞稷《千頃堂書目・詞曲類》 張綎《南湖詩餘》□卷。

花影集

黄虞稷《千頃堂書目・詞曲類》 馬洪《花影集》□卷。字浩瀾，學詩于劉泰，錢塘人。

贛侯新詠

范邦甸等《天一閣書目補遺・詞曲類》《贛侯新詠》三卷。刊本。卷首有天一閣主人圖章。嘉靖壬子，簡紹芳序云：「蜀左史李芝山致空侯器譜於升翁謫所，悦之，遂裁十六韻，命似朝雲者作古調以被諸管絃。昔沈懷遠被徙廣州，慕空侯造繞梁樂，象之暨作《南越志》，日命女奴彈於硯側，以贊幽思。翁得此，無乃亦獨思懷抱，充覽頤情之一力乎？妄擬《君不見》一闋，嗣復奉倚充調笑語，用右新聲云。按夾漈樂，畧空侯師延靡靡樂也。又曰漢武時侯調所作，施祀郊廟。似瑟而小，用撥彈之，音節坎坎，故曰『贛侯』。東京光和間，更製體曲，而長二十三絃豎抱於懷，兩手齊奏，鳳音鸞脰，修軫轃列，乃名『豎空侯』。今十四絃者即翁所謂宣和大晟樂府所改也。稿隸書新詠鍥傳，諸皆和之。惟詩筒郵遞，先後登梓，不獲敘爾。」

明農軒樂府

王圻《續文獻通考經籍考・樂律》《明農軒樂府》。殷士儋著。

和稼軒詞

王圻《續文獻通考經籍考・樂律》《和稼軒詞》。寧德陳汝玉著。

歸田詞

徐𤊹《徐氏家藏書目・詞調類》 王辰玉《歸田詞》一卷。王衡。

黄虞稷《千頃堂書目・詞曲類》 王衡《歸田詞》一卷。

俞仲茅近體樂府

徐𤊹《徐氏家藏書目・詞調類》《俞仲茅近體樂府》一卷。俞彦。

黄虞稷《千頃堂書目・詞曲類》俞彦《近體樂府》一卷。字仲茅，上元人。萬曆辛丑進士，光禄寺少卿。

梧院填詞

徐𤊹《徐氏家藏書目・詞調類》《梧院填詞》一卷。陳元明。

黄虞稷《千頃堂書目・詞曲類》陳元朋《梧院填詞》一卷。

鹿鶴軒小詞

徐𤊹《徐氏家藏書目・詞調類》《鹿鶴軒小詞》一卷。

笑詞

徐𤊹《徐氏家藏書目・詞調類》《笑詞》一卷。屠本畯。

黄虞稷《千頃堂書目・詞曲類》屠本畯《笑詞》一卷。

升庵長短句

王圻《續文獻通考經籍考・詩集》《升庵長短句》。新都人。楊慎用修著。

張萱等《内閣藏書目録・集部》《長短句》一册。楊慎著。

黄虞稷《千頃堂書目・詞曲類》楊慎《升庵長短句》四卷。

又《别集類》楊慎《升庵長短句》四卷。

《明史・藝文志・别集類》《詞》四卷。楊慎著。

升庵長短句續集

范邦甸等《天一閣書目・雜著類》《升庵長短句續集》三卷。刊本。明楊慎撰。嘉靖丁酉楊南金序稱：「太史謫居滇南，託興酒邊，陶情詞曲，傳咏滇雲，溢流夷徼。昔人吃井水處皆唱柳詞，今也不喫井水處亦唱楊詞矣。公詞賦似漢，詩律似唐，下至宋詞元曲，文之末耳，亦不減秦七、黄九、東籬、小山。」

月節詞

王圻《續文獻通考經籍考・詩集》《月節詞》。新都人。楊慎用修著。

玲瓏倡和

范邦甸等《天一閣書目・雜著類》《玲瓏倡和》二卷附刻一卷。明楊慎撰。

樂府拾遺

范邦甸等《天一閣書目・雜著類》《樂府拾遺》一卷。明楊慎撰。

省愆詞

高儒《百川書志・歌詞》《省愆詞》一卷。皇明武英殿大學士黄宗豫著。十一首。

黃虞稷《千頃堂書目・詞曲類》 黃准《省愆詞》一卷。

歸閑詞

高儒《百川書志・歌詞》 《歸閑詞》一卷。皇明東明居士錢仁夫著。詞七首，有序引。

葵軒詞

高儒《百川書志・歌詞》 《葵軒詞》一卷。皇明貴溪夏汝霖撰。凡三十九首。

范邦甸等《天一閣書目・詞曲類》 《葵軒詞》一卷。鈔本。夏暘撰。

黃虞稷《千頃堂書目・詞曲類》 夏暘《葵軒詞》一卷。貴溪人。

賓竹詩餘

高儒《百川書志・歌詞》 《賓竹詩餘》一卷。皇明武定侯郭珍著。

黃虞稷《千頃堂書目・詞曲類》 郭珍《賓竹詩餘》一卷。武定侯。

南澗詩餘

高儒《百川書志・歌詞》 《南澗詩餘》一卷。皇明侯官林廷玉撰。

黃虞稷《千頃堂書目・詞曲類》 林廷玉《南澗詩餘》一卷。

桂州詩餘

范邦甸等《天一閣書目・詞曲類》 《桂州詩餘》六卷。明夏言撰。吴一鵬序云：「子自歸田，不通朝貴之間者將十年。少傅桂洲公獨念一日之雅，悉以登仕以來奏議應制諸集十餘卷見寄。讀之，未嘗不歎公啓沃之忠，籌畫之精，而一時明良遭逢之盛也。今年冬，巡按侍御陳君蕙以公詩餘命吴郡守王侯儀刻焉，俾予序之。今觀一編之中，華而有則，樂而不淫，實詞林之宗匠也。宜侍御君之賢，拳拳刻之也乎。」

徐𤊹《徐氏家藏書目・詞調類》 《夏桂州詩餘》一卷。

又《别集類》 夏言《桂州詩餘》一卷。

黃虞稷《千頃堂書目・詞曲類》 夏言《桂洲詞》一卷。

碧山詩餘

黃虞稷《千頃堂書目・詞曲類》 王九思《碧山詩餘》一卷。

花影集

《四庫提要・詞曲類存目》 《花影集》五卷。内府藏本。明施紹莘撰。紹莘字子野，華亭人，自號峰泖浪仙。是集前三卷爲樂府，後二卷爲詩餘，多作於崇禎中。大抵皆紅愁緑慘之詞，所謂亡國之音哀以思也。

李東陽樂府

王圻《續文獻通考經籍考・樂律》 《李東陽樂府》。東陽，長沙人，大學士。

崇雅堂樂府

黄虞稷《千頃堂書目·詞曲類》 顧應祥《崇雅堂樂府》一卷。

明珠集

黄虞稷《千頃堂書目·詞曲類》 吴子孝《明珠集》二卷。

《四庫提要·詞曲類存目》 《玉霄仙明珠集》二卷。浙江鄭大節家藏本。明吴子孝撰。子孝字純叔，長洲人。吏部尚書一鵬子。嘉靖己丑進士，官至湖廣布政司參議。《江南通志》稱其「議論英發，爲文章宏肆浩博」。此乃所作詞集，凡一百八十餘闋，頗具悽惋之致。而造詣未深，不能入宋人閫奥也。

爽齋詞藁

黄虞稷《千頃堂書目·詞曲類》 金鸞蕭《爽齋詞藁》二卷。

貽拙堂樂府

黄虞稷《千頃堂書目·詞曲類》 鄭鸞《貽拙堂樂府》二卷。金陵人。

空中語

黄虞稷《千頃堂書目·詞曲類》 劉效祖《空中語》一卷。

陌花軒小詞

黄虞稷《千頃堂書目·詞曲類》 黄方蔭《陌花軒小詞》一卷。金陵人。

楊夫人詞曲

黄虞稷《千頃堂書目·詞曲類》 《楊夫人詞曲》五卷。楊脊妻。

溪上閒情

黄虞稷《千頃堂書目·詞曲類》 張四維《溪上閒情》。字治卿，金陵諸生。

可雪齋藁

黄虞稷《千頃堂書目·詞曲類》 《可雪齋藁》一卷。

月香亭藁

黄虞稷《千頃堂書目·詞曲類》 《月香亭藁》一卷。

松林暢懷詞

高儒《百川書志·詞曲》 《松林暢懷詞》二卷。上黨郭豸汝平編。

黃虞稷《千頃堂書目·詞曲類》 郭豸《松林暢懷詞》二卷。上黨人。

虛舟詞

黃虞稷《千頃堂書目·詞曲類》 張恂《虛舟詞》二卷。金吾左衛指揮。

東村樂府

黃虞稷《千頃堂書目·詞曲類》 謝九睿《東村樂府》二卷。

西野老人樂府

黃虞稷《千頃堂書目·詞曲類》 袁崇冕《西野老人樂府》。皆章丘人。布衣。

王舜耕詞

黃虞稷《千頃堂書目·詞曲類》 《王舜耕詞》二卷。

喬龍溪詞

黃虞稷《千頃堂書目·詞曲類》 《喬龍溪詞》一卷。章丘人。與李中麓同時，官僉事致仕。

醉鄉小藁

黃虞稷《千頃堂書目·詞曲類》 高筆峰《醉鄉小藁》。亦李中麓同時人。

煙霞小藁

黃虞稷《千頃堂書目·詞曲類》 蘇雪蓑《煙霞小藁》。

濠上齋樂府

黃虞稷《千頃堂書目·詞曲類》 《濠上齋樂府》一卷。

蘿月齋樂府

黃虞稷《千頃堂書目·詞曲類》 《蘿月齋樂府》一卷。

泰然亭樂府

黃虞稷《千頃堂書目·詞曲類》 李先芳《泰然亭樂府》。藏於家。

玉琴齋詞

顧廣圻《思適齋書跋·集部》 《玉琴齋詞》不分卷。稿本。填詞宗派，五代、南北宋各極其妙。近人惟撏撦玉田，附會竹西，六家自外，皆未之寓目，烏足與知此事耶？觀梅村題中舉放翁、金荃、清真，而歸之學富才雋，無所不詣其勝，可以知前輩誠不可輕及矣。嘉慶癸酉歲八月下旬，元和顧廣圻觀并識。

槐堂詞

范邦甸等《天一閣書目・詞曲類》《槐堂詞》一卷。刊本。國朝王翃撰，陳子龍序。

秋閒詞

范邦甸等《天一閣書目・詞曲類》《秋閒詞》一卷。刊本。國朝王庭撰。

頤堂詞

范邦甸等《天一閣書目・詞曲類》《頤堂詞》一卷。不著撰人名氏。

蓼花詞

《四庫提要・詞曲類存目》《蓼花詞》一卷。江西巡撫採進本。國朝余光耿撰。光耿有《一溉堂詩集》，已著録。其父懋衡，於明末遭黨禍。光耿少而孤苦，中多感慨，往往託填詞以自遣。《滿江紅》諸作，思親憶弟，寄興頗深。其以「蓼花」名者，殆亦取多難集蓼之意歟？

南耕詞　歲寒詞

《四庫提要・詞曲類存目》《南耕詞》六卷、《歲寒詞》一卷。浙江巡撫採進本。國朝曹亮武撰。亮武有《南耕草堂詩》，已著録。《南耕詞》先刻五卷，其第六卷乃喪偶後所作，續刻於後，而以悼亡詞十闋附之。《歲寒詞》則康熙癸亥、甲子兩年所作。其同里陳枋倡和之，名《荆溪歲寒詞》，亦附刻集内。亮武以倚聲擅名，與陳維崧爲中表兄弟，當時名幾相埒。其纏綿婉約之處，亦不減於維崧。而才氣稍遜，故縱横跌宕，究不能與之匹敵也。

情田詞

《四庫提要・詞曲類存目》《情田詞》三卷。給事中邵庚曾家藏本。國朝邵瓌撰。瓌初名宏魁，字柯亭，大興人。康熙己卯舉人，官新河縣教諭，遷昌邑知縣。其填詞之學出於朱彝尊。此集乃乾隆癸酉其子履嘉所刊也。

澹秋容軒詞

《四庫提要・詞曲類存目》《澹秋容軒詞》一卷。江蘇巡撫採進本。國朝范青撰。青有《筠軒詩集》，已著録。是集爲青所自編。凡小令十一闋，中調二十七闋，長調十七闋。又附入太倉許旭和詞一首。

四香樓詞鈔

《四庫提要・詞曲類存目》《四香樓詞鈔》。無卷數。江蘇巡撫採進本。國朝范纘撰。纘有《四香樓詩鈔》，已著録。是集小令、中調、長調，各自爲編，而不分卷數。大抵宗法周、柳，猶得詞家正聲。而天然超妙，不及前人，未免有雕鐫之迹。至如《南歌子》第二首之類，雖脂粉綺羅，詩餘本色，要亦稍近於褻也。

炊聞詞

《四庫提要・詞曲類存目》 《炊聞詞》二卷。副都御史黄登賢家藏本。國朝王士禄撰。士禄有《讀史蒙拾》，已著録。是集本名《炊聞詞》，前有士禄自序，稱：「兀兀南冠，不殊邯鄲一枕。故取杜陵詩語斷章而命之。其文無謂，其緒無端，故系之以巵。」此本改題《炊聞詞》，而目録末有附記，稱初名《炊聞巵語》。殆士禄晚所自改，而序則未改耶？是集皆其以科場磨勘事繫獄時作。初本一百二十首，後删二首，增五十五首，爲一百七十三首。

曝書亭詞注

張之洞《書目答問・别集》 《曝書亭詞注》七卷。朱彝尊。李富孫注。

烏絲詞

張之洞《書目答問・别集》 《烏絲詞》。陳維崧。

珂雪詞

《四庫提要・詞曲類二》 《珂雪詞》二卷。山東巡撫採進本。國朝曹貞吉撰。貞吉有《珂雪詩》，已著録。是編則其詩餘也。上卷凡一百三十四首，下卷凡一百五首。其總目所載補遺，尚有《卜算子》、《浪淘沙》、《木蘭花》、《春草碧》、《滿江紅》、《百字令》、《木蘭花慢》、《臺城路》等八調，而皆有録無書，殆以附在卷末，裝緝者偶佚之歟？其詞大抵風華掩映，寄託遥深，古調之中，緯以新意。不必模周範柳，學步邯鄲，而自不失爲雅製，蓋其天分於是事獨近也。《陳維崧集》有《貞吉詠物詞序》云：「吟成十首，事足千秋。趙明誠金石之録，遜此華文；郭宏農山海之篇，慚斯麗製。」雖友朋推挹之詞，不無溢量，要在近代詞家，亦卓然一作手矣。舊本每調之末，必列王士禎、彭孫遹、張潮、李良年、曹勳、陳維崧等評語，實沿明季文社陋習，最可厭憎。今悉删除，以清耳目。且以見文之工與不工，原所共見，傳與不傳，在所自爲。名流之序、跋、批、點，不過木蘭之櫝，日久論定，其妍醜不由於此。庶假借聲譽者，曉然知標榜之無庸焉。

張之洞《書目答問・别集》 《珂雪詞》。曹貞吉。

飲水詞

張之洞《書目答問・别集》 《飲水詞》。納蘭性德。

側帽詞

張之洞《書目答問・别集》 《側帽詞》。納蘭性德。

彈指詞

張之洞《書目答問・别集》 《彈指詞》。顧貞觀。

玉山詞

《四庫提要・詞曲類存目》 《玉山詞》。無卷數。浙江巡撫採進本。國朝陸次雲撰。次雲有《八紘繹史》，已著録。是集凡小令五十九，長調十八，中調九。尤侗、秦松齡爲之選評。次雲《北墅緒言》有《屬友人改正詩餘姓氏書》，蓋因《西泠詞選》借名刻其詞三首，故力辨之。高士奇稱其自處甚高，今觀所作，乃往往多似元曲，不能如《書》中所稱周、秦、蘇、辛體也。

樊榭山房詞

張之洞《書目答問・別集》《樊榭山房詞》。厲鶚。

金粱夢月詞

張之洞《書目答問・別集》《金粱夢月詞》。周之琦。

冰蠶詞

張之洞《書目答問・別集》《冰蠶詞》。承齡。

空青詞

張之洞《書目答問・別集》《空青詞》。邊浴禮。

茗柯詞

張之洞《書目答問・別集》《茗柯詞》。張惠言。

蘅夢樓詞

張之洞《書目答問・別集》《蘅夢樓詞》。郭麐。

疏影樓詞

張之洞《書目答問・別集》《疏影樓詞》。姚燮。

詞總集分部

通代之屬

花間集

尤袤《遂初堂書目・樂曲類》《唐花間集》。

又《總集類》《花間集》。

陳振孫《直齋書録解題・歌詞類》《花間集》十卷。蜀歐陽炯作序，稱衛尉少卿字宏基者所集，未詳何人。其詞自温飛卿而下十八人，凡五百首，此近世倚聲填詞之祖也。詩至晚唐、五季，氣格卑陋，千人一律，而長短句獨精巧高麗，後世莫及，此事之不可曉者，放翁陸務觀之言云爾。

馬端臨《文獻通考・經籍考・歌詞》《花間集》十卷。

高儒《百川書志・歌詞》《花間集》十卷。蜀銀青光禄大夫行衛尉少卿趙崇祚弘基集晚唐五季之詞，温飛卿而下凡十八人，共五百首。此近世倚聲填詞之祖，過其詩律遠矣。

徐𤊹《徐氏家藏書目・詞調類》《花間集》四卷。

毛晉《汲古閣書跋》《花間集》。據陳氏云：「《花間集》十卷。自温飛卿而下十八人，凡五百首。」今逸其二，已不可考。近來坊刻往往繆其姓氏，續其卷帙，大非趙弘基氏本來面目。余家藏宋刻，前有歐陽炯序，後有陸放翁二跋，真完璧也。近來填詞家，輒效顰柳屯田作閨幃穢媟之語。無論筆墨勸淫應隨犂舌地獄，于紙窗竹屋間，令人捹鼻而過，不慙惶無地耶？若彼白眼罵座，臧否人物，自詫辛稼軒後身者，譬如靁大起舞，縱使極工，要非本色。張宛丘云：「幽索如屈宋，悲壯如蘇李，始可與言詞也已矣。」亟梓斯集，以爲倚聲填詞之祖。但李翰林《菩薩蠻》、《憶秦娥》及南唐二主、馮延己諸篇，俱未入選，不無遺珠之憾云。

錢曾《讀書敏求記・詞》 《花間集》十卷。趙崇祚集唐末才士長短句，歐陽炯爲之弁語。可繼孝穆《玉臺》序文。紹興十八年，濟陽晁謙之刊正題于後。鏤板精好，楮墨絶佳，宋槧本之最難得者也。

《四庫提要・詞曲類二》 《花間集》十卷。江蘇巡撫採進本。後蜀趙崇祚編。崇祚字宏基，事孟昶爲衛尉少卿，而不詳其里貫。《十國春秋》亦無傳。案：蜀有趙崇韜，爲中書令廷隱之子。崇祚疑即其兄弟行也。

彭元瑞等《天禄琳琅書目後編・宋版集部》 《花間集》。一函二册。五代趙崇祚撰。崇祚字宏基，揭銜銀青光禄大夫行衛尉少卿，孟蜀時臣，里貫無考。書十卷，集唐一代詞凡作者十八人，詞三百九十四首。前有蜀廣政三年武德軍節度判官歐陽炯序，後有紹興十八年晁謙之跋，稱建康舊有本，比得往年例卷，猶載郡將監司僚幕之行，有《六朝實録》與《花間集》之贐，又他處本皆譌舛，迺是正而復刊，聊以存舊事云。蓋南宋重雕本。

孫星衍《平津館鑒藏書籍記・明版》 《花間集》十卷。題銀青光禄大夫行衛尉少卿趙崇祚集，後有紹興十八年晁謙之跋。每葉廿行，行十八字。每句讀有小圈點。明毛晉重刻宋本，前有蜀翰林學士中書舍人歐陽炯序，後有陸游二跋。此本無序。收藏有「方外司馬」白文方印，「雲壑」白文方印。

顧櫰三《補五代史藝文志・聲樂類》 《花間集》十卷。裴説集唐人詞。案：孫氏《書目》題作「蜀人趙崇祚編」。

張之洞《書目答問・總集》 《花間集》十卷。蜀趙崇祚編。汲古閣本。

艷　詞

顧櫰三《補五代史藝文志・聲樂類》 《艷詞》一卷。蜀後主王衍集。

尊前集

毛晉《汲古閣書跋》 《尊前集》。雍熙間，有集唐末五代諸家詞命名《家宴》，爲其可以侑觴也。又有名《尊前集》者，殆亦類此。惜其本皆不傳。嘉禾顧梧芳氏采録名篇，釐爲二卷，仍其舊名。雖不堪與《花間》、《草堂》頡頏，亦能一洗綺羅香澤之態矣。

黄虞稷《千頃堂書目・詞曲類》 顧梧芳《尊前集》二卷。

《四庫提要・詞曲類二》 《尊前集》二卷。江蘇巡撫採進本。不著編輯者名氏。前有萬曆間嘉興顧梧芳序云：「余愛《花間集》，欲播傳之，而余斯編第有類焉。」似即梧芳所輯。故毛晉亦謂：「梧芳採録名篇，釐爲二卷。」而朱彝尊跋則謂：「於吴下得吴寬手鈔本，取顧本勘之，詞人之先後，樂章之次第，靡有不同。因定爲宋初人編輯。」考宋張炎《樂府指迷》曰：「粵自隋，唐以來，聲詩間爲長短句。至唐人則有《尊前》、《花間集》。」似乎此書與《花間集》皆爲五代舊本。然《樂府指迷》一云沈伯時作，又云顧阿瑛作，其爲真出張炎與否，蓋未可定。又陳振孫《書録解題》歌詞類以《花間集》爲首，注曰：「此近世倚聲填詞之祖。」而無《尊前集》之名。不應張炎見之，而陳振孫不見。彝尊定爲宋本，亦未可盡憑。疑以傳疑，無庸强指。且就詞論詞，原不失爲《花間》之驂乘。玩其情采，足資沾溉，亦不必定求其人以實之也。

家宴集

陳振孫《直齋書録解題・歌詞類》 《家宴集》五卷。序稱子起，失其姓氏。雍熙丙戌歲也。所集皆唐末五代人樂府，視《花間》不及也。末有《清和樂》十八章，爲其可以侑觴，故名「家宴」也。

馬端臨《文獻通考・經籍考・歌詞》 《家宴集》五卷。

樂府雅詞

尤袤《遂初堂書目・樂曲類》 《樂府雅詞》。

陳振孫《直齋書録解題・歌詞類》《樂府雅詞》三卷、《拾遺》二卷。曾慥編。

馬端臨《文獻通考・經籍考・歌詞》《樂府雅詞》十二卷、《拾遺》二卷。曾氏自序略曰：「予所藏名公長短句，裒合成編，或後或先，非有銓次，多是一家，難分優劣，涉諧謔則去之，名曰《樂府雅詞調笑集句》。歐公一代儒宗，風流自命，詞章窈眇，世所矜式，當時小人，或作艷曲，繆爲公詞，今刪除凡三十有四。家雖女流亦不廢。此外有百餘闋，平日膾炙人口，或不知姓名，則類於卷末，以俟詢訪，標曰《拾遺》云。」

《四庫提要・詞曲類二》《樂府雅詞》三卷、《補遺》一卷。江蘇巡撫採進本。宋曾慥編。慥有《類説》，已著録。是編皆輯宋人之詞。前有朱彝尊題詞，謂：「陳氏《書録解題》載曾端伯《樂府雅詞》一十二卷，《拾遺》二卷。此本鈔自上元焦氏，止存三卷及《拾遺》，殆非足本。」然彝尊《曝書亭集》又載此書跋云：「繹其自序，稱三十有四家，合三卷，爲足本無疑。」蓋此卷首所載，爲彝尊初稿，《集》所載乃詳定之本也。慥自序謂「涉諧謔則去之，當時艷曲，謬託歐公者，悉刪除之。」則命曰《雅詞》，具有風旨，非靡靡之音可比。至於道宫、薄媚、西子詞、排遍之後，有入破、虚催、衮遍、催拍、歇拍、煞衮諸名，皆他本所罕載，猶見宋人舊法。不獨《九張機》詞僅見於此，是又足資詞家之考證矣。

孫星衍《平津館鑒藏書籍記・影寫本》《樂府雅詞》三卷、《拾遺》二卷。前有紹興丙寅曾慥序，後有朱竹垞曝書亭題跋。曾慥原編卅四家，書止五卷。《文獻通考》引陳氏《書録解題》，作「十二卷」，是傳寫之誤。

錦屏樂章

尤袤《遂初堂書目・樂曲類》《錦屏樂章》。

曲選

尤袤《遂初堂書目・樂曲類》《曲選》。

類分樂章

陳振孫《直齋書録解題・歌詞類》《類分樂章》二十卷。書坊編集。

馬端臨《文獻通考・經籍考・歌詞》《類分樂章》二十卷。

羣公詩餘前後編

陳振孫《直齋書録解題・歌詞類》《羣公詩餘前後編》二十二卷。書坊編集。

馬端臨《文獻通考・經籍考・歌詞》《羣公詩餘後編》二十二卷。

五十大曲

陳振孫《直齋書録解題・歌詞類》《五十大曲》十六卷。書坊編集。

馬端臨《文獻通考・經籍考・歌詞》《五十大曲》十六卷。

萬曲類編

陳振孫《直齋書録解題・歌詞類》《萬曲類編》十卷。書坊編集。

馬端臨《文獻通考・經籍考・歌詞》《萬曲類編》十卷。

唐宋諸賢絶妙詞選

范邦甸等《天一閣書目・詞曲類》《唐宋諸賢絶妙詞選》十卷。刊本。花菴詞客編集。宋淳祐胡德方序云：「古樂府不作，而後長短句出。我朝鉅公勝士娱戲文章亦多及此，然散在諸集，未易徧窺。玉林此選，博觀約取，發妙音于衆樂並奏之際，出至珍于萬寶畢陳之中，使人得一編，則可以盡見詞家之奇，厥功不亦茂乎？玉林蚤棄科舉，雅意讀書，閒從吟咏自適。閣學受齊游公，嘗稱其詩爲『晴空冰柱，閩師秋房』。樓公聞其與魏菊莊爲友，併以石泉清士目之，其人如此，其詞選可知矣。」明萬曆四年舒伯明梓。

黄虞稷《千頃堂書目・詞曲類》 黄昇《花菴絶妙詞選》十卷。北宋詞。

倪燦等《宋史藝文志補・詞曲類》 黄昇《花菴絶妙詞選》十卷。北宋詞。

花菴詞選

毛晉《汲古閣書跋》 《花菴詞選》。據玉林序中稱曾端伯所編乃《樂府雅詞》，所謂涉諧謔則去之者也。又稱《復雅》一集，乃陳氏所謂鮦陽居士所編，不著姓名者也。二書惜未之見，而兹編獨存，巋然魯靈光矣。先輩云：「《草堂》刻本多誤字及失名者，賴此可證。」所選或一首或數十首，多寡不倫，每一家綴數語，紀其始末。銓次微寓軒輊，蓋可作詞史云。余向謂散花菴乃叔陽所居，玉林其號也。既讀其《戲題玉林》一詞，酷似余水邨風景，不覺卧遊而願學焉。

《四庫提要・詞曲類二》 《花菴詞選》二十卷。内府藏本。宋黄昇撰。其書成於淳祐乙酉。前十卷曰《唐宋諸賢絶妙詞選》，始於唐李白，終於北宋王昂，方外、閨秀各爲一卷附焉。後十卷曰《中興以來絶妙詞》，始於康與之，終於洪瑹。昇所自作詞三十八首，亦附録於末。前十卷内頗有已入南宋者，蓋宣和、靖康之舊人，過江猶在者也。然後十卷内如康與之、陳與義、葉夢得亦皆北宋舊人，又不知其以何斷限矣。觀昇自序，其意蓋欲以繼趙崇祚《花間集》、曾慥《樂府雅詞》之後，故蒐羅頗廣。

彭元瑞等《天禄琳琅書目後編・元版集部》 《絶妙詞選》。一函五册。宋黄昇編。昇字叔暘，號玉林，閩人。書二十卷，曰《唐宋諸賢絶妙詞選》十卷，李白以下一百三十四家；曰《中興以來絶妙詞選》十卷，康與之以下八十八家；而以昇自作三十八首爲附録。每人下各注仕履，中興以來人標其字，閒作評語。前有淳祐己酉昇自序云：「親友劉誠甫栞諸梓。」又胡德方序稱其「早棄科舉，與魏菊莊爲友」。即編《詩人玉屑》者，併以泉石清士目之。至今倚聲家以《花間》、《絶妙》兩集爲金科玉律也。

彭元瑞等《天禄琳琅書目後編・明版集部》 《絶妙詞選》。一函四册。篇目同前元版集部。闕補《中興詞選》卷一。

張之洞《書目答問・總集》 《花菴詞選》十卷。宋黄昇編。汲古閣本。

中州元氣

張萱等《内閣藏書目録・樂律部》 《中州元氣》。四册，不全。莫詳編集姓氏。皆古樂府詞曲也。凡十册，今闕其六。

黄虞稷《千頃堂書目・詞曲類》 《中州元氣》十册。

錢大昕《補元史藝文志・詞曲類》 《中州元氣》十册。

諸家詩詞

楊士奇等《文淵閣書目・詩詞》 《諸家詩詞》。一部五册，闕。

唐宋名賢百家詞

范邦甸等《天一閣書目・詞曲類》 《唐宋名賢百家詞》九十册。紅絲闌鈔本。明吴訥輯并序。

宋元百家詞

黄虞稷《千頃堂書目・詞曲類》 吴訥《宋元百家詞》□卷。

草堂詩餘別録

范邦甸等《天一閣書目・詞曲類》 《草堂詩餘別録》一卷。武昌府通判張綖撰。

詞林萬選

范邦甸等《天一閣書目・詞曲類》 《詞林萬選》四卷。刊本。明桂林任良幹編。

王圻《續文獻通考經籍考・詩集》 《詞林萬選》。新都人楊慎用修著。

毛晉《汲古閣書跋》 《詞林萬選》。予向慕用修先生《詞林萬選》，不得一見。金沙于季鸞貽予一帙，前有任良榦序，不啻咽三危之露而聆秋竹積雪之曲矣。

黄虞稷《千頃堂書目・詞曲類》 又楊慎《詞林萬選》四卷。

《四庫提要・詞曲類存目》 《詞林萬選》四卷。内府藏本。舊本題「明楊慎編」。慎有《檀弓叢訓》，已著録。此本爲嘉靖癸卯楚雄府知府任良榦所刊，蓋慎戍雲南時，良榦得其本也。

百琲明珠

黄虞稷《千頃堂書目・詞曲類》 又楊慎《百琲明珠》□卷。

類編草堂詩餘

范邦甸等《天一閣書目・詞曲類》 《類編草堂詩餘》一卷。刊本。明武陵顧從敬編次，高陽韓俞臣校正。嘉靖庚戌，東海何良俊序。余家有宋人詩餘六十餘種，求其精絶者，要皆不出此編。顧子上海名家，家富詩書，代傳禮樂，尊公東川先生博物洽聞，著稱朝列。諸子清修好學，綽有門風。故伯叔並以能書供奉清朝，仲季將漸以賢科起矣。是編乃其家藏宋刻本，比世本多七十餘調，是不可以不傳。

又 《類編草堂詩餘》四卷。不著撰人名氏。首列武陵逸史編次，開雲山農校正。

黄虞稷《千頃堂書目・詞曲類》 顧從敬《草堂詩餘類編》四卷。

《四庫提要・詞曲類二》 《類編草堂詩餘》四卷。通行本。不著編輯者名氏。舊傳南宋人所編。考王楙《野客叢書》作於慶元間，已引《草堂詩餘》張仲宗《滿江紅》詞證「蝶粉蜂黄」之語，則此書在慶元以前矣。詞家小令、中調、長調之分，自此書始。後來詞譜，依其字數以爲定式，未免稍拘，故爲萬樹《詞律》所譏。然填詞家終不廢其名，則亦倚聲之格律也。朱彝尊作《詞綜》，稱《草堂》選詞可謂無目，其詆之甚至。今觀所録，雖未免雜而不純，不及《花間》諸集之精善，然利鈍互陳，瑕瑜不掩，名章俊句，亦錯出其間。一概詆排，亦未爲公論。此本爲明杭州顧從敬所刊。前有嘉靖庚戌何良俊序，稱「爲從敬家藏宋刻，較世所行本多七十餘調」，其刻在汲古閣本之前。又諸詞之後，多附以當時詞話，汲古閣本皆無之。考所引黄昇《花菴詞選》、唐密《絶妙好詞》均在宋末，知爲後來所附入，非其原本。然採摭尚不猥濫，亦頗足以資考證，故仍竝存焉。

孫星衍《平津館鑒藏書籍記・明版》 《類編草堂詩餘》四卷。題「武陵逸史編次、開雲山農校正」。有嘉靖庚戌何良俊序，稱：「顧子汝所刻。是編乃其家藏宋刻本，比世所行本多七十餘調。」附以詞話，爲汲古閣本所無，每葉廿二行，行十九字。

類選箋釋草堂詩餘

范邦甸等《天一閣書目・詞曲類》 《類選箋釋草堂詩餘》四卷。刊本。明顧從敬選，陳繼儒重校。萬曆甲寅，長洲陳元素序云：「先刻《草堂詩餘》，無如雲間顧汝所家藏宋本爲佳，繼坊間有分類注釋本，又有毘陵長湖外史續集本，咸翳于書肆，而于國朝未遑也。惟注釋本脱落謬誤，至不可句。太末翁元泰見而病之，博求諸刻，愈多愈謬，乃倩余任校讐之役，又命余蒐輯國朝名人之作，并毘陵續集，盡加注釋，凡三編焉。刻既成，復請余序其事。」

花草粹編

黃虞稷《千頃堂書目·詞曲類》 陳耀文《花草粹編》十二卷。字晦伯，確山人。嘉靖丙辰進士。陝西行太僕寺卿。

《明史·藝文志·總集類》 陳耀文《花草粹編》十二卷。

《四庫提要·詞曲類二》 《花草粹編》二十二卷、附録一卷。禮部尚書曹秀先家藏本。明陳耀文編。耀文有《經典稽疑》，已著録。是編採掇唐宋歌詞，亦間及於元人，而所採殊少。自序稱：「是集因唐《花間集》、宋《草堂詩餘》而起，故以《花草粹編》爲名。」然使惟以二書合編，各採其一字名書，已無義理。乃綜括兩朝之詞，而以「花」字代唐字，以「草」字代宋字，衡以名實，尤屬未安。然其書捃摭繁富，每調有原題者，必録原題。或稍僻者，必著採自某書。其有本事者，併列詞話於其後。其詞本不佳，而所填實爲孤調，如《縷縷金》之類，則注曰「備題」。編次亦頗不苟。此本與《天中記》版式相同，蓋猶耀文舊刻。而卷首乃有延祐四年陳良弼序，刊刻拙惡，僅具字形，而其文則仍耀文之語。蓋坊賈得其舊版，別刊一序弁其首，以僞爲元版耳。

錢大昕《補元史藝文志·詞曲類》 陳良弼《花草類編》十二卷。延祐四年序。

唐宋元明酒詞

黃虞稷《千頃堂書目·詞曲類》 周履靖《唐宋元明酒詞》一卷。

草堂詩餘

黃虞稷《千頃堂書目·詞曲類》 沈際飛《草堂詩餘》正續新三集十二卷。

《明史·藝文志·總集類》 沈際飛《草堂詩餘》十二卷。

古今詞統

黃虞稷《千頃堂書目·詞曲類》 卓人月《古今詞統》十六卷。

《明史·藝文志·總集類》 卓人月《古今詞統》十六卷。

詞　的

黃虞稷《千頃堂書目·詞曲類》 茅映《詞的》。字遴士。

草堂餘意

高儒《百川書志·歌詞》 《草堂餘意》二卷。皇明七一居士陳鐸大聲次韻。

黃虞稷《千頃堂書目·詞曲類》 陳鐸《草堂餘意》二卷。

又 《草堂餘意》一卷。陳鐸選宋詞，附以己作。

詞　原

黃虞稷《千頃堂書目·詞曲類》 《詞原》二卷。

名賢詞府

徐𤊹《徐氏家藏書目・詞調類》 《名賢詞府》十二卷。

黄虞稷《千頃堂書目・詞曲類》 《名賢詞府》十二卷。

詞綜

《四庫提要・詞曲類二》 《詞綜》三十四卷。内府藏本。國朝朱彝尊編。其同時增定者，則休寧汪森也。彝尊有《經義考》，森有《粤西詩載》，竝已著録。是編録唐、宋、金、元詞，通五百餘家。於專集及諸選本外，凡稗官、野紀中，有片詞足録者，輒爲採掇。故多他選未見之作。其詞名、句讀爲他選所淆舛，及姓氏爵里之誤，皆詳攷而訂正之。其去取亦具有鑒別。

張之洞《書目答問・總集》 《詞綜》三十六卷。朱彝尊編。原刻本。唐、五代、宋。

名家詞

阮元《四庫未收書目提要・詞曲類》 《名家詞》十卷。國朝侯文燦編輯。所選爲《南唐二主詞》、馮延巳《陽春集》，宋則張先《子野詞》、賀鑄《東山詞》、葛剡《信齋詞》、吴儆《竹洲詞》、趙以夫《虚齋樂府》，元則趙孟頫《松雪詞》、薩都剌《天錫詞》、張野《古山樂府》。文燦自序云：「古詞專集，自汲古閣六十家宋詞外，見者絶少。」又稱「孫星遠有唐宋以來百家詞鈔本，訪之僅存數種，合之笥中所藏，共得四十餘家，兹先集十家付之梓人」云云。是編《子野詞》，《四庫全書》已著録，即《陸安集》。伏讀《四庫全書總目》云：此本近時安邑葛鳴陽所輯，凡詞六十八首。此則一百三十首，較爲完善，末附東坡題跋。其餘所選，亦簡擇不苟，要不失爲善本也。

樂府類編

王圻《續文獻通考經籍考・樂律》 《樂府類編》。浦陽吴萊著。

選聲集

《四庫提要・詞曲類存目》 《選聲集》三卷。内府藏本。國朝吴綺撰。綺有《嶺南風物記》，已著録。是編小令、中調、長調各一卷，皆五代、宋人之詞，標舉平仄以爲式。其字旁如方匡者，皆可平可仄之字，餘則平仄不可易者也。其法仍自《填詞圖譜》而來。其第一體、第二體之類，亦從其舊。後附《詞韻簡》一卷，皆祖沈謙、毛先舒之説。蓋取便攜閲而已，無大刱作也。

詞選

黄丕烈《蕘圃藏書題識・集類》 《詞選》一册。舊鈔本。詞之專集，出《六十家詞》外者不下數十種，可云富矣。何取乎《詞選》爲耶？此册與諸書總收。故在所録書僅卅二番，中有闕失者，脱作者姓字，文不全，無可攷見者一葉。已下董鑑二葉、後缺。丘宗山五葉、李處全四葉、後缺。郭應祥四葉、姚述堯二葉、劉學箕五葉、吴琚二葉、宋鎧二葉。後缺。前後失攷，作者姓氏無可攷見者三葉。取其書爲甚有筆致，非尋常鈔胥可比。末有「白石山樵藏書記」，不知誰何？李鑑明古亦文人也。癸酉四月九日記。復翁。余初見此書，謂書估曰：「此書是葉石君手筆。」蓋余所見他書多如此也。然石君時代細考，不知與竹垞翁同時否？書中有引《詞綜》語，必康熙間人也。當攷之。又記。

蕉雨軒詩餘彙選

《四庫提要・詞曲類存目》《蕉雨軒詩餘彙選》八卷。兩淮鹽政採進本。

林下詞選

《四庫提要・詞曲類存目》《林下詞選》十四卷。兩淮馬裕家藏本。國朝周銘撰。銘字勒山，松江人。是集題曰「林下」，蓋取《世説》所載謝道韞事也。其書採取女子之作，自宋、元、明以及國朝，編次頗爲無緒。末卷以《減字木蘭花》詞題爲南齊蘇小小，亦沿田藝蘅之誤，而不能正也。

御定歷代詩餘

《四庫提要・詞曲類二》《御定歷代詩餘》一百二十卷。康熙四十六年聖祖仁皇帝御定。所録詞自唐至明，凡一千五百四十調，九千餘首，釐爲一百卷。又詞人姓氏十卷，詞話十卷。考梁代《吴聲歌曲》，句有短長，音多柔曼，已漸近小詞。唐初作者雲興，詩道復振，故將變而不能變。迨其中葉，雜體日增，於是《竹枝》、《柳枝》之類，先變其聲。《望江南》、《調笑令》、《宫中》、《三臺》之類，遂變其調。然猶載之詩集中，不别爲一體。洎乎五季，詞格乃成。其岐爲别集，始於馮延巳之《陽春詞》。其岐爲《總集》，則始於趙崇祚之《花間集》。自宋初以逮明季，沿波迭起，撰述彌增。然求其括歷代之精華，爲諸家之總彙者，則多窺半豹，未覩全牛，罕能博且精也。我聖祖仁皇帝游心藝苑，於文章之體，一一究其正變，核其源流。兼括洪纖，不遺一技。乃命侍讀學士沈辰垣等蒐羅舊集，定著斯編。凡柳、周婉麗之音，蘇、辛奇恣之格，兼收兩派，不主一隅。旁及元人小令，漸變繁聲。明代新腔，不因舊譜者，苟一長可取，亦衆美胥收。至於考求爵里，可以爲論世之資，辨證妍媸，可以爲倚聲之律者，網羅宏富，尤極精詳。自有詞選以來，可云集其大成矣。若夫諸調次第，竝以字數多少爲斷，不沿《草堂詩餘》強分小令、中調、長調之名，更一洗舊本之陋也。

張之洞《書目答問・總集》《歷代詩餘》一百二十卷。康熙四十六年。敕編。内府本。

詞綜補

張之洞《書目答問・總集》《詞綜補》二卷。王昶編。合朱彝尊《詞綜》原刻本。

江南春詞

黄丕烈《蕘圃藏書題識・集類》《江南春詞》一册。舊鈔本。《江南春》刻於嘉靖時，有袁永之所撰後序。想是袁氏梓本。五硯樓袁壽階藏有舊刻，籤係鮑丈渌飲手書，必渌飲爲之購得者。近時坊間不復有此刻矣。今夏書賈持此舊鈔示余，余一見稱快，惜其文至錫山王問子裕止。即子裕詞「新移江竹遲春筍」已下四首多脱，後復佚張餘峰意等二十人詞，諒所據已不全本矣。兹本目録與袁刻異，本書行款字體多同，暇當從袁刻影鈔足之。就此殘編，已屬罕見，兼爲姚公希孟所藏，古色古香，令人愛翫，出番餅一枚易之。頃因檢點書堆，補題數語於尾。時辛未十一月望後一日，燒燭呵凍識。復翁。續又檢得五硯樓藏鈔本。中多刻《江南春詞小引》一首，係嘉靖十八年袁表邦正甫所書，又在袁永之後序之先。是刻《江南春詞》者乃袁表，非袁袠也。其詞止於陸川無蹇，仍缺清河張鳳翼已下九人。可知當日續有增入，非邦正所刻之舊矣。用是未敢據彼益此，留此舊鈔面目可矣。壬申春季，復翁。辛巳二月，工人以新裝書籍歸架，中有《江南春》一册。知長孫整理書籍時付裝也。其去得書時已歲越十一矣。見獨學人識。

詞綜補遺

張之洞《書目答問・總集》《詞綜補遺》二十卷。陶梁編。原刻本。

斷代之屬

復雅歌詞

陳振孫《直齋書録解題・歌詞類》 《復雅歌詞》五十卷。題鮦陽居士序，不著姓名。末卷言宮詞音律頗詳，然多有調而無曲。

馬端臨《文獻通考・經籍考・歌詞》 《復雅歌詞》五十卷。

梅苑

楊士奇等《文淵閣書目・詩詞》 《梅苑詞》。一部一册，闕。

黄虞稷《千頃堂書目・詞曲類》 黄大隅《梅苑》十卷。字載萬。蜀人。集北宋詠梅詞。

倪燦等《宋史藝文志補・詞曲類》 黄大隅《梅苑》十卷。字戴萬，蜀人。集北宋咏梅詞。

錢曾《讀書敏求記・詞》 《梅苑》十卷。王晦叔曰：「吾友黄載方歌詞，直與唐名輩相角。所居齋前梅花一枝甚盛，因録唐以來詞人才士之作，凡數百篇，爲齋居之玩。名曰《梅苑》。其樂府號《廣變風》，有賦梅花數曲，亦自奇特。」晦叔稱許載方如此。余今復覩其書，《聲聲慢》俱作《勝勝慢》，未敢率意改之。

《四庫提要・詞曲類二》 《梅苑》十卷。山東巡撫採進本。宋黄大輿編。大輿字載萬，錢曾《讀書敏求記》引王灼之語云：「字載方。」殆書萬爲万，又譌万爲方，如蕭方等之轉爲萬等歟？其爵里未詳。厲鶚《宋詩紀事》稱爲蜀人，亦以原序自署「岷山耦耕」，及《成都文類》載其詩，以意推之耳，無確證也。王灼稱：「大輿歌詞與唐名輩相角，其樂府號《廣變風》，有賦梅花數曲，亦自奇特。」然樂府今不傳，惟此集僅存。所録皆詠梅之詞，起於唐代，止於南北宋間。

陽春白雪

陳振孫《直齋書録解題・歌詞類》 《陽春白雪》五卷。趙稡夫編。取《草堂詩餘》所遺，以及近人之詞。

馬端臨《文獻通考・經籍考・歌詞》 《陽春白雪》五卷。

楊士奇等《文淵閣書目・詩詞》 《陽春白雪》。一部一册。

范邦甸等《天一閣書目補遺・詞曲類》 《陽春白雪》一卷。鈔本。趙立之選。

黄虞稷《千頃堂書目・詞曲類》 趙粹夫《陽春白雪集》。

倪燦等《補遼金元藝文志・詞曲類》 趙粹夫《陽春白雪集》。

錢大昕《補元史藝文志・詞曲類》 趙粹夫《陽春白雪集》。

阮元《四庫未收書目提要・詞曲類》 《陽春白雪》八卷。宋趙聞禮編。聞禮字立之，臨濮人。案：《文淵閣書目》「月字號」載「《陽春白雪》一册」。乃闕佚之本，此從舊鈔依樣倣寫，所選凡二百餘家，宋代不傳之作，多萃于是。去取亦復謹嚴，絶無猥濫之習。聞禮著有《釣月軒詞》，周密《絶妙好詞》嘗采其作。是編亦自録一二，如《玉漏遲》、《法曲獻仙音》、《瑞鶴仙》等闋，字鍊句琢，非專以柔媚爲工者可比也。

陽春白雪外集

阮元《四庫未收書目提要・詞曲類》 《陽春白雪外集》一卷。

絶妙好詞選

黄虞稷《千頃堂書目・詞曲類》 周密《絶妙好詞選》八卷。

倪燦等《宋史藝文志補・詞曲類》 又周密《絶妙好詞》八卷。

錢曾《讀書敏求記・詞》 《弁陽老人絶妙詞選》七卷。弁陽老人選此詞。總目後又有目録，卷中詞人大半余所未曉者。其選録精允，清言秀句，層見叠出，誠詞家之南董也。此本又經前輩細勘、批閲，姓氏下各朱標其出處、里第。展玩之心目了然。

錢大昕《補元史藝文志・詞曲類》 周密《絶妙好詞》七卷。

絶妙好詞箋

《四庫提要・詞曲類二》 《絶妙好詞箋》七卷。兵部侍郎紀昀家藏本。《絶妙好詞》，宋周密編。其箋則國朝查爲仁、厲鶚所同撰也。密所編南宋歌詞，始於張孝祥，終於仇遠，凡一百三十二家。去取謹嚴，猶在曾慥《樂府雅詞》、黄昇《花菴詞選》之上。又宋人詞集，今多不傳，併作者姓名，亦不盡見於世。零璣碎玉，皆賴此以存，於詞選中，最爲善本。初爲仁採摭諸書以爲之箋，各詳其里居、出處，或因詞而考證其本事，或因人而附載其佚聞，以及諸家評論之語，與其人之名篇秀句不見於此集者，咸附録之。

張之洞《書目答問・總集》 《絶妙好詞箋》七卷、附《續鈔》一卷。宋周密編。厲鶚、查爲仁箋。徐楙重刻本。會稽章氏重刻本。又附張惠言《詞選》二卷、董毅《續詞選》二卷、鄭善長《九家詞選》一卷。

羣英詩餘

黄虞稷《千頃堂書目・詞曲類》 《羣英詩餘》。

錢大昕《補元史藝文志・詞曲類》 《羣英詩餘》。

天機碎錦

黄虞稷《千頃堂書目・詞曲類》 《天機碎錦》。

錢大昕《補元史藝文志・詞曲類》 《天機碎錦》。

天機餘錦

黄虞稷《千頃堂書目・詞曲類》 《天機餘錦》。

錢大昕《補元史藝文志・詞曲類》 《天機餘錦》。

片玉珠璣

黄虞稷《千頃堂書目・詞曲類》 《片玉珠璣》。

錢大昕《補元史藝文志・詞曲類》 《片玉珠璣》。

草堂詩餘

陳振孫《直齋書録解題・歌詞類》 《草堂詩餘》二卷。書坊編集。

馬端臨《文獻通考・經籍考・歌詞》 《草堂詩餘》二卷。

楊士奇等《文淵閣書目・詩詞》 《草堂詩餘》。一部一册，闕。

高儒《百川書志・歌詞》 《草堂詩餘》四卷。《通考》云：「書坊所編。」各有注釋引證，皆五代及宋人之作也。分五十九題，幾四百闋。

范邦甸等《天一閣書目・詞曲類》 《草堂詩餘》二卷。緜紙鈔本。不著撰人名氏。

范邦甸等《天一閣書目補遺・詞曲類》 《草堂詩餘》二卷。刊本。係唐宋人詩餘。明孫纓偕胡汝方、凌伯源，彙次成編。總四百八十四首。舒有序。

王圻《續文獻通考・經籍考・樂律》 《草堂詩餘》。集古名人詞調。

徐𤊹《徐氏家藏書目・詞調類》 《草堂詩餘》四卷。

劉若愚《内板經書紀略》 《草堂詩餘》。二本。一百九十葉。

毛晉《汲古閣書跋》 《草堂詩餘》。宋元間詞林選本，幾屈百指，惟《草堂》一編飛馳。幾百年來，凡歌欄酒榭絲而竹之者，無不拊髀雀躍。及至寒窗腐儒，挑鐙閒看，亦未嘗欠伸魚睨，不知何以動人一至此也？其命名之意，楊升庵謂本之李青蓮「簫聲咽」、「平林漠漠煙如織」二詞。然非歟，若名調淆訛，姓氏影借，先輩已詳辨之矣。

張之洞《書目答問・總集》《草堂詩餘》四卷。宋人編。汲古閣本。

典雅詞

黄虞稷《千頃堂書目・詞曲類》《典雅詞》□卷。姚述克《蕭臺公餘詞》、倪偁《綺川詞》、邱崈《文定公詞》各一卷。

倪燦等《宋史藝文志補・詞曲類》《典雅詞》三卷。姚述堯《蕭臺公餘詞》、倪偁《綺川詞》、邱崈《文定詞》各一卷。

四英樂府

尤袤《遂初堂書目・樂曲類》《四英樂府》。

南宋中興以來絶妙詞選

范邦甸等《天一閣書目・詞曲類》《南宋中興以來絶妙詞選》十卷。刊本。宋玉林撰。并識云：「玉林此編，亦姑據家藏文集之所有，朋游聞見之所傳，詞之妙者固不止此。嗣有所得，當續刊之。若其序次，亦隨得本之先後，非固爲之高下也。其間體製不同，無非英妙傑特之作，觀者詳之。」萬曆二年中秋既望，龍邱桐源舒氏伯明新雕，梁溪寓舍印行。

黄虞稷《千頃堂書目・詞曲類》黄昇《中興絶妙詞選》十卷。南宋詞。一作曻，字叔暘，號玉林。

倪燦等《宋史藝文志補・詞曲類》又黄昇《中興絶妙詞選》十卷。南宋詞。曻字叔暘。

張之洞《書目答問・總集》《中興以來詞選》十卷。宋黄昇編。汲古閣本。

樂府補題

王圻《續文獻通考經籍考・樂律》《樂府補題》。仇遠、唐珏等俱有此書。

黄虞稷《千頃堂書目・詞曲類》仇遠《樂府補題》一卷。

倪燦等《補遼金元藝文志・詞曲類》仇遠《樂府補題》一卷。

《四庫提要・詞曲類二》《樂府補題》一卷。江蘇巡撫採進本。不著編輯者名氏。皆宋末遺民倡和之作。凡賦龍涎香八首，其調爲《天香》，賦白蓮十首，其調爲《水龍吟》，賦蓴五首，其調爲《摸魚兒》，賦蟬十首，其調爲《齊天樂》，賦蠏四首，其調爲《桂枝香》，作者爲王沂孫、周密、王易簡、馮應瑞、唐藝孫、吕同老、李彭老、陳恕可、唐珏、趙汝鈉、李居仁、張炎、仇遠等十三人，又無名氏二人。其書諸家皆不著録。前有朱彝尊序，稱：「爲常熟吴氏鈔本，休寧汪晉賢購之長興藏書家，而蔣景祁鋟版以傳」云云。則康熙中始傳於世也。彝尊序又稱：「當日倡和之篇，必不止此，亦必有序以誌歲月，惜今皆逸」云云。其説亦是。然疑或墨迹流傳，後人録之成帙，未必當時即編次爲集，故無序目，亦未可知也。

錢大昕《補元史藝文志・詞曲類》《樂府補題》一卷。王沂孫諸人詞。

中州樂府

高儒《百川書志・歌詞》《中州樂府》一卷。金河東元好問裕之撰。本朝之詞三十六人，百有十闋。

范邦甸等《天一閣書目・詞曲類》《中州樂府》一卷。刊本。金元好問輯。嘉靖十五年彭汝實序云：「聲音之流，至于樂府，不知其變凡有幾。漢房中樂，昉有斯名。周人宫中樂章，已奏《關雎》、《鵲巢》矣。李唐而下，其變斯極。按樂録、技録、樂府遺聲、新聲所載，瑟調、楚調、鐃歌、和歌，正附幾五十門。爲魚龍鳥獸，爲車馬征戍，爲佳麗怨思，爲蕃胡、都邑、神仙、遊俠、時景、觴酌，各若干曲。説者謂《兩出塞》、《蜀道難》音響足比金石，皆樂府曲諸不易作也。沈宋以降，直至宋金元世，至有以樂府名家，如吴彦高學士者矣。《中州樂府》一帙，蓋金尚書令史元遺山集也，凡三十六人，總一百二十四首，以其父德翁終焉。人有小序志之，中間亦有一二憐才者，文亦爾雅，蓋金人小史也。儼山陸先生得是編，示余兑陽山樓，曰：『編中譌誤，類爲校讐，與瑞成謀梓之。』嘉定守貴陽高登遂刻之九峰書院云。」

徐𤊹《徐氏家藏書目・總詩類》《中州樂府》一卷。

毛晉《汲古閣書跋》《中州樂府集》。家藏《中州集》十卷，逸其樂府，梓人告成，殊怏怏然。既得樂府一帙，乃九峰書院刻本也，不勝劍合之喜。第詞俱雙調，淆雜無倫，一一按譜釐正。如《望海潮》諸闋，與譜不侔，未敢輕以意改。其小敍已見詩集中，不復贅云。

錢謙益等《絳雲樓書目・金元文集類》《中州樂府》。

黄虞稷《千頃堂書目・詞曲類》元好問《中州樂府》一卷。

倪燦等《補遼金元藝文志・詞曲類》金元好問《中州樂府》一卷。

錢大昕《補元史藝文志・詞曲類》元好問《中州樂府》一卷。

黄丕烈《蕘圃藏書題識・集類》《中州樂府》一卷。毛鈔本。余應文選局之募傭書於讀未見書齋，主人出毛鈔《中州樂府》，屬摹補目録及後碑牌于首尾。目録前即《中州集》之目録連刻者，兹衹就樂府目録補之。故前空數行，刊刻年月。一葉即係第十八葉，兹因別書一葉，故附於後，不標小號云。嘉慶戊辰冬，尹傳李德經識。《中州樂府》一葉後三行「髻」作「鬢」。後十三行作「鬢」。二葉四行口录。三葉十行「閆」作「閭」。四葉七行「北都」作「此鄰」。五葉十行「如」作「好」。十五行□遮。後十一行□雄。後十五行□十六葉一行末旁注集句。七葉九行口佰。十四行「伭」作「佰」。八葉一行口蘭。三行□印。後十四行「紫」作「柴」。十葉六行「棤」作「措」。十一葉十行「昬」作「民」。後三行□丞。後十三行「紅」作「紘」。後十四行「杯」作「柸」。十三葉後十五行「周」作「問」，「菅」作「管」。十四葉六行「延」作「廷」。後十三行「仒」作「令」。十五後十四行「气」作「乞」。十六葉三行「白」作「自」。後四行「各」作「咎」。後十五行□君。十七葉二行□芼。嘉慶己巳春正月晦日校。濂溪坊蔣氏元刻本與此異字。復翁。俱在卷末。

龔顯曾《金藝文志補録・詞曲類》《中州樂府》一卷。元好問。

續草堂詩餘

徐𤊹《徐氏家藏書目・詞調類》《續草堂詩餘》二卷。

黄虞稷《千頃堂書目・詞曲類》《鳳林書院詞選》二卷。一名《續草堂詩餘》。

倪燦等《補遼金元藝文志・詞曲類》《鳳林書院詞選》二卷。一名《續草堂詩餘》。

錢大昕《補元史藝文志・詞曲類》《鳳林書院詞選》二卷。

名儒草堂詩餘

阮元《四庫未收書目提要・詞曲類》《名儒草堂詩餘》三卷。元廬陵鳳林書院輯本。未詳選者姓氏。自劉藏春以下，凡六十家，皆南宋遺老。選録精允，秀句清言，多萃于是，而黍離之感，有不能忘情者。厲鶚跋稱「弁陽老人《絶妙好詞》而外，鮮焉寡匹。余于此二種，心所愛玩，無時離手」云。案：「《千頃堂書目》始著録，一名《續草堂詩餘》，即是編也。

鳴鶴餘音

黄虞稷《千頃堂書目・詞曲類》彭致中《鳴鶴餘音》。

倪燦等《補遼金元藝文志・詞曲類》彭致中《鳴鶴餘音》。

《四庫提要・詞曲類存目》《鳴鶴餘音》八卷。內府藏本。舊本題「仙游山道士彭致中編」，不詳時代。采輯唐以來羽流所著詩餘，至元而止。朱存理《野航存稿》有此書跋，疑爲明初人也。所録多方外之言，不以文字工拙論。而寄託幽曠，亦時有可觀。

錢大昕《補元史藝文志・詞曲類》彭致中《鳴鶴餘音》。

黄丕烈《蕘圃藏書題識・集類》《鳴鶴餘音》九卷。校鈔本。此舊鈔《鳴鶴餘音》八卷，標隨一至隨八字號，乃《道藏》本也。檢《道藏目録詳注》卷四，隨字號計九卷《鶴鳴餘音》。卷一之九仙游山道士彭致中集諸仙詩歌、詞、賦。據此則是本尚缺第九卷也。余以語古舊藏珍之。「語古」爲何義門家齋名，義門所藏亦僅止此。去冬從嘉禾友人家得一刻本，首載重刊《鳴鶴餘音》，敘與此字句微有不同，而卷中所載與此全異，必非彭致中所集書矣。自當以此爲準。庚子夏五中澣八日，梅雨悶人，檢書及此，因記。復翁。丙子夏，從天慶觀借《道藏》本補全，并校此八卷。越十月十有一日統畢，續補者當別裝附後云。

丙子十月，從天慶觀借《道藏》本補全，并手校此本。此本藏自語古齋中，有補録虞道園和馮尊師《蘇武慢》十二首,訛字獨多,知非補自《道藏》本也。前衍記一篇,後羨《無俗念》一首,悉從《道藏》本正之。此脱八卷尾及第九卷,以别紙照《道藏》本補全焉。宋廛一翁記,均在第八卷後。

唐詞紀

黄虞稷《千頃堂書目・詞曲類》 《唐詞紀》十六卷。不知撰人。

《四庫提要・詞曲類存目》 《唐詞紀》十六卷。通行本。 明董逢元撰。逢元字善長,常州人。是編成於萬曆甲午,雖以「唐詞」爲名,而五季十國之作居十之七。蓋時代既近,末派相沿,往往皆唐之舊人,不能截分畛域。猶之録唐詩者,載及王周、徐鉉,猶有説可通。至於隋煬帝《望江南》詞,無論證以段安節《樂府雜録》,知《海山記》確爲依託,即繩以斷限之義,亦名實相乖,漫無體例矣。且不以人序,不以調分,而區爲景色、弔古、感慨、宫掖、行樂、别離、征旅、邊戍、佳麗、悲愁、憶念、怨思、女冠、漁父、仙逸、登第十六門,已爲割裂無緒。又或以詞語而分,或以詞名而分,忽此忽彼,茫無定律,尤爲治絲而棼。卷首列《詞名徵》一卷,略作解題,罕所考證。至以郭茂倩爲元人,則他可概見矣。

秦張詩餘合璧

《四庫提要・詞曲類存目》 《秦張詩餘合璧》二卷。内府藏本。 明王象晉編。象晉有《羣芳譜》,已著録。是書乃以宋秦觀《淮海詞》、明張綖《南湖詞》合爲一編,以二人皆産於高郵也。然一古人,一時人,越三四百年而稱爲合璧,已自不倫。況綖詞何足以匹觀,是不亦老子、韓非同傳乎?

宋名家詞

《四庫提要・詞曲類存目》 《宋名家詞》。無卷數。江蘇巡撫採進本。 明毛晉編。晉有《毛詩陸疏廣要》,已著録。詞萌於唐,而盛於宋。當時伎樂,惟以是爲歌曲。而士大夫亦多知音律,如今日之用南北曲也。金、元以後,院本、雜劇盛,而歌詞之法失傳,然音節婉轉,較詩易於言情,故好之者終不絶也。於是音律之事,變爲吟咏之事,詞遂爲文章之一種。其宗宋也,亦猶詩之宗唐。明常熟吴訥曾彙宋、元百家詞,而卷帙頗重,鈔傳絶少。惟晉此刻,蒐羅頗廣,倚聲家咸資採掇。其所録分爲六集,自晏殊《珠玉詞》至盧炳《哄堂詞》,共六十一家。每家之後,各附以跋語。其次序先後,以得詞付雕爲準,未嘗差以時代。且隨得隨雕,亦未嘗有所去取。故此外如王安石《半山老人詞》、張先《子野詞》、賀鑄《東山寓聲》,以暨范成大《石湖詞》、楊萬里《誠齋樂府》、王沂孫《碧山樂府》、張炎《玉田詞》之類,雖尚有傳本,而均未載入。蓋以次開雕,適先成此六集,遂以《六十家詞》傳,非謂宋詞止於此也。其中名姓之錯互,篇章字句之譌異,雖不能免,而於諸本之誤甲爲乙,考證釐訂者亦復不少。故諸家詞集雖各分著於録,仍附存其目,以不没晉蒐輯校刊之功焉。

汲古閣六十家詞

黄虞稷《千頃堂書目・詞曲類》 毛晉《汲古閣六十家詞》六十卷。俱宋人,每十家爲一集。

《明史・藝文志・總集類》 毛晉《宋六十家詞》六十卷。

張之洞《書目答問・總集》 《宋六十名家詞》九十卷。毛晉編。汲古閣本。

國朝詩餘

黄虞稷《千頃堂書目・詞曲類》 錢允治《國朝詩餘》五卷。

《明史・藝文志・總集類》 錢允治《國朝詩餘》五卷。

羣賢梅苑

《四庫提要・詞曲類存目》 《羣賢梅苑》十卷。大理寺卿陸錫熊家藏本。 舊本題「松陵朱鶴齡編」。鶴齡有《尚書埤傳》,已著録。此乃所輯宋人詠梅之詞。然詳勘其書，乃取宋黃大輿《梅苑》而顛倒割裂之，一卷、二卷，即黃書之六卷、七卷，而三卷則如其舊。四卷後八調移爲第五卷之首，而五卷中刪除九調。六卷、七卷即黃書之一卷、二卷，至八卷則又如其舊。九卷後五調移冠十卷之首，而十卷刪去十調。顛倒錯亂，殆書賈售僞者爲之，鶴齡不至於斯也。

十五家詞

《四庫提要・詞曲類二》《十五家詞》三十七卷。浙江巡撫採進本。國朝孫默編。默字無言，休寧人。是編所輯國朝詞共十五家，吳偉業《梅村詞》二卷，梁清標《棠村詞》三卷，宋琬《二鄉亭詞》二卷，曹爾堪《南溪詞》二卷，王士禄《炊聞詞》三卷，尤侗《百末詞》二卷，陳世祥《含影詞》二卷，黃永《溪南詞》二卷，陸求可《月湄詞》四卷，鄒祗謨《麗農詞》二卷，彭孫遹《延露詞》三卷，王士禛《衍波詞》二卷，董以寧《蓉渡詞》三卷，陳維崧《烏絲詞》四卷，董俞《玉鳧詞》二卷。各家以小令、中調、長調爲次，載其本集原序於前，并録其同時人評點。案王士禛《居易録》曰：「新安孫布衣默，居廣陵，貧而好客，四方名士至者，必徒步訪之。嘗告子欲渡江往海鹽，詢以有底急，則云欲訪彭十羨門，索其新詞，與予及鄒程村作合刻爲三家耳。陳其年維崧贈以詩曰『秦七黃九自佳耳，此事何與卿饑寒』，指此也」云云。蓋其初刻在康熙甲辰，爲鄒祗謨、彭孫遹、王士禛三家，即《居易録》所云，杜濬爲之序。至丁未，續以曹爾堪、王士禄、尤侗三家，是爲六家，孫金礪爲之序。戊申，又續以陳世祥、陳維崧、董以寧、董俞四家，汪懋麟爲之序。十五家之本，定於丁巳，鄧漢儀爲之序。凡閱十四年，始彙成之。雖標榜聲氣，尚沿明末積習，而一時倚聲佳製，實略備於此，存之可以見國初諸人文采風流之盛。至其每篇之末，必附以評語，有類選刻詩文，殊爲惡道。今竝刪除，不使穢亂簡牘焉。

十六家詞

張之洞《書目答問・總集》《十六家詞》三十九卷。孫默編。原刻本。吳偉業、龔鼎孳、梁清標、宋琬、曹爾堪、王士禄、尤侗、陳世祥、黃永、陸求可、鄒祗謨、彭孫遹、王士禛、董以甯、陳維崧、董俞。

東白堂詞選初集

《四庫提要・詞曲類存目》《東白堂詞選初集》十五卷。內府藏本。國朝修世南編。世南字梅岑，遼陽人。以唐、宋詩餘有《花間》、《草堂》諸集，而明詞選本，向無善者。本朝詞家雖有《倚聲》、《今詞》二選，而蒐羅未富。因與陸進、張星耀商榷去取，合前明、昭代詞人所著，彙爲一編。其曰《初集》者，以所見未廣，尚當續成二集也。卷首冠以張星耀《詞論》十三則，又總列作者爵里凡三百七十一人，採摭頗爲繁富，而甄録未精，不免良楛雜陳之病。

名家詞鈔

《四庫提要・詞曲類存目》《名家詞鈔》。無卷數。浙江范懋柱家天一閣藏本。國朝聶先編。先字晉人，廬陵人。所選自吳偉業、龔鼎孳以下凡三十家。考卷首曾王孫序稱「百家名詞」，與集中所載之數不符。又云：「詞體之變遷，選者之詮次，《例言》自能詳之。」而卷端亦無《例言》，似乎未完之本矣。

瑤華集

軍機處奏《禁毀書目》《瑤華集》一部五本。查《瑤華集》係宜興蔣景祁輯取國初詞人所作樂府，分體甄録，凡四百八十餘家，以繼朱彝尊所選《詞綜》之後。集內載有錢謙益等詞，俱應行抽出銷燬外，其餘尚无干礙，應請毋庸全燬。

明詞綜

張之洞《書目答問・總集》《明詞綜》十二卷。王昶編。原刻本。

國朝詞綜

張之洞《書目答問・總集》 《國朝詞綜》四十八卷。王昶編。原刻本。

國朝詞綜二集

張之洞《書目答問・總集》 《國朝詞綜二集》八卷。王昶編。原刻本。

浙西六家詞

《四庫提要・詞曲類存目》 《浙西六家詞》十卷。浙江汪啓淑家藏本。不著編輯者名氏。所選爲國朝朱彝尊、李良年、沈皞日、李符、沈岸登、龔翔麟之詞。翔麟，仁和人。其五人皆嘉興人。故稱「浙西六家」。凡彝尊《江湖載酒集》三卷，良年《秋錦山房詞》一卷，皞日《柘西精舍詞》一卷，符《來邊詞》二卷，岸登《黑蝶齋詞》一卷，翔麟《紅藕莊詞》三卷，前有宜興陳維崧序。

張之洞《書目答問・總集》 《浙西六家詞》。十二卷。附宋張炎《山中白雲詞》一卷。龔翔麟編。原刻本。朱彝尊、李良年、沈皞日、李符、沈岸登、龔翔麟。

粵風續九

《四庫提要・詞曲類存目》 《粵風續九》四卷。兩淮鹽政採進本。國朝吳淇編。淇爲潯州推官時，雜採其土人歌謠，又附猺、狼、獞歌數種，彙爲一編。其云《續九》者，屈原有《九章》、《九歌》，擬以此續之也。前有洪自序。卷首有孫芳桂撰《劉三妹傳》，云是始造歌者。其説荒怪，不足信也。

族姓之屬

南唐二主詞

陳振孫《直齋書録解題・歌詞類》 《南唐二主詞》一卷。中主李璟、後主李煜撰。卷首四闋，《應天長》、《望遠行》各一，《浣溪沙》二，中主所作，重光嘗書之，墨迹在盱江晁氏，題云：「先皇御製歌詞。」余嘗見之，於麥光紙上作撥鐙書，有晁景迂題字，今不知何在矣。餘詞皆重光作。

馬端臨《文獻通考・經籍考・歌詞》 《南唐二主詞》一卷。

顧櫰三《補五代史藝文志・聲樂類》 《南唐二主詞》一卷。

晁新詞

《宋史・藝文志・總集類》 《晁新詞》一卷。晁端禮、晁沖之所撰。

李氏花萼集

陳振孫《直齋書録解題・歌詞類》 《李氏花萼集》五卷。廬陵李氏兄弟五人：洪子大、漳子清、泳子永、洤子召、淛子秀，皆有官閥。

馬端臨《文獻通考・經籍考・歌詞》 《李氏花萼集》五卷。

黄虞稷《千頃堂書目・詞曲類》 李洪等《李氏花萼集》五卷。洪及弟漳、泳、洤、浙所著詞。廬陵人。

倪燦等《宋史藝文志補・詞曲類》 李洪等《李氏花萼集》五卷。洪及弟漳、泳、洤、浙所著詞，廬陵人。

詞譜分部

詞學筌蹄

范邦甸等《天一閣書目·詞曲類》《詞學筌蹄》八卷。藍絲闌鈔本。明蔣華編。周瑛序云：「詞家者流出於古樂府，樂府語質而意遠，詞至宋纖麗極矣。今考之詞，蓋皆桑間濮上之音也，吁可以觀世矣。《草堂》舊所編，以事爲主，諸調散入事下。此編以調爲主，諸事併入調下。且逐調爲之譜，圓者平聲，方者側聲，使學者按譜填詞，自道其意中事，則此其筌蹄也。凡爲調一百七十七，爲詞三百五十三，釐爲八卷。編録之者，托蜀府教授蔣華質夫；考之者，則蜀士徐禴山甫也。」

黄虞稷《千頃堂書目·詞曲類》《詞學筌蹏》。

錢大昕《補元史藝文志·詞曲類》《詞學筌蹄》。

詩餘圖譜

范邦甸等《天一閣書目·詞曲類》《詩餘圖譜》三卷。刊本。高郵張綖撰。

徐𤊹《徐氏家藏書目·詞調類》《詩餘圖譜》四卷。張綖。

黄虞稷《千頃堂書目·詞曲類》張綖《詩餘圖譜》三卷。高郵州人，嘉靖□□舉人。光州知州。

《四庫提要·詞曲類存目》《詩餘圖譜》三卷。附録二卷。副都御史黄登賢家藏本。明張綖撰。綖有《杜詩通》，已著録。是編取宋人歌詞，擇聲調合節者一百十者，彙而譜之。各圖其平仄於前，而綴詞於後。有當平當仄，可平可仄二例。而往往不據古詞，意爲填注。於古人故爲拗句，以取抗墜之節者，多改諧詩句之律。又校讎不精，所謂黑圈爲仄，白圈爲平，半黑半白爲平仄通者，亦多混淆，殊非善本。宜爲萬樹《詞律》所譏。末附秦觀詞及綖所作詞各一卷，尤爲不倫。

詞譜續集附録

黄虞稷《千頃堂書目·詞曲類》沈越《詞譜續集附録》。

嘯餘譜

黄虞稷《千頃堂書目·詞曲類》程明善《嘯餘譜》十一卷。新安人，號玉川。

《明史·藝文志·總集類》程明善《嘯餘譜》十卷。

《四庫提要·詞曲類存目》《嘯餘譜》十卷。副都御史黄登賢家藏本。明程明善撰。明善字若水，歙縣人。天啓中監生。其書總載詞曲之式，以歌之源出於嘯，故名曰「嘯餘」。

填詞圖譜

范邦甸等《天一閣書目·詞曲類》《填詞圖譜》四卷。刊本。查王望輯。

《四庫提要·詞曲類存目》《填詞圖譜》六卷。浙江汪啓淑家藏本。國朝賴以邠撰。以邠字損菴，仁和人。是編踵張綖之書而作，亦取古詞爲譜。而以黑白圈記其平仄爲圖。顛倒錯亂，罅漏百出。爲萬樹《詞律》所駁者，不能縷數。

填詞圖譜續集

范邦甸等《天一閣書目·詞曲類》《填詞圖譜續集》三卷。查王望輯。

《四庫提要·詞曲類存目》《填詞圖譜續集》二卷。浙江汪啓淑家藏本。

詞律

《四庫提要・詞曲類二》《詞律》二十卷。通行本。國朝萬樹撰。樹有《璇璣碎錦》，已著録。是編糾正《嘯餘譜》及《填詞圖譜》之譌，以及諸家詞集之舛異。如《草堂詩餘》有小令、中調、長調之目，舊譜遂謂五十八字以内爲小令，五十九字至九十字爲中調，九十一字以外爲長調。樹則謂《七娘子》有五十八字者，有六十字者，將爲小令乎？中調乎？《雪獅兒》有八十九字者，有九十二字者，將爲中調乎？長調乎？故但列諸調，而不立三等之名。又舊譜於一調而長短不同者，皆定爲第一、第二體。樹則謂調有異同，體無先後，所列次第，既不以時代爲差，何由知孰爲第幾。故但以字數多寡爲序，而不列名目。皆精確不刊。

張之洞《書目答問・詩文評》《詞律》二十卷。萬樹。原刻本。近人有《詞律拾遺》六卷、《補注》三卷刊行。

欽定詞譜

《四庫提要・詞曲類二》《欽定詞譜》四十卷。康熙五十四年聖祖仁皇帝御定。詞萌於唐，而大盛於宋。然唐宋兩代皆無詞譜。蓋當日之詞，猶今日里巷之歌，人人解其音律，能自製腔，無須於譜。其或新聲獨造，爲世所傳，如《霓裳羽衣》之類，亦不過一曲一調之譜，無裒合衆體，勒爲一編者。

詞韻分部

新增詞林要韻

阮元《四庫未收書目提要・詞曲類》《新增詞林要韻》一卷。《詞學叢書》本，《粤雅堂叢書》本。此書不分卷。不知撰人姓名。目録標題「新增詞林要韻」。書中標題，則曰「詞林韻釋」。其書分一東紅、二邦陽、三支時、四齊微、五車夫、六皆來、七真文、八寒閒、九鸞端、十先元、十一簫韶、十二和何、十三嘉華、十四車邪、十五清明、十六幽游、十七金音、十八南三、十九占炎，共十九部。而以上、去二部依部列于平聲之後，而入聲不獨爲部。凡入聲之作平聲、作上聲、作去聲者，又各依類分隸于平、上、去之後，要皆統于平聲十九部之内。其中每字皆有訓釋，一字數意，備載無遺。而詞旨簡妙，精而不支，書縫有「菉斐軒」三字，近人厲鶚《論詞絶句》云：「欲呼南渡諸公起，詞韻重雕菉斐軒。」世人知重此書，實自鶚詩始發之。然自來作長短句者，未嘗不以入聲押韻，而此以入聲分隸平、上、去三聲，蓋後來曲韻之嚆矢。或以曲盛於元，而此書實出於南宋爲疑。今案《書録解題》「歌詞類」有《五十大曲》十六卷、《萬曲類編》十卷，則宋時未始無曲也。此影宋鈔録，卷端標題「詞林」。「詞林」者，猶藝林之謂，非必指長短句而言。以此爲詞韻，殆鶚誤會「詞林」二字之義耳。

菉斐軒詞林韻釋

張之洞《書目答問・詩文評》《菉斐軒詞林韻釋》一卷。單行本。粤雅堂本。

詞韻簡

《四庫提要・詞曲類存目》內府藏本。一卷。皆祖沈謙、毛先舒之説。蓋取便檢閲而已，無大創作也。

詞韻

范邦甸等《天一閣書目・詞曲類》《詞韻》二卷。刊本。仲桓編。

《四庫提要・詞曲類存目》《詞韻》二卷。浙江汪啓淑家藏本。國朝仲恒撰。

恒字道久，號雪亭，錢塘人。詞韻舊無成書，明沈謙始創其輪廓。恒作是書，又因謙書而訂之。考填詞莫盛於宋，而二百餘載作者雲興，但有製調之文，絶無撰韻之事。核其所作，或竟用詩韻，或各雜方言，亦絶無一定之律。不應一代名流，都忘此事，留待數百年後，始補闕拾遺。蓋當日所講在於聲律，抑揚抗墜，剖析微芒。至其詞則雅俗通歌，惟求諧耳。所謂「有井水喫處都唱柳詞」是也。又安能以《禮部韻略》頒行諸酒壚茶肆哉？作者不拘，蓋由於此，非其智有所遺也。自是以還，周德清作《中原音韻》，攤派入聲，立爲定法。而詞韻則終無續定者。良以北曲必用北韻，猶之梵唄必用梵音。既已自爲一家，遂可自成一格。至於詞體，在詩與曲之間，韻不限於方隅，詞亦不分今古。將全用俗音，則去詩未遠。將全從詩韻，則與俗多乖。

詞話分部

碧雞漫志

《四庫提要·詞曲類二》 《碧雞漫志》一卷。編修程晉芳家藏本。宋王灼撰。灼有《糖霜譜》，已著録。是編詳述曲調源流，前七條爲總論，述古初至唐宋聲歌遞變之由。次列《涼州》、《伊州》、《霓裳羽衣曲》、《甘州胡》、《清州六幺》、《西河長命女》、《楊柳枝》、《喝馱子》、《蘭陵王》、《虞美人》、《安公子》、《水調歌》、《萬歲樂》、《夜半樂》、《河滿子》、《淩波神》、《荔枝香》、《阿濫堆》、《念奴嬌》、《清平樂》、《雨淋鈴》、《菩薩蠻》、《望江南》、《麥秀兩岐》、《文漵子》、《後庭花》、《鹽角兒》，凡二十八條。一一溯得名之緣起，與其漸變宋詞之沿革。蓋三百篇之餘音，至漢而變爲樂府，至唐而變爲歌詩。及其中葉，詞亦萌芽，至宋而歌詩之法漸絶，詞乃大盛。其時士大夫多嫻音律，往往自製新聲，漸增舊譜。故一調或至數體，一體或有數名，其目幾不可殫舉，又非唐及五代之古法。灼作是編，就其傳授分明，可以考見者，核其名義，正其宫調，以著倚聲所自始。其餘晚出雜曲，則不暇一一詳也。迨金、元院本既出，併歌詞之法亦亡。文士所作，僅能按舊曲平仄，循聲填字。自明以來，遂變爲文章之事，非復律吕之事。併是編所論宫調，亦莫解其説矣。然其閒正變之由，猶賴以略得其梗概，亦考古者所必資也。其辨《霓裳羽衣曲》爲河西節度使楊敬述所獻，唐明皇爲之潤色。援白居易、鄭嵎詩注爲證，一掃月宫妖妄之説。又據譜謂是曲第一至第六疊，皆無拍，證《唐史》載王維論按樂圖霓裳第三疊初拍之譌，持論極爲精核。他如《虞美人》曲，諸説各别。《河滿子》曲，一事異詞者，皆闕其所疑，亦頗詳慎。至《念奴嬌》，偶以古人爲名，亦猶《戚氏》之例，本不出於天寶，灼特以當時誤稱唐曲而辨之，理宜附録，不當雜列古曲之中。《鹽角兒》既據《嘉祐雜志》謂出於梅堯臣，則未可附於古曲。且「鹽」乃曲名，隋《薛道衡集》有《昔昔鹽》，唐張鷟《朝野僉載》有《突厥鹽》，可以互證。乃云市鹽得於紙角上，已爲附會。且紙角幾許，乃能容一曲譜，亦不近事理。是則泛濫及之，不免千慮之一失矣。

詞話總龜

黄虞稷《千頃堂書目·詞曲類》 《詞話總龜》。

錢大昕《補元史藝文志·詞曲類》 《詞話總龜》。

樂府指迷

黄虞稷《千頃堂書目·詞曲類》 張炎《樂府指迷》二卷。字叔夏，張循王後裔。居臨安，自號樂笑翁。

《四庫提要·詞曲類存目》 《樂府指迷》一卷。編修程晉芳家藏本。舊本題宋張炎撰。炎有《山中白雲詞》，已著録。陳繼儒《續祕笈》載此書，題曰「西秦張玉田」。玉田者，炎之别號。西秦者，炎祖張俊之祖貫，實一人也。其書分詞源、製曲、句法、字面、虚字、清空、意趣、用事、詠物、節序、賦情、離情、令曲、雜論十四篇，而附以楊萬里《作詞五要》五則。雜論中稱：「周草窗所選《絶妙好詞》，惜版不存，墨本亦有好事者藏之。」又稱：「元遺山極稱辛稼軒詞。」殆成於北游大都之後歟？《續祕笈》所刻，以此書爲上卷，而以陸輔之所續爲下卷。陸書末有原跋曰：「此本還在沈伯時《樂府指迷》之後，古雅精妙，較是輸他一著」云云。

考宋沈義父，字伯時，有《樂府指迷》一卷，今載陳耀文《花草粹編》中。跋但稱沈書，而無一字及此書。則此書晚出，跋者未見。龔翔麟刻《山中白雲詞》附載此書，殆後人所增入，非其舊也。曹溶《學海類編》收此書，較此本多一北軒居士跋。其跋誤以胡震亨《唐音癸籤》與胡應麟《詩藪》合爲一書，已極疎舛。又收金粟頭陀《製曲十六觀》一卷，後有睡菴居士跋。金粟頭陀，元顧何瑛。睡菴居士，明湯賓尹也。而其文全鈔此書，惟每條之末，增「製曲者當作此觀」一句。語語雷同，竟不一檢，尤可怪矣。

錢大昕《補元史藝文志・詞曲類》 又張炎《樂府指迷》二卷。

詞　源

阮元《四庫未收書目提要・詞曲類》 《詞源》二卷。宋張炎撰。炎有《山中白雲詞》，《四庫全書》已著録。是編次元人著鈔影寫，上卷詳論五音十二律、律呂相生，以及宫調、管色諸事，釐析精允。間系以圖，與姜白石歌詞、《九歌》、《琴曲》所記用字糺聲之法，大畧相同。下卷歷論制曲、句法、字面、虚字、清空、意趣、用事、詠物、節序、賦情、離情、令曲、雜論、五要十四篇，並足以考見宋代樂府之制。自明陳仲醇改竄炎書，刊入《續祕笈》中，而又襲用沈伯時《樂府指迷》之名，遂失其真，微此幾無以辨其非。蓋前明著録之家，自陶九成《説郛》廣録僞書，自後多踵其弊也。

張之洞《書目答問・詩文評》 《詞源》二卷。宋張炎。戈載校。秦恩復刻本。粤雅堂本。守山閣本。

沈氏樂府指迷

《四庫提要・詞曲類二》 《沈氏樂府指迷》一卷。大理寺卿陸錫熊家藏本。宋沈義父撰。義父字伯時，履貫未詳。前有自題，稱：「壬寅秋，始識静翁於澤濱，癸卯，識夢窗，暇日相與唱酬。」案壬寅、癸卯爲淳祐二年、三年，則理宗時人也。元人跋陸輔之詞旨，嘗引此書。然篇頁寥寥，不能成帙，故世無單行之本。此本附刻陳耀文《花草粹編》中，凡二十八條。其論詞以周邦彦爲宗，持論多爲中理。惟謂兩人名不可對使，如「庾信愁多，江淹恨極」之類，頗失之拘。又謂：「説桃須用紅雨、劉郎等字，説柳須用章臺、灞岸等字，説書須用銀鉤等字，説淚須用玉筯等字，説髮須用緑雲等字，説簟須用湘竹等字，不可直説破。」其意欲避鄙俗，而不知轉成塗飾，亦非確論。至所謂「去聲字最要緊，及平聲字可用入聲字替，上聲字不可用入聲字替」一條，則剖析微芒，最爲精核。萬樹《詞律》實祖其説。又謂：「古曲譜多有異同，至一腔有兩三字多少者，或句法長短不等，蓋被教師改换，亦有嘌唱一家多添了字」云云。乃知宋詞亦不盡協律，歌者不免增減。萬樹《詞律》所謂「曲有襯字，詞無襯字」之説，尚爲未究其變也。

詞　旨

黄虞稷《千頃堂書目・詞曲類》 陸輔之《詞旨》一卷。

倪燦等《補遼金元藝文志・詞曲類》 陸輔之《詞旨》一卷。

《四庫提要・詞曲類存目》 《詞旨》一卷。編修程晉芳家藏本。元陸輔之撰。輔之有《吳中舊事》，已著録。是編陳繼儒《續祕笈》中以爲《樂府指迷》之下卷。此本載曹溶《學海類編》中，則題曰《詞旨》，莫詳孰爲本名，孰爲改名。明自萬曆以後，詐僞繁興。所纂叢書，往往改頭换面，不可究詰。曹溶生於明末，故尚沿積習，以侈儲藏之富也。其目一曰「詞説」，二曰「屬對」，三曰「樂笑翁奇對」，四曰「警句」，五曰「樂笑翁警句」，六曰「詞眼」，七曰「單字集虚」，詞不可解，似有殘闕。八曰「兩字」，則有録無書矣。其言皆無甚高論，佚不足惜。

錢大昕《補元史藝文志・詞曲類》 陸輔之《詞旨》一卷。

詞林藻鑑

楊士奇等《文淵閣書目・詩詞》 《詞林藻鑑》。一部一册，闕。

樂府品題

楊士奇等《文淵閣書目・詩詞》《樂府品題》。一部，一册，闕。

詞　評

徐𤊹《徐氏家藏書目・詞調類》《詞評》一卷。王世貞。

詞　品

徐𤊹《徐氏家藏書目・詞調類》《詞品》六卷。楊慎。

黃虞稷《千頃堂書目・詞曲類》楊慎《詞品》六卷。

渚山堂詞話

黃虞稷《千頃堂書目・詞曲類》陳霆《渚山堂詞話》三卷。

《四庫提要・詞曲類二》《渚山堂詞話》三卷。浙江范懋柱家天一閣藏本。明陳霆撰。霆有《唐餘紀傳》，已著録。是編與所作《詩話》竝刊，而較《詩話》爲稍勝。蓋霆詩格頗纖，於詞爲近，故論詞轉用所長。其中如韋莊「雨餘風軟碎鳴禽」句，本用杜荀鶴《春宮怨》語，南卓《羯鼓録》所謂「透空碎遠之聲」即此。「碎」字，當訓細瑣雜亂之義。霆乃謂「鳴禽曰碎，於理不通」，改爲「暖風嬌鳥碎鳴音」，未免點金成鐵。又謂楊孟載《雪詞》「簌簌颼颼」字，古無所出，欲據黃庭堅詩改爲「疎疎密密」，不知以「疎疎密密」詠雪，黃詩又何所出，亦未免涉於膠固。然其他持論多確。又宋、元、明佚篇斷句，往往而有。如宋徐一初「九日登高」之類，其本集不傳於世者，亦頗賴以存。王昭儀《滿江紅》詞，爲其位下宫人張瓊瑛作。《垂楊玉耳墜》、《金環》二曲，爲唐、宋舊譜所無之類。亦足資考證，猶明人詞話之善本也。

納涼偶筆

黃虞稷《千頃堂書目・詞曲類》杜大成《納涼偶筆》一卷。評次詩餘。

古今詞話

《四庫提要・詞曲類存目》《古今詞話》六卷。浙江巡撫採進本。國朝沈雄纂。雄字偶僧，吴江人。是編所述，上起於唐，下迄康熙中年。雜引舊文，參以近人之論，亦間附己説。分詞評、詞辨、詞品三門，徵引頗爲寒儉。又多不著出典，所引近人之説，尤多標榜，不爲定論。

詞苑叢談

《四庫提要・詞曲類二》《詞苑叢談》十二卷。通行本。國朝徐釚撰。釚字電發，號虹亭，吴江人。康熙己未召試博學宏詞，授翰林院檢討。是書專輯詞家故實，分體製、音韻、品藻、紀事、辨正、諧謔、外編七門。採摭繁富，援據詳明，足爲論詞者總匯。《江南通志》稱：「釚少刻《菊莊樂府》，朝鮮貢使仇元吉見之，以餅金購去。貽詩曰：『中朝攜得《菊莊詞》，讀罷烟霞照海湄，北宋風流何處是，一聲鐵笛起相思。』」則釚於倚聲一道，自早歲即已擅長。故於論詞亦具有鑒裁，非苟作也。惟其間徵引舊文，未盡注其所出，同時朱彝尊、陳維崧等嘗議之。釚亦自欲補綴而未盡也。至「紀事」一門，半取近事。其間點綴以成佳句，標榜以借虚聲者，蓋所不免。然考《世説新語》注載：「裴啓作《語林》，記謝安黄公酒壚事，安以爲所説不實。」則序録同時之事，自古已然。唐宋人詩話，説部，此類尤夥，則亦非釚之創例矣。

張之洞《書目答問・詩文評》《詞苑叢談》十二卷。徐釚。通行本。

詞話

《四庫提要・詞曲類二》《詞話》二卷。浙江巡撫採進本。國朝毛奇齡撰。奇齡有《仲氏易》，已著録。據《西河合集序目》稱：「此書本四卷，佚其二卷，不敢贋補，故僅以半刊行。」王晫《今世説》稱：「奇齡善詩歌、樂府、填詞，所爲大率託之美人香草，纏緜綺麗，按節而歌，使人悽愴。又能吹簫度曲。」是奇齡填詞之功，較深於詩。且本爲小技，萌於唐而成於宋，亦不待援引古書，别爲高論。故所説轉不支離。其論沈去矜《詞韻》一條，尤爲精核。論辛棄疾、蔣捷爲别調，亦深明源委。惟其遠溯六朝，以鮑照《梅花落》亦可稱詞，則漢代《鐃歌》何嘗不句有長短，亦以爲詞之始乎？又《西廂記》「相女配夫」本爲「相度」之「相」，今尚有此方言，而引孫復「相女不以嫁公侯，乃以嫁山谷衰老」語，以爲「宰相」之「相」，則牽引附會，仍蹈結習。至所述詞曲變爲演劇，縷陳始末，亦極賅悉。而云「宋末安定郡王趙令畤始作《商調鼓子詞》，譜《西廂傳奇》」，考令畤即《蘇軾集》所稱趙德麟，實非宋末之人，亦未免少疎。然自宋以來撰詩話者多，撰詞話者較少。奇齡是編，雖不及徐釚《詞苑叢談》之采摭繁富，門目詳明，然所敘論，亦足備談資。故削其《詩話》，而録存是編焉。

張之洞《書目答問・詩文評》《詞話》二卷。毛奇齡。《西河集》本。

填詞名解

《四庫提要・詞曲類存目》《填詞名解》四卷。浙江汪啓淑家藏本。國朝毛先舒撰。先舒有《聲韻叢説》，已著録。掇拾古語，以牽合詞調名義，始於楊慎《丹鉛録》。先舒又從而衍之，附會支離，多不足據。末附先舒自度十五曲，尤爲杜撰。

古今詞論

《四庫提要・詞曲類存目》《古今詞論》一卷。浙江汪啓淑家藏本。國朝王又華撰。又華字静齋，錢塘人。是編雜録論詞之語，雖以《古今詞論》爲名，而古人僅十之一，近人乃十之九。

詞學全書

《四庫提要・詞曲類存目》《詞學全書》十四卷。内府藏本。國朝查繼超編。繼超字隨菴，海寧人。是編輯於康熙己未，以毛先舒《填詞名解》四卷，王又華《古今詞論》一卷，賴以邠《填詞圖譜》六卷、《續集》一卷，仲恒《詞韻》二卷，彙爲一編。無所發明考正。

張之洞《書目答問・詩文評》《詞學全書》十四卷。查繼超。通行本。

詞話

張之洞《書目答問・總集》《詞話》十卷。康熙四十六年。敕編。内府本。

曲部

論述

陶宗儀《南村輟耕録・院本名目》 唐有傳奇，宋有戲曲、唱諢、詞説，金有院本、雜劇、諸宫調。院本、雜劇，其實一也。國朝院本、雜劇，始釐而二之。院本則五人：一曰副浄，古謂之參軍；一曰副末，古謂之蒼鶻。鶻能擊禽鳥，末可打副浄，故云。一曰引戲，一曰求泥，一曰裝孤。又謂之「五花爨弄」。或曰宋徽宗見爨國人來朝，衣裝、鞵履、巾裹，傅粉墨，舉動如此，使優人效之以爲戲。又有焰段，亦院本之意，但差簡耳，取其如火焰易明而易滅也。其間副浄有散説，有道念，有筋斗，有科汎。教坊色長魏、武、劉三人鼎新編輯，魏長於念誦，武長於筋斗，劉長於科汎，至今樂人皆宗之。偶得《院本名目》，用載于此，以資博識者之一覽。

朱權《太和正音譜・雜劇十二科》 一曰「神仙道化」，二曰「隱居樂道」。又曰「林泉丘壑」。三曰「披袍秉笏」，即「君臣」雜劇。四曰「忠臣烈士」，五曰「孝義廉節」，六曰「叱奸罵讒」，七曰「逐臣孤子」，八曰「鏺刀趕棒」，即「脱膊」雜劇。九曰「風花雪月」，十曰「悲歡離合」，十一曰「烟花粉黛」，即「花旦」雜劇。十二曰「神頭鬼面」，即「神佛」雜劇。

良家之子，有通於音律者，又生當太平之盛，樂雍熙之治，欲返古感今，以飾太平。所扮者，隋謂之「康衢戲」，唐謂之「梨園樂」，宋謂之「華林戲」，元謂之「昇平樂」。

徐渭《南詞敘録》 南戲始於宋光宗朝，永嘉人所作《趙貞女》、《王魁》二種實首之，故劉后村有「死後是非誰管得，滿村聽唱蔡中郎」之句。或云：「宣和間已濫觴，其盛行則自南渡，號曰『永嘉雜劇』，又曰『鶻伶聲嗽』」。其曲，則宋人詞而益以里巷歌謡，不叶宫調，故士夫罕有留意者。元初，北方雜劇流入南徼，一時靡然向風，宋詞遂絶，而南戲亦衰。順帝朝，忽又親南而疎北，作者蝟興，語多鄙下，不若北之有名人題詠也。永嘉高經歷明，避亂四明之櫟社，惜伯喈之被謗，乃作《琵琶記》雪之，用清麗之詞，一洗作者之陋，於是村坊小伎，進與古法部相參，卓乎不可及已。

聽北曲使人神氣鷹揚，毛髮洒淅，足以作人勇往之志，信胡人之善於鼓怒也，所謂「其聲噍殺以立怨」是已；南曲則紆徐綿眇，流麗婉轉，使人飄飄然喪其所守而不自覺，信南方之柔媚也，所謂「亡國之音哀以思」是已。夫二音鄙俚之極，尚足感人如此，不知正音之感何如也。

吕天成《曲品》卷上 自昔伶人傳習，樂府遞興，爨段初翻，院本繼出，金、元創名雜劇，國初演作傳奇。雜劇北音，傳奇南調。雜劇折惟四，唱止一人；傳奇折數多，唱必匀派。雜劇但摭一事顛末，其境促；傳奇備述一人始終，其味長。無雜劇則孰開傳奇之門？非傳奇則未暢雜劇之趣也。傳奇既盛，雜劇寖衰，北里之管絃播而不遠，南方之鼓吹簇而彌喧。國初名流，曲識甚高，作手獨異，造曲腔之名目，不下數百；定曲板之長短，不淆二三。乍見寧不駭疑，習久自當遵服。所謂「規矩設矣，方員因之」。數其人，有大家、名家之别；按其帙，有極老、半舊之分。賞其絶技，則描畫世情，或悲或笑；存其古風，則湊拍常語，易曉易聞。有意駕虚，不必與實事合；有意近俗，不必作綺麗觀。不尋宫數調，而自解其弢；不就拍選聲，而自鳴其籟。質樸而不以爲俚，膚淺而不以爲疎。商彝周鼎，古色照人；玄酒太羹，真味沁齒。先輩鉅公多能諷詠，吴下俳優尤喜掇串。

又卷下 傳奇定品，頗費籌量，不無褒貶。蓋總出一人之手，時有工拙；統觀一帙之中，間有長短。故律以一法，則吐棄者多；收以歧途，則闌入者雜。其難其慎，此道亦然。我舅祖孫司馬公謂余曰：「凡南劇，第一要事佳，第二要悦目，第三要搬出來好，第四要按宫商、協音律，第五要使人易曉，第六要詞采，第七要善敷衍、淡處做得濃、閑處做得熱鬧，第八要各脚色派得匀妥，第九要脱套，第十要合世情、關風化。」持此十要，以衡傳奇，靡不當矣。但今作者輩起，能無集乎大成。十得六者，便爲璣璧；十得四五者，亦稱翹楚；十得二三者，即非碔砆。具隻眼者，試共評之。括其門數，大約有六：一曰忠孝，一曰節義，一曰風情，一曰豪俠，一曰功名，一曰仙佛。元劇門類甚多，南戲止此矣。

王國維《曲録序》 戲曲之興，由來遠矣。宣和之末，始見萌芽，乾涫以還，漸多纂述。泗水潛夫，紀武林之雜劇；南村野叟，録金人之院本。醜齊點鬼，丹邱正音，著録斯開，蒐羅尤盛。上自洪武諸王就國之裝，見李開先《張小山小令跋》。下訖天、崇私家插架之軸，則有若章邱之李，《列朝詩集・李開先小傳》。臨川之湯，姚士粦《見只編》卷中。黄州之劉，《静志居詩話》卷十五《臧懋循》條下。山陰之淡生，同上，卷十六《祁承㸁》條下。海虞之述古，錢曾《也是園書目》。富者千餘，次亦百數。然中麓諸家，未傳目録；《也是》一編，僅窺崖畧。存什一於千百，或有録而無書。暨乎國朝，亦有撰著。然《傳奇彙攷》之作，僅見殘鈔；廣陵進御之書，惟存《總目》。放失之阨，斯爲甚矣。鄙薄之原，抑有由焉。粵自貿絲抱布，開叙事之端；織素裁衣，肇代言之體。追原戲曲之作，實亦古詩之流，所以窮品性之纖微，極遭遇之變化，激蕩物態，抉發人心，舒軫哀樂之餘，摹寫聲容之末，婉轉附物，怊悵切情。雖《雅》、《頌》之博徒，亦滑稽之魁桀。惟語取易解，不以鄙俗爲嫌；事貴翻空，不以謬悠爲諱。庸人樂於染指，壯夫薄而不爲，遂使陋巷言懷，人人青紫，香閨寄怨，字字桑間，抗志極於利禄，美談止於蘭勺，意匠同於千手，性格歧於一人。豈託體之不尊，抑作者之自棄也。然而《明昌》一編，盡金源之文獻；吴興百種，抗皇元之《風雅》。百年之風會成焉，三朝之人文繫焉。況乎第其卷帙，軼兩宋之詩餘；論其體裁，開有明之制義。攷古者徵其事，論世者觀其心，游藝者玩其辭，知音者辨其律。此則石渠存目，不廢雍熙，洙泗删《詩》，猶存鄭、衛者矣。國維雅好聲詩，粗諳流別，痛往籍之日喪，懼來者之無徵，是用博稽故簡，撰爲總目。存佚未見，未敢頌言；時代姓名，粗具條理。爲書六卷，爲目三千有奇，非徒爲考鏡之資，亦欲作搜討之助。補三朝之志，所不敢言；成一家之書，請俟異日。宣統改元夏五月海甯王國維自序。

雜録

祁彪佳《遠山堂曲品序》 品成作而嘆曰：詞至今日而極盛，至今日而亦極衰。學究屠沽，盡傳子墨，黄鍾瓦缶雜陳，而莫知其是非。予操三寸不律，爲詞場董狐，予則予，奪則奪，一人而瑕瑜不相掩，一帙而雅俗不相貸，誰其能幻我以黎丘哉！然《陽春》調寡，巴人之和者衆，必且不自安其位，齊起而爲楚咻，予舌危，予筆且爲南山之移矣。不知夫予之品也，慎名器，未嘗不愛人材。韻失矣，進而求其調；調譌矣，進而求其詞；詞陋矣，又進而求其事。或調有合於韻律，或詞有當於本色，或事有關於風教，苟片善之可稱，亦無微而不録。【略】要亦以執牛耳者代不數人，慮詞幟之孤標，不得不奬詡同好耳。

黄文暘《重訂曲海總目序》 乾隆辛丑春，奉旨修改古今詞曲，予受鹽使者聘，得與改修之列，兼總校蘇州織造進呈詞曲，因得盡閲古今雜劇傳奇。閲一年，事竣。追憶其盛，擬將古今作者，各撮其關目大概，勒成《曲海》一書；先定《總目》一卷，以紀其人之姓名。然寓感慨於歌場者，多自隱其名，而妄肆褒譏於聲律者，又多僞託名流以欺世，且其時代先後，尤難考核，即此《總目》之成，亦非易事矣。

《四庫提要・詞曲類二》 右詞曲類南北曲之屬三部，十七卷，皆文淵閣著録。

又《詞曲類存目》 右詞曲類南北曲之屬八部，三十五卷，内一部無卷數。皆附存目。

李黼平《曲話序》 梁子章冉【略】以所著《曲話》質。自元、明暨近人院本、雜劇、傳奇無慮數百家，悉爲討論。不黨同而伐異，不榮古而陋今，平心和氣，與作者揚搉於紅牙、紫玉之間，知其用力於此道者邃矣。《扶犂》、《擊壤》後有《三百篇》，自是而《騷》，而漢魏六朝樂府，而唐絶，而宋詞、元曲，爲體屢遷，而其感人心移風易俗一爾。蓋文之至者，傾肺腑而出，其詞明白坦易，雖婦人孺子莫不通曉，故聞忠孝節義之事，或軒鬐而舞，或垂涕泣而道；而南北曲者，復以妙伶登場，服古冠巾，與其聲音笑貌而畢繪之，則其感人尤易入也。顧世之論曲者，不以文，以律，曰「某字宜平而仄，與五聲乖也」，曰「某字宜陽而陰，與九宫戾也」。夫律，則何譜之有？《三百篇》之與《韶》、《武》，不啻遠矣，而孔子絃歌以合之律，果有譜乎？予觀《荆》、《劉》、《拜》、《殺》暨玉茗諸大家，皆未嘗斤斤求合於律，俗工按之，始分出襯字，以爲不可歌。其實得國工發聲，愈增韻折也。故曲無定，以人聲之抑揚抗墜以爲定。是書亦間論律，而終以文爲主，其所見尤偉，誠足爲曲家之津梁也已。

姚燮《今樂考證・雜劇院本傳奇之稱》 梁廷枏云：「作曲之始，不過止被之管絃，後且飾以優孟。元人院本，至今傳者，寥寥數種，其實雜劇爲多。明以後，則傳奇盛行，下筆動至數十折，一人多至數本、十數本、數十本。其始，大旨亦不過歸於勸善懲惡而已；及其末流，淫佚競尚。蓋自明中葉以後，作者按譜填字，各逞新詞，此道遂變爲文章之事，不復知爲律吕之舊矣。推此以論，則雖謂『今曲盛，而元曲之聲韻廢』，亦無不可也。」

梁兆壬云：「小説起於宋仁宗時，太平已久，國家閒暇，日進一奇怪之事以娱之，名曰『小説』；而今之小説，則記載矣。傳奇者，裴鉶著小説，多奇異可以傳示，故號『傳奇』；而今之傳奇，則曲本矣。」

又《南北曲》 王驥德云：「曲之有南、北，非始今日也。關西胡鴻臚侍《珍珠船》引劉勰《文心雕龍》謂：塗山歌於『候人』，始爲南音；有娀謠於『飛燕』，始爲北聲；及夏甲爲東，殷𪔍爲西。古四方皆有音，而今歌曲但統爲南、北。如《擊壤》、《康衢》、《卿雲》、《南風》，《詩》之《二南》，漢之樂府，下逮關、鄭、白、馬之撰，詞有《雅》、《鄭》，皆北音也。《孺子》、《接輿》、《越人》、《紫玉》、吴歈、楚艷，以及今之戲文，皆南音也。豫章左克明《古樂府》載：晉馬南渡，音樂散亡，僅存江南吴歌，荆楚西聲。自陳及隋，皆以《子夜》、《歡聞》、《前溪》、《阿子》等曲屬吴，以《石城》、《烏棲》、《估客》、《莫愁》等曲屬西。蓋吴音故統東南，而西曲則後之，人概目爲北音矣。以辭而論，則宋胡翰所謂：晉之東去，辭變爲南、北。南音多艷曲，北俗雜胡戎。以地而論，則吴萊氏所謂：晉宋六代以降，南朝之樂，多用吴音，北國之樂，僅襲夷虜。以聲而論，則關中康德涵所謂：南辭主激越，其變也爲流麗；北曲主忼慨，其變也爲朴實。惟朴實，故聲有矩度而難借；惟流麗，故唱得宛轉而易調。吴郡王元美謂：『南、北二曲，譬之同一師承，而頓、漸分教；俱爲國臣，而文、武異科。北主勁切雄麗，南主清峭柔遠。北字多而調促，促處見筋；南字少而調緩，緩處見眼。北辭情少而聲情多，南聲情少而辭情多。北力在絃，南力在板。北宜和歌，南宜獨奏。北氣易粗，南氣易弱。此其大較。』康北人，故差易南調，似不如王論爲確。」

劉熙載《藝概・詞曲概》 曲之名古矣。近世所謂曲者，乃金、元之北曲，及後復溢爲南曲者也。未有曲時，詞即是曲；既有曲時，曲可悟詞。苟曲理未明，詞亦恐難獨善矣。

詞如詩，曲如賦。賦可補詩之不足者也。昔人謂金、元所用之樂，嘈雜凄緊緩急之間，詞不能按，乃更爲新聲，是曲亦可補詞之不足也。

南北成套之曲，遠本古樂府，近本詞之過變。遠如漢《焦仲卿妻詩》，敍述備首尾，情事言狀，無一不肖。梁《木蘭辭》亦然。近如詞之三叠、四叠，有《戚氏》、《鶯啼序》之類。曲之套數，殆即本此意法而廣之；所别者，不過次第其牌名以爲記目耳。

北曲名家，不可勝舉，如白仁甫、貫酸齋、馬東籬、王和卿、關漢卿、張小山、喬夢符、鄭德輝、宫大用，其尤著也。諸家雖未開南曲之體，然南曲正當得其神味。觀彼所製，圓溜瀟灑，纏綿藴藉，於此事固若有别材也。

《太和正音譜》諸評，約之只清深、豪曠、婉麗三品。清深如吴仁卿之「山間明月」也，豪曠如貫酸齋之「天馬脱羈」也，婉麗如湯舜民之「錦屏春風」也。

北曲楔子先於隻曲，南曲引子先於正曲。語意既忌占實，又忌落空；既怕罣漏，又怕夾雜：此爲大要。

曲止小令、雜劇、套數三種。小令、套數不用代字訣，雜劇全是代字訣。不代者品欲高，代者才欲富。此亦如「詩言志」、「賦體物」之别也。又套數視雜劇尤宜貫串，以雜劇可借白爲聯絡耳。

《樂記》言「聲歌各有宜」，歸於「直己而陳德」。可知歌無今古，皆取以正聲感人。故曲之無益風化，無關勸戒者，君子不爲也。

詞曲本不相離，惟詞以文言，曲以聲言耳。詞、辭通。《左傳》襄二十九年杜注云：「此皆各依其本國歌所常用聲曲。」《正義》云：「其所作文辭，皆準其樂音，令宫商相和，使成歌曲。」是辭屬文，曲屬聲，明甚。古樂府有曰辭者，有曰曲者，其實辭即曲之辭，曲即辭之曲也。襄二十九年《正義》又云：「聲隨辭變，曲盡更歌。」此可爲詞、曲合一之證。

宋金雜劇院本分部

綜　述

争曲六么

周密《武林舊事・官本雜劇段數》 《争曲六么》。

王國維《曲録・宋金雜劇院本部》 《争曲六么》一本。《六么》即《緑腰》。《宋史・樂志》「教坊十八調中中吕調、南吕調、仙吕調均有《緑腰》曲。

扯攔六么

周密《武林舊事・官本雜劇段數》 《扯闌六么》三哮。

王國維《曲録・宋金雜劇院本部》 《扯攔六么》一本。原注云「三哮」。

教聲六么

周密《武林舊事·官本雜劇段數》《教熬六么》。

王國維《曲録·宋金雜劇院本部》《教聲六么》一本。

鞭帽六么

周密《武林舊事·官本雜劇段數》《鞭帽六么》。

王國維《曲録·宋金雜劇院本部》《鞭帽六么》一本。

衣籠六么

周密《武林舊事·官本雜劇段數》《衣籠六么》。

王國維《曲録·宋金雜劇院本部》《衣籠六么》一本。

王子高六么

周密《武林舊事·官本雜劇段數》《王子高六么》。

王國維《曲録·宋金雜劇院本部》《王子高六么》一本。

孤奪旦六么

周密《武林舊事·官本雜劇段數》《孤奪旦六么》。

王國維《曲録·宋金雜劇院本部》《孤奪旦六么》一本。

厨子六么

周密《武林舊事·官本雜劇段數》《厨子六么》。

王國維《曲録·宋金雜劇院本部》《厨子六么》一本。

崔護六么

周密《武林舊事·官本雜劇段數》《崔護六么》。

王國維《曲録·宋金雜劇院本部》《崔護六么》一本。

骰子六么

周密《武林舊事·官本雜劇段數》《骰子六么》。

王國維《曲録·宋金雜劇院本部》《骰子六么》一本。

照道六么

周密《武林舊事·官本雜劇段數》《照道六么》。

王國維《曲録·宋金雜劇院本部》《照道六么》一本。

鶯鶯六么

周密《武林舊事·官本雜劇段數》《鶯鶯六么》。

王國維《曲録·宋金雜劇院本部》《鶯鶯六么》一本。

大宴六么

周密《武林舊事・官本雜劇段數》《大宴六么》。
王國維《曲録・宋金雜劇院本部》《大宴六么》一本。

驢精六么

周密《武林舊事・官本雜劇段數》《驢精六么》。
王國維《曲録・宋金雜劇院本部》《驢精六么》一本。

女生外向六么

周密《武林舊事・官本雜劇段數》《女生外向六么》。
王國維《曲録・宋金雜劇院本部》《女生外向六么》一本。

慕道六么

周密《武林舊事・官本雜劇段數》《慕道六么》。
王國維《曲録・宋金雜劇院本部》《慕道六么》一本。

三偌慕道六么

周密《武林舊事・官本雜劇段數》《三偌慕道六么》。
王國維《曲録・宋金雜劇院本部》《三偌慕道六么》一本。

雙攔哮六么

周密《武林舊事・官本雜劇段數》《雙闌哮六么》。
王國維《曲録・宋金雜劇院本部》《雙攔哮六么》一本。

趧厥夾六么

周密《武林舊事・官本雜劇段數》《趧厥夾六么》。
王國維《曲録・宋金雜劇院本部》《趧厥夾六么》一本。

羹湯六么

周密《武林舊事・官本雜劇段數》《羹湯六么》。
王國維《曲録・宋金雜劇院本部》《羹湯六么》一本。

索拜瀛府

周密《武林舊事・官本雜劇段數》《索拜瀛府》。
王國維《曲録・宋金雜劇院本部》《索拜瀛府》一本。《瀛府》，曲名。《宋史・樂志・教坊部》正宫、南吕宫中均有《瀛府》曲。

厚熟瀛府

周密《武林舊事・官本雜劇段數》《厚熟瀛府》。

王國維《曲録・宋金雜劇院本部》《厚熟瀛府》一本。

哭骰子瀛府

周密《武林舊事・官本雜劇段數》《哭骰子瀛府》。
王國維《曲録・宋金雜劇院本部》《哭骰子瀛府》一本。

醉縣君瀛府

周密《武林舊事・官本雜劇段數》《醉縣君瀛府》。
王國維《曲録・宋金雜劇院本部》《醉院君瀛府》一本。「院君」一作「縣君」。

懊骨頭瀛府

周密《武林舊事・官本雜劇段數》《换骨頭瀛府》。
王國維《曲録・宋金雜劇院本部》《懊骨頭瀛府》一本。「懊」一作「燠」。

賭錢望瀛府

周密《武林舊事・官本雜劇段數》《賭錢望瀛府》。
王國維《曲録・宋金雜劇院本部》《賭錢望瀛府》一本。

四僧梁州

周密《武林舊事・官本雜劇段數》《四僧梁州》。
王國維《曲録・宋金雜劇院本部》《四僧梁州》一本。

三索梁州

周密《武林舊事・官本雜劇段數》《三索梁州》。
王國維《曲録・宋金雜劇院本部》《三索梁州》一本。

詩曲梁州

周密《武林舊事・官本雜劇段數》《詩曲梁州》。
王國維《曲録・宋金雜劇院本部》《詩曲梁州》一本。

頭錢梁州

周密《武林舊事・官本雜劇段數》《頭錢梁州》。
王國維《曲録・宋金雜劇院本部》《頭錢梁州》一本。

食店梁州

周密《武林舊事・官本雜劇段數》《食店梁州》。
王國維《曲録・宋金雜劇院本部》《食店梁州》一本。

法事饅頭梁州

周密《武林舊事・官本雜劇段數》《法事饅頭梁州》。

王國維《曲録・宋金雜劇院本部》《法事饅頭梁州》一本。

四哮梁州

周密《武林舊事・官本雜劇段數》《四哮伊州》。

王國維《曲録・宋金雜劇院本部》《四哮梁州》一本。「梁州」一作「伊州」。

領伊州

周密《武林舊事・官本雜劇段數》《領伊州》。

王國維《曲録・宋金雜劇院本部》《領伊州》一本。《宋史・樂志・教坊部》越調、歇指調中均有《伊州》曲。

鐵指甲伊州

周密《武林舊事・官本雜劇段數》《鐵指甲伊州》。

王國維《曲録・宋金雜劇院本部》《鐵指甲伊州》一本。

鬧五伯伊州

周密《武林舊事・官本雜劇段數》《鬧五百伊州》。

王國維《曲録・宋金雜劇院本部》《鬧五伯伊州》一本。

裴少俊伊州

周密《武林舊事・官本雜劇段數》《裴少俊伊州》。

王國維《曲録・宋金雜劇院本部》《裴少俊伊州》一本。

食店伊州

周密《武林舊事・官本雜劇段數》《食店伊州》。

王國維《曲録・宋金雜劇院本部》《食店伊州》一本。

桶擔新水

周密《武林舊事・官本雜劇段數》《橘櫓新水》。

王國維《曲録・宋金雜劇院本部》《桶擔新水》一本。「桶」一作「橘」。《宋史・樂志・教坊部》雙調中有《新水調》曲，《新水》或即《新水調》之畧也。

燒花新水

周密《武林舊事・官本雜劇段數》《燒花新水》。

王國維《曲録・宋金雜劇院本部》《燒花新水》一本。

雙哮新水

周密《武林舊事・官本雜劇段數》《雙哮新水》。

王國維《曲録・宋金雜劇院本部》《雙哮新水》一本。

簡帖薄媚

周密《武林舊事・官本雜劇段數》《簡帖薄媚》。

王國維《曲録・宋金雜劇院本部》《簡帖薄媚》一本。《宋史・樂志・教坊部》道調宮、南呂宮中均有《薄媚》曲。

請客薄媚

周密《武林舊事・官本雜劇段數》《請客薄媚》。

王國維《曲録・宋金雜劇院本部》《請客薄媚》一本。

錯取薄媚

周密《武林舊事・官本雜劇段數》《錯取薄媚》。

王國維《曲録・宋金雜劇院本部》《錯取薄媚》一本。

傳神薄媚

周密《武林舊事・官本雜劇段數》《傳客薄媚》。

王國維《曲録・宋金雜劇院本部》《傳神薄媚》一本。

九妝薄媚

周密《武林舊事・官本雜劇段數》《九裝薄媚》。

王國維《曲録・宋金雜劇院本部》《九妝薄媚》一本。

本事現薄媚

周密《武林舊事・官本雜劇段數》《本事現薄媚》。

王國維《曲録・宋金雜劇院本部》《本事現薄媚》一本。

打調薄媚

周密《武林舊事・官本雜劇段數》《打調薄媚》。

王國維《曲録・宋金雜劇院本部》《打調薄媚》一本。

拜褥薄媚

周密《武林舊事・官本雜劇段數》《拜褥薄媚》。

王國維《曲録・宋金雜劇院本部》《拜褥薄媚》一本。

鄭生遇龍女薄媚

周密《武林舊事・官本雜劇段數》《鄭生過龍女薄媚》。

王國維《曲録・宋金雜劇院本部》《鄭生遇龍女薄媚》一本。

土地大明樂

周密《武林舊事・官本雜劇段數》《土地大明系》。

王國維《曲録・宋金雜劇院本部》《土地大明樂》一本。《宋志・教坊部》大石調中有《大明樂》。

列女降黄龍

周密《武林舊事・官本雜劇段數》《列女降黄龍》。

王國維《曲録・宋金雜劇院本部》《列女降黃龍》一本。《降黃龍》，黃鐘宮曲名，《宋志》無考。

雙旦降黃龍

周密《武林舊事・官本雜劇段數》《雙旦降黃龍》。

王國維《曲録・宋金雜劇院本部》《雙旦降黃龍》一本。

打毬大明樂

周密《武林舊事・官本雜劇段數》《燈球大明樂》。

王國維《曲録・宋金雜劇院本部》《打毬大明樂》一本。

三爺老大明樂

周密《武林舊事・官本雜劇段數》《二爺老大明樂》。

王國維《曲録・宋金雜劇院本部》《三爺老大明樂》一本。

柳玭上官降黃龍

周密《武林舊事・官本雜劇段數》《柳比上官降黃龍》。

王國維《曲録・宋金雜劇院本部》《柳玭上官降黃龍》一本。

趧厥胡渭州

周密《武林舊事・官本雜劇段數》《趧厥胡渭州》。

王國維《曲録・宋金雜劇院本部》《趧厥胡渭州》一本。《宋志・教坊部》所奏小石調、林鐘商，《雲韶部》所奏越調中皆有《胡渭州》曲。

單番將胡渭州

周密《武林舊事・官本雜劇段數》《單番將胡渭州》。

王國維《曲録・宋金雜劇院本部》《單番將胡渭州》一本。

銀器胡渭州

周密《武林舊事・官本雜劇段數》《銀器胡渭州》。

王國維《曲録・宋金雜劇院本部》《銀器胡渭州》一本。

看燈胡渭州

周密《武林舊事・官本雜劇段數》《看燈胡渭州》三厥。

王國維《曲録・宋金雜劇院本部》《看燈胡渭州》一本。原注云：「三厥」。

入寺降黃龍

周密《武林舊事・官本雜劇段數》《入寺降黃龍》。

王國維《曲録・宋金雜劇院本部》《入寺降黃龍》一本。

偷標降黃龍

周密《武林舊事・官本雜劇段數》《榆標降黃龍》。

王國維《曲録·宋金雜劇院本部》《偷標降黄龍》一本。

打地鋪逍遥樂

周密《武林舊事·官本雜劇段數》《打地鋪逍遥樂》。

王國維《曲録·宋金雜劇院本部》《打地鋪逍遥樂》一本。《逍遥樂》宋詞有之，亦入曲雙調，《宋志》無考。

病鄭逍遥樂

王國維《曲録·宋金雜劇院本部》《病鄭逍遥樂》一本。

崔護逍遥樂

王國維《曲録·宋金雜劇院本部》《崔護逍遥樂》一本。

濹湎逍遥樂

周密《武林舊事·官本雜劇段數》《濹麪逍遥樂》。

王國維《曲録·宋金雜劇院本部》《濹湎逍遥樂》一本。

單打石州

周密《武林舊事·官本雜劇段數》《卑打石州》。

王國維《曲録·宋金雜劇院本部》《單打石州》一本。《宋志·教坊部》越調中有《石州》曲。

石和那石州

周密《武林舊事·官本雜劇段數》《石和那石州》。

王國維《曲録·宋金雜劇院本部》《和尚那石州》一本。「和尚」一作「石和」。

趕厥石州

周密《武林舊事·官本雜劇段數》《趕厥石州》。

王國維《曲録·宋金雜劇院本部》《趕厥石州》一本。

塑金剛大聖樂

周密《武林舊事·官本雜劇段數》《塑金剛大聖樂》。

王國維《曲録·宋金雜劇院本部》《塑金剛大聖樂》一本。《宋志·教坊部》道調宫有《大聖樂》曲。

單打大聖樂

周密《武林舊事·官本雜劇段數》《卑打大勝樂》。

王國維《曲録·宋金雜劇院本部》《單打大聖樂》一本。

柳毅大聖樂

周密《武林舊事·官本雜劇段數》《柳毅大聖樂》。

王國維《曲録·宋金雜劇院本部》《柳毅大聖樂》一本。

霸王中和樂

周密《武林舊事・官本雜劇段數》《霸王中和樂》。

王國維《曲録・宋金雜劇院本部》《霸王中和樂》一本。《宋志・教坊部》黄鐘宫有《中和樂》曲。

馬頭中和樂

周密《武林舊事・官本雜劇段數》《馬頭中和樂》。

王國維《曲録・宋金雜劇院本部》《馬頭中和樂》一本。

大打調中和樂

周密《武林舊事・官本雜劇段數》《大打調中和樂》。

王國維《曲録・宋金雜劇院本部》《大打調中和樂》一本。

唱貼萬年歡

周密《武林舊事・官本雜劇段數》《唱貼萬年歡》。

王國維《曲録・宋金雜劇院本部》《喝貼萬年歡》一本。《宋志・教坊部》中呂宫有《萬年歡》曲。

能知他泛清波

周密《武林舊事・官本雜劇段數》《能知化泛清波》。

王國維《曲録・宋金雜劇院本部》《能知他泛清波》一本。《宋志》林鐘商中有《泛清波》曲。

三釣魚泛清波

周密《武林舊事・官本雜劇段數》《三釣魚泛清波》。

王國維《曲録・宋金雜劇院本部》《三釣魚泛清波》一本。

五柳菊花新

周密《武林舊事・官本雜劇段數》《五柳菊花新》。

王國維《曲録・宋金雜劇院本部》《五柳菊花新》一本。

青陽觀碑彩雲歸

周密《武林舊事・官本雜劇段數》《青陽觀碑采雲歸》。

王國維《曲録・宋金雜劇院本部》《青陽觀碑彩雲歸》一本。

夢巫山彩雲歸

周密《武林舊事・官本雜劇段數》《夢巫山采雲歸》。

王國維《曲録・宋金雜劇院本部》《夢巫山彩雲歸》一本。《宋志》仙呂調有《彩雲歸》曲。

四小將整乾坤

周密《武林舊事・官本雜劇段數》《小四將整乾坤》。

王國維《曲録・宋金雜劇院本部》《四小將整乾坤》一本。

四季夾竹桃花

周密《武林舊事・官本雜劇段數》《四季夾竹桃花》。

王國維《曲録・宋金雜劇院本部》《四季夾竹桃花》一本。

禾打千春樂

周密《武林舊事・官本雜劇段數》《禾打千春藥》。

王國維《曲録・宋金雜劇院本部》《禾打千秋樂》一本。「秋」一作「春」。《宋志》「教坊十八調」四十六曲中有《千春樂》而無《千秋樂》，則自以作「春」爲是。

牛五郎罷金征

周密《武林舊事・官本雜劇段數》《牛五郎罷金征》。

王國維《曲録・宋金雜劇院本部》《牛五郎罷金征》一本。《宋志》南吕調有《罷金鉦》曲，「征」當作「鉦」。

新水爨

周密《武林舊事・官本雜劇段數》《新水爨》。

王國維《曲録・宋金雜劇院本部》《新水爨》一本。「爨」，院本之别名，見陶宗儀《輟耕録》。

三十拍爨

周密《武林舊事・官本雜劇段數》《三十拍爨》。

王國維《曲録・宋金雜劇院本部》《三十拍爨》一本。

天下太平爨

周密《武林舊事・官本雜劇段數》《天下太平爨》。

王國維《曲録・宋金雜劇院本部》《天下太平爨》一本。

百花爨

周密《武林舊事・官本雜劇段數》《百花爨》。

王國維《曲録・宋金雜劇院本部》《百花爨》一本。

三十六拍爨

周密《武林舊事・官本雜劇段數》《三十六拍爨》。

王國維《曲録・宋金雜劇院本部》《三十六拍爨》一本。

門子打三教爨

周密《武林舊事・官本雜劇段數》《門子打三教爨》。

王國維《曲録・宋金雜劇院本部》《四子打三教爨》一本。

孝經借衣爨

周密《武林舊事·官本雜劇段數》《孝經借衣爨》。

王國維《曲録·宋金雜劇院本部》《孝經借衣爨》一本。

大孝經孫爨

周密《武林舊事·官本雜劇段數》《大孝經狐爨》。

王國維《曲録·宋金雜劇院本部》《大孝經孫爨》一本。

喜朝天爨

周密《武林舊事·官本雜劇段數》《喜朝天爨》。

王國維《曲録·宋金雜劇院本部》《喜朝天爨》一本。

説月爨

周密《武林舊事·官本雜劇段數》《説月爨》。

王國維《曲録·宋金雜劇院本部》《説月爨》一本。

風花雪月爨

周密《武林舊事·官本雜劇段數》《風花雪月爨》。

王國維《曲録·宋金雜劇院本部》《風花雪月爨》一本。

醉青樓爨

周密《武林舊事·官本雜劇段數》《醉青樓爨》。

王國維《曲録·宋金雜劇院本部》《醉青樓爨》一本。

宴瑶池爨

周密《武林舊事·官本雜劇段數》《宴瑶池爨》。

王國維《曲録·宋金雜劇院本部》《宴瑶池爨》一本。

錢手帕爨

周密《武林舊事·官本雜劇段數》《錢手帕爨》。

王國維《曲録·宋金雜劇院本部》《錢手帕爨》一本。原注云：「小字太平歌。」「帕」一作「拍」。

詩書禮樂爨

周密《武林舊事·官本雜劇段數》《詩書禮樂爨》。

王國維《曲録·宋金雜劇院本部》《詩書禮樂爨》一本。

醉花陰爨

周密《武林舊事·官本雜劇段數》《醉花陰爨》。

王國維《曲録・宋金雜劇院本部》《醉花陰爨》一本。

錢　爨

周密《武林舊事・官本雜劇段數》《錢爨》。

王國維《曲録・宋金雜劇院本部》《錢爨》一本。

鸜鵒爨

周密《武林舊事・官本雜劇段數》《鴨鴝爨》。

王國維《曲録・宋金雜劇院本部》《鸜鵒爨》一本。「鸜」一作「鴨」。

借聽爨

周密《武林舊事・官本雜劇段數》《借聽爨》。

王國維《曲録・宋金雜劇院本部》《借聽爨》一本。

大徹底錯爨

周密《武林舊事・官本雜劇段數》《大徹底錯爨》。

王國維《曲録・宋金雜劇院本部》《大徹底錯爨》一本。

黄河賦爨

周密《武林舊事・官本雜劇段數》《黄河賦爨》。

王國維《曲録・宋金雜劇院本部》《黄河賦爨》一本。

睡　爨

周密《武林舊事・官本雜劇段數》《睡爨》。

王國維《曲録・宋金雜劇院本部》《睡爨》一本。

阿兒爨

周密《武林舊事・官本雜劇段數》《門兒爨》。

王國維《曲録・宋金雜劇院本部》《門兒爨》一本。

上借門兒爨

周密《武林舊事・官本雜劇段數》《上借門兒》。

王國維《曲録・宋金雜劇院本部》《上借門兒爨》一本。

抹紫粉爨

周密《武林舊事・官本雜劇段數》《抹紫粉爨》。

王國維《曲録・宋金雜劇院本部》《抹紫粉爨》一本。

夜半樂爨

周密《武林舊事・官本雜劇段數》《夜半樂爨》。

王國維《曲録・宋金雜劇院本部》《夜半樂爨》一本。

棹孤舟爨

周密《武林舊事・官本雜劇段數》《棹孤舟爨》。
王國維《曲録・宋金雜劇院本部》《棹孤舟爨》一本。

借衫爨

周密《武林舊事・官本雜劇段數》《借衫爨》。
王國維《曲録・宋金雜劇院本部》《借衫爨》一本。

火發爨

周密《武林舊事・官本雜劇段數》《火發爨》。
王國維《曲録・宋金雜劇院本部》《火發爨》一本。

調燕爨

周密《武林舊事・官本雜劇段數》《調燕爨》。
王國維《曲録・宋金雜劇院本部》《調燕爨》一本。

燒餅爨

周密《武林舊事・官本雜劇段數》《燒餅爨》。
王國維《曲録・宋金雜劇院本部》《燒餅爨》一本。

託合萬年歡

周密《武林舊事・官本雜劇段數》《託合萬年歡》。
王國維《曲録・宋金雜劇院本部》《託合萬年歡》一本。

迓鼓兒熙州

周密《武林舊事・官本雜劇段數》《迓鼓兒熙州》。
王國維《曲録・宋金雜劇院本部》《迓鼓兒熙州》一本。《熙州》，宋詞有之，《樂志》無考。

駱駝熙州

周密《武林舊事・官本雜劇段數》《駱駝熙州》。
王國維《曲録・宋金雜劇院本部》《駱駝熙州》一本。

二郎熙州

周密《武林舊事・官本雜劇段數》《二郎熙州》。
王國維《曲録・宋金雜劇院本部》《二郎熙州》一本。

大打調道人歡

周密《武林舊事・官本雜劇段數》《大打調道人歡》。

王國維《曲録·宋金雜劇院本部》《大打調道人歡》一本。《宋志·教坊部》中吕調有《道人歡》曲。

會子道人歡

周密《武林舊事·官本雜劇段數》《會子道人歡》。

王國維《曲録·宋金雜劇院本部》《會子道人歡》一本。

打拍道人歡

周密《武林舊事·官本雜劇段數》《打拍道人歡》。

王國維《曲録·宋金雜劇院本部》《雙拍道人歡》一本。「雙」一作「打」。

越娘道人歡

周密《武林舊事·官本雜劇段數》《越娘道人歡》。

王國維《曲録·宋金雜劇院本部》《越娘道人歡》一本。

打勘長壽仙

周密《武林舊事·官本雜劇段數》《打勘長壽仙》。

王國維《曲録·宋金雜劇院本部》《打勘長壽仙》一本。《宋志·教坊部》般涉調中有《長壽仙》曲。

偌賣旦長壽仙

周密《武林舊事·官本雜劇段數》《偌賣旦長壽仙》。

王國維《曲録·宋金雜劇院本部》《偌賣旦長壽仙》一本。

分頭子長壽仙

周密《武林舊事·官本雜劇段數》《分頭子長壽仙》。

王國維《曲録·宋金雜劇院本部》《分頭子長壽仙》一本。

棋盤法曲

周密《武林舊事·官本雜劇段數》《棋盤法曲》。

王國維《曲録·宋金雜劇院本部》《棊盤法曲》一本。

孤和法曲

周密《武林舊事·官本雜劇段數》《狐和法曲》。

王國維《曲録·宋金雜劇院本部》《孤和法曲》一本。

藏瓶兒法曲

周密《武林舊事·官本雜劇段數》《藏瓶兒法曲》。

王國維《曲録·宋金雜劇院本部》《藏瓶兒法曲》一本。

車兒法曲

周密《武林舊事・官本雜劇段數》《車兒法曲》。

王國維《曲録・宋金雜劇院本部》《車兒法曲》一本。

病爺劍器

周密《武林舊事・官本雜劇段數》《病爺劍器》。

王國維《曲録・宋金雜劇院本部》《病爺老劍器》一本。《宋志・教坊部》中呂宮、黃鐘宮中均有《劍器》曲。

霸王劍器

周密《武林舊事・官本雜劇段數》《霸王劍器》。

王國維《曲録・宋金雜劇院本部》《霸王劍器》一本。

黃傑進延壽樂

周密《武林舊事・官本雜劇段數》《黃傑進延壽樂》。

王國維《曲録・宋金雜劇院本部》《黃傑進延壽樂》一本。《宋志・教坊部》仙呂宮有《延壽樂》曲。

義養娘延壽樂

周密《武林舊事・官本雜劇段數》《養義娘延壽樂》。

王國維《曲録・宋金雜劇院本部》《義養娘延壽樂》一本。

扯檻兒賀皇恩

周密《武林舊事・官本雜劇段數》《扯檻兒賀皇恩》。

王國維《曲録・宋金雜劇院本部》《扯籃兒賀皇恩》一本。「籃」一作「檻」。《宋志・教坊部》林鐘商有《賀皇恩》曲。

催妝賀皇恩

周密《武林舊事・官本雜劇段數》《催妝賀皇恩》。

王國維《曲録・宋金雜劇院本部》《催妝賀皇恩》一本。原注云：「三偌」。

封陟中和樂

周密《武林舊事・官本雜劇段數》《封陟中和樂》。

王國維《曲録・宋金雜劇院本部》《封涉中和樂》一本。

唐輔采蓮

周密《武林舊事・官本雜劇段數》《唐輔采蓮》。

王國維《曲録・宋金雜劇院本部》《唐輔採蓮》一本。《宋志・教坊部》雙調中有《採蓮》曲。

雙哮采蓮

周密《武林舊事・官本雜劇段數》《雙哮采蓮》。
王國維《曲録・宋金雜劇院本部》《雙哮採蓮》一本。

病和采蓮

周密《武林舊事・官本雜劇段數》《病和采蓮》。
王國維《曲録・宋金雜劇院本部》《病和採蓮》一本。

諸宫調霸王

周密《武林舊事・官本雜劇段數》《諸宫調霸王》。
王國維《曲録・宋金雜劇院本部》《諸宫調霸王》一本。

諸宫調卦册兒

周密《武林舊事・官本雜劇段數》《諸宫調掛册兒》。
王國維《曲録・宋金雜劇院本部》《諸宫調卦册兒》一本。

相如文君

周密《武林舊事・官本雜劇段數》《相如文君》。
王國維《曲録・宋金雜劇院本部》《相如文君》一本。

崔智韜艾虎兒

周密《武林舊事・官本雜劇段數》《崔次韜艾虎兒》。
王國維《曲録・宋金雜劇院本部》《崔智韜艾虎兒》一本。

王崇道休妻

周密《武林舊事・官本雜劇段數》《王崇道休妻》。
王國維《曲録・宋金雜劇院本部》《王宗道休妻》一本。「宗」一作「崇」。

李勉負心

周密《武林舊事・官本雜劇段數》《李勉負心》。
王國維《曲録・宋金雜劇院本部》《李勉負心》一本。

四鄭舞楊花

周密《武林舊事・官本雜劇段數》《四鄭舞楊花》。
王國維《曲録・宋金雜劇院本部》《四鄭舞楊花》一本。

四偌皇州

周密《武林舊事・官本雜劇段數》《四偌皇州》。
王國維《曲録・宋金雜劇院本部》《四偌皇州》一本。

檻偖保金枝

周密《武林舊事・官本雜劇段數》《檻偖保金枝》。

王國維《曲録・宋金雜劇院本部》《檻偖寶金枝》一本。原注云：「磕瓦」。「寶」一作「保」。《宋志・教坊》仙吕宫有《保金枝》曲。

浮漚傳永成雙

周密《武林舊事・官本雜劇段數》《浮漚傳永成雙》。

王國維《曲録・宋金雜劇院本部》《浮漚傳永成雙》一本。

浮漚暮雲歸

周密《武林舊事・官本雜劇段數》《浮漚暮雲歸》。

王國維《曲録・宋金雜劇院本部》《浮漚暮雲歸》一本。

老孤嘉慶樂

周密《武林舊事・官本雜劇段數》《老狐嘉慶樂》。

王國維《曲録・宋金雜劇院本部》《老孤嘉慶樂》一本。

裴航相遇樂

周密《武林舊事・官本雜劇段數》《裴航相遇樂》。

王國維《曲録・宋金雜劇院本部》《裴航相遇樂》一本。《宋志・教坊》歇指調中有《君臣相遇樂》。

進筆慶雲樂

周密《武林舊事・官本雜劇段數》《進筆慶雲樂》。

王國維《曲録・宋金雜劇院本部》《進筆慶雲樂》一本。《宋志・教坊》歇指調中有《慶雲樂》。

兩相宜萬年芳

周密《武林舊事・官本雜劇段數》《兩相一萬年歡》。

王國維《曲録・宋金雜劇院本部》《兩相宜萬年芳》一本。

木蘭花爨

周密《武林舊事・官本雜劇段數》《木蘭花爨》。

王國維《曲録・宋金雜劇院本部》《木蘭花爨》一本。

月當聽爨

周密《武林舊事・官本雜劇段數》《月當聽爨》。

王國維《曲録・宋金雜劇院本部》《月當廳爨》一本。

醉還醒爨

周密《武林舊事・官本雜劇段數》《醉還影爨》。

王國維《曲録・宋金雜劇院本部》《醉還醒爨》一本。

鬧夾棒爨

周密《武林舊事・官本雜劇段數》《鬧夾捧爨》。
王國維《曲録・宋金雜劇院本部》《鬧夾棒爨》一本。

撲胡蝶爨

周密《武林舊事・官本雜劇段數》《撲胡蝶爨》。
王國維《曲録・宋金雜劇院本部》《撲胡蝶爨》一本。

鬧八妝爨

周密《武林舊事・官本雜劇段數》《鬧八妝爨》。
王國維《曲録・宋金雜劇院本部》《鬧八妝爨》一本。

鍾馗爨

周密《武林舊事・官本雜劇段數》《鍾馗爨》。
王國維《曲録・宋金雜劇院本部》《鍾馗爨》一本。

銅博爨

周密《武林舊事・官本雜劇段數》《銅博爨》。
王國維《曲録・宋金雜劇院本部》《銅博爨》一本。

戀雙雙爨

周密《武林舊事・官本雜劇段數》《戀雙雙爨》。
王國維《曲録・宋金雜劇院本部》《戀雙雙爨》一本。

惱子爨

周密《武林舊事・官本雜劇段數》《惱子爨》。
王國維《曲録・宋金雜劇院本部》《惱子爨》一本。

像生爨

周密《武林舊事・官本雜劇段數》《像生爨》。
王國維《曲録・宋金雜劇院本部》《像生爨》一本。

金蓮子爨

周密《武林舊事・官本雜劇段數》《金蓮爨》。
王國維《曲録・宋金雜劇院本部》《金蓮子爨》一本。

思鄉早行孤

周密《武林舊事・官本雜劇段數》《思鄉早行孤》。

王國維《曲録・宋金雜劇院本部》《思鄉早行孤》一本。《輟耕録》：「院本五人，一曰孤裝。」甯王權《太和正音譜》云：「孤，當場裝官者。」

睡孤

周密《武林舊事・官本雜劇段數》《睡孤》。

王國維《曲録・宋金雜劇院本部》《睡孤》一本。

諱樂孤

周密《武林舊事・官本雜劇段數》《諱樂孤》。

王國維《曲録・宋金雜劇院本部》《諱藥孤》一本。「藥」一作「樂」。

論禪孤

周密《武林舊事・官本雜劇段數》《論憚孤》。

王國維《曲録・宋金雜劇院本部》《論禪孤》一本。

迓鼓孤

周密《武林舊事・官本雜劇段數》《迓鼓孤》。

王國維《曲録・宋金雜劇院本部》《迓鼓孤》一本。

大暮故孤

周密《武林舊事・官本雜劇段數》《大算故孤》。

王國維《曲録・宋金雜劇院本部》《大暮故孤》一本。

小暮故孤

周密《武林舊事・官本雜劇段數》《小幕故孤》。

王國維《曲録・宋金雜劇院本部》《小暮故孤》一本。

老孤遣旦

周密《武林舊事・官本雜劇段數》《老孤遣旦》。

王國維《曲録・宋金雜劇院本部》《老姑遣妲》一本。「姑」一作「孤」，「妲」即「旦」也。

孤慘

周密《武林舊事・官本雜劇段數》《孤慘》。

王國維《曲録・宋金雜劇院本部》《孤慘》一本。

雙孤慘

周密《武林舊事・官本雜劇段數》《雙孤慘》。

王國維《曲録・宋金雜劇院本部》《雙孤慘》一本。原注云：「骨突肉」。

三孤慘

周密《武林舊事・官本雜劇段數》《三孤慘》。

王國維《曲録・宋金雜劇院本部》《三孤慘》一本。

四孤醉留客

周密《武林舊事・官本雜劇段數》《四孤醉留客》。
王國維《曲録・宋金雜劇院本部》《四孤醉留客》一本。

四孤夜宴

周密《武林舊事・官本雜劇段數》《四孤夜宴》。
王國維《曲録・宋金雜劇院本部》《四孤夜宴》一本。

四孤好

周密《武林舊事・官本雜劇段數》《四孤好》。
王國維《曲録・宋金雜劇院本部》《四孤好》一本。

四孤披頭

周密《武林舊事・官本雜劇段數》《四孤披頭》。
王國維《曲録・宋金雜劇院本部》《四孤披頭》一本。

四孤擂

周密《武林舊事・官本雜劇段數》《四孤擂》。
王國維《曲録・宋金雜劇院本部》《四孤擂》一本。

病孤三鄉題

周密《武林舊事・官本雜劇段數》《病孤三鄉題》。
王國維《曲録・宋金雜劇院本部》《病孤三鄉題》一本。

王魁三鄉題

周密《武林舊事・官本雜劇段數》《王魁三鄉題》。
王國維《曲録・宋金雜劇院本部》《王魁三鄉題》一本。

強偌三鄉題

周密《武林舊事・官本雜劇段數》《強若三鄉題》。
王國維《曲録・宋金雜劇院本部》《強偌三鄉題》一本。

文武問命

周密《武林舊事・官本雜劇段數》《文武問命》。
王國維《曲録・宋金雜劇院本部》《文武問命》一本。

兩同心卦鋪兒

周密《武林舊事・官本雜劇段數》《兩同心卦鋪兒》。

王國維《曲録・宋金雜劇院本部》《兩同心卦鋪兒》一本。

一井金卦鋪兒

周密《武林舊事・官本雜劇段數》《一井金卦鋪兒》。

王國維《曲録・宋金雜劇院本部》《一井金卦鋪兒》一本。

滿皇州卦鋪兒

周密《武林舊事・官本雜劇段數》《滿皇州卦鋪兒》。

王國維《曲録・宋金雜劇院本部》《滿皇州卦鋪兒》一本。

變猫卦鋪兒

周密《武林舊事・官本雜劇段數》《變猫卦鋪兒》。

王國維《曲録・宋金雜劇院本部》《變猫卦鋪兒》一本。

白苧卦鋪兒

周密《武林舊事・官本雜劇段數》《白苧卦鋪兒》。

王國維《曲録・宋金雜劇院本部》《白苧卦鋪兒》一本。

探春卦鋪兒

周密《武林舊事・官本雜劇段數》《探春卦鋪兒》。

王國維《曲録・宋金雜劇院本部》《探春卦鋪兒》一本。

慶時豊卦鋪兒

周密《武林舊事・官本雜劇段數》《慶時豊卦兒》。

王國維《曲録・宋金雜劇院本部》《慶時豊卦鋪兒》一本。

三哮卦鋪兒

周密《武林舊事・官本雜劇段數》《三哮卦鋪兒》。

王國維《曲録・宋金雜劇院本部》《三哮卦鋪兒》一本。

三哮揭榜

周密《武林舊事・官本雜劇段數》《三哮揭榜》。

王國維《曲録・宋金雜劇院本部》《三哮揭榜》一本。

三哮上小樓

周密《武林舊事・官本雜劇段數》《三哮上小樓》。

王國維《曲録・宋金雜劇院本部》《三哮上小樓》一本。

三哮文字兒

周密《武林舊事・官本雜劇段數》《三哮文字兒》。

王國維《曲録・宋金雜劇院本部》《三哮文字兒》一本。

三哮好女兒

周密《武林舊事・官本雜劇段數》《三哮好女兒》。

王國維《曲録・宋金雜劇院本部》《三哮好女兒》一本。

三哮一檐脚

周密《武林舊事・官本雜劇段數》《三哮一擔脚》。

王國維《曲録・宋金雜劇院本部》《三哮一檐脚》一本。

襤哮合房

周密《武林舊事・官本雜劇段數》《襤哮合房》。

王國維《曲録・宋金雜劇院本部》《襤哮合房》一本。

襤哮店休妲

周密《武林舊事・官本雜劇段數》《襤哮店休旦》。

王國維《曲録・宋金雜劇院本部》《襤哮店休妲》一本。

襤哮負酸

周密《武林舊事・官本雜劇段數》《襤哮負酸》。

王國維《曲録・宋金雜劇院本部》《襤哮負酸》一本。胡應麟《少室山房筆叢》：「世謂秀才爲措大，元人以秀才爲細酸，《倩女離魂》首摺，末扮細酸爲王文舉是也。」

秀才下酸擂

周密《武林舊事・官本雜劇段數》《秀才下酸擂》。

王國維《曲録・宋金雜劇院本部》《秀才下酸擂》一本。

急慢酸

周密《武林舊事・官本雜劇段數》《急慢酸》。

王國維《曲録・宋金雜劇院本部》《急慢酸》一本。

眼藥酸

周密《武林舊事・官本雜劇段數》《眼藥酸》。

王國維《曲録・宋金雜劇院本部》《眼藥酸》一本。

食藥酸

周密《武林舊事・官本雜劇段數》《食藥酸》。

王國維《曲録・宋金雜劇院本部》《食藥酸》一本。

風流藥

周密《武林舊事・官本雜劇段數》《風流藥》。

王國維《曲録・宋金雜劇院本部》《風流藥》一本。

黃元兒

周密《武林舊事・官本雜劇段數》《黃元兒》。
王國維《曲録・宋金雜劇院本部》《黃元兒》一本。

論淡

周密《武林舊事・官本雜劇段數》《論淡》。
王國維《曲録・宋金雜劇院本部》《論淡》一本。

醫淡

周密《武林舊事・官本雜劇段數》《醫淡》。
王國維《曲録・宋金雜劇院本部》《醫淡》一本。

醫馬

周密《武林舊事・官本雜劇段數》《醫馬》。
王國維《曲録・宋金雜劇院本部》《醫馬》一本。

調笑驢兒

周密《武林舊事・官本雜劇段數》《調笑驢兒》。
王國維《曲録・宋金雜劇院本部》《調笑驢兒》一本。

雌虎

周密《武林舊事・官本雜劇段數》《雌虎》。
王國維《曲録・宋金雜劇院本部》《雌虎》一本。原注云：「崔智韜」。

解熊

周密《武林舊事・官本雜劇段數》《解熊》。
王國維《曲録・宋金雜劇院本部》《解熊》一本。

鶻打兔變二郎

周密《武林舊事・官本雜劇段數》《鶻打兔變二郎》。
王國維《曲録・宋金雜劇院本部》《鶻打兔變二郎》一本。《鶻打兔》，曲名，見董解元《西廂》。

二郎神變二郎神

周密《武林舊事・官本雜劇段數》《二郎神變二郎神》。
王國維《曲録・宋金雜劇院本部》《二郎神變二郎神》一本。《二郎神》，曲名，見唐崔令欽《教坊記》。

毁廟

周密《武林舊事・官本雜劇段數》《毁廟》。
王國維《曲録・宋金雜劇院本部》《毁廟》一本。

入廟霸王兒

周密《武林舊事・官本雜劇段數》《入廟霸王兒》。
王國維《曲録・宋金雜劇院本部》《入廟霸王兒》一本。

單調霸王兒

周密《武林舊事・官本雜劇段數》《單調霸王兒》。
王國維《曲録・宋金雜劇院本部》《單調霸王兒》一本。

單調宿

周密《武林舊事・官本雜劇段數》《單調宿》。
王國維《曲録・宋金雜劇院本部》《單調宿》一本。

單背影

周密《武林舊事・官本雜劇段數》《單背影》。
王國維《曲録・宋金雜劇院本部》《單背影》一本。

單頂戴

周密《武林舊事・官本雜劇段數》《單頂戴》。
王國維《曲録・宋金雜劇院本部》《單頂戴》一本。

單唐突

周密《武林舊事・官本雜劇段數》《單唐突》。
王國維《曲録・宋金雜劇院本部》《單唐突》一本。

單折洗

周密《武林舊事・官本雜劇段數》《單折洗》。
王國維《曲録・宋金雜劇院本部》《單折洗》一本。

單兜

周密《武林舊事・官本雜劇段數》《單兜》。
王國維《曲録・宋金雜劇院本部》《單兜》一本。

單搭手

周密《武林舊事・官本雜劇段數》《單搭手》。
王國維《曲録・宋金雜劇院本部》《單搭手》一本。

雙搭手

周密《武林舊事·官本雜劇段數》《雙搭手》。
王國維《曲録·宋金雜劇院本部》《雙搭手》一本。

雙厥送

周密《武林舊事·官本雜劇段數》《雙厥送》。
王國維《曲録·宋金雜劇院本部》《雙厥送》一本。

雙厥投拜

周密《武林舊事·官本雜劇段數》《雙厥投拜》。
王國維《曲録·宋金雜劇院本部》《雙厥投拜》一本。

雙打球

周密《武林舊事·官本雜劇段數》《雙打球》。
王國維《曲録·宋金雜劇院本部》《雙打毬》一本。

雙頂戴

周密《武林舊事·官本雜劇段數》《雙頂戴》。
王國維《曲録·宋金雜劇院本部》《雙頂戴》一本。

雙園子

周密《武林舊事·官本雜劇段數》《雙園子》。
王國維《曲録·宋金雜劇院本部》《雙園子》一本。

雙索帽

周密《武林舊事·官本雜劇段數》《雙帽索》。
王國維《曲録·宋金雜劇院本部》《雙索帽》一本。

雙三教

周密《武林舊事·官本雜劇段數》《雙三教》。
王國維《曲録·宋金雜劇院本部》《雙三教》一本。

雙虞侯

周密《武林舊事·官本雜劇段數》《雙虞侯》。
王國維《曲録·宋金雜劇院本部》《雙虞侯》一本。

雙養娘

周密《武林舊事·官本雜劇段數》《雙養娘》。
王國維《曲録·宋金雜劇院本部》《雙養娘》一本。

雙　快

周密《武林舊事·官本雜劇段數》《雙快》。

王國維《曲録·宋金雜劇院本部》《雙快》一本。「快」一作「抉」。

雙　捉

周密《武林舊事·官本雜劇段數》《雙捉》。

王國維《曲録·宋金雜劇院本部》《雙捉》一本。

雙禁師

周密《武林舊事·官本雜劇段數》《雙禁師》。

王國維《曲録·宋金雜劇院本部》《雙禁師》一本。

雙羅羅啄木兒

周密《武林舊事·官本雜劇段數》《雙羅羅啄木兕》。

王國維《曲録·宋金雜劇院本部》《雙羅羅啄木兒》一本。《啄木兒》，曲調名。

賴房錢啄木兒

周密《武林舊事·官本雜劇段數》《賴房錢啄木兒》。

王國維《曲録·宋金雜劇院本部》《賴房錢啄木兒》一本。

圍城啄木兒

周密《武林舊事·官本雜劇段數》《圍城啄木兒》。

王國維《曲録·宋金雜劇院本部》《圍城啄木兒》一本。

大雙頭蓮

周密《武林舊事·官本雜劇段數》《大雙頭蓮》。

王國維《曲録·宋金雜劇院本部》《大雙頭蓮》一本。

小雙頭蓮

周密《武林舊事·官本雜劇段數》《小雙頭蓮》。

王國維《曲録·宋金雜劇院本部》《小雙頭蓮》一本。

大雙慘

周密《武林舊事·官本雜劇段數》《大雙慘》。

王國維《曲録·宋金雜劇院本部》《大雙慘》一本。

小雙慘

周密《武林舊事·官本雜劇段數》《小雙慘》。

王國維《曲録·宋金雜劇院本部》《小雙慘》一本。

小雙索

周密《武林舊事・官本雜劇段數》《小雙索》。
王國維《曲録・宋金雜劇院本部》《小雙索》一本。

雙排軍

周密《武林舊事・官本雜劇段數》《雙排軍》。
王國維《曲録・宋金雜劇院本部》《雙排軍》一本。

醉排軍

周密《武林舊事・官本雜劇段數》《醉排軍》。
王國維《曲録・宋金雜劇院本部》《醉排軍》一本。

雙賣妲

周密《武林舊事・官本雜劇段數》《雙賣旦》。
王國維《曲録・宋金雜劇院本部》《雙賣妲》一本。

三入舍

周密《武林舊事・官本雜劇段數》《三合入》。
王國維《曲録・宋金雜劇院本部》《三入舍》一本。

三出舍

周密《武林舊事・官本雜劇段數》《三出合》。
王國維《曲録・宋金雜劇院本部》《三出舍》一本。

三笑月中行

周密《武林舊事・官本雜劇段數》《三笑月中行》。
王國維《曲録・宋金雜劇院本部》《三笑月中行》一本。

三登樂院公狗兒

周密《武林舊事・官本雜劇段數》《三登院樂公狗兒》。
王國維《曲録・宋金雜劇院本部》《三登樂院公狗兒》一本。

三教安公子

周密《武林舊事・官本雜劇段數》《三教安公子》。
王國維《曲録・宋金雜劇院本部》《三教安公子》一本。《安公子》，曲名。

三社争賽

周密《武林舊事・官本雜劇段數》《三杜争賽》。
王國維《曲録・宋金雜劇院本部》《三社争賽》一本。

三頂戴

周密《武林舊事·官本雜劇段數》《三頂戴》。
王國維《曲録·宋金雜劇院本部》《三頂戴》一本。

三偌一賃驢

周密《武林舊事·官本雜劇段數》《三偌一賃驢》。
王國維《曲録·宋金雜劇院本部》《三偌一賃驢》一本。

三育一偌

周密《武林舊事·官本雜劇段數》《三盲一偌》。
王國維《曲録·宋金雜劇院本部》《三育一偌》一本。

三教鬧著棋

周密《武林舊事·官本雜劇段數》《三教鬧教棋》。
王國維《曲録·宋金雜劇院本部》《三教鬧著棋》一本。

三借窑貨兒

周密《武林舊事·官本雜劇段數》《三借窑貨兒》。
王國維《曲録·宋金雜劇院本部》《三借窑貨兒》一本。

三獻身

周密《武林舊事·官本雜劇段數》《三敵身》。
王國維《曲録·宋金雜劇院本部》《三獻身》一本。

三教化

周密《武林舊事·官本雜劇段數》《三教化》。
王國維《曲録·宋金雜劇院本部》《三教化》一本。

三京下書

周密《武林舊事·官本雜劇段數》《三京下書》。
王國維《曲録·宋金雜劇院本部》《三京下書》一本。

三短鞓

周密《武林舊事·官本雜劇段數》《三短鞓》。
王國維《曲録·宋金雜劇院本部》《三短鞓》一本。

打三教菴宇

周密《武林舊事·官本雜劇段數》《打三教奄宇》。
王國維《曲録·宋金雜劇院本部》《打三教菴宇》一本。

普天樂打三教

周密《武林舊事·官本雜劇段數》《普天下》。

王國維《曲録·宋金雜劇院本部》《普天樂打三教》一本。

滿皇州打三教

周密《武林舊事·官本雜劇段數》《滿皇州打三教》。

王國維《曲録·宋金雜劇院本部》《滿皇州打三教》一本。

領三教

周密《武林舊事·官本雜劇段數》《領三教》。

王國維《曲録·宋金雜劇院本部》《領三教》一本。

三姐醉還醒

周密《武林舊事·官本雜劇段數》《三姐醉還醒》。

王國維《曲録·宋金雜劇院本部》《三姐醉還醒》一本。

三姐黄鶯兒

周密《武林舊事·官本雜劇段數》《三姊黄鶯兒》。

王國維《曲録·宋金雜劇院本部》《三姐黄鶯兒》一本。

賣花黄鶯兒

周密《武林舊事·官本雜劇段數》《賣花黄鶯兒》。

王國維《曲録·宋金雜劇院本部》《賣花黄鶯兒》一本。

大小四將

周密《武林舊事·官本雜劇段數》《大小四將》。

王國維《曲録·宋金雜劇院本部》《大四小將》一本。

四小將

周密《武林舊事·官本雜劇段數》《四小將》。

王國維《曲録·宋金雜劇院本部》《四小將》一本。

四國朝

周密《武林舊事·官本雜劇段數》《四國朝》。

王國維《曲録·宋金雜劇院本部》《四國朝》一本。

四脱空

周密《武林舊事·官本雜劇段數》《四脱空》。

王國維《曲録·宋金雜劇院本部》《四脱空》一本。

四教化

周密《武林舊事·官本雜劇段數》《四教化》。

王國維《曲録·宋金雜劇院本部》《四教化》一本。

泥孤

周密《武林舊事·官本雜劇段數》《泥孤》。

王國維《曲録·宋金雜劇院本部》《泥孤》一本。

君聖臣賢爨

王國維《曲録·宋金雜劇院本部》《君聖臣賢爨》一本。

楊飯

王國維《曲録·宋金雜劇院本部》《楊飯》一本。

四偌少年游

王國維《曲録·宋金雜劇院本部》《四偌少年游》一本。右三本見《武林舊事》卷一，係南宋聖節所用者。右二百八十四種宋無名氏撰。雜劇之名始見於《宋史·樂志》。《志》稱：「真宗不喜鄭聲，而或爲雜劇詞，未嘗宣布於外。」則北宋初葉，雜劇固已有腳本，唯無傳于後世者，且并亡其目耳。右二百餘種，大率以所演之事繫所歌之曲，其例與陶宗儀《輟耕録》所載院本名目相同，且有十餘本互見。

月明法曲

陶宗儀《南村輟耕録·院本名目·和曲院本》《月明法曲》。

王國維《曲録·宋金雜劇院本部》《月明法曲》一本。

鄆王法曲

陶宗儀《南村輟耕録·院本名目·和曲院本》《鄆王法曲》。

王國維《曲録·宋金雜劇院本部》《鄆王法曲》一本。

燒香法曲

陶宗儀《南村輟耕録·院本名目·和曲院本》《燒香法曲》。

王國維《曲録·宋金雜劇院本部》《燒香法曲》一本。

送使法曲

陶宗儀《南村輟耕録·院本名目·和曲院本》《送使法曲》。

王國維《曲録·宋金雜劇院本部》《送香法曲》一本。

上墳伊州

陶宗儀《南村輟耕録·院本名目·和曲院本》《上墳伊州》。

王國維《曲録·宋金雜劇院本部》《上墳伊州》一本。

燒花新水

陶宗儀《南村輟耕録・院本名目・和曲院本》《燒花新水》。

王國維《曲録・宋金雜劇院本部》《燒花新水》一本。與前《官本雜劇》重出，或一本也。

熙州駱駝

陶宗儀《南村輟耕録・院本名目・和曲院本》《熙州駱駝》。

王國維《曲録・宋金雜劇院本部》《熙州駱駝》一本。宋《官本雜劇》有《駱駝熙州》，疑是一本。

列良羸府

陶宗儀《南村輟耕録・院本名目・和曲院本》《列良羸府》。

王國維《曲録・宋金雜劇院本部》《列良羸府》一本。「羸府」當爲「瀛府」之訛。

病鄭逍遥樂

陶宗儀《南村輟耕録・院本名目・和曲院本》《病鄭逍遥樂》。

王國維《曲録・宋金雜劇院本部》《病鄭逍遥樂》一本。與宋《官本雜劇》重出，當是一本。

四皓逍遥樂

陶宗儀《南村輟耕録・院本名目・和曲院本》《四皓逍遥樂》。

王國維《曲録・宋金雜劇院本部》《四皓逍遥樂》一本。

四酸逍遥樂

陶宗儀《南村輟耕録・院本名目・和曲院本》《四酸逍遥樂》。

王國維《曲録・宋金雜劇院本部》《四酸逍遥樂》一本。

賀貼萬年歡

陶宗儀《南村輟耕録・院本名目・和曲院本》《賀貼萬年歡》。

王國維《曲録・宋金雜劇院本部》《賀貼萬年歡》一本。宋《官本雜劇》有《喝貼萬年歡》，不知即此本否？

拼廩降黃龍

陶宗儀《南村輟耕録・院本名目・和曲院本》《拼廩降黃龍》。

王國維《曲録・宋金雜劇院本部》《拼廩降黃龍》一本。

列女降黃龍

陶宗儀《南村輟耕録・院本名目・和曲院本》《列女降黃龍》。

王國維《曲録・宋金雜劇院本部》《列女降黃龍》一本。與宋《官本離劇》重出，當是一本。

壺春堂

陶宗儀《南村輟耕録・院本名目・上皇院本》《壺春堂》。

王國維《曲録・宋金雜劇院本部》《壺堂春》一本。

太湖石

陶宗儀《南村輟耕録・院本名目・上皇院本》《太湖石》。

王國維《曲録・宋金雜劇院本部》《太湖石》一本。

金明池

陶宗儀《南村輟耕録・院本名目・上皇院本》《金明池》。

王國維《曲録・宋金雜劇院本部》《金明池》一本。詞調名。

戀鰲山

陶宗儀《南村輟耕録・院本名目・上皇院本》《戀鰲山》。

王國維《曲録・宋金雜劇院本部》《戀鼇山》一本。

六變妝

陶宗儀《南村輟耕録・院本名目・上皇院本》《六變妝》。

王國維《曲録・宋金雜劇院本部》《六變妝》一本。

萬歲山

陶宗儀《南村輟耕録・院本名目・上皇院本》《萬歲山》。

王國維《曲録・宋金雜劇院本部》《萬歲山》一本。

打草陣

陶宗儀《南村輟耕録・院本名目・上皇院本》《打草陣》。

王國維《曲録・宋金雜劇院本部》《打草陣》一本。

賞花燈

陶宗儀《南村輟耕録・院本名目・上皇院本》《賞花燈》。

王國維《曲録・宋金雜劇院本部》《賞花燈》一本。

錯入内

陶宗儀《南村輟耕録・院本名目・上皇院本》《錯入内》。

王國維《曲録・宋金雜劇院本部》《錯入内》一本。

問相思

陶宗儀《南村輟耕録・院本名目・上皇院本》《問相思》。

王國維《曲録・宋金雜劇院本部》《問相思》一本。

探花街

陶宗儀《南村輟耕録・院本名目・上皇院本》《探花街》。

王國維《曲録・宋金雜劇院本部》《探花街》一本。

斷上皇

陶宗儀《南村輟耕録・院本名目・上皇院本》《斷上皇》。

王國維《曲録・宋金雜劇院本部》《斷上皇》一本。

打毬會

陶宗儀《南村輟耕録・院本名目・上皇院本》《打毬會》。

王國維《曲録・宋金雜劇院本部》《打毬會》一本。

春從天上來

陶宗儀《南村輟耕録・院本名目・上皇院本》《春從天上來》。

王國維《曲録・宋金雜劇院本部》《春從天上來》一本。《打毬會》一本，元無名氏有雜劇，當自此出。《春從天上來》則調名，宋詞有之，元曲不用。《金明池》同。

柳絮風

陶宗儀《南村輟耕録・院本名目・題目院本》《柳絮風》。

王國維《曲録・宋金雜劇院本部》《柳絮風》一本。

紅索冷

陶宗儀《南村輟耕録・院本名目・題目院本》《紅索冷》。

王國維《曲録・宋金雜劇院本部》《紅索冷》一本。

牆外道

陶宗儀《南村輟耕録・院本名目・題目院本》《牆外道》。

王國維《曲録・宋金雜劇院本部》《牆外道》一本。

共粉淚

陶宗儀《南村輟耕録・院本名目・題目院本》《共粉淚》。

王國維《曲録・宋金雜劇院本部》《共粉淚》一本。

楊柳枝

陶宗儀《南村輟耕録・院本名目・題目院本》《楊柳枝》。

王國維《曲録・宋金雜劇院本部》《楊柳枝》一本。

蔡消閑

陶宗儀《南村輟耕録・院本名目・題目院本》《蔡消閑》。

王國維《曲録・宋金雜劇院本部》《蔡消閒》一本。金蔡丞相松年，號蕭閒老人。元李文蔚有《蔡蕭閒醉寫石州慢》雜劇，當自此本出。

方偷眼

陶宗儀《南村輟耕録・院本名目・題目院本》《方偷眼》。

王國維《曲録・宋金雜劇院本部》《方偷眼》一本。

呆太守

陶宗儀《南村輟耕録・院本名目・題目院本》《呆太守》。

王國維《曲録・宋金雜劇院本部》《呆太守》一本。

晝堂前

陶宗儀《南村輟耕録・院本名目・題目院本》《晝堂前》。

王國維《曲録・宋金雜劇院本部》《晝堂前》一本。

夢周公

陶宗儀《南村輟耕録・院本名目・題目院本》《夢周公》。

王國維《曲録・宋金雜劇院本部》《夢周公》一本。

梅花底

陶宗儀《南村輟耕録・院本名目・題目院本》《梅花底》。

王國維《曲録・宋金雜劇院本部》《梅花底》一本。

三笑圖

陶宗儀《南村輟耕録・院本名目・題目院本》《三笑圖》。

王國維《曲録・宋金雜劇院本部》《三笑圖》一本。

脱布衫

陶宗儀《南村輟耕録・院本名目・題目院本》《脱布衫》。

王國維《曲録・宋金雜劇院本部》《窄布衫》一本。

呆秀才

陶宗儀《南村輟耕録・院本名目・題目院本》《呆秀才》。

王國維《曲録・宋金雜劇院本部》《呆秀才》一本。

隔年期

陶宗儀《南村輟耕録・院本名目・題目院本》《隔年期》。

王國維《曲録・宋金雜劇院本部》《隔年期》一本。

賀方回

陶宗儀《南村輟耕録・院本名目・題目院本》《賀方回》。

王國維《曲録・宋金雜劇院本部》《賀方回》一本。

王安石

陶宗儀《南村輟耕録·院本名目·題目院本》《王安石》。
王國維《曲録·宋金雜劇院本部》《王安石》一本。

斷三行

陶宗儀《南村輟耕録·院本名目·題目院本》《斷三行》。
王國維《曲録·宋金雜劇院本部》《斷三行》一本。

競尋芳

陶宗儀《南村輟耕録·院本名目·題目院本》《競尋芳》。
王國維《曲録·宋金雜劇院本部》《競尋芳》一本。

雙打梨花院

陶宗儀《南村輟耕録·院本名目·題目院本》《雙打梨花院》。
王國維《曲録·宋金雜劇院本部》《雙打梨花院》一本。

悲怨霸王

陶宗儀《南村輟耕録·院本名目·霸王院本》《悲怨霸王》。
王國維《曲録·宋金雜劇院本部》《悲怨霸王》一本。

范增霸王

陶宗儀《南村輟耕録·院本名目·霸王院本》《范增霸王》。
王國維《曲録·宋金雜劇院本部》《范增霸王》一本。

草馬霸王

陶宗儀《南村輟耕録·院本名目·霸王院本》《草馬霸王》。
王國維《曲録·宋金雜劇院本部》《草馬霸王》一本。

散楚霸王

陶宗儀《南村輟耕録·院本名目·霸王院本》《散楚霸王》。
王國維《曲録·宋金雜劇院本部》《散楚霸王》一本。

三官霸王

陶宗儀《南村輟耕録·院本名目·霸王院本》《三官霸王》。
王國維《曲録·宋金雜劇院本部》《三官霸王》一本。

補塑霸王

陶宗儀《南村輟耕録·院本名目·霸王院本》《補塑霸王》。
王國維《曲録·宋金雜劇院本部》《補塑霸王》一本。愚意霸王亦調名，因創調之人始詠霸王，即以名其調，故有《范增霸王》、《三官霸王》等異名。

喬託孤

陶宗儀《南村輟耕録·院本名目·諸雜大小院本》《喬託孤》。

王國維《曲録·宋金雜劇院本部》《喬託孤》一本。

旦判孤

陶宗儀《南村輟耕録·院本名目·諸雜大小院本》《旦判孤》。

王國維《曲録·宋金雜劇院本部》《旦判孤》一本。

計算孤

陶宗儀《南村輟耕録·院本名目·諸雜大小院本》《計算孤》。

王國維《曲録·宋金雜劇院本部》《計算孤》一本。

雙判孤

陶宗儀《南村輟耕録·院本名目·諸雜大小院本》《雙判孤》。

王國維《曲録·宋金雜劇院本部》《雙判孤》一本。

百戲孤

陶宗儀《南村輟耕録·院本名目·諸雜大小院本》《百戲孤》。

王國維《曲録·宋金雜劇院本部》《百戲孤》一本。

哨呫孤

陶宗儀《南村輟耕録·院本名目·諸雜大小院本》《哨呫孤》。

王國維《曲録·宋金雜劇院本部》《哨呫孤》一本。

燒棗孤

陶宗儀《南村輟耕録·院本名目·諸雜大小院本》《燒棗孤》。

王國維《曲録·宋金雜劇院本部》《燒棗孤》一本。

孝經孤

陶宗儀《南村輟耕録·院本名目·諸雜大小院本》《孝經孤》。

王國維《曲録·宋金雜劇院本部》《孝經孤》一本。

菜園孤

陶宗儀《南村輟耕録·院本名目·諸雜大小院本》《菜園孤》。

王國維《曲録·宋金雜劇院本部》《菜園孤》一本。

貨郎孤

陶宗儀《南村輟耕録·院本名目·諸雜大小院本》《貨郎孤》。

王國維《曲録·宋金雜劇院本部》《貨郎孤》一本。

合房酸

陶宗儀《南村輟耕録・院本名目・諸雜大小院本》《合房酸》。
王國維《曲録・宋金雜劇院本部》《合房酸》一本。

麻皮酸

陶宗儀《南村輟耕録・院本名目・諸雜大小院本》《麻皮酸》。
王國維《曲録・宋金雜劇院本部》《麻皮酸》一本。

花酒酸

陶宗儀《南村輟耕録・院本名目・諸雜大小院本》《花酒酸》。
王國維《曲録・宋金雜劇院本部》《花酒酸》一本。

狗皮酸

陶宗儀《南村輟耕録・院本名目・諸雜大小院本》《狗皮酸》。
王國維《曲録・宋金雜劇院本部》《狗皮酸》一本。

還魂酸

陶宗儀《南村輟耕録・院本名目・諸雜大小院本》《還魂酸》。
王國維《曲録・宋金雜劇院本部》《還魂酸》一本。

別離酸

陶宗儀《南村輟耕録・院本名目・諸雜大小院本》《別離酸》。
王國維《曲録・宋金雜劇院本部》《別離酸》一本。

三纏酸

陶宗儀《南村輟耕録・院本名目・諸雜大小院本》《三纏酸》。
王國維《曲録・宋金雜劇院本部》《三纏酸》一本。

謁食酸

陶宗儀《南村輟耕録・院本名目・諸雜大小院本》《謁食酸》。
王國維《曲録・宋金雜劇院本部》《謁食酸》一本。

三楪酸

陶宗儀《南村輟耕録・院本名目・諸雜大小院本》《三楪酸》。
王國維《曲録・宋金雜劇院本部》《三楪酸》一本。

哭貧酸

陶宗儀《南村輟耕録・院本名目・諸雜大小院本》《哭貧酸》。
王國維《曲録・宋金雜劇院本部》《哭貧酸》一本。

插撥酸

陶宗儀《南村輟耕録·院本名目·諸雜大小院本》《插撥酸》。

王國維《曲録·宋金雜劇院本部》《插撥酸》一本。

酸孤旦

陶宗儀《南村輟耕録·院本名目·諸雜大小院本》《酸孤旦》。

王國維《曲録·宋金雜劇院本部》《酸孤旦》一本。

毛詩旦

陶宗儀《南村輟耕録·院本名目·諸雜大小院本》《毛詩旦》。

王國維《曲録·宋金雜劇院本部》《毛詩旦》一本。

老孤遣旦

陶宗儀《南村輟耕録·院本名目·諸雜大小院本》《老孤遣旦》。

王國維《曲録·宋金雜劇院本部》《老孤遣旦》一本。《宋官本雜劇》亦有此目，當是一本。

纏三旦

陶宗儀《南村輟耕録·院本名目·諸雜大小院本》《纏三旦》。

王國維《曲録·宋金雜劇院本部》《纏三旦》一本。

禾哨旦

陶宗儀《南村輟耕録·院本名目·諸雜大小院本》《禾哨旦》。

王國維《曲録·宋金雜劇院本部》《禾哨旦》一本。

哮賣旦

陶宗儀《南村輟耕録·院本名目·諸雜大小院本》《哮賣旦》。

王國維《曲録·宋金雜劇院本部》《哮賣旦》一本。

貧富旦

陶宗儀《南村輟耕録·院本名目·諸雜大小院本》《貧富旦》。

王國維《曲録·宋金雜劇院本部》《貧富旦》一本。

書櫃兒

陶宗儀《南村輟耕録·院本名目·諸雜大小院本》《書櫃兒》。

王國維《曲録·宋金雜劇院本部》《書櫃兒》一本。

紙襴兒

陶宗儀《南村輟耕録·院本名目·諸雜大小院本》《紙襴兒》。

王國維《曲録·宋金雜劇院本部》《紙襴兒》一本。

蔡奴兒

陶宗儀《南村輟耕録·院本名目·諸雜大小院本》《蔡奴兒》。

王國維《曲録·宋金雜劇院本部》《蔡奴兒》一本。

剁毛兒

陶宗儀《南村輟耕録·院本名目·諸雜大小院本》《剁手兒》。

王國維《曲録·宋金雜劇院本部》《剁毛兒》一本。

喜牌兒

陶宗儀《南村輟耕録·院本名目·諸雜大小院本》《喜牌兒》。

王國維《曲録·宋金雜劇院本部》《喜牌兒》一本。

卦册兒

陶宗儀《南村輟耕録·院本名目·諸雜大小院本》《卦册兒》。

王國維《曲録·宋金雜劇院本部》《卦册兒》一本。

綉篋兒

陶宗儀《南村輟耕録·院本名目·諸雜大小院本》《綉篋兒》。

王國維《曲録·宋金雜劇院本部》《繡篋兒》一本。

粥碗兒

陶宗儀《南村輟耕録·院本名目·諸雜大小院本》《粥碗兒》。

王國維《曲録·宋金雜劇院本部》《粥碗兒》一本。

似娘兒

陶宗儀《南村輟耕録·院本名目·諸雜大小院本》《似娘兒》。

王國維《曲録·宋金雜劇院本部》《似娘兒》一本。宋人詞調。即《醜奴兒》之異名。

卦鋪兒

陶宗儀《南村輟耕録·院本名目·諸雜大小院本》《卦鋪兒》。

王國維《曲録·宋金雜劇院本部》《卦鋪兒》一本。

師婆兒

陶宗儀《南村輟耕録·院本名目·諸雜大小院本》《師婆兒》。

王國維《曲録·宋金雜劇院本部》《師婆兒》一本。

教學兒

陶宗儀《南村輟耕録·院本名目·諸雜大小院本》《教學兒》。

王國維《曲録·宋金雜劇院本部》《教學兒》一本。

雞鴨兒

陶宗儀《南村輟耕録・院本名目・諸雜大小院本》《雞鴨兒》。
王國維《曲録・宋金雜劇院本部》《鷄鴨兒》一本。

黄丸兒

陶宗儀《南村輟耕録・院本名目・諸雜大小院本》《黄丸兒》。
王國維《曲録・宋金雜劇院本部》《黄丸兒》一本。

稜角兒

陶宗儀《南村輟耕録・院本名目・諸雜大小院本》《稜角兒》。
王國維《曲録・宋金雜劇院本部》《稜角兒》一本。

田牛兒

陶宗儀《南村輟耕録・院本名目・諸雜大小院本》《田牛兒》。
王國維《曲録・宋金雜劇院本部》《田牛兒》一本。

小丸兒

陶宗儀《南村輟耕録・院本名目・諸雜大小院本》《小丸兒》。
王國維《曲録・宋金雜劇院本部》《小丸兒》一本。

醜奴兒

陶宗儀《南村輟耕録・院本名目・諸雜大小院本》《醜奴兒》。
王國維《曲録・宋金雜劇院本部》《醜奴兒》一本。

病襄王

陶宗儀《南村輟耕録・院本名目・諸雜大小院本》《病襄王》。
王國維《曲録・宋金雜劇院本部》《病襄王》一本。

馬明王

陶宗儀《南村輟耕録・院本名目・諸雜大小院本》《馬明王》。
王國維《曲録・宋金雜劇院本部》《馬明王》一本。

鬧學堂

陶宗儀《南村輟耕録・院本名目・諸雜大小院本》《鬧學堂》。
王國維《曲録・宋金雜劇院本部》《鬧學堂》一本。

鬧浴堂

陶宗儀《南村輟耕録・院本名目・諸雜大小院本》《鬧浴堂》。
王國維《曲録・宋金雜劇院本部》《鬧浴堂》一本。

寬布衫

陶宗儀《南村輟耕録·院本名目·諸雜大小院本》《寬布衫》。

王國維《曲録·宋金雜劇院本部》《寬布衫》一本。

泥布衫

陶宗儀《南村輟耕録·院本名目·諸雜大小院本》《泥布衫》。

王國維《曲録·宋金雜劇院本部》《泥布衫》一本。

趕湯瓶

陶宗儀《南村輟耕録·院本名目·諸雜大小院本》《趕湯瓶》。

王國維《曲録·宋金雜劇院本部》《趕湯瓶》一本。

紙湯瓶

陶宗儀《南村輟耕録·院本名目·諸雜大小院本》《紙湯瓶》。

王國維《曲録·宋金雜劇院本部》《紙湯瓶》一本。

鬧棋亭

陶宗儀《南村輟耕録·院本名目·諸雜大小院本》《鬧棋亭》。

王國維《曲録·宋金雜劇院本部》《鬧旗亭》一本。

芙蓉亭

陶宗儀《南村輟耕録·院本名目·諸雜大小院本》《芙蓉亭》。

王國維《曲録·宋金雜劇院本部》《芙蓉亭》一本。元王實父有雜劇，當自此出。

壞食店

陶宗儀《南村輟耕録·院本名目·諸雜大小院本》《壞食店》。

王國維《曲録·宋金雜劇院本部》《壞食店》一本。

鬧酒店

陶宗儀《南村輟耕録·院本名目·諸雜大小院本》《鬧酒店》。

王國維《曲録·宋金雜劇院本部》《鬧酒店》一本。

壞粥店

陶宗儀《南村輟耕録·院本名目·諸雜大小院本》《壞粥店》。

王國維《曲録·宋金雜劇院本部》《壞粥店》一本。

莊周夢

陶宗儀《南村輟耕録·院本名目·諸雜大小院本》《莊周夢》。

王國維《曲録·宋金雜劇院本部》《莊周夢》一本。

花酒夢

陶宗儀《南村輟耕録·院本名目·諸雜大小院本》《花酒夢》。

王國維《曲録·宋金雜劇院本部》《花酒夢》一本。

蝴蝶夢

陶宗儀《南村輟耕録·院本名目·諸雜大小院本》《蝴蝶夢》。

王國維《曲録·宋金雜劇院本部》《蝴蝶夢》一本。元關漢卿有《蝴蝶夢》雜劇，當自此出。

三出舍

陶宗儀《南村輟耕録·院本名目·諸雜大小院本》《三出舍》。

王國維《曲録·宋金雜劇院本部》《三出舍》一本。與《宋官本雜劇》重出，當是一本。

三入舍

陶宗儀《南村輟耕録·院本名目·諸雜大小院本》《三入舍》。

王國維《曲録·宋金雜劇院本部》《三入舍》一本。與《宋官本雜劇》重出，當是一本。

瑶池會

陶宗儀《南村輟耕録·院本名目·諸雜大小院本》《瑶池會》。

王國維《曲録·宋金雜劇院本部》《瑶池會》一本。

八仙會

陶宗儀《南村輟耕録·院本名目·諸雜大小院本》《八仙會》。

王國維《曲録·宋金雜劇院本部》《八仙會》一本。

蟠桃會

陶宗儀《南村輟耕録·院本名目·諸雜大小院本》《蟠桃會》。

王國維《曲録·宋金雜劇院本部》《蟠桃會》一本。

洗兒會

陶宗儀《南村輟耕録·院本名目·諸雜大小院本》《洗兒會》。

王國維《曲録·宋金雜劇院本部》《洗兒會》一本。

藏鬮會

陶宗儀《南村輟耕録·院本名目·諸雜大小院本》《藏鬮會》。

王國維《曲録·宋金雜劇院本部》《藏鬮會》一本。

打五臟

陶宗儀《南村輟耕録·院本名目·諸雜大小院本》《打五臟》。

王國維《曲録・宋金雜劇院本部》《打五臟》一本。

蘭昌宫

陶宗儀《南村輟耕録・院本名目・諸雜大小院本》《蘭昌宫》。

王國維《曲録・宋金雜劇院本部》《蘭昌宫》一本。元庾天錫有《薛昭誤入蘭昌宫》雜劇，當自此出。

廣寒宫

陶宗儀《南村輟耕録・院本名目・諸雜大小院本》《廣寒宫》。

王國維《曲録・宋金雜劇院本部》《廣寒宫》一本。

鬧結親

陶宗儀《南村輟耕録・院本名目・諸雜大小院本》《鬧結親》。

王國維《曲録・宋金雜劇院本部》《鬧結親》一本。

倦成親

陶宗儀《南村輟耕録・院本名目・諸雜大小院本》《倦成親》。

王國維《曲録・宋金雜劇院本部》《倦成親》一本。

強風情

陶宗儀《南村輟耕録・院本名目・諸雜大小院本》《強風情》。

王國維《曲録・宋金雜劇院本部》《強風情》一本。

大論情

陶宗儀《南村輟耕録・院本名目・諸雜大小院本》《大論情》。

王國維《曲録・宋金雜劇院本部》《大論情》一本。

三園子

陶宗儀《南村輟耕録・院本名目・諸雜大小院本》《三園子》。

王國維《曲録・宋金雜劇院本部》《三園子》一本。

紅娘子

陶宗儀《南村輟耕録・院本名目・諸雜大小院本》《紅娘子》。

王國維《曲録・宋金雜劇院本部》《紅娘子》一本。

太平還鄉

陶宗儀《南村輟耕録・院本名目・諸雜大小院本》《太平還鄉》。

王國維《曲録・宋金雜劇院本部》《太平還鄉》一本。

衣錦還鄉

陶宗儀《南村輟耕録・院本名目・諸雜大小院本》《衣錦還鄉》。

王國維《曲録・宋金雜劇院本部》《衣錦還鄉》一本。

四論藝

陶宗儀《南村輟耕録・院本名目・諸雜大小院本》《四論藝》。

王國維《曲録・宋金雜劇院本部》《四論藝》一本。

殿前四藝

陶宗儀《南村輟耕録・院本名目・諸雜大小院本》《殿前四藝》。

王國維《曲録・宋金雜劇院本部》《殿前四藝》一本。

競敲門

陶宗儀《南村輟耕録・院本名目・諸雜大小院本》《競敲門》。

王國維《曲録・宋金雜劇院本部》《競敲門》一本。

都子撞門

陶宗儀《南村輟耕録・院本名目・諸雜大小院本》《都子撞門》。

王國維《曲録・宋金雜劇院本部》《都子撞門》一本。

呆大郎

陶宗儀《南村輟耕録・院本名目・諸雜大小院本》《呆大郎》。

王國維《曲録・宋金雜劇院本部》《呆大郎》一本。

四酸擂

陶宗儀《南村輟耕録・院本名目・諸雜大小院本》《四酸擂》。

王國維《曲録・宋金雜劇院本部》《四酸擂》一本。

問前程

陶宗儀《南村輟耕録・院本名目・諸雜大小院本》《問前程》。

王國維《曲録・宋金雜劇院本部》《問前程》一本。

十樣錦

陶宗儀《南村輟耕録・院本名目・諸雜大小院本》《十樣錦》。

王國維《曲録・宋金雜劇院本部》《十樣錦》一本。元無名氏有《十樣錦諸葛論功》雜劇，或自此出。

長慶館

陶宗儀《南村輟耕録・院本名目・諸雜大小院本》《長慶館》。

王國維《曲録・宋金雜劇院本部》《長慶館》一本。

癩將軍

陶宗儀《南村輟耕録·院本名目·諸雜大小院本》《癩將軍》。

王國維《曲録·宋金雜劇院本部》《癩將軍》一本。

兩相同

陶宗儀《南村輟耕録·院本名目·諸雜大小院本》《兩相同》。

王國維《曲録·宋金雜劇院本部》《兩相同》一本。

競花枝

陶宗儀《南村輟耕録·院本名目·諸雜大小院本》《競花枝》。

王國維《曲録·宋金雜劇院本部》《競花枝》一本。

五變妝

陶宗儀《南村輟耕録·院本名目·諸雜大小院本》《五變妝》。

王國維《曲録·宋金雜劇院本部》《五變妝》一本。

洪福無疆

陶宗儀《南村輟耕録·院本名目·諸雜大小院本》《洪福無疆》。

王國維《曲録·宋金雜劇院本部》《洪福無疆》一本。

白牡丹

陶宗儀《南村輟耕録·院本名目·諸雜大小院本》《白牡丹》。

王國維《曲録·宋金雜劇院本部》《白牡丹》一本。

赤壁鏖兵

陶宗儀《南村輟耕録·院本名目·諸雜大小院本》《赤壁鏖兵》。

王國維《曲録·宋金雜劇院本部》《赤壁鏖兵》一本。

窮相思

陶宗儀《南村輟耕録·院本名目·諸雜大小院本》《窮相思》。

王國維《曲録·宋金雜劇院本部》《窮相思》一本。

金壇謁宿

陶宗儀《南村輟耕録·院本名目·諸雜大小院本》《金壇謁宿》。

王國維《曲録·宋金雜劇院本部》《金壇謁宿》一本。

調雙漸

陶宗儀《南村輟耕録·院本名目·諸雜大小院本》《調雙漸》。

王國維《曲録·宋金雜劇院本部》《調雙漸》一本。

官吏不和

陶宗儀《南村輟耕録・院本名目・諸雜大小院本》《官吏不和》。

王國維《曲録・宋金雜劇院本部》《官吏不和》一本。

鬧巡鋪

陶宗儀《南村輟耕録・院本名目・諸雜大小院本》《鬧巡鋪》。

王國維《曲録・宋金雜劇院本部》《鬧巡鋪》一本。

判不由己

陶宗儀《南村輟耕録・院本名目・諸雜大小院本》《判不由己》。

王國維《曲録・宋金雜劇院本部》《判不由己》一本。

大勘刀

陶宗儀《南村輟耕録・院本名目・諸雜大小院本》《大勘刀》。

王國維《曲録・宋金雜劇院本部》《大勘刀》一本。

同官不睦

陶宗儀《南村輟耕録・院本名目・諸雜大小院本》《同官不睦》。

王國維《曲録・宋金雜劇院本部》《同官不睦》一本。

鬧平康

陶宗儀《南村輟耕録・院本名目・諸雜大小院本》《鬧平康》。

王國維《曲録・宋金雜劇院本部》《鬧平康》一本。

趕門不上

陶宗儀《南村輟耕録・院本名目・諸雜大小院本》《趕門不上》。

王國維《曲録・宋金雜劇院本部》《趕門不上》一本。

賣花容

陶宗儀《南村輟耕録・院本名目・諸雜大小院本》《賣花容》。

王國維《曲録・宋金雜劇院本部》《賣花容》一本。

同官賀授

陶宗儀《南村輟耕録・院本名目・諸雜大小院本》《同官賀授》。

王國維《曲録・宋金雜劇院本部》《同官賀授》一本。

無鬼論

陶宗儀《南村輟耕録・院本名目・諸雜大小院本》《無鬼論》。

王國維《曲録・宋金雜劇院本部》《無鬼論》一本。

四酸諱偌

陶宗儀《南村輟耕録·院本名目·諸雜大小院本》《四酸諱偌》。

王國維《曲録·宋金雜劇院本部》《四酸諱喏》一本。

鬧棚闌

陶宗儀《南村輟耕録·院本名目·諸雜大小院本》《鬧棚闌》。

王國維《曲録·宋金雜劇院本部》《鬧䙜闌》一本。

雙藥盤街

陶宗儀《南村輟耕録·院本名目·諸雜大小院本》《雙藥盤街》。

王國維《曲録·宋金雜劇院本部》《雙藥盤街》一本。

鬧文林

陶宗儀《南村輟耕録·院本名目·諸雜大小院本》《鬧文林》。

王國維《曲録·宋金雜劇院本部》《鬧文林》一本。

四國來朝

陶宗儀《南村輟耕録·院本名目·諸雜大小院本》《四國來朝》。

王國維《曲録·宋金雜劇院本部》《四國來朝》一本。

雙捉壻

陶宗儀《南村輟耕録·院本名目·諸雜大小院本》《雙捉壻》。

王國維《曲録·宋金雜劇院本部》《雙捉壻》一本。

酒色財氣

陶宗儀《南村輟耕録·院本名目·諸雜大小院本》《酒色財氣》。

王國維《曲録·宋金雜劇院本部》《酒色財氣》一本。

醫作媒

陶宗儀《南村輟耕録·院本名目·諸雜大小院本》《毉作媒》。

王國維《曲録·宋金雜劇院本部》《醫作媒》一本。

風流藥院

陶宗儀《南村輟耕録·院本名目·諸雜大小院本》《風流藥院》。

王國維《曲録·宋金雜劇院本部》《風流藥院》一本。

監法童

陶宗儀《南村輟耕録·院本名目·諸雜大小院本》《監法童》。

王國維《曲録·宋金雜劇院本部》《監法童》一本。

漁樵問話

陶宗儀《南村輟耕録・院本名目・諸雜大小院本》《漁樵問話》。

王國維《曲録・宋金雜劇院本部》《漁樵問話》一本。

鬬鵪鶉

陶宗儀《南村輟耕録・院本名目・諸雜大小院本》《鬬鵪鶉》。

王國維《曲録・宋金雜劇院本部》《鬬鵪鶉》一本。《鬬鵪鶉》，越調曲名。

杜甫游春

陶宗儀《南村輟耕録・院本名目・諸雜大小院本》《杜甫遊春》。

王國維《曲録・宋金雜劇院本部》《杜甫游春》一本。元范康有《曲江池杜甫游春》雜劇，當自此出。

鴛鴦簡

陶宗儀《南村輟耕録・院本名目・諸雜大小院本》《鴛鴦簡》。

王國維《曲録・宋金雜劇院本部》《鴛鴦簡》一本。元白朴有《鴛鴦簡牆頭馬上》劇，或自此出。

四酸提猴

陶宗儀《南村輟耕録・院本名目・諸雜大小院本》《四酸提猴》。

王國維《曲録・宋金雜劇院本部》《四酸提候》一本。

滿朝歡

陶宗儀《南村輟耕録・院本名目・諸雜大小院本》《滿朝歡》。

王國維《曲録・宋金雜劇院本部》《滿朝歡》一本。宋詞調名。

月夜聞箏

陶宗儀《南村輟耕録・院本名目・諸雜大小院本》《月夜聞箏》。

王國維《曲録・宋金雜劇院本部》《月夜聞箏》一本。元鄭光祖有雜劇。

鼓角將

陶宗儀《南村輟耕録・院本名目・諸雜大小院本》《鼓角將》。

王國維《曲録・宋金雜劇院本部》《鼓角將》一本。

鬧芙蓉城

陶宗儀《南村輟耕録・院本名目・諸雜大小院本》《鬧芙蓉城》。

王國維《曲録・宋金雜劇院本部》《鬧芙蓉城》一本。

雙鬬醫

陶宗儀《南村輟耕録・院本名目・諸雜大小院本》《雙鬬醫》。

王國維《曲録・宋金雜劇院本部》《雙鬭醫》一本。

張生煮海

陶宗儀《南村輟耕録・院本名目・諸雜大小院本》《張生煮海》。

王國維《曲録・宋金雜劇院本部》《張生煮海》一本。元尚仲賢、李好古有雜劇。

賖饅頭

陶宗儀《南村輟耕録・院本名目・諸雜大小院本》《賖饅頭》。

王國維《曲録・宋金雜劇院本部》《賖饅頭》一本。

文房四寶

陶宗儀《南村輟耕録・院本名目・諸雜大小院本》《文房四寶》。

王國維《曲録・宋金雜劇院本部》《文房四寶》一本。

謝神天

陶宗儀《南村輟耕録・院本名目・諸雜大小院本》《謝神天》。

王國維《曲録・宋金雜劇院本部》《謝神天》一本。

陳橋兵變

陶宗儀《南村輟耕録・院本名目・諸雜大小院本》《陳橋兵變》。

王國維《曲録・宋金雜劇院本部》《陳橋兵變》一本。

雙揭榜

陶宗儀《南村輟耕録・院本名目・諸雜大小院本》《雙揭牓》。

王國維《曲録・宋金雜劇院本部》《雙揭榜》一本。

矇啞質庫

陶宗儀《南村輟耕録・院本名目・諸雜大小院本》《矇啞質庫》。

王國維《曲録・宋金雜劇院本部》《矇啞質庫》一本。

雙福神

陶宗儀《南村輟耕録・院本名目・諸雜大小院本》《雙福神》。

王國維《曲録・宋金雜劇院本部》《雙福神》一本。

院公狗兒

陶宗儀《南村輟耕録・院本名目・諸雜大小院本》《院公狗兒》。

王國維《曲録・宋金雜劇院本部》《院公狗兒》一本。

告和來

陶宗儀《南村輟耕録・院本名目・諸雜大小院本》《告和來》。

王國維《曲録・宋金雜劇院本部》《告和來》一本。

佛印燒猪

陶宗儀《南村輟耕録・院本名目・諸雜大小院本》《佛印燒猪》。

王國維《曲録・宋金雜劇院本部》《佛印燒猪》一本。

酸賣徠

陶宗儀《南村輟耕録・院本名目・諸雜大小院本》《酸賣徠》。

王國維《曲録・宋金雜劇院本部》《酸賣徠》一本。元曲中謂童子爲徠。

琴劍書箱

陶宗儀《南村輟耕録・院本名目・諸雜大小院本》《琴劍書箱》。

王國維《曲録・宋金雜劇院本部》《琴劍書箱》一本。

花前飲

陶宗儀《南村輟耕録・院本名目・諸雜大小院本》《花前飲》。

王國維《曲録・宋金雜劇院本部》《花前飲》一本。《詞律拾遺》收無名氏《花前飲》一調，在詞曲之間。

五鬼聽琴

陶宗儀《南村輟耕録・院本名目・諸雜大小院本》《五鬼聽琴》。

王國維《曲録・宋金雜劇院本部》《五鬼聽琴》一本。

白雲庵

陶宗儀《南村輟耕録・院本名目・諸雜大小院本》《白雲菴》。

王國維《曲録・宋金雜劇院本部》《白雲庵》一本。

迓鼓二郎

陶宗儀《南村輟耕録・院本名目・諸雜大小院本》《迓鼓二郎》。

王國維《曲録・宋金雜劇院本部》《迓鼓二郎》一本。《迓鼓》，仙吕曲名。

壞道場

陶宗儀《南村輟耕録・院本名目・諸雜大小院本》《壞道場》。

王國維《曲録・宋金雜劇院本部》《壞道場》一本。

獨脚五郎

陶宗儀《南村輟耕録・院本名目・諸雜大小院本》《獨脚五郎》。

王國維《曲録・宋金雜劇院本部》《獨脚五郎》一本。

賣花聲

陶宗儀《南村輟耕録・院本名目・諸雜大小院本》《賣花聲》。

王國維《曲録・宋金雜劇院本部》《賣花聲》一本。宋詞調名，入曲中呂宮，名《昇平樂》。

進奉伊州

陶宗儀《南村輟耕録・院本名目・諸雜大小院本》《進奉伊州》。

王國維《曲録・宋金雜劇院本部》《進奉伊州》一本。

錯上墳

陶宗儀《南村輟耕録・院本名目・諸雜大小院本》《錯上墳》。

王國維《曲録・宋金雜劇院本部》《錯上墳》一本。

醫五方

陶宗儀《南村輟耕録・院本名目・諸雜大小院本》《毉五方》。

王國維《曲録・宋金雜劇院本部》《醫五方》一本。

打五鋪

陶宗儀《南村輟耕録・院本名目・諸雜大小院本》《打五鋪》。

王國維《曲録・宋金雜劇院本部》《打五鋪》一本。

拷梅香

陶宗儀《南村輟耕録・院本名目・諸雜大小院本》《拷梅香》。

王國維《曲録・宋金雜劇院本部》《拷梅香》一本。

四道姑

陶宗儀《南村輟耕録・院本名目・諸雜大小院本》《四道姑》。

王國維《曲録・宋金雜劇院本部》《四道姑》一本。

隔簾聽

陶宗儀《南村輟耕録・院本名目・諸雜大小院本》《隔簾聽》。

王國維《曲録・宋金雜劇院本部》《隔簾聽》一本。《隔簾聽》，宋詞調名。

硬行蔡

陶宗儀《南村輟耕録・院本名目・諸雜大小院本》《硬行蔡》。

王國維《曲録・宋金雜劇院本部》《硬行蔡》一本。

義養娘

陶宗儀《南村輟耕録・院本名目・諸雜大小院本》《義養娘》。

王國維《曲録・宋金雜劇院本部》《義養娘》一本。

呫師姨

陶宗儀《南村輟耕録・院本名目・諸雜大小院本》《呫師姨》。

王國維《曲録・宋金雜劇院本部》《咕師姨》一本。

論秋蟬

陶宗儀《南村輟耕録・院本名目・諸雜大小院本》《論秋蟬》。

王國維《曲録・宋金雜劇院本部》《論秋蟬》一本。

劉盼盼

陶宗儀《南村輟耕録・院本名目・諸雜大小院本》《劉盼盼》。

王國維《曲録・宋金雜劇院本部》《劉盼盼》一本。元關漢卿有《劉盼盼鬧衡州》劇，當自此出。

墻頭馬

陶宗儀《南村輟耕録・院本名目・諸雜大小院本》《墻頭馬》。

王國維《曲録・宋金雜劇院本部》《牆頭馬》一本。元白朴有《牆頭馬上》劇，此「馬」字下當有「上」字。

刺董卓

陶宗儀《南村輟耕録・院本名目・諸雜大小院本》《刺董卓》。

王國維《曲録・宋金雜劇院本部》《刺董卓》一本。

鋸周朴

陶宗儀《南村輟耕録・院本名目・諸雜大小院本》《鋸周朴》。

王國維《曲録・宋金雜劇院本部》《鋸周村》一本。

四柏板

陶宗儀《南村輟耕録・院本名目・諸雜大小院本》《四柏板》。

王國維《曲録・宋金雜劇院本部》《四拍板》一本。

大論談

陶宗儀《南村輟耕録・院本名目・諸雜大小院本》《大論談》。

王國維《曲録・宋金雜劇院本部》《大論談》一本。

捧龍舟

陶宗儀《南村輟耕録・院本名目・諸雜大小院本》《捧龍舟》。

王國維《曲録・宋金雜劇院本部》《捧龍舟》一本。元關漢卿有雜劇。

擊梧桐

陶宗儀《南村輟耕録・院本名目・諸雜大小院本》《擊梧桐》。

王國維《曲録・宋金雜劇院本部》《擊梧桐》一本。

渰藍橋

陶宗儀《南村輟耕録・院本名目・諸雜大小院本》《渰藍橋》。

王國維《曲録・宋金雜劇院本部》《渰藍橋》一本。元李直夫有《水渰藍橋》雜劇。

入桃園

陶宗儀《南村輟耕録・院本名目・諸雜大小院本》《入桃園》。

王國維《曲録・宋金雜劇院本部》《入桃園》一本。王實父有《誤入桃源》雜劇。

雙防送

陶宗儀《南村輟耕録・院本名目・諸雜大小院本》《雙防送》。

王國維《曲録・宋金雜劇院本部》《雙防送》一本。

海棠春

陶宗儀《南村輟耕録・院本名目・諸雜大小院本》《海棠春》。

王國維《曲録・宋金雜劇院本部》《海棠春》一本。宋詞調名。

香藥車

陶宗儀《南村輟耕録・院本名目・諸雜大小院本》《香藥車》。

王國維《曲録・宋金雜劇院本部》《香藥車》一本。

四方和

陶宗儀《南村輟耕録・院本名目・諸雜大小院本》《四方和》。

王國維《曲録・宋金雜劇院本部》《四方和》一本。

九頭頂

陶宗儀《南村輟耕録・院本名目・諸雜大小院本》《九頭頂》。

王國維《曲録・宋金雜劇院本部》《九頭頂》一本。

鬧元宵

陶宗儀《南村輟耕録・院本名目・諸雜大小院本》《鬧元宵》。

王國維《曲録・宋金雜劇院本部》《鬧元宵》一本。

趧村禾

陶宗儀《南村輟耕録・院本名目・諸雜大小院本》《趧村禾》。

王國維《曲録・宋金雜劇院本部》《趧材禾》一本。

眼藥孤

陶宗儀《南村輟耕録・院本名目・諸雜大小院本》《眼藥孤》。

王國維《曲録・宋金雜劇院本部》《眼藥孤》一本。與宋《官本雜劇》重出，當是一本。

兩同心

陶宗儀《南村輟耕録・院本名目・諸雜大小院本》《兩同心》。
王國維《曲録・宋金雜劇院本部》《兩同心》一本。

更漏子

陶宗儀《南村輟耕録・院本名目・諸雜大小院本》《更漏子》。
王國維《曲録・宋金雜劇院本部》《更漏子》一本。詞調名。

陰陽孤

陶宗儀《南村輟耕録・院本名目・諸雜大小院本》《陰陽孤》。
王國維《曲録・宋金雜劇院本部》《陰陽孤》一本。

提頭巾

陶宗儀《南村輟耕録・院本名目・諸雜大小院本》《提頭巾》。
王國維《曲録・宋金雜劇院本部》《提頭巾》一本。

三索債

陶宗儀《南村輟耕録・院本名目・諸雜大小院本》《三索債》。
王國維《曲録・宋金雜劇院本部》《三索債》一本。

防送哨

陶宗儀《南村輟耕録・院本名目・諸雜大小院本》《防送哨》。
王國維《曲録・宋金雜劇院本部》《防送哨》一本。

偌賣旦

陶宗儀《南村輟耕録・院本名目・諸雜大小院本》《偌賣旦》。
王國維《曲録・宋金雜劇院本部》《偌賣旦》一本。

是耶酸

陶宗儀《南村輟耕録・院本名目・諸雜大小院本》《是耶酸》。
王國維《曲録・宋金雜劇院本部》《是耶酸》一本。

怕水酸

陶宗儀《南村輟耕録・院本名目・諸雜大小院本》《怕水酸》。
王國維《曲録・宋金雜劇院本部》《怕水酸》一本。

回回梨花院

陶宗儀《南村輟耕録・院本名目・諸雜大小院本》《回回梨花院》。
王國維《曲録・宋金雜劇院本部》《回回梨花院》一本。

晉宣成道記

陶宗儀《南村輟耕録・院本名目・諸雜大小院本》《晉宣成道記》。

王國維《曲録・宋金雜劇院本部》《晉宣成道記》一本。

海棠軒

陶宗儀《南村輟耕録・院本名目・院幺》《海棠軒》。

王國維《曲録・宋金雜劇院本部》《海棠軒》一本。

海棠園

陶宗儀《南村輟耕録・院本名目・院幺》《海棠園》。

王國維《曲録・宋金雜劇院本部》《海棠園》一本。

海棠怨

陶宗儀《南村輟耕録・院本名目・院幺》《海棠怨》。

王國維《曲録・宋金雜劇院本部》《海棠怨》一本。

海棠院

陶宗儀《南村輟耕録・院本名目・院幺》《海棠院》。

王國維《曲録・宋金雜劇院本部》《海棠院》一本。

魯李王

陶宗儀《南村輟耕録・院本名目・院幺》《魯李王》。

王國維《曲録・宋金雜劇院本部》《魯李王》一本。

慶七夕

陶宗儀《南村輟耕録・院本名目・院幺》《慶七夕》。

王國維《曲録・宋金雜劇院本部》《慶七夕》一本。

再相逢

陶宗儀《南村輟耕録・院本名目・院幺》《再相逢》。

王國維《曲録・宋金雜劇院本部》《再相逢》一本。

風流壻

陶宗儀《南村輟耕録・院本名目・院幺》《風流壻》。

王國維《曲録・宋金雜劇院本部》《風流壻》一本。

王子端捲簾記

陶宗儀《南村輟耕録・院本名目・院幺》《王子端捲簾記》。

王國維《曲録・宋金雜劇院本部》《王子端捲簾記》一本。

紫雲迷四季

陶宗儀《南村輟耕録·院本名目·院幺》《紫雲迷四季》。
王國維《曲録·宋金雜劇院本部》《紫雲迷四季》一本。

張與夢孟楊妃

陶宗儀《南村輟耕録·院本名目·院幺》《張與夢孟楊妃》。
王國維《曲録·宋金雜劇院本部》《張與夢孟楊妃》一本。

女狀元春桃記

陶宗儀《南村輟耕録·院本名目·院幺》《女狀元春桃記》。
王國維《曲録·宋金雜劇院本部》《女狀元春桃記》一本。

粉墻梨花院

陶宗儀《南村輟耕録·院本名目·院幺》《粉墻梨花院》。
王國維《曲録·宋金雜劇院本部》《粉牆梨花院》一本。

妮女梨花院

陶宗儀《南村輟耕録·院本名目·院幺》《妮女梨花院》。
王國維《曲録·宋金雜劇院本部》《妮女梨花院》一本。

龐方温道德經

陶宗儀《南村輟耕録·院本名目·院幺》《龐方温道德經》。
王國維《曲録·宋金雜劇院本部》《龐方温道德經》一本。

大江東注

陶宗儀《南村輟耕録·院本名目·院幺》《大江東注》。
王國維《曲録·宋金雜劇院本部》《大江東注》一本。

吴彦舉

陶宗儀《南村輟耕録·院本名目·院幺》《吴彦舉》。
王國維《曲録·宋金雜劇院本部》《吴彦舉》一本。

不抽闕

陶宗儀《南村輟耕録·院本名目·院幺》《不抽闕》。
王國維《曲録·宋金雜劇院本部》《不抽闕》一本。

不掀簾

陶宗儀《南村輟耕録·院本名目·院幺》《不掀簾》。
王國維《曲録·宋金雜劇院本部》《不掀簾》一本。

紅梨花

陶宗儀《南村輟耕録・院本名目・院幺》《紅梨花》。

王國維《曲録・宋金雜劇院本部》《紅梨院》一本。

玎璫天賜暗姻緣

陶宗儀《南村輟耕録・院本名目・院幺》《玎璫天賜暗姻㝿》。

王國維《曲録・宋金雜劇院本部》《玎璫天賜暗姻緣》一本。

鬧夾棒六么

陶宗儀《南村輟耕録・院本名目・諸雜院爨》《鬧夾棒六么》。

王國維《曲録・宋金雜劇院本部》《鬧夾棒六么》一本。

鬧夾棒法曲

陶宗儀《南村輟耕録・院本名目・諸雜院爨》《鬧夾棒法曲》。

王國維《曲録・宋金雜劇院本部》《鬧夾棒法曲》一本。

望羸法曲

陶宗儀《南村輟耕録・院本名目・諸雜院爨》《望羸法曲》。

王國維《曲録・宋金雜劇院本部》《望羸法曲》一本。「望羸」當作「望瀛」。《宋史・樂志》「法曲部」其曲二一曰：道調宮《望瀛》。

分拐法曲

陶宗儀《南村輟耕録・院本名目・諸雜院爨》《分拐法曲》。

王國維《曲録・宋金雜劇院本部》《分拐法曲》一本。

送宣道人歡

陶宗儀《南村輟耕録・院本名目・諸雜院爨》《送宣道人歡》。

王國維《曲録・宋金雜劇院本部》《送宣道人歡》一本。

逍遥樂打馬鋪

陶宗儀《南村輟耕録・院本名目・諸雜院爨》《逍遥樂打馬鋪》。

王國維《曲録・宋金雜劇院本部》《逍遥樂打馬鋪》一本。

搘綵延壽樂

陶宗儀《南村輟耕録・院本名目・諸雜院爨》《搘綵延壽樂》。

王國維《曲録・宋金雜劇院本部》《搘綵延壽樂》一本。

諱老長壽仙

陶宗儀《南村輟耕録・院本名目・諸雜院爨》《諱老長壽仙》。

王國維《曲録・宋金雜劇院本部》《諱老長壽仙》一本。《長壽仙》，般涉調中曲名。《董西廂》用之，元曲無。

夜半樂打明皇

陶宗儀《南村輟耕録・院本名目・諸雜院爨》《夜半樂打明星》。

王國維《曲録・宋金雜劇院本部》《夜半樂打明皇》一本。《夜半樂》，詞調名。

歡呼萬里

陶宗儀《南村輟耕録・院本名目・諸雜院爨》《歡呼萬里》。

王國維《曲録・宋金雜劇院本部》《歡呼萬里》一本。

山水日月

陶宗儀《南村輟耕録・院本名目・諸雜院爨》《山水日月》。

王國維《曲録・宋金雜劇院本部》《山水日月》一本。

集賢賓打三教

陶宗儀《南村輟耕録・院本名目・諸雜院爨》《集賢賓打三教》。

王國維《曲録・宋金雜劇院本部》《集賢賓打三教》一本。《集賢賓》，商調曲名。

打白雪歌

陶宗儀《南村輟耕録・院本名目・諸雜院爨》《打白雪歌》。

王國維《曲録・宋金雜劇院本部》《打白雪歌》一本。

地水火風

陶宗儀《南村輟耕録・院本名目・諸雜院爨》《地水火風》。

王國維《曲録・宋金雜劇院本部》《地水火風》一本。

夜深深三磕胞

陶宗儀《南村輟耕録・院本名目・諸雜院爨》《夜深深三磕胞》。

王國維《曲録・宋金雜劇院本部》《夜深深三磕胞》一本。

佳景堪遊

陶宗儀《南村輟耕録・院本名目・諸雜院爨》《佳景堪遊》。

王國維《曲録・宋金雜劇院本部》《佳景堪游》一本。

琴棋書畫

陶宗儀《南村輟耕録・院本名目・諸雜院爨》《琹棋書畫》。

王國維《曲録・宋金雜劇院本部》《琴棋書畫》一本。

喜遷鶯剁草鞋

陶宗儀《南村輟耕録・院本名目・諸雜院爨》《喜遷鶯剁草鞋》。

王國維《曲録・宋金雜劇院本部》《喜遷鶯剁草鞋》一本。《喜遷鶯》，黄鐘宫曲名。

太公家教

陶宗儀《南村輟耕録·院本名目·諸雜院爨》《太公家教》。
王國維《曲録·宋金雜劇院本部》《太公家教》一本。

十五郎

陶宗儀《南村輟耕録·院本名目·諸雜院爨》《十五郎》。
王國維《曲録·宋金雜劇院本部》《十五郎》一本。

滕王閣鬧八妝

陶宗儀《南村輟耕録·院本名目·諸雜院爨》《滕王閣鬧八妝》。
王國維《曲録·宋金雜劇院本部》《滕王閣鬧八妝》一本。

春夏秋冬

陶宗儀《南村輟耕録·院本名目·諸雜院爨》《春夏秋冬》。
王國維《曲録·宋金雜劇院本部》《春夏秋冬》一本。

風花雪月

陶宗儀《南村輟耕録·院本名目·諸雜院爨》《風花雪月》。
王國維《曲録·宋金雜劇院本部》《風花雪月》一本。

上小樓衮頭子

陶宗儀《南村輟耕録·院本名目·諸雜院爨》《上小樓衮頭子》。
王國維《曲録·宋金雜劇院本部》《上小樓衮頭子》一本。

噴水胡僧

陶宗儀《南村輟耕録·院本名目·諸雜院爨》《噴水胡僧》。
王國維《曲録·宋金雜劇院本部》《噴水胡僧》一本。

打注論語

陶宗儀《南村輟耕録·院本名目·諸雜院爨》《打注論語》。
王國維《曲録·宋金雜劇院本部》《汀注論語》一本。

恨秋風鬼點偌

陶宗儀《南村輟耕録·院本名目·諸雜院爨》《恨秋風鬼點偌》。
王國維《曲録·宋金雜劇院本部》《恨秋風鬼點偌》一本。

詩書禮樂

陶宗儀《南村輟耕録·院本名目·諸雜院爨》《詩書禮樂》。
王國維《曲録·宋金雜劇院本部》《詩書禮樂》一本。

論語謁食

陶宗儀《南村輟耕録·院本名目·諸雜院爨》《論語謁食》。

王國維《曲録·宋金雜劇院本部》《論語謁食》一本。

下角瓶大醫淡

陶宗儀《南村輟耕録·院本名目·諸雜院爨》《下角瓶大醫淡》。

王國維《曲録·宋金雜劇院本部》《下角瓶大醫淡》一本。

再遊恩地

陶宗儀《南村輟耕録·院本名目·諸雜院爨》《再遊恩地》。

王國維《曲録·宋金雜劇院本部》《再遊恩地》一本。

累受恩深

陶宗儀《南村輟耕録·院本名目·諸雜院爨》《累受恩深》。

王國維《曲録·宋金雜劇院本部》《累受恩深》一本。

送羹湯放火子

陶宗儀《南村輟耕録·院本名目·諸雜院爨》《送羹湯放火子》。

王國維《曲録·宋金雜劇院本部》《送羹湯放火子》一本。

擂鼓孝經

陶宗儀《南村輟耕録·院本名目·諸雜院爨》《擂鼓孝經》。

王國維《曲録·宋金雜劇院本部》《擂鼓孝經》一本。

香茶酒果

陶宗儀《南村輟耕録·院本名目·諸雜院爨》《香茶酒果》。

王國維《曲録·宋金雜劇院本部》《香茶酒果》一本。

船子和尚四不犯

陶宗儀《南村輟耕録·院本名目·諸雜院爨》《船子和尚四不犯》。

王國維《曲録·宋金雜劇院本部》《船子和尚四不犯》一本。

徐演黄河

陶宗儀《南村輟耕録·院本名目·諸雜院爨》《徐演黄河》。

王國維《曲録·宋金雜劇院本部》《徐演黄河》一本。

單兜望梅花

陶宗儀《南村輟耕録·院本名目·諸雜院爨》《單兜望梅花》。

王國維《曲録·宋金雜劇院本部》《單兜望梅花》一本。《望梅花》，詞調名。

皇都好景

陶宗儀《南村輟耕録·院本名目·諸雜院爨》《皇都好景》。

王國維《曲録·宋金雜劇院本部》《皇都好景》一本。

四偌大提猴

陶宗儀《南村輟耕録·院本名目·諸雜院爨》《四偌大提猴》。

王國維《曲録·宋金雜劇院本部》《四偌大提猴》一本。

雙聲疊韵

陶宗儀《南村輟耕録·院本名目·諸雜院爨》《雙聲疊韵》。

王國維《曲録·宋金雜劇院本部》《雙聲叠韻》一本。《雙聲叠韻》乃黄鐘宫及中吕宫曲調名。惟《董西廂》中用之，元人不用。

上皇四軸畫

陶宗儀《南村輟耕録·院本名目·諸雜院爨》《上皇四軸畫》。

王國維《曲録·宋金雜劇院本部》《上皇四軸畫》一本。

三偌一卜

陶宗儀《南村輟耕録·院本名目·諸雜院爨》《三偌一卜》。

王國維《曲録·宋金雜劇院本部》《三偌一卜》一本。

調猿卦鋪

陶宗儀《南村輟耕録·院本名目·諸雜院爨》《調猿卦鋪》。

王國維《曲録·宋金雜劇院本部》《調猿卦鋪》一本。

倬刀饅頭

陶宗儀《南村輟耕録·院本名目·諸雜院爨》《倬刀饅頭》。

王國維《曲録·宋金雜劇院本部》《倬刀饅頭》一本。

河轉迓鼓

陶宗儀《南村輟耕録·院本名目·諸雜院爨》《河轉迓鼓》。

王國維《曲録·宋金雜劇院本部》《河轉迓鼓》一本。

背箱伊州

陶宗儀《南村輟耕録·院本名目·諸雜院爨》《背箱伊州》。

王國維《曲録·宋金雜劇院本部》《背箱伊州》一本。

酒樓伊州

陶宗儀《南村輟耕録·院本名目·諸雜院爨》《酒樓伊州》。

王國維《曲録·宋金雜劇院本部》《酒樓伊州》一本。

蓑衣百家詩

陶宗儀《南村輟耕録・院本名目・諸雜院爨》《簑衣百家詩》。
王國維《曲録・宋金雜劇院本部》《蓑衣百家詩》一本。

埋頭百家詩

陶宗儀《南村輟耕録・院本名目・諸雜院爨》《埋頭百家詩》。
王國維《曲録・宋金雜劇院本部》《埋頭百家詩》一本。

偷酒牡丹香

陶宗儀《南村輟耕録・院本名目・諸雜院爨》《偷酒牡丹香》。
王國維《曲録・宋金雜劇院本部》《偷酒牡丹香》一本。

雪詩打樊噲

陶宗儀《南村輟耕録・院本名目・諸雜院爨》《雪詩打樊噲》。
王國維《曲録・宋金雜劇院本部》《雪詩打樊噲》一本。

抹麪長壽仙

陶宗儀《南村輟耕録・院本名目・諸雜院爨》《抹麪長壽仙》。
王國維《曲録・宋金雜劇院本部》《抹麪長壽仙》一本。

四偌賣諢

陶宗儀《南村輟耕録・院本名目・諸雜院爨》《四偌賣諢》。
王國維《曲録・宋金雜劇院本部》《四偌賈諢》一本。

四偌祈雨

陶宗儀《南村輟耕録・院本名目・諸雜院爨》《四偌祈雨》。
王國維《曲録・宋金雜劇院本部》《四偌祈雨》一本。

松竹龜鶴

陶宗儀《南村輟耕録・院本名目・諸雜院爨》《松竹龜鶴》。
王國維《曲録・宋金雜劇院本部》《松竹龜鶴》一本。

王母祝壽

陶宗儀《南村輟耕録・院本名目・諸雜院爨》《王母祝壽》。
王國維《曲録・宋金雜劇院本部》《王母祝壽》一本。

四偌抹紫粉

陶宗儀《南村輟耕録・院本名目・諸雜院爨》《四偌抹紫粉》。
王國維《曲録・宋金雜劇院本部》《四偌抹紫粉》一本。

四偌劈馬椿

陶宗儀《南村輟耕録・院本名目・諸雜院爨》《四偌劈馬椿》。
王國維《曲録・宋金雜劇院本部》《四偌劈馬椿》一本。

截紅鬧浴堂

陶宗儀《南村輟耕録・院本名目・諸雜院爨》《截紅鬧浴堂》。
王國維《曲録・宋金雜劇院本部》《截紅鬧浴堂》一本。

和燕歸粱

陶宗儀《南村輟耕録・院本名目・諸雜院爨》《和燕歸粱》。
王國維《曲録・宋金雜劇院本部》《和燕歸粱》一本。

蘇武和番

陶宗儀《南村輟耕録・院本名目・諸雜院爨》《蘇武和番》。
王國維《曲録・宋金雜劇院本部》《蘇武和番》一本。

羹湯六么

陶宗儀《南村輟耕録・院本名目・諸雜院爨》《羹湯六么》。
王國維《曲録・宋金雜劇院本部》《羹湯六么》一本。與宋《官本雜劇》重出，當是一本。

河陽舅舅

陶宗儀《南村輟耕録・院本名目・諸雜院爨》《河陽舅舅》。
王國維《曲録・宋金雜劇院本部》《河陽舅舅》一本。

偌請都子

陶宗儀《南村輟耕録・院本名目・諸雜院爨》《偌請都子》。
王國維《曲録・宋金雜劇院本部》《偌請都子》一本。

雙女賴飯

陶宗儀《南村輟耕録・院本名目・諸雜院爨》《雙女賴飯》。
王國維《曲録・宋金雜劇院本部》《雙女賴飯》一本。

一貫質庫兒

陶宗儀《南村輟耕録・院本名目・諸雜院爨》《一貫質庫兒》。
王國維《曲録・宋金雜劇院本部》《一貫質庫兒》一本。

私媒質庫兒

陶宗儀《南村輟耕録・院本名目・諸雜院爨》《私媒質庫兒》。
王國維《曲録・宋金雜劇院本部》《私媒質庫兒》一本。

清朝無事

陶宗儀《南村輟耕録・院本名目・諸雜院爨》《清朝無事》。

王國維《曲録・宋金雜劇院本部》《清朝無事》一本。

豐稔太平

陶宗儀《南村輟耕録・院本名目・諸雜院爨》《豐稔太平》。

王國維《曲録・宋金雜劇院本部》《豐稔太平》一本。

一人有慶

陶宗儀《南村輟耕録・院本名目・諸雜院爨》《一人有慶》。

王國維《曲録・宋金雜劇院本部》《一人有慶》一本。

四海民和

陶宗儀《南村輟耕録・院本名目・諸雜院爨》《四海民和》。

王國維《曲録・宋金雜劇院本部》《四海民和》一本。

金皇聖德

陶宗儀《南村輟耕録・院本名目・諸雜院爨》《金皇聖德》。

王國維《曲録・宋金雜劇院本部》《金皇聖德》一本。

皇家萬歲

陶宗儀《南村輟耕録・院本名目・諸雜院爨》《皇家萬歲》。

王國維《曲録・宋金雜劇院本部》《皇家萬歲》一本。

背鼓千字文

陶宗儀《南村輟耕録・院本名目・諸雜院爨》《背鼓千字文》。

王國維《曲録・宋金雜劇院本部》《背鼓千字文》一本。

變龍千字文

陶宗儀《南村輟耕録・院本名目・諸雜院爨》《變龍千字文》。

王國維《曲録・宋金雜劇院本部》《變龍千字文》一本。

摔盒千字文

陶宗儀《南村輟耕録・院本名目・諸雜院爨》《摔盒千字文》。

王國維《曲録・宋金雜劇院本部》《摔盒千字文》一本。

錯打千字文

陶宗儀《南村輟耕録・院本名目・諸雜院爨》《錯打千字文》。

王國維《曲録・宋金雜劇院本部》《錯打千字文》一本。

木驢千字文

陶宗儀《南村輟耕録·院本名目·諸雜院爨》《木驢千字文》。

王國維《曲録·宋金雜劇院本部》《木驢千字文》一本。

埋頭千字文

陶宗儀《南村輟耕録·院本名目·諸雜院爨》《埋頭千字文》。

王國維《曲録·宋金雜劇院本部》《埋頭千字文》一本。

講來年好

陶宗儀《南村輟耕録·院本名目·諸雜院爨》《講來年好》。

王國維《曲録·宋金雜劇院本部》《講來年好》一本。

講聖州序

陶宗儀《南村輟耕録·院本名目·諸雜院爨》《講聖州序》。

王國維《曲録·宋金雜劇院本部》《講聖州序》一本。

講樂章序

陶宗儀《南村輟耕録·院本名目·諸雜院爨》《講樂章序》。

王國維《曲録·宋金雜劇院本部》《講樂章序》一本。

講道德經

陶宗儀《南村輟耕録·院本名目·諸雜院爨》《講道德經》。

王國維《曲録·宋金雜劇院本部》《講道德經》一本。

神農大説藥

陶宗儀《南村輟耕録·院本名目·諸雜院爨》《神農大説藥》。

王國維《曲録·宋金雜劇院本部》《神農大説藥》一本。

食店提猴

陶宗儀《南村輟耕録·院本名目·諸雜院爨》《食店提猴》。

王國維《曲録·宋金雜劇院本部》《食店提猴》一本。

人參腦子爨

陶宗儀《南村輟耕録·院本名目·諸雜院爨》《人參腦子爨》。

王國維《曲録·宋金雜劇院本部》《人參腦子爨》一本。

斷朱温爨

陶宗儀《南村輟耕録·院本名目·諸雜院爨》《斷朱温爨》。

王國維《曲録·宋金雜劇院本部》《斷朱温爨》一本。

變二郎爨

陶宗儀《南村輟耕録·院本名目·諸雜院爨》《變二郎爨》。

王國維《曲録·宋金雜劇院本部》《變二郎爨》一本。

講百果爨

陶宗儀《南村輟耕録·院本名目·諸雜院爨》《講百果爨》。

王國維《曲録·宋金雜劇院本部》《講百果爨》一本。

講百花爨

陶宗儀《南村輟耕録·院本名目·諸雜院爨》《講百花爨》。

王國維《曲録·宋金雜劇院本部》《講百花爨》一本。

講蒙求爨

陶宗儀《南村輟耕録·院本名目·諸雜院爨》《講蒙求爨》。

王國維《曲録·宋金雜劇院本部》《講蒙求爨》一本。

講百禽爨

陶宗儀《南村輟耕録·院本名目·諸雜院爨》《講百禽爨》。

王國維《曲録·宋金雜劇院本部》《講百禽爨》一本。

講心字爨

陶宗儀《南村輟耕録·院本名目·諸雜院爨》《講心字爨》。

王國維《曲録·宋金雜劇院本部》《講心字爨》一本。

變柳七爨

陶宗儀《南村輟耕録·院本名目·諸雜院爨》《變柳七爨》。

王國維《曲録·宋金雜劇院本部》《變柳七爨》一本。

三跳澗爨

陶宗儀《南村輟耕録·院本名目·諸雜院爨》《三跳澗爨》。

王國維《曲録·宋金雜劇院本部》《三跳澗爨》一本。

打王樞密爨

陶宗儀《南村輟耕録·院本名目·諸雜院爨》《打王樞密爨》。

王國維《曲録·宋金雜劇院本部》《打王樞密爨》一本。

水酒梅花爨

陶宗儀《南村輟耕録·院本名目·諸雜院爨》《水酒梅花爨》。

王國維《曲録·宋金雜劇院本部》《水酒梅花爨》一本。

調猿香字爨

陶宗儀《南村輟耕録・院本名目・諸雜院爨》《調猿香字爨》。
王國維《曲録・宋金雜劇院本部》《調猿香字爨》一本。

三分食爨

陶宗儀《南村輟耕録・院本名目・諸雜院爨》《三分食爨》。
王國維《曲録・宋金雜劇院本部》《三分食爨》一本。

煎布衫爨

陶宗儀《南村輟耕録・院本名目・諸雜院爨》《煎布衫爨》。
王國維《曲録・宋金雜劇院本部》《煎布衫爨》一本。

賴布衫爨

陶宗儀《南村輟耕録・院本名目・諸雜院爨》《賴布衫爨》。
王國維《曲録・宋金雜劇院本部》《賴布衫爨》一本。

雙楪紙爨

陶宗儀《南村輟耕録・院本名目・諸雜院爨》《雙楪紙爨》。
王國維《曲録・宋金雜劇院本部》《雙揲紙爨》一本。

謁金門爨

陶宗儀《南村輟耕録・院本名目・諸雜院爨》《謁金門爨》。
王國維《曲録・宋金雜劇院本部》《謁金門爨》一本。

跳布袋爨

陶宗儀《南村輟耕録・院本名目・諸雜院爨》《跳布袋爨》。
王國維《曲録・宋金雜劇院本部》《跳布袋爨》一本。

文房四寶爨

陶宗儀《南村輟耕録・院本名目・諸雜院爨》《文房四寶爨》。
王國維《曲録・宋金雜劇院本部》《文房四寶爨》一本。

開山五花爨

陶宗儀《南村輟耕録・院本名目・諸雜院爨》《開山五花爨》。
王國維《曲録・宋金雜劇院本部》《開山五花爨》一本。右一百七種《輟耕録》題曰《諸雜院爨》内「百家詩」、「質庫兒」、「千字文」雖不見傳記，似是曲調之名。

打三十

陶宗儀《南村輟耕録・院本名目・衝撞引首》《打三十》。
王國維《曲録・宋金雜劇院本部》《打三十》一本。

打謝樂

陶宗儀《南村輟耕録·院本名目·衝撞引首》《打謝樂》。

王國維《曲録·宋金雜劇院本部》《打謝樂》一本。

打八哥

陶宗儀《南村輟耕録·院本名目·衝撞引首》《打八哥》。

王國維《曲録·宋金雜劇院本部》《打八哥》一本。

錯打了

陶宗儀《南村輟耕録·院本名目·衝撞引首》《錯打了》。

王國維《曲録·宋金雜劇院本部》《錯打了》一本。

錯取鬼

陶宗儀《南村輟耕録·院本名目·衝撞引首》《錯取鬼》。

王國維《曲録·宋金雜劇院本部》《錯取兒》一本。

説狄青

陶宗儀《南村輟耕録·院本名目·衝撞引首》《説狄青》。

王國維《曲録·宋金雜劇院本部》《説狄青》一本。

憨郭郎

陶宗儀《南村輟耕録·院本名目·衝撞引首》《憨郭郎》。

王國維《曲録·宋金雜劇院本部》《憨郭郎》一本。大石調曲名。

枝頭巾

陶宗儀《南村輟耕録·院本名目·衝撞引首》《枝頭巾》。

王國維《曲録·宋金雜劇院本部》《枝頭巾》一本。

小鬧摑

陶宗儀《南村輟耕録·院本名目·衝撞引首》《小鬧摑》。

王國維《曲録·宋金雜劇院本部》《小鬧摑》一本。

鶯哥猫兒

陶宗儀《南村輟耕録·院本名目·衝撞引首》《鶯哥猫兒》。

王國維《曲録·宋金雜劇院本部》《鶯哥猫兒》一本。

大陽唐

陶宗儀《南村輟耕録·院本名目·衝撞引首》《大陽唐》。

王國維《曲録·宋金雜劇院本部》《大陽唐》一本。

小陽唐

陶宗儀《南村輟耕録·院本名目·衝撞引首》《小陽唐》。
王國維《曲録·宋金雜劇院本部》《小陽唐》一本。

歇貼韵

陶宗儀《南村輟耕録·院本名目·衝撞引首》《歇貼韵》。
王國維《曲録·宋金雜劇院本部》《歇貼韻》一本。

三般尿

陶宗儀《南村輟耕録·院本名目·衝撞引首》《三般尿》。
王國維《曲録·宋金雜劇院本部》《三般尿》一本。

大驚睡

陶宗儀《南村輟耕録·院本名目·衝撞引首》《大驚睡》。
王國維《曲録·宋金雜劇院本部》《大驚睡》一本。

小驚睡

陶宗儀《南村輟耕録·院本名目·衝撞引首》《小驚睡》。
王國維《曲録·宋金雜劇院本部》《小驚睡》一本。

大分界

陶宗儀《南村輟耕録·院本名目·衝撞引首》《大分界》。
王國維《曲録·宋金雜劇院本部》《大分界》一本。

小分界

陶宗儀《南村輟耕録·院本名目·衝撞引首》《小分界》。
王國維《曲録·宋金雜劇院本部》《小分界》一本。

雙雁兒

陶宗儀《南村輟耕録·院本名目·衝撞引首》《雙雁兒》。
王國維《曲録·宋金雜劇院本部》《雙雁兒》一本。

唐韻六貼

陶宗儀《南村輟耕録·院本名目·衝撞引首》《唐韻六貼》。
王國維《曲録·宋金雜劇院本部》《唐韻六貼》一本。

我來也

陶宗儀《南村輟耕録·院本名目·衝撞引首》《我來也》。
王國維《曲録·宋金雜劇院本部》《我來也》一本。

情知本分

陶宗儀《南村輟耕録·院本名目·衝撞引首》《情知本分》。
王國維《曲録·宋金雜劇院本部》《情知本分》一本。

喬捉蛇

陶宗儀《南村輟耕録·院本名目·衝撞引首》《喬捉蛇》。
王國維《曲録·宋金雜劇院本部》《喬捉蛇》一本。中吕曲調名。

鐺鍋釜竈

陶宗儀《南村輟耕録·院本名目·衝撞引首》《鐺鍋釜竈》。
王國維《曲録·宋金雜劇院本部》《鐺鍋釜竈》一本。

代元保

陶宗儀《南村輟耕録·院本名目·衝撞引首》《代元保》。
王國維《曲録·宋金雜劇院本部》《代元保》一本。

母子御頭

陶宗儀《南村輟耕録·院本名目·衝撞引首》《母子御頭》。
王國維《曲録·宋金雜劇院本部》《母子御頭》一本。

嘴苗兒

陶宗儀《南村輟耕録·院本名目·衝撞引首》《嘴苗兒》。
王國維《曲録·宋金雜劇院本部》《觜苗兒》一本。

山梨柿子

陶宗儀《南村輟耕録·院本名目·衝撞引首》《山梨柿子》。
王國維《曲録·宋金雜劇院本部》《山梨柿子》一本。

打淡的

陶宗儀《南村輟耕録·院本名目·衝撞引首》《打淡的》。
王國維《曲録·宋金雜劇院本部》《打淡的》一本。

一日一箇

陶宗儀《南村輟耕録·院本名目·衝撞引首》《一日一箇》。
王國維《曲録·宋金雜劇院本部》《一日一箇》一本。

村城詩

陶宗儀《南村輟耕録·院本名目·衝撞引首》《村城詩》。
王國維《曲録·宋金雜劇院本部》《村城詩》一本。

胡椒雖小

陶宗儀《南村輟耕録・院本名目・衝撞引首》《胡椒雖小》。

王國維《曲録・宋金雜劇院本部》《胡椒雖小》一本。

蔡伯喈

陶宗儀《南村輟耕録・院本名目・衝撞引首》《蔡伯喈》。

王國維《曲録・宋金雜劇院本部》《蔡伯喈》一本。陸游《劍南詩稿》：「斜陽古柳趙家莊，負鼓盲翁正作場。死後是非誰管得，滿村聽唱蔡中郎。」此本不知較南宋盲詞同異若何，要爲東嘉《琵琶》祖本。

遮截架解

陶宗儀《南村輟耕録・院本名目・衝撞引首》《遮截架解》。

王國維《曲録・宋金雜劇院本部》《遮截架解》一本。

窖磚兒

陶宗儀《南村輟耕録・院本名目・衝撞引首》《窖磚兒》。

王國維《曲録・宋金雜劇院本部》《窖磚兒》一本。

三打步

陶宗儀《南村輟耕録・院本名目・衝撞引首》《三打步》。

王國維《曲録・宋金雜劇院本部》《三打步》一本。

穿百倬

陶宗儀《南村輟耕録・院本名目・衝撞引首》《穿百倬》。

王國維《曲録・宋金雜劇院本部》《穿百倬》一本。

盤榛子

陶宗儀《南村輟耕録・院本名目・衝撞引首》《盤榛子》。

王國維《曲録・宋金雜劇院本部》《盤榛子》一本。

四魚名

陶宗儀《南村輟耕録・院本名目・衝撞引首》《四魚名》。

王國維《曲録・宋金雜劇院本部》《四魚名》一本。

四坐山

陶宗儀《南村輟耕録・院本名目・衝撞引首》《四坐山》。

王國維《曲録・宋金雜劇院本部》《四坐山》一本。

提頭帶

陶宗儀《南村輟耕録・院本名目・衝撞引首》《提頭帶》。

王國維《曲録・宋金雜劇院本部》《提頭帶》一本。

天下樂

陶宗儀《南村輟耕録・院本名目・衝撞引首》《天下樂》。

王國維《曲録・宋金雜劇院本部》《天下樂》一本。仙吕曲調名。

四怕水

陶宗儀《南村輟耕録・院本名目・衝撞引首》《四怕水》。

王國維《曲録・宋金雜劇院本部》《四怕水》一本。

四門兒

陶宗儀《南村輟耕録・院本名目・衝撞引首》《四門兒》。

王國維《曲録・宋金雜劇院本部》《四門兒》一本。

説古人

陶宗儀《南村輟耕録・院本名目・衝撞引首》《説古人》。

王國維《曲録・宋金雜劇院本部》《説古人》一本。

山麻稭

陶宗儀《南村輟耕録・院本名目・衝撞引首》《山麻稭》。

王國維《曲録・宋金雜劇院本部》《山麻稭》一本。《山麻稭》，越調曲名。唯《董西廂》用之，元人不用。

喬道場

陶宗儀《南村輟耕録・院本名目・衝撞引首》《喬道場》。

王國維《曲録・宋金雜劇院本部》《喬道場》一本。

黄風蕩蕩

陶宗儀《南村輟耕録・院本名目・衝撞引首》《黄風蕩蕩》。

王國維《曲録・宋金雜劇院本部》《黄風蕩蕩》一本。

貪狼觀

陶宗儀《南村輟耕録・院本名目・衝撞引首》《貪狼觀》。

王國維《曲録・宋金雜劇院本部》《貪狼觀》一本。

通一母

陶宗儀《南村輟耕録・院本名目・衝撞引首》《通一母》。

王國維《曲録・宋金雜劇院本部》《通一母》一本。

串梆子

陶宗儀《南村輟耕録・院本名目・衝撞引首》《串梆子》。

王國維《曲録・宋金雜劇院本部》《串梆子》一本。

拖下來

陶宗儀《南村輟耕録・院本名目・衝撞引首》《拖下來》。

王國維《曲録・宋金雜劇院本部》《拖下來》一本。

啞伴哥

陶宗儀《南村輟耕録・院本名目・衝撞引首》《啞伴哥》。

王國維《曲録・宋金雜劇院本部》《啞伴哥》一本。

劉千劉義

陶宗儀《南村輟耕録・院本名目・衝撞引首》《劉千劉義》。

王國維《曲録・宋金雜劇院本部》《劉千劉義》一本。

歡會旗

陶宗儀《南村輟耕録・院本名目・衝撞引首》《歡會旗》。

王國維《曲録・宋金雜劇院本部》《歡會旗》一本。

生死鼓

陶宗儀《南村輟耕録・院本名目・衝撞引首》《生死鼓》。

王國維《曲録・宋金雜劇院本部》《生死鼓》一本。

搗練子

陶宗儀《南村輟耕録・院本名目・衝撞引首》《搗練子》。

王國維《曲録・宋金雜劇院本部》《搗練子》一本。雙調曲名。

三羣頭

陶宗儀《南村輟耕録・院本名目・衝撞引首》《三羣頭》。

王國維《曲録・宋金雜劇院本部》《三羣頭》一本。

酒糟兒

陶宗儀《南村輟耕録・院本名目・衝撞引首》《酒糟兒》。

王國維《曲録・宋金雜劇院本部》《酒糟兒》一本。

浄瓶兒

陶宗儀《南村輟耕録・院本名目・衝撞引首》《浄瓶兒》。

王國維《曲録・宋金雜劇院本部》《浄瓶兒》一本。大石調曲名。

賣官衣

陶宗儀《南村輟耕録・院本名目・衝撞引首》《賣官衣》。

王國維《曲録・宋金雜劇院本部》《賣官衣》一本。

苗青根白

陶宗儀《南村輟耕録・院本名目・衝撞引首》《苗青根白》。

王國維《曲録・宋金雜劇院本部》《苗青根白》一本。

調笑令

陶宗儀《南村輟耕録・院本名目・衝撞引首》《調笑令》。

王國維《曲録・宋金雜劇院本部》《調笑令》一本。越調曲名。

鬭鼓笛

陶宗儀《南村輟耕録・院本名目・衝撞引首》《鬭鼓笛》。

王國維《曲録・宋金雜劇院本部》《鬭鼓笛》一本。

柳青娘

陶宗儀《南村輟耕録・院本名目・衝撞引首》《柳青娘》。

王國維《曲録・宋金雜劇院本部》《柳青娘》一本。正宫曲名。

論句兒

陶宗儀《南村輟耕録・院本名目・衝撞引首》《論句兒》。

王國維《曲録・宋金雜劇院本部》《論句兒》一本。

請車兒

陶宗儀《南村輟耕録・院本名目・衝撞引首》《請車兒》。

王國維《曲録・宋金雜劇院本部》《請車兒》一本。

身邊有藝

陶宗儀《南村輟耕録・院本名目・衝撞引首》《身邊有藝》。

王國維《曲録・宋金雜劇院本部》《身邊有藝》一本。

調劉衮

陶宗儀《南村輟耕録・院本名目・衝撞引首》《調劉衮》。

王國維《曲録・宋金雜劇院本部》《調劉衮》一本。

霸王草

陶宗儀《南村輟耕録・院本名目・衝撞引首》《霸王草》。

王國維《曲録・宋金雜劇院本部》《霸王草》一本。

難古典

陶宗儀《南村輟耕録・院本名目・衝撞引首》《難古典》。

王國維《曲録・宋金雜劇院本部》《難古典》一本。

左必來

陶宗儀《南村輟耕録・院本名目・衝撞引首》《左必來》。
王國維《曲録・宋金雜劇院本部》《左必來》一本。

香供養

陶宗儀《南村輟耕録・院本名目・衝撞引首》《香供養》。
王國維《曲録・宋金雜劇院本部》《香供養》一本。

合五百

陶宗儀《南村輟耕録・院本名目・衝撞引首》《合五百》。
王國維《曲録・宋金雜劇院本部》《合五百》一本。

嬭嬭嗔

陶宗儀《南村輟耕録・院本名目・衝撞引首》《嬭嬭嗔》。
王國維《曲録・宋金雜劇院本部》《嬭嬭嗔》一本。

一借一與

陶宗儀《南村輟耕録・院本名目・衝撞引首》《一借一與》。
王國維《曲録・宋金雜劇院本部》《一借一與》一本。

已巳己

陶宗儀《南村輟耕録・院本名目・衝撞引首》《已巳己》。
王國維《曲録・宋金雜劇院本部》《已巳己》一本。

舞秦始皇

陶宗儀《南村輟耕録・院本名目・衝撞引首》《舞秦始皇》。
王國維《曲録・宋金雜劇院本部》《舞秦始皇》一本。

學像生

陶宗儀《南村輟耕録・院本名目・衝撞引首》《學像生》。
王國維《曲録・宋金雜劇院本部》《學像生》一本。

支道饅頭

陶宗儀《南村輟耕録・院本名目・衝撞引首》《支道饅頭》。
王國維《曲録・宋金雜劇院本部》《支道饅頭》一本。

打調刧

陶宗儀《南村輟耕録・院本名目・衝撞引首》《打調刧》。

王國維《曲録·宋金雜劇院本部》《打調刧》一本。

驢城白守

陶宗儀《南村輟耕録·院本名目·衝撞引首》《驢城白守》。

王國維《曲録·宋金雜劇院本部》《驢城白守》一本。

呆木大

陶宗儀《南村輟耕録·院本名目·衝撞引首》《呆木大》。

王國維《曲録·宋金雜劇院本部》《呆木大》一本。黄山谷《鼓笛令詞》：「副靖傳語木大，鼓兒裏且打一和。」「副靖」即「副浄」，則「木大」亦脚色之名也。

定魂刀

陶宗儀《南村輟耕録·院本名目·衝撞引首》《定魂刀》。

王國維《曲録·宋金雜劇院本部》《定魂刀》一本。

説罰錢

陶宗儀《南村輟耕録·院本名目·衝撞引首》《説罰錢》。

王國維《曲録·宋金雜劇院本部》《説罰錢》一本。

年紀大小

陶宗儀《南村輟耕録·院本名目·衝撞引首》《年紀大小》。

王國維《曲録·宋金雜劇院本部》《年紀大小》一本。

打扇

陶宗儀《南村輟耕録·院本名目·衝撞引首》《打扇》。

王國維《曲録·宋金雜劇院本部》《打扇》一本。

盤蛇

陶宗儀《南村輟耕録·院本名目·衝撞引首》《盤蛇》。

王國維《曲録·宋金雜劇院本部》《盤蛇》一本。

相眼

陶宗儀《南村輟耕録·院本名目·衝撞引首》《相眼》。

王國維《曲録·宋金雜劇院本部》《相眼》一本。

告假

陶宗儀《南村輟耕録·院本名目·衝撞引首》《告假》。

王國維《曲録·宋金雜劇院本部》《告假》一本。

捉記

陶宗儀《南村輟耕録·院本名目·衝撞引首》《捉記》。

王國維《曲録・宋金雜劇院本部》《捉記》一本。

照淡

陶宗儀《南村輟耕録・院本名目・衝撞引首》《照淡》。

王國維《曲録・宋金雜劇院本部》《照淡》一本。

矇啞

陶宗儀《南村輟耕録・院本名目・衝撞引首》《矇啞》。

王國維《曲録・宋金雜劇院本部》《矇啞》一本。

投河略通

陶宗儀《南村輟耕録・院本名目・衝撞引首》《投河略通》。

王國維《曲録・宋金雜劇院本部》《投河》一本。又《略通》一本。

調賊

陶宗儀《南村輟耕録・院本名目・衝撞引首》《調賊》。

王國維《曲録・宋金雜劇院本部》《調賊》一本。

多筆

陶宗儀《南村輟耕録・院本名目・衝撞引首》《多筆》。

王國維《曲録・宋金雜劇院本部》《多筆》一本。

僉押

陶宗儀《南村輟耕録・院本名目・衝撞引首》《僉押》。

王國維《曲録・宋金雜劇院本部》《僉押》一本。

扯狀

陶宗儀《南村輟耕録・院本名目・衝撞引首》《扯狀》。

王國維《曲録・宋金雜劇院本部》《扯狀》一本。

羅打

陶宗儀《南村輟耕録・院本名目・衝撞引首》《羅打》。

王國維《曲録・宋金雜劇院本部》《羅打》一本。

記水求楞

陶宗儀《南村輟耕録・院本名目・衝撞引首》《記水求楞》。

王國維《曲録・宋金雜劇院本部》《記水》一本。又《求楞》一本。

燒奏

陶宗儀《南村輟耕録・院本名目・衝撞引首》《燒奏》。

王國維《曲録・宋金雜劇院本部》《燒奏》一本。

轉花枝

陶宗儀《南村輟耕録・院本名目・衝撞引首》《轉花枝》。

王國維《曲録・宋金雜劇院本部》《轉花枝》一本。

計頭兒

陶宗儀《南村輟耕録・院本名目・衝撞引首》《計頭兒》。

王國維《曲録・宋金雜劇院本部》《計頭兒》一本。

長嬌憐

陶宗儀《南村輟耕録・院本名目・衝撞引首》《長嬌憐》。

王國維《曲録・宋金雜劇院本部》《長嬌憐》一本。

歇後語

陶宗儀《南村輟耕録・院本名目・衝撞引首》《歇後語》。

王國維《曲録・宋金雜劇院本部》《歇後語》一本。

蘆子語

陶宗儀《南村輟耕録・院本名目・衝撞引首》《蘆子語》。

王國維《曲録・宋金雜劇院本部》《蘆子語》一本。

迴且語

陶宗儀《南村輟耕録・院本名目・衝撞引首》《迴且語》。

王國維《曲録・宋金雜劇院本部》《迴且語》一本。

大支散

陶宗儀《南村輟耕録・院本名目・衝撞引首》《大支散》。

王國維《曲録・宋金雜劇院本部》《大支散》一本。

襄陽會

陶宗儀《南村輟耕録・院本名目・拴搐艷段》《襄陽會》。

王國維《曲録・宋金雜劇院本部》《襄陽會》一本。元高文秀有《劉玄德獨赴襄陽會》雜劇，當自出此。

驢軸不了

陶宗儀《南村輟耕録・院本名目・拴搐艷段》《驢軸不了》。

王國維《曲録・宋金雜劇院本部》《驢軸不了》一本。

拋綉毬

陶宗儀《南村輟耕録・院本名目・拴搐艷段》《拋綉毬》。

鞭敲金鐙

陶宗儀《南村輟耕録·院本名目·拴搐艷段》《鞭敲金鐙》。
王國維《曲録·宋金雜劇院本部》《鞭敲金鐙》一本。

門簾兒

陶宗儀《南村輟耕録·院本名目·拴搐艷段》《門簾兒》。
王國維《曲録·宋金雜劇院本部》《門簾兒》一本。

天長地久

陶宗儀《南村輟耕録·院本名目·拴搐艷段》《天長地久》。
王國維《曲録·宋金雜劇院本部》《天長地久》一本。

眼藥里

陶宗儀《南村輟耕録·院本名目·拴搐艷段》《眼藥里》。

衙府則例

陶宗儀《南村輟耕録·院本名目·拴搐艷段》《衙府則例》。
王國維《曲録·宋金雜劇院本部》《衙府則例》一本。

金含楞

陶宗儀《南村輟耕録·院本名目·拴搐艷段》《金含楞》。
王國維《曲録·宋金雜劇院本部》《金含楞》一本。

天下太平

陶宗儀《南村輟耕録·院本名目·拴搐艷段》《天下太平》。
王國維《曲録·宋金雜劇院本部》《天下太平》一本。

歸塞北

陶宗儀《南村輟耕録·院本名目·拴搐艷段》《歸塞北》。
王國維《曲録·宋金雜劇院本部》《歸塞北》一本。

春夏秋冬

陶宗儀《南村輟耕録·院本名目·拴搐艷段》《春夏秋冬》。
王國維《曲録·宋金雜劇院本部》《春夏秋冬》一本。

鬬百草

陶宗儀《南村輟耕録·院本名目·拴搐艷段》《鬬百草》。
王國維《曲録·宋金雜劇院本部》《鬬百草》一本。

叫子蓋頭

陶宗儀《南村輟耕録・院本名目・拴搐艶段》《叫子蓋頭》。

王國維《曲録・宋金雜劇院本部》《叫子蓋頭》一本。

大劉備

陶宗儀《南村輟耕録・院本名目・拴搐艶段》《大劉備》。

王國維《曲録・宋金雜劇院本部》《大劉備》一本。

石榴花詩

陶宗儀《南村輟耕録・院本名目・拴搐艶段》《石榴花詩》。

王國維《曲録・宋金雜劇院本部》《石榴花詩》一本。

啞漢書

陶宗儀《南村輟耕録・院本名目・拴搐艶段》《啞漢書》。

王國維《曲録・宋金雜劇院本部》《啞漢書》一本。

説古棒

陶宗儀《南村輟耕録・院本名目・拴搐艶段》《説古棒》。

王國維《曲録・宋金雜劇院本部》《説古棒》一本。

唱柱杖

陶宗儀《南村輟耕録・院本名目・拴搐艶段》《唱拄杖》。

王國維《曲録・宋金雜劇院本部》《唱柱杖》一本。

日月山河

陶宗儀《南村輟耕録・院本名目・拴搐艶段》《日月山河》。

王國維《曲録・宋金雜劇院本部》《日月山河》一本。

胡餅大

陶宗儀《南村輟耕録・院本名目・拴搐艶段》《胡餅大》。

王國維《曲録・宋金雜劇院本部》《胡餅大》一本。

嘴揾地

陶宗儀《南村輟耕録・院本名目・拴搐艶段》《嘴揾地》。

王國維《曲録・宋金雜劇院本部》《觜揾地》一本。

屋裏藏

陶宗儀《南村輟耕録・院本名目・拴搐艶段》《屋裏藏》。

王國維《曲録・宋金雜劇院本部》《屋裏藏》一本。

駡吕布

陶宗儀《南村輟耕録·院本名目·拴搐艷段》《駡吕布》。
王國維《曲録·宋金雜劇院本部》《駡吕布》一本。

張天覺

陶宗儀《南村輟耕録·院本名目·拴搐艷段》《張天覺》。
王國維《曲録·宋金雜劇院本部》《張天覺》一本。

打論語

陶宗儀《南村輟耕録·院本名目·拴搐艷段》《打論語》。
王國維《曲録·宋金雜劇院本部》《打論語》一本。

十果頑

陶宗儀《南村輟耕録·院本名目·拴搐艷段》《十果頑》。
王國維《曲録·宋金雜劇院本部》《十果頑》一本。

十般乞

陶宗儀《南村輟耕録·院本名目·拴搐艷段》《十般乞》。
王國維《曲録·宋金雜劇院本部》《十般乞》一本。

還故里

陶宗儀《南村輟耕録·院本名目·拴搐艷段》《還故里》。
王國維《曲録·宋金雜劇院本部》《還故里》一本。

劉金帶

陶宗儀《南村輟耕録·院本名目·拴搐艷段》《劉金帶》。
王國維《曲録·宋金雜劇院本部》《劉金帶》一本。

四草蟲

陶宗儀《南村輟耕録·院本名目·拴搐艷段》《四草蟲》。
王國維《曲録·宋金雜劇院本部》《四草蟲》一本。

四厨子

陶宗儀《南村輟耕録·院本名目·拴搐艷段》《四厨子》。
王國維《曲録·宋金雜劇院本部》《四厨子》一本。

四妃艷

陶宗儀《南村輟耕録·院本名目·拴搐艷段》《四妃艷》。
王國維《曲録·宋金雜劇院本部》《四妃艷》一本。

望長安

陶宗儀《南村輟耕録·院本名目·拴搐艷段》《望長安》。
王國維《曲録·宋金雜劇院本部》《望長安》一本。

長安住

陶宗儀《南村輟耕録·院本名目·拴搐艷段》《長安住》。
王國維《曲録·宋金雜劇院本部》《長安住》一本。

罵江南

陶宗儀《南村輟耕録·院本名目·拴搐艷段》《罵江南》。
王國維《曲録·宋金雜劇院本部》《罵江南》一本。

風花雪月

陶宗儀《南村輟耕録·院本名目·拴搐艷段》《風花雪月》。
王國維《曲録·宋金雜劇院本部》《風花雪月》一本。

錯寄書

陶宗儀《南村輟耕録·院本名目·拴搐艷段》《錯寄書》。
王國維《曲録·宋金雜劇院本部》《錯寄書》一本。

睡起教柱

陶宗儀《南村輟耕録·院本名目·拴搐艷段》《睡起教柱》。
王國維《曲録·宋金雜劇院本部》《睡起教柱》一本。

打婆束

陶宗儀《南村輟耕録·院本名目·拴搐艷段》《打婆束》。
王國維《曲録·宋金雜劇院本部》《打婆束》一本。

三文兩撲

陶宗儀《南村輟耕録·院本名目·拴搐艷段》《三文兩撲》。
王國維《曲録·宋金雜劇院本部》《三文兩撲》一本。

大對景

陶宗儀《南村輟耕録·院本名目·拴搐艷段》《大對景》。
王國維《曲録·宋金雜劇院本部》《大對景》一本。

小護鄉

陶宗儀《南村輟耕録·院本名目·拴搐艷段》《小護鄉》。
王國維《曲録·宋金雜劇院本部》《小護鄉》一本。

少年遊

陶宗儀《南村輟耕録·院本名目·拴搐艷段》《少年遊》。

王國維《曲録·宋金雜劇院本部》《少年游》一本。詞調名。

打青提

陶宗儀《南村輟耕録·院本名目·拴搐艷段》《打青提》。

王國維《曲録·宋金雜劇院本部》《打青提》一本。

千字文

陶宗儀《南村輟耕録·院本名目·拴搐艷段》《千字文》。

王國維《曲録·宋金雜劇院本部》《千字文》一本。

酒家詩

陶宗儀《南村輟耕録·院本名目·拴搐艷段》《酒家詩》。

王國維《曲録·宋金雜劇院本部》《酒家詩》一本。

三拖旦

陶宗儀《南村輟耕録·院本名目·拴搐艷段》《三拖旦》。

王國維《曲録·宋金雜劇院本部》《三拖旦》一本。

睡馬杓

陶宗儀《南村輟耕録·院本名目·拴搐艷段》《睡馬杓》。

王國維《曲録·宋金雜劇院本部》《睡馬杓》一本。

四生厲

陶宗儀《南村輟耕録·院本名目·拴搐艷段》《四生厲》。

王國維《曲録·宋金雜劇院本部》《四生厲》一本。

喬唱諢

陶宗儀《南村輟耕録·院本名目·拴搐艷段》《喬唱諢》。

王國維《曲録·宋金雜劇院本部》《喬唱諢》一本。

桃李子

陶宗儀《南村輟耕録·院本名目·拴搐艷段》《桃李子》。

王國維《曲録·宋金雜劇院本部》《桃李子》一本。

麥屯兒

陶宗儀《南村輟耕録·院本名目·拴搐艷段》《麥屯兒》。

王國維《曲録·宋金雜劇院本部》《麥屯兒》一本。

大菜園

陶宗儀《南村輟耕録・院本名目・打略拴搐》《大菜園》。

王國維《曲録・宋金雜劇院本部》《大菜園》一本。

喬打聖

陶宗儀《南村輟耕録・院本名目・拴搐艷段》《喬打聖》。

王國維《曲録・宋金雜劇院本部》《喬打聖》一本。

杏湯來

陶宗儀《南村輟耕録・院本名目・拴搐艷段》《杏湯來》。

王國維《曲録・宋金雜劇院本部》《杏湯來》一本。

謝天地

陶宗儀《南村輟耕録・院本名目・拴搐艷段》《謝天地》。

王國維《曲録・宋金雜劇院本部》《謝天地》一本。

十隻脚

陶宗儀《南村輟耕録・院本名目・拴搐艷段》《十隻脚》。

王國維《曲録・宋金雜劇院本部》《十隻脚》一本。

請生打納

陶宗儀《南村輟耕録・院本名目・拴搐艷段》《請生打納》。

王國維《曲録・宋金雜劇院本部》《請生打納》一本。

建成

陶宗儀《南村輟耕録・院本名目・拴搐艷段》《建成》。

王國維《曲録・宋金雜劇院本部》《建成》一本。

縛食

陶宗儀《南村輟耕録・院本名目・拴搐艷段》《縛食》。

王國維《曲録・宋金雜劇院本部》《縛食》一本。

毬棒艷

陶宗儀《南村輟耕録・院本名目・拴搐艷段》《毬棒艷》。

王國維《曲録・宋金雜劇院本部》《毬棒艷》一本。「艷」與「燄」同。燄段亦院本之意，但差簡耳。取其如火燄易明而易滅也。

破巢艷

陶宗儀《南村輟耕録・院本名目・拴搐艷段》《破巢艷》。

王國維《曲録・宋金雜劇院本部》《破巢豔》一本。

開封豔

陶宗儀《南村輟耕録・院本名目・拴搐豔段》《開封豔》。
王國維《曲録・宋金雜劇院本部》《開封豔》一本。

鞍子豔

陶宗儀《南村輟耕録・院本名目・拴搐豔段》《鞍子豔》。
王國維《曲録・宋金雜劇院本部》《鞍子豔》一本。

打虎豔

陶宗儀《南村輟耕録・院本名目・拴搐豔段》《打虎豔》。
王國維《曲録・宋金雜劇院本部》《打虎豔》一本。

四王豔

陶宗儀《南村輟耕録・院本名目・拴搐豔段》《四王豔》。
王國維《曲録・宋金雜劇院本部》《四王豔》一本。

蝗蟲豔

陶宗儀《南村輟耕録・院本名目・拴搐豔段》《蝗蟲豔》。
王國維《曲録・宋金雜劇院本部》《蝗蟲豔》一本。

撅子豔

陶宗儀《南村輟耕録・院本名目・拴搐豔段》《撅子豔》。
王國維《曲録・宋金雜劇院本部》《撅子豔》一本。

七捉豔

陶宗儀《南村輟耕録・院本名目・拴搐豔段》《七捉豔》。
王國維《曲録・宋金雜劇院本部》《七捉豔》一本。

修行豔

陶宗儀《南村輟耕録・院本名目・拴搐豔段》《修行豔》。
王國維《曲録・宋金雜劇院本部》《修行豔》一本。

般調豔

陶宗儀《南村輟耕録・院本名目・拴搐豔段》《般調豔》。
王國維《曲録・宋金雜劇院本部》《般調豔》一本。

棗兒豔

陶宗儀《南村輟耕録・院本名目・拴搐豔段》《棗兒豔》。

王國維《曲録・宋金雜劇院本部》《棗兒艷》一本。

鑾子艷

陶宗儀《南村輟耕録・院本名目・拴搐艷段》《鑾子艷》。
王國維《曲録・宋金雜劇院本部》《鑾子艷》一本。

快樂艷

陶宗儀《南村輟耕録・院本名目・拴搐艷段》《快樂艷》。
王國維《曲録・宋金雜劇院本部》《快樂艷》一本。

慈烏艷

陶宗儀《南村輟耕録・院本名目・拴搐艷段》《慈烏艷》。
王國維《曲録・宋金雜劇院本部》《慈烏艷》一本。

眼裏喬

陶宗儀《南村輟耕録・院本名目・拴搐艷段》《眼裏喬》。
王國維《曲録・宋金雜劇院本部》《眼裏喬》一本。

訪戴衆半

陶宗儀《南村輟耕録・院本名目・拴搐艷段》《訪戴衆半》。
王國維《曲録・宋金雜劇院本部》《訪戴》一本。又《衆半》一本。

陳蔡

陶宗儀《南村輟耕録・院本名目・拴搐艷段》《陳蔡》。
王國維《曲録・宋金雜劇院本部》《陳蔡》一本。

范蠡

陶宗儀《南村輟耕録・院本名目・拴搐艷段》《范蠡》。
王國維《曲録・宋金雜劇院本部》《范蠡》一本。

扯休書

陶宗儀《南村輟耕録・院本名目・拴搐艷段》《扯休書》。
王國維《曲録・宋金雜劇院本部》《扯休書》一本。

鞭塞

陶宗儀《南村輟耕録・院本名目・拴搐艷段》《鞭塞》。
王國維《曲録・宋金雜劇院本部》《鞭寨》一本。

金鈴

陶宗儀《南村輟耕録・院本名目・拴搐艷段》《金鈴》。

王國維《曲録・宋金雜劇院本部》《金鈴》一本。

感吾智

陶宗儀《南村輟耕録・院本名目・拴搐艷段》《感吾智》。
王國維《曲録・宋金雜劇院本部》《感吾智》一本。

諸宮調

陶宗儀《南村輟耕録・院本名目・拴搐艷段》《諸宮調》。
王國維《曲録・宋金雜劇院本部》《諸宮調》一本。

杴朳掃竹

陶宗儀《南村輟耕録・院本名目・拴搐艷段》《杴朳掃竹》。
王國維《曲録・宋金雜劇院本部》《杴朳掃竹》一本。

彫出板來

陶宗儀《南村輟耕録・院本名目・拴搐艷段》《彫出板來》。
王國維《曲録・宋金雜劇院本部》《彫出板來》一本。

套　靴

陶宗儀《南村輟耕録・院本名目・拴搐艷段》《套靴》。
王國維《曲録・宋金雜劇院本部》《套靴》一本。

舌　智

陶宗儀《南村輟耕録・院本名目・拴搐艷段》《舌智》。
王國維《曲録・宋金雜劇院本部》《舌智》一本。

俯　飯

陶宗儀《南村輟耕録・院本名目・拴搐艷段》《俯飯》。
王國維《曲録・宋金雜劇院本部》《俯飲》一本。

釵髮多

陶宗儀《南村輟耕録・院本名目・拴搐艷段》《釵髮多》。
王國維《曲録・宋金雜劇院本部》《釵髮多》一本。

襄陽府

陶宗儀《南村輟耕録・院本名目・拴搐艷段》《襄陽府》。
王國維《曲録・宋金雜劇院本部》《襄陽府》一本。

仙哥兒

陶宗儀《南村輟耕録・院本名目・拴搐艷段》《仙哥兒》。

王國維《曲録·宋金雜劇院本部》《仙哥兒》一本。

照天紅

陶宗儀《南村輟耕録·院本名目·打略拴搐》《照天紅》。
王國維《曲録·宋金雜劇院本部》《照天紅》一本。賭撲名。

著棋名

陶宗儀《南村輟耕録·院本名目·打略拴搐》《著棋名》。
王國維《曲録·宋金雜劇院本部》《著棋名》一本。賭撲名。

衮骰子

陶宗儀《南村輟耕録·院本名目·打略拴搐》《衮骰子》。
王國維《曲録·宋金雜劇院本部》《衮骰子》一本。賭撲名。

琴家弄

陶宗儀《南村輟耕録·院本名目·打略拴搐》《琴家弄》。
王國維《曲録·宋金雜劇院本部》《琴家弄》一本。賭撲名。

悶葫蘆

陶宗儀《南村輟耕録·院本名目·打略拴搐》《悶葫蘆》。
王國維《曲録·宋金雜劇院本部》《悶葫蘆》一本。賭撲名。

握龜

陶宗儀《南村輟耕録·院本名目·打略拴搐》《握龜》。
王國維《曲録·宋金雜劇院本部》《握龜》一本。賭撲名。

説駕頑

陶宗儀《南村輟耕録·院本名目·打略拴搐》《説駕頑》。
王國維《曲録·宋金雜劇院本部》《説駕頑》一本。官職名。

敲待制

陶宗儀《南村輟耕録·院本名目·打略拴搐》《敲待制》。
王國維《曲録·宋金雜劇院本部》《敲待制》一本。官職名。

上官赴任

陶宗儀《南村輟耕録·院本名目·打略拴搐》《上官赴任》。
王國維《曲録·宋金雜劇院本部》《上官赴任》一本。官職名。

押剌花赤

陶宗儀《南村輟耕録·院本名目·打略拴搐》《押剌花赤》。

王國維《曲録・宋金雜劇院本部》《押剌花赤》一本。官職名。

青鴾

陶宗儀《南村輟耕録・院本名目・打略拴搐》《青鴾》。

王國維《曲録・宋金雜劇院本部》《青鴾》一本。飛禽名。

老鴉

陶宗儀《南村輟耕録・院本名目・打略拴搐》《老鴉》。

王國維《曲録・宋金雜劇院本部》《老鴉》一本。飛禽名。

厮料

陶宗儀《南村輟耕録・院本名目・打略拴搐》《厮料》。

王國維《曲録・宋金雜劇院本部》《厮料》一本。飛禽名。

鷹鶻鵰鶻

陶宗儀《南村輟耕録・院本名目・打略拴搐》《鷹鶻鵰鶻》。

王國維《曲録・宋金雜劇院本部》《鷹鶻鵰鶻》一本。飛禽名。

石竹子

陶宗儀《南村輟耕録・院本名目・打略拴搐》《石竹子》。

王國維《曲録・宋金雜劇院本部》《石竹子》一本。花名。

調狗

陶宗儀《南村輟耕録・院本名目・打略拴搐》《調狗》。

王國維《曲録・宋金雜劇院本部》《調狗》一本。花名。

散水

陶宗儀《南村輟耕録・院本名目・打略拴搐》《散水》。

王國維《曲録・宋金雜劇院本部》《散水》一本。花名。

厨難偌

陶宗儀《南村輟耕録・院本名目・打略拴搐》《厨難偌》。

王國維《曲録・宋金雜劇院本部》《厨難偌》一本。喫食名。

蘑菇菜

陶宗儀《南村輟耕録・院本名目・打略拴搐》《蘑菇菜》。

王國維《曲録・宋金雜劇院本部》《蘑菇菜》一本。喫食名。

成佛板

陶宗儀《南村輟耕録・院本名目・打略拴搐》《成佛板》。

王國維《曲録・宋金雜劇院本部》《成佛板》一本。佛名。

爺娘佛

陶宗儀《南村輟耕録・院本名目・打略拴搐》《爺娘佛》。

王國維《曲録・宋金雜劇院本部》《爺娘佛》一本。佛名。

盤驢

陶宗儀《南村輟耕録・院本名目・打略拴搐》《盤驢》。

王國維《曲録・宋金雜劇院本部》《盤驢》一本。難字兒。

害字

陶宗儀《南村輟耕録・院本名目・打略拴搐》《害字》。

王國維《曲録・宋金雜劇院本部》《害字》一本。難字兒。

劉三

陶宗儀《南村輟耕録・院本名目・打略拴搐》《劉三》。

王國維《曲録・宋金雜劇院本部》《劉三》一本。難字兒。

一板子

陶宗儀《南村輟耕録・院本名目・打略拴搐》《一板子》。

王國維《曲録・宋金雜劇院本部》《一板子》一本。難字兒。

數酒

陶宗儀《南村輟耕録・院本名目・打略拴搐》《數酒》。

王國維《曲録・宋金雜劇院本部》《數酒》一本。酒下栓。

三元四子

陶宗儀《南村輟耕録・院本名目・打略拴搐》《三元四子》。

王國維《曲録・宋金雜劇院本部》《三元四子》一本。酒下栓。

孟姜女

陶宗儀《南村輟耕録・院本名目・打略拴搐》《孟姜女》。

王國維《曲録・宋金雜劇院本部》《孟姜女》一本。唱尾聲。

遮蓋了

陶宗儀《南村輟耕録・院本名目・打略拴搐》《遮蓋了》。

王國維《曲録・宋金雜劇院本部》《遮蓋了》一本。唱尾聲。

詩頭曲尾

陶宗儀《南村輟耕録・院本名目・打略拴搐》《詩頭曲尾》。

王國維《曲録・宋金雜劇院本部》《詩頭曲尾》一本。唱尾聲。

虎皮袍

陶宗儀《南村輟耕録・院本名目・打略拴搐》《虎皮袍》。

王國維《曲録・宋金雜劇院本部》《虎皮袍》一本。唱尾聲。

杜大伯

陶宗儀《南村輟耕録・院本名目・打略拴搐》《杜大伯》。

王國維《曲録・宋金雜劇院本部》《杜大伯》一本。猜謎。

大　黄

陶宗儀《南村輟耕録・院本名目・打略拴搐》《大黄》。

王國維《曲録・宋金雜劇院本部》《大黄》一本。猜謎。

秃醜生

陶宗儀《南村輟耕録・院本名目・打略拴搐》《秃醜生》。

王國維《曲録・宋金雜劇院本部》《秃醜生》一本。和尚家門。

窗下僧

陶宗儀《南村輟耕録・院本名目・打略拴搐》《窗下僧》。

王國維《曲録・宋金雜劇院本部》《窗下僧》一本。和尚家門。

坐　化

陶宗儀《南村輟耕録・院本名目・打略拴搐》《坐化》。

王國維《曲録・宋金雜劇院本部》《坐化》一本。和尚家門。

唐三藏

陶宗儀《南村輟耕録・院本名目・打略拴搐》《唐三藏》。

王國維《曲録・宋金雜劇院本部》《唐三藏》一本。和尚家門。

入口鬼

陶宗儀《南村輟耕録・院本名目・打略拴搐》《入口鬼》。

王國維《曲録・宋金雜劇院本部》《入口鬼》一本。先生家門。

則要胡孫

陶宗儀《南村輟耕録・院本名目・打略拴搐》《則要胡孫》。

王國維《曲録・宋金雜劇院本部》《則要胡孫》一本。先生家門。

大燒餅

陶宗儀《南村輟耕録・院本名目・打略拴搐》《大燒餅》。

王國維《曲録・宋金雜劇院本部》《大燒餅》一本。先生家門。

清閑真道本

陶宗儀《南村輟耕録・院本名目・打略拴搐》《清閑真道本》。

王國維《曲録・宋金雜劇院本部》《清閑真道本》一本。先生家門。

大口賦

陶宗儀《南村輟耕録・院本名目・打略拴搐》《大口賦》。

王國維《曲録・宋金雜劇院本部》《大口賦》一本。秀才家門。

六十八頭

陶宗儀《南村輟耕録・院本名目・打略拴搐》《六十八頭》。

王國維《曲録・宋金雜劇院本部》《六十八頭》一本。秀才家門。

拂袖便去

陶宗儀《南村輟耕録・院本名目・打略拴搐》《拂袖便去》。

王國維《曲録・宋金雜劇院本部》《拂袖便去》一本。秀才家門。

紹運圖

陶宗儀《南村輟耕録・院本名目・打略拴搐》《紹運圖》。

王國維《曲録・宋金雜劇院本部》《紹運圖》一本。秀才家門。

十二月

陶宗儀《南村輟耕録・院本名目・打略拴搐》《十二月》。

王國維《曲録・宋金雜劇院本部》《十二月》一本。秀才家門。

胡説話

陶宗儀《南村輟耕録・院本名目・打略拴搐》《胡説話》。

王國維《曲録・宋金雜劇院本部》《胡説話》一本。秀才家門。

風魔賦

陶宗儀《南村輟耕録・院本名目・打略拴搐》《風魔賦》。

王國維《曲録・宋金雜劇院本部》《風魔賦》一本。秀才家門。

療丁賦

陶宗儀《南村輟耕録・院本名目・打略拴搐》《療丁賦》。

王國維《曲録・宋金雜劇院本部》《療丁賦》一本。秀才家門。

捧著駱駝

陶宗儀《南村輟耕録・院本名目・打略拴搐》《捧著駱駝》。

王國維《曲録・宋金雜劇院本部》《撁著駱駝》一本。秀才家門。

看馬胡孫

陶宗儀《南村輟耕録・院本名目・打略拴搐》《看馬胡孫》。

王國維《曲録・宋金雜劇院本部》《看馬胡孫》一本。秀才家門。

説卦象

陶宗儀《南村輟耕録・院本名目・打略拴搐》《説卦象》。

王國維《曲録・宋金雜劇院本部》《説卦象》一本。列良家門。

由命賦

陶宗儀《南村輟耕録・院本名目・打略拴搐》《由命賦》。

王國維《曲録・宋金雜劇院本部》《由命賦》一本。列良家門。

混星圖

陶宗儀《南村輟耕録・院本名目・打略拴搐》《混星圖》。

王國維《曲録・宋金雜劇院本部》《混星圖》一本。列良家門。

柳簸箕

陶宗儀《南村輟耕録・院本名目・打略拴搐》《柳簸箕》。

王國維《曲録・宋金雜劇院本部》《柳簸箕》一本。列良家門。

二十八宿

陶宗儀《南村輟耕録・院本名目・打略拴搐》《二十八宿》。

王國維《曲録・宋金雜劇院本部》《二十八宿》一本。列良家門。

春從天上來

陶宗儀《南村輟耕録・院本名目・打略拴搐》《春從天上來》。

王國維《曲録・宋金雜劇院本部》《春從天上來》一本。列良家門。

萬民快樂

陶宗儀《南村輟耕録・院本名目・打略拴搐》《萬民快樂》。

王國維《曲録・宋金雜劇院本部》《萬民快樂》一本。禾下家門。

咬得響

陶宗儀《南村輟耕録・院本名目・打略拴搐》《咬得響》。

王國維《曲録・宋金雜劇院本部》《咬的響》一本。禾下家門。

莫　延

陶宗儀《南村輟耕録・院本名目・打略拴搐》《莫延》。

王國維《曲録・宋金雜劇院本部》《莫延》一本。禾下家門。

九斗一石

陶宗儀《南村輟耕録・院本名目・打略拴搐》《九斗一石》。

王國維《曲録・宋金雜劇院本部》《九斗一石》一本。禾下家門。

共　牛

陶宗儀《南村輟耕録・院本名目・打略拴搐》《共牛》。

王國維《曲録・宋金雜劇院本部》《共牛》一本。禾下家門。

三十六風

陶宗儀《南村輟耕録・院本名目・打略拴搐》《三十六風》。

王國維《曲録・宋金雜劇院本部》《三十六風》一本。大夫家門。

傷寒賦

陶宗儀《南村輟耕録・院本名目・打略拴搐》《傷寒賦》。

王國維《曲録・宋金雜劇院本部》《傷寒》一本。大夫家門。

合死漢

陶宗儀《南村輟耕録・院本名目・打略拴搐》《合死漢》。

王國維《曲録・宋金雜劇院本部》《合死漢》一本。大夫家門。

馬屁勃

陶宗儀《南村輟耕録・院本名目・打略拴搐》《馬屁勃》。

王國維《曲録・宋金雜劇院本部》《馬屁勃》一本。大夫家門。

安排鍬钁

陶宗儀《南村輟耕録・院本名目・打略拴搐》《安排鍬钁》。

王國維《曲録・宋金雜劇院本部》《安排鍬钁》一本。大夫家門。

三百六十骨節

陶宗儀《南村輟耕録・院本名目・打略拴搐》《三百六十骨節》。

王國維《曲録・宋金雜劇院本部》《三百六十骨節》一本。大夫家門。

撒五穀

陶宗儀《南村輟耕録・院本名目・打略拴搐》《撒五穀》。

便癰賦

陶宗儀《南村輟耕録・院本名目・打略拴搐》《便癰賦》。

王國維《曲録・宋金雜劇院本部》《便癰賦》一本。大夫家門。

針兒線

陶宗儀《南村輟耕録・院本名目・打略拴搐》《針兒線》。
王國維《曲録・宋金雜劇院本部》《針兒線》一本。卒子家門。

甲仗庫

陶宗儀《南村輟耕録・院本名目・打略拴搐》《甲仗庫》。
王國維《曲録・宋金雜劇院本部》《甲仗庫》一本。卒子家門。

軍鬧

陶宗儀《南村輟耕録・院本名目・打略拴搐》《軍鬧》。
王國維《曲録・宋金雜劇院本部》《軍鬧》一本。卒子家門。

陣敗

陶宗儀《南村輟耕録・院本名目・打略拴搐》《陣敗》。
王國維《曲録・宋金雜劇院本部》《陣敗》一本。卒子家門。

方頭賦

陶宗儀《南村輟耕録・院本名目・打略拴搐》《方頭賦》。
王國維《曲録・宋金雜劇院本部》《方頭賦》一本。良頭家門。

水龍吟

陶宗儀《南村輟耕録・院本名目・打略拴搐》《水龍吟》。
王國維《曲録・宋金雜劇院本部》《水龍吟》一本。良頭家門。

脚言脚語

陶宗儀《南村輟耕録・院本名目・打略拴搐》《脚言脚語》。
王國維《曲録・宋金雜劇院本部》《脚言脚語》一本。邦老家門。

則是便是賊

陶宗儀《南村輟耕録・院本名目・打略拴搐》《則是便是賊》。
王國維《曲録・宋金雜劇院本部》《則是便是賊》一本。邦老家門。

後人收

陶宗儀《南村輟耕録・院本名目・打略拴搐》《後人收》。
王國維《曲録・宋金雜劇院本部》《後人收》一本。都下家門。

桃李子

陶宗儀《南村輟耕録・院本名目・打略拴搐》《桃李子》。
王國維《曲録・宋金雜劇院本部》《桃李子》一本。都下家門。

上一上

陶宗儀《南村輟耕録・院本名目・打略拴搐》《上一上》。

王國維《曲録・宋金雜劇院本部》《上一上》一本。都下家門。

朕聞上古

陶宗儀《南村輟耕録・院本名目・打略拴搐》《朕聞上古》。

王國維《曲録・宋金雜劇院本部》《朕聞上古》一本。孤下家門。

刁包待制

陶宗儀《南村輟耕録・院本名目・打略拴搐》《刁包待制》。

王國維《曲録・宋金雜劇院本部》《刁包待制》一本。孤下家門。

絹兒來

陶宗儀《南村輟耕録・院本名目・打略拴搐》《絹兒來》。

王國維《曲録・宋金雜劇院本部》《絹兒來》一本。孤下家門。

罷筆賦

陶宗儀《南村輟耕録・院本名目・打略拴搐》《罷筆賦》。

王國維《曲録・宋金雜劇院本部》《罷筆賦》一本。司吏家門。

事故榜

陶宗儀《南村輟耕録・院本名目・打略拴搐》《事故榜》。

王國維《曲録・宋金雜劇院本部》《是故榜》一本。司吏家門。

一遍生活

陶宗儀《南村輟耕録・院本名目・打略拴搐》《一遍生活》。

王國維《曲録・宋金雜劇院本部》《一遍生活》一本。仵作行家門。

受胎成氣

陶宗儀《南村輟耕録・院本名目・打略拴搐》《受胎成氣》。

王國維《曲録・宋金雜劇院本部》《受胎成氣》一本。撅倈家門。又，《賭撲名》七種之前，尚有《星象名》、《果子名》、《草名》、《軍器名》、《神道名》、《燈火名》、《衣裳名》、《鐵器名》、《書籍名》、《節令名》、《蔬菜名》、《縣道名》、《州府名》、《相撲名》、《法器名》、《門名》、《草名》、《軍名》、《魚名》、《菩薩名》，則有其目而無其曲。又，《賭撲名》中《著棋名》、《樂人名》，恐亦爲目而非曲，當屬傳寫之誤。

模石江

陶宗儀《南村輟耕録・院本名目・諸雜砌》《模石江》。

王國維《曲録・宋金雜劇院本部》《模石江》一本。

梅妃

陶宗儀《南村輟耕録·院本名目·諸雜砌》《梅妃》。
王國維《曲録·宋金雜劇院本部》《梅妃》一本。

浴佛

陶宗儀《南村輟耕録·院本名目·諸雜砌》《浴佛》。
王國維《曲録·宋金雜劇院本部》《浴佛》一本。

三教

陶宗儀《南村輟耕録·院本名目·諸雜砌》《三教》。
王國維《曲録·宋金雜劇院本部》《三教》一本。

姜武

陶宗儀《南村輟耕録·院本名目·諸雜砌》《姜武》。
王國維《曲録·宋金雜劇院本部》《姜武》一本。

救駕

陶宗儀《南村輟耕録·院本名目·諸雜砌》《救駕》。
王國維《曲録·宋金雜劇院本部》《救駕》一本。

趙娥娥

陶宗儀《南村輟耕録·院本名目·諸雜砌》《趙娥娥》。
王國維《曲録·宋金雜劇院本部》《趙娥娥》一本。

石婦吟

陶宗儀《南村輟耕録·院本名目·諸雜砌》《石婦吟》。
王國維《曲録·宋金雜劇院本部》《石婦吟》一本。

變猫

陶宗儀《南村輟耕録·院本名目·諸雜砌》《變猫》。
王國維《曲録·宋金雜劇院本部》《變猫》一本。

水母

陶宗儀《南村輟耕録·院本名目·諸雜砌》《水母》。
王國維《曲録·宋金雜劇院本部》《水母》一本。

玉環

陶宗儀《南村輟耕録·院本名目·諸雜砌》《玉環》。
王國維《曲録·宋金雜劇院本部》《玉環》一本。

走鶡哥

陶宗儀《南村輟耕録·院本名目·諸雜砌》《走鶡哥》。

王國維《曲録·宋金雜劇院本部》《走鶡哥》一本。

上　料

陶宗儀《南村輟耕録·院本名目·諸雜砌》《上料》。

王國維《曲録·宋金雜劇院本部》《上料》一本。

瞎　脚

陶宗儀《南村輟耕録·院本名目·諸雜砌》《瞎脚》。

王國維《曲録·宋金雜劇院本部》《瞎脚》一本。

易　基

陶宗儀《南村輟耕録·院本名目·諸雜砌》《易基》。

王國維《曲録·宋金雜劇院本部》《易基》一本。

武則天

陶宗儀《南村輟耕録·院本名目·諸雜砌》《武則天》。

王國維《曲録·宋金雜劇院本部》《武則天》一本。

告　子

陶宗儀《南村輟耕録·院本名目·諸雜砌》《告子》。

王國維《曲録·宋金雜劇院本部》《告子》一本。

拔　蛇

陶宗儀《南村輟耕録·院本名目·諸雜砌》《拔蛇》。

王國維《曲録·宋金雜劇院本部》《拔蛇》一本。

鹿　皮

陶宗儀《南村輟耕録·院本名目·諸雜砌》《鹿皮》。

王國維《曲録·宋金雜劇院本部》《鹿皮》一本。

新太公

陶宗儀《南村輟耕録·院本名目·諸雜砌》《新太公》。

王國維《曲録·宋金雜劇院本部》《新太公》一本。

黄　巢

陶宗儀《南村輟耕録·院本名目·諸雜砌》《黄巢》。

王國維《曲録·宋金雜劇院本部》《黄巢》一本。

恰來

陶宗儀《南村輟耕録・院本名目・諸雜砌》《恰來》。

王國維《曲録・宋金雜劇院本部》《恰來》一本。

蛇師

陶宗儀《南村輟耕録・院本名目・諸雜砌》《蛇師》。

王國維《曲録・宋金雜劇院本部》《蛇師》一本。

没字碑

陶宗儀《南村輟耕録・院本名目・諸雜砌》《没字碑》。

王國維《曲録・宋金雜劇院本部》《没字碑》一本。

卧草

陶宗儀《南村輟耕録・院本名目・諸雜砌》《卧草》。

王國維《曲録・宋金雜劇院本部》《卧草》一本。

衲襖

陶宗儀《南村輟耕録・院本名目・諸雜砌》《衲襖》。

王國維《曲録・宋金雜劇院本部》《衲襖》一本。

封碑

陶宗儀《南村輟耕録・院本名目・諸雜砌》《封碑》。

王國維《曲録・宋金雜劇院本部》《封碑》一本。

鋸周朴

陶宗儀《南村輟耕録・院本名目・諸雜砌》《鋸周朴》。

王國維《曲録・宋金雜劇院本部》《鋸周村》一本。

史弘肇

陶宗儀《南村輟耕録・院本名目・諸雜砌》《史弘肇》。

王國維《曲録・宋金雜劇院本部》《史弘肇》一本。

懸頭梁上

陶宗儀《南村輟耕録・院本名目・諸雜砌》《懸頭梁上》。

王國維《曲録・宋金雜劇院本部》《懸頭梁上》一本。右六百九十種見陶宗儀《輟耕録》卷二十五《院本名目》，余定爲金人之作。其目淩亂詭異，不可鈎稽。約舉之，有以調名者；如《金明池》之類。有以所譜之事名者；如《賞花燈》之類。有以所譜之人名者；如《蔡消閒》之類。有以曲之首句名者；如《清朝無事》之類。有以事係扮演之人者；如《菜園孤》之類。有以事繫曲調者。如《四皓逍遥樂》之類。何以知爲金人之作？中有《金皇聖德》一本，一證也；其以調名者，如《山麻稭》、《水龍吟》、《雙聲叠韻》各調，惟金時董解元《西廂》中用之，元人從未用此數調，二證也；《董西廂》多用宋人詞調，此目中之以調名者亦詞曲相半，三證也；中有十餘本同南宋官本雜劇，四證也。惟此種院本大抵出於伶人之手者多，出于士大夫之手者少耳。

南戲分部

王魁

王國維《曲録・宋金雜劇院本部》 《王魁》一本。宋無名氏撰。明葉子奇《草木子》云：「俳優戲文，始於《王魁》，永嘉人作之。識者曰：『若見永嘉人作相，宋當亡。』及宋將亡，乃永嘉陳宜中作相。其後元朝南戲盛行。及當亂，北院本特盛，南戲遂絶。」

又《傳奇部上》 《王魁》一本。見沈璟《南九宮譜》。明無名氏撰。

王煥

王國維《曲録・宋金雜劇院本部》 《王煥》一本。宋黄可道撰。劉一清《錢唐遺事》云：「湖山歌舞，沈酣百年。賈似道少時佻撻尤甚，自入相後，猶微服閒或飲於伎家。至戊辰、己巳間，《王煥》戲文盛行於都下，始自太學，有黄可道者爲之。一倉官諸妾見之，至於羣奔，遂以言去」云云。

樂昌分鏡

王國維《曲録・宋金雜劇院本部》 《樂昌分鏡》一本。宋無名氏撰。周德清《中原音韻》云：「沈約之韻，乃閩浙之音而製中原之韻者。南宋都杭，吴興與切鄰，故其戲文如《樂昌分鏡》等類，唱念呼吸，皆如約韻。」則此本德清猶及見之矣。

又 《分鏡記》一本。古本，非《合鏡記》。見沈璟《南九宮譜》。明無名氏撰。

東嘉韞玉傳奇

楊士奇等《文淵閣書目・詩詞》 《東嘉韞玉傳奇》。一部，一册。闕。

王國維《曲録・傳奇部上》 《東嘉韞玉傳奇》一本。見葉盛《菉竹堂書目》。

孟姜女送寒衣

王國維《曲録・傳奇部上》 《孟姜女》一本。見沈璟《南九宮譜》。明無名氏撰。

錦香亭

王國維《曲録・傳奇部上》 《錦香亭》一本。見沈璟《南九宮譜》。明無名氏撰。

又 《孟月梅》一本。見沈璟《南九宮譜》。明無名氏撰。

鬼做媒

王國維《曲録・傳奇部上》 《鬼做媒》一本。見沈璟《南九宮譜》。明無名氏撰。

墻頭馬上

王國維《曲録・傳奇部上》 《墻頭馬上》一本。見沈璟《南九宮譜》。明無名氏撰。

崔　護

王國維《曲録・傳奇部上》《崔護》一本。見沈璟《南九宮譜》。中有與金人院本、元人雜劇名目相同者，然其下皆注傳奇，又入南曲，知爲明人傳奇無疑矣。明無名氏撰。

又《覓水記》一本。見沈璟《南九宮譜》。明無名氏撰。

荆釵記

高儒《百川書志・外史》《王十朋荆釵記》二卷。此處空撰人一行，各鈔本同。

黄丕烈《蕘圃藏書題識・集類》《新刻原本王狀元荆釵記》□卷。明本。

王國維《曲録・傳奇部上》《荆釵記》一本。《六十種》本。明甯王權撰。明鬱藍生《曲品》題柯丹邱撰。黄文暘《曲海目》仍之。蓋舊本當題丹邱先生，鬱藍生不知丹邱先生爲甯獻王道號，故遂以爲柯敬仲耳。《藝苑巵言》：「《荆釵》近俗而時動人。」

拜月亭

鍾嗣成《録鬼簿・施惠》施惠。一云姓沈。惠字君美，杭州人，居吴山城隍廟前，以坐賈爲業。公巨目美髯，好談笑。余嘗與趙君卿、陳彦實、顔君常至其家，每承接款，多有高論。詩酒之暇，惟以填詞、和曲爲事。有《古今砌話》，亦成一集，其好事也如此。

道心清净絶無塵，和氣雍容自有春，吴山風月收拾盡。一篇篇，字字新，但思君，賦盡《停雲》。三生夢，百歲身，到頭來，衰草荒墳。

王國維《曲録・傳奇部上》《幽閨記》一本。《六十種曲》本。又名《拜月亭》。舊云元施惠撰。惠字里，見卷二。案：此本自明王世貞、何良俊、臧懋循等，均以爲君美作。然《録鬼簿》但謂君美「詩酒之暇，唯以填詞、和曲爲事。有《古今砌話》，編成一集」，而不言其有是本。不知何、臧之言，何所據也。《藝苑巵言》：《琵琶記》之下《拜月亭》，是元人施君美撰，亦佳。元朗謂勝《琵琶》，則大謬也。中間雖有一、二佳曲，然無詞家大學問，一短也。既無風情，又無裨風教，二短也。歌演終場，不能使人墮淚，三短也。《静志居詩話》：何元朗、臧晉叔皆精曲律。元朗評施君美《幽閨》出高則誠《琵琶》之上，王元美目爲好奇之過。晉叔笑曰：「是惡知所謂《幽閨》者哉？」

琵琶記

高儒《百川書志・外史》《蔡伯喈琵琶記》二卷。或曰宋永嘉先生撰。

王圻《續文獻通考經籍考・樂律》《琵琶記(典)》。瑞安高明著。因友人有棄妻而婚於貴家者，作此《記》以感動之。思苦詞工，夜深時燭焰爲之相交，至今猶爲詞曲之祖。其餘傳記，俱涉淫詞，不載。

徐𤊹《徐氏家藏書目・傳奇類》《琵琶記》。

黄丕烈《蕘圃藏書題識・集類》《新刊巾箱蔡伯喈琵琶記》二卷。元刊本。余向從華陽橋顧氏得陸敕先手鈔《琵琶記》，其標題曰《新刊元本蔡伯喈琵琶記》。

王國維《曲録・傳奇部上》《琵琶記》一本。《六十種曲》本。明高明撰。明字則誠，永嘉平陽人。至正五年張士堅榜中第，授處州録事，辟丞相掾。方谷真叛，省臣以温人知海濱事，擇以自從，與幕府論事不合。谷真就撫，欲留寘幕下，即日解官，旅寓鄞之櫟社。太祖聞其名，召之，以老病辭還，卒於家。有《柔克齋集》。案：作《琵琶記》者，古人多以爲高拭。蔣仲舒《堯山堂外記》謂作《琵琶記》者，乃高拭，其字則誠。竹坨《静志居詩話》引之，而復云涵虚子《曲譜》有高拭而無高明，則蔣氏之言，或有所據。王元美《藝苑巵言》亦云「南曲高拭則誠，遂掩前後」，是明人均以則誠爲拭也。然維案元刊《張小山北曲聯樂府》三卷，前有海粟馮子振、燕山高拭題詞，此即涵虚子《曲譜》中之高拭，而作《琵琶》者，自爲永嘉之高明，不容混爲一人也。

李　寶

王國維《曲録・傳奇部上》《李寶》一本。見沈璟《南九宮譜》。明無名氏撰。

劉文龍

王國維《曲録·傳奇部上》《劉文龍》一本。見沈璟《南九宫譜》。明無名氏撰。

蘇小卿

王國維《曲録·傳奇部上》《蘇小卿》一本。見《南詞定律》。無名氏撰。

陳叔文

王國維《曲録·傳奇部上》《陳叔文》一本。見沈璟《南九宫譜》。明無名氏撰。

詐妮子

王國維《曲録·傳奇部上》《詐妮子》一本。見沈璟《南九宫譜》。明無名氏撰。

翫江樓

王國維《曲録·傳奇部上》《翫江樓》一本。見沈璟《南九宫譜》。明無名氏撰。

陳巡檢

王國維《曲録·傳奇部上》《陳巡檢》一本。一名《梅嶺記》。見沈璟《南九宫譜》。明無名氏撰。

張　資

王國維《曲録·傳奇部上》《張資》一本。見沈璟《南九宫譜》。明無名氏撰。

又《鴛鴦燈》一本。見沈璟《南九宫譜》。明無名氏撰。

唐伯亨

王國維《曲録·傳奇部上》《唐伯亨》一本。古曲，非《犀合記》。見沈璟《南九宫譜》。明無名氏撰。

鄭孔目

王國維《曲録·傳奇部上》《（郭）〔鄭〕孔目》一本。見沈璟《南九宫譜》。明無名氏撰。

太平錢

王國維《曲録·傳奇部上》《太平錢》一本。見沈璟《南九宫譜》。明無名氏撰。

何推官

王國維《曲録·傳奇部下》《何推官》一本。見莊親王《九宫大成南北詞宫譜》。無名氏撰。

朱買臣

王國維《曲録·傳奇部上》《朱買臣》一本。見沈璟《南九宮譜》。明無名氏撰。

司馬相如

王國維《曲録·傳奇部上》《司馬相如》一本。舊本，非《琴心記》。見沈璟《南九宮譜》。明無名氏撰。

陳光蕊

王國維《曲録·傳奇部上》《陳光蘂》一本。見沈璟《南九宮譜》。明無名氏撰。

史洪肇

王國維《曲録·傳奇部下》《史洪肇》一本。見《南詞定律》。無名氏撰。

進梅諫

王國維《曲録·傳奇部上》《進梅諫》一本。見沈璟《南九宮譜》。明無名氏撰。

黄孝子

王國維《曲録·傳奇部上》《黄孝子》一本。見沈璟《南九宮譜》。明無名氏撰。

又《尋母記》一本。見沈璟《南九宮譜》。明無名氏撰。

木棉庵

王國維《曲録·傳奇部下》《木棉庵》一本。見莊親王《九宮大成南北詞宮譜》。無名氏撰。

林招得

王國維《曲録·傳奇部上》《林招得》一本。見沈璟《南九宮譜》。明無名氏撰。

冤家債主

王國維《曲録·傳奇部上》《冤家債主》一本。見沈璟《南九宮譜》。明無名氏撰。

劉盼盼

王國維《曲録·傳奇部上》《劉盼盼》一本。見沈璟《南九宮譜》。明無名氏撰。

生死夫妻

王國維《曲録·傳奇部上》《生死夫妻》一本。見沈璟《南九宮譜》。明無名氏撰。

寶妝亭

王國維《曲録·傳奇部上》《寶粧亭》一本。見沈璟《南九宫譜》。明無名氏撰。

劉孝女

王國維《曲録·傳奇部上》《劉孝女》一本。見沈璟《南九宫譜》。明無名氏撰。

李　勉

王國維《曲録·傳奇部上》《李勉》一本。見沈璟《南九宫譜》。明無名氏撰。

韓　壽

王國維《曲録·傳奇部上》《韓壽》一本。傳奇，非《青瑣記》。見沈璟《南九宫譜》。明無名氏撰。

盗紅綃

王國維《曲録·傳奇部上》《盗紅綃》一本。見沈璟《南九宫譜》。明無名氏撰。

崔懷寶

王國維《曲録·傳奇部下》《崔懷寶》一本。見《南詞定律》。無名氏撰。

鬼法師

王國維《曲録·傳奇部下》《鬼法師》一本。見《南詞定律》。無名氏撰。

賽金蓮

王國維《曲録·傳奇部下》《賽金蓮》一本。見莊親王《九宫大成南北詞宫譜》。無名氏撰。

風流合三十

王國維《曲録·傳奇部上》《風流合三十》一本。見沈璟《南九宫譜》。明無名氏撰。

吕星哥

王國維《曲録·傳奇部上》《吕星哥》一本。見沈璟《南九宫譜》。明無名氏撰。

耿文遠

王國維《曲録·傳奇部下》《耿文遠》一本。見《南詞定律》。無名氏撰。

羅惜惜

王國維《曲録·傳奇部下》《羅惜惜》一本。見莊親王《九宫大成南北詞宫譜》。

無名氏撰。

瓊花女

王國維《曲録・傳奇部上》 《瓊花女》一本。見沈璟《南九宮譜》。明無名氏撰。

錦機亭

王國維《曲録・傳奇部上》 《錦機亭》一本。見沈璟《南九宮譜》。明無名氏撰。

韓玉筝

王國維《曲録・傳奇部上》 《韓玉筝》一本。見沈璟《南九宮譜》。明無名氏撰。

李　婉

王國維《曲録・傳奇部下》 《李婉》一本。見《南詞定律》。無名氏撰。

琵琶怨

王國維《曲録・傳奇部上》 《琵琶怨》一本。見沈璟《南九宮譜》。明無名氏撰。

風月亭

王國維《曲録・傳奇部上》 《風月亭》一本。見沈璟《南九宮譜》。明無名氏撰。

雜劇分部

董西廂

鍾嗣成《録鬼簿・董解元》 董解元，金章宗時人，以其創始，故列諸首云。

徐𤊹《徐氏家藏書目・傳奇類》 《董解元(吉)西廂記》。

王國維《曲録・傳奇部上》 《西廂》一本。明閔刻朱墨本。金董解元撰。解元，《輟耕録》云：「金章宗時人，名里無考。」毛西河《詞話》謂解元爲「金章宗學士」。《太和正音譜》謂其「仕元，初製北曲」，均失考也。明胡應麟《少室山房筆叢》：「《西廂記》雖出唐人《鶯鶯傳》，實本金董解元。董曲今尚行世，精工巧麗，備極才情，而字字本色，言言古意，當是古今傳奇鼻祖，金人一代文獻盡此矣。然其曲乃優人絃索彈唱者，非搬演雜劇也。」施國祁《禮耕堂叢説》：「此本爲海陽黄嘉惠刻，定爲《董西廂》，分上、下二卷，無齣名關目，行間全載宫調，引子、尾聲，率填樂府方言，不採類書故實，曲多白少，不注工尺，是流傳讀本，與院妓劉麗華口授者不同。黄引云：『解元，史失其名，時論其品如朱汗碧蹏，神采駿逸。』此又涵虚子評自所未及」。

天寶遺事

王國維《曲録・雜劇部上》 《天寶遺事》一本。元王伯成撰。此書合諸套數而成，曲白叙事合而爲一，體例略似《董西廂》。故《太和正音譜》及《北詞廣正譜》援引此本，皆云套數，不云傳奇，然亦傳奇類也。

哭香囊

鍾嗣成《録鬼簿・關漢卿》 關漢卿，大都人。太醫院尹。號己齋叟。珠璣語唾自然流，金玉詞源即便有，玲瓏肺腑天生就。風月情，忒慣熟。姓名香，四大神洲。驅梨園領袖，總編修師首，捻雜劇班頭。

《哭香囊》。唐明皇啓瘞哭香囊。

王國維《曲録·雜劇部上》《唐明皇哭香囊》一本。元關漢卿撰。

三負心

鍾嗣成《録鬼簿·關漢卿》《三負心》。烟花妓女雙逃走，風流郎君三負心。

王國維《曲録·雜劇部上》《風月狀元三負心》一本。元關漢卿撰。

玉堂春

鍾嗣成《録鬼簿·關漢卿》《玉堂春》。小夫人玉輦金花誥，老女婿金馬玉堂春。

王國維《曲録·雜劇部上》《老女壻金馬玉堂春》一本。元關漢卿撰。

認先皇

鍾嗣成《録鬼簿·關漢卿》《認先皇》。太常公主認先皇。

王國維《曲録·雜劇部上》《太常公主認先皇》一本。元關漢卿撰。

進西施

鍾嗣成《録鬼簿·關漢卿》《進西施》。請退軍句踐進西施。

王國維《曲録·雜劇部上》《姑蘇臺范蠡進西施》一本。元關漢卿撰。

萬花堂

鍾嗣成《録鬼簿·關漢卿》《萬花堂》。孫太守錯疑三虎將，徐夫人雪恨萬花堂。

王國維《曲録·雜劇部上》《劉夫人寫恨萬花堂》一本。元關漢卿撰。

詐妮子

鍾嗣成《録鬼簿·關漢卿》《詐妮子》。雙鶯燕暗争春，詐妮子調風月。

王國維《曲録·雜劇部上》《詐妮子調風月》一本。元關漢卿撰。

趙太祖

鍾嗣成《録鬼簿·關漢卿》《趙太祖》。甲馬營降生趙太祖。

王國維《曲録·雜劇部上》《甲馬營降生趙太祖》一本。元關漢卿撰。

三告狀

鍾嗣成《録鬼簿·關漢卿》《三告狀》。金花交鈔三告狀。

王國維《曲録·雜劇部上》《金銀交鈔三告狀》一本。元關漢卿撰。

鬧衡州

鍾嗣成《録鬼簿·關漢卿》《鬧荆州》。

王國維《曲録·雜劇部上》《劉盼盼鬧衡州》一本。《太和正音譜》作《鬧邢州》。

元關漢卿撰。

哭存孝

鍾嗣成《録鬼簿・關漢卿》《哭存孝》。

王國維《曲録・雜劇部上》《鄧夫人哭存孝》一本。元關漢卿撰。

鬼團圓

鍾嗣成《録鬼簿・關漢卿》《鬼團圓》。舞榭烟花生間阻，荒墳梅竹鬼團圓。

王國維《曲録・雜劇部上》《荒墳梅竹鬼團圓》一本。元關漢卿撰。

澆花旦

鍾嗣成《録鬼簿・關漢卿》《澆花旦》。盧亭亭挑水澆花旦。

王國維《曲録・雜劇部上》《崔玉簫擔水澆花》一本。元關漢卿撰。

劉夫人

鍾嗣成《録鬼簿・關漢卿》《劉夫人》。死哭劉夫人。

王國維《曲録・雜劇部上》《曹太后死哭劉夫人》一本。元關漢卿撰。

救周勃

鍾嗣成《録鬼簿・關漢卿》《救周勃》。薄太后救周勃。

王國維《曲録・雜劇部上》《薄太后走馬救周勃》一本。元關漢卿撰。

姻緣簿

鍾嗣成《録鬼簿・關漢卿》《姻緣簿》。

王國維《曲録・雜劇部上》《宋上皇御斷死央簿》一本。元關漢卿撰。

又《姻緣簿》一本。見《太和正音譜》疑即《録鬼簿》之《宋上皇御斷死央簿》，附録於此。元關漢卿撰。漢卿，號己齋叟，大都人，官大醫院尹。按：楊維楨《元宮詞》云：「開國遺音樂府傳，白翎飛上十三絃。大金優諫關卿在，《伊尹扶湯》進劇編。」此「關卿」當指漢卿，則漢卿猶逮事金矣。然《伊尹扶湯》雜劇，據《録鬼簿》及《太和正音譜》乃鄭德輝作，豈楊詩之誤歟？抑漢卿自有此劇，而不傳於世歟？《太和正音譜》曰：「關漢卿之詞，如瓊筵醉客。」又曰：「觀其詞語，乃可上可下之才，蓋所以取者，初爲雜劇之始，故卓以前列。」

蝴蝶夢

鍾嗣成《録鬼簿・關漢卿》《胡蝶夢》。開封府卑問後姚婆，包待制三勘胡蝶夢。

徐𤊹《徐氏家藏書目・傳奇類》《包待制三勘蝴蝶夢》。

王國維《曲録・雜劇部上》《包待制三勘蝴蝶夢》一本。《元曲選》本。《續古名家雜劇》本。見《太和正音譜》、《也是園書目》。元關漢卿撰。

三瞰赦

鍾嗣成《録鬼簿・關漢卿》《三嚇嚇》。

王國維《曲録・雜劇部上》《魯元公主三瞰赦》一本。元關漢卿撰。

銅瓦記

鍾嗣成《録鬼簿・關漢卿》《銅瓦記》。

王國維《曲録・雜劇部上》《吕無雙銅瓦記》一本。元關漢卿撰。

狄梁公

鍾嗣成《録鬼簿・關漢卿》《狄梁公》。

王國維《曲録・雜劇部上》《風雪狄梁公》一本。元關漢卿撰。

雙駕車

鍾嗣成《録鬼簿・關漢卿》《雙駕車》。花酒郎君單捻恠，風雪賢婦雙駕車。

王國維《曲録・雜劇部上》《賢孝婦風雪雙駕車》一本。元關漢卿撰。

復落娼

鍾嗣成《録鬼簿・關漢卿》《復落娼》。柳花亭李[婉]復落娼，風月街妓女雙告狀。

王國維《曲録・雜劇部上》《柳花亭李婉復落倡》一本。元關漢卿撰。

哭魏徵

鍾嗣成《録鬼簿・關漢卿》《哭魏徵》。唐太宗哭魏徵。

王國維《曲録・雜劇部上》《唐太宗哭魏徵》一本。元關漢卿撰。

鷓鴣天

鍾嗣成《録鬼簿・關漢卿》《鷓鴣天》。

王國維《曲録・雜劇部上》《晏叔原風月鷓鴣天》一本。元關漢卿撰。

單刀會

鍾嗣成《録鬼簿・關漢卿》《單刀會》。魯子敬索荆州，關大王單刀會。

高儒《百川書志・外史》《關大王單刀赴會記》一卷。元關漢卿撰。

王國維《曲録・雜劇部上》《關大王單刀會》一本。元關漢卿撰。

破窑記

鍾嗣成《録鬼簿・關漢卿》《破窑記》。糟糠妻四馬七香車，吕蒙正風雪破窑記。

王國維《曲録・雜劇部上》《吕蒙正風雪破窑記》一本。元關漢卿撰。

汴河冤

鍾嗣成《録鬼簿・關漢卿》《汴河冤》。鬼報汴河冤。

王國維《曲録・雜劇部上》《雙提屍冤報汴河冤》一本。元關漢卿撰。

勘龍衣

鍾嗣成《録鬼簿・關漢卿》《勘龍衣》。

王國維《曲録・雜劇部上》《開封府蕭王勘龍衣》一本。元關漢卿撰。

救風塵

鍾嗣成《録鬼簿・關漢卿》《救風塵》。虛脾瞞俏倬，烟月救風塵。

徐㶿《徐氏家藏書目・傳奇類》《趙眄兒風月救風塵》。

王國維《曲録・雜劇部上》《煙月舊風塵》一本。《也是園書目》作《趙盼兒風月救風塵》。《太和正音譜》、《元曲選》亦作《救風塵》。《元曲選》本。《古名家雜劇》本。元關漢卿撰。

拜月亭

鍾嗣成《録鬼簿・關漢卿》《拜月亭》。閨怨佳人拜月亭。

高儒《百川書志・外史》《貞淑秀拜月訴衷腸》一卷。元關漢卿撰。《太和正音譜》名爲《拜月亭》。續考，明廣陽蔡杲編。

王國維《曲録・雜劇部上》《閨怨佳人拜月亭》一本。《也是園書目》作《王瑞蘭私禱拜月亭》，《太和正音譜》亦作《拜月亭》，即《幽閨記》祖本。元關漢卿撰。

金綫池

鍾嗣成《録鬼簿・關漢卿》《金線池》。杜蕋娘智賞金線池。

徐㶿《徐氏家藏書目・傳奇類》《杜蕋娘智賞金線池》。

王國維《曲録・雜劇部上》《杜蘂娘智賞金綫池》一本。《元曲選》本。《古名家雜劇》本。元關漢卿撰。

雙赴夢

鍾嗣成《録鬼簿・關漢卿》《雙赴夢》。荆州牧閬州牧二英魂，關雲長張翼德雙赴夢。

王國維《曲録・雜劇部上》《關張雙赴西蜀夢》一本。元關漢卿撰。

三撇嵌

鍾嗣成《録鬼簿・關漢卿》《三撇嵌》。

王國維《曲録・雜劇部上》《醉孃子三撇》一本。《太和正音譜》作《三撇嵌》。元關漢卿撰。

牽龍舟

鍾嗣成《録鬼簿・關漢卿》《捧龍舟》。

王國維《曲録・雜劇部上》《隋煬帝牽龍舟》一本。元關漢卿撰。

望江亭

鍾嗣成《録鬼簿・關漢卿》《切膾旦》。夜半賺金牌。

王國維《曲録・雜劇部上》《望江亭中秋切鱠旦》一本。《元曲選》本。《元人雜劇選》本。元關漢卿撰。

玉鏡臺

鍾嗣成《録鬼簿・關漢卿》《玉鏡台》。晉公子水墨宴，温太真玉鏡台。

徐𤊹《徐氏家藏書目・傳奇類》《温太真玉鏡臺》。

王國維《曲録・雜劇部上》《温太真玉鏡臺》一本。《元曲選》本。《古名家雜劇》本。元關漢卿撰。

江梅怨

鍾嗣成《録鬼簿・關漢卿》《江梅怨》。

王國維《曲録・雜劇部上》《月落江梅怨》一本。元關漢卿撰。

宣華妃

鍾嗣成《録鬼簿・關漢卿》《宣花妃》。

高儒《百川書志・外史》《珍珠龍鳳汗衫記》。三卷。元關漢卿撰。《太和譜》名爲《宣華妃》。

王國維《曲録・雜劇部上》《屈勘宣華妃》一本。元關漢卿撰。

王皇后

鍾嗣成《録鬼簿・關漢卿》《王皇后》。肉生王皇后。

王國維《曲録・雜劇部上》《武則天肉醉王皇后》一本。元關漢卿撰。

哭昭君

鍾嗣成《録鬼簿・關漢卿》《哭昭君》。

王國維《曲録・雜劇部上》《漢元帝哭昭君》一本。元關漢卿撰。

緋衣夢

鍾嗣成《録鬼簿・關漢卿》《非衣夢》。王閏香夜昂四春園，錢大尹智勘非衣夢。

徐𤊹《徐氏家藏書目・傳奇類》《錢大尹智勘緋衣夢》。

王國維《曲録・雜劇部上》《錢太尹鬼報緋衣夢》一本。《也是園書目》作《錢大尹智勘緋衣夢》。元關漢卿撰。

立宣帝

鍾嗣成《録鬼簿・關漢卿》《立宣帝》。

王國維《曲録・雜劇部上》《丙吉教子立宣帝》一本。元關漢卿撰。

酹江月

鍾嗣成《録鬼簿・關漢卿》《酹江月》。

王國維《曲録・雜劇部上》《楚雲公主酹江月》一本。元關漢卿撰。

對玉釵

鍾嗣成《録鬼簿・關漢卿》《對玉釵》。

王國維《曲録・雜劇部上》《翠華妃對玉釵》一本。《太和正音譜》作《對玉釧》。元關漢卿撰。

竇娥冤

鍾嗣成《録鬼簿・關漢卿》《竇娥冤》。湯風冒雪没頭鬼，感天動地竇娥冤。

徐𤊹《徐氏家藏書目・傳奇類》《竇娥冤感天動地》。

王國維《曲録・雜劇部上》《感天動地竇娥冤》一本。《元曲選》本。《古名家雜劇》本。見《太和正音譜》、《也是園書目》。元關漢卿撰。

敬德降唐

鍾嗣成《録鬼簿・關漢卿》《敬德降唐》。武周將敬德降唐。

王國維《曲録・雜劇部上》《介休縣敬德降唐》一本。元關漢卿撰。

救啞子

鍾嗣成《録鬼簿・關漢卿》《救啞子》。

王國維《曲録・雜劇部上》《劉夫人救啞子》一本。元關漢卿撰。

緑珠墜樓

鍾嗣成《録鬼簿・關漢卿》《緑珠墜樓》。石崇妾緑珠墜樓。

王國維《曲録・雜劇部上》《金谷園緑珠墜樓》一本。元關漢卿撰。

謝天香

鍾嗣成《録鬼簿・關漢卿》《謝天香》。柳耆卿錯怨開封宰，錢大尹智寵謝天香。

徐𤊹《徐氏家藏書目・傳奇類》《錢大尹智寵謝天香》。

王國維《曲録・雜劇部上》《錢大尹智寵謝天香》一本。《元曲選》本。《古名家雜劇》本。元關漢卿撰。

鑿壁偷光

鍾嗣成《録鬼簿・關漢卿》《鑿壁偷光》。夜讀孝鑿壁偷光。

王國維《曲録・雜劇部上》《漢匡衡鑿壁偷光》一本。元關漢卿撰。

瘸馬記

鍾嗣成《録鬼簿・關漢卿》《瘸馬記》。

王國維《曲録・雜劇部上》《没興風雪瘸馬記》一本。元關漢卿撰。

織錦回文

鍾嗣成《録鬼簿・關漢卿》《織錦回文》。竇滔妻織錦回文。

王國維《曲録・雜劇部上》《蘇氏造織錦回文》一本。元關漢卿撰。

柳絲亭

鍾嗣成《録鬼簿・關漢卿》《柳絲亭》。

王國維《曲録・雜劇部上》《董解元醉走柳絲亭》一本。元關漢卿撰。

高鳳漂麥

鍾嗣成《録鬼簿・關漢卿》《高鳳漂麥》。

王國維《曲録・雜劇部上》《白衣相高鳳漂麥》一本。元關漢卿撰。

春秋記

鍾嗣成《録鬼簿・關漢卿》《春秋記》。

管寧割席

鍾嗣成《録鬼簿・關漢卿》《管寧割席》。終南山管寧割席。

王國維《曲録・雜劇部上》《管寧割席》一本。元關漢卿撰。

藏鬮會

鍾嗣成《録鬼簿・關漢卿》《藏鬮會》。

裴度還帶

鍾嗣成《録鬼簿・關漢卿》《裴度還帶》。香山扇裴度還帶。

王國維《曲録・雜劇部上》《晉國公裴度還帶》一本。《也是園書目》作《山神廟裴度還帶》。元關漢卿撰。

惜春堂

鍾嗣成《録鬼簿・關漢卿》《惜春堂》。韓梅英影舞鳴柯巷，秦少游花酒惜春堂。

孫康映雪

鍾嗣成《録鬼簿・關漢卿》《孫康映雪》。

王國維《曲録・雜劇部上》《孫康映雪》一本。元關漢卿撰。

玉簪記

鍾嗣成《録鬼簿・關漢卿》《玉簪記》。

王國維《曲録・雜劇部上》《萱草堂玉簪記》一本。元關漢卿撰。

陳母教子

鍾嗣成《録鬼簿・關漢卿》《陳母教子》。翰林院學士加官，狀元堂陳母教子。

王國維《曲録・雜劇部上》《狀元堂陳母教子》一本。見《太和正音譜》、《也是園書目》。元關漢卿撰。

相如題柱

王國維《曲録・雜劇部上》《昇仙橋相如題柱》一本。元關漢卿撰。

春衫記

王國維《曲録·雜劇部上》《風流孔目春衫記》一本。元關漢卿撰。

五侯宴

王國維《曲録·雜劇部上》《劉夫人慶賞五侯宴》一本。見《也是園書目》。元關漢卿撰。

魯齊郎

徐𤊹《徐氏家藏書目·傳奇類》《包侍制智斬魯齊郎》。

王國維《曲録·雜劇部上》《包待制智斬魯齋郎》一本。《元曲選》本。《古名家雜劇》本。《元曲選》題大都關漢卿撰。元關漢卿撰。

絶纓會

鍾嗣成《録鬼簿·白仁甫》白仁甫。文舉之子，人號蘭谷先生。贈嘉議大夫、太常卿，儀院太卿。峨冠博帶太常卿，嬌馬輕衫館閣情，拈花摘葉風詩性。得青樓，薄幸名。洗襟懷，剪雪裁冰。閑中趣，物外景，蘭谷先生。

《絶纓會》。

王國維《曲録·雜劇部上》《楚莊王夜宴絶纓會》一本。元白朴撰。

赴江江

鍾嗣成《録鬼簿·白仁甫》《赴江江》。

王國維《曲録·雜劇部上》《閻師道趕江》一本。元白朴撰。

東墻記

鍾嗣成《録鬼簿·白仁甫》《東牆記》。馬君卿寂寞看孝齋，董秀英花月東牆記。

王國維《曲録·雜劇部上》《董秀英花月東墻記》一本。元白朴撰。

梁山伯

鍾嗣成《録鬼簿·白仁甫》《梁山伯》。馬好兒不遇吕洞賓，祝英台死嫁梁山伯。

王國維《曲録·雜劇部上》《祝英臺死嫁梁山伯》一本。元白朴撰。

賺蘭亭

鍾嗣成《録鬼簿·白仁甫》《賺蘭亭》。

王國維《曲録·雜劇部上》《蕭翼智賺蘭亭記》一本。元白朴撰。

銀筝怨

鍾嗣成《録鬼簿·白仁甫》《銀筝怨》。

王國維《曲録·雜劇部上》《薛瓊瓊月夜銀筝怨》一本。元白朴撰。

斬白蛇

鍾嗣成《録鬼簿·白仁甫》《斬白蛇》。漢高祖澤中斬白蛇。

王國維《曲録·雜劇部上》《漢高祖斬白蛇》一本。元白朴撰。

梧桐雨

鍾嗣成《録鬼簿·白仁甫》《梧桐雨》。唐明皇秋夜梧桐雨。

徐𤊹《徐氏家藏書目·傳奇類》《唐明皇秋夜梧桐雨》。

王國維《曲録·雜劇部上》《唐明皇秋夜梧桐雨》一本。《元曲選》本。《古名家雜劇》本。元白朴撰。

幸月宫

鍾嗣成《録鬼簿·白仁甫》《幸月宫》。

王國維《曲録·雜劇部上》《唐明皇游月宫》一本。元白朴撰。

崔護謁漿

鍾嗣成《録鬼簿·白仁甫》《崔護謁漿》。四不知佳人訴恨，十六曲崔護謁漿。

王國維《曲録·雜劇部上》《崔護謁漿》一本。元白朴撰。

錢塘夢

鍾嗣成《録鬼簿·白仁甫》《錢塘夢》。司馬槱詩酒蝶戀花，蘇小小月下錢塘夢。

高儒《百川書志·外史》《錢塘夢》一卷。

王國維《曲録·雜劇部上》《蘇小小月夜錢塘夢》一本。元白朴撰。

高祖歸莊

鍾嗣成《録鬼簿·白仁甫》《高祖歸莊》。

王國維《曲録·雜劇部上》《泗上亭長》一本。《太和正音譜》作《高祖歸莊》。元白朴撰。

鳳皇船

鍾嗣成《録鬼簿·白仁甫》《鳳皇松》。

王國維《曲録·雜劇部上》《秋江風月鳳皇船》一本。元白朴撰。

墻頭馬上

鍾嗣成《録鬼簿·白仁甫》《牆頭馬上》。千金女眼角眉尖，裴小俊牆頭馬上。

徐𤊹《徐氏家藏書目·傳奇類》《裴少俊墻頭馬上》。

王國維《曲録·雜劇部上》《鴛央簡牆頭馬上》一本。《元曲選》本。《古名家雜劇》本。《元曲選》、《也是園書目》均作《裴少俊牆頭馬上》。元白朴撰。

流紅葉

鍾嗣成《録鬼簿·白仁甫》《流紅葉》。于祐之金溝送情詩，韓翠顰御水流紅葉。

王國維《曲録·雜劇部上》《韓翠蘋御水流紅葉》一本。元白朴撰。

箭射雙雕

王國維《曲録・雜劇部上》《李克用箭射雙雕》一本。見《李玉北詞廣正譜》。元白朴撰。朴，字仁甫，後改字太素，號蘭谷，真定人。父華，字文舉，號寓齋，金樞密院判，《金史》有傳。《録鬼簿》云：「朴贈嘉議大夫，掌禮儀院太卿。」維案：《金史・白華傳》：「華，隩州人。」《録鬼簿》云：「仁甫，真定人。」殆以其父子卜築滹陽時言之耳。《太和正音譜》曰：「白仁甫之詞，如鵬摶九霄。」又曰：「風骨磊瑰，詞源滂沛，若大鵬之起北溟，奮翼淩乎九霄，有一舉萬里之志，宜冠于首。」

罵上元

鍾嗣成《録鬼簿・庚吉甫》庚吉甫。名天福，大都人。省部員外郎，除中山府判。語言脱洒不粗疏，翰墨清新果自如，胸懷倜儻多清楚。戰文場，一大儒。上紅筆，没半點塵俗。尋章摘句，騰今换古，噀玉噴珠。《罵上元》。

王國維《曲録・雜劇部上》《封騭先生罵上元》一本。見《録鬼簿》、《太和正音譜》。元庚天錫撰。

琵琶怨

鍾嗣成《録鬼簿・庚吉甫》《琵琶怨》。

王國維《曲録・雜劇部上》《玉女琵琶怨》一本。見《録鬼簿》、《太和正音譜》。元庚天錫撰。

蘭昌宮

鍾嗣成《録鬼簿・庚吉甫》《蘭昌宮》。

王國維《曲録・雜劇部上》《薛昭誤入蘭昌宮》一本。見《録鬼簿》、《太和正音譜》。元庚天錫撰。

錦帆舟

鍾嗣成《録鬼簿・庚吉甫》《錦帆舟》。隋煬帝遊幸錦帆舟。

王國維《曲録・雜劇部上》《隋煬帝江月錦帆舟》一本。見《録鬼簿》、《太和正音譜》。元庚天錫撰。

淩波夢

鍾嗣成《録鬼簿・庚吉甫》《淩波夢》。

王國維《曲録・雜劇部上》《秋夜淩波夢》一本。見《録鬼簿》、《太和正音譜》。元庚天錫撰。

青綾臺

鍾嗣成《録鬼簿・庚吉甫》《清陵台》。

王國維《曲録・雜劇部上》《列女青綾臺》一本。見《録鬼簿》、《太和正音譜》。元庚天錫撰。

霓裳怨

鍾嗣成《録鬼簿・庚吉甫》《霓裳怨》。

王國維《曲録・雜劇部上》《楊太真霓裳怨》一本。見《録鬼簿》、《太和正音譜》。元庚天錫撰。

遇雲英

鍾嗣成《録鬼簿·庚吉甫》《遇雲英》。裴航遇雲英。

王國維《曲録·雜劇部上》《裴航遇雲英》一本。見《録鬼簿》、《太和正音譜》。元庚天錫撰。

蕊珠宫

鍾嗣成《録鬼簿·庚吉甫》《蕋珠宫》。

王國維《曲録·雜劇部上》《秋月蕊珠宫》一本。見《録鬼簿》、《太和正音譜》。元庚天錫撰。

買臣負薪

鍾嗣成《録鬼簿·庚吉甫》《買臣負薪》。

王國維《曲録·雜劇部上》《會稽山買臣負薪》一本。見《録鬼簿》、《太和正音譜》。元庚天錫撰。

華清宫

鍾嗣成《録鬼簿·庚吉甫》《華清宫》。楊太真浴罷華清宫。

王國維《曲録·雜劇部上》《楊太真華清宫》一本。見《録鬼簿》、《太和正音譜》。元庚天錫撰。天錫，字吉甫，大都人，中書省掾，除員外郎。《太和正音譜》曰：「庚吉甫之詞，如奇峰散綺。」

鷄鳴度關

鍾嗣成《録鬼簿·庚吉甫》《鷄鳴度關》。孟嘗君鷄鳴度關。

王國維《曲録·雜劇部上》《孟嘗君鷄鳴度關》一本。見《録鬼簿》、《太和正音譜》。元庚天錫撰。

麗春園

鍾嗣成《録鬼簿·庚吉甫》《麗春園》。宋公明火伴梁山泊，黑旋風詩酒麗春園。

王國維《曲録·雜劇部上》《蘇小卿麗春園》一本。見《録鬼簿》、《太和正音譜》。元庚天錫撰。

周處三害

鍾嗣成《録鬼簿·庚吉甫》《周處三害》。善蓋厲周處三害。

王國維《曲録·雜劇部上》《英烈士周處三害》一本。見《録鬼簿》、《太和正音譜》。元庚天錫撰。

薦馬周

鍾嗣成《録鬼簿·庚吉甫》《薦馬周》。常何薦馬周。

王國維《曲録·雜劇部上》《常何薦馬周》一本。見《録鬼簿》、《太和正音譜》。元庚天錫撰。

並頭蓮

鍾嗣成《録鬼簿·高文秀》 高文秀。東平府學生員，早卒。都下人號「小漢卿」。花營錦陣統干戈，謝管秦樓列舞歌，詩壇酒社閑談嗑。編敷演，劉耍和。早年卒，不得登科。除漢卿一個，將前賢疏駁，比諸公，么末極多。

《並頭蓮》。兒女並頭蓮。

王國維《曲録·雜劇部上》 《太液池兒女並頭蓮》一本。元高文秀撰。

襄陽會

鍾嗣成《録鬼簿·高文秀》 《襄陽會》。

王國維《曲録·雜劇部上》 《劉先主襄陽會》一本。元高文秀撰。

不及父

鍾嗣成《録鬼簿·高文秀》 《不及父》。養子不及父。

王國維《曲録·雜劇部上》 《老郎君養子不及父》一本。元高文秀撰。

鎮水母

鍾嗣成《録鬼簿·高文秀》 《鎮水母》。木叉行者降妖怪，泗州大聖降水母。

王國維《曲録·雜劇部上》 《木叉行者鏁水母》一本。元高文秀撰。

窮風月

鍾嗣成《録鬼簿·高文秀》 《窮風月》。黑秀才窮風月。

王國維《曲録·雜劇部上》 《黑旋風窮風月》一本。元高文秀撰。

打瓦罐

鍾嗣成《録鬼簿·高文秀》 《打瓦罐》。鄭元和風雪打瓦罐。

王國維《曲録·雜劇部上》 《鄭元和風雪打瓦罐》一本。元高文秀撰。

雙獻頭

鍾嗣成《録鬼簿·高文秀》 《雙獻頭》。孫孔目上東岳，黑旋風雙獻頭。

王國維《曲録·雜劇部上》 《黑旋風雙獻頭》一本。《元曲選》本。《太和正音譜》、《元曲選》均作《雙獻功》。元高文秀撰。

論杜康

鍾嗣成《録鬼簿·高文秀》 《論杜康》。

王國維《曲録·雜劇部上》 《醉秀才戒酒論杜康》一本。元高文秀撰。

牡丹園

鍾嗣成《録鬼簿·高文秀》 《牡丹園》。黑旋風大鬧牡丹園。

王國維《曲録·雜劇部上》《黑旋風大鬧牡丹園》一本。元高文秀撰。

謁魯肅

鍾嗣成《録鬼簿·高文秀》《謁魯肅》。孫權娶大喬，周瑜謁魯肅。

王國維《曲録·雜劇部上》《周瑜謁魯肅》一本。元高文秀撰。

自請俸

鍾嗣成《録鬼簿·高文秀》《乾請陳》。朝子令史乾請陳。

王國維《曲録·雜劇部上》《豹子令史自請俸》一本。元高文秀撰。

遇上皇

鍾嗣成《録鬼簿·高文秀》《遇上皇》。好酒趙元遇上皇。

王國維《曲録·雜劇部上》《好酒趙元遇上皇》一本。元高文秀撰。

趙堯辭金

鍾嗣成《録鬼簿·高文秀》《趙堯辭金》。

王國維《曲録·雜劇部上》《御史臺趙堯辭金》一本。元高文秀撰。

喬教學

鍾嗣成《録鬼簿·高文秀》《喬教子》。黑旋風喬教子。

王國維《曲録·雜劇部上》《黑旋風喬教學》一本。元高文秀撰。

班超投筆

鍾嗣成《録鬼簿·高文秀》《班超投筆》。志封侯班超投筆。

王國維《曲録·雜劇部上》《忠義士班超投筆》一本。元高文秀撰。

走樊城

鍾嗣成《録鬼簿·高文秀》《走樊城》。伍子胥棄子樊城。

王國維《曲録·雜劇部上》《伍子胥棄子走樊城》一本。元高文秀撰。

潘安擲果

鍾嗣成《録鬼簿·高文秀》《潘安擲果》。

王國維《曲録·雜劇部上》《五鳳樓潘安擲果》一本。元高文秀撰。

不當差

鍾嗣成《録鬼簿·高文秀》《不當差》。朝子秀才不當差。

王國維《曲録·雜劇部上》《豹子秀才不當差》一本。元高文秀撰。

廉頗負荊

鍾嗣成《録鬼簿·高文秀》《廉頗負荊》。相如完璧，廉頗負荊。

王國維《曲録・雜劇部上》《相府門廉頗負荊》一本。元高文秀撰。

麗春園

鍾嗣成《録鬼簿・高文秀》《麗春園》。宋公明火伴梁山泊，黑旋風詩酒麗春園。

王國維《曲録・雜劇部上》《黑旋風詩酒麗春園》一本。元高文秀撰。

張敞畫眉

鍾嗣成《録鬼簿・高文秀》《張敞畫眉》。京兆尹張敞畫眉。

王國維《曲録・雜劇部上》《宣帝問張敞畫眉》一本。元高文秀撰。

四坐禪

鍾嗣成《録鬼簿・高文秀》《四坐禪》。志公和尚四坐禪。

王國維《曲録・雜劇部上》《志公和尚開啞禪》一本。《太和正音譜》作《問啞禪》。元高文秀撰。

霸王舉鼎

鍾嗣成《録鬼簿・高文秀》《霸王舉鼎》。

王國維《曲録・雜劇部上》《禹王廟霸王舉鼎》一本。元高文秀撰。

害夫人

鍾嗣成《録鬼簿・高文秀》《害夫人》。狠鴇兒厭宅眷，妝旦色害夫人。

王國維《曲録・雜劇部上》《風月害夫人》一本。元高文秀撰。

借尸還魂

鍾嗣成《録鬼簿・高文秀》《借尸還魂》。黑旋風借尸還魂。

王國維《曲録・雜劇部上》《黑旋風借尸還魂》一本。元高文秀撰。

神訴冤

鍾嗣成《録鬼簿・高文秀》《神訴冤》。烟月心神訴冤。

王國維《曲録・雜劇部上》《煙月門神訴冤》一本。元高文秀撰。

誶范雎

鍾嗣成《録鬼簿・高文秀》《誶范雎》。須賈誶范雎。

王國維《曲録・雜劇部上》《須賈誶范雎》一本。《元曲選》本。元高文秀撰。

打呂胥

鍾嗣成《録鬼簿・高文秀》《打呂胥》。病樊噲打呂胥。

王國維《曲録・雜劇部上》《病樊噲打呂青》一本。《太和正音譜》作《打呂胥》。

案：《史記・樊噲列傳》以呂后女弟呂須爲婦，「胥」、「須」由音同而誤，又由「胥」而誤爲「青」耳。

雙棄瓢

鍾嗣成《録鬼簿・高文秀》《雙棄瓢》。

王國維《曲録・雜劇部上》《窮秀才雙棄瓢》一本。元高文秀撰。

鬭鷄會

鍾嗣成《録鬼簿・高文秀》《鬭雞會》。黑旋風鬭雞會。

王國維《曲録・雜劇部上》《黑旋風鬭雞會》一本。元高文秀撰。

劉耍和

王國維《曲録・雜劇部上》《黑旋風敷衍劉要和》一本。「要和」《太和正音譜》作「耍和」。《録鬼簿》于紅字李二、花李郎二人下皆注云：「教坊劉要和壻。」《輟耕録》謂：「教坊色長魏、武、劉三人鼎新編輯院本。魏長于念誦，武長于筋斗，劉長于念誦。」即此人也。元高文秀撰。

謊秀才

王國維《曲録・雜劇部上》《豹子尚書謊秀才》一本。元高文秀撰。

雙獻頭武松大報仇

王國維《曲録・雜劇部上》《雙獻頭武松大報讐》一本。見《也是園書目》。元高文秀撰。

澠池會

王國維《曲録・雜劇部上》《保成公竟赴澠池會》一本。見《也是園書目》。元高文秀撰。文秀，東平人，府學生，蚤卒。《太和正音譜》曰：「高文秀之詞，如金瓶牡丹。」

踏雪尋梅

鍾嗣成《録鬼簿・馬致遠》馬致遠，大都人，號東籬老。江浙省務提舉。萬花叢裏馬神仙，百世集中説致遠，四方海内皆談羡。戰文場，曲狀元。姓名香，貫滿梨園。《漢宮秋》、《青衫淚》、《戚夫人》、《孟浩然》，共庾、白、關老齊肩。

《踏雪尋梅》。春獻賦攀蟾宫桂，凍吟詩踏雪尋梅。

王國維《曲録・雜劇部上》《凍吟詩踏雪尋梅》一本。《元人雜劇選》本。《也是園書目》作《孟浩然踏雪尋梅》。《太和正音譜》有此本而無《風雪騎驢孟浩然》一本，或二本關目略同歟？元馬致遠撰。致遠號東籬，大都人，江浙行省務官。案元有兩馬致遠。錢謙益《列朝詩集》甲十三有張學士以甯《題馬致遠清溪曉渡圖》，自注云：「致遠廣西憲掾，子琬從余學。琬字文璧，秦淮人。」則其父非大都之馬致遠也。《太和正音譜》：「馬東籬之詞如朝陽鳴鳳。」又云：「其詞典雅清麗，可與《靈光》、《景福》相頡頏。有振鬣長鳴，萬馬皆瘖之意。又若神鳳飛鳴于九霄，豈可與凡鳥共語哉？宜列羣英之上。」

歲寒亭

鍾嗣成《録鬼簿・馬致遠》《歲寒亭》。

王國維《曲録・雜劇部上》《孟朝雲風雪歲寒亭》一本。元馬致遠撰。

陳摶高卧

鍾嗣成《録鬼簿・馬致遠》《陳摶高卧》。西華山陳摶高卧。

徐𤊹《徐氏家藏書目・傳奇類》《西華山陳摶高卧》。

王國維《曲録・雜劇部上》《太華山陳摶高卧》一本。《元曲選》本。《古名家雜劇》本。明息機子《元人雜劇選》本。元馬致遠撰。

任風子

鍾嗣成《録鬼簿・馬致遠》《馬丹陽》。王祖師重栁七香亭，馬丹陽三度任風子。

徐𤊹《徐氏家藏書目・傳奇類》《馬丹陽三度任風子》。

王國維《曲録・雜劇部上》《馬丹陽三度任風子》一本。《元曲選》本。《古名家雜劇》本。見《太和正音譜》。元馬致遠撰。

誤入桃源

鍾嗣成《録鬼簿・馬致遠》《誤入桃源》。晉劉阮誤入桃源。

徐𤊹《徐氏家藏書目・傳奇類》《劉阮誤入天台》。

王國維《曲録・雜劇部上》《劉阮誤入天台洞》一本。明寧獻王權《太和正音譜》作《誤入桃園》。元馬致遠撰。

酒德頌

鍾嗣成《録鬼簿・馬致遠》《酒德頌》。劉伯倫酒德頌。

王國維《曲録・雜劇部上》《大人先生酒德頌》一本。元馬致遠撰。

戚夫人

鍾嗣成《録鬼簿・馬致遠》《戚夫人》。吕太后人彘戚夫人。

王國維《曲録・雜劇部上》《吕太后人彘戚夫人》一本。元馬致遠撰。

漢宮秋

鍾嗣成《録鬼簿・馬致遠》《漢宮秋》。孤雁漢宮秋。

徐𤊹《徐氏家藏書目・傳奇類》《王昭君孤鴈漢宮秋》。

王國維《曲録・雜劇部上》《破幽夢孤雁漢宮秋》一本。《元曲選》本。元馬致遠撰。

齋後鍾

鍾嗣成《録鬼簿・馬致遠》《齋後鐘》。寇萊公主案三考卷，吕蒙正風雪齋後鐘。

王國維《曲録・雜劇部上》《吕蒙正風雪齋後鐘》一本。元馬致遠撰。

青衫淚

鍾嗣成《録鬼簿・馬致遠》《青衫淚》。潯陽商婦琵琶行，江州司馬青衫淚。

徐𤊹《徐氏家藏書目・傳奇類》《白江洲青衫淚》。

王國維《曲録・雜劇部上》《江州司馬青衫淚》一本。明臧懋循《元曲選》本。明陳與郊《古名家雜劇》本。元馬致遠撰。

孟浩然

鍾嗣成《録鬼簿・馬致遠》《孟浩然》。

王國維《曲録・雜劇部上》《風雪騎驢孟浩然》一本。元馬致遠撰。

岳陽樓

鍾嗣成《録鬼簿・馬致遠》《岳陽樓》。郭上竈雙赴靈虚殿，吕洞賓三醉岳陽樓。

徐𤊹《徐氏家藏書目・傳奇類》《吕洞賓三醉岳樓》。

王國維《曲録・雜劇部上》《吕洞賓三醉岳陽樓》一本。《元曲選》本。《古名家雜劇》本。元馬致遠撰。

薦福碑

鍾嗣成《録鬼簿・馬致遠》《薦福碑》。三封書謁揚州牧，半夜雷轟薦福碑。

徐𤊹《徐氏家藏書目・傳奇類》《半夜雷轟薦福碑》。

王國維《曲録・雜劇部上》《半夜雷轟薦福碑》一本。《元曲選》本。《古名家雜劇》本。見《太和正音譜》。元馬致遠撰。

馬丹陽

王國維《曲録・雜劇部上》《王祖師三度馬丹陽》一本。元馬致遠撰。

西廂記

鍾嗣成《録鬼簿・王實甫》 王實甫，名德信。大都人。風月營，密匝匝，列旌旗。鶯花寨，明飆飆，排劍戟。翠紅鄉，雄糾糾，施謀智。作詞章，風韻美。士林中，等輩伏低。新雜劇，舊傳奇，《西廂記》，天下奪魁。

《西廂記》。鄭太后開宴北堂春，張君瑞待月西廂記。

高儒《百川書志・外史》《西廂記》五卷。

徐𤊹《徐氏家藏書目・傳奇類》《西廂記》。

王國維《曲録・傳奇部上》《西廂記》一本。《六十種曲》本。元王實父撰，關漢卿續。《藝苑卮言》：「《西廂》久傳爲關漢卿撰，邇來乃有以爲王實夫者。謂：『至郵亭而止。』又云：『至「碧雲天，黄花地」而止，此後乃漢卿所補也。』初以爲好事者傳之妄，及閱《太和正音譜》，王實夫十三本，以《西廂》爲首，漢卿六十一本，不載《西廂》，則亦可據。」維案：《雍熙樂府》卷十九有《滿庭芳・西廂千詠》，反謂漢卿撰，而實父續成之。可見明人之於《西廂》未有定論也。

雙蕖怨

鍾嗣成《録鬼簿・王實甫》《雙蕖怨》。

王國維《曲録・雜劇部上》《雙渠怨》一本。《樂府紀聞》：「大名民家，有男女以私情不遂赴水者。後三日，二尸相抱出水濱。是年，此陂荷花無不並蔕，李冶賦《雙蕖怨詞》云云。」此劇疑譜此事。然則「渠」當作「蕖」。《太和正音譜》作《雙題怨》，似誤。都穆《南濠詩話》引此，正作《雙蕖怨》。元王實父撰。

麗春園

鍾嗣成《録鬼簿・王實甫》《麗春園》。

王國維《曲録・雜劇部上》《詩酒麗春園》一本。元王實父撰。

進梅諫

鍾嗣成《録鬼簿・王實甫》《進梅諫》。

王國維《曲録・雜劇部上》《趙光普進梅諫》一本。元王實父撰。

明達賣子

鍾嗣成《録鬼簿・王實甫》《明達賣子》。家烈母員外送兒，賢孝士明達賣子。

王國維《曲録・雜劇部上》《孝父母明達賣子》一本。元王實父撰。

販茶船

鍾嗣成《録鬼簿・王實甫》《販茶船》。馮員外誤入神仙種，信安王斷没販茶船。

王國維《曲録・雜劇部上》《蘇小卿月夜販茶船》一本。元王實父撰。

于公高門

鍾嗣成《録鬼簿・王實甫》《于公高門》。厚陰德于公高門。

王國維《曲録・雜劇部上》《東海郡于公高門》一本。元王實父撰。

麗春園

鍾嗣成《録鬼簿・王實甫》《麗春園》。十天王歌舞麗春園。

王國維《曲録・雜劇部上》《四大王歌舞麗春堂》一本。《元曲選》本。「四大王」《元曲選》作「四丞相」。元王實父撰。

七步成章

鍾嗣成《録鬼簿・王實甫》《七步成章》。曹子建七步成章。

王國維《曲録・雜劇部上》《曹子建七步成章》一本。元王實父撰。

多月亭

鍾嗣成《録鬼簿・王實甫》《多月亭》。

陸績懷橘

鍾嗣成《録鬼簿・王實甫》《陸績懷橘》。作賓客陸績懷橘。

王國維《曲録・雜劇部上》《陸績懷橘》一本。元王實父撰。

芙蓉亭

鍾嗣成《録鬼簿・王實甫》《芙蓉亭》。韓彩雲絲竹芙蓉亭。

王國維《曲録・雜劇部上》《韓彩雲絲竹芙蓉亭》一本。元王實父撰。

拜月亭

王國維《曲録・雜劇部上》《才子佳人拜月亭》一本。元王實父撰。

破窰記

王國維《曲録・雜劇部上》《吕蒙正風雪破窰記》一本。元王實父撰。

嬌紅記

王國維《曲録・雜劇部上》 《嬌紅記》一本。元王實父撰。實父，大都人。案：實父所作《麗春堂》雜劇，譜金完顔某事，而劇末云：「早先聲把煙塵掃蕩，從今後四方八荒，萬邦齊仰，賀當今皇上」以頌禱金皇作結，則此劇之作，尚在金世，實父亦由金入元者矣。《太和正音譜》曰：「王實父之詞，如花間美人。」又曰：「鋪叙委婉，深得騷人之趣。極有佳句，如玉環之出浴華池，緑珠之採蓮洛浦。」

包待制

鍾嗣成《録鬼簿・汪澤民》 汪澤民，名德潤，真定人。汪公德潤字澤民，趙燕北南真定人，盛時人物多才俊。編《糊突》包正臣。上《鬼簿》，可羡鍾君。生前姓，死後身，名不沉淪。

《包待制》。糊突包待制。

王國維《曲録・雜劇部上》 《糊突包待制》一本。元江澤民撰。澤民，真定人，見鍾嗣成《録鬼簿》。而《太和正音譜》及王世貞《藝苑卮言》均作汪澤民。汪字叔志，婺源人，官集賢直學士，死宣州之難，謚文節，《元史》有傳。文節死事，遠在嗣成作《録鬼簿》之後，今《録鬼簿》中澤民在「已死才人」之列，則自以從姓江爲是。

師婆旦

鍾嗣成《録鬼簿・楊顯之》 楊顯之。大都人。關漢卿莫逆之交，凡爲文辭，與公較之。號楊補丁是也。顯之前輩老先生，莫逆之交關漢卿。公末中，補缺加新令，皆號爲楊補丁。有傳奇，樂府新聲。王元鼎，師叔敬；順時秀，伯父稱：寰宇知名。

《師婆旦》。

王國維《曲録・雜劇部上》 《借通縣跳神師婆旦》一本。元楊顯之撰。顯之，大都人。《太和正音譜》曰：「楊顯之之詞，如瑤臺夜月。」《録鬼簿》：「顯之與漢卿莫逆交，凡有珠玉，與公較之。」

大拜門

鍾嗣成《録鬼簿・楊顯之》 《大拜門》。劉屠大拜門。

王國維《曲録・雜劇部上》 《蒲魯忽劉屠大拜門》一本。元楊顯之撰。

小劉屠

鍾嗣成《録鬼簿・楊顯之》 《小劉屠》。風風魔魔呆趙大，報冤二世小劉屠。

王國維《曲録・雜劇部上》 《大報冤兩世辨劉屠》一本。《太和正音譜》有《小劉屠》，恐即此本。元楊顯之撰。

瀟湘夜雨

鍾嗣成《録鬼簿・楊顯之》 《瀟湘夜雨》。秦川道烟寺晚鐘，臨江驛瀟湘夜雨。

王國維《曲録・雜劇部上》 《臨江驛瀟湘夜雨》一本。《元曲選》本。元楊顯之撰。

喬斷案

鍾嗣成《録鬼簿・楊顯之》 《喬斷按》。黑旋風喬斷按。

王國維《曲録・雜劇部上》 《黑旋風喬斷案》一本。元楊顯之撰。

劉泉進瓜

鍾嗣成《録鬼簿・楊顯之》《劉泉進瓜》。

王國維《曲録・雜劇部上》《劉泉進瓜》一本。元楊顯之撰。

酷寒亭

鍾嗣成《録鬼簿・楊顯之》《酷寒亭》。孫君托夢秦川道，鄭孔目風雪酷寒亭。

徐㶿《徐氏家藏書目・傳奇類》《鄭孔目風雲酷寒亭》。

王國維《曲録・雜劇部上》《蕭縣君風雪酷寒亭》一本。《元曲選》本。《古名家雜劇》本。二書俱作《鄭孔目風雪酷寒亭》。元楊顯之撰。

射金錢

鍾嗣成《録鬼簿・楊顯之》《列金錢》。醜駙馬列金錢。

王國維《曲録・雜劇部上》《醜駙馬射金錢》一本。元楊顯之撰。

兩無功

鍾嗣成《録鬼簿・陳寧甫》 陳寧甫。大名人。先生寧甫老前賢，名著將來二百年。《兩無功》，錦綉風流傳。關目奇，曲調鮮。自按鬮，天下皆傳。嗟衰骨，嘆野園，故冢高原。

《兩無功》。子弟雙推磨，風月兩無功。

王國維《曲録・雜劇部上》《風月兩無功》一本。元陳寧夫撰。寧夫，《太和正音譜》作定夫，大名人。

斬韓信

鍾嗣成《録鬼簿・李壽卿》 李壽卿，太原人。將仕郎，除縣丞。《南華》莊老歎骷髏，舡子秋蓮夢裏遊，月明三度臨歧舞。播閻浮，四百州。姓名香，赢得青樓。黄沙漫，塞草秋，白骨荒丘。

《斬韓信》。吕太后使計斬韓信。

王國維《曲録・雜劇部上》《吕太后定計斬韓信》一本。見《録鬼簿》、《太和正音譜》。元李壽卿撰。

遠波亭

鍾嗣成《録鬼簿・李壽卿》《遠波亭》。吕無雙遠波亭。

王國維《曲録・雜劇部上》《吕無雙遠波亭》一本。見《録鬼簿》、《太和正音譜》。元李壽卿撰。

臨歧柳

鍾嗣成《録鬼簿・李壽卿》《臨歧柳》。風月獨占出牆花，月明三度臨歧柳。

王國維《曲録・雜劇部上》《月明三度臨歧柳》一本。《元曲選》本。即《月明和尚度柳翠》。見《録鬼簿》、《太和正音譜》。元李壽卿撰。

嘆骷髏

鍾嗣成《録鬼簿・李壽卿》《歎骷髏》。南仙華不朝趙天子，鼓盆莊子歎骷髏。

王國維《曲録・雜劇部上》《鼓盆歌莊子嘆骷髏》一本。見《録鬼簿》、《太和正音譜》。元李壽卿撰。

秋蓮夢

鍾嗣成《録鬼簿·李壽卿》《秋蓮夢》。船子和尚秋蓮夢。

王國維《曲録·雜劇部上》《船子和尚秋蓮夢》一本。見《録鬼簿》、《太和正音譜》。元李壽卿撰。

受禪臺

鍾嗣成《録鬼簿·李壽卿》《受禪老》。復奪受禪老。

王國維《曲録·雜劇部上》《司馬昭復奪受禪臺》一本。見《録鬼簿》、《太和正音譜》。元李壽卿撰。

呂無雙

鍾嗣成《録鬼簿·李壽卿》《呂無雙》。辜負呂無雙，呂無雙遠波亭。

王國維《曲録·雜劇部上》《辜負呂無雙》一本。《録鬼簿》云：「與《遠波亭》關目同。」見《録鬼簿》、《太和正音譜》。元李壽卿撰。壽卿，太原人，將仕郎，除縣丞。《太和正音譜》曰：「李壽卿之詞，如洞天春曉。」又曰：「其詞雍容典雅，變化幽玄，造語不凡，非神仙中人孰能致此？」

祭滻水

鍾嗣成《録鬼簿·李壽卿》《祭滻水》。呂太后祭滻水。

王國維《曲録·雜劇部上》《呂太后祭滻水》一本。見《録鬼簿》、《太和正音譜》。元李壽卿撰。

鑑湖亭

鍾嗣成《録鬼簿·李壽卿》《鑑湖亭》。夜鎖鑑湖亭。

王國維《曲録·雜劇部上》《呂太后夜鎮鑑湖亭》一本。見《録鬼簿》、《太和正音譜》。元李壽卿撰。

伍員吹簫

鍾嗣成《録鬼簿·李壽卿》《伍員吹簫》。

王國維《曲録·雜劇部上》《説專諸伍員吹簫》一本。《元曲選》本。見《録鬼簿》、《太和正音譜》。元李壽卿撰。

貶夜郎

鍾嗣成《録鬼簿·王伯成》王伯成。涿州人。有《天寶遺事》諸宫調行於世。伯成涿鹿俊丰標，公末文詞善解嘲，《天寶遺事》諸宫調。世間無，天下少。《貶夜郎》，關目風騷。馬致遠，忘年友；張仁卿，莫逆交。超羣類，一代英豪。

《貶夜郎》。李太白貶夜郎。

王國維《曲録·雜劇部上》《李太白貶夜郎》一本。見《録鬼簿》、《太和正音譜》。元王伯成撰。

泛浮槎

鍾嗣成《録鬼簿·王伯成》《泛浮槎》。張騫泛浮槎。

王國維《曲録・雜劇部上》 《張騫泛浮槎》一本。見《録鬼簿》、《太和正音譜》。元王伯成撰。

興劉滅項

王國維《曲録・雜劇部上》 《興劉滅項》一本。無名氏《九宫大成譜》有此本數闋。元王伯成撰。伯成，涿州人。《太和正音譜》曰：「王伯成之詞，如紅鴛戲波。」

白頭吟

鍾嗣成《録鬼簿・李仲章》 李仲章。大都人。只聞《鬼簿》姓名香，不識前賢李仲章。《白頭吟》，諠滿鳴珂巷。詠詩文，勝漢、唐，詞林老筆軒昂。江湖量，錦繡腸，也有無常。

《白頭吟》。卓文君白頭吟。

王國維《曲録・雜劇部上》 《卓文君白頭吟》一本。元孫仲章撰。

遺留文書

鍾嗣成《録鬼簿・李仲章》 《遺雨文書》。

王國維《曲録・雜劇部上》 《金章宗斷遺留文書》一本。元孫仲章撰。

勘頭巾

徐𤊹《徐氏家藏書目・傳奇類》 《江南張鼎勘頭巾》。

王國維《曲録・雜劇部上》 《河南府張鼎勘頭巾》一本。《元曲選》本。《續古名家雜劇》本。《元曲選》題孫仲章撰，然《録鬼簿・孫仲章》下無此本，而《陸登善》下有之，恐《元曲選》誤也。元孫仲章撰。仲章，或云姓李，大都人。《太和正音譜》曰：「孫仲章之詞，如秋風鐵笛。」

牡丹亭

鍾嗣成《録鬼簿・趙明道》 趙明道。大都人。鍾公《鬼簿》應清朝，《范蠡歸湖》手段高。元貞年裏，昇平樂章歌汝曹。喜豐登，雨順風調。茶坊中嗑，勾肆裏嘲：明明德，道泰謌謡。

《牡丹亭》。韓湘子三赴牡丹亭。

王國維《曲録・雜劇部上》 《韓湘子三赴牡丹亭》一本。元趙明道撰。

范蠡歸湖

鍾嗣成《録鬼簿・趙明道》 《范蠡歸湖》。滅吴王范蠡歸湖。

王國維《曲録・雜劇部上》 《陶朱公范蠡歸湖》一本。元趙明道撰。明道，《太和正音譜》作明遠，大都人。《太和正音譜》曰：「趙明遠之詞，如太華晴雲。」

李三孃

鍾嗣成《録鬼簿・劉唐卿》 劉唐卿。太原人。皮貨所提舉。在王彦博左丞席上賦「博山銅細裊香風」。劉卿唐老太原公，生在承平志德中。王左丞席上相陪奉，有歌兒舞女宗。詠博山，細裊香風。鶯花隊，羅綺叢，倚翠偎紅。

《李三孃》。李三孃麻地裏傍郎。

王國維《曲録・雜劇部上》 《李三娘麻地捧印》一本。元劉唐卿撰。

摘椹養母

王國維《曲録・雜劇部上》 《蔡順摘椹養母》一本。元劉唐卿撰。唐卿，太原人，皮貨所提舉。《録鬼簿》曰唐卿在文彦博席上，曾詠「博山銅細裊香風」者。《輟耕録・虞邵庵先生集》：「在翰苑時，宴散散學士家，歌兒順時秀者唱今樂府。其《折桂令》起句云：『博山銅細裊香風』，一句而兩韻，名曰『短柱』，極不易作，先生愛其新奇。其詞見楊朝英《陽春白雪》，曰：『博山銅細裊香風，兩行紗籠，燭影摇紅。翠袖殷勤捧金鐘，半露春葱。唱好是會受用文章巨公。綺羅叢醉眼朦朧，夜宴將終，十二簾櫳，月轉梧桐。』其詞頗美，但署姚牧庵作，不署唐卿也。」

東山高卧

鍾嗣成《録鬼簿・趙公輔》 趙公輔。平陽人。儒學提舉。儒學提舉任平陽，公輔先生天水郎，元貞、大德乾元象。宏文開，寰世廣，闡玉京，燕、趙壇場。尋新句，摘舊章，按譜依腔。

《東山高卧》。晉德安東山高卧。

王國維《曲録・雜劇部上》 《晉謝安東山高卧》一本。汴本。元趙公輔撰。

倩女離魂

鍾嗣成《録鬼簿・趙公輔》 《倩女離魂》。調素琴書生寫恨，迷青鎖倩女離魂。

王國維《曲録・雜劇部上》 《棲鳳堂倩女離魂》一本。元趙公輔撰。公輔，平陽人，儒學提舉。《太和正音譜》曰：「趙公輔之詞，如空岩清嘯」。

弑齊君

鍾嗣成《録鬼簿・李子中》 李子中。大都人。知事，遷縣尹。先除知事顯其才，後轉郎官爲縣宰，鍾君《鬼簿》清名載。播文風，流四海，承盛時，洗蕩唫悫。三場藝，七步才，音律和諧。

《弑齊君》。崔子弑齊君。

王國維《曲録・雜劇部上》 《崔子弑齊君》一本。元李子中撰。子中，大都人，知事，除縣尹。《太和正音譜》曰：「李子中之詞，如清廟朱瑟。」

韓壽偷香

鍾嗣成《録鬼簿・李子中》 《韓壽偷香》。會賓堂青春訴恨，賈充宅韓壽偷香。

高儒《百川書志・外史》 《韓壽竊香》二卷。元李子中撰。

王國維《曲録・雜劇部上》 《賈充宅韓壽偷香》一本。元李子中撰。

曹伯明

鍾嗣成《録鬼簿・武漢臣》 武漢臣。濟南人。先生清秀濟南人，風調才情武漢臣。《登壇拜將》窮韓信，《老生兒》，關目真。新傳奇，十段皆聞。聽泉水，看暮雲，如此黄昏。

《曹伯明》。曹伯明錯勘臟。

王國維《曲録・雜劇部上》 《曹伯明錯勘贓》一本。元武漢臣撰。

魯義姑

鍾嗣成《録鬼簿・武漢臣》 《魯義姑》。棄子全姪魯義姑。

王國維《曲録・雜劇部上》 《抱姪携男魯義姑》一本。元武漢臣撰。

天子班

鍾嗣成《録鬼簿・武漢臣》 《天子班》。李後主君臣會，趙太祖天子班。

王國維《曲録・雜劇部上》 《趙太子刱立天子班》一本。元武漢臣撰。

三戰呂布

鍾嗣成《録鬼簿・武漢臣》《三戰呂布》。元帥府單氣張飛，虎牢關三戰呂布。

王國維《曲録・雜劇部上》《虎牢關三戰呂布》一本。元武漢臣撰。

老生兒

鍾嗣成《録鬼簿・武漢臣》《老生兒》。指絶地苦勸糟糠婦，散家財天得老生兒。

王國維《曲録・雜劇部上》《散家財天賜老生兒》一本。《元曲選》本。《元人雜劇選》本。德人叔本華《意志及寫象之世界》第三册《詩論》中，述英人大闢曾譯此本，於千八百十七年在倫敦出板，迄今九十餘年矣。元武漢臣撰。

掛甲朝天

鍾嗣成《録鬼簿・武漢臣》《掛甲朝天》。女元帥掛甲朝天。

王國維《曲録・雜劇部上》《女元帥掛甲朝天》一本。元武漢臣撰。

關山怨

鍾嗣成《録鬼簿・武漢臣》《關山怨》。柳天瑞千里誤佳期，楚江樓月夜關山怨。

王國維《曲録・雜劇部上》《謝瓊雙千里關山怨》一本。元武漢臣撰。

登壇拜將

鍾嗣成《録鬼簿・武漢臣》《登壇拜將》。窮韓信登壇拜將。

王國維《曲録・雜劇部上》《窮韓信登壇拜將》一本。元武漢臣撰。

提頭鬼

鍾嗣成《録鬼簿・武漢臣》《提頭鬼》。仁安殿正果追魂使，四歌神助提頭鬼。

王國維《曲録・雜劇部上》《四哥哥神助》一本。元武漢臣撰。

又《提頭鬼》一本。見《太和正音譜》。元武漢臣撰。

玉堂春

鍾嗣成《録鬼簿・武漢臣》《玉堂春》。梅雪玉堂春。

王國維《曲録・雜劇部上》《鄭瓊娥梅雪玉堂春》一本。元武漢臣撰。

玉壺春

佚名《録鬼簿續編・賈仲明》《玉壺春》。玉壺春勅賜金花誥，李素蘭風月玉壺春。

王國維《曲録・雜劇部上》《李素蘭風月玉壺春》一本。《元曲選》本。元武漢臣撰。

生金閣

佚名《録鬼簿續編・無名氏》《生金閣》。龐衙内打點没頭鬼，包待制智賺生金閣。

王國維《曲録・雜劇部上》《包待制智勘生金閣》一本。《元曲選》本。《元曲選》題武漢臣撰。元武漢臣撰。漢臣，濟南府人。《太和正音譜》曰：「武漢臣之詞，如遠山叠翠。」

五丈原

鍾嗣成《録鬼簿・王仲文》 王仲文。大都人。仲文踪跡住金華，才思相兼關、鄭、馬。出羣是，《三教王孫賈》。《不認屍》，關目嘉。韓信《遇漂母》，曲調清滑。《五丈原》，《董宣彊項》，《錦香亭》，《王祥》到家。伴夕陽，白草黄沙。

《五丈原》。諸葛亮軍屯五丈原。

王國維《曲録・雜劇部上》 《諸葛亮秋風五丈原》一本。見《録鬼簿》、《太和正音譜》。元王仲文撰。

董宣強項

鍾嗣成《録鬼簿・王仲文》 《董宣彊項》。雒陽令董宣彊項。

王國維《曲録・雜劇部上》 《洛陽令董宣強項》一本。見《録鬼簿》、《太和正音譜》。元王仲文撰。

不認尸

鍾嗣成《録鬼簿・王仲文》 《不認屍》。僉家軍清官大斷案，救孝子烈母不認屍。

王國維《曲録・雜劇部上》 《救孝子烈母不認尸》一本。《元曲選》本。見《録鬼簿》、《太和正音譜》。元王仲文撰。

王祥卧冰

鍾嗣成《録鬼簿・王仲文》 《王祥卧冰》。孝斷母王祥卧冰。

王國維《曲録・雜劇部上》 《感天地王祥卧冰》一本。見《録鬼簿》、《太和正音譜》。元王仲文撰。

錦香亭

鍾嗣成《録鬼簿・王仲文》 《錦香亭》。

王國維《曲録・雜劇部上》 《孟月梅寫恨錦江亭》一本。見《録鬼簿》、《太和正音譜》。元王仲文撰。仲文，大都人。《太和正音譜》曰：「王仲文之詞，如劍氣騰空。」

張良辭朝

鍾嗣成《録鬼簿・王仲文》 《張良辭朝》。從赤松張良辭朝。

王國維《曲録・雜劇部上》 《漢張良辭朝歸山》一本。見《録鬼簿》、《太和正音譜》。元王仲文撰。

王孫賈

鍾嗣成《録鬼簿・王仲文》 《王孫賈》。三教王孫賈。

王國維《曲録・雜劇部上》 《齊賢母三教王孫賈》一本。見《録鬼簿》、《太和正音譜》。元王仲文撰。

韓信乞食

鍾嗣成《録鬼簿・王仲文》 《韓信乞食》。遇漂母韓信乞食。

王國維《曲録・雜劇部上》 《淮陰縣韓信乞食》一本。見《録鬼簿》、《太和正音譜》。元王仲文撰。

石守信

鍾嗣成《録鬼簿・王仲文》《石守信》。夜斬石守信。

王國維《曲録・雜劇部上》《趙太祖夜斬石守信》一本。見《録鬼簿》、《太和正音譜》。元王仲文撰。

諸葛祭風

鍾嗣成《録鬼簿・王仲文》《諸葛祭風》。破曹瞞諸葛祭風。

王國維《曲録・雜劇部上》《七星壇諸葛公祭風》一本。見《録鬼簿》、《太和正音譜》。元王仲文撰。

醉冬淩

鍾嗣成《録鬼簿・陸顯之》陸顯之。汴梁人。有《好兒趙正》話。河南獨步汴城，隱語詞源闡姓名。編《好兒趙正》鑽空，應使多人敬。宋上皇，有《醉冬淩》。滑稽性，敏捷情，再出世的精靈。

《醉冬淩》。宋上皇醉冬淩。

王國維《曲録・雜劇部上》《宋上皇醉冬淩》一本。元陸顯之撰。顯之，汴梁人。

破雨傘

鍾嗣成《録鬼簿・李取進》李取進。大名人。官醫大夫。《難經》、《素問》不相干，表裏陰陽實意懶，叔和、仲景無心翰。捻《欒巴》，《破雨傘》。稱涼風，不顧傷寒。鍾父留芳簿，老夫詞吊挽。著大名，散滿人間。

《破雨傘》。窮子孫破雨傘。

王國維《曲録・雜劇部上》《窮解子破雨傘》一本。元李進取撰。

受禪臺

鍾嗣成《録鬼簿・李取進》《受禪臺》。次本。

王國維《曲録・雜劇部上》《司馬昭復奪受禪臺》一本。元李進取撰。進取，大名人，官醫大夫。《太和正音譜》曰：「李進取之詞，如壯士舞劍。」

欒巴噀酒

鍾嗣成《録鬼簿・李取進》《欒巴噀酒》。離火宮熒惑降災，神龍殿欒巴噀酒。

王國維《曲録・雜劇部上》《神龍殿欒巴噀酒》一本。元李進取撰。

珍珠旗

鍾嗣成《録鬼簿・于伯淵》于伯淵。平陽人。集成《鬼簿》老鍾仙，録上名公列衆賢。先生邊，無花寫上文華選，是平陽，于伯淵。翠紅鄉，風月無邊。花前醉，柳下眠，命掩黄泉。

《珍珠旗》。復奪珍珠旗。

王國維《曲録・雜劇部上》《莽和尚復奪珍珠船》一本。《太和正音譜》作《珍珠旗》。元于伯淵撰。

斬呂布

鍾嗣成《録鬼簿・于伯淵》《斬呂布》。白門斬呂布。

王國維《曲録・雜劇部上》《白門斬吕布》一本。元于伯淵撰。

鬼風月

鍾嗣成《録鬼簿・于伯淵》《鬼風月》。關西驛刺借通傳，丁香回回鬼風月。

王國維《曲録・雜劇部上》《丁香回回鬼風月》一本。元于伯淵撰。

餓劉友

鍾嗣成《録鬼簿・于伯淵》《餓劉友》。

王國維《曲録・雜劇部上》《吕太后餓劉友》一本。元于伯淵撰。

小秦王

鍾嗣成《録鬼簿・于伯淵》《小秦王》。病立小秦王。

王國維《曲録・雜劇部上》《尉遲公病立小秦王》一本。元于伯淵撰。

武三思

鍾嗣成《録鬼簿・于伯淵》《武三思》。狄思公智殺武三思。

王國維《曲録・雜劇部上》《狄梁公智斬武三思》一本。元于伯淵撰。平陽人。《太和正音譜》曰：「于伯淵之詞，如翠柳黄鸝。」

題紅怨

鍾嗣成《録鬼簿・李文尉》李文蔚。真定人。江州瑞昌縣尹。《石州情》，醉寫《蔡蕭閒》。《芭蕉雨》，秋宵周素蘭。《澆花旦》，才並《推車旦》。《破苻堅》，淝水間，晉謝得安，高卧東山。瑞昌縣，爲新令；真定府，是故關；月落花殘。《題紅怨》。

王國維《曲録・雜劇部上》《金水題紅怨》一本。元李文蔚撰。

李夫人

鍾嗣成《録鬼簿・李文蔚》《李夫人》。漢皇帝死哭李夫人。

王國維《曲録・雜劇部上》《漢武帝死哭李夫人》一本。元李文蔚撰。

澆花旦

鍾嗣成《録鬼簿・李文蔚》《澆花旦》。盧亭亭挑水澆花旦。

王國維《曲録・雜劇部上》《盧亭亭擔水澆花》一本。元李文蔚撰。

東山高卧

鍾嗣成《録鬼簿・李文蔚》《東山高卧》。次本。

王國維《曲録・雜劇部上》《謝安東山高卧》一本。《録鬼簿》云趙公輔次本，鹽咸韻。元李文蔚撰。

破苻堅

鍾嗣成《録鬼簿・李文尉》《破苻堅》。謝玄淝水破苻堅。

王國維《曲録・雜劇部上》《謝玄破苻堅》一本。《也是園書目》作《破苻堅蔣神靈應》。元李文蔚撰。

圯橋進履

鍾嗣成《録鬼簿・李文蔚》《圯橋進履》。張子圯橋進履。

王國維《曲録・雜劇部上》《張子房圯橋進履》一本。元李文蔚撰。

石州慢

鍾嗣成《録鬼簿・李文尉》《石州情》。蔡萧伯醉寫石州情。

王國維《曲録・雜劇部上》《蔡逍遥醉寫石州慢》一本。「逍遥」當作「蕭閑」。蕭閑老人，金蔡松年別號也。松年在翰林日，奉使高麗。東夷故事，每上國使來館，有侍伎。松年于使還日，爲賦《石州慢》詞，見蕭閑老人《明秀集》第五卷。今《明秀集》四卷以下已佚，元楊朝英《陽春白雪》載之。元李文蔚撰。

魚雁傳情

鍾嗣成《録鬼簿・李文蔚》《魚雁傳書》。

王國維《曲録・雜劇部上》《濯錦江魚雁傳情》一本。元李文蔚撰。文蔚，真定人，江州路瑞昌縣尹。《太和正音譜》曰：「李文蔚之詞，如雪壓蒼松。」

芭蕉雨

鍾嗣成《録鬼簿・李文蔚》《芭蕉雨》。秋夜芭蕉雨。

王國維《曲録・雜劇部上》《秋夜芭蕉雨》一本。元李文蔚撰。

燕青射雁

鍾嗣成《録鬼簿・李文蔚》《燕青射雁》。長東院宋江接應。

王國維《曲録・雜劇部上》《燕青射雁》一本。元李文蔚撰。

推車旦

鍾嗣成《録鬼簿・李文尉》《推車旦》。風雪推車旦。

王國維《曲録・雜劇部上》《風雪推車記》一本。《太和正音譜》作《風月推車旦》。元李文蔚撰。

燕青撲魚

王國維《曲録・雜劇部上》《報冤臺燕青撲魚》一本。《元曲選》本。《元曲選》、《也是園書目》均作《同樂院燕青博魚》。元李文蔚撰。

燕子樓

鍾嗣成《録鬼簿・侯正卿》侯正卿。真定人，號艮齋先生。作「授鞍和袖挽絲韁」。有「良夜迢迢露華冷」黄鍾行於世。史侯心友艮先生，詩酒相醉老正卿。挽絲韁，味裹雕鞍凭，隨王孫並馬行。《燕子樓》，么末全贏。黄鍾令，商調情，千載標名。

《燕子樓》。春風燕子樓。

王國維《曲録・雜劇部上》《鬬盼盼春風燕子樓》一本。元侯克中撰。克中，字正卿，號艮齋先生，真定人。《四庫全書提要》：「正卿幼喪明，聆羣兒誦書，不終日能悉記其所授。稍長，習詞章，自謂不學可造詣。既而悔之，以爲刊華食實莫首于理，原《易》以求乃爲得之。於是精意讀《易》，著書名《大易通義》。年至九十餘而卒，有《艮齋詩集》十四卷。

楊貴妃

鍾嗣成《録鬼簿・岳伯川》 岳伯川。老父共汝不相知，《鬼簿》鍾公編上伊。度《鐵拐李岳》新雜劇，更《夢斷楊貴妃》。□玉京，燕、趙名馳。言詞俊，曲調美，衰草烟迷。

《楊貴妃》。羅公遠夢斷楊貴妃。

王國維《曲録・雜劇部上》 《羅光遠夢斷楊貴妃》一本。元岳伯川撰。

鐵拐李岳

鍾嗣成《録鬼簿・岳伯川》 《鐵拐李岳》。韓魏公譜托柄曹司，吕洞賓度鐵拐李岳。

王國維《曲録・雜劇部上》 《吕洞賓度鐵拐李岳》一本。《元曲選》本。元岳伯川撰。伯川，濟南府人，或云鎮江人。《太和正音譜》曰：「岳伯川之詞，如秀林翹楚。」

老收心

鍾嗣成《録鬼簿・康進之》 康進之。編集《鬼簿》治安時，收得賢人康進之，偕朋攜友鶯花市。編《老收心》李黑廝，負荆是，小斧頭兒。行於世，寫上紙，費騷人，和曲填詞。

《老收心》。黑旋風老收心。

王國維《曲録・雜劇部上》 《黑旋風老收心》一本。元康進之撰。進之，一云姓陳，棣州人。

李逵負荆

鍾嗣成《録鬼簿・康進之》 《杏花莊》。杏花莊老王林告狀，梁山泊黑旋風負荆。

王國維《曲録・雜劇部上》 《梁山泊黑旋風負荆》一本。《元曲選》本。元康進之撰。

細柳營

鍾嗣成《録鬼簿・王廷秀》 王廷秀。益都人。淘金千户。淘金千户甚風流，寶馬金鞍稱俊遊，益都人物王廷秀。將《坑儒焚典》修，《草菴歌》和尚石頭。馳花陳，奪錦籌，百世芳留。

《細柳營》。二本。

王國維《曲録・雜劇部上》 《周亞夫屯細柳營》一本。見《録鬼簿》、《太和正音譜》。元王廷秀撰。

坑儒焚典

鍾嗣成《録鬼簿・王廷秀》 《坑儒焚典》。秦始皇坑儒焚典。

王國維《曲録・雜劇部上》 《秦始皇坑儒焚典》一本。見《録鬼簿》、《太和正音譜》。元王廷秀撰。

草庵歌

鍾嗣成《録鬼簿・王廷秀》 《草菴歌》。石頭和尚草菴歌。

王國維《曲録・雜劇部上》 《石頭和尚草庵歌》一本。見《録鬼簿》、《太和正音譜》。元王廷秀撰。

三告狀

鍾嗣成《録鬼簿・王廷秀》 《三告狀》。鹽客三告狀。

王國維《曲録・雜劇部上》《鹽客三告狀》一本。見《録鬼簿》、《太和正音譜》。元王廷秀撰。廷秀，山東益都人，淘金千户。《太和正音譜》曰：「王廷秀之詞，如月印寒潭。」

貶黃州

鍾嗣成《録鬼簿・費唐臣》 費唐臣。大都人，君祥之子。霎歌鶯韻配鴛鴦，一曲鸞簫品鳳凰，醉鞭悮入平康巷。在佳人，錦瑟傍。漢《韋賢》，闕目輝光。《斬鄧通》，文詞亮。《貶黃州》，肥普香。父是君祥。

《貶黃州》。蘇東坡貶黃州。

王國維《曲録・雜劇部上》 《蘇子瞻風雪貶黃州》一本。元費唐臣撰。

韋賢籯金

鍾嗣成《録鬼簿・費唐臣》 《韋賢籯金》。

王國維《曲録・雜劇部上》 《漢丞相韋賢籯金》一本。元費唐臣撰。唐臣，大都人，君祥之子。

斬鄧通

鍾嗣成《録鬼簿・費唐臣》 《斬鄧通》。

王國維《曲録・雜劇部上》 《斬鄧通》一本。元費唐臣撰。

竹窗雨

鍾嗣成《録鬼簿・石子章》 石子章。子章橫槊戰詞林，尊酒論文喜賞音。疎狂放浪無拘禁，展腹施錦心。《竹窗雨》、《竹塢聽琴》。高山遠，水流深，戛玉鏘金。

《竹窗雨》。韓伯元春日草堂吟，黃桂娘秋夜竹窗雨。

王國維《曲録・雜劇部上》 《黃貴孃秋夜竹窗雨》一本。見《録鬼簿》、《太和正音譜》。元石子章撰。

竹塢聽琴

鍾嗣成《録鬼簿・石子章》 《竹塢聽琴》。鄭彩鸞茅菴悟道，秦修然竹塢聽琴。

徐𤊹《徐氏家藏書目・傳奇類》 《秦修然竹塢聽琴》。

王國維《曲録・雜劇部上》 《秦翛然竹塢聽琴》一本。《元曲選》本。《續古名家雜劇》本。《元人雜劇選》本。見《録鬼簿》、《太和正音譜》。元石子章撰。子章，大都人。《太和正音譜》曰：「石子章之詞，如蓬萊瑶草。」

害夫人

鍾嗣成《録鬼簿・趙子祥》 趙子祥。一時人物出元貞，擊壤謳歌賀太平，傳奇樂府時新令。錦排場，起玉京。《害夫人》、《崔和檐生》。白仁甫，關漢卿。《麗情集》，天下流行。

《害夫人》。旦本。二本。

王國維《曲録・雜劇部上》 《風月害夫人》一本。元趙子祥撰。

又 《譽夫人》一本。《太和正音譜》無《風月害夫人》而有此本，疑字形之誤，姑附於此。元趙子祥撰《太和正音譜》曰：「趙子祥之詞，如馬嘶芳草。」

崔和擔土

鍾嗣成《録鬼簿・趙子祥》 《崔和檐生》。

王國維《曲録・雜劇部上》 《崔和擔土》一本。元趙子祥撰。

石守信

鍾嗣成《録鬼簿・趙子祥》 《石守信》。次本。夜斬石守信。

王國維《曲録・雜劇部上》 《太祖夜斬石守信》一本。元趙子祥撰。

鎮凶宅

鍾嗣成《録鬼簿・李好古》 李好古。東平人。芳名紙上百年圖，錦繡胸中萬卷書，標題塵外三生簿。《鎮凶宅》，趙太祖。《劈華山》，用工夫。《煮金海》張生。故撰文，李好古，暮景桑榆。

《鎮凶宅》。趙太祖鎮凶宅。

王國維《曲録・雜劇部上》 《趙太祖鎮凶宅》一本。見《録鬼簿》、《太和正音譜》。李好古撰。

張生煮海

鍾嗣成《録鬼簿・李好古》 《張生煮海》。二本。

王國維《曲録・雜劇部上》 《張生煮海》一本。《元曲選》本。見《録鬼簿》、《太和正音譜》。李好古撰。

劈華岳

鍾嗣成《録鬼簿・李好古》 《劈華岳》。巨靈神劈華岳。

王國維《曲録・雜劇部上》 《巨靈劈華岳》一本。《也是園書目》作《劈華山神香救母》。見《録鬼簿》、《太和正音譜》。李好古撰。好古，保定人，或云西平人。案：宋末元初有兩李好古，一作《碎錦詞》者，自署「鄉貢免解進士」，一字敏仲，見趙聞禮《陽春白雪》。此李好古或即二人中之一，然曲家多以字行，則恐又是一人矣。《太和正音譜》曰：「李好古之詞，如孤松掛月。」

介子推

鍾嗣成《録鬼簿・狄君厚》 狄君厚。平陽人。元貞、大德秀華夷，至大、皇慶錦社稷，延祐、至治承平世。養人才，編傳奇，一時氣候雲集。有平易狄君厚，捻《火燒介子推》，只落得，三尺何堆。

《介子推》。火燒介子推。

王國維《曲録・雜劇部上》 《火燒介子推》一本。元狄君厚撰。君厚，平陽人。

東窗事犯

鍾嗣成《録鬼簿・孔文卿》 孔文卿。平陽人。先生準擬聖門孫，析住平易一葉分，好學不恥高人問。以子稱，得謚文。論綱常，有道弘仁。捻《東窗事犯》，是西湖舊本。明善惡，勸化濁民。

《東窗事犯》。二本。楊駒兒接。何宗立勾西山行者，地藏王證東窗事犯。

王國維《曲録・雜劇部上》 《秦太師東窗事犯》一本。元孔文卿撰。文卿，平陽人。

立中宗

鍾嗣成《録鬼簿・姚守中》 姚守中。掛冠解印漢逢萌，掃筆成章姚守中，布闕串目高唫詠。牛訴冤，巧用工。扯詔諫，扶立中宗。麒麟閣，狐兔塚，怨雨愁風。

《立中宗》。扯詔立中宗。

王國維《曲録・雜劇部上》 《褚遂良拉詔立東宮》一本。見《録鬼簿》、《太和正音譜》。元姚守中撰。

逢萌掛冠

鍾嗣成《録鬼簿・姚守中》　《逄萌掛冠》。東都門逄萌掛冠。

王國維《曲録・雜劇部上》　《神武門逄萌挂冠》一本。見《録鬼簿》、《太和正音譜》。元姚守中撰。

郝廉留錢

王國維《曲録・雜劇部上》　《漢太守郝廉留錢》一本。見《録鬼簿》、《太和正音譜》。元姚守中撰。守中，洛陽人，平江路吏，牧庵學士燧之姪也。《太和正音譜》曰：「姚守中之詞，如秋月揚輝。」

紅梨花

鍾嗣成《録鬼簿・張壽卿》　張壽卿。東都人。浙江省掾。浙江省掾祖東平，蘊藉風流張壽卿。《紅梨花》，一段文筆盛。花三婆，獨自勝。論才情，壓倒羣英。敲金句，擊玉聲，振動神京。

《紅梨》。詩酒紅梨花。

徐㶿《徐氏家藏書目・傳奇類》　《謝金蓮詩酒紅梨花》。

王國維《曲録・雜劇部上》　《謝金蓮詩酒紅梨花》一本。《元曲選》本。《古名家雜劇》本。元張壽卿撰。壽卿，東平人，浙江省掾吏。

眼睛記

鍾嗣成《録鬼簿・吴昌齡》　吴昌齡。西京人。西京出屯俊英傑，名姓題將《鬼薄》寫。《走昭君》，《東坡夢》，《辰勾月》，《探狐洞》，《賞黄花》，色目佳。《西天取經》，行用全别。《眼睛記》，《狄青撲馬》，《抱石投江》，《貨郎末泥》，十段錦，段段和協。

《眼睛記》。哪吒太子眼睛記。

王國維《曲録・雜劇部上》　《哪吒太子眼睛記》一本。元吴昌齡撰。

西天取經

鍾嗣成《録鬼簿・吴昌齡》　《西天取經》。老回回東樓叫佛，唐三藏西天取經。

王國維《曲録・雜劇部上》　《唐三藏西天取經》一本。元吴昌齡撰。

東坡夢

鍾嗣成《録鬼簿・吴昌齡》　《東坡夢》。雲門五派老婆禪。

王國維《曲録・雜劇部上》　《花間四友東坡夢》一本。《元曲選》本。《元曲選》題吴昌齡撰，並見《太和正音譜》。

狄青撲馬

鍾嗣成《録鬼簿・吴昌齡》　《狄青撲馬》。

王國維《曲録・雜劇部上》　《狄青撲馬》一本。元吴昌齡撰。

賞黄花

鍾嗣成《録鬼簿・吴昌齡》　《賞黄花》。浪子回回賞黄花。

王國維《曲録・雜劇部上》　《浪子回回賞黄花》一本。元吴昌齡撰。

抱石投江

鍾嗣成《録鬼簿・吴昌齡》《抱石投江》。

王國維《曲録・雜劇部上》《浣紗女抱石投江》一本。元吴昌齡撰。

辰鉤月

鍾嗣成《録鬼簿・吴昌齡》《鋠勾月》。文曲翁荅救太陰星，張天師夜祭辰鉤月。

王國維《曲録・雜劇部上》《張天師夜祭辰鉤月》一本。《元曲選》本。《元曲選》作《張天師斷風花雪月》。元吴昌齡撰。

貨郎末泥

鍾嗣成《録鬼簿・吴昌齡》《貨郎末泥》。

王國維《曲録・雜劇部上》《貨郎末泥》一本。元吴昌齡撰。

走昭君

鍾嗣成《録鬼簿・吴昌齡》《走昭君》。宫月走昭君。

王國維《曲録・雜劇部上》《月夜走昭君》一本。元吴昌齡撰。

探狐洞

鍾嗣成《録鬼簿・吴昌齡》《探狐洞》。老回回探狐洞。

王國維《曲録・雜劇部上》《搜胡洞》一本。見《太和正音譜》。元吴昌齡撰。吴昌齡，西京人。《太和正音譜》曰：「吴昌齡之詞，如庭草交翠。」

揭鉢記

王國維《曲録・雜劇部上》《鬼子母揭鉢記》一本。元吴昌齡撰。

哭周瑜

鍾嗣成《録鬼簿・石君寶》石君寶。平陽人。《紫雲寺》、《秋香怨》、《曲江池》、《醢彭越》、《哭周瑜》，佳句美新，《歲寒三友》、《紅綃驛》、《雪香車》、《秋胡戲妻》。共吴昌齡，么末相齊。《柳眉兒》、《金錢記》，石君寶，□黑跡，禾黍離離。

《哭周瑜》。孫權哭周瑜。

王國維《曲録・雜劇部上》《東吴小喬哭周瑜》一本。見《録鬼簿》、《太和正音譜》。元石君寶撰。

秋胡戲妻

鍾嗣成《録鬼簿・石君寶》《秋胡戲妻》。採桑女梅英訴恨，賢大夫秋胡戲妻。

王國維《曲録・雜劇部上》《魯大夫秋胡戲妻》一本。《元曲選》本。見《録鬼簿》、《太和正音譜》。元石君寶撰。

醢彭越

鍾嗣成《録鬼簿・石君寶》《醢彭越》。漢高祖肉醢彭越。

王國維《曲録・雜劇部上》《吕太后醢彭越》一本。見《録鬼簿》、《太和正音譜》。

元石君實撰。

秋香怨

鍾嗣成《録鬼簿·石君寶》《秋香怨》。士女秋香怨。

王國維《曲録·雜劇部上》《士女秋香怨》一本。見《録鬼簿》、《太和正音譜》。元石君實撰。

曲江池

鍾嗣成《録鬼簿·石君寶》《曲江池》。鄭元和風雪悲田院，李亞仙花酒曲江池。

徐𤊹《徐氏家藏書目·傳奇類》《李亞仙花酒曲江池》。

王國維《曲録·雜劇部上》《李亞仙詩酒曲江池》一本。《元曲選》本。《古名家雜劇》本。見《録鬼簿》、《太和正音譜》。元石君實撰。

金錢記

鍾嗣成《録鬼簿·石君寶》《金錢記》。李太白匹配金錢記。

徐𤊹《徐氏家藏書目·傳奇類》《李太白匹配金錢記》。

王國維《曲録·雜劇部上》《柳眉兒金錢記》一本。見《録鬼簿》、《太和正音譜》。元石君實撰。

紅綃驛

鍾嗣成《録鬼簿·石君寶》《紅綃驛》。窮紗子紅綃驛。

王國維《曲録·雜劇部上》《窮解子紅綃驛》一本。見《録鬼簿》、《太和正音譜》。元石君實撰。

雪香亭

鍾嗣成《録鬼簿·石君寶》《雪香香車》。趙二世醉雪香車。

王國維《曲録·雜劇部上》《趙二世醉走雪香亭》一本。見《録鬼簿》、《太和正音譜》。元石君實撰。

紫雲亭

鍾嗣成《録鬼簿·石君寶》《紫雲寺》。韓秀才詩禮青雲路，諸宮調風月紫雲寺。

王國維《曲録·雜劇部上》《諸宮調風月紫雲亭》一本。見《録鬼簿》、《太和正音譜》。元石君實撰。君實，平陽人。《太和正音譜》曰：「石君實之詞，如羅浮梅雪。」

歲寒三友

鍾嗣成《録鬼簿·石君寶》《歲寒三友》。張天師斷歲寒三友。

王國維《曲録·雜劇部上》《張天師斷歲寒三友》一本。見《録鬼簿》、《太和正音譜》。元石君實撰。

秋千記

鍾嗣成《録鬼簿·張時起》張時起。東平人。府學生員。字才美。霸王垓下別虞姬，出塞昭君胡馬嘶。牡丹事，《花月秋千記》。與高文秀，同閈里，同齋同筆。抄冠新雜劇，舊傳奇，都一般，風慘烟迷。

《鞦韆記》。賽花月秋千記。

王國維《曲録・雜劇部上》《賽花月秋千記》一本。元張時起撰。

昭君出塞

鍾嗣成《録鬼簿・張時起》《昭君出塞》。

王國維《曲録・雜劇部上》《昭君出塞》一本。元張時起撰。

別虞姬

鍾嗣成《録鬼簿・張時起》《別虞姬》。楚霸王別虞姬。

王國維《曲録・雜劇部上》《霸王垓下別虞姬》一本。元張時起撰。

劈華山

王國維《曲録・雜劇部上》《沈香太子劈華山》一本。元張時起撰。時起，字才英，東平府學生，居長蘆。《太和正音譜》曰：「張時起之詞，如雁陣驚寒。」

黄粱夢

鍾嗣成《録鬼簿・李時中》李時中。元貞書會李時中、馬致遠、花李郎、紅字公，四高賢合捻《黄粱夢》。東籬翁，頭折冤。第二折，商調相從。第三折，大石調。第四折，是正宫。都一般愁霧悲風。

《黄粱夢》。鍾離單化吕純陽，一折馬致遠，一折紅字李二，開壇闡教黄粱夢。一折花李郎，一折李時中。

徐𤊹《徐氏家藏書目・傳奇類》《開壇闡教黄粱夢》。

王國維《曲録・雜劇部上》《開壇闡教黄粱夢》一本。《元曲選》本。《古名家雜劇》本。元馬致遠、李時中、花李郎、紅字李二合撰。時中，大都人。

問牛喘

鍾嗣成《録鬼簿・李寬甫》李寬甫。大都人。合淝縣尹。西煮令史合肥官，局量胸襟懷抱寬，銀鞭紫馬驛蜚韲。宴秦樓，宿謝館。肉屏風，錦簇花攢。金叵一醉，醉斟瓊釀。青定甌，茶烹鳳團。紅繞羊，碼磁犀盤。

《問牛喘》。漢丞相丙吉問牛喘。

王國維《曲録・雜劇部上》《漢丞相丙吉問牛喘》一本。元李寬夫撰。寬夫，大都人，刑部令史，除廬州合肥縣尹。

京孃怨

鍾嗣成《録鬼簿・彭伯成》彭伯成。保定人。筵前酒海紫金壜，席上籌行白玉簪，碧螺七寶玲瓏嵌。惜花心，做怪膽，絲柳陰，府地潭潭。

《金娘怨》。月宫金娘怨。

王國維《曲録・雜劇部上》《四不知月夜京孃怨》一本。元彭伯威撰。又云郭安道撰。伯威一作伯成，保定人。

灰闌記

鍾嗣成《録鬼簿・李行甫》李行甫。絳州人，名潛夫。絳州高隱李公潛，養素讀書門鎮掩，青山緑水白雲占。浄紅塵，無半點。纖小書樓插牙籤，研架珠露《周易》點。甜淡虀鹽。

《灰欄記》。張海棠屈死下陰牢，包待制智勘灰欄記。

王國維《曲録・雜劇部上》《包待制智賺灰闌記》一本。《元曲選》本。元李行道撰。行道，《録鬼簿》作行甫，絳州人。

菊花會

鍾嗣成《録鬼簿・費君祥》 費君祥。大都人，字聖父。與關漢卿交。有《受子論》行於世。君祥前輩傚圖南，關己相從看老耽，將楚雲湘雨親把勘。《愛女論》，語句嚴。《菊花會》，大石調監咸。珊瑚檐，翡翠監，風月輕擔。

《菊花會》。

王國維《曲録・雜劇部上》 《才子佳人菊花會》一本。元費君祥撰。君祥，大都人。

驢皮記

鍾嗣成《録鬼簿・紀君祥》 紀君祥。大都人。李壽卿、鄭廷玉同時。壽卿、廷玉在同時，三度藍關《韓退之》，《松陰夢》裏三生事。《驢皮記》，情意資。寃報寃，《趙氏孤兒》。編成傳，寫上紙，表表於斯。

《驢皮記》。

王國維《曲録・雜劇部上》 《驢皮記》一本。見《録鬼簿》、《太和正音譜》。元紀君祥撰。君祥，大都人，與李壽卿、鄭廷玉同時。《太和正音譜》曰：「紀君祥之詞，如雪裏梅花。」

販茶船

鍾嗣成《録鬼簿・紀君祥》 《販茶翁》。二本。

王國維《曲録・雜劇部上》 《信安王斷復販茶船》一本。見《録鬼簿》、《太和正音譜》。元紀君祥撰。

松陰夢

鍾嗣成《録鬼簿・紀君祥》 《松陰夢》。李元貞正果碧雲菴，陳文圖悮道松陰夢。

王國維《曲録・雜劇部上》 《李元真松陰記》一本。見《録鬼簿》、《太和正音譜》。元紀君祥撰。

趙氏孤兒

鍾嗣成《録鬼簿・紀君祥》 《趙氏孤兒》。象公逢公孫杵臼，寃報寃趙氏孤兒。

王國維《曲録・雜劇部上》 《趙氏孤兒寃報寃》一本。《元曲選》本。見《録鬼簿》、《太和正音譜》。元紀君祥撰。

韓退之

鍾嗣成《録鬼簿・紀君祥》 《韓退之》。韓湘子三度韓退之。

王國維《曲録・雜劇部上》 《韓湘子三度韓退之》一本。見《録鬼簿》、《太和正音譜》。元紀君祥撰。

錯勘贓

王國維《曲録・雜劇部上》 《曹伯明錯勘贓》一本。見《録鬼簿》、《太和正音譜》。元紀君祥撰。

試玉郎

鍾嗣成《録鬼簿・趙天錫》 趙天錫。汴梁人。鎮江府判。曹公湯餅試何郎，天德名公家汴梁，《金釵剪燭》音清亮。爲府判，任鎮江；出臺閣，官樣文章。顯新句，貯錦囊，金玉鏗鏘。

《試玉郎》。試餅湯玉郎。

王國維《曲録・雜劇部上》《試湯餅何郎傅粉》一本。元趙天錫撰。

金釵剪燭

鍾嗣成《録鬼簿・趙天錫》《金釵剪燭》。

王國維《曲録・雜劇部上》《賈愛卿金錢剪燭》一本。《太和正音譜》作《金釵剪燭》。元趙天錫撰。天錫，汴梁人，鎮江府判。《輟耕録》載宛邱趙天錫爲吾邱衍買妾事，殆即其人，非《元史》立傳之趙天錫也。《太和正音譜》曰：「趙天錫之詞，如秋水芙蓉。」

進梅諫

鍾嗣成《録鬼簿・梁退之》梁退之。大都人。警巡院判，除知州。與漢卿友。警巡院職轉知州，闕叟相親爲故友。行文高古尊韓、柳，詩宗李、杜流。填詞似蘇柳秦周。翠褭紅裹，搗羊糯酒，肥馬輕裘。

《進梅諫》。二本。

王國維《曲録・雜劇部上》《趙光普進梅諫》一本。元梁進之撰。進之，大都人，警巡院判，除縣尹，又除大興府判，除知和州。《太和正音譜》曰：「梁進之之詞，如花裏啼鶯。」

于公高門

鍾嗣成《録鬼簿・梁退之》《于公高門》。旦本。

王國維《曲録・雜劇部上》《東海郡于公高門》一本。元梁進之撰。

莊周夢

鍾嗣成《録鬼簿・史九散仙》史九散仙。真定人。武昌萬户。武昌萬户散仙公，閫國元勛廕祖宗。雙虎符，三顆明珠重。受金吾，元帥封。碧油幢，和氣春風。編蝴蝶《莊周夢》，上麒麟圖畫中，千古英雄。

《莊周夢》。去酒色財氣漆園春，破鶯燕蜂蝶莊周夢。

王國維《曲録・雜劇部上》《花間四友莊周夢》一本。《也是園書目》作《老莊周一枕蝴蝶夢》。元史九敬先撰。《録鬼簿》作史九散人，真定人，武昌萬户。

魔合羅

鍾嗣成《録鬼簿・益漢卿》益漢卿。亳州人。己齋老叟播聲名，表字相同亦漢卿。《魔合羅》，一段題張鼎，運節意脈精。有黄鍾，商調新聲。諠燕、趙，響玉音，廣做多行。

《魔合羅》。曹司屈推貨郎漢，張鼎智勘魔合羅。

徐𤊹《徐氏家藏書目・傳奇類》《張孔目智勘魔合羅》。

王國維《曲録・雜劇部上》《張鼎智勘魔合羅》一本。《元曲選》本。《續古名家雜劇》本。元孟漢卿撰。漢卿，亳州人。

三奪槊

鍾嗣成《録鬼簿・尚仲賢》尚仲賢。真定人。湘江省務提舉。棄官歸去捻《淵明》，工巧《王魁負桂英》。四務提舉江淛省，與戴善夫相輔行。較論功，諸葛闓成。《三奪槊》，《謁漿崔護》。《秉燭旦》，《越孃背燈》。洞庭湖，柳毅傳情。

《三奪槊》。齊元吉兩争鋒，尉遲恭三奪槊。

王國維《曲録・雜劇部上》《尉遲公三奪槊》一本。《元曲選》本。見《録鬼簿》、《太和正音譜》。元尚仲賢撰。

諸葛論功

鍾嗣成《録鬼簿・尚仲賢》《諸葛論功》。受顧命諸葛論功。

王國維《曲録・雜劇部上》《武成廟諸葛論功》一本。《也是園》作《玉清殿諸葛論功》。見《録鬼簿》、《太和正音譜》。元尚仲賢撰。

陶淵明

鍾嗣成《録鬼簿・尚仲賢》《陶淵明》。王太守白衣送酒，陶淵明歸去來兮。

王國維《曲録・雜劇部上》《陶淵明歸去來辭》一本。見《録鬼簿》、《太和正音譜》。元尚仲賢撰。

柳毅傳書

鍾嗣成《録鬼簿・尚仲賢》《柳毅傳書》。錢塘江火龍認女，洞庭湖柳毅傳書。

王國維《曲録・雜劇部上》《洞庭湖柳毅傳書》一本。《元曲選》本。見《録鬼簿》、《太和正音譜》。元尚仲賢撰。

秉燭旦

鍾嗣成《録鬼簿・尚仲賢》《秉燭旦》。飢寒雪裏讀書人，没倖花前秉燭旦。

王國維《曲録・雜劇部上》《没興花前秉燭旦》一本。《太和正音譜》作《秉燭達旦》，誤。見《録鬼簿》、《太和正音譜》。元尚仲賢撰。

越孃背燈

鍾嗣成《録鬼簿・尚仲賢》《越孃背燈》。龍虎榜楊生點額，鳳凰坡越娘背燈。

王國維《曲録・雜劇部上》《鳳皇坡越娘背燈》一本。見《録鬼簿》、《太和正音譜》。元尚仲賢撰。

負桂英

鍾嗣成《録鬼簿・尚仲賢》《負桂英》。海神活取命，王魁負桂英。

王國維《曲録・雜劇部上》《海神廟王魁負桂英》一本。見《録鬼簿》、《太和正音譜》。元尚仲賢撰。

崔護謁漿

鍾嗣成《録鬼簿・尚仲賢》《崔護謁漿》。次本。

王國維《曲録・雜劇部上》《崔護謁漿》一本。見《録鬼簿》、《太和正音譜》。元尚仲賢撰。

張生煮海

鍾嗣成《録鬼簿・尚仲賢》《張生煮海》。次本。

王國維《曲録・雜劇部上》《張生煮海》一本。見《録鬼簿》、《太和正音譜》。元尚仲賢撰。

氣英布

王國維《曲録・雜劇部上》《漢高祖濯足氣英布》一本。《元曲選》本。見《録鬼簿》、《太和正音譜》。元尚仲賢撰。仲賢，真定人，江浙行省務官。《太和正音譜》曰：「尚仲賢之詞，如山花獻笑。」

紅衣怍

鍾嗣成《録鬼簿・戴善甫》 戴善夫。真定人。淛江省務官。江淛提舉任皇宣，同里同僚尚仲賢，《伯瑜泣杖》皆稱善。《翫江樓》，周月仙。《風光好》，一夜姻緣。《三捉紅衣怍》，善夫用意堅，湖海流傳。《紅衣怍》。三捉紅衣怍。

王國維《曲録・雜劇部上》 《關大王三捉紅衣怍》一本。見《録鬼簿》、《太和正音譜》。元戴善甫撰。

伯俞泣杖

鍾嗣成《録鬼簿・戴善甫》 《伯瑜泣杖》。

王國維《曲録・雜劇部上》 《伯俞泣杖》一本。見《録鬼簿》、《太和正音譜》。元戴善甫撰。

翫江樓

鍾嗣成《録鬼簿・戴善甫》 《翫江樓》。周月仙風破明月度，柳耆卿詩酒翫江樓。

王國維《曲録・雜劇部上》 《柳耆卿詩酒翫江樓》一本。《也是園書目》作《玩江亭》。見《録鬼簿》、《太和正音譜》。元戴善甫撰。

風光好

鍾嗣成《録鬼簿・戴善甫》 《風光好》。秦若蘭新配鳳鸞吟，陶學士醉寫風光好。

徐𤊹《徐氏家藏書目・傳奇類》 《陶學士醉寫風光好》。

王國維《曲録・雜劇部上》 《陶秀實醉寫風光好》一本。《元曲選》本。《古名家雜劇》本。見《録鬼簿》、《太和正音譜》。元戴善甫撰。

紫雲亭

王國維《曲録・雜劇部上》 《宮調風月紫雲亭》一本。見《録鬼簿》、《太和正音譜》。元戴善甫撰。善甫，真定人，江浙行省務官。《太和正音譜》曰：「戴善甫之詞，如荷花映水。」

火焚紀信

鍾嗣成《録鬼簿・顧仲清》 顧仲清。東平人。清泉場司令。唐、虞之世慶元貞，高士東平顧仲清，泉場掌印爲司令。見傳奇，舉世行，向雨牕，托興怡情。撰《陵母伏劍》，編《紀信火蒸》。府州縣按，按試流名。《火焚紀信》。楚霸王火焚紀信。

王國維《曲録・雜劇部上》 《滎陽城火燒紀信》一本。見《録鬼簿》、《太和正音譜》。元顧仲清撰。

陵母伏劍

鍾嗣成《録鬼簿・顧仲清》 《陵母伏劍》。知漢興陵母伏劍。

王國維《曲録・雜劇部上》 《陵母伏劍》一本。見《録鬼簿》、《太和正音譜》。元顧仲清撰。仲清，東平人。《太和正音譜》曰：「顧仲清之詞，如鵰鶚沖霄。」

金鳳釵

鍾嗣成《録鬼簿・鄭廷玉》 鄭廷玉。彰德人。《金鳳釵》、《打李焕》、《后庭花》。

《忍字記》,《欒城驛》,《雙教化》。《鳳凰兒》,《料到底》,《偷閒暇》。《因禍致福》鬭目冷。《貶揚州》,《債主冤家》。《漁夫辭劍》才情壯,《孫恪遇猳》節□佳。《疎者下舩》,安頓精華。

《金鳳釵》。

王國維《曲録·雜劇部上》《宋上皇御斷鳳皇釵》一本。元鄭廷玉撰。

疎者下船

鍾嗣成《録鬼簿·鄭廷玉》《疎者下舩》。

王國維《曲録·雜劇部上》《楚昭王疎者下船》一本。《元曲選》本。元鄭廷玉撰。

後庭花

鍾嗣成《録鬼簿·鄭廷玉》《后庭花》。宋仁宗御賜翠鸞女,包待制智勘后庭花。

徐𤊹《徐氏家藏書目·傳奇類》《包待制智勘後庭花》。

王國維《曲録·雜劇部上》《包待制智勘後庭花》一本。《元曲選》本。元鄭廷玉撰。

看錢奴

鍾嗣成《録鬼簿·鄭廷玉》《冤家債主》。貪財漢空使倖勢神,看錢女買冤家債主。

王國維《曲録·雜劇部上》《看錢奴買冤家債主》一本。《元曲選》本。元鄭廷玉撰。

忍字記

鍾嗣成《録鬼簿·鄭廷玉》《忍字記》。箏板乞兒硬化看錢女,布袋和尚醉屈忍字記。

王國維《曲録·雜劇部上》《布袋和尚忍字記》一本。《元曲選》本。《元人雜劇選》本。元鄭廷玉撰。

孫恪遇猿

鍾嗣成《録鬼簿·鄭廷玉》《孫恪遇猿》。

王國維《曲録·雜劇部上》《孫恪遇猿》一本。元鄭廷玉撰。

販揚州

鍾嗣成《録鬼簿·鄭廷玉》《貶揚州》。百二十行貶揚州。

王國維《曲録·雜劇部上》《一百二十行販揚州》一本。元鄭廷玉撰。

因禍致福

鍾嗣成《録鬼簿·鄭廷玉》《因福致禍》。趙長者見家歸京,益伯禄因福致禍。

王國維《曲録·雜劇部上》《孟縣宰因禍致福》一本。元鄭廷玉撰。

鳳凰兒

鍾嗣成《録鬼簿·鄭廷玉》《鳳凰兒》。幽牆花恰生棟梁材,吹筲女悔教鳳凰兒。

王國維《曲録·雜劇部上》《吹簫女悔教鳳皇兒》一本。元鄭廷玉撰。

漁父辭劍

鍾嗣成《録鬼簿·鄭廷玉》《漁父舞劍》。

王國維《曲録·雜劇部上》《采石渡漁父辭劍》一本。元鄭廷玉撰。

雙教化

鍾嗣成《録鬼簿·鄭廷玉》《雙教化》。烟花子弟説虚脾，風月郎君雙教化。

王國維《曲録·雜劇部上》《風月郎君雙教化》一本。元鄭廷玉撰。

欒城驛

鍾嗣成《録鬼簿·鄭廷玉》《欒城驛》。兄妹倩風雨短長亭，子父夢秋夜欒城驛。

王國維《曲録·雜劇部上》《子父夢秋夜欒城驛》一本。元鄭廷玉撰。

打李焕

鍾嗣成《録鬼簿·鄭廷玉》《打李焕》。小秦王秉政問王柔，老敬德鐵鞭打李焕。

王國維《曲録·雜劇部上》《尉遲公鞭打李道焕》一本。《太和正音譜》作《打李奂》，恐譜敬德打任城王道宗事。元鄭廷玉撰。

料到底

鍾嗣成《録鬼簿·鄭廷玉》《料到底》。劉賦料到底。

王國維《曲録·雜劇部上》《冷臉劉斌料到底》一本。元鄭廷玉撰。

復勘贓

鍾嗣成《録鬼簿·鄭廷玉》《復勘贓》。蒲丞相大斷案，曹伯明復勘贓。

王國維《曲録·雜劇部上》《曹伯明復勘贓》一本。元鄭廷玉撰。

駟馬奔陣

王國維《曲録·雜劇部上》《齊景公駟馬奔陣》一本。《太和正音譜》作《驛馬奔陳》。元鄭廷玉撰。

王公綽

王國維《曲録·雜劇部上》《賣兒女没興王公綽》一本。元鄭廷玉撰。

貧兒乍富

王國維《曲録·雜劇部上》《冤報冤貧兒乍富》一本。元鄭廷玉撰。

哭韓信

王國維《曲録·雜劇部上》《漢高祖哭韓信》一本。元鄭廷玉撰。

風月七真堂

王國維《曲録·雜劇部上》 《風月七真堂》一本。元鄭廷玉撰。

蕭丞相復勘贓

王國維《曲録·雜劇部上》 《蕭丞相復勘贓》一本。元鄭廷玉撰。

送寒衣

王國維《曲録·雜劇部上》 《孟姜女送寒衣》一本。元鄭廷玉撰。

因禍折福

王國維《曲録·雜劇部上》 《奴殺主因禍折福》一本。元鄭廷玉撰。

冤家債主

王國維《曲録·雜劇部上》 《崔府君斷冤家債主》一本。《元曲選》本。《元人雜劇選》本。《元曲選》題元無名氏撰，今從《也是園書目》，定爲廷玉撰。元鄭廷玉撰。廷玉，彰德人。《太和正音譜》曰：「鄭廷玉之詞，如佩玉鳴鑾。」

勸丈夫

鍾嗣成《録鬼簿·李直夫》 李直夫。德興人。女直郎蒲察李五。蒲察李五大金族，《鄧伯道》、《夕陽樓》、《勸丈夫》。《虎頭牌》、《錯立身》、《怕媳婦》。《諫莊公》、《穎考叔》。《俏郎君》、《謊郎君》，各自乘除。《渰藍橋》，尾生子，教天樂，黃念奴，是德興秀氣直夫。

《勸丈夫》。

王國維《曲録·雜劇部上》 《歹鬬娘子勸丈夫》一本。元李直夫撰。

伯道棄子

鍾嗣成《録鬼簿·李直夫》 《伯道棄子》。晉將軍胡石勒興兵，吴太守鄧伯道棄子。

高儒《百川書志·外史》 《鄧伯道棄子留姪》一卷。元李直夫撰。直原作真，從瞿校鈔本改。

王國維《曲録·雜劇部上》 《鄧伯道棄子留姪》一本。元李直夫撰。

怕媳婦

鍾嗣成《録鬼簿·李直夫》 《怕媳婦》。歹鬬娘子斷丈夫，風月郎君怕媳婦。

王國維《曲録·雜劇部上》 《風月郎君怕媳婦》一本。元李直夫撰。

占斷風月

鍾嗣成《録鬼簿·李直夫》 《占斷風月》。俏郎君占斷風月。

王國維《曲録·雜劇部上》 《俏郎君占斷風光好》一本。元李直夫撰。

鄭莊公

鍾嗣成《録鬼簿·李直夫》《鄭莊公》。孝諫鄭莊公。

王國維《曲録·雜劇部上》《潁考叔孝諫莊公》一本。元李直夫撰。

水渰藍橋

鍾嗣成《録鬼簿·李直夫》《水渰藍橋》。尾生子水渰藍橋。

王國維《曲録·雜劇部上》《尾生期女渰藍橋》一本。元李直夫撰。

虎頭牌

鍾嗣成《録鬼簿·李直夫》《虎頭牌》。行院相公大斷案，武文皇帝虎頭牌。

王國維《曲録·雜劇部上》《武元皇帝虎頭牌》一本。《元曲選》本。元李直夫撰。

壞盡風光

鍾嗣成《録鬼簿·李直夫》《壞盡風光》。謊郎君壞盡風光。

王國維《曲録·雜劇部上》《謊郎君敗壞盡風光好》一本。元李直夫撰。

錯立身

鍾嗣成《録鬼簿·李直夫》《錯立身》。莊家付浄學謟爨，空門子弟錯立身。

王國維《曲録·雜劇部上》《宦門子弟錯立身》一本。元李直夫撰。

念奴教樂

鍾嗣成《録鬼簿·李直夫》《念奴教樂》。

王國維《曲録·雜劇部上》《念奴教樂府》一本。元李直夫撰。

夕陽樓

鍾嗣成《録鬼簿·李直夫》《夕陽樓》。風月夕陽樓。

王國維《曲録·雜劇部上》《晏元叔風月夕陽樓》一本。「晏元叔」疑當作「晏叔原」。元李直夫撰。

火燒祆廟

王國維《曲録·雜劇部上》《火燒祆廟》一本。見《太和正音譜》。元李直夫撰。直夫，女直人，德興府住，即蒲察李五也。《太和正音譜》曰：「李直夫之詞，如梅邊月影。」

錯立身

鍾嗣成《録鬼簿·趙敬夫》趙敬夫。彰德人。教坊官。教坊色長有學規，文敬超羣衆所推，樂星謫降來彰德。編《菜檐兒仙》傳奇，撰《武王伐紂》精微。秀華治，風物美，樂章興，南北東西。

《錯立身》。次本。

王國維《曲録·雜劇部上》《宦門子弟錯立身》一本。元趙文敬撰。文敬，一作明鏡，彰德人，教坊色長。

武王伐紂

鍾嗣成《録鬼簿・趙敬夫》《武王伐紂》。夷齊諫武王伐紂。

王國維《曲録・雜劇部上》《渡孟津武王伐紂》一本。元趙文敬撰。

張果老

鍾嗣成《録鬼簿・趙敬夫》《張果老》。西王母歸元華陽女，張古老度脱啞觀音。

王國維《曲録・雜劇部上》《張果老度脱啞觀音》一本。元趙文敬撰。

七里灘

鍾嗣成《録鬼簿・張國賓》張國賓。大都人。教坊勾管。教坊總管喜時豐，斗米三錢大德中，飽食終日心無用。捻《漢高歌大風》；薛仁貴，衣錦峥嶸。《七里灘》頭辭主。《汗衫記》，孫認公，朝梺興隆。《七里灘》。嚴子陵垂釣七里灘。

高祖還鄉

鍾嗣成《録鬼簿・張國賓》《高祖還鄉》。歌大風高祖還鄉。

王國維《曲録・雜劇部上》《漢高祖衣錦還鄉》一本。見《録鬼簿》、《正音譜》。元張國賓撰。

汗衫記

鍾嗣成《録鬼簿・張國賓》《汗衫記》。金山父子再團圓，相國寺公孫汗衫記。

王國維《曲録・雜劇部上》《相國寺公孫汗衫記》一本。《元曲選》本。見《録鬼簿》、《正音譜》。元張國賓撰。

衣錦還鄉

鍾嗣成《録鬼簿・張國賓》《衣錦還鄉》。張仕貴賴功治罪，薛仁貴衣錦還鄉。

王國維《曲録・雜劇部上》《薛仁貴衣錦還鄉》一本。《元曲選》本。見《録鬼簿》、《正音譜》。元張國賓撰。

相國寺

佚名《録鬼簿續編・無名氏》《相國寺》。賽魯參險打李卿，羅李郎大鬧相國寺。

徐𤊹《徐氏家藏書目・傳奇類》《羅李郎大鬧相國寺》。

王國維《曲録・雜劇部上》《羅李郎大鬧相國寺》一本。《元曲選》本題張國賓撰。元張國賓撰。國賓，一作酷貧，大都人，教坊管勾。

勘吉平

鍾嗣成《録鬼簿・花李郎》花李郎。劉耍和婿。鄭孔目，《欒子酷寒亭》。相府院，《曹公勘吉平》。判官懒懆《釘一釘》。劉耍和，贅爲婿卿。花李郎，風月才鈍。樂府詞章性，傳奇么末情。考興在，大德、元貞。《勘吉平》。相府院曹公勘吉平。

王國維《曲録・雜劇部上》《勘吉平》一本。見《北詞廣正譜》。元花李郎撰。花李郎，《録鬼簿》但作「李郎」，云「劉要和壻」，但于《黄粱夢》下又云：「花李郎學士。」豈李郎與花李郎一爲伶人，一爲士大夫歟？抑以伶人而進爲學士歟？

酷寒亭

鍾嗣成《録鬼簿・花李郎》《酷寒亭》。壯士宋兵遭失配，像生欒子酷寒亭。

釘一釘

鍾嗣成《録鬼簿・花李郎》《釘一釘》。

王國維《曲録・雜劇部上》《撇懆判官釘一釘》一本。見《録鬼簿》、《正音譜》。元花李郎撰。

相府院

王國維《曲録・雜劇部上》《莽張飛大鬧相府院》一本。元花李郎撰。

病楊雄

鍾嗣成《録鬼簿・紅字李二》 紅字李二。京兆人。梁山泊，壯士病楊雄。板達兒，搯搜黑旋風。打虎的，英俊天生勇。窄袖兒，猛武松。是京兆紅字李二文風。才難盡，興未窮，再編一段，《全火兒張弘》。

《病楊(妃)雄》。

王國維《曲録・雜劇部上》《病楊雄》一本。元紅字李二撰。

武松打虎

鍾嗣成《録鬼簿・紅字李二》《武松打虎》。

王國維《曲録・雜劇部上》《折擔兒武松打虎》一本。元紅字李二撰。

黑旋風

鍾嗣成《録鬼簿・紅字李二》《黑旋風》。板踏兒黑旋風。

王國維《曲録・雜劇部上》《板踏兒黑旋風》一本。《正音譜》作《板杏兒》。元紅字李二撰。李二，京兆人，教坊劉要和壻。

全火兒張弘

鍾嗣成《録鬼簿・紅字李二》《全火兒張弘》。

窄袖兒武松

鍾嗣成《録鬼簿・紅字李二》《窄袖兒武松》。

釣魚臺

鍾嗣成《録鬼簿・宮大用》 宮大用。名天挺，大名人。釣臺書院山長。爲權豪所中，卒不見用。先君與之莫逆，故余常得侍坐，見其唫詠文筆，人莫能敵，樂府歌曲，特餘事耳。豁然胸次掃塵埃，久矣聲名播省臺。先生志在乾坤外，敢嫌他，天地窄。辭章壓倒元、白。憑心地，據手策，是無比英才。

《釣魚臺》。

王國維《曲録・雜劇部上》 《嚴子陵釣魚臺》一本。見《録鬼簿》、《太和正音譜》。元宮天挺撰。

汲黯開倉

鍾嗣成《録鬼簿・宮大用》 《汲黯開倉》。使河内汲黯開倉。

王國維《曲録・雜劇部上》 《濟飢民汲黯開倉》一本。見《録鬼簿》、《太和正音譜》。元宮天挺撰。天挺，字大用，大名開州人，歷學官，除釣臺書院山長，卒于常州。《太和正音譜》曰：「宮大用之詞，如西風雕鶚。其詞鋒犀利，神彩燁然，若健翮摩空，下視林藪，使狐兔縮頸。」

托公書

鍾嗣成《録鬼簿・宮大用》 《托公書》。范天章親書賢母表，宋仁宗御覽托公書。

王國維《曲録・雜劇部上》 《宋仁宗御覽托公書》一本。見《録鬼簿》、《太和正音譜》。元宮天挺撰。

范張鷄黍

鍾嗣成《録鬼簿・宮大用》 《范張雞黍》。第五倫舉善薦賢，死生交范張雞黍。

高儒《百川書志・外史》 《死生交范張鷄黍》雜劇一卷。元宮大用撰。

王國維《曲録・雜劇部上》 《生死交范張雞黍》一本。《元曲選》本。《元人雜劇選》本。見《録鬼簿》、《太和正音譜》。元宮天挺撰。

鳳凰樓

鍾嗣成《録鬼簿・宮大用》 《鳳凰樓》。宋上皇御賞鳳凰樓。

王國維《曲録・雜劇部上》 《宋上皇御賞鳳皇樓》一本。見《録鬼簿》、《太和正音譜》。元宮天挺撰。

越王嘗膽

鍾嗣成《録鬼簿・宮大用》 《越王嘗膽》。棲會稽越王嘗膽。

王國維《曲録・雜劇部上》 《會稽山越王嘗膽》一本。見《録鬼簿》、《太和正音譜》。元宮天挺撰。

哭孺子

鍾嗣成《録鬼簿・鄭德輝》 鄭德輝。名光祖，平陽人。以儒補杭州路吏。爲人方直，不妄與人交。名聞天下，聲徹閨閣，伶倫輩稱「先生」者，皆知爲德輝也。乾坤膏馥潤肌膚，錦繡文章滿肺腑，筆端寫出驚人句。解翻騰，今是名。詞壇老將輸伏。《翰林風月》、《梨園樂府》，端的是，曾下功夫。

《哭綿子》。

王國維《曲録・雜劇部上》 《王太后碎印哭孺子》一本。見《録鬼簿》、《太和正音譜》。元鄭光祖撰。

伊尹扶湯

鍾嗣成《録鬼簿・鄭德輝》 《伊尹扶湯》。耕莘埜伊尹扶湯。

王國維《曲録・雜劇部上》《放太甲伊尹風扶湯》一本。《也是園書目》作《立成湯伊尹耕莘》。見《録鬼簿》、《太和正音譜》。元鄭光祖撰。

秦樓月

鍾嗣成《録鬼簿・鄭德輝》《秦樓月》。李太白醉寫秦樓月。

王國維《曲録・雜劇部上》《李太白醉寫秦樓月》一本。見《録鬼簿》、《太和正音譜》。元鄭光祖撰。

指鹿爲馬

鍾嗣成《録鬼簿・鄭德輝》《指鹿道馬》。秦趙高指鹿道馬。

王國維《曲録・雜劇部上》《秦趙高指鹿爲馬》一本。見《録鬼簿》、《太和正音譜》。元鄭光祖撰。

紫雲孃

鍾嗣成《録鬼簿・鄭德輝》《紫雲孃》。

王國維《曲録・雜劇部上》《紫雲孃》一本。見《録鬼簿》、《太和正音譜》。元鄭光祖撰。

月夜聞箏

鍾嗣成《録鬼簿・鄭德輝》《月夜聞箏》。高力士成合鶯燕，崔懷寶月夜聞箏。

王國維《曲録・雜劇部上》《崔懷寶月夜聞箏》一本。見《録鬼簿》、《太和正音譜》。元鄭光祖撰。

采蓮舟

鍾嗣成《録鬼簿・鄭德輝》《采蓮舟》。二陰魂屈死汴河冤，三落水鬼泛采蓮舟。

王國維《曲録・雜劇部上》《三落水鬼泛采蓮船》一本。見《録鬼簿》、《太和正音譜》。元鄭光祖撰。

王粲登樓

鍾嗣成《録鬼簿・鄭德輝》《王粲登樓》。不納賢蔡公閉閣，醉思鄉王粲登樓。

高儒《百川書志・外史》《醉思鄉王粲登樓》雜劇一卷。元鄭德輝撰。

徐𤊹《徐氏家藏書目・傳奇類》《醉思鄉王粲登樓》。

王國維《曲録・雜劇部上》《醉思鄉王粲登樓》一本。《元曲選》本。見《録鬼簿》、《太和正音譜》。元鄭光祖撰。

細柳營

鍾嗣成《録鬼簿・鄭德輝》《細柳營》。

王國維《曲録・雜劇部上》《周亞夫細柳營》一本。見《録鬼簿》、《太和正音譜》。元鄭光祖撰。

周公攝政

鍾嗣成《録鬼簿・鄭德輝》《周公攝政》。輔成王周公攝政。

王國維《曲録・雜劇部上》《周公輔成王攝政》一本。見《録鬼簿》、《太和正音譜》。元鄭光祖撰。

哭晏嬰

鍾嗣成《録鬼簿・鄭德輝》《哭晏嬰》。次本。

王國維《曲録・雜劇部上》《齊景公哭晏嬰》一本。見《録鬼簿》、《太和正音譜》。元鄭光祖撰。

㑳梅香

鍾嗣成《録鬼簿・鄭德輝》《翰林風月》。樞學士傲晉國烟花，縐梅香騙翰林風月。

高儒《百川書志・外史》《㑳梅香騙翰林風月》雜劇一卷。「騙」原作「編」，從瞿校鈔本改。元鄭德輝撰。

王國維《曲録・雜劇部上》《搊梅香翰林風月》一本。《元曲選》本。《元人雜劇選》本。見《録鬼簿》、《太和正音譜》。元鄭光祖撰。

後庭花

鍾嗣成《録鬼簿・鄭德輝》《后庭花》。陳后主玉樹后庭花。

王國維《曲録・雜劇部上》《陳後主玉樹後庭花》一本。見《録鬼簿》、《太和正音譜》。元鄭光祖撰。

倩女離魂

鍾嗣成《録鬼簿・鄭德輝》《倩女離魂》。次本。

徐𤊹《徐氏家藏書目・傳奇類》《倩女離魂》。

王國維《曲録・雜劇部上》《迷青瑣倩女離魂》一本。《元曲選》本。《古名家雜劇選》本。見《録鬼簿》、《太和正音譜》。元鄭光祖撰。

三戰吕布

鍾嗣成《録鬼簿・鄭德輝》《三戰吕布》。元帥府單氣張飛，虎牢關三戰吕布。

王國維《曲録・雜劇部上》《虎牢關三戰吕布》一本。見《録鬼簿》、《太和正音譜》。元鄭光祖撰。

梨園樂府

鍾嗣成《録鬼簿・鄭德輝》《梨園樂府》。

王國維《曲録・雜劇部上》《謝阿蠻梨園樂府》一本。《太和正音譜》作《梁園樂府》。見《録鬼簿》、《太和正音譜》。元鄭光祖撰。

醜無鹽破環

鍾嗣成《録鬼簿・鄭德輝》《醜無鹽破環》。

王國維《曲録・雜劇部上》《醜齊后無鹽破連環》一本。見《録鬼簿》、《太和正音譜》。元鄭光祖撰。

哭孫子

王國維《曲録・雜劇部上》《哭孫子》一本。見《太和正音譜》。元鄭光祖撰。

智勇定濟

王國維《曲録・雜劇部上》《鍾離春智勇定濟》一本。見《也是園書目》。元鄭光祖撰。光祖，字德輝，平陽襄陵人，以儒補杭州路吏。《太和正音譜》曰：「鄭德輝之詞，如九天珠玉。」

追韓信

鍾嗣成《録鬼簿・金志甫》 金志甫。名仁傑。余幼時聞公之名，江、淛一見，如平生交。天曆戊辰，授建康崇寧務官。所作雖不駢麗，而大概多有可取。心交元不問親疎，契飲那能較有無。誰知一上金陵路，歎亡之命矣夫。夢西湖，何不歸歟？魂來處，返故居，比梅花，想更清癯。

《追韓信》。蕭何月下追韓信。

王國維《曲録・雜劇部上》《蕭何月夜追韓信》一本。見《録鬼簿》、《太和正音譜》。元金仁傑撰。

東窗事犯

鍾嗣成《録鬼簿・金志甫》《東窗事犯》。次本。

高儒《百川書志・外史》《秦太師東牕事犯》一卷。元金志甫撰。

王國維《曲録・雜劇部上》《秦太師東窗事犯》一本。見《録鬼簿》、《太和正音譜》。元金仁傑撰。

鼎鑊諫

鍾嗣成《録鬼簿・金志甫》《鼎鑊諫》。

王國維《曲録・雜劇部上》《長孫皇后鼎鑊諫》一本。見《録鬼簿》、《太和正音譜》。元金仁傑撰。

抱子攝朝

鍾嗣成《録鬼簿・金志甫》《抱子攝朝》。周公旦抱子攝朝。

王國維《曲録・雜劇部上》《周公旦抱子投朝》一本。見《録鬼簿》、《太和正音譜》。元金仁傑撰。

西湖夢

鍾嗣成《録鬼簿・金志甫》《西湖夢》。蘇東坡夜宴西湖夢。

王國維《曲録・雜劇部上》《蘇東坡夜宴西湖夢》一本。見《録鬼簿》、《太和正音譜》。元金仁傑撰。仁傑，字志甫，杭州人，建康崇甯務官。《太和正音譜》曰：「金志甫之詞，如西山爽氣。」

蔡琰還朝

鍾嗣成《録鬼簿・金志甫》《蔡琰還朝》。

王國維《曲録・雜劇部上》《蔡琰還朝》一本。見《録鬼簿》、《太和正音譜》。元金仁傑撰。

韓太師

鍾嗣成《録鬼簿・金志甫》《韓太師》。智斬韓太師。

王國維《曲録・雜劇部上》《玉津園智斬韓太師》一本。見《録鬼簿》、《太和正音譜》。元金仁傑撰。

竹葉舟

鍾嗣成《録鬼簿・范子英》 范子英。杭州人。明性理，善講論，能辭章，通音律。因王伯求其《太白貶夜郎》，酒編《杜甫遊春》，筆下新奇，蓋天姿卓異，不及也。詩題雁塔寫秋容，酒滿觥船棹晚風，詩籌酒令閒唫詠。占文場，第一功。掃千里，筆陣元戎。龍蛇夢，狐兔踪，半生來，彈鋏聲中。

《竹葉舟》。呂洞賓顯化滄浪夢，陳季卿悟道竹葉舟。

王國維《曲録・雜劇部上》 《陳季卿悟道竹葉舟》一本。《元曲選》本。《元曲選》作《誤上竹葉舟》。見《録鬼簿》、《太和正音譜》。元范康撰。

杜甫游春

鍾嗣成《録鬼簿・范子英》 《杜甫遊春》。曲江池杜甫遊春。

王國維《曲録・雜劇部上》 《曲江池杜甫游春》一本。見《録鬼簿》、《太和正音譜》。元范康撰。康，字子安，杭州人。《太和正音譜》曰：「范子安之詞，如竹裏鳴泉。」

誤元宵

鍾嗣成《録鬼簿・曾瑞卿》 曾瑞卿。大興人。喜江、浙人才之名，景物之盛，因家焉。公丰采卓異，衣冠整肅，悠遊市井，儼然如神仙中人。

王國維《曲録・雜劇部上》 《才子佳人誤元宵》一本。即《留鞋記》。《元曲選》本。《元人雜劇選》本。元曾瑞撰。瑞，字瑞卿，大興人，寓居錢唐。

朱蛇記

鍾嗣成《録鬼簿・沈和甫》 沈和甫。錢塘人。能辭翰，善談謔。天性風流，兼明音律。

王國維《曲録・雜劇部上》 《祈甘雨貨郎朱蛇記》一本。見《録鬼簿》、《正音譜》。元沈和撰。

樂昌分鏡

鍾嗣成《録鬼簿・沈和甫》 《樂昌分鏡》。

王國維《曲録・雜劇部上》 《徐駙馬樂昌分鏡記》一本。見《録鬼簿》、《正音譜》。元沈和撰。

逢故人

鍾嗣成《録鬼簿・沈和甫》 《逢故人》。燕山逢故人。

王國維《曲録・雜劇部上》 《鄭玉娥燕山逢故人》一本。見《録鬼簿》、《正音譜》。元沈和撰。

歡喜冤家

鍾嗣成《録鬼簿・沈和甫》 《歡喜冤家》。

王國維《曲録・雜劇部上》 《歡喜冤家》一本。見《正音譜》，然《録鬼簿》不録，疑散曲也。元沈和撰。和，字和甫，杭州人，後居江州。《太和正音譜》曰：「沈和甫之詞，如翠屏孔雀。」

鬧法場

王國維《曲録・雜劇部上》 《鬧法場郭興阿揚》一本。見《録鬼簿》、《正音譜》。

元沈和撰。

瀟湘八景

王國維《曲録・雜劇部上》《瀟湘八景》一本。見《正音譜》，然《録鬼簿》不録，疑散曲也。元沈和撰。

宋弘不諧

鍾嗣成《録鬼簿・錢吉甫》錢吉甫。名天祐，杭州人。幼業儒，長吏簿書之役，非其志也。

王國維《曲録・雜劇部上》《漢丞相宋弘不諧》一本。見《録鬼簿》、《正音譜》。元鮑天祐撰。天祐，字吉甫，杭州人，崑山州吏。《太和正音譜》曰：「鮑吉甫之詞，如老蛟泣珠。」周定王《元宫詞》云：「尸諫靈公演傳奇，一朝傳到九重知。奉宣齎與中書省，諸路都教唱此詞。」即吉甫所作《衛靈公》也。

史魚尸諫

鍾嗣成《録鬼簿・錢吉甫》《史魚尸諫》。蘧伯玉史魚尸諫。

王國維《曲録・雜劇部上》《史魚尸諫衛靈公》一本。見《録鬼簿》、《正音譜》。元鮑天祐撰。

楊震辭金

鍾嗣成《録鬼簿・錢吉甫》《楊震畏金》。東策守楊震畏金。

王國維《曲録・雜劇部上》《英雄士楊震辭金》一本。見《録鬼簿》、《太和正音譜》。元鮑天祐撰。

曹娥泣江

鍾嗣成《録鬼簿・錢吉甫》《曹娥泣江》。賢府宰太守表，孝順女曹娥泣江。

又《汪勉之》汪勉之。慶元人，由學官歷浙東帥府令史。鮑吉甫所編《曹娥泣江》内有先生兩折，其餘樂府極多。

王國維《曲録・雜劇部上》《孝烈女曹娥泣江》一本。中二折汪勉之作。元鮑天祐、汪勉之合撰。勉之，慶元人，由學官歷浙東帥府令史。

比干剖腹

鍾嗣成《録鬼簿・錢吉甫》《比干剖腹》。諫紂惡比干剖腹。

王國維《曲録・雜劇部上》《摘星樓比干剖腹》一本。見《録鬼簿》、《正音譜》。元鮑天祐撰。

班超投筆

鍾嗣成《録鬼簿・錢吉甫》《班超投筆》。志封侯班超投筆。

王國維《曲録・雜劇部上》《史義士班超投筆》一本。見《録鬼簿》、《正音譜》。元鮑天祐撰。

爲富不仁

鍾嗣成《録鬼簿・錢吉甫》《爲富不仁》。貪財漢爲富不仁。

王國維《曲録・雜劇部上》《貪財漢爲富不仁》一本。見《録鬼簿》、《正音譜》。

元鮑天祐撰。

秦少游

鍾嗣成《録鬼簿・錢吉甫》《秦少游》。死哭秦少游。

王國維《曲録・雜劇部上》《王妙妙死哭秦少游》一本。見《録鬼簿》、《正音譜》。元鮑天祐撰。

誤入長安

鍾嗣成《録鬼簿・陳存父》陳存父。名以伏，杭州人。以家務雍容，不求聞達，日與南士夫交遊，獨博古，善謳歌。其樂章間出一二，俱有駢麗之句云。

王國維《曲録・雜劇部上》《十八騎誤入長安》一本。見《録鬼簿》、《正音譜》。元陳以仁撰。

錦堂風月

鍾嗣成《録鬼簿・陳存父》《錦堂風月》。

王國維《曲録・雜劇部上》《錦堂風月》一本。見《録鬼簿》、《正音譜》。元陳以仁撰。以仁，字存甫，杭州人。《太和正音譜》曰：「陳存甫之詞，如湘江雪竹。」

肅霜裘

鍾嗣成《録鬼簿》范冰壺。名居中，冰壺其號也。杭人。父玉堂，前輩名儒，遠近皆知父子之名。

施君承。錢塘人，世居吴山。以賈爲業。公巨目美髯，好談笑。

黄德潤。名天澤，仁和人。沈和甫同母弟，風流醖藉，不減於兄。

沈珙之。杭州人。天姿穎悟，文質彬彬，然性不仰俯，故不取仕。所編樂府甚多。老而無後，病無以歸，存父館於家而卒，盡禮殯送之，亦交有朋之義也。

王國維《曲録・雜劇部上》《肅霜裘》一本。見《太和正音譜》。元范居中、施惠、黄天澤、沈珙合撰。居中字子正，號冰壺；惠字君美，一云姓沈；天澤字德潤；珙字珙之，均杭州人。

春夜梨花雨

鍾嗣成《録鬼簿・趙君卿》趙君卿。名良弼，東平人。與余同里閈，同呵鄧善之、曹克明二先生，於省府同筆硯。

王國維《曲録・雜劇部上》《春夜梨花雨》一本。元趙良弼撰。良弼，字君卿，別作君祥，東平人，嘉興路吏，調杭州。

牡丹記

鍾嗣成《録鬼簿・睢景臣》睢舜臣。字嘉賢。自維揚來杭，余與之識。心性聰明，嗜音律。維揚諸公俱作《高祖還鄉》套數，公《哨遍》製作新奇，諸公者皆出其下。

王國維《曲録・雜劇部上》《鴛鴦牡丹記》一本。元睢景臣撰。

千里投人

鍾嗣成《録鬼簿・睢景臣》《千里投人》。

王國維《曲録・雜劇部上》《千里投人》一本。元睢景臣撰。景臣，後字景賢，揚州人。《太和正音譜》曰：「睢景臣之詞，如鳳管秋聲。」

屈原投江

鍾嗣成《録鬼簿・睢景臣》《屈原投江》。楚大夫屈原投江。

王國維《曲録・雜劇部上》《楚大夫屈原投江》一本。元睢景臣撰。

杜韋娘

鍾嗣成《録鬼簿・周仲彬》周仲彬。名文質，先建德人。體貌清癯，學問該博，資性工巧，文筆新奇。家世儒門，善丹青，醉歌舞，明曲調，佳音律。

王國維《曲録・雜劇部上》《春風杜韋孃》一本。元周文質撰。文質，字仲彬，建德人，後居杭州，就路吏。《太和正音譜》曰：「周仲彬之詞，如平原孤阜。」

蘇武還朝

鍾嗣成《録鬼簿・周仲彬》《蘇武還朝》。持漢節蘇武還朝。

王國維《曲録・雜劇部上》《持漢節蘇武還鄉》一本。元周文質撰。

教女兵

鍾嗣成《録鬼簿・周仲彬》《教女兵》。孫武子教女兵。

王國維《曲録・雜劇部上》《孫武子教女兵》一本。元周文質撰。

唐莊宗

鍾嗣成《録鬼簿・周仲彬》《唐莊宗》。戲諫唐莊宗。

王國維《曲録・雜劇部上》《鏡新磨戲諫唐莊宗》一本。元周文質撰。

手卷記

鍾嗣成《録鬼簿・吴仁卿》吴仁卿。名弘道，號克齋。歷官至府判致仕。有《金縷新聲》行於世。亦有所編《曲海叢珠》。

王國維《曲録・雜劇部上》《手卷記》一本。見《太和正音譜》。元吴弘道撰。弘道，字仁卿，號克齋先生，歷仕府判。《太和正音譜》曰：「吴仁卿之詞，如碧山明月。」

正陽門

鍾嗣成《録鬼簿・吴仁卿》《正陽門》。火燒正陽門。

王國維《曲録・雜劇部上》《火燒正陽門》一本。元吴弘道撰。

子房貨劍

鍾嗣成《録鬼簿・吴仁卿》《子房貨劍》。

王國維《曲録・雜劇部上》《子房貨劍》一本。元吴弘道撰。

屈原投江

王國維《曲録・雜劇部上》《楚大夫屈原投江》一本。元吴弘道撰。

醉游阿房宫

王國維《曲録・雜劇部上》《醉游阿房宫》一本。元吴弘道撰。

趙禮讓肥

鍾嗣成《録鬼簿・秦簡夫》 秦簡夫。大都人，近歲在杭。

王國維《曲録・雜劇部上》 《義士死趙禮讓肥》一本。《元曲選》本。《元人雜劇選》本。元秦簡夫撰。

剪髮待賓

鍾嗣成《録鬼簿・秦簡夫》 《剪髮待賓》。范學士薦賢氣善，晉陶母剪髮待賓。

王國維《曲録・雜劇部上》 《陶賢母剪髮待賓》一本。元秦簡夫撰。案：《中州集》有秦略字簡夫，陵川人，輩行長于元遺山，非此人也。《太和正音譜》曰：「秦簡夫之詞，如峭壁孤松。」

東堂老

鍾嗣成《録鬼簿・秦簡夫》 《破家子弟》。西鄰友生不孝兒男，東堂老勸破家子弟。

王國維《曲録・雜劇部上》 《東堂老勸破家子弟》一本。《元曲選》本。《元人雜劇選》本。元秦簡夫撰。

玉溪館

鍾嗣成《録鬼簿・秦簡夫》 《玉溪館》。

王國維《曲録・雜劇部上》 《玉溪館》一本。元秦簡夫撰。

邢臺記

王國維《曲録・雜劇部上》 《天壽太子邢臺記》一本。元秦簡夫撰。

認玉釵

鍾嗣成《録鬼簿・喬夢符》 喬夢符。名吉，太原人，號笙鶴翁，又號惺惺道人。美容儀，醉辭章。有《天風》、《環珮》、《撫掌》三集。

王國維《曲録・雜劇部上》 《怨風月嬌雲認玉釵》一本。元喬吉撰。

揚州夢

鍾嗣成《録鬼簿・喬夢符》 《揚州夢》。李夢娥花月洞房春，杜牧之詩酒揚州夢。

徐𤊹《徐氏家藏書目・傳奇類》 《杜牧之詩酒揚州夢》。

王國維《曲録・雜劇部上》 《杜牧之詩酒揚州夢》一本。《元曲選》本。《古名家雜劇》本。元喬吉撰。

黄金臺

鍾嗣成《録鬼簿・喬夢符》 《黄金臺》。

王國維《曲録・雜劇部上》 《燕樂毅黄金臺》一本。元喬吉撰。吉，字夢符，太原人。《太和正音譜》曰：「喬夢符之詞，如神鼇鼓浪。」《録鬼簿》：「喬夢符號笙鶴翁，又號惺惺道人。美容儀，能詞章，以威嚴自飭，人敬畏之。居杭州太乙宫前。有(趙)[題]西湖《梧葉兒》百篇，名公爲之序。至正五年二月，病卒於家。」

兩世姻緣

鍾嗣成《録鬼簿・喬夢符》《兩世姻緣》。韋元帥百年風月，玉筲女兩世姻緣。

高儒《百川書志・外史》《玉簫女兩世姻緣》雜劇一卷。元喬夢苻撰。

徐𤊹《徐氏家藏書目・傳奇類》《玉簫女兩世婚姻會》。

王國維《曲録・雜劇部上》《玉簫女兩世因緣》一本。《元曲選》本。《古名家雜劇》本。元喬吉撰。

金錢記

鍾嗣成《録鬼簿・喬夢符》《金錢記》。韓老卿勑賜錦花袍，唐明皇御斷金錢記。

王國維《曲録・雜劇部上》《唐明皇御斷金錢記》一本。《元曲選》本。《續古名家雜劇》本。《元人雜劇選》本。元喬吉撰。

荆公遺妾

鍾嗣成《録鬼簿・喬夢符》《荆公遺妾》。

王國維《曲録・雜劇部上》《荆公遺妾》一本。元喬吉撰。

託妻寄子

王國維《曲録・雜劇部上》《死生交託妻寄子》一本。元喬吉撰。

勘風情

王國維《曲録・雜劇部上》《馬光祖勘風情》一本。《太和正音譜》作《勘風情》。元喬吉撰。

節婦牌

王國維《曲録・雜劇部上》《節婦牌》一本。元喬吉撰。

賢孝婦

王國維《曲録・雜劇部上》《賢孝婦》一本。元喬吉撰。

九龍廟

王國維《曲録・雜劇部上》《九龍廟》一本。元喬吉撰。

七德舞

鍾嗣成《録鬼簿・趙文寶》趙文寶。名善慶，饒州樂平人。以卜術爲業，陰陽教授。

王國維《曲録・雜劇部上》《唐太宗驪山七德舞》一本。元趙善慶撰。

負親沉子

鍾嗣成《録鬼簿・趙文寶》《負親沉子》。

擲笏諫

鍾嗣成《録鬼簿・趙文寶》《擲笏諫》。諸遂良擲笏諫。

王國維《曲録・雜劇部上》《執笏諫》一本。見《太和正音譜》。元趙善慶撰。

姜肱共被

鍾嗣成《録鬼簿・趙文寶》《姜肱共被》。敦友愛姜肱共被。

王國維《曲録・雜劇部上》《姜肱共被》一本。見《太和正音譜》。元趙善慶撰。善慶，字文賢，饒州樂平人。別作趙孟慶，字可寶。《太和正音譜》曰：「趙可寶之詞，如藍田美玉。」

教女兵

鍾嗣成《録鬼簿・趙文寶》《教女兵》。日本。

王國維《曲録・雜劇部上》《孫武子教女兵》一本。元趙善慶撰。

麋竺收資

鍾嗣成《録鬼簿・趙文寶》《麋竺收資》。

王國維《曲録・雜劇部上》《燒樊城糜竺收資》一本。元趙善慶撰。

滿庭芳

王國維《曲録・雜劇部上》《醉寫滿庭芳》一本。元趙善慶撰。

村學堂

王國維《曲録・雜劇部上》《村學堂》一本。元趙善慶撰。

李師師

鍾嗣成《録鬼簿・屈子敬》 屈子敬。名恭之，英甫姪。與余同舍。有樂府。以學官除教授，六十卒。樂章華麗自然，不在小山之門。

王國維《曲録・雜劇部上》《宋上皇三恨李師師》一本。元屈子敬撰。

相如題柱

鍾嗣成《録鬼簿・屈子敬》《相如題柱》。昇仙橋相如題柱。

王國維《曲録・雜劇部上》《昇仙橋相如題柱》一本。元屈子敬撰。

田單復齊

鍾嗣成《録鬼簿・屈子敬》《田單復齊》。縱火牛田單復齊。

王國維《曲録・雜劇部上》《田單復齊》一本。元屈子敬撰。

又《雜劇部下》《田單火牛》一本。見《太和正音譜》。元無名氏撰。

孟宗哭竹

王國維《曲録·雜劇部上》《孟宗哭竹》一本。元屈子敬撰。

敬德撲馬

王國維《曲録·雜劇部上》《敬德撲馬》一本。元屈子敬撰。

于公高門

鍾嗣成《録鬼簿·王仲元》王仲元。杭州人。余與之交有年矣，所編者皆佳。

王國維《曲録·雜劇部上》《東海郡于公高門》一本。元王仲元撰。

袁盎却座

鍾嗣成《録鬼簿·王仲元》《袁盎卻座》。郎中令袁盎卻座。

王國維《曲録·雜劇部上》《袁盎卻座》一本。元王仲元撰。

私下三關

王國維《曲録·雜劇部上》《私下三關》一本。元王仲元撰。仲元，杭州人。

殺狗勸夫

鍾嗣成《録鬼簿·蕭德祥》蕭德祥。名天瑞，杭州人。以醫爲業。號復齋。凡古人俱概括。有南曲，街市盛行。又有南戲文。

王國維《曲録·雜劇部上》《王翛然斷殺狗勸夫》一本。《元曲選》本。元蕭德祥撰。

麗春園

王國維《曲録·雜劇部上》《四大王歌舞麗春園》一本。元蕭德祥撰。

蝴蝶夢

王國維《曲録·雜劇部上》《包待制三勘蝴蝶夢》一本。元蕭德祥撰。

四春園

王國維《曲録·雜劇部上》《四春園》一本。元蕭德祥撰。

小孫屠

王國維《曲録·雜劇部上》《小孫屠》一本。元蕭德祥撰。德祥，杭州人，以醫爲業。

勘頭巾

鍾嗣成《録鬼簿・陸仲良》 陸仲良。名登善，維揚人。江淮省，改浙江。爲人沉重簡默，能詞醉歌。有樂府隱語成集。

王國維《曲録・雜劇部上》 《張鼎勘頭巾》一本。元陸登善撰。

開倉糶米

王國維《曲録・雜劇部上》 《開倉糶米》一本。見《録鬼簿》。元陸登善撰。登善，字仲良，揚州人。

昊天塔

鍾嗣成《録鬼簿・朱士凱》 朱士凱。自幼意不俗，與人寡合。小曲極多，所編《昇平樂府》甚工。類集羣公隱語，標曰《包羅天地》；又有《謎韻》一集。

王國維《曲録・雜劇部上》 《昊天塔孟良盜骨殖》一本。《元曲選》本。《元曲選》題無名氏撰。見《録鬼簿》。元朱凱撰。

醉走黄鶴樓

王國維《曲録・雜劇部上》 《醉走黄鶴樓》一本。見《録鬼簿》。元朱凱撰。凱字士凱，里居未詳。

桃花女

鍾嗣成《録鬼簿・王日新》 王日新。名曄，杭州人。體肥，而善滑稽。詞章樂府。臨風對月之際，所作工卜巧。有與朱凱題《雙漸小卿問答》，人多稱賞。

佚名《録鬼簿續編・無名氏》 《桃花女》。祭北斗七星老錢篂，破陰陽八卦桃花女。

王國維《曲録・雜劇部上》 《破陰陽八卦桃花女》一本。《元曲選》本。見《録鬼簿》。元王曄撰。

卧龍岡

王國維《曲録・雜劇部上》 《卧龍岡》一本。見《録鬼簿》。元王曄撰。

雙賣華

王國維《曲録・雜劇部上》 《雙賣華》一本。見《録鬼簿》。元王曄撰。曄，字日華，杭州人。楊維楨《鐵崖文集・優戲錄序》：「太史公爲滑稽者作傳，取其談言微中。錢唐王曄集列代之優辭有關于世道者，自楚國優孟而下，至金人玳瑁頭，凡若干條。太史公之旨，其有慨于中者乎？」

豫讓吞炭

徐𤊹《徐氏家藏書目・傳奇類》 《豫讓吞炭》。

王國維《曲録・雜劇部上》 《豫讓吞炭》一本。見《鹽邑志林》中《樂郊私語》。元楊梓撰。

霍光鬼諫

王國維《曲録・雜劇部上》 《霍光鬼諫》一本。見《鹽邑志林》中《樂郊私語》。元楊梓撰。

敬德不伏老

王國維《曲録・雜劇部上》 《敬德不伏老》一本。見《鹽邑志林》中《樂郊私語》。元楊梓撰。梓字□□，海鹽人，官至浙江路總管，追封弘農郡公，謚康惠。

夜月紫鸞簫

王國維《曲録・雜劇部上》 《杜秋娘夜月紫鸞簫》一本。元孫子羽撰。子羽，儀徵人。

還牢末

徐𤊹《徐氏家藏書目・傳奇類》 《大婦小婦還牢來》。

王國維《曲録・雜劇部上》 《都孔目風雨還牢末》一本。《元曲選》本。《古名家雜劇》本。《太和正音》作無名氏，《元曲選》題李致遠撰。

章臺柳

佚名《録鬼簿續編・鍾繼先》 鍾繼先。名嗣成，古汴人，號醜齋。以明經累試於有司，數與心違，因杜門養浩然之志。著《録鬼簿》，實爲己而發之。其德業輝光，文行温潤，人莫能及。善音律，德隱語。有文集若干卷藏于家。所編小令、套數極多，膾炙人口。惜其傳奇皆在他處按行，故近者不知，人皆易之。後之君子，讀其《鬼簿》，則知其爲人也。

《章臺柳》。寄情韓翊章臺柳。

王國維《曲録・雜劇部上》 《章臺柳》一本。見朱士凱《録鬼簿後序》。元鍾嗣成撰。

錢神論

佚名《録鬼簿續編・鍾繼先》 《錢神論》。譏貨賂魯褒錢神論。

王國維《曲録・雜劇部上》 《錢神論》一本。見朱士凱《録鬼簿後序》。元鍾嗣成撰。

蟠桃會

佚名《録鬼簿續編・鍾繼先》 《蟠桃會》。宴瑶池王母蟠桃會。

王國維《曲録・雜劇部上》 《蟠桃會》一本。見朱士凱《録鬼簿後序》。元鍾嗣成撰。嗣成，字繼先，號醜齋，大梁人，有《録鬼簿》行于世。《太和正音譜》曰：「鍾繼先之詞，如騰空寶氣。」

鄭莊公

佚名《録鬼簿續編・鍾繼先》 《鄭莊公》。孝諫鄭莊公。

王國維《曲録・雜劇部上》 《鄭莊公》一本。見朱士凱《録鬼簿後序》。元鍾嗣成撰。

斬陳餘

佚名《録鬼簿續編・鍾繼先》 《斬陳餘》。韓信泜水斬陳餘。

王國維《曲録・雜劇部上》《斬陳餘》一本。見朱士凱《録鬼簿後序》。元鍾嗣成撰。

詐游雲夢

佚名《録鬼簿續編・鍾繼先》《詐遊雲夢》。漢高祖詐遊雲夢。

王國維《曲録・雜劇部上》《詐游雲夢》一本。見朱士凱《録鬼簿後序》。元鍾嗣成撰。

馮驩燒券

佚名《録鬼簿續編・鍾繼先》《馮驩燒券》。

王國維《曲録・雜劇部上》《馮諼收券》一本。見朱士凱《録鬼簿後序》。元鍾嗣成撰。

風雲會

佚名《録鬼簿續編・羅貫中》羅貫中。太原人，號湖海散人。與人寡合。樂府、隱語，極爲清新。與余爲忘年交，遭時多故，各天一方。至正甲辰復會，別來又六十餘年，竟不知其所終。

《風雲會》。趙太祖龍虎風雲會。

徐㶿《徐氏家藏書目・傳奇類》《宋太祖龍虎風雲會》。

王國維《曲録・雜劇部上》《宋太祖龍虎風雲會》一本。《續古名家雜劇》本。《元人雜劇選》本。見《也是園書目》。元羅本撰。本字貫中，武林人。

連環諫

佚名《録鬼簿續編・羅貫中》《連環諫》。忠正孝子連環諫。

蜚虎子

佚名《録鬼簿續編・羅貫中》《蜚虎子》。三平章死哭蜚虎子。

班竹記

佚名《録鬼簿續編・汪元亨》汪元亨。饒州人，浙江省掾，後徙居常熟。至正間，與余交于吴門。有《歸田録》一百篇行於世，見重於人。

《班竹記》。娥皇女英班竹記。

仁宗認母

佚名《録鬼簿續編・汪元亨》《仁宗認母》。

桃源洞

佚名《録鬼簿續編・汪元亨》《桃源洞》。二人誤入武陵溪，劉晨、阮肇桃源洞。

城南柳

佚名《録鬼簿續編・谷子敬》谷子敬。金陵人，樞密院掾史。洪武初，戍源時。明《周易》，通醫道。口才捷利。樂府、隱語，盛行於世。蒙下堂而傷一足，終身有憂色，乃作《耍孩兒》樂府十四煞，以寓其意，極爲工巧。

《城南柳》。西池母重會天上桃，吕洞賓三度城南柳。

徐𤊹《徐氏家藏書目・傳奇類》《吕洞賓三度城南柳》。

王國維《曲録・雜劇部下》《吕洞賓三度城南柳》一本。《元曲選》本。《古名家雜劇》本。《元人雜劇選》本。見《正音譜》。明谷子敬撰。

枕中記

佚名《録鬼簿續編・谷子敬》《枕中記》。終南山吕公雲外遊，邯鄲道盧先枕中記。

王國維《曲録・雜劇部下》《枕中記》一本。見《正音譜》。明谷子敬撰。

鬧陰司

佚名《録鬼簿續編・谷子敬》《鬧陰司》。昌孔目雪恨鬧陰司。

王國維《曲録・雜劇部下》《雪恨鬧陰司》一本。見《正音譜》。明谷子敬撰。

《太和正音譜》曰：「谷子敬之詞，如昆山片玉。」

借尸還魂

佚名《録鬼簿續編・谷子敬》《借屍還魂》。司牡丹借屍還魂。

一門忠孝

佚名《録鬼簿續編・谷子敬》《一門忠孝》。卞將軍一門忠孝。

俊憨子

佚名《録鬼簿續編・丁埜夫》 丁埜夫。西域人，故元西監生。羨錢塘山水之勝，因而家焉。動作有文，衣冠濟楚。善丹青小景，皆取詩意。套數、小令極多，隱語亦佳，馳名寰海。

《俊憨子》。

賞西湖

佚名《録鬼簿續編・丁埜夫》《賞西湖》。月夜賞西湖。

清風領

佚名《録鬼簿續編・丁埜夫》《清風領》。寫畫清風領。

淛江亭

佚名《録鬼簿續編・丁埜夫》《淛江亭》。遊賞淛江亭。

雙鸞棲鳳

佚名《録鬼簿續編・丁埜夫》《雙鸞棲鳳》。碧梧堂雙鸞棲鳳。

三塔記

佚名《録鬼簿續編・郝仲誼》 郝仲誼。名經，隴人，號觀夢道士，又西清居士。以儒業起爲淛江省考試官，權衡允當，士林稱之。僑居吴山之下，因而家焉。豐神瀟灑，文質彬彬。爲文章未嘗停思。八分書極高。善琴操，德隱語。交余甚深，日相遊覽湖光山色於蘇堤、林墓間，吟咏不輟於口。有《觀夢》等集行於世，名重一時。所作樂府，特其餘事云。

《三塔記》。西湖三塔記。

鬼推門

佚名《録鬼簿續編・邾仲誼》《鬼推門》。胭脂女子鬼推門。

鴛鴦塚

佚名《録鬼簿續編・邾仲誼》《鴛鴦塚》。死葬鴛鴦塚。

王國維《曲録・雜劇部上》《鴛央塚》一本。見李玉《北詞廣正譜》。元邾經撰。但經字仲誼，仁和人，元進士，有《玩齋集》，見《輟耕録》、《列朝詩集》、《明詩綜》。《北詞廣正譜》于上二本皆注「朱仲誼」，而仲誼于《青樓集跋》及《録鬼簿題詞》亦自稱朱經，仲義，則「邾」、「朱」固通用也。

玉嬌春

王國維《曲録・雜劇部上》《玉嬌春》一本。見李玉《北詞廣正譜》。元邾經撰。

升仙會

佚名《録鬼簿續編・陸進之》 陸進之。嘉禾人。福建省都事。與余在武林會於酒邊花下。好作詩，善文，多有樂府、隱語於時。

《升仙會》。陳半街得悟到蓬萊，韓湘子引渡升仙會。

王國維《曲録・雜劇部下》《昇仙會》一本。元無名氏撰。

百花亭

佚名《録鬼簿續編・陸進之》《百花亭》。血骷髏大鬧百花亭。

折征衣

佚名《録鬼簿續編・李時英》 李時英。錢塘人，以醫道著名於時。天資明敏，秉性剛烈，人難犯之。所作隱語極妙，樂府亦多。

《折征衣》。

羣花會

佚名《録鬼簿續編・李時英》《羣花會》。

詩禪記

佚名《録鬼簿續編・李時英》《詩禪記》。金章宗御賽詩禪記。

渰水母

佚名《録鬼簿續編・須子壽》 須子壽。杭州人，錢塘縣吏。襟懷灑落，隱語精通。以事卒於金陵。

《渰水母》。四州大聖渰水母。

碧梧堂

佚名《録鬼簿續編・須子壽》《碧梧堂》。雙鸞棲鳳碧梧堂。

松陰記

佚名《録鬼簿續編・金文質》金文質。湖州人，性純雅，於鄉黨恂恂如也，鄉人皆重之。有樂府行於世。《松陰記》。

嬌紅記

佚名《録鬼簿續編・金文質》《嬌紅記》。判仙凡綵筆木蘭詞，誓死生錦片嬌紅記。

三官齋

佚名《録鬼簿續編・金文質》《三官齋》。

瑞仙亭

佚名《録鬼簿續編・湯舜民》湯舜民。象山人，號菊莊。補本縣吏。文皇帝在燕邸時，寵遇甚厚，永樂間恩賚常及。所作樂府、套數、小令極多，語皆工巧，江湖盛傳之。《瑞仙亭》。

王國維《曲録・雜劇部下》《風月瑞仙亭》一本。見《正音譜》。明湯式撰。式，字舜民，號菊莊，甯波人。《太和正音譜》曰：「湯舜民之詞，如錦屏春風。」

嬌紅記

佚名《録鬼簿續編・湯舜民》《嬌紅記》。次本。

王國維《曲録・雜劇部下》《嬌紅記》一本。見《正音譜》。明湯式撰。

天臺夢

佚名《録鬼簿續編・楊景賢》楊景賢。名暹，後改名訥，號汝齋。故元蒙古氏。因從姐夫楊鎮撫，人以楊姓稱之。善琵琶，好戲謔。樂府出人頭地。永樂初，與舜民一般遇寵。後卒於金陵。

《天台夢》。盧時長老天台夢。

生死夫妻

佚名《録鬼簿續編・楊景賢》《生死夫妻》。

王國維《曲録・雜劇部下》《史教坊斷生死夫妻》一本。見《正音譜》。明楊景言撰。《太和正音譜》曰：「楊景言之詞，如雨中之花。」

翫江樓

佚名《録鬼簿續編・楊景賢》《翫江樓》。周月仙風破明月度，柳耆卿詩酒翫江樓。

偃時救駕

佚名《録鬼簿續編·楊景賢》《偃時救駕》。

西湖怨

佚名《録鬼簿續編·楊景賢》《西湖怨》。月夜西湖怨。

爲富不仁

佚名《録鬼簿續編·楊景賢》《爲富不仁》。貪財漢爲富不仁。

待子瞻

佚名《録鬼簿續編·楊景賢》《待子瞻》。牡丹嬌風魔禪衲，佛印燒猪待子瞻。

三田分樹

佚名《録鬼簿續編·楊景賢》《三田分樹》。動神祇兄弟團圓，感天地田真泣樹。

西游記

佚名《録鬼簿續編·楊景賢》《西遊記》。

紅白蜘蛛

佚名《録鬼簿續編·楊景賢》《紅白蜘蛛》。

巫娥女

佚名《録鬼簿續編·楊景賢》《巫娥女》。楚襄王夢會巫娥女。

保韓莊

佚名《録鬼簿續編·楊景賢》《保韓莊》。一箭保韓莊。

劉行首

佚名《録鬼簿續編·楊景賢》《劉行首》。王祖師三化劉行首。

盜紅綃

佚名《録鬼簿續編·楊景賢》《盜紅綃》。魔勒盜紅綃。

鴛鴦宴

佚名《録鬼簿續編·楊景賢》《鴛鴦宴》。陶秀英鴛鴦宴。

東嶽殿

佚名《録鬼簿續編·楊景賢》 《東嶽殿》。大鬧東岳殿。

海棠亭

佚名《録鬼簿續編·楊景賢》 《海棠亭》。月夜海棠亭。

王國維《曲録·雜劇部下》 《風月海棠亭》一本。見《正音譜》。明楊景言撰。

兩團圓

佚名《録鬼簿續編·楊景賢》 《兩團圓》。次本。

劉行首

徐𤊹《徐氏家藏書目·傳奇類》 《馬丹陽度劉行首》。

王國維《曲録·雜劇部上》 《馬丹陽度脱劉行首》一本。《元曲選》本。《續古名家雜劇》本。《正音譜》作無名氏,《元曲選》題元楊景賢撰。元楊景賢撰。與明初之楊景言或是一人。

梨花夢

佚名《録鬼簿續編·李唐賓》 李唐賓。廣陵人,號玉壺道人。淮南省宣使。衣冠濟楚,人物風流,文章樂府俊麗。《梨花夢》。

梧桐葉

佚名《録鬼簿續編·李唐賓》 《梧桐葉》。李雲英風送梧桐葉。

徐𤊹《徐氏家藏書目·傳奇類》 《李雲英風送梧桐葉》。

王國維《曲録·雜劇部下》 《李雲英風送梧桐葉》一本。《元曲選》本。《古名家雜劇》本。元無名氏撰。

悮入桃源

佚名《録鬼簿續編·陳伯將》 陳伯將。無錫人,元進士,累官至河南參政,遷中書參知政事。至正辛卯,受行軍司馬參將。文章政事,一代典刑;和曲填詞,乃其餘事;打毬蹴踘,舉世服之。卒於軍前營中,將士無不慟哭。《悮入桃源》。晉劉阮悮入桃源。

草園閣

佚名《録鬼簿續編·張鳴善》 張鳴善。北方人,號頑老子。有《英華集》行於世。蘇昌齡、楊廉夫拱手服其才。《草園閣》。十八公子大鬧草園閣。

煙花鬼

王國維《曲録·雜劇部上》 《包待制判斷煙花鬼》一本。見《録鬼薄》、《正音譜》。元張鳴善撰。

瑶琴怨

王國維《曲録・雜劇部上》《黨金蓮夜月瑶琴怨》一本。見《録鬼薄》、《正音譜》。元張鳴善撰。鳴善，揚州人，宣慰司令史。

兩團圓

佚名《録鬼簿續編・高茂卿》高茂卿。涿州人。《兩團圓》。鴛鴦村夫妻雙折散，翠紅鄉兒女兩團圓。

東門宴

佚名《録鬼簿續編・劉君錫》劉君錫。燕山人。故元省奏。性差方介，人或有短，正色責之。隱語爲燕南獨步。人稱爲「白眉翁」。家雖甚貧，不屈節。時與邢允恭、友讓暨余輩交。風流懷抱。又自題一種。所作樂府，行世者極多。《東門宴》。賢大夫疏廣東門宴。

三喪不舉

佚名《録鬼簿續編・劉君錫》《三喪不舉》。范堯夫全付麥舟，石夢卿三喪不舉。

來生債

佚名《録鬼簿續編・劉君錫》《來生債》。靈昭女顯化度丹霞，龐居士誤放來生債。

王國維《曲録・雜劇部下》《龐居士誤放來生債》一本。《元曲選》本。

森羅殿

佚名《録鬼簿續編・陶國瑛》陶國瑛。晉陵人。《森羅殿》。四鬼魂大鬧森羅殿。

四女争夫

佚名《録鬼簿續編・唐以初》唐以初。名復，京口人，號冰壺道人。以後住金陵。唫卜詩，曉音律。《四女争夫》。陳子春四女争夫。

月下老定世間配偶

佚名《録鬼簿續編・劉東生》劉東生。名兑。作《月下老定世間配耦》四套，極爲駢麗，傳誦人口。

王國維《曲録・雜劇部下》《月下老世間配偶》一本。見《正音譜》。明劉東生撰。《太和正音譜》曰：「劉東生之詞，如海嶠雲霞。」又云：「鎔意鑄詞，纖無塵氣，可與王實父輩並驅。」

嬌紅記

王國維《曲録・雜劇部下》《嬌紅記》一本。見《正音譜》。明劉東生撰。

雙坐化

佚名《録鬼簿續編・賈仲明》 賈仲明。山東人。天性明敏，博究羣書，善吟咏，尤精於樂章、隱語。嘗侍文皇帝於燕邸，甚寵愛之，每有宴會應制之作，無不稱賞。所著有《雲水遺音》等集行於世。

《雙坐化》。行童尼士兩歸元，紫竹瓊梅雙坐化。

裴度還帶

佚名《録鬼簿續編・賈仲明》 《裴度還帶》。長安市璃涯報恩，山神廟裴度還帶。

玉梳記

佚名《録鬼簿續編・賈仲明》 《玉梳記》。顧玉香雙美錦堂歡，荊楚臣重學玉梳記。

徐𤊹《徐氏家藏書目・傳奇類》 《荊楚臣重對玉梳》。

王國維《曲録・雜劇部下》 《荊楚臣重對玉梳記》一本。《元曲選》本。《古名家雜劇》本。見《也是園書目》。明賈仲名撰。仲名一作仲明。

梅杏争春

佚名《録鬼簿續編・賈仲明》 《梅杏争春》。金鑾殿夫妻成配，上林苑梅杏争春。

調風月

佚名《録鬼簿續編・賈仲明》 《調風月》。脱香風令風情，花柳仙姑調風月。

七世寃家

佚名《録鬼簿續編・賈仲明》 《七世寃家》。死女云付三生惡夢，癩曹司七世寃家。

碧桃花

佚名《録鬼簿續編・賈仲明》 《碧桃花》。玉重巧謗青雲竹，丘長三碧桃花。

菩薩蠻

佚名《録鬼簿續編・賈仲明》 《菩薩蠻》。張雲傑飽存君子志，蕭淑華寄情菩薩蠻。

徐𤊹《徐氏家藏書目・傳奇類》 《蕭淑蘭情寄菩薩蠻》。

王國維《曲録・雜劇部下》 《蕭淑蘭情寄菩薩蠻》一本。《元曲選》本。見《也是園書目》。明賈仲名撰。

雙獻頭

佚名《録鬼簿續編・賈仲明》 《雙獻頭》。淫心和尚早虧心命，正性佳人雙獻頭。

燕山怨

佚名《録鬼簿續編・賈仲明》 《燕山怨》。劉建中夢出手字記，湯汝梅秋夜燕山怨。

英山夢

佚名《録鬼簿續編・賈仲明》《英山夢》。甄秋峰詩酒漆園春，順時秀月夜英山夢。

節婦牌

佚名《録鬼簿續編・賈仲明》《節婦牌》。清廉太守行公案，志烈夫人節婦牌。

雙告狀

佚名《録鬼簿續編・賈仲明》《雙告狀》。棄心婦雙負心，屈死鬼雙告狀。

金童玉女

徐𤊹《徐氏家藏書目・傳奇類》《鐵拐李度金童玉女》。

王國維《曲録・雜劇部下》《鐵拐李度金童玉女》一本。《元曲選》本。《古名家雜劇》本。見《正音譜》。明賈仲明撰。

昇仙夢

徐𤊹《徐氏家藏書目・傳奇類》《吕洞賓桃柳昇仙夢》。

王國維《曲録・雜劇部下》《吕洞賓桃柳昇仙夢》一本。《古名家雜劇》本。見《也是園書目》。明賈仲名撰。仲名一作仲明。《太和正音譜》曰：「賈仲名之詞如錦幄瓊筵。」

妳乾兒

佚名《録鬼簿續編・無名氏》《妳乾兒》。賢達婦悮失房下子，疎財漢天賜妳乾兒。

花下子

佚名《録鬼簿續編・無名氏》《花下子》。明散才天賜妳乾兒，暗團圓智藏花下子。

勘頭巾

佚名《録鬼簿續編・無名氏》《勘頭巾》。望京店莊家索冷債，開封府張鼎勘頭巾。

漁樵記

佚名《録鬼簿續編・無名氏》《漁樵記》。王道安水陸會賓友，王鼎臣風雪漁樵記。

王國維《曲録・雜劇部下》《朱太守風雪漁樵記》一本。《元曲選本》。元無名氏撰。

玩江亭

佚名《録鬼簿續編・無名氏》《翫江亭》。牛員外花下平康巷，病李兵詩酒翫江亭。

王國維《曲録・雜劇部下》《瘸李岳詩酒玩江亭》一本。見《也是園書目》。元無名氏撰。

相國寺

佚名《録鬼簿續編・無名氏》《相國寺》。秦長老翃蓋會賓友，秦從僧大鬧相國寺。

王公綽

佚名《録鬼簿續編・無名氏》《王公綽》。王公綽破家財恨婆，賣兒女從倖王公綽。

啞觀音

佚名《録鬼簿續編・無名氏》《啞觀音》。西王母歸元華陽女，張古老度脱啞觀音。

血手記

佚名《録鬼簿續編・無名氏》《血手記》。盧孔目智勘啞斯兒，馬均祥没倖血手記。

鬧陰司

佚名《録鬼簿續編・無名氏》《鬧陰司》。看經善友歸佛教，寃家債主鬧陰司。

劉行首

佚名《録鬼簿續編・無名氏》《劉行首》。王祖師單化鄧夫人，馬丹陽三化劉行首。

貨郎旦

佚名《録鬼簿續編・無名氏》《貨郎旦》。拋家棄業李彦和，風雨像生貨郎旦。

王國維《曲録・雜劇部下》《風雨像生貨郎旦》一本。《元曲選》本。元無名氏撰。

雲窗夢

佚名《録鬼簿續編・無名氏》《雲囱夢》。張君卿奮登龍虎榜，鄭月蓮秋夜雲囱夢。

王國維《曲録・雜劇部下》《鄭月蓮秋夜雲窗夢》一本。《正音譜》作《秋夜芸窗夢》。見《太和正音譜》及《也是園書目》。元無名氏撰。

三負心

佚名《録鬼簿續編・無名氏》《三負心》。烟花妓女雙逃走，風月郎君三負心。

小孫屠

佚名《録鬼簿續編・無名氏》《小孫屠》。清官長智勘荒淫婦，犯押獄盆吊小孫屠。

大報讎

佚名《録鬼簿續編・無名氏》《大報讎》。恨毒繼母生奸計，没倖吊驢大報讎。

梧桐樹

佚名《録鬼簿續編・無名氏》《梧桐樹》。秀才獨折丹桂枝，屎鴛鴦雙鎮梧桐樹。

荆娘怨

佚名《録鬼簿續編・無名氏》《荆娘怨》。三不知揁石江，四不知荆娘怨。

盆兒鬼

佚名《録鬼簿續編・無名氏》《盆兒鬼》。張憋骨訴哀哀怨怨瓦神，包待制斷丁丁當當盆兒鬼。

王國維《曲録・雜劇部下》《玎玎璫璫盆兒鬼》一本。《元曲選》本。元無名氏撰。

村樂堂

佚名《録鬼簿續編・無名氏》《村樂堂》。長法司吏大斷案，海門張仲村樂堂。

王國維《曲録・雜劇部下》《海門張仲村樂堂》一本。見《也是園書目》。元無名氏撰。

浮漚記

佚名《録鬼簿續編・無名氏》《浮漚記》。鐵旛竿致命暗圖財，硃沙擔滴水浮漚記。

王國維《曲録・雜劇部下》《硃砂擔滴水浮漚記》一本。《元曲選》本。元無名氏撰。

鬼劈口

佚名《録鬼簿續編・無名氏》《鬼擘口》。王員外身死錯安頭，張小屠智賺鬼擘口。

王國維《曲録・雜劇部下》《智賺鬼劈口》一本。見《太和正音譜》。元無名氏撰。

流星馬

佚名《録鬼簿續編・無名氏》《流星馬》。左賢王招百載桂枝節，黄廷道走千里流星馬。

鬧元宵

佚名《録鬼簿續編・無名氏》《鬧元宵》。猛烈士拚賊漢，村姑兒鬧元宵。

紙扇記

佚名《録鬼簿續編・無名氏》《紙扇記》。淋淋漓漓水布衫，風風魔魔紙扇記。

王國維《曲録・雜劇部下》《紙扇記》一本。見《太和正音譜》。元無名氏撰。

鬼提牢

佚名《録鬼簿續編・無名氏》《鬼提牢》。明政官人大斷案，清廉司吏鬼提牢。

鴛鴦被

佚名《録鬼簿續編・無名氏》《鴛鴦被》。黄金殿題名龍虎榜，玉清庵錯送鴛鴦被。

徐𤊹《徐氏家藏書目・傳奇類》《玉清庵錯送鴛鴦被》。

王國維《曲録・雜劇部下》《玉清庵錯送鴛鴦被》一本。《元曲選》本。《續古名家雜劇》本。元無名氏撰。

四國旦

佚名《録鬼簿續編・無名氏》《四國旦》。八十知風流五變粧，十樣配像生四國旦。

王國維《曲録・雜劇部下》《四國旦》一本。見《太和正音譜》。元無名氏撰。

森羅殿

佚名《録鬼簿續編・無名氏》《森羅殿》。窮才子不幸死囚牢，阮提舉鬼鬧森羅殿。

馬陵道

佚名《録鬼簿續編・無名氏》《馬陵道》。孫臏悔下雲夢山，龐涓夜走馬陵道。

王國維《曲録・雜劇部下》《龐涓夜走馬陵道》一本。《元曲選》本。元無名氏撰。

還牢旦

佚名《録鬼簿續編・無名氏》《還牢旦》。月下朱公大報恩，領山夫人還牢旦。

王國維《曲録・雜劇部下》《還牢旦》一本。見《太和正音譜》。元無名氏撰。

明昌夢

佚名《録鬼簿續編・無名氏》《明昌夢》。陸正官分豁是非場，孫孔目智賺明昌夢。

送寒衣

佚名《録鬼簿續編・無名氏》《送寒衣》。范杞良一命亡沙塞，孟姜女千里送寒衣。

託妻寄子

佚名《録鬼簿續編・無名氏》《託妻寄子》。大丈夫重義疎財，死生交託妻寄子。

留鞋記

佚名《録鬼簿續編・無名氏》《留鞋記》。郭明卿燈宵悞佳期，王月英元夜留鞋記。

衣錦還鄉

佚名《録鬼簿續編・無名氏》《衣錦還鄉》。秦張儀爲官忘舊，凍蘇秦衣錦還鄉。

王國維《曲録・雜劇部下》《凍蘇秦衣錦還鄉》一本。《元曲選》本。元無名氏撰。

替殺妻

佚名《録鬼簿續編・無名氏》《替殺妻》。賢明待制番終獄，刎頭張千替殺妻。

王國維《曲録・雜劇部下》《張子替殺妻》一本。見《太和正音譜》。元無名氏撰。

孟光舉案

佚名《録鬼簿續編・無名氏》《孟光舉案》。義烈士梁鴻作歌，賢達婦孟光舉案。

王國維《曲録・雜劇部下》《孟德耀舉案齊眉》一本。《元曲選》本。元無名氏撰。

撾怨鼓

佚名《録鬼簿續編・無名氏》《撾怨鼓》。病秦瓊打奸臣，老敬德撾怨鼓。

王國維《曲録・雜劇部下》《敬德撾怨鼓》一本。見《太和正音譜》。元無名氏撰。

合同文字

佚名《録鬼簿續編・無名氏》《合同文字》。伯娘妬親生姪兒，清官斷合同文字。

王國維《曲録・雜劇部下》《包龍圖智賺合同文字》一本。《元曲選》本。元無名氏撰。

盜骨殖

佚名《録鬼簿續編・無名氏》《盜骨殖》。殺人和尚退敵兵，放火孟良盜骨殖。

心猿意馬

佚名《録鬼簿續編・無名氏》《心猿意馬》。漢鍾離赴紫府瑶池，藍采和鎖心猿意馬。

王國維《曲録・雜劇部下》《收心猿意馬》一本。疑即賈仲名之《度金童玉女》。見《太和正音譜》。元無名氏撰。

後姚婆

佚名《録鬼簿續編・無名氏》《後姚婆》。賢妳娘單教前家子，女學士三勸後姚婆。

殺狗勸夫

佚名《録鬼簿續編・無名氏》《殺狗勸夫》。王修然屏邪歸正，賢達婦殺狗勸夫。

見《太和正音譜》及《也是園書目》。元無名氏撰。

雲臺觀

佚名《録鬼簿續編・無名氏》《雲臺觀》。各分離配匹復團圓，人不知大鬧雲臺觀。

磨刀勸婦

佚名《録鬼簿續編・無名氏》《磨刀勸婦》。生分婦合藥害姑，孝順子磨刀勸婦。

鬧法場

佚名《録鬼簿續編・無名氏》《鬧法場》。五十九目兄配荆州，孝王貴救鬧法場。

永不分别

佚名《録鬼簿續編・無名氏》《永不分别》。令史檢户婚文書，清官斷永不分别。

婢生子

佚名《録鬼簿續編・無名氏》《婢生子》。動人情天得妳乾女，感藥王神救婢生子。

荆娘盗果

佚名《録鬼簿續編・無名氏》《荆娘盗果》。義烈夫士廉休妻，賢達婦荆娘盗果。

王國維《曲録・雜劇部下》《賢達婦荆娘盗果》一本。《正音譜》作《京娘盗果》。

消災寺

佚名《録鬼簿續編・無名氏》《消災寺》。宋公明復打祝家莊，魯智深大鬧消災寺。

蔡順分椹

佚名《録鬼簿續編・無名氏》《蔡順分椹》。起義心樊崇助粟，行孝道蔡順分椹。

衣襖車

佚名《録鬼簿續編・無名氏》《衣襖車》。劉慶重征延安府，狄青復奪衣襖車。

王國維《曲録・雜劇部下》《狄青復奪衣襖車》一本。見《太和正音譜》及《也是園書目》。元無名氏撰。

水裏報冤

佚名《録鬼簿續編・無名氏》《水裏報冤》。宋江岸上加兵，張順水裏報冤。

王國維《曲録・雜劇部下》《張順水裏報冤》一本。見《太和正音譜》。元無名氏撰。

獨角牛

佚名《録鬼簿續編・無名氏》《獨角牛》。諸直社火初獻仁安殿，劉千和尚病打獨角牛。

王國維《曲録・雜劇部下》《劉千病打獨角牛》一本。見《太和正音譜》。元無名氏撰。

目蓮救母

佚名《録鬼簿續編・無名氏》《目蓮救母》。發慈悲觀音度生，行孝道目蓮救母。

罟罟旦

佚名《録鬼簿續編・無名氏》《罟罟旦》。風雪當站兀剌赤，像生番語括罟旦。

王國維《曲録・雜劇部下》《罟罟旦》一本。見《太和正音譜》。元無名氏撰。

博望燒屯

佚名《録鬼簿續編・無名氏》《博望燒屯》。關雲長白河放火，諸葛亮博望燒屯。

王國維《曲録・雜劇部下》《諸葛亮博望燒屯》一本。見《太和正音譜》。元無名氏撰。

開封府

佚名《録鬼簿續編・無名氏》《開封府》。包龍圖威振汴梁城，神奴兒鬼鬧開封府。

王國維《曲録・雜劇部下》《神奴兒大鬧開封府》一本。《元曲選》本。元無名氏撰。

仁義禮智信

佚名《録鬼簿續編・無名氏》《仁義禮智》。陶伯齡賺甲袍馬令，拂塵子仁義禮智。

王國維《曲録・雜劇部下》《拂塵子仁義禮智信》一本。見《太和正音譜》。元無名氏撰。

鬧法場

佚名《録鬼簿續編・無名氏》《鬧法場》。雙不孝逆子遭行憲，四顆頭任千鬧法場。

王國維《曲録・雜劇部下》《任千四顆頭》一本。見《太和正音譜》。元無名氏撰。

飛刀對箭

佚名《録鬼簿續編・無名氏》《飛刀對箭》。薛仁貴三定天山，莫離支飛刀對箭。

王國維《曲録・雜劇部下》《摩利支飛刀對箭》一本。見《太和正音譜》。元無名氏撰。

延安府

佚名《録鬼簿續編・無名氏》《延安府》。衆宰相聚集待漏院，十探子大鬧延安府。

王國維《曲録・雜劇部下》《十探子大鬧延安府》一本。見《也是園書目》。元無名氏撰。

三虎下山

佚名《録鬼簿續編・無名氏》《三虎下山》。好結義一身繫獄，争報恩三虎下山。

王國維《曲録・雜劇部下》《争報恩三虎下山》一本。《元曲選》本。元無名氏撰。

黄花峪

佚名《録鬼簿續編・無名氏》《黄花峪》。黑旋風搭救李幼奴，魯智深大鬧黄花峪。

王國維《曲録・雜劇部下》《魯智深喜賞黄花峪》一本。見《也是園書目》。元無名氏撰。

私下三關

佚名《録鬼簿續編・無名氏》《私下三關》。王樞密知流二國，楊六郎私下三關。

杜鵑啼

佚名《録鬼簿續編・無名氏》《杜鵑啼》。楚金仙月夜杜鵑啼。

王國維《曲録・雜劇部下》《夜月杜鵑啼》一本。見《太和正音譜》。元無名氏撰。

存孝打虎

佚名《録鬼簿續編・無名氏》《存孝打虎》。雁門關存孝打虎。

王國維《曲録・雜劇部下》《雁門關存孝打虎》一本。見《太和正音譜》及《也是園書目》。元無名氏撰。

兩團圓

佚名《録鬼簿續編・無名氏》《兩團圓》。金斗郡夫妻雙拆散，豫章城人月兩團圓。

四聖歸天

佚名《録鬼簿續編・無名氏》《四聖歸天》。交場廟四聖歸天。

刑臺記

佚名《録鬼簿續編・無名氏》《刑臺記》。天壽太子刑臺記。

興兵完楚

佚名《録鬼簿續編・無名氏》《興兵完楚》。申包胥興兵完楚。

三件寶

佚名《録鬼簿續編·無名氏》《叄件寶》。宋仁宗御斷六花王，包待制智賺三件寶。

王國維《曲録·雜劇部下》《智賺三件寶》一本。見《太和正音譜》。元無名氏撰。

盜虎皮

佚名《録鬼簿續編·無名氏》《盜虎皮》。人頭峰崔生盜虎皮。

斬蔡陽

佚名《録鬼簿續編·無名氏》《斬蔡陽》。

陳州糶米

王國維《曲録·雜劇部下》《陳州糶米》一本。《元曲選》本。元無名氏撰。

賺蒯通

王國維《曲録·雜劇部下》《隨何賺風魔蒯通》一本。《元曲選》本。元無名氏撰。

小尉遲

王國維《曲録·雜劇部下》《小尉遲將鬭將認父歸朝》一本。《元曲選》本。元無名氏撰。

清風府

王國維《曲録·雜劇部下》《謝金吾詐拆清風府》一本。《元曲選》本。元無名氏撰。

隔江鬭智

王國維《曲録·雜劇部下》《兩軍師隔江鬭智》一本。《元曲選》本。元無名氏撰。

碧桃花

高儒《百川書志·外史》《薩真人夜斷碧桃花記》一卷。此處空撰人一行，各鈔本同。

王國維《曲録·雜劇部下》《薩真人夜斷碧桃花》一本。《元曲選》本。元無名氏撰。

馮玉蘭

王國維《曲録·雜劇部下》《馮玉蘭夜月泣江舟》一本。《元曲選本》。元無名氏撰。

百花亭

王國維《曲録・雜劇部下》《逞風流王焕百花亭》一本。《元曲選》本。元無名氏撰。

連環計

徐㶿《徐氏家藏書目・傳奇類》《漢王允美女連環》。

王國維《曲録・雜劇部下》《錦雲堂暗定連環計》一本。《元曲選》本。《元人雜劇選》本。元無名氏撰。

抱妝盒

王國維《曲録・雜劇部下》《金水橋陳琳抱妝匣》一本。《元曲選》本。元無名氏撰。

九世同居

王國維《曲録・雜劇部下》《張公藝九世同居》一本。《元人雜劇選》本。元無名氏撰。

符金錠

王國維《曲録・雜劇部下》《趙匡義智取符金錠》一本。《元人雜劇選》本。元無名氏撰。

藍采和

徐㶿《徐氏家藏書目・傳奇類》《漢鍾離度藍采和》。

王國維《曲録・雜劇部下》《漢鍾離度脱藍采和》一本。《續古名家雜劇》本。元無名氏撰。

野猿聽經

徐㶿《徐氏家藏書目・傳奇類》《龍濟寺野猿聽經》。

王國維《曲録・雜劇部下》《龍濟山野猿聽經》一本。《續古名家雜劇》本。元無名氏撰。

鎖魔鏡

徐㶿《徐氏家藏書目・傳奇類》《二郎神醉射鎖魔鏡》。

王國維《曲録・雜劇部下》《二郎神醉射鎖魔鏡》一本。《續古名家雜劇》本。元無名氏撰。

豫讓吞炭

王國維《曲録・雜劇部下》《忠義士豫讓吞炭》一本。疑即楊梓撰。見《太和正音譜》及《也是園書目》。元無名氏撰。

敬德不伏老

王國維《曲録・雜劇部下》《下高麗敬德不伏老》一本。疑即楊梓撰。見《太和正音譜》及《也是園書目》。元無名氏撰。

赤壁賦

徐𤊹《徐氏家藏書目・傳奇類》《蘇子瞻醉寫赤壁賦》。

王國維《曲録・雜劇部下》《蘇子瞻醉寫赤壁賦》一本。見《太和正音譜》及《也是園書目》。元無名氏撰。

劉宏嫁婢

王國維《曲録・雜劇部下》《施仁義劉宏嫁婢》一本。見《太和正音譜》及《也是園書目》。元無名氏撰。

千里獨行

王國維《曲録・雜劇部下》《關雲長千里獨行》一本。見《太和正音譜》及《也是園書目》。元無名氏撰。

白蓮池

王國維《曲録・雜劇部下》《孝順賊魚水白蓮池》一本。見《太和正音譜》及《也是園書目》。元無名氏撰。

郭巨埋兒

王國維《曲録・雜劇部下》《行孝道郭巨埋兒》一本。見《太和正音譜》及《也是園書目》。元無名氏撰。

夢天臺

王國維《曲録・雜劇部下》《夢天臺》一本。見《太和正音譜》。元無名氏撰。

望思臺

王國維《曲録・雜劇部下》《望思臺》一本。見《太和正音譜》。元無名氏撰。

蟠桃會

王國維《曲録・雜劇部下》《蟠桃會》一本。見《太和正音譜》。元無名氏撰。

燕山夢

王國維《曲録・雜劇部下》《燕山夢》一本。見《太和正音譜》。元無名氏撰。

硃砂記

王國維《曲録・雜劇部下》《硃砂記》一本。見《太和正音譜》。元無名氏撰。

賢孝牌

王國維《曲録・雜劇部下》《賢孝牌》一本。見《太和正音譜》。元無名氏撰。

打毬會

王國維《曲録・雜劇部下》《打毬會》一本。見《太和正音譜》。元無名氏撰。

打陳平

王國維《曲録・雜劇部下》《打陳平》一本。見《太和正音譜》。元無名氏撰。

祭三王

王國維《曲録・雜劇部下》《祭三王》一本。見《太和正音譜》。元無名氏撰。

三賢婦

王國維《曲録・雜劇部下》《三賢婦》一本。見《太和正音譜》。元無名氏撰。

聖姑姑

王國維《曲録・雜劇部下》《聖姑姑》一本。見《太和正音譜》。元無名氏撰。

雙鬬醫

王國維《曲録・雜劇部下》《雙鬬醫》一本。見《太和正音譜》。元無名氏撰。

桂花精

王國維《曲録・雜劇部下》《桂花精》一本。見《太和正音譜》。元無名氏撰。

黄花寨

王國維《曲録・雜劇部下》《黄花塞》一本。見《太和正音譜》。元無名氏撰。

水簾寨

王國維《曲録・雜劇部下》《水簾寨》一本。見《太和正音譜》。元無名氏撰。

銷金帳

王國維《曲録・雜劇部下》《銷金帳》一本。見《太和正音譜》。元無名氏撰。

望香亭

王國維《曲録·雜劇部下》《望香亭》一本。見《太和正音譜》。元無名氏撰。

霍光鬼諫

王國維《曲録·雜劇部下》《霍光鬼諫》一本。疑即楊梓撰。見《太和正音譜》。元無名氏撰。

綵扇題詩

王國維《曲録·雜劇部下》《綵扇題詩》一本。見《太和正音譜》。元無名氏撰。

袁覺拖笆

王國維《曲録·雜劇部下》《袁覺拖笆》一本。見《太和正音譜》。元無名氏撰。

繼母大賢

王國維《曲録·雜劇部下》《繼母大賢》一本。見《太和正音譜》。元無名氏撰。

楊香跨虎

王國維《曲録·雜劇部下》《楊香跨虎》一本。見《太和正音譜》。元無名氏撰。

田真泣樹

王國維《曲録·雜劇部下》《田真泣樹》一本。見《太和正音譜》。元無名氏撰。

螺螄末泥

王國維《曲録·雜劇部下》《螺螄末泥》一本。見《太和正音譜》。元無名氏撰。

雪裏報冤

王國維《曲録·雜劇部下》《雪裏報冤》一本。見《太和正音譜》。元無名氏撰。

佳人寫恨

王國維《曲録·雜劇部下》《佳人寫恨》一本。見《太和正音譜》。元無名氏撰。

才子留情

王國維《曲録·雜劇部下》《才子留情》一本。見《太和正音譜》。元無名氏撰。

化胡成佛

王國維《曲録·雜劇部下》《化胡成佛》一本。見《太和正音譜》。元無名氏撰。

陶侃拏蘇峻

王國維《曲録·雜劇部下》《陶侃拏蘇峻》一本。見《太和正音譜》。元無名氏撰。

火燒阿房宫

王國維《曲録·雜劇部下》《火燒阿房宫》一本。見《太和正音譜》。元無名氏撰。

任貴五顆頭

王國維《曲録·雜劇部下》《任貴五顆頭》一本。見《太和正音譜》。元無名氏撰。

搥碎黄鶴樓

王國維《曲録·雜劇部下》《搥碎黄鶴樓》一本。見《太和正音譜》。元無名氏撰。

盧仝七碗茶

王國維《曲録·雜劇部下》《盧仝七碗茶》一本。見《太和正音譜》。元無名氏撰。

卓文君駕車

王國維《曲録·雜劇部下》《卓文君駕車》一本。見《太和正音譜》。元無名氏撰。

刀劈史鴉霞

王國維《曲録·雜劇部下》《刀劈史鴉霞》一本。見《太和正音譜》。元無名氏撰。

策立陰皇后

王國維《曲録·雜劇部下》《策立陰皇后》一本。見《太和正音譜》。元無名氏撰。

搬運太湖石

王國維《曲録·雜劇部下》《搬運太湖石》一本。見《太和正音譜》。元無名氏撰。

風雪包待制

王國維《曲録·雜劇部下》《風雪包待制》一本。見《太和正音譜》。元無名氏撰。

柳成錯背妻

王國維《曲録・雜劇部下》《柳成錯背妻》一本。見《太和正音譜》。元無名氏撰。

郭桓打官糧

王國維《曲録・雜劇部下》《郭桓打官糧》一本。見《太和正音譜》。元無名氏撰。

黃魯直打到底

王國維《曲録・雜劇部下》《黃魯直打到底》一本。見《太和正音譜》。元無名氏撰。

鬧元宵

王國維《曲録・雜劇部下》《一丈青鬧元宵》一本。見《太和正音譜》。元無名氏撰。

危太僕后庭花

王國維《曲録・雜劇部下》《危太僕後庭花》一本。「太僕」當作「太樸」。太樸，危素字。此本疑即素撰。見《太和正音譜》。元無名氏撰。

包待制雙勘丁

王國維《曲録・雜劇部下》《包待制雙勘丁》一本。見《太和正音譜》。元無名氏撰。

明皇村落會佳期

王國維《曲録・雜劇部下》《明皇村落會佳期》一本。見《太和正音譜》。元無名氏撰。

哀哀怨怨後庭花

王國維《曲録・雜劇部下》《哀哀怨怨後庭花》一本。見《太和正音譜》。元無名氏撰。

風流娘子兩相宜

王國維《曲録・雜劇部下》《風流娘子兩相宜》一本。見《太和正音譜》。元無名氏撰。

趙宗讓肥

王國維《曲録・雜劇部下》《趙宗讓肥》一本。疑即秦簡夫作之《趙禮讓肥》。見《太和正音譜》。元無名氏撰。

魯元公主

王國維《曲録・雜劇部下》《魯元公主》一本。疑即關漢卿之《魯元公主三噉赦》。見《太和正音譜》。元無名氏撰。

夜月荆娘墓

王國維《曲録・雜劇部下》《夜月荆娘墓》一本。疑即彭伯成之《四不知夜月京娘怨》。見《太和正音譜》。元無名氏撰。

張儀凍蘇秦

王國維《曲録・雜劇部下》《張儀凍蘇秦》一本。疑即《凍蘇秦衣錦還鄉》。右五種見《太和正音譜》，題無名氏撰，或五本均有次本，故附于此。

金篦刺目

王國維《曲録・雜劇部下》《樊事真金篦刺目》一本。見元雪蓑釣隱《青樓集》。元無名氏撰。

捽表諫

王國維《曲録・雜劇部下》《捽表諫》一本。見《也是園書目》。元無名氏撰。

閥閲舞射柳蕤丸記

王國維《曲録・雜劇部下》《閥閲舞射柳蕤丸記》一本。見《也是園書目》。元無名氏撰。

伍子胥鞭伏柳盜跖

王國維《曲録・雜劇部下》《伍子胥鞭伏柳盜跖》一本。見《也是園書目》。元無名氏撰。

臨潼鬭寶

王國維《曲録・雜劇部下》《十八國臨潼鬭寶》一本。見《也是園書目》。元無名氏撰。

伐晉興齊

王國維《曲録・雜劇部下》《田穰苴伐晉興齊》一本。見《也是園書目》。元無名氏撰。

樂毅圖齊

王國維《曲録・雜劇部下》《後七國樂毅圖齊》一本。見《也是園書目》。元無名氏撰。

吴起敵秦

王國維《曲録・雜劇部下》《吴起敵秦掛帥印》一本。見《也是園書目》。元無名氏撰。

孟母三遷

王國維《曲録・雜劇部下》《守貞婦孟母三遷》一本。見《也是園書目》。元無名氏撰。

莊周夢

王國維《曲録・雜劇部下》《莊周半世胡蝶夢》一本。見《也是園書目》。元無名氏撰。

羊角哀鬼戰荆軻

王國維《曲録・雜劇部下》《羊角哀鬼戰荆軻》一本。見《也是園書目》。元無名氏撰。

夷門宴

王國維《曲録・雜劇部下》《四公子夷門元宵宴》一本。見《也是園書目》。元無名氏撰。

陽臺夢

王國維《曲録・雜劇部下》《巫娥女醉赴陽臺夢》一本。見《也是園書目》。元無名氏撰。

騙英布

王國維《曲録・雜劇部下》《運機謀隨何騙英布》一本。見《也是園書目》。元無名氏撰。

暗度陳倉

王國維《曲録・雜劇部下》《韓元帥暗度陳倉》一本。見《也是園書目》。元無名氏撰。

衣錦還鄉

王國維《曲録・雜劇部下》《漢公卿衣錦還鄉》一本。見《也是園書目》。元無名氏撰。

題橋記

王國維《曲録・雜劇部下》《司馬相如題橋記》一本。見《也是園書目》。元無名氏撰。

聚獸牌

王國維《曲録·雜劇部下》《馬援撾打聚獸牌》一本。見《也是園書目》。元無名氏撰。

雲臺門

王國維《曲録·雜劇部下》《雲臺聚二十八將》一本。見《也是園書目》。元無名氏撰。

大戰邳仝

王國維《曲録·雜劇部下》《漢銚期大戰邳仝》一本。見《也是園書目》。元無名氏撰。

定時捉將

王國維《曲録·雜劇部下》《寇子翼定時捉將》一本。見《也是園書目》。元無名氏撰。

捉彭寵

王國維《曲録·雜劇部下》《鄧禹定計捉彭寵》一本。見《也是園書目》。元無名氏撰。

昆陽大戰

王國維《曲録·雜劇部下》《郅鄆璋昆陽大戰》一本。見《也是園書目》。元無名氏撰。

郭況游春

王國維《曲録·雜劇部下》《金穴富郭況游春》一本。見《也是園書目》。元無名氏撰。

岑母大賢

王國維《曲録·雜劇部下》《施仁義岑母大賢》一本。見《也是園書目》。元無名氏撰。

十樣錦

王國維《曲録·雜劇部下》《十樣錦諸葛論功》一本。見《也是園書目》。元無名氏撰。

陳倉道

王國維《曲録·雜劇部下》《曹操夜走陳倉道》一本。見《也是園書目》。元無名氏撰。

五馬破曹

王國維《曲録・雜劇部下》《陽平關五馬破曹》一本。見《也是園書目》。元無名氏撰。

龐統掠四郡

王國維《曲録・雜劇部下》《走鳳雛龐統掠四郡》一本。見《也是園書目》。元無名氏撰。

娶小喬

王國維《曲録・雜劇部下》《周公瑾得志娶小喬》一本。見《也是園書目》。元無名氏撰。

單戰呂布

王國維《曲録・雜劇部下》《張翼德單戰呂布》一本。見《也是園書目》。元無名氏撰。

石榴園

王國維《曲録・雜劇部下》《莽張飛大鬧石榴園》一本。見《也是園書目》。元無名氏撰。

氣張飛

王國維《曲録・雜劇部下》《諸葛亮掛印氣張飛》一本。見《也是園書目》。元無名氏撰。

諸葛亮石伏陸遜

王國維《曲録・雜劇部下》《諸葛亮石伏陸遜》一本。見《也是園書目》。元無名氏撰。

三讓徐州

王國維《曲録・雜劇部下》《老陶謙三讓徐州》一本。見《也是園書目》。元無名氏撰。

五關斬將

王國維《曲録・雜劇部下》《壽亭侯五關斬將》一本。見《也是園書目》。元無名氏撰。

斬貂蟬

王國維《曲録・雜劇部下》《關大王月下斬貂蟬》一本。見《也是園書目》。元無名氏撰。

古城聚義

王國維《曲録·雜劇部下》《關雲長古城聚義》一本。見《也是園書目》。元無名氏撰。

單刀劈四寇

王國維《曲録·雜劇部下》《關雲長單刀劈四寇》一本。見《也是園書目》。元無名氏撰。

大破蚩尤

王國維《曲録·雜劇部下》《關雲長大破蚩尤》一本。見《也是園書目》。元無名氏撰。

怒斬關平

王國維《曲録·雜劇部下》《壽亭侯怒斬關平》一本。見《也是園書目》。元無名氏撰。

三出小沛

王國維《曲録·雜劇部下》《張翼德三出小沛》一本。見《也是園書目》。元無名氏撰。

桃園三結義

王國維《曲録·雜劇部下》《劉關張桃園三結義》一本。見《也是園書目》。元無名氏撰。

米伯通衣錦還鄉

王國維《曲録·雜劇部下》《米伯通衣錦還鄉》一本。見《也是園書目》。元無名氏撰。

杏林莊

王國維《曲録·雜劇部下》《張益德大破香林莊》一本。見《也是園書目》。元無名氏撰。

東籬賞菊

王國維《曲録·雜劇部下》《陶淵明東籬賞菊》一本。見《也是園書目》。元無名氏撰。

四馬投唐

王國維《曲録·雜劇部下》《長安城四馬投唐》一本。見《也是園書目》。元無名氏撰。

魏徵改詔

王國維《曲録・雜劇部下》《魏徵改詔風雲會》一本。見《也是園書目》。元無名氏撰。

老君堂

王國維《曲録・雜劇部下》《程齩金斧劈老君堂》一本。見《也是園書目》。元無名氏撰。

智降秦叔寶

王國維《曲録・雜劇部下》《徐茂功智降秦叔寶》一本。見《也是園書目》。元無名氏撰。

鞭打單雄信

王國維《曲録・雜劇部下》《尉遲恭鞭打單雄信》一本。見《也是園書目》。元無名氏撰。

登瀛洲

王國維《曲録・雜劇部下》《十八學士登瀛洲》一本。見《也是園書目》。元無名氏撰。

陰山破虜

王國維《曲録・雜劇部下》《唐李靖陰山破虜》一本。見《也是園書目》。元無名氏撰。

慶賞端陽

王國維《曲録・雜劇部下》《立功勳慶賞端陽》一本。見《也是園書目》。元無名氏撰。

龍門隱秀

王國維《曲録・雜劇部下》《賢達婦龍門隱秀》一本。見《也是園書目》。元無名氏撰。

浣花溪

王國維《曲録・雜劇部下》《衆僚友喜賞浣花溪》一本。見《也是園書目》。元無名氏撰。

破風詩

王國維《曲録・雜劇部下》《招涼亭賈島破風詩》一本。見《也是園書目》。元無名氏撰。

大戰葛從周

王國維《曲録·雜劇部下》《李存孝大戰葛從周》一本。見《也是園書目》。元無名氏撰。

五虎困彦章

王國維《曲録·雜劇部下》《狗家疃五虎困彦章》一本。見《也是園書目》。元無名氏撰。

朱全忠五路犯太原

王國維《曲録·雜劇部下》《朱全忠五路犯太原》一本。見《也是園書目》。元無名氏撰。

紫泥宣

王國維《曲録·雜劇部下》《李嗣源復奪紫泥宣》一本。見《也是園書目》。元無名氏撰。

存孝打虎

王國維《曲録·雜劇部下》《飛虎峪存孝打虎》一本。見《也是園書目》。元無名氏撰。

午時牌

王國維《曲録·雜劇部下》《壓關樓壘掛午時牌》一本。見《也是園書目》。元無名氏撰。

曹彬下江南

王國維《曲録·雜劇部下》《存仁心曹彬下江南》一本。見《也是園書目》。元無名氏撰。

開詔救忠臣

王國維《曲録·雜劇部下》《八大王開詔救忠臣》一本。見《也是園書目》。元無名氏撰。

破天陣

王國維《曲録·雜劇部下》《楊六郎調兵破天陣》一本。見《也是園書目》。元無名氏撰。

活拏蕭天祐

王國維《曲録·雜劇部下》《焦光贊活拏蕭天祐》一本。見《也是園書目》。元無名氏撰。

打董達

王國維《曲録·雜劇部下》《趙匡胤打董達》一本。見《也是園書目》。元無名氏撰。

打韓通

王國維《曲録·雜劇部下》《穆陵關下打韓通》一本。見《也是園書目》。元無名氏撰。

岳飛精忠

王國維《曲録·雜劇部下》《宋大將岳飛精忠》一本。見《也是園書目》。元無名氏撰。

蘇東坡誤入佛游寺

王國維《曲録·雜劇部下》《蘇東坡誤入佛游寺》一本。見《也是園書目》。元無名氏撰。

女貞觀

王國維《曲録·雜劇部下》《張于湖誤宿女貞觀》一本。見《也是園書目》。元無名氏撰。

大劫牢

王國維《曲録·雜劇部下》《梁山五虎大劫牢》一本。見《也是園書目》。元無名氏撰。

鬧銅臺

王國維《曲録·雜劇部下》《梁山七虎鬧銅臺》一本。見《也是園書目》。元無名氏撰。

九宫八卦陣

王國維《曲録·雜劇部下》《宋公明排九宫八卦陣》一本。見《也是園書目》。元無名氏撰。

東平府

王國維《曲録·雜劇部下》《王矮虎大鬧東平府》一本。見《也是園書目》。元無名氏撰。

小李廣大鬧元宵夜

王國維《曲録·雜劇部下》《小李廣大鬧元宵夜》一本。見《也是園書目》。元無名氏撰。

宋公明劫法場

王國維《曲録·雜劇部下》《宋公明劫法場》一本。見《也是園書目》。元無名氏撰。

宋公明喜賞新春會

王國維《曲録·雜劇部下》《宋公明喜賞新春會》一本。見《也是園書目》。元無名氏撰。

周王誠齋

王國維《曲録·雜劇部下》《周王誠齋》一本。見《也是園書目》。元無名氏撰。

下西洋

王國維《曲録·雜劇部下》《奉天命三保下西洋》一本。見《也是園書目》。元無名氏撰。

保國公安邊破虜

王國維《曲録·雜劇部下》《保國公安邊破虜》一本。見《也是園書目》。元無名氏撰。

英國公平定安南

王國維《曲録·雜劇部下》《英國公平定安南》一本。見《也是園書目》。元無名氏撰。

五學士明講春秋

王國維《曲録·雜劇部下》《五學士明講春秋》一本。見《也是園書目》。元無名氏撰。

王閏香夜月四春園

王國維《曲録·雜劇部下》《王閏香夜月四春園》一本。見《也是園書目》。元無名氏撰。

李瓊奴月夜江陵怨

王國維《曲録·雜劇部下》《李瓊奴月夜江陵怨》一本。見《也是園書目》。元無名氏撰。

崔驢兒指腹成婚

王國維《曲録·雜劇部下》《崔驢兒指腹成婚》一本。見《也是園書目》。元無名氏撰。

昇堂記

王國維《曲録・雜劇部下》《女姑姑説法升堂記》一本。見《也是園書目》。元無名氏撰。

勘金環

王國維《曲録・雜劇部下》《清廉官長勘金環》一本。見《也是園書目》。元無名氏撰。

漁樵問話

王國維《曲録・雜劇部下》《若耶溪漁樵問話》一本。見《也是園書目》。元無名氏撰。

雷澤遇仙記

王國維《曲録・雜劇部下》《雷澤遇仙記》一本。見《也是園書目》。元無名氏撰。

貧富興衰

王國維《曲録・雜劇部下》《徐伯株貧富興衰記》一本。見《也是園書目》。元無名氏撰。

薛包認母

王國維《曲録・雜劇部下》《薛包認母》一本。見《也是園書目》。元無名氏撰。

認金梳

王國維《曲録・雜劇部下》《認金梳孤兒尋母》一本。見《也是園書目》。元無名氏撰。

蘇娥自許嫁

王國維《曲録・雜劇部下》《鵲奔亭蘇娥自許嫁》一本。見《也是園書目》。元無名氏撰。

渭塘奇遇

王國維《曲録・雜劇部下》《王文秀渭塘奇遇》一本。見《也是園書目》。元無名氏撰。

誤失金環

高儒《百川書志・外史》《秦月娥誤失金環記》一卷。此處空撰人一行，各鈔本同。

王國維《曲録・雜劇部下》《秦月娥誤失金環記》一本。見《也是園書目》。元無名氏撰。

南樓記

王國維《曲録・雜劇部下》《賽金蓮花月南樓記》一本。見《也是園書目》。元無名氏撰。

南牢記

王國維《曲録・雜劇部下》《風月南牢記》一本。見《也是園書目》。元無名氏撰。

蘇九淫奔

王國維《曲録・雜劇部下》《慶豐門蘇九淫奔記》一本。見《也是園書目》。元無名氏撰。

雙林坐化

王國維《曲録・雜劇部下》《釋迦佛雙林坐化》一本。見《也是園書目》。元無名氏撰。

魚籃記

王國維《曲録・雜劇部下》《觀音菩薩魚籃記》一本。見《也是園書目》。元無名氏撰。

拔宅飛昇

王國維《曲録・雜劇部下》《許真人拔宅飛昇》一本。見《也是園書目》。元無名氏撰。

南極登仙

王國維《曲録・雜劇部下》《孫真人南極登仙會》一本。見《也是園書目》。元無名氏撰。

三化邯鄲

王國維《曲録・雜劇部下》《呂翁三化邯鄲店》一本。見《也是園書目》。元無名氏撰。

度黄龍

王國維《曲録・雜劇部下》《呂純陽點化度黄龍》一本。見《也是園書目》。元無名氏撰。

呂洞賓戲白牡丹

高儒《百川書志・外史》《呂洞賓戲白牡丹飛劍斬黄龍》一卷。此處空撰人一行，各鈔本同。

王國維《曲録·雜劇部下》《吕洞賓戲白牡丹》一本。見《也是園書目》。元無名氏撰。

邊洞元

王國維《曲録·雜劇部下》《邊洞元慕道昇仙》一本。見《也是園書目》。元無名氏撰。

李雲卿

王國維《曲録·雜劇部下》《李雲卿得悟昇真》一本。見《也是園書目》。元無名氏撰。

王蘭卿

王國維《曲録·雜劇部下》《王蘭卿服信明真傳》一本。見《也是園書目》。元無名氏撰。

太平仙記

王國維《曲録·雜劇部下》《證無爲太平仙記》一本。見《也是園書目》。元無名氏撰。

桃符記

王國維《曲録·雜劇部下》《太乙仙夜斷桃符記》一本。見《也是園書目》。元無名氏撰。

度脱海棠仙

王國維《曲録·雜劇部下》《南極星度脱海棠仙》一本。見《也是園書目》。元無名氏撰。

鎖白猿

王國維《曲録·雜劇部下》《時真人四聖鎖白猿》一本。見《也是園書目》。元無名氏撰。

齊天大聖

王國維《曲録·雜劇部下》《二郎神鎖齊天大聖》一本。見《也是園書目》。元無名氏撰。

哪吒三變化

王國維《曲録·雜劇部下》《猛烈哪吒三變化》一本。見《也是園書目》。元無名氏撰。

斬健蛟

王國維《曲録·雜劇部下》《灌口二郎斬健蛟》一本。見《也是園書目》。元無名氏撰。

寶光殿

王國維《曲録·雜劇部下》《寶光殿天真祝萬壽》一本。教坊編輯。見《也是園書目》。元無名氏撰。

蟠桃會

王國維《曲録·雜劇部下》《衆神仙慶賞蟠桃會》一本。教坊編輯。見《也是園書目》。元無名氏撰。

獻蟠桃

王國維《曲録·雜劇部下》《祝聖壽金母獻蟠桃》一本。教坊編輯。見《也是園書目》。元無名氏撰。

慶長生

王國維《曲録·雜劇部下》《降丹墀玉聖慶長生》一本。教坊編輯。見《也是園書目》。元無名氏撰。

元宵節

王國維《曲録·雜劇部下》《衆神聖慶賀元宵節》一本。教坊編輯。見《也是園書目》。元無名氏撰。

萬國來朝

王國維《曲録·雜劇部下》《祝聖壽萬國來朝》一本。教坊編輯。見《也是園書目》。元無名氏撰。

八仙過海

王國維《曲録·雜劇部下》《争玉板八仙過滄海》一本。教坊編輯。見《也是園書目》。元無名氏撰。

鬧鍾馗

王國維《曲録·雜劇部下》《慶豐年五鬼鬧鍾馗》一本。教坊編輯。見《也是園書目》。元無名氏撰。

金鑾慶壽

王國維《曲録·雜劇部下》《南極星金鑾慶壽》一本。教坊編輯。見《也是園書目》。元無名氏撰。

賀萬壽

王國維《曲録·雜劇部下》《賀萬壽拜舞黃金殿》一本。教坊編輯。見《也是園書目》。元無名氏撰。

獻禎祥

王國維《曲録・雜劇部下》《獻禎祥祝延萬壽》一本。教坊編輯。見《也是園書目》。元無名氏撰。

瑶池會

王國維《曲録・雜劇部下》《西王母祝壽瑶池會》一本。教坊編輯。見《也是園書目》。元無名氏撰。

長春壽

王國維《曲録・雜劇部下》《紫微宫慶賀長春壽》一本。教坊編輯。見《也是園書目》。元無名氏撰。

五龍朝聖

王國維《曲録・雜劇部下》《賀萬壽五龍朝聖》一本。教坊編輯。見《也是園書目》。元無名氏撰。

長生會

王國維《曲録・雜劇部下》《衆天仙慶賀長生會》一本。教坊編輯。見《也是園書目》。元無名氏撰。

太平宴

王國維《曲録・雜劇部下》《慶冬至共亨太平宴》一本。教坊編輯。見《也是園書目》。元無名氏撰。

羣仙祝壽

王國維《曲録・雜劇部下》《賀昇平羣仙祝壽》一本。教坊編輯。見《也是園書目》。元無名氏撰。

慶千秋

王國維《曲録・雜劇部下》《慶千秋金母賀延年》一本。教坊編輯。見《也是園書目》。元無名氏撰。

廣成子

王國維《曲録・雜劇部下》《廣成子祝賀齊天壽》一本。教坊編輯。見《也是園書目》。元無名氏撰。

黄眉翁

王國維《曲録・雜劇部下》《黄眉翁賜福上延年》一本。教坊編輯。見《也是園書目》。元無名氏撰。

朝羣聖

王國維《曲録・雜劇部下》《感天地朝羣聖》一本。見《也是園書目》。元無名氏撰。

捉袁達

王國維《曲録・雜劇部下》《燕孫臏用智捉袁達》一本。錢塘丁氏善本書室藏明鈔殘本。元無名氏撰。

趕蘇卿

王國維《曲録・雜劇部下》《趕蘇卿》一本。見《雍熙樂府》及莊親王《北詞宮譜》。元無名氏撰。

征方臘

王國維《曲録・雜劇部下》《征方臘》一本。見《雍熙樂府》。元無名氏撰。

諸葛平蜀

王國維《曲録・雜劇部下》《諸葛平蜀》一本。見《雍熙樂府》。元無名氏撰。

十面埋伏

王國維《曲録・雜劇部下》《十面埋伏》一本。見《雍熙樂府》。元無名氏撰。

端陽走驃騎

王國維《曲録・雜劇部下》《端陽走驃騎》一本。見《雍熙樂府》。元無名氏撰。

割耳寄

王國維《曲録・雜劇部下》《割耳寄》一本。見《雍熙樂府》。元無名氏撰。

叔寶不伏老

王國維《曲録・雜劇部下》《叔寶不伏老》一本。見《雍熙樂府》。元無名氏撰。

刺顏良

王國維《曲録・雜劇部下》《刺顏良》一本。見《雍熙樂府》。元無名氏撰。

子陵辭詔

王國維《曲録·雜劇部下》《子陵辭詔》一本。見《雍熙樂府》。元無名氏撰。

藍關記

王國維《曲録·雜劇部下》《藍關記》一本。見《北詞廣正譜》。元無名氏撰。

跨海征東

王國維《曲録·雜劇部下》《跨海征東》一本。見《北詞廣正譜》。元無名氏撰。

雪擁藍關記

高儒《百川書志·外史》《韓文公雪擁藍關記》二卷。《太和正音譜》。元紀君祥之作。

借屍還魂

徐𤊹《徐氏家藏書目·傳奇類》《鐵拐李借屍還魂》。

單鞭奪槊

徐𤊹《徐氏家藏書目·傳奇類》《尉遲恭單鞭奪槊》。

勘問吕蒙

徐𤊹《徐氏家藏書目·傳奇類》《勘問吕蒙》。

張伯騰煮沙門海

徐𤊹《徐氏家藏書目·傳奇類》《張伯騰煮沙門海》。

辨三教

王國維《曲録·雜劇部下》《辨三教》一本。見《太和正音譜》。明寧獻王權撰。

勘妬婦

王國維《曲録·雜劇部下》《勘妬婦》一本。見《太和正音譜》。明寧獻王權撰。

烟花判

王國維《曲録·雜劇部下》《烟花判》一本。見《太和正音譜》。明寧獻王權撰。

瑶天笙鶴

王國維《曲録·雜劇部下》《瑶天笙鶴》一本。見《太和正音譜》。明寧獻王權撰。

白日飛昇

王國維《曲録·雜劇部下》《白日飛昇》一本。見《太和正音譜》。明寧獻王權撰。

九合諸侯

王國維《曲録·雜劇部下》《九合諸侯》一本。見《太和正音譜》。明寧獻王權撰。

私奔相如

王國維《曲録·雜劇部下》《私奔相如》一本。見《太和正音譜》。明寧獻王權撰。

豫章三害

王國維《曲録·雜劇部下》《豫章三害》一本。見《太和正音譜》。明寧獻王權撰。

肅清瀚海

王國維《曲録·雜劇部下》《肅清瀚海》一本。見《太和正音譜》。明寧獻王權撰。

客窗夜話

王國維《曲録·雜劇部下》《客窗夜話》一本。見《太和正音譜》。明寧獻王權撰。

獨步大羅天

王國維《曲録·雜劇部下》《獨步大羅天》一本。見《太和正音譜》。明寧獻王權撰。

復落娼

王國維《曲録·雜劇部下》《楊䶵復落娼》一本。見《太和正音譜》。明寧獻王權撰。王，太祖第十六子。洪武二十四年就封大甯，永樂元年改封南昌。晚慕沖舉，自號臞仙、涵虚子、丹邱先生，均其別號也。上十二本《太和正音譜》題丹邱先生，蓋其自稱之詞如此。

牡丹品

王國維《曲録·雜劇部下》《天香圃牡丹品》一本。見《也是園書目》。明周憲王有燉撰。

牡丹園

王國維《曲録·雜劇部下》《十美人慶賞牡丹園》一本。見《也是園書目》。明周憲王有燉撰。

烟花夢

王國維《曲録・雜劇部下》《蘭紅葉從良烟花夢》一本。見《也是園書目》。明周憲王有燉撰。

八仙慶壽

王國維《曲録・雜劇部下》《瑶池會八仙慶壽》一本。見《也是園書目》。明周憲王有燉撰。

靈芝慶壽

王國維《曲録・雜劇部下》《河嵩神靈芝慶壽》一本。見《也是園書目》。明周憲王有燉撰。

賽嬌容

王國維《曲録・雜劇部下》《四時花月賽嬌容》一本。見《也是園書目》。明周憲王有燉撰。

度脱海棠仙

王國維《曲録・雜劇部下》《南極星度脱海棠仙》一本。見《也是園書目》。明周憲王有燉撰。

降獅子

王國維《曲録・雜劇部下》《文殊菩薩降獅子》一本。見《也是園書目》。明周憲王有燉撰。

義勇辭金

王國維《曲録・雜劇部下》《關雲長義勇辭金》一本。見《也是園書目》。明周憲王有燉撰。

三度小桃紅

王國維《曲録・雜劇部下》《惠禪師三度小桃紅》一本。見《也是園書目》。明周憲王有燉撰。

喬斷鬼

王國維《曲録・雜劇部下》《搊搜判官喬斷鬼》一本。見《也是園書目》。明周憲王有燉撰。

豹子和尚

王國維《曲録・雜劇部下》《豹子和尚自還俗》一本。見《也是園書目》。明周憲王有燉撰。

甄月娥

王國維《曲録・雜劇部下》《甄月娥春風慶朔堂》一本。見《也是園書目》。明周憲王有燉撰。

風月姻緣

王國維《曲録・雜劇部下》《美因緣風月桃源會》一本。見《也是園書目》。明周憲王有燉撰。

復落倡

王國維《曲録・雜劇部下》《宣平巷劉金兒復落倡》一本。見《也是園書目》。明周憲王有燉撰。

福禄壽

王國維《曲録・雜劇部下》《福禄壽仙官慶會》一本。見《也是園書目》。明周憲王有燉撰。

得騶虞

王國維《曲録・雜劇部下》《神后山秋獮得騶虞》一本。見《也是園書目》。明周憲王有燉撰。

仗義疎財

王國維《曲録・雜劇部下》《黑旋風仗義疎財》一本。見《也是園書目》。明周憲王有燉撰。

半夜朝元

王國維《曲録・雜劇部下》《小天香半夜朝元》一本。見《也是園書目》。明周憲王有燉撰。

辰勾月

王國維《曲録・雜劇部下》《張天師明斷辰勾月》一本。見《也是園書目》。明周憲王有燉撰。

花裏悟真如

王國維《曲録・雜劇部下》《李妙清花裏悟真如》一本。見《也是園書目》。明周憲王有燉撰。

牡丹仙

王國維《曲録・雜劇部下》《洛陽風月牡丹仙》一本。《盛明雜劇》本。見《也是園書目》。明周憲王有燉撰。

曲江池

王國維《曲録・雜劇部下》《李亞仙花酒曲江池》一本。見《也是園書目》。明周憲王有燉撰。

繼母大賢

徐𤊹《徐氏家藏書目・傳奇類》《清河縣繼母大賢》。

王國維《曲録・雜劇部下》《清河縣繼母大賢》一本。見《也是園書目》。明周憲王有燉撰。

團圓夢

王國維《曲録・雜劇部下》《趙貞姬身後團圓夢》一本。見《也是園書目》。明周憲王有燉撰。

香囊怨

王國維《曲録・雜劇部下》《劉盼春守志香囊怨》一本。《盛明雜劇》本。見《也是園書目》。明周憲王有燉撰。

常椿壽

徐𤊹《徐氏家藏書目・傳奇類》《紫陽仙二度常椿壽》。

王國維《曲録・雜劇部下》《紫陽仙三度常椿壽》一本。《古名家雜劇》本。見《也是園書目》。明周憲王有燉撰。

十長生

徐𤊹《徐氏家藏書目・傳奇類》《陳華仙三度十長生》。

王國維《曲録・雜劇部下》《東華仙三度十長生》一本。《古名家雜劇》本。見《也是園書目》。明周憲王有燉撰。

蟠桃會

徐𤊹《徐氏家藏書目・傳奇類》《羣仙慶壽蟠桃會》。

王國維《曲録・雜劇部下》《羣仙慶壽蟠桃會》一本。《古名家雜劇》本。見《也是園書目》。明周憲王有燉撰。

神仙會

徐𤊹《徐氏家藏書目・傳奇類》《吕洞賓花月神仙會》。

王國維《曲録・雜劇部下》《吕洞賓花月神仙會》一本。《古名家雜劇》本。見《也是園書目》。明周憲王有燉撰。王，周定王長子，洪熙元年襲封，景泰三年薨。《列朝詩集》：「憲王遭世隆平，奉藩多暇，勤學好古，留心翰墨。製《誠齋樂府》傳奇若干種，音律諧美，流傳内府，至今中原絃索多用之。李夢陽《汴中元宵》絶句曰：『中山孺子倚新粧，趙女燕姬總擅場。齊唱憲王新樂府，金梁橋外月如霜。』由今思之，東京夢華之感可勝道哉！王詩有《誠齋録》、《新録》諸集傳于世。」

誤入桃源

王國維《曲録・雜劇部下》《劉晨阮肇誤入桃源》一本。《元曲選》本。《古名家雜劇》本。《元人雜劇選》本。見《正音譜》。明王子一撰。

海棠風

王國維《曲録・雜劇部下》 《海棠風》一本。見《正音譜》。明王子一撰。

楚陽臺

王國維《曲録・雜劇部下》 《楚陽臺》一本。見《正音譜》。明王子一撰。

鶯燕蜂蝶

王國維《曲録・雜劇部下》 《鶯燕蜂蝶》一本。見《正音譜》。明王子一撰。

兒女兩團圓

王國維《曲録・雜劇部下》 《翠紅鄉兒女兩團圓》一本。《元曲選》本。《元人雜劇選》本。見《正音譜》。明楊文奎撰。

王魁不負心

王國維《曲録・雜劇部下》 《王魁不負心》一本。見《正音譜》。明楊文奎撰。

封陟遇上元

王國維《曲録・雜劇部下》 《封陟遇上元》一本。見《正音譜》。明楊文奎撰。

玉盒記

王國維《曲録・雜劇部下》 《玉盒記》一本。見《正音譜》。明楊文奎撰。《太和正音譜》曰：「楊文奎之詞，如匡廬叠翠。」

夜走流星馬

王國維《曲録・雜劇部下》 《黄廷道夜走流星馬》一本。見《也是園書目》。明黄元吉撰。《也是園書目》作「元明黄元吉」，蓋亦明初人也。

西川泛錦

楊士奇等《文淵閣書目・詩詞》 《黄三岳西川泛錦》一部，一册闕。

客窗夜話

高儒《百川書志・外史》 《客窗夜話》一卷。皇明洪武中天京士夫廣陽宋讓著。一折，中吕宫，四十二曲。

黄虞稷《千頃堂書目・詞曲類》 宋讓《客窗夜話》一卷。明初人。

風月囊集

高儒《百川書志・外史》《風月囊集》二卷。皇明古汀減里馬惟厚編，改《桂英誣王魁海神記》也，凡六折。

花月妓雙偷納錦郎

王國維《曲録・雜劇部下》《花月妓雙偷納錦郎》一本。見《也是園書目》。明陳鐸撰。

鄭耆老義配好因緣

王國維《曲録・雜劇部下》《鄭耆老義配好因緣》一本。見《也是園書目》。明陳鐸撰。鐸，字大聲，邳州人，官指揮使。

沽酒游春

王國維《曲録・雜劇部下》《杜子美沽酒游春》一本。明王九思撰。九思，字敬夫，號渼陂，鄠縣人。弘治丙辰進士，授檢討。值劉瑾亂政，翰林悉調部屬，敬夫獨得吏部。不數月，長文選。瑾敗，降壽州同知，勒致仕。

中山狼

王國維《曲録・雜劇部下》《東郭先生誤救中山狼》一本。明康海撰。海，字德涵，號對山，武功人，弘治十五年狀元，授翰林院修撰，正德中落職。

洞天玄記

徐㶿《徐氏家藏書目・傳奇類》《宴清都洞天玄記》。

王國維《曲録・雜劇部下》《宴清都洞天玄記》一本。見《也是園書目》。明楊慎撰。

蘭亭會

王國維《曲録・雜劇部下》《蘭亭會》一本。見黄文暘《曲海目》。明楊慎撰。

太和記

徐㶿《徐氏家藏書目・傳奇類》《太和記》。

王國維《曲録・雜劇部下》《太和記》六本。見《也是園書目》及《曲海目》。每本四折，凡六本。明楊慎撰。慎，字用修，號升庵，新都人，官翰林院修撰，謫戍雲南。

紅線記

王國維《曲録・雜劇部下》《紅線記》一本。見《客座贅語》。明胡汝嘉撰。汝嘉，字懋禮，號秋宇，金陵人。嘉靖己丑進士，在翰林以言事忤政府，出爲藩參。

脱穎

王國維《曲録・雜劇部下》《脱穎》一本。見《曲考》。國朝張國壽撰。

茅　廬

王國維《曲録·雜劇部下》《茅廬》一本。見《曲考》。國朝張國壽撰。

章臺柳

王國維《曲録·雜劇部下》《章臺柳》一本。見《曲考》。國朝張國壽撰。

韋蘇州

王國維《曲録·雜劇部下》《韋蘇州》一本。見《曲考》。國朝張國壽撰。

申包胥

王國維《曲録·雜劇部下》《申包胥》一本。見《曲考》。國朝張國壽撰。

武陵春

王國維《曲録·雜劇部下》《武陵春》一本。《盛明雜劇》本。明許潮撰。

蘭亭會

王國維《曲録·雜劇部下》《蘭亭會》一本。《盛明雜劇》本。明許潮撰。

寫風情

王國維《曲録·雜劇部下》《寫風情》一本。《盛明雜劇》本。明許潮撰。

午日吟

王國維《曲録·雜劇部下》《午日吟》一本。《盛明雜劇》本。明許潮撰。

南樓月

王國維《曲録·雜劇部下》《南樓月》一本。《盛明雜劇》本。明許潮撰。

又《傳奇部下》《南樓月》一本。見《曲海目》。無名氏撰。

赤壁游

王國維《曲録·雜劇部下》《赤壁游》一本。《盛明雜劇》本。明許潮撰。

又《傳奇部下》《赤壁游》一本。見《曲海目》。無名氏撰。

龍山宴

王國維《曲録·雜劇部下》《龍山宴》一本。《盛明雜劇》本。明許潮撰。

同甲會

王國維《曲録·雜劇部下》《同甲會》一本。《盛明雜劇》本。明許潮撰。潮，字時泉，靖州人。

泰和記

王國維《曲録·傳奇部下》《泰和記》一本。《曲品》云：「每齣一事，似劇體。」見《曲品》、《傳奇彙考》、《曲海目》。明許潮撰。字里見上卷。

不伏老

徐𤊹《徐氏家藏書目·傳奇類》《梁狀元志不服老》。

王國維《曲録·雜劇部下》《梁狀元不伏老》一本。《盛明雜劇》本。明馮惟敏撰。惟敏，字汝行，號海浮，臨朐人，官保定府通判。

僧尼共犯

王國維《曲録·雜劇部下》《僧尼共犯》一本。見《也是園書目》。元無名氏撰。

紅綫女

王國維《曲録·雜劇部下》《紅綫女》一本。《盛明雜劇本》。明梁辰魚撰。

紅綃記

王國維《曲録·雜劇部下》《紅綃》一本。明梁辰魚撰。辰魚，字伯龍，崑山人。

漁陽三弄

徐𤊹《徐氏家藏書目·傳奇類》《禰正平漁陽三弄》。

翠鄉夢

徐𤊹《徐氏家藏書目·傳奇類》《兩和尚翠鄉一夢》。

花木蘭

徐𤊹《徐氏家藏書目·傳奇類》《木蘭替父從軍》。

女狀元

徐𤊹《徐氏家藏書目·傳奇類》《黄崇嘏女狀元》。

北門鎖鑰

王國維《曲録·雜劇部下》《北門鎖鑰》一本。見《曲考》。國朝高應玘撰。

遠山戲

徐𤊹《徐氏家藏書目・傳奇類》《張京兆閨閣畫眉》。

王國維《曲録・雜劇部下》《遠山戲》一本。《盛明雜劇》本。《古名家雜劇》本。即《張敞畫眉京兆記》。明汪道昆撰。

高唐夢

徐𤊹《徐氏家藏書目・傳奇類》《楚襄王高唐夢》。

王國維《曲録・雜劇部下》《高唐夢》一本。《盛明雜劇》本。《古名家雜劇》本。即《楚襄王夢游高唐記》。明汪道昆撰。

又《傳奇部下》《高唐夢》一本。見《傳奇彙考》。無名氏撰。

洛水悲

徐𤊹《徐氏家藏書目・傳奇類》《陳思王洛浦懷舊》。

王國維《曲録・雜劇部下》《洛水悲》一本。《盛明雜劇》本。《古名家雜劇》本。即《曹植懷思洛神記》。明汪道昆撰。

五湖游

徐𤊹《徐氏家藏書目・傳奇類》《鴟夷子扁舟五湖》。

王國維《曲録・雜劇部下》《五湖游》一本。明汪道昆撰。道昆，字伯玉，號南溟，歙縣人，官至兵部左侍郎。

櫻桃園

王國維《曲録・雜劇部下》《櫻桃園》一本。《盛明雜劇》本。明王澹翁撰。

帝妃游春

徐𤊹《徐氏家藏書目・傳奇類》《唐帝妃遊春》。

王國維《曲録・雜劇部下》《幸上苑帝妃春游》一本。《古名家雜劇》本。元無名氏撰。

秦蘇賞夏

徐𤊹《徐氏家藏書目・傳奇類》《秦觀蘇軾賞夏》。

王國維《曲録・雜劇部下》《泛西湖秦蘇賞夏》一本。《古名家雜劇》本。此本恐即金仁傑之《蘇東坡夜宴西湖夢》。元無名氏撰。

韓陶月宴

徐𤊹《徐氏家藏書目・傳奇類》《韓熙載陶穀月宴》。

王國維《曲録・雜劇部下》《醉學士韓陶月宴》一本。《古名家雜劇》本。此本恐即戴善甫之《陶學士醉寫風光好》。元無名氏撰。

戴王訪雪

徐𤇍《徐氏家藏書目・傳奇類》《戴王訪雪》。

王國維《曲録・雜劇部下》《憶故人戴王訪雪》一本。《古名家雜劇》本。元無名氏撰。

紅蓮債

王國維《曲録・雜劇部下》《紅蓮債》一本。《盛明雜劇》本。明陳汝元撰。汝元，字太乙，會稽人。

四夢記

王國維《曲録・雜劇部下》《蕉鹿夢》一本。《盛明雜劇》本。明車任遠撰。任遠，字柅齋，上虞人。

又《傳奇部上》《四夢記》一本。内分《高唐》《邯鄲》《南柯》《蕉鹿》四段。見《曲品》《傳奇彙考》、《曲海目》。明車任遠撰。

倚門

王國維《曲録・雜劇部下》《倚門》一本。見焦循《曲考》。黄方印撰。

再醮

王國維《曲録・雜劇部下》《再醮》一本。見焦循《曲考》。黄方印撰。

淫僧

王國維《曲録・雜劇部下》《淫僧》一本。見焦循《曲考》。黄方印撰。

偷期

王國維《曲録・雜劇部下》《偷期》一本。見焦循《曲考》。黄方印撰。

孌童

王國維《曲録・雜劇部下》《孌童》一本。見焦循《曲考》。黄方印撰。

懼内

王國維《曲録・雜劇部下》《懼内》一本。見焦循《曲考》。李斗《揚州畫舫録》引焦里堂《曲考》云：「總題《陌花軒雜劇》，黄方印撰。」案：《客座贅語》卷九云：「黄上舍方儒著《陌花軒詞小令》。」以軒名推之，則方印當作方儒。方儒，金陵人。

崔氏春秋補傳

徐𤊹《徐氏家藏書目・傳奇類》《崔氏春秋補傳》。屠田叔。

昭君出塞

王國維《曲録・雜劇部下》《昭君出塞》一本。《盛明雜劇》本。明陳與郊撰。

文姬入塞

王國維《曲録・雜劇部下》《文姬入塞》一本。《盛明雜劇》本。明陳與郊撰。

又《蔡文姬》一本。見《曲海目》。國朝林於閣主人撰。

義犬記

王國維《曲録・雜劇部下》《義犬記》一本。《盛明雜劇》本。明陳與郊撰。與郊，字廣野，號玉陽仙史，海甯人，官太常寺少卿。

又《義犬記》一本。見《曲海目》。國朝林於閣主人撰。

淮陰侯

王國維《曲録・雜劇部下》《淮陰侯》一本。見《曲海目》。國朝林於閣主人撰。

中山狼

王國維《曲録・雜劇部下》《中山狼》一本。見《曲海目》。國朝林於閣主人撰。

崑崙奴

徐𤊹《徐氏家藏書目・傳奇類》《崑崙奴劍俠成仙》。

王國維《曲録・雜劇部下》《崑崙奴》一本。《盛明雜劇》本。明梅鼎祚撰。鼎祚，字禹金，宣城人。

獨樂園

王國維《曲録・雜劇部下》《獨樂園司馬入相》一本。見《也是園書目》。明桑紹梁撰。

青虬記

徐𤊹《徐氏家藏書目・傳奇類》《青虬記》。林章。

王國維《曲録・雜劇部下》《青虬記》一本。見黄文暘《曲海目》。明林章撰。章，字初文，福清人。

廣陵月

王國維《曲録・雜劇部下》《廣陵月》一本。《盛明雜劇》本。明汪廷訥撰。廷訥，字昌朝，一字無如，休甯人，官鹽運使。

一文錢

王國維《曲録・雜劇部下》《一文錢》一本。《盛明雜劇》本。明徐復祚撰。復祚，字陽初，里居未詳。

又《傳奇部上》《一文錢》一本。見《曲考》。明徐復祚撰。

男王后

王國維《曲録・雜劇部下》《男王后》一本。《盛明雜劇》本。明秦樓外史撰。

鬱輪袍

王國維《曲録・雜劇部下》《鬱輪袍》一本。《盛明雜劇》本。見黄文暘《曲海目》。明王衡撰。

真傀儡

王國維《曲録・雜劇部下》《真傀儡》一本。《盛明雜劇》本。見黄文暘《曲海目》明王衡撰。

長安街

王國維《曲録・雜劇部下》《長安街》一本。見黄文暘《曲海目》。明王衡撰。

没奈何

王國維《曲録・雜劇部下》《没奈何》一本。見黄文暘《曲海目》。明王衡撰。衡，字辰玉，太倉人，大學士錫爵之子，官翰林院編修。

北邙説法

王國維《曲録・雜劇部下》《北邙説法》一本。《盛明雜劇》本。明葉憲祖撰。

團花鳳

王國維《曲録・雜劇部下》《團花鳳》一本。《盛明雜劇》本。明葉憲祖撰。

易水寒

王國維《曲録・雜劇部下》《易水寒》一本。《盛明雜劇》本。明葉憲祖撰。

夭桃紈扇

王國維《曲録・雜劇部下》《夭桃紈扇》一本。《盛明雜劇》本。明葉憲祖撰。

碧蓮繡符

王國維《曲録・雜劇部下》《碧蓮繡符》一本。《盛明雜劇》本。明葉憲祖撰。

丹桂鈿盒

王國維《曲録·雜劇部下》《丹桂鈿盒》一本。《盛明雜劇》本。明葉憲祖撰。

素梅玉蟾

王國維《曲録·雜劇部下》《素梅玉蟾》一本。《盛明雜劇》本。明葉憲祖撰。

使酒罵座

王國維《曲録·雜劇部下》《灌將軍使酒罵座》一本。見《也是園書目》。明葉憲祖撰。

寒衣記

王國維《曲録·雜劇部下》《金翠寒衣記》一本。見《也是園書目》。明葉憲祖撰。憲祖，字美度，一字相攸，號桐柏，又號槲園居士，餘姚人。官至工部郎中，以私議魏忠賢生祠事削籍。

逍遥游

王國維《曲録·雜劇部下》《逍遥游》一本。《盛明雜劇》本。明王應遴撰。應遴，字雲來，禮部員外郎，紹興山陰人。

蘇園翁

王國維《曲録·雜劇部下》《蘇園翁》一本。見焦循《曲考》。明茅僧曇撰。

秦庭築

王國維《曲録·雜劇部下》《秦庭築》一本。見焦循《曲考》。明茅僧曇撰。

金門戟

王國維《曲録·雜劇部下》《金門戟》一本。見焦循《曲考》。明茅僧曇撰。

雙合歡

王國維《曲録·雜劇部下》《雙合歡》一本。見焦循《曲考》。明茅僧曇撰。

鬧門神

王國維《曲録·雜劇部下》《鬧門神》一本。見焦循《曲考》。明茅僧曇撰。僧曇，名里不詳。按《列朝詩集》云：「茅維字孝若，歸安人，鹿門先生子。嘗以所作雜劇屬余序，已而語人曰：『虞山輕我，近舍湯臨川，而遠引關漢卿、馬東籬，是不欲以我代臨川也。』其兀傲如此。」僧曇豈孝若别號歟？

齊東絶倒

王國維《曲録・雜劇部下》《齊東絶倒》一本。《盛明雜劇》本。明竹癡居士撰。

虬髯翁

王國維《曲録・雜劇部下》《虬髯翁》一本。《盛明雜劇》本。明淩初成撰。

顛倒因緣

王國維《曲録・雜劇部下》《顛倒因緣》一本。見曹寅《楝亭書目》。明淩初成撰。

西臺記

王國維《曲録・雜劇部下》《西臺記》一本。見焦循《曲考》。明陸世廉撰。世廉，字起頑，號生公，又號晚庵，長洲人。宏光時官光禄卿，入國朝隱居不出。

鞭歌妓

王國維《曲録・雜劇部下》《鞭歌妓》一本。《盛明雜劇》本。明沈自徵撰。

簪花髻

王國維《曲録・雜劇部下》《簪花髻》一本。《盛明雜劇》本。明沈自徵撰。

霸亭秋

王國維《曲録・雜劇部下》《霸亭秋》一本。《盛明雜劇》本。明沈自徵撰。自徵，字君庸，吴江人。

有情癡

王國維《曲録・雜劇部下》《有情癡》一本。《盛明雜劇》本。明徐元暉撰。

脱囊穎

王國維《曲録・雜劇部下》《脱囊穎》一本。《盛明雜劇》本。明徐元暉撰。

雙鶯傳

王國維《曲録・雜劇部下》《雙鶯傳》一本。《盛明雜劇》本。國朝袁于令撰。于令，原名韞玉，字令昭，號籜庵，吴縣人，官荆州府知府。

空堂話

王國維《曲録・雜劇部下》《空堂話》一本。見焦循《曲考》。國朝鄒兑金撰。兑金，字叔介。

桃花人面

王國維《曲録・雜劇部下》《桃花人面》一本。《盛明雜劇》本。見《曲海目》。明孟稱舜撰。

英雄成敗

王國維《曲録・雜劇部下》《英雄成敗》一本。《盛明雜劇》本。見《曲海目》。明孟稱舜撰。

死裏逃生

王國維《曲録・雜劇部下》《死裏逃生》一本。《盛明雜劇》本。見《曲海目》。明孟稱舜撰。

紅顔年少

王國維《曲録・雜劇部下》《紅顔年少》一本。見《曲海目》。明孟稱舜撰。

花舫緣

王國維《曲録・雜劇部下》《花舫緣》一本。見《曲海目》。恐即卓珂月作也。明孟稱舜撰。

眼兒媚

王國維《曲録・雜劇部下》《眼兒媚》一本。見焦循《曲考》。明孟稱舜撰。稱舜，字子若，又作子適，會稽人。

錯轉輪

王國維《曲録・雜劇部下》《錯轉輪》一本。

續西厢

王國維《曲録・雜劇部下》《續西厢》一本。見《曲考》。國朝查繼佐撰。繼佐，字伊璜，號東山，海甯人。

絡冰絲

王國維《曲録・雜劇部下》《絡冰絲》一本。《盛明雜劇》本。明徐士俊撰。

春波影

王國維《曲録・雜劇部下》《春波影》一本。《盛明雜劇》本。明徐士俊撰。士俊，原名翽，字三有，號野君，仁和人。

餓方朔

王國維《曲録・雜劇部下》《餓方朔》一本。見焦循《曲考》。明孫源文撰。源文，字南公，無錫人。

藍采和

王國維《曲録・雜劇部下》《藍采和》一本。明來集之撰。

阮步兵

王國維《曲録・雜劇部下》《阮步兵》一本。明來集之撰。

鐵氏女

王國維《曲録・雜劇部下》《鐵氏女》一本。右三本名《秋風三疊》，見黄文暘《曲海目》。明來集之撰。

挑燈

王國維《曲録・雜劇部下》《挑燈劇》一本。見無名氏《傳奇彙考》。明來集之撰。

碧紗籠

王國維《曲録・雜劇部下》《碧紗籠》一本。見無名氏《傳奇彙考》。明來集之撰。

女紅紗

王國維《曲録・雜劇部下》《女紅紗》一本。見無名氏《傳奇彙考》。明來集之撰。集之，號元成子，蕭山人，崇正間進士，大學士宗道之子。

花舫緣

王國維《曲録・雜劇部下》《花舫緣》一本。《盛明雜劇》本。明卓人月撰。人月，字珂月，仁和人。

曲江春

王國維《曲録・雜劇部下》《曲江春》一本。《盛明雜劇》本。明僧湛然撰。

魚兒佛

王國維《曲録·雜劇部下》 《魚兒佛》一本。《盛明雜劇》本。明僧湛然撰。湛然，一號寓山居士。

再生緣

王國維《曲録·雜劇部下》 《再生緣》一本。《盛明雜劇》本。明蘅蕪室撰。

相思譜

王國維《曲録·雜劇部下》 《相思譜》一本。《盛明雜劇》本。明吴中情奴撰。

半臂寒

王國維《曲録·雜劇部下》 《半臂寒》一本。見《曲考》。國朝南山逸史撰。

長公妹

王國維《曲録·雜劇部下》 《長公妹》一本。見《曲考》。國朝南山逸史撰。

中郎女

王國維《曲録·雜劇部下》 《中郎女》一本。見《曲考》。國朝南山逸史撰。

盧從史

王國維《曲録·雜劇部下》 《盧從史》一本。見《曲海目》，曰《鋤經堂樂府》。國朝羣王山樵撰。

老客歸

王國維《曲録·雜劇部下》 《老客歸》一本。見《曲海目》，曰《鋤經堂樂府》。國朝羣王山樵撰。

長門賦

王國維《曲録·雜劇部下》 《長門賦》一本。見《曲海目》，曰《鋤經堂樂府》。國朝羣王山樵撰。

燕子樓

王國維《曲録·雜劇部下》 《燕子樓》一本。見《曲海目》，曰《鋤經堂樂府》。國朝羣王山樵撰。

鷰忽姻緣

王國維《曲録·雜劇部下》 《鷰忽姻緣》一本。見《曲海目》。國朝空觀主人撰。

鈿盒奇緣

王國維《曲録·雜劇部下》《鈿盒奇緣》一本。見《曲海目》。國朝西泠外史、無枝甫合撰。

蟾蜍佳偶

王國維《曲録·雜劇部下》《蟾蜍佳偶》一本。見《曲海目》。國朝西泠外史、無枝甫合撰。

義妾存孤

王國維《曲録·雜劇部下》《義妾存孤》一本。見《曲海目》。國朝西泠外史、無枝甫合撰。

人鬼夫妻

王國維《曲録·雜劇部下》《人鬼夫妻》一本。見《曲海目》。國朝西泠外史、無枝甫合撰。

鯁詩讖

王國維《曲録·雜劇部下》《鯁詩讖》一本。見《曲考》。國朝土室道人撰。

不了緣

王國維《曲録·雜劇部下》《不了緣》一本。見《曲考》。國朝碧蕉軒主人撰。

通天臺

王國維《曲録·雜劇部下》《通天臺》一本。國朝吴偉業撰。

臨春閣

王國維《曲録·雜劇部下》《臨春閣》一本。國朝吴偉業撰。偉業，字駿公，太倉人，官祭酒。

買花錢

王國維《曲録·雜劇部下》《買花錢》一本。見《曲海目》。國朝徐石麟撰。

大轉輪

王國維《曲録·雜劇部下》《大轉輪》一本。見《曲海目》。國朝徐石麟撰。

浮西施

王國維《曲録·雜劇部下》《浮西施》一本。見《曲海目》。國朝徐石麟撰。

拈花笑

王國維《曲録・雜劇部下》 《拈花笑》一本。見《曲海目》。國朝徐石麟撰。石麟，字又陵，江都人。案：《傳奇彙考》載國朝徐善撰《大轉輪》雜劇。善，字長公，江都人，與石麟里相同。疑石麟一名善，字長公，非別一人也。

鴛鴦夢

王國維《曲録・雜劇部下》 《鴛鴦夢》一本。明女士葉小紈撰。小紈，字蕙綢，吴江人，工部郎中葉紹袁次女，適同縣沈永楨。

祭皋陶

王國維《曲録・雜劇部下》 《祭皋陶》一本。見黄文暘《曲海目》，題二鄉亭主人撰。二鄉亭，宋琬亭名也。國朝宋琬撰。琬，字玉叔，號荔裳，萊陽人，官四川按察使。荔裳中年爲怨家告訐，逮繫請室。此本殆即其繫獄時作也。

汨羅江

王國維《曲録・雜劇部下》 《汨羅江》一本。見《曲考》。國朝鄭瑜撰。

滕王閣

王國維《曲録・雜劇部下》 《滕王閣》一本。見《曲考》。國朝鄭瑜撰。瑜，西神人。

尤侗《曲腋》自序：「近見西神鄭瑜著《汨羅江》一劇，殊佳。但隱括《騷》經入曲，未免有聱耳之病。」

孤鴻影

王國維《曲録・雜劇部下》 《孤鴻影》一本。見《曲考》。國朝周如璧撰。

夢幻緣

王國維《曲録・雜劇部下》 《夢幻緣》一本。見《曲考》。國朝周如璧撰。如璧，號芥庵，里居未詳。

衛花符

王國維《曲録・雜劇部下》 《衛花符》一本。見《曲考》。國朝堵庭棻撰。庭棻，字伊令，一字芬木，無錫人。順治丁亥進士，官歷城縣知縣。

讀離騷

王國維《曲録・雜劇部下》 《讀離騷》一本。國朝尤侗撰。

弔琵琶

王國維《曲録・雜劇部下》 《弔琵琶》一本。國朝尤侗撰。

桃花源

王國維《曲録·雜劇部下》《桃花源》一本。國朝尤侗撰。

黑白衛

王國維《曲録·雜劇部下》《黑白衛》一本。國朝尤侗撰。

清平調

王國維《曲録·雜劇部下》《清平調》一本。只一折。國朝尤侗撰。侗，字同人，一字展成，號西堂，長洲人，官翰林院檢討。

龍舟會

王國維《曲録·雜劇部下》《龍舟會》一本。《船山遺書》本。國朝王夫之撰。夫之，字而農，號船山，衡陽人。

珊瑚珠

王國維《曲録·雜劇部下》《珊瑚珠》一本。見《曲海目》，雲未刻本。國朝萬樹撰。

舞霓裳

王國維《曲録·雜劇部下》《舞霓裳》一本。見《曲海目》，雲未刻本。國朝萬樹撰。

藐姑仙

王國維《曲録·雜劇部下》《藐姑仙》一本。見《曲海目》，雲未刻本。國朝萬樹撰。

青錢賺

王國維《曲録·雜劇部下》《青錢賺》一本。見《曲海目》，雲未刻本。國朝萬樹撰。

焚書鬧

王國維《曲録·雜劇部下》《焚書鬧》一本。見《曲海目》，雲未刻本。國朝萬樹撰。

駡東風

王國維《曲録·雜劇部下》《駡東風》一本。見《曲海目》。雲未刻本。國朝萬樹撰。

三茅庵

王國維《曲録·雜劇部下》《三茅庵》一本。見《曲海目》，雲未刻本。國朝萬樹撰。

王山宴

王國維《曲録·雜劇部下》《王山宴》一本。見《曲海目》，雲未刻本。國朝萬樹撰。樹，字花農，一字紅友，宜興人。

芙蓉城

王國維《曲録·雜劇部下》《芙蓉城》一本。見無名氏《傳奇彙考》。國朝龍燮撰。燮，字二爲，號改庵，望江人。舉博學鴻詞，授檢討，左遷大理寺評事。

城南寺

王國維《曲録·雜劇部下》《城南寺》一本。見《曲考》。國朝黄家舒撰。家舒，字漢臣，無錫人。

櫻桃宴

王國維《曲録·雜劇部下》《櫻桃宴》一本。見《曲考》。國朝張來宗撰。

旗亭燕

王國維《曲録·雜劇部下》《旗亭燕》一本。見《曲考》。國朝張龍文撰。龍文，字掌霖，武進人。

馮驩市義

王國維《曲録·傳奇部下》《馮驩市義》一本。見《傳奇彙考》。國朝周起撰。起，未詳其字，蕭山人。

四嬋娟

王國維《曲録·雜劇部下》《四嬋娟》一本。第一折《詠雪》，第二折《簪花》，第三折《鬬茗》，第四折《畫竹》。用《四聲猿》體例，見《傳奇彙考》。國朝洪昇撰。昇，字昉思，號稗畦，錢塘人。

裴航遇仙

王國維《曲録·雜劇部下》《裴航遇仙》一本。見《曲海目》。國朝黄兆森撰。

又《裴航》一本。見《曲海目》。國朝無名氏撰。

杜　牧

王國維《曲録·雜劇部下》《杜牧》一本。見《曲海目》。國朝無名氏撰。

鬱輪袍

王國維《曲録・雜劇部下》《鬱輪袍》一本。見《曲海目》，題石牧撰。石牧，黄兆森字也。國朝黄兆森撰。兆森，字石牧，上海人。

又《王維》一本。見《曲海目》。國朝無名氏撰。

張旭觀公孫大娘舞劍

王國維《曲録・雜劇部下》《張旭觀公孫大娘舞劍》一本。見《曲海目》。國朝黄兆森撰。

又《飲中八仙》一本。上四本名《四才子》。見《曲海目》。國朝無名氏撰。

三元報

王國維《曲録・傳奇部下》《三元報》一本。四齣。見傳刻本，名《古柏堂傳奇》。國朝唐英撰。

蘆花絮

王國維《曲録・傳奇部下》《蘆花絮》一本。四齣。見傳刻本，名《古柏堂傳奇》。國朝唐英撰。

梅龍鎮

王國維《曲録・傳奇部下》《梅龍鎮》一本。四齣。見傳刻本，名《古柏堂傳奇》。國朝唐英撰。

麪缸笑

王國維《曲録・傳奇部下》《麪缸笑》一本。四齣。見傳刻本，名《古柏堂傳奇》。國朝唐英撰。

虞兮夢

王國維《曲録・傳奇部下》《虞兮夢》一本。四齣。見傳刻本，名《古柏堂傳奇》。國朝唐英撰。

英雄報

王國維《曲録・傳奇部下》《英雄報》一本。一齣。改舊曲。見傳刻本，名《古柏堂傳奇》。國朝唐英撰。

女彈詞

王國維《曲録・傳奇部下》《女彈詞》一本。一齣。改舊曲。見傳刻本，名《古柏堂傳奇》。國朝唐英撰。

長生殿補闕

王國維《曲録・傳奇部下》《長生殿補闕》一本。二齣。見傳刻本，名《古柏堂傳

目》。國朝無名氏撰。

勘鬼獄

王國維《曲録・雜劇部下》 《勘鬼獄》一本。見《曲海目》。國朝無名氏撰。

瑶池會

王國維《曲録・雜劇部下》 《瑶池會》一本。見《曲海目》。國朝無名氏撰。

翠微亭

王國維《曲録・雜劇部下》 《翠微亭》一本。見《曲海目》。國朝無名氏撰。

補天夢

王國維《曲録・雜劇部下》 《補天夢》一本。見《曲海目》。國朝無名氏撰。

可破夢

王國維《曲録・雜劇部下》 《可破夢》一本。見《曲海目》。國朝無名氏撰。

宴金臺

王國維《曲録・傳奇部下》 《宴金臺》一本。見傳刻本。國朝周文泉撰。

定中原

王國維《曲録・傳奇部下》 《定中原》一本。見傳刻本。國朝周文泉撰。

河梁歸

王國維《曲録・傳奇部下》 《河梁歸》一本。見傳刻本。國朝周文泉撰。

琵琶語

王國維《曲録・傳奇部下》 《琵琶語》一本。見傳刻本。國朝周文泉撰。

紉蘭佩

王國維《曲録・傳奇部下》 《紉蘭佩》一本。見傳刻本。國朝周文泉撰。

碎金牌

王國維《曲録・傳奇部下》 《碎金牌》一本。見傳刻本。國朝周文泉撰。

紞如鼓

王國維《曲録・傳奇部下》 《紞如鼓》一本。見傳刻本。國朝周文泉撰。

波弋香

王國維《曲録・傳奇部下》《波弋香》一本。見傳刻本，總名《補天石》。國朝周文泉撰。文泉，自號練情子，名字里居未詳。

傳奇分部

五倫記

高儒《百川書志・外史》《五倫全備記》三卷。國朝赤玉峰道人瓊臺邱濬撰。凡二十八段。所述皆名言，借爲世勸。天下大倫大理，盡寓於是。言帶詼諧，不失其正，蓋假此以誘人之觀聽。苟存人心，必入其善化矣。

王國維《曲録・傳奇部上》《五倫記》一本。見無名氏《傳奇彙考》。明邱濬撰。

投筆記

徐𤊹《徐氏家藏書目・傳奇類》《投筆記》。

王國維《曲録・傳奇部上》《投筆記》一本。見無名氏《傳奇彙考》。明邱濬撰。

舉鼎記

王國維《曲録・傳奇部上》《舉鼎記》一本。見無名氏《傳奇彙考》。明邱濬撰。

羅囊記

王國維《曲録・傳奇部上》《羅囊記》一本。見黄文暘《曲海目》。明邱濬撰。濬，字仲深，號瓊山，瓊州人，官至大學士，謚文莊。

香囊記

徐𤊹《徐氏家藏書目・傳奇類》《香囊記》。

王國維《曲録・傳奇部上》《香囊記》一本。《六十種曲》本。明邵弘治撰。弘治，字文明，常州人，官給事中。《藝苑卮言》：「《香囊》雅而不動人。」

金印記

王國維《曲録・傳奇部上》《金印記》一本。見《曲品》、《傳奇彙考》、《曲海目》。明蘇復之撰。

連環記

王國維《曲録・傳奇部上》《連環記》一本。見《曲品》、《傳奇彙考》、《曲海目》。明王濟撰。濟，字雨舟，浙之烏鎮人，官横州通判。

雙忠記

徐𤊹《徐氏家藏書目・傳奇類》《雙忠記》。

王國維《曲録・傳奇部上》《雙忠記》一本。見《傳奇彙考》、《曲海目》。明姚茂良撰。

金丸記

王國維《曲録・傳奇部上》《金丸記》一本。見《傳奇彙考》、《曲海目》。明姚茂良撰。

精忠記

王國維《曲録・傳奇部上》《精忠記》一本。《六十種曲》本。見《傳奇彙考》、《曲海目》。明姚茂良撰。茂良，字静山，武康人。

千金記

王國維《曲録・傳奇部上》《千金記》一本。《六十種曲》本。見《曲品》、《傳奇彙考》、《曲海目》。明沈采撰。

還帶記

王國維《曲録・傳奇部上》《還帶記》一本。見《曲品》、《傳奇彙考》、《曲海目》。明沈采撰。

四節記

徐𤊹《徐氏家藏書目・傳奇類》《四節記》。

王國維《曲録・傳奇部上》《四節記》一本。見《曲品》、《傳奇彙考》、《曲海目》。明沈采撰。采，號練川，里居不詳。

又《四節記》一本。《曲品》云：「一記分四截，自此始。此以壽鎮江楊相公者也。」見《曲品》。明無名氏撰。

銀瓶記

王國維《曲録・傳奇部上》《銀瓶記》一本。見《曲品》、《傳奇彙考》、《曲海目》。明沈受先撰。

三元記

王國維《曲録・傳奇部上》《三元記》一本。《六十種曲》本。見《曲品》、《傳奇彙考》、《曲海目》。明沈受先撰。

龍泉記

王國維《曲録・傳奇部上》《龍泉記》一本。見《曲品》、《傳奇彙考》、《曲海目》。明沈受先撰。

嬌紅記

王國維《曲録・傳奇部上》《嬌紅記》一本。見《曲品》、《傳奇彙考》、《曲海目》。明沈受先撰。受先，字壽卿，里居未詳。

五福記

王國維《曲録·傳奇部上》《五福記》一本。見《傳奇彙考》。明徐時勉撰。字里未詳。

雙珠記

徐𤊹《徐氏家藏書目·傳奇類》《雙珠記》。

王國維《曲録·傳奇部上》《雙珠記》一本。《六十種曲》本。見《曲品》、《傳奇彙考》、《曲海目》。明沈鯨撰。

分鞋記

王國維《曲録·傳奇部上》《分鞋記》一本。《傳奇彙考》云：「亦名《易鞋記》。或云係陸天池作。」《傳奇十種》本。見《曲品》、《傳奇彙考》、《曲海目》。明沈鯨撰。

鮫綃記

徐𤊹《徐氏家藏書目·傳奇類》《鮫綃記》。

王國維《曲録·傳奇部上》《鮫綃記》一本。見《曲品》、《傳奇彙考》、《曲海目》。明沈鯨撰。

青瑣記

王國維《曲録·傳奇部上》《青瑣記》一本。見《曲品》、《傳奇彙考》、《曲海目》。明沈鯨撰。鯨，號涅川，平湖人。

南西廂

高儒《百川書志·外史》李日華《南西廂記》二卷。海鹽崔時佩編集，吴門李日華新增。凡三十八折。

王國維《曲録·傳奇部上》《南西廂》一本。《六十種曲》本。明李日華撰。日華，字君實，嘉興人，萬曆壬辰進士，官至太僕寺少卿。

玉玦記

徐𤊹《徐氏家藏書目·傳奇類》《玉玦記》。

王國維《曲録·傳奇部上》《玉玦記》一本。《六十種曲》本。見《曲品》、《傳奇彙考》、《曲海目》。明鄭若庸撰。

大節記

王國維《曲録·傳奇部上》《大節記》一本。見《曲品》、《傳奇彙考》、《曲海目》。明鄭若庸撰。

五福記

王國維《曲録·傳奇部上》《五福記》一本。見《傳奇彙考》。明鄭若庸撰。若庸，字中伯，號虛舟，崑山人。

繡襦記

王國維《曲録・傳奇部上》《繡襦記》一本。《六十種曲》本。《曲海目》作鄭若庸撰，誤。明薛近兖撰。

明珠記

徐𤊹《徐氏家藏書目・傳奇類》《明珠記》。

王國維《曲録・傳奇部上》《明珠記》一本。《六十種曲》本。一名《王仙客無雙傳奇》。

南西厢

王國維《曲録・傳奇部上》《南西厢》一本。右見《曲品》、《曲海目》。明陸采撰。

懷香記

王國維《曲録・傳奇部上》《懷香記》一本。《六十種曲》。見《曲海目》。明陸采撰。

椒觴記

王國維《曲録・傳奇部上》《椒觴記》一本。見《曲海目》。明陸采撰。

分鞋記

王國維《曲録・傳奇部上》《分鞋記》一本。見《曲海目》。明陸采撰。采，字子元，號天池，長洲人。

寶劍記

王國維《曲録・傳奇部上》《寶劍記》一本。見《曲品》、《傳奇彙考》、《曲海目》。明李開先撰。

斷髮記

王國維《曲録・傳奇部上》《斷髮記》一本。見《曲品》、《傳奇彙考》、《曲海目》。明李開先撰。開先，字伯華，號中麓，章邱人，官至太常寺少卿，罷歸。

四喜記

王國維《曲録・傳奇部上》《四喜記》一本。《六十種曲》本。明謝讜撰。讜，號海門，上虞人。

清風亭

王國維《曲録・傳奇部上》《清風亭》一本。見《曲品》、《傳奇彙考》、《曲海目》。明秦鳴雷撰。鳴雷，字華峰，天台人。見《曲品》。《傳奇彙考》云華峰姓李，名宗泰，長洲人。未識孰是。

浣紗記

王國維《曲録·傳奇部上》《浣紗記》一本。《六十種曲》本。《傳奇十種》本。明梁辰魚撰。字里見上卷。

想當然

王國維《曲録·傳奇部上》《想當然》一本。見《傳奇彙考》、《曲海目》。明盧柟撰。柟，字次楩，一字子木，大名濬縣人。

鳴鳳記

徐𤊹《徐氏家藏書目·傳奇類》《鳴鳳記》。

王國維《曲録·傳奇部上》《鳴鳳記》一本。《六十種曲》本。明王世貞撰。世貞，字元美，太倉人，官至刑部尚書。

扊扅記

王國維《曲録·傳奇部上》《扊扅記》一本。見《曲品》、《傳奇彙考》、《曲海目》。《曲品》云：「在張伯起之前。」明端鏊撰。鏊，號平川，里居不詳。

紅拂記

徐𤊹《徐氏家藏書目·傳奇類》《紅拂記》。

王國維《曲録·傳奇部上》《紅拂記》一本。《六十種曲》本。見《曲品》、《傳奇彙考》、《曲海目》。明張鳳翼撰。

祝髮記

徐𤊹《徐氏家藏書目·傳奇類》《祝髮記》。

王國維《曲録·傳奇部上》《祝髮記》一本。見《曲品》、《傳奇彙考》、《曲海目》。明張鳳翼撰。

竊符記

徐𤊹《徐氏家藏書目·傳奇類》《竊符記》。

王國維《曲録·傳奇部上》《竊符記》一本。見《曲品》、《傳奇彙考》、《曲海目》。明張鳳翼撰。

灌園記

徐𤊹《徐氏家藏書目·傳奇類》《灌園記》。

王國維《曲録·傳奇部上》《灌園記》一本。《六十種曲》本。見《曲品》、《傳奇彙考》、《曲海目》。明張鳳翼撰。

扊扅記

王國維《曲録·傳奇部上》《扊扅記》一本。見《曲品》、《傳奇彙考》、《曲海目》。明張鳳翼撰。

平播記

王國維《曲録·傳奇部上》《平播記》一本。《傳奇彙考》云：「總兵李應祥厚禮求作事頗不實。」見《曲品》、《傳奇彙考》、《曲海目》。明張鳳翼撰。鳳翼，字伯起，長洲人。《列朝詩集》：「伯起與其弟獻翼、幼于燕翼叔貽，並有才名。吳人語曰：『前有四皇，後有三張。』」

玉簪記

徐𤊹《徐氏家藏書目·傳奇類》《玉簪記》。

王國維《曲録·傳奇部上》《玉簪記》一本。《六十種曲》本。見《曲品》、《傳奇彙考》、《曲海目》。明高濂撰。

節孝記

徐𤊹《徐氏家藏書目·傳奇類》《陶潛歸田記》。

又《李密陳情記》。

王國維《曲録·傳奇部上》《節孝記》一本。《曲品》云：「陶潛之《歸去》，令伯之《陳情》，分上下帙，别是一體。」見《曲品》、《傳奇彙考》、《曲海目》。明高濂撰。濂，字深甫，號瑞南，錢塘人。

雙烈記

徐𤊹《徐氏家藏書目·傳奇類》《雙烈記》。

王國維《曲録·傳奇部上》《雙烈記》一本。見《傳奇彙考》。明張四維撰。

章臺柳

王國維《曲録·傳奇部上》《章臺柳》一本。見顧起元《客座贅語》。明張四維撰。四維，字治卿，元城人。

千斛記

徐𤊹《徐氏家藏書目·傳奇類》《千斛記》。王應山。

夢磊記

王國維《曲録·傳奇部上》《夢磊記》一本。見《傳奇彙考》、《曲海目》。明史槃撰。

合紗記

王國維《曲録·傳奇部上》《合紗記》一本。見《傳奇彙考》、《曲海目》。明史槃撰。槃，字叔考，會稽人。

吐絨記

王國維《曲録·傳奇部上》《吐絨記》一本。見《傳奇彙考》。明無名氏撰。

青衫記

徐𤊹《徐氏家藏書目·傳奇類》《青衫記》。

王國維《曲録·傳奇部上》《青衫記》一本。《六十種曲》本。見《曲品》、《傳奇彙考》、《曲海目》。明顧大典撰。

葛衣記

徐𤊹《徐氏家藏書目·傳奇類》《葛衣記》。

王國維《曲録·傳奇部上》《葛衣記》一本。見《曲品》、《傳奇彙考》、《曲海目》。明顧大典撰。

義乳記

徐𤊹《徐氏家藏書目·傳奇類》《義乳記》。

王國維《曲録·傳奇部上》《義乳記》一本。見《曲品》、《傳奇彙考》、《曲海目》。明顧大典撰。

風教編

徐𤊹《徐氏家藏書目·傳奇類》《風教記》。

王國維《曲録·傳奇部上》《風教編》一本。《曲品》云：「一記分四段，倣《四節》體。」見《曲品》、《傳奇彙考》、《曲海目》。明顧大典撰。大典，字道行，吴江人，官至福建提學副使。

琴心記

王國維《曲録·傳奇部上》《琴心記》一本。《六十種曲》本。明無名氏撰。

曇花記

徐𤊹《徐氏家藏書目·傳奇類》《曇花記》。

王國維《曲録·傳奇部上》《曇花記》一本。《六十種曲》本。見《曲品》、《傳奇彙考》。明屠隆撰。

修文記

王國維《曲録·傳奇部上》《修文記》一本。見《曲品》、《傳奇彙考》、《曲海目》。明屠隆撰。

彩豪記

王國維《曲録·傳奇部上》《彩豪記》一本。《六十種曲》本。見《曲品》、《傳奇彙考》、《曲海目》。明屠隆撰。隆，字長卿，又字緯真，號赤水，鄞縣人，官至禮部主事，罷歸。

鸚鵡洲

王國維《曲録·傳奇部上》《鸚鵡洲》一本。見《曲品》、《傳奇彙考》、《曲海目》。

明陳與郊撰。字里見上卷。《曲品》:「禺陽又爲□長公作一劇,見未刻本。」

麒麟罽

王國維《曲録・傳奇部上》《麒麟罽》一本。見《曲海目》。無名氏撰。

櫻桃夢

王國維《曲録・雜劇部下》《櫻桃夢》一本。見《曲海目》。明商漫卿撰。

靈寶刀

王國維《曲録・雜劇部下》《靈寶刀》一本。見《曲海目》。明商漫卿撰。字里不詳。

玉合記

王國維《曲録・傳奇部上》《玉合記》一本。《六十種曲》本。明梅鼎祚撰。字里見上卷。

錦箋記

王國維《曲録・傳奇部上》《錦箋記》一本。《六十種曲》本。明周螺冠撰。名里俱無考。《曲品》:「向云此記經諸名士而成,今迺知螺冠獨羡其美。」

紫簫記

徐𤊹《徐氏家藏書目・傳奇類》《紫簫記》。

王國維《曲録・傳奇部上》《紫簫記》一本。《六十種曲》本。《曲品》:「向傳先生作酒、色、才、氣、四犯,有所諷刺,作此以掩之,僅存半本而罷。」明湯顯祖撰。

紫釵記

王國維《曲録・傳奇部上》《紫釵記》一本。《六十種曲》本。明湯顯祖撰。

還魂記

徐𤊹《徐氏家藏書目・傳奇類》《牡丹亭還魂記》。

王國維《曲録・傳奇部上》《還魂記》一本。《六十種曲》本。《文林閣傳奇十種》本。冰絲館本。明湯顯祖撰。

南柯記

王國維《曲録・傳奇部上》《南柯記》一本。《六十種曲》本。明湯顯祖撰。

邯鄲記

王國維《曲録・傳奇部上》《邯鄲記》一本。《六十種曲》本。明湯顯祖撰。顯祖,字義仍,號若士,臨川人。萬曆癸未進士,除南太常博士,稍遷祠部郎。抗疏劾政府，謫廣東徐聞典史。後遷遂昌縣知縣，投劾歸。

觀燈記

徐𤊹《徐氏家藏書目・傳奇類》《觀燈記》。林初文編。

紅蕖記

王國維《曲録・傳奇部上》《紅蕖記》一本。見《曲品》、《傳奇彙考》。明沈璟撰。

埋劍記

王國維《曲録・傳奇部上》《埋劍記》一本。見《曲品》、《傳奇彙考》。明沈璟撰。

十孝記

王國維《曲録・傳奇部上》《十孝記》一本。《曲品》云：「每事三齣，似劇體，此自先生創之。」見《曲品》、《傳奇彙考》。明沈璟撰。

分錢記

徐𤊹《徐氏家藏書目・傳奇類》《分錢記》。

王國維《曲録・傳奇部上》《分錢記》一本。見《曲品》、《傳奇彙考》。明沈璟撰。

雙魚記

王國維《曲録・傳奇部上》《雙魚記》一本。見《曲品》、《傳奇彙考》。明沈璟撰。

合衫記

王國維《曲録・傳奇部上》《合衫記》一本。見《曲品》、《傳奇彙考》。明沈璟撰。

義俠記

王國維《曲録・傳奇部上》《義俠記》一本。《六十種曲》本。《文林閣傳奇十種》本。見《曲品》、《傳奇彙考》。明沈璟撰。

鴛衾記

王國維《曲録・傳奇部上》《鴛衾記》一本。見《曲品》、《傳奇彙考》。明沈璟撰。

桃符記

王國維《曲録・傳奇部上》《桃符記》一本。見《曲品》、《傳奇彙考》。明沈璟撰。

分柑記

王國維《曲録・傳奇部上》《分柑記》一本。見《曲品》、《傳奇彙考》。明沈璟撰。

四異記

王國維《曲録・傳奇部上》《四異記》一本。見《曲品》、《傳奇彙考》。明沈璟撰。

鑿井記

王國維《曲録・傳奇部上》《鑿井記》一本。見《曲品》、《傳奇彙考》。明沈璟撰。

珠串記

王國維《曲録・傳奇部上》《珠串記》一本。見《曲品》、《傳奇彙考》。明沈璟撰。

奇節記

王國維《曲録・傳奇部上》《奇節記》一本。《曲品》云：「正史中忠孝事，宜傳。一帙分兩卷，此變體也。」見《曲品》、《傳奇彙考》。明沈璟撰。

結髮記

王國維《曲録・傳奇部上》《結髮記》一本。見《曲品》、《傳奇彙考》。明沈璟撰。

墜釵記

王國維《曲録・傳奇部上》《墜釵記》一本。見《曲品》、《傳奇彙考》。明沈璟撰。

博笑記

王國維《曲録・傳奇部上》《博笑記》一本。《曲品》云：「體與《十孝》類。雜取《耳談》中事譜之。」見《曲品》、《傳奇彙考》。明沈璟撰。

耆英會

王國維《曲録・傳奇部上》《耆英會》一本。見高奕《新傳奇品》及《曲海目》。明沈璟撰。

翠屏山

王國維《曲録・傳奇部上》《翠屏山》一本。見高奕《新傳奇品》及《曲海目》。明沈璟撰。

望湖亭

王國維《曲録・傳奇部上》《望湖亭》一本。見高奕《新傳奇品》及《曲海目》。明沈璟撰。

一種情

王國維《曲録・傳奇部上》《一種情》一本。見高奕《新傳奇品》及《曲海目》。明沈璟撰。璟，字伯英，號甯庵，世稱詞隱先生，吴江人，明萬曆間進士，官光禄寺□□。

紅梨記

王國維《曲録・傳奇部上》《紅梨記》一本。《六十種曲》本。見《曲海目》。明徐復祚撰。

霄光劍

王國維《曲録・傳奇部上》《霄光劍》一本。見《曲考》。明徐復祚撰。

梧桐雨

王國維《曲録・傳奇部上》《梧桐雨》一本。見《曲考》。明徐復祚撰。

露綬記

王國維《曲録・傳奇部上》《露綬記》一本。見《新傳奇品》、《傳奇彙考》、《曲海目》。明單本撰。

蕉帕記

王國維《曲録・傳奇部上》《蕉帕記》一本。《六十種曲》本。《傳奇十種》本。見《新傳奇品》、《傳奇彙考》、《曲海目》。明單本撰。本，字槎仙，會稽人。

玉麟記

王國維《曲録・傳奇部上》《玉麟記》一本。見《曲品》、《傳奇彙考》、《曲海目》。明叶憲祖撰。

雙卿記

王國維《曲録・傳奇部上》《雙卿記》一本。見《曲品》、《傳奇彙考》、《曲海目》。明葉憲祖撰。

鸞鎞記

王國維《曲録・傳奇部上》《鸞鎞記》一本。《六十種曲》本。見《曲品》、《傳奇彙考》、《曲海目》。明叶憲祖撰。

四艷記

王國維《曲録・傳奇部上》《四艷記》一本。見《曲品》、《傳奇彙考》、《曲海目》。明葉憲祖撰。

金鎖記

王國維《曲録・傳奇部上》《金鎖記》一本。《傳奇彙考》云：「或云袁于合作，或云桐柏初稿，于合改定之。」見《曲品》、《傳奇彙考》、《曲海目》。明葉憲祖撰。憲祖字里見上卷。

量江記

王國維《曲録・傳奇部上》《量江記》一本。見《曲品》、《傳奇彙考》、《曲海目》。明余聿雲撰。

賜環記

王國維《曲録・傳奇部上》《賜環記》一本。《曲品》云：「尚有《賜環記》未見。」明余聿雲撰。聿雲，池州人。

乞麾記

王國維《曲録・傳奇部上》《乞麾記》一本。見《曲品》、《傳奇彙考》、《曲海目》。明卜世臣撰。

冬青記

王國維《曲録・傳奇部上》《冬青記》一本。見《曲品》、《傳奇彙考》、《曲海目》。明卜世臣撰。世臣，字大匡，一字大荒，秀水人。

高士記

王國維《曲録・傳奇部上》《高士記》一本。見《曲品》、《曲海目》。明汪廷訥撰。

長生記

王國維《曲録・傳奇部上》《長生記》一本。見《曲品》、《曲海目》。明汪廷訥撰。

天書記

王國維《曲録・傳奇部上》《天書記》一本。見《曲品》、《曲海目》。明汪廷訥撰。

獅吼記

徐𤊹《徐氏家藏書目・傳奇類》《獅吼記》。

王國維《曲録·傳奇部上》 《獅吼記》一本。《六十種曲》本。見《曲品》、《曲海目》。明汪廷訥撰。

投桃記

王國維《曲録·傳奇部上》 《投桃記》一本。見《曲品》、《曲海目》。明汪廷訥撰。

二閣記

徐𤊹《徐氏家藏書目·傳奇類》 《二閣記》。

王國維《曲録·傳奇部上》 《二閣記》一本。見《曲品》、《曲海目》。明汪廷訥撰。

同昇記

王國維《曲録·傳奇部上》 《同昇記》一本。見《曲品》、《曲海目》。明汪廷訥撰。

三祝記

王國維《曲録·傳奇部上》 《三祝記》一本。見《曲品》、《曲海目》。明汪廷訥撰。

種玉記

王國維《曲録·傳奇部上》 《種玉記》一本。《六十種曲》本。見《曲品》、《曲海目》。明汪廷訥撰。

七國記

王國維《曲録·傳奇部上》 《七國記》一本。見《傳奇彙考》。明汪廷訥撰。字里見上卷。

藍橋記

王國維《曲録·傳奇部上》 《藍橋記》一本。見《曲品》、《傳奇彙考》、《曲海目》。明龍膺撰。膺，字朱陵，武陵人，官至副都御史。

白練裙

王國維《曲録·傳奇部上》 《白練裙》一本。見《曲品》、《傳奇彙考》、《曲海目》。明鄭之文撰。

旗亭記

王國維《曲録·傳奇部上》 《旗亭記》一本。見《曲品》、《傳奇彙考》、《曲海目》。明鄭之文撰。

芍藥記

王國維《曲録·傳奇部上》 《芍藥記》一本。見《曲品》、《傳奇彙考》、《曲海目》。明鄭之文撰。之文，字應尼，一字豹先，南城人，官南部郎，後出爲知府。

驚鴻記

王國維《曲録·傳奇部上》《驚鴻記》一本。見《曲品》、《傳奇彙考》、《曲海目》。明吴世美撰。世美，字叔華，烏程人。

存孤記

徐𤊹《徐氏家藏書目·傳奇類》《存孤記》。

王國維《曲録·傳奇部上》《存孤記》一本。見《曲品》、《傳奇彙考》、《曲海目》。明陸弼撰。弼，字無從，江都人。

青蓮記

王國維《曲録·傳奇部上》《青蓮記》一本。見《曲品》、《傳奇彙考》、《曲海目》。明戴子晉撰。

鞢鞨記

王國維《曲録·傳奇部上》《鞢鞨記》一本。見《曲品》、《傳奇彙考》、《曲海目》。明戴子晉撰。子晉，字金蟾，永嘉人。

金蓮記

王國維《曲録·傳奇部上》《金蓮記》一本。《六十種曲》本。見《曲品》、《傳奇彙考》、《曲海目》。明陳汝元撰。

紫環記

王國維《曲録·傳奇部上》《紫環記》一本。見《曲品》、《傳奇彙考》、《曲海目》。明陳汝元撰。字里見上卷。

彈鋏記

王國維《曲録·傳奇部上》《彈鋏記》一本。見《曲品》、《傳奇彙考》、《曲海目》。明車任遠撰。字里見上卷。

蛟虎記

王國維《曲録·傳奇部上》《蛟虎記》一本。見《曲品》、《傳奇彙考》、《曲海目》。明黄伯羽撰。伯羽，號鈞叟，上海人。

紅拂記

王國維《曲録·傳奇部上》《紅拂記》一本。見《曲品》、《曲海目》。明張太和撰。太和，號屏山，錢塘人。

忠節記

王國維《曲録·傳奇部上》《忠節記》一本。見《曲品》、《傳奇彙考》、《曲海目》。

明錢直之撰。直之，號海屋，錢塘人。

符節記

王國維《曲録・傳奇部上》《符節記》一本。見《曲品》、《傳奇彙考》、《曲海目》。

明章大倫撰。大倫，字金庭，錢塘人。一作大綸字全定。

呼盧記

王國維《曲録・傳奇部上》《呼盧記》一本。見《曲品》、《傳奇彙考》、《曲海目》。

明金无垢撰。无垢，號逍遥，鄞縣人。

望雲記

王國維《曲録・傳奇部上》《望雲記》一本。見《曲品》、《傳奇彙考》、《曲海目》。

明程文修撰。

玉香記

徐𤊹《徐氏家藏書目・傳奇類》《玉香記》。

王國維《曲録・傳奇部上》《玉香記》一本。見《曲品》、《傳奇彙考》、《曲海目》。

明程文修撰。文修，字叔子，仁和人。

題橋記

徐𤊹《徐氏家藏書目・傳奇類》《題橋記》。

王國維《曲録・傳奇部上》《題橋記》一本。見《曲品》、《傳奇彙考》、《曲海目》。

明陸濟之撰。濟之，字利川，無錫人。《傳奇彙考》作陳濟之。

八義記

王國維《曲録・傳奇部上》《八義記》一本。《六十種曲》本。明徐叔回撰。名里未詳。

題紅記

王國維《曲録・傳奇部上》《題紅記》一本。見《曲品》、《傳奇彙考》、《曲海目》。

明祝長生撰。長生，號金粟，海鹽人。

五鼎記

王國維《曲録・傳奇部上》《五鼎記》一本。見《曲品》、《傳奇彙考》、《曲海目》。

明顧希雍撰。希雍，字懋仁，崑山人。

椒觴記

王國維《曲録・傳奇部上》《椒觴記》一本。見《曲品》、《傳奇彙考》、《曲海目》。

明顧仲雍撰。仲雍，字懋儉，崑山人。

春蕪記

王國維《曲録・傳奇部上》《春蕪記》一本。《六十種曲》本。明江鋑撰。鋑，字劍池，錢塘人。

奇貨記

王國維《曲録·傳奇部上》 《奇貨記》一本。見《曲品》、《曲海目》。明胡文焕撰。

犀珮記

王國維《曲録·傳奇部上》 《犀珮記》一本。見《曲品》、《曲海目》。明胡文焕撰。

三晉記

王國維《曲録·傳奇部上》 《三晉記》一本。見《曲品》、《曲海目》。明胡文焕撰。文焕，號全庵，錢塘人，著述甚富，刊有《格致叢書》。

神鏡記

王國維《曲録·傳奇部上》 《神鏡記》一本。見《傳奇彙考》、《曲海目》。明吕文撰。文，字天成，金華人。

玉魚記

徐𤊹《徐氏家藏書目·傳奇類》 《玉魚記》。

王國維《曲録·傳奇部上》 《玉魚記》一本。見《曲品》、《傳奇彙考》、《曲海目》。明湯賓陽撰。名里無考。

玉釵記

王國維《曲録·傳奇部上》 《玉釵記》一本。見《曲品》、《傳奇彙考》、《曲海目》。明陸江樓撰。名字無考，杭州人。

牡丹記

王國維《曲録·傳奇部上》 《牡丹記》一本。見《曲品》、《傳奇彙考》、《曲海目》。明朱從龍撰。從龍，字春霖，句容人。

緑綺記

王國維《曲録·傳奇部上》 《緑綺記》一本。見《曲品》、《傳奇彙考》、《曲海目》。明楊柔勝撰。柔勝，字新吾，武進人。

禁煙記

王國維《曲録·傳奇部上》 《禁煙記》一本。見《曲品》、《傳奇彙考》、《曲海目》。明盧鶴江撰。鶴江，佚其名，無錫人。

合璧記

王國維《曲録·傳奇部上》 《合璧記》一本。見《曲品》、《傳奇彙考》、《曲海目》。

明王恒撰。恒，字貞伯，杭州人。

易鞋記

王國維《曲録・傳奇部上》《易鞋記》一本。見《傳奇彙考》。無名氏撰。

玉鏡臺

王國維《曲録・傳奇部上》《玉鏡臺》一本。《六十種曲》本。見《曲品》、《傳奇彙考》、《曲海目》。明朱鼎撰。鼎，字永懷，崑山人。

金魚記

王國維《曲録・傳奇部上》《金魚記》一本。見《曲品》、《傳奇彙考》、《曲海目》。明吴鵬撰。鵬，字圖南，宜興人。

純孝記

王國維《曲録・傳奇部上》《純孝記》一本。見《曲品》、《傳奇彙考》、《曲海目》。明張從懷撰。從懷，一作從德，字同谷，海甯人。

焚香記

王國維《曲録・傳奇部上》《焚香記》一本。《六十種曲》本。見《曲品》、《傳奇彙考》、《曲海目》。明王玉峰撰。佚其名，松江人。

練囊記

王國維《曲録・傳奇部上》《練囊記》一本。《傳奇彙考》云：「與張仲豫合作。」見《曲品》、《傳奇彙考》、《曲海目》。明吴大震撰。

龍劍記

王國維《曲録・傳奇部上》《龍劍記》一本。見《曲品》、《傳奇彙考》、《曲海目》。明吴大震撰。大震，字東宇，號長孺，休甯人。

龍膏記

王國維《曲録・傳奇部上》《龍膏記》一本。《六十種曲》本。見《曲品》、《傳奇彙考》、《曲海目》。明楊珽撰。

錦帶記

王國維《曲録・傳奇部上》《錦帶記》一本。見《曲品》、《傳奇彙考》、《曲海目》。明楊珽撰。珽，字夷白，錢塘人。

龍綃記

王國維《曲録・傳奇部上》《龍綃記》一本。見《曲品》、《傳奇彙考》、《曲海目》。明黄維楫撰。維楫，字説仲，天台人。

玉丸記

王國維《曲録·傳奇部上》 《玉丸記》一本。見《曲品》、《傳奇彙考》、《曲海目》。明朱期撰。期，號萬山，上虞人。

佩印記

王國維《曲録·傳奇部上》 《佩印記》一本。見《曲品》、《傳奇彙考》、《曲海目》。明顧瑾撰。瑾，字懷琳，華亭人，或云杭州人。

玉鐲記

徐𤊹《徐氏家藏書目·傳奇類》 《玉鐲記》。

王國維《曲録·傳奇部上》 《玉鐲記》一本。見《曲品》、《傳奇彙考》、《曲海目》。明李玉田撰。玉田，佚其名，汀州人。

玉杵記

王國維《曲録·傳奇部上》 《玉杵記》一本。見《曲品》、《傳奇彙考》、《曲海目》。明楊之炯撰。之炯，字星水，餘姚人。

溉園記

王國維《曲録·傳奇部上》 《溉園記》一本。見《曲品》、《傳奇彙考》。明趙於禮撰。

畫鶯記

王國維《曲録·傳奇部上》 《畫鶯記》一本。見《曲品》、《傳奇彙考》。明趙於禮撰。於禮，字心雲，一作心武，上虞人。

分釵記

王國維《曲録·傳奇部上》 《分釵記》一本。見《曲品》、《傳奇彙考》。明張景嚴撰。景嚴，號瀨濱，溧陽人。

覓蓮記

王國維《曲録·傳奇部上》 《覓蓮記》一本。見《曲品》、《傳奇彙考》。明鄒逢時撰。逢時，號海門，餘姚人。

指腹記

王國維《曲録·傳奇部上》 《指腹記》一本。《傳奇彙考》云：「即今之《一種情》。」見《曲品》、《傳奇彙考》。明沈祚撰。祚，字希福，溧陽人。

丹筦記

王國維《曲録·傳奇部上》 《丹筦記》一本。見《曲品》、《傳奇彙考》。明汪宗姬撰。宗姬，字師文，徽州人。

護龍記

王國維《曲録・傳奇部上》《護龍記》一本。見《曲品》、《傳奇彙考》。明馮之可撰。之可，字易亭，彭澤人。

白璧記

王國維《曲録・傳奇部上》《白璧記》一本。見《曲品》、《傳奇彙考》。明黄廷俸撰。廷俸，字君選，常熟人。

狐裘記

王國維《曲録・傳奇部上》《狐裘記》一本。見《曲品》、《傳奇彙考》。明謝天祐撰。

靖虜記

王國維《曲録・傳奇部上》《靖虜記》一本。見《曲品》、《傳奇彙考》。明謝天祐撰。天祐，號思山，杭州人。

合釵記

王國維《曲録・傳奇部上》《合釵記》一本。同上。見《曲品》、《傳奇彙考》。明吾邱瑞撰。瑞，字國璋，杭州人，元吾邱衍之後。《曲品》及《曲海目》作邱瑞吾，誤。

香裘記

王國維《曲録・傳奇部上》《香裘記》一本。見《曲品》、《傳奇彙考》。明金懷玉撰。

寶釵記

王國維《曲録・傳奇部上》《寶釵記》一本。見《曲品》、《傳奇彙考》。明金懷玉撰。

望雲記

王國維《曲録・傳奇部上》《望雲記》一本。見《曲品》、《傳奇彙考》。明金懷玉撰。

完福記

王國維《曲録・傳奇部上》《完福記》一本。見《曲品》、《傳奇彙考》。明金懷玉撰。

妙相記

王國維《曲録・傳奇部上》《妙相記》一本。見《曲品》、《傳奇彙考》。明金懷玉撰。

摘星記

王國維《曲録·傳奇部上》《摘星記》一本。見《曲品》、《傳奇彙考》。明金懷玉撰。

繡被記

王國維《曲録·傳奇部上》《繡被記》一本。見《曲品》、《傳奇彙考》。明金懷玉撰。

八更記

王國維《曲録·傳奇部上》《八更記》一本。見《曲品》、《傳奇彙考》。明金懷玉撰。

桃花記

王國維《曲録·傳奇部上》《桃花記》一本。見《曲品》、《傳奇彙考》。明金懷玉撰。懷玉，字爾音，會稽人。

紅梅記

王國維《曲録·傳奇部上》《紅梅記》一本。見《傳奇彙考》、《曲海目》。《傳奇彙考》云：「袁中郎宏道有删本。」明周朝俊撰。朝俊，字稊玉，吴縣人。

李丹記

徐𤊹《徐氏家藏書目·傳奇類》《李丹記》。

雙雄記

王國維《曲録·傳奇部上》《雙雄記》一本。見《曲品》、《傳奇彙考》、《曲海目》。明馮夢龍撰。

萬事足

徐𤊹《徐氏家藏書目·傳奇類》《萬事足記》。馮夢龍。

王國維《曲録·傳奇部上》《萬事足》一本。見《新傳奇品》、《傳奇彙考》、《曲海目》。明馮夢龍撰。

風流夢

王國維《曲録·傳奇部上》《風流夢》一本。見《新傳奇品》、《傳奇彙考》、《曲海目》。明馮夢龍撰。

新灌園

王國維《曲録·傳奇部上》《新灌園》一本。見《新傳奇品》、《傳奇彙考》、《曲海目》。明馮夢龍撰。夢龍，字猶龍，一字耳猶，吴縣人，官壽甯縣知縣。

精忠旗

王國維《曲録·傳奇部上》《精忠旗》一本。見《曲海目》。無名氏撰。

殺狗記

王國維《曲録·傳奇部上》《殺狗記》一本。《六十種典》本。明徐畛撰。畛，字仲由，淳安人，洪武初徵秀才，至藩省辭歸，有《巢松集》。

水滸記

王國維《曲録·傳奇部上》《水滸記》一本。《六十種曲》本。見《傳奇彙考》。明許自昌撰。

報主記

王國維《曲録·傳奇部上》《報主記》一本。見《傳奇彙考》。明許自昌撰。

靈犀珮

王國維《曲録·傳奇部上》《靈犀珮》一本。見《傳奇彙考》。明許自昌撰。

弄珠樓

王國維《曲録·傳奇部上》《弄珠樓》一本。見《傳奇彙考》。末二本疑即王異所撰。明許自昌撰。自昌，字元祐，吴縣人。

蝴蝶夢記

徐𤊹《徐氏家藏書目·傳奇類》《蝴蝶夢記》。謝宏儀。

雙金榜

王國維《曲録·傳奇部上》《雙金榜》一本。見《傳奇彙考》、《曲海目》。明阮大鋮撰。

牟尼合

王國維《曲録·傳奇部上》《牟尼合》一本。見《傳奇彙考》、《曲海目》。明阮大鋮撰。

忠孝環

王國維《曲録·傳奇部上》《忠孝環》一本。見《傳奇彙考》、《曲海目》。明阮大鋮撰。

春燈謎

王國維《曲録・傳奇部上》 《春燈謎》一本。見《傳奇彙考》、《曲海目》。明阮大鋮撰。

燕子箋

王國維《曲録・傳奇部上》 《燕子箋》一本。見《傳奇彙考》、《曲海目》。明阮大鋮撰。大鋮，字集之，號圓海，懷甯人，官至兵部尚書。

花筵賺

王國維《曲録・傳奇部下》 《花筵賺》一本。見《傳奇彙考》、《曲海目》。國朝范文若撰。

鴛鴦棒

王國維《曲録・傳奇部下》 《鴛鴦棒》一本。見《傳奇彙考》、《曲海目》。國朝范文若撰。

倩畫眉

王國維《曲録・傳奇部下》 《倩畫眉》一本。見《傳奇彙考》、《曲海目》。國朝范文若撰。

勘皮靴

王國維《曲録・傳奇部下》 《勘皮靴》一本。見《傳奇彙考》、《曲海目》。國朝范文若撰。

夢花酣

王國維《曲録・傳奇部下》 《夢花酣》一本。見《傳奇彙考》、《曲海目》。惟《新傳奇品》作吴石渠撰，誤也。國朝范文若撰。

花眉旦

王國維《曲録・傳奇部下》 《花眉旦》一本。見《傳奇彙考》。國朝范文若撰。

雌雄旦

王國維《曲録・傳奇部下》 《雌雄旦》一本。見《傳奇彙考》。國朝范文若撰。

金明池

王國維《曲録・傳奇部下》 《金明池》一本。見《傳奇彙考》。國朝范文若撰。

歡喜冤家

王國維《曲録・傳奇部下》《歡喜冤家》一本。見《傳奇彙考》。國朝范文若撰。文若，字香令，號荀鴨，又自稱吴儂，松江人。

西樓記

王國維《曲録・傳奇部下》《西樓記》一本。《六十種曲》本。《傳奇彙考》云：「馮夢龍增《錯夢》一出。」見《新傳奇品》、《傳奇彙考》。國朝袁于令撰。

金鎖記

王國維《曲録・傳奇部下》《金鎖記》一本。見《新傳奇品》、《傳奇彙考》。國朝袁于令撰。

玉符記

王國維《曲録・傳奇部下》《玉符記》一本。楊恩壽《詞餘叢話》謂韞玉譜《瑞玉記》，或即此本。見《新傳奇品》、《傳奇彙考》。國朝袁于令撰。

又《玉符記》一本。見《曲海目》。國朝吉衣道人撰。

珍珠衫

王國維《曲録・傳奇部下》《珍珠衫》一本。見《新傳奇品》、《傳奇彙考》。國朝袁于令撰。

肅霜裘

王國維《曲録・傳奇部下》《肅霜裘》一本。見《新傳奇品》、《傳奇彙考》。國朝袁于令撰。字里見卷三。宋犖《筠廊偶筆》：「袁籜庵以《西樓》傳奇得盛名，與人談及，輒有喜色。一日出飲歸，月下肩輿過一大姓門，其家方燕賓，演《霸王夜宴》。輿人曰：『如此良夜，何不唱「繡户傳嬌語」，乃演《千金記》？』籜庵狂喜，幾墮輿。」

醉鄉記

王國維《曲録・傳奇部下》《醉鄉記》一本。見《傳奇彙考》。明孫仁孺撰。名里未詳。

又《傳奇部下》《醉鄉記》一本。見《曲海目》。國朝白雪道人撰。

東郭記

王國維《曲録・傳奇部下》《東郭記》一本。《六十種曲》本。明無名氏撰。

畫中人

王國維《曲録・傳奇部下》《畫中人》一本。見《傳奇彙考》、《曲海目》。國朝吴炳撰。

療妬羹

王國維《曲録・傳奇部下》《療妬羹》一本。見《傳奇彙考》、《曲海目》。國朝吴炳撰。

緑牡丹

王國維《曲録·傳奇部下》《緑牡丹》一本。見《傳奇彙考》、《曲海目》。國朝吴炳撰。

又《緑牡丹》一本。見莊親王《九宫大成南北詞宫譜》。無名氏撰。

西園記

王國維《曲録·傳奇部下》《西園記》一本。見《傳奇彙考》、《曲海目》。國朝吴炳撰。

情郵記

王國維《曲録·傳奇部下》《情郵記》一本。見《傳奇彙考》。國朝吴炳撰。炳，字石渠，宜興人。《新傳奇品》：「吴石渠之詞，如道子寫生，鬚眉畢現。」

紅情言

王國維《曲録·傳奇部上》《紅情言》一本。見《曲考》。明王翊撰。

榴巾怨

王國維《曲録·傳奇部上》《榴巾怨》一本。見《曲考》。明王翊撰。

詞苑春秋

王國維《曲録·傳奇部上》《詞苑春秋》一本。見《曲考》。明王翊撰。

博浪沙

王國維《曲録·傳奇部上》《博浪沙》一本。見《曲考》。明王翊撰。翊，字介人，嘉興人，有《秋懷堂集》。

息宰河

王國維《曲録·傳奇部上》《息宰河》一本。見《曲海目》。明沈孚中撰。

綰春園

王國維《曲録·傳奇部上》《綰春園》一本。見《傳奇彙考》、《曲考》。明沈孚中撰。

宰戌記

王國維《曲録·傳奇部上》《宰戌記》一本。見《曲考》。明沈孚中撰。孚中，字會吉，錢塘人。

風流院

王國維《曲録·傳奇部下》《風流院》一本。見莊親王《九宮大成南北詞宮譜》。無名氏撰。

紈扇記

王國維《曲録·傳奇部上》《紈扇記》一本。見《曲品》、《傳奇彙考》。明謝廷諒撰。廷諒，字九索，湖廣人。

遍地錦

王國維《曲録·傳奇部上》《遍地錦》一本。見《傳奇彙考》。明姚子翼撰。

上林春

王國維《曲録·傳奇部上》《上林春》一本。見《傳奇彙考》。明姚子翼撰。又《傳奇部下》《上林春》一本。見《曲海目》。無名氏撰。

白玉堂

王國維《曲録·傳奇部上》《白玉堂》一本。見《傳奇彙考》。明姚子翼撰。

祥麟現

王國維《曲録·傳奇部上》《祥麟現》一本。見《傳奇彙考》。明姚子翼撰。子翼，字襄侯，秀水人。

弄珠樓

王國維《曲録·傳奇部上》《弄珠樓》一本。見《傳奇彙考》。明王異撰。

百花亭

王國維《曲録·傳奇部上》《百花亭》一本。見《傳奇彙考》。明王異撰。

靈犀珮

王國維《曲録·傳奇部上》《靈犀珮》一本。見《傳奇彙考》。明王異撰。異，字無功，邵陽人。

稻花初

王國維《曲録·傳奇部上》《稻花初》一本。見《傳奇彙考》。明李素甫撰。

落花風

王國維《曲録·傳奇部上》《落花風》一本。見《傳奇彙考》。明李素甫撰。

再生蓮

王國維《曲録·傳奇部上》《再生蓮》一本。見《傳奇彙考》。明李素甫撰。

賣愁村

王國維《曲録·傳奇部上》《賣愁村》一本。見《傳奇彙考》。明李素甫撰。

元宵鬧

王國維《曲録·傳奇部上》《元宵鬧》一本。一云朱佐朝作。見《傳奇彙考》。明李素甫撰。素甫，字位行，吴江人。

雙遇蕉

王國維《曲録·傳奇部上》《雙遇蕉》一本。見《傳奇彙考》。明吴千頃撰。千頃，字汪度，長洲人。

白玉樓

王國維《曲録·傳奇部上》《白玉樓》一本。見《傳奇彙考》。明蔣麟徵撰。麟徵，字瑞書，長洲人。一作字西宿，烏程人。

醉揚州

王國維《曲録·傳奇部上》《醉揚州》一本。見《傳奇彙考》。明朱寄林撰。

鬧烏江

王國維《曲録·傳奇部上》《鬧烏江》一本。見《傳奇彙考》。明朱寄林撰。

倒鴛鴦

王國維《曲録·傳奇部上》《倒鴛鴦》一本。見《傳奇彙考》。明朱寄林撰。寄林，字樹聲，蘇州人。

軟藍橋

王國維《曲録·傳奇部上》《軟藍橋》一本。見《傳奇彙考》。明許炎南撰。

情不斷

王國維《曲録・傳奇部上》《情不斷》一本。見《傳奇彙考》。明許炎南撰。炎南，字有丁，海鹽人。

雙螭璧

王國維《曲録・傳奇部上》《雙螭璧》一本。見《傳奇彙考》。明鄒玉卿撰。

青虹嘯

王國維《曲録・傳奇部上》《青虹嘯》一本。見《傳奇彙考》。明鄒玉卿撰。玉卿，字崑圃，長洲人。

兩蝶詩

王國維《曲録・傳奇部上》《兩蝶詩》一本。見《傳奇彙考》。明王子濤撰。

華山緣

王國維《曲録・傳奇部上》《華山緣》一本。見《傳奇彙考》。明王紫濤撰。名里不詳。

浮丘傲

王國維《曲録・傳奇部上》《浮丘傲》一本。見《傳奇彙考》。明王鳴九撰。鳴九，字鶴皋，吴縣人。

八葉霜

王國維《曲録・傳奇部上》《八葉霜》一本。見《傳奇彙考》。明陸世廉撰。字里見上卷。

龍華會

王國維《曲録・傳奇部上》《龍華會》一本。見《傳奇彙考》。明王翔千撰。翔千，字起鳳，太倉人。

續精忠

王國維《曲録・傳奇部上》《續精忠》一本。見《傳奇彙考》。明湯子垂撰。名里不詳。

雙麟瑞

王國維《曲録・傳奇部上》《雙麟瑞》一本。見《傳奇彙考》。明程麗先撰。

笑笑緣

王國維《曲録·傳奇部上》《笑笑緣》一本。見《傳奇彙考》。明程麗先撰。麗先，字光鉅，新安人。

雪香緣

王國維《曲録·傳奇部上》《雪香緣》一本。見《傳奇彙考》。明程子偉撰。子偉，字正夫，江都人。

雙忠孝

王國維《曲録·傳奇部上》《雙忠孝》一本。見《傳奇彙考》。明劉藍生撰。

半塘會

王國維《曲録·傳奇部上》《半塘會》一本。見《傳奇彙考》。明劉藍生撰。字里未詳。

讀書種

王國維《曲録·傳奇部上》《讀書種》一本。見《傳奇彙考》。明陳曉江撰。名里未詳。

四大癡

王國維《曲録·傳奇部上》《四大癡》一本。見《傳奇彙考》。明李九標撰。九標，字逢時，武陵人。

崖山烈

王國維《曲録·傳奇部上》《崖山烈》一本。見《傳奇彙考》。明朱九經撰。字里無考。

鏡中花

王國維《曲録·傳奇部上》《鏡中花》一本。見《傳奇彙考》。明李雨商撰。雨商，字桑林，河南人。

錦西厢

王國維《曲録·傳奇部上》《錦西厢》一本。一作《翻西厢》。見《傳奇彙考》。明周公魯撰。公魯，字公望，崑山人。

歌風記

王國維《曲録·傳奇部上》《歌風記》一本。見《曲品》、《傳奇彙考》、《曲海目》。明庚庚撰。庚，字生子，杭州人。

藍田記

王國維《曲録・傳奇部上》《藍田記》一本。見《曲品》、《傳奇彙考》、《曲海目》。明龍渠翁撰。渠翁，佚其名，安慶人。

躍鯉記

王國維《曲録・傳奇部上》《躍鯉記》一本。見《傳奇彙考》。明陳羆齋撰。名里無考。

摘金圓

王國維《曲録・傳奇部上》《摘金圓》一本。見《傳奇彙考》。明閨秀顧采屏撰。采屏，崑山人，《歷朝詩集》有：「顧氏妹，崑山顧茂儉之妹，雍里方伯之女，嫁孫僉憲家爲婦，甚有才情。」案：方伯及茂儉兄弟均善製詞曲，則采屏或即其人歟？

三生傳

王國維《曲録・傳奇部上》《三生傳》一本。見《傳奇彙考》。明妓馬守真撰。守真，小字玄兒，又字月嬌，又字湘蘭，金陵人。

錕鋙記

王國維《曲録・傳奇部上》《錕鋙記》一本。見《曲品》、《傳奇彙考》、《曲海目》。明兩宜居士撰。

奪解記

徐𤊹《徐氏家藏書目・傳奇類》《奪解記》。

王國維《曲録・傳奇部上》《奪解記》一本。見《曲品》、《傳奇彙考》、《曲海目》。明秋閣居士撰。

雙環記

徐𤊹《徐氏家藏書目・傳奇類》《雙環記》。

王國維《曲録・傳奇部上》《雙環記》一本。見《曲品》、《傳奇彙考》、《曲海目》。明鹿陽外史撰。

遇仙記

王國維《曲録・傳奇部上》《遇仙記》一本。見《曲品》、《傳奇彙考》、《曲海目》。明心一子撰。杭州人。

合劍記

王國維《曲録・傳奇部上》《合劍記》一本。見《曲品》、《傳奇彙考》、《曲海目》。明泰華山人撰。

釵釧記

王國維《曲録·傳奇部上》《釵釧記》一本。見《曲品》、《傳奇彙考》、《曲海目》。明月榭主人撰。

杖策記

王國維《曲録·傳奇部上》《杖策記》一本。見《傳奇彙考》、《曲海目》。明涵陽子撰。

廣爰書

王國維《曲録·傳奇部下》《廣爰書》一本。見《禁書總目》。三吴居士撰。

鴛鴦絲

王國維《曲録·傳奇部下》《鴛鴦絲》一本。見《禁書總目》。明海來道人撰。

鈿盒記

徐𤊹《徐氏家藏書目·傳奇類》《鈿盒記》。戴應鰲。

情緣記

徐𤊹《徐氏家藏書目·傳奇類》《情緣記》二卷。

王國維《曲録·傳奇部下》《情緣記》一本。見《南詞定律》。無名氏撰。

十義記

徐𤊹《徐氏家藏書目·傳奇類》《十義記》。
王國維《曲録·傳奇部下》《十義記》一本。見《曲海目》。無名氏撰。

金貂記

徐𤊹《徐氏家藏書目·傳奇類》《金貂記》。

傳臚記

徐𤊹《徐氏家藏書目·傳奇類》《傳臚記》。

乞漿記

徐𤊹《徐氏家藏書目·傳奇類》《乞漿記》。

紅葉記

徐𤊹《徐氏家藏書目·傳奇類》《紅葉記》。

狐白記

徐𤊹《徐氏家藏書目・傳奇類》《狐白記》。

曇陽記

徐𤊹《徐氏家藏書目・傳奇類》《曇陽記》。

日蓮記

徐𤊹《徐氏家藏書目・傳奇類》《日蓮記》。

五百户南西廂記

徐𤊹《徐氏家藏書目・傳奇類》《五百户南西廂記》。

陳三磨鏡記

徐𤊹《徐氏家藏書目・傳奇類》《陳三磨鏡記》。

夢境記

徐𤊹《徐氏家藏書目・傳奇類》《夢境記》。

女豪傑小齣

徐𤊹《徐氏家藏書目・傳奇類》《女豪傑小齣》。

中山狼記

徐𤊹《徐氏家藏書目・傳奇類》《中山狼記》。

十錯記

徐𤊹《徐氏家藏書目・傳奇類》《十錯記》。

續琵琶胡笳記

徐𤊹《徐氏家藏書目・傳奇類》《續琵琶胡笳記》。

珍珠衫記

徐𤊹《徐氏家藏書目・傳奇類》《珍珠衫記》二卷。

金縢記

王國維《曲録・傳奇部上》《金縢記》一本。明鬱藍生《曲品》題元喬吉撰，黄文暘《曲海目》仍之，然不知何據。

白兔記

王國維《曲録·傳奇部上》《白兔記》一本。《六十種曲》本。明無名氏撰。

玉環記

王國維《曲録·傳奇部上》《玉環記》一本。《六十種曲》本。明無名氏撰。

尋親記

王國維《曲録·傳奇部上》《尋親記》一本。《六十種曲》本。明無名氏撰。

金雀記

王國維《曲録·傳奇部上》《金雀記》一本。《六十種曲》本。明無名氏撰。

投梭記

王國維《曲録·傳奇部上》《投梭記》一本。《六十種曲》本。明無名氏撰。

霞箋記

王國維《曲録·傳奇部上》《霞箋記》一本。《六十種曲》本。明無名氏撰。

節俠記

王國維《曲録·傳奇部上》《節俠記》一本。《六十種曲》本。明無名氏撰。

飛丸記

王國維《曲録·傳奇部上》《飛丸記》一本。《六十種曲》本。明無名氏撰。

四賢記

王國維《曲録·傳奇部上》《四賢記》一本。《六十種曲》本。明無名氏撰。

運甓記

王國維《曲録·傳奇部上》《運甓記》一本。《六十種曲》本。明無名氏撰。

贈書記

王國維《曲録·傳奇部上》《贈書記》一本。《六十種曲》本。明無名氏撰。

四美記

王國維《曲録·傳奇部上》《四美記》一本。《傳奇十種》本。明無名氏撰。

觀音魚籃記

王國維《曲録・傳奇部上》《觀音魚籃記》一本。《傳奇十種》本。明無名氏撰。

漢劉秀雲臺記

王國維《曲録・傳奇部上》《漢劉秀雲臺記》一本。《傳奇十種》本。明無名氏撰。

高文舉珍珠記

王國維《曲録・傳奇部上》《高文舉珍珠記》一本。《傳奇十種》本。明無名氏撰。

袁文正還魂記

王國維《曲録・傳奇部上》《袁文正還魂記》一本。《傳奇十種》本。明無名氏撰。

牧羊記

王國維《曲録・傳奇部上》《牧羊記》一本。見《曲品》。明無名氏撰。

孤兒記

王國維《曲録・傳奇部上》《孤兒記》一本。見《曲品》。明無名氏撰。

教子記

王國維《曲録・傳奇部上》《教子記》一本。見《曲品》。明無名氏撰。

綵樓記

王國維《曲録・傳奇部上》《綵樓記》一本。見《曲品》。明無名氏撰。

百順記

王國維《曲録・傳奇部上》《百順記》一本。見《曲品》。明無名氏撰。

合鏡記

王國維《曲録・傳奇部上》《合鏡記》一本。見《曲品》。明無名氏撰。

四豪記

王國維《曲録・傳奇部上》《四豪記》一本。見《曲品》。明無名氏撰。

赤松記

王國維《曲録・傳奇部上》《赤松記》一本。見《曲品》。明無名氏撰。

雙紅記

王國維《曲録・傳奇部上》《雙紅記》一本。見《曲品》。明無名氏撰。

離魂記

王國維《曲録・傳奇部上》《離魂記》一本。見《曲品》。明無名氏撰。

犀合記

王國維《曲録・傳奇部上》《犀合記》一本。見《曲品》。明無名氏撰。

五福記

王國維《曲録・傳奇部上》《五福記》一本。韓忠獻事。見《曲品》。明無名氏撰。

五福記

王國維《曲録・傳奇部上》《五福記》一本。徐勉之事。見《曲品》。明無名氏撰。

黑鯉記

王國維《曲録・傳奇部上》《黑鯉記》一本。見《曲品》。明無名氏撰。

綈袍記

王國維《曲録・傳奇部上》《綈袍記》一本。見《曲品》。明無名氏撰。

鑲環記

王國維《曲録・傳奇部上》《鑲環記》一本。見《曲品》。明無名氏撰。

金臺記

王國維《曲録・傳奇部上》《金臺記》一本。見《曲品》。明無名氏撰。

箜篌記

王國維《曲録・傳奇部上》《箜篌記》一本。見《曲品》。明無名氏撰。

鸞釵記

王國維《曲録・傳奇部上》《鸞釵記》一本。見《傳奇彙考》。明無名氏撰。

千祥記

王國維《曲録·傳奇部上》《千祥記》一本。見《傳奇彙考》。明無名氏撰。

鵜釵記

王國維《曲録·傳奇部上》《鵜釵記》一本。見《傳奇彙考》。明無名氏撰。

異夢記

徐㶿《徐氏家藏書目·傳奇類》《異夢記》。陳价夫。

王國維《曲録·傳奇部上》《異夢記》一本。見《傳奇彙考》。明無名氏撰。

四景記

王國維《曲録·傳奇部上》《四景記》一本。見《傳奇彙考》。明無名氏撰。

羅衫記

王國維《曲録·傳奇部上》《羅衫記》一本。見《傳奇彙考》。明無名氏撰。

雙孝記

王國維《曲録·傳奇部上》《雙孝記》一本。見《傳奇彙考》。明無名氏撰。

麒麟記

王國維《曲録·傳奇部上》《麒麟記》一本。見《傳奇彙考》。明無名氏撰。

金花記

王國維《曲録·傳奇部上》《金花記》一本。見《傳奇彙考》。明無名氏撰。

題門記

王國維《曲録·傳奇部上》《題門記》一本。見《傳奇彙考》。明無名氏撰。

錦囊記

王國維《曲録·傳奇部上》《錦囊記》一本。見《傳奇彙考》。明無名氏撰。

三桂記

王國維《曲録·傳奇部上》《三桂記》一本。見《傳奇彙考》。明無名氏撰。

蟠桃記

王國維《曲録·傳奇部上》《蟠桃記》一本。見《傳奇彙考》。明無名氏撰。

瑞玉記

王國維《曲録·傳奇部上》 《瑞玉記》一本。見《傳奇彙考》。明無名氏撰。

衣珠記

王國維《曲録·傳奇部上》 《衣珠記》一本。見《傳奇彙考》。明無名氏撰。

花園記

王國維《曲録·傳奇部上》 《花園記》一本。見《傳奇彙考》。明無名氏撰。

硨磲記

王國維《曲録·傳奇部上》 《硨磲記》一本。見《傳奇彙考》。明無名氏撰。

菱花記

王國維《曲録·傳奇部上》 《菱花記》一本。見《傳奇彙考》。明無名氏撰。

江流記

王國維《曲録·傳奇部上》 《江流記》一本。見《傳奇彙考》。明無名氏撰。

東牆記

王國維《曲録·傳奇部上》 《東牆記》一本。見《傳奇彙考》。明無名氏撰。

王焕記

王國維《曲録·傳奇部上》 《王焕記》一本。見《傳奇彙考》。明無名氏撰。

張叶記

王國維《曲録·傳奇部上》 《張叶記》一本。見《傳奇彙考》。明無名氏撰。

鴛簪記

王國維《曲録·傳奇部上》 《鴛簪記》一本。見《傳奇彙考》。明無名氏撰。

卧冰記

王國維《曲録·傳奇部上》 《卧冰記》一本。見《傳奇彙考》。明無名氏撰。

紅絲記

王國維《曲録·傳奇部上》 《紅絲記》一本。見《傳奇彙考》。明無名氏撰。

南樓記

王國維《曲録·傳奇部上》《南樓記》一本。見《傳奇彙考》。明無名氏撰。

玉珮記

王國維《曲録·傳奇部上》《玉珮記》一本。見《曲海目》。明無名氏撰。

青樓記

王國維《曲録·傳奇部上》《青樓記》一本。見《曲海目》。明無名氏撰。

目蓮救母

王國維《曲録·傳奇部上》《目蓮救母》一本。見《曲海目》。明無名氏撰。

一夜鬧

王國維《曲録·傳奇部上》《一夜鬧》一本。見沈璟《南九宫譜》。明無名氏撰。

賈雲華

王國維《曲録·傳奇部上》《賈雲華》一本。見沈璟《南九宫譜》。明無名氏撰。

周孝子

王國維《曲録·傳奇部上》《周孝子》一本。見沈璟《南九宫譜》。明無名氏撰。

燕子樓

王國維《曲録·傳奇部上》《燕子樓》一本。見沈璟《南九宫譜》。明無名氏撰。

同庚會

王國維《曲録·傳奇部上》《同庚會》一本。見沈璟《南九宫譜》。明無名氏撰。

復落倡

王國維《曲録·傳奇部上》《復落倡》一本。見沈璟《南九宫譜》。明無名氏撰。

饐瓜亭

王國維《曲録·傳奇部上》《饐瓜亭》一本。見楊慎《升庵外集》。明無名氏撰。

洛陽橋

王國維《曲録·傳奇部上》《洛陽橋》一本。秦徵蘭《天啓宫詞》自注：「乙丑登高，聖駕臨幸鐘鼓司，掌印官執板唱《洛陽橋記》「攢眉黛鎖不開」一闋，次年亦如之。」見《静志居詩話》。明無名氏撰。

伏虎縧

王國維《曲録・傳奇部上》《伏虎縧》一本。《曲海目》云：「相傳爲元人作。」説不足據，姑附於此。明無名氏撰。

相思硯

王國維《曲録・傳奇部下》《相思硯》一本。見《曲考》。國朝女史梁孟昭撰。孟昭，字夸素，錢塘人。

化人游

王國維《曲録・傳奇部下》《化人遊》一本。見《曲海目》。無名氏撰。

赤松游

王國維《曲録・傳奇部下》《赤松遊》一本。見《傳奇彙考》。無名氏撰。

嗚鴻度

王國維《曲録・傳奇部下》《嗚鴻度》一本。見《蓮子居詞話》。國朝查繼佐撰。字里見卷三。

香草吟

王國維《曲録・傳奇部下》《香草吟》一本。見《曲海目》。國朝耶溪野老撰。

載花舲

王國維《曲録・傳奇部下》《載花舲》一本。見《曲海目》。國朝耶溪野老撰。

一捧雪

王國維《曲録・傳奇部下》《一捧雪》一本。見《新傳奇品》、《傳奇彙考》、《曲海目》。國朝李玉撰。

人獸關

王國維《曲録・傳奇部下》《人獸關》一本。見《新傳奇品》、《傳奇彙考》、《曲海目》。國朝李玉撰。

占花魁

王國維《曲録・傳奇部下》《占花魁》一本。見《新傳奇品》、《傳奇彙考》、《曲海目》。國朝李玉撰。

永團圓

王國維《曲録・傳奇部下》《永團圓》一本。見《新傳奇品》、《傳奇彙考》、《曲海目》。國朝李玉撰。

麒麟閣

王國維《曲録・傳奇部下》《麒麟閣》一本。見《新傳奇品》、《傳奇彙考》、《曲海目》。國朝李玉撰。

風雲會

王國維《曲録・傳奇部下》《風雲會》一本。見《新傳奇品》、《傳奇彙考》、《曲海目》。國朝李玉撰。

牛頭山

王國維《曲録・傳奇部下》《牛頭山》一本。見《新傳奇品》、《傳奇彙考》、《曲海目》。國朝李玉撰。

太平錢

王國維《曲録・傳奇部下》《太平錢》一本。見《新傳奇品》、《傳奇彙考》、《曲海目》。國朝李玉撰。

連城璧

王國維《曲録・傳奇部下》《連城璧》一本。見《新傳奇品》、《傳奇彙考》、《曲海目》。國朝李玉撰。

眉山秀

王國維《曲録・傳奇部下》《眉山秀》一本。見《新傳奇品》、《傳奇彙考》、《曲海目》。國朝李玉撰。

昊天塔

王國維《曲録・傳奇部下》《昊天塔》一本。見《新傳奇品》、《傳奇彙考》、《曲海目》。國朝李玉撰。

三生果

王國維《曲録・傳奇部下》《三生果》一本。見《新傳奇品》、《傳奇彙考》、《曲海目》。國朝李玉撰。

千忠禄

王國維《曲録・傳奇部下》《千忠會》一本。見《新傳奇品》、《傳奇彙考》、《曲海目》。國朝李玉撰。

又《千忠禄》一本。一作《千鍾禄》。見《曲海目》。無名氏撰。

又《千鍾粟》一本。見《傳奇彙考》。無名氏撰。

五高風

王國維《曲録·傳奇部下》《五高風》一本。見《新傳奇品》、《傳奇彙考》、《曲海目》。國朝李玉撰。

兩鬚眉

王國維《曲録·傳奇部下》《兩鬚眉》一本。見《新傳奇品》、《傳奇彙考》、《曲海目》。國朝李玉撰。

長生像

王國維《曲録·傳奇部下》《長生像》一本。見《新傳奇品》、《傳奇彙考》、《曲海目》。國朝李玉撰。

鳳雲翹

王國維《曲録·傳奇部下》《鳳雲翹》一本。見《新傳奇品》、《傳奇彙考》、《曲海目》。國朝李玉撰。

禪真會

王國維《曲録·傳奇部下》《禪真會》一本。見《新傳奇品》、《傳奇彙考》、《曲海目》。國朝李玉撰。

雙龍佩

王國維《曲録·傳奇部下》《雙龍佩》一本。見《新傳奇品》、《傳奇彙考》、《曲海目》。國朝李玉撰。

千里舟

王國維《曲録·傳奇部下》《千里舟》一本。見《新傳奇品》、《傳奇彙考》、《曲海目》。國朝李玉撰。

洛陽橋

王國維《曲録·傳奇部下》《洛陽橋》一本。見《新傳奇品》、《傳奇彙考》、《曲海目》。國朝李玉撰。

武當山

王國維《曲録·傳奇部下》《武當山》一本。見《新傳奇品》、《傳奇彙考》、《曲海目》。國朝李玉撰。

虎邱山

王國維《曲録·傳奇部下》《虎邱山》一本。見《新傳奇品》、《傳奇彙考》、《曲海目》。國朝李玉撰。

清忠譜

王國維《曲録・傳奇部下》《清忠譜》一本。見《新傳奇品》、《傳奇彙考》、《曲海目》。國朝李玉撰。

掛玉帶

王國維《曲録・傳奇部下》《掛玉帶》一本。見《新傳奇品》、《傳奇彙考》、《曲海目》。國朝李玉撰。

意中緣

王國維《曲録・傳奇部下》《意中緣》一本。見《新傳奇品》、《傳奇彙考》、《曲海目》。國朝李玉撰。

萬里緣

王國維《曲録・傳奇部下》《萬里緣》一本。見《新傳奇品》、《傳奇彙考》、《曲海目》。國朝李玉撰。

萬民安

王國維《曲録・傳奇部下》《萬民安》一本。見《新傳奇品》、《傳奇彙考》、《曲海目》。國朝李玉撰。

麒麟種

王國維《曲録・傳奇部下》《麒麟種》一本。見《新傳奇品》、《傳奇彙考》、《曲海目》。國朝李玉撰。

羅天醮

王國維《曲録・傳奇部下》《羅天醮》一本。見《新傳奇品》、《傳奇彙考》、《曲海目》。國朝李玉撰。

秦樓月

王國維《曲録・傳奇部下》《秦樓月》一本。見《新傳奇品》、《傳奇彙考》、《曲海目》。國朝李玉撰。

埋輪亭

王國維《曲録・傳奇部下》《埋輪亭》一本。見《傳奇彙考》。與朱佐朝合撰。國朝李玉撰。

一品爵

王國維《曲録・傳奇部下》《一品爵》一本。見《傳奇彙考》。與朱佐朝合撰。國朝李玉撰。玉，字玄玉，吳縣人。《新傳奇品》：「李玄玉之詞，如康衢走馬，操縱自如。」

羅衫合

王國維《曲録・傳奇部下》《羅衫合》一本。見《新傳奇品》、《傳奇彙考》、《曲海目》。國朝劉晉充撰。

天馬媒

王國維《曲録・傳奇部下》《天馬媒》一本。見《新傳奇品》、《傳奇彙考》、《曲海目》。國朝劉晉充撰。

小桃源

王國維《曲録・傳奇部下》《小桃源》一本。見《新傳奇品》、《傳奇彙考》、《曲海目》。國朝劉晉充撰。字里未詳。《新傳奇品》：「劉晉充之詞，如山中砲響，應聲徐來。」

桃花笑

王國維《曲録・傳奇部下》《桃花笑》一本。見《傳奇彙考》。國朝唐宇昭撰。宇昭，字孔明，號雲客，武進人。

如是觀

王國維《曲録・傳奇部下》《如是觀》一本。見《新傳奇品》、《曲海目》。國朝張

大復撰。

醉菩提

王國維《曲録・傳奇部下》《醉菩提》一本。見《新傳奇品》、《曲海目》。國朝張大復撰。

海潮音

王國維《曲録・傳奇部下》《海潮音》一本。見《新傳奇品》、《曲海目》。國朝張大復撰。

釣魚船

王國維《曲録・傳奇部下》《釣魚船》一本。見《新傳奇品》、《曲海目》。國朝張大復撰。

天下樂

王國維《曲録・傳奇部下》《天下樂》一本。見《新傳奇品》、《曲海目》。國朝張大復撰。

井中天

王國維《曲録・傳奇部下》《井中天》一本。見《新傳奇品》、《曲海目》。國朝張

大復撰。

快活三

王國維《曲録·傳奇部下》《快活三》一本。見《新傳奇品》、《曲海目》。國朝張大復撰。

金剛鳳

王國維《曲録·傳奇部下》《金剛鳳》一本。見《新傳奇品》、《曲海目》。國朝張大復撰。

獺鏡緣

王國維《曲録·傳奇部下》《獺鏡緣》一本。見《新傳奇品》、《曲海目》。國朝張大復撰。

芭蕉井

王國維《曲録·傳奇部下》《芭蕉井》一本。見《新傳奇品》、《曲海目》。國朝張大復撰。

喜重重

王國維《曲録·傳奇部下》《喜重重》一本。見《新傳奇品》、《曲海目》。國朝張大復撰。

龍華會

王國維《曲録·傳奇部下》《龍華會》一本。見《新傳奇品》、《曲海目》。國朝張大復撰。

雙節孝

王國維《曲録·傳奇部下》《雙節孝》一本。見《新傳奇考》、《曲海目》。國朝張大復撰。

雙福壽

王國維《曲録·傳奇部下》《雙福壽》一本。見《新傳奇品》、《曲海目》。國朝張大復撰。

讀書聲

王國維《曲録·傳奇部下》《讀書聲》一本。見《新傳奇品》、《曲海目》。國朝張大復撰。

娘子軍

王國維《曲録·傳奇部下》《娘子軍》一本。見《新傳奇品》、《曲海目》。國朝張大復撰。

小春秋

王國維《曲録·傳奇部下》《小春秋》一本。見《傳奇彙考》。國朝張大復撰。

天有眼

王國維《曲録·傳奇部下》《天有眼》一本。見《傳奇彙考》。國朝張大復撰。

發琅釧

王國維《曲録·傳奇部下》《發琅釧》一本。見《傳奇彙考》。國朝張大復撰。

龍飛報

王國維《曲録·傳奇部下》《龍飛報》一本。見《傳奇彙考》。國朝張大復撰。

吉祥兆

王國維《曲録·傳奇部下》《吉祥兆》一本。見《傳奇彙考》。國朝張大復撰。

又《吉祥兆》一本。見《曲海目》。無名氏撰。

癡情譜

王國維《曲録·傳奇部下》《癡情譜》一本。見《傳奇彙考》。國朝張大復撰。

紫瓊瑶

王國維《曲録·傳奇部下》《紫瓊瑶》一本。見《傳奇彙考》。國朝張大復撰。大復，字星期，一字心其，號寒山子，蘇州人。《新傳奇品》：「張心其之詞，如去病用兵，暗合孫吴。」

秣陵春

王國維《曲録·傳奇部下》《秣陵春》一本。國朝吴偉業撰。字里見卷三。

五倫鏡

王國維《曲録·傳奇部下》《五倫鏡》一本。見《曲海目》。國朝雪簑道人撰。

奈何天

王國維《曲録·傳奇部下》《奈何天》一本。見《新傳奇品》、《傳奇彙考》、《曲海目》。國朝李漁撰。

比目魚

王國維《曲録·傳奇部下》 《比目魚》一本。見《新傳奇品》、《傳奇彙考》、《曲海目》。國朝李漁撰。

蜃中樓

王國維《曲録·傳奇部下》 《蜃中樓》一本。見《新傳奇品》、《傳奇彙考》、《曲海目》。國朝李漁撰。

憐香伴

王國維《曲録·傳奇部下》 《美人香》一本。《新傳奇品》云：「即《憐香伴》。」然《傳奇彙考》著録既有《美人香》，又有《憐香伴》，未知孰是。見《新傳奇品》、《傳奇彙考》、《曲海目》。國朝李漁撰。

風箏誤

王國維《曲録·傳奇部下》 《風箏誤》一本。見《新傳奇品》、《傳奇彙考》、《曲海目》。國朝李漁撰。

慎鸞交

王國維《曲録·傳奇部下》 《慎鸞交》一本。見《新傳奇品》、《傳奇彙考》、《曲海目》。國朝李漁撰。

凰求鳳

王國維《曲録·傳奇部下》 《凰求鳳》一本。見《新傳奇品》、《傳奇彙考》、《曲海目》。國朝李漁撰。

巧團圓

王國維《曲録·傳奇部下》 《巧團圓》一本。見《新傳奇品》、《傳奇彙考》、《曲海目》。國朝李漁撰。

玉搔頭

王國維《曲録·傳奇部下》 《玉搔頭》一本。見《新傳奇品》、《傳奇彙考》、《曲海目》。國朝李漁撰。

萬年歡

王國維《曲録·傳奇部下》 《萬年歡》一本。見《傳奇彙考》。國朝李漁撰。

意中緣

王國維《曲録·傳奇部下》 《意中緣》一本。見《曲海目》。國朝李漁撰。漁，字笠翁，蘭溪人，寓居錢塘。《新傳奇品》：「李笠翁之詞，如桃源笑傲，别有天地。」

虎囊彈

王國維《曲録・傳奇部下》《虎囊彈》一本。見《新傳奇品》、《曲海目》。國朝邱園撰。

黨人碑

王國維《曲録・傳奇部下》《黨人碑》一本。見《新傳奇品》、《曲海目》。國朝邱園撰。

百福帶

王國維《曲録・傳奇部下》《百福帶》一本。見《新傳奇品》、《曲海目》。國朝邱園撰。

又《御袍恩》一本。見《新傳奇品》、《曲海目》。國朝邱園撰。

幻緣箱

王國維《曲録・傳奇部下》《幻緣箱》一本。見《新傳奇品》、《曲海目》。國朝邱園撰。

歲寒松

王國維《曲録・傳奇部下》《歲寒松》一本。見《新傳奇品》、《曲海目》。國朝邱園撰。

鬧句欄

王國維《曲録・傳奇部下》《鬧句欄》一本。見《新傳奇品》、《曲海目》。國朝邱園撰。

一合相

王國維《曲録・傳奇部下》《一合相》一本。見《傳奇彙考》。國朝邱園撰。

蜀鵑啼

王國維《曲録・傳奇部下》《蜀鵑啼》一本。《吴梅村詩集》。國朝邱園撰。園，字嶼雪，常熟人。尤侗《邱嶼雪像讚》：「君善顧曲梨園樂府，吾和而歌紅才畫鼓。」

犢鼻褌

王國維《曲録・傳奇部下》《犢鼻褌》一本。見《曲考》。國朝李棟撰。棟，字吉四，興化人。

鈞天樂

王國維《曲録・傳奇部下》《鈞天樂》一本。國朝尤侗撰。

嘯秋風

王國維《曲録·傳奇部下》《嘯秋風》一本。見《四庫全書提要》。國朝吴綺撰。

繡平原

王國維《曲録·傳奇部下》《繡平原》一本。見《四庫全書提要》。國朝吴綺撰。

忠愍記

王國維《曲録·傳奇部下》《忠愍記》一本。見楊恩壽《詞餘叢話》。國朝吴綺撰。綺，字園次，江都人，官湖州府知府。

續牡丹亭

王國維《曲録·傳奇部下》《續牡丹亭》一本。見《曲海目》。無名氏撰。

振三綱

王國維《曲録·傳奇部下》《振三綱》一本。見《新傳奇品》、《傳奇彙考》、《曲海目》。國朝朱素臣撰。

一著先

王國維《曲録·傳奇部下》《一著先》一本。見《新傳奇品》、《傳奇彙考》、《曲海目》。國朝朱素臣撰。

錦衣歸

王國維《曲録·傳奇部下》《錦衣歸》一本。見《新傳奇品》、《傳奇彙考》、《曲海目》。國朝朱素臣撰。

未央天

王國維《曲録·傳奇部下》《未央天》一本。見《新傳奇品》、《傳奇彙考》、《曲海目》。國朝朱素臣撰。

狻猊璧

王國維《曲録·傳奇部下》《狻猊璧》一本。見《新傳奇品》、《傳奇彙考》、《曲海目》。國朝朱素臣撰。

忠孝閣

王國維《曲録·傳奇部下》《忠孝閣》一本。見《新傳奇品》、《傳奇彙考》、《曲海目》。國朝朱素臣撰。

四聖手

王國維《曲録·傳奇部下》《四聖手》一本。見《新傳奇品》、《傳奇彙考》、《曲海目》。國朝朱素臣撰。

聚寶盆

王國維《曲録·傳奇部下》《聚寶盆》一本。見《新傳奇品》、《傳奇彙考》、《曲海目》。國朝朱素臣撰。

十五貫

王國維《曲録·傳奇部下》《十五貫》一本。見《新傳奇品》、《傳奇彙考》、《曲海目》。國朝朱素臣撰。

文星現

王國維《曲録·傳奇部下》《文星現》一本。見《新傳奇品》、《傳奇彙考》、《曲海目》。國朝朱素臣撰。

龍鳳錢

王國維《曲録·傳奇部下》《龍鳳錢》一本。見《新傳奇品》、《傳奇彙考》、《曲海目》。國朝朱素臣撰。

瑶池宴

王國維《曲録·傳奇部下》《瑶池宴》一本。見《新傳奇品》、《傳奇彙考》、《曲海目》。國朝朱素臣撰。

朝陽鳳

王國維《曲録·傳奇部下》《朝陽鳳》一本。見《新傳奇品》、《傳奇彙考》、《曲海目》。國朝朱素臣撰。

全五福

王國維《曲録·傳奇部下》《全五福》一本。見《新傳奇品》、《傳奇彙考》、《曲海目》。國朝朱素臣撰。

萬年觴

王國維《曲録·傳奇部下》《萬年觴》一本。見《傳奇彙考》、《曲海目》。國朝朱素臣撰。

通天臺

王國維《曲録·傳奇部下》《通天臺》一本。見《傳奇彙考》。國朝朱素臣撰。

大吉慶

王國維《曲録·傳奇部下》《大吉慶》一本。見《傳奇彙考》。國朝朱素臣撰。

翡翠園

王國維《曲録·傳奇部下》《翡翠園》一本。一作「緣」。見《傳奇彙考》。國朝朱素臣撰。素臣以字行，吴縣人。《新傳奇品》：「朱素臣之詞，如少女簪花，修容自愛。」

太極奏

王國維《曲録·傳奇部下》《太極奏》一本。見《新傳奇品》、《傳奇彙考》、《曲海目》。國朝朱佐朝撰。

玉數珠

王國維《曲録·傳奇部下》《玉數珠》一本。見《新傳奇品》、《傳奇彙考》、《曲海目》。國朝朱佐朝撰。

軒轅鏡

王國維《曲録·傳奇部下》《軒轅鏡》一本。見《新傳奇品》、《傳奇彙考》、《曲海目》。國朝朱佐朝撰。

蓮花筏

王國維《曲録·傳奇部下》《蓮花筏》一本。見《新傳奇品》、《傳奇彙考》、《曲海目》。國朝朱佐朝撰。

吉慶圖

王國維《曲録·傳奇部下》《吉慶圖》一本。見《新傳奇品》、《傳奇彙考》、《曲海目》。國朝朱佐朝撰。

飛龍鳳

王國維《曲録·傳奇部下》《飛龍鳳》一本。見《新傳奇品》、《傳奇彙考》、《曲海目》。國朝朱佐朝撰。

錦雲裘

王國維《曲録·傳奇部下》《錦雲裘》一本。見《新傳奇品》、《傳奇彙考》、《曲海目》。國朝朱佐朝撰。

瑞霓羅

王國維《曲録·傳奇部下》《瑞霓羅》一本。見《新傳奇品》、《傳奇彙考》、《曲海目》。國朝朱佐朝撰。

御雪豹

王國維《曲録·傳奇部下》《御雪豹》一本。見《新傳奇品》、《傳奇彙考》、《曲海目》。國朝朱佐朝撰。

石麟鏡

王國維《曲録·傳奇部下》《石麟鏡》一本。見《新傳奇品》、《傳奇彙考》、《曲海目》。國朝朱佐朝撰。

九蓮燈

王國維《曲録·傳奇部下》《九蓮燈》一本。見《新傳奇品》、《傳奇彙考》、《曲海目》。國朝朱佐朝撰。

纓絡會

王國維《曲録·傳奇部下》《纓絡會》一本。見《新傳奇品》、《傳奇彙考》、《曲海目》。國朝朱佐朝撰。

贅神龍

王國維《曲録·傳奇部下》《贅神龍》一本。見《新傳奇品》、《傳奇彙考》、《曲海目》。國朝朱佐朝撰。

萬花樓

王國維《曲録·傳奇部下》《萬花樓》一本。見《新傳奇品》、《傳奇彙考》、《曲海目》。國朝朱佐朝撰。

建皇圖

王國維《曲録·傳奇部下》《建皇圖》一本。見《新傳奇品》、《傳奇彙考》、《曲海目》。國朝朱佐朝撰。

乾坤嘯

王國維《曲録·傳奇部下》《乾坤嘯》一本。見《新傳奇品》、《傳奇彙考》、《曲海目》。國朝朱佐朝撰。

艷雲亭

王國維《曲録·傳奇部下》《艷雲亭》一本。見《新傳奇品》、《傳奇彙考》、《曲海目》。國朝朱佐朝撰。

奪秋魁

王國維《曲録·傳奇部下》《奪秋魁》一本。見《新傳奇品》、《傳奇彙考》、《曲海目》。國朝朱佐朝撰。

萬壽觀

王國維《曲録·傳奇部下》《萬壽觀》一本。《傳奇彙考》、《曲海目》作《萬壽冠》。見《新傳奇品》、《傳奇彙考》、《曲海目》。國朝朱佐朝撰。

雙和合

王國維《曲録·傳奇部下》《雙和合》一本。見《新傳奇品》、《傳奇彙考》、《曲海目》。國朝朱佐朝撰。

壽榮華

王國維《曲録·傳奇部下》《壽榮華》一本。見《新傳奇品》、《傳奇彙考》、《曲海目》。國朝朱佐朝撰。

五代榮

王國維《曲録·傳奇部下》《五代榮》一本。見《新傳奇品》、《傳奇彙考》、《曲海目》。國朝朱佐朝撰。

寶曇月

王國維《曲録·傳奇部下》《寶曇月》一本。見《新傳奇品》、《傳奇彙考》、《曲海目》。國朝朱佐朝撰。

牡丹圖

王國維《曲録·傳奇部下》《牡丹圖》一本。見《新傳奇品》、《傳奇彙考》、《曲海目》。國朝朱佐朝撰。

漁家樂

王國維《曲録·傳奇部下》《漁家樂》一本。見《新傳奇品》、《傳奇彙考》、《曲海目》。國朝朱佐朝撰。

四奇觀

王國維《曲録·傳奇部下》《四奇觀》一本。見《傳奇彙考》。國朝朱佐朝撰。

清風寨

王國維《曲録·傳奇部下》《清風寨》一本。見《傳奇彙考》。國朝朱佐朝撰。又《清風寨》一本。見《曲海目》。無名氏撰。

血影石

王國維《曲録·傳奇部下》《血影石》一本。見《傳奇彙考》。國朝朱佐朝撰。

朝陽鳳

王國維《曲録·傳奇部下》 《朝陽鳳》一本。見《傳奇彙考》。國朝朱佐朝撰。

一捧花

王國維《曲録·傳奇部下》 《一捧花》一本。見《曲考》。國朝朱佐朝撰。佐朝，字良卿，吴縣人。《新傳奇品》：「朱良卿之詞，如八音繁鳴，時見節奏。」

四大慶

王國維《曲録·傳奇部下》 《四大慶》一本。見《曲海目》。無名氏撰。

翻西厢

王國維《曲録·傳奇部下》 《翻西厢》一本。見《曲海目》。國朝研雪子撰。

賣相思

王國維《曲録·傳奇部下》 《賣相思》一本。見《曲海目》。國朝研雪子撰。

紅芍藥

王國維《曲録·傳奇部下》 《紅芍藥》一本。見《新傳奇品》、《傳奇彙考》、《曲海目》。國朝畢萬侯撰。

竹葉舟

王國維《曲録·傳奇部下》 《竹葉舟》一本。見《新傳奇品》、《傳奇彙考》、《曲海目》。國朝畢萬侯撰。

呼盧報

王國維《曲録·傳奇部下》 《呼盧報》一本。見《新傳奇品》、《傳奇彙考》、《曲海目》。國朝畢萬侯撰。

三報恩

王國維《曲録·傳奇部下》 《三報恩》一本。見《新傳奇品》、《傳奇彙考》、《曲海目》。國朝畢萬侯撰。

萬人敵

王國維《曲録·傳奇部下》 《萬人敵》一本。見《新傳奇品》、《傳奇彙考》、《曲海目》。國朝畢萬侯撰。

杜鵑聲

王國維《曲録·傳奇部下》 《杜鵑聲》一本。見《新傳奇品》、《傳奇彙考》、《曲海目》。國朝畢萬侯撰。萬侯，字晉卿，吴縣人。《新傳奇品》：「畢萬侯之詞，如白璧南金，精彩耀目。」

放偷記

王國維《曲録·傳奇部下》《放偷記》一本。見《曲考》。國朝毛奇齡撰。

買嫁記

王國維《曲録·傳奇部下》《買嫁記》一本。見《曲考》。國朝毛奇齡撰。奇齡，一名甡，字大可，蕭山人，官翰林院檢討。

琥珀匙

王國維《曲録·傳奇部下》《琥珀匙》一本。見《新傳奇品》、《傳奇彙考》、《曲海目》。國朝葉稚斐撰。

女開科

王國維《曲録·傳奇部下》《女開科》一本。見《新傳奇品》、《傳奇彙考》、《曲海目》。國朝葉稚斐撰。

開口笑

王國維《曲録·傳奇部下》《開口笑》一本。見《新傳奇品》、《傳奇彙考》、《曲海目》。國朝葉稚斐撰。

三擊節

王國維《曲録·傳奇部下》《三擊節》一本。見《新傳奇品》、《傳奇彙考》、《曲海目》。國朝葉稚斐撰。

逐國疑

王國維《曲録·傳奇部下》《逐國疑》一本。即《鐵冠圖》。見《新傳奇品》、《傳奇彙考》、《曲海目》。國朝葉稚斐撰。

英雄概

王國維《曲録·傳奇部下》《英雄概》一本。見《新傳奇品》、《傳奇彙考》、《曲海目》。國朝葉稚斐撰。

又《英雄概》一本。見《曲海目》。無名氏撰。

八翼飛

王國維《曲録·傳奇部下》《八翼飛》一本。見《新傳奇品》、《傳奇彙考》、《曲海目》。國朝葉稚斐撰。

人中人

王國維《曲録·傳奇部下》《人中人》一本。見《新傳奇品》、《傳奇彙考》、《曲海目》。國朝葉稚斐撰。稚斐，字美章，吴縣人。《新傳奇品》：「葉稚斐之詞，如漁陽三弄，意氣縱横。」

風流棒

王國維《曲録·傳奇部下》《風流棒》一本。見《曲海目》。國朝萬樹撰。

空青石

王國維《曲録·傳奇部下》《空青石》一本。見《曲海目》。國朝萬樹撰。

念八翻

王國維《曲録·傳奇部下》《念八翻》一本。見《曲海目》。國朝萬樹撰。

錦塵帆

王國維《曲録·傳奇部下》《錦塵帆》一本。見《曲海目》。國朝萬樹撰。

十串珠

王國維《曲録·傳奇部下》《十串珠》一本。見《曲海目》。國朝萬樹撰。

萬金甕

王國維《曲録·傳奇部下》《萬金甕》一本。見《曲海目》。國朝萬樹撰。

金神鳳

王國維《曲録·傳奇部下》《金神鳳》一本。見《曲海目》。國朝萬樹撰。

資齊鑑

王國維《曲録·傳奇部下》《資齊鑑》一本。見《曲海目》。國朝萬樹撰。字里見卷三。

靈犀鏡

王國維《曲録·傳奇部下》《靈犀鏡》一本。見《新傳奇品》、《傳奇彙考》、《曲海目》。國朝朱雲從撰。

齊眉案

王國維《曲録·傳奇部下》《齊眉案》一本。見《新傳奇品》、《傳奇彙考》、《曲海目》。國朝朱雲從撰。

照膽鏡

王國維《曲録·傳奇部下》《照膽鏡》一本。見《新傳奇品》、《傳奇彙考》、《曲海目》。國朝朱雲從撰。

人中虎

王國維《曲録·傳奇部下》《人中虎》一本。見《新傳奇品》、《傳奇彙考》、《曲海目》。國朝朱雲從撰。

石點頭

王國維《曲録·傳奇部下》《石點頭》一本。見《新傳奇品》、《傳奇彙考》、《曲海目》。國朝朱雲從撰。

小蓬萊

王國維《曲録·傳奇部下》《小蓬萊》一本。見《新傳奇品》、《傳奇彙考》、《曲海目》。國朝朱雲從撰。

別有天

王國維《曲録·傳奇部下》《別有天》一本。見《新傳奇品》、《傳奇彙考》、《曲海目》。國朝朱雲從撰。

龍燈賺

王國維《曲録·傳奇部下》《龍燈賺》一本。見《新傳奇品》、《傳奇彙考》、《曲海目》。國朝朱雲從撰。

赤龍鬚

王國維《曲録·傳奇部下》《赤龍鬚》一本。見《新傳奇品》、《傳奇彙考》、《曲海目》。國朝朱雲從撰。

兒孫福

王國維《曲録·傳奇部下》《兒孫福》一本。見《新傳奇品》、《傳奇彙考》、《曲海目》。國朝朱雲從撰。

兩乘龍

王國維《曲録·傳奇部下》《兩乘龍》一本。見《新傳奇品》、《傳奇彙考》、《曲海目》。國朝朱雲從撰。

萬壽鼎

王國維《曲録·傳奇部下》《萬壽鼎》一本。見《新傳奇品》、《傳奇彙考》、《曲海目》。國朝朱雲從撰。雲從，字際飛，吴縣人。《新傳奇品》：「朱雲從之詞，如駿馬嘶風，馳驟有矩。」

雙官誥

王國維《曲録・傳奇部下》 《雙官誥》一本。見《新傳奇品》、《傳奇彙考》、《曲海目》。國朝陳二白撰。

稱人心

王國維《曲録・傳奇部下》 《稱人心》一本。見《新傳奇品》、《傳奇彙考》、《曲海目》。國朝陳二白撰。

彩衣歡

王國維《曲録・傳奇部下》 《彩衣歡》一本。見《新傳奇品》、《傳奇彙考》、《曲海目》。國朝陳二白撰。二白，字于令，長洲人。《新傳奇品》：「陳二白之詞，如閨女靚妝，不增矯飾。」

人中龍

王國維《曲録・傳奇部下》 《人中龍》一本。見《新傳奇品》、《傳奇彙考》、《曲海目》。國朝盛際時撰。

飛龍蓋

王國維《曲録・傳奇部下》 《飛龍蓋》一本。見《新傳奇品》、《傳奇彙考》、《曲海目》。國朝盛際時撰。

胭脂雪

王國維《曲録・傳奇部下》 《胭脂雪》一本。見《新傳奇品》、《傳奇彙考》、《曲海目》。國朝盛際時撰。

雙虬判

王國維《曲録・傳奇部下》 《雙虬判》一本。見《新傳奇品》、《傳奇彙考》、《曲海目》。國朝盛際時撰。際時，字昌期，吴縣人。《新傳奇品》：「盛際時之詞，如珍奇羅列，時發精光。」

非非想

王國維《曲録・傳奇部下》 《非非想》一本。見《新傳奇品》、《傳奇彙考》、《曲海目》。國朝王香裔撰。

黄金臺

王國維《曲録・傳奇部下》 《黄金臺》一本。見《新傳奇品》、《傳奇彙考》、《曲海目》。國朝王香裔撰。名里不詳。《新傳奇品》：「王香裔之詞，如空谷幽蘭，清芬自遠。」

太白山

王國維《曲録・傳奇部下》 《太白山》一本。見《新傳奇品》、《傳奇彙考》、《曲海目》。國朝周坦綸撰。

竹漉籬

王國維《曲録・傳奇部下》《竹漉籬》一本。見《新傳奇品》、《傳奇彙考》、《曲海目》。國朝周坦綸撰。

八仙圖

王國維《曲録・傳奇部下》《八仙圖》一本。見《新傳奇品》、《傳奇彙考》、《曲海目》。國朝周坦綸撰。

火牛陣

王國維《曲録・傳奇部下》《火牛陣》一本。見《新傳奇品》、《傳奇彙考》、《曲海目》。國朝周坦綸撰。

竟西厢

王國維《曲録・傳奇部下》《竟西厢》一本。《傳奇彙考》作《錦西厢》。見《新傳奇品》、《傳奇彙考》、《曲海目》。國朝周坦綸撰。

福星臨

王國維《曲録・傳奇部下》《福星臨》一本。見《新傳奇品》、《傳奇彙考》、《曲海目》。國朝周坦綸撰。

指南車

王國維《曲録・傳奇部下》《指南車》一本。見《新傳奇品》、《傳奇彙考》、《曲海目》。國朝周坦綸撰。

綈袍贈

王國維《曲録・傳奇部下》《綈袍贈》一本。見《新傳奇品》、《傳奇彙考》、《曲海目》。國朝周坦綸撰。

萬金資

王國維《曲録・傳奇部下》《萬金資》一本。見《新傳奇品》、《傳奇彙考》、《曲海目》。國朝周坦綸撰。

鏡中人

王國維《曲録・傳奇部下》《鏡中人》一本。見《新傳奇品》、《傳奇彙考》、《曲海目》。國朝周坦綸撰。

金橙樹

王國維《曲録・傳奇部下》《金橙樹》一本。見《新傳奇品》、《傳奇彙考》、《曲海目》。國朝周坦綸撰。

玉鴛鴦

王國維《曲録・傳奇部下》《玉鴛鴦》一本。見《新傳奇品》、《傳奇彙考》、《曲海目》。國朝周坦綸撰。

後西國

王國維《曲録・傳奇部下》《後西國》一本。見《新傳奇品》、《傳奇彙考》、《曲海目》。國朝周坦綸撰。

陽明洞

王國維《曲録・傳奇部下》《陽明洞》一本。見《傳奇彙考》。國朝周坦綸撰。坦綸，號果庵，里居未詳。《新傳奇品》：「周果庵之詞，如老僧談禪，真諦妙理。」

書生願

王國維《曲録・傳奇部下》《書生願》一本。見《新傳奇品》、《傳奇彙考》、《曲海目》。國朝薛旦撰。

醉月緣

王國維《曲録・傳奇部下》《醉月緣》一本。見《新傳奇品》、《傳奇彙考》、《曲海目》。國朝薛旦撰。

戰荆軻

王國維《曲録・傳奇部下》《戰荆軻》一本。見《新傳奇品》、《傳奇彙考》、《曲海目》。國朝薛旦撰。

蘆中人

王國維《曲録・傳奇部下》《蘆中人》一本。見《新傳奇品》、《傳奇彙考》、《曲海目》。國朝薛旦撰。

昭君夢

王國維《曲録・傳奇部下》《昭君夢》一本。見《新傳奇品》、《傳奇彙考》、《曲海目》。國朝薛旦撰。

狀元旗

王國維《曲録・傳奇部下》《狀元旗》一本。見《新傳奇品》、《傳奇彙考》、《曲海目》。國朝薛旦撰。

九龍池

王國維《曲録・傳奇部下》《九龍池》一本。見《傳奇彙考》。國朝薛旦撰。

續情燈

王國維《曲録・傳奇部下》《續情燈》一本。見《江蘇詩徵》。國朝薛旦撰。

長生桃

王國維《曲録・傳奇部下》《長生桃》一本。見《江蘇詩徵》。國朝薛旦撰。

一宵泰

王國維《曲録・傳奇部下》《一宵泰》一本。見《江蘇詩徵》。國朝薛旦撰。

旦，字既揚，號訢然子，無錫人，本籍長洲。《新傳奇品》：「薛既揚之詞，如鮫人泣淚，點滴成珠。」

後西厢

王國維《曲録・傳奇部下》《後西厢》一本。見《曲海目》。無名氏撰。

飛熊兆

王國維《曲録・傳奇部下》《飛熊兆》一本。見《曲海目》。無名氏撰。

賜繡旗

王國維《曲録・傳奇部下》《賜繡旗》一本。見《曲海目》。無名氏撰。

齊天樂

王國維《曲録・傳奇部下》《齊天樂》一本。見《曲海目》。無名氏撰。

玉麟符

王國維《曲録・傳奇部下》《玉麟符》一本。見《曲海目》。無名氏撰。

粉紅闌

王國維《曲録・傳奇部下》《粉紅闌》一本。見《曲海目》。無名氏撰。

喜聯登

王國維《曲録・傳奇部下》《喜聯登》一本。見《曲海目》。無名氏撰。

三合笑

王國維《曲録・傳奇部下》《三合笑》一本。見《新傳奇品》、《傳奇彙考》、《曲海目》。國朝陳子玉撰。

玉殿緣

王國維《曲録・傳奇部下》《玉殿元》一本。見《新傳奇品》、《傳奇彙考》、《曲海目》。國朝陳子玉撰。

歡喜緣

王國維《曲録・傳奇部下》《歡喜緣》一本。見《新傳奇品》、《傳奇彙考》、《曲海目》。國朝陳子玉撰。子玉，字希甫，吴縣人。《新傳奇品》：「陳子玉之詞，如盆花小景，工致自佳。」

珊瑚鞭

王國維《曲録・傳奇部下》《珊瑚鞭》一本。見《曲海目》。國朝徐石麟撰。

九奇緣

王國維《曲録・傳奇部下》《九奇緣》一本。見《曲海目》。國朝徐石麟撰。

胭脂虎

王國維《曲録・傳奇部下》《胭脂虎》一本。見《曲考》。國朝徐石麟撰。

珊瑚鞭

王國維《曲録・傳奇部下》《珊瑚鞭》一本。見《傳奇彙考》。國朝徐善撰。善，里字見前卷三。此本《曲海》作徐石麟撰。善與石麟疑一人，説亦見前。

偷甲記

王國維《曲録・傳奇部下》《偷甲記》一本。見《曲海目》。國朝李漁撰。

又《雁翎甲》一本。見《傳奇彙考》。明秋堂和尚撰。

四元記

王國維《曲録・傳奇部下》《四元記》一本。見《曲海目》。國朝李漁撰。

雙錘記

王國維《曲録・傳奇部下》《雙錘記》一本。見《曲海目》。國朝李漁撰。

魚籃記

王國維《曲録・傳奇部下》《魚籃記》一本。見《曲海目》。國朝李漁撰。

萬全記

王國維《曲録・傳奇部下》《萬全記》一本。見《曲海目》。國朝李漁撰。

補天記

王國維《曲録・傳奇部下》《補天記》一本。見《曲海目》。無名氏撰。

雙瑞記

王國維《曲録・傳奇部下》《雙瑞記》一本。見《曲海目》。無名氏撰。

補天石

王國維《曲録・傳奇部下》《補天石》一本。即《易水歌》改本。見《傳奇彙考》。國朝汪楫撰。楫，字舟次，江都人，官至福建布政使。

旗亭記

王國維《曲録・傳奇部下》《旗亭記》一本。見《曲海目》。國朝盧見曾撰。

籌邊樓

王國維《曲録・傳奇部下》《籌邊樓》一本。見《曲考》。國朝王抃撰。

又《籌邊樓》一本。見《曲海目》。無名氏撰。

浩氣吟

王國維《曲録・傳奇部下》《浩氣吟》一本。見《漁洋詩話》。國朝王抃撰。抃，字鶴尹，太倉人。

金瓶梅

王國維《曲録・傳奇部下》《金瓶梅》一本。見《傳奇彙考》。國朝鄭小白撰。小白，佚其名，江都人。

因緣夢

王國維《曲録・傳奇部下》《因緣夢》一本。見《傳奇彙考》。國朝石龐撰。龐，未詳其字，蕪湖人。

風前月下

王國維《曲録・傳奇部下》《風前月下》一本。見《曲海目》。國朝曹岩撰。

小河洲

王國維《曲録・傳奇部下》《小河洲》一本。見《傳奇彙考》。一名《雙奇俠》。國朝李蔭桂撰。蔭桂，未詳其字，山陰人。

十美圖

王國維《曲録·傳奇部下》《十美圖》一本。見《曲海目》。無名氏撰。

又《十眉圖》一本。見《傳奇彙考》。無名氏撰。

長生樂

王國維《曲録·傳奇部下》《長生樂》一本。見《曲海目》。無名氏撰。

摘星樓

王國維《曲録·傳奇部下》《摘星樓》一本。見《曲海目》。無名氏撰。

雙報恩

王國維《曲録·傳奇部下》《雙報恩》一本。見《曲海目》。國朝嵇永仁撰。字里見卷三。

揚州夢

王國維《曲録·雜劇部下》《揚州夢》一本。見《曲海目》，題抱犢山農撰。國朝嵇永仁撰。

瓊花夢

王國維《曲録·傳奇部下》《瓊花夢》一本。見《傳奇彙考》。國朝龍爕撰。字里見卷三。

廣寒香

王國維《曲録·傳奇部下》《廣寒香》一本。見《曲考》。鳫山撰。

又《廣寒香》一本。見《曲海目》。國朝蒼山子撰。

易水歌

王國維《曲録·傳奇部下》《易水歌》一本。見《曲考》。鳫山撰。

芙蓉樓

王國維《曲録·傳奇部下》《芙蓉樓》一本。見《曲考》。鳫山撰。

宣和譜

王國維《曲録·傳奇部下》《宣和譜》一本。見《曲海目》。國朝介石逸叟撰。

清風寨

王國維《曲録・傳奇部下》《清風寨》一本。見《新傳奇品》、《傳奇彙考》、《曲海目》。國朝史集之撰。

五羊皮

王國維《曲録・傳奇部下》《五羊皮》一本。見《新傳奇品》、《傳奇彙考》、《曲海目》。國朝史集之撰。集之，字友益，溧陽人，一作吴縣人。《新傳奇品》：「史集之之詞，倜儻不羈，笑傲一世。」

梅花樓

王國維《曲録・傳奇部下》《梅花樓》一本。《曲海》目作《索花樓》。見《新傳奇品》、《傳奇彙考》、《曲海目》。國朝馬佶人撰。

荷花蕩

王國維《曲録・傳奇部下》《荷花蕩》一本。見《新傳奇品》、《傳奇彙考》、《曲海目》。國朝馬佶人撰。

十錦塘

王國維《曲録・傳奇部下》《十錦塘》一本。見《新傳奇品》、《傳奇彙考》、《曲海目》。國朝馬佶人撰。佶人，字更生，吴縣人。《新傳奇品》：「馬更生之詞，如五陵少年，白眼調人。」

春秋筆

王國維《曲録・傳奇部下》《春秋筆》一本。見《新傳奇品》、《傳奇彙考》、《曲海目》。國朝高奕撰。

雙奇俠

王國維《曲録・傳奇部下》《雙奇俠》一本。見《新傳奇品》、《傳奇彙考》、《曲海目》。國朝高奕撰。

貂裘賺

王國維《曲録・傳奇部下》《貂裘賺》一本。見《新傳奇品》、《傳奇彙考》、《曲海目》。國朝高奕撰。

千金笑

王國維《曲録・傳奇部下》《千金笑》一本。見《新傳奇品》、《傳奇彙考》、《曲海目》。國朝高奕撰。

聚獸牌

王國維《曲録・傳奇部下》《聚獸牌》一本。見《新傳奇品》、《傳奇彙考》、《曲海目》。國朝高奕撰。

鏡中花

王國維《曲録·傳奇部下》《鏡中花》一本。見《新傳奇品》、《傳奇彙考》、《曲海目》。國朝高奕撰。

擎香園

王國維《曲録·傳奇部下》《擎香園》一本。見《新傳奇品》、《傳奇彙考》、《曲海目》。國朝高奕撰。

古交情

王國維《曲録·傳奇部下》《古交情》一本。見《新傳奇品》、《傳奇彙考》、《曲海目》。國朝高奕撰。

四美坊

王國維《曲録·傳奇部下》《四美坊》一本。見《新傳奇品》、《傳奇彙考》、《曲海目》。國朝高奕撰。

眉仙嶺

王國維《曲録·傳奇部下》《眉仙嶺》一本。見《新傳奇品》、《傳奇彙考》、《曲海目》。國朝高奕撰。

如意册

王國維《曲録·傳奇部下》《如意册》一本。見《新傳奇品》、《傳奇彙考》、《曲海目》。國朝高奕撰。

風雪緣

王國維《曲録·傳奇部下》《風雪緣》一本。見《新傳奇品》、《傳奇彙考》、《曲海目》。國朝高奕撰。

固哉翁

王國維《曲録·傳奇部下》《固哉翁》一本。見《新傳奇品》、《傳奇彙考》、《曲海目》。國朝高奕撰。

緣情樓

王國維《曲録·傳奇部下》《緣情樓》一本。見《新傳奇品》、《傳奇彙考》、《曲海目》。國朝高奕撰。奕，字晉音，一字太初，會稽人。《新傳奇品》：「高晉音之詞，如清修潔操，不染世氣。」

回文錦

王國維《曲録·傳奇部下》《回文錦》一本。見《傳奇彙考》。國朝洪昇撰。

迴龍院

王國維《曲録・傳奇部下》《迴龍院》一本。見《傳奇彙考》。國朝洪昇撰。

錦繡圖

王國維《曲録・傳奇部下》《錦繡圖》一本。見《傳奇彙考》。國朝洪昇撰。

鬧高唐

王國維《曲録・傳奇部下》《鬧高唐》一本。見《傳奇彙考》。國朝洪昇撰。

節孝坊

王國維《曲録・傳奇部下》《節孝坊》一本。見《長生殿序例》。國朝洪昇撰。

舞霓裳

王國維《曲録・傳奇部下》《舞霓裳》一本。見《長生殿序例》。國朝洪昇撰。

沈香亭

王國維《曲録・傳奇部下》《沈香亭》一本。見《長生殿序例》。國朝洪昇撰。

又《沈香亭》一本。見《曲海目》。無名氏撰。

長生殿

王國維《曲録・傳奇部下》《長生殿》一本。見《傳奇彙考》。國朝洪昇撰。字里見卷三。

小忽雷

王國維《曲録・傳奇部下》《小忽雷》一本。見《傳奇彙考》。國朝孔尚任撰。

桃花扇

王國維《曲録・傳奇部下》《桃花扇》一本。見《傳奇彙考》。國朝孔尚任撰。尚任，字季重，號東塘，曲阜人，官户部郎中。

南桃花扇

王國維《曲録・傳奇部下》《南桃花扇》一本。見《傳奇彙考》。國朝顧彩撰。

後琵琶記

王國維《曲録・傳奇部下》《後琵琶記》一本。見《傳奇彙考》。國朝顧彩撰。彩，字天石，無錫人，官内閣中書。

陰陽判

王國維《曲録・傳奇部下》《陰陽判》一本。見《曲海目》。國朝查慎行撰。慎行，字夏重，號初白，又號他山老人，海甯人，官翰林院編修。

虎口餘生

王國維《曲録・傳奇部下》《虎口餘生》一本。見莊親王《九宫大成南北詞宫譜》。無名氏撰。

後一捧雪

王國維《曲録・傳奇部下》《後一捧雪》一本。見《曲海目》。無名氏撰。

後尋親

王國維《曲録・傳奇部下》《後尋親》一本。見《傳奇彙考》。國朝姚子懿撰。子懿，未詳其字，嘉興人。

珊瑚玦

王國維《曲録・傳奇部下》《珊瑚玦》一本。見《傳奇彙考》。國朝周穉廉撰。

又《珊瑚玦》一本。見《曲海目》。國朝可笑人撰。

雙忠廟

王國維《曲録・傳奇部下》《雙忠廟》一本。見《曲海目》。國朝周穉廉撰。穉廉，字冰持，華亭人。

元寶媒

王國維《曲録・傳奇部下》《元寶媒》一本。見《曲海目》。國朝可笑人撰。

忠孝福

王國維《曲録・傳奇部下》《忠孝福》一本。見《曲海目》。國朝黄兆林撰。字里見卷三。

千里駒

王國維《曲録・傳奇部下》《千里駒》一本。見《曲海目》。無名氏撰。

赤壁記

王國維《曲録・傳奇部下》《赤壁記》一本。見《傳奇彙考》。無名氏撰。

揚州夢

王國維《曲録·傳奇部下》《揚州夢》一本。《全集》本，譜老子、尹喜事。國朝慎郡王撰。王，諱岳端，字兼山，號紅蘭主人，安和親王第三子。

十賢記

王國維《曲録·傳奇部下》《十賢記》一本。見《傳奇彙考》。國朝汪祚撰。祚，字敦士，江都人。

錦蒲團

王國維《曲録·傳奇部下》《錦蒲團》一本。見《傳奇彙考》。無名氏撰。

廣陵仙

王國維《曲録·傳奇部下》《廣陵仙》一本。見《傳奇彙考》。國朝胡介祉撰。介祉，字循齋，號茨村，大興人，原籍山陰，官至河南按察使。

正昭陽

王國維《曲録·傳奇部下》《正昭陽》一本。見《傳奇彙考》。國朝石子斐撰。

龍鳳山

王國維《曲録·傳奇部下》《龍鳳山》一本。見《傳奇彙考》。國朝石子斐撰。

鎮仙靈

王國維《曲録·傳奇部下》《鎮仙靈》一本。見《傳奇彙考》。國朝石子斐撰。子斐，字成章，紹興人。

黄鶴樓

王國維《曲録·傳奇部下》《黄鶴樓》一本。見《曲海目》。無名氏撰。

無瑕璧

王國維《曲録·傳奇部下》《無瑕璧》一本。見《曲海目》。國朝夏綸撰。

杏花村

王國維《曲録·傳奇部下》《杏花村》一本。見《曲海目》。國朝夏綸撰。

瑞筠圖

王國維《曲録·傳奇部下》《瑞筠圖》一本。見《曲海目》。國朝夏綸撰。

廣寒梯

王國維《曲録·傳奇部下》《廣寒梯》一本。見《曲海目》。國朝夏綸撰。

南陽樂

王國維《曲録·傳奇部下》《南陽樂》一本。見《曲海目》。國朝夏綸撰。

花萼吟

王國維《曲録·傳奇部下》《花萼吟》一本。見《曲海目》。國朝夏綸撰。綸，字惺齋，錢塘人。

夢中緣

王國維《曲録·傳奇部下》《夢中緣》一本。國朝張堅撰。

又《夢中緣》一本。見《曲海目》。無名氏撰。

梅花簪

王國維《曲録·傳奇部下》《梅花簪》一本。國朝張堅撰。

懷沙記

王國維《曲録·傳奇部下》《懷沙記》一本。國朝張堅撰。

玉獅墜

王國維《曲録·傳奇部下》《玉獅墜》一本。右名《玉燕堂四種》。《曲海目》僅載下二種。國朝張堅撰。堅，字漱石，江甯人。

轉天心

王國維《曲録·傳奇部下》《轉天心》一本。見傳刻本，名《古柏堂傳奇》。國朝唐英撰。

雙釘案

王國維《曲録·傳奇部下》《雙釘案》一本。原名《釣金龜》。見傳刻本，名《古柏堂傳奇》。國朝唐英撰。

巧換緣

王國維《曲録·傳奇部下》《巧換緣》一本。見傳刻本，名《古柏堂傳奇》。國朝唐英撰。

玉尺樓

王國維《曲録・傳奇部下》《玉尺樓》一本。見《曲海目》。國朝盧見曾撰。見曾，字抱孫，號雅雨山人，德州人，官兩淮鹽運使。

月令承應

王國維《曲録・傳奇部下》《月令承應》□本。國朝張照等奉敕撰。

法宫雅奏

王國維《曲録・傳奇部下》《法宫雅奏》□本。國朝張照等奉敕撰。

九九大慶

王國維《曲録・傳奇部下》《九九大慶》□本。國朝張照等奉敕撰。

勸善金科

王國維《曲録・傳奇部下》《勸善金科》十本。國朝張照等奉敕撰。

昇平寶筏

王國維《曲録・傳奇部下》《昇平寶筏》十本。曾見内廷寫本，與殿本《勸善金科》行欵大小一一相同，每本二十四折。國朝張照等奉敕撰。

鼎峙春秋

王國維《曲録・傳奇部下》《鼎峙春秋》□本。國朝張照等奉敕撰。

忠義璇圖

王國維《曲録・傳奇部下》《忠義璇圖》□本。國朝張照等奉敕撰。照，字得天，華亭人，官至刑部尚書。禮親王昭槤《嘯亭續録》：「乾隆初，純皇帝以海内昇平，命張文敏製諸院本進呈，以備樂部演習。凡各節令，皆奏演其時典故，如『屈子競渡』、『子安題閣』諸事，無不譜入，謂之《月令承應》。其於内廷諸慶事，奏演祥徵瑞應者，謂之《法宫雅奏》。其於萬壽令節前後，奏演羣仙、神道、添籌、錫禧以及黄童白叟含哺鼓腹者，謂之《九九大慶》。又演目蓮尊者救母事，析爲十本，謂之《勸善金科》，於歲暮奏之，以其鬼魅雜出，以代古人儺祓之意。演唐元奘西域取經事，謂之《昇平寶筏》，於上元前後日奏之。其曲文皆文敏親製，詞藻奇麗，引用内典經卷，大爲超妙。其後又命莊恪親王譜蜀漢《三國志》典故，謂之《鼎峙春秋》。又譜宋政和間梁山諸盜，及宋金交兵，徽欽北狩諸事，謂之《忠義璇圖》。其詞皆出日華游客之手，惟能敷衍成章。又鈔襲元明《水滸》、《義俠》、《西川圖》諸院本，不及文敏多矣。」案：「日華游客」謂編纂《九宫大成》諸人，即周祥鈺、鄒金生輩也。

羣仙祝壽

王國維《曲録・傳奇部下》《羣仙祝壽》一本。見《振綺堂書目》。國朝吴城、厲鶚同撰。

百靈效瑞

王國維《曲録・傳奇部下》《百靈效瑞》一本。見《振綺堂書目》。國朝吴城、厲鶚同撰。城，字敦復；鶚，字太鴻，均錢塘人。乾隆二十六年南巡演以迎駕，總名《迎鑾新曲》。

煙花債

王國維《曲録・傳奇部下》《烟花債》一本。見《曲海目》。國朝崔應階撰。

情中幻

王國維《曲録・傳奇部下》《情中幻》一本。見《曲海目》。國朝崔應階撰。應階，字拙圃，江夏人。

雙仙記

王國維《曲録・傳奇部下》《雙仙記》一本。見《曲海目》。國朝研露老人撰。

兩度梅

王國維《曲録・傳奇部下》《兩度梅》一本。見《曲海目》。國朝石恂齋撰。

錦香亭

王國維《曲録・傳奇部下》《錦香亭》一本。見《曲海目》。國朝石恂齋撰。

天燈記

王國維《曲録・傳奇部下》《天燈記》一本。見《曲海目》。國朝石恂齋撰。

酒家傭

王國維《曲録・傳奇部下》《酒家傭》一本。見《曲海目》。國朝石恂齋撰。名里未詳。

義貞記

王國維《曲録・傳奇部下》《義貞記》一本。見《曲海目》。無名氏撰。

五色石

王國維《曲録・傳奇部下》《五色石》一本。見《禁書總目》。國朝徐述夔撰。

玉劍緣

王國維《曲録・傳奇部下》《玉劍緣》一本。見《曲海目》。國朝李本宣撰。本宣，字蘧門，江都人。

富貴神仙

王國維《曲録・傳奇部下》《富貴神仙》一本。見《曲考》。國朝鄭含成撰。

魚水緣

王國維《曲録・傳奇部下》《魚水緣》一本。見《曲海目》。無名氏撰。

六如亭

王國維《曲録・傳奇部下》《六如亭》一本。全集本。國朝張九鉞撰。九鉞，字度西，湘潭人，官廣東知縣。

玉麟記

王國維《曲録・傳奇部下》《玉麟記》一本。見《曲海目》。國朝張世漳撰。字里未詳。

梅花夢

王國維《曲録・傳奇部下》《梅花夢》一本。見《曲海目》。國朝陳貞禧撰。貞禧，字未詳，宜興人。

虎媒記

王國維《曲録・傳奇部下》《虎媒記》一本。見《曲考》。國朝顧景星撰。景星，字赤方，號黃公，蘄春人。

蕙蘭芳

王國維《曲録・傳奇部下》《蕙蘭芳》一本。見《詞餘叢話》。國朝曾□□撰。曾，字茶村，名里不詳，官廣西知縣。

織錦記

王國維《曲録・傳奇部下》《織錦記》一本。見《傳奇彙考》。國朝顧覺宇撰。覺宇，伶人，亦元趙文敬、張國賓之流亞也。

傳燈録

王國維《曲録・傳奇部下》《傳燈録》一本。一名《歸元鏡》。見《曲海目》。國朝釋智達撰。

芙蓉峽

王國維《曲録・傳奇部下》《芙蓉峽》一本。見《曲考》。國朝女史林亞青撰。

鑑中天

王國維《曲録·傳奇部下》《鑑中天》一本。見《曲海目》。國朝女道士姜玉潔撰。案：《列朝詩·閏集》有姜舜玉者，號竹雪居士，明隆慶間舊院伎，或即其人歟？

麗烏媒

王國維《曲録·傳奇部下》《麗烏媒》一本。見《傳奇彙考》。國朝沈樹人撰。樹人，字友聲，湖州人。

澄海樓

王國維《曲録·傳奇部下》《澄海樓》一本。見《傳奇彙考》。國朝毛鍾紳撰。鍾紳，未詳其字，蘇州人。

夜光球

王國維《曲録·傳奇部下》《夜光球》一本。見《傳奇彙考》。國朝王維新撰。維新，未詳其字，平江人。

鳳鸞儔

王國維《曲録·傳奇部下》《鳳鸞儔》一本。見《傳奇彙考》。國朝沈名蓀撰。名蓀，字礀芳，號礀房，仁和人。

昇平樂

王國維《曲録·傳奇部下》《昇平樂》一本。見《傳奇彙考》。一名《圓圓曲》。國朝陸次雲撰。次雲，字雲士，錢塘人。

玉樓春

王國維《曲録·傳奇部下》《玉樓春》一本。見《傳奇彙考》。國朝謝宗錫撰。宗錫，未詳其字，紹興人。

情夢俠

王國維《曲録·傳奇部下》《情夢俠》一本。見《傳奇彙考》。國朝顧元標撰。元標，未詳其字，紹興人。

藍關度

王國維《曲録·傳奇部下》《藍關度》一本。見《傳奇彙考》。國朝王聖徵撰。聖徵，未詳其字，太倉人。

領頭書

王國維《曲録·傳奇部下》《領頭書》一本。見《傳奇彙考》。國朝袁聲撰。

聲，未詳其字，濟南人。

芳情院

王國維《曲録・傳奇部下》《芳情院》一本。見《傳奇彙考》。國朝沈沐撰。沐，未詳其字，仁和人。

遺愛集

王國維《曲録・傳奇部下》《遺愛集》一本。見《傳奇彙考》。前半曰「峴山碑」，後半曰「虞山碑」。國朝陸曜、程端合撰。二人未詳其字，常熟人。

紅蓮案

王國維《曲録・傳奇部下》《紅蓮案》一本。見《傳奇彙考》。國朝吴士科撰。士科，未詳其字，臨川人。

没名花

王國維《曲録・傳奇部下》《没名花》一本。見莊親王《九宮大成南北詞宮譜》。無名氏撰。

河陽覲

王國維《曲録・傳奇部下》《河陽覲》一本。見《曲海目》。國朝吴幌珏撰。

壺中天

王國維《曲録・傳奇部下》《壺中天》一本。見《曲海目》。國朝朱龍田撰。龍田，未詳名字，華亭人。

定蟾宮

王國維《曲録・傳奇部下》《定蟾宮》一本。見《曲海目》。國朝朱確、過孟起、盛國琦三人合撰。

東廂記

王國維《曲録・傳奇部下》《東廂記》一本。見《曲海目》。國朝楊國賓撰。

合箭記

王國維《曲録・傳奇部下》《合箭記》一本。見《曲海目》。國朝薦清軒撰。

鴛簪合

王國維《曲録・傳奇部下》《鴛簪合》一本。見《曲海目》。國朝夢覺道人撰。

三生錯

王國維《曲録·傳奇部下》《三生錯》一本。見《曲海目》。國朝西湖放人去村撰。

月中人

王國維《曲録·傳奇部下》《月中人》一本。見《曲海目》。國朝月鑑主人撰。

長命縷

王國維《曲録·傳奇部下》《長命縷》一本。見《曲海目》。國朝勝樂道人撰。

添繡鞋

王國維《曲録·傳奇部下》《添繡鞋》一本。見《曲海目》。國朝離幻老人撰。

石榴記

王國維《曲録·傳奇部下》《石榴記》一本。

雪中人

王國維《曲録·傳奇部下》《雪中人》一本。見《曲海目》。國朝蔣士銓撰。

香祖樓

王國維《曲録·傳奇部下》《香祖樓》一本。見《曲海目》。國朝蔣士銓撰。

臨川夢

王國維《曲録·傳奇部下》《臨川夢》一本。見《曲海目》。國朝蔣士銓撰。

桂林霜

王國維《曲録·傳奇部下》《桂林霜》一本。見《曲海目》。國朝蔣士銓撰。

冬青樹

王國維《曲録·傳奇部下》《冬青樹》一本。見《曲海目》。國朝蔣士銓撰。

空谷香

王國維《曲録·傳奇部下》《空谷香》一本。見《曲海目》。國朝蔣士銓撰。字里見卷三。

雙翠圓

王國維《曲録·傳奇部下》《雙翠圓》一本。見《曲海目》。無名氏撰。

八寶箱

王國維《曲録・傳奇部下》《八寶箱》一本。見《曲海目》。無名氏撰。

雙泉記

王國維《曲録・傳奇部下》《雙泉記》一本。見傳刻本。國朝方成培撰。成培，字仰松，歙縣人。

玉釵怨

王國維《曲録・傳奇部下》《玉釵怨》一本。見程庭鷺《多暇録》。國朝周若霖撰。

祀招財

王國維《曲録・傳奇部下》《祀招財》一本。見程庭鷺《多暇録》。國朝周若霖撰。若霖，字蕙鍾，嘉定人。

拜針樓

王國維《曲録・傳奇部下》《拜針樓》一本。見《曲海目》。國朝王墅撰。墅，字北疇，蕪湖人。

崖州路

王國維《曲録・傳奇部下》《崖州路》一本。見《曲考》。國朝張異資撰。

麒麟夢

王國維《曲録・傳奇部下》《麒麟夢》一本。見《曲考》。國朝張異資撰。

鴛鴦榜

王國維《曲録・傳奇部下》《鴛鴦榜》一本。見《曲考》。國朝張異資撰。

黃金盆

王國維《曲録・傳奇部下》《黃金盆》一本。見《曲考》。國朝張異資撰。異資，未詳其字，通州人。

紅樓夢

王國維《曲録・傳奇部下》《紅樓夢》一本。見楊恩壽《詞餘叢話》。國朝高□□撰。高，字蘭墅，名里不詳。

紅樓夢

王國維《曲録·傳奇部下》《紅樓夢》一本。見楊恩壽《詞餘叢話》。國朝陳鍾麟撰。鍾麟，字厚甫，元和人。

旗亭記

王國維《曲録·傳奇部下》《旗亭記》一本。見李調元《曲話》。國朝金椒撰。椒，字蘭皋，□□人。

芝龕記

王國維《曲録·傳奇部下》《芝龕記》一本。共六卷。見傳刻本。國朝董榕撰。榕，字恒岩，號謙山，□□人，官九江府知府。

琵琶俠

王國維《曲録·傳奇部下》《琵琶俠》一本。見傳刻本。國朝董□撰。

花月屏

王國維《曲録·傳奇部下》《花月屏》一本。見《琵琶俠》陸繼輅題詞。右二種國朝董□撰。□，號定園，武進人。

一斛珠

王國維《曲録·傳奇部下》《一斛珠》一本。見《揚州畫舫録》。國朝程枚撰。枚，字時齊，海州人。

人面桃花

王國維《曲録·傳奇部下》《人面桃花》一本。國朝舒位撰。位，字立人，號鐵雲，大與人。陳文述《頤道堂集·舒鐵雲傳》：「鐵雲能吹笛、鼓琴、度曲，不失分刌。所作樂府院本脱藁老伶皆可按簡而歌，不煩點竄。」陳文述《紫鸞笙譜》有《玉壺仙館聽女郎藕雪歌鐵雲山人〈人面桃花〉樂府》《聲聲慢》一闋。

紫荆花

王國維《曲録·傳奇部下》《紫荆花》一本。見傳刻本。國朝李文瀚撰。

胭脂舃

王國維《曲録·傳奇部下》《胭脂舃》一本。見傳刻本。國朝李文瀚撰。

鳳飛樓

王國維《曲録·傳奇部下》《鳳飛樓》一本。見傳刻本。國朝李文瀚撰。

銀漢槎

王國維《曲録・傳奇部下》《銀漢槎》一本。見傳刻本。國朝李文瀚撰。文瀚，字雲生，宣城人。

十二紅

王國維《曲録・傳奇部下》《十二紅》一本。見《傳奇彙考》。無名氏撰。

仙緣記

王國維《曲録・傳奇部下》《仙緣記》一本。見傳刻本。國朝陳烺撰。

海虬記

王國維《曲録・傳奇部下》《海虬記》一本。見傳刻本。國朝陳烺撰。

蜀錦袍

王國維《曲録・傳奇部下》《蜀錦袍》一本。見傳刻本。國朝陳烺撰。

燕子樓

王國維《曲録・傳奇部下》《燕子樓》一本。見傳刻本。國朝陳烺撰。

梅喜緣

王國維《曲録・傳奇部下》《梅喜緣》一本。見傳刻本。國朝陳烺撰。烺，字潛翁，陽湖人。

芙蓉碣

王國維《曲録・傳奇部下》《芙蓉碣》一本。見傳刻本。國朝張雲驤撰。雲驤，字南湖，文安人。

麻灘驛

王國維《曲録・傳奇部下》《麻灘驛》一本。見傳刻本。國朝楊恩壽撰。

桃花源

王國維《曲録・傳奇部下》《桃花源》一本。見傳刻本。國朝楊恩壽撰。

姽嫿封

王國維《曲録・傳奇部下》《姽嫿封》一本。見傳刻本。國朝楊恩壽撰。

桂枝香

王國維《曲録・傳奇部下》《桂枝香》一本。見傳刻本。國朝楊恩壽撰。

再來人

王國維《曲録・傳奇部下》《再來人》一本。見傳刻本。國朝楊恩壽撰。

理靈坡

王國維《曲録・傳奇部下》《理靈坡》一本。見傳刻本。國朝楊恩壽撰。恩壽，字蓬海，長沙人。

萬壽圖

王國維《曲録・傳奇部下》《萬壽圖》一本。見《南詞定律》。

五香毬

王國維《曲録・傳奇部下》《五香毬》一本。見《揚州畫舫録》，云：「蘇州顧以恭與教師張仲芳同譜。」蓋譜工尺，非其所作也。無名氏撰。

再生緣

王國維《曲録・傳奇部下》《再生緣》一本。見《傳奇彙考》。無名氏撰。

杏花山

王國維《曲録・傳奇部下》《杏花山》一本。見《傳奇彙考》。無名氏撰。

綱常記

王國維《曲録・傳奇部下》《綱常記》一本。見《曲海目》。無名氏撰。

鐵面圖

王國維《曲録・傳奇部下》《鐵面圖》一本。見《曲海目》。無名氏撰。

北孝烈

王國維《曲録・傳奇部下》《北孝烈》一本。見《曲海目》。無名氏撰。

蝴蝶夢

王國維《曲録・傳奇部下》《蝴蝶夢》一本。見《曲海目》。無名氏撰。

納履記

王國維《曲録・傳奇部下》《納履記》一本。見《曲海目》。無名氏撰。

丹忠記

王國維《曲録・傳奇部下》《丹忠記》一本。見《曲海目》。無名氏撰。

藍橋驛

王國維《曲録·傳奇部下》《藍橋驛》一本。見《曲海目》。無名氏撰。

飲中仙

王國維《曲録·傳奇部下》《飲中仙》一本。見《曲海目》。無名氏撰。

財神濟

王國維《曲録·傳奇部下》《財神濟》一本。見《曲海目》。無名氏撰。

翠翹記

王國維《曲録·傳奇部下》《翠翹記》一本。見《曲海目》。無名氏撰。

慈悲願

王國維《曲録·傳奇部下》《慈悲願》一本。見《曲海目》。無名氏撰。

雷峰塔

王國維《曲録·傳奇部下》《雷峰塔》一本。《曲海目》云右二十七種，原有姓名，失記。案：《夢中緣》疑即張堅作也。

曲春衣

王國維《曲録·傳奇部下》《曲春衣》一本。見《曲海目》。無名氏撰。

爛柯山

王國維《曲録·傳奇部下》《爛柯山》一本。見《曲海目》。無名氏撰。

隋　唐

王國維《曲録·傳奇部下》《隋唐》一本。見《曲海目》。無名氏撰。

壽爲先

王國維《曲録·傳奇部下》《壽爲先》一本。見《曲海目》。無名氏撰。

磐陀山

王國維《曲録·傳奇部下》《磐陀山》一本。見《曲海目》。無名氏撰。

又　《盤蛇山》一本。疑即《曲海目》之《磐陀山》，「蛇」、「陀」必有一誤。

十錯記

王國維《曲録·傳奇部下》《十錯記》一本。《曲考》云:「即《滿牀笏》,龔司寇門客作。」見《曲海目》。無名氏撰。

後漁家樂

王國維《曲録·傳奇部下》《後漁家樂》一本。見《曲海目》。無名氏撰。

鬧花燈

王國維《曲録·傳奇部下》《鬧花燈》一本。見《曲海目》。無名氏撰。

倭袍記

王國維《曲録·傳奇部下》《倭袍記》一本。見《曲海目》。無名氏撰。

大吉慶

王國維《曲録·傳奇部下》《大吉慶》一本。見《曲海目》。無名氏撰。

杜陵花

王國維《曲録·傳奇部下》《杜陵花》一本。見《曲海目》。無名氏撰。

陀羅尼

王國維《曲録·傳奇部下》《陀羅尼》一本。見《曲海目》。無名氏撰。

百福帶

王國維《曲録·傳奇部下》《百福帶》一本。見《曲海目》。無名氏撰。

兩情合

王國維《曲録·傳奇部下》《兩情合》一本。見《曲海目》。無名氏撰。

螭虎釧

王國維《曲録·傳奇部下》《螭虎釧》一本。見《曲海目》。無名氏撰。

情中岸

王國維《曲録·傳奇部下》《情中岸》一本。見《曲海目》。無名氏撰。

七才子

王國維《曲録·傳奇部下》《七才子》一本。見《曲海目》。無名氏撰。

東塔院

王國維《曲録·傳奇部下》《東塔院》一本。見《曲海目》。無名氏撰。

一枝梅

王國維《曲録·傳奇部下》《一枝梅》一本。見《曲海目》。無名氏撰。

三奇緣

王國維《曲録·傳奇部下》《三奇緣》一本。見《曲海目》。無名氏撰。

百子圖

王國維《曲録·傳奇部下》《百子圖》一本。見《曲海目》。無名氏撰。

鴛鴦結

王國維《曲録·傳奇部下》《鴛鴦結》一本。見《曲海目》。無名氏撰。

錦繡旗

王國維《曲録·傳奇部下》《錦繡旗》一本。見《曲海目》。無名氏撰。

倒銅旗

王國維《曲録·傳奇部下》《倒銅旗》一本。見《曲海目》。無名氏撰。

燕臺築

王國維《曲録·傳奇部下》《燕臺築》一本。見《曲海目》。無名氏撰。

瑶池宴

王國維《曲録·傳奇部下》《瑶池宴》一本。見《曲海目》。無名氏撰。

金蘭誼

王國維《曲録·傳奇部下》《金蘭誼》一本。見《曲海目》。無名氏撰。

逍遥樂

王國維《曲録·傳奇部下》《逍遥樂》一本。見《曲海目》。無名氏撰。

文星刼

王國維《曲録·傳奇部下》《文星刼》一本。見《曲海目》。無名氏撰。

錦衣歸

王國維《曲録・傳奇部下》《錦衣歸》一本。見《曲海目》。無名氏撰。

合虎符

王國維《曲録・傳奇部下》《合虎符》一本。見《曲海目》。無名氏撰。

蟠桃會

王國維《曲録・傳奇部下》《蟠桃會》一本。見《曲海目》。無名氏撰。

人生樂

王國維《曲録・傳奇部下》《人生樂》一本。見《曲海目》。無名氏撰。

安天會

王國維《曲録・傳奇部下》《安天會》一本。見《曲海目》。無名氏撰。

萬倍利

王國維《曲録・傳奇部下》《萬倍利》一本。見《曲海目》。無名氏撰。

元寶湯

王國維《曲録・傳奇部下》《元寶湯》一本。見《曲海目》。無名氏撰。

江天雪

王國維《曲録・傳奇部下》《江天雪》一本。見《曲海目》。無名氏撰。

花石綱

王國維《曲録・傳奇部下》《花石綱》一本。見《曲海目》。無名氏撰。

四屏山

王國維《曲録・傳奇部下》《四屏山》一本。見《曲海目》。無名氏撰。

翻浣紗

王國維《曲録・傳奇部下》《翻浣紗》一本。見《曲海目》。無名氏撰。

平妖傳

王國維《曲録・傳奇部下》《平妖傳》一本。見《曲海目》。無名氏撰。

西川圖

王國維《曲録・傳奇部下》《西川圖》一本。見《曲海目》。無名氏撰。

黎筐雪

王國維《曲録・傳奇部下》《黎筐雪》一本。見《曲海目》。無名氏撰。

續尋親

王國維《曲録・傳奇部下》《續尋親》一本。見《曲海目》。無名氏撰。

狀元香

王國維《曲録・傳奇部下》《狀元香》一本。見《曲海目》。無名氏撰。

昭君傳

王國維《曲録・傳奇部下》《昭君傳》一本。見《曲海目》。無名氏撰。

風流烙

王國維《曲録・傳奇部下》《風流烙》一本。見《曲海目》。無名氏撰。

紫金魚

王國維《曲録・傳奇部下》《紫金魚》一本。見《曲海目》。無名氏撰。

贅人龍

王國維《曲録・傳奇部下》《贅人龍》一本。見《曲海目》。無名氏撰。

報恩亭

王國維《曲録・傳奇部下》《報恩亭》一本。見《曲海目》。無名氏撰。

平頂山

王國維《曲録・傳奇部下》《平頂山》一本。見《曲海目》。無名氏撰。

翻七國

王國維《曲録・傳奇部下》《翻七國》一本。見《曲海目》。無名氏撰。

玉燕釵

王國維《曲録・傳奇部下》《玉燕釵》一本。見《曲海目》。無名氏撰。

三異緣

王國維《曲録·傳奇部下》 《三異緣》一本。見《曲海目》。無名氏撰。

歲寒松

王國維《曲録·傳奇部下》 《歲寒松》一本。見《曲海目》。無名氏撰。

鸞鳳釵

王國維《曲録·傳奇部下》 《鸞鳳釵》一本。見《曲海目》。無名氏撰。

快活仙

王國維《曲録·傳奇部下》 《快活仙》一本。見《曲海目》。無名氏撰。

風流配

王國維《曲録·傳奇部下》 《風流配》一本。見《南詞定律》。無名氏撰。

珍珠塔

王國維《曲録·傳奇部下》 《珍珠塔》一本。見《曲海目》。無名氏撰。

姊妹緣

王國維《曲録·傳奇部下》 《姊妹緣》一本。見《曲海目》。無名氏撰。

奉仙緣

王國維《曲録·傳奇部下》 《奉仙緣》一本。見《曲海目》。無名氏撰。

醉西湖

王國維《曲録·傳奇部下》 《醉西湖》一本。見《曲海目》。無名氏撰。

三鼎爵

王國維《曲録·傳奇部下》 《三鼎爵》一本。見《曲海目》。無名氏撰。

玉杵記

王國維《曲録·傳奇部下》 《玉杵記》一本。見《曲海目》。無名氏撰。

定天山

王國維《曲録·傳奇部下》 《定天山》一本。見《曲海目》。無名氏撰。

長生樂

王國維《曲録·傳奇部下》 《長生樂》一本。見《曲海目》。無名氏撰。

雄精劍

王國維《曲録·傳奇部下》 《雄精劍》一本。見《曲海目》。無名氏撰。

還帶記

王國維《曲録·傳奇部下》 《還帶記》一本。見《曲海目》。無名氏撰。

狀元旗

王國維《曲録·傳奇部下》 《狀元旗》一本。另一本，非薛旦撰。見《曲海目》。無名氏撰。

雙和合

王國維《曲録·傳奇部下》 《雙和合》一本。非朱佐朝撰。見《曲海目》。無名氏撰。

三笑姻緣

王國維《曲録·傳奇部下》 《三笑姻緣》一本。見《曲海目》。無名氏撰。

碧玉燕

王國維《曲録·傳奇部下》 《碧玉燕》一本。見《曲海目》。無名氏撰。

九曲珠

王國維《曲録·傳奇部下》 《九曲珠》一本。見《曲海目》。無名氏撰。

後繻襦

王國維《曲録·傳奇部下》 《後繻襦》一本。見《曲海目》。無名氏撰。

折桂傳

王國維《曲録·傳奇部下》 《折桂傳》一本。見《曲海目》。無名氏撰。

飛熊鏡

王國維《曲録·傳奇部下》 《飛熊鏡》一本。見《曲海目》。無名氏撰。

白鶴圖

王國維《曲録・傳奇部下》《白鶴圖》一本。見《曲海目》。無名氏撰。

白羅衫

王國維《曲録・傳奇部下》《白羅衫》一本。見《曲海目》。無名氏撰。

乾坤鏡

王國維《曲録・傳奇部下》《乾坤鏡》一本。見《曲海目》。無名氏撰。

還魂記

王國維《曲録・傳奇部下》《還魂記》一本。一名《玉龍佩》。見《曲海目》。無名氏撰。

後珠毬

王國維《曲録・傳奇部下》《後珠毬》一本。見《曲海目》。無名氏撰。

好俅傳

王國維《曲録・傳奇部下》《好俅傳》一本。見《曲海目》。無名氏撰。

青蛇傳

王國維《曲録・傳奇部下》《青蛇傳》一本。見《曲海目》。無名氏撰。

四安山

王國維《曲録・傳奇部下》《四安山》一本。見《曲海目》。無名氏撰。

雲合奇踪

王國維《曲録・傳奇部下》《雲合奇踪》一本。見《曲海目》。無名氏撰。

萬花樓

王國維《曲録・傳奇部下》《萬花樓》一本。見《曲海目》。無名氏撰。

醉將軍

王國維《曲録・傳奇部下》《醉將軍》一本。見《曲海目》。無名氏撰。

描金鳳

王國維《曲録・傳奇部下》《描金鳳》一本。見《曲海目》。無名氏撰。

續千金

王國維《曲録·傳奇部下》《續千金》一本。見《曲海目》。無名氏撰。

劉成美

王國維《曲録·傳奇部下》《劉成美》一本。見《曲海目》。無名氏撰。

天緣配

王國維《曲録·傳奇部下》《天緣配》一本。見《曲海目》。無名氏撰。

桃花寨

王國維《曲録·傳奇部下》《桃花寨》一本。見《曲海目》。無名氏撰。

沈香帶

王國維《曲録·傳奇部下》《沈香帶》一本。見《曲海目》。無名氏撰。

鴛鴦幻

王國維《曲録·傳奇部下》《鴛鴦幻》一本。見《曲海目》。無名氏撰。

三世修

王國維《曲録·傳奇部下》《三世修》一本。見《曲海目》。無名氏撰。

文章用

王國維《曲録·傳奇部下》《文章用》一本。見《曲海目》。無名氏撰。

造化圖

王國維《曲録·傳奇部下》《造化圖》一本。見《曲海目》。無名氏撰。

祝家莊

王國維《曲録·傳奇部下》《祝家莊》一本。見《曲海目》。無名氏撰。

綵樓記

王國維《曲録·傳奇部下》《綵樓記》一本。見《曲海目》。無名氏撰。

鳳鸞裳

王國維《曲録·傳奇部下》《鳳鸞裳》一本。見《曲海目》。無名氏撰。

陰功報

王國維《曲録·傳奇部下》《陰功報》一本。見《曲海目》。無名氏撰。

福鳳緣

王國維《曲録·傳奇部下》《福鳳緣》一本。見《曲海目》。無名氏撰。

觀星臺

王國維《曲録·傳奇部下》《觀星臺》一本。見《曲海目》。無名氏撰。

督亢圖

王國維《曲録·傳奇部下》《督亢圖》一本。見《曲海目》。無名氏撰。

征東傳

王國維《曲録·傳奇部下》《征東傳》一本。見《曲海目》。無名氏撰。

北海記

王國維《曲録·傳奇部下》《北海記》一本。見《曲海目》。無名氏撰。

三俠劍

王國維《曲録·傳奇部下》《三俠劍》一本。見《曲海目》。無名氏撰。

千秋鑑

王國維《曲録·傳奇部下》《千秋鑑》一本。見《曲海目》。無名氏撰。

雙珠鳳

王國維《曲録·傳奇部下》《雙珠鳳》一本。見《曲海目》。無名氏撰。

十大快

王國維《曲録·傳奇部下》《十大快》一本。見《曲海目》。無名氏撰。

鸞釵記

王國維《曲録·傳奇部下》《鸞釵記》一本。見《曲海目》。無名氏撰。

禪真逸史

王國維《曲録·傳奇部下》《禪真逸史》一本。見《曲海目》。無名氏撰。

春富貴

王國維《曲録・傳奇部下》《春富貴》一本。見《曲海目》。無名氏撰。

翻天印

王國維《曲録・傳奇部下》《翻天印》一本。見《曲海目》。無名氏撰。

黄河陣

王國維《曲録・傳奇部下》《黄河陣》一本。見《曲海目》。無名氏撰。

古城記

王國維《曲録・傳奇部下》《古城記》一本。見《曲海目》。無名氏撰。

月華緣

王國維《曲録・傳奇部下》《月華緣》一本。見《曲海目》。無名氏撰。

五虎寨

王國維《曲録・傳奇部下》《五虎寨》一本。見《曲海目》。無名氏撰。

五福傳

王國維《曲録・傳奇部下》《五福傳》一本。非古本。見《曲海目》。無名氏撰。

賜錦袍

王國維《曲録・傳奇部下》《賜錦袍》一本。見《曲海目》。無名氏撰。

百花臺

王國維《曲録・傳奇部下》《百花臺》一本。見《曲海目》。無名氏撰。

爲善最樂

王國維《曲録・傳奇部下》《爲善最樂》一本。見《曲海目》。無名氏撰。

遍地錦

王國維《曲録・傳奇部下》《遍地錦》一本。又一本。見《曲海目》。無名氏撰。

雙姻緣

王國維《曲録・傳奇部下》《雙姻緣》一本。見《曲海目》。無名氏撰。

鬧金釵

王國維《曲録・傳奇部下》《鬧金釵》一本。見《曲海目》。無名氏撰。

三鼎甲

王國維《曲録・傳奇部下》《三鼎甲》一本。見《曲海目》。無名氏撰。

鴛鴦被

王國維《曲録・傳奇部下》《鴛鴦被》一本。見《曲海目》。無名氏撰。

天貴圖

王國維《曲録・傳奇部下》《天貴圖》一本。見《曲海目》。無名氏撰。

錕鋼俠

王國維《曲録・傳奇部下》《錕鋼俠》一本。見《曲海目》。無名氏撰。

一匹布

王國維《曲録・傳奇部下》《一匹布》一本。見《曲海目》。無名氏撰。

封神榜

王國維《曲録・傳奇部下》《封神榜》一本。見《曲海目》。無名氏撰。

滄浪亭

王國維《曲録・傳奇部下》《滄浪亭》一本。見《曲海目》。無名氏撰。

二龍山

王國維《曲録・傳奇部下》《二龍山》一本。見《曲海目》。無名氏撰。

天平山

王國維《曲録・傳奇部下》《天平山》一本。見《曲海目》。無名氏撰。

河燈賺

王國維《曲録・傳奇部下》《河燈賺》一本。見《曲海目》。無名氏撰。

玉麒麟

王國維《曲録・傳奇部下》《玉麒麟》一本。見《曲海目》。無名氏撰。

通天犀

王國維《曲録·傳奇部下》《通天犀》一本。見《曲海目》。無名氏撰。

碧玉串

王國維《曲録·傳奇部下》《碧玉串》一本。見《曲海目》。無名氏撰。

鐵弓緣

王國維《曲録·傳奇部下》《鐵弓緣》一本。見《曲海目》。無名氏撰。

未央天

王國維《曲録·傳奇部下》《未央天》一本。見《曲海目》。無名氏撰。

二十四孝

王國維《曲録·傳奇部下》《二十四孝》一本。見《曲海目》。無名氏撰。

千祥記

王國維《曲録·傳奇部下》《千祥記》一本。見《曲海目》。無名氏撰。

佐龍飛

王國維《曲録·傳奇部下》《佐龍飛》一本。見《曲海目》。無名氏撰。

順天時

王國維《曲録·傳奇部下》《順天時》一本。見《曲海目》。無名氏撰。

彩衣堂

王國維《曲録·傳奇部下》《彩衣堂》一本。見《曲海目》。無名氏撰。

珍珠旗

王國維《曲録·傳奇部下》《珍珠旗》一本。見《曲海目》。無名氏撰。

玄都觀

王國維《曲録·傳奇部下》《玄都觀》一本。見《曲海目》。無名氏撰。

金花記

王國維《曲録·傳奇部下》《金花記》一本。見《曲海目》。無名氏撰。

後岳傳

王國維《曲録・傳奇部下》《後岳傳》一本。見《曲海目》。無名氏撰。

合歡慶

王國維《曲録・傳奇部下》《合歡慶》一本。見《曲海目》。無名氏撰。

三鳳緣

王國維《曲録・傳奇部下》《三鳳緣》一本。見《曲海目》。無名氏撰。

太平錢

王國維《曲録・傳奇部下》《太平錢》一本。另一俗本，非李玉撰。見《曲海目》。無名氏撰。

合歡圖

王國維《曲録・傳奇部下》《合歡圖》一本。見《曲海目》。無名氏撰。

鴛鴦孩

王國維《曲録・傳奇部下》《鴛鴦孩》一本。見《曲海目》。無名氏撰。

開口笑

王國維《曲録・傳奇部下》《開口笑》一本。右二百零六本，均見黄文暘《曲海目》，皆注無名氏。可考其中名目有與上文複出者，《曲海目》兩載之，必有二本也。

風月亭

王國維《曲録・傳奇部下》《風月亭》一本。見《傳奇彙考》。無名氏撰。

慶龍歸

王國維《曲録・傳奇部下》《慶龍歸》一本。見《傳奇彙考》。無名氏撰。

文武圖

王國維《曲録・傳奇部下》《文武圖》一本。見《傳奇彙考》。無名氏撰。

月華圓

王國維《曲録・傳奇部下》《月華圓》一本。見《傳奇彙考》。無名氏撰。

慶有餘

王國維《曲録・傳奇部下》《慶有餘》一本。見《傳奇彙考》。無名氏撰。

雄晶劍

王國維《曲録・傳奇部下》《雄晶劍》一本。見《傳奇彙考》。無名氏撰。

旌陽劍

王國維《曲録・傳奇部下》《旌陽劍》一本。見《傳奇彙考》。無名氏撰。

壯元香

王國維《曲録・傳奇部下》《壯元香》一本。見《傳奇彙考》。無名氏撰。

鴛鴦笑

王國維《曲録・傳奇部下》《鴛鴦笑》一本。見《傳奇彙考》。無名氏撰。

十奇緣

王國維《曲録・傳奇部下》《十奇緣》一本。見《傳奇彙考》。無名氏撰。

天緣會

王國維《曲録・傳奇部下》《天緣會》一本。見《傳奇彙考》。無名氏撰。

風月仙

王國維《曲録・傳奇部下》《風月仙》一本。見《傳奇彙考》。無名氏撰。

犀鏡緣

王國維《曲録・傳奇部下》《犀鏡緣》一本。見《傳奇彙考》。無名氏撰。

賺青衫

王國維《曲録・傳奇部下》《賺青衫》一本。見《傳奇彙考》。無名氏撰。

褒忠譜

王國維《曲録・傳奇部下》《褒忠譜》一本。見《傳奇彙考》。無名氏撰。

天緣箭

王國維《曲録・傳奇部下》《天緣箭》一本。見《傳奇彙考》。無名氏撰。

曇花鳳

王國維《曲録・傳奇部下》《曇花鳳》一本。見《傳奇彙考》。無名氏撰。

洪都賦

王國維《曲録・傳奇部下》《洪都賦》一本。見《傳奇彙考》。無名氏撰。

洞庭秋

王國維《曲録・傳奇部下》《洞庭秋》一本。見《傳奇彙考》。無名氏撰。

雪裏梅

王國維《曲録・傳奇部下》《雪裏梅》一本。見《傳奇彙考》。無名氏撰。

摘纓會

王國維《曲録・傳奇部下》《摘纓會》一本。見《傳奇彙考》。無名氏撰。

扶龍位

王國維《曲録・傳奇部下》《扶龍位》一本。見《傳奇彙考》。無名氏撰。

紅繡鞋

王國維《曲録・傳奇部下》《紅繡鞋》一本。見《傳奇彙考》。無名氏撰。

馬嵬坡

王國維《曲録・傳奇部下》《馬嵬坡》一本。見《傳奇彙考》。無名氏撰。

琉璃塔

王國維《曲録・傳奇部下》《琉璃塔》一本。見《傳奇彙考》。無名氏撰。

錦上花

王國維《曲録・傳奇部下》《錦上花》一本。見《傳奇彙考》。無名氏撰。

龍虎嘯

王國維《曲録・傳奇部下》《龍虎嘯》一本。見《傳奇彙考》。無名氏撰。

楊枝露

王國維《曲録·傳奇部下》《楊枝露》一本。見《傳奇彙考》。無名氏撰。

節義先

王國維《曲録·傳奇部下》《節義先》一本。見《傳奇彙考》。無名氏撰。

奪崑崙

王國維《曲録·傳奇部下》《奪崑崙》一本。見《傳奇彙考》。無名氏撰。

續情燈

王國維《曲録·傳奇部下》《續情燈》一本。見《傳奇彙考》。無名氏撰。

義中尤

王國維《曲録·傳奇部下》《義中尤》一本。見《傳奇彙考》。無名氏撰。

石榴花

王國維《曲録·傳奇部下》《石榴花》一本。見《傳奇彙考》。無名氏撰。

出師表

王國維《曲録·傳奇部下》《出師表》一本。見《傳奇彙考》。無名氏撰。

道情緣

王國維《曲録·傳奇部下》《道情緣》一本。見《傳奇彙考》。無名氏撰。

櫻桃詩

王國維《曲録·傳奇部下》《櫻桃詩》一本。見《傳奇彙考》。無名氏撰。

鷹揚會

王國維《曲録·傳奇部下》《鷹揚會》一本。見《傳奇彙考》。無名氏撰。

千門譜

王國維《曲録·傳奇部下》《千門譜》一本。見《傳奇彙考》。無名氏撰。

金鈿盒

王國維《曲録·傳奇部下》《金鈿盒》一本。見《傳奇彙考》。無名氏撰。

賣花聲
王國維《曲録・傳奇部下》《賣花聲》一本。見《傳奇彙考》。無名氏撰。

續春秋
王國維《曲録・傳奇部下》《續春秋》一本。見《傳奇彙考》。無名氏撰。

珊瑚柳
王國維《曲録・傳奇部下》《珊瑚柳》一本。見《傳奇彙考》。無名氏撰。

銅雀臺
王國維《曲録・傳奇部下》《銅雀臺》一本。見《傳奇彙考》。無名氏撰。

繡佛閣
王國維《曲録・傳奇部下》《繡佛閣》一本。見《傳奇彙考》。無名氏撰。

鴛鴦絛
王國維《曲録・傳奇部下》《鴛鴦絛》一本。見《傳奇彙考》。無名氏撰。

薄情種
王國維《曲録・傳奇部下》《薄情種》一本。見《傳奇彙考》。無名氏撰。

尺素書
王國維《曲録・傳奇部下》《尺素書》一本。見《傳奇彙考》。無名氏撰。

合薇鏡
王國維《曲録・傳奇部下》《合薇鏡》一本。見《傳奇彙考》。無名氏撰。

白玉蟾
王國維《曲録・傳奇部下》《白玉蟾》一本。見《傳奇彙考》。無名氏撰。

翻千金
王國維《曲録・傳奇部下》《翻千金》一本。見《傳奇彙考》。無名氏撰。

凡仙禄
王國維《曲録・傳奇部下》《凡仙禄》一本。見《傳奇彙考》。無名氏撰。

寶林岡

王國維《曲録·傳奇部下》《寶林岡》一本。見《傳奇彙考》。無名氏撰。

天緣夢

王國維《曲録·傳奇部下》《天緣夢》一本。見《傳奇彙考》。無名氏撰。

芙蓉識

王國維《曲録·傳奇部下》《芙蓉識》一本。見《傳奇彙考》。無名氏撰。

鬬鏤樹

王國維《曲録·傳奇部下》《鬬鏤樹》一本。見《傳奇彙考》。無名氏撰。

碧文犀

王國維《曲録·傳奇部下》《碧文犀》一本。見《傳奇彙考》。無名氏撰。

鬬寶蟾

王國維《曲録·傳奇部下》《鬬寶蟾》一本。見《傳奇彙考》。無名氏撰。

千秋節

王國維《曲録·傳奇部下》《千秋節》一本。見《傳奇彙考》。無名氏撰。

三星照

王國維《曲録·傳奇部下》《三星照》一本。見《傳奇彙考》。無名氏撰。

片片錦

王國維《曲録·傳奇部下》《片片錦》一本。見《傳奇彙考》。無名氏撰。

忠義堂

王國維《曲録·傳奇部下》《忠義堂》一本。見《傳奇彙考》。無名氏撰。

江南春

王國維《曲録·傳奇部下》《江南春》一本。見《傳奇彙考》。無名氏撰。

三跨鳳

王國維《曲録·傳奇部下》《三跨鳳》一本。見《傳奇彙考》。無名氏撰。

五龍祚

王國維《曲録・傳奇部下》 《五龍祚》一本。見《傳奇彙考》。無名氏撰。

二奇緣

王國維《曲録・傳奇部下》 《二奇緣》一本。見《傳奇彙考》。無名氏撰。

五色蓮

王國維《曲録・傳奇部下》 《五色蓮》一本。見《傳奇彙考》。無名氏撰。

五侯封

王國維《曲録・傳奇部下》 《五侯封》一本。見《傳奇彙考》。無名氏撰。

兩堅心

王國維《曲録・傳奇部下》 《兩堅心》一本。見《傳奇彙考》。無名氏撰。

雙魁元

王國維《曲録・傳奇部下》 《雙魁元》一本。見《傳奇彙考》。無名氏撰。

雙金環

王國維《曲録・傳奇部下》 《雙金環》一本。見《傳奇彙考》。無名氏撰。

八陣圖

王國維《曲録・傳奇部下》 《八陣圖》一本。見《傳奇彙考》。無名氏撰。

玉蜻蜓

王國維《曲録・傳奇部下》 《玉蜻蜓》一本。見《傳奇彙考》。無名氏撰。

紫金鞍

王國維《曲録・傳奇部下》 《紫金鞍》一本。見《傳奇彙考》。無名氏撰。

照膽鏡

王國維《曲録・傳奇部下》 《照膽鏡》一本。見《傳奇彙考》。無名氏撰。

百鳳裙

王國維《曲録・傳奇部下》 《百鳳裙》一本。見《傳奇彙考》。無名氏撰。

射鹿記

王國維《曲録・傳奇部下》《射鹿記》一本。見《傳奇彙考》。無名氏撰。

百花記

王國維《曲録・傳奇部下》《百花記》一本。見《傳奇彙考》。無名氏撰。

三多記

王國維《曲録・傳奇部下》《三多記》一本。一名《慶豐年》。見《傳奇彙考》。無名氏撰。

七紅寶釧記

王國維《曲録・傳奇部下》《七紅寶釧記》一本。見《傳奇彙考》。無名氏撰。

八黑劍丹記

王國維《曲録・傳奇部下》《八黑劍丹記》一本。見《傳奇彙考》。無名氏撰。

壽鄉記

王國維《曲録・傳奇部下》《壽鄉記》一本。見《傳奇彙考》。無名氏撰。

雙熊夢

王國維《曲録・傳奇部下》《雙熊夢》一本。見《傳奇彙考》。無名氏撰。

情生文

王國維《曲録・傳奇部下》《情生文》一本。見《傳奇彙考》。無名氏撰。

登樓記

王國維《曲録・傳奇部下》《登樓記》一本。見《傳奇彙考》。無作者名氏。

太平圖

王國維《曲録・傳奇部下》《太平圖》一本。見莊親王《九宫大成南北詞宫譜》。無名氏撰。

崑崙索

王國維《曲録・傳奇部下》《崑崙索》一本。見莊親王《九宫大成南北詞宫譜》。無名氏撰。

一諾媒

王國維《曲録・傳奇部下》《一諾媒》一本。見莊親王《九宫大成南北詞宫譜》。

無名氏撰。

雙蝴蝶

王國維《曲録・傳奇部下》《雙蝴蝶》一本。見莊親王《九宮大成南北詞宮譜》。無名氏撰。

玩嬋娟

王國維《曲録・傳奇部下》《玩嬋娟》一本。見莊親王《九宮大成南北詞宮譜》。無名氏撰。

雙卺緣

王國維《曲録・傳奇部下》《雙卺緣》一本。見莊親王《九宮大成南北詞宮譜》。無名氏撰。

綵衣歡

王國維《曲録・傳奇部下》《綵衣歡》一本。見莊親王《九宮大成南北詞宮譜》。無名氏撰。

女媧氏

王國維《曲録・傳奇部下》《女媧氏》一本。見莊親王《九宮大成南北詞宮譜》。無名氏撰。

丹晶墜

王國維《曲録・傳奇部下》《丹晶墜》一本。見莊親王《九宮大成南北詞宮譜》。無名氏撰。

夢天臺

王國維《曲録・傳奇部下》《夢天臺》一本。見莊親王《九宮大成南北詞宮譜》。無名氏撰。

織錦回文

王國維《曲録・傳奇部下》《織錦回文》一本。見莊親王《九宮大成南北詞宮譜》。無名氏撰。

聚英雄

王國維《曲録・傳奇部下》《聚英雄》一本。見莊親王《九宮大成南北詞宮譜》。無名氏撰。

忠孝録

王國維《曲録・傳奇部下》《忠孝録》一本。見莊親王《九宮大成南北詞宮譜》。

無名氏撰。

英雄譜

王國維《曲録·傳奇部下》《英雄譜》一本。見莊親王《九宮大成南北詞宮譜》。

無名氏撰。

百鍊金

王國維《曲録·傳奇部下》《百鍊金》一本。見莊親王《九宮大成南北詞宮譜》。

無名氏撰。

勸善記

王國維《曲録·傳奇部下》《勸善記》一本。見莊親王《九宮大成南北詞宮譜》。

無名氏撰。

摩勒傳

王國維《曲録·傳奇部下》《摩勒傳》一本。見莊親王《九宮大成南北詞宮譜》。

無名氏撰。

金串記

王國維《曲録·傳奇部下》《金串記》一本。見莊親王《九宮大成南北詞宮譜》。

無名氏撰。

鞏皇圖

王國維《曲録·傳奇部下》《鞏皇圖》一本。見莊親王《九宮大成南北詞宮譜》。

無名氏撰。

王妃仙

王國維《曲録·傳奇部下》《王妃仙》一本。見莊親王《九宮大成南北詞宮譜》。

無名氏撰。

紫霞觴

王國維《曲録·傳奇部下》《紫霞觴》一本。見莊親王《九宮大成南北詞宮譜》。

無名氏撰。

全家慶

王國維《曲録·傳奇部下》《全家慶》一本。見莊親王《九宮大成南北詞宮譜》。

無名氏撰。

雙玉人

王國維《曲録·傳奇部下》《雙玉人》一本。見莊親王《九宮大成南北詞宮譜》。

無名氏撰。

紙扇記

王國維《曲録·傳奇部下》《紙扇記》一本。見莊親王《九宮大成南北詞宮譜》。無名氏撰。

晬盤記

王國維《曲録·傳奇部下》《晬盤記》一本。見莊親王《九宮大成南北詞宮譜》。無名氏撰。

磨水記

王國維《曲録·傳奇部下》《磨水記》一本。見莊親王《九宮大成南北詞宮譜》。無名氏撰。

雙金榜

王國維《曲録·傳奇部下》《雙金榜》一本。見莊親王《九宮大成南北詞宮譜》。無名氏撰。

梅映蟾

王國維《曲録·傳奇部下》《梅映蟾》一本。見莊親王《九宮大成南北詞宮譜》。無名氏撰。

忠良鑑

王國維《曲録·傳奇部下》《忠良鑑》一本。見莊親王《九宮大成南北詞宮譜》。無名氏撰。

幻奇緣

王國維《曲録·傳奇部下》《幻奇緣》一本。見莊親王《九宮大成南北詞宮譜》。無名氏撰。

磨塵鑑

王國維《曲録·傳奇部下》《磨塵鑑》一本。見莊親王《九宮大成南北詞宮譜》。無名氏撰。

廣寒法曲

王國維《曲録·傳奇部下》《廣寒法曲》一本。見莊親王《九宮大成南北詞宮譜》。無名氏撰。

柳永傳奇

王國維《曲録·傳奇部下》《柳永傳奇》一本。見莊親王《九宮大成南北詞宮譜》。無名氏撰。

全節記

王國維《曲録・傳奇部下》《全節記》一本。見《南詞定律》。無名氏撰。

名花榜

王國維《曲録・傳奇部下》《名花榜》一本。見《南詞定律》。無名氏撰。

檢書記

王國維《曲録・傳奇部下》《檢書記》一本。見《南詞定律》。無名氏撰。

全德記

王國維《曲録・傳奇部下》《全德記》一本。見《南詞定律》。無名氏撰。

麒麟記

王國維《曲録・傳奇部下》《麒麟記》一本。見《南詞定律》。無名氏撰。

書中玉

王國維《曲録・傳奇部下》《書中玉》一本。見《南詞定律》。無名氏撰。

玉馬緣

王國維《曲録・傳奇部下》《玉馬緣》一本。見《南詞定律》。無名氏撰。

元永和

王國維《曲録・傳奇部下》《元永和》一本。見《南詞定律》。無名氏撰。

詩扇緣

王國維《曲録・傳奇部下》《詩扇緣》一本。見《南詞定律》。無名氏撰。

減竈記

王國維《曲録・傳奇部下》《減竈記》一本。見《南詞定律》。無名氏撰。

胭脂記

王國維《曲録・傳奇部下》《胭脂記》一本。見《南詞定律》。無名氏撰。

洞庭紅

王國維《曲録・傳奇部下》 《洞庭紅》一本。見《南詞定律》。無名氏撰。

張金花

王國維《曲録・傳奇部下》 《張金花》一本。見《南詞定律》。無名氏撰。

雙漸記

王國維《曲録・傳奇部下》 《雙漸記》一本。見《南詞定律》。無名氏撰。

白紗記

王國維《曲録・傳奇部下》 《白紗記》一本。見《南詞定律》。無名氏撰。

雙福壽

王國維《曲録・傳奇部下》 《雙福壽》一本。見《南詞定律》。無名氏撰。

鸞刀記

王國維《曲録・傳奇部下》 《鸞刀記》一本。見《南詞定律》。無名氏撰。

認氈笠

王國維《曲録・傳奇部下》 《認氈笠》一本。見《南詞定律》。無名氏撰。

鬧烏江

王國維《曲録・傳奇部下》 《鬧烏江》一本。見《南詞定律》。無名氏撰。

玉連環

王國維《曲録・傳奇部下》 《玉連環》一本。見劉獻廷《廣陽雜記》。無名氏撰。

風雲記

王國維《曲録・傳奇部下》 《風雲記》一本。見《詞餘叢話》。無名氏撰。

財星照

王國維《曲録・傳奇部下》 《財星照》一本。見傳鈔本。無名氏撰。

喜逢春

王國維《曲録・傳奇部下》 《喜逢春》一本。見《禁書總目》。無名氏撰。

散曲分部

樂府新編陽春白雪

范邦甸等《天一閣書目·詞曲類》《樂府新編陽春白雪》六卷。藍絲闌鈔本。明楊朝英選集。

倪燦等《補遼金元藝文志·詞曲類》 楊朝瑛《陽春白雪後集》五卷。青城人。

黄丕烈《蕘圃藏書題識·集類》《樂府新編陽春白雪》十卷。元本。元刻《陽春白雪》爲錢塘何夢華藏書，矜貴之至，因其是惠香閣物也。

余所見《陽春白雪》共有三本：一爲影元鈔本。即從此出，已有失真者。或因印本模糊以致傳録錯誤，或因閲者校勘，遂使面目兩歧。一爲殘元刻本。僅存二卷，多寡分合又與此本不同。一爲舊錢鈔本。似從殘元刻出，而稍有脱落。今擬以此刻爲主，而以殘元刻、舊鈔參補未備，則《陽春白雪》粲然可觀矣。然觀此刻原校，似尚有殘元刻、舊鈔所未備者，是不知又何本也。古書難得本子不同，爲之浩歎，當博訪之。復翁又識。越歲辛未中春二十有二日，錢塘陳曼生偕其弟雲伯同過余齋，出此相示。因雲伯去年曾攝常熟邑篆，有修柳如是墓一事，於河東君手迹亦有見者。兹以校字證之，雲伯以爲然，當不謬也。復翁記。

《樂府新編陽春白雪》十卷。元鈔本。惠香閣藏元人舊鈔本《陽春白雪》十卷，依元刊本校録一過，分注於下。丙子二月花朝牧翁。

元人舊本《陽春白雪》刻與鈔異，其元刻亦牧老手校，有惠香閣女史題字，在遵王處。此本亦惠香閨中物也，余得之句曲廿餘年矣。康熙十年之春樸學老人記。

《樂府新編陽春白雪》元刻殘本。存二卷。楊朝英《陽春白雪》前後十卷，見諸《也是園藏書目》。余向從錢塘何夢華得影鈔元本，卻十卷，分前後集，謂是足本，什襲藏之矣。頃，書友攜一殘元刻本取對影鈔者，殊不同，止二卷，適當前集之五，然文較多於影鈔者。想當時傳本有二也。而陸其清《佳趣堂書目》云：《樂府新編陽春白雪前集》四卷，《後集》五卷，楊朝英選，貫酸齋序，又不知是何本。兹因參校元刻、影元鈔本，復借得周丈香嚴藏舊鈔本，卷數與陸目合，但以元刻本勘之，卷一自《湘妃怨》起，知所脱乃元刻一卷之首，影元鈔二卷之前幾葉也。至卷中，文之删削，段數不全，惟殘元刻爲最備。蓋就此二卷已多妙處，矧全本乎？余因全本不可得見，得見殘本斯可矣。

《陽春白雪》十卷。舊殘鈔本。錢塘何夢華向年以元人鈔本《陽春白雪》歸余。其時余姻家袁壽階亦有藏本，較何本多《外集》一卷。今來武林訪何君夢華，上吴山翫，遇賞樓書肆，見插架有此殘帙，遂購歸。可據所藏元人鈔本補完，亦抱守老人之幸也。庚辰小春望後一日書于松木場舟次。復翁。

張金吾《愛日精廬藏書志·樂府類》《樂府新編陽春白雪前集》五卷《後集》五卷。舊抄本。葉石君藏書。元青城後學澹齋楊朝英選集。

王國維《曲録·雜劇傳奇總集部》《樂府新編陽春白雪前集》五卷。《後集》五卷。元刊本。南陵徐氏景元本。元楊朝英編。前六卷小令，後四卷套數。

朝野新聲太平樂府

高儒《百川書志·詞曲》《朝野新聲太平樂府》九卷。青城澹齋楊朝英集小令大曲七十九章，皆元人之作也。

范邦甸等《天一閣書目·詞曲類》《朝野新聲太平樂府》九卷。刊本。明楊朝英集。

黄虞稷《千頃堂書目·詞曲類·補元》 楊朝瑛《朝野新聲太平樂府》九卷。稱青城楊朝瑛。

倪燦等《補遼金元藝文志·詞曲類》 楊朝瑛《朝野新聲太平樂府》九卷。

《四庫提要·詞曲類存目》《朝野新聲太平樂府》八卷。兩淮馬裕家藏本。元楊朝英撰。朝英自稱青城人，始末未詳。是集前五卷爲小令，後三卷爲套數。凡當時士大夫所撰及院本之佳者皆選録之，亦技藝之一種。中多殘闕，蓋傳寫所脱也。

錢大昕《補元史藝文志·詞曲類》 楊朝瑛《朝野新聲太平樂府》九卷。集元人曲，前小令後套數。

黄丕烈《蕘圃藏書題識·集類》《朝野新聲太平樂府》九卷。元刊細字本。此元刊細字本《朝野新聲太平樂府》九卷。休甯朱之赤藏書，余得諸郡中故家，珍秘之至。《太平樂府》八卷。明本。余藏詞曲富矣。故擬顔其所藏之室曰「學山海居」，取汲古稱李中麓詞山曲海之意也。頃游武林，復得此二小種僅明刻，且《太平》係選本，然猶收之者，其殆泰山不讓土壤，河海不擇細流之謂乎？歸舟弟二日燒燭書此，己巳春三月下旬六日。復翁。

潘祖蔭《滂喜齋藏書記・集部》《元刻朝野新聲太平樂府》九卷。一函，四册。元澹齋楊朝英集，鄧子晉序。前列作者姓氏八十一人，朝英亦在其列。按鄧子晉序云：「酸齋貫公與澹齋游，曰：『我酸則子當澹』，遂以號之。」今考卷中有徐甜齋，是與二公鼎足而爲三矣。舊爲汲古藏書，第五卷以前鈔補。每半葉十六行，行二十八字，巾箱密行小字本也。澹齋所輯又有《陽春白雪》，享帚館秦氏刻之。

王國維《曲録・雜劇傳奇總集部》《朝野新聲太平樂府》九卷。元至正刊本。見《四庫存目》。元楊朝英編。朝英，號澹齋，青城人。此書前三卷爲小令，後五卷爲套數。

樂府新聲

王國維《曲録・雜劇傳奇總集部》《樂府新聲》三卷。見常熟瞿氏《鐵琴銅劍樓藏書目録》。元明無名氏撰。

樂府羣玉

范邦甸等《天一閣書目・詞曲類》《類聚名賢樂府羣玉》五卷。綿紙藍絲闌鈔本。

黄虞稷《千頃堂書目・詞曲類・補元》《樂府羣玉》。

王國維《曲録・雜劇傳奇總集部》《樂府羣玉》。見錢大昕《補元史藝文志》。元明無名氏撰。

樂府羣珠

王國維《曲録・雜劇傳奇總集部》《樂府羣珠》。見錢大昕《補元史藝文志》。元明無名氏撰。

自然集

錢大昕《補元史藝文志・詞曲類》無名氏《自然集》一卷。皆道曲。

王國維《曲録・雜劇傳奇總集部》《自然集》一卷。皆道曲。見錢大昕《補元史藝文志》。元明無名氏撰。

南北九宫譜

徐𤊹《徐氏家藏書目・詞調類》《南吕九宫譜》十卷。

黄虞稷《千頃堂書目・詞曲類・補元》《南吕九宫譜》十卷。

倪燦等《補遼金元藝文志・詞曲類》《南吕九宫譜》十卷。

錢大昕《補元史藝文志・詞曲類》《南北九宫譜》十卷。

明朝樂章

王國維《曲録・雜劇傳奇總集部》《明朝樂章》。見《南詞定律》。明無名氏撰。

南詞韻選

徐𤊹《徐氏家藏書目・詞調類》《南詞韻選》。

北宮詞紀　南宮詞紀

王國維《曲録・雜劇傳奇總集部》《北宮詞紀》六卷。《南宮詞紀》六卷。明刻本。明陳所聞編。所聞，字蓋卿，金陵人。此書專選元明人套數。

吴騷初集　吴騷合編

徐𤊹《徐氏家藏書目・詞調類》《吴騷初集》六卷。

王國維《曲録・雜劇傳奇總集部》《白雪齋吴騷合編》四卷。見《楝亭書目》。明騷隱居士張旭初序并輯。旭初，字楚叔。

彩筆情辭

王國維《曲録・雜劇傳奇總集部》《彩筆情詞》六卷。見曹寅《楝亭書目》。明張栩序選。

清遠齋樂府

黃虞稷《千頃堂書目・詞曲類》《清遠齋樂府》十卷。選南北曲。

金元詞餘

黃虞稷《千頃堂書目・詞曲類》《金元詞餘》十卷。不知撰人。

雲莊休居自適小樂府

高儒《百川書志・詞曲》《雲莊休居自適小樂府》一卷。元文忠公濟南張養浩希孟歸休時作也。小令二十七首。

黃虞稷《千頃堂書目・詞曲類・補元》張養浩《雲莊休居自適小樂府》一卷。

倪燦等《補遼金元藝文志・詞曲類》張養浩《雲莊休居自適小樂府》一卷。

錢大昕《補元史藝文志・詞曲類》張養浩《雲莊休居自適小樂府》一卷。

王國維《曲録・雜劇傳奇總集部》《雲莊樂府》一卷。見《也是園書目》。元張養浩撰。養浩，字希孟，號雲莊，濟南人，官至陝西省行臺中丞，謚文忠。《元史》有傳。《太和正音譜》：「張雲莊之詞，如玉樹臨風」。

詩酒餘音

王國維《曲録・雜劇傳奇總集部》《詩酒餘音》。見《録鬼簿》。元曾瑞撰。瑞字里見卷二。

本道齋樂府小稿

王國維《曲録・雜劇傳奇總集部》《本道齋樂府小稿》。見《録鬼簿》。元吴本撰。本，字中立，杭州人。

金縷新聲

王國維《曲録・雜劇傳奇總集部》　《金縷新聲》。見《録鬼簿》。元吴宏道撰。字里見卷二。

醉邊餘興

王國維《曲録・雜劇傳奇總集部》　《醉邊餘興》。見《録鬼簿》。元錢霖撰。霖，字子雲，松江人。後爲黄冠，更名抱素，號素庵。又有《漁樵譜》，楊維楨爲之作序，見《鐵崖文集》。

九山樂府

鍾嗣成《録鬼簿・顧君澤》　顧君澤。名德潤，松江人，杭州路吏。自刊《九仙樂府》二集，售於市肆。道號九仙。　君澤德潤住雲間，路吏杭州稱九仙，遷平江當領驅公案。樂府共詩集，開板刊。售文籍，市肆停安。情恬淡，心懶坦，九仙在塵寰。

王國維《曲録・雜劇傳奇總集部》　《九山樂府》。見《録鬼簿》。元顧德潤撰。德潤，字君澤，松江人，以杭州路吏遷平江。

昇平樂府

王國維《曲録・雜劇傳奇總集部》　《昇平樂府》。見《録鬼簿》。元朱凱撰。凱字里見卷二。

月湖今樂府

王國維《曲録・雜劇傳奇總集部》　《月湖今樂府》。見《楊鐵崖文集》。元周□□撰。周號月湖，四明人。

沈氏今樂府

王國維《曲録・雜劇傳奇總集部》　《沈氏今樂府》。見《楊鐵崖文集》。元沈□□撰。沈字子厚，吴興人。

張小山北曲聯樂府

毛晉《汲古閣書跋・附編》　《新刊張小山北曲聯樂府》。章丘李中麓開先，曉音律，善作詞。最愛張小山，謂其超出塵俗。其家藏詞山曲海，不下千卷，獨不得小山全詞。僅從選詞入書，《太平樂府》、《陽春白雪》、《百一選曲》、《樂府羣珠》、《詩酒餘音》、《仙音妙選》、《樂府羣玉》、《樂府新聲》。輯成二卷，名曰《小山小令》，序而刻之家塾。余購得元刻，據其標目云：前集《今樂府》，後集《蘇隄漁唱》，續集《吴鹽》，别集《新樂府》。元分四集，今類一編，每調下仍以四集爲次。然其中仍有重複者，今皆删而不録。校之李刻，恰多百餘首，可謂小山之大全矣。據中麓後序，鄒平崔臨溪有一册，想亦無以逾此矣。書有先民不得見而後學幸得見者，此類是也。小山名可久，慶元人，以路吏轉首領。首領者，即民務官，如今之税課局大使也。《太和正音譜》評小山詞：「如瑶天笙鶴，既清且新，華而不艷，有不食煙火氣味。」又謂「如披太華之天風，招蓬萊之海月」，良非虚語。昔人以李太白爲詩仙，小山可稱詞仙矣。虞山毛斧季識。

黄丕烈《蕘圃藏書題識・集類》　《新刻張小山北曲聯樂府》三卷。《外集》一卷。舊鈔本。　余向收得舊鈔元本《張小山樂府》止上、中二卷，其下卷闕焉。錢唐何夢華藏有是書，求假未得，深以不全爲憾。今夏有便人至杭，作書促之，遂攜以歸。鈔所闕者行款正同，當出一源，惟中卷尾缺一十四行，爲附録于下卷之首，因余本係舊鈔，不更損紙續之也。嘉慶庚午八月秋重爲補録并記。復翁。

越歲丙子季春十日，重展是書，已隔六年矣。其鈔此書之門僕張泰久去他所，因補鈐「入門僮僕盡鈔書」之圖記于卷尾。云廿止醒人識。

王國維《曲録・雜劇傳奇總集部》《北曲聯樂府》三卷。《外集》一卷。《補遺》一卷。元刊本。張可久撰。

張金吾《愛日精廬藏書志・樂府類》《新刊張小山北曲聯樂府》三卷。《外集》一卷。汲古閣舊鈔本。元張可久撰。前有馮子振、高栻題詞兩闋。此本毛氏從元刊本傳録，首頁有毛子晉印，板心有「汲古閣」三字，當即《秘本書目》所載《精鈔張小山樂府》也。

本堂今求到時賢《張小山樂府》，前集《今樂府》，後集《蘇隄漁唱》，續集《吴鹽》，別集《新樂府》。元分四集，今類一編，與衆本不同。伺有所作，隨類增添梓行。知音之士，幸垂眼月外集近間所作謹白。

吴　鹽

鍾嗣成《録鬼簿・張小山》　張小山名可久，慶元人。路吏，轉陞民牧領官。有《今樂府》，盛行於世。近有《吴鹽》、《蘇堤漁唱》。水光山色愛西湖，照耀乾坤《今樂府》，《蘇堤漁唱》文相助。又《吴鹽》，餘意續。新樂府，驚動林、蘇。荆山玉，合浦珠，壓倒羣儒。

王國維《曲録・雜劇傳奇總集部》《吴鹽》一卷。見《録鬼簿》。張可久撰。

蘇堤漁唱

鍾嗣成《録鬼簿・張小山》《蘇堤漁唱》。

王國維《曲録・雜劇傳奇總集部》《蘇堤漁唱》一卷。見《録鬼簿》。張可久撰。

張小山小令

黄虞稷《千頃堂書目・詞曲類・補元》　張久可《張小山小令》二卷。元時以路吏轉民務官，李中麓言樂府之有喬、張，猶詩家之有李、杜。

倪燦等《補遼金元藝文志・詞曲類》　張久可《小山小令》二卷。以路吏轉民務官。

《四庫提要・詞曲類存目》《張小山小令》二卷。江蘇巡撫採進本。元張可久撰。可久字仲遠，號小山，慶元人。嘗仕爲路吏、轉首領，李開先謂如今稅課局大使之職，蓋終於下僚者也。當時以詞曲擅場，其集久而失傳。明初宋濂得其詞半册於禮賢館，後方孝孺又購得鈔本一帙以示濂，乃參互校正，分爲上下卷，鏤版行世。蓋僅就二人所見，編次成書，其實可久所作不止於是也。自五代至宋，詩降而爲詞，自宋至元，詞降而爲曲，文人學士往往以是擅長，如關漢卿、馬致遠、鄭德輝、宫大用之類，皆藉以知名於世，可謂敝精神於無用。然其抒情寫景，亦時能得樂府之遺。小道可觀，遂亦不能盡廢。可久之詞，《太和正音》稱其「如瑶天笙鶴，既清且新，華而不艶，有不食煙火氣。」又謂：「其如披太華之天風，招蓬萊之海有。」今觀所作，遣詞命意，實能脱其塵蹊。故雖非文章之正軌，附存其目，以見一代風尚之所在焉。

錢大昕《補元史藝文志・詞曲類》　張可久《小山小令》二卷。

王國維《曲録・雜劇傳奇總集部》《張小山小令》二卷。明李開先輯本。張可久撰。可久，字伯遠，號小山，慶元人，以路吏轉首領官。《太和正音譜》：「張小山之詞，如瑶天笙鶴。」又云：「其詞清而麗，華而不艶，有不喫烟火食氣，真可謂不羈之材。若披太華之仙風，招蓬萊之海月，誠詞林之宗匠也。當以九方皋之眼相之。」

小山樂府

范邦甸等《天一閣書目・詞曲類》《小山樂府》一册。藺紙鈔本。不著撰人姓氏。卷首延祐己未春北亭貫雲石序，卷後有劉致時中跋，又有海粟馮子振、曹鑑及至正丁亥不署名人跋。又，末小字云：右永樂初間，書會陽舜民作貧樂參南呂《一枝花》詞注云：「係象山人，此在兵部金尚書公席上索賦者。」

喬夢符小令

黄虞稷《千頃堂書目・詞曲類・補元》 喬吉《喬夢符小令》一卷。號笙鶴翁，又號惺惺道人，太原人。

倪燦等《補遼金元藝文志・詞曲類》 《喬吉小令》一卷。字夢符，太原人。

錢大昕《補元史藝文志・詞曲類》 喬吉《惺惺老人樂府》一卷。

黄丕烈《蕘圃藏書題識・集類》 《喬夢符小令》十卷。明刻本。《汲古閣毛氏秘本書目》云「李中麓家詞山曲海」，今余獲其所刻《喬夢符小令》一種，是猶太山之拳石，滄海之勺水也。然刻在隆慶朝，尚在有明中葉，楮墨古雅，可供几席展玩。譬諸骨董家偶拾取一二奇珍，即視爲寳物，況古書耶？甲戌仲春檢及記。復翁。

王國維《曲録・雜劇傳奇總集部》 《惺惺道人樂府》一卷。明李開先刊本。元喬吉撰。

小隱餘音　雲林清賞

高儒《百川書志・詞曲》 《小隱餘音》一卷。《雲林清賞》一卷。元汪元亨著。二集原係一書，但次序字句小異而已，兩存參互觀之。五小令百闋。

黄虞稷《千頃堂書目・詞曲類・補元》 汪元亨《小隱餘音》一卷。又《雲林清賞》一卷。

王國維《曲録・雜劇傳奇總集部》 《小隱餘音》一卷。《雲林清賞》一卷。見盧文弨《補遼金元三史藝文志》。元汪元亨撰。

雙溪醉隱樂府

王國維《曲録・雜劇傳奇總集部》 《雙溪醉隱樂府》十一册。見盧文弨《補遼金元三史藝文志》。元耶律鑄撰。

夾漈餘聲樂府

王國維《曲録・雜劇傳奇總集部》 《夾漈餘聲樂府》一卷。見盧文弨《補遼金元三史藝文志》。元鄭杓次撰。杓次，字子經，興化人。

樂　府

王國維《曲録・雜劇傳奇總集部》 《樂府》一卷。見盧文弨《補遼金元三史藝文志》。元馮華撰。

竹窗樂府　附竹窗詞

王國維《曲録・雜劇傳奇總集部》 《竹窗樂府》共八套，附見《竹窗詞》。元沈禧撰。禧，字廷錫，吳興人。

僑庵小令

王國維《曲録・雜劇傳奇總集部》 《僑庵小令》一卷。見曹寅《楝亭書目》。明李禎撰。禎，字昌祺，廬陵人，官至河南左布政。

誠齋樂府

高儒《百川書志・詞曲》 《誠齋樂府》二卷。大明周府錦窠老人著，散曲、套數各爲一卷。

黃虞稷《千頃堂書目・詞曲類》 周憲王《誠齋樂府》十卷。一作二卷。

王國維《曲録・雜劇傳奇總集部》 《誠齋樂府》七册。見朱睦《楔萬卷堂書目》。《振綺堂書目》作十册。明周憲王有燉撰。

秋碧樂府

高儒《百川書志・詞曲》 《秋碧樂府》二卷。皇明濟南衛指揮七一居士陳鐸大聲著。分南北二調，小令從之。

黃虞稷《千頃堂書目・詞曲類》 陳鐸《秋碧樂府》二卷。

梨雲寄傲詞

高儒《百川書志・詞曲》 《梨雲寄傲詞》一卷。陳鐸大聲作，附時人三子作。

黃虞稷《千頃堂書目・詞曲類》 陳鐸《梨雲寄傲詞》一卷。

滑稽餘音

高儒《百川書志・詞曲》 《滑稽餘音》二卷。七一居士作。一百四十一闋，各咏一藝業，曲盡人情物態。總十二令。

黃虞稷《千頃堂書目・詞曲類》 七一居士《滑稽餘音》二卷。

南峰樂府

黃丕烈《蕘圃藏書題識・集類》 《南峰樂府》□卷。明本。

王國維《曲録・雜劇傳奇總集部》 《南峰樂府》一卷。見王聞遠《孝慈堂書目》。

明楊循吉撰。循吉，字君謙，吳縣人，官禮部主事，乞歸。《静志居詩話》：「康陵南巡，君謙爲伶人臧賢所薦，冠武人冠，見帝。應制，賦《打虎》曲，稱旨。恒在御前填詞，與俳優雜處。乃謀於賢，請急放歸。」

葵軒詞

高儒《百川書志・詞曲》 《葵軒詞》一卷。貴溪夏暘汝霖撰，五令百闋。

碧山樂府

范邦甸等《天一閣書目・詞曲類》 《碧山樂府》一册。刊本。明王九思撰。嘉靖乙卯韓詢序云：「《碧山樂府》，關中王太史公九思所作，序之者沂東康狀元海也。二公一代人物，故其詞、序，海内盛傳。予遊京師，及官南浙，索者甚衆，鈔録勿給，乃托上虞令雨山張君刻之以傳。張君癸丑會魁，博雅君子也，故子此梓之尤力云。」

黃虞稷《千頃堂書目・詞曲類》 王九思《碧山樂府》一卷。又《碧山新藁》一卷。又《碧山續藁》一卷。

《四庫提要・詞曲類存目》 《碧山樂府》五卷。陝西巡撫採進本。明王九思撰。九思有《渼陂集》，已著録。此其所作雜曲、小令也。自宋趙彦肅以句字配協律吕，遂有曲譜。至元代如《驟雨打新荷》之類，則愈出愈新。不拘字數，填以工尺，俗傳僅知有正宫、越調，爲南北曲之分，而相帶相犯之妙，填詞家又不知度曲四聲，別有去作平、上作平之例。故論其體格，於文章爲最下，而入格乃復至難。九思酷好音律，嘗傾貲購樂工，學琵琶，得其神解。是編所録，大半依弦索越調而帶犯之，合拍頗善。又明人小令多以艷麗擅長，九思獨叙事抒情，宛轉妥協，不失元人遺意。其於填曲之四聲，雜以帶字，不失尺寸。可謂聲音文字兼擅其勝。然以士大夫而殫力於此，與伶官歌妓較短長，雖窮極窈眇，是亦不可以已乎？

王國維《曲録・雜劇傳奇總集部》 《碧山樂府》一卷。《續》一卷。見《善本書室藏書志》。明王九思撰。《藝苑卮言》：「王渼陂所爲《折桂令》云：『望東華，人亂擁，紫羅欄老盡英雄。』此是名語。又有一詞云：『暗想東華，五夜清霜寒駐馬，尋思别駕，一天風雪曉排衙。』句特軒爽，四押亦佳，而『暗想』『尋思』四字不稱，乃知完璧之難也。」

碧山小令

黄虞稷《千頃堂書目・詞曲類》 王九思《碧山小令》。

和李中麓詞

黄虞稷《千頃堂書目・詞曲類》 《和李中麓詞》一卷。見傳刻本。明王九思撰。

王舜耕詞

高儒《百川書志・詞曲》 《王舜耕詞》二卷。不知何許人，嘲咏戲謔之作也，率多小令。

西樓樂府

高儒《百川書志・詞曲》 《王西樓樂府》一卷。皇明高郵王磐著。詞旨警絶，附其《婚南湖近詞》。

黄虞稷《千頃堂書目・詞曲類》 王磐《西樓樂府》一卷。高郵人。

王國維《曲録・雜劇傳奇總集部》 《西樓樂府》一卷。見《善本書室藏書志》。明王磐撰。磐，字鴻漸，號舜耕，高郵人。《藝苑卮言》：「舜耕詞頗警健，工題贈，善調謔，而淺於風人之致。」

汼東樂府

范邦甸等《天一閣書目・詞曲類》 《汼東樂府》二卷。刊本。明康海撰，弟康浩識。

黄虞稷《千頃堂書目・詞曲類》 康海《汼東樂府》二卷。

王國維《曲録・雜劇傳奇總集部》 《汼東樂府》二卷。見《善本書室藏書志》。明王九思撰。

陶情樂府・續陶情樂府

范邦甸等《天一閣書目・詞曲類》 《陶情樂府》四卷，《續集》一卷。刊本。明楊慎撰，簡紹芳序。

王圻《續文獻通考經籍考・詩集》 《陶情樂府》《續陶情樂府》。新都人楊慎用修著。

王國維《曲録・雜劇傳奇總集部》 《陶情樂府》二卷。見《藝苑卮言》及《善本書室藏書志》。明楊慎撰。字里見卷三。

中麓樂府

黄虞稷《千頃堂書目・詞曲類》 李開先《中麓樂府》□卷。

中麓小令

黄虞稷《千頃堂書目・詞曲類》 李開先《中麓小令》。

樓居樂府

王國維《曲録・雜劇傳奇總集部》《樓居樂府》。見《藝苑卮言》。明常倫撰。

寫情集

王國維《曲録・雜劇傳奇總集部》《寫情集》二卷。附正德本《常評事集》後。明常倫撰。倫，字明卿，沁水人，官大理寺評事，遷甯羌州知州。

楊夫人樂府

王國維《曲録・雜劇傳奇總集部》《楊夫人樂府》。見《澹生堂書目》。《明史・藝文志》有《楊夫人詞曲》五卷，殆升庵妻黄氏之作也。

海浮山堂詞稿

王國維《曲録・雜劇傳奇總集部》《海浮山堂詞稿》四卷。嘉靖丙寅刊本。明馮惟敏撰。

山堂詞餘

王國維《曲録・傳奇部下》《山堂詞餘》一本。見《曲海目》。無名氏撰。

小隱樂農集

高儒《百川書志・詞曲》《小隱樂農集》一卷。南溪散人著，五令百闋。

黄虞稷《千頃堂書目・詞曲類》南溪散人《小隱樂農集》一卷。皆不知撰人。

蚓竅清娛

高儒《百川書志・詞曲》《蚓竅清娛》二卷。皇明應天衛指揮陶輔著。隱樂二令二百二十闋，餘皆雜詠。

黄虞稷《千頃堂書目・詞曲類》陶輔《蚓竅清娛》二卷。

閒簷□笑

高儒《百川書志・詞曲》《閒簷□笑》一卷。夕川老人陶輔著。十二首，專詠世俗之事。

黄虞稷《千頃堂書目・詞曲類》陶輔《閒簷□笑》一卷。

虚舟詞

高儒《百川書志・詞曲》《虚舟詞》二卷。皇明金吾左衛指揮張閒作。凡二十套。

摘翠百詠小春秋

高儒《百川書志・外史》《摘翠百詠小春秋》一卷。皇明大梁雪舟老人王彦貞賦崔張事《武陵春》一百首，江東雪崖老人賦絶句一百首。《武陵春》以下應作兩行，一題一解也，兹從原鈔。

龍廣山人小令

黄虞稷《千頃堂書目·詞曲類》 馬司泰《龍廣山人小令》。

江東白苧 續稿

黄虞稷《千頃堂書目·詞曲類》 梁辰魚《江東白苧》二卷。

王國維《曲録·雜劇傳奇總集部》 《江東白苧》二卷。《續稿》二卷。見《善本書室藏書志》。明梁辰魚撰。字里見卷三。

短柱效顰

黄虞稷《千頃堂書目·詞曲類》 劉效祖《短柱效顰》一卷。

閒中一笑

黄虞稷《千頃堂書目·詞曲類》 劉效祖《閒中一笑》一卷。

裁冰翦雪

黄虞稷《千頃堂書目·詞曲類》 劉效祖《裁冰翦雪》一卷。

都邑繁華

黄虞稷《千頃堂書目·詞曲類》 劉效祖《都邑繁華》一卷。

蓮步新聲

黄虞稷《千頃堂書目·詞曲類》 劉效祖《蓮步新聲》一卷。

清明曲

王國維《曲録·雜劇傳奇總集部》 《清明曲》一卷。見曹寅《楝亭書目》。明陳繼儒撰。繼儒，字仲醇，號眉公，華亭人。

花影集樂府

王國維《曲録·雜劇傳奇總集部》 《花影集樂府》五卷。見傳刻本。明施紹莘撰。紹莘，字子野，嘉興人。

清江漁譜

王國維《曲録·雜劇傳奇總集部》 《清江漁譜》一册。見曹寅《楝亭書目》。明人撰，名氏無考。

義山樂府

王國維《曲録・雜劇傳奇總集部》 《義山樂府》一卷。見《也是園書目》。明人撰，名氏無考。

清溪樂府

王國維《曲録・雜劇傳奇總集部》 《清溪樂府》一卷。見《也是園書目》。明人撰，名氏無考。

缶歌

王國維《曲録・雜劇傳奇總集部》 《缶歌》一卷。見《也是園書目》。明人撰，名氏無考。

閒情雜擬

王國維《曲録・雜劇傳奇總集部》 《閒情雜擬》一卷。見《也是園書目》。明人撰，名氏無考。

牡丹樂府

范邦甸等《天一閣書目・詞曲類》 《牡丹樂府》一卷。藍絲闌鈔本。不著撰人名氏。

碧秋軒藁

黄虞稷《千頃堂書目・詞曲類》 《碧秋軒藁》一卷。

萬古愁

王國維《曲録・傳奇部下》 《萬古愁》一本。國朝歸莊撰。莊，字元恭，號恒軒，崑山人。全祖望《題歸恒軒〈萬古愁〉曲子》：「世傳《萬古愁》曲子瑰瓌恣肆，於古之聖賢君相，無不詆訶，而獨痛哭流涕於桑海之際，蓋《離騷》《天問》一種手筆。但不能知其爲何人所作。近人或以爲謔翁，或以爲道隱，或以爲石霞，皆鮮證據。惟魏勺庭徵君著其事于《恒軒壽序》，予始取而跋之。沈繹堂詹事謂世祖章皇帝嘗見此曲，大加稱賞，命樂工每膳歌以侑食。古之遺民野老，記甲子，哭庚申，大都潛伏於殘山剩水之間，未有得播與朝之鐘呂者，是又一異事也。」

黍離續奏

王國維《曲録・雜劇部下》 《黍離續奏》一卷。沈自晉撰。

四時歌曲

劉若愚《内板經書紀略》 《四時歌曲》一本，十二葉。

山歌

劉若愚《内板經書紀略》 《山歌》一本，四葉。

藍關道曲

王國維《曲録・傳奇部下》《藍關道曲》一本。皆《耍孩兒》小調。見《曲海目》。無名氏撰。

彈詞鼓詞分部

廿一史彈詞輯注

軍機處奏《禁毀書目》《二十一史彈詞》一部二本。查《廿一史彈詞》，相傳係明楊慎撰，孫德威補注。取廿一史内事蹟，譜作彈詞，以便通俗演唱。其文頗便於初學，所載迄於元代。尚無干礙，應請毋庸銷燬。

曲選分部

戲曲大全

楊士奇等《文淵閣書目・詩詞》《戲曲大全》。一部，一册。闕。

王國維《曲録・雜劇傳奇總集部》《戲曲大全》三册。見《菉竹堂書目》。元明無名氏撰。

元曲選

黄虞稷《千頃堂書目・詞曲類》臧懋循《元曲選》一百卷。

盛世新聲

高儒《百川書志・詞曲》《盛世新聲九宫曲》九卷。

又《盛世新聲南曲》一卷。

又《盛世新聲萬花集》一卷。大明武宗正德年人編。三集總大曲四百餘章，小令五百餘闋。

范邦甸等《天一閣書目・詞曲類》《盛世新聲》十二册。刊本。明人輯。卷首有引云：「予嘗留意詞曲，暇日逐一檢閲，删繁去冗，存其膾炙人口者四百餘章，小令五百餘闋，題曰《盛世新聲》，命工鋟梓以廣其傳。時正德十二年歲在彊圉赤奮若上元日書。」

黄虞稷《千頃堂書目・詞曲類》《盛世新聲九宫曲》九卷。又《南曲》一卷。又《萬花集》一卷。正德中人所編，不知名氏。

王國維《曲録・雜劇傳奇總集部》《盛世新聲》十二卷。見《也是園書目》。元明無名氏撰。

詞林摘艷

高儒《百川書志・詞曲》《詞林摘艷南北小令》一卷。

又《詞林摘艷南九宫》一卷。

又《詞林摘艷北八宫》八卷。嘉靖乙酉吴江張禄校集。以《盛世新聲》博取欠精，速成多誤，復正魯魚，損益新舊。小令百九，南調百七十有七，北調南九宫五十三，北八宫兼别調二百七十八，詞林之精備者。

黄虞稷《千頃堂書目・詞曲類》張禄《詞林摘艷北八宫》八卷。又《南九宫》一卷。又《南北小令》一卷。吴江人。

王國維《曲録・雜劇傳奇總集部》《詞林摘艷》十卷。見《也是園書目》。元明無名氏撰。

雍熙樂府

范邦甸等《天一閣書目・詞曲類》《雍熙樂府》二十卷。刊本。不著撰人名氏。

王圻《續文獻通考經籍考・樂律》《雍熙樂府》。楚府刻。

劉若愚《内板經書紀略》《雍熙樂府》二十本，一千七百九十三葉。

黄虞稷《千頃堂書目・詞曲類》 楚□王《雍熙樂府》二十卷。

《四庫提要・詞曲類存目》《雍熙樂府》十三卷。編修勵守謙家藏本。舊本題海西廣氏編，不著姓名。其凡例謂：聲音各應宫律，原分一十七調，今所傳者一十有二，蓋闕其五。今考十二調：一曰黄鍾，二曰正宫，三曰大石，四曰小石，五曰仙吕，六曰中吕，七曰南宫，八曰雙調，九曰越調，十曰商調，十一曰商角，十二曰般涉。其商角及般涉二調，則有其目而無其詞，蓋闕佚也。明李元玉《北調廣正譜》，訂正諸調，頗爲綜覈。雖所摭較此書多道宫、高平、揭指、宫調、角調五類，而揭指及宫、角二調，則亦有其目而無其詞，其全具者，纔十四調。核其體例，實皆原本是書。其閒每調詞曲，有名同而實異者，有句字不拘可以增損者，亦皆因是書而推廣之耳。

王國維《曲録・雜劇傳奇總集部》《雍熙樂府》二十卷。《提要》云：「舊本題海西廣氏編。」曹寅《楝亭書目》云：「明蒼嵓郭□輯。」今所傳者，有嘉靖庚子、嘉靖丙寅兩刻本。庚子本前有楚愍王顯榕序，丙寅本前有安肅春山序，皆不言何人所編。案：日本毛利侯《草月樓書目》有：「《雍熙樂府》十六卷，明郭勛編。」案：勛，明武定侯郭英曾孫，正德初嗣侯，嘉靖十九年進翊國公，加太師，後有罪下獄死。史稱其桀黠有智數，頗涉書史，則此書必其所編也。《明史》附見《郭英傳》。又，明嘉靖本《草堂詩餘》末一行曰「安肅荆聚校刊」，下有印記曰：「春山居士」，則春山乃荆聚别字。附識於此。此書前十五卷以宫調分，曲多選套數，亦入雜劇；十五卷後半至二十卷，則録南曲及隻曲。《四庫》著録十三卷本，未足。」

風月錦囊

王國維《曲録・雜劇傳奇總集部》《風月錦囊》一册。見《菉竹堂書目》。元明無名氏撰。

樂府珊珊集

徐𤊹《徐氏家藏書目・傳奇類》《樂府珊珊集》二卷。

詞林逸響

王國維《曲録・雜劇傳奇總集部》《詞林逸響》。見《南詞定律》。明無名氏撰。

南音三籟

王國維《曲録・曲譜部》《南音三籟》二卷。見《也是園書目》。明無名氏撰。

十種傳奇

王國維《曲録・傳奇部下》《十種傳奇》。清笑生撰。見《禁書總目》。此外尚有《太白劍》，明姚康撰；《桃笑跡》，明宫撫辰撰；《三清石》，郭良鏞撰；《楚天長》，張萬年撰；《香雪庵》，許如蘭撰。此五種亦似傳奇名目，第書既奉禁，故附録其目于末。

南北宮詞

黄虞稷《千頃堂書目・詞曲類・補元》《南北宮詞》十八卷。《南詞》六卷,《北詞》六卷,《北詞別集》六卷。

倪璨等《補遼金元藝文志・詞曲類》《南北宮詞》十八卷。《南詞》六卷,《北詞》六卷,《北詞別集》六卷。

錢大昕《補元史藝文志・詞曲類》《南北宮詞》十八卷。《南詞》六卷,《北詞》六卷,《北詞別集》六卷。

王國維《曲録・雜劇傳奇總集部》《南北宮詞》十八卷。《南詞》六卷,《北詞》六卷,《北詞別集》六卷。見錢大昕《補元史藝文志》。元明無名氏撰。

仙音妙選

王國維《曲録・雜劇傳奇總集部》《仙音妙選》。見錢大昕《補元史藝文志》。元明無名氏撰。

曲海

黄虞稷《千頃堂書目・詞曲類・補元》《曲海》。

錢大昕《補元史藝文志・詞曲類》《曲海》。

王國維《曲録・雜劇傳奇總集部》《曲海》。見錢大昕《補元史藝文志》。元明無名氏撰。

百一選曲

黄虞稷《千頃堂書目・詞曲類》《百一選曲》。

錢大昕《補元史藝文志・詞曲類》《百一選曲》。

王國維《曲録・雜劇傳奇總集部》《百一選曲》。見錢大昕《補元史藝文志》。元明無名氏撰。

諸家晏燕詞

王國維《曲録・雜劇傳奇總集部》《諸家晏燕詞》三十册。見《菉竹堂書目》。元明無名氏撰。

選唱賺詞

王國維《曲録・雜劇傳奇總集部》《選唱賺詞》一册。見《菉竹堂書目》。元明無名氏撰。

十英曲會

王國維《曲録・雜劇傳奇總集部》《十英曲會》二册。見《菉竹堂書目》。元明無名氏撰。

名賢珠玉集

王國維《曲録・雜劇傳奇總集部》《名賢珠玉集》一册。見《菉竹堂書目》。元明無名氏撰。

南北詞廣韻選

王國維《曲録・雜劇傳奇總集部》 《南北詞廣韻選》十九卷。見《也是園書目》。元明無名氏撰。

南北宮詞紀年

王國維《曲録・雜劇傳奇總集部》 《南北宮詞紀年》一卷。見《也是園書目》。元明無名氏撰。

改定元賢傳奇

黄虞稷《千頃堂書目・詞曲類》 張自慎《改定元賢傳奇》十六卷。字誠庵，李中麓門人。

一笑散

王國維《曲録・雜劇傳奇總集部》 《一笑散》一卷。見《也是園書目》。明李開先撰。周亮工《賴古堂集・章邱追懷李中麓前輩詩》自注：「公所著雜劇，如《園林午夢》類，總名曰《一笑散》。」然《園林午夢》不似雜劇題目。又，《也是園書目》不列之雜劇中，而列之《詞林摘艷》、《盛世新聲》之前。此二書皆選録小令、套數，則《一笑散》疑亦中麓自集録其小令、套數之作也。

四聲猿

王國維《曲録・雜劇部下》 《四聲猿》一本。第一折《漁陽弄》、第二折《翠鄉夢》、第三折《代父從軍》、第四折《求凰得鳳》。《盛明雜劇》本。《古名家雜劇》本。明徐渭撰。渭字文清，一字文長，山陰人。《列朝詩集》：「胡少保宗憲督師浙江，招致幕府，筦書記。督府勢嚴重，文武將吏莫敢仰視。文長戴敝烏巾，衣白布澣衣，非時直闖門入，長揖就座，奮袖縱談。幕中有急需，召之不至，夜深開戟門以待。偵者還報：『徐秀才方泥飲，大醉叫呶，不可致也。』少保聞顧稱善。文長知兵，好奇計，少保餌王、徐諸虜，用間鈎致，皆與密議。當是時，上方崇禱事，急青詞。當國者謂文長文能當上意，聘致之。文長知其與少保有郄，弗應。少保下請室，文長懼及，發狂。後坐罪論死繫獄，張宮諭元忭力救乃解。年七十三卒。」

南北西廂記

徐𤊹《徐氏家藏書目・傳奇類》 《南北西廂記》。

淩霞新劇

徐𤊹《徐氏家藏書目・傳奇類》 《淩霞新劇》。三十五種。俱茅維著。

偏行堂

軍機處奏《禁毀書目》 《偏行堂》雜劇一本。查《偏行堂》雜劇，金堡撰，應請銷燬。

王國維《曲録・傳奇部下》 《編行堂雜劇》。國朝金堡撰。見《禁書總目》。

續離騷

王國維《曲録・雜劇部下》《續離騷》一本。見《曲海目》，題抱犢山農撰。國朝嵇永仁撰。永仁，字留山，號抱犢山農，無錫人。與范文貞公承謨同死耿精忠之亂。

後四聲猿

王國維《曲録・雜劇部下》《後四聲猿》一本。國朝桂馥撰。馥，字未谷，曲阜人，官永平知縣。

曲目分部

録鬼簿

黄虞稷《千頃堂書目・詞曲類・補元》鍾嗣成《録鬼簿》二卷。

倪燦等《補遼金元藝文志・詞曲類》鍾嗣成《録鬼簿》二卷。

王國維《曲録・曲目部》《録鬼簿》二卷。《楝亭十二種》本。元鍾嗣成撰。此書上卷録「已死名公」所製雜劇，下卷則録其相知之人所製曲。每人繫以小傳，且作《淩波曲》以吊之。今嗣成所撰雜劇不傳，其曲之存於今者，僅《雍熙樂府》中所選一小套，《北詞廣正譜》中小令一闋，及此書中小令十九闋耳。然此書以録曲爲主，故列於此。

曲品

王國維《曲録・曲目部》《曲品》三卷。舊鈔本。明吕天成撰。天成，字勤之，號鬱藍生，會稽人。此書上卷分明中葉以前曲家爲神品、妙品、能品、具品四等，又分别明季曲家爲九等。中卷專録傳奇名目。下卷則就各家所製傳奇，仍從上卷所分之次序而細評之。此與《録鬼簿》均非曲目之書，以可資參考，故列於此。

新傳奇品

王國維《曲録・曲目部》《新傳奇品》一卷。舊鈔本。國朝高奕撰。此書係續《曲品》而作，舊鈔本誤裝於《曲品》中卷之下，下卷之上，余爲更定。蓋《曲品》作於明萬曆間，而奕則已入國朝矣。各人各著評語，並録其所製曲，又與《曲品》體例略殊。

傳奇彙考

王國維《曲録・曲目部》《傳奇彙考》十册。無卷數。舊鈔殘本。國朝無名氏撰。此書第一册爲總目録，第二册至第四册共一目，第五册至第十册共一目。二册以下皆就各曲本撮其大略，并考其與正史及他書合否，考核頗詳而見解殊陋。且分目所載亦與《總目》有出入，校之《總目》，所漏尚多。或總目盡著録所知之本，而分目僅就所見之本考之歟？

曲考

王國維《曲録・曲目部》《曲考》。國朝焦循撰。循字里堂，江都人。此書《里堂叢書》中未曾刊入，僅見李斗《揚州畫舫録》徵引。書中所録雜劇、傳奇數十種，以補黄文暘《曲海目》之所未備耳。

曲海總目

王國維《曲録・曲目部》《曲海》二十卷。國朝黄文暘撰。文暘，字時若，號平山，江都人，乾隆丁酉巡鹽御史。伊齡阿奉旨於揚州設局修改曲劇，凡四年。事竣。總校黄文暘、李經，分校淩廷堪、程枚、陳治、荆汝爲。修改既成，文暘著有《曲海》二十卷。其《序目》云：「乾隆辛丑間，奉旨修改古今詞曲。余受鹽使者聘，得與修改之列，兼總校蘇州織造進呈詞曲，因得盡閲古今雜劇、傳奇。追憶其盛，擬將古今作者各撮其關目大概，勒成一書。既成，爲《總目》一卷，以記其人之姓氏。然作是事者多自隱其名，而妄作者又多僞託名流以欺世，且其時代先後尤難考核。即此《總目》之成，已非易事矣。」其目今載《揚州畫舫録》中。

曲譜分部

自度曲譜

錢大昕《補元史藝文志·詞曲類》 葉宋英《自度曲譜》。臨川人。

太和正音譜

黄虞稷《千頃堂書目·詞曲類·補元》 丹丘子《太和正音譜》十二卷。

錢大昕《補元史藝文志·詞曲類》 丹邱子《太和正音譜》十二卷。

王國維《曲録·曲譜部》 《太和正音譜》二卷。明寧獻王權撰。《四庫全書提要》之《涵虚子詞品》一卷即此書上卷。蓋《提要》所著録者，即曹溶《學海類編》本，而曹本又出於《元曲選》卷首所録，蓋取譜中卷首論曲之語，别爲一書也。然此譜全帙，實具載明程明善《嘯餘譜》中。今以李玉《北詞廣正譜》所引《正音譜》數十條校之，《嘯餘·北曲譜》，無乎不合，知《嘯餘·北曲譜》之十卷及卷首，即鈔取獻王全書無疑矣。錢唐丁氏善本書室，有影鈔洪武刊本。

北雅

王國維《曲録·雜劇傳奇總集部》 《北雅》三卷。見曹寅《楝亭書目》。明甯王權編，有具區馮夢禎序。

南九宮譜

王國維《曲録·曲譜部》 《南九宮譜》二十二卷。明文治堂本。《嘯餘譜》本。明沈璟撰。前有大泌山人李維楨序，謂伯英此書出於陳、白二譜。又，《南詞定律》所引曲譜，尚有楊升庵、蔣惟忠、鈕少雅、譚儒卿、馮猶龍、張心其諸家，今悉無考。

南北字辨

王國維《曲録·曲譜部》 《南北字辨》一卷。見《也是園書目》。明無名氏撰。

骷髏格

王國維《曲録·曲譜部》 《骷髏格》。見《南詞定律》。明無名氏撰。

北詞廣正譜　附南戲北詞正謬

王國維《曲録·曲譜部》 《北詞廣正譜》十八帙。内歇指調、宫調、角調三帙原缺。國朝李玉撰。

曲譜大成

王國維《曲録・曲譜部》 《曲譜大成》。見莊親王《九宮大成譜》所引。無名氏撰。

隨園曲譜

王國維《曲録・曲譜部》 《隨園曲譜》。見《南詞定律》序。國朝胡介祉撰。

欽定曲譜

《四庫提要・詞曲類二》 《欽定曲譜》十四卷。康熙五十四年奉敕撰，蓋與《詞譜》同時竝作，相輔而行也。首載《諸家論説》及《九宮譜定論》一卷，次北曲譜四卷，次南曲譜八卷，次以失宫犯調諸曲別爲一卷，附於末。北曲、南曲各以宫調提綱。其曲文每句注句字，每韻注韻字，每字注四聲於旁，於入聲字或宜作平作上作去者，皆一一詳注。於舊譜譌字，亦一一辨證，附於後。自古樂亡而樂府興，後樂府之歌法至唐不傳，其所歌者皆絶句也。唐人歌詩之法至宋亦不傳，其所歌者皆詞也。宋人歌詞之法至元又漸不傳，而曲調作焉。考三百篇以至詩餘，大都抒寫性靈，緣情綺靡。惟南北曲則依附故實，描摹情狀，連篇累牘，其體例稍殊。然《國風》「氓之蚩蚩」一篇，已詳敘一事之始末。樂府如《焦仲卿妻詩》、《秋胡行》、《木蘭詩》，竝鋪陳點綴，節目分明。是即傳奇之濫觴矣。王明清《揮麈録》載曾布所作《馮燕歌》，已漸成套數，與詞律殊途。沿及金元，此風漸盛。其初被以絃索，其後遂象以衣冠。其初不過四折，其後乃動至數十出。大旨亦主於敘述善惡，指陳法戒，使婦人孺子皆足以觀感而奮興，於世教實多所裨益。雖迨其末派，矜冶蕩而侈風流，輾轉波頹，或所不免。譬如《國風》好色，降而爲《玉臺》、香匳。不可因是而罪詩，亦不可因是而廢詩也。惟是當時舊譜，今悉無傳。陶宗儀《輟耕録》雖具載其目，而不著其詞。近代所行《北九宮譜》、《南九宮譜》，亦以意編排，頗多舛謬。乃特命詹事王奕清等，考尋舊調，勒著是編。使倚聲者知別宫商，赴節者咸諧律吕。用以鋪陳古蹟，感動人心。流芳遺臭之蹤，聆音者畢解；福善禍淫之理，觸目者易明。

王國維《曲録・曲目部》 《欽定曲譜》十四卷。殿本。康熙五十四詹事王奕清等奉勅撰。

南詞定律

王國維《曲録・曲譜部》 《南詞定律》十三卷。内府本。國朝吕士雄、楊緒、劉璜、唐尚信合撰。士雄字子乾；璜字子秀；尚信字心如，均蘇州人。緒字震英，錢塘人。前有康熙五十九年恕園主人序，主人當時藩邸也。

九宮大成南北詞宮譜

王國維《曲録・曲譜部》 《九宮大成南北詞宮譜》八十卷閏一卷。内府本。國朝莊親王撰。乾隆七年，莊親王奉勅編輯《律吕正義》，因成此書。編輯者周祥鈺、鄒金生，分纂者徐興華、王文禄，參定者徐應龍、朱廷鏐也。

太古傳宗

王國維《曲録・曲譜部》 《太古傳宗》六卷。内府本。國朝莊親王撰。内《西廂譜》二卷，《琵琶諸宫調譜》二卷，《時劇譜》二卷，專爲唱曲者作也。

納書楹曲譜

王國維《曲録・曲譜部》 《納書楹曲譜》八卷。又《曲譜正集》四卷。《外集》二卷。《續集》四卷。《補遺》四卷。自刻本。國朝葉堂撰。堂，字廣明，一字廣平，長洲人。此書不分宮調，專注工尺，但供唱曲之用，非爲製曲之用也。

曲韻分部

瓊林雅韻

《四庫提要・詞曲類存目》《瓊林雅韻》。無卷數。編修勵守謙家藏本。明寧王權編。權有《漢唐祕史》，已著録。是書凡分十九韻，大抵襲周德清《中原音韻》體例。一穹窿、二邦昌、三詩詞、四丕基、五車書、六泰階、七仁恩、八安閒、九䑐鸞、十乾元、十一蕭韶、十二珂和、十三嘉華、十四硨磲、十五清寧、十六周流、十七金琛、十八潭巖、十九慊謙。與《中原音韻》十九韻大略相似，特異其名耳。惟《中原音韻》第十韻標曰「先天」，而此書第十韻則標曰「乾元」，遂取「元」韻之半入於「先」。又，是書每韻皆取平聲二字以括三聲，而第六韻「泰階」，「泰」字則兼用去聲，是自亂其例。至云北方無入聲，以入聲附平、上、去三聲之後，與《中原音韻》體例全合，而亦微有不同。如第四韻曰「丕基」，其後附「悔」字，謂去聲作上聲，而《中原音韻》第四韻後不載此條。考「悔」字作上聲，其在「紙」韻，則有詩「不我以，其後也悔」可證。其在「虞」韻，則有陸機《凌霄賦》「悔」與「旅」爲韻可證。周德清於此條似乎失收。然曲韻自用方音，不能據古韻爲增減。權之所補，亦知其一而不知其二也。

王國維《曲録・曲韵部》《瓊林雅韻》二卷。見《四庫全書提要》。明寧獻王權撰。

菉斐軒詞林韻釋

王國維《曲録・曲韵部》《菉斐軒詞林韻釋》一卷。《詞學叢書》本。《粵雅堂叢書》本。南陵徐氏景宋本。宋無名氏撰。厲鶚《樊榭山房集・論詞絶句》：「欲呼南渡諸公起，韻本重雕菉斐軒。」自注曰：「紹興二年，菉斐軒刊本《詞林韻釋》分「東紅」、「邦陽」等十九韻，與元周德清《中原音韻》略同。以上、去、入三聲配隸平聲，與宋沈義父《樂府指迷》相合。而江都秦恩復《詞林韻釋跋》疑此書出于元明之季，謬託南宋初年刊本。又疑專爲北曲而設，或即大晟樂府之遺意。然今日所存宋人大曲，如王明清《玉照新志》所載曾布《水調歌頭》，曾慥《樂府雅詞》所選董穎《道宮・薄媚》亦有四聲通押者，殆爲大曲而設，況有流傳宋本足據也。

中州音韻

王國維《曲録・曲韵部》《中州音韻》一卷。《嘯餘譜》本。元卓從之撰。《嘯餘譜凡例》云：「《中州韻》，宋太祖時所編。」其説無稽，兹從《也是園書目》，定爲卓從之撰。

中原音韻

范邦甸等《天一閣書目補選・詞曲類》《中原音韻》一卷。刊本。元周德清輯并序。虞集序。

《四庫提要・詞曲類二》《中原音韻》二卷。内府藏本。元周德清撰。德清字挺齋，高安人。是書成於泰定甲子，原本不分卷帙。考其《中原音韻起例》以下，即列諸部字數；《正語作詞起例》以下，即列作詞諸法。蓋前爲韻書，後爲附論，畛域顯然。今據此釐爲二卷，以便省覽。其音韻之例，以平聲分爲陰陽，以入聲配隸三聲，分爲十九部。一曰東鍾，二曰江陽，三曰支思，四曰齊微，五曰魚模，六曰皆來，七曰真文，八曰寒山，九曰桓歡，十曰先天，十一曰蕭豪，十二曰歌戈，十三曰家麻，十四曰車遮，十五曰庚青，十六曰尤侯，十七曰侵尋，十八曰鹽咸，十九曰廉纖。蓋全爲北曲而作。考齊梁以前，平上去無別。至唐時，如元稹諸人作長律，尚有遺風。惟入聲則各自爲部，不叶三聲。然如《檀弓》稱「子辱與彌牟之弟游」，注謂：「文子名木，緩讀之則爲彌牟。」又古樂府《江南曲》以魚戲蓮葉北韻魚戲蓮葉西，注亦稱：「北」讀爲「悲」。是以八叶平，已萌於古。又《春秋》「盟于蔑」，《穀梁》作「盟于昧」，《春秋》「定姒卒」，《公羊》作「定弋卒」。是亦方言相近，故上去入可以轉通也。北音舒長遲重，不能作收藏短促之聲。凡入聲皆讀入三聲，自其風土使然。樂府既爲北調，自應歌以北音。德清此譜，蓋亦因其自然之節，所以作北曲者沿用至今。言各有當，此之謂也。至於因而掊擊古音，則拘於一偏，主持太過。夫語言各有方域，時代遞有變遷，文章亦各有體裁。三百篇中，東陽不叶，而孔子象傳以中韻當，老子《道經》以聾韻盲，此參用方音者也。楚騷之音，異於風雅；漢魏之音，異於屈宋，此隨時變轉者也。左思作《三都賦》純用古體，則純用古音。及其作《白髮賦》與《詠史》《招隱》諸詩，純用晉代之體，則亦純用晉代之音。沈約詩賦皆用四聲，至於冠子祝文則化字乃作平讀，又文章用韻，各因體裁之明證也。詞曲本里巷之樂，不可律以正聲。其體拗於唐，然唐無詞韻，凡詞韻與詩皆同。唐初《回波》諸篇，唐末《花間》一集，可覆按也。其法密於宋，漸有以入代平以上代平諸例。而三百年作者如雲，亦無詞韻。間或參以方音，但取歌者順吻，聽者悦耳而已矣。一則去古未遠，方音猶與韻合，故無所出入。一則去古漸遠，知其不合古音，而又諸方各隨其口語，不可定以一格，故均無書也。至元而中原一統，北曲盛行。既已別立專門，自宜各爲一譜，此亦理勢之自然。德清乃以後來變例，據一時以排千古，其傎殊甚。觀其「瑟」注音「史」，「塞」注音「死」，今日四海之内，寧有此音，不又將執以排德清哉？然德清輕詆古書，所見雖謬，而所定之譜，則至今爲北曲之準繩，或以變亂古法詆之，是又不知樂府之韻本於韻外別行矣。故今録存其書，以備一代之學，而併論其源流得失如右。

錢大昕《補元史藝文志・詞曲類》 周德清《中原音韻》一卷。號挺齋，高安人。

黄丕烈《蕘圃藏書題識・集類》 《中原音韻》二卷。陸敕先手鈔本。

王國維《曲録・曲韻部》 《中原音韻》一卷。《嘯餘譜》本。元周德清撰。德清，字挺齋，高安人。此書分部與《中州音韻》同，而平聲獨分陰陽。末附《務頭》、《正語作詞起例》，專論務頭及作詞法。

增注中原音韻

王國維《曲録・曲韻部》 《增注中原音韻》一卷。見《也是園書目》。明王文璧撰。

合併卓周韻

王國維《曲録・曲韻部》 《合併卓周韻》一卷。見《也是園書目》。無名氏撰。

三聲韻

王國維《曲録・曲韻部》 《三聲韻》一卷。見《也是園書目》。無名氏撰。

南曲入聲客問

《四庫提要・詞曲類存目》 《南曲入聲客問》一卷。江蘇巡撫採進本。國朝毛先舒撰。先舒有《聲韻叢説》，已著録。初，先舒撰《南曲正韻》一書，凡入聲俱單押，不雜平上去三聲。復著此卷，謂南曲入聲俱可作平上去押。設爲客問，以達其説。

音韻須知

王國維《曲録・曲韻部》 《音韻須知》二卷。内府刊本。國朝李書雲、朱素臣撰。書雲，名宗孔，江都人。順治丁亥進士，由部郎授御史，進給事中，大理寺少卿。

曲評分部

曲　藻

徐𤊹《徐氏家藏書目・詞調類》 《曲藻》卷。王世貞。

曲讌

徐𤊹《徐氏家藏書目·詞調類》《曲讌》卷。天都逸史。

曲律

王國維《曲録·曲譜部》《曲律》四卷。見《也是園書目》。明王伯良撰。案：徐釚《本事詩》有：「王驥德，字伯良，會稽人。」

顧曲雜言

《四庫提要·詞曲類二》《顧曲雜言》一卷。編修程晉芳家藏本。明沈德符撰。德符有《飛凫語略》，已著録。此書專論雜劇、南曲、北曲之別。其論元人未滅南宋以前，以雜劇試士。核以《元史·選舉志》，絶無影響，乃委巷之鄙談。其論《遼史·樂志》有大食調，曲譜譌作大石，因有小石調配之。其意以大食爲國名，如龜茲之類，不知自宋已有此名。故王珪詩號至寶丹，秦觀詩號小石調，不由曲譜之譌。其論五、六、工、尺、上、四、合、凡、一爲出於宋《樂書》，亦未免附會。考南曲無凡、一、上字，有高下之分。宋時樂歌，未必分南北曲也。如此之類，雖間有小疵，然如論北曲以絃索爲主，板有定制；南曲笙笛，不妨長短其聲以就板，立説頗爲精確。其推原諸劇牌名，自金元以至明代，縷晰條分，徵引亦爲賅洽。詞曲雖伎藝之流，然亦樂中之末派。故唐人《樂府雜録》之類，至今尚傳。存此一編，以考南北曲之崖略，未始非博物之一端也。

度曲須知

《四庫提要·詞曲類存目》《度曲須知》二卷。内府藏本。明沈寵綏撰。寵綏，字君徵，吴江人。以度曲家沿流忘初，往往聲乖於字，調乖於義，因作此書以釐正音調。凡分二十六目，剖晰頗詳。

弦索辨訛

《四庫提要·詞曲類存目》《弦索辨譌》三卷。内府藏本。明沈寵綏撰。《弦索辨譌》，則載《西廂》二卷，《雜曲》一卷，各加標記，以明北曲字音之殊。蓋亦《九宫譜》之流亞也。

小説部

論述

耐得翁《都城紀勝》 説話有四家：一者「小説」，謂之「銀字兒」，如烟粉、靈怪、傳奇、説公案，皆是朴刀、桿棒及發跡、變泰之事。「説鐵騎兒」，謂士馬金鼓之事。「説經」，謂演説佛書；「説參請」，謂賓主參禪悟道等事。「講史書」，講説前代書史文傳、興廢争戰之事。最畏小説人，蓋小説者，能以一朝一代故事，頃刻間提破。「合生」與起令、隨令相似，各占一事。

羅燁《醉翁談録·舌耕叙引》 〔小説引子〕演史、講經並可通用。靜坐閑牕對短檠，曾將往事廣搜尋。也題流水高山句，也賦陽春白雪吟。世上是非難入耳，人間名利不關心。編成風月三千卷，散與知音論古今。自古以來，分人數等：賢者清而秀，愚者濁而蒙。秀者通三綱而識五常，蒙者造五逆而犯十惡。好惡皆由情性，賢愚遂別尊卑。好人者如禾如稻，惡人者如蒿如草；使耕者之憎嫌，致六親之煩惱。如此等人，豈足共話？世有九流者，略爲題破：一、儒家者流，出於司徒之官，遂分六經詞賦之學。二、道家者流，出於典史之官，遂分三境清浄之教。三、陰陽者流，出於羲和之官，遂分五行占步之術。四、法家者流，出理刑之官，遂分五刑胥吏之事。五、名家者流，出於禮儀之官，遂分五音樂藝之職。六、墨家者流，出於清廟之官，遂分百工技事之衆。七、縱横者流，出於行人之官，遂分四方趨容之輩。八、農家者流，出於農稷之官，遂分九府財貨之任。九、小説者流，出於機戒之官，遂分百官記録之司。由是有説者縱横四海，馳騁百家。以上古隱奥之文章，爲今日分明之議論。或名演史，或謂合生，或稱舌耕，或作挑閃，皆有所據，不敢謬言。言其上世之賢者，可爲師；排其近世之愚者，可爲戒。言非無根，聽之有益。〔歌云〕傳自鴻荒判古初，羲農黄帝立規模。無爲少昊更顓帝，相授高辛唐及虞。位禪夏商周列國，權歸秦漢楚相誅。兩京中亂生王莽，三國争雄魏蜀吴。西晉洛陽終四世，再興建鄴復其都。宋齊梁魏分南北，陳滅周亡隋易孤。唐世末年稱五代，宋承周禪握乾符。子孫神聖膺天命，萬載昇平復版圖。太極既分，陰陽已定，書契已呈河洛，皇王肇判古初。圓而高者爲天，方而厚者爲地。其人稟五行之氣，爲萬物之靈。氣化成形，道與之貌。形乃分於姸醜，名遂別於尊卑。由是有君有臣，從此論將論相，或争權而奪位，或誅暴以勝殘。間有圖名而僥一旦尺寸之功，又有報國而建萬世長久之策。遂制舟車兵革，俾陳弓矢干戈。始因戰涿鹿之蚩尤，備見殛羽山之帝鯀。畫象之形已玩，結繩之政不施，世態紛更，民心機巧。須賴君王相神武，庶安中外以和平。所業歷歷可書，其事班班可紀。乃見典墳道藴，經籍旨深。試將便眼之流傳，略爲從頭而敷演。得其興廢，謹按史書；誇此功名，總依故事。如有小説者，但隨意據事演説云云。〔詩曰〕破盡詩書泣鬼神，發揚義士顯忠臣。試開戞玉敲金口，説與東西南北人。〔又詩〕春濃花艷佳人膽，月黑風寒壯士心。講論只憑三寸舌，秤評天下淺和深。

又 〔小説開闢〕夫小説者，雖爲末學，尤務多聞。非庸常淺識之流，有博覽該通之理。幼習《太平廣記》，長攻歷代史書。煙粉奇傳，素藴胸次之間；風月須知，只在唇吻之上。《夷堅志》無有不覽，《琇瑩集》所載皆通。動哨、中哨，莫非東山笑林；引倬、底倬，須還緑窗新話。論才詞，有歐、蘇、黄、陳佳句；説古詩，是李、杜、韓、柳篇章。舉斷模按師表規模，靠敷演令看官清耳。只憑三寸舌，褒貶是非；略囒萬餘言，講論古今。説收拾，尋常有百萬套；談話頭，動輒是數千回。説重門不掩底相思，談閨閣難藏底密恨。辨草木山川之物類，分州軍縣鎮之程途。講歷代年載廢興，記歲月英雄文武。有靈怪、煙粉、傳奇、公案，兼朴刀、捍棒、妖術、神仙。自然使席上風生，不枉教坐間星拱。説《楊元子》、《汀州記》、《崔智韜》、《李達道》、《紅蜘蛛》、《鐵甕兒》、《水月仙》、《大槐王》、《妮子記》、《鐵車記》、《葫蘆兒》、《人虎傳》、《太平錢》、《巴蕉扇》、《八怪國》、《無鬼論》，此乃是靈怪之門庭。言《推車鬼》、《灰骨匣》、《呼猿洞》、《鬧寶録》、《燕子樓》、《賀小師》、《楊舜俞》、《青脚狼》、《錯還魂》、《側金盞》、《刁六十》、《鬪車兵》、《錢塘佳夢》、《錦莊春遊》、《柳參軍》、《牛渚亭》，此乃爲煙粉之總龜。論《鶯鶯傳》、《愛愛詞》、《張康題壁》、《錢榆罵海》、《鴛鴦燈》、《夜遊湖》、《柴香囊》、《徐都尉》、《惠娘魄偶》、《王魁負心》、《桃葉渡》、《牡丹記》、《花萼樓》、《章臺柳》、《卓文君》、《李亞仙》、《崔護覓水》、《唐輔採蓮》，此乃爲之傳奇。言《石頭孫立》、《姜女尋夫》、《憂小十》、《驢垛兒》、《大燒燈》、《商氏兒》、《三現身》、《火杴籠》、《八角井》、《藥巴子》、《獨行虎》、《鐵秤槌》、《河沙院》、《戴嗣宗》、《大朝國寺》、《聖手二郎》，此乃謂之公案。論這《大虎頭》、《李從吉》、《楊令公》、《十條龍》、《青面獸》、《季鐵鈴》、《陶鐵僧》、《賴五郎》、《聖人虎》、《王沙馬海》、《燕四馬八》，此乃爲朴刀局段。言這《花和尚》、《武行者》、《飛龍記》、

《梅大郎》、《鬭刀樓》、《攔路虎》、《高拔釘》、《徐京落章》、《五郎爲僧》、《王温上邊》、《狄昭認父》，此爲捍棒之序頭。論《種叟神記》、《月井文》、《金光洞》、《竹葉舟》、《黄糧夢》、《粉合兒》、《馬諫議》、《許岩》、《四仙鬭聖》、《謝溏落海》，此是神仙之套數。言《西山聶隱娘》、《村鄰親》、《嚴師道》、《千聖姑》、《皮篋袋》、《驪山老母》、《貝州王則》、《紅線盜印》、《醜女報恩》，此爲妖術之事端。也説黄巢撥亂天下，也説趙正激惱京師。説征戰，有劉、項争雄；論機謀，有孫、龐鬭智。新話説張、韓、劉、岳，史書講晉、宋、齊、梁。《三國志》諸葛亮雄材，收西夏説狄青大略。説國賊懷奸從佞，遣愚夫等輩生嗔；説忠臣負屈銜冤，鐵心腸也須下淚。講鬼怪，令羽士心寒膽戰；論閨怨，遣佳人緑慘紅愁。説人頭厮挺，令羽士快心；言兩陣對圓，使雄夫壯志。談吕相青雲得路，遣才人着意羣書；演霜林白日昇天，教隱士如初學道。噇發迹話，使寒門發憤；講負心底，令奸漢包羞。講論處不僀搭、不絮煩；敷演處有規模、有收拾。冷淡處提掇得有家數，熱閙處敷演得越久長。曰得詞，念得詩，説得話，使得砌。言無訛舛，遣高士善口贊揚；事有源流，使才人怡神嗟訝。〔詩曰〕小説紛紛皆有之，須憑實學是根基。開天闢地通經史，博古明今歷傳奇。藏蘊滿懷風與月，吐談萬卷曲和詩。辨論妖怪精靈話，分別神仙達士機。涉案鎗刀并鐵騎，閨情雲雨共偷期。世間多少無窮事，歷歷從頭説細微。

謝肇淛《五雜俎》　小説野俚諸書，稗官所不載者，雖極幻妄無當，然亦有至理存焉。如《水滸傳》無論已。《西游記》曼衍虚誕，而其縱横變化，以猿爲心之神，以猪爲意之神，其始之放縱，上天下地，莫能禁制，而歸于緊箍一咒，能使心猿馴伏，至死靡他，蓋亦求放心之喻，非浪作也。《華光小説》則皆五行生尅之理，火之熾也，亦上天下地，莫之撲滅，而真武以水制之，始歸正道。其他諸傳記之寓言者，亦皆有可采。惟《三國志演義》與《錢唐記》、《宣和遺事》、《楊六郎》等書，俚而無味矣。何者，事太實則近腐，可以悦里巷小兒，而不足爲士君子道也。凡爲小説及雜劇戲文，須是虚實相半，方爲游戲三昧之筆，亦要情景造極而止，不必問其有無也。

錢大昕《十駕齋養新録》　唐士大夫多浮薄輕佻，所作小説，無非奇詭妖艷之事，任意編造，誑惑後輩。而牛僧孺《周泰行紀》尤爲狂誕，至稱德宗爲沈婆兒，則几于大不敬矣。李衛公《窮愁志》載其文，意在族滅其家而始快；雖怨毒之詞，未免過當，而僧孺之妄談，實有以招之也。或云：「僧孺本無此記，衛公門客僞造耳。」宋、元以後，士之能自立者，皆耻而不爲矣。而市井無賴，别有説書一家，演義盲詞，日增月益，誨淫勸殺，爲風俗人心之害，較之唐人小説，殆有甚焉。

寅半生《小説閒評敍》　十年前之世界爲八股世界，近則忽變爲小説世界，蓋昔之肆力於八股者，今則闢心角智，無不以小説家自命。於是小説之書日見其多，著小説之人日見其夥，略通虚字者無不握管而著小説。循是以往，小説之書，有不汗牛充棟者幾希。顧小説若是其盛，而求一良小説足與前小説媲美者卒鮮。何則？昔之爲小説者，抱才不遇，無所表見，借小説以自娱，息心静氣，窮十年或數十年之力，以成一巨册，幾經鍛鍊，幾經删削，藏之名山，不敢遽出以問世，如《水滸》、《紅樓》等書是已。今則不然，朝脱稿而夕印行，一刹那間即已無人顧問。蓋操觚之始，視爲利藪，苟成一書，售諸書賈，可博數十金，於願已足，雖明知疵累百出，亦無暇修飾，甚有草創數回即印行，此後竟不復續成者，最爲可恨。雖共推文豪之飲冰室主人亦蹈此習（如《新羅馬傳奇》、《新中國未來記》俱未成書），他何論焉。鄙人素好小説，於近時新出諸書，所見已不下百餘種，求其結構謹嚴，可稱完璧者，固非無其書，而拉雜成篇，徒耗目力，閲之生厭者，不知凡幾。甚且有一書而異名者，幾令購者望洋生歎，無所適從。因決意嗣後凡閲一書，必撮其綱領，紀其崖略，興之所到，或間以己意評騭是非，隨見隨書，不分體類，彙爲一編，顔曰《小説閒評》，以爲購小説者作指南之助，云胡不可。是爲敍。光緒丙午春季寅半生識於鏡秋閣。

佚名《小説小話》　小説之描寫人物，當如鏡中取影，妍媸好醜令觀者自知。最忌攙入作者論斷，或如戲劇中一脚色出場，横加一段定場白，預言某某若何之善，某某若何之劣，而其人之實事，未必盡肖其言。即先後絶不矛盾，已覺疊牀架屋，毫無餘味。故小説雖小道，亦不容着一我之見，如《水滸》之寫俠，《金瓶梅》之寫淫，《紅樓夢》之寫艷，《儒林外史》之寫社會中種種人物，並不下一前提語，而其人之性質、身份，若優若劣，雖婦孺亦能辨之，真如對鏡者之無遁形也。夫鏡，無我者也。

梁啓超等《小説叢話》　小説與戲曲有直接之關係。小説者，虚擬者也；戲曲者，實行者也。中國小説之範圍，大都不出語怪、誨淫、誨盜之三項外，故所演戲曲，亦不出此三項。欲改良戲曲，請先改良小説。

又　良小説得良批評而價值益增，此其故宜人人知之。然良小説固不易得，乃若良批評，則尤爲難能而可貴者也。金聖嘆曰：「今人不會讀書。」吾亦謂必如聖嘆，方是真會讀書人。

又　竊嘗謂小説之功亦偉矣。夫人有過，莊言以責之，不如微言以刺之；微言以刺之，不如婉言以諷之；婉言以諷之，不如妙譬以喻之；而小説者，皆具此能力者也。故用小説以規人過，是上上乘也。

雜録

郎瑛《七修類稿》 小説起宋仁宗。蓋時太平盛久，國家閑暇，日欲進一奇怪之事以娱之，故小説得勝頭迴之後，即云「話説趙宋某年」。閭閻淘真之本之起，亦曰「太祖太宗真宗帝，四帝仁宗有道君。」國初瞿存齋《過汴梁》詩，有「陌頭盲女無愁恨，能撥琵琶説趙家。」皆指宋也。若夫近時蘇刻几十家小説者，乃文章家之一體，詩話、傳記之流也，又非如此之小説。

茹莱《果報四咏》 詩書本爲閑邪設，邪思偏從此際生。漫逞風流才子話，細傳月下美人情。筆花無夢心俱幻，情竇初開念遂萌。失盡靈機成瘵疾，何如經史步云程。

李仲麟《增訂願體集·防微》 古今一切書籍，看之皆有利益，獨至淫詞艷語，總無一句好言。偷香竊玉，機關不止千般，賣俏行奸，流毒直行數世。庸夫俗子，固爲易惑，學士文人，亦遭引誘。欲心方熾，豈能再顧綱常，惡緣既成，何暇更惜身命。皆以邪説惑世，故爾穢迹彰聞。若使留神觀看，必然盡喪良心。縱難毁板，曷先焚書。

强汝詢《求益齋文集》 昔許文正公有言：「弓矢所以待盜也，使盜得之，亦將待人。」信哉斯言！自文字作而簡策興，聖賢遺訓，藉以不墜，而惑世誣民之書，亦因是得傳。有爲書至陋，若嬉戲不足道，而亦能爲害者，如小説是已。《虞初》、《齊諧》，其來已久，魏、晉至唐，作者浸廣。宋以後尤多，其詭誕鄙褻亦日益甚。觀者猶且廢時失業，放蕩心氣，況於爲之者哉？下至閭巷小人，轉相慕效，更爲傳奇演義之類，蠱誑愚蒙，敗壞風俗，流毒尤甚。夫人幸而讀書，能文辭，既不能立言，有補於世，汲汲焉思以著述取名，斯已陋矣。然亦何事不可爲哉？何至降而爲小説，敝神勞思，取媚流俗，甘爲識者所恥笑，甚矣其不自重也！然亦學術之衰，無良師友教誨規益之助，故邪辟汙下，至於此極而不自悟其非。嗚呼，可哀也已！魏、晉以來小説，傳世既久，余家亦間有之，其辭或稍雅馴，姑列於目；而論其失，以爲後戒焉。

俞樾《茶香室叢鈔》 國朝劉廷璣《在園雜識》云：「《三國演義》叙述不乖正史，而桃園結義，戰陣回合，不脱稗官窠臼。杭永年一倣金聖嘆筆意批之，似屬效顰，然亦有開生面處。《西游》爲証道之書，邱長春借説金丹奥旨，汪澹漪批注處，大半摸索皮毛，即通書之太極、無極，何能一語道破耶？《金瓶梅》以淫説法，彭城張竹坡爲之先總大綱，次則逐卷逐段分注批點，可以繼武聖嘆。按：金聖嘆評《水滸》，人人知之。至《三國演義》爲杭永年評，《西游》爲汪澹漪評，《金瓶梅》爲張竹坡評，則知者鮮矣。」《金瓶梅》余未寓目；至《西游記》，每回必有悟一子評，其即汪澹漪乎？惟邱長春别有《西游記》，非此書也。劉氏沿襲俗説，失之。

蔣瑞藻《小説考證續編》引《海漚閑話》 《水滸》之後，有《蕩寇志》，其主人則《水滸》中人之還魂也；《紅樓夢》之後，有《續紅樓》，其主人皆《紅樓夢》中人還魂也。此等思想，可厭已甚。在作者，不過欲借此以便於傳爾，究竟傳不傳，豈在是？二書文字，《蕩寇志》尚可，《續紅樓》甚惡。《蕩寇志》今坊間尚可購得，《續紅樓》則稀見矣。於此尤可見傳與不傳，自有道也。

易宗夔《新世説》 乾隆時小説盛行，其言之雅馴者，言情之作則莫如曹雪芹之《紅樓夢》，譏世之書則莫如吴文木之《儒林外史》。曹以婉轉纏綿勝，思理精妙，神與物游，有「將軍欲以巧勝人，盤馬彎弓故不發」之致；吴以精刻廉悍勝，窮形盡相，惟妙惟肖，有「箭在弦上，不得不發」之勢，所謂各造其極也。曹名未詳，江南上元人。吴名敬梓，安徽全椒人。

邱煒萲《客雲廬小説話·菽園贅談》 小説家言，必以紀實研理，足資考覈爲正宗，其餘談狐説鬼，言情道俗，不過取備消閑，猶賢博弈而已，固未可與紀實研理者絜長而較短也。以其爲小説之支流，遂亦贅述於後。

佚名《小説小話》 小説與時文爲反比例。講究時文者，一切書籍皆不得觀覽，一切世務皆不容預聞。至其目小説也，一若蛇蝎魔鬼之不可邇。而小説中，非但不拒時文，即一切謡俗之猥瑣，閨房之詬誶，樵夫牧豎之歌諺，亦與四部三藏鴻文秘典，同收筆端，以供饌箸之資料。而宇宙萬有之運用於鑪錘者施耐庵《水滸記》自序，可爲作小説者之標準更無論矣。故作時文與學時文者幾於一無所知，而作小説與讀小説者幾於無一不知，不同也如此。

又 小説之影響於社會固矣，而社會風尚實先有搆成小説性質之力，二者蓋互爲因果也。吾國南北兩部，風氣犂然而異，北方各行省，地斥鹵而民强悍，南人生長膏沃，體質荏弱，而習爲淫靡，故南北文學亦因之而分，而小説尤顯著。北人小説，動言俠義；而出於南人者，則才子佳人之幽期密約，千篇一律：兒女英雄，各據其所融洽於社會者爲影本。原其宗旨，未始非厭數千年專制政體之束縛，而欲一寫其理想中之自由俠義躬捍文網，與豪宗墨吏爲仇，破政府之專制也；幽期密約，婚姻自由，破家庭之專制也，而思力不充，更多顧忌瞻徇，其目的仍在封拜、誥贈，一若不得君主父母之許可，終不得爲正當者。則又第二層之普通結習，潛驅陰率之，而不復能顧其矛盾也。而閱小說者，但喜其情節之離奇，敘述之雋妙，不知就自由之一點引申而整理之，故其效果，屬於北者徒誨盜，屬於南者唯誨淫。

梁啓超等《小說叢話》 各國文學史，皆以小說占一大部分，且其發達甚早。而吾國獨不爾。此其故雖由俗語文體之不發達，然尚有一原因焉。吾國之思潮，本分南、北兩大宗，而秦漢以後，北宗殆占全勝。北宗者，主嚴正實行者也。北宗勝而小說見蔑棄亦宜。試讀先秦南方諸書，如《離騷》，如《南華》，皆饒有小說趣味者也，惜乎其遂中絶也。至元代所以勃興之原因，則吾猶未能言之。

又 天津《國聞報》初出時有一雄文，曰《本館附印小說緣起》，殆萬餘言，實成於幾道與別士二人之手。余當時狂愛之，後竟不克裒集。惟記其中有兩大段，謂人類之公性情，一曰英雄，二曰男女，故一切小說，不能脱離此二性，可謂批郤道窾者矣。然吾以爲人類於重英雄，愛男女之外，尚有一附屬性焉，曰畏鬼神。以此三者，可以賅盡中國之小說矣。若以泰西説部文學之進化，幾合一切理想而冶之，又非此三者所能限耳。《國聞報》論説欄登此文凡十餘日，讀者方日日引領以待其所附印者，而始終竟未附一回，亦可稱文壇一逸話。

又 小說能導人遊於他境界，固也。然我以爲能導人遊於他境界者，必著者之先自遊於他境界者也。昔趙松雪畫馬，常閉户不令人見。一日，其夫人竊窺之，則松雪兩手距地，昂頭四顧，儼然一馬矣。故能以畫馬名於世。作小說者亦猶是。有人焉，悄思冥索，設身處地，想象其身段，描摹其口吻，淋漓盡致，務使畢肖，則吾取斷言曰：「若而人者，亦必以小說名於世。」

又 小說者，誠社會上之有力人也，讀之改變人之性質。非獨泰西有讀小說而自殺之事，我中國亦然。吾前聞人言，有讀《封神傳》而倣其飛行空中之本領，竟作墮樓人。又有談《西廂記》而戀鶯鶯之貌，欲步張生之舉，寤寐求之，夢中遂大聲疾呼鶯鶯不絶，後以病故。物必有偶，有泰西人讀之自殺，必有泰東人讀之墮樓病故。吾故曰：「社會上有力人也。」吾中國若有政治小說，插以高尚之思想，則以之轉移風俗，改良社會，亦不難矣。

綜 述

水滸傳

高儒《百川書志・野史》 《忠義水滸傳》一百卷。錢塘施耐菴的本，羅貫中編次。宋寇宋江三十六人之事，并從副百有八人，當世尚之。周草窗《癸辛雜志》中具百八人混名。

三國演義

高儒《百川書志・野史》 《三國志通俗演義》二百四卷。晉平陽侯陳壽史傳，明羅本貫中編次。據正史，採小說，證文辭，通好尚，非俗非虚，易觀易入，非史氏蒼古之文，去瞽傳詼諧之氣，陳敘百年，該括萬事。

劉若愚《内板經書紀略》 《三國志通俗演義》廿四本，一千一百五十葉。

《中華大典》辦公室

主　　任：于永湛

副 主 任：伍　傑

　　　　　姜學中

工作人員：

編　　審：趙含坤

　　　　　崔望雲

　　　　　馮寶志

　　　　　宋志英

　　　　　谷笑鵬

封面裝幀設計：章耀達

《中華大典·文獻目録典》出版工作委員會

主　　任：何林夏

委　　員：（按姓氏音序排列）

賓長初　蔡　楠　曹　磊　陳艾利　陳紅妮

陳美玲　鄧　宇　馮妍菲　郭洋辰　何艷君

黄　斌　黄珊虎　黄旭東　姜革文　金曉燕

雷回興　黎金飛　李　琳　李蘇瀾　劉春榮

劉洪勝　劉　涓　劉隆進　劉　曉　魯朝陽

陸施豆　羅凱之　馬豔超　孟建升　丘立軍

沈　明　湯文輝　唐曉娥　田　賀　王　專

向　靂　肖愛景　肖承清　徐良妍　徐　婷

楊春陽　余慧敏　虞勁松　曾　玲　張　佳

張　潔　張　曼　張少軍　章昕穎　趙　金

趙　艷　趙運仕　周　靜　周翊安　鄒旭勇

圖書在版編目（CIP）數據

中華大典．文獻目録典．古籍目録分典．集：全四册 /
《中華大典》工作委員會，《中華大典》編纂委員會編纂．
桂林：廣西師範大學出版社，2016.11
ISBN 978-7-5495-9248-7

Ⅰ．①中… Ⅱ．①中…②中… Ⅲ．①百科全書－中
國②古籍－目録學－中國 Ⅳ．①Z227②G257

中國版本圖書館 CIP 數據核字（2016）第 306947 號

中華大典·文獻目録典·古籍目録分典·集

編纂：《中華大典》工作委員會

《中華大典》編纂委員會

出版：廣西師範大學出版社

（廣西桂林市中華路 22 號　郵政編碼　541001）

發行：廣西師範大學出版社

（廣西桂林市中華路 22 號　郵政編碼　541001）

排版：南京展望文化發展有限公司

印刷：長沙鴻發印務實業有限公司印刷

（湖南省長沙縣黄花鎮黄壟村黄花工業園 3 號　郵政編碼　410137）

開本：787×1 092 毫米　1/16

印張：193.75　　字數：5 766 000

2016 年 11 月第 1 版　2016 年 11 月第 1 次印刷

書號：ISBN 978-7-5495-9248-7

定價：1600.00 圓（全四册）

三

佘山人詩集

《四庫提要・別集類存目三》《佘山人詩集》四卷。浙江孫仰曾家藏本。明佘世亨撰。卷首題嶺南，不著郡邑。《廣東通志》亦失載其姓名，惟歐大任序稱其在正德、嘉靖間。好游名山，去家數載而歸，卜居粵秀山下。粵秀爲廣州山名，則當爲廣州人矣。大任又稱山人有子嘉詔，既成進士，試令合肥。手録《山人詩》四卷，即縣齋刻之。案《太學題名碑》嘉靖乙丑科有三甲進士佘嘉詔，廣東順德縣人，蓋即世亨之子也。其詩近體居多，古體僅寥寥數篇耳。

崇古堂稿

黄虞稷《千頃堂書目・別集類》張焘《崇古堂稿》。字水波，南昌人。由舉人仕至府同知。

水坡詩集

徐𤊹《徐氏家藏書目・別集類》張焘《水坡詩集》六卷。字時贊，南昌人。嘉靖辛卯鄉薦，官南平令，終沁州守。

春臺集

黄虞稷《千頃堂書目・別集類》劉鋭《春臺集》。字蓄之，海鹽人。海寧衛指揮使。

鶴池集

黄虞稷《千頃堂書目・別集類》佘敬恩《鶴池集》八卷。四川青神人。太保肅敏公子俊孫，世襲南京錦衣衛指揮同知，充永寧參將。銅梁張肖甫序其集。

伐檀齋集

徐𤊹《徐氏家藏書目・別集類》張元凱《伐檀齋集》十二卷。字左虞，蘇州衛指揮使。王世貞序。

黄虞稷《千頃堂書目・別集類》張元凱《伐檀齋集》十二卷。字左虞，吴縣人，蘇州衛指揮。

《四庫提要・別集類二五》《伐檀齋集》十二卷。浙江孫仰曾家藏本。明張元凱撰。元凱字左虞，吴縣人。以世職爲蘇州衛指揮，再督漕北上，自免歸。少受《毛氏詩》，折節讀書，寄情詩酒。王世貞嘗序其詩，比之於沈慶之、曹景宗。及元凱没後，世貞曝書，得其行卷，自嘆知之未盡，復作詩以酹之，今竝載《四部稿》中。其詩大抵推陳出新，不襲窠臼。而風骨遒上，伉壯自喜，每淵淵有金石聲。所作《西苑宫詞》，《静志居詩話》謂其高出世貞之上。他如《北游》諸律，亦多不失矩矱。蓋其才華本富，又脱屣名利，胸次曠夷。故當瑯琊、歴下之派盛行，而能不囿於風氣，宜世貞之心折不置矣。

峋嶁山房集

黄虞稷《千頃堂書目・別集類》李元昭《峋嶁山房集》。字用晦，杭州人。世襲千户。

雲游稿

黄虞稷《千頃堂書目·别集類》 李元昭《雲游稿》。

農唱集

黄虞稷《千頃堂書目·别集類》 李元昭《農唱集》。

功狗集

黄虞稷《千頃堂書目·别集類》 張如蘭《功狗集》三十卷。字德馨。南京羽林衛世襲指揮，武舉第一，官至淮徐漕運參將。以子可大貴，特贈榮禄大夫、左都督。

寒松集

黄虞稷《千頃堂書目·别集類》 鄧城《寒松集》四卷。泉州衛指揮。

虎泉集

徐㶿《徐氏家藏書目·别集類》 施經《虎泉集》四卷。字引之。杭州衛千户。

黄虞稷《千頃堂書目·别集類》 施經《虎泉集》四卷。字引之。杭州衛千户。

虎泉詩選

范邦甸等《天一閣書目·别集類》 《虎泉詩選》四卷。刊本。明施經撰。豐坊序稱：「虎泉子以昭信校尉舉武魁，爲人廉恪愷弟，孝于母，友于弟，輯和其媢旅。禮上弗阿，待下以恩信，樂與賢士遊，表裏瑩豁，終始弗渝。當無事時，與吾輩談經榷文，敏悟洞詣。爲詩慕《騷》、《雅》，漢、魏、晉、唐名家，得其體裁，其書亦有晉、唐之法，以是縉紳之士翕然稱之。每立戰功，輒辭賞薦，有魯連子之風。其詩南宫生顧思叔爲銓定，參戎晏以吾刻之，屬予爲序。」

少蘿山人集

黄虞稷《千頃堂書目·别集類》 游同得《少蘿山人集》。婺源人。湖廣參政，震得弟。諳孫、吴兵法。

北上紀程稿

黄虞稷《千頃堂書目·别集類》 汪大倫《北上紀程稿》。字叔叙，婺源人。貢生，寧都永豐訓導。

亦樂堂稿

黄虞稷《千頃堂書目·别集類》 汪大倫《亦樂堂稿》。

擊缶集

黄虞稷《千頃堂書目·别集類》 汪大倫《擊缶集》。

承菴集

黄虞稷《千頃堂書目·别集類》 程纉洛《承菴集》。字速肖，休寧人。

正學存稿

黄虞稷《千頃堂書目·别集類》 方瓘《正學存稿》。字時素，婺源人。從湛若水遊。

方山文集

黄虞稷《千頃堂書目·别集類》 胡文彬《方山文集》。字仲質，績谿人。拔貢生，嚴州通判。

楚游稿

黄虞稷《千頃堂書目·别集類》 游再得《楚游稿》。字汝見，婺源人。震得弟，諸生。

蓮華山人集

黄虞稷《千頃堂書目·别集類》 游再得《蓮華山人集》。

一墩遺稿

黄虞稷《千頃堂書目·别集類》 謝顯《一墩遺稿》。字惟仁，祁門人。從湛若水遊。

光霽集

黄虞稷《千頃堂書目·别集類》 周頌《光霽集》。字德音，績谿人，貢生。蒲臺訓導。

思亭集

黄虞稷《千頃堂書目·别集類》 周頌《思亭集》。

激流勇退集

黄虞稷《千頃堂書目·别集類》 周頌《激流勇退集》。

續吾廬集

黄虞稷《千頃堂書目·别集類》 張一夔《續吾廬集》。孟元子。

少谷律選集

黄虞稷《千頃堂書目・别集類》 程橋《少谷律選集》。績谿人。

仰山集詠

黄虞稷《千頃堂書目・别集類》 胡珣《仰山集詠》。

蘇臺集

黄虞稷《千頃堂書目・别集類》 胡珣《蘇臺集》。績谿人。

河汾集

黄虞稷《千頃堂書目・别集類》 金原良《河汾集》。祁門人。

瞻聖樓集

黄虞稷《千頃堂書目・别集類》 吴守道《瞻聖樓集》。祁門人。

天倪子集

黄虞稷《千頃堂書目・别集類》 方逢龍《天倪子集》。祁門人。

鶴生集

黄虞稷《千頃堂書目・别集類》 余鑾芝《鶴生集》。婺源人。

武原集

黄虞稷《千頃堂書目・别集類》 鄭世延《武原集》□卷。别字東谷，海鹽人。

紅箱集

黄虞稷《千頃堂書目・别集類》 尤鏜《紅箱集》一卷。

停釣書

黄虞稷《千頃堂書目・别集類》 尤鏜《停釣書》一卷。

太行集

黄虞稷《千頃堂書目・别集類》 栗應宏《太行集》十六卷。字道甫，長治人。應麟弟。弱冠舉於鄉，試南宫，不售，以布衣終。

《明史・藝文志・别集類》 栗應宏《太行集》十六卷。

山居集

黄虞稷《千頃堂書目・別集類》 栗應宏《山居詩集》六卷。

《明史・藝文志・別集類》 栗應宏《詩》六卷。

《四庫提要・別集類存目五》 《山居集》八卷。浙江范懋柱家天一閣藏本。明栗應宏撰。應宏字道甫，長子人。嘉靖中舉人。屢試不第，耕讀太行山中。祥符高叔嗣謝病歸，應宏往與訂交，叔嗣作《紫團山人歌》贈之，是集即叔嗣所序也。集中惟五言近體頗有隱秀之致，餘體則自鄶無譏。《千頃堂書目》載是集作六卷，疑字之誤。又載有《太行集》十六卷，今未見傳本。

吾野漫筆

《四庫提要・別集類存目五》 《吾野漫筆》十三卷。浙江巡撫採進本。明許炯撰。炯字吾野，新會人，嘉靖中舉人。是集凡文七卷、詩六卷。前有自序，謂少時不慧，從羣兒騎竹馬，黏蜻蜓，捕鳥雀爲戲。未幾病痁忽劇，夢一父老出袖中書授之，俄墜而覺，自是遂能把筆作詩。其一卷首篇《述戒》，稱有「通玄先生過而誨之」云云。蓋才高而無所師法者，故其漫書各篇內，謂「范仲淹、揚雄之流也，胥於僭矣；蘇洵、荀卿之流也，隣於詐矣」。又謂「蘇洵《辨姦》，訾王安石也，吾以爲洵亦安石之徒」云云。皆率意一往，不復絜以規矩者也。

龍門集

黄虞稷《千頃堂書目・別集類》 侯一麐《龍門集》。字舜昭，樂清人。一元弟。

子坤集

黄虞稷《千頃堂書目・別集類》 金大輿《子坤集》二卷。上元人。大車弟，與大車俱從顧璘學詩。

《明史・藝文志・別集類》 金大輿《子坤集》二卷。

黄丕烈《蕘圃藏書題識・集類三》 《金子坤集》六卷。舊鈔本。

元夕倡和集

黄虞稷《千頃堂書目・別集類》 蘇潢《元夕倡和集》。號杏石。濂季弟。官王府審理。

游梁詩草

黄虞稷《千頃堂書目・別集類》 蘇潢《游梁詩草》。

榮善倡和集

黄虞稷《千頃堂書目・別集類》 蘇潢《榮善倡和集》。

蘇叔子集

黄虞稷《千頃堂書目・別集類》 《蘇叔子集》。蘇祐子。

蠛蠓集

范邦甸等《天一閣書目・總集類》 《蠛蠓集》六卷。刊本。有天一閣古司馬氏二圖章。明黎陽盧柟撰。自序稱摭録舊作并獄稿文若干首，騷賦若干首，雜體詩若干首，命其集曰「蠛蠓」。豫章萬恭有敘。

張萱等《内閣藏書目録・集部》 《蠛蠓集》五册。全。嘉靖間布衣盧柟著。

黄虞稷《千頃堂書目・別集類》 盧柟《蠛蠓集》五卷。字少楩，一字次楩，一字子木，濬縣人。太學生。

《明史・藝文志・別集類》 盧柟《蠛蠓集》五卷。

《四庫提要・別集類二五》 《蠛蠓集》五卷。禮部尚書曹秀先家藏本。明盧柟撰。柟字少楩，濬縣人。以貲爲國子監生。負才忤縣令，令誣以殺人，榜掠論死，淹繫數年。臨清謝榛走京師爲稱冤，適縣令已罷，平湖陸光祖代之，乃平反其獄，得不死。《明史・文苑傳》附載於榛傳中。是集爲嘉靖癸卯柟所自編，凡雜文二卷，賦一卷，詩二卷。前有自序，稱「蠛蠓者，醯雞也，取其潔於自奉，介於自守，不如蚊蚋之侵穢彊嘬。又以事繫獄，類蠛蠓之阨燕吭、罹蛛網，振其音而喑喑者。故以名集」。史稱其騷賦最爲王世貞所稱，詩亦豪放，如其爲人。今觀其集，雖生當嘉、隆之間，王、李之焰方熾，而一意往還，真氣坌涌，絶不染鉤棘塗飾之習。蓋其人光明磊落，藐玩一時，不與七子争聲名，故亦不隨七子學步趨。然而榛救之，世貞稱之，柟反因是重於世。亦可謂毅然自立，無所依附者矣。

黄丕烈《蕘圃藏書題識續録・集類下》 《蠛蠓集》五卷。明刻本。玉峰考棚上書賈雲集，有坊友攜「小讀書堆遺書」往售，内有《蠛蠓集》二册，甚古雅，索直二金，無可減，因置之。而長孫秉剛適於鄰坊，見有此集，未之識。歸述所見，命攜來，板刻正同。惟此竹紙與彼棉紙異耳。直不啻十分之一，遂購得。則諸明人集部中，居然與前明朝人集之舊刻者可伯仲也。集五卷，見家俞邰《明史・藝文志》，中有欠葉，「小讀書堆本」有之，當向借鈔補全。復翁庚辰三月記。《四庫提要》亦作五卷，與本書合，不知《簡明目録》何故有六卷之説，恐後人誤認別有六卷之本，致滋疑惑，特再標明之。穀雨後二日又記。

計欠卷三第六十三葉、卷五第十四葉。

盧次楩詩集

張萱等《内閣藏書目録・集部》 盧柟《盧次楩詩集》二册。全。

盧柟賦

《明史・藝文志・別集類》 《盧柟賦》五卷。

浮丘四賦

范邦甸等《天一閣書目・雜著類》 《浮丘四賦》一册。刊本。明黎陽盧柟撰。

黄虞稷《千頃堂書目・騷賦類》 盧柟《浮丘四賦》一卷。

次楩賦三十七篇

黄虞稷《千頃堂書目・騷賦類》 《次楩賦三十七篇》一卷。盧柟著。

管窺集

黄虞稷《千頃堂書目・別集類》 黄華《管窺集》五卷。

武陵集

黄虞稷《千頃堂書目・別集類》 施漸《武陵集》。字子羽，無錫人。以歲貢授海鹽縣丞。人評其詩如春竹積雪，寒松浮翠，又如寒鴉返照，流水孤村。

湖上篇

范邦甸等《天一閣書目·别集類》 《湖上篇》一册。刊本。龍珠山人李奎著。

徐㶿《徐氏家藏書目·别集類》 李珠山《湖上篇》一卷。字□□，錢塘人。嘉靖中布衣。

黄虞稷《千頃堂書目·别集類》 李奎《湖上篇》一卷。字伯文，錢塘人。以布政司吏目再考錦衣從事，與沈錬善。嘉靖中周旋詔獄諸人，錬疏劾嚴嵩，屬奎以後事，幾爲嚴世蕃所中，乃脱身歸死。而茅坤題其墓曰「詩人李珠山之墓」。

九山樵子集

黄虞稷《千頃堂書目·别集類》 仲春龍《九山樵子集》。字原仁，秀水人。以太學生選授文淵閣中書舍人。

象安詩集

徐㶿《徐氏家藏書目·别集類》 潘緯《象安詩集》四卷。字象安，歙縣人。嘉隆中布衣，太學生。許國序。

黄虞稷《千頃堂書目·别集類》 潘緯《象安詩集》四卷。《養疴》、《遊淮》、《園居》諸集。字仲文，一字象安，歙縣人。入貲爲武英殿中書。

《四庫提要·别集類存目七》 《潘象安詩集》四卷。浙江孫仰曾家藏本。明潘緯撰。緯字仲文，一字象安，歙縣人。家於白岳之下。萬曆中，以貲官武英殿中書舍人。歸田以後，有《養疴》、《遊淮》、《園居》諸集，此其彙刻之本也。五言古體多摹《文選》，七言古體學初唐，近體亦頗有大曆諸人風調，然音節暢而性情少，所謂得皮而未得髓者也。中間穎陽許國、嶺南區大相二人評語，如批點時文之法，亦非古人體例。

南游　東山　蒹葭　得已詩集

黄虞稷《千頃堂書目·别集類》 周錫《南游》《東山》《蒹葭》《得已詩集》。字子純，太倉人，以薦授潮州府通判。

玉芝樓稿

范邦甸等《天一閣書目·别集類》 《玉芝樓稿》二卷。刊本。明通郡于野曹大同子貞著。卷末附《贈言詩》十三首，并文二篇，一林懋舉撰，一黄士觀撰。

黄虞稷《千頃堂書目·别集類》 曹大同《玉芝樓稿》十一卷。字子貞，南直隸通州人。歲貢，授光禄寺署丞。

嘉樹齋稿

黄虞稷《千頃堂書目·别集類》 張循占《嘉樹齋稿》。字元易，蒲州人。光禄寺署丞。

列藝集

黄虞稷《千頃堂書目·别集類》 沈堯龍《列藝集》。字易之，湖州人。貢生，官鹽運司。

長林片葉

黄虞稷《千頃堂書目·别集類》 魏學禮《長林片葉》二十四卷。字季朗，長洲人。歲貢，廣平府同知。與劉鳳齊名，合刻詩曰《比玉集》。

《明史・藝文志・別集類》《魏學禮集》二十四卷。

龍川集

張萱等《内閣藏書目録・集部》《孟龍川文集》十册。全。黎陽孟思著。

黄虞稷《千頃堂書目・別集類》孟思《龍川集》。濬縣人。通判。

朱仲子集

黄虞稷《千頃堂書目・別集類》朱永年《朱仲子集》。字仲開，儀真人。光山知縣。

石溪集

黄虞稷《千頃堂書目・別集類》嚴怡《石溪集》。字士和，如皋人。以貢爲博平訓導，終堂邑王教授。

英廉奏《全毀書目》《嚴石谿集》六本。明嚴怡撰。

侯蟲鳴

范邦甸等《天一閣書目・別集類》《侯蟲鳴》一卷。刊本。明石谿嚴怡著，鶴田蔡圻選，嘉靖戊戌二月自序。

甬東山人稿

黄虞稷《千頃堂書目・別集類》吕時臣《甬東山人稿》七卷。字仲父，鄞縣人。爲衡王客。王刻其詩。

《四庫提要・別集類存目七》《甬東山人稿》七卷。浙江巡撫採進本。明吕時臣撰。時一名時臣，字仲父，鄞縣人。遊衡王、瀋王諸邸，亦當時所謂山人者也。時年六十，即治生壙於句章之夕陽里，自撰《墓銘》，述所著有「詩文集」及「樂府」等稿。此集刻於萬曆辛巳，皆詩無文。陳子龍《明詩選》稱其頗有高、岑遺調。蓋萬曆以後，公安、竟陵交煽僞體，幺絃側調，無復正聲，時詩在淫哇嘈囋之秋，尚爲不墜風格。故子龍見近似者而喜也。

西陵集

黄虞稷《千頃堂書目・別集類》尤嘉《西陵集》。字子嘉，嘉興人。亦趙康王客。

二雁山人集

黄虞稷《千頃堂書目・別集類》康從理《二雁山人集》。字裕卿，永嘉人。任俠能詩，與曹子念爲死友，子念刻其遺詩。

薊門稿

黄虞稷《千頃堂書目・別集類》方元淇《薊門稿》二卷。字景武，莆田人。戚繼光客。

白陽集

黄虞稷《千頃堂書目・別集類》陳淳《白陽詩集》八卷。字道復，後以字行，更字復甫，長洲人。國子監生。

《明史・藝文志・別集類》 陳淳《白陽詩集》八卷。

《四庫提要・別集類存目五》 《白陽集》。無卷數。江蘇巡撫採進本。 明陳淳撰。淳字道復，後以字行，別字復甫，號白陽山人，長洲人。以諸生援例入北監，卒業歸，不復就選。《明史・文苑傳》附見《文徵明傳》中。淳少從徵明游，以書畫擅名，爲世寶重。詩則寄意而已，非其所長。是集其五世從孫仁錫所編，以同時贈答之篇附之卷末，與沈周集合刻之，以兩人之詩皆爲畫掩也。

山居稿

黄虞稷《千頃堂書目・別集類》 岳岱《山居稿》三十一卷。字東伯，蘇州衛人，自稱秦餘山人。有《詠懷詩》九十六篇，見稱於人。

《明史・藝文志・別集類》 岳岱《山居稿》三十卷。

漳餘子集

黄虞稷《千頃堂書目・別集類》 岳岱《漳餘子集》。

石東山房稿

黄虞稷《千頃堂書目・別集類》 唐詩《石東山房稿》。字子言，無錫人。

霞溪漫稿

黄虞稷《千頃堂書目・別集類》 牟嘉叙《霞溪漫稿》。字寅定，黄巖人。

友録稿

黄虞稷《千頃堂書目・別集類》 陳體文《友録稿》。字仲約，號寄委。江陰學生。詩不留草，其友花左室見輒手録之，故名《友録稿》。

卷石山房稿

黄虞稷《千頃堂書目・別集類》 方學箕《卷石山房稿》。字紹卿。學漸從弟。

張氏集

黄虞稷《千頃堂書目・別集類》 張士淪《張氏集》。字心文，崑山人。

長吟閣稿

黄虞稷《千頃堂書目・別集類》 吴擴《長吟閣稿》。字子充，長洲人。

貞素堂集

黄虞稷《千頃堂書目・別集類》 吴擴《貞素堂集》五卷。

梧野集

黄虞稷《千頃堂書目・別集類》 鄭玄撫《梧野集》。字思祈，歙縣人。

玄石山房草

黄虞稷《千頃堂書目·别集類》 邵正己《玄石山房草》。字格之，休寧人。

吴有中詩集

黄虞稷《千頃堂書目·别集類》 吴錦《吴有中詩集》。字有中，休寧人。

大石山人稿

黄虞稷《千頃堂書目·别集類》 程柶《大石山人稿》。字來周，休寧人。

文起齋集

黄虞稷《千頃堂書目·别集類》 張應武《文起齋集》。字茂仁，嘉定人。

游　記

黄虞稷《千頃堂書目·别集類》 張應武《游記》一卷。

九野稿

黄虞稷《千頃堂書目·别集類》 孫良器《九野稿》。字貢父，休寧人。

石西集

黄虞稷《千頃堂書目·别集類》 汪子祐《石西集》。字受夫，祁門人。

英廉奏《抽毁書目》 《石西集》二本。查《石西集》，係明汪子祐撰。其集作於嘉靖年間。卷一刻本有空格處，當係違礙。卷五《弔岳武穆詩》，語意偏謬，應請抽燬。

《四庫提要·别集類存目五》 《石西集》八卷，附《崇禮堂詩》一卷。編修汪如藻家藏本。明汪子祐撰。子祐字受夫，别號石西，石門人。性喜爲詩，自二十歲至七十歲，皆編年爲集。後其玄孫宗豫蒐輯遺稿，屬汪懋麟等定爲是編。凡詩六卷，賦一卷，文一卷，後附《崇禮堂詩》一卷，則宗豫父伯薦之作。伯薦字士倩，崇禎戊辰恩貢生。

浮丘山人集

黄虞稷《千頃堂書目·别集類》 李敏《浮丘山人集》。字功甫，休寧人。

廣　篇

黄虞稷《千頃堂書目·别集類》 郭第《廣篇》。字次甫，長洲人。隱於焦山，常爲嵩岱遊。

獨往生集

黄虞稷《千頃堂書目·别集類》 郭第《獨往生集》一卷。

廣遊篇

徐𤊹《徐氏家藏書目・別集類》 郭第《廣遊篇》一卷。字次甫，鎮江人。萬曆初山人。陳文燭爲序。

少谷集

黃虞稷《千頃堂書目・別集類》 張文介《少谷集》。字惟守，龍游人。

題行集

黃虞稷《千頃堂書目・別集類》 張文介《題行集》一卷。龍游人。

代贄集

黃虞稷《千頃堂書目・別集類》 張文介《代贄集》一卷。

醉吟集

黃虞稷《千頃堂書目・別集類》 張文介《醉吟集》一卷。

障風集

黃虞稷《千頃堂書目・別集類》 余慶《障風集》。字惟德，固始人。貢生。

睡足軒詩集

黃虞稷《千頃堂書目・別集類》 邊習《睡足軒詩集》一卷。字仲學，歷城人。尚書貢仲子。

邊仲子詩

《四庫提要・別集類存目四》 《邊仲子詩》一卷。山東巡撫採進本。明邊習撰。習字仲學，濟南人，户部尚書貢之次子。王士禛《論詩絶句》所謂「不及尚書有邊習，猶傳林雨忽霑衣」者是也。貢雖仕宦通顯，而圖籍以外無餘資，習竟貧困以没，僅存其七十歲客孫氏時詩一卷。本名《睡足軒集》，士禛與徐夜共選定之，附刻其父詩集後，改題今名。習詩遠不及其父，尤多應俗之作。其《輓李東陽》二詩，論雖公而評太訐，亦乖詩品，夜等特以名父之子重之耳。

白榆園稿

黃虞稷《千頃堂書目・別集類》 張翣《白榆園稿》。字禹卿，南昌人。生員。

石南集

黃虞稷《千頃堂書目・別集類》 鄭坤《石南集》。字順卿，吴縣人。

燕市集

黃虞稷《千頃堂書目・別集類》 黃河水《燕市集》。初名德水，字清父，省曾子。

蘭芬集

黄虞稷《千頃堂書目·别集類》 黄河水《蘭芬集》。

碧雞集

黄虞稷《千頃堂書目·别集類》 黄河水《碧雞集》。

彭澤稿

黄虞稷《千頃堂書目·别集類》 秦嘉禾《彭澤稿》。字吾田。桐城處士。自號大龍山人。

石盂集

黄虞稷《千頃堂書目·别集類》 汪恒《石盂集》七卷。字仲安，鄞縣人。汪玉子。國子監生，程番府通判。集爲楊伯翼所選定，屠長卿爲序。

劍津集

黄虞稷《千頃堂書目·别集類》 鍾夏《劍津集》。字時叔，海鹽人。梁子。

惺庵文集

黄虞稷《千頃堂書目·别集類》 潘子嘉《惺庵文集》。字汝亨，六安州人。鏜子。從學湛若水。

金聲玉振集

范邦甸等《天一閣書目·别集類》 《金聲玉振集》二十册。刊本。不著撰人名氏。

江南春集

黄虞稷《千頃堂書目·别集類》 袁表《江南春集》。字邦正，號陶齋，吴縣人。臨江府通判。

夢菴集

黄虞稷《千頃堂書目·别集類》 徐韋觀《夢菴集》。字明佩，江陰人。國子監生。

紀志稿

黄虞稷《千頃堂書目·别集類》 沈倬《紀志稿》。字道章。吴江諸生，以子琦、珫、珣貴，累贈通奉大夫。

古漳集

黃虞稷《千頃堂書目・別集類》 鄭鳳《古漳集》四卷。字子靈，邵武人。嘉靖貢士，萬州判。

屏南集

徐𤊹《徐氏家藏書目・別集類》 沈東《屏南集》十卷。字元震，號水南，華亭人。嘉靖中歲貢，興化教官，仕至湖州同知。徐少師階是其受業門人也。給事中門人張承憲爲之梓，唐樞、徐獻忠、沈愷爲之序。

黃虞稷《千頃堂書目・別集類》 沈東《屏南集》十卷。字元震，華亭人。歲貢，湖州府同知。

《明史・藝文志・別集類》 沈東《屏南集》十卷。

西橋集

黃虞稷《千頃堂書目・別集類》 劉鋭《西橋集》。字汝中，大學士劉珝子。以父任歷官太常寺卿，兼翰林院五經博士，好聚書，嘗刻其古今同姓文集五十餘家行世。

望洋遺稿

黃虞稷《千頃堂書目・別集類》 劉鋭《望洋遺稿》。

承恩應制等編

黃虞稷《千頃堂書目・別集類》 劉鋭《承恩應制等編》。

崑崙山人詩集

黃虞稷《千頃堂書目・別集類》 張言《崑崙山人詩集》。字子言，宛平人。

飢豹存稿

徐𤊹《徐氏家藏書目・別集類》 李萬平《飢豹存稿》八卷。字惟衡，號芒湖，豐城人。嘉靖中諸生，以子遂貴，封刑部郎中。壽八十，孫材較梓。

黃虞稷《千頃堂書目・別集類》 李萬平《飢豹存稿》八卷。字惟衡，南昌人。諸生。李遂父。

環山樓集

黃虞稷《千頃堂書目・別集類》 吴玧《環山樓集》六卷。字汝秀，長興人。精「皇極經世」之學，人比之祝泌。

《明史・藝文志・別集類》 吴玧《環山樓集》六卷。

玉露堂稿

黃虞稷《千頃堂書目・別集類》 顧源《玉露堂稿》四卷。字清甫，江寧人。精禪理，書畫皆工妙。

甌江集

徐㶿《徐氏家藏書目·別集類》 張遜業《甌江集》二卷。字有功，永嘉人。文忠孚敬之子。

黄虞稷《千頃堂書目·別集類》《甌江集》二卷。張遜業著。

鳴玉集

范邦甸等《天一閣書目·別集類》《鳴玉集》一卷。刊本。永嘉張遜業著。松陽徐夢易校并序。

黄虞稷《千頃堂書目·別集類》 張遜業《鳴玉集》。字有功，永嘉人。孚敬次子。太僕寺卿。

使郢集

黄虞稷《千頃堂書目·別集類》 張遜業《使郢集》。

諸　草

徐㶿《徐氏家藏書目·別集類》 張邦侗《諸艸》共十卷。字孺愿，號越門。時徹之子。官光禄署丞。

黄虞稷《千頃堂書目·別集類》 張邦侗《諸草》十卷。字孺愿。時徹子。以父任官光禄署丞。

櫟丘集

黄虞稷《千頃堂書目·別集類》 虞舜卿《櫟丘集》。字國賓，錢塘人。

逸菴詩稿

黄虞稷《千頃堂書目·別集類》 徐恕《逸菴詩稿》。字叔勉，仁和人。處士。

山樵漫草

黄虞稷《千頃堂書目·別集類》 唐俞審《山樵漫草》。字聖言，海寧人。

秋吟草

黄虞稷《千頃堂書目·別集類》 沈一鳴《秋吟草》。字平叔，海寧人。

晚峰集

黄虞稷《千頃堂書目·別集類》 邵琇《晚峰集》。字佩之，富陽人。

言志集

黄虞稷《千頃堂書目·別集類》 駱驤《言志集》。字子龍，嘉興人。

采樵谿集

黄虞稷《千頃堂書目·别集類》 張服《采樵谿集》二卷。秀水人。

和寒山詩

黄虞稷《千頃堂書目·别集類》 張守約《和寒山詩》一卷。號梅村，秀水人。

金臺甲子稿

范邦甸等《天一閣書目·總集類》 《金臺甲子稿》一卷。刊本。明池陽方新著，四明柴縈編。

金臺乙丑稿

范邦甸等《天一閣書目·總集類》 《金臺乙丑稿》一卷。刊本。方新著。

關中集

范邦甸等《天一閣書目·别集類》 《關中集》二卷。刊本。方新著。

又《總集類》 《關中集》二卷。刊本。明方新著。

也石林

徐𤊹《徐氏家藏書目·别集類》 張應雷《也石林》四卷。字思豫，號順齋，金谿人。隆慶辛未進士，湖州府推官。

西征集

范邦甸等《天一閣書目·别集類》 《西征集》二卷。刊本。明王世美著，西蜀王三錫校，盧整序。

繼志録

張萱等《内閣藏書目録·集部》 《繼志録》四册。全。嘉靖間宣城張劾著。

止一集

張萱等《内閣藏書目録·集部》 《止一集》二册。全。嘉靖間中書舍人蒲坂王珂著。

陳山人集句

張萱等《内閣藏書目録·雜部》 《陳山人集句》二册。全。嘉靖間莆田陳言集唐句也。

民間集

徐𤊹《徐氏家藏書目·别集類》 沈郊《民間集》一卷。字用遠，吴縣人。嘉靖中山人。

雲間百詠

王圻《續文獻通考·經籍考·詩集》 《雲間百詠》。上海劉邦輔著。

尚素齋稿

黄虞稷《千頃堂書目·别集類》 趙錦《尚素齋稿》。字尚素，東陽人。

寄興吟

黄虞稷《千頃堂書目·别集類》 趙錦《寄興吟》。

金台稿

高儒《百川書志·集·國朝》 《金台稿》一卷。鯨川子滄洲馬縉孔儀奉使保定時作。

古愚詠物詩

高儒《百川書志·别集》 《古愚詠物詩》一卷。皇明古愚山人孫蔓著。立題入意，又異謝、瞿矣。

林齋老學課

高儒《百川書志·别集》 《林齋老學課》一卷。失作者。爰自命題，率性情之正，七言絶凡百首。

和唐詩絶句

高儒《百川書志·别集》 《和唐詩絶句》一卷。皇明餘姚楊節居儉初和。

金沙賦

高儒《百川書志·别集》 《金沙賦》。皇明金沙知縣石屏子戴璟撰。凡四賦。

天谷集

徐𤊹《徐氏家藏書目·别集類》 周時復《天谷集》七卷。字懋修，長洲人。

玉厓詩集

范邦甸等《天一閣書目・總集類》 《玉厓詩集》十卷。刊本。明上海姚章著，文徵明序，卷首有玉厓自製《生誌》一首。

寓粤稿

徐㶿《徐氏家藏書目・別集類》 戴嘉謨《寓粤稿》二卷。字□□，號白泉，績溪人。嘉靖中貢士，官廣東按察使，司經歷。

素軒吟稿

徐㶿《徐氏家藏書目・別集類》 喻燮《素軒吟稿》三卷。字廷理，新建人。嘉靖中布衣。蘭溪胡應麟爲序。

饞竹山人稿

黄虞稷《千頃堂書目・別集類》 俞鎖《饞竹山人稿》。字□□，休寧人。

枕麴集

黄虞稷《千頃堂書目・別集類》 林春秀《枕麴集》六卷。字子實，古田人。

兩京賦

黄虞稷《千頃堂書目・騷賦類》 黄器先《兩京賦》一卷。

中弇山人稿

英廉奏《全毁書目》 《中弇山人稿》四本。明吴士嘯撰。

蘭莊集

黄虞稷《千頃堂書目・別集類》 都御史王應鵬母金氏《蘭莊集》一卷。名文貞，鄞縣人，封太淑人。

《明史・藝文志・別集類》 金文貞《蘭莊詩》一卷。

緑窗詩稿　續稿

黄虞稷《千頃堂書目・別集類》 當塗芮孺妻端淑卿《緑窗詩稿》。又《續稿》四卷。教諭端廷弼女。

《明史・藝文志・別集類》 端淑卿《緑窗詩稿》四卷。

閨中集

黄虞稷《千頃堂書目・別集類》 潘仲徽妻陳氏《閨中集》。閩縣人。仲徽，嘉靖己未進士。

屈氏詩集

黄虞稷《千頃堂書目・别集類》 韓安人《屈氏詩集》。華陰人，總督漕運右副都御史屈直女，參議朝邑韓邦靖妻，封安人，武功康海序。

卜氏悟玄詩稿

黄虞稷《千頃堂書目・别集類》 文學陶澄中妻《卜氏悟玄詩稿》。道號悟玄，嘉興人，少參卜相女。

董少玉詩

黄虞稷《千頃堂書目・别集類》 西陵董少玉《遺稿》一卷。麻城周宏禴繼室。

《明史・藝文志・别集類》 《董少玉詩》一卷。

樸　草

黄虞稷《千頃堂書目・别集類》 于奕正《樸草》。初名繼魯，字司直。宛平儒學生。

冬溪集

黄虞稷《千頃堂書目・别集類》 方澤《冬溪内外集》八卷。字雲卿，嘉善人，秀水精嚴寺僧。

《明史・藝文志・别集類》 方澤《冬谿内外集》八卷。

《四庫提要・别集類存目五》 《冬谿集》二卷。浙江巡撫採進本。明釋方澤撰。方澤字雲望，號冬谿，嘉善人。秀水精嚴寺僧也。《明詩選本》載方澤詩，俱作《冬谿内外集》，據此本實作《冬谿外内集》。上卷爲外集，下卷爲内集，以詩爲外，以文爲内。蓋詩多涉文字，而文皆闡禪義。故其下卷之詩，亦不謂之詩而謂之偈。則其外内之義，即程氏之「外學」、「内學」。作「内外」者，誤也。集中文章狷率，不出方丈語録之格。詩稍近雅而亦不工。

冬谿外集

范邦甸等《天一閣書目・總集類》 《冬谿外集》二卷。刊本。明嘉善釋方澤著，陸光祖選并序。

巽麓草堂詩集

黄虞稷《千頃堂書目・别集類》 汪瑗《巽麓草堂詩集》。字玉卿。歙諸生。

田兵部集

范邦甸等《天一閣書目・别集類》 《田兵部集》六卷。朱絲闌鈔本。不著撰人名氏。集中有贈嚴介翁暨謝四溟詩，知爲嘉、隆間人。

雜　詩

徐𤊹《徐氏家藏書目・别集類》 李洞《雜詩》六種。《偶存》、《蒹葭》、《烏言》、《瑶華》、《丹山》、《咏注》。字封若。

鶯鳩小紀

徐𤊹《徐氏家藏書目·四六類》 連繼芳《鶯鳩小紀》二卷。

破瓢道人詩

黄虞稷《千頃堂書目·别集類》 吴孺子《破瓢道人詩》二卷。字少君，蘭谿人，嘉隆間以黄冠游吴楚間。

吴少君詩

黄虞稷《千頃堂書目·别集類》 《吴少君詩》二卷。吴孺子著。

伽音集

黄虞稷《千頃堂書目·别集類》 袁九淑《伽音集》。字君嬺，通州人，布政袁隨女，錢良胤妻。集屠隆爲序。

《明史·藝文志·别集類》 袁九淑《伽音集》一卷。

蒼雪齋稿

黄虞稷《千頃堂書目·别集類》 張維《蒼雪齋稿》三卷。字四維，霸州人，性廉静。隆慶初選入伴讀東宫，歷乾清宫管事，御馬監太監，萬曆中提督内忠勇營。工詩能畫，多與士大夫交，嘗於禁中退食地植竹數竿，定陵題之曰蒼雪，因以名其詩。

兩芝山房稿

徐𤊹《徐氏家藏書目·别集類》 張維《兩芝山房稿》三卷。字四維，號範吾。順天府永清人，嘉隆朝内監。

聞鶴亭漫集

范邦甸等《天一閣書目·别集類》 《聞鶴亭漫集》一册。刊本。明陳朝錠著，王庭欽序。

冶城真寓存稿　續稿

黄虞稷《千頃堂書目·别集類》 李登《冶城真寓存稿》八卷，又《續稿》二十一卷。字士龍，上元人。貢士，崇仁教諭。

四留軒集

黄虞稷《千頃堂書目·别集類》 吴丕顯《四留軒集》。字希文，華亭人。承天府通判。

句漏草

黄虞稷《千頃堂書目·别集類》 鄭學醇《句漏草》。順德人。知縣。

滄適齋集

黄虞稷《千頃堂書目·别集類》 路九同《滄適齋集》二十卷。鐙仲子，上元人。通山知縣。

印湖先生集

黄虞稷《千頃堂書目·别集類》 馬汝賢《印湖先生集》。平湖人。

習菴文集

黄虞稷《千頃堂書目·别集類》 汪朝仕《習菴文集》。開化人。

三徑集

黄虞稷《千頃堂書目·别集類》 凌雲鵬《三徑集》。字萬里，休寧人。都匀知府。

緒昌堂稿

黄虞稷《千頃堂書目·别集類》 梁紹震《緒昌堂稿》。字泰臺，順德人。平樂府同知。

語溪宗輔

徐𤍠《徐氏家藏書目·别集類》 胡其久《語溪宗輔》二卷。字懋敬，號龍賓，崇德人，嘉靖中鄉舉。

白雪樓詩集

范邦甸等《天一閣書目·别集類》 雷氏《白雪樓詩集》三卷。刊本。明舒州雷鳴春著。隆慶辛未朱宙楨序稱：「古舒雷公肇元擅賦詠才，不爲近世聲偶，其格調高雅，傳於詞林。曩官西曹，因題其集曰《白雪樓》，志所自也。余過南陽，公守是郡，唐藩宗正紹齋君刻斯集成，辱命爲序。」

李中丞文集

《四庫提要·别集類存目六》 《李中丞文集》二卷。江西巡撫採進本。明李淶撰。淶字源甫，號養愚，雩都人。隆慶辛未進士，官至右僉都御史，巡撫應天。是集爲國朝康熙十年其里人易學實所刻。大抵皆應俗之作，蓋淶本以清介著，學實之刻其遺文，特重其爲人耳。

叢桂山房彙稿

黄虞稷《千頃堂書目·别集類》 張位《叢桂山房彙稿》十卷。字名誠，南昌人。少保兼太子太保，吏部尚書，武英殿大學士。謚文端。

閒雲館別編

黄虞稷《千頃堂書目・別集類》 張位《閒雲館別編》十九卷。

山中唫稿

張萱等《内閣藏書目録・集部》 張太史《山中唫稿》一册。大學士張公位著。

閒雲館集鈔

《四庫提要・別集類存目六》 《閒雲館集鈔》六卷。兩江總督採進本。明張位撰。位有《問奇集》，已著録。是集據于慎行原序，有内外二編。今本乃其從子希載所選録，故名《集鈔》。每篇具綴評語，皆希載所爲。《明史》稱位當神宗竝封三王，遽請篤修交泰，早兆高禖，及疏薦楊鎬，依違礦税諸事。其疏稿是集皆不載，蓋希載諱而删之也。又史稱位謚文莊，而此集皆稱文端，則未喻其故矣。集刻於康熙九年，而首有黎元寬序，蓋明末編訂之時，元寬尚在云。

去僞齋集

黄虞稷《千頃堂書目・別集類》 吕坤《去僞齋集》十四卷。字新吾，寧陵人。刑部左侍郎。

英廉奏《抽毁書目》 《去僞齋集》十二本。查《去僞齋集》，係明吕坤撰。卷一《邊計民艱疏》第十一條，卷三《寄石東泉書》，卷五《送宫保方金湖叙》、《陝西武鄉試録序》、《山東武鄉試録序》，俱有偏謬，應請抽燬。

《四庫提要・別集類存目六》 《去僞齋文集》十卷。江蘇巡撫採進本。明吕坤撰。坤有《四禮疑》，已著録。是集爲其孫慎多等所刊。坤於明季講學諸儒中，最爲篤實。是集亦多有裨世道之文，而出於後人之編録，一切俳諧筆墨，無不具載。夫韓愈《雜説》僅數條耳，其他寓言，惟《毛穎傳》、《革華傳》、《石鼎聯句》編入集中，《嘲鼾睡》諸篇即不編入，李漢所以爲有識。惜編是集者昧此也。至於應俗之文，連牘不已，益爲眼中金屑矣。

南遊稿

黄虞稷《千頃堂書目・別集類》 唐鶴徵《南遊稿》一卷。字□□，武進人，順之子。太常寺少卿。

北遊稿

黄虞稷《千頃堂書目・別集類》 唐鶴徵《北遊稿》一卷。

灌息亭集

黄虞稷《千頃堂書目・別集類》 劉伯淵《灌息亭集》。字静之，慈谿人。江西按察副使。

郊居遺稿

徐𤊹《徐氏家藏書目・別集類》 沈懋學《郊居遺稿》十卷。字君典，號少林，宣城人。萬曆丁丑狀元，授翰林院修撰，卒。

黄虞稷《千頃堂書目・別集類》 沈懋學《郊居遺稿》六卷。字君典，宣城人。

一甲第一人，翰林院修撰。追謚文節。一作十卷。

《明史・藝文志・別集類》 沈懋學《郊居稿》六卷。

《四庫提要・別集類存目六》 《郊居遺稿》十卷。安徽巡撫採進本。明沈懋學撰。懋學字君典，宣城人。萬曆丁丑進士第一，授翰林院修撰，追謚文節。事蹟附見《明史・田一儁傳》。是編詩三卷，雜文七卷，萬曆乙巳其兄子有容刻於福建。懋學官翰林時，值張居正奪情，與吴中行、趙用賢謀各上疏，吴、趙皆受杖去國，而懋學疏章爲人所持，不果進。乃貽居正子嗣修書，又與工部尚書李幼滋書以争之。今集中有《擬救建言諸臣令大學士張居正奔喪疏》一篇，蓋即其時未上之稿。然非擬疏之難，上疏之難也。既未上矣，存之何爲乎？

舒莊僖公集

黄虞稷《千頃堂書目・別集類》 舒化《舒莊僖公集》。字□□，臨川人。刑部尚書。

温恭毅公集

《四庫提要・別集類二五》 《温恭毅公集》三十卷。江蘇巡撫採進本。明温純撰。純字希文，三原人。嘉靖乙丑進士，官至左都御史，謚恭毅。事蹟具《明史》本傳。純在隆、萬之際，正色立朝。初忤張居正，罷官。再起，又與中使争礦税。卒以忤沈一貫致仕。可謂毅然自立，不負君國。雖厄於群小，無一日安於其位。而日久論定，究稱名臣。其奏疏皆切中情事，字句或失之太質。而明白曉暢，易於觀覽，蓋期於指陳利弊，初不以文字爲工。其他序記銘傳諸體，則多雅飭可誦。詩凡八卷，大抵沿溯七子之派而稍失之粗。尺牘五卷，亦多關時政。末一卷爲《理學六十一則》，皆論學語録，大旨以程、朱爲本，不宗姚江，而亦不甚駁姚江。蓋純一生惟以國是爲己任，所争者不在此也。言以人重，其此集之謂歟。

學一堂全集

黄虞稷《千頃堂書目・別集類》 温純《學一堂全集》□卷。字□□，三原人。左都御史。

學一堂詩集

黄虞稷《千頃堂書目・別集類》 温純《學一堂詩集》□卷。

皇華紀實

黄虞稷《千頃堂書目・別集類》 陳矩《皇華紀實》一卷。

祝無功集

黄虞稷《千頃堂書目・別集類》 祝世禄《祝無功集》八卷。字無功，號石林，德興人。南京吏科給事中，尚寶司丞。

環碧齋詩集　尺牘

《四庫提要・別集類存目四》 《環碧齋詩集》三卷，《尺牘》三卷。浙江孫仰曾家藏本。明祝世禄撰。世禄有《環碧齋小言》，已著録。《西江志》稱其工詩善草書，談理獨抒心得。今觀其詩，格調頗伉爽，而簡汰未嚴，尺牘更開三袁一派矣。所謂談理獨抒心得者，殆即指《小言》，已訂正於雜家類中，兹不具論焉。

蓀谷集

黃虞稷《千頃堂書目·別集類》《蓀谷集》六卷。萬曆間人，不詳其名。

華禮部集

黃虞稷《千頃堂書目·別集類》華叔陽《華禮部集》八卷。字起龍，無錫人。禮部主事。

《四庫提要·別集類存目六》《華禮部集》八卷。浙江巡撫採進本。明華叔陽撰。叔陽字起龍，無錫人。隆慶戊辰進士，官禮部主事，年二十九卒。叔陽爲華察之子，王世貞之壻。故所作五言，頗有父風。七言則詞調朗暢，兼涉太倉流派。其以詩部、文部分卷，亦仿世貞《四部稿》式也。

初庵集

黃虞稷《千頃堂書目·別集類》方揚《初庵集》十六卷。字思善，歙縣人。杭州知府。

《四庫提要·別集類存目六》《方初菴集》十六卷。浙江孫仰曾家藏本。明方揚撰。揚字思善，號初菴，歙縣人。隆慶辛未進士，官至杭州府知府。是集第一卷爲語録，二卷爲箴論，三、四卷爲詩，五卷至十六卷爲雜文。其語録、箴論，尚皆切實。惟詩文多應酬之作。末附莅官時諸告條，尤爲冗雜。揚本有《山中》、《燕中》、《中州》、《南署》等稿，此集乃其門人賀燦然所合編也。

醉經樓集

黃虞稷《千頃堂書目·別集類》唐伯元《醉經樓集》六卷。字□□，澄海人。官文選郎中。

太玉洞齋稿

黃虞稷《千頃堂書目·別集類》王光蘊《太玉洞齋稿》。字季宣，永嘉人。

連理堂集

黃虞稷《千頃堂書目·別集類》方學漸《連理堂集》。字達卿，桐城人。貢生。

覆瓿集

黃虞稷《千頃堂書目·別集類》林烴《覆瓿集》六卷。字貞耀，閩縣人。庭機子。南京工部尚書。

《四庫提要·別集類存目五》《覆瓿草》六卷。浙江汪汝瑮家藏本。明林烴撰。烴字貞耀，閩縣人。嘉靖壬戌進士，官至南京工部尚書。事蹟附見《明史·林瀚傳》。集首有王穉登序，言烴官未踰藩鎮，既告歸，幾二十年，乃以薦爲太僕，俄復請歸。與史不合。蓋史舉其所終之官，穉登所稱則其刻集時官也。穉登序極論七子末流之弊，而獨稱烴詩爲有道之言。然是集爲胡應麟所編，應麟故依附七子者，集中所録，大抵舊調居多，新意殊少，仍七子之支派而已。

江籬館集

徐𤊹《徐氏家藏書目·別集類》趙來亨《江籬館集》十卷。字修父，南昌人。萬曆□□進士。淮安知府。

鍾臺集

黄虞稷《千頃堂書目・别集類》 田一儁《鍾臺遺稿》十二卷。字德萬，大田人。會元，禮部左侍郎。

《明史・藝文志・别集類》 田一儁《鍾台遺稿》十二卷。

英廉奏《抽毁書目》 《鍾台集》六本。查《鍾台集》，係明田一儁撰。卷一《納二臣正議疏》、卷五《贈陳君筆山序》，語有違謬，應請抽燬。

《四庫提要・别集類存目六》 《鐘臺集》十二卷。福建巡撫採進本。明田一儁撰。一儁字德萬，大田人。隆慶戊辰進士，官至禮部侍郎。事蹟具《明史》本傳。一儁褆身嚴苦，家無餘貲。爲侍講時，以劾張居正，救吴中行，有直聲。其人自正，詩文則未能逮古也。

朱秉器集

《四庫提要・别集類存目六》 《朱秉器集》八卷。浙江汪汝瑮家藏本。明朱孟震撰。孟震有《河上楮談》，已著録。此集文四卷，詩四卷，爲張九一所選録。文不出當時習尚，詩則音節諧暢，而意境不深。

郁木生吟稿

徐𤊹《徐氏家藏書目・别集類》 朱孟震《郁木生吟稿》二卷。字秉器，號明虹，新淦人。隆慶戊辰進士，官副都御史。

黄虞稷《千頃堂書目・别集類》 朱孟震《郁木生吟稿》八卷。字秉器，新淦人。巡撫山西，副都御史。

青門先生文集

黄虞稷《千頃堂書目・别集類》 蔡文範《青門先生文集》十八卷。字伯華，江西新昌人。官刑部主事。艾穆、沈思孝抗疏被杖，文範周旋護視之，中計典謫福建運司，官七年。江陵殁，起武庫郎中，出爲湖廣副使，升廣東参政卒。

《明史・藝文志・别集類》 《蔡文範文集》十八卷。

縉雲齋稿

黄虞稷《千頃堂書目・别集類》 蔡文範《縉雲齋稿》。

甘露堂集

黄虞稷《千頃堂書目・别集類》 蔡文範《甘露堂集》。

焚餘草

黄虞稷《千頃堂書目・别集類》 鍾庚陽《焚餘草》。字長卿，秀水人。刑部員外。

曼衍集

黄虞稷《千頃堂書目・别集類》 衛承芳《曼衍集》十卷。字□□，達州人。南京户部尚書。

臨安集

黄虞稷《千頃堂書目·别集類》 劉紹卹《臨安集》。令臨安時作。字□□，安陸人。博學工詩文，累官雲南按察司僉事。

瀟湘集

黄虞稷《千頃堂書目·别集類》 劉紹卹《瀟湘集》。

比部集

徐𤊹《徐氏家藏書目·别集類》 唐邦佐《北部集》三卷。字良父，蘭谿人。隆慶戊辰進士，官刑部主事。

黄虞稷《千頃堂書目·别集類》 唐邦佐《比部集》三卷。字良父，蘭谿人。刑部主事，光州知州。

江岷嶽文集

張萱等《内閣藏書目録·集部》 《督學江岷岳文集》二册。全。江以東著。鈔本。

《四庫提要·别集類存目六》 《江岷嶽文集》四卷。浙江巡撫採進本。明江以東撰。以東字貞伯，全椒人。隆慶戊辰進士，官至江西提學副使。是集爲其門人謝廷諒、謝廷讚、舒曰敬、晏文輝同編。凡詩一卷，文三卷，皆不出當時風氣。其第一卷目録惟載奏疏二篇，而集中併載諸記，又割二卷中序數篇附之。亦編校之疏也。

岷岳遺集

徐𤊹《徐氏家藏書目·别集類》 江以東《岷岳遺集》四卷。字貞伯，全椒人。隆慶戊辰進士，官江西提學副使。

黄虞稷《千頃堂書目·别集類》 江以東《岷岳遺集》四卷。字貞伯，全椒人。江西提學副使。

山居詩稿

徐𤊹《徐氏家藏書目·别集類》 喻均《山居詩稿》十卷。字邦相，號楓谷，燮之子。隆慶戊辰進士，官山東副使。

黄虞稷《千頃堂書目·别集類》 喻均《山居詩稿》十卷。字邦相，新建人。山東副使。

蘭陰稿

徐𤊹《徐氏家藏書目·别集類》 喻均《蘭陰稿》五卷。

黄虞稷《千頃堂書目·别集類》 喻均《蘭陰稿》五卷。

仙都稿

徐𤊹《徐氏家藏書目·别集類》 喻均《仙都稿》一卷。

黄虞稷《千頃堂書目·别集類》 喻均《仙都稿》一卷。

虎林稿

徐𤊹《徐氏家藏書目·别集類》 喻均《虎林稿》四卷。

黄虞稷《千頃堂書目·别集類》 喻均《虎林稿》四卷。

翰峰遺稿

黄虞稷《千頃堂書目·别集類》 李逢陽《翰峰遺稿》二卷。字惟明，南京金吾衛籍。禮部郎中。集爲吴司寇刻。

朱明洞稿焚餘集

黄虞稷《千頃堂書目·别集類》 陳堂《朱明洞稿焚餘集》。字明佐，南海人。光禄寺少卿。

湘南集

黄虞稷《千頃堂書目·别集類》 陳堂《湘南集》。

皇華集

黄虞稷《千頃堂書目·别集類》 陳堂《皇華集》。

南歸稿

黄虞稷《千頃堂書目·别集類》 陳堂《南歸稿》。

尚玄草　咏物詩

黄虞稷《千頃堂書目·别集類》 姚兗《尚玄艸》八卷。字叔信，秀水人。

《四庫提要·别集類存目五》 《尚元草》八卷，《咏物詩》二卷。浙江巡撫採進本。明姚兗撰。兗字叔信，號元岳，秀水人。何三畏爲作小傳，稱其少以事繫獄，與詩僧同羈，因得其詩法。蓋其派出自山林，故所作終無俗氣。王穉登序稱其詩清真古淡，不事藻繢，猶春岫孤霞，寒林片月。則稍過其實矣。

詠物篇

黄虞稷《千頃堂書目·别集類》 姚衮《詠物篇》二卷。

三華館集

黄虞稷《千頃堂書目·别集類》 卜鏜《三華館集》。江寧人。

凌登名詩集

徐𤊹《徐氏家藏書目·别集類》 《凌登名詩集》八卷。字元孚，號梓崖，錢塘人。隆慶庚午鄉舉，廣西太平知府。

北征草

黄虞稷《千頃堂書目・别集類》 夏久安《北征草》。秀水人。

閩中草

黄虞稷《千頃堂書目・别集類》 夏久安《閩中草》。

南遊草

黄虞稷《千頃堂書目・别集類》 夏久安《南遊草》。

冰玉軒集

黄虞稷《千頃堂書目・别集類》 夏久安《冰玉軒集》。

漆園歸詠

黄虞稷《千頃堂書目・别集類》 顧所有《漆園歸詠》。字謙叔，海鹽人。

義谿世稿

范邦甸等《天一閣書目・别集類》 《義谿世稿》十二卷。明閩人知定海縣事陳朝錠哀集其祖父四世之作。正德庚辰莆陽黄鞏序，稱其友李貞夫爲選其尤精者，得若干首，總爲一編，命以是名。

駕部謫居稿

黄虞稷《千頃堂書目・别集類》 熊敦朴《駕部謫居稿》一卷。字茂和，富順人，過子。庶吉士，改主事，歷官布政使參議。

比部近集

黄虞稷《千頃堂書目・别集類》 熊敦朴《比部近集》一卷。

適志齋稿

黄虞稷《千頃堂書目・别集類》 許樂善《適志齋稿》十卷。字□□，華亭人。

賜餘堂集

黄虞稷《千頃堂書目・别集類》 吴中行《賜餘堂集》十四卷。字子道，武進人。右諭德。

英廉奏《抽毁書目》 《賜餘堂集》六本。查《賜餘堂集》，係明吴中行撰。卷三《本朝立國規模綱目如何論》，有偏謬語，應請抽燬。

《四庫提要・别集類存目六》 《賜餘堂集》十四卷。内府藏本。明吴中行撰。中行字子道，號復菴，武進人。隆慶辛未進士，官編修時，與趙用賢等論張居正，廷杖削籍。後屢起屢廢，卒不大顯，終於侍講學士，掌南京翰林院事。事蹟具《明史》本傳。是集爲其子大理寺少卿亮所編。中行以鯁直稱，詞章不甚著於世。集中

《植綱常》、《正朝廷》二疏，氣節凛然，又不以詞章論矣。

復庵太史娱晚詩鈔

黄虞稷《千頃堂書目・别集類》 吴中行《復庵太史娱晚詩鈔》一卷。

梅花咏

徐𤊹《徐氏家藏書目・别集類》 李豫亨《梅花咏》一卷。字元薦，華亭人。嘉靖中太學生，官鴻臚寺序班。

筆洞集

黄虞稷《千頃堂書目・别集類》 徐奮鵬《筆洞集》十二卷。

松庵集

黄虞稷《千頃堂書目・别集類》 商河康順王載堪《松庵集》。《藝苑卮言》稱其工玉筯大小篆。載堪係衡莊王厚燆庶八子，恭王孫，嘉靖三十五年封商河。

泊如軒草

黄虞稷《千頃堂書目・别集類》 朱載埠《泊如軒草》六卷。

夢古齋稿略

黄虞稷《千頃堂書目・别集類》 朱載埠《夢古齋稿略》三卷。

艮野小集

黄虞稷《千頃堂書目・别集類》 朱載埠《艮野小集》四卷。

大業堂詩草

黄虞稷《千頃堂書目・别集類》 朱誼漸《大業堂詩草》五卷。

勸游稿

徐𤊹《徐氏家藏書目・别集類》 朱多炡《游編》六卷。字貞吉，號瀑泉，弋陽府輔國將軍，私謚清敏先生。

黄虞稷《千頃堂書目・别集類》 朱多炡《勸游稿》。字貞吉，寧獻王六世孫，奉國將軍，私謚靖敏先生。

朱宗良集

徐𤊹《徐氏家藏書目・别集類》 《朱多熿詩集》十二卷。字宗良，瑞昌王孫。

黄虞稷《千頃堂書目・别集類》 朱多熿《朱宗良集》。字宗良，寧獻王六世孫，鎮國中尉。

刻鵠齋稿

徐𤊹《徐氏家藏書目·別集類》 朱多䑡《刻鵠齋稿》一卷。字齊雲，石城府輔國將軍。

落花詩

徐𤊹《徐氏家藏書目·別集類》 朱多䑡《落花詩》一卷。

新　咏

徐𤊹《徐氏家藏書目·別集類》 朱多焭《新咏》一卷。字啓明，樂安王孫。

謙益堂集

徐𤊹《徐氏家藏書目·別集類》 朱多賨《謙益堂集》一卷。字敬甫。

漫游草

徐𤊹《徐氏家藏書目·別集類》 朱多賨《漫游草》一卷。

大受録

黄虞稷《千頃堂書目·別集類》 吴自新《大受録》。字伯恒，江寧人。刑部右侍郎。

紫溪集

黄虞稷《千頃堂書目·別集類》 蘇濬《紫溪集》三十四卷。字君禹，晉江人。癸酉解元，廣西按察使。

青蓮閣草

徐𤊹《徐氏家藏書目·別集類》 李言恭《青蓮閣草》十卷。字惟寅，號秀岩，盱眙人。萬曆初，襲爵臨淮侯。

黄虞稷《千頃堂書目·別集類》 李言恭《青蓮閣集》十卷。字惟寅，岐陽武靖王裔孫。襲封臨淮侯，環衛侍直，留守陪京，加太保。

貝葉齋稿

范邦甸等《天一閣書目·別集類》 《貝葉齋稿》四卷。刊本。明盱眙李言恭著。吴郡王世懋序。

徐𤊹《徐氏家藏書目·別集類》 李言恭《貝葉齋》四卷。

黄虞稷《千頃堂書目·別集類》 李言恭《貝葉齋稿》四卷。

游燕集

黄虞稷《千頃堂書目·別集類》 李言恭《游燕集》□卷。

清苑山房集

黄虞稷《千頃堂書目·别集類》 保定惠順王瑆坦《清苑山房集》。瀋宣王次子，高皇帝雲孫，嘉靖三十八年封。

碧山學士集　别集

黄虞稷《千頃堂書目·别集類》 黄洪憲《碧山學士集》二十一卷，《别集》四卷。字懋忠，秀水人。少詹事兼侍講學士，掌院事。

軍機處奏《禁毁書目》 《碧山學士集》十本。查《碧山學士集》，明黄洪憲撰。中有指斥之詞，應請銷燬。

鑾坡制草

徐𤊹《徐氏家藏書目·别集類》 黄洪憲《鑾坡制草》四卷。字懋忠，號葵陽，秀水人。隆慶戊戌進士，翰林院編修，少詹事。

耿定力疏略

徐𤊹《徐氏家藏書目·别集類》 《耿定力疏略》一卷。字子健，號叔臺。嘉靖辛未進士，官南京兵部侍郎，贈尚書。

寄心集

黄虞稷《千頃堂書目·别集類》 陳第《寄心集》六卷。字季立，號一齋，連江人。少爲諸生，俞大猷知其才，召置幕下，言於譚綸。綸一見曰，俞、戚流亞也。守備古北口，歷游擊將軍。第深於經學，所著多有别見。

五岳兩粤遊草

黄虞稷《千頃堂書目·别集類》 陳第《五岳兩粤遊草》。

薊門塞曲

黄虞稷《千頃堂書目·别集類》 陳第《薊門塞曲》一卷。

一齋詩集

英廉奏《抽毁書目》 《一齋集》三本。查《一齋集》，係明陳第撰。卷五《恒山書事》一首，語有偏謬，應請抽燬。

《四庫提要·别集類存目六》 《一齋詩集》十三卷。福建巡撫採進本。明陳第撰。第有《伏羲圖贊》，已著録。是集凡《粤草》一卷，詩文各半，萬曆戊戌至庚子游廣東時作也。《寄心集》六卷，焦竑爲之選定，皆四言五言古詩，多涉論宗，故别爲一集。《五岳游草》六卷，大抵紀遊之詠，而雜詩亦散見其中，不盡爲山水作也。據原序尚有一集名《塞曲》，乃官薊州遊擊時作，此集不載，蓋佚之矣。第《韻書》妙有神解，遂爲言古音者之開山。詩則信筆而成，非所擅長，然第亦不必以此擅長也。

澹園集　續集

徐𤊹《徐氏家藏書目·别集類》 焦竑《澹園集》四十九卷，《續集》二十七卷。字弱侯，號漪園，上元人。萬曆己丑狀元，官翰林修撰。

黃虞稷《千頃堂書目・別集類》 焦竑《欣賞齋集》四十九卷，又《續集》三十五卷。字弱侯，南京旗手衛官籍，山東青州府莒州日照縣人。一甲第一人，翰林修撰，謫福寧州同知，追謚文端。一作《澹園集》正續，卷同。

軍機處奏《禁毀書目》 《澹園集》一部，八本。查《澹園集》，係明焦竑撰。集內語有觸悖處，應請銷燬。

元成集

徐𤊹《徐氏家藏書目・別集類》 馮時可《元成集》八十三卷。字元成，號文所，華亭人。隆慶辛未進士，湖廣參政。

黃虞稷《千頃堂書目・別集類》 馮時可《元成選集》八十三卷。

英廉奏《全毀書目》 《馮元成集》二十本。明馮時可撰。

北征集

黃虞稷《千頃堂書目・別集類》 馮時可《北征集》十六卷。

西征集

黃虞稷《千頃堂書目・別集類》 馮時可《西征集》十四卷。

金閶集

黃虞稷《千頃堂書目・別集類》 馮時可《金閶集》十卷。

巖栖稿

黃虞稷《千頃堂書目・別集類》 馮時可《巖栖稿》三卷。

石湖稿

黃虞稷《千頃堂書目・別集類》 馮時可《石湖稿》二卷。

茹茹稿

黃虞稷《千頃堂書目・別集類》 馮時可《茹茹稿》二卷。字元成，一字敏卿，華亭人。廣西湖廣參政。

少室先生稿

徐𤊹《徐氏家藏書目・別集類》 錢允治《少室先生稿》。字功甫，長洲人。萬曆中布衣。

黃虞稷《千頃堂書目・別集類》 錢允治《少室先生稿》□卷。初名府，後以字行，更字功甫，長洲人。穀之子。

尚友堂稿

黃虞稷《千頃堂書目・別集類》 王弘誨《尚友堂稿》。字紹傳，定安人。南京禮部尚書。

天池草

黄虞稷《千頃堂書目・别集類》 王弘誨《天池草》二十六卷。

英廉奏《抽毁書目》 《天池草》十本。查《天池草》，係明王宏誨撰。其《越游下》有偏謬語，應請抽燬。

《四庫提要・别集類存目五》 《天池草》二十六卷。編修吴典家藏本。明王宏誨撰。宏誨字紹傳，瓊州安定人。嘉靖乙丑進士，官至南京禮部尚書。宏誨初釋褐時，值海瑞廷杖下詔獄，力調護之。張居正當國，又嘗作《火樹篇》、《春雪歌》以諷，爲居正所銜。蓋亦介特之士也。是集文二十卷、詩六卷。集首載諭祭文及本傳，猶古八附録之例。又載其三世誥命，已爲破格。至以萬曆己丑，宏誨爲會試副總裁，遂并載是科題名録，則從來編别集者，無此變體矣。

清音閣集

范邦甸等《天一閣書目・别集類》 《清音閣集》十卷。刊本。明顧大典著并自序。張獻翼、皇甫汸、周光鎬、張鳴鳳、王穉登、龍宗武、周天球俱有序。

徐𤊹《徐氏家藏書目・别集類》 顧大典《清音閣集》十卷。字道行，號衡字，吴江人。隆慶戊辰進士，官福建提學副使。卒，年五十六。

黄虞稷《千頃堂書目・别集類》 顧大典《清音閣集》十卷。字道行，吴江人。福建提學副使。

三山集

范邦甸等《天一閣書目・别集類》 《三山集》四卷。刊本。明顧大典著。

精忠堂稿

黄虞稷《千頃堂書目・别集類》 劉臺《精忠堂稿》三卷。字□□，安福人。巡撫遼東，監察御史。

丁清惠公遺集

黄虞稷《千頃堂書目・别集類》 丁賓《丁清惠公遺集》八卷。字禮原，嘉善人。南京工部尚書。

軍機處奏《禁毁書目》 《丁清惠集》八本。查《丁清惠集》，係明丁賓撰。中有詆觸字面，應請銷燬。

鶴軒佚稿

黄虞稷《千頃堂書目・别集類》 洪烝來《鶴軒佚稿》。字惟進，平湖人。

二京三遊草

黄虞稷《千頃堂書目・别集類》 郭子直《二京三遊草》。字舜舉，崇德人。福建按察副使。

中林集

黄虞稷《千頃堂書目・别集類》 郭子直《中林集》。

采真遊

徐𤊹《徐氏家藏書目·別集類》 鄭邦福《采真遊》四卷。字羽夫，號鐵耕，上饒人。隆慶辛未進士，官南京太僕寺少卿。

黄虞稷《千頃堂書目·別集類》 鄭邦福《采真遊》四卷。字羽大，上饒人。有詩名，南京太僕寺少卿。

養志餘稿

黄虞稷《千頃堂書目·別集類》 趙善政《養志餘稿》六卷。字□□，涇縣人。

潔身堂存稿

黄虞稷《千頃堂書目·別集類》 詹沂《潔身堂存稿》六卷。字浴之，宣城人。左副都御史。

軍機處奏《禁毁書目》 《潔身堂存稿》二本。查《潔身堂存稿》，明詹沂撰。書中句多所詆觸，應請銷燬。

籌陜存牘

黄虞稷《千頃堂書目·別集類》 顧其志《籌陜存牘》二卷。字□□，長洲人。兵部尚書。

鴻雪稿

黄虞稷《千頃堂書目·別集類》 宋存德《鴻雪稿》。字惟一，江寧人。兵備副使。

吴音

黄虞稷《千頃堂書目·別集類》 吴中立《吴音》。字公度，浦城人。尚寶司丞。

南澗集

黄虞稷《千頃堂書目·別集類》 薛亨《南澗集》。字道行，韓城人。河南右布政。

浦雲集

黄虞稷《千頃堂書目·別集類》 張應元《浦雲集》。字子貞，休寧人。司經局洗馬。

缶音集

徐𤊹《徐氏家藏書目·別集類》 俞汝爲《缶音集》四卷。字毅夫，華亭人。嘉靖丙辰進士，官山東副使。

黄虞稷《千頃堂書目·別集類》 俞汝爲《缶音集》四卷。字毅夫，華亭人。山東副使。

留樞稿

徐𤊹《徐氏家藏書目·别集類》 俞汝爲《留樞稿》二卷。

黄虞稷《千頃堂書目·别集類》 俞汝爲《留樞稿》二卷。

銅鞮稿

徐𤊹《徐氏家藏書目·别集類》 俞汝爲《銅鞮稿》二卷。

黄虞稷《千頃堂書目·别集類》 俞汝爲《銅鞮稿》二卷。

端簡奏疏

徐𤊹《徐氏家藏書目·别集類》 趙參魯《端簡奏疏》六卷。字宗傳,號心堂,鄞縣人。隆慶辛未進士,福建提學副使,巡撫都御史,南京刑部尚書,太子太保,謚端簡。孫琦徵,崇禎壬申至閩見貽。

鄧定宇集

黄虞稷《千頃堂書目·别集類》 鄧以讚《鄧定宇集》四卷。字定宇,新建人。會元,一甲第三人,吏部右侍郎兼侍讀學士,贈吏部尚書,謚文潔。

文潔集

《四庫提要·别集類存目六》 《文潔集》四卷。江西巡撫採進本。明鄧以讚撰。以讚字定宇,新建人。隆慶辛未進士,官至吏部侍郎,謚文潔。事蹟具《明史·儒林傳》。以讚早以孝行聞,晚退居西山三十年,以清介爲世所重,而無所著述。此本乃吉水鄒元標蒐輯於斷簡散帙之中,宜興吴達可爲之付梓。其講學語僅存數則,餘不過奏疏三首,與書序、記、傳諸應酬之文耳。中附詩數十首,尤非所長也。

文潔佚稿

徐𤊹《徐氏家藏書目·别集類》 鄧以讚《文潔佚稿》八卷。字汝德,號定宇,新建人。隆慶辛未會元、探花,南京吏部侍郎。謚文潔。陶望齡、左宗郢序。

黄虞稷《千頃堂書目·别集類》 鄧以讚《鄧文潔佚稿》八卷。

陸子野集

范邦甸等《天一閣書目·别集類》 《陸子野集》。明三浦陸郊著,溟池張文柱編。隆慶辛未吴郡周復俊序云:「雲間馮子潛以詩遨吴粤間,眂予子野陸先生詩,思擬刻之未果也。庚午季冬,先生元名伯生不遠百里惠顧于婁上,出先生全集。比子潛所授僅增數篇,且授簡屬序以傳。伯生乃稱曰:「人子論譔先烈,非故欲以少爲貴也。吾父治命爾,他時刻吾詩,毋得慁我。我見唐世名家,惟二三十篇止矣,而流傳亡窮,多無益也。比屬纊時,呼伯生歌王摩詰詩,賞嘆不置語,無他,及意必有冥契者焉。」

瑞陽阿集

《四庫提要·别集類存目六》 《瑞陽阿集》十卷。兩江總督採進本。明江東之撰。東之字長信,歙縣人。萬曆丁丑進士,官至右僉都御史,巡撫貴州。事蹟具《明史》本傳。明别有洗馬江朝宗字曰東之,或混爲一人,非也。東之嘗築室瑞金山中,故以瑞陽阿名集。其立朝頗著風節,初劾馮保、徐爵,又劾王宗載、于應昌及駙馬都尉侯拱宸，繼以争壽宮事與李植、楊可立均坐貶。其詳見魏禧所爲傳中，故集中奏議居半云。

臺中草

黄虞稷《千頃堂書目・別集類》 江東之《臺中草》。字長信，歙縣人。

廷中草

黄虞稷《千頃堂書目・別集類》 江東之《廷中草》。

盈缶集

黄虞稷《千頃堂書目・別集類》 許聞造《盈缶集》。字長儒，海寧人。貴州道御史。

存笥稿

英廉奏《全燬書目》 《存笥稿》五本。明許聞造撰。

天遠樓集

黄虞稷《千頃堂書目・別集類》 徐顯卿《天遠樓集》二十七卷。字□□，長洲人。吏部侍郎，兼侍讀學士。

英廉奏《抽燬書目》 《天遠樓集》十二本。查《天遠樓集》，係明徐顯卿撰。卷一《大閱賦》，卷三《九邊圖歌》、《小癡道人歌》，卷二《十問古大將程策》一篇，卷二十五《與顧開府尺牘》，俱語多違謬，應請抽燬。

《四庫提要・別集類存目六》 《天遠樓集》二十七卷。浙江孫仰曾家藏本。明徐顯卿撰。顯卿字公望，號檢菴，長洲人。隆慶戊辰進士，官至吏部侍郎。是集爲其嗣子元滂所編。前有王穉登序曰：「先生卜居陽羨，士大夫莫名先生文，先生亦不自名文也。余與先生雖同枌檟，迹若風馬牛。然第聞人言，先生長者，遂亦長者先生。未幾，先生來過余，每談立言之業，不東向讓三，即南向讓再。余竟莫名先生，而僅識先生長者」云云。是殆有微詞矣。

尚友堂集　忠諫遺稿

英廉奏《抽燬書目》 《尚友堂集》二本。查《尚友堂集》，係明林秉漢撰。書内《紀綱風俗策》一篇，語多偏謬，應請抽燬。

《四庫提要・別集類存目六》 《尚友堂集》二卷，《忠諫遺稿》一卷。福建巡撫採進本。明林秉漢撰。秉漢字伯昭，一字聚五，長泰人。萬曆乙未進士，官至浙江道監察御史，巡按廣東，卒贈太僕寺卿，謚文端。事蹟具《明史》本傳。據張懋建所作《秉漢傳》，稱所著有《館稿》、《疏草》、《尚友堂稿》、《若鳩草》、《長山集》，此總名《尚友堂集》，蓋高密單德謨爲之選定，裒爲一編。惟其《忠諫遺稿》别爲一卷，皆案粤時奏疏也。

薜荔山房稿

黄虞稷《千頃堂書目・別集類》 敖文禎《薜荔山房稿》十卷。字嘉猷，高安人。翰林院檢討。

集玉山房稿

《四庫提要・別集類二五》 《集玉山房稿》十卷。山東巡撫採進本。明葛昕撰。昕字幼明，號龍池，德平人。官尚寶司卿。昕以蔭起家，初除都督府都事。揚武侯薛鋹以貧故，幾不得襲。昕力排群議，始得襲封。尋遷工部屯田司郎中，議裁惜薪司炭額百餘萬。又汰廠司内官五百六十一人，禍幾不測。然連三疏争之，竟如議。又争戚畹鄭福瀊請卹典，雖不允行，天下壯之。其風節頗侃侃不阿。其他文亦疎爽駿快，無婞婀齷齪之氣，肖其爲人。惟《贈孔劒峰》一序，似乎溺於左道，不類昕之所爲。然昕不得其父母遺像，孔以術追寫如生，故喜極而譽之。發於孝子之心，不自知其言之失，猶可以曲諒者也。是集爲其子如龍等所編，凡疏一卷、贊語一卷、詩一卷、誌狀一卷、記録跋一卷、啓一卷、書二卷、祭文一卷。

由拳集

范邦甸等《天一閣書目・别集類》 《由拳集》二十三卷。刊本。明甬上屠隆從潁上徙令青浦所著文。馮太史開之，與沈太史君典删定之，名曰《由拳集》。由拳，故青浦地，人傳泖水澄隱隱下見城郭狀，以故是集得專名焉。卷首有萬曆八年庚辰句東沈明臣、華亭徐益孫序，尾有青浦彭汝謙跋。

徐𤊹《徐氏家藏書目・别集類》 屠隆《由拳集》二十三卷。字長卿，又字緯真，號赤水，鄞縣人。萬曆丁丑進士官。

張萱等《内閣藏書目録・集部》 《由拳集》八册。全。萬曆間四明屠隆著。

黄虞稷《千頃堂書目・别集類》 屠隆《由拳集》二十三卷。

英廉奏《全毁書目》 《由拳集》十本。查《由拳集》，係明屠隆撰。卷四《塞上曲》十首，卷六《贈陳將軍詩》一首，卷九《出塞》四首，卷二十三《擬岳武穆遺秦相國書》一篇，俱有偏謬，應請抽燬。

《四庫提要・别集類存目六》 《由拳集》二十三卷。内府藏本。明屠隆撰。是集凡賦一卷，古今體詩十卷，雜文十二卷。時隆方知青浦縣，故以「由拳」爲名。

白榆集

徐𤊹《徐氏家藏書目・别集類》 屠隆《白榆集》二十卷。

黄虞稷《千頃堂書目・别集類》 屠隆《白榆集》二十卷。

英廉奏《抽毁書目》 《白榆集》六本。查《白榆集》，係明屠隆撰。卷一《遼陽曲》四首，卷二《劉子威澹思集敍》，卷三《薊門行》一首，卷七《寄胡從治第》一首、《登檀州城》一首、《登古北城》一首，卷八《薊遼大捷鐃歌》八首、《古北口歌》三首、《文集》卷一《名公翰藻序》、《劉魯橋文集序》，俱有違謬語，應請抽燬。

《四庫提要・别集類存目六》 《白榆集》二十卷。江蘇巡撫採進本。明屠隆撰。隆有《篇海類編》，已著録。是集詩八卷，文十二卷。隆爲人放誕風流，文章亦才士之綺語。陳子龍《明詩選》謂其詩如衝繁驛舍，陳列壺觴，頃刻辦就，而少堪下箸。文尤語多藻繪，而漫無持擇。蓋沿王、李之塗飾，而又兼涉三袁之纖佻也。

栖真館集

徐𤊹《徐氏家藏書目・别集類》 屠隆《棲真集》三十卷。

黄虞稷《千頃堂書目・别集類》 屠隆《栖真館集》三十卷。

屠長卿集

范邦甸等《天一閣書目・别集類》 《屠長卿集》八卷。刊本。明屠隆撰并序。

南游集

徐𤊹《徐氏家藏書目・别集類》 屠隆《南游草》二卷。

黄虞稷《千頃堂書目・别集類》 屠隆《南游集》二卷。

横塘集

徐𤊹《徐氏家藏書目・别集類》 屠隆《横塘集》一卷。

黃虞稷《千頃堂書目・別集類》　屠隆《横塘集》二卷。

采真集

黃虞稷《千頃堂書目・別集類》　屠隆《采真集》二卷。字長卿，鄞縣人，禮部儀制司郎中。又有《絳雪樓集》未刻。

西征集

黃虞稷《千頃堂書目・別集類》　梅國楨《西征集》十卷。字衡湘，麻城人，兵部右侍郎。

燕臺遺稿

黃虞稷《千頃堂書目・別集類》　梅國楨《燕臺遺稿》二卷。

慶成王宗川集

黃虞稷《千頃堂書目・別集類》　《慶成王宗川集》二卷。晉藩。

寶善堂稿

《四庫提要・別集類存目五》　《寶善堂稿》二卷。兩淮鹽政採進本。舊本題慶成王宗川撰，不著其名。考《明史》晉王棡第四子濟炫封慶成王，其子孫襲封者無宗川之名。集中孔天允序，稱王纂世十葉，趙訥跋亦云王祖考安穆王。以世次推之，宗川蓋即榮懿王慎鍾之號。穆文熙《詩話》稱榮懿王以賢孝稱，器質敦厚，詩亦有體裁，足相證也。然《明詩綜》載有慎鍾《夏日登萬佛樓次朱使君韻》詩一首，而此集中不載，則又未詳其故矣。

奕善堂集

張萱等《内閣藏書目録・集部》　《奕善堂集》二册。全。慶成王七代小谿詩。

太霞稿

黃虞稷《千頃堂書目・別集類》　慶成榮懿王慎鍾《太霞稿》。晉恭王棡第四子濟炫封慶成王，謚莊惠王。悼懷王新提庶子，安穆王知熑之孫，恭王之仍孫，高皇帝雲孫。隆慶六年襲封。

伯子集

徐𤊹《徐氏家藏書目・別集類》　魏允貞《伯子集》四卷。字懋忠，號見泉，南樂人。萬曆丁丑進士，山西巡撫都御史。

黃虞稷《千頃堂書目・別集類》　魏允貞《魏伯子集》四卷。字懋忠，南樂人。右副都御史，兵部右侍郎，巡撫山西。

猗蘭堂集

黃虞稷《千頃堂書目・別集類》　方沆《猗蘭堂集》十六卷。字子及，莆田人。攸躋子，雲南提學僉事，謫寧州知州。

繼山草堂稿

黄虞稷《千頃堂書目·别集類》 沈思孝《繼山草堂稿》二十卷。《行戍稿》、《郊居稿》、《西征稿》、《陸沈稿》六卷、《溪山堂集》、《吾美堂集》。字純父，嘉興人。協理戎政，都御史，兼兵部侍郎，贈太子少保。

溪山堂草

《四庫提要·别集類存目六》 《溪山堂草》四卷。浙江汪汝瑮家藏本。明沈思孝撰。思孝有《秦録》，已著録。是編乃其晚年之作。思孝名入「瑯琊四十子」之列，論者謂其晚交姚士粦，故間作聱身之語。然其有韻之文，亦復流麗清脱，特雜著喜爲澀體耳。

研山山人漫集

《四庫提要·别集類存目六》 《研山山人漫集》一卷。浙江孫仰曾家藏本。明方旴撰。旴字文明，後棄舉子業，將遊五嶽，取莊子《逍遥遊》語，改名大年。蘇州人，居洞庭東山。是集爲湖州沈庭詔所編，前有隆慶二年姜元序，茅翁積《方山人傳》，又列《翁積詩評》數條，逐體分論，多大言無實，至詆束哲《補亡》穢不可讀。其分五言律、五言排律爲二格，而云排律本賦體，又謂絶句裁自近體，皆漫無依據。其推重旴詩，以四言、六言比嵇康，五言比陶潛，五言律比張九齡，五言絶句比王維。然皆所謂形骸之外，去之愈遠，七言古詩尤爲淺薄。《翁積總評》謂侈萬言於毫末，恣百態於緗縹，雖有歉於豪士，實無損於專門。則亦知其才地之弱矣。

蒼耳齋詩集

英廉奏《抽毁書目》 《蒼耳齋詩集》八本。查《蒼耳齋詩集》係明方問孝撰。卷十三《登盧龍塞詩》，句意偏謬，應請抽燬。

《四庫提要·别集類存目六》 《蒼耳齋詩集》十七卷。浙江孫仰曾家藏本。明方問孝撰。問孝字胥成，歙縣人。仕履未詳。《歙縣志》亦無其名姓。集中有與汪道昆詩，當是隆、萬間人。其詩風華有餘，深厚不足，蓋亦沿七子之派，多浮聲而少切響也。

交翠館集

英廉奏《抽毁書目》 《交翠館集》四本。查《交翠館集》，係明萬道光撰。卷八《先師祀典》一篇，有偏駁語，應請抽燬。

《四庫提要·别集類存目六》 《交翠館集》十卷。江西巡撫採進本。明萬道光撰。道光字日章，臨川人。是集詩文皆未入格，其學以金谿爲宗，《説經》諸篇，皆疎於考證。如或謂《綱目》不出朱子手，道光以爲無的考，是不知有趙師淵也。伊尹放之于桐，「放」字爲「教」字之誤，乃沈括《夢溪筆談》之説，道光亦未能引據。

閩中稿

徐𤊹《徐氏家藏書目·别集類》 温景明《閩中稿》二卷。字永叔，號春野，舊閩之子。隆慶中鄉舉，福州同知陞南寧知府。

朴巔集

黄虞稷《千頃堂書目·别集類》 邵傅《朴巔集》二卷。字夢弼，閩縣人。隆慶中貢士，王府教授。

青門集

黃虞稷《千頃堂書目·別集類》 邵傅《青門集》六卷。

長鋏齋稿

范邦甸等《天一閣書目·別集類》 《長鋏齋稿》七卷。刊本。明馮遷撰。潘恩序云《長鋏齋稿》者，上海馮君子喬所著也。子喬負隱居之行，居然瓠落，嗇于逢時。類古齊客馮驩遺有一劍蒯緱耳，且又同姓，迺以長鋏名齋，因以名其集稿云。子喬名遷，父雪竹先生以韻人聞于時。理光林樾授徒勸誨，一意尋繹夫詩，父子陸沉闤闠之區，性逸雲霄之上。作詩取材漢魏，效法盛唐，雪竹之詮辭俊逸，氣格清新，庶幾入室。子喬採掇菁英，鋪張平實，可謂升堂。叔氏子潛亦能嗣音步武。說者評雪竹之韻，猶宋蘇明允之父，子喬伯仲則子瞻之流亞也，厥有旨哉。國初楊廉夫、孫大雅游寓著聲表海叟，顧孔文風，詩振譽宏正。嘉靖以來益多作者，近如邦憲肆力古文，時稱巨擘焉。與子喬諸君倡和，賡載夫進德修業，資佽友朋，振古如兹。故予序子喬詩並録時賢，表章美盛，期以拭目將來，且示後之尚論者有所攷焉。

徐𤊹《徐氏家藏書目·別集類》 馮遷《長鋏齋稿》七卷。字子喬，上海人。隆慶中與朱察卿皆以布衣稱。詩品重於時。尚書潘恩爲序，新安門人汪德馨梓之。

黃虞稷《千頃堂書目·別集類》 馮遷《長鋏齋集》。字子喬，上海人。

黃虞稷《千頃堂書目·別集類》 馮遷《長鋏齋稿》七卷。字子喬，上海人。隆慶中與朱察卿皆以布衣稱詩。

耆齡集

范邦甸等《天一閣書目·總集類》 《耆齡集》一卷。刊本。明馮遷撰，邑人孫應魁序。

泮鳴集

黃虞稷《千頃堂書目·別集類》 周雲石《泮鳴集》。嘉興人，失名。

崑源藏稿

黃虞稷《千頃堂書目·別集類》 邢德健《崑源藏稿》。字汝行，嵊縣人。

鍾吾集

黃虞稷《千頃堂書目·別集類》 陳鳴鳳《鍾吾集》。永嘉人。

荊溪集

黃虞稷《千頃堂書目·別集類》 陳鳴鳳《荊溪集》。

越吟

范邦甸等《天一閣書目·別集類》 《越吟》一卷。刊本。明萬曆鄞人包大炣著并識。

錦雲集

黄虞稷《千頃堂書目·别集類》 戴廷槐《錦雲集》十六卷。

山居百詠

黄虞稷《千頃堂書目·别集類》 一元《山居百詠》一卷。隆慶中，寧波僧。

顧聖之詩集

徐㶿《徐氏家藏書目·别集類》 《顧聖之詩集》五卷。字聖少，一字季狂，吴縣人，嘉隆間布衣。

黄虞稷《千頃堂書目·别集類》 《顧聖之詩集》五卷。字聖少，一字季狂，吴縣人。萬曆初布衣。

遊襄陽名山詩

范邦甸等《天一閣書目·别集類》 《遊襄陽名山詩》一卷。刊本。明顧聖之撰，汪道崑序。聖之，吴人，字季狂。

詩史

徐㶿《徐氏家藏書目·别集類》 顧正誼《詩史》十五卷。字仲芳，號亭林，華亭人。萬曆中太學生，官中書舍人。既詠二十一朝人物爲五言古詩，又自注之，古今咏史之第一手也。善畫山水，得宋人筆法。

黄虞稷《千頃堂書目·别集類》 顧正誼《詩史》十五卷。字仲芳，華亭人。太學生，中書舍人。爲五言詩，詠歷代人物，并自注之。

朱宗吉詩集

徐㶿《徐氏家藏書目·别集類》 《朱宗吉詩草》八卷。字汝修，濠梁人。善書。

黄虞稷《千頃堂書目·别集類》 《朱宗吉詩集》八卷。字汝修，臨淮人。太醫院御醫。

白雲集

黄虞稷《千頃堂書目·别集類》 陳昂《白雲集》七卷。字雲仲，莆田人。避倭難居金陵，卒以窮死。福清林古度得其遺詩表章之。

《四庫提要·别集類存目七》 《白雲集》七卷。浙江巡撫採進本。明陳昂撰。昂字爾瞻，一字雲仲，莆田人，自號「白雲先生」。是集前有鍾惺所作傳，稱集本十六卷，又《排律》一卷。昂没後，散佚無存。萬曆戊午，其同里宋珏重加裒集，僅得五言律詩七百首，七言律詩十二首。其詩頗學少陵、右丞，得其形似。

吴汝州集

黄虞稷《千頃堂書目·别集類》 吴詔相《吴汝州集》。字廷承，宣城人。由舉人萬曆初知汝州。

巢雲軒詩集　續集　詩餘

黄虞稷《千頃堂書目·别集類》 吴宗儒《巢雲集》。字次魯，休寧人。

《四庫提要・别集類存目六》《巢雲軒詩集》六卷,《續集》五卷,《詩餘》一卷。安徽巡撫採進本。明吴宗儒撰。宗儒字次魯,號黄麓,晚號止耕,休寧人。其詩工於聲律,然運意不深,風骨亦未成就。

程福生詩集

徐𤊹《徐氏家藏書目・别集類》《程福生詩集》八卷。字孟孺,初名應魁,玉山人,萬曆中諸生。

月峰居業

黄虞稷《千頃堂書目・别集類》孫鑛《月峰居業》四卷。字文融,餘姚人。陞子。太子少保,南京兵部尚書。

居業次篇

徐𤊹《徐氏家藏書目・别集類》孫鑛《居業次篇》五卷。字文融,號月峰,餘姚人。萬曆甲戌進士,官南京兵部尚書。

黄虞稷《千頃堂書目・别集類》孫鑛《居業次編》五卷。

英廉奏《全燬書目》《居業次編》五本。明孫鑛撰。

李文節公集

黄虞稷《千頃堂書目・别集類》李廷機《李文節公集》十八卷。字爾張,晉江人。一甲第二人,太子太保,禮部尚書,文淵閣大學士,贈少保,謚文節。

軍機處奏《禁燬書目》《李文節集》十二本。查《李文節集》,明李廷機撰。廷機事業無可稱,疏中有指斥之詞,應請銷燬。

粵草

徐𤊹《徐氏家藏書目・别集類》郭子章《蠙衣生粵草》十卷。字相奎,號青螺,太和人。隆慶辛未進士,官右副都御史,兼兵部侍郎。

《四庫提要・别集類存目六》《粵草》十卷。江西巡撫採進本。明郭子章撰。子章有《蠙衣生易解》,已著録。其平生所作之文,皆每官一地即爲一集。此《粵草》,其官廣東潮州知府時作。《蜀草》,其官四川提學僉事時作也。前有萬曆庚寅周應鼇序,稱子章没於盧山,《粵草》先出。越若干年,《蜀草》乃出。蓋作於諸草之前,而刻則在子章身後。其標題皆曰《自學編》,則子章諸草之總名云。

閩草

徐𤊹《徐氏家藏書目・别集類》郭子章《閩草》三卷。

黄虞稷《千頃堂書目・别集類》郭子章《閩草》十六卷。

留草

徐𤊹《徐氏家藏書目・别集類》郭子章《留草》六卷。

黄虞稷《千頃堂書目・别集類》郭子章《留草》十卷。

傳草

黄虞稷《千頃堂書目・别集類》郭子章《傳草》二十四卷。字相奎,吉安人。巡撫貴州，兵部尚書。

蜀　草

徐𤊹《徐氏家藏書目·別集類》 郭子章《蜀草》十卷。

黄虞稷《千頃堂書目·別集類》 郭子章《蜀草》七卷。

英廉奏《抽毁書目》 《蠙衣生蜀草》三本。查《蠙衣生蜀草》，係明郭子章撰。卷七《創守論》一篇，持論甚偏謬，應請抽燬。

《四庫提要·別集類存目六》 《蜀草》七卷。明郭子章撰。

苫　草

黄虞稷《千頃堂書目·別集類》 郭子章《苫草》六卷。

浙　草

徐𤊹《徐氏家藏書目·別集類》 郭子章《浙草》七卷。

黄虞稷《千頃堂書目·別集類》 郭子章《浙草》十六卷。

楚　草

徐𤊹《徐氏家藏書目·別集類》 郭子章《楚草》十卷。

黄虞稷《千頃堂書目·別集類》 郭子章《楚草》十二卷。

《四庫提要·別集類存目五》 《楚草》十二卷。明郭子章撰。

晉　草

徐𤊹《徐氏家藏書目·別集類》 《晉草》九卷。

黄虞稷《千頃堂書目·別集類》 郭子章《晉草》十九卷。

英廉奏《抽毁書目》 《蠙衣生晉草》二本。查《蠙衣生晉草》，係明郭子章撰。卷四《宿遷縣金龍祠記》，語有乖謬，應請抽燬。

《四庫提要·別集類存目五》 《晉草》九卷。江西巡撫採進本。明郭子章撰。是集以《晉草》、《楚草》、《家草》合爲一編。《晉草》乃其由浙江參政遷山西按察使時所作，在萬曆二十一年。《楚草》乃其由山西遷湖廣布政使時所作，在二十二年。《家草》則由福建布政使入覲，歸而乞休時作，在二十六年也。此後即接《黔草》矣。是集鈔本，譌脱甚多，併佚其《家草》之第六卷，考其總目所闕，凡尺牘十八首。故原目八卷，今以七卷著録焉。

閩藩草

黄虞稷《千頃堂書目·別集類》 郭子章《閩藩草》九卷。

家　草

黄虞稷《千頃堂書目·別集類》 郭子章《家草》七卷。

《四庫提要·別集類存目五》 《家草》七卷。明郭子章撰。

黔　草

黄虞稷《千頃堂書目·別集類》 郭子章《黔草》二十一集。

《四庫提要・別集類存目六》 《黔草》二十一卷。浙江汪汝瑮家藏本。 明郭子章撰。是集自爲一編，乃其巡撫貴州時作。總目雖題二十一卷，而第八卷分九子卷，第九、第十、第十一、第十二、第十七卷皆分二子卷，卷十四分三子卷，實三十四卷，不明其例。至卷十四後既曰卷又十四、又曰卷又又十四，尤刱見也。案《千頃堂書目》，子章所著尚有《閩草》十六卷、《留草》十卷、《浙草》十六卷、《閩藩草》九卷、《養草》一卷、《苦草》六卷、《傳草》二十四卷，今皆未見。而《粵草》十卷，黄虞稷乃不著録。蓋當時隨作隨刻，又隨意併數種爲一帙，多寡分合，初無一定，故所見參差不一耳。

養草

黄虞稷《千頃堂書目・別集類》 郭子章《養草》一卷。

紫柏老人集

黄虞稷《千頃堂書目・別集類》 真可《紫柏老人集》十五卷。字達觀，吴江人。萬曆中住石經山，慈聖太后賜以紫衣。後坐妖書事，逮繫死於獄。

瑞峰集

黄虞稷《千頃堂書目・別集類》 盧維禎《瑞峰集》六卷。字□□，漳浦人，户部右侍郎。

醒後集　續集

《四庫提要・別集類存目六》 《醒後集》五卷、《續集》一卷，附《京省次》五卷。福建巡撫採進本。 明盧維禎撰。維禎字瑞峰，號水竹居士，漳浦人。隆慶戊辰進士，官至户部侍郎。是集爲維禎致仕以後所自刊，題曰《醒後》，言如夢之醒也。其集以奏疏、公移、評駁與詩文、雜著共爲一編。蓋維禎留心吏事，故案牘亦一一録存。末附《京省次》一册，中分《地望次》、《府州縣次》、《財賦次》、《會狀次》、《甲科卿輔次》。蓋亦手録成編，以備紀事，但刊入文集則濫矣。

碧麓堂集

黄虞稷《千頃堂書目・別集類》 林如楚《碧麓堂集》十二卷。字道翹，侯官人。應亮子。工部右侍郎。

承庵文集

黄虞稷《千頃堂書目・別集類》 姚舜牧《承庵文集》十六卷。字虞佐，烏程人。廣昌知縣。

英廉奏《抽毀書目》 《姚承庵集》六本。查《姚承庵集》，係明姚舜牧撰。卷一《裁訂史綱要領間出小論序》一首、《代人題楊總兵遼東卷》一首，卷十《論高宗無淚可揮》一首、《論加秦檜太師》一首、《論明宗立弟爲皇太子》一首，卷十二《元仁宗諭中書省臣》一首，俱有偏謬，應請抽燬。

樂陶吟草

《四庫提要・別集類存目六》 《樂陶吟草》三卷。浙江巡撫採進本。 明姚舜牧撰。舜牧有《易經疑問》，已著録。是集乃康熙癸丑其曾孫淳顯所刊。朱彝尊《靜志居詩話》謂「舜牧以厚德聞鄉里，事難悉書，詩不專工，然頗自喜」。今觀是編，皆沿白沙、定山之派。首載《論詩》二首有云：「試讀三百篇，寫意不求工，但能矢口發，舍蓄自無窮。」其宗旨可見矣。據淳顯後序，所刊乃詩文全集，此本有詩而無文，豈佚其半耶？

芙蓉園集

黄虞稷《千頃堂書目·别集類》 寧藩奉國將軍多煃《芙蓉園集》。字晦用。與李攀龍、王世貞善。續五子詩，多煃其一也。右具瑞昌王孫。

委蛇集

黄虞稷《千頃堂書目·别集類》 寧藩弋陽王孫奉國將軍多煌《委蛇集》四卷。

默存自娱集

徐𤊹《徐氏家藏書目·别集類》 朱多昭《默存自娱集》二十二卷。字孔陽，一字臨汝，號默菴，别號無私道人。弋陽王孫。

黄虞稷《千頃堂書目·别集類》 寧藩弋陽王孫多炤《默存自娱集》二十二卷。字孔暘。

支離市隱集

黄虞稷《千頃堂書目·别集類》 寧藩建安鎮國中尉多焀《支離市隱集》。

北郭子魚樂詞

黄虞稷《千頃堂書目·别集類》 寧藩建安鎮國中尉多焀《北郭子魚樂詞》三十卷。

谷聲集

黄虞稷《千頃堂書目·别集類》 真藴《谷聲集》。隆萬間，秀水真如寺僧，冬溪門人。

青蓮館集

黄虞稷《千頃堂書目·别集類》 李應徵《青蓮館集》。字伯遠，初名衷毅，秀水人。南京國子博士。

澄遠堂集

黄虞稷《千頃堂書目·别集類》 李應徵《澄遠堂集》。

偶寄軒集

黄虞稷《千頃堂書目·别集類》 李應徵《偶寄軒集》。

藿園集

黄虞稷《千頃堂書目·别集類》 李應徵《藿園集》八卷。

寄茗漫草

黄虞稷《千頃堂書目·别集類》 李應徵《寄茗漫草》。

薊易寓言

黄虞稷《千頃堂書目・别集類》 李應徵《薊易寓言》。

河梁集

黄虞稷《千頃堂書目・别集類》 李應徵《河梁集》。

兩都集

黄虞稷《千頃堂書目・别集類》 李應徵《兩都集》。

汗漫游集

黄虞稷《千頃堂書目・别集類》 李應徵《汗漫游集》。

瞿慕川文集

黄虞稷《千頃堂書目・别集類》 瞿九思《瞿慕川文集》七十五卷。黄梅人。萬曆中舉人，授翰林院待詔。

繹聖堂稿

黄虞稷《千頃堂書目・别集類》 周從龍《繹聖堂稿》。字彦雲，嘉興人。

居夷雜著

黄虞稷《千頃堂書目・别集類》 王應昌《居夷雜著》。字家文，嵊縣人。

拙拙集

黄虞稷《千頃堂書目・别集類》 王應昌《拙拙集》。

星山遯叟文集

黄虞稷《千頃堂書目・别集類》 蔡立身《星山遯叟文集》八卷。字師曾，浙江平陽人。

侶鶴堂詩集

軍機處奏《禁毀書目》 《侶鶴堂詩集》一部，二本。查《侶鶴堂詩集》，係明祝彦撰。其詩中詞意甚爲狂悖，應請銷燬。

澹然軒集

黄虞稷《千頃堂書目・别集類》 余繼登《澹然軒集》八卷。字世用，交河人。禮部尚書，謚文恪，贈太子太保。

《四庫提要・别集類二五》 《淡然軒集》八卷。浙江孫仰曾家藏本。明余繼登撰。繼登有《典故紀聞》，已著録。是集分奏疏二卷，序記三卷，誌銘及雜文二卷，詩一卷。繼登卒後，其友人馮琦序而刻之。繼登當神宗朝，以災異屢見，上疏極陳一切誅求開採之害民者。又請神宗躬郊廟，册元子，停礦税，撤中使。時將討播州楊應龍，因請罷四川礦税以佐兵食。復上言「近者天地人皆不和，怨毒凝結，臣子不能感動君父，故天以非常之變警悟陛下，不可恬不爲意」云云。語皆切中時弊，其疏具載此集中。詩文則應酬之作，未免失於刊削。然大抵平正淳實，無萬曆中佻薄之習，亦尚不失典型。《明史·馮琦傳》稱「時士大夫多崇釋氏教，士子作文，每竊其緒言，鄙棄傳注。前尚書余繼登奏請禁約」。則所學之根柢可知也。

知古堂集

黄虞稷《千頃堂書目·別集類》 高承祚《知古堂集》。初名承禪，字元錫，號鶴城，華亭人。壬辰中式，乙未殿試，翰林檢討。

王穉玉文集

徐𤊹《徐氏家藏書目·別集類》 《王亮文》八卷。

黄虞稷《千頃堂書目·別集類》 王亮《王穉玉文集》。字茂大，臨海人。

王亮詩

徐𤊹《徐氏家藏書目·別集類》 《王亮詩》四卷。字穉玉，號婁峰。萬曆丁丑進士，官苑馬寺卿，謫福建轉運副使。

天靈山人集

黄虞稷《千頃堂書目·別集類》 謝杰《天靈山人集》二卷。字漢甫，長樂人。督儲，户部尚書。

棣蕚北窗吟稿

黄虞稷《千頃堂書目·別集類》 謝杰《棣蕚北窗吟稿》十三卷。

白雲編

黄虞稷《千頃堂書目·別集類》 謝杰《白雲編》二卷。

劉聘君全集

《四庫提要·別集類存目六》 《劉聘君全集》十二卷。江西巡撫採進本。明劉元卿撰。元卿有《大象觀》，已著録。元卿師事耿定向及同邑劉陽，講求心學。而其詩文乃多慶弔之篇，罕見闡發理道，類閩中所刊《林網山集》。考《江西通志》，元卿所著本有《山居草》、《還山續草》諸編。此本爲其門人洪雲蒸等所輯。觀其體例舛雜，知其去取之失當，蓋已非元卿之舊本矣。

山居草

黄虞稷《千頃堂書目·別集類》 劉元卿《山居草》四卷。字調父，安福人。禮部主事，學者稱瀘蕭先生。

還山草　還山續草

黄虞稷《千頃堂書目·別集類》 劉元卿《還山草》四卷。

軍機處奏《禁毀書目》《還山續草》四本。《還山續草》，明劉元卿撰。中有指斥狂悖之語，詩文亦蕪穢無足觀，應請銷燬。

江浦孫老□

范邦甸等《天一閣書目·總集類》《江浦孫老□》十二卷。刊本。明萬曆江浦知縣沈孟化修。

鏡心堂集

黄虞稷《千頃堂書目·別集類》陶允宜《鏡心堂集》十六卷。字懋中，會稽人。黄州府同知。

陶駕部選稿

黄虞稷《千頃堂書目·別集類》陶允宜《陶駕部選稿》十五卷。

絜明稿

黄虞稷《千頃堂書目·別集類》林兆珂《絜明稿》一卷。字孟鳴，一字懋忠，莆田人。安慶知府。

林伯子詩草

英廉奏《抽毀書目》《林伯子詩草》一本。查《林伯子詩草》，係明林兆珂撰。集中《俠客行》一首、《塞上曲》第三首，有違謬語，應請抽燬。

《四庫提要·別集類存目六》《林伯子詩草》一卷。福建巡撫採進本。明林兆珂撰。兆珂有《詩經多識編》，已著録。此集本名《挈明草》。其題曰「林伯子」者，蓋其序爲柯壽愷所作，乃當日同社之辭也。凡詩二百三十餘首，其中七言律詩頗得錢、劉風調，集中亦惟此體最多，古詩則不能入格。蓋晉安一派，皆從七言律詩入門也。

廣川集

徐𤊹《徐氏家藏書目·別集類》南憲仲《廣川集》四卷。字子章，號次源，西安府渭南縣人。萬曆甲戌進士，棗強知縣。卒年三十餘。子居益巡撫閩中時所刻。

黄虞稷《千頃堂書目·別集類》南憲仲《廣川集》四卷。字子章，渭南人，棗強知縣。

支子餘集

英廉奏《抽毀書目》《支子餘集》二十本。查《支子餘集》，係明支大綸撰。其《藝餘》卷六内《與主事王吉山書》，語有違謬，應請抽燬。

《四庫提要·別集類存目六》《支子餘集》五十二卷。浙江汪汝瑮家藏本。明支大綸撰。大綸有《世、穆兩朝編年史》，已著録。是編乃大綸自萬曆丙子至壬寅所撰詩賦雜文，凡《藝餘》十四卷，《政餘》八卷，《屯餘》八卷，《耕餘》八卷，《敦餘》二卷，《述餘》六卷。又《永陵編年史》四卷，《昭陵編年史》二卷，即所爲《世、穆兩朝編年史》也。集内酬應之作居多，語亦間涉荒誕。觀其《自題像贊》及《題觀音像贊》，竟以孔子自居，是何言歟。

支子藝餘

黄虞稷《千頃堂書目·別集類》支大綸《支子藝餘》十四卷。字心易，嘉善籍，嘉興縣人。奉新知縣。

支子耕餘

黄虞稷《千頃堂書目・別集類》 支大倫《支子耕餘》□卷。

支華平文集

黄虞稷《千頃堂書目・別集類》 支大倫《支華平文集》四十卷。

御龍子集

黄虞稷《千頃堂書目・別集類》 范守己《御龍子集》七十八卷。字介儒，洧川人。

英廉奏《抽毁書目》 《御龍子集》三十本。查《御龍子集》，係明范守己撰。卷四十二《險邪大臣陰結姦黨疏》，卷四十三《昭雪抑枉疏》，俱有偏謬語，應請抽燬。

《四庫提要・別集類存目六》 《御龍子集》七十七卷。兩江總督採進本。明范守己撰。守己有《曲洧新聞》，已著録。是編以集爲名，實則兼收其説部，故目録每卷惟署曰「御龍子第幾」。首爲《膚語》四卷，次《天官舉正》六卷，次《參兩通極》六卷，次即《曲洧新聞》四卷，次乃爲《吹劍草》五十三卷。《膚語》皆襲宋人緒論，無所發明。《天官舉正》則鈔撮各史《天文志》，亦無所考正。《參兩通極》摹仿《太元》、《潛虚》、《皇極經世》諸書，於八卦之外，別爲元、息、進、隆、中、消、殺、沮八卦名，因而乘之爲九八七十二卦，以當七十二候。變彖曰繹，變象辭曰夷，變爻象曰繇。末爲《索辭》八篇，以擬《繫辭》。又出諸家僭經之下。《曲洧新聞》雜記時事，蓋仿朱弁《曲洧舊聞》而於張居正屢以謀篡書之，未免恩怨之詞，不足徵信。《吹劍草》爲所作詩文，自稱不作唐以後語，然刻意摹擬，斧鑿之痕不化。

郢垤集

《四庫提要・別集類存目六》 《郢垤集》十二卷。浙江孫仰曾家藏本。明范守己撰。是編於宦遊所至，各爲一集。曰《西餉稿》、曰《雲間稿》、曰《北行稿》、曰《吴中稿》。詩文詞賦雜編，不分體裁。王世貞爲之序，語亦在抑揚之間。

臨皋文集

《四庫提要・別集類二五》 《臨皋文集》四卷。江西巡撫採進本。明楊寅秋撰。寅秋字義叔，號臨皋，廬陵人。萬曆甲戌進士。官至廣西按察司副使，左江兵備道。其爲貴州參議，平答干苗之亂。遷雲南副使，平土夷普應春，斬之。爲廣西副使，克五山，綏安南定府江。竝賜金加秩。及征楊應龍，命爲左監軍，離安、楊之黨，卒平播亂。其經濟有足取者。其文章在當時不著名，是集《千頃堂書目》亦不著録。則明末傳本已稀，故談藝家罕所稱述。然寅秋爲楊士奇之裔孫，故家典型，流風餘韻，猶有存者。故所作大抵和平典雅，有明初前輩之風。奏議尤委曲盡致。其《五山紀略》、《平播條議》等篇，於邊略亦多裨益，非徒託之空言者也。

快獨集

《四庫提要・別集類存目六》 《快獨集》十八卷。山東巡撫採進本。明李堯民撰。堯民字耕堯，濟寧人。萬曆甲戌進士，官至工部右侍郎。是集凡詩六卷，文十二卷。「快獨」者，所居樓名也。雜文中奏議一類，敷陳頗爲剴切，詩則秀潤有餘，而興象不足，純爲七子之派。故序之者爲李維楨焉。

虛白齋集

徐𤊹《徐氏家藏書目・別集類》 曹一夔《虛白齋集》二十卷。字子韶，武岡州人。萬曆甲戌進士，御史。

黃虞稷《千頃堂書目・別集類》 曹一夔《虛白齋集》二十二卷。字子韶，武岡州人。御史。

三游稿

黃虞稷《千頃堂書目・別集類》 李誌《三游稿》。字廷新，縉雲人。

樂泌堂集

黃虞稷《千頃堂書目・別集類》 李誌《樂泌堂集》。

三游稿

黃虞稷《千頃堂書目・別集類》 詹思謙《三游稿》。字□□，常山人。

平蠻詩

黃虞稷《千頃堂書目・別集類》 詹思謙《平蠻詩》。

詩叢集

黃虞稷《千頃堂書目・別集類》 余國賓《詩叢集》。字叔賢，衢州西安人。

澄海集

黃虞稷《千頃堂書目・別集類》 周弘禴《澄海集》。字元孚，麻城人。尚寶少卿，三黜爲澄海典史。

王屋山人集

黃虞稷《千頃堂書目・別集類》 朱期至《王屋山人集》。字子得，蘄水人。懷慶知府。

潼谷集

黃虞稷《千頃堂書目・別集類》 王三省《潼谷集》十卷。字誠甫，陝西朝邑人。山西潞安知府。

肖德堂集

黃虞稷《千頃堂書目・別集類》 馬慥《肖德堂集》四卷。字顧甫，同州人。南京尚寶司卿。

游聞集

徐𤊹《徐氏家藏書目・别集類》 楊四知《游聞集》一卷。字□□，號廉峰，開封祥符人。萬曆□□進士，福建巡按御史。

隅園集

黄虞稷《千頃堂書目・别集類》 陳與郊《隅園集》十八卷。字虞揚，海寧人。初爲河間推官，徵拜吏科給事中，遷太常寺少卿，提督四譯館。

《四庫提要・别集類存目六》 《隅園集》十八卷。浙江巡撫採進本。明陳與郊撰。與郊有《檀弓集注》，已著録。《隅園集》皆所作雜文及詞曲，其文摹仿漢、魏，似古色斑駁，而不出弇州四部之門徑。又以其子臯坐鹽徒事陷冤獄，上書武安王及縣城隍神，亦載集中。雖秦《詛楚文》古有其事，編入文集，頗覺不倫。《蘋川集》皆其里居之時與人尺牘，益爲小品矣。《與郊集》總名《奉常佚稿》，凡分四種。首爲《隅園集》，次爲《黄門集》，次爲《蘋川集》，次爲《詅癡符》。「詅癡符」者，語出《顔氏家訓》，謂可笑之詩賦也。今《黄門集》别入奏議，《詅癡符》又有録無書，故惟以此二編著録集部焉。

黄門集

黄虞稷《千頃堂書目・别集類》 陳與郊《黄門集》三卷。

蘋川集

黄虞稷《千頃堂書目・别集類》 陳與郊《蘋川集》八卷。

軍機處奏《禁毁書目》 《蘋川集》二本。查《蘋川集》，明陳與郊撰。中有指斥字面，應請銷燬。

《四庫提要・别集類存目六》 《蘋川集》八卷。明陳與郊撰。

二仲集

黄虞稷《千頃堂書目・别集類》 汪道會《二仲集》。字仲嘉，休寧人。道昆弟。諸生。

小山樓稿

黄虞稷《千頃堂書目・别集類》 汪道會《小山樓稿》。

梅園集

黄虞稷《千頃堂書目・别集類》 沈一中《梅園集》。字長儒，鄞縣人。

英廉奏《抽毁書目》 《梅園集》四本。查《梅園集》，明沈一中撰。集中卷六《上某相公詩》第四首、卷七《將入貴筑》第二首、卷十《賀天津兵備汪公轉開府序》、卷十二《武舉録序》、卷十九《賀李總河啓》，俱有偏駁，應請抽燬。

《四庫提要・别集類存目六》 《梅園集》二十卷。浙江汪汝瑮家藏本。明沈一中撰。一中字長孺，鄞縣人。萬曆庚辰進士，官至布政使。是集詩賦八卷，雜文十二卷。大抵欲以才藻見長，而短於翦裁澄汰。

車子仁集

黄虞稷《千頃堂書目・别集類》 車大任《車子仁集》二十卷。邵陽人。浙江按察副使，遷江西右參政。又有《囊螢閣筆》。

合劍篇

徐𤊹《徐氏家藏書目・別集類》 車大任《合劍篇》一卷。字子仁，號春涵，邵陽人。萬曆庚辰進士，福建知府。與同知南海温景明倡和，刻是集。後擢河南憲副，去。

峑陽集

黄虞稷《千頃堂書目・別集類》 鄭鄤《峑陽集》八卷。字謙止，武進人。庶吉士。

軍機處奏《禁毀書目》 《峑陽艸堂集》七本。查《峑陽艸堂集》，明鄭鄤撰。中多指斥，應請銷燬。

田亭草

黄虞稷《千頃堂書目・別集類》 黄鳳翔《田亭草》二十卷。字儀廷，晉江人。一甲第二人，南京禮部尚書，贈太子少保，謚文簡。

英廉奏《全燬書目》 《田亭集》八本。明黄鳳翔撰。

軍機處奏《禁毀書目》 《田亭集》十三本。查《田亭集》，明黄鳳翔撰。中有指斥字面，請銷燬。

田亭文艸

軍機處奏《禁毀書目》 《田亭文艸》十二本。查《田亭文艸》，係明黄鳳翔撰。書中挖空處皆指斥之詞，其餘亦多違礙字句，應請銷燬。

覆瓿集

黄虞稷《千頃堂書目・別集類》 雷士楨《覆瓿集》。字國柱，朝邑人。監察御史。

萬卷樓稿

黄虞稷《千頃堂書目・別集類》 陳于陛《萬卷樓稿》。字元忠，南充人。太子太保，禮部尚書，文淵閣大學士，贈少保，謚文憲。

孟雲浦集

黄虞稷《千頃堂書目・別集類》 《孟化鯉文集》八卷。字□□，河南新安人。吏部郎中，贈光禄寺卿。

《明史・藝文志・別集類》 《孟化鯉文集》八卷。

《四庫提要・別集類存目六》 《孟雲浦集》八卷，《年譜》一卷，附録一卷。河南巡撫採進本。明孟化鯉撰。化鯉字叔龍，號雲浦，新安人。萬曆庚辰進士，官至吏部文選司郎中。持正不阿，後以奏起給事中張棟先事，削籍歸。事蹟具《明史・儒林傳》。

于文定公全集

張萱等《內閣藏書目録・集部》 《于文定公全集》三套二十二册。全。萬曆間大學士于公慎行著。

轂城山館文集

徐𤊹《徐氏家藏書目·别集類》 于慎行《文集》四十卷。

黄虞稷《千頃堂書目·别集類》 于慎行《轂城山館文集》四十二卷。字可遠，東阿人。禮部尚書，入直東閣。卒贈太子太保，謚文定。

《明史·藝文志·别集類》 《于慎行文集》四十二卷。

《四庫提要·别集類存目六》 《轂城山館文集》四十二卷。山東巡撫採進本。明于慎行撰。慎行有《讀史漫録》，已著録。此集乃所作雜文也。明中葉以後，文格日卑。學淺者蹈故守常，才高者破律壞度。慎行之文，雖不涉弔詭之習，至於精心結構，灝氣流行，終未能與唐順之、王慎中、歸有光等竝據壇坫。故録其詩集，而文集則附存目焉。

轂城山館詩集

徐𤊹《徐氏家藏書目·别集類》 于慎行《轂城山館詩集》二十卷。字可遠，號轂峰，兖州東阿人。隆慶戊辰進士，大學士，謚文定。

黄虞稷《千頃堂書目·别集類》 于慎行《詩集》二十卷。

《明史·藝文志·别集類》 于慎行《詩》二十卷。

《四庫提要·别集類二五》 《轂城山館詩集》二十卷。山東巡撫採進本。明于慎行撰。慎行有《讀史漫録》，已著録。慎行於李攀龍爲鄉人，而不沿歷城之學。

孟達集

黄虞稷《千頃堂書目·别集類》 華善繼《孟達集》十二卷。字孟達，無錫人。永昌通判。

華善繼詩集

黄虞稷《千頃堂書目·别集類》 華善繼《詩集》十四卷。

折腰漫草

黄虞稷《千頃堂書目·别集類》 華善繼《折腰漫草》八卷。

英廉奏《抽毁書目》 《折腰漫草》二本。查《折腰漫草》，係明華善繼撰。卷二《岳王墓詩》，有偏謬字句，應請抽燬。

《四庫提要·别集類存目六》 《折腰漫草》八卷。浙江孫仰曾家藏本。明華善繼撰。善繼字孟達，無錫人。官至永昌府通判。善繼與弟善述，竝有才名。朱彝尊謂其詩不及善述，然王世貞序列四十子詩，顧取善繼而善述不與焉。殆以善述詩體格不純，操縱任意，不若善繼之愜適歟。是集刻於萬曆甲午，蓋善繼所自編也。

醖雞集

黄虞稷《千頃堂書目·别集類》 韓子祁《醖雞集》□卷。字心堯，平湖人。蘇州府同知。

雙瀑堂稿

黄虞稷《千頃堂書目·别集類》 龐一德《雙瀑堂稿》。字與虔，南海人。知府嵩子。嘉魚知縣。

巳午漫草

黃虞稷《千頃堂書目·別集類》 吴正儒《巳午漫草》。字醇之，嘉興人。

借竹軒稿

黃虞稷《千頃堂書目·別集類》 金九成《借竹軒稿》。字伯韶，秀水人。

春懷小草

黃虞稷《千頃堂書目·別集類》 金九成《春懷小草》。

覆缶集

黃虞稷《千頃堂書目·別集類》 薛承勳《覆缶集》。字繼之，臨海人。

屏樓詩集

黃虞稷《千頃堂書目·別集類》 邵倬雲《屏樓詩集》。永嘉人。

閬風館集

黃虞稷《千頃堂書目·別集類》 錢應晉《閬風館集》。字次卿，海鹽人。蓬州知州。

閬風館全集

黃虞稷《千頃堂書目·別集類》 馬朴《閬風館全集》六十二卷。字敦若，同州人。雲南按察副使。

澹遠堂集

黃虞稷《千頃堂書目·別集類》 麥秀岐《澹遠堂集》。字德徵，南海人。知州，萬年知縣。

蒼虬館集

徐𤊹《徐氏家藏書目·別集類》 丁繼嗣《蒼虬舘稿》六卷。字國雲，號禹門，鄞縣人。萬曆癸未進士，官福建副都御史。

黃虞稷《千頃堂書目·別集類》 丁繼嗣《蒼虬館集》。字國雲，鄞縣人。

紫芝亭艸

徐𤊹《徐氏家藏書目·別集類》 丁繼嗣《紫芝亭艸》一卷。

軒居集

黃虞稷《千頃堂書目·別集類》 盛敏耕《軒居集》十卷。字伯年。時泰子。別號壺林。

清白遺稿

黄虞稷《千頃堂書目·别集類》 朱廷益《清白遺稿》。字汝虞，嘉善人。通政司參議。一作《世清堂遺稿》。

快雪堂集

黄虞稷《千頃堂書目·别集類》 馮夢禎《快雪堂集》六十四卷。字開之，秀水人。南京國子監祭酒。

《明史·藝文志·别集類》 馮夢禎《快雪堂集》六十四卷。

《四庫提要·别集類存目六》 《快雪堂集》六十四卷。浙江朱彝尊家曝書亭藏本。明馮夢禎撰。夢禎有《歷代貢舉志》，已著録。夢禎舊藏王羲之《快雪時晴帖》，故以名堂。後帖歸馮銓，堂名亦隨之而移，實則始自夢禎也。是編文六十二卷，詩止二卷。所作皆喜於疏快，不以鏤刻爲工，而隨意所如，無復古人矩矱矣。

由庚堂集

黄虞稷《千頃堂書目·别集類》 鄭汝璧《由庚堂集》三十四卷。字良玉，縉雲人。總督宣大，兵部侍郎。

彩雲編

黄虞稷《千頃堂書目·别集類》 薛夢雷《彩雲編》二卷。字汝奮，福清人。雲南巡撫，都御史。

紫瑛山藏稿

黄虞稷《千頃堂書目·别集類》 陳性學《紫瑛山藏稿》。字寰仲，諸暨人。

光裕堂集

黄虞稷《千頃堂書目·别集類》 陳性學《光裕堂集》九卷。

前後使集

徐𤊹《徐氏家藏書目·别集類》 區大相《前後使集》八卷。字用儒，號海日，肇慶府高明人。萬曆己丑進士，翰林檢討右中允。

黄虞稷《千頃堂書目·别集類》 區大相《前後使集》十四卷。

太史詩集

黄虞稷《千頃堂書目·别集類》 區大相《太史詩集》二十七卷。字用孺，高明人。由檢討遷中允，謫南京太僕寺丞。

《明史·藝文志·别集類》 《區大相詩集》二十七卷。

滌玄館稿

黄虞稷《千頃堂書目·别集類》 邵庶《滌玄館稿》。字明仲，休寧人。太常寺少卿。

征南草

英廉奏《抽毀書目》《征南草》一本。查《征南草》，係明王邦俊撰。集內《請告上兩院呈詞》，有違謬語，應請抽燬。

《四庫提要·別集類存目六》《征南草》一卷。陝西巡撫採進本。明王邦俊撰。邦俊字虞卿，鄜州人。萬曆甲戌進士，官至貴州兵備參政。是編即貴州所作。時苗民不靖，起邦俊理兵事，故以「征南」爲名。凡詩三十餘首，賦一首。又《母老乞致仕上兩院呈詞》一首，亦竝附焉。

陸學士遺稿

黄虞稷《千頃堂書目·別集類》陸可教《陸學士遺稿》十六卷。字敬承，蘭谿人。庶吉士，歷官禮部右侍郎。門人劉曰寧校刊。

軍機處奏《禁燬書目》《陸學士遺稿》六本。查《陸學士遺稿》，明陸可教撰。中有狂悖之語，應請銷燬。

夢鹿軒稿

徐𤊹《徐氏家藏書目·別集類》楊德政《夢鹿軒前稿》二卷。字叔向，號楚亭，守陳之元孫。萬曆丁丑進士，累官翰林院編修，福建按察使。

黄虞稷《千頃堂書目·別集類》楊德政《夢鹿軒稿》二卷。字叔向，鄞縣人。福建按察使。

曲轅居詩集

黄虞稷《千頃堂書目·別集類》沈九疇《曲轅居詩集》八卷。字箕仲，鄞縣人。江西布政使。一貫弟。

曲轅居集

徐𤊹《徐氏家藏書目·別集類》沈九疇《曲轅居集》八卷。字箕仲，號東霍，鄞縣人。萬曆丁丑進士，官江西布政使。

修文館遺稿

徐𤊹《徐氏家藏書目·別集類》張穋《修文館遺稿》。字文儒。儁之子。萬曆中諸生，年不永。

徐茂吾詩集

黄虞稷《千頃堂書目·別集類》徐桂《徐茂吾詩集》十三卷。字茂吾，餘姚籍，長洲人。袁州推官。

采蓴曲

徐𤊹《徐氏家藏書目·別集類》徐桂《采蓴曲》一卷。字茂吾，號大滌，餘杭籍，本長洲人。隆慶戊辰會試，丁丑進士，官袁州推官。

黄虞稷《千頃堂書目·別集類》徐桂《采蓴曲》一卷。

屯田稿

黄虞稷《千頃堂書目·別集類》王豫《屯田稿》。字介夫，烏程人。

隨槎集

黄虞稷《千頃堂書目・別集類》 王豫《隨槎集》。

楚游客問

黄虞稷《千頃堂書目・別集類》 王豫《楚游客問》。

采蓴曲

黄虞稷《千頃堂書目・別集類》 王豫《采蓴曲》一卷。

致覺堂集

黄虞稷《千頃堂書目・別集類》 張斗《致覺堂集》。字景北，烏程人。

梅谷集

黄虞稷《千頃堂書目・別集類》 莊履豐《梅谷集》十八卷。字中熙，晉江人。翰林院修撰。

英廉奏《抽毁書目》 《梅谷集》八本。查《梅谷集》，係明莊履豐撰。卷三内《王陽明從祀議》，有謬戾語，應請抽出删燬。

《四庫提要・別集類存目六》 《梅谷集》十八卷。浙江巡撫採進本。明莊履豐撰。履豐字中熙，晉江人。萬曆丁丑進士，改庶吉士。其集前十四卷皆雜文，後四卷爲詩，其門人黄汝良、何喬遠等所編。履豐以奉兄喪歸里，遘疾早卒。未掌制誥，而集中有册文、奏書等篇，殆皆其館課之擬作耶。

寶庵集

黄虞稷《千頃堂書目・別集類》 顧紹芳《寶庵集》八卷。字實甫，太倉州人。左春坊左贊善兼編修。一作二十四卷。

英廉奏《抽毁書目》 《寶庵集》四本。查《寶庵集》，係明顧紹芳撰。卷八内《塞上謡》八首，語多駁雜，應請抽燬。

《四庫提要・別集類存目六》 《寶菴集》八卷。江蘇周厚堉家藏本。明顧紹芳撰。紹芳字實甫，太倉人。萬曆丁丑進士，官至左春坊左贊善。是編前有馮琦三《太史集序》一篇，稱紹芳及王敬卿、葛仲明之詩皆所手定，則此集爲三家之一種也。朱彝尊《静志居詩話》云：「實甫詩工於五律，不露新穎，矜鍊以出之，頗有近於孟襄陽、高蘇門者。」今觀其集，終覺意境未深也。

二知軒詩稿

黄虞稷《千頃堂書目・別集類》 嚴一鵬《二知軒詩稿》。字汝化，無錫人。刑部左侍郎，贈尚書。

世美堂稿

黄虞稷《千頃堂書目・別集類》 丁此吕《世美堂稿》。字右武，新建人。湖廣參政。

天真齋草

黄虞稷《千頃堂書目・別集類》 徐三重《天真齋草》。字伯同，華亭人。刑部主事。

儀部集

黃虞稷《千頃堂書目·別集類》 張敬《儀部集》。字爾和，淄川人。禮部主事。

靜觀堂稿

黃虞稷《千頃堂書目·別集類》 馬玉麟《靜觀堂稿》三十八卷。字德徵，崑山人。雲南參政。

適清亭遺草

黃虞稷《千頃堂書目·別集類》 黃文炳《適清亭遺草》八卷。字懋新，同安人。太僕寺卿。

葆光軒稿

黃虞稷《千頃堂書目·別集類》 吳安國《葆光軒稿》十卷。字文仲，長洲人。浙江副使。

今是堂集

黃虞稷《千頃堂書目·別集類》 吳安國《今是堂集》。

員嶠集

黃虞稷《千頃堂書目·別集類》 陳泰來《員嶠集》。字伯符，平湖人。禮部員外，謫饒平典史，泰昌即祚，贈光禄少卿。

市隱園集

黃虞稷《千頃堂書目·別集類》 費尚伊《市隱園集》二十四卷。字國聘，沔陽州人。

可庵書牘

英廉奏《抽毀書目》 《可庵書牘》八本。查《可庵書牘》，係明張棟撰。書内《與顧沖菴巡撫》、《郝少泉巡撫》、《又與顧沖菴侍郎》各札，俱有悖謬語，應請抽燬。

《四庫提要·別集類存目六》 《可庵書牘》十卷。兩江總督採進本。明張棟撰。棟字可庵，崑山人。萬曆丁丑進士，官至兵科都給事中。是編爲其邑人王焕所編，以其歷任書牘分卷排纂，亦王儉一官一集之例也。

養貞集

英廉奏《抽毀書目》 《養貞集》三本。查《養貞集》，係明詹事講撰。集中《乞斥庸詐撫臣疏》，有悖謬語，應請抽燬。

《四庫提要·別集類存目六》 《詹養貞集》三卷。江西巡撫採進本。明詹事講撰。事講字明甫，別號養貞，江西樂安人。萬曆丁丑進士，官至北直隸提學御史。其集初刻於萬曆戊戌，凡文三卷，詩四卷。後詩集散佚，僅存文集。國朝乾隆庚申，其元孫道行重刊之，即此本也。事講從羅洪先遊，傳姚江良知之學。陳獻章、王守仁之從祀，實允事講之請。集中以此疏爲冠，蓋其生平宗旨所在也。

片玉集

《四庫提要・別集類存目六》　《片玉集》四卷。江西巡撫採進本。明陳邦科撰。邦科字俊卿，號警亭，高安人。萬曆丁丑進士，官至河閒府知府。是集凡《閬瀛漫語》一卷、《言責要覽》一卷、《留臺疏稿》一卷、《聽花軒摘稿》一卷。其《閬瀛漫語》皆設爲問答以辨析物理，力闢星命輪迴之説，持論甚正。其謂欲端善敗之原者謹諸德，握治亂之機者慎諸人，尤爲切實。至謂理之變者爲怪，氣之變者非怪，國家之盛衰本於乖和，不關祥異，則主持太過。欲破讖緯之妄，轉岐天人而二之，不幾於天變不足畏乎？《言責要覽》及《留臺疏稿》皆其官南京御史時所作。明至萬曆以後，居言路者大率矯激攻訐，以致國是紛拏，迄於亂亡而未已。邦科所列十一條，分目爲四十三。中有當緩言者三，婉言者二，勿輕言者七，勿爲人言者五，可謂曲中明季諸臣之習。其《疏稿》，如《論罷謫言官救李材》、《論西夏撫賊失策》諸篇，亦頗剴切。惟詩筆粗厲，全不入格耳。敖文禎作《邦科墓誌》云「所著尚有《循良模範》、《辨問録》二書」，今集中未見，或選刻時所佚歟。

思貽堂集

軍機處奏《禁毁書目》　《思貽堂集》一部，二本。查《思貽堂集》，凡四種，一曰《迂思遺稿》，明沈最撰。一曰《南遊稿》，明沈存仁撰。一曰《秋水軒稿》，明沈嗣撰。一曰《寄庵詩集》，明沈奕琛撰。書中有金堡評語，且其年譜作於本朝而稱崇禎爲先帝，甚爲狂悖，應請銷燬。

慎修堂集

徐𤊹《徐氏家藏書目・別集類》　劉日升《慎修堂集》二十三卷。字扶生，號明自，盧陵人。萬曆庚辰進士，官南京太僕寺卿。

黄虞稷《千頃堂書目・別集類》　劉日升《慎修堂集》二十三卷。字扶生，廬陵人。擢應天府尹，師王時槐講學與鄒元標相善，太僕寺卿。

《明史・藝文志・別集類》　劉日升《慎修堂集》二十三卷。

英廉奏《全毁書目》　《慎修堂集》十六本。明劉日升撰。

憨山夢游集

黄虞稷《千頃堂書目・別集類》　德清《憨山夢游集》四十卷。字澄印，全椒人。出家南京報恩寺，尋入五臺棲牢山。慈聖太后建祈儲道場於五臺，命清主之，後居牢山，與黄冠相詰，坐戍雷陽。神宗崩，始赦歸，卒於曹溪。

《明史・藝文志・別集類》　德清《憨山夢游集》四十卷。

兩行齋集

黄虞稷《千頃堂書目・別集類》　袁黄《兩行齋集》十四卷。字坤儀，嘉興人，又字了凡，兵部主事。

軍機處奏《禁毁書目》　《兩行齋集》五本。查《兩行齋集》，係明袁黄撰。内有指斥之處，應請銷燬。

五嶽游草

王圻《續文獻通考・經籍考・集下》　《五嶽游稿》。臨海王士性著。

徐𤊹《徐氏家藏書目・別集類》　王士性《五嶽游艸》十二卷。字恒叔，號太初，臨海人。萬曆丁丑進士，官太僕寺少卿。

黄虞稷《千頃堂書目・別集類》　王士性《五嶽游草》十二卷。字恒叔，臨海人。宗沐子。太僕寺少卿。

《明史・藝文志・別集類》 王士性《五嶽遊草》十二卷。

玉研集

黄虞稷《千頃堂書目・別集類》 王士性《玉研集》六卷。

楊文懿集

《四庫提要・別集類存目六》 《楊文懿集》十二卷。浙江巡撫採進本。明楊起元撰。起元有《識仁編》，已著録。是集爲其孫廷春所刊，據目録作二十卷，而自十一卷至十八卷皆注云嗣刻。其有録有書者僅十二卷，蓋裒輯未竟之本也。

楊太史集

英廉奏《全毁書目》 《楊太史集》四本。明楊起元撰。

家藏集

徐𤊹《徐氏家藏書目・別集類》 楊起元《太史家藏集》八卷。字復所，歸善人。萬曆丁丑進士，改庶吉士，官至南京吏部右侍郎，謚文懿。

黄虞稷《千頃堂書目・別集類》 楊起元《家藏集》八卷。字貞復，歸善人。隆慶丁卯解元，吏部侍郎，兼侍講學士，謚文毅。

被褐先生稿

徐𤊹《徐氏家藏書目・別集類》 華善述《被褐先生稿》十七卷。字仲達，無錫人，萬曆中布衣。

黄虞稷《千頃堂書目・別集類》 華善述《被褐先生集》十七卷。字仲達。善繼弟。無錫布衣。

《四庫提要・別集類存目五》 《被褐先生稿》十七卷。江蘇巡撫採進本。明華善述撰。善述字仲達，無錫人。是集惟末一卷爲雜文，餘卷皆詩也。王世貞爲作序云，其詩或并比興而忘之，大概不可爲典要。是深不滿之矣。

靈蘐閣集

黄虞稷《千頃堂書目・別集類》 湯兆京《靈蘐閣集》八卷。字伯閎，宜興人。河南道御史，贈太僕寺卿。

英廉奏《抽毁書目》 《靈蘐閣集》六本。查《靈蘐閣集》，係明湯兆京撰。卷七《得勝撫夷詩東征》第二首、《獨石》二首，又《塞下曲》四首，語多違謬，應請抽燬。

《四庫提要・別集類存目六》 《靈蘐閣集》八卷。浙江孫仰曾家藏本。明湯兆京撰。兆京字伯閎，宜興人。萬曆壬辰進士，官至監察御史。事蹟具《明史》本傳。兆京廉正鯁直，佐孫丕揚掌察典，尤力持公議，爲羣小所嫉。然律身嚴正，雖屢遭排擊，卒不能以一言污之，其制行甚高。詩文非所屬意，亦皆不入格。

□□篇

黄虞稷《千頃堂書目・別集類》 喬一琦《□□篇》二卷。上海人。萬曆癸酉武舉人，官遊擊將軍，死三路出師之難。少爲諸生，多跅弛，與太倉王士駿、無錫秦鐙善，坐事見斥，乃以武職奮，能詩，工草書。

劉大司成集

徐𤊹《徐氏家藏書目・別集類》 劉應秋《大司成集》十六卷。字士和，號兗陽，吉水人。萬曆癸未探花，官國子監祭酒，卒年五十三，謚文節。

黄虞稷《千頃堂書目・别集類》 劉應秋《劉大司成集》十六卷。字士和，吉水人。一甲第三人，國子監祭酒，贈禮部侍郎，謚文節。

英廉奏《全燬書目》 《司成集》六本。明劉應秋撰。

葉玉成全集

《四庫提要・别集類存目六》 《葉玉成全集》四卷，附録二卷。浙江巡撫採進本。明葉永盛撰。永盛字子沐，涇縣人。萬曆己丑進士，官至太僕寺少卿。事蹟具《明史》本傳。是集雜文一卷，奏疏三卷，爲其裔孫沃若等所刊。當萬曆中葉，税璫用事，弊政百出。永盛以御史巡視浙江鹽政，適姦人奏請增課税，璫持之甚急。永盛獨抗疏糾論，屢折不回，卒以無擾。今諸疏及《措置浙鹽始末》一篇，具在集中。《明史》本傳亦採録其略。其他序、啓、祭文之類僅二十餘首，則其子孫姑存手澤而已。末附《名宦録》一卷，皆萬曆中請祀呈詳批荅案牘，及《去思德政碑》。又《鄉會中式録》一卷，則永盛倡建崇文書院，疏請許商人占籍應試，因紀歷科中式姓氏，以誌不忘。所載至國朝康熙中，蓋後人所續入也，是亦足見浙人之不忘永盛矣。

玄亭集

黄虞稷《千頃堂書目・别集類》 王志遠《玄亭集》十卷。字近甫，漳州人。廣東左布政使。

榆塞稿

徐𤊹《徐氏家藏書目・别集類》 涂宗濬《榆塞稿》二卷。字及甫，號鏡源，南昌人。萬曆癸未進士，官□部尚書。集中皆講學、問答、書牘。

黄虞稷《千頃堂書目・别集類》 涂宗濬《榆塞稿》二卷。字鏡源，南昌人。太子太保，兵部尚書。

雙鶴軒詩集

黄虞稷《千頃堂書目・别集類》 李三才《雙鶴軒詩集》。字道夫，武功衛籍，臨潼人。漕運都御史，加户部尚書。

鷦鷯軒集

黄虞稷《千頃堂書目・别集類》 李三才《鷦鷯軒集》一卷。

即山集

黄虞稷《千頃堂書目・别集類》 沈承《即山集》六卷。字君烈，太倉州人。

軍機處奏《禁燬書目》 《即山集》六本。查《即山集》，明沈承撰。内妄擬萬曆四十六年賀表一篇，詞極狂悖，應請銷燬。

大泌山房集

黄虞稷《千頃堂書目・别集類》 李維楨《大泌山房全集》一百三十四卷。

《明史・藝文志・别集類》 李維楨《大泌山房全集》一百三十四卷。

英廉奏《抽燬書目》 《大泌山房集》四十八本。查《大泌山房集》，係明李維禎撰。卷十五《九邊輯略序》，語有干礙，應請抽燬。

軍機處奏《禁燬書目》 《大泌山房集》一部，八十本。查《大泌山房集》，係李維楨撰。集中違礙字句甚多，應請銷燬。

《四庫提要・別集類存目六》《大泌山房集》一百三十四卷。安徽巡撫採進本。明李維楨撰。維楨有《史通評釋》，已著録。是集詩六卷，雜文一百二十八卷，而一百二十八卷之中，世家、傳誌、碑表、行狀、金石之文獨居六十卷。記載之富，無逾於是。然牽率之作過多，不特文格卑冗，竝事實亦未可徵信。《明史・文苑傳》稱，維楨爲人樂易闊達，賓客雜進。其文章宏肆有才氣，海内請求者無虚日，能屈曲以副所望。碑版之文，照耀四裔。門下士招富人大賈受取金錢，代爲請乞，亦應之無倦。然文多率意應酬，品格不能高也。朱彝尊《明詩綜》亦謂「本寧著作如官廚宿饌，麤鹿肥麋，雖腒鱐具陳，鱻薨雜進，無當於味」，今核是集，知非故爲詆毁矣。

四遊集

黃虞稷《千頃堂書目・別集類》 李維楨《四遊集》二十二卷。字本寧，京山人。南京禮部尚書。

丁南羽集

黃虞稷《千頃堂書目・別集類》 丁雲鵬《丁南羽集》。字南羽，休寧人。

海門先生集

黃虞稷《千頃堂書目・別集類》 周汝登《海門先生集》。字繼元，嵊縣人。雲南參政。

《四庫提要・別集類存目六》 《海門先生集》十二卷。浙江朱彝尊家曝書亭藏本。明周汝登撰。汝登有《聖學宗傳》，已著録。是集凡文十卷，詩二卷。集中如《九解》九篇，《越中》、《南都》、《剡中》、《東粵》、《新安會語》五篇，皆聚徒講學之語。其釋「良知」二字，謂良訓甚也，當如至善、至德、至禮、至樂、太極、太初等。「至」字「太」字皆甚字之義，有不可擬議、不可名言之妙。其立義新奇，非惟孟子無此説，即王守仁亦無此説。斯真龍溪末派，惟所欲言者矣。詩亦作白沙、定山之體，其《正唐詩》一十五首，尤不可解。如取李白「問余何事棲碧山」一首，翻其意而竄改之曰：「桃花流水依然在，別有天地只人間。」是不幾王安石之「一鳥不鳴山更幽」乎？

東越證學録

黃虞稷《千頃堂書目・別集類》 周汝登《東越證學録》十二卷。

《四庫提要・別集類存目六》 《東越證學録》十六卷。安徽巡撫採進本。明周汝登撰。汝登傳王畿之説，故是録以證學爲名，而會語亦與詩文竝列。

宗傳詠古

徐𤊹《徐氏家藏書目・別集類》 周汝登《宗傳詠古》一卷。字繼元，號海門，嵊縣人。萬曆丁丑進士，累官雲南參政，刑部侍郎。

竹素園詩集

徐𤊹《徐氏家藏書目・別集類》 馮大受《竹素園詩集》共十卷。字咸甫，華亭人。萬曆中鄉舉。

黃虞稷《千頃堂書目・別集類》 馮大受《竹素園詩集》十卷。字咸甫，華亭人。

《明史・藝文志・別集類》 《馮大受詩集》十卷。

馮咸甫尺牘

徐𤊹《徐氏家藏書目・啓劄類》 馮咸甫《尺牘》四卷。

川流集

黄虞稷《千頃堂書目・别集類》 陳光贊《川流集》。字季襄，秀水人。

薄游漫草

黄虞稷《千頃堂書目・别集類》 孫成名《薄游漫草》。字允仁，嘉興人。

兩京浪游集

黄虞稷《千頃堂書目・别集類》 孫成名《兩京浪游集》。

憑枕編

黄虞稷《千頃堂書目・别集類》 陳承翁《憑枕編》。字乾甫，臨海人。

宦中草

黄虞稷《千頃堂書目・别集類》 馬協《宦中草》二卷。字恭甫，同州人。辰州知府。

薊門草

黄虞稷《千頃堂書目・别集類》 詹軫光《薊門草》。字君衡，婺源人。平樂知府。

白門草

黄虞稷《千頃堂書目・别集類》 詹軫光《白門草》。

鄒孚如集

《四庫提要・别集類存目六》 《鄒孚如集》。無卷數。浙江巡撫採進本。明鄒觀光撰。觀光字孚如，雲夢人。萬曆庚辰進士，官至南京兵部郎中，擢太僕寺少卿，未上而卒。是集皆雜文，無詩，前無序目，版心亦不刊卷次，蓋未定之本。其文往往體近制藝，蓋揣摩科舉，先入者深。觀其《雲夢儒學藏書記》，極論明人不務博學，非久歷名場，不能言之如是切中也。《三楚文獻録》稱：「觀光與魏允中、顧憲成以文學經濟相砥礪。在吏部發諸吏增減文書拜官事，抵罪者數百人，一洗部弊。因陳論不合，乞歸養，事親十餘年，始補南職方郎。」是其生平建豎固不以詞章見長矣。

姑孰集

徐𤊹《徐氏家藏書目・别集類》 章嘉禎《姑熟集》二卷。字元禮，號衡陽，德清人。萬曆庚辰進士，吏部郎中，通政使。

黄虞稷《千頃堂書目・别集類》 章嘉禎《姑孰集》二卷。字元禮，德清人。通政司使。

英廉奏《抽毁書目》 《姑孰集》一本。查《姑孰集》，係明章嘉楨撰。卷下《虞公祠》一首，語有偏謬，應請抽燬。

《四庫提要・别集類存目六》 《姑孰集》二卷。浙江巡撫採進本。明章嘉禎撰。嘉禎字元禮，德清人。萬曆庚辰進士，官至大理寺寺丞。是集詩文雜編，殊無體例，蓋未定之稿。詩筆亦清雋而多近率易，其名曰「姑孰」，以嘉禎嘗爲當塗知縣故也。

南征集

徐𤊹《徐氏家藏書目・別集類》 章嘉禎《南征集》二卷。

黃虞稷《千頃堂書目・別集類》 章嘉禎《南征集》二卷。

中林草

黃虞稷《千頃堂書目・別集類》 章嘉禎《中林草》。

夢草堂稿

《四庫提要・別集類存目七》 《夢草堂稿》十二卷。浙江孫仰曾家藏本。明胡鎮撰。鎮字子重，歙縣人。萬曆中賈人。其詩以宫、商、角、徵、羽分五集，每卷又以天時、園圃等門分類，各有圈點評識，皆坊刻俗本之體例，即詩可知矣。

閩游稿

徐𤊹《徐氏家藏書目・別集類》 徐象梅《閩游稿》一卷。字仲和，錢塘人，萬曆中諸生。

元蓋副草

黃虞稷《千頃堂書目・別集類》 吴稼竳《元蓋副草》二十卷。字翁晉，孝豐人。維嶽子。以例除南京光禄典簿，累遷雲南通判。

《四庫提要・別集類存目七》 《元蓋副草》二十卷。浙江孫仰曾家藏本。明吴稼竳撰。稼竳字翁晉，孝豐人。官南京光禄寺典簿，累遷雲南通判。稼竳素與吴應暘、臧懋循游，故是集之序，應暘撰而懋循書之。其稱《元蓋副草》者，應暘序謂「元蓋」，天目山別名，其藏書有在，姑謂之副。蓋夸大之詞，謂尚非其名山之正本耳。稼竳少年，以詩見稱於王世貞，朱彝尊《静志居詩話》，亦稱其樂府如健兒騎駿馬，左右馳突，靡不如意。近體頗合西崑。然摹古終太有痕也。

北征集

徐𤊹《徐氏家藏書目・別集類》 吴稼竳《北征集》一卷。字翁晉。維岳之子。萬曆中太學生，官通判。

黃虞稷《千頃堂書目・別集類》 吴稼竳《北征南詣滇游諸稿》。

翏翏集

徐𤊹《徐氏家藏書目・別集類》 俞安期《寥寥閣集》二十八卷。字羨長，宜興人。

黃虞稷《千頃堂書目・別集類》 俞安期《翏翏集》二十八卷。初名策，字公臨，既更今名，改字羨長，宜興人。

《明史・藝文志・別集類》 俞安期《翏翏集》二十八卷。

英廉奏《抽毀書目》 《翏翏閣全集》六本。查《翏翏閣全集》係明俞安期撰。卷四《擬鴻武舞歌詩》，卷六《憲使劉公修爵辭》四首，卷二十九《南征曲》，卷三十九《和瓊花詩》，俱有違謬，應請抽燬。

《四庫提要・別集類存目五》 《翏翏集》四十卷。浙江孫仰曾家藏本。明俞安期撰。安期有《唐類函》，已著録。是集騷一卷，賦二卷，詩三十七卷，雜文一卷。安期之名本由依附七子而成，故詩亦不出其流派。朱彝尊《静志居詩話》稱其「賦景有餘，言情不足。如觀翦綵花，青紅碧緑，非不爛然。即而視之，總與根株不相符」，可謂定評矣。

閩中稿

徐𤊹《徐氏家藏書目・別集類》 俞安期《閩中稿》二卷。

鴈字詩

徐𤊹《徐氏家藏書目・別集類》 俞安期《鴈字詩》一卷。

麻源稿

徐𤊹《徐氏家藏書目・別集類》 俞安期《麻源稿》二卷。

嶺上集

黄虞稷《千頃堂書目・別集類》 黄奂《嶺上集》。字玄龍,一名允文,歙縣人。

羅穎樓集

黄虞稷《千頃堂書目・別集類》 黄奂《羅穎樓集》。

黄玄龍詩集

《四庫提要・別集類存目七》 《黄玄龍詩集》八卷,附《尺牘》二卷。浙江巡撫採進本。明黄奂撰。奂有《玄龍小品》,已著録。其詩意主獨造,而失之生硬,集中諸體皆備,獨無七言律詩,蓋流俗唱和,多以七言律詩,故奂薄而弗爲。然詩之雅俗在格韻,不在體裁。苟詞旨凡近,即四言亦屬庸音,苟興象深微,即七字亦成高調。必禁此一體不作,是又山林畸士,矯枉過直之失也。

豐正元集

黄虞稷《千頃堂書目・別集類》 豐越人《天放野人集》四卷。字正元,鄞縣人。坊之孫。

《四庫提要・別集類存目七》 《豐正元集》四卷。浙江巡撫採進本。明豐越人撰。越人字正元,鄞縣人,坊之孫也。嘗自號「天放野人」,故《千頃堂書目》作《天放野人集》,所載卷數與此本相合,蓋即一書而異名也。後有其子建跋,稱其遭逢骨肉之難,故往往有悽咽之音云。

豐越人詩集

徐𤊹《徐氏家藏書目・別集類》 《豐越人詩集》四卷。字正元,鄞縣人。道生之孫。萬曆中布衣。

罷繡吟

黄虞稷《千頃堂書目・別集類》 王虞鳳《罷繡吟》一卷。字儀卿,侯官人,許林紀適孫逢隆,年十七卒。

《明史・藝文志・別集類》 王虞鳳《罷繡吟》一卷。

絡緯吟

黄虞稷《千頃堂書目・别集類》 布政使参議范允臨妻徐小淑《絡緯吟》十二卷。名媛,長洲人,太僕寺少卿徐時泰女。

《明史・藝文志・别集類》 徐媛《絡緯吟》十二卷。

裁雲草

黄虞稷《千頃堂書目・别集類》 貢生黄卯錫妻項蘭貞《裁雲草》一卷。字孟畹,秀水人,解元濤母。

《明史・藝文志・别集類》 項蘭貞《裁雲草》一卷。

月露吟

黄虞稷《千頃堂書目・别集類》 《月露吟》一卷。項蘭貞著。

《明史・藝文志・别集類》 《月露吟》一卷。項蘭貞著。

棲老堂集

黄虞稷《千頃堂書目・别集類》 殷仲春《棲老堂集》一卷。字方叔,秀水人。

英廉奏《抽毁書目》 《栖老堂集》一本。查《栖老堂集》,係明殷仲春撰。後觀國跋,語有違謬,應請抽燬。

《四庫提要・别集類存目七》 《棲老堂集》一卷。浙江巡撫採進本。明殷仲春撰。仲春字方叔,秀水人。嘗慕王績爲人,自號東皋子,隱居教授,又精於醫,得錢輒入市買斷爛書讀之。集首載賦騷,次古今體詩,次引辭贊疏,僅二十餘葉。末有順治丁酉其孫觀國跋,稱原集詩千餘首,此本僅存什一。今核所作,不出明季山人之派。故其墓誌亦陳繼儒作也。

樓居稿

黄虞稷《千頃堂書目・别集類》 新樂王載璽《樓居稿》一卷。號誠軒。有博雅稱,建博文書院,□□中賜敕獎諭。衡藩係憲王庶七子,恭王祐楎,于成化二十三年始封。載璽爲恭王孫新樂端惠王嫡子,嘉靖三十六年嗣封。

由居稿

黄虞稷《千頃堂書目・别集類》 新樂王載璽《由居稿》一卷。

丙辛出山小草

黄虞稷《千頃堂書目・别集類》 林學曾《丙辛出山小草》□卷。字□□,晉江人。南京户部尚書。

西林全集

黄虞稷《千頃堂書目・别集類》 安紹芳《西林全集》二十卷。字茂卿,無錫人。國子監生。

瞿冏卿集

黄虞稷《千頃堂書目・别集類》 瞿汝稷《冏卿集》十四卷。字元立,常熟人。景淳子,以父任官長蘆運使,加太僕寺少卿。

《明史・藝文志・別集類》 瞿汝稷《同鄉集》十四卷。

英廉奏《抽毀書目》 《瞿冏卿集》六本。查《瞿冏卿集》，係明瞿汝稷撰。集内《本傳》、《像贊》，俱錢謙益撰，卷二《送于健曾丈閲視雲》中第二首、《辰陽》二十二韻、《小序》一篇，卷三《送鄭大司馬行邊》一首，俱有偏謬，應請抽燬。

《四庫提要・別集類存目七》 《瞿冏卿集》十四卷。江蘇巡撫採進本。明瞿汝稷撰。汝稷字元立，常熟人。禮部侍郎景淳子，用父蔭，官主事，仕至太僕寺少卿。事蹟附見《明史・景淳傳》。是集爲眉州張養正所編，凡詩五卷，文九卷。前有葉向高所作《墓誌銘》，稱汝稷最不喜温陵李贄，以爲得罪名教，其識實出明季士大夫上，其詩文則未能凌跨流輩也。

周懷魯先生集

黄虞稷《千頃堂書目・別集類》 周孔教《周懷魯先生集》。字懷魯，臨川人。巡撫應天，都御史。

西臺疏稿

徐𤊹《徐氏家藏書目・別集類》 周孔教《西臺疏稿》二卷。字明行，號懷魯，臨川人。萬曆庚辰進士，官北京提學，右副都御史。

江南疏稿

徐𤊹《徐氏家藏書目・別集類》 周孔教《江南疏稿》九卷。

中州疏稿

徐𤊹《徐氏家藏書目・別集類》 周孔教《中州疏稿》五卷。

奉使稿

英廉奏《抽毀書目》 《奉使稿》二本。查《奉使稿》，係明朱之蕃撰。集内《山海亭晚歸詩》、《入關志感詩》、《遼東新修路河記》、《少保尤總戎生祠記》，俱語涉悖謬。卷末《殿試策題策問》，有偏謬語，應請抽燬。

《四庫提要・別集類存目六》 《奉使稿》。無卷數。兩江總督採進本。明朱之蕃撰。之蕃字元介，茌平人，南京錦衣衛籍。萬曆乙未進士第一，官至吏部右侍郎。之蕃以萬曆乙巳冬被命使朝鮮，丙午春仲出都，夏杪入關，與館伴周旋，有倡必和，録爲二大册。第一册爲《奉使朝鮮稿》，前詩後雜著，之蕃作也。第二册爲《東方知音》，朝鮮國議政府左贊成柳根等詩也。末有《乙未制策》一道，及東閣倡和詩數首，爲讀卷官沈演等作，蓋後人所附入。案《千頃堂書目》載之蕃《使朝鮮稿》四卷、《紀勝詩》一卷、《南還雜著》一卷、《廷試策》一卷、《落花詩》一卷。與此大同小異，蓋所見者又一別本云。

使朝鮮稿

徐𤊹《徐氏家藏書目・別集類》 朱之蕃《使朝鮮稿》一卷。字元介，號蘭隅，上元人。萬曆乙未狀元，官吏部右侍郎。

黄虞稷《千頃堂書目・別集類》 朱之蕃《使朝鮮稿》四卷。字元介，南京錦衣衛籍，茌平人。一甲第一人，南京吏部右侍郎，贈禮部尚書。

南還雜著

黄虞稷《千頃堂書目・別集類》 朱之蕃《南還雜著》一卷。

廷試策

黃虞稷《千頃堂書目·别集類》 朱之蕃《廷試策》一卷。

紀勝詩

徐𤊹《徐氏家藏書目·别集類》 朱之蕃《紀勝詩》一卷。

黃虞稷《千頃堂書目·别集類》 朱之蕃《紀勝詩》一卷。

落花詩

黃虞稷《千頃堂書目·别集類》 朱之蕃《落花詩》一卷。

吴繼疏集

英廉奏《抽毀書目》 《吴繼疏集》四本。查《吴繼疏集》，係明吴仁度撰。集内《地震》、《中軍告病》、《請催京運鞍馬》、《議調守備官員》等疏，俱有悖謬語。《答郭一陽書》，中有空字，自係違礙，應請抽燬。

《四庫提要·别集類存目六》 《吴繼疏集》十二卷。江蘇巡撫採進本。明吴仁度撰。仁度字君重，金谿人。萬曆己丑進士，官至工部侍郎。《明史·儒林傳》附載其父《悌傳》末。其集初刻於萬曆乙卯，此本爲其六世從孫廷相所重編。凡《中書考功奏疏》一卷、《撫晉奏議》六卷、《撫晉全草》三卷，各注原本卷次於下。又《遺稿》二卷，各注新增字。《撫州府志》稱其爲文不拘訓詁，每脱稿，即棄去，故無存者。此二卷蓋廷相摭拾殘剩，附於奏議、公牘之後者也。仁度初除中書舍人時，嘗争「三王竝封」之事，其疏今載第一卷中。撫晉時亦頗有擘畫，《遺稿》則隨筆寫意而已。

館閣宏辭

黃虞稷《千頃堂書目·别集類》 蔡毅中《館閣宏辭》□卷。字弘甫，光山人。協理詹事府少詹事，禮部右侍郎兼侍讀學士。

朱光禄集

黃虞稷《千頃堂書目·别集類》 朱維京《朱光禄集》二十七卷。字訥齋，萬安人。工部屯田司主事，贈光禄寺少卿。

邢澤宇詩集

黃虞稷《千頃堂書目·别集類》 邢雲路《邢澤宇詩集》十卷。字士登，安肅人。河南按察使。

山塞吟

黃虞稷《千頃堂書目·别集類》 邢雲路《山塞吟》□卷。

占星堂集

黃虞稷《千頃堂書目·别集類》 唐文獻《占星堂集》十六卷。字元徵，華亭人。一甲第一人，吏部左侍郎，翰林院學士，贈尚書，加太子少保，謚文恪。

《明史·藝文志·别集類》 唐文獻《占星堂集》十六卷。

英廉奏《抽毁書目》 《占星堂集》十本。查《占星堂集》，係明唐文獻撰。集内《擬開國功臣贊》，有偏謬語。《讀九邊圖説詩》，有悖謬語，應請抽燬。

《四庫提要・别集類存目六》 《占星堂集》十五卷。浙江孫仰曾家藏本。明唐文獻撰。文獻字元徵，南直隸華亭人。萬曆丙戌進士，官至禮部右侍郎，翰林院學士，謚文恪。事蹟具《明史》本傳。朱彝尊《静志居詩話》載文獻未第時，曾見奎宿於堂上，故以「占星」名其堂，因以名集。

石室鹿裘全集

黄虞稷《千頃堂書目・别集類》 梅鼎祚《石室鹿裘全集》六十五卷。字禹金，宣城人。太學生。

英廉奏《全毁書目》 《鹿裘石室集》十六本。明梅鼎祚撰。

梅禹金集

徐𤊹《徐氏家藏書目・别集類》 《梅鼎祚詩》□卷。字禹金，宣城人。

《四庫提要・别集類存目七》 《梅禹金集》二十卷。安徽巡撫採進本。明梅鼎祚撰。鼎祚有《才鬼記》，已著録。是集乃其詩，凡分《庚辛草》四卷，《與元草》八卷，《子寧草》八卷。鼎祚輯《八代詩乘》，又輯《古樂苑》，於詩家正變源流，不爲不審，而所作止此，則囿於風氣，委曲諧俗之過也。

王程集

徐𤊹《徐氏家藏書目・别集類》 梅蕃祚《王程稿》二卷。字子馬。鼎祚之弟。

黄虞稷《千頃堂書目・别集類》 梅蕃祚《王程集》二卷。字子馬。鼎祚從弟。以上舍爲寧鄉主簿，遷滋陽丞。

涉江草

黄虞稷《千頃堂書目・别集類》 梅蕃祚《涉江草》。

景璧集

黄虞稷《千頃堂書目・别集類》 李光縉《景璧集》十九卷。字衷一，晉江人，解元。

《明史・藝文志・别集類》 李光縉《景璧集》十九卷。

西垌集

黄虞稷《千頃堂書目・别集類》 柳根《西垌集》。字晦夫，狀元，自號隱屏居士。

周履靖諸集

徐𤊹《徐氏家藏書目・别集類》 《周履靖諸集》十卷。字逸之，號梅墟，嘉興人。

江左周郎詩苑

黄虞稷《千頃堂書目・别集類》 周履靖《江左周郎詩苑》三十二卷。

勝情集

黄虞稷《千頃堂書目・别集類》 周履靖《勝情集》三卷。

山謡

黄虞稷《千頃堂書目·别集類》周履靖《山謡》一卷。

逸唱

黄虞稷《千頃堂書目·别集類》周履靖《逸唱》一卷。

谷聲

黄虞稷《千頃堂書目·别集類》周履靖《谷聲》一卷。

庸調

黄虞稷《千頃堂書目·别集類》周履靖《庸調》一卷。

觳音

黄虞稷《千頃堂書目·别集類》周履靖《觳音》一卷。

俚語

黄虞稷《千頃堂書目·别集類》周履靖《俚語》一卷。

追風集

黄虞稷《千頃堂書目·别集類》周履靖《追風集》二卷。

稚音

黄虞稷《千頃堂書目·别集類》周履靖《稚音》一卷。

缶歌

黄虞稷《千頃堂書目·别集類》周履靖《缶歌》一卷。

釜鳴

黄虞稷《千頃堂書目·别集類》周履靖《釜鳴》一卷。

五柳賡歌

黄虞稷《千頃堂書目·别集類》周履靖《五柳賡歌》四卷。

閒雲稿

黄虞稷《千頃堂書目·别集類》周履靖《閒雲稿》四卷。

野人清嘯

黄虞稷《千頃堂書目・别集類》 周履靖《野人清嘯》二卷。

千片雪

黄虞稷《千頃堂書目・别集類》 周履靖《千片雪》一卷。

燎松吟

黄虞稷《千頃堂書目・别集類》 周履靖《燎松吟》一卷。

尋芳稿

黄虞稷《千頃堂書目・别集類》 周履靖《尋芳稿》二卷。

泛泖吟

黄虞稷《千頃堂書目・别集類》 周履靖《泛泖吟》一卷。

索笑集

黄虞稷《千頃堂書目・别集類》 周履靖《索笑集》二卷。

蛩吟秋砌

黄虞稷《千頃堂書目・别集類》 周履靖《蛩吟秋砌》二卷。

氍物成詠

黄虞稷《千頃堂書目・别集類》 周履靖《氍物成詠》四卷。

紺雪新箋

黄虞稷《千頃堂書目・别集類》 周履靖《紺雪新箋》二卷。

和貫休山家語

黄虞稷《千頃堂書目・别集類》 周履靖《和貫休山家語》一卷。

毛公壇倡和詩

黄虞稷《千頃堂書目・别集類》 周履靖《毛公壇倡和詩》一卷。

鴛湖倡和稿

黄虞稷《千頃堂書目・别集類》 周履靖《鴛湖倡和稿》一卷。

追和全唐酒詠

黄虞稷《千頃堂書目·别集類》 周履靖《追和全唐酒詠》六卷。

和唐宋元明酒詞

黄虞稷《千頃堂書目·别集類》 周履靖《和唐宋元明酒詞》二卷。

狂夫酒語

黄虞稷《千頃堂書目·别集類》 周履靖《狂夫酒語》二卷。

青蓮觴詠

黄虞稷《千頃堂書目·别集類》 周履靖《青蓮觴詠》二卷。

香山酒頌

黄虞稷《千頃堂書目·别集類》 周履靖《香山酒頌》二卷。

歷朝酒歌

黄虞稷《千頃堂書目·别集類》 周履靖《歷朝酒歌》十二卷。

追和明千家詩

黄虞稷《千頃堂書目·别集類》 周履靖《追和明千家詩》五十卷。字逸之，秀水人，號梅癡居士。

梅顛稿選

《四庫提要·别集類存目七》 《梅顛稿選》二十卷。兩江總督採進本。明周履靖撰。履靖有《夷門廣牘》，已著録。所著有《閒雲稿》、《泛泖吟》、《咏物詩》、《螺冠子詩餘》、《茹草編》諸集。陳繼儒彙而選之，以成此編，蓋二人氣類相近也。

星軺草

黄虞稷《千頃堂書目·别集類》 張應揚《星軺草》。字以言，休寧人。巡按雲南，福建御史。

澄清堂稿

黄虞稷《千頃堂書目·别集類》 張應揚《澄清堂稿》。

忠勤堂集

黄虞稷《千頃堂書目·别集類》 張應揚《忠勤堂集》。

貞元子詩草

《四庫提要·別集類存目七》《貞元子詩草》。無卷數。浙江孫仰曾家藏本。明項穆撰。穆有《書法雅言》，已著録。穆生於博古賞鑒之家，藉文雅交游之盛，耳濡目染，都無俗事，故其詩皆楚楚有清致。所謂謝家子弟，雖復不端正者，亦自有一種風氣也。惟偶然寄意，不似書法之精耳。

玉堂遺稿

英廉奏《抽毁書目》《玉堂遺稿》八本。查《玉堂遺稿》，係明蕭良有撰。集内《賀蕭岳峰序》，有悖謬語；《郭古岡墓表》，有偏謬語，應請抽燬。

《四庫提要·別集類存目六》《玉堂遺稿》。無卷數。湖北巡撫採進本。明蕭良有撰。良有字以占，號漢沖，漢陽人。萬曆庚辰進士，官至國子監祭酒。良有在史局十五年，長於當時制誥之文。規模宏敞，有承平臺閣之體。是集爲其曾孫延昭等所編，分類排比，不分卷數。末有《補遺》及葉向高所撰《墓誌》一篇。

居雲草

黄虞稷《千頃堂書目·別集類》倪尚忠《居雲草》。字世卿，浦江人。官吉安同知。

醉吟草

黄虞稷《千頃堂書目·別集類》倪尚忠《醉吟草》。

鳴籟草

黄虞稷《千頃堂書目·別集類》倪尚忠《鳴籟草》。

宗伯集

《四庫提要·別集類二五》《宗伯集》十卷。浙江孫仰曾家藏本。明孫繼皋撰。繼皋字以德，無錫人。萬曆甲戌進士第一。官至吏部侍郎，當陳太后梓宫發引時，神宗稱疾不肯送，繼皋疏争忤旨。及三殿災，大臣自陳皆慰留，獨繼皋致仕去。後追贈禮部尚書。此編題曰《宗伯集》，從所贈官也。凡雜文九卷，詩一卷。第二卷末有其子源文跋語，稱其父「生平不敢自居於名。以故諫草都焚，篋中只存辭疏十八，又求得其三，其留中者無從覓稿。即其他著述，亦多不存。今所刻碑銘誌傳之文，皆源文雜得之，其子若孫暨朽縑敗扇與行於世者」云云。故集中所録，多應制及酬贈之作。然當繼皋之時，士習佻而文體亦弊。七子之風未艾，三袁之焰方新。或棘句鉤章，或矜奇弔詭。操觚者出此入彼，大抵隨波而靡。繼皋詩文獨雍容恬雅，有承平臺閣之遺風，亦可謂不移於俗矣。

柏潭集

黄虞稷《千頃堂書目·別集類》孫繼皋《柏潭集》十卷。字以德，無錫人。一甲第一人，吏部左侍郎。

涇皋藏稿

黄虞稷《千頃堂書目·別集類》顧憲成《涇皋藏稿》十二卷。字叔時，無錫人。

丙子解元，吏部郎中，贈光禄寺少卿，吏部侍郎，謚端文。

《四庫提要・別集類二五》《涇皋藏稿》二十二卷。浙江孫仰曾家藏本。明顧憲成撰。憲成有《小心齋劄記》，已著録。明末東林，聲氣傾動四方。君子小人，互相搏擊，置君國而争門户。馴至於宗社淪胥，猶蔓延詬争而未已。《春秋》責備賢者，推原禍本，不能不遺恨於清流。憲成其始事者也。考憲成與高攀龍初不過一二人相聚講學，以砥礪節概爲事。迨其後標榜日甚，攀附漸多，遂致流品混淆。上者或不免於好名，其下者遂至依託門牆，假借羽翼，用以快恩讐而争進取。非特不得比於宋之道學，併不得希蹤於漢之黨錮。故論者謂攻東林者多小人，而東林不必皆君子，亦公評也。足見聚徒立説，其流弊不可勝窮，非儒者闇修之正軌矣。惟憲成持身端潔，恬於名利。且立朝大節，多有可觀。其論説亦頗醇正，未嘗挾私見以亂是非，尚非後來依草附木者比。故姑録其集，并論其末流之失，以示炯戒焉。

顧端文集

黄虞稷《千頃堂書目・別集類》顧憲成《顧端文集》二十卷。

《明史・藝文志・別集類》《顧憲成文集》二十卷。

小心齋劄記

徐𤊹《徐氏家藏書目・別集類》顧憲成《小心齋劄記》四卷。字叔時，號涇陽，無錫人。萬曆庚辰進士，吏部郎中。

太史集

徐𤊹《徐氏家藏書目・別集類》周如砥《太史集》三十二卷。字季平，號礪齋，萊州即墨縣人。萬曆己丑進士，檢討。

黄虞稷《千頃堂書目・別集類》周如砥《太史集》三十二卷。字季平，即墨人。翰林院檢討。

青藜館集

英廉奏《抽毀書目》《青藜館集》四本。查《青藜館集》，係明周如砥撰。集内《王吾使遼詩》、《送李霖寰遼東開府詩》、《遼東殊捷頌》，俱有悖謬語，應請抽燬。

《四庫提要・別集類存目六》《青藜館集》四卷。江蘇巡撫採進本。明周如砥撰。如砥字季平，號礪齋，即墨人。萬曆己丑進士，官至國子監祭酒。是集刊於崇禎壬午，詩不及一卷，餘皆雜文，多館課及應酬之作。如《太上感應篇序》之類，亦備録不遺，編次殊爲蕪雜。前有王思任、公鼒二序，思任序多稱其制藝，鼒序多稱其德量。其微意可思矣。

玉茗堂集

徐𤊹《徐氏家藏書目・別集類》湯顯祖《玉茗堂稿》二十一卷。字義仍，號海若，臨川人。萬曆癸未進士，官南京禮部主事。

《四庫提要・別集類存目六》《玉茗堂集》二十九卷。兩江總督採進本。明湯顯祖撰。顯祖有《五侯鯖》、《字海》，已著録。顯祖於王世貞爲後進，世貞與李攀龍持上追秦、漢之説，奔走天下，歸有光獨詆爲庸妄，顯祖亦毅然不附，至塗乙其《四部稿》，使世貞見之。然有光才不逮世貞，而學問深密過之。顯祖則才與學皆不逮，而議論識見則較世貞爲篤實，故排王、李者亦稱焉。是集凡詩十三卷，文十卷，尺牘六卷。前有南豐朱廷誨序，稱其解陰符五賊禽制之法，序《春秋》輯略，發仁孝動天下之旨，記小辨明復小乾大之一致。非無根據之學者，然終非有光匹也。

玉茗堂文集

黄虞稷《千頃堂書目・別集類》湯顯祖《玉茗堂文》十卷。

《明史・藝文志・別集類》 湯顯祖《玉茗堂文集》十五卷。

玉茗堂詩

黄虞稷《千頃堂書目・別集類》 湯顯祖《玉茗堂詩》十八卷。字若士，一字義仍，臨川人。南禮部主事，謫徐聞典史，遷遂昌知縣。

《明史・藝文志・別集類》 湯顯祖《玉茗堂詩》十六卷。

玉茗堂尺牘

徐𤊹《徐氏家藏書目・別集類》 湯顯祖《玉茗堂尺牘》六卷。

黄虞稷《千頃堂書目・別集類》 湯顯祖《玉茗堂尺牘》八卷。

玉茗堂絶句

徐𤊹《徐氏家藏書目・別集類》 湯顯祖《玉茗堂絶句》二卷。

問棘堂郵草

范邦甸等《天一閣書目・別集類》 湯臨川《問棘堂郵草》十卷。刊本。明臨川湯顯祖著。萬曆六年謝廷諒序稱：所述有《十三經存注》、《讀二十一史略》，而前後火所藏書著作殆盡，獨《易》、《詩》、《書》、《論語》、《孝經》、《爾雅》、《孟子》、《左氏》、《後漢》、《三國志》、《南北史》、《舊唐書》、《五代史》數十卷，在友人饒崙伯宗陽以善吉甫處幸存。而君性豪略，恐亦不能續全之矣。爲是刻其丁丑以來詩賦，或有所附，題曰「郵草」，所傳答四方馳示余者也。君名顯祖，字義少。

徐𤊹《徐氏家藏書目・別集類》 湯顯祖《問棘游草》一卷。

紅泉選草

范邦甸等《天一閣書目・總集類》 《紅泉選草》一卷。刊本。明湯顯祖著，李大晉、高應芳校刊。

湯海若赤牘

徐𤊹《徐氏家藏書目・啓劄類》 湯海若《赤牘》二卷。

負苞堂稿

徐𤊹《徐氏家藏書目・別集類》 臧懋循《負苞堂集》四卷。字晉叔，號顧渚，長興人。萬曆庚辰進士，官國子監博士。

黄虞稷《千頃堂書目・別集類》 臧懋循《負苞堂集》十卷。字晉叔，長興人。國子監博士。

《四庫提要・別集類存目六》 《負苞堂稿》九卷。浙江汪汝瑮家藏本。明臧懋循撰。懋循字晉叔，長興人。萬曆庚辰進士，官國子監博士。詩多綺羅脂粉語，未免近靡靡之響。懋循善顧曲，元明雜劇皆所梓行，故詞曲序引，屢見集中，亦其結習之所在也。

負苞堂詩

英廉奏《抽毁書目》 《負苞堂詩》二本。查《負苞堂詩》，係明臧懋循撰。集内《東征詩》、《代送宋司馬關河詩》、《聞捷詩》、《出塞詩》，俱有悖謬語；《元史紀事本末序》，有偏謬語，應請抽燬。

臧懋循文選

黃虞稷《千頃堂書目·別集類》 臧懋循《文選》四卷。

臧懋循詩選

黃虞稷《千頃堂書目·別集類》 臧懋循《詩選》五卷。

吴文恪集

黃虞稷《千頃堂書目·別集類》 吴道南《吴文恪公集》二十二卷。字會甫，崇仁人。一甲第二人，太子太保，户部尚書，兼文淵閣大學士，贈少保，謚文恪。一作《曙谷集》。

英廉奏《全毁書目》 《吴文恪集》六本。明吴道南撰。

軍機處奏《禁毁書目》 《吴文恪集》八本。查《吴文恪集》，係明吴道南撰。書中詆觸字面甚多，應銷燬。

巴山館草

徐𤊹《徐氏家藏書目·別集類》 吴道南《巴山館草》四卷。字會甫，號曙谷，宣之元孫。萬曆己丑進士，累官太子太保、户部尚書、文淵閣大學士。卒年七十有四，謚文恪。

綸扉奏草

徐𤊹《徐氏家藏書目·別集類》 吴道南《綸扉奏草》一卷。

南宫續草

徐𤊹《徐氏家藏書目·別集類》 吴道南《南宫續草》一卷。

雪鴻集

黃虞稷《千頃堂書目·別集類》 謝三秀《雪鴻集》。字君彩，貴築人。萬曆間學官。

萍隱集

徐𤊹《徐氏家藏書目·別集類》 謝三秀《萍隱編》一卷。字君采，貴陽府新貴人。萬曆中貢士，三仕廣文，避亂居武陵。李維楨、楊□爲序。

二酉園稿

徐𤊹《徐氏家藏書目·別集類》 鄒迪光《二酉齋稿》八卷。字彦吉，號愚谷，無錫人。萬曆甲戌進士，甲申爲閩提學副使，以諸生爲中丞所辱，即日挂冠，終老于家。閩士思之，爲建風節亭于西郊。善書畫，海内貴重之。

黃虞稷《千頃堂書目·別集類》 鄒迪(先)[光]《二酉園稿》八卷。

⿰烏鳥⿰齊鳥集

徐𤊹《徐氏家藏書目·別集類》 鄒迪光《⿰烏鳥⿰齊鳥集》六卷。

黃虞稷《千頃堂書目·別集類》 鄒迪(先)[光]《⿰烏鳥⿰齊鳥集》六卷。

調象庵稿

徐𤊹《徐氏家藏書目・别集類》 鄒迪光《調象庵集》三十三卷。

黄虞稷《千頃堂書目・别集類》 鄒迪(先)[光]《調象庵稿》四十卷。字彦吉，無錫人。湖廣提學副使。

《四庫提要・别集類存目六》 《調象庵稿》四十卷。兩江總督採進本。明鄒迪光撰。案《涅盤經》曰「譬如醉象，狂駭暴惡，多欲殺害。有調象師以大鐵鉤鉤斲其項，即時調順，惡心都盡。一切衆生亦復如是。貪慾瞋恚愚癡醉，故欲多造惡孽。諸菩薩等以聞法鉤斲之令住，更不得起造諸惡心」云云。此編乃迪光之續集，蓋晚歲所作。時方歸心釋氏，故以「調象」名菴，因以名集云。

青藜館集

徐𤊹《徐氏家藏書目・别集類》 鄒迪光《青藜舘集》四卷。

黄虞稷《千頃堂書目・别集類》 鄒迪光《青藜館集》四卷。

鬱儀樓集

黄虞稷《千頃堂書目・别集類》 鄒迪光《鬱儀樓集》五十四卷。

《四庫提要・别集類存目六》 《鬱儀樓集》五十四卷。江蘇巡撫採進本。明鄒迪光撰。迪光字彦吉，無錫人。萬曆甲戌進士，官至湖廣提學副使。年四十，即罷歸，築室惠山，多與文士觴詠，優遊林下者幾三十年。時王世貞已没，迪光欲代領其壇坫，然竟不能也。是集凡賦一卷，詩二十九卷，雜文二十四卷。其詩文皆欲矯雕鐫，翻成淺易。故朱彝尊《静志居詩話》深不滿焉，特略取其絶句而已。

羼提齋稿

黄虞稷《千頃堂書目・别集類》 鄒迪(先)[光]《羼提齋稿》八卷。

始青閣稿

黄虞稷《千頃堂書目・别集類》 鄒迪(先)[光]《始青閣稿》二十四卷。

軍機處奏《禁毁書目》 《始青閣稿》一部，八本。查《始青閣稿》，係明鄒迪光撰。詩文俱有詆觸之處，應請銷燬。

石語齋集

黄虞稷《千頃堂書目・别集類》 鄒迪(先)[光]《石語齋集》二十八卷。

英廉奏《抽毁書目》 《石語齋集》四本。查《石語齋集》，係明鄒迪光撰。卷四《方外姚方齋》一首，題目内有錢謙益字樣，應請抽燬。

《四庫提要・别集類存目六》 《石語齋集》二十六卷。兩江總督採進本。明鄒迪光撰。其以石語名齋，蓋用庾信讀温子昇《韓陵山寺碑》事，亦高自位置矣。案《江南通志・文苑傳》，載迪光集凡三百餘卷，而不詳其名。《明詩綜》載迪光所著有《鬱儀樓集》、《調象菴稿》、《始青閣集》，不載此集。明人集刻本叢雜，著録互異，此亦其一也。

愚公谷乘

黄虞稷《千頃堂書目・别集類》 鄒迪(先)[光]《愚公谷乘》八卷。

荊溪遊草

徐𤊹《徐氏家藏書目・別集類》 鄒迪光《荊溪遊草》一卷。

月湖草

徐𤊹《徐氏家藏書目・別集類》 周應賓《月湖草》七卷。字嘉甫，號寅所，鄞縣人。萬曆癸未進士，禮部尚書，謚文穆。

黃虞稷《千頃堂書目・別集類》 周應賓《月湖草》七卷。字嘉甫，鄞縣人。禮部尚書，掌詹事府事，加太子太保，謚文穆。

英廉奏《全毀書目》《月湖草》六本。明周應賓撰。

軍機處奏《禁毀書目》《月湖草》七本。查《月湖草》，周應賓撰。應賓官至南京禮部尚書，生平無可稱述，詩文亦皆平淺。中有觸犯字句，應請銷燬。

趙忠毅公集

黃虞稷《千頃堂書目・別集類》 趙南星《趙忠毅公集》二十四卷。字拱極，一字夢白，高邑人。吏部尚書，謫戍代州。

《明史・藝文志・別集類》《趙南星文集》二十四卷。

英廉奏《全毀書目》《趙忠毅集》十六本。明趙南星撰。

傲素軒詩

徐𤊹《徐氏家藏書目・別集類》 吴大山《傲素軒詩》二卷。字仁仲，錢塘人。萬曆辛卯鄉舉，官中書舍人，貴州按察使。

病吟草

黃虞稷《千頃堂書目・別集類》 汪應蛟《病吟草》。字潛夫，婺源人。户部尚書，加太子少保。

餘清館集

黃虞稷《千頃堂書目・別集類》 祁伯裕《餘清館集》。字□□，滑縣人。太子太保，兵部尚書，謚敏惠。

李紹箕詩

徐𤊹《徐氏家藏書目・別集類》《李紹箕詩》一卷。字茂承，華亭人。善畫。

修業堂稿

黃虞稷《千頃堂書目・別集類》 瀋定王珵堯《修業堂稿》。宣王子，高皇帝雲孫，萬曆十二年襲封。

崇玉山房稿

黃虞稷《千頃堂書目・別集類》 瀋定王珵堯《崇玉山房稿》。

瀋王詩集

黄虞稷《千頃堂書目・别集類》 瀋王《詩集》一册。

朱謀堚集

徐𤊹《徐氏家藏書目・别集類》 朱謀堚《入山詩》三卷。字圖南，號天池，弋陽王孫，鎮國中尉。時或出遊。變名爲來鯤，字子魚。

黄虞稷《千頃堂書目・别集類》 《朱謀堚集》。多炡子。變姓名曰來鯤，字子魚。臨川湯顯祖序。

枳園近稿

徐𤊹《徐氏家藏書目・别集類》 朱謀㙔《枳園近稿》八卷。字鬱儀，號海岳，名城王孫。鎮國中尉。

黄虞稷《千頃堂書目・别集類》 朱謀㙔《枳園近稿》。字鬱儀，寧獻王七世孫。中尉，攝石城王府事。

處實堂集　後集　續集

徐𤊹《徐氏家藏書目・别集類》 張鳳翼《處實堂集》八卷，《續集》八卷。字伯起，號靈虛，長洲人。嘉靖中鄉舉，高隱不仕，閉門著述。

黄虞稷《千頃堂書目・别集類》 張鳳翼《處實堂集》十二卷，又《後集》六卷。字伯起，長洲人。

《明史・藝文志・别集類》 張鳳翼《處實堂前後集》五十三卷。

英廉奏《抽毀書目》 《處實堂集》四本。查《處實堂集》，係明張鳳翼撰。集内《謁岳鄂王祠詩》、《魏武帝》一條、《宋史紹興》一條，俱有偏謬語，應請抽燬。

《四庫提要・别集類存目五》 《處實堂集》八卷。江蘇周厚堉家藏本。明張鳳翼撰。鳳翼有《夢占類考》，已著録。是編詩四卷、文三卷，末一卷曰《談輅》，則其筆記也。鳳翼才氣亞於其弟獻翼，故不似獻翼之狂誕，而詞采亦復少遜。生平好填詞，集中多論傳奇之語。《千頃堂書目》載鳳翼《處實堂前集》十二卷，《後集》六卷，與此本皆不符，未喻其故。

句注山房集

軍機處奏《禁毀書目》 《句注山房集》一部，四本。查《句注山房集》，係明張鳳翼撰。第四、五卷語有詆觸，應請銷燬。

少室山房類稿　續稿

徐𤊹《徐氏家藏書目・别集類》 胡應麟《少室山房全集》一百二十卷。

黄虞稷《千頃堂書目・别集類》 胡應麟《少室山房類稿》。《寓燕》、《還越》、《計偕》、《巖棲》、《卧遊》、《兩都》、《蘭陰》、《邯鄲》、《華陽》、《養痾》、《婁江》、《白榆》、《湖上》、《青霞》等集，合一百二十卷。字元瑞，更字明瑞，蘭谿人。

《明史・藝文志・别集類》 胡應麟《少室山房類稿》一百二十卷。

《四庫提要・别集類二五》 《少室山房類稿》一百二十卷。安徽巡撫採進本。明胡應麟撰。應麟有《筆叢》，已著録。應麟藉王世貞以得名，與李維楨、屠隆、魏允中、趙用賢稱「末五子」。所作《詩藪》，類皆附合世貞《藝苑卮言》。後之詆七子者，遂并應麟而斥之。考七子之派，肇自正德，而衰於萬曆之季，横踞海内百有餘年。其中一二主盟者雖爲天下所攻擊，體無完膚，而其集終不可磨滅。非惟天姿絶異，籠罩諸家，亦由其學問淹通，足以濟其桀驁。故根柢深固，雖敗而不至亡也。末俗承流，空疏不學，不能如王、李剽剟秦、漢，乃從而剽掇王、李。黄金白雪，萬口一音。一時依附門牆，假借聲價，亦得號爲名士。時移事易，轉瞬爲覆瓿之用，固其所矣。應麟雖仰承餘派，沿襲頹波，而記誦淹通，實在隆、萬諸家上。故所作蕪雜之内尚具菁華。録此一家，亦足以爲讀書者勸也。是編前有王世貞所撰《石羊生傳》，稱應麟有《寓燕》、《還越》、《計偕》、《巖栖》、《卧遊》、《抱膝》、《三洞》、《兩都》、《蘭陰》、《畸園》諸集，凡二十餘卷。朱彝尊《明詩綜》所載，别有《邯鄲》、《華陽》、《養疴》、《婁江》、《白榆》、《湖上》、《青霞》等集，而無《三洞》、《畸園》之名。蓋應麟在日，諸集皆隨作隨刻，别本單行。世貞、彝尊各據所見，故名有異同。此集爲萬曆戊午金華通判歙縣江湛然所刊，乃其合編之本也。

《四庫提要・別集類存目六》 《少室山房續稿》十五卷。浙江汪汝瑮家藏本。明胡應麟撰。應麟有《筆叢》，已著録。是編凡《兩都集》一卷、《蘭陰集》一卷、《華陽集》十卷、《養疴集》二卷、《青霞稿》一卷，僅止五種。蓋《類稿》未出以前，隨作隨刊之本也。

文園續稿

徐𤊹《徐氏家藏書目・別集類》 胡應麟《文園續稿》四卷。字元瑞，號少室，僖之子。萬曆丙子鄉舉。

述征稿

徐𤊹《徐氏家藏書目・別集類》 胡應麟《述征稿》八卷。

還越稿

徐𤊹《徐氏家藏書目・別集類》 胡應麟《還越稿》一卷。

兩都稿

徐𤊹《徐氏家藏書目・別集類》 胡應麟《兩都稿》二卷。

胡元瑞尺牘

徐𤊹《徐氏家藏書目・啓劄類》 胡元瑞《尺牘》二卷。

孔正叔集

軍機處奏《禁毀書目》 《孔正叔集》三本。查《孔正叔集》，係孔鼎，明末諸生。其文皆入本朝所作，中間空闕處當係悖犯字句，詞氣亦多近不平，應請銷燬。

數馬集

黄虞稷《千頃堂書目・別集類》 黄克纘《數馬集》五十一卷。字紹夫，晉江人。太子太保，戎政尚書。

軍機處奏《禁毀書目》 《數馬集》八本。查《數馬集》，明黄克纘撰。内缺卷二至卷二十七，中多悖妄指斥之語，應請銷燬。

雪柏堂集

黄虞稷《千頃堂書目・別集類》 姜士昌《雪柏堂集》八卷。字仲文，丹陽人。陝西參政，贈太常少卿。

來禽館集

徐𤊹《徐氏家藏書目・别集類》 邢侗《全集》二十八卷。

黄虞稷《千頃堂書目・别集類》 邢侗《來禽館集》二十八卷。字子愿，臨邑人。陝西行太僕寺少卿。

《明史・藝文志・别集類》 邢侗《來禽館集》二十八卷。

英廉奏《抽毁書目》 《來禽館集》十六本。查《來禽館集》，係明邢侗撰。卷首李維貞序，卷二《送方胥成之塞下》一首，卷八《偏關兵使趙公閲敍》、《晉左方伯序》一篇，卷十《擬司馬遷與李陵書》，卷十三《中憲大夫張逢原誌銘》、《右軍都督府尹公墓誌銘》，卷十六《通議大夫張龍池碑》，卷二十一第二十七頁「余姻家齊河尹」一段，卷二十五《與姻家尹大將軍尺牘》，俱有駁謬語，應請抽燬。

《四庫提要・别集類存目六》 《來禽館集》二十九卷。浙江汪汝瑮家藏本。明邢侗撰。侗字子愿，臨邑人。萬曆甲戌進士，官至陝西行太僕卿。《明史・文苑傳》附載《董其昌傳》中。是集凡文二十四卷，詩僅五卷。侗以善書得名，當時有「北邢南董」之目。其序于慎行詩集，謂李、何學唐，爲化鳩之眼，而於太倉、歷下竝有微詞，蓋能不依七子門户者。故所作大抵和平雅秀，王士禎《論詩絶句》亦有「來禽夫子本神清」之語。特骨幹未堅，不能自成一隊，文體則更近於孱矣。

來禽館草

徐𤊹《徐氏家藏書目・别集類》 邢侗《來禽館草》二卷。字子愿，號知吾，濟南府臨邑人。萬曆甲戌進士，御史，行太僕寺少卿。

聽雨齋集

徐𤊹《徐氏家藏書目・别集類》 彭翼《聽雨齋集》六卷。字稺修，南昌人。萬曆初歲貢，蘭溪教諭。

沈司寇集

黄虞稷《千頃堂書目・别集類》 沈堯中《沈司寇集》。字執甫，嘉興人。

寧遠山房存詩

黄虞稷《千頃堂書目・别集類》 沈子來《寧遠山房存詩》。字汝修，歸安人。

縮朒編

黄虞稷《千頃堂書目・别集類》 馬維鳴《縮朒編》。字新甫，平湖人。

羼提編

黄虞稷《千頃堂書目・别集類》 馬維鳴《羼提編》。

得月樓詩草

黄虞稷《千頃堂書目・别集類》 馬維鳴《得月樓詩草》。

池塘草

黄虞稷《千頃堂書目・别集類》 馬維鳴《池塘草》。

詹詹稿

黄虞稷《千頃堂書目・别集類》 馬維鳴《詹詹稿》。

楊于庭全集

徐𤊹《徐氏家藏書目・别集類》 楊于庭《全集》三十二卷。

楊道行集

黄虞稷《千頃堂書目・别集類》 楊于庭《楊道行集》十七卷。字道行，全椒人。兵部郎中。

英廉奏《抽燬書目》 《楊道行集》六本。查《楊道行集》，係明楊于庭撰。其《舟中雜詩》第二首、第五首，俱有偏謬，應請抽燬。

《四庫提要・别集類存目六》 《楊道行集》十七卷。浙江巡撫採進本。明楊于庭撰。于庭有《春秋質疑》，已著録。是集于庭所自編。其詩沿何、李之派，故擬騷、擬樂府、古詩不能變化蹊徑，惟五言古詩時露清挺，本色尚存。其官職方時，值寧夏及倭寇之亂，於本兵多所贊畫。及事平而竟中察典，與虞淳熙同罷歸，是爲萬曆中門户交争之始。故憤鬱不平，屢形篇詠。然事殊屈子，而怨甚行吟，未免失之過激，與風人温厚之旨爲有間矣。

遊郢草

徐𤊹《徐氏家藏書目・别集類》 楊于庭《遊郢草》二卷。字道行，號沖所，全椒人。萬曆庚辰進士，官兵部郎中。

石居士詩删

徐𤊹《徐氏家藏書目・别集類》 石昆玉《石居士詩删》二卷。字□□，號楚陽，黄梅人。萬曆庚辰進士，福建參政，大同巡撫，僉都御史。年八十餘，子孫俱科甲。董其昌序。

黄虞稷《千頃堂書目・别集類》 石崑玉《石居士詩删》二卷。字汝重，黄梅人。巡撫大同，僉都御史。

逸我軒集

黄虞稷《千頃堂書目・别集類》 伍袁萃《逸我軒集》四卷。字□□，長洲人，參政。

玉几山房稿

徐𤊹《徐氏家藏書目・别集類》 周應治《玉几山房》十卷。字君衡，號鼎石。

黄虞稷《千頃堂書目・别集類》 周應治《玉几山房稿》十卷。

石倉副墨

黄虞稷《千頃堂書目・别集類》 周應治《石倉副墨》。字君衡，鄞縣人。

儆鞏集

黄虞稷《千頃堂書目・别集類》 謝士卿《儆鞏集》二卷。字修之，晉江人。海鹽知縣。

太白樓稿

徐𤊹《徐氏家藏書目·别集類》 吴禮嘉《太白樓稿》一卷。字會之，鄞縣人。萬曆庚辰進士。官監察御史。

黄虞稷《千頃堂書目·别集類》 吴禮嘉《太白樓稿》。字會之，鄞縣人。

儆所先生集

黄虞稷《千頃堂書目·别集類》 王德新《儆所先生集》。字應明，安福人。光禄寺丞。

吴西佚稿

黄虞稷《千頃堂書目·别集類》 葉初春《吴西佚稿》。字處元，吴縣人，世居洞庭，自號吴西主人。歷户禮二科給事，建言爲民，天啓初追贈光禄寺少卿。

彭應壽集

黄虞稷《千頃堂書目·别集類》 彭夢祖《彭應壽集》。字應壽，全椒人。浙江參政。

觀槿齋集

黄虞稷《千頃堂書目·别集類》 袁年《觀槿齋集》。字子壽，吴縣人。雲南參政。

鳴山集

黄虞稷《千頃堂書目·别集類》 黄淳《鳴山集》。字集谷，新會人。寧海令。

浮雲山居集

黄虞稷《千頃堂書目·别集類》 于孔兼《浮雲山居集》□卷。字元時，金壇人。禮部郎中，贈光禄寺少卿。

江州餘草

黄虞稷《千頃堂書目·别集類》 于孔兼《江州餘草》四卷。

春曹書疏

徐𤊹《徐氏家藏書目·别集類》 于孔兼《春曹書疏》五卷。字元時，湛之孫。萬曆庚辰進士，禮部郎中。

來復堂集

《四庫提要·别集類存目六》 《來復堂集》二十五卷。江西巡撫採進本。明曾維綸撰。維綸字惇吾，江西樂安人。萬曆庚辰進士，官至嘉興府同知。是集前有萬曆丁亥黄洪憲序，稱維綸出詩古文一編，則是集原本爲所自定，然未及授梓，歲久漸佚。乾隆壬戌，其六世孫廷試乃裒輯佚稿刊版，即此本也。維綸學出姚江，與焦竑、李材、羅汝芳等其闡良知之旨。故文集十九卷，以《理學見解》三卷爲冠。詩集六卷，以《理學詩》六十一首爲冠云。

明志稿　續明志稿

黃虞稷《千頃堂書目·別集類》 張恒《明志稿》三卷，又《續明志稿》一卷。字伯常，又字明初，嘉定人。江西右參政，乞終養，家居二十年，杜門著述，母喪後以病卒。

英廉奏《全燬書目》 《明志稿》五本。明張恒撰。

張恒詩

黃虞稷《千頃堂書目·別集類》 《張恒詩》二卷。

芸暉館稿

黃虞稷《千頃堂書目·別集類》 茅翁積《芸暉館集》十二卷。歸安人。坤孫。

英廉奏《抽燬書目》 《芸暉館稿》五本。查《芸暉館稿》，係明茅翁積撰。卷三《長歌行別沈小霞》一首，語有偏駁，應請抽燬。

《四庫提要·別集類存目五》 《芸暉館稿》十四卷。浙江巡撫採進本。明茅翁積撰。翁積字稺延，歸安人，副使坤之子也。豪蕩不羈，以任俠自負，故所作多文酒讌會之詞。是集凡詩十卷，文二卷，樂府二卷，而以行狀、墓誌銘、小傳附其後。

薛虞卿詩集

徐𤊹《徐氏家藏書目·別集類》 《薛益詩集》二卷。字虞卿，長洲人。崇禎中蜀中訓導。

黃虞稷《千頃堂書目·別集類》 薛益《薛虞卿詩集》二卷。長洲人。四川訓導。

疏園集

黃虞稷《千頃堂書目·別集類》 何湛之《疏園集》。字□□，江寧人。參議汝騰子。

存真集

英廉奏《全燬書目》 《存真集》十一本。明鄒文標撰。

鄒南皋文集

黃虞稷《千頃堂書目·別集類》 鄒元標《鄒南皋文集》七卷。字爾瞻，吉水人。都察院左都御史，贈太子太保，吏部尚書，謚忠介。

《明史·藝文志·別集類》 鄒元標《文集》七卷。

太平山房續集

黃虞稷《千頃堂書目·別集類》 鄒元標《太平山房續集》十二卷。

《明史·藝文志·別集類》 鄒元標《續集》十二卷。

願學集

黃虞稷《千頃堂書目·別集類》 鄒元標《願學集》八卷。

《四庫提要·別集類二五》 《願學集》八卷。兩江總督採進本。明鄒元標撰。元標字爾瞻，別號南皋，吉水人。萬曆辛丑進士，官至左都御史，謚忠介。事蹟具《明史》本傳。元標有祭諸儒文，自稱甲戌聞道。蓋是時年方弱冠，即從泰和胡直遊也。其學亦陽明支派，而規矩準繩持之甚嚴，不墮二王流弊。初刻有《太平山房集》，後重訂爲此本。凡詩一卷，文七卷。其鄉人龍遇奇巡視淮鹽時爲之鋟版，序者無慮十數人，雜題萬曆丁未、庚戌、甲寅、己未等年。考元標起用在天啓壬戌，此集刻於己未以前，故所載無非講學之語，而後來奏議等乃別行云。

南皋集選

徐𤊹《徐氏家藏書目·別集類》 鄒元標《南皋集選》七卷。字爾瞻，吉水人。萬曆丁丑進士，少年登第，疏劾輔臣，江陵廷杖，謫戍夜郎。泰昌改元，起自家居，累遷至左僉都御史。謚恭介。

太平山房詩選

徐𤊹《徐氏家藏書目·別集類》 鄒元標《太平山房詩選》五卷。

詒美堂集

徐𤊹《徐氏家藏書目·別集類》 祝以豳《貽美堂集》二十四卷。字耳菿，號惺存，海寧人。萬曆丙戌進士，官南京府丞。

黃虞稷《千頃堂書目·別集類》 祝以豳《詒美堂集》二十四卷。字耳劉，海寧人。順天府尹。

軍機處奏《禁毀書目》 《詒美堂集》四本。查《詒美堂集》，明祝以豳撰。內詩句有悖犯之處，應請銷燬。

藜丘館集

黃虞稷《千頃堂書目·別集類》 唐汝諤《藜丘館集》。字士雅，華亭人。汝詢兄。安慶府教授。

三易集

黃虞稷《千頃堂書目·別集類》 唐時升《三易集》二十卷。字叔達，嘉定人。

《明史·藝文志·別集類》 唐時升《三易集》二十卷。

軍機處奏《禁毀書目》 《三易集》一部，八本。查《三易集》，係明唐時升撰。其第十卷內語有干礙，應請銷燬。

謝廷諒諸集

徐𤊹《徐氏家藏書目·別集類》 《謝廷諒諸集》共三十卷。字友可，號九紫，金溪人。萬曆乙未進士，官順慶知府。

薄游草

黃虞稷《千頃堂書目·別集類》 謝廷諒《薄游草》二十四卷。字友可，金谿人。順慶知府。

《明史·藝文志·別集類》 謝廷諒《薄遊草》二十四卷。

英廉奏《抽毀書目》 《薄遊草》四本。查《薄遊草》，係明謝廷諒撰。集內《寄贈少司馬蹇公詩》第二首、《送夏黃門之流虬序》，語俱偏謬，應請抽燬。

《四庫提要·別集類存目六》 《薄遊草》十五卷。浙江巡撫採進本。明謝廷諒撰。此集皆其宦遊時所作，故以「薄遊」爲名。凡詩六卷，文九卷。《明史·藝文志》載廷諒《薄遊草》二十四卷，此止十五卷，殆非完本也。

清暉館集

黃虞稷《千頃堂書目・別集類》 謝廷諒《清暉館集》二卷。

《四庫提要・別集類存目六》 《清暉館集》二卷。兩江總督採進本。明謝廷諒撰。廷諒有《千金堤志》，已著録。是集上卷爲詩，下卷爲文。前有萬曆戊子陳文燭序，稱其學問日富，變化無窮，與胡應麟竝稱。今觀其所作，亦頗工麗自喜，而邊幅太狹，猶在《少室山房集》下也。

帶櫑編

黃虞稷《千頃堂書目・別集類》 謝廷諒《帶櫑編》□卷。

起東草

黃虞稷《千頃堂書目・別集類》 謝廷諒《起東草》□卷。

逢掖集

黃虞稷《千頃堂書目・別集類》 謝廷諒《逢掖集》□卷。

竹浪齋集

黃虞稷《千頃堂書目・別集類》 徐弘澤《竹浪齋集》。字潤卿，號春門。嘉興處士。

沙南集

黃虞稷《千頃堂書目・別集類》 葉權《沙南集》。字中甫，休寧人。

紀遊編

黃虞稷《千頃堂書目・別集類》 葉權《紀遊編》。

楊文恪公集

黃虞稷《千頃堂書目・別集類》 楊道賓《楊文恪公集》三十三卷。字惟彥，晉江人。一甲第二人，禮部左侍郎，兼翰林院學士，贈尚書，謚文恪。

落花詩

徐𤊹《徐氏家藏書目・別集類》 于若瀛《落花詩》一卷。字文若，號念東，濟寧衛人。萬曆癸未進士，太僕寺卿，陝西巡撫副都御史。

弗告堂集

徐𤊹《徐氏家藏書目・別集類》 于若瀛《弗告堂集》四卷。

黃虞稷《千頃堂書目・別集類》 于若瀛《弗告堂集》十六卷。字文若，濟寧人。右僉都御史，巡撫陝西，贈右副都御史。

英廉奏《全燬書目》《弗告堂集》六本。明于若瀛撰。

東事剩言

徐𤊹《徐氏家藏書目·別集類》趙士禎《東事剩言》一卷。字後湖，永嘉人。萬曆中太學生，官中書舍人。

黄虞稷《千頃堂書目·別集類》趙士禎《東事剩言》一卷。別號後湖，永嘉人。太學生，中書舍人。

續　草

徐𤊹《徐氏家藏書目·別集類》趙士禎《續艸》一卷。

黄虞稷《千頃堂書目·別集類》趙士禎《續草》一卷。

水部集

黄虞稷《千頃堂書目·別集類》范應賓《水部集》十三卷。字光甫，秀水人。

雪濤閣集

徐𤊹《徐氏家藏書目·別集類》江盈科《雪濤閣集》十四卷。字進之，號淥蘿，桃源人。萬曆壬辰進士，長洲知縣，吏部主事，大理評事。予以己未過桃源，進之之子禹疏留宿閣中，見貽此集，更見有《續集》三十卷未刻也。擢四川提學僉事，未任卒。

黄虞稷《千頃堂書目·別集類》江盈科《雪濤閣集》十四卷。字進之，常德桃源人，四川提學僉事。

西湖采蓴曲

徐𤊹《徐氏家藏書目·別集類》虞淳熙《西湖采蓴曲》一卷。字長孺，號德園，錢塘人。萬曆癸未進士，官吏部主事。

落花咏

徐𤊹《徐氏家藏書目·別集類》虞淳熙《落花咏》一卷。

壦務山房集

徐𤊹《徐氏家藏書目·別集類》虞淳熙《瓘霧集》。

黄虞稷《千頃堂書目·別集類》虞淳熙《壦務山房集》四十五卷。

德園全集

黄虞稷《千頃堂書目·別集類》虞淳熙《德園全集》六十卷。字長孺，錢塘人，吏部稽勳郎中。

《明史·藝文志·別集類》虞淳熙《德園全集》六十卷。

英廉奏《全燬書目》《虞德園集》十本。明虞淳熙撰。

峽雲閣存草　後存草

黄虞稷《千頃堂書目·別集類》魏濬《峽雲閣存草》十二卷。字禹欽，松溪人。

右副都御史，巡撫湖廣。

《四庫提要・别集類存目六》《峽雲閣存草》七卷，《後存草》七卷。福建巡撫採進本。明魏濬撰。濬有《易義古象通》，已著録。其詩草本四十卷，是集僅删取十四卷，故謂之《存草》。《存草》爲未第時之詩，《後存草》爲既第後之詩。其《後存草》内又分爲初燕詩、農詩、桂詩、東詩、東後詩、家詩、衡詩各一卷，蓋皆隨宦蹟所及，各舉地名之一字以爲標目。其詩不出贋古之習。蓋萬曆以後之詩，不公安、竟陵，則仍太倉、歷下耳。

益齋存稿

《四庫提要・别集類存目七》《益齋存稿》一卷。兩淮鹽政採進本。明翁正春撰。正春初名允瑃，字克生，金華人。明季縱游江湖間，其詩頗多哀厲之音。是集詩凡一百十三首，其子煊、煐録之，附編宋翁卷《西巖集》後，疑爲卷之後裔也。

漱六齋集

黄虞稷《千頃堂書目・别集類》 何三畏《漱六齋集》四十八卷。字士抑，上海人，紹興推官。

《明史・藝文志・别集類》 何三畏《漱六齋集》四十八卷。

芝園居廬集

黄虞稷《千頃堂書目・别集類》 何三畏《芝園居廬集》。

鳳山拜石堂稿

黄虞稷《千頃堂書目・别集類》 何三畏《鳳山拜石堂稿》。

賓筵集

黄虞稷《千頃堂書目・别集類》 黄士奇《賓筵集》。字儒正，象山人。

檉里子集

黄虞稷《千頃堂書目・别集類》 張應宿《檉里子集》。字經野，嘉興人。

求我齋類稿

黄虞稷《千頃堂書目・别集類》 朱景和《求我齋類稿》。字其順，遂昌人。

華山客集

黄虞稷《千頃堂書目・别集類》 賈璵《華山客集》十卷。字魯玉，渭南人，其先籍華州，大同府通判。

雞跖集

黄虞稷《千頃堂書目・别集類》 王皡如《雞跖集》。字翁淳，朝邑人，兩浙鹽運使。

李山人詩集

范邦甸等《天一閣書目·别集類》 《李山人詩集》。鄞縣李寅賓父著。萬曆壬午西蜀濟寰楊芳序稱「賓父爲詩，義取適志，總歸自然，使人諷之，必盡其致，而不詭于性情。蓋望而知其爲隱淪之士、風雅之宗矣。賓父兄有孝行，太僕亦高士，與余善。余故知其厓略，且得序其詩如此」。又有桃花客卿屠隆序。

青浮子髯籟

黄虞稷《千頃堂書目·别集類》 朱鷺《青浮子髯籟》。初名家棟，字白民，吴人。

五峰書巢集

黄虞稷《千頃堂書目·别集類》 李好閔《五峰書巢集》。字孝彦，探花，樞相。

西園全集

徐𤊹《徐氏家藏書目·别集類》 張萱《西園全集》三十卷。字孟奇，號九岳，博羅人。萬曆壬午鄉舉，中書舍人，户部郎中，雲南知府。著作甚富，崇禎庚午寄予此集，尚未竣工也。

黄虞稷《千頃堂書目·别集類》 張萱《西園全集》三十卷。字孟奇，博羅人，户部郎中。

《明史·藝文志·别集類》 張萱《西園全集》三十卷。

存稿

黄虞稷《千頃堂書目·别集類》 張萱《存稿》□卷。

彙稿

黄虞稷《千頃堂書目·别集類》 張萱《彙稿》□卷。

沈修撰詩集

黄虞稷《千頃堂書目·别集類》 沈自邠《沈修撰詩集》。字茂仁，秀水籍，嘉善人。翰林修撰。又有《歸省》、《述征集》。

松門稿

黄虞稷《千頃堂書目·别集類》 王庭譔《松門稿》八卷。字敬卿，華州人。一甲第三人，翰林院修撰。

《四庫提要·别集類存目六》 《松門稿》八卷。浙江巡撫採進本。明王庭譔撰。庭譔字敬卿，華州人。萬曆庚辰進士，官至翰林院修撰。年未四十而没，故詩文皆未成就。馮琦序其詩，稱其有沈鷙邁往之氣，而文以質掩。蓋道其實云。

小辨齋偶存

黄虞稷《千頃堂書目·别集類》 顧允成《小辯齋偶存》八卷。

《四庫提要・别集類二五》《小辨齋偶存》八卷，附《事定録》三卷。兩江總督採進本。明顧允成撰。允成字季時，無錫人，憲成弟也。萬曆丙戌進士，官禮部主事，謫光州州判。事蹟具《明史》本傳。允成於癸未舉會試，丙戌始殿試，以對策攻嬖倖，抑置末第。今集中以是篇爲冠。次爲《救海瑞疏》，次爲《争三王竝封疏》，次爲《代翟從先論救李材》及《擬上惟此四字編》二疏。沈思孝作允成墓誌，稱其以論救趙南星謫官，而集無此疏，疑傳寫佚也。次劄記，次説義，則允成自光州歸田後與憲成講學東林所作。次爲書簡雜文。次爲《吾與吟》，則所作詩，凡七十首。末附《事定録》三卷，爲沈思孝所爲墓誌銘、高存之所爲行狀及憲成所爲行述。允成文皆論詩講學之語，書簡居十之九，直抒胸臆，不事修飾。詩爲《擊壤集》派，亦不入格。然大節凜然，其對策奏疏，皆真氣流溢，發於忠愛之誠。其不朽千古者，固在此不在彼也。

小辯齋集

黄虞稷《千頃堂書目・别集類》 顧允成《小辯齋集》四卷。字季時，無錫人，憲成弟。癸未會試中式，禮部主事，建言降光州通判，贈尚寶司丞。

惠文集

黄虞稷《千頃堂書目・别集類》 何爾健《惠文集》。字乾室，曹州人。官御史，歷大理寺寺丞。

浮弋集

黄虞稷《千頃堂書目・别集類》 薛敷教《浮弋集》。字以身，武進人。應旂孫。光州學正。

李襄毅公詩文稿

黄虞稷《千頃堂書目・别集類》 李化龍《李襄毅公詩文稿》十四卷。字于田，長垣人。兵部尚書，少傅兼太子太保，贈太師，謚襄毅。

場居集　田居稿　河上稿

《四庫提要・别集類存目六》《場居集》二卷，《田居稿》一卷，《河上稿》一卷。直隸總督採進本。明李化龍撰。化龍有《平播全書》，已著録。其平生以經濟著，《平播》、《治河》諸疏，表表當代，原不必以詩見，乃必欲以功業兼文章，其畫蛇之足乎？

黄離草

徐𤊹《徐氏家藏書目・别集類》 郭正域《黄離草》十卷。字美命，號明龍，江夏人。萬曆癸未進士，翰林院庶子祭酒，禮部侍郎。

黄虞稷《千頃堂書目・别集類》 郭正域《黄離草》十卷。字美命，江夏人。禮部右侍郎，謚文毅。

《明史・藝文志・别集類》 郭正域《黄離草》十卷。

軍機處奏《禁毁書目》 《黄離艸》二十本。查《黄離艸》，明郭正域撰。中有悖妄之詞，應請銷燬。

醯雞齋稿

黄虞稷《千頃堂書目・别集類》 項應祥《醯雞齋稿》七卷。字元芝，遂昌人。

問夜草

黄虞稷《千頃堂書目·别集類》 項應祥《問夜草》七卷。

玄對樓集

黄虞稷《千頃堂書目·别集類》 穆光胤《玄對樓集》□卷。字仲裕，東明人。文熙子。官中書舍人。

太史詩艸

徐𤊹《徐氏家藏書目·别集類》 王萱《太史詩艸》一卷。字季孺，慈谿人。萬曆癸未進士，官翰林院編修，卒年三十有二，屠本畯爲之序。

黄虞稷《千頃堂書目·别集類》 王萱《太史詩草》一卷。字季孺，慈谿人，翰林院編修。

霱雲館全集

黄虞稷《千頃堂書目·别集類》 王萱《霱雲館全集》。

南薰吟

徐𤊹《徐氏家藏書目·别集類》 鄒德溥《南薰吟》一卷。字汝光，號四山，安福人。萬曆癸未進士，官翰林院編修。

鄒太史全集

黄虞稷《千頃堂書目·别集類》 鄒德溥《鄒太史全集》五十卷。字汝光，安福人。太子洗馬，卒於家，以講官諭祭。

《明史·藝文志·别集類》 《鄒德溥全集》五十卷。

雪山草

黄虞稷《千頃堂書目·别集類》 鄒德溥《雪山草》。

匍匐吟

黄虞稷《千頃堂書目·别集類》 鄒德溥《匍匐吟》。

柯亭詩文初稿

黄虞稷《千頃堂書目·别集類》 柯茂竹《柯亭詩文初稿》四卷。字堯叟，莆田人，海陽知縣。

柯論

黄虞稷《千頃堂書目·别集類》 柯茂竹《柯論》六卷。

來益堂稿

徐𤊹《徐氏家藏書目·别集類》 徐即登《來益堂稿》五卷。字獻和，號匡岳，南昌人。萬曆癸未進士，官福建提學，陞參政。

黄虞稷《千頃堂書目·别集類》 徐即登《來益堂稿》五卷。

正學堂稿

徐𤊹《徐氏家藏書目·别集類》 徐即登《正學堂稿》二十六卷。

黄虞稷《千頃堂書目·别集類》 徐即登《正學堂稿》二十六卷。字獻和，南昌人。河南按察使。

《明史·藝文志·别集類》 徐即登《正學堂稿》二十六卷。

庚寅集

徐𤊹《徐氏家藏書目·别集類》 朱長春《庚寅集》一卷。字太復，號海瀛，烏程人。萬曆癸未進士，官刑部主事。

適越集

徐𤊹《徐氏家藏書目·别集類》 朱長春《適越集》二卷。

海牢騷

徐𤊹《徐氏家藏書目·别集類》 朱長春《海牢騷》一卷。

朱太復甲集

黄虞稷《千頃堂書目·别集類》 朱長春《朱太復甲集》五十二卷。字太復，烏程人。刑部主事，削籍。

朱太復乙集

黄虞稷《千頃堂書目·别集類》 朱長春《朱太復乙集》三十八卷。

芝園詩集

黄虞稷《千頃堂書目·别集類》 趙世顯《芝園詩集》二十八卷。字仁甫，侯官人。池州府推官。有《山居》、《闕下》、《入蜀》諸集名。

芝園文集

黄虞稷《千頃堂書目·别集類》 趙世顯《芝園文集》二十六卷。

演連珠

徐𤊹《徐氏家藏書目·連珠類》 趙世顯《演連珠》一卷。

金簡集

徐𤊹《徐氏家藏書目・別集類》 魯鳳儀《金簡集》四卷。本姓彭，字舜徵，安福人，流寓衡陽。萬曆癸未進士，南京禮部郎中。

黄虞稷《千頃堂書目・別集類》 曾鳳儀《金簡集》四卷。本姓彭，字舜徵，安福人。南京禮部郎中。

鴻濛館集

徐𤊹《徐氏家藏書目・別集類》 陳所學《鴻濛館集》八卷。字正甫，號松石，景陵人。萬曆癸未進士，官福建右布政使，户部侍郎。

黄虞稷《千頃堂書目・別集類》 陳所學《鴻濛館集》八卷。字正甫，景陵人。户部侍郎。一本作十六卷。

四留堂稿

徐𤊹《徐氏家藏書目・別集類》 盧龍雲《四留堂稿》三十卷。字少從，號起溟，南海人。萬曆癸未進士，南京户部郎中。

黄虞稷《千頃堂書目・別集類》 盧龍雲《四留堂稿》三十卷。字少從，南海人。南京户部侍郎。

方衆甫集

黄虞稷《千頃堂書目・別集類》 方應選《方衆甫集》四卷。字衆甫，華亭人。福建提學副使。

《四庫提要・別集類存目六》 《方衆甫集》十四卷。江蘇巡撫採進本。明方應選撰。應選字衆甫，別號明齋，華亭人。萬曆癸未進士，官至盧龍兵備副使。應選初牧汝州，刻有《汝上詩文》二集。

白蓮汫集

黄虞稷《千頃堂書目・別集類》 程德良《白蓮汫集》十五卷。字雲連，雲夢人。崇信知縣。

學惠齋稿

黄虞稷《千頃堂書目・別集類》 王堯封《學惠齋稿》□卷。字□□，金壇人。思南知府。

撫閩疏艸

徐𤊹《徐氏家藏書目・別集類》 徐學聚《撫閩疏艸》三卷。字□□，號石樓，蘭谿人。萬曆癸未進士，累官福建巡撫，副都御史。

徐學聚公移

徐𤊹《徐氏家藏書目・別集類》 《徐學聚公移》一卷。

二愚遺集

英廉奏《全毀書目》 《二愚遺集》二本。明萬國欽撰。

葛太史集

《四庫提要・别集類存目六》《葛太史集》五卷。山東巡撫採進本。明葛曦撰。曦字仲明，號鳳池，德平人。萬曆癸未進士，官翰林院檢討。據崇禎丙子其姪如麟後序，稱全集八卷，此本止五卷。以原目較之，尚佚《諭朵顔衛檄》、《擬俘獻雲南叛夷露佈》、《重修順天府學記》三首，而《勸政勵學箴》一篇，又不列入目録。

環玉亭抄

徐𤊹《徐氏家藏書目・别集類》安世鳳《環玉亭抄》二卷。字鳳來，號舜廷，歸德衛人。萬曆癸未進士，處州府同知。

北征篇

徐𤊹《徐氏家藏書目・别集類》李元暢《北征篇》一卷。字惟實，一迪之子。萬曆鄉舉，未仕卒。

吹劍篇

徐𤊹《徐氏家藏書目・别集類》李元暢《吹劍篇》一卷。

小山稿

徐𤊹《徐氏家藏書目・别集類》李元若《小山稿》三卷。字惟順，一迪之子。萬曆中選貢古田縣丞，龍南知縣。年八十卒。

正始堂集

黄虞稷《千頃堂書目・别集類》陸弼《正始堂集》二十六卷。亦名君弼，字無從，江都人。歲貢生。

《明史・藝文志・别集類》《陸弼詩集》二十六卷。

完□所集

黄虞稷《千頃堂書目・别集類》王德《完□所集》九卷。字□□，廣安州人。兵部侍郎。贈尚書，謚莊敏。

梅花草堂集

黄虞稷《千頃堂書目・别集類》張大復《梅花草堂集》十四卷。字元長，崑山人。湯顯祖亟稱其文。

英廉奏《全燬書目》《梅花草堂集》二本。明張大復撰。

掖垣叢稿

黄虞稷《千頃堂書目・别集類》鍾羽正《掖垣叢稿》。字淑濂，益都人。工部尚書。

崇雅堂集

黄虞稷《千頃堂書目・别集類》鍾羽正《崇雅堂集》十五卷。

《四庫提要·別集類存目六》《崇雅堂集》十五卷。山東巡撫採進本。明鍾羽正撰。羽正字叔濂，益都人。萬曆庚辰進士，官至工部尚書。事蹟具《明史》本傳。

鍾司空遺稿

黄虞稷《千頃堂書目·別集類》 鍾羽正《鍾司空遺稿》一卷。

群玉山房集

黄虞稷《千頃堂書目·別集類》 許弘綱《群玉山房集》。字張之，東陽人。南京兵部尚書。

天益山房詩集

黄虞稷《千頃堂書目·別集類》 馮元仲《天益山房詩集》。字次牧，慈谿人。

甬東雜詠

范邦甸等《天一閣書目·別集類》 《甬東雜詠》一卷。刊本。明吕兑著。姜子羔孫鏊同校，萬曆甲申邵陛序。

壬癸小紀

徐𤊹《徐氏家藏書目·別集類》 胡麗明《壬癸小紀》一卷。字紹進，南海人。萬曆乙酉鄉舉，襄陽知縣，謫福建運司知事。

趨闈稿

徐𤊹《徐氏家藏書目·別集類》 胡麗明《趨闈稿》一卷。

遵委近草

徐𤊹《徐氏家藏書目·別集類》 胡麗明《遵委近草》二卷。

慶歷集

徐𤊹《徐氏家藏書目·別集類》 曾士鑑《慶歷集》二卷。字人倩，號洞庭，南海人。萬曆乙酉鄉舉，中書舍人。

黄虞稷《千頃堂書目·別集類》 曾仕鑑《慶歷集》二卷。字人倩，南海人。中書舍人。

公車集

徐𤊹《徐氏家藏書目·別集類》 曾士鑑《公車集》一卷。

黄虞稷《千頃堂書目·別集類》 曾仕鑑《公車集》一卷。

洞庭集　羅浮稿　和杜集

黄虞稷《千頃堂書目·別集類》 曾仕鑑《洞庭集》、《羅浮稿》、《和杜集》。拜經本無此三書。

玄感軒集

黄虞稷《千頃堂書目·别集類》 陳邦訓《玄感軒集》。字彝父，鄞縣人。漳州通判。

鄧文明集

徐𤊹《徐氏家藏書目·别集類》 鄧文明諸集共十卷。字泰素，南昌人。萬曆乙酉鄉舉，官連州。

黄虞稷《千頃堂書目·别集類》 鄧文明諸集共十卷。字太素，南昌人。連州知州。

冰蓮集

黄虞稷《千頃堂書目·别集類》 夏樹芳《冰蓮集》十七卷。

河干集

黄虞稷《千頃堂書目·别集類》 黄汝良《河干集》十卷。字明起，晉江人。太子太傅，禮部尚書，掌詹事府事。

英廉奏《全毁書目》 《河干集》十本。明黄汝良撰。

西樓集

黄虞稷《千頃堂書目·别集類》 鄧原岳《西樓存稿》十八卷。字汝高，閩縣人。湖廣按察副使。

英廉奏《全毁書目》 《西樓集》八本。明鄧原岳撰。

《四庫提要·别集類存目六》 《西樓集》十八卷。福建巡撫採進本。明鄧原岳撰。原岳字汝高，閩縣人。萬曆壬辰進士，官至湖廣按察司副使。《明史·文苑傳》附載《鄭善夫傳》中。是集詩十卷，文八卷。卷首謝肇淛所作小傳，謂原岳爲詩，初學鄭善夫，已又學七子，既而一意摹古，要以唐人爲宗，末年益復宏肆。今閲其詩，功候頗爲不淺，惟未免有摹擬之痕也。

茅薦卿集

徐𤊹《徐氏家藏書目·别集類》 《茅國縉文集》二十卷。字薦卿，號二岑，坤之仲子。萬曆癸未進士，官南京御史。

黄虞稷《千頃堂書目·别集類》 茅國縉《茅薦卿集》二十卷。字薦卿，歸安人。坤子。南京工部郎中。

菽園詩草

黄虞稷《千頃堂書目·别集類》 茅國縉《菽園詩草》二十卷。

薛恭敏公集

黄虞稷《千頃堂書目·别集類》 薛三才《薛恭敏公集》。字仲孺，鄞縣人。兵部尚書，贈太子太保，謚恭敏。

自訂稿

黄虞稷《千頃堂書目·别集類》 王一鳴《自訂稿》一卷。字子聲，一字伯固，黄岡人。知太湖，臨漳二縣。

盟鷗堂集

黄虞稷《千頃堂書目・别集類》　黄承玄《盟鷗堂集》十四卷。字與參，秀水人。洪憲子。巡撫福建，右副都御史，贈工部左侍郎。

三垣摘疏

徐𤊹《徐氏家藏書目・别集類》　王士昌《三垣摘疏》一卷。字永叔，號斗溟，士性之弟。萬曆丙戌進士，官福建巡撫都御史。

鏡園藏草

黄虞稷《千頃堂書目・别集類》　王士昌《鏡園藏草》□卷。字永叔，臨海人。士性弟。右僉都御史，巡撫福建。

投荒草

黄虞稷《千頃堂書目・别集類》　王士昌《投荒草》。

鶯林外編　别編

徐𤊹《徐氏家藏書目・别集類》　周獻臣《鶯林外編》四十四卷，《别編》二卷。字竅六，號青來，臨川人。萬曆丙戌進士，周太原知縣，刑部郎中，謫福建布政司檢校。

黄虞稷《千頃堂書目・别集類》　周獻臣《鶯林外編》四十四卷，又《别編》二卷。字竅六，臨川人。南京刑部郎中，京察謫福建布政司檢校，轉龍安府推官。

海陵集

黄虞稷《千頃堂書目・别集類》　陳埜《海陵集》。字□□，登州衛人。刑部郎中，謫運判。

演連珠

黄虞稷《千頃堂書目・别集類》　陳埜《演連珠》。

鐵庵焚餘集

黄虞稷《千頃堂書目・别集類》　全天叙《鐵庵焚餘集》。字伯典，鄞縣人。侍讀學士，天啓初追贈禮部右侍郎。

錢麓屏遺集

黄虞稷《千頃堂書目・别集類》　錢士鼇《錢麓屏遺集》十卷。字季梁，錢塘人。福寧知州。

逍遥集

黄虞稷《千頃堂書目・别集類》　錢士鼇《逍遥集》二十卷。

薄游集

黄虞稷《千頃堂書目·别集類》 錢士鼇《薄游集》。

似僧草

黄虞稷《千頃堂書目·别集類》 錢士鼇《似僧草》。

搶榆集

黄虞稷《千頃堂書目·别集類》 錢士鼇《搶榆集》。

退食吟

黄虞稷《千頃堂書目·别集類》 錢士鼇《退食吟》。

淮上篇

黄虞稷《千頃堂書目·别集類》 錢士鼇《淮上篇》。

釋擔志遺文

黄虞稷《千頃堂書目·别集類》 錢士鼇《釋擔志遺文》。

李太史集

黄虞稷《千頃堂書目·别集類》 李啓美《李太史集》。字成甫，一字念方，豐城人。翰林檢討。

静暉堂集

黄虞稷《千頃堂書目·别集類》 沈瓚《静暉堂集》。字孝通，一字子勺，吴江人。廣東僉事。

昆山堂詩草

黄虞稷《千頃堂書目·别集類》 潘大復《昆山堂詩草》。字徵復，烏程人。尚書季馴子。工部郎中。

西山遺稿

黄虞稷《千頃堂書目·别集類》 盧明陬《西山遺稿》。字君教，黄巖人。户科右給事中。

足園集

黄虞稷《千頃堂書目·别集類》 何淳之《足園集》。字仲雅，留守左衛籍，無錫人。癸未會試中式，浙江道御史，巡按福建。

公餘寄興草

徐𤊹《徐氏家藏書目・別集類》 馬邦良《公餘寄興草》二卷。字君遂，號象湖，富陽人。萬曆丙戌進士，官福建按察司副使，行太僕寺卿。

感懷草

徐𤊹《徐氏家藏書目・別集類》 林祖述《感懷草》一卷。字□□，號槐庭，鄞縣人。萬曆丙戌進士，官翰林庶吉士，廣西提學僉事。

駐春園集

徐𤊹《徐氏家藏書目・別集類》 徐任道《駐春園集》三卷。字仁卿，號宏宇，西安人。萬曆丙戌進士，官固安知縣，監察御史。

集虚堂遺稿

徐𤊹《徐氏家藏書目・別集類》 徐任道《集虚堂遺稿》二卷。

烟水亭倡和篇

徐𤊹《徐氏家藏書目・別集類》 邢有忭《烟水亭倡和篇》一卷。字□□，號怡亭，萊州昌邑縣人。萬曆丙戌進士，九江知府。倡和諸篇與九江同僚所作也，官至四川副使。

大雲集

《四庫提要・別集類存目六》 《大雲集》。無卷數。兩江總督採進本。明曹璜撰。璜字伯玉，別號元素，益都人。萬曆丙戌進士，官至通政司右參議。是集鈔本凡十册，前無序目，亦不分卷帙，前四册爲雜文及經解、奏疏、禪語。然殘闕殊甚，多不可讀。後六册則其官西安知府及提學湖廣時案牘之文，而西安爲最詳。

匡湖文集

黄虞稷《千頃堂書目・別集類》 羅大紘《匡湖文集》十二卷。字□□，吉水人。禮科給事中，建言降潮陽典史爲民。

《明史・藝文志・別集類》 《羅大紘文集》十二卷。

紫原文集

軍機處奏《禁毁書目》 《紫原文集》八本。查《紫原文集》，係明羅大紘撰。詩文俱有指斥，應請銷燬。

永思齋文集

《四庫提要・別集類存目六》 《永思齋文集》六卷。直隸總督採進本。明李日茂撰。日茂字文華，號培吾，青縣人。萬曆丙戌進士，官至山東按察司副使。日茂官御史時，有《諫三王竝封疏》，今載集中。

跕鳶集

徐𤊹《徐氏家藏書目・別集類》 王鳴鶴《跕鳶集》四卷。字羽卿，淮陰人。武進士，官廣西都督同知，掛征蠻將軍印。朱之蕃、顧起元爲之序。

黄虞稷《千頃堂書目・別集類》 王鳴鶴《跕鳶集》四卷。字羽卿，淮安人。會試武舉，鎮守廣西總兵官兼都督同知，挂征蠻將軍印。

西征集

徐𤊹《徐氏家藏書目・別集類》 王鳴鶴《西征集》二卷。

黄虞稷《千頃堂書目・別集類》 王鳴鶴《西征集》二卷。

百粤草

黄虞稷《千頃堂書目・別集類》 王鳴鶴《百粤草》□卷。

緩帶吟

黄虞稷《千頃堂書目・別集類》 王鳴鶴《緩帶吟》□卷。

似鷗草

徐𤊹《徐氏家藏書目・別集類》 何温然《似鷗草》二卷。字栗叔，崑山人。

卧癡閣稿

徐𤊹《徐氏家藏書目・別集類》 王元貞《卧癡閣稿》一卷。字孟起，金陵人。

横槊篇

黄虞稷《千頃堂書目・別集類》 鄧鍾《横槊篇》。字道鳴，晉江人。中萬曆己丑武會試，廣東都司。

遂初堂集

黄虞稷《千頃堂書目・別集類》 孫羽侯《遂初堂集》十卷。字鵬初，華容籍，進賢人。選庶吉士，禮科給事中。

遂初堂集選

徐𤊹《徐氏家藏書目・別集類》 孫羽侯《遂初堂集選》一卷。字鵬初，斯億之子，號湘山。萬曆己丑進士，禮科給事中。

旭山集

黄虞稷《千頃堂書目・別集類》 金忠士《旭山集》十六卷。字元卿，宿松人。右僉都御史，巡撫延綏，贈兵部右侍郎。

軍機處奏《禁毁書目》 《旭山集》八本。查《旭山集》，明金忠士撰。中有指斥字面，應銷燬。

《四庫提要·別集類存目六》《旭山集》十六卷。浙江孫仰曾家藏本。明金忠士撰。忠士字元卿，宿松人。萬曆壬辰進士，官至右僉都御史，巡撫延綏。是集詩止一卷，餘皆雜文。

馮少墟集

黄虞稷《千頃堂書目·別集類》馮從吾《少墟文集》二十二卷。字仲好，長安人。副都御史，謚恭定。

《明史·藝文志·別集類》馮從吾《少墟文集》二十二卷。

《四庫提要·別集類二五》《馮少墟集》二十二卷。江蘇巡撫採進本。明馮從吾撰。從吾有《元儒考略》，已著録。其集初刻止於萬曆壬子，此本乃其次子嘉年益以癸丑以後至天啓辛酉作，類序重刻。自卷一至卷十二皆語録，卷十三至卷十八皆詩文，卷十九至卷二十爲族譜家乘，卷二十一至卷二十二爲《關學編》。

西臺疏草

徐𤊹《徐氏家藏書目·別集類》馮從吾《西臺疏草》一卷。字仲好，號少墟，西安府長安人。萬曆己丑進士，左副都御史。

《明史·藝文志·別集類》《馮從吾疏草》一卷。

存餘稿

黄虞稷《千頃堂書目·別集類》李如一《存餘稿》八卷。字貫之，江陰人。初名鶚翀，字如一，以字行。李忠毅應昇仲父，博洽多藏書。

容臺集　別集

徐𤊹《徐氏家藏書目·別集類》董其昌《容臺集》十四卷《別集》六卷。字元宰，號思白，華亭人。萬曆己丑進士，官禮部尚書。

黄虞稷《千頃堂書目·別集類》董其昌《容臺集》十四卷又《別集》六卷。字元宰，華亭人。禮部尚書，追謚文敏。

《明史·藝文志·別集類》董其昌《容臺集》十四卷《別集》六卷。

《四庫提要·別集類存目六》《容臺文集》九卷、《詩集》四卷、《別集》四卷。兩淮馬裕家藏本。明董其昌撰。其昌有《學科考略》，已著録。

招隱樓集

黄虞稷《千頃堂書目·別集類》陳價夫《招隱樓集》二十卷。名邦蕃，一字伯孺，以字行。閩縣諸生。

吴越遊草

黄虞稷《千頃堂書目·別集類》陳價夫《吴越遊草》。

荷華山房摘稿

徐𤊹《徐氏家藏書目·別集類》陳邦瞻《荷華山房摘稿》七卷。字德遠，號匡左，高安人。萬曆戊戌進士，官兵部左侍郎。

黄虞稷《千頃堂書目·別集類》陳邦瞻《荷華山房摘稿》六卷。字德遠，高安人。兵部左侍郎。

英廉奏《全毀書目》《荷華山房稿》二本。明陳邦瞻撰。

潛初子集

黃虞稷《千頃堂書目・別集類》岳元聲《潛初子集》十二卷。字之初，嘉興人，南京兵部左侍郎。

潛初雜著

黃虞稷《千頃堂書目・別集類》岳元聲《潛初雜著》十卷。

新刊賢己集

范邦甸等《天一閣書目・別集類》《新刊賢己集》四卷。明石臺山人慈谿李士元著，門人館陶王無逸、王無違校，嘉靖辛亥自序于後。

崇相集

黃虞稷《千頃堂書目・別集類》董應舉《董崇相集》十六卷。字崇相，閩縣人。工部右侍郎。

軍機處奏《禁毀書目》《崇相集》十本。查《崇相集》，明董應舉撰。中有指斥，應請銷燬。

緑屋遊草

徐𤊹《徐氏家藏書目・別集類》謝廷讚《緑屋遊草》十五卷。字曰可，號山子，廷諒之子。萬曆戊戌進士，官刑部主事，建言爲民。龍溪張燮爲序。

黃虞稷《千頃堂書目・別集類》謝廷讚《緑屋遊草》十五卷。字曰可，金谿人。廷諒弟。刑部主事，疏請東宮出閣講學，神宗怒，落職歸。光宗立，贈尚寶司少卿。

《明史・藝文志・別集類》謝廷讚《緑屋遊草》十五卷。

玉馬軒集

黃虞稷《千頃堂書目・別集類》謝廷讚《玉馬軒集》□卷。

步丘草

黃虞稷《千頃堂書目・別集類》謝廷讚《步丘草》□卷。

繼霞亭集

黃虞稷《千頃堂書目・別集類》謝廷讚《繼霞亭集》□卷。

宗伯集

黃虞稷《千頃堂書目・別集類》馮琦《宗伯集》八十一卷。

《明史・藝文志・別集類》馮琦《宗伯集》八十一卷。

英廉奏《全毀書目》《馮宗伯集》二十八本。明馮琦撰。

北海集

徐𤊹《徐氏家藏書目・別集類》馮琦《北海集》。字用韞，號琢庵。萬曆丁丑進士，青州人，官少詹。

黃虞稷《千頃堂書目·別集類》 馮琦《北海集》四十六卷。字用韞，臨朐人。禮部尚書。謚文敏。

李長卿集

徐𤊹《徐氏家藏書目·別集類》 李鼎《長卿集》二十八卷。字長卿，南昌人。

黃虞稷《千頃堂書目·別集類》 李鼎《李長卿集》二十八卷。字長卿，南昌新建人。萬曆□□鄉舉。

幽湖居士詩草

黃虞稷《千頃堂書目·別集類》 項良枋《幽湖居士詩草》。字幼輿，嘉興人。

敖陽集

黃虞稷《千頃堂書目·別集類》 項良枋《敖陽集》。

永和集

黃虞稷《千頃堂書目·別集類》 項良枋《永和集》。

芝水集

黃虞稷《千頃堂書目·別集類》 項良枋《芝水集》。

清酣草

黃虞稷《千頃堂書目·別集類》 陶涵中《清酣草》。字虛來，秀水人。

竹蘆編

黃虞稷《千頃堂書目·別集類》 李尚賓《竹蘆編》三卷。字滄營，長興人。

日甓園集

黃虞稷《千頃堂書目·別集類》 葛文炳《日甓園集》。字星垣，鄞縣人。

滄浪雜詠

黃虞稷《千頃堂書目·別集類》 王家業《滄浪雜詠》。字子立，衢州人。

溟池集

《四庫提要·別集類存目六》 《溟池集》十六卷。江蘇巡撫採進本。明張文柱撰。文柱字仲立，崑山人。萬曆戊子舉人，官臨清縣知縣。是集前七卷爲詩、賦，後九卷爲雜文。每篇之下，或標云：見《遺草》、見《薄遊集》、見《扇》、見《題壁》、見《友人集鈔》。蓋其後人博蒐佚稿而成也。

沈伯含集

黄虞稷《千頃堂書目·別集類》 沈朝焕《沈伯含集》二十七卷。字伯含，仁和人。福建參政。

抱膝長吟賦

黄虞稷《千頃堂書目·騷賦類》 沈朝瑛《抱膝長吟賦》一卷。字伯含，仁和人。萬曆壬辰進士，福建參政。

快士賦

黄虞稷《千頃堂書目·騷賦類》 沈朝瑛《快士賦》一卷。

勞人草

徐𤊹《徐氏家藏書目·別集類》 沈朝焕《勞人艸》一卷。字伯含，號太元，仁和人。萬曆壬辰進士，官工部主事，福建參政。

雁字詩

徐𤊹《徐氏家藏書目·別集類》 沈朝焕《雁字詩》一卷。

恬庵遺稿

黄虞稷《千頃堂書目·別集類》 蔣孟育《恬庵遺稿》三十八卷。字道力，漳州龍溪籍，泉州府同安人。南京吏部侍郎。

谿堂文集

黄虞稷《千頃堂書目·別集類》 林堯俞《文集》二卷。

谿堂詩集

黄虞稷《千頃堂書目·別集類》 林堯俞《谿堂詩集》四卷。字咨伯，莆田人。太子太保，禮部尚書，謚文簡。

玉版三洞諸集

徐𤊹《徐氏家藏書目·別集類》 黄汝亨《玉版三洞諸集》十卷。字貞甫，號寓庸，仁和人。萬曆戊戌進士，江西提學僉事。

寓林集

徐𤊹《徐氏家藏書目·別集類》 黄汝亨《寓林集》三十八卷。

黄虞稷《千頃堂書目·別集類》 黄汝亨《寓林集》三十二卷。字貞父，錢塘人。江西提學副使。

《明史・藝文志・别集類》　黄汝亨《寓林集》三十二卷。

寓庸子游紀

黄虞稷《千頃堂書目・别集類》　黄汝亨《寓庸子游紀》九卷。

黄汝亨詩集

黄虞稷《千頃堂書目・别集類》　黄汝亨《詩集》六卷。

問次齋集

黄虞稷《千頃堂書目・别集類》　公鼒《問次齋集》三十一卷。字孝與，蒙陰人。禮部右侍郎，協理詹事府事，謚文介。

《明史・藝文志・别集類》　公鼒《問次齋集》三十卷。

中丞詩選

黄虞稷《千頃堂書目・别集類》　趙士諤《中丞詩選》。字謇卿，吴江人。僉都御史，巡撫宣府。

興至吟

黄虞稷《千頃堂書目・别集類》　葉茂才《興至吟》二卷。字參之，無錫人。南京工部右侍郎。

何喬遠集

《明史・藝文志・别集類》　《何喬遠集》八十卷。

鏡山全集

黄虞稷《千頃堂書目・别集類》　何喬遠《鏡山全集》□卷。字匪莪，晋江人。歷官南京工部侍郎，贈尚書。

萬曆集　天啓集

黄虞稷《千頃堂書目・别集類》　何喬遠《萬曆集》三十三卷又《萬曆後集》八卷又《萬曆三集》四卷。《天啓集》十八卷。

軍機處奏《禁毀書目》　何氏《萬曆》《天啓集》二十三本。查何氏《萬曆集》、《後集》、《三集》，又《天啓集》，俱明何喬遠撰。喬遠名列《天鑒録》中，係屬閹黨，所作亦粗率無可取。集中悖犯字句甚多，應請銷燬。

崇禎集

黄虞稷《千頃堂書目・别集類》　何喬遠《崇禎集》□卷。

泰昌集

黄虞稷《千頃堂書目・别集類》　何喬遠《泰昌集》四卷。

仰節堂集

黄虞稷《千頃堂書目・別集類》 曹于汴《仰節堂集》十四卷。字自梁，安邑人。辛卯解元，左都御史。

《明史・藝文志・別集類》 曹于汴《抑節堂集》十四卷。

《四庫提要・別集類二五》 《仰節堂集》十四卷。山西巡撫採進本。明曹于汴撰。于汴有《共發編》，已著録。是集文十一卷、詩三卷。前有高攀龍、馮從吾序，于汴嘗從二人講學故也。攀龍序謂其「文足以定羣嚣，明學術；詩足以暢天機，流性蘊」。從吾序謂其「非沾沾以文章名家，而操觚自豪之士，無不退避三舍」。

山草堂集

黄虞稷《千頃堂書目・別集類》 郝敬《山草堂集》□卷。字仲輿，京山人。行人司副，給事中。

小山草

黄虞稷《千頃堂書目・別集類》 郝敬《小山草》十卷。

《明史・藝文志・別集類》 郝敬《小山草》十卷。

英廉奏《抽毀書目》 《小山草》三本。查《小山草》，係明郝敬撰。卷四《天山評》内，語有觸礙，應將全篇删燬。又卷九第十二頁内亦有干礙語，應一併删燬。

《四庫提要・別集類存目六》 《小山草》十卷。浙江巡撫採進本。明郝敬撰。敬有《周易正解》，已著録。是編首爲《鯫生蠡管》三卷，首載《闢佛書》，次則辨論經旨之文。又雜著三卷，尺牘一卷，家乘三卷，蓋其《山草堂全書》之一種。敬喜説經，古文非所留意，置之不論不議可矣。

嘯歌

黄虞稷《千頃堂書目・別集類》 郝敬《嘯歌》二卷。

陳眉公全集

黄虞稷《千頃堂書目・別集類》 陳繼儒《陳眉公全集》□□卷。字仲醇，華亭人。

軍機處奏《禁毀書目》 《陳眉公集》十二本。查《陳眉公集》即取其《晚香堂集》合編而別刻之者，應一併銷燬。

晚香堂小品

黄虞稷《千頃堂書目・別集類》 陳繼儒《晚香堂小品》二十四卷。

軍機處奏《禁毀書目》 《晚香堂小品》六本。查《晚香堂小品》，明陳繼儒撰。中多狂悖之詞，應請銷燬。

晚香堂集

黄虞稷《千頃堂書目・別集類》 陳繼儒《晚香堂集》三十卷。

《明史・藝文志・別集類》 陳繼儒《晚香堂集》三十卷。

軍機處奏《禁毀書目》 《晚香堂集》八本。查《晚香堂集》，亦明陳繼儒撰。中有狂悖之語，應請銷燬。

白石樵真稿

軍機處奏《禁毁書目》 《白石樵真稿》十一本。查《白石樵真稿》，明陳繼儒撰。繼儒乃明末山人，交通聲氣，文章本不足稱。此集更有悖妄之語，應請銷燬。

眉公詩鈔

軍機處奏《禁毁書目》 《眉公詩鈔》一部，四本。查《眉公詩鈔》，係明陳繼儒撰。詩中有指斥字面，應請銷燬。

中峰草

黄虞稷《千頃堂書目·别集類》 智觀《中峰草》。字止先，號蔚然，江都僧雪浪弟子，居吴興雙髻峰。

輸寥館集

黄虞稷《千頃堂書目·别集類》 范允臨《范石公輸寥館集》。字長倩，吴縣人。雲南提學，福建布政參議。

英廉奏《全毁書目》 《輸寥館集》八本。明范允臨撰。

東館缶音

徐𤊹《徐氏家藏書目·别集類》 益王《東館缶音》四卷。號仙源。

黄虞稷《千頃堂書目·别集類》 益王《東館缶音》四卷。號仙源。

籜冠集

黄虞稷《千頃堂書目·别集類》 朱慶棨《籜冠集》。字仲望，高祖第七子齊王榑，建文元年廢爲庶人，永樂初復封，四年奪爵，安置廬州。子孫俱爲庶人，散居南京。

綦組堂集

黄虞稷《千頃堂書目·别集類》 朱術垧《綦組堂集》。字均焉，遼簡王植七世孫，輔國中尉，換授鎮江通判，遷户部主事。

貽春堂集

徐𤊹《徐氏家藏書目·别集類》 黄輝《貽春堂集》七卷。字平倩，號慎軒，順慶府南充縣人。萬曆己丑進士。

黄虞稷《千頃堂書目·别集類》 黄輝《貽春堂集》六卷。字昭素，一字平倩，南充人。詹事府少詹事兼侍讀學士。

黄太史集

英廉奏《全毁書目》 《黄太史集》四本。明黄輝撰。

鐵庵集

黄虞稷《千頃堂書目·别集類》 黄輝《鐵庵集》八十卷。

平倩逸稿

黄虞稷《千頃堂書目・别集類》 黄輝《平倩逸稿》三十六卷。

鐵庵詩選

徐𤊹《徐氏家藏書目・别集類》 黄輝《鐵菴詩選》一卷。

黄虞稷《千頃堂書目・别集類》 黄輝《鐵庵詩選》一卷。

亦爲堂集

黄虞稷《千頃堂書目・别集類》 史孟麟《亦爲堂集》五卷。字玉池，金壇人。太常寺少卿。

《四庫提要・别集類存目六》 《亦爲堂集》四卷。江蘇巡撫採進本。明史孟麟撰。孟麟字際明，號玉池，宜興人。萬曆癸未進士，官至太僕寺卿。崇禎初，追贈禮部右侍郎。事蹟具《明史》本傳。

介石齋集

黄虞稷《千頃堂書目・别集類》 朱國祚《介石齋集》二十卷。字兆隆，秀水人。一甲第一人，少傅，户部尚書兼武英殿大學士，贈太傅，謚文恪。

《明史・藝文志・别集類》 朱國祚《介石齋集》二十卷。

何文毅集

黄虞稷《千頃堂書目・别集類》 何宗彦《何文毅集》□卷。字君美，隨州人。庶吉士，禮部尚書，東閣大學士。

軍機處奏《禁毁書目》 《何文毅集》一部，七本。查《何文毅集》，係何宗彦撰。多指斥之詞，應請銷燬。

寒山漫草

徐𤊹《徐氏家藏書目・别集類》 趙宧光《寒山集》。字凡夫。樞生之子。

黄虞稷《千頃堂書目・别集類》 趙宧光《寒山漫草》八卷。字凡夫，吴人。

《明史・藝文志・别集類》 趙宧光《寒山漫草》八卷。

凡夫雜著

黄虞稷《千頃堂書目・别集類》 趙宧光《凡夫雜著》四卷。

牒草

《四庫提要・别集類存目七》 《牒草》四卷。直隸總督採進本。明趙宧光撰。宧光有《説文長箋》，已著録。此集皆其尺牘。有明中葉以後，山人墨客，標榜成風，稍能書畫詩文者，下則厠食客之班，上則飾隱君之號。借士大夫以爲利，士大夫亦借以爲名。觀於是集，可以見當時風氣矣。此本標目參差，前兩卷題曰《寒山藏》，而以《牒草》爲子目。一卷題曰附録，皆他人之作，又一卷題曰《牒草》卷之八，則當不止此四卷。蓋隨時刊刻，以爲贈遺之具，故不得而畫一也。

考槃集

黄虞稷《千頃堂書目·别集類》 趙宧光妻陸卿子《考槃集》六卷。

《明史·藝文志·别集類》 陸卿子《考槃集》六卷。

玄芝集

黄虞稷《千頃堂書目·别集類》 陸卿子《玄芝集》四卷。長洲人，尚寶卿師道之女，夫婦偕隱寒山。

《明史·藝文志·别集類》 《玄芝集》四卷。陸卿子著。

雲卧閣稿

黄虞稷《千頃堂書目·别集類》 《雲卧閣稿》四卷。陸卿子著。

《明史·藝文志·别集類》 《雲卧閣稿》四卷。陸卿子著。

蒼霞草

張萱等《内閣藏書目録·集部》 《蒼霞草》一部。十二册。全。萬曆間大學士葉向高著。

黄虞稷《千頃堂書目·别集類》 葉向高《蒼霞草》二十卷。字進卿，福清人。少師兼太子太師，吏部尚書，中極殿大學士，贈太師，謚文忠。

《明史·藝文志·别集類》 《葉向高文集》二十卷。

蒼霞詩草

黄虞稷《千頃堂書目·别集類》 葉向高《蒼霞詩草》八卷。

《明史·藝文志·别集類》 《葉向高詩》八卷。

蒼霞續草

黄虞稷《千頃堂書目·别集類》 葉向高《蒼霞續草》二十二卷。

蒼霞餘草

黄虞稷《千頃堂書目·别集類》 葉向高《蒼霞餘草》十四卷。

小草篇

黄虞稷《千頃堂書目·别集類》 葉向高《小草篇》一卷。

賜歸稿

黄虞稷《千頃堂書目·别集類》 葉向高《賜歸篇》一卷。

紀遊篇

黄虞稷《千頃堂書目·别集類》 葉向高《紀遊篇》一卷。

綸扉奏草

《明史·藝文志·別集類》　葉向高《綸扉奏草》三十卷。

竹素堂藏稿　續稿

王圻《續文獻通考·經籍考·集下》　《竹素堂稿》。陳所蘊著。上海人。參政。

黄虞稷《千頃堂書目·別集類》　陳所蘊《竹素堂藏稿》十四卷又《續稿》二十卷。字子有，上海人，南京太僕寺少卿。

《四庫提要·別集類存目六》　《竹素堂藏稿》十四卷。浙江孫仰曾家藏本。明陳所蘊撰。所蘊字子有，上海人。萬曆己丑進士，官至南京太僕寺少卿。是集凡雜文十一卷，詩三卷。前有王宏誨、陳文燭序，俱稱其官爲陳比部，蓋在郎署時所輯也。詩文摹擬太甚，未能杼軸予懷。詹景鳳《明辨類函》嘗稱所蘊文法汪伯玉，幾爲敵國，詩健而潔，近體亦似于鱗。則其宗法概可見矣。

墨林漫稿

黄虞稷《千頃堂書目·別集類》　朱吾弼《墨林漫稿》。字諧卿，高安人。爲南道御史，有直聲，累官太僕寺卿。

鳳谷集

黄虞稷《千頃堂書目·別集類》　徐應簧《鳳谷集》。字軒卿，淳安人。參政。

遊覽吟編

黄虞稷《千頃堂書目·別集類》　徐應簧《遊覽吟編》。

岝崿山堂集

黄虞稷《千頃堂書目·別集類》　徐應簧《岝崿山堂集》。

聞龍詩略

徐𤊹《徐氏家藏書目·別集類》　《聞龍詩略》一卷。字隱鱗，鄞縣人，萬曆中布衣。

幽貞廬艸

徐𤊹《徐氏家藏書目·別集類》　聞龍《幽貞廬艸》四卷。

行樂吟

徐𤊹《徐氏家藏書目·別集類》　聞龍《行樂吟》一卷。

黄虞稷《千頃堂書目·別集類》　聞龍《行樂吟》一卷。

幽貞廬遺草

黄虞稷《千頃堂書目・别集類》 聞龍《幽貞廬遺草》一卷。字隱鱗，鄞縣人。隱士。

聞隱鱗詩

黄虞稷《千頃堂書目・别集類》 聞龍《聞隱鱗詩》一卷。

鸞嘯堂詩集

黄虞稷《千頃堂書目・别集類》 李沂《鸞嘯堂詩集》。字子化，别字艾山，晚號壺庵。揚州興化縣學生。

中祕草

英廉奏《抽毁書目》 《中祕草》三本。查《中祕草》，係明李沂撰。集内《修省陳言疏》、《總督薊遼誥文》、《九邊戰守機宜》，俱有違悖語。《成功文章頌》、《敍宋新法始末》，俱有偏謬語。《論時政書》、《讀九篇圖説詩》、《羽林行》、《漁陽老將行》中，有塗缺，自係悖謬字樣，應請抽燬。

《四庫提要・别集類存目六》 《中祕草》三卷。湖北巡撫採進本。明李沂撰。沂字景魯，嘉魚人。萬曆丙戌進士，官至吏科給事中。劾東廠太監張鯨，廷杖削籍，後贈光禄少卿。事蹟具《明史》本傳。是集皆其爲庶吉士時所作。自記謂每月上旬、中旬、下旬試於翰苑者，曰《館草》。每月朔望試於東閣者，曰《閣草》。皆詳録當時閣師、館師評語。末附載《劾張鯨疏》一篇，及廷杖之後王錫爵、楊起元、袁黄通問三尺牘。

適適軒集

黄虞稷《千頃堂書目・别集類》 戈用泰《適適軒集》。字永恬，平湖人。南京刑部郎中。

薄遊小詠

黄虞稷《千頃堂書目・别集類》 章士雅《薄遊小詠》。字循之，常熟人。刑部主事，改南工部。

姜同節集

黄虞稷《千頃堂書目・别集類》 姜志禮《姜同節集》八卷。字立之，丹陽人。

《四庫提要・别集類存目六》 《姜同節集》八卷。江蘇巡撫採進本。明姜志禮撰。志禮字立之，丹陽人。萬曆己丑進士，官至尚寶司卿，致仕後加太常寺少卿。是集惟第五卷後半爲詩，餘皆雜文。所載諸疏，論列時事，頗爲切直。

鳴缶集

黄虞稷《千頃堂書目・别集類》 鄭明選《鳴缶集》。字侯升，歸安人。南京刑科給事中。《澹生堂目》有《鄭侯升集》四十卷、《詩文》三十卷、《秕言》十卷。

鄭侯升集

英廉奏《全毁書目》 《鄭侯升集》十本。明鄭明選撰。

醉花庵詩選

黄虞稷《千頃堂書目・别集類》 王士騏《醉花庵詩選》五卷。字冏伯，太倉州崑山人。尚書世貞子。壬午解元，吏部員外郎。

詒清堂集

黄虞稷《千頃堂書目・别集類》 錢養廉《詒清堂集》二十卷。字國維，仁和人。

二酉集

黄虞稷《千頃堂書目・别集類》 蔡宗明《二酉集》。號穉含，台州黄巖人。

直洲集

黄虞稷《千頃堂書目・别集類》 劉文卿《直洲集》十卷。字信如，江西廣昌人。戊子解元，南京兵部員外郎。

英廉奏《抽毁書目》 《劉直洲集》五本。查《劉直洲集》，係明劉文卿撰。卷三《己丑廷試策》内，有偏謬語，應請抽燬。

《四庫提要・别集類存目六》 《劉直洲集》十卷。浙江孫仰曾家藏本。明劉文卿撰。文卿字徯如，江西廣昌人。萬曆己丑進士，官至南京兵部員外郎。文卿性孤介，嘗以忤權姦左遷。其文頗有英氣。惟年僅三十三而卒，功候未深，故風格未就。集中如《急選被論辯疏》及《海防》二議，《台州、金華二府興革條議》，亦可以考見時政也。

大雅堂遺集

徐𤊹《徐氏家藏書目・别集類》 徐彦登《大雅堂遺集》一卷。字允賢，號景雍，德清人。萬曆己丑進士，官廣西巡按御史。

西行草

英廉奏《抽毁書目》 《西行草》一本。查《西行草》，係明曾偉芳撰。書内《論君道門》第四條，語近駁雜，應請抽燬。

漆園卮言

黄虞稷《千頃堂書目・别集類》 莊起元《漆園卮言》十七卷。字仲孺，武進人。太僕寺少卿。

英廉奏《抽毁書目》 《漆園卮言》十四本。查《漆園卮言》，係明莊起元撰。集内《從軍行》七言絶句一首、《殿試策》一道、《會試策》第一道，俱有乖謬語，應請抽燬。

《四庫提要・别集類存目七》 《漆園卮言》二十四卷。浙江巡撫採進本。明莊起元撰。起元字仲孺，武進人。萬曆庚戌進士，官至太僕寺少卿。是集大抵應酬之作，下至吏牘、公移、告示，靡不彙録。且多編次叢脞，目中列目，如啓類之中分宰執、翰林諸門，已可不必，乃又列交際通用一門，殆近類書。《昭明文選》之分類，與杜詩、蘇詩之分類，均無是也。

古雪齋集

徐𤊹《徐氏家藏書目・别集類》 朱多煩《古雪齋集》一卷。字以昭，號斗齋，石城府輔國將軍。

古雪齋近稿

《四庫提要・別集類存目七》《古雪齋近稿》一卷。浙江孫仰曾家藏本。明朱多熲撰。多熲字以昭，號斗齋，南昌人，寧藩裔也。在萬曆間，與李維楨、曹學佺等唱和，其詩修飾風調，流易有餘，而短於精詣。

青棠集

徐𤊹《徐氏家藏書目・別集類》 董嗣成《青棠集》八卷。字伯念，號梅林，一號青芝，烏程人。萬曆庚辰進士，累官禮部郎中，建言爲民。卒年三十二。書畫俱工，海内重之。謝肇淛爲序。

黄虞稷《千頃堂書目・別集類》 董嗣成《青棠集》八卷。字伯念，烏程人。禮部郎中，贈光禄寺少卿。

青棠詩集

《四庫提要・別集類存目六》《青棠詩集》八卷。浙江孫仰曾家藏本。明董嗣成撰。嗣成字伯念，烏程人。萬曆庚辰進士，官至禮部郎中。是編乃嗣成没後，其友茅維所編。前有謝肇淛序，稱「嗣成古選，憲章陶、謝，近體沐浴岑、王，如姑射仙人，飡風飲瀣」，蓋略舉其近似。至云「使天假以年，駸駸乎將立壇坫，與海内争雄」，則已顯言其學力尚淺矣。

光禄遺稿

黄虞稷《千頃堂書目・別集類》 董嗣成《光禄遺稿》。

白蘇齋類稿

徐𤊹《徐氏家藏書目・別集類》 袁宗道《白蘇齋》二十二卷。字伯修，號玉蟠，公安人。萬曆丙戌會元，翰林編修、洗馬、右庶子。卒年四十一。

黄虞稷《千頃堂書目・別集類》 袁宗道《白蘇齋類稿》二十二卷。字伯修，公安人。會元，右春坊右庶子，贈禮部右侍郎。

《明史・藝文志・別集類》 袁宗道《白蘇齋類稿》二十四卷。

英廉奏《全毀書目》《白蘇齋集》五本。明袁宗道撰。

水堂吟

黄虞稷《千頃堂書目・別集類》 范淶《水堂吟》。字原易，休寧人。福建左布政使。

入蜀詩紀

黄虞稷《千頃堂書目・別集類》 范淶《入蜀詩紀》。

需沙詩稿

黄虞稷《千頃堂書目・別集類》 范淶《需沙詩稿》。

水明樓集

黄虞稷《千頃堂書目・別集類》 陳薦夫《水明樓集》十四卷。字邦藻，以字行。

閩縣人。价夫弟。

《四庫提要・別集類存目六》《水明樓集》十四卷。福建巡撫採進本。明陳薦夫撰。薦夫名藻，以字行，更字幼孺，閩縣人。萬曆甲午舉人。朱彝尊《明詩綜》作「名邦藻」，以集中行狀考之，《明詩綜》誤衍一「邦」字也。是集詩九卷，詩餘一卷，賦及雜文四卷。考徐熥《晉安風雅》，自薦夫之曾祖煃、祖達、父輔之，與其兄价夫，皆以詩名。其家學淵源，固有所自。曹學佺爲之序，稱其「質癯而腹腴，語險而法中。雖目不涉詩書，跡不交山水，能使下帷之夫駭其博雅，好遊之士推其韻致」，則過其實矣。

元凱集

黃虞稷《千頃堂書目・別集類》 陳勳《陳元凱集》五卷。字元凱，閩縣人。户部郎中。

《四庫提要・別集類存目六》 《元凱集》五卷。福建巡撫採進本。明陳勳撰。勳字元凱，閩縣人。萬曆辛丑進士，官至户部郎中。《福建通志》載《元凱集》四十卷，此本僅文三卷，詩二卷，然首尾完足，初非有闕。集爲其同年吕純如所刻，或經純如選定耶？勳爲鄭善夫外曾孫，其瓣香有自，故雖無傑構，而尚有典型。

太元洞稿

徐𤊹《徐氏家藏書目・別集類》 龍膺《太元洞稿》一卷。字君善，一字君御，號一所，武陵人。萬曆庚辰進士，官禮部主事、按察使、南京太常寺卿。

黃虞稷《千頃堂書目・別集類》 龍膺《太元洞稿》一卷。字君御，武陵人。南京太常寺卿。又有《九芝集選》十二卷。

漁仙雜著

徐𤊹《徐氏家藏書目・別集類》 龍膺《漁仙雜著》一卷。

黃虞稷《千頃堂書目・別集類》 龍膺《漁仙雜著》一卷。

淪濦集

黃虞稷《千頃堂書目・別集類》 龍膺《淪濦集》八卷。

湟中詩

黃虞稷《千頃堂書目・別集類》 龍膺《湟中詩》一卷。

九芝集選

《四庫提要・別集類存目六》 《九芝集選》十二卷。内府藏本。明龍膺撰。膺字君御，武陵人。萬曆庚辰進士，官至南京太常寺卿。是集皆所作詩賦，乃其兄襄所選定。以卷首冠以《九芝賦》，遂以名之。

淪濦集選

徐𤊹《徐氏家藏書目・別集類》 龍膺《淪濦集選》八卷。見前。李維楨、張鶴鳴、馮時可序。

尊拙堂集

黃虞稷《千頃堂書目・別集類》 丁元薦《尊拙堂集》二十四卷。字長孺，長興人。尚寶司少卿。

軍機處奏《禁毀書目》 《尊拙堂文集》六本。查《尊拙堂文集》，明丁元薦撰。中有悖妄之處，應請銷燬。

《四庫提要・別集類存目六》 《尊拙堂文集》十二卷。浙江巡撫採進本。明丁元薦撰。元薦有《西山日記》，已著録。元薦受業顧憲成，入東林黨籍，當時以節行稱。而文章質率，不出講學家窠臼。

青來閣初集　二集　三集

黄虞稷《千頃堂書目・別集類》 方應祥《青來閣初集》十卷又《二集》十卷又《三集》十五卷。字孟旋，衢州西安人，山東提學參議。

《明史・藝文志・別集類》 方應祥《青來閣集》三十五卷。

英廉奏《全毀書目》 《青來閣三集》十本。明方應祥撰。

英廉奏《抽毀書目》 《青來閣初集》五本。查《青來閣初集》，係明方應祥撰。卷五內與錢謙益兩尺牘，推重太過，應請抽燬。

軍機處奏《禁毀書目》 《青萊閣二集》五本。查《青萊閣二集》，明方應祥撰。中有指斥，應請銷燬。

方大理集

黄虞稷《千頃堂書目・別集類》 方大鎮《方大理集》。字君靜，桐城人。大理寺左少卿。

史文簡公集

黄虞稷《千頃堂書目・別集類》 史繼階《史文簡公集》。字世程，晉江人。一甲第二人，少保兼太子太保，吏部尚書，武英殿大學士。

幔亭集

黄虞稷《千頃堂書目・別集類》 徐熥《幔亭集》十五卷。字惟和，閩縣人。

《明史・藝文志・別集類》 徐熥《幔亭集》二十卷。

《四庫提要・別集類二五》 《幔亭詩集》十五卷。福建巡撫採進本。明徐熥撰。熥字惟和，閩縣人。萬曆戊午舉人。負才淹蹇，肆力詩歌，大抵圭臬唐人，而不爲割裂餖飣之學。

緱山集

徐𤊹《徐氏家藏書目・別集類》 王衡《緱山集》二十七卷。字辰玉，太倉人。萬曆辛丑會元榜眼。文肅錫爵之子，官翰林院編修。卒年五十二。馮時可、陳繼儒序。

黄虞稷《千頃堂書目・別集類》 王衡《緱山文集》二十七卷。字辰玉，太倉人。錫爵子，戊子順天解元，一甲第二人，翰林院編修。

《明史・藝文志・別集類》 王衡《緱山集》二十七卷。

英廉奏《抽毀書目》 《緱山集》十二本。查《緱山集》，係明王衡撰。集內《送許太初詩》、《祭顧沖菴文》、《與顧沖菴書》、《岳武穆王全書序》、《辛丑會試策第五問》，俱屬偏謬，應請抽燬。

《四庫提要・別集類存目六》 《緱山集》二十七卷。浙江汪汝瑮家藏本。明王衡撰。衡有《紀遊稿》，已著録。萬曆戊子，衡舉順天鄉試第一。時其父錫爵在政府，爲高桂、饒伸所劾，遂不復會試。錫爵罷相後，始登萬曆辛丑進士第二，入翰林。旋即歸養，得以其間肆力於古學。與王世貞雖同里閈，而不蹈其蹊徑，然頗染陳繼儒之俗格。《明史・隱逸傳》稱「錫爵招繼儒與衡讀書支硎山」，其所由來者漸矣。

端園集

黄虞稷《千頃堂書目・别集類》 蜀端王宣圻《端園集》。成王孫，康王承爚庶子，嘉靖四十年嗣封。

冰玉堂集

黄虞稷《千頃堂書目・别集類》 王永光《冰玉堂集》。字□□，長垣人。太子太保，吏部尚書。

癡醒子

黄虞稷《千頃堂書目・别集類》 南企仲《癡醒子》三十卷。字伯稺，渭南人。大吉孫。南京吏部尚書，死闖賊難。

顧太史集

黄虞稷《千頃堂書目・别集類》 顧天埈《顧太史集》八卷。字升伯，崑山人。一甲第三人，累官侍講，左遷行人司正。

英廉奏《全毁書目》 《顧太史集》四本。明顧天埈撰。

高子遺書

黄虞稷《千頃堂書目・别集類》 高攀龍《高子遺書》十二卷。字雲從，無錫人。刑部侍郎，都察院左都御史。坐忤逆閹，削籍被逮赴水死。贈太子少保，兵部尚書，謚忠憲。

《四庫提要・别集類二五》 《高子遺書》十二卷，附録一卷。浙江巡撫採進本。明高攀龍撰。攀龍有《周易易簡説》，已著録。攀龍出趙南星之門，淵源有自。其學以格物爲先，兼取朱、陸兩家之長。操履篤實，粹然一出於正。初自輯其語録文章爲《就正録》，後其門人嘉善陳龍正編爲此集，凡分十二類。一曰語，二曰劄記，三曰經説辨贊，四曰備儀，五曰語録，六曰詩，七曰疏揭問，八曰書，九曰序，十曰碑傳記譜訓，十一曰誌表狀祭文，十二曰題跋雜書，附録誌狀年譜一卷。其講學之語，類多切近篤實，闡發周密。詩意沖澹，文格清遒，亦均無明末纖詭之習。蓋攀龍雖亦聚徒講學，不免漸染於風尚。然嚴氣正性，卓然自立，實非標榜門户之流。故立朝大節，不愧古人。發爲文章，亦不事詞藻，而品格自高。此真之所以異於僞歟。

就正録

徐𤊹《徐氏家藏書目・别集類》 高攀龍《就正録》二卷。字雲從，號景逸，無錫人。萬曆己丑進士，官左僉都御史。

未刻稿

黄虞稷《千頃堂書目・别集類》 高攀龍《未刻稿》六卷。

武林稿

黄虞稷《千頃堂書目・别集類》 許仲譽《武林稿》。字□□，錢塘人。

河上篇

黄虞稷《千頃堂書目・别集類》 許仲譽《河上篇》。

落花詩

黄虞稷《千頃堂書目·别集類》 許仲譽《落花詩》。

月令叙事詩

黄虞稷《千頃堂書目·别集類》 許仲譽《月令叙事詩》。

醉匠篇

黄虞稷《千頃堂書目·别集類》 彭汝賢《醉匠篇》一卷。號紫雲，台州人。

莊舄吟

黄虞稷《千頃堂書目·别集類》 彭汝賢《莊舄吟》一卷。

存笥集

黄虞稷《千頃堂書目·别集類》 金孚兑《存笥集》。字吉所，太平人。

文水居集

黄虞稷《千頃堂書目·别集類》 黎崇敕《文水居集》。字銘之，番禺人。

從野堂存稿

黄虞稷《千頃堂書目·别集類》 繆昌期《從野堂存稿》八卷。字當時，江陰籍，常熟人。諭德，贈詹事。謚文貞。

《明史·藝文志·别集類》 繆昌期《從野堂存稿》八卷。

英廉奏《全燬書目》 《從野堂存稿》四本。明繆昌期撰。

葉秉敬賦集

黄虞稷《千頃堂書目·别集類》 葉秉敬《賦集》三卷。字敬君，衢州西安人。江西參政。

書籍序文

黄虞稷《千頃堂書目·别集類》 葉秉敬《書籍序文》一卷。

四書論

黄虞稷《千頃堂書目·别集類》 葉秉敬《四書論》三卷。

時義序文

黄虞稷《千頃堂書目·别集類》 葉秉敬《時義序文》一卷。

十二論

黄虞稷《千頃堂書目·別集類》 葉秉敬《十二論》二卷。

葉子詩言志

黄虞稷《千頃堂書目·別集類》 葉秉敬《詩言志》七卷。

《四庫提要·別集類存目六》 《葉子詩言志》十二卷。浙江巡撫採進本。明葉秉敬撰。秉敬有《字孿》，已著録。是編首載《述職吟心》五卷，乃大計入覲時作。次載《賦類》一卷、《吟類》一卷，乃督學河南時作。次《遒徇編》五卷，則雜録對聯偶語。自序稱，取《虞書》「詩言志」、《論語》「志於學」二語，以爲作詩要領，故以此名其集。秉敬淹貫羣書，著述甚富，而所作韻語，乃過於質樸，殆所謂詩有別才耶。

迴文詩

黄虞稷《千頃堂書目·別集類》 葉秉敬《迴文詩》一卷。

葉秉敬尺牘

黄虞稷《千頃堂書目·別集類》 葉秉敬《尺牘》二卷。

偶　牘

黄虞稷《千頃堂書目·別集類》 葉秉敬《偶牘》四卷。

南州草

黄虞稷《千頃堂書目·別集類》 徐必達《南州草》十六卷。字德夫，嘉興人。南京兵部左侍郎。

軍機處奏《禁毁書目》 《南州草》一部，十八本。查《南州艸》，係明徐必達撰。必達官應天府尹，取前後所上奏疏及案牘公移之類，編爲此集。中多干犯觸悖字句，應請銷燬。

霧靈山人集

徐𤊹《徐氏家藏書目·別集類》 阮自華《霧靈山人集》三十卷。字堅之，號澹宇，桐城人。萬曆戊戌進士，初任福州推官，慶陽太守。再起邵武太守。集刻于邵武，未幾挂冠歸。

黄虞稷《千頃堂書目·別集類》 阮自華《霧靈山人集》三十卷。字堅之，桐城人。知慶陽、邵武二府。

汲古堂集

徐𤊹《徐氏家藏書目·別集類》 何白《汲古堂集》二十八卷。字無咎，號丹霞。萬曆中布衣。

黄虞稷《千頃堂書目·別集類》 何白《汲古堂集》二十八卷。字無咎。永嘉布衣。

英廉奏《全毁書目》 《汲古堂集》十四本。明何白撰。

二西齋詩

黄虞稷《千頃堂書目・别集類》 黄居中《二西齋詩》六卷。字明立，晉江人。南京國子監丞。

千頃齋初集

黄虞稷《千頃堂書目・别集類》 黄居中《千頃齋初集》二十五卷。

千頃齋二集

黄虞稷《千頃堂書目・别集類》 黄居中《千頃齋二集》四十卷。

千頃齋三集

黄虞稷《千頃堂書目・别集類》 黄居中《千頃齋三集》四卷。

歇庵集

徐𤊹《徐氏家藏書目・别集類》 陶望齡《歇菴集》十六卷。字周望，號石簣，會稽人。萬曆己丑進士，官翰林院編修，少詹事祭酒。謚文簡。

黄虞稷《千頃堂書目・别集類》 陶望齡《歇庵集》十六卷。

《明史・藝文志・别集類》 陶望齡《歇菴集》十六卷。

英廉奏《全毁書目》 《歇菴集》十本。明陶望齡撰。

軍機處奏《禁毁書目》 《歇庵集》一部，十一本。查《歇庵集》，係明陶望齡撰。集中多觸礙語，應請銷燬。

水天閣集

徐𤊹《徐氏家藏書目・别集類》 陶望齡《水天閣集》十三卷。附《功臣傳》一卷。

黄虞稷《千頃堂書目・别集類》 陶望齡《水天閣集》十卷。字周望，會稽人。會元，一甲第三人，國子祭酒。謚文簡。

英廉奏《全毁書目》 《水天閣集》四本。明陶望齡撰。

陶庵集

黄虞稷《千頃堂書目・别集類》 歸子慕《陶庵集》四卷。字季思，崑山人。歸有光子。崇禎初詔訪遺逸，御史祁彪佳薦之，詔贈翰林院待詔。

《明史・藝文志・别集類》 歸子慕《陶菴集》四卷。

玄居集附哀榮録

黄虞稷《千頃堂書目・别集類》 李春熙《玄居集》九卷。字皥如，邵武府綏安人。南京户部郎中。

《四庫提要・别集類存目六》 《元居集》九卷附《哀榮録》一卷。福建巡撫採進本。明李春熙撰。春熙字皥如，號泰階，建寧人。萬曆戊戌進士，官至南京户部郎中。是集詩五卷，文四卷，後附《哀榮録》一卷。

容臺小草

黄虞稷《千頃堂書目・别集類》 趙琦美《容臺小草》一卷。亦用賢子。以父任官刑部郎中。

和禪詩

黄虞稷《千頃堂書目·別集類》 趙琦美《和禪詩》五卷。

太傅孫文正文集　續集

黄虞稷《千頃堂書目·別集類》 孫承宗《太傅孫文正文集》十八卷又《續集》二卷。字稚繩，高陽人。一甲第二人，少師兼太子太師，文華殿大學士，督師高陽，失守投繯死，贈太傅，謚文忠。一作《高陽集》。

《明史·藝文志·別集類》 孫承宗《文集》十八卷。

恕庵慚録

黄虞稷《千頃堂書目·別集類》 吴文企《恕庵慚録》。字季騶，號白雪，南京旗手衛籍，景陵人。陝西按察副使。

學易齋集

黄虞稷《千頃堂書目·別集類》 吴應賓《學易齋集》。字尚之，又字客卿，桐城人。左春坊左諭德兼翰林院侍讀。

玄晏齋集

黄虞稷《千頃堂書目·別集類》 孫慎行《玄晏齋集》十卷。字聞斯，武進人。一甲第三人，禮部尚書，贈太子太保，謚文介。

《明史·藝文志·別集類》 孫慎行《玄晏齋集》十卷。

秋水庵集

黄虞稷《千頃堂書目·別集類》 通潤《秋水庵集》。字一雨，吴人，居常熟。

嬾真堂全集

黄虞稷《千頃堂書目·別集類》 顧起元《嬾真堂全集》五十卷。《文集》三十卷，《詩集》二十卷。字鄰初，江寧人。一甲第三人，吏部右侍郎，兼翰林侍讀學士。謚文莊。

《明史·藝文志·別集類》 《顧起元文集》三十卷。《詩》二十卷。

雪堂隨筆

黄虞稷《千頃堂書目·別集類》 顧起元《雪堂隨筆》四卷。

遯園存稿

黄虞稷《千頃堂書目·別集類》 顧起元《遯園存稿》四卷。

蟄庵日録

黄虞稷《千頃堂書目·別集類》 顧起元《蟄庵日録》四卷。

《四庫提要·別集類存目六》 《蟄菴日録》四卷。兵部侍郎紀昀家藏本。明顧起元撰。起元有《説略》，已著録。是集乃其天啓壬戌、癸亥兩年所作詩文。

寒松齋稿

黄虞稷《千頃堂書目·别集類》 顧起元《寒松齋稿》。

歸鴻館稿

黄虞稷《千頃堂書目·别集類》 顧起元《歸鴻館稿》。

武陵稿

黄虞稷《千頃堂書目·别集類》 顧起元《武陵稿》。

落花詠

徐𤊹《徐氏家藏書目·别集類》 顧起元《落花詠》一卷。字鄰初，江寧人，萬曆戊戌進士。

澹生堂集

黄虞稷《千頃堂書目·别集類》 祁承㸁《澹生堂集》。字爾光，山陰人。

澹生堂雜稿

黄虞稷《千頃堂書目·别集類》 祁承㸁《澹生堂雜稿》。

恬致堂集

黄虞稷《千頃堂書目·别集類》 李日華《恬致堂集》四十卷。字君實，嘉興人。太僕寺少卿。

《明史·藝文志·别集類》 李日華《恬致堂集》四十卷。

軍機處奏《禁燬書目》 《恬致堂集》二十本。查《恬致堂集》明李日華撰。中有空，詳其文義，多指斥之詞，應請銷燬。

關中集

黄虞稷《千頃堂書目·别集類》 余懋衡《關中集》二卷。字持國，婺源人。南京吏部尚書。《徽志》有《乾惕齋》、《太和軒》諸集，又有《丁未冬稿》。

英廉奏《抽燬書目》 《關中集》二本。查《關中集》，係明余懋衡撰。集内《闢佛》、《備邊》、《形勝》諸論，俱有偏謬語，應請抽燬。

《四庫提要·别集類存目六》 《關中集》四卷。兩江總督採進本。明余懋衡撰，懋衡字持國，婺源人。萬曆壬辰進士，官至南京吏部尚書。事蹟具《明史》本傳。是集乃其巡按陝西時所作，凡論説雜文共七十八篇。

緑滋館稿

黄虞稷《千頃堂書目·别集類》 吴士奇《緑滋館稿》九卷。字無奇，歙縣人。太常寺卿。

英廉奏《抽毁書目》 《绿滋館稿》二本。查《绿滋館稿》係明吴士奇撰。集内《桐梓縣志敍》，有偏謬語，應請抽燬。

《四庫提要·别集類存目六》 《绿滋館稿》九卷。江蘇巡撫採進本。明吴士奇撰。士奇有《史裁》，已著録。是集文八卷，詩一卷。

繁露園集

黄虞稷《千頃堂書目·别集類》 董復亨《繁露園集》二十二卷。字本初，元城人。吏部郎中。

英廉奏《抽毁書目》 《繁露園集》四本。查《繁露園集》，係明董復亨撰。集中《送兵察陳序》、《山西武舉録序》、《遼東苑馬寺卿吴墓誌》，俱有悖謬語，應請抽燬。

《四庫提要·别集類存目六》 《繁露園集》二十二卷。直隸總督採進本。明董復亨撰。復亨字元仲，元城人。萬曆壬辰進士，官至吏部郎中。外轉布政司參政，未上而卒。是集凡文十七卷，詩五卷。復亨没後，其同里張銓序而刻之。

喜聞集

徐𤊹《徐氏家藏書目·别集類》 劉孔當《喜聞集》十二卷。字任之，安福人。萬曆壬辰進士，翰林院編修。

黄虞稷《千頃堂書目·别集類》 劉孔當《喜聞集》十二卷。字任之，安福人。翰林院編修。

喜詞集

軍機處奏《禁毁書目》 《喜詞集》四本。查《喜詞集》，係明劉孔當撰。書中《安平戰功記》一篇語多詆斥，應請銷燬。

石閭山房集

黄虞稷《千頃堂書目·别集類》 劉一焜《石閭山房集》二十四卷。字元丙，南昌人。右僉都御史，巡撫浙江。

英廉奏《抽毁書目》 《石閭山房集》六本。查《石閭山房集》，係明劉一焜撰。其詩集卷一《獨漉篇》、《劉稗師詩》，卷三《從軍行》、《聞警》五首、《挽羅尚之》第二首，卷四《送丁右武備兵》、《莊浪家乘》，卷八《湖山府君行狀》，俱有違謬處，應請抽毁。

海虹集

黄虞稷《千頃堂書目·别集類》 張五典《海虹集》。字和衷，沁水人。兵部尚書，贈太子太保。

機園存稿

黄虞稷《千頃堂書目·别集類》 王愛息《機園存稿》。字仁甫，宛平人。陝西右布政。

灌蔬園集

黄虞稷《千頃堂書目·别集類》 李本緯《灌蔬園集》。字君章，錦衣衛籍，曲沃人。山東右布政使。

餐微子集

黄虞稷《千頃堂書目·别集類》 岳和聲《餐微子集》三十卷。字爾律，嘉興人。右僉都御史，巡撫延綏。

軍機處奏《禁毀書目》《餐微子集》八本。查《餐微子集》，係明岳和聲撰。和聲爲魏忠賢逆黨案中人，其集本不足録，中多狂吠之詞，應請銷燬。

澹漠集

黄虞稷《千頃堂書目・别集類》 岳和聲《澹漠集》二卷。

吏隱齋集

黄虞稷《千頃堂書目・别集類》 陳懿典《吏隱齋集》三十六卷。字孟常，秀水人。己卯解元，由庶吉士歷官侍讀學士。

英廉奏《全毁書目》《吏隱齋集》二十本。明陳懿典撰。

李翰林遺稿

黄虞稷《千頃堂書目・别集類》 李名芳《李翰林遺稿》一卷。字□□，嘉定人。庶吉士。

木天遺稿

黄虞稷《千頃堂書目・别集類》 高克正《木天遺稿》二十八卷。字朝憲，海澄人。翰林院檢討。

嵩城集

黄虞稷《千頃堂書目・别集類》 嚴廷儀《嵩城集》。字景若，歸安人。

沈文定公集

黄虞稷《千頃堂書目・别集類》 沈漼《沈文定公集》二十卷。字□□，烏程人。少保兼太子太保，禮部尚書，武英殿大學士。

鶡適軒詩稿

黄虞稷《千頃堂書目・别集類》 王樂善《鶡適軒詩稿》。字存初，霸州人。吏部主事。

扣角集

黄虞稷《千頃堂書目・别集類》 王樂善《扣角集》。

張昭甫集

黄虞稷《千頃堂書目・别集類》 張同德《張昭甫集》二十六卷。字□□，祥符人。

水鑑齋集

黄虞稷《千頃堂書目・别集類》 丁鴻陽《水鑑齋集》二卷。

北山文集

黄虞稷《千頃堂書目・别集類》 胡玠《北山文集》。字元玉，初名之瑗，休寧人。

户部主事。

翠柏軒稿

黃虞稷《千頃堂書目・別集類》 胡大成《翠柏軒稿》十八卷。字集卿，江西新昌人。官潼川知州。

翠雲亭稿

徐𤊹《徐氏家藏書目・別集類》 潘謐《翠雲亭稿》一卷。字季詳，號梅岩，當塗人。萬曆壬辰進士，觀吏部政，卒。

芙蓉館集

《四庫提要・別集類存目六》 《芙蓉館集》二卷，浙江孫仰曾家藏本。明楊一葵撰。一葵字翹卿，漳浦人。萬曆壬辰進士，官至雲南布政司。是集詩一卷，文一卷。詩格頗清，文則多應酬之作。首有蔣孟育序，稱一葵先有《豫章集》及《晝脂編》行世。今二書未見傳本。其自序二篇，則在此集中云。

陳克勤啓函

徐𤊹《徐氏家藏書目・四六類》 《陳克勤啓函》二卷。

虛游草

徐𤊹《徐氏家藏書目・別集類》 徐漢穉《虛游草》一卷。字二孺，吴縣人。

清音集

徐𤊹《徐氏家藏書目・別集類》 彭城《清音集》一卷。字興祖，吴縣人。

杞夏稿

徐𤊹《徐氏家藏書目・別集類》 彭城《杞夏稿》一卷。

江天合喙

徐𤊹《徐氏家藏書目・別集類》 彭城《江天合喙》一卷。

舊雨

徐𤊹《徐氏家藏書目・別集類》 彭城《舊雨》一卷。

鴻里　北山　江上

徐𤊹《徐氏家藏書目・別集類》 陸文組《鴻里》、《北山》、《江上》共六卷。字纂父，一字子然，吴縣人。

浮湘集

徐𤊹《徐氏家藏書目・別集類》 蔣鐄《浮湘集》六卷。字公鳴，長洲人。萬曆中鄉舉，官福州府同知。

信州稿

徐𤊹《徐氏家藏書目・別集類》 陸嘉觀《信州稿》一卷。字彦先，長洲人。萬曆中布衣。

酒民集

徐𤊹《徐氏家藏書目・別集類》 陸嘉觀《酒民集》一卷。

王在公初稿

徐𤊹《徐氏家藏書目・別集類》《王在公初稿》一卷。字孟肅，崑山人。萬曆中布衣。

緑玉齋集

徐𤊹《徐氏家藏書目・別集類》 陸夢鯉《緑玉齋集》一卷。字化卿，號仲子，吴縣人。

童烏小言

徐𤊹《徐氏家藏書目・別集類》 葛承夏《童烏小言》一卷。字京伯，吴郡人。

閩游草

徐𤊹《徐氏家藏書目・別集類》 盧江《閩游草》一卷。字一清，吴縣人。

秋　鳴

徐𤊹《徐氏家藏書目・別集類》 施洪先《秋鳴》一卷。字湘文，吴縣人。戊寅年卒。

柏齋集

徐𤊹《徐氏家藏書目・別集類》 胡汝淳《柏齋集》一卷。字遠志，吴縣人。萬曆癸丑進士，工部主事。

授石軒詩

徐𤊹《徐氏家藏書目・別集類》 劉錫名《授石軒詩》一卷。字虚受，吴郡人。

嘯雲稿

徐𤊹《徐氏家藏書目・別集類》 吴孝標《嘯雲稿》二卷。字建伯，休寧人。

嶺上集

徐𤊹《徐氏家藏書目·别集類》　黄允交《嶺上集》三卷。字元龍，歙縣人。

游　草

徐𤊹《徐氏家藏書目·别集類》　曹蕃《游草》四卷。字介人，華亭人。萬曆丁酉鄉舉，官荆州府通判。著作甚富。

郊居篇

徐𤊹《徐氏家藏書目·别集類》　曹蕃《郊居篇》一卷。

龍湫篇

徐𤊹《徐氏家藏書目·别集類》　曹蕃《龍湫篇》一卷。

一劍篇

徐𤊹《徐氏家藏書目·别集類》　曹蕃《一劍篇》一卷。

問夜篇

徐𤊹《徐氏家藏書目·别集類》　曹蕃《問夜篇》一卷。

驪珠篇

徐𤊹《徐氏家藏書目·别集類》　曹蕃《驪珠篇》一卷。

雪輪篇

徐𤊹《徐氏家藏書目·别集類》　曹蕃《雪輪篇》一卷。

緑榕篇

徐𤊹《徐氏家藏書目·别集類》　曹蕃《緑榕篇》一卷。

遊藝集

徐𤊹《徐氏家藏書目·别集類》　錢兆賢《游藝集》一卷。字子愚，通州人。

粤遊草

徐𤊹《徐氏家藏書目·别集類》　李思訓《粤遊草》一卷。字于庭，興化人。

寄潤篇

徐𤊹《徐氏家藏書目·别集類》　黄道吉《寄潤篇》一卷。字□□，丹徒人。

燕山琳琅和鳴集

徐𤊹《徐氏家藏書目·别集類》 黄道吉《燕山琳琅和鳴集》三卷。字吉甫，武進人。嘉、隆間處士。王穉登序。

客白篇

徐𤊹《徐氏家藏書目·别集類》 黄道吉《客白篇》一卷。

游魯稿

徐𤊹《徐氏家藏書目·别集類》 黄道吉《游魯稿》一卷。

三友軒集

徐𤊹《徐氏家藏書目·别集類》 葵時春《三友軒集》一卷。字生甫，號熙陽，淮陰人。官福建都司。

枕戈集

徐𤊹《徐氏家藏書目·别集類》 葵時春《枕戈集》一卷。

征帆集

徐𤊹《徐氏家藏書目·别集類》 葵時春《征帆集》一卷。

雅歌集

徐𤊹《徐氏家藏書目·别集類》 葵時春《雅歌集》一卷。

倡和集

徐𤊹《徐氏家藏書目·别集類》 葵時春《倡和集》一卷。

游藝集

徐𤊹《徐氏家藏書目·别集類》 高永祉《游藝集》一卷。字介夫，淮陰人。

守城紀咏

徐𤊹《徐氏家藏書目·别集類》 齊登輔《守城紀咏》一卷。字員倩，桐城人。

太乙遺稿

徐𤊹《徐氏家藏書目·别集類》 張士端《太乙遺稿》一卷。字穎初，蕪湖人，萬曆中庠生。

撚鬚草　步騷　霞次　蘭言

徐𤊹《徐氏家藏書目·别集類》 王鏤鼎《撚鬚草》、《步騷》、《霞次》、《蘭言》共四卷。字龍光，宣城人。

重遊草

徐𤊹《徐氏家藏書目·别集類》 趙庭《重遊草》一卷。字克訓，號淇竹，臨淮人。福建參將副總兵官。

雅歌堂集

徐𤊹《徐氏家藏書目·别集類》 李大生《雅歌堂集》二卷。字健也，號玉赤，錢塘人。官福建都司都指揮使，終惠潮參將。

瞻雲漫稿

徐𤊹《徐氏家藏書目·别集類》 陳雲武《瞻雲漫稿》一卷。字定之，錢塘人，萬曆中太學生。

落花詩

徐𤊹《徐氏家藏書目·别集類》 吴人龍《落花詩》一卷。字仲飛，錢塘人。

楚蜀游草

徐𤊹《徐氏家藏書目·别集類》 徐允詡《楚蜀游草》一卷。字孟交，錢塘人。

詹詹草

徐𤊹《徐氏家藏書目·别集類》 何三鳳《詹詹草》二卷。字泰徵，鄞縣人。崇禎中官泰寧訓導。

柴以觀詩選

徐𤊹《徐氏家藏書目·别集類》 《柴以觀詩選》。字我生，鄞縣人。天啓中貢士。

秋聲咏

徐𤊹《徐氏家藏書目·别集類》 朱金芝《秋聲咏》四卷。字漢生，鄞縣人。

葉世治存稿

徐𤊹《徐氏家藏書目·别集類》 《葉世治存稿》三卷。字□□，銘臻之孫。官國子博士。

荔枝雜興

徐㶿《徐氏家藏書目・别集類》 楊秉錡《荔枝雜興》一卷。字亦劉，鄞縣人。德周之子。

唐唐艸

徐㶿《徐氏家藏書目・别集類》 何思《唐唐艸》一卷。字性中，號欽思，會稽人。萬曆中太學生。

醉簃集

徐㶿《徐氏家藏書目・别集類》 趙陞韵《醉簃集》八卷。字孟遷。

苾蒻園

徐㶿《徐氏家藏書目・别集類》 葉夢斗《苾蒻園》七卷。字叔明，號澹宇，蘭谿人。萬曆中以太學生官滇南通判。

飄颻草

徐㶿《徐氏家藏書目・别集類》 姜貞《飄颻草》二卷。字固仲，號羊石山人，蘭谿人。

鑒閣艸

徐㶿《徐氏家藏書目・别集類》 吴稼新《鑒閣艸》一卷。字翁升，維岳之子。萬曆中太學生。

山黛閣詩

徐㶿《徐氏家藏書目・别集類》 吴稼新《山黛閣詩》一卷。

稽汝漢遺集

徐㶿《徐氏家藏書目・别集類》《稽汝漢遺集》五卷。字伯朗，德清人。

閩游草

徐㶿《徐氏家藏書目・别集類》 錢行道《閩游草》二卷。字叔達，號匡廬，長興人。萬曆中布衣，後薙髮爲僧。

塞下曲

徐㶿《徐氏家藏書目・别集類》 臧煦如《塞下曲》一卷。字幼惺，長興人。萬曆中太學生。

落花詩

徐𤊹《徐氏家藏書目・别集類》 吴衛璣《落花詩》一卷。字載伯，歸安人。萬曆中太學生，官南京兵部指揮。

汾游艸

徐𤊹《徐氏家藏書目・别集類》 郭欽華《汾游艸》一卷。字張虚，崇德人。

長干社艸

徐𤊹《徐氏家藏書目・别集類》 郭欽華《長干社艸》一卷。

荔丹堂艸

徐𤊹《徐氏家藏書目・别集類》 朱廷訓《荔丹堂艸》一卷。字宏之，嘉興人。萬曆中太學生，官福州照磨。

遠游篇

徐𤊹《徐氏家藏書目・别集類》 徐世華《遠游篇》一卷。字仲芳，秀水人。

詩編香藻

徐𤊹《徐氏家藏書目・别集類》 周允武《詩編香藻》三卷。字仲烈，秀水人。

託園詩

徐𤊹《徐氏家藏書目・别集類》 何園客《託園詩》一卷。字閬先。

閩游艸

徐𤊹《徐氏家藏書目・别集類》 張昭《閩游艸》一卷。字叔麟，號元海。萬曆初歲貢，官海州同知。

拙遲艸

徐𤊹《徐氏家藏書目・别集類》 黄國信《拙遲艸》一卷。字道元，號四如，永嘉人。

聯輿合草

徐𤊹《徐氏家藏書目・别集類》 徐嘉相《聯輿合草》一卷。字完赤，西安人。福建按察司幕官，與龍溪陳日炳倡和。

鳳棲岡吟稿

徐𤊹《徐氏家藏書目・别集類》 黄九斗《鳳棲岡吟稿》二卷。字元樞，號十峰，遂昌人。萬曆中布衣。

落花詩

徐𤊹《徐氏家藏書目・别集類》 喻應夔《落花詩》一卷。字宣仲，均之子。崇禎初歲貢。

棲約齋稿

徐𤊹《徐氏家藏書目・别集類》 汪應婁《棲約齋稿》三卷。字魯望，南昌人。萬曆己酉鄉舉。

彭會諸稿

徐𤊹《徐氏家藏書目・别集類》 《彭會諸稿》共六卷。字次嘉，南昌人。萬曆中太學生，翼之子。

緑雨齋集

徐𤊹《徐氏家藏書目・别集類》 張儲《緑雨齋集》一卷。字明用，一字曼胥，南昌人。

匡山社詩集

徐𤊹《徐氏家藏書目・别集類》 張超《匡山社詩集》二卷。字元逸，南昌人。福建遊擊將軍。

巵言

徐𤊹《徐氏家藏書目・别集類》 張超《巵言》一卷。

秋水編

徐𤊹《徐氏家藏書目・别集類》 帥廷鈇《秋水編》四卷。字從升，機之子。

雙璧堂集

徐𤊹《徐氏家藏書目・别集類》 帥廷鈇《雙璧堂集》二卷。

帥廷鏌詩選

徐𤊹《徐氏家藏書目・别集類》 《帥廷鏌詩選》二卷。字從龍，一字赤堇，機之子。萬曆中貢士。

水心亭詩集

徐𤊹《徐氏家藏書目·别集類》 鄭槐《水心亭詩集》二卷。字元圃，臨川人。天啓中布衣。

點石壇初集

徐𤊹《徐氏家藏書目·别集類》 袁履方《點石壇初集》七卷。字親上，臨川人。

北征記

徐𤊹《徐氏家藏書目·别集類》 鄒𤞤孝《北征記》一卷。字恭甫，臨川人。天啓丁卯舉人。

宜川十集

徐𤊹《徐氏家藏書目·别集類》 鄒𤞤孝《宜川十景》一卷。

燕市稿

徐𤊹《徐氏家藏書目·别集類》 費長年《燕市稿》一卷。字定之，銘山人。萬曆中太學生，官閩縣主簿。

春社詩

徐𤊹《徐氏家藏書目·别集類》 程里《春社詩》一卷。字子仁，南城人。

落花詩

徐𤊹《徐氏家藏書目·别集類》 程里《落花詩》四卷。

湖上稿

徐𤊹《徐氏家藏書目·别集類》 程里《湖上稿》一卷。

程鉉詩集

徐𤊹《徐氏家藏書目·别集類》《程鉉詩集》八卷。字鼎卿，里之子。

程鉉文集

徐𤊹《徐氏家藏書目·别集類》《程鉉文集》二卷。

方舟稿

徐𤊹《徐氏家藏書目·别集類》 程鉉《方舟稿》一卷。

粵遊草

徐𤊹《徐氏家藏書目·別集類》 萬文蛟《粵遊草》二卷。字印角，新城人。

鍾陵社稿

徐𤊹《徐氏家藏書目·別集類》 朱應文《鍾陵社稿》一卷。字國蔚，新淦人，萬曆中太學。

涉泗草

徐𤊹《徐氏家藏書目·別集類》 柴一德《涉泗草》一卷。字吉民，潛江人。崇禎癸酉遊閩，招之入社，多所倡和。

洪江集

徐𤊹《徐氏家藏書目·別集類》 柴一德《洪江集》一卷。

采山樓集

徐𤊹《徐氏家藏書目·別集類》 王應翼《采山樓集》六卷。字天樂，京山人。萬曆中鄉舉。

楚歸草

徐𤊹《徐氏家藏書目·別集類》 張超《楚歸草》一卷。字伯迴，湘潭人。

松齋稿

徐𤊹《徐氏家藏書目·別集類》 崔表長《松齋稿》一卷。字公超，江陵人。

卧園集

徐𤊹《徐氏家藏書目·別集類》 袁伯瓛《卧園集》八卷。字穉圭，郴州人。

快宜堂集

徐𤊹《徐氏家藏書目·別集類》 張宿次《快宜堂集》四卷。字元休，號夢菴，汝寧府汝陽縣人。天啓中鄉舉。

藏暉館詩

徐𤊹《徐氏家藏書目·別集類》 方從相《藏暉館詩》二卷。字郎仲，號海嵊，南海人。閩清教諭，福州教授。

三北草

徐𤒹《徐氏家藏書目・別集類》 張自諤《三北草》一卷。字直之，慶遠宜山人。鄉舉。

南　吟

徐𤒹《徐氏家藏書目・別集類》 張自諤《南吟》一卷。

落花咏

徐𤒹《徐氏家藏書目・別集類》 馬炦如《落花咏》一卷。字弢叔，號蒼麓，雲南府昆明人。萬曆中鄉舉，南京刑部郎中。

舟　輿

徐𤒹《徐氏家藏書目・別集類》 覃紹雷《舟輿》一卷。字子春。

洗墨亭集

徐𤒹《徐氏家藏書目・別集類》 覃紹霑《洗墨亭集》二卷。字子曙，貴州人。

周槐村集

張萱等《内閣藏書目録・集部》 《周槐村集》十册。萬曆間户部郎中周宇著。

青蓮社稿

張萱等《内閣藏書目録・集部》 《青蓮社稿》二册。全。萬曆間永和王恒南著。

春秋記詠

張萱等《内閣藏書目録・雜部》 《春秋記詠》六册。不全。缺第一、第二、第三卷，及二十八卷以後，莫詳姓氏，春秋中每事各以七言絶句紀之。

石伯成詩稿

《四庫提要・別集類存目六》 《石伯成詩稿》四卷。直隸總督採進本。明石九奏撰。九奏字伯成，冀州人。萬曆壬辰進士，官至兵備副使，進右參政。其詩多學《才調集》，而風格未成。朱彝尊《明詩綜》選入《春郊》一絶。閲其全稿，實無有過之者也。

朱季子草

黄虞稷《千頃堂書目・別集類》 朱家法《朱季子草》四卷。

李湘洲集　補遺

黄虞稷《千頃堂書目・別集類》　李騰芳《李宗伯集》。字子實，湘潭人。禮部尚書，兼翰林學士，贈太子太保，謚文莊。

《四庫提要・別集類存目六》　《李湘洲集》十卷《補遺》一卷。湖北巡撫採進本。明李騰芳撰。騰芳字子實，湘潭人。萬曆壬辰進士，官至禮部尚書。其學宗王守仁，故集中第二卷有《陽明集鈔序》反覆幾二千言，發明良知之旨。【略】集無序跋，不知何人所編。據卷首家傳，稱其生平著作燬於峒寇。此本蓋由掇拾而成，故十卷中多有録無書者。別以《補遺》一卷，刻於末云。

蔬齋詩集

黄虞稷《千頃堂書目・別集類》　沈太洽《蔬齋詩集》。字愚公。錢塘處士。

山中甲子詩

黄虞稷《千頃堂書目・別集類》　邵穆生《山中甲子詩》。字汝宣，仁和人，經邦子。

東南生四部稿

黄虞稷《千頃堂書目・別集類》　吴梯《東南生四部稿》八卷。字仲升，富陽人。

偶存詩

徐𤊹《徐氏家藏書目・別集類》　王嗣經《偶存詩》一卷。字曰常，上饒人。

黄虞稷《千頃堂書目・別集類》　王嗣經《偶存詩》一卷。字曰常，本姓璩，上饒人。

貞白全書

黄虞稷《千頃堂書目・別集類》　馮柯《貞白全書》十卷。

中明子集

黄虞稷《千頃堂書目・別集類》　施弘猷《中明子集》十卷。宣城人。

巢林集選

黄虞稷《千頃堂書目・別集類》　施訔《巢林集選》一卷。弘猷子。

治平言

徐𤊹《徐氏家藏書目・別集類》　曾大奇《治平言》二卷。字端甫，太和人，萬曆中諸生。

黄虞稷《千頃堂書目・別集類》　曾大奇《治平言》二卷。字端甫。泰和諸生。

松門山房稿

徐𤊹《徐氏家藏書目・別集類》　李國祥《松門山房稿》二十二卷。字休徵，南昌人。萬曆中選貢通判。

黃虞稷《千頃堂書目・別集類》李國祥《松門山房稿》二十二卷。字休徵，南昌人。貢士，通判。

總草

徐𤊹《徐氏家藏書目・別集類》顧大獻《總草》一卷。字所建，江都人。

黃虞稷《千頃堂書目・別集類》顧大猷《總艸》一卷。字所建，江都人。鎮遠侯勳衛舍人。

廣陵懷古

徐𤊹《徐氏家藏書目・別集類》顧大獻《廣陵懷古》一卷。

黃虞稷《千頃堂書目・別集類》顧大猷《廣陵懷古》一卷。

玄岳草

徐𤊹《徐氏家藏書目・別集類》胡梅《元岳草》一卷。字白叔，吴縣人。

黃虞稷《千頃堂書目・別集類》胡梅《玄岳草》一卷。字白叔，吴縣人。

閩游草

徐𤊹《徐氏家藏書目・別集類》胡梅《閩游草》三卷。

黃虞稷《千頃堂書目・別集類》胡梅《閩遊草》三卷。

笏溪草堂集

黃虞稷《千頃堂書目・別集類》陸應揚《笏溪草堂集》。華亭人，字伯生。

正情集

黃虞稷《千頃堂書目・別集類》王應辰《正情集》三卷。永嘉人。好讀書，嘉靖中貢士，爲上海縣訓導。

魏廣國文集

徐𤊹《徐氏家藏書目・別集類》《魏廣國文集》十卷。字辟疆，南昌人，萬曆中諸生。

黃虞稷《千頃堂書目・別集類》《魏廣國文集》十卷。字辟疆，南昌人，諸生。

知希園集

徐𤊹《徐氏家藏書目・別集類》張大齡《知希園詩文集》三十卷。字元羽，眉州人。萬曆辛卯歲貢，官臨湘知縣。著作甚富，更有《讀史隨筆》、《説史雋言》、《蕭寺談吟》、《勝蹟紀略》、《唐藩鎮指掌》諸雜著，皆屬説部別載。

黃虞稷《千頃堂書目・別集類》張大齡《知希園集》三十卷。字玄羽，臨湘人。歲貢，陽朔知縣。

二雅三集

黄虞稷《千頃堂書目・别集類》 王若《二雅三集》二卷。字相如，清流人。布衣。

文園掌録

黄虞稷《千頃堂書目・别集類》 王若《文園掌録》二卷。

盧純學詩

徐𤊹《徐氏家藏書目・别集類》 《盧純學詩》八卷。字子明，通州人。萬曆中山人。陳文燭爲序。

黄虞稷《千頃堂書目・别集類》 《盧純學詩》八卷。字子明，通州人。布衣。

白下吟

徐𤊹《徐氏家藏書目・别集類》 盧純學《白下吟》六卷。

黄虞稷《千頃堂書目・别集類》 盧純學《白下吟》六卷。

嬾真集

徐𤊹《徐氏家藏書目・别集類》 陳永年《懶真集》四卷。字從訓，鎮江人。

黄虞稷《千頃堂書目・别集類》 陳永年《嬾真集》四卷。字從訓，丹徒人。布衣。

虎臣詩集

徐𤊹《徐氏家藏書目・别集類》 吴守淮《虎臣詩集》二卷。字虎臣，歙縣人。萬曆中布衣。

黄虞稷《千頃堂書目・别集類》 吴守淮《虎臣詩集》二卷。新安人。布衣。

淩雲山集

黄虞稷《千頃堂書目・别集類》 楊先春《淩雲山集》二卷。字敬夫，仙居人。

空明子摘稿

黄虞稷《千頃堂書目・别集類》 應士芳《空明子摘稿》一卷。字伯芸，黄巖人。山人。

金川集

黄虞稷《千頃堂書目・别集類》 江鉞《金川集》。字執中，開化人。

樾溪集

黄虞稷《千頃堂書目・别集類》 鄭孔庠《樾溪集》。西安人。

王之弼詩集

黄虞稷《千頃堂書目·别集類》 《王之弼詩集》。字以忠，龍游人。邑令萬廷謙梓。

窺窬𡦹

黄虞稷《千頃堂書目·别集類》 余湘鮒《窺窬𡦹》十二卷。字毓靈，龍游人。

面岑堂集

黄虞稷《千頃堂書目·别集類》 陸順中《面岑堂集》六卷。字裕文，龍游人。

方樓彙稿

黄虞稷《千頃堂書目·别集類》 虞世暘《方樓彙稿》。字舜治，永嘉人。

樗散稿

黄虞稷《千頃堂書目·别集類》 王湖《樗散稿》。字崇泗，永嘉人。

纘槐集

黄虞稷《千頃堂書目·别集類》 丁繼雷《纘槐集》。字廷震，縉雲人。

静芳堂集

黄虞稷《千頃堂書目·别集類》 鄭思齊《静芳堂集》。字廷賢，縉雲人。

轂　音

黄虞稷《千頃堂書目·别集類》 安國賢《轂音》。字藎卿，福州左衛人。

白雪集

黄虞稷《千頃堂書目·别集類》 安國賢《白雪集》。

是堂文集

黄虞稷《千頃堂書目·别集類》 張振淵《是堂文集》十卷。字彦陵。仁和諸生。

盟鷗集

徐𤊹《徐氏家藏書目·别集類》 李埈《盟鷗集》一卷。字公起，鄞縣人。

黄虞稷《千頃堂書目·别集類》 李埈《盟鷗集》。字公起，鄞縣人。生而耳聾，十齡聞父訃，號哭五晝夜，遂瘖。侯官曹能始合唐汝詢作《二異人傳》。

斐園文鈔

黄虞稷《千頃堂書目·别集類》 李埈《斐園文鈔》。

竹坡軒集

黄虞稷《千頃堂書目·别集類》 李埈《竹坡軒集》。

明霞館集

黄虞稷《千頃堂書目·别集類》 馬材《明霞館集》二十卷。字□□，同州人。

雲樵集

黄虞稷《千頃堂書目·别集類》 葉獻芝《雲樵集》。字□□，婺源人。諸生。

青藜閣草

黄虞稷《千頃堂書目·别集類》 程一枝《青藜閣草》。字休木，休寧人。諸生。

晤語

黄虞稷《千頃堂書目·别集類》 吴成志《晤語》。字儒達，婺源人。文光子。

吹萬齋集

黄虞稷《千頃堂書目·别集類》 鄭汝礪《吹萬齋集》。字浣溪，績溪人。

華影集

黄虞稷《千頃堂書目·别集類》 凌立《華影集》。

夢覺篇

黄虞稷《千頃堂書目·别集類》 凌立《夢覺篇》。

煮字齋集

黄虞稷《千頃堂書目·别集類》 凌立《煮字齋集》。字爾三，别號衣白山人，歙縣人。

耽竽稿

黄虞稷《千頃堂書目·别集類》 程噭《耽竽稿》。字孟陽，歙縣人。諸生。

秣陵集

黄虞稷《千頃堂書目·别集類》 余養元《秣陵集》。字食其，婺源人。諸生。

山房斧藻

黄虞稷《千頃堂書目·别集類》 余羡元《山房斧藻》。字不其。養元弟。

龍都集

黄虞稷《千頃堂書目·别集類》 戴偉《龍都集》。

雷聲稿

黄虞稷《千頃堂書目·别集類》 戴偉《雷聲稿》。字當世，績溪人。

三丘山人什一草

黄虞稷《千頃堂書目·别集類》 唐世靖《三丘山人什一草》。字介福。歙縣諸生。

少孺集

黄虞稷《千頃堂書目·别集類》 金應宿《少孺集》九卷。字少孺，休寧人。諸生。

金應宿詩集

黄虞稷《千頃堂書目·别集類》 《金應宿詩集》十卷。

二峰集

黄虞稷《千頃堂書目·别集類》 葉伯鳴《二峰集》三卷。字雲羽，休寧人。監生，歷趙王府審理正。

南園集

黄虞稷《千頃堂書目·别集類》 吴華《南園集》。字德孚，休寧人。諸生。

六遊稿

黄虞稷《千頃堂書目·别集類》 查惟一《六遊稿》。字舜言，休寧人。諸生。

示朴集

黄虞稷《千頃堂書目·别集類》 夏元弼《示朴集》。字右臣，休寧人。

金上甫集

黄虞稷《千頃堂書目·别集類》 金鳶《金上甫集》。字上甫，休寧人。

隱園集

黄虞稷《千頃堂書目·别集類》 金茂市《隱園集》。字子實，休寧人。國子生。

用中詩集

黄虞稷《千頃堂書目·别集類》 程子彬《用中詩集》。休寧人。與玘實同里。

枕騷山人詩集

黄虞稷《千頃堂書目·别集類》 金應旺《枕騷山人詩集》。字子相，休寧人。

白嶽草

徐𤊹《徐氏家藏書目·别集類》 金鴞《白嶽草》一卷。字季黄，休寧人。

黄虞稷《千頃堂書目·别集類》 金鴞《白嶽草》。字季黄。鴽弟。

松羅草

黄虞稷《千頃堂書目·别集類》 金鴞《松蘿草》。

火傳集

黄虞稷《千頃堂書目·别集類》 金鴞《火傳集》。

軍機處奏《禁毁書目》 《火傳集》三本。查《火傳集》，明金鴞撰，中有指斥，應請銷燬。

竹村俚語

黄虞稷《千頃堂書目·别集類》 朱文友《竹村俚語》。字子益，休寧人。

清溪吟稿

黄虞稷《千頃堂書目·别集類》 邵一元《清溪吟稿》。字子恕，休寧人。

芸齋集

黄虞稷《千頃堂書目·别集類》 曹道《芸齋集》。字達之，休寧人。

玉几山人稿

黄虞稷《千頃堂書目·别集類》 曹道《玉几山人稿》。

松蘿社稿

黄虞稷《千頃堂書目·别集類》 曹道《松蘿社稿》。

貞白詩

黄虞稷《千頃堂書目·别集類》 金有光《貞白詩》。字元明，休寧人。諸生。

藕塘詩草

黄虞稷《千頃堂書目·别集類》 徐寬《藕塘詩草》。字元厚，休寧人。

湖山漫稿

黄虞稷《千頃堂書目·别集類》 查价《湖山漫稿》。字伯藩，休寧人。

管涔集

黄虞稷《千頃堂書目·别集類》 丁惟暄《管涔集》。字以舒，休寧人。

綺樹叢稿

黄虞稷《千頃堂書目·别集類》 黎粤俊《綺樹叢稿》。字肩吾，增城人。

近喬居詩稿

黄虞稷《千頃堂書目·别集類》 朱士穀《近喬居詩稿》。字君可，番禺人。

狂仙遺草

黄虞稷《千頃堂書目·别集類》 梁可瀾《狂仙遺草》。字太狂，順德人。

閑居疏

黄虞稷《千頃堂書目·别集類》 郭兆年《閑居疏》十卷。字意永，南海人。

西堂詩紀

黄虞稷《千頃堂書目·别集類》 郭兆年《西堂詩紀》十卷。

丹陽集

黄虞稷《千頃堂書目·别集類》 郭兆年《丹陽集》二十卷。

雅娱閣集

黄虞稷《千頃堂書目·别集類》 王元坤《雅娱閣集》十八卷。

喬木山房稿

黄虞稷《千頃堂書目·别集類》 何宇度《喬木山房稿》五卷。何遷子。

重暉堂集

黄虞稷《千頃堂書目·别集類》 屠中孚《重暉堂集》□卷。字德胤，平湖人。

英廉奏《抽毁書目》《重暉堂集》四本。查《重暉堂集》，係明屠中孚撰。卷三《謁岳武穆祠詩》一首，卷十三《祭劉誠意文》一首，卷十五《題修梅花道人墓疏》一首，卷二十一《談禦胡》一首，卷二十二《談邊事》、《談馬市》、《談兵法》三首，卷二十三《秦讖辨》一首，均有偏謬，應請抽燬。

梅雪軒詩稿

《四庫提要・別集類存目六》《梅雪軒詩稿》四卷。兩淮鹽政採進本。明朱敬鑪撰。敬鑪字進父，秦愍王樉八世孫，萬曆中爲奉國中尉。詩格淺弱，敷衍成篇而已。

自吟亭詩草

黄虞稷《千頃堂書目・別集類》朱敬鉷《自吟亭詩草》。字季量，秦愍王八世孫。

朱誼⿰氵斗集

黄虞稷《千頃堂書目・別集類》《朱誼⿰氵斗集》。字子斗，秦愍王九世孫。

青山社草

徐𤊹《徐氏家藏書目・別集類》王世爵《青山社草》二卷。字仲修，歙縣人。萬曆中布衣。

一漚集

徐𤊹《徐氏家藏書目・別集類》閔齡《一漚集》六卷。字壽卿，歙縣人，萬曆中山人。寓居金山寺。

華陽篇

徐𤊹《徐氏家藏書目・別集類》閔齡《華陽篇》二卷。

同亭詩蜕

徐𤊹《徐氏家藏書目・別集類》閔齡《同亭詩蜕》一卷。

我寓集

徐𤊹《徐氏家藏書目・別集類》閔齡《我寓集》一卷。

蓬縈集

徐𤊹《徐氏家藏書目・別集類》閔齡《蓬縈集》二卷。

扣舷雜咏

徐𤊹《徐氏家藏書目・別集類》林有麟《扣舷雜咏》一卷。字仁甫，號衷齋，景賜之子。官□龍府知府。

落花詩

徐𤊹《徐氏家藏書目・別集類》 董應芳《落花詩》一卷。字□□，武進人。

畢良晉詩選

徐𤊹《徐氏家藏書目・別集類》 畢良晉《詩選》一卷。字康侯，新都人。桐城阮自華序。

武夷游草

徐𤊹《徐氏家藏書目・別集類》 程鵬起《武夷游草》一卷。字相如，新都人。參戎。

兩都賦

徐𤊹《徐氏家藏書目・別集類》 程鵬起《兩都賦》一卷。

游　草

徐𤊹《徐氏家藏書目・別集類》 唐承恩《游草》二卷。字奉孝，新都人。

遊燕草

徐𤊹《徐氏家藏書目・別集類》 吴汝紀《遊燕草》一卷。字肅卿，歙縣人。福建布政司理問。

西山草

徐𤊹《徐氏家藏書目・別集類》 吴汝紀《西山草》一卷。

元遊稿

范邦甸等《天一閣書目・別集類》 《元遊稿》一卷。刊本。玉山程應魁孟孺著。

閩遊草

徐𤊹《徐氏家藏書目・別集類》 陳從舜《閩遊草》一卷。字志元，號春池，天長人。官兵馬指揮，先是，萬曆丁酉入閩訪郭方伯，與予兄弟交最歡。《游草》予所訂定者。

西湖采蓴曲

徐𤊹《徐氏家藏書目・別集類》 虞淳貞《西湖采蓴曲》一卷。字僧孺，淳熙之弟，萬曆中布衣。

落花咏

徐𤊹《徐氏家藏書目・别集類》 虞淳貞《落花咏》一卷。

武夷紀游詩

徐𤊹《徐氏家藏書目・别集類》 鄭之惠《武夷紀游詩》一卷。字孔肩，錢塘人。萬曆中歲貢，官平樂知縣，改名奎。

睡鄉記

徐𤊹《徐氏家藏書目・别集類》 鄭之惠《睡鄉記》一卷。

吴興歌

徐𤊹《徐氏家藏書目・别集類》 温博《吴興歌》一卷。字允文，烏程人，萬曆中布衣。

竹圃集

徐𤊹《徐氏家藏書目・别集類》 章載道《竹圃集》四卷。字長輿，鄞縣人。

雁山游

徐𤊹《徐氏家藏書目・别集類》 章載道《雁山游》一卷。

朱士遷詩

徐𤊹《徐氏家藏書目・别集類》 《朱士遷詩》二卷。字季長，嘉興人。

之罘山房艸

徐𤊹《徐氏家藏書目・别集類》 劉思祖《之罘山房艸》四卷。字長孫，永嘉人。官福建參將。

薜荔園稿

徐𤊹《徐氏家藏書目・别集類》 楊兆坊《薜荔園稿》一卷。字思悦，錢塘人。封監察御史。

梨雲舘集　二集

徐𤊹《徐氏家藏書目・别集類》 何偉然《梨雲舘初集》十二卷《二集》十四卷。字仙臞，一字仙郎，仁和人。

冶城詩

徐𤊹《徐氏家藏書目·别集類》 張墉《冶城詩》一卷。字石宗，錢塘人。

桂留草

徐𤊹《徐氏家藏書目·别集類》 張墉《桂留草》一卷。

雪箋九華江上黄山彭蠡集

徐𤊹《徐氏家藏書目·别集類》 張岑《雪箋九華江上黄山彭蠡集》五卷。字幼青，仁和人。蔚然之子。

塘上草

徐𤊹《徐氏家藏書目·别集類》 張遂辰《塘上草》一卷。字卿子，仁和人。

客舍草

徐𤊹《徐氏家藏書目·别集類》 張遂辰《客舍草》一卷。

烟波閣集

徐𤊹《徐氏家藏書目·别集類》 張邦岱《烟波閣集》一卷。字孺宗，時徹次子。萬曆中太學生。

勝遊録

徐𤊹《徐氏家藏書目·别集類》 張邦岱《勝遊録》三卷。

京兆草

徐𤊹《徐氏家藏書目·别集類》 張邦伊《京兆草》二卷。字孺覺，時徹之子。萬曆中以任子官治中知府。

高州艸

徐𤊹《徐氏家藏書目·别集類》 張邦伊《高州艸》一卷。

北征草

徐𤊹《徐氏家藏書目·别集類》 應雄《北征草》一卷。字佛大，慈谿人。

秋　懷

徐𤊹《徐氏家藏書目·别集類》 應雄《秋懷》一卷。

括蒼游稿

徐𤊹《徐氏家藏書目·别集類》 丁應宗《括蒼游稿》一卷。字文統，號少厓，蕭山人。萬曆中官龍溪縣丞。

北征稿

徐𤊹《徐氏家藏書目·别集類》 丁應宗《北征稿》一卷。

大雲山和艸

徐𤊹《徐氏家藏書目·别集類》 章有成《大雲山和艸》一卷。字無逸，金華人，懋之孫。

片玉齋一集

徐𤊹《徐氏家藏書目·别集類》 章有成《片玉齋一集》二卷。

寄嘯集

徐𤊹《徐氏家藏書目·别集類》 戴應鰲《寄嘯集》一卷。字波臣，金華人。

攜柑集

徐𤊹《徐氏家藏書目·别集類》 戴應鰲《攜柑集》一卷。

章行甫宫詞

徐𤊹《徐氏家藏書目·别集類》 《章行甫宫詞》一卷。字行甫，蘭谿人。

效顰集

徐𤊹《徐氏家藏書目·别集類》 唐汝淮《效顰集》二卷。字子清，蘭谿人。萬曆中太學生，龍之子。

拙我齋集

黄虞稷《千頃堂書目·别集類》 佘文龍《拙我齋集》四卷。字雲從，古田人。贛州知府，終真定同知。

張舜叙啓稿

徐𤊹《徐氏家藏書目·四六類》 《張舜叙啓稿》四卷。

又《别集類》：《張舜叙啓稿》二卷。字慎倫，南海人。萬曆中歲貢，任侯官儒學教諭。

江汝社稿

徐𤊹《徐氏家藏書目·别集類》 耿汝愚《江汝社稿》八卷。字元通，黄安人，一字克明。定向之子。

耿长公四六稿

徐𤊹《徐氏家藏書目·四六類》 《耿長公四六稿》四卷。黄州耿汝愚。

杭州集

徐𤊹《徐氏家藏書目·别集類》 翁應祥《杭川集》二卷。字兆吉，常熟人。萬曆中鄉舉，官光澤令、朔州知州。

俟秋吟

徐𤊹《徐氏家藏書目·别集類》 陳登明《俟秋吟》一卷。字仲升，崇明人。天啓中貢士，廣文。

息機草

徐𤊹《徐氏家藏書目·别集類》 陳登明《息機草》一卷。

閩游草

徐𤊹《徐氏家藏書目·别集類》 陳登明《閩游草》一卷。

密邇居草

徐𤊹《徐氏家藏書目·别集類》 陳登明《密邇居草》一卷。

董大政詩集

徐𤊹《徐氏家藏書目·别集類》 《董大政詩集》八卷。字元父，號文獄，江夏人。

金陵集

徐𤊹《徐氏家藏書目·别集類》 湯之相《金陵集》二卷。字惟尹，號樗存，廣濟人。萬曆中鄉舉，官南京刑部郎中，陞太守。

霞西集

徐𤊹《徐氏家藏書目·别集類》 樊維甫《霞西集》十卷。字山圖，黄岡人。

銕笛子

徐𤊹《徐氏家藏書目·別集類》 耿橘《銕笛子》一卷。字慶懷。

烟雲録

徐𤊹《徐氏家藏書目·別集類》 李敬可《烟雲録》一卷。字懋若，成都縣人。萬曆中鄉舉，桂林通判。

楚薌亭稿

徐𤊹《徐氏家藏書目·別集類》 區懷年《楚薌亭稿》。字叔永。大相之子。萬曆中太學生。

游燕稿

徐𤊹《徐氏家藏書目·別集類》 袁學貞《游燕稿》一卷。字懋吉，南海人。萬曆中歲貢，中書舍人。

鍾陵社稿

徐𤊹《徐氏家藏書目·別集類》 謝詒訥《鍾陵社稿》一卷。字易之，南海人。《社稿》乃遊太學時，同姑蘇葛一龍、豫章朱國蔚、閩中王元直唱和。

緑綺堂集

徐𤊹《徐氏家藏書目·別集類》 劉克治《緑綺堂集》六卷。字季德，號群玉，南海人。萬曆中貢士，未仕卒。

端州稿

徐𤊹《徐氏家藏書目·別集類》 劉克治《端州稿》一卷。

曹溪稿

徐𤊹《徐氏家藏書目·別集類》 劉克治《曹溪稿》一卷。

端州稿

徐𤊹《徐氏家藏書目·別集類》 劉克平《端州稿》一卷。字道子，克治之弟，萬曆中諸生。

羅浮稿

徐𤊹《徐氏家藏書目·別集類》 劉克平《羅浮稿》一卷。

梅遊詩

徐𤊹《徐氏家藏書目·别集類》 萬國楨《梅遊詩》一卷。字伯文，號六庚，南海人。諸生。

防露館稿

徐𤊹《徐氏家藏書目·别集類》 朱常淛《防露館稿》一卷。字肇鄣，南城王孫。

蒨園草

徐𤊹《徐氏家藏書目·别集類》 戴國士《蒨國草》二卷。字初士，新昌人。

定閣詩選

徐𤊹《徐氏家藏書目·别集類》 吴士良《定閣詩選》四卷。字臯倩，國倫仲子，萬曆中太學生。李維楨、謝肇淛序。

吴季子

徐𤊹《徐氏家藏書目·别集類》 吴士良《吴季子》八卷。

費懋謙詩草

徐𤊹《徐氏家藏書目·别集類》 費懋謙《詩草》一卷。字民益，鉛山人。萬曆中以父宷蔭官福建運副。

東山稿

徐𤊹《徐氏家藏書目·别集類》 吴仕訓《東山稿》四卷。字光卿，號六負，潮陽人。萬曆丁酉鄉舉，福州同知，致仕歸。

長溪草

徐𤊹《徐氏家藏書目·别集類》 吴仕訓《長溪草》五卷。

龍城草

徐𤊹《徐氏家藏書目·别集類》 吴仕訓《龍城草》四卷。

三山小草

徐𤊹《徐氏家藏書目·别集類》 吴仕訓《三山小草》二卷。

謾遊草

徐𤊹《徐氏家藏書目・别集類》 蔣希禹《謾遊草》二卷。字國平，號祇吾，全州人。萬曆中鄉舉，福建運使。

詠物詩

徐𤊹《徐氏家藏書目・别集類》 蕭鴻靖《詠物詩》二卷。字君平，宣化籍，南昌人。

元鑒室初稿

徐𤊹《徐氏家藏書目・别集類》 程應衢《元鑒室初稿》二卷。字康伯，歙縣人。萬曆中官中書舍人。

潘之恪詩集

徐𤊹《徐氏家藏書目・别集類》 潘之恪《詩集》一卷。字稺恭，新安人。太學生。

武夷游稿

徐𤊹《徐氏家藏書目・别集類》 吴拭《武夷游稿》二卷。字去塵，歙縣人。

范文熙詩

徐𤊹《徐氏家藏書目・别集類》 《范文熙詩》八卷。字穆其，新安人。

程之英詩

徐𤊹《徐氏家藏書目・别集類》 《程之英詩》一卷。字彦之，新安人。

雪　咏

徐𤊹《徐氏家藏書目・别集類》 丁世明《雪咏》一卷。字元亮，歙縣人。

虚舟草

徐𤊹《徐氏家藏書目・别集類》 殷光立《虚舟草》一卷。號晚節，新安人。萬曆中官生，謫布政司經歷。

雪廬稿

徐𤊹《徐氏家藏書目・别集類》 唐爲新《雪廬稿》四卷。字孟熙，華亭人。

沈中草

徐𤊹《徐氏家藏書目・别集類》 沈宏正《沈中草》四卷。字公路，華亭人。

蓴湖遺稿

徐𤊹《徐氏家藏書目·别集類》 張從律《蓴湖遺稿》一卷。字谷吹。誼之子。萬曆中鄉舉，官刑部主事。

飛蓬草

徐𤊹《徐氏家藏書目·别集類》 秦城《飛蓬草》一卷。字千秋，華亭人。

虎丘草

徐𤊹《徐氏家藏書目·别集類》 朱朝賡《虎丘草》一卷。字孟光，華亭人。萬曆中庠生。

北枝堂稿

徐𤊹《徐氏家藏書目·别集類》 諸慶源《北枝堂稿》八卷。字君餘，華亭人。

池上集

徐𤊹《徐氏家藏書目·别集類》 章懋文《池上集》六卷。字子敬，華亭人。

寶樹樓稿

徐𤊹《徐氏家藏書目·别集類》 章懋文《寶樹樓稿》一卷。

閬風詩草

徐𤊹《徐氏家藏書目·别集類》 戴畹芬《閬風詩草》四卷。字九如，華亭人。

季子遺稿

徐𤊹《徐氏家藏書目·别集類》 章台垣《季子遺稿》一卷。字子師，華亭人。

孫維垣詩集

徐𤊹《徐氏家藏書目·别集類》 孫維垣《詩集》一卷。字汝詩，無錫人。萬曆中太學生。王百谷序。

兵餘集

徐𤊹《徐氏家藏書目·别集類》 冒夢齡《兵餘集》一卷。字汝九，如皋人。萬曆中酆都縣令。

游藝集

徐𤊹《徐氏家藏書目·别集類》 王勣《游藝集》一卷。字汝嘉，通州人。

陳大震文集

徐𤊹《徐氏家藏書目·别集類》《陳大震文集》一卷。大震字思敬。

西游褋記

徐𤊹《徐氏家藏書目·别集類》吴運嘉《西游褋記》二卷。字叔嘉，長洲人，萬曆中布衣。

東還雜記

徐𤊹《徐氏家藏書目·别集類》吴運嘉《東還褋記》二卷。

浙閩雜記

徐𤊹《徐氏家藏書目·别集類》吴運嘉《浙閩褋記》一卷。

游泉雜記

徐𤊹《徐氏家藏書目·别集類》吴運嘉《游泉雜記》二卷。

卧遊草

徐𤊹《徐氏家藏書目·别集類》吴運嘉《卧遊草》一卷。

晴雪齋稿

徐𤊹《徐氏家藏書目·别集類》文寵光《晴雪齋稿》一卷。字仲吉，吴縣人。彭之孫。

西湖遊

徐𤊹《徐氏家藏書目·别集類》周光祚《西湖遊》一卷。字承明，長洲人。

寓園詩

徐𤊹《徐氏家藏書目·别集類》周光祚《寓園詩》一卷。

惜玉篇

徐𤊹《徐氏家藏書目·别集類》周光祚《惜玉篇》一卷。

集陶

徐𤊹《徐氏家藏書目·别集類》周光祚《集陶》一卷。

匏葉詩

徐𤊹《徐氏家藏書目·别集類》王留《匏葉詩》二卷。字亦房。穉登之子。

燕　載

徐𤊹《徐氏家藏書目・别集類》 王留《燕載》二卷。

衡門集

徐𤊹《徐氏家藏書目・别集類》 顧孟林《衡門集》一卷。字山甫，吴郡人。萬曆中山人，自稱兀然先生著。

浪齋新舊詩

徐𤊹《徐氏家藏書目・别集類》 徐波《浪齋新舊詩》二卷。字元歎，吴郡人。

謚簫堂集

英廉奏《全毁書目》 《謚簫堂集》二本。明徐波撰。

碧雲集

徐𤊹《徐氏家藏書目・别集類》 黄承聖《碧雲集》一卷。字奉倩，吴郡人。

武夷游集

徐𤊹《徐氏家藏書目・别集類》 劉廣《武夷游集》一卷。字元博，吴縣人。

真逸集

徐𤊹《徐氏家藏書目・别集類》 毛文蔚《真逸集》十六卷。字豹孫，吴郡人。

齋志先生集

黄虞稷《千頃堂書目・别集類》 陳泰交《齋志先生集》十卷。字三緘，改字同倩，秀水人。

《四庫提要・别集類存目七》 《齋志先生集》十卷。浙江孫仰曾家藏本。明陳泰交撰。泰交有《尚書注考》，已著録。是集中有自述一篇，言初字稺孚，更字同倩，號鰈海。少時名元侃，字三緘，其後三緘稱獨著，遂以爲號。是集爲其子鋐所刻，凡詩一卷，雜文九卷。泰交嘗與修《秀水志》，志文多載集中。詩文俱無以異人，至《優童志》一篇，尤過於放誕風流矣。

陳泰交集

英廉奏《抽毁書目》 《陳泰交集》二本。查陳泰交，係明萬曆間人。集中卷十《祭解將軍文》内，語有乖謬，應請抽燬。

屠田叔詩草

徐𤊹《徐氏家藏書目・别集類》 《屠本畯詩艸》六卷。字田叔，一字豳叟，號漢陂。大山之子，萬曆中以任子官福建運同，辰州知府。

黄虞稷《千頃堂書目・别集類》 屠本畯《屠田叔詩草》六卷。字田叔，一字豳叟，鄞縣人。大山子，以父任官辰州知府，福建運使。

《明史·藝文志·别集類》《屠本畯詩草》六卷。

老言

黄虞稷《千頃堂書目·别集類》 屠本畯《老言》一卷。

芳潤齋集

徐𤊹《徐氏家藏書目·别集類》 鄔佐卿《芳潤齋集》九卷。字汝翼。紳之孫。萬曆中布衣。卒年六十有三。風流文采，冠于江左。《纏頭集》三百餘篇，皆游金陵曲，中與諸名妓倡酬者，情詞艷語可方《玉臺》云。

黄虞稷《千頃堂書目·别集類》 鄔佐卿《芳潤齋集》九卷。

《明史·藝文志·别集類》 鄔佐卿《芳潤齋集》九卷。

纏頭集

徐𤊹《徐氏家藏書目·别集類》 鄔佐卿《纏頭集》八卷。

黄虞稷《千頃堂書目·别集類》 鄔佐卿《纏頭集》十卷。字汝翼，丹徒人。紳子。

金陵篇

徐𤊹《徐氏家藏書目·别集類》 鄔佐卿《金陵篇》一卷。

黄虞稷《千頃堂書目·别集類》 鄔佐卿《金陵篇》一卷。

澤農吟

黄虞稷《千頃堂書目·别集類》 陶允嘉《澤農吟》。字幼美，會稽人。大順子。以蔭官鳳陽通判。

漱石居集

黄虞稷《千頃堂書目·别集類》 卞洪勳《漱石居集》。字世甫，嘉善人。司勳錫子。官東鄉主簿。

棘栖軒集

黄虞稷《千頃堂書目·别集類》 卞洪勳《棘栖軒集》。

緑雪軒集

黄虞稷《千頃堂書目·别集類》 卞洪載《緑雪軒集》。字子静，嘉善人。

玉樹堂集

黄虞稷《千頃堂書目·别集類》 張龍德《玉樹堂集》。字鯤化，平湖人。應宿子。

西南行草

黄虞稷《千頃堂書目・別集類》 姚以亨《西南行草》。字用嘉，秀水人。思仁子。

遵渚萃草

黄虞稷《千頃堂書目・別集類》 姚以亨《遵渚萃草》。

敝篋賸言

黄虞稷《千頃堂書目・別集類》 姚以亨《敝篋賸言》。

性靈稿

《四庫提要・別集類存目七》 《性靈集》二卷。浙江巡撫採進本。明朱師孔撰。師孔字時行，徽州人，家於武昌。萬曆中歲貢生。是集名以「性靈」，蓋欲抒寫襟抱，不落窠臼之意，然師孔爲吴國倫弟子，究不能出七子之軌轍。

顧仲韓遺稿

黄虞稷《千頃堂書目・別集類》 顧斗英《顧仲韓遺稿》二卷。上海人。有雋才，與莫廷韓稱「雲間二韓」。

絅齋詩集

黄虞稷《千頃堂書目・別集類》 謝廷簡《絅齋詩集》。字而文，綏安人。歲貢，蘇州訓導，同里户部李皞如刻之。

北征篇

黄虞稷《千頃堂書目・別集類》 謝雲從《北征篇》。字用霖，廷簡子。

越游稿

黄虞稷《千頃堂書目・別集類》 謝雲從《越游稿》。

太玉樓詩

黄虞稷《千頃堂書目・別集類》 何貞《太玉樓詩》。字不暇。綏安諸生，徙家邵武。

忘筌館近稿

黄虞稷《千頃堂書目・別集類》 何貞《忘筌館近稿》。

東山集

黄虞稷《千頃堂書目·别集類》 何思魯《東山集》。字尊孔，綏安人。泰昌登極恩貢，巴東令。

信陵倡和草

黄虞稷《千頃堂書目·别集類》 何思魯《信陵倡和草》。

偶言集

黄虞稷《千頃堂書目·别集類》 何天寵《偶言集》。字玄錫。謙益第三子。諸生。

楚中遊草

黄虞稷《千頃堂書目·别集類》 何天寵《楚中遊草》。

張懋甫集

黄虞稷《千頃堂書目·别集類》 張有德《張懋甫集》十七卷。祥符人。同德弟。

碧梧齋草

徐𤊹《徐氏家藏書目·别集類》 文從龍《碧梧齋集》一卷。字夢珠。肇祉之子。萬曆乙酉鄉舉。

黄虞稷《千頃堂書目·别集類》 文從龍《碧梧齋草》一卷。肇祉子。

諫鳳囈覺集

黄虞稷《千頃堂書目·别集類》 黄祖儒《諫鳳囈覺集》。上元人。吏部甲子。

競辰齋集

黄虞稷《千頃堂書目·别集類》 黄成儒《競辰齋集》。

陌花軒小集

黄虞稷《千頃堂書目·别集類》 黄方儒《陌花軒小集》。

振秀閣集

徐𤊹《徐氏家藏書目·别集類》 黄復儒《振秀閣集》一卷。字叔遯，上元人。萬曆太學生。

黄虞稷《千頃堂書目·别集類》 黄復儒《振秀閣集》。

兔園草

《四庫提要·別集類存目五》《兔園草》六卷。江蘇巡撫採進本。明曹乾學撰。乾學字叔驥，太倉人。與王世貞爲婣家，又與趙宧光輩友善，故集中多遊覽酬贈之作。其詩不盡落婁東窠臼，然邊幅窘束，則才地限之也。

説仲詩草

徐𤊹《徐氏家藏書目·別集類》 黄惟楫《説仲詩草》八卷。字説仲，天台人。萬曆中布衣，馮夢禎序。

《四庫提要·別集類存目五》《黄説仲詩草》十八卷。浙江孫仰曾家藏本。明黄惟楫撰。惟楫字説仲，天台人。其詩多與王世貞、區大任等唱酬之作，蓋亦沿七子之流波者。

甜雪齋集

《四庫提要·別集類存目七》《甜雪齋集》二十卷。兩江總督採進本。明單思恭撰。思恭字惠仍，揚州人。是編凡詩十卷，文十卷，氣格纖瑣，皆無足取，前有思恭自序，大旨以竟陵爲宗。

鳴皋集

徐𤊹《徐氏家藏書目·別集類》 豐應元《鳴皋集》一卷。字吉甫，道生之孫，萬曆中布衣。婿王嗣奭爲梓其集，聞龍爲之傳。

黄虞稷《千頃堂書目·別集類》 豐應元《鳴皋集》一卷。字吉甫。越人從父。

晞真集

黄虞稷《千頃堂書目·別集類》 杜大成《晞真集》一卷。字允修，一字山狂，上元人。杜安道裔孫。山人。

夢庵集

黄虞稷《千頃堂書目·別集類》 顧紹芾《夢庵集》十卷。字德甫，侍郎章志子。太學生。天才駿發，人稱七言歌行似太白。

舒節編

黄虞稷《千頃堂書目·別集類》 張于壘《舒節編》五卷。字凱甫。燮子。有才，早卒。

麟角初編

黄虞稷《千頃堂書目·別集類》 張于壘《麟角初編》四卷。

蓮洲集

黄虞稷《千頃堂書目·別集類》 陳正《蓮洲集》十二卷。應城人。貢生士元子。

潄六齋稿

黄虞稷《千頃堂書目·别集類》 馬歘《潄六齋稿》六卷。字季聲。森子。懷安人。萬曆中歲貢，興國州判官。

廣陵游草

黄虞稷《千頃堂書目·别集類》 馬歘《廣陵游草》。

汪次公集

黄虞稷《千頃堂書目·别集類》 汪道貫《汪次公集》十二卷。字仲淹，休寧人。道昆弟。

英廉奏《抽毁書目》 《汪次公集》二本。查《汪次公集》，係明汪道貫撰。卷二《袁公平寇詩》，語有偏謬，應請抽燬。

《四庫提要·别集類存目四》 《汪次公集》十二卷。浙江汪汝瑮家藏本。明汪道貫撰。道貫字仲淹，休寧人。道昆弟也，其名因道昆而著。故李維楨作序，以王世懋爲比。然道昆固不及世貞，道貫才力亦不及世懋也。

是山居集

黄虞稷《千頃堂書目·别集類》 曹隨壹《是山居集》。字是誰，初名爾善，字令民，平湖人。徵庸弟。李維楨序。

讜言

徐𤊹《徐氏家藏書目·别集類》 龐尚鴻《讜言》一卷。字昆成，南海人。萬曆中鄉貢，鉛山知縣。初候選訓導，上疏言天壽山陵寢。

黄虞稷《千頃堂書目·别集類》 龐尚鴻《讜言》一卷。字昆成。尚鵬弟。以候選訓導，上書言天壽山陵寢，後官鉛山知縣。

學訓

徐𤊹《徐氏家藏書目·别集類》 龐尚鴻《學訓》一卷。

吟住

黄虞稷《千頃堂書目·别集類》 吴祥麟《吟住》一卷。

白巖遺稿

黄虞稷《千頃堂書目·别集類》 沈懋嘉《白巖遺稿》。字會真，平湖人。懋孝弟。

閒閒草

黄虞稷《千頃堂書目·别集類》 劉成美《閒閒草》。字大卿，漢陽人。萬曆中舉人，蘇州府同知。

韓文刪

黃虞稷《千頃堂書目・別集類》 韓如璜《韓文刪》五十一卷。字姬命，博羅人。□□舉人。

四友齋集

黃虞稷《千頃堂書目・別集類》 茅溱《四友齋集》十卷。字平仲，丹徒人。好著述，以布衣老於鄉。

《明史・藝文志・別集類》 茅溱《四友齋集》十卷。

四友齋草

徐𤊹《徐氏家藏書目・別集類》 茅溱《四友齋草》十卷。字平仲，鎮江人。萬曆中布衣。

雅尚齋詩草二集

《四庫提要・別集類存目七》 《雅尚齋詩草二集》二卷。浙江汪汝瑮家藏本。明高濂撰。濂字深甫，號瑞南，仁和人。其詩先有《初集》，今未之見。此其《二集》也。前有萬曆辛巳自序，大旨主於得乎自然，以悅性情，故往往稱心而出，無復鍛煉之功，其時山人、墨客多此派也。

閒止樓詩掄

徐𤊹《徐氏家藏書目・別集類》 沈泰鴻《閒止樓詩掄》二十八卷。字雲將。一貫之子，以廕官尚寶卿。

黃虞稷《千頃堂書目・別集類》 沈泰鴻《閒止樓詩掄》三十八卷。字雲將，鄞縣人。一貫子，以任子官尚寶司卿。

滋蘭館集

黃虞稷《千頃堂書目・別集類》 沈士皋《滋蘭館集》。字汝邁，秀水人。思孝子。

王毓德詩

黃虞稷《千頃堂書目・別集類》 《王毓德詩》四卷。字粹夫。王應山子。布衣。

浪遊稿

黃虞稷《千頃堂書目・別集類》 王毓德《浪遊稿》。

張長輿詩

黃虞稷《千頃堂書目・別集類》 張所敬《張長輿詩》八卷。上海人。

莫叔明集

黄虞稷《千頃堂書目·别集類》《莫叔明集》三卷。字公遠，長洲人。居武林，酷嗜詩，多爲不經人道語。

《明史·藝文志·别集類》《莫叔明詩》三卷。

水次篇

徐𤊹《徐氏家藏書目·别集類》莫叔明《水次篇》二卷。字公遠，長洲人。萬曆中布衣。

善鳴稿

黄虞稷《千頃堂書目·别集類》李騰鵬《善鳴稿》。字時遠，南皮人。教諭。

樂熙園集

黄虞稷《千頃堂書目·别集類》朱□□《樂熙園集》。成國人。

樵城山人詩

黄虞稷《千頃堂書目·别集類》方登《樵城山人詩》二卷。字嘯門，隱冶城山麓，號樵城子，應天人。一作《半蒼軒稿》。

石雲先生遺稿

黄虞稷《千頃堂書目·别集類》孫楨《石雲先生遺稿》一卷。字□□，丹陽人。

緑蕉館集

黄虞稷《千頃堂書目·别集類》冒愈昌《緑蕉館集》。

冒伯齡集

黄虞稷《千頃堂書目·别集類》冒愈昌《冒伯齡集》。如皋人，諸生。遊於王世貞、吴國倫之門。有《緑蕉館》等二十集。

王孟起正續詩

黄虞稷《千頃堂書目·别集類》王元《王孟起正續詩》。上元人。

春帆什

黄虞稷《千頃堂書目·别集類》包衡《春帆什》。字彦平，嘉興人。

遥青閣集

黄虞稷《千頃堂書目·别集類》包衡《遥青閣集》。

嵩遊集

黄虞稷《千頃堂書目·别集類》 包衡《嵩遊集》。

苕遊集

黄虞稷《千頃堂書目·别集類》 包衡《苕遊集》。

北征詩

黄虞稷《千頃堂書目·别集類》 李貞開《北征》。字泰卿，嘉興人。

焚餘詩

黄虞稷《千頃堂書目·别集類》 李貞開《焚餘詩》。

涉江詩

黄虞稷《千頃堂書目·别集類》 李貞開《涉江詩》。

燕游詩

黄虞稷《千頃堂書目·别集類》 李貞開《燕游詩》。

姑孰詩

黄虞稷《千頃堂書目·别集類》 李貞開《姑孰詩》。

銷暇詩

黄虞稷《千頃堂書目·别集類》 李貞開《銷暇詩》。

煙雨樓詩

黄虞稷《千頃堂書目·别集類》 李貞開《煙雨樓詩》。

玉碎集

黄虞稷《千頃堂書目·别集類》 費朗《玉碎集》。原名慧，字元朗，嘉興人。吴興茅元儀刻。

迂公詩草

黄虞稷《千頃堂書目·别集類》 寧祖武《迂公詩草》。字仲先，吴江人。以貢生官肇慶通判。

襲懋卿集

黄虞稷《千頃堂書目·别集類》 襲勛《襲懋卿集》。章丘人。貢生，開平衛教授。

順堂集

黄虞稷《千頃堂書目·别集類》 黄時《順堂集》。休寧人。縣丞。

文杏舘雜咏

徐𤊹《徐氏家藏書目·别集類》 李德星《文杏舘雜咏》二卷。字子五，鄞縣人。

借樹齋集

徐𤊹《徐氏家藏書目·别集類》 李德繼《借樹齋艸》六卷。字子同，鄞縣人。萬曆中諸生。

黄虞稷《千頃堂書目·别集類》 李德繼《借樹齋集》。字子同，鄞縣人。太學生，選授光禄署丞。

松扉集

黄虞稷《千頃堂書目·别集類》 李德學《松扉集》。字子敏。德繼弟。

庚甲草

黄虞稷《千頃堂書目·别集類》 李德豐《庚甲草》一卷。字子年。德學弟。

調疴集

黄虞稷《千頃堂書目·别集類》 薛文炳《調疴集》。字有孚，嘉興人。鴻臚署丞。

居諸集

徐𤊹《徐氏家藏書目·别集類》 梅守箕《居諸集》四卷。字季豹，宣城人。詩起自萬曆庚辰，至丁亥，王世貞爲之序。

黄虞稷《千頃堂書目·别集類》 梅守箕《居諸集》四卷。字季豹，宣城人。鼎祚從父。太學生。

鶴嶼集

黄虞稷《千頃堂書目·别集類》 劉潤《鶴嶼集》。字德祖，歙縣人。

數莖髭

黄虞稷《千頃堂書目·别集類》 陳堯德《數莖髭》。字安甫，嘉興布衣。郡人王維新收遺稿授梓，仍其自命之名。

希白吟草

黄虞稷《千頃堂書目・别集類》 高夢説《希白吟草》。秀水人。

石户篇

黄虞稷《千頃堂書目・别集類》 范明泰《石户篇》。字長康，秀水人。

獨醒庵集

黄虞稷《千頃堂書目・别集類》 朱元弼《獨醒庵集》。字良叔，海鹽人。

佳事園遺草

黄虞稷《千頃堂書目・别集類》 杜受泰《佳事園遺草》一卷。字蒼舒，鄞縣人。

蔡學用詩集

黄虞稷《千頃堂書目・别集類》 蔡學用《詩集》十卷。字用拙，鄞縣人。

蔡學用詩略

徐𤊹《徐氏家藏書目・别集類》 蔡學用《詩略》一卷。《薊門賡草》一卷。字子行，號青山，又號用拙，鄞縣人。萬曆中山人。

薊門賡草

徐𤊹《徐氏家藏書目・别集類》 蔡學用《薊門賡草》，與屠田叔倡和者。

龍川稿

黄虞稷《千頃堂書目・别集類》 嚴俸《龍川稿》十一卷。奉化人。

蘭沙集

黄虞稷《千頃堂書目・别集類》 項可誠《蘭沙集》四卷。字幼思，奉化人。

曲水集

黄虞稷《千頃堂書目・别集類》 來嘉謨《曲水集》。字莫言，蕭山人。

漫遊録

黄虞稷《千頃堂書目・别集類》 王儀《漫遊録》一卷。字元禮，號丸海，山陰人。

桫欏館藏稿

徐𤊹《徐氏家藏書目・别集類》 黄之璧《娑羅館藏稿》一卷。字白仲，上虞人，萬曆中布衣。

黄虞稷《千頃堂書目·别集類》 黄之璧《杪欏館藏稿》二卷。字白仲。上虞布衣。

承乏言

黄虞稷《千頃堂書目·别集類》 鄔若虚《承乏言》。字君受，寧海人。

樵謳集

黄虞稷《千頃堂書目·别集類》 鄔若虚《樵謳集》。

小竹林草

黄虞稷《千頃堂書目·别集類》 游及遠《小竹林草》。字元封，閩縣人。

彤雲集

黄虞稷《千頃堂書目·别集類》 林世璧《彤雲集》六卷。字天瑞，閩縣人。高才傲世，嘗遊鼓山，得「眼前滄海小，衣上白雲多」之句，鼓掌狂笑，失足墮崖死。

泡庵詩選

黄虞稷《千頃堂書目·别集類》 陳鳴鶴《泡庵詩選》八卷。字汝翔，懷安人。庠生。

陳仲溱詩集

黄虞稷《千頃堂書目·别集類》 陳仲溱《詩集》二卷。字惟溱，布衣。

朔方遊稿

黄虞稷《千頃堂書目·别集類》 康彦登《朔方遊稿》二卷。字元龍。侯官諸生。

代弈編

黄虞稷《千頃堂書目·别集類》 康彦登《代弈編》二卷。

雪樵集

黄虞稷《千頃堂書目·别集類》 葉之芳《雪樵集》。字茂長，無錫人。

柳陳父集

徐𤊹《徐氏家藏書目·别集類》《柳應芳詩》七卷。字陳父，號二餘，通州人，萬曆中布衣。

黄虞稷《千頃堂書目·别集類》 柳應芳《柳陳父集》七卷。字陳父，通州海門人。

靈洲詩草

黄虞稷《千頃堂書目・别集類》 譚清海《靈洲詩草》。字永明，東莞人。

巢雲集

黄虞稷《千頃堂書目・别集類》 裴邦奇《巢雲集》八卷。字庸甫，聞喜人。

六水山人詩集

黄虞稷《千頃堂書目・别集類》 陳有守《六水山人詩集》。字達甫，休寧人。

黄説仲詩草

黄虞稷《千頃堂書目・别集類》 黄維楫《黄説仲詩草》八卷。字説仲，天台人。綰孫。萬曆中布衣。

東皋吟

黄虞稷《千頃堂書目・别集類》 馮科《東皋吟》。字子盈，嘉興人。布政盛世之父。

張公路集

黄虞稷《千頃堂書目・别集類》 張□由《張公路集》八卷。初名凡，字公路，嘉定縣人。布衣。

知載齋稿

徐𤊹《徐氏家藏書目・别集類》 胡宗仁《知載齋詩草》二卷。字彭舉，上元人，萬曆中布衣。顧起元序之。

黄虞稷《千頃堂書目・别集類》 胡宗仁《知載齋稿》二卷。字彭舉，上元人。集爲鍾惺所定。

韻詩

徐𤊹《徐氏家藏書目・别集類》 胡宗仁《韻詩》一卷。

黄虞稷《千頃堂書目・别集類》 胡宗仁《韻詩》一卷。

倚竹集

黄虞稷《千頃堂書目・别集類》 鄧欽文《倚竹集》。字徵父，江陰人。

紀游集

黄虞稷《千頃堂書目・别集類》 鄧欽文《紀游集》。

石林稿

黄虞稷《千頃堂書目・别集類》 程格《石林稿》。字良學，休寧人。翰林待詔。

叢桂軒集

黄虞稷《千頃堂書目・別集類》 吴大經《叢桂軒集》。字元常，常熟人。

《四庫提要・別集類存目六》 《叢桂軒集》二卷，浙江朱彝尊家曝書亭藏本。明吴大經撰。大經字元常，常熟人。是集大經所自編，前有萬曆癸卯自序，稱謝去帖括之學，蓋山林之士也。其詩酷摹劒南，圓熟有餘，深微不足。魏浣初序乃謂袁宏道推明代詩人以徐渭爲第一，而大經配之，殆非篤論矣。

松風館集

黄虞稷《千頃堂書目・別集類》 汪禮約《松風館集》。字長文，更字士垓，鄞縣人。

香雨齋集

黄虞稷《千頃堂書目・別集類》 汪禮約《香雨齋集》。

存俟篇

黄虞稷《千頃堂書目・別集類》 汪樞《存俟篇》。字伯機，鄞縣人。

瓢　草

徐𤊹《徐氏家藏書目・別集類》 汪樞《瓢草》一卷。字伯機，鄞縣人。鏜之孫。

泡園草

徐𤊹《徐氏家藏書目・別集類》 汪樞《泡園草》一卷。

笑拙墅稿

《四庫提要・別集類存目七》 《笑拙墅稿》一卷。浙江汪汝瑮家藏本。明金建中撰。建中字仲立，海陽人。萬曆中國子監生。笑拙墅者，其別業名也。是編前列諸人序記、傳贊，次爲建中所作詩，多詠園中景物，後附其子麟祥《跋》竝《志感詩》。

梁園集

黄虞稷《千頃堂書目・別集類》 邵正魁《梁園集》。字長孺，休寧人。國子監生。

燕臺集

黄虞稷《千頃堂書目・別集類》 邵正魁《燕臺集》。

甲秀園集

徐𤊹《徐氏家藏書目・別集類》 費元禄《甲秀園集》四十七卷。字無學，一字學卿，鉛山人。萬曆太學生，卒年四十七。屠隆、陳繼儒爲序。

黄虞稷《千頃堂書目・別集類》 費元禄《甲秀園集》二十八卷。字無學，鉛山人。

英廉奏《全毁書目》《甲秀園集》六本。明費元禄撰。

轉情集

徐𤊹《徐氏家藏書目·别集類》 費元禄《轉情集》二卷。

黄虞稷《千頃堂書目·别集類》 費元禄《轉情集》二卷。

栩栩軒稿

黄虞稷《千頃堂書目·别集類》 汪元英《栩栩軒稿》。字大吕，休寧人。

借研齋草

黄虞稷《千頃堂書目·别集類》 汪元范《借研齋草》二十四卷。字明生。休寧布衣，居臨清州。

汪元范詩草

徐𤊹《徐氏家藏書目·别集類》 汪元范《詩草》二十四卷。字明生，貫新安人，流寓臨清州。萬曆中山人，天啓初從南中丞開府閩中爲梓其集。

程仲權集

英廉奏《抽毁書目》《程仲權集》五本。查《程仲權集》，係明程可中撰。七言律詩《王別駕至自高麗軍中》一首、《宣府内教場記》、《王懷棘序》，語多違謬，應請抽燬。

《四庫提要·别集類存目七》《程仲權詩集》十卷《文集》十二卷。浙江巡撫採進本。明程可中撰。可中字仲權，休寧人。是集每體爲一卷，每卷不過數頁。其六言律、七言排律，及賦、頌諸體，至以一首爲一卷，編次殊爲繁碎。其詩亦七子末派也。

汊上集

黄虞稷《千頃堂書目·别集類》 程可中《汊上集》□卷。字仲權，休寧人。

思烟集

徐𤊹《徐氏家藏書目·别集類》 葉太祖《思烟集》二卷。字鄭朗，鄞縣人，萬曆初布衣。

黄虞稷《千頃堂書目·别集類》 葉太祖《思烟集》二卷。字鄭朗，更名亭立，改字介子。鄞縣人。

藏山稿

黄虞稷《千頃堂書目·别集類》 葉太祖《藏山稿》二卷。

賁玉集

徐𤊹《徐氏家藏書目·别集類》 葉太祖《賁玉集》二卷。

黄虞稷《千頃堂書目·别集類》 葉太祖《賁玉集》。

撫松集

黄虞稷《千頃堂書目・别集類》 吴紹奇《撫松集》。字叔甫，桐城人。

白鶴園集

黄虞稷《千頃堂書目・别集類》 嵇元夫《白鶴園集》。字長卿，歸安人。編修世臣子。

默齋詩集

黄虞稷《千頃堂書目・别集類》 黄好信《默齋詩集》。字仲孚，揚州興化人。

谷中集

黄虞稷《千頃堂書目・别集類》 盛鳴世《谷中集》三卷。字太古，鳳陽人。國子監生，善弈棋，爲葉向高客。

楚游烏溪詩草

黄虞稷《千頃堂書目・别集類》 應臬《楚游烏溪詩草》。字仲鵠，鄞人。縣學生。

團雲詩集

黄虞稷《千頃堂書目・别集類》 戴景明《團雲詩集》。字晉仲，休寧人。

慧居遺集

黄虞稷《千頃堂書目・别集類》 沈瑞徵《慧居遺集》一卷。字靈繹。海寧學生。

玄芝館詩集

黄虞稷《千頃堂書目・别集類》 江禹奠《玄芝館詩集》。字其永，休寧人，僑居吴縣。國子監生。

段黄甫詩稿

英廉奏《抽毁書目》 《段黄甫集》二本。查《段黄甫集》，係明段黼撰。集中五言古詩第十一首、《醉中歌》一首，俱有偏謬，應請抽燬。

《四庫提要・别集類存目七》 《段黄甫詩稿》。無卷數。兩江總督採進本。明段黼撰。黼字黄甫，别號「景山樵客」，曹州人。萬曆中諸生。是集爲其友人王士龍所編。朱彝尊《明詩綜》稱黼所著有《抱璞集》，未知爲此稿之别名，抑或别有一編也。

抱樸集

黄虞稷《千頃堂書目・别集類》 段黼《抱樸集》。字黄甫，曹州人。

劉叔度詩集

黄虞稷《千頃堂書目・别集類》 劉權《劉叔度詩集》。字叔度，休寧人。

介夫存稿

黄虞稷《千頃堂書目・别集類》 汪功胄《介夫存稿》二卷。字介夫，休寧人。

桂莊稿

黄虞稷《千頃堂書目・别集類》 金鎰《桂莊稿》。字用衡，鄞縣人。

擔簦集

黄虞稷《千頃堂書目・别集類》 虞伯龍《擔簦集》。字公普，鄞縣人。

虞伯龍詩集

徐㶿《徐氏家藏書目・别集類》 虞伯龍《詩集》四卷。字公普，鄞縣人。

水西集

黄虞稷《千頃堂書目・别集類》 李培《水西集》。字培之，嘉興人。

北游草

黄虞稷《千頃堂書目・别集類》 李培《北游草》。

芙蓉館集

黄虞稷《千頃堂書目・别集類》 孫弘祖《芙蓉館集》。字令弘，嘉興人。簡肅公孫。

樸　語

黄虞稷《千頃堂書目・别集類》 孫弘祖《樸語》一卷。字令弘，平湖人。尚書植孫。太學生。

影　語

黄虞稷《千頃堂書目・别集類》 孫弘祖《影語》一卷。

可笑言

黄虞稷《千頃堂書目・别集類》 孫弘祖《可笑言》一卷。

惜誦集

黄虞稷《千頃堂書目·别集類》 孫愚公《惜誦集》。字伯愚。弘祖子。

近竹稿

黄虞稷《千頃堂書目·别集類》 沈木《近竹稿》。字子喬，嘉興人。縣學生。

百憂草

黄虞稷《千頃堂書目·别集類》 胡碧霞《百憂草》。失名，嘉興人。

禹笑齋詩

黄虞稷《千頃堂書目·别集類》 鄧秉貞《禹笑齋詩》。字予坦，宜興人。

安隱集

黄虞稷《千頃堂書目·别集類》 鄧秉貞《安隱集》。

滄洲草

黄虞稷《千頃堂書目·别集類》 孫元孚《滄洲草》。休寧人。

旅言

黄虞稷《千頃堂書目·别集類》 王壑《旅言》。字巽父，金壇人。

蜀游草

黄虞稷《千頃堂書目·别集類》 戎玠《蜀游草》一卷。字孟常。鄞縣學生。

世藝齋稿

黄虞稷《千頃堂書目·别集類》 趙雲蒸《世藝齋稿》。字龍伯，太倉人。國子監生。

詩史

黄虞稷《千頃堂書目·别集類》 陳大魯《詩史》。字穎叔，鄞縣人。精於史學，上取羲皇迄於元，論斷其事，名曰《詩史》。

方建元詩集 續集

黄虞稷《千頃堂書目·别集類》 方于魯《佳日樓詩集》。初名大激，後以字行，改字建元。歙縣布衣。

《四庫提要·别集類存目五》 《方建元詩集》十二卷《續集》一卷。浙江孫仰曾家藏本。明方于魯撰。于魯有《方氏墨譜》，已著録。是編前集以各體分編，總名

《佳日樓集》。《續集》僅詩二十九首，文一首，題曰《師心草》，則其子嘉樹所續刻也。于魯初以製墨名，後與汪道昆唱和，遂招入豐干社中。然世終稱其墨也。

射堂詩鈔

黃虞稷《千頃堂書目・別集類》 吴夢暘《射堂詩鈔》。字允兆，歸安人。

英廉奏《抽毁書目》 《射堂詩鈔》四本。查《射堂詩鈔》，係明吴夢暘撰。卷六《得龍君御捷書》二首，語有偏謬，應請抽燬。

《四庫提要・別集類存目七》 《射堂詩鈔》十四卷。浙江巡撫採進本。明吴夢暘撰。夢暘字允兆，歸安布衣，射堂其所居室也。是集乃其曾孫自巖所編，末附朱大復等輓詩。大復自注，稱「夢暘年老氣衰，頗有文通之盡，没後友人檢其遺稿，大半散失」云云。則知夢暘之詩盡在此編，雖曰「詩鈔」，實即其全集矣。

北海集

黃虞稷《千頃堂書目・別集類》 吴夢暘《北海集》。

射堂集選

《清史稿藝文志拾遺・別集類》 《射堂集選》一卷。明吴夢暘撰，陳允衡選。

吹劍稿

徐𤊹《徐氏家藏書目・別集類》 王野《吹劒稿》二卷。字太古，歙縣人，萬曆中布衣。吴國倫、李維楨、鄒迪光爲序。

黃虞稷《千頃堂書目・別集類》 王野《吹劍稿》二卷。字太古，歙縣人。

覺非齋詩

黃虞稷《千頃堂書目・別集類》 王野《覺非齋詩》。

爨餘稿

黃虞稷《千頃堂書目・別集類》 王野《爨餘稿》。

范東生詩

黃虞稷《千頃堂書目・別集類》 范汭《范東生詩》四卷。字東生，烏程人。太學生。

范汭詩略

徐𤊹《徐氏家藏書目・別集類》 《范汭詩略》一卷。字東生，烏程人。

披襟倡和集

黃虞稷《千頃堂書目・別集類》 吴鼎芳《披襟倡和集》。字凝父，吴縣人。後爲僧，名大香，字唵囕。居烏程之霞幕山，與范汭交。

吴非熊詩集

徐𤊹《徐氏家藏書目·别集類》 吴兆《金陵》、《遊閩》、《豫章》、《姑蘇》、《東歸》、《廣陵》諸稿共八卷。字非熊，新安人。李維楨爲之序。

黄虞稷《千頃堂書目·别集類》 吴兆《吴非熊詩集》八卷。休寧人。

沈野詩集

徐𤊹《徐氏家藏書目·别集類》 沈野《詩集》六卷。字從先，郊之姪，萬曆中山人。

黄虞稷《千頃堂書目·别集類》 沈野《詩集》六卷。字從先，吴縣人。

栖雲庵集

黄虞稷《千頃堂書目·别集類》 通岸《栖雲庵集》。字覺道，南海人，居光孝寺。

謝肇淛文集　續集

黄虞稷《千頃堂書目·别集類》 謝肇淛《文集》二十八卷又《續集》二卷。

《明史·藝文志·别集類》 《謝肇淛文集》二十八卷。

游燕集　小草齋稿

《四庫提要·别集類存目六》 《游燕集》二卷《小草齋稿》一卷。安徽巡撫採進本。明謝肇淛撰。肇淛有《史觿》，已著録。《游燕集》二卷，爲萬曆己丑肇淛公車北上時所作。《小草齋稿》一卷，則己丑還山後至辛卯復上公車時所作。案黄虞稷《千頃堂書目》，肇淛有《小草齋詩集》三十卷、《文集》二十八卷，又《續集》二卷，此二集乃集中之二種，非完帙也。

小草齋詩集

黄虞稷《千頃堂書目·别集類》 謝肇淛《小草齋詩集》三十卷。字在杭，長樂人，汝韶子，廣西左布政使。

《明史·藝文志·别集類》 謝肇淛《詩》三十卷。

經畬遺集

軍機處奏《禁毁書目》 《經畬遺集》十四本。查《經畬遺集》，係明鄒期楨撰。内有指斥之詞，應請銷燬。

袁中郎集

范邦甸等《天一閣書目·總集類》 《袁中郎集》八册，刊本。明袁宏道撰。《袁石公遺稿》五卷，《解脱集》四卷，《瓶史》一卷，《瓶花齋集》十卷，《桃源詠》一卷，《華嵩遊學》二卷，《敝篋集》二卷，《廣莊》一卷，《破硯齋集》三卷，《廣陵集》一卷，《錦帆集》四卷，《瀟碧堂集》二十卷。

黄虞稷《千頃堂書目·别集類》 袁宏道黎雲館類定《袁中郎全集》二十四卷。字中郎，公安人，宗道弟，吏部稽勳司郎中。

《明史·藝文志·别集類》 《袁宏道詩文集》五十卷。

英廉奏《抽毁書目》 《袁中郎集》十一本。查《袁中郎集》，係明袁宏道撰。其卷十九《答蹇督撫啓》，卷二十六《宋六陵詩》，均有偏謬語，應請抽燬。再此本原缺卷十四至十八，應令各督撫再將全本查送辦理。

《四庫提要·別集類存目六》《袁中郎集》四十卷。兩江總督採進本。明袁宏道撰。宏道有《觴政》已著録。其詩文所謂公安派也。

錦帆集

徐𤊹《徐氏家藏書目·別集類》袁宏道《錦帆集》四卷。字中郎，號石公，宗道之弟。萬曆壬辰進士，官吏部郎中。

黄虞稷《千頃堂書目·別集類》袁宏道《錦帆集》四卷。

瓶花齋集

徐𤊹《徐氏家藏書目·別集類》袁宏道《瓶花齋集》十卷。

黄虞稷《千頃堂書目·別集類》袁宏道《瓶花齋集》十卷。

華嵩遊草

徐𤊹《徐氏家藏書目·別集類》袁宏道《華嵩遊草》二卷。

黄虞稷《千頃堂書目·別集類》袁宏道《華嵩遊草》二卷。

桃源詠

徐𤊹《徐氏家藏書目·別集類》袁宏道《桃源詠》一卷。

黄虞稷《千頃堂書目·別集類》袁宏道《桃源詠》一卷。

廣陵集

徐𤊹《徐氏家藏書目·別集類》袁宏道《廣陵集》一卷。

黄虞稷《千頃堂書目·別集類》袁宏道《廣陵集》一卷。

敝篋集

徐𤊹《徐氏家藏書目·別集類》袁宏道《敝篋集》二卷。

黄虞稷《千頃堂書目·別集類》袁宏道《敝篋集》二卷。

破硯齋集

徐𤊹《徐氏家藏書目·別集類》袁宏道《破硯齋集》二卷。

黄虞稷《千頃堂書目·別集類》袁宏道《破硯齋集》二卷。

解脱集

徐𤊹《徐氏家藏書目·別集類》袁宏道《解脱集》二卷。

黄虞稷《千頃堂書目·別集類》袁宏道《解脱集》四卷。

瀟碧堂集

黄虞稷《千頃堂書目·別集類》袁宏道《瀟碧堂集》二十卷。

搶榆館集

英廉奏《全毀書目》 《搶榆館集》三本。明段爲袞撰。

真如子全集

英廉奏《抽毀書目》 《真如子全集》一本。查《真如子全集》，係明王化隆撰。卷六内十七頁《過朱仙鎮謁武穆王祠詩》一首，十八頁《謁文丞相祠詩》一首，均多偏謬，應請抽燬。

蓀堂集

英廉奏《抽毀書目》 《蓀堂集》八本。查《蓀堂集》，係明吴文奎撰。卷二《聞朝鮮國王請救疏志歎》一首、卷九《書家藏古社簿後》一則，有謬妄語，應請抽燬。

《四庫提要・别集類存目七》 《蓀堂集》十卷。浙江孫仰曾家藏本。明吴文奎撰。文奎字茂文，歙縣人。是集凡詩六卷，雜文四卷。文奎受業於興國吴國倫，故所作全效國倫之體，李維楨《序》，亦稱其淵源如是云。

程幼博集

英廉奏《抽毀書目》 《程幼博集》六本。查《程幼博集》，係明程大約撰。文集卷上《程文學臣源壽序》，有偏駁語，應請抽燬。

《四庫提要・别集類存目六》 《程幼博集》六卷。浙江孫仰曾家藏本。明程大約撰。大約字幼博，休寧人。是集爲于慎行所選。凡雜文二卷，詩四卷，多暢所欲言，不拘格律，如泛駕之馬，不可以羈勒範之。前有焦竑序，引孔子辭達之説，謂《巷伯》之譏刺，《巧言》之怨悱，《何人斯》之迫切，自後世論之，豈不傷温柔敦厚之體，而聖人乃録之於經，以爲與辭達之旨有合。又稱其骯髒之姿，不爲世俗所約結，持論侃侃，脂韋突梯之人多所不悦，而亦爲慷慨好義者之所深與。則大約固賦性剛毅、直情而徑行者，宜發於文章，亦肖其爲人也。

存笥小草

軍機處奏《禁毀書目》 《存笥小草》四本。查《存笥小草》，明冒日乾撰。中二卷、三卷、四卷均有狂悖之詞，應請銷燬。

淇園集

軍機處奏《禁毀書目》 《淇園集》四本。查《淇園集》，明潘益之撰，中有悖妄之詞，應請銷燬。

雪浪齋詩集

黄虞稷《千頃堂書目・别集類》 弘恩《雪浪齋詩集》二卷。字三懷，上元人，居長干等。

《明史・藝文志・别集類》 弘恩《雪浪齋詩集》二卷。

《四庫提要・别集類存目七》 《雪浪集》二卷。兩江總督採進本。明釋弘恩撰。弘恩字三懷，上元人。居長干寺，嘗説法雪浪山中，故以名集。上卷爲詩，下卷爲偈語、雜著。朱彝尊《明詩綜》載其詩二首，然未離世法之僧，不能語帶煙霞也。

幻華集

黄虞稷《千頃堂書目・别集類》 斯學《幻華集》二卷。字悦支，號庾山。海鹽慈會寺僧。姚士粦爲序，又有《曇華集》，錢懋穀籥序刻。

《四庫提要・別集類存目七》《幻華集》二卷。浙江孫仰曾家藏本。明釋斯學撰。斯學字悅支，號庚山，海鹽慈會寺僧。是集爲萬曆丁酉斯學没後，屠隆裒其遺稿，與姚士粦同編。

竹西齋稿

黄虞稷《千頃堂書目・別集類》法衡《竹西齋稿》。字秋巖，海鹽人，居天寧寺。

雪山詩集

黄虞稷《千頃堂書目・別集類》法杲《雪山詩集》八卷。字雪山，吴人。居華藏寺。王穉登極稱其詩，集爲僧一雨所輯。

《明史・藝文志・別集類》法杲《雪山詩集》八卷。

金粟齋稿

黄虞稷《千頃堂書目・別集類》斯德《金粟齋稿》。號晚巖，海鹽人，天寧寺僧。

竹間語

黄虞稷《千頃堂書目・別集類》法濟《竹間語》。字慈航，嘉興石佛寺僧。

三支集

黄虞稷《千頃堂書目・別集類》圓復《三支集》□卷。字休遠，四明僧。屠隆叙其詩，比之魏之三支。

《明史・藝文志・別集類》圓復《三支集》二卷。

一葦集

黄虞稷《千頃堂書目・別集類》圓復《一葦集》一卷。

《明史・藝文志・別集類》圓復《一葦集》二卷。

小品齋詩略

黄虞稷《千頃堂書目・別集類》明曠《小品齋詩略》二卷。字公朗，崇德人，崇福寺僧。

紺園集

黄虞稷《千頃堂書目・別集類》明曠《紺園集》。

天香社草

黄虞稷《千頃堂書目・別集類》斯雲《天香社草》。字抱石，萬曆間海鹽天寧寺僧。

遊燕稿

黄虞稷《千頃堂書目・別集類》道耕《遊燕稿》。字牧隱，萬曆間秀水真如寺僧。

山居詩

黃虞稷《千頃堂書目·別集類》 契靈《山居詩》。字仲光，號佛石，蕭山人，居杭州理安寺。

柳堂遺集

黃虞稷《千頃堂書目·別集類》 胡胤素《柳堂遺集》十三卷。字休復，仁和人。庶吉士。

軍機處奏《禁毀書目》 《柳堂遺集》六本。查《柳堂遺集》，明胡允嘉撰。中多墨塗之字，核其文義，當盡指斥之詞，應請銷燬。

《柳堂遺集》一部，八本。查《柳堂遺集》，係明胡允嘉撰。書中有指斥字面，應請銷燬。

百尺樓稿

黃虞稷《千頃堂書目·別集類》 陳向廷《百尺樓稿》。字儀翔，東莞人。戶部郎中。

九籥集　別集

黃虞稷《千頃堂書目·別集類》 宋懋澄《九籥集》二十四卷又《別集》四卷。字幼度，華亭人。舉人。

軍機處奏《禁毀書目》 《九籥集》八本。查《九籥集》，係明宋懋澄撰。書中《東征紀略》以下語皆詆斥，應請銷燬。

靜遠堂詩

黃虞稷《千頃堂書目·別集類》 項德成《靜遠堂詩》。字上甫，嘉善人。元汴次子。

蘭臺遺集

軍機處奏《禁毀書目》 《蘭臺遺集》六本。查《蘭臺遺集》，明御史江日彩撰。集內奏疏多係摭拾陳言，罕所建白，詩文亦俱淺近，其中悖犯語句甚多，應請銷燬。

北征吟

徐𤊹《徐氏家藏書目·別集類》 米萬鍾《北征吟》一卷。字仲詔，號友石，錦衣衛人。萬曆乙未進士，官江西按察使。

黃虞稷《千頃堂書目·別集類》 米萬鍾《北征吟》一卷。字仲詔，又字友石。宛平人，太僕寺卿。

木庵稿

黃虞稷《千頃堂書目·別集類》 龔三益《木庵稿》四卷。字仲友，武進人。甲午解元，歷官左庶子。

范勳卿集

黃虞稷《千頃堂書目·別集類》 范鳳翼《范勳卿集》二十八卷。字異羽，南直隸通州人。吏部員外郎，尚寶司少卿。

軍機處奏《禁毀書目》《范璽卿集》六本。查《范璽卿集》，係范鳳翼撰。書中語多干礙，其《時感》各詩詆觸尤甚，應請銷燬。

真嬾齋集

黃虞稷《千頃堂書目·別集類》 李思誠《真嬾齋集》。字次卿，直隸句容人。李春芳孫。禮部尚書。

澹然齋集

黃虞稷《千頃堂書目·別集類》 張維樞《澹然齋集》三十卷。字子環，晉江人。工部左侍郎。

清遠山人稿

黃虞稷《千頃堂書目·別集類》 洪瞻祖《清遠山人稿》十八卷。字貽孫，仁和人。右都御史，巡撫南贛。

玄暢閣集

黃虞稷《千頃堂書目·別集類》 沈孝徵《玄暢閣集》十二卷。字公廉，一字永思，海鹽人。河南按察副使。

管涔集

徐𤊹《徐氏家藏書目·別集類》 畢懋康《管涔集》二卷。字孟侯，號東郊，歙縣人。萬曆戊戌進士，官僉都御史。

黃虞稷《千頃堂書目·別集類》 畢懋康《管涔集》二卷。字孟侯，歙縣人。南京總督，倉場右侍郎。

西清集

黃虞稷《千頃堂書目·別集類》 畢懋康《西清集》二十卷。

何長人集

英廉奏《全毀書目》《何長人集》八本。明何慶元撰。

蘧來室存稿

黃虞稷《千頃堂書目·別集類》 何慶元《蘧來室存稿》。字長人，六安州人。雲南按察副使。

吾兼堂稿

黃虞稷《千頃堂書目·別集類》 張履正《吾兼堂稿》。字我先，江陰人。廣信知府。

漪漪館稿

黃虞稷《千頃堂書目·別集類》 張履正《漪漪館稿》。

冰雪軒集

黄虞稷《千頃堂書目·别集類》 曹徵庸《冰雪軒集》。字遠生，一字平子，平湖人。戊戌中式，辛丑殿試，汾州知府。

客語

黄虞稷《千頃堂書目·别集類》 曹徵庸《客語》。

廣陵遊紀

黄虞稷《千頃堂書目·别集類》 曹徵庸《廣陵遊紀》。

楊翰林牘馥

黄虞稷《千頃堂書目·别集類》 楊希聖《楊翰林牘馥》。字恒初，西安人。

息機堂集

徐𤊹《徐氏家藏書目·别集類》 徐中素《息機堂集》八卷。字無染，號玉淵，建昌人。萬曆戊戌進士，官山東按察司僉事。

洪季鄰集

軍機處奏《禁毁書目》 《洪季鄰集》一部，四本。查《洪季鄰集》，係明洪翼聖撰。第一卷中語有詆斥，應請銷燬。

樗全集附録

《四庫提要·别集類存目六》 《樗全集》七卷附録一卷。福建巡撫採進本。明王畿撰。畿字翼邑，號慕蓼，晉江人。萬曆戊戌進士，官至浙江布政使。與講學之王畿同名，非一人也。是集詩文共七卷，末附《家譜勸戒》二十則，爲一卷。

三嚴作朋集

黄虞稷《千頃堂書目·别集類》 《三嚴作朋集》。嚴調御，字印持。武順，字忍公。敕，字無敕。餘杭人，號三嚴。

秀野堂集

黄虞稷《千頃堂書目·别集類》 揚師孔《秀野堂集》四卷。字冷然，貴州衛人。浙江按察副使。

寧澹齋集

黄虞稷《千頃堂書目·别集類》 楊守勤《寧澹齋集》十卷。字克之，慈谿人。會元，一甲第一人，右春坊右庶子，贈少詹事。

《明史·藝文志·別集類》 楊守勤《寧澹齋集》十卷。

洪武聖政頌

黃虞稷《千頃堂書目·騷賦類》 新樂王載璽《洪武聖政頌》一卷。凡十五章。

皇明政要頌

黃虞稷《千頃堂書目·騷賦類》 新樂王載璽《皇明政要頌》一卷。

張林宗遺集

黃虞稷《千頃堂書目·別集類》 張民表《張林宗遺集》二卷。字林宗，一字武仲，中牟人。

越鐫

徐𤊹《徐氏家藏書目·別集類》 王在晉《越鐫》二十一卷。字明初，號岵雲，黎陽人。萬曆壬辰進士，官都御史，兵部尚書。

黃虞稷《千頃堂書目·別集類》 王在晉《越鐫》二十一卷。

英廉奏《全燬書目》 《越鐫集》八本。明王在晉撰。

龍沙會草

黃虞稷《千頃堂書目·別集類》 王在晉《龍沙會草》。字明初，濬縣籍，太倉州人。太子太保，南京兵部尚書。

楚編續集

黃虞稷《千頃堂書目·別集類》 王在晉《楚編續集》十卷。

蘭江集

黃虞稷《千頃堂書目·別集類》 王在晉《蘭江集》二十二卷。

軍機處奏《禁燬書目》 《蘭江集》一部，四本。查《蘭江集》，係明王在晉撰。在晉本漢國庸行，其詩文中多指斥之語，應請銷燬。

遼海集

黃虞稷《千頃堂書目·別集類》 王在晉《遼海集》二卷。

西湖小草

黃虞稷《千頃堂書目·別集類》 王在晉《西湖小草》十卷。

琪山集

黃虞稷《千頃堂書目·別集類》 趙秉忠《琪山集》十二卷。字季卿，益都人。一甲第一人，禮部尚書，贈太子太保。

三畏堂素業

黄虞稷《千頃堂書目・别集類》 劉元珍《三畏堂素業》。字□□，無錫人。光禄寺卿。

湖畔逸農遺稿

黄虞稷《千頃堂書目・别集類》 劉元珍《湖畔逸農遺稿》。

潤齋詩集

軍機處奏《禁毁書目》 《潤齋詩集》一部，一本。查《潤齋詩集》，係劉元珍撰。語有干礙，應請銷燬。

許靈長集

徐𤊹《徐氏家藏書目・别集類》 《許光祚詩》六卷。字靈長，號中岳，錢塘人。萬曆庚子鄉舉，寧國府推官。

黄虞稷《千頃堂書目・别集類》 《許光祚詩》六卷。字靈長，錢塘人。寧國府推官。

《四庫提要・别集類存目七》 《許靈長集》。無卷數。浙江巡撫採進本。明許光祚撰。光祚字靈長，陝西人。是集刻於萬曆壬子。詩格平易，罕逢警策。刊本不分卷數，而各體之首，必題曰《初集》，蓋猶未竟之本也。

雪廬焚餘草

黄虞稷《千頃堂書目・别集類》 趙維寰《雪廬焚餘草》十四卷。字□□，嘉興人。順天解元。以文格高奇被劾。神宗閲其文，有思苦之目，且稱爲異人，於是名益著。後爲刑部主事，劾撫寧侯，以列侯就第，人稱其直。

趙維寰詩選

徐𤊹《徐氏家藏書目・别集類》 《趙維寰詩選》一卷。

半衲庵集

黄虞稷《千頃堂書目・别集類》 支如玉《半衲庵集》。字寧瑕，嘉善人。大綸長子。

雙溪草堂集

黄虞稷《千頃堂書目・别集類》 馮元鑑《雙溪草堂集》。字三莪，平湖人。

研寶齋稿

黄虞稷《千頃堂書目・别集類》 劉世教《研寶齋稿》十二卷。字少彝，海鹽人。閩清知縣。

無懷集

黄虞稷《千頃堂書目·別集類》 葛仁美《無懷集》。鄞縣人。

菉猗集

黄虞稷《千頃堂書目·別集類》 鍾崇道《菉猗集》。字少欽，東莞人。四川雅州知州。

廣讌堂集

《四庫提要·別集類存目六》 《廣讌堂集》二十四卷。兩淮鹽政採進本。明樊山王朱翊鈘撰。翊鈘字匡鼎，自號隱真子，荆王瞻堈六世孫。萬曆庚子襲封。**【略】**是集賦及三言四言詩其一卷，五七言古今體詩其二十二卷，長短句一卷，大抵多近香山之派。末有《道德經説奥》二卷，題曰朱孟嘗撰。蓋亦楚宗，是以附録。與詩集爲不倫，今別入子部道家類焉。

天倪閣集

黄虞稷《千頃堂書目·別集類》 朱翊銭《天倪閣集》二卷。

鼇峰集

黄虞稷《千頃堂書目·別集類》 徐𤊹《鼇峰集》二十六卷。字惟起，更字興公，閩縣人。熥弟。好聚書，多所著述。

《明史·藝文志·別集類》 徐𤊹《鼇峰集》二十六卷。

農山文集

黄虞稷《千頃堂書目·別集類》 卓爾康《農山文集》三十卷。字去病，仁和人。

修餘堂集

黄虞稷《千頃堂書目·別集類》 卓爾康《修餘堂集》。

朝天録

黄虞稷《千頃堂書目·別集類》 金尚憲《朝天録》。字叔度。

狷石居遺稿

黄虞稷《千頃堂書目·別集類》 譚昌言《狷石居遺稿》八卷。字聖俞，秀水人。甲午解元，山東參政，贈太僕寺卿。

梁谿政餘録

黄虞稷《千頃堂書目·別集類》 任大治《梁谿政餘録》。字天卿，寧海人。

鄂渚集

黄虞稷《千頃堂書目・别集類》 任大冶《鄂渚集》。

金陵漫草

黄虞稷《千頃堂書目・别集類》 任大冶《金陵漫草》。

廬陽雜記

黄虞稷《千頃堂書目・别集類》 任大冶《廬陽雜記》。

今是堂集

黄虞稷《千頃堂書目・别集類》 陶奭齡《今是堂集》十一卷。字君奭，會稽人。

花王閣賸稿

《四庫提要・别集類存目七》 《花王閣賸稿》一卷。兵部侍郎紀昀家藏本。明紀坤撰。坤字厚齋，獻縣人。崇禎中諸生。是集後有其孫容舒跋，稱坤少有經世志，久而不遇，乃息意逃禪。晚牓所居曰「花王閣」，蓋自傷文章無用，如牡丹之華而不實也。崇禎己卯，嘗自編其詩爲六卷，没後盡燬於兵燹。此本爲其子鈺所重編，蓋於敗簏中得精物殘紙，録其可辨識者，僅得一百餘首，非原帙矣。其詩大致學蘇軾，而戛戛自造，不循蹊徑。惟遭逢亂世，坎壈以終，多感時傷俗之言，故刻露之語爲多，含蓄之致較少焉。

緑莊詩采

徐𤊹《徐氏家藏書目・别集類》 周應辰《緑莊詩采》九卷。字農半，鄞縣人，一字斗文。

黄虞稷《千頃堂書目・别集類》 周應辰《緑莊詩采》九卷。字斗文。鄞縣學生。

兩京集

黄虞稷《千頃堂書目・别集類》 周應辰《兩京集》。

六籥

徐𤊹《徐氏家藏書目・别集類》 周應辰《六籥》一卷。

留香草

黄虞稷《千頃堂書目・别集類》 屠瑶瑟《留香草》一卷。字湘靈。鄞縣屠隆女，士人黄振古妻。年二十而夭。兩家兄弟彙刻，懋學及隆爲之序。

《明史・藝文志・别集類》 屠瑶瑟《留香草》一卷。

雪堂集

徐𤊹《徐氏家藏書目・别集類》 沈守正《雪堂集》八卷。字無回，號□□，錢塘人。萬曆壬子鄉舉，都察院司務。

黃虞稷《千頃堂書目・別集類》 沈守正《雪堂集》二十卷。字無回。

英廉奏《全燬書目》 《雪堂集》八本。明沈守正撰。

楊忠烈公集

黃虞稷《千頃堂書目・別集類》 楊漣《楊忠烈公集》六卷。字文孺，應山人。副都御史，贈太子少保，左都御史，謚忠烈。

《明史・藝文志・別集類》 《楊漣文集》三卷。

英廉奏《全燬書目》 《楊忠烈集》八本。明楊漣撰。

楊大洪集

英廉奏《全燬書目》 《楊大洪集》二本。明楊漣撰。

一枝軒稿

黃虞稷《千頃堂書目・別集類》 萬邦孚《一枝軒稿》□卷。字汝前。表孫。萬曆間官都督僉事，漕運總兵官。

學餘園集

徐𤊹《徐氏家藏書目・別集類》 丘兆麟《學餘園集》四卷。字毛伯，號太丘，臨川人。萬曆庚戌進士，御史，太僕少卿。

黃虞稷《千頃堂書目・別集類》 丘兆麟《學餘園集》四卷。字毛伯，臨川人。巡撫河南，都御史。

軍機處奏《禁燬書目》 《學餘園初集》二本。查《學餘園初集》，係明丘兆麟撰。書中雖無指斥語，而《天地之大也，人猶有憾說》一篇議論甚爲狂悖，應請銷燬。

麻姑山賦

黃虞稷《千頃堂書目・騷賦類》 丘兆麟《麻姑山賦》一卷。

玉書庭集

黃虞稷《千頃堂書目・別集類》 丘兆麟《玉書庭集》一卷。

攝園稿

徐𤊹《徐氏家藏書目・別集類》 何棟如《攝園稿》一卷。字子極，號玉峴，上元人。萬曆戊戌進士，官襄陽推官。

黃虞稷《千頃堂書目・別集類》 何棟如《攝園草》一卷。

南音

徐𤊹《徐氏家藏書目・別集類》 何棟如《南音》一卷。

黃虞稷《千頃堂書目・別集類》 何棟如《南音》一卷。字元符，一字子極，無錫人。太僕寺少卿，遼東監軍。

徂東草

黃虞稷《千頃堂書目・別集類》 何棟如《徂東草》。

恢復議

黃虞稷《千頃堂書目・別集類》 何楝如《恢復議》。

石城會語

黃虞稷《千頃堂書目・別集類》 何楝如《石城會語》。

韓孟郁稿

黃虞稷《千頃堂書目・別集類》 韓上桂《韓孟郁稿》三卷。字孟郁，南海人。南京國子監博士，建寧同知。甲申京師陷，不食死。

蘧廬稿

軍機處奏《禁毀書目》 《蘧廬稿》六本。查《蘧廬稿》，明韓上桂撰。中有指斥，應請銷燬。

石楠館集

黃虞稷《千頃堂書目・別集類》 曾可前《石楠館集》。字退如，石首人。官編修，出爲左參議。

許鍾斗集

黃虞稷《千頃堂書目・別集類》 許獬《許鍾斗集》五卷。字子遜，同安人。會元，翰林院編修。

《四庫提要・別集類存目六》 《許鍾斗集》五卷。浙江孫仰曾家藏本。明許獬撰。獬有《八經類集》，已著録。是集大抵應俗之作，館課又居其強半。蓋明自正、嘉以後，甲科愈重，儒者率殫心制義，而不復用意於古文詞。洎登第宦成，精華已竭，乃出餘力以爲之。故根柢不深，去古日遠。況獬之制義，論者已有異議。則漫爲古調，其所造可知矣。

眭太史東蓀集

黃虞稷《千頃堂書目・別集類》 眭石《眭太史東蓀集》十卷。字□□，丹陽人。翰林院編修。

魏齋佚稿

黃虞稷《千頃堂書目・別集類》 項鼎鉉《魏齋佚稿》九卷。字三□，秀水人。翰林院庶吉士。

英廉奏《全毀書目》 《魏齋佚稿》三本。明項鼎鉉撰。

空有齋詩草

徐𤊹《徐氏家藏書目・別集類》 蔡善繼《空有齋草》四卷。字伯達，歸安人，號五岳。萬曆辛丑進士，官福建副使，湖廣右布政。

黃虞稷《千頃堂書目・別集類》 蔡善繼《空有齋詩草》四卷。

俞少卿樂府

黃虞稷《千頃堂書目・別集類》 俞彥《俞少卿樂府》二卷。字仲茅，上元人。光禄寺少卿。

廉善堂集

徐𤊹《徐氏家藏書目・別集類》 孫光裕《廉善堂集》二十卷。字子長，號瀟湘，嘉興人。萬曆辛丑進士，官南京光禄寺少卿。

黃虞稷《千頃堂書目・別集類》 孫光裕《廉善堂集》二十卷。字子長，無錫人。南光禄寺少卿。

雲間集

黃虞稷《千頃堂書目・別集類》 熊劍化《雲間集》二卷。字□□，豐城人。華亭知縣。

歲星堂集

徐𤊹《徐氏家藏書目・別集類》 雷思霈《歲星堂集》四卷。字何思，夷陵州人。萬曆辛丑進士，翰林簡討。

黃虞稷《千頃堂書目・別集類》 雷思霈《歲星堂集》四卷。

雷檢討文　詩

黃虞稷《千頃堂書目・別集類》 雷思霈《雷檢討文》一卷，《詩》一卷。字何思，彝陵州人。翰林檢討。又有《百衲閣集》名。

秋水閣墨副

黃虞稷《千頃堂書目・別集類》 董光宏《秋水閣墨副》九卷。字君謨，鄞縣人。南京大理寺卿。

李忠毅公集

黃虞稷《千頃堂書目・別集類》 李橒《李忠毅公集》。字□□，鄞縣人。

大樹堂集

黃虞稷《千頃堂書目・別集類》 曹琉《大樹堂集》。字葆素，益都人。太子少保，工部尚書。

虎溪詩選

黃虞稷《千頃堂書目・別集類》 袁懋謙《虎溪詩選》。字吉卿，豐城人。兵科給事中。

彭侍御集

黃虞稷《千頃堂書目・別集類》 彭宗孟《彭侍御集》。字孟公，嘉興人。紹賢子。

職方存稿

黄虞稷《千頃堂書目·别集類》 茅瑞徵《職方存稿》。字伯符，歸安人。南京光禄寺卿，贈大理寺卿。

澹樸齋初集

黄虞稷《千頃堂書目·别集類》 茅瑞徵《澹樸齋初集》。

笠澤堂文集

黄虞稷《千頃堂書目·别集類》 王繼賢《笠澤堂文集》。字弓若，宜興人。

餘齋集

黄虞稷《千頃堂書目·别集類》 徐禎稷《餘齋集》。字叔開，華亭人。浙江温處道。

檀燕山人集

黄虞稷《千頃堂書目·别集類》 徐如翰《檀燕山人集》。號檀燕，會稽人。

檀燕山藏稿

軍機處奏《禁毁書目》 《檀燕山藏稿》十一本。查《檀燕山藏稿》，係明徐如翰撰。皆崇禎間所作古近體詩，語多狂謬，應請銷燬。

調刁集

黄虞稷《千頃堂書目·别集類》 李樸《調刁集》六卷。字維素，陝西朝邑人。户部郎中，贈光禄寺少卿。

雪亭集

黄虞稷《千頃堂書目·别集類》 李樸《雪亭集》八卷。

李樸疏稿

黄虞稷《千頃堂書目·别集類》 《李樸疏稿》二卷。

李樸啓稿

徐𤇆《徐氏家藏書目·四六類》 《李樸啓稿》四卷。

李楧啓札

徐𤊹《徐氏家藏書目・别集類》 《李楧啓札》二卷。字□□，號繼白，西安府朝邑人。萬曆辛丑進士，高唐知州，户部郎中。

漱石山房稿

英廉奏《全毁書目》 《漱石山房稿》八本。明陳一元撰。

適適齋鑑鬚集

《四庫提要・别集類存目六》 《適適齋鑑鬚集》七卷。福建巡撫採進本。明陳玉輝撰。玉輝字達卿，號荆碧，惠安人。萬曆辛丑進士，官至南京監察御史。所著有《客客軒散言》、《皇荂草》、《公餘課兒草》、《岳陽草》諸種，此集乃其一也。凡語録一卷，文五卷，詩一卷。其子龍巖題識，謂全集未刻，已經淪軼，故所存者止此。玉輝從鄒元標講學，其文章根柢尚爲醇正。詩則隨意抒寫，不求甚工，又多佚脱。如《白門紀懷》七言律詩，稱依上下平韻次第，當有三十首。今僅存二十首，則其殘闕可知已。

薛文介公文集

英廉奏《抽毁書目》 《薛文介集》四本。查《薛文介集》，係明薛三省撰。卷首有金鐀所作文介傳，語多違謬，應請抽燬。

《四庫提要・别集類存目六》 《薛文介公文集》四卷。江蘇巡撫採進本。明薛三省撰。三省字魯叔，定海人。萬曆辛丑進士，官至南京禮部尚書，卒謚文介。是編有文無詩，奏疏幾居其半，奏疏中辭謝者又居其半。惟《請福王之國》一疏，最爲激切，其官檢討時所上也。

西曹草

徐𤊹《徐氏家藏書目・别集類》 周之龍《西曹草》一卷。字左卿。

玉芝集

徐𤊹《徐氏家藏書目・别集類》 趙世禄《玉芝集》□卷。字文叔，鄞縣人。萬曆□□進士，官蘇州知府。

英廉奏《全毁書目》 《玉芝集》四本。明趙世禄撰。

臨雲閣草

徐𤊹《徐氏家藏書目・别集類》 趙士駿《臨雲閣草》□卷。字西星，世禄之子。

四品稿

軍機處奏《禁毁書目》 《四品稿》十二本。查《四品稿》，係明李若訥撰。中間語多指斥，應請銷燬。

四然齋集

黄虞稷《千頃堂書目・别集類》 黄體仁《四然齋稿》十卷。字□□，上海人。□

副使。

英廉奏《抽毀書目》《四然齋稿》五本。查《四然齋稿》，係明黄體仁撰。卷三《賀毛霦初敍》，有違謬語，應請抽燬。

《四庫提要・別集類存目六》《四然齋集》十卷。兵部侍郎紀昀家藏本。明黄體元撰。體元字長卿，穀城人。萬曆甲辰進士，官至山東按察司副使。是集體元所自編，取《中和集》「身心世事，謂之四緣：委身寂然，委心洞然，委世混然，委事自然」之語。故以「四然」名齋，因以名集。蓋明季士大夫耽二氏者十之九也。

蘭雪堂集

英廉奏《全毀書目》《蘭雪堂集》四本。明王心一撰。

歸田園詩集

黄虞稷《千頃堂書目・別集類》王心一《歸田園詩集》。字純甫，吴縣人。刑部左侍郎。

芝蘭室非非草

黄虞稷《千頃堂書目・別集類》邢慈静《芝蘭室非非草》一卷。臨邑邢侗妹，書法酷似其兄，嫁武定人馬拯，拯官大同知府。

《明史・藝文志・別集類》邢慈静《非非草》一卷。

環翠堂集

黄虞稷《千頃堂書目・別集類》汪廷訥《環翠堂集》。字無如，休寧人。

環翠堂坐隱集選

《四庫提要・別集類存目七》《環翠堂坐隱集選》四卷。安徽巡撫採進本。明汪廷訥撰。廷訥字無如，休寧人。是集古今體詩一卷，詞一卷，南北曲一卷，隨録一卷。

補陀游艸

徐𤊹《徐氏家藏書目・別集類》羅廩《補陀游艸》一卷。字高君，慈谿人，萬曆中歲貢。

〔神宗〕御製詩文

張萱等《内閣藏書目録・聖制部》《御製詩文》一册。萬曆二十一年輔臣奉敕譔進東嶽廟鄭州藥王廟碑文鈔本，内附坊名及御批題本。

黄虞稷《千頃堂書目・別集類》神宗顯皇帝《御製詩文》一卷。

勸學詩

《明史・藝文志・別集類》神宗《勸學詩》一卷。各藩及宗室自著詩文集，已見本傳，不載。

御製回文詩

《四庫提要・別集類存目二》《御製回文詩》一卷。左都御史張若溎家藏本。

案此集載朱當㴐所輯國朝典故中，惟題曰「御製」，不著朝代。《明史・藝文志》不著録，不知何帝所作。其詩以春夏秋冬四景爲題，有龍文、連環、八卦諸體，凡二十八首。蓋偶然游戲之作，流傳於外，與他書宣示頒賜，見諸國史者有殊，故史不載也。

吴詠

黄虞稷《千頃堂書目・别集類》 大壑《吴詠》。字玄津，錢塘人，浄慈寺僧。

性氣先生集

黄虞稷《千頃堂書目・别集類》 熊廷弼《性氣先生集》。字非伯，江夏籍，南昌人。兵部尚書，經略遼東。

駱台晉文集

英廉奏《抽毁書目》 《駱台晉集》四本。查《駱台晉集》，係明萬曆中人。集内《臨淄曲公考績序》、《答戴今梁》二書，俱有違悖語。《粵西武舉録序》，有偏謬語，應請抽燬。

《四庫提要・别集類存目六》 《駱台晉文集》八卷。福建巡撫採進本。明駱日升撰。日升字台晉，泉州人。萬曆乙未進士，官至四川布政司參政，殉奢崇明之難，贈光禄寺卿。日升以節義顯，而文章不免漸染時趨。末附《解經》數則及《學約規條》，則其爲廣西提學僉事時以示諸生者也。

雞肋集

黄虞稷《千頃堂書目・别集類》 卜二南《雞肋集》。字太始，秀水人。

山居吟

黄虞稷《千頃堂書目・别集類》 鄭化麟《山居吟》。嵊縣人。

南北游集詩

黄虞稷《千頃堂書目・别集類》 鄭化麟《南北游集詩》。

六鶴齋詩選

徐𤊹《徐氏家藏書目・别集類》 楊德周《六鶴齋詩選》八卷。字南仲，一字孚先，别字齊莊，號□石，鄞縣人。萬曆癸卯鄉舉，古田知縣，太宰。守阯玄孫。

黄虞稷《千頃堂書目・别集類》 楊德周《六鶴齋詩選》六卷。字南仲，一字孚先，别字齊莊。古田知縣。

銅馬編

徐𤊹《徐氏家藏書目・别集類》 楊德周《銅馬編》二卷。

黄虞稷《千頃堂書目・别集類》 楊德周《銅馬編》。《銅馬編》二卷。

英廉奏《抽毁書目》 《銅馬編》二本。查《銅馬編》，係明楊德周撰。卷下《輿中忽及邊事》二首，語屬違礙，應請抽燬。

《四庫提要・别集類存目七》 《銅馬編》二卷。浙江巡撫採進本。明楊德周撰。德周有《澹圃芋記》，已著録。是集乃其崇禎中爲古田知縣入覲京師，往返記程之作。上卷冠以《北征記》，次以《北行諸詩》。下卷冠以《南征記》，次以《南旋諸詩》。文格頗歷落自喜，詩則庸音也。

武夷綴稿

徐㷆《徐氏家藏書目·別集類》 楊德周《武夷綴稿》四卷。

黄虞稷《千頃堂書目·別集類》 楊德周《武夷綴稿》四卷。

嘯碧堂詩集

黄虞稷《千頃堂書目·別集類》 徐冽《嘯碧堂詩集》。字仲容，吴縣人。

來復堂集

黄虞稷《千頃堂書目·別集類》 劉鐸《來復堂集》。字我以，廬陵人。揚州知府。以詩禍死。贈太僕寺少卿。

平平草

黄虞稷《千頃堂書目·別集類》 過庭訓《平平草》。字爾韜，平湖人。應天府丞。

軍機處奏《禁毁書目》 《平平艸》四本。查《平平艸》，係明過庭訓撰。書中皆其疏稿類，多摭拾陳言，無所建白。第二本《議遼左疏》内尤多指斥之語，應請銷燬。

視學小草

黄虞稷《千頃堂書目·別集類》 過庭訓《視學小草》。

寶日堂集

黄虞稷《千頃堂書目·別集類》 張鼐《寶日堂初集》三十二卷。字世調，一字桐初，華亭人。太子賓客，南京吏部右侍郎，掌詹事府事。

《明史·藝文志·別集類》 張鼐《寶日堂集》六卷。

客居箋

徐㷆《徐氏家藏書目·別集類》 張鼐《客居箋》一卷。字侗初，華亭人。萬曆甲辰進士，禮部侍郎。

白下集

黄虞稷《千頃堂書目·別集類》 張可大《白下集》。

牟子集

黄虞稷《千頃堂書目·別集類》 張可大《牟子集》。

駃雪齋集

黄虞稷《千頃堂書目·別集類》 張可大《駃雪齋集》□卷。字觀甫，應天人。萬曆辛丑武進士，左軍都督。登州陷，死之，贈太子少傅，賜祠額曰旌忠，謚莊節。有《真州》、《婁江》、《黿白》、《舟山》諸稿，《白下》、《牟子》等集。

天風堂集

英廉奏《全燬書目》 《天風堂集》三本。明李開芳撰。

沍泥集

黃虞稷《千頃堂書目・別集類》 鄭以偉《沍泥集》。字子器，上饒人。禮部尚書兼東閣大學士，太子少保，謚文恪。

憨生集

黃虞稷《千頃堂書目・別集類》 陸夢龍《憨生集》。字君啓，會稽人。

黔行録

黃虞稷《千頃堂書目・別集類》 陸夢龍《黔行録》。

達觀樓集

徐𤊹《徐氏家藏書目・別集類》 鄒維璉《達觀樓集》四卷。字德輝，號匪石，新昌人。萬曆丁未進士，官福建巡撫、都御史，崇禎癸酉去任。

黃虞稷《千頃堂書目・別集類》 鄒維璉《達觀樓集》四卷。字德輝，江西新昌人。兵部右侍郎，一字匪石。

《四庫提要・別集類存目六》 《達觀樓集》二十四卷。江西巡撫採進本。明鄒維璉撰。維璉字德輝，號匪石，新昌人。萬曆丁未進士。官吏部郎中時，以疏劾魏忠賢，謫戍貴州。崇禎初，召爲南京太僕寺卿，洊擢右僉都御史，巡撫福建，勦海寇有功，終爲温體仁所忌，罷。崇禎八年，起爲兵部右侍郎，未上而卒，事蹟具《明史》本傳。是編詩集凡六卷，文集凡十八卷。

理署草

徐𤊹《徐氏家藏書目・別集類》 鄒維璉《理署草》四卷。

黃虞稷《千頃堂書目・別集類》 鄒維璉《理署草》四卷。

友白草

徐𤊹《徐氏家藏書目・別集類》 鄒維璉《友白草》四卷。

黃虞稷《千頃堂書目・別集類》 鄒維璉《友白草》四卷。

宦遊草

黃虞稷《千頃堂書目・別集類》 鄒維璉《宦遊草》□卷。

導噫草

黃虞稷《千頃堂書目・別集類》 鄒維璉《導噫草》□卷。

願學編

黃虞稷《千頃堂書目・別集類》 鄒維璉《願學編》□卷。

山居集

黄虞稷《千頃堂書目·别集類》 法藏《山居集》。字於密，無錫人，居常熟烏目峰。

半𡼖窩集

黄虞稷《千頃堂書目·别集類》 崔世召《半𡼖窩集》四卷。字徵仲，福寧州人。連州知州。

秋谷集

黄虞稷《千頃堂書目·别集類》 崔世召《秋谷集》二卷。

湖隱草

黄虞稷《千頃堂書目·别集類》 崔世召《湖隱草》二卷。

問月樓稿

黄虞稷《千頃堂書目·别集類》 崔世召《問月樓稿》四卷。

連嘯

黄虞稷《千頃堂書目·别集類》 崔世召《連嘯》一卷。

雙魚集

徐𤊹《徐氏家藏書目·啓劄類》《雙魚集》四卷。

黄虞稷《千頃堂書目·别集類》 顔繼祖《雙魚集》七卷。

又紅堂詩集

黄虞稷《千頃堂書目·别集類》 顔繼祖《又紅堂詩集》七卷。字繩其，龍溪人。巡撫山東，都御史。

愛鼎堂集

黄虞稷《千頃堂書目·别集類》 傅振商《愛鼎堂集》二十卷。字星垣，汝陽人。南京兵部尚書。

愛鼎堂詩集

黄虞稷《千頃堂書目·别集類》 傅振商《愛鼎堂詩集》十卷。

鍾伯敬全集

軍機處奏《禁燬書目》《鍾伯敬全集》一部，四本。查《鍾伯敬全集》，係鍾惺撰。惺有《隱秀集》已經銷燬，此本內亦有悖礙字句，應請一併銷燬。

隱秀堂集

徐𤊹《徐氏家藏書目・別集類》 鍾惺《隱秀軒集》八卷。字伯敬，號退谷，景陵人。萬曆庚戌進士，官福建提學副使。

黃虞稷《千頃堂書目・別集類》 鍾惺《隱秀堂全集》八卷。字伯敬，竟陵人。福建提學僉事。

《明史・藝文志・別集類》 鍾惺《隱秀堂集》八卷。

軍機處奏《禁燬書目》《隱秀軒集》。查《隱秀軒集》，係明鍾惺撰。惺詩文纖佻詭僻，破壞風氣，本無足取，詞句內亦有悖犯處，應請銷燬。

隱秀堂遺稿

徐𤊹《徐氏家藏書目・別集類》 鍾惺《隱秀軒遺稿》四卷。

黃虞稷《千頃堂書目・別集類》 鍾惺《隱秀堂遺稿》四卷。

鍾伯敬文

黃虞稷《千頃堂書目・別集類》 鍾惺《鍾伯敬文》十六卷。

鍾伯敬詩

黃虞稷《千頃堂書目・別集類》 鍾惺《鍾伯敬詩》二十二卷。

詩集詞曲

徐𤊹《徐氏家藏書目・別集類》 張道濬《詩集詞曲》六卷。字深之，沁水人。官山西都督。

嬾園遺稿

《四庫提要・別集類存目七》《嬾園遺稿》五卷。浙江巡撫採進本。明王寰洽撰。寰洽字仁子，亳州人。年十五，餼於庠，九試不第。天啓元年，以恩貢赴吏部試，擬授知縣，未補官而卒。此集詩二卷，文三卷，率多應酬之作，詩以纖麗爲工，文亦平弱。

藥圃詩稿

黃虞稷《千頃堂書目・別集類》 文震孟《藥圃詩稿》。字文起，長洲人。一甲第一人，禮部左侍郎兼東閣大學士。謚文肅。衡山曾孫。

霏雲居續集

軍機處奏《禁燬書目》《霏雲居續集》九本。查《霏雲居續集》，明張燮撰。

中第十九卷有指斥之語，應請銷燬。

北游稿

黄虞稷《千頃堂書目·别集類》 張燮《北游稿》一卷。

藏真館集

黄虞稷《千頃堂書目·别集類》 張燮《藏真館集》四卷。

群玉樓集

黄虞稷《千頃堂書目·别集類》 張燮《群玉樓集》八十四卷。

《明史·藝文志·别集類》 張燮《群玉樓集》八十四卷。

影木軒集

黄虞稷《千頃堂書目·别集類》 黄儒炳《影木軒集》。字士明，又字焯星，順德人。吏部左侍郎，兼翰林侍讀學士。

浮華庵稿

黄虞稷《千頃堂書目·别集類》 沈珣《浮華庵稿》。字幼玉，吴江人。右副使御史，巡撫山東。

遷　草

黄虞稷《千頃堂書目·别集類》 劉胤昌《遷草》。字燕及，桐城人。興化知府。

遊　草

黄虞稷《千頃堂書目·别集類》 劉胤昌《遊草》。

覲　草

黄虞稷《千頃堂書目·别集類》 劉胤昌《覲草》。

澹然齋存稿

黄虞稷《千頃堂書目·别集類》 駱從宇《澹然齋存稿》七卷。字宇咸，武康人。禮部尚書，兼翰林學士，掌詹事府事。

軍機處奏《禁毀書目》 《澹然齋存稿》一部。查《澹然齋存稿》，係明駱從宇撰。文皆淺近無可觀，且有狂悖語，應請銷燬。

杭河集

黄虞稷《千頃堂書目·别集類》 戴耆顯《杭河集》。字令微，桐城人。禮部主事。

静觀窩詩集

黄虞稷《千頃堂書目·别集類》 王命璿《静觀窩詩集》二卷。字君衡，漳州龍巖籍，泉州府晉江人。刑部右侍郎。

匡山社集

黄虞稷《千頃堂書目·别集類》 戴九玄《匡山社集》。字玉汝，一字園客，江西新昌人。工部員外郎。尚有《酒人》、《游餞》、《驅草》、《陸沉集》、《落花吟》、《聽鸝亭稿》、《懷玉集》。

瀛東雜著

黄虞稷《千頃堂書目·别集類》 何繼高《瀛東雜著》。號泰寧，山陰人。江西參政。

祠部稿　南舟稿　豫章稿　蜀游稿　東游稿　南華稿

黄虞稷《千頃堂書目·别集類》 來三聘《祠部》《南舟》《豫章》《蜀游》《東游》《南華》等稿。字任卿，蕭山人。江西右布政使。

西軺漫稿

黄虞稷《千頃堂書目·别集類》 來三聘《西軺漫稿》。

深息窩集

黄虞稷《千頃堂書目·别集類》 張壽朋《深息窩集》。字沖龢，號西江，南城人。廬州府通判。

菉竹堂遺稿

黄虞稷《千頃堂書目·别集類》 姚思仁《菉竹堂遺稿》。字善長，秀水人。太子太傅，工部尚書。

拙政編

黄虞稷《千頃堂書目·别集類》 盛萬年《拙政編》。字恭伯，秀水人。廣東、貴州、江西按察使。

曼寄軒集

黄虞稷《千頃堂書目·别集類》 盛萬年《曼寄軒集》一卷。

浮弋草

黄虞稷《千頃堂書目·别集類》 王士崧《浮弋草》。字中叔，臨海人。刑部主事。

吏隱集

黄虞稷《千頃堂書目·别集類》 王士崧《吏隱集》。

支離集

黄虞稷《千頃堂書目·别集類》 王士崧《支離集》。

樗亭稿

黄虞稷《千頃堂書目·别集類》 陳舜仁《樗亭稿》。字淳甫，上元籍，吴縣人。泰和知縣。

雙清堂集

黄虞稷《千頃堂書目·别集類》 顧汝學《雙清堂集》七卷。一《西湖草》、二《北征草》、三四《白門草》、五《青山草》、六《上計草》、七《青山草》。字思益，錢塘人。太平知府。臨川湯顯祖序，曲江鄧光祚後序。

凌清堂集

徐𤊹《徐氏家藏書目·别集類》 顧汝學《凌清堂集》六卷。字思益，號悦菴。文淵曾孫。萬曆癸未進士，雲南按察使。

浮槎閣集

黄虞稷《千頃堂書目·别集類》 鄔鳴雷《浮槎閣集》。字長豫，奉化人。

隆德堂詩文稿

《四庫提要·别集類存目六》 《隆德堂詩文稾》二卷。直隸總督採進本。明魏純粹撰。純粹字仲乾，柏鄉人。萬曆甲辰進士，官至監察御史。是集詩文各一卷，多其官永城知縣時作。末附爲御史時《請假省親疏》一篇。

東垣集

軍機處奏《禁毁書目》 《東垣集》六本。查《東垣集》，係明鄧澄撰。此書刊本内留有黑臺，按其文義，多係指斥語，應請銷燬。

東園詩

徐𤊹《徐氏家藏書目·别集類》 鄧澄《東園詩》二卷。字□□，號來沙，新城人。萬曆甲辰進士，官翰林庶吉士、御史、湖廣僉事。

吾美樓稿

軍機處奏《禁毁書目》 《吾美樓稿》四十本。查《吾美樓稿》，係明邱士毅撰。書中悖礙之語不一而足，應請銷燬。

漫寄齋集

黄虞稷《千頃堂書目・别集類》 朱大啓《漫寄齋集》二十四卷。字君輿，别字廣原，秀水人。刑部右侍郎，贈尚書。

李忠文公文水全集

黄虞稷《千頃堂書目・别集類》 李邦華《李忠文公文水全集》八卷。

《明史・藝文志・别集類》 李邦華《文集》八卷。

石倉全集

黄虞稷《千頃堂書目・别集類》 曹學佺《石倉全集》。字能始，侯官人。廣西副使，家居二十餘年，多所著述，崇禎間殉難。

《明史・藝文志・别集類》 曹學佺《石倉詩文集》一百卷。

英廉奏《全毀書目》 《石倉全集》十二本。明曹學佺撰。

軍機處奏《禁毀書目》 《曹學佺詩文集》一部，十本。查《曹學佺詩文集》凡十八種，名曰《巴草》、曰《蜀艸》、曰《水秝軒詩稿》、曰《石倉文稿》、曰《湘西紀行》、曰《福廬游稿》、曰《梅詩》、曰《游太湖詩》、曰《錢塘看春詩》、曰《游藤山詩》、曰《聽泉閣稿》、曰《兩河西行稿》、曰《潞河集》、曰《游房山詩》、曰《林亭詩稿》、曰《雪桂軒艸》、曰《石倉詩稿》、曰《浮山堂集》。中有指斥之詞，應請銷燬。

石倉詩稿

英廉奏《全毀書目》 《石倉詩稿》十六本。明曹學佺撰。

養初集

黄虞稷《千頃堂書目・别集類》 喻安性《養初集》。字仲卿，嵊縣人。

高孩之集

黄虞稷《千頃堂書目・别集類》 高出《高孩之集》十一卷。字孩之，萊陽人。監軍副使。

似羅隱集

黄虞稷《千頃堂書目・别集類》 高出《似羅隱集》六卷。

郎潛集

黄虞稷《千頃堂書目・别集類》 高出《郎潛集》六卷。

吴吏部集

黄虞稷《千頃堂書目・别集類》 吴本泰《吴吏部集》十二卷。字美之，一字藥師，仁和人。以文選主事改南禮部郎中。

軍機處奏《禁毀書目》 《吴吏部集》二本。查《吴吏部集》，係明吴本泰撰。語多指斥，應請銷燬。

海粟堂集

黄虞稷《千頃堂書目·别集類》 吴本泰《海粟堂集》十卷。

秋舫箋

黄虞稷《千頃堂書目·别集類》 吴本泰《秋舫箋》。

北游草

黄虞稷《千頃堂書目·别集類》 吴本泰《北游草》。

西征草

黄虞稷《千頃堂書目·别集類》 吴本泰《西征草》。

東瞻草

黄虞稷《千頃堂書目·别集類》 吴本泰《東瞻草》。

南還草

黄虞稷《千頃堂書目·别集類》 吴本泰《南還草》。

續論語頌

黄虞稷《千頃堂書目·别集類》 吴本泰《續論語頌》。

藏密齋集

徐𤊹《徐氏家藏書目·别集類》 魏大中《藏密齋集》二十四卷。字孔時，號廓園，嘉善人。萬曆丙辰進士，官科都給事中，被逆閹之禍。

黄虞稷《千頃堂書目·别集類》 魏大中《藏密齋集》二十四卷。字孔時，嘉善人。吏科都給事中，死奄禍。贈太常寺卿，謚忠節。

《明史·藝文志·别集類》 魏大中《藏密齋集》二十五卷。

英廉奏《全燬書目》 《藏密集》七本。明魏大中撰。

左忠毅公集　附録

黄虞稷《千頃堂書目·别集類》 左光斗《左忠毅公集》五卷，附録一卷。字共之，桐城人。左僉都御史，贈太子少保，右副都御史。謚忠毅。一字遺直。

《明史·藝文志·别集類》 左光斗《文集》五卷。

英廉奏《全燬書目》 《左少保文集》五本。明左光斗撰。

虚舟草

黄虞稷《千頃堂書目·别集類》 馮伯禋《虚舟草》。字欽仲，平湖人。敏效子。

蓬門草

黃虞稷《千頃堂書目・別集類》 馮伯禋《蓬門草》。

芙蓉鏡卮言

黃虞稷《千頃堂書目・別集類》 江東偉《芙蓉鏡卮言》。開化人。

檀園集

黃虞稷《千頃堂書目・別集類》 李流芳《檀園集》十二卷。字長蘅，嘉定人。

《明史・藝文志・別集類》 李流芳《檀園集》十二卷。

《四庫提要・別集類二五》 《檀園集》十二卷。安徽巡撫採進本。明李流芳撰。流芳字長蘅，嘉定人。萬曆丙午舉人。三上公車不第，因魏忠賢亂政，遂絶意進取，築檀園，讀書其中。《明史・文苑傳》附見《唐時升傳》中。是編凡古今體詩六卷，雜文四卷，題畫跋二卷。

珂雪齋集　外集

黃虞稷《千頃堂書目・別集類》 袁中道《珂雪齋集》二十四卷又《外集》十三卷。字小修，公安人。宏道弟。南京禮部郎中。

《明史・藝文志・別集類》 袁中道《珂雪齋集》二十四卷。

英廉奏《全毀書目》 《珂雪齋集》十二本。明袁中道撰。

珂雪齋近集

英廉奏《抽毀書目》 《珂雪齋近集》四本。查《珂雪齋近集》，係明袁中道撰。卷九《與錢謙益書》三札，卷十《與錢謙益書》一札，連目録共八處，均應請抽燬。

鹿善繼文稿

黃虞稷《千頃堂書目・別集類》 鹿善繼《鹿太常文選》四卷。字伯順，定興人。太常寺少卿，管光禄寺丞事，謚忠節。

《明史・藝文志・別集類》 《鹿善繼文稿》四卷。

無欲齋詩鈔

英廉奏《抽毀書目》 《無欲齋詩鈔》一本。查《無欲齋詩鈔》，係明鹿善繼撰，第二十二頁《平川營》一首，第二十三頁《和韻九日一片石小集》一首，有違謬語，應請抽燬。

《四庫提要・別集類存目七》 《無欲齋詩鈔》一卷。直隸總督採進本。明鹿善繼撰。善繼有《四書説約》，已著録。此乃所作詩稿，稱《成雲洞定本》。詩後間有評語，不知何人所選輯也。案李光地有《成雲洞詩韻》，或光地所評歟？善繼成仁取義，大節凜然，詩筆亦有遒勁之氣，而不耐苦吟，未免失之觕率。

恕醉堂集

黃虞稷《千頃堂書目・別集類》 劉遵憲《恕醉堂集》。字可權，大名人。太子太保，户部尚書。

劉尊憲詩集

軍機處奏《禁毀書目》 《劉尊憲詩集》三本。查《劉尊憲詩集》，係明兵部尚書劉尊憲撰。詩中字句多有干礙，應請銷燬。

賜餘堂集

英廉奏《全毀書目》 《賜餘堂集》四本。明錢士升撰。

王思任文集

《明史・藝文志・別集類》 《王思任文集》三十卷。

軍機處奏《禁毀書目》 《王季重集》十本。查《王季重集》，明王思任撰。中有悖妄之語，應請銷燬。

避園擬存

徐𤊹《徐氏家藏書目・別集類》 王思任《避園擬存》一卷。字季重，號遂東，山陰人。萬曆乙未進士，官户部郎中。

黄虞稷《千頃堂書目・別集類》 王思任《避園擬存》一卷。字季重，山陰人，九江僉事。

軍機處奏《禁毀書目》 《避園擬存》一本。查《避園擬存》，《王思任全集》中之第一種，別刊單行之本，應一併銷燬。

爾爾集

軍機處奏《禁毀書目》 《爾爾集》二本。查《爾爾集》，係明王思任撰。集中詩多鄙俚，其《固安陷》一首有違礙之語，應請銷燬。

游喚集

徐𤊹《徐氏家藏書目・別集類》 王思任《游喚》一卷。

黄虞稷《千頃堂書目・別集類》 王思任《游喚》一卷。

軍機處奏《禁毀書目》 《游喚集》一部，五本。查《游喚集》，係明王思任撰。皆其所作詩文，詩中有狂悖語，應請銷燬。

廬遊記

徐𤊹《徐氏家藏書目・別集類》 王思任《廬遊記》一卷。

黄虞稷《千頃堂書目・別集類》 王思任《廬遊記》一卷。

廬山咏

徐𤊹《徐氏家藏書目・別集類》 王思任《廬山咏》一卷。

黄虞稷《千頃堂書目・別集類》 王思任《廬山詠》一卷。

歷游記

徐𤊹《徐氏家藏書目・別集類》 王思任《歷游記》一卷。

黄虞稷《千頃堂書目・别集類》 王思任《歷游記》一卷。

謔庵文飯

黄虞稷《千頃堂書目・别集類》 王思任《謔庵文飯》一卷。

雜文序

徐𤊹《徐氏家藏書目・别集類》 王思任《雜文序》一卷。

黄虞稷《千頃堂書目・别集類》 王思任《雜文序》一卷。

詩文序

徐𤊹《徐氏家藏書目・别集類》 王思任《詩文序》一卷。

黄虞稷《千頃堂書目・别集類》 王思任《詩文序》一卷。

律陶

徐𤊹《徐氏家藏書目・别集類》 王思任《律陶》一卷。

黄虞稷《千頃堂書目・别集類》 王思任《律陶》一卷。

奕律

徐𤊹《徐氏家藏書目・别集類》 王思任《奕律》一卷。

劉練江集附録

《四庫提要・别集類存目六》 《劉練江集》七卷，附録一卷。編修程晉芳家藏本。明劉永澄撰。永澄字静之，寶應人。萬曆辛丑進士。官國子監學正。乞歸省親，起兵部職方司主事，未上卒。事蹟具《明史》本傳。是集文六卷，詩一卷，附録一卷，乃永澄没後，其友劉宗周等爲其裒輯。其文章平正通達，而大致謹嚴。篇首《程朱藥言序》，尤爲深切。蓋永澄雖與東林諸人遊，而操履篤實，故詞采不足，而持論不詭於正，無門户標榜之習云。

遯庵集

黄虞稷《千頃堂書目・别集類》 蔡復一《遯庵全集》十七卷。字敬夫，同安人。總督，都御史，贈兵部侍郎，謚清憲。

《明史・藝文志・别集類》 蔡復一《遯菴集》十七卷。

軍機處奏《禁毁書目》 《遯菴集》一部，二十六本。查《遯菴集》，係蔡復一撰。皆其所作詩文，書中狂悖之處不一而足，應請銷燬。

爨餘駢語

黄虞稷《千頃堂書目・别集類》 蔡復一《爨餘駢語》六卷。

啓稿

徐𤊹《徐氏家藏書目・四六類》 蔡復一《啓稿》四卷。

酹春堂集

黄虞稷《千頃堂書目・别集類》 張以誠《酹春堂集》十卷。字君一，青浦人。一甲第一人。右諭德。

《明史・藝文志・别集類》 張以誠《酹春堂集》十卷。

白社詩草

徐𤊹《徐氏家藏書目・别集類》 王禹聲《白社詩草》一卷。原名倬，號聞溪。字遵考，鏊之曾孫。萬曆己丑進士，承天知府。

水西集

范邦甸等《天一閣書目・總集類》 《水西集》四卷。刊本。明壽郡張曉撰。

雲石堂稿

黄虞稷《千頃堂書目・别集類》 成靖之《雲石堂稿》。初名基命，字㞳宇，大名人。太子太保，禮部尚書兼文淵閣大學士，贈太保，謚文穆。

靈泉贏史集

黄虞稷《千頃堂書目・别集類》 許令典《靈泉贏史集》。字稚則，海寧人。淮安知府。

翠濤閣集

徐𤊹《徐氏家藏書目・别集類》 錢文薦《翠濤閣集》一卷。字仲舉，慈谿人。萬曆丁未進士。

黄虞稷《千頃堂書目・别集類》 錢文薦《翠濤閣集》一卷。

麗矚樓集

徐𤊹《徐氏家藏書目・别集類》 錢文薦《麗矚集》□卷。

黄虞稷《千頃堂書目・别集類》 錢文薦《麗矚樓集》□卷。字仲舉，慈谿人。工部主事。

英廉奏《全毀書目》 《麗矚樓集》十本。明錢文薦撰。

玉受集

黄虞稷《千頃堂書目・别集類》 劉錫玄《玉受集》十卷。字□□，長洲人。江西參議。

黔牘偶存

黄虞稷《千頃堂書目・别集類》 劉錫玄《黔牘偶存》。

掃餘之餘

英廉奏《抽毀書目》 《掃餘之餘》四本。查《掃餘之餘》，係明劉錫玄撰。《送徐肩虞守濟南序》、《賀大中丞李茂嶼序》，及《東吉甫尺牘》，共有違謬三處，應請銷燬。

《四庫提要・別集類存目六》 《掃餘之餘》三卷、附《歸涂閑紀》一卷。浙江巡撫採進本。明劉錫玄撰。錫玄字玉受，長洲人。萬曆丁未進士，官至貴州提學僉事。是集第一卷《庚夏七發》，記其庚申夏病疫事；二卷爲序記、簡牘、雜文；三卷爲雜文，乃其官祠部時考驗衆僧雜作。附《歸涂閑紀》一卷，則記其官黔中苗亂事，大抵多作佛家偈語，間涉俳體。

藜牀吟

黄虞稷《千頃堂書目・別集類》 孫轂《藜牀吟》四卷。字子嗇，華容人。巡撫遼東，都御史。

四夢稿

徐㶿《徐氏家藏書目・別集類》 余大成《四夢稿》四卷。字集生，號□□，上元人。萬曆丁未進士，官僉都御史。

黄虞稷《千頃堂書目・別集類》 余大成《四夢稿》四卷。字集生，江寧人。巡撫山東，都御史。

巡梁稿

黄虞稷《千頃堂書目・別集類》 沈正宗《巡梁稿》四卷。字若水，吴江人。河南參議。

湛園集

《四庫提要・別集類存目六》 《湛園集》十卷。山西巡撫採進本。明程正己撰。正己道先，號澄源，長治人。萬曆丁未進士。官至僉都御史，巡撫保定，以忤奄黨削職，後終於兵部侍郎。是集爲其子之璿所編。凡詩五卷，文五卷。大抵惟取自適，無意求工。

牂洞草

黄虞稷《千頃堂書目・別集類》 包汝楫《牂洞草》。字公剡，嘉興人。

遊紀

黄虞稷《千頃堂書目・別集類》 包汝楫《遊紀》。

闌言

黄虞稷《千頃堂書目・別集類》 包汝楫《闌言》。

建南三咏

徐㶿《徐氏家藏書目・別集類》 桂紹龍《建南三咏》一卷。字驤雲，號允虞，金溪人。萬曆丁未進士，福建右布政使。

太霞洞集

黄虞稷《千頃堂書目・別集類》 杜文煥《太霞洞集》。字弢武，榆林人。太子太保，左都督總兵官。

先憂堂稿

黄虞稷《千頃堂書目・别集類》 盧廷龍《先憂堂稿》□卷。字元明，番禺舉人。萬曆中上言「香山濠番以互市入居内地，引日本諸番屯聚其中，將有大患，宜早爲驅除，以銷未萌」。識者韙之。

上生集

《四庫提要・别集類存目七》 《上生集》八卷。浙江巡撫採進本。明秦爨撰。爨字曰上，一字廣齋，無錫人。萬曆中諸生，上生其號也。是集乃崇禎初其子堈、坊所刊。前四卷爲詩，後四卷爲文。前有小傳，稱其長齋繡佛，趺坐焚修，蓋耽於禪悦之士。故所作韻語，多近偈頌。文集自壽序祭文外，亦募緣疏引爲多。

青箱堂集

黄虞稷《千頃堂書目・别集類》 南居益《青箱堂集》六卷。字思受，渭南人。憲仲子。工部尚書。年七十九，闖賊入關，迫授官，不食死。

三署摘稿

黄虞稷《千頃堂書目・别集類》 南居益《三署摘稿》五卷。

軍中小簡

黄虞稷《千頃堂書目・别集類》 南居益《軍中小簡》二卷。

秋闈夢戌詩

黄虞稷《千頃堂書目・别集類》 虎關馬氏《秋闈夢戌詩》一卷。一名《香魂集》。氏將家婦，莆田宋珏得其集於荒村破屋中，見「芳草無言路不明」句，爲之擊節，録而傳之。

香嚴詩草

黄虞稷《千頃堂書目・别集類》 王志堅《香嚴詩草》。初字弱生，更字淑士，崑山人。湖廣提學副使。

白毫庵集

黄虞稷《千頃堂書目・别集類》 張瑞圖《白毫庵集》。字果亭，晉江人。一甲第三人，大學士，削奪。

軍機處奏《禁燬書目》 《白毫菴集》二本。查《白毫菴集》，分《襍篇》、《外篇》各一本，題「白毫菴道者撰」，不著姓名，中多詆斥之語，應請銷燬。

雲黄集

黄虞稷《千頃堂書目・别集類》 傅國《雲黄集》。字丹水，臨朐人。户部郎中。

敬事草

黄虞稷《千頃堂書目・别集類》 孔貞運《敬事草》五卷。字開仲，句容籍，池州府建德人。太子太保、禮部尚書，兼文淵閣大學士。

行餘草

黄虞稷《千頃堂書目·别集類》 孔貞運《行餘草》十卷。

炳燭齋集

黄虞稷《千頃堂書目·别集類》 顧大韶《炳燭齋集》二卷。字仲恭，常熟人。大章弟，與兄皆有名場屋間，以諸生終。

英廉奏《全毁書目》 《炳燭齋集》一本。明顧大韶撰。

勝遊草

黄虞稷《千頃堂書目·别集類》 張銓《勝遊草》四卷。字宇衡，沁水人。巡按遼東，御史，陣亡，贈大理寺卿，加兵部尚書。謚忠烈。

十賚堂甲集　乙集　丙集

徐𤊹《徐氏家藏書目·别集類》 茅維《十賚堂集》十二卷《丙集》十四卷。

黄虞稷《千頃堂書目·别集類》 茅維《十賚堂甲集》十五卷又《乙集》十八卷又《丙集》十四卷。

菰園初集

徐𤊹《徐氏家藏書目·别集類》 茅維《菰園初集》六卷。

黄虞稷《千頃堂書目·别集類》 茅維《菰園初集》六卷。

閩游集

徐𤊹《徐氏家藏書目·别集類》 茅維《閩遊集》一卷。

黄虞稷《千頃堂書目·别集類》 茅維《閩游集》一卷。

迂　談

徐𤊹《徐氏家藏書目·别集類》 茅維《迂談》二卷。

黄虞稷《千頃堂書目·别集類》 茅維《迂談》二卷。字孝若，歸安人。坤季子。

佩觿草

徐𤊹《徐氏家藏書目·别集類》 茅維《佩觿艸》一卷。字孝若，坤之子，萬曆中太學生。

黄虞稷《千頃堂書目·别集類》 茅維《佩觿草》三卷。

詒燕堂集

黄虞稷《千頃堂書目·别集類》 張一韶《詒燕堂集》三十卷。字尚成，浦江人。

適園草

黄虞稷《千頃堂書目·别集類》 張一琳《適園草》。字尚聘。一韶弟。

花問集

黄虞稷《千頃堂書目・别集類》　張一琳《花問集》。

陳善詩

徐𤊹《徐氏家藏書目・别集類》　《陳善詩》一卷。字元者，號阿樗，吴縣人，流寓南昌。

瑶草園集

徐𤊹《徐氏家藏書目・别集類》　吴之鯨《瑶草園集》一卷。字伯霖，錢塘人。萬曆中鄉舉，上饒令，卒于官。

閬閣詩

黄虞稷《千頃堂書目・别集類》　吴之鯨《閬閣詩》一卷。字伯裔，錢塘人。

梁園佳話

徐𤊹《徐氏家藏書目・别集類》　吴鍾巒《梁園佳話》一卷。字巒穉，武進人。崇禎甲戌進士，官長興知縣。

黄虞稷《千頃堂書目・别集類》　吴鍾巒《梁園佳話》一卷。字巒穉，武進人。桂林府推官，禮部主事。

霞舟攜卷

黄虞稷《千頃堂書目・别集類》　吴鍾巒《霞舟攜卷》。

十願齋遺集　文集

《清集提要》　《十願齋遺集》五卷《文集》四卷。吴鍾巒撰。

妙遠堂集

黄虞稷《千頃堂書目・别集類》　馬之駿《妙遠堂全集》十二卷。字仲良，新野人。户部主事。一作四十卷。

《四庫提要・别集類存目七》　《妙遠堂集》四十卷。兩淮鹽政採進本。明馬之駿撰。之駿字仲良，新野人。萬曆庚戌進士，官户部主事。是集凡詩十四卷，文二十六卷。

問山亭詩

黄虞稷《千頃堂書目・别集類》　王象春《問山亭詩》五卷。字季木，濟南新城人。吏部考功司郎中。

濟南百詠

黄虞稷《千頃堂書目・别集類》　王象春《濟南百詠》一卷。

迂園詩集

黄虞稷《千頃堂書目・別集類》 王象艮《迂園詩集》二十四卷。字思止，濟南新城人。姚安府同知。

清權堂集

黄虞稷《千頃堂書目・別集類》 沈德符《清權堂集》。字虎臣，一字景倩，秀水人。

《明史・藝文志・別集類》 沈景倩《清權齋集》十□卷。字德符，秀水人。舉人。

劉蕺山集

《四庫提要・別集類二五》 《劉蕺山集》十七卷。國子監助教張羲年家藏本。明劉宗周撰。宗周有《周易古文鈔》，已著録。是集爲乾隆壬申副都御史雷鋐所刊，冠以《人譜學言》諸書，至第八卷乃爲奏疏。然諸書本自別行，且宗周所著亦不止於此。摘録數種，殊爲挂漏，今並删除。惟以奏疏以下十七卷勒爲一編，而他書則仍別著録焉。

蕺山詩集

黄虞稷《千頃堂書目・別集類》 劉宗周《蕺山詩集》。字啓東，紹興山陰人。左都御史，乙酉六月不食死。

可經堂集

黄虞稷《千頃堂書目・別集類》 徐石麒《可經堂集》十二卷。字寶摩，青浦籍，嘉善人，吏部尚書。子爾穀輯。

《明史・藝文志・別集類》 徐石麒《可經堂集》十二卷。

英廉奏《全燬書目》 《可經堂集》四本。明徐石麒撰。

和雪亭集　續集

徐𤊹《徐氏家藏書目・別集類》 尹伸《和雪亭續集》一卷。字恒屈，號惺麓，敘州府宜賓人。萬曆戊戌進士，雲南右布政使。

黄虞稷《千頃堂書目・別集類》 尹伸《和雪亭集》□卷又《續集》一卷。字乾範，一字子求，宜賓人。河南布政使，家居，獻賊破敘州，欲官之，嚼齒大罵，被殺。

康樂堂集

黄虞稷《千頃堂書目・別集類》 尹伸《康樂堂集》。

乘桴吟

徐𤊹《徐氏家藏書目・別集類》 謝宏儀《乘桴吟》一卷。字簡之，號寤雲，會稽人。萬曆中武狀元，崇禎初官福建都督。

和陶詩

徐㶿《徐氏家藏書目・别集類》 謝宏儀《和陶詩》一卷。

浄香池稿

黄虞稷《千頃堂書目・别集類》 賀世壽《浄香池稿》七卷。字中冷，丹陽人。總督倉場，户部尚書。

浄香池詩稿

黄虞稷《千頃堂書目・别集類》 賀世壽《浄香池詩稿》四卷。

文太青文集

《四庫提要・别集類存目七》 《文太青文集》二卷。陝西巡撫採進本。明文翔鳳撰。此本爲其七代孫三捷所手鈔。上卷爲《講章》，下卷爲詩賦雜作，乃偶然選録之本，非完帙也。

南極篇　皇極篇　東極篇

黄虞稷《千頃堂書目・别集類》 文翔鳳《南極》《皇極》《東極》等篇五十卷。字天瑞，號太青，三水人，光禄寺少卿。

軍機處奏《禁毁書目》 《皇極篇》十本。《南極篇》十本。查《皇極篇》、《南極篇》二種，俱明文翔鳳撰。翔鳳作文以怪僻爲宗，本無足取，集名「皇極」已屬誕妄不經，其八卷《汝海稿》中《禦邊策》内有狂悖語，應請銷燬。

《四庫提要・别集類存目七》 《東極篇》。無卷數。浙江巡撫採進本。明文翔鳳撰。翔鳳有《太微經》，已著録。是集皆官萊陽令時所作。嘗自製五嶽冠，並以「五嶽」爲號，「東極」亦其號也，故以之名篇。是集不分卷數，詩總目曰《海雲集》，文總目曰《日門稿》。其中子目，有所謂《蓬萊詩》者，以登州之蓬萊閣也，《日華詩》者，以聽訟之日華堂也；《九青詩》者，以遊大澤山，遂易大澤爲九青也；《入院詩》者，奉檄入棘闈前後題詠也。詩文率多怪僻。《紀夢詩》無非自爲誇詡，尤狂而近於誕矣。

金陵賦草

徐㶿《徐氏家藏書目・别集類》 文翔鳳《金陵賦草》一卷。字天瑞，號太清，西安府三水人。萬曆庚戌進士，南京吏部主事，光禄寺少卿。

南都新賦

黄虞稷《千頃堂書目・騷賦類》 文翔鳳《南都新賦》六篇，一卷。

焚餘詩集

黄虞稷《千頃堂書目・别集類》 尹嘉賓《焚餘詩集》一卷。字孔昭，號澹如，江陰人。己酉解元，湖廣提學僉事。

静悱集

黄虞稷《千頃堂書目・别集類》 吴之甲《静悱集》三十卷。字元秉，臨川人。

由部郎出督浙江學政，疾士子制舉文無本源，欲以唐宋制科法拔雋異士，雜詩賦詔誥試之，會疾作卒。

軍機處奏《禁毀書目》 《静悱集》一部，四本。查《静悱集》，係明吴之甲撰。内第九卷《壬子蘇松武程》有指斥之語，應請銷燬。

慧閣詩

黄虞稷《千頃堂書目・别集類》 陳翼飛《慧閣初删詩》十四卷。字元朋，平和人。宜興知縣。

《四庫提要・别集類存目七》 《慧閣詩》八卷。浙江巡撫採進本。明陳翼飛撰。翼飛字元明，平河人。萬曆庚戌進士，官宜興縣知縣。所著有《慧閣》、《長梧》二集，己未、庚申、辛酉、壬戌行卷，此特其中一種。大抵墨守七子流派，音節宏壯而切響甚稀。間附以四六序，尚頗工整。

紫芝集

黄虞稷《千頃堂書目・别集類》 陳翼飛《紫芝集》八卷。

長梧集

黄虞稷《千頃堂書目・别集類》 陳翼飛《長梧集》。

己未庚申辛酉壬戌行卷

黄虞稷《千頃堂書目・别集類》 陳翼飛《己未庚申辛酉壬戌行卷》。

遠山堂詩

黄虞稷《千頃堂書目・别集類》 鄭之文《遠山堂詩》一卷。字應尼，南城人。真定知府。

鄭工部詩

黄虞稷《千頃堂書目・别集類》 鄭之文《鄭工部詩》一卷。

錦研齋詩

黄虞稷《千頃堂書目・别集類》 鄭之文《錦研齋詩》一卷。

錦研齋次草

黄虞稷《千頃堂書目・别集類》 鄭之文《錦研齋次草》一卷。

大業齋集

黄虞稷《千頃堂書目・别集類》 賀萬祚《大業齋集》。字孝延，海鹽人。江西右布政使。

西歸雜詠

黄虞稷《千頃堂書目・别集類》 丘履嘉《西歸雜詠》。字原禮，嘉興籍，華亭人。

清嘯集

黄虞稷《千頃堂書目・别集類》 周頌《清嘯集》。字仲美，臨海人。

子卿近業

黄虞稷《千頃堂書目・别集類》 徐日久《子卿近業》。字子卿，衢州西安人。上海知縣，□部主事。

識匡齋文集

黄虞稷《千頃堂書目・别集類》 劉康祉《識匡齋文集》。字以吉，永嘉人。

也園詩稿

黄虞稷《千頃堂書目・别集類》 郭忠寧《也園詩稿》。字藎卿，吴縣人。陝西右參政。

烏衣集

黄虞稷《千頃堂書目・别集類》 王宇《烏衣集》四卷。字永啓，閩縣人。山東提學副使。

蘭玉山房集

黄虞稷《千頃堂書目・别集類》 王安舜《蘭玉山房集》。字性父，南海人。御史。

介石齋集

黄虞稷《千頃堂書目・别集類》 曾道唯《介石齋集》。字逢原，一字息庵，南海人。左都御史。

洎水齋集

黄虞稷《千頃堂書目・别集類》 張慎言《洎水齋集》五卷。字金銘，號藐姑，陽城人。吏部尚書。

洎水齋文鈔

英廉奏《抽毁書目》 《洎水齋文鈔》三本。查《洎水齋文鈔》，係明張慎言撰。書前序内有推重錢謙益字樣，應請抽燬。

《四庫提要・别集類存目七》 《洎水齋文鈔》三卷。山西巡撫採進本。明張慎言撰。愼言字金銘，號藐山，《千頃堂書目》作號藐姑，疑其自號「藐姑山人」，而稱者各省其文也。陽城人，萬曆庚戌進士，官至南京吏部尚書，事蹟具《明史》本傳。初愼言官御史時，以論「三案」謫戍肅州，撰《悔草》，後官刑部侍郎時，讞獄失旨，罷官家居，著《泊水詩文集》。皆已散落。此集僅存奏疏三首，餘皆序記及雜著。卷首有康熙庚辰陳廷敬序，謂「愼言在其鄉，有興起文學之功」云。

方玉堂集

軍機處奏《禁毀書目》 《方玉堂集》一部，十本。查《方玉堂集》，係明宋應昇撰。中間多違礙處，俱係指斥之詞，應請銷燬。

稽瑞録

張萱等《内閣藏書目録·雜部》 《稽瑞録》一册。全鈔本。白雲子劉賡纂。莫詳年代，皆集古今祥瑞，仿顔之推《稽聖賦》爲韻語，而以古今事實證之。

度子亭集

黄虞稷《千頃堂書目·别集類》 張文郁《度子亭集》。號太素，又字從周，天台人。

禪餘集

黄虞稷《千頃堂書目·别集類》 元賢《禪餘集》四卷。字永覺，建陽人。

《明史·藝文志·别集類》 元賢《禪餘集》四卷。

四周閣集

黄虞稷《千頃堂書目·别集類》 臧照如《四周閣集》二十卷。長興人。

建霞樓集

黄虞稷《千頃堂書目·别集類》 李孫宸《建霞樓集》。字伯襄，香山人，禮部尚書。

英廉奏《全毀書目》 《建霞樓集》五本。明李孫宸撰。

青谿閣全集

黄虞稷《千頃堂書目·别集類》 姚希孟《青谿閣全集》八十九卷。字孟長，一字硯聞，吴縣人。南京少詹事，贈禮部右侍郎，謚文毅。

公槐集

黄虞稷《千頃堂書目·别集類》 姚希孟《公槐集》二卷。

軍機處奏《禁毀書目》 《公槐集》一部，三本。查《公槐集》，係明姚希孟撰。書中狂謬處甚多，應請銷燬。

響玉集

黄虞稷《千頃堂書目·别集類》 姚希孟《響玉集》十卷。

沆瀣集

黄虞稷《千頃堂書目·别集類》 姚希孟《沆瀣集》五卷。

軍機處奏《禁毁書目》 《沆瀣集》一本。查《沆瀣集》，係明姚希孟撰。皆其主考時所作場屋程文，卷五内語多悖謬，應請銷燬。

棘門集

黄虞稷《千頃堂書目·别集類》 《棘門集》，姚希孟著。

軍機處奏《禁毁書目》 《棘門集》三本。查《棘門集》，係明姚希孟撰。希孟所撰《沆瀣集》諸書已經奏請銷燬，比集亦有指斥，應一併銷燬。

秋旻集

黄虞稷《千頃堂書目·别集類》 姚希孟《秋旻集》十二卷。

文遠集

黄虞稷《千頃堂書目·别集類》 姚希孟《文遠集》二十八卷。

《明史·藝文志·别集類》 《姚希孟文集》二十八卷。

軍機處奏《禁毁書目》 《文選集》五本。查《文選集》，明姚希孟撰。中間指斥甚多，應請銷燬。

循滄集

黄虞稷《千頃堂書目·别集類》 姚希孟《循滄集》二卷。

伽陵集

黄虞稷《千頃堂書目·别集類》 姚希孟《伽陵集》四卷。

風吟集

黄虞稷《千頃堂書目·别集類》 姚希孟《風吟集》六卷。

松癭集

黄虞稷《千頃堂書目·别集類》 姚希孟《松癭集》二卷。

英廉奏《抽毁書目》 《松癭集》一本。查《松癭集》，係明姚希孟撰。卷一《南爐録書後》一首、《南遷録書後》一首、《祭金龍神祠》一首，詞多乖謬，應請抽燬。

緘庵詩鈔

黄虞稷《千頃堂書目·别集類》 王佐聖《緘庵詩鈔》。字克仲，一字魯生，長洲人。遵義知縣，崇禎壬午死難。

雪虹閣集

黄虞稷《千頃堂書目・别集類》 李繼貞《雪虹閣集》□卷。字平槎，太倉人。兵部左侍郎。

博望山人稿

黄虞稷《千頃堂書目・别集類》 曹履吉《博望山人稿》十卷。字元甫，當塗人。光禄寺少卿。

《四庫提要・别集類存目七》 《博望山人稿》二十卷。安徽巡撫採進本。明曹履吉撰。履吉字元甫，當塗人。萬曆丙辰進士，官至河南提學僉事。是集詩六卷，文十一卷，尺牘三卷，刻於崇禎戊辰，乃履吉歸田以後所自編。卷首别載書目一葉，稱未刻者有《漁山堂稿》、《攜謝閣稿》、《青在閣稿》、《辰文閣稿》，則此猶非其全集矣。

兢餘存稿

黄虞稷《千頃堂書目・别集類》 錢龍錫《兢餘存稿》。字稚文，號機山，華亭人。禮部尚書，文淵閣大學士，加太子太保。

自娱齋集

黄虞稷《千頃堂書目・别集類》 聞啓祥《自娱齋集》。字子將，錢塘人。

激楚齋草

黄虞稷《千頃堂書目・别集類》 李衷純《激楚齋草》二十卷。字玄白，嘉興人。應徵從弟。兩淮鹽運使。

明白齋稿

黄虞稷《千頃堂書目・别集類》 沈紹心《明白齋稿》。字懋真，平湖人。

淡寄齋集

黄虞稷《千頃堂書目・别集類》 吴中台《淡寄齋集》。字穉文，崇德人。

飛隱草

黄虞稷《千頃堂書目・别集類》 吴中台《飛隱草》。

竹中集

黄虞稷《千頃堂書目・别集類》 方文烈《竹中集》。衢州西安人。

亦囂草

黄虞稷《千頃堂書目・别集類》 劉以聚《亦囂草》。字恒沙，分水人。

自廣齋集

黄虞稷《千頃堂書目・别集類》 張世偉《自廣齋集》十六卷。字異度，吴縣人。

少能文，爲王世貞所器，舉於順天，出新城王象春之門，坐黨議，爲御史所劾，殿三舉，竟不第而卒。

軍機處奏《禁毀書目》 《自廣齋集》六本。查《自廣齋集》，明張世偉撰。中多指斥，應請銷燬。

奇服齋雜刻

軍機處奏《禁毀書目》 《奇服齋雜刻》二本。查《奇服齋雜刻》，係明楊忠裕撰。皆其所作雜文，俚俗殊甚，語句悖犯處尤多，應請銷燬。

五知軒集

軍機處奏《禁毀書目》 《五知軒集》一部，一本。查《五知軒集》，係明陸起龍撰。詩中語多悖觸，應請銷燬。

張太初集

《四庫提要·別集類存目七》 《張太初集》八卷。浙江孫仰曾家藏本。明張汝元撰。汝元字太初，江寧人。萬曆中諸生，以詩受知於學使陳文燭。文燭爲序而刊之，其七言短歌，間有作意，而陶冶未精，他體則更減色，文燭序中多引二謝以下詩人擬之，蓋獎成後進之意，不必甚確也。

栩栩生外篇　雜篇

徐𤊹《徐氏家藏書目·別集類》 周應淅《栩栩生外篇》二卷，《雜篇》一卷。字方回，鄞縣人，萬曆中諸生。子昌晉登進士，令東莞時刻也。

文江詩選

徐𤊹《徐氏家藏書目·別集類》 吴士璋《文江詩選》一卷。字潛玉，鄞縣人。

菊花百咏

徐𤊹《徐氏家藏書目·別集類》 吴士璋《菊花百咏》一卷。

美人篇

徐𤊹《徐氏家藏書目·別集類》 吴士璋《美人篇》一卷。

溪草堂集

徐𤊹《徐氏家藏書目·別集類》 汪彦雌《溪艸堂集》十卷。字穆如，鄞縣人。

汪其俊諸草

徐𤊹《徐氏家藏書目·別集類》 《汪其俊諸艸》十卷。字士元，鄞縣人，官□□參軍。

待月軒詩集

徐𤊹《徐氏家藏書目·別集類》 戎衣《待月軒詩集》二卷。字公錦，鄞縣人。

五石瓠詩集

徐𤊹《徐氏家藏書目・別集類》 潘訪岳《五石瓠詩集》三卷。字師汝，鄞縣人。

假庵詩草

黃虞稷《千頃堂書目・別集類》 歸昌世《假庵詩草》。字文休，崑山人，崇禎末以待詔徵，不應。

馮夢龍詩集

徐𤊹《徐氏家藏書目・別集類》 馮夢龍《詩集》六卷。字猶龍，吴郡人。崇禎初鄉貢，壽寧知縣。

七樂齋稿

黃虞稷《千頃堂書目・別集類》 馮夢龍《七樂齋稿》。字猶龍，長洲人。貢生，壽寧知縣。

大愚老人遺集

黃虞稷《千頃堂書目・別集類》 黃毓祺《大愚老人遺集》。字介子。江陰學生。

熊芝岡詩文集

軍機處奏《禁毀書目》 《熊芝岡詩文集》一部，一本。查《熊芝岡詩文集》，係明熊明遇撰。中多悖礙字句，應請銷燬。

緑雪齋集

徐𤊹《徐氏家藏書目・別集類》 熊明遇《緑雪齋集》八卷。字良儒，號壇石，南昌人。萬曆辛丑進士，歷官兵部尚書。

黃虞稷《千頃堂書目・別集類》 熊明遇《緑雪樓集》十八卷。字子良，進賢人，南京兵部尚書。

軍機處奏《禁毀書目》 《緑雪樓集》六本。查《緑雪樓集》，係明熊明遇撰。詩文内詆觸語不一而足，應請銷燬。

馴雉集

黃虞稷《千頃堂書目・別集類》 熊明遇《馴雉集》四卷。

文直行書

英廉奏《全燬書目》 《文直行書》八本。明熊明遇撰。

國門集　國門乙集

《四庫提要・別集類存目七》 《國門集》一卷，《國門乙集》一卷。浙江巡撫採進本。明凌濛初撰。濛初有《聖門傳詩嫡冢》，已著録。是集以皆入國門以後所作，故謂之「國門」。再入再刻，故有《乙集》也。二集並於詩末附雜文數篇，蓋屢躓場屋之時，故頗多抑鬱無聊之作云。

抱膝齋集

黄虞稷《千頃堂書目・別集類》 袁儼《抱膝齋集》三卷。字若思，嘉善人。黄子，高安知縣。

水一方人文集

黄虞稷《千頃堂書目・別集類》 孫元化《水一方人文集》一百卷。字初陽，嘉定人。巡撫登萊，都御史，吴橋兵變，坐失事論辟。

《明史・藝文志・別集類》 《孫元化文集》一百卷。

無夢園集　補集　遺集

黄虞稷《千頃堂書目・別集類》 陳仁錫《無夢園集》四十卷，又《補集》四卷，又《遺集》十卷。字明卿，長洲人。一甲第三人，南京國子監祭酒，贈詹事，謚文莊。

《明史・藝文志・別集類》 陳仁錫《無夢園集》四十卷。

軍機處奏《禁毀書目》 《無夢園集》三本。查《無夢園集》，明陳仁錫撰。中間語多詆觸，應請銷燬。

小　品

黄虞稷《千頃堂書目・別集類》 陳仁錫《小品》四卷。

花影集

范邦甸等《天一閣書目・總集類》 《花影集》四卷。刊本。不著撰人名氏。

趙叙州集

黄虞稷《千頃堂書目・別集類》 趙隆美《趙叙州集》二卷。常熟人，用賢字。以任爲叙州知府。

寶綸閣集

黄虞稷《千頃堂書目・別集類》 何吾騶《寶綸閣集》。字龍友，香山人。東閣大學士。

紉蘭閣集　後集

黄虞稷《千頃堂書目・別集類》 山東布政使張秉文妻方孟式《紉蘭閣集》五卷。字如耀，桐城人，大理卿大鎮女。崇禎庚辰濟南城潰，秉文殉節，孟式投池水死，贈一品夫人。又《後集》三卷。

《明史・藝文志・別集類》 方孟式《紉蘭閣集》八卷。

劉文烈公集

黄虞稷《千頃堂書目・別集類》 劉理順《劉文烈公集》十二卷。字復禮，號湛六，杞縣人。一甲第一人，左春坊左中允，兼翰林院修撰。殉國難，初謚文正，定謚文烈。

《明史·藝文志·別集類》《劉理順文集》十二卷。

英廉奏《全毀書目》《劉文烈集》六本。明劉理順撰。

世經堂稿

黄虞稷《千頃堂書目·別集類》 眭明永《世經堂稿》。字嵩年，丹陽人。華亭儒學教諭，乙酉城破見殺。

太古堂集

《四庫提要·別集類存目七》《太古堂集》二卷。山東巡撫採進本。明高宏圖撰。宏圖字子猶，號硜齋，膠州人。萬曆庚戌進士。官至南京户部尚書，福王時，爲東閣大學士，南京破後，不食死。事蹟具《明史》本傳，其詩文經兵燹之後，多散佚不存。是集詩一卷，文一卷，爲其同里法坤厚及族孫敬業所蒐輯，蓋僅存其什一矣。

自娱集

黄虞稷《千頃堂書目·別集類》 俞琬綸《自娱集》十卷。字君宣，長洲人。西安知縣。

素雯齋集

黄虞稷《千頃堂書目·別集類》 吴伯與《素雯齋集》十八卷。字福生，宣城人。江西副使。

柳堂遺集

黄虞稷《千頃堂書目·別集類》 胡胤素《柳堂遺集》十三卷。字子山，仁和人。庶吉士。

杜曲集

徐𤊹《徐氏家藏書目·別集類》 戴澳《杜曲集》十一卷。字有斐，號斐君，奉化人。萬曆癸丑進士。

黄虞稷《千頃堂書目·別集類》 戴澳《杜曲集》十一卷。字有斐，奉化人。應天府丞。

軍機處奏《禁毀書目》《杜曲集》十二本。查《杜曲集》，係明戴澳撰。所作詩文俱庸淺，其間詞句狂悖處不一而足，應請銷燬。

搴蘭館集

黄虞稷《千頃堂書目·別集類》 方大鉉《搴蘭館集》六卷。字君節，桐城人。户部主事。

天柱集

黄虞稷《千頃堂書目·別集類》 葉燦《天柱集》十七卷。字曾城，一字以沖，桐城人。南京禮部尚書。

讀書堂稿

黄虞稷《千頃堂書目·别集類》 葉燦《讀書堂稿》十二卷。

敬修堂全集

黄虞稷《千頃堂書目·别集類》 李日宣《敬修堂全集》三十卷。字緝敬，吉水人，吏部尚書。

《明史·藝文志·别集類》 李日宣《敬修堂集》三十卷。

黄如集

黄虞稷《千頃堂書目·别集類》 王志道《黄如集》六卷。字東里，漳浦人。左副都御史。

黄檗山人稿

徐𤊹《徐氏家藏書目·别集類》 胡維霖《黄檗山人稿》八卷。字夢説，號檗山，新昌人。萬曆癸丑進士，官福建左布政使，分守建南道。

黄虞稷《千頃堂書目·别集類》 胡維霖《黄檗山人稿》八卷。字夢説，新昌人。四川左布政使。

軍機處奏《禁毁書目》 《黄檗山人文集》一部，五本。查《黄檗山人文集》，係明胡維霖撰。乃所作雜文，刊刻叢冗，絶無體例，中間多狂悖之語，應請銷燬。

菉猗園詩集

黄虞稷《千頃堂書目·别集類》 汪康謡《菉猗園詩集》。字象唐，休寧人。福建按察副使。

留耕堂文集

黄虞稷《千頃堂書目·别集類》 方尚恂《留耕堂文集》。字威侯，淳安人。湖廣按察副使。

敝帚一編

黄虞稷《千頃堂書目·别集類》 方尚恂《敝帚一編》。

玉磬齋詩集

黄虞稷《千頃堂書目·别集類》 方尚恂《玉磬齋詩集》。

客語吟

黄虞稷《千頃堂書目·别集類》 方尚恂《客語吟》。

騑騑草

黄虞稷《千頃堂書目·别集類》 方尚恂《騑騑草》。

闖況

黄虞稷《千頃堂書目·别集類》 方尚恂《闖況》。

方尚恂尺牘

黄虞稷《千頃堂書目·别集類》 方尚恂《尺牘》五卷。

留香草

黄虞稷《千頃堂書目·别集類》 沈天孫《留香草》四卷。字七襄。宣城沈懋學女，嫁屠隆子金樞，年二十一而卒。

《明史·藝文志·别集類》 沈天孫《留香草》四卷。

大風堂集

黄虞稷《千頃堂書目·别集類》 陳元暉《大風堂集》。字無象，海寧人。歷官湖廣、山東左參政。

武夷遊草

黄虞稷《千頃堂書目·别集類》 陳祖苞《武夷遊草》一卷。字爾翔，海鹽人。又字孝威，元暉弟，副都御史，巡撫順天。以子之遴貴，贈少保，内宏文院大學士兼禮部尚書。

壺山集

軍機處奏《禁毀書目》 《壺山集》一本。查《壺山集》，明末陳孝威撰。集中雜文内語多詆斥，應請銷燬。

西清堂稿

黄虞稷《千頃堂書目·别集類》 曹谷《西清堂稿》。字愚公，秀水人。

北山小集

黄虞稷《千頃堂書目·别集類》 華顔《北山小集》。字九淵，號心齋，定海人。工部主事。

瑞槐軒集

黄虞稷《千頃堂書目·别集類》 樓一堂《瑞槐軒集》。字叔宇，浦江人。

柴庵詩集

軍機處奏《禁毀書目》 《柴菴詩集》二本。查《柴菴詩集》，明吴甡撰。甡在崇禎末爲大學士，入國朝後里居不出。此集少前二本，詩中指斥詆毁之語甚多，應請銷燬。

逸園新詩　詠懷詩

《四庫提要・別集類存目七》《逸園新詩》一卷《詠懷詩》一卷。陝西巡撫採進本。明耿志煒撰。志煒字明夫，逸園其別號也，武功人。萬曆癸丑進士，官至提督四譯館少卿，是編乃志煒歸田後所作。於詩境未能深造，至於《詠懷詩》一卷，追和步兵，且一一次其原韻，尤爲攻所必不能勝矣。

在魯齋集

軍機處奏《禁毀書目》《在魯齋集》一部，六本。查《在魯齋集》，係明孔貞時撰。内多悖觸之語，應請銷燬。

翠筠亭集

軍機處奏《禁毀書目》《翠筠亭集》四本。查《翠筠亭集》，係明石文器撰。中有挖空字句，以文義推之，皆指斥之詞，應請銷燬。

天慵子集

黄虞稷《千頃堂書目・別集類》 艾南英《天慵子集》六卷。字千子，臨川人。

《明史・藝文志・別集類》 艾南英《天慵子集》六卷。

靖質居士集

黄虞稷《千頃堂書目・別集類》 陳山毓《靖質居古遺集》六卷。字賁聞，嘉善人。弟龍正集爲之序梓傳。

《明史・藝文志・別集類》 陳山毓《靖質居士集》六卷。

軍機處奏《禁毀書目》《陳靖質集》一部，二本。查《陳靖質集》，係明陳山毓撰。集中《北征賦》一篇意極爲狂悖，應請銷燬。

忠介燼餘集

《四庫提要・別集類二五》《忠介燼餘集》三卷。兩江總督採進本。明周順昌撰。順昌字景文，號蓼洲，吴縣人。萬曆癸丑進士，官至吏部文選司郎中，以忤魏忠賢，爲所羅織，逮治拷掠，殺之於獄。崇禎初，追謚忠介。事蹟具《明史》本傳。初順昌被逮時，篋衍著作頗多，倉卒間爲友人投火滅迹。後其子茂蘭，遇片紙隻字必摹而勒之石。至其孫靖，復從戚友家搜録成集，故名《燼餘》，凡三卷。一卷爲紀事公移，二卷爲尺牘，三卷爲雜文及詩，而以《尋聲譜》附焉。

黄忠端公集

黄虞稷《千頃堂書目・別集類》 黄尊素《黄忠端公集》六卷。字真長，餘姚人。山東道御史，死奄禍。贈太僕寺卿，謚忠端。

《明史・藝文志・別集類》《黄尊素文集》六卷。

英廉奏《全毀書目》《黄忠端集》二本。明黄尊素撰。

空華集

黄虞稷《千頃堂書目・別集類》 如愚《空華集》二卷。字蘊璞，江夏人。少爲諸生，負俗爲僧，居衡山，尋居金陵碧峰寺。

《明史・藝文志・別集類》 如愚《空華集》二卷。

《四庫提要・別集類存目七》《空華集》二卷。兩江總督採進本。明釋如愚撰。如愚字蘊璞，江夏人。祝髮後行脚四方，尋居金陵碧峰寺，從詩僧淇恩學。周汝登、曹學佺、袁宗道兄弟皆與之遊。是集凡四種，初曰《空華集》，詩二卷。次曰《飲河集》，詩二卷。次曰《止啼集》，文一卷。次曰《石頭菴集》，詩三卷、文二卷。《明詩綜》但稱有《飲河》、《石頭》二集，蓋未覩其全也。據《自序》，最後有《寶善堂集》，今亦未見。《序》言：文無定質，詩不必有唐，文不必六經、秦、漢，自許甚高，然材地粗疎，徒好爲大言耳。

飲河集

黄虞稷《千頃堂書目・別集類》 如愚《飲河集》二卷。

《明史・藝文志・別集類》 如愚《飲河集》二卷。

《四庫提要・別集類存目七》 《飲河集》二卷。明釋如愚撰。

四悉稿

黄虞稷《千頃堂書目・別集類》 如愚《四悉稿》四卷。

《明史・藝文志・別集類》 如愚《四悉稿》四卷。

止啼集

《四庫提要・別集類存目七》 《止啼集》一卷。明釋如愚撰。

石頭庵集

黄虞稷《千頃堂書目・別集類》 如愚《石頭庵集》。

《四庫提要・別集類存目七》 《石頭菴集》五卷。明釋如愚撰。

炊香堂文集

黄虞稷《千頃堂書目・別集類》 智誾《炊香堂文集》。字六雪，江西瀛山寺僧。

螢芝集

黄虞稷《千頃堂書目・別集類》 張明弼《螢芝集》九卷。字公亮，金壇人，揭陽知縣，降照磨。

軍機處奏《禁燬書目》 《螢芝集》一部，四本。查《螢芝集》，係明張明弼撰。集中皆其所作詩篇，淺俚無足觀，且多悖謬字句，應請銷燬。

榕城集

黄虞稷《千頃堂書目・別集類》 張明弼《榕城集》□卷。

鳩兹集

黄虞稷《千頃堂書目・別集類》 徐時進《鳩兹集》七卷。字見可，鄞縣人。大理寺卿。

啜墨亭集

黄虞稷《千頃堂書目・別集類》 徐時進《啜墨亭集》十二卷。

軍機處奏《禁燬書目》 《啜墨亭集》十本。查《啜墨亭集》，係明徐時進撰。

中有詆斥字句。應請銷燬。

逸我堂餘稿

黄虞稷《千頃堂書目·别集類》 徐時進《逸我堂餘稿》。

鳩兹集選

徐𤊹《徐氏家藏書目·别集類》 徐時進《鳩兹集選》七卷。字見可，號九瀛，鄞縣人。萬曆乙未進士，大理卿。

散木堂集

黄虞稷《千頃堂書目·别集類》 羅賓王《散木堂集》。字季作，番禺人。南昌府同知。

横山草堂集

黄虞稷《千頃堂書目·别集類》 崔培元《横山草堂集》。字辰長，海鹽人，青陽知縣。

音潮草堂集

黄虞稷《千頃堂書目·别集類》 崔培元《音潮草堂集》。

樂在軒稿

徐𤊹《徐氏家藏書目·别集類》 徐應亨《樂在軒稿》一卷。字伯陽，蘭谿人，天啓中鄉舉。

黄虞稷《千頃堂書目·别集類》 徐應亨《樂在軒稿》。字伯陽，蘭谿人。

十笏齋稿

徐𤊹《徐氏家藏書目·别集類》 徐應亨《十笏齋稿》五卷。

黄虞稷《千頃堂書目·别集類》 徐應亨《十笏齋稿》五卷。

吴越集

黄虞稷《千頃堂書目·别集類》 徐應亨《吴越集》。

庚申篇

黄虞稷《千頃堂書目·别集類》 徐應亨《庚申篇》。

邊事詩

黄虞稷《千頃堂書目·别集類》 徐應亨《邊事詩》。

羅浮集

黄虞稷《千頃堂書目・别集類》 徐應亨《羅浮集》。

南海集

黄虞稷《千頃堂書目・别集類》 徐應亨《南海集》。

遲旭窩吟草

黄虞稷《千頃堂書目・别集類》 斐應暘《遲旭窩吟草》。字曦馭，海寧人。

屢非草

徐𤊹《徐氏家藏書目・别集類》 越其杰《屢非草》一卷。字自興，貴陽人。

豐麓集

《四庫提要・别集類存目七》 《豐麓集》七卷。江西巡撫採進本。明吴兆璧撰。兆璧字文焕，一字子穀，豐麓其别號也，金谿人。萬曆乙卯辛酉兩中副榜，卒不第。以稟貢生官連州學正。是集皆所著雜文，末附壙誌，而以門人周懋文所作《家傳》冠於卷端。

春星堂集

徐𤊹《徐氏家藏書目・别集類》 汪汝謙《春星堂集》十種。字然明，歙縣人。

黄虞稷《千頃堂書目・别集類》 汪然明《春星堂集》十卷。字然明，錢塘人。

聽雪軒集

黄虞稷《千頃堂書目・别集類》 汪然明《聽雪軒集》。

綺詠　綺詠續集

黄虞稷《千頃堂書目・别集類》 汪然明《綺詠》又《綺詠續集》。

《四庫提要・别集類存目七》 《綺詠》一卷《綺詠續集》一卷。安徽巡撫採進本。明汪汝謙撰。汝謙字然明，歙縣人。《江南通志》稱其移居武林，招集勝流，爲湖山詩酒之會。故是集大抵徵歌選妓之作，然其前集陳繼儒序之，後集又繼儒所選定。擩染熏蒸，久而與化。朱彝尊《明詩綜》不録一字，蓋有由矣。

夢　草

黄虞稷《千頃堂書目・别集類》 汪然明《夢草》。

游　草

黄虞稷《千頃堂書目・别集類》 汪然明《游草》。

閩游詩紀

黄虞稷《千頃堂書目・别集類》 汪然明《閩游詩紀》。

詠物詩

黄虞稷《千頃堂書目・别集類》 汪然明《詠物詩》。

藥房集

黄虞稷《千頃堂書目・别集類》 顧同應《藥房集》。字從仲，崑山人。庶子紹芳子，蔭入國子監。

秋嘯集

黄虞稷《千頃堂書目・别集類》 顧同應《秋嘯集》。

文敏遺集

黄虞稷《千頃堂書目・别集類》 李國楷《李文敏遺稿》一卷。字元治，高陽人。少師兼太子太師，中極殿大學士。謚文敏。

《四庫提要・别集類存目七》 《文敏遺集》三卷。直隸總督採進本。明李國楷撰。國楷字元治，號績溪，高陽人。萬曆癸丑進士，官至中極殿大學士。事蹟附見《明史・李標傳》。國楷遺文，明季佚於兵燹。國朝順治己亥，其子大學士霨掇拾殘闕，輯爲一編。康熙丁未，始獲其刻本於同里張亦純，删除重複，得文二十二篇，詩一百一十四首，辛酉纂修《明史》，復於書局得其奏疏十三篇。因重編爲三卷，而以《誌銘》、《墓表》、《碑》附焉，即此本也，其詩文多館閣酬應之作，蓋霨所得於亦純者，本其官翰林時課稿，故所存止是云。

劍津集

黄虞稷《千頃堂書目・别集類》 邵捷春《劍津集》十卷。字見心，侯官人。巡撫四川，都御史。

英廉奏《全毁書目》 《劍津集》五本。明邵捷春撰。

入蜀吟

黄虞稷《千頃堂書目・别集類》 邵捷春《入蜀吟》二卷。

逆旅集

黄虞稷《千頃堂書目・别集類》 焦源溥《逆旅集》三十卷。字涵一，三原人。巡撫大同，都御史。

弱水山人詩集

黄虞稷《千頃堂書目・别集類》 彭期生《弱水山人詩集》。字觀民，海鹽人。江西按察副使，分巡湖西，守贛州，城亡自縊。

芳蓀館遺稿

黄虞稷《千頃堂書目·別集類》 潘曾紘《芳蓀館遺稿》。字昭度，烏程人。僉都御史，巡撫南贛。崇禎中提兵入衛，卒於軍。

香雪齋詩文

黄虞稷《千頃堂書目·別集類》 許如蘭《香雪齋詩文》十二卷。字□□，合肥人。巡撫廣西，都御史。

元對軒稿

黄虞稷《千頃堂書目·別集類》 朱泰禎《元對軒稿》。字道子，海鹽人。兵部車駕司主事。

皆山館稿

黄虞稷《千頃堂書目·別集類》 朱泰禎《皆山館稿》。

遠人雜集

黄虞稷《千頃堂書目·別集類》 朱泰禎《遠人雜集》五卷。

巡滇紀行

黄虞稷《千頃堂書目·別集類》 朱泰禎《巡滇紀行》。

雄文閣稿

黄虞稷《千頃堂書目·別集類》 朱泰禎《雄文閣稿》。

來陽伯詩集

黄虞稷《千頃堂書目·別集類》 來復《來陽伯詩集》。字陽伯，三原人。布政使，備兵淮陽。

霞起樓詩草

黄虞稷《千頃堂書目·別集類》 方大任《霞起樓詩草》。字玉成，一字逢吉，桐城人。巡撫順天，副都御史。

雲岫山人集

黄虞稷《千頃堂書目·別集類》 虞廷陛《雲岫山人集》十卷。字九級，嘉興人。

兼補軒集

黄虞稷《千頃堂書目·別集類》 金麗《兼補軒集》。字雙南，秀水人。

愷園詩草

黄虞稷《千頃堂書目·别集類》《愷園詩草》。金麗著。

闇齋吟稿

黄虞稷《千頃堂書目·别集類》黄承昊《闇齋吟稿》二卷。字履素，秀水人。福建按察使。

焚餘集

黄虞稷《千頃堂書目·别集類》黄承昊《焚餘集》。

壑專堂集

黄虞稷《千頃堂書目·别集類》錢繼登《壑專堂集》。字爾先，嘉善人。

研雨齋集

黄虞稷《千頃堂書目·别集類》臧炅如《研雨齋集》十卷。字聖俞，長興人。

�旅吟

黄虞稷《千頃堂書目·别集類》蔣友《筠旅吟》。字偉修，長興人。

浮湘草

黄虞稷《千頃堂書目·别集類》蔣友《浮湘草》。

蔚庵逸草

黄虞稷《千頃堂書目·别集類》彭汝諧《蔚庵逸草》。字原樂，吴縣人。

申紹芳詩

徐𤊹《徐氏家藏書目·别集類》《申紹芳詩》一卷。字惟烈，號清門，吴縣人。文定之孫。萬曆丙辰進士。

倣雪堂詩

黄虞稷《千頃堂書目·别集類》申紹芳《倣雪堂詩》一卷。

歲餘詩史

黄虞稷《千頃堂書目·别集類》申紹芳《歲餘詩史》一卷。

江城餘課

黄虞稷《千頃堂書目·别集類》申紹芳《江城餘課》一卷。

噎隣吟

黃虞稷《千頃堂書目・別集類》 申紹芳《噎隣吟》一卷。

汰愁箋

黃虞稷《千頃堂書目・別集類》 申紹芳《汰愁箋》一卷。

鸞吪噫

黃虞稷《千頃堂書目・別集類》 申紹芳《鸞吪噫》一卷。

祀脾雜俎

黃虞稷《千頃堂書目・別集類》 申紹芳《祀脾雜俎》一卷。字□□，號篠士，吳縣人。户部□侍郎。

初日齋集

《明史・藝文志・別集類》 王納諫《初日齋集》七卷。

瑤光閣集

黃虞稷《千頃堂書目・別集類》 黃端伯《瑤光閣集》八卷。字元公，建昌新城人，杭州府推官，禮部郎中。南京既下，死於市。

《明史・藝文志・別集類》 黃端伯《瑤光閣集》八卷。

英廉奏《抽毀書目》 《瑤光閣集》四本。查《瑤光閣集》，係明黃端伯撰。卷三第十頁策一道，語涉乖謬，應請抽燬。

《四庫提要・別集類存目七》 《瑤光閣集》十三卷。江西巡撫採進本。明黃端伯撰。端伯有《易疏》，已著録。端伯生平好佛，嘗鎸私印曰「海岸道人」，取《楞嚴經》引諸沈冥出於苦海之語。及晚年，磨去印文，改鎸「忠孝廉節」四字。終以殉國流芳，可謂不負其志。是集古近體詩二卷，雜文十卷。爲僧作者居其大半，其措詞如偈，如疏，如禪家語録，非欲以詞章名世者。甚至《五經四書頌》亦以禪語闌入。如《春秋頌》云「通身手，通身膽，句中有眼定乾坤，識者須從聲外鑿」云云，蓋其性癖如是。其人足重，其學則不可訓也。別附《外篇》一卷。李紱序謂「其當明季古文大壞之時，獨安雅無迂怪之習，惟時時雜佛氏語。因別擇編爲《外編》，以明其先迷後悟之旨，無使世俗之人以佛溷先生，亦不令學佛者借先生以張佛」云云。亦委曲回護之言耳。

廬山集

黃虞稷《千頃堂書目・別集類》 黃端伯《廬山集》一卷。

東海集

黃虞稷《千頃堂書目・別集類》 黃端伯《東海集》一卷。

還鄉集

黃虞稷《千頃堂書目・別集類》 黃端伯《還鄉集》二卷。

貞石堂集

黄虞稷《千頃堂書目·别集類》 温璜《温寶忠貞石堂遺稿》十二卷。初名以介，字于石，烏程人。徽州府推官，乙酉六月城陷死。

英廉奏《全毁書目》 《貞石堂集》二本。明温璜撰。

文生小草

黄虞稷《千頃堂書目·别集類》 文震亨《文生小草》。字啓美，長洲人。震孟弟。崇禎中官武英殿中書舍人，國變後投水死。

軍機處奏《禁毁書目》 《文生小艸》。查《文生小艸》，文震亨撰。中有指斥，應請銷燬。

岱宗遊草

徐𤊹《徐氏家藏書目·别集類》 文震亨《岱宗遊草》一卷。字啓美，彭之孫，元發之子。

黄虞稷《千頃堂書目·别集類》 文震亨《岱宗遊草》一卷。

岱宗拾遺

徐𤊹《徐氏家藏書目·别集類》 文震亨《岱宗拾遺》一卷。

黄虞稷《千頃堂書目·别集類》 文震亨《岱宗拾遺》一卷。

新　集

徐𤊹《徐氏家藏書目·别集類》 文震亨《新集》十卷。

黄虞稷《千頃堂書目·别集類》 文震亨《新集》十卷。

駢枝别集

黄虞稷《千頃堂書目·别集類》 黄道周《駢枝别集》二十卷。門人吕漢𢡟編。字幼玄，一字螭若，漳州鎮海衛人。禮部尚書，丙戌二月死於市。

石齋集

《明史·藝文志·别集類》 黄道周《石齋集》十二卷。

石齋詠業

黄虞稷《千頃堂書目·别集類》 黄道周《石齋詠業》二卷。

大滌函書

黄虞稷《千頃堂書目·别集類》 黄道周《大滌函書》六卷。

春游園偶録　蕭齋日記

英廉奏《抽毀書目》《春浮園偶録》、《蕭齋日記》共二本。查《春浮園偶録》、《蕭齋日記》，俱明蕭伯玉撰。《偶録》三十二頁，二十八《晴作錢受之詩》一條，五十六頁二十八《與錢牧齋書》一條，《日記》内第十頁十四《傳寇警》一條，三十三頁十七《錢牧齋寄來》一條，俱有推重錢謙益語，應請抽燬。

春浮園集

黄虞稷《千頃堂書目・别集類》蕭士瑋《春浮園集》十卷。字伯玉，泰和人。丙辰會試中式，壬戌賜同進士出身，吏部郎中，光禄寺少卿。

《明史・藝文志・别集類》蕭士瑋《春浮園集》十卷。

英廉奏《全毀書目》《春浮園集》八本。明蕭士瑋撰。

織簾居詩

黄虞稷《千頃堂書目・别集類》顧夢麟《織簾居詩》四卷。字麟士，太倉州人。

清芬閣集

黄虞稷《千頃堂書目・别集類》姚貞婦方維儀《清芬閣集》七卷。孟式妹，適姚孫棨，再期而夭，乃請大歸，守志於家，名其閣曰清芬。善畫，白描諸佛像。年八十餘卒。

《明史・藝文志・别集類》方維儀《清芬閣集》七卷。

譚友夏合集

《四庫提要・别集類存目七》《譚友夏合集》二十三卷。安徽巡撫採進本。明譚元春撰。是編乃明季蘇州張澤合元春詩文而刻之。一卷至五卷爲《嶽歸堂新詩》，六卷至十四卷爲《鵠灣文草》，十五卷至二十三卷爲《嶽歸堂已刻詩選》。每篇各有批評，皆刻意摹倣元春語。

嶽歸堂集

黄虞稷《千頃堂書目・别集類》譚元春《嶽歸堂集》十卷。字友夏，竟陵人，解元。

《明史・藝文志・别集類》譚元春《嶽歸堂集》十卷。

《四庫提要・别集類存目七》《嶽歸堂集》十卷。兩淮鹽政採進本。明譚元春撰。元春字友夏，天門人，天啓丁卯舉人。《明史・文苑傳》附見《袁宏道傳》中。隆、萬以膈，公安三袁始攻擊王、李詩派，以清巧爲工，風氣一變。天門鍾惺更標舉尖新、幽冷之詞，與元春相唱和，評點《詩歸》，流佈天下，相率而趨纖仄，有明一代之詩，遂至是而極弊。論者比之詩妖，非過刻也。元春之才較惺爲劣，而詭辨如出一手，日久論定，徒爲嗤點之資，觀其遺集，亦足爲好行小慧之戒矣。

雙樹齋草

徐𤊹《徐氏家藏書目・别集類》譚元春《雙樹齋草》二卷。字友夏，景陵人。天啓丁卯解元。

鵠灣文集

黄虞稷《千頃堂書目·別集類》 譚元春《鵠灣文集》□卷。

譚子詩歸

《四庫提要·別集類存目七》 《譚子詩歸》十卷。江西巡撫採進本。明譚元春撰。此集乃其選本，題曰刎菴訂定，不知何許人。前有自序，并載諸稿自題之文，如《西陵草》、《秋尋草》、《客心草》之類，凡十餘種。蓋其詩之別刻者尚多云。

松臺山房集

黄虞稷《千頃堂書目·別集類》 張天麟《松臺山房集》。字季昭，永嘉人。

吕大器集

黄虞稷《千頃堂書目·別集類》 《吕大器集》。字先自，遂寧人，吏部左侍郎。

華川集

黄虞稷《千頃堂書目·別集類》 熊人霖《華川集》二十四卷。字伯甘，進賢人。明遇子。南京工部主事。

《明史·藝文志·別集類》 熊人霖《華川集》二十四卷。

南來堂稿

黄虞稷《千頃堂書目·別集類》 讀徹《南來堂稿》。字蒼雪，呈貢人，居蘇州楞伽之中峰。

寄巢詩集

黄虞稷《千頃堂書目·別集類》 道源《寄巢詩集》。字石林，太倉人，居吴北禪寺。

沈顥雜刻

徐𤊹《徐氏家藏書目·別集類》 沈顥《雜刻》八卷。字朗倩，號朗瓙，吴縣人。布衣。

二東小草

黄虞稷《千頃堂書目·別集類》 周應期《二東小草》。字克昌，永嘉人。

静嘯齋集

徐𤊹《徐氏家藏書目·別集類》 董斯張《静嘯齋集》七卷。字遐周，初名嗣暐，字然明。嗣成之弟。萬曆中太學生。王穉登、陳繼儒爲序。

静嘯齋存稿

黄虞稷《千頃堂書目·别集類》 董斯張《張嘯齋存稿》十卷。字遐周，歸安人。尚書份之孫。國子監生。負才早卒。

英廉奏《全毁書目》 《静嘯齋存草》二本。明董斯張撰。

童牙稿

黄虞稷《千頃堂書目·别集類》 董斯張《童牙稿》一卷。

客閩稿

黄虞稷《千頃堂書目·别集類》 董斯張《客閩稿》一卷。

未焚稿

黄虞稷《千頃堂書目·别集類》 董斯張《未焚稿》一卷。

留篋稿

黄虞稷《千頃堂書目·别集類》 董斯張《留篋稿》三卷。

雜　文

黄虞稷《千頃堂書目·别集類》 董斯張《雜文》三卷。

松窗老人稿

黄虞稷《千頃堂書目·别集類》 鄭士奇《松窗老人稿》。字平子，嘉興人。贛州興國知縣。

西乘庵稿

黄虞稷《千頃堂書目·别集類》 錢陛《西乘庵稿》。字紫芝，嘉興人。與瑛子。

山居詩

徐𤊹《徐氏家藏書目·别集類》 徐文若《山居詩》一卷。字昭質，江浦人。

山雨樓詩

徐𤊹《徐氏家藏書目·别集類》 吴道榮《山雨樓詩》一卷。字尊生，休寧人。

古崖詩選

高儒《百川書志·集·國朝》 《古崖詩選》五卷。瑞州教授莆田陳鉞廷威著。

石衣翁南歸草

黄虞稷《千頃堂書目・别集類》 黄孔昭《石衣翁南歸草》一卷。字含美，吴縣人。癸酉舉人，選授大姚知縣。

西莊稿

黄虞稷《千頃堂書目・别集類》 張城《西莊稿》四卷。

葵軒集

黄虞稷《千頃堂書目・别集類》 朱祐《葵軒集》一卷。

黄門集

黄虞稷《千頃堂書目・别集類》 唐貴《黄門集》二卷。字□□，武進人。户科給事中。

鶯鳴集

黄虞稷《千頃堂書目・别集類》 黎崇勣《鶯鳴集》。字賢之，番禺人。交河縣教諭。

傅文恪公集

黄虞稷《千頃堂書目・别集類》 傅新德《傅文恪公集》七卷。字明甫，定襄人。戊子解元，歷官太常寺卿，管國子監祭酒事，贈禮部右侍郎，謚文恪。

浣花堂草

徐𤊹《徐氏家藏書目・别集類》 贛似華《浣花堂草》二卷。字二甫，號鄰初，成都府内江人。萬曆己丑進士，福州知府。刻于郡齋，屠隆爲序。

恒岳遺稿

黄虞稷《千頃堂書目・别集類》 朱燮元《恒岳遺稿》。字懋和，山陰人。兵部尚書兼右都御史，總督川、湖、雲、貴，加太師。

石隱園藏稿

黄虞稷《千頃堂書目・别集類》 畢自嚴《石隱園藏稿》八卷。字景曾，淄川人。户部尚書，加太子太保，贈少保。

《四庫提要・别集類二五》 《石隱園藏稿》八卷。山東巡撫採進本。明畢自嚴撰。自嚴字景會，淄川人。萬曆壬辰進士，官至户部尚書。事蹟具《明史》本傳。方自嚴總國計時，外則遼瀋連兵，封疆已蹙，而軍餉日增。内則東林奄黨，水火紛呶，閧然置社稷而争門户。自嚴支拄其間，前後六年。綜覈敏練，爲天下所推。孫廷銓爲作墓誌，稱其有《石隱藏稿》八卷、《奏議》一百三十六卷。其《奏議》今未見，獨此集存，凡詩一卷，文七卷。前有高珩序，稱「其官户部時，於天下大計，朗朗於胸，屈指兵食款目，如觀掌果。軍興旁午，中旨日數十下，即刻奏成手中。不似後來者止署紙尾，令司署具稿。每入署，輿後置書二寸餘。日晡事竣，必讀書，漏下數刻乃歸。鄺侯、劉晏遂抽毫、賈之簟，實古來僅事」。又稱其七言近體分滄溟、華泉之座。又作第二序，擬其文於韓、蘇，擬其四六於徐、庾。雖鄉曲之言，未免稍溢。而以經濟兼文章，則自嚴要不愧也。珩所稱《雲間條議》十則、《冀寧大閱》十則、《災祲窾議》十三則，今皆不見集中。意其在《奏議》一百三十六卷中歟。

讀史詠言

黄虞稷《千頃堂書目·別集類》 蘇茂相《讀史詠言》一卷。字弘家，晉江人。太子太傅，刑部尚書。

河山集

黄虞稷《千頃堂書目·別集類》 沈演《河山集》六十四卷。字叔敷，烏程人。節甫子。辛卯順天解元，刑部尚書。

真隱軒初稿

徐𤊹《徐氏家藏書目·別集類》 沈演《真隱軒初稿》十四卷。字敬孚，號何山，節甫之子。萬曆壬辰進士，累官刑部侍郎。

學吟稿

黄虞稷《千頃堂書目·別集類》 何荊玉《學吟稿》。字體夫，一字扶揚。

攝月樓詩草

黄虞稷《千頃堂書目·別集類》 王士驌《攝月樓詩草》二卷。字閑仲，太倉人。世懋子。

睡庵初集　睡庵二集

徐𤊹《徐氏家藏書目·別集類》 湯賓尹《睡庵集》十卷、《二刻》四卷、《三刻》四卷。字嘉賓，號霍林，宣城人。萬曆乙未會元，官國子祭酒。

黄虞稷《千頃堂書目·別集類》 湯賓尹《睡庵初集》六卷又《睡庵二集》十四卷。字嘉賓，宣城人。會元，一甲第二人，南京國子監祭酒。

《明史·藝文志·別集類》 湯賓尹《睡菴初集》六卷。

英廉奏《全毁書目》 《睡庵集》八本。明湯賓尹撰。

廣陵紀游

徐𤊹《徐氏家藏書目·別集類》 鄔銓明《廣陵紀游》一卷。字簡在，慈谿人。崇禎丙子鄉舉。

劉文端公集

黄虞稷《千頃堂書目·別集類》 劉一燝《劉文端公集》。字季晦，南昌人。少師兼太子太師，吏部尚書，中極殿大學士，贈太師，謚文端。

定軒存稿

黄虞稷《千頃堂書目・别集類》 陳于廷《定軒存稿》三卷。字孟諤，宜興人。南京都察院右都御史，召總內臺，加太子少保，謚恭定。

《明史・藝文志・别集類》 陳于廷《定軒存稿》三卷。

損仲集

徐𤊹《徐氏家藏書目・别集類》 王惟儉《損仲集》二卷。字損仲，號符禺，開封祥符縣人。萬曆乙未進士，都御史工部左侍郎。

黄虞稷《千頃堂書目・别集類》 王維儉《王損仲集》二卷。字損仲，祥符人。工部右侍郎。

王損中詩甲稿

《清集提要》 《王損中詩甲稿》二卷。王惟儉撰。

五欲軒稿

黄虞稷《千頃堂書目・别集類》 賀燦然《五欲軒稿》五卷。字伯闇，秀水人。吏部員外郎。

六欲軒稿

黄虞稷《千頃堂書目・别集類》 賀燦然《六欲軒稿》十八卷。

六欲軒雜著

黄虞稷《千頃堂書目・别集類》 賀燦然《六欲軒雜著》一卷。

珠樹軒稿

黄虞稷《千頃堂書目・别集類》 沈琦《珠樹軒稿》，字仲玉，吴江人。禮部主事。

傳書堂集

黄虞稷《千頃堂書目・别集類》 陸錫恩《傳書堂集》。字伯承，平湖人。刑部員外郎。

雙梟草

黄虞稷《千頃堂書目・别集類》 陸錫恩《雙梟草》。

陸錫恩詩集

徐𤊹《徐氏家藏書目・别集類》 《陸錫恩詩集》四卷。字伯承，號九芝，平湖人。泖之玄孫，萬曆乙未進士，刑部員外。

水月山房集

黄虞稷《千頃堂書目・别集類》 陳之龍《水月山房集》二卷。字□□，鄞縣人。翰林院編修。

詹炎集

黄虞稷《千頃堂書目・别集類》 葉維榮《詹炎集》三十四卷。字□□，慈谿人。

伯子詩草

黄虞稷《千頃堂書目・别集類》 應汝化《伯子詩草》。號雲溟，仙居人。

漱玉堂集

黄虞稷《千頃堂書目・别集類》 應汝化《漱玉堂集》。

樹瓢吟

黄虞稷《千頃堂書目・别集類》 王萬祚《樹瓢吟》二卷。字君錫，臨海人。南道御史。

春星堂稿

黄虞稷《千頃堂書目・别集類》 杜士全《春星堂稿》五卷。字□□，上海人。工部尚書。

杜完三詩稿

黄虞稷《千頃堂書目・别集類》 杜士全《杜完三詩稿》五卷。

玄麓堂集

黄虞稷《千頃堂書目・别集類》 南師仲《玄麓堂集》五十卷。字□□，渭南人。南軒子。檢討，南京禮部尚書。

《明史・藝文志・别集類》 南師仲《玄麓堂集》五十卷。

集杜詩

黄虞稷《千頃堂書目・别集類》 南師仲《集杜詩》五卷。

葵圃集

黄虞稷《千頃堂書目・别集類》 鄭懷魁《葵圃集》三十卷。字輅思，漳州人。處州知府，浙江副使。讀書過目成誦，靡不淹貫，凡有所扣，信口倒囊，不事翻閲，善駢儷。

《明史・藝文志・别集類》 鄭懷魁《葵圃集》三十卷。

轅雅集

黄虞稷《千頃堂書目・别集類》 徐鑾《轅雅集》四卷。字鳴卿，漳州人。兵部職方郎中。

周長卿集

黄虞稷《千頃堂書目・别集類》 周元《周長卿集》。江寧人。

郊愚草

黄虞稷《千頃堂書目・别集類》 史記事《郊愚草》三卷。字羲伯，渭南人。光禄寺少卿。

枏偶吟

黄虞稷《千頃堂書目・别集類》 汪國《枏偶吟》。字仲木，婺源人。東寧道副使。

中臺漫稿

黄虞稷《千頃堂書目・别集類》 江起鵬《中臺漫稿》。字羽健，婺源人。禮部郎中。

劉氏遺書

黄虞稷《千頃堂書目・别集類》 劉觀文《劉氏遺書》十四卷。字叔熙，丹徒人。主客司員外郎。

蕭九生集

軍機處奏《禁毁書目》 《蕭九生集》十二本。查《蕭九生集》，明蕭近高撰。近高官至工部尚書，詩文作於萬曆末年，中多詆斥，應請銷燬。

蕭近高疏草文艸

軍機處奏《禁毁書目》 《蕭近高疏草文艸》共五本。查《疏草文艸》，俱係明工部侍郎蕭近高撰。其奏疏類皆案牘常談，文筆亦甚冗蔓，中間挖空字句甚多，均係指斥之詞，應請銷燬。

夷白齋轂音

黄虞稷《千頃堂書目・别集類》 林杞《夷白齋轂音》。仁和人。

赤城山人集

黄虞稷《千頃堂書目・别集類》 胡震亨《赤城山人集》十四卷。字孝轅，海鹽人。定州知州。

遵時堂集

黃虞稷《千頃堂書目・別集類》 莊學曾《遵時堂集》。字仲肩，鄞縣人。

麗崎軒集

黃虞稷《千頃堂書目・別集類》 查應光《麗崎軒集》。字賓王，休寧人。

麗崎軒詩集

軍機處奏《禁毀書目》 《麗崎軒詩集》四本。查《麗崎軒詩集》，明查應光撰。中有指斥之詞，應請銷燬。

二酉山房草

黃虞稷《千頃堂書目・別集類》 張應申《二酉山房草》。字維禎，東莞人。

長溪彙草

徐𤊹《徐氏家藏書目・別集類》 張蔚然《長溪彙草》一卷。字惟成，號青林，仁和人。萬曆丁酉鄉舉，官福安知縣。卒年六十三。

岳遊譜

徐𤊹《徐氏家藏書目・別集類》 張蔚然《岳遊譜》一卷。

循陔園文集

徐𤊹《徐氏家藏書目・別集類》 丘禾實《循陔園文集》八卷。字有秋，號隺峰，曾安州新添衛，籍山東，即墨人。萬曆戊戌進士，翰林院檢討，右庶子。

黃虞稷《千頃堂書目・別集類》 丘禾實《循陔園文集》八卷。字有秋，貴州新添衛人。辛卯解元，歷官右庶子。一字登之。

《明史・藝文志・別集類》 《丘禾實文集》八卷。

循陔園詩集

徐𤊹《徐氏家藏書目・別集類》 丘禾實《循陔園詩集》四卷。

黃虞稷《千頃堂書目・別集類》 丘禾實《循陔園詩集》四卷。

《明史・藝文志・別集類》 《循陔園詩》四卷。

大旭山房集

《四庫提要・別集類存目六》 《大旭山房集》一卷。江西巡撫採進本。明鄧渼撰。渼字遠遊，自號簫曲山人，建昌人。萬曆戊戌進士，官至僉都御史，巡撫順天。忤魏忠賢，謫戍貴州，崇禎初，放還，卒。是集皆散體之文。案明版《唐文粹》之首有渼序曰「文家法秦漢，非不善也。然摹擬工則蹊徑太露，構撰富則窠臼轉多，至近日膚淺之法，畏難好易，眉山盛而昌黎、河東二氏詘」云云。頗中明季古文兩派之病。其自作則未能凌跨一時也。《千頃堂書目》有渼《留夷館集》四卷、《南中集》四卷、《紅帛集》四卷，不載此集，殆偶未見歟。

留夷館集

徐𤇆《徐氏家藏書目・別集類》 鄧渼《留夷館集》四卷。字遠遊，南城人。萬曆戊戌進士，官御史，浙江副使，順天巡撫，副都御史。

黄虞稷《千頃堂書目・別集類》 鄧渼《留夷館集》四卷。字遠游，新城人。巡撫順天，都御史，爲逆閹魏忠賢所惡，遣戍貴州，崇禎初赦還卒。尚有《大旭山房》、《夫容樓》、《潕水》諸集。

南中集

徐𤇆《徐氏家藏書目・別集類》 鄧渼《南中集》四卷。

黄虞稷《千頃堂書目・別集類》 鄧渼《南中集》四卷。

紅泉集

徐𤇆《徐氏家藏書目・別集類》 鄧渼《紅泉集》四卷。

黄虞稷《千頃堂書目・別集類》 鄧渼《紅泉集》四卷。

澹志齋集

黄虞稷《千頃堂書目・別集類》 周如磐《澹志齋集》□卷。字聖培，莆田人。太子太保，禮部尚書，文淵閣大學士。贈少保，謚文懿。

百花洲集

黄虞稷《千頃堂書目・別集類》 鄧雲霄《百花洲集》二卷。字玄度，東莞人。廣西右參政。

《四庫提要・別集類存目六》 《百花洲集》二卷。江蘇巡撫採進本。明鄧雲霄撰。雲霄字元度，東莞人。萬曆戊戌進士，官至廣西布政使參政。是集乃其官長洲時所作，故以「百花洲」爲名。其詩近體居十之八九。

解弢集

黄虞稷《千頃堂書目・別集類》 鄧雲霄《解弢集》。

《四庫提要・別集類存目六》 《解弢集》一卷。兩淮鹽政採進本。明鄧雲霄撰。雲霄作《冷邸小言》，論詩以妙悟爲宗，以自然爲用。故茲集所載，多仿王、孟之音，而醞釀深厚則未及古人。昔嚴羽作《滄浪詩話》，標舉盛唐，而所作乃惟存浮響。雲霄所論所作，蓋均似之矣。

然桂集

黄虞稷《千頃堂書目・別集類》 鄧雲霄《然桂集》。

秋興集

黄虞稷《千頃堂書目・別集類》 鄧雲霄《秋興集》。

鏡園集

黄虞稷《千頃堂書目·别集類》 鄧雲霄《鏡園集》。

紫煙樓集

黄虞稷《千頃堂書目·别集類》 鄧雲霄《紫煙樓集》。

竹浪齋集

黄虞稷《千頃堂書目·别集類》 鄧雲霄《竹浪齋集》。

浮湘集

黄虞稷《千頃堂書目·别集類》 鄧雲霄《浮湘集》。

越烏吟

黄虞稷《千頃堂書目·别集類》 鄧雲霄《越烏吟》。

潄玉齋類詩

黄虞稷《千頃堂書目·别集類》 鄧雲霄《潄玉齋類詩》。

京華元夕詩

黄虞稷《千頃堂書目·别集類》 鄧雲霄《京華元夕詩》一卷。

後樂堂集

黄虞稷《千頃堂書目·别集類》 何如寵《後樂堂集》。字康侯，桐城人。乙未中式，戊戌殿試，少保，户部尚書，武英殿大學士，贈太傅，謚文端。

冷然艸

徐𤊹《徐氏家藏書目·别集類》 王士奭《冷然艸》四卷。字右仲，號於越，鄞縣人。萬曆庚子鄉舉，崇禎初永福知縣，涪州知州。

遠志篇

徐𤊹《徐氏家藏書目·别集類》 王士奭《遠志篇》一卷。

桂石軒艸

徐𤊹《徐氏家藏書目·别集類》 王士奭《桂石軒艸》一卷。

夷困録

徐𤊹《徐氏家藏書目・別集類》 王士奭《夷困録》五卷。

密娱齋集

黄虞稷《千頃堂書目・別集類》 王嗣奭《密娱齋集》十五卷。字右仲，鄞縣人。涪州知州。

石丈齋集

黄虞稷《千頃堂書目・別集類》 葛應秋《石丈齋集》。字萬説，績溪人。遂昌教諭。

去去齋集

黄虞稷《千頃堂書目・別集類》 蔡善繼《去去齋集》三卷。字伯達，歸安人。福建布政使。

市隱園詩文紀

黄虞稷《千頃堂書目・別集類》 姚履素《市隱園詩文紀》。號元初，上元人。廣東提學副使。

趙微生詩選

黄虞稷《千頃堂書目・別集類》 趙彦復《趙微生詩選》。字微生，杞縣人。湖廣按察副使。

蟋蟀軒草

《四庫提要・別集類存目六》 《蟋蟀軒草》。無卷數。山東巡撫採進本。明劉士驥撰。士驥字允良，禹城人。萬曆甲辰進士，官翰林院編修。士驥於李攀龍爲鄉人，而不循其門徑。是集前有李若訥序，稱允良自言，少年濡首李、王諸家。顧李、王生今日，宜另繡其腸。其不肯從風而靡，不爲無見。然集中詩文，乃作嘽緩之音，是則楚既失之，齊亦未爲得也。

蟋蟀軒詩草

黄虞稷《千頃堂書目・別集類》 劉士驥《蟋蟀軒詩草》。字允良，禹城人。翰林院檢討。

樊致虚雜稿

黄虞稷《千頃堂書目・別集類》 樊良樞《樊致虚雜稿》二十一卷。《密庵初稿》四卷。又《稗稿》四卷。又《括風采》四卷。又《西湖草》一卷。又《客星詠》一卷。又《匡山社詩》七卷。又有《三山》、《二酉》等集。字尚默，南昌府進賢人。陝西右布政使，浙江副使。

樊致虛詩集

《四庫提要·别集類存目六》 《樊致虛詩集》四卷。兩淮鹽政採進本。明樊良樞撰。良樞字尚植，一號致虛，進賢人，萬曆甲辰進士，官至浙江提學副使。是編凡《匡山社集》一卷、《二山草》三卷，皆以所居地名之。匡山取居近匡廬之義，二山則官淮南時取淮南大小山之義也。《二山草》中又附以其叔儁，弟尚燝、良楹，子重鵬等次和之作，大抵多規橅七子聲調。

槎庵詩集

黄虞稷《千頃堂書目·别集類》 來斯行《槎庵詩集》。字道之，蕭山人。

瑞芝堂集

黄虞稷《千頃堂書目·别集類》 王一中《瑞芝堂集》。字石門，青田人。

柱下焚餘

黄虞稷《千頃堂書目·别集類》 王一中《柱下焚餘》。

撫閩奏疏文移

徐𤊹《徐氏家藏書目·别集類》 熊文燦《撫閩奏疏文移》十卷。字□□，號心開，瀘州人。萬曆丁未進士，福建巡撫都御史。

誰園集

徐𤊹《徐氏家藏書目·别集類》 湯一統《誰園集》五卷。字惟一，號□□，蕪湖人。萬曆乙卯鄉舉，官光澤知縣，保定府同知。

楚　語

徐𤊹《徐氏家藏書目·别集類》 馬天錦《楚語》二卷。字澹希，一字聚生，號石園，蒲圻人。萬曆乙未進士，南京兵部郎中。

石囷新語

徐𤊹《徐氏家藏書目·别集類》 馬天錦《石囷新語》一卷。

浮來集

英廉奏《全毀書目》 《浮來集》六本。明公鼒撰。

小東園詩集

黄虞稷《千頃堂書目·别集類》 公鼒《小東園詩集》一卷。字敬輿，蒙陰人。侍郎鼐弟。丁酉舉人，官工部主事。

簡翁詩集

黄虞稷《千頃堂書目・別集類》 傅梅《簡翁詩集》。字元鼎，邢臺人。

學古緒言

黄虞稷《千頃堂書目・別集類》 婁堅《學古緒言》二十五卷。字子柔，嘉定人。貢生。

《明史・藝文志・別集類》 婁堅《學古緒言》二十六卷。

《四庫提要・別集類二五》《學古緒言》二十五卷。副都御史黄登賢家藏本。明婁堅撰。堅字子柔，長洲人。隆、萬間貢生。早從歸有光游，《明史・文苑傳》附載《有光傳》中。稱其與唐時升、程嘉燧及李流芳號「嘉定四先生」。【略】堅以鄉曲儒生獨能支柱頹瀾，延古文之一脈。其文沿溯八家，而不勦襲其面貌，和平安雅，能以真樸勝人。亦可謂永嘉之末，得聞正始之音矣。王士禎《居易録》嘗稱其《長慶集序》，以爲真古文。今觀是集，大抵具有古法，不但是篇，士禎特偶舉其一也。

吴歈小草

黄虞稷《千頃堂書目・別集類》 婁堅《吴歈小草》十卷。

英廉奏《全毀書目》 《吴歈小草》三本。明婁堅撰。

松圓浪淘集

黄虞稷《千頃堂書目・別集類》 程嘉燧《松圓浪淘集》十八卷。字孟陽。休寧布衣，僑居嘉定。與唐時升、婁堅、李流芳稱「嘉定四先生」，四明謝三賓知縣事，合刻其集。

《明史・藝文志・別集類》 程嘉燧《松圓浪淘集》十八卷。

偈庵集

黄虞稷《千頃堂書目・別集類》 程嘉燧《偈庵集》二卷。

英廉奏《全毀書目》 《松園》、《偈菴集》二本。明程孟陽撰。

耦耕堂詩集

黄虞稷《千頃堂書目・別集類》 程嘉燧《耦耕堂詩集》三卷。

耦耕堂文集

黄虞稷《千頃堂書目・別集類》 程嘉燧《耦耕堂文集》二卷。

謝兆申全集

黄虞稷《千頃堂書目・別集類》 《謝兆申全集》二十四卷。字耳伯，建寧人。諸生，有書癖，聚書甚多。

《明史・藝文志・別集類》 《謝兆申詩文稿》二十四卷。

英廉奏《抽毀書目》 《謝耳伯詩文集》八本。查《謝耳伯詩文集》，係明謝兆申撰。文集卷十六《與錢謙益書》，又詩集卷六《與錢謙益詩》一首，俱推詡太甚，應請抽燬。

《四庫提要・別集類存目七》 《謝耳伯詩集》八卷《文集》十六卷。福建巡撫採進本。明謝兆申撰。兆申字伯元，號耳伯，邵武人。萬曆中貢生。兆申好深沈谿刻之思，又多雜以奇字，其文蹇棘幽晦，至使人齚口慘腹而不可句。【略】其詩題曰

《全集》，文則題曰《初集》，當尚有二集，今未之見也。

謝耳伯古詩

黄虞稷《千頃堂書目・别集類》 謝兆申《謝耳伯古詩》一卷。

麻姑遊草

黄虞稷《千頃堂書目・别集類》 謝兆申《麻姑遊草》一卷。

白雲居士集

黄虞稷《千頃堂書目・别集類》 石沆《白雲居士集》二卷。字瀣仲，如臯人。没後，萬曆庚戌友人殷之澤定，錢謙益稱其詩「陶冶性靈，蕭閑疏放，以爲古之香山，今之江門之流」。

思勉齋集

黄虞稷《千頃堂書目・别集類》 徐允禄《思勉齋集》十四卷。字汝廉。嘉定學生。

英廉奏《全毁書目》 《思勉齋集》二本。明徐允禄撰。

那庵詩選

黄虞稷《千頃堂書目・别集類》 商家梅《那庵詩選》二十卷。字孟和，閩縣人。

種雪園詩

黄虞稷《千頃堂書目・别集類》 商家梅《種雪園詩》十卷。

白毫集

徐𤊹《徐氏家藏書目・别集類》 徐應雷《白毫集》二十二卷。字聲遠，吴縣人。萬曆中布衣。没後，蘇州□□、関中龐源未識面，臨其喪，捐俸梓其集。丁元薦序。

黄虞稷《千頃堂書目・别集類》 徐應雷《白毫集》二十二卷。字聲遠，吴縣人。

社中稿

徐𤊹《徐氏家藏書目・别集類》 徐應雷《社中稿》一卷。字聲遠，吴縣人。萬曆中布衣。

寶蕊栖詩

黄虞稷《千頃堂書目・别集類》 王醇《寶蕊栖詩》五卷。字先民，揚州人。

軍機處奏《禁毁書目》 《寶蕊栖詩》一本。查《寶蕊栖詩》，係明王醇撰。以所作詩分體彙编，其中字句多指斥之處，應請銷燬。

嚶鳴雲籟

徐𤊹《徐氏家藏書目・别集類》 王醇《嚶鳴雲籟》二卷。字先民，山陽人。

逋屋吟

黃虞稷《千頃堂書目·別集類》 汪逸《逋屋吟》。字遺民，休寧人。

汪遺民詩

《四庫提要·別集類存目七》 《汪遺民詩》一卷。兩江總督採進本。明汪逸撰。逸字遺民，歙縣人。是集詩一卷，皆與馬時良、仲良兄弟倡和之作。

白虹集

黃虞稷《千頃堂書目·別集類》 王伯稠《白虹集》二十卷。字世周，崑山人。

王世周集

英廉奏《抽毀書目》 《王世周詩集》四本。查《王世周詩集》係明王伯稠撰。卷九《岳王繪像歌》有偏謬語，應請抽燬。

《四庫提要·別集類存目五》 《王世周集》二十卷。江蘇巡撫採進本。明王伯稠撰。伯稠字世周，崑山人。是集卷首有王世貞兄弟序，頗相推許。然考其所作，似過於標榜。

天爵堂文集

徐𤊹《徐氏家藏書目·別集類》 薛岡《天爵堂集》二卷。字千仞，鄞縣人。

黃虞稷《千頃堂書目·別集類》 薛岡《天爵堂文集》二十卷。字千仞。鄞縣布衣。

淮集

徐𤊹《徐氏家藏書目·別集類》 薛岡《淮集》一卷。

南池集

徐𤊹《徐氏家藏書目·別集類》 薛岡《南池集》一卷。

南枝草

黃虞稷《千頃堂書目·別集類》 梁繼善《南枝草》。字子才，順德人。石屏州知州。

南還草

黃虞稷《千頃堂書目·別集類》 梁繼善《南還草》。

玉林全集

黃虞稷《千頃堂書目·別集類》 梁繼善《玉林全集》。

西舟筆輿

黃虞稷《千頃堂書目・別集類》 梁繼善《西舟筆輿》。

蒼山剩草

徐㶿《徐氏家藏書目・別集類》 陸起元《蒼山剩草》一卷。字元兆，鄞縣人。

蘧園集

英廉奏《抽毀書目》 《蘧園集》二本。查《蘧園集》，係明顧簡撰。卷首《徐石麒沖素先生傳》內，語有觸犯，應請抽燬。

《四庫提要・別集類存目七》 《蘧園集》十卷。浙江巡撫採進本。明顧簡撰。簡字默孫，自號「蘧園居士」，歸安人。萬曆戊午舉人，不樂仕進，年僅五十而卒。其壻錢鴻哀録遺稿，編爲是集。凡詩五卷，文五卷。

漉籬集

黃虞稷《千頃堂書目・別集類》 卓發之《漉籬集》□卷。字左車，仁和人。

軍機處奏《禁毀書目》 《漉籬集》八本。查《漉籬集》，明卓發之撰。中多悖妄之詞，應請銷燬。

明德堂文集

黃虞稷《千頃堂書目・別集類》 吕維祺《明德堂集》二十六卷。字介孺，河南新安人。兵部尚書。以死事贈太子少保，謚忠節。

《明史・藝文志・別集類》 《吕維祺詩文集》二十卷。

《四庫提要・別集類存目七》 《明德堂文集》二十六卷。浙江巡撫採進本。明吕維祺撰。維祺有《四禮約言》，已著録。【略】集爲崇禎庚辰吳偉業所編，一名《慎獨堂集》。凡文十七卷，詩三卷，《會約》二卷，《語録》四卷，後載《制藝》三首。又張鼎延所作《全城定變記》一篇，紀崇禎庚辰維祺家居平土寇王之典事，則康熙二年維祺子兆璜刻集時，所附入也。

明德先生文集

英廉奏《抽毀書目》 《明德先生文集》十二本。查《明德先生文集》，係明吕維祺撰。卷十七《曹真予墓表》內，語有違謬，應請抽燬。

代囊子集

于敏中等《天禄琳琅書目・明版集部》 《代囊子集》二函，十六册。明賀逢聖著，《詩類》六卷，《文類》十卷。此書前後俱無序跋，而雕刻精良，紙色墨香，絶類宋槧，蓋明末文人刻集之最工者。按《明史》，逢聖字克繇，江夏人。萬曆四十四年廷試第二，授翰林編修。天啓間爲洗馬，忤魏忠賢，削籍。崇禎時復官進秩禮部尚書、太子太保、文淵閣大學士，致政歸。張獻忠陷武昌，投墩子湖，一家殉之。福王時贈少傅，謚文忠。

代囊子類

黃虞稷《千頃堂書目・別集類》 賀逢聖《代囊子類》十卷。字克由，江夏人。一甲第二人，歷官太子太保、禮部尚書、文淵閣大學士。死張獻忠之難，謚文忠。

文類

黄虞稷《千頃堂書目·別集類》 賀逢聖《文類》五卷。

《明史·藝文志·別集類》 賀逢聖《文類》五卷。

范文忠集

《四庫提要·別集類二五》 《范文忠集》十二卷。直隷總督採進本。明范景文撰。景文有《大臣譜》，已著録。所著詩文有《味元堂疏稿》、《思仁堂存稿》、《玉靜閣存稿》、《且園存稿》、《瀾園存稿》、《餐冰齋詩稿》諸目。其子毓秀及其甥王孫錫等合編以爲此集。

餐冰齋詩

黄虞稷《千頃堂書目·別集類》 范景文《餐冰齋詩》。字夢章，號質公，吴橋人。由東昌府推官歷官東閣大學士、工部尚書。本朝賜謚文忠。

巴黔署草

黄虞稷《千頃堂書目·別集類》 陳士奇《巴黔署草》一卷。字平人，鎮海衛人。四川巡撫，都御史。死寇難。

閩游草

徐𤊹《徐氏家藏書目·別集類》 顧元慶《閩游草》一卷。字朗生，號韻弢，烏程人。萬曆己未進士，官福建右布政。

楊文弱集

英廉奏《全毁書目》 《楊文弱集》二十本。明楊嗣昌撰。

野客青鞋集

黄虞稷《千頃堂書目·別集類》 楊嗣昌《野客青鞋集》一卷。字子微，一字文弱，武陵人。一作《地官集》。

握日草

黄虞稷《千頃堂書目·別集類》 顧錫疇《握日草》。字九疇，崑山人。禮部尚書。

擁膝齋集

黄虞稷《千頃堂書目·別集類》 丁乾學《擁膝齋集》。字天行，宛平人。翰林檢討，贈侍讀學士。

比樂堂集

黄虞稷《千頃堂書目·別集類》 丁乾學《比樂堂集》。

鈃園集

黃虞稷《千頃堂書目・別集類》 陳萬言《鈃園集》十四卷。字弘景，秀水人。庶吉士。

文在堂集

黃虞稷《千頃堂書目・別集類》 陳萬言《文在堂集》。

謙九堂續集

黃虞稷《千頃堂書目・別集類》 陳萬言《謙九堂續集》。

哀鴻閒草

黃虞稷《千頃堂書目・別集類》 吴麟瑞《哀鴻閒草》。字思玉，海鹽人。巡撫偏沅，僉都御史。

秋蟀集

黃虞稷《千頃堂書目・別集類》 吴麟瑞《秋蟀集》。

資敬堂詩集

黃虞稷《千頃堂書目・別集類》 徐伯徵《資敬堂詩集》。字吉臣，海寧人。揚州知府。

也園倡和詩

黃虞稷《千頃堂書目・別集類》 陸懷玉《也園倡和詩》。字石含，平湖人。福建右布政使。

景玄堂集

黃虞稷《千頃堂書目・別集類》 高道素《景玄堂集》十卷。初名斗光，字明水，一字如晦，更字玄期，嘉興人。工部郎中。

鳳棲閣詩集

黃虞稷《千頃堂書目・別集類》 李吴滋《鳳棲閣詩集》。字如穀，吴縣人。湖廣按察副使。

如此齋詩

黃虞稷《千頃堂書目・別集類》 張瑋《如此齋詩》一卷。字韋玉，武進人。都察院協理院事，左副都御史。

挹蘭吟

黃虞稷《千頃堂書目・別集類》 金德義《挹蘭吟》。字行之，義烏人。

静淡齋集

黄虞稷《千頃堂書目·别集類》 金德義《静淡齋集》。

留省焚餘

黄虞稷《千頃堂書目·别集類》 陳堯言《留省焚餘》。字令則，永嘉人。

問天集

黄虞稷《千頃堂書目·别集類》 陳鍾盛《問天集》。字稚德，臨川人。曹、濮兵備道副使。

擊鉢吟

黄虞稷《千頃堂書目·别集類》 胡尚英《擊鉢吟》。字超凡，號瑶宇，歙縣人。南京國子祭酒，移官詹事。

解絃微中玉屑篇

黄虞稷《千頃堂書目·别集類》 胡尚英《解絃微中玉屑篇》。

超凡集

黄虞稷《千頃堂書目·别集類》 胡尚英《超凡集》。

九江草

黄虞稷《千頃堂書目·别集類》 黄應秀《九江草》。字伯毓，南海人。江西糧儲道。

青錦園集

黄虞稷《千頃堂書目·别集類》 葉憲祖《青錦園集》十二卷。字美度，餘姚人。廣西按察使。

入蜀稿

黄虞稷《千頃堂書目·别集類》 葉憲祖《入蜀稿》二卷。

北征草

徐𤊹《徐氏家藏書目·别集類》 張泰階《北征草》十二卷。字爰平，上海人。萬曆己未進士，官潞安知府。

自愉堂集

英廉奏《抽毀書目》《自愉堂集》四本。查《自愉堂集》，係明來儼然撰。書內《上萬制臺啓》、《答王總戎書》，皆有悖謬語，應請抽燬。

《四庫提要·別集類存目六》《自愉堂集》十卷。浙江巡撫採進本。明來儼然撰。儼然字望之，三原人。萬曆乙未進士，官兵部主事。是集凡文四卷，詩六卷。乃其子復臨所刊。酬應尺牘居其大半，他作亦多亢厲之音。朱彝尊《明詩綜》不登一字，殆病其麤歟。

南池新咏

徐𤊹《徐氏家藏書目·別集類》汪邦柱《南池新咏》一卷。字孺石，吴縣人。

王忠端公文集

黃虞稷《千頃堂書目·別集類》王家彦《王忠端公文集》五卷。字尊五，又字開美，莆田人。協理京營兵部右侍郎。本朝賜謚。

《明史·藝文志·別集類》王家彦《文集》五卷。

平山堂詩集

英廉奏《全毀書目》《平山堂詩集》二本。明劉應賓撰。

空山唄

徐𤊹《徐氏家藏書目·別集類》華淑《空山唄》一卷。字聞修，無錫人。

羈寓集

黃虞稷《千頃堂書目·別集類》林應麟《羈寓集》二卷。

何樓集

黃虞稷《千頃堂書目·別集類》田九垓《何樓集》二卷。

浣花居小品

徐𤊹《徐氏家藏書目·別集類》曾文饒《浣花居小品》一卷。字堯臣，崇禎戊寅貢士，大奇之子。

壺領漫吟

徐𤊹《徐氏家藏書目·別集類》周汝觀《壺領漫吟》二卷。字以孚，號南陽，鄞縣人。萬曆□□鄉舉，官雲南副使。子朝彦，崇禎壬申至閩見貽。

王樹檀集社

徐𤊹《徐氏家藏書目·别集類》《王樹檀集社》一卷。鄞人徐申乾、蔡起白、張大成、齊天民、萬象、李瑋、李桐、李文纘、李文爟，釋宏灝、宏澄、靈滋、悟藏、祖繹相倡和者。

遠遊篇

徐𤊹《徐氏家藏書目·别集類》宋光烈《遠遊篇》八卷。字季玉，號山君，定遠人。西寧侯之子。崇禎十年官福建都司斷事。

蘇庵集

黄虞稷《千頃堂書目·别集類》陳許廷《蘇庵集》。字靈茂。海鹽儒學生。

焉廋集

黄虞稷《千頃堂書目·别集類》臧爾焕《焉廋集》四卷。字弘舒，長興人。

逸軒詩集

黄虞稷《千頃堂書目·别集類》臧爾炳《逸軒詩集》四卷。長興人。

賸言

黄虞稷《千頃堂書目·别集類》馮伯禮《賸言》一卷。字節之，平湖人。敏功子。

青陽集

黄虞稷《千頃堂書目·别集類》馮伯禎《青陽集》。字正伯，平湖人。

蕭蕭齋稿

黄虞稷《千頃堂書目·别集類》黄習遠《蕭蕭齋稿》。字伯傳，吴縣人。

撫松集

黄虞稷《千頃堂書目·别集類》王櫝《撫松集》。字立均，永嘉人。

鄒匡明集

徐𤊹《徐氏家藏書目·别集類》《鄒匡明諸集》共十卷。字子尹，安福人。

黄虞稷《千頃堂書目·别集類》《鄒匡明集》十卷。字子尹，安福人。

閑庵山人詩

黄虞稷《千頃堂書目·别集類》程玘實《閑庵山人詩》。字若虚，休寧人。

自娱齋詩集

《四庫提要·別集類存目七》《自娱齋詩集》二卷。南江總督採進本。明黃應徵撰。應徵字君求，江都人。天啓中諸生，偃蹇不第以卒。其子裒其遺詩爲此集。前有冒愈昌序，稱取數未多，爲體差備。浸假中年亡恙，而晚不苦於無年，所簒結何以加焉。蓋頗有微詞矣。

寧遠樓艸

徐𤊹《徐氏家藏書目·別集類》倪鍾醇《寧遠樓艸》一卷。字完我，平湖人。

北游草

徐𤊹《徐氏家藏書目·別集類》陶崇政《北游草》二卷。

劉苑華吟

黃虞稷《千頃堂書目·別集類》落霞山下女子《劉苑華吟》一卷。香山人，户部郎何藻妻。

《明史·藝文志·別集類》《劉苑華詩》一卷。

娱墨軒詩集

黃虞稷《千頃堂書目·別集類》沈希珍妻黃修娟《娱墨軒詩集》。字娟清，仁和人。汝亨女。

君子亭詩賦

黃虞稷《千頃堂書目·別集類》葛節婦文氏《君子亭詩賦》。邠州三水人。通判在中女，光禄翔鳳妹。

十菊山人詩集

黃虞稷《千頃堂書目·別集類》馮嘉言《十菊山人詩集》。字國華，慈谿人。天啓初諸生。

高密堂詩集

黃虞稷《千頃堂書目·別集類》鄭龍采《高密堂詩集》。字聖昭，歸安人。婺川知縣。

爲山閣詩集

黃虞稷《千頃堂書目·別集類》丁永鑑《爲山閣詩集》。烏程人。

一經堂集

黃虞稷《千頃堂書目·別集類》張次仲《一經堂集》。字元岵，海寧人。

青崖集

黄虞稷《千頃堂書目·别集類》 錢千秋《青崖集》。字真長，海鹽人。

塞上草

黄虞稷《千頃堂書目·别集類》 錢千秋《塞上草》。

柳花詠

黄虞稷《千頃堂書目·别集類》 錢千秋《柳花詠》。

蕉篇隱

黄虞稷《千頃堂書目·别集類》 錢千秋《蕉篇隱》。

壽花居詩集

黄虞稷《千頃堂書目·别集類》 胡明遠《壽花居詩集》。字九元，崇德人。

居邠集

黄虞稷《千頃堂書目·别集類》 范文光《居邠集》十卷。字仲闇，内江人。舉南京國子監丞。

自怡集

黄虞稷《千頃堂書目·别集類》 尹夢璧《自怡集》。字楚白，歸安人。

賦湘樓集

黄虞稷《千頃堂書目·别集類》 錢希言《賦湘樓集》。總名《松樞十九山》。字簡栖，常熟人。

小輞川集

黄虞稷《千頃堂書目·别集類》 錢希言《小輞川集》。

西浮籍

黄虞稷《千頃堂書目·别集類》 錢希言《西浮籍》。

荆南詩

黄虞稷《千頃堂書目·别集類》 錢希言《荆南詩》。

樟亭集

黄虞稷《千頃堂書目·别集類》 錢希言《樟亭集》。

二蕭篇

黃虞稷《千頃堂書目・別集類》 錢希言《二蕭篇》。

桃葉編

黃虞稷《千頃堂書目・別集類》 錢希言《桃葉編》。

織星草

黃虞稷《千頃堂書目・別集類》 錢希言《織星草》。

討桂編

黃虞稷《千頃堂書目・別集類》 錢希言《討桂編》。

曲澗遺稿

《四庫提要・別集類存目七》 《曲澗遺稿》十五卷。江蘇巡撫採進本。明孫奎撰。奎字啓文，南城人。生平以講學爲事，故詩文多雜理語，蓋非所長。至溺信堪輿之説，反覆辨明，不一而足。其《風水評》一篇，援引管洛卜兆事及駁朱彦修語，尤爲未允矣。

咫聞齋集

黃虞稷《千頃堂書目・別集類》 朱隗《咫聞齋集》。字雲子，長洲人。

隴首集

黃虞稷《千頃堂書目・別集類》 王與胤《隴首集》。字永錫，一字百斯，濟南新城人。庶吉士，授浙江道御史。甲申聞京師陷，暨妻子登樓縊死。

《四庫提要・別集類存目七》 《隴首集》一卷。山東巡撫採進本。明王與允撰。與允字百斯，山東新城人。崇禎戊辰進士，官至湖廣道監察御史。以劾總兵鄧玘，降補光禄寺署正。明亡，與妻于氏、子士和同自經。是集乃其巡視陝西茶馬時所作，故名「隴首」。其姪士禎編次之，僅詩四十二首，又《劾鄧玘淫掠疏》一篇，自撰墓志一篇，而以傳及墓表、逸事狀附焉。

寒山集

《明史・藝文志・別集類》 陳函輝《寒山集》十卷。

英廉奏《全燬書目》 《小寒山集》十本。明陳函煇撰。

寒玉集

黃虞稷《千頃堂書目・別集類》 陳函煇《寒玉集》十卷。初名煒，字木椒，臨海人。鄉舉後改今名，更字永叔，號寒山。靖江知縣，以疾乞歸。後自縊於天台雲峰寺。

寒光集

黄虞稷《千頃堂書目・别集類》 陳函煇《寒光集》四卷。

寒香集

黄虞稷《千頃堂書目・别集類》 陳函煇《寒香集》四卷。

寒松集

黄虞稷《千頃堂書目・别集類》 陳函煇《寒松集》四卷。

小寒山子詩選

黄虞稷《千頃堂書目・别集類》 陳函煇《小寒山子詩選》。

松龕剩稿

黄虞稷《千頃堂書目・别集類》 錢嘉徵《松龕剩稿》。字孚于，海鹽人。順天鄉試中副榜，選授松溪知縣。

遷聊集

黄虞稷《千頃堂書目・别集類》 葉紹袁《遷聊集》。字仲韶，吴江人。工部主事。

午夢堂集

黄虞稷《千頃堂書目・别集類》 吴江葉氏《午夢堂集》十卷。工部郎中葉紹袁妻沈宜修。字宛君，吴江人，山東副使珫之女。有《鸝吹集》三卷。

莅關集

黄虞稷《千頃堂書目・别集類》 王禹佐《莅關集》。字之益，嵊縣人。

江廬集

黄虞稷《千頃堂書目・别集類》 吴執御《江廬集》。字君駕，又字何執，黄巖人。

溉園　東湖

黄虞稷《千頃堂書目・别集類》 萬時華《溉園》、《東湖》二集。字茂先，南昌人。崇禎中徵士。

紡授堂集

黄虞稷《千頃堂書目・别集類》 曾異撰《紡授堂集》二十七卷。字弗人，侯官人。

《明史・藝文志・别集類》 曾異撰《紡授堂集》二十七卷。

英廉奏《全燬書目》 《紡授堂集》十本。明曾異撰。

白玉齋集

黄虞稷《千頃堂書目·别集類》 路振飛《白玉齋集》。字皓月，曲周人。漕運總督，右副都御史。入閩，自縊邵武山寺。

媚筆泉集

黄虞稷《千頃堂書目·别集類》 倪嘉善《媚筆泉集》。字迪之，桐城人。工部侍郎應春子。官諭德。

靈潭集

黄虞稷《千頃堂書目·别集類》 倪嘉慶《靈潭集》。字篤之，號朴庵，江寧人。户科給事中，晚爲僧，名函潛，又更名大然，稱笑峰和尚。

計樞草

黄虞稷《千頃堂書目·别集類》 倪嘉慶《計樞》。

銓諫草

黄虞稷《千頃堂書目·别集類》 倪嘉慶《銓諫草》。

棘遯草

黄虞稷《千頃堂書目·别集類》 倪嘉慶《棘遯草》。

石嶺集

黄虞稷《千頃堂書目·别集類》 姚孫棨《石嶺集》。字心甫，桐城人。尚寶司卿。

醉陶集

黄虞稷《千頃堂書目·别集類》 喬可聘《醉陶集》。字君徵，一字聖任，寶應人。河南道御史。

顛石齋詩集

黄虞稷《千頃堂書目·别集類》 吴振纓《顛石齋詩集》。字長組，歸安籍，烏程人。廣東道御史。

鄭太史集

黄虞稷《千頃堂書目·别集類》 鄭之玄《鄭太史集》。字大白，晉江人。右春坊右贊善。

笥堤集

英廉奏《抽毀書目》《笥堤集》二本。查《笥堤集》，係明林允昌撰。卷一《庚午南還省覲》一首、《萬户擣衣聲》一首、《詠馮夫人和戎》二首，卷二《許子遜制義序》一首、《櫱谷黄氏先德録序》一首、《劍經序》一首，卷四《蔣八公審象圖贊》一首，均有原本墨塗字樣，多屬偏謬，應請抽燬。

雁山詩集

黄虞稷《千頃堂書目・别集類》 林胤昌《雁山詩集》一卷。字素庵，晉江人。文選司郎中。

林居集

黄虞稷《千頃堂書目・别集類》 郭建邦《林居集》六卷。字有樹，旌德人。工部右侍郎。

遹修堂集

黄虞稷《千頃堂書目・别集類》 南居仁《遹修堂集》十卷。字思敦，渭南人。企仲子。詹事府少詹事。

巢庵集

黄虞稷《千頃堂書目・别集類》 陳瑄《巢庵集》。字符卿，烏程軍籍，歸安人。

陽春館集

黄虞稷《千頃堂書目・别集類》 金肇元《陽春館集》。字司杓，又字木公，東陽人。福建參政。

檀雪齋集

《四庫提要・别集類存目七》《檀雪齋集》四十卷。内府藏本。明胡敬辰撰。敬辰字直卿，餘姚人。天啓壬戌進士，官至江西驛傳道，終光禄寺録事。是集以所著詩、賦、雜文及官縣令時讞牘，共爲一編。其文故爲澀體，幾不可句讀，詩格亦公安之末派。

莞爾集

黄虞稷《千頃堂書目・别集類》 張肯堂《莞爾集》二十卷。字鯢淵，華亭人。巡撫福建都御史。

《明史・藝文志・别集類》 張肯堂《莞爾集》二十卷。

石臼前集　後集

黄虞稷《千頃堂書目・别集類》 邢昉《石臼前集》九卷《後集》七卷。字孟貞，高淳人。諸生。

軍機處奏《禁毁書目》《石臼集》六本。查《石臼集》，高淳邢昉撰。昉係明末諸生，詩多入本朝後所作，集内挖空處皆係觸礙字面，詞句亦意含指斥，應請銷燬。

曹峨雪集

黃虞稷《千頃堂書目·別集類》 曹勳《曹峨雪集》。字允大，嘉善人。會元，詹事府少詹事。

曹宗伯集

英廉奏《全毀書目》 《曹宗伯集》四本。明曹勳撰。

南溪詩草　東干詩草

《清史稿藝文志拾遺·別集類》 《南溪詩草》四卷。《東干詩草》一卷。曹勳撰。

雲隱堂集

黃虞稷《千頃堂書目·別集類》 張鏡心《雲隱堂集》三十卷。字堪虛，磁州人。總督兩廣，兵部右侍郎。

香草亭稿

徐𤊹《徐氏家藏書目·別集類》 華白滋《香草亭稿》一卷。字長白，無錫人。崇禎癸酉遊閩見訪，余爲之序。

石葉齋稿

徐𤊹《徐氏家藏書目·別集類》 華白滋《石葉齋稿》二卷。

閩游注

徐𤊹《徐氏家藏書目·別集類》 華白滋《閩游注》一卷。

寸碧堂稿

《四庫提要·別集類存目七》 《寸碧堂稿》二卷。內府藏本。明汪膺撰。膺字元御，號玉淙，長洲人。天啓丁卯舉人。童年即喜爲詩，年四十餘而卒。所存遺稿無多，康熙中其子琬始爲編次，刻於所作《鈍翁類稿》之首，名之曰《汪氏家傳集》云。

英巨集

黃虞稷《千頃堂書目·別集類》 傅朝佑《英巨集》十卷。字右君，臨川人。刑科都給事中。疏劾温體仁，被杖卒。

容餘軒稿

黃虞稷《千頃堂書目·別集類》 沈弘度《容餘軒稿》。

畏吟小草

黄虞稷《千頃堂書目·别集類》 沈弘度《畏吟小草》。

澗松草

黄虞稷《千頃堂書目·别集類》 茅琯徵《澗松草》。瑞徵弟，歸安人。

寶田堂集

黄虞稷《千頃堂書目·别集類》 茅琯徵《寶田堂集》。

園桃草

黄虞稷《千頃堂書目·别集類》 葉杲《園桃草》。字仲天，黄巖人。

玉屏集

黄虞稷《千頃堂書目·别集類》 池顯方《玉屏集》二卷。字直夫，同安人。

南參集

黄虞稷《千頃堂書目·别集類》 池顯方《南參集》四卷。

二有堂文集

黄虞稷《千頃堂書目·别集類》 侯峒曾《二有堂文集》四十卷。嘉定縣人。官通政。家居起兵，城陷投水死。謚文忠，子元演同死。

《明史·藝文志·别集類》 《侯峒曾文集》四十卷。

遂園詩稿

黄虞稷《千頃堂書目·别集類》 侯恪《遂園詩稿》十二卷。字若樸，號木庵，商丘人。丙辰中會試，己未殿試，南京國子祭酒。

舫齋集

黄虞稷《千頃堂書目·别集類》 陳組綬《舫齋集》十卷。字伯玉，武進人。兵部職方司主事。一作《伊庵集》。

㪚佩居遺稿

黄虞稷《千頃堂書目·别集類》 都御史方孔炤妻吴令儀《㪚佩居遺稿》。字棣倩，桐城人。諭德吴應賓女，方以智母。

落落齋遺稿

黄虞稷《千頃堂書目·别集類》 李應昇《落落齋遺稿》十卷。字仲達，江陰人。

福建道御史，死奄禍。贈太僕寺卿，謚忠毅。

《明史·藝文志·別集類》 李應昇《落落齋遺稿》十卷。

英廉奏《全燬書目》 《落落齋遺稿》十本。明李應昇撰。

悟秋草堂詩集

黃虞稷《千頃堂書目·別集類》 顧杲《悟秋草堂詩集》一卷。字子方，無錫人。諸生。

公餘草

黃虞稷《千頃堂書目·別集類》 王章《公餘草》一卷。字漢臣，武進人。河南道御史。京城陷，死之。初謚文烈，定謚節愍。

幔霞樓草

黃虞稷《千頃堂書目·別集類》 張克儉《幔霞樓草》。號鏡龕，長治人。襄陽副使，死寇難。

棄庵集

黃虞稷《千頃堂書目·別集類》 顧咸正《棄庵集》一卷。字端木，崑山人。太保鼎臣曾孫。延安推官，死難。

疑雨集

黃虞稷《千頃堂書目·別集類》 王彥泓《疑雨集》六卷。字次回，金壇人。官教諭。

孫白谷集

《四庫提要·別集類二五》 《孫白谷集》六卷。江蘇巡撫採進本。明孫傳庭撰。傳庭有《鑒勞録》，已著録。【略】此集自一卷至三卷爲奏疏，卷四爲雜著，卷五爲詩，卷六爲《内傳》、《外傳》。奏疏載自崇禎十年七月二十日起至十二年六月十二日止。其於十五年復起救開封至十六年奏疏，併佚不載。殆傳庭殉難，全家俱歿。其十五年以後稿本，或俱失於兵火歟。

風雅堂詩稿

黃虞稷《千頃堂書目·別集類》 孫傳庭《風雅堂詩稿》。字伯雅，號白谷，代州人。總督勦寇，兵部尚書，都御史。潼關陷，遇害。

青蒲草

黃虞稷《千頃堂書目·別集類》 郭紹儀《青蒲草》。字汾仲，平湖人。南京湖廣道御史。

碧幢集

黃虞稷《千頃堂書目·別集類》 李模《碧幢集》。字子木，太倉人。浙江道御史。

芝房集

黃虞稷《千頃堂書目·別集類》 陸澄原《芝房集》六卷。字嗣端，平湖人。兵部職方司員外郎。

陸澄原詩集

徐𤇯《徐氏家藏書目・別集類》《陸澄原詩集》六卷。字嗣端，號芝芳，平湖人。錫恩之子。天啓乙丑進士，工部主事。

浪吟

徐𤇯《徐氏家藏書目・別集類》豐建《浪吟》一卷。字基仲，越人之子。天啓乙丑進士，官工部員外。

閩遊草

徐𤇯《徐氏家藏書目・別集類》戴憲明《閩遊草》一卷。字叔度，新昌人。天啓丁卯鄉舉。

雲來軒草

徐𤇯《徐氏家藏書目・別集類》張繼纓《雲來軒草》六卷。字文弱，南海人。天啓辛酉廣西鄉舉，授寧德教諭。

映音草

徐𤇯《徐氏家藏書目・別集類》張繼纓《映音草》一卷。

小築邇言

黄虞稷《千頃堂書目・別集類》徐標《小築邇言》十一卷。字鶴似，濟寧州人。巡撫保定，兵部侍郎。

哦松草

黄虞稷《千頃堂書目・別集類》〔鄭子壽〕弟曰強。字邦寅，有《哦松草》。

漱芳堂稿

黄虞稷《千頃堂書目・別集類》鄭子壽《漱芳堂稿》。字邦德，縉雲人，合肥知縣。

武夷閒集

徐𤇯《徐氏家藏書目・別集類》汪桂《武夷閒集》一卷。字仙友，崇陽人。天啓乙丑進士，兵部主事。

清署小草

軍機處奏《禁燬書目》《清署小草》二十六本。查《清署小草》，明張維機撰。集中多應酬之作，其間狂悖詆斥處不一而足，應請銷燬。

芸閣草

黄虞稷《千頃堂書目・別集類》 張任學《芸閣草》。安岳人。以御史巡按河南，改鎮守總兵，官都督僉事。

更生吟

《四庫提要・別集類存目七》 《更生吟》。無卷數。山東巡撫採進本。明高名衡撰。名衡字平仲，號鷺磯，沂州人。崇禎辛未進士，官至監察御史，以城守功，晉兵部左侍郎。崇禎壬午，大兵破沂州，名衡死之。事蹟具《明史》本傳。乾隆四十一年，賜謚忠節。是編乃名衡巡按河南時，值李自成攻開封，在圍城中所作。自成凡三攻開封，此其初攻解去之時也。前有自序，末有其玄孫淑曾跋，稱其生平著述甚夥，屢經兵燹，拾之灰燼之餘者，類多殘闕。惟此詩粗備首尾，因鈔藏之云云。考《漢書・藝文志・詩賦類》，雖一二篇亦著録，而世傳張巡守睢陽作亦僅二篇。是編雖止七言律詩八首，不成卷帙，而忠義之氣，凛然簡外。今聖朝大公至正，扶植綱常，凡勝國死節之臣，咸邀褒祀，名衡亦在其中。則此零章斷簡，實千古名教之所寄。謹特存其目，以昭表章之義焉。

牆東草

黄虞稷《千頃堂書目・別集類》 吴伯裔《牆東草》。字讓伯，商丘人。死流寇之難。

燕游草

黄虞稷《千頃堂書目・別集類》 吴伯裔《燕游草》。

大晉山房詩集

黄虞稷《千頃堂書目・別集類》 侯方鎮《大晉山房詩集》八卷。商丘人。恪子。死流寇之難。

醉花庵集

黄虞稷《千頃堂書目・別集類》 吴伯胤《醉花庵集》。字延仲，商丘人。伯裔弟。明經。死流寇之難。

鹿山草

黄虞稷《千頃堂書目・別集類》 蔡思繩《鹿山草》十二卷。字孺思，襄陽人。貢士。死獻賊難。

阮太沖集　更臺集

軍機處奏《禁毀書目》 《阮太沖集》三本《更臺集》一本。查《阮太沖集》、《更臺集》，俱係明阮漢聞撰，詩文内俱有悖犯之語，應請銷燬。

更臺集

軍機處奏《禁毀書目》 〔阮漢聞〕《更臺集》一本。

阮漢聞遺集

黄虞稷《千頃堂書目·别集類》 《阮漢聞遺集》□卷。字太翀，浙江人。家京師，後居尉氏，讀書好古，喜論兵，曾以遺逸徵，不肯出。崇禎末，死於賊。

倪文貞集　續編　奏疏　講編　詩集

《四庫提要·别集類二五》 《倪文貞集》十七卷《續編》三卷《奏疏》十二卷《講編》四卷《詩集》四卷。浙江汪汝瑮家藏本。明倪元璐撰。元璐有《兒易内外儀》，已著録。初，元璐官翰林時，掌外制之詞。文章典雅，爲館閣所宗。其門人爲刻《代言選》六卷，長洲文震孟序之。崇禎丙子，以國子監祭酒歸里，裒輯所作，名曰《鴻寶應本》，華亭陳子龍序之。壬午起官兵部侍郎，明年擢户部尚書。時事已亟，不復作應制文字。間取舊刻重爲刊定，付其子會鼎庋藏之。乾隆壬辰，其玄孫安世復編次重刻，即此本也。元璐少師鄒元標，長從劉宗周、黄道周遊，均以古人相期許，而尤留心於經濟。故其擘畫設施，鉤考兵食，皆可見諸施行，非經生空談浮議者可比。其詩文雖不脱北地、弇州之舊格，至其《奏疏》，則詳明剴切，多軍國大計，興亡治亂之所關，尤爲當世所推重。然當天、崇之時，君子小人雜遝竝進，玄黄水火恩怨相尋，大抵置君國而争門户。元璐獨持論侃侃，中立不阿，故齟齬不得大用。及壞亂已極，始見委任，而已無所措其手。僅以身殉國，以忠烈傳於世而已。此世所以重其人，彌重其文也。詩集頗多散佚，如《聞朝鮮墮一城》七言律詩一首。《同衆友范姬集白下避暑湖亭》七言古詩一首，又律句「黄花古戍春難到，枯樹嚴關鴈不過」、「獰石魏公偏嫵媚，輕煙吕相不糊塗」等句，皆載在施男《筇竹杖》中。集中俱未收入，蓋偶未見男書歟。

鴻寶應本集

黄虞稷《千頃堂書目·别集類》 倪元璐《鴻寶應本集》十七卷。字玉汝，號鴻寶，上虞人。户部尚書兼禮部尚書，翰林學士，京師陷，自縊死。初謚文正，定謚文貞。

《明史·藝文志·别集類》 《詩文集》十七卷。

軍機處奏《禁燬書目》 《鴻寶應本》一部四本。查《鴻寶應本》，係明倪元璐撰。乃其崇禎初所作詩文，中多指斥字面，應請銷燬。

憶草

黄虞稷《千頃堂書目·别集類》 倪元璐《憶草》二卷。

倪元璐奏牘

《明史·藝文志·别集類》 《倪元璐奏牘》三卷。

倪文正遺詩

軍機處奏《禁燬書目》 《倪文正遺詩》一部，一本。查《倪文正遺詩》，係明倪元璐撰。《元璐全集》已另有新刻删訂之本，此係原刻，中多干礙處，應請銷燬。

吴貞肅公集

黄虞稷《千頃堂書目·别集類》 吴麟徵《吴貞肅公集》四卷。字來皇，一字聖生，號磊齋，海鹽人。太常寺少卿，京師陷，自縊死。初謚忠節，定謚貞肅。

凌忠介集

黄虞稷《千頃堂書目·别集類》 凌義渠《凌忠介公遺集》六卷。字駿甫，烏程人。大理寺卿，京師陷，自縊死。初謚忠清，定謚忠介。

《明史・藝文志・別集類》《凌義渠文集》六卷。

《四庫提要・別集類二五》《凌忠介集》六卷。浙江汪汝瑮家藏本。明凌義渠撰。義渠有《湘煙録》，已著録。義渠少以制義知名，清新婉約，極爲世所傳誦。服官後，以清操直節受知莊烈帝，於文章不甚留意。此集凡詩四卷，文二卷，乃其友徐汧門人姜垓所校定。中間不載奏疏一門，故平生建白，如爲給事中時《請原三河知縣劉煒責償餉銀疏》、《論亂民焚掠巨室疏》、《論大臣箝制言路疏》、《論中樞不職疏》、《預策江東叛亂》及《請陽撫陰勦》諸疏，皆其風采之卓卓者。今竝不見於本集，則編次時亦不免有所脱遺。然如《兵餉議》、《清慎勤論》諸篇，剛毅自立之象，凛然猶可概見。其《崇化論》有云：「能爲逢、比者，視碎首濺血仍無異於退食委蛇。能爲申生、伯奇者，視抱石雉經仍無異於問安視膳。」蓋生平立志如此。卒之見危授命，克踐其言，固與口孔、孟而行蹻、跖者區以别矣。

使岷詩

黄虞稷《千頃堂書目・別集類》 凌義渠《使岷詩》一卷。

周文介公集

黄虞稷《千頃堂書目・別集類》 周鳳翔《周文介公集》。字儀伯，紹興山陰人。左春坊左諭德兼翰林侍講。京師陷，自經死，贈禮部右侍郎，初謚文節，定謚文介。

金伯玉遺集

黄虞稷《千頃堂書目・別集類》 金鉉《金伯玉遺集》六卷。一字在六，留守前衛籍，武進人。兵部車駕司主事，殉國難，初謚忠節，定謚忠潔。

六柳堂集

黄虞稷《千頃堂書目・別集類》 袁繼咸《六柳堂遺集》三卷。字臨侯，宜春人。兵部侍郎兼副都御史，總督九江軍務。

《明史・藝文志・別集類》 袁繼咸《六柳堂集》三卷。

尺五集

黄虞稷《千頃堂書目・別集類》 錢謙貞《尺五集》二卷。

懷古集

黄虞稷《千頃堂書目・別集類》 錢謙貞《懷古集》二卷。

得閒集

黄虞稷《千頃堂書目・別集類》 錢謙貞《得閒集》二卷。

愚公集

黄虞稷《千頃堂書目・別集類》 錢謙貞《愚公集》四卷。

敬日草

黃虞稷《千頃堂書目·别集類》 蔣德璟《敬日草》二卷。字若擲，晉江人。太子少保，禮部尚書，文淵閣大學士。

《明史·藝文志·别集類》 蔣德璟《敬日草》九卷。

棗林詩集

吴壽暘《拜經樓藏書題跋記類五》 《棗林詩集》。《棗林詩集》，談孺木先生所著。凡古近體詩三百三十七首，後有錢朝瑋所作傳，先君子序見文存續編中。此册用硃筆照原本圈點，並附録竹垞檢討《静志居詩話》、他山先生《人海記》二條於末，有按語。

趨庭稿

黃虞稷《千頃堂書目·别集類》 區懷瑞《趨庭稿》。字啓圖，高明人。平山知縣。

遊燕遊滁草

黃虞稷《千頃堂書目·别集類》 區懷瑞《遊燕遊滁草》。

鹿柴詠

黃虞稷《千頃堂書目·别集類》 朱顔復《鹿柴詠》一卷。字克非，嘉善人。

松侶自怡集

黃虞稷《千頃堂書目·别集類》 吴杉《松侶自怡集》。字文貫，海鹽人。徙錢塘。

鶴和篇

《四庫提要·别集類存目七》 《鶴和篇》三卷。江蘇周厚堉家藏本。明閔仲侗撰。仲侗字士覺，永昌人。其仕履未詳。考明天啓乙丑進士有閔仲儼，官至少詹事，亦永昌人，當即其兄弟。仲侗自稱崇禎辛未下第，則亦舉於鄉矣。然《雲南通志·鄉舉》中不載其名，所未詳也。是集一卷爲雜文，一卷爲詩，一卷爲制義，皆明末儇佻之派。曰《鶴和篇》者，仲侗時侍其父遊吴、越間，故取中孚九二爻詞，以名所作也。

此觀堂集

英廉奏《抽毁書目》 《此觀堂集》四本。查《此觀堂集》，係明羅萬藻撰。卷六《報湯叔甯書》、卷十二《九邊兵餉考》内，俱有違謬，應請抽燬。

《四庫提要·别集類存目七》 《此觀堂集》六卷。江西巡撫採進本。明羅萬藻撰。萬藻有《十三經類語》，已著録。萬藻與同邑章世純、陳際泰、東鄉艾南英竝以制義名一時，號「江西四家」。《明史》以是收之《文苑傳》中。此集制義之序居三分之一，蓋其平生精力所萃也。四家之中，南英最好立門户，近與南城張自烈互詬，遠與華亭陳子龍相争。又最袒護嚴嵩，務與公論相反。以是終南英之身，無日不叫囂跳踉，呶呶然與天下辨。雖世純、際泰，後亦隙末。惟萬藻日與南英游，而泊然一無所與。蓋其天性静穆，不以聲氣爲名高，故其文氣焰不及南英，而恬雅則勝之云。

南壁集

黃虞稷《千頃堂書目·別集類》 徐汝晉《南壁集》。常熟人。

表貞集

黃虞稷《千頃堂書目·別集類》 徐汝晉《表貞集》。

續陶詞

黃虞稷《千頃堂書目·別集類》 徐汝晉《續陶詞》。

學可齋詩箋

黃虞稷《千頃堂書目·別集類》 王屋《學可齋詩箋》。字孝峙，初名畹，字蘭九，嘉善人。

台宕遊

徐𤊹《徐氏家藏書目·別集類》 陸寶《台宕遊》一卷。字敬身，鄞縣人。崇禎初中書舍人。

霜鏡集

徐𤊹《徐氏家藏書目·別集類》 陸寶《霜鏡集》十七卷。

黃虞稷《千頃堂書目·別集類》 陸寶《霜鏡集》。字敬身，鄞縣人。官內閣中書。

軍機處奏《禁毀書目》 《霜鏡集》六本。查《霜鏡集》，係明陸寶撰。其第六卷內語多詆斥，應請銷燬。

辟塵集

徐𤊹《徐氏家藏書目·別集類》 陸寶《辟塵集》二卷。

南北遊草

黃虞稷《千頃堂書目·別集類》 周應儀《南北遊草》。字元度，吳江人。光禄寺署丞。

非非集

黃虞稷《千頃堂書目·別集類》 祝守範《非非集》。字更生，海寧人。

戔戔草

黃虞稷《千頃堂書目·別集類》 祝守範《戔戔草》。

枕中稿

黄虞稷《千頃堂書目·别集類》 祝守範《枕中》稿。

拊缶稿

黄虞稷《千頃堂書目·别集類》〔祝守範〕《拊缶稿》。

垤室稿

黄虞稷《千頃堂書目·别集類》 祝守範《垤室稿》。

停雲稿

黄虞稷《千頃堂書目·别集類》〔祝守範〕《停雲稿》。

桃花里集

黄虞稷《千頃堂書目·别集類》 顧猷《桃花里集》□卷。字若昔，嘉興人。

竹嶼吟稿

黄虞稷《千頃堂書目·别集類》 張志遠《竹嶼吟稿》。字叔明，嘉興人。

研隱集

黄虞稷《千頃堂書目·别集類》 陸嘉穎《研隱集》。字子垂，嘉定人。天啓中官主簿。

響齋詩草

黄虞稷《千頃堂書目·别集類》 吴道山《響齋詩草》。字實儒，吴江人。

不夜齋詩稿

黄虞稷《千頃堂書目·别集類》 周禎《不夜齋詩稿》。字伯知，吴江人。

大江集

黄虞稷《千頃堂書目·别集類》 陳衍《大江集》。字磐生，閩縣人。

白賁集

黄虞稷《千頃堂書目·别集類》 吴爲霖《白賁集》。字景傳，無錫人。

鍛齋集

黄虞稷《千頃堂書目·别集類》 陳士鵠《鍛齋集》。字秀方，秀水人。

微吟

黃虞稷《千頃堂書目·別集類》 沈昭《微吟》一卷。字明德，秀水人。

警枕集

黃虞稷《千頃堂書目·別集類》 朱廷旦《警枕集》。字爾兼，嘉善人。

周子鳴集

黃虞稷《千頃堂書目·別集類》 周九罭《周子鳴集》。字公魴，崇德人。

畏所集

黃虞稷《千頃堂書目·別集類》 劉派《畏所集》。慈谿人。

困衡稿

黃虞稷《千頃堂書目·別集類》 洪鉞《困衡稿》。字畏之，慈谿人。

離垢集

黃虞稷《千頃堂書目·別集類》 朱霞《離垢集》。字九光，山陰人。

天洩觳吟

黃虞稷《千頃堂書目·別集類》 袁祖乾《天洩觳吟》。字清侯，嵊縣人。

守庵集

黃虞稷《千頃堂書目·別集類》 袁祖憲《守庵集》。字章之。祖乾弟。

藏經堂詩集

黃虞稷《千頃堂書目·別集類》 江于儁《藏經堂詩集》三十二卷。字中夫，漳州人，高才早夭。

玩梅亭集

范邦甸等《天一閣書目·總集類》 《玩梅亭集》二卷。刊本。明柴維道著。

黃虞稷《千頃堂書目·別集類》 柴惟道《玩梅亭集》。字允中，江山人。

英廉奏《抽毀書目》 《玩梅亭集》二本。查《玩梅亭集》，係明柴惟道撰。卷下《弔國史秋堂公詩》、《登建昌郡大夫墓詩》小序中，俱有偏謬語，應請抽燬。

《四庫提要·別集類存目七》 《玩梅亭詩集》二卷。兩江總督採進本。明柴惟道撰。惟道字允中，號白巖山人，嚴州人。是集前有原序，而此本闕其末頁，遂不知誰作。序自稱山人以才不遇，而所抱有以自樂。遊公卿間，泊然無所求，乃稱其高。然其詩則未成家也。

載園詩稿

黄虞稷《千頃堂書目・別集類》 趙相如《載園詩稿》。字文漢。桐城儒學生。

恒陽漫興

黄虞稷《千頃堂書目・別集類》 劉機《恒陽漫興》一卷。字無機，莆田人。布衣。

席居雜吟

黄虞稷《千頃堂書目・別集類》 劉機《席居雜吟》一卷。

江淛吟

黄虞稷《千頃堂書目・別集類》 劉機《江淛吟》一卷。

還閩草

黄虞稷《千頃堂書目・別集類》 劉機《還閩草》一卷。

迂論

黄虞稷《千頃堂書目・別集類》 劉機《迂論》一卷。

一葉樓集

黄虞稷《千頃堂書目・別集類》 吴雲《一葉樓集》。字伯雨，休寧人。

羅浮稿

徐𤊹《徐氏家藏書目・別集類》 歐必元《羅浮稿》一卷。字子建，南海人。

籟鳴集

黄虞稷《千頃堂書目・別集類》 黎密《籟鳴集》。字縝之，番禺人。諸生。

西湖草

黄虞稷《千頃堂書目・別集類》 項真《西湖草》。字不損，秀水人。國子監生。

編蓬集 後集

黄虞稷《千頃堂書目・別集類》 唐汝詢《編蓬集》十卷。字仲言，華亭人。少喪目，聞人誦書，遂極博洽。《後集》十五卷。

《明史・藝文志・別集類》 唐汝詢《編蓬集》十卷。

英廉奏《抽毀書目》 《編蓬集》八本。查《編蓬集》，係明唐汝詢撰。卷三《放歌》第六首、卷四《從軍行》一首、《感時》一首，語多悖謬，應請抽燬。

《四庫提要・別集類存目七》 《編蓬集》十卷，《後集》十五卷。浙江巡撫採進本。明唐汝詢撰。汝詢字仲言，華亭人。五歲而瞽。父兄抱膝上，授以《三百篇》及唐詩，無不成誦。旁通經史，嘗撰《唐詩解》、《唐詩十集》等書，援據賅博，當時目爲異人。惟其兄汝諤篤嗜王、李之學，故汝詢所作，亦演七子流派。開卷即擬《古十九首》，次以《擬古》百篇，《感懷》四十六首，皆沿襲窠臼，貌似而神非。後集附雜文數十篇，其三五七言、四六八言、一字至十字諸雜體，尤傷纖巧也。

視夜樓集

徐𤇈《徐氏家藏書目・別集類》 章簡《視夜樓集》三卷。字次弓，台垣之子。崇禎庚辰副榜，官羅源知縣。

望舒閣稿

徐𤇈《徐氏家藏書目・別集類》 毛應翔《望舒閣稿》八卷。字鳳卿，無錫人，鄒迪光之甥。

靜好集

黃虞稷《千頃堂書目・別集類》 姜廷梧妻祁德淵《靜好集》一卷。字弢英，山陰人，都御史彪佳女。

葉剩

徐𤇈《徐氏家藏書目・別集類》 徐遵湯《葉剩》六卷。字仲昭，江陰人，崇禎戊辰恩貢。

樂府

《四庫提要・別集類存目七》 《樂府》一卷。浙江孫仰曾家藏本。明周道仁撰。道仁字以修，烏程人。所作擬漢、魏樂府凡一百三章，原附於所刊孫一元《太白山人稿》後。自序謂：「道不師孔顔，學不則經史，性不本忠孝，法不憲天王，豈伊無才，致譏寡識。」其論甚正，其詩則仍摹擬形似而已。蓋樂府音節，唐人已不能考矣。

萍蹤道人巖航草

黃虞稷《千頃堂書目・別集類》 如曉《萍蹤道人巖航草》。字萍蹤，蕭山人。棲隱天台石梁下，晚居湖上，往來嘉湖。

南陔集

黃虞稷《千頃堂書目・別集類》 王潢《南陔集》。字元倬，上元人。

咸春堂遺稿

黃虞稷《千頃堂書目・別集類》 朱茂時《咸春堂遺稿》。字子葵，秀水人。貴陽知府。

羔雁集

黃虞稷《千頃堂書目・別集類》 朱謀晉《羔雁集》。字康侯，更字公退，寧獻王七世孫。

燕城集

黃虞稷《千頃堂書目·别集類》 朱謀晉《燕城集》。

淹留集

黃虞稷《千頃堂書目·别集類》 朱謀晉《淹留集》。

巾車集

黃虞稷《千頃堂書目·别集類》 朱謀晉《巾車集》。

初　集

徐𤊹《徐氏家藏書目·别集類》 朱謀晉《初集》四卷。字康侯，樂安府鎮國中尉。

黃虞稷《千頃堂書目·别集類》 寧藩樂安中尉謀晉《初集》四卷。字公退，初字康侯。讀書修詞，才名蔚起。

西堂詩

徐𤊹《徐氏家藏書目·别集類》 朱謀晉《西堂詩》一卷。

黃虞稷《千頃堂書目·别集類》 朱謀晉《西堂詩》一卷。

廬山詩

徐𤊹《徐氏家藏書目·别集類》 朱謀晉《廬山詩》一卷。

黃虞稷《千頃堂書目·别集類》 朱謀晉《廬山詩》一卷。

退省稿

徐𤊹《徐氏家藏書目·别集類》 朱謀鉞《退翁稿》六卷。字幼晉，弋陽鎮國中尉。

黃虞稷《千頃堂書目·别集類》 寧藩中尉謀鉞《退省稿》六卷。字幼晉。

石民集

黃虞稷《千頃堂書目·别集類》 茅元儀《茅石民集》六十四卷。字止生，歸安人，坤之孫。崇禎初以薦授翰林院待詔，尋參孫承宗軍務，改授副總兵官，守覺華島，旋以兵譁論戍。

軍機處奏《禁燬書目》 《石民集》四本。查《石民集》，係明茅元儀撰。元儀所著《暇老齋筆記》、《青光》、《澄水帛》諸書已經請燬，此其詩集中亦有悖逆觸犯之語，應請銷燬。

石民四十集

黃虞稷《千頃堂書目·别集類》 茅元儀《石民四十集》一百四十八卷。

石民文集

徐㶿《徐氏家藏書目・別集類》 茅元儀《石民文集》□卷。

石民乙亥集　丙子集　丁丑集　戊寅集

軍機處奏《禁毀書目》 《石民乙亥集》、《丙子集》、《丁丑集》、《戊寅集》二十七卷，共一部五本。查《石民集》，係明茅元儀撰。元儀《暇老齋筆記》諸書俱有干犯，業經奏燬。此集内亦多悖礙字句，應請銷燬。

十五國風

徐㶿《徐氏家藏書目・別集類》 茅元儀《十五國風》一卷。字止生，國縉之子。天啓中以薦官翰林待詔，遷遼東副總兵官。

丁丑詩

徐㶿《徐氏家藏書目・別集類》 茅元儀《丁丑詩》七卷。

横塘集

軍機處奏《禁毀書目》 《横塘集》一部，二本。查《横塘集》，係明茅元儀撰。皆其所作詩篇，中間字句甚爲狂悖，應請銷燬。

樓山堂全集

黄虞稷《千頃堂書目・別集類》 吴應箕《樓山堂全集》二十七卷。字次尾，貴池人。太學生，乙酉死難。

《明史・藝文志・別集類》 《吴應箕文集》二十八卷。

洵美堂集

黄虞稷《千頃堂書目・別集類》 楊文驄《洵美堂集》。字龍友，貴陽人。都御史。

蚤甕集

黄虞稷《千頃堂書目・別集類》 高斗樞《蚤甕集》十六卷。字象先，鄞縣人。太僕寺少卿，巡撫湖廣。

寶綸樓集

黄虞稷《千頃堂書目・別集類》 傅冠《寶綸樓集》。字元父，一字寄庵，進賢人。一甲第二人，禮部尚書，兼東閣大學士。

十四哀詩

徐㶿《徐氏家藏書目・別集類》 周鑣《十四哀詩》。字仲馭，金壇人，崇禎戊辰進士。

黄虞稷《千頃堂書目·别集類》 周鑣《十四哀詩》。字仲馭，金壇人。禮部員外郎，爲阮大鋮所殺。

雪園遺草

黄虞稷《千頃堂書目·别集類》 李奇玉《雪園遺草》。字元美，嘉善人。天啓壬戌會試中式，戊辰殿試，寧國知府。

四逸園彙記

黄虞稷《千頃堂書目·别集類》 王養正《四逸園彙記》三十卷。字蒙修，潁州人。撫州兵備副使。

賀太僕集

黄虞稷《千頃堂書目·别集類》 賀王盛《賀太僕集》一卷。字無黨，世壽子，太僕寺丞。

南陔漫草

黄虞稷《千頃堂書目·别集類》 魏呈潤《南陔漫草》八卷。字修石，龍溪人，光禄寺丞。

軍機處奏《禁毁書目》 《南陔漫艸》二本。查《南陔漫艸》，係明魏呈潤撰。集中賦傳諸篇内語多干礙，應請銷燬。

尹民興集

黄虞稷《千頃堂書目·别集類》 尹民興《□□集》。嘉魚人。兵部職方司員外郎。

雙崖文集

黄虞稷《千頃堂書目·别集類》 金光宸《雙崖文集》。字天樞，全椒人，左僉都御史。

雙崖詩集

黄虞稷《千頃堂書目·别集類》 金光宸《雙崖詩集》。

見聖編

黄虞稷《千頃堂書目·别集類》 譚貞默《見聖編》。字梁生，嘉興人。昌言子。

其間集

黄虞稷《千頃堂書目·别集類》 譚貞默《其間集》。

埽庵詩存

黄虞稷《千頃堂書目·别集類》 譚貞默《埽菴詩存》。

希園集

黃虞稷《千頃堂書目·別集類》 沈胤芳《希園集》。字隆生，海鹽人，山東副使。

王心純詩文

黃虞稷《千頃堂書目·別集類》 《王心純詩文》二卷。字化遠，嵊縣人，江西僉事。

魯瞻文集

黃虞稷《千頃堂書目·別集類》 余自怡《魯瞻文集》。字士可，婺源人，廣州知府。

潯關雜詠

黃虞稷《千頃堂書目·別集類》 余自怡《潯關雜詠》。

星槎集

黃虞稷《千頃堂書目·別集類》 余自怡《星槎集》。

晚翠居集

黃虞稷《千頃堂書目·別集類》 李覺斯《晚翠居集》。字伯鐸，東莞人。刑部尚書。

守潼稿

徐𤊹《徐氏家藏書目·別集類》 曹荃《守潼稿》□卷。字元宰，無錫人，崇禎戊辰進士。

文耻齋遺集

軍機處奏《禁毀書目》 《文耻齋遺集》一部，一本。查《文耻齋遺集》，係楊文彩撰。集中字句狂悖處甚多，應請銷燬。

古柏軒詩集

黃虞稷《千頃堂書目·別集類》 楊廷樞《古柏軒詩集》。字維斗，吴縣人，解元。

茅簷集

徐𤊹《徐氏家藏書目·別集類》 魏學洢《茅簷集》八卷。字子敬，大中之子。死父之難。

黃虞稷《千頃堂書目·別集類》 魏學洢《茅檐集》八卷。字子敬，嘉善人。贈太常卿，大中子，鄉人私謚孝烈先生。

《明史・藝文志・別集類》 魏學洢《茅簷集》八卷。

《四庫提要・別集類二五》 《茅簷集》八卷。浙江巡撫採進本。明魏學洢撰。學洢字子敬，嘉善人，給事中大中長子也。大中忤閹被逮，學洢微服變姓名，匿定興鹿善繼家，萬計營救不得。柩歸之後，竟以毁卒，世稱忠臣孝子萃於一門。事蹟附見《明史・大中傳》。諸書所載，亦大概相近。然學洢尚有老母，而爲無益之死，或頗疑其過中。今觀集中《與潘茂莊書》曰：「追比方始，洢將就浙獄矣。」又《辭里中父老書》曰：「目今公差來捉，旦夕將死。家門傾覆，無復可言。」然則大中没後，所謂坐受楊鎬、熊廷弼賄三千三百兩者，所司仍追呼於家。學洢積憂積瘁於前，積痛於後。又重以閹黨之威虐，數者交迫，乃無生理。非真徒以一瞑不視，蹈滅性之戒。故學洢之孝在於大中被禍之日，竭力殫心，蹈危履險，出萬死以冀一生。今誦其與人諸書，至性惻怛，足以感天地而動鬼神。而錢士升等作序，惟欲以隕身殉父稱之，遂諱其追逮之事，淺之乎知學洢矣。其集一刊於錢棻。棻，大中門人也。再刊於其弟學濂，是爲今本。學濂頽其家聲，論者不能以大中之故，曲爲寬假。然益見學洢之不朽，由所自立，不由於父蔭也。

南宮集

黄虞稷《千頃堂書目・別集類》 陳子莊《南宮集》十五卷。字集生，南海人。一甲第三人，禮部尚書，居家殉難。一作《雲淙集》。

練要堂稿

黄虞稷《千頃堂書目・別集類》 陳子壯《練要堂稿》六卷。

知畏堂集

軍機處奏《禁毁書目》 《知畏堂集》三本。查《知畏堂集》，係明張采撰。采本復社渠魁，專以聲氣交通，其人本不足重，且入國初尚存，而書中挖空處皆係指斥字句，應請銷燬。

知畏堂文存

黄虞稷《千頃堂書目・別集類》 張采《文存》十一卷。

《明史・藝文志・別集類》 張采《知畏堂文存》十一卷。

知畏堂詩存

黄虞稷《千頃堂書目・別集類》 張采《知畏堂詩存》四卷。字受先，太倉人。禮部主事。

《明史・藝文志・別集類》 張采《詩存》四卷。

客燕草

徐𤊹《徐氏家藏書目・別集類》 黄翼聖《客燕草》一卷。字子羽，吴縣人。

蓮蕊居士詩選

黄虞稷《千頃堂書目・別集類》 黄翼聖《蓮蕊居士詩選》。字子羽，太倉人，安吉州知州。

天啓宮詞

吴壽暘《拜經樓藏書題跋記類五》 《天啓宮詞》。右宮詞一百三十六首，蔣之翹作。前有自序，先君子校有按語數條。簡莊徵君跋云：「《明詩綜》：蔣之翹字楚稺，秀水布衣，甲申後隱于市。《詩話》楚稺居射襄城，詳對《楚詞》、《晉書》、《韓柳文集》，鏤版以行，又輯《檇李詩乘》四十卷，搜録鄉黨、先正詩無遺，兼能備舉軼事，使聽者忘倦。晚年無子，書籍散佚無餘，《詩乘》亦亡，可歎也。」按《明詩綜》選秦楚芳《天啓宫詞》八首，而《静志居詩話》嫌其述客魏居多，而事關德陵者寡，不無微憾。此楚稺所作較之楚芳作爲詳備，乃《詩綜》並不選入，豈竹垞先生猶未見耶？鱣記。

九嵕先生集

吴壽暘《拜經樓藏書題跋記類五》 《九嵕先生集》。右舊鈔本雜文詩詞一卷，首敘，不著姓氏。

擘蘭集

黄虞稷《千頃堂書目・别集類》 董守諭《擘蘭集》。字次公，鄞縣人。

甌安館詩集

黄虞稷《千頃堂書目・别集類》 黄景昉《甌安館詩集》三十卷。太稺，一字東崖，又字冬呆，晉江人。太子太保，户部尚書，兼東閣大學士。

《明史・藝文志・别集類》 黄景昉《甌安館集》三十卷。

軍機處奏《禁毀書目》 《甌安館詩集》六本。查《甌安館集》，係明黄景昉撰。詩中悖犯之處甚多，應請銷燬。

鹿鳩詠

黄虞稷《千頃堂書目・别集類》 黄景昉《鹿鳩詠》二卷。

樹蘐草堂集

黄虞稷《千頃堂書目・别集類》 談允謙《樹蘐草堂集》。字長益，丹徒人。

桐庵文稿

黄丕烈《蕘圃藏書題識續録・集類下》 〔鄭敷教〕《桐庵文稿》一卷。鈔本。癸酉秋季有書友攜此册示余，並索重直。余曰：「此非汝輩所知，是必有指示歸余者，故不以尋常故紙視之也。」後訊之，果然。盖余嘗從鄭氏後裔訪桐庵遺墨，曾有手書文一篇贈余，故又以此託人示余。余重爲鄉先輩手澤，且閲欽序三題識，知係熊魚山評閲本，益珍之，因以十餅金購藏焉。復翁。

眉尹文集

黄虞稷《千頃堂書目・别集類》 張致中《眉尹文集》。字性符，山陽人。舉經明行修，私謚恭孝先生。

鶴玉齋集

徐𤊹《徐氏家藏書目・别集類》 揭重熙《鶴玉齋集》二卷。字君緝，號潛銘，臨川人。崇禎辛未進士。

黄虞稷《千頃堂書目・别集類》 揭重熙《鶴玉齋集》二卷。字潛銘，臨川人。以五經中式，任福寧知州。

嵩庵集

黄虞稷《千頃堂書目・别集類》 揭重熙《嵩庵集》。

軍機處奏《禁毁書目》 《嵩庵集》一部，四本。查《嵩庵集》，係明揭重熙撰。書中挖空字句多係指斥之詞，應請銷燬。

證思集

英廉奏《全毁書目》 《證思集》一本。明楊觀光撰。

澹寧居文集

黄虞稷《千頃堂書目・别集類》 馬世奇《文集》六卷。

《明史・藝文志・别集類》 《馬世奇文集》六卷。

英廉奏《全毁書目》 《澹寧居集》十二本。明馬世奇撰。

澹寧居詩集

黄虞稷《千頃堂書目・别集類》 馬世奇《澹寧居詩集》三卷。字君常，一字素修，無錫人，左春坊左諭德兼翰林侍講。京師陷，自經死，初謚文忠，定謚文肅。

《明史・藝文志・别集類》 《詩》三卷。

侶郊居存稿

黄虞稷《千頃堂書目・别集類》 沈雲祚《侶郊居存稿》。字子陵，太倉人，華陽知縣，甲申死寇難。

容庵存稿

黄虞稷《千頃堂書目・别集類》 許令瑜《容庵存稿》三卷。字元忠，號芝田，海寧人，仙遊令。

芑山文集

軍機處奏《禁毁書目》 《芑山文集》四本。查《芑山文集》，係明張自烈撰，集中語句多有悖犯之處，應請銷燬。再此書原目五十卷，今此本僅存十六卷，恐其餘尚有違礙之處，應令各督撫將原本一併查銷。

軍中詠馬詩

黄虞稷《千頃堂書目・别集類》 湯開遠《軍中詠馬詩》一卷。字□□，臨川人。顯祖子。舉人，推官。

赭留集

《四庫提要・别集類存目七》 《赭留集》一卷。福建巡撫採進本。明黄文焕撰。文焕有《詩經考》，已著録。是集詩文其爲一卷，乃其與黄道周同下詔獄時所作，故以「赭留」爲名。詞多感慨，而不能甚工。舊附刻《陶詩析義》後，以所注陶詩，亦多借以寄意，與此集若相發明也。然追步淵明，談何容易，合爲一帙，未免擬不於倫，故析之别著於録焉。

魚山剩稿

黃虞稷《千頃堂書目・別集類》 熊開元《魚山剩稿》七卷。字玄年，號魚山，嘉魚人。行人司副，晚爲僧，名正志，字蘗庵，居蘇州之華山。

華山紀勝集

黃虞稷《千頃堂書目・別集類》 熊開元《華山紀勝集》。

瞿瞿齋詩稿

黃虞稷《千頃堂書目・別集類》 彭長宜《瞿瞿齋詩稿》。字申伯，一字德符，海鹽人，上海知縣。

讀選堂詞賦集

黃虞稷《千頃堂書目・別集類》 項嘉謨《讀選堂詞賦集》。字向彤，一字君禹，秀水人。

古處堂集

黃虞稷《千頃堂書目・別集類》 錢應金《古處堂集》。字而介，一字仙上。嘉興縣學生。

謫仙居稿

黃虞稷《千頃堂書目・別集類》 李自明《謫仙居稿》。字光修，嘉興人。以歲貢除揚州訓導，城破死於官。

金太史文集

黃虞稷《千頃堂書目・別集類》 金聲《金太史文集》九卷。字正希，嘉魚籍，休寧人，翰林院修撰。杭云，《徽志》作《燕詒閣全集》。

《明史・藝文志・別集類》 《金聲文集》九卷。

燕詒閣集

軍機處奏《禁燬書目》 《燕詒閣集》一部，二本。查《燕詒閣集》，明金聲撰。書中多指斥字面，奏疏内亦無可採録，應請銷燬。

小碎集

黃虞稷《千頃堂書目・別集類》 魏沖《小碎集》。字道用，常熟人。

庚除詩稿

黃虞稷《千頃堂書目・別集類》 陸坦《庚除詩稿》。字履常，嘉定人。銓授南豐知縣，不赴，隱居鄧尉山。

奕可齋詩集

黄虞稷《千頃堂書目·别集類》 徐柏齡《奕可齋詩集》。字節之，秀水人，署永嘉儒學教諭。

昜光樓集

黄虞稷《千頃堂書目·别集類》 徐柏齡《昜光樓集》。

畫溪近草

黄虞稷《千頃堂書目·别集類》 劉振之《畫溪近草》。字而强，慈谿人，鄢陵知縣，城陷死。别本「畫溪」作「書居」。

冰壺先生遺稿

黄虞稷《千頃堂書目·别集類》 劉振之《冰壺先生遺稿》。

止園詩集

黄虞稷《千頃堂書目·别集類》 徐作霖《止園詩集》五卷。字霖蒼，商丘人。解元。死流寇之難。

幾亭全書

黄虞稷《千頃堂書目·别集類》 陳龍正《幾亭全書》六十四卷。字惕龍，嘉善人。禮部員外郎。

《明史·藝文志·别集類》 陳龍正《幾亭集》六十四卷。

軍機處奏《禁毁書目》 《幾亭全書》一部，十六本。查《幾亭全書》，係明陳龍正撰。所載皆語録及所作文章，中多指斥之詞，且有挖空字句，應請銷燬。

敝帚詩

黄虞稷《千頃堂書目·别集類》 潘振《敝帚詩》三十卷。字藻生，烏程人。父卒，廬墓三年，布衣蔬食，不事干謁，按察使顧詒燕題其廬曰「真孝廉」。

雪滌齋集

黄虞稷《千頃堂書目·别集類》 方逢年《雪滌齋集》。字書田，遂安人。禮部尚書，東閣大學士。

兼山集

黄虞稷《千頃堂書目·别集類》 楊廷麟《兼山集》。字伯祥，清江人。編修。死贛州。

章格庵遺書

《四庫提要·别集類存目七》 《章格菴遺書》五卷。福建巡撫採進本。明章正宸撰。正宸字羽侯，號格菴，晚號偁東餓夫，會稽人。崇禎辛未進士，官至吏科給事中。事蹟具《明史》本傳。正宸爲劉宗周弟子，生平以氣節自負。是書所載凡奏疏七十九篇，論著十八首，記傳九首，詩賦四十一首。又《補遺》一首，則《偁東餓夫自傳》也。正宸於明亡之後，不知所終，遺稿亦多散佚。此本蓋其族孫詷掇拾殘闕，補綴成帙云。

蟛蜞集

范邦甸等《天一閣書目·總集類》 《蟛蜞集》□卷。明閩中林嵋著。

蘆中集

黃虞稷《千頃堂書目·別集類》 余颺《蘆中集》□卷。字賡之，莆田人。吏部主事。

天愚山人詩文集

黃虞稷《千頃堂書目·別集類》 謝泰宗《天愚山人詩文集》。字時望，定海人。南安推官。

轂　音

黃虞稷《千頃堂書目·別集類》 謝泰宗《轂音》四卷。

燕　囊

黃虞稷《千頃堂書目·別集類》 謝泰宗《燕囊》三卷。

花歸百詠

黃虞稷《千頃堂書目·別集類》 謝泰宗《花歸百詠》四卷。

南征志載

黃虞稷《千頃堂書目·別集類》 謝泰宗《南征志載》六卷。

弩　餘

黃虞稷《千頃堂書目·別集類》 謝泰宗《弩餘》三卷。

菊醉吟

黃虞稷《千頃堂書目·別集類》 謝泰宗《菊醉吟》三卷。

寒松齋集

黃虞稷《千頃堂書目·別集類》 萬泰《寒松齋集》。字履安，鄞縣人。

續騷堂集

黃虞稷《千頃堂書目·別集類》 萬泰《續騷堂集》。

狷石居遺稿

黄虞稷《千頃堂書目・别集類》 譚貞良《狷石居遺稿》。字元孩，嘉興人。

野外詩

黄虞稷《千頃堂書目・别集類》 毛晉《野外詩》□卷。初名鳳苞，字子晉，常熟人。

草鞋吟

黄虞稷《千頃堂書目・别集類》 郭都賢《草鞋吟》二卷。字天門，長沙府益陽人。巡撫江西，都御史。有《衡獄》、《止庵》、《湘恨》、《秋聲吟》諸集。

衡獄集

黄虞稷《千頃堂書目・别集類》 郭都賢《衡獄集》。

止庵集

黄虞稷《千頃堂書目・别集類》 郭都賢《止庵集》。

止庵詩

徐㶿《徐氏家藏書目・别集類》 周文郁《止菴詩》四卷。字蔚宗，宜興人，天啓中遼東副總兵。

湘恨集

黄虞稷《千頃堂書目・别集類》 郭都賢《湘恨集》。

忠肅集

黄虞稷《千頃堂書目・别集類》 盧象昇《忠烈公文集》二卷。字建斗，號九台，宜興人。由户部主事歷官兵部尚書，謚忠烈。

《四庫提要・别集類二五》 《忠肅集》三卷。江蘇巡撫採進本。明盧象昇撰。象昇字建斗，宜興人。天啓壬戌進士。官至兵部尚書。崇禎戊寅，大兵下鉅鹿，象昇督師戰敗，殁於陣。乾隆四十一年賜謚忠肅。事蹟具《明史》本傳。象昇奏疏凡六集，其姪孫豪然嘗彙刻别行，今未之見。此則其詩文集也，初刻於康熙戊辰，爲其幼子天馭孫聲諧所編，萬錦雯序之。後其曾孫安節又搜羅遺墨，補葺此本。第一卷爲詩三十五首、詩餘八首、傳一首、墓誌一首。詩餘末一首爲《七夕歌》，蓋古詩誤編。實得詩三十六首，詩餘七首也。第二卷爲記一首，書二十七首。第三卷爲《明史》列傳、年譜、世表。詩文皆有注，不著姓名。觀所注《鹿善繼傳》，言及楊嗣昌死事，則非象昇自注矣。其年譜之注，題四世孫師儉作，此注殆亦出其手歟？象昇年二十三登第，洎年二十九即戰鬭於流寇之間，死時年僅三十九。蓋未暇專力文藝，故詩古文多不入格。然讀其軍中家書、尺牘，忠孝悱惻，使人感動，無意爲文而能文者莫加焉。雖謂之載道之文可也，楊嗣昌媢嫉怙權，擠象昇以至於死。嗣昌卒亦身敗名裂。其子所作《孤兒籲天録》，雖巧辨百端，公論卒不可掩，藏書家亦多不肯收録。而象昇遺集，至今留天地間。録而存之，亦聖朝敦崇風教，扶植綱常之義也。舊本題曰《忠烈集》，蓋用明福王時舊謚。今既蒙特典褒榮，光垂千古，謹改題所賜新謚，昭表章之至意焉。

息心窩詩集

黄虞稷《千頃堂書目·別集類》 吴太沖《息心窩詩集》三十卷。字默寘，錢塘人，右中允。

澤畔吟

黄虞稷《千頃堂書目·別集類》 周燦《澤畔吟》。字光甫，吴江人，浙江道御史。

積書巖詩草

黄虞稷《千頃堂書目·別集類》 管正傳《積書巖詩草》。字元心，長洲人，永新知縣，調贛縣。

春及堂詩

黄虞稷《千頃堂書目·別集類》 許豸《春及堂詩》。字玉斧，侯官人，浙江按察僉事，以參議提督學政。

王王屋集

黄虞稷《千頃堂書目·別集類》 王岍《王王屋集》二卷。字王屋，蘭陽人，滋陽知縣。

雲起堂集

黄虞稷《千頃堂書目·別集類》 吴希哲《雲起堂集》十六卷。字睿卿，淳安人。惠州推官。

王二彌先生存稿

黄虞稷《千頃堂書目·別集類》 王邵《王二彌先生存稿》十卷。山西保德州人，翰林院檢討。

悔晚齋集

黄虞稷《千頃堂書目·別集類》 李世奇《悔晚齋集》。字亮先，漳浦人。庶吉士。以母老請終養，遂不仕。崇禎末以春坊庶子召，不肯出，令有司月給白粲一石，以養其母。

澹寧居草

黄虞稷《千頃堂書目·別集類》 李世奇《澹寧居草》。

勳卿遺稿

黄虞稷《千頃堂書目·別集類》 鄧務忠《勳卿遺稿》。字子良，南海人，光禄寺卿。

怡清堂集

黄虞稷《千頃堂書目・别集類》 黎崇宣《怡清堂集》。字孺旬，番禺人，廣德州知州。

北征初集

徐𤊹《徐氏家藏書目・别集類》 詹兆垣《北征初集》一卷。字仲常，號月如，永豐人。辛巳進士，甌寧知縣。

黄虞稷《千頃堂書目・别集類》 詹兆恒《北征初集》一卷。字月初，永豐人，大理寺右少卿。

蕉露篇

徐𤊹《徐氏家藏書目・别集類》 沈鼎科《蕉露篇》一卷。字鉉臣，號弁丘，江陰人。崇禎辛未進士，官建陽知縣。

簡軒集

徐𤊹《徐氏家藏書目・别集類》 汪國士《簡軒集》二卷。字君酬，號畹公，桐城人。崇禎辛未進士，閩縣知縣。

懷兹堂集

徐𤊹《徐氏家藏書目・别集類》 吴國琦《懷兹堂集》□卷。字公良，號雪厓，桐城人，崇禎辛未進士。

費道用集

徐𤊹《徐氏家藏書目・别集類》 《費道用集》。字闇如，號筆山，石阡人。崇禎辛未進士，福清知縣。

磚砆集

徐𤊹《徐氏家藏書目・别集類》 張拱機《磚砆集》二卷。字羣玉，成都内江人。崇禎辛未進士，莆田知縣。

偶居集

軍機處奏《禁毁書目》 《偶居集》八本。查《偶居集》，係明鍾震陽撰。集中詩文大率俚淺不足觀，語句亦有悖犯，應請銷燬。

叢桂堂集

軍機處奏《禁毁書目》 《叢桂堂集》二本。查《叢桂堂集》，係明韓四維撰。其《閱邸報詩》内字句甚爲悖礙，應請銷燬。

棄　草

軍機處奏《禁毁書目》 《棄草》四本。查《棄草》，係明周之夔撰。乃其詩文全集，中間犯悖語句甚多，應請銷燬。

柳絮編

黃虞稷《千頃堂書目・別集類》 禮部□□林啓昌妻黃幼藻《柳絮編》一卷。字漢光，莆田人，蘇州府通判議之女。

《明史・藝文志・別集類》 黃幼藻《柳絮編》一卷。

羅明祖詩文全集

黃虞稷《千頃堂書目・別集類》 《羅明祖詩文全集》三十卷。南平人，襄陽知縣。

羅紋山集

英廉奏《全毀書目》 《羅紋山集》八本。明羅明祖撰。

涂子一杯水

《四庫提要・別集類存目七》 《涂子一杯水》五卷。江西巡撫採進本。明涂伯昌撰。伯昌字子期，南昌人。崇禎庚午舉人。是集名「一杯水」者，自序云「取澹然無味之義」也。集中多雜釋、老之説，其《書唐武宗毀佛復僧後》一篇，以三才三教竝稱。其《格物述》及《古本大學通序》數篇，頗以朱子爲非。蓋江右之學，多從陸氏，自宋元已然也。詩多染竟陵末派，惟五言律詩間有可觀。

指樹園集

黃虞稷《千頃堂書目・別集類》 李之椿《指樹園集》。字大生，如皋人。尚寶司卿。

略園集

黃虞稷《千頃堂書目・別集類》 文安之《略園集》一卷。字汝止，夷陵人。詹事府少詹事。

鐵庵集

黃虞稷《千頃堂書目・別集類》 文安之《鐵庵集》。

顣頷集

黃虞稷《千頃堂書目・別集類》 朱茂晥《顣頷集》。字子芾，號芾園。崇禎初補嘉興縣學生，棄去。

匡山讀書草

徐𤊹《徐氏家藏書目・別集類》 朱謀垔《匡山讀書草》一卷。字禹卿，號恒庄，建安府鎮國中尉。

移家詩

徐𤊹《徐氏家藏書目·別集類》 朱謀垔《移家詩》一卷。

斯陶社詩草

徐𤊹《徐氏家藏書目·別集類》 朱謀剷《斯陶社詩草》二卷。字文翰，號藩章，宜春府鎮國中尉。

芳草詩

徐𤊹《徐氏家藏書目·別集類》 朱謀剷《芳草詩》一卷。

廣陵草

黄虞稷《千頃堂書目·別集類》 崔泌之《廣陵草》。字飢仲，鹿邑人。户部主事，死寇難。

天啓宫中詞

《四庫提要·別集類存目七》 《天啓宫中詞》一卷。浙江巡撫採進本。明陳悰撰。悰字次杜，常熟人。是集前有悰自序。其詩仿王建《宫詞》，雜咏天啓軼事，凡一百首。自注亦極詳悉，頗足以廣異聞。朱彝尊嘗録入《明詩綜》。其《静志居詩話》述徐昂發之言，以爲本秦徵蘭撰，悰攘而有之。徵蘭字楚芳，亦常熟人也。

蕪園集

黄虞稷《千頃堂書目·別集類》 葛徵奇《蕪園集》十二卷。字無奇，海寧人，光禄寺卿。

蕪園詩集

《四庫提要·別集類存目七》 《蕪園詩集》六卷。浙江巡撫採進本。明葛徵奇撰。徵奇字無奇，號介龕，海寧人。崇禎戊辰進士，官至光禄寺少卿，告歸遨遊湖山間，故其詩頗有閒適之致。集中多及其家姬是菴者，徵奇妾李因之字，善畫花草禽鳥，亦頗能吟詠，徵奇嘗與酬和，其頗傷纖弱，或以此歟。

太乙山房稿

黄虞稷《千頃堂書目·別集類》 陳際泰《太乙山房稿》十四卷。字大士，臨川人。行人。

《明史·藝文志·別集類》 陳際泰《太乙山房集》十四卷。

軍機處奏《禁毁書目》 《太乙山房文集》五本。查《太乙山房集》，明陳際泰撰。際泰所著《己吾集》已經請燬，此本内悖犯之處尤多，應請一併銷燬。

己吾集

黄虞稷《千頃堂書目·別集類》 陳際泰《己吾集》十四集。

軍機處奏《禁毁書目》 《己吾集》四本。查《己吾集》，係明陳際泰撰。際泰以制義著名，古文本非所長，書中多有悖謬之語，應請銷燬。

洹水遺詩

黃虞稷《千頃堂書目・別集類》 劉永錫《洹水遺詩》。字欽爾，魏縣人。選長洲教諭，署崇明縣事。

居易堂集

黃虞稷《千頃堂書目・別集類》 林垐《居易堂集》。字子埜，侯官人。海寧知縣，家居死事。一作《恥齋集》。

鬼訂集

黃虞稷《千頃堂書目・別集類》 曹臣《鬼訂集》。字野臣，歙人。

雲樵文集

《四庫提要・別集類存目七》 《雲樵文集》八卷。江西巡撫採進本。明程士鯤撰。士鯤字天修，號雲出樵叟，永豐人。崇禎癸未副榜，官至樂平府推官。是集雜文二百餘篇，所紀物産珍異之類，體或同於稗官。其編次體例亦頗無緒。

鍾陵社草

徐𤊹《徐氏家藏書目・別集類》 葛一龍《鍾陵社草》一卷。字震甫，吴縣人。天啓中官福建理問。

尺木齋等集

黃虞稷《千頃堂書目・別集類》 葛一龍《尺木齋等集》。字震甫，吴縣人，由貲生選授雲南布政司理問。

儉娱堂集

黃虞稷《千頃堂書目・別集類》 沈嗣選《儉娱堂集》。秀水人。

荻水遺詩

黃虞稷《千頃堂書目・別集類》 吴翔《荻水遺詩》。字振六，吴江人。翶弟。

約齋集

黃虞稷《千頃堂書目・別集類》 吴牧《約齋集》。

龍門集

黃虞稷《千頃堂書目・別集類》 王公説《龍門集》一卷。

蘊溪集

黃虞稷《千頃堂書目・別集類》 鍾絅《蘊溪集》九卷。

退齋集

黄虞稷《千頃堂書目·别集類》 曾旭《退齋集》一卷。

退齋詩集

徐𤊹《徐氏家藏書目·别集類》 曾旭《退齋詩集》六卷。字旦初，臨川人。

翠巖稿

黄虞稷《千頃堂書目·别集類》 梁銛《翠巖稿》六卷。

蘇湖集

黄虞稷《千頃堂書目·别集類》 錢復《蘇湖集》一卷。

萍居集

黄虞稷《千頃堂書目·别集類》 顧言《萍居集》十二卷。

好古齋集

黄虞稷《千頃堂書目·别集類》 陳頤《好古齋集》四卷。

蚓鳴集

黄虞稷《千頃堂書目·别集類》 徐壽《蚓鳴集》一卷。

詠史詩

黄虞稷《千頃堂書目·别集類》 王恪《詠史詩》一卷。

和鳴集

黄虞稷《千頃堂書目·别集類》 鄭木《和鳴集》一卷。

貴行稿

黄虞稷《千頃堂書目·别集類》 吴靖《貴行稿》一卷。

礱庵稿

黄虞稷《千頃堂書目·别集類》 鄒鈍《礱庵稿》四卷。

芝巖集

黄虞稷《千頃堂書目·别集類》 葛元兆《芝巖集》八卷。

半齋集

黄虞稷《千頃堂書目·别集類》 周旋《半齋集》四卷。

直暇集

黄虞稷《千頃堂書目·别集類》 劉振《直暇集》三卷。

鶴軒稿

黄虞稷《千頃堂書目·别集類》 江左《鶴軒稿》一卷。

康仲端詩

黄虞稷《千頃堂書目·别集類》 《康仲端詩》一卷。

慎庵集

黄虞稷《千頃堂書目·别集類》 袁天麒《慎庵集》一卷。

巖山詩

黄虞稷《千頃堂書目·别集類》 鄭立《巖山詩》一卷。

約齋集

黄虞稷《千頃堂書目·别集類》 吴川學《約齋集》一卷。

崑齋稿

黄虞稷《千頃堂書目·别集類》 吴廷獻《崑齋稿》一卷。

鳴秋稿

黄虞稷《千頃堂書目·别集類》 李懋《鳴秋稿》四卷。

時軒集

黄虞稷《千頃堂書目·别集類》 胡崇《時軒集》六卷。

西峰集

黄虞稷《千頃堂書目·别集類》 劉愭《西峰集》八卷。

定庵集

黄虞稷《千頃堂書目·别集類》 徐敷詔《定庵集》八卷。

瑞峰稿

黄虞稷《千頃堂書目・别集類》 葉石《瑞峰稿》一卷。

漁庵集

黄虞稷《千頃堂書目・别集類》 趙宏《漁庵集》一卷。

崖東稿

黄虞稷《千頃堂書目・别集類》 劉世論《崖東稿》八卷。

汝思集

黄虞稷《千頃堂書目・别集類》 徐詩《汝思集》一卷。

春坊集

黄虞稷《千頃堂書目・别集類》 索儁《春坊集》二卷。

楊浦集

黄虞稷《千頃堂書目・别集類》 崔澱《楊浦集》。字彦沈，海州人。十八中進士，二十二而殁。

許景樊集

黄虞稷《千頃堂書目・别集類》 《許景樊集》。字蘭雪，狀元篈筠之妹，適進士金成立。後成立殉國難，遂爲女道士。金陵朱狀元之蕃使東國，得其集。

蘭溪遺稿

潘祖蔭《滂喜齋藏書記・集部》 高麗活字本《蘭溪遺稿》一卷。一册。高麗朴堧撰。堧初名然，字坦夫，明洪武十一年生，永樂辛卯登同進士第，仕至藝文館大提學，精於鐘律，與高麗莊憲王同定雅樂。集中有疏三十九篇，皆論樂之作也。前有金祖淳序，後有金魯敬跋，洪啓禧謚狀稱爲海東一夔云。

石洲集殘本

潘祖蔭《滂喜齋藏書記・集部》 《石洲集殘本》六卷。二册。高麗權韠著。首二卷佚，卷三五言律，卷四七言律，卷五排律，卷六、卷七絶句，卷八雜體。不題姓氏，惟每册首行有墨筆書「永嘉後人權韠汝章甫著」，凡十字，亦不知誰所記也。攷權爲高麗士族，明成祖賢妃權氏即高麗人，其父永均曾受封爲光禄卿。舊爲烏程張秋水藏書。

海居齋集

潘祖蔭《滂喜齋藏書記・集部》 高麗刻《海居齋集》三卷。一册。題豐山洪顯周世叔，前有伯仲兩序，即奭周、吉周也。詩分四編，前編爲《東嘉十景詩》，附詩四十首，父母兩兄和作也，其後三卷則皆顯周詩矣。顯周尚朝鮮王女，封永明尉。

玉水清音

黃虞稷《千頃堂書目・別集類》 木青《玉水清音》。號松鶴，又號長春。公恕曾孫。卒贈中憲大夫。

焚餘草　續草

黃虞稷《千頃堂書目・別集類》 宜春令張本嘉妻王鳳嫺《焚餘草》四卷又《續草》一卷。華亭人。解元獻吉之姊。

《明史・藝文志・別集類》 王鳳嫺《焚餘草》五卷。

玉鴛閣詩

黃虞稷《千頃堂書目・別集類》 青蛾居士姚氏《玉鴛閣詩》二卷。秀水范應宮妻。既卒，應宮刊其遺詩，并己哀悼倡隨之作，屠隆爲序。

《明史・藝文志・別集類》 姚青蛾《玉鴛閣詩》二卷。

香奩稿

黃虞稷《千頃堂書目・別集類》 周履靖繼室桑貞白《香奩稿》二卷。字月姝，嘉興人。

《明史・藝文志・別集類》 桑貞白《香奩稿》二卷。

和陸氏詩

黃虞稷《千頃堂書目・別集類》 《和陸氏詩》一卷。桑貞白著。

二姬倡和稿

黃虞稷《千頃堂書目・別集類》 《二姬倡和稿》二卷。桑貞白著。

效顰集

黃虞稷《千頃堂書目・別集類》 參政黃承昊妻沈紉蘭《效顰集》。字閑倩，嘉興人。

《明史・藝文志・別集類》 沈紉蘭《效顰集》一卷。

斷香集

黃虞稷《千頃堂書目・別集類》 解元劉晉仲妻尹紉榮《斷香集》。宜賓尹仲女。

嫠泣集

黃虞稷《千頃堂書目・別集類》 秀才沈承妻薄少君《嫠泣集》一卷。太倉人，承字君烈。

《明史・藝文志・別集類》 薄少君《嫠泣集》一卷。

胡繩集

黄虞稷《千頃堂書目・別集類》 范壼貞《胡繩集》。字淑英，一字蓉裳，吴縣人。嫁吴氏。

半月樓遺稿

黄虞稷《千頃堂書目・別集類》 黄羅扉妻姚令則《半月樓遺稿》。字柔嘉，仁和人。

聚雪樓遺稿

黄虞稷《千頃堂書目・別集類》 孝廉沈端妻高涼《聚雪樓遺稿》二卷。字紈潔，海寧人。

藕花樓集

黄虞稷《千頃堂書目・別集類》 吴統持妻項佩《藕花樓集》八卷。字吹聆，秀水人。

紅餘集

黄虞稷《千頃堂書目・別集類》 袁雍簡妻李大純《紅餘集》。字貞君，鄞縣人。

讀月居詩

黄虞稷《千頃堂書目・別集類》 謝五孃《讀月居詩》。萬曆中湖州女子。

會稽女子詩

黄虞稷《千頃堂書目・別集類》 《會稽女子詩》一卷。

茹蘗録

黄虞稷《千頃堂書目・別集類》 進士張利民母陳氏《茹蘗録》一卷。閩人。

竹笑軒吟草　續草

黄虞稷《千頃堂書目・別集類》 光禄卿葛徵奇妾李因《竹笑軒吟草》又《續草》。字是庵，會稽人。

佩蘭閣草

黄虞稷《千頃堂書目・別集類》 休寧吴琪妾徐簡簡《佩蘭閣草》。字文漪，嘉興人。

夢居集

黄虞稷《千頃堂書目・別集類》 《夢居集》徐簡簡著。

周玉簫詩

黄虞稷《千頃堂書目·别集類》 方輿妾《周玉簫詩》一卷。莆田人。輿建議撫嚳番，忤大帥指，繫獄七年，遣玉簫，玉簫矢死不去。

陽雲樓詩

黄虞稷《千頃堂書目·别集類》 沈雲潔《陽雲樓詩》一卷。字瑜卿，龍溪人。副使沈維昆女。

朱桂英集

黄虞稷《千頃堂書目·别集類》 女士《朱桂英集》。仁和人。

鶴牖軒集

黄虞稷《千頃堂書目·别集類》 鍾天鈞妻錢莊嘉《鶴牖軒集》。仁和人。

乙丑宫掖雜詩

黄虞稷《千頃堂書目·别集類》 左掖小娥言氏《乙丑宫掖雜詩》一卷。

楊夫人詞曲

《明史·藝文志·别集類》 《楊夫人詞曲》五卷。

逍遥集

黄虞稷《千頃堂書目·别集類》 章志宗《逍遥集》。字清源，號逍遥子。松溪文昌觀道士。

丹丘漫稿

黄虞稷《千頃堂書目·别集類》 錢月齡《丹丘漫稿》。字鶴山，無錫人。居洞虚宫。

同亭詩帨

黄虞稷《千頃堂書目·别集類》 余和叔《同亭詩帨》一卷。

適適吟

黄虞稷《千頃堂書目·别集類》 張蚩蚩《適適吟》一卷。武夷山道士。

《明史·藝文志·别集類》 張蚩蚩《適適吟》一卷。

潛庵詠物詩

黄虞稷《千頃堂書目・别集類》 顔復膺《潛庵詠物詩》六卷。字安仁，沖虚山道士。

《明史・藝文志・别集類》 顔復膺《潛菴咏物詩》六卷。

水月軒稿

黄虞稷《千頃堂書目・别集類》 徐淵《水月軒稿》。字湛虚，一字月汀，又字秋沙，海寧人。萬曆中棲貞觀道士。

蟲吟

黄虞稷《千頃堂書目・别集類》 吴道隆《蟲吟》。字易水，桐城太霞宫道士。

蜀道吟

黄虞稷《千頃堂書目・别集類》 徐斗支《蜀道吟》。字粱父，嘉興萬壽宫道士。

荆南雜詠

黄虞稷《千頃堂書目・别集類》 《荆南雜詠》。徐斗支著。

放鷴亭集

黄虞稷《千頃堂書目・别集類》 李延昱《放鷴亭集》。初名彦貞，字我生，一字期叔，後更今名，改字辰山，上海人。隱於醫，晚居平湖佑聖宫，自稱道士。

榔梅居詩稿

黄虞稷《千頃堂書目・别集類》 陳泓《榔梅居詩稿》。字白浮，嘉興萬壽宫道士。

元洲集

黄虞稷《千頃堂書目・别集類》 徐穎《元洲集》。字渭友，海鹽學生。以詿誤逃於僧，自楚歸，入茅山爲道士。

效顰集

黄虞稷《千頃堂書目・别集類》 沈元壽《效顰集》。字雲潛，歸安静庵觀道士。

二都賦

黄虞稷《千頃堂書目・騷賦類》 馬斯臧《二都賦》四卷。字駿伯，寧波衛籍。官揚州都司。

碧溪賦略

黃虞稷《千頃堂書目・騷賦類》 歐陽雲《碧溪賦略》二卷。

四明覽勝賦

黃虞稷《千頃堂書目・騷賦類》 董晟《四明覽勝賦》一卷。

天童寺賦

黃虞稷《千頃堂書目・騷賦類》 陶寅齡《天童寺賦》一卷。

河西賦

黃虞稷《千頃堂書目・騷賦類》 劉寬《河西賦》。甘州中衛人。學者稱心古先生。

蜀都賦

黃虞稷《千頃堂書目・騷賦類》 范槲明《蜀都賦》一卷。

《明史・藝文志・別集類》 范槲明《蜀都賦》一卷。

朝鮮賦

黃虞稷《千頃堂書目・騷賦類》 張進《朝鮮賦》一卷。

聽雪齋二賦

黃虞稷《千頃堂書目・騷賦類》 張士昌《聽雪齋二賦》一卷。莆田人。字隆父，布衣。

劉鑾賦篇

黃虞稷《千頃堂書目・騷賦類》 《劉鑾賦篇》一卷。

晉陽四賦

黃虞稷《千頃堂書目・騷賦類》 《晉陽四賦》一卷。

幽憤三賦集

黃虞稷《千頃堂書目・騷賦類》 《幽憤三賦集》一卷。俱不知撰人。

王文定公文録

王士禛《漁洋書跋》 《王文定公文録》。按《左傳》：韓起聘鄭，鄭六卿餞于郊，宣子請皆賦。子齹賦《野有蔓草》，宣子曰：「孺子善哉，吾有望矣。」子太叔賦《褰裳》，子游賦《風雨》，子旗賦《有女同車》，子柳賦《蘀兮》。宣子曰：「二三君子，數世之主也，可以無懼矣。」夫餞大國之使，而所賦皆淫奔之詩，辱國已甚，宣子又何以歎其爲數世之主乎？此亦一證。且知《野有蔓草》，亦必非淫詩也。

雲槎集

《明史・藝文志・别集類》 吴復《雲槎集》十卷。

震石初集

《明史・藝文志・别集類》 周霆《震石初集》十卷。

揚吾卜游稿

徐𤊹《徐氏家藏書目・别集類》 朱謀墾《揚吾卜游稿》二卷。字辟疆，號奎吾。石城府鎮國中尉。

落花詩

徐𤊹《徐氏家藏書目・别集類》 朱謀墾《落花詩》一卷。字希之，號和宇。石城府鎮國中尉。

雄飛軒稿

徐𤊹《徐氏家藏書目・别集類》 朱謀埻《雄飛軒稿》三卷。字伯隄。石城府鎮國中尉。

新咏

徐𤊹《徐氏家藏書目・别集類》 朱謀墡《新咏》一卷。字元長。石城王孫。

新咏

徐𤊹《徐氏家藏書目・别集類》 朱謀⿰土華《新咏》一卷。字德操。石城王孫。

長安山房詩草

徐𤊹《徐氏家藏書目・别集類》 朱謀垿《長安山房詩草》一卷。字誠甫，號體源。石城府鎮國中尉。

西遊稿

徐𤊹《徐氏家藏書目・别集類》 朱謀堪《西遊稿》二卷。字元琳。

紀行詩

黄虞稷《千頃堂書目・别集類》 朱統炆《紀行詩》一卷。字增成。貢生，黎陽訓導。

我法居集

黃虞稷《千頃堂書目・別集類》 寧藩統鈽《我法居集》。字章華。寧獻王權九世孫。崇禎戊辰進士，選庶吉士，授簡討，歷官南京國子祭酒。

芝雲遊稿

徐𤊹《徐氏家藏書目・別集類》 朱統鉐《芝雲遊稿》一卷。字堅白。弋陽府輔國中尉。

吳越遊稿

徐𤊹《徐氏家藏書目・別集類》 朱統鉐《吳越遊稿》三卷。

畫禪齋別稿　近稿

徐𤊹《徐氏家藏書目・別集類》 朱統崯《畫禪齋別稿》二卷，《近稿》二卷。字夷庚。弋陽府輔國中尉。

白門近草

徐𤊹《徐氏家藏書目・別集類》 朱統鎬《白門近草》二卷。字景周，一字宗武。瑞昌王孫。

白門遊草

徐𤊹《徐氏家藏書目・別集類》 朱統鎬《白門遊草》二卷。

夢瀑齋稿

徐𤊹《徐氏家藏書目・別集類》 朱統鉈《夢瀑齋稿》一卷。

挹秀軒詩

徐𤊹《徐氏家藏書目・別集類》 朱統鉈《挹秀軒詩》一卷。字安仁。弋陽輔國中尉。

梅花屋詩草

黃虞稷《千頃堂書目・別集類》 左懋第《梅花屋詩草》一卷。字仲及，萊陽人。兵部右侍郎，兼都御史，督師河北，充通問使，不屈死。

史道鄰遺稿

《清集提要》 《史道鄰遺稿》。史可法撰。

根致篇

黄虞稷《千頃堂書目·别集類》 鄭仲夔《根致篇》八卷。字□□，廣信人。舉人。

是亦樓存稿

黄虞稷《千頃堂書目·别集類》 謝遴《是亦樓存稿》。字彙先，宜興人。

白門集

黄虞稷《千頃堂書目·别集類》 錢栴《白門集》。字彦林，嘉善人。順天中式，薦除職方主事，進郎中，坐事死。

祖香廚集

徐㶿《徐氏家藏書目·别集類》 姚子莊《祖香廚集》一卷。字瞻子，歸善人。崇禎癸酉鄉舉。

隨緣集

黄虞稷《千頃堂書目·别集類》 周宗璧《隨緣集》。永嘉人。

陟岵集

黄虞稷《千頃堂書目·别集類》 〔戴重〕《陟岵集》。

吹篪集

黄虞稷《千頃堂書目·别集類》 〔戴重〕《吹篪集》。

鍾山集

黄虞稷《千頃堂書目·别集類》 〔戴重〕《鍾山集》。

河村集

黄虞稷《千頃堂書目·别集類》 戴重《河村集》。字敬夫，和州人。湖州府推官。有《陟岵》、《吹篪》、《鍾山》等十集。本孝務旃父，大兵下湖州，起兵復城，創死。

河村集選

《清史稿藝文志拾遺·别集類》 《河村集選》一卷。明戴重撰，陳允衡選。

只可吟

黄虞稷《千頃堂書目·别集類》 堵胤錫《只可吟》二卷。字牧游，一字仲緘，無錫人。長沙知府，桂王時兵部尚書，東閣大學士，封光化伯。

雅南堂詩稿

黃虞稷《千頃堂書目・別集類》 趙庚《雅南堂詩稿》。字大庚，吴江人。

秋士偶編

軍機處奏《禁毀書目》 《秋士偶編》一本。查《秋士偶編》，係明宋存標撰。集中《元論》一篇議論極爲狂謬，應請銷燬。

偶　吟

軍機處奏《禁毀書目》 《偶吟》一部，一本。查《偶吟》，係明錢肅樂撰。其詩首標庚辰，乃崇禎十三年所作，書中語甚爲狂悖，應請銷燬。

榮木堂集

黃虞稷《千頃堂書目・別集類》 陶汝鼐《榮木堂集》。字仲調，一字燮友，長沙人。翰林檢討。有《廣西樂府》、《嚏古》、《寄雪》、《褐玉堂》等集。

七録齋集

黃虞稷《千頃堂書目・別集類》 張溥《七録齋集》十二卷。字天如，太倉人。庶吉士。

《明史・藝文志・別集類》 張溥《七録齋集》十二卷。

軍機處奏《禁毀書目》 《七録齋集》六本。查《七録齋集》，係明庶吉士張溥撰。溥頗負才名，而交通聲氣，爲周延儒營求復相，人品不足取，詩文俱有違悖處，應銷燬。

七録齋詩稿

黃虞稷《千頃堂書目・別集類》 張溥《詩稿》三卷。

《明史・藝文志・別集類》 張溥《詩》三卷。

求是堂文集

軍機處奏《禁毀書目》 《求是堂文集》十一本。查《求是堂文集》，文德異撰。德翼在明爲推官，其文多作於國初，中有指斥之處，且多挖空字句，顯爲悖犯，應請銷燬。

雅似堂文集　詩集

黃虞稷《千頃堂書目・別集類》 文德翼《雅似堂文集》十卷。《詩集》三卷。

《四庫提要・別集類存目七》 《雅似堂文集》十卷《詩集》三卷。浙江巡撫採進本。明文德翼撰。德翼有《宋史存》，已著録。德翼人品清逸，而學問未能精邃。所作《傭吹録》之類，大抵以餖飣爲工，故詩文亦未能超詣。

鐙巖詩集

黃虞稷《千頃堂書目・別集類》 文德翼《鐙巖詩集》。字用昭，德化人。吏部主事。

軍機處奏《禁毀書目》《文鐙巖詩集》一部，二本。查《文鐙巖詩集》，係明文德翼撰。集中《和戎利》一首語極詆觸，其他亦有感憤字句，應請銷燬。

元圃集

黄虞稷《千頃堂書目・别集類》 陸運昌《元圃集》二十卷。字夢鶴，錢塘人。吉水知縣。

隨鶴吟

黄虞稷《千頃堂書目・别集類》 陳素《隨鶴吟》。字澹仙，一字元白，桐鄉人。

塞園小草

黄虞稷《千頃堂書目・别集類》 陳素《塞園小草》。

行邸間箋

黄虞稷《千頃堂書目・别集類》 陳素《行邸間箋》。

金丹稿

黄虞稷《千頃堂書目・别集類》 田正春《金丹稿》。字體端，縉雲人。

游梁集

黄虞稷《千頃堂書目・别集類》 田正春《游梁集》。

戰牘

黄虞稷《千頃堂書目・别集類》 田正春《戰牘》。

乘檻艸

黄虞稷《千頃堂書目・别集類》 傅巖《乘檻艸》四卷。字野倩，義烏人，徙錢塘。江西道御史。

花巢紀事

黄虞稷《千頃堂書目・别集類》 傅巖《花巢紀事》二十四卷。

汭沙草

黄虞稷《千頃堂書目・别集類》 凌世韶《汭沙草》。字君洣，歙人。户部主事。

文嘻堂詩集

黄虞稷《千頃堂書目・别集類》 朱芾煌《文嘻堂詩集》二卷。字子衷，號玉瑠，無爲州人。武選郎中。

英廉奏《抽毀書目》《文嘻堂詩集》二本。查《文嘻堂詩集》，係明朱芾煌撰。卷首尤侗序内有引用錢謙益語，應請抽燬。

《四庫提要·別集類存目七》《文嘻堂詩集》三卷。浙江巡撫採進本。明朱芾煌撰。芾煌字子衷，又字玉瑠，自號「濡須江漁」，無爲州人。崇禎甲戌進士，官至兵部武選司郎中。

青城先生詩略

黄虞稷《千頃堂書目·別集類》蘇瓊《青城先生詩略》。字赤友，石埭人。瀘州知州。張獻忠破蜀，死難。

拙庵存草

黄虞稷《千頃堂書目·別集類》牟賢《拙庵存草》四卷。字越秀，黄巖人。

夢莊詩草

黄虞稷《千頃堂書目·別集類》夏雨金《夢莊詩草》。字韓雲，休寧人。衛輝道副使。

秋水堂文集

黄虞稷《千頃堂書目·別集類》夏雨金《秋水堂文集》。

心遠堂集

《四庫提要·別集類存目七》《心遠堂集》二十卷。江蘇周厚堉家藏本。明王永積撰。永積字稺實，無錫人。崇禎甲戌進士，官至兵部職方司員外郎。是編文十四卷，詩六卷，末附詩餘四闋，前後無序跋。

退思堂集

黄虞稷《千頃堂書目·別集類》李陳玉《退思堂集》十六卷。

羅溪閣韻語

《四庫提要·別集類存目七》《羅溪閣韻語》。無卷數。山東巡撫採進本。明董養河撰。養河字叔會，閩縣人。崇禎中黄道周以鉤黨下獄，所波累竝逮者，有黄文焕等七人，養河其一也。

驚天集

黄虞稷《千頃堂書目·別集類》江天一《驚天集》。字文石，歙諸生。與金聲同起義死。

止庵集

黄虞稷《千頃堂書目·別集類》〔江天一〕《止庵集》。

蓮鬚閣文抄

軍機處奏《禁毀書目》《蓮鬚閣文鈔》一部，四本。查《蓮鬚閣文抄》，係明王道升撰。内有指斥語，應請銷燬。

蓮鬚閣文集

黄虞稷《千頃堂書目・别集類》 黎遂球《蓮鬚閣文集》二十六卷。字美周，番禺人。死贛州之難。

《明史・藝文志・别集類》《黎遂球文集》二十一卷。

英廉奏《全毀書目》《蓮鬚閣集》六本。明黎遂球選。

蓮鬚閣詩

黄虞稷《千頃堂書目・别集類》〔黎遂球〕《詩集》十卷。

《明史・藝文志・别集類》 黎遂球《蓮鬚閣詩》十卷。

燕臺集

黄虞稷《千頃堂書目・别集類》 黎遂球《燕臺集》一卷。

黄牡丹詩

黄虞稷《千頃堂書目・别集類》 黎遂球《黄牡丹詩》一卷。

退量稿

黄虞稷《千頃堂書目・别集類》 金俊明《退量稿》。初名衮，字九章，後更今名，字孝章。吴縣儒學生，門人私謚貞孝先生。

金孝章詩稿

黄丕烈《蕘圃藏書題識・集類三》《金孝章詩稿》不分卷。手鈔本。

金俊明鈔書

黄丕烈《蕘圃藏書題識・集類三》《金俊明鈔書》不分卷。

寒支集初集　二集

黄虞稷《千頃堂書目・别集類》 李世熊《寒支集初集》十卷，《二集》四卷。字元仲，寧化人。

寒支詩注

軍機處奏《禁毀書目》《寒支詩注》一部，四本。查《寒支詩注》，係明李世熊撰，華鼎超注。集中狂悖處極多，應請銷燬。

申忠愍詩集

黄虞稷《千頃堂書目·别集類》 申佳胤《申端愍公詩集》三卷。字孔嘉，號濬源，永年人。太僕寺丞。都城陷，投井死，初謚節愍，定謚端愍。

《四庫提要·别集類二五》 《申忠愍詩集》六卷。直隸總督採進本。明申佳允撰。佳允字孔嘉，永平人。崇禎辛未進士。官至太僕寺丞，甲申殉流寇之難，世祖章皇帝賜謚忠愍。事蹟具《明史》本傳。

嶠雅

黄虞稷《千頃堂書目·别集類》 鄺露《嶠雅》八卷。字湛若，南海縣學生。初名瑞露，字湛斯，後改今名字。官中書舍人。

軍機處奏《禁毁書目》 《嶠雅》一本。查《嶠雅》，明鄺露撰。中多空白，以文義核之，皆指斥之詞。露雖于大兵入粵時抱琴死節，然在明末受業于阮大鋮之門，最相契厚，爲其狎客亦最久。詩中所稱石巢先生即大鋮也。其死與明末逆案諸人之死相似，僅足自蓋其愆，未便因此而存其詩，應請銷燬。再此書卷首挖去卷數，似非完本，應行令該撫再查。

雪聲堂集

黄虞稷《千頃堂書目·别集類》 陳邦彦《雪聲堂集》十卷。字會份，順德人。貢生，以兵保清遠，師潰死於難。

秋槐堂集

黄虞稷《千頃堂書目·别集類》 王翃《秋槐堂集》。字介人。嘉興布衣。

囊雲集

黄虞稷《千頃堂書目·别集類》 周齊曾《囊雲集》三卷。字唯一，鄞縣人。順德知縣。

媚幽閣文娱

軍機處奏《禁毁書目》 《媚幽閣文娱》一部，四本。查《媚幽閣文娱》，係明鄭元勳輯。所撰皆同時之文，内多詆觸之處，應請銷燬。

媚幽閣文娱二集

軍機處奏《禁毁書目》 《媚幽閣文娱二集》一部，十五本。查《媚幽閣文娱二集》，係明鄭元勳選。其初業經銷燬，此内亦有指斥字面，應一併銷燬。

匏客遺詩

黄虞稷《千頃堂書目·别集類》 張昉《匏客遺詩》。字于東，一字匏客，商丘人。

横秋堂稿

黄虞稷《千頃堂書目·别集類》 徐之瑞《横秋堂稿》。字藺生，臨安人。

香卻敵窩集

黄虞稷《千頃堂書目・別集類》 徐郙臣《香卻敵窩集》。字亦于，嘉興人。

雪章自删集

黄虞稷《千頃堂書目・別集類》 錢繼章《雪章自删集》。字爾斐。繼登弟。

蓬蒿園集

黄虞稷《千頃堂書目・別集類》 吴晉書《蓬蒿園集》八卷。字接侯，麟瑞長子。海鹽人。

直木居詩文集

黄虞稷《千頃堂書目・別集類》 包爾庚《直木居詩文集》。字長明，嘉興人。羅定知州。

樗庵集

黄虞稷《千頃堂書目・別集類》 王泰徵《樗庵集》。字嘉生，號蘆人。歷吴川、新會、建陽令，升禮部主事，未赴。

和西極詩

徐𤊹《徐氏家藏書目・別集類》 黄國錡《和西極詩》一卷。字石公，新昌人。崇禎丁丑進士。

梧臾集

英廉奏《全毁書目》 《梧臾集》四本。葉應震撰。

野獲園集

《四庫提要・別集類存目七》 《野獲園集》二卷。江西巡撫採進本。明歐陽鉉撰。鉉字子玉，江西龍泉人。崇禎丁丑進士，官休寧縣知縣。其詩意境頗淺，自序謂「寧淡毋綴，寧潔毋蕪，安在今人不如古人」。蓋醖釀未深而欲驟語平淡，故所就止此。題曰「野獲園」者，謂性耽野趣，其詩半於野得之也。

三友堂集

軍機處奏《禁毁書目》 《三友堂集》一本。查《三友堂集》，明宗室朱朝瞌撰。中多指斥之詞，應請銷燬。

三友堂詩集

軍機處奏《禁毁書目》 《三友堂詩集》一部，四本。查《三友堂詩集》，係明上雄王朱朝瞌撰。中多悖礙之處，應請銷燬。

墨響齋集

黄虞稷《千頃堂書目・別集類》 吴惟英《墨響齋集》。字國華，襄恭順侯爵。

陶庵全集

黄虞稷《千頃堂書目・別集類》 黄淳耀《陶庵集》二十二卷。初名金耀，字蘊生，嘉定人。乙酉家居，城破自縊。

《明史・藝文志・別集類》 黄淳耀《陶菴集》七卷。

軍機處奏《禁毀書目》 《陶庵全集》一部，六本。查《陶庵全集》，係明黄淳耀撰。淳耀成仁取義，大節無虧，業蒙賜謚表揚。其詩古文亦具有法度，集爲近年所刊，據外省簽出福王紀號字樣一條，查係欽定《明史》内原文，尚無違礙，應請毋庸銷燬，惟錢謙益原序一篇應行抽燬。

《四庫提要・別集類二五》 《陶菴全集》二十二卷。浙江巡撫採進本。明黄淳耀撰。淳耀有《山左筆談》，已著録。

洞山文集

黄虞稷《千頃堂書目・別集類》 劉中藻《洞山文集》。字薦叔，福安人。行人。

正誼堂詩集

黄虞稷《千頃堂書目・別集類》 朱朝瑛《正誼堂詩集》。字美之，海寧人。旌德知縣。

金陵遊草

黄虞稷《千頃堂書目・別集類》 朱朝瑛《金陵遊草》。

樸園詩集

黄虞稷《千頃堂書目・別集類》 周廷鑨《樸園詩集》十卷。字芮公，晉江人。文選司員外郎，謫廣東理問。

詩删

黄虞稷《千頃堂書目・別集類》 丁雄飛《詩删》。字菡生，上元人。衢州知府明登子。

小喜

黄虞稷《千頃堂書目・別集類》 丁雄飛《小喜》。

鷗園借記

黄虞稷《千頃堂書目・別集類》 丁雄飛《鷗園借記》。

酣半吟

黄虞稷《千頃堂書目・別集類》 丁雄飛《酣半吟》。

佩筆游

黃虞稷《千頃堂書目・别集類》 丁雄飛《佩筆游》。

雪潭夜集

黃虞稷《千頃堂書目・别集類》 丁雄飛《雪潭夜集》。

蕊淵集

黃虞稷《千頃堂書目・别集類》 卓人月《蕊淵集》十二卷。字珂月，仁和人。貢生。

蟾臺集

黃虞稷《千頃堂書目・别集類》 卓人月《蟾臺集》四卷。

鎌山草堂詩集

黃虞稷《千頃堂書目・别集類》 王光承《鎌山草堂詩集》。字玠石，上海儒學生。與弟烈躬耕海畔，烈字名世。

宿雪齋小隱集

黃虞稷《千頃堂書目・别集類》 管正儀《宿雪齋小隱集》。字元翼，長洲人。

啄紅集

黃虞稷《千頃堂書目・别集類》 錢潤徵《啄紅集》。字芳仲，海鹽人。〔己卯〕三十五名舉人。

種蘭齋集

黃虞稷《千頃堂書目・别集類》 葉南生《種蘭齋集》。字柯玉，衢州西安人。〔己卯〕七十四名〔舉人〕。

春江集

黃虞稷《千頃堂書目・别集類》 葉南生《春江集》。

來爽集

黃虞稷《千頃堂書目・别集類》 葉南生《來爽集》。

問花齋集

軍機處奏《禁毀書目》 《問花齋集》一本。查《問花齋集》七卷，明劉日杲撰。詩文内有墨塗處皆係干礙字面，語意亦多狂悖，應請銷燬。

蓼齋後集

軍機處奏《禁毀書目》 《蓼齋後集》一本。查《蓼齋後集》，係李雯撰。其中雖無顯然悖逆之語，而牢騷不平時時流露，所用故寔字句亦頗隱有觸犯，應請銷燬。

桓庚齋詩存

軍機處奏《禁毀書目》 《桓庚齋詩存》二本。查《桓庚齋詩存》，係明何允泓撰。其中《蘇門邊事》諸詩語極狂悖，應請銷燬。

敬亭集 補遺

黃虞稷《千頃堂書目·別集類》 姜埰《敬亭集》十卷。字如農，萊陽人。禮科給事中，以言事廷杖，削籍戍宣城。

《四庫提要·別集類存目七》 《敬亭集》十卷，《補遺》一卷。兩江總督採進本。明姜埰撰。埰字如農，萊陽人。崇禎辛未進士，授儀真縣知縣，擢授禮科給事中。以建言廷杖，謫戍宣州衛。國亡後，流寓蘇州，鐫私印曰「宣州老兵」。臨没遺命葬宣城，以明帝未有赦命，不敢歸也。事蹟具《明史》本傳。

賸庵詩稿

黃虞稷《千頃堂書目·別集類》 沈壽民《賸庵詩稿》。字眉生。宣城縣學生。舉賢良方正，抗疏劾楊嗣昌，不報，投劾歸，學者私謚貞文先生。

姑山遺集

黃虞稷《千頃堂書目·別集類》 沈壽民《姑山遺集》二十卷。

軍機處奏《禁毀書目》 《姑山遺集》一部，六本。查《姑山遺集》，係沈壽民撰。壽民生於明季，入國朝至康熙初尚存，而書中語多違礙，且有挖空處，應請銷燬。

後藏密齋詩稿

黃虞稷《千頃堂書目·別集類》 魏學濂《後藏密齋詩稿》。字子一，嘉善人。庶吉士。

白雲草廬居稿

黃虞稷《千頃堂書目·別集類》 陳子龍《白雲草廬居稿》。字人中，一字卧子，青浦人。兵科給事中。

湘真閣稿

黃虞稷《千頃堂書目·別集類》 陳子龍《湘真閣稿》。

大遵遺稿

黃虞稷《千頃堂書目·別集類》 陳子龍《大遵遺稿》一卷。

節必居稿

黄虞稷《千頃堂書目·别集類》 劉曙《節必居稿》。字公旦，别字穉圭，長洲人。除南昌知縣，未赴，居父憂，坐事械至江寧，死于市。

松明閣詩選

黄虞稷《千頃堂書目·别集類》 徐芳《松明閣詩選》。字仲光，南城人。澤州知州。

懸榻編

黄虞稷《千頃堂書目·别集類》 徐芳《懸榻編》。

英廉奏《全燬書目》 《懸榻編》六本。明徐芳撰。

稽古堂集

黄虞稷《千頃堂書目·别集類》 高承埏《稽古堂集》十卷。字寓公，一字澤外，秀水人。屯田郎道素子。工部虞衡主事，己卯四十六名舉人。

白燕庵詩集

黄虞稷《千頃堂書目·别集類》 單恂《白燕庵詩集》。字質生，華亭人。麻城知縣。有《竹香菴》、《瓶香菴》、《枯樹齋》三集。

竹香菴集

黄虞稷《千頃堂書目·别集類》 單恂《竹香菴集》。

瓶香菴集

黄虞稷《千頃堂書目·别集類》 單恂《瓶香菴集》。

枯樹齋集

黄虞稷《千頃堂書目·别集類》 單恂《枯樹齋集》。

懷木庵詩草

黄虞稷《千頃堂書目·别集類》 沈中柱《懷木庵詩草》。字石臣，平湖人。吉水知縣，己卯第二名舉人。晚爲僧，名行然，號無浄。

野衲詩略

黄虞稷《千頃堂書目·别集類》 張利民《野衲詩略》。字能因，侯官人。户科給事中。晚爲僧，自稱田中和尚。

澹齋草

黄虞稷《千頃堂書目・别集類》 李公杜《澹齋草》。初名松，晚更今名，字子于，嘉善人。歙縣知縣。

東有堂詩

黄虞稷《千頃堂書目・别集類》 萬曰吉《東有堂詩》四集。字元康，黄岡人。崑山知縣。

戒心詩

黄虞稷《千頃堂書目・别集類》 萬曰吉《戒心詩》一卷。

草玄堂詩集

黄虞稷《千頃堂書目・别集類》 姚奇胤《草玄堂詩集》。字有僕，錢塘人。癸未殿試，南海知縣，死贛州之難。

志言集

黄虞稷《千頃堂書目・别集類》 林翰沖《志言集》六卷。字啓翩，號篪卿，漳浦人。韶州理刑。

東園草堂稿

黄虞稷《千頃堂書目・别集類》 黄鶴仙《東園艸堂稿》。字松友，一字鍊庵，番禺人。雲南道御史。

逸言□

黄虞稷《千頃堂書目・别集類》 馮毓舜《逸言□》。字爾錫，南海人。工部主事。

南還集

黄虞稷《千頃堂書目・别集類》 馮毓舜《南還集》。

田研齋集

黄虞稷《千頃堂書目・别集類》 余國禎《田研齋集》。字瑞人，瑞安人。

岫雲詩選

徐𤊹《徐氏家藏書目・别集類》 吕陽《岫雲詩選》一卷。字仲和，其先山東曹縣人。景泰初世官平陽，因家焉。嘉靖庚戌進士，任中書舍人，丁巳即歸田。與裴邦奇倡和，詩附《晉詩選雅》中。

印否集

黄虞稷《千頃堂書目·别集類》 梁以樟《印否集》。字公狄，錦衣衛人。以枏弟。太康知縣，調商丘。

瞎堂詩集

軍機處奏《禁毁書目》 《瞎堂詩集》一部，三本。查《瞎堂詩集》，係釋函昰撰。集内多狂誕之語，應請銷燬。

古鏡庵詩内外集

黄虞稷《千頃堂書目·别集類》 張鹿徵《古鏡庵詩内外集》。字瑶星，後更名怡，亦作遺，應天人。都督可大子。以府學生承蔭，歷錦衣衛正千户。甲申陷賊，不屈受刑，潔身歸隱，居攝山不出，自號白雲道者。

玉光劍氣集

黄虞稷《千頃堂書目·别集類》 張鹿徵《玉光劍氣集》。

西山集

黄虞稷《千頃堂書目·别集類》 包捷《西山集》。字敬幾，吴江人。

木侍樓詩集

黄虞稷《千頃堂書目·别集類》 張琠《木侍樓詩集》。字韞仲，寶應人。

補陀詩

徐𤊹《徐氏家藏書目·别集類》 陸符《補陀詩》一卷。字文虎，鄞縣人。

紫柏辭

徐𤊹《徐氏家藏書目·别集類》 陸符《紫柏辭》一卷。

環堵稿

黄虞稷《千頃堂書目·别集類》 陸符《環堵稿》十卷。字文虎，鄞縣人。

玄英閣稿

黄虞稷《千頃堂書目·别集類》 何準道《玄英閣稿》。字日兼，香山人。吾騶子。

懿文堂詩草

黄虞稷《千頃堂書目·别集類》 林皋《懿文堂詩草》。字筠若，一字筌猗，新會人。

賡笳集

黃虞稷《千頃堂書目·別集類》 錢士馨《賡笳集》。一名軹，字雅拙，又字雅農，平湖人。貢生。

忍冬軒集

黃虞稷《千頃堂書目·別集類》 柯夏卿《忍冬軒集》十卷。號玉硯，黃巖人。山東僉事。

娱老詹言

黃虞稷《千頃堂書目·別集類》 柯夏卿《娱老詹言》八卷。

祝子遺書附録

黃虞稷《千頃堂書目·別集類》 祝淵月《月隱先生遺稿》。字開美，海寧人。劉宗周高弟，乙酉殉難。

《四庫提要·別集類存目七》 《祝子遺書》四卷，附録一卷。浙江巡撫採進本。明祝淵撰。淵字開美，海寧人。崇禎癸酉舉人。

文齋文集

英廉奏《抽毀書目》 《文齋集》二本。查《文齋集》，係明余祚徵撰。卷十一《送程六息任荆州司理》一首，語有乖謬，應請抽燬。

《四庫提要·別集類存目七》 《文齋文集》十一卷。浙江鮑士恭家藏本。明余祚徵撰。祚徵字符之，永豐人，文齋其號也。崇禎癸未會試副榜，授鳳陽府推官。時唐王聿鍵錮高牆，祚徵待之有禮。及聿鍵自立，而祚徵已卒，因贈應天府丞，謚曰忠貞。次子玠，後爲僧，名洪瀚，蒐集其遺文刻之。凡雜文三卷，詩六卷，書啓二卷，皆不見所畏。惟《請誅劉良佐疏》載其跋扈之迹極詳，爲史所不盡載云。

東湖倡和集

黃虞稷《千頃堂書目·別集類》 吴易《東湖倡和集》。字日生，吴江人。

畫水草堂詩稿

黃虞稷《千頃堂書目·別集類》 徐爾穀《畫水草堂詩稿》。字似之，嘉興人。國子監生。坐事被逮，死白門。

楚水吟

黃虞稷《千頃堂書目·別集類》 孫臨《楚水吟》。字克咸，一字武功。桐城貢生。

肄雅集

黃虞稷《千頃堂書目·別集類》 孫臨《肄雅集》。

我悝集

黃虞稷《千頃堂書目·別集類》 孫臨《我悝集》。

大略齋稿

黄虞稷《千頃堂書目·别集類》 孫臨《大略齋稿》。

和陶集

黄虞稷《千頃堂書目·别集類》 朱之佐《和陶集》。字子襄，秀水人。己卯四十七名舉人。

硤遊草

黄虞稷《千頃堂書目·别集類》 朱之佐《硤遊草》。

樸庵集

黄虞稷《千頃堂書目·别集類》 嚴爾琮《樸庵集》。歸安人，字叔玉。程鄉知縣。

初築堂稿

黄虞稷《千頃堂書目·别集類》 唐元楫《初築堂稿》。字應運，新會人。太僕寺卿。

采山外紀

黄虞稷《千頃堂書目·别集類》 宫偉鏐《采山外紀》。字紫玄，泰州籍，静海人。

入燕集

黄虞稷《千頃堂書目·别集類》 宫偉鏐《入燕集》。

遥集篇

黄虞稷《千頃堂書目·别集類》 徐遠《遥集篇》。字屆甫，嘉善人。

曾城遺稿

黄虞稷《千頃堂書目·别集類》 汪挺《曾城遺稿》。字無上，更字爾陶，嘉興人。

恥廬賸草

黄虞稷《千頃堂書目·别集類》 金廷韶《恥廬賸草》。字一如，紹興山陰人。

荷墅存稿

軍機處奏《禁毁書目》 《荷墅存稿》五本。查《荷墅存稿》，係明何九雲撰。九雲在明爲編修，曾污闖賊僞命。詩文中亦多悖妄語，應請銷燬。

中洲草堂集

黄虞稷《千頃堂書目·别集類》 陳子升《中洲草堂集》二十六卷。字喬生，南海人。文忠公子壯弟。桂王時兵科右給事中。

永思草堂集

黃虞稷《千頃堂書目・別集類》 巢鳴盛《永思艸堂集》。字端明，嘉興人。

賸人詩

黃虞稷《千頃堂書目・別集類》 函可《賸人詩》。字祖心，博羅人。尚書韓文恪日纘子，少爲諸生，棄家入羅浮，江南既下，坐事戍瀋陽。

千山詩集

軍機處奏《禁毀書目》 《千山詩集》四本。查《千山詩集》，釋函可撰。函可與金堡唱和，詞氣狂悖，應請銷燬。

麗農山人遺稿

黃虞稷《千頃堂書目・別集類》 黃子錫《麗農山人遺稿》。字復仲。秀水儒學生。

緑繞齋集

黃虞稷《千頃堂書目・別集類》 卜舜年《緑繞齋集》。字孟碩，吴江人。嘉興縣學生。

半生道者集

黃虞稷《千頃堂書目・別集類》 侯岐曾《半生道者集》三十卷。嘉定縣人。峒曾弟。太學生，字雍瞻。坐事死，私謚文節。

《明史・藝文志・別集類》 《侯岐曾文集》三十卷。

甲申以前詩

黃虞稷《千頃堂書目・別集類》 孫爽《甲申以前詩》。字子度，崇德人。

容庵集

黃虞稷《千頃堂書目・別集類》 孫爽《容庵集》。

篔簹集

黃虞稷《千頃堂書目・別集類》 姜垓《篔簹集》。字如須，萊陽人。行人。

佇石山人稿

黃虞稷《千頃堂書目・別集類》 姜垓《佇石山人稿》。

務庵集

黄虞稷《千頃堂書目·别集類》 眭本《務庵集》。字允立，丹陽人。明永子。縣學生，坐事死。

大滌山房集

黄虞稷《千頃堂書目·别集類》 俞汝言《大滌山房集》。字右吉。秀水儒學生。

徧行堂集

黄虞稷《千頃堂書目·别集類》 金堡《徧行堂集》□卷。字衛公，一字道隱，仁和人。臨清知州。晚爲僧，名今釋，字澹歸，居韶州丹霞山，卒於平湖。

梧州詩

軍機處奏《禁毁書目》 《梧州詩》一本。查《梧州詩》，金堡撰，應請銷燬。

臨清來去集

軍機處奏《禁毁書目》 《臨清來去集》一本。查《臨清來去集》，亦金堡撰。應請銷燬。

夢蝶庵詩

軍機處奏《禁毁書目》 《夢蝶庵詩》一本。查《夢蝶庵詩》，係金堡撰。應請銷燬。

悔後集

黄虞稷《千頃堂書目·别集類》 蔡道憲《悔後集》一卷。字元白，號江門，晉江人。長沙府推官，癸未死寇難，贈太僕少卿，謚忠烈。

日損堂詩集

黄虞稷《千頃堂書目·别集類》 劉孔和《日損堂詩集》。字節之，長山人。大學士鴻訓子。

王士禛《漁洋書跋》 《日損堂詩》海陵本。節之詩，天才奇恣，元刻載之備矣。後屬唐畊塢、鄧孝威重刻于海陵，删其拗句拗字不合者，不爲無功，然本色亦稍減矣，即此本是也，並存之，仍題數語以眎識者。

名山集

黄虞稷《千頃堂書目·别集類》 張家玉《名山集》。字元子，東莞人。庶吉士。

軍機處奏《禁毁書目》 《名山集》三本。查《名山集》，係明張家玉撰。家玉爲朱由榔兵部尚書，在增城殉難。而其官庶吉士時，曾失節於李自成，名麗逆案。此集内亦多録唐、桂諸王敕諭，無關緊要，詩文内尤多干礙，應請銷燬。

軍中草

黄虞稷《千頃堂書目·別集類》 張家玉《軍中草》。

燕山吟

黄虞稷《千頃堂書目·別集類》 張家玉《燕山吟》。

西征集

黄虞稷《千頃堂書目·別集類》 張家玉《西征集》。

遥夜怨

黄虞稷《千頃堂書目·別集類》 張家玉《遥夜怨》。

雅倫集

黄虞稷《千頃堂書目·別集類》 費經虞《雅倫集》。字仲若，新繁人。崇禎己卯舉人，桂林知縣。

荷衣集

黄虞稷《千頃堂書目·別集類》 費經虞《荷衣集》。

彤庵遺詩

黄虞稷《千頃堂書目·別集類》 沈宸荃《彤庵遺詩》。字友孫，慈溪人，山西道御史。

天樵子集

黄虞稷《千頃堂書目·別集類》 韓畕《天樵子集》。字石耕，宛平人。

卧龍山人集

黄虞稷《千頃堂書目·別集類》 葛雲芝《卧龍山人集》。字瑞五，崑山人。

軍機處奏《禁毁書目》 《卧龍山人集》一部，四本。查《卧龍山人集》，係葛芝撰。第十三卷有空格二字，當係詆觸，應請銷燬。

龍隱逸稿

黄虞稷《千頃堂書目·別集類》 神一《龍隱逸稿》。初名淑吉，字美南。姓夏氏。考功允彝女，歸侯洵，二十而寡。遂爲尼，更今名，改字荆隱。

陳少游書

軍機處奏《禁毁書目》 《陳少游書》一部，三本。查《陳少游書》，係明陳孝逸撰。書中狂悖之處不一而足，應請銷燬。

旃鳳堂集

黄虞稷《千頃堂書目・別集類》 陸培《旃鳳堂集》一卷。字鯤庭，仁和人。己卯八十三名舉人，行人，家居死難。

南園倡和詩集

黄虞稷《千頃堂書目・別集類》 錢稢《南園倡和詩集》。字仲馭，嘉善人。廣東僉事，大學士升子。乙酉起兵蘆衢，兵潰投水死。

雪灘釣叟集

黄虞稷《千頃堂書目・別集類》 顧有孝《雪灘釣叟集》。字茂倫，吴江縣學生。

喻園集

黄虞稷《千頃堂書目・別集類》 梁朝鍾《喻園集》。字未央，順德人。

湘中草

黄虞稷《千頃堂書目・別集類》 湯傳楹《湘中草》六卷。字子韓，更字卿謀。吴縣學生。

時術堂集

黄虞稷《千頃堂書目・別集類》 方其義《時術堂集》。字直之，桐城人。密之弟。諸生。

米友堂集

黄虞稷《千頃堂書目・別集類》 許友《米友堂集》。字有介，侯官人。

冰槎集

黄虞稷《千頃堂書目・別集類》 張煌言《冰槎集》四卷。字元箸，鄞人。魯王監國，賜進士、加翰林苑編修，官兵部尚書，居懸嶴，被執不屈，死于市。

奇零草

黄虞稷《千頃堂書目・別集類》 張煌言《奇零草》十二卷。

北征録

黄虞稷《千頃堂書目・別集類》 張煌言《北征録》。

采薇吟

黄虞稷《千頃堂書目・别集類》 張煌言《采薇吟》。

兵餘零草

黄虞稷《千頃堂書目・别集類》 張煌言《兵餘零草》。

榴館初函集選

《四庫提要・别集類存目七》 《榴館初函集選》十二卷。江西巡撫採進本。明楊思本撰。思本有《筆史》，已著録。是集首爲《釋道十箋》一卷。中佚二篇，已非完本。其中如《形神篇》云：「君子静對於無，動觀諸有，不勞形以壞神之舍，不傷神以竭形之君」諸語，宗旨頗雜於二氏。次爲《經國十書》一卷，其《榮氣》、《集虚》、《尊神》諸篇，亦同清净之旨。又《續經國十書》一卷，其《化盗篇》言：「盗與民互相消長，有一定之民，而無一定之盗。」《釣俗篇》言「奢侈之費甚於天菑」，皆切明季時事以立言。次爲《古疑義》一卷，大抵臆斷之語，至謂「《西廂》一曲，實具一大公案，世誤認爲淫詞。但觀西廂二字，則知王實甫從聲色場中轉大法輪」云云，尤不可爲訓。次爲《太平三策》。次爲文五卷，賦一卷，詩詞二卷。皆以藻績爲宗，世俗所謂才子之文也。

東江集鈔　别集

《四庫提要・别集類存目七》 《東江集鈔》九卷《别集》一卷。浙江巡撫採進本。明沈謙撰。謙字去矜，仁和人。崇禎末，杭州有「西陵十子」之稱，謙其一也。所著文集數十卷，晚年手自删汰，僅存詩文八卷，雜説一卷，名曰《集鈔》。末附填詞《南北曲》爲别集一卷，大半皆香奩之作。其《雜記》末一條云：「彭金粟在廣陵，見余小詞及董文友《蓉渡集》，謂鄒程村曰，泥犂中皆若人，故無俗物。案此蓋指宋僧法秀戒黄庭堅以小詞誨淫，當入泥犂獄事。夫韓偓、秦觀、黄庭堅及楊慎輩，皆有鄭聲。既不足害諸公之品，悠悠冥報，有則其之。」云云。其放誕可見矣。

北征草

黄虞稷《千頃堂書目・别集類》 吴德操《北征草》。字鑑在，桐城人。由諸生仕至大理寺丞。

過江集

黄虞稷《千頃堂書目・别集類》 吴德操《過江集》。

寫山樓近稿

黄虞稷《千頃堂書目・别集類》 李肇亨《寫山樓近稿》。字會嘉，嘉興人。太僕日華子。

琴言閣新詠

黄虞稷《千頃堂書目・别集類》 李肇亨《琴言閣新詠》。

率圃吟

黄虞稷《千頃堂書目・别集類》 李肇亨《率圃吟》。

夢餘集

黄虞稷《千頃堂書目・别集類》 李肇亨《夢餘集》。

醉鷗長短句

黄虞稷《千頃堂書目・别集類》 李肇亨《醉鷗長短句》。

滋蘭堂初集

黄虞稷《千頃堂書目・别集類》 吴爾壎《滋蘭堂初集》。字介之，崇德人。庶吉士，死揚州之難。

聶許堂遺草

黄虞稷《千頃堂書目・别集類》 吴爾壎《聶許堂遺草》。

曾庭聞文集

軍機處奏《禁毁書目》 《曾庭聞文集》一本。查《曾庭聞文集》，係曾畹撰。其文章平淺無可取，中多稱吴三桂之作，尤爲悖謬，應請銷燬。

懷歸草堂集

黄虞稷《千頃堂書目・别集類》 吕潛《懷歸草堂集》。字孔昭，遂寧人，大器子。

課耕樓集

黄虞稷《千頃堂書目・别集類》 吕潛《課耕樓集》。

守閒堂集

黄虞稷《千頃堂書目・别集類》 吕潛《守閒堂集》。

石磷主人詩草

黄虞稷《千頃堂書目・别集類》 顧朱《石磷主人詩草》。字自公，崇德人。

日下秋聲

黄虞稷《千頃堂書目・别集類》 趙舜舉《日下秋聲》。字虞臣，蘭谿人，工部郎中。

世儀堂集

黄虞稷《千頃堂書目・别集類》 吴日炅《世儀堂集》。字函三，桐城人，中書舍人。

緯蕭齋集

黃虞稷《千頃堂書目・別集類》 王廷宰《緯蕭齋集》六卷。字昆翁，號鹿柴，華亭人，沅江知縣。

《明史・藝文志・別集類》 王廷宰《緯蕭齋集》六卷。

赤霞集

黃虞稷《千頃堂書目・別集類》 浦羲升《赤霞集》。字朗公，無錫人。海寧儒學訓導。

吳壽暘《拜經樓藏書題跋記類五》 《赤霞集》一册，五古、七古、五律、七律、五言排律、七言排律、五言絶句、七言絶句各體爲一卷。

滄浪集

黃虞稷《千頃堂書目・別集類》 嚴煒《滄浪集》。字伯玉，常熟人。文靖公訥之孫。

蘁山集

黃虞稷《千頃堂書目・別集類》 嚴煒《蘁山集》。

玄間閣詩草

黃虞稷《千頃堂書目・別集類》 申繽芳《玄間閣詩草》。字孝觀。太師時行之孫，廕中書舍人。

酉陽近稿

黃虞稷《千頃堂書目・別集類》 許正蒙《酉陽近稿》。字聖初，歙人。官中書。

五石居詩草

黃虞稷《千頃堂書目・別集類》 陳紹英《五石居詩草》。字生甫，仁和人。貴州按察副使。

蒼雪齋詩存

黃虞稷《千頃堂書目・別集類》 李士標《蒼雪齋詩存》。字霞舉，嘉興人。寧海州同知。

西園公子集

黃虞稷《千頃堂書目・別集類》 彭堯諭《西園公子集》。字君宣，商丘人。南昌通判。

五湖游草

黃虞稷《千頃堂書目・別集類》 盧原《五湖游草》。字原甫，南海人。

醒公詩集

黄虞稷《千頃堂書目·别集類》 張屈《醒公詩集》。字醒公，長洲人。處士，鄉里私謚貞節先生。

清溪草堂詩稿

黄虞稷《千頃堂書目·别集類》 沈弘之《清溪草堂詩稿》。字茂之，嘉定人。

楚游草

徐𤊹《徐氏家藏書目·别集類》 施武《楚游草》二卷。字魯孫，號青山，長洲人。

黄虞稷《千頃堂書目·别集類》 施武《楚游草》。字魯生，别字百靈，長洲人。崇禎間游於滇。

西覽篇

黄虞稷《千頃堂書目·别集類》 施武《西覽篇》。

松吟草

黄虞稷《千頃堂書目·别集類》 屠應韶《松吟草》。字韶甫，秀水人。

樵雲居稿

黄虞稷《千頃堂書目·别集類》 李翹《樵雲居稿》。字時實，華亭人。

丘叔遂詩草

黄虞稷《千頃堂書目·别集類》 丘遂《丘叔遂詩草》。字叔遂，嘉善人。初爲僧，字凡可，以口舌忤鄉里貴人，返儒服，補縣學生。

苧莊集

黄虞稷《千頃堂書目·别集類》 沈章《苧莊集》。字家玉，嘉興人。國子監生。

清聞軒稿

黄虞稷《千頃堂書目·别集類》 邵德生《清聞軒稿》。字大生，□□人。崇禎中儒學生。

嶺雲集

黄虞稷《千頃堂書目·别集類》 陸壽國《嶺雲集》。字靈長。長洲儒學生。

大易山房稿

黃虞稷《千頃堂書目·別集類》 吴道約《大易山房稿》。字博之，一字亞侯，桐城人。縣學生。

貞荀草堂集

黃虞稷《千頃堂書目·別集類》 沈嗣《貞荀草堂集》。字紀常。秀水縣學生。

廣禽言素券堂集

黃虞稷《千頃堂書目·別集類》 駱雲程《廣禽言素券堂集》。字天游，一名雨禾，字穉孫，嘉興人。

清音閣詩

黃虞稷《千頃堂書目·別集類》 譚貞竑《清音閣詩》。字立生，嘉興人。

星帶草堂集

黃虞稷《千頃堂書目·別集類》 吴天泰《星帶草堂集》二卷。字詒生，秀水人。歲貢生，有孝行。

醉月軒詩稿

黃虞稷《千頃堂書目·別集類》 吴麟玉《醉月軒詩稿》。字維禎，別號雪翁。秀水縣學生。

聽溪軒詩稿

黃虞稷《千頃堂書目·別集類》 吴麟玉《聽溪軒詩稿》。

愛竹軒詩

黃虞稷《千頃堂書目·別集類》 徐淮《愛竹軒詩》。字愛竹。嘉興縣學生。

鶴友詩稿

黃虞稷《千頃堂書目·別集類》 徐仲選《鶴友詩稿》。字華海，一字鶴友，海鹽人。國子監生。

鳩緣集

黃虞稷《千頃堂書目·別集類》 嚴紹宗《鳩緣集》。字隨翁，無錫人。

煙波集

黄虞稷《千頃堂書目・别集類》 曾元良《煙波集》。字君山，秀水人。

潤照堂詩

黄虞稷《千頃堂書目・别集類》 高秉菓《潤照堂詩》。字友葵。華亭縣學生。

瓜田遺稿

黄虞稷《千頃堂書目・别集類》 沈文煇《瓜田遺稿》。字履亨。嘉興縣學生。

南虞小草

黄虞稷《千頃堂書目・别集類》 嚴焞《南虞小草》。字子尹，常熟人。

讀書臺稿

黄虞稷《千頃堂書目・别集類》 顧玘徵《讀書臺稿》。字文玉。嘉興縣學生。

概庵集

黄虞稷《千頃堂書目・别集類》 張紀《概庵集》。字齊芳，崑山人。振德子。承蔭錦衣衛所千户，挂冠歸。

紫淀老人編年稿

黄虞稷《千頃堂書目・别集類》 張文峙《紫淀老人編年稿》五十卷。字紫淀，上元人。又《選宋元詩》十卷、《明布衣詩》百卷，皆散失。

微塵閣稿

黄虞稷《千頃堂書目・别集類》 艾容《微塵閣稿》。字子魏，上元人。

二陵雜著

黄虞稷《千頃堂書目・别集類》 黄虞龍《二陵雜著》四卷。字俞言，晉江人。居中子。諸生。

白狼山人稿

黄虞稷《千頃堂書目・别集類》 虞楓《白狼山人稿》二卷。南直通州人。貢士，泰安訓導。

越游草

黄虞稷《千頃堂書目・别集類》 陳懋仁《越游草》。字無功，秀水人。

石經草堂集

黄虞稷《千頃堂書目·别集類》 陳懋仁《石經草堂集》。

塵栖草

黄虞稷《千頃堂書目·别集類》 陳懋仁《塵栖草》。

馮武今詩

黄虞稷《千頃堂書目·别集類》 《馮武今詩》二卷。字元俊，秀水人。夢禎仲孫。

復觚集

黄虞稷《千頃堂書目·别集類》 卜不矜《復觚集》八卷。號竿公，秀水人。

逸山集

黄虞稷《千頃堂書目·别集類》 嚴書開《逸山集》六卷。字三求，歸安人。

英廉奏《全毁書目》 《逸山集》四本。嚴書開撰。

敬齋文集

黄虞稷《千頃堂書目·别集類》 王朝志《敬齋文集》十卷。字寧寰，山陰人。

玉山集

黄虞稷《千頃堂書目·别集類》 王朝志《玉山集》十卷。

廣樗集

黄虞稷《千頃堂書目·别集類》 王允志《廣樗集》十卷。山陰人。

越騷集

黄虞稷《千頃堂書目·别集類》 張日宣《越騷集》二十卷。字十韶，仙居人。

香草園琴胎集

黄虞稷《千頃堂書目·别集類》 倪立昌《香草園琴胎集》六卷。字啓君，浦江人。

惟寶堂集

黄虞稷《千頃堂書目·别集類》 邵建章《惟寶堂集》。永嘉人。

白苧草

黄虞稷《千頃堂書目·别集類》 莊嚴子日思，字汝立，有《白苧草》。

蟾香齋兩世詩稿

黄虞稷《千頃堂書目·别集類》 莊嚴《蟾香齋兩世詩稿》（蟾或作瞻）。字銘五，秀水人。與父友仁倡和。

春暉堂詩

黄虞稷《千頃堂書目·别集類》 項道明《春暉堂詩》。字民逸，元淇季子。

吸月軒詩草　續草

黄虞稷《千頃堂書目·别集類》 王之獻《吸月軒詩草》三卷又《續草》三卷。字伯徵，富陽人。

梅館居存草

黄虞稷《千頃堂書目·别集類》 孫淳《梅館居存草》。字孟樸，嘉興府學生。

升恒堂集

黄虞稷《千頃堂書目·别集類》 吴翤《升恒堂集》。字扶九。吴江縣學貢生。

嶧桐文集

黄虞稷《千頃堂書目·别集類》 劉城《嶧桐文集》八卷。字伯宗，貴池人。崇禎時舉薦。

軍機處奏《禁毁書目》 《嶧桐集》三本。查《嶧桐集》，係明劉城撰。集中《封疆局面説》及《上史閣部書》諸篇多悖礙之語，兼挖空處甚多，應請銷燬。

嶧桐詩集

黄虞稷《千頃堂書目·别集類》 劉城《嶧桐詩集》九卷。

書帶園集

黄虞稷《千頃堂書目·别集類》 梅朗中《書帶園集》十六卷。字朗三。宣城縣學生。鼎祚孫。

莧園集

黄虞稷《千頃堂書目·别集類》 陳梁《莧園集》十卷。字則梁，海鹽人。

秋月庵稿

黄虞稷《千頃堂書目·别集類》 馮延年《秋月庵稿》。字千秋，秀水人。己卯副榜，貢生。

埋庵集

黃虞稷《千頃堂書目·別集類》 徐樹丕《埋庵集》。字武子，長洲人。

潘木公集

黃虞稷《千頃堂書目·別集類》 潘一桂《潘木公集》六卷。字木公，一字無隱，吴江人。

顛軨子澹軒集

黃虞稷《千頃堂書目·別集類》 嚴啓隆《顛軨子澹軒集》。字爾泰。烏程縣學生。

欖言

黃虞稷《千頃堂書目·別集類》 趙韓《欖言》。字退之，平湖人。國子監生。

蠟言

黃虞稷《千頃堂書目·別集類》 趙韓《蠟言》。

蔗言

黃虞稷《千頃堂書目·別集類》 趙韓《蔗言》。

未刻稿

黃虞稷《千頃堂書目·別集類》 趙韓《未刻稿》。

蛩吟草

黃虞稷《千頃堂書目·別集類》 周茂藻《蛩吟草》。字子潔。吴縣儒學生。

西泠集

黃虞稷《千頃堂書目·別集類》 夏緇《西泠集》。字雪子。嘉善儒學生。

維摩集

黃虞稷《千頃堂書目·別集類》 夏緇《維摩集》。

孤望集

黃虞稷《千頃堂書目·別集類》 夏緇《孤望集》。

東山詩

黄虞稷《千頃堂書目·别集類》 趙士喆《東山詩》。字伯濬。掖縣貢生，鄉人私謚文潛先生。

外觀物齋詩

黄虞稷《千頃堂書目·别集類》 趙士喆《外觀物齋詩》。

蘧莊遺稿

黄虞稷《千頃堂書目·别集類》 袁徵《蘧莊遺稿》。字公白。吴縣貢生。

昔邪園集

黄虞稷《千頃堂書目·别集類》 余正垣《昔邪園集》。字小星，南昌人。

吟稿紅藥堂詩

黄虞稷《千頃堂書目·别集類》 葉襄《吟稿紅藥堂詩》。字聖野。長洲儒學生。

執宜集

黄虞稷《千頃堂書目·别集類》 周岐《執宜集》。字農父，桐城人。貢生。

詠性堂遺稿

黄虞稷《千頃堂書目·别集類》 韓繹祖《詠性堂遺稿》。字茂貽。烏程縣學生。

悟雪齋集

黄虞稷《千頃堂書目·别集類》 韓曾駒《悟雪齋集》。字人穀。烏程縣學生。

遯齋稿

黄虞稷《千頃堂書目·别集類》 劉汋《遯齋稿》。字伯繩，山陰人。宗周子。

屺閣集

黄虞稷《千頃堂書目·别集類》 馮融《屺閣集》。字首川。仁和儒學生。

視彼亭詩

黄虞稷《千頃堂書目·别集類》 李寅《視彼亭詩》。

存魚喁草

黄虞稷《千頃堂書目·别集類》 李寅《存魚喁草》。字寅生，又字曉令。嘉興縣學生。

掌亭集

黄虞稷《千頃堂書目·别集類》 侯泓《掌亭集》。字研德，後更名涵，字中德。嘉定縣學生，鄉人私謚貞憲先生。

留槎小草

徐㶿《徐氏家藏書目·别集類》 張雋《留槎小草》二卷。字朗之，從律之子。萬曆中鄉貢，處州府訓導。

西廬集

黄虞稷《千頃堂書目·别集類》 張雋《西廬集》。字非仲。蘇州府學生。

信志堂稿

黄虞稷《千頃堂書目·别集類》 鍾欽立《信志堂稿》。字宣德。秀水縣學生。

范遵甫集

黄虞稷《千頃堂書目·别集類》 范路《范遵甫集》。蘭谿布衣，流寓嘉興。門人私謚貞簡先生。一名瀫，字貞甫。

靈蘭館詩集

黄虞稷《千頃堂書目·别集類》 范路《靈蘭館詩集》。

寄庵詩存

黄虞稷《千頃堂書目·别集類》 韓洽《寄庵詩存》。字君望，長洲人。隱居羊山。

湖千硯集

黄虞稷《千頃堂書目·别集類》 沈祖孝《湖千硯》集。初名果，字因生，一字雪樵，又字雪漁，烏程人。

傭當泣集

黄虞稷《千頃堂書目·别集類》 沈祖孝《傭當泣集》。

陶年吟集

黄虞稷《千頃堂書目·别集類》 沈祖孝《陶年吟集》。

安下簾集

黄虞稷《千頃堂書目·别集類》 沈祖孝《安下簾集》。

商歌集

黄虞稷《千頃堂書目·别集類》 湯燕生《商歌集》。字玄翼，一字巖夫。寧國太平人。

雪圃遺稿

黄虞稷《千頃堂書目·别集類》 陳三島《雪圃遺稿》。字鶴客，長洲人。

陶庵詩删

黄虞稷《千頃堂書目·别集類》 徐晟《陶庵詩删》。字禎起，一字損之。長洲縣學生。

旅堂詩集

黄虞稷《千頃堂書目·别集類》 胡介《旅堂詩集》。初名士登，字彦遠。錢塘儒學生。

澄清堂集

黄虞稷《千頃堂書目·别集類》 查崧繼《澄清堂集》。字柱青，後更名遺，字逸遠，號學圃，海寧人。補海鹽縣學生。

賁趾山房集

黄虞稷《千頃堂書目·别集類》 陸啓浤《賁趾山房集》五十卷。字叔度，平湖人。貢生。

困勉齋稿

黄虞稷《千頃堂書目·别集類》 吴謙牧《困勉齋稿》。字褒仲，海鹽學生。

明月樓集

黄虞稷《千頃堂書目·别集類》 吴統持《明月樓集》四卷。字巨手。嘉興府學生。

危齋逸稿

黄虞稷《千頃堂書目·别集類》 吴統持《危齋逸稿》六卷。

鐵巖集

黄虞稷《千頃堂書目·别集類》 金嗣孫《鐵巖集》。字龍友。秀水儒學生。

東山遺稿

黄虞稷《千頃堂書目・别集類》 李標《東山遺稿》。字子建，嘉善人。

學園集　續編

黄虞稷《千頃堂書目・别集類》 沈起《學園録續集》。字仲芳。嘉興縣學生，晚爲僧，名銘起，字墨庵。

《四庫提要・别集類存目八》 《學園集》六卷，《續編》一卷。浙江巡撫採進本。國朝沈起撰。起有《墨菴經學五種》，已著録。《静志居詩話》稱起嘗擬撰《明書》，絶筆於成化之設東廠。而曾王孫作起墓誌，述其所撰書，又有《測杜少陵詩》一卷，《今國語》八卷，《宗門近録》二卷，今皆未見。此乃所著詩文集，爲起門人曾安世所編。安世即王孫之子也。

東籬野人詩草

黄虞稷《千頃堂書目・别集類》 吴系《東籬野人詩草》。字方輪，後更名宗潛，吴江人。補秀水學生。

南村集

黄虞稷《千頃堂書目・别集類》 吴振蘭《南村集》。字九畹，後更名宗漢，吴江人。湖州府學生。

西山集

黄虞稷《千頃堂書目・别集類》 吴重暉《西山集》。字曉山，後更名宗泌。

今樂府

黄虞稷《千頃堂書目・别集類》 吴如晦《今樂府》。吴江人。

固亭遺稿

黄虞稷《千頃堂書目・别集類》 朱用調《固亭遺稿》。字子彝，紹興山陰人。

問霞閣集

黄虞稷《千頃堂書目・别集類》 魏方炳《問霞閣集》。字大方，紹興人。

竹嘯庵詩鈔

黄虞稷《千頃堂書目・别集類》 徐白《竹嘯庵詩鈔》。字介白，嘉興人，徙居吴江。

草閣集

黄虞稷《千頃堂書目・别集類》 周安《草閣集》。字安節，吴江人。

開庵詩選

黄虞稷《千頃堂書目·別集類》 文柟《開庵詩選》。字瑞文，長洲人。

芥庵集

黄虞稷《千頃堂書目·別集類》 俞粲《芥庵集》。字受子，吴江人。居縹緲峰下，自號洞庭農夫。

五峰草堂集

黄虞稷《千頃堂書目·別集類》 湯祖祐《五峰草堂集》。字耿遥，號桴莊，吴縣人。

研山稿

黄虞稷《千頃堂書目·別集類》 薛珩《研山稿》。字楚材，吴縣人。

攬蕙堂偶存

黄虞稷《千頃堂書目·別集類》 劉文炤《攬蕙堂偶存》。字雪舫，任丘人。新樂忠恪侯文炳弟。

高霞堂詩集

黄虞稷《千頃堂書目·別集類》 車以遵《高霞堂詩集》。字孝思，邵陵人。

力田餘稿

黄虞稷《千頃堂書目·別集類》 潘章《力田餘稿》。字更生，吴江人。

影山樓詩集

黄虞稷《千頃堂書目·別集類》 祝洵文《影山樓詩集》。字眉老，晚更名遁，自號山臞。海寧縣學生。

維風集

黄虞稷《千頃堂書目·別集類》 魏允柟《維風集》。字交讓，嘉善人。孝子學洢子。

孝隱遺集

黄虞稷《千頃堂書目·別集類》 侯瀞《孝隱遺集》。字智含，嘉定人。

晴蓑草堂詩集

黄虞稷《千頃堂書目・别集類》 何述稷《晴蓑草堂詩集》。字公藝。常熟縣學生。

詒翼堂集

黄虞稷《千頃堂書目・别集類》 金德開《詒翼堂集》。字爾宗，嘉定人。國子監生。

肆閑堂詩草

黄虞稷《千頃堂書目・别集類》 奚濤《肆閑堂詩草》。字大蒙，崑山人。

墨龕集

黄虞稷《千頃堂書目・别集類》 胡嗣璜《墨龕集》。字暎日，平湖人。

遜敏居遺草

黄虞稷《千頃堂書目・别集類》 程用楫《遜敏居遺草》。字濟臣，休寧人。

前後征草

黄虞稷《千頃堂書目・别集類》 戴長汎《前後征草》。字澄齋，嘉興人。

面牆小稿

黄虞稷《千頃堂書目・别集類》 薛暨《面牆小稿》。鄞縣人。縣學生。

釣臺詩集

黄虞稷《千頃堂書目・别集類》 戴冠《釣臺詩集》。字峩仲，一名易，字南枝。紹興山陰人。

大愚詩稿

黄虞稷《千頃堂書目・别集類》 温良《大愚詩稿》。字叔子，一字散宜。烏程縣學生。

光霽軒集

黄虞稷《千頃堂書目・别集類》 汪中柱《光霽軒集》。字爲石，歙縣人。杭州府學生。

燕游稿

黄虞稷《千頃堂書目·别集類》 孫茂芝《燕游稿》。字若英，嘉善人。

止山集

黄虞稷《千頃堂書目·别集類》 曾傳燦《止山集》六卷。字青藜，寧都人。

硯隱居集

黄虞稷《千頃堂書目·别集類》 孫一騮《硯隱居集》。字天卿，秀水人。拔貢生。

白田集

黄虞稷《千頃堂書目·别集類》 王巖《白田集》。字築夫，寶應人。

異香集

黄虞稷《千頃堂書目·别集類》 王巖《異香集》。

舟車集

黄虞稷《千頃堂書目·别集類》 陶澂《舟車集》。字季深，寶應人。

永思堂詩鈔

黄虞稷《千頃堂書目·别集類》 姜安節《永思堂詩鈔》。字勉中，萊陽人。給事埰長子。

雪鴻堂詩草

黄虞稷《千頃堂書目·别集類》 夏錫祚《雪鴻堂詩草》。字玄寵，别字書巖，長洲人。補崑山縣學生。

今年草

黄虞稷《千頃堂書目·别集類》 顧璞《今年草》。字琢公，一字山臣，錢塘人。

來思集

黄虞稷《千頃堂書目·别集類》 沈自然《來思集》。字君服，吴江人。副使琓子。居母憂不勝喪而卒，其友私謚孝介先生。

閑情集

黄虞稷《千頃堂書目·别集類》 沈自然《閑情集》。

綺雲齋集

黃虞稷《千頃堂書目·別集類》 沈自友《綺雲齋集》。字君張，吴江人。都御史珣子，承父蔭入國子監。

西濛吟稿

黃虞稷《千頃堂書目·別集類》 徐韞奇《西濛吟稿》。字季華，吴江人。

息踵居詩草

黃虞稷《千頃堂書目·別集類》 魏廷薦《息踵居詩草》。字友莊，嘉善人。

愚谷詩稿

黃虞稷《千頃堂書目·別集類》 徐開任《愚谷詩稿》。字季重，崑山人。

勖齋集

黃虞稷《千頃堂書目·別集類》 屠爌《勖齋集》。字闇伯。嘉興縣學生。

劉氏詩存

黃虞稷《千頃堂書目·別集類》 劉雲《劉氏詩存》。字師望。長洲布衣。

瞿庵詩草

黃虞稷《千頃堂書目·別集類》 陳恪《瞿庵詩草》。字子肅，一字威如。嘉興學生。

葫蘆藏稿

黃虞稷《千頃堂書目·別集類》 夏古丹《葫蘆藏稿》。不知何許人，或云越人胡姓，析姓爲名，往來吴興硃山，卒葬龍興橋畔。

八水齋詩稿

黃虞稷《千頃堂書目·別集類》 顧子予《八水齋詩稿》。吴人，未詳其名。

待旦齋詩稿

黃虞稷《千頃堂書目·別集類》 屠廷楫《待旦齋詩稿》。字東蒙。嘉興儒學生。

思存集

黃虞稷《千頃堂書目·別集類》 錢熙《思存集》。字湫廣。嘉興儒學生。

退翁遺稿

黄虞稷《千頃堂書目·别集類》 沈之琰《退翁遺稿》。字琬倩，吴縣人。崇禎中内閣辦事中書。

西園集

黄虞稷《千頃堂書目·别集類》 朱睿《西園集》。字英袖，海寧人。

燹餘稿　快遊稿　佃香齋稿

黄虞稷《千頃堂書目·别集類》 鄭良史《燹餘》《快游》《佃香齋》諸稿。字野臣，益陽人，都御史都賢之子。

秋鳴集

黄虞稷《千頃堂書目·别集類》 黄偉成《秋鳴集》。字位中，徽州人，補杭州府學生。

稼室遺稿

黄虞稷《千頃堂書目·别集類》 程家摯《稼室遺稿》。字公衡，歙縣人，補江寧儒學生。

秋室篇

黄虞稷《千頃堂書目·别集類》 陳鴻《秋室篇》八卷。字叔度，侯官人。

隱鴣集

黄虞稷《千頃堂書目·别集類》 陳鴻《隱鴣集》二卷。

媿林吟稿

黄虞稷《千頃堂書目·别集類》 胡彧《媿林吟稿》。字蓊生，容城人。

和雪堂草

黄虞稷《千頃堂書目·别集類》 趙瀚《和雪堂草》。字砥之，吴江縣學生，隱居不仕，鄉人私謚貞孝先生。

草亭集

黄虞稷《千頃堂書目·别集類》 陳璉《草亭集》。字虬似，德清人。

九龍山樵詩

黄虞稷《千頃堂書目·别集類》 安夏《九龍山樵詩》。字大已，無錫人。

奉川草

黄虞稷《千頃堂書目·別集類》 方授《奉川草》。字子留，桐城縣學生。

杲園集

黄虞稷《千頃堂書目·別集類》 鄧森廣《杲園集》。字東之，桐城人，崇禎中貢生。

涉江録

黄虞稷《千頃堂書目·別集類》 馮愷愈《涉江録》。字濟仲，一字道濟，慈谿人。元飆子。

西江詠

黄虞稷《千頃堂書目·別集類》 馮愷愈《西江詠》。

詩　敩

黄虞稷《千頃堂書目·別集類》 周文煒《詩敩》。號如山，江寧人。亮工之父。

四留堂詩集

黄虞稷《千頃堂書目·別集類》 周文煒《四留堂詩集》。

旅塵集

黄虞稷《千頃堂書目·別集類》 周文煒《旅塵集》。

適倦集

黄虞稷《千頃堂書目·別集類》 周文煒《適倦集》。

慕臺遺稿

黄虞稷《千頃堂書目·別集類》 楊晉何《慕臺遺稿》。字子晝，香山人。貢生，兵部司務。

嘯樓集　別稿　餘稿

黄虞稷《千頃堂書目·別集類》 李雲龍《嘯樓集》《別稿》《餘稿》。字烟客，番禺人。諸生。

嘯樓選集

軍機處奏《禁毁書目》《嘯樓選集》一部，二本。查《嘯樓選集》，係明李雲龍撰。書中語有悖礙，應請銷燬。

筠園集

黃虞稷《千頃堂書目・别集類》歐主遇《筠園集》。字嘉可，順德人。諸生。

野樗堂稿

黃虞稷《千頃堂書目・别集類》王瑯《野樗堂稿》。字澹子，以字行，番禺人。諸生，乙酉徵召不赴。

畫雨樓稿

黃虞稷《千頃堂書目・别集類》王瑯《畫雨樓稿》。

閑遊草

黃虞稷《千頃堂書目・别集類》戴柱《閑遊草》。字安仲，南海人。

焚餘草

黃虞稷《千頃堂書目・别集類》區大綍《焚餘草》。

續蔓草

黃虞稷《千頃堂書目・别集類》區大綍《續蔓草》。字文炳，香山人。貢生，工部虞衡司主事。

餘力軒稿

黃虞稷《千頃堂書目・别集類》張嗣垣《餘力軒稿》。字師仲，東莞人。諸生。

仙湖草

黃虞稷《千頃堂書目・别集類》陳上庸《仙湖草》。字登甫，子壯子。諸生。

醫夢草

黃虞稷《千頃堂書目・别集類》許宰《醫夢草》一卷。字有介，閩縣人。

廣陵濤

黃虞稷《千頃堂書目・别集類》陳希稷《廣陵濤》一卷。字蓮生，黍丘人。

歲時紀事詩

黄虞稷《千頃堂書目·别集類》 孟登《歲時紀事詩》一卷。字誕先，武昌人。哭懷宗詩。

菽　草

黄虞稷《千頃堂書目·别集類》 張星有《菽草》一卷。字芝亭，太丘人。

翁山集

黄虞稷《千頃堂書目·别集類》 羅斗《翁山集》。字兼儀，歙縣人。隱士。

塵　草

黄虞稷《千頃堂書目·别集類》 廖廓《塵草》。字菡一，莆田人。

天聞齋稿

黄虞稷《千頃堂書目·别集類》 余鳴雷《天聞齋稿》。字長公，婺源人。以父懋衡恩廕，不補。

天經閣集

黄虞稷《千頃堂書目·别集類》 余鳴雷《天經閣集》。

且園集

黄虞稷《千頃堂書目·别集類》 余昌稜《且園集》。字而介，婺源人。以父懋學廕歷廣信府同知。

山中行吟

黄虞稷《千頃堂書目·别集類》 余昌稜《山中行吟》。

韻　語

黄虞稷《千頃堂書目·别集類》 余鳴盛《韻語》。字□□，婺源人。

指掌集

黄虞稷《千頃堂書目·别集類》 劉振《指掌集》三十卷。字自我，宣城人。博學，善持論，尤慷慨喜談兵，范文忠景文嘗延諸幕府。所著書甚多，傳者僅什一二。

自可編

黄虞稷《千頃堂書目·别集類》 林雲鳳《自可編》二十二卷。字若撫，吴人。

梅花詩

徐𤊹《徐氏家藏書目·别集類》 林雲鳳《梅花詩》一卷。字若撫，吴縣人。

紅樹吟

徐𤊹《徐氏家藏書目·别集類》 林雲鳳《紅樹吟》一卷。

王湘客集

英廉奏《全毁書目》 《王湘客集》四本。明王若之撰。

再生餘事

黄虞稷《千頃堂書目·别集類》 姚嫣俞《再生餘事》。字靈修，長洲人，嘉定侯演妻。

琴瑟居詩稿

黄虞稷《千頃堂書目·别集類》 錢兆元妻孫孟芝《琴瑟居詩稿》。仁和人。

觀静齋稿

黄虞稷《千頃堂書目·别集類》 曹壽奴《觀静齋稿》。小字山姑，崇禎間吴興女子。

水雲居詩

黄虞稷《千頃堂書目·别集類》 劉雲瓊《水雲居詩》。山西舉人臨縣趙褐妻，自署曰離石檻花居士。

繡佛齋草

《四庫提要·别集類存目七》 《繡佛齋草》一卷。兩淮鹽政採進本。明馮元鼎妻陳氏撰。陳氏，天台人。年二十餘，夫亡守節，其詩多幽怨之音。國朝康熙初，其孫刑部侍郎甦爲刊行之。

懸藻亭詩草

軍機處奏《禁毁書目》 《懸藻亭詩草》一本。查《懸藻亭詩草》，明查維宏撰。中有指斥，應請銷燬。

南遊艸

軍機處奏《禁毁書目》 《南遊艸》一部，一本。查《南遊艸》，係明袁祈年撰。中多狂悖語，應請銷燬。

世綵堂集

軍機處奏《禁毀書目》 《世綵堂集》四本。查《世綵堂集》，係明廖大亨撰。中有指斥之詞，應請銷燬。

待删初集

黃虞稷《千頃堂書目·别集類》 姜廷梧《待删初集》。字桐音，山陰人。

芳樹齋集

黃虞稷《千頃堂書目·别集類》 姜廷梧《芳樹齋集》十二卷。

寒木樓遺詩

黃虞稷《千頃堂書目·别集類》 張家珍《寒木樓遺詩》。字璩子，東莞人。

玉樊集

黃虞稷《千頃堂書目·别集類》 夏完淳《玉樊集》。字存古，華亭人。考功郎。允彝子。

南冠草

黃虞稷《千頃堂書目·别集類》 夏完淳《南冠草》。

土音集

黃虞稷《千頃堂書目·别集類》 沈士柱《土音集》。字崑銅。蕪湖縣學生。

朱朗詣集

黃虞稷《千頃堂書目·别集類》 朱士稚《朱朗詣集》。字伯虎，更字朗詣，紹興山陰人。門人私謚貞毅先生。

蘧庵東歸稿

黃虞稷《千頃堂書目·别集類》 徐時勉《蘧庵東歸稿》。字克勤，嘉定人。崇禎庚辰以貢生特用，知登城縣事。

誠齋文集　附西銘問答

《四庫提要·别集類存目七》 《誠齋文集》二卷附《西銘問答》一卷。安徽巡撫採進本。明施璜撰。璜字虹玉，休寧人。是編乃所著雜文，皆講學之語，排斥陸、王，不遺餘力。末附《西銘問答》，别爲一卷。蓋自馬端臨《文獻通考》《西銘注》已别著録，故璜亦不編入文集中，見鄭重之意云。

東江詩鈔

英廉奏《全燬書目》《東江詩鈔》四本。唐孫華撰。

吹萬集

軍機處奏《禁燬書目》《吹萬集》一部，五本。查《吹萬集》，係明李熙載撰。第五卷、第九卷詩多悖犯，應請銷燬。

燕喜樓草

黄虞稷《千頃堂書目・別集類》章有渭《燕喜樓草》。字玉潢，華亭人，嘉定侯泓妻。

茂松閣集

黄虞稷《千頃堂書目・別集類》秀才吴紹忠妻方維則《茂松閣集》。大理卿大鉉女，十六而寡，八十四乃卒。

卧雲齋詩集

黄虞稷《千頃堂書目・別集類》貴陽守朱茂晥妾黄媛貞《卧雲齋詩集》。字皆德，秀水人。

墨繡軒集

黄虞稷《千頃堂書目・別集類》梁夷素《墨繡軒集》。字孟昭，錢塘人。茅見滄孫婦，梁文學天叙之妹。

海棠居集

黄虞稷《千頃堂書目・別集類》姚淑鍾山秀才《海棠居集》。字仲淑，金陵人。庶吉士達州李長祥繼室。

采芝堂集

英廉奏《抽燬書目》《采芝堂集》八本。查《采芝堂集》，係明陳益祥撰。卷七《岳王廟口占》一首，有偏謬雜語，應請抽燬。

《四庫提要・別集類存目七》《采芝堂集》十六卷。浙江巡撫採進本。明周益祥撰。益祥字履吉，侯官人。崇禎末貢生。所著有《潛穎》、《鹿草》、《摭星》、《錦囊》等集，此乃合編之本。中間《木鉞》一卷，雜記時事，意取警世而頗失之俚。詩則有意奇放，從筆揮灑，不復裁以古法也。

素軒吟稿

范邦甸等《天一閣書目・別集類》《素軒吟稿》十一卷。刊本。明太監傅倫著，嘉靖五年郭維藩序。

彈劒草

《四庫提要·别集類存目七》 《彈劒草》。無卷數。江蘇巡撫採進本。明陳邦儀撰。邦儀字開甫，高安人。崇禎中諸生。是編分爲二集，前集刻於崇禎庚午，續集則崇禎壬午至甲申作也。邦儀生當亂世，奔竄於兵火之間，故所作語多悲楚。然如《聞亂飲酒詩》所云「今日也飲酒，明日也飲酒，飲得醉時天地寬」云云，殊傷愴率也。

仁節遺稿

《四庫提要·别集類存目七》 《仁節遺稿》。無卷數。江蘇巡撫採進本。明陶琬撰。琬字稚圭，號别峰崑山人。崇禎末諸生，明亡，殉節死。是集爲其邑人柴源岷所編。其學以佛爲宗，詩文多類禪偈，不出李贄、屠隆舊習。而捐生殉國，節概凛然，其殆黄端伯之流歟。

七十二候詩

《四庫提要·别集類存目七》 《七十二候詩》一卷。浙江孫仰曾家藏本。明顧德基撰。德基字用晦，常熟人。是集以月令「七十二候」各爲七言律詩一首，詞旨凡鄙，殆不足觀。以古人從無此題，姑存以備一體耳。

徵古堂類稿

《四庫提要·别集類存目七》 《徵古堂類稿》十八卷。湖北巡撫採進本。明陳文濤撰。文濤字濤生，廣濟人。是集凡論六卷，經解二卷，史議二卷，子略一卷，書序、傳記、誌林各一卷，詩二卷。前有自序及《徵古堂書目》序，列生平著述凡七十五卷，謂「諸書編輯成帙，貲貧務謬，不能悉以問世，僅梓其略」云云。即四卷至十一卷是也。

過庭詩賦

黄虞稷《千頃堂書目·别集類》 湯開先《過庭詩賦》二卷。字季雲，湯顯祖子。

蟫巢集

黄虞稷《千頃堂書目·别集類》 黄以陞《蟫巢集》二十卷。字孝翼，龍溪人，太學生，崇禎中以舉薦官雲南布政使照磨。

山居詩

徐𤊹《徐氏家藏書目·别集類》 曹臣《山居詩》一卷。字藎之，新都人。

迂園草

徐𤊹《徐氏家藏書目·别集類》 李爲相《迂園草》一卷。字曰藩，元暢之子。太學生。

爨餘草

徐𤊹《徐氏家藏書目·别集類》 郁士俊《爨餘草》一卷。字爾撰，嘉善人。

報春堂集

徐𤊹《徐氏家藏書目・别集類》 許用卿《報春堂集》四卷。字□□，號鹿野，宜興人。萬曆乙卯鄉舉，官光澤知縣。

鳴蟄草

黄虞稷《千頃堂書目・别集類》 姚宗昌《鳴蟄草》。字瑞初，長洲縣學生。

畫響

《四庫提要・别集類存目七》 《畫響》。無卷數。浙江巡撫採進本。明李永昌撰。永昌字周生，自署曰黄海，蓋徽州人。林古度爲之序，則當明末也。其書皆自題所畫之作，分爲四册，俱五言絶句而不著題，氣韻亦未能蕭灑。

采菊雜咏

《四庫提要・别集類存目七》 《采菊雜咏》一卷。江西巡撫採進本。明馬宏衜撰。宏衜字人伯，號退山，蘇州人。是編詩止一十五首，刻於《群芳清玩》中。毛晉識其後云：「五岳山人製治菊月令，故吴下藝菊家頗得三昧。吾友人伯發爲詩歌，高平、京兆二譜，收拾錦囊尺幅中。」今觀其詩，乃明季山人刻爲投贄結社之具者耳。

晦在先生集

黄虞稷《千頃堂書目・别集類》 朱茂暉《晦在先生集》。字子若。中書舍人。

春草堂遺稿

黄虞稷《千頃堂書目・别集類》 朱茂曙《春草堂遺稿》。字子蔚。天啓初補秀水縣學生，甲申後棄去，鄉人私謚安度先生。

惟木散人稿

黄虞稷《千頃堂書目・别集類》 朱茂曜《惟木散人稿》。字子蕃。天啓中補嘉興府學生，承蔭入國子監。

鏡雲亭集

黄虞稷《千頃堂書目・别集類》 朱茂晭《鏡雲亭集》。字子蓉。秀水縣學生。

蒙吉堂稿

徐𤊹《徐氏家藏書目・别集類》 姚士粦《蒙吉堂稿》五卷。字叔祥，海鹽人。

見只齋文稿

黄虞稷《千頃堂書目・别集類》 姚士粦《見只齋文稿》一卷。

蒙吉堂詩集

黄虞稷《千頃堂書目·别集類》 姚士粦《蒙吉堂詩集》四卷。字叔祥，海鹽人。國子監生。

楓江遺稿

黄虞稷《千頃堂書目·别集類》 陸璉《楓江遺稿》。字茂璉，吴縣人。兩中武科，甲申後削髮居蓮子峰下，自號了緣道人。

遠遊篇

黄虞稷《千頃堂書目·别集類》 周嬰《遠遊篇》四卷。字方叔，莆田人。崇禎庚辰特用，上猶知縣。

冷香集

黄虞稷《千頃堂書目·别集類》 陳朝紀《冷香集》二卷。

爨中草　蜀中草

《四庫提要·别集類存目七》《爨中草》一卷《蜀中草》一卷。江蘇周厚堉家藏本。明董應揚撰。應揚字于廷，武進人。官翰林院待詔。《爨中草》乃其司鐸銅陵時所作，《蜀中草》乃其蜀闈分校時所作。自序謂五載署銅，一朝聘蜀是也。其詩寄託頗淺，往往牽率成篇。

王冠九文集

《四庫提要·别集類存目七》《王冠九文集》。無卷數。江西巡撫採進本。明王業撰。業字蔚上，號冠九，其里貫未詳。明末嘗爲諸生，尋棄去。吴楚材序稱其所著有《五經釋義》、《性理約言》及文集八卷。是書僅雜文數十首，不分卷數。其《史論》諸篇，大抵爲明季秕政而發，而文多冗贅。

石屋山居詩

《四庫提要·别集類存目七》《石屋山居詩》一卷。浙江巡撫採進本。題曰石屋禪師撰，不著其名。《明史·藝文志》、《浙江通志》亦不載其目。詩中有「吾家住在霅溪西」之語，蓋明代湖州僧也。是集前爲山居各體詩，後附偈頌九十首。首署「參學門人至柔編，新安吴明春校正」。其詩不脱釋家語録之氣，不足以接蹟吟壇。

西溪百詠

《四庫提要·别集類存目七》《西溪百詠》二卷。浙江巡撫採進本。明釋大善撰。大善號虚聞道人，其始末未詳。以其詩考之，蓋崇禎初人也。西溪在武林西北欽賢鄉，宋高宗欲都其地，後卜遷鳳凰山。在南渡時，梵刹甚盛。宋人舊有《西溪百詠》，此復追詠古蹟，每題七律一首，凡百首，拾遺五首。又附《福勝菴》八詠、《曲水菴》八詠、《梅花十絶》於末。

巢枸集

黄虞稷《千頃堂書目·别集類》 通藴《巢枸集》。字靈章，皋亭山僧。

上方集

黄虞稷《千頃堂書目·別集類》 明賢《上方集》。字履中，常州人，住鶴林寺。

寱言

黄虞稷《千頃堂書目·別集類》 明懷《寱言》。字墨浪，山陰人。雲門寺僧。

鵠林草

黄虞稷《千頃堂書目·別集類》 無文《鵠林草》。字貞白，崑山鵠林僧。死時年三十三。

存菊艸　三清石

軍機處奏《禁毀書目》 《存菊艸》一部，一本。《三清石》一部，一本。查《存菊艸》、《三清石》，係郭良鏞撰。乃其所作詩篇，語多狂誕，應請銷燬。

詩經調

軍機處奏《禁毀書目》 《詩經調》一部，一本。查《詩經調》，係徐繼發撰。書中語多謬戾，應請銷燬。

東雲雛詩

軍機處奏《禁毀書目》 《東雲雛詩》一部，二本。查《東雲雛詩》，係明東蔭商撰。詩中挖空處多干礙語，應請銷燬。

人華齋稿

徐𤊹《徐氏家藏書目·別集類》 劉道貞《人華齋稿》十六卷。字長倩，號墨仙，邛州人。

黄虞稷《千頃堂書目·別集類》 劉道貞《人華齋稿》十六卷。字長倩，邛州人。

青沙吟草

英廉奏《全毀書目》 《青沙吟草》二本。明陳五教撰。

聖雨齋文集

英廉奏《全毀書目》 《聖雨齋文集》四本。明張瑄撰。

蒼雪軒集

英廉奏《全毀書目》 《蒼雪軒集》六本。明趙用光撰。

訓忠堂集

英廉奏《全毀書目》《訓忠堂集》四本。明王允撰。

禎林小集

英廉奏《全毀書目》《禎林小集》二本。明劉三省撰。

怡雲集

英廉奏《全毀書目》《怡雲集》四本。明宋生撰。

素翰堂集

英廉奏《全毀書目》《素翰堂集》二本。明徐來復撰。

荻翁文集

英廉奏《全毀書目》《荻翁文集》六本。明鄒枚撰。

江皐吟

英廉奏《全毀書目》《江皐吟》一本。查《江皐吟》，係明劉師朱撰。集中《出塞五律詩》第一首，有謬妄語，應請抽燬。

《四庫提要·別集類存目五》《江皐吟》一卷。浙江孫仰曾家藏本。明劉師朱撰。師朱字仲文，號嵩潭，大名人，萬曆中由貢生官至廬州府同知。是集原序稱作於廬州，故名曰《江皐吟》。然集中有都門所作，有出塞所作，有超然臺所作，則亦不盡廬州詩，特刻於廬州耳。詩多淺語，原序亦稱其由兗州閒曹改廬江劇任，有顧盼自喜之意云。

鼾　林

軍機處奏《禁毀書目》《鼾林》四本。查《鼾林》係趙漁撰。漁爲明崇禎癸未進士，後仕本朝爲湖廣學道。集中詩文詞意狂悖，應請銷燬。

葛谿集

軍機處奏《禁毀書目》《葛谿集》二本。查《葛谿集》十卷，係上饒釋洛毓撰。其書刻於康熙初年，詩中語多狂悖，應請銷燬。

兩洲集

軍機處奏《禁毀書目》《兩洲集》五本。查《兩洲集》，明吴時行撰。中一卷、二卷、七卷均有悖妄之語，應請銷燬。

《兩洲集》四本。查《兩洲集》，係明吴時行撰。集中詩文内多有悖礙字句，應請銷燬。

瑞芝山房集

軍機處奏《禁毀書目》《瑞芝山房集》四本。查《瑞芝山房集》，明鮑應鰲撰。

中有指斥之詞，應請銷燬。

洺詞

軍機處奏《禁毀書目》 《洺詞》二本。查《洺詞》，明白南金撰。中有挖去之字，按其標題皆指斥之詞，應請銷燬。

抱甕吟 歸田樂府

軍機處奏《禁毀書目》 《抱甕吟》一部，二本。《歸田樂府》一部，一本。查《抱甕吟》、《歸田樂府》均係明侯楹撰。語有詆觸，應請銷燬。

白牙集

軍機處奏《禁毀書目》 《白牙集》一部，三本。查《白牙集》，係明錢良佐編，乃當時坊刻選本，冗雜無緒，殊不成書。中多指斥字句，應請銷燬。

尤癯稿

軍機處奏《禁毀書目》 《尤癯稿》八本。查《尤癯稿》，係明張廷玉撰。書中詆觸字面甚多，應請銷燬。

香廬初集

軍機處奏《禁毀書目》 《香廬初集》二本。查《香廬初集》，係明邵士遥撰。書中《兵論》一篇，語有詆斥，應請銷燬。

市南子

軍機處奏《禁毀書目》 《市南子》十本。查《市南子》，係明李元光撰。乃其所著詩文集，中間《與傅君雨》一書，語有干犯，應請銷燬。其二十一卷内《與熊經畧書》及《與遼東按》諸書原本俱有缺頁，恐尚有干礙之處，應行令該撫一併查明送燬。

張静生遺集

軍機處奏《禁毀書目》 《張静生遺集》一本。查《張静生遺集》，係明張纘曾撰。原本係與纘曾之祖張選遺文合編稱《張忠諫祖孫遺集》。查張選係嘉靖初人，語無干礙，應毋庸燬。外其十一卷以後，係纘曾崇禎中所上疏、稿議論，並無可取，中有抵斥字面，且多挖空之處，應請銷燬。

酌斗集

軍機處奏《禁毀書目》 《酌斗集》二本。查《酌斗集》，係明王文垣撰。其人乃荒淫浪子，全集大半媟狎倡優之詞，本不足存。内《遼陽有警詩》字句尤狂悖，應請銷燬。

燕市雜詩

軍機處奏《禁毀書目》 《燕市雜詩》一本。查《燕市雜詩》，係明于燕芳撰。其詩雖止九首，而詩中字句甚爲狂悖，應請銷燬。

論文別集

軍機處奏《禁毀書目》《論文別集》一部，四本。查《論文別集》，係明日久撰。皆其所作雜文，甚爲庸陋，中有悖礙處，應請銷燬。

魚郎文集

軍機處奏《禁毀書目》《魚郎文集》一部，二本。查《魚郎文集》，係余先令撰。皆所作詩文，中多狂誕字句，應請銷燬。

寸玉集

軍機處奏《禁毀書目》《寸玉集》一部，二本。查《寸玉集》，係譚瑴撰。中間語多憤激，應請銷燬。

星河集

軍機處奏《禁毀書目》《星河集》一部，一本。查《星河集》，係欒溮撰。中間語多激，應請銷燬。

星海集

軍機處奏《禁毀書目》《星海集》一部，一本。查《星海集》，亦欒溮撰。中間語多憤激，應請銷燬。

漆天集

軍機處奏《禁毀書目》《漆天集》一部，一本。查《漆天集》亦係欒溮撰。中間語多狂謬，應請銷燬。

寒支初集　二集

軍機處奏《禁毀書目》《寒支初集》十本，《二集》五本。查《寒支初集》、《二集》，並寧化李維熊撰。《初集》中《謝烈婦詩》用隆武年號，其餘詞氣多怨憤，又剷毀數處，似是指斥之詞，入國朝後自行削玄。《二集》亦有剷毀之處，又有稱譽金堡之文，應請銷燬。

花學集

軍機處奏《禁毀書目》《花學集》一部，一本。查《花學集》，係蔡繼祖撰。中間語多狂悖，應銷燬。

餘草筆語

軍機處奏《禁毀書目》《餘草筆語》一部，一本。查《餘艸筆語》，係李白滌撰。中間《解焚》一篇語多狂悖，應請銷燬。

兩孤存

軍機處奏《禁毀書目》《兩孤存》一部，四本。查《兩孤存》，一曰《大剛集》，係獨孤塞撰；一曰《慎妄集》，係獨孤眪撰。中間皆悖妄之語，應請銷燬。

可留集

軍機處奏《禁毀書目》《可留集》一部，二本。查《可留集》，係賀是撰。詩中多狂妄，應請銷燬。

誠意齋集

軍機處奏《禁毀書目》《誠意齋集》一部，十四本。查《誠意齋集》，係黄文成撰。中間語有違謬處，應請銷燬。

秦餘二集

軍機處奏《禁毀書目》《秦餘二集》一部，一本。查《秦餘二集》，係明馮維圻撰。中間有指斥字面，應請銷燬。

庸庵文集

軍機處奏《禁毀書目》《庸菴文集》一部，三本。查《庸菴文集》，係宋芳誕撰。書内《趙武靈王論》一篇，語甚偏悖，應請銷燬。

曆艸

軍機處奏《禁毀書目》《曆艸》一部，一本。查《曆艸》原本不題撰人姓名，末附《東事答問》，其中指斥字面甚多，應請銷燬。

居易堂浙中二集

軍機處奏《禁毀書目》《居易堂浙中二集》一部，四本。查《居易堂浙中二集》，係袁謨撰。詩句有違礙語，應請銷燬。

比玉樓詩集

軍機處奏《禁毀書目》《比玉樓詩集》一部，二本。

辛壬録

軍機處奏《禁毀書目》《辛壬録》一部，一本。查《辛壬録》，係明戴有孚撰。詩中語有違礙，應請銷燬。

集蓼山房詩艸

軍機處奏《禁毀書目》《集蓼山房詩艸》一部，一本。查《集蓼山房詩艸》，係邊勳撰。詩中語有觸礙，應請銷燬。

鳴鶴樓詩集

軍機處奏《禁毀書目》《鳴鶴樓詩集》一部，二本。查《鳴鶴樓詩集》，係巫邁宗撰。詩中語多違礙，應請銷燬。

浮山集

軍機處奏《禁毀書目》《浮山集》一部，三本。查《浮山集》，係趙作丹撰。中間詩中語有干礙，應請銷燬。

夢謝堂詩集

軍機處奏《禁毀書目》《夢謝堂詩集》一部，二本。查《夢謝堂詩集》，係明饒嘉元撰。語多狂悖，應請銷燬。

步堂全集

軍機處奏《禁毀書目》《步堂全集》一部，二本。查《步堂全集》，係尹元貞撰。詩中有感憤語，應請銷燬。

芥浦詩删

軍機處奏《禁毀書目》《芥浦詩删》一部，四本。查《介浦詩删》，係明蘇雲撰。詩中有感憤語，應請銷燬。

東林遺稿

黄虞稷《千頃堂書目·别集類》守節《東林遺稿》。號虚堂，嘉興人。雪江之嗣孫。

雲東漫稿

黄虞稷《千頃堂書目·别集類》圓理《雲東漫稿》二卷。號雲東，秀水天寧寺僧。

覺隱遺風集

黄虞稷《千頃堂書目·别集類》宗倫《覺隱遺風集》。字性彝，芝溪人。

朝野賡歌

黄虞稷《千頃堂書目·别集類》永顧《朝野賡歌》。字本源，鄞人。上天竺寺僧。

山居詩

黄虞稷《千頃堂書目·别集類》普仁《山居詩》。字德隱，蘭谿人。錢塘浄慈寺僧。

山居倡和集

黄虞稷《千頃堂書目·别集類》永顧《山居倡和集》。

缶音集

黄虞稷《千頃堂書目·别集類》永顧《缶音集》。

鴟臭吟

黄虞稷《千頃堂書目・別集類》 惟則《鴟臭吟》。字天真，湖州人。海鹽海門寺僧。

賸語

黄虞稷《千頃堂書目・別集類》 道濟《賸語》一卷。字法舟，秀水人。芝溪東禪寺僧。

黄葉庵詩集

黄虞稷《千頃堂書目・別集類》 智舷《黄葉庵詩集》二卷。字葦如，號秋潭，嘉興人。居秀水金明寺，同郡譚梁生、休寧葉休時輩各梓其集。

軍機處奏《禁毀書目》 《黄葉菴詩》二本。查《黄葉菴詩》，明釋智舷撰。詞多鄙陋，又有指斥之處，應請銷燬。

黄山老人詩

黄虞稷《千頃堂書目・別集類》 智舷《黄山老人詩》六卷。

《明史・藝文志・別集類》 智舷《黄山老人詩》六卷。

堯山藏草

黄虞稷《千頃堂書目・別集類》 寬悦《堯山藏草》五卷。字臞鶴，南京人。居普德寺。

《明史・藝文志・別集類》 寬悦《堯山藏草》五卷。

宜晚堂詩稿

黄虞稷《千頃堂書目・別集類》 明心覺源《宜晚堂詩稿》。

玉峰集

黄虞稷《千頃堂書目・別集類》 道巖《玉峰集》。字魯訥。

如幻集

黄虞稷《千頃堂書目・別集類》 釋訥《如幻集》。字無言。

枯木吟

黄虞稷《千頃堂書目・別集類》 如清《枯木吟》。字石浪，城固人。祝髮紫柏山，尋居匡廬金輪峰下。

青蓮居集

黄虞稷《千頃堂書目・別集類》 圓嵩《青蓮居集》。字心柏，秀水天寧寺僧。

蕅花社集

黄虞稷《千頃堂書目・别集類》 德勝《蕅花社集》。字梵華，嘉善人。居嘉興福源庵。

五畝山居少林遺稿

黄虞稷《千頃堂書目・别集類》 戒言《五畝山居少林遺稿》。號少林。海鹽天寧寺僧。雪江元孫。

且止庵詩集

黄虞稷《千頃堂書目・别集類》 行忞《且止庵詩集》。字□擇，號復元，湖州人。

夢華集　幻住集　禪餘集

黄虞稷《千頃堂書目・别集類》 如觀《夢華》、《幻住》、《禪餘》等集。字藴虚，海鹽人。居雲岫寺。

嬾雲詩稿

黄虞稷《千頃堂書目・别集類》 本成《嬾雲詩稿》。字在久，蘇州人。慧慶寺僧。

空響集

黄虞稷《千頃堂書目・别集類》 智明《空響集》。字若昧。廬山開先寺僧。

秀道人集

黄虞稷《千頃堂書目・别集類》 慧秀《秀道人集》十三卷。字孤松，常熟人。

《明史・藝文志・别集類》 慧秀《秀道人集》十三卷。

浮幻齋詩草

黄虞稷《千頃堂書目・别集類》 傳慧《浮幻齋詩草》三卷。字朗初，四明人。

《明史・藝文志・别集類》 傳慧《浮幻齋詩》三卷。

流雲集

黄虞稷《千頃堂書目・别集類》 〔傳慧〕《流雲集》二卷。

《明史・藝文志・别集類》 〔傳慧〕《流雲集》二卷。

薰蕕漫稿

黄虞稷《千頃堂書目・别集類》 傳相《薰蕕漫稿》。字無爲。桐鄉鳳鳴寺僧。

慕果軒鏡園集

黄虞稷《千頃堂書目·别集類》 傳相《慕果軒鏡園集》。

蝶庵集

黄虞稷《千頃堂書目·别集類》 月用《蝶庵集》。靈隱寺僧。

中洲草

黄虞稷《千頃堂書目·别集類》 道敷《中洲草》。字覺明。嘉興興善寺僧。姚叔祥、范東生共定。

出林草

黄虞稷《千頃堂書目·别集類》 大遂《出林草》。字梵印，平湖人。乍浦會濟庵僧。

唾餘草

黄虞稷《千頃堂書目·别集類》 廣化《唾餘草》。字無期，嘉興人。住海鹽天寧寺。

雜華林草

黄虞稷《千頃堂書目·别集類》 志淳《雜華林草》。字恒嶽。嘉興東塔寺僧。

蕪林草

黄虞稷《千頃堂書目·别集類》 海旭《蕪林草》。字竹朗。平湖東林院僧。

山宗緒言

黄虞稷《千頃堂書目·别集類》 聖行《山宗緒言》。號智河。桐鄉菩提庵僧。

塵餘集

黄虞稷《千頃堂書目·别集類》 聖行《塵餘集》。

客塵集

黄虞稷《千頃堂書目·别集類》 正治《客塵集》。字慎初，桐鄉人。秀水精嚴寺僧。

天香草

黄虞稷《千頃堂書目·别集類》 本中《天香草》。字净覺。海鹽天寧寺僧。雪江裔孫。

挈瓶草

黄虞稷《千頃堂書目·别集類》 大泓《挈瓶草》。字野白，嘉興人。小杖林僧。

跛鼎稿

黄虞稷《千頃堂書目·别集類》 寂觀《跛鼎稿》。字内惺。嘉興大雲庵僧。

雲庵集

黄虞稷《千頃堂書目·别集類》 寂觀《雲庵集》。

蕉上稿

黄虞稷《千頃堂書目·别集類》 正開《蕉上稿》。字道可，嘉興人。祝髮於長水廣福寺，後結茅郡之白苧邨水芝庵。譚埽庵取《黄葉》、《水芝》兩稿梓之，題曰《長水兩僧詩》。

香牙團草

黄虞稷《千頃堂書目·别集類》 正開《香牙團草》。

如是齋集

黄虞稷《千頃堂書目·别集類》 大述《如是齋集》。字碧印。海鹽資聖寺僧。

佛華院録

黄虞稷《千頃堂書目·别集類》 大持《佛華院録》。初名持衡，字圓印，吴江人。雲棲薙染。

負鉢草

黄虞稷《千頃堂書目·别集類》 大持《負鉢草》。

問答語

黄虞稷《千頃堂書目·别集類》 大持《問答語》。

無礙庵稿

黄虞稷《千頃堂書目·别集類》 大持《無礙庵稿》。

病癡稿

黄虞稷《千頃堂書目·别集類》 廣衍《病癡稿》。字雪音。秀水普庵僧。

碧蓮院稿

黄虞稷《千頃堂書目·别集類》 如山《碧蓮院稿》。字鷲峰。秀水天寧寺僧。

浪錫草

黄虞稷《千頃堂書目·别集類》 大定《浪錫草》。字一印。海鹽福業寺僧。

雪林草

黄虞稷《千頃堂書目·别集類》 照源《雪林草》。字道生，海鹽人。住秀水古井庵。

松月軒稿

黄虞稷《千頃堂書目·别集類》 照楞《松月軒稿》。字鏡元。秀水寧慶庵僧，遊黄葉之門。

香露庵草

黄虞稷《千頃堂書目·别集類》 景定《香露庵草》。字寂生。秀水報恩寺僧。

西林焚餘草

黄虞稷《千頃堂書目·别集類》 圓映《西林焚餘草》。字元徹。嘉善西林庵僧。

影庵集

黄虞稷《千頃堂書目·别集類》 寂然《影庵集》。號山庵，秀水人。

選燔賸集

黄虞稷《千頃堂書目·别集類》 寂然《選燔賸集》。

散語

黄虞稷《千頃堂書目·别集類》 寂然《散語》。

水邊居集

黄虞稷《千頃堂書目·别集類》 炤德《水邊居集》。字不孤，秀水人。

寄林草

黄虞稷《千頃堂書目·别集類》 智旋《寄林草》。字瑩密。嘉興圓通庵僧。

鏡月稿

黄虞稷《千頃堂書目·别集類》 一漚《鏡月稿》。字冬江。秀水精嚴寺僧。

半秋稿

黄虞稷《千頃堂書目·别集類》 清梵《半秋稿》。字竺音。秀水東禪寺僧。

紫芝社集

黄虞稷《千頃堂書目·别集類》 智道《紫芝社集》。字生一。嘉定僧，挂錫秀水三塔，禪棲崇德西林。

萍庵草

黄虞稷《千頃堂書目·别集類》 文貞《萍庵草》。字蓮生，桐鄉人。秀水精嚴寺冬溪之裔孫。

藻影雜稿

黄虞稷《千頃堂書目·别集類》 文貞《藻影雜稿》。

瘦煙草

黄虞稷《千頃堂書目·别集類》 大澍《瘦煙草》。字時了，應天人。嘉善大聖寺僧。

松窗漫草

黄虞稷《千頃堂書目·别集類》 海指《松窗漫草》。字影林。秀水古雪庵僧。

鈴語軒詩稿

黄虞稷《千頃堂書目·别集類》 懷朗《鈴語軒詩稿》。字天衣。海鹽資聖寺僧。姚叔祥、吴石匏爲序。

雪蕉集

黄虞稷《千頃堂書目·别集類》 明方《雪蕉集》。字石雨，世居平湖泖上，又云嘉善人。居佛日寺。

北遊集

黄虞稷《千頃堂書目·别集類》 懷讓《北遊集》一卷。四明天童寺僧。

山居草

黄虞稷《千頃堂書目·别集類》 通發《山居草》。字師遠，内江人。

石公詩選

黄虞稷《千頃堂書目·别集類》 大瓌《石公詩選》。字石公。雲棲寺僧。

賸草

黄虞稷《千頃堂書目·别集類》 性琮《賸草》。字白法。嘉興楞嚴寺僧。

鏡齋詩草

黄虞稷《千頃堂書目·别集類》 照影《鏡齋詩草》。字指月。吴江江楓庵僧。

棗堂集選

《清史稿藝文志拾遺·别集類》 《棗堂集選》一卷。明釋行溥撰，陳允衡選。

柏峰集

軍機處奏《禁毁書目》 《柏峰集》一部，一本。查《柏峰集》，係釋以貞撰。中間語憤激，應請銷燬。

清代分部

初學集

黄虞稷《千頃堂書目·别集類》 錢謙益《初學集》一百一十卷。字受之，號尚湖，常熟人，一甲第三人。

錢牧齋尺牘

軍機處奏《禁毁書目》 《錢牧齋尺牘》一部，三本。查《牧齋尺牘》，係錢謙益撰。應請銷燬。

稗言集

王士禛《漁洋書跋》 《稗言集》。素臣平生不相識，年且八十有五，介予門生吴永年翰林，三千里以詩就正。且欲待此蓋棺，其意亦良勤矣。會余歸田，不果作報。計君之年，今已九十餘矣，對雪，憮然書此。

林茂之賦

黄虞稷《千頃堂書目·騷賦類》 林古度《林茂之賦》一卷。福建福清人。

張詞臣詩集

范邦甸等《天一閣書目・總集類》《張詞臣詩集》一册。刊本。

荻溪集

《四庫提要・別集類存目一》《荻溪集》二卷。編修汪如藻家藏本。舊本題元王偕撰。前有洪武癸亥馮原智序，稱偕字叔與，瑯琊人。官崑山學教授。善繪事，元亡不仕，寓居荻溪之西，以荻溪翁自號。今檢集中所與唱酬者，皆國朝順治間常熟諸文士。又嘗入京師，有《慈仁寺雙松歌》。慈仁寺建於明代，亦與偕時世不相合。惟詩中有《歲暮還荻溪》諸題，當必國初人寓居荻溪者。集名偶同，坊賈遂妄取原智序冠之，指爲偕作，以售欺耳。

夏峰集

軍機處奏《禁燬書目》《夏峰集》一部，八本。查《夏峰集》，係孫奇逢撰。集中多有字句觸犯之處，應請銷燬。

夏峰先生集

張之洞《書目答問・別集》《夏峰先生集》十六卷。孫奇逢。

柴村集

《四庫提要・別集類存目九》《柴村集》十九卷附録一卷。山東巡撫採進本。國朝邱志廣撰。志廣字粟海，號洪區，又號蝶菴，諸城人，柴村其世居也。順治中由貢生官長清縣訓導。是集文十二卷，《蝶菴自藥》一卷，蓋其箴銘、語録之類。詩集五卷，賦一卷。末附其孫性善所著《德滋堂歌詩》及《志廣小傳》，共一卷。志廣少好神仙，學於道士齊本守，後乃從馬從龍講學，故所見雜出儒、墨之間。其文長於議論，然稱所欲言，詞多不擇，詩尤涉《擊壤集》派。其甥李澄中序，謂：「雜以詼諧，出以調笑，亦覺風流蘊藉，罔不宜人。」澄中，山左勝流，非無鑒別，殆以母黨尊行，故婉詞見意歟？

燕香齋文集　詩集

《四庫提要・別集類存目八》《燕香齋文集》四卷。《詩集》六卷。直隸總督採進本。國朝劉餘祐撰。餘祐字申徵，號玉吾，又號燕香居士，宛平人。其自稱濱宛者，先世濱州人也。前明萬曆丙辰進士。官兵部左侍郎。入國朝官至户部尚書。是集爲其子芳喆所編。每篇之末皆有評語，如坊刻時文之式。後附餘祐行略，猶前人所有之例。至附以其妻之行略，其父母之墓誌，則非古法矣。

七游草

徐𤊹《徐氏家藏書目・別集類》冒起宗《七游草》四卷。字宗起，夢齡之子。崇禎戊辰進士。

武夷小照

徐𤊹《徐氏家藏書目・別集類》冒起宗《武夷小照》一卷。

萬里吟

徐𤊹《徐氏家藏書目・別集類》　冒起宗《萬里吟》二卷。

寤　言

徐𤊹《徐氏家藏書目・別集類》　冒起宗《寤言》一卷。

拙存堂稿　續稿

黃虞稷《千頃堂書目・別集類》　冒起宗《拙存堂稿》□卷，又《續稿》□卷。字宗起，如皋人。安慶兵備副使，湖廣參議。

嵩少山人近稿

黃虞稷《千頃堂書目・別集類》　冒起宗《嵩少山人近稿》。

得全堂集

黃虞稷《千頃堂書目・別集類》　冒起宗《得全堂集》。

蜃園集

黃虞稷《千頃堂書目・別集類》　李天植《蜃園集》。字因仲，平湖人，晚更名確，字潛夫。隱居龍湫山。

山游集

黃虞稷《千頃堂書目・別集類》　李天植《山游集》。

九山游草

《四庫提要・別集類存目八》　《九山游草》一卷。浙江巡撫採進本。國朝李確撰。確有《平寇志》，已著録。是編皆其紀游之作。九山者，雅山、苦竹山、湯山、觀山、龍湫山、暈頂山、高冠山、益山、獨山也。皆在當湖海濱。確隨所游歷，各紀以詩，彙爲此編。

梅花百詠

《四庫提要・別集類存目八》　《梅花百詠》一卷。江蘇周厚堉家藏本。國朝李確撰。是編乃確甲申以後遁跡龍湫山中，一月間詠梅花七律百首。自序謂：「寄一枝於山中，有同枯樹；感三生於石上，恍覩殘魂。」大抵以愁苦之詞寄意。然詠梅本爲塵劫，衍至百首，尤難爲工。宋張洽、元馮子振皆有是作，而皆不免利鈍互見。則亦不必好爲苟難矣。

擬山園集

軍機處奏《禁毀書目》　《擬山園集》十五本。《擬山園集》係王鐸撰。鐸事明福王，爲大學士，後仕本朝，大節有虧。集中語句亦有干礙，應請銷燬。

西廬遺稿

黃虞稷《千頃堂書目・別集類》 王時敏《西廬遺稿》。字遜之，太倉人。太傅錫爵孫，蔭尚寶司丞。

秀巖集

《四庫提要・別集類存目八》 《秀巖集》三十一卷。浙江巡撫採進本。國朝胡世安撰。世安有《大易則通》，已著録。是集凡詩二十二卷，文九卷。前有順治丙戌世安自序云：「己卯秋以前稿，因罹兵燹，露電委之。頃檢其存者彙録成帙。甲申春以前詩曰《秀巖存詠》，以後曰《石芝軒集》，雜文曰《客竹居偶存》、《右芝軒續存》。」蓋裒四小集以爲一編。卷首別載所著書名，分逸目、存目。其逸目凡十六種，存目凡十九種，中已刻者十種。今所見者，《異魚圖贊箋》、《褉帖綜聞》、《操縵録》數種而已。

己亥存稿

《四庫提要・別集類存目八》 《己亥存稿》一卷。直隸總督採進本。國朝孫承澤撰。承澤有《尚書集解》，已著録。此編乃其文稿，順治己亥解官退居時所作也。

雲鴻洞集

黃虞稷《千頃堂書目・別集類》 官撫辰《雲鴻洞集》□卷。字凝之，黃岡人。

雲鴻洞續稿

軍機處奏《禁毀書目》 《雲鴻洞續稿》二本。查《雲鴻洞續稿》，明官撫辰撰。撫辰有《桃笑跡》一書，業經奏燬。此書亦有指斥之詞，且多刻方空，應請一併銷燬。

桃笑跡

軍機處奏《禁毀書目》 《桃笑跡》二本。查《桃笑跡》，係明桃源知縣官撫辰撰。所紀皆其爲令時案牘之文，中有悖犯字句，應請銷燬。

金文通集

《四庫提要・別集類存目八》 《金文通集》二十卷。湖北巡撫採進本。國朝金之俊撰。之俊字豈凡，吴江人。前明萬曆己未進士。入國朝，官至中和殿大學士。文通其謚也。之俊爲茅坤之外孫，故其文摹仿唐宋，一遵坤法。又與陳名夏相善，凡有所作，大抵名夏定之。見於自序甚詳。

蘧廬草

《四庫提要・別集類存目一〇》 《蘧廬草》一卷。兩江總督採進本。國朝黃鐘撰。鐘字宏音，號蘧廬，如皋人。康熙中諸生。是集爲其門人鄧士英所編，凡文四十四篇，前列總目，總目之後仿《史記・自序》、《漢書・敘傳》之例，每篇各爲之序，述所以立言之意。自有別集以來，玆爲創體，然亦足以見其文不苟作，必有所取義矣。其文大抵縱横奇肆，自達所見。其《與友人論文書》，大旨主於不似古人，乃能爲古人，亦迥異。貌擬秦、漢，詞雜齊、梁之習。惟其文多作於明末，感觸時事，往往言之過當。如《洪範論》謂：「治世之天甚願乎人之爲君子也，則所嚮在此矣。亂世之天甚怒乎人之爲君子也，則所威在此矣。」至終篇歸於順受其正，亦仍沿劉峻《辯命論》之旨，非和平中正之道。其《楊墨論》雖爲僞談忠孝者發，而以墨翟爲僞，楊朱爲誠，亦未免憤激太甚。大抵其才力足以馳驟古人，而學養之深醇，則未之逮也。

灌研齋集

《四庫提要・别集類存目八》《灌研齋集》四卷。江西巡撫採進本。國朝李元鼎撰。元鼎字梅公，吉水人。前明天啓壬戌進士。入國朝，官至兵部左侍郎。所著詩文凡三十卷，統名之曰《石園集》。此集雜文四卷，乃其中之一種也。其曰灌研齋者，陸廷燦《南邨筆記》稱「元鼎家有古研，五瓣如梅花，質如黄玉，相傳爲灌嬰廟瓦。故以名齋，因以名集。考曾敏行《獨醒雜志》稱贑之雩都尉廳後舊有灌嬰廟，臨其池上。廟毁，瓴甓墮池中，歲年不可計矣。因刀鑷工取半瓦以爲礪石，人見而異之，遂求其瓦爲研，於是有灌瓦之名」云云。則亦非元鼎之創目也。

紫峰集

《四庫提要・别集類存目八》《紫峰集》十四卷。直隸總督採進本。國朝杜越撰。越字君異，號紫峰，容城人。前明諸生。康熙己未薦舉博學鴻詞，以老疾，未及赴試而罷。是集乃其門人楊湛等所編。凡詩四卷，詩餘附焉，雜文共十卷。越受業於定興鹿善繼，平生惟以砥礪行誼、講明道學爲事。故鄉里推爲耆宿，而文章則非所長。湛等所編，既多録應酬代筆之作，又不甚諳體例。其雜録中有《龍王廟募緣》一篇，乃七言古詩，而編於文中。其所作祠聯、壁聯、書齋聯一一備載，尤爲冗雜。《玉山雅集》載聯額，别自有義，非此之謂也。

陳士業全集

《四庫提要・别集類存目八》《陳士業全集》十六卷。江西巡撫採進本。國朝陳弘緒撰。弘緒有《江城名蹟録》，已著録。是編凡分六種。曰《石莊初集》六卷，《寒崖近稿》二卷，《敦宿堂留稿》二卷，《鴻桷集》二卷，《鴻桷續集》二卷，《恒山存稿》二卷。《石莊集》斷自甲申以前，餘集多甲申以後之作。

王猷定文稿

王士禛《漁洋書跋》《王猷定文稿》南昌王于一猷定作《寒碧琴記》云：「昔子瞻爲登州司户參軍，子由省之。攜琴游大海，舟覆，琴墮海。後高麗人得之，獻其王。王知爲蘇氏物也，藏之數百年。迨明崇禎間，高麗困于兵，請援。遣總兵某帥師救之，瀕行，贈以琴，琴遂復還中國。」按：《東坡年譜》：「元豐八年乙丑五月，復朝奉郎，知登州。到郡才五日，即以禮部郎官召。作《别登州舉人》詩，有『五日匆匆守』之句。」公未嘗爲司户參軍，且到郡非久即召，少公亦未嘗省公于登也，崇禎間亦未嘗遣師援高麗。于一好奇誕，而考證甚疎，每爲人欺，多此類。

徐太拙詩稿

《四庫提要・别集類存目八》《徐太拙詩稿》無卷數。山東巡撫採進本。國朝徐振芳撰。振芳字太拙，山東樂安人。是集凡分三種，一曰《雪鴻草》，一曰《三素草》，一曰《楚萍草》。所作奇氣坌湧，時出入於李賀、盧仝之間，而竟陵、公安之餘習未盡湔除，故往往失之纖仄。變徵之聲，酸吟激楚，其學謝翱而未成者與？

丁野鶴詩鈔

《四庫提要・別集類存目九》《丁野鶴詩鈔》十卷。江西巡撫採進本。國朝丁耀亢撰。耀亢字西生，號野鶴，諸城人。順治中由貢生官至惠安縣知縣。是集凡分五種。曰《椒邱集》二卷，起甲午終戊戌，官容城教諭時所作。曰《陸舫詩草》五卷，起戊子終癸巳，皆其入都以後所作。曰《江干草》一卷，起己亥終庚子。曰《歸山草》一卷，起壬寅終丙午。曰《聽山亭草》一卷，起丁未止己酉。自《陸舫詩草》以前，耀亢所自刻。《江干草》以下，皆其子慎行所續刻也。耀亢少負雋才，中更變亂，栖遲羈旅，時多激楚之音。自入都以後，交遊漸廣，聲氣日盛，而性情之故亦日薄。王士禎《池北偶談》載其《陶令兒郎諸葛妻》一律，謂「野鶴晚遊京師，與王文安諸公倡和，其詩亢厲，無此風致」。蓋亦有所不滿矣。

吾好遺稿

《四庫提要・別集類存目九》《吾好遺稿》一卷。江蘇巡撫採進本。國朝章静宜撰。静宜字湘御，吳縣人，順治中諸生。此本凡詩三百餘首，列近體於前，而次古體於後。卷首具標姓字里貫，如小傳式，疑即從選本中析出者也。静宜嘗從學於宋實穎，又與吳偉業酬贈。故歌行清麗激楚，頗近《梅村集》門徑。特才華未爲富贍，故邊幅太狹，終不能與之抗行耳。

嬾齋別集

《四庫提要・別集類存目八》《嬾齋別集》十四卷。内府藏本。國朝僧通門撰。通門字牧雲，姓張氏，常熟人。明季祝髮於興福禪林，尋主古南、鶴林、天童等寺。頗與士大夫游，故文士往往稱之。其集爲其同里毛晉所刊。凡雜文三卷，書啓三卷，頌贊、偈語二卷，詩六卷。

茂緑軒集

《四庫提要・別集類存目八》《茂緑軒集》四卷。江蘇巡撫採進本。國朝顧夢游撰。夢游字與治，江寧人。前明諸生。曹學佺刻《十二代詩選》，嘗録其詩，題曰「《偶存稿》。」至順治庚子，夢遊既卒，施閏章又廣爲收輯，合學佺所刻，得五百四十二篇。删其什二，定爲此本。夢游與葛一龍、邢昉諸人相倡和，詩格皆近中晚。閏章序稱昉詩學勝才，夢游詩才勝學，亦二人之定評也。

澹友軒集

《四庫提要・別集類存目八》《澹友軒集》十六卷。浙江巡撫採進本。國朝薛所蘊撰。所蘊字子展。前明崇禎戊辰進士。入國朝，官至禮部侍郎。是集凡雜文百餘篇，乃其歸田後所手定。前有劉正宗序，謂其直抒胸臆，意必準情，言必擇雅。蓋所蘊文主典質，謹守繩墨，規規不失尺寸，故正宗云然。然未能神明於規矩之外也。

桴菴集

《四庫提要・別集類存目八》《桴菴集》四卷。江蘇巡撫採進本。國朝薛所蘊撰。是編乃其詩集，其子奮生等所録。奮生即王士禛詩所謂「十載雕蟲稍擅名，未曾縛袴學長征。他年我若登三事，但乞蕭郎作騎兵」者是也。集刊於順治癸巳。其門人彭志古跋，稱其詩創闢似王建，藴藉似張籍，豪縱似李白，悲壯似杜甫。蓋弟子尊師之詞也。

石雲居士集　詩

《四庫提要・別集類存目八》《石雲居士集》十五卷。《詩》七卷。江蘇巡撫採進本。國朝陳名夏撰。名夏字百史，溧陽人。前明崇禎癸未進士。授翰林院編修。入國朝官至大學士，緣事伏誅。此集卷首有名夏順治三年自序，而集中《賀成青氈冢宰序》稱順治九年，則集成之後又有所增續矣。集中祭其師項煜文，歷稱煜之智與煜之忠。又云「吾師不死於仇而死於賊。」殊乖公論。厥後歸命國朝，棄瑕録用，復以怙權罹法。《御製人臣警心録》即爲名夏所作，至今爲鑒。其立身蓋不足稱。特以當時著作，商榷典制，足資考核，故遺集流布，尚在人間。今亦姑存其目，而併辨其顛倒是非之失，俾來者無惑焉。

二槐草存

《四庫提要・别集類存目八》《二槐草存》無卷數。兩淮鹽政採進本。國朝王翃撰。翃字介人，嘉興人。王晫《今世説》嘗記其還妾一事，稱爲厚德。又稱其少失學，《論》、《孟》不卒讀，識字而已。弱冠偶覽《琵琶記》，欣然會意，曰「此無難，吾亦能之」，即據案唔唔學填詞，竟合調。自後學不稍懈，工詞曲，又進攻詩。然貧日甚，抱膝苦吟，落落不問家人産云云。則亦姚士粦之流矣。天、崇之間《詩歸》盛行，人沿竟陵流派，翃毅然獨尚唐音。嘗以「前路夕陽外，行人春草中」句爲陳子龍所賞。没後無子，遺稿多佚。是本乃朱彝尊所選定者也。

青箱堂文集　詩集

《四庫提要・别集類存目八》《青箱堂文集》三十三卷，《詩集》三十三卷。直隸總督採進本。國朝王崇簡撰。崇簡有《冬夜箋記》，已著録。崇簡練習掌故，爲禮官，嘗議移祀北嶽於渾源州，今其疏具在集中。然其文類皆平近流易。徐乾學序謂其「卮詞讕語，無非仁義道德」，殆不免於微詞。《詩集》以編年爲次，始於天啓丙寅，迄於國朝康熙戊午，蓋萊陽宋琬所删定也。

秋水集

《四庫提要・别集類存目九》《秋水集》十六卷。御史戈岱家藏本。國朝馮如京撰。如京字紫乙，代州人。順治中由拔貢生，歷官至廣東左布政使。是集凡詩八卷，文四卷，宫詞一卷，《粤槎日記》一卷，《北征紀略》二卷。其詩頗清利，尤工於五言。文亦平正，惟駢體不爲擅長。詩文皆有批評，爲其宗人士標所點定。《粤槎日記》者，乃自江南之廣東任時，紀其行役所見。《北征紀略》則自廣入覲時作也。

東壁樓集

黄虞稷《千頃堂書目・别集類》成仲龍《東壁樓集》。字爲霖，長垣人，陝西布政使。

聖雨齋集

黄虞稷《千頃堂書目・别集類》周拱辰《聖雨齋集》八卷。桐鄉人，字孟侯。

用六集

《四庫提要・别集類存目八》《用六集》十二卷。直隸總督採進本。國朝刁包撰。包有《易酌》，已著録。是集包所手編，自謂有得於《易》，故取永貞之義，以用六爲名。其中如《寄魏環極書》，稱「砥礪躬行，不欲以議論争勝。希聖堂學規，多留意於灑埽應對。」語皆平易近人。又謂時文之士不知考究史事，昧於治亂之原。每舉《春秋綱目》書法，風諭學者。在講學家中，較空談心性者特爲篤實。然持論每多苛刻，如裴度、韓愈皆懸度其事，力加詆毀，殊失《春秋》善善從長之意。又如

《重修秦王廟疏》，多引委巷無稽之言，不知折衷於古。亦其所短也。

隰西草堂集

黃虞稷《千頃堂書目·別集類》 萬壽祺《隰西草堂集》。字年少，徐州人。

白耷山人集

軍機處奏《禁燬書目》 《白耷山人集》八本。查《白耷山人集》係閻爾梅撰。爾梅明末舉人，其入國初後所作詩文，語多指斥，應請銷燬。

夕陽寮詩

軍機處奏《禁燬書目》 《夕陽寮詩》四本。查《夕陽寮詩》，阮旻錫撰。旻錫生於明末，其詩多作於國初，詞氣有狂悖之處，應請銷燬。

馮定遠集

《四庫提要·別集類存目八》 《馮定遠集》十一卷。浙江巡撫採進本。國朝馮班撰。班有《鈍吟雜録》，已著録。班與其兄舒，皆以詩名一時，稱海虞二馮。其姪馮武，作所評《才調集》凡例，稱舒之論詩，講起承轉合最嚴。而班之論詩，則欲化去起承轉合。定法微有不同。然二人皆以晚唐爲宗，由温、李以上溯齊、梁。故《才調集》外又有《玉臺新咏評本》。蓋其淵源在二書也。其説力排嚴羽，尤不取江西宗派，持論亦時有獨到。然所作則不出於崑體。大抵情思有餘，而風格未高。纖佻綺靡，均所不免。是集凡《定遠小集》二卷，《鈍吟集》三卷，《別集》一卷，《鈍吟餘集》一卷，《集外詩》一卷。又《樂府》一卷，《遊仙詩》一卷，《鈍吟文稿》一卷，亦附於末。其中論詩之説，多可取。惟日記所論吴棫《韻補》一條，推爲奥入鬼神，則失之遠矣。

張之洞《書目答問·別集》 《馮定遠集》十一卷。馮班。

青溪遺稿

《四庫提要·別集類存目八》 《青溪遺稿》二十八卷。浙江孫仰曾家藏本。國朝程正揆撰。正揆有《讀書偶然録》，已著録。是集凡詩十六卷，文十一卷，序一卷，附《奇夢録》一卷。正揆少從董其昌游，故頗工於畫。集中亦多題畫、論畫之作。王士禛序稱其《江山卧遊圖》散在人間者有數百本，士禛亦藏其二。又有《題正揆畫詩》，蓋當時亦重其筆墨也。其詩文則不出其鄉公安、竟陵之習。其《浮記》一篇，殆類小説。《奇夢記》一卷，益荒誕矣。

浮雲集

《四庫提要·別集類存目八》 《浮雲集》十一卷。江蘇周厚堉家藏本。國朝陳之遴撰。之遴字素菴，海寧人。太學進士題名作海鹽人，疑其寄籍也。前明崇禎丁丑進士。授編修，陞中允。國朝官至弘文院大學士。順治十三年，以交結近侍擬斬，免死謫戍尚陽堡。是集前有自序，起康熙丙午，蓋戍所編次也。其詩才藻有餘，而不出前後七子之格。

水田居士文集

《四庫提要·別集類存目八》 《水田居士文集》五卷。江西巡撫採進本。國朝賀貽孫撰。貽孫有《詩觸》，已著録。是集有文無詩，所作皆跌宕自喜。其《與艾千子書》云「文章貴有妙悟，而能悟者必於古人文集之外別有自得。」是雖鍼砭東鄉之言，而貽孫所以自命者亦大略可見。特一氣揮寫，過於雄快，亦不免於太盡之患也。

張之洞《書目答問・別集》《水田居文集》□卷。賀貽孫。

程穆倩詩

軍機處奏《禁毁書目》《程穆倩詩》一本。查《程穆倩詩》，程邃撰。前有錢謙益題詞，稱譽甚至，詩中亦多憤悖之語，應請銷燬。

了菴文集

《四庫提要・別集類存目八》《了菴文集》九卷。浙江巡撫採進本。國朝王岱撰。是集九卷，皆雜文。第八卷則全録募疏，殊失刪汰。其文雅俗相參，而好爲詬詈之詞，猶明末門户之餘習。

且園近集　且園近詩

《四庫提要・別集類存目八》《且園近集》四卷，《且園近詩》五卷。江蘇周厚堉家藏本。國朝王岱撰。岱字山長，湘潭人。前明崇禎己卯舉人。入國朝官隨州學正。康熙己未，嘗薦舉博學鴻詞。其雜文題曰《近集》，蓋以別於《近詩》。然集非文之專名，古例具存，分隸殊未允也。《近詩》之末有《楚書姪編校且園集竣》一首，則兩編皆岱所自定。其名「且園」者，《近集》中有《且園記》，稱康熙丙午七月，就隨州任，黌宫有隙地，宅而園之，曰「且園」，故以名其集云。

東谷集　歸庸集　桑榆集

《四庫提要・別集類存目八》《東谷集》三十四卷，《歸庸集》四卷，《桑榆集》三卷。山西巡撫採進本。國朝白胤謙撰。胤謙有《學言》，已著録。此集爲其子方鴻等所編刊。自順治十八年辛丑作於致仕以前者曰《東谷集》，共詩正、續二十二卷，文正、續十二卷。自康熙元年壬寅至丁未作於致仕之後者曰《歸庸集》，共詩文四卷。自戊申至壬子晚年所作者曰《桑榆集》，共詩文三卷。胤謙刻意講學，故所作直抒胸臆，不以文字求工也。

愚庵小集

黄虞稷《千頃堂書目・別集類》朱鶴齡《愚庵小集》十五卷。字長孺，吴江縣學生。

《四庫提要・別集類二六》《愚菴小集》十五卷。庶吉士祝堃家藏本。國朝朱鶴齡撰。鶴齡有《尚書埤傳》，已著録。此集凡賦一卷，諸體詩五卷，雜著文九卷，末附《傳家質言》十三則。鶴齡始專力於詞賦，自顧炎武勖以本原之學，始研思經義，於漢唐注疏皆能爬梳抉摘，獨出心裁。故所作文章，亦悉能典雅醇實，不蹈剽竊摹擬之習。其邶鄘衛三國、《禹貢》三江、震澤、太湖、嶓冢、漢源諸辨，多有裨於考證。嘗箋注杜甫、李商隱詩集。故所作韻語，頗出入二家之間，而寄興清遠，能不自掩其神韻。與錢謙益爲同郡，初亦以其詞場宿老，頗與倡酬。既而見其首鼠兩端，居心反覆，薄其爲人，遂與之絶。所作《元裕之集後》一篇，稱「裕之舉金進士，歷官左司員外郎。及金亡不仕，隱居秀容，詩文無一語指斥者。裕之於元，既足踐其土，口茹其毛，即無反詈之理。非獨免咎，亦誼當然。乃今之訕辭詆語，曾不少避，若欲掩其失身之事，以誑國人者，非徒誖也？其愚亦甚」云云。其言蓋隱指謙益輩而發，尤可謂能知大義者矣。

漫餘草

《四庫提要・別集類存目八》《漫餘草》一卷。浙江巡撫採進本。國朝王庭撰。庭有《理學辨》，已著録。其所爲詩，有《秋間》、《三仕》、《二西》諸草。是集刻於康熙戊辰，乃其晚歲所訂，時年已八十有二矣。凡五百餘首，大約近體多於古體，七律一種又多於諸體。其曰漫餘者，自序云：「余詩之漫久矣，此無非漫之餘也。」

鐵橋山人稿

黃虞稷《千頃堂書目・別集類》 張穆《鐵橋山人稿》。字穆之，東莞布衣。

內省齋文集

《四庫提要・別集類存目八》 《內省齋文集》三十二卷。江西巡撫採進本。國朝湯來賀撰。來賀字佐平，改字念平，號惕菴，南豐人。前明崇禎庚辰進士。官至廣東按察司僉事。明亡歸里，主白鹿書院講席以終。其文多以砥礪薄俗、警勸愚蒙，故詞多質樸，務求盡意而後止。江右之俗無不尊其鄉先生。而來賀論王彥章爲忠於賊，不可爲死節，獨深斥歐陽修《新五代史》之非。則爲明季降闖諸人而發，所謂有爲而言之者也。

芝在堂集

《四庫提要・別集類存目八》 《芝在堂集》十五卷。湖北巡撫採進本。國朝劉醇驥撰。醇驥有《古本大學解》，已著録。是集凡詩六卷，雜文九卷。其自序云：「奉嘉隆間二三名人集，要去其襲迹，以近古爲是，不能作宋、元下廉纖支折語。」又作《鍾惺譚元春傳》：「謂學王、李未至，襲風格，備鏗鏘，猶俟諸三餘。儉儒苦古帙浩繁，便援公安、竟陵而以其竅鳴也。」觀其所論，可知其所宗法矣。

橘洲詩集

《四庫提要・別集類存目八》 《橘洲詩集》六卷。直隸總督採進本。國朝范士楫撰。士楫字箕生，定興人。前明崇禎丁丑進士。入國朝，官至吏部郎中。是集皆其順治乙酉以後之作，其詩尚染明季僞體。卷首自序一篇，故爲奥澀，亦當時習氣也。

榆墩集選文　詩

《四庫提要・別集類存目八》 《榆墩集選文》九卷，《詩》二卷。江西巡撫採進本。國朝徐世溥撰。世溥有《夏小正解》，已著録。是集前有熊人霖序，稱僅存十之一。蓋選本也。中間《諸葛武侯無成論》一篇，謂「諸葛之出師，即周公居東之志。其盡瘁而無成功，則昭列『如其不才卿可自取』一言酖之也。」又云：「昭烈之疑忌，盡見生平，深險畢露。」又云：「諸葛若久留在蜀，必有不利孺子之讒。」又云：「昭烈之有是言，則亮勸攻劉璋之言有以致之。一事之不仁，百行忠厚不足以蓋之。亮始教備殺璋以取蜀，卒也致備疑其圖禪以終身」云云。其持論殊爲偏激。昭烈君臣之契，光明磊落，爲三代以後所僅有。永安託孤之言，亦出至誠，陳壽於《昭烈傳》中已極論之。即後主之於諸葛，始終尊信，亦未嘗有毫髮之間言。何得因「卿可自取」一語，而遂謂其有所疑忌乎？至諸葛勸昭烈取蜀，則自三顧隆中時已定其計，而昭烈卒用其策，以少延漢緒。若如所論，則昭烈生平與諸葛周旋者，皆日在猜嫌疑忌之中。雖魏主叡之於司馬懿，尚不忍出此，而謂魚水相合者若是哉！文人好爲翻案之説，殊非論古之正軌。王士禛爲《居易録》，極斥其妄，固非太過矣。

榆溪詩鈔

黃虞稷《千頃堂書目・別集類》 徐世溥《榆溪詩鈔》二卷。

榆溪逸詩

黃虞稷《千頃堂書目・別集類》 徐世溥《逸詩》二卷。字巨源，新建人。

祓園集

《四庫提要・别集類存目八》《祓園集》九卷。直隸總督採進本。國朝梁清遠撰。清遠有《雕邱雜録》，已著録。是集清遠所自編，凡詩四卷、文四卷、詞一卷，其詩直抒性情，頗能蟬蜕於習俗之外，而人所應無盡無，人所應有尚未能盡有也。

藕灣全集

《四庫提要・别集類存目八》《藕灣全集》二十九卷。湖北巡撫採進本。國朝張仁熙撰。仁熙有《雪堂墨品》，已著録。其詩凡《初集》十卷，《二集》十卷。餘九卷則《文集》也。《初集》作於前明，身經離亂，多悲苦之音。大旨宗尚北地、太倉、歷下諸人，未脱摹仿之跡。其論詩，謂：「時弊雖深，慎勿相救。公安救歷下，至於佻；竟陵救公安，陷於孱。」其《與王昊廬論文書》，謂：「歸太僕之文秀善而衷於宋氏之理。秀善則易柔，衷於宋氏則理信而詘於氣。」又謂：「瑯琊、歷下與毘陵、歸安兩家角立，毘陵、歸安之流幾欲駕瑯琊、歷下而上之。然徒以其秀善婉媚、沓迤千里，白葦平疇者，又安能服瑯琊諸君子，制作諸大篇哉？」觀其持論，可知其生平宗旨矣。

讀史亭詩集　文集

《四庫提要・别集類存目八》《讀史亭詩集》十六卷，《文集》二十二卷。浙江巡撫採進本。國朝彭而述撰。而述字禹峰，鄧州人。前明崇禎庚辰進士。授陽曲縣知縣。入國朝官至貴州巡撫，終於雲南布政使。而述久歷邊陲，所爲詩文，皆雄奇峭拔，不受前人羈勒，而不免才多之患。朱彝尊序謂其「人所應有盡有，人所應無不盡無」，斯評當矣。

湘帆堂集

王士禎《漁洋書跋》《湘帆堂集》。傅占衡平叔古文，實出大士、千子之右。昧者以爲附陳、艾以有聞於世，耳食者也。

湘帆集

軍機處奏《禁毁書目》《湘帆集》一部，四本。查《湘帆集》，係傅占衡撰。係明末諸生，入國朝尚存，詩中語句甚爲狂悖，應請銷燬。

恥躬堂文集

《四庫提要・别集類存目九》《恥躬堂文集》二十卷。江西巡撫採進本。國朝王命岳撰。命岳字伯咨，號恥古，晉江人。順治乙未進士，官至刑科都給事中。是集自卷一至卷五爲奏疏，卷六至卷十七爲雜文，卷十八爲詩，卷十九爲《周易・雜卦牖中天》，卷二十爲《讀〈詩〉牖中天》。據其自序，謂辛卯冬，夢文王、周公先後車蓋喝道甚盛，命岳自牖中窺視，故以名也。其書分十二篇，大旨謂《易》雜卦無錯簡，而以互卦之法推求其義。《讀〈詩〉》凡五十條，皆標識簡端之語。一篇或止一兩句，如《讀簡兮》曰：「使我懷古之情更深。」《讀王風》曰：「《大車》之淫甚於《丘麻》，《丘麻》淫人，《大車》淫鬼。」尤非説經之正軌也。

梅村集

軍機處奏《禁毁書目》《梅村集》一部，十本。查《梅村集》，係國子祭酒吴偉業撰。偉業詩才雋逸，卓然成家。曾蒙皇上御題褒詠外省，衹以其與錢謙益等並稱「江左三大家」，因而牽連並燬，實無干礙，應請毋庸銷燬。惟卷首有錢謙益序一首，仍應抽燬。

《四庫提要・別集類二六》《梅村集》四十卷。通行本。國朝吴偉業撰。偉業有《綏寇紀略》已著録。此集凡詩十八卷，詩餘二卷，文二十卷。其少作大抵才華艷發，吐納風流，有藻思綺合、清麗芊眠之致。及乎遭逢喪亂，閱歷興亡，激楚蒼涼，風骨彌爲遒上。暮年蕭瑟，論者以庾信方之。其中歌行一體，尤所擅長。格律本乎四傑，而情韻爲深。叙述類乎香山，而風華爲勝。韻協宫商，感均頑艷，一時尤稱絶調。其流播詞林，仰邀睿賞，非偶然也。至於以其餘技度曲倚聲，亦復接跡屯田，嗣音淮海。王士禛詩稱「白髮填詞吴祭酒」，亦非虚美。惟古文每參以儷偶，既異齊、梁，又非唐、宋，殊乖正格。黄宗羲嘗稱《梅村集》中《張南垣》、《柳敬亭》二傳，《張》言其藝而合於道，《柳》言其參寧南軍事，比之魯仲連之排難解紛。此等處皆失輕重，爲倒却文章家架子。其糾彈頗當，蓋詞人之作散文，猶道學之作韻語，雖強爲學步，本質終存也。然少陵詩冠千古，而無韻之文率不可讀。人各有能有不能，固不必一一求全矣。

張之洞《書目答問・別集》《梅村集》四十卷。吴偉業。欲詳知國朝詩家者，具鄭方坤《國朝詩鈔小傳》、王昶《湖海詩傳》、張維屏《詩人徵畧》中。

吴詩集覽　談藪

張之洞《書目答問・別集》《吴詩集覽》二十卷，《談藪》一卷。吴偉業，靳榮藩注。

佳山堂集

《四庫提要・別集類存目八》《佳山堂集》十卷。山東巡撫採進本。國朝馮溥撰。溥字易齋，益都人。順治丁亥進士，官至大學士。康熙己未，召試博學鴻詞，溥與高陽李霨、寶坻杜臻、崑山葉方靄四人同爲閲卷官，得人最盛。故毛奇齡等爲作集序，皆稱門人。其詩則未爲精詣也。

屺思臺文集　詩集

《四庫提要・別集類存目八》《屺思臺文集》八卷，《詩集》一卷。湖北巡撫採進本。國朝劉子壯撰。子壯字克猷，黄岡人。明崇禎庚午舉人。困公車者幾二十年。至順治己丑，乃進士第一人及第，授翰林院修撰。子壯制藝，與熊伯龍齊名，雄厚排奡，凌轢一切。其詩古文亦以氣勝。然精華果鋭，已銷耗於八比之中，又年僅四十四而卒，未能於登第之後，復殫心於古學。純以天資用事，往往或失之麤豪。二其翼者兩其足，予之角者去其齒，固亦事理之恒耳。是編爲其孫永錫等所刻，壽序、賀序連篇累牘，而獨不載其對策。恐所拾掇亦未必子壯意也。

塔影園集

黄虞稷《千頃堂書目・別集類》顧苓《塔影園集》。字云美，吴縣人。

爲可堂集

黄虞稷《千頃堂書目・別集類》朱一是《爲可堂集》十卷。字近修，海寧人。

南雷詩曆

周中孚《鄭堂讀書記・別集類一》《南雷詩曆》四卷。續鈔堂刊本。國朝黄宗羲撰。梨洲湛深經術，不以詞章自見，然詩句風格遒上，能道其性情，蓋不期工而自工也。是集自順治丙戌，迄康熙庚午皆編年爲次，故曰《詩曆》。前有自序及艾南英、羅萬藻、陳際泰三序，後自注云「三序皆少時舊稿，今無一存者，存此以識知己之感」，然卷首即有舊稿十八首，不知其何以云然也。

張之洞《書目答問・別集》《詩曆》一卷。黃宗羲。

南雷文案　外卷　續文案

周中孚《鄭堂讀書記・別集類一》《南雷文案》十卷。附《外卷》一卷。《續文案》五卷。原刊本。國朝黃宗羲撰。宗羲字太沖，號梨洲，餘姚人。《四庫全書存目》止載《文定前集》十一卷，《文約》四卷，梨洲初有《南雷文案》之刻，其門人鄭梁爲之序，冠以其門人萬斯大所作《世譜》，附以《外卷》十一篇，皆壽序也。繼有《續文案》之刻。凡《吾悔集》四卷，《撰杖集》一卷，其《吾悔集》前有自撰題辭及斯大序，後以諸集皆門人分刻，一時脱稿，未經持擇。因鉤除其不必存者三分之一，名曰《文定》，即《前集》是也。前有自撰凡例及靳治荆序，仍載梁序并斯大所作《世譜》，既又漸廣爲《後集》《三集》，其《三集》之末爲《金石要例》，有單行本，别爲記之。又附録一卷，皆同時人往復尺牘，其已刻者，梨洲謂俱刻者，爲正非盡可傳，因自删存四卷，目曰《文約》，爲門人鄭性所刊，并爲之序，附梨洲遺其父書一篇。性稱先生以至明之識，挾至健之筆，所作破空而出，非當代之號爲能文者規摹秦漢及唐宋以來諸大家之形似，使流俗人得稱而述之。文章由于學問，先生之文先生之學也。余謂梨洲之文由《文案》删存爲《文定》，再由《文定》删存爲《文約》，則《文約》一編尤其百鍊精金也。然惟碑傳諸篇無忝作者，餘如《從祀篇》以韓琦、范仲淹、李綱、文天祥、方孝孺並，《宜從祀上帝篇》，以釋氏諸天之説、歐邏巴天主之像，爲鄭康成六天之注開其端，《駡先賢篇》謂闗忠義之賢，不過如象山陽明。凡若此者未免踳駁之甚矣，則其淘汰亦未爲精也。

南雷文定

《四庫提要・別集類存目八》《南雷文定》十一卷。《文約》四卷。江蘇巡撫採進本。國朝黃宗羲撰。宗羲有《周易象數論》，已著録。其所作古文，舊有《南雷文案》《吾悔》《撰杖》《吾山》等集。晚年手自删削，名曰《文定》。後更刊存四卷，故名曰《文約》云。

周中孚《鄭堂讀書記・別集類一》《文定前集》十一卷。《後集》四卷。《三集》三卷。附録一卷。

張之洞《書目答問・別集》《南雷文定前集》十一卷。《後集》四卷。黃宗羲。在《粵雅堂叢書》内。

南雷文約

《四庫提要・別集類存目八》《南雷文約》四卷。江蘇巡撫採進本。國朝黃宗羲撰。

周中孚《鄭堂讀書記・別集類一》《南雷文約》四卷。原刊本。國朝黃宗羲撰。

梨洲集

張之洞《書目答問・別集》《梨洲集》□□卷。黃宗羲。

耻躬堂集

軍機處奏《禁毁書目》《恥躬堂集》一部，四本。查《恥躬堂集》，係彭士望撰。集中諸文多憤激之詞，應請銷燬。

恥躬堂詩集

黃虞稷《千頃堂書目・別集類》彭士望《恥躬堂詩集》四十卷。字躬安，寧都人。

古處堂集

《四庫提要・別集類存目八》《古處堂集》四卷。直隸總督採進本。國朝高爾儼撰。爾儼字岱輿，静海人。前明崇禎庚辰進士，授編修。入國朝，官至大學士，謚文端。是集大抵應酬之作，亦尚沿明季之餘習。

道山堂前集　後集

《四庫提要・別集類存目八》《道山堂前集》四卷，《後集》七卷。福建巡撫採進本。國朝陳軾撰。軾字静機，侯官人。前明崇禎庚辰進士。入國朝官至廣西蒼梧道。是編《前集》文一卷，詩三卷，詩餘附之。《後集》文二卷，詩三卷，詩餘二卷。軾詩文皆清婉和雅，特未深厚。七言古體亦多未諧音節，蓋非其所長。

搜遺稿

《四庫提要・別集類存目八》《搜遺稿》四卷。江蘇周厚堉家藏本。國朝彭賓撰。賓字燕又，一字穆如，華亭人。前明崇禎庚午舉人。國朝官汝寧府推官。賓少入幾社，與夏允彝、陳子龍友善，而文章則各成一格。殁後遺稿散佚，康熙壬寅，其孫士超始從亂帙中掇拾殘賸，録爲此編。凡文三卷，詩一卷。

誠正齋集

《四庫提要・別集類存目八》《誠正齋集》八卷。山西巡撫採進本。國朝上官鉉撰。鉉字三立，號松石，翼城人。前明崇禎癸未進士。入國朝官至副都御史，終於太常寺卿。是集自一卷至五卷之前半爲雜文，五卷後半至六卷皆詩，七卷以後又皆文，且第六卷詩集未完，又雜以對聯。其編次殊爲無法。其詩文惟意所如，不可繩以格律。

博依集

黄虞稷《千頃堂書目・別集類》 方以智《博依集》十卷。

過江集

黄虞稷《千頃堂書目・別集類》 方以智《過江集》十卷。

浮山全集

黄虞稷《千頃堂書目・別集類》 方以智《浮山全集》□□卷。字密之，桐城人，翰林院檢討，巡撫孔炤子。晚爲僧，名弘智，字無可，别號藥地和尚。

變雅堂集

張之洞《書目答問・別集》《變雅堂集》五卷。杜濬。濬文集罕傳，武昌新刻。

變雅堂詩集

黄虞稷《千頃堂書目・別集類》 杜濬《變雅堂詩集》。字于皇，號茶村，黄岡人。

變雅堂文集

軍機處奏《禁毁書目》　《變雅堂文集》一部，四本。查《變雅堂文集》，係杜濬撰。其詩中多憤激之詞，應請銷燬。

《變雅堂集》一部，二本。查《變雅堂集》，係杜濬撰。書中有觸礙字句，應請銷燬。

笠翁一家言

范邦甸等《天一閣書目・别集類》　《笠翁一家言》四册。刊本。國朝李漁撰，康熙戊午丁澎序。

軍機處奏《禁毁書目》　《笠翁一家言》一部，三本。查《笠翁一家言》，係李漁撰。卷六内有《薙髮詩》甚爲狂悖，且每卷俱有錢謙益評語，應請銷燬。

寒碧吟　樸巢香儷詩

徐𤊹《徐氏家藏書目・别集類》　冒襄《寒碧吟》《樸巢香儷詩》二卷。字辟疆，如皋人，起宗之子。

栖雲閣詩　拾遺

《四庫提要・别集類存目八》　《栖雲閣詩》十六卷。《拾遺》三卷。山東巡撫採進本。國朝高珩撰。珩字葱佩，號念東，晚號紫霞道人。前明崇禎癸未進士。入國朝官至刑部侍郎。王士禛《居易録》稱其生平撰著不減萬篇。是集爲趙執信所編。又《拾遺》三卷，則宋弼所輯。其詩多率意而成，故往往近元、白《長慶集》體。

栖雲閣詩略

《四庫提要・别集類存目八》　《栖雲閣詩略》。無卷數。編修勵守謙家藏本。國朝高珩撰。此集猶鈔寫之本，以各體編次，不分卷數，題曰男之騆、之駒同校閲。蓋未刻全集以前，其家録存之稿也。

徐東癡詩集

軍機處奏《禁毁書目》　《徐東癡詩》一部，一本。查《徐東癡詩》，係徐夜撰。詩語多違礙處，應請銷燬。

芻狗齋集

黄虞稷《千頃堂書目・别集類》　黄周星《芻狗齋集》。字九煙，上元人，育於湘潭周氏。除户部主事。疏請復姓，晚居湖州，變名曰黄人，字曰略似，又號圃庵，又曰汰沃主人，又曰笑蒼道人，年七十自沈於水。

重訂楊園集

張之洞《書目答問・别集》　《重訂楊園集》五十四卷。《年譜》一卷。張履祥。同治十年萬氏重編蘇州局本。

桴亭稿

黄虞稷《千頃堂書目・别集類》　陸世儀《桴亭稿》。字道威，太倉人。

艾陵文鈔　詩鈔

軍機處奏《禁毀書目》《艾陵文鈔》《詩鈔》一部，共五本。查《艾陵文鈔》《詩鈔》，均係雷士俊撰。其詩中有悖謾語，應請銷燬。

艾陵詩鈔

黄虞稷《千頃堂書目·別集類》雷士俊《艾陵詩鈔》。字伯籲，涇陽人，僑居江都。

嵞山前集　續集　再續集

黄虞稷《千頃堂書目·別集類》方文《嵞山集》五十卷。字爾止，桐城人。

軍機處奏《禁毀書目》《嵞山集》四本《續集》四本。查《嵞山集》《嵞山續集》並桐城方文撰。其詩狂謬悖妄之處甚多，應請銷燬。

《嵞山續集》一部，四本。查《嵞山續集》，係明方文撰。文所著《嵞山前集》已經請燬，此集亦有違礙，應一併銷燬。

賴古堂集

英廉奏《抽毀書目》《賴古堂集》六本。查《賴古堂集》，係國初周亮工撰。卷八、卷十二、卷十三有涉「錢謙益」字樣三處，應請抽燬。

蒿菴集

《四庫提要·別集類存目八》《蒿菴集》三卷。編修周永年家藏本。國朝張爾岐撰。爾岐有《周易説略》，已著録。是集爾岐所自定，凡雜文七十篇。大抵才鋒駿利，縱横曼衍，多似蘇軾，而持論不免駁雜。蓋爾岐之專門名家，究在鄭氏學也。

七頌堂集

《四庫提要·別集類存目九》《七頌堂集》十四卷。安徽巡撫採進本。國朝劉體仁撰。體仁有《識小録》，已著録。是集凡詩八卷，文四卷，又《空中語》一卷，尺牘一卷。其曰「七頌堂」者，體仁嘗慕成連、陸賈、司馬徽、桓伊、沈麟士、王績、韋應物之爲人，人爲之頌。故以名堂，因以名集。王士禎《燕臺倡和集》與體仁往來之作最多。卷首施閏章序，亦謂其詩「清雋遥深」，然體仁欲力脱七子之窠臼，而詩或生硬，文或纖佻，實出入於竟陵、公安之間，明末山人之習，未盡除也。其《空中語》一卷，皆所作艶詞，故取黄庭堅語名之。其於集外別行，則《香奩集》例也。

藏山閣稿

黄虞稷《千頃堂書目·別集類》錢秉鐙《藏山閣稿》。字幼光，桐城人，後更名澄之，字飲光。

田間詩文集

黄虞稷《千頃堂書目·別集類》錢秉鐙《田間詩文集》。

田間文集

軍機處奏《禁毀書目》《田間文集》八本。查《田間文集》，亦錢澄之撰。中有與金堡書及爲堡募緣疏。又《孫武公傳》中亦有指斥語，應請銷燬。

田間詩集

軍機處奏《禁毀書目》《田間詩集》一本。查《田間詩集》，錢澄之撰。澄之本明貢生，其詩乃入國朝所作，詞意頗多詆斥，應請銷燬。

薪齋集

《四庫提要・別集類存目八》《薪齋集》八卷。浙江巡撫採進本。國朝吕陽撰。陽字全五，無錫人。前明崇禎庚辰進士。入國朝官至浙江布政司參議。是集凡詩一卷，文六卷，歌行、賦、詩餘又爲一卷。

黄山詩留

《四庫提要・別集類存目八》《黄山詩留》十六卷。山東巡撫採進本。國朝法若真撰。若真字漢儒，號黄石，一號黄山，膠州人。順治乙酉，以五經特賜中式，授中書舍人。丙戌成進士，改庶吉士，官至江南布政使。若真詩、古文、詞少宗李賀，晚乃歸心少陵。不屑櫛比字句，依倚門户，惟其意所欲爲，不古不今，自成一格。此本爲張謙宜所編，共詩四千一百三十首。

沚亭文集

《四庫提要・別集類存目八》《沚亭文集》二卷。山東巡撫採進本。國朝孫廷銓撰。廷銓有《南征紀略》，已著録。是集爲其門人慕天顔所編。國初景運光明，人才蔚起。廷銓文筆雖未能與一時作者抗衡，而平正通達，究無纖仄噍殺之音，蓋時會之盛爲之也。

確庵集

黄虞稷《千頃堂書目・別集類》 陳瑚《確庵集》。字言夏，常熟人。

確菴文稿

軍機處奏《禁毀書目》《確菴文稿》一部，四本。查《確菴文稿》係陳瑚撰。其詩文多作於明福王時，内有詆觸字面，應請銷燬。

西北文集

《四庫提要・別集類存目八》《西北文集》四卷。江蘇巡撫採進本。國朝畢振姬撰。振姬有《四州文獻摘鈔》，已著録。其文頗縱横有奇氣，然劍拔弩張之狀，亦覺太甚。其云「西北文」者，太原傅山所題，以東南之人謂之西北之文也。元好問《中州集題詞》有曰：「鄴下曹劉氣儘豪，江東諸謝韻尤高。若從華實評詩品，未便吴儂得錦袍。」傅山所題，蓋猶是意。然文章公器，何限方隅，韓、柳皆非南人，歐、曾亦非北士，門户相誇，總拘墟之見耳。

自課堂文集　詩集

范邦甸等《天一閣書目・別集類》《自課堂文集》一卷《詩集》一卷。刊本。國朝武鄉程康莊崑崙著，古虁李長祥、無錫黄傳祖、新城王士禛、黄岡杜濬同選。康熙五年，合肥龔鼎孳序云：武鄉程崑崙，大司空孫也。司空先代名臣，崑崙爲其佳子弟。少年時蜚聲京雒，頡頏上流。其古文辭蒼深崛奥，直抉柳州、介甫之神。詩歌堅古深樸，上逼浣花翁詩餘，琢字鍊句，周秦童陸遂兼其勝。舟次廣陵，夜讀崑崙全集，倚檣題數語寄之。

恒軒集

黄虞稷《千頃堂書目·别集類》 歸莊《恒軒集》。字玄恭，崑山人。

山游詩

黄虞稷《千頃堂書目·别集類》 歸莊《山游詩》。

亭林文集

張之洞《書目答問·别集》 《亭林文集》六卷。顧炎武。

雪屋集　雪屋二集

軍機處奏《禁毀書目》 《雪屋集》《雪屋二集》共二本。查《雪屋集》及《二集》，皆孫永祚撰。詩有指斥之詞，應請銷燬。

安雅堂詩　安雅堂拾遺詩　安雅堂拾遺文

《四庫提要·别集類存目八》 《安雅堂詩》、《安雅堂拾遺詩》皆無卷數。《安雅堂拾遺文》二卷，附《二鄉亭詞》四卷。大理寺卿陸錫熊家藏本。國朝宋琬撰。琬有《永平府志》，已著録。案王士禎《池北偶談》曰：「康熙以來，詩人無出南施、北宋之右，宣城施閏章愚山，萊陽宋琬荔裳也。」又曰：「宋《浙江後詩》頗擬放翁。五古歌行，時闖杜、韓之奥。康熙壬子春，在京師求余定其詩筆爲三十卷。其秋，與余先後入蜀，余歸之。明年，宋以臬使入覲。蜀亂，妻孥皆寄成都，宋鬱鬱没於京邸，此集不知流落何地矣。」又《漁洋詩話》曰：「康熙庚辰，余官刑部尚書。荔裳之子思勃來京師，以《入蜀集》相示，亟録而存之。集中古選詩歌行，氣格深穩，余多補入《感舊集》。」云云。今三十卷之本，久已散佚。所謂《入蜀集》者，其後人亦無傳本。此本題《安雅堂詩》者，不分卷數。有來集之、蔣超二序，皆題順治庚子，蓋猶少作。題《安雅堂拾遺詩》者，與其文集、詞集皆乾隆丙辰其族孫邦憲所刻。掇拾殘剩，非但珠礫並陳，亦恐真贋莫别，均不足見琬所長。其視閏章，蓋有幸有不幸矣。

張之洞《書目答問·别集》 《安雅堂詩集》無卷數。《拾遺文》二卷。宋琬。

織齋集鈔

《四庫提要·别集類存目八》 《織齋集鈔》八卷。山東巡撫採進本。國朝李煥章撰。煥章字象先，號織齋，山東樂安人。前明諸生。後棄舉子業，專肆力於詩文古詞。所著有《龍灣集》《無學堂集》《老樹村集》，凡百餘萬言。後合諸集而刊削之，定爲此本。其文跌宕排奡，氣機頗壯，而汪洋縱放，未免一瀉無餘。至於明季忠烈諸臣，多爲立傳，其表微闡幽，亦可謂留意史學。然所載不能一一審核。如《周遇吉妻周夫人傳》，載李自成攻寧武，遇吉數大敗之。追戰陷重圍，馬蹶，公拔佩刀自殺。夫人貫重鎧陷陣，連斬賊驍將。及聞遇吉死，亦自殺云云。案《明史》遇吉巷戰被執，爲賊叢射而死，實非自殺。其妻劉氏素勇健，率婦女數十人據山巓公廨，登屋而射賊，賊不敢逼，縱火焚之，闔家盡死。亦與煥章所載陷陣及自殺事不合。且佚其姓，但稱周夫人。蓋草莽傳聞之詞，隨筆紀録，未足據爲定論也。

丘邦士集

軍機處奏《禁毀書目》 《丘邦士集》八本。查《丘邦士集》，丘維屏撰。明末諸生，其文多入本朝所作，中間挖空字句甚多，皆原係悖犯字面，且議論多狂誕，應請銷燬。

澹餘軒集

《四庫提要・別集類存目九》《澹餘軒集》八卷。山東巡撫採進本。國朝孫光祀撰。光祀字怍庭，號溯玉，歷城人。順治乙未進士，官至兵部侍郎。是集凡文七卷，詩一卷。

静惕堂詩集

《四庫提要・別集類存目八》《静惕堂詩集》四十四卷。江蘇巡撫採進本。國朝曹溶撰。溶有《崇禎五十宰相傳》，已著録。溶記誦淹博，詩文亦富。然其集初無定本，篇帙多寡不一。有作三十卷者，有作《正集》八卷，《續集》三卷者，皆不知何人所編。此本爲雍正乙巳刊行，凡古今體詩幾四千首，乃其外孫朱丕戭所裒輯。溶生平吟咏，蓋具在於是矣。

粤游草

《四庫提要・別集類存目八》《粤游草》一卷。兩江總督採進本。國朝曹溶撰。是集乃其順治丙申、丁酉官廣東時所作。凡古體三十首，近體二百八十一首，已編入《静惕堂集》中。此乃其初出别行之本。

五公山人集

《四庫提要・別集類存目八》《五公山人集》十四卷。直隸總督採進本。國朝王餘祐撰。餘祐本姓宓，先世爲王氏，後因不復改，字申之，一字介祺，直隸新城人。明末避亂易州五公山，因號五公山人，後流寓獻縣，子孫遂爲獻縣人。餘祐在前明爲諸生，受知於桐城左光斗，故喜談氣節。其學則出自容城孫奇逢、定興杜越，以砥礪品行、講求經濟爲主，故立身孤介刻苦，有古獨行之風，然恒以談兵説劍爲事，又精於技擊，喜通任俠，不甚循儒者繩墨。其詩文亦皆不入格，考證尤疏，如謂：「『西洋呼月爲老瓦，杜詩莫笑田家老。』瓦盆，即月盆也，如月琴、月臺之類，取其形似。」按：歐邏巴人至明萬曆間利瑪竇始入中國，杜甫何自識其譯語？又謂：「古詩『爲樂當及時，焉能待來滋』，滋爲草名，又名緐縷，易於滋長，即藤也。」案：古詩本作來茲字，本《吕氏春秋》，今茲、來茲猶今年、明年，高誘注甚明。餘祐殆見誤本古詩，茲字加水，因生曲説。又題瀏水亭印藪，稱「本《説文正譌》、《玉篇》諸書。」周伯琦《六書正譌》論雖偏僻，猶是篆體，顧野王、孫強之《玉篇》則全是隸書，何與摹印之事？亦太不詳檢矣。

苧菴二集

《四庫提要・別集類存目八》《苧菴二集》十二卷。江蘇周厚堉家藏本。國朝吴懋謙撰。懋謙字六益，松江人。早從陳子龍、李雯諸人遊，故力追七子之派。稱詩多以漢、魏、盛唐爲宗，然時有蹶張之失。

謝程山集

《四庫提要・別集類存目八》《謝程山集》十八卷。江蘇巡撫採進本。國朝謝文洊撰。文洊有《學庸切己録》，已著録。是集初祗《日録》三卷、《講易義》三卷、《書》三卷，乃其門人甘京、黄采所編。乾隆乙丑文洊玄孫鳴謙又收合雜文遺稿，與新城涂登、陳道編爲此本。甘京序稱：「其早習舉子業，爲諸生；年二十，學禪有所得；三十後始宗儒；越四十始一以程朱爲宗。」年六十七而卒，將卒，自作墓誌曰：「《大學中庸切己録》凡八九易稿始定，竊欲折衷先儒，期足以啓發來學。自訂所體驗者《日録》三卷，易堂諸友節行文章爲海内所重，某不自量，亦欲學其詩文，才短終不能就，而已學亦遂旁洩」云云。蓋文洊生平以講學爲主，文章則其餘事耳。

定山堂集

軍機處奏《禁毀書目》《定山堂集》一部，十二本。查《定山堂集》，係龔鼎孳撰。鼎孳大節有虧，人品本不足重，詩中亦多語憤激，應請銷燬。

張秦亭詩集

《四庫提要・別集類存目八》《張秦亭詩集》十二卷。浙江巡撫採進本。國朝張丹撰。丹字祖望，原名綱孫，錢塘人。與陸圻、柴紹炳、陳廷會、毛先舒、丁澎、吴百朋、孫治、沈謙、虞黄昊相倡和，稱「西泠十子。」此集其晚年所刻，原名《從野堂集》。前有自叙一篇，述其游歷所經，而詩格與之俱變。毛先舒稱其悲涼沈遠，矯然不羣；朱彝尊亦謂其五言古體波瀾老成，南北行旅諸篇，尤爲奇崛。又嘗批其《北歸詩》云：「句句學杜，句句不襲杜；句句做，句句不做。」其傾挹甚至。故丹寄彝尊詩有「慚我詩詞遘知己，思君杖履定登臺」之句，今觀全集其七言古體，亦宕逸可誦，不獨五言，特諸體未能悉稱，律詩尤不免率易。

茗齋集

黄虞稷《千頃堂書目・別集類》 彭孫貽《茗齋集》。字仲謀，一字羿仁，羨門之兄。海鹽拔貢生，鄉人私謚孝介先生。

倚雲閣集

軍機處奏《禁毀書目》《倚雲閣集》一部，五本。查《倚雲閣集》，係劉世燧撰。中多干礙字句，應請銷燬。

鶴嶺山人詩集

《四庫提要・別集類存目九》《鶴嶺山人詩集》十六卷。浙江巡撫採進本。國朝王澤弘撰。澤弘字涓來，黄岡人。順治乙未進士，官至禮部尚書。是集乃其子材振所編。前三卷皆題「已刻詩」若干者，蓋皆澤弘舊作，嘗爲魏憲録入《石倉詩選》者。四卷以下用編年體，自丁巳迄庚辰，題「某年詩」若干首，附注曰《未刻稿》，則材振所裒輯也。前有魏憲原序，又附其祖《用予傳》一篇，及澤弘《請復九江關》一疏。澤弘喜與諸名士游，王士禎、姜宸英、洪昇等皆嘗點定其詩。所作類皆和平安雅，不失臺閣氣象。而骨體未堅，醖釀未厚，尚不能凌轢一時。

省軒文鈔

《四庫提要・別集類存目八》《省軒文鈔》十卷。浙江巡撫採進本。國朝柴紹炳撰。紹炳有《古韻通》，已著録。此集前有程其成引，稱《古韻通》卷帙浩繁，艱於付梓，因先以部首諸作載於五卷，蓋刻在《古韻通》之前也。紹炳在西泠十子中，文名最著，持躬亦復端謹。集首有朱協咸所作小傳，至稱其殁後爲冥官，蓋當時重其行誼，故造作是說。其文大抵清快有餘，而根柢較薄，金石之文尤無法，如《張德聲誌》，篇首既曰「余備館甥於張氏，始與德聲君遊」，隔一行後又云「德聲姓張氏」，何其複也。且壻稱館甥，尤似典而非典也。又《張俊卿誌》曰「錢塘邑諸生」也，「張本武林華族」，錢塘、武林連綴而見，是一地耶？兩地耶？其他往往似此。蓋長於持論，而短於叙事云。

舟車初集

《四庫提要・別集類存目一一》《舟車初集》二十卷。浙江巡撫採進本。國朝陶季撰。季原名澂，字季深，後以一字爲字，又以字行，寶應人。王士禛《漁洋詩話》記其與萊陽董樵同以一字爲字，因而賦詩定交者是也。其平生足跡半天下，詩多於舟車得之，因名《舟車集》。其詩多才鋒踔厲，風發泉湧，不爲邊幅所窘。然有警句，亦有率句；有健句，亦有弱句。蓋跌宕有餘，而陶鍊未至者也。

燕堂詩鈔

《四庫提要・別集類存目一一》《燕堂詩鈔》八卷。户部尚書王際華家藏本。國朝朱徑撰。徑字恭亭，寶應人，喬萊之壻也。是集爲徑所自編，自康熙丙寅至己卯凡十四年之詩。緣情綺靡，頗有格韻。特少作居多，尚未能盡謝鉛華耳。

兼濟堂文集

《四庫提要・別集類二六》《兼濟堂文集》二十卷。直隸總督採進本。國朝魏裔介撰。裔介有《孝經注義》，已著録。是編奏疏三卷，序六卷，書牘二卷，傳誌二卷，祭文、論二卷，雜著二卷，樂府古今體詩三卷，附《年譜》一卷。其平生著述，刻於江南者，有《兼濟堂集》十四卷；刻於荆南者，有《兼濟堂集》二十四卷；刻於京師者，有《文選二集》上、下二編，《崑林小品》上、下二編，《崑林外集》一編，《奏疏尺牘存餘》七卷；其刻於林下者，有《文選》十卷，《嶼舫近草》五卷，《詩集》七卷，《樗林三筆》五卷。此集乃詹明章裒輯諸本，簡汰繁冗，合刊爲一編者也。裔介立朝，頗著風節。其所陳奏，多關國家大體；詩文醇雅，亦不失爲儒者之言。雖不以詞章名一世，而以介於國初作者之間，固無忝焉。

崑林小品　崑林外集

《四庫提要・別集類存目八》《崑林小品》三卷，《崑林外集》。無卷數。直隸總督採進本。國朝魏裔介撰。裔介有《孝經注義》，已著録。此其雜著諸篇、集外別行者也。《小品》分上、中、下卷，《外集》則剞劂未竟，尚不分卷。裔介學宗朱子，著有《約言録》、《知統録》等書。而此集於二氏之學亦若有取焉，豈晚耽禪悦耶？其文間有俚語，頗沿宋人語類餘派，而時露古質，亦復可觀。至駢體則非所擅長，雖無作可也。

夢吟集　續集

《四庫提要・別集類存目八》《夢吟集》一卷。《續集》一卷。内府藏本。國朝王天眷撰。天眷字魯源，濟寧人。順治丙戌進士，官至兵部侍郎。致仕後惟以吟咏自娱，故此集皆暢所欲言，頗多率句。

匏菴遺集

《四庫提要・別集類存目一〇》《匏菴遺集》三卷。兩江總督採進本。國朝石璜撰。璜字夏宗，別號匏菴，如臯人。是集爲其子浖等所編。據目録當爲五卷，而此本僅三卷，蓋不全之本也。

立命堂二集

《四庫提要・別集類存目一〇》《立命堂二集》十三卷。安徽巡撫採進本。國朝嵇宗孟撰。宗孟字淑子，山陽人。官至杭州府知府。是集前有康熙壬子沈珩序，稱已刻賦若干卷，詩若干卷，文若干卷。故又編爲《二集》，計賦十二首，詩四百三首，文八十八首，凡七卷。其七卷以下附刻各種小集，曰《蠡史》，曰《星路陽秋》，曰《識小箋》，曰《詩拇》，曰《甌樂行》，舊録各爲一卷。又《詩餘》一卷，曰《酒古董》。蓋其時去明未遠，故通體皆規摹鍾、譚，以幽冷纖巧爲宗。觀諸集之名，而其詩可見矣。

四思堂文集

《四庫提要・別集類存目八》《四思堂文集》八卷。直隸總督採進本。國朝傅維鱗撰。維鱗有《明書》，已著録。是集奏疏一卷，記序雜著二卷，詩五卷。所載如《更役法》、《嚴巡方考覈》諸疏及《屯田苦民書》諸作，頗有侃直之風。至《士傳民語諸謡曲》，蓋明末兵荒流離之狀。然統其全集觀之，則頗傷麤率。蓋天性耿直，直抒胸臆，不甚留意於文章云。

涑水編

《四庫提要・別集類存目八》《涑水編》五卷。山西巡撫採進本。國朝翟鳳翥撰。鳳翥字象陸，聞喜人。順治丙戌進士，官至福建布政使。是集文四卷，詩一卷。因嘗講學於其鄉之涑水書院，故題曰「涑水編」。卷首有徐元文序，稱原集本六卷，第五爲制義。今制義不知何人所删，目録内亦爲鐫去，故只存五卷云。

蘭雪堂詩集

《四庫提要・別集類存目八》《蘭雪堂詩集》三卷。山東巡撫採進本。國朝謝賓王撰。賓王字起東，臨淄人。順治丙戌進士，官南康府推官。是集爲未刻鈔本，凡古體詩一卷，近體詩二卷。意興頗遒，而骨格未就。卷首題「王士禛評選」，蓋山左談詩之士罕不問津於士禛者，此其一也。

聿修堂集

《四庫提要・別集類存目八》《聿修堂集》一卷。山東巡撫採進本。國朝藍潤撰。潤字海重，即墨人。順治丙戌進士，官至湖廣布政使。潤初名滋，故《國學進士題名碑》及《館選録》舊本皆作藍滋。後官侍讀時，乃賜今名。其爲江南學政時，有《視學録》。爲福建參政時，有《視閩紀略》。爲廣東參政時，有《入粤條議》。爲江南按察使時，有《臬政紀略》。今皆未見。惟此集爲其子孫鈔傳。詩古文寥寥數首，皆應酬之作，殆非所長。

倚雉集

《四庫提要・別集類存目八》《倚雉集》十二卷。直隸總督採進本。國朝竇遴奇撰。遴奇字松濤，大名人。順治丁亥進士，官至僉都御史。是編爲其友賀應旌所編。凡文五卷，詩六卷，詞一卷。倚雉者，其所居堂名也。

于清端　政書

《四庫提要・別集類二六》《政書》八卷。山西巡撫採進本。國朝于成龍撰。成龍有《于山奏牘》，已著録。是集皆其歷仕所紀，曰《羅城書》，令羅城時稿也；曰《合州書》，知合州時稿也；曰《武昌書》，同知黄州、署武昌府時稿也；曰《黄州書》，知黄州府時稿也；曰《八閩書》，歷任福建監司時稿也；曰《畿輔書》，巡撫直隸時稿也；曰《兩江書》，總督兩江時稿也。任監司以前，皆申詳、條議、札檄、誡諭之作。任巡撫以後，始列奏疏。共七卷。其第八卷曰《吟咏書》，則其所作各體詩，併以文六首附於後。成龍以清節著名。而自起家令牧，至兩膺節鉞，安民緝盜諸政績，亦皆綽有成算。其經濟頗有足傳。今觀是書，其平生規畫，猶可見其本末也。

東村集

《四庫提要・別集類存目八》《東村集》十卷。山東巡撫採進本。國朝李呈祥撰。呈祥字其旋，一字吉津，號木齋，霑化人。前明崇禎癸未進士。改庶吉士。入國朝，官至詹事府少詹事。是編詩文各五卷。詩分十集，曰《邸中稿》、《使程自删》、《木齋詩稿》、《游中山草》、《唐城草》、《秋尋草》、《南游詩》、《紀行詩》、《秋游詩》、《東村詩》。集前各有小序。查慎行序稱其與李攀龍、王士禛前後鼎足。今觀所作，慎行非定評也。

陸密菴文集　録餘　詩集　詩餘

《四庫提要・別集類存目九》《陸密菴文集》二十卷。《録餘》二卷。《詩集》八卷。《詩餘》四卷。浙江鄭大節家藏本。國朝陸求可撰。求可字咸一，淮安人。順治乙未進士，官至刑部郎中。其古文頗疎暢，而機調多類時藝，詩詞亦酬應之作居多。

客滇集

黄虞稷《千頃堂書目・別集類》汪蛟《客滇集》。字辰初，歙縣人。

二晦山栖集

黄虞稷《千頃堂書目・別集類》黄宗炎《二晦山栖集》。字晦木，餘姚人。

修吉堂集

軍機處奏《禁毁書目》《修吉堂集》一部，一本。查《修吉堂集》，係蔡文詔所著。《水中鴈字詩》上下平韻三十首中間「灰」字一韻語有違悖，應請銷燬。

懷古堂詩

黄虞稷《千頃堂書目・別集類》楊炤《懷古堂詩》五十卷。字明遠，先世清江人，移家長洲。縣學生。

熊學士詩文集

《四庫提要・別集類存目八》《熊學士詩文集》三卷。湖南巡撫採進本。國朝熊伯龍撰。伯龍字次侯，號鍾陵，漢陽人。順治己丑進士，官至翰林院侍讀學士。其古文較勝劉子壯。詩雖直抒胸臆，而五言古體亦時有淳古之音。惟刊版漫漶，篇葉倒亂，遂至於斷爛不可讀。

寒松堂集

《四庫提要・別集類存目八》《寒松堂集》九十二卷。江蘇巡撫採進本。國朝魏象樞撰。象樞字環極，蔚州人。順治丙戌進士，歷官至都察院左都御史，遷刑部尚書。以病乞休，聖祖御書「寒松堂」額以寵其歸，卒謚敏果。其平生立朝端勁，爲人望所歸。講學亦醇正篤實，無空談標榜之習。文章樸直，亦如其爲人。惟其子學誠編此集時，意在於先人手澤一字無遺，遂細大不捐，幾盈百卷，未免有榛楛勿翦之憾耳。

退菴集

《四庫提要・別集類存目八》《退菴集》二十一卷。江蘇巡撫採進本。國朝李敬撰。敬字退菴，江寧人。順治丁亥進士，官至監察御史，巡按湖南。是集詩詞十二卷，奏疏及雜著九卷。詩集自序，謂「必深知元氣流行，使心口之間律吕相合，以適於喜怒哀樂之正。」蓋即白沙、定山之宗旨。文集自序謂「按楚時審録盡心，至於甘澍大降。死囚爲兵劫去，自請歸獄。」亦未免好自譽矣。

潛滄集

《四庫提要・別集類存目八》 《潛滄集》七卷。直隸總督採進本。國朝余一元撰。一元字占一，號潛滄，山海衛人。順治丁亥進士，官至禮部郎中。是集卷一爲《四書解》，卷二至卷六爲雜文，卷七爲詩。其《次韻答張築夫》詩，有「良知自是姚江旨，躬秉幾亭夫子傳」句，附載張贈詩，有「姚江絶學重開闢，直續良知兩字傳」句，蓋其學出於陳龍正，集中所謂「幾亭師」者，龍正別號也。故其《四書解》中以小學爲格物，而深譏朱子補傳爲非，猶宗王守仁之説而小變之者也。是集其所自編，卷端有「凡例」六條，述所以編次之意甚詳，然詩文皆不入格。觀其自編而自發凡例，或自譽，或自恕，儼如删纂他人之集者。是於古來著述體裁皆未及考，則所作可略見矣。

笑門詩集

《四庫提要・別集類存目一二》 《笑門詩集》二十五卷。內府藏本。國朝戚珃撰。珃字後升，泗州人。由優貢授知縣，所作好爲新語，公安、竟陵之流派也。

西山集

《四庫提要・別集類存目八》 《西山集》九卷。山西巡撫採進本。國朝張能鱗撰。能鱗有《詩經傳説取裁》，已著録。是集凡文八卷，詩一卷。能鱗喜談理學，其詩文多率爾操觚，體裁未盡合於古。

慎齋遇集　蒞楚學記　日懷堂奏疏

《四庫提要・別集類存目八》 《慎齋遇集》五卷，《蒞楚學記》一卷，《日懷堂奏疏》四卷。江蘇巡撫採進本。國朝蔣永修撰。永修有《孝經集解》，已著録。是編哀其平生之文，名曰《遇集》，言即所遇而成文也。中多記貴州、湖廣風土，蓋永修初官應山縣知縣，繼官平越府知府，終官湖廣提學副使也。其《學記》則康熙十九年提學時作，《奏疏》則官刑科給事中時所上。《江南通志》稱其「在應山，有守禦功；在平越，清丈苗民虚税八千有奇；在湖廣，振興文教，楚風爲之一變」，列於宦績傳中云。

林屋文稿　詩稿

《四庫提要・別集類存目八》 《林屋文稿》十六卷，《詩稿》十四卷。江蘇周厚堉家藏本。國朝宋徵輿撰。徵輿字轅文，華亭人。順治丁亥進士，官至都察院左副都御史。徵輿爲諸生時，與陳子龍、李雯等倡幾社，以古學相砥礪。所作以博贍見長，其才氣睥睨一世，而精鍊不及子龍，故聲譽亦稍亞之云。

陋軒詩

黄虞稷《千頃堂書目・別集類》 吴嘉紀《陋軒詩集》。字野人，泰州布衣。

軍機處奏《禁毁書目》 《陋軒詩》一部，四本。查《陋軒詩》，係吴嘉紀撰。詩中詞多憤激，應請銷燬。

《四庫提要・別集類存目九》 《陋軒詩》四卷。江蘇巡撫採進本。國朝吴嘉紀撰。嘉紀字野人，泰州人。泰州多以煮海爲業，嘉紀獨食貧吟咏，屏處東淘，自銘所居曰「陋軒」，因以名集。其詩頗爲王士禛所稱，後刊板散佚，此本乃其友人方千雲裒集重刻者也。其詩風骨頗遒，運思亦復劖刻，而生於明季，遭逢荒亂，不免多怨咽之音。

鶴静堂集

《四庫提要・别集類存目八》《鶴静堂集》十九卷。浙江巡撫採進本。國朝周茂源撰。茂源字宿來，號釜山，華亭人。順治己丑進士。官至處州府知府。是集前十四卷爲詩，後五卷爲文。所作葩藻麗縟，沿齊、梁之餘艷。其《同郡五君詠》中所稱夏允彝、陳子龍、李雯三人，皆其幾社舊友，而才力尚不逮子龍等也。

金閶齋集

《四庫提要・别集類存目一一》《金閶齋集》十二卷。江蘇巡撫採進本。國朝金敞撰。敞字廓明，號閶齋，武進人。其學出於東林。是書首載《家訓紀要》，次《默齋湯先生述略》，次《共學山居會約》，次《自知日録》，次《讀史筆記》，次《古今體詩》，次《雜著》，次《可凡編》，次《客窻偶記》，次《師古約言》，次《宗約宗範》。其中《家訓紀要》一卷，乃其父所劄記以訓子孫，敞更纂而録之，故冠首云。

學餘堂文集　詩集　外集

《四庫提要・别集類二六》《學餘堂文集》二十八卷。《詩集》五十卷。《外集》二卷。江蘇周厚堉家藏本。國朝施閏章撰。閏章有《矩齋雜記》，已著録。王士禛選《感舊山木二集》，所録閏章詩最多。又取其五言近體八十二聯，爲《摘句圖》，見所撰《池北偶談》中。閏章嘗語士禛門人洪昇曰：「爾師詩如華嚴樓閣，彈指即見。吾詩如作室者，瓴甓木石，一一就平地築起。」士禛亦記於《居易録》。平心而論，士禛詩自然高妙，固非閏章所及。而末學沿其餘波，多成虚響。以講學譬之，王所造如陸，施所造如朱。陸天分獨高，自能超悟，非拘守繩墨者所及。朱則篤實操修，由積學而漸進。然陸學惟陸能爲之，楊簡以下，一傳而爲禪矣。朱學數傳以後，尚有典型。則虚悟、實修之别也。閏章所論，或亦微有所諷，寓規於頌歎。其《蠖齋詩話》有曰：「山谷言近世少年，不肯深治經史，徒取給於詩，故致遠則泥，此最爲詩人鍼砭。詩如其人，不可不慎，浮華者浪子，叫號者粗人，窘瘠者淺，癡肥者俗。風雲月露，鋪張滿眼，識者見之，直一葉空紙耳。故曰君子以言有物。」觀其持論，其宗旨可見矣。古文亦摹仿歐、曾，不失矩度。然視其詩品，則少亞。魏禧爲作集序，乃置其詩而盛許其文，非篤論也。《外集》二卷。一爲《硯林拾遺》，乃奉使廣東時記所見《端溪石品》。一爲《試院冰淵》，則歷年典試序文及條約，今附存之。又有《别集》四卷。其二卷爲《蠖齋詩話》。二卷爲《矩齋雜記》。《詩話》别擇未精，瑕瑜參半。《雜記》頗涉神怪，尤爲小説家言。今析出别存其目，兹不具録焉。

張之洞《書目答問・别集》《學餘堂文集》二十八卷。《詩集》五十卷。《外集》二卷。施閏章。

柳如是尺牘

徐𤊹《徐氏家藏書目・啓劄類》《柳如是尺牘》一卷。

壯悔堂集

張之洞《書目答問・别集》《壯悔堂集》十卷。侯方域。

縮齋文集

黄虞稷《千頃堂書目・别集類》黄宗會《縮齋文集》六卷。字澤望。宗炎弟。貢生。

託素齋集

《四庫提要・别集類存目九》《託素齋集》十卷。浙江巡撫採進本。國朝黎士弘撰。士弘字媿會，長汀人。順治甲午舉人，官至陝西布政司參議。是集詩四卷，文六卷。詩集凡四刻，文集凡三刻，蓋積數年而彙爲一册，故每刻各體皆備。士弘没後，其子文遠復合而刊之。自序稱「少時詩好李賀，文好王勃」，今觀集中諸作，大抵多宋人末派，絶無一篇與子安、長吉相近者。蓋嗜好雖篤，而才地則與之不近也。

道康竇先生不欺文

王士禛《漁洋書跋》《道康竇先生不欺文》康熙庚辰會試榜發，以公明著者四人。則翰林竇君敏修與翰林俞寧世長城、劉公琬琰、禮部郭龍浦治是也。予私重四君子之爲人，能挺然特立於波靡之日。既又聞敏修講學朱陽書院，與嵩陽、繪川、新蔡三君子倡和而四之。予於是益重敏修之有功正學，而能見諸躬行如此。繼而獲覩《筠峰先生言行録》及《道康先生家訓不欺文》，於是始知敏修之家學，源遠流長，本於其祖其父者如此。爲之太息愾慕，不勝高景之思焉。宋司馬文正公，名臣大儒，而邵堯夫謂其脚踏實地。公亦謂學誠自「不妄語」三字，至七年而後成。先生之學，即文正公之學。即《大學》之誠意，《中庸》之慎獨至誠也。宜筠峰先生之有傳人，翰林君之稱肖子也已。

陳説巖太宰丁丑詩卷

王士禛《漁洋書跋》《陳説巖太宰丁丑詩卷》自昔稱詩者，尚雄渾則鮮風調，擅神韻則乏豪健，二者交譏。唯今太宰説巖先生之詩，能去其二短，而兼其兩長。吾推先生詩三十餘年，世之談士，皆以爲定論而無異辭者以此。此《丁丑詩》一卷，公所自書，蓋漸老漸熟之候。而書法圓美蒼勁，姿態橫生，適與其詩相稱，真兩絶也。

古雪堂文集

《四庫提要・别集類存目一二》《古雪堂文集》十九卷。浙江巡撫採進本。國朝王令撰。是編乃其所著雜文，詞多蹇澀，似沿其鄉文翔鳳餘派，又好用釋典，頗雜宗門語録。所作詩話，如紀隴西施妙玉在冥中代高素臣作詩，還魂遂爲夫婦事，亦多類唐人説部也。

念西堂詩集

《四庫提要・别集類存目一二》《念西堂詩集》八卷。陝西巡撫採進本。國朝王令撰。令字仲錫，渭南人。由拔貢生官至廣東按察使。是編分金、石、絲、竹、匏、土、革、木八集。自序謂「皆適性自樂之言」，蓋沿波鍾、譚，全非慶陽、武功以來秦中舊格矣。

天門詩集　文集

《四庫提要・别集類存目一二》《天門詩集》六卷。《文集》六卷。内府藏本。國朝吴盛藻撰。盛藻字觀壯，和州人。由拔貢生官至廣東按察司副使。其詩文皆惟意所如，罄所欲言而止。

寵壽堂詩集

《四庫提要・别集類存目一〇》《寵壽堂詩集》三十卷。浙江巡撫採進本。國朝張競光撰。競光字覺菴，杭州人。其詩每首之後評語雜遝，殆於喧客奪主。蓋猶明季詩社之餘習也。

薑齋文集　詩集

張之洞《書目答問·别集》　《薑齋文集》十卷。《詩集》十卷。王夫之。

聽山集　荆園小語　荆園進語

《四庫提要·别集類存目八》　《聽山集》十四卷。直隸總督採進本。國朝申涵光撰。涵光字孚孟，亦作符孟，又曰孟和，復自號曰鳧盟，取與符孟字音近也。永年人。明太僕寺丞佳允之子，順治中恩貢生。是編首列年譜，傳誌一卷，次文三卷，詩八卷。附《荆園小語》一卷，《荆園進語》一卷，皆所作語録也。

頻伽園集

軍機處奏《禁毀書目》　《頻伽園集》一部，二本。查《頻伽園集》，係鄧炅撰。中多狂誕語，應請銷燬。

耿巖文選

《四庫提要·别集類存目八》　《耿巖文選》。無卷數。浙江巡撫採進本。國朝沈珩撰。珩字昭子，海寧人。康熙甲辰會試第一人，殿試二甲第一人，授内閣中書舍人。己未，薦舉博學鴻詞，召試授編修。是集皆所作雜文，不標卷帙，但以體分。其目録題「耿巖文鈔初集」，而卷端則題「耿巖文選」，每篇自爲起訖，不相聯屬，疑校刊未竟之本，偶然印行，非其全也。其文平易近人，大抵規仿廬陵，而尚未能入室。

林蕙堂集

《四庫提要·别集類二六》　《林蕙堂集》二十六卷。浙江巡撫採進本。國朝吴綺撰。綺有《嶺南風物記》已著録。王方岐作《綺小傳》，稱所著有《亭皋集》、《藝香詞》、《林蕙堂文集》諸編。綺没之後，其子壽潛蒐訪遺稿，合而編之。此本一卷至十二卷爲四六，即所謂《林蕙堂集》也。十三卷至二十二卷爲詩，即所謂《亭皋集》也。二十三卷至二十五卷爲詩餘，即所謂《藝香詞》也。二十六卷則以所作南曲附焉。國初以四六名者，推綺及宜興陳維崧二人。均原出徐庾。維崧泛濫於初唐四傑，以雄博見長。綺則出入於《樊南》諸集，以秀逸擅勝。章藻功與友人論四六書曰：「吴園次班香宋艷，接僅短兵。陳其年陸海潘江，末猶强弩。」其論頗公。然異曲同工，未易定其甲乙。其詩才華富艷，瓣香在玉溪、樊川之間。詩餘亦頗擅名，有「紅豆詞人」之號。以所作有「把酒囑東風，種出雙紅豆」句也。所作院本，如《嘯秋風》、《繡平原》之類，當時多被管絃。以各有别本單行，故僅以散曲九闋綴之集末。統而觀之，鴻篇鉅製，固未足抗跡古人。而跌宕風流，亦可謂一時才士矣。

張之洞《書目答問·别集》　《林蕙堂集》二十六卷。吴綺。陸繁弨《善卷堂四六》、章藻功《思綺堂四六》皆非至者。

春酒堂文集

軍機處奏《禁毀書目》　《春酒堂文鈔》一本。查《春酒堂文鈔》，不著撰人姓氏，惟文中自稱其名曰「容」。其文字多□于國初，其中《秋雪賦》、《石將軍廟碑》、《雙樟記》、《髮冢銘》諸篇皆隱含憤激，應請銷燬。

春酒堂選稿

黄虞稷《千頃堂書目·别集類》　周容《春酒堂選稿》。字鄮山，寧波人。

十峰草堂集

黄虞稷《千頃堂書目·别集類》 錢肅潤《十峰草堂集》。字礎日，一字季沐，無錫人。

犀崖文集

《四庫提要·别集類存目八》 《犀崖文集》二十五卷。江西巡撫採進本。國朝易學實撰。學實字去浮，雩都人。前明崇禎己卯舉人。是集學實所自編，其文一往有駿氣，而微傷於剽。

雲湖堂集

《四庫提要·别集類存目八》 《雲湖堂集》六卷。江西巡撫採進本。國朝易學實撰。是編乃其詩集。第一卷曰《湖山詩》，二卷曰《北征詩》，三卷曰《南歸詩》，四卷曰《寓情詩》，五卷曰《贈懷詩》，六卷曰《離憂詩》，皆入國朝以後作也。

容菴詩集　辛卯集

《四庫提要·别集類存目八》 《容菴詩集》十卷，《辛卯集》一卷。浙江巡撫採進本。國朝孫爽撰。爽字子度，錢塘人。集中有《嘉禾哭冢宰實摩徐公》詩。實摩，徐石麒字，則爽爲國初人。所謂《辛卯集》者，順治八年作也。其詩刻於學古，亦刻於用意。而摹擬雕鑿之痕，俱不能化。此本不知何人所鈔。每卷或僅三四首，非出删節，即由掇拾，亦非其完本也。

貽清堂集　補遺

《四庫提要·别集類存目八》 《貽清堂集》十三卷，《補遺》四卷。兩淮馬裕家藏本。國朝張習孔撰。習孔有《雲谷卧餘》，已著録。是集凡詩八卷，附以詩餘。《補遺》凡文三卷，詩一卷。多直抒胸臆，無明末鉤棘纖佻之習。施閏章序其詩，蓋其趨向爲近也。

東苑文鈔　詩鈔

《四庫提要·别集類存目八》 《東苑文鈔》二卷，《詩鈔》一卷。浙江汪汝瑮家藏本。國朝毛先舒撰。先舒嘗讀書杭州之東園，即宋東苑故址，因以名其所作詩文。《文鈔》凡三十三篇，其《趙盾論》，解越境爲出奔不歸，較前人所説爲允。《方正學論》，責其當巽詞以免十族，則其説刻而且迂。當生死呼吸之際，稍一轉念瞻顧，豈復能抗節不撓。且成祖天性慘毒，瓜蔓之抄，亦不因此一語。至引侯君集謀反伏誅，乞免一子以存宗祀爲例，尤爲不倫。其《武成論》，謂聖人存「血流漂杵」一語，見紂之世臣捐軀報國者衆。雖因鼎革之際，抗節死事者發，未免附會經義，穿鑿太過。詩鈔凡九十六首，大抵音調瀏亮，猶有七子之餘風焉。

潠　書

《四庫提要·别集類存目八》 《潠書》八卷。浙江巡撫採進本。國朝毛先舒撰。先舒有《聲韻叢説》，已著録。是編皆所作雜文。諸篇之末，間附王猷定、柴紹炳、沈謙評語。先舒自記云：「惟《三君語略》載數條，以其爲亡友之筆故也。」則是集乃先舒自訂矣。中頗多考證之文，而不能皆有根據。其議《禮》尤多臆斷。行筆頗雋爽，而不免於作態弄姿。大致好辨如毛奇齡，而才與學則皆不逮之。其《論太王好貨好色》一篇，謂孟子意是而言非。《論説大人則藐之》一篇，又謂其言太過。

猶王充、李覯之餘習。論格物爲格去物欲，亦姚江之緒語。觀其《答徐古周書》，稱「近於坐功頗有所窺，只是佛氏無所住，孟子不動心。」又稱「住即是動，動即是住，無住則不動，不動則無住。」其所學固可見矣。《論韻》諸書，用力較深，而亦未究其本原。如《答友人論韻學通指》一書，謂「音當分古今，不當更分南北。」其説爲是。謂古三聲不通用則非。《與柴紹炳論翻切》三書，專取合聲，亦後來之捷法。必謂下一字不拘本部，則紹炳所辨饑機、虺灰、清青諸字，先舒終不能難也。

思古堂集

《四庫提要・別集類存目八》《思古堂集》四卷。浙江汪汝瑮家藏本。國朝毛先舒撰。前有康熙乙丑潘耒序，稱所著有《潠書》《匡林格物周答》《聖學真語》《東苑文鈔》《詩鈔》凡若干册，不下數十萬言，而復有此集。則此集之成在諸書之後。而先舒哀刻其書十四種，乃以此集爲首。殆自以晚年定本，故用爲弁冕耶。然所見與早年等也。

小匡文鈔

《四庫提要・別集類存目八》《小匡文鈔》四卷。浙江汪汝瑮家藏本。國朝毛先舒撰。前有自序曰「《小匡文鈔》者，文皆小有所匡者也。」又自稱謂「求契於天心，懷其意久，而後落筆。」今觀所録之文，大抵以口舌相辨難。如《劉璋論》，謂其召昭烈爲智。《北地王論》，謂其殺妻子爲忍。《謚議》，以秦始皇爲合道。《駁王禕七出議》，謂禕奉使雲南被殺，屍無處所，乃此議教人出妻之果報。《書三案論後》，謂梃擊一事，諸臣當體神宗之意，不可罪鄭貴妃，引申生不明驪姬之譖爲證。《書魏冰叔文》，謂李國禎實死節之臣，不當誣以降賊。皆不足爲訓，未見果契於天心也。

蕊雲集　晚唱

《四庫提要・別集類存目八》《蕊雲集》一卷。《晚唱》一卷。浙江汪汝瑮家藏本。國朝毛先舒撰。《蕊雲集》皆所作艷體。其曰蕊雲者，取古《織錦詞》「蕊亂雲盤相間深，此意欲傳傳不得」語也。晚唱皆摹李商隱、李賀、温庭筠、韓偓四家之體。以別於初唐盛唐之格，故以晚名焉。

山曉和尚嘯初堂集

范邦甸等《天一閣書目・別集類》《山曉和尚嘯堂集》二卷。不著撰人名氏。

顑頷集

黄虞稷《千頃堂書目・別集類》吳騏《顑頷集》。字日千，華亭人。

芙蓉集

《四庫提要・別集類存目一〇》《芙蓉集》十七卷。兩江總督採進本。國朝宗元鼎撰。元鼎字定九，號梅岑，江都人。嘗從王士禛學詩。《漁洋詩話》稱其詩以風調勝，酷似《才調集》。又稱其緣情綺靡，不減《西崑》《丁卯》。蓋其所取法者如此。前有鄒祇謨序，謂其憔悴江濱，杜户高吟，年已四十，猶在捉鼻時。則此集所編，皆其少作也。凡樂府一卷，古體詩三卷，律詩四卷，排律二卷，絶句二卷，詞一卷，賦一卷，雜文三卷。元鼎弟之瑾爲之箋注，頗傷冗贅。其以詩餘居賦、雜文之前，亦之瑾編次之失也。

溉堂前集　續集　後集

《四庫提要・別集類存目八》《溉堂前集》九卷。《續集》六卷。《後集》六卷。《詩餘》二卷。陝西巡撫採進本。國朝孫枝蔚撰。枝蔚字豹人，三原人。康熙己未舉博學宏詞，以老病不能入試，授中書舍人，罷歸。枝蔚於甲申闖賊亂時，曾結里中少年殺賊，失足墮土坎中，幸不死。後至廣陵學賈，三置千金。既而僦居董相祠，扃户讀書，刻意爲歌詩。此集題曰「溉堂」，即所僦居處也。《前集》十卷，各以體分。《續集》六卷，則起康熙丙午止戊午。《後集》六卷，起己未還山以後迄丙寅。皆編年爲次。《詩餘》則以小令中調爲一卷，長調爲一卷。枝蔚在當時名甚重，然詩本秦聲，多激壯之詞。大抵如昔人評蘇軾詞，如銅將軍鐵綽板唱大江東去也。

張之洞《書目答問・別集》 《溉堂集》二十三卷。孫枝蔚。

蕉林詩集

《四庫提要・別集類存目八》 《蕉林詩集》。無卷數。直隸總督採進本。國朝梁清標撰。清標字玉立，清苑人。前明崇禎癸未進士，改庶吉士。入國朝，官至保和殿大學士。所著詩稿，各以古近體爲分，不列卷次。其詩作於明季者，多感慨諷刺之言。及入本朝以後，則渢渢乎春容之音矣。

豐草庵集

黄虞稷《千頃堂書目・別集類》 董説《豐草庵》等十八集。字若雨，烏程人，晚爲僧，名南潛，字寶雲。

英廉奏《全毁書目》 《豐草菴集》十一本。明董説撰。

且亭詩集

《四庫提要・別集類存目八》 《且亭詩集》。無卷數。直隸總督採進本。國朝楊思聖撰。思聖字猶龍，鉅鹿人。順治丙戌進士，官至四川布政使。申涵光所作小傳，稱有且亭詩七集，然不著其卷數，此本乃思聖既殁，其子履吉所編，凡詩八百餘首。其入蜀諸作，刻意摹杜，而刻畫之痕未化也。

耳鳴集

黄虞稷《千頃堂書目・別集類》 王邦畿《耳鳴集》。字説作，番禺人。

軍機處奏《禁毁書目》 《耳鳴集》一部，二本。按《耳鳴集》，王邦畿撰。前有錢謙益序，作於康熙元年，又有金堡序，作於順治拾六年，而詩中有「中興天子賚恩濃」等語，殊爲悖謬，應請銷燬。

直木堂詩集

《四庫提要・別集類存目八》 《直木堂詩集》七卷。浙江巡撫採進本。國朝釋本晝撰。本晝字天岳，號寒泉子，居紹興平陽寺。此集乃其晚年所著。凡詩四百餘首。其詩不作禪語，絶無僧家蔬筍氣。故李鄴嗣序曰：「非有人作序，幾不知爲曲彔座上人也。」餘姚黄宗羲稱其五律「上入王、孟之室，次不落犬復以下。」則似稍過矣。

偶然云集

《四庫提要・別集類存目九》 《偶然云集》十卷。江蘇巡撫採進本。國朝湯之錡撰。之錡字世調，宜興人。是集冠以《約言》一卷。《江南通志》稱其論學以周子主静之説爲宗，仿高攀龍《復七規》《春秋兩會》即指是約也。《文録》二卷，解《易》、《春秋》獨多。餘亦講學之文。《詩録》三卷，仿《擊壤集》體。《語録》二卷，大抵衍先儒緒論。行録、行狀共一卷，則其門人所輯也。其《隱公論》，謂隱公仇君懟父，未免鍛鍊深文。《春王正月解》，謂始乎子者，十二月之序；始乎寅者，四時之序；惟商與秦建丑建亥，時與月皆不可首，亦未免勇於非古。解《大學》以「明明德」爲格物，又云物者可見可聞者也，至善者不可見不可聞者也。然既不可見聞矣，又烏從而止之乎。至於假寐見先師孔子，拊其背而呼之。未卒之先，夢周公約其同行，又吴與弼《日録》之續矣。

白茅堂集

《四庫提要·别集類存目八》《白茅堂集》四十六卷。湖北巡撫採進本。國朝顧景星撰。景星有《黄公説字》，已著録。景星著述甚富。初有《童子集》三卷，《顧學集》八卷，《書目》十卷，皆崇禎壬午以前作。明末燬於寇。《顧氏列傳》十五卷，阮嗣宗《詠懷詩注》二卷，《李長吉詩注》四卷，《讀史集論》九卷，《贉池録》一百十八卷，《南渡集》《來耕集》共七十三卷，皆崇禎癸未以後作。康熙丙午燬於火，僅《南渡》《來耕》二集存十之三四。乙酉、丙戌之間，又有《登樓集》《避地泖澱集》，亦皆散佚。是集爲其子暢所輯，而其子昌編次音釋之。凡賦騷一卷，樂府一卷，詩二十二卷，文二十卷。景星記誦淹博，才氣尤縱横不羈。詩文雄贍，亦一時之霸才。而細大不捐，榛楛勿翦。其後人收拾遺稿，又不甚别裁。傅毅之不能自休，陸機之才多爲患，殆俱有焉。

張之洞《書目答問·别集》《白茅堂集》四十六卷。顧景星。

辰懷軒詩集

《清集提要》《辰懷軒詩集》不分卷。李菖撰。

南耕草堂詩稿

《四庫提要·别集類存目八》《南耕草堂詩稿》。無卷數。浙江巡撫採進本。國朝曹亮武撰。亮武字渭公，號南耕，宜興人。其填詞有名於時，詩不多見。此集乃其讀書廬山時所作。凡一百八首，題曰「第二集」。後又附以甲子歲詩十八首，題曰「第三集」。蓋殘闕不完之稿也。集中有謝文德翼作詩序，而集首祗有蔣超、陳維崧二序。德翼序當在第一集內，今佚之也。

虎溪漁叟集

《四庫提要·别集類存目八》《虎溪漁叟集》十卷。江西巡撫採進本。國朝劉命清撰。命清字穆叔，臨川人。是書前後無序跋，惟冠以《臨川縣志小傳》一篇。稱其明末捍禦土寇有方略，福王時，揭重熙薦充館職，辭不就。入國朝，以布衣終。是集凡經論二卷，史論二卷，文二卷，詩三卷，詞一卷。其經論稱朱子棄《子貢詩傳》《子夏詩序》，有駭於聽聞。案朱子但嘗駁《詩序》耳，其《子貢詩傳》至明始出，朱子烏得而見之？又謂魯之《春秋》本用周正，孔子始改用夏正，以秦正建亥，而吕不韋作《月令》，乃用夏時爲例。是不特按之經文無一相合，且案《史記·秦始皇本紀》，吕不韋死在十二年，以十月爲歲首在二十六年。又《吕氏春秋後序》稱歲在涒灘，乃始皇之八年，與改用亥正遠不相及。引以爲證，尤考之不詳。史論頗多臆斷。其詆諸葛誅馬謖之非，及力袒王安石而深斥蘇洵《辨姦論》及吕公著彈文，尤不免顛倒是非。詩文亦皆不入格。蓋倜儻自豪之士，負氣縱横，而學問則未能深造也。

世德堂集

《四庫提要·别集類存目九》《世德堂集》四卷。山東巡撫採進本。國朝王鉞撰。鉞有《粤遊日記》，已著録。是集文二卷，詩二卷。其文多通暢詳贍，不爲詰屈聱牙。詩學宋人而不流於纖靡。一邱一壑，亦自成結構。在國初作者之中，則未能金鼓抗行也。

雪鴻堂文集

《四庫提要·别集類存目九》《雪鴻堂文集》十八卷。山東巡撫採進本。國朝李蕃撰。蕃字錫徵，號懶菴，通江人。順治丁酉舉人。官黄縣知縣。是集爲其子鍾裒所刊。集中《黄志略序》,謂「黄有四累,而廛肆宜復,社甲宜均,風尚宜更,士習宜端,税課宜減。」蕃編《徭役序》,極言派銀雜費之患。他如《憶堂記》《旱魃辨》《黄志跋》諸篇,皆汲汲以興利除弊爲事。蓋有古良吏之風。春文亦皆樸直不支。意其人必悃愊無華,故文亦如之歟。然蕃之意固不在以詞藻見也。

文襄公别録

《四庫提要・别集類存目八》 《文襄公别録》六卷。山東巡撫採進本。國朝李之芳撰。之芳有《文襄奏疏》,已著録。是書首《行間紀略》二卷,次《軍旅紀略》二卷,皆討耿精忠時文移。次《文告紀事》二卷,皆居官時告諭之文。

擬故宫詞

《四庫提要・别集類存目八》 《擬故宫詞》一卷。浙江巡撫採進本。國朝徐宇昭撰。宇昭不知何許人。是集凡詩四十首。序稱「順治丁亥春月,寓止燕都,遇長春寺僧,乃明宦者,因從閒話,得故宫遺事四十條。」其詞不甚工,注亦止寥寥數條。

杲堂文鈔　詩鈔

范邦甸等《天一閣書目・别集類》 《杲堂詩鈔》六卷。刊本。國朝甬上李鄴嗣撰,康熙戊午徐鳳垣序。

《四庫提要・别集類存目九》 《杲堂文鈔》六卷。《詩鈔》七卷。江蘇巡撫採進本。國朝李鄴嗣撰。鄴嗣字杲堂,鄞縣人。順治中諸生,其文鈔,餘姚黄宗羲所定;詩鈔,其同里徐鳳垣所定也。鄴嗣自序,稱得黄梨洲而後敢爲文,得梁中狄而後敢爲詩。宗羲序稱其皆胸中流出,無比擬皮毛之習。蓋破除王、李、鍾、譚之窠臼,而毅然自爲者也。

居易堂集

黄虞稷《千頃堂書目・别集類》 徐枋《居易堂集》二十卷。

俟齋集

黄虞稷《千頃堂書目・别集類》 徐枋《俟齋集》。字昭法,吴縣人。

學源堂文集

《四庫提要・别集類存目九》 《學源堂文集》十八卷。直隸總督採進本。國朝郭棻撰。棻字快圃,清苑人。順治壬辰進士,官至翰林院侍讀學士。其文頗爲華贍,惟酬應之作太多,未免失於删汰。棻曾修《畿輔志》及《保定府志》,今集内所載星野、沿革等説,皆志中之文,蓋用《鄂州小集》載《新安志序》之例也。

一木堂詩稿

軍機處奏《禁毀書目》 《一(本)〔木〕堂詩稿》一本。查《一(本)〔木〕堂詩稿》,係黄生撰。詩中有語氣狂悖處,又有屈大均所作,應請銷燬。

庸　書

《四庫提要・别集類存目九》 《庸書》二十卷。江西巡撫採進本。國朝張貞生撰。貞生有《玉山遺響》,已著録。是集爲其子世坤、世坊所刊。第一卷爲講義十條，二卷至十五卷爲文，十六卷至二十卷爲詩，末附《館試賦》一首。貞生家居，構我師祠，又捐宅爲誠意書院講學。故所作多近語録，藻麗非所尚也。

正氣録

軍機處奏《禁毀書目》《正氣録》一部，三本。查《正氣録》，係康熙中張貞生所集送行詩文，以正氣爲名，殊爲狂誕，詩中亦有違謬之處，應請銷燬。

簣山集

《清集提要》《簣山集》三十卷。張貞生撰。

斯友堂集

平步青《國朝文椒題辭》會稽蔣雲壑嶟《斯友堂集》。雲壑爲趙壁雲甸弟子，棄諸生，隱居南塘。僅順治丁酉，一蹋省闈，與倪穗先、陳介立各著史論以見志。文不下百十篇。與姚胄師、許又文爲文字交。康熙壬戌，著作燬於管川，存者皆晚歲酬應之作，文學西漢，意在以質救靡，蓋聞幾社之風而起者。國初吾越文人，大半出陳忠裕門。故流派如此，雖擬議未純，要以古學相砥礪，非枯槁石隱者流也。粤逆亂後，越中先哲别集甚稀。同治辛未，八世孫志杰重刻，皓城同年黄鞠人轉鑲南歸，持以相贈。後有甄録越文者，當在所取焉。

愍齋存稿

《四庫提要・别集類存目九》《愍齋存稿》四卷。陝西巡撫採進本。國朝白乃貞撰。乃貞字廉叔，號蘗淵。順治壬辰進士，官翰林院檢討。其詩叙述真樸，不加文飾。故余恂序以爲善學香山，蓋舉其近似者爾。

瀑音

軍機處奏《禁毀書目》《瀑音》一部，一本。查《瀑音》，係苗蕃撰。詩中語多憤激，應請銷燬。再此書止有第一卷，尚非完本，應令該督撫查明，一併送銷。

谷水集

黄虞稷《千頃堂書目・别集類》胡夏客《谷水集》二十二卷。字宣子，海鹽人。邑人徐光澤序。

《四庫提要・别集類存目九》《谷水集》二十二卷。浙江巡撫採進本。國朝胡夏客撰。夏客字宣子，海鹽人，順治中諸生，明兵部職方司郎中震亨子也。是集凡詩二十卷，文二卷。康熙中，其同邑陳光綍爲之序竝傳，又爲之箋。震亨家富藏書，其撰《唐音統籤》，夏客實與有力。泛濫古人，耳目既闊，故負其才調，頗以氣骨自高，而麤豪之失亦由於此。

遂初堂文集

《四庫提要・别集類存目九》《遂初堂文集》九卷。江蘇巡撫採進本。國朝楊兆魯撰。兆魯字青巖，武進人。順治壬辰進士，官至福建延平道按察司副使。兆魯官建寧時，巨寇蕭維堂等作亂，兆魯招撫有功。集中《平寇紀略》，述其始末頗詳。惟多載案牘之文，詞不雅馴。

山圍堂集

《四庫提要・别集類存目八》《山圍堂集》二十三卷。福建巡撫採進本。國朝鄭宗圭撰。宗圭字圭甫，號瞻亭。前明崇禎壬午舉人。入國朝，官烏程縣知縣。是集前十卷皆史論，自春秋迄於元代，名曰《讀史卮言》。十一卷至十七卷皆詩。十八卷至二十卷爲序記。二十一卷、二十二卷爲《續讀史卮言》，乃專論明代君臣。二十三卷爲雜著，亦史論之餘也。宗圭留心史學，其褒譏頗平允，無《讀史管見》諸書好爲詆訶吹索之弊。至論明事，仍載建文出亡諸語，則野史傳疑，尚未經訂定故耳。

堪齋詩存

《四庫提要·別集類存目九》《堪齋詩存》八卷。江蘇周厚堉家藏本。國朝顧大申撰。大申字震雉，一字見山，華亭人。順治壬辰進士。官至工部郎中。大申初與同郡王廣心、周茂源、宋徵輿諸人唱和，後又與施閏章相酬答。所作有《鶴巢集》，又有《燕京倡和》及《泗亭》諸集。後自删併爲此集，故曰《詩存》。陳伯璣撰《國雅集》，稱其「樂府於古人可謂毫髮無遺憾。七律高華，可追王、李。」今觀其集，大抵襲明七子之餘風，可追王、李，庶乎近之，至於樂府則談何容易也。

西河文集

《四庫提要·別集類二六》《西河文集》一百七十九卷。浙江巡撫採進本。國朝毛奇齡撰。奇齡著述之富，甲於近代。没後其門人子姪編爲《西河合集》，分《經集》、《史集》、《文集》、《雜著》四部，凡四百餘卷。其《史問》，以奇齡有遺命，不付剞劂，語見《經問》第五卷景泰帝條下。餘亦不盡行於世。此本爲康熙庚子其門人蔣樞所編，但分《經集》、《文集》二部。《經集》自《仲氏易》以下凡五十種，已別著録。《文集》凡二百三十四卷，而《策問》一卷，《表》一卷，《集課記》一卷，《續哀江南賦》一卷，《擬廣博詞連珠詞》一卷，皆有録無書。其中如《王文成傳本》二卷，《制科雜録》一卷，《後觀石録》一卷，《越語肎綮録》一卷，《何御史孝子祠主復位録》一卷，《湘湖水利志》三卷，《蕭山縣志刊誤》三卷，《杭志三詰三誤辨》一卷，《天問補注》一卷，《勝朝彤史拾遺記》六卷，《武宗外紀》一卷，《後鑒録》七卷，《韻學要指》十一卷，《詩話》八卷，《詞話》二卷，外附《徐都講詩》一卷，本各自爲書。今亦分載於各部。其當編於集部者，實文一百一十九卷，詩五十三卷，詞七卷，統計一百七十九卷。

張之洞《書目答問·別集》《西河文集》一百三十三卷。毛奇齡。并雜箸合刻爲《西河合集》四百九十八卷。

西河詩集

張之洞《書目答問·別集》《西河詩集》五十六卷。毛奇齡。

拙隱園可人集

范邦甸等《天一閣書目·總集類》《拙隱園可人集》三卷。刊本。國朝孫鍾瑞撰并序，季舜有、沈廷勱、徐善俱有序。

蘋村類稿

《四庫提要·別集類存目一〇》《蘋村類稿》三十卷，附録二卷。編修徐天柱家藏本。國朝徐倬撰。倬字方虎，蘋村其號也，德清人。康熙癸丑進士，官至翰林院侍讀。聖祖南巡，進所纂《全唐詩録》，晉禮部侍郎。是集凡《修吉堂文稿》八卷，《應制集》二卷，《寓園小草》一卷，《燕臺小草》一卷，《梧下雜鈔》二卷，《蘋蓼閒集》二卷，《甲乙友鈔》一卷，《汗漫集》二卷，《野航集》二卷，《鼓缶集》三卷，《黄髮集》二卷，《詞集》二卷，《耄餘殘瀋》二卷。附録其子元正遺稿二卷。一曰《清嘯樓草》，皆未第以前作。一曰《鸞坡存草》，則自入詞館以後應制、紀恩、遊讌、贈答之什也。元正字子貞，號静園。康熙乙丑進士，官至工部尚書。徐氏五世翰林，倬其第二世，元正其第三世云。

天延閣詩前集　後集　附花果會唱和詩　贈言集

《四庫提要・別集類存目九》《天延閣詩前集》十六卷。《後集》十三卷。附《花果會唱和詩》一卷。《贈言集》四卷。內府藏本。國朝梅清撰。清字淵公，號瞿山，宣城人。順治甲午舉人。是編分前、後二集。《前集》分十六編。一曰《樂府》，二曰《稼園草》，三曰《新田集》，四曰《燕征草》，五曰《宛東草》，六曰《休夏集》，七曰《驅塵集》，八曰《越游草》，九曰《匣琴集》，十曰《寒江集》，十一曰《歸舟集》，十二曰《嶽雲集》，十三曰《梅花溪上集》，十四曰《雪廬草》，十五曰《菊間草》，十六曰《唱和詩》。以一集爲一卷，卷各有序。《後集》編年分十三卷。自康熙甲寅至戊辰，或以一年爲一卷，或以二年爲一卷。末附《花果會唱和詩》一卷，《贈言》四卷，則皆同人讌游酬答之作也。

瞿山詩略

《四庫提要・別集類存目九》《瞿山詩略》三十三卷。安徽巡撫採進本。國朝梅清撰。清舊刻有《天延閣前後集》，皆七十以前之作，版燬於火。故又取未刻三卷合而編之，以成此本。

稽留山人集

黄虞稷《千頃堂書目・別集類》　陳祚明《稽留山人集》。字嗣倩，仁和人。

《四庫提要・別集類存目九》《稽留山人集》二十卷。浙江巡撫採進本。國朝陳祚明撰。祚明字允倩，錢塘人。《浙江通志》稱其博學善屬文，以貧傭書京師，歿於客邸。所著有詩二十卷，詞一卷，古文尤富。其古文與詞今皆未見。此編乃其詩集也，亦名《敝帚集》。自順治乙未至康熙癸丑凡十九年之作，編年排次。

燕峰文鈔

《四庫提要・別集類存目八》《燕峰文鈔》一卷。江蘇巡撫採進本。國朝費密撰。密字此度，成都人。遭張獻忠之亂，棄家爲道士，流寓吴江以終。王士禎詩所謂「成都跛道士，萬里下峨岷」者是也。士禎盛稱其詩，而其文不甚著，今觀是集，不涉王、李之摹擬，亦不涉袁、鍾之纖仄，奇矯自喜，頗有可觀。然往往好持異論，如《春秋論》謂春秋爲三桓而作，則舉一廢百；《明堂配上帝論》兼斥鄭康成、王肅之説，而以上帝爲上世之帝，則經典從無此稱。《魯用天子禮樂辨》兼斥程子及楊慎所引《吕覽》之説，而謂周公有王者之功，宜用王者之禮樂，成王之賜，未足爲非，魯人用之於羣廟，乃爲僭上。不知惟名與器不可假人，有王者之功，宜用王者之禮樂，然則有王者之功，亦可用王者之名號乎？是率天下而亂也。

飲和堂集

《四庫提要・別集類存目九》《飲和堂集》二十一卷。浙江巡撫採進本。國朝姚夔撰。夔字胄師，號成莽，山陰人。順治甲午舉人，官安化縣知縣。是集凡詩十三卷。曰《梅軒草》、《公車草》、《歷游草》、《夫都草》、《金谿草》、《金谿又草》、《叱馭草》、《思唐草》、《思唐又草》、《三草》、《四草》、《五草》、《東行草》，每一集爲一卷。雜文八卷，則分體編次。其詩流易有餘，頗傷圓熟，文亦肉多於骨，若《十二種功德連珠》等作，尤墮入纖巧一派矣。

雲龕遺稿

《四庫提要・別集類存目八》《雲龕遺稿》一卷。編修鄭際唐家藏本。國朝梁春暉撰。春暉字時皇，號淑三，福建長樂人。考《淳熙三山志》，雲龕山即龍龕山，在長樂縣南千溪潭上，有歸雲洞、望海亭、香爐峰諸勝。春暉晚年卜居其地，以吟咏自娱，故以名集。此本乃雍正癸卯其孫澄漪所録，末有澄漪跋，稱初名《雲龕吟稿》，嘗謀鋟版而力未逮，藏弆既久，不幸爲蟲鼠所戕，剥蝕斷爛，至不可讀，細加檢録，得其首尾完具者，僅十之一二，裒爲一卷，顔曰《雲龕遺稿》」云。

鈍翁前後類稿

《四庫提要・别集類存目九》 《鈍翁前後類稿》一百十八卷。内府藏本。國朝汪琬撰。琬有《堯峰文鈔》，已著録。始琬請告以前所作詩文，自輯爲《類稿》六十二卷，先刊版置之堯峰皆山閣。其歸田後十三年之作，則輯爲《續稿》三十卷。又取《明史列傳稿》一百七十五首，附以《汪氏族譜》及其父行略，爲《别集》二十六卷。有周公贄者爲校刻之。後琬復自芟擇，取其愜意者爲《堯峰詩文鈔》，屬林佶繕本刊行。世間多有其本，而《類稿》原刻遂不顯矣。

張之洞《書目答問・别集》 《鈍翁類稿》一百一十八卷。汪琬。

堯峰文鈔

《四庫提要・别集類二六》 《堯峰文鈔》五十卷。内府藏本。國朝汪琬撰。琬字苕文，號鈍翁。晚居堯峰，因以自號。長洲人。順治乙未進士。由户部主事陞刑部郎中，降補北城兵馬司指揮，再陞户部主事。康熙己未，召試博學鴻詞，授翰林院編修。初，琬自裒其文爲《鈍翁類稿》六十二卷，《續稿》五十六卷。晚年又手自删汰，定爲此編。其門人侯官林佶爲手寫而刊之。古文一脈，自明代膚濫於七子，纖佻於三袁，至啓、禎而極敝。國初風氣還淳，一時學者始復講唐、宋以來之矩矱。而琬與寧都魏禧、商邱侯方域稱爲最工。宋犖嘗合刻其文以行世。然禧才雜縱横，未歸於純粹。方域體兼華藻，稍涉於浮夸。惟琬學術既深，軌轍復正，其言大抵原本六經，與二家迥别。其氣體浩瀚、疏通暢達，頗近南宋諸家，蹊逕亦略不同。廬陵、南豐固未易言。要之接跡唐、歸，無愧色也。琬性狷急，動見人過，交遊罕善其終者。又好詆訶，見文章必摘其瑕類，故恒不滿人，亦恒不滿於人。與王士禛爲同年，後舉博學鴻詞時，乃與士禛相忤。其詩有「區區誓墓心，豈爲一懷祖」句。以王述比士禛，士禛載之於《居易録》中。又與閻若璩議禮相詬，若璩載之《潛邱劄記》中。皆爲世口實。然從來勢相軋者必其力相敵；不相敵則弱者不敢，强者不屑，不至於互相排擊；否則必有先敗者，亦不能久相支拄。士禛詞章名一世，不與他人角，而所與角者惟趙執信及琬。若璩博洽亦名一世，不與他人角，而所與角者惟顧炎武及琬。則琬之文章學問，可略見矣。

朱悔人近詩卷

王士禛《漁洋書跋》 《朱悔人近詩卷》二則。遲暮衰殘，欲焚筆硯久矣。屢讀悔人與赤抒近詩，不勝髀裏肉生之歎。《少陵江頭五咏》，語多可笑，亦不成章。二蘇記園中草木各十一首，差强人意耳。下此則李衛公咏平泉草木，鏃鏃能新，非洪丞相盤洲草木雜咏所及。悔人六詩晚出，欲與衛公二蘇公抗行，又非杜洪前詩所及也。

忠貞集

《四庫提要・别集類二六》 《忠貞集》十卷。浙江巡撫採進本。國朝范承謨撰。承謨字觀公，號螺山，鑲黄旗漢軍。大學士文程子也。【略】官至浙閩總督。是編乃其全集，爲清苑劉可書所編。首諭祭文、御製碑文、御題祠額，附以《家傳》及《祠堂記》，共爲一卷。次《撫浙奏議》一卷。次《督閩奏議》一卷。次《吾廬存稿》一卷。次《百苦吟》一卷。次《畫壁遺稿》一卷。次《雜著》一卷。次附録題跋哀挽詩文三卷。康熙五十七年，其子時崇以《畫壁遺稿》進呈，聖祖仁皇帝親製序文，褒揚忠烈。

畫壁遺稿

《四庫提要・别集類存目九》 《畫壁遺稿》一卷。通行本。國朝范承謨撰。

承謨有《忠貞集》，已著録。康熙壬子，承謨總督閩浙，值逆藩耿精忠謀反，巡撫劉秉政輸情於賊，紿承謨入見，脅令從逆。承謨詆罵不屈，遂爲所拘繫。被幽者三載，備受窘毒，時作爲詩歌以自抒忠憤。守者屏絶筆墨，乃以桴炭畫字壁上。其尤激烈者，輒爲賊黨塓去。僅存四十七首，承謨自爲之序，已彙載入《忠貞集》中。此乃石門吳震方録入《説鈴》之本也。

草亭文集

《四庫提要・别集類存目九》《草亭文集》一卷。江西巡撫採進本。國朝彭任撰。任字遜仕，號中叔，寧都人。【略】是集前有《行略》一篇，稱所著有《草堂詩文集》二卷。此一卷其文集也。大致與魏禧同派，而質勝於文，詞多於意，未能與禧抗行。其辨朱、陸異同，謂學者之病不在於辯之不晰，而在於行之不篤。持論頗平。至尊信豐坊僞《詩傳》，則失考矣。

彭省廬文集　詩集

《四庫提要・别集類存目八》《彭省廬文集》七卷，《詩集》十卷。江蘇周厚堉家藏本。國朝彭師度撰。師度字古晉，號省廬，華亭人。崇禎戊寅，吳下諸人爲千英之會，畢集於虎邱。師度年十五，即席成虎邱夜宴同人序。吳偉業有江左三鳳凰之目，蓋謂師度及吳兆騫、陳維崧也。集中兵謀十餘篇，頗見用世之志。詩格沿雲間之派，富艷有餘。

蘧廬詩集

黄虞稷《千頃堂書目・别集類》　韓純玉《蘧廬詩集》□卷。字子蘧，歸安人。修撰敬少子。

《四庫提要・别集類存目八》《蘧廬詩》。無卷數。浙江巡撫採進本。國朝韓純玉撰。純玉字子蘧，别號蘧廬居士，歸安人。明翰林韓敬之子也。敬以黨附湯賓尹見擯於時，純玉以是抱憾終身，不求仕進。其行蹤略具所作自序及集中《癸丑五十生朝示兒詩》中。是集不分卷帙，但每體别編。中多淒楚之音，蓋皆明季兵燹及國初江南初定，餘孽未平，山居避寇之作也。

醉白堂集

《清集提要》《醉白堂集》三卷。李以篤撰。

雪園詩集

《四庫提要・别集類存目一〇》《雪園詩集》六卷。編修鄭際唐家藏本。國朝梁珪撰。珪字至鉉，號雪園，福建長樂人。是集前有其友袁奂序，作於康熙甲辰。其詩凡分六集。一曰：《靈峰草》，二曰《江南遊草》，三曰《循陔草》，四曰《楚遊草》，五曰《江西遊草》，六曰《恒山遊草》。惟《靈峰》《循陔》二草爲居家奉母時所作，餘皆其客遊南北、登覽山川之什也。

循寄堂詩稿

《四庫提要・别集類存目八》《循寄堂詩稿》。無卷數。陝西巡撫採進本。國朝朱廷燝撰。廷燝字山輝，富平人。順治己丑進士，官至河南布政司參政。是集先名《澄溆堂詩》，後改今名。編次不分體裁，但以年月爲前後。自序二篇，一作於河南，一作於里居之時。其詩結字鑄句，皆未堅緻，古體尤風骨未就。

心遠堂詩集

《四庫提要・别集類存目八》《心遠堂詩集》十二卷。直隸總督採進本。國朝李霨撰。霨字坦園，高陽人。順治丙戌進士，官至大學士，謚文勤。是集爲霨所自編，初刻於康熙辛亥，至於丁巳，又續廣之。其論詩，謂王、李、鍾、譚其詞皆予，而所不予者在其效顰學步之流。持論最爲平允。故集中諸作，皆沖和雅正，不爲叫囂之音，亦不蹈纖仄之習。其門人陳廷敬序，稱其「寫一時交泰之盛」，蓋遭際盛時，故其詩有雍容太平之象，古人所謂臺閣文章者，蓋若是矣。

改亭詩集　文集

《四庫提要·别集類存目九》《改亭詩集》六卷。《文集》十六卷。江蘇巡撫採進本。國朝計東撰。東字甫草，吴江人。順治丁酉舉人。以江南奏銷案被黜，又十餘年而殁。東少負奇氣，中年出遊四方，遍覽山川之勝，詩文日富。康熙癸酉，宋犖巡撫蘇州，爲刻其文集。其詩集則刻於戊子，王廷揚所助成也。王晫《今世説》載其客鄴城日，嘗訪謝榛之墓，爲樹碣表之。蓋以游食四方，行蹤相近，故用以寄意。其生平事蹟，具見尤侗所作《計孝廉傳》，亦載卷首云。

張之洞《書目答問·别集》《改亭文集》十六卷。《詩》六卷。計東。

陳檢討四六

《四庫提要·别集類二六》《陳檢討四六》二十卷。庶吉士祝堃家藏本。國朝陳維崧撰。程師恭注。維崧有《兩晉南北史集珍》，已著録。

冰齋文集

《四庫提要·别集類存目一一》《冰齋文集》四卷。浙江巡撫採進本。國朝懷應聘撰。應聘字莘皋，秀水人。是編刊於康熙癸酉，蓋所自編。皆散體古文，而時文選本之序最多。

孔天徵文集

《四庫提要·别集類存目九》《孔天徵文集》無卷數。江蘇巡撫採進本。國朝孔尚典撰。尚典字天徵，號汶林，江西新城人。順治中歲貢生。《新城縣志》載尚典有文集數卷，乃其師魏禧所評定。今此本祗二册，詩文雜編，又附以他人之詩，殆編次未成之稿歟。

南沙文集

《四庫提要·别集類存目九》《南沙文集》八卷，附録一卷。浙江巡撫採進本。國朝洪若皋撰。若皋字虞隣，臨海人。順治乙未進士，官至福建按察司僉事。是集凡詩二卷，文六卷。其文頗以恢奇自喜，然縱横太過。附録一卷，乃其鄉會試中式制藝，蓋用吴伯宗榮進集例也。

鴻逸堂稿

《四庫提要·别集類存目九》《鴻逸堂稿》無卷數。安徽巡撫採進本。國朝王艮撰。艮有《易贅》，已著録。是集前有顧祖禹序，稱王子名煒。蓋艮本名煒，作序時猶未更名也。艮與顧炎武等遊，故文章頗有法度，而謹守古格，未能變化。其長短均在於是。惟《偃師紀事》、《内江紀事》諸篇，載明季流寇事頗爲詳備，足資參考云。

司勳五種集

《四庫提要·别集類存目九》《司勳五種集》二十卷。副都御史黄登賢家藏本。

國朝王士禄撰。士禄有《讀史蒙拾》，已著録。是集一曰《表餘堂詩存》二卷，一曰《十笏草堂詩選》九卷，一曰《辛甲集》七卷，一曰《上浮集》二卷，皆古今體詩。一曰《炊聞卮語》二卷，則詞也。然《表餘堂詩存》未刻，刻者實止四種耳。

定峰樂府

《四庫提要・別集類存目九》《定峰樂府》十卷。江蘇巡撫採進本。國朝沙張白撰。張白原名一卿，號定峰，江陰人。是集皆所作樂府，或用古題，或自製新題，曹禾爲之評點。

江泠閣文集　續集

《四庫提要・別集類存目九》《江泠閣文集》四卷，《續集》二卷。浙江巡撫採進本。國朝冷士嵋撰。其文詞意條達。頗爲博辨，而亦失之好盡，朱子所謂「少先輩淳實氣象者」也。

江泠閣詩集

《四庫提要・別集類存目九》《江泠閣詩集》十四卷。浙江巡撫採進本。國朝冷士嵋撰。士嵋字又湄，丹徒人。居傍大江，其讀書之閣曰江泠，故以名集。其詩刻意學杜，多爲激壯之音。晚年節饔飧之費，自梓是集。凡古今體詩十二卷，首載《琴操》古樂府一卷，末附詩餘一卷。

街南文集

軍機處奏《禁毁書目》《街南文集》一部，六本。查《街南文集》，係吴肅公撰。書中語有憤激，應請銷燬。

五經堂文集　語録

《四庫提要・別集類存目一〇》《五經堂文集》五卷，《語録》一卷。山西巡撫採進本。國朝范鄗鼎撰。鄗鼎有《理學備考》，已著録。是集皆各體雜文，本名《草草草》。卷首有鄗鼎自序，文格酷摹《尚書》。雖本之《夏侯元昆弟誥》，然未免太近遊戲。末附《語録》一卷，乃其子翽搜輯諸刻書中鄗鼎評識之語，彙成一帙，因竝梓之。實非鄗鼎自作，亦非門人所記也。

歲寒堂存稿

《四庫提要・別集類存目一二》《歲寒堂存稿》一卷。浙江巡撫採進本。國朝林璐撰。璐字鹿菴，錢塘人。是集皆其所著雜文，僅數十篇。相其版式，蓋陸續開雕，尚未編定成帙。其《安溪懷古序》，信建文出亡爲真，殊爲未考。所記顔允紹、郭少尹等事，皆足裨史之闕。特叙述稍冗，筆力稍弱耳。

閑居草

《四庫提要・別集類存目九》《閑居草》一卷。江蘇周厚堉家藏本。國朝董含撰。含字榕菴，華亭人，董俞弟也。詩名不及其兄，而詩格高雅過其兄。是編卷首稱《藝葵草堂稿》，而卷中稱《閑居草》，蓋其全集之一種也。大抵蒼涼幽咽，有騷人哀怨之遺。而惝怳其詞，知其意有所寓，而莫名其寓意之所在焉。

半農齋集

《四庫提要・別集類存目九》《半農齋集》八卷。兩江總督採進本。國朝蔣中和撰。中和字本達，又字眉三，靖江人。順治乙未進士，官蘭陽知縣，遷滄州州判。是集分詩、文、論、策、史、説六部。其文頗辨博自喜，而多拾李贄餘論，未脱明季町畦也。

掄山集選

《四庫提要・別集類存目九》《掄山集選》一卷。山東巡撫採進本。國朝王士禧撰。士禧字禮吉，山東新城人。與其兄士禄、弟士禛、士祜自幼以詩相唱和。三人皆成進士，而士禧獨以歲貢終。没後四年，士禛選其遺詩三分之一刊之。其詩綽有風調，而才地較弱。

二曲集

《四庫提要・別集類存目八》《二曲集》二十二卷。浙江巡撫採進本。國朝李顒撰。顒有《四書反身録》，已著録。集爲門人王心敬所編。每卷分標篇目。

張之洞《書目答問・別集》《二曲集》二十二卷。李中孚。

志壑堂集

范邦甸等《天一閣書目・別集類》《志壑堂集》十二卷。刊本。國朝唐夢賚撰。康熙二十年方孝標、李呈祥、葛世振、姜宸英俱有序。

志壑堂詩

《四庫提要・別集類存目八》《志壑堂詩》十五卷。浙江巡撫採進本。國朝唐夢賚撰。夢賚字濟武，淄川人。順治己丑進士，官翰林院檢討。是編爲新城王士禛所定，間有士禛評識。

寶綸堂集

《四庫提要・別集類存目八》《寶綸堂集》五卷。浙江巡撫採進本。國朝許纘曾撰。纘曾有《滇行紀程》，已著録。是集樂府規仿舊文，七言古詩多學初唐四傑之體，皆擬議而未能變化。

寶綸堂稿　附定舫雜詠

《鄭堂讀書記・別集類》《寶綸堂稿》十二卷。前四卷原刊本，後八卷補鈔本。附《定舫雜詠》二卷。原刊本。國朝許纘曾撰。纘曾仕履見傳記類。《四庫全書存目》作《寶綸堂集》五卷，係浙江巡撫采進本，當即是編之第二卷至第五卷及《定舫雜詠》也。是編凡賦一卷，詩四卷，雜文三卷，《芻蕘之言》一卷，《定舫隨筆》、《感應篇》、《徵事續》合一卷，《日南補稗》一卷，《日南前事》一卷，附録天台馮甦《滇考》十九條一卷，又附《定舫雜詠》二卷，則其癸酉至乙亥之作也。

湯子遺書

《四庫提要・別集類二六》《湯子遺書》十卷。附録一卷。河南巡撫採進本。國朝湯斌撰。斌有《洛學編》，已著録。

張之洞《書目答問・別集》《湯子遺書》十卷。湯斌。

湯潛菴文集節要

《四庫提要・別集類存目八》《湯潛菴文集節要》八卷。兩江總督採進本。國朝彭定求編。定求有《周忠介公遺事》，已著録。《湯斌文集》有《湯子遺書》諸刻，定求又擇其切於身心者，倣聶豹《南軒節要》之例，纂爲此編。定求，斌門人也。《蘇州府志》載其有《儒門法語》、《蒙正録》、《南畇詩文集》，而不及此書，殆修志時偶未見與。

已畦集

《四庫提要・别集類存目一〇》 《已畦集》二十一卷。江蘇巡撫採進本。國朝葉燮撰。燮有《江南星野辨》，已著録。是集前有自序，論文章利病，頗爲有見。然檢閲集中諸作，則頗不逮其所言。至於意態波瀾，彼此重複。如《聽松堂》、《秀野堂》二記，其尤甚者也。

夢村集

《四庫提要・别集類存目一二》 《夢村集》二卷。編修周永年家藏本。國朝朱緯撰。緯字義俶，歷城人。由歲貢生官邱縣訓導。是集有《七十自壽》詩，又有《次兒生日》詩，作於七十四歲時，蓋其晚年所自編，詩頗清淺，而時有脱灑之致。

筠谿集

《四庫提要・别集類存目八》 《筠谿集》七卷。江蘇巡撫採進本。國朝范青撰。青字筠堅，上海人。是集分《北遊草》、《北遊續草》、《峡遊草》、《金陵草》、《歸田草》諸目。第一卷有《挽制府范承謨詩》十首，間載承謨殉難事蹟。其末首有云「炙雞過酹君知否，十九人中是一人」，蓋嘗爲承謨之客者也。

禹門集

《四庫提要・别集類存目一二》 《禹門集》四卷。内府藏本。國朝郭振遐撰。振遐字中洲，汾陽人，寄居揚州。詩頗率易，至以大禹、顔回自比，尤爲狂縱矣。

放鶴村文集

《四庫提要・别集類存目一二》 《放鶴村文集》五卷。山東巡撫採進本。國朝張侗撰。侗字同人，一字石民，諸城人。是集前有方邁所作《侗小傳》，稱其「有孝行，多奇節」，蓋亦孤高之士。其文則欲擺脱町畦，乙乙冥冥，别標象外之趣，而反墮公安、竟陵派中。蓋存一不落窠臼之意，即其窠臼矣。

王文靖集

《四庫提要・别集類存目八》 《王文靖集》二十四卷，附録一卷。直隸總督採進本。國朝王熙撰。熙字子撰，一字胥廷，宛平人。順治丁亥進士，官至大學士。謚文靖。是集爲其子克昌所編。凡奏疏二卷，頌賦一卷，詩六卷，文十五卷，以自作年譜及行狀、誌銘、碑傳，附録於末。前有其門人張玉書、吴震方二序，又有朱彝尊序。核其詞意，皆熙在時所作。而標題亦稱其謚，或刊版者追改也。

槐軒集

《四庫提要・别集類存目九》 《槐軒集》十卷。山東巡撫採進本。國朝王曰高撰。曰高字北山，號槐軒，茌平人。順治戊戌進士，由庶吉士改給事中。是集詩五卷，文五卷。曰高與新城王士禛兄弟相倡和，耳濡目染，詩格時復近之，而才與學則未逮也。

安静子集

《四庫提要・别集類存目八》 《安静子集》十三卷。山東巡撫採進本。國朝安致遠撰。致遠字静子，一名如磐，字拙石，壽光人，貢生。自順治乙酉至康熙甲子，十五舉不售，卒偃蹇以没。是集凡爲文集九卷，曰《玉磑集》四卷、《紀城文藁》四卷、《螢音》一卷。詩集四卷，曰《柳村雜咏》二卷、《嶽江草》、《倦游草》各一卷，總名之曰《紀城詩草》。而《嶽江草》獨標「卷六」字，似非完本。詞集一卷，曰《吴江旅嘯》。自序謂「詩喜摩詰，文摹廬陵，愛其從容閑雅，不事鉤棘」，故能不染明末纖詭之習，而精神魄力，亦未能凌跨諸家。

真意堂文稿

《四庫提要·别集類存目一一》《真意堂文稿》一卷。浙江巡撫採進本。國朝姜宸英撰。此本前有秦松齡序，言宸英奉纂修之命，治裝北上，哀爲此集。蓋其中年所作，初出問世之本也。

湛園集

《四庫提要·别集類二六》《湛園集》八卷。副都御史黄登賢家藏本。國朝姜宸英撰。宸英有《江防總論》，已著録。初編其文爲《湛園未定稿》，秦松齡、韓菼皆爲序。後武進趙同教摘爲《西溟文鈔》。此本爲黄叔琳所重編，凡八卷。【略】是集前二卷皆應酬之作，去取之間，未必得宸英本意，然梗概亦略具於斯矣。集末札記二卷，據鄭羽逵所作《宸英小傳》，本自單行。今亦别著於録，不入是集焉。

張之洞《書目答問·别集》《湛園集》十卷。姜宸英。

湛園未定稿

《四庫提要·别集類存目一一》《湛園未定稿》六卷。浙江巡撫採進本。國朝姜宸英撰。宸英有《江防總論》，已著録。此本爲其未入書局以前所自定，不及大興黄氏本之完備。以别行已久，姑附存其目。

嵩菴集

《四庫提要·别集類存目九》《嵩菴集》五卷。浙江巡撫採進本。國朝馮甦撰。甦有《滇考》，已著録。甦官雲南時，先刻有《南中集》。會吴三桂作亂，甦不屈被囚，遂燬於兵。歸里後，詩文亦多散佚。此集乃其外孫洪承澤所刻。凡古今體詩三百八十餘首。蓋甦晚年掇拾殘稿，以付其女，故承澤得而刊之也。

萬青閣全集

《四庫提要·别集類存目九》《萬青閣全集》八卷。内府藏本。國朝趙吉士撰。吉士有《續表忠記》，已著録。是集爲吉士所自編。凡雜文二卷，詩一卷，《勘河詩紀》等十三種共一卷，制藝一卷，《平交山寇公牘詩文》一卷，《讞牘》一卷。交山在交城境，姜瓖平後，餘孽竄伏山中，出没爲患。吉士以計討平之，材略有足稱者。文章則非專門也。

林卧遥集

《四庫提要·别集類存目九》《林卧遥集》三卷。浙江巡撫採進本。國朝趙吉士撰。康熙戊辰，吉士由户科給事中罷職閑居，僑住宣武門西之寄園。適金壇于漢翔貽詩四首，吉士依韻酬答。後凡遇他題，皆疊此韻。積成千首，命曰《疊韻千律》，分爲上、下二卷。尋又續得五百餘首，編爲一卷，命曰《千疊波餘》，合刻以爲此編。案和韻爲詩，本不能曲折如志。又疊至千五百首，此雖香山、東坡亦斷無能工之理矣。

彙　書

《四庫提要·别集類存目一二》《彙書》六卷。浙江巡撫採進本。國朝王鳳九撰。鳳九，仙游人。是集自序謂「倣《笠澤叢書》之例，故以彙書名之。」中多講《易》之文，其説皆宗程、朱。詩則有韻語録也。

春樹草堂集

《四庫提要・別集類存目八》《春樹草堂集》六卷，監察御史孟生蕙家藏本。國朝杜恒燦撰。恒燦字杜若，號蒼舒，三原人。順治戊子副榜貢生，考職授通判，未仕而卒。其卒也，寧都魏禧表其墓，關中李因篤爲作傳，皆悼惜其才。是編凡詩二卷、文四卷，塗乙縱橫，猶當時原稿。中多代人之作，蓋恒燦歷爲郎廷極、賈漢復、梁化鳳諸人客，畢生出入幕府中，故以賣文爲活。所作富贍有餘，而多不修飾，殆亦由於取辦倉卒也。

谷口山房詩集

《四庫提要・別集類存目九》《谷口山房詩集》十卷。陝西巡撫採進本。國朝李念慈撰。念慈字屺瞻，號劬菴，涇陽人。順治戊戌進士。授河間府推官。後改補新城縣知縣，以催科不力褫職。吴三桂叛，大兵駐荆襄，以奉檄運餉有功，再授天門縣知縣。康熙己未，薦舉博學鴻詞，試不入格而罷。其詩吐屬渾雅，無秦人亢厲之氣。是集皆其未第以前所作，故歡愉之詞少，而愁苦之音多。其題曰「谷口山房」者，史稱池陽谷口在涇陽西北四十里，爲念慈舊廬所在，故以名其集云。

挹奎樓文集

《四庫提要・別集類存目九》《挹奎樓文集》十二卷。江西巡撫採進本。國朝林雲銘撰。雲銘有《楚詞燈》，已著録。耿精忠之叛，雲銘方家居，抗不從賊，被囚十八月。會王師破閩，始得釋。其志操有足多者，然學問則頗爲弇陋。所評注選刻，大抵用時藝之法，不能得古文之源本，故集中諸文，亦皆不入格云。

吴山鷇音

《四庫提要・別集類存目九》《吴山鷇音》八卷。福建巡撫採進本。國朝林雲銘撰。此其寓杭州時所作詩文，故署以吴山。其曰「鷇音」，則取莊子語也。據自序云「分爲四卷」，而書實八卷，或刻時每卷分而爲二歟？

挹奎樓選稿

《鄭堂讀書記・別集類一・國朝》《挹奎樓選稿》十二卷。康熙丙子刊本。國朝林雲銘撰。雲銘字西仲，侯官人。順治戊戌進士，官徽州府通判。《四庫全書存目》作《挹奎樓文集》，蓋別據一本也。西仲于康熙己酉初刻其文爲《損齋焚餘》十卷。越十七載，再刻其寓杭州所作爲《吴山鷇音》八卷。又越十二載，復取兩集嚴加存汰，益以後來之作，編爲是集。

山曉閣詩

《四庫提要・別集類存目一〇》《山曉閣詩》十二卷。浙江巡撫採進本。國朝孫琮撰。琮字執升，嘉善人，山曉閣其讀書處也。集前有魏坤序，謂其《初集》不下千首，其後數十年，復成兩集。今計此本所存，僅十之二三耳。其詩頗有警句，而醖釀未深。

荆南墨農全集

《四庫提要・別集類存目九》《荆南墨農全集》無卷數。江蘇巡撫採進本。國朝徐喈鳳撰。喈鳳字竹逸，宜興人。順治戊戌進士。官永昌府推官。是編首曰

《滇遊詩集》，官永昌時所作。次曰《願息齋詩文集》，里居後所作。又附《蔭緣軒詞初集》、《續集》及《秋泛詩餘》、《兩遊詩餘》四種，而以《荆南墨農集》爲總名。「荆南墨農」，嗜鳳晚年自號也。

萊山堂集　遺稿

《四庫提要·别集類存目九》《萊山堂集》八卷。《遺稿》五卷。浙江巡撫採進本。國朝章金牧撰。金牧字雲李，歸安人。由監生官柏鄉縣知縣。其時文縱横博麗，雖不中規矩，而勃勃有奇氣，在當時其名甚噪。日久論定，究不免有僞體之譏。至今談制藝者舉爲厲禁。計其詩格，亦當在盧仝、李賀之間。而是集所載，了不異人。其殆才有偏長歟。

萬山樓詩集

《四庫提要·别集類存目九》《萬山樓詩集》二十四卷。江西巡撫採進本。國朝許虬撰。虬字竹隱，長洲人。順治辛卯舉人，官至思南府知府。其詩前數卷多擬古之作，刻意摹仿，頗嫌太似。其擬陸機《迢迢牽牛星》詩，後有自跋曰「予已於《十九首》中和此題矣，今復因曙戒之訂，共和陸平原。篇成，自詠一過，確是晉古，非漢古也。詩之升降微矣」。觀其持論，知無往非雙鉤古帖也。

霞園詩集　文集

《四庫提要·别集類存目九》《霞園詩集》三卷。《文集》一卷。福建巡撫採進本。國朝鄭重撰。重字山公，建安人。順治戊戌進士，官至刑部左侍郎。是集詩三卷，第一卷令靖江時作。第二卷爲《越使吟》，祭告會稽南鎮時作。第三卷爲《秦遊草》，典試陝西時作。又雜文一卷。考《重典試陝西》在康熙十七年戊午，《使越祭告》在康熙二十三年甲子。今反録《越使吟》於《秦遊草》之前，殆編次者誤歟。

吕用晦文集　續集

軍機處奏《禁毁書目》《晚村文集》一部，四本。查《晚村文集》，係吕留良撰。應請銷燬。

晚村慙書三十首

軍機處奏《禁毁書目》《慙書》一部，二本。查《慙書》，係吕留良所作詩文。卷首有留良小像，應請銷燬。

天蓋樓遺稿

軍機處奏《禁毁書目》《天蓋樓遺稿》一部，一本。查《天蓋樓遺稿》，係逆賊吕留良時文，應請銷燬。

質亡集

軍機處奏《禁毁書目》《質亡集》一部，十一本。查《質亡集》，係吕留良所撰詩文。應請銷燬。

曝書亭集

《四庫提要·别集類二六》《曝書亭集》八十卷，附録一卷。通行本。國朝朱彝尊撰。彝尊有《日下舊聞》已著録。此集凡賦一卷，詩二十二卷，皆編年爲次。

始於順治乙酉，迄於康熙己丑，凡六十五年之作。其紀年皆用《爾雅》歲陽歲陰之名，從古例也。詞七卷，曰《江湖載酒集》，曰《茶煙閣體物集》，曰《蕃錦集》。雜文五十卷，分二十六體。附録《葉兒樂府》一卷，則所作小令也。

張之洞《書目答問・別集》《曝書亭集》八十卷，附録一卷。朱彝尊。

曝書亭集外稿

張之洞《書目答問・別集》《曝書亭集外稿》八卷。馮登府輯。

竹垞文類

范邦甸等《天一閣書目・別集類》《竹垞文類》二十六卷。刊本。國朝朱彝尊撰。

竹垞文類

《四庫提要・別集類存目一〇》《竹垞文類》二十六卷。内府藏本。國朝朱彝尊撰。彝尊有《經義考》，已著録。是集乃其未遇時所刻，中有《曝書亭》所未録者，皆悔其少作，自爲删汰也。

騰笑集

《鄭堂讀書記・別集類一・國朝》《騰笑集》七卷。原刊本。國朝朱彝尊撰。初竹垞于康熙壬戌刻其未遇時詩文爲《竹垞文類》，至丙寅春，復輯其己未以來詩文凡賦及古體詩二卷、今體詩二卷、雜文三卷，後刊入《曝書亭集》，所有删汰增改之處，亦與《文類》相同，亦當以全集爲定本。其曰《騰笑集》者，取諸孔德璋《北山移文》之語也。前有自序及海寧查初白慎行序。

曝書亭詩注

張之洞《書目答問・別集》《曝書亭詩注》二十三卷。朱彝尊、楊謙注。孫銀槎注本不如楊注本。別行。互見。

藥亭詩集

《四庫提要・別集類存目一〇》《藥亭詩集》二卷。江蘇周厚堉家藏本。國朝梁佩蘭撰。佩蘭字藥亭，番禺人。康熙戊辰進士，改庶吉士。是編乃休寧汪觀所選，皆近體詩。卷首有朱文小印，曰「古體嗣出」，則不但非其全集，即選本亦尚未刻竣矣。

張康侯詩草

《四庫提要・別集類存目九》《張康侯詩草》十一卷。陝西巡撫採進本。國朝張晉撰。晉字康侯，狄道人。順治壬辰進士。官丹徒縣知縣。其詩頗學李白，兼及李賀之體。第一卷爲《黍谷吟》，第二卷爲《秋舫一嘯》，第三卷爲《薊門篇》，第四卷爲《勞勞篇》，第五卷爲《石芝山房草》，第六卷、七卷爲《雍草》，第八卷爲《稅雲草》，而以詩餘附焉。第九卷爲《律陶集陶詩》，爲五言律也。第十卷爲《集杜》，第十一卷爲《集唐》，亦皆五言律。據後跋云：「尚有七律集句，未經編入」云。

讀書齋偶存稿

《四庫提要・別集類二六》《讀書齋偶存稿》四卷。江蘇巡撫採進本。國朝葉方藹撰。方藹字子吉，號訒菴，崑山人。順治己亥進士。官翰林院學士，兼禮部侍郎，加禮部尚書銜。卒謚文敏。【略】此本皆在朝及告歸時所作。不分體，不編年，疑爲方藹所自定。故篇什雖少，而一一皆其菁華。王原祁序稱方藹詩宗蘇陸，文宗眉山。生平服膺王士禛之詩、汪琬之文，實兼有二家之長云云。今是稿不及雜文，而詩則諸體具備。雖未及士禛之秀骨天成，而和雅舂容，渢渢乎盛世之音，與士禛亦各擅其長焉。

讀書堂集

《四庫提要·別集類存目一〇》《讀書堂集》四十六卷。江蘇巡撫採進本。國朝趙士麟撰。士麟，雲南河陽人。康熙甲辰進士，官至吏部侍郎。是集爲士麟所自編，凡語録四卷，文十七卷，詩二十一卷，條約四卷，大抵應酬之作。冠以序一卷，題詞一卷，密行細字，凡八十二頁，裒然自爲一巨册，亦向來刻集者所未有也。

尺五堂詩删

《四庫提要·別集類存目一〇》《尺五堂詩删》六卷。浙江巡撫採進本。國朝嚴我斯撰。我斯字存菴，歸安人。康熙甲辰進士第一，官至禮部左侍郎。其詩近體最富，古體僅十之二三，大抵長於華贍之作，湯惠休所謂「如鏤金錯采，亦雕繢滿眼」者也。

行素堂詩集

《四庫提要·別集類存目九》《行素堂詩集》一卷。直隸總督採進本。國朝李如滂撰。如滂字仲淵，高陽人。其祖、父明末皆死於亂。如滂間關冒死，訪遺骸於兵火之中，其行誼爲鄉黨所稱。入國朝，登順治己亥進士，官酆都縣知縣。是集如滂所自編，前有李霨序。霨、如滂諸父行也。

願學堂集

《四庫提要·別集類存目八》《願學堂集》二十卷。陝西巡撫採進本。國朝周燦撰。燦字星公，臨潼人。順治己亥進士，官至南康府知府。是集凡文十八卷，詩二卷。詩格宏敞，頗勝於文。然規撫唐音，浮聲多而切響少，猶襲北地之舊調者也。

月巖集

《四庫提要·別集類存目八》《月巖集》五卷。江西巡撫採進本。國朝周禮撰。禮字情畊，號月巖，宜黄人。是集文四卷，詩一卷。其文力摹歐蘇，頓挫曲折，頗爲形似。詩則多不入格。蓋殫力於古文，而吟咏其餘事也。

冬關詩鈔

《四庫提要·別集類存目八》《冬關詩鈔》六卷。浙江巡撫採進本。國朝釋通復撰。通復字文可，嘉興人。少與曹溶同學，晚乃託跡於緇服。溶贈以詩，有「共排流俗論，重起杜陵人」之句，蓋其宗尚如此。遺稿多散佚，朱彝尊選《詩綜》搜訪不能得，至康熙己丑，其友人盛遠等始爲裒輯刊版。前三卷皆遠所輯，後三卷則汪文楨、汪森兄弟所輯，前有遠與森二序。

静菴集

《四庫提要·別集類存目九》《静菴集》十二卷。江西巡撫採進本。國朝鄭日奎撰。日奎字次公，貴谿人。順治己亥進士，改庶吉士，散館授禮部主事。康熙壬子與新城王士禛同典四川鄉試。士禛詩所謂「水部風流似鄭虔」者也。是集凡詩五卷，又别集詩一卷。文五卷，中多留心時事之言。又《談贋》一卷，一名《醒世格言》，則劄記語也。

漣漪堂遺稿

《四庫提要·别集類存目九》《漣漪堂遺稿》二卷。浙江巡撫採進本。國朝沈峻曾撰。峻曾字寵菴，仁和人。順治甲午副榜貢生。是集爲晉安林雲銘所選定。上卷爲雜文，下卷爲詩。末附雜言數十條，皆談理之語，頗近陳繼儒小品。

白雲村集

《四庫提要·别集類存目一〇》《白雲村集》八卷。山東巡撫採進本。國朝李澄中撰。康熙己未，以召試入史館者，澄中與龐塏交最契。文格、詩格，二人往往互似。是集即塏官建寧府知府時爲刻於福建者。塏序稱王新城阮亭、田德州綸霞壇坫久成於時，望重龍門。漁村入都，與鼎足而立，士林稱「山左三大家」。然澄中詩文修潔有餘，至魄力雄厚，終非王、田比也。王士禛《感舊集》載其《齊謳行》三首，《細草谷》一首，此集皆未載。又《魚龍圖》一篇，亦與《感舊集》所載數字不同。蓋塏與士禛門徑稍别，故去取亦稍異也。

卧象山房集

《四庫提要·别集類存目一〇》《卧象山房集》三卷，附録二卷。山東巡撫採進本。國朝李澄中撰。澄中有《滇南日紀》，已著録。是編賦一卷，文一卷，詩一卷，附《滇南集》一卷，又《艮齋文選》一卷。安若訥爲作墓誌，記其夢爲李攀龍後身。趙執信亦稱其生而父夢攀龍入室，故其詩仍學攀龍。龐塏論文絶句，則有「壽光安子非知己，强爲于鱗認後身」句。今觀其集，頗不類滄溟體格。是塏所論者爲允，若訥、執信，皆好奇之論也。

雙雲堂文稿　詩稿

《四庫提要·别集類存目一〇》《雙雲堂文稿》六卷。《詩稿》六卷。浙江巡撫採進本。國朝范光陽撰。光陽字國雯，號北山，鄞縣人。康熙戊辰進士，改庶吉士，官至福建延平府知府。是集爲其晚年所手定。没後其孫從律等以《充安堂近稿》附入刊行。其曰「雙雲堂」者，以其先墓有紅雲、白雲二山，故名所居以示不忘其祖之義云。

廣東文集

軍機處奏《禁毀書目》《廣東文集》一部，八本。查《廣東文集》，係屈大均所編，應請銷燬。

道援堂集

軍機處奏《禁毀書目》《道援堂集》一部，二本。查《道援堂集》，係屈大均撰。應請銷燬。

屈翁小詩略

軍機處奏《禁毀書目》《屈翁小詩略》一部，二本。查《屈翁小詩略》，係屈大均撰。應請銷燬。

居業齋文集　別集

《四庫提要・別集類存目一〇》《居業齋文集》二十卷。《別集》十卷。湖南巡撫採進本。國朝金德嘉撰。德嘉字會公，廣濟人。康熙壬戌進士，官翰林院檢討。德嘉晚年，鍵户著書。時同郡顧景星、張仁熙、劉醇驥往往追摹秦、漢，宗尚王、李，訾歸有光爲秀善婉媚。德嘉獨不爲高論，力摹韓歐。雖其閎肆博贍遜於國初前輩，而先民矩矱，彷彿猶存。

三魚堂文集　外集

《四庫提要・別集類二六》《三魚堂文集》十二卷。《外集》六卷。附録一卷。兩江總督採進本。國朝陸隴其撰。隴其有《古文尚書考》，已著録。是集爲其門人侯銓所編。凡雜著四卷，書一卷，尺牘一卷，序二卷，記一卷，墓表、志銘、壙記、傳，共一卷。《外集》六卷，則裒其奏議、條陳、表策、申請、公移而終之以詩，隴其行狀之類亦併附焉。目録之末，有其從子禮徵跋，言隴其平生不屑爲詩、古文、詞，尤以濫刻文集爲戒，故易簀時篋中無遺稿。至康熙辛巳，禮徵乃旁搜廣輯，彙成是集，而屬銓分類編次。蓋隴其没後九年，此集乃出也。

張之洞《書目答問・別集》《三魚堂文集》十二卷。《外集》六卷。附録一卷。陸隴其。

見山樓詩文集

《四庫提要・別集類存目九》《見山樓詩文集》無卷數。陝西巡撫採進本。國朝楊素蘊撰。素蘊有《西臺奏議》，已著録。其詩集刻於康熙壬子。文集則無序無跋，不知刻於何時。均不分卷帙，不列目録，皆似乎隨有所作，隨以付雕。其詩頗摹李夢陽，文則皆應俗之作也。

撫皖治略　撫楚治略　穀城水運紀略

《四庫提要・別集類存目九》《撫皖治略》一卷。《撫楚治略》一卷。《穀城水運紀略》一卷。陝西巡撫採進本。國朝楊素蘊撰。《撫皖治略》乃其官安徽巡道時條教、奏疏。《撫楚治略》皆其官湖廣巡撫時條教、奏疏。《穀城水運紀略》，則素蘊官荆南道時，會大軍勦逆藩吴三桂，兵儲陸運頗艱，因訪明季楊嗣昌勦張獻忠時水運故道，修復縴路，裒其文移以成是編。素蘊爲御史時，曾疏劾吴三桂，號爲敢言。此三書則皆尋常案牘也。中多奏疏，宜入奏議類中。而文告居其大半，故仍附之別集類焉。

孔鍾英集

《四庫提要・別集類存目九》《孔鍾英集》十卷。江西巡撫採進本。國朝孔毓瓊撰。毓瓊字鍾英，江西新城人。嘗學於魏禮。禮爲是集序，稱其學古於世所不學之日。其文頗有健氣，而意言並盡，殆由醖釀未深歟。

黑蝶齋詩鈔

《四庫提要・別集類存目一一》《黑蝶齋詩鈔》四卷。浙江巡撫採進本。國朝沈岸登撰。岸登字覃九，號惰耕邨叟，平湖人。是集乃康熙壬午岸登殁後，其從子黼熊所編，共詩四百四十餘首。其詩瘦削無俗韻，而邊幅微狹，亦緣於是。

荆樹居文略

《四庫提要・別集類存目九》《荆樹居文略》十卷。湖北巡撫採進本。國朝李懋緒撰。懋緒字汝時，號正所，江陵人。是編乃其門人楊士瓊所編。凡語録五卷，詩文五卷。懋緒與趙御衆、漆士昌爲友。御衆，孫奇逢弟子也，故耳目濡染，其語録亦宗姚江之學。然不爲明季門户之見，以奇逢亦不立門户故也。至於文格樸拙，詩多説理之作，則講學家之舊派，不自懋緒始矣。

蕭亭詩選

《四庫提要・別集類存目九》《蕭亭詩選》六卷。山東巡撫採進本。國朝張實居撰。王士禛所評選也。實居字賓公，號蕭亭，鄒平人。士禛序稱其古今詩盈千首，樂府古選尤有神解，爲擇其最者三百餘篇爲此集云。

受祺堂詩集

《四庫提要・別集類存目一〇》《受祺堂詩集》三十四卷。陝西巡撫採進本。國朝李因篤撰。因篤字子德，又字天生，富平人。康熙己未，召試博學鴻詞，授翰林院檢討。顧炎武作《音學五書》，特載《與因篤》一札，蓋頗重之。【略】是集爲因篤所自定，本三十五卷。此本獨闕第四卷，目録注云「未出」，其爲因篤自删之，或爲隨寫隨刻，誤排卷數，不得已而立一虚卷，均未可知也。其詩大抵意氣蒼莽，才力富贍。而亢厲之氣一往無前，失於粗豪者蓋亦時時有之，殆所謂利鈍互陳者歟。

蓮龕集

《四庫提要・別集類存目九》《蓮龕集》十五卷。江西巡撫採進本。國朝李來泰撰。來泰字仲章，號石臺，臨川人。順治壬辰進士，官工部虞衡司主事。康熙己未召試博學鴻詞，授翰林院侍講。其制藝才藻富艷，有幾社之餘風，詩、古文則不逮也。

秋笳集

《四庫提要・別集類存目九》《秋笳集》八卷。江蘇巡撫採進本。國朝吴兆騫撰。兆騫字漢槎，吴江人。順治丁酉舉人，戊戌以科場夤緣事，戍寧古塔。後蒙恩赦還。此集前四卷爲徐乾學所刊，後四卷爲其子振所刊，而編次無序，通爲八卷。前三卷題《秋笳集》，四卷題《西曹雜詩》，五卷題《秋笳前集》，六卷題曰《擬古後雜體詩》，七卷曰《秋笳後集》，八卷則五頁以前題《雜著》，六頁以後題《後集》。蓋隨得隨刊，故舛謬如是。

周廣菴全集

《四庫提要・別集類存目一〇》《周廣菴全集》三十八卷。浙江巡撫採進本。國朝周金然撰。金然字廣菴，上海人。康熙壬戌進士，官至司經局洗馬。是編分爲七種：《飲醇堂文集》八卷、《抱膝庭詩草》二十卷、《娱暉堂集》二卷、《和陶靖節集》三卷、《和李昌谷集》一卷、《西山紀遊詩》一卷、《南浦詞》三卷。金然與施閏章、宋琬遊，其才思格力，亦介於二人之間。

憺園集

《四庫提要・別集類存目一〇》《憺園集》三十八卷。兩淮馬裕家藏本。國朝徐乾學撰。乾學有《讀禮通考》，已著録。乾學家富圖籍，聖祖仁皇帝購求遺書，乾學奏進十二部，其疏今在集中。近所藏雖已散佚，而《傳是樓書目》猶存於世。所著《讀禮通考》及《續宋元通鑑長編》，皆閎通淹貫，確有可傳。集中考辨、議説之類，亦多與傳注相闡發。【略】是集刻於康熙丁丑。據宋犖原序，稱尚有《外集》。今未之見，或此本偶佚歟。

抱經齋集　附焚餘草

《四庫提要・別集類存目一〇》《抱經齋集》二十卷。附《焚餘草》一卷。浙江巡撫採進本。國朝徐嘉炎撰。嘉炎字華隱，秀水人。康熙己未召試博學鴻詞，授翰林院檢討。官至内閣學士，兼禮部侍郎。是集凡應制詩一卷，樂府一卷，古詩四卷，律詩五卷，絶句二卷，《玉臺詞》一卷，賦頌一卷，論一卷，序三卷，雜文一卷。末附《焚餘草》一卷，乃嘉炎父肇森所作。遭亂散失，僅存二十餘首。嘉炎記而録之，猶《山谷集》後附《伐檀集》意也。

獨漉堂集

軍機處奏《禁毀書目》《獨漉堂集》一部，四本。查《獨漉堂集》，係陳恭尹撰。内有與屈大均詩，顯屬悖犯，應請銷燬。

松桂堂全集　延露詞　南沚集

《四庫提要・別集類二六》《松桂堂全集》三十七卷，《延露詞》三卷，《南沚集》三卷。江蘇巡撫採進本。國朝彭孫遹撰。孫遹字駿孫，自號羡門生，海鹽人。順治己亥進士。官中書舍人。康熙己未，舉博學鴻詞，召試擢第一，授編修。歷官吏部侍郎，兼翰林院學士。【略】今觀是集，才學富贍，詞采清華。館閣諸作，尤瑰瑋絶特。知其獨邀甄拔，領袖羣才，不偶然也。孫遹所著《南沚集》、《香匳倡和集》、《金粟詞》、《延露詞》，俱先有刊本。惟《全集》未刊。孫遹没後五十年，至乾隆癸亥，其孫景曾始爲開雕。併以舊刊《南沚集》、《延露詞》附録於後云。

張之洞《書目答問・別集》《松桂堂集》三十七卷。《延露詞》三卷。《南沚集》三卷。彭孫遹。

在陸草堂集

《四庫提要・別集類存目一一》《在陸草堂集》六卷。兩淮馬裕家藏本。國朝儲欣撰。欣有《春秋指掌》，已著録。欣以制藝名於時。而古文亦謹潔明暢，有唐、宋家法，大致於蘇軾爲近。所作《蜀山東坡書院記》，宗旨可概見也。其中如《周公太公論》、《撻伯禽辨》、《挾天子辨》，皆少近迂。《與齡辨》則先儒久言之，亦不免爲屋下之屋。其《正統辨》不取帝蜀之説，亦不免失之好辨也。

孔惟叙集

《四庫提要・別集類存目九》《孔惟叙集》六卷。江西巡撫採進本。國朝孔毓功撰。毓功字惟叙，江西新城人。亦受學於魏禮。是集皆所作雜文，以年爲次，不分體類。目録前有自記，歉歉然自以爲未信，而欲待他年之删改。亦可謂篤志斯事者。雖骨格未堅，其規橅固有自矣。

吴季野遺集

《四庫提要・別集類存目九》《吴季野遺集》一卷。浙江巡撫採進本。國朝吴坰撰。坰字季野，宣城人。王士禛《居易録》云：「吴坰文學戰國短長及管、韓、荀卿子，作《準言》以擬《權書》。其《正學》、《觀時》、《斂禍》諸篇，可自作一子。」今觀其文，大抵摹擬周秦，得其形似。士禛所云，猶明人標榜之餘習也。

涴亭詩略　涴亭歸來吟

《四庫提要・別集類存目九》《涴亭詩略》二卷。《涴亭歸來吟》一卷。附

《山薑花埡長短句》一卷。福建巡撫採進本。國朝林堯華撰。堯華字開伯，莆田人。順治甲午舉人，官榆次縣知縣。是集《浣亭詩略》二卷，皆早年所作。《浣亭歸來吟》一卷，皆罷官以後所作。《山薑花埡長短句》，則附載其詞集也。其詩集編次頗爲叢雜，如《詩略》中有《詠園花》十四首，《歸來吟》中有《詠園花》四首，而其中《酴醾》一首，一字不易。殆校勘之疎歟。其詩才氣儁爽，早年刻意雕鐫，而未造渾成。晚年又頗涉頽唐，縱筆太早。其詞有南宋人格意，而罕睹新聲，亦擬議而未變化也。

大呼集

軍機處奏《禁毀書目》《大呼集》四本。查《大呼集》，係梁顯祖撰。其書將自漢以來儒先論學之語湊集成編，俱係習見習聞，並無闡發。原屬村塾陋本，而中間所引吕留良之語甚多，應請銷燬。

野眺樓近草

范邦甸等《天一閣書目補遺・别集類》《野眺樓近草》四卷。刊本。四明張瑶芝著，同里陳錫嘏、李鄴嗣、屠粹忠、胡亦堂、周斯盛、聞性道同選。

晚簾集

《四庫提要・别集類存目九》《晚簾集》七卷。福建巡撫採進本。國朝陳箴撰。箴字于寶，龍溪人。由貢生官連城縣教諭。是集文三卷，詩四卷，前三卷分體，後一卷則不分體，蓋續刻也。其古文多雜偶句，不古不今，詩頗澤於古而不能得其格律，蓋刻意有爲，而限於無師者也。

積書巖詩選

《四庫提要・别集類存目九》《積書巖詩選》無卷數。直隸總督採進本。國朝劉逢源撰。逢源字津逮，廣平人。與同里申涵光相唱和。是編分初集、二集，後附前後《漫興詩》各五十首。逢源生當明季，崎嶇轉徙於江、漢、淮、海之間。故幽憂之語多，而和平之韻鮮焉。

健松齋集　續集

《四庫提要・别集類存目一〇》《健松齋集》二十四卷。《續集》十卷。浙江巡撫採進本。國朝方象瑛撰。象瑛有《封長白山記》，已著録。是集象瑛所自編，凡文十六卷，少作及入翰林以後之作悉在焉。十七卷以下爲詩集。【略】《續集》六卷，刻於康熙壬辰。凡文八卷，詩二卷。詩題曰《所之草》，皆歸田以後作也。

古鉢集選

《四庫提要・别集類存目一〇》《古鉢集選》一卷。山東巡撫採進本。國朝王士祜撰。士祜字叔子，一字子側，號東亭，又號古鉢山人，山東新城人。康熙庚戌進士，未仕而卒。是集爲其弟士禛所編。其詩長於情韻，士禛序述計東之言曰「三王竝著詩名，西樵、阮亭早達，故聲譽易起。若東亭之才，詎肯作蜂腰哉。」然自是士禛篤念友于，存此標榜之詞耳。其實士禄不及士禛，士祜不及士禄，天下之公評也。

笠山詩選

《四庫提要・別集類存目九》《笠山詩選》五卷。山東巡撫採進本。國朝孫蕙撰。蕙有歷代《循良録》，已著録。是集爲汪懋麟所選定，詩格清麗，無塵俗之氣。而邊幅微狹，蓋才分弱也。王士禛序稱其五七言詩雖古作者無以加，亦一時奬進之言耳。

張邇可集

《四庫提要・別集類存目一〇》《張邇可集》四卷。浙江巡撫採進本。國朝張遠撰。遠有《杜詩薈粹》，已著録。是集凡分三種，曰《雲嶠集》一卷，《蕉園集》一卷，《梅莊集》二卷。《梅莊集》兼載詩文，《蕉園》、《雲嶠》二集則有詩無文。顧汧序謂「其詩凡三變」。《蕉園》最先，《梅莊》次之，《雲嶠》則官縉雲時所作，爲最後。三集格調皆與毛奇齡相近，蓋二人同里，得法於奇齡者多云。

鉢山堂詩集

《四庫提要・別集類存目一〇》《鉢山堂詩集》十九卷。浙江巡撫採進本。國朝陳阿平撰。阿平字獻吉，東莞人。康熙中諸生。與梁佩蘭同時，是集即佩蘭爲之序。其古體勁直而少醞釀，五言律詩如「東風歸故國，孤燭對高樓」、「明月又將滿，秋風吹別離」諸聯，頗有風味，惜不多得耳。

安序堂文鈔

《四庫提要・別集類存目九》《安序堂文鈔》二十卷。浙江巡撫採進本。國朝毛際可撰。際可字會侯，號鶴舫，遂安人。順治戊戌進士，官彰德府推官。際可與毛先舒、毛奇齡有「三毛」之稱。其學不及奇齡之博，而亦不至如奇齡之强悍堅僻，與先舒則鴈行矣。

會侯文鈔

《四庫提要・別集類存目九》《會侯文鈔》二十卷。浙江巡撫採進本。國朝毛際可撰。此本刻於康熙己亥，乃淳安方婺如所重輯。

松皋文集

《鄭堂讀書記・別集類一・國朝》《松皋文集》十四卷。原刊本。國朝毛際可撰。際可字會侯，號鶴舫，遂安人。順治戊戌進士，官彰德府推官，歷知浚儀、城固、祥符三縣，康熙己未薦舉博學鴻詞。《四庫全書存目》載《安序堂文鈔》二十卷，又載康熙己亥方婺如所重輯《會侯文鈔》二十卷，是集乃康熙丁巳所刊張師石希良、毛稚黄先舒爲之評點。鶴舫嘗與人書云：「自惟生平既肆力古文，精力短淺不能兼綜並致，故絶筆不爲詩。」其專如此。故所作精鍊有法度，不爲枝葉，大都得之曾南豐爲多，且又虛懷善下，有指摘其文者，隨時改定，宜其文之粹然無瑕疵也。前有李霨黄與堅及師石三序。

光宣臺集

軍機處奏《禁毀書目》《光宣臺集》五本，又《尺牘》三本。查《光宣臺集》及《尺牘》，釋今無撰。今無與金堡同時，中多唱酬之作，應請銷燬。

尋壑外言

《四庫提要・别集類存目一〇》《尋壑外言》五卷。浙江巡撫採進本。國朝李繩遠撰。繩遠有《姓氏譜》，已著録。是集詩二卷，文三卷。其詩格意頗清，文亦謹飭，近人集中之有法度者。然束於邊幅，未能凌踔古人也。

績學堂文鈔　詩鈔

《四庫提要・别集類存目一一》《績學堂文鈔》六卷，《詩鈔》四卷。兩江總督採進本。國朝梅文鼎撰。文鼎有《歷算全書》，已著録。其以績學名堂者，初大學士李光地嘗薦文鼎於朝，康熙乙酉恭逢聖祖仁皇帝南巡，文鼎迎鑾道左，蒙召對，御書「績學參微」四字賜之，因以名堂，併以名集也。然文鼎測驗推算諸法，皆足以自傳於後。詩文特其餘事，非所擅長。蓋算術雖一藝，而非以畢生之精力專思研究，則莫造其微。雖超特絶世之姿，其勢不能以旁及。張衡深通歷算，妙契陰陽，至能作候風地動儀，而文章博麗，又能淩轢崔、蔡之間，千古一人而已。自落下閎、鮮于妄人以下，淳風、一行亦未能以詞采著也。斯亦物不兩大之理矣。

芝壇集

《四庫提要・别集類存目一二》《芝壇集》二卷。山東巡撫採進本。國朝張鵬翼撰。鵬翼有《芝壇史案》，已著録。其詩文皆以講學爲宗，體格多近於語録。

涑亭詩略

《四庫提要・别集類存目九》《涑亭詩略》一卷。福建巡撫採進本。國朝林堯光撰。堯光字覲伯，莆田人。順治中，以選拔貢生官行人司行人。近鄭王臣選《莆風清籟集》，謂堯光伯仲詩各臻妙境，而堯光尤秀拔，當爲馬氏白眉。然所作亦頗涉纖麗，於元人蹊徑爲近也。

璇璣碎錦

《四庫提要・别集類存目一〇》《璇璣碎錦》二卷。安徽巡撫採進本。國朝萬樹撰。樹字紅友，宜興人。是集皆迴文詩圖，上卷三十幅，下卷三十幅，各以名物寓題。組織頗巧，然亦弊精神於無用之地矣。蘇若蘭事不可無一，亦不必有二也。

最古園二編

《四庫提要・别集類存目一一》《最古園二編》十八卷。江蘇周厚堉家藏本。國朝羅人琮撰。人琮字紫蘿，湖南桃源人。康熙辛丑進士，官至監察御史。是集人琮所自定。其云二編，以尚有《初刻最古園集》二十四卷也，然其初刻今未之見，此集詩文則大抵以才氣用事，曼衍縱横者也。

蠶尾集　續集　後集

軍機處奏《禁燬書目》《蠶尾集》一部，四本。查《蠶尾集》，亦係王士禛撰，乃康熙甲子以後所作。詩文類。

《四庫提要・别集類存目九》《蠶尾集》十卷，《續集》二卷，《後集》二卷。山東巡撫採進本。國朝王士禛撰。士禛以康熙甲子祭告南海，阻雪東平，望小洞庭中蠶尾山，悦其清遠，因取以名其山房，併以名集。案：盛符升作《雍益集序》，稱合戊辰至乙亥詩文爲《蠶尾集》十卷。此集目録下乃注詩自甲子年起，其年冬及乙丑年作，别爲《南海集》。文自庚午年起，士禛自序又稱偶次甲子使粤以前及丁卯以後詩文，稍成卷帙，因以「蠶尾」名集。士禛集皆所自刊，而三説錯互如是，未喻其故。文中題跋凡三卷，頗足考證。然皆與《居易録》重出。又《蠶尾集序》一篇，既刊卷端，又刻之集中，亦乖體例。其《續集》二卷，皆乙亥迄甲申之詩。惟無丙子一年詩，以是年奉使祭告，別爲《雍益集》也。《後集》二卷，則戊子歸田後所作，五七言絶句居十之九。《自序》謂時方删定洪邁《萬首絶句》，因效爲之。然是年士禛七十五歲矣，殆亦精力漸減，不耐爲長篇巨製也。

帶經堂集

周中孚《鄭堂讀書記・別集類一・國朝》《帶經堂集》九十二卷。原刊本。國朝王士禛撰。前有其門人程哲序，稱新城王先生《漁洋正續詩文》五十二卷，《蠶尾詩文》十卷，同人版行已久，而顧無合刻。庚寅秋，哲郵書請命于先生，因舉諸刻定本，并未刻《蠶尾續詩文》三十卷，統名之曰《帶經堂集》，畀哲及季弟鳴鏘校開雕。閱辛卯冬而蕆事，惜先生於是夏赴道山，遂不及見。然新城之全書出，而天下之大觀止矣。

張之洞《書目答問・別集》《帶經堂集》九十二卷。王士禛。合他著述統名《漁洋山人著述三十八種》。

漁洋文略

《四庫提要・別集類存目九》《漁洋文略》十四卷。山東巡撫採進本。國朝王士禛撰。蓋康熙乙亥士禛所自編。前有其門人張雲章序。士禛以詩名一時，而古文特以天姿朗悟，自然修潔，實則非所專門。雲章序謂以先生爲今之太白、子美，羣知非溢美矣。語以先生之文，昌黎、柳州之文也，容有或信或不信者。蓋當時公論已爾，而雲章必以詩文竝稱，非篤論矣。

漁洋詩集　續集

《四庫提要・別集類存目九》《漁洋詩集》二十二卷《續集》十六卷。山東巡撫採進本。國朝王士禛撰。士禛初刻《落箋堂詩》，又刻順治丙申至辛丑所作爲《阮亭詩》，復有《過江》、《入吳》、《白門》前後諸集。後乃删併諸作，定爲《漁洋前集》。始於丙申，終於康熙己酉，凡十四年之詩。是集出而少作諸集悉微，故今不甚傳。康熙甲子，又裒其辛亥至癸亥之詩十六卷爲《漁洋續集》，蓋其爲詹事時也。其時菁華方盛，與天下作者馳逐矜名，故平生刻意之作，見於二集者爲多焉。

南海集

《四庫提要・別集類存目九》《南海集》二卷。山東巡撫採進本。國朝王士禛撰。皆其奉使祭告南海往還之作。上卷自京師至廣州，下卷自廣州至其家新城而止。蓋其《北歸志》，亦止於新城也。趙執信作《談龍録》，摭其開卷二詩，以爲似羈臣遷客之語，其言誠是。然士禛之詩長於山水，別爲一調，未可以二馮之法繩之也。

雍益集

《四庫提要・別集類存目九》《雍益集》一卷。山東巡撫採進本。國朝王士禛撰。皆康熙丙子奉使祭告西岳、西鎮、江瀆途中所作。前有其門人盛符升序，述士禛自言：「再使秦蜀，往返萬里，得詩纔百餘篇，皆寥寥短章，無復當年《蜀道》、《南海》豪放之格。」其門人蔣仁錫《後序》亦述士禛自言：「老耽禪寂，遇事短吟，略倣西竺氏偈頌，不應更作文字觀也。」可謂明於自知者矣。

漁洋精華録

軍機處奏《禁燬書目》《漁洋精華録》一部，四本。查《漁洋精華録》，係刑部尚書王士禛撰。士禛晚年取生平詩句，令門人盛符升等彙選以成此集。查无違礙，應請毋銷燬，惟卷首載有錢謙益序一篇、詩一首，應行抽燬。

《四庫提要・別集類二六》《精華録》十卷。山東巡撫採進本。國朝王士禛撰。士禛有《古懽録》，已著録。其詩初刻有《落牋堂集》，皆少作也。又有《阮亭詩》及《過江》、《入吴》、《白門》前後諸集，後删併爲《漁洋前集》，而諸集皆佚。嗣有《漁洋續集》、《蠶尾集》、《續集》、《後集》、《南海集》、《雍益集》諸刻。是編又删掇諸集，合爲一帙，相傳士禛所手定。

精華録訓纂

《四庫提要・别集類存目九》《精華録訓纂》十卷。大理寺卿陸錫熊家藏本。國朝王士禛撰，惠棟注。士禛有《古懽録》，棟有《易漢學》，皆已著録。士禛晚年，仿宋黄庭堅《精華録》例，自定其詩爲此本。棟祖周惕，爲士禛門人，故棟亦仿任淵、史季温例注之。以引證浩繁，每卷各分爲上、下。其凡例稱：「所採書共數百餘種，悉從本書中出，不敢一字拾人身後慧。」然亦大概言之耳。

張之洞《書目答問・别集》《漁洋山人精華録訓纂》十卷。惠棟注。

精華録箋注

周中孚《鄭堂讀書記・别集類一・國朝》《精華録箋注》十二卷。《補注》一卷。《年譜》一卷。鳳翽堂刊本。國朝金榮撰。榮字林始，吴縣人。林始以漁洋諸集編年不分體，因取是録，按諸集排纘而箋注之。仿王逸注《騷》、李善注《選》例，俱分疏句下，以便覽者。

聊園全集　補注

《四庫提要・别集類存目》《聊園全集》十五卷。山東巡撫採進本。國朝孔貞瑄撰。貞瑄有《大成樂律》，已著録。貞瑄少遊江淮，既而官泰安、濟南，繼乃遠宰大姚。所歷山水頗多，炎荒萬里，猺俗苗境，多所記載。故軼聞逸事多散見於此集中。其文則奇逸之氣，往往不可控羈，而頹唐潦倒之處亦不一而足云。

珂雪詩

《四庫提要・别集類存目一〇》《珂雪詩》無卷數。山東巡撫採進本。國朝曹貞吉撰。貞吉字升六，號實菴，安丘人。康熙甲辰進士，官至禮部員外郎。初王士禛有《十子詩略》之刻，貞吉與焉。因其版分藏各家，故往往各以别本單行，後其曾孫益厚，即士禛所録，附以《朝天》、《鴻爪》、《黄山紀遊》等集，總顔之曰《珂雪詩》。貞吉詩格遒鍊，其黄山諸作極爲宋犖所推，在京師時和其《文姬歸漢圖》等長歌，極有筆力，今檢集中不載。又士禛感舊集所選《登望海樓》、《吴山晚眺》、《金山》諸詩亦皆不見集中，則全稿之散失者多矣。

兼山堂集

《四庫提要・别集類存目一〇》《兼山堂集》八卷。浙江巡撫採進本。國朝陳錫嘏撰。錫嘏字介眉，號怡庭，鄞縣人。康熙丙辰進士，官翰林院編修。是集爲慈谿鄭梁所選録，凡文六卷，詩二卷，頗不失矩度。然錫嘏本以制義擅長，此則其餘力及之者也。

中巖集

《四庫提要・别集類存目九》《中巖集》六卷。江西巡撫採進本。國朝宋振麟撰。振麟字子禎，號中巖，淳化人。順治中拔貢生。是集於振麟殁後僅存殘稿，其女孫適王氏者得而藏之。至乾隆辛未，女孫之子文昭官於福建，乃校刊之。凡詩四卷，文二卷。末有富平李因篤所作傳略。文昭序則稱「郭明府九芝延居餘園書館，崑山顧亭林、二曲李中孚皆執弟子禮。」亭林，顧炎武號。二曲，李容號也。二人皆國初通儒，似不輕北面於人者。存其説可矣。

戒菴詩存

《四庫提要・別集類存目一〇》《戒菴詩存》一卷。浙江巡撫採進本。國朝邵遠平撰。遠平本名吴遠，字戒三，仁和人。康熙甲辰進士，官至詹事府少詹事。此集首行下署曰《京邸集》，自序謂已未再入京，五載内所作。多典禮紀頌之章，酷摹唐音，頗見宏贍。長洲韓菼序謂其「使粤時唱酬甚富，别爲集以行於世」，則此卷乃其全集之一種耳。

北墅緒言

《四庫提要・別集類存目九》《北墅緒言》五卷。浙江巡撫採進本。國朝陸次雲撰。是集皆所作雜文，而俳諧游戲之篇居其大半。蓋尤侗《西堂雜俎》之流，世俗所謂才子之文也。

澄江集

《四庫提要・別集類存目九》《澄江集》無卷數。浙江巡撫採進本。國朝陸次雲撰。次雲有《八紘繹史》，已著録。是集皆古今體詩，蓋其官江陰時所作，故以澄江爲名。集中五古短篇及宫詞之類，頗能自出新裁，而蹊徑不免於太狹。尤侗序稱「次雲尚有《玉山集》，附此以傳。」此本無之，殆偶佚歟。

古懽堂集　附黔書　長河志籍考

《四庫提要・別集類二六》《古懽堂集》三十六卷。附《黔書》二卷。《長河志籍》考十卷。兩江總督採進本。國朝田雯撰。雯字子綸，一字綸霞，號山薑，德州人。康熙甲辰進士。授中書舍人，官至户部侍郎。是集凡文二十二卷，詩十四卷。當康熙中年，王士禛負海内重名，文士無不依附門牆，求假借其餘論。惟雯與任邱龐塏不相辨難，亦不相結納。塏《叢碧山房集》，格律謹嚴，而才地稍弱。雯則天姿高邁，記誦亦博。負其縱横排奡之氣，欲以奇麗駕士禛上。故詩文皆組織繁富，鍛錬刻苦，不肯規規作常語。趙執信作《談龍録》，嘗議其詩中無人。然偏師馳突，終能自成一隊，談藝者弗能廢也。附載《黔書》二卷，其爲貴州巡撫時作。又《長河志籍考》十卷，德州古廣川地，《隋書》避煬帝諱，改長河也。王士禛《居易録》嘗稱《黔書》篇不一格，有似《考工記》者，似《公》、《穀》、《檀弓》者，似《越絶書》者，如觀偃師化人之戲。然與《長河志籍考》實皆祖郭憲《洞冥記》、王嘉《拾遺記》之體。是亦好奇之一證，存備文章之别格云爾。

張之洞《書目答問・別集》《古懽堂集》三十六卷。田雯。

江在湄集

西陂類稿

《四庫提要・別集類二六》《西陂類稿》三十九卷。兩江總督採進本。國朝宋犖撰。犖有《滄浪小志》，已著録。是書凡詩二十二卷，詞一卷，雜文八卷，奏疏六卷。其詩之目曰《古竹圃稿》，曰《嘉禾堂稿》，曰《柳湖草》，曰《將母樓稿》，曰《古竹圃續稿》，曰《都官草》，曰《雙江唱和集》，曰《回中集》，曰《西山倡和詩》，曰《續都官草》，曰《海上雜詩》，曰《漫堂草》，曰《漫堂倡和詩》，曰《嘯雪集》，曰《廬山詩》，曰《述鹿軒詩》，曰《滄浪亭詩》，曰《迎鑾集》，曰《紅橋集》，曰《迎鑾二集》，曰《清德堂詩》，曰《迎鑾三集》，曰《藤陰倡和集》，曰《樂春閣詩》，曰《聯句集》，凡二十有五。其初本各自爲集。晚年致仕居西陂，乃手自訂定，彙爲兹帙。惟初刻《綿津山人詩集》，删除不載。蓋以早年所作，格調稍殊，故别爲一編，不欲使之相混也。犖雖以任子入官，不由科目。而淹通典籍，練習掌故。詩文亦爲當代所推，名亞於新城王士禛。

張之洞《書目答問・別集》《西陂類稿》三十九卷。宋犖。

綿津山人詩

王士禎《漁洋書跋》《綿津山人詩》。牧仲中丞寄江西近歲所作詩四卷。中有云：「別院如山静，旗門鼓不撾。往來行藥地，開偏蜀葵花。」又云：「架上紅薔錦段張，惱人顔色殢人香。簿書叢裏抽身去，獨憑闌干到夕陽。」不獨緩帶輕裘，兼復隱囊紗帽。薛許昌自謂「麤官」，定緣無此勝情耳。

緜津山人詩集　附楓香詞　緯蕭草堂詩

《四庫提要・別集類存目九》《緜津山人詩集》十八卷。附《楓香詞》一卷。《緯蕭草堂詩》一卷。內府藏本。國朝宋犖撰。犖有《滄浪小志》，已著録。犖所作詩有《古竹圃稿》，有《嘉禾堂稿》，有《柳湖草》，有《將母樓稿》，有《和松菴稿》，有《都官草》，有《雙江倡和集》，有《回中集》，有《西山倡和詩》，有《續都官草》，有《海上雜詩》，有《漫堂草》，有《漫堂倡和詩》，又有《漫堂草》，凡十四集。大抵沿明季詩社之習，旋得旋刊，出之太早，故利鈍不免互見。此集則犖爲江西巡撫時重自删汰，併爲一編，而仍存諸集之舊目，故有六首爲一卷者，視舊集爲精簡矣。前有汪琬、劉榛二序。宋楊萬里、陸游竝一代巨擘，而萬里《誠齋集》、游《劍南詩》金礫混淆，往往爲後人口實，豈非愛不能割，依違牽就至是乎？後犖自定《西陂類稿》，凡此集之詩皆不收，毋亦學與年進，悔其少作歟？後附《緯蕭草堂詩》一卷，乃其子翰林院編修至所作，才力殆又亞於犖焉。

論畫絶句

王士禎《漁洋書跋》《論畫絶句》。近世畫家專尚南宗，而置華原、營丘、洪谷、河陽諸大家。是特樂其秀潤，憚其雄奇，予未敢以爲定論也。不思史中遷、固，文中韓、柳，詩中甫、愈，近日之空同、大復，不皆北宗乎？牧仲中丞論畫，最推北宋數大家，真得祭川先河之義，足破聾瞽，予深服之。其詩之工，又無論已。

紫芝軒稿

黄虞稷《千頃堂書目・別集類》　祁班孫《紫芝軒稿》二卷。字奕喜。紹興山陰人。都御史彪佳子。

秋錦山房集

《四庫提要・別集類存目一〇》《秋錦山房集》二十二卷。江蘇巡撫採進本。國朝李良年撰。良年字武曾，秀水人。康熙己未嘗薦舉博學鴻詞。是編凡詩集十卷，詞二卷，文集十卷。良年少有雋才，其游蹤幾遍天下，所未至者秦蜀嶺嶠耳，其詩清峭灑落，亦頗得江山之助。惟自少至老，風調不變，其蹊徑之狹，殆才分所偏歟！文則長於議論，而短於叙述，不逮其詩。詞則已刻入《六家詞》中者，殆三分之二，品在其詩、文之閒云。

善卷堂四六

《四庫提要・別集類存目一〇》《善卷堂四六》十卷。浙江巡撫採進本。國朝陸繁弨撰，吴自高注。繁弨字拒石，錢塘人。自高字若山，桐城人，官翰林院待詔。是集皆駢體之文，崑山徐炯爲刻板，陳廷會序之，而章藻功爲之跋。

善卷堂

《鄭堂讀書記・別集類一・國朝》《善卷堂》六十四卷。乾隆庚寅亦園刊本。國朝陸繁弨撰，吴自高注。繁弨字拒石，錢唐人。自高字若山，桐城人。官翰林院待詔。

欣然堂集

《四庫提要・别集類存目九》《欣然堂集》十卷。江蘇巡撫採進本。國朝陶孚尹撰。孚尹字誕仙，江陰人，官桐城縣訓導。是集詩六卷，詩餘附焉。文四卷，王士禎、尤侗爲之序，皆深相推挹。實則無好無惡之作也。

紺寒亭詩集　文集

《四庫提要・别集類存目一〇》《紺寒亭詩集》十卷，《文集》四卷。江西巡撫採進本。國朝趙俞撰。俞號蒙泉，嘉定人。康熙戊辰進士，官定陶縣知縣。是集俞所自編。詩格極爲遒上，但才鋒太鋭，少一唱三嘆之致。文則縱筆而成，傷於平易，又不及其詩。

經義齋集

《四庫提要・别集類存目九》《經義齋集》十八卷。翰林院孔目熊志契家藏本。國朝熊賜履撰。賜履有《學統》，已著録。此集乃康熙庚午，賜履以禮部尚書丁憂家居時所刻。凡文十四卷，詩四卷。其名「經義齋」者，聖祖仁皇帝所賜御題也。

澡修堂集

《四庫提要・别集類存目九》《澡修堂集》十六卷。兩江總督採進本。國朝熊賜履撰。賜履既刻《經義齋集》，又哀輯辛未起復及癸未，致仕十三年中所作，以成是編。而書札獨多。所題匾額對聯，咸附載末卷。澡修堂亦聖祖仁皇帝御題之名，故以名續集焉。

葭里集　葭里二集　葭里三集

《四庫提要・别集類存目九》《葭里集》六卷，《葭里二集》六卷，《葭里三集》五卷。直隸總督採進本。國朝周鑛撰。鑛字若柯，南和人。順治中諸生，屢試不售，棄舉業，專力爲詩。與廣平申涵光游，故所作不失矩度。然才地頗弱，僅涉唐人之藩籬。魏裔介序是集，稱其詩温潤清脱，在唐人中項斯、馬戴可以伯仲。蓋舉其近似耳。

岕老編年詩鈔

《四庫提要・别集類存目一〇》《岕老編年詩鈔》十三卷。浙江巡撫採進本。國朝金張撰。張字介山，錢塘人。其詩起康熙乙丑，迄癸酉，凡九年之作，分年爲卷。甲戌至丙子詩四卷，題曰《續鈔》。其《外集》五種，曰《己未詩刪》，曰《幺鳳詩》，曰《庚申詩刪》，曰《學誠齋詩話》，曰《雜著》，則皆有録無書，不知爲殘闕，爲未刻也。張詩力掃明人蹈襲之弊，而間失之輕。自稱學楊誠齋。今檢年作，其得失皆去之不遠，所言可謂不誣矣。

幸跌草

《四庫提要・别集類存目一一》《幸跌草》三卷。浙江巡撫採進本。國朝黄百家撰。百家有《體獨私鈔》，已著録。是集凡雜文二十篇，其《序〈盧氏春秋三傳纂凡〉》，謂「《春秋》之本旨皆顯以示人，無暗藏機括，使人如猜謎射覆」者，深得聖人作《春秋》之意。其《王劉異同序》亦深見兩家之閫奥。大致頗肖其父，但蒼老不及耳。書首題曰「學箕五稿」，則卷帙尚多，此其稿中之一種耳。

學箕初稿

《鄭堂讀書記・別集類一・國朝》《學箕初稿》二卷。箭山鐵鐙軒刊本。國朝黃百家撰。百家字主一，餘姚人，宗羲子也。《四庫全書存目》有《幸跌草》三卷，凡雜文二十篇，書首題曰「學箕五稿」，知其尚有二稿、三稿、四稿之刻矣。是集凡雜文三十四篇，皆康熙戊申至丁巳之作，大致淵源家學而規模殊覺狹隘，此則早年所作尚未與道大適耳。

漸江文鈔

《拜經樓藏書題跋記卷五》《漸江文鈔》。查韜荒先生文鈔，其壻談禘初先生所輯。先君子傳録書後云：「浒翁負卓犖之才，學爲竹垞諸公所推服。此稿予從其後人借鈔，尚有《漸江詩鈔》。惜未及録。其生平境遇多轗軻，晚客茶陵而没。同邑朱茂才亦大與浒翁中表兄弟也，有《悼韜荒詩》云：『路傍香艸霧中花，采采其如秋望賒。哀些欲招無處所，不知雲雨散誰家。』觀此是浒翁楚遊時，乃眷一煙花而死於其家，亦可慨矣。亦大名淳，日觀先生子也，有《曉亭詩鈔》，乾隆甲午春日鈔，重午後三日校于拜經樓。」

秋水閣文鈔

《四庫提要・別集類存目一〇》《秋水閣文鈔》一卷。江蘇巡撫採進本。國朝陳維岳撰。維岳字緯雲，宜興人，檢討維崧之弟也。晚年自定古文百篇，詩二册，詞二册。其季弟欲附梓於維崧《迦陵集》後，未果，遂多散佚。此其傳寫殘本，僅存賦十篇，雜文十五篇。卷首有同里蔣景祁序，以維岳比其兄維崧。然駢體略得維崧之格，至魄力根柢，皆遠遜之。雜文中如《十三經考》、《特科舉策》，略無所發明。《漆園生傳》亦《毛穎傳》之窠臼。《仲兄半雪傳》亦失諱親之義。考景祁序乃爲全集而作，豈別有佳製，佚不可覩歟。

九谷集

《四庫提要・別集類存目一〇》《九谷集》六卷。兩江總督採進本。國朝方殿元撰。殿元字蒙章，九谷其別號也，番禺人。康熙甲辰進士。歷官郯城、江寧二縣知縣。是集凡樂府二卷，諸體詩二卷，雜文一卷。末卷爲《環書》上下篇，附以《四書講語》數則。其《環書》下篇多發明《易》義，蓋亦雜家流也。

思誠堂集　附祠堂記四首

《四庫提要・別集類存目九》《思誠堂集》二卷。山西巡撫採進本。國朝吴琠撰。琠號銅川，沁州人。順治己亥進士，官至大學士，謚文端。此集詩僅五十三首，餘皆奏疏、雜文，竝督撫楚中時牌示。舊無刊本，乾隆己丑，其鄉人趙孰典始裒而刻之。

青門簏稿　附邵氏家録　青門旅稿　青門賸稿

《四庫提要・別集類存目一〇》《青門簏稿》十六卷。附《邵氏家録》一卷。《青門旅稿》六卷。《青門剩稿》八卷。安徽巡撫採進本。國朝邵長蘅撰。長蘅一名衡，字子湘，武進人。是集乃其兄子璿等編次。康熙戊午以前爲《青門簏稿》，詩六卷，文十卷。己未訖辛未爲《旅稿》，詩二卷，文四卷。壬申後爲《剩稿》，詩三卷，文五卷。其《邵氏家録》則以康節祠堂碑記之類彙爲一編者也。

《鄭堂讀書記・別集類一・國朝》《青門簏稿》十六卷。《旅稿》六卷。《剩稿》八卷。附《邵氏家録》二卷。青門草堂刊本。國朝邵長蘅撰。長蘅履貫見小學類。《四庫全書存目》凡《簏稿》詩六卷，文十卷，皆康熙戊午以前之作；《旅稿詩》二卷，文四卷，皆已未訖辛未之作；《剩稿詩》三卷，文五卷，皆壬申以後之作；《家録》二卷，皆同時人所撰康節祠堂碑記之類。其詩瀏灕頓挫、力追唐人。晚歲入宋漫堂幕府，乃變蘇黄范陸之派，蓋欲與漫堂稱同調也，然高出漫堂遠甚。文則取法歐曾，醇而肆簡，潔而雄深，漫堂序稱其與侯朝宗、魏叔子鼎足而傳于後無疑。云前又有漫堂題詞，及馮景王士禛、彭鵬、王元烜、顧景星、陸嘉淑、李天馥、王宏撰八序，附以士禛寄書暨陳玉璂所作傳。又有自序二篇，其從子璿及衷赤例言七條。

證山堂集

《四庫提要·別集類存目九》《證山堂集》八卷。兩江總督採進本。國朝周斯盛撰。斯盛字屺公，鄞縣人。順治辛丑進士。官即墨縣知縣。嘗以事論繫，出獄後奔走燕趙吴楚間，足迹半天下。與李澄中、洪嘉植以談詩相契，共斥當時劍南流派之非，力主祧宋以宗唐。然筆力薾弱，亦僅得唐人之形似而已。

文端集

《四庫提要·別集類二六》《文端集》四十六卷。通政司使張若渟家藏本。國朝張英撰。英有《易經衷論》，已著録。此乃其詩文全集。凡《存誠堂應制詩》四卷，《存誠堂詩集》二十五卷，《篤素堂詩集》七卷，《篤素堂文集》十卷。英遭際昌辰，仰蒙聖祖仁皇帝擢侍講幄，入直禁廷。簪筆雍容，極儒臣之榮遇。矢音賡唱，篇什最多。其間鼓吹昇平，黼黻廊廟，無不典雅和平。至於言情賦景之作，又多清微淡遠，抒寫性靈。臺閣、山林二體，古難兼擅，英乃兼而有之。其散體諸文稱心而出，不事粉飾。雖未能直追古人，而原本經術，詞旨温厚，亦無忝於作者焉。

古愚心言

《四庫提要·別集類存目九》《古愚心言》八卷。浙江巡撫採進本。國朝彭鵬撰。鵬字奮斯，莆田人。順治庚子舉人。康熙甲寅，耿精忠叛，逼脅受職，凡九拒僞命，卒得不污。賊平後，授三河縣知縣，後官至廣東巡撫。其平生以節氣著，故集中多誓神之文。其他奏疏、案牘亦皆辭氣侃侃，無所撓屈。官三河時，與妻子書，皆以清苦刻厲相勉，足以見其爲人。其他詩文則率臆而成，字句皆不入格矣。鵬行誼本末具載國史，至今婦女孺子人人能道其名，固不必以文章傳也。

《鄭堂讀書記·別集類一·國朝》《古愚心言》無卷數。原刊本。國朝彭鵬撰。鵬字奮斯，號無山，莆田人。順治庚子舉人，官至廣東巡撫。《四庫全書存目》作八卷，其集不分卷數，止作八册。無山當逆藩耿精忠叛時，拒授僞職，志節皎然。其由三河知縣起家至開府，又以才能著，不以文章著也。故是集多不經意之作，而誓文、公牘、家書幾居其半。至第七第八兩册，盡屬官三河時，詳文、條議、告示、照牌，其詩惟第四册載吟二篇，詞一篇，行二十篇而已。大率此集可節取以作治譜，不得以文章一道繩之也。前有自序二篇。

抱犢山房集

《四庫提要·別集類二六》《抱犢山房集》六卷。江蘇巡撫採進本。國朝嵇永仁撰。永仁字留山，別號抱犢山農，無錫人。康熙十三年耿精忠作亂，永仁在總督范承謨幕，同被拘繫。承謨遇害，永仁亦死難。四十七年，追贈國子監助教。是集前三卷，曰《吉吉吟》，曰《百苦吟》，皆其陷獄時與承謨及同難諸人唱和詩；曰《和淚譜》，則爲同難諸人所作小傳也。第四卷曰《葭秋集》，第五卷曰《竹林集》，乃其舊刻。第六卷附録同難會稽王龍光、華亭沈天成二人之詩文。雍正中，其子曾筠編次付梓，竝以誥敕及諭祭文等弁於卷首。永仁以諸生佐幕，尚未授官。而抗節殞身，義不從逆，可以愧劉秉政等於九泉。案逆藩耿精忠叛時，劉秉政以巡撫降賊。其所爲詩文，皆縷述當時實事。獄中不得筆墨，以炭屑畫於四壁。閩人重其人品，録而傳之，得存於世。今誦其詞，奕奕然猶有生氣。與承謨畫壁諸詩，同爲忠臣孝子之言，争光日月，不但以文章論矣。

寒村集

《四庫提要·別集類存目一〇》《寒村集》三十六卷。江蘇周厚堉家藏本。國朝鄭梁撰。梁字禹梅，慈谿人。康熙戊辰進士，官至高州府知府。是編詩分十一集。一曰《見黄稿詩删》五卷，二曰《五丁詩稿》五卷，三曰《安庸集》一卷，四曰《玉堂集》一卷，五曰《歸省偶録》一卷，六曰《還朝詩存》一卷，七曰《玉堂後集》一卷，八曰《寶善堂集》一卷，九曰《白雲軒集》一卷，十曰《南行雜録》一卷，十一曰《高州詩集》二卷。文分四集。一曰《見黄稿》二卷，二曰《五丁集》二卷，三曰《安庸集》二卷，四曰《寒村雜録》二卷，《補》一卷。又《半生亭集》一卷，《息尚編》四卷，則詩文合刻也。梁受學於黄宗羲，嘗謂陳師道年三十一見黄魯直，盡焚其稿而學焉。梁見宗羲時亦三十一，故詩文皆以「見黄稿」爲冠。其文得之宗羲者爲多，而根柢較宗羲少薄。詩則旁門別徑，殆所謂有韻之語録。其《書定山詩鈔》句云：「明朝詩學崔公甫，若語仙才拜定山。」可以得其宗旨之所在矣。

有懷堂詩稿

《四庫提要・別集類存目一〇》《有懷堂詩文稿》二十八卷。内府藏本。國朝韓菼撰。菼字元少，號慕廬，長洲人。康熙癸丑進士第一，官至禮部尚書，乾隆三十年賜謚文懿。是集爲菼所自編，凡詩六卷，分《躑躅》、《歸愚》、《病坊》、《繫迷》四集；文二十二卷。菼以制藝著名，其古文亦法度嚴謹，凡安章宅句，皆刻意研削，然其不能脱然於畦封，亦即在此。詩則又其餘事矣。

徐都講詩

《四庫提要・別集類存目一〇》《徐都講詩》一卷。浙江巡撫採進本。國朝徐昭華撰。昭華字亦曰。昭華，駱加采之妻也。其父咸清，與毛奇齡善。奇齡暮年里居，昭華從之學詩稱女弟子，故有都講之目。是集即奇齡所點定，附刻《西河集》中者也。

闇修齋稿

《四庫提要・別集類存目八》《闇修齋稿》一卷。湖北巡撫採進本。國朝蕭企昭撰。企昭有《性理譜》，已著録。是集凡文三十二篇。前有其兄廣昭序，述企昭始末甚詳。企昭爲學之梗概，則見於《與熊賜履書》中。蓋無所師承，而篤志自立之士也。然企昭雖尊法朱子，排斥王氏，而心平氣和，無明人喧鬨之習。故與賜履書中有「某平昔講學，不欲立門户，肆口耳」之語。其《東林要録》序曰「當其始也，出於士大夫意見之相岐，聲名之相奪。而其後也，舉國家之大命隨之。」其《同時尚論録》書後曰「當日東林魏璫之門户，牢結而不可破。一勝一敗，正不敵邪，遂至殺戮忠良，剥削元氣。感召災祲，醖釀盜賊。雖食小人之肉而寢其皮，寧足以紓其恨哉。然而小人不足責也。彼所稱爲君子者，持意見，快恩讐，以和衷易處之事，爲訐語相加之行。激而生端，禍貽於國，又安得盡歸罪於小人乎。」均可謂平心之論。至其文章則不及汪琬諸人之深厚。觀所著《性理譜》中論讀書之序，稱始於小學、四書、五經。而《性理大全》、《二程遺書》、《朱子文集》、《語類》、《魯齋遺書》、《薛氏讀書録》、《胡氏居業録》、《高子遺書》次之。西山《大學衍義》又次之。《通鑑綱目》、《十七史詳節》、《吾學編》又次之。韓文、歐文、陶詩、杜詩、《文章正宗》及宋金華、歸震川文集又次之。則其學問根柢可見矣。

咸陟堂詩文集

軍機處奏《禁毁書目》《咸陟堂詩文集》一部，十四本。查《咸陟堂詩文集》，係釋成鷲撰。集中詞氣多涉憤激，應請銷燬。再此書文集内尚有闕卷，應行令該督撫再將全部查明繳銷。

柳塘詩集

《四庫提要・別集類存目一一》《柳塘詩集》十二卷。浙江巡撫採進本。國朝吴祖修撰。祖修字慎思，吴江人。是集乃康熙己卯其子大庚所編。後有大庚跋，稱祖修在時，曾版行五七言古詩，已而悔之，謂詩當以編年爲次，不當分體。今所編詩十二卷，其半猶出祖修手定也。祖修詩頗雅馴，嘗作《讀王子淵傳詩》，有「非無聖主賢臣頌，只教宫人記洞簫」之句，後見《升菴集》中有之，喜其闇合，因作詩誌之。然此二語，太涉論宗，本非上乘。且慎詩亦即李商隱《賈生》詩「可憐夜半虛前席，不問蒼生問鬼神」之意，亦非新義也。

薪槱集

《四庫提要・別集類存目一二》 《新槱集》四卷。江蘇巡撫採進本。國朝許昌國撰。昌國字仔賡，原字一清，荆溪人。歲貢生。是書首雜著，次論學，次論古，次課徒訓兒，各爲一卷，大抵皆語録之類。後集一卷，則附録也，末有其子重炎所作年譜。案其事狀，蓋亦篤行好修之士，故集中講學之語，多能切實近理，特不以著作見長耳。

葉忠節遺稿

《四庫提要・別集類存目九》 《葉忠節遺稿》十三卷。江蘇周厚堉家藏本。國朝葉映榴撰。映榴字炳霞，號蒼巖，上海人。順治辛丑進士，官至湖廣布政司參議。武昌撫標叛兵夏包子作亂，映榴死之。特贈工部右侍郎，賜謚忠節。初，映榴嘗與李基和合刻詩集，朱彝尊爲之序。映榴死難以後，其子敷等又裒其遺文與詩合爲此集重刻之。凡文八卷，詩賦四卷，詩餘一卷。彝尊又爲之序，稱「映榴之節，不待此區區之文以傳。」其論當矣。

保素堂稿

《清集提要》 《保素堂稿》十卷。錢金甫撰。

縱釣居文集

《四庫提要・別集類存目一〇》 《縱釣居文集》八卷。江西巡撫採進本。國朝應是撰。是有《讀孝經》，已著録。是編皆所著雜文，集中多載論策，蓋康熙丁未改八比爲論策時所擬作。其文多摹擬蘇氏父子，辨論瀾翻，而未免過求駿快，遂剽而不留。其他序、記、傳、誌諸篇，則欲擬其鄉人王安石，而邊幅亦微狹焉。

時一吟詩

《四庫提要・別集類存目九》 《時一吟詩》四卷。內府藏本。國朝黎耿然撰。耿然字介菴，晉江人。久困諸生，乃棄而從軍，積功至雲南總兵官。詩皆率意而成，殊不入格。

香草居集

《四庫提要・別集類存目一〇》 《香草居集》七卷。浙江巡撫採進本。國朝李符撰。符本名符遠，字分虎，號耕客，嘉興人。是集後有其從孫菊房跋，稱所作詩詞刻於滇南者曰《香草居詩》，刻於金陵者曰《耒邊詞》，未刻詩詞曰《花南老屋集》，排偶之文曰《補袍集》、《後補袍集》。寄於容城胡具慶家，遂亡其本。《花南老屋集》亦僅存詩一冊。此集即菊房以《香草》、《花南》二集，合爲一編。凡古今體五卷。第六卷以下爲詞，即所謂《耒邊詞》也。符早受知於曹溶，得讀其藏書，又與朱彝尊等結詩社。故其學頗有淵源。詩則詞意清婉，似源出於范成大，與彝尊等格又異焉。

柳村詩集

《四庫提要・別集類存目一〇》 《柳村詩集》十二卷。山東巡撫採進本。國朝董訥撰。訥有《督漕疏草》，已著録。其詩皆訥手自删定，因有别墅在平原城南二里，名曰柳村，遂以名集。《平原縣志》稱康熙四十一年聖祖南巡，駐蹕柳村之南樓，詢訥詩集，其子思凝繕寫恭呈御覽，殆即此本歟？

日知堂文集

《四庫提要·别集類存目九》《日知堂文集》六卷。直隸總督採進本。國朝鄭端撰。端有《政學録》，已著録。是集凡奏疏二卷，文告一卷，記序、書啓、傳誌三卷。其奏章、公牘大抵曲暢事理，而不以雕鎸字句爲工。第三卷中《狀式》七頁，乃吕坤《實政録》中全文。端爲江蘇巡撫時，刊版以示所屬。載其事於誌狀則可，以前人之作刻於文集之中則非體例矣。

恕齋偶存

《四庫提要·别集類存目九》《恕齋偶存》七卷。浙江巡撫採進本。國朝方士潁撰。士潁字伯陽，淳安人。順治末諸生。是集凡詩六卷，賦一卷，末附其子菉如《銜恤吟》一篇。士潁四子，叔子槃如登康熙丙戌進士，以制藝名。菉如其季也。士潁没後，菉如手寫遺稿刊行，毛奇齡、毛際可諸人爲之序。其詩惟五言古體稍有氣格。

老雲齋詩删

《四庫提要·别集類存目一〇》《老雲齋詩删》十卷。浙江巡撫採進本。國朝沈不負撰。不負字集九，一字次山，平湖人。是集據乾隆庚申陸奎勳序，謂「康熙己卯，不負手删其詩，存十之五，編年而不分體。以授其子方蕙曰：『汝他日力能開雕，當名之曰《老雲齋詩删》，不必更有增入』」云云。而俞懋琪所作《不負小傳》，乃稱不負病亟時，客有傳濟南劉中丞幕中貫花主人降於乩，案貫花主人，謂金人瑞也。不負慨然而興，口吟云云。竟絶筆於此。今此詩刻於卷末，則似非盡自定之本。或以其事奇異，故附存耶。

己未新咏

范邦甸等《天一閣書目·别集類》《己未新咏》一卷。刊本。國朝吴三錫著，康熙十八年王庭序。

半蕪園集

軍機處奏《禁毀書目》《半蕪園集》一部，四本。查《半蕪園集》，係黄石麟撰。詩中多狂誕之語，應請銷燬。

香域内外集

《四庫提要·别集類存目一二》《香域内外集》十二卷。兩淮馬裕家藏本。國朝釋敏膺撰。敏膺，蘇州花山翠巖寺僧。是集乃其弟子聖藥等所編。《外集》詩文凡七卷，《内集》五卷皆語録偈語。蓋釋家以釋爲内學，儒爲外學耳。

慎修堂詩集

《四庫提要·别集類存目一〇》《慎修堂詩集》八卷。福建巡撫採進本。國朝廖騰煃撰。騰煃字占五，號蓮山，將樂人。康熙己酉舉人，官至户部侍郎。其服官頗著清節，詩則尚未成家。

百尺梧桐閣集

《四庫提要·别集類存目一〇》《百尺梧桐閣集》二十六卷。兩淮馬裕家藏本。國朝汪懋麟撰。懋麟字季用，號蛟門，江都人。康熙丁未進士，授祕書院中書舍人，官至刑部主事。其詩法傳自王士禎，而才氣縱横，視士禎又爲别格。趙執信《談龍録》記嘗見其《浯溪中興頌詩》，起句云「楊家姊妹顔妖狐」，即擲去不視，謂「頌中興而自天寶致亂叙起，雖萬言不難辨也」。雖以懋麟爲新城弟子，借懋麟以攻士禎，未免操之已甚。然亦足見其少所翦裁矣。

黄葉村莊詩集

范邦甸等《天一閣書目·别集類》《黄葉村莊詩集》五卷。刊本。國朝吴之振撰。

《四庫提要·别集類存目一〇》《黄葉村莊詩集》十卷。浙江巡撫採進本。國朝吴之振撰。之振字孟舉，石門人。以貢生授中書科中書。常選《宋詩鈔》行世，故其詩流派亦頗近宋人。是編凡《初集》八卷，《後集》一卷，《續集》一卷。

德星堂文集　續集　河工集　詩集

《四庫提要·别集類存目一〇》《德星堂文集》八卷。《續集》一卷。《河工集》一卷。《詩集》五卷。浙江巡撫採進本。國朝許汝霖撰。汝霖字時菴，海寧人。康熙壬戌進士，官至禮部尚書。是編文集目列十四卷，而十一卷以下有録無書，注曰「以下嗣出」。又目列卷九爲《課士條約》，卷十爲《河工集》，而書中九卷題曰《續集》，《河工集》則自爲一帙，不入卷數。且書有刊刻未完之處，蓋初刻未校之本，故體例不畫一也。詩集五卷，而分爲八編。曰《祥獻集》，曰《應制集》，曰《冰銜集》，曰《使旋集》，曰《河干集》，曰《還朝集》，曰《歸田集》，曰《酬應集》。汝霖才思富贍，集中諸體皆備。

學文堂集

《四庫提要·别集類存目一〇》《學文堂集》四十三卷。江蘇周厚堉家藏本。國朝陳玉璂撰。玉璂字賡明，號椒峰，武進人。康熙丁未進士，官中書舍人。是集雜文三十一卷，詩八卷，詞四卷。其説經之文及辨議諸作，亦頗有源委，不同勦説。然大致逶迤平衍，學宋格而未成。詩則更非所長矣。

别本學文堂集

《四庫提要·别集類存目一〇》《别本學文堂集》四十七卷。浙江巡撫採進本。國朝陳玉璂撰。此本凡文四十三卷，詩十卷，詞三卷，總五十六卷。然文集之中，有録無書者九卷，實爲四十七卷。與前一本大同小異。然兩本皆無總目，疑皆隨作隨刊之本，非其全帙也。

午亭文編

《四庫提要·别集類二六》《午亭文編》五十卷。山西巡撫採進本。國朝陳廷敬撰。廷敬字子端，號説巖，澤州人。順治戊戌進士。改庶吉士，授檢討。本名敬，以是科有兩陳敬，因奉旨增廷字。官至大學士。謚文貞。嘗著《尊聞堂集》八十卷。晚年手定爲此編，其門人林佶繕寫付雕。廷敬有午亭山村在陽城，因《水經注》載沁水逕午壁亭而名，因以名集。凡詩二十卷，雜著四卷，經解四卷，奏疏序記及各體文共二十卷，《杜律詩話》二卷。

張之洞《書目答問·别集》《午亭文編》五十卷。陳廷敬。

午亭集

《四庫提要·别集類二六》《午亭集》五十五卷。江蘇周厚堉家藏本。國朝陳廷敬撰。廷敬有《午亭文編》，已著録。是集詩三十卷，古樂府及古今體賦一卷，經解十卷，雜著十四卷。蓋刻在《文編》之前，猶未經删定之本也。

樂圃詩集

《四庫提要・別集類存目八》《樂圃詩集》七卷。山東巡撫採進本。國朝顔光敏撰。光敏字遜甫，一字修來，曲阜人。康熙丁未進士，官至吏部考功司郎中。此集爲王士禛所定，版心題曰「十子詩略」，蓋士禛嘗選商邱宋犖，郃陽王又旦，安邱曹貞吉，黄岡葉封，德州田雯、謝重輝，晉江丁煒，江陰曹禾，江都汪懋麟及光敏之詩，共編一集。而十人各爲卷帙，其版亦分藏於各家，往往別本單行。版心所題，猶其全編之總名也。

章江集

《四庫提要・別集類存目一〇》《章江集》五卷。内府藏本。國朝安世鼎撰。世鼎字鑄九，鑲紅旗漢軍。由保德州知州官至江西巡撫。此集乃世鼎自輯歷官奏疏以及文移、條告諸篇，編爲是集。後附以書、記、序二十一篇，皆在江西時所作也。

不礙雲山樓稿

《四庫提要・別集類存目一〇》《不礙雲山樓稿》無卷數。江蘇周厚堉家藏本。國朝周綸撰。綸字鷹垂，華亭人。周茂源之子。康熙初，以貢生官國子監學正，受業王士禛之門。士禛作《居易録》，稱爲「才士不偶者」是也。是編詩文以體分，詞以小令、中調、長調分，皆不題卷數，亦無目録及序跋。似爲刊刻未竟之本。

天香閣詩集

《四庫提要・別集類存目一一》《天香閣詩集》十卷。浙江巡撫採進本。國朝唐之鳳撰。之鳳字武曾，烏程人。其詩多愁苦之音，擬古諸作，亦頗具體，然未能變化。末附《碎玉合編》二卷，一題唐雲禎子霖著，一題唐德遠深源著，蓋之鳳兄弟行也。

孜堂文集

《四庫提要・別集類存目一〇》《孜堂文集》二卷。内府藏本。國朝張烈撰。烈有《讀易日鈔》，已著録。烈篤守朱子之説，故集中多講學之文。然如《朱陸異同論》、《主學質疑》，皆未免有鍛鍊周内之意，不及其《賈董同異論》之持平。蓋漢學但有傳經之支派，各守師説而已；宋學既争門户，則不得不百計以求勝，亦勢之不得不然者歟。

白石山房稿

《四庫提要・別集類存目一〇》《白石山房稿》十三卷。江西巡撫採進本。國朝李振裕撰。振裕字維饒，吉水人。康熙庚戌進士，官至兵部尚書。是集凡詩三卷，文九卷，又附《江南所作詩》一卷，乃振裕督學江南時所刊。前有施世綸、汪琬序。世綸序惟述政績，不及文章。琬序稱其工於臺閣之體，亦頗著微詞。

別本白石山房稿

《四庫提要・別集類存目一〇》《別本白石山房稿》二十六卷。浙江巡撫採進本。國朝李振裕撰。此本詩文各十三卷，與刻於江南者大同小異。前後無序跋，亦無目録，不知何時所刻也。

懷葛堂文集

《四庫提要・別集類存目九》《懷葛堂文集》十五卷。江西巡撫採進本。國朝梁份撰。份字質人，南豐人。嘗學於寧都魏禧，得其文律。是集前十四卷爲雜文，末一卷爲詩十二首，漫遊雜録十一條。

復園文集

《四庫提要・別集類存目一〇》《復園文集》六卷。浙江巡撫採進本。國朝董聞京撰。聞京字丹鳴，烏程人。康熙初官吉安府知府。是集皆所作雜文。自序謂「明理以端其源，博學以廣其識，尊經以正其歸，養氣以覈其實，和聲以發其華。」持論甚高。然核其所作，不能出公安、竟陵門户也。

雪石堂詩草

《四庫提要・別集類存目一〇》《雪石堂詩草》無卷數。陝西巡撫採進本。國朝劉爾㦤撰。爾㦤字敬又，宜君人。康熙己未嘗薦舉博學鴻詞。其詩刻意摹杜，然大抵在形似之間。

世恩堂集

《四庫提要・別集類存目一〇》《世恩堂集》三十五卷。江蘇巡撫採進本。國朝王項齡撰。項齡號瑁湖，華亭人，康熙丙辰進士。己未召試博學鴻詞，授編修。官至大學士。謚文恭。是編凡《詩集》三十卷，《經進集》三卷，《詩餘》二卷。項齡值文治昌明之日，奏太平黼黻之音。故一時臺閣文章，迥異乎郊寒島瘦。即早年未達時作，亦無衰颯哀怨之意，足以見其襟抱矣。

榕村集

《四庫提要・別集類二六》《榕村集》四十卷。福建巡撫採進本。國朝李光地撰。光地有《周易觀象》，已著録。是集爲乾隆丙辰其孫清植所校刊，其門人李紱爲序。惟詩下注自選字，則餘皆清植排纂也。凡《觀瀾録》一卷，《經書筆記》、《讀書筆録》共一卷，《春秋大義》、《春秋隨筆》共一卷，《尚書句讀》一卷，《周官筆記》一卷，《初夏録》二卷，《尊朱要旨》、《要旨續記》共一卷，《象數拾遺》、《景行摘篇》又附記共一卷，文二十五卷，詩五卷，賦一卷。所注諸書及語録，刊本別行者不與焉。其不以詩文冠集而冠以劄記者，光地所長在於理學、經術，文章非所究心。然即以文章而論，亦大抵宏深肅括，不雕琢而自工。蓋有物之言，固與鞶帨悦目者異矣。數十年來，屹然爲儒林巨擘，實以學問勝，不以詞華勝也。

張之洞《書目答問・別集》《榕村文集》四十卷。李光地。

林左堂詩集　詞　續集

《四庫提要・別集類存目一〇》《林左堂詩集》六卷。《詞》四卷。《續集》三卷。江西巡撫採進本。國朝孫致彌撰。致彌字愷似，嘉定人，康熙中被薦，以太學生賜二品服出使朝鮮採詩。戊辰成進士，改庶吉士。官至翰林院侍讀學士。歿後詩稿散佚。雍正中，張鵬翀、朱厚章得鈔本於戴璣家，始選而刻之。詞凡三種，曰《別花餘事》，曰《梅沜》，曰《衲琴》，皆其門人樓儼所定。《續集》附詞後，則未詳何人編次也。致彌以書名，得董其昌之法。詩則以跌宕流逸爲長，而率易亦所不免。

張文貞集

《四庫提要・別集類二六》《張文貞集》十二卷。江蘇巡撫採進本。國朝張玉書撰。玉書字素存，丹徒人。順治辛丑進士。選庶吉士，官至大學士，謚文貞。是集有儲大文序，不分卷帙，亦無目録。其繕寫格紙版心皆有「松蔭堂」字。蓋其家藏鈔本編輯未成者也。首爲賦二篇，次爲頌三篇，表三篇，箋六篇，疏二十篇，議一篇，書一篇，考一篇，說一篇，序二十八篇，跋一篇，記九篇，紀事十篇，傳一篇，贊二篇，策問十二篇，紀功碑二篇，墓碑六篇，神道碑四篇，墓誌銘三十二篇。大抵皆春容典雅，渢渢乎盛世之音。其《拖諾山》、《狼居胥山》二碑叙述聖武神功，皆爲詳贍，足以昭示萬世。其《紀平定江南事》、《紀滅闖獻二賊事》、《紀三路進師下雲南事》、《紀平水西事》，及《外國紀》，皆端緒詳明，得諸耳聞目見，足以彰開國之鴻烈。《紀順治間樂章》及《錢糧》、《户口》三篇，皆足資掌故。而《紀陝西殉難官事》一篇，亦足與史傳相參。他若《賜遊玉泉山記》、《賜遊化育溝後苑記》、《賜遊喀喇河屯後苑記》、《賜遊熱河後苑記》，皆足發揚太平愷樂之象。其餘碑誌，亦多國初將相事蹟，可備考核。惟募疏、祭文之屬，收載太濫。蓋其後人遇稿即録，不暇持擇，轉爲全集之累。今悉删除，而惟録其賦，頌以下諸篇，釐爲十二卷。庶不以榛楛勿翦爲將來論者所病焉。

張文貞外集

《四庫提要・别集類存目九》《張文貞外集》二卷。江蘇巡撫採進本。國朝張玉書撰。玉書有文集，已著録。此其外集也。凡序九篇、跋一篇、募疏一篇、祭文十七篇。蓋當日删棄之餘，而後人掇拾存之者也。

石屋詩鈔　補鈔

《四庫提要・别集類存目一〇》《石屋詩鈔》八卷，《補鈔》一卷。浙江巡撫採進本。國朝魏麐徵撰。麐徵字蒼石，溧陽人。康熙丁未進士，官至邵武府知府，此集即在邵武所刊。第二卷爲《西湖和蘇詩》，第七卷爲《和白香山樂府》，其瓣香所在，可以想見。第五卷爲《擬漢樂府》，雖未至於苦學妃豨，而形骸之外，去之轉遠。蓋唐樂府重在諷諭，其文章可以力追；漢樂府重在音律，其節奏不可以臆揣也。第三卷爲《閩行日記詩》，第四卷爲《閩中吟》，第六卷爲《漁山詩》，皆以地記。第一卷與第八卷則總題曰《雜詩補鈔》一卷，亦無標目，大抵詩材清拔，而根柢不深。如《曉行詩》「暗燈移附壁」句，自是束裝真景，而刻畫瑣碎，已入武功末派矣。

敲空遺響

《四庫提要・别集類存目一二》《敲空遺響》十二卷。内府藏本。國朝僧如乾撰。如乾字憨休，四川人。嘗主陝西興善、燉煌等寺。是集凡雜文八卷，詩四卷。

箐菴遺稿

《四庫提要・别集類存目一〇》《箐菴遺稿》一卷。内府藏本。國朝汪筠撰。筠字禹吹，編修琬之長子。少補吴江學諸生，年三十二病咯血卒。琬得其遺詩數十篇，爲刊附於《汪氏家傳集》後。

陽山詩集

《四庫提要・别集類存目一〇》《陽山詩集》十卷。浙江巡撫採進本。國朝陳炳撰。炳字虎文，長洲人。居陽山裘巷里，因以自號。是集分《青桂巖稿》、《潤州草》、《風蓬吟》、《楚遊草》、《始聞吟》、《寶華山稿》、《蕉雨閒房寓中稿》、《簷鈴集》、《仙人塘上吟》、《竺隖遺稿》，凡十集。大致妥帖而頗乏遒警。黄中堅作傳，稱其少時有「松頂紅裊拖緑上，山腰白鳥破青飛」之句，由是知名。然二語實卑俗，非詩家上乘，不知當時何以傳誦也。

燕川漁唱詩　植齋文集

《四庫提要・别集類存目八》《燕川漁唱詩》二卷。《植齋文集》二卷。直隸總督採進本。國朝傅維櫄撰。維櫄字培公，號霄影，靈壽人。明史部尚書永淳之子，雖生於貴族，而恬退不求仕進。早歲即棄舉子業，以詩文自娱。迹其品度，當屬勝流。然是集所録，大抵應酬之作，罕逢高唱，豈併文章視爲麤迹歟？

蓮洋詩鈔

《四庫提要・別集類二六》《蓮洋詩鈔》十卷。兩江總督採進本。國朝吴雯撰。雯字天章，本遼陽人。順治六年，其父允升任蒲州學正，卒於官。雯兄弟孤弱，不能歸，遂寄籍於蒲州。康熙己未，薦舉博學鴻詞，不中選。其卒也，刑部尚書王士禛爲誌墓，稱初見其詩，有「泉繞漢祠外，雪明秦樹根。濃雲溼西嶺，春泥沾條桑。至今堯峰上，猶見堯時日」諸句。吟諷不絶於口。所作《居易録》中，又亟稱雯《西城別墅》諸篇。趙執信《懷舊詩序》亦稱雯拙於時藝，困躓場屋。體貌麤醜，衣冠垢敝，或經歲不盥浴，人咸笑之。然詩才特超妙。其詩一刻於吴中，再刻於都下，三刻於津門。後士禛爲刪定，存千餘首。亦見墓誌中。因雯没之後，未及刊行。故《懷舊詩序》曰「蓮洋卒後，阮翁爲作墓誌，且刪定其集，迄今將二十年，未行於世。意其時阮翁耄而多忘，未幾遂亡，未及歸諸吴氏也。池北書庫散失殆盡，《蓮洋集》從可知矣」云云。然其集實已歸吴氏，乾隆辛未，汾陽劉組曾裒其全稿刻之。又以士禛所評者別刊一小册並行。越十三年甲申，蒲州府同知山東孫謌始從雯姪敦厚得士禛所定原本，簡汰重刊，詳載士禛之評，併以劉本所遺者補刻於後，以所見墨迹補之。其士禛所刪而劉本誤刻者，咸爲汰去。凡得古詩二卷，近體五卷，補遺一卷，詩餘一卷，文一卷。冠以墓誌，而附以同時唱和題詠之作，即此本也。雯天才雄駿，其詩有其鄉人元好問之遺風。惟熟於梵典，好拉雜堆砌釋氏故實，是其所短。劉本無所別擇，故頗傷穴濫。此本沿新城之派，又以神韻婉約爲宗，一切激昂沈著之作，多見屏斥。反似鄰於清弱，亦不足盡其所長。然終較劉本爲簡潔，故置彼録此。惟雯詩本足自傳，不藉士禛之評爲輕重。而刊此本者牽於俗見，務引士禛以重雯。所載士禛評語，繁碎特甚。如《題汪如輪看劍圖詩》下附記云：「原本評語『奇作』二字似阮亭先生筆蹟，『胸有造化』四字非阮亭先生筆蹟，刻本併作一處，誤。」又如《城曲眺望詩》下附記「原本題下有墨筆評劉長卿之詩也，不知何人評，阮亭先生改作似劉長卿」云云。此亦何關宏旨，而字句異同乃如是。其考證今悉刪除，以廓清耳目焉。

張之洞《書目答問・別集》《蓮洋詩鈔》十卷。吴雯。

別本蓮洋集

《四庫提要・別集類存目一〇》《別本蓮洋集》二十卷。刑部員外郎張道源家刻本。國朝吴雯撰。雯《蓮洋集》已著録。案王士禛作雯墓誌，稱其詩一刻於吴，再刻於都下，三刻於津門。今皆未見。趙執信《懷舊詩序》稱「雯以遺稿付王士禛，雯殁後將二十年，其集未出，疑士禛耄而忘之。」又稱「池北藏書，散失殆盡，是集可知。」則雯之原稿似乎散佚，近時乃疊出三本。一爲臨汾劉組曾所刻，一爲山東孫謌所刻，一即此本，爲浮山張體乾所刻。劉本稱得自士禛門人黄叔琳家，孫本及此本并稱得自雯姪秉厚家，皆以士禛評點相誇。孫本並考核評語之同異，此本更較量圈點之真僞。考第七卷中《留別車仝詩》，載士禛評曰：「今車仝果領解中州，此亦讖也，惜天章不及見耳。」灼爲雯没後之語，則士禛所定，或歸諸吴氏，亦未可知也。然士禛諸説部中，所品題獎借者，幾於指不勝屈。今其集率久覆醬瓿，無人重其姓名。而雯詩獨數刻而未已。是知雯詩足以自傳，不以士禛始重也。刻雯集者反若借士禛以傳雯，然則使雯不及識士禛，即謂雯詩不工乎。三本之中，劉本詳備於孫本，此本又詳備於劉本。要之詩之工拙，不係篇帙之多少。今繕孫本入祕閣，而此本則存其目焉。

趙恭毅剩稿　附裘萼剩稿

《四庫提要・別集類存目一〇》《趙恭毅剩稿》八卷。附《裘萼剩稿》三卷。兩江總督採進本。國朝趙申喬撰。申喬字松伍，武進人，康熙庚戌進士。官至户部尚書，謚恭毅。是編首奏議，次序記，次案牘之文，終以雜著，其孫侗斆所編也。後附《裘萼剩稿》三卷，則申喬之子熊詔撰。熊詔，康熙己丑進士第一，官至翰林院侍讀，裘萼其號也。

突星閣詩鈔

《四庫提要・别集類存目九》《突星閣詩鈔》十五卷。檢討蕭芝家藏本。國朝王戩撰。戩字孟穀，漢陽人。新城王士禛最稱其《池陽山行》長句，以爲突過歐陽修《廬山高》。蓋士禛於歐詩不喜《廬山高》，是以見有長句崛奇者，即謂能過之。其實未能也。是集前有士禛序云「出前後詩屬予論序」，而戩自跋云「排纘續集，合前集共十卷」。其姪枏跋云「前五卷阮亭付梓，後九卷朱愷仲、董養齋所鐫，末一卷則許謙次諸人所刻。」蓋此本合前後諸刻彙輯成編也。

艾納山房集

《四庫提要・别集類存目一〇》《艾納山房集》五卷。江蘇周厚堉家藏本。國朝王九齡撰。九齡字子武，華亭人。廣心之仲子也。康熙壬戌進士，官至監察御史。其詩欲挹何李之流波，而才思富艷，加以纖穠。如《金陵雜感》云「十里青樓原上草，六朝紅粉路旁花」，殆純以情韻勝矣。

樓邨集

《四庫提要・别集類存目一一》《樓邨集》二十五卷。安徽巡撫採進本。國朝王式丹撰。式丹字方若，寶應人。康熙癸未進士第一，官翰林院修撰。是集乃雍正甲辰其子懋訥所刻，分年編次。凡《龍竿集》五卷，《罨蘇集》七卷，《補過齋集》二卷，《忍冬齋集》七卷，《鴻柯集》一卷，《梅花書屋集》三卷。起壬申迄丙申，每年一卷。惟《龍竿集》之第五卷，爲其壬申以前詩。不以冠集而以殿集，以少作故也。

橫雲山人集

《鄭堂讀書記・别集類一・國朝》《橫雲山人集》三十二卷。原刊本。國朝王鴻緒撰。鴻緒字季友，號儼齋，華亭人。康熙癸丑，賜進士及第，官至户部尚書。是集乃其于康熙己亥所刊，凡《颺言集》五卷，皆詩、賦、頌應制之作，故别爲卷，冠諸集首。《山暉集》八卷，《望雲集》五卷，《谷口集》二卷，《還朝集》三卷，《淮千集》一卷，又《還朝集》四卷，《谷口續集》四卷，皆古今體詩，雖不編年而仍依年爲次。儼齋爲農山廣心之季子，英年即擅詩名，既由上第迄掌邦教，仍假聲律以寄興。龔芝麓鼎孳序之，謂「覽其諸體，高言何綺，逸思如雲，原本風騷，而一諧千古人風格。余喜吾友之有令子也。」余觀其應制紀恩諸作，矞皇沈博，有物有則，則又渢渢乎雅頌之遺矣。前又有周茂源宋琬田茂遇吴懋謙四序，末有其門人蔣廷錫後序。

白溇文集

《四庫提要・别集類存目一〇》《白溇文集》四卷。江西巡撫採進本。國朝沈受宏撰。受宏字台臣，太倉人。所居地名「洗白溇」，故以名集。《江南通志》載受宏《白溇集》十卷，而此本止四卷。核其目録，亦無闕佚，殆後人汰削之本耶。

南畇文集

《四庫提要・别集類存目一〇》《南畇文集》十二卷。江蘇巡撫採進本。國朝彭定求撰。定求有《周忠介公遺事》，已著録。案定求之學出於湯斌，斌之學出於孫奇逢，奇逢之學出於鹿善繼，善繼之學則宗王守仁《傳習録》。故自奇逢以下，皆根柢於姚江，而能參酌朱、陸之間各擇其善，不規規於門户之異同。定求是集，於文章之有關於學術者，尤所留意。而持論則兼採二家，無所偏倚云。

潭西詩集

軍機處奏《禁毀書目》 《潭西詩集》一部，四本。查《潭西詩集》，係楊陸榮撰。詩中語涉感憤，應請銷燬。

橘苑詩鈔

《四庫提要·別集類存目八》 《橘苑詩鈔》十一卷。浙江巡撫採進本。國朝諸匡鼎撰。匡鼎字虎男，錢塘人。是編子目曰《橘苑詩鈔》，而總題則曰《説詩堂集》，蓋全集之一種也。匡鼎生於國初，猶及見西泠十子。故所作亦沿其流派，圓美有餘，而深厚不足。

遂初堂詩集　文集　別集

《四庫提要·別集類存目一〇》 《遂初堂詩集》十五卷。《文集》二十卷。《別集》四卷。江蘇巡撫採進本。國朝潘耒撰。耒有《類音》，已著録。詩分《少遊》、《夢遊》、《近遊》、《江嶺遊》、《海岱遊》、《台蕩遊》、《閩遊》、《黄廬遊》、《楚粵遊》、《豫遊》、《卧遊》諸草，分年編次。文則各以體分。惟爲二氏作者入之別集，用楊傑《無爲集》例也。耒性好遊名山，足跡甚廣。其詩不事雕飾，直抒所見。古文蹊徑較平，稍遜於魏禧諸人。而氣體渾厚，空所依傍，則又耒所獨得也。耒家吴江之爛溪，少受業於顧炎武，頗得其傳，故詩文皆有原本。特其議論之文，往往反覆求快，太傷於盡，未免失之好辯焉。

張之洞《書目答問·別集》 《遂初堂詩文集》三十九卷。潘耒。

玉樵集

軍機處奏《禁毀書目》 《玉樵集》一部，三本。查《玉樵集》，係項弼先撰。中間語有違礙，應請銷燬。

嚶鳴樓詩

軍機處奏《禁毀書目》 《嚶鳴樓詩》一部，三本。查《嚶鳴樓詩》，係華鼎超撰。語有干礙，應請銷燬。

尺木居小品

軍機處奏《禁毀書目》 《尺木居小品》一部，一本。查《尺木居小品》，係葉擎霄撰。詩中有違礙語，應請銷燬。

梅影樓文集　詩集

軍機處奏《禁毀書目》 《梅影樓文集》一本《詩集》一本。查《梅影樓文集》《詩集》，係巫之巒撰。詩文内均有狂誕語，應請銷燬。

網軒詩集

軍機處奏《禁毀書目》 《網軒詩集》一部，一本。查《網軒詩集》，係趙由煌撰。詩語有干礙處，應請銷燬。

理園集

軍機處奏《禁毀書目》《理園集》一部，四本。查《理園集》，係謝簡撰。書中有違礙字句，應請銷燬。

竹邨集

軍機處奏《禁毀書目》《竹邨集》一部，四本。查《竹邨集》，係劉自越撰。書中有違礙處，應請銷燬。

靖廬詩稿

軍機處奏《禁毀書目》《靖廬詩稿》一部，一本。查《靖廬詩稿》，係文行遠撰。詩中詞句多違礙處，應請銷燬。

清芬堂存稿

《四庫提要・別集類存目一〇》《清芬堂存稿》八卷。浙江巡撫採進本。國朝胡會恩撰。會恩字孟綸，德清人。康熙丙辰進士，官至刑部尚書。其館閣諸詩，別編爲《賡颺集》，今未見傳本。是集所録，則由丙辰至庚寅三十五年所作也。詩有清腴之致，而風骨未遒。故於一時流輩之中，尚不能排突諸家，自成一隊。

寶嗇堂詩稿

《四庫提要・別集類存目一〇》《寶嗇堂詩稿》四卷。直隸總督採進本。國朝張榕端撰。榕端有《海岱日記》，已著録。是集爲榕端官内閣學士時所刊，皆其康熙己未至己卯之詩。前有任邱龐塏序，稱其詩「和而不迫，秀而不纖，逸而不肆。宛轉纏綿，一寫其胸中之趣，而未嘗借以宣其喜怒不平之氣。」頗近其實。然婉約有餘，遂乏雄渾之氣、深湛之思。蓋其長在是，其短亦在是矣。

河上草

《四庫提要・別集類存目一〇》《河上草》二卷。直隸總督採進本。國朝張榕端撰。康熙庚辰，榕端以内閣學士預治河之役。至癸未，始召還。此編皆其四年之中，在工次所作。前有宋犖序，稱其「泥塗檋橇，楗石沈薪，卒以塞決。乃殊不見其有歌咏勤苦之勞，而往往道其達天適性之樂。」今觀其詩雖醞釀不深，而和平恬静，犖言蓋不誣云。

蘭樵歸田稿

《四庫提要・別集類存目一〇》《蘭樵歸田稿》一卷。直隸總督採進本。國朝張榕端撰。皆康熙甲申以後致仕歸里之作。其詩直抒胸臆，多入香山一派。蓋老境優游，頹然自放，不復以文字爲意矣。

翠滴樓詩集

《四庫提要・別集類存目一〇》《翠滴樓詩集》六卷。監察御史戈岱家藏本。國朝馮雲驌撰。雲驌字懿生，代州人。康熙丙辰進士，官翰林院編修。是集皆所作古今體詩，惟冠以賦一篇，殿以詞一闋。蓋雲驌没後，其門人鹿祐所編，故掇拾殘剩，所在僅此云。

彭椒巖詩稿

《四庫提要・別集類存目一〇》《彭椒巖詩稿》二十二卷。江蘇周厚堉家藏本。國朝彭開祐撰。開祐字孝緒，號椒巖，婁縣人。康熙丙辰進士，官至武岡州知州。是集分四種，曰《瞻雲稿》，曰《游琴稿》，曰《一螺稿》，各六卷；曰《槖丸稿》，四卷。《游琴》、《一螺》、《槖丸》三稿，皆其官河間及游大梁、濟南時所著。《瞻雲稿》則其官武岡時所著也。

杏村詩集

《四庫提要・別集類存目九》《杏村詩集》七卷。山東巡撫採進本。國朝謝重輝撰。重輝字千仞，號方山，德州人。大學士陞之子。以蔭授中書舍人，官至刑部郎中。王士禛嘗選刻《十子詩》，重輝其一也。

秋葉軒詩

《四庫提要・別集類存目一一》《秋葉軒詩》四卷。江蘇巡撫採進本。國朝張琳撰。琳字佩嘉，一字玉田，錢塘人。是集乃康熙丙戌其友趙炎所選定。集中近體多於古體，而七言律詩一種，又多於諸體。大抵圓熟流利，篇篇如一。蓋其瓣香惟在《劍南》一集耳。

笏峙樓集

《四庫提要・別集類存目一一》《笏峙樓集》五卷。江蘇周厚堉家藏本。國朝張祖年撰。祖年有《道驛集》，已著録。是書《釋疑孟》一卷，以司馬光有《疑孟》一書，而祖年逐條爲之辨。《廢言》四卷，則其所自著也。中多游戲之詞，與《道驛集》之正色講學者又殊。

素巖文稿

《四庫提要・別集類存目一〇》《素巖文稿》二十六卷。江蘇巡撫採進本。國朝王喆生撰。喆生有《懿言日録》，已著録。是編所載皆雜文。末卷並録及訟牒，則太甚矣。

湖海集

《四庫提要・別集類存目一一》《湖海集》十三卷。山東巡撫採進本。國朝孔尚任撰。尚任有《節序同風録》，已著録。尚任官國子監博士時，隨侍郎孫在豐淮揚疏濬海口，因輯其入淮以後詩文，自編此集，故以「湖海」爲名。

思復堂集

《四庫提要・別集類存目一〇》《思復堂集》十卷。浙江巡撫採進本。國朝邵廷采撰。廷采字念魯，餘姚人。康熙初諸生。嘗從毛奇齡遊。是集刊於康熙壬辰，以龔翔麟所撰墓誌、邵思淵所撰墓表、萬經所撰小傳冠諸編首。

東坪集

《四庫提要・別集類存目一二》《東坪集》八卷。浙江巡撫採進本。國朝胡慶豫撰。慶豫字雝來，號東坪，平湖人。歲貢生。是集卷一曰《南浦吟》，客江右時所作。卷二曰《昭陽小稿》，客邗江時所作。卷三曰《北征集》，赴京道中及寓京師時所作。卷四、卷五曰《西征草》，入關中及流寓西蜀時所作。卷六、卷七、卷八曰《桐軒集》，則里居所作也。其詩以雅淡爲宗，而未能超詣。

墨瀾亭集

《四庫提要・别集類存目一一》《墨瀾亭集》無卷數。江西巡撫採進本。國朝帥我撰。我字備皆，號簡齋，奉新人。康熙辛卯舉人。江西古文，自艾南英倡於前，魏禧等和於後，踵而起者雖所造深淺不同，而大都循循有舊法。是集亦其一也。舊刊版於南昌，所載未備。雍正乙卯，其子念祖屬徐廷槐彙取已刻未刻諸稿，裒爲此本，凡一百四十篇。

樸村集

軍機處奏《禁毁書目》《樸村集》一部，五本。查《樸村集》，係張雲章撰。書中詩句有干礙處，應請銷燬。

綺樹閣稿

《四庫提要・别集類存目一〇》《綺樹閣稿》一卷。山東巡撫採進本。國朝安箕撰。箕字青士，壽光人。致遠之次子。是集止詩二十八首，賦九首，記一篇，附載《致遠集》末。箕，名父之子，承其家學，故詩文皆有矩度，惟波瀾尚未老成，則問世太早之故也。

壑雲篇

軍機處奏《禁毁書目》《壑雲篇》八本。查《壑雲篇》，係李伍渶撰。書中十四、十五卷内俱有悖犯語，應請銷燬。

嶺南二紀

《四庫提要・别集類存目一〇》《嶺南二紀》二卷。浙江巡撫採進本。國朝茅兆儒撰。兆儒號雪鴻，錢塘人。是編皆其紀游之詩。一曰《嶺南方物紀》，乃康熙壬戌居韶州時所作。凡二百四十種，各以絶句一首紀之，而略注其狀於題下。一曰《粤行日紀》，則述其戊午歲自錢塘至廣州途中六十二日所經。凡一百四十餘首，亦每題爲一絶句。

古處齋文集

軍機處奏《禁毁書目》《古處齋文集》四本。查《古處齋文集》，係陳祖法撰。祖法爲吕留良姻家，中多與之酬答，稱譽過甚，應請銷燬。

固哉叟詩鈔

《四庫提要・别集類存目一一》《固哉叟詩鈔》八卷。浙江巡撫採進本。國朝高孝本撰。孝本字大立，號青華，嘉興人。康熙辛未進士，官績溪縣知縣。孝本雖年届四十始爲詩，然罷官後放浪山水以老，故其詩灑落有清氣，但深厚不足耳。是編分十七集。曰《趨庭集》，曰《江漢集》，曰《徑山集》，曰《琴溪集》，曰《嶺南集》，曰《秦遊集》，曰《大鄣集》，曰《葛園集》，曰《晉遊集》，曰《津門集》，曰《南州集》，曰《幔亭集》，曰《海岱集》，曰《黄梅集》，曰《台雁集》。皆孝本七十八歲所自編，爲雍正丙午以前詩。至丁未，又編其病中所作爲《維摩集》，附十七集後。故自序但列十七集云。

超然詩集

《四庫提要・別集類存目一〇》《超然詩集》八卷。福建巡撫採進本。國朝張遠撰。遠字超然，侯官人。康熙己卯舉人，官禄豐縣知縣。與蕭山張遠同姓名，而其生稍後。是集諸詩，多近元白長慶體，在晉安詩派之中，自爲別調。杭世駿《榕城詩話》曰：「張遠領康熙己卯鄉薦第一，游京師，與竹垞、初白諸人倡和甚富，有集梓行。初嘗挾策游四方，未有所遇，登滕王閣題詩，一達官嗟賞，爲之延譽，詩名遂振。」其詠松濤有「月明何處雨，風定數聲鐘」，亦佳句也。

緄齋詩選

《四庫提要・別集類存目一一》《緄齋詩選》二卷。山東巡撫採進本。國朝張謙宜撰。謙宜號稚松，膠州人。康熙丙戌進士。是集末有法輝祖跋，謂全稿三千餘首，暮年自訂，存詩四百餘篇。自序凡千言，極述其苦吟之狀。然其詩出入於香山、劍南之間，一吟一咏，亦足自娱。起而抗衡古人，則力尚不逮也。

馮舍人遺詩

《四庫提要・別集類存目一〇》《馮舍人遺詩》六卷。山東巡撫採進本。國朝馮廷櫆撰。廷櫆字大木，德州人。康熙壬戌進士，官中書舍人。丁卯典試湖廣，作詩一卷，名曰《晴川集》，王士禛嘗序之。是集乃廷櫆殁後，趙執信所編。首爲《京集》三卷，次即《晴川集》一卷，又《雪林集》一卷，《曹村集》一卷，併爲作序，以士禛序爲知之未盡。蓋當日執信方以論詩與士禛相左，故雖同一推奬，亦持異議云。

張之洞《書目答問・別集》《馮舍人遺詩》六卷。馮廷櫆。

夢鼎堂文集　若溪集

《四庫提要・別集類存目一〇》《夢鼎堂文集》四卷。《若溪集》一卷。大理寺少卿劉天成家藏本。國朝任觀瀛撰。觀瀛字子登，或書曰紫登，以同音相假借也，蕭縣人。康熙己未進士，官至陝西潼商道。是二集皆其官長興知縣時所作。《若溪集》以水名名其詩。夢鼎堂在長興署中，明歸有光所建，觀瀛重構之，因以名其文集云。

晚樹樓詩稿

《四庫提要・別集類存目一〇》《晚樹樓詩稿》四卷。江蘇周厚堉家藏本。國朝吳震方撰。震方有《讀書正音》，已著録。是編乃其詩稿，始於康熙己未初館選時，終於甲申遊滁州時所作。初，震方以御史罷歸。康熙癸未，恭逢聖祖仁皇帝南巡，以所輯《朱子論定文鈔》進呈，蒙恩復職，且御書白居易詩以賜。因摘詩中「晚樹」二字以名其樓，併以名集云。

雙溪草堂詩集　附遊西山詩

《四庫提要・別集類存目一〇》《雙溪草堂詩集》一卷。附《遊西山詩》一卷。兩淮鹽政採進本。國朝王晉徵撰。晉徵字涵齋，休寧人。康熙己未進士，官至户部侍郎。是集爲晉徵所自定，以編年爲次，始於康熙癸丑，終於戊子。

莊元仲集

《四庫提要・別集類存目一一》《莊元仲集》一卷。福建巡撫採進本。國朝莊亨陽撰。亨陽有《算學》，已著録。此集僅文十二篇，乃其官淮徐道時所上《河防條議》也。

深秀亭近草

《四庫提要·別集類存目一〇》《深秀亭近草》五卷。江蘇周厚堉家藏本。國朝潘鍾麟撰。鍾麟字層峰，華亭人。是編皆七言律詩。前四卷爲乞酒之作，所投贈者凡二百六十五人。後一卷爲寄懷之作，所投贈者凡三十人。以大學士王頊齡、户部尚書王鴻緒爲冠。蓋借此以存其人。乞酒寄懷，特假託之詞耳。

西澗初集

《四庫提要·別集類存目一〇》《西澗初集》六卷。江蘇周厚堉家藏本。國朝劉然撰。然字簡齋，江寧人。卷首有康熙戊午杜濬序，稱其詩文「閎深奥衍，不可名狀」。今觀斯集，殊不副斯言。其《水中鴈字》七言律詩，用上下平韻至三十首，亦太誇多鬬靡。以如是題目，作如是體裁，雖李、杜不能工也。

冶古堂文集

《四庫提要·別集類存目一一》《冶古堂文集》五卷。浙江巡撫採進本。國朝呂履恒撰。是集爲履恒殁後，淳安方婺如及其門人石屏張漢所選定。凡一百九十二篇，每篇各有評語，如制義之式。

夢月巖詩集

《四庫提要·別集類存目一一》《夢月巖詩集》二十卷。浙江巡撫採進本。國朝呂履恒撰。履恒字元素，號坦菴，河南新安人。康熙甲戌進士，官至户部侍郎。此集乃雍正乙巳其姪纘曾等校刊。詩以體分，末附詩餘二十四首。前有凡例，稱其詩「或經歲一改，或一月數改。如《洛陽秋思》、《河上寓目詩》之頷聯，嫌其調近七子，輒加竄易。《金陵雜感》之結句，嫌其涉於怒駡，亦復易之。」又稱「盛朝詩選載其《秦中懷古詩》、《洛陽秋思詩》、《懷公穀詩》，字句皆有所竄亂，今悉從原本」云云。或刊版時有所點定歟。

敬業堂集

《四庫提要·別集類二六》《敬業堂集》五十卷。浙江巡撫採進本。國朝查慎行撰。慎行有《周易玩辭集解》，已著録。是編裒其生平之詩，隨所游歷，各爲一集。凡《慎旃集》三卷，《遄歸集》、《西江集》共一卷，《踰淮集》一卷，《假館集》二卷，《人海集》、《春帆集》、《獨吟集》各一卷，《竿木集》、《題壁集》共一卷，《橘社集》、《勸酬集》、《湓城集》、《雲霧窟集》各一卷，《客船集》、《並轡集》共一卷，《冗寄集》一卷，《白蘋集》、《秋鳴集》共一卷，《敝裘集》、《酒人集》共一卷，《游梁集》、《皖上集》、《中江集》各一卷，《得樹樓集》、《近遊集》共一卷，《賓雲集》一卷，《炎天冰雪集》、《垂橐集》共一卷，《杖家集》、《過夏集》各一卷，《偷存集》、《繙經集》共一卷，《赴召集》、《隨輦集》、《直廬集》、《考牧集》、《甘雨集》、《西阡集》、《迎鑾集》、《還朝集》、《道院集》各一卷，《槐簃集》二卷，《棗東集》、《長告集》、《待放集》、《計日集》、《齒會集》、《步懷集》、《吾過集》各一卷，《夏課集》、《望歲集》共一卷，《粵游集》二卷，附載《餘波詞》二卷。自古喜立集名，以楊萬里爲最多。慎行此集，隨筆立名，殆數倍之。其中有以二十四首爲一集者，殊傷煩碎，然亦徵其無時無地不以詩爲事矣。集首載王士禛原序，稱黄宗羲比其詩於陸游。士禛則謂「奇創之才，慎行遜游；綿至之思，游遜慎行。」又稱其五七言古體有陳師道、元好問之風。今觀慎行近體，實出劍南。但游善寫景，慎行善抒情；游善隸事，慎行善運意。故長短互形，士禛所評良允。至於後山古體，悉出苦思，而不以變化爲長；遺山古體，具有健氣，而不以靈敏見巧，與慎行殊不相似，核其淵源，大抵得諸蘇軾爲多。觀其積一生之力，補注蘇詩，其得力之處可見矣。明人喜稱唐詩，自國朝康熙初年，窠臼漸深，往往厭而學宋，然粗直之病亦生焉。得宋人之長而不染其弊，數十年來，固當爲慎行屈一指也。

時用集

《四庫提要・別集類存目一〇》《時用集》無卷數。浙江巡撫採進本。國朝陳訏撰。訏有《句股引蒙》，已著録。訏爲黄宗羲門人，又與查慎行同里友善。故文格詩格俱有所受，然所作終亞於二人。是集爲訏所自編，凡四十歲以前所作悉删去之。斷自己巳，迄戊子爲正編。又自己丑，迄壬子爲續編，則其晚所增刻也。其曰《時用集》者，訏自序爲家塾署聯用東坡語「春秋古史乃家法，詩筆離騷亦時用」，故手訂正續集，遂以「時用」標題云。

玉巖詩集

《四庫提要・別集類存目一〇》《玉巖詩集》七卷。福建巡撫採進本。國朝林麟焻撰。麟焻字石來，莆田人。康熙庚戌進士，官至貴州提學僉事。其詩法受自王士禛。初官中書舍人時，嘗偕檢討汪楫奉使琉球，途中唱酬甚夥。是編凡前集二卷，皆初年所作。又《星槎草》一卷，《中山竹枝詞》五十首爲一卷，皆出使時所作。《郊居集》一卷，則官提學後家居時作也。自《中山竹枝詞》以前，皆載士禛評點。《竹枝詞》後，又以當時同人贈别之作附焉。

旭華堂文集　補遺　續編

《四庫提要・別集類存目一〇》《旭華堂文集》十四卷。《補遺》一卷。《續編》一卷。山西巡撫採進本。國朝王奂曾撰。奂曾字元亮，别字思顯，號誠軒，山西太平人。康熙丙辰進士，官至湖廣道監察御史。是編爲其孫壻趙勳典所刊。凡奏議一卷，雜文十三卷。附以補遺一卷，則奏議二首，并序文雜著八首也。

嶢山文集　詩集

《四庫提要・別集類存目一〇》《嶢山文集》四卷。《詩集》一卷。山西巡撫採進本。國朝田從典撰。從典字克正，陽城人。康熙戊辰進士，官至文華殿大學士。謚文端。是集奏疏序傳等雜文五十餘篇，爲四卷。詩三十餘首，爲一卷。又附以補刻文一册。據卷首儲大文序，謂從典文多散佚。此乃其子暨族屬所搜輯者，故僅止於此，非全本也。

臯軒文編

《四庫提要・別集類存目九》《臯軒文編》一卷。福建巡撫採進本。國朝李光坡撰。光坡有《周禮述注》，已著録。是集凡文二十篇，皆發揮性理，闡明經義之作。其論學主程朱。論《禮》主鄭氏。論《易》則宗邵子，而兼取揚雄《太玄》，以爲僭經雖有罪，而存易則有功。然必以《太極》、《先天》二圖爲不出自陳摶，則未免回護之見。晁以道作《李之才傳》，序述源流，至爲明白。同時之人當非無據，非朱震一人之私言也。

與梅堂遺集　耳書　鮓話

《四庫提要・別集類存目一一》《與梅堂遺集》十二卷。《耳書》一卷。《鮓話》一卷。江蘇巡撫採進本。國朝佟世思撰。世思字儼若，正藍旗漢軍。以蔭生官思恩縣知縣。是集凡詩十卷，詞一卷，雜文一卷，其弟世集哀而刻之。末附《耳書》一卷，皆記所聞見荒怪之事，分人、物、神、異四部。《鮓話》一卷，則以公事至恩平，而記其風土也。

一溉堂詩集

《四庫提要・別集類存目一〇》《一溉堂詩集》一卷。江西巡撫採進本。國朝余光耿撰。光耿字介遵，婺源人。康熙初諸生，《江南通志》作康熙乙酉舉人。案，光耿之父懋衡爲明萬曆壬辰進士，距康熙乙酉凡一百一十四年，斷不相及，非順治乙酉之譌，即別一人同姓名也。懋衡與鄒元標、馮從吾等講學，同罹黨禍。光耿承其父教，淡泊自守，故詩格亦樸實平近，不尚藻采。其《拆貧字口號》所云「有分宜安分，營財本乏才」者，乃里巷字謎之詞，尤不宜入集也。

四香樓集

《四庫提要・別集類存目一一》《四香樓集》四卷。江蘇巡撫採進本。國朝范纘撰。纘字武公，婁縣人。其詩源出晚唐，而參以南宋，如「蜂憎緑蟻晴偷蜜，燕覓青蟲晝哺雛」，「一潭水聚三更月，四野山圍小閣燈」，「三秋樹老蟬聲盡，八月江寒雁影遲」，「蟬聲送過秋多少，鶴夢憑他夜短長」之類，皆綽有思致，而格調未高。陳元龍序稱其長堪輿學，蓋嘗館於元龍家。相傳《格致鏡原》即其所纂，亦博洽之士也。

正誼堂集　續集

《四庫提要・別集類存目一〇》《正誼堂集》十二卷，《續集》八卷。江西巡撫採進本。國朝張伯行撰。伯行有《道統録》，已著録。是編前二卷爲奏議。第三卷至第五卷皆尋常案牘之文。第六卷爲書，大抵講學之語。第七卷、八卷爲序，皆已見所刊各書中。第九卷至十二卷爲記、論、説、議、傳、墓誌、墓表、祭文、雜著。跡其一生，大抵步趨陸隴其也。

愛日堂詩

《四庫提要・別集類存目一〇》《愛日堂詩》二十七卷。浙江巡撫採進本。國朝陳元龍撰。元龍有《格致鏡原》，已著録。愛日堂者，聖祖仁皇帝御書，故以名集。其詩編年分集，凡十二種。

集古梅花詩

《四庫提要・別集類存目一一》《集古梅花詩》無卷數。浙江巡撫採進本。國朝張吴曼撰。吴曼字也倩，上海人。居吴淞江上，其地多梅，因爲集句賦咏。凡《和中峰禪師韻》者一百首，《和陳涉江韻》者三十首，自和者十首。又一百首則吴曼以同里高士沈球本有是體，爲繼作而合刻之者。又一百首則吴曼六十生日，其仲兄文卿取「十月先開嶺上梅」句集古爲壽，吴曼因續爲之者。末附《集唐梅歌》一首，乃七十六歲所作。殆終身詠此一花也。

鬲津草堂詩集

《四庫提要・別集類存目一〇》《鬲津草堂詩集》無卷數。山東巡撫採進本。國朝田霡撰。霡字子益，號樂園，又號香城居士，德州人。康熙丙寅拔貢生。授堂邑縣教諭，以病未赴。霡與兄雯需，並能詩。雯才調縱横，沿幾社之餘風，以奇偉鉅麗自喜。與王士禛同郡同時，而隱然負氣不相下。士禛《池北偶談》中載其服藥必取異名一事，亦陰不滿之。霡乃獨從士禛遊。是編凡《鬲津草堂五字古體詩》一卷，《五字今體詩》一卷，皆士禛評而序之。序稱「唐有詩，不必建安、黄初也。元和以後有詩，不必神龍、開元也。北宋有詩，不必李、杜、高、岑也。」語蓋爲雯而發。又《鬲津草堂絶句詩》一卷，里人孫勷序之。序稱「吾州近時前輩以詩名者，無間於時。余性不近詩，然當披編佩句之餘，亦或頗有所覩。於作者之旨，大都若格格於余懷，未能強以爲無間然也。」語亦侵雯。然觀霡所作，雖密咏恬吟，成一邱一壑之趣，至才力富健，究不足以敵雯也。集後又有《菊隱集》一卷、《南遊稿》一卷，總題曰《鬲津草堂七十以後詩》。黄越序之，稱其「垂老所作，彌淡彌甘。」大抵霦生平爲詩，以七言絶句自負，自少至老，亦惟是體特多云。

學古堂詩集

《四庫提要·別集類存目一〇》《學古堂詩集》六卷。浙江巡撫採進本。國朝沈季友撰。季友字客子，平湖人。康熙丁卯副榜貢生。其集卷一至卷三曰《南旋集》，卷四至卷六曰《秋蓬集》，乃其孫鑰所合刊。季友爲陸棻之壻，與汪琬、毛奇齡以詩相倡和。奇齡爲作集序，亦以才子目之，然抑揚皆在是兩字矣。

解春文鈔　補遺　詩鈔

張之洞《書目答問·別集》《解春文鈔》十二卷。《補遺》二卷。《詩鈔》二卷。馮景。《抱經堂叢書》之一。

峇𡾊山人集

《四庫提要·別集類存目一〇》《峇𡾊山人集》。無卷數。山東巡撫採進本。國朝謝乃實撰。乃實字華函，福山人。福山有峇𡾊山，因號峇𡾊山人。康熙戊辰進士，官興寧縣知縣。是集不分卷數，但以各體類從，而附詩餘於末。其詞名「絶句一百三十首」，別爲一冊，爲古今所未有。然雜體昉自齊、梁，究爲小品，可偶一爲之，不可以爲擅長之技也。

奉使滇南集

《四庫提要·別集類存目一〇》《奉使滇南集》無卷數。兩江總督採進本。國朝許嗣隆撰。嗣隆字山濤，如臯人。康熙壬戌進士，官翰林院編修。是編乃康熙癸酉奉命典試雲南往來紀行之作，多述山川名勝。

臨野堂文集

《四庫提要·別集類存目一〇》《臨野堂文集》十卷。兩淮馬裕家藏本。國朝鈕琇撰。琇有《觚賸》，已著録。是集前有潘耒序，盛推其四六之工。今觀所撰，疏雋頗勝近人，而渾雅終不逮古人。其外篇俳諧諸作，如《商陸侯傳》之類，則不可作也。

青要集

《四庫提要·別集類存目一一》《青要集》十二卷。浙江巡撫採進本。國朝呂謙恒撰。謙恒字天益，河南新安人。康熙己丑進士，官至光禄寺卿。謙恒嘗讀書青要山，因以名集。其詩純作宋格，疏爽有餘，而亦頗傷樸直。如《洗象行》之類，皆病於太質。

退谷文集　詩集

《四庫提要·別集類存目一一》《退谷文集》十五卷。《詩集》七卷。兩江總督採進本。國朝黄越撰。越字際飛，上元人。康熙己丑進士，改庶吉士。所著《四書大全合訂》，及選刻制義如《明文商》、《今文商》、《墨卷商》、《考卷商》之類，皆盛行一時。蓋平生精力注於講章、時文。此集所著詩、古文，乃以餘暇兼治者。其《尚書古今文辨》，惟以《蔡傳》折服諸家；《三傳得失辨》，惟以《胡傳》斷制衆論。亦仍舉業繩尺也。

葛莊詩鈔

《四庫提要·別集類存目一一》《葛莊詩鈔》十三卷。内府藏本。國朝劉廷璣撰。廷璣有《在園雜志》，已著録。其詩以陸游爲宗。《在園雜志》嘗自記其「童去自埋生後火，飯來還掩讀殘書」一聯，或以爲勦襲陸游「呼童不至自生火，待飯未來還讀書」句。自辨其用意不同，是固誠然。然奪胎换骨，要不能謂不出於游也。又自記有人評其詩曰「此亦出入於香山、劍南之間而未純者」，自以爲允。可謂自知矣。

葛莊編年詩　補遺

《四庫提要・别集類存目一一》《葛莊編年詩》無卷數。江西巡撫採進本。國朝劉廷璣撰。《葛莊詩鈔》止於官九江道時，是編又其官淮徐道時所作。分年排次，起康熙丁巳，止於壬辰。後復有《補遺》一卷。

咸齋文鈔

《四庫提要・别集類存目一一》《咸齋文鈔》七卷。浙江巡撫採進本。國朝查旭撰。旭字咸齋，海寧人。康熙癸酉副榜貢生。是集凡書一卷，序二卷，祭文一卷，論一卷，傳一卷，雜著一卷。旭有孝行，嘗於兵亂中崎嶇萬里，尋父遺柩，士論稱之。其文源出南宋，頗清雅有法度。使假之年，尚可追古作者。前有益都趙執信序，作於旭在之日。又有楊中訥序，則旭没後所作也。

意園文集

軍機處奏《禁毁書目》《意園文集》一部，一本。《意園文集》係戴名世撰。中間狂悖處甚多，應請銷燬。

戴田有時文

軍機處奏《禁毁書目》《戴田有時文》一部，三本。查《戴田有時文》，係戴名世撰。應請銷燬。

憂患集偶鈔

軍機處奏《禁毁書目》《憂患集偶鈔》一部，一本。查《憂患集偶鈔》，係戴名世撰。應請銷燬。

蕉舫集

《清集提要》《蕉舫集》三卷。孫瑞撰。

聖祖仁皇帝御製文集

《四庫提要・别集類二六》《聖祖仁皇帝御製文集》一百七十六卷。謹案：聖祖仁皇帝御製詩文，篇章繁富，前後共分四集，以次成編。自康熙二十二年癸亥以前爲《初集》。於時方戡定九嬰、削平三孽，而念勤《訪落》、化著觀文。運籌決勝之餘，寓志藝林，所存尚四十卷。自康熙三十六年丁丑以前爲《二集》。於時靈臺偃伯，九譯旅來，保泰持盈，勵精宵旰，萬幾餘暇，矢詠《卷阿》。十四年中，復積盈五十卷。自康熙五十年辛卯以前爲《三集》。於時四瀛不波，五緯咸若，驩心普洽，佑命重申，堯衢時游，舜歌賡作。珥筆而録奎章者，十四年中又積盈五十卷。皆大學士張英等所恭編也。至五十一年壬辰以後，六十一年壬寅以前，承平熙皞，棟牖松雲，壽考康寧，愈游心於翰墨。而八伯徵歌之日，正百年服教之初。我世宗憲皇帝嗣踐皇圖，始命和碩莊親王允禄編爲《四集》三十六卷。通一百七十六卷合爲一編。迄今流布鴻都，尊藏册府。萬方傳誦，藉以仰窺聖學之萬一。至於乾規坤矩，不可測以方圓；月采日華，不可圖以藻繪。非惟仰鑽所莫罄，抑亦歌頌所難名。惟有循環雒誦，尊若六經而已，莫能更贊一詞也。别有《御製詩集》二十八卷，乃高士奇等所校刊。恭檢篇目，皆已編入《文集》，次第亦無所更易。故今未敢復繕，惟附著分合之緣起，俾來茲有考焉。

禮山園文集

《四庫提要・别集類存目一〇》《禮山園文集》八卷。浙江巡撫採進本。國朝李來章撰。來章有《連陽八排風土記》，已著録。是集摹倣歐、曾，頗爲近似。以作意點綴求姿，故或失之微縟。中如李氏《紫雲山莊記》、《幸公子傳》諸篇，規撫古人，亦覺墨痕未化，謂之不失典型則可矣。

殘本經史緒言

《四庫提要・别集類存目一〇》《殘本經史緒言》一卷。兩江總督採進本。國朝朱董祥撰。董祥有《讀禮記略》，已著録。是編名似筆記，實則文集。前有雜論數篇，其餘多言居家禮制，而喪禮尤多。大抵執古義以繩今，與所作《讀禮記略》相出入。如《居喪不當稱制》之類，一字之争，動輒累牘，多非大義所關也。其書題曰「上卷」，則尚有下卷而佚之。目録列文四十七篇，而闕其《原學》、《上大司農本政書》、《教子晟讀詩説》三篇。蓋併此卷亦非完本矣。

古劍書屋文鈔

《四庫提要・别集類存目一一》《古劍書屋文鈔》十卷。江蘇巡撫採進本。國朝吴廷楨撰。廷楨字山掄，長洲人。康熙癸未進士，官至左春坊左諭德。是編凡詩八卷，末附補遺及詩餘，又雜文二卷。乾隆丙子其孫士端刊於貴州。其名曰「古劍書屋」者，聖祖仁皇帝南巡，廷楨以舉人召試，御書「古劍篇」以賜，因以爲名，誌榮遇也。

鐵廬集　外集　後録

《四庫提要・别集類二六》《鐵廬集》三卷。《外集》二卷。《後録》一卷。江蘇巡撫採進本。國朝潘天成撰。天成字錫疇，溧陽人。寄籍桐城，爲安慶府學生。《溧陽志》載其「幼與父母避讎相失。年十五，乞食行求，遇於江西界，百計迎歸。傭販以養，備極艱苦。以其閒讀書講業，竟爲積學。年七十四，汔窮餓以死。」《瞿源洙集》有《潘孝子傳》，與志所言合。蓋篤志苦行之士也。是集爲其門人許重炎所編，冠以小傳、年譜。第一卷爲《默齋訓言》，天成述其師湯之錡語也。二卷爲雜著，天成詩文也。三卷爲語録，重炎與蔣師韓記天成語也。《外集》一卷爲《勿菴訓言》，天成記其師梅文鼎語。二卷爲雜著，亦天成遺文補刊者。《後録》一卷，則其墓記之類也。天成學問，源出姚江，以養心爲體，以經世爲用。其詩文皆抒所欲言，不甚入格。然行誼者文章之本，綱常者風教之源。天成出自寒門，終身貧賤，而天性真摯，人品高潔，類古所謂獨行者。其精神堅苦，足以自傳其文。故身没嗣絶，而人至今重之。特録其集，俾天下曉然知國朝立教在於敦倫紀、礪名節、正人心、厚風俗。固不與操觚之士論文采之優劣，亦不與講學之儒争議論之醇疵也。

性影集

《四庫提要・别集類存目一一》《性影集》八卷。江蘇巡撫採進本。國朝王時憲撰。時憲字若千，號褉亭，太倉人。康熙己丑進士，由宜興教諭改翰林院庶吉士。是編凡八集，集各一卷。曰《水邊林下稿》，曰《桐溪稿》，曰《無隱林稿》，曰《静寄軒稿》，曰《莊溇稿》，曰《荆溪稿》，曰《楚遊稿》，曰《粤遊稿》。其名「性影」者，蓋取邵子「情爲性影」之説也。集中近體頗饒風致，擬古諸作則隨意抒寫，不甚求工。

完玉堂詩集

《四庫提要·別集類存目八》《完玉堂詩集》十卷。浙江巡撫採進本。國朝釋元璟撰。元璟字借山，浙江天童寺僧也。是編分十集，曰《東湖集》、《名山集》、《紅椒集》、《紫柏集》、《太白集》、《緑瓊集》、《京師百詠》、《晚香集》、《黄琮集》、《鵲南集》，每集爲一卷。前有元璟自序及題辭二十餘則。其詩以清雅爲宗，時有秀句。如「纔憐孤嶠遠，斗轉一峰迎」，「淺碧膠魚沫，殘紅落鴈聲」，「水繞西施浣紗石，雲藏子敬讀書山」，「二月草堂逢社燕，一春花事到山茶」等句。爲盧元昌所賞，見卷首題辭。又如「一笛破寒渚，千帆湊夕陽」，「船如米家小，水似瀼西偏」，「秋思啼螿集，歸心落葉知」，「吟詩不閉梅花閣，懷古獨登文選樓」，「才堪與世作蓍草，道在忘情似木鷄」等句。王士禛亦摘入《居易録》中。蓋其居杭州時，曾結西溪吟社，所與酬倡者，皆一代勝流，耳擩目染，落筆自能遠俗，但根柢不深，氣味不免太薄耳。

強恕堂詩集

《四庫提要·別集類存目一〇》《強恕堂詩集》八卷。山東巡撫採進本。國朝高之騱撰。之騱字仲治，淄川人。侍郎珩之子也。詩學西崑、香奩之體，姿致有餘。敖陶孫謂「秦少游如時女步春，終傷婉弱」，於《淮海集》非確評，移評此集則確矣。張篤慶序謂「詩無定法，與年俱進，將又有老健於是」者，亦可謂婉而章也。

通志堂集　附録

《四庫提要·別集類存目一〇》《通志堂集》十八卷，附録二卷。江西巡撫採進本。國朝納喇性德撰。性德有《合訂删補大易集義粹言》，已著録。性德生長華閥，勤於學問。鄉試出徐乾學之門，遂受業焉。《九經解》即其所刻，而徐乾學延顧湄校正之。以書成於性德没後，版藏徐氏，世遂稱《徐氏九經解》，並《通志堂》而移之徐氏，實相傳之誤也。是編爲乾學所裒輯。凡詩五卷，詞四卷，文五卷，《渌水亭雜識》四卷，又附録碑誌哀輓之作爲二卷。

懷清堂集

《四庫提要·別集類二六》《懷清堂集》二十卷。浙江巡撫採進本。國朝湯右曾撰。右曾字西厓，仁和人。康熙戊辰進士，官至吏部右侍郎，兼翰林院掌院學士。少以詩見賞於王士禛。康熙五十二年，聖祖仁皇帝問掌院學士揆叙，聞湯右曾工詩，令以其集進呈。揆叙遂以右曾所作《文光果詩》上達睿覽，蒙御製賜和。今刻冠斯集之首，實千古儒者之至榮。是集刻於乾隆乙丑。論者稱浙中詩派，前推竹垞，後推西厓，兩家之間，莫有能越之者。今觀二家之集，朱彝尊學問有餘而才力又足以運掉，故能鎔鑄變化，惟意所如。右曾才足肩隨，而根柢深厚則未免稍遜，齊驅並駕似未易言，然亦近人之卓然挺出者也。

雄雉齋選集

《四庫提要·別集類存目一一》《雄雉齋選集》六卷。江蘇周厚堉家藏本。國朝顧圖河撰。圖河字書宣，江都人。康熙己丑進士，官翰林院編修。圖河爲江左十五子之一，其詩古體多學眉山，近體多學劒南，詠物諸作亦頗新穎。而在同時諸人之中，尚未能籠罩一切也。

倚雲閣詩集

《四庫提要·別集類存目一〇》《倚雲閣詩集》一卷。山東巡撫採進本。國朝汪灝撰。灝字文淓，一字天泉，臨清人。康熙乙丑進士，官至貴州巡撫。是集爲王士禛所定，凡評點悉仍士禛之舊。自《題蔣都憲家慶圖》以下，則士禛所未見，故評點闕焉。灝詩一以士禎爲法，集中有《讀唐賢三昧集》二絶句，殆於鑄金呼佛，然姿韻略同。而近體多湊泊語，不及士禎之天然也。同時別有汪灝，字紫滄，休寧人。康熙癸未進士。官翰林院編修。二人詩文，傳寫者往往相淆，惟以字爲別識而已。

十峰集

《四庫提要·別集類存目一一》《十峰集》五卷。江蘇周厚堉家藏本。國朝徐基撰。基字宗項，華亭人。由貢生官訓導。是集自詩賦文及填詞，皆集《前後赤壁賦》中字，錯綜盡變，極有巧思。若其中《遊小赤壁賦》、《春日遊小赤壁賦》及《道德篇》諸作，皆洋洋數千言，而伸之縮之，不出四百餘字之外。雖才人狡獪，不足以語大雅。而專門之技，別開奥窔，亦詞苑中之奇作，亘古所未有者也。末卷倣梁簡文《蘇蕙蘭古聲鑑圖》及宋庠《寄范仲淹諸迴文》，皆有思致。卷首有康熙丙戌陳元龍序，序集《聖教序》中字，亦如自己出，以弁此集，可云勁敵。然元龍特偶一爲之，尚無不可。基則弊一生之精神，成此一集，可謂宋人之楮葉矣。

寶宸堂集

《四庫提要·別集類存目一〇》《寶宸堂集》四卷。湖北巡撫採進本。國朝張希良撰。希良有《春秋大義》，已著録。是集凡文二卷，詩二卷。希良久困名場，早年著述，頗多亢厲之音。自選入詞館後，其體格乃一變焉。

豐川全集

《四庫提要·別集類存目一二》《豐川全集》二十八卷。内府藏本。國朝王心敬撰。心敬有《豐川易説》，已著録。此集乃所作語録及雜著，大抵講學者居多，乃康熙丙申湖廣總督額倫特所刊。額倫特，即嘗以隱逸薦心敬者也。

豐川續集

《四庫提要·別集類存目一二》《豐川續集》三十四卷。陝西巡撫採進本。國朝王心敬撰。據其子勍凡例稱「心敬康熙丙申刻有正、續集二十八卷。」是已有正、續兩集矣。又稱自丙申至乾隆戊午與當代大人君子相酬答，及與門人子弟講説論辨者，視前刻倍多，今裒成三十四卷。是此本又出續集後矣。然其二十八卷之本，實不分正集、續集之目，未喻何説。故此本仍刊版之名，以《豐川續集》著録焉。

緯蕭草堂詩

《四庫提要·別集類存目一一》《緯蕭草堂詩》六卷。浙江巡撫採進本。國朝宋至撰。至字山言，商邱人。吏部尚書犖之子。康熙癸未進士，官翰林院編修。初刻有《緯蕭堂詩》一卷，附犖集後，此其全集也。至承其家學，兼得新城王士禎之傳，故其詩派亦介出於父師之間，但才與學均未及耳。集中《孔雀聯句》，父子同爲之，蓋用蘇軾與子過聯句例也。

清端集

《四庫提要·別集類存目一一》《清端集》八卷。江西巡撫採進本。國朝陳瓚撰。瓚字文焕，一字眉川，海康人。康熙甲戌進士，官至福建巡撫，謚清端。是集凡文七卷，詩一卷，皆非當行。然瓚居官以廉介稱，其節概足以自傳，亦不必以文章傳也。

菀青集

《四庫提要·別集類存目一一》《菀青集》無卷數。浙江巡撫採進本。國朝陳至言撰。至言字山堂，一字青厓，蕭山人。康熙丁丑進士，官翰林院編修。早年與同郡張遠齊名，毛奇齡稱其能守古人三義八法之意而不變。今觀所作，以藻縟爲主，音繁節壯，頗似《西河集》中語，宜奇齡之喜其類己也。

寒玉屏集　碎金集

《四庫提要·别集類存目一二》《寒玉屏集》二卷，《碎金集》二卷。浙江巡撫採進本。國朝閔南仲撰。南仲字湘人，號石漁，湖州人。其詩以新穎爲宗，體格頗近金、元。

鶴侶齋集

《四庫提要·别集類存目一〇》《鶴侶齋集》三卷。山東巡撫採進本。國朝孫勷撰。勷字子未，一字予未，號莪山，又號誠齋，德州人。康熙乙丑進士，官至大理寺少卿，終於通政司參議。其集凡詩一卷，文二卷。勷性簡傲，不諧於俗。集中《石丈詩》云「山鬼矜伎倆，此老如不聞。或具袍笏拜，此老亦不尊。坦然自高卧，雨蝕青苔痕。」蓋亦自寓云。

圭美堂集

《四庫提要·别集類存目一一》《圭美堂集》二十六卷。浙江巡撫採進本。國朝徐用錫撰。用錫字晝堂，宿遷人。康熙己丑進士，官翰林院編修。是集詩十卷，文十六卷，乃其族子鐸及門人周毓崙所校刊。用錫從學於李光地，作文以樸澹爲長。生平書法頗工，集中《字學劄記》二卷，皆自道其心得。其他題跋，亦辨論法帖手跡者居多。

潘中丞集

《四庫提要·别集類存目一〇》《潘中丞集》四卷。江蘇巡撫採進本。國朝潘宗洛撰。宗洛字書原，號巢雲，又號垠谷，宜興人。康熙戊辰進士。官至湖南巡撫。詩文多臺閣之作。奏、疏、序記、家訓等篇，明白質直，視其文頗爲勝之。卷末有儲大文所作傳，以爲古文詞上宗《史記》，詩由玉溪詣少陵。皆以千古第一人推之，則非其實也。

叢碧山房集　附詩義固説

《四庫提要·别集類存目一〇》《叢碧山房集》五十七卷。附《詩義固説》二卷。内府藏本。國朝龐塏撰。塏字霽公，號雪崖，任丘人。康熙己未召試博學鴻詞，授翰林院檢討。降中書舍人，終於建寧府知府。是集凡《文》八卷，《雜著》三卷，《翰苑稿》十四卷，《舍人稿》六卷，《工部稿》十一卷，《户部稿》十卷，《建州稿》五卷，皆其所手自編定也。塏爲詩主於平正沖澹，不求文飾。當王士禛名極盛時，能文之士，率奔走門墻，假借聲譽。塏獨落落不相親附，故士禛亦不甚稱之。惟記其《病足詩》「切防美人笑躄者，春來不過平原門」一絶而已。然塏早歲所作，頗得深婉清微之致。晚年青華既竭，流於枯淡。其《舍人稿》不及《翰苑》，《工部稿》不及《舍人》，《户部稿》不及《工部》，至《建州稿》以後，頹唐益甚。田雯爲作《户部稿序》，以白居易、陸游比之，塏意頗愠。然實箴規之言也。末附《詩義固説》二卷，論亦切實。惟推衍嚴羽之説，以禪談詩，轉至於支離曼衍，是其好高之過矣。

匡山集

《四庫提要·别集類存目一〇》《匡山集》六卷。山東巡撫採進本。國朝王沛恂撰。沛恂字書巖，諸城人。官兵部主事。是集凡文五卷，詩一卷。詩文皆伉直有氣，而亦有恃氣之處，故意之所至，暢所欲言，不免時有累句。

耐俗軒詩集

《四庫提要·别集類存目一〇》《耐俗軒詩集》三卷。直隸總督採進本。國朝申頲撰。頲字敬立，廣平人。副榜貢生。明太僕寺丞佳允之孫，涵光之姪也。涵光所著《聰山集》，以杜甫爲宗。頲詩則惟作古體，無近體，古體又皆五言，無七言。大抵源出阮籍《詠懷》、陳子昂、張九齡《感遇》，多託意寓言之作。而其運思取徑，又出入於黄庭堅、蘇軾之間，頗爲拔俗。然其間或有縱筆一往，傷於快縱者；或有故以波峭取姿，掩抑示意，傷於纖佻者；或有太涉理語，傷於實相者。瑕瑜互見，尚未能一一超詣也。

赤嵌集

《四庫提要·别集類存目一一》《赤嵌集》四卷。兩淮馬裕家藏本。國朝孫元衡撰。元衡字湘南，桐城人。康熙中官至東昌府知府。是集皆其爲臺灣同知時所作。以地有赤嵌城，故以爲名。多紀海外土風物産。頗逞才氣，而未能盡軌於詩律。王士禎爲之點定，謂其「追蹤建安，躡跡長公」。似乎太過也。

藜乘初集　二集

《四庫提要·别集類存目一〇》《藜乘初集》一卷。《二集》二卷。山東巡撫採進本。國朝劉以貴撰。以貴字滄嵐，濰縣人。康熙戊辰進士。是編《初集》，先詩後文。《二集》先文後詩。每篇之後，俱附王道炷評語。道炷序稱其「語意獨造，刻鑿精深。」蓋生澀爲工者。後附《初學正鵠》數十則，則皆鄉塾講師語也。

恕谷後集　續刻

《四庫提要·别集類存目一一》《恕谷後集》十卷。《續刻》三卷。直隸總督採進本。國朝李塨撰。塨有《周易傳注》，已著録。是集所作古文也。前有其門人閻鎬序，稱：「恕谷者，自名其里也；後集者，自康熙癸未以前俱置之，而惟存其後焉者也。」集首第一篇爲《送黄宗夏序》，後有題曰「此王崑繩改本也。恕谷初學八大家，崑繩言當宗秦漢章法訂此。恕谷後謂唐宋不如秦漢，秦漢不如六經，於文法一宗聖經，題曰後集」云云。崑繩者，大興王源字也。嘗撰《文章練要》，分六宗百家，談古文之法。後與塨同師顔元，塨遂從學古文，盡棄其少作。後集之名蓋别其前之所棄也。今觀其文，根柢仍出八家，但開合斷續，不主故常，異乎明以來學歐、曾者惟以紆餘曼衍爲長耳。遽曰秦漢，曰六經，溢其量矣。塨天分本高，其學自成一家，以經世致用爲主，亦具有根柢，然負氣求勝，其文或失之麤豪，少古人淳穆之氣。其持論又自命大高，自信太果，幾於唐宋元明諸儒無一人能當其意，亦未免傷於褊激。蓋前明自萬曆以後，心學盛行，儒、禪淆雜，其曲謹者又闊於事情，沿及國初，猶存商俗。故顔元及塨獨力以務實相争，存其説以補諸儒之枵腹高談，未爲無益。然不可獨以立訓，盡廢諸家。譬諸礞石、大黄，當其對證，實有解結滌滯之功，若專服久服，則又生他疾耳。

二水樓詩集　文集

《四庫提要·别集類存目一一》《二水樓詩集》十八卷。《文集》十卷。江西巡撫採進本。國朝李茹旻撰。茹旻字覆如，臨川人。康熙癸巳進士，官中書舍人。嘗預修《廣西通志》、《撫州府志》。所作凡例及諸傳序，皆載集中。

後圃編年稿

《四庫提要·别集類存目九》《後圃編年稿》十六卷。浙江巡撫採進本。國朝李嶟瑞撰。嶟瑞字蒼存，盱眙人。王士禛嘗稱其縱横有奇氣。今觀其詩，士禛之説不謬。而過求磊落，轉近粗豪，則陶冶之功未至也。

楝亭詩鈔

《四庫提要・别集類存目一〇》《楝亭詩鈔》五卷。附《詞鈔》一卷。江蘇巡撫採進本。國朝曹寅撰。寅有《居常飲饌録》，已著録。其詩一刻於揚州，計盈千首；再刻於儀徵，則寅自汰其舊刻，而吴尚中開雕於東園者。此本即儀徵刻也。其詩出入於白居易、蘇軾之間。

師經堂集

《四庫提要・别集類存目一一》《師經堂集》十八卷。浙江巡撫採進本。國朝徐文駒撰。文駒字子文，鄞縣人。康熙己丑進士。是集爲文駒所自編。凡文十三卷，詩五卷。前有孫勷序，稱其「濬伊、洛之淵源，探韓、歐之骨髓，沈浸醲郁，積有年歲。」自序亦主於自達其情。今觀其集，滔滔而出，足以暢所欲言。然未能固而存之也。

樸學齋詩集

《四庫提要・别集類存目一一》《樸學齋詩集》十卷。福建巡撫採進本。國朝林佶撰。佶有《甘泉宫瓦記》，已著録。佶工於楷法，文師汪琬，詩師陳廷敬、王士禛。琬之《堯峰文鈔》，廷敬之《午亭文編》，士禛之《精華録》，皆其手書付雕。廷敬、士禛之集皆刻於名位烜耀之時，而琬集則繕寫於身後，故世以是稱之。兹集古體詩三卷，今體詩七卷，淵源有自，故體格猶爲近古。特才分差弱，出手微易耳。

釀川集

《四庫提要・别集類存目一一》《釀川集》十三卷。浙江巡撫採進本。國朝許尚質撰。尚質字又文，山陰人。是集賦一卷，雜文二卷，詩二卷，詞五卷。宋祖煜序謂「尚質少而業詩，亦喜飲，指邑中所謂『沈釀川』者自號，因以名集。」其文頗有法度，詞亦修整。惟歌詩稍嫌放縱，或不入律云。

放言居詩集

《四庫提要・别集類存目一一》《放言居詩集》六卷。江西巡撫採進本。國朝曹炳曾撰。炳曾字爲章，號巢南，上海人。康熙末諸生，煜曾之從弟也。是集爲《石倉世纂》之第三種。凡詩五卷，後附雜著一卷，并從子一士所撰墓誌銘。其詩與煜曾《道腴堂集》格律相近，而才地稍遜焉。

慎獨軒文集

《四庫提要・别集類存目一二》《慎獨軒文集》八卷。浙江巡撫採進本。國朝劉青霞撰。青霞字嘯林，襄城人。雍正中諸生。是集皆散體雜文，前有王心敬所作小傳，稱其「酷愛司馬遷、班固書，未嘗釋手」。今集中有小傳二卷，史論一卷，蓋亦留心史學者也。

有懷堂詩文集

《四庫提要・别集類存目一一》《有懷堂詩文集》一卷。江西巡撫採進本。國朝田肇麗撰。肇麗字念始，號蒼厓。户部侍郎雯之子，官户部郎中。肇麗負儁才而屢試不第，其入官也以任子，故《述懷詩》有「慚非科名人」句。蓋吟咏之間，嘗以是耿耿云。

華鄂堂集

《四庫提要·別集類存目一一》《華鄂堂集》二卷。江蘇周厚堉家藏本。國朝周彝撰。彝字策銘，婁縣人。康熙丁丑進士，官翰林院編修。其詩喜作長篇，如《送張長史》、《君山玩雪》、《遊江心寺》諸作，皆灑灑千言，才鋒横溢，然律以和平之義，往往有乖。後附《研山十咏》，別爲一卷，蓋刊成之後，又續入者也。

蓼村集

《四庫提要·別集類存目一一》《蓼村集》四卷。編修周永年家藏本。國朝王苹撰。苹字秋史，歷城人。康熙丙戌進士。其詩爲王士禛、田雯所稱，而文不甚顯。乾隆癸巳，桂林胡德琳得其本於歷城周氏，爲删訂付梓。德琳爲之序，稱「原本分甲、乙二集，自癸亥至庚子三十四年之作，各自編年，惟辛丑以後之文無存。」今仍其舊，編爲四卷，乙居四之一，惟書記、記傳注干支於本目之下，使後人有所考焉。

過江集

《四庫提要·別集類存目一〇》《過江集》四卷。兩淮馬裕家藏本。國朝史申義撰。申義字叔時，號蕉飲，江都人。康熙戊辰進士，選庶吉士，散館改給事中。時新城王士禛方以詩名海内，嘗稱申義及湯右曾足傳其衣鉢，見集中自注。聖祖仁皇帝嘗以後進詩人詢澤州陳廷敬，廷敬以申義及周起渭對，見廷敬序中。其官翰林時，有《蕪城集》。典試雲南時，有《使滇集》。此則官給事中時前後數年作也。

友柏堂遺詩選

《四庫提要·別集類存目一〇》《友柏堂遺詩選》二卷。編修周永年家藏本。國朝馮協一撰。協一字躬暨，益都人。大學士馮溥第三子也，以溥蔭，官至臺灣府知府。是集乃協一没後，其子厚檢收遺稿，求正於其姻家趙執信。執信託目疾不省覽，命門人常熟仲是保代删之，而執信爲之序，是保跋焉。其詩雖未極工，亦非極惡，而執信序嘲誚百端，殊可怪訝，亦可云「魏收驚蛺蝶」矣。

息廬詩

《四庫提要·別集類存目一一》《息廬詩》一卷。江蘇周厚堉家藏本。國朝陶爾穟撰。爾穟字穎儒，華亭人。是集前有曹溶序，稱「其人巧極天工錯。」顔光敏序，稱「其七古似青蓮、長吉，近體不專一家，而各盡其妙。」今觀所作，大抵以才思擅長，品格故未能超詣。《雪美人》七律二首，世所艷稱，實則小巧也。

殘本賦清草堂詩鈔

《四庫提要·別集類存目一一》《殘本賦清草堂詩鈔》六卷。江蘇巡撫採進本。國朝張棠撰。棠字吟樵，華亭人。康熙丙子舉人，官至桂林府知府，告歸後加銜爲太僕寺少卿。是編原分五集，曰《白雲吟》，曰《一肩吟》，曰《獨宜吟》，曰《江上吟》，最後所作曰《雪蓬吟》。今存者惟《江上吟》及《雪蓬吟》，餘俱散佚。其詩欲以風調勝，而骨幹未遒。

因園集

《四庫提要·別集類二六》《因園集》十三卷。編修周永年家藏本。國朝趙執信撰。執信字伸符，號秋谷，晚號飴山老人，益都人。雍正中分益都置博山縣，今爲博山人。康熙己未進士。官至左春坊左贊善。其詩集流傳頗夥，諸本往往不同。此本曾經落水，紙墨渝敝。末有乾隆辛酉執信門人丁際隆跋，稱「是秋重謁秋谷先生於因園。時先生病目彌甚，不作詩者六年矣。從仲君龔梅得先生手定詩稿，分十三集。録副未及校，而龔梅遂索原本以去。歲寒無事，乃校一過。曩見手書《濟南竹枝》及《宿法慶寺》二律，皆不在，蓋所删多矣」云云。龔梅者，常熟仲昰保之字，爲執信門人之冠，最爲篤契。則是集爲執信晚年定本，手授之者矣。十三集者，一曰《并門集》，二曰《閑齋集》，三曰《還山集》，四曰《觀海集》，五曰《鼓枻集》，六曰《涓流集》，七曰《葑溪集》，八曰《紅葉山樓集》，九曰《浮家集》，十曰《金鵝館集》，十一曰《回帆集》，十二曰《懷舊集》，十三曰《磺菴集》。集各一卷，以存其舊，不復以篇頁多寡爲分也。執信娶王士禛之甥女，初相契重。相傳以求作《觀海集序》，士禛屢失其期，遂漸相詬厲，讎隙終身。今觀《還山集》中，尚有《酬士禛詩》二首，又爲士禛作《西城别墅十三咏》。至《鼓枻集》中《渡江》一首，已有「祗應羡詩老，持節問岷源」句，注曰「謂阮翁」。又《悼吴孝廉》一首，有「漁洋未識名先著」句，其詞氣已不和平。自是以還，遂互相排擊。則謂二人之釁生於作《觀海集》時，其説當信。迨其後沿波逐流，遞相祖述，堅持門户，入主出奴，嘵嘵然迄無定説。平心而論，王以神韻縹緲爲宗，趙以思路劖刻爲主。王之規模闊於趙，而流弊傷於膚廓；趙之才力鋭於王，而末派病於纖小。使兩家互救其短，乃可以各見所長。正不必論甘而忌辛，好丹而非素也。

飴山堂文集

張之洞《書目答問・别集》《飴山堂文集》六卷。趙執信。

飴山堂詩集

張之洞《書目答問・别集》《飴山堂詩集》十七集。趙執信。

青溪詩偶存

《四庫提要・别集類存目一一》《青溪詩偶存》十卷。江蘇巡撫採進本。國朝蔣錫震撰。錫震字豈潛，宜興人。康熙己丑進士。是集分二十二種。曰《輟耕草》、《北徵集》、《渡河集》、《贅肬集》、《北游草》、《楚游草》、《還山草》、《汗漫吟》、《北行草》、《歸耕草》、《章江草》、《還山草》、《後北游草》、《涉江草》、《洛遊草》、《灌園草》、《游燕草》、《廬中吟》、《後章江草》、《還山吟》、《金臺草》、《學製集》。自己巳至壬寅，凡三十四年之作，皆以年編次。

據梧詩集

《四庫提要・别集類存目一一》《據梧詩集》十五卷。兩淮馬裕家藏本。國朝管掄撰。掄有《師宗州志》，已著録。是編凡《吹萬集》二卷、《伯軒草》二卷、《修琴閣集》二卷、《鷗馴集》二卷、《天外集》二卷、《圃華集》二卷、《萬燊稿》三卷。邵長蘅序稱：「其詩先學劍南，後學少陵。」今觀所作，大抵先入者爲主也。

陳恪勤集

《四庫提要・别集類存目一一》《陳恪勤集》三十九卷。浙江巡撫採進本。國朝陳鵬年撰。鵬年字北溟，號滄洲，湘潭人。康熙辛未進士，官至兵部侍郎，河道總督，謚恪勤。是集凡分十編。曰《耦耕集》者，以舍北耦耕堂而名也；《水東集》者，以其先人隴墓所在也；《蒿廬集》者，憂居前後所作也；《浮石集》、《朐山集》、《淮海集》者，皆宦游地也；《于山集》、《香山集》、《武夷集》者，皆往來游息處也。末附《喝月詞》五卷，則詩餘也。

道榮堂文集

《四庫提要·别集類存目一一》《道榮堂文集》六卷。兩江總督採進本。國朝陳鵬年撰。此本爲鵬年所自編，刻於《恪勤集》之前。其生平以清操受主知，詩文非所注意，集中亦皆應酬之作，更不見所長。

詹鐵牛集

軍機處奏《禁毁書目》《詹鐵牛集》一部，四本。查《詹鐵牛集》，係詹賢撰。中間語多違礙，應請銷燬。

鈍齋文鈔

《四庫提要·别集類存目一一》《鈍齋文鈔》七卷。江西巡撫採進本。國朝楊兆嶦撰。兆嶦字又平，瑞金人。是集前有自序，謂「著文三百餘首，汰其三之二授諸梓」，則兆嶦所自定也。又有張尚瑗序，稱「其文似歸有光」，使汰其冗句俗字，固亦近之矣。

野香亭集

《四庫提要·别集類存目一〇》《野香亭集》十三卷。浙江巡撫採進本。國朝李孚青撰。孚青字丹壑，合肥人，大學士天馥子。康熙己未進士，官翰林院編修。是集詩編年分卷，起康熙戊寅，訖己亥。毛奇齡《西河詩話》中極稱其吐屬工敏，蓋其穎悟有過人者。其氣骨未遒，則年未四十而殁，功候猶淺之故也。

長嘯軒詩集

《四庫提要·别集類存目一一》《長嘯軒詩集》六卷。江西巡撫採進本。國朝曹煐曾撰。煐曾字祖望，號春浦，上海人。康熙末貢生，炳曾之弟也。是集爲《石倉世纂》之第二種。凡詩四卷，後附詩餘一卷，雜著一卷。其生平所注意者在於詩餘、駢體。其詩亦專學晚唐，以纖麗自喜。

南園詩鈔

《四庫提要·别集類存目一一》《南園詩鈔》十卷。江蘇巡撫採進本。國朝尤世求撰。世求字念修，長洲人。官南充縣知縣。是集分《金臺草》一卷，《冰壺草》二卷，《湛華草》一卷，《懷新草》二卷，《沁雪草》二卷，《逢辰草》一卷，《都歷草》一卷。世求爲侗之孫，故詩格亦與《西堂雜俎》相近。

藴亭詩稿

《四庫提要·别集類存目一二》《藴亭詩稿》二卷。江蘇巡撫採進本。國朝金綖撰。綖字連城，先世居廣東。綖移居於江南，遂爲吴縣人。是集爲其子祖静所編。前有錢維城序，稱其詩派出自嶺南。少年至京師，秋日游靈佑寺，有「高雲不礙静，晴日自知寒」，爲新城王士禛所賞。又附載舊評數條。其一條云「才不富，卻有氣，如裴旻舞劍，非行陣之才，而亦能令吴道子長筆力。思不苦，卻自深，如帝釋天，人不能參扣，聞大迦葉語，亦一一入真法藏語。格欲正，卻亦别，如蜀漢、南唐，稱名甚正，論其立國，固是偏隅。亦頗得其似」云。

前溪集

《四庫提要·別集類存目一一》《前溪集》十四卷。浙江巡撫採進本。國朝唐靖撰。靖字聞宣，武康人。康熙中諸生。是集詩八卷，文五卷，二集詩一卷。其詩頗具風骨，間傷率易，其文亦然。五卷論水利、樂律諸條，則科舉答策之類耳。前溪在武康縣治南，源出銅峴山，在六朝爲繁會地，所謂「前溪舞」者是也。

陸堂文集　詩集　續詩集

《四庫提要·別集類存目一一》《陸堂文集》二十卷。《詩集》十六卷。《續詩集》八卷。浙江巡撫採進本。國朝陸奎勳撰。奎勳有《陸堂易學》，已著録。是集前有自序，謂在長洲汪琬、秀水朱彝尊之間。其文内《序問》、《考辨》諸篇，亦頗博辨。然説經好爲異論，頗近毛奇齡，尚不及琬與彝尊也。

存硯樓文集

《四庫提要·別集類二六》《存硯樓文集》十六卷。江蘇巡撫採進本。國朝儲大文撰。大文字六雅，宜興人。康熙辛丑進士，官翰林院編修。大文初以制藝名。歸田後，乃潛心古學，尤究心於地理。故全集十六卷，而論形勢者居七卷，凡山川阻隘，邊關阨塞，靡不詳究。如《荆州論》至十一篇，《襄陽論》至七篇，《廣陵西城》一篇。推求古今城郭異地、山川異名，援據史籍，如繪圖聚米。當年進退攻守之要、成敗得失之由，皆口講而指畫之。他家作史論者多約略大概以談兵，作地志者多憑藉今名而論古。國朝百有餘年，惟閻若璩明於沿革，大文詳於險易。顧祖禹《方輿紀要》，考證史文雖極博洽，往往以兩軍趨戰，中途相遇之地，即指爲兵家所必争，不及二人之精核也。惟邊塞以外，如西域諸部、蜀徼各番，驗之往往不合。蓋當道路未通，異域傳聞，圖經不備，不能及今日天威耆定，得諸目睹之真。勢使之然，固不足怪耳。其他雜文間有隷事太繁之失，而徵引典博，終勝空疏，但取其所長可矣。

張之洞《書目答問·別集》《存硯樓集》十六卷。儲大文。

閭邱詩集

《四庫提要·別集類存目一一》《閭邱詩集》六十卷。兩淮馬裕家藏本。國朝顧嗣立撰。嗣立有《温飛卿詩注》，已著録。《江南通志·文苑傳》稱，嗣立「博學有才名，尤工詩。所居秀野草堂，嘗集四方知名士，觴詠無虚日。風流文雅，照映一時。曾撰《元詩選》四集，採摭略備。」蓋其性之所近，故詩亦往往似之。

汪氏雜著

吴壽暘《拜經樓藏書題跋記卷五》《汪氏雜著》。此爲同里汪立仁先生所著。先君子收藏題後云：「此前輩汪茂才立仁遺稿也。立仁本歙縣人，僑居小桐溪。少工詩，善屬文，以屢困場屋，悒悒不得志而没，無子。遺稿多散逸，每展斯編，未嘗不爲之興歎也。」

狨　賦

王士禛《漁洋書跋》陳元孝《狨賦》。南海友人陳元孝恭尹作《狨賦》，以寓諷刺，其文甚工。予按陸佃云：「狨尾作金色，俗謂金線狨，一名猱。猱，獮猴，楚人謂之沐猴，毛柔長可藉。宋制：官二品狨坐，不言食猴。」又按：石𤝞獸名食猴。則元孝之賦，當作「石𤝞」爲是。𤝞音菊，《異物類苑》云：「𤝞如師子，蒼黑色，瞑目聳耳，出武當山。」

衎齋詩卷

吴壽暘《拜經樓藏書題跋記》 《衎齋詩卷》。右刻本《衎齋詩》四卷。先子跋云：「寒中上舍生平與查初白先生交最莫逆，故其詩律之風神流麗、一往情深處頗極相似。至擬古樂府詞質意古，使人味之不盡，雖初白尚有不及。予家去插花山僅一舍，每登樓東望，惟見寒烟衰草，亂雲滿目。慨望昔日之風流，非特琴書圖籍散亡略盡，即道古樓之故址且不可蹤跡，頗深生不同時之恨。」又云：「《衎齋詩》予家尚有大字刊本，詩多有不同，蓋刻在後也。并附《查惜吟香稿》，雕板甚工。」

澹菴集陶詩

王士禛《漁洋書跋》 《澹菴集陶詩》。兒子啓涑，于緑蘿書屋之南，稍以己意布置，小具丘壑，命之曰「清遠山居」。落成，自賦十二詩紀事，門人何翰林世璂澹菴復集陶句和之，妙出天然。清遠山者，在浙之浦陽。蓋道家所謂洞天福地之一，適與涑字符合，故取以名。

程友聲近詩卷

王士禛《漁洋書跋》 《程友聲近詩卷》。昔人稱王右丞「詩中有畫，畫中有詩」，詩與畫二者，事雖不相謀，而其致一也。門人程友聲鳴工詩畫，名久譟江淮間，近以其《七芙蓉閣詩》寄予論定。予嘗聞荆浩論山水而悟詩家三昧矣，其言曰：「遠人無目，遠水無波，遠山無皴。」又王楙《野客叢書》有云：「太史公如郭忠恕畫，天外數峰，略有筆墨，意在筆墨之外。」詩文之道，大抵皆然。友聲深於畫者，固宜四聲之妙，味在酸鹹之外也。其更以前二説參之，而得吾所謂「三昧」者，以直臻詩家之上乘。夙世詞客，當不令輞川獨有千古矣。

止泉文集

《四庫提要·别集類存目九》 《止泉文集》八卷。户部尚書王際華家藏本。國朝朱澤澐撰。澤澐有《朱子聖學考略》，已著録。此集乃其子光進所編，凡詩一卷，語録一卷，書牘四卷，雜著二卷。大抵亦皆講學之語，蓋其生平惟以宗奉朱子爲事也。

性學吟

《四庫提要·别集類存目九》 《性學吟》二卷。兩江總督採進本。國朝徐世沐撰。世沐有《易經惜陰録》，已著録。是編以詩講學，皆拈理語爲題，如太極、仁義之類。又時附夾注數語，如葛長庚《道德寶章》之式。

滋蘭堂詩集

《四庫提要·别集類存目一一》 《滋蘭堂詩集》十卷。浙江巡撫採進本。國朝沈元滄撰。元滄有《禮記類編》，已著録。是編分六集。曰《康瓠集》、《灌畦集》、《今雨集》、《紫貝集》、《勞薪集》、《西征集》。前有其孫廷芳題識，稱「《康瓠集》爲家居侍親及爲查氏贅壻時作，《灌畦集》爲移居龍山時作，《今雨集》爲入直武英殿時作，《紫貝集》爲官文昌時作，《勞薪集》爲罷官後自京赴粤時作，《西征集》爲由粤赴京，謫居銀州時作。元滄爲查昇之壻，久與查慎行遊，故其詩格頗近《初白堂集》」云。

殘本雲川閣詩集

《四庫提要·别集類存目一一》 《殘本雲川閣詩集》九卷。兩江總督採進本。

國朝杜詔撰。詔字紫綸，無錫人。康熙乙酉聖祖仁皇帝南巡，迎鑾獻詩，命供職内廷。壬辰會試榜後，特賜一體殿試，改庶吉士。是編總題《雲川閣集》，而僅有古體詩。詩又起於卷三，終於第十二，前無目録。其版又近時新刻，不喻其故。或裝緝者佚之耳。

崑崙山房集

《四庫提要・別集類存目一〇》《崑崙山房集》三卷。山東巡撫採進本。國朝張篤慶撰。篤慶有《班范肪截》，已著録。其詩、古文頗知名於時。此集乃有文而無詩，疑編次未竟之本也。篤慶才藻富有，洋洋纚纚，動輒千言，風發泉涌，不可節制。如集中所載代王士禎作《候補中書吴燦墓誌銘》，今録入《蠶尾續集》者，已删削十之三四，則亦頗病其冗漫矣。其曰「崑崙山房」者，以所居室旁有小山，號崑崙，因以名集云。

摛青軒詩稿

《四庫提要・別集類存目一一》《摛青軒詩稿》一卷。江蘇巡撫採進本。國朝華浣芳撰。浣芳，蘇州女子，華亭張榮之妾也。年二十三而卒。榮刊其遺詩，自爲作序。述其九歲時夢見唐太宗召有唐一代諸詩人教之作詩。其事甚怪。榮好爲遊戲之文，殆亦寓言耶。

弱水集

軍機處奏《禁毁書目》《弱水集》一部，四本。查《弱水集》，係屈復撰。詩中多違悖語，應請銷燬。

近首齋文集　詩集

《四庫提要・別集類存目一一》《近道齋文集》六卷。《詩集》四卷。吏部主事張慎和家藏本。國朝陳萬策撰。萬策字對初，一字謙季，安溪人，徙於晉江。康熙戊戌進士，官至詹事府詹事，緣事降翰林院檢討，終於侍讀學士。萬策以康熙癸酉舉於鄉，困公車者二十六年。久從李光地游，多得其指授。然平生詩文，多散佚不收。此本乃乾隆癸亥其子晃世所輯。其中《西洋算法異同論》，頗能究其所以然。李光地、施琅諸傳，軼聞舊事亦多可考云。

重知堂詩

《四庫提要・別集類存目一〇》《重知堂詩》二卷。兵部侍郎紀昀家藏本。國朝趙善慶撰。善慶字怡齋，德州人。由貢生授國子監助教，官至金華府知府。嘗學詩於新城王士禎，是集即士禎所點定。前有士禎序，稱其妙在本色，頗爲得實。惟序稱論次都爲一卷，而此本實二卷；又稱善慶將赴官國學，而下卷有歸田之作。殆後復續刻，而序則未追改歟。

天外談

《四庫提要・別集類存目一〇》《天外談》四卷。安徽巡撫採進本。國朝石龐撰。龐字天外，太湖人。詩文皆纖仄佻巧，墮入魔趣。惟《迴文雪賦》一首、《春賦》一首爲自古所無之格。蓋小有才而未讀書，聰明過於學問者也。至《遊春賦》之每句用一部偏旁之字，則彌無可取矣。

東湖文集

《四庫提要・別集類存目一〇》《東湖文集》三卷。江蘇周厚堉家藏本。國朝朱璘撰。璘所編《諸葛丞相集》，已著録。是集前二卷爲雜文。第三卷即所作《通鑑輯略》之論斷，然止於唐末，似非完本也。

瓠尊山人詩集

《四庫提要・別集類存目一一》《瓠尊山人詩集》十七卷。檢討蕭芝家藏本。國朝夏熙臣撰。熙臣字無易，孝感人。七歲補諸生，以歲貢官安陸府教授。初著有《巢雲閣詩》十五卷，後增以新作，重編爲此集。其詩才情富贍，故往往疊韻至五六。又和阮籍《詠懷》、擬李東陽樂府殆遍。然連篇累幅，瑕瑜不免互見，亦所謂「武庫之兵，利鈍互陳」者矣。

半菴詩稿

《四庫提要・別集類存目一〇》《半菴詩稿》。無卷數。山東巡撫採進本。國朝勞嶔撰。嶔字貞著，陽信人。《山左詩鈔》作勞礪，其字從石。然此本爲其家刻，字皆從山，則《山左詩鈔》誤也。嶔年五十四爲詩，故工候未深，多不入律。高適曠代之才，固不容於有二矣。

望溪集

《四庫提要・別集類二六》《望溪集》八卷。江蘇巡撫採進本。國朝方苞撰。苞所作《周官集注》，已著録。其古文雜著，生平不自收拾，稿多散失，告歸後門弟子始爲裒集成編，大抵隨得隨刊，故前後頗不以年月爲詮次。苞於經學研究較深，集中說經之文最多，大抵指事類情，有所闡發。其古文則以法度爲主。嘗謂周秦以前，文之義法無一不備，唐宋以後，步趨繩尺而猶不能無過差。是以所作上規《史》、《漢》，下倣韓、歐，不肯少軼於規矩之外。雖大體雅潔，而變化太少，終不能絶去町畦，自闢門户。然其所論古人榘度與爲文之道，頗能沈潛反覆，而得其用意之所以然。雖蹊徑未除，而源流極正。近時爲八家之文者，以苞爲不失舊軌焉。

望溪文集　集外文　補遺　年譜

張之洞《書目答問・別集》《望溪文集》十八卷。《集外文》十卷。《補遺》二卷。《年譜》二卷。方苞。戴鈞衡補編。

白田草堂存稿

《四庫提要・別集類存目一一》《白田草堂存稿》二十四卷。兩江總督採進本。國朝王懋竑撰。懋竑有《白田雜著》，已著録。是集凡文二十卷，詩四卷，末附行狀一篇。其學長於考證，故全集以雜著爲冠，詩文則未能過人。其《與方苞書》自謂「筆力拖沓，不近古人」，所謂「人之知我，不如我之自知」，亦足見其學問之篤實也。

香屑集

《四庫提要・別集類二六》《香屑集》十八卷。江蘇巡撫採進本。國朝黄之雋撰。之雋字石牧，號唐堂，華亭人。康熙辛丑進士。官至右春坊右中允。是編皆集唐人之句爲香奩詩，凡古今體九百三十餘首。前有自序，亦集唐人文句爲之，凡二千六百餘言。集句爲詩，始晉傅咸。今載於《藝文類聚》者皆寥寥數句，聲韻僅諧。劉勰《明詩》不列是體，蓋繼之者無其人也。有唐一代，無格不備。而自韋蟾妓女續《楚詞》兩句之外，是體竟亦闕如。至北宋石延年、王安石，間以相角而未入於集。孔武仲始以入集，而別録成卷，尚未單行。南宋李龏之《梅花衲》、《剪綃集》、文天祥之《集杜詩》，始別著録。然卷帙亦無多。之雋是編，雖取諸家之成句，而對偶工整，意義通貫，排比聯絡，渾若天成。且惟第二卷《無題》五言長律中重用杜甫二句、陸龜蒙二句。餘雖纚纚鉅篇，亦每人惟取一句，不相重複。且有叠韻不已，至於倒押前韻，而一一如自己出。可謂前無古人，後無來者。雖其詞皆艷冶，千變萬化，不出於綺羅脂粉之間，於風騷正軌未能有合。而就詩論詩，其記誦之博，運用之巧，亦不可無一之才矣。

唐堂集

《四庫提要・別集類存目一一》《唐堂集》六十一卷。江蘇巡撫採進本。國朝黄之雋撰。之雋有《香屑集》，已著録。是集凡五十卷，又《補遺》二卷，《續集》八卷，皆之雋所手編，各有自序。末附《冬録》一卷，則所自撰年譜也。之雋之學，排陸、王而尊程、朱，多散見所作詩文中，持論甚正。而綜覽浩博，才華富贍，興之所至，下筆不能自休，往往溢爲狡獪游戲之文，不免詞人之結習。又名譽既盛，贈答遂繁，牽率應酬，不能割愛，榛楛勿翦，所存者不盡精華。譬之古人，殆陸機之患才多矣。

墻東雜著

《四庫提要・別集類存目一一》《墻東雜著》一卷。浙江巡撫採進本。國朝王汝驤撰。汝驤字雲衢。所刻制義，或自書曰「云劬」，又自書曰「耘渠」，皆以同音假借也。金壇人。由貢生官通江縣知縣。此編乃所作古文。其以「墻東」爲名，蓋用後漢王君公事。汝驤掉鞅文壇，事殊牛儈。殆以其王姓，斷章取義耶。文凡二十一篇。前六篇皆經説，後十五篇則皆史評也。其《術序記》，謂學記術有序，即「遂」也，辨舊志讀「術」爲「州」之非，考《春秋》「秦伯使術來聘」，《公》、《穀》作「使遂」，則汝驤之説實闇合古義。其《荀彧論》上下二篇，反覆推奬，以爲有道之士，則過矣。

隨村遺集

《四庫提要・別集類存目一一》《隨村遺集》六卷。江西巡撫採進本。國朝施瑮撰。瑮字隨村，宣城人，侍讀閏章之孫也。此集爲杭世駿所編。其詩酷學其祖，而風格稍峭，邊幅稍狹，則根柢之深厚不及也。

改堂文鈔

《四庫提要・別集類存目一一》《改堂文鈔》二卷。江蘇巡撫採進本。國朝唐紹祖撰。紹祖字次衣，江都人。康熙己丑進士。由庶吉士改刑部主事，官至湖州府知府。仍入爲刑部員外郎，告歸卒。紹祖少師姜宸英，登第出安溪李光地之門，故其文蒼勁有師法。此集乃晚年手自删定。僅存四十三篇，皆其生平得意之作也。

鍾水堂詩

《四庫提要・別集類存目一一》《鍾水堂詩》三卷。山東巡撫採進本。國朝顔肇維撰。肇維字次雷，曲阜人。官臨海縣知縣。是集乃其官浙東時所作，多學南宋諸家。

藍户部集

《四庫提要・別集類存目一二》《藍户部集》二十六卷。江西巡撫採進本。國朝藍千秋撰。千秋字長青，宜黄人。以薦授國子監學正，官至盛京户部員外郎。是集刻於乾隆丙寅，凡詩四卷，文二十二卷。

寶菌堂遺詩

《四庫提要・別集類存目一〇》《寶菌堂遺詩》二卷。山東巡撫採進本。國朝趙執端撰。執端號緩菴，益都人。雍正中分益都置博山，趙氏所居割隸焉，故此本追題爲博山人。執端於趙執信爲從弟，而於王士禛爲甥。執信、士禛以争名構釁，著書互詆，兩家詬争如水火。執端獨舍執信而從士禛。其詩句擬字摹，亦頗得其一體。集中有《過士禛舊居》詩曰「突兀龍門羣仰望，飄零宅相獨徘徊。依然萬壑朝宗在，不禁蚍蜉撼樹來。」蓋爲執信《談龍録》發也。執信《談龍録》負氣指摘，或不免失之太過，而所言不盡無理。執端直以羣兒謗傷詆之，是其門户之見，尚未湔明季餘習矣。

橡村集

《四庫提要・別集類存目一一》《橡村集》四卷。山東巡撫採進本。國朝朱緗撰。緗字子青，號橡村，歷城人。候補主事。嘗學詩於王士禛，所作具有法程，而早年夭逝，故骨格未成。是集分四種，曰《風香集》，曰《吴船書屋集》，曰《觀稼樓詩》，曰《雲根清壑集》。自《吴船書屋》以下，皆士禛之所評定也。

懷舫集

《四庫提要・別集類存目九》《懷舫集》三十六卷。直隸總督採進本。國朝魏荔彤撰。荔彤有《大易通解》，已著録。是集凡詩十二卷，又《續集》詩九卷，《別集》詩六卷，《偶遂草》兩卷，《紀恩詩》一卷，《外雜著》三卷，《懷舫詞》一卷，《雜曲》一卷，《彈詞》一卷。末附《自述》一篇，蓋仿揚雄之體。然所云「手注九古經，望道窺一貫，發微言，明大義，不落前儒窠臼」云云，自負亦頗不淺矣。

畏壘山人詩集

《四庫提要・別集類存目一一》《畏壘山人詩集》四卷。浙江巡撫採進本。國朝徐昂發撰。昂發有《畏壘筆記》，已著録。是集諸體雜編。其五言古體大抵刻峭清新，一往駿利，有透空碎遠之音，而下手太快，亦頗乏渟蓄深厚，則思鋭而才狹之故也。

梧江雜詠

《四庫提要・別集類存目一二》《梧江雜詠》一卷。編修汪如藻家藏本。國朝劉雲峰撰。雲峰字秋冶，南昌人。是編取梧州風景古蹟爲《竹枝詞》四十五首，各附注其下，亦頗詳悉，然皆因仍地志之舊文，無所考辨。

根味齋詩集

《四庫提要・別集類存目一一》《根味齋詩集》二十卷。編修徐天柱家藏本。國朝徐志莘撰。志莘字任可，一字商農，德清人。工部尚書元正子，以父蔭，官順天府通判。是編凡《趨庭集》二卷，《壯圖集》三卷，《小草集》三卷，《棄擔集》七卷，《起乾集》二卷，《老傅集》三卷。詩多取法蘇、陸，不事雕飾，蓋其家學然也。

緑筠軒詩

《四庫提要・別集類存目一二》《緑筠軒詩》四卷。編修周永年家藏本。國朝張元撰。元字殿傳，淄川人。雍正丙午舉人，官魚臺縣教諭。元爲崑崙山人篤慶從子，故詩法本王士禛之論，以神韻爲宗，晚乃漸歸朴老，而終未忘其故轍。是集凡七百餘首，其孫庭宷所刻也。

拙齋集

《四庫提要・別集類存目一〇》《拙齋集》五卷。浙江巡撫採進本。國朝朱奇齡撰。奇齡有《春秋測微》，已著録。其平生潦倒場屋，老而不遇，刻意以古文自任。所作皆簡潔明鬯，無鉤章棘句之態，而邊幅不免於稍狹。

帶月草堂詩集

《四庫提要・別集類存目一一》《帶月草堂詩集》一卷。山東巡撫採進本。國朝顔懷禮撰。懷禮字約亭，曲阜人。襲世職爲五經博士。好學，喜爲詩。早年夭逝，故骨格未成。此集爲其弟懷繹所編，前有康熙後壬寅嶧縣李克敬序，亦稱：「天假以年，俾盡其勤，何遽不如鏤肝斲髓者之所爲也？」

王己山文集　別集

《四庫提要・別集類存目一二》《王己山文集》十卷。《別集》四卷。江蘇巡撫採進本。國朝王步青撰。步青有《四書本義匯參》，已著録。金壇王氏以八比稱於世者凡六人，所謂「王氏六子」是也。六子之中，汝驤及步青名尤著。汝驤文神思澹遠，取徑單微。步青則法律嚴謹，不失尺寸，在近時號爲正宗。於古文則餘力及之，非所專門也。其集原名《竹里草堂遺稿》，乃步青没後其子士鼇所編。後寧化雷鋐督學江蘇時，從士鼇取其稿本，重爲删定，凡存九十餘篇，勒爲十卷。用步青別號，改題今名。又《別集》四卷，皆其時文選本之序論，則士鼇裒輯編次，附刊以行。

偶存草堂集

《四庫提要・別集類存目一二》《偶存草堂集》六卷。山東巡撫採進本。國朝林之蒨撰。之蒨字素園。楊夢琬序稱其「産於魯，客於楚」，其自署曰「孝感」，蓋寓籍也。其取法在中唐、南宋之間，而學力則未逮焉。

桐乳齋詩集

《四庫提要・別集類存目一一》《桐乳齋詩集》十二卷。浙江巡撫採進本。國朝梁文濂撰。文濂字谿父，錢塘人。大學士詩正父也。是集凡詩九百餘首，而同時唱和諸作亦間附録。杭世駿序稱其「壯時南浮衡湘，北抵碣石，踐歷嵩華，迴旋宋、衛之郊。」蓋頗耽懷山水者，故記游之詩爲最多焉。

澄懷園全集

《四庫提要・別集類存目一一》《澄懷園全集》三十七卷。通政司使張若渟家刊本。國朝張廷玉撰。廷玉字衡臣，號硯齋，桐城人。康熙庚辰進士，官至保和殿大學士，謚文和。是集爲廷玉所自編，凡文存十五卷，皆乾隆戊辰以前作。詩選十二卷，皆雍正乙卯以前作。《載賡集》六卷，皆乾隆丙辰以後作。《澄懷園語》四卷，則所作筆記也。

若菴集

《四庫提要・別集類存目一一》《若菴集》五卷。兩江總督採進本。國朝程庭撰。庭字且碩，號若菴，歙縣人。是集文一卷，次詩一卷，次詩餘一卷，次《停驂隨筆》一卷，康熙癸巳，庭至京祝釐，隨日紀行所作，附以詩詞。次《春帆紀程》一卷，則自揚州至歙往返所作，亦有詩詞附焉。

餐秀集

《四庫提要·別集類存目一二》 《餐秀集》二卷。浙江巡撫採進本。國朝黄千人撰。千人字證孫，餘姚人。宗羲之孫，百家之子也，官泰安縣丞。是集爲其同官覺羅普爾泰所刊，前有普爾泰序，又有顔懋价序，引嚴羽、王士禛之説，訾謷館閣之士，以抒其憤。懋价字介子，曲阜人。以貢生官肥鄉教諭。老而不第，故其詞如是云。

歸愚文鈔

平步青《國朝文棷題辭》 長洲沈德潛《歸愚文鈔》。歸愚詩名最盛，以暮齒受達特之知，而後之論者頗有異同。平心論之，取法盛唐，格高律細，天語以高、王相比，目爲詩家正宗。文遜於詩，而株守八家榘矱，讀本與在陸抗行，今猶不廢。説經多沿舊説，餘文要有可誦者。

穆堂類稿　續稿　別稿

張之洞《書目答問·別集》 《穆堂類稿》五十卷。《續稿》五十卷。《別稿》五十卷。李紱。

雪菴詩存

《四庫提要·別集類存目一〇》 《雪菴詩存》二卷。浙江巡撫採進本。國朝丁嗣徵撰。嗣徵字集虛，嘉善人。性嗜古，喜藏書，又頗耽心禪悦。故其詩格在宋元之間，亦時時有清逸之致。嘗自訂其集十卷，與巨硯同扃笥中，爲盜者誤持去。購之不獲，乃掇拾殘賸，重緝此集，故名曰「詩存」云。

南陔堂詩集

《四庫提要·別集類存目一二》 《南陔堂詩集》十二卷。編修徐天柱家藏本。國朝徐以升撰。以升字階五，號恕齋，德清人。雍正癸卯進士，官至廣東按察使。是編爲其孫天柱、天驥所刊，分年編次。曰《學步集》、《雪泥集》、《湘灘集》、《秋帆集》、《夢華集》、《忽至草》、《黄樓草》、《崛嵋草》、《南還集》、《黔游草》、《煙江疊嶂集》、《閑閑集》，凡十二種。

小山全稿

《四庫提要·別集類存目一二》 《小山全稿》二十卷。江蘇周厚堉家藏本。國朝王時翔撰。時翔字皋謨，一字抱翼，號小山，鎮洋人。雍正戊申由諸生薦舉，授晉江縣知縣，官至成都府知府。是集凡詩稿八卷，詩餘四卷，文稿八卷。詩稿分初、續、後三稿，詩餘分五集，曰《香濤》，曰《紺寒》，曰《青綃樂府》，曰《初禪綺語》，曰《旗亭夢囈》。

司業文集

《四庫提要·別集類存目一二》 《司業文集》四卷。江蘇巡撫採進本。國朝陳祖范撰。祖范有《經咫》，已著録。其爲文不規規於摹古，而學有根柢，暢所欲言，亦自合古人法度。其中如《方孝孺死節論》、《讀禮記述》、《史述》、《斂用喪服議》、《陳貞女合葬議》、《王罕皆文稿序》、《汪西京文稿序》、《王次山詩序》、《樂府解》，皆有可觀。而如《記昌黎集後》，務爲新論。《別號舍文》，忽作俳體。《松筠堂宴集詩序》，雜以儷詞。又多收一切應俗之作。蓋編録時務盈卷帙，一概登載，未免失於刊除。使簡汰精華，十存三四，豈不翹然作者哉。

司業詩集

《四庫提要・別集類存目一一》《司業詩集》四卷。江蘇巡撫採進本。國朝陳祖范撰。前有自序，題乾隆壬申。而第四卷乃題《自乙丑至甲戌詩》，蓋又有所續入，如古人後集、別集例也。其詩直抒胸臆，不煩繩削。於古人中去白居易爲近，敖陶孫所謂「事事言言皆著實」者也。

雪鴻堂文集

《四庫提要・別集類存目一一》《雪鴻堂文集》四卷。山東巡撫採進本。國朝李鍾璧撰。鍾璧號鹿嵐，通江人，檢討蕃之子也。康熙丙子舉人，官平南縣知縣。考古來集部之名，往往相複，然無一家之中共一集名者，惟吕本中、吕祖謙俱稱《東萊集》，然祖謙集加「太史」字以別之。見《文獻通考》。又洪巖虎及其子希文皆名《軒渠集》，然希文集加「續」字以別之，非竟相同。鍾璧之父蕃有《雪鴻堂集》，已著録。而鍾璧此集仍以「雪鴻堂」爲名，父子竟無所別，亦未有之創例也。其詩皆信筆揮灑，於聲律多未能諧，疊韻詩九十一首，尤多累句。自序謂「隨手塗抹，長短得失，在所不計，諒矣」。其文亦惟意所如，如《與陳敷相書》引「原憲貧也，非病」之語，至以聖賢爲戲，更軼乎規矩之外矣。

嗜退山房稿

《四庫提要・別集類存目一一》《嗜退山房稿》五卷。江西巡撫採進本。國朝帥仍祖撰。仍祖字宗道，號介亭山人，奉新人。是集乃仍祖自編其康熙癸巳、甲午二年所作，凡詩二卷，文三卷。

集虚齋學古文

《四庫提要・別集類存目一一》《集虚齋學古文》十二卷。浙江巡撫採進本。國朝方楘如撰。楘如有《離騷經解》，已著録。其制義最有時名，而散體之文亦頗奥勁有筆力。然喜雕琢新句，襞積古辭，遂流爲別派。蓋其制義亦喜以新穎爲工，天性然也。

王石和文集

《四庫提要・別集類存目一一》《王石和文集》無卷數。山西巡撫採進本。國朝王珻撰。珻字石和，又字韞輝，孟縣人。康熙丙戌進士，官翰林院檢討。是集中多議論之文，筆意亦頗縱横，其記周遇吉死節事，謂「賊兵攻城急，城將陷，賊募獻遇吉者。遇吉謂左右曰：『豈惜一死以累衆，可獻我。』兵民環泣，衆遂以繩繫公下。有兩賊掖之去，公見賊罵，倒懸演武廳磔之」云云。與《明史》本傳不合。又以虸蚄廟爲田子方廟，與朱彝尊碑不合。其最異者，如《文昌閣碑記》，謂「孔子不得帝君之教，天下將有悖心反道，肆然於日用倫常之際，而不復以天地日月爲可忌者」，尤不可爲訓也。

澹初詩稿　附見山堂詩鈔

《四庫提要・別集類存目一一》《澹初詩稿》八卷。附《見山堂詩鈔》一卷。編修程晉芳家藏本。國朝沈翼機撰。翼機字西園，號澹初，海寧人。康熙丙戌進士，官至翰林院侍讀學士。詩分十集。曰《謀野集》，曰《新安集》，附《黄山紀遊百詠》，皆翼機爲諸生時作。曰《瀛洲集》、《丹葵集》，皆館選後作。曰《蜀使草》，康熙甲午典試四川時作。曰《黔使草》，康熙丁酉至庚子爲貴州學政時作。曰《江右使草》，雍正癸卯至丙午爲江右學政時作。曰《兩山集》，乞假歸田後作。曰《覲光集》，乾隆元年翼機復補原官後作。曰《游衍集》，則致仕後作也。附《見山堂詩鈔》一卷，爲其子廷薦之作。廷薦字澄懷，雍正壬子舉人。未仕早卒，僅存詩六十餘首。

雪鴻堂文集

《四庫提要·別集類存目一一》《雪鴻堂文集》二卷。山東巡撫採進本。國朝李鍾峩撰。鍾峩號芝麓，通江人。康熙丙戌進士，官翰林院檢討。是集乃其督學福建時所編，凡賦頌一卷，詩一卷，多館課及應酬之作。案鍾峩父蕃有《雪鴻堂集》，其兄鍾璧集襲用其名，鍾峩又襲用其名，殊不可解。如以爲家乘之總名，則又各爲卷第，例亦難通也。

山舟堂集

《四庫提要·別集類存目一一》《山舟堂集》十二卷。江蘇巡撫採進本。國朝周士彬撰。士彬字介文，婁縣人。康熙丙子副榜貢生。世居干山，其山舟堂額，猶趙孟頫手書也。此集凡古今體詩一千餘首，乃其子忠炘等所刊。其論詩以真朴爲主，尤喜讀宋儒語録。故所作如「存心養性須常静，莫負吾家太極翁」之類，皆白沙、定山派也。

陳玉几詩集

《四庫提要·別集類存目一一》《陳玉几詩集》三卷。禮部主事任大椿家藏本。國朝陳撰撰。撰字楞山，號玉几，鄞縣人。以書畫遊江淮間，窮愁寡合，故其詩多悽斷怨咽之音。是編刻於康熙丙申，蓋其中年所作。首曰《繡鋏集》一卷，次曰《玉几山房吟》一卷，次曰《玉几山房擬古詩》一卷，皆戛戛獨造，如其爲人。雖未及古，要能離俗。惟擬古詩中多載勝流評語，仍沿明末山人之習耳。

克念堂文鈔

《四庫提要·別集類存目一一》《克念堂文鈔》二卷。江蘇巡撫採進本。國朝雷鐸撰。鐸字伯覺，蒲城人。康熙丙子舉人。《陝西通志》稱其事繼母孝，負米他郡以養，遇水幾溺。嘗終日不食，不致母缺於供。家雖貧，養從兄弟及寡姊妹不少懈。朔望聚族人習禮講法，以相勸勉。蓋亦篤行之士。其文章則以人存之耳。

無悔齋集

《四庫提要·別集類存目一二》《無悔齋集》十五卷。浙江巡撫採進本。國朝周京撰。京字西穆，一字少穆，錢塘人。雍正中諸生。是集爲同里厲鶚所定。分年編次，附録全祖望所撰墓誌銘及同人掃墓詩。鶚序以高、岑豪健比之。今觀其詩，源出劍南。在一時詩社中，酒旗茗椀，拈韻分題，亦足傾倒流輩。若方駕古人，則又當別論矣。

雲在詩鈔

《四庫提要·別集類存目一一》《雲在詩鈔》九卷。浙江巡撫採進本。國朝查祥撰。祥字星南，海寧人。康熙辛丑進士，官翰林院編修。詳早歲嘗舉博學鴻詞，晚乃登第，年至八十餘而殁。詩集未經刊行，此流傳寫本也。

在亭叢稿

《四庫提要·別集類存目一二》《在亭叢稿》二十卷。江蘇巡撫採進本。國朝李果撰。果字碩夫，長洲人，「在亭」其號也。是集凡雜文十二卷，後附《詠歸亭詩鈔》八卷。果之論文，謂「弇州、北地文古而患乎似，義烏、延陵文真而患乎淺。欲救似與淺之病，惟在讀書窮理。」故所作頗有矩矱，而墨守太甚，亦未能變化也。

世宗憲皇帝御製文集

《四庫提要・別集類二六》《世宗憲皇帝御製文集》三十卷。謹案：《世宗憲皇帝御製文集》凡文二十卷，詩十卷。文分十三體。詩則前七卷曰《雍邸集》，皆康熙壬寅以前作。後三卷曰《四宜堂集》，則御極以後作也。欽惟世宗憲皇帝神資天授，聖孝性成。當聖祖仁皇帝時，景命先歸，九齡預與，承眷顧者獨深。故問視宫闈，殆無虚日。而晨昏餘暇，復覃精圖籍，研悦文章，汲古之勤，爲儒生之所不及。迨乎握符合契，應運龍飛，宵旰勵精，心營四海。紫宫之所規畫，黼座之所咨詢者，天下臣庶，雖不能一一悉窺。至於硃批諭旨至三百六十卷，上諭内閣至一百五十九卷，上諭八旗及上諭旗務議覆、諭行旗務議奏至四十八卷，則剞劂棃棗，共見共聞。仰計十三年中，固無日不親御丹毫，疇咨庶政。而寄情翰墨，遂炳然與典誥雅頌輝映後先。蓋體協健行，心懷無逸，精明强固之氣，舉措萬化而有餘。故旁涉詞章，尚足以陶鑄百氏。如元化運轉，時行物生，而二曜五緯、三垣列宿，自然成在天之文也。豈非攝提合雒以來，超軼三五之至聖哉？

三華集

《四庫提要・別集類存目一一》《三華集》四卷。兵部侍郎紀昀家藏本。國朝梁機撰。機字仙來，泰和人。康熙癸巳進士。是集機所自編，分四子部。一曰《入洛志勝》，多題詠古蹟之作。一曰《燕雲詩鈔》，隨侍其父宦游京邸之作。皆王士禛選定。一曰《徵草》，則乾隆元年薦舉博學鴻詞，召試入都之作。一曰《還草》，則試不入格，歸途之作也。

四焉齋文集

《四庫提要・別集類存目一二》《四焉齋文集》八卷。江蘇巡撫採進本。國朝曹一士撰。《石倉世纂》之第五種也。與其詩集同刻於乾隆庚午。其論文之旨，謂古文之所以稱古者，乃意義之古，非詞句之古。有《明潛溪》、《遵巖》、《荆川》、《震川》，其文詞之近時者甚多，不以此損其古意。于麟、元美，字句之古幾於無一不肖，而終與古遠。觀其持論，可以見其宗旨矣。

四焉齋詩集　附梯仙閣餘課　拂珠樓偶鈔

《四庫提要・別集類存目一二》《四焉齋詩集》六卷附《梯仙閣餘課》一卷《拂珠樓偶鈔》二卷。江西巡撫採進本。國朝曹一士撰。一士字諤庭，號濟寰，上海人。雍正庚戌進士，官至兵科給事中。是編乃其詩集，《石倉世纂》之第四種也。附載《梯仙閣餘課》，爲一士繼室陸氏鳳池作，刻於康熙壬辰。又《拂珠樓偶鈔》，一士之女錫珪所作，刻於雍正甲寅。

蒼雪山房稿

《四庫提要・別集類存目一一》《蒼雪山房稿》一卷。山東巡撫採進本。國朝朱綱撰。綱字子驄，歷城人。官至福建巡撫。與兄緗、絳皆學詩於王士禛。是集亦士禛所評定，詩頗清淺，蓋少作也。

蠶桑樂府

《四庫提要・別集類存目一二》《蠶桑樂府》一卷。江西巡撫採進本。國朝沈炳震撰。炳震有《九經辨字瀆蒙》，已著録。此乃其《增默齋詩集》之一種。自《護種》至《賽神》凡二十首，皆七言長句，蓋欲以當蠶畢報賽之曲也。

今有堂詩集　附茗柯詞

《四庫提要·别集類存目一一》《今有堂詩集》六卷。附《茗柯詞》一卷。編修程晉芳家藏本。國朝程夢星撰。夢星字午橋，號香溪，江都人。康熙壬辰進士，官翰林院編修。家有篠園，擅水竹之勝，日與賓客吟詠其中，年七十七乃卒。是編分六集。曰《漪南集》、《畚餘集》、《五覗集》、《山心集》、《琴語集》、《就簡集》。末附《茗柯詞》。其詩略近劍南一派，而間出入於玉溪生。詞亦具南宋之體，但格力差減耳。

觀樹堂詩集

《四庫提要·别集類存目一一》《觀樹堂詩集》十四卷。浙江巡撫採進本。國朝朱樟撰。樟字鹿田，錢塘人。由舉人官至澤州府知府。其詩爲《叱馭集》一卷，入蜀時作也。《問絹集》一卷，《白舫集》二卷，《古廳集》四卷，皆令江油時作也。《冬秀亭集》四卷，官澤州時作也。《剡曲集》一卷，則天台紀遊詩也。《一半勾留集》一卷，則憂歸居杭詩也。

吾廬遺書

《四庫提要·别集類存目一一》《吾廬遺書》無卷數。江西巡撫採進本。國朝陶成撰。成有《皇極數鈔》，已著録。是集爲其子其愫所編，皆所作雜文。頗純正有軌度，而稍狹於波瀾。其中《象緯考》一篇，有録無書。意傳寫佚之，或訂定時删去，而誤留其目也。

鹿洲初集

《四庫提要·别集類二六》《鹿洲初集》二十卷。江蘇巡撫採進本。國朝藍鼎元撰。鼎元有《平臺記略》，已著録。是集爲其友曠敏本所編。初定於雍正丙午。越六年壬子，又合其《續稿》重汰定之，仍爲二十卷。故前有敏本序，序後又有敏本紀，各述其始末。鼎元喜講學，尤喜講經濟，於時事最爲留心。集中如論閩粵黔諸省形勢，及征勦臺灣事宜，皆言之鑿鑿，得諸閲歷，非紙上空談。至於所叙忠孝節烈諸事，亦點染生動，足裨風教。其中如論直隸水利之類，生長南方不能達北方水性，未免掇拾陳言。《與顧太史書》之類自雪冤謗，雜以輕薄謔詈，尤所養不純。然文筆條暢，多切事理，在近人文集中猶可謂有實際者也。

張之洞《書目答問·别集》《鹿洲初集》二十卷。藍鼎元。

璞堂文鈔

《四庫提要·别集類存目一二》《璞堂文鈔》十一卷。江蘇巡撫採進本。國朝許重炎撰。重炎字少來，荆溪人。是集多講學之文，而持論平允，無喧争門户之習。於忠孝節義尤睠睠表章，亦非空談性命，自號聖賢者流。文則縱横曼衍，惟意所如，不能一一入格也。

石川詩鈔

《四庫提要·别集類存目一一》《石川詩鈔》三卷。浙江巡撫採進本。國朝方覲撰。覲字近雯，江都人。康熙己丑進士，官至西安布政使。是集乃其少子柱山所編，凡各體詩二百六十餘首。其題朱彝尊手書詩册，有「曝書亭下自鈔詩，想見蒼茫獨立時。不是到門親受業，唐音宋格有誰知。」蓋嘗從學於彝尊者也。

桐陰書屋集

《四庫提要·别集類存目一二》《桐陰書屋集》二卷。山東巡撫採進本。國朝朱崇勳撰。崇勳字彝存，號怡園，歷城人。其詩沿新城末派，清脱有餘而深厚不足。

秋水詩鈔

《清集提要》《秋水詩鈔》二十七卷。程鏊撰。

崇德堂集

《四庫提要·别集類存目一一》《崇德堂集》八卷。直隸總督採進本。國朝王植撰。植有《四書參注》，已著録。此集植所自編。其學主於敦勵名節，而事事有濟於物。故集中所載，多居官案牘之文，頗足見其生平。其考論經籍，則好以意推理，斷不能一一徵於古也。

偶存草

《四庫提要·别集類存目一一》《偶存草》。無卷數。直隸總督採進本。國朝王植撰。是集亦植所自編，植喜講學，故其詩全沿《擊壤集》之派。

二希堂文集

《四庫提要·别集類二六》《二希堂文集》十二卷。福建巡撫採進本。國朝蔡世遠撰。世遠字聞之，漳浦人，康熙己丑進士，官至禮部侍郎，謚文勤。是編乃其所作雜文。冠以《耕籍賦》、《聖主親詣太學頌》、《青海平定詩序》、《日月合璧五星連珠頌》、《河清頌》、《樂善堂文鈔序》，共六篇爲卷首，志榮遇也。其餘序四卷，記一卷，傳一卷，論、説、書共二卷，墓表、誌銘、行狀共一卷，祝文、祭文共一卷，雜著一卷。目録之後有其門人寧化雷鋐附跋，稱其堂所以名「二希」者，世遠嘗自作記，言「學問未敢望朱文公，庶幾其真希元乎；事業未敢望諸葛武侯，庶幾其范希文乎。」其務以古賢自期，見於是矣。前有雍正庚戌皇上在藩邸時親製序一篇。

東山草堂文集　詩集　續集

《四庫提要·别集類存目一一》《東山草堂文集》二十卷。《詩集》八卷。《續集》一卷。户部尚書王際華家藏本。國朝邱嘉穗撰。嘉穗有《考定石經大學經傳解》，已著録。其文頗條暢，詩則淺弱。集後舊附《陶詩箋注》五卷，《邇言》六卷，又《考定石經大學經傳解》一卷。今各分著於録，俾從其類。

江聲草堂詩集

《四庫提要·别集類存目一二》《江聲草堂詩集》八卷。浙江巡撫採進本。國朝金志章撰。志章字繪卣，仁和人。雍正癸卯舉人，官至口北道。是編分七集。曰《敝帚》，曰《梅東》，曰《始游》，曰《鏡中》，曰《瞻雲》，曰《谷雲》，曰《漁浦歸耕》。其詩五言古體多近蘇軾，七言古體多近温庭筠，近體多近陸游、范成大。

南皋山人詩集

《四庫提要·别集類存目一二》《南皋山人詩集》七卷。山東巡撫採進本。國朝高鳳翰撰。鳳翰字西園，晚自號南皋山人，又曰歸雲老人，膠州人。嘗以縣丞署壩鹽大使，患風痹，罷歸卒。鳳翰工於書畫，筆墨脱洒，不主故常。風痹後右臂已廢，乃以左臂揮洒，益疏野有天趣。間作詩歌，不甚研鍊，往往頽唐自放，亦不甚局於繩尺。然天分絶高，興之所至，亦時有清詞麗句。故少時以詩謁王士禛，極稱賞之。生平所作凡三千餘首，曰《擊林集》，曰《湖海集》，曰《岫雲集》，曰《鴻雪集》，曰《歸雲集》，曰《歸雲續集》，曰《青蓮集》。晚年貧病，且死，自跋其後曰「盲子頑孫，篋笥誰付。不知後來所作，尚復幾許，亦不知得成卷與册否。尚有人拾取於蛛絲蠹腹之餘，以少得流傳於人世否。露電茫茫，老病日篤，死且不知何時，而猶惓惓於此故紙窠中物。愚哉南阜，不直達人一笑矣。」其志亦可哀也。

秋江詩集

《四庫提要・别集類存目一一》《秋江詩集》六卷。福建巡撫採進本。國朝黄任撰。任字莘田，永福人。康熙壬午舉人，官至四會縣知縣。杭世駿《榕城詩話》稱其工書法，好賓客，詼諧談笑，一座盡傾。罷官歸里，壓裝惟端溪石數枚、詩束兩牛腰而已。其詩源出温、李，往往刻露清新，别深懷抱，如《楊花絶句》云「到底不知離别苦，後身還去作浮萍」，《春日雜思》云「夕陽大是無情物，又送墻東一日春」，所爲緣情綺靡，殆於近之。而低徊宛轉，亦或闌入小詞。大致古體不如今體，大篇又不如小詩，故《榕城詩話》獨稱其七絶，蓋才分各有所長云。

冠豸山堂文集

《四庫提要・别集類存目九》《冠豸山堂文集》三卷。福建巡撫採進本。國朝童能靈撰。能靈有《周易剩義》，已著録。是編刻本一卷，爲《中天河洛五倫説》。鈔本二卷，皆論學之文。然刻本題曰「卷一」，必尚有他卷，非完書也。其論河圖之中數三五配《大學》之三綱領，外八數配八條目，一二三四爲明明德之條目，六七八九爲新民之條目，未免牽合。至於辨六十四卦與大衍相合之數，又以九卦即序卦之餘蘊，序卦爲氣，九卦爲朔，亦苦心研索之學。然大抵附會於術數，朱子所謂《易》外别傳者也。

朱圉山人集

《四庫提要・别集類存目一一》《朱圉山人集》十二卷。陝西巡撫採進本。國朝鞏建豐撰。建豐字子文，號渭川，又號介亭，伏羌人。康熙癸巳進士，官至翰林院侍讀學士。是集詩、文各六卷，又以補遺之文附於詩末。大抵平實簡易，無擅勝之處，亦無踳駁之處。

翰村詩稿

《四庫提要・别集類存目一二》《翰村詩稿》六卷。編修周永年家藏本。國朝仲昰保撰。昰保字羹梅，號翰村，常熟人。是集前五卷爲昰保所自編，皆題曰《行卷》。第一卷曰《辛集》，第二曰《壬集》，第三曰《癸集》，第四曰《甲集》，第五曰《後甲集》。案唐時進士，以所業投贄當路，謂之行卷，見於《摭言》等書者頗詳。昰保終老山林，而名所作爲「行卷」，未喻其説。又文集以甲乙標目，始於《文選》諸賦。其兩集分甲乙者爲李商隱《樊南集》，一集以甲乙分卷者爲陸龜蒙《笠澤叢書》，然皆以十干爲次。是集獨以辛壬癸甲爲次，亦莫明其故。第八卷題曰《遺集》，則乾隆癸亥昰保旅卒於博山，其友趙念所續編也。昰保初學詩於同里馮武。武，馮班從子也。故其詩格律色澤皆馮氏法。康熙辛丑，復北至益都，從趙執信受學，故其詩運意鑱刻，則純用趙氏法云。

嬾真初集詩選

《四庫提要・别集類存目一二》《嬾真初集詩選》八卷。江蘇巡撫採進本。國朝張用天撰。用天字用六，號誠菴，婁縣人。是集刻於乾隆甲子，有用天自序。其詩氣體匀整，而捶字往往未堅，句法亦多沿襲。如《板橋吟》中「紅歸水上桃花簇，青入煙中柳葉齊」，則直點竄杜甫句矣。

強恕齋文鈔

《四庫提要・別集類存目一二》《強恕齋文鈔》五卷。浙江巡撫採進本。國朝張庚撰。庚有《通鑑綱目釋地糾繆》，已著録。庚少孤貧，賣畫養母，以餘力爲古文。是集乃其七十三歲所自編。中傳誌之文居十之七，多述忠孝節義之事。

龍溪草堂集

《四庫提要・別集類存目一一》《龍溪草堂集》十卷。山東巡撫採進本。國朝王世睿撰。世睿字道存，章邱人。康熙乙未進士，官上海縣知縣。世睿初改庶吉士，及散館，仍外補，故是集多館課之作。至第九卷《金陵宦稿》中《八勸八戒詩》，意求通俗，然太質勝於文矣。

湖上草堂詩

《四庫提要・別集類存目一二》《湖上草堂詩》一卷。山東巡撫採進本。國朝朱崇道撰。崇道字帶存，崇勳弟也。其詩如「寒煙依樹澹，餘雪傍山明」，「樵聲通澗底，人影上蘆花」，頗有思致，然寥寥數篇，不成卷帙。

六湖遺集

《四庫提要・別集類存目一二》《六湖遺集》十二卷。浙江巡撫採進本。國朝張文瑞撰。文瑞字雲表，六湖其號也，蕭山人。官青州府同知。其詩凡分十八集。其私印曰「少陵私淑」，又曰「五言長城」，自命頗高。所作則大抵以秀潤爲工也。

東山草堂集

《四庫提要・別集類存目一二》《東山草堂集》六卷。江西巡撫採進本。國朝潘安禮撰。安禮字立夫，南城人。乾隆丙辰召試博學鴻詞，官翰林院編修。是編皆其官京師時所作律賦，凡三十九首，其門人爲注而刻之。

睫巢集　後集

《四庫提要・別集類存目一二》《睫巢集》六卷。《後集》一卷。江西巡撫採進本。國朝李鍇撰。鍇有《尚史》，已著録。鍇卜居盤山，優游泉石以終，故其詩意思蕭散，挺然拔俗，大都有古松奇石之態，而刻意求高，務思擺脱，亦往往有劖削骨立，斧鑿留痕，較王世貞所謂「高叔嗣詩如空山鼓琴，沈思忽往，木葉盡脱，石氣自青」者，則猶有一間之未達。蓋可以著力之處，精思者得之，不容著力之處，精思者反失之也。第一卷皆擬古樂府，古人音節既不可得，乃詰屈其詞，以意爲之。題下所注，如《朱磚》下注曰：「建鼓殷所作，棲翔鷺於上，或曰鷺鼓精。」此吴兢《解題》本説也。《臨高臺》下注曰：「趨帝鄉而會瑶臺也。」借寓游仙，已非原解。《雉子斑》下注曰：「《關雎》之類。」則純非古題之意，又不知其寓意所在。卷中大抵類此，殊不可解也。

眺秋樓詩

《四庫提要・別集類存目一一》《眺秋樓詩》八卷。浙江巡撫採進本。國朝高岑撰。岑字峴亭，商邱人，官豐城縣知縣。其詩每卷各爲集名，終之以《和月泉吟社》《田園雜興》六十首。岑爲吏部尚書宋犖外孫，故其詩法亦本於犖，與宋至《緯蕭草堂集》體格相近，所謂酷似其舅者也。

絳跗閣詩稿

《四庫提要・別集類存目一二》《絳跗閣詩稿》十一卷。浙江巡撫採進本。國朝諸錦撰。錦有《毛詩説》，已著録。是編古今體詩分三十一集。自康熙甲申至乾隆壬午五十九年之作，其一千五百餘篇。

冬心集

《四庫提要・別集類存目一二》《冬心集》四卷。江蘇巡撫採進本。國朝金農撰。農字壽門，錢塘人，客於揚州。書畫皆以奇逸自喜，詩亦如之。其名冬心者，取崔國輔「寂寥抱冬心」之語也。

緑蘿山房文集　詩集

《四庫提要・別集類存目一一》《緑蘿山房文集》二十四卷。《詩集》三十三卷。江蘇巡撫採進本。國朝胡浚撰。浚字希張，號竹巖，會稽人。康熙庚子舉人。是編文皆駢體，浚自爲之注。前有魯曾煜序，稱仿《韓非子》有經有傳例。然《韓非子》經傳各自爲條。其著書句下自注者始班固《漢書・藝文志》，作文句下自注者始謝靈運《山居賦》。浚蓋用靈運例也。

緑蘿山莊四六

張之洞《書目答問・別集》《緑蘿山莊四六》卷。胡浚。

雲溪文集

《四庫提要・別集類存目一一》《雲溪文集》五卷。兩江總督採進本。國朝儲掌文撰。掌文字曰虞，一字越漁，宜興人。康熙丁酉舉人，官四川納溪縣知縣。納溪舊名雲溪，故掌文以雲溪自號，是集又名《雲溪隨筆》。自儲欣以古文詞有名，其家父子兄弟多以此相鏃厲。掌文爲欣之孫，得其指授爲多。今世所傳欣選《左》《國》《史》《漢》及唐宋十家文，即其甄録以授掌文者也。

蓬莊詩集

《四庫提要・別集類存目一一》《蓬莊詩集》六卷。江西巡撫採進本。國朝沈虹撰。虹字渭梁，長洲人。是集其所自編。以作詩先後爲次，起康熙丁亥，訖雍正甲辰，古今體共五百四首。每卷之前皆有小引，紀其歲月及所閲歷遭逢。

果堂集

《四庫提要・別集類二六》《果堂集》十二卷。江蘇巡撫採進本。國朝沈彤撰。彤博究古籍，精於考據。所著有《周官禄田考》、《三經小疏》，皆已著録。是集多訂正經學文字。如《周官頒田異同説》、《五溝異同説》、《井田軍賦説》、《釋周官地征》等篇，皆援據典核，考證精密。其於禮經服制多所考訂，尤足補漢、宋以來注釋家所未備。其《釋骨》一篇，雖爲醫家而作，然非究貫《蒼》《雅》，兼通《靈》《素》者不能也。其論《堯典》星辰不兼五緯，蓋主孔安國傳。又於「在璿璣玉衡以齊七政」力闢《史記》斗杓之解。雖未必盡爲定論，然各尊所聞，亦足見其用意之不苟矣。集雖不尚詞華，而頗足羽翼經傳。其實學有足取者，與文章家又別論矣。

張之洞《書目答問・別集》《果堂集》十二卷。沈彤。

寧遠堂詩集

《四庫提要・別集類存目一二》《寧遠堂詩集》一卷。侍講劉亨地家藏本。國朝朱成點撰。成點字司衡，寧鄉人。此集其所自編。自序有云：「遷徙流離，至庚子疾中，閉門卻軌，始多作詩以自遣。」而集中又有己酉下第詩，蓋老於諸生者也。

松源集

《四庫提要・別集類存目一二》《松源集》。無卷數。兩江總督採進本。國朝孫之騄撰。之騄所輯《尚書大傳》，已著録。是集凡五種。其題曰《松源紀行》者，初取道富春赴慶元任作也。曰《龍泉舟中雜記》者，歲試至處州作也。曰《經説》者，告諸生五經源流紀也。曰《敦行録》者，與諸生立條約及經傳雜訓也。曰《雜文》者，其酬應之作也。集刻於雍正己酉庚戌間。慶元，古松源地，故以爲是集之總名焉。

雙樹軒詩鈔

《四庫提要・別集類存目一二》《雙樹軒詩鈔》一卷。編修李中簡家刊本。國朝僧湛性撰。湛性一名湛汎，字藥根，又曰藥菴。本丹徒徐氏子，居揚州之祇園菴，故其詩卷亦自署爲江都。初自刻所作爲《藥菴集》，没後其版散佚，此本乃乾隆壬辰所重刊也。其詩宗法王士禛，惟沿溯於士禛《唐詩十選》之中，故結體修潔，時有雋語。如所謂「春風拂禪衣，流鶯啼樹杪。一月青滿林，百花開已早」者，亦頗近自然。然骨力未堅，興象頗淺，十首以外，語意略同。蓋聰明多而學問少，故流連光景，所就止於如斯耳。

後海書堂遺文

《四庫提要・別集類存目一二》《後海書堂遺文》二卷。江蘇巡撫採進本。國朝王孝詠撰。孝詠有《嶺西雜録》，已著録。是集上卷爲雜文，下卷皆金石題跋。文頗質實，而少覺其樸。惟題跋則品題不苟，可取者多。

白雲詩集

《四庫提要・別集類存目一二》《白雲詩集》七卷。《別集》一卷。兩江總督採進本。國朝盧存心撰。存心原名琨，字玉嚴，別字敬甫，錢塘人。恩貢生，乾隆元年嘗薦舉博學鴻詞。是集首以《文廟從祀弟子贊》八十首，殿以《詠梅》七言律詩八十五首。前有桑調元序，稱爲總角交。其才氣亦調元之亞也。

青谿文集

《越縵堂讀書記》《青谿文集》。清程廷祚撰。閲程綿莊廷祚《青谿文集》，嘉慶間其從曾孫國儀所刻。前有姚姬傳、汪瑟菴兩序。凡論三卷，辨一卷，説議考一卷，序一卷，雜著一卷，書後及碑記一卷，書三卷，尺牘及行狀誌銘墓表一卷，共爲十二卷。綿莊爲經傳考據之學，識趣豪邁，欲一空依傍，鋭然獨出於世。其學雖不專漢宋，然與程朱時致異同，而稱其遠紹聖門，功不可及。於漢儒則多詆諆，謂其未嘗聞道。蓋自以所討論者皆得聖人之精，固非漢儒所及見，而亦不同宋儒之空説，自負可謂至矣。然其文往往陳義甚高，而不切於世用。其論《易》，論《書》，論《詩》，論《周官》及論六書，辨《禹貢》南江，辨《古文尚書》，辨堂庭廟寢，辨六宗五祀，辨姜嫄廟，辨聖廟從祀，辨石鼓文，抨擊康成叔重以下諸儒，不遺餘力，實皆臆決景譔，又頗添改古書，以成曲説，不足爲據。其與程魚門論萬充宗《儀周》二禮説書云：「大抵浙儒多特識而喜自用，往往失之于粗，非獨西河爲然。」然綿莊之自用而失粗，實較充宗尤甚。集中與魚門及袁簡齋論古文書甚夥，而三人之文俱未窺古文門徑。簡齋嘗病綿莊之好考據，魚門嘗病綿莊之攻朱子，以爲身後無子，是其顯報。然綿莊固未能爲考據，亦未顯背朱説，是適成爲枚與晉芳之見而已。

江湖閒吟

《四庫提要・别集類存目一二》《江湖閒吟》八卷。福建巡撫採進本。國朝王道撰。道字直夫，漳浦人。官金山縣知縣。卷首有黄之雋序，稱所著有《鹿皋文集》，有《京華稿》，今未見。此集題曰《江湖閒吟》，乃其罷官後寓居朱涇所作。其版心則題曰《鹿皋詩集》，蓋其集總名鹿皋，以詩文分集，而詩集之中此爲一種也。據所自述，初學李夢陽，後乃變以王維、陸游，然先入者爲主矣。

桐村詩

《四庫提要・别集類存目一一》《桐村詩》九卷。江西巡撫採進本。國朝馮詠撰。詠字夔颺，金谿人。康熙辛丑進士，官翰林院編修。是編一卷爲一集。一曰《江漢集》，二曰《日下集》，三曰《章江集》，四曰《南海集》，五曰《南海二集》，六曰《公車集》，七曰《玉堂集》，八曰《京口集》，九曰《黔中集》。分年編次，各以作詩之地爲名。始於康熙癸巳，迄於雍正己酉，共十七年之詩。前有自序，題康熙甲午。蓋《江漢集》之序，刊版時取冠全詩爾。

寒香閣詩集

《四庫提要・别集類存目一一》《寒香閣詩集》四卷。山東巡撫採進本。國朝鄧鍾岳撰。鍾岳有《知非録》，已著録。是集爲乾隆乙亥其子汝功、汝敏所編。凡古今體詩一百九十二首。其詩頗温厚和平，無血脈僨張之狀。而材地稍弱，尚未能頡頏古人。

秋塍文鈔　三州詩鈔

《四庫提要・别集類存目一一》《秋塍文鈔》十二卷，《三州詩鈔》四卷。浙江巡撫採進本。國朝魯曾煜撰。曾煜字啓人，秋塍其别號也，會稽人。康熙辛丑進士，改庶吉士，未授職，乞養親歸，教授生徒終於家。是集文一百二十一篇，中多考證之作。其文氣頗剽急，蓋才性使然。若《續中山狼傳》之類，雖規橅毛穎，然不作可也。《目列易本末論》六十四篇，《易纂例》八十篇，而有録無書，蓋均未刻。又廣東、祥符二志凡例，亦有録無書，殆以已見於兩志歟？其詩以「三州」名集，自序曰杭州、汴州、廣州也，蓋其歷主講席，游蹤所及之地云。

小蘭陔集

《四庫提要・别集類存目一一》《小蘭陔集》十二卷。福建巡撫採進本。國朝謝道承撰。道承字又紹，號古梅，閩縣人。康熙辛丑進士。官至内閣學士，兼禮部侍郎。是集詩十卷，文二卷。道承假歸養親，故取南陔《補亡詩》語名集。而集中所載則應制館課之作皆在焉，不專家居作也。其中碑帖題跋亦頗具鑒賞。

鋤經餘草

《四庫提要・别集類存目一二》《鋤經餘草》十六卷。侍講劉亨地家藏本。國朝王文清撰。文清有《周禮會要》，已著録。此其所作詩集。前有論詩法十條，則其平生心得之語，而其門人録以冠集者也。

松泉文集　詩集

《四庫提要・别集類二六》《松泉文集》二十卷，《詩集》二十六卷。工部侍郎汪承霈進呈本。國朝汪由敦撰。由敦字師茗，安徽休寧人。以商籍補浙江學生，故又爲錢塘籍。雍正甲辰進士，由編修官至吏部尚書。贈太子太師，謚文端。由敦記誦淹博，文章典重有體。自爲諸生，即以才學著聲。及登第以後，策名詞館，橐筆講幃。荷蒙皇上特達之知，洊加拔擢，入直禁廷。每應制賡吟，奉敕撰述，無不仰承聖訓，指示塗轍。藝林溯本，學海知源，所業日以益進。晚年遺稿頗夥，未及編次。其子工部右侍郎汪承霈謹加排次，都爲二集。文集分二十三門。詩集自戊子迄丁丑凡五十年之作。其成四十六卷，繕本進呈。復蒙特賁宸章，曲加評騭。嘉詩篇之雅正，許文律之清醇。御藻親摛，光垂不朽。此固由敦之績學能文，榮膺稽古。而人臣私集得以上邀天奬，題詞弁首，實千古未有之殊施。尤海内承學之士所爲敬誦奎文，交相感頌者爾。

吾友于齋詩鈔

《四庫提要・別集類存目一一》《吾友于齋詩鈔》八卷。浙江巡撫採進本。國朝張錫爵撰。錫爵字擔伯，號中巖，嘉定人，寄居吳江。是集前有雍正乙巳張雲章序，題曰「原序」，蓋爲其舊稿而作。又有乾隆辛酉朱稻孫序，則刊此本時所作。其詩酷摹王士禎，亦往往得其一體。其齋名「吾友于」者，取杜甫《岳麓寺詩》「山鳥山花吾友于」語也。

樊榭山房集

《四庫提要・別集類二六》《樊謝山房集》二十卷。浙江巡撫採進本。國朝厲鶚撰。鶚有《遼史拾遺》，已著録。是集因所居取唐皮日休句，題曰「樊榭山房」，是以爲名。生平博洽羣書，尤熟於宋事。嘗撰《宋詩紀事》一百卷，《南宋院畫録》八卷，《東城雜記》二卷。又與同社作《南宋雜事詩》七卷。皆考證詳明，足以傳後。其詩則吐屬嫻雅，有修潔自喜之致，絶不染南宋江湖末派。雖才力富健尚未能與朱彝尊等抗行，而恬吟密咏綽有餘思，視國初西泠十子，則翛然遠矣。《前集》詩分甲、乙、丙、丁、戊、己、庚、辛八卷。附以詞，分甲、乙二卷。爲康熙甲午至乾隆己未之作。《續集》亦詩八卷，而以《北樂府》一卷，《小令》一卷附焉。則己未至辛未作也。

樊榭山房文集　詩集　續詩集

張之洞《書目答問・別集》《樊榭山房文集》八卷。《詩集》八卷。《續詩集》十卷。厲鶚分刻。

松桂讀書堂集

《四庫提要・別集類存目一二》《松桂讀書堂集》八卷。江蘇周厚堉家藏本。國朝姚培謙撰。培謙字平山，華亭人。喜刻巾箱小本，亦好事之士。所著有《春帆集》，刻於康熙庚子。《自知集》，刻於雍正甲辰。《樂府》及《覽古詩》，刻於乾隆己未。此本乃乾隆庚申裒合諸編，删爲一集，培謙自爲之序。其諸集序亦仍列之於卷端。

墨麟詩

《四庫提要・別集類存目一一》《墨麟詩》十二卷。浙江巡撫採進本。國朝馬維翰撰。維翰字墨麟，海鹽人。康熙辛丑進士，官至四川川東道。其詩以縱横排奡爲長，意之所向，不避險阻，然神鋒太儁者居多。

瓦缶集

《四庫提要・別集類存目一一》《瓦缶集》十二卷。浙江巡撫採進本。國朝李宗渭撰。宗渭字秦川，嘉興人。康熙癸巳舉人，初於康熙丁亥自編其詩爲《瓦缶集》三卷，後又有《永懷集》一卷附刻以行。宗渭没後，其壻高衡乃裒其遺詩，編爲樂府一卷，古體九卷，近體二卷。仍以「瓦缶」爲名，從其初稱也。其詩古體多於近體，五言多於七言，大旨以漢魏、六朝、唐人爲法，而不肯爲宋元之格，故字句率有古意。昔人論林鴻之詩如唐摹晉帖者，其庶幾乎。

尋古齋集

軍機處奏《禁毁書目》《尋古齋集》一部，七本。查《尋古齋集》，係李繼聖撰。詩中有違礙語，應請銷燬。

樹人堂詩

《四庫提要・別集類存目一一》《樹人堂詩》七卷。江西巡撫採進本。國朝帥念祖撰。念祖字宗德，號蘭皋，奉新人。雍正癸卯進士，官至陝西布政使，緣事謫戍軍臺，没於塞外。是集前有何焯序，稱念祖塞上所作，有多博吟，今未見。此七卷則念祖官陝西時所自編也。念祖以時文鳴一時，務以幽渺之思，擺脱陳因。其詩亦清刻不俗。但平生精力盡於八比，徒以餘力爲之，未能自成一隊耳。

約園詩鈔

《四庫提要・別集類存目一一》《約園詩鈔》二卷。福建巡撫採進本。國朝郭雍撰。雍字仲穆，一字書禪，福清人。約園其號也。康熙癸巳舉人。是集各體詩共二百餘首，雍自謂前後所作多屬近體，於古體歌行間存一二，樂府則有待而未及。吟觀其詩，惟五言律詩頗有局度，餘皆平平。詩不沿溯於古，而先求之偶儷之格，終不能探其本也。

石閭詩

《四庫提要・別集類存目一一》《石閭詩》一卷。江西巡撫採進本。國朝陳景元撰。景元號石閭，鑲紅旗漢軍。生平作字效晉，作詩效漢，務欲自拔於流俗之上。是集乃其手書擬古詩六十餘首以貽雷鋐者。前有短札，亦其手書，鋐並鉤摹筆蹟刻之，紙版頗爲精好。景元詩雖以漢爲宗，而性既孤僻，思復刻峭，結習所近，乃在孟郊、賈島之間。如米摹晉帖，矩度不失二王，而波勒鉤剔，乃時時露其本法。於漢人不彫不琢之意，未能全似也。此本以篇頁較少，不能成帙，舊附於李鍇《睫巢集》以行，然二人同時唱和，名亦相齊，未可列諸附綴，故仍各著於録焉。

涵有堂詩文集

《四庫提要・別集類存目一一》《涵有堂詩文集》四卷。福建巡撫採進本。國朝游紹安撰。紹安號心水，福清人。雍正癸卯進士，官至南安府知府。是集詩二卷，文二卷。紹安守南安幾二十年，故詩文多南安所作。其文務爲奇崛語，詩亦欲以生僻見長。

練溪集

《四庫提要・別集類存目一一》《練溪集》五卷。山東巡撫採進本。國朝傅米石撰。米石字立元，鉅野人，康熙癸巳舉人。是集凡文二卷，詩二卷，雜記一卷。前有其門人李包序，後有其子爾德所作家傳。其古文頗謹嚴有法度。如《琢磨偶記序》，誤以碧雲騢爲白獺髓，引據或疎。《管蔡論》謂周公勝季友，殊爲贅衍。《季札論》責以當爲伯夷、泰伯之逃，亦爲吹索。然其他率不失醇正。雜説持論亦平允。其曰「讀書之人屏伏田里，不敢爲畸邪之行，不敢爲詭激之論，不敢著非聖之書。謹身力行以爲齊民先，是即所以報君父。」可謂有德之言。其誤以鉤輈爲蟬之類，特小失耳。惟古詩以文筆爲之，猶未乖大雅。近體則皆不入格，甚至以海若押入馬韻，是蘭若之若也。以刻鏤讀爲平聲，是屬鏤之鏤也。吟詠非所擅長，而雜然編録，轉爲全集之累，是則其後人之過矣。

蔗尾詩集　文集

《四庫提要・別集類存目一二》《蔗尾詩集》十五卷，《文集》二卷。福建巡撫採進本。國朝鄭方坤撰。方坤有《經稗》，已著録。方坤天分既高，記誦尤廣。故其詩下筆不休，有凌厲一切之意，尤力攻嚴羽《滄浪詩話》「詩不關學」之非。然於澀字險韻，恒數十疊，雖間見層出，波瀾不窮，要亦不免於炫博。此又以學富失之，所謂矯枉者必過直也。其詩凡分十五集。曰《刪餘草》，曰《公車草》，曰《木石居草》，曰《公車後草》，曰《木石居後草》，曰《丁年小草》，曰《叢臺稿》，曰《春明草》，曰《廣川稿》，曰《酒市稿》，曰《一粟齋稿》，曰《瓶花齋稿》，曰《杞菊軒稿》，曰《詩話軒稿》，皆古今體詩。曰《青衫詞》，則詩餘附録者也。《文集》二卷，亦大抵儷體居多，蓋其根柢在六朝也。

王艮齋集

《四庫提要・別集類存目一二》《王艮齋集》十四卷。江蘇巡撫採進本。國朝王峻撰。峻字次山，常熟人。雍正甲辰進士，官至江西道察院御史。是編凡詩十卷，文四卷。其吴中先哲諸傳，則修《蘇州府志》時所撰，亦併附之集中云。

華林莊詩集

《四庫提要・別集類存目一二》《華林莊詩集》四卷。江蘇巡撫採進本。國朝姚孔鋠撰。孔鋠字梁貢，號于巢，桐城人。康熙中諸生。其詩七言絶句工於寫景，如「垂楊枝上鶯捎蝶，撼得飛花破水痕」之類，亦殊有晚唐風味。所謂「香車金犢，陌上留連」者也。至「黄雲白雪門前路，蕎麥田中作菜花」之類，則刻畫太甚，無情景交融之致矣。

明史雜詠

《四庫提要・別集類存目一二》《明史雜詠》四卷。浙江巡撫採進本。國朝嚴遂成撰。遂成字海珊，烏程人。雍正甲辰進士，官雲南知州。詠史之作，起於班固，承其流者，唐胡曾、周曇皆用近體，明李東陽則用樂府體。遂成此編，賦明一代之事，古體近體相間，故名曰《雜詠》。嚴震直一首，力辨史彬《致身録》之誣，雖子孫之詞，實則公論。至於劉三吾一首，謂太祖欲立燕王，爲三吾所沮，釀靖難之禍，不爲無見。至「周公成王本一家，事猶賢於王莽篡」句，則謬矣。姚廣孝二首，盛推其功，比以蕭何、李泌，且有「特地開科長取士，不知漏落幾多人」句。王越、王驥、王瓊三首，謂三人之交結宦侍，乃借其陰助以濟國事，非爲身家之計，比之郭子儀之俯仰魚朝恩。持論皆有意抑揚，故翻定案。李夢陽一首，詞多詆斥。併有附記曰「北地雖非西涯門人，然如王九思以仿西涯體中選，其餘諸子，多有親承指授者，皆奪於北地之焰，改轅背之，猶之北地背之也」云云。夫文章公器，各自成家，原非爲植黨報恩之地，況夢陽與東陽本風馬牛不相及，而忽坐以背東陽之罪，尤未免深文鍛鍊，踵明末門户之舊論矣。

竹香詩集

《四庫提要・別集類存目一二》《竹香詩集》四卷。大理寺卿陸錫熊家藏本。國朝席鏊撰。鏊字景溪，常熟人。雍正己酉舉人，官内閣中書。鏊爲吴偉業外孫，於詩法頗有端緒。此集凡詩三百餘首，乃其友杭世駿所刪存也。

孱守齋遺稿

《四庫提要・別集類存目一二》《孱守齋遺稿》四卷。江西巡撫採進本。國朝姚世鈺撰。世鈺字玉裁，號薏田，歸安人。平生學問以何焯爲宗。故全祖望爲其墓銘曰：「薏田之學，私淑義門。義門之徒，莫之或先。人亦有言，墨守太堅。薏田不信，禦侮兀然。每逢異幟，互有争端。焦脣敝舌，各尊所聞。」紀其實也。祖望誌又稱馬曰璐、馬曰琯、張四科收拾其遺文開雕。又稱所著爲《蓮花莊集》八卷。此本書名卷數皆與誌不合。末有張四教跋，稱勒爲詩文各二卷，則又無所闕佚，不知何故也。

桑弢甫集

《四庫提要·別集類存目一二》《桑弢甫集》八十四卷。浙江巡撫採進本。國朝桑調元撰。調元有《論語説》，已著録。是集詩十四卷，《續集》二十卷，《五嶽詩》二十卷，文三十卷。調元才鋒踔厲，學問亦足以副之。故詩文縱横排奡，擺落蹊徑，毅然自爲一家。而恃其才學，不主故常，豪而失之怒張，博而失之蔓衍者，亦時有之。所作《鎮海樓詩》至七言長律二百韻，古人無是格也。其所以長，即其所以短乎。

柳漁詩鈔

《四庫提要·別集類存目一二》《柳漁詩鈔》十二卷。浙江巡撫採進本。國朝張湄撰。湄字鷺洲，錢塘人。雍正癸丑進士，官至給事中。是編分《于野》、《雞木》、《瓶景》、《滇行》、《癡牀》、《海槎》、《岵懷》、《皖游》、《鵲風》、《罍恥》十集。湄與金志章、厲鶚等以詩相鏃厲，故集中與諸人唱和爲多。

道古堂文集　詩集

張之洞《書目答問·別集》《道古堂文集》四十八卷。《詩集》二十六卷。杭世駿。

李慈銘《越縵堂讀書記》《道古堂文集》、《詩集》。清杭世駿撰。閱杭大宗《道古堂文集》。大宗學問貫串淹洽，以詩古文負重名。詩學少陵，僅得其腔調；古文亦少剪裁；而證據辨博，自非讀破萬卷者不能。

賜書堂詩選

《四庫提要·別集類存目一二》《賜書堂詩選》八卷。編修吴壽昌家藏本。國朝周長發撰。長發字蘭坡，别號石帆，會稽籍，山陰人。雍正甲辰進士，選庶吉士，散館外補廣昌縣知縣，又改樂清縣教諭。乾隆丙辰召試博學鴻詞，授檢討。官至侍講學士，後降補侍講。長發詩才敏捷，操筆即成。故富贍有餘，而亦微傷於快。平生所作，計逾萬首。此集八卷，蓋汰存十之一云。

石笥山房文集　補遺　詩集　補遺

張之洞《書目答問·別集》《石笥山房文集》六卷。《補遺》一卷。《詩集》十二卷。胡天游。此本未足。

孤石山房詩集

《四庫提要·別集類存目一二》《孤石山房詩集》六卷。浙江巡撫採進本。國朝沈心撰。心字房仲，仁和人。雍正中諸生。早從查慎行游，其詩亦頗有查氏法。

秋水齋詩集

《四庫提要·別集類存目》《秋水齋詩集》十五卷。浙江巡撫採進本。國朝張映斗撰。映斗字雪子，烏程人。雍正癸丑進士。官翰林院編修。是編凡十四集。

首曰《或可存集》，次《江上集》，次《釣磯集》，次《雲林集》，次《范湖集》，次《日下集》，次《水籖集》，次《新館集》，次《内舍集》，次《新館後集》，次《舊雨集》，次《清祕集》，次《瀛臺集》，次《使星集》。皆其子守約、守愚所編。前有湯右曾序，作於康熙乙未。蓋其早年即爲右曾所賞識也。

薇香集　燕香集　燕香二集

《四庫提要・別集類存目一二》《薇香集》一卷。《燕香集》二卷。《燕香二集》二卷。内閣中書方維甸家藏本。國朝方觀承撰。觀承字遐穀，號問亭，又號宜田，桐城人。由監生薦授中書舍人，官至直隸總督，謚恪敏。觀承遭遇聖朝，備蒙恩眷，封疆宣力，積有勤勞，而性嗜詩篇，政務之餘，不廢吟詠。舊所著有《東園剩稿》、《入塞詩》、《懷南草》、《豎步吟》、《叩舷吟》、《宜田彙稿》、《看蠶詞》、《松漠草》，共八種。皆編入《述本堂詩集》中，已別著録。是編三集則其爲直隸總督時所作，其子維甸編録別行者也。

海峰文集

張之洞《書目答問・別集》《海峰文集》□□卷。劉大櫆。

冰壑詩鈔

《四庫提要・別集類存目一二》《冰壑詩鈔》六卷。編修周永年家藏本。國朝朱令昭撰。令昭字次公，歷城人。少與淄川張元、膠州高鳳翰等結柳莊詩社。繪畫篆刻，皆能留意。其詩亦與鳳翰相伯仲，而少遜其雄傑。

抗言在昔集

《四庫提要・別集類存目一二》《抗言在昔集》一卷。江西巡撫採進本。國朝沈冰壺撰。冰壺字心玉，山陰人。是編皆咏古七言絶句，而多考證文史，與他家詠古評論事蹟得失者又別。其學識頗爲拔俗，而有意示高，或流於誕。如《論帝魏帝蜀》一條，洞見宋人之癥結。《論蘇氏父子之文自相矛盾》一條，足關其口。《論續通鑑綱目》諸條，皆頗公允。《論岳飛女銀瓶》一條，極有根據。羊祜、周恭帝二條，亦頗有推闡。至於以司馬遷之「先黄老後六經」爲是，以王充《論衡》欲藉諸子正經之誤，爲識在董仲舒上。以莊子、荀子爲兩大儒，以《老子》配《論語》，《莊子》配《易》，《管子》配《書》，《離騷》配《詩》，《荀子》配《禮》，《史記》配《春秋》，續爲沈氏六經。謂《管子・地員篇》、班固《地理志》、伯仲《禹貢》，而《周禮・職方》有愧色，皆未免有意駭俗，不爲定論。其論《劒俠傳》之誖，似矣；不知《劒俠傳》本無是書，乃明人鈔《太平廣記》二卷爲之。其論《亢倉子》爲影撰，似矣；不知爲王士元所補。士元作《孟浩然集序》，自言其始末最明，頗爲失考。又如國朝詩人自王士禛、朱彝尊、田雯、梁佩蘭、宋琬諸人，無一不肆詆排；國朝文人自黄宗羲、毛奇齡、汪琬、姜宸英、王源、方苞諸人，無一不遭指摘，或加以醜詈，至謂其不堪供唾。且謂此外寥寥，自鄶無譏。其意欲於百餘年中，以第一人自命，尤放誕矣。

青嶼稿存

《四庫提要・別集類存目一一》《青嶼稿存》。無卷數。浙江巡撫採進本。國朝張安絃撰。安絃字琴父，烏程人。其文以才氣勝，而喜事塗澤。詩則音節疎放，亦未能磨礲圭角。

静便齋集

《四庫提要・別集類存目一一》《静便齋集》十卷。浙江巡撫採進本。國朝王曾祥撰。曾祥字麐徵，仁和人。康熙末諸生。與厲鶚、金農諸人相唱和。是集前五卷爲詩，後五卷皆雜文。静便齋者，館於義橋陳氏時所葺，取謝靈運「還得静者便」句名之。有所爲記見於集中。前有雷鋐所撰《兩王生小傳》，一謂曾祥，一謂江都王世球也。

産鶴亭詩集

《四庫提要・别集類存目一二》《産鶴亭詩集》七卷。浙江巡撫採進本。國朝曹庭棟撰。庭棟有《易準》，已著録。是集凡分七稿，每稿各爲小序。其書齋中有産鶴亭，因以名集，故集中詠鶴詩最多。其第二稿别題曰《魏塘紀勝》，第七稿亦别題曰《續魏塘紀勝》，蓋嘉善舊隸嘉興路，爲魏塘鎮，亦名武塘，明宣德五年始析爲縣。庭棟先詠其名蹟爲一百首，又續成五十首也。

黄静山集

《四庫提要・别集類存目一二》《黄静山集》十二卷。江蘇巡撫採進本。國朝黄永年撰。永年字静山，江西廣昌人。乾隆丙辰進士，官至常州府知府。是集前有雷鋐所作墓誌銘，稱所著有《希賢編》、《春秋四傳異同辨》、《崧甫文類》、《南莊類稿》、《白雲詩鈔》、《静子日録》。此本僅《南莊類編稿》八卷、《白雲詩鈔》二卷、《奉使集》一卷、《静子日録》一卷，而他集不見。其《春秋四傳異同辨》今在《南莊類稿》第二卷中，亦不别爲書，未喻其故。又一别本僅有《南莊類稿》、《奉使集》、《静子日録》三種，疑其隨刻隨印，皆非完本云。

隨園詩集

《四庫提要・别集類存目一二》《隨園詩集》十卷。附録一卷。御史戈源家藏本。國朝邊連寶撰。連寶字趙珍，今刊本作肇畛，乃戲以同音書之。如申涵光本字符孟，而每書鳧盟，非其本字也。任丘人，雍正乙卯拔貢生，乾隆丙辰薦舉博學鴻詞，辛未又薦舉經學。是集前有乾隆丁丑戈濤序，而第四卷以下題曰「病餘草」者，乃皆戊寅以後詩，蓋續編而仍冠以原序也。附録一卷，曰《禪家公案頌》，則其晚耽禪悦，讀指月録所作云。

亦廬詩集

《四庫提要・别集類存目一二》《亦廬詩集》二十八卷。江西巡撫採進本。國朝湯斯祚撰。斯祚字衎之，號亦廬，南豐人。雍正中以歲貢生官江西新昌縣訓導。是集以編年爲次，其居家則有《超遥書堂草》、《茗柯山房草》，游楚則爲《匡廬山草》、《沔陽草》，洎歸而復出，則有《茗柯山房後草》、《崇真禪院草》、《沅湘草》，充貢以後，則有《北征》、《燕山》、《南轅》諸草。爲學官以後，則爲《宜豐草》、《倖滿草》、《回任草》、《宜豐後草》。其詩筆力頗爽健，惟功候未深耳。

學福齋集

張之洞《書目答問・别集》《學福齋集》□□卷。沈大成。

春及堂詩集

《四庫提要・别集類存目一二》《春及堂詩集》四十三卷。太常寺卿倪承寬家藏本。國朝倪國璉撰。國璉有《康濟録》，已著録。是集乃乾隆壬辰其子承寬所刊。凡《竹立園集》一卷，《南隱山房小草》一卷，《橘山游草》二卷，《文杏館集》一卷，《浮湍集》一卷，《楓花草》一卷，《松鱗書屋唱和詩》一卷，《庚子詩草》一卷，《剡東游草》一卷，《廬江游草》二卷，《西江游草》三卷，《南游草》二卷，《湖南吟稿》二卷，《燕雲集》一卷，《竹窗集》三卷，《滇行集》八卷，《春闈詩》一卷，《星沙奉使集》二卷，《潞河吟》一卷，《庚申南行集》三卷，《嘉蔭書屋集》三卷。皆國璉嚴自删汰，惟存其得意之作，故每卷多者不過四十餘首，少者或十餘首云。

質園詩集

《四庫提要・别集類存目一二》 《質園詩集》三十二卷。編修程晉芳家藏本。國朝商盤撰。盤號蒼雨，又號寶意，會稽人。雍正庚戌進士，官翰林院編修，以養親乞外補，改授同知，終於元江府知府。盤與錢塘厲鶚名價相埒，才情富贍，生平篇什甚多，此集乃删汰之餘，尚三千首云。

四子堂集

平步青《國朝文棷題辭》 清江楊勤慤公錫紱《四子堂集》。勤慤督漕二十年，政績爲國朝漕臣第一，奏疏簡嚴遒潔，它文亦多可誦，名臣不當以文字重也。

月湖賸稿

《四庫提要・别集類存目一二》 《月湖賸稿》一卷。江西巡撫採進本。國朝王樑撰。樑有《讀畫録》，已著録。是集僅文二十四首，又多小品，蓋猶明季山人之遺風。鈔本題曰《月河賸稿》，考集内所居丙舍地名皆作月湖。樑别有《讀畫録》，亦載張庚爲作《月湖圖》，則卷首「月河」字，鈔本誤也。

寒香草堂集

《四庫提要・别集類存目一二》 《寒香草堂集》四卷。檢討蕭芝家藏本。國朝劉元燮撰。元燮字孟調，湘潭人。雍正庚戌進士，官至山西道御史，緣事降廣西布政司經歷。所著有《耨學齋稿》、《梅垞吟》，篇什頗多。是編古今體詩僅二百餘首，乃其晚年所自訂也。

隱拙齋集

《四庫提要・别集類存目一二》 《隱拙齋集》五十卷。浙江巡撫採進本。國朝沈廷芳撰。廷芳有《十三經注疏正字》，已著録。是集爲廷芳所自編，凡詩賦三十二卷，散體文十八卷。其詩學出於查慎行，古文之學出於方苞，故所作雖無鉅麗之觀，而皆有法度。

㠣崌山人集

《四庫提要・别集類存目一二》 《㠣崌山人集》八卷。禮部主事任大椿家藏本。國朝汪舸撰。舸字可舟，婺源人，流寓揚州。性不諧物，偃蹇貧病以没。是集爲舸所自定，斷自五十歲以後。乾隆庚寅杭世駿爲之序，併附録世駿《與沈沃田書》，盛稱其《和丁隱君貝葉經歌》、《長春觀老子像絶句》云。

柯椽集

《四庫提要・别集類存目一二》 《柯椽集》一卷。侍講劉亨地家藏本。國朝周宣猷撰。宣猷字辰遠，長沙人。雍正癸丑進士，官至浙江鹽運通判。是集凡雜文五十七篇，駢體及賦亦參錯其間，前後亦無序跋，似乎未定之稿，其後人録之成帙也。末附陳兆崙所作傳一篇，載宣猷所著尚有《史斷》、《史記難字》、《南北史穎》、《眠雲集》、《禾中雜韻》、《卷葹小草》諸編。集中又有《風鈴餘韻自序》一篇，亦所作詩集。今惟《卷葹小草》及此集存，餘皆未見。

雪舫詩鈔

《四庫提要・別集類存目一二》《雪舫詩鈔》八卷。侍講劉亨地家藏本。國朝周宣猷撰。其詩自乾隆辛未迄丁丑，分年編次。前七卷名《菤葹小草》，後一卷則《南巡紀盛》，皇太后萬壽詩各三十首。

謙齋詩稿　補遺

《四庫提要・別集類存目一一》《謙齋詩稿》二卷，《補遺》一卷。浙江巡撫採進本。國朝曹庭樞撰。庭樞字六薌，嘉善人。雍正癸卯副榜貢生，乾隆元年嘗薦舉博學鴻詞，集中載有《午門謝頒月廩恭紀》詩，即其事也。是集亦皆其游京師時所作。

敝帚集　附廬中集

《四庫提要・別集類存目一二》《敝帚集》二卷。附《蘆中集》一卷。國子監助教張羲年家藏本。國朝趙秉忠撰。秉忠字景光，號秋墅，興化人。乾隆乙丑進士，改庶吉士，未散館而卒。是集皆古今體詩。末附《蘆中集》，乃哭其子春祈而作也。

鮚埼亭文集　外集　詩集　句餘土音

張之洞《書目答問・別集》《鮚埼亭集》三十八卷。《經史問答》十卷。《外集》五十卷。全祖望。《正集》史夢蛟刻。《問答》萬氏刻。《外集》別一人刻。《詩集》鄭氏刻。

卓山詩集

《四庫提要・別集類存目一二》《卓山詩集》十二卷。江西巡撫採進本。國朝帥家相撰。家相字伯子，奉新人。乾隆丁巳進士，官至潯州府知府。是集又名《三十乘書樓集》，中多改竄之處，蓋猶其自訂之原本也。

空山堂集

張之洞《書目答問・別集》《空山堂集》□□卷。牛運震。

松泉詩集

《四庫提要・別集類存目一二》《松泉詩集》六卷。編修程晉芳家藏本。國朝江昱撰。昱有《尚書私學》，已著録。其平生喜爲韻語，與編修程夢星等相唱和，游蹟多在衡湘間，是集即刻於湖南者也。

樸庭詩稿

《四庫提要・別集類存目一二》《樸庭詩稿》十卷。編修吴壽昌家藏本。國朝吴惀文撰。惀文字璞存，一字樸庭，會稽籍，山陰人。雍正中國子監生，屢舉不第。生平游歷，一寄諸吟咏。前四卷其友人嚴遂成所選，後六卷則晚年所自訂也。

二須堂集

《四庫提要・別集類存目一二》《二須堂集》二卷。户部尚書王際華家藏本。

國朝丁詠淇撰。詠淇字瞻武，號蓑濱居士，錢塘人。是集爲詠淇所自編。二須者，取諸葛亮「學須静、才須學」語也。上卷書十二首，序十九首。下卷記二首，傳六首，論二首，辨一首，説四首，題跋五首，書事二首，家訓十八則。其中《知希子傳》，未聞其人，意爲自寓之詞歟。文雖不甚入古格，而頗以扶持名教爲主。集中别有《仰編序》，蓋其筆記。又有《蓑濱詩鈔序》，爲其詩集，今皆未見。

史復齋文集

《四庫提要·别集類存目一二》《史復齋文集》四卷。陝西巡撫採進本。國朝史調撰。調字匀五，號後齋，晚號雲臺山人，華陰人。乾隆丙辰進士，官仙游縣知縣。是集一卷爲其官仙游時稟諭及荒政義倉等略，二卷爲序、跋、書、論，三卷爲横渠書院規諭及諭子書，而以仙游所定求士三則冠焉，四卷爲語録及功過式，併以崔紀所作誌銘附於其後。

山陰集　歸田遺草

《四庫提要·别集類存目一二》《山陰集》一卷。《歸田遺草》一卷。編修鄭際唐家藏本。國朝林其茂撰。其茂字培根，侯官人。乾隆丙辰進士，官山陰知縣。此二集一爲官山陰時作，一爲罷官後作。其茂没後，其婦弟鄭天錦所編，冠以魯曾煜所作家傳。又有沈廷芳序，惜其遘疾早世，未克竟其所長。蓋其茂没時，年僅三十有九云。

梯青集

《四庫提要·别集類存目一二》《梯青集》。無卷數。檢討蕭芝家藏本。國朝項大德撰。大德字立上，漢陽人。刲股療母，不愈，以哀毁卒。是集凡賦二十七首，詞四十一首。吐屬頗韶秀，而得年僅二十有六，功候未深，故骨格未能成就焉。

上湖分類文編

張之洞《書目答問·别集》《上湖分類文編》十卷。汪師韓。

拙齋集

《四庫提要·别集類存目一二》《拙齋集》一卷。編修周永年家藏本。國朝李遠撰。遠字君宏，益都人。是集皆五七言近體，吐屬亦頗恬雅。其刊版字畫，悉從《説文》，以小篆改隸，詭形怪態，則殊爲好異。

閨房集

《四庫提要·别集類存目一二》《閨房集》一卷。編修程晉芳家藏本。國朝陳珮撰。珮字懷玉，天長人。江都諸生江昱之妻。是集僅詩四十首，長短句十首，附以傳誄及昱所作墓碣。

凝齋遺集

《四庫提要·别集類存目一二》《凝齋遺集》八卷。江西巡撫採進本。國朝陳道撰。道字紹洙，號凝齋，江西新城人。乾隆戊辰進士。是集爲其子守誠等所刊。凡文六卷，詩二卷，中頗多講學之作。

舒曉齋存稿

《四庫提要·别集類存目一二》《舒曉齋存稿》三卷。山東巡撫採進本。國朝黃溶撰。溶字涪遠，鄆城人。雍正中貢生。是集凡詩二卷，詞賦共一卷。皆未合古人尺度，蓋鄉曲無師之學也。

晚晴樓詩草

《四庫提要・別集類存目一二》《晚晴樓詩草》二卷。大理寺卿陸錫熊家藏本。國朝曹錫淑撰。錫淑字采荇，上海人。兵科給事中一士之女。適同里舉人陸正笏。一士有《四焉齋詩集》，其妻陸鳳池亦有《梯仙閣餘課》。錫淑承其家學，具有軌範。大致以性情深至爲主，不規規於儷偶聲律之間云。

行修堂集

軍機處奏《禁毀書目》《行修堂集》一部，一本。查《行修堂集》，係王清遠撰。詩語有違悖處，應請銷燬。

就正草

《四庫提要・別集類存目一二》《就正草》一卷。江西巡撫採進本。國朝徐璽撰。璽號雷谿，進賢人。雍正乙酉拔貢。是編乃其文集。前題云「續刻就正草」，則必先有初刻，今未之見。前有吴士玉《序》，而卷中有《祭士玉文》，殆刻在序後耶。

實嬾齋詩集

《四庫提要・別集類存目一二》《實嬾齋詩集》四卷。浙江巡撫採進本。國朝張時泰撰。時泰字平山，號六可，嘉興人。官桐城縣知縣。是集前有時泰自作《實嬾先生傳》，頗以曠達閒適自許，傳末係以詩曰：「嬾送窮愁嬾顧身，嬾趨權貴嬾干人。嬾尋枯句每經日，嬾作報書恒幾旬。幽賞嬾殊辜景物，遠游嬾已絶風塵。嬾眠嬾起情如醉，十嬾先生嬾是真。」其詩格大抵似此也。

御製樂善堂文集定本

《四庫提要・別集類二六》《御製樂善堂文集定本》三十卷。乾隆二十三年，協辦大學士户部尚書蔣溥等奉敕重編。欽惟我皇上聖聰夙擅，道岸先登，學海詞源，苞涵富有，昔當睿養，即擅生知。雍正庚戌之秋，嘗訂《樂善堂文鈔》十四卷。乾隆丁巳，取《文鈔》所載存十之三，益以雍正乙卯以前續著十之七，彙爲《樂善堂文集》，頒示海内。詞林藝圃，弦誦相聞。至是，以初刻卷帙稍繁，復指授溥等，校閲刪定，併省去《制義》一卷，定爲此本。

御製文初集　二集

《四庫提要・別集類二六》《御製文初集》三十卷。《二集》四十四卷。謹案：《御製文初集》三十卷，凡五百七十餘篇，爲十九門。《二集》四十四卷，凡四百一十餘篇，爲二十三門。門各以歲月爲次。皆萬幾餘暇，親御丹素所成。其誥敕碑記之屬，詞臣恭擬代言者不與焉。

御製詩初集　二集　三集　四集

《四庫提要・別集類二六》《御製詩初集》四十八卷。《二集》一百卷。《三集》一百十二卷。《四集》一百十二卷。謹案：《御製詩集》三百七十二卷，皆合古今體詩編年爲次。已刻者凡四集。自乾隆元年丙辰至乾隆十二年丁卯，計詩四千一百五十餘首，編爲《初集》四十四卷，《目録》四卷。自乾隆十三年戊辰至乾隆二十四年己卯，計詩八千四百七十餘首，編爲《二集》九十四卷，《目録》六卷。並大學士蔣溥所校刊。自乾隆二十五年庚辰至乾隆三十六年辛卯，計詩一萬一千六百二十餘首，編爲《三集》一百卷，《目録》十二卷。則大學士于敏中所校刊。自乾隆三十七年壬辰至乾隆四十八年癸卯，計詩九千七百餘首，編爲《四集》一百卷，《目録》十二卷。則協辦大學士尚書梁國治、侍郎董誥所校刊也。統合三萬三千九百五十餘首。甲辰以後，未剞劂宣布者尚不知其數焉。

瓠息齋前集

《四庫提要・別集類存目一二》《瓠息齋前集》二十四卷。浙江巡撫採進本。國朝凌樹屏撰。樹屏字保釐，烏程人。乾隆己未進士，官鳳縣知縣，調咸陽，後改補嘉興府教授。是集賦一卷，詩二十三卷，分十二集，大抵才情奔放之作。

柘坡居士集

《四庫提要・別集類存目一二》《柘坡居士集》十二卷。浙江巡撫採進本。國朝萬光泰撰。光泰字循初，秀水人。乾隆庚午舉人。是集其所自定，卷一曰《南村草堂集》，卷二曰《欒于集》，卷三、卷四曰《聞魚閣集》，卷五曰《北郭草堂集》，卷六、卷七曰《江船集》，卷八曰《聞魚閣續集》，卷九曰《觚屋集》，卷十曰《江船續集》，卷十一曰《五上春司集》，卷十二曰《青乳軒集》。前有汪孟鋗序，稱「循初計偕北上，以病卒。方病中，薈自定詩十二卷，一緘寄余，有可存則付令子存之，不者燬之」之説。又稱「刻既成，取循初別字，題曰《柘坡居士集》。其古文、詩餘極夥，聞手自燬去外，雜著十六種則皆其自定緘寄者，俟他日續刻」云云。蓋光泰才思富贍，篇什頗多，後乃悔其少作，所存止此也。

詠史六言

《四庫提要・別集類存目一二》《詠史六言》一卷。侍講劉亨地家藏本。國朝周宣武撰。宣武字燮軒，長沙人。乾隆壬戌進士。是編雜採史事，以六言絶句評論之，或一首詠一事，或一首連類兩三事，不分門目，亦不敘時代後先，每首之末，各附論一篇。六言一體，古今作者頗少，詩家偶一爲之，避其難也。宣武獨衍至百首以外，意欲問道出奇，然終不能見長也。

月坡詩集

《四庫提要・別集類存目一二》《月坡詩集》四卷。福建巡撫採進本。國朝郭植撰。植有《經史問》，已著録。是集分四編，一曰《雪竹草堂集》，一曰《北游集》，一曰《臺江草》，一曰《温陵草》。以集中編年考之，迄於辛酉，蓋其鄉試中式之後所刊也。

問羲軒詩鈔　賸草

《四庫提要・別集類存目一二》《問羲軒詩鈔》二卷，《賸草》一卷。國子監助教張羲年家藏本。國朝莊綸渭撰。綸渭字對樵，號葦塘，武進人。乾隆壬戌進士，官定海縣知縣。是集爲綸渭所手定，其子世駿校刊。《賸草》乃其在定海時所著雜文及案牘，已載入《定海續志》，又別録成帙，附於詩集之後焉。

祇平居士集

張之洞《書目答問・別集》《祇平居士集》□□卷。王元啓。

梅崖居士集

張之洞《書目答問・別集》《梅崖居士集》三十卷。朱仕琇。

有蘭書屋存稿

《四庫提要・别集類存目一二》《有蘭書屋存稿》四卷。江蘇周厚堉家藏本。國朝石球撰。球字鳴虞，嘉定人。其近體詩頗有風致，而骨格未堅。徐樹紳序稱球自以生平蹤蹟，少所涉歷，無瑰偉奇特之觀，故亦罕沈博絶麗之作，可謂自知矣。

燕川集

《四庫提要・别集類存目一二》《燕川集》六卷。江蘇巡撫採進本。國朝范泰恒撰。泰恒字無厓，河内人。乾隆乙丑進士，改庶吉士，外補崇義縣知縣。此集皆其所爲古文，後附其祖父墓表、祖母壽序皆他人作，而末又綴以泰恒代文六篇。編次不倫，疑墓表、壽序即泰恒自作，嫁名於人，後仍收之集中耳，然究非體例也。

萬青樓詩文殘編

《四庫提要・别集類存目一二》《萬青樓詩文殘編》一卷。國子監助教張羲年家藏本。國朝邵昂霄撰。昂霄有《萬青樓圖編》，已著録。所著詩文名《萬青樓稿》，身後散佚。是編爲其從子是枏所手録，僅存文數篇，詩數首而已。

小倉山房文集

張之洞《書目答問・别集》《小倉山房文集》三十五卷。袁枚。

小倉山房外集

張之洞《書目答問・别集》《小倉山房外集》八卷。袁枚。别行本。

瑜齋詩草

《四庫提要・别集類存目一二》《瑜齋詩草》一卷。庶吉士盧遂家藏本。國朝郭趙璧撰。趙璧字名瑾，侯官人。乾隆丙辰舉人。是集乃趙璧没後，其子文煥所編，後其子文海又搜求佚稿附益之。凡古今體詩一百十一首，蓋趙璧喜吟詠，而不自收拾，故散失之餘，所存僅此云。

緑杉野屋集

《四庫提要・别集類存目一二》《緑杉野屋集》四卷。浙江巡撫採進本。國朝徐以泰撰。以泰字陶尊，德清人。國子監生，乾隆二十二年官陽曲縣知縣。其詩皆早年之作，故骨格未就，而時有雋句，如《詠鷹翎扇》「附人終在手，斷翮尚生風」一聯，亦頗工點染也。

玉芝堂集

《四庫提要・别集類存目一二》《玉芝堂集》九卷。江蘇巡撫採進本。國朝邵齊燾撰。齊燾字荀慈，昭文人。乾隆壬戌進士，官翰林院編修。是集凡詩三卷，文六卷，乃其晚年所自定。詩文皆不分體，大抵駢偶之作爲多。

菱溪遺草

《四庫提要·别集類存目一二》 《菱溪遺草》一卷。編修程晉芳家藏本。國朝蔣麟昌撰。麟昌字静存，陽湖人。乾隆己未進士，官翰林院編修。年僅二十有二而殁，遺詩數十篇，其父原任倉場侍郎炳爲刻而傳之。

頻羅庵遺集

平步青《國朝文棷題辭》 錢塘梁山舟同書《頻羅庵遺集》。學士詩文清峭拔俗，爲書名所掩，又雅不欲存，所作隨散無定本。嗣子玉繩搜羅十之二三，分類梓行，即此本也。《湖海文傳》有《蔣修隅墓誌銘》，而此失收，它可知已。

紀文達集

李慈銘《越縵堂讀書記》 《紀文達集》清紀昀撰。閲《紀文達集》。文達敏捷兼人，辨才無凝，其文長於館閣應制之作，它非所經意，多不自收拾。是集共十六卷，其孫刑部郎中樹馨等所綴輯，凡賦一卷，律賦一卷，雅頌一卷，謝恩摺二卷，擬表詔疏等一卷，論記一卷，序二卷，跋一卷，書後一卷，策問及書一卷，器物銘一卷，碑表行狀等一卷，傳一卷，墓志銘及祭文一卷；前有阮文達、白小山、陳稽亭、劉文恪四序。惟第一卷、第三卷颺頌之文最工，餘多率爾；傳志紀事之作，多信手而書。略無翦裁，蓋敏而不能深思，易而不免入俗。人之才力，各有所限，固不可强也。夜閲《文達集》，其謝摺、器銘多不足存，子孫不學之過耳。

東原集

張之洞《書目答問·别集》 《東原集》十卷。戴震。《戴氏遺書》内，亦坿《經韻樓叢書》。

西澗草堂集

《四庫提要·别集類存目一二》 《西澗草堂集》四卷。編修周永年家藏本。國朝閻循觀撰。循觀有《尚書續記》，已著録。是編其所著古文也，其文謹嚴，頗不苟作。循觀没後，其同學韓夢周爲搜輯編次，序而刊之，僅五十七篇。

春融堂文集

李慈銘《越縵堂讀書記》 《春融堂文集》四十卷。《年譜》二卷。王昶撰。閲《春融堂文集》及《年譜》，文共四十卷。述菴篤耆鄭學，兼綜四部，其文爾雅，可考證經史及國朝文獻掌故者甚多。吾鄉王穀塍氏稱其文爲一大作家，而謂其碑誌大篇，多係失明後口授之文，故有記憶偶誤者。

張之洞《書目答問·别集》 《春融堂詩文集》六十八卷。王昶。

汪子遺書

李慈銘《越縵堂讀書記》 《汪子遺書》，清汪縉撰。閲《汪子遺書》，吴縣汪縉大紳所著也，首有長洲王芑孫序。首言大紳所爲書曰二録，曰三録，曰詩録，曰文録。殁後彭允初爲刻其三録，而允初卒。方坳堂爲刻其詩録，至是得其二録稿於允初之門人江鐵君沅，始於嘉慶乙丑爲刻行之，而未及文録也。後附諸家評語及江鐵君跋。據彭允初評語，則三録上中之文，經羅臺山及允初所改定也。其二録分上下録，上録五篇曰《内王》，王通。曰《附陳》，陳亮。曰《内王附陳》，曰《尊朱》，曰《明尊朱之指》。又録後四篇，曰《格物説》上中下，曰《規矩説》。三録分上中下三録：上録曰《準孟》八篇，以孟子爲準也；中録曰《繩荀》，以荀子爲亞孟子而繩其出入也；下録曰《案刑家》上下篇，《案兵家》上下篇，《案陰符家》上下篇，皆案其出入也。兩録有自序三篇及録後序一篇，述其家世及爲學之略，其意以二録當内聖，外録當外王。其論治雜王霸，論學宗陸王，而皆以朱子爲歸宿。文筆頗汪洋恣肆，似縱横諸子家，當時得名甚盛。然二録大抵出入泛衍，虚空籠罩，而實不得其要領。三録之論《荀子》，亦僅得膚淺，要其議論馳騁博辯，固亦一時之雄矣。案陰符家下篇以《陰符》爲道家入兵刑家之樞紐，名言也。

張之洞《書目答問・别集》《汪子文録》□□卷。汪縉。

讀書求解　修辭餘鈔

周中孚《鄭堂讀書記・别集類一》《讀書求解》一卷。《修辭餘鈔》無卷數。《通藝録》本。國朝程瑶田撰。皆其所著雜文，其所以分爲二編者，蓋由所著之先後耳。讓堂撰文甚富，其可以編入經解雜著者，已隨類分附，不爲重出，故所存止此。雖應酬之作居多，而文體亦殊，雅潔無俗氛，知其詩書之澤深矣。

讓堂亦政録

周中孚《鄭堂讀書記・别集類一》《讓堂亦政録》一卷。《通藝録》附録本。國朝程瑶田撰。讓堂于乾隆戊申官嘉定教諭，至辛亥解組歸里。凡任内治事所作聯扁、告示、看語、稟牘及雜著、詩文都爲一編，取孔子「是亦爲政」語名之，而以嘉定人贈别詩文附焉。

潛研堂文集　詩集

張之洞《書目答問・别集》《潛研堂文集》五十卷。《詩集》二十卷。錢大昕。

賴古齋集

李慈銘《越縵堂讀書記・别集類》《賴古齋集》清湯修業撰。夜閲湯猬庵《賴古齋集》。其《于忠肅爲都城隍辨》、《陳杲仁非忠臣辨》、《薛方山掌察抑王龍谿辨》、《吴復庵與唐凝庵争館選辨》、《題黄忠端汪文言傳後》、《書李恕谷集後》、《書吴次尾奪情論後》、《書丁自庵先生乾學家傳後》、《與朱南崖學士珪論明史綱目書》、《王節愍之栻傳》、《惲遜庵傳》、《陸桴亭先生小傳》、《鄭薑庵郊傳》，皆考據精確，持議平允，其爲鄭鄤申雪尤力。言所作有《鄭案傳信録》四卷，是集所載有《鄭峚陽寃獄辨》五首、《傳信録》序一首；又《書劉念臺先生年譜後》三首，亦爲峚陽而作，因年譜中小注論峚陽事有未確也。反覆詳盡，無疑不決，而亦咎峚陽父子之恃才取禍。又謂《念臺年譜》中語，殆出劉氏後人之筆，非伯繩原本，論亦近理。自來名士取禍之酷，無過峚陽，且峚陽以擊魏閹削官，而得此禍于思陵時，尤可駭異。予昔覩《南雷文定》中《鄭峚陽墓表》，湔雪甚力。又閲《北略》所載竹畚跣足及三千八百刀之事，輒爲酸鼻。而《北略》又言剮後零肉，京師藥肆中競買之，以五十年節義文章之身，一旦盡爲藥料，語涉諧戲，爲此言者，殊無人心。今得湯氏諸文，峚陽地下，可以無恨矣。猬庵文亦賴此一事，便足自傳。其《忌祭説》、《生日之祭説》及《家祭管窺》五則，盡情酌理，亦多先得我心。

日下屮

軍機處奏《禁毁書目》《日下屮》一部，一本。查《日下屮》，係何登棅撰。語有憤激之處，應請銷燬。

萬青草堂集

軍機處奏《禁毁書目》《萬青草堂集》一部，一本。查《萬青草堂集》，係李灼撰。書中語多違礙，應請銷燬。

知足齋文集

李慈銘《越縵堂讀書記・別集類》 《知足齋文集》。清朱珪撰。夜閱朱文正公《知足齋文集》。大興文無他長，而清雅簡慎，自爲可傳。其傳誌諸作，多可備國史之采擇。御史曹錫寶、知縣武億兩墓誌，尤可觀感。蓋大興當裕陵末年，厄於和珅，幾得奇禍，而兩公皆能力與珅忤；虚谷風塵外吏，尤爲難能，故以兩誌連屬一卷，言之甚切，固亦有爲而然也。《梁文定公墓誌》、《封儒林郎邵翁墓誌》、《何母申太夫人墓誌》爲吾鄉文獻所關。邵翁名陞陛，乾隆丙子舉人，精於經學，與二雲學士爲族兄弟，二雲嘗從受業者，世稱梅林先生，其子即瑶圃編修也。此志略舉其説經數則；又稱編修秉其口授，故最精於樸學，甲辰會試殿試，皆以對策典核擅長，殿試以誤書一字置一甲第二云云。編修著書甚富，已梓者有：《説文羣經正字》及文集詩集，余俱未見。又聞其於學士《爾雅正義》訂正甚多。蓋學士之學，精綜經史，名滿天下；編修杜門數十年，聲華闇莫，專心考訂，實視學士爲尤密。惜兩公之後，式微殆盡。邵氏族姓，迄今爲顯官、得科第者不絶，而皆瞢不知學。二雲氏之書，僅傳《爾雅》，瑶圃氏至世無知者，可歎也夫！

惜抱軒詩文集

張之洞《書目答問・別集》 《惜抱軒文集》十六卷。《後集》十卷。《詩》十卷。姚鼐。

希音堂集

平步青《國朝文棷題辭》 《平定張蓀圃佩芳希音堂集》。蓀圃，石洲祖也。於經史致力最深，讀經讀史諸篇皆持論不苟，宰皖南亦有政聲。集爲子曉汧太史所刻，南中甚稀稚威。醴谷，空山門人也。

山木居士集

張之洞《書目答問・別集》 《山木居士集》□□卷。魯九皋。

復初齋集

張之洞《書目答問・別集》 《復初齋集》□□卷。翁方綱。

尊聞居士集

張之洞《書目答問・別集》 《尊聞居士集》八卷。羅有高。

清白士集

張之洞《書目答問・別集》 《清白士集》二十八卷。梁玉繩。

篁邨集

周中孚《鄭堂讀書記・別集類一》 《篁邨集》十二卷。無求安居刊本。國朝陸錫熊撰。錫熊字健男，號耳山，上海人。乾隆辛巳進士，官至都察院左副都御史。是集爲其所作古今體詩，乃其子秀農慶循所重編，目録後有秀農識語。耳山少學爲詩，篇什甚富，自服官京師，多大著作而吟詠稍稀，至乾隆辛亥手自編次，曰《陵陽前稿》，曰《東歸稿》，曰《陵陽後稿》，曰《浴凫池館稿》，曰《席帽稿》，曰《槖中稿》，曰《雪飄稿》。各撰小序，列之首簡，後秀農因即所存重編是集，統以年次編排，而盡去其諸稿名目，仍録諸稿小序于目録中，以志手澤。合存詩八百餘首，而附以詩餘二十一闋，其曰《篁邨集》者，猶是耳山所題之，總名也。冠以王述庵所撰墓志銘，稱其詩「工而不穠，婉而能切」云。

新城張達勺園文集

平步青《國朝文棷題辭》　《新城張達勺園文集》。勺園從南豐梁質人、臨川李侍郎游，又與張東峰交，梁、張叙其集皆盛推之。雍正甲寅府縣薦，應博學鴻詞，巡撫常安試取，與侍郎孫西華同受知，而以疾不入都。文似未成家，予以丙辰詞科諸巨公別集外，餘人多澌滅不傳，故録之。

道腴堂詩集

《四庫提要·別集類存目一一》　《道腴堂詩集》四卷。江西巡撫採進本。國朝曹煜曾撰。煜曾號麓萬，上海人，康熙末貢生。是集爲其孫錫寶所編《石倉世纂》之第一種也。凡詩一百五十五首。煜曾爲雲間董俞弟子，故其詩聲律格調頗有師法，然卷中但存近體而無古詩。王延年序稱其懶不自惜，散佚頗多。今所傳者皆其孫口授。豈訓課時惟取聲律諧適，易於記誦故耶。

花語山房詩文小鈔　附三重賦　燕京賦

《四庫提要·別集類存目一二》　《花語山房詩文小鈔》一卷，附《三重賦》一卷，《燕京賦》一卷。江蘇巡撫採進本。國朝顧成天撰。是集乃雍正庚戌、辛亥二年成天侍直內廷時所作，花語山房即苑外直廬名也。凡詩六十八首，文二十三首，以歲月先後雜編，不分體裁。又《三重賦》一卷，成天爲諸生時恭逢聖祖南巡所獻。《燕京賦》一卷併自注，則雍正癸卯成天赴京會試時作也。

金管集

《四庫提要·別集類存目一二》　《金管集》一卷。江蘇巡撫採進本。國朝顧成天撰。成天有《離騷解》，已著録。其所作詩凡二千餘首，嘗以質於蔡嵩，嵩爲摘其中有關世教者八十三首，鈔爲此集。題曰「金管」，用梁元帝事也。

觀光集

《四庫提要·別集類存目一二》　《觀光集》五卷。浙江巡撫採進本。國朝蔡以封撰。以封字桐川，嘉善人。由優貢生官桐鄉訓導。是集凡古今體詩八十五首，擬樂府四十六首，皆其監敷文書院，恭逢聖駕南巡，率諸生迎駕時所賦也。

鵜浦集

《四庫提要·別集類存目一二》　《鵜浦集》六卷。編修周永年家藏本。國朝朱懷樸撰。懷樸字素存，歷城人。其詩格近宋人，而時有風致。

晚學集　詩

張之洞《書目答問·別集》　《晚學集》八卷。《詩》五卷。桂馥撰。

李慈銘《越縵堂讀書記·別集類》　《晚學集》清桂馥撰。閱桂冬卉先生《晚學集》。集凡八卷，説經之文十居其八，而于小學尤邃，惜未得其《説文義證》讀之。其《薛君攷》，謂韓《詩》有《薛君章句》，蓋魏之薛夏，引《魏略》薛夏字宣聲，天水人，博學有才。黃初中爲秘書丞，帝每呼之不名而謂之薛君。因謂《唐章》、《宰相世系表》，稱薛方邱字夫子作《章句》爲誤。按《後漢書·儒林傳》，薛漢字公子，淮陽人也。世習《韓詩》，父子以章句著名，漢少傳父業云云。予嘗據《宰相世系表》，謂此傳有脱誤，蓋當作父方邱字夫子，以章句著名，不特薛氏父子名字，《世系表》中明白可據；而既云父子以章句著名，又云漢少傳父業，詞氣累贅，范《書》決不如此。且父子以章句著名七字，亦甚不辭。又范書《馮衍傳》注引薛夫子《韓詩章句》云云，桂氏失於攷核，而云終漢世稱《韓詩》者未有道及方邱，又強引薛夏之稱薛君者當之，試思《魏略》所言，何嘗有涉《韓詩》者耶？予嘗謂讀經難，讀史尤難。洪北江《讀書齋雜録》中，譏《齊東野語》以鄧芝射猿爲鄧艾，謂其目未見《三國志》。予謂周公謹亦南宋人之知學者，何至如此。洪氏《録》中有馬周、李泌恩眷始終不衰而歿後無謚一條，馬周謚忠，《唐會要文獻通考》皆載之，豈得遂譏洪氏未見二書乎？學人好求新異，及輕詆古人，皆是大病。

抱經堂文集

張之洞《書目答問・別集》 《抱經堂文集》三十四卷。盧文弨。《抱經堂叢書》。

浩波遺集

《四庫提要・別集類存目一二》 《浩波遺集》三卷。庶吉士梁上國家藏本。國朝鄭際熙撰。際熙字大純，侯官人。乾隆丙子舉人，年三十六而卒。是集爲其弟際唐等所刊，凡詩二卷，文一卷。文中有《杜律篇法序》一篇，稱能詩者未嘗先言法而自中法，且神而明之，變化以自成其法，未有案一定之科條而譜之，舍其性情才力，俯首以從法也。其論亦足破拘攣之説，其書則未之見也。

密娱齋詩稿

《四庫提要・別集類存目一二》 《密娱齋詩稿》一卷。編修周永年家藏本。國朝鄧汝功撰。汝功字謙持，聊城人。乾隆乙未進士，傳臚後即病歸，未及釋褐而卒。是集乃其友桂林府同知李文藻所刊。文藻序稱其古體出於韓、蘇，近體似錢、郎，皆非止境，蓋其天分頗高，而得年不永，功候則尚未成就云。

東壁遺書

張之洞《書目答問・別集》 《東壁遺書》八十八卷。崔述撰。三十五種。

二林居集

張之洞《書目答問・別集》 《二林居集》二十四卷。彭紹升撰。

南江文鈔

張之洞《書目答問・別集》 《南江文鈔》四卷。邵晉涵。

小峴山人集

張之洞《書目答問・別集》 《小峴山人集》三十六卷。秦瀛。

述學内外篇

張之洞《書目答問・別集》 《述學内外篇》六卷。附《校勘記》汪中。揚州局本，又初刻小字本，文選樓本，學海堂本二卷。

授堂集

張之洞《書目答問・別集》《授堂集》□□卷。武億。

有正味齋集

張之洞《書目答問・別集》《有正味齋集》七十三卷。吴錫麒。初集駢體文二十四卷，續集駢文八卷。

李慈銘《越縵堂讀書記》《有正味齋集》。清吴錫麒撰。閲吴穀人祭酒集中游太山、焦山、西山記及諸書論碑銘。自二十一二歲時，閲《有正味齋集》，意便輕之，後遂絶不厝懷。今老矣，客氣盡去，頗覺其辭旨清切，亦有過人處。今日即所見論之，穀人才弱，筆不能舉其氣，蹊徑亦太凡近。焦山境窄，尚能傳其幽峭，摹其蔥蒨，惟收處二語云「依依相送，脈脈有情」全是俗筆，亦結不住，最爲通篇之累。岱、西兩記，瑣碎散漫，絶不相稱，間有攷據可取耳。與人書善於言情，頗有佳篇。論亦病在體弱，碑銘尤不知唐以前人法。光緒己卯十二月初八日

閲吴穀人《游泰山記》、《游焦山記》、《游西山記》，皆叙次雅馴，間附考證，亦頗塙覈。《泰山記》尤峭絜，《焦山》、《西山》亦皆有佳語。蓋穀人才弱而體俊，思凡而語工，故作游記短篇，按日爲書，能自修飾；其日記兩卷，亦同此致。又生當極盛，聯轡題襟，務萃勝游，故耳目濡染，學有原本，凡所考訂，雖亦多按籍而稽，要能識其是非，有所甄别。世之爲游記者，務據地志，羅列縷縷，喧客奪主，欲以自炫其博，不知適形其陋也。至沿襲里俗，動輒譌謬，益無論也。光緒丙戌五月初六日

卷施閣文甲集　補遺

張之洞《書目答問・別集》《卷施閣文》。《甲集》十卷。洪亮吉。

卷施閣文乙集　續編

張之洞《書目答問・別集》《卷施閣文》。《乙集》十卷。洪亮吉。
《卷施閣乙集》十卷。洪亮吉。

更生齋文甲集

張之洞《書目答問・別集》《更生齋文》。《甲集》四卷。洪亮吉。

更生齋文乙集

張之洞《書目答問・別集》《更生齋文》。《乙集》二卷。洪亮吉。
《更生齋乙集》二卷。洪亮吉。此集皆駢文。

更生齋續集

張之洞《書目答問・別集》《更生齋續集》□□卷。倪良勳刻。

五百四峰詩鈔

李慈銘《越縵堂讀書記・別集類》《五百四峰堂詩鈔》。清黎簡撰。閲順德黎二樵簡《五百四峰堂詩鈔》，其詩幽折瘦秀，迥不猶人。二樵以繪事名，詩中皆畫境也。

龔海峰文集

張之洞《書目答問·別集》 《龔海峰文集》□□卷。龔景瀚。

兩當軒集

李慈銘《越縵堂讀書記》 《兩當軒集》。清黄景仁撰。閲黄仲則《兩當軒集》，係常州新刻本，詩詞俱較多，然都無取，蓋仲則生平已删之作。又有詩話數則，其論李東川、高青邱詩，亦未盡當。咸豐庚申五月二十日

夢餘詩鈔

李慈銘《越縵堂讀書記》 《夢餘詩鈔》清邵颿撰。閲吾鄉邵無恙《夢餘詩鈔》。其《述懷》五古三首、《憶花樹》五古三首，皆至性藹然，詩亦清老。《風篁嶺》一首、《龍井》一首，秀鍊似岑嘉州，近體尤多明秀之作。最愛其《出白門》一絶云：杏花如雪柳絲輕，渡口濛濛細雨生，惆悵行人過江去，十三樓畔正清明。淡遠自然，可入《唐賢三昧》。邵氏世居龍尾山之嶴俗作廲。石湖，巖壑清疏，故其詩善言越中風景。如《憶邨居》四首云：白鷺斜飛破水痕，雨餘山緑滿晴邨；北鄰漁父頻相過，老屋臨湖不閉門。輕舠徐泛向南陂，黄葉聲疏欲暮時；水蒀絲絲秋岸浄，一灣涼月放蝦羅。雁聲飛上蔚藍天，遠岸收痕浄碧煙；水葉半欹湖渌動，夕紅斜上采菱船。淡雲脱木浄寒墟，漁網高懸蟹斷虚；最愛雪晴風信煖，緑梅花放唱銀魚。一何清綺，足令久旅增感，矚目暫娱。吾鄉乾嘉間如平中書遠，字藴山，亦字三山，户部侍郎恕之弟，乾隆庚子進士。柴中書模字絜亭，乾隆庚子進士，庶吉士，改官直軍機處，早卒。皆能詩，與無恙交好，今其集皆無存者。是集中載平君斷句，有云：玉缸影過催行酒，銅椀聲來唤賣冰，爲當時傳誦。

劉端臨先生遺書

李慈銘《越縵堂讀書記》 《劉端臨先生遺書》。清劉台拱撰。自廠甸至火神廟，遊人填溢，百物駢闐。予輩數人，惟婆娑破書舖席前而已。以錢一千得《劉端臨先生遺書》四册。先生與其父靖江縣訓導世謩於道光十一年同入祀鄉賢祠也。卷首載行狀墓表及兩世鄉賢録，以下凡八卷，卷各爲一書，曰：《論語駢枝》、《經傳小記》、《國語補校》、《荀子補注》、《淮南子補校》、《方言補校》、《漢書拾遺》及文集也。惟《駢枝》、《小記》二書，曾於《學海堂經解》中見之。《國語》、《荀子》、《淮南子》三種，王氏《讀書雜誌》亦間采其説，餘俱未見。《漢書拾遺》自朱武曹撰行狀誤作《漢學拾遺》，阮文達撰墓表及《儒林傳》皆因之，向嘗疑其名不可解，謂漢學之遺，胡能盡拾，且必累卷積帙，方負此名，而載其書目祇一卷，正不知何所措手？今日閲之，乃《漢書拾遺》也。自《高祖紀》至《儒林傳》，隨筆劄正，僅得九葉二十四條，而書首標點，亦曰《漢學拾遺》，蓋先生女爲文達長子故清河道常生妻，是書常生所輯而其子恩海刻之，故仍沿其誤。惟前載王氏念孫序，故作「漢書」不誤也。同治甲子正月十四日。

閲劉端臨先生諸種。其文集《周公居東論》，謂公之居東，特以流言故，避謝朝權，出居洛邑，以陰察武庚之變而爲之備，非委孺子以去之也。卓識確議，深合情事，可謂獨得古人之心。至其疏通經傳，援據詳確，而俱以文從字順之法讀之，則近儒論之詳矣。正月十六日。

顨軒所箸書

張之洞《書目答問·別集》 《顨軒所箸書》六十卷。孔廣森。七種。

儀鄭堂駢體文

張之洞《書目答問·別集》 《儀鄭堂駢體文》二卷。孔廣森。文選樓本，又附刻

《所箸書》中。此集本别行。

問字堂集

張之洞《書目答問・别集》 《問字堂集》五卷。孫星衍。

岱南閣集

張之洞《書目答問・别集》 《岱南閣集》五卷。孫星衍。

五松園文集

張之洞《書目答問・别集》 《五松園文集》一卷。孫星衍。

問字堂外集

張之洞《書目答問・别集》 《問字堂外集》孫星衍。此集皆駢文。

簡莊綴文　對策

李慈銘《越縵堂讀書記・别集類》 《簡莊綴文》、《對策》。清陳鱣撰。《簡莊綴文》六卷,《對策》六卷。《對策》去年曾于相國齋中,見有魏氏茂林鈔本,意尚以爲未刻者。此與《受經堂彙稿》,尤世間希有之書,得之可喜。

閲《簡莊綴文》,卷一史論,卷二自作諸書叙,卷三羣書跋,卷四經典考,卷五雜記,卷六雜文。簡莊博究經籍,尤精字學,文章非其所長,固以考據重者。集内《埤蒼拾存》、《聲類拾存》兩叙,辨别古今字詁,多段、錢諸君所未及。

夫容山館集　詩　補遺

張之洞《書目答問・别集》 《夫容山館集》無卷數。文八十四篇,續三十五篇。詩八卷,補遺一卷。楊芳燦。

夕葵書屋集

張之洞《書目答問・别集》 《夕葵書屋集》□□卷。吴鼒。

校禮堂集

張之洞《書目答問・别集》 《校禮堂集》三十六卷。淩廷堪。

大雲山房初集　二集

張之洞《書目答問・别集》 《大雲山房初集》八卷。《二集》四卷。惲敬。

言　事

張之洞《書目答問・别集》 《言事》二卷。惲敬。

賞雨茆屋詩集　駢體文

張之洞《書目答問・別集》《賞雨茆屋詩集》二十二卷。《駢體文》二卷。曾燠。

茗柯文編

張之洞《書目答問・別集》《茗柯文編》五卷。張惠言。

存悔齋集

張之洞《書目答問・別集》《存悔齋集》□□卷。劉鳳誥。

李慈銘《越縵堂讀書記・別集類》《存悔齋集》。清劉鳳誥撰。閲劉金門宮保《存悔齋集》，詩文共廿八卷，半爲應制之作。最可觀者，其《讀杜詩話》五卷，考訂頗密，議論亦多可取。宮保一生學問，在《五代史注》、《全唐文》兩書。其居官時，值修高宗《實録》，獨總其成，故以文字受知睿廟最深。擢太常寺卿後，仍兼翰林侍讀學士，近世所無者也。後以任浙江學政，監臨戊辰鄉試，有諸生賄吏，得連舖坐，宮保知而不問。事發，謫戍新疆，遇赦歸。戊寅，再起爲編修。其著作不自收拾，歿後遺散殆盡，此特奇零偶存者耳，不足見宮保之真矣。書爲其子元齡等所輯，而門人楊文蓀編録者。又附外集四卷，爲應制賦及排律詩。同治癸亥十一月二十九日

尚絅堂集

張之洞《書目答問・別集》《尚絅堂集》文二卷，詩五十二卷，詞二卷。劉嗣綰。

鐵橋漫稿

張之洞《書目答問・別集》《鐵橋漫稿》八卷。嚴可均。全稿未刻。

雕菰樓集

張之洞《書目答問・別集》《雕菰樓集》二十四卷。焦循。

揅經室集

張之洞《書目答問・別集》《揅經室集》六十卷。阮元。《一集》十四卷。《二集》八卷。《三集》五卷。《四集》一卷。《詩集》十二卷。《外集》五卷。《續集》九卷。《再續集》六卷。

思適齋集

張之洞《書目答問・別集》《思適齋集》十八卷。顧廣圻。徐渭仁刻《春暉堂叢書》中。

初月樓集

張之洞《書目答問・別集》《初月樓集》□□卷。吴德旋。

拜經堂文集

張之洞《書目答問・别集》《拜經堂文集》四卷。臧庸。

鑑止水齋集

張之洞《書目答問・别集》《鑑止水齋集》十二卷。許宗彦。廣州繙刻。

太乙舟文集

張之洞《書目答問・别集》《太乙舟文集》八卷。陳用光。

養一齋文集

張之洞《書目答問・别集》《養一齋文集》二十六卷。李兆洛。活字版本。

小謨觴館集

張之洞《書目答問・别集》《小謨觴館集》。文四卷，詩八卷，詩餘一卷。《續集》文二卷，詩二卷。彭兆蓀。

左海文集

張之洞《書目答問・别集》《左海文集》二十卷。陳壽祺。

儀衛堂文集　詩

張之洞《書目答問・别集》《儀衛堂文集》十二卷。《詩》五卷。方東樹。

崇百藥齋集　續集

張之洞《書目答問・别集》《崇百藥齋集》二十卷。《續集》四卷。陸繼輅。

海甯祝洤人齋先生集

平步青《國朝文棷題辭》《海甯祝洤人齋先生集》。人齋私淑楊園，粹然儒者。著有《戴記輯記》七十卷，未成。《淑艾録》、《下學編》二種，或云皆佚。

安吳四種

張之洞《書目答問・别集》《安吳四種》《中衢一勺》七卷。《藝舟雙楫》九卷。《管情三義》八卷。《齊民四術》十二卷。包世臣。道光丙午活字版本，武昌局本。

幼學堂詩集　文集

張之洞《書目答問・别集》《幼學堂詩集》十七卷。《文集》八卷。沈欽韓。

管異之文集

張之洞《書目答問・别集》　《管異之文集》□□卷。管同。

養素堂文集

張之洞《書目答問・别集》　《養素堂文集》三十五卷。張澍。

齊物論齋文集

張之洞《書目答問・别集》　《齊物論齋文集》六卷。董士錫。

衎石齋記事稿　記事續稿

張之洞《書目答問・别集》　《衎石齋記事稿》十卷。《記事續稿》十卷。錢儀吉。

劉孟塗集

張之洞《書目答問・别集》　《劉孟塗集》四十四卷。文十卷，駢體文二卷，詩前集十卷，後集二十二卷。劉開。

東溟文集

張之洞《書目答問・别集》　《東溟文集》二十六卷。姚瑩。

中復堂全集

李慈銘《越縵堂讀書記・别集類》　《中復堂全集》。清姚瑩撰。姚石甫《中復堂全集》。其集分十部：曰《東溟文集》六卷，《外集》四卷，《東溟文後集》十四卷，《外集》二卷，《東溟奏稿》四卷，《後湘詩集》九卷，《二集》五卷，《續集》七卷，《東槎紀略》五卷，《康輶記行》十六卷，《寸陰叢録》四卷，《識小録》七卷，《姚氏先德傳》五卷，共十三種，八十八卷。夜閲《東溟集》。石甫吏材，其治臺灣甚有名，及咸豐初，召起爲廣西臬司，乃無所見，蓋時已老病矣。承其曾祖南青先生、從祖姬傳郎中之學，治經兼漢宋而不喜考證，文章似本其鄉劉海峰，頗與姬傳異軌，魁磊自喜，苦少剪裁，正如邊塞健兒，襲冠帶，行闕廷間，舉止闊大，而多不中度。惟論事之作，較爲勝耳。

姚伯山全集

李慈銘《越縵堂讀書記・别集類》　《姚伯山全集》。清姚柬之撰。閲《姚伯山全集》。伯山名柬之，字幼樨，江南桐城人。道光二年進士，官至貴州大定府知府。集凡文八卷，詩十卷，日記一卷，《易録》十卷。其文規模惜抱，自負甚高，謂不作魏晉以後語，然實卑陋無法。間亦頗講考據，而其言《後漢書》有云東漢自明帝、章帝外無稱宗者，蔡中郎《胡公碑銘》有成宗晏駕語，實言桓帝，不知後世誰爲削之？則似《後漢書》尚未寓目，而又誤「威」爲「成」。其言《吕氏春秋》有云，《吕覽》既無别行之本，須擇無十二紀者收之，緣十二紀即《月令》，不必重收也，則并《吕氏春秋》篇目尚未一見，而爲是瞽言。至謂《毛傳》是馬融所作，明朱氏爲契之後，則尤令人噴飯，其餘可知矣。柬之爲故左都御史元之之從弟，故廣西按察使瑩之族兄，所爲詩皆膚廓粗率，僅有腔調，其議論鹵莽，亦略相似。然是集中有《與石甫書》，譏其所著《姚氏先德記》之謬，直斥其不善爲文。《書惜抱軒九經説後》，謂舍其所長而用其所短，宜讀者之寡；又言惜抱有子烺字庚甫，由舉人官江蘇泰興縣知縣，以虧累下獄，籍没其家。遇赦後，著《楚辭蒙拾》一書，多不守其父説，則於其家學皆有違言。桐城末派，其弊如是，而世之淺人，猶耳食虛聲，盛相推奉，謂文章學問，正法所在，豈不惑哉。

小重山房集

李慈銘《越縵堂讀書記·別集類》 《小重山房集》。清張祥河撰。閲詩舲司空詩。司空華亭人，少以詩名江南。爲秦撫時，嘗以躭情詩畫，爲言者所劾。今盡觀其所作，實亦未足以致人言也，其工拙固不暇論。集中記其自部郎觀察山左時已將及艾，迄今三十餘年，敭歷中外，晉位六卿。頃以上三旬萬壽，加恩與大學士桂良、吏書許乃普俱加太子太保，福壽之隆，固不數有唐高常侍矣。

梅梘山房集

張之洞《書目答問·別集》 《梅梘山房集》文(六十)[十六]卷詩十五卷。梅曾亮。《梅伯言先生尺牘》一卷。梅曾亮撰。

移華館駢體文

張之洞《書目答問·別集》 《移華館駢體文》四卷。董基誠、董祐誠。別刻，又附《董方立遺書》內。

甘泉鄉人稿

張之洞《書目答問·別集》 《甘泉鄉人稿》二十四卷。錢泰吉。

董方立文甲集　乙集

張之洞《書目答問·別集》 《董方立文甲集》二卷。董祐誠。《董方立遺書》之一。

定盦文集　詩

張之洞《書目答問·別集》 《定盦文集》□□卷。《詩》□□卷。龔自珍。

復莊駢儷文榷

張之洞《書目答問·別集》 姚燮《復莊駢儷文榷》八卷，體與彭近，遜於彭。

㐆齋文集

張之洞《書目答問·別集》 《㐆齋文集》二卷。張穆。

顯志堂集

李慈銘《越縵堂讀書記·別集類》 《顯志堂集》。清馮桂芬撰。閲馮林一《顯志堂集》，其中言考據者，祇《釋鶉》一首。碑誌書事之文，筆力孱弱，敘次尤拙，惟論事諸篇，尚有可取。序記多近應酬，亦鮮可觀。蓋中允本以時文入手，中歲以後，從事公牘，於古文本非所長，雖亦講經學，而根柢尤淺，故所就止此也。集爲其子所刻，首列諸序及祭文，皆蕪泛不體，吴雲一序尤劣。光緒庚辰九月二十三日。閲《顯志堂集》，其諸記及與人書有關時事掌故者，多通達治體，熟於沿革，有用之書也。

曾文正公文集

張之洞《書目答問・别集》 《曾文正公文集》四卷。曾國藩。青浦初刻本，又直隸再刻本，非全集。又長沙新刻本合刻詩集四卷。

張廣溪學文餘集

潘祖蔭《滂喜齋藏書記・集部》 《張廣溪學文餘集》四卷。一册。安南張登桂撰，亦緜審所編輯也。質直似《擊壤集》，其《讀越史應制》一首，述越世系，極爲詳盡。其自序有云：「南北圻兩次銜命，偶有題詠，從者鈔寫。」北圻在諒山南，自法越交訌，王師出援，疆臣僨事，遂淪戎索，兵連禍結，至今不解，讀此爲之三歎。

古紅梅閣駢文

李慈銘《越縵堂讀書記・别集類》 《古紅梅閣駢文》。清劉履芬撰。閲《古紅梅閣駢文》一稿，近人江山劉履芬彦清所作也。文僅三十一篇，胎息於洪北江，簡貴修潔，雖少力少弱，未宜長篇，而古藻盎然，善言情狀。如《送家弟赴里序》、《與宋詠春書》、《什剎海觀荷小記》、《夏君妻王孺人哀詞》、《殤女埋志》，尤情文騷楚，求之古人，亦不多得。其餘佳著尚夥，固一時之儁也。此君入貲官主事，改同知，與譚仲修素交好。集中有《秋日游陶然亭記》，爲咸豐己未京兆罷舉後作。予是年亦被放在都，惜未與之相識。是集有泗州傅桐所致一書，文亦古雅，論駢文家法，識議獨高。

總集部

論述

《隋書・經籍志・總集類序》 總集者，以建安之後，辭賦轉繁，衆家之集，日以滋廣。晉代摯虞，苦覽者之勞倦，於是採擿孔翠，芟剪繁蕪，自詩賦下，各爲條貫，合而編之，謂爲《流别》。是後文集總鈔，作者繼軌，屬辭之士，以爲覃奥，而取則焉。今次其前後，并解釋評論，總於此篇。

《四庫提要・集部總集類序》 文籍日興，散無統紀，於是總集作焉。一則網羅放佚，使零章殘什，竝有所歸；一則删汰繁蕪，使莠稗咸除，菁華畢出。是固文章之衡鑒，著作之淵藪矣。「三百篇」既列爲經，王逸所哀又僅《楚辭》一家，故體例所成，以摯虞《流别》爲始。其書雖佚，其論尚散見《藝文類聚》中，蓋分體編録者也。《文選》而下，互有得失。至宋真德秀《文章正宗》，始别出「談理」一派，而總集遂判兩途。然文質相扶，理無偏廢，各明一義，未害同歸。惟末學循聲，主持過當，使方言俚語，俱入詞章；麗製鴻篇，横遭嗤點，是則併德秀本旨失之耳。今一一别裁，務歸中道。至明萬曆以後，儈魁漁利，坊刻彌增，剽竊陳因，動成巨帙，併無門徑之可言。姑存其目，爲冗濫之戒而已。

雜録

《隋書・經籍志・總集》 右一百七部，二千二百一十三卷。通計亡書，合二百四十九部，五千二百二十四卷。

《舊唐書・經籍志・集録總集類》 右集録《楚詞》七家；帝王二十七家，太子諸王二十一家，七國趙、楚各一家，前漢二十家，後漢五十家，魏四十六家，蜀二家，吴十四家，西晉一百一十九家，東晉一百四十四家，宋六十家，南齊十二家，梁五十九家，陳十四家，後魏十家，北齊四家，周五家，隋十八家，唐一百一十二家，沙門七家，婦人七家；總集一百二十四家。凡八百九十二部，一萬二千二十八卷。

《新唐書・藝文志・總集》 右總集類七十五家，九十九部，四千二百二十三卷。李淳風以下不著録七十八家，八百一十三卷。總七十九家，一百七部。

鄭樵《通志・藝文略・總集》 凡總集一種，七十二部，四千八百六十二卷。

又《詩總集》 凡詩總集一種，一百五十四部，一千八百五卷。

又《賦》 凡賦一種，八十二部，八百一十六卷。

又《贊頌》 凡贊頌一種，九部，四十一卷。

又《樂類》 右歌辭。二十部，一百二十三卷。

《宋史・藝文志・總集類》 右「總集類」四百三十五部，一萬六百五十七卷。

錢東垣等輯《崇文總目・總集類上》 共七十三部，計二千六百三十九卷。

又《總集類下》 共七十四部，計四百一十卷。

《宋史藝文志補・總集類》 右總集類三十四家，一千一百五十三卷。

張之洞《書目答問・總集》 「總集」第三。近世選本舉大雅者。

以上「總集類」「文」之屬。元以前諸本多有詩，從其多者言之。

以上「總集類」「詩」之屬。近人詩文選本太多，舉其不俗謬者。沈選《别裁》通行，不詳列。

姚振宗《後漢藝文志・總集類》 右總集類，凡六家六部。按：《隋・經籍志》以詩文家之解釋評論者附之總集篇，今用其例。前三家總集之屬，後三家解釋之屬也。若評論，則未有其書，故亦不具。

姚振宗《三國藝文志・總集類》 右「總集類」，凡一十四家，一十五部。

姚振宗《漢書藝文志條理・詩賦略》 右「雜賦」十二家，二百三十三篇。按：此篇家數、篇數並不誤。

右「歌詩」二十八家，三百一十四篇。按：此篇家數不誤，篇數則闕少兩篇，今校定當爲三百一十六篇，除去「曲折」兩家、八十二篇，止于二百三十四篇也。

凡詩賦百六家，千三百一十八篇。入揚雄八篇。按：此言家數不誤，其篇數則闕少三篇，今校當爲千三百二十一篇。入揚雄八篇者，詳見前第二篇末。

姚振宗《漢書藝文志拾補・總集》 右總集之屬，凡八家八部。

李正奮《補後魏書藝文志・總集類》 右「總集類」共四家，五部，百九十五卷。卷亡者一部，存疑。

漢魏六朝分部

詩文

文章流别集　續集

《隋書·經籍志·總集》《文章流别集》四十一卷。梁六十卷，《志》二卷，《論》二卷。摯虞撰。

《續文章流别》三卷。孔甯撰。

善文

文廷式《補晉書藝文志·總集類》華廙《善文》。本傳：「集經書要事，名曰《善文》，行於世。」

晉文章記

文廷式《補晉書藝文志·總集類》顧愷之《晉文章記》。

文章流别本

《隋書·經籍志·總集》《文章流别本》十二卷。謝混撰。

集苑

《隋書·經籍志·總集》《集苑》四十五卷。梁六十卷。

名文集

《舊唐書·經籍志·總集》《名文集》四十卷。謝沈撰。

文章志録雜文

《隋書·經籍志·總集》梁有《文章志録雜文》八卷。謝沈撰，［亡］。

名士雜文

姚振宗《隋書經籍志考證·總集類一》《名士雜文》八卷，亡。

集林

《隋書·經籍志·總集》《集林》一百八十一卷。宋臨川王劉義慶撰。梁二百卷。

集林鈔

《隋書·經籍志·總集》《集林鈔》十一卷。

文釋

《舊唐書·經籍志·總集》《文釋》十卷。江邃撰。

文苑

《隋書·經籍志·總集》《文苑》一百卷。孔逭撰。

文苑鈔

《隋書·經籍志·總集》《文苑鈔》三十卷。

集鈔

《隋書·經籍·總集》《集鈔》十卷。沈約撰。

漢書文府

姚振宗《隋書經籍志考證·總集類一》梁又有《漢書文府》三卷，亡。不著撰人。

集鈔

《新唐書·藝文志·總集》丘遲《集鈔》四十卷。

集略

鄭樵《通志·藝文略·總集》《集略》二十集。

姚振宗《隋書經籍志考證·總集類一》《集略》二十卷。不著撰人。

撰遺

鄭樵《通志·藝文略·總集》《撰遺》六卷。

零集

姚振宗《隋書經籍志考證·總集類一》梁又有《零集》三十六卷，亡。不著撰人。

文選　續文選

《隋書·經籍志·總集》《文選》三十卷。梁昭明太子撰。

《新唐書·藝文志·總集》梁昭明太子《文選》三十卷。孟利貞《續文選》十三卷。卜長福《續文選》三十卷。開元十七年上，授富陽尉。

西府新文

《隋書·經籍志·總集》《西府新文》十一卷，并録。梁蕭淑撰。

新文要集

《新唐書・藝文志・總集》《新文要集》十卷。

文海

鄭樵《通志・藝文略・總集》《文海》五十卷。蕭圓集。

巾箱集

《隋書・經籍志・總集》《巾箱集》七卷。

類集

《舊唐書・經籍志・總集》《類集》一百一十三卷。虞綽等撰。

類文

《舊唐書・經籍志・總集》《類文》三百七十七卷。庾自直撰。

詞林

姚振宗《隋書經籍志考證・總集類一》《詞林》五十八卷。不著撰人。《隋

書・魏澹傳》：「澹除太子舍人，廢太子勇深禮遇之，屢加優錫，令注《庾信集》，復撰《笑苑》《詞林集》，世稱其博物。」《唐書・經籍》《藝文志》：《小辭林》五十三卷。案兩《唐志》亦不著撰人，亦次於《文選》之後，蓋即是書。其稱「小辭林」者，大抵所録皆小文，如《俳諧集》之體，亦《笑苑》之類歟？魏澹有《魏書》，見「史部正史類」。《笑苑》見「子部小説家」。

文選音

《隋書・經籍志・總集》《文選音》三卷。蕭該撰。

吳朝士文集

《隋書・經籍志・總集》《吳朝士文集》十卷。梁十三卷。

婦人集

《隋書・經籍志・總集》《婦人集》二十卷。

婦人集

《新唐書・藝文志・總集》殷淳《婦人集》三十卷。

婦人集

姚振宗《隋書經籍志考證・總集類一》梁又有《婦人集》十一卷，亡。不著

撰人。案《梁書·徐勉傳》：勉又爲《婦人集》十卷，行於世。此十一卷，或一卷是集録，疑即其書。

婦人集鈔

《隋書·經籍志·總集》　《婦人集鈔》二卷。

雜　文

《隋書·經籍志·總集》　《雜文》十六卷。爲婦人作。

賦

秦時雜賦

《漢書·藝文志·詩賦略》　《秦時雜賦》九篇。

淮南王羣臣賦

《漢書·藝文志·詩賦略》　《淮南王羣臣賦》四十四篇。

梁孝王羣臣賦

姚振宗《漢書藝文志拾補·總集》　《梁孝王羣臣賦》。《漢書·文三王傳》：孝文皇帝四男。竇皇后生孝景帝、梁孝王武。武以孝文十二年王梁。梁最親，又爲大國，居天下膏腴地，四十餘城，多大縣。孝王，太后少子，賞賜不可勝道。於是孝王築東苑，方三百餘里，廣睢陽城七十里，大治宮室，爲復道，自宮連屬於平臺三十餘里。得賜天子旌旗，從千乘萬騎，出稱警，入言蹕，儗於天子。招延四方豪桀，自山東游士，莫不至。齊人羊勝公、孫詭、鄒陽之屬。詭官至中尉，號公孫將軍。

《漢書·司馬相如傳》：相如事孝景帝，爲武騎常侍。景帝不好辭賦，是時梁孝王來朝，從游説之士，齊人鄒陽、淮陰枚乘、吴嚴忌夫子之徒。相如見而説之，因病免，客游梁，得與諸侯游士居。數歲，孝王薨，相如歸。

《西京雜記》曰：梁孝王游於忘憂之館，集諸游士，各使爲賦。枚乘爲《柳賦》，路喬如爲《鶴賦》，公孫詭爲《文鹿賦》，鄒陽爲《酒賦》，公孫乘爲《月賦》，羊勝爲《屏風賦》，韓安國作《几賦》不成，鄒陽代作，鄒陽、安國罰酒三升。賜枚乘、路喬如絹，人五匹。按：此必劉子駿目見其書，故載其事，而並録其辭。意當日所作，似不止此數人，或有所略歟？

長沙王羣臣賦

《漢書·藝文志·詩賦略》　《長沙王羣臣賦》三篇。

黄門書者王廣、吕嘉賦

《漢書·藝文志·詩賦略》　《黄門書者王廣、吕嘉賦》五篇。

客主賦

《漢書·藝文志·詩賦略》　《客主賦》十八篇。

雜行出及頌德賦

《漢書·藝文志·詩賦略》《雜行出及頌德賦》二十四篇。

雜四夷及兵賦

《漢書·藝文志·詩賦略》《雜四夷及兵賦》二十篇。

雜中賢失意賦

《漢書·藝文志·詩賦略》《雜中賢失意賦》十二篇。

雜思慕悲哀死賦

《漢書·藝文志·詩賦略》《雜思慕悲哀死賦》十六篇。

雜鼓琴劍戲賦

《漢書·藝文志·詩賦略》《雜鼓琴劍戲賦》十三篇。

雜山陵水泡雲氣雨旱賦

《漢書·藝文志·詩賦略》《雜山陵水泡雲氣雨旱賦》十六篇。

雜禽獸六畜昆蟲賦

《漢書·藝文志·詩賦略》《雜禽獸六畜昆蟲賦》十八篇。

雜器械草木賦

《漢書·藝文志·詩賦略》《雜器械草木賦》三十三篇。

大雜賦

《漢書·藝文志·詩賦略》《（文）〔大〕雜賦》三十四篇。

鴻都篇賦

姚振宗《後漢藝文志·總集》《鴻都篇賦》。《漢書·蔡邕傳》：「初，帝好學，自造《皇羲篇》五十章，因引諸生能爲之賦者。本頗以經學相招，後諸爲尺牘及工書鳥篆者，皆加引召，遂至數十人。侍中祭酒樂松、賈護多引無行趣勢之徒，並待制鴻都門下，熹陳方俗閭里小事，帝甚悦之，待以不次之位。」光和元年，遂置鴻都門學，畫孔子及七十二弟子像。其諸生皆敕州郡三公舉用辟召，或出爲刺史、太守，入爲尚書、侍中，乃有封侯賜爵者。士君子皆恥與爲列焉。邕上封事曰：「夫書畫辭賦，才之小者，匡國理政，未有其能。陛下即位之初，先涉經術，聽政餘日，觀省篇章，聊以游意。當代博弈，非以教化取士之本，而諸生競利，作者鼎沸。其高者頗引經訓風喻之言，下則連偶俗語，有類俳優；或竊成文，虚冒名氏。臣每受詔于盛化門，差次録第，其未及者，亦復隨輩皆見拜擢。既加之恩，難復收改，但守奉禄，于義已弘。不可復使理人，及仕州郡。」又對特詔問曰：「尚方工技之作，《鴻都篇賦》之文，可且消息。」

按：《漢書・酷吏傳》陽球拜尚書，奏罷鴻都文學，曰「伏承有詔，中尚方爲鴻都文學樂松、江覽等三十二人圖象立贊，以勸學者」云云，則《鴻都篇賦》之文，大抵皆此三十二人所作爲多。蔡邕嘗承詔，數于盛化門差次録第之。

賦集

鄭樵《通志・藝文略・賦》《賦集》九十二卷。謝靈運集。

賦集

姚振宗《隋書經籍志考證・總集類二》梁又有《賦集》五十卷。宋新喻惠侯撰。新喻惠侯劉義宗有集，見前《別集類》。

賦集

《舊唐書・經籍志・總集》《賦集》四十卷。宋明帝撰。

樂器賦

姚振宗《隋書經籍志考證・總集類二》梁又有《樂器賦》十卷。亡。不著撰人。

伎藝賦

姚振宗《隋書經籍志考證・總集類二》梁又有《伎藝賦》六卷。亡。不著撰人。

賦集鈔

姚振宗《隋書經籍志考證・總集類二》《賦集鈔》一卷。不著撰人。

賦集　續集

姚振宗《隋書經籍志考證・總集類二》《賦集》八十六卷。後魏祕書丞崔浩撰。崔浩有《周易注》，見《經部易類》。

《續賦集》十九卷。殘缺。不著撰人。案：此次崔氏書後，似即續崔氏之集。皆北朝人之作。

歷代賦啓　歷代賦啓注

《隋書・經籍志・總集》《歷代賦》十卷。梁武帝撰。

皇德瑞應賦頌

《隋書・經籍志・總集》《皇德瑞應賦頌》一卷。梁十六卷。

五都賦

《隋書・經籍志・總集》《五都賦》六卷，并録。張衡及左思撰。

雜都賦

《隋書・經籍志・總集》《雜都賦》十一卷。

雜　賦

姚振宗《隋書經籍志考證・總集類二》梁有《雜賦》十六卷。亡。不著撰人。案：此次《雜都賦》之下，疑亦是《雜都賦》，敓「都」字；又十六卷，亦似前條十一卷之原本。

相風賦

姚振宗《隋書經籍志考證・總集類二》梁又有《相風賦》七卷，傅玄等撰。亡。傅玄有《傅子》，見「子部雜家」。《藝文類聚》「儀飾部」：晉令曰：「車駕出入，相風前引。」

遂志賦

姚振宗《隋書經籍志考證・總集類二》梁又有《遂志賦》十卷，亡。不著著人。

乘輿赭白馬

姚振宗《隋書經籍志考證・總集類二》梁又有《乘輿赭白馬》二卷，亡。「馬」下敓「賦」字。不著撰人。《文選》嚴延年《赭白馬賦序》曰：「我太祖之造宋也，五方率職，四隩入貢，祕寶盈於玉府，文騶列乎華厩。乃有乘輿赭白，特稟逸異之姿妙。簡帝心用錫聖皁，注：皁，櫪也。服御順志，馳驟合度，齒列雖衰，而藝美不忒。襲養兼年，恩隱周渥。注：襲，受也；隱，私也。歲老氣殫，斃於内棧。少盡其力，有惻上仁，乃詔陪侍，奉述中旨。末臣庸蔽，敢同獻賦。」案：同時奉詔作賦者不止嚴氏一人，此殆哀爲一帙歟？時宋文帝元嘉十七年也。

述征賦

姚振宗《隋書經籍志考證・總集類二》《述征賦》一卷。不著撰人。

雜賦注本

《隋書・經籍志・總集》《雜賦注本》三卷。

獻　賦

《舊唐書・經籍志・總集》《獻賦集》十卷。卞鑠撰。

百賦音

《隋書・經籍志・總集》《百賦音》十卷。宋御史褚詮之撰。

賦　音

《舊唐書・經籍志・總集》《賦音》二卷。郭微之撰。

雜賦圖

姚振宗《隋書經籍志考證・總集類二》 梁有《雜賦圖》十七卷。亡。不著撰人。

詩

晉 詩

文廷式《補晉書藝文志・總集類》 索靖《晉詩》二十卷。本傳。

詩集 詩集補

《隋書・經籍志・總集》 《詩集》五十卷。謝靈運撰。梁五十一卷。又有宋侍中張敷、袁淑《補謝靈運詩集》一百卷。

詩 鈔

鄭樵《通志・藝文略・詩總集》 《詩鈔》十卷。謝靈運集。

詩集鈔

《隋書・經籍志・總集》 《詩集鈔》十卷。謝靈運撰。

雜詩鈔

姚振宗《隋書經籍志考證・總集類五》 梁有《雜詩鈔》十卷，録一卷。謝靈運撰。亡。案：此似即前條《詩集鈔》十卷之本，故《唐志》不別出。

詩 英

姚振宗《隋書經籍志考證・總集類五》 《詩英》九卷。謝靈運集。梁十卷。謝靈運有《賦集》、《詩集》、《詩集鈔》、《雜詩鈔》，並見前。【略】案：鍾嶸言「謝客集詩，逢詩輒取，曾無品第」，疑出後人依託。此與《詩集鈔》、《雜詩鈔》似又後人從《詩集》五十卷中析出，而仍題謝名者。

詩 集

《舊唐書・經籍志・總集》 《詩集》一百卷。顔竣撰。《詩例録》二卷。顔竣撰。

婦人詩集

《舊唐書・經籍志・總集》 《婦人詩集》二卷。顔竣撰。

詩 集

《舊唐書・經籍志・總集》 《詩集新撰》三十卷。宋明帝撰。《詩集》二十卷。宋明帝撰。

詩録

《新唐書・藝文志・總集》《詩録》二十卷。

雜詩

姚振宗《隋書經籍志考證・總集類五》梁又有《雜詩》七十九卷。江邃撰。亡。

雜詩

姚振宗《隋書經籍志考證・總集類五》梁又有《雜詩》二十卷。宋太子洗馬劉和注。亡。劉和始末未詳。馮氏《詩紀》有晉劉和妻王氏《正朝詩》，不知是否即此劉和。

二晉雜詩

姚振宗《隋書經籍志考證・總集類五》梁又有《二晉雜詩》二十卷。亡。不著撰人。

古今五言詩美文

鄭樵《通志・藝文略・詩總集》《古今五言詩美文》五卷。荀綽集。

古詩集

《隋書・經籍志・總集》《古詩集》九卷。

雜言詩鈔

姚振宗《隋書經籍志考證・總集類五》梁有《雜言詩鈔》五卷，謝朏撰。亡。謝朏有集，見「別集類」梁代人文中。

古今詩苑英華　續古今詩苑英華

《舊唐書・經籍志・總集》《古今詩苑英華集》二十卷。梁昭明太子撰。《續古今詩苑英華》二十卷。釋惠静撰。

文章英華

姚振宗《隋書經籍志考證・總集類五》梁又有《文章英華》三十卷。梁昭明太子撰。亡。昭明太子有《文選》，見前。案：《梁書》本傳云：「又撰古今典誥文言爲《正序》十卷，五言詩之善者爲《文章英華》二十卷。」案：《正序》十卷，本志不見；《文章英華》即《詩苑英華》，別見於後。此似合《正序》、《詩苑》爲一編者。

今詩英

姚振宗《隋書經籍志考證・總集類五》《今詩英》八卷。不著撰人。案：此類從於昭明太子諸文中，似即《文章英華》之佚存本。

詩　纘

《隋書・經籍志・總集》《詩纘》十三卷。

衆詩英華

《隋書・經籍志・總集》《衆詩英華》一卷。

詩　類

《隋書・經籍志・總集》《詩類》六卷。

六代詩集鈔

《新唐書・藝文志・總集》許凌《六代詩集鈔》四卷。徐陵《六代詩集鈔》四卷。

玉臺新詠　玉臺後集

錢東垣等輯《崇文總目・總集類下》《玉臺新詠》十卷。徐陵編。《玉臺後集》。十卷。李康成編。

百志詩

《隋書・經籍志・總集》《百志詩》九卷。干寶撰。梁五卷。

古遊仙詩

姚振宗《隋書經籍志考證・總集類五》梁又有《古游仙詩》一卷。亡。不著撰人。新出常熟丁氏《補晉書藝文志》以爲應貞注，似誤讀此一條注文。

《文選》郭景純《游仙詩》注曰：「凡游仙之篇，皆所以滓穢塵網，錙銖纓紱，飡霞倒景，餌玉玄都。」

孝武皇帝柏梁臺詩

姚振宗《漢書藝文志拾補・總集》《孝武皇帝柏梁臺詩》。《漢書・本紀》：元鼎二年春，起柏梁臺。服虔曰：「用百頭梁作臺，因名焉。」師古曰：「《三輔舊事》云『以香柏爲之』。」今書字皆作「柏」，服說非也。又《本紀》太初元年十一月乙酉，柏梁臺災。

金谷詩集

文廷式《補晉書藝文志・總集類》《金谷詩集》。《魏志・蘇則傳》注松之案：蘇愉子紹，字世嗣，爲吳王師。石崇妻，紹之兄女也。紹有詩在《金谷集》。《水經・瀔水注》引石季倫《金谷詩集敍》曰：「余以元康七年從太僕出爲征虜將軍，有別廬在河南界金谷澗，中有清泉。茂樹衆果，竹柏藥草皆具。」

蘭亭詩集

錢東垣等輯《崇文總目·總集類下》 王右軍《蘭亭詩集》一卷。王羲之編。

廬山唱和詩

文廷式《補晉書藝文志·總集類》 張野《廬山唱和詩》。《永樂大典》六千三百三十九引《江州志》曰：「張野又有《廬山唱和詩》，略曰：『覲嶺混大象，望崖莫由檢。器遠藴其天，超步不階漸。竭來越重限，一舉拔塵染。乘此攄瑩心，可以忘遺點。』」語極超曠。

晉元氏宴會遊集

《舊唐書·經籍志·總集》 《晉元氏宴會遊集》四卷。伏滔、袁豹、謝靈運等撰。

元嘉宴會遊山詩集

《舊唐書·經籍志·總集》 《元嘉宴會遊山詩集》五卷。

元嘉西池宴會詩集

《舊唐書·經籍志·總集》 《元嘉西池宴會詩集》三卷。顔延之撰。

齊釋奠會詩

姚振宗《隋書經籍志考證·總集類五》 《齊釋奠會詩》一十卷一當爲二。不著撰人。

齊讌會詩

《隋書·經籍志·總集》 《齊讌會詩》十七卷。

青溪詩

《舊唐書·經籍志·總集》 《清溪集》三十卷。齊武帝命撰。

雜祖餞讌會詩集

姚振宗《三國藝文志·總集類》 《魏雜祖餞讌會詩集》。《隋書·經籍志》：梁有《魏晉宋雜祖餞讌會詩集》二十一部，一百四十三卷，亡。今略其數。案：《七録》載魏、晉、宋三朝是類之詩，至二十一部。《隋志》略其部分，不知魏朝得幾部幾卷。

燕歌行

鄭樵《通志·藝文略·總集》 《燕歌行》一卷。梁元帝撰，僕射王褒以下皆和。

文會詩

《隋書·經籍志·總集》 《文會詩》三卷。陳仁威記室徐伯陽撰。

文林館詩府

姚振宗《隋書經籍志考證·總集類五》 《文林館詩府》八卷。後齊文林館作。《北齊書·後主本紀》:「武平四年二月景午置文林館。」又曰:「帝幼而令善,及長,頗學綴文,置文林館,引諸文士焉。」

五岳七星迴文詩

《隋書·經籍志·總集》 《五岳七星迴文詩》一卷。

迴文集

《舊唐書·經籍志·總集》 《迴文詩集》一卷。謝靈運撰。

迴文詩

姚振宗《隋書經籍志考證·總集類六》 梁又有《迴文詩》八卷。亡。不著撰人。《困學紀聞·評詩篇》、《詩苑類格》謂回文出於竇滔妻所作。《文心雕龍》云:「回文所興,則道原爲始。」又傅咸有《回文反覆詩》、温嶠有《回文詩》,皆在竇妻前。閻若璩箋曰「道原不可考」。

織錦迴文詩

錢曾《讀書敏求紀·總集》 《織錦迴文詩》一卷。蘇若蘭《織錦迴文詩》,天冊金輪皇帝序冠首簡。仇東之云:「程篁墩嘗出衍聖公藏本,詩僅百四十餘首,謂天下能讀者無過之。後見黄山谷絶句:『千詩織就迴文錦,如此陽臺暮雨何。亦有英靈蘇蕙子,更無悔過竇連波。』因知山谷必嘗讀至千篇,且愧予之自狹也。起宗道人紬繹是詩,分圖爲七,共一百七十四段,得三、四、五、六、七言詩至三千七百餘首,星羅碁布,宛若天成。起宗録以見贈,讚歎之餘,爲書如是。」起宗,吴僧,名定徵。徐髯仙有《哀定徵詩》云:「起宗肉食相,齒不啖蔬甲。時時聳肩吟,爲怕袈裟壓。諦恩回文中,百千演讀法。頗取匏庵重,文字交最洽。奈何圓寂早,時鏡掩塵匣。」其爲通人所傾倒若此。余謂作者繹者,皆天壤間間氣所出,俾後人得曉然讀之,何其幸歟!東海顧德基用晦復用五彩分章,析爲十圖,另一讀法,亦可令人解頤。但用晦頗以未見起宗本爲恨耳。

雜詩圖

姚振宗《隋書經籍志考證·總集類六》 梁有《雜詩圖》一卷。亡。不著撰人。案畫家有詩圖,如後漢劉褒有《北風圖》、《雲漢圖》,見於張氏《名畫記》者不一其人。詩家亦有詩圖,如唐張爲《主客圖》、宋高似孫《文選摘句圖》。而古今所豔稱者,則莫如《迴文織錦圖》。此一卷次《迴文詩》後,大抵亦是其類。

春秋寶藏詩

《隋書·經籍志·總集》 《春秋寶藏詩》四卷。張朏撰。

樂府歌詩

泰一雜甘泉壽宫歌詩

《漢書・藝文志・詩賦略》《泰一雜甘泉壽宫歌詩》十四篇。

姚振宗《漢書藝文志條理・詩賦略》《泰一雜甘泉壽宫歌詩》十四篇。本書《郊祀志》：武帝時，亳人謬忌奏祀泰一方，曰：「天神貴者泰一，泰一佐曰五帝。古者天子以春秋祭泰一東南郊，日一太牢，七日，爲壇，開八通之鬼道。」于是天子令太祝立其祠長安東南郊，常奉祠如忌方。」後以齊人少翁言，「又作甘泉宫，中爲臺室，畫天地泰一諸鬼神，而置祭具，以致天神。」後以游水發根言上郡有巫，病而鬼下之。上召置祠之甘泉。置壽宫神君，又置壽宫、北宫，張羽旗，設共具，以禮神君。又曰宣帝時起步壽宫。《三輔黄圖》曰：北宫在長安城中，未央宫北，周回十里。高帝時，制度草創，孝武增修之。又曰：秦始皇二十七年作甘泉宫，漢武帝建元中增廣之。周回一十九里，去長安三百里，望見長安城。黄帝以來，圓丘祭天處。

《史・樂書》：至今上即位，作十九章，令侍中李延年次序其聲，拜爲協律都尉。通一經之士，不能獨知其辭，皆集會五經家，相與共習讀之，乃能通知其意，多爾雅之文。漢家常以正月上辛祠太一甘泉，以昏時夜祠，到明而終。使僮男僮女七十人俱歌。春歌青陽，夏歌朱明，秋歌西皞，冬歌玄冥。世多有，故不論。按《四時歌》今見本書《禮樂志》，在《郊祀歌》十九章之内，署云鄒子樂者是也。又嘗得神馬渥洼水中，復次以爲《太一之歌》。後伐大宛，得千里馬，馬名蒲梢，次作以爲歌。按《天馬歌》二首，亦見《禮樂志》郊歌十祀九章中，其文與《樂書》大異。

宗廟歌詩

《漢書・藝文志・詩賦略》《宗廟歌詩》五篇。

姚振宗《漢書藝文志條理・詩賦略》《宗廟歌詩》五篇。本書《禮樂志》：高祖時，叔孫通因秦樂人制宗廟樂。大祝迎神于廟門，奏《嘉至》，猶古降神之樂也。皇帝入廟門，奏《永至》，以爲行步之節，猶古《采薺》、《肆夏》也。乾豆上，奏《登歌》，獨上歌，不以管絃亂人聲，欲在位者徧聞之，猶古《清廟》之歌也。《登歌》再終，下奏《休成》之樂，美神明既饗也。皇帝就酒東廂，坐定，奏《永安》之樂，美禮已成也。按歌詩五篇，似即此五事之樂章。班固《兩都賦》序曰：至于武、宣之世，乃崇禮官，考文章，興樂府協律之事，以潤色鴻業。是以衆庶悦豫，福應尤盛，白麟、赤雁、芝房、寶鼎之歌，薦於郊廟。章學誠《校讎通義》曰：「宗廟歌詩，頌之屬也。」

漢興以來兵所誅滅歌詩

《漢書・藝文志・詩賦略》《漢興以來兵所誅滅歌詩》十四篇。

姚振宗《漢書藝文志條理・詩賦略》《漢興以來兵所誅滅歌詩》十四篇。《出行巡狩及游歌詩》十篇。章學誠《校讎通義》曰：「詩歌一門，《出行巡狩及游歌詩》與《漢興以來兵所誅滅歌詩》，雅之屬也。」按《枚皋傳》云：從行至甘泉、雍、河東，東巡狩，封泰山，塞決河宣房，游觀三輔離宫館，臨山澤，弋獵射馭，狗馬蹴鞠，刻鏤云云。此出行巡狩及游之大略也。又《禮樂志》云：其餘巡狩、福應之事不序，郊廟故弗論。言巡狩、福應之詩歌，不用于郊廟者，弗論次其文，即此所録十篇之類也。

出行巡狩及游歌詩

《漢書・藝文志・詩賦略》《出行巡狩及游歌詩》十篇。

臨江王及愁思節士歌詩

《漢書・藝文志・詩賦略》《臨江王及愁思節士歌詩》四篇。

姚振宗《漢書藝文志條理・詩賦略》《臨江王及愁思節士歌詩》四篇。本書《孝景紀》：四年夏四月己巳，立皇子榮爲皇太子，徹爲膠東王。七年春正月，廢皇太子榮爲臨江王。夏四月丁巳，立膠東王徹爲皇太子。中二年三月，臨江王榮坐侵太宗廟地，徵詣中尉，自殺。

本書《景十三王傳》：臨江閔王榮以孝景前四年爲皇太子，四歲，廢爲臨江王。三歲，坐侵廟壖地爲宮，上徵榮。榮行，祖于江陵北門。既上車，軸折車廢，江陵父老流涕，竊言曰：「吾王不反矣。」榮至，詣中尉府對簿。中尉郅都簿責訊王，王恐，自殺，葬藍田。燕數萬，銜土置冢上。百姓憐之。榮最長，亡子，國除，地入於漢，爲南郡。

本書《酷吏・郅都傳》：都遷爲中尉。臨江王徵詣中尉府對簿。王欲得刀筆，爲書謝上，而都禁吏弗與。魏其侯使人間予臨江王。王既得，爲書謝上，因自殺。竇太后聞之，怒，以危法中都，都免歸家。景帝乃使使即拜都爲雁門太守，便道之官，得以便宜從事。匈奴患之，乃中都以漢法。景帝曰：「都，忠臣。」欲釋之。竇太后曰：「臨江王獨非忠臣乎？」于是斬都。

梁庾信《哀江南賦》：「栩陽亭有離別之賦，臨江王有愁思之歌。」錢塘倪璠注《漢書・藝文志》，有《臨江王及愁思節士歌詩》四篇。

李夫人及幸貴人歌詩

《漢書・藝文志・詩賦略》《李夫人及幸貴人歌詩》三篇。

姚振宗《漢書藝文志條理・詩賦略》《李夫人及幸貴人歌詩》三篇。本書《外戚傳》：孝武李夫人本以倡進，妙麗善舞，由是得幸。生一男，是爲昌邑哀王。李夫人少而早卒，上憐閔焉，圖畫其形于甘泉宮。及衛思后廢，後四年，武帝崩。大將軍霍光緣上雅意，以李夫人配食，追上尊號曰孝武皇后。初，李夫人病篤，上自臨候之。夫人蒙被，謝不見。上欲必見之，夫人遂轉鄉歔欷而不復言。于是上不說而起。夫人姊妹讓之曰：「貴人獨不可一見上，屬託兄弟耶？何爲恨上如此？」夫人曰：「所以不欲見帝者，乃欲以深託兄弟也。我以容貌之好，得從微賤愛幸。今見我毀壞，必畏惡吐棄，尚肯復追思閔録其兄弟哉？」及卒，上以后禮葬焉。

詔賜中山靖王子噲及孺子妾冰未央材人歌詩

《漢書・藝文志・詩賦略》《詔賜中山靖王子噲及孺子妾冰未央材人歌詩》四篇。

姚振宗《漢書藝文志條理・詩賦略》《詔賜中山靖王子噲及孺子妾冰未央材人歌詩》四篇。顔氏《集注》曰：「孺子，王妾之有品號者也。妾，王之衆妾也。冰，其名。材人，天子内官。」

王氏《考證》曰：《樂府集》陸厥《擬李夫人及貴人》、《中山王孺子妾歌》、《臨江王節士歌》，庾肩吾《擬未央材人歌》。

錢塘梁耆《庭立紀聞》曰：前輩嘗言：《漢志》所載歌詩三百十四篇，其數與《詩經》相同，蓋有意倣之也。《高祖歌詩》以下八家，比大、小《雅》之正。按：此謂有意仿《詩經》，殊不然。其中有曲折，兩家重複八十二篇，實止于二百三十四篇也。按：《景十三王傳》：中山靖王勝有子百二十餘人，見于《王子侯表》者凡二十人，並武帝時分封而王。子噲不見于史，蓋諸王子之未得侯者。別有薪館侯未央，元鼎五年坐酎金免。此稱未央材人，似即故薪館侯之材人。以失侯，故詔稱其名。此四篇，皆詔賜王子及孺子妾材人，各一篇，並是中山國内之人，故劉中壘彙爲一家。顔注謂「材人，天子内官」，入之，此爲不類。既是天子内官，不應敍次反在諸侯王衆妾之下。顔氏此注恐非是。

吴楚汝南歌詩

《漢書・藝文志・詩賦略》《吴楚汝南歌詩》十五篇。

姚振宗《漢書藝文志條理・詩賦略》《吴楚汝南歌詩》十五篇。

燕代謳雁門雲中隴西歌詩

《漢書・藝文志・詩賦略》《燕代謳雁門雲中隴西歌詩》九篇。

姚振宗《漢書藝文志條理・詩賦略》《燕代謳雁門雲中隴西歌詩》九篇。

邯鄲河間歌詩

《漢書・藝文志・詩賦略》《邯鄲河間歌詩》四篇。

姚振宗《漢書藝文志條理・詩賦略》《邯鄲河間歌詩》四篇。

齊鄭歌詩

《漢書・藝文志・詩賦略》《齊鄭歌詩》四篇。

姚振宗《漢書藝文志條理・詩賦略》《齊鄭歌詩》四篇。

淮南歌詩

《漢書・藝文志・詩賦略》《淮南歌詩》四篇。

姚振宗《漢書藝文志條理・詩賦略》《淮南歌詩》四篇。

左馮翊秦歌詩

《漢書・藝文志・詩賦略》《左馮翊秦歌詩》三篇。

姚振宗《漢書藝文志條理・詩賦略》《左馮翊秦歌詩》三篇。

京兆尹秦歌詩

《漢書・藝文志・詩賦略》《京兆尹秦歌詩》五篇。

姚振宗《漢書藝文志條理・詩賦略》《京兆尹秦歌詩》五篇。

河東蒲反歌詩

《漢書・藝文志・詩賦略》《河東蒲反歌詩》一篇。

姚振宗《漢書藝文志條理・詩賦略》《河東蒲反歌詩》一篇。本志敘曰：「自孝武立樂府而采歌謡，于是有代趙之謳，秦楚之風，皆感于哀樂，緣事而發，亦可以觀風俗，知薄厚云。」梁耆《庭立紀聞》曰：「前輩言《吴楚汝南》、《燕代》以下八家比《國風》。」章學誠《校讎通義》曰：「《吴楚汝南歌詩》、《燕代謳》、《齊鄭歌詩》之類，《風》之屬也。」按本志名家《黄公》條下注云：「黄公名疵，爲秦博士，作歌詩，在秦時歌詩中。」則在《左馮翊》、《京兆尹》兩家八篇中也。

黄門倡車忠等歌詩

《漢書・藝文志・詩賦略》《黄門倡車忠等歌詩》十五篇。

姚振宗《漢書藝文志條理・詩賦略》《黄門倡車忠等歌詩》十五篇。

雜各有主名歌詩

《漢書・藝文志・詩賦略》《雜各有主名歌詩》十篇。

姚振宗《漢書藝文志條理・詩賦略》《雜各有主名歌詩》十篇。

雜歌詩

《漢書・藝文志・詩賦略》《雜歌詩》九篇。

姚振宗《漢書藝文志條理・詩賦略》《雜歌詩》九篇。

雒陽歌詩

《漢書·藝文志·詩賦略》《雒陽歌詩》四篇。

姚振宗《漢書藝文志條理·詩賦略》《雒陽歌詩》四篇。

河南周歌詩

《漢書·藝文志·詩賦略》《河南周歌詩》七篇。

姚振宗《漢書藝文志條理·詩賦略》《河南周歌詩》七篇。

河南周歌聲曲折

《漢書·藝文志·詩賦略》《河南周歌聲曲折》七篇。

姚振宗《漢書藝文志條理·詩賦略》《河南周歌聲曲折》七篇。

周謡歌詩

《漢書·藝文志·詩賦略》《周謡歌詩》七十五篇。

姚振宗《漢書藝文志條理·詩賦略》《周謡歌詩》七十五篇。

周謡歌詩聲曲折

《漢書·藝文志·詩賦略》《周謡歌詩聲曲折》七十五篇。

姚振宗《漢書藝文志條理·詩賦略》《周謡歌詩聲曲折》七十五篇。王氏考證《周禮·旄人》注散樂，野人爲樂之善者。若今黄門倡矣。《樂府集》有《黄門倡歌》一首。

梁書《庭立紀聞》曰：「前輩言《黄門倡車忠》等以下八家，比雅之變。」

章學誠《校讎通義》曰：「《漢志》臣工之作，有《黄門倡車忠》等歌詩，而無蘇、李《河梁》之篇。或云《雜各有主名歌詩》十篇，或有蘇、李之作。」按：《河南周歌詩》、《周謡歌詩》，此兩家皆有聲律曲折。《隋書·王劭傳》所謂「曲折其聲，有如歌詠」是也。又按：《河南周歌詩》指東周人而言也，《周謡歌詩》則合東、西兩周，故篇數多于東周十倍有餘。

諸神歌詩

《漢書·藝文志·詩賦略》《諸神歌詩》三篇。

姚振宗《漢書藝文志條理·詩賦略》《諸神歌詩》三篇。

送迎靈頌歌詩

《漢書·藝文志·詩賦略》《送迎靈頌歌詩》三篇。

姚振宗《漢書藝文志條理·詩賦略》《送迎靈頌歌詩》三篇。

周歌詩

《漢書·藝文志·詩賦略》《周歌詩》二篇。

姚振宗《漢書藝文志條理·詩賦略》《周歌詩》二篇。

南郡歌詩

《漢書·藝文志·詩賦略》《南郡歌詩》五篇。

姚振宗《漢書藝文志條理・詩賦略》 《南郡歌詩》五篇。梁耆《庭立紀聞》曰：「前輩言《諸神歌詩》以下四家比頌。」章學誠《校讎通義》曰：「《諸神歌詩》、《送迎靈頌歌詩》，頌之屬也。」《文心雕龍・明詩篇》曰：「至成帝品録，三百餘篇，朝章國采，亦云周備。而辭人遺翰，莫見五言。」又《樂府篇》云：「昔子政品文，詩與歌別。」按：《秦始皇本紀》：三十六年，始皇使博士爲僊真人詩。及行所游天下，傳令樂人歌弦之。又本書《高五王傳》：趙幽王友作歌一章，見前趙共王恢。太后以吕産女爲趙王后，王有愛姬，后鴆殺之，王乃爲歌詩四章，令樂人歌之，悲思六月，自殺。《景十三王傳》：廣川王去亦作歌一章，及武帝《柏梁臺詩》之類，皆在三百十四篇之外者歟？又按：本志所載，除揚雄賦新入八篇之外，皆論定奏御之文。其中如宋玉、賈誼、枚乘、司馬相如、淮南王、孔臧、吾邱壽王、武帝、劉向、王褒、枚臯、司馬遷、揚雄、孫卿，皆有別本專集，詳于拾補，故此一十四家與拾補詳略互見。

風俗使者陳崇等詐爲郡國造歌謡

姚振宗《漢書藝文志拾補・總集》 《風俗使者陳崇等詐爲郡國造歌謡》。《漢書・平帝本紀》：元始四年二月，遣太僕王惲等八人置副假節，分行天下，覽觀風俗。五年，太僕王惲等八人使行風俗，宣明德化，萬國齊同，皆封爲列侯。

《漢書・王莽傳》：元始四年四月，遣大司徒司直陳崇等八人分行天下，覽觀風俗。五年秋，風俗使者八人還，言天下風俗齊同，詐爲郡國造歌謡，頌功德，凡三萬言。莽奏定著令。《漢書・恩澤侯表》：常鄉侯王惲、望鄉侯閻遷、南鄉侯陳崇、邑鄉侯李翕、亭鄉侯郝黨、章鄉侯謝殷、蒙鄉侯逯普、盧鄉侯陳鳳等八人，使行風俗，齊同萬國，功侯各千户。元始五年閏六月丁酉封。按：史言詐爲郡國造歌謡者，似皆此八人爲之也。

樂府歌辭鈔

《隋書・經籍志・總集》 《樂府歌辭鈔》一卷。

姚振宗《隋書經籍志考證・總集類六》 《樂府歌辭鈔》一卷。不著撰人。唐《藝文志・樂類》有鄭譯《樂府歌辭》八卷，此或鈔節其書。

歌　録

《隋書・經籍志・總集》 《歌録》十卷。

《舊唐書・經籍志・總集》 《歌録集》八卷。

《新唐書・藝文志・總集》 《歌録集》八卷。

鄭樵《通志・藝文略・詩總集》 《歌録集》八卷。

古歌録鈔

《隋書・經籍志・總集》 《古歌録鈔》二卷。

姚振宗《隋書經籍志考證・總集類六》 《古歌録鈔》二卷。不著撰人。

晉歌章

《隋書・經籍志・總集》 《晉歌章》八卷。梁十卷。

姚振宗《隋書經籍志考證・總集類六》 《晉歌章》八卷。不著撰人。

吴聲歌辭曲

《隋書・經籍志・總集》 《吴聲歌辭曲》一卷。梁二卷。

姚振宗《隋書經籍志考證・總集類六》 《吴聲歌辭曲》一卷。不著撰人。《宋書・樂志》曰：「吴歌雜曲，並出江東。晉宋以來，稍有增廣。」又曰：「楊泓《拂舞序》曰：『自到江南，見《白符舞》，或言《白鳧鳩舞》，云有此來數十年。察其詞旨，乃是吴人患孫晧虐政，思屬晉也。』」又有《白紵舞》，「案舞辭有巾袍之言，紵本吴地所出，宜是吴舞也。」

樂府歌詩

姚振宗《隋書經籍志考證・總集類六》 梁又有《樂府歌詩》二十卷。秦伯文撰。亡。秦伯文始末未詳。

古樂府

《隋書・經籍志・總集》 《古樂府》八卷。

尤袤《遂初堂書目・總集類》 《古樂府》。

姚振宗《隋書經籍志考證・總集類六》 《古樂府》八卷。不著撰人。《漢書・藝文志》：「自孝武立樂府而采歌謡，於是有趙、代之謳，秦、楚之風，皆感於哀樂，緣事而發，亦可以觀風俗、知厚薄云。」《宋書・樂志》：「凡樂章古辭今之存者，並漢世街陌謡謳，《江南可采蓮》、《烏生十五子》、《白頭吟》之屬是也。」《文選》、《古樂府注》曰：「漢武定郊祀而立樂府。」案：後文既有樂府歌詩，自爲一類，則此八卷當列後，與彼爲伍。

晉歌章

姚振宗《隋書經籍志考證・總集類》 梁又有《晉歌章》十卷。亡。不著撰人。案：前已著録《晉歌章》八卷，注云「梁十卷」，此似即十卷之本。審是，則前後兩見。又似前所見者是《七録》，此所見乃《七録》外，梁有别家書目也。

晉歌詩

姚振宗《隋書經籍志考證・總集類六》 梁又有《晉歌詩》十八卷，《晉讌樂歌辭》十卷。荀勖撰。亡。荀勖有《晉中經》，見《史部・簿録類》。《晉書》本傳：勖既掌樂事，又修律吕，並行於世。初，勖於路逢趙賈人牛鐸，識其聲。及掌樂，音韻未調，乃曰：「得趙之牛鐸，則諧矣。」遂下郡國，悉送牛鐸，果得諧者，舉世伏其明識。

《宋書・樂志》：晉武太始五年，尚書奏使太僕傅玄、中書監荀勖、黄門侍郎張華，各造正旦行禮及王公上壽酒食舉樂歌詩。詔又使成公綏亦作。荀勖表曰：「魏氏歌詩，或二言，或三言，或四言，或五言，與古詩不類。」以問司律中郎將陳頎，頎曰：「被之金石，未必皆當。」故勖造晉歌，皆爲四言。唯公王上壽酒一篇爲三言、五言。九年，勖典知樂事，使郭夏、宋識等造正德、大豫之舞，而勖及傅玄、張華又各造此舞歌詩。又曰：清商三調歌詩，荀勖撰舊詞施用者。《唐書・經籍志》：《太樂雜歌詞》三卷，荀勖撰。《太樂歌詞》二卷。《樂府歌詩》十卷。《唐書・藝文志樂類》：荀勖《太樂雜歌辭》三卷。又《太樂歌辭》二卷，《樂府歌詩》十卷。

晉讌樂歌辭

《隋書・經籍志・總集類》 《晉讌樂歌辭》十卷。荀勖撰。

鄭樵《通志・藝文略・樂類》 《晉讌樂歌辭》十卷。荀勖。

太樂雜歌詞

《舊唐書・經籍志・總集》 《太樂雜歌詞》三卷。荀勗撰。

鄭樵《通志・藝文略・總集》 《太樂雜歌詞》三卷。晉荀勗。

新撰録樂府集

《舊唐書・經籍志・總集》 《新撰録樂府集》十一卷。謝靈運撰。

鄭樵《通志・藝文略・總集》 《録樂府集》十一卷。謝靈運。

樂府歌詩

《隋書·經籍志·總集類》 《樂府歌詩》十二卷。

《舊唐書·經籍志·總集》 《樂府歌詩》十卷。

鄭樵《通志·藝文略·總集》 《樂府歌詩》十卷。

樂府三校歌詩

《隋書·經籍志·總集類》 《樂府三校歌詩》十卷。

鄭樵《通志·藝文略·樂類》 《樂府三校歌詩》十卷。

姚振宗《隋書經籍志考證·總集類六》 梁又有《樂府三校歌詩》十卷。亡。不著撰人。《舊唐志》有《樂府歌詩》十卷，亦無撰人，似即此。《新志》「樂類」有翟子《樂府歌詩》十卷，或亦即此。案：「三校」未詳，疑是「三調」之異名。《通志略》「樂府」作「皇府」，似誤。

樂府歌詞

《舊唐書·經籍志·總集》 《樂府歌詞》十卷。

姚振宗《隋書經籍志考證·總集類六》 梁又有《樂府歌詞》九卷。亡。不著撰人。《舊唐志》有《樂府歌詞》十卷，亦無撰人，似即此。

古今九代歌詩

《隋書·經籍志·總集類》 《古今九代歌詩》七卷。張湛撰。

姚振宗《隋書經籍志考證·總集類六》 梁又有《古今九代歌詩》七卷。張湛撰。亡。張湛有《列子注》，見《子部·道家》。案「古今九代」者，大都是唐、虞、夏、商、周、秦、漢、魏、晉也。

文廷式《補晉書藝文志·總集類》 張湛《古今九代歌詩》七卷。

太樂歌詩

《隋書·經籍志·總集類》 《太樂歌詩》八卷。

姚振宗《隋書經籍志考證·總集類六》 梁又有《太樂歌詩》八卷，《歌辭》四卷。張永記。亡。張永有集，見《別集類》宋人文中。《南史》本傳：永曉音律，太極殿前鍾聲嘶，孝武嘗以問永，永答「鍾有銅滓」。乃扣鍾，求其處，鑿而去之，聲遂清越。案：張永別有《元嘉正聲伎録》，略見《經部·樂類》，疑此從《伎録》中鈔出者。

歌辭

《隋書·經籍志·總集類》 《歌辭》四卷。張永記。

《舊唐書·經籍志·總集》 《太樂歌辭》二卷。

宋太始祭高禖歌辭

《隋書·經籍志·總集類》 《宋太始祭高禖歌辭》十一卷。

姚振宗《隋書經籍志考證·總集類六》 梁又有《宋太始祭高禖歌辭》十一卷。亡。不著撰人。案太始，宋明帝年號。明帝有集，見《別集類》。高禖祀典，見《續漢書·禮儀志》。太始祭高禖故事，則無由考見矣。

鄭樵《通志·藝文略·樂類》 《宋太始祭高禖歌辭》十一卷。

齊三調雅辭

《隋書・經籍志・總集類》《齊三調雅辭》五卷。

鄭樵《通志・藝文略・樂類》《齊三調雅辭》五卷。

姚振宗《隋書經籍志考證・總集類六》 梁又有《齊三調雅辭》五卷。亡。不著撰人。《宋書・樂志》曰：凡諸曲，始皆徒歌，既而被之絃管。又因有絃管金石，造哥以被之。魏世三調哥辭之類是也。案：三調起于魏之三祖。又曰：清商三調哥詩，曰平調，曰清調，曰瑟調。案：瑟調亦云側調。

三調相和歌辭

《隋書・經籍志・總集類》《三調相和歌辭》五卷。

《舊唐書・經籍志・總集》《三調相和歌辭》三卷。

姚振宗《隋書經籍志考證・總集類六》 梁又有《三調相和歌辭》五卷。亡。不著撰人。《宋書・樂志》曰：但歌四曲，出自漢世，無弦節，作伎最先，一人倡，三人和。魏武帝尤好之。時有宋容華者，清澈好聲，善唱此曲，當時特妙。自晉以來不復傳，遂絶。相和，漢舊歌也。絲竹更相和，執節者歌。本一部，魏明帝分爲二。本十七曲，朱生、宋識、列和等復合之爲十三曲。宋三調見前，相和似即但歌之遞變，故《宋志》首言但歌，次言相和。《唐書・經籍志》：《三調相和歌辭》三卷。岑刊本誤作「相如」。《唐書・藝文志・樂類》：翟子《樂府歌詩》十卷，又《三調相和歌辭》五卷。案：翟子不知何人，似有敚文。案：此蓋以三調及相和兩種歌辭合録爲一編者。

鄭樵《通志・藝文略・樂類》《翟子三調相和歌辭》五卷。又《三調相和歌辭》五卷。

三調詩吟録

《隋書・經籍志・總集類》《三調詩吟録》六卷。

姚振宗《隋書經籍志考證・總集類六》 梁又有《三調詩吟録》六卷。亡。不著撰人。

奏鞞鐸舞曲

《隋書・經籍志・總集類》《奏鞞鐸舞曲》二卷。

鄭樵《通志・藝文略・樂類》《奏鞞鐸舞曲》二卷。

姚振宗《隋書經籍志考證・總集類六》 梁又有《奏鞞鐸舞曲》二卷。亡。不著撰人。《宋書・樂志》曰：鞞舞未詳所起，然漢代已施於燕享矣。傅毅、張衡所賦，皆其事也。曹植《鞞舞歌序》曰：漢靈帝西園故事，有李堅者，能鞞舞。遭亂，西隨段煨。先帝聞其舊有伎，召之。堅既中廢，兼古曲多謬誤，異代之文，未必相襲，故依前曲，改作新哥五篇，不敢充之黄門。近以成下國之陋樂焉。晉《鞞舞歌》亦五篇。又曰：鞞舞，即今之鞞扇舞也。孝武大明中，以鞞拂雜舞，合之鍾石，施於殿庭。又《隋書・樂志》：牛弘曰：「鞞舞，漢巴渝舞也。至章帝，造鞞舞辭。」又曰：樂器凡八音，一曰金，金鐘也，鎛也，錞也，鐲也，鐃也，鐸也，鐸大鈴也。《周禮》以金鐸通鼓。又曰：晉《鐸舞歌》一篇，《幡舞哥》一篇，鼓舞伎六曲，並陳于元會。案：《隋書・音樂志》云：牛弘請存《鞞》、《鐸》、《巾》、《拂》等四舞，稱四舞漢魏以來並施於宴饗。又曰：此雖非正樂，亦前代舊聲，故梁武報沈約云：鞞、鐸、巾、拂，古之遺風。此二卷，蓋古四舞中之二，特未詳鐸舞之所由起。

管絃録

姚振宗《隋書經籍志考證・總集類六》 梁又有《管絃録》一卷。亡。不著撰人。

伎　録

姚振宗《隋書經籍志考證・總集類六》　梁又有《伎録》一卷。亡。不著撰人。案：宋郭茂倩《樂府詩集》稱《古今樂録》引王僧虔《伎録》至多，輯之猶可成卷。此一卷或即王僧虔書。《古今樂録》，陳沙門智匠撰，見《樂類》。

太樂備問鍾鐸律奏舞歌

姚振宗《隋書經籍志考證・總集類六》　梁又有《太樂備問鍾鐸律奏舞歌》四卷。郝生撰。亡。郝生始末未詳。案：《宋書・樂志》云：魏晉之世，有孫氏善弘舊曲，宋識善擊節倡和，陳左善清歌，列和善吹笛，郝索善彈箏，朱生善琵琶，尤發新聲。傅玄著書曰：「人若欽所聞，而忽所見，不亦惑乎？設此六人生於上世，越古今而無儷，何但夔、牙同契哉！」案：此説則自兹以後，皆孫、朱等之遺則也。案傅、沈兩家推重此六人如此，而六人所著不概見，此郝生者，或即郝索其人歟？

漢魏吴晉鼓吹曲

《舊唐書・經籍志・總集》　《漢魏吴晉鼓吹曲》四卷。

魏讌樂歌辭

《隋書・經籍志・總集類》　《魏讌樂歌辭》七卷。

鄭樵《通志・藝文略・樂類》　《魏讌樂歌辭》七卷。

姚振宗《隋書經籍志考證・總集類六》　梁又有《魏讌樂歌辭》七卷。亡。不著撰人。

歌辭舞録

《隋書・經籍志・總集類》　有鼓吹、清商、樂府、讌樂、高禖、鞞、鐸等《歌辭舞録》，凡十部。

姚振宗《隋書經籍志考證・總集類六》　梁又有鼓吹清商樂府讌樂高謀鞞鐸等《歌辭舞録》凡十部。並不著撰人。案：唐《經籍志》有《漢魏吴晉鼓吹曲》四卷，《藝文志・樂類》同，亦皆不著名字，似即此十部之一。又前注，梁有《魏晉宋雜祖餞讌會詩》二十一部，凡若干卷，今略其數。此與前同例，并卷數亦從其略焉。又案：此綜録十部爲一條，似亦據梁有别家書目也。蓋别目亦有以樂舞歌詩次頌集之後者，故本志亦依其次而連屬之。

陳郊廟歌辭

《隋書・經籍志・總集》　《陳郊廟歌辭》三卷。并録。徐陵撰。

鄭樵《通志・藝文略・樂類》　《陳郊廟歌辭》三卷。徐陵。

姚振宗《隋書經籍志考證・總集類六》　《陳郊廟歌辭》三卷，并録。徐陵撰。徐陵有集，見「别集類」陳代人文中。

樂府新歌

《隋書・經籍志・總集類》　《樂府新歌》二卷。秦王司馬殷僧首撰。

鄭樵《通志・藝文略・樂類》　《樂府新歌》二卷。秦王司馬殷僧首撰。

姚振宗《隋書經籍志考證・總集類六》　《樂府新歌》二卷。秦王司馬殷僧首撰。《陳書・孝行傳》：殷不害字長卿，陳郡長平人。仕梁武帝、簡文帝、元帝。江陵陷，與王褒、庾信俱入長安。太建七年，自周還朝。後主即位，至給事中。初，不害之還也，留其長子僧首，因居關中。禎明三年，京師陷，僧首來迎不害，道病卒。

案：此題「秦王司馬」者，其後入隋，爲秦孝王俊寮屬。俊，隋文帝第三子也。俊于伐陳之役，爲山南道行軍元帥，後爲揚州，總管四十四州諸軍事，轉并州，總管三十四州諸軍事，頗有令聞。僧首爲司馬，當在其時。

樂府新歌

《隋書・經籍志・總集》《樂府新歌》十卷。秦王記室崔子發撰。

鄭樵《通志・藝文略・樂類》《樂府新歌》十卷。秦王記室崔子發撰。

姚振宗《隋書經籍志考證・總集類六》《樂府新歌》十卷。秦王記室崔子發撰。崔子發有《齊記》，見「史部・古史類」。

樂府歌辭

鄭樵《通志・藝文略・樂類》《樂府歌辭》八卷。隋岐州刺史鄭譯。

樂府歌詩

鄭樵《通志・藝文略・樂類》《樂府歌詩》十卷。

雜文

成相雜辭

《漢書・藝文志・詩賦略》《成相雜辭》十一篇。

姚振宗《漢書藝文志條理・詩賦略》《成相雜辭》十一篇。《荀子・成相篇》楊倞注：「《漢書・藝文志》謂之《成相雜辭》，蓋亦賦之流也。」嘉善謝墉附注曰：「成相之義，《禮記》『治亂以相』，相乃樂器所舂牘。又古者瞽必有相。審此篇音節，即後世彈詞之祖。《漢志》《成相雜辭》十一篇，惜不傳。託于瞽矇諷誦之詞，亦古詩之流也。《周書》、《周祝解》亦此體。錢氏大昕輯《風俗通》佚文，云相附也，所以輔相于樂，奏樂之時先擊相。

朱子《楚辭辯證》曰：「荀卿《成相》之篇，本擬工誦箴諫之詞。其言奸臣蔽主擅權，馴致移國之禍，千古一轍，可爲流涕。」

王氏《考證》：「相者，助也。舉重勸力之歌，史所謂五羖大夫死，而舂者不相杵是也。」又曰：「成相，助力之歌。淮南王亦有《成相篇》，見《藝文類聚》。」按：荀卿《成相篇》文凡三章，楊倞注書，引《藝文志》爲説。尋繹其意，似即在此十一篇之內。淮南王《成相篇》或亦在此書。

隱書

《漢書・藝文志・詩賦略》《隱書》十八篇。

姚振宗《漢書藝文志條理・詩賦略》《隱書》十八篇。劉向《別録》曰：「《隱書》者，疑其言以相問，對者以慮思之，可以無不諭。」

《新序・雜事篇》：楚莊王莅政，三年不治，而好隱戲。士慶進曰隱：「有大鳥來，止南山之陽，三年不蜚不鳴，不審其故，何也？」王曰：「寡人知之矣。此鳥不蜚，以長羽翼；不鳴，以觀羣臣之慝。是鳥雖不蜚，蜚必沖天；雖不鳴，鳴必驚人。」又曰：「齊宣王發隱書而讀之。」《呂覽・重言篇》「士慶」作「成公賈」，《楚世家》作「伍舉」。當從《史記》。

《文心雕龍・諧隱篇》曰：「讔者隱也，遯辭以隱意，譎譬以指事也。漢世《隱書》十有八篇，歆、固編文，録之歌末。昔楚莊、齊威性好隱語，東方曼倩尤巧辭述。」

按：《新序》引「大鳥不蜚不鳴」，似即《隱書》中之一則。《東方朔傳》載朔與郭舍人互爲隱語，亦似出于十八篇中。又按：章氏《校讎通義》曰：「雜賦一種，不列專名，而類叙爲編，後世總集之體也。今按此十二家，大抵尤其纖小者，故其大篇標曰《大雜賦》，而《成相辭》、《隱書》置之末簡，其例亦從可知矣。」

雜封禪文

姚振宗《隋書經籍志考證・總集類三》 梁有《雜封禪文》八卷。亡。不著撰人。《文心雕龍・封禪篇》：史遷八書，明述封禪者，固禋祀之殊體，銘號之祕祝，祀天之壯觀矣。秦皇銘岱，文自李斯，法家辭氣，體乏弘潤。然疏而能壯，亦彼時之絶采也。鋪觀兩漢隆盛，孝武禪號於肅然，光武巡封于梁父，誦德銘勳，乃鴻筆耳。觀相如《封禪》，蔚爲唱首。爾其表權輿，序皇王，炳元符，鏡鴻業，驅前古于當今之下，騰休明于列聖之上，歌之以禎瑞，贊之以介邱，絶筆兹文，固維新之作也。及光武勒碑，則文自張純。首胤典謨，末同祝辭，引鉤讖，敍離亂，計武功，述文德，事覈理舉，華不足而實有餘矣。凡此二家，並岱宗實跡也。及揚雄《劇秦》、班固《典引》，事非鐫石，而體因紀禪。至于邯鄲《受命》，攀響前聲，風末力寡，輯韻成頌。陳思《魏德》，假論客主，勞深勣寡，飇炎缺焉。

《漢書・東方朔傳》：劉向所録朔之文辭，有《封泰山》。

《吴志》：天璽元年，吴興陽羡山有空石，長十餘丈，名曰石室，在所表爲大瑞。乃遣司徒董朝、兼太常周處至陽羡縣，封禪國山。明年，改元天紀，大赦。

《太平御覽・禮儀部》：孫嚴《宋書》曰：袁淑爲吏部郎，元嘉二十六年侍坐，從容曰：「願上《封禪書》一篇。」案：亦見《宋書》本傳。 案：梁以前爲《封禪文》，可考見者約略如右。北齊魏收亦撰《封禪文》，則非《七録》所及。

集雅篇

《隋書・經籍志・總集》 《集雅篇》五卷。

姚振宗《隋書經籍志考證・總集類四》 《集雅篇》五卷。不著撰人。

永平神雀頌

姚振宗《後漢藝文志・總集》 《永平神雀頌》五篇。《漢書・賈逵傳》：「永平中，有神雀集宫殿官府，冠羽有五采色《玉海》卷六十引《東觀記》云「永平十四年」，《漢書》本紀在十七年。帝異之，以問臨邑侯劉復。復不能對，薦逵博物多識。帝乃召見逵，問之，對曰：『昔武王終父之業，鸑鷟在岐；宣帝威懷戎狄，神雀仍集。此胡降之徵也。』帝勑蘭臺給筆札，使作《神雀頌》。」《論衡・佚文篇》：「永平中，神雀羣集。孝明詔上《神雀頌》。百官上頌，文比瓦石。惟班固、賈逵、傅毅、楊終、侯諷五頌金玉，孝明覽焉。」

靖恭堂頌

《隋書・經籍志・總集》 《靖恭堂頌》一卷。晉涼王李暠撰。

《舊唐書・經籍志・總集》 《靖恭堂頌》一卷。李暠撰。

《新唐書・藝文志・總集》 李暠《靖恭堂頌》一卷。

鄭樵《通志・藝文略・贊頌》 《靖恭堂頌》一卷。晉涼王李暠撰。

姚振宗《隋書經籍志考證・總集類四》 《靖恭堂頌》一卷。晉涼王李暠撰。涼王李暠，見「史部・霸史類」《燉煌實録》條。《晉書・涼武昭王列傳》：王字玄盛，好學，性沈敏寬和，美器度，通涉經史，尤善文義。隆安中，爲涼公，秦、涼二州牧。於敦煌南門外臨水起堂，名曰靖恭之堂，以議朝政，閲武事。圖讚自古聖帝、明王、忠臣、孝子、烈士、貞女，親爲序頌，以明鑒誡。當時文武羣僚亦皆圖焉。《北史》序傳云：「當時文武羣公寮佐，亦皆圖贊所志。」有白雀翔於靖恭堂，玄盛觀之大悦。又立泮宫，增高門學士五百人。《魏書・劉炳傳》：炳隱居酒泉，李暠徵爲儒林祭酒、從事中郎。著《敦煌實録》十卷、《靖恭堂銘》一卷。

文廷式《補晉書藝文志・總集類》 涼王李暠《靖恭堂頌》一卷。《唐志》同。《北史・李延壽自序》曰：「涼武昭王立靖恭堂，圖畫讚自古聖帝、明王、忠臣、孝子、烈士、貞女，親爲序讚，以明鑒戒之意。」《御覽》八百八十九有西涼武昭王《麒麟頌》。《御覽》一百七十六引《三十國春秋・西涼傳》曰：李暠於南門外臨水起堂，名曰靖恭堂，以議朝政，閲武事。堂成，圖讚自古明王、忠臣、孝子、貞女，暠自爲序，以明鑒戒。文武羣寮亦皆圖焉。是月，白雀翔于靖恭，暠頌之。

頌　集

鄭樵《通志・藝文略・贊頌》《頌集》二十卷。王僧綽集。

姚振宗《隋書經籍志考證・總集類四》梁有《頌集》二十卷。王僧綽撰。亡。王僧綽有集，見《別集類》宋人文中。

木連理頌

《舊唐書・經籍志・總集》《木連理頌》二卷。

《新唐書・藝文志・總集》《木連理頌》二卷。

鄭樵《通志・藝文略・贊頌》《木連理頌》二卷。太元十九年群臣上。

姚振宗《隋書經籍志考證・總集類四》梁有《木連理頌》二卷。太元十九年羣臣上。亡。《宋書・符瑞志》：木連理，王者德澤純洽，八方合爲一則生。晉孝武帝太元十一年四月，琅邪費有榆木，異根連理，相去四尺九寸。十八年十月，臨川東興令惠欣之言，縣東南溪旁有白銀樹、芳靈樹、李樹，並連理。十九年正月丁亥，華林園延賢堂西北李樹連理。

文廷式《補晉書藝文志・總集類》《木連理頌》二卷。《隋志》曰：晉太元十九年羣臣上。按：本志兩見。《類聚》九十八有湛方生《木連理頌》，非此時作，《唐志》著録。

古今箴銘集

《隋書・經籍志・總集》《古今箴銘集》十四卷。張湛撰。録一卷。

《舊唐書・經籍志・總集》《古今箴銘集》十三卷。張湛撰。

《新唐書・藝文志・總集》張湛《古今箴銘集》十三卷。

鄭樵《通志・藝文略・箴銘》《古今箴銘集》十四卷。張湛撰。

姚振宗《隋書經籍志考證・總集類七》《古今箴銘集》十四卷。張湛撰。録一卷。張湛有《古今九代歌詩》，見前。

文廷式《補晉書藝文志・總集類》張湛《古今箴銘集》十四卷。録一卷。《唐志》十三卷。

衆賢誡集

《隋書・經籍志・總集類》《衆賢誡集》十卷。殘缺。

《舊唐書・經籍志・總集》《衆賢誡集》十五卷。

《新唐書・藝文志・總集》《衆賢誡集》十五卷。

鄭樵《通志・藝文略・箴銘》《衆賢誡集》十五卷。

文廷式《補晉書藝文志・總集類》張湛《衆賢誡集》十五卷，《雜誡箴》二十四卷，《女箴》一卷，《女史箴圖》一卷。《衆賢誡集》，《隋志》作《箴集》十六卷，今從《舊唐志》。《女箴》以下，《唐志》不著録。按《宣和畫譜》卷一顧愷之亦有《女史箴圖》，今不録，附著於此。

婦人訓誡集

《隋書・經籍志・總集類》《婦人訓誡集》十一卷，并録。梁十卷。宋司空徐湛之撰。

《舊唐書・經籍志・總集》《婦人訓誡集》十卷。徐湛之撰。

箴　集

姚振宗《隋書經籍志考證・總集類七》梁有《箴集》十六卷。亡。不著撰人。

雜誡箴

《舊唐書・經籍志・總集》《雜誡箴》二十四卷。

《新唐書・藝文志・總集》《雜誡箴》二十四卷。

鄭樵《通志・藝文略・箴銘》《雜誡箴》二十四卷。

姚振宗《隋書經籍志考證・總集類七》 梁有《雜誡箴》二十四卷。亡。不著撰人。《唐書》經籍、藝文志：《雜誡箴》二十四卷。亡。

女箴

姚振宗《隋書經籍志考證・總集類七》 梁有《女箴》一卷。亡。不著撰人。

女史箴圖

姚振宗《隋書經籍志考證・總集類七》 梁有《女史箴圖》一卷。亡。不著撰人。案：《文選》張茂先《女史箴》注、曹嘉之《晉紀》曰：張華懼后族之盛，作《女史箴》。又《藝文類聚・后妃門》有後漢皇甫規《女師箴》、晉裴頠《女史箴》。此圖大抵爲張茂先之箴而作。

銘集

姚振宗《隋書經籍志考證・總集類七》 梁又有《銘集》十一卷。亡。不著撰人。

佛像雜銘

《隋書・經籍志・總集類》 陸少玄撰《佛像雜銘》十三卷。

姚振宗《隋書經籍志考證・總集類七》 梁又有陸少玄撰《佛像雜銘》十三卷。亡。《南史・張率傳》：時陸少玄家有父澄書萬餘卷，率與少玄善，遂通書籍，盡讀其書。案：陸澄有《漢書注》，見《史部・正史類》。少玄他始末不概見。

箴器雜銘

姚振宗《隋書經籍志考證・總集類七》 梁又有釋僧祐撰《箴器雜銘》五卷。亡。僧祐有《薩婆多部傳》，見《史部・雜傳類》。

圖詩

姚振宗《漢書藝文志拾補・總集》《圖詩》一篇。《汲冢竹書》。束晳《竹書敘目》曰：「《圖詩》一篇，畫贊之屬也。」

讚集

《隋書・經籍志・總集》《讚集》五卷。謝莊撰。

《舊唐書・經籍志・總集》《讚集》五卷。謝莊撰。

《新唐書・藝文志・總集》 謝莊《讚集》五卷。

鄭樵《通志・藝文略・讚頌》《讚集》五卷。謝莊集。

姚振宗《隋書經籍志考證・總集類九》《讚集》五卷。謝莊撰。謝莊有集，見「別集類」宋代人文中。

七林

姚振宗《隋書經籍志考證・總集類十》 梁又有《七林》三十卷，音一卷。亡。不著撰人。案：《太平御覽・文部》引傅玄《七謨序》，末云：傅子集古今七篇，品之，署曰《七林》。是傅子有《七林》之集，在謝客之前，疑即是書。其音一卷，不知何人作。

文廷式《補晉書藝文志・總集類》 傅玄《七林》。《太平御覽》五百九十引摯虞《文章流别論》曰：傅子集古今七篇，品之，署曰《七林》。按：此卷又引玄《七謨》序論、《七發》、《七激》、《七依》、《七説》、《七蠲》、《七舉》、《七誤》、《七厲》、《七辨》、《七啓》、《七釋》、《七訓》、《七華》、《七誨》、《七釋》，凡十五卷。

七集

《隋書・經籍志・總集》 《七集》十卷。謝靈運集。

《新唐書・藝文志・總集》 〔謝靈運〕《七集》十卷。

姚振宗《隋書經籍志考證・總集類十》 《七集》十卷。謝靈運撰。謝靈運有《賦集》、《詩集》、《詩集鈔》、《雜詩鈔》、《詩英》、《迴文集》，並見前。

七林

《隋書・經籍志・總集》 《七林》十卷。梁十二卷，録二卷。卞景撰。

《舊唐書・經籍志・總集》 《七林集》十二卷。卞氏撰。

《新唐書・藝文志・總集》 卞氏《七林集》十二卷。

姚振宗《隋書經籍志考證・總集類十》 《七林》十卷。梁十二卷。録二卷。卞景撰。卞景始末未詳。

七悟

《隋書・經籍志・總集》 《七悟》一卷。顔之推撰。

《舊唐書・經籍志・總集》 《七悟集》一卷。顔之推撰。

《新唐書・藝文志・總集》 顔之推《七悟集》一卷。

姚振宗《隋書經籍志考證・總集類十》 《七悟》一卷。顔之推撰。顔之推有《訓俗文字略》，見「經部・小學家」。

甲乙疑論

姚振宗《三國藝文志・總集類》 荀閎等《甲乙疑論》。嚴可均《全三國文編》曰：荀閎字仲茂，潁川潁陰人，漢尚書令彧之兄子。爲太子文學掾，終黄門侍郎。《魏志・荀彧傳》注：《荀氏家傳》曰：彧第四兄諶，諶子閎，字仲茂，爲太子文學掾時有《甲乙疑論》。閎與鍾繇、王朗、袁涣議各不同，文帝與繇書曰：「袁、王國士，更爲脣齒。荀閎勁悍，往來鋭師，真君侯之勍敵，左右之深憂也。」終黄門侍郎。案：《蜀志・費禕傳》注引殷基《通語》曰：「司馬懿誅曹爽，禕設甲乙論，平其是非。」與此相類。然費所論，祇一人相反覆，此四人相反覆，爲不同耳。

四本論

姚振宗《三國藝文志・總集類》 鍾會等《四本論》。會始末具《經部・易類》。《魏志・鍾會傳》：會嘗論才性同異。《傅嘏傳》亦云：嘏嘗論才性同異，鍾會集而論之。裴松之注：傅子曰嘏，既達治好正，而有清理識要。如論才性，原本精微，尠能及之。司隸校尉鍾會年甚少，嘏以明知交會。《世説・賢媛篇》注：《魏氏春秋》曰：王廣字公淵，王淩子也。有風量才學，名重當世。與傅嘏等論才性同異，行于世。《世説・文學篇》注：鍾會撰《四本論》始畢，甚欲使嵇公一見。四本者，言才性同、才性異、才性合、才性離也。尚書傅嘏論同，中書令李豐論異，侍郎鍾會論合，屯騎校尉王廣論離。嘏始末具《別集類》。李豐字安國，嘉平六年爲司馬師所殺，見《夏侯玄傳》。王廣附見《王淩傳》。

聖人無情論

姚振宗《三國藝文志・總集類》 鍾會等《聖人無情論》。《魏志・鍾會傳》注：何劭爲《王弼傳》曰：何晏以爲聖人無喜怒哀樂，其論甚精。鍾會等述之。弼與不同，以爲聖人茂于人者，神明也；同于人者，五情也。神明茂，故能體沖和以通無；五情同，故不能無哀樂以應物。然則聖人之情，應物而無累于物者也。今以其無累，便謂不復應物，失之多矣。案：《中庸章句》：「喜怒哀樂，情也。」此《聖人無喜怒哀樂論》，即《聖人無情論》也。《隋志・道家》云：梁有《聖人無情》六卷，不著撰人。似即此書。大抵始于何晏，而鍾會等述之，王弼非之，其後或亦有所傅益，故多至六卷。《七録》以出自衆人，非一家言，故不著撰人。

博奕論

姚振宗《三國藝文志・總集類》 韋昭等《博奕論》八篇。昭始末具《經部・詩類》。《吴志・孫和傳》：和常言：當世士人，宜講修術學，校習射御，以周世務。而但交游博弈，以妨事業，非進取之謂。後羣僚侍宴，言及博弈，以爲妨事，費日而無益于用，勞精損思，而終無所成，非所以進德修業、積累功緒者也。且志士愛日惜力，君子慕其大者，高山景行，恥非其次。夫以天地長久，而人居其間，有白駒過隙之喻，年齒一暮，榮華不再。凡所患者，在于人情所不能絶。誠能絶無益之欲，以奉德義之塗；棄不急之務，以修功業之基，其于名行，豈不善哉？夫人情尤不能無嬉娱，嬉娱之好，亦在于飲宴、琴書、射御之閒，何必博弈，然後爲歡？乃命侍坐者八人各著論以矯之。于是中庶子韋曜退而論奏，和以示賓客。時蔡穎好弈，直事在署者頗斆焉，故以此諷之。案：《孫和傳》所載，知《博弈論》有八篇。傳所云云，似即韋昭論次之文八篇之敍言歟？《文選》所録止韋昭一家，時闞澤、薛綜、張純、封俌、嚴維、吾粲、顧譚等皆爲和侍從，意此數人皆有所作。

設論集

《舊唐書・經籍志・總集》 《設論集》五卷。謝靈運撰。

《新唐書・藝文志・總集》 謝靈運《設論集》五卷。

姚振宗《隋書經籍志考證・總集類》 梁有《設論集》三卷。東晉人撰。亡。

案：兩《唐志》有謝靈運《設論集》五卷，疑即此書。

鄭樵《通志・藝文略・論》 謝靈運《設論集》五卷。

設論集

《隋書・經籍志・總集》 《設論集》二卷。劉楷撰。

《舊唐書・經籍志・總集》 《設論集》三卷。劉楷撰。

《新唐書・藝文志・總集》 劉楷《設論集》三卷。

鄭樵《通志・藝文略・論》 劉楷《設論集》三卷。

姚振宗《隋書經籍志考證・總集類》 《設論集》二卷。劉楷撰。劉楷始末未詳。案：宋齊間有三劉楷，一祕書郎劉楷，爲元凶劭所殺，見《宋書・長沙景王附傳》；一大司農劉楷，爲交州刺史，見《劉書》武帝永明三年《本紀》；一南中郎司馬劉楷，爲司州刺史，見永明九年《本紀》。此不著時代，莫能詳焉。

文廷式《補晉書藝文志・總集類》 《設論集》三卷。《隋志》云：梁有《設論集》三卷。東晉人撰。《文心雕龍・論説篇》云：「江左羣談，唯玄是務。雖有日新，而多抽前緒矣。」

客難集

姚振宗《隋書經籍志考證・總集類》 梁有《客難集》二十卷。亡。不著撰人。

論集

《隋書・經籍志・總集》《論集》七十三卷。

姚振宗《隋書經籍志考證・總集類》《論集》七十三卷。《雜論》十卷。並不著撰人。案：兩《唐志》有殷仲堪《雜論》九十五卷，本志《子部・雜家》載殷仲堪《論集》八十六卷，注云「梁九十六卷」，又有《雜論》五十八卷，《雜論》十三卷，亡。此兩書疑與雜家重復互見。

雜論

《隋書・經籍志・總集》《雜論》十卷。

《舊唐書・經籍志・總集》《雜論》九十五卷。殷仲堪撰。

《新唐書・藝文志・總集》殷仲堪《雜論》九十五卷。

鄭樵《通志・藝文略・論》殷仲堪《雜論》九十五卷。

連珠集

姚振宗《後漢藝文志・總集》《連珠集》。《太平御覽》五百九十引傅玄《敘連珠》云：「連珠者，班固、賈逵、傅毅三才子受詔作之。固喻美辭壯，文體宏麗，最得其體。賈逵儒而不艷，傅毅文而不典。」按：傅玄《敘連珠》所言，則三人承詔合作而奏御者。當時別有此一編，可知也。

連珠

《隋書・經籍志・總集類》《連珠》一卷。陸機撰，何承天注。

設論連珠

姚振宗《隋書經籍志考證・總集類》梁有《設論連珠》十卷。不著撰人。

連珠集

《舊唐書・經籍志・總集》《連珠集》五卷。謝靈運撰。

《新唐書・藝文志・總集》謝靈運《連珠集》五卷。

鄭樵《通志・藝文略・論》[謝靈運]《連珠集》五卷。

姚振宗《隋書經籍志考證・總集類》梁有謝靈運《連珠》五卷。亡。

連珠

《隋書・經籍志・總集類》陳證撰《連珠》十五卷。

姚振宗《隋書經籍志考證・總集類》梁有陳證撰《連珠》十五卷。亡。陳證始末未詳。

制旨連珠

《隋書・經籍志・總集類》梁武帝《制旨連珠》十卷。梁邵陵王綸注。又陸緬注。

《舊唐書・經籍志・總集》《制旨連珠》四卷。梁武帝撰。又十一卷，陸緬注。

《新唐書・藝文志・總集》梁武帝《制旨連珠》四卷。又陸緬注《制旨連珠》十一卷。

姚振宗《隋書經籍志考證・總集類》梁武帝《制旨連珠》十卷。梁邵陵王綸注。邵陵王綸有集，見《别集類》梁代人文中。《梁書・文學・邱遲傳》：時高祖著《連珠》，詔羣臣繼作者數十人，遲文最美。

善文

《隋書・經籍志・總集》《善文》五十卷。杜預撰。

《舊唐書・經籍志・總集》《善文》四十九卷。杜預撰。

《新唐書・藝文志・總集》杜預《善文》四十九卷。

鄭樵《通志・藝文略・總集》《善文》四十九卷。杜預撰。

姚振宗《隋書經籍志考證・總集類十六》《善文》五十卷。杜預撰。杜預有《喪服要集》，見《經部・禮類》。

文廷式《補晉書藝文志・總集類》杜預《善文》五十卷。《唐志》四十九卷。《齊書・晉安王子懋傳》：賜子懋杜預手所定《左傳》及《古今善言》。是此書一名《古今善言》也。《玉海》五十四云：《史記・李斯傳》注：辯士隱姓名，遺秦將章邯書，在《善文》中。《困學紀聞》卷十二同。廷式案：陶淵明《聖賢羣輔録》、章懷太子《後漢書・皇后紀》注並引《善文》，當出此書。《御覽》四百三十一引《古今善言曰：靈帝時，欲用羊續爲三司，而中官求賂，續出黄紙補袍，以示使者。

雜集

《隋書・經籍志・總集》《雜集》一卷。殷仲堪撰。

姚振宗《隋書經籍志考證・總集類十六》《雜集》一卷。殷仲堪撰。殷仲堪有《毛詩雜義》，見《經部・詩類》。案：本志《子部・雜家》載殷仲堪《論集》八十六卷，梁九十六卷。此一卷，或在所集啓事之屬。

文廷式《補晉書藝文志・總集類》殷仲堪《雜集》一卷。

梁代雜文

《隋書・經籍志・總集》《梁代雜文》三卷。

姚振宗《隋書經籍志考證・總集類》《梁代雜文》三卷。不著撰人。

政道集

《隋書・經籍志・總集類》《政道集》十卷。

姚振宗《隋書經籍志考證・總集類十六》《政道集》十卷。不著撰人。《隋書》列傳：博陵李文博，性貞介鯁直，好學不倦。至於教義名理，特所留心。每讀書，至治亂得失、忠臣烈士，未嘗不反覆吟翫。開皇中，爲羽騎尉，特爲吏部侍郎薛道衡所知，恒令在聽事幃中，披檢書史，并察己行事。若遇治政善事，即鈔撰記録；如選用疏謬，即委之臧否。道衡每得其語，莫不欣然從之。後直祕書内省，守道居貧，恒以禮法自處，儕輩莫不敬憚焉。道衡知其貧，每延於家，給以資費。文博商量古今治政得失，如指諸掌。稍遷校書郎，出爲縣丞，數歲不得調。道衡爲司隸大夫，遇之於東都尚書省，甚嗟愍之，遂奏爲從事。後遭離亂播遷，不知所終。文博本爲經學，後讀史書，于諸子及論，尤所該洽。性長議論，亦善屬文。著《治道集》十卷，大行於世。《北史・文苑傳》作《政道集》，與本志所題同。

書集

《舊唐書・經籍志・總集》《書集》八十卷。王履撰。

《新唐書・藝文志・總集》王履《書集》八十卷。

鄭樵《通志・藝文略・書》《書集》八十八卷。晉散騎常侍王履集。

姚振宗《隋書經籍志考證・總集類十七》《書集》八十八卷。晉散騎常侍王履撰。王履始末未詳。

文廷式《補晉書藝文志・總集類》 王履《書集》八十八卷。散騎常侍。《七録》八十卷，《唐志》同。

書　林

《隋書・經籍志・總集》 《書林》十卷。

鄭樵《通志・藝文略・書》 《書林》十卷。

姚振宗《隋書經籍志考證・總集類十七》 《書林》十卷。不著撰人。案：此似即《應璩書林》，詳見於後。

雜逸書

《隋書・經籍志・總集》 《雜逸書》六卷。梁二十二卷。徐爰撰。

姚振宗《隋書經籍志考證・總集類十七》 《雜逸書》六卷。梁二十二卷。徐爰撰。徐爰有《射雉賦注》，見前。

鄭樵《通志・藝文略・書》 《雜逸書》六卷。

應璩書林

《舊唐書・經籍志・總集》 《書林》六卷。夏赤松撰。

《新唐書・藝文志・總集》 夏赤松《書林》六卷。

鄭樵《通志・藝文略・書》 應璩《書林》八卷。夏赤松集。

姚振宗《三國藝文志・總集類》 應璩《書林》十卷。璩始末具《别集類》。《魏志・高堂隆附傳》：「初，任城棧潛，太祖世歷縣令。」裴松之注：「潛，字彦皇，見應璩《書林》。」《文心雕龍・書記篇》曰：「休璉好事，留意詞翰。」《隋書・經籍志》：「《書林》十卷。」又曰：「梁有應璩《書林》八卷，夏赤松撰。」唐《經籍志》：「《書林》六卷，夏赤松撰。」

姚振宗《隋書經籍志考證・總集類十七》 梁有《應璩書林》八卷。夏赤松撰。應璩有《百一詩》，見前。《南史・蕭惠基傳》：惠基善弈棋，當時能棋者，琅邪王抗第一品，吴郡褚思莊、會稽夏赤松第二品。赤松思速，善于大行。案：夏赤松，齊時人，其見于史者唯此。《魏志・高堂隆傳》注：棧潛字彦皇，見《應璩書林》。《文心雕龍・書記篇》曰：「休璉好事，留意詞翰。」

李氏家書

姚振宗《隋書經籍志考證・總集類十七》 梁有《李氏家書》八卷。亡。不著撰人。案：《續漢書・祭祀志》注引《李氏家書》曰：司空李郃侍祠南郊，不見六宗祠，奏曰云云。《天文志》注：《李氏家書》曰：時天有變氣，李郃上書諫。《五行志》注曰：《李氏家書》，司空李郃上書。案：李郃字孟節，漢中南鄭人，見《後漢書・方術傳》。郃子固，桓帝時太尉，爲梁冀所陷，死。小子燮，河南尹。燮姊文姬及其父門生王成、弟子趙承等，並見列傳。此《李氏家書》，蓋即其家所傳。又趙承等七十二人共論固言迹，以爲德行一篇，當在此書。又舊、新《唐志・傳記類》有《李固别傳》七卷，《藝文類聚》、《太平御覽》各有《李郃别傳》、《李燮别傳》，當亦在此書。

前漢雜筆

姚振宗《隋書經籍志考證・總集類十七》 梁有《前漢雜筆》十卷。亡。不著撰人。

吴晉雜筆

姚振宗《隋書經籍志考證・總集類十七》 梁有《吴晉雜筆》九卷。亡。不著撰人。

文廷式《補晉書藝文志・總集類》《吴晉雜筆》九卷。

吴朝文

姚振宗《三國藝文志・總集類》《吴朝文》二十四卷。《隋書・經籍志》：梁有《吴朝文》二十四卷。亡。

姚振宗《隋書經籍志考證・總集類十七》梁有《吴朝文》二十四卷。亡。不著撰人。案：前已著録《吴朝士文集》十卷，注云「梁十三卷」。此或其書啓雜文，故附于此歟？

策集

《隋書・經籍志・總集》《策集》一卷。殷仲堪撰。

鄭樵《通志・藝文略・策》殷仲堪《策集》一卷。

姚振宗《隋書經籍志考證・總集類十八》《策集》一卷。殷仲堪撰。殷仲堪有《雜集》一卷，見前。

文廷式《補晉書藝文志・總集類》殷仲堪《策集》一卷。

策集

《隋書・經籍志・總集》《策集》六卷。

《舊唐書・經籍志・總集》《策集》六卷。謝靈運撰。

《新唐書・藝文志・總集》宋伯宜《策集》六卷。

鄭樵《通志・藝文略・策》宋伯宜《策集》六卷。

姚振宗《隋書經籍志考證・總集類十八》《策集》六卷。不著撰人。

孝秀對策

鄭樵《通志・藝文略・策》《秀孝對策》十二卷。《隋志》。

姚振宗《隋書經籍志考證・總集類十八》梁有《孝秀對策》十二卷。亡。不著撰人。

宋元嘉策孝秀文

《隋書・經籍志・總集類》《宋元嘉策孝秀文》十卷。

《舊唐書・經籍志・總集》《宋元嘉策》五卷。

《新唐書・藝文志・總集》《宋元嘉策》五卷。

鄭樵《通志・藝文略・策》《宋元嘉策孝秀文》十卷。

姚振宗《隋書經籍志考證・總集類十八》《宋元嘉策孝秀文》十卷。不著撰人。

誹諧文

《隋書・經籍志・總集類》《誹諧文》三卷。

鄭樵《通志・藝文略・俳諧》《誹諧文》三卷。

姚振宗《隋書經籍志考證・總集類十九》《誹諧文》三卷。不著撰人。

誹諧文　續誹諧文集

《隋書・經籍志・總集》《誹諧文》十卷。袁淑撰。

《舊唐書・經籍志・總集》《誹諧文》十五卷。袁淑撰。

《新唐書・藝文志・總集》 袁淑《誹諧文》十五卷。

鄭樵《通志・藝文略・俳諧》 《誹諧文》十卷。袁淑撰。

姚振宗《隋書經籍志考證・總集類十九》 《誹諧文》十卷。袁淑撰。 袁淑有集，見「別集類」宋代人文中。

張氏《百三家》袁忠憲集輯本序曰：陽源俳諧集文，皆調笑，其于藝苑，亦博簺之流也。

嚴氏《全宋文編》曰：《藝文類聚》、《初學記》、《太平御覽》並引袁淑《俳諧集》，合存《雞九錫文》，又《勸進牋》、《驢山公九錫文》、《大蘭王九錫文》、《常山王九錫文》，凡五篇。

梁有《續誹諧文集》十卷。亡。不著撰人。

誹諧文

《隋書・經籍志・總集類》 《誹諧文》一卷。沈宗之撰，亡。

誄集

姚振宗《隋書經籍志考證・總集類九》 梁又有《誄集》十三卷。謝莊撰。亡。謝莊有《贊集》，見前。

弔文集

姚振宗《隋書經籍志考證・總集類十一》 梁有《弔文集》六卷，録一卷。亡。

梁有《弔文》二卷。亡。並不著撰人。

唐五代分部

詩文

文選音義

《新唐書・藝文志・總集》 曹憲《文選音義》。卷亡。

文選音

《舊唐書・經籍志・總集》 〔《文選音》〕十卷。公孫羅撰。

《新唐書・藝文志・總集》 公孫羅注《文選》六十卷。又《音義》十卷。

文選公孫羅注

《舊唐書・經籍志・總集》 〔《文選》〕六十卷。公孫羅注。

《新唐書・藝文志・總集》 公孫羅注《文選》六十卷。

鄭樵《通志・藝文略・總集》 《文選》六十卷。公孫羅注。

文選李善注

《舊唐書・經籍志・總集》 《文選》六十卷。李善注。

《新唐書・藝文志・總集》 李善注《文選》六十卷。

鄭樵《通志・藝文略・總集》　〔《文選》〕六十卷。李善注。

晁公武《郡齋讀書志・總集類》　李善注《文選》六十卷。

尤袤《遂初堂書目・總集類》　李善注《文選》。

陳振孫《直齋書録解題・總集類》　《文選》六十卷。梁昭明太子蕭統德施撰。唐崇賢館學士江都李善注。北海太守邕之父也。

馬端臨《文獻通考・經籍考・總集》　李善注《文選》六十卷。東坡蘇氏《答劉沔書》曰：梁蕭統《文選》，世以爲工，以軾觀之，拙於文而陋於識者，莫統若也。宋玉賦高唐、神女，其初略陳所夢之因，如子虛、亡是公相與問答，皆賦矣，而統謂之叙，此與兒童之見何異？李陵、蘇武贈别長安，而詩有「江漢」之語，及陵與武書，辭句儇淺，正齊、梁間小兒所擬作，決非西漢文，而統不悟，劉子玄獨知之。識真者少，蓋從古所病也。

《宋史・藝文志・總集類》　蕭統《文選》六十卷。李善注。

高儒《百川書志・總集》　李善注《文選》六十卷。梁太子蕭統選，唐李善注。自秦漢、六朝，十代人物，精力盡在此書。

《四庫提要・總集類一》　《文選注》六十卷。内府藏本。案：《文選》舊本三十卷，梁昭明太子蕭統撰。唐文林郎守太子右内率府録事參軍事、崇賢館直學士江都李善爲之注。

錢東垣等輯《崇文總目・總集類》　《文選》六十卷。梁太子統編。〔原釋〕唐李善因五臣而自爲注。見《東觀餘論》。

張金吾《愛日精廬藏書續志・總集類》　《文選》六十卷。馮氏竇伯、陸氏勑先校宋本。梁昭明太子撰，唐文林郎、守太子右内率府録事參軍事、崇賢館直學士臣李善注上。馮氏竇伯、陸氏勑先據錢遵王家宋本校，元和顧澗薲先生據周香嚴家殘宋本覆校。殘宋本存卷一至六、十三至十五、十八至二十一、二十八至三十九、四十九至末，凡三十七卷。《文選序》。《上文選注表》。顯慶三年。

張之洞《書目答問・總集》　《文選李善注》六十卷，附《考異》十卷。胡克家仿宋本、武昌局繙本、廣州繙本。葉氏海録軒評注本六十卷亦佳，汲古閣本較可。

文選辨惑

《新唐書・藝文志・總集》　李善《文選辨惑》十卷。

鄭樵《通志・藝文略・總集》　《文選辨惑》十卷。李善撰。

文選音義

《舊唐書・經籍志・總集》　《文選音義》十卷。釋道淹撰。

《新唐書・藝文志・總集》　僧道淹《文選音義》十卷。

文選音

《新唐書・藝文志・總集》　許淹《文選音》十卷。

鄭樵《通志・藝文略・總集》　《文選音》十卷。許淹撰。

文選五臣注

《新唐書・藝文志・總集》　《五臣注文選》三十卷。衢州常山尉吕延濟、都水使者劉承祖男良、處士張銑、吕向、李周翰注，開元六年工部侍郎吕延祚上之。

晁公武《郡齋讀書志・總集類》　《五臣注文選》三十卷。

馬端臨《文獻通考・經籍考・總集》　《五臣注文選》三十卷。

《宋史・藝文志・總集類》　《五臣注文選》三十卷。

錢曾《讀書敏求記・總集》　《五臣注文選》三十卷。

錢東垣等輯《崇文總目・總集類上》　《文選》三十卷。〔原釋〕吕延濟注。

駁文選異義

《新唐書・藝文志・總集》康國安注《駁文選異義》二十卷。

鄭樵《通志・藝文略・總集》《駁文選異義》二十卷。康國安撰。

擬文選

《新唐書・藝文志・總集》卜隱之《擬文選》三十卷。開元處士。

鄭樵《通志・藝文略・總集》《擬文選》三十卷。唐卜隱之集。

文選名氏類目

《宋史・藝文志・集類總集類》常寶鼎《文選名氏類目》十卷。

小詞林

《舊唐書・經籍志・總集》《小詞林》五十三卷。

《新唐書・藝文志・總集》《小詞林》五十三卷。

鄭樵《通志・藝文略・總集》《小詞林》五十三卷。

文海集

《舊唐書・經籍志・總集》《文海集》三十六卷。蕭圓撰。

《新唐書・藝文志・總集》蕭圓《文海集》三十六卷。

文館詞林

《舊唐書・經籍志・總集》《文館詞林》一千卷。許敬宗撰。

《新唐書・藝文志・總集》《文館詞林》一千卷。許敬宗、劉伯莊等撰。

鄭樵《通志・藝文略・總集》《文館詞林》一千卷。許敬宗集。

錢東垣等輯《崇文總目・總集類》《文館詞林・彈事》四卷。

張之洞《書目答問・總集》《文館詞林》四卷。唐許敬宗等編。此殘本，元書一千卷。佚存叢書本、粵雅堂重刻本。

文館詞林策

《新唐書・藝文志・總集》崔玄暐訓注《文館詞林策》二十卷。

鄭樵《通志・藝文略・策》《文館詞林策》二十卷。崔玄暐訓注。

文館詞林彈事

鄭樵《通志・藝文略・表章》《文館詞林彈事》四卷。唐許敬宗集晉、宋、齊、梁以來者，舊有千卷。

錢東垣等輯《崇文總目・總集類》《文館詞林彈事》四卷。許敬宗編。

麗正文苑

《舊唐書・經籍志・總集》《麗正文苑》二十卷。許敬宗撰。

《新唐書・藝文志・總集》《麗正文苑》二十卷。

鄭樵《通志・藝文略・總集》《麗正文苑》二十卷。

文苑詞英

《舊唐書・經籍志・總集》《詞英》八卷。

《新唐書・藝文志・總集》《文苑詞英》八卷。

鄭樵《通志・藝文略・總集》《文苑詞英》八卷。

翰　苑

《新唐書・藝文志・集録總集類》張楚金《翰苑》三十卷。

鄭樵《通志・藝文略・總集》《翰苑》三十卷。張楚金集。

金門待詔集

《舊唐書・經籍志・總集》《金門待詔集》十卷。劉允濟撰。

《新唐書・藝文志・總集》劉允濟《金門待詔集》十卷。

《宋史・藝文志・總集類》劉允濟《金門待詔集》五卷。

詞苑麗則

《舊唐書・經籍志・總集》《詞苑麗則》二十卷。康明貞撰。

《新唐書・藝文志・總集》康明貞《辭苑麗則》二十卷。又康顯《辭苑麗則》三十卷。

鄭樵《通志・藝文略・總集》《辭苑麗則》三十卷。康明貞集。

文　府

《新唐書・藝文志・集録總集類》徐堅《文府》二十卷。開元中，詔張説括《文選》外文章，乃命堅與賀知章、趙冬曦分討，會詔促之，堅乃先集詩賦二韻爲《文府》上之。餘不能就而罷。

鄭樵《通志・藝文略・總集》《文府》二十卷。徐堅集。

大和通選

《新唐書・藝文志・總集》裴潾《大和通選》三十卷。

鄭樵《通志・藝文略・總集》《大和通選》三十卷。裴潾集。

古今文集略

《新唐書・藝文志・總集》李吉甫《古今文集略》二十卷。

鄭樵《通志・藝文略・總集》《古今文集略》二十卷。李吉甫集。

梁苑文類

鄭樵《通志・藝文略・總集》《梁苑文類》三卷。令狐楚集。

東漢文類

《新唐書・藝文志・總集》竇嚴《東漢文類》三十卷。

鄭樵《通志·藝文略·樂類》《東漢文類》三十卷。唐竇嚴集。

馬端臨《文獻通考·經籍考·總集》《東漢文類》三十卷。

《宋史·藝文志·總集類》竇嚴《東漢文類》三十卷。

錢東垣等輯《崇文總目·總集類上》《東漢文類》三十卷。竇嚴編。

西漢文類

《新唐書·藝文志·總集》柳宗直《西漢文類》四十卷。

鄭樵《通志·藝文略·總集》《西漢文類》四十卷。唐柳宗直集。

尤袤《遂初堂書目·總集類》《西漢文類》。

陳振孫《直齋書録解題·總集類》《西漢文類》四十卷。唐柳宗元之弟宗直嘗輯此書，宗元爲序，亦四十卷，《唐藝文志》有之，其書不傳。今書陶叔獻元之所編次。未詳何人。梅堯臣爲之序。

馬端臨《文獻通考·經籍考·總集》《西漢文類》二十卷。子厚序略曰：文之近古而尤壯麗，莫若漢之西京，班固書傳之。吾嘗病其畔散不屬，無以考其變。欲采比義，會年長病作，駑墮愈甚，未能勝也。幸吾弟宗直愛古書，樂而成之，搜討磔裂，攟摭融結，離而同之，與類推移，不易時月，而咸得從。其條貫森然，若開群玉之府，指揮聯累，圭璋琮璜之狀，各有列位，不失其叙，雖第其價可也。以文觀之，則賦、頌、詩、歌、書、奏、詔、策、辯論之辭畢具；以語觀之，則右史紀言，《尚書》、《戰國策》，成敗興壞之説大備，無不苞也。噫！是可以爲學者之端邪？始吾少時，有路子者，自贊爲是書，吾嘉而叙其意，而其書終莫能具，卒俟宗直也。故删取其叙，係於左，以爲《西漢文類》首紀。

《宋史·藝文志·總集類》柳宗直《西漢文類》四十卷。陶叔獻《西漢文類》四十卷。

張金吾《愛日精廬藏書志·總集類》《西漢文類》殘本五卷。宋紹興刊本。宋陶叔獻編。唐柳宗直有《西漢文類》二十卷，宋時其書失傳，叔獻重加編纂見《郡齋讀書志》。原四十卷，今存卷三十六至末五卷。後有「紹興十年四月日臨安府彫印」一條。每頁紙面俱有「清遠堂」印記。字畫清朗，紙色瑩潔，蓋宋刊宋印本也。

三國志文類

鄭樵《通志·藝文略·總集》《三國志文類》六十卷。

尤袤《遂初堂書目·總集類》《三國志文類》。

陳振孫《直齋書録解題·總集類》《三國文類》四十卷。不知何人所集。

馬端臨《文獻通考·經籍考·總集》《三國文類》四十卷。

《宋史·藝文志·總集類》《三國志文類》六十卷。

楊士奇等《文淵閣書目·文集》《三國文類》。一部，六册。塾本無此部。

錢謙益等《絳雲樓書目·文集總類》《三國志文類》。四十卷。亡名氏。

《四庫提要·總集類二》《三國文類》六十卷。浙江范懋柱家天一閣藏本。不著編輯人名氏。今流傳有宋刊本。然《宋史·藝文志》載此書，注云「集者不知名」，則當時已無可考矣。案：柳宗元《河東集》有柳宗直《西漢文類序》，其文皆採之《漢書》。是編惟採《三國志》之文，蓋沿其例。凡分二十三門：曰詔書，曰教令，曰表奏，曰書疏，曰諫諍，曰戒責，曰薦稱，曰勸説，曰對問，曰議，曰論，曰書，曰牋，曰評，曰檄，曰盟，曰序，曰祝文，曰祭文，曰誄，曰詩賦，曰雜文，曰傳。所採上涉漢末，而下及晉初，則以《魏志·太祖紀》，其事皆在建安，而裴松之注所採多晉人書也。惟其中「勸説」、「對問」二門，皆當時口語，本非詞翰，取盈卷帙，於義未安。又陳壽所評，正猶馬、班之贊，摘出別立篇名，亦乖體例。以其宋人舊本，姑存之，以備考證焉。

張金吾《愛日精廬藏書志·總集類》《三國志文類》六十卷。抄本。不著編輯者名氏。

集類

錢謙益等《絳雲樓書目·文集總類》劉綺莊《集類》。一百卷。開元間人。

元白長慶集

彭元瑞等《天禄琳琅書目後編・明版集部》《元白長慶集》。六函，五十六册。唐元微之、白居易撰。《元氏長慶集》六十卷，前有宣和甲辰劉麟序，後有乾道甲子洪適跋。《白氏長慶集》七十一卷，前有長慶四年元微之序，後有會昌五年居易自序。末刻「封奉政大夫、吏部考功郎中姑蘇錢應龍鋟梓」。

同題集

《新唐書・藝文志・集録總集類》柳玄《同題集》十卷。

鄭樵《通志・藝文略・總集》《同題集》十卷。唐柳玄集。

文場秀句

《新唐書・藝文志・總集》王起《文場秀句》一卷。

文藪

鄭樵《通志・藝文略・總集》《文藪》十卷。皮日休集。

《宋史・藝文志・總集類》皮日休《文藪》一卷。

顧廣圻《思適齋書跋・集部》《文藪》十卷。明刻本。偶從坊閒架上見此萬曆《文藪》，有新安汪啓淑名印。汪在乾隆時頗名好事，藏書曰開萬樓，雖不能精，亦甚富，今零落盡矣。乃買之而歸，校正德袁板，無異同，但不如彼行款古雅耳。袁序在末，余所鈔闕，藉此補之。

孫子文纂

鄭樵《通志・藝文略・總集》《孫子文纂》四十卷。

貞觀新書

《新唐書・藝文志・總集》唐稟《貞觀新書》三十卷。稟，彭州萍鄉人。集貞觀以前文章。

蜀國文英集

《宋史・藝文志・總集類》劉贊《蜀國文英》八卷。

錢東垣等輯《崇文總目・總集類上》《蜀國文英集》八卷。劉贊編。

賦

薛氏賦集

鄭樵《通志・藝文略・賦》《薛氏賦集》九卷。唐薛廷珪集。

錢東垣等輯《崇文總目・總集類上》《薛氏賦集》九卷。薛廷珪撰。

唐吴英雋賦集

鄭樵《通志・藝文略・賦》《唐吴英雋賦集》七十卷。僞吴楊氏撰。

《宋史·藝文志·總集類》江文蔚《唐吳英秀賦》七十二卷。

錢東垣等輯《崇文總目·總集類上》《唐吳英雋賦集》七十卷。楊氏失名編。

桂香賦集

《宋史·藝文志·總集類》江文蔚《桂香賦集》三十卷。

賦苑　目

鄭樵《通志·藝文略·賦》《賦苑》二百卷。僞吳徐鍇、歐陽陌集唐人及近代律賦。

《宋史·藝文志·總集類》徐鍇《賦苑》二百卷,《目》一卷。

錢東垣等輯《崇文總目·總集類上》《賦苑》二百卷。徐鍇編。

賦　選

鄭樵《通志·藝文略·賦》《賦選》五卷。李魯集唐人律賦。

《宋史·藝文志·總集類》《賦選》五卷。

錢東垣等輯《崇文總目·總集類上》《賦選》五卷。李魯編。

諸田甲賦

錢東垣等輯《崇文總目·總集類上》《諸田甲賦》一卷。

甲　賦

《宋史·藝文志·總集類》《甲賦》五卷。

雜　賦

錢東垣等輯《崇文總目·總集類上》《雜賦》一卷。

廣類賦

鄭樵《通志·藝文略·賦》《廣類賦》二十五卷。採唐人雜賦。

《宋史·藝文志·總集類》《廣類賦》二十五卷。

錢東垣等輯《崇文總目·總集類上》《廣類賦》二十五卷。

類文賦集

《宋史·藝文志·總集類》《類文賦集》一卷。

錢東垣等輯《崇文總目·總集類上》《類文賦集》一卷。

七　賦

《宋史·藝文志·總集類》謝璧《七賦》一卷。

詩

詩林英選

《舊唐書・經籍志・總集》《詩林英選》十一卷。

《新唐書・藝文志・總集》《詩林英選》十一卷。

鄭樵《通志・藝文略・詩總集》《詩林英選》十一卷。

古今類序詩苑

《舊唐書・經籍志・總集》《古今類序詩苑》三十卷。劉孝孫撰。

《新唐書・藝文志・總集》劉孝孫《古今類聚詩苑》三十卷。

鄭樵《通志・藝文略・詩總集》《古今類聚詩苑》三十卷。劉孝孫集。

芳林要覽

《舊唐書・經籍志・總集》《芳林要覽》三百卷。許敬宗撰。

《新唐書・藝文志・總集》《芳林要覽》三百卷。許敬宗、顧胤、許圉師、上官儀、楊思儉、孟利貞、姚璹、竇德玄、郭瑜、董思恭、元思敬集。

鄭樵《通志・藝文略・總集》《芳林要覽》三百卷。

古今詩類聚

《舊唐書・經籍志・總集》《古今詩類聚》七十九卷。郭瑜撰。

《新唐書・藝文志・總集》郭瑜《古今詩類聚》七十九卷。

鄭樵《通志・藝文略・詩總集》《古今詩類》七十九卷。郭瑜集。

詩人秀句

《新唐書・藝文志・總集》元思敬《詩人秀句》二卷。

珠英學士集

《新唐書・藝文志・總集類》《珠英學士集》五卷。崔融集武后時修《三教珠英》學士李嶠、張説等詩。

鄭樵《通志・藝文略・詩總集》《珠英學士集》五卷。唐崔融集。

晁公武《郡齋讀書志・總集類》《珠英學士集》五卷。右唐武后朝，嘗詔武三思等修《三教珠英》一千三百卷，預修書者凡四十七人。崔融編集其所賦詩，各題爵里，以官班爲次，融爲之序。

馬端臨《文獻通考・經籍考・總集》《珠英學士集》五卷。

《宋史・藝文志・總集類》崔融《珠英學士集》五卷。

錢東垣等輯《崇文總目・總集類下》《珠英學士集》五卷。崔融編。

海藏連珠

《新唐書・藝文志・總集類》《海藏連珠》三十卷。希銑之兄，修書學士。

朝英集

《新唐書・藝文志・總集類》《朝英集》三卷。開元中，張孝嵩出塞，張九齡、韓休、崔沔、王翰、胡皓、賀知章所撰送行歌詩。

唐翰林歌詞

《新唐書・藝文志・總集類》《翰林歌詞》一卷。

鄭樵《通志・藝文略・總集》《唐翰林歌詞》一卷。

正聲集　續正聲集

《新唐書・藝文志・總集類》孫秀良《正聲集》三卷。

鄭樵《通志・藝文略・總集》《正聲集》三卷。唐孫季良集。《續正聲集》五卷。後唐王正範集。

《宋史・藝文志・總集類》孫翌《正聲集》三卷。王正範《續正聲集》五卷。

錢東垣等輯《崇文總目・總集類下》《正聲集》三卷。孫季良編。《續正聲集》五卷。王正範編。［原釋］以下俱闕見天一閣鈔本。

河嶽英靈集

《新唐書・藝文志・總集類》〔殷璠〕《河嶽英靈集》二卷。

鄭樵《通志・藝文略・詩評》《河嶽英靈集》一卷。唐殷璠撰。

尤袤《遂初堂書目・總集類》《唐河嶽英靈集》。

陳振孫《直齋書録解題・總集類》《河嶽英靈集》二卷。唐進士殷璠集常建等詩二百三十四首。

馬端臨《文獻通考・經籍考・總集》《河嶽英靈集》二卷。

《宋史・藝文志・總集類》殷璠《河嶽英靈集》二卷。

楊士奇等《文淵閣書目・詩詞》《唐河嶽英靈集》。一部，二册。闕。

高儒《百川書志・總集》《河嶽英靈集》三卷。唐丹陽進士殷璠選。凡二十四人，詩二百三十四首。人有小序。舊分二卷。

徐𤊹《徐氏家藏書目・總詩類》《河嶽英靈集》三卷。

毛晉《汲古閣書跋》《河嶽英靈集》。《河嶽》、《中興》二集，一選開元迄天寶名家，一選至德迄大曆名家，相繼品隲，真盛唐一大觀也。且每人各列小敍，拈出警語，但雄奇逸艷不倫耳。或病其詮次厖雜，或病其議論凡鄙，未敢據爲定評云。

錢謙益等《絳雲樓書目・唐詩類》殷璠《河嶽英靈集》。二卷，此集不載拾遺詩。

《四庫提要・總集類一》《河嶽英靈集》三卷。江蘇巡撫採進本。唐殷璠編。

錢東垣等輯《崇文總目・總集類下》《河嶽英靈集》一卷。殷璠編。

黄丕烈《蕘圃藏書題識・集類》《河嶽英靈集》二卷。毛斧季校本。

國秀集

陳振孫《直齋書録解題・總集類》《國秀集》三卷。唐國子進士芮挺章撰。集李嶠至祖詠九十人詩二百二十首。天寶三載國子進士樓穎爲之序。

馬端臨《文獻通考・經籍考・總集》《國秀集》三卷。

《宋史・藝文志・總集類》芮挺章《國秀集》三卷。

高儒《百川書志・總集》《國秀集》三卷。唐玄宗天寶三載進士芮廷章編選。凡九十人，詩二百二十首。

徐𤊹《徐氏家藏書目・總詩類》《國秀集》一卷。

毛晉《汲古閣書跋》《國秀集》。是集既無定本懸之國門，更無散帙廣之鄉塾。景文氏僅見之於夕陽亂流中，奚啻玄珠赤水。第據曾氏跋云「名欠一士」，兹且虚列三人，如呂令問、敬括、韋承慶是也；又云「詩增一篇」，兹且復合樓序篇什。然總非芮侯真面目矣。非敢傳訛，聊以存舊云爾。

錢謙益等《絳雲樓書目・唐詩類》芮挺章《國秀集》。三卷。

《四庫提要・總集類一》《國秀集》三卷。江蘇巡撫採進本。唐芮挺章編。挺章里貫未詳，諸書稱爲「國子進士」，蓋太學生也。前有舊序，謂是集編於天寶三載。凡九十人，詩二百二十首。

篋中集

《新唐書・藝文志・總集類》 元結《篋中集》一卷。

鄭樵《通志・藝文略・詩總集》 《篋中集》一卷。元結集沈千運、趙微明輩七人詩。

陳振孫《直齋書録解題・總集類》 《篋中集》一卷。唐元結次山録沈千運、趙微明、孟雲卿、張彪、元季川、于逖、王季友七人詩二十四首，盡篋中所有次之。荆公《詩選》盡取不遺。唐中世詩高古如此，今人乃專尚季末，亦異矣。《館閣書目》以爲結自作，入別集類，何其不審也！

馬端臨《文獻通考・經籍考・總集》 《篋中集》一卷。

高儒《百川書志・總集》 《篋中集》一卷。唐元結次山録沈千運、王季友、于逖、孟雲卿、張虎、趙微明、元季川七人詩二十四首，書篋中所有次之。

徐𤊹《徐氏家藏書目・總詩類》 《篋中集》一卷。

毛晉《汲古閣書跋》 《篋中集》。漫士逢天寶之亂，置身仕隱間。自謂與世聱牙，不肯作綺靡章句，先輩譬之「古鐘磬不諧於俚耳」，而可尋玩。今讀其篋中七人詩，亦皆歎寡愁殷之語，不類唐人諸選。然磊砢一派，實中世所難，宜荆公選録不遺也。或謂漫士自作，編入別集，謬矣。

錢謙益等《絳雲樓書目・唐詩類》 元結《篋中集》一册。一卷。

《四庫提要・總集類一》 《篋中集》一卷。江蘇巡撫採進本。唐元結編。結有《次山集》，已著録。是集成於乾元三年。録沈千運、王季友、于逖、孟雲卿、張彪、趙微明、元季川七人之詩，凡二十四首。

錢東垣等輯《崇文總目・總集類下》 《篋中集》一卷。元結編。

南薰集

《新唐書・藝文志・總集類》 竇常《南薰集》三卷。

鄭樵《通志・藝文略・詩總集》 《南薰集》二卷。唐竇常集。

晁公武《郡齋讀書志・總集類》 《南薰集》三卷。右唐竇常集韓翃至皎然三十人，約三百六十篇，凡三卷。其序云：「欲勒上中下，則近於褒貶；題一二三，則有等衰，故以『西掖』、『南宫』、『外臺』爲目，人各係名、係贊。」

馬端臨《文獻通考・經籍考・總集》 《南薰集》三卷。

《宋史・藝文志・總集類》 竇常《南薰集》三卷。

錢東垣等輯《崇文總目・總集類下》 《南薰集》三卷。竇常編。

起予集

《新唐書・藝文志・總集類》 曹恩《起予集》五卷大曆人。

鄭樵《通志・藝文略・總集》 《起予集》五卷。唐曹恩集。

《宋史・藝文志・總集類》 曹恩《起予集》五卷。

錢東垣等輯《崇文總目・總集類下》 《起予集》五卷。曹恩編。

麗文集

《新唐書・藝文志・總集類》 劉明素《麗文集》五卷。興元中集。

鄭樵《通志・藝文略・總集》 《麗文集》五卷。唐劉明素集。

《宋史・藝文志・總集類》 劉明素《麗文集》五卷。

錢東垣等輯《崇文總目・總集類下》 《麗文集》五卷。劉昭素編。

麗則集

《新唐書・藝文志・總集類》 〔李吉甫〕《麗則集》五卷。

鄭樵《通志・藝文略・詩總集》 《麗則集》五卷。自梁至唐開元間歌詩。

晁公武《郡齋讀書志・總集類》 《麗則集》五卷。右唐李氏撰，不著名。集《文選》以後至唐開元詞人詩，凡三百二十首，分門編類。貞元中，鄭餘慶爲序。

馬端臨《文獻通考・經籍考・總集》《麗則集》五卷。

《宋史・藝文志・總集類》 李吉甫《麗則集》五卷。

錢東垣等輯《崇文總目・總集類下》《麗則集》五卷。李吉甫編。

中興間氣集

《新唐書・藝文志・總集類》 高仲武《中興間氣集》二卷。

晁公武《郡齋讀書志・總集類》《中興間氣集》三卷。右唐高仲武輯至德迄大曆中錢起以下二十六人詩，自爲序。以天寶叛涣，述作中廢；至德中興，風雅復振，故以名。仍品藻衆作，著之於前云。或又題孟彦深纂。

尤袤《遂初堂書目・總集類》《唐中興間氣集》。

陳振孫《直齋書録解題・總集類》《中興間氣集》二卷。唐渤海高仲武序。集至德以後終於大曆錢起等二十六人詩一百三十二首。各有小傳，敘其大略，且拈提其警句，而議論文辭皆凡鄙。

馬端臨《文獻通考・經籍考・總集》《中興間氣集》三卷。

《宋史・藝文志・總集類》 高仲武《中興間氣集》二卷。錢起、張衆甫等詩。

楊士奇等《文淵閣書目・詩詞》《唐中興間氣集》。一部，一册。闕。

高儒《百川書志・總集》《中興間氣集》。唐渤海高仲武選二十六人，各有傳敘，詩一百五十二首。

徐𤊹《徐氏家藏書目・總詩類》《中興間氣集》一卷。

毛晉《汲古閣書跋》《中興間氣集》。余家藏《中興間氣集》，凡三本，俱逸五人評語，勉爾攷訂就梨，殊未快也。

錢謙益等《絳雲樓書目・唐詩類》 高仲武《中興間氣集》。二卷。唐肅宗時編集，集中不載供奉詩。

錢曾《讀書敏求記・總集》《中興間氣集》二卷。渤海高仲武。自至德元首，終大曆暮年。採二十六人詩，總一百三十二首，命曰《中興間氣集》。每人冠以小序，鑒公衡平，果自鄶以下，非所敢隸焉。此本從宋刻摹寫，字句絶佳。

《四庫提要・總集類一》《中興間氣集》二卷。江蘇巡撫採進本。唐高仲武編。

錢東垣等輯《崇文總目・總集類下》《中興間氣集》一卷。高仲武編。

黄丕烈《蕘圃藏書題識・集類》《中興間氣集》二卷。明刻本。崇禎己卯春中，得趙玄度鈔宋本，較增於空居閣馮舒。嘉慶癸亥秋，得一鈔本，與馮校本大同而小異，因用墨筆手校一過。然卷中先有墨筆校者，故每於校處鈐江夏印章別之。所最異者，李嘉祐末一首及戴叔倫之或作七首，或作二首耳。蕘翁黄丕烈記。

詩甲集　詩乙集

《宋史・藝文志・總集類》 高仲武《詩甲集》五卷，《詩乙集》五卷。

極玄集

《新唐書・藝文志・總集類》 姚合《極玄集》一卷。

鄭樵《通志・藝文略・詩總集》《極玄集》一卷。唐姚合集。

尤袤《遂初堂書目・別集類》 姚合《極玄集》。

陳振孫《直齋書録解題・總集類》《極玄集》一卷。唐姚合集王維至戴叔倫二十一人詩一百首，曰：「此詩家射鵰手也。」

馬端臨《文獻通考・經籍考・總集》《極玄集》一卷。

《宋史・藝文志・總集類》 姚合《極玄集》一卷。

楊士奇等《文淵閣書目・詩詞》《唐詩極玄集》。一部，二册。闕。

高儒《百川書志・總集》《極玄集》二卷。唐諫議大夫姚合纂，自題云「此詩家射鵰手也」。凡二十一人，詩百首。今缺一首。

徐𤊹《徐氏家藏書目・總詩類》《極玄集》二卷。

毛晉《汲古閣書跋》《極玄集》。按：武功自題云「此皆詩家射鵰手也」。凡廿一人，共百首，今已缺其一。吉光片羽，良可惜也。

錢謙益等《絳雲樓書目・唐詩類》 姚合《極玄集》。一卷。此集李、杜詩皆不入選。

《四庫提要・總集類一》《極玄集》二卷。江蘇巡撫採進本。唐姚合編。

錢東垣等輯《崇文總目・總集類下》《極玄集》一卷。姚合編。

張金吾《愛日精廬藏書續志·總集類》《唐詩極玄》二卷。秦氏酉巖手抄本。張趙然藏書。唐諫議大夫姚合纂。宋白石先生姜夔點。板心有「又元齋」三字。

極玄律詩例

鄭樵《通志·藝文略·總集》《極玄律詩例》一卷。

錢東垣等輯《崇文總目·總集類下》《極玄律詩例》一卷。

垂風集

鄭樵《通志·藝文略·總集》《垂風集》十卷。采張籍等十人詩。

《宋史·藝文志·總集類》《垂風集》一卷。

錢東垣等輯《崇文總目·總集類下》《垂風集》十卷。張籍等撰。

搜玉集

《新唐書·藝文志·集録總集類》《搜玉集》十卷。

鄭樵《通志·藝文略·總集》《搜玉集》十卷。唐人集當時詩。

《宋史·藝文志·總集類》《搜玉集》一卷。唐崔湜至融，凡三十七人，集者不知名。

錢東垣等輯《崇文總目·總集類下》《搜玉集》十卷。

搜玉小集

陳振孫《直齋書録解題·總集類》《搜玉小集》一卷。自崔湜至崔融三十七人，詩六十一首。

馬端臨《文獻通考·經籍考·總集》《搜玉小集》一卷。

高儒《百川書志·總集》《搜玉小集》一卷。自崔湜至崔融三十七人，詩止六十三首，内五人並多一百四人詩缺，尚當考之。

范邦甸等《天一閣書目·總集類》《搜玉小集》一卷。刊本。唐崔湜、韓休等三十七人，共六十三首。

徐𤊹《徐氏家藏書目·總詩類》《搜玉小集》一卷。

毛晉《汲古閣書跋》《搜玉小集》。按：《通志》、《通攷》俱云：《搜玉》一集，迺唐人選當時名士詩。俱不載何人部署。共計三十七人，詩六十三首。第其中先後不倫，彼此相混，如玄成諸君子，互虛一二；而延清輩，又各浮二三。甚者名存詩逸，胡鵠三人，更可訝也。間閲《唐紀事》諸書，洎宋元舊册，因攷其世次，稍及章句，如《十五嫁王昌》一首，北海叱爲小兒無禮，至今咄咄逼人，久混崔澄瀾，司勛氏寧不叫屈。洵如此類，未及悉舉。若迺「張泫」誤「張炫」，「徐晶」誤「徐皛」，其諸姓氏隨點次釐正，謹列目次於首，以俟覽古者再加詳焉。

錢謙益等《絳雲樓書目·唐詩類》《搜玉小集》一册。一卷，自崔湜至崔融，三十七人，詩六十一首。

《四庫提要·總集類一》《搜玉小集》一卷。江蘇巡撫採進本。不著編輯者名氏。鄭樵《通志》已載之，則其來舊矣。舊目題「凡三十七人，詩六十三首」，此本但三十四人，詩六十二首，蓋毛晉重刊所釐定。所注考證頗詳，然胡鵠等三人有録無詩，晉并删其姓氏，已非闕疑存舊之意。又人闕其三，而詩僅闕其一，不足分配三人，必有一人之詩溷於他人名下矣，則所訂亦未確也。其次第爲晉所亂，不可復考。既不以人敘，又不以體分，編次參差，重出疊見，莫能得其體例。徒以源出唐人，聊存舊本云爾。

奇章集

《新唐書·藝文志·總集類》《奇章集》四卷。

鄭樵《通志·藝文略·總集》《奇章集》四卷。

馬端臨《文獻通考·經籍考·總集》《奇章集》四卷。《中興藝文志》：集唐李林甫至崔湜百餘家詩奇警者，集者不知名。

《宋史·藝文志·總集類》《奇章集》四卷。李林甫至崔湜百餘家詩。

錢東垣等輯《崇文總目·總集類下》《奇章集》四卷。

連壁詩集

鄭樵《通志・藝文略・總集》《連壁詩集》三十二卷。檀溪子道民集。

《宋史・藝文志・總集類》檀溪子道民《連壁詩集》三十二卷。

錢東垣等輯《崇文總目・總集類下》《連壁詩集》三十二卷。檀溪子道民編。

抒情集

《新唐書・藝文志・總集類》盧瓌《抒情集》二卷。

鄭樵《通志・藝文略・總集》《抒情集》二卷。唐盧瓌集。

《宋史・藝文志・總集類》盧瓌《抒情集》二卷。

錢東垣等輯《崇文總目・總集類下》《抒情集》二卷。盧瓌編。

本事詩　續本事詩

《新唐書・藝文志・總集類》孟啓《本事詩》一卷。

鄭樵《通志・藝文略・詩總集》《本事詩》一卷。唐孟棨集。《續本事詩》二卷。

晁公武《郡齋讀書志・總集類》《本事詩》一卷。右唐孟棨纂歷代詞人緣情感事之詩，叙其本事，凡七類。《續本事詩》二卷。右僞吴處常子撰。未詳其人。自有序云：「比覽孟初中《本事詩》，輒搜篋中所有，依前題七章，類而編之。」然皆唐人詩也。

陳振孫《直齋書録解題・總集類》《本事詩》一卷。案：《唐書・藝文志》作一卷。原本作十卷，誤。今改正。唐司勳郎中孟啓集。

馬端臨《文獻通考・經籍考・總集》《本事詩》一卷。《續本事詩》二卷。

《宋史・藝文志・總集類》孟啓《本事詩》一卷。《續本事詩》二卷。

錢謙益等《絳雲樓書目・唐詩類》《本事詩》。一卷。唐孟棨，字初中。

錢東垣等輯《崇文總目・總集類下》《本事詩》一卷。孟啓編。

唐御覽詩

陳振孫《直齋書録解題・總集類》《唐御覽詩》一卷。唐翰林學士令狐楚纂劉方平而下迄於梁鍠凡三十人，詩二百八十九首。一名《唐新詩》，又名《選進集》，又名《元和御覽》。

馬端臨《文獻通考・經籍考・總集》《唐御覽詩》一卷。

楊士奇等《文淵閣書目・詩詞》《唐御覽詩》。一部，一册。闕。

張萱等《内閣藏書目録・總集》《御覽詩集》。唐元和學士令狐楚奉敕編集。凡三十人，共詩二百八十九首，皆近體也。宋陸游有跋。

錢謙益等《絳雲樓書目・唐詩類》《唐御覽詩》一卷。凡三十人，二百八十九首，元和學士令狐楚集，一名《元和御覽詩》。

毛晉《汲古閣書跋》《御覽詩》。唐至元和間，風會幾更。章武帝命采新詩備覽，學士彙次名流，選進妍艷短章三百有奇。至今缺軼頗多，已無稽攷，間有頓易原題、新綴舊幅者。無過集「柔翰」以對「宸嚴」，此令狐氏引嫌避諱之微旨也。寧曰改竄以立異，覽斯集者，當自得之。

《四庫提要・總集類一》《唐御覽詩》一卷。江蘇巡撫採進本。一名《唐歌詩》，一名《選進集》，一名《元和御覽》。唐令狐楚編。

黄丕烈《蕘圃藏書題識・集類》《唐御覽詩》一卷。鈔校本。此《唐御覽詩》爲寒山趙靈均所校，而箋注其異同者，非復本書舊觀矣。

纂雜詩

《宋史・藝文志・總集類》令狐楚《纂雜詩》一卷。

唐詩

《新唐書・藝文志・集録總集類》李戡《唐詩》三卷。

鄭樵《通志・藝文略・總集》《唐詩》三卷。李戡集。

楊士奇等《文淵閣書目・詩詞》《唐詩》。一部，七册。闕。

唐詩類選

《新唐書・藝文志・集録總集類》顧陶《唐詩類選》二十卷。大中校書郎。

鄭樵《通志・藝文略・總集》《唐詩類選》二十卷。唐顧陶集。

尤袤《遂初堂書目・總集類》《唐詩類選》。

陳振孫《直齋書録解題・總集類》《唐詩類選》二十卷。唐太子校書郎顧陶集。凡一千二百三十二首。自爲序，大中丙子歲也。陶，會昌四年進士。

馬端臨《文獻通考・經籍考・總集》《唐詩類選》二十卷。

《宋史・藝文志・總集類》顧陶《唐詩類選》二十卷。

錢謙益等《絳雲樓書目・唐詩類》《唐詩類選》。《唐詩類選》，唐顧陶大中丙子歲編，凡二十卷。

錢東垣等輯《崇文總目・總集類下》《唐詩類選》二十卷。顧陶編。

續古今詩集

《宋史・藝文志・總集類》僧玄鑒《續古今詩集》三卷。

又玄集　續集

鄭樵《通志・藝文略・總集》《江南續又玄集》十卷，劉吉編。《又玄集》一卷。僞蜀韋莊集。《江南續又玄集》十卷。僞唐劉吉集。

尤袤《遂初堂書目・總集類》《唐又玄集》。

《宋史・藝文志・總集類》韋莊《採玄集》一卷。韋莊《又玄集》三卷。劉吉《江南續又玄集》二卷。

錢東垣等輯《崇文總目・總集類下》《又玄集》一卷，韋莊編。

擬玄類集

鄭樵《通志・藝文略・總集》《擬玄集》十卷。梁陳康圖集。

《宋史・藝文志・總集類》陳匡圖《擬玄類集》十卷。

錢東垣等輯《崇文總目・總集類下》《擬玄類集》十卷。陳康圖編。

詩　纂

鄭樵《通志・藝文略・總集》《詩纂》三卷。梁陳康圖集。

錢東垣等輯《崇文總目・總集類下》《詩纂》三卷。陳康圖編。

文選後名人詩

《宋史・藝文志・總集類》《文選後名人詩》九卷。

觀光集

鄭樵《通志・藝文略・總集》臨沂子《觀光集》三卷。梁王轂集禮部所投詩卷。

錢東垣等輯《崇文總目・總集類下》臨沂子《觀光集》三卷。王轂編。

資吟集

鄭樵《通志・藝文略・總集》《資吟集》五卷。梁鍾安禮集。

《宋史・藝文志・總集類》 鍾安《禮資吟》五卷。

錢東垣等輯《崇文總目・總集類下》 《資吟集》五卷。鍾安禮編。

正風集

鄭樵《通志・藝文略・總集》 《正風集》十卷。集唐人詩。

錢東垣等輯《崇文總目・總集類下》 《正風集》十卷。

國風總類

鄭樵《通志・藝文略・總集》 《國風總類》五十卷。王仁裕集。

錢東垣等輯《崇文總目・總集類下》 《國風總類》五十卷。王仁裕編。

顧櫰三《補五代史藝文志・聲樂類》 《國風總類》五十卷。王仁裕撰。

才調集

鄭樵《通志・藝文略・總集》 《才調集》十卷。唐韋縠集。

尤袤《遂初堂書目・總集類》 《唐才調集》。

陳振孫《直齋書録解題・總集類》 《才調集》十卷。後蜀韋縠集唐人詩。

馬端臨《文獻通考・經籍考・總集》 《才調集》十卷。

《宋史・藝文志・總集類》 韋縠《唐名賢才調詩集》十卷。

毛晉《汲古閣書跋》 《才調集》。

錢謙益等《絳雲樓書目・唐詩類》 《才調集》。十卷。唐韋縠集。

錢曾《讀書敏求記・總集》 《才調集》十卷。余藏《才調集》三：一是陳解元書棚宋槧本，一是錢復真家藏書鈔本，一是影寫陳解元書棚本。閒嘗論之。韋縠選此集，每卷簡端題「古律雜歌詩一百首」，概絶句于律詩中。南宋人不復解此，今之詩家并不知絶句是律矣。格律之間，溯流窮源，未免有詩亡之歎。

《四庫提要・總集類一》 《才調集》十卷。江蘇巡撫採進本。蜀韋縠編。

錢東垣等輯《崇文總目・總集類下》 《才調集》十卷。韋縠編。

天歸集

鄭樵《通志・藝文略・詩總集》 《天歸集》十卷。唐韋縠集。

備遺綴英

鄭樵《通志・藝文略・總集》 《備遺綴英》二十卷。僞蜀王承範集。

《宋史・藝文志・總集類》 陳正圖《備遺綴英集》二十卷。

錢東垣等輯《崇文總目・總集類下》 《備遺綴英》二十卷。王承範編。

洞天集

陳振孫《直齋書録解題・總集類》 《洞天集》五卷。漢王貞範集道家、神仙、隱逸詩篇。漢乾祐中也。

馬端臨《文獻通考・經籍考・總集》 《洞天集》五卷。

《宋史・藝文志・總集類》 王貞範《洞天集》五卷。

煙花集

陳振孫《直齋書録解題・總集類》 《煙花集》五卷。蜀後主王衍集艷詩二百篇，且爲之序。

馬端臨《文獻通考・經籍考・總集》 《煙花集》五卷。

唐人選唐詩

毛晉《汲古閣書跋》《唐人選唐詩》。《唐人選唐詩》約十種餘，予數載遍搜，僅得八冊。或選聲而奏丹陛，或別調而祕青緗，或流美於既湮，或表章於復振，三百年來風運文流，已大備於斯編。凡百類選，盈案溢篋，俱可束之高閣矣。至有一人一詩，錯見更張，不過作者郵瓢相示，偶定推敲，選者甲乙遞衡，微商思息，固無俟炫異標新，亦何必強同而畫一。若乃癡龍未辨，漫易刑天者，恐不能無愧於鼎來，更有《南薰》、《又玄》諸集，姑俟續刻。

張之洞《書目答問・總集》《唐人選唐詩》八種。汲古閣本。《國秀集》二卷，《篋中集》一卷，《御覽詩》一卷，《極元集》一卷，《中興間氣集》二卷，《河嶽英靈集》三卷，《搜玉小集》一卷，《才調集》十卷。

初唐四傑集

張之洞《書目答問・別集》《初唐四傑集》。唐王勃、楊炯、盧照鄰、駱賓王。通行本。《王子安集》十六卷，《盈川集》十卷，《盧昇之集》七卷、附録一卷，《駱丞集》四卷。

名賢絶句

鄭樵《通志・藝文略・總集》《名賢絶句詩》一卷。並唐人詩。

錢東垣等輯《崇文總目・總集類下》《名賢絶句》一卷。

唐襍詩

《宋史・藝文志・總集類》《唐雜詩》一卷。〔集者不知名。〕

錢東垣等輯《崇文總目・總集類下》《襍詩》一卷。

唐集賢院詩

《新唐書・藝文志・總集類》《集賢院壁記詩》二卷。

鄭樵《通志・藝文略・總集》《唐集賢院壁記詩》二卷。

《宋史・藝文志・總集類》《唐集賢院詩集》二卷。又《集賢院諸廳壁記》二卷。李吉甫、武元衡、常袞題詠集。

錢東垣等輯《崇文總目・總集類下》《集賢院詩》二卷。

丹陽集

《新唐書・藝文志・總集類》殷璠《丹陽集》一卷。

鄭樵《通志・藝文略・總集》《丹陽集》一卷。唐殷璠集。

尤袤《遂初堂書目・總集類》《丹陽集》。又《別集類》殷璠《丹陽集》。

《宋史・藝文志・總集類》殷璠《丹陽集》一卷。又《別集類》商璠《丹陽集》一卷。

錢東垣等輯《崇文總目・總集類下》《丹陽集》一卷。殷璠編。又《別集類三》《丹陽集》一卷。

留題惑山詩

鄭樵《通志・藝文略・詩總集》《留題惑山詩》一卷。

錢東垣等輯《崇文總目・總集類下》《留題惑山詩》一卷。

九華山録

鄭樵《通志・藝文略・總集》《九華山録》一卷。唐僧應物集。

錢東垣等輯《崇文總目・總集類下》《九華山録》一卷。僧應物。

高氏三宴詩集　附香山九老詩

《四庫提要・總集類一》《高氏三宴詩集》三卷，附《香山九老詩》一卷。江蘇巡撫採進本。唐高正臣編。所載皆同人會宴之詩，以一會爲一卷，各冠以序。一爲陳子昂，一爲周彦暉，一爲長孫正隱，三會正臣皆預，故彙而編之。與宴者凡二十一人。

二皇甫集

《四庫提要・總集類一》《二皇甫集》七卷。江蘇蔣曾瑩家藏本。唐皇甫冉、皇甫曾兄弟合集也。

丁丙《善本書室藏書志・總集類》《二皇甫集》五卷。明活字本。明河中劉潤之輯《二皇甫集》七卷，王廷相序，楊慎跋。冉字茂政，丹陽人。天寶十五載進士，官至左補闕。曾字孝常，天寶十二載進士，官至監察御史。獨孤及序稱：「麗藻競爽，盛名相亞。」此活字本。《冉集》三卷，《曾集》二卷。有「有竹人家」一印。

峴山唱詠集

《新唐書・藝文志・總集類》《峴山唱詠集》八卷。

鄭樵《通志・藝文略・總集》《峴山唱詠集》八卷。

斷金集

《新唐書・藝文志・總集類》《斷金集》一卷。李逢吉、令狐楚唱和。

鄭樵《通志・藝文略・詩總集》《斷金集》一卷。李逢吉、令狐楚酬唱。

晁公武《郡齋讀書志・總集類》《斷金集》一卷。右唐令孤楚輯其與李逢吉酬唱詩什。開成初，裴夷直序之。又《别集類中》《斷金集》一卷。右唐李逢吉、令狐楚自未第至貴顯所唱和詩也。後逢吉卒，楚編次之，得六十餘篇。裴夷直名曰《斷金集》，爲之序。

陳振孫《直齋書録解題・總集類》《斷金集》一卷。唐令狐楚、李逢吉自爲進士以至宦達所與唱酬之詩。開成初裴夷直爲之序。

馬端臨《文獻通考・經籍考・總集》《斷金集》一卷。又《詩集》、《斷金集》一卷。

《宋史・藝文志・總集類》令狐楚《斷金集》一卷。

錢東垣等輯《崇文總目・總集類下》《斷金集》一卷。李逢吉、令狐楚撰。

浙東聯句集

《新唐書・藝文志・總集類》《大曆年浙東聯唱集》二卷。

鄭樵《通志・藝文略・總集》《大曆年浙東聯唱集》二卷。

尤袤《遂初堂書目・總集類》《大曆浙東聯句》。

《宋史・藝文志・總集類》《大曆浙東酬唱集》一卷。

錢東垣等輯《崇文總目・總集類下》《浙東聯句集》二卷。李逢吉、令狐楚撰。

彭陽唱和集

《新唐書・藝文志・總集類》《彭陽唱和集》三卷。令狐楚、劉禹錫。

鄭樵《通志・藝文略・總集》《彭陽唱和集》三卷。

《宋史・藝文志・總集類》劉禹錫《彭陽唱和集》二卷。又《彭陽唱和後集》一卷。

劉白唱和集

《新唐書・藝文志・總集類》《劉白唱和集》三卷。劉禹錫、白居易。

鄭樵《通志・藝文略・總集》《劉白唱和集》三卷。

《宋史・藝文志・總集類》《劉白唱和集》三卷。

錢東垣等輯《崇文總目・總集類下》《劉白唱和集》一卷。劉禹錫、白居易撰。

元白三州唱和詩

《新唐書・藝文志・總集類》《三州唱和集》一卷。元稹、白居易、崔玄亮。

鄭樵《通志・藝文略・總集》《元白三州唱和集》一卷。

錢東垣等輯《崇文總目・總集類下》《元白三州唱和詩》一卷。元稹、白居易、崔元亮撰。

元和唱和集　繼和集

《新唐書・藝文志・總集類》《元白繼和集》一卷。元稹、白居易。

鄭樵《通志・藝文略・總集》《元白繼和集》一卷。

錢東垣等輯《崇文總目・總集類下》《元和唱和集》一卷。

杭越寄和詩集

鄭樵《通志・藝文略・詩總集》《杭越寄和詩》一卷。

《宋史・藝文志・總集類》元稹、白居易、李諒《杭越寄和詩集》一卷。

汝洛集

《新唐書・藝文志・總集類》《汝洛集》一卷。裴度、劉禹錫唱和。

鄭樵《通志・藝文略・總集》《汝洛集》一卷。

《宋史・藝文志・總集類》劉禹錫《汝洛唱和集》三卷。

洛中集

《新唐書・藝文志・總集類》《洛中集》七卷。

鄭樵《通志・藝文略・總集》《洛中集》七卷。

《宋史・藝文志・總集類》《洛中集》一卷。

吴蜀集

《新唐書・藝文志・總集類》《吴蜀集》一卷。劉禹錫、李德裕唱和。

鄭樵《通志・藝文略・總集》《吴蜀集》一卷。

《宋史・藝文志・總集類》劉禹錫《吴蜀集》一卷。

壽陽唱詠集

《新唐書・藝文志・總集類》裴均《壽陽唱詠集》十卷。

鄭樵《通志・藝文略・總集》裴均《壽陽唱詠集》十卷。

渚宫唱和集

《新唐書・藝文志・總集類》〔裴均〕《渚宫唱和集》二十卷。

鄭樵《通志・藝文略・總集》裴均《渚宫唱和集》二十卷。

荆潭唱和集

《新唐書・藝文志・總集類》《荆潭唱和集》一卷。

鄭樵《通志・藝文略・總集》《荆潭唱和集》一卷。

盛山唱和集

《新唐書・藝文志・總集類》《盛山唱和集》一卷。

鄭樵《通志・藝文略・總集》《盛山唱和集》一卷。

荆夔唱和集

《新唐書・藝文志・總集類》《荆夔唱和集》一卷。

鄭樵《通志・藝文略・總集》《荆夔唱和集》一卷。

僧廣宣與令狐楚唱和

《新唐書・藝文志・總集類》《僧廣宣與令狐楚唱和》一卷。

鄭樵《通志・藝文略・總集》《僧廣宣與令狐楚唱和》一卷。

名公唱和集

《新唐書・藝文志・總集類》《名公唱和集》二十二卷。

鄭樵《通志・藝文略・總集》《唐名公唱和集》二十二卷。

《宋史・藝文志・總集類》《名公唱和集》四卷。

詶唱集

《新唐書・藝文志・總集類》僧靈徹《詶唱集》十卷。大曆至元和中名人。

鄭樵《通志・藝文略・總集》僧靈徹《酬唱集》十卷。

松陵集

《新唐書・藝文志・總集》《松陵集》十卷。皮日休、陸龜蒙唱和。

鄭樵《通志・藝文略・詩總集》《松陵集》十卷。皮日休與陸龜蒙酬唱，松陵乃吴江地名。

晁公武《郡齋讀書志・總集類》《松陵集》十卷。右唐皮日休與陸龜蒙酬唱詩，凡六百五十八首。龜蒙編次之，日休爲序。松陵者，平江地名也。

尤袤《遂初堂書目・别集類》《松陵唱和集》。

陳振孫《直齋書録解題・總集類》《松陵集》十卷。唐皮日休、陸龜蒙吴淞倡和詩也。

馬端臨《文獻通考・經籍考・總集》《松陵集》十卷。

《宋史・藝文志・總集類》皮日休《松陵集》十卷。

都穆《南濠居士文跋》卷一《松陵集》。古松陵即今之吴江。余同濟寧劉君濟民來爲邑令，謂是集爲其邑故物，而人未之見，割俸刻之。

楊士奇等《文淵閣書目・文集》《松陵集》。一部，二册。完全。皮日休《松陵集》。一部，二册。殘缺。

高儒《百川書志・集》《松陵集》十卷。前進士皮日休、鄉貢進士陸龜蒙一歲之中唱和聯句及時賢之作也。通載詩六百八十五首。

徐𤊹《徐氏家藏書目・文集類》《皮陸松陵唱和集》十卷。

張萱等《内閣藏書目録・集部》《松陵集》一册，不全。唐陸龜蒙、皮日休唱和詩，闕上册。

張萱等《内閣藏書目録・雜部》《松陵集》二册。全。唐陸龜蒙、皮日休往還唱和詩也。日休編次，而以南陽廣文鄭璧、隴西侍御張賁及吴中名士諸詩附焉。凡十卷。

錢謙益等《絳雲樓書目・唐詩類》《松陵集》。十卷。皮陸倡和詩。

毛扆《汲古閣書跋》《松陵集》。嘗攷皮襲美《文藪》及陸魯望《笠澤叢書》，俱不載唱和詩。蓋因襲美從事郡牧，與魯望酬贈，積成十通，别爲一册，名曰「松陵」，爲吴中一時佳話爾。

錢曾《讀書敏求記・總集》《松陵集》十卷。從來唱和之作，無有如魯望、襲美驚心動魄，富有日新者，真所謂凌轢波濤，穿穴險固，囚瑣怪異，破碎陣敵，卒造平淡而後已。

《四庫提要・總集類一》《松陵集》十卷。編修汪如藻家藏本。唐皮日休、陸龜蒙等倡和之詩。考卷端日休之序，則編而成集者龜蒙，題集名者日休也。龜蒙有《耒耜經》，日休有《文藪》，皆已著録。依韻倡和，始於北魏王肅夫婦。至唐代，盛於元、白，而極於皮、陸。

錢東垣等輯《崇文總目・總集類下》《松陵集》十卷。皮日休、陸龜蒙撰。

黄丕烈《蕘圃藏書題識再續録・集類》《松陵集》十卷。校本。斧季手校此書，極爲精細。此本予甲寅九月所摹也。原本藏小讀書堆中，有抱沖記録何仲子跋語。

顧廣圻《思適齋書跋・集部》《松陵集》十卷。毛斧季、陸敕先校汲古閣本。

漢上題襟集

《新唐書・藝文志・總集類》《漢上題襟集》十卷。段成式、温庭筠、余知古。

鄭樵《通志・藝文略・詩總集》《漢上題襟集》十卷。段成式、温庭筠、余知古酬答詩牋。

晁公武《郡齋讀書志・總集類》《漢上題襟集》十卷。右唐段成式輯其與温庭筠、余知古酬和詩筆牋題。

陳振孫《直齋書録解題・總集類》《漢上題襟集》三卷。唐段成式、温庭筠、逢皓、案：《文獻通攷》作崔皎，無逢皓。余知古、韓蟾、徐商等倡和詩什、往來簡牘。蓋在襄陽時也。

馬端臨《文獻通考・經籍考・總集》《漢上題襟集》三卷。

《宋史・藝文志・總集類》段成式《漢上題襟》十卷。

楊士奇等《文淵閣書目・詩詞》《唐漢上題襟集》。一部，一册。完全。

錢東垣等輯《崇文總目・總集類下》《漢上題襟集》十卷。段成式、温庭筠、余知古撰。

前輩題詠詩

鄭樵《通志・藝文略・總集》《前輩詠題詩集》二卷。采唐開元至大中以來詠題之詩三百五十篇。

《宋史・藝文志・總集類》張爲《前輩詠題詩》三卷。

錢東垣等輯《崇文總目・總集類下》《前輩題詠詩》二卷。張爲編。

唐僧詩

陳振孫《直齋書録解題・總集類》《唐僧詩》三卷。吴僧法欽集唐僧三十四人詩二百餘篇。楊傑次公爲之序。

馬端臨《文獻通考・經籍考・總集》《唐僧詩》三卷。

唐五僧詩

鄭樵《通志・藝文略・總集》《唐五僧詩》一卷。鴻漸等。

錢東垣等輯《崇文總目・總集類下》《五僧詩》一卷。

唐十哲僧詩

鄭樵《通志・藝文略・詩總集》《唐十哲僧詩》一卷。清江等。

瑶池新詠

《新唐書・藝文志・總集類》蔡省風《瑶池新詠》二卷。集婦人詩。

鄭樵《通志・藝文略・總集》《瑶池新詠》三卷。唐蔡省風集唐婦人所作。

晁公武《郡齋讀書志・總集類》《瑶池新集》一卷。右唐蔡省風集唐世能詩婦人李季蘭、程長文二十三人題詠一百十五首，各爲小序，以冠其首，且總爲序。

尤袤《遂初堂書目・總集類》《瑶池集》。

馬端臨《文獻通考・經籍考・總集》《瑶池新集》一卷。

《宋史・藝文志・總集類》蔡省風《瑶池集》二卷。又蔡省風《瑶池集》一卷。

錢東垣等輯《崇文總目・總集類下》《瑶池新詠》二卷。蔡省風編。

薛濤李冶詩集

《四庫提要・總集類一》《薛濤李冶詩集》二卷。編修汪如藻家藏本。薛濤，蜀中妓。李冶，烏程女道士。濤與元稹相倡和，冶亦嘗與劉禹錫游，皆中唐人也。

道林寺詩

《新唐書・藝文志・總集類》袁皓集《道林寺詩》二卷。

鄭樵《通志・藝文略・總集》《道林寺詩》二卷。唐袁皓集。

錢東垣等輯《崇文總目・總集類下》《道林寺詩》二卷。袁皓編。

虎丘題真娘墓詩

鄭樵《通志・藝文略・詩總集》《虎丘寺題真娘墓詩》一卷。唐劉禹錫等二十三人。

錢東垣等輯《崇文總目・總集類下》《虎丘題真娘墓詩》一卷。劉禹錫等三十二人撰。

諸朝彦過顧況宅賦詩

鄭樵《通志・藝文略・詩總集》《諸朝彦過顧況宅賦詩》一卷。

錢東垣等輯《崇文總目・總集類下》《諸朝彦過顧況宅賦》一卷。

道途雜題詩

鄭樵《通志・藝文略・詩總集》《道途雜題詩》一卷。采唐人道塗間詩。

錢東垣等輯《崇文總目・總集類下》《道途雜題詩》一卷。

賀監歸鄉詩集

鄭樵《通志・藝文略・詩總集》《賀監歸鄉詩集》一卷。

《宋史・藝文志・總集類》《賀鑑歸鄉集》一卷。

送邢桂州詩

《宋史・藝文志・總集類》 蕭昕《送邢桂州詩集》一卷。

謝亭詩

鄭樵《通志・藝文略・詩總集》 《謝亭詩》一卷。唐李遜鎮襄陽，以所送行詩筆於襄陽謝亭。

《宋史・藝文志・總集類》 許孟容《謝亭詩集》一卷。

錢東垣等輯《崇文總目・總集類下》 《謝亭詩》一卷。李遜編。

送毛仙翁詩集

《宋史・藝文志・總集類》 《送毛仙翁詩集》一卷。牛僧孺、韓愈等贈。

送白監歸東都詩

鄭樵《通志・藝文略・詩總集》 《送白監歸東都詩》一卷。

《宋史・藝文志・總集類》 《送白監歸東都詩》一卷。

九老詩

鄭樵《通志・藝文略・詩總集》 《九老詩》一卷。

梁詞人麗句

陳振孫《直齋書録解題・總集類》 《梁詞人麗句》一卷。唐李商隱集梁明帝蕭巋而下十五人詩并鬼詩、童謡。

馬端臨《文獻通考・經籍考・總集》 《梁詞人麗句》一卷。

泉山秀句集

《新唐書・藝文志・總集類》 黄滔《泉山秀句集》三十卷。編閩人詩，自武德盡天祐末。

宜陽集

《新唐書・藝文志・總集類》 劉松《宜陽集》六卷。松，字穉美，袁州人。集其州天寶以後詩四百七十篇。

鄭樵《通志・藝文略・總集》 《宜陽集》六卷。五代劉松集其里中人之所作。

《宋史・藝文志・總集類》 劉松《宜陽集》十卷。

錢東垣等輯《崇文總目・總集類下》 《宜陽録》六卷。劉松編。

桂香集

《宋史・藝文志・總集類》 《桂香集》六卷。

中書省試詠題詩

鄭樵《通志·藝文略·總集》《中書省試詠題詩》一卷。集唐中元以來中書所試詩筆。

錢東垣等輯《崇文總目·總集類下》《中書省試詠題詩》一卷。

唐省試詩集

《宋史·藝文志·總集類》《唐省試詩集》三卷。

禊題詩

錢東垣等輯《崇文總目·總集類下》《禊題詩》一卷。

禊編類詩集

錢東垣等輯《崇文總目·總集類下》《禊編類詩集》二十卷。

桂香詩

《宋史·藝文志·總集類》喬舜《桂香詩》一卷。

陸海

《宋史·藝文志·總集類》《陸海》六卷。〔集者不知名。〕

李氏花萼集

《新唐書·藝文志·總集類》《李氏花萼集》二十卷。李乂、尚一、尚貞。

鄭樵《通志·藝文略·總集》《李氏花萼集》二十卷。

韋氏兄弟集

《新唐書·藝文志·總集類》《韋氏兄弟集》二十卷。韋會、弟弼。

鄭樵《通志·藝文略·總集》《韋氏兄弟集》二十卷。

竇氏聯珠集

《新唐書·藝文志·總集類》《竇氏聯珠集》五卷。竇羣、常、牟、庠、鞏。

鄭樵《通志·藝文略·總集》《竇氏聯珠集》五卷。

陳振孫《直齋書録解題·總集類》《竇氏聯珠集》五卷。唐褚藏言所序竇氏兄弟五人詩。各有小序。曰國子祭酒常中行、國子司業牟貽周、容管經略羣丹列、婺州刺史庠青卿、武昌節度使鞏友封。皆拾遺叔向之子也。五人者，惟羣以處士薦入諫省，庠以辟舉進，餘皆進士科。

馬端臨《文獻通考·經籍考·總集》《竇氏聯珠集》五卷。容齋洪氏《隨筆》曰：《竇氏聯珠序》云：五竇之父叔向，當代宗朝，善五言詩，名冠流輩。

《宋史·藝文志·總集類》《竇氏聯珠集》一卷。

楊士奇等《文淵閣書目・詩詞》《竇氏聯珠》。一部，一册。完全。

毛晉《汲古閣書跋》《竇氏聯珠集》。竇叔向五子，曰常，曰牟，曰羣，曰庠，曰鞏。西江褚藏言輯其詩，各有小序，大略已見矣。但常、牟、庠、鞏皆登第，羣獨夷然不屑，客隱於毘陵。至如齧指置母棺中，及對德宗數語，又五人中傑出者，宜唐史獨著其傳，而兄弟附焉。

錢曾《讀書敏求記・總集》《竇氏聯珠集》一卷。「聯珠」之義，蓋取一家偕列郎曆法五星如聯珠也。凡詩于百首。常，字中行；牟，字貽周；羣，字丹列；庠，字胄卿；鞏，字及封。人各一傳。刊于淳熙五年。此乃影宋本舊鈔也。

于敏中等《天禄琳琅書目・明版集部》《竇氏聯珠集》。一函一册。唐竇常、竇牟、竇羣、竇庠、竇鞏著。五卷。前載《唐書・竇羣本傳》。五人詩前後有小序。後宋張昭識語并詩次，宋和峴記，峴弟嵘署名。又識語一篇。姓氏闕考。《竇氏聯珠集》宋時刻本原已盛行，洪邁《容齋隨筆》及陳振孫《書録解題》俱詳其始末焉。

《四庫提要・總集類一》《竇氏聯珠集》五卷。兩江總督採進本。唐西江褚藏言所輯竇常、竇牟、竇羣、竇庠、竇鞏兄弟五人之詩，人爲一卷。每卷各有小序，詳其始末。

黄丕烈《蕘圃藏書題識續録・集類》《竇氏聯珠集》五卷。舊鈔本。《杏山館聽子規》《詩不備録》。右從宋板補闕一首，係第八葉，諸本皆脱去。宋本每葉十八行，十七字。羽谷齋頭有此鈔本，屬爲補録。復翁記，時嘉慶庚午中秋後七日。

丁丙《善本書室藏書志・總集類》《竇氏聯珠集》五卷。舊鈔本。張芷齋藏書。唐褚藏言所輯。「聯珠」義取一家言，以偕列郎署，法五星如聯珠之意。首竇常，字中行，官國子祭酒。次牟，字貽周，官司業。次羣，字丹列，官容管經略，《唐史》有傳，兄弟附焉。次庠，字胄卿，官婺州刺史。次鞏，字友封，官祕書少監。皆拾遺叔向之子。《唐書・藝文志》著録。末有「戊戌中元前一日，夷門旅舍書」。蓋晉天福三年張昭跋也。又有刑部員外郎兼太常博士和峴記及和題字，時在乾德二年六月。又有淳熙五年四月朝散大夫權知蘄州軍州事北海王崧跋。毛晉嘗刻之於汲古閣。此舊鈔，似在毛氏未刻之先。有「松下藏書」、「張載華印」、「佩兼觀樂生」、「芷齋圖籍」諸印。

廖氏家集

《新唐書・藝文志・總集類》《廖氏家集》一卷。廖光圖，唐末人。

鄭樵《通志・藝文略・總集》《廖氏家集》一卷。唐末廖光圖集其家詩。

錢東垣等輯《崇文總目・總集類下》《廖氏家集》一卷。廖光圖編。

樂府集　題解

陳振孫《直齋書録解題・總集類》《樂府集》十卷，《題解》一卷。題劉次莊。《中興書目》直云「次莊撰」。取前代樂府，分類爲十九門，而各釋其命題之意。

馬端臨《文獻通考・經籍考・總集》《樂府集》十卷，《解題》一卷。

《宋史・藝文志・總集類》朱壽昌《樂府集》十卷。

錢東垣等輯《崇文總目・總集類下》《樂府集》十卷。李壽昌編。

樂府古題要解

《新唐書・藝文志・總集類》劉餗《樂府古題解》一卷。

張之洞《書目答問・總集》《樂府古題要解》二卷。舊題唐吴兢。津逮本、學津本。

周優人曲辭

鄭樵《通志・藝文略・樂類》《周優人曲辭》二卷。

歷代歌

鄭樵《通志・藝文略・樂類》《歷代歌》六卷。

廣玉臺集

《宋史・藝文志・總集類》《廣玉臺集》三十卷。

廣樂府集

《宋史・藝文志・總集類》蔣文彧《廣樂府集》三卷。

雜文

名臣雜文

錢東垣等輯《崇文總目・總集類上》《名臣雜文》二編。

論苑

《宋史・藝文志・總集類》楊協《論苑》十卷。

錢東垣等輯《崇文總目・總集類上》《論苑》十卷。楊協編。

元和制策

《新唐書・藝文志・總集》《元和制策》三卷。元稹、獨孤郁、白居易。

鄭樵《通志・藝文略・策》《元和制策》三卷。賢良元稹、獨孤郁、白居易三人制策。

《宋史・藝文志・總集類》《元和制策》三卷。

錢東垣等輯《崇文總目・總集類上》《元和制策》三卷。元稹、獨孤郁、白居易撰。

古今類聚策苑

《新唐書・藝文志・總集》周仁瞻《古今類聚策苑》十四卷。

鄭樵《通志・藝文略・策》《古今類聚策苑》十四卷。唐周仁瞻集漢、唐制策奏議。

《宋史・藝文志・總集類》周仁瞻《古今類聚策苑》十四卷。

錢東垣等輯《崇文總目・總集類上》《古今類聚策苑》十四卷。周仁瞻編。

五子策林

《新唐書・藝文志・總集》《五子策林》十卷。集許南容而下五人策問。

鄭樵《通志・藝文略・策》《五子策林》十卷。唐許南容等五人策問。

《宋史・藝文志・總集類》許南容《五子策林》十卷。

錢東垣等輯《崇文總目・總集類上》《五子策林》十卷。許南容等五人撰。

禮部策

鄭樵《通志・藝文略・策》《禮部策》十卷。唐白居易應制舉，自著策問，而以禮部試策附于卷末。

《宋史・藝文志・總集類》《禮部策》十卷。

錢東垣等輯《崇文總目・總集類上》《禮部策》十卷。白居易撰。

掌記略　新掌記略　續掌記略

《新唐書・藝文志・總集》李太華《掌記略》十五卷。又《新掌記略》九卷。又林逢《續掌記略》十卷。

鄭樵《通志・藝文略・表章》《掌記略》十五卷。唐李太華集牋奏、表狀、書檄，自晉至唐。又集唐者爲《新掌記》。又《新掌記略》十卷。唐有九卷。又《續掌記略》十卷。唐林逢集。

《宋史・藝文志・總集類》李大華《掌記略》十五卷。又《新掌記略》九卷。又林逢《續掌記略》十五卷。

錢東垣等輯《崇文總目・總集類上》《掌記畧》十五卷。李大華編。《新掌記畧》五卷。李大華編。《續掌記畧》一卷。林逢編。

管記苑

鄭樵《通志・藝文略・表章》《管記苑》十卷。張鉶集。

《宋史・藝文志・總集類》張鉶《管記苑》十卷。

錢東垣等輯《崇文總目・總集類上》《管記苑》十卷。張鉶編。

分門文集

《宋史・藝文志・總集類》《分門文集》十卷。

錢東垣等輯《崇文總目・總集類上》《分門文集》十卷。

代耕心鑒甲乙判

鄭樵《通志・藝文略・案判》《代耕心鑑甲乙判》一卷。唐張南華集唐代諸家判。

錢東垣等輯《崇文總目・總集類上》《代耕心鑑甲乙判》一卷。

王氏神道銘

《新唐書・藝文志・總集類》王方慶《王氏神道銘》二十卷。

國朝哀策文

《新唐書・藝文志・總集類》〔李吉甫〕《國朝哀策文》四卷。

梁大同古銘記

《新唐書・藝文志・總集類》〔李吉甫〕《梁大同古銘記》一卷。

經緯集

鄭樵《通志・藝文略・論》孫珠《經緯集》十五卷。

叢玉集

《宋史・藝文志・總集類》《叢玉集》七十卷。

桂管集

《宋史・藝文志・總集類》李商隱《桂管集》二十卷。

金臺鳳藻集

鄭樵《通志·藝文略·表章》《金臺鳳藻集》五十卷。後梁人作。

金行啓運集

鄭樵《通志·藝文略·表章》《金行啓運集》十卷。僞蜀庾傳昌集。

經緯畧

鄭樵《通志·藝文略·論》《經緯畧》一百卷。僞蜀李昊撰。

文囿集

《宋史·藝文志·總集類》樂瞻《文囿集》十卷。

雜文集

《宋史·藝文志·總集類》《雜文集》二十卷。

遺風集

《宋史·藝文志·總集類》劉從義《遺風集》二十一卷。

短兵集

《宋史·藝文志·總集類》游恭《短兵集》三卷。

唐凌煙閣功臣贊

《宋史·藝文志·總集類》《唐凌煙閣功臣贊》一卷。

宋代分部

詩文

文選菁英

鄭樵《通志·藝文略·總集》《文選菁英》二十四卷。蘇易簡編。

文選類聚

鄭樵《通志·藝文略·總集》《文選類聚》十卷。

《宋史·藝文志·總集類》《文選類聚》十卷。

文選彙聚

鄭樵《通志・藝文略・總集》 《文選彙聚》十卷。

《宋史・藝文志・總集類》 周明辨《文選彙聚》十卷。

文選六臣注

陳振孫《直齋書録解題・總集類》 《六臣文選》六十卷。唐工部侍郎吕延祚開元六年表上，號「五臣集注」。五臣者：常山尉吕延濟、都水使者劉承祖男良、處士張銑、吕向、李周翰也。以李善注惟引事，不説意義，故復爲此注。後人併與李善原注合爲一書，名「六臣注」。東坡謂五臣乃俚儒之荒陋者，反不及善，如謝瞻詩「苛慝暴三殤」，引「苛政猛於虎」，以父與夫爲殤，非是。然此説乃實本於善也。

胡師安等《元西湖書院重整書目・集》 《文選六臣注》。

范邦甸等《天一閣書目・總集類》 梁《昭明文選》六十卷。刊本。梁昭明太子蕭統撰，唐六臣注。明新安潘維時、潘維德校刻。《文選》六十卷。刊本。梁昭明太子撰，唐六臣注。《文選》六十卷。刊本。唐李善暨五臣注。明張伯顔刊。《文選六臣注》六十卷。刊本。明嘉靖己酉吴郡袁生褧校。

徐𤊹《徐氏家藏書目・總集》 《文選六臣注》六十卷。

張萱等《内閣藏書目録・總集部》 《文選》五十八册全。六臣注。

錢謙益等《絳雲樓書目・文總集類》 《六臣注文選》三十卷。袁尚之、田叔禾家皆有翻宋刻本。

于敏中等《天禄琳琅書目・宋版集部》 《六臣注文選》。二函，二十册。梁昭明太子蕭統撰，六十卷。唐李善、吕延濟、劉良、張銑、吕向、李周翰注。前蕭統序，吕延祚《進〈五臣集注文選〉表》，李善《上〈文選注〉表》。是書不載刊刻年月，而大小字皆有顔平原法。按：明董其昌跋《顔真卿書〈送劉太沖序〉》後，有「宋四家書派皆宗魯公」之語，則知北宋人學書，競習顔體，故摹刻者亦以此相尚。其鐫手于整齊之中，寓流動之致，洵能不負佳書。至于紙質如玉，墨光如漆，無不各臻其妙，在北宋刊印中亦爲上品。御題：此書董其昌所稱「與《漢書》、《杜詩》鼎足海内」者也。在元趙孟頫，在明王世貞、董其昌、王穉登、周天球、張鳳翼、汪應婁、王醇、曹子念，並東南之秀，俱有題識。又有國初李楷跋。紙潤如玉，南唐澄心堂法也。字跡精妙，北宋人筆意。《漢書》見在大内，與爲連壁，不知《杜詩》落何處矣。乾隆御識。鈐寶二：曰「乾隆宸翰」，曰「稽古右文之璽」。天禄琳琅中若此者亦不多得。

又《明版集部》 《六家文選》。三函，三十册。梁昭明太子蕭統撰。六十卷。唐李善，吕延濟、劉良、張詵、吕尚、李周翰注。前《蕭統序》，次李善《上〈文選注〉表》，次吕延祚《進〈五臣集注文選〉表》，并國子監奉刊《文選》詔旨。後明袁褧識語。此書槧刻甚精，校勘亦審實，與宋槧同工。序後標「此集精加校正，絶無舛誤，見在廣都縣北門裴宅印賣」。又五十二卷末葉標：「毋昭裔貧時常借《文選》不得，發憤曰：『異日若貴，當版鏤之，以遺學者。』後至宰相，遂踐其言。」并注云：「出《揮塵録》。」此二條宋槧中本有之，係存其舊。其六十卷末葉有「吴郡袁氏善本新雕」隸書木記，則袁褧所自標也。褧識語云「余家藏書百年，見購鬻宋刻本《昭明文選》，有五臣、六臣、李善本，巾箱、白文、大字、小字，殆數十種。家有此本，甚稱精善，而注釋本以六家爲優。因命工翻雕，匡郭字體，未少改易。始於嘉靖甲午，成於己酉，計十六載」云云。其四十四卷末葉標「丁未六月初八日李宗信雕」，五十六卷末葉標「戊申孟夏十三日李清雕」。李宗信、李清，疑皆當日剞劂高手，故自署其名。而「丁未」爲甲午後之十三年，僅刻至四十四卷；「戊申」又丁未後之一年，僅刻至五十六卷。且其成也經十六載，則袁氏之擇工選藝，以求毫髮無憾之意，亦概可見矣。

《六家文選》。六函，六十一册。篇目同前，闕袁褧識語。此即袁褧所刊之版，而四十四卷末葉李宗信之名及五十六卷末葉李清之名，俱被書賈割去，故紙幅均屬接補。袁褧識語亦經私汰，而於六十卷末葉改刊「河東裴氏考訂諸大家善本，命工鍥於宋開慶辛酉季夏，至咸淳甲戌仲春工畢」，并於末一行增刊「把總鍥手曹仁」。其字畫既與前絶不相類，版心墨綫亦參差不齊。且「考訂」「訂」字誤作「金」旁，則僞飾之蹟，顯然畢露矣。

明楚府藏本。闕補卷二，一。卷三，一之四。卷四，二十一。卷六，二十五、二十六。卷十八，十四。卷二十四，八、三十一之三十四。卷二十八，六、八十八。卷二十九，十。卷三十二，五、十七、十八、二十五。卷五十二，九。卷五十四，二十一。卷五十七，九。

《六家文選》。六函，六十一册。篇目同前，闕袁褧識語。此亦前版，而書中所有宋刊、明刊識語、木記，悉經私汰，補痕顯然，樵印亦不及前二部之工。「寶峰主人」收藏印記，未知誰氏。

《六家文選》。十函，六十一册。篇目同前，闕袁褧識語。此書惟存五十二卷後所載《揮麈録》一條，其餘識語、木記皆經割補，而紙質特佳。泰興季氏藏本，印記見前。闕補目録，三十一、三十二。卷三十，三十七。

《六家文選》。六函，六十一册。篇目同前，闕袁褧識語。此書亦存《揮麈録》一條，而六十卷之末，僞刊「奉議郎充提舉茶鹽司幹辦公事臣朱奎奉聖旨廣都縣鏤版，起工於嘉定二年，歲次己巳，畢工於九年壬子臘月」，并標「督工把總惠清」。亦係割去原紙，別刊半葉，黏接於後。且嘉定九年係丙子，而非壬子，則其作僞益顯然矣。闕補表、序、目録。全。

《六家文選》。六函，六十一册。篇目同前，闕袁褧識語。此書亦於卷六十之末葉改刊「河東裴氏考訂」云云，「訂」字并作「金」旁，與前第二部同，其僞製蓋出一人之手也。明袁忠徹藏本印記與前部同。又有「王偉」印。

《六家文選》。六函，六十一册。篇目同前，闕袁褧識語。此書於蕭統序後標「紹聖三年丙子歲臘月十六日祕閣發刊」，又於吕延祚表後列曾布、蔡卞等校正銜名。卷六十後復標「紹聖四年十月十五日太學博士主管文字陳瓘督鐫，匠孫和二等工完」，皆係別刊半幅黏接。而袁氏識語、木記，盡爲割補，紙質印工，并出前後諸部之下。

《六家文選》。六函，六十一册。篇目同前，闕袁褧識語。此書亦將袁氏識語、木記妄爲割補，其卷五十二末葉所有「戊申孟夏十三日李宗信雕」一行，雖於樵印之時，以別紙掩蓋其上，然「十三」兩字墨痕猶隱透行間，依稀可辨，乃版心上方復以「熙寧四年刊」五字別刻木記，逐幅鈐印，抑何其心勞日拙耶？書中有吴寬印記。

《六家文選》。六函，六十一册。篇目同前，闕李善、吕延祚表，袁褧識語。此書惟存蕭統序後「裴宅印賣」一條，其餘識語、木記俱經私汰，實亦吴郡袁氏新版也。其於卷二十四後，乃僞標「嘉祐改元澄心堂刊」八字，而「祐」字誤作「祜」，「改」字「己」旁僞作「巳」，此作僞而益形其陋者。收藏諸印無考。闕補卷四，二十四。卷十，三十五。卷十七，二十五、二十六。卷十八，十三、十四。卷二十，七、八。卷二十四，十一、十二。卷二十五，十一、十二、二十三、二十四。卷二十七，十六、十七。卷二十八，十九、二十。卷二十九，二十三。卷四十一，十三、十四、十七、十八。卷四十四，二十九。卷四十八，十五、十六。卷五十，十一、十二。卷五十四，十。卷五十七，十九、二十。

《六家文選》。六函，六十一册。篇目同前，闕袁褧識語。此書於蕭統序末及卷六十後，僞刊「淳祐二年庚午歲上蔡劉氏刊」隸書木記，字體杜撰，漫無準繩，亦即用袁氏版竄易亂真者。合計此書，共成十部，而作僞者居其九。其閒變易之計，狡獪多端，或假爲汴京所傳，或託之南渡之末，雖由書賈謀利欺人，亦足見袁氏此書樵印精良，實爲一時不易得之本。今登册府者至十部之多，且袁氏所藏宋槧元本已入前宋版書中。七百餘年，後先輝映，猗歟盛矣！「南昌袁氏」收藏印記見前，「武陵華伯子」印無考。闕補卷五，二十一。卷八，二十一。卷十，十一。卷十八，二十一、二十二、二十四。卷二十四，二十九、三十。卷二十八，十六。卷四十一，十四。卷四十三，三十三。卷五十四，三。

《六臣注文選》。六函，六十册。篇目同前，此亦明翻宋槧，而別爲一版，樵刻頗佳。其目録内於昭明、五臣銜名之次割補一行，似是明時刊梓者自署其名，而書賈去之，以售其作僞之術。又於卷六十後刻「河東裴氏考訂」云云，「訂」字亦作「金」旁，且字畫、紙墨判然各異，不能掩也。

《四庫提要・總集類一》《六臣注文選》六十卷。内府藏本。案：唐顯慶中，李善受曹憲《文選》之學，爲之作注。至開元六年，工部侍郎吕延祚復集衢州常山縣尉吕延濟、都水使者劉承祖之子良、處士張（詵）〔銑〕、吕向、李周翰五人，共爲之注，表進於朝。其詆善之短，則曰「忽發章句，是徵載籍，述作之由，何嘗措翰。使復精核注引，則陷於末學；質訪旨趣，則巋然舊文，祇謂攪心，胡爲析理」；其述五臣之長，則曰「相與三復乃詞，周知祕旨，一貫於理，杳測澄懷，目無全文，心無留意，作者爲志，森然可觀」。觀其所言，頗欲排突前人，高自位置。書首進表之末，載高力士所宣口敕，亦有「此書甚好」之語。然唐李匡乂作《資暇集》，備摘其竊據善注，巧爲顛倒，條分縷析，言之甚詳。又姚寬《西溪叢語》詆其注揚雄《解嘲》，不知伯夷、太公爲二老，反駁善注之誤。王楙《野客叢書》詆其誤敘王暕世系，以覽後爲祥後，以曇首之曾孫炎爲曇首之子。明田汝成重刊《文選》，其子藝衡又摘所注《西都賦》之「龍興虎視，東都之乾符坤珍」，《東京賦》之「巨猾閒亹」，《蕪城賦》之「袤廣三墳」諸條。今觀所注，迂陋鄙倍之處，尚不止此。而以空疏臆見輕詆通儒，殆亦韓愈所謂「蚍蜉撼樹」者歟？其書本與善注別行，故《唐志》各著録。黄伯思《東觀餘論》尚譏《崇文總目》誤以五臣注本置李善注本之前。至陳振孫《書録解題》，始有《六臣文選》之目。蓋南宋以來，偶與善注合刻，取便參證。元明至今，遂輾轉相沿，併爲一集，附驥以傳，蓋亦幸矣。然其疏通文意，亦間有可採。唐人著述，傳世已稀，固不必竟廢之也。田氏刊本頗有删改，猶明人竄亂古書之習。此本爲明袁褧所刊。朱彝尊《跋》謂「從宋崇寧五年廣都裴氏本翻雕」，諱字闕筆，尚仍其舊，頗足亂真。惟不題鏤版訖工年月，以是爲别耳。錢曾《讀書敏求記》稱所藏宋本《五臣注》作三十卷，爲不失蕭統之舊，其説與延祚表合。今未見此本。然田氏本及萬曆戊寅徐成位所刻，亦均作三十卷，蓋或合或分，各隨刊者之意。但不改舊文，即爲善本，正不必以卷數多寡定其工拙矣。

彭元瑞等《天禄琳琅書目後編・宋版集部》 《文選》。六函，六十一册。梁昭明太子撰。本三十卷，唐李善注。五臣吕延濟、劉良、張銑、吕向、李周翰再注，分六十卷。前有顯慶三年李善進書表、開元六年吕延祚進書表及遺高力士口宣敕、昭明原序。通部闕筆，嫌名半字，俱極清晰。每卷末列校對、校勘、覆勘銜名，或三人，或四人。其覆勘張之綱，官贛州州學教授；李盛，官贛州司户參軍；蕭倬，官贛州石城縣尉；鄒敦禮，官贛州觀察推官。皆一時章貢僚屬。是此本贛州郡齋開雕者，流傳頗少。奉興季氏藏本。闕補卷一，二十三。卷七，二十八。卷九，二十二。卷十，十四。卷十三，十八、十九。卷十六，二十五。卷十八，三十四。卷二十，三。卷二十二，三、十七、二十八。卷二十三，三十一。卷三十，二十五。卷三十一，三十八、四十四。卷三十二，四十二。卷三十三，九。卷三十六，三十三。卷三十七，四十二。卷三十八，四十五。卷四十，九、十九。卷四十一，十七、四十三、五十四。卷四十二，九、三十、四十七。卷四十三，三、六、二十五、四十九。卷四十四，四十六。卷四十五，十七、三十。卷四十六，五十六。卷四十七，三十八、四十五。卷四十八，五、二十三、二十五、三十二。卷四十九，三十八。卷五十二，二十四、三十五。卷五十三，三十六。卷五十四，一、二、三十三。卷五十六，三十七。卷五十九，四、三十七、四十四、四十八、五十四。

《六家文選》。六函，六十册。篇目同前。李善進表後有國子監准敕節文：「《五臣注文選》傳行已久，竊見李善《文選》援引該贍，典故分明。若許雕印，必大段流布。欲乞差國子監説書官員校定净本後鈔寫版本，更切對讀後上版，就三館雕造。侯敕旨。」奉敕：「宜依所奏施行。」吴郡申氏、泰興季氏藏本。闕補卷一，十三。

《六家文選》。六函，六十册。同上係一版，摹印稍後，脱昭明原序。

《六家文選》。六函，六十一册。同上係一版摹印。

《六家文選》。四函，二十册。同上係一版摹印，麻紙濃墨，極爲古雅精工。後副葉康熙戊申莊虎孫行書跋，畧云：「宋槧《文選》二十册，得之外舅東山王氏，是吴文定公貽其五世祖文恪公者。每册有『叢書堂』記，乃文定藏書之所也。」此跋雖近人作，計已閲百三十年矣。當明孝宗時，吴寛以贈王鏊，王氏子孫世守三百年，而歸於其壻。宋犖撫吴，得之莊氏，可謂流傳有迹矣。書首鳥篆壺盧印一，不可辨。

《六家文選》。四函，三十二册。篇目同前。昭明序後刻記「此集精加校正，絶無舛誤，見在廣都縣北門裴宅印賣」，書末刻記「河東裴氏考訂諸大家善本，命工鋟於宋開慶辛酉季夏，至咸淳甲戌仲春工畢。把總鐫手曹仁。」是書自王氏外，凡朱氏、潘氏、顧氏，皆雲間收藏家。

《六家文選》。六函，六十册。同上廣都裴氏本。

《六家文選》。四函，三十二册。同上廣都裴氏本，摹印稍後。明楚府藏本，又入于氏、王氏，其八字一印，則徐氏也。元美，王世貞字。

《文選》。六函，六十册。六家注，篇目同前。書末有識云：「右《文選》版歲久漫滅殆甚。紹興二十八年冬十月，直閣趙公來鎮此邦。下車之初，以儒雅飾吏事，首加修正，字畫爲之一新，俾學者開卷，免魯魚三豕之譌，且欲垂斯文於無窮云。右迪功郎、明州司法參軍兼監盧欽謹書。」據跋，乃四明刻。書首副葉「慈湖楊氏」印上墨書「石田耕叜」四字，目録中列《古文苑》中《文選》所未收之文。各卷中間有評語，皆爲一人手蹟。其人無可考，蓋慈谿楊簡後裔也。文氏、毛氏、季氏皆曾藏。

彭元瑞等《天禄琳琅書目後編・元版集部》 《六家文選》。六函，六十册。同前「宋版集部」。

《文選》。六函，六十册。篇目見前「宋版集部」。是書每卷首刻「奉政大夫同知池州路總管府事張伯顔助率重刻」，書末刻「監造路吏劉晉英郡人葉城」。版式與諸本不同。

又《明版集部》 《六家文選》。六函，二十册。篇目見前「宋版集部」。廣都裴宅本，明吴郡袁褧重雕。目録後有識，畧云：「匡郭字體，未少改易。刻始於嘉靖甲午，成於己酉。」計十六載而成其工，可謂勤矣。

《六家文選》。六函，六十册。同上係一版摹印，袁褧識佚。

《六臣注文選》。六函，三十册。篇目見前「宋版集部」。明萬曆甲戌崔孔昕、黨馨、朱守行、郭宗磐刊本，汪道昆序。越五年戊寅，徐成位重校，并刊《昭明太子小傳》及《田汝成重刻文選序》。成位有識：「凡正一萬五千餘字」云。卷末或題「冰玉堂重校」，或題「見龍精舍重校」。

《六家文選》。四函，二十四册。篇目見前「宋版集部」。明刊大字本。

《六家文選》。二函，二十册。同上袁褧仿廣都裴宅本，摹印稍後。

孫星衍《平津館鑒藏書籍記・明版》 《六臣注文選》六十卷。題「梁昭明太子蕭統撰，唐李善、吕延濟、劉良、張銑、李周翰、吕向注」。前有昭明太子《文選序》、吕延祚開元六年《進〈五臣集注文選〉表》、上遣將軍高力士宣口敕、顯慶三年李善《上〈文選注〉表》。目録一卷。《文選序》前六臣俱有銜名，目録前又題「宋奉議大夫崔孔昕、奉議大夫党馨、承直郎朱守行、承事郎郭宗磐同校」。每葉十八行，行十八字。

《六臣注文選》六十卷。題同前本。前有昭明太子《文選序》，次吕延祚開元六年《進〈五臣集注文選〉表》、上遣將軍高力士宣口敕、顯慶三年李善《上〈文選注〉表》。諸儒議論一卷，題「古迂陳仁子輯」。又前有嘉靖廿八年田汝成《重刻文選序》，稱「錢唐洪君子美得宋本而重鋟之，校讎精緻，逾於他刻」。每葉廿行，行十八字。

顧廣圻《思適齋書跋・集部》 《文選》六十卷。校宋本。此《文選》硃校出汲古主人同時馮竇伯手。其前二十卷又有藍筆，則陸敕先所覆校也。今年秋八月，余屬蕘圃以重價購之，復借薌嚴周氏所藏殘宋尤袤槧本，即馮陸所據者，重爲細勘，閲時之久，幾倍馮、陸，補其漏略，正其傳譌，頗有裨益，惜宋槧之尚非全豹也。竊思「選學」盛於唐，至王深寧時，已謂不及前人之熟。降逮前明，幾乎絶矣。唯詞章之士掇其字句，以供鞶帨，至其爲經史之鼓吹，聲音訓詁之鍵鑰，諸子百家之檢度，遺文墜簡之淵藪，莫或及也。其閒字經淺人改易，文爲妄子刊削，五臣混淆善本，音注牴牾正文，又烏能知之。因譌致舛，其來久遠；承襲輾轉，日滋一日。卷帙鴻富，徵引繁多，詞意奥隱，不容臆測；義例深密，未易推尋。雖以陳文道之精心鋭志，既博且勤，而又淵源多助，然舉正一書，猶時時有失。況余仲林記問以下，摭華遺實，宜同自鄶矣。廣圻由宋本而知近本之謬，兼由勘宋本而即知宋本亦不能無謬，意欲準古今通借以指歸文字，參累代聲韻以區別句逗，經史互載者考其異，專集尚存者證其同。而又旁綜四部，雜涉九流，援引者沿流而溯源，已佚者借彼以訂此，未必非此學之功臣也。體用博大，自慚譾陋，懼弗克任。姑識其願於此，并期與蕘圃交勖之焉。嘉慶元年十二月二十日顧廣圻書於士禮居。

顧廣圻《思適齋集外書跋輯存・集類》 《文選》六十卷。馮竇伯、陸勅先校本。

張金吾《愛日精廬藏書志・總集類》 《文選》六十卷。北宋刊本。明句容縣官書。

梁昭明太子撰，唐李善并五臣注。五臣者，吕延濟、劉良、張銑、吕向、李周翰也。後有明州司法參軍盧欽跋云「《選》板歲久漫滅殆甚。紹興二十八年，直閣趙公來鎮是邦，下車之初，首加修正」云云，則北宋刊版，南宋重修本也。卷六、卷九、卷十二、卷十六、卷十九、卷二十五、卷二十八、卷三十一、卷三十五、卷三十八、卷四十一、卷四十四、卷四十七、卷五十一、卷五十四、卷五十七、卷六十及《目録》後俱有「句容縣印」，次行俱有題識云「洪武十五年十一月」，當是明初官書。闕卷一、二、三，卷二十二、二十三、三十四，凡六卷，抄補。

《昭明太子序》。

李善《上〈文選注〉表》顯慶三年。

吕延祚《進〈集注文選〉表》開元六年。

右《文選》板歲久漫滅殆甚。紹興二十八年冬十月，直閣趙公來鎮是邦，下車之初，以儒雅飾吏事，首加修正，字畫爲之一新。俾學者開卷免魯魚三豕之訛，且欲垂斯文於無窮云。右迪功郎明州司法參軍兼監盧欽謹書。

吴壽暘《拜經樓藏書題跋記》卷五 《六臣注文選》。

《六臣注文選》三十卷，汲古閣刊何義門先生七校本。先君子從盧學士抱經堂借本手録，並書首頁云：按《唐書・曹憲傳》云：憲始以梁昭明太子《文選》授諸生，而同郡魏模公孫羅、江夏李善相繼傳授，於是其學大興。句容許淹者，自浮屠還爲儒，多識廣聞，精故訓，與羅等竝名家。羅官沛王府參軍事，無錫丞。模武后時爲左拾遺，子景倩亦世其學，以拾遺召，後歷度支員外郎。善見子邕傳。今世第傳《文選》六臣之注，而餘人罕有著聞者。

張之洞《書目答問・總集》 《文選六臣注》六十卷。唐吕延濟、劉良、張銑、吕向、李周翰、李善。明新都崔氏大字本。不如李善單注，已有定論，存以備考。

文選雙字類要

楊士奇等《文淵閣書目・文集》《文選雙字類要》。一部，三册。闕。

《文選雙字類要》。一部，三册。闕。

文選類要

王圻《續文獻通考經籍考・類書》《文選類要》。柴瑾集。

文選類林

楊士奇等《文淵閣書目・文集》《文選類林》。一部，五册。闕。

文選五臣同異

楊士奇等《文淵閣書目・文集》《文選五臣同異》。一部，一册。闕。

張萱等《内閣藏書目録・總集部》《五臣同異》一册，全。莫詳采集姓氏。以五臣《文選》與李善《文選》校其同異。又一册，全。

選詩

陳振孫《直齋書録解題・總集類》《選詩》七卷。《文選》中録出别行，以人之時代爲次。

馬端臨《文獻通考・經籍考・總集》《選詩》七卷。

文選句圖

《四庫提要・總集類存目一》《文選句圖》一卷。江蘇巡撫採進本。宋高似孫撰。似孫有《剡録》，已著録。案：摘句爲圖，始於張爲。其書以白居易等六人爲主，以楊乘等七十八人爲客。主分六派，客亦各有「上入室」、「入室」、「升堂」、「及門」四格。排比聯貫，事同譜牒，故以圖名。後九僧各摘名句，亦曰「句圖」，蓋非其本。似孫此書亦沿舊名，所録皆《文選》諸詩，去取不甚可解。如蘇武詩之「馥馥我蘭芳」、「芬馨良夜發」，上下聯各割一句，尤爲拗調。其句下附録之句，蓋即鍾嶸《詩品》「源出某某」之意。其句下附録一兩首者，則莫喻其體例矣。

選詩演義

楊士奇等《文淵閣書目・詩詞》《選詩演義》。一部，二册。完全。《選詩演義》。一部，一册。闕。

錢謙益等《絳雲樓書目・詩總集類》曾原一《選詩衍義》。

黄虞稷《千頃堂書目・總集類》曾原一《選詩衍義》四卷。

文選補遺

楊士奇等《文淵閣書目・文集》《文選補遺》一部，二十册，闕。

范邦甸等《天一閣書目・總集類》《文選補遺》四十卷。刊本。元茶陵陳仁子輯誦，門人譚紹烈纂類并識後云：「紹烈夙侍舅古迂翁，指示古今文法。翁著述甚富，《牧萊脞語》三十卷已刊墨本。今再取所編《文選續補》四十卷刊成，并前昭明所纂《文選》六十卷，共一百卷行世。外有所輯《韻史》三百卷，《迂褚燕説》三十卷,《庚史卮言》三十卷,續用工刻梓,以求知好古君子云。」

王圻《續文獻通考經籍考·類書》 《文選補遺》四十卷。陳計輯。計博學好古,著述甚富。

錢謙益等《絳雲樓書目·文集總類》 陳仁子《文選補遺》四十卷。號古迂,茶陵人。起周、秦,至梁初。大德己亥刻。

黄虞稷《千頃堂書目·總集類》 陳仁子《文選補遺》四十卷。

倪燦等《宋史藝文志補·總集類》 陳仁子《文選補遺》四十卷。

于敏中等《天禄琳琅書目·宋版集部》 《文選補遺》二函,十册。宋陳仁子輯四十卷。前宋趙文序,後宋譚紹烈識語。書中每卷標題下稱「茶陵陳仁子輯誦」,次行稱「門人魯達臣纂類」。《目録》後有「茶陵東山書院刊行」木記。此本爲明時翻刻,橅印極精,惟自十四卷至十七卷,與前後紙色迥別,則從別本取出補入者。闕補卷五五之七、卷十三二。

《四庫提要·總集類二》 《文選補遺》四十卷。兩江總督採進本。宋陳仁子編。仁子有《牧萊脞語》,已著録。是書前有廬陵趙文序,述仁子之言,謂《文選》存《封禪書》,何如存《天人三策》;存《劇秦美新》,何如存《更生封事》;存《魏公九錫文》,何如存蕃、固諸賢列傳。《出師表》不當删去後表,《九歌》不當止存《少司命》、《山鬼》;《九章》不當止存《涉江》。漢詔令取武帝不取高文,史論贊取班、范不取司馬遷,淵明詩家冠冕,十不存三。又不當以詩賦先詔令、奏疏,使君臣失位,質文先後失宜。其排斥蕭統甚至。蓋與劉履《選詩補注》,皆私淑《文章正宗》之説者。然《正宗》主於明理,《文選》原止於論文。言豈一端,要各有當。仁子以彼概此,非通方之論也。且所補司馬談《六家要旨論》,則齊黄老於六經;魯仲達《遺燕將書》,則教人以叛主;高帝《鴻鵠歌》情鍾嬖愛,揚雄《反離騷》事異忠貞,蔡琰《胡笳十八拍》非節烈之言,《越人歌》、《李延年歌》直淫褻之語,班固《燕然山銘》實爲貢諛權臣,董仲舒《火災對》亦不免附會經義。律以《正宗》之法,皆爲自亂其例,亦非能恪守真氏者。至於宋王微《詠賦》,譌爲宋玉《微詠賦》,則姓名、時代竝譌。引佛經「横陳」之説以注《諷賦》,則龐雜已甚。荆軻《易水歌》與《文選》重出,亦爲不檢。觀所著《牧萊脞語》,於古文、時文之格律尚未分明,則排斥古人,亦貿貿然,徒大言耳。然其説云補《文選》,不云竟以廢《文選》,使兩書竝行,各明一義,用以濟專尚華藻之偏,亦不可謂之無功。較諸舉一而廢百者,固尚有閒焉。

錢大昕《補元史藝文志·總集類》 陳仁子《文選補遺》四十卷。

張之洞《書目答問·總集》 《文選補遺》四十卷。宋陳仁子。長沙刻本。

上清文苑

錢東垣等輯《崇文總目·總集類》 《上清文苑》四十卷。

文苑英華

鄭樵《通志·藝文略·總集》 《文苑英華》一千卷。宋朝宋白集。

趙希弁《讀書附志·總集類》 《文苑英華》一千卷。右翰林學士中書舍人宋白等奉敕集。始,太宗皇帝既得諸國圖籍,聚名士于朝,詔修三大書,其一曰《文苑英華》。蓋以諸家文集,其數實繁,雖各擅所長,亦榛蕪相間,乃命白等精加銓擇,以類編次,爲一千卷,時太平興國七年九月也。雍熙三年十二月壬寅之上。賦五十卷,詩一百八十卷,歌行二十卷,雜文二十九卷,中書制誥四十卷,翰林制誥五十三卷,策問四卷,策二十六卷,判五十卷,表七十四卷,牋一卷,狀十七卷,檄二卷,露布二卷,彈文一卷,移文一卷,啓十六卷,書二十七卷,疏五卷,序四十卷,論二十二卷,議十卷,連珠喻對一卷,頌八卷,讚五卷,銘六卷,箴一卷,傳五卷,記三十八卷,謚哀册五卷,謚議二卷,誄二卷,碑九十一卷,誌三十五卷,墓表一卷,行狀十卷,祭文二十三卷,通一千卷。嘉泰改元,周益公刻而記于前。

尤袤《遂初堂書目·總集類》 《文苑英華》。

陳振孫《直齋書録解題·總集類》 《文苑英華》一千卷。太平興國七年,命學士李昉、扈蒙、徐鉉、宋白等閱前代文學,撮其精要,以類分之。續又命蘇易簡、王祐等。至雍熙三年,書成。

馬端臨《文獻通考·經籍考·總集》 《文苑英華》一千卷。王氏《揮麈録》曰:太平興國中,諸降王舊臣或宣怨言,太宗盡收用之,寘之館閣,使修群書,如《册府元龜》、《文苑英華》、《太平廣記》之類。廣其卷帙,厚其廩禄贍給,以役其心,多卒老於文字之間云。平園周氏《跋文苑英華後》曰：臣伏覩太宗皇帝，丁時太平，以文化成天下。既得諸國圖籍，聚名士於朝，詔修三大書：曰《太平御覽》，曰《册府元龜》，曰《文苑英華》，各一千卷。今二書閩、蜀已刊，惟《文苑英華》，士大夫間絶無而僅有。蓋所集止唐文章，如南北朝，間存一二。是時印本絶少，雖韓、柳、元、白之文，尚未甚傳，其他如陳子昂、張説、張九齡、李翺諸名士文籍，世猶罕見。故修書官於宗元、居易、權德輿、李商隱、顧雲、羅隱，或全卷收入。當真宗朝，姚鉉銓擇十一，號《唐文粹》，由簡故精，所以盛行。近歲唐文摹印浸多，不假《英華》而傳。況卷帙浩繁，人力難及，其不行於世則宜。臣事孝宗皇帝，間聞聖諭，欲刻江鈿《文海》，臣奏其去取差謬，不足觀，帝乃詔館閣，裒集《皇朝文鑑》。臣因及《英華》，雖祕閣有本，然舛誤不可讀。俄聞傳旨取入，遂經乙覽。時御前置校正書籍一二十員，皆書生稍習文墨者，月給餐錢，滿數歲，補進武校尉。既得此爲課程，往往妄加塗注，繕寫裝飾，付之祕閣，後世將遂爲定本。臣過計，有三不可：國初文籍雖寫本，然校讎頗精。後來淺學改易，浸失本旨，今乃盡以印本易舊書，是非相亂，一也。凡廟諱未祧，止當闕筆，而校正者於賦中以「商」爲「殷」，以「洪」易「弘」，或值押韻，全韻隨之。至於唐諱及本朝諱，存改不定，二也。元缺一句或二句，或頗用古語，乃以不知爲知，擅自增損，使前代遺文幸存者轉增疵纇，三也。頃嘗屬荆帥范仲藝、筠倅丁介稍加校正。晚幸退休，偏求別本，與士友詳議，疑則缺之。凡經、史、子、集、傳注、《通典》、《通鑑》及《藝文類聚》、《初學記》，下至樂府、釋、老、小説之類，無不參用。惟是元修書歷年多，非出一手，叢脞重複，首尾衡決，一詩或析爲三，二詩或合爲一，姓名差互，先後顛倒，不可勝計。其間賦多用「員」字，非讀《泰誓・正義》，安知今日之「云」字乃「員」之省文？以「堯韭」對「舜榮」，非讀《本草注》，安知其爲「菖蒲」？又如「切磋」之「磋」、「馳驅」之「驅」、「掛帆」之「帆」、「仙裝」之「裝」。《廣韻》各有側音，而流俗改「切磋」爲「效課」，以「駐」易「驅」，以「席」易「帆」，以「仗」易「裝」。今皆正之，詳注逐篇之下，不復偏舉。始雕於嘉泰改元春，至四年秋訖工。蓋欲流傳斯世，廣熙陵右文之盛，彰阜陵好善之優。老臣發端之志，深懼來者之莫知其由，故列興國至雍熙成書歲月，而述證誤本末如此，缺疑尚多，謹俟來哲。

《宋史・藝文志・總集類》 宋白《文苑英華》一千卷，《目》五十卷。又李昉、扈蒙《文苑英華》一千卷。

楊士奇等《文淵閣書目・文集》 《文苑英華》。一部，一百二十四册。殘缺。《文苑英華》。一部，一百册。闕。《文苑英華》。一部，一百三册。闕。《文苑英華》。一部，一百五册。塾本無。《文苑英華》。一部，九十二册。闕。

范邦甸等《天一閣書目・總集類》 《文苑英華》一千卷。刊本。宋學士李昉等奉敕輯次。明隆慶間胡維新序云：「是書出于雍熙初，暨孝朝，更命删校，反滋舛訛；至嘉泰再讐，乃稱全本。中所紀述，肇梁、陳，迄唐季。數百年名家，網羅畧盡，麗宸奎而資睿覽，宋葉之所以隆也。然藏之御府，非掌中祕書不獲見，今并逸之。儒林家傳有善本，又以卷帙繁灝，繕非經年不可。故寒畯士觀且勿能，又何暇録而傳也？丙寅歲按閩，白之督撫仕齋塗公。公嘉贊之，乃肇謀始役焉。不數閱月，刻成。」

徐𤊹《徐氏家藏書目・總集類》 《文苑英華》一千卷。

錢謙益等《絳雲樓書目・文集總類》 《文苑英華》一千卷。太平興國中編。後姚寶臣集《文粹》一百卷，實本此書，十摘其一。學士宋白等詮釋。

《四庫提要・總集類一》 《文苑英華》一千卷。御史劉錫嘏家藏本。宋太平興國七年李昉、扈蒙、徐鉉、宋白等奉敕編，續又命蘇易簡、王祐等參修，至雍熙四年書成。宋四大書之一也。梁昭明太子撰《文選》三十卷，迄於梁初。此書所録，則起於梁末，蓋即以上續《文選》。其分類編輯，體例亦略相同，而門目更爲繁碎。則後來文體日增，非舊目所能括也。周必大《平園集》有是書跋，稱《太平御覽》、《册府元龜》今閩、蜀已刊，惟《文苑英華》，士大夫間絶無而僅有。蓋所集止唐文章，如南北朝，間存一二，是時印本絶少，雖韓、柳、元、白之文，尚未甚傳。其他如陳子昂、張説、張九齡、李翺諸名士文籍，世尤罕見。故修書官於柳宗元、白居易、權德輿、李商隱、顧雲、羅隱或全卷收入。當真宗朝，姚鉉銓擇十一，號《唐文粹》，由簡故精，所以盛行。近歲唐文摹印浸多，不假《英華》而傳，其不行於世則宜云云。蓋六朝及唐代文集，南宋初存者尚多，故必大之言如是。迄今四五百年，唐代詩集已漸減於舊，文集則《宋志》所著録者殆十不存一。即如李商隱《樊南甲乙集》，久已散佚，今所存本，乃全自是書録出。又如《張説集》，雖有傳本，而以此書所載互校，尚遺漏雜文六十一篇。則考唐文者惟賴此書之存，實爲著作之淵海，與南宋之初，其事迥異矣。書在當時已多譌脱，故方崧卿作《韓集舉正》、朱子作《韓文考異》，均無一字之引證。彭叔夏嘗作《辨證》十卷，以糾其舛漏重複。然如劉孝威《紹古詞》，一收於二百三卷，一收於二百五卷，而字句大同小異者，叔夏尚未及盡究也。

此本爲明萬曆中所刊，校正頗詳，在活字版《太平御覽》之上。而卷帙浩繁，仍多疎漏。今參核諸書，各爲釐正。其無別本可證者，則姑仍其舊焉。

錢東垣等輯《崇文總目・總集類》 《文苑英華》一千卷。[原釋]宋白等奉詔撰。采前世諸儒雜著之文。見《文苑英華事始》。

彭元瑞等《天禄琳琅書目後編・明版集部》 《文苑英華》十函，一百册。宋宋白等奉敕撰。宋太宗太平興國七年，詔李昉、扈蒙、徐鉉、宋白、賈黄中、吕蒙正、李至、李穆、楊徽之、李範、楊礪、吴淑、吕文仲、胡汀、戰貽慶、杜鎬、舒雅等閲前代文集，撮其精要，以類分之，爲《文苑英華》。續命蘇易簡、王祐、范杲、宋湜與宋白等共成之，雍熙三年上。書一千卷，凡賦百五十卷、詩百八十卷、歌行二十卷、雜文二十九卷、中書制誥四十卷、翰林制詔五十四卷、策問四卷、策二十六卷、判五十卷、表七十四卷、牋一卷、狀十七卷、檄二卷、露布二卷、彈文、移文各一卷、啓十六卷、書二十七卷、疏五卷、序四十卷、論二十二卷、議十一卷、頌八卷、讃五卷、銘六卷、箴一卷、傳五卷、記三十八卷、册五卷、謚議二卷、誄二卷、碑九十一卷、誌三十五卷、墓表一卷、行狀七卷、祭文二十三卷。考宋纂三大書《太平御覽》、《册府元龜》、《文苑英華》，二書閩、蜀有刻，惟《英華》不行於世。孝宗朝，周必大建議祕閣本御前校正，遂爲定本，有《纂修〈文苑英華〉事始》，必大所編并識。至明隆慶元年，巡按福建御史胡維新檄福州知府胡帛、泉州知府萬慶校梓，維新自序，又塗澤民序。

孫星衍《平津館鑒藏書籍記・舊寫本》 《文苑英華》一千卷。前有《纂修〈文苑英華〉事始》，嘉泰四年周必大序，每卷後有「登仕郎胡柯、鄉貢進士彭叔夏校正」。洪頤煊曰：「《歐陽文忠集》，周益公序本每卷後有「校正胡柯所作」，末有題名云：「紹熙五年郡人登仕郎胡柯字伯始。」袁叔夏亦廬陵人，皆周益公門下士。 末卷後有「新差充筠州臨江軍巡轄馬遞鋪王恭點對兼督工」一行。此本猶從嘉泰刊本影寫，德州繁露書院所藏。有汲古後人毛扆手校鈔本廿卷卷三百卅一至卷三百五十核之，俱與此本相同。惜中多闕卷，書賈往往割一卷爲兩卷，以充全數，前後倒亂，未爲全璧。然其佳處，迥非隆慶刊本所可及也。大字本，每葉廿行，行廿字。

張金吾《愛日精廬藏書志・總集類》 《文苑英華》一千卷。舊鈔本。宋翰林學士、朝請大夫、中書舍人、廣平縣開國男食邑三百户、上柱國賜紫金魚袋宋白等奉勅集。每卷末俱有「登仕郎胡柯、鄉貢進士彭叔夏校正」一條，末有「成忠郎新差充筠州臨江巡轄馬遞鋪王思恭點對兼督工」一條。周必大序。

吉州致政周少傅府，昨于嘉泰元年春，選委成忠郎新差充筠州臨江軍巡轄馬遞鋪、權本府使臣王思恭，專一手抄《文苑英華》，并校正重複，提督雕匠。今已成書，計一千卷。其紙札工墨等費，並係本州印匠承攬，本府並無干預，今聲説照會。四年八月一日，權幹辦府張時舉具。

張之洞《書目答問・總集類》 《文苑英華》一千卷。宋李昉等編。明刻本。

文苑英華纂要　文苑英華辨證

楊士奇等《文淵閣書目・文集》 《文苑英華辨證》。一部，四册。闕。

范邦甸等《天一閣書目・總集類》 《文苑英華纂要》八十四卷，《辨證》十卷。會通館刊本。明古吴華燧序稱：正德改元，在會通館，方從事于《君臣政要》，客有以《文苑英華》請翻印者。時從姪孫子宣爲郡庠生，招與計事。子宣曰：「昔宋孝宗居玉堂祕閣，所貯《文苑英華》苦太舛錯，有害觀覽。時周益公直夜，宣對，命取内架所貯正本，集諸學士校勘精讐，命曰《節序便觀》。將進以備講，弗克就緒。迨益公致政歸，始得重加研訂，去其煩冗，分類成，凡八十四卷。復注《辨證》十卷。某近得印本于陳湖陸氏，寶藏未久。苟從事于舛錯有害瀚漫之集，曷若從事于《節序便觀》有資之集爲愈。」且請序其事，以爲士子倡。因書以遺之。

錢謙益等《絳雲樓書目・文集總類》 《文苑英華辨證》。周必大。《文苑英華纂要》。周必大。

王士禎《漁洋書跋》 《文苑英華辨證》。《文苑英華辨證》十卷。宋嘉泰中，廬陵鄉貢進士彭叔夏撰。一卷曰用字、用韻、事證，二卷曰事誤、事疑、人名，三卷曰人名、官爵，四卷曰郡縣、年月，五卷曰年月、名氏，六卷曰題目、門類、脱文，七卷曰脱文、同異，八卷曰離合、避諱、異域、鳥獸、草木，九卷、十卷雜録。援據經史，最爲閎博。《自序》云：「《文苑英華》一千卷，字畫魚魯，篇次混淆，比他書尤甚。曩經孝宗皇帝乙覽，付之御前校勘官，轉失其真。益公既退老丘園，命以校讐，膚見淺聞，寧免謬誤。然考訂商榷，用工爲多。散在本文，覽者難徧。乃薈粹其説，以類而分，小小異同，在所弗録。勒成十卷，名曰《英華辨證》云爾。」

于敏中等《天禄琳琅書目・明版集部》 《文苑英華纂要》。一函，四册。宋周必大著。《纂要》八十四卷，《辨證》十卷。前明華燧序。

此書乃燧與其從孫子宣所刻。爵里無考。其序作於正德元年，稱周益公嘗取内架所貯正本，集諸學士校正，去其煩冗，分類而成，凡八十四卷。復著《辨證》云云。據此，則必大原書嘗有序、跋，後以久而佚之。序又稱「近得印本於陳湖陸氏」，所云「印本」，蓋指宋槧也。此書仿宋巾箱本式，槧刻亦工。而字畫結體過大，不能如宋刻之作蠅頭書矣。

《四庫提要・總集類一》 《文苑英華辨證》十卷。内府藏本。宋彭叔夏撰。叔夏，廬陵人，自署曰「鄉貢進士」，其始末未詳。《江西通志》亦但列其名於「紹熙壬子鄉舉」條下，不爲立傳，蓋已無考矣。是書蓋因周必大所校《文苑英華》而作。考必大《平園集》，有《文苑英華跋》，曰：孝宗皇帝欲刻江鈿《文海》，臣奏其去取差謬，不足觀，乃詔館閣裒集《皇朝文鑑》。臣因及《文苑英華》，雖祕閣有本，然舛誤不可讀。俄聞傳旨取入，遂經乙覽。時御前置校正書籍一二十員，往往妄加塗注，繕寫裝飾，付之祕閣。頃嘗屬荆帥范仲藝筠倅丁介稍加校正。晚幸退休，求別本，與士友詳議，疑則闕之。惟是元修書非出一手，叢脞重複，首尾衡決。一詩或析爲二，二詩或合爲一。姓名差互，先後顛倒，不可勝計。其中賦多用「員來」，非讀《泰誓》正義，安知今日之「云」字乃「員」之省文？以「堯韭」對「舜榮」，非讀本章注，安知其爲菖蒲？又如「切磋」之「磋」、「馳驅」之「驅」、「挂帆」之「帆」、「仙裹」之「裹」，《廣韻》各有側音，而流俗改「切磋」爲「效課」、以「駐」易「驅」、以「席」易「帆」、以「仗」易「裹」，今皆正之，詳注逐篇之下，不復徧舉。始於嘉泰初年，至四年秋訖工云云。是書之首，亦有嘉泰四年叔夏自序，稱益公先生退老邱園，命以校讐，考訂商榷，用功爲多。散在本文，覽者難徧，因薈稡其說，以類而分。各舉數端，不復具載云云。則必大所稱與士友詳議者，蓋即叔夏，故與必大校本，同以嘉泰四年成書也。所分諸類，一曰用字，爲目凡三；二曰用韻，爲目凡二；三曰事證，無子目；四曰事誤，爲目凡二；五曰事疑，無子目；七曰人名，爲目凡五；八曰官爵，爲目凡三；九曰郡縣，爲目凡三；十曰年月，爲目凡四；十一曰名氏，爲目凡三；十二曰題目，爲目凡二；十三曰門類，無子目；十四曰脱文，爲目凡四；十五曰同異，十六曰離合，十七曰避諱，十八曰異域，十九曰鳥獸，二十曰草木，均無子目；二十一曰雜録，爲目凡五。其中如磋、驅、帆、裹諸字，與必大所舉者合。然序文稱「小小異同，在所弗録。原注頗略，今則加詳。其未注者，仍附此篇」，則視必大原本，亦多所損益矣。《文苑英華》本繼《文選》而作，於唐代文章，採摭至備，號爲「詞翰之淵藪」。而卷帙既富，牴牾實多，在宋代已無善本。近日所行，又出明人所重刊，承訛踵謬，抑又甚矣。叔夏此書考核精密，大抵分「承譌當改」、「別有依據，不可妄改」、「義可兩存，不必遽改」三例。中如杜牧《請追尊號表》，以高宗伐鬼方爲出《尚書》，顯然誤記，而叔夏疑是逸書，未免有持疑不決之處。然其用意謹嚴，不輕點竄古書，亦於是可見矣。

彭元瑞等《天禄琳琅書目後編・明版集部》 《文苑英華辨證》。一函，一册。宋彭叔夏撰。叔夏，廬陵人，紹興壬子鄉貢進士，仕履無考。書十卷，分目曰：用字三篇，用韻二篇，事證一篇，事誤二篇，事疑一篇，人名五篇，官爵三篇，郡縣三篇，年月四篇，名氏三篇，題目二篇，門類一篇，脱文四篇，同異、離合、避諱、異域、鳥獸、草木各一篇，雜録五篇。周必大既請以祕閣《文苑英華》校勘繕寫，未能盡善。退休後，求別本，與士友詳議校正，注逐篇之下。必大《自序》，見所著《平園集》，事在嘉泰四年。是書叔夏《自序》述必大命以校讎，恐散在本文，覽者難徧，故勒成十卷。作序年月正同，蓋所謂士友其人也。

孫星衍《平津館鑒藏書籍記・舊寫本》 會通館印正《文苑英華辨證》十卷，前有嘉泰四年彭叔夏序。宋本《文苑英華》每卷本附《辨證》，此則其單行本也。據叔夏序云：「考訂商榷，用功爲多。散在本文，覽者難徧。因會梓其說，以類而分。各舉數端，不復具載。小小異同，在所弗録。元注頗略，今則加詳；其未注者，仍附此篇。」故與附刊《英華》後者詳略不同。

黄丕烈《蕘圃藏書題識・集類》 《文苑英華纂要》八十四卷。宋刻本。《文苑英華纂要》八册，絳雲、滄葦兩家皆如是云云。此時僅存七册，失其首矣。然就其所存者核之，言其分集，則甲之半也；言其列卷，則失一至十六也；言其排葉，則失一至四十三也；言其裝册，則失第一也。余故以素紙空白者留其迹，安知後不遇其舊，以補其闕乎？丁卯夏孟復翁黄丕烈識。

余得此書後，坊間又從郡故家得宋板二部，印本多與此同，一歸默堂查氏，一歸冰雪堂汪氏。彼皆取以鎮宅，未必能假人，故數年來無從借鈔。君子於其所不知，蓋闕如也，余亦守斯意耳。及今戊寅夏孟，獲見會通館印正本，雖止卷第二十五，然宋板所缺，恰可補鈔，方歎竹頭木屑，古人豫儲需用之說爲不誣，而余抱殘守闕之功爲不小也。頃寫後跋畢，書友來，成議，因書原委如此。宋廛一翁。

余既收得活本，後因動鈔補之興，并以活本補宋本，究未盡善。思借汪本補鈔，恐其靳而不與也。適彼介五柳主人借余舊鈔本《郡齋讀書志》衢本，校其所藏本，遂亦丐五柳借其《纂要》，慨然允諾，鈔補如右。今而後可謂毫無遺憾，非不知而妄作矣。汪本較余藏本印較後，故闕葉、爛板更多，復可從余藏本補之，一舉兩得，方信「君子成人之美」爲不誣耳。戊寅六月初九日記於百宋一廛之北窗。復翁書。

所鈔補甲集中仍闕第二十八葉。會通館活字本即據缺失之本開雕，并削去第二十九葉首行「初賦」二字，以當十六卷之首葉。苟非宋本，何從知其僞乎？書之不可不藏宋刻如是。裝訖後記。在第一册後

戊寅夏五，借藝芸書舍藏宋本校此鈔本，行款全同，即非影宋，當是照宋録出矣。復翁。在第三册後

此册亦校藝芸書舍宋本，賴以校正五十四、五、六葉。

此鈔本小號錯寫也。八十七、八葉均失行款，稍參差者，鈔不如刻益信。惟文字間有較宋本不甚漫滅者，當是所據本印略前也。戊寅夏五月廿一日晨起校畢識。復翁。在第四册後

此丙集一至四十三葉内缺三、四葉，藝芸本同。五葉至十三葉藝芸爛板，此有。復翁記。在第五册後

此丙集四十四葉至八十二葉終内缺六十九、七十計二葉，鈔補七十葉。以前補缺者證之，當非不知而作者。藝芸本全脱，無可校補矣。此五十五、五十六葉可補彼缺也。復翁。在第六册後

此丁集一至三十二葉全，爛板較少。復翁記。在第七册後

余又案：《傳是樓書目·集部·總集·宋板》高似孫《文苑英華摘句》與《文苑英華辨證》共十二册，又「集部·文史·宋板」彭叔夏《文苑英華辨證》十卷，與高似孫《文苑英華摘句》共十册云云。是徐氏所藏，雖非「纂要」之名，而與《辨證》相合，又爲高似孫所撰。取此書趙序核之，無不合者，蓋趙云「高公手鈔」，必似孫也。向跋但考證與《辨證》十卷相合之處，並未考證撰書者何人。頃又得《傳是樓書目》證之，可云全備矣。向鄭堂云各家書目不之載，今復得此左證，何快如之。四月十二日復翁又記。

戊寅夏，因得活字本，遂動鈔補之興。託五柳主人往借藝芸書舍本，校對一過。印本此較舊於彼，故殘毁處差少。即如此本三十三至七十，余脱四十三、四十四、五十五、五十六計四葉，五十九、六十尚有藝芸本脱也。末趙彦後序，藝芸本亦脱，此尚完好，可見彼印較後矣。三十五、三十六板片損傷多同，無可補。并記。在第八册前

上闕越歲，戊寅四月十四日晨起，有書友邵鍾琳攜書二種，就余質證，云是伊友從太倉得來，欲求售者。其一爲七寸板蘇老泉先生《嘉祐集》十四卷，其一爲會通館活字本《文苑英華纂要》也。時余但評其爲明刻善本，因其索直昂，未之留。蘇集四十年前曾於紫陽閣書坊朱秀成處見過，知爲善本；《文苑纂要》但記余亦有殘書，本於向年探討一番之情事，盡忘之矣。及書友去，方命長孫美鏐檢舊藏殘宋覆閲，始知會通館活字本，世但見有《辨證》，而《纂要》則未之見也。遂重取歸，核之，與前所記悉合，惜止一本也。因歎翰墨因緣，有如是之深者。念余雖年衰力絀，尚能見聞廣博，益我聰明。天之愛余，爲何如耶。十六日偶記。在第八册後

顧廣圻《思適齋書跋·集部》 《文苑英華辨證》十卷。校本。余性素好鉛槧，從事稍久，始悟書籍之譌，實由於校。據其所知，改所不知，通人類然，流俗無論矣。叔夏自序云「三折肱爲良醫，知書不可以意輕改」，何其知言也。此書乃校讎之模楷，豈獨讀《英華》者資其是正哉？雖亦未免疵纇，如證牛上士《師子賦》「豈方姿於覤儵」，當是「黑虎之虪」，舍《爾雅》而徵《七命》，數典殊失，然終無損大段之佳也。乾隆癸丑十月校畢記。

張金吾《愛日精廬藏書續志·總集類》 《文苑英華纂要》八十四卷。元刊本。不著撰人名氏。分甲、乙、丙、丁四集，列卷八十四，闕甲集一至十六、乙集二十三至三十七，抄補。是書藏書家皆以爲宋槧，今案全書宋諱俱未闕筆，後有趙文序云「姑述其畧，以贅高先生手抄之後」，則宋時未經刊板可知，定爲元刊，似較確實。《傳是樓書目》有高似孫《文苑英華摘句》，未知即此書否。

孝宗皇帝閲《文苑英華》，周益公直玉堂，夜旦對上，謂秘閣本太舛錯，再三命精讐十卷以進。一日侍公酒，公以無佳本爲言，因自架中有此書，間嘗用諸集是正，頗改定十之二三。公驚喜，曰：「《英華》本世所無，況集耶？」迺盡笺去，復以讐整者畀予研訂，書奏御，不爲無分毫助也。後以本傳之廬陵手書寄來，急讀一遍，因取其可必用者，僅爲帙四；又以奉公，復答曰：「書千卷，鮮克展盡。顧迺獵之精、舉之確耶？不減小洪公《史語》也。」初予官越，洪公方在郡。日日陪棣華堂書研，頗及《史語》。公曰：「不過觀書寓筆，示不苟于觀耳。」予曰：「類書帙多字繁，非惟不能盡記，蓋亦未嘗盡見。古人是以有撮取之功，然迺切於自用，非爲它人設也。」洪公擊節曰：「此正余意，鈔亦出是歟？」治使史公來訪越墅，因從容硯，寮見鈔本，曰：「鉤元摘奇，便於後學者也。」書來索甚力。第二書報已刊，第三書寄刊本，令作鈔序。迺誦益公、洪公語，以謝好雅。嘉定十六年三月七日高似孫續古識。

張之洞《書目答問·總集》 《文苑英華辨證》十卷。宋彭叔夏。聚珍本福本、知

不足齋本。

潘祖蔭《滂喜齋藏書記・集部》 宋刻殘本《文苑英華纂要》六十一卷，《辨證》八卷。四函十五册。《纂要》，高似孫編；《辨證》，彭叔夏撰。二人皆聞緒論於周益公，因成此書。《絳雲樓書目》竟題「周必大撰」，誤也。《纂要》八十四卷，此存卷一至六十一；《辨證》十卷，此存卷一至八。每半葉十行，行十七字。據高似孫《纂要・自序》，爲治使史公刊，則《辨證》亦史所刻也。高序作於嘉定十六年，而有嘉泰四年叔夏自序，則是《辨證》先刻，而《纂要》繼刊也。張氏愛日精廬藏《纂要》有延祐甲寅趙彣序，因目爲元刻本，其實書中避宋諱甚嚴。《辨證》卷首猶題「皇宋彭叔夏」，必非元刻，趙序後所增耳。黄蕘圃所見蓺芸本，祇有趙序，而無高序，遂并不知《纂要》撰人。攷《傳是樓目》，而後知之，雖以江鄭堂之博聞，亦未能詳也。蓺芸本斷爛，此本筆墨精勁，神采奕奕，猶是宋刻初印。明會通館排字合印本脱誤甚多，遠遜原刻矣。《纂要》目後有「表章經史之寶」及「徽國經史之章」，當是明内府物也。兩書又皆有「練川黄豫卿志」朱記。附藏印：朱復廬鑑賞章、結一廬藏書印。

羣書麗藻

陳振孫《直齋書録解題・總集類》 《羣書麗藻》六十五卷。按：《三朝藝文志》一千卷，崔遵度編。《中興館閣書目》但有《目録》五十卷，云南唐司門員外郎崔遵度撰。以六例總括古今之文，一曰「六籍瓊華」，二曰「信使瑶英」，三曰「玉海九流」，四曰「集苑金鑾」，五曰「絳闕蘂珠」，六曰「鳳首龍編」。爲二百六十七門，總一萬三千八百首。今無目録，合三本，共存此卷數。斷續訛缺，不復成書，當其傳寫時固已如此矣。其目止有四種，無「金鑾」、「蘂珠」二類，姑存之，以備闕文。

馬端臨《文獻通考・經籍考・總集》 《群書麗藻》六十五卷。

《宋史・藝文志・總集類》 朱遵度《羣書麗藻》一千卷，《目》五十卷。

宸章集

《宋史・藝文志・集類・總集類》 陳彭年《宸章集》二十五卷。

文房百衲

鄭樵《通志・藝文略・總集》 《文房百衲》一十卷。

名賢集選

鄭樵《通志・藝文略・總集》 《名賢集選》一百卷。晏殊集。

陳振孫《直齋書録解題・總集類》 《集選目録》二卷。丞相元獻公晏殊集。《中興館閣書目》以爲不知名者，誤也。大略欲續《文選》，故亦及於庾信、何遜、陰鏗諸人。而云唐人文者，亦非也。莆田李氏有此書，凡一百卷。力不暇傳，姑存其目。

馬端臨《文獻通考・經籍考・總集》 《文選目録》二卷。

《宋史・藝文志・總集類》 《集選》一百卷。

古文苑　續古文苑

鄭樵《通志・藝文略・總集》 《古文苑》十卷。

趙希弁《讀書附志・總集類》 《古文苑》九卷。右《古文苑》，世傳孫巨源於佛寺經龕中得唐人所藏文章一編，莫知誰氏録也，皆史傳所不載，《文選》所未取，而間見於諸集及樂府，好事者因以《古文苑》目之。自石鼓文而下，曰賦，曰詩，曰歌，曰曲，曰敕，曰書，曰對，曰頌，曰箴，曰銘，曰贊，曰記，曰碑，曰雜文，皆周、秦、漢人之作也。《容齋隨筆》嘗引之。然訛舛謬缺，不敢是正。淳熙中韓元吉之記已言之。

尤袤《遂初堂書目・總集類》 《古文苑》。

陳振孫《直齋書録解題・總集類》 《古文苑》九卷。不知何人集。皆漢以來遺文，史傳及《文選》所無者。世傳孫洙巨源於佛寺經龕中得之，唐人所藏也。韓無咎類次爲九卷，刻之婺州。《中興書目》有孔逭《文苑》，非此書。孔逭晉人。本書百卷，惟存十九卷爾。又梁孝王忘憂館諸士之賦，據題尚欠《文鹿》、《酒》、《几》三賦，家有《秦漢遺文》七賦，皆在常州，有板本。

馬端臨《文獻通考・經籍考・總集》 《古文苑》九卷。

楊士奇等《文淵閣書目・文集》 《古文苑》一部，五册。闕。

《古文苑》一部，四册。完全。

高儒《百川書志・總集》 《古文苑》二十二卷。唐人所編，史傳所不載，《文選》所不録之文也。爲體二十有一，爲編二百六十四，附七。上下千三百年諸人文集，今亦罕傳。

范邦甸等《天一閣書目・總集》 《古文苑》二十一卷。刊本。宋紹興己卯臨川王厚之伯順編。紹定壬辰武林章樵升道序曰：《古文苑》者，唐人所編，史傳所不載，《文選》所不録之文也。歌詩、賦頌、書狀、箴銘、碑記、雜文，爲體二十有一，爲編二百六十有四。附八者七。始于周宣王石鼓文，終于齊永明之倡和。上下一千三百年間，可謂萃衆作之英華，擅文人之巨偉也。世代隃邈，遺文彫耗，千載而下，學者得以想像紬繹古人述作之懿者，猶幸佛言龕中之一編，復出于人間。而其中句讀聱牙，字畫奇古，未有音釋，加以傳寫舛錯，讀者病之。樵學製吳門，竊簿書期會之暇，玩味參訂，或裒斷簡以足其文，或較別集以證其誤，推原文意，研覈事實，爲之訓注。其首尾殘缺，義理不屬者，姑存其舊編，以俟搜考。復取漢晉間文史册，之所以遺補其數。凡若干卷，釐爲二十一卷，將質諸博洽君子，以求是正焉。

王圻《續文獻通考經籍考・類書》 《補注古文苑》。章樵著。

徐𤊹《徐氏家藏書目・總集類》 《古文苑》二十一卷。

錢謙益等《絳雲樓書目・文集總類》 《古文苑》一百卷。孔逭輯。逭，晉人。本書百卷已亡，宋時僅存九卷耳。逭，會稽人，以才學知名齊梁間，見《南史・文學傳》。以爲晉人者，宋賢之誤耳。孫巨源於佛寺經龕中得之，逸撰人姓名。章樵注，紹定于辰序。序文言此編乃唐人所輯，其説是也。中有《枯樹賦》《木蘭詩》，必非齊梁時書矣。章樵，昌化人，嘉定元年進士，歷知慶州。

錢曾《讀書敏求記・總集》 《古文苑》九卷。韓元吉記云：世傳孫巨源于佛寺經龕中得唐人所藏古文章一編，莫知誰氏録。皆史傳所不載、《文選》所未取者，因以《古文苑》目之。今次爲九卷，刊于淳熙六年六月。卷中《栢梁詩》，每句下但稱官位而無名氏，有姓有名者唯郭舍人、東方朔耳。世所行注本《古文苑》，于每句下各增名姓。按：漢武帝元封三年作栢梁臺，詔群臣二千石有能爲七言詩，乃得上座。今注本「太常」曰周建德，則建德先于元鼎五年坐擅太樂令論矣；「大鴻臚」曰壺克國，《年表》太初元年充國始爲此官，去臺成作詩之日，則遠隔五年矣；「少府」曰王温舒，則温舒已于三年徙矣；「右扶風」曰李成信，則成信此時爲右内史矣。踳繆如此，《古詩紀》仍其譌而不知，故特爲正之。

于敏中等《天禄琳琅書目・明版集部》 《古文苑》二函，十册。宋章樵重編。二十一卷，前樵自序。考陳振孫《書録解題》，稱是書不知何人集，世傳孫洙巨源於佛寺經龕得之。韓無咎類次爲九卷，刻之婺州云云。此本則爲二十一卷，蓋宋時先後元有二版。考《浙江志》，章樵字叔道，昌化人，嘉定元年進士，嘗宰吳，時代後於振孫，故《解題》僅登韓刻。按：樵自序作於紹定壬辰，序中稱「學製吳門」，結銜爲知平江府吳縣事，皆與《浙江志》符。惟《志》稱是書爲二十卷，按樵自序固有「釐爲二十卷」之語；又稱「第二十一卷文多殘闕，姑存卷末」，則《志》所稱，蓋不及末卷耳。是本字畫頗清朗，而槧印不工，紙色亦出渲染；又僞作金粟山印記，總無以掩其爲明翻宋槧之迹也。

書中有「猗蘭堂」及「司馬氏收藏」各印，不詳其人。又有「虞集」、「伯生」二印，篆法庸劣，顯係僞託，不足採録。闕補卷三三。

《四庫提要・總集類一》 《古文苑》二十一卷。兩淮馬裕家藏本。不著編輯者名氏。《書録解題》稱「世傳孫洙巨源於佛寺經龕中得之，唐人所藏」。所録詩賦雜文，自東周迄於南齊，凡二百六十餘首，皆史傳、《文選》所不載。然所録漢魏詩文，多從《藝文類聚》、《初學記》删節之本，石鼓文亦與近本相同，其真僞蓋莫得而明也。南宋淳熙間，韓元吉次爲九卷。至紹定間，章樵爲之注釋。明成化壬寅，福建巡按御史張世用得本刊之。樵序稱有首尾殘闕者，姑存舊編；復取史册所遺，以補其數，釐爲二十卷。又有雜賦十四首，頌三首，以其文多不全，別爲一卷，附於書末，共爲二十一卷，則已非經龕之舊本矣。中間王融二詩題爲謝朓，蓋因附見朓集而誤。又《文木賦》出《西京雜記》，乃吳均所爲，見段成式《酉陽雜俎》，亦不能辨別，則編録未爲精核。至《柏梁》一詩，顧炎武《日知録》據所注姓名，駁其依託。錢曾《讀書敏求記》則謂舊本但稱官位，自樵增注，妄以其人實之，因啓後人之疑。又如宋玉《釣賦》「蜎淵」誤作「元洲」；曹夫人書「官綿」誤作「官錦」，皆傳寫之譌，而注復詳爲之解，王應麟《困學紀聞》亦辨之，則注釋亦不能無失。然唐以前散佚之文，間賴是書以傳，故前人多著於録，亦過而存之之意歟？據此書所題，樵，字升道，臨安人，以朝奉郎知吴縣事。《成化杭州府志》則作昌化人，知處州事。《宋詩紀事》亦作昌化人，其號曰峒麓，嘉定元年進士，歷官知漣海軍，授朝散郎，知處州。蓋昌化即臨安屬縣，此書舉其郡名；處州乃所終官，此書則其知吴縣時所注也。

彭元瑞等《天禄琳琅書目後編・宋版集部》　《古文苑》一函，六册。不著編輯名氏。陳振孫《書録解題》云「世傳孫巨源於佛寺經龕中得之」。所録自周迄南齊試賦、雜文凡二百六十餘首，皆史傳、《文選》所不載。書九卷，末有淳熙六年韓元吉記。宋槧之精工者，闕筆字特謹嚴。闕補卷二十一、二十二。

《古文苑》一函，八册。篇目見前。宋章樵注。分爲二十卷，末一卷，則以舊載文多殘缺，存俟博訪者。前有紹定壬辰樵自序，又淳熙六年韓元吉記。又嘉熙丁酉江師心序，稱章君倅毘陵日，欲繡諸梓。適拜司鼓之命，以稿屬之後政徐士龍。歲在丙申六月畢工。其子淳訂誤二百餘字。又淳祐丁未盛如杞序。雲間董氏藏本。

彭元瑞等《天禄琳琅書目後編・元版集部》　《古文苑》一函，十册。篇目同前「宋版集部」。韓元吉記，江師心、盛如杞二序俱佚。

孫星衍《平津館鑒藏書籍記・明版》　《古文苑》廿一卷。前有紹定壬辰章樵序。《書録解題》稱不知何人集。皆漢以來遺文，史傳及《文選》所無者。世傳孫洙巨源於佛寺經龕中得之。韓无咎類次爲九卷，刻於婺州。此本廿一卷，乃樵作注時更定。黑口板，每葉廿行，行十八字。

黄丕烈《蕘圃藏書題識・集類》　《古文苑》殘本四卷。宋本。宋本《古文苑》有注本，向於小讀書堆見之，亦不全本也。抱沖作古，此書欲一見，不可得矣。此四卷，奇零之本，比諸空山落葉，行將付燒茶鐺矣。不知何人拾來，庋之五硯樓。樓頭人去，雜諸破紙堆中，塵封蟻蝕，又落第二劫了。余因檢書，排比卷數，僅存四十七番。命工洗滌塵痕，黏補蟻孔，居然古色古香，溢於楮墨間。後之讀者，不復以不全本弁髦視之，則此書幸甚，余之重裝此書者幸甚，而向之收拾此書者益幸甚。辛未小春望後一日，復翁書於百宋一廛。近日有琴川友人至蘇郡訪書，於抱沖、壽階故物，愛如珍寶。抱沖之《九家注杜詩》、壽階之《陳后山詩注》，一鱗片甲，皆挈以歸。物得其主，我失也。何有此本《古文苑》，有注本，經兩家儲藏，無一人賞識。燕石自寶，其將與予，爲終古乎？然則予與二人之交好，藉一書爲千古，亦可自慰，并慰抱沖、壽階矣。道光四年甲申四月二十四日晨起，坐百宋廛燒燭書。

顧廣圻《思適齋書跋・集部》　《古文苑》九卷。景宋鈔本。庚午正月再校。卷二後

庚午二月再校。此卷注其所自出於題下。思適居士記。卷三後

己巳十月再校於玉清道院。澗薲。卷四後

嘉慶己未重刊行。思適居士記。

庚午再校一過。思適居士記。

嘉慶十四年，歲在己巳，用此本景寫付刊訖，校樣一過印行。時寓玉清道院中。澗薲居士。卷九後

張之洞《書目答問・總集》　《古文苑》二十一卷。宋章樵注。明成化壬寅刻本、守山閣校本。又岱南閣本九卷，無注。

《續古文苑》二十卷。孫星衍編。平津館本。

潘祖蔭《滂喜齋藏書記・集部》　明刻《古文苑》二十一卷。二函，十册。宋章樵注。此書常熟瞿氏有宋本。揚雄《蜀都賦》「迎春送冬」，明刻「冬」作「臘」；孫叔敖碑「野無螟䘌」注「䘌即螟蜮」。按《爾雅》「食苗心螟，食葉蟘䘌」，「蜮」爲「貸蟘」之誤，明刻作「䘌蜮」，尤謬。此本「冬」字正作「臘」，「䘌蜮」字正作「䘌蜮」，其爲明刻無疑。宋本遇諱皆缺筆，此亦不闕。惟字裏行間，尚有古意，當是明初覆本。余別見一明刻，則字畫方整，與今本相伯仲矣。

附藏印：「古歙鮑氏覺生藏書印」、「清譽堂」。

雜文章

晁公武《郡齋讀書志・總集類》　《雜文章》一卷。右孫巨源得之於祕閣。載宋玉等賦頌五十八篇。景迂生元豐甲子以李公擇本校正，後有劉大經、田爲、王雲、李端、唐君益諸公題跋。

馬端臨《文獻通考・經籍考・總集》　《雜文章》一卷。

古文章

尤袤《遂初堂書目・總集類》　《古文章》。

陳振孫《直齋書録解題・總集類》　《古文章》十六卷。會稽石公輔編。與前書（按：指《古文苑》）相出入而稍多，亦有史傳中鈔出者。首卷爲《武王丹書》，其

末蔡琰《胡笳十八拍》也。《館閣書目》又有《漢魏文章》二卷，集宋玉以下文八十八首，未見。

文

馬端臨《文獻通考·經籍考·總集》《古文章》十六卷。

王圻《續文獻通考·經籍考·類書》《古今文章》。石公輔集。

觀瀾文集

《宋史·藝文志·總集類》林少穎《觀瀾文集》六十三卷。

楊士奇等《文淵閣書目·文集》《觀瀾文選》。一部，九册。闕。

阮元《四庫未收書目提要·總集類》《觀瀾集注》三十卷。宋林之奇編，呂祖謙集注。之奇有《尚書全解》，祖謙有《古周易》，《四庫全書》並已著録。是編《宋史·藝文志》著録六十三卷，此從宋本依樣影鈔，僅及其半。甲集凡二十五卷，自屈平以下六十五人；乙集五卷，自揚雄以下凡十九人。分類編輯。祖謙集注多本舊注爲之，如《離騷經》、《文賦》、《閒居賦》，即用五臣注釋，捃拾精核，足與之奇書相輔而行也。

膾炙集

陳振孫《直齋書録解題·總集類》《膾炙集》一卷。朝請郎嚴煥刻於江陰。韓吏部而下雜文二十餘篇。

馬端臨《文獻通考·經籍考·總集》《膾炙集》一卷。

《宋史·藝文志·總集類》《膾炙集》一卷。

古文關鍵

陳振孫《直齋書録解題·總集類》《古文關鍵》二卷。呂祖謙所取韓、柳、歐、蘇、曾諸家文，標抹注釋，以教初學。

馬端臨《文獻通考·經籍考·總集》《古文關鍵》二卷。

楊士奇等《文淵閣書目·文集》《古文關鍵》。一部，二册。完全。

高儒《百川書志·總集》《古文關鍵》二卷。宋呂祖謙編選七大家之文，凡六十九篇。前有《看文作文之法》。

張萱等《内閣藏書目録·總集部》《古文關鍵》二册。全。宋呂祖謙評選韓、柳、歐、蘇及曾南豐、陳宛丘文。凡二卷。

錢謙益等《絳雲樓書目·文集總類》呂成公《古文關鍵》二卷。成公取韓、柳、歐、蘇、曾諸家文，標抹注釋，以教初學。

《四庫提要·總集類二》《古文關鍵》二卷。江蘇巡撫採進本。宋呂祖謙編。取韓愈、柳宗元、歐陽修、曾鞏、蘇洵、蘇軾、張耒之文，凡六十餘篇，各標舉其命意布局之處，示學者以門徑，故謂之「關鍵」。卷首冠以總論《看文作文之法》。考《宋史·藝文志》載是書，作二十卷。今卷首所載《看諸家文法》，凡王安石、蘇轍、李廌、秦觀、晁補之諸人俱在論列，而其文無一篇録入，似此本非其全書。然《書録解題》所載亦祇二卷，與今本卷數相合；所稱韓、柳、歐、蘇、曾諸家，亦與今本家數相合。知全書實止於此。《宋志》荒謬，誤增一「十」字也。此本爲明嘉靖中所刊，前有鄭鳳翔序。又別一本所刻，旁有鉤抹之處，而評論則同。考陳振孫謂其「標抹注釋，以教初學」，則原本實有標抹。此本蓋刊版之時，不知宋人讀書，於要處多以筆抹，不似今人之圈點，以爲無用而删之矣。葉盛《水東日記》曰「宋儒批選文章，前有呂東萊，次則樓迂齋、周應龍，又其次則謝疊山也。朱子嘗以『拘於腔子』議東萊矣。要之，批選議論，不爲無益，亦講學之一端耳」云云。然祖謙此書，實爲論文而作，不關講學。盛之所云，乃《文章正宗》之批，非此書之評也。

古文精粹

高儒《百川書志·總集》《古文精粹》十卷。不知成於何人。乃精選歷代名賢所作也。二十六體詩詞歌賦百二十三首，諸文八十四篇。

范邦甸等《天一閣書目·總集類》《重刻古文精粹》十卷。刊本。選家姓名未詳。序云：「古文一書，乃精選歷代名賢所作也。其間雄詞奥旨，足範後學。」然集刊者不一，或此收而彼不録，或彼載而此未備。予兼取而合録之，彙成一帙，分爲十卷，去其訓詁之繁，正其字畫之訛，重加鋟梓，用廣其傳。

劉若愚《内板經書紀略》《古文精粹》二本，二百五十六葉。

黄虞稷《千頃堂書目・總集類》《古文精粹》十卷。

倪燦等《補遼金元藝文志・總集類》《古文精粹》十卷。

麗澤集文

楊士奇等《文淵閣書目・文集》《麗澤集文》。一部，八册。

崇古文訣

楊士奇等《文淵閣書目・文集》《崇古文訣》。一部，二册。闕。《崇古文訣》。一部，二册。闕。

范邦甸等《天一閣書目・總集類》《崇古文訣》三十五卷。刊本。宋樓迂齋先生標注，松陵後學吴邦楨、邦杰校正，寶慶丁亥姚珤序，廣文陳君鋟梓以傳，合沙陳森跋後。

徐𤊹《徐氏家藏書目・總集類》《崇古文訣》三十二卷。宋樓昉。

錢謙益等《絳雲樓書目・文集總類》樓迂齋《崇古文訣》三十五卷。

倪燦等《宋史藝文志補・總集類》樓昉《崇古文訣》三十五卷。

《四庫提要・總集類二》《崇古文訣》三十五卷。内府藏本。宋樓昉撰。昉字暘叔，號迂齋，鄞縣人。紹熙四年進士。歷官守興化軍，卒追贈直龍圖閣。是集乃所選古文，凡二百餘首。陳振孫《書録解題》稱其「大略如吕氏《關鍵》，而所録自秦漢而下，至於宋朝，篇目增多，發明尤精，學者便之」，所言與今本相合。惟《書録解題》作五卷，《文獻通考》亦同，篇帙多寡迥異，疑傳寫者誤脱「三十」二字也。宋人多講古文，而當時選本存於今者不過三四家。真德秀《文章正宗》以理爲主，如飲食惟取禦饑，菽粟之外，鼎俎烹和，皆在其所棄；如衣服惟取禦寒，布帛之外，黼黻章采，皆在其所捐。持論不爲不正，而其説終不能行於天下。世所傳誦，惟吕祖謙《古文關鍵》、謝枋得《文章軌範》及昉此書而已。而此書篇目較備，繁簡得中，尤有裨於學者。蓋昉受業於吕祖謙，故因其師説，推闡加密，正未可以「文皆習見」而忽之矣。

彭元瑞等《天禄琳琅書目後編・元版集部》迂齋先生標注《崇古文訣》。一函五册。宋樓昉編。昉字暘叔，號迂齋，鄞縣人。紹熙四年進士。官至守興化軍。書三十五卷，凡文百九十三首。先秦三家，兩漢十家，三國一家，六朝二家，唐四家，宋二十九家，而韓、歐之文爲多。後有寶慶丁亥姚珤跋。麻沙袖珍本。闕補卷二十四、卷十四六、卷十八一、卷三十五三四。

彭元瑞等《天禄琳琅書目後編・明版集部》迂齋先生標注《崇古文訣》。二函十六册。篇目見前。「元版集部」元係麻沙小字本，此本明人以大字重雕，故帙分較廣。末有寶慶三年陳森後序。目録末有「萬曆庚戌孟冬九日施九芝見贈」。墨蹟鈐印二，曰「文煒」，曰「毛氏肇明珍藏圖書」。

黄丕烈《蕘圃藏書題識・集類》《崇古文訣》二十卷。宋刻本。迂齋標注《崇古文訣》，非世間不經見之書也，即舊刻亦非希有。余辛酉游京師，見殘宋刻而補鈔者，卷有吾郡西崦朱赤英圖記，因遂收之，入諸《百宋一廛賦》中，其所存宋刻卷數，注載瞭然也。適書友又攜一宋刻殘本來，係葉石君舊藏，中可配前缺卷，因遂命工重裝，竟成全璧。始歎物之會合有緣，此兩宋刻之殘而復完，實爲難得。矧經吾郡諸名家所藏，而一歸余手，兩美頓合，豈不幸與？嘉慶丁卯夏至日復翁黄丕烈識。

丁卯，余友夏方米之尊人容菴丈出其舊藏宋本《崇古文訣》，屬爲裝潢。檢視之，知亦係諸宋本湊合而成。卷端有序無目，因從宋本原有序之存者影寫，置余本首。其中更有奇者，多與葉石君舊藏本合。而周九松舊藏本閒有失葉在余本内，即如卷十六末葉是也。彼所錯出，又係余本之失葉。顛倒錯亂，雖遇之，而不能仍正之，是可歎已。夏丈寶愛其書，思裝潢，卒因費不貲，索書去。又遠館洞庭，蹤跡不常晤，未及將兩書原委告之。戊辰正月下弦日復翁又識。

黄丕烈《百宋一廛書録》迂齋先生標注《崇古文訣》。此書爲迂齋先生樓昉叔暘標注，共二十卷。目全，卷存一至八、十五至二十，餘鈔補，而仍缺十二、十四。此書亦爲毛褒華伯藏書，而其中有三印，一曰「吴郡西崦朱赤榮書畫印」，一曰「赤榮」，一曰「西崦」。此書之得於京師，蓋爲其西崦藏書也。余好藏書，而於吾郡藏書家思輯一小傳，每恨不能悉知其人。向見一楊誠齋《易傳》，爲西崦朱赤榮藏書，始知吾郡有其人。并看其題識，知爲明初人。其書未之得，故於心耿耿焉。後見此本藏書之圖記恰合，因急收之，所以存藏書之人也。

《聖宋文選》。初，余從顧千里處聞常州趙舍人味辛有《聖宋文選》，既而得殘宋本於常熟，始見其書，益思趙本之可以補我所缺。辛酉歲游京師，晤味辛，遂語及之。味辛其時適得青州司馬，將還家，余亦南還。至秋閒，以是書歸余，此即趙本也。首尾完好，與余所得本同一刻，而印本在先。閒有缺葉，反賴余本足之，亦奇事也。《浙江采集遺書總録》於此書載有柯崇樸序，云「乙丑歲至京師，朱檢討竹垞過余寓舍，因以訪之，轉假得是書。是書藏目崑山徐立齋相國，原本宋刻甚工。」今卷二十三尾有「司寇之章」一印，當必徐健菴圖章，其爲崑山徐氏本無疑。而何義門校《曾南豐集》，据以增文六篇者，謂出於石門吕太史家鈔本，今此本味辛於數年前得於吾郡宋氏，未有吕晚邨長跋，其付裝時去之，此長塘鮑緑飲親爲余言。味辛得是書，彼與味辛同往故也。今此本吕跋已無，即藏書圖記有剜去之痕，或并吕氏圖記而去之，亦未可定。茲所存者，司寇之章而外尚有下闕

迂齋古文標注

陳振孫《直齋書録解題・總集類》《迂齋古文標注》五卷。宗正寺簿四明樓昉暘叔撰。大略如吕氏《關鍵》，而所取自《史》、《漢》而下至於本朝，篇目增多，發明尤精當，學者便之。

馬端臨《文獻通考・經籍考・總集》《迂齋古文標注》五卷。

楊士奇等《文淵閣書目・文集》《迂齋標注諸家文集》。一部，十二册。完全。《迂齋標注諸家文集》。一部，十册。闕。《迂齋標注諸家文集》。一部，十册。闕。

張萱等《内閣藏書目録・總集部》《迂齋古文》十二册。全。宋紹熙閒，鄞人樓昉評選古今詩文，凡二十四卷，又續集四卷。

文章正宗　續文章正宗

陳振孫《直齋書録解題・總集類》《文章正宗》二十卷。參知政事真德秀希元撰。自序：「正宗」云者，以後世文詞之多變，欲學者識其源流之正也。自昔集録文章，若杜預、摯虞諸家，往往煙没不傳。今行於世者，惟梁《昭明文選》、姚鉉《文粹》而已。繇今視之，二書所録，果得源流之正乎？故今所集，以明義理、切世用爲主，其體本乎古而旨近乎經者，然後取焉；否則，辭雖工亦不録。其目凡四，曰「辭命」、曰「議論」、曰「敘事」、曰「詩賦」。去取甚嚴。

馬端臨《文獻通考・經籍考・總集》《文章正宗》二十卷。序《辭命》曰：《書》之諸篇，聖人筆之於經，不當與後世文辭同録，獨取《春秋》内外傳所載周天子諭告諸侯之辭，列國往來應對之辭，下至兩漢詔册而止。蓋魏、晉以降，文辭猥下，無復深淳温厚之指，至偶儷之作興，而去古益遠矣。學者欲知王言之體，當以《書》之《誥》、《誓》、《命》爲之主，而參之以此篇，則所謂「正宗」者，庶可識矣。

序《議論》曰：六經、《語》、《孟》，聖賢大訓，不當與後之作者同録。而獨取《春秋》内外傳所載諫争論説之辭，先漢以後諸臣所上書、疏、封事之屬，以爲議論之首。他所纂述，或發明義理，或敷析治道，或褒貶人物，以次而列焉。

序《敘事》曰：今於《書》之諸篇，與史之紀傳，皆不復録。獨取《左氏》、《史》、《漢》敘事之可喜者，與後世記、序、傳、誌之典則簡嚴者，以爲作文之式。若夫有志於史筆者，自當深求《春秋》大義，而參之遷、固諸書，非此所能該也。

後村劉氏曰：《文章正宗》，初蒙西山先生以詩歌一門屬余編類，且約以世教民彝爲主，如仙釋、閨情、宫怨之類，皆勿取。予取漢武帝《秋風辭》，西山曰：「文中子亦以此詞爲悔心之萌，豈其然乎？」意不欲收，其嚴如此。然所謂「携佳人兮不能忘」之語，蓋指公卿扈從者，似非爲後宫設。凡余所取，而西山去之者太半，又增入陶詩甚多，如三謝之類，多不收。

于敏中等《天禄琳琅書目・宋版集部》《文章正宗》四函，三十二册。宋真德秀撰。二十四卷。前德秀自序。陳振孫《書録解題》曰：真德秀撰《文章正宗》，其目凡四，曰辭命，曰議論，曰敘事，曰詩賦。去取甚嚴。按德秀《自序》作於紹定執徐之歲，乃宋理宗紹定五年。《序》稱：梁《昭明文選》、姚鉉《文粹》，果皆得源流之正乎？今所輯以體本乎古、指近乎經者，然後取焉云云，振孫所以謂其「去取甚嚴」也。是書寬行大字，用筆整肅，刻手印工亦皆精好。前後無他人序，似即德秀纂輯成書時自爲校刊之本。「書史之記」一印無考。

《續文章正宗》二函，十八册。真德秀撰。二十卷。前宋倪澄、鄭圭序。

咸淳丙寅倪澄序云：「西山文忠公晚歲所續。澄倚席括山，窮日夜力繙校，鄭君亦分其勞，凡三月而稿具，又四月而工畢。釐爲二十卷，僅有其目者，則虚寘於

末。一代之文，燦然略備。」又鄭圭序云：「圭分校括山偕聯事，倪君鋟諸梓以壽，其傳先生心。周、程、張、朱之學，觀《正宗》筆削，可以槩見。惜未脱稿，天弗慭遺，大綱則備矣。」按：丙寅爲宋度宗咸淳二年，澄、圭二人，《宋史》俱無傳。考《浙江通志》，澄，金華人，宋理宗寶祐四年丙辰進士，知處州軍。圭，黄巖人，理宗景定三年壬戌進士。括山在處州時，二人同官，因有是刻。觀兩序所云，乃德秀未完之書，而澄與圭按德秀四門之例，因其所録而分隸之。其有目無文者，則置於二十卷，以存其闕。所録之文，自歐陽修以下，凡十四家。版之尺寸與前集同，而大字徑圍，較小注字筆畫稍肥，係仿前集而爲之，非合刻之本也。

書中亦有「書史之記」一印，蓋藏是書者取之以成合璧，亦可謂有心人矣。

又《元版集部》《續文章正宗》一函，十册。宋真德秀撰。二十卷。後宋倪澄、梁椅、鄭圭三序。前「宋版」《續文章正宗》祇載倪澄、鄭圭二序，不録梁椅序文，蓋閲歲久，而佚其一篇也。此本出自元刊，橅印雖所不及，然三序得全，亦參考一助。按：《兩浙名賢録》，梁椅，字子奇，麗水人，登嘉熙進士第，除太常司丞，權禮部郎官。晚年慕程、朱之學，編輯遺論，名曰《論翼》。

明徐達藏本有「魏國公印」，嚴嵩亦經收藏，有「鈐山堂印」。考《明史》，徐達字天德，濠人。年二十二，從太祖軍，所向克捷，謀略甲諸將。初以平吴功封信國公，洪武三年進封魏國公。十八年卒，年五十四，追封中山王，謚武寧。嚴嵩字惟中，分宜人。舉弘治十八年進士，改庶吉士，授編修。移疾歸，讀書鈐山。十年還朝，進侍講，累官至華蓋殿大學士、太子太師。竊政二十年，天下咸目爲奸臣。年八十五，黜爲民，寄食墓舍以卒。今觀書中本有禮部官書朱文長印，俱爲嵩鈐山堂諸印所掩。考明禮部尚書鄭賜奉詔訪購遺書，係永樂四年之事。徐達以洪武十八年先卒，則知此書乃先爲達所藏，而後入於禮部者。至嵩以私印鈐蓋官印之上，明是嵩入直文淵閣，仍掌禮部事時，攘取官書，以爲己有。小人貪邪，無所不至，即一書可見矣。劉文燿印無考。

又《明版集部》《西山先生文章正宗》四函，二十七册。宋真德秀撰。二十四卷，前《正宗綱目》一卷。前「宋版」中載是書，有德秀《自序》，此本無之，且於標題之首稱「西山先生」，其爲明時所刻無疑，而橅印亦不及前書矣。

《四庫提要・總集類二》《文章正宗》二十卷，《續集》二十卷。内府藏本。宋真德秀編。德秀有《四書集編》，已著録。是集分辭令、議論、敘事、詩歌四類，録《左傳》、《國語》以下至於唐末之作。案：總集之選，録《左傳》、《國語》自是編始，遂爲後來坊刻古文之例。其持論甚嚴。大意主於論理而不論文。【略】然克莊《後村詩話》又曰：「《文章正宗》初萌芽，以詩歌一門屬予編類，且約以世教民彝爲主。如仙釋、閨情、宫怨之類，皆弗取。余取漢武帝《秋風辭》，西山曰：『文中子亦以此辭爲悔心之萌，豈其然乎？』意不欲收，其嚴如此。然所謂『懷佳人兮不能忘』，蓋指公卿扈從者，似非爲後宫而設。凡余所取，而西山去之者大半；又增入陶詩甚多，如三謝之類，多不收。」詳其詞意，又若有所不滿於德秀者。蓋道學之儒與文章之士各明一義，固不可得而强同也。顧炎武《日知録》亦曰：「真希元《文章正宗》所選詩，一掃千古之陋，歸之正旨。然病其以理爲宗，不得詩人之趣。且如《古詩十九首》，雖非一人之作，而漢代之風，略具乎此。今以希元之所删者讀之，『不如飲美酒，被服紈與素』，何異《唐風・山有樞》之篇；『良人惟古歡，枉駕惠前綏』，蓋亦《邶風・雄雉于飛》之義；牽牛織女，意仿《大東》；兔絲女蘿，情同《車舝》。十九作中，無甚優劣。必以坊淫正俗之旨嚴爲繩削，雖矯昭明之枉，恐失『國風』之義。六代浮華，固當刊落，必使徐、庾不得爲人，陳隋不得爲代，毋乃太甚，豈非執理之過乎？」所論至爲平允，深中其失。故德秀雖號名儒，其説亦卓然成理，而四五百年以來，自講學家以外，未有尊而用之者，豈非不近人情之事，終不能强行於天下歟？然專執其法以論文，固矯枉過直，兼存其理，以救浮華冶蕩之弊，則亦未嘗無裨。藏弆之家至今著録，厥亦有由矣。《續集》二十卷，皆北宋之文，闕詩歌、辭命二門，僅有敘事、議論，而末一卷議論之文，又有録無書。蓋未成之本，舊附前集以行，今亦仍竝録焉。

古今文章正印

彭元瑞等《天禄琳琅書目後編・宋版集部》《古今文章正印》四函，十六册。宋劉震孫撰。震孫字東叜，號梅石，列銜通直郎簽書武安軍節度判官廳公事。書分四集，前集十八卷，分書、記二門；後集十八卷，分序、説二門；續集二十卷，分論、銘、箴三門；别集二十卷，分傳、贊、頌、碑、圖、解、辨、原、辭九門。前有咸淳九年震孫自序，後有廖起山序。起山字伯高，號習菴，結銜迪功郎饒州州學教授。與震孫同輯是書者也。

掇英古文

楊士奇等《文淵閣書目・文集》《掇英古文》。一部，一册。闕。

類編層瀾文選　後集　別集

楊士奇等《文淵閣書目・文集》《層瀾文選》。一部，九册。殘缺。《層瀾文選》。一部，四册。闕。

黄虞稷《千頃堂書目・總集類》《類編層瀾文選》十卷，又《後集》二十卷，又《別集》十卷。

倪燦等《宋史藝文志補・總集類》《類編層瀾文選》十卷，又《後集》二十卷。又《別集》十卷。

于敏中等《天禄琳琅書目・元版集部》《類編層瀾文選》一函四册。《前集》十卷，《後集》十卷，《續集》十卷，《別集》十卷，共四十卷。無編集姓氏。此書前後俱無序跋。《前集》目録前有木記識語，稱將舊集所選古文重加增録，分爲前、後、續、別四集。《前集》類編賦、詩、雜語、雜著，以便初學者誦習；後、續、別三集類編記、傳等作，以便作文者披閲云云。其書始自楚騷，終於北宋。每卷標題下別行刊「雲坡家塾鼎新刊行」，係當時帖括之書，書賈刻以謀利者，故仿宋巾箱本式，取易售耳。蕭德源收藏印，無考。闕補《前集》目録五、六、《後集》卷八五、六。

文章軌範

楊士奇等《文淵閣書目・文集》《文章軌範》。一部，一册。闕。《文章軌範》一部，一册。闕。

高儒《百川書志・總集》《文章軌範》七卷。宋謝枋得批點選次，有大膽、小心之別，入門達道之功。凡十五家，六十九篇。

范邦甸等《天一閣書目・總集類》《文章軌範》七卷。刊本。宋謝疊山枋得批點，分放膽、小心二門。門人王淵濟識云：「《岳陽樓記》一篇，先生親筆，祇有圈點，而無批注。如《前出師表》，則併圈點亦無之。不敢妄以己意增益，姑仍其舊。又第七卷内，惟《送孟東野序》、《前赤壁賦》係先生親筆批點，其他篇僅有圈點，而無批注。若夫《歸去來辭》與《出師表》，併圈點亦無之。蓋漢丞相、晉處士之大義清節，乃先生之所深致意者也。」

王圻《續文獻通考・經籍考・類書》《文章軌範》。謝枋得輯。

徐𤊹《徐氏家藏書目・總集類》《文章軌範》三卷。謝枋得。

黄虞稷《千頃堂書目・總集類》謝枋得《文章軌範》七卷。鄒□《續文章軌範》八卷。

倪燦等《宋史藝文志補・總集類》謝枋得《文章軌範》七卷。

《四庫提要・總集類二》《文章軌範》七卷。兩江總督採進本。宋謝枋得編。枋得有《疊山集》，已著録。是集所録漢、晉、唐、宋之文，凡六十九篇。而韓愈之文居三十一，柳宗元、歐陽修之文各五，蘇洵之文四，蘇軾之文十二。其餘諸葛亮、陶潛、杜牧、范仲淹、王安石、李覯、李格非、辛棄疾，人各一篇而已。前二卷題曰「放膽文」，後五卷題曰「小心文」，各有批注、圈點。其六卷《岳陽樓記》一篇，七卷《祭田横文》《上梅直講書》《三槐堂銘》《表忠觀碑》《後赤壁賦》《阿房宫賦》《送李愿歸盤谷序》七篇，皆有圈點而無批注。蓋偶無獨見，即不填綴以塞白，猶古人淳實之意。其《前出師表》《歸去來辭》，乃併圈點亦無之，則似有所寓意。其門人王淵濟跋，謂漢丞相、晉處士之大義清節，乃枋得所深致意，非附會也。前有王守仁序，稱爲當時舉業而作。然凡所標舉，動中窾會，要之古文之法，亦不外此矣。舊本以「王侯將相有種乎」七字分標七卷，近刻以「九重春色醉仙桃」七字易之。觀第三卷批有「先熟侯、王兩集」之語，則此本爲枋得原題，近刻乃以意改竄之。雖無關大義，亦足見坊刻之好改古書，不可據爲典要也。

湛溪近古文章

楊士奇等《文淵閣書目・文集》《湛溪近古文章》。一部，八册。完全。

黄虞稷《千頃堂書目・總集類》李文子湛溪編《近古文集》三十卷。

倪燦等《宋史藝文志補·總集類》 李文子湛溪編《近古文集》三十卷。

張萱等《内閣藏書目録·總集部》 湛谿編《近古文集》八册。全。宋紹定間，李文子采集秦、漢、六朝詩文，凡三十卷。

古今文鑑

楊士奇等《文淵閣書目·文集》 《古今文鑑》。一部，三册。闕。

文苑菁華

王圻《續文獻通考·經籍考·類書》 《文苑（英）〔菁〕華》，〔徐鹿卿著。〕

妙絶古今

楊士奇等《文淵閣書目·文集》 《妙絶古今》。一部，二册。闕。

范邦甸等《天一閣書目·集部·總集類》 《妙絶古今》四卷。刊本。宋淳祐壬寅東澗自序云：「自《春秋》迄歐、蘇文，拔其尤，得七十有九首，蓋千載之英華萃矣。」寶祐丁巳紫霞老人序云：「伯紀負奇材，游諸公間祕□。柴公敬其行，西山真公取其學，南塘趙公奇其文。昔予爲江東憲，公餘，屈致館舍，論辨終日，因得是編。皆諸老之緒言也，銖兩必校，毫髪不差。軼梁統之選，而過之精矣。」

黄虞稷《千頃堂書目·總集類》 湯漢《妙絶古今》四卷。

倪燦等《宋史藝文志補·總集類》 湯漢《妙絶古今》四卷。字伯紀，鄱陽人，謚文清。

《四庫提要·總集類二》 《妙絶古今》四卷。内府藏本。不著編輯者名氏。前有嘉靖乙卯南贛巡撫談愷刊書序，後有南安知府王廷幹跋。但稱爲宋人所選，而不得其本末。《宋史·藝文志》亦無此書之名。今以元趙汸《東山存稿》考之，蓋湯漢所編也。漢有《東澗遺集》，已著録。是編甄輯古文，起《春秋左氏傳》，訖眉山蘇氏，凡二十一家，七十九篇。卷首原序有稱《東澗書》者，即漢之自題。其稱「紫霞老人」者，則趙汝騰所題。趙汸謂曾見鄱陽馬公文，有《妙絶古今序》。後於書肆見是書，卷首不載馬公之序。今此本亦無之。而馬廷鸞《碧梧玩芳集》，世已失傳，惟《永樂大典》閒存一二，亦無此序，則其佚久矣。

彭元瑞等《天禄琳琅書目後編·宋版集部》 《妙絶古今》一函，六册。宋湯漢撰。

彭元瑞等《天禄琳琅書目後編·明版集部》 《妙絶古今》一函，二册。篇目同前「宋版集部」。明大字本。闕補七十一、七十二。

又《妙絶古今》一函，四册。同上係一版摹印。

古文正宗前集　後集

趙希弁《讀書附志·總集類》 《古文正宗前集》二十二卷，《後集》十二卷。右集諸儒評論先秦、兩漢、三國、二晉、六朝、唐及我宋諸公之文也。

文　髓

高儒《百川書志·總集》 《文髓》九卷。宋進士磻州周應龍標注韓、柳、歐、蘇五家文七十四篇。

錢謙益等《絳雲樓書目·文集總類》 宋周應龍選《文髓》。

黄虞稷《千頃堂書目·總集類》 周應龍《文髓》九卷。號磻州，舉紹定進士。標注韓、柳、歐、蘇五家文。

倪燦等《宋史藝文志補·總集類》 周應龍《文髓》九卷。紹定進士標注韓、柳、歐、蘇五家文。

古文集成

倪燦等《宋史藝文志補·總集類》 王霆震《古文集成前集》七十八卷。

《四庫提要・總集類二》《古文集成》前集七十八卷。浙江汪啓淑家藏本。舊本題廬陵王霆震亨福編。不著時代。觀其標識名字,「魏徵」猶作「魏證」,而宋人奏議,於「朝廷」、「國家」諸字皆空一格,蓋南宋書肆本也。卷端題「新刊諸儒評點」字。凡吕祖謙之《古文關鍵》、真德秀之《文章正宗》、樓昉之《迂齋古文標注》,一圈一點,無不具載,其理宗時所刊乎?集以十干爲紀,而自甲至癸,皆稱曰「前某集」,則有後集,而佚之矣。凡甲集六卷,乙集八卷,丙集七卷,丁集九卷,戊集八卷,己集八卷,庚集八卷,辛集七卷,壬集八卷,癸集九卷。所録自春秋以逮南宋,計文五百二十二首,其中宋文居十之八。

古文選玉

楊士奇等《文淵閣書目・文集》《古文選玉》。一部,二册。闕。

古文真寶

范邦甸等《天一閣書目・總集類》《諸儒箋解古文真寶》十卷。刊本。序文殘缺。

劉若愚《内板經書紀略》《古文真寶》四本,三百九十一葉。

錢謙益等《絳雲樓書目・文集總類》《古文真寶》。

黄虞稷《千頃堂書目・總集類》黄堅《古文真寶》十卷。一作四卷。

于敏中等《天禄琳琅書目・明版集部》《諸儒箋解古文真寶》一函,四册。黄堅輯,五卷。前明神宗序,後明孝宗跋,又一跋,不著姓氏。

黄堅不知爲何時人。觀孝宗跋語,已有「命工梓之」之文;神宗作序,又稱「舊本凡三百十有二篇,今益三十五篇,刻久漫漶,因重授梓」云云,是明時内府此書固有二版矣。其不著姓氏之跋,則稱「永陽黄堅氏所集《古文真寶》二十卷,梓行已久,率多湮蝕。偶得善本,命工重刊」云云,跋後題爲「弘治十五年青藜齋寓雲中有斐堂書」。觀此,則内版之外復有二刻,其刻於雲中者,與孝宗朝内版同出一時,皆爲重梓;而神宗所刊,最居其後,係合孝宗、雲中兩刻而併校之,故皆載其跋也。至雲中之跋,稱二十卷,與此五卷之數不符,蓋由重刊時省併之故。第書中注釋,詞意淺陋,似非名人所作。

文章復古　文章續古

王圻《續文獻通考・經籍考・類書》《文章復古》《文章續古》。王柏纂。

濂洛文統周子文章指南

王圻《續文獻通考・經籍考・類書》《濂洛文統周子文章指南》。王柏纂。

粹粹集

錢謙益等《絳雲樓書目・文集總類》《粹粹集》。

黼藻文章百段錦

錢謙益等《絳雲樓書目・文集總類》《黼藻文章百段錦》。宋方頤孫纂。南宋末人。

黄虞稷《千頃堂書目・總集類》方頤孫《黼藻文章百段錦》三卷。三山太學生。

倪燦等《宋史藝文志補・總集類》方頤孫《黼藻文章百段錦》三卷。三山太學生。

崇古文正宗

錢謙益等《絳雲樓書目・文集總類》《標注崇古文正宗》五卷。

秦漢遺文

尤袤《遂初堂書目・總集類》《秦漢遺文》。

漢魏文章

《宋史・藝文志・總集類》《漢魏文章》二卷。

漢賢遺集

《宋史・藝文志・總集類》《漢賢遺集》一卷。

楚漢逸書

馬端臨《文獻通考・經籍考・總集》《楚漢逸書》八十二篇。豫章洪芻編。宋玉、司馬相如、司馬遷、董仲舒、賈誼、枚乘、路喬如、公孫詭、鄒陽、公孫乘、羊勝、中山王勝、淮南王安、班婕妤、王褒、劉向、劉歆、揚雄、班固，凡十九家，敘其可考而讀者，共八十二篇。野處洪氏題後曰：此書傳於道山，又有《漢賢遺集》，所載略同。凡所脱字，皆據以衍入。猶有疑不可知者，他日當以諸書互出者參校之。

西漢文鑑

高儒《百川書志・總集》《西漢文鑑》二十一卷。宋建安石壁野人陳鑑編集。七十六人，百五十六篇。

錢謙益等《絳雲樓書目・文集總類》《宋板西漢文鑒》。

黄虞稷《千頃堂書目・總集類》陳鑑《西漢文鑑》二十一卷。

倪燦等《宋史藝文志補・總集類》陳鑑《西漢文鑑》二十一卷。

阮元《四庫未收書目提要・總集類》《漢文鑑》二十一卷。明刊本。宋陳鑑編。按：鑑，建安人，自稱石壁野人，乃南宋遺民。此書不載《宋史・藝文志》，惟見明人《百川書志》及《千頃堂書目》。前有端平甲午鑑自序。其文皆採自史傳，不無刪節之病。然就《西京文纂》録其要，可以爲讀史之助。與前次所録《東漢文鑑》同爲宋時巾箱本，合之成全璧云。

張金吾《愛日精廬藏書志・總集類》《西漢文鑑》二十一卷，《東漢文鑑》二十卷。明刊本。宋石壁野人陳鑑編。是書取兩漢之文，分代編次，西漢始高祖，終平帝；東漢始光武，終獻帝。蓋以讀一朝之文章，即可知一朝之政治也。據鑑自序，所著有《漢唐史節》《漢唐文鑑》。今《史節》及《唐文鑑》俱佚，是書僅有傳本，亦希見之書也。

東漢文鑑

楊士奇等《文淵閣書目・文集》《東漢文鑑》。一部，四册。完全。

高儒《百川書志・總集》《東漢文鑑》十九卷。陳鑑編集。九十三人，二百四十八首。

錢謙益等《絳雲樓書目・文集總類》宋板《東漢文鑒》。

黄虞稷《千頃堂書目・總集類》陳鑑《東漢文鑑》十九卷。建安人。自稱石壁野人。

倪燦等《宋史藝文志補・總集類》陳鑑《東漢文鑑》十九卷。建安人。

阮元《四庫未收書目提要・總集類》《東漢文鑑》二十卷。明刊本。宋陳鑑編。鑑，建安人。自稱石壁野人，殆南宋遺民歟？是編自光武迄獻帝，凡九朝，大半采從本傳，共得文二百三十餘篇。《宋史・藝文志》不載，惟明人《百川書志》《千頃堂書目》《絳雲樓書目》並載有宋陳鑑《西漢文鑑》《東漢文鑑》，而《東漢文鑑》誤作十九卷。又《天一閣書目》亦載此書，乃明刻本，此從宋巾箱册録之，以存一代之藝文焉。

兩漢文鑑

范邦甸等《天一閣書目・總集類》 《兩漢文鑑》四十一卷。刊本。明陳鑑編次，弘治十五年邵寶序。

于敏中等《天禄琳琅書目・元版集部》 《兩漢文鑑》二函，二十册。宋陳鑑編。西漢文二十一卷，東漢文十九卷，共四十卷。前鑑自序。陳鑑《宋史》無傳，自署爲建安人，其始末亦無考。序作於端平甲午。按：甲午爲宋理宗端平元年。稱「余作《兩漢史節》，積十餘年而功始竟。至若名公鉅卿，忠言嘉謨，何敢一字妄加節略。是以別爲一編」云云。考馬端臨《文獻通考》，載陶氏《西漢文類》二十卷，竇氏《東漢文類》三十卷，初未言及此書，其「史部」中亦不録陳鑑《史節》。豈鑑本非知名之士，著述不顯於時？抑其書未經付刊，逮元而始有是刻耶？收藏二印無考。

三國文

楊士奇等《文淵閣書目・文集》 《三國文》。一部，一册。闕。

晉代名臣集

洪邁《容齋題跋》卷一 《跋晉代名臣文集》。故篋中得舊書一帙，題爲《晉代名臣文集》，凡十四家，所載多不能全，真泰山一毫芒耳。有張敏者，太原人，仕歷平南參軍、太子舍人、濟北長史。其一篇曰《頭責子羽文》，極爲尖新，古來文士皆無此作，恐《藝文類聚》《文苑英華》或有之。惜其泯没不傳，謾采以遺博雅君子。集文見《五筆》第四卷。其文九百餘言，頗有東方朔《客難》、劉孝標《絶交論》之體。集仙傳所載神女《成公智瓊傳》，見於《太平廣記》，蓋敏之作也。鄒湛姓名，因羊叔子而傳，而字曰潤甫，蓋見於此。

馬端臨《文獻通考・經籍考・總集》 《晉代名臣文集》。

《宋史・藝文志・總集類》 《晉代名臣集》十五卷。集者不知名。

南北雜文

尤袤《遂初堂書目・總集類》 《南北雜文》。

漢唐文類

王圻《續文獻通考經籍考・類書》 《漢唐文類》。徐鹿卿著。

唐文粹　補遺

鄭樵《通志・藝文略・總集》 《唐文粹》，一百卷。宋朝姚鉉集。

晁公武《郡齋讀書志・總集類》 《文粹》一百卷。

尤袤《遂初堂書目・總集類》 《唐文粹》。

陳振孫《直齋書録解題・總集類》 《唐文粹》一百卷。兩浙轉運使合肥姚鉉寶臣撰。鉉，太平興國八年進士第三人，在杭州與知州薛映不協，映摭其罪狀數條，密以聞，當奪一官，特除名，貶連州文學。其自爲序，稱「吴興姚鉉」者，蓋本郡望也。

馬端臨《文獻通考・經籍考・總集》 《文粹》一百卷。【略】《麈史》：姚鉉集唐人所爲古賦、樂章、歌、詩、贊、頌、碑、銘、文、論、箴、表、傳、録、書、序，凡百卷，名《文粹》。予在開封時，得唐潭州刺史張登文集一第三卷，權文公爲序。其略曰：「如《求居》《寄別》《懷人》三賦，與《證相》一篇，意有所激，鏘然玉振，倘有繼昭明之爲者，斯不可遺也。」然觀《文粹》，並不編載，由是知姚亦有未見者。鉉謫居連州，嘗寫所著《文粹》一百卷，好事者於縣建樓貯之。官屬多遺吏寫録，吏以爲苦，以鹽水噀之，冀其速壞，後以火焚其樓。

《宋史・藝文志・總集類》 姚鉉《唐文粹》一百卷。

楊士奇等《文淵閣書目・文集》　《唐文粹》。一部，二十冊。殘缺。《唐文粹》。一部，十四冊。殘缺。

高儒《百川書志・總集》　《唐文粹》一百卷。宋太宗詔羣儒輯《文苑英華》千卷。吳興姚鉉觀其浩瀚，恐人難得，纂採有唐之作，十拔其一，謂之「文粹」。一代之氣運，渢渢乎在人耳目矣。

范邦甸等《天一閣書目・總集類》　《唐文粹》一百卷。刊本。宋吳興姚鉉纂并序。明嘉靖姑蘇尤桂、朱整重校，太學生徐焴重刊。弋陽汪偉序云：「宋姚寶臣所集《文粹》百卷，實本《文苑英華》，十摘其一，當時服其精確。李唐三四百載之文獻在是矣。舊時刻本傳流漸少，其存者亦多訛缺。予得清溪倪公家藏本，脱落者四之一，篁墩程編修爲予補之。予復手自校讐，差完善可讀，每自珍惜。甲申仲冬，以吏部侍郎致政歸。過姑蘇，太守胡侯世甫出示新本，寫善鏤精。予驚喜，得奇觀焉。回視所藏，燕石耳。侯曰：『此太學生徐焴家刻也。』」

徐𤊹《徐氏家藏書目・總集類》　《唐文粹》一百卷。姚鉉。

張萱等《內閣藏書目録・總集部》　《唐文粹》十冊。全。吳興姚鉉纂。嘉靖間晉藩刻。凡五十卷。

又十冊。全。

又五冊。不全。

錢謙益等《絳雲樓書目・文集總類》　《唐文粹》一百卷。吳興姚鉉集。宋大中祥符四年寶元二年刻，見施昌言《後序》。同子充言《文粹》遠不及《文選》。嘉靖初，太原生徐焴重刻《文粹》，頗工。徐，太倉人也。前有胡纘宗、汪偉二序。汪序中言「吳郡有同時刻《文選》者，皆甫畢工」，當是指袁氏本言之。然若論鏤板之高下，則《文粹》尚不若《文選》爲尤佳也。

于敏中等《天祿琳琅書目・宋版集部》　《唐文粹》四函四十冊。宋姚鉉撰。一百卷。後宋施昌言序。【略】時在朝在野，皆欲得之，而未有爲刊布者。此乃臨安孟琪所刊，爲《文粹》一書初刻本。宋仁宗寶元二年吳興施昌言《後序》稱「卷帙浩繁，人欲傳録，未易爲力。臨安進士孟琪代襲儒素，家富文史，爰事摹印，以廣流布。觀其校之精，寫之工，鏤之善，勤亦至矣。若夫述作之旨，悉於《前序》」云云。《前序》蓋鉉自述，今已闕，亦無目録。而相其紙墨，寔爲北宋初印。昌言，《宋史》無傳。按淩迪知《萬姓統譜》載：昌言，静海人，舉進士，知太平州。上《政論》三十篇，入爲殿中侍御史。

御題《唐文粹》一百卷，五代姚右史鉉所纂。昔人稱其用意精博，世甚重之。乃翻刻既繁，流傳互異。是本字畫工楷，墨色如漆，猶見臨安孟琪原雕面目。予選《唐宋文醇》，依儲欣例，於唐韓、柳外增李翶、孫樵兩家。讀書稽古者以《文醇》爲專家定本，而參之《文粹》以博其趣，庶幾可乎？乾隆御識。鈐寶二：曰「乾隆宸翰」，曰「幾暇臨池」。

蘭陵蕭氏敷教堂所藏。無考。闕補卷十三一，卷三十下之卷三十一下全，卷三十三、卷三十四全，卷五十二六之十，卷五十三全，卷六十六三，卷一百九、十。

又《明版集部》　《唐文粹》六函四十八冊。宋姚鉉撰。一百卷。前鉉自序，後宋施昌言序。是書原刻前「宋版」中已載之，而闕鉉《自序》。此本版式字體極意追摹，足稱精善。然紙質不及，無能襲取也。收藏二印無考。闕補卷八十二一。

又《唐文粹》四函四十冊。篇目同前。此書於四十五卷之末别行刊「嘉靖甲申歲太學生姑蘇徐焴文明刊於家塾」，其各卷標題之首，俱冠以「重校正」三字，其序並作大書。雖似是别爲一版，然以通體之版式、字畫較之，與前部所刊者並無區别。當是得其版者，僅將其序文重刊，又於各卷標題及四十五卷之末補刊標題，以爲新刻，而實則仍其舊也。徐焴始末亦無考。收藏諸印未知誰氏。闕補卷二六，卷九七，卷十五下三，卷三十二一，卷三十九一、二，卷四十三十，卷四十七八，卷六十七八，卷七十四一，卷七十九九，卷八十二十，卷九十三八，卷九十九四。

又《唐文粹》四函四十冊。篇目同前。此書卷四十五後徐焴自識一行爲書賈割去，補以别紙。蓋因其橅印較工，遂欲藉以充宋槧耳。

又《唐文粹》四函三十二冊。篇目同前。字朗墨瑩，數部中以斯爲最。其徐焴所自識者，亦遂見汰於書賈矣。明焦竑藏本，有澹園印記。鶴園未知誰氏。

《四庫提要・總集類一》　《唐文粹》一百卷。內府藏本。宋姚鉉編。陳善《捫蝨新話》以爲徐鉉者，誤也。鉉字寶臣，廬州人。自署郡望，故曰吳興。太平興國中第進士，官至兩浙轉運使。事蹟具《宋史》本傳。

錢東垣等輯《崇文總目・總集類上》　《文粹》五十卷。姚鉉編。

彭元瑞等《天祿琳琅書目後編・宋版集部》　《唐文粹》四函十八冊。書一百卷，分古賦、詩、頌、贊、表、奏書、疏、文論、議、古文碑銘、記、箴誡、銘、書序、傳録、記事。每門中各分子目。前有鉉《自序》，復有寶元二年殿中侍御史施昌言跋。昌言，静海人，舉進士，官殿中侍御史。

又《唐文粹》四函四十册。同上係一版摹印。

又《元版集部》《唐文粹》四函四十册。篇目同前「宋版集部」。

又《唐文粹》一函八册。篇目同前「宋版集部」。

又《明版集部》《唐文粹》四函四十册。篇目見前「宋版集部」。明晉藩刻本。前有嘉靖八年璽書，蓋晉王知烊刻《文選》《文粹》《文鑑》《文類》《文衡》諸書上進，賜此褒美，因刻冠書首，并跋。又序著晉藩志道堂，書於敕賜書院，末有後序。

又《唐文粹》二函十二册。同上係一版摹印，其璽書前後序並佚。「養德書院」亦晉王知烊印。

又《唐文粹》四函四十册。篇目同前「宋版集部」，明翻宋本。

又《唐文粹》四函四十册。同上係一版摹印。

孫星衍《平津館鑒藏書籍記·明版》重校正《唐文粹》一百卷，題吴興姚鉉纂，目録前有鉉文粹序，卷末有嘉靖六年張大輪木長印題識，稱《文粹》閩坊舊本，舛不可句。蘇州近本，視昔加善。此本從蘇州本校刊，每葉廿八行，行廿五字。收藏有「黄燦之印」白文方印，「惟含氏」朱文方印。

黄丕烈《百宋一廛書録》《文粹》。此宋本《文粹》得於繆宜亭進士家，通體完善，序文後即接「卷第一」，有「宋本」橢圓印，「玉蘭堂」小方印，「季振宜印」，「滄葦」二小方印，「乾學」，「徐健菴」二小方印，「季振宜讀書印」。目録二本，較本書字形略駔而肥，并無諸家圖書，不知何時補全。中有缺葉，余復借同邑蔣藝萱藏本影寫補之，未全，止得其半，爲故相國宋德宜家物。余欲易之而未果，今猶在其家。此本楮墨精妙，筆畫斬方，猶有北宋風味。末有棐刻地名、年月、官銜【略】右文林郎臨安府觀察推官林慤、左承直郎寧海軍節度推官周公才、右承直郎臨安府觀察判官蘇彦忠監雕，右從事郎浙西安撫司准備差遣劉□嶸重校，左從事郎臨安府府學教授陳之淵重校，右承奉郎特添差簽書寧海軍節度判官廳公事王遜、左承事郎添差臨安府府學教授周孚先重校，右朝散大夫簽書寧海軍節度判官廳公事梁宏祖、左宣義郎通判臨安軍府事朱敦儒、右朝散大夫通判臨安府事王榕、右朝議大夫充徽猷閣待制知臨安軍府事兩浙西路安撫使馬步軍都總管張澄。最後有寶元二年嘉平月殿中侍御史吴興施昌言敘，以爲臨安進士孟琪代襲儒素，家富文史，爰事摹印，以廣流布。觀其校之，是寫之工、鏤之善，勤亦至矣。是此本蓋孟琪所刊本也。

顧廣圻《思適齋書跋·集部》《唐文粹》一百卷。明刻本。《文苑英華》屢引《川文粹》，而其閒每爲《文粹》不載之篇，疑不能明者久之。一雲散人記，時年六十卷六十八。果泉中丞得宋刻完全一部，未及重刊。今其家靳不示人，將求善價，然正恐未必有過而問者耳。道光乙酉中秋日無悶子記。借孫古雲家殘本校闕者，十六至十九之上，又五十九至六十二，又七十三至九十七。宋槧雖僅泰半，然亦可見其大概矣。重陽後三日又記。以上卷末

張金吾《愛日精廬藏書志·總集類》《文粹》一百卷。元刊本。宋吴興姚鉉纂。自序抄補。

《唐文粹》殘本三十四卷。宋刊本。宋吴興姚鉉纂。前有目録，分上下兩卷。上卷自卷一至二十五，下卷自二十六至三十四。後闕，止存末頁半頁目録。後有題識云：「故姚右史纂唐賢之文，凡缺三字古本，前闕總目。士人常患難爲檢閲，今具目録，列于卷首，仍合爲缺二字卷，其便討尋。彭城劉空二字謹白。」是書分卷、篇次，俱與百卷本不同，詩文則有少無多。案《崇文總目》云：「《文粹》五十卷，姚鉉編。」《郡齋讀書志》曰：「鉉採唐世文章，分門編類，初爲五十卷。」則此本或即五十卷本歟？每頁二十六行，行二十五字。

張之洞《書目答問·總集》《唐文粹》一百卷。宋姚鉉編。顧廣圻校刻大字本，明晉藩刻本，又明刻小字本。又《唐文粹補遺》二十六卷。郭麐編刻本。

唐文正宗

高儒《百川書志·總集》《唐文正宗》六卷。宋姚鉉既成《文粹》，又採可利場屋者一百四十篇，謂之「正宗」。

唐文類

鄭樵《通志·藝文略·總集》《唐史文類》三十卷。

晁公武《郡齋讀書志·總集類》《唐文類》三十卷。右皇朝陶叔獻編。

尤袤《遂初堂書目·總集類》《唐史文類》。

馬端臨《文獻通考·經籍考·總集》《唐文類》三十卷。

徐㶿《徐氏家藏書目·總集類》《唐文類》□卷。

錢謙益等《絳雲樓書目·文集總類》《唐文類》三十卷。陶叔獻編。其人未詳。

唐書文藝補

《宋史·藝文志·總集類》樊汝霖《唐書文藝補》六十三卷。

唐文類稿

高儒《百川書志·總集》《唐文類稿》六卷十五卷。梅溪王十朋選。凡一百四十七篇。

范邦甸等《天一閣書目·總集類》《王狀元標目唐文類》十二卷。刊本。名失查。

唐三百家文粹

馬端臨《文獻通考·經籍考·總集》《唐三百家文粹》四百卷。眉山成叔陽編。

五代文章

鄭樵《通志·藝文略·總集》《五代文章》一卷。

西蜀賢良文類

鄭樵《通志·藝文略·總集》《西蜀賢良文類》二十卷。

宋文粹　宋新文粹

鄭樵《通志·藝文略·總集》《宋文粹》十五卷。又《宋新文粹》三十卷。

晁公武《郡齋讀書志·總集類》《聖宋文粹》三十卷。右不題撰人。輯慶曆間羣公詩文，劉牧、黄通之徒皆在其選。

尤袤《遂初堂書目·總集類》《聖宋文粹》。

馬端臨《文獻通考·經籍考·總集》《聖宋文粹》三十卷。

《宋史·藝文志·總集類》《聖宋文粹》三十卷。

宋文藪

鄭樵《通志·藝文略·總集》《宋文藪》四十五卷。

《宋史·藝文志·總集類》《宋賢文藪》四十卷。

楊士奇等《文淵閣書目·文集》《宋賢文藪》一部，六册。闕。塾本九册。

錢謙益等《絳雲樓書目·文集總類》宋板《宋賢文藪》四十五卷。

宋賢文集　續宋賢文集

鄭樵《通志·藝文略·總集》《宋賢文集》三十卷。《續宋賢文集》二十三卷。

《宋史·藝文志·總集類》《宋賢文集》三卷。

宋文選

鄭樵《通志·藝文略·總集》 《宋文選》二十卷。

聖宋文選

《宋史·藝文志·總集類》 《聖宋文選》十六卷。

黄虞稷《千頃堂書目·總集類》 《聖宋文選》三十二卷。歐陽、司馬、范文正、王黄州、孫明復、荆公、余元度、子固、石介、李邦直、唐子西、文潛、魯直、陳瑩中。

倪燦等《宋史藝文志補·總集類》 《聖宋文選》三十二卷。凡十四家，有十六卷者，見《宋志》。

于敏中等《天禄琳琅書目·宋版集部》 《聖宋文選》二函十二册。三十二卷，無選人姓氏。是書選集宋人文章，自歐陽修以下，凡十四家，而三蘇之文槩置不録。按：宋徽宗崇寧二年，詔毁三蘇文集。而孝宗御極，降敕褒揚，至爲蘇軾文集作序。撰是書者，或因三蘇本集，宇内争傳，不復編纂，亦猶王安石選唐詩，不録李、杜之意也。書中未載刊刻年月。觀其小楷書筆法森嚴，密行中自見清朗，蓋亦巾箱本之最佳者。收藏諸印無考。内如「一元」印，元當係緇流；如「一菴」，乃其棲禪之所。按：元詩中有僧名元，字宗海，或即其人也。

《四庫提要·總集類一》 《宋文選》三十二卷。浙江巡撫採進本。不著編輯者名氏。案：張邦基《墨莊漫録》稱「崔伯易有《金華神記》，編入《聖宋文選後集》中」，則此乃其前集，在南渡以前矣。所選皆北宋之文，自歐陽修以下十四人。惟取其有關於經術、政治者，詩賦、碑銘之類不載焉。中無三蘇文字，而黄庭堅、張耒之文則録之。豈當時蘇文之禁最嚴，而黄、張之類則稍寬歟？又其中無二程文，蓋不以文士目之也。何焯《義門讀書記·跋所校元豐類稿後》曰：「己卯冬，於保定行臺案焯是時在直隸巡撫李光地署中閲内府所賜大臣《古文淵鑒》，有在集外者六篇，則《書魏鄭公傳》《邪正辨説》《再上田正言書》《上歐蔡書》也。後知立齋相公案立齋爲大學士徐元文之别號有建本《聖宋文選》數册，其中有南豐文二卷。嘉善柯崇樸借鈔，遂傳於外，此六篇者皆在焉」云云。案《書魏鄭公傳後》一篇，《宋文鑑》亦載，不僅見於此集中。焯蓋考之未審。然《南豐外集》《續稿》今竝不傳，其佚篇惟賴此集以存，蓋亦不爲無功矣。宋人選宋文者，南宋所傳尚夥，北宋惟此集存耳。其賅備雖不及《文鑑》，然用意嚴慎，當爲能文之士所編，尤未可與南宋建陽坊本出於書賈雜鈔者一例視之也。

黄丕烈《蕘圃藏書題識·集類》 《聖宋文選》三十二卷。宋刻本。此宋刻《聖宋文選》三十二卷，舊時鈔補，而仍缺七至十一，常熟蘇姓書賈攜以售余者也。初，余讀何義門校本《曾南豐集》，知其所据以增文六篇者爲《聖宋文選》，於是耳始有《聖宋文選》之名。客冬書賈來，余因其家在常熟，毛、錢諸家物必多，屬渠搜訪，書賈遂舉此書以對。至今秋始來，余一見即詫爲異書，雖無二古汲古閣、述古堂藏書圖記，而墨敝紙渝，頗饒古趣，即有殘缺，亦不失爲片甲殘鱗。爰問其直，須以新刻《十三經》易之，遂與交易。時閶門書業堂新翻汲古閣《十三經》，每部需錢十四兩。余檢《浙江采集遺書總録》，載《聖宋文選》三十二卷，寫本，自歐陽永叔以至陳瑩中，凡十四人，所録祇二十七卷。蓋其中石守道作二卷，宋刻作三卷李邦直作一卷，宋本作五卷未知所見果如是，而抑或卷數有筆誤也。顧余又有疑焉者。康熙己巳嘉善柯崇樸序云：「乙丑歲至京師，朱檢討竹垞過余寓舍，因以訪之，轉假得是書云云。藏自崑山徐立齋相國，原本宋刻甚工，然無有序紀始末與撰録者姓氏。幸其卷帙完具，使讀者有以窺知其意。」則柯所見者，爲宋刻甚工之本，不比傳鈔訛謬；又爲卷帙完具之本，不比蠹簡奇零。何以所録某某卷數，獨遺其五也？且有異焉者。常熟之本，未必是崑山之本，而兹所缺者適爲五卷，然七至十一爲王禹偁一卷，孫明復二卷，王介甫二卷，又非石守道之脱其一、李邦直之脱其四也。豈徐本已經竄改，泯其脱落之迹耶？否則何異同若是也。【略】至義門所見，爲石門吕太史家鈔本，其增多子固六篇文，《邪正辨》《説用》《讀賈誼傳》《書魏鄭公傳》《上田正言書》《上歐蔡書》。已可補本集之缺，安知其餘，不又可參校本集乎？俟博攷之。嘉慶歲在己未秋孟中元日收得，越二日跋於讀未見書齋。黄丕烈。

余續從武進趙司馬懷玉所得是書宋刻全本，幸可鈔補矣。因循未果，至今秋，適有人欲購宋刻全本，急倩鈔胥填補墨敝紙渝之處，可備卒讀。至缺卷有五，早令工影寫足之。

政和文選

晁公武《郡齋讀書志・總集類》《政和文選》二十卷。右政和中或編元豐以後人詩文千餘篇，徐禧、席旦，其知者也。

宋文海

晁公武《郡齋讀書志・總集類》《宋文海》一百二十卷。右皇朝江鈿編。輯本朝諸公所著賦、詩、表、啓、書、論、説、述、議、記、序、傳、文、贊、頌、銘、碑、制、詔、疏、詞、誌、輓、祭、禱文，凡三十八門。雖頗該博，而去取無法。

尤袤《遂初堂書目・總集類》《宋文海》。

馬端臨《文獻通考・經籍考・總集》《宋文海》一百二十卷。

張金吾《愛日精廬藏書志・總集類》《新雕聖宋文海》殘本六卷。宋淳熙刊本。季滄葦藏書。宋江鈿編。原一百二十卷，今存卷四至卷九，凡六卷。李心傳《朝野雜記》曰：「臨安書坊有所謂《聖宋文海》者，近歲江鈿所編。孝宗得之，命本府校正刻板，時淳熙四年十一月也。周必大以是書編次無倫，請于孝宗，命吕祖謙重編呈進，賜名《文鑑》。《文鑑》行而是書遂晦。」《季滄葦書目》有《聖宋文海》六册，想亦殘缺之本。此本有滄葦印記，蓋即其舊藏本也。

宋文鑑

尤袤《遂初堂書目・總集類》《皇朝文鑑》。

陳振孫《直齋書録解題・總集類》《皇朝文鑑》一百五十卷。吕祖謙編。初，淳熙丁酉，孝廟因觀《文海》，下臨安府校正刊行。翰苑周必大夜直，宣引偶及之，因奏：「此書江佃類編，殊無倫理，書坊板行可耳，恐難傳後，莫若委館閣，别加詮次。」遂以命祖謙。既成，賜名《文鑑》，詔必大爲之序。時祖謙已得末疾，遂除直中祕，且賚銀絹各三百。中書舍人陳騤駮之，論皆不行。繼有近臣密啓，云其所取之詩，多言田里疾苦，乃借舊作以刺今；又所載章疏，皆指祖宗過舉，尤非所宜，於是鋟板之議亦寢。周益公序既成，封以遺吕一讀，命藏之，蓋亦未當乎吕之意也。張南軒以爲無補治道，何益後學？而朱晦庵晚歲嘗語學者曰：「此書編次，篇篇有意，每卷首必取一大文字作壓卷，如賦取《五鳳樓》之類；其所載奏議，亦繫一時政治大節，祖宗二百年規模與後來中變之意，盡在其中，非《選》《粹》比也。」

馬端臨《文獻通考・經籍考・總集》《皇朝文鑑》一百五十卷。

《元西湖書院重整書目・集》《宋文鑑》。

《宋史・藝文志・總集類》吕祖謙《皇朝文鑑》一百五十卷。

楊士奇等《文淵閣書目・文集》《宋文鑑》。一部，五十一册。完全。《宋文鑑》。一部，五十册。完全。《宋文鑑》。一部，五十册。完全。《宋文鑑》。一部，五十册。殘缺。《宋皇朝文鑑》。一部，五十册。闕。

高儒《百川書志・總集》《宋文鑑》一百五十篇。宋吕祖謙奉勅詮次。吕以《文海》一時書坊刊行，去取未精，名賢大夫尚多遺落，故奉勅次之。

范邦甸等《天一閣書目・總集類》《宋文鑑》一百五十卷。刊本。宋吕祖謙奉敕編集，晉王知烊序。

徐𤊹《徐氏家藏書目・總集類》《宋文鑑》一百五十卷。宋吕祖謙。

張萱等《内閣藏書目録・總集部》《宋文鑑》五十册。全。宋孝宗因觀江鈿類編《文海》，殊無倫理，别命吕祖謙編輯，賜名《皇朝文鑑》。凡一百五十卷。又五十册，全。又四十七册，不全。又四十三册，不全。

又《皇朝文鑑》五册。全。即《宋文鑑》。吕祖謙編述，眉山師顯行注釋。凡十一卷。

又《皇朝文鑑》二十三册。不全。即《宋文鑑》。凡一百五十卷，闕一卷至十六卷、三十六至三十九卷、四十六至四十八卷、七十至七十四卷。

錢謙益等《絳雲樓書目・文集總類》《宋文鑑》一百五十卷。吕祖謙編，周必大序。明晉府有板。宋時有臨安府書坊本，明天順間，嚴州太守張邵齡重梓，商輅序。

《四庫提要・總集類二》《宋文鑑》一百五十卷。内府藏本。宋吕祖謙編。祖謙有《古周易》，已著録。案：李心傳《建炎以來朝野雜記》稱臨安書坊有所謂《聖宋文海》者，近歲江鈿所編。孝宗得之，命本府校正刻版。周必大言其去取差謬，遂命祖謙校正。於是盡取祕府及士大夫所藏諸家文集，旁採傳記他書，悉行編類，凡六十一門。又稱有近臣密啓，所載臣僚奏議有詆及祖宗政事者，不可示後世。乃命直院崔敦詩更定，增損去留，凡數十篇。然訖不果刻也。此本不著爲祖謙原本，爲敦詩改本。《朱子語録》稱《文鑑》收蜀人吕陶論制師服一篇，爲敦詩所删，此本六十一卷中仍有此篇，則非敦詩改本確矣。

彭元瑞等《天禄琳琅書目後編・明版集部》 《宋文鑑》六函，五十册。宋吕祖謙奉敕撰。書百五十卷，凡賦二十一卷，詩十八卷，騷一卷，詔一卷，敕赦文册一卷，御劄批答一卷，制三卷，誥四卷，奏疏二十二卷，表九卷，牋箴一卷，銘、頌、贊各一卷，碑文記九卷，序八卷，論議九卷，策三卷，議二卷，説、戒各一卷，制策、説、書、經義三卷，書九卷，啓三卷，策問一卷，雜著三卷，對問、移文、連珠一卷，琴操、上梁文、書判一卷，題跋二卷，樂語一卷，祭文、謚議三卷，行狀三卷，墓誌六卷，墓表、神道碑四卷，傳、露布二卷。前有祖謙奉旨銓次劄子及《謝銀絹、除直祕閣表》。先是，臨安書肆有江鈿所編《聖宋文海》。孝宗得之，命校正刊版。周必大言其去取差謬，遂命祖謙别輯此書，成，賜名《文鑑》，敕必大爲序。

版式與《唐文粹》同，亦明晉藩刻本。

《宋文鑑》二函，二十册。同上係一版摹印。

孫星衍《平津館鑒藏書籍記・明版》 《宋文鑑》一百五十卷。題朝奉郎行祕書省著作佐郎兼國子院編修官兼權禮部郎官吕祖謙奉聖旨銓次。前目録三卷，末有嘉靖七年晉藩養德書院識。錢少詹日記鈔，所見明嘉靖五年晉府至道堂刊本，前有周必大奉敕撰序，及吕祖謙進書劄子、《謝賜銀絹、除直祕閣表》，此本無之。前有天順八年商輅序，亦係後人據别本鈔補，非此本所有。黑口板，每葉廿六行，行廿一字。

黄丕烈《蕘圃藏書題識・集類》 《皇朝文鑑》一百五十卷。舊鈔本。此書向藏小讀書堆，今歸愛日精廬。予所藏亦有是書，計得五部，皆係宋刻，有大字、小字之别。惟因均已殘缺爲恨，即效述古主人百衲《史記》之例，尚少目録之下卷，緣借鈔足之，可云快事。比還，因記「吴縣黄丕烈蕘夫借讀」，時道光壬午秋七月，三孫美鎬書。互爲校勘，各有佳處，不可以原刻本、修本而存褒貶也。又記。

張金吾《愛日精廬藏書志・總集類》 《端平重修皇朝文鑑》一百五十卷。舊抄本。蕘竹堂藏書。宋朝奉郎行秘書省著作佐郎兼國史院編修官兼權禮部郎官臣吕祖謙奉聖旨銓次。是書葉文莊公於正統、天順間從宋刊本傳録，後失其中一分。文莊四世孫恭焕假顧觀海家宋板補完，見泰焕跋。所補之一分，相傳爲文氏二承手筆。目録中卷及卷七十六至七十九四卷，九十三、四兩卷是也。其《序目》雄壯之筆，則文莊公真跡也。見顧之逵跋。吴君立峰嘗取以校明刊本，謬誤不可枚舉，甚至有脱去一二頁者。非此本尚存，《文鑑》幾不得爲完書，是宜何如寶貴也哉！

張之洞《書目答問・總集》 《宋文鑑》一百五十卷。宋吕祖謙編。明胡韶修補本，明晉藩刻本。

二百家文粹　世次

趙希弁《讀書附志・總集類》 《國朝二百家名臣文粹》三百卷。右「論著」二十二門，「策」四門，「書」十門，「碑記」十二門，「序」六門，「雜文」八門，「總目」六，分門六十二。

尤袤《遂初堂書目・總集類》 《本朝二百家文粹》。

楊士奇等《文淵閣書目・文集》 《二百家文粹》。一部，六十册。完全。

張萱等《内閣藏書目録・總集部》 《二百家文粹》五十六册，不全。宋慶元間，蜀中編集宋朝名公著述議論，凡三百卷，眉山王偁爲序，莫詳編次姓名。

黄丕烈《蕘圃藏書題識・集類》 《二百家名賢文粹世次》不分卷。鈔宋本。此宋刻本《二百家名賢文粹世次》，余友顧抱沖所贈也。

宋賢體要集

趙希弁《讀書附志・總集類》 《宋賢體要集》十三卷。右集曾鞏、歐陽修、王安石、王令、王安國、吴子經、周亶父、王雱、陳之方、蘇軾、蘇轍、孫洙、杜植、曾宰、鄭獬、范鎮、唐介、姚闢所作也。

宋賢良分門論

《宋史・藝文志・總集類》 楊上行《宋賢良分門論》六十二卷。

五百家播芳大全文粹

楊士奇等《文淵閣書目・文集》 《大全文粹》。一部，十五册。闕。《大全文粹》。一部，九册。闕。

范邦旬等《天一閣書目・總集類》 《聖宋名賢五百家播芳大全文粹》一百十卷。藍絲闌鈔本。缺第一卷。

黄虞稷《千頃堂書目・總集類》 《聖宋名賢五百家文粹》一百十卷。一名《播芳集》。

倪燦等《宋史藝文志補・總集類》 魏齊賢、葉芬同編《五百家播芳大全文粹》一百十卷。

《四庫提要・總集類二》 《五百家播芳大全文粹》一百十卷。江蘇巡撫採進本。宋魏齊賢、葉棻同編。齊賢，字仲賢，自署鉅鹿人。棻，字子實，自署南陽人。考宋南渡以後，鉅鹿、南陽皆金地，殆以魏氏本出鉅鹿、葉氏本出南陽，偶題郡望，非其真里籍也。是編皆録宋代之文，駢體居十之六七。雖題曰「五百家」，而卷首所列姓氏，實五百二十家，網羅可云極富。中間多採宦途應酬之作，取充卷數，不能一一精純。又仿《文選》之例，於作者止書其字，人遠年湮，亦往往難以考見。疑爲書肆刊本，本無鑒裁，故買菜求益，不免失於冗濫。朱彝尊嘗跋此書，惜無人爲之删繁舉要，則亦病其冗雜矣。然渣滓雖多，精華亦寓，宋人專集不傳於今者，實賴是書略存梗概，亦鍾嶸所謂「披沙揀金，往往見寶」者矣。故彝尊雖恨其蕪，終賞其博也。又彝尊所見徐炯家宋刻本，稱二百卷，今鈔本止一百十卷，尋檢首尾，似無闕佚，殆彝尊記憶未審，或偶然筆誤歟？首載紹熙庚戌南徐許開序。開，字仲啓，以中奉大夫提舉武夷沖祐觀，著有《志隱類稿》，見趙希弁《讀書附志》。

張金吾《愛日精廬藏書志・總集類》 《聖宋名賢五百家播芳大全文粹》一百十卷。舊抄本。宋魏齊賢、葉芬編。

性理文錦

黄虞稷《千頃堂書目・總集類》 《性理文錦》八卷。

倪燦等《補遼金元藝文志・總集類》 《性理文錦》八百卷。

《四庫提要・總集類存目一》 《諸儒性理文錦》八卷。內府藏本。舊本題兵部尚書常珽編，不著時代。考《萬姓統譜》：「常珽字方叔，連江人。宋嘉祐進士。累官吏部尚書、參知政事。」似乎即此常珽，惟「吏部」字不同。疑二書當有一誤，或編此書時適官兵部耶？其書全録宋儒性理之文，間亦上及韓愈、柳宗元等。分六十四類，文以類附，蓋專爲科舉之用。前有吴登甲翁以孫序。據序所言，蓋登甲又有所補輯，非原本矣。

唐宋文章

《宋史・藝文志・總集類》 《唐宋文章》二卷。

晉二俊文集

楊士奇等《文淵閣書目・文集》 《陸氏二俊文集》。一部，四册。闕。

彭元瑞等《天禄琳琅書目後編・明版集部》 《晉二俊文集》一函，六册。宋徐民瞻校《陸機集》十卷，凡賦十八首，詩六十八首，演連珠五十首，七一首，頌一首，箴一首，贊二首，牋一首，表一首，文二首，誄六首，哀辭一首，議一首，論二首，碑一首；《陸雲集》十卷，凡賦八首，詩三十首，誄三首，頌四首，讚一首，嘲二首，騷九首，書七十二首，啓六首，附士衡孫顯世贈詩二首，嚴宛陵、卓茂安書三首。後有慶元庚申民瞻後序。蓋民瞻官雲間，建二陸祠宇，訪其遺人，得《士衡集》於淮西撫幹林君，《士龍集》於祕書郎鍾君，並鋟以行。取本傳張華言「伐吴之役，利在獲二俊」，故以名集。明祕府藏。

陸心源《儀顧堂題跋》卷一 《宋刊晉二俊集跋》：《陸士衡集》十卷，《士龍集》十卷，宋華亭縣學刊本。每頁二十二行，行二十字。前有慶元庚申徐民瞻《晉二俊集序》，後有慶元六年縣學司計朱奎、直學孫垓、學長范公袞等題名。

三蘇文集

《宋史·藝文志·集類總集類》《三蘇文集》一百卷。郎曄進。

楊士奇等《文淵閣書目·文集》《三蘇文集》。一部，一百五册。殘缺。《三蘇文集》。一部，二十册。闕。

王世貞《讀書後》卷四《書三蘇文後》。明允、子瞻俱善持論，而明允尤雄勁有氣力，獨其好勝而多騁，不甚曉事體、考故實而輕爲，可愕可喜之談，蓋自戰國中得之。子瞻殊爽朗，其論策沾溉後人甚多，記叙之類，順流而易，竟不若歐陽之舒婉。然中多警儁語。騷賦非古而超然玄著，所以收名甚晚。吾嘗謂子瞻非淺于經術者，其少之所以不典，則明允之餘習；晚之所以不純，則葱嶺之緒言，然而得是二益亦不小也。子由稍近理，故文彩不能如父兄，晚益近理，故益不如，然而不失爲佳子弟也。四家之文無論已，其學則子瞻最博，子厚次之，退之又次之，永叔狹矣。

張萱等《内閣藏書目録·集部》《三蘇文集》三十六册，不全。闕四十六至五十卷，百三十七至百三十九卷。又四十五册，不全。闕第十八册，二十七册，四十四、五、六册，五十一至五十五册。又二册，不全。又二十九册，不全。止有東坡文。

三蘇文選

徐𤊟《徐氏家藏書目·總集類》《三蘇文選》□卷。

黃虞稷《千頃堂書目·總集類》吕祖謙《三蘇文選》五十九卷。

倪燦等《宋史藝文志補·總集類》吕祖謙《三蘇文選》五十九卷。

彭元瑞等《天禄琳琅書目後編·元版集部》《東萊標注三蘇文集》二函，十册。宋吕祖謙編。三蘇人各爲編，凡蘇洵十一卷，蘇軾二十六卷，蘇轍二十二卷。編各分體，加以點抹，於題下標注本意，與蜀本及《文粹》篇目並異。

三蘇文類

《宋史·藝文志·總集類》《三蘇文類》六十八卷。

三蘇文粹

于敏中等《天禄琳琅書目·明版集部》《三蘇先生文粹》二函二十四册。宋蘇洵文十一卷，蘇軾文三十二卷，蘇轍文二十七卷。墨黯紙疏，係出明製。書賈以其式似宋槧，私汰序跋，刻梓之。人遂以不傳。

又《三蘇先生文粹》三函二十四册。篇目同前。此與前部同版，並一時槧印之書。

《四庫提要·總集類存目三》《三蘇文粹》七十卷。内府藏本。不著編輯者名氏，前後亦無序跋。其曰《文粹》，蓋仿陳亮《歐陽文粹》例也。凡蘇洵文十一卷，蘇軾文三十二卷，蘇轍文二十七卷。所録皆議論之文，蓋備場屋策論之用者也。

彭元瑞等《天禄琳琅書目後編·宋版集部》《三蘇先生文粹》二函二十册。不著編者姓名。書七十卷，人各爲編。蘇洵十一卷，蘇軾三十二卷，蘇轍二十七卷。編各分體，與前兩書復不同，而最爲宏整。

張金吾《愛日精廬藏書志·總集類》《三蘇先生文粹》七十卷。宋刊本。不著編輯者名氏。凡老泉十一卷，東坡三十二卷，潁濱二十七卷，合七十卷。闕卷十一至十八、二十二至二十四、二十九至三十五、四十八至五十、五十三至五十九、七十。共缺二十九卷，抄補。

重廣分門三蘇先生文粹

彭元瑞等《天禄琳琅書目後編·宋版集部》《重廣分門三蘇先生文粹》四函，二十八册。不著編者姓名。書一百卷，彙三蘇文，分門纂輯，【略】巾箱本末册尾行書「正統丙寅孟秋重裝于全谿義塾」。

三蘇文

范邦甸等《天一閣書目・總集類》 《三蘇文》七十卷。

彭元瑞等《天禄琳琅書目後編・宋版集部》 《蜀本標題三蘇文》二函，十册。不著編者姓名。書六十二卷，彙三蘇文，分門纂輯，【略】或加子目，或節全文。前有《三蘇文敘録》，標「歷陽狀元張孝祥編」。又《三蘇年譜圖》，標「左朝請大夫權發遣成都府路提典刑獄事何掄編」。卷一後有條記云「武谿游孝恭德棻標題」。此文集校正復增敘録、圖譜於卷首，庶幾開卷則三分之議論灼見其肺腑矣。淳熙丙申冬至日刊於登俊齋，或即游孝恭所編也。

巾箱本是書與《三蘇文粹》同一選刻蘇氏父子之文，而門目序次迴不相同。此書割併，毫無體例，書首敘録、圖譜更爲蕪陋，乃坊賈嫁名便鬻之所爲耳。

姜紹書，字二酉，丹陽人，寶之孫，以廕官南京工部郎。著《韻石齋筆談》。闕補卷五十三計四葉。

三蘇文選

黄虞稷《千頃堂書目・總集類》 蔡文子注《三蘇文選》十二卷。

倪燦等《宋史藝文志補・總集類》 蔡文子注《三蘇文選》十二卷。

三蘇遺文

尤袤《遂初堂書目・總集類》 《三蘇遺文》。

蘇黄遺編

《宋史・藝文志・總集類》 何琥《蘇黄遺編》一卷。

四學士文集

《宋史・藝文志・總集類》 《四學士文集》五卷。黄庭堅、晁補之、張耒、秦觀所著。

蘇門六君子集

陳振孫《直齋書録解題・别集類中》 《豫章集》四十四卷，《宛丘集》七十五卷，《后山集》二十卷，《淮海集》四十六卷，《濟北集》七十卷，《濟南集》二十卷。蜀刊本，號《蘇門六君子集》。

蘇門六君子文粹

錢謙益等《絳雲樓書目・宋文集類》 《蘇門六君子文粹》。六君子，秦、晁、黄、張、陳、李也。崇禎間，新安胡仲修刻於杭州，牧翁爲序。

黄虞稷《千頃堂書目・總集類》 《蘇門六君子文粹》七十卷。

倪燦等《宋史藝文志補・總集類》 《蘇門六君子文粹》七十卷。不知撰人。

《四庫提要・總集類二》 《蘇門六君子文粹》七十卷。原任工部侍郎李友棠家藏本。不著編輯者名氏。卷首《凡例》稱「或傳爲陳亮所輯」，然亮輯《歐陽文粹》，序載《龍川集》，而此書之序無考，則未必出於亮也。《宋史》稱黄庭堅、張耒、晁補之、秦觀爲「蘇門四學士」，而此益以陳師道、李廌，稱「蘇門六君子」者，蓋陳、李雖與蘇軾交甚晚，而師道則以軾薦起官，廌亦以文章見知於軾，故以類附之也。其文皆從諸家集中録出，凡《淮海集》十四卷、《宛邱集》二十二卷、《濟北集》二十一卷、《濟南集》五卷、《豫章集》四卷、《后山集》四卷。頗有一篇之中，刊去首尾繁文，僅存其要語者。觀其所取，大抵議論之文居多。蓋坊肆所刊，以備程試之用也。陸游《老學菴筆記》曰：建炎以來，尚蘇氏文章，學者翕然從之，而蜀士尤盛，有語曰「蘇文熟，喫羊肉；蘇文生，喫菜羹」云云。蓋風會所趨，併其從游之士，亦爲當代所摹擬矣。然其去取謹嚴，猶工文之士所輯。且《李廌集》世無傳本，今始從《永樂大典》裒輯成帙，頗藉此書相補苴。又《張耒集》寫本僅存，字多舛誤；《陳師道集》刊本較詩差詳，較文則略，亦頗藉此書以勘正云。

四先生文粹

尤袤《遂初堂書目・總集類》 《四先生文粹》。

五先生文粹

錢謙益等《絳雲樓書目・文集總類》 《王先生文粹》。

黄虞稷《千頃堂書目・總集類》 王柏《五先生文粹》一卷。

倪燦等《宋史藝文志補・總集類》 王柏《五先生文粹》一卷。

永嘉二劉集

王士禛《漁洋書跋》 《永嘉二劉集》。宋《永嘉二劉文集》九卷，留元剛序。安上字元禮，安節字元承，皆伊川弟子，皆官御史。安上廷劾蔡京，安節追餞鄒浩。葉水心題《二劉集》，謂爲俊豪先覺之士者也。集中多經義，大抵如訓詁，不脱兔園册子習氣。蓋當時科舉之文如此，其與詩賦飣餖之陋，如以五十步笑百步也。

宗藩文類

趙希弁《讀書附志・總集類》 《宗藩文類》六十卷。右魏邸鑰夫銓次也。三祖而下，各以昭穆編叙之。凡朝廷之所褒嘉者，爲詔，爲制，二十五卷；凡名公鉅卿相與贊述者，爲表奏，爲記序，爲賦頌，爲詩歌，與夫碑銘、祭文等，作三十五卷。魏了翁爲之序。端平己亥，鑰夫自蜀來訪，扣未盡之書，希弁嘗以一二補其闕。渠深惜太祖派下文字獨少，既而欲以燕王、秦王初除防禦使制達之而未能云。

嚴陵集

《四庫提要・總集類二》 《嚴陵集》九卷。浙江范懋柱家天一閣藏本。宋董弅編。弅，東平人，逌之子也。自署曰廣川，蓋欲附仲舒裔耳。紹興間知嚴州，因輯嚴州詩文，自謝靈運、沈約以下，迄於南宋之初。前五卷皆詩，第六卷詩後附賦二篇，七卷至九卷則皆碑銘、題記等雜文。弅《自序》謂：「嘗與僚屬修是州圖經，蒐求碑版，稽考載籍，所得逸文甚多。又得郡人喻彦先家所藏書，與教授沈傃廣求備録而成。」是集中如司馬光《獨樂園釣魚菴》詩，本作於洛中，以首句用「嚴子陵事，因牽而入於此集，未免假借附會，沿地志之陋習。然所録詩文，唐以前人雖尚多習見，至於宋人諸作，自有專集者數人外，他如曹輔、吕希純、陳瓘、朱彦、江公望、江公著、蔡肇、張伯玉、錢勰、李昉、扈蒙、劉昌言、卞謂、范師道、張保雝、章岷、阮逸、關詠、李師中、龐籍、孫沔、王存、馮京、刁約、元絳、張景修、岑象求、邵亢、馬存、陳軒、吴可幾、葉棐恭、劉涇、賈青、主達、張綬、余闢、刁衎、倪天隱、周邦彦、羅汝楫、詹亢宗、陳公亮、錢聞詩諸人，今有不知其名者，有知名而不見其集者。藉弅是編，尚存梗概，是亦談藝者所取資矣。惟弅序作於紹興九年，而第九卷中有錢聞詩《浚西湖記》，作於淳熙十六年，上距紹興九年，凡五十一年；又有陳公亮《重修嚴先生祠堂記》及《書瑞粟圖》二篇，作於淳熙乙巳，《重修貢院記》一篇，作於淳熙丙午，亦上距弅作序之時，凡四十七、八年，則後人又有所附益，已非弅之本書，要亦宋人所續也。

張金吾《愛日精廬藏書志・總集類》 《嚴陵集》九卷。文瀾閣傳抄本。宋董棻編。

【略】兹者棻與僚屬修是州圖經，搜訪境内斷殘碑版及脱遺簡編，稽攷訂正。既成書矣，因得逸文甚多，復得郡人喻君彦先悉家所藏書，討閱相示，又屬州學教授沈君傃與諸生廣求備録，時以見遺，乃爲整比而詳擇。凡自隋以上在新安郡者、自唐以後訖國朝宣和以前在睦州者取之；其未嘗至，而賦詠實及此土，如唐韓文公、近世司馬温公、蘇東坡、黄魯直，蓋不得而不録也。其有名非甚顯，嘗過而賦焉，一篇一詠，膾炙人口者，蓋亦不得而遺也。嗚呼！其亦庶幾詩人本其土風之作，而聖人各繫其國之遺意乎？乃若釣臺雙峙，高風絶企，古今歌詩銘記居多，編之此集，有不容畧，故總以州名而爲之標目云。紹興九年夏四月壬申知軍州事廣川董棻序。

成都文類

尤袤《遂初堂書目・總集類》《成都文類》。

徐𤊹《徐氏家藏書目・總集類》《成都文類》五十卷。扈仲榮。

倪燦等《宋史藝文志補・總集類》《成都文類》五十卷。程遇孫等八人同編。

張萱等《内閣藏書目録・總集部》《成都文類》十五册。全。宋慶元間，迪功郎傅仲容編。集蜀中詩文。袁説友序。凡五十卷。又十四册。不全。

《四庫提要・總集類二》《成都文類》五十卷。兩淮鹽政採進本。案：《成都文類》諸家著録皆稱宋袁説友編。説友有《東塘集》，已著録。是編前有説友序，蓋其慶元五年爲四川安撫使時所作。然卷首别有題名一頁，稱「迪功郎監永康軍崇德廟扈仲榮、迪功郎新差充利州州學教授楊汝明、從事郎廣安軍軍學教授費士威、從事郎前成都府學教授何悳固、文林郎山南西道節度掌書記宋德之、文林郎前利州東路安撫司幹辦公事趙震、宣教郎新奏辟知綿州魏城縣主管勸農公事徐景望、奉議郎新雲安軍使兼知夔州雲安縣主管勸農公事借緋程遇孫編集」，而不列説友之名。説友序中亦但云「爰屬僚士，摭諸方策，裒諸碑誌」，而無自爲裁定之語。然則此集之編，出説友之意，此集之成，則出八人之手。當時舊本題識本明，後人以序出説友，遂併此書而歸之，非其實也。所録凡賦一卷，詩歌十四卷，文三十五卷。上起西漢，下迄孝宗淳熙間，凡一千篇有奇。分爲十有一門，各以文體相從，故曰「文類」。每類之中，又各有子目，頗傷繁碎。然《昭明文選》已創是例，宋人編杜甫、蘇軾詩，亦往往如斯，當時風尚使然，不足怪也。以周復俊《全蜀藝文志》校之，所載不免於挂漏。然創始者難工，踵事者易密，固不能一例視之。且使先無此書，則逸篇遺什，復俊必有不能盡考者。其蒐輯之功，亦何可盡没乎？

詩

名公攢錦集

鄭樵《通志・藝文略・總集》《名公攢錦集》十二卷。宋朝段子昂集。

錢東垣等輯《崇文總目・總集類下》《名公攢錦集》十二卷。段子昂編。

騷雅精英

鄭樵《通志・藝文略・總集》《騷雅菁英》三卷。宋朝僧簡微集。

錢東垣等輯《崇文總目・總集類下》《騷雅精英》三卷。僧簡微編。

古今名賢詩

《宋史・藝文志・總集類》鄭雍《古今名賢詩》二卷。

朝野詩集

王圻《續文獻通考經籍考・詩集》《朝野詩集》五百餘卷。熊本編。

古今絶句

陳振孫《直齋書録解題・總集類》《古今絶句》二卷。吴説傳朋所書杜子美、王介甫詩。師禮之子，王令逢原之外孫也。

馬端臨《文獻通考・經籍考・總集》《古今絶句》三卷。

《宋史・藝文志・總集類》 吴説編《古今絶句》三卷。

古詩選

尤袤《遂初堂書目・總集類》《古詩選》。

《宋史・藝文志・總集類》《古詩選集》十卷。集者不知名。

類集詩史

王圻《續文獻通考經籍考・詩集》《類集詩史》三十卷。興化方醇道輯。

東萊先生詩律武庫

黄丕烈《蕘圃藏書題識・集類》《東萊先生詩律武庫》三十卷。校宋舊鈔本。

詩家鼎臠

倪燦等《宋史藝文志補・總集類》《詩家鼎臠》二卷。

《四庫提要・總集類二》《詩家鼎臠》二卷。編修汪如藻家藏本。不著編輯者名氏。卷首有題詞，署曰「倦叟」，亦不知倦叟爲誰也。所録有王惲之詩，頗疑爲元人所輯。然元王惲爲東平人，而此題曰「古汴王惲」，里籍既不相符，考《秋澗集》内亦不載此詩，則非元王惲明矣。

壯觀類編

《宋史・藝文志・總集類》《壯觀類編》一卷。劉燾、楊萬里、米芾等作。

歷代千家詩選

楊士奇等《文淵閣書目・詩詞》《歷代千家詩選》。一部，五册。殘缺。

古今詩選

楊士奇等《文淵閣書目・詩詞》《古今詩選》。一部，一册。闕。

詩林廣記

楊士奇等《文淵閣書目・詩詞》《詩林廣記》。一部，六册。完全。

高儒《百川書志・總集》《詩林廣記》前集十卷，後集十卷。蒙齋野逸、蔡正粹然編唐宋詩爲世景仰絶唱者，選爲前、後集，凡五十九人，晉徵君冠諸首。引談録、小説、傳記有及者，證附各詩之末。又名《詩林廣記叢話》。無序例。

徐𤊹《徐氏家藏書目・總詩類》《詩林廣記》十卷。

張萱等《内閣藏書目録・總集部》《詩林廣記》六册。全。宋蔡正孫著。采摭諸名家詩并詩評。《前集》自陶、杜至晚唐，《後集》皆宋人。共二十卷。

黄虞稷《千頃堂書目・總集類》 蔡正孫《詩林廣記》前集十卷，後集十卷。至正中人。

倪燦等《補遼金元藝文志・總集類》 蔡正孫《詩林廣記》前集十卷，又後集十卷。至正中人。

萬寶詩山

楊士奇等《文淵閣書目・詩詞》《萬寶詩山》。一部，十三册。闕。

錢謙益等《絳雲樓書目・詩總集類》宋板《萬寶詩山》二十二册。

黄虞稷《千頃堂書目・總集類》《萬寶詩山》三十八卷。

倪燦等《補遼金元藝文志・總集類》《萬寶詩山》三十八卷。類書中有錢緡《萬寶事山》，此書疑亦其人。

錢大昕《補元史藝文志・總集類》《萬寶書山》三十八卷。

潘祖蔭《滂喜齋藏書記・集部》宋刻殘本《萬寶詩山》二卷，二册。莫子偲《經眼録》載是書三十八卷，書林葉氏廣勤堂刊。每葉三十行，行二十三字。板廣五寸許，高三寸半。此本行款一一相合，惟存三十一、三十二兩卷，爲「木門」之松柏類、竹類、筍類、松竹類、楓類、梧桐類、槐類、榆枌類、楊柳類、柳絮類、木類、草木類、雜木類、茱萸類、葉類。分門龐雜，宋人之兔園册也。怡邸舊藏，卷端有「怡親王寶」郘亭所見」，則田耕堂藏書也。

詩林萬選

王圻《續文獻通考・經籍考・詩集》《詩林萬選》。何新之著。新之，西安人。仕至樞密院編修。採唐宋詩爲此書。

黄虞稷《千頃堂書目・總集類》何新之《詩林萬選》十八卷。衢州西安人，爲樞密院編修官。後知忠安軍，死節。

倪燦等《補遼金元藝文志・總集類》何新之《詩林萬選》十八卷。衢州西安人。知忠安軍，死節。

衆妙集

趙希弁《讀書附志拾遺》《衆妙集》一卷。右汴人趙師秀編沈佺期、盧象、王維、孟浩然、錢起、周賀、于武陵、李頻、秦系、劉長卿、李嘉祐、楊巨源、劉得仁、朱慶餘、雍陶、郎士元、崔塗、皇甫曾、皇甫冉、包佶、司空曙、耿湋、嚴維、李端、韓翃、戴叔倫、盧綸、祖詠、綦毋潛、方干、靈一、無可、護國、貫休、岑參、張衆甫、張南史、周朴、張蠙、張祜、李季蘭、許渾、張祐、馬戴、張循之、張繼、章八元、李益、張喬、呂温、于鵠、崔顥、項斯、崔峒、包何、竇常、趙嘏、薛能、劉威、鄭谷、韓偓、羅隱、李羣玉、皮日休、杜荀鶴、張籍、任蕃、劉商、楊發、處默、戎昱、于良史、王灣、林寬、劉禹錫、王貞白七十六人之作。

楊士奇等《文淵閣書目・詩詞》《唐衆妙集》。一部，一册。闕。

毛晉《汲古閣書跋》《衆妙集》。紫芝與徐璣、徐照、翁卷號宋末四靈，葉正則稱其同能爲唐詩者。紫芝雖獨登科，官亦不顯，肆力吟事，欲追開元、元和之盛。其所選《衆妙集》，不逐元結、韋縠諸家。

倪燦等《宋史藝文志補・總集類》趙師秀《衆妙集》一卷。

《四庫提要・總集類二》《衆妙集》一卷。浙江巡撫採進本。宋趙師秀編。師秀有《清苑齋集》，已著録。是集録唐代五七言律詩，起沈佺期，訖王貞白，共七十六人。不甚詮次先後。五言居十之九，七言僅十之一。

二妙集

趙希弁《讀書附志拾遺》《二妙集》一卷。右汴人趙師秀選賈島、姚合詩也。

瞿鏞《鐵琴銅劍樓藏書目録・總集類》《二妙集》一卷。舊鈔本。此書亦趙師秀所編。「二妙」者，賈浪仙、姚武功詩也。諸家書目俱未載。是書與《衆妙集》出自一人手寫，後有無名氏跋

翰苑名賢集

《宋史・藝文志・總集類》《翰苑名賢集》一卷。

摛華集

《宋史·藝文志·總集類》 蘇夢齡《摛華集》三卷。

洞霄詩集

阮元《四庫未收書目提要·總集類》 《洞霄詩集》十四卷。知不足齋叢書本。

宋道士孟宗寶撰。宗寶，字集虚，嘗築室於苕溪之上，曰集虚書院。爲詩文，咸有法度。煉元養素，居九鎖山中三年，積書至數千卷。與鄧牧相友善，牧爲《洞霄宫圖志》，曾載其人。

唐百家詩選

晁公武《郡齋讀書志·總集類》 《唐百家詩選》二十卷。右皇朝宋敏求次道編。次道爲三司判官，嘗取其家所藏唐人一百八家詩，選擇其佳者，凡一千二百四十六首爲一編。王介甫觀之，因再有所去取，且題云：「欲觀唐詩者，觀此足矣。」世遂以爲介甫所纂。

尤袤《遂初堂書目·總集類》 《唐百家詩選》。

陳振孫《直齋書録解題·總集類》 《唐百家詩選》二十卷。王安石以宋次道家所有唐人詩集選爲此編。世言李、杜、韓詩不與，爲有深意，其實不然。按：此集非特不及此三家，而唐名人如王右丞、韋蘇州、元、白、劉、柳、孟東野、張文昌之倫，皆不在選。

馬端臨《文獻通考·經籍考·總集》 《唐百家詩選》二十卷。

《宋史·藝文志·總集類》 王安石《唐百家詩選》二十卷。

又《唐百家詩選》二十卷，集者不知名。

楊士奇等《文淵閣書目·詩詞》 《唐百家詩》。一部，一册。闕。

錢謙益等《絳雲樓書目·唐詩類》 王荆公《唐百家詩選》。二十卷。

黄虞稷《千頃堂書目·總集類》 仇遠批評《唐百家詩選》。

倪燦等《補遼金元藝文志·總集類》 仇遠批評《唐百家詩選》。

王士禛《漁洋書跋》 《唐百家詩選》不全本。宋中丞牧仲在吴中，得王介甫《唐百家詩選》殘本。自第五卷王昌齡、李頎起，至第八卷錢起、盧綸、司空曙止。又自十三卷王建起，建詩二卷，逸上卷。至十六卷許渾止。中間第六卷沈千運已下，全取元次山《篋中集》，而益以李嘉祐等七人，通三十八家。蓋亦詳於中、晚，而略于初、盛。

《唐百家詩》全本，二則。王介甫《唐詩百家選》全本，近牧仲開府寄來新刻，乃常熟毛扆所得江陰某氏藏本。計百有四人，有乾道己丑蘭皋倪仲傳序。

《四庫提要·總集類一》 《唐百家詩選》二十卷。内府藏本。舊本題宋王安石編。安石有《周禮新義》，已著録。是書去取絶不可解，自宋以來，疑之者不一，曲爲解者亦不一，然大抵指爲安石。惟晁公武《讀書志》云：「《唐百家詩選》二十卷，皇朝宋敏求次道編。次道爲三司判官，嘗取其家所藏唐人一百八家詩，選擇其佳者凡一千二百四十六首，爲一編。王介甫觀之，因再有所去取，且題曰『欲觀唐詩者，觀此足矣』，世遂以爲介甫所纂。」其説與諸家特異。

錢大昕《補元史藝文志·總集類》 仇遠批評《唐百家詩選》。

黄丕烈《蕘圃藏書題識續録·集類》 《唐百家詩選》二十卷。校宋本。

潘祖蔭《滂喜齋藏書記·集部》 北宋刻殘本王荆公《唐百家詩選》九卷。五册。元符戊寅刊板，前有章安楊蟠序。眩、殷、匡、恒、敬、驚、警、貞、徵、樹等字缺筆。每半葉十行，行十八字。字體仿歐陽信本，寫槧精美，真北宋原刻也。惜自十卷以後皆佚。舊爲郡中黄氏藏書，後入蓺芸書舍。附藏印：

百宋一廛、黄印丕烈、蕘圃、汪印士鐘、閬源真賞。

唐百家詩

孫星衍《廉石居藏書記内編》卷上《詞賦》 《唐百家詩》二百八十卷。右《唐百家詩》，席啓宇刊。因宋槧本募工鋟板。自大曆、貞元訖唐、宋、五代，更檢《文粹》、《英華》、《紀事》、《類雋》、《類苑》諸書及家藏諸舊集，爲補遺於各卷之末，注明字有異同。總計爲卷二百八十有奇，爲帙四十。不刻李、杜以前諸集及元、白、皮、陸，以善本多而卷帙繁也。唐人詩集，各有原書名目，一時彙萃不易，賴有此集得見宋槧規模。余嘗得羅隱《甲乙集》宋本校勘，與此刻相同，知其非妄作也。但唐人詩文合集，如《毘陵集》之屬，去文存詩，亦非完本，爲可惜耳。

四家詩選

陳振孫《直齋書録解題・總集類》《四家詩選》十卷。王安石所選杜、韓、歐、李詩。其置李於末，而歐反在其上，或亦謂有所抑揚云。

馬端臨《文獻通考・經籍考・總集》《四家詩選》十卷。

《宋史・藝文志・總集類》王安石《四家詩選》十卷。

唐一千家詩

《宋史・藝文志・總集類》洪邁《唐一千家詩》一百卷。

跋李益盧綸詩

洪邁《容齋題跋》《跋李益盧綸詩》。李益、盧綸，皆唐「大曆十才子」之傑者。綸於益爲内兄。

唐詩三體

楊士奇等《文淵閣書目・詩詞》《唐詩三體》。一部，一册。闕。

都穆《南濠居士文跋》卷一《唐詩三體》。宋季汶陽周弼選《唐詩三體》，以杜常《華清宫》詩爲首。

高儒《百川書志・總集》《唐賢三體詩法》二十卷。宋汶陽周弼伯弜選七言絶句、五七言律詩，以爲有一詩之法、一句之法、一字之法，以虚實接對、用事詠物、拗側起結，各爲一卷；音響格面、輕重意旨，各爲一類。元僧高安圓至天隱注之，方虚谷序之。

錢謙益等《絳雲樓書目・唐詩類》元周弼《三體唐詩》二册。六卷。

黄虞稷《千頃堂書目・總集類》僧圓至注周弜《唐詩三體》二十卷。

倪燦等《補遼金元藝文志・總集類》僧圓至注周弜《三體唐詩》二十卷。今六卷。

《四庫提要・總集類二》《三體唐詩》六卷。内府藏本。宋周弼編。弼有《汶陽端平詩雋》，已著録。是編乃所選唐詩，其曰「三體」者，七言絶句、七言律詩、五言律詩也。首載《選例》，七言絶句分七格：一曰實接，一曰虚接，一曰用事，一曰前對，一曰後對，一曰拗體，一曰側體。七言律詩分六格：一曰四實，一曰四虚，一曰前虚後實，一曰前實後虚，一曰結句，一曰詠物。五言律詩分七格，前四格與七言同，後三格一曰一意，一曰起句，一曰結句。

又《總集類存目四》《續三體唐詩》八卷。内府藏本。國朝高士奇編。士奇有《春秋地名考略》，已著録。士奇嘗校注周弼《三體唐詩》，因復輯此編。

錢大昕《補元史藝文志・總集類》周弼《三體唐詩》四卷。汶陽人。又二十卷。高安僧圓至注。

唐詩雋永

楊士奇等《文淵閣書目・詩詞》《唐詩雋永》。一部，一册。闕。

唐詩名家

楊士奇等《文淵閣書目・詩詞》《唐詩名家》。一部，一册。闕。

唐詩拾遺

楊士奇等《文淵閣書目・詩詞》《唐詩拾遺》。一部，二册。闕。

唐諸家詩

楊士奇等《文淵閣書目・詩詞》《唐諸家詩》。一部，五册。闕。

又《唐諸家詩》。一部，三册。闕。

唐六十家詩

楊士奇等《文淵閣書目・詩詞》《唐六十家詩》。一部，四十八册。闕。

又《唐六十家詩》。一部，三十七册。闕。

唐賢詩集

楊士奇等《文淵閣書目・詩詞》《唐賢詩集》。一部，二十八册。殘闕。

張萱等《内閣藏書目録・集部》《唐賢詩集》二册，不全。唐李建勳、賈浪仙詩。

唐十九家詩

《宋史・藝文志・總集類》《唐十九家詩》十卷。

唐詩續選

《宋史・藝文志・總集類》劉充《唐詩續選》十卷。

分類唐歌詩

阮元《四庫未收書目提要・總集類》《分類唐歌詩》殘本十一卷。宋趙孟奎編。孟奎，字文耀，宋太祖十一世孫，寶祐丙辰文信國榜進士，官至祕閣修撰。是編元書凡一百卷，分門纂類。

顧廣圻《思適齋書跋・集部》《唐歌詩》十二册。宋刻殘本。嘉慶壬戌十二月廿四日，元和顧廣圻訪九龍嚴君於石冢，坐芳椒堂，重觀此書。向在我郡，屢得寓目，今如見故人也。

吴壽暘《拜經樓藏書題跋記》卷五《唐分類歌詩》。趙孟奎《分類唐歌詩》原本百卷，此僅四册，蓋從宋本影鈔者。首有咸淳改元孟奎自序，序後爲總目，分類凡七：天地山川類三十二卷，朝會宫闕類八卷，經史詩集類三卷，城郭園廬類二十卷，仙釋觀寺類十二卷，又十一卷，此「十一卷」疑别爲一類，鈔手偶脱去標題名目一行耳。兵師邊帥類二卷，草木蟲魚類十二卷。每葉十八行，行十八字。總目及每卷首行題某類卷第幾，下空二格，題「趙孟奎」，又空一格，題「分門纂類」，次行題「唐歌詩」，下列總卷數目，蓋亦所謂「大名在下，小名在上」者。每卷各有子目，每首詩前低二格書題，次行低五格書人名，行款亦爲近古。後有毛斧季二跋，及附録葉文莊《書唐歌詩後》一條。

注解章泉澗泉二先生選唐詩

阮元《四庫未收書目提要・總集類》《注解章泉澗泉二先生選唐詩》五卷。宋謝枋得撰。案：章泉者，趙蕃，字昌父；澗泉者，韓淲，字仲止。皆江西上饒人，爲清江劉子羽之門弟子。

黄丕烈《蕘圃藏書題識・集類》《注解章泉澗泉二先生選唐詩》五卷。明刊本。

唐五言詩

尤袤《遂初堂書目・總集類》《唐五言詩》。

楊士奇等《文淵閣書目・詩詞》《唐諸賢五言古詩》。一部，一册。闕。

唐七言詩

尤袤《遂初堂書目・總集類》《唐七言詩》。

續增五言七言詩

尤袤《遂初堂書目・總集類》《續增五言七言詩》。

唐人絶句詩集

陳振孫《直齋書録解題・總集類》《唐人絶句詩集》一百卷。洪邁景盧編。七言七十五卷，五言、六言二十五卷。各百首，凡萬，上之重華宫，可謂博矣。

馬端臨《文獻通考・經籍考・總集》《唐人絶句詩集》一百卷。後村劉氏曰：野處洪公編唐人絶句僅萬首。有一家數百首並取不遺者，亦有複出者，疑其但取唐人文集雜説，令人抄類而成書，非必有所去取也。

徐𤊹《徐氏家藏書目・總詩類》《萬首唐詩絶句》一百卷。洪邁。

錢謙益等《絳雲樓書目・唐詩類》《萬首唐人絶句》。一百卷，洪邁。七言七十五卷，五言、六言二十五卷。七言七千五百首，五言二千五百首，合爲萬首。而六言不滿四十，景盧嘗自言其數如此。

錢曾《讀書敏求記・總集》《唐人絶句》一百二卷。洪邁唐人絶句目録三卷，七言七十五卷，五言二十五卷，六言一卷。趙宧光所刊統而一之，聖經所以有「好自用之」戒也。

于敏中等《天禄琳琅書目・明版集部》《萬首唐人絶句》三函，十五册。宋洪邁著。五、六言二十六卷，七言七十五卷，共一百一卷。前邁序，次劄子、奏狀、目録，中有宋吴格、汪綱識語。考是書，宋時舊本有一百卷、一百一卷之不同。其一百卷者爲邁所自刊，半刻於會稽，半刻於鄱陽之本也；一百一卷者爲汪綱守越時所刊，合鄱陽、會稽之本而併刻之者也。又有吴格重修之本，則僅屬會稽初刻之一半也。此書爲一百一卷，乃依汪綱本翻刻於明時者耳。

《四庫提要・總集類二》《萬首唐人絶句詩》九十一卷。内府藏本。宋洪邁編。邁有《容齋隨筆》，已著録。邁於淳熙間録唐五、七言絶句五千四百首進御，後復補輯，得滿萬首，爲百卷，紹熙三年上之。

彭元瑞等《天禄琳琅書目後編・宋版集部》《萬首唐人絶句》四函，二十四册。宋洪邁撰。邁，字景盧，號容齋，鄱陽人。紹興十五年進士，官翰林學士，謚文敏。書一百一卷，凡七言七十五卷，五言二十五卷。

張金吾《愛日精廬藏書志・總集類》《萬首唐人絶句》一百一卷。明嘉靖刊本。宋洪邁編。是書《直齋書録解題》著録一百卷，凡七言七十五卷，五言、六言二十五卷。此本析六言另爲一卷，故作一百一卷，與汪綱跋及焦氏《經籍志》合。

張之洞《書目答問・總集》《唐人萬首絶句》九十一卷。宋洪邁。明繙宋本，七十五卷。

唐絶句選

陳振孫《直齋書録解題・總集類》《唐絶句選》四卷。倉部郎中福清林清之直父以洪氏《絶句》鈔取其佳者。七言一千二百八十，五言百五十六，六言十五首。

馬端臨《文獻通考・經籍考・總集》《唐絶句選》四卷。

唐賢絶句

趙希弁《讀書附志拾遺》《唐賢絶句》一卷。右莆田柯夢得所選李白、杜甫、元結、王維、韋應物、賀知章、岑參、靈徹、張繼、郎士元、盧綸、司空文明、韓愈、柳宗元、張籍、賈島、陳羽、劉禹錫、元稹、白居易、杜牧、竇庠、竇鞏、張祐、徐凝、王建、于鵠、朱絳、許渾、雍陶、陳陶、李播、劉商、羊士諤、楊敬之、司空圖、薛能、鄭谷、王涯、李涉、楊憑、崔櫓、劉昭屬、陸龜蒙、狄歸昌、章碣、劉得仁、許纏、吉師老、張顛、杜荀鶴、吴融、韓偓、韋莊五十四人之作。白止四首，甫六首，愈八首，宗元四首，惟牧二十五首云。

陳振孫《直齋書録解題·總集類》《唐絶句選》五卷。莆田柯夢得東海編。所選僅一百六十六首，去取甚嚴。然人之好惡，亦各隨所見耳。

馬端臨《文獻通考·經籍考·總集》《唐絶句選》五卷。

唐詩絶句

高儒《百川書志·總集》《唐詩絶句》五卷。宋上饒章泉趙蕃昌父、澗泉韓淲仲止精選。止唐七言絶句百一首，作者二十五人。疊山謝枋得注解之。

張金吾《愛日精廬藏書志·總集類》《唐詩絶句選》五卷。舊抄本。宋章泉先生趙蕃昌父、澗泉先生韓淲仲止選，疊山先生謝枋得君直注。

翦綃集

毛晉《汲古閣書跋》《翦綃集》。和父嘗選《唐僧弘秀集》十卷，序云「緇流砥柱，藝苑規衡」，其自負不淺。向覓其全集不可得，偶從白門友人架上得《翦綃集》二卷，皆集唐人佳句，諸體具備，如出一手，可謂巧奪天孫矣。

宋百家詩選　續百家詩選

晁公武《郡齋讀書志·總集類》《皇宋詩選》五十七卷。右皇朝曾慥編。慥，魯公裔孫，守贛川、帥荆渚日，選本朝自寇萊公以次，至僧璉二百餘家。詩序云：「博采旁搜，拔尤取穎，悉表而出焉。」

尤袤《遂初堂書目·總集類》《皇宋百家詩》。

陳振孫《直齋書録解題·總集類》《本朝百家詩選》一百卷。太府卿曾慥端伯編。《續百家詩選》二十卷。三衢鄭景龍伯允集，以續曾慥前選。凡慥所遺及在慥後者皆取之。然其率略尤甚。

馬端臨《文獻通考·經籍考·總集》《皇宋詩選》五十七卷。又《續百家詩選》二十卷。

《宋史·藝文志·總集類》曾慥《宋百家詩選》五十卷。又《續選》二十卷。

楊士奇等《文淵閣書目·詩詞》《宋朝詩選》。一部，十册。闕。又《皇宋百家詩選》。一部，二十九册。闕。

宋二百家詩

《宋史·藝文志·總集類》《宋二百家詩》二十三卷。集者不知名。

玉堂詩

《宋史·藝文志·總集類》《玉堂詩》三十六卷。

南宋羣賢小集

倪燦等《宋史藝文志補·總集類》陳思《兩宋名賢小集》一百五十七卷。元陳世隆補。

《四庫提要・總集類二》《兩宋名賢小集》三百八十卷。編修汪如藻家藏本。舊本題宋陳思編，元陳世隆補。思有《寶刻叢編》，世隆有《北軒筆記》，竝已著録。是編所録宋人詩集，始於楊億，終於潘音，凡一百五十七家。有紹定三年魏了翁序，及國朝朱彝尊二跋。

張之洞《書目答問・總集》《南宋羣賢小集》一百五十七卷，附《補遺》。舊題宋陳思編。顧修補。讀畫齋本。

宋四家詩

《四庫提要・總集類存目一》《宋四家詩》四卷。兩江總督採進本。不著編輯者名氏。一爲施樞《漁隱横舟稿》，一爲徐集孫《竹所吟稿》，一爲林希逸《竹溪十一稿詩選》，一爲敖陶孫《臞翁詩集》。不解何以取此四家配爲一集之意，殆偶得《宋名賢小集》之殘本，裝爲一册也。

中興羣公吟稿

趙希弁《讀書附志・總集類》《中興羣公吟稿》四十八卷。右中興以來一百五十三人之詩也。

楊士奇等《文淵閣書目・詩詞》《宋中興吟鑑》。一部，一册。闕。

黄丕烈《蕘圃藏書題識・集類》《中興羣公吟藁戊集》七卷。殘宋本。辛楣少詹事贈小蓮。丁卯冬日，思適居士估值每册三金并記。

《中興羣公吟藁戊集》七卷，近始見讀畫齋所刻。

宋麗澤詩集

楊士奇等《文淵閣書目・詩詞》《宋麗澤詩集》。一部，七册。闕。

又《麗澤詩集》。一部，四册。闕。

唐宋類詩

晁公武《郡齋讀書志・總集類》《唐宋類詩》二十卷。右皇朝僧仁贊序稱羅、唐兩士所編，而不詳其名字。分類編次唐及本朝祥符已前名人詩。

馬端臨《文獻通考・經籍考・總集》《唐宋類詩》二十卷。

《宋史・藝文志・總集類》羅、唐二茂才重校《唐宋類詩》二十卷。又僧仁贊《唐宋類詩》二十卷。

唐宋詩後集

《宋史・藝文志・總集類》《唐宋詩後集》十四卷。

分門纂類唐宋時賢千家詩選

阮元《四庫未收書目提要・總集類》《分門纂類唐宋時賢千家詩選》二十二卷，楝亭十二種本。宋劉克莊選。

張之洞《書目答問・總集》《後村千家詩》二十二卷。宋劉克莊編。楝亭十二種本。

詩翼

楊士奇等《文淵閣書目・詩詞》《唐宋詩翼》。一部，一册。闕。

高儒《百川書志・總集》《詩翼》四卷。何、倪既成前書，又閒取唐宋名公之作合於古者爲羽翼，而又放黜唐律，法度益嚴。

黄虞稷《千頃堂書目・總集類》何元適、倪希程《詩翼》四卷。

倪燦等《補遼金元藝文志・總集類》 何元適、倪希程《詩翼》四卷。

詩準

楊士奇等《文淵閣書目・詩詞》 《唐宋名賢詩準》。一部，一册。闕。

高儒《百川書志・總集》 《詩準》四卷。宋何無適、倪希程選取古歌、謡辭、逸詩、韻語及漢、魏、晉、宋諸作有合「三百篇」者，爲詩準則。

徐𤊹《徐氏家藏書目・總集類》 《詩準》三卷。

黄虞稷《千頃堂書目・總集類》 何元適、倪希程《詩準》四卷。

倪燦等《補遼金元藝文志・總集類》 何元適、倪希程《詩準》四卷。

《四庫提要・總集類存目一》 《詩準》三卷，附録一卷，《詩翼》四卷。兩江總督採進本。舊本題宋何無適、倪希程同撰。

江西詩派　續派

尤袤《遂初堂書目・總集類》 《江西詩派》。

陳振孫《直齋書録解題・總集類》 《江西詩派》一百三十七卷，《續派》十三卷。自黄山谷而下三十五家，又曾紘、曾思父子詩。詳見《詩集類》。詩派之説，本出於吕居仁，前輩多有異論，觀者當自得之。

馬端臨《文獻通考・經籍考・總集》 《江西詩派》一百三十七卷，《續派》十三卷。

《宋史・藝文志・總集類》 吕本中《江西宗派詩集》一百十五卷。曾紘《江西續宗派詩集》二卷。

王士禛《漁洋書跋》 《江西詩派圖録》四則。牧仲中丞寄豫章張吏部泰來扶長所撰《江西詩派圖録》，人各爲傳。其二十五人名氏次第，遵王厚齋《小學紺珠》定本。《石林詩話》載：魯直自戎州歸荆南，高荷以五十韻見，魯直極愛賞之，有詩云：「張侯海内長句，晁子廟中雅歌。高郎稍加筆力，我知三傑同科。」張謂文潛，晁謂无咎也。无咎聞之，頗不平。荷有《雲臺觀詩》云：「親祠聖主鸞曾駐，善夢先生蝶不歸。」見范公偁《過庭録》。晚得蘭州通判以死。頃見張吏部《江西宗派圖録》。高荷有傳而太略，應補入之。

江湖集　江湖小集　江湖後集

陳振孫《直齋書録解題・總集類》 《江湖集》九卷。臨安書坊所刻本。取中興以來江湖之士以詩馳譽者。

馬端臨《文獻通考・經籍考・總集》 《江湖集》九卷。

倪燦等《宋史藝文志補・總集類》 陳起《江湖小集》九十五卷。又《江湖後集》二十四卷。

楊士奇等《文淵閣書目・詩詞》 《宋中興江湖集》。一部，十册。殘缺。《宋中興江湖集》。一部，十五册，闕。《宋中興江湖集》。一部，五十二册，闕。

《四庫提要・總集類二》 《江湖小集》九十五卷。兩淮鹽政採進本。舊本題宋陳起編。起，字宗之，錢塘人。開書肆於睦親坊，亦號陳道人。今所傳宋本諸書稱「臨安陳道人家開雕」者，皆所刻也。是集所録凡六十二家。

四靈詩

趙希弁《讀書附志・總集類》 《四靈詩》四卷。右趙師秀字靈秀、翁卷字靈舒、徐璣字靈囦、徐照字靈暉四人之詩也。

楊士奇等《文淵閣書目・詩詞》 《四靈詩》。一部，一册。闕。

黄丕烈《蕘圃藏書題識・集類》 《永嘉四靈詩》四卷。影宋本。此影宋本《永嘉四靈詩》四卷一册，昭文同年張子和藏書也。

瞿鏞《鐵琴銅劍樓藏書目録・總集類》 《永嘉四靈詩》四卷。影鈔本殘本。原書未詳卷數，此僅存徐照上、中、下三卷，徐璣上卷。《汲古閣秘本書目》有宋板三本，云此書久矣失傳，幸而得此，實至寶也。此本即從之傳録。舊有黄復翁跋，謂得諸吾邑張子和觀察，樊榭選《宋詩紀事》時所未見者。

唐四傑詩集

孫星衍《平津館鑒藏書籍記・舊影寫本》《唐四傑詩集》四卷。楊炯、王勃、盧照鄰、駱賓王。卷一卷前有景德四年汪楠序。每卷不標大題，惟題作人姓名。又楊、王、盧詩前無目，駱賓王詩前有之。此本從北宋本影摹，序文後有「琴泉生」三字、「世恩堂」三字、「汪良用印」四字影摹墨印。巾箱本，每葉廿六行，行十九字。每葉左方上有「錢遵王述古堂藏書」八字。收藏有「吴元潤印」白文方印、「澤均」朱文方印、「長洲吴謝堂氏香雨齋珍藏書畫印」朱文方印。

陳子昂宋之問詩

楊士奇等《文淵閣書目・詩詞》《陳子昂宋之問詩》。一部，一册。闕。

紹聖三公詩

《宋史・藝文志・總集類》《紹聖三公詩》三卷。司馬光、歐陽修、馮京所著。

唐僧弘秀集

徐𤊹《徐氏家藏書目・總集類》《唐僧宏秀集》十卷。李龏。

黄虞稷《千頃堂書目・總集類》李龏《唐僧弘秀集》十卷。

錢謙益等《絳雲樓書目・唐詩類》《唐僧宏秀集》。十卷，李龏。

錢曾《讀書敏求記・總集》《唐僧弘秀集》十卷。寶祐第六春菏澤李龏和父編。共僧五十二人，得詩五百首。此係元人鈔本，舊藏楊君謙家。予獲之于孫岷自。岷自購一古圖記，刻鏤孫江，字絶佳，苦愛之，即改名江，亦吾鄉俊民也。

《四庫提要・總集類二》《唐僧宏秀集》十卷。内府藏本。宋李龏編。龏有《翦綃集》，已著録。此所選唐代釋子之詩，自皎然以下，凡五十二人，詩五百首。前有寶祐六年龏自序。

倪燦等《宋史藝文志補・總集類》李龏《唐僧宏秀集》十卷。

黄丕烈《蕘圃藏書題識・集類》《弘秀集》十卷。宋本。《唐僧弘秀集》十卷。錢述古所藏不過元人鈔本，惟此尚是宋刻，惜失其九、十兩卷於六年前，爲五柳居主人所遺。

唐高僧詩

楊士奇等《文淵閣書目・詩詞》《唐高僧詩》。一部，一册。闕。

四僧詩

《宋史・藝文志・總集類》《四僧詩》八卷。

《四庫提要・總集類一》《唐四僧詩》六卷。編修汪如藻家藏本。唐僧靈澈詩一卷，靈一詩二卷，清塞詩二卷，常達詩一卷。

唐三十二僧詩

《宋史・藝文志・總集類》《唐三十二僧詩》一卷。

高僧詩

《宋史・藝文志・總集類》楊傑《高僧詩》一卷。

黄丕烈《蕘圃藏書題識・集類四》《增廣聖宋高僧詩選前集》一卷，《後集》

三卷,《續集》一卷。影宋本。余向藏毛氏精鈔《增廣聖宋高僧詩選》前、後、續集共五卷,裝一册,已歸藝芸書舍。惟存傳録斧季所校《九僧詩》一卷,末附摘句,并從他處補遺,其實詩之正文,悉與《聖宋高僧詩選前集》合,而面目已異矣。

九僧詩集　增廣宋高僧詩選

晁公武《郡齋讀書志·總集類》《九僧詩集》一卷。右皇朝僧希晝、保暹、文兆、行肇、簡長、惟鳳、惠崇、宇昭、懷古也。陳充爲序。凡一百十篇。

尤袤《遂初堂書目·總集類》《九釋詩》。

陳振孫《直齋書録解題·總集類》《九僧詩》一卷。九僧者:希晝、保暹、文兆、行肇、簡長、惟鳳、惠崇、宇昭、懷古。凡一百七首。

馬端臨《文獻通考·經籍考·詩總集》《九僧詩集》一卷。歐陽公《詩話》曰:「國初,浮屠以詩名于世者九人,故時有集,號《九僧詩》,今不復傳矣。」

《宋史·藝文志·總集類》陳允《九僧詩集》一卷。

毛晉《汲古閣書跋附編》《九僧詩》。歐公當日以《九僧詩》不傳爲歎,宸後公六百餘年,得宋本,弆而讀之,一幸也。校之晁、陳二氏,皆多詩二十餘首,二幸也。此本但有僧名,而不著所産,又從周輝《清波雜志》各得其地名,三幸也。又從《瀛奎律髓》得宇昭《曉發山居》一首,併爲增入。

王士禛《漁洋書跋》《宋高僧詩》。《宋高僧詩》前、後二集。錢塘陳起編。多近體五言。

黄丕烈《蕘圃藏書題識·集類》《九僧詩》不分卷。校影宋鈔本。

吴壽暘《拜經樓藏書題跋記》卷五　《宋高僧詩選》。舊鈔本《宋高僧詩選》,前集一卷,後集二卷,續集一卷。陳起輯。

唐宋高僧集

楊士奇等《文淵閣書目·詩詞》《唐宋高僧集》。一部,一册。闕。

長樂三王雜事

《宋史·藝文志·總集類》《長樂三王雜事》十四卷。集者不知名。

臨川三隱詩集

《宋史·藝文志·總集類》姜之茂《臨川三隱詩集》三卷。

烏山三賢集

王圻《續文獻通考經籍考·集上》《烏山三賢集》。鄭伯玉字寶臣,莆田人。登第爲大理司直,韓琦薦充殿中侍御史。郡人以其《錦囊集》與陳其、方孝寧詩,類聚爲一,號《烏山三賢集》。

歲時雜詠

晁公武《郡齋讀書志·總集類》《歲時雜詠》二十卷。右皇朝宋綬編。宣獻公昔在中書第三閣,手編古詩及魏、晉迄唐人歲時章什一千五百有六,釐爲十八卷,今溢爲二十卷云。

馬端臨《文獻通考·經籍考·總集》《歲時雜詠》二十卷。

錢謙益等《絳雲樓書目·詩總集類》《歲時雜詠》十册,二十卷。宋綬編。

黄虞稷《千頃堂書目·總集類》□□□《歲時雜詠》四十卷。

錢曾《讀書敏求記·總集》《古今歲時雜詠》四十六卷,目録二卷。

倪燦等《補遼金元藝文志·總集類》《歲時雜詠》四十卷。

《四庫提要·總集類二》《古今歲時雜詠》四十六卷。江蘇巡撫採進本。宋蒲積中編。積中履貫未詳。

黄丕烈《蕘圃藏書題識再續録・集類》《新刊古今歲時雜詠》四十六卷。明鈔校本。是書去取不類，即唐以前諸詩，亦斷非宋宣獻公所集，蓋書坊妄託耳。然尚多今日不見之本，如司空表聖一家，已可增多至十餘首，亦可備詩家之採獲也。康熙已丑冬月何焯偶書於語古小齋。

張金吾《愛日精廬藏書志・總集類》《新刊古今歲時雜詠》四十六卷。舊抄本。葉林宗藏書。宋蒲積中編。

寶刻叢章

晁公武《郡齋讀書志・總集類》《寶刻叢章》三十卷。右皇朝宋敏求次道編。次道聚天下古今詩歌石刻，凡一千一百三十篇，以其相附近者相從，又次以歲月先後。王益柔爲之序。

尤袤《遂初堂書目・總集類》《寶刻叢章》。

陳振孫《直齋書録解題・總集類》《寶刻叢章》三十卷。宋敏求次道以四方碑刻詩文，集爲此編，多有别集中所逸者。

馬端臨《文獻通考・經籍考・總集》《寶刻叢章》三十卷。

《宋史・藝文志・總集類》宋敏求《寶刻叢章》三十卷。又《寶刻叢章拾遺》三十卷。

三家宮詞

陳振孫《直齋書録解題・總集類》《三家宮詞》三卷。唐王建、蜀花蘂夫人、本朝丞相王珪三人所著。

馬端臨《文獻通考・經籍考・總集》《三家宮詞》三卷。

《四庫提要・總集類四》《三家宮詞》三卷。浙江巡撫採進本。明毛晉編。

五家宮詞

陳振孫《直齋書録解題・總集類》《五家宮詞》五卷。石晉宰相和凝、本朝學士宋白、中大夫張公庠、直祕閣周彦質及王仲修，共五人。各百首。仲修當是王珪之子。

馬端臨《文獻通考・經籍考・總集》《五家宮詞》五卷。

錢謙益等《絳雲樓書目・詩總集類》《五家宮詞》五卷。和凝、宋白、張公庠、周彦質、王仲修。

館閣詞章

《宋史・藝文志・總集類》《館閣詞章》一卷。中興館閣諸臣所撰。

館閣詩

《宋史・藝文志・總集類》《館閣詩》八卷。中興館閣詩臣所撰。

太平文華

尤袤《遂初堂書目・總集類》《太平文華》。

羣英聯句

尤袤《遂初堂書目・總集類》《羣英聯句》。

聲畫集

尤袤《遂初堂書目・總集類》 《聲畫集》。

錢曾《讀書敏求記・總集》 《聲畫集》八卷。《聲畫集》八卷，不著編者名氏。古今題畫之什，咸採聚焉。卷初《老子畫像詩》，爲劉莘老所作，後人寫書目，竟定爲莘老集者，誤也。

王士禛《漁洋書跋》 《聲畫集》。宋淳熙間，孫紹遠稽仲纂古今人題畫詩八卷，爲《聲畫集》。

《四庫提要・總集類二》 《聲畫集》八卷。山東巡撫採進本。宋孫紹遠編。紹遠字稽仲，自署曰「谷橋」，未知谷橋何地也。所録皆唐宋人題畫之詩，凡分二十六門。

名賢雜詠

《宋史・藝文志・總集類》 家求仁《名賢雜詠》五十卷。

草木蟲魚詩

《宋史・藝文志・總集類》 家求仁《草木蟲魚詩》六十八卷。

高儒《百川書志・總集》 《增廣草木蟲魚雜詠》十八卷。宋眉山家求人直夫編。集唐宋人詩凡詠物者，長編短章，細大不遺，效宋宣獻公《歲時雜詠》之例。編中草木鳥獸之名，有出「三百五篇」之外者，可助多識。乾道中龍溪增廣之。

黄虞稷《千頃堂書目・總集類》 家求仁《增廣蟲魚雜録》十八卷。字直夫，眉山人。

倪燦等《宋史藝文志補・總集類》 家求仁《增廣蟲魚雜詠》十八卷。字直夫，眉山人。《宋志》有《草木昆蟲詩》六十八卷，此當在外。

錦里玉堂編

《宋史・藝文志・總集類》 宋璋《錦里玉堂編》五卷。

褒題集

《宋史・藝文志・總集類》 孫洙《褒題集》三十卷。

單題詩

《宋史・藝文志・總集類》 戴覺、李丁《單題詩》十二卷。

唐二相單題

楊士奇等《文淵閣書目・詩詞》 《唐二相單題》。一部，一册。闕。

杞梓首題詩解

錢謙益等《絳雲樓書目・詩總集類》 宋板《杞梓首題詩解》。

回文類聚　補遺

陳振孫《直齋書録解題・總集類》 《回文類聚》三卷。桑世昌澤卿集。以《璇璣圖》爲本初，而併及近世詩詞，且以至道御製冠於篇首。

《宋史·藝文志·總集類》西湖寓隱《回文類聚》一卷。

馬端臨《文獻通考·經籍考·總集》《回文類聚》三卷。

錢謙益等《絳雲樓書目·詩總集類》《回文類聚》三卷。宋桑澤卿集，以至道御敘冠於篇首。

《四庫提要·總集類二》《回文類聚》四卷《補遺》一卷。編修汪如藻家藏本。宋桑世昌編。

翰林酬唱集

鄭樵《通志·藝文略·詩總集》《翰林酬唱集》一卷。宋朝王溥與李昉、湯悅、徐鉉等。

錢東垣等輯《崇文總目·總集類下》《翰林酬唱集》一卷。王溥等撰。

李昉唱和詩

鄭樵《通志·藝文略·詩總集》《李昉唱和詩》一卷。宋朝李昉等，興國中從駕至鎮陽，過舊居。

錢東垣等輯《崇文總目·總集類下》《李昉唱和詩》一卷。

二李唱和詩

《宋史·藝文志·總集類》《二李唱和詩》一卷。李昉、李至作。

禁林宴會集

《宋史·藝文志·總集類》蘇易簡《禁林宴會集》一卷。

明良集

鄭樵《通志·藝文略·詩總集》《明良集》五百卷。真宗御製及羣臣進和歌。

《宋史·藝文志·總集類》李虛己《明良集》五百卷。

錢東垣等輯《崇文總目·總集類上》《明良集》五百卷。李虛己編。

君臣賡載集

《宋史·藝文志·總集類》杜鎬《君臣賡載集》三十卷。

西崑酬唱集

鄭樵《通志·藝文略·詩總集》《西崑酬唱集》二卷。景德中，楊億與錢惟演、劉筠等。

晁公武《郡齋讀書志·總集類》《西崑酬唱集》二卷。右皇朝楊億、劉筠、李宗諤、晁某、錢惟演及當時同館十五人唱和詩，凡二百四十七章。前有楊億序。

尤袤《遂初堂書目·總集類》《西崑詩》。

陳振孫《直齋書録解題·總集類》《西崑酬唱集》二卷。景德中，館職楊億大年、錢惟演希聖、劉筠子儀唱和。凡二百四十七章。亦有賡屬者，共十五人。所謂「崑體」者，於此可見。億自爲序。

馬端臨《文獻通考·經籍考·總集》《西崑酬唱集》二卷。

《宋史·藝文志·總集類》楊億《西崑酬唱集》二卷。

楊士奇等《文淵閣書目·詩詞》《西崑酬唱》。一部，三册。闕。塾本一册。

錢曾《讀書敏求記·總集》《西崑酬唱集》二卷。五、七言律詩二百四十七章，屬和者十有五人，取「玉山策府」之名，命之曰《西崑酬唱集》。楊億爲之序。

王士禛《漁洋書跋》《西崑酬唱集》二則。宋楊億、錢惟演、劉筠《西崑酬唱集》。凡

五、七言律詩二百四十七首。屬和者十五人。有楊文公《自序》。

《四庫提要・總集類一》《西崑酬唱集》二卷。編修汪如藻家藏本。不著編輯者名氏。前有楊億序。

錢東垣等輯《崇文總目・總集類下》《西崑酬唱集》二卷。楊億、錢維演、劉筠等撰。

顧廣圻《思適齋書跋・集部》《西崑酬唱集》二卷。舊鈔本。

張之洞《書目答問・總集類》《西崑酬唱集》二卷。宋楊億編。《珠塵》本。浦城遺書本。粵雅堂本。

應制賞花集

鄭樵《通志・藝文略・詩總集》《應制賞花集》十卷。

《宋史・藝文志・總集類》《應制賞花詩》十卷。

錢東垣等輯《崇文總目・總集類下》《應制賞花集》十卷。

瑞花詩賦

鄭樵《通志・藝文略・詩總集》《瑞花詩賦》一卷。宋朝館閣應制作。

錢東垣等輯《崇文總目・總集類下》《瑞花詩賦》一卷。

咸平唱和詩

鄭樵《通志・藝文略・詩總集》《咸平唱和詩》一卷。

西湖蓮社集　續西湖蓮社集

鄭樵《通志・藝文略・詩總集》《西湖蓮社集》一卷。《續西湖蓮社集》一卷。

楊士奇等《文淵閣書目・詩詞》《宋蓮社詩盟》。一部，一冊。闕。

四釋聯唱詩集

《宋史・藝文志・總集類》《四釋聯唱詩集》一卷。丁謂序。

嘉祐禮闈唱和集

鄭樵《通志・藝文略・詩總集》《嘉祐禮闈唱和集》三卷。

《宋史・藝文志・總集類》歐陽修《禮部唱和詩集》三卷。

潼川唱和集

鄭樵《通志・藝文略・詩總集》《潼川唱和集》一卷。張逸、楊諤。

《宋史・藝文志・總集類》張逸、楊諤《潼川唱和集》一卷。

西行唱和集

鄭樵《通志・藝文略・詩總集》李定《西行唱和集》三卷。

南犍唱和詩

鄭樵《通志・藝文略・詩總集》《南犍唱和詩》三卷。

《宋史・藝文志・總集類》《南犍唱和詩集》一卷。吴中復、吴秘、張谷等作。

荆溪唱和

《宋史・藝文志・總集類》 姚闢《荆溪唱和》一卷。

建康酬唱詩

《宋史・藝文志・總集類》 王安石《建康酬唱詩》一卷。

元日唱和詩

《宋史・藝文志・總集類》 曾公亮《元日唱和詩》一卷。

荔枝唱和詩

《宋史・藝文志・總集類》 孫覺《荔枝唱和詩》一卷。

抄齋唱和集

《宋史・藝文志・總集類》 孫頎《抄齋唱和集》一卷。

高麗詩

晁公武《郡齋讀書志・總集類》 《高麗詩》三卷。右元豐中，高麗遣崔思齊、李子威、高琥、康壽平、李穗入貢，上元宴之於東闕下。神宗製詩，賜館伴畢仲行，仲行與五人者及兩府皆和進。其後，使人金梯、朴夤亮、裴某、李絳孫、盧柳、金花珍等，塗中酬唱七十餘篇，自編之，爲《西上雜詠》。絳孫爲之序。

馬端臨《文獻通考・經籍考・總集》 《高麗詩》三卷。

集賢院詩

《宋史・藝文志・總集類》 雍子方、沈括編《集賢院詩》二卷。

元祐榮觀集

鄭樵《通志・藝文略・詩總集》 《榮觀集》五卷。

《宋史・藝文志・總集類》 汪浹《元祐榮觀集》五卷。

和陶集

陳振孫《直齋書録解題・總集類》 《和陶集》十卷。蘇氏兄弟追和。傅共注。

馬端臨《文獻通考・經籍考・總集》 《和陶集》十卷。

汝陰唱和集

陳振孫《直齋書録解題・總集類》 《汝陰唱和集》一卷。元祐中，蘇軾子瞻守潁，與簽判趙令畤德麟、教授陳師道無己唱和。晁説之以道爲之序，李廌方叔後序。

馬端臨《文獻通考・經籍考・總集》 《汝陰唱和集》一卷。

許昌詩

鄭樵《通志・藝文略・詩總集》《許昌詩》一卷。

尤袤《遂初堂書目・總集類》《許昌唱和集》。

中山唱和詩

鄭樵《通志・藝文略・詩總集》《中山唱和詩》五卷。

潁陰聯唱集

鄭樵《通志・藝文略・詩總集》《潁陰聯唱集》二卷。

祕閣雅會

鄭樵《通志・藝文略・詩總集》《祕閣雅會》一卷。

漢南酬唱集

尤袤《遂初堂書目・總集類》《漢南酬唱》。

《宋史・藝文志・總集類》許份《漢南酬唱集》一卷。

坡門酬唱

《宋史・藝文志・總集類》邵浩《坡門酬唱》二十三卷。

《四庫提要・總集類二》《坡門酬唱集》二十三卷。江蘇巡撫採進本。宋邵浩編。浩，字叔義，金華人。前有張叔椿序。

彭元瑞等《天禄琳琅書目後編・影宋鈔諸部》《坡門酬唱》一函六册。宋邵浩撰。浩，字叔義，金華人，隆興癸未進士。書二十三卷，以唱者爲主，酬者附之。

輶軒集

陳振孫《直齋書録解題・總集類》《輶軒集》一卷。鄱陽洪皓、歷陽張邵、新安朱弁使金得歸，道間唱酬。邵爲之序。

馬端臨《文獻通考・經籍考・總集》《輶軒集》一卷。

《宋史・藝文志・總集類》《輶軒唱和集》三卷。洪皓、張邵、朱弁所集。

同文館唱和詩

《四庫提要・總集類一》《同文館唱和詩》十卷。浙江鮑士恭家藏本。宋鄧忠臣等撰。

南嶽倡酬集

《四庫提要・總集類二》《南嶽倡酬集》一卷，附録一卷。編修汪如藻家藏本。

宋朱子與張栻、林用中同遊南嶽，倡和之詩也。

館學喜雪唱和詩

《宋史・藝文志・總集類》 熊克《館學喜雪唱和詩》二卷。

楚東唱酬集

《宋史・藝文志・總集類》 王十朋《楚東唱酬集》一卷。

清湘泮水酬和

《宋史・藝文志・總集類》 莫若沖《清湘泮水酬和》一卷。

安陸酬唱集

《宋史・藝文志・總集類》 倪怨《安陸酬唱集》六卷。

籍桂堂唱和集

《宋史・藝文志・總集類》 何紘《籍桂堂唱和集》一卷。

會稽紀詠

陳振孫《直齋書録解題・總集類》 《會稽紀詠》六卷。汪綱仲舉帥越，多所修創。嚴陵洪璞每事爲一絶，賡者四人，曰張溭、王栐、程震龍、馮大章。又有諸葛興爲古詩二十篇。

馬端臨《文獻通考・經籍考・總集》 《會稽紀詠》六卷。

蕭秋詩集

陳振孫《直齋書録解題・總集類》 《蕭秋詩集》一卷。玉山徐文卿斯遠作《蕭秋詩》，四言九章，章四句，趙蕃昌甫而下，和者十三人。紹熙辛亥也，趙汝談履常亦與焉。後三十三年，嘉定癸未，乃序而刻之。文卿晚第進士，未授官而死。有詩，見《江湖集》。

馬端臨《文獻通考・經籍考・總集》 《蕭秋詩集》一卷。

遊山唱和

《宋史・藝文志・總集類》 陳天麟《遊山唱和》一卷。

載德集

《宋史・藝文志・總集類》 葛郛《載德集》四卷。

西江酬唱

《宋史・藝文志・總集類》 陳讜《西江酬唱》一卷。

岳陽唱和　又乙集

《宋史・藝文志・總集類》廖伯憲《岳陽唱和》三卷。黃學行《又乙集》一卷。

政和縣齋酬唱

《宋史・藝文志・總集類》劉璿《政和縣齋酬唱》一卷。

和西湖百詠詩

錢曾《讀書敏求記・總集》《和西湖百詠詩》一卷。咸淳壬申，静傳居士董嗣杲作《西湖百詠詩》，序以行于世。和之者，餘姚陳贄惟成也。

賜陳摶詩

《宋史・藝文志・總集類》《賜陳摶詩》八卷。

送張無夢歸山詩

《宋史・藝文志・總集類》《送張無夢歸山詩》一卷。

送王周歸江陵詩

《宋史・藝文志・總集類》《送王周歸江陵詩》二卷。杜衍等所撰。

贈朱少卿詩

鄭樵《通志・藝文略・詩總集》《贈朱少卿詩》三卷。

送朱壽昌詩

馬端臨《文獻通考・經籍考・總集》《送朱壽昌詩》三卷。《中興藝文志》：皇朝司農少卿朱壽昌，生數歲而母嫁，五十年不相知。熙寧初，棄官，於同州求得之。乃屈資求爲蒲中倅，士大夫作詩送之。

《宋史・藝文志・總集類》《送朱壽昌詩》三卷。

世綵集

馬端臨《文獻通考・經籍考・總集》《世綵集》三卷。《中興藝文志》：政和中，廖剛曾祖母與祖母享年最高，皆及見五世孫，剛作堂名「世綵」以奉之。士大夫爲作詩。

《宋史・藝文志・總集類》廖剛《世綵集》三卷。

椿桂堂詩

《宋史・藝文志・總集類》莫琮《椿桂堂詩》一卷。

送僧符遊南昌集

《宋史・藝文志・總集類》《送僧符遊南昌集》一卷。范鎮序。

送元絳詩集

《宋史・藝文志・總集類》歐陽修《送元絳詩集》一卷。

送文同詩

《宋史・藝文志・總集類》歐陽修《送文同詩》一卷。鮮于侁序。

蘇明允哀挽

鄭樵《通志・藝文略・詩總集》《蘇明允哀挽》二卷。

追榮考德集

鄭樵《通志・藝文略・詩總集》《追榮考德集》六卷。

陳振孫《直齋書録解題・總集類》《攷德集》三卷。强至所集韓魏公琦薨後時賢祭文、挽詩。

馬端臨《文獻通考・經籍考・總集》《考德集》三卷。

《宋史・藝文志・總集類》《韓忠彦考德集》三卷。

曾公亮勳德集

《宋史・藝文志・總集類》蒲宗孟《曾公亮勳德集》三卷。

康簡公崇終集

《宋史・藝文志・總集類》孫永《康簡公崇終集》一卷。

金華瀛州集

《宋史・藝文志・總集類》幼暐《金華瀛州集》三十卷。

雁蕩山詩

鄭樵《通志・藝文略・詩總集》《雁蕩山詩》一卷。

靈應天竺集

《宋史・藝文志・總集類》慧明大師《靈應天竺集》一卷。

唐山集　後集

陳振孫《直齋書録解題・總集類》《唐山集》一卷,《後集》三卷。卞圜宋佽編。「唐山」者，臨安昌化縣也。

馬端臨《文獻通考・經籍考・總集》《唐山集》一卷，《後集》三卷。

永嘉集

陳振孫《直齋書録解題・總集類》《永嘉集》三卷。亦不知何人集。

馬端臨《文獻通考・經籍考・總集》《永嘉集》三卷。

《宋史・藝文志・總集類》黄仁榮《永嘉集》三卷。又李知已《永嘉集》三卷。

唐賢永嘉雜詠

楊士奇等《文淵閣書目・詩詞》《唐賢永嘉雜詠》。一部，三册。闕。

永康題紀詩詠

《宋史・藝文志・總集類》《永康題紀詩詠》十三卷。

新安名士詩

《宋史・藝文志・總集類》《新安名士詩》三卷。

嚴州集

尤袤《遂初堂書目・總集類》《嚴州集》。又《嚴州詩》。

釣臺新集　續集

陳振孫《直齋書録解題・總集類》《釣臺新集》六卷，《續集》十卷。郡人王専集。續者郡守謝德輿子上也。

馬端臨《文獻通考・經籍考・總集》《釣臺新集》六卷，《續集》十卷。

張萱等《内閣藏書目録・雜部》《釣臺集》二册。全。嘉靖間桐廬令吴希孟輯。

《釣臺新集》二册。宋開禧間舒城王敷編。集釣臺形勝題詠碑文。

天台集　前集别編　續集　續集别編

尤袤《遂初堂書目・總集類》《天台詩文》。

陳振孫《直齋書録解題・總集類》《天台集》二卷，《别編》一卷，《續集》三卷。初，李庚子長集本朝人詩爲二卷，未行，太守李兼孟達得之，又得郡士林師箴所輯前代之作，爲賦二、詩二百，乃以本朝人詩爲《續集》，而併刻焉。《别編》則師箴之子表民所補也。

馬端臨《文獻通考・經籍考・總集》《天台集》二卷，《别編》一卷，《續集》三卷。

倪燦等《宋史藝文志補・總集類》李庚《天台前集》三卷，又《前集别編》一卷，又《續集》三卷，又《續集别編》六卷。林師蒧及子表民增修輯。

《四庫提要・總集類二》《天台前集》三卷，《前集别編》一卷，《續集》三卷，《續集别編》六卷。浙江范懋柱家天一閣藏本。

赤城集

倪燦等《宋史藝文志補・總集類》林表民《赤城集》十八卷。

《四庫提要・總集類二》《赤城集》十八卷。浙江鮑士恭家藏本。宋林表民編。集中載吴子良《赤城續志序》，稱其字曰逢吉，與撰《天台前集别編》之林表民合；又稱爲東魯人，則里貫互異。蓋其先世自曲阜徙臨海，故從其祖貫言之，非别一人也。表民嘗續陳耆卿《赤城志》，復取記、志、書、傳、銘、誄、贊、頌之文爲《志》所不載者，薈而輯之，以成此集。

括蒼集　後集　别集　續

尤袤《遂初堂書目・總集類》《括蒼集》。

陳振孫《直齋書録解題・總集類》《括蒼集》三卷，《後集》五卷，《别集》四卷，《續》一卷。郡人吴飛英、陳百朋相繼纂輯。

馬端臨《文獻通考・經籍考・總集》《括蒼集》三卷，《後集》五卷，《别集》四卷。

《宋史・藝文志・總集類》詹淵《括蒼集》三卷。陳百朋《續括蒼集》五卷。柳大雅《括蒼别集》四卷。

石城寺詩

鄭樵《通志・藝文略・詩總集》《石城寺詩》一卷。

静照堂詩

《宋史・藝文志・總集類》陸經《静照堂詩》一卷。

嘉禾詩集

陳振孫《直齋書録解題・總集類》《嘉禾詩集》一卷。不知集者。

馬端臨《文獻通考・經籍考・總集》《嘉禾詩》一卷。

《宋史・藝文志・總集類》《嘉禾詩文》一卷。

會稽掇英集　續集

陳振孫《直齋書録解題・總集類》《會稽掇英集》二十卷，《續集》四十五卷。熙寧中郡守孔延之、程師孟相繼纂集。其《續集》則嘉定中汪綱俾郡人丁燧爲之。

馬端臨《文獻通考・經籍考・總集》《會稽掇英集》二十卷，《續集》四十五卷。

《宋史・藝文志・總集類》孔延之《會稽掇英集》二十卷。程師孟《續會稽掇英集》二十卷。

楊士奇等《文淵閣書目・詩詞》《會稽掇英集》。一部，十册。完全。《會稽掇英集》。一部，三册。完全。

張萱等《内閣藏書目録・雜部》《會稽掇英集》八册，又《續集》二册。全。宋熙寧間，孔延之知越州軍，搜采晉、唐以來山川勝蹟、名賢詩文，共爲十卷。又會稽主簿王康弼編次名賢送行詩，爲《續集》七卷。

《四庫提要・總集類一》《會稽掇英總集》二十卷。浙江鄭大節家藏本。宋孔延之編。前自有序，首題其官爲「尚書司封郎中、知越州軍州事、浙東兵馬鈐轄」，末署「熙寧壬子五月一日越州清思堂」。

張金吾《愛日精廬藏書志・總集類》《會稽掇英總集》二十卷。文瀾閣傳抄本。宋孔延之編。《自序》熙甯壬子。

會稽覽古詩

尤袤《遂初堂書目・總集類》華鎮《會稽覽古詩》。

錢塘詩前後集

《宋史・藝文志・總集類》 薛傳正《錢塘詩前後集》三十卷。

鄞江集

《宋史・藝文志・總集類》《鄞江集》九卷。

東陽記詠

陳振孫《直齋書録解題・總集類》《東陽記詠》四卷。不知集者。

馬端臨《文獻通考・經籍考・集部》《東陽記詠》四卷。

于越紀詠

尤袤《遂初堂書目・總集類》《于越紀詠》。

《宋史・藝文志・總集類》《于越題詠》三卷。李并序。

湖州碧瀾堂詩

鄭樵《通志・藝文略・詩總集》《湖州碧瀾堂詩》一卷。

松江集

《宋史・藝文志・總集類》 石處道《松江集》一卷。

吴興詩

尤袤《遂初堂書目・總集類》《吴興詩》。

陳振孫《直齋書録解題・總集類》《吴興詩》一卷。熙寧中知湖州孫氏集，而不著名。以其時考之，孫覺莘老也。

馬端臨《文獻通考・經籍考・總集》《吴興詩》一卷。

《宋史・藝文志・總集類》 孫氏《吴興詩》三卷。不知名。

吴興分類詩集

陳振孫《直齋書録解題・總集類》《吴興分類詩集》三十卷。霅川倪祖義子由編。大抵以孫氏所集大略而增廣之，且併及近時諸公之作。然亦病於太詳。祖義，齊齋之子，少聰俊，仕未達，得年五十以死。

馬端臨《文獻通考・經籍考・總集》《吴興分類詩集》三十卷。

揚州集

尤袤《遂初堂書目・總集類》《揚州集》。

陳振孫《直齋書録解題・總集類》《揚州詩集》二卷。教授馬希孟編。元豐四年秦觀作序。

馬端臨《文獻通考・經籍考・總集》《揚州詩集》二卷。

《宋史・藝文志・總集類》 馬希孟《揚州集》三卷。

丹陽類集

晁公武《郡齋讀書志・總集類》 《丹陽類集》十卷。右皇朝曾旼編。丹陽，今潤州。

陳振孫《直齋書録解題・總集類》 《潤州類集》十卷。監潤州倉曹曾旼彦和纂。始東漢，終南唐。

馬端臨《文獻通考・經籍考・總集》 《丹陽類藁》十卷。又《潤州類集》十卷。

《宋史・藝文志・總集類》 曾旼《潤州類集》十卷。

清暉閣詩

陳振孫《直齋書録解題・總集類》 《清暉閣詩》一卷。史正志創閣於金陵，僚屬皆賦詩。

馬端臨《文獻通考・經籍考・總集》 《清暉閣詩》一卷。

《宋史・藝文志・總集類》 史正心《清暉閣詩》一卷。

金山詩

尤袤《遂初堂書目・總集類》 《金山詩》。

《宋史・藝文志・總集類》 《潤州金山寺詩》一卷。集者不知名。

君山寺留題詩集

《宋史・藝文志・總集類》 《君山寺留題詩集》一卷。

京口集

尤袤《遂初堂書目・總集類》 《京口集》。

陳振孫《直齋書録解題・總集類》 《京口詩集》十卷，《續》二卷。鎮江教授熊克集開寶以來詩文。本二十卷，止刻其詩。續又得二卷，自南唐而上曾所遺者，補八十餘篇。

馬端臨《文獻通考・經籍考・總集》 《京口詩集》十卷，《續》二卷。

《宋史・藝文志・總集類》 熊克《京口詩集》十卷。

楊士奇等《文淵閣書目・詩詞》 《京口詩集》。一部，三册。闕。

蘇州名賢雜詠

《宋史・藝文志・總集類》 《蘇州名賢雜詠》一卷。

南州集

陳振孫《直齋書録解題・總集類》 《南州集》十卷。太平州教授林桷子長集。

馬端臨《文獻通考・經籍考・總集》 《南州集》十卷。

《宋史・藝文志・總集類》 楊倓《南州集》十卷。

張萱等《内閣藏書目録・雜部》 《南州集》六册。全。宋淳熙間姑孰守楊公命郡教授林桷編。集晉、宋以來姑孰山川名賢題詠也。《前集》十卷，《續集》八卷。姑孰在六朝稱南州，故名。又《南州前集》四册。全。又四册。全。

下邳小集

《宋史·藝文志·總集類》翁公輔《下邳小集》九卷。

吳都文粹　續集

黃虞稷《千頃堂書目·總集類》錢穀《續吳都文粹》六十卷。字叔寶，長洲人。

倪燦等《宋史藝文志補·總集類》鄭虎臣《吳都文粹》九卷。

《明史·藝文志·總集類》錢穀《續吳都文粹》六百卷。

《四庫提要·總集類二》《吳都文粹》九卷。浙江鮑士恭家藏本。宋鄭虎臣編。

又《總集類四》《吳都文粹續集》五十六卷，《補遺》一卷。兩淮馬裕家藏本。明錢穀編。穀，字叔寶，長洲人。

彭元瑞等《天祿琳琅書目後編·明鈔部》《吳都文粹》一函，十册。宋鄭虎臣撰。虎臣，字景兆，曾爲會稽尉，有請監押賈似道事，餘無考。書十卷，凡係吳郡名勝之作詩文，凡六百四十二首。明錢穀有《續吳都文粹》，踵是書而作也。

孫星衍《平津館鑒藏書籍記·影寫本》《吳都文粹》十卷。題蘇臺鄭虎臣集，前後無序跋。《四庫全書》本作九卷。此書全依《吳郡志》録寫詩文，疑是坊賈所作，非虎臣原書。

黃丕烈《蕘圃藏書題識·集類》《吳都文粹》十卷。鈔校本。此即范石湖先生《吳郡志》也。

張金吾《愛日精廬藏書志·總集類》《吳都文粹》十卷。鎮洋錢氏東皐手抄本。宋蘇臺鄭虎臣集。

華林書堂詩

鄭樵《通志·藝文略·詩總集》《華林書堂詩》一卷。

《宋史·藝文志·總集類》《華林義門書堂詩集》一卷。王欽若、錢惟演等作。

江湖堂詩集

馬端臨《文獻通考·經籍考·總集》《江湖堂詩集》一卷。《中興藝文志》：皇朝知洪州元積中，詠其居，和者數十人。

《宋史·藝文志·總集類》元積中《江湖堂詩集》一卷。

笑臺詩

《宋史·藝文志·總集類》晏殊、張士遜《笑臺詩》一卷。

廬山遊覽集

鄭樵《通志·藝文略·詩總集》《廬山遊覽集》二十卷。宋朝姜嶼集。

尤袤《遂初堂書目·總集類》《廬山集》。

錢東垣等輯《崇文總目·總集類下》《廬山遊覽集》二十卷。姜嶼撰。

廬山簡寂觀詩

鄭樵《通志·藝文略·詩總集》《廬山簡寂觀詩》一卷。

廬山瀑布詩

鄭樵《通志·藝文略·詩總集》《廬山瀑布詩》一卷。

廬山記拾遺

《宋史・藝文志・總集類》卜無咎《廬山記拾遺》一卷。

廬山雜著

楊士奇等《文淵閣書目・詩詞》《廬山雜著》。一部，一册。闕。

留題落星寺詩

《宋史・藝文志・總集類》《留題落星寺詩》一卷。

滕王閣詩

《宋史・藝文志・總集類》《滕王閣詩》一卷。

琵琶亭詩

陳振孫《直齋書録解題・總集類》《琵琶亭詩》一卷。不知集者。

馬端臨《文獻通考・經籍考・集部》《琵琶亭詩》一卷。

《宋史・藝文志・總集類》《潯陽琵琶亭紀詠》三卷。

臨江集

《宋史・藝文志・總集類》楊愬《臨江集》三十四卷。

廬陵集□續集

尤袤《遂初堂書目・總集類》《廬陵集》并《續集》。

張萱等《内閣藏書目録・雜部》《廬陵集》二册。宋淳熙間趙師擇編次。皆廬陵古今名人詩文。

盤洲編

陳振孫《直齋書録解題・總集類》《盤洲編》二卷。洪丞相适兄弟子姪所賦園池詩也。

馬端臨《文獻通考・經籍考・總集》《盤洲編》二卷。

瓊野録

陳振孫《直齋書録解題・總集類》《瓊野録》一卷。學士洪邁園池記述題詠。其曰「瓊野」者，從維揚得瓊花，植之而生，遂以名圃。

馬端臨《文獻通考・經籍考・總集》《瓊野録》一卷。

章貢集

張萱等《内閣藏書目録・雜部》《章貢集》五册。全。宋寶慶間，贛州守聶公命教授黄師參采集境内名勝古今題詠及記碣雜文，凡設施之本末、營繕之先後、邦人之去思，皆以類聚。十卷。

豫章類集

《宋史·藝文志·總集類》《豫章類集》十卷。又鮑喬《豫章類集》十卷。

橫浦集　續橫浦集

《宋史·藝文志·總集類》管鋭《橫浦集》二卷。方松卿《續橫浦集》十二卷。

唐賢金精山詩

楊士奇等《文淵閣書目·詩詞》《唐賢金精山詩》。一部，一册。闕。

滁陽慶曆集　後集

尤袤《遂初堂書目·總集類》《滁陽慶曆集》。

陳振孫《直齋書録解題·總集類》《滁陽慶曆集》十卷，《後集》十卷。朝散郎滁人徐徽仲元集。

馬端臨《文獻通考·經籍考·總集》《滁陽慶曆集》十卷，《後集》十卷。

《宋史·藝文志·總集類》徐徽《滁陽慶曆集》十卷。曾肇《滁陽慶曆前集》十卷。吴珏《滁陽慶曆後集》十卷。

張萱等《内閣藏書目録·雜部》《滁陽慶曆集》四册。全。宋紹聖閒曾肇知滁陽時，集其州詩文，斷自慶曆以前，故名。凡十卷。

滁州琅琊山古今名賢文章

《宋史·藝文志·總集類》馮翊嚴《滁州琅琊山古今名賢文章》一卷。

無爲集

尤袤《遂初堂書目·總集類》《無爲集》。

宣城集

尤袤《遂初堂書目·總集類》《宣城集》。

陳振孫《直齋書録解題·總集類》《宣城集》三卷。知宣州安平劉涇。元符三年序。

馬端臨《文獻通考·經籍考·總集》《宣城集》三卷。

《宋史·藝文志·總集類》劉珵《宣城集》三卷。

池陽境内詩記

鄭樵《通志·藝文略·詩總集》《池陽境内詩記》一卷。

尤袤《遂初堂書目·總集類》《池陽詩》。

續九華山歌詩

鄭樵《通志·藝文略·詩總集》《續九華山歌詩》一卷。

司空山集

《宋史・藝文志・總集類》 道士田居實《司空山集》二卷。

麻姑山詩

鄭樵《通志・藝文略・詩總集》《麻姑山詩》三卷。

《宋史・藝文志・總集類》 上官彝《麻姑山集》三卷。

長樂集

陳振孫《直齋書録解題・總集類》《長樂集》十四卷。福建提刑吴興俞向集。宣和三年序。

馬端臨《文獻通考・經籍考・總集》《長樂集》十四卷。

《宋史・藝文志・總集類》 俞向《長樂集》十四卷。

止戈堂詩

《宋史・藝文志・總集類》 程邁《止戈堂詩》一卷。

樵川集

《宋史・藝文志・總集類》 廖遲《樵川集》十卷。

延平集

尤袤《遂初堂書目・總集類》《延平集》。

清漳集

陳振孫《直齋書録解題・總集類》《清漳集》三十卷。通判漳州趙不敵編。

馬端臨《文獻通考・經籍考・總集》《清漳集》三十卷。

《宋史・藝文志・總集類》 趙不敵《清漳集》三十卷。

張萱等《内閣藏書目録・雜部》《清漳集》四册。全。宋乾道間通守趙不敵編。集清漳名賢詩文也。

小有天後集

《宋史・藝文志・總集類》 鄧植《小有天後集》一卷。

武夷詩集

高儒《百川書志・雜集》《武夷詩集》四卷。

楊士奇等《文淵閣書目・詩詞》《武夷詩集》。一部，一册。完全。

雲門寺詩

《宋史・藝文志・總集類》《雲門寺詩》一卷。集者不知名。

羅浮寓公集

《宋史・藝文志・總集類》《羅浮寓公集》三卷。

羅　浮

《宋史・藝文志・總集類》《羅浮》一卷。集者不知名。

鵝城豐湖亭詩

《宋史・藝文志・總集類》彈粹《鵝城豐湖亭詩》一卷。

桂林文集　續集　續乙集

《宋史・藝文志・總集類》江文叔《桂林文集》二十卷。劉褒《續集》十二卷。黄岦《續乙集》八卷。

桂林集

《宋史・藝文志・總集類》張修《桂林集》十二卷。徐大觀《又續集》四卷。

庾樓記述

陳振孫《直齋書録解題・總集類》《庾樓記述》三卷。不知集者。

馬端臨《文獻通考・經籍考・總集》《庾樓記述》三卷。

《宋史・藝文志・總集類》《潯陽庾樓題詠》一卷。

江夏古今記詠

鄭樵《通志・藝文略・詩總集》《江夏古今記詠》一卷。

尤袤《遂初堂書目・總集類》《江夏紀詠》。

《宋史・藝文志・總集類》王得臣《江夏古今紀詠集》五卷。

江陵集古題詠

《宋史・藝文志・總集類》唐愈《江陵集古題詠》十卷。

襄陽題詠

《宋史・藝文志・總集類》魏泰《襄陽題詠》二卷。

浮雲樓詩

鄭樵《通志・藝文略・詩總集》《浮雲樓詩》一卷。

荆門集

尤袤《遂初堂書目・總集類》《荆門集》。

惠泉詩

《宋史·藝文志·總集類》 蔡驛《惠泉詩》一卷。

荆門惠泉詩集

《宋史·藝文志·總集類》 洪适《荆門惠泉詩集》二卷。

齊安集

尤袤《遂初堂書目·總集類》 《齊安集》。

《宋史·藝文志·總集類》 許端夫《齊安集》十二卷。

郢州白雪樓詩

《宋史·藝文志·總集類》 《郢州白雪樓詩》一卷。蕭德藻序。

秭歸集

《宋史·藝文志·總集類》 鍾興《秭歸集》八卷。

南紀集　後集

陳振孫《直齋書録解題·總集類》 《南紀集》五卷，《後集》三卷。知漢陽軍于霆、教授施士衡編。其《後集》則教授鞏豐也。

馬端臨《文獻通考·經籍考·總集》 《南紀集》五卷，《後集》三卷。

《宋史·藝文志·總集類》 于霆《南紀集》五卷。湯邦傑《南紀別集》一卷。

夷陵集

張萱等《内閣藏書目録·雜部》 《夷陵集》三册。全。嘉泰間，郡守黄環采集夷陵名賢詩文題詠，凡六卷。

小有洞庭前後集

尤袤《遂初堂書目·總集類》 《小有洞庭前後集》。

岳陽樓詩

鄭樵《通志·藝文略·詩總集》 《岳陽樓詩》一卷。

《宋史·藝文志·總集類》 滕宗諒《岳陽樓詩》二卷。

楊士奇等《文淵閣書目·詩詞》 《唐賢岳陽樓詩》。一部，一册。闕。

岳陽名賢詩

尤袤《遂初堂書目·總集類》 《岳陽名賢詩》。

岳陽別集

《宋史·藝文志·總集類》 翁忱《岳陽別集》一卷。

唐賢君山詩

楊士奇等《文淵閣書目・詩詞》《唐賢君山詩》。一部，一冊。闕。

桃源詩

鄭樵《通志・藝文略・詩總集》《桃源詩》一卷。

尤袤《遂初堂書目・總集類》《桃源詩》。

桃花源集

陳振孫《直齋書録解題・總集類》《桃花源集》二卷，又二卷。紹聖丙子四明田孳序。淳熙庚子，縣令趙彦琇重編，合爲一卷。下卷則淳熙以後所續。

馬端臨《文獻通考・經籍考・總集》《桃花源集》二卷，又二卷。

《宋史・藝文志・總集類》道士龔元正《桃花源集》二卷。

《四庫提要・總集類存目一》《桃花源集》一卷。永樂大典本。安姚孳編。孳，四明人。元祐辛未，補武陵令。因道士龔元正所輯古石刻文及諸家題詠，輯爲是編。前有自序，稱沅水去牂柯西，流貫武陵，東會洞庭。而桃源枕其涯，異人逸士多寓焉。故録嘉祐以前諸公詩文，綴爲一卷云。

湘江集

陳振孫《直齋書録解題・總集類》《相江集》三卷。不知何人集。

馬端臨《文獻通考・經籍考・總集》《湘江集》三卷。

《宋史・藝文志・總集類》《相江集》十卷。

郴江前集　後集　郴江續集

《宋史・藝文志・總集類》丁逢《郴江前集》十卷，又《後集》五卷，《郴江續集》九卷。

石鼓山詩

尤袤《遂初堂書目・總集類》《石鼓山詩》。

澧陽集

《宋史・藝文志・總集類》王仁《澧陽集》四卷。

成都古今詩集

《宋史・藝文志・總集類》章粢《成都古今詩集》六卷。

青城山丈人觀詩

鄭樵《通志・藝文略・詩總集》《青城山丈人觀詩》二卷。

劍津集

《宋史・藝文志・總集類》胡舜舉《劍津集》十卷。

清才集

晁公武《郡齋讀書志・總集類》《清才集》十卷。右皇朝劉禹卿編輯古今題劍門篇什銘賦。蒲逢爲之序。

馬端臨《文獻通考・經籍考・總集》《清才集》十卷。

潼川集

鄭樵《通志・藝文略・詩總集》《潼川集》三卷。

雲臺編

晁公武《郡齋讀書志・總集類》《雲臺編》六卷。右皇朝耿思棨纂華州雲臺觀内古今君臣所題詩也。

馬端臨《文獻通考・經籍考・總集》《雲臺編》六卷。

湟州集

尤袤《遂初堂書目・總集類》《湟州集》。

艮嶽集

陳振孫《直齋書録解題・總集類》《艮嶽集》一卷。不知集者。其首則御製記文也。

馬端臨《文獻通考・經籍考・總集》《艮嶽集》一卷。

新安絫政詩

鄭樵《通志・藝文略・詩總集》《新安絫政詩》二卷。宋朝高德光集。

錢東垣等輯《崇文總目・總集類下》《新安絫政詩》二卷。高德光編。

汝川圖集

尤袤《遂初堂書目・總集類》《汝川圖集》。

閲古堂詩

《宋史・藝文志・總集類》韓琦《閲古堂詩》一卷。

虢郡文齋集

《宋史・藝文志・總集類》楊偉《虢郡文齋集》五卷。

南海集

《宋史・藝文志・總集類》林安宅《南海集》三十卷。

盛山集

《宋史・藝文志・總集類》商侑《盛山集》一卷。

都梁集

《宋史・藝文志・總集類》郝箎《都梁集》十卷。

石橋詩

尤袤《遂初堂書目・總集類》《石橋詩》。

臨平詩集

《宋史・藝文志・總集類》《臨平詩集》一卷。

叢玄集

《宋史・藝文志・總集類》朱博《叢玄集》二十卷。

養閑亭詩

《宋史・藝文志・總集類》郭希樸《養閑亭詩》一卷。

海南集

《宋史・藝文志・總集類》《海南集》十八卷。

玉枝集

《宋史・藝文志・總集類》《玉枝集》三十二卷。

卓山詩

楊士奇等《文淵閣書目・詩詞》《卓山詩》。一部，一册。闕。

石聲編

《宋史・藝文志・總集類》《石聲編》一卷。趙師旦家編集。

謝氏蘭玉集

陳振孫《直齋書録解題・總集類》《謝氏蘭玉集》十卷。吴興汪聞集謝安而下子孫十六人詩，三百餘篇。聞，熙寧六年進士。序稱新天子即位，丙寅之歲，蓋元祐元年也。

馬端臨《文獻通考・經籍考・總集》《謝氏蘭玉集》十卷。

《宋史・藝文志・總集類》《謝氏蘭玉集》十卷。集者不知名。

三謝詩

陳振孫《直齋書録解題・總集類》《三謝詩》一卷。集謝靈運、惠連、玄暉。不知何人集。《中興書目》云唐庚子西。

馬端臨《文獻通考・經籍考・總集》《三謝詩》一卷。

《宋史・藝文志・總集類》唐庚《三謝詩》一卷。

楊士奇等《文淵閣書目・詩詞》《三謝詩集》。一部，二册。闕。

黄丕烈《蕘圃藏書題識・集類》《三謝詩》一卷。宋刻本。郭氏木葉齋鑒定宋本。在卷首。「江左諸謝詩文，見《文選》者六人。希逸無詩，宣遠、叔源有詩不工。今取靈運、惠連、玄暉詩，合六十四篇，爲《三謝詩》。是三人者，詩至玄暉，語益工，然蕭散自得之趣，亦復少減，漸有唐風矣。於此可以觀世變也。唐子西書。」康熙壬辰九月蔣杲録。

楊紹和《楹書隅録》卷五 宋本《三謝詩》一卷一册。【略】每半葉十二行，行二十二字。卷末有「嘉泰甲子郡守譙令憲重修」一行，旁書「宋寧宗嘉泰四年」七字，亦篁翁筆也。有「臣指生」、「宋本」、「思學齋」、「包南咸印」、「邵彌」、「僧彌」、「士禮居藏」、「復翁黄印」、「丕烈」、「蕘翁」、「憲堂」、「秋浦」、「汪憲堂印」、「平陽汪氏藏書印」、「汪士鐘印」、「閬源真賞」各印。

清江三孔集

尤袤《遂初堂書目・別集類》《清江三孔集》。

陳振孫《直齋書録解題・總集類中》《清江三孔集》四十卷。中書舍人新淦孔文仲經父、禮部侍郎武仲常父、户部郎中平仲毅父撰。

馬端臨《文獻通考・經籍考・別集》《清江三孔集》四十卷。

《宋史・藝文志・總集類》 孔文仲《三孔清江集》四十卷。

張萱等《内閣藏書目録・集部》《三孔先生清江文集》□□册全。三先生，宋哲宗朝臨江孔文仲、孔武仲、孔平仲也。周必大序，凡四十卷。又三册，不全。止武仲、平仲二集，中亦殘闕。

錢謙益等《絳雲樓書目・宋文集類》《三孔清江集》。三孔，文仲、武仲、平仲也。集四十卷，慶元間臨江守袁集刊行，周益公序。

王士禛《漁洋書跋》《清江三孔集》。江西巡撫宋牧仲中丞寄《三孔文集》，宋中書舍人文仲經父、禮部侍郎武仲常父、金部郎中平仲毅父也。經父以范蜀公薦，對策九千餘言，力排安石，觸其怒，罷歸。常父詆王氏學，毅父以不行新法爲董必所劾，安置英州，皆元祐君子也。史稱《文仲集》五十卷，《武仲集》百卷，平仲有《續世説》、《珩璜新論》諸書。今《三孔集》通僅五卷。周益公序云：慶元四年，太守濡須王訪遺文刻之，存一二於千百，則三公之文，在南渡之初已多散佚。今所傳五卷，又非慶元之舊矣。三公以氣節重當世，不甚工詩。

《四庫提要・總集類一》《清江三孔集》四十卷。兩江總督採進本。宋新喻孔文仲及其弟武仲、平仲之詩文。慶元中，臨江守王遵所編也。

謝家詩集

《宋史・藝文志・總集類》 李燾《謝家詩集》一卷。

河南程氏文集

陳振孫《直齋書録解題・別集類中》《河南程氏文集》十二卷。二程共爲一集。建寧所刻本。

馬端臨《文獻通考・經籍考・別集》《河南程氏文集》十二卷。

楊士奇等《文淵閣書目・文集》《程氏文集》。一部，四册。完全。《程氏文集》。一部，三册。殘缺。

張萱等《内閣藏書目録・集部》《程氏文集》四册。全。程頤著，凡十二卷。《程氏文集》三册。不全。伊川先生著，《内經》説一册。又七册。不全。即程氏遺書。

錢謙益等《絳雲樓書目・宋文集類》《二程先生集》四册。十二卷。

三劉家集

楊士奇等《文淵閣書目・文集》《三劉先生文集》。一部，二册。完全。《三劉先生文集》。一部，二册。闕。

張萱等《内閣藏書目録・集部》《三劉先生文集》。宋神宗朝中允劉涣、祕丞劉恕、檢討劉羲仲著。泰定間涿郡孫鈞、淳祐間劉元高序。尚書李伯玉題詞。共一卷。

《四庫提要・總集類一》《三劉家集》一卷。江西巡撫採進本。宋劉涣、劉恕、劉羲仲撰。

和樂府古辭

鄭樵《通志・藝文略・樂類》《和樂府古辭》一卷。裴煜。

樂府集　樂府序解　樂府雜録　羯鼓録

趙希弁《讀書附志・總集類》《樂府集》十卷，《樂府序解》一卷，《樂府雜録》一卷，《羯鼓録》一卷。右劉次莊所序也。

樂府詩集

尤袤《遂初堂書目・總集類》《樂府詩集》。

陳振孫《直齋書録解題・總集類》《樂府詩集》一百卷。太原郭茂倩集。凡古今號稱樂府者皆在焉。其爲門十有二。首尾皆無序文，《中興書目》亦不言其人。

馬端臨《文獻通考・經籍考・總集》《樂府詩集》一百卷。

張萱等《内閣藏書目録・總集部》《樂府詩集》二十册。全。太原郭茂倩輯漢魏以來古詩樂章。又二十册。全。又八册。不全。

毛晉《汲古閣書跋》《樂府詩集》。

錢謙益等《絳雲樓書目・詩總集類》郭茂倩《樂府詩集》一百卷。

《四庫提要・總集類二》《樂府詩集》一百卷。江蘇巡撫採進本。宋郭茂倩撰。《建炎以來繫年要録》載茂倩爲侍讀學士郭裒之孫，源中之子。其仕履未詳。本渾州須城人。此本題曰「太原」，蓋署郡望也。是集總括歷代樂府，上起陶唐，下迄五代。

張金吾《愛日精廬藏書志・總集類》《樂府詩集》一百卷。元至正刊本。宋太原郭茂倩編次。樂府之名肇於漢，所以聚音律之具而命之，古無有也。

張之洞《書目答問・總集》《樂府詩集》一百卷。宋郭茂倩編。乾隆刻本、武昌局本。明梅鼎祚編《古樂苑》五十二卷，又補郭遺。

樂府逸詞

尤袤《遂初堂書目・總集類》《樂府逸詞》。

四家胡笳詞

陳振孫《直齋書録解題・總集類》《四家胡笳詞》一卷。蔡琰、劉商、王安石、李元白也。

馬端臨《文獻通考・經籍考・總集》《四家胡笳詞》一卷。

玄真子漁歌碑傳集録

陳振孫《直齋書録解題・總集類》《玄真子漁歌碑傳集録》一卷。玄真子

《漁歌》，世止傳誦其「西塞山前」一章而已。嘗得其一時倡和諸賢之辭，各五章，及南卓、柳宗元所賦，通爲若干章。因以顏魯公《碑述》、《唐書》本傳，以至近世用其詞入樂府者，集爲一編，以備吴興故事。

馬端臨《文獻通考・經籍考・總集》 《玄真子漁歌碑傳集録》一卷。

賦

靈仙賦集

《宋史・藝文志・總集類》 《靈仙賦集》二卷。

典麗賦集

錢東垣等輯《崇文總目・總集類上》 《典麗賦集》六十四卷。楊翺編。

唐　賦

晁公武《郡齋讀書志・總集類》 《唐賦》二十卷。右唐科舉之文也，蕭穎士、裴度、白居易、薛逢、陸龜蒙之作皆在焉。

天聖賦苑

《宋史・藝文志・總集類》 李祺《天聖賦苑》一十八卷。

珍題集

《宋史・藝文志・總集類》 李祺《珍題集》三十卷。

典麗賦　後典麗賦

陳振孫《直齋書録解題・總集類》 《後典麗賦》四十卷。金華唐仲友與政編。仲友以辭賦稱於時。此集自唐末以及本朝盛時，名公所作皆在焉，止於紹興間。先有王戊集《典麗賦》九十三卷，故此名《後典麗賦》。王氏集未見。

揚州賦

尤袤《遂初堂書目・總集類》 《揚州賦》。

賦　纂

楊士奇等《文淵閣書目・文集》 《賦纂》。一部，一册。闕。

日誦賦範

楊士奇等《文淵閣書目・文集》 《日誦賦範》。一部，一册。闕。

賦宗撮要

楊士奇等《文淵閣書目・文集》　《賦宗撮要》。一部，一册。闕。

賦題星鳳

楊士奇等《文淵閣書目・文集》　《賦題星鳳》。一部，一册。闕。

選青賦箋

于敏中等《天禄琳琅書目・宋版集部》　《選青賦箋》一函四册。十卷。無撰人姓氏。《宋史・經籍志》及《文獻通考・經籍考》皆不載是書。卷中所録，盡當時省試之作。目録後有「建安王懋甫刻梓於桂堂」木記，乃書賈所輯以版行者。如陳振孫《書録解題》「《指南賦箋》五十五卷、《指南賦經》八卷，皆書坊編集」，即係此類。小版細書，作巾箱本，其製甚精，亦宋時佳槧，足供祕玩者也。御題：「此宋人省試諸賦選本，即唐人試帖及今館課之類。蓋一時坊刻也。特筆法精鑱，爲宋本中絶佳者。卷首末俱有『文氏停雲』印，良可珍祕。乾隆甲子秋分日御識。」鈐寶二，曰「乾隆宸翰」，曰「稽古右文之璽」。

明文徵明停雲館藏本。闕補卷十五。

新編古賦題

于敏中等《天禄琳琅書目・元版集部》　《新編古賦題》二函八册。前集十卷，後集八卷，共十八卷。無編集人名姓氏。此與前部同類之書也，亦仿巾箱本式，標題下別行刊「翠巖劉氏家塾新編」，兩集目録後均有木記識語，紀年爲天曆己巳、庚午，係元文宗初年刊行之本。其書於經、史、子、集中類纂賦題，各疏本末於下，蓋爲應試者揣摩之用。前集仍有未備，爰纂後集以補之。明毘陵周氏藏本，印記見前。尚古堂印無考。闕補後集卷三一、二。

大全賦會

《四庫提要・總集類存目一》　《大全賦會》五十卷。《永樂大典》本。不著編輯者名氏。皆南宋程試之文。

指南賦箋

陳振孫《直齋書録解題・總集類》　《指南賦箋》五十五卷。書坊編集時文。止於紹熙以前。

指南賦經

陳振孫《直齋書録解題・總集類》　《指南賦經》八卷。書坊編輯時文。止于紹熙以前。

雜　文

唐賢長書

《宋史・藝文志・總集類》　《唐賢長書》一卷。

名臣贄种隱君書啓

陳振孫《直齋書録解題・總集類》《名臣贄种隱君書啓》一卷。祥符諸賢所與种放明逸書啓也。首篇張司空齊賢書，自敘平生出處甚詳，可以見國初名臣氣象。

唐臨淮尺題

尤袤《遂初堂書目・總集類》《唐臨淮尺題》。

《宋史・藝文志・總集類》《臨淮尺題集》二卷。

本朝尺牘

尤袤《遂初堂書目・總集類》《本朝尺牘》。

艇齋師友尺牘

陳振孫《直齋書録解題・總集類》《艇齋師友尺牘》二卷。南豐曾季貍裘父之師友往復書簡。其子漑輯而刻之。自吕居仁、徐師川以降，下至淳熙、乾道諸賢咸在焉。裘父蕭然布衣，而名流敬愛之若此，足以知其人之賢，而亦以見當時風俗之美也。

溪堂師友尺牘

《宋史・藝文志・總集類》謝逸《溪堂師友尺牘》六卷。

緘啓新範

尤袤《遂初堂書目・總集類》《緘啓新範》。

啓劄錦繡

《四庫提要・總集類存目一》《啓劄錦繡》一卷。《永樂大典》本。舊本題清曠趙先生編，不著其名。所録皆南宋人啓劄，而不題作者之姓名。蓋當時盛行此體，書賈採輯刊版，備撏撦之用耳。不足以言文章也。

繡　囊

鄭樵《通志・藝文略・表章》《繡囊》五卷。

磨盾集

鄭樵《通志・藝文略・表章》《磨盾集》十卷。唐人表疏。

翰林牋奏集

鄭樵《通志・藝文略・表章》《翰林牋奏集》三十卷。

時格章表

鄭樵《通志・藝文略・表章》《時格章表》十五卷。

高麗表章

《宋史・藝文志・總集類》《高麗表章》一卷。

皇朝三賢良論

鄭樵《通志・藝文略・論》《皇朝三賢良論》三十卷。

諸儒奥論策學統宗

《四庫提要・總集類存目一》殘本《諸儒奥論策學統宗》二十卷。浙江巡撫採進本。元譚金孫編。金孫，字叔金，號存理，自稱古雲人，不知古雲爲何地也。是編雜選宋人議論之文，分類編輯，以備程試之用。凡後集八卷，續集七卷，別集五卷，而闕其前集。蓋不完之本。原本又以陳繹曾《文筌》、石桓《詩小譜》，冠於卷首，而總題曰《新刊諸儒奥論策學統宗》，增入《文筌》《詩譜》，文理冗贅，殆麻沙庸陋書賈所爲。今析《文筌》《詩譜》，別入「詩文評」類，而此書亦復其本名，庶不相淆焉。

十先生奥論

《四庫提要・總集類二》《十先生奥論》四十卷。浙江范懋柱家天一閣藏本。不著編輯者名氏，亦無刊書年月。驗其版式，乃南宋建陽麻沙坊本也。書中集程子、張耒、楊時、朱子、張栻、吕祖謙、楊萬里、胡寅、方恬、陳傅良、葉適、劉穆元、戴溪、張震、陳武、鄭湜諸人所作之論，分類編之，加以注釋。據其原目，凡前集、後集、續集，各十五卷。此本續集，脱去前五卷，僅存十卷，而前集第七卷以上，亦屬後人鈔補，其原注并佚去不存。所亡之卷，已無篇目可考，不知作者凡幾。此四十卷中，核其所作者已十六人，但題曰「十先生」，所未詳也。中閒《宋史》有傳者凡十一人，其餘若張震字東父，益寧人，孝宗時中書舍人。龍大淵、曾覿除知閤門事，嘗繳回詞頭，事見《胡沂傳》。鄭湜有二，其一字溥之，福州人，光宗時爲從臣，奏立太子監國，見《留正傳》；其一則紹熙元年爲從政郎，進《治術》十卷，見《書録解題》。此所載之鄭湜，其進《治術》者歟？陳武有《江東地利論》，見《永樂大典》。方恬、劉穆元二人，則史傳俱無可考見矣。宋人文集，名著史册者，今已十佚其八九。至於名姓無聞，篇章湮滅，如方恬諸人者，更指不勝屈。此書雖不出科舉之學，而殘編斷簡，得存於遺軼之餘，議論往往可觀，詞采亦一一足取，固網羅放失者所不廢也。

指南論

陳振孫《直齋書録解題・總集類》《指南論》十六卷。又本前、後二集，四十六卷。淳熙以前時文。

元中軍論

倪燦等《宋史藝文志補・制舉類》《元中軍論》三卷。

兩漢策要

張金吾《愛日精廬藏書志・總集類》《兩漢策要》十二卷。抄本。宋陶叔獻原本，金常彦修孫名未詳增補。是書取兩《漢書》策論、書疏可備出題者，按時代編次，蓋備場屋科舉之用也。《文淵閣書目》有《西漢策》二册、《東漢策》二册，未審即是書否。《汲古閣秘本書目》著録云「是趙文敏真跡」，此本蓋從之轉輾傳抄者。

漢唐策要

晁公武《郡齋讀書志・總集類》《漢唐策要》十卷。右皇朝陶叔獻編。

前賢策

鄭樵《通志・藝文略・策》《前賢策》三卷。

西漢策

楊士奇等《文淵閣書目・文集》《西漢策》。一部，二册。闕。塾本一册。

東漢策

楊士奇等《文淵閣書目・文集》《東漢策》。一部，二册。完全。

羣策纂要

尤袤《遂初堂書目・總集類》《羣策纂要》。

擢犀策

陳振孫《直齋書録解題・總集類》《擢犀策》一百九十六卷。《擢犀》者，元祐、宣、政以及建、紹初年時文也。

擢象策

陳振孫《直齋書録解題・總集類》《擢象策》一百六十八卷。《擢象》者，紹興末時文也。大抵科舉場屋之文，每降愈下，後生亦不復識前輩之舊作，姑存之，以觀世變。

增注唐策

《四庫提要・總集類二》《增注唐策》十卷。浙江巡撫採進本。不著編輯者名氏。前有明正德丁丑新安汪燦序，惟言「舊刊《唐策》，不知誰集」。考書中「魏徵」作「魏證」，與《古文集成》同，則亦宋人作也。其集中所録，兼有唐人策論、書狀、表奏之文，而獨以《唐策》爲名者，蓋輯以備荅策之用，從所重耳。每篇略標其要語於上方，而卷前目録，又摘其所標之語於題下。中間注語有「崇曰」、「張曰」、「李曰」、「竇曰」、「董曰」諸目。「崇曰」一處作「王崇」，則是其名。而餘又皆題其姓，均莫詳其所自，亦不知諸人爲誰。殆當時盛行，其本互相訓釋，而書賈合刊之耳。所注雖簡略，而所録皆唐人名作，持擇頗審，非明代坊選冗濫無序者可比，存之亦足備採擇也。

甲乙平等及第判

鄭樵《通志・藝文略・案判》《甲乙平等及第判》二卷。

唐諸公試判

鄭樵《通志・藝文略・案判》《唐諸公試判》一卷。

唐諸公案判

鄭樵《通志・藝文略・案判》《唐諸公案判》一卷。

四六叢珠

倪燦等《宋史藝文志補・總集類》《四六叢珠》四十卷。

名賢四六集

尤袤《遂初堂書目・總集類》《名賢四六集》。

羣公四六續集

《四庫提要・總集類存目一》《羣公四六續集》十卷。浙江范懋柱家天一閣藏本。不著編輯者名氏。凡自甲至癸十卷，皆南宋人通候之啓。其正集今未之見，此其續集也。所録無非應酬泛語，無足採録。如方雲翼、葛謙白等賀秦太師諸啓，尤穢簡牘也。

四六寶苑

楊士奇等《文淵閣書目・文集》《四六寶苑》。一部，十册。闕。

宋人三家四六

黄丕烈《蕘圃藏書題識・集類》《宋人三家四六》。舊鈔本。此《宋人四六》三册，亦汪秀峰家藏書也。號根曰「宋人三家四六」。細數之，有格齋、臞軒、壺山、巽齋、南塘五家，實不止三家，未知標題者僅據每册首葉而言，故有斯誤歟？其中字跡行款互異，未知所據何本。偶憶周香嚴家宋刻《宋人四六》，隨假歸手校，惜非全璧，未能盡校，即序次先後，亦不足爲據。姑就所存，以記宋本面目而已。辛酉重陽後三日校畢翦燭書。

周本尚有後村一家，惜此鈔本所無，未及傳校。一册，三十八葉。蕘圃又記。

辭林類稿

《宋史・藝文志・總集類》《辭林類稿》三卷。

宏辭總類　後集　第三集　第四集

陳振孫《直齋書録解題・總集類》《宏辭總類》四十一卷，《後集》三十五卷，《第三集》十卷，《第四集》九卷。起紹聖乙亥，迄嘉定戊辰。皆刻於建昌軍學。相傳紹興中太守陸時雍所刻前集也，餘皆後人續之。戊辰以後，時相不喜此科，主司務以艱僻之題困試者，縱有記憶不遺、文采可觀，輒復推求小疵，以故久無中選者。初，紹聖設科，但曰「宏辭」，不試制、誥，止於表、檄、露布、誡諭、箴、銘、頌、記、序九種，亦不用古題。及大觀，改曰「詞學兼茂」，去誡諭及檄，而益以制、誥，亦爲九種四題，而二題以歷代故事。及紹興，始名「博學宏辭」，復益以誥、贊、檄，爲十一種，三日試六題，各一今一古，遂爲定制。

海内儒宗

楊士奇等《文淵閣書目・文集》 《海内儒宗》。一部，四册。闕。

詩義指南

倪燦等《宋史藝文志補・制舉類》 段昌武《詩義指南》一卷。

論學繩尺

《四庫提要・總集類二》 《論學繩尺》十卷。安徽巡撫採進本。宋魏天應編，林子長注。天應，號梅墅，自稱鄉貢進士。子長，號筆峰，官京學教諭。皆閩人也。是編輯當時場屋應試之論，冠以《論訣》一卷。所録之文分爲十卷，凡甲集十二首，乙集至癸集俱十六首，每兩首立爲一格，共七十八格。每題先標出處，次舉立説大意，而綴以評語，又略以典故分注本文之下。蓋建陽書肆所刊，歲久，頗殘闕失次。明福建提學僉事游明訪得舊本，重爲校補。又以原注多所譌誤，併爲考核增損，付書坊刊行。何喬新《椒邱集》有是書序，今本不載，蓋佚脱也。考宋《禮部貢舉條式》，元祐法以三場試士，第二場用論一首。紹興九年，定以四場試士，第三場用論一首，限五百字以上成，經義、詩賦二科竝同。又載紹興九年國子司業高閌劄子，稱太學舊法，每旬有課，月一周之；每月有試，季一周之。皆以經義爲主，而兼習論策云云。是當時每試必有一論，較諸他文，應用之處爲多，故有專輯一編，以備揣摩之具者。天應此集，其偶傳者也。其始，尚不拘成格，如蘇軾《刑賞忠厚之至論》自出機杼，未嘗屑屑於頭、項、心、腹、腰、尾之式。南渡以後，講求漸密，程式漸嚴，試官執定格以待人，人亦循其定格以求合。於是「雙關」、「三扇」之説興，而場屋之作，遂別有軌度。雖有縱横奇傳之才，亦不得而越。此編以「繩尺」爲名，其以是歟？《紹興重修貢舉式》中「試卷犯點抹」條下，有「論策經義連用本朝人文集十句」之禁，知拘守之餘，變爲剽竊，故以是防其弊矣。然當日省試中選之文多見於此，存之可以考一朝之制度。且其破題、接題、小講、大講、入題、原題諸式，實後來八比之濫觴，亦足以見制舉之文，源流所自出焉。

發蒙宏綱

《四庫提要・總集類存目一》 《發蒙宏綱》三卷。《永樂大典》本。宋羅黄裳編。黄裳，池州人，咸淳中曾爲番禺守。明《内閣書目》曰：「《發蒙宏綱》，宋咸淳間，羅黄裳撰五言詩十二篇，又擇古文凡有關於蒙養者三十篇，以訓蒙。」今考所録，皆鄉塾習誦之文，無所鑒別，亦無所發明，殊無一長之可取，不知何以流傳於後也。

儒林精選時文

《宋史・藝文志・總集類》 《儒林精選時文》十六卷。

翰苑新書

錢謙益等《絳雲樓書目・文集總類》 《翰苑新書》。見子類書類。

唐登科文選

《宋史・藝文志・總集類》 樂史《唐登科文選》五十卷。

登瀛集

《宋史·藝文志·總集類》《登瀛集》五十二卷。

永嘉八面鋒

黄虞稷《千頃堂書目·制舉類》《永嘉先生八面鋒》十三卷。

治平經綸集

鄭樵《通志·藝文略·論》《治平經綸集》十二卷。

仕塗必用集

晁公武《郡齋讀書志·總集類》《仕塗必用集》二十一卷。右皇朝祝熙載編本朝楊、劉以後諸公表啓爲一編。

戛玉前集　後集

趙希弁《讀書附志·總集類》《戛玉前集》四十九卷，《後集》五十卷。右紹興壬戌楊存亮元明編近世諸公舉業雜文，類而次之。

宋諸賢獻壽文

《四庫提要·總集類存目一》《宋名臣獻壽集》十二卷。兩淮馬裕家藏本。不著撰人名氏。所載皆南宋祝壽之文。編次既無義例，稱名亦無體式，蓋其時書肆所爲也。

兩廟讚文

《宋史·藝文志·總集類》宋太祖、真宗御製《國子監兩廟贊》二卷。

國子監武成王廟贊

《宋史·藝文志·總集類》《國子監武成王廟贊》二卷。

大中祥符封禪祥瑞贊

《宋史·藝文志·總集類》《大中祥符封禪祥瑞贊》五卷。

大中祥符祀汾陰祥瑞贊

《宋史·藝文志·總集類》丁謂《大中祥符祀汾陰祥瑞贊》五卷。

遼金元分部

詩文

高麗小華集

黄任恒《補遼史藝文志・總集》 《高麗小華集》。《東國史略》三曰：朴寅亮文詞雅麗，宋熙寧中，與金覲使宋，其所著述，宋人稱之。至刊二公詩文，號《小華集》。任恒案：《宋史・藝文志》有《高麗表章》一卷，想亦宋人所輯。

西上雜詠

黄任恒《補遼史藝文志・總集》 《西上雜詠》三卷。《郡齋讀書志》二十曰：元豐中，高麗遣崔使齊、李子威、高琥、康壽平、李穗入貢。上元，宴之於東闕下，神宗製詩，賜館伴畢仲行，仲行與五人者及兩府皆和進。其後使人金梯、朴寅亮、裴某、李絳孫、盧柳、金花珍等，途中酬唱七十餘篇，自編之爲《西上雜詠》。絳孫爲序。

明昌辭人雅製

龔顯曾《金藝文志補録・總集類》 《明昌辭人雅製》，趙秉文集。党承旨、趙東山、路司諫、劉之昂、尹無忌、周德卿、王逸賓七人詩。一作《明昌雅製》。

成趣園詩

龔顯曾《金藝文志補録・總集類》 《成趣園詩》，獻陵梁氏編。

文選顏鮑謝詩評

《四庫提要・總集類一》 《文選顏鮑謝詩評》四卷。《永樂大典》本。元方回撰，回有《續古今考》，已著録。是編取《文選》所録顏延之、鮑照、謝靈運、謝惠連、謝朓之詩，各爲論次。諸家書目皆不著録，惟《永樂大典》載之。

文選心訣

高儒《百川書志・總集》 《虞邵菴批點文選心訣》一卷。元雍虞集伯生批選韓、柳、歐、曾、蘇公父子之作。不具別體，止序、記三十篇，以啓後學著作之初也。

選詩補注　續編　補遺

范邦甸等《天一閣書目・總集類》 《選詩補注》八卷。刊本。元上虞劉履補注。至正二十一年謝肅《序例》云：「詩自孔子删後，殆未易言。然今人欲知漢魏以下諸作，頗賴昭明選詩之存。兹重加訂選，得二百十有二首。又常恨陶靖節詩在《文選》者甚少，今就其本集，增取二十九首。又于《後漢書》得酈炎詩二首，于《文章正宗》得曹子建《怨歌行》一首，于《阮嗣宗集》得《詠懷》二首，皆《文選》所遺者。總二百四十六首，釐爲八卷。其他如經史所載歌謡，《樂府集》所録古詞，別當删取而續傳也。先生名履，字坦之，宋侍御史忠公之四世孫。守志勵行，以經術世其家云。」

《選詩補遺》二卷。刊本。上虞劉履校選。序稱：「《選詩補遺》上、下卷，凡四十二首，皆古歌謡詞，散見于傳記、諸子之書及樂府集者也。余既補注選詩，而復輯是編者，蓋竊承諸子，欲鈔經史諸書韻語，《文選》古詩，附于『三百篇』、《楚詞》之後之遺意。」

《選詩續編》四卷。刊本。上虞劉履撰注。

《重刻選詩》十四卷。刊本。上虞劉履編。嘉靖壬子吴郡顧存仁序。

原古録

錢大昕《補元史藝文志·總集類》 郝經《原古録》。

詩學大成

于敏中等《天禄琳琅書目·明版集部》 《詩學大成》二函，十册。元林楨著。三十卷，前有元毛直方序。林楨，爵里不可考，以作序之毛直方推之，當亦爲宋末元初之人。按：凌迪知《萬姓統譜》稱直方字静可，建安人，宋咸淳中領鄉薦。入元，授徒講學，士争趨之。有《聊復軒稿》二十餘卷，并編詩集《羣玉府》三十卷及《詩學大成》行世。據此，則《詩學大成》一書竟似出於直方，此迪知援据之誤。意迪知當時偶見此書，以其序有直方之名，即以書爲直方所纂。觀其連舉三書，一稱二十餘卷，一稱三十卷，而此書獨不言其卷數，則疏略顯然也。其書本爲世俗飽飣之學，取便應酬，而槧刻大方，殊非草草。觀其版式，當即明時司禮監督刊之本。

詩選正宗

錢大昕《補元史藝文志·總集類》 熊禾《詩選正宗》。

謝翱手鈔詩

倪燦等《補遼金元藝文志·總集類》 《謝翱手抄詩》二十卷。

天地間集

倪燦等《補遼金元藝文志·總集類》 謝翱《天地間集》五卷。今僅存一卷。

古今詩統

倪燦等《補遼金元藝文志·總集類》 劉會孟《古今詩統》六卷。

類編名人詩文

倪燦等《補遼金元藝文志·總集類》 韓諤《類編名人詩文》八卷。

詩

風林類選小詩

《四庫提要·總集類存目一》 《風林類選小詩》一卷。兩江總督採進本。明朱升編。升有《周易旁注》，已著録。是編皆録五言絶句，始於漢、魏，終於晚唐。分三十八體：曰直致、曰情義、曰工緻、曰清新、曰高逸、曰富麗、曰豔冶、曰淒涼、曰哀暮、曰曠達、曰豪放、曰俊逸、曰清潤、曰沉着、曰邊塞、曰宮怨、曰閨情、曰客況、曰離别、曰悲愁、曰異鄉、曰感舊、曰寤想、曰寄贈、曰慨嘆、曰消遣、曰諷諫、曰頌善、曰戲嘲、曰懷古、曰景物、曰風土、曰時事、曰樂府、曰風人、曰問荅、曰摘句。而附録閨閣、仙鬼詩於末，實三十九門。分類頗爲瑣屑，有似於《瀛奎律髓》。蓋宋末元初，方回稱詩於新安。升其鄉人，故尚沿其故法。其序中「文之精者爲詩」語，亦本回《瀛奎律髓序》，可以證也。所列諸詩，如「富麗」類中《崑崙子》，乃王維五言律詩前半首；「邊塞」類中蓋嘉運《伊州歌》，乃沈佺期五言律詩前半首；《戎渾》，亦王維五言律詩前半首；「客況」類之《長命女》，乃岑參五言律詩中四句。蓋當時採以入樂，取聲律，而不論文義，故郭茂倩《樂府詩集》各載於本調之下。今因而録之，殊失考證。「淒涼」類中《蕪城曲》，韋縠《才調集》删前四句，實無端緒。升因之，取爲絶句，亦殊未協。至「樂府」類中以《白頭吟》前三解分爲三首，「悲愁」類中以李商隱《夜飲》詩割中二聯爲絶句，則自我作古，更無稽矣。又「直致」類中《夜雨滴空階》詩題曰何遜，案「夜雨滴空階，曉燈暗離室」句見遜本集，此詩詞氣不類，莫詳所據。「清新」類中《江行》六首題曰錢起，案《江行》一百首，乃起孫錢珝之作，因附刻起集之後，遂以孫易祖。王維《山中書事》二首，乃蘇軾所戲擬，本集不載，乃竟以爲維詩，近人補入維集，實由此誤。至「風人」類中《相思》一首，實王維詩，見於本集，而乃别題曰雍陶，疎舛尤甚。他如《序》稱「女流靈異之作，亦附見焉」，集中崔鶯鶯二詩附於卷末，蓋即其例。而武曌之《將遊上苑》、張文姬之《溪上雲》、姚玉京之《詠燕》、南海女子之《送兄》、侯夫人之《自感》、元宗宫人之《題梧葉》、宣宗宫人之《題紅葉》、劉采春之《囉嗊曲》、卓文君之《白頭吟》、龍安佳人之《阿最歌》，皆屬女流，乃散見各類，亦未免自亂其例，均未足以言善本也。

瀛奎律髓

《四庫提要・總集類三》 《瀛奎律髓》四十九卷。内府藏本。元方回撰。回有《續古今考》，已著録。是書兼選唐、宋二代之詩，分四十九類。所録皆五、七言近體，故名「律髓」。自序謂「取十八學士登瀛洲、五星聚奎之義」，故曰「瀛奎」。大旨排西崑而主江西，倡爲「一祖三宗」之説。一祖者杜甫，三宗者，黄庭堅、陳師道、陳與義也。其説以生硬爲健筆，以粗豪爲老境，以鍊字爲句眼，頗不諧於中聲。其去取之間，如杜甫《秋興》，惟選第四首之類，亦多不可解。然宋代諸集，不盡傳於今者，頗賴以存；而當時遺聞舊事，亦往往多見於其注。故厲鶚作《宋詩紀事》，所採最多。其議論可取者，亦不一而足，故亦未能竟廢之。此書世有二本，一爲石門吴之振所刊，注作夾行，而旁有圈點，前載龍遵敘，述傳授源流至詳；一爲蘇州陳士泰所刊，删其圈點，遂併注中「所圈是句中眼」等句删去，又以龍遵原序屢言圈點，亦併删之以滅蹟，校讐舛駁，尤不勝乙。之振切譏之，殆未可謂之已甚焉。

古詩辨體

高儒《百川書志・總集》 《古詩辨體》十卷。宋上饒左谿祝堯君擇採取古今名家詞藻文歌，有合賦體，亦登載焉。

古詩考録

錢大昕《補元史藝文志・總集類》 黄景昌《古詩考録》。

録古詩集

楊士奇等《文淵閣書目・詩詞》 《録古詩集》。一部，一册。闕。

古今大成詩選正宗

倪燦等《補遼金元藝文志・總集類》 《古今大成詩選正宗》二十卷。不知撰人。

諸公大雅

倪燦等《補遼金元藝文志・總集類》 《諸公大雅》二帙。

詩苑衆芳

阮元《四庫未收書目提要・總集類》 《詩苑衆芳》一卷。此書影元鈔本。首題吴郡梅谿劉瑄伯玉編。所選諸家詩，潘牥、章康、黄簡、趙汝談、方萬里、鄭起潛、文天祥、李迪、鄭傳之、何宗斗、蔣恢、朱詵、魏近思、張渠、張紹文、張元道、吕江、蔣華子、陳鈞、蕭炎、沈規、吕勝之、江朝卿、吴龍起二十四人。一人之詩，多不過十首，少或一二首，計僅八十二首。每人各著其字號籍貫。所選之詩，近體較多，率皆清麗可誦。蓋《江湖小集》之流亞，而決擇精當，似取法于唐人之選唐詩也。

風雅類編

王圻《續文獻通考經籍考・詩集》 《風雅類編》。廬陵袁懋昭集。以世代次序，得《詩譜》遺法。起四言，至樂府，止五言、七言絶句，論見精詳，去取簡當。

寶林編

王圻《續文獻通考經籍考・詩集》 《寶林編》。僧大同類集古今人所作詩。

美合集

黄丕烈《蕘圃藏書題識・集類》 《美合集》二卷。是書出平湖估人，不知誰氏物。卷端二印，内一印云「金氏雲莊」，則桐鄉故藏書家也，一字謂嚴，嘗見其所藏，多宋元精妙本。此亦出伊家舊儲，固素所珍重者也。世代遷移，神物幻化，有可感者。猶留一姓名圖記，供後人摩挲賞玩，非不幸中之幸歟？蕘夫。

昭忠逸詠　補史十忠詩

張金吾《愛日精廬藏書志・總集類》 《昭忠逸詠》六卷，《補史十忠詩》一卷。陸氏敕先校本。元如村劉麟瑞撰，天水趙景良秉善編集。《補史十忠詩》，麟瑞父水村劉壎撰。《岳天祐序》至順壬申。《自序》至治元年。《後序》。陸氏手跋曰：「黼季購得顧修遠家藏抄本，校過兩次，尚是此書。原本《忠義集》乃後人所加名也。甲寅九月十八日勅先識。」

唐詩鼓吹　續編　增廣續編

高儒《百川書志・總集》 《唐詩鼓吹》十卷。金進士河東遺山先生元好問裕之選，郝天挺注之。

又《增廣唐詩鼓吹續編》一卷。皇明宗室凝真軒編集，凡四百人。

《四庫提要・總集類三》 《唐詩鼓吹》十卷。通行本。不著編輯者名氏。據趙孟頫序，稱爲金元好問所編，其門人中書左丞郝天挺所注。國朝常熟陸貽典題詞，則據《金史・隱逸傳》，謂天挺乃好問之師，非其門人。又早衰，厭科舉，不復充賦，亦非中書左丞，頗以爲疑。案王士禎《池北偶談》曰：金元間有兩郝天挺，一爲元遺山之師，一爲遺山弟子。考《元史・郝經傳》云：其先潞州人，徙澤州之陵川。祖天挺，字晉卿，元裕之嘗從之學。裕之謂經曰：汝貌類祖，才器非常者是也。其一字繼先，出於多羅別族。父哈賞巴圖爾，元太宗世，多著武功。天挺英爽剛直，有志略。受業於遺山元好問。累官河南行省平章事，追封冀國公，謚文定。爲皇慶名臣，嘗修《雲南實録》五卷，又注《唐詩鼓吹集》十卷。近常熟刻《鼓吹集》，乃以爲《隱逸傳》之晉卿，而致疑於趙文敏之序稱「尚書左丞」，又於「尚書左丞」上妄加「金」字，誤甚云云。然則貽典等所考，知其一而不知其二矣。是集所録皆唐人七言律詩，凡九十六家，共五百九十六首。作者各題其名，惟柳宗元、杜牧題其字，未喻何故。第四卷中宋邕詩十一首，天挺注以爲實出曹唐集中，題作宋邕，當必有據。然第八卷中胡宿詩二十三首，今竝見文恭集中，實爲宋詩誤入，則亦不免小有疎舛。顧其書與方回《瀛奎律髓》同出元初，而去取謹嚴，軌轍歸一，大抵遒健宏敞，無宋末江湖、四靈瑣碎寒儉之習，實出方書之上。天挺之注雖頗簡略，而但釋出典，尚不涉於穿鑿，亦不似明廖文炳等所解，横生枝節，庸而至於妄也。據都卬《三餘贅筆》，此書至大戊申江浙儒司刊本，舊有姚燧、武一昌二序，此本佚之。又載燧序，謂宋高宗嘗纂唐宋軼事爲《幽閒鼓吹》，故好問本之。案三都二京、五經鼓吹，其語見於《世説》，好問立名，當由於此，燧所解，不免附會其文也。

《四庫提要・總集類存目一》《唐詩鼓吹箋注》十卷。通行本。金元好問編。國朝錢朝鼒、王俊臣注，王清臣、陸貽典箋。朝鼒字次鼎，俊臣字子籲，清臣字子清，貽典字敕先，竝常熟人。《唐詩鼓吹》舊有郝天挺注，明萬曆己卯，新會廖文炳重爲補正，增以詮釋，名曰《唐詩鼓吹注解大全》。朝鼒等又以廖所注解爲未善，復删改，以成是編。其實三家所注相去無幾，廖固不足服郝，四人亦未能服廖也。惟其僅改廖解，未改郝注，又以廖注與郝注別列，朝鼒等補注與廖注又別列。其字句異同，郝注稱「某一作某」，朝鼒等所加，則變文曰「一本作某」，尚可以尋舊本之迹，較明人臆改古書、淆亂不可復辨者，差爲勝之耳。

《鼓吹續編》九卷。浙江范懋柱家天一閣藏本。明朱紹、朱積同編。紹字善繼，積字善慶，江陰人。二人兄弟也。是編成於永樂二十二年。蓋續《唐詩鼓吹》而作，故所録仍皆七言律詩。凡宋詩一卷，元詩二卷，鉅手名篇，率不一選。而明人之詩，乃多至六卷。其去取乖方，可以想見。明初風氣猶淳，而已有後來坊刻社稿之習，殆不可解。

唐詩説

《四庫提要・總集類存目一》《唐詩説》二十一卷。兩淮鹽政採進本。元釋圓至撰。圓至有《牧潛集》，已著録。此書蓋取宋周弼所選《三體唐詩》，爲之注釋。前有大德九年方回序。其書詮解文句，頗爲弇陋。坊本或題曰《磧沙唐詩》。考都穆《南濠詩話》曰：「長洲陳湖磧沙寺，有僧魁天紀者成之，與高安僧圓至友善。至嘗注周伯弼所選《唐三體詩》，魁割其資，刻置寺中，方萬里特爲作序。由是《三體詩》盛傳人間，今吴人稱《磧沙唐詩》是也。」則其來已久矣。

唐音

《四庫提要・總集類三》《唐音》十四卷。安徽巡撫採進本。元楊士宏編。士宏，字伯謙，襄城人。是書成於至正四年，虞集爲之序。凡《始音》一卷，《正音》六卷，《遺響》七卷。而士宏自記稱十五卷，蓋《遺響》有一子卷也。其《始音》惟録王、楊、盧、駱四家；《正音》則詩以體分，而以初唐、盛唐爲一類，中唐爲一類，晚唐爲一類；《遺響》則諸家之作咸在，而附以僧詩、女子詩。李白、杜甫、韓愈三家皆不入選，其《凡例》謂三家世多有全集，故弗録焉。其書積十年之力而成，去取頗爲不苟。明蘇衡作劉敬伯《古詩選序》，頗以是書所分始音、正音、遺響爲非。李東陽《懷麓堂詩話》則曰：「選詩誠難，必識足以兼諸家者，乃能選諸家；識足以兼一代者，乃能選一代。一代不數人，一人不數篇，而欲以一人選之，不亦難乎？選唐詩者，惟楊士宏《唐音》爲庶幾云云。」其推之可謂至矣。高棅《唐詩品彙》即因其例而稍變之。馮舒兄弟評韋縠《才調集》，深斥棅杜撰「排律」之非。實則「排律」之名，亦因此書，非棅創始也。曹安《讕言長語》稱舊有丹陽顔潤卿注，今未見其本。此本題「張震輯注」。震，字文亮，新淦人，其仕履始末及朝代先後皆未詳。注極弇陋。明唐覲《延州筆記》嘗摘其注李商隱《咸陽》詩「自是當時天帝醉」一條、李頎《贈從弟》詩「第五之名齊驃騎」一條、盧照鄰《送趙司倉入蜀》詩「潘年三十外」一條。他如楊炯《劉生》一首，乃樂府古題，而震曰「劉生不知何許人」，後篇亦有「劉生要皆從軍之士也」。又炯《夜送趙縱》一首，其詩作於初唐，而震曰：「趙縱，郭子儀之壻也，仕至侍郎。」如斯之類，不可毛舉，殆必明人也。以原本所有，且間有一二可採者，始附存之，備一解焉。

唐音遺響

倪燦等《補遼金元藝文志・總集類》 楊士宏《唐音遺響》八卷。一作十五卷。字伯謙，襄陽人，家清江。

唐詩選

王圻《續文獻通考經籍考・詩集》 《唐詩選》，定海王玠纂。

唐律删要

王圻《續文獻通考經籍考・詩集》 《唐律删要》。吴萊著。

唐五百家詩選

錢大昕《補元史藝文志・總集類》 馬瑩選《唐五百家詩》五卷。

唐　詩

黄虞稷《千頃堂書目・總集類》 方道壑選《唐詩》一卷。

唐宋百衲

楊士奇等《文淵閣書目・詩詞》 《唐宋百衲》。一部，一册。闕。

唐宋近體詩選

錢大昕《補元史藝文志・總集類》 《唐宋近體詩選》。

陶杜詩選

黄丕烈《蕘圃藏書題識・集類》 《陶杜詩選》二卷。查藥師鈔本。余生平酷愛陶詩，既收得兩宋本，藏諸一室，名曰「陶陶室」，後輒贈人。又收得一宋本，改顔曰「陶復齋」。此册查藥師手寫《陶詩選》，後附杜詩者。余絶愛其筆跡，因收之，而重爲裝池并記。庚辰秋復翁。

嘉慶庚辰春，書坊收得海寧許氏散出之書，大抵皆零星小帙，而索直頗昂。余因以家刻書易得幾種。此鈔録《陶靖節詩選》、《杜文貞律詩選》，其一也。其標題「後學查岐昌藥師編輯」者爲陶詩，卷端序云「於崇明縣齋讀公詩」；其標題「後學查岐昌偶鈔」者爲杜詩，卷端敘云「先太史授以杜律」。是爲海寧查氏之裔，特不知太史爲何人，而崇明縣齋是其治所否也。後晤沈九子逸，方悉藥師乃初白之孫，以孝廉而爲縣令者，且書法亦甚佳。持以質之，果藥師手録本。因著其世系行迹如此。復翁。

近日書直昂貴，苟有舊本出，無論刻鈔，每册動以番餅論價。此一册亦索直半餅，余故以書相易。及付裝池，又費青蚨二百餘文。此書幾七折制錢一金矣，後人勿輕視之。余得時，有座客斥爲故紙者，因書此解嘲云爾。復翁。

裝成展讀，因腦頭狹小，殊不耐觀，復命工易紙覆襯接腦，始可開展，又費青蚨二星。前客嘲笑，當益甚矣。復翁。

濂雒風雅

高儒《百川書志・總集》《濂洛風雅》七卷。元仁山金履祥吉甫記録、石泉唐良瑞進之編類宋濂洛諸君子之作。以師友淵源爲統紀，古今體製爲正變，有關名教之書也。

《四庫提要・總集類存目一》《濂洛風雅》六卷。浙江巡撫採進本。元金履祥編。履祥有《尚書表注》，已著録。是編乃至元丙申履祥館於韓良瑞家齊芳書舍所刻。原本選録周子、程子以至王柏、王侃等四十八人之詩，而冠以《濂洛詩派圖》，但以師友淵源爲統紀，初不分類例。良瑞以爲濂洛諸人之詩固皆「風」、「雅」之遺，第「風」、「雅」有正變、大小之殊，「頌」亦有周、魯之異。於是分詩、銘、箴、誡、贊、詠四言者爲「風雅之正」，其楚辭、歌騷、樂府、韻語爲「風雅之變」，五、七言古風則「風雅之再變」，絶句、律詩則又「風雅之三變」云云，具見良瑞所作序中。蓋選録者履祥，排比條次者則良瑞也。昔朱子欲分古詩爲兩編而不果。朱子於詩學頗邃，殆深知文質之正變，裁取爲難。自真德秀《文章正宗》出，始别爲談理之詩。然其時助成其稿者爲劉克莊，德秀特因而删潤之，故所黜者或稍過，而所録者尚未離乎詩。自履祥是編出，而道學之詩與詩人之詩，千秋楚越矣。夫德行、文章，孔門即分爲二科；儒林、道學、文苑，《宋史》且别爲三傳。言豈一端，各有當也。以濂洛之理責李、杜，李、杜不能争，天下亦不敢代爲李、杜争。然而天下學爲詩者，終宗李、杜，不宗濂洛也。此其故，可深長思矣。

宋詩賢絶句詩

楊士奇等《文淵閣書目・詩詞》《宋諸賢絶句詩》。一部，二册。闕。

南渡諸家詩選

錢大昕《補元史藝文志・總集類》馬瑩《宋南渡諸家詩》一卷。

宋中州元氣集

楊士奇等《文淵閣書目・詩詞》《宋中州元氣集》。一部，十二册。殘缺。

王國維《曲録・雜劇傳奇總集部》《中州元氣》十册。

唐宋婦人集跋

黄丕烈《蕘圃刻書題識》《唐宋婦人集跋》。往年沈君綺雲有《唐宋婦人集》之刻，皆借本於余家，而余爲之校讐付梓者也。復欲刻《斷腸集》以儷之，一時苦無善本，遂不果行。及余購得元刊注本，而綺雲已歸道山，未竟此事，人咸惜之。頃其令弟十峰訪余，以《緑窗遺藁》屬爲付梓，云是鈔自平湖錢夢廬家藏本，余以《元詩選》校正誤字入刻。刻垂成，十峰又從《四朝詩選》及《宋元詩會》校一過，七言絶句内「隔簾風亂海棠絲」，「亂」作「斷」；「小窗今夕繡鍼閒」，「夕」作「日」。録其異字示余。余謂前據《元詩選》校正者，實係訛舛之處。至於各本異字，可附存，而不必據改也。因爲小跋，存其校字，并著顛末，俾人知沈氏昆仲皆好風雅，留傳昔賢著述，藝林佳話，永垂不朽云。嘉慶己卯秋七月吴縣黄丕烈識。

谷音

王士禛《漁洋書跋》《谷音》。《谷音》二卷，皆宋末人詩。上卷王澮以下，凡十人，率任俠節義之士；下卷詹本以下，凡十五人，則藏名避世之流也；番陽布衣、瀟湘漁父以下五人，不可得其姓字，要之皆宋之逸民也。其詩慷慨激烈，古澹蕭寥，非宋末作者所及。是時謝臯羽、林霽山輩皆以文章節義著于東南，而又有此三十人者，與之遥爲應和，亦奇矣。此書毛氏汲古閣本，與《月泉吟社》合刻，最工。亡友施愚山備兵湖西，又嘗刻之清江，蓋杜清碧其郡人也。適見黄少司馬《雪洲集》，記此書「初得之臨淮顧德光氏，後又見江西刻本，多『帝虎陶陰』之憾。間託南都博洽之士是正，稍復其真。虞部主事吴時冕見而愛之，遂刻諸真州分署以傳」，知弘正以來，此書蓋不一刻矣。集中諸人本末，各有耿耿不没者，宜有神物在護持之也。黄，名瓚，字公獻。揚之儀真人。

《四庫提要·總集類三》《谷音》二卷。江蘇巡撫採進本。元杜本編。本有《清江碧嶂集》，已著録。是編末有張榘跋，稱「右詩一卷，凡二十三人，無名者四人，共一百首」。明毛晉跋則稱「《谷音》二卷，宋末逸民詩也。凡二十有九人，詩百篇」。此本上卷凡十人，詩五十首；下卷凡十五人，無名者五人，詩五十一首。當爲三十人，詩一百一首，與二跋皆不合。其釐爲二卷，亦不知始自何人也。每人各載小傳，惟柯芝、柯茂謙父子共一傳，楊應登、楊零祖孫共一傳。凡小傳二十有八，其間如王澮、程自修、冉琇、元吉、孟鯁，皆金元間人。張璜以牙兵戰没，汪涯以不草露布，爲賈似道所殺，毛晉以爲皆宋逸民，亦約略大槩言之耳。本所著《清江碧嶂集》，詞意粗淺，不稱其名。而是集所録，乃皆古直悲涼，風格遒上，無宋末江湖齷齪之習。其人又皆仗節守義之士，足爲詩重。王士禛《論詩絶句》曰「誰嗣篋中冰雪句，《谷音》一卷獨錚錚」，其品題當矣。

中州集

高儒《百川書志·總集》《中州集》十卷。金遺山先生河東元好問裕之録本朝之詩，自天子以至隱逸皆載，南冠亦附焉。

毛晉《汲古閣書跋》《中州集》。裕之避兵南渡，悼金源氏亡，誓不更仕。晚年以著作自任，曰「不可令一代之迹泯而不傳」。乃築亭於家，寒暑不出，有所聞見，隨以寸楮細字紀録之，名曰「野史」，不下百餘萬言，《中州集》其采詩一種也。凡十卷，共二百四十五人。每人敍略，以寓褒譏，史臣推爲一代宗工，真無忝矣。若卷首載顯、章二作，卷尾附其父兄詩，尤見忠孝。至於俯仰感慨之意，讀其自題五絶句，可想見云。

《四庫提要·總集類三》《中州集》十卷，附《中州樂府》一卷。内府藏本。金元好問編。好問有《續夷堅志》，已著録。是集録金一代之詩，首録顯宗二首、章宗一首，不入卷數；其餘分爲十集，以十干紀之。辛集目録旁注「别起」二字，其人亦復始於金初，似乎七卷以前爲正集，七卷以後爲續集也。王集自馬舜之下别標「諸相」一門，列劉豫等十六人；「狀元」一門，列鄭子聃等八人；「異人」一門，列王中立等四人；「隱德」一門，列薛繼先、宋可、張潛、曹珏四人詩，而獨標繼先名，疑傳寫譌脱。癸集列「知己」三人，曰辛愿、李汾、李獻甫；「南冠」五人，曰司馬朴、滕茂實、何宏中、姚孝錫、朱弁，而附見宋遺民趙滋及好問父兄詩於末。前有好問自敍，稱魏道明作《百家詩略》，商衡爲附益之。好問又增以己之所録，以成是編。序作於癸巳，蓋哀宗天興二年也。其例每人各爲小傳，詳具始末，兼評其詩。或一傳而附見數人，如乙集張子羽下附載僧可道、鮮于可、高鵾、王景微、吴演之類；或附載他文，如丙集党懷英下附載誅永蹈詔書之類；或兼及他事，如乙集祝簡下附載所論「王洙不注杜詩」之類。大致主於借詩以存史，故旁見側出，不主一格。至壬集「賈益謙」條下，述其言世宗大定三十年中能暴海陵蟄惡者，得美仕。史官修實録，誣其淫毒很鷙，遺臭無窮。自今觀之，百無一信。又稱衛王勤儉，慎惜名器，較其行事，中材不能及者多。如斯之類，尤足存一代之公論。王士禛《池北偶談》嘗論其記蔡松年事，不免曲筆，然亦白璧之瑕，不足以累全體矣。惟大書劉豫國號、年號，頗乖史法。然豫之立國，實金朝所命。好問金之臣子，宜有内詞，固不得而擅削之，亦未可以是爲咎也。其選録諸詩，頗極精審，實在宋末江湖諸派之上。故卷末自題有「若從華實評詩品，未便吴儂得錦袍」，及「北人不拾江西唾，未要曾郎借齒牙」句，士禛亦深不滿之，殆以門户不同歟？後附《中州樂府》一卷，與此集皆毛晉所刊，卷末各有晉跋，稱初刻《中州集》，佚其《樂府》，後得陸深家所藏《樂府》，乃足成之。今考集中小傳，皆兼評其樂府，是《樂府》與《中州集》合爲一編之明證。今亦仍舊本録之，不别入「詞曲類」焉。

河汾諸老詩集

錢曾《讀書敏求記·總集》《河汾諸老詩集》八卷。幽蘭一炬，遺山爲金源逸民，以詩雄鳴于太原、平陽間。集中麻革信之、張宇彦誠、陳庚子颺、陳庚子京、房灝希白、段克己復之、段成己誠之、曹之謙益甫諸老，咸與遺山游。大德辛丑，房祺編次此集，古律二百一首，而遺山弗與。今觀其序，所以張遺山者特甚，蓋以一時之宗匠尊之，故不録其詩于集中耳。

《四庫提要·總集類三》《河汾諸老詩集》八卷。安徽巡撫採進本。元房祺編。祺，平陽人。據高昂霄跋，稱祺爲大同路儒學教授，而祺作《後序》，自稱「横汾隱者」，豈罷官後乃編斯集耶？所編凡麻革、張宇、陳賡、陳颺、房皞、段克己、段成己、曹之謙八人之詩，人各一卷，皆金之遺老，從元好問游者。曹之謙本大同人，以流寓河汾，遂嘗邱墓，故總以「河汾諸老」題焉。祺《後序》稱好問有專集行世，故不録其詩。然段氏兄弟亦自有《二妙集》，乃其孫輔所編。蓋《二妙集》出於泰定中，祺爲此集時，尚未輯成，故其詩仍得録入也。其書成於大德間。皇慶癸丑，高昂霄爲鋟版。明弘治十一年，御史沁水李叔淵復授開封同知謝景星刊行，河南按察司副使車璽爲之序。今舊刻皆佚，此本爲毛晉汲古閣所刊，稱以林古度、周浩若及智林寺僧所鈔三本互校，乃成完書。然祺《後序》稱「古律詩二百一首，皡皡郝先生序於前」。今郝序已佚，而詩止一百七十七首，則尚非全本矣。然諸老以金源遺逸抗節林泉，均有淵明義熙之志，人品既高，故文章亦超然拔俗。吉光片羽，彌足寶貴，又何論其完闕乎？

元詩

范邦甸等《天一閣書目・總集類》 《元詩》六卷。元孫存吾編類，傅習采集，虞校選并序。

錢大昕《補元史藝文志・總集類》 《元詩前集》六卷。傅習采集，孫存吾編類。

《元詩後集》六卷。孫存吾編。習，字説卿，清江人。存吾，字如山，盧陵人。

元風雅

《四庫提要・總集類三》 《元風雅》前集十二卷，後集十二卷。內府藏本。《前集》十二卷，元傅習所採集，孫存吾爲之編次。《後集》十二卷，則存吾所續輯也。習，字説卿，清江人。存吾，字如山，廬陵人。習仕履不可考。存吾嘗爲儒學正，亦不詳其始末也。《前集》首劉因，凡一百十四家。《後集》首鄧文原，凡一百六十六家。間載作者爵里，俱不甚詳。所録江西人詩最多，蓋里閈之間，易於摭拾。惟一時隨所見聞，旋得旋録，故首尾頗無倫序，或有一人而兩見者，殊乖體例。然元時總集傳於今者不數家，此集雖不甚賅備，而零章斷什不載於他書者頗多，世不習見之人，與不經見之詩，賴以得存者亦不少矣。又案：范氏天一閣所藏，有《元朝野詩集》二册，亦題曰《元風雅》，不知何人所編。其體例與此迥殊，又傳寫多譌，參差失序，幾至不可句讀。蓋斷爛不全之本，無足甄録。以二書同出元代，名又相淆，姑附著其異同於此，以祛來者之疑焉。

皇元朝野詩集

黄虞稷《千頃堂書目・總集類》 張存吾《皇元朝野詩集》五卷。

倪燦等《補遼金元藝文志・總集類》 張存吾《皇元朝野詩集》十二卷。續傅習之後。

元風雅

錢謙益等《絳雲樓書目・詩總集類》 《皇元風雅》八卷。蔣易選。

《四庫提要・總集類存目一》 《元朝野詩集》。無卷數。浙江范懋柱家天一閣藏本。一名《元風雅》。不著編輯者名氏。所録大抵仁宗以後、順帝以前之詩。首貫酸齋，終熊澗谷。不分時代，亦不分體製，次序殊爲雜亂。案：當時別有《元風雅》二十四卷，乃傅習、孫存吾所輯，視此較爲完備。是編殘闕舛錯，幾不可讀，疑爲未全之帙。顧嗣立《元詩選序例》載有蔣易《元風雅》一書，或即其殘本歟。

錢大昕《補元史藝文志・總集類》 《皇元風雅》八卷。無撰人名，或云宋褧。

元朝風雅

黄丕烈《蕘圃藏書題識續録・集類》 《國朝風雅》不分卷。元刻本。揭希韋，邵武經歷、盱江揭祐民。盧彦威，翰林待制、汲郡盧亘。揭曼碩，集賢學士、豫章揭傒斯一册。范德機，憲司知事、臨江范梈亨父。劉聲之，三山劉濩一册。柳道傳，太常博士、東陽柳貫。黄晉卿，國子博士、東陽黄溍乙卯進士。吴正傳，建德縣尹、東陽吴師道辛酉進士十四卷一册。王繼學，浙東廉使、東平王士熙。黄子肅，翰林應奉、昭武黄清老丁卯進士。薛宗海，國子助教、永嘉薛漢一册。

右香嚴書屋所藏殘本，與此刻本同。其中詩人姓名、履歷附録于此，以備參攷。

元音遺響

《四庫提要・總集類三》《元音遺響》十卷。浙江巡撫採進本。不著編輯者名氏。前八卷爲胡布詩，又名《崆峒樵音》；後二卷則張達、劉紹詩也。三人皆元之遺民，而他書罕稱其詩者，且亦罕稱其人者，故其出處，莫之能詳。今即詩中考之，則紹爲布姻家，曾入汝南王幕。布與紹詩序稱「俱客閩帥，不遂所志」，蓋元末皆嘗參謀軍事。布又有詩云「我時瘴癘使，分迹南荒最」，又云「自我使島夷，銜命出蠻障」，是布復嘗奉使海外矣。又布有《入理問所作》及《丙辰歲獄中元夕》詩，注云：「先生以高蹈，有忤時政，被謫。」又《丙辰十月初五發龍江》詩云「羈人得遣如承檄，日暮登舟似到家」，丙辰爲洪武九年，殆明初徵之不屈，被譴，既而得釋者也。至其《近聞》《自從》諸詩中有「想見霓旌擁行在」之句，當爲順帝北狩後所作。故君舊國之思，拳拳不置，其志節可見。其詩格調亦皆高古，不失漢魏遺意。雖聲華消歇，名氏翳如，而遺集猶存，固可與柴桑一老尚友於千載前矣。布字子申，達字秀充，皆盱江人。紹字子憲，黎川人也。

大雅集

錢曾《讀書敏求記・總集》《大雅集》八卷。天台賴良善卿編輯一時名人詩，或人一篇，或人數篇，勒成一集，鐵崖道人名之曰「大雅」。首冠以序，刊于至正壬寅。席帽山人又爲後序，書于卷末。

《四庫提要・總集類三》《大雅集》八卷。編修汪如藻家藏本。元賴良編。良字善卿，天台人。是集皆録元末之詩，分古體四卷，近體四卷。前有至正辛丑楊維楨序，又有至正壬寅錢鼒序。末有王逢序，不署年月。維楨序稱「其所採皆吳越人之隱而不傳者」。序末良自識云：「良選詩至二千餘首，鐵崖先生所留者僅存三百。」鐵崖道人即維楨別號，是茲集乃良所裒輯，而維楨所删定，故每卷前署「維楨評點」字也。然觀集中止首卷前數篇有維楨評語，七言律詩中顧瑛和維楨《唐宮詞》十首，亦列評語於其下，餘無維楨一語。或傳寫不完，或但經維楨點定，中間偶評數首。良重其名，遂以評點歸維楨歟？顧嗣立選元詩三百家，衆作略備，然大抵有集者登選，雖稱零篇佚什各入癸集，而癸集實闕而未輯。此集所録，多嗣立之所未收，其去取亦頗精審。蓋維楨工於篇什，故鑒別終爲不苟。又每人之下，皆略注字號里貫，元末詩人無集行世者，亦頗賴以考見，固不失爲善本矣。

元方澗郭畀鄭銘劉壎詩

黃丕烈《蕘圃藏書題識・集類》《元方瀾郭畀鄭銘劉壎詩》共一册。舊鈔本。此方瀾、郭畀、鄭銘、劉壎四家，皆元人詩也。雖鈔甚草率，然爲曹倦圃藏書，故收之，重付裝潢，以見舊鈔之可珍爾。

元詩十人

錢謙益等《絳雲樓書目・金元文集類》《元詩十人》。貫雲石、龍從雲、盧亘、王士熙、鄭氏允端、鮮于樞、傅若金、薛漢、泰不華、字兼善，蒙古人。狀元。陸景龍。

宋岳忠武王廟詩

楊士奇等《文淵閣書目・詩詞》《宋岳忠武王廟詩》。一部，一册。闕。

運使復齋郭公敏行録

阮元《四庫未收書目提要・總集類》《編類運使復齋郭公敏行録》。無卷次，無撰人名氏。前有古侯黃文仲及三山林興祖兩序，疑出二人所編。按：郁有

《言行録》一卷，已鈔録。此特其宦游所至，與當日賢士大夫一時投贈之作。江西《饒州府志》稱郁知浮梁縣，聘吳仲迂爲後進師，士風丕變，政爲江南諸邑最。集中壽老致政嘉議郭公序，乃胡長孺汲仲作。按：鄭元祐《遂昌雜録》言：汲仲爲金華三胡先生之一，罷官後客杭，貧甚。以古文倡，人求記、碣、序、贊，稍不順理，雖百金不作也。又陶宗儀《輟耕録》載，汲仲特立獨行，剛介有守。趙松雪嘗爲羅司徒奉鈔百錠，爲先生潤筆，請作乃父墓銘。先生怒曰：「我豈爲宦官作墓銘邪？」是日先生正絶糧，其子以情白，坐上諸客咸勸受之，先生卻愈堅。汲仲耿介絶俗，而乃肯爲郁父作序，可以知郁之爲政矣。《饒州府志》又言：郁爲浮梁時，風謡云：「桃李陰陰六萬家，下車民不識州衙。甘棠喜有千年政，美玉終無一點瑕。」今集中有民謡十首，而《昌江百詠》祇存四十五首，不録此詩。當日之流風善政，遺佚不少。且一時之士與郁相贈答者，如仇遠、汪澤民、鄧文原，皆不輕與人周旋者，則郁之賢，益可知矣。

忠義集

《四庫提要・總集類三》 《忠義集》七卷。編修汪如藻家藏本。元趙景良編。初，南豐劉壎作《補史十忠詩》一卷，述宋末李芾、趙卯發、文天祥、陸秀夫、江萬里、密佑、李庭芝、陳文龍、張世傑、張珏之事，壎自爲序。其子麟瑞復取宋末節義之士，撰述遺事，賦五十律，題曰《昭忠逸詠》，凡四卷，亦自爲前後序。又有岳天祐者序之。景良合二集爲一編，又採宋末遺老諸作，續爲二卷，而併麟瑞詩四卷爲三，總名之曰《忠義集》。於時《宋史》未修，蓋藉詩以存史也。其書在元不甚著。明弘治中，江右何喬新始序而梓之。序言附録中有汪元量詩，然此本實無之，未詳其故。又方回背宋降元，爲世僇笑，其人最不足道。而景良列之忠義中，亦所未解也。壎有《隱居通議》，已著録。麟瑞號如村，至治中人。景良字秉善，二劉之鄉人也。

師友集

錢大昕《補元史藝文志・總集類》 張雨《師友集》。

長留天地間集

錢大昕《補元史藝文志・總集類》 王禮《長留天地間集》。

元上京紀行詩

楊士奇等《文淵閣書目・詩詞》 《元上京紀行詩》。一部，一册。闕。

梅花字字香

錢曾《讀書敏求記・總集》 郭豫亨《梅花字字香》二卷。

梅花百詠

《四庫提要・總集類三》 《梅花百詠》一卷。浙江巡撫採進本。元馮子振與釋明本倡和詩也。子振，字海粟，攸州人。官承事郎、集賢待制。明本，姓孫氏，號中峰，錢塘人。居吳山聖水寺。工於吟詠，與趙孟頫友善。子振方以文章名一世，意頗輕之。偶孟頫偕明本訪子振，子振出示《梅花百韻》詩。明本一覽，走筆和成。復出所作《九字梅花歌》以示子振，遂與定交。是編所載七言絶句一百首，即當時所立和者是也。後又附「春」字韻七律一百首，則僅有明本和章，而子振原倡已不可復見矣。《宋史・藝文志》載李祺《梅花百詠》一卷，久佚弗傳。又端平中，有張道洽者，作《梅花》詩三百餘首，今惟《瀛奎律髓》僅存數首。子振才思奔放，一題衍至百篇，往往能出奇制勝。而明本所和，亦頗琱鏤盡致，足以壁壘相當。今明本所著《中峰廣録》雖有傳本，而祇有偈、頌數十首，不載此詩。而子振著作，則惟《元文類》諸書略見一二，全集久佚無存。此集雖游戲之作，而半爪一鱗，猶可以窺見崖略。其詩別本，互有同異。《東閣梅》一首，中峰和章原闕，而別見於《韋德珪集》。國朝夏洪基爲之訂正校刊，頗有依據，今亦竝仍之焉。

詠史詩

黄虞稷《千頃堂書目·總集類》 徐見心《詠史詩》。蘭谿人。張樞爲序。

詠史詩

黄虞稷《千頃堂書目·總集類》 陳普《詠史詩》。

送張吴縣之官嘉定詩

錢大昕《補元史藝文志·總集類》 張經《送張吴縣之官嘉定詩》一卷。

送張府判詩

錢大昕《補元史藝文志·總集類》 張經《送張府判詩》一卷。

良常草堂圖詩

錢大昕《補元史藝文志·總集類》 《良常草堂圖詩》一卷。張經作。

賜杖詩

錢大昕《補元史藝文志·總集類》 《賜杖詩》三卷。至元二十九年，賜侍衛都指揮使王慶端雕玉杖，贈詩者五十餘篇。

先天觀詩

錢大昕《補元史藝文志·總集類》 《先天觀詩》一卷。程鉅夫等爲曾尊師貫翁題詠。

瀛海紀言

黄虞稷《千頃堂書目·總集類》 吕虚彝《瀛海紀言》十七卷。字與之。奉化人。黄冠與吴澂、危素交，嘗築大瀛海道院，因集一時名人贈答之作。

甘棠集

錢大昕《補元史藝文志·總集類》 《甘棠集》一卷。至元間浦江人爲縣宰廉阿作。

圭塘倡和集

《四庫提要·總集類三》 《圭塘欸乃集》二卷。浙江鮑士恭家藏本。元許有壬及其弟有孚、子楨倡和之詩也。有壬有《至正集》，已著録。是集乃至正八年有壬既致仕歸，乃以賜金，得康氏廢園於相城之西，鑿池其中，形如桓圭，因以「圭塘」爲名。日攜賓客，子弟觴詠其間，積成巨帙，其詩二百一十九首，樂府六十六首。中惟樂府十解爲其客馬熙所作，餘皆有壬、有孚及楨之作。既而楨如京師，以其本示馬熙。熙復取而盡和之，凡詩七十八首，詞八首，別題曰《圭塘補和》，附之於後。其詩雖多一時適興之什，不必盡刻意求工，而一門之中，父子兄弟，自相師友，其風流文雅之盛，猶有可以想見者焉。集前周伯琦序，後有段天祐等八跋，及趙桓、陸焕然題詩各一首，皆至正庚寅、辛卯、申辰、丙午諸年。惟末有洹濱一跋，不著名氏，稱「此集江湖友人躬録裝潢者。二十八年南歸展讀，外皆破碎，兵後所存惟此本，乃力疾補葺，遺我子孫」。後題「上章涒灘四月」。案「上章涒灘」爲庚申歲，乃明洪武之十三年。而丁文昇跋内亦有「從洹濱御史領歸鈔録」語，蓋洹濱乃有孚別號，而所謂「江湖友人」者，即文昇也。

草堂雅集

《四庫提要・總集類三》 《草堂雅集》十三卷。浙江巡撫採進本。元顧瑛編。瑛早擅文章，又愛通賓客，四方名士，無不延致於玉山草堂者。因仿段成式《漢上題襟集》例，編唱和之作爲此集。自陳基至釋自恢，凡七十人；又仿元好問《中州集》例，各爲小傳。亦有僅載字號里居，不及文章行誼者。蓋各據其實，不虛標榜，猶前輩篤實之遺也。其與瑛贈答者，即附録己作於後。其與他人贈答而其人非與瑛游者，所作可取，亦附録焉，皆低書四格以別之。蓋雖以《草堂雅集》爲名，實簡録其人平生之作。元季詩家，此數十人括其大凡；數十人之詩，此十餘卷具其梗槩，一代精華，略備於是，視《月泉吟社》惟賦《田園雜興》一題，惟限五、七言律一體者，賅備多矣。是書世罕傳本，王士禎《居易録》記朱彝尊於吴門醫士陸其清家僅一見之。此本紙墨猶爲舊鈔，疑或即陸氏本歟。

玉山紀游

《四庫提要・總集類三》 《玉山紀遊》一卷。浙江汪啓淑家藏本。元顧瑛紀遊倡和之作，明袁華爲類次成帙者也。所遊自崑山以外，如天平山、靈巖山、虎邱、西湖、吴江、錫山、上方山、觀音山，或有在數百里外者，總題曰「玉山」。游非一人，而瑛爲之主；游非一地，而往來聚會，悉歸玉山堂也。每遊必有詩，每詩必有小序，以志歲月。所與遊者，自華以外，爲會稽楊維楨、遂昌鄭元祐、吴興郯韶、沈明遠、南康于立、天台陳基、淮南張渥、嘉興瞿智、吴中周砥、釋良琦、崑山陸仁，皆一時風雅勝流。又有顧佐、馮郁、王濡之三人，里貫事迹皆未詳。然以其儕偶推之，定亦非俗士矣。所收不及《玉山名勝集》《草堂雅集》之富，而山水清音、琴樽佳興，一時文采風流，千載下尚如將見之也。華已入明，然其詩皆作於至正中。華編是集之時，亦尚在至正中，故不以編集之人爲斷，而以作詩之人爲斷，仍列諸元代焉。

玉山草堂集

黄虞稷《千頃堂書目・總集類》 顧阿瑛《玉山草堂集》八卷。

玉山餞別寄贈詩

倪燦等《補遼金元藝文志・總集類》 顧瑛《玉山餞別寄贈詩》一卷。

玉山倡和集

黄丕烈《蕘圃藏書題識・集類》 《玉山倡和集》一卷，附録一卷。鈔本。此《玉山倡和》《玉山遺什》二册，朱性甫家遺書也。爲《玉山名勝集》及《玉山璞藁》所未收。昔鮑丈渌飲曾以此本流落江南人家，未及刊刻爲恨。及渌飲殁，而此書始出，竟無人好事付梓。余借諸壽松堂蔣氏，蔣氏得諸濂溪坊顧氏。原書大半爲性甫手書，有印記可證。余既倩友影摹其文，又命内姪模圖記各種，而於字之偶誤者，手爲校之，命工重裝，而著其原委如此，傳之後世。又有一副本，不減中郎虎賁之似矣。乙亥秋七月二十一日復翁識。時吴枚菴在座，屬爲題簽并記。

贈言小集

《四庫提要・總集類存目一》《贈言小集》一卷。編修汪如藻家藏本。不著編輯者名氏。皆題畫之作。末有舊跋，稱：「元季詩文之盛，惟《玉山唱酬》諸家最稱風雅。《贈言》之集，昔寓金陵邵氏，見其藏本，爲帙頗多。甲申兵燹之後，遂不復覯。適從孫青選留心蒐祕，略備數種，惜僅十之二三」云云。考其詞意，殆指爲顧瑛《玉山草堂雅集》所佚。考《玉山草堂雅集》傳本甚多，不應云竟不復覯。且此集所收詩二十九首，詞一首，皆不見《玉山草堂雅集》中。不應與瑛贈荅之什，瑛自佚脱，轉待後人收之。又瑛但以詩名，其書僅朱珪《名蹟録》中載其自書墓誌，李日華《六研齋筆記》稱其「行楷楚楚，奄有洛神、畫贊風軌」。畫則從無片楮，而諸家收藏跋尾，亦無一字及之。此集忽競題其畫，已不相符；且瑛本崑山人，而秦約序中稱「雲間顧子」，皆不可解。考《畫史會要》，顧禄字謹中，松江人。官太常典簿。善雜畫，亦能鉤勒竹石。其人在元末明初，與顧瑛同時。殆當時贈禄之作，後人以瑛與同姓，而名爲較重，故移掇於瑛，復以僞跋實之耶？其序三首，皆題畫之作，非序此集，而亦移掇以冠卷，其僞益見矣。

月泉吟社

毛晉《汲古閣書跋》《月泉吟社》。至元丙戌、丁亥間，吴潛齋執牛耳，分雜興題，共得詩二千七百三十五卷，選中二百八十名。今兹集所載值六十名，凡四韻詩七十有四首，又附摘句三十有三聯。雖虬尾一握，然其與義熙人相爾汝，奇懷已足千秋矣。亟合《谷音》付梨，以公同好。客曰：「二集選調不倫，未云合璧。」予因借靖節句子作評云：「『君子死知己，提劍出燕京』，實獲伯原之隱；『相見無雜言，但道桑麻長』，非即潛翁借題石湖意耶？」答曰：「善。何不附於屈、陶集後，以供痛飲時一快云。」

錢謙益等《絳雲樓書目・詩總集類》《月泉吟社》。月泉吟社倣璅院試士之法，以《春日田園雜興》爲題。選中羅公福等二百八十名。主其事者浦陽吴渭，主考謝翱。其年至元二十四年也。

劉石唱和集

王圻《續文獻通考經籍考・詩集》《劉石唱和集》。括蒼劉氏曰：予至正十六年，以承省檄，與元帥石未公謀括寇，因爲詩相往來，遂以名集。

西湖竹枝詞

徐𤊹《徐氏家藏書目・總詩類》《元西湖竹枝詞》一卷。一馮夢禎，一林有麟。

錢大昕《補元史藝文志・總集類》《西湖竹枝詞》一卷。楊維禎等百二十人。

至正庚辛唱和

《四庫提要・總集類存目一》《庚辛唱和詩》一卷。兩淮鹽政採進本。元繆思恭等撰。乃至正庚子、辛丑間思恭等分韻唱和之作。庚子爲張士信亂後，辛丑則游景德寺作也。先後共詩二十八首，重見者二人，共二十六人。明郁嘉慶因考其爵里，爲《考世編》附於後。其名公手翰二十二條，則嘉慶以意附編，非原書所有。後朱彝尊亦嘗編訂是書，於每詩之前，人各爲傳，所述與《考世編》相出入。其跋云「舊本姓名之下，槩無爵里事蹟，特一一考而補之」，蓋未見嘉慶本也。中有王綸字昌言，槜李人，爲嘉興教授，見劉基集及邵復孺《懷友詩》注，而嘉慶與彝尊皆未之及，信乎考證之難矣。鮑恂字仲孚，彝尊作「字仲子」，以其名推之，蓋彝尊筆誤云。

澹游集

張金吾《愛日精廬藏書志・總集類》《澹游集》三卷。舊抄本。元釋來復編。

來復少有詩名，爲時所重。是編集所與游者，自名公卿大夫，洎山林韋布知名士，與夫道流釋子，凡往來酬贈之作，暨碑、銘、序、記等篇，都爲一編。「澹游」者，取「君子之交淡如水」也。集中所載諸人，多有《元詩選》未採者。每人下略述仕履，間及其所撰著，如哈剌玩《易齋集》《南游寓興集》，劉仁本《洞庭稿》《亦元集》，朱右《白雲巢集》，楊璲《灌園集》，張克仁《遺安稿》，燕敬《知昨集》等書，《補元史・藝文志》俱未載，知顧氏俠君、錢氏竹汀皆未見此書也。

三衢文會

錢大昕《補元史藝文志・總集類》 鄭元善《三衢文會》一卷。

繡川二妙集

錢大昕《補元史藝文志・總集類》 《繡川二妙集》。傅野，字景文。陳堯道，字景傳。俱義烏人。

桐江詩派

錢大昕《補元史藝文志・總集類》 李康《桐江詩派》。

玉山名勝集　外集

倪燦等《補遼金元藝文志・總集類》 顧阿瑛《玉山名勝集》八卷。

《四庫提要・總集類三》 《玉山名勝集》八卷，《外集》一卷。浙江鮑士恭家藏本。元顧瑛編。瑛有《玉山璞稿》，已著録。其所居池館之盛，甲於東南，一時勝流，多從之游宴。因裒其詩文爲此集，各以地名爲綱，曰玉山堂，曰玉山佳處，曰種玉亭，曰小蓬萊，曰碧梧翠竹堂，曰湖光山色樓，曰讀書舍，曰可詩齋，曰聽雪齋，曰白雲海，曰來龜軒，曰雪巢，曰春草池，曰緑波亭，曰絳雪亭，曰浣華館，曰柳塘春，曰漁莊，曰書畫舫，曰春暉樓，曰秋華亭，曰淡香亭，曰君子亭，曰釣月軒，曰拜石壇，曰寒翠所，曰芝雲堂，曰金粟影。每一地，各先載其題額之人，次載瑛所自作春題，而以序記詩詞之類，各分系其後。元季知名之士，列其間者十之八九。考宴集唱和之盛，始於金谷、蘭亭；園林題詠之多，肇於輞川、雲谿。其賓客之佳，文詞之富，則未有過於是集者。雖遭逢衰世，有託而逃，而文采風流，照映一世，數百年後，猶想見之。録存其書，亦千載藝林之佳話也。

静安八詠詩集

《四庫提要・總集類存目一》 《静安八詠詩集》一卷。浙江汪啓淑家藏本。元釋壽寧編。壽寧，字無爲，號一菴，上海人。居於邑西之静安寺。寺建於吴赤烏中，最稱古刹。名蹟有七：曰赤烏碑，曰陳檜，曰鰕子潭，曰講經臺，曰滬瀆壘，曰湧泉，曰蘆子渡。壽寧又手植檜竹桐柏，積十年而參天，自號曰緑雲洞，以續古蹟爲八，因作《静安八詠》，并彙諸家之作，請序於會稽楊維楨。維楨復各爲之評點。卷首有吴興錢鼒所作《事蹟述》一篇。後嘉靖中，邑人伊府紀善張抑及其兄參議紘重校刊之。末載紘《八詠詩》，蓋即其時所附入也。

宛陵羣英集

《四庫提要・總集類三》 《宛陵羣英集》十二卷。《永樂大典》本。元汪澤民、張師愚同編。澤民，字叔志，婺源人。延祐戊午進士。授承事郎，同知岳州路平江州事。歷南安、信州兩總管府推官。以母憂歸。服除，補平江路總管府推官，調濟南路兖州知州。至正三年，召爲國子司業，與修三史。書成，遷集賢直學士。尋以禮部尚書致仕，居宣城，自號堪老真逸。十五年，長槍賊陷寧國，被執不屈，罵賊死，年七十。贈江浙行中書省左丞，追封譙國郡公，謚文節。事蹟具《元史》本傳。師愚，字仲愚，寧國人，曾兩領延祐、天曆鄉薦，與澤民友善。《江南通志》稱其嘗撰

《梅堯臣年譜》,然《年譜》乃其弟師曾所撰,已別著録,以爲師愚者,誤也。是編蓋澤民晚居宣城時所輯。上自宋初,下迄元代,得詩一千三百九十三首,分古、今體,訂爲二十八卷。同里施璇爲鋟版以行。其後久佚不傳,故寧國、宣城二志「載籍門」内均不著其目。今核《永樂大典》各韻内所録此集之詩,共得七百四十六首,作者一百二十九人,視原本猶存十之五六。中如王圭等七十餘人,載於《宣城舊志・文苑傳》者,其遺篇往往藉此以見。又如梅鼎祚《宛雅》所録諸家佚句,以爲原詩散亡者,今其全什,亦多見集中。宋元著作,放失者多,此集雖僅一鄉之歌詠,亦可云文獻之徵矣。謹哀集校定,釐爲十二卷。凡其人之爵里事蹟有可考者,俱補注於姓名之下,不可考者闕之。其《永樂大典》原本失載人名,無可參補者,則仍分類附録於後,以待審訂焉。

秋浦類集

倪燦等《補遼金元藝文志・總集類》 施少愚《秋浦類集》。

武夷山詩集

《四庫提要・總集類存目一》 《武夷山詩集》二卷。兩淮鹽政採進本。不著編輯者名氏。前《總録》一篇,述山之得名及歷代興建、封號之事。後雜録詩二卷,皆遊人題詠之什。唐惟李商隱一首,餘皆宋、元人作也。前有後至元三年舊序云「萬年宮提舉張一村攜示」,似即一村所纂輯。其人無可考矣。

武陽耆舊詩宗

黃虞稷《千頃堂書目・總集類》 陳士元《武陽耆舊詩宗》一卷。邵武人。

勞山仙蹟詩

錢大昕《補元史藝文志・總集類》 《勞山仙蹟詩》一卷。邱處機等。

二妙集

黃虞稷《千頃堂書目・別集類・補金》 段古己、段成己《二妙集》八卷。河東人。克己,字復之,進士。成己,字誠之,亦舉進士。官宜陽簿。

錢曾《讀書敏求記・詩集》 段氏《二妙集》八卷。

《四庫提要・總集類三》 《二妙集》八卷。江蘇巡撫採進本。金段克己、段成己兄弟詩集也。克己,字復之,號遯菴。成己,字誠之,號菊軒。稷山人。克己金末嘗舉進士,入元不仕。成己登正大間進士,授宜陽主簿。元初,起爲平陽府儒學提舉,堅拒不赴。兄弟竝以節終。初,克己、成己均早以文章擅名,金尚書趙秉文嘗目之曰「二妙」,故其合編詩集即以爲名。泰定間,克己之孫輔官吏部侍郎,以示吴澄,始序而傳之。朱彝尊《曝書亭書目》於《二妙集》下乃題作「段鏞、段鐸撰」。考虞集所作《段氏世德碑》,鏞、鐸實克己、成己之五世祖。鐸官至防禦使,未嘗有集行世,彝尊蓋偶誤也。集凡詩六卷、樂府二卷,大抵骨力堅勁,意致蒼涼。值故都傾覆之餘,悵懷今昔,流露於不自知。吴澄序言其「有感於興亡之會,故陶之達、杜之憂,其詩兼而有之」,所評良允。房祺編《河汾諸老詩》八卷,皆金之遺民從元好問遊者,克己兄弟與焉。而好問編《中州集》,金源一代作者畢備,乃獨無二人之詩。蓋好問編《中州集》時,爲金哀宗天興二年癸巳,方遭逢離亂,留滯聊城,《自序》稱「據商衡百家詩,略及所記憶者録之」,必偶未得二人之作,是以不載。故又稱「嗣有所得,當以甲乙次第之」,非削而不録也。《河汾諸老詩集》所載,尚有克己《楸花詩》一首,成己《蘇氏承顔堂》等詩七首,皆不在此集中,疑當時所自刪削。又此集成己《冬夜無寐》一首、《中秋》二首、《雲中暮雨》一首,《河汾諸老詩集》皆題爲克己作。此集出自段氏家藏,編次必無舛錯,當屬房祺誤收。今姑各仍其舊,而特識其同異於此焉。

瞿鏞《鐵琴銅劍樓藏書目録・總集類》《段氏二妙集》五卷。舊鈔本。金段克己、成己兄弟詩合編。原書八卷，今存卷一至卷五。其書爲《中州集》失載。有吴澂序及虞集碑銘。

丁丙《善本書室藏書志・總集類》《二妙集》八卷。明鈔本。許周生藏書。金段克己、段成己兄弟詩集。趙秉文嘗目之曰「二妙」，集故以名。

鄭氏聯璧集

王圻《續文獻通考經籍考・集中》《鄭氏聯璧集》一十四卷。鄭思先曰：伯父杲齋，諱東，字季明，文百篇，古今詩四百八十首，先君曲全，諱采，字季亮，文三百篇，詩百篇，合寫成書，鋟梓以行。

黄虞稷《千頃堂書目・别集類・補元》鄭東、鄭采《連璧集》十四卷。東字季明，號杲齋；采字季亮，號曲全。温州平陽人。

麟溪集　别篇

《四庫提要・總集類存目一》《麟溪集》二十二卷，《别篇》二卷。編修勵守謙家藏本。明鄭太和編。太和，字順卿，浦江人。世所稱爲義門鄭氏者也。是集成於元至正十年，哀輯宋以來諸家題贈詩賦及碑誌、序記、題跋之類，爲表揚義門而作者，共爲一編。前十卷以十干紀卷，後十二卷以十二支紀卷。末爲《别篇》二卷，則續入者也。前有潘庭堅、程益二序，又有王褘後序。其曰《麟溪集》者，鄭氏所居在婺州東二十八里，地名麟溪故也。

吴氏天爵堂類編

黄虞稷《千頃堂書目・總集類》揭傒斯偏集《吴氏天爵堂類編》十卷。集鄱陽吴氏歷代制誥及士大夫賦頌。一作吴鑑。

彙萃魏國家集

黄虞稷《千頃堂書目・總集類》韓諤《彙萃魏國家集》十二卷。諤，宋韓琦裔孫。

義陽詩派

錢大昕《補元史藝文志・總集類》鄭滁孫《義陽詩派》。

東甌遺芳集

錢大昕《補元史藝文志・總集類》《東甌遺芳集》。止録趙氏數人。

樂府類編

錢大昕《補元史藝文志・總集類》吴萊《樂府類編》一百卷。

古樂府

高儒《百川書志・總集》《古樂府》十卷。元豫章左克明編次。唐虞三代以來逸詩，至六朝之言備矣。其爲類也八，爲編也八百八十有奇。

《四庫提要・總集類三》《古樂府》十卷。浙江汪啓淑家藏本。元左克明編。克明自稱豫章人，其始末未詳。《自序》題「至正丙戌」，則順帝時也。是書録古樂府詞，分爲八類：曰古歌謡，曰鼓吹曲，曰横吹曲，曰相和曲，曰清商曲，曰舞曲，曰琴曲，曰雜曲。《自序》謂：「冠以『古歌謡詞』者，貴其發乎自然；終以『雜曲』者，著其漸流於新聲。」又謂「風化日移，繁音日滋，懼乎此聲之不作也，故不自量度，推本三代而上，下止陳隋，截然獨以爲宗。雖獲罪世之君子，無所逃焉」云云。當元之季，楊維楨以工爲樂府，傾動一時。其體務造恢奇，無復舊格。克明此論，其爲維楨而發乎？考宋郭茂倩先有《樂府詩集》，所録止於唐末，極爲賅備。克明此集，似乎牀上之牀。然考李孝光刻《樂府詩集·序》，稱其書歲久將弗傳，至元六年，濟南彭叔儀始得本校刻。是郭書刊版之時，僅在克明成書前六年。其版又在濟南，距江西頗遠。則編此集時，當未必見郭書，非相蹈襲。且郭書務窮其流，故所收頗濫，如薛道衡《昔昔鹽》凡二十句，唐趙嘏每句賦詩一首，此殆如春官程試，摘句命題，本無關於樂府，乃列之薛詩之後，未免不倫。此集務溯其源，故所重在於古題古詞，而變體擬作，則去取頗慎，其用意亦迥不同也。每類各有小序，核其詞氣，確爲克明自作。其題下夾注，則多摭《樂府詩集》之文。「紫玉歌」條下，竝明標「樂府詩集」字。今考其「臨高臺」條下引劉履《風雅翼》之説，尚與克明相去不遠。至「紫騮馬」條下引馮惟訥《詩紀》之説，則嘉靖中書，元人何自見之？其由明人重刻，臆爲竄入明矣。又馮舒校《玉臺新詠》，於《焦仲卿妻》詩「守節情不移」句下注曰：「案活本、楊本此句下有『賤妾留空房，相見常日稀』二句，檢郭、左二樂府，竝無之」。今考此本，乃已有此二句，知正文亦爲重刻所改，不止私增其解題矣。然元刻今未之見，無由互校刊除，姑仍明刻録之，而附訂其謬如右。

賦

元賦

楊士奇等《文淵閣書目·文集》 《元賦》。一部，一册。闕。

古賦辨體

楊士奇等《文淵閣書目·文集》 《古賦辨體》。一部，一册。闕。

范邦甸等《天一閣書目·雜著類》 《古賦辨體》十卷。刊本。宋祝堯撰。明成化二年錢溥敘云：「宋有祝堯君澤，信之佐溪人。嘗取漢、晉以來古賦，辨其體，復取騷、辭、文、操、歌、行等作有合於賦體者，爲外録。凡十卷。傳久脱誤，淮陽金君宗潤守信得原集於君澤家，命工復刻。」

徐𤊹《徐氏家藏書目·總集類》 《古賦辨體》十卷。

黄虞稷《千頃堂書目·騷賦類》 祝君澤《古賦辨體》十卷。

倪燦等《宋史藝文志補·騷賦類》 祝君澤《古賦辨體》十卷。

《四庫提要·總集類三》 《古賦辨體》八卷，《外集》二卷。江蘇巡撫採進本。

元祝堯編。《江西通志》載：「堯，上饒人。延祐五年進士。爲江山尹，後遷無錫州同知。」《廣信府志》載「堯，字君澤」，與此本所題同；惟云「官萍鄉州同知」，與《江西通志》異。其書自《楚詞》以下，凡兩漢、三國、六朝、唐、宋諸賦，每朝録取數篇，以辨其體格，凡八卷。其《外集》二卷，則擬騷、琴操、歌等篇，爲賦家流別者也。採摭頗爲賅備。其論司馬相如《子虚》《上林賦》，謂「問荅之體，其源出自《卜居》《漁父》，宋玉輩述之，至漢而盛。首尾是文，中閒是賦。世傳既久，變而又變。其中間之賦以鋪張爲靡，而專於詞者，則流爲齊、梁、唐初之俳體。其首尾之文以議論爲便，而專於理者，則流爲唐末及宋之文體」，於正變源流，亦言之最確。何焯《義門讀書記》嘗譏其論潘岳《藉田賦》，分別賦、頌之非，引馬融《廣成頌》爲證，謂古人賦、頌，通爲一名。然文體屢變，支派遂分，猶之姓出一源，而氏殊百族。既云「辨體」，勢不得合而一之。焯之所言，雖有典據，但追溯本始，知其同出異名可矣，必謂堯強主分別即爲杜撰，是亦非通方之論也。

錢大昕《補元史藝文志·騷賦類》 祝堯《古賦辨體》八卷，又《外集》二卷。

古賦準繩

王圻《續文獻通考經籍考·類書》 《古賦準繩》十卷。虞廷碩編輯。

黄虞稷《千頃堂書目·騷賦類》 虞廷碩《古賦準繩》十卷。

倪燦等《補遼金元藝文志·騷賦類》 虞廷碩《古賦準繩》十卷。

錢大昕《補元史藝文志·騷賦類》 虞廷碩《古賦準繩》十卷。字君輔，建安人。

麗則遺音古賦程式

黃虞稷《千頃堂書目・騷賦類》 楊維楨《麗則遺音古賦程式》三卷。

黃丕烈《蕘圃藏書題識再續録・集類》 《新刊麗則遺音古賦程式》四卷。元刻鈔配本。 往從香嚴周丈借觀《麗則遺音》，歎爲精妙絶倫。首鈐毛氏父子印記，是即《汲古閣珍藏祕本書目》中所載最精元板《麗則遺音》也。雖寶愛之至，而影寫殊難，僅登其書於余所著《所見古書録・附録》中，家實未有其書也。既而玄妙觀前骨董鋪劉希聲持殘本僅存三四卷來示余，余喜甚。喜半部之鈔補易爲力，而卷中有「黃氏珍藏」印識，是家陶菴先生故物，因急收之。復從周氏借本傳録，于周本儲藏之印、標題之籤，無不影摹逼肖，而字體之一筆一畫，纖悉無訛，又不待言矣。惟傳録時方旁評點不盡摹入，蓋非所急也。此書之得，已越四五年，其中影摹傳録，皆藉家中親友下榻荒齋者乘暇爲之，不限時日，故至今始克裝成。丁丑春朝蕘翁記。元刊十七番，鈔補二十三番。

楚漢正聲

黃虞稷《千頃堂書目・總集類》 吴萊《楚漢正聲》二卷。

倪燦等《補遼金元藝文志・總集類》 吴萊《楚漢正聲》二卷。

錢大昕《補元史藝文志・騷賦類》 吴萊《楚漢正聲》二卷。集宋玉、司馬相如、揚雄、柳宗元四家賦。

皇朝古賦

黃虞稷《千頃堂書目・騷賦類》 郝經《皇朝古賦》一卷。

倪燦等《補遼金元藝文志・騷賦類》 〔元〕郝經《皇朝古賦》一卷。

錢大昕《補元史藝文志・騷賦類》 郝經《皇朝古賦》一卷。

元賦青雲梯

黃虞稷《千頃堂書目・騷賦類》 《元賦青雲梯》三卷。

倪燦等《補遼金元藝文志・騷賦類》 《元賦青雲梯》三卷。不知撰人。

錢大昕《補元史藝文志・科舉類》 《元賦青雲梯》三卷。

阮元《四庫未收書目提要・總集類》 《元賦青雲梯》三卷。無編纂姓氏。從元人墨跡影寫。上卷録賦三十六篇，中卷録賦三十九篇，下卷録賦三十六篇，凡一百十一篇。蓋當時試應之士，選録以作程式者。其中黃溍《太極圖賦》、羅曾《石鼓賦》、孟泌《淩煙閣賦》、鄒選《金馬門賦》、蒲紹簡《登瀛州賦》、莊文昭《蒲輪車賦》、高明《大成樂賦》、謝一魯、孔澮、范琮《荆山璞賦》、尹貫道《靈臺賦》、祝堯《手植檜賦》、歐陽玄、陳泰《天馬賦》、邵公任《暘谷賦》、彭士奇《泰堦六符賦》、周鏜《大別山賦》、沈幹《浙江賦》、曾煒《玉燭賦》、方回孫《無逸圖賦》、方君玉《龍虎榜賦》、劉性《石渠閣賦》、王沂《辟雍賦》等二十三篇，已載《欽定賦彙》中。其未妥者尚八十餘篇，又《賦彙》載曹師孔《靈臺賦》逸句，此有全文，皆可補其闕也。

文

天下同文

楊士奇等《文淵閣書目・文集》 《天下同文》。一部，一册。闕。

黃虞稷《千頃堂書目・總集類》 周南瑞《天下同文》五十卷。元初廣陵人。

倪燦等《補遼金元藝文志・總集類》 周南瑞《天下同文》五十卷。今佚六卷。廣陵人。

《四庫提要・總集類三》 《天下同文集》四十四卷。兩淮馬裕家藏本。元周南瑞撰。南瑞始末未詳。考吴澄《支言集》，有《贈周南瑞序》，稱「安成周南瑞敬修，扁『濂溪』二字於室，或者議之」。又稱「敬修之文詞，固已早冠於鄉儒之上，自濂溪視之，則陋也。盍暫舍其所已學，而勉其所未學」云云。當即其人也。澄序多不滿之詞，至稱其「欲爲濂溪後人，當知其門户略徑」，是明以「冒稱周子之裔」誚之。其人蓋好趨附高名者。觀其目録末標「隨有所傳録，陸續刊行」九字，其體例與今時廣陋坊本無異，可以槩見也。卷首有劉將孫一序，亦潦倒淺陋，似乎依託。然其所載，頗有蘇天爵《文類》所未收，而足資當日典故者。如《元史》崔彧上寶璽事，見於《成宗本紀》及彧本傳，未詳得璽月日。是集所載崔彧《獻璽書文》，知爲至元三十一年正月三十日。又《成宗本紀》元貞元年三月乙巳朔，安南世子陳日燇遣使上表，并獻方物。而《安南國傳》則紀其事於至元三十一年五月之下，與本紀互異。今考是集所載《安南國王賀成宗登極表》，末云「元貞元年三月初一日」，知列傳爲誤書。皆可以旁資考證。其他文亦多有可觀者。其中十七卷、十八卷、三十一卷、三十四卷、三十五卷、四十一卷竝闕。蓋麻沙舊式，分卷破碎，傳鈔易於佚脱。今既無别本校補，亦姑仍原本録之，以存其真焉。

錢大昕《補元史藝文志·總集類》 周南瑞《天下同文》五十卷。安成人。

古文韻選

錢大昕《補元史藝文志·總集類》 吴福孫《古文韻選》。

古今文典

王圻《續文獻通考經籍考·類書》 《古今文典》。魯真集。

文章旨要

黄虞稷《千頃堂書目·總集類》 馮翼翁《文章旨要》八卷。

倪燦等《補遼金元藝文志·總集類》 馮翼翁《文章旨要》八卷。

青白一隅

黄虞稷《千頃堂書目·總集類》 《青白一隅》十卷。不知撰人。。

倪燦等《補遼金元藝文志·總集類》 《青白一隅》十卷。

古文規鑑

黄虞稷《千頃堂書目·總集類》 《古文規鑒》一百卷。

倪燦等《補遼金元藝文志·總集類》 《古文規鑒》一百卷。

元文類

王圻《續文獻通考經籍考·類書》 《文類》七十卷。真定蘇天爵著。

楊士奇等《文淵閣書目·文集》 《元國朝文類》。一部，三十三册。完全。

高儒《百川書志·總集》 《國朝文類》七十卷。元趙郡都事蘇伯修撰次本朝之作，積二十年而成。有元百年文物之英，盡在是矣。

范邦甸等《天一閣書目·總集》 《元文類》七十卷。刊本。元蘇天爵編集。

錢謙益等《絳雲樓書目·文集總類》 《元文類》七十卷。蘇天爵。南雍有元板。《水東日記》中言「至正初，浙省元本大字本，有陳旅序」。此本則有書坊自增《考亭書院記》《建陽縣江源復一堂記》，并《高昌偰氏家傳》云：「明劉欽謨嘗輯《明文文選》《文鑒》二書。」

黄虞稷《千頃堂書目·總集類》 蘇天爵《國朝文類》七十卷。

倪燦等《補遼金元藝文志·總集類》 元蘇天爵《國朝文類》七十卷。

《四庫提要·總集類三》 《元文類》七十卷，《目録》三卷。副都御史黄登賢家藏本。元蘇天爵編。

彭元瑞等《天禄琳琅書目後編·明版集部》 《元文類》二函，十二册。元蘇天爵撰。天爵，字伯修，真定人。官江淮行省参政，《元史》有傳。書七十卷，凡賦、騷一卷，樂章、四言詩一卷，五言古詩一卷，樂府歌行一卷，七言古詩、雜言雜體一卷，五七言律詩二卷，五七言絶句一卷，詔赦一卷，册文一卷，制二卷，奏議三卷，表、牋、箴、銘二卷，頌、贊一卷，碑文八卷，記五卷，序五卷，書一卷，説、題跋二卷，雜著六卷，策問、啓、上梁文二卷，祝文、祭文、哀辭、謚議一卷，行狀二卷，墓誌四卷，墓碣一卷，墓表一卷，神道碑十二卷，傳二卷。前有元統二年王理、陳旅二序，後有王守誠跋。

錢大昕《補元史藝文志・總集類》 蘇天爵《國朝文類》七十卷。

張金吾《愛日精廬藏書志・總集類》 《國朝文類》七十卷。元刊本。玉蘭堂藏書。元蘇天爵編。

張之洞《書目答問・總集》 《元文類》七十卷，目録三卷。元蘇天爵編。明晉藩刻本。又明修德堂本《文粹》《文鑑》《文類》三種。明張溥皆有删削刻本。

義門鄭氏三先生文集

張萱等《内閣藏書目録・集部》 《義門鄭氏三先生文集》三册。全。元金華鄭濤鄭淑鄭淵著。

中州文表

錢謙益等《絳雲樓書目・金元文集類》 《中州文表》。

中州啓牘

楊士奇等《文淵閣書目・類書》 《中州啓牘》。一部，一册。闕。

黄虞稷《千頃堂書目・總集類》 吴弘道《中州啓牘》四卷。

錢大昕《補元史藝文志・總集類》 吴宏道《中州啓牘》四卷。字仁卿，蒲陰人。

黄丕烈《蕘圃藏書題識・集類》 《中州啓劄》四卷。舊鈔本。

張金吾《愛日精廬藏書志・總集類》 《中州啓劄》四卷。影寫元刊本。元吴宏道編。《四庫全書存目》所載係從《永樂大典》録出者，此則原本也。

尺牘

黄虞稷《千頃堂書目・總集類》 韓謂《尺牘》一卷。

倪燦等《補遼金元藝文志・總集類》 韓謂《尺牘》一卷。

錢大昕《補元史藝文志・總集類》 《尺牘》一卷。韓琦裔孫謂編。

尺牘法言

楊士奇等《文淵閣書目・類書》 《尺牘法言》。一部，一册。闕。

尺牘筌蹄

楊士奇等《文淵閣書目・類書》 《尺牘筌蹄》。一部，一册。闕。

《四庫提要・總集類存目一》 《尺牘筌蹄》三卷。《永樂大典》本。元陳桱編。

手簡捷徑

楊士奇等《文淵閣書目・類書》 《手簡捷徑》。一部，一册。闕。

答策祕訣

錢大昕《補元史藝文志・科舉類》 曾堅《答策祕訣》一卷。

策準

黃虞稷《千頃堂書目・制舉類》 陸可淵《策準》三卷。

倪燦等《補遼金元藝文志・制舉類》 陸可淵《策準》三卷。

錢大昕《補元史藝文志・科舉類》 陸可淵《策準》三卷。

策選

黃丕烈《蕘圃藏書題識・集類》 《策選》□卷。此《策選》的係元人録本。余向得刑統賦疏，筆墨紙質與此正同。去歲估人持此示余，索重直，未之售。今仍攜來，價稍貶矣，因收之。取究，爲原鈔也。檢錢辛楣《補元史・藝文志》「科舉類」有《至正辛巳復科經文》，兹書所録皆策文，又首有至正辛巳之序，殆即是歟？然「復科經文」不知何解，是書合否，究未悉也。道光三年癸未端陽前一日蕘夫記。

論範

黃虞稷《千頃堂書目・制舉類》 歐陽起鳴《論範》六卷。

倪燦等《補遼金元藝文志・制舉類》 歐陽起鳴《論範》六卷。

錢大昕《補元史藝文志・科舉類》 歐陽起鳴《論範》六卷。

名公書判清明集

錢大昕《補元史藝文志・總集類》 《名公書判清明集》十七卷。

新編三教四六心香

錢大昕《補元史藝文志・總集類》 《新編三教四六心香》。

四六矜式

楊士奇等《文淵閣書目・類書》 《四六矜式》。一部，一册。闕。

四六錦繡

楊士奇等《文淵閣書目・類書》 《四六錦繡》。一部，一册。闕。

集英四六

楊士奇等《文淵閣書目・類書》 《集英四六》。一部，二册。闕。

易主意

錢大昕《補元史藝文志・科舉類》 涂溍生《易主意》一卷。字自昭，宜黃人。濂溪書院山長。

易義矜式

黃虞稷《千頃堂書目・制舉類》 涂溍生《易義矜式》。

倪燦等《宋史藝文志補・制舉類》　涂溍生《易義矜式》。

倪燦等《補遼金元藝文志・制舉類》　元涂溍生《易義矜式》。

錢大昕《補元史藝文志・科舉類》　涂溍生《易義矜式》。

周易疑擬題

黄虞稷《千頃堂書目・制舉類》　涂溍生《周易疑擬題》三卷。宜黄人。

倪燦等《宋史藝文志補・制舉類》　徐溍生《周易擬題》三卷。字行可。建安人。

倪燦等《補遼金元藝文志・制舉類》　《周易疑擬題》三卷。宜黄人。

錢大昕《補元史藝文志・科舉類》　涂溍生《易疑擬題》三卷。

書義主意

錢大昕《補元史藝文志・科舉類》　王充耘《書義主意》六卷。

書義矜式

黄虞稷《千頃堂書目・制舉類》　王充耘《書義矜式》。

倪燦等《補遼金元藝文志・制舉類》　王充耘《書義矜式》。

錢大昕《補元史藝文志・科舉類》　王充耘《書義矜式》六卷。

書義斷法

倪燦等《補遼金元藝文志・制舉類》　陳悦道《書義斷法》六卷。

錢大昕《補元史藝文志・科舉類》　陳悦道《書義斷法》六卷。

尚書作義要訣

黄虞稷《千頃堂書目・制舉類》　倪士毅《尚書作義要訣》四卷。

倪燦等《補遼金元藝文志・制舉類》　倪士毅《尚書作義要訣》四卷。

錢大昕《補元史藝文志・科舉類》　倪士毅《尚書作義要訣》四卷。

詩義矜式

黄虞稷《千頃堂書目・制舉類》　林泉生《詩義矜式》十卷。

倪燦等《補遼金元藝文志・制舉類》　林泉生《詩義矜式》十卷。

錢大昕《補元史藝文志・科舉類》　林泉生《詩義矜式》十卷。

詩義斷法

錢大昕《補元史藝文志・科舉類》　謝叔孫《詩義斷法》五卷。

春秋經疑問對

錢大昕《補元史藝文志・科舉類》　黄復祖《春秋經疑問對》二卷。字仲篪。廬陵人。

春秋合題著説

錢大昕《補元史藝文志・科舉類》　楊維禎《春秋合題著説》一卷。

科舉天階

錢大昕《補元史藝文志·科舉類》 陳繹曾《科舉天階》。

江浙延祐首科程文

錢大昕《補元史藝文志·科舉類》 《江浙延祐首科程文》。

大科三場文選

錢大昕《補元史藝文志·科舉類》 《大科三場文選》。安成周旉輯。

歷舉三場文選

錢大昕《補元史藝文志·科舉類》 《歷舉三場文選》。五經各八卷。安成劉仁、劉霽、劉霖等編。

至正辛巳復科經文

錢大昕《補元史藝文志·科舉類》 《至正辛巳復科經文》。

啓蒙宏綱

楊士奇等《文淵閣書目·類書》 《啓蒙宏綱》。一部，二册。完全。

翰墨全書

錢謙益等《絳雲樓書目·文集總類》 《翰墨全書》。一百三十三卷。進士劉應李著，熊勿軒序。大德元年。葉文莊嘗言此書考據不精，以彭思永爲明道母舅，見《水東日記》第五卷。

于敏中等《天禄琳琅書目·元版集部》 《新編事文類聚翰墨全書》。十函，八十册。

錢大昕《補元史藝文志·總集類》 劉應李《事文類聚翰墨大全》十二卷。選録應酬文。

事文類聚啓劄青錢

黄虞稷《千頃堂書目·總集類》 《事文類聚啓劄青錢》十卷。

倪燦等《宋史藝文志補·總集類》 《事文類聚啓劄青錢》十卷。

自得齋類編

錢大昕《補元史藝文志·總集類》 高德進《自得齋類編》。

元人小集

丁丙《善本書室藏書志·總集類》 《元人小集》十二卷。舊鈔本。不著編輯姓名，中録吴興郯韶九成《苕溪漁唱》一卷，檇李吴鎮仲圭《梅花庵稿》一卷，天臺柯九思敬仲《丹丘生稿》一卷，崑山姚文奐子章《野航亭稿》一卷，京口郭畀天錫《快雪齋小集》一卷，鄧文原善之《巴西詩集》一卷，漁陽鮮于樞伯機《因學齋稿》一卷，莆陽方瀾叔淵《遺稿》一卷，吴郡陳植叔方寧《極齋稿》一卷，天臺曹文晦輝伯《新山稿》一卷，黄巖潘伯修省中《江檻集》一卷，昭武黄清老子肅《樵川集》一卷。鈔本書法秀逸，頗可觀覽。

明代分部

詩文

文選增定

高儒《百川書志・集部總集》《文選增定》二十二卷。不著姓氏。蓋國朝書坊倣太子《文選》，去其事類，削其注釋。卷以詩賦爲首，人以秦、漢居先，載作者之幾何，粹定如貫珠，使初學易觀，人才易辨也。

范邦甸等《天一閣書目・總集類》《文選增定》三十二卷。刊本。卷面有「裕谷」二字圖章。明嘉靖建陽縣重刊。又《文選增定》二十三卷。刊本。

黄虞稷《千頃堂書目・總集類》 李夢陽《文選增定》二十二卷。

《明史・藝文志・總集類》 李夢陽《古文選增定》二十二卷。

廣文選

范邦甸等《天一閣書目・總集類》《廣文選》六十卷。刊本。

黄虞稷《千頃堂書目・總集類》 劉節《廣文選》八十二卷。

《明史・藝文志・總集類》 劉節《廣文選》八十二卷。

《四庫提要・總集類存目二》《廣文選》六十卷。副都御史黄登賢家藏本。舊本題明劉節編。

廣廣文選

徐𤊹《徐氏家藏書目・總集類》《廣廣文選》二十四卷。周應治。

黄虞稷《千頃堂書目・總集類》 周應治《廣廣文選》二十三卷。

《四庫提要・總集類存目三》《廣廣文選》二十三卷。副都御史黄登賢家藏本。明周應治編。應治有《霞外麈談》，已著録。嘉靖中，劉節嘗編《廣文選》，此又拾節之遺，故曰《廣廣文選》，猶之《反離騷》後有《反反離騷》、《非國語》後有《非非國語》也。其舛漏踳駁，與節書亦魯、衛之政。甚至《松柏歌》題曰「齊王建」，是併「共建住者客耶」一句亦未觀也。《越絶書序》題「周吴平」，如據《論衡》及書末題詞，則平爲後漢人，亦不得謂之周；如以爲周人書，則當曰子貢、子胥，不得謂之吴平也，則其他可不問矣。

選詩

高儒《百川書志・總集》《選詩》三卷。集昭明太子所選，以世代序次之。

范邦甸等《天一閣書目・總集類》《選詩》三册。刊本。明嘉靖西蜀丹崖劉士元序稱：「少華許子集昭明太子統選詩凡若干首，别爲三册，將入梓，乃有山東之擢，屬丹崖子成之。」

選詩外編

高儒《百川書志・總集》《選詩外編》九卷。皇明翰林成都楊慎用修集梁太子所遺詩及所未及選者。是編起漢迄梁，選之棄餘；北朝陳隋，選所未及者。凡二百餘首。

范邦甸等《天一閣書目・總集類》《選詩外編》九卷。刊本。卷首有「天一閣」、「古司馬氏」二圖章。明楊慎編。凡二百若干首。

王圻《續文獻通考經籍考・詩集》《選詩外編》。

徐𤊹《徐氏家藏書目・總集類》《選詩外編》九卷。

黄虞稷《千頃堂書目・總集類》楊慎《選詩外編》九卷。

《明史・藝文志・總集類》楊慎《選詩外編》九卷。

選詩拾遺

范邦甸等《天一閣書目・總集類》《選詩拾遺》六卷。刊本。明嘉靖成都楊慎編次并序。

黄虞稷《千頃堂書目・總集類》楊慎《選詩拾遺》。

選詩約注

黄虞稷《千頃堂書目・總集類》馮惟訥《選詩約注》。

選詩約注

《四庫提要・總集類存目一》《選詩約注》十二卷。内府藏本。明林兆珂撰。兆珂有《詩經多識編》，已著録。是編取《昭明文選》所録諸詩，重爲編次，以時代先後爲序。其訓釋文義，較舊注稍爲簡約，亦無考證發明。

文選纂注　續文選纂注

范邦甸等《天一閣書目・總集類》《文選纂注》十二卷。刊本。明萬曆吴郡張鳳翼撰，萬曆壬午余碧泉刊行。

徐𤊹《徐氏家藏書目・總集類》《文選纂注》三十卷。張鳳翼。《續文選纂注》。陳仁。

黄虞稷《千頃堂書目・總集類》張鳳翼《文選纂注》十二卷。

《明史・藝文志・總集類》《續補文選纂注》十二卷。

《四庫提要・總集類存目一》《文選纂注》十二卷。江蘇巡撫採進本。明張鳳翼撰。鳳翼有《夢占類考》，已著録。是書雜採諸家詮釋《文選》之説，故曰「纂注」。然所引多不著所出。大詮釋義理，可以融會羣言；至於考證舊文，豈可不明依據？言各有當，不得以《朱子集傳》《集注》藉口也。其論《神女賦》「王」字譌「玉」，「玉」字譌「王」，蓋採姚寬《西溪叢語》之説，極爲精審。其注無名氏古詩，以「東城高且長」與「燕趙多佳人」分爲兩篇，十九首遂成二十。不知陸機擬作，文義可尋，未免太自用矣。

文選刪注

范邦甸等《天一閣書目・總集類》《文選刪注》十二卷。刊本。新城王象乾刪訂，卷首備列各原序。

于敏中等《天禄琳琅書目・宋版集部》《文選注》。二函十二册。明王象乾刪定。十二卷。前蕭統序，次呂延祚《進五臣集注文選表》，次李善《上文選注表》，次《文選姓氏》。此書版式，將六臣之注或列之上方，或列於行右，其音釋則於下方列之，不以注間。本文亦取便於記誦者也。王象乾，字子廓，山東新城人。舉隆慶五年進士，授聞喜知縣，遷兵部主事。歷郎中，出爲保定知府，累官至兵部尚書，加少師，兼太子太師，總督宣大山西軍務。以衰病乞歸，卒贈太師。具見《明史》本傳。象乾自擢宣府巡撫以後，皆任邊疆重寄，年八十三，猶馳驅戎馬間。此書標題下結銜爲保定知府，蓋惟其時尚有餘閒，游心翰墨也。

文選尤

《四庫提要・總集類存目一》《文選尤》十四卷。内府藏本。明鄒思明編。思明，字見吾，歸安人，始末未詳。前有韓敬序，其私印已稱「庚戌會狀兩元」，則萬曆後人也。其書取《文選》舊本，臆爲刪削，以三色版印之。《凡例》謂「總評分脈則用朱，細評探意則用緑，釋音義、解文詞則用墨」云。

文選章句

徐𤊹《徐氏家藏書目・總集類》《文選章句》二十八卷。唐李善注，明陳與郊章句。

黄虞稷《千頃堂書目・總集類》陳與郊《文選章句》二十八卷。

《四庫提要・總集類存目一》《文選章句》二十八卷。内府藏本。明陳與郊編。與郊有《檀弓集注》，已著録。此書以坊刻《文選》顛倒棼亂，每以李善所注竄入五臣注中，因重爲釐正，汰其重複，斥五臣而獨存善注。凡善所録舊注，如《楚辭》之王逸、《兩京賦》之薛綜、《詠懷詩》之顔延之、沈約，皆仍存之。亦時時正其舛誤，較閔齊華、張鳳翼諸本差爲勝之。然點竄古人，增附已説，究不出明人積習，不如存其原本之愈也。

文選後集

黄虞稷《千頃堂書目・總集類》郭正域《文選後集》五卷。

文選集注

黄虞稷《千頃堂書目・總集類》張所望《文選集注》。

文選瀹注

黄虞稷《千頃堂書目・總集類》閔齊華《文選瀹注》三十卷。字赤如，烏程人，天啓中貢士，沙河知縣。

《四庫提要・總集類存目一》《文選瀹注》三十卷。内府藏本。明閔齊華編。齊華，烏程人。崇禎中，以歲貢任沙河縣知縣。是書以六臣注本删削舊文，分繫於各段之下；復採孫鑛評語，列於上格。蓋以批點制藝之法，施之於古人著作也。

續文選

范邦甸等《天一閣書目・總集類》《續文選》三十二卷，刊本。明平原湯紹祖公孟氏撰，并序稱：「《文選》之成于梁昭明太子也，致士二五，積年三十，其代自晉、宋、齊、梁而上，其人谿屈、宋、賈、馬以還，包舉藝文，兼綜史傳，信文圃之特秀、選部之最都也。余束髪臨文，雅有兹志。時復網羅衆籍，蒐獵羣言，取例往編，甄擷今選，遠自昭明以後，近自不佞以前，格稍肖似，即爲收采。若其人與昭明同日，則懼爲所棄；及與不佞並世，則未見其止。洎夫五代局于促運，宋、元淪于卑習，併文太纖靡，詩涉近體，以非本旨，並從删黜。集成，總計三十二卷，名曰《續文選》。」

錢謙益等《絳雲樓書目・文集總類》《續文選》。

黄虞稷《千頃堂書目・總集類》湯紹祖《續文選》二十七卷。

《明史・藝文志・總集類》湯紹祖《續文選》二十七卷。

《四庫提要・總集類存目三》《續文選》三十二卷。浙江汪啓淑家藏本。明湯紹祖編。紹祖字公孟，海鹽人。

續文選

黄虞稷《千頃堂書目・總集類》胡震亨《續文選》十四卷。

《明史・藝文志・總集類》胡震亨《續文選》十四卷。

合評選詩

《四庫提要・總集類存目三》《合評選詩》七卷。内府藏本。明凌濛初編。濛初有《聖門傳詩嫡冢》，已著録。是編全録《文選》諸詩，而雜採各家評語，附於上方，以朱、墨版印之。所採惟鍾、譚爲多，圈點則一依郭正域本，其宗旨可以槩見也。

韓文杜律

《四庫提要・總集類存目三》 《韓文杜律》二卷。内府藏本。明郭正域編。正域有《批點考工記》，已著録。是編選録韓愈文一卷、杜甫七言律詩一卷，各爲之評點，大抵明末猖狂之論。如謂《佛骨表》不知佛理之類，多不足與辨。所評杜詩，欲矯「七子」摹擬之弊，遂動以肥濁爲詬病。是公安之驂乘，而竟陵之先鞭也。

文

文章類選

黄虞稷《千頃堂書目・總集類》 慶靖王㮵凝真子《文章類選》四十卷。洪武三十一年自序。

《四庫提要・總集類存目一》 《文章類選》四十卷。安徽巡撫採進本。不著編輯者名氏。前有洪武三十一年凝真子序，并慶府圖章。以史考之，蓋慶王㮵也。爲太祖第十六子，好學有文。洪武二十六年就藩寧夏，三十年始建邸。是書刊於三十一年，則在建邸後矣。序稱「暇日會諸儒，將昔人所集《文選》《文粹》《文鑑》《翰墨全書》《事文類聚》諸書所載之文，類而選之，分五十八體」，然標目冗碎，義例舛陋，不可枚舉。如同一奏議也，而分之爲論諫，爲封事，爲疏，爲奏，爲彈事，爲劄。詩不入選，而曲操、樂章仍分二類。又如序事類載《左傳》《隱桓本末》《鄭莊公叔段本末》及《子産從政》，凡三篇，而《戰國策・范雎見秦王》反刊於前，顛倒失次，其甄綜之無識，又槩可知矣。

續文類

黄虞稷《千頃堂書目・總集類》 鄭淵《續文類》五十卷。一作七十卷。字仲涵，浦江義門處士，宋濂謚之曰「貞孝」。

古文正原

黄虞稷《千頃堂書目・總集類》 趙友同《古文正原》十五卷。采孟子、韓、歐陽三家之文。

名賢文粹

黄虞稷《千頃堂書目・總集類》 瞿佑《名賢文粹》。

古今詩文資蒙

黄虞稷《千頃堂書目・總集類》 劉安《古今詩文資蒙》六卷。字元静，開封人，永樂癸卯舉人，官陝西提學副使。

文章辨體　外集

《四庫提要・總集類存目一》 《文章辨體》五十卷，《外集》五卷。江蘇巡撫採進本。明吴訥編。訥有《祥刑要覽》，已著録。是編採輯前代至明初詩文，分體編録，各爲之説。《内集》凡四十九體，大旨以真德秀《文章正宗》爲藍本。《外集》凡五體，則皆駢偶之詞也。程敏政作《明文衡》，特録其敘録諸體，蓋意頗重之。陸深《溪山餘話》亦稱《文章辨體》一書號爲精博，自真文忠《文章正宗》以後，未有能過之者。今觀所論，大抵剽掇舊文，罕能考核源委，即文體亦未能甚辨。如《内集》純爲古體矣，然如陸機《文賦》、謝惠連《雪賦》、謝莊《月賦》，已純爲駢體，但不隔句對耳。至駱賓王《討武曌檄》純爲四六，而列之《内集》。又孔稚圭《北山移文》，亦附之古賦，是皆何説也。《古樂府》備列吴聲歌曲、西曲歌、江南曲諸體，淫詞艷語，竝登簡牘，而獨斥律詩爲變體，非耳食歟。《外集》收及詞曲，已爲泛濫，而以王維《渭城曲》、劉禹錫《竹枝詞》、白居易《楊柳枝詞》綴於簡末，謂之附録。夫《渭城曲》本題爲《送元二使安西》，當時伶人採以入樂耳。遽刪之於絶句之外，已爲憒憒，且唐歌曲乃宋、元詞曲之先聲，反附録於宋、元人後，直本末倒置矣。其餘去取，亦漫無別裁，不過取盈卷帙耳，不足尚也。

文苑羣玉

黄虞稷《千頃堂書目・總集類》 何喬新《文苑羣玉》。

文翰類選大成

黄虞稷《千頃堂書目・總集類》 李伯璵《文翰類選大成》一百六十二卷。字君美，上海人。宣德丙午舉人，爲淮府長史，與伴讀馮厚奉王諭編輯。

《四庫提要・總集類存目二》 《文翰類選大成》一百六十三卷。兩淮馬裕家藏本。明李伯璵、馮原同編。伯璵，上海人，官淮王府長史。原，慈谿人，官淮王府紀善。是書即奉淮王之命作也。前有淮王序，自稱「西江頤仙」。案《明史》，仁宗子淮靖王瞻墺，以永樂二十二年封，宣德四年就藩饒州。瞻墺子康王祁銓以正統十一年嗣封。此書作於成化、弘治間，則所稱「頤仙」者，即祁銓也。其書總録前代及明人詩，分體編次。每體之中，各以時代爲次，採掇頗詳。然愛博而無所持擇，往往乖誤。如以梁劉琨爲晉劉琨，以班婕妤詩爲《漢宫怨》，以阮籍《詠懷》爲《詠歌》，以宋楊傑爲「不知爵里」，皆疎舛之甚者。至於李白詩中收入李赤詩，又以吴隱之爲唐人，與李義山同編，尤爲顛舛。

彭元瑞等《天禄琳琅書目後編・明版集部》 《文翰類選大成》，八函，六十四册。明李伯璵、馮厚同編。伯璵，上海人，官淮府長史。厚，慈谿人，官淮府紀善。書一百六十三卷，凡賦六卷，樂章二卷，樂府五卷，琴操四卷，詩六十八卷，歌五卷，行四卷，辭三卷，引一卷，曲二卷，吟一卷，騷二卷，雜體二卷，頌、銘、箴、贊文各一卷，記四卷，序三卷，書四卷，論三卷，諫、奏各一卷，疏二卷，封事、狀、議、解、説、辨、原、詔、赦、制、誥、敕、檄、册、謚各一卷，表二卷，牋、啓、策、對問、連珠、露布、敘事、傳各一卷，碑碣二卷，行狀、墓誌、墓表、哀挽、弔祭、誄詞、調、題跋各一卷，雜著二卷。伯璵、厚以淮王命輯是書，前有成化八年序，署「西江頤仙」。考《明史・諸王傳》，仁宗第七子瞻墺封淮王，國江西饒州。正統十一年，子康王祈銓嗣，即頤仙也。又嘉靖丙午淮藩坦仙序傳載，嘉靖十六年，憲王厚燾嗣。丙午爲嘉靖二十五年，坦仙即厚燾，校刊是書。

古文雅録

范邦甸等《天一閣書目・總集類》 《古文雅録》四卷。刊本。明鄉進士知汝州崔錦，賜進士州同知章美中校選。

古文集成

黄虞稷《千頃堂書目・總集類》 祝萃《古文集成》。

古文類選

黄虞稷《千頃堂書目・總集類》 王啓《古文類選》。黄巖人，官刑部右侍郎，以大獄免歸。

文端

黃虞稷《千頃堂書目·總集類》 顧璘《文端》二卷。

古文會選

范邦甸等《天一閣書目·總集類》 《古文會選》二十卷。刊本。明弘治己未謝朝宣選。

《明史·藝文志·總集類》 謝朝宣《古文會選》三十卷。

古文會編

高儒《百川書志·總集》 《古文會編》十二卷。明御史蒲田王希武編。以諸家選本不一，難於檢閱，希武稍加增損，士林便之。

快園詩文彙選

黃虞稷《千頃堂書目·總集類》 徐霖《快園詩文彙選》。

古雋

《明史·藝文志·總集類》 楊慎《古雋》八卷。

《四庫提要·總集類存目二》 《古雋》八卷。浙江巡撫採進本。明楊慎撰。雜採周、秦、漢諸子之文，惟末數篇爲孔融、阮瑀、應瑒諸人雜文。每篇各立標目，不甚分類，亦不甚敘時代。蓋隨手鈔記之本，後人取而刻之耳。前有王象乾《楊太史別集序》，稱「慎遺書自詩文以外，約七十餘種。懼有湮没，檄取其家，得《餘冬序録》《古今謡諺》《詞品》《謝華啓秀》《韻寶古雋》各種。合爲一集，付之梓」云云。則此其所刻之一種，而冠以七種之序也。

羣書麗句

錢謙益等《絳雲樓書目·文集總類》 《羣書麗句》。楊升菴纂。

市隱園文紀

黃虞稷《千頃堂書目·總集類》 鄭若庸《市隱園文紀》三卷。

會心編

范邦甸等《天一閣書目·總集類》 《會心編》六卷。刊本。明南昌涂相輯，姑蘇顧璘序。

學約古文

高儒《百川書志·總集》 《學約古文》三卷。皇明上谷岳倫、二檀楊撫增損，信陽何景明選集。

范邦甸等《天一閣書目·總集類》 《學約古文》三卷。刊本。明楊撫定、岳倫輯，谷繼宗校。

古文集

高儒《百川書志・總集》 《古文集》四卷。皇明提學副使信陽何景明仲默選。次周、秦而下文之精華八十八篇。

范邦甸等《天一閣書目・總集類》 《古文集》四卷。刊本。明提學副使信陽何景明選，撫民副使安陽張士隆校，嘉興知府晉安鄭鋼刊，浙江參政莆田洪珠序。

彤管新編

黄虞稷《千頃堂書目・總集類》 酈琥《彤管新編》二十卷。

《四庫提要・總集類存目二》 《彤管新編》八卷。兩淮馬裕家藏本。明張之象編。之象有《太史史例》，已著録。是編以世所傳《彤管集》篇帙未備，更爲輯補。自周迄元，凡詩歌、銘頌、辭賦、贊誄六百五十四首，《璇璣圖》一篇，序誡、書記、奏疏、表三十三首。采掇頗富。而譌舛亦復不少。

古文集要

范邦甸等《天一閣書目・總集類》 《古文集要》三卷。刊本。明嘉靖辛卯雲南按察僉事督學新都王閣輯，序稱：「《古文集要》者，爲滇士也。滇去中州遠甚，所謂文章名家，或求之而不得，或得之而無資。于是采輯前古，得八十三篇，出示教授蘇子前民，鋟梓成書，給諸學士。余惟不欲棄滇士于中州之外，此斯集所由成也。」

古文類選

范邦甸等《天一閣書目・總集類》 《古文類選》十六卷。刊本。明王三省編并序，嘉靖丙申呂調音序後。

古文短篇

范邦甸等《天一閣書目・總集類》 《古文短篇》一卷。明清江敖英編并序。

文　編

《四庫提要・總集類四》 《文編》六十四卷。江蘇巡撫採進本。明唐順之編。順之有《左編》，已著録。是集取由周迄宋之文，分體排纂。陳元素《序》稱「以真德秀《文章正宗》爲稿本」，然德秀書主於論理，而此書主於論文，宗旨迥異，元素説似未確也。其中如以莊、韓、孫子諸篇入之論中，爲強立名目；又不録《史記》《漢書》列傳，而獨取《後漢書・黄憲傳》冠諸傳之上，進退亦多失據。蓋彙收太廣，義例太多，踳駮往往不免。然順之深於古文，能心知其得失。凡所別擇，具有精意。觀其自序云：「不能無文，即不能無法。是編者文之工匠，而法之至也。」其平日又嘗謂：「漢以前之文未嘗無法，而未嘗有法，法寓於無法之中，故其爲法也密而不可窺；唐與宋之文不能無法，而能毫釐不失乎法，以有法爲法，故其爲法也嚴而不可犯。」其言皆妙解文理。故是編所録雖皆習誦之文，而標舉脈絡，批導窾會，使後人得以窺見開闔順逆、經緯錯綜之妙。而神明變化，以蘄至於古。學秦漢者當於唐宋求門徑，學唐宋者固當以此編爲門徑矣。自正、嘉之後，北地、信陽聲價，奔走一世；太倉、歷下，流派彌長。而日久論定，言古文者終以順之及歸有光、王慎中三家爲歸，豈非以學七子者畫虎不成反類狗，學三家者刻鵠不成尚類鶩耶？閻若璩《潛邱劄記》有《與戴唐器書》，述宋實穎之言曰：「荊川才大如海，評書有詳有略。惟《文編》出陳元素者，非其原本。」又稱「兩本舍下俱有，他日呈寄，自知之」云云。今世所行，惟此一本，其爲原本、陳本，不復可考。要其大旨，固皆出於順之也。

古文選正

范邦甸等《天一閣書目・總集類》 《古文選正》八卷。刊本。明楊美益編。自序稱:「歲乙卯,奉命巡視陝西茶馬,駐漢中。政暇,進諸生而校之。郡介萬山中,士生其間,或病于力之不給,或慨于籍之不傳。因取篋中所攜古文數集,商諸憲副孫君銓。孫君欣然采輯,上下于春秋逮宋二千餘年間,惟其言之不背于義,而可爲吾道羽翼者録之,名之曰《古文選正》。進漢中守李君懿,而鋟諸府治,以與諸士共云。」孫銓序後。

古文類鈔

范邦甸等《天一閣書目・總集類》 《古文類鈔》十二卷。刊本。明林次崖編次批點。

《明史・藝文志・總集類》 林希元《古文類鈔》二十卷。

文章指南

《四庫提要・總集類存目二》 《文章指南》五卷。兩淮馬裕家藏本。 舊本題明歸有光編。有光有《易經淵旨》,已著録。是書前有舊序,稱「原無書名。有光登第後,授其同年南海知縣詹仰庇,仰庇以授其友黃鳴岐。鳴岐校而刻之,爲題此名」,然此實鈔本,非其原刻。凡分六十六則,由《左傳》以下迄於明,録文百十八篇。每則,每篇皆有評説,而以《總論看文字法》冠於卷端。閒雜以駢體,如《北山移文》《歸去來兮辭》之類。蓋鄉塾教授之本,殊不類有光之所爲。考舊本《震川集》末有其族孫泓跋語,稱有光選韓、柳文,有刻本,爲俗人攙改,非復原書。又王懋竑《白田雜著》有《跋歸震川史記》一篇,稱所見武陵胡氏、桐城張氏諸本迥乎不同,且稱「有光文集爲其後人删改,至見夢於坊人翁某。況此點次本子獨存其家,豈無所增損改易」云云,是有光手定之書,尚且全非其舊,則此晚出選本不足爲信,更不待深詰矣。

三史文類

黃虞稷《千頃堂書目・總集類》 趙文華《三史文類》五卷。

古文大全

高儒《百川書志・總集》 《古文大全》二十二卷。不知著人。與《精粹》少異。自戰國至我朝,所載八十四人之作,每篇俱有注釋。

文　統

黃虞稷《千頃堂書目・總集類》 王逢年《文統》一百卷。字舜華,崑山人。

《明史・藝文志・總集類》 王逢年《文統》一百卷。

文體明辨

《明史・藝文志・總集類》 徐師曾《文體明辨》八十四卷。正録六十卷,附録二十四卷。

《四庫提要・總集類存目二》 《文體明辨》八十四卷。兩江總督採進本。 明徐師曾撰。師曾有《古文周易演義》,已著録。是編凡綱領一卷,詩文六十一卷,目録六卷,附録十四卷,附録目録二卷。蓋取明初吳訥之《文章辨體》而損益之。訥書内編僅分體五十四,外編僅分體五。前代文格,約略已備。師曾欲以繁富勝之,乃廣正集之目爲一百有一,廣附録之目爲二十有六。首以古歌謡詞，皆漢以前作，真僞不辨。而以李賀一詩參其間，豈東京而後，祇此一詩追古耶？次四言詩，以分章者爲正體，以不分章者爲變體。次楚辭，分古賦之祖、文賦之祖、摹擬楚辭三例。次賦，分古賦、俳賦、文賦、律賦四例，又有正體而閒出於俳、變體流於文賦之漸二變例。次樂府，全竊郭茂倩書，而稍益以《宋史・樂志》，其不選者，亦附存其目。次詩，取《文選》門，類稍增之，所録止於晚唐，宋以後無一字。次詔誥諸文，皆分古體、俗體二例。次爲書表諸表，則古體之外，添唐體、宋體。碑則正體、變體之外，又增一別體，甚至墓誌以銘之字數分體。其餘亦莫不忽分忽合，忽彼忽此，或標類於題前，或標類於題下，千條萬緒，無復體例可求，所謂治絲而棼者歟？

經世宏辭

《四庫提要・總集類存目二》《經世宏辭》十五卷。浙江巡撫採進本。明沈一貫編。一貫有《易學》，已著録。一貫曾以吏部侍郎加太子賓客假歸，復特起，教習庶吉士，因檢列朝館課諸作，自詔疏以迄詩賦，分類選録，名曰《增定館課》。就正於大學士王錫爵，遂以《經世宏辭》題其端，且爲序，而刊行之。其中搜採極富，而所收多課試之作，不足以盡一代之文獻。王守仁、李夢陽、楊繼盛等皆未官翰林，而竝録其章疏數十篇，亦爲自亂其例也。

中原文獻

《四庫提要・總集類存目三》《中原文獻》二十四卷。兩江總督採進本。舊本題明焦竑編。竑有《易筌》，已著録。是書分經集六卷、史集六卷、子集七卷、文集四卷，末附《通考》一卷。其《自序》云「一切典故無當於制科者，槩置弗録」，識見已陋；至首列「六經」，妄爲删改，以爲「全書難窮，衹揭大要」，其謬更甚。竑雖耽於禪學，敢爲異論，然在明人中尚屬賅博，何至顛舛如是，殆書賈所僞託也。

古文輯選

《四庫提要・總集類存目三》《古文輯選》六卷。内府藏本。明馮從吾編。從吾有《元儒考略》，已著録。是編所録古文，自春秋、秦、漢以迄宋、元，僅百餘篇，自謂皆至精者。然其大旨以近講學者爲主，不足盡文章之變也。

匯古菁華

黄虞稷《千頃堂書目・總集類》 褚鐵《匯古菁華》二十四卷。

《明史・藝文志・總集類》 褚鈇《匯古菁華》二十四卷。

歷代文選

黄虞稷《千頃堂書目・總集類》 姚翼《歷代文選》五十卷。歸安人，號海厓。官廣濟知縣。

歷代文選

范邦甸等《天一閣書目・總集類》《歷代文選》十四卷。刊本。明浙江按察提督學副吴郡范惟一選并自序，嘉靖辛酉凌雲翼序。

歷代文紀

彭元瑞等《天禄琳琅書目後編・明版集部》《歷代文紀》。十六函，一百六十册。明梅鼎祚撰。鼎祚，字禹金，宣城人，國子監生。有《鹿裘石室集》。凡《皇霸文紀》十三卷，有崇正己巳陳繼儒序；《西漢文紀》二十四卷；《東漢文紀》三十二卷，有崇正癸酉陳泰來序；《魏文紀》十八卷；《吳文紀》四卷，《蜀漢文紀》二卷；《西晉文紀》二十卷；《宋文紀》十八卷，有崇正丁丑張煊序、張溥序。按：鼎祚作此書，意以配馮惟訥《詩紀》。然以文較詩，纂輯較爲不易。鼎祚以一諸生，竭數十年之心力爲之。至其子士都，易産行書友朋佽助，陸續附之剞劂。故傳本卷帙參差不一，《四庫全書》所載尚有《南齊文紀》十卷、《梁文紀》十四卷、《陳文紀》八卷、《北齊文紀》三卷、《後周文紀》八卷、《隋文紀》八卷，爲此本所無。而此本之魏、蜀、吳三編二十四卷，亦《全書》所未載。至北魏一代，兩本俱闕，鼎祚當日曾否有書，已未付刻，併無可考據矣。要之是書畫代爲斷，各自成書，非可以闕佚例。且刻成即已盛行，隨時所得，先後不同故也。至鼎祚別纂《釋文紀》四十五卷，名雖相沿，更不應闌入此書矣。泰興季氏藏本。

張之洞《書目答問·總集》 《文紀》一百五十九卷。明梅鼎祚編。原刻本。皇霸、西漢、東漢、三國、西晉、宋、南齊、梁、陳、北齊、後周、隋、釋、三國文紀。亦有刻本，《四庫》未收。

集古文英

《四庫提要·總集類存目三》 《集古文英》八卷。江蘇巡撫採進本。明顧祖武編。祖武，字爾繩，號鑪塘，無錫人。是書裒集古文、賦、表、奏疏之類。其師錢鍾義序曰：「湘離之《騷》，非不油然忠愛，而聱牙沈晦之詞，非應時制科所急，將別册另存。至如古詩歌行、選律近體、李、杜、高、王、岑、孟諸賢，誠可繼『三百篇』遺響，而佔畢之士，猶當舍旃」云云。是此書特爲場屋而作，可無庸深論矣。

文苑春秋

王圻《續文獻通考經籍考·總集》 《文苑春秋》四卷。崔文敏著。

黄虞稷《千頃堂書目·總集類》 崔銑《文苑春秋》四卷。

《四庫提要·總集類存目二》 《文苑春秋》四卷。山東巡撫採進本。明崔銑編。銑有《讀易餘言》，已著録。是集所録，起漢高帝《入關告諭》，迄明太祖《諭中原檄》，凡一百篇。各仿《毛詩》小序之體，篇首綴以數言，而別無詮釋。大旨謂「非關世教人心者不録」，故名曰《春秋》，亦《文章正宗》之屋下屋也。

文章正論　緒論

范邦甸等《天一閣書目·總集類》 《文章正論》二十卷。刊本。明萬曆東萊劉祐選。序稱：「是集輯成，題其端曰《文章正論》，蓋竊附于《易》之『養正』、《詩》之『無邪』、《春秋》之『大居正』云爾也。閎詞鉅筆，素爲博士家所歆艷。而理有未純，于世教無補者，置諸附録，曰《緒論》。會吾鄉徐侍御雅意崇古，今按治淮揚，將闡揚理道，以鼓率羣吏。爰付剞劂氏，以爲風教之助。」徐圖校，亦有序。

《四庫提要·總集類存目二》 《文章正論》十五卷《緒論》五卷。内府藏本。明劉祐編。祐，萊州人。嘉靖癸丑進士，官至大同巡撫。是書録歷代古文，自《左傳》訖於元季。以足垂法戒者爲《正論》，以詞勝而理未足者爲《緒論》。自序擬諸真德秀《文章正宗》、崔銑《文苑春秋》，其持論未嘗不正，然以李密《陳情表》列諸《緒論》，義頗未安。又以宋人「五經」之序升諸《左》《國》之前，亦涉標榜之習。德秀姑無論，恐尚未能逮銑也。

檄餘録

張萱等《内閣藏書目録·總集部》 《檄餘録》六册。全。隆慶間楊巍選輯《文選》、唐詩、《史記》及宋文佳者爲六卷。巍防兵固原時爲之，故曰「檄餘」。

玉屑文

張萱等《内閣藏書目録·雜部》 《玉屑文》三册，不全。莫詳姓氏。

名世文宗

徐𤊹《徐氏家藏書目・總集類》《名世文宗》二十卷。

《明史・藝文志・總集類》胡時化《名世文宗》三十卷。

古文崇正

徐𤊹《徐氏家藏書目・總集類》《古文崇正》十二卷。

萃簡文編

黃虞稷《千頃堂書目・總集類》伍袁《萃簡文編》二卷。

鉅文

《四庫提要・總集類存目三》《鉅文》十二卷。安徽巡撫採進本。舊本題明屠隆撰。是集雜選經傳及古文詞，分宏放、悲壯、奇古、閒適、莊嚴、綺麗六門，僅八十篇。以《考工記》《檀弓》諸聖賢經典之文，與稗官小説如《柳毅傳》《飛燕外傳》等雜然並選，殊爲謬誕，疑亦坊賈託名也。

皇霸文紀

《四庫提要・總集類四》《皇霸文紀》十三卷。浙江巡撫採進本。明梅鼎祚編。鼎祚輯陳、隋以前之文，編爲《文紀》，以配馮惟訥《詩紀》。此編上起古初，下迄於秦，故曰《皇霸文紀》，乃其書之第一集也。洪荒以降，書契莫詳，事尚無徵，況其文字。傳於後者，非漢代緯書之依託，即戰國諸子之寓言，一槩裒存，遂不免一真百僞。至《集古録》《博古圖》《考古圖》所列諸銘，名姓時代，半屬臆求；點畫偏旁，多緣附會。劉、楊異釋，薛、鄭殊音，而確定爲某商、某周，編之簡牘，實爲失於闕疑。甚至《[illegible]磬銘》六十三字，惟録篆文，尤乖體例。他如《穆天子傳》《詩序》之類，本各自爲書，亦登文集，則録所不當録；屈原楚詞，惟載三篇，則删所不當删。何致之僞《岣嶁碑》、楊慎之僞《石鼓文》，並出近代，漫無考證。「大横庚庚」之兆，且以漢文誤入之，皆輯録之疏，不可據爲典要。然網羅繁富，周秦以前之作，莫備於斯。蕪雜之中，菁英不乏，陸機所謂「雖榛楛之勿翦，亦蒙茸於集翠」者也，故病其濫，而終取其博焉。

萬文一統

范邦甸等《天一閣書目・總集類》《萬文一統》內、外集二十二卷。刊本。明李廷機九我氏撰，并序稱：「少時雅好史傳、百子氏言，恨簡袠浩煩，汗漫無紀。爲之删其煩蕪，存其精要，存西京而上者什六七，西京而下者什二三。又慮其意致各殊，體裁亦異，復爲之分門別彙。有一家自爲一彙者，檀、左記傳類是也；有一家分爲異彙者，賈、董書策類是也。凡二十二卷。友人謂余宜公之，因題而授之梓。」

古文雋

徐𤊹《徐氏家藏書目・總集類》《古文雋》□卷。趙允昌刻。

古文世編

徐𤊹《徐氏家藏書目・總集類》《古文世編》一百卷又《古文世編》一百卷。西吳潘士達選。

《明史・藝文志・總集類》潘士達《古文世編》一百卷。

古文品外録

黃虞稷《千頃堂書目・總集類》 陳繼儒《古文品外録》二十四卷。

《四庫提要・總集類存目三》 《古文品外録》十二卷。江蘇巡撫採進本。 明陳繼儒編。繼儒有《邵康節外紀》，已著録。是書選自秦漢迄宋元之文。大抵沿公安、竟陵之波，務求詭雋，故以「品外」爲名，然實皆習見之文也。去取亦多乖刺，如《楚辭》僅取《天問》一篇，是何別裁乎？

古文讀

范邦甸等《天一閣書目・總集類》 《古文讀》八卷。刊本。 明竟陵鍾惺伯敬氏評，宛陵劉光啓東明氏集并序，金沙周銓簡臣氏定并序。首卷《周禮》《家語》《檀弓》《左傳》，二卷《國語》《公羊傳》《穀梁傳》《戰國策》《楚辭》、先秦文，三卷《莊子》《列子》《荀子》《孫子》《管子》《淮南子》、西漢文，四卷《史記》《漢書》，五卷《後漢書》、後漢文、季漢文、魏文、西晉文、東晉文、六朝文，六卷、七卷唐文、宋文。

崇正文選

黃虞稷《千頃堂書目・總集類》 施策《崇正文選》十二卷。

文壇列俎

黃虞稷《千頃堂書目・總集類》 汪昌朝《文壇列俎》十卷。字廷訥。

《四庫提要・總集類存目三》 《文壇列俎》十卷。内府藏本。 明汪廷訥編。廷訥，字昌期，號無我，新都人。其書分十類。一曰經翼，二曰治資，三曰鑒林，四曰史摘，五曰清尚，六曰摛藻，七曰博趣，八曰別教，九曰賦則，十曰詩槩。所録上及周、秦，下迄明代。如無名氏之《雕傳》、佛家之《心經》，俱載入之，特爲冗雜。其詩槩部序曰：「六朝以上去四言，無四言也。於唐去五言古，無五言古也。」知爲依附太倉、歷下者矣。

古文瀾編　古文續編

黃虞稷《千頃堂書目・總集類》 王志堅《古文瀾編》二十卷。又《古文續編》三十卷。字聞脩，崑山人。萬曆庚戌進士，官湖廣提學副使。

《明史・藝文志・總集類》 王志堅《古文瀾編》二十卷，《續編》三十卷。

古文瀆編

《四庫提要・總集類存目三》 《古文瀆編》二十三卷。通行本。 明王志堅撰。志堅有《讀史商語》，已著録。是編乃其督學湖廣時所選唐宋八家古文。凡諸集中稍涉俳偶者皆不採録，以志堅別有《四六法海》一書，登載駢體故也。其曰「瀆編」者，取劉熙《釋名》「瀆者，獨也」，獨出其所而注於海之義。蓋以八家爲正派，餘爲支流，故所選歷代之文，別名「瀾編」云。

古文奇賞　續奇賞　三續奇賞　四續奇賞　明文奇賞

《四庫提要・總集類存目三》 《古文奇賞》二十二卷，《續奇賞》三十四卷，《三續奇賞》二十六卷，《明文奇賞》四十卷。通行本。 明陳仁錫編。仁錫有《繫詞十篇書》，已著録。是書初集，自屈平《離騷》至南宋文天祥、王炎午，依時代編次。前有萬曆戊午自序，謂「折衷往古，有一代大作手，有一代持世之文，有一代榮世之文」。其目録内即以此三者，或標注人名之下，或標注篇題之旁。而於漢文中，又各分類標題，或以人爲類，則分天子、侯王、郡守相、皇太子、藩國、將帥、邊塞、學者；或以事爲類，則分應制、薦舉、彈駁、乞休、理財、議禮、災異、籌邊、議律、頌冤、治河、策士、奏記。其最異者，又別立「一代超絶學者」、「一代超絶才子」之目。自漢以後，又改此例，仍以時代爲序，體例殊爲龐雜。其《續集》序稱「文章有殺生而無奇正。殺生奇也，奇外無正。文，兵也。兵，禮也。始《武經》，繼《戴禮》，終《文苑英華》以此。蓋武事之不張，由文心之不足」云云。其議論紕繆，編次亦甚不倫。其《三續》則題曰《廣文苑英華》，序稱「舊有《古文類》一書，盈數百卷，大率倣《英華》而廣之。偶得之故家，各從其類，删成一書」，分類尤爲瑣碎。其《明文奇賞》自宋濂、楊維楨以至陳勳、王衡，凡一百八十餘人，去取亦多未審。蓋務博而不精，好分流品而無緒，悉不免冗雜之失云。

文儷

黄虞稷《千頃堂書目・總集類》 陳翼飛《文儷》十八卷。一作六十卷。

《四庫提要・總集類存目三》 《文儷》十四卷。浙江巡撫採進本。明陳翼飛編。翼飛有《慧閣詩》，已著録。是書所録，自漢及唐，皆以駢儷爲主，略依《文選》之例。惟不載詩，與《文選》稍異耳。

古文奇略

范邦甸等《天一閣書目・總集類》 《古文奇略》十三卷。錢唐陳宗器家珍氏選。序稱「取漢、晉、唐、宋之文而簡閲之，得其所爲感慨淋漓，與夫經術淹通者一千有奇，名之曰《奇略》」。

古逸書

黄虞稷《千頃堂書目・總集類》 潘基慶《古逸書》三十卷。字良耜，烏程人，萬曆戊午貢士。

《四庫提要・總集類存目三》 《古逸書》三十卷。原任工部侍郎李友棠家藏本。明潘基慶編。基慶，字良耜，松江人。萬曆戊午貢生。是集名爲「逸書」，而實皆習見，如《陰符》《素問》《逸周書》《山海經》之類，已爲不倫。甚至《周禮・考工記》、《爾雅》「釋地」、「釋天」，列在學官，亦稱「古逸」，不亦傎乎？其分神、妙、奥、閎、麗、特、纖、希、迅、奇、幻、疏、夷、逸、蒨、恣十六品，每品又各分内、外，隨意標目，尤爲無所取義。

古文國瑋集

黄虞稷《千頃堂書目・總集類》 方岳貢《古文國瑋集》五十二卷。字禹修，穀城人，天啓壬戌進士，由户部主事歷東閣大學士。

《四庫提要・總集類存目三》 《國瑋集》六十一卷。通行本。明方岳貢編。岳貢，字禹修，穀城人。天啓壬戌進士，官至東閣大學士。事蹟具《明史》本傳。是編乃其官松江府知府時所刻，故徐孚遠、李雯、陳子龍、宋徵璧共爲校讎，而張采爲之序，皆松江人也。據其《凡例》，蓋所録自秦、漢以迄南宋，即《公羊》《穀梁》二傳及陸賈《新語》、賈誼《新書》、桓寛《鹽鐵論》諸子書，班、范以下諸史贊，亦皆摘鈔。而此本僅有唐文二十八卷、宋文三十三卷，殆刊刻未全之本，或有所散佚歟？

古文五删

黄虞稷《千頃堂書目・總集類》 張溥《古文五删》五十二卷。

古文正集二編

《四庫提要・總集類存目三》 《古文正集二編》。無卷數。兩江總督採進本。舊本題葛鼐、葛鼒評輯。楊廷樞、顧絪二序及鼒自爲序，言皆不及鼐，文中評語亦止載「鼒」字。蓋鼐爲鼒兄，附名其間，實則鼒作也。鼒字端調，吴縣人，崇禎庚午舉人。是書題曰「二編」，當已先有初編，此爲續集。所録凡二十二家，曰顔真卿，曰陸贄，曰李德裕，曰杜牧，曰韓琦，曰范仲淹，曰司馬光，曰范純仁，曰鄒浩，曰二程子，曰李覯，曰張耒，曰黄庭堅，曰楊時，曰王十朋，曰朱子，曰陸九淵，曰陳亮，曰真德秀，曰文天祥，曰劉因，曰虞集。每人各以小傳冠集前。所録猶採自本集，差勝村書之裨販。然去取皆漫無持擇，其蕪雜亦相去無幾耳。

文致

《四庫提要・總集類存目三》《文致》。無卷數。内府藏本。明劉士鏻編。士鏻，杭州人，崇禎辛未進士。是集輯漢、魏、六朝以至明人所著，通爲一書。不分卷數，但别爲十有七門。詮次頗傷蕪雜，無所取裁。

古文精選

高儒《百川書志・總集》《古文精選》一册。皇明人精選八家，四十八篇。

軍機處奏《禁毀書目》《晚村八家古文精選》八本。《查晚村八家古文精選》係吕留良所撰，應請銷燬。

回瀾文鑑

范邦甸等《天一閣書目・總集類》《回瀾文鑑》四十卷。藍絲闌鈔本。缺首六卷，序文、目録俱佚。

評注八代文宗

《四庫提要・總集類存目三》《評注八代文宗》八卷。内府藏本。舊本題明袁黄編。黄有《皇都水利》，已著録。是編取《文選》中之近於舉業者，掇拾成書，有全删者，有節取數段者。舛謬百出，不能縷舉，在坊刻中亦至陋之本。黄雖不以文章名，亦未必紕繆至是也。

八代文鈔

《四庫提要・總集類存目三》《八代文鈔》。無卷數。江蘇巡撫採進本。明李賓編。賓字煙客，梁山人。是編首列文家姓氏，起屈原至明鍾惺，凡九十有二人。别無卷目。序云：「文之爲物，善行而數變。東、西京而下，由晉、唐歷宋迄明，宗工鉅匠，在在可數。暇日遴撮諸家之勝，别爲一集，以便披覽。而以屈、宋冠之，此文人之宗祖也。」按《漢志》，詞賦首屈原、宋玉。《隋志》「集部」首荀況、宋玉。賓所採録，惟取有集者删之，故託始二人。然文章不止詞賦，以二人爲宗祖，則未免失詞。且所選明代十七人中，如袁宏道、鍾惺，亦未能抗行古之作者，其去取殆不足憑也。

經濟文鈔

《四庫提要・總集類存目三》《經濟文鈔》十一卷。浙江巡撫採進本。明張文炎編。是集雜選明代之文，分十一類，每類爲一卷。《凡例》謂取便舉業，非當今急務，則博雅新聞，其詳略竝無軒輊。蓋其書本爲場屋對策設，間或足資考證，而冗雜者居多。

文字會寶

《四庫提要・總集類存目三》《文字會寶》。無卷數。江蘇巡撫採進本。明朱文治撰。文治，字簡叔，錢塘人。是書取前代之文，浼善書者書之，人各一篇，裒而成集。據其《凡例》，書家姓氏悉從文之朝代後先，遞爲序次，而篇目則王勃在江淹之前，劉禹錫在駱賓王之前，李華在李白之前，邱遲、唐太宗在終軍、范蔚宗之前，而《阿房宫賦》又誤杜牧爲杜甫。斯皆事在耳目之前，不煩稽考，而顛倒如此。其字畫亦傳刻失真，既非總集，又非法帖，更爲兩無所取也。

諸儒文要

《四庫提要・總集類存目三》《諸儒文要》八卷。内府藏本。不著編輯者名氏。所録周、程、張、朱及陸九淵、張栻、楊簡、陳獻章、王守仁十家之文，凡八十篇。而朱子與守仁居其半，皆講學之言。

釋文紀

《四庫提要・總集類四》《釋文紀》四十五卷。兵部侍郎紀昀家藏本。明梅鼎祚編。是書成於崇禎辛未，裒輯歷代名僧之文，以及諸家之文爲釋氏而作者。冠以經典所譯西域梵書一卷，溯其源也；二卷以迄四十三卷，爲東漢至陳、隋之作；四十四卷、四十五卷則無名氏、時代者，然皆唐以前人所著也。採摭極爲繁富。每人名之下，各注爵里；每篇題之下，各注事實，亦頗便檢閲。其中如王屮《頭陀寺碑》載在《文選》，人人習讀，而蒐遠略近，失之眉睫之前。又如智永《題右軍〈樂毅論〉後》《與月儀獻歲帖》，其人雖釋氏之徒，而其文實不爲釋氏作，一槩收之，亦嫌泛濫，皆不免於小疵。然六代以前之異學，則已斑斑然矣。又其時文士競以藻麗相高，即緇流亦具有詞采，故大抵吐屬嫺雅，論説亦皆根據經典，尤不類唐以後諸方語録，徒以俚語掉弄機鋒。即論其文章，亦不失爲斐然可觀也。

玉臺文苑□續玉臺文苑

《四庫提要・總集類存目三》《玉臺文苑》八卷，《續玉臺文苑》四卷。兩淮馬裕家藏本。《玉臺文苑》，明江元禧編。《續集》，江元祚編。二人兄弟，而元禧自署曰「醴陵」，元祚自署曰「横山」，疑元禧自託江淹後，襲其侯國之名也。其書録女子之文，自周訖明，中間多採小説、傳奇。如張麗貞《上太守書》之類，至爲猥雜。又如魏文帝《寡婦賦》序曰「爲丁廙妻作」，此乃直作丁廙妻；梁元帝爲妾宏夜姝《謝東宫賚合心花釵啓》，此乃直作宏夜姝，又誤「姝」爲「珠」；宋李清照即李易安，此乃分爲二人；唐侯莫陳邈妻鄭氏乃三字複姓，此乃誤爲陳邈；又如《漢武内傳》《神仙傳》真誥之屬，皆純構虚詞，託言神怪，此本乃題曰「漢西王母」、「漢上元夫人」、「漢麻姑」、「晉右英夫人」、「晉九華安妃」，尤爲不經矣。

驪珠隨録

《四庫提要・總集類存目二》《驪珠隨録》五卷。浙江汪啓淑家藏本。明楊儀編。儀有《螭頭密語》，已著録。是書雜録諸文，《自序》謂「皆取不盛傳於世者」，然如《陰符經》《握奇經》之類，實非祕笈；《比干墓銘》之類，本屬依託；《瘞鶴銘》自歐陽修《集古録》以下，均未見完篇，而此所載爲全文，是亦未可盡信也。

文苑英華摘粹

徐𤊹《徐氏家藏書目・總集類》《文苑英華摘粹》。

適志編

徐𤊹《徐氏家藏書目・總集類》《適志編》一卷。詹軫光。

袖珍息游編

徐𤊹《徐氏家藏書目・總集類》《袖珍息游編》二卷。黄從淳。

名公玉屑録

《明史·藝文志·總集類》 郭棐《名公玉屑録》二十卷。

古今名喻全編

范邦甸等《天一閣書目·總集類》 《古今名喻全編》八卷。刊本。明萬曆文臺吴仕朝撰并序。《凡例》云：「是書博采先秦、兩漢、晉、魏、唐、宋及明諸大方文集，名言非罕喻不録，非名文不采。初名《警喻録》，嗣所藏日富，所采日精，或以節文，則鈎其奇，或以全文，則録其槩，而章法、句法、字法，悉舉之矣。《警喻》刻自金陵唐氏，蘇、浙、建陽乃其翻版。今刻《名喻全編》，尤爲業舉者稱最。比舊刻增十之七，損五之三。次第分類，音釋詳明，善之善者也。」

琬琰集

黄虞稷《千頃堂書目·總集類》 何喬新、鄭賢《琬琰集》。

文璩清娱

《四庫提要·總集類存目三》 《文璩清娱》四十八卷。内府藏本。明華國才編。國才，號鶴叟，長洲人。萬曆庚子舉人。是書於諸選本類書中採摘其短章小品，故曰「清娱」。上起宋玉、荀卿，下迄於元。不分體裁，惟以時代爲後先，間附小傳及評語。觀其見解，蓋陳繼儒一流也。

十六名家小品

《四庫提要·總集類存目三》 《十六名家小品》三十二卷。浙江巡撫採進本。明陸雲龍編。雲龍，字雨侯，錢塘人。是編評選屠隆、徐渭、李維楨、董其昌、湯顯祖、虞淳熙、黄汝亨、王思任、袁宏道、文翔鳳、曹學佺、陳繼儒、袁中道、陳仁錫、鍾惺、張鼐十六家之文，每篇皆有評語。大抵輕佻猥薄，不出當時之習。前有何偉然序。偉然即嘗刻《廣快書》者，宜其氣類相近矣。

周文歸

《四庫提要·總集類存目三》 《周文歸》二十卷。内府藏本。明鍾惺編。其書删節《三禮》《爾雅》《家語》、「三傳」、《國語》《楚辭》《逸周書》，共爲一編，以時文之法評點之。明末士習輕佻放誕，至敢於刊削聖經，亦可謂悍然不顧矣。

西漢文類

范邦甸等《天一閣書目·總集類》 《西漢文類》三十五卷。緜紙、紅絲闌鈔本。右侍郎大庾劉節編輯。

西漢菁華

黄虞稷《千頃堂書目·總集類》 查鐸《西漢菁華》十四卷。

西漢文苑

黄虞稷《千頃堂書目·總集類》 申用懋《西漢文苑》十二卷。

西漢文紀

《四庫提要・總集類四》 《西漢文紀》二十四卷。浙江巡撫採進本。明梅鼎祚編。鼎祚《皇霸文紀》真僞糅雜，頗有炫博之譏。其作是編，則一以《史記》《漢書》爲主，而雜採他書附益之。所據爲根本者，較諸子雜言頗爲典實。故所收於班、馬二史之外者，亦藉以參校是非，不至如《皇霸文紀》之濫。如飛燕奏牋、成帝荅詔、張良四皓往返書、孔臧與子弟書、東方朔寶甕銘、李陵蘇武往返書、劉向上關尹子、子華子、於陵子奏、揚雄潤州牧箴、卓文君司馬相如誄諸篇，依託顯然者，皆能辨之。其他如《西京雜記》《東方朔别傳》《搜神記》《博物志》《佛藏辨正論》所載諸篇，及孔安國《尚書序》、孔衍《家語序》等文，雖未一一釐正，要其所漏，不過百中之一矣。惟《新書》節録數篇，則《新語》《春秋繁露》之類，以例推之，何不竝載？《列女傳》及揚雄諸賦竝節録其序，以例推之，其他亦將多不勝收，殊無義例。其於詔制，既以各帝分編，又往往隨事附各篇之後，端緒龐雜，於編次之體亦乖。然三代以下，文章莫盛於西漢，西漢莫備於此編，含英咀華，固著作之驪淵矣。

西漢文

黃虞稷《千頃堂書目・總集類》 張采《西漢文》二十卷。

東漢文類

范邦甸等《天一閣書目・總集類》 《東漢文類》三十六卷。緜紙、紅絲闌鈔本。

右侍郎大庾劉節編輯。

東漢文紀

黃虞稷《千頃堂書目・總集類》 梅鼎祚《東漢文紀》二十卷。

《四庫提要・總集類四》 《東漢文紀》三十二卷。浙江巡撫採進本。明梅鼎祚編。鼎祚《西漢文紀》，根據《史》《漢》，故多爲典確。是編雖亦以正史爲宗，而雜書之作，始盛於東漢。即劉珍、張璠諸記，著録正史者，亦逾八家。沿及六代，小説繁興，其時去雒京最近，故依託附會，尤較西漢爲多。至於《集古》《金石》諸録，《博古》《考古》諸圖，以迨《雜釋》《隸續》而下，搜括舊刻，争奇炫博者，彌不一家。而西漢自五鳳磚數事以外，寥寥無多，其碑碣文詞、器物銘識，亦往往惟稱東漢。鼎祚蒐羅既富，義取全收，其間真贋互陳，異同蠭起，而訂譌正舛，亦不及《西漢文紀》之詳，固其所也。至如曹全一碑，近代始出，亦復捃摭不遺，其採輯亦云勤矣。若夫永和裴岑破呼衍王碑，遠在西域，我皇上天威耆定，儒者始睹其文。鼎祚生明季衰微之時，嘉峪關外即爲絶域，其略而不載，固未可以爲疎漏焉。

東漢文

黃虞稷《千頃堂書目・總集類》 張采《東漢文》□□卷。

史漢文統

《四庫提要・總集類存目三》 《史漢文統》十五卷。内府藏本。明童養正編。養正，字聖功，會稽人。是集序稱「丙子」，《凡例》稱「竣於乙亥」，均不著年號。卷端有「王思任鑒定」字，《凡例》中又稱「張采」，則崇禎八年、九年也。凡《史記統》五卷，删節《史記》，多所未安。《西漢文統》五卷，《東漢文統》五卷，分録兩漢之文，而《漢書》則附於東漢中，又與《史記》例異。相其評點，蓋坊刻射利之本也。

周秦兩漢文選

彭元瑞等《天禄琳琅書目後編・明版集部》《周秦兩漢文選》。二函，十二册。明尤瑛編。瑛字汝白，無錫人。嘉靖甲辰進士，官參政。書十二卷，自《游騰謂楚王》至《後出師表》，多《戰國策》《史記》《漢書》之文。蓋手録讀本，因以槧木，故書法版式特精。

秦漢文

高儒《百川書志・總集》《秦漢文》四卷。自先秦至蜀漢帝王、名臣五十人，詔、書、表、論諸文凡百十有八篇，不知何人所集。

范邦甸等《天一閣書目・總集類》《秦漢文》四卷。刊本。明胡纘宗編次并序。

秦漢文評林

范邦甸等《天一閣書目・總集類》《秦漢文評林》四卷。刊本。明蘭嵎朱之藩選，同科孫慎行校，湯賓尹訂。

秦漢文歸

范邦甸等《天一閣書目・總集類》《秦漢文歸》二十卷。刊本。明竟陵鍾惺選。凡例六則。錢塘朱東觀序，西湖張煜如泰先氏識後。

秦漢鴻文

《四庫提要・總集類存目三》《秦漢鴻文》二十五卷。内府藏本。明顧錫疇編。錫疇有《綱鑑正史約》，已著録。是編凡秦文五卷，漢文二十卷。秦文首録《戰國策》，而《楚辭》之《卜居》《漁父》皆在焉。漢文亦僅採前、後《漢書》。所録評論，惟鍾惺爲最多。

秦漢文膾

《四庫提要・總集類存目三》《秦漢文膾》五卷。内府藏本。明陳繼儒編。是編雜選秦、漢之文，如《戰國策》《史記》《漢書》之類，皆不標本書之名。又如《留侯致四皓定太子》《霍光廢昌邑》《李陵降敵始末》《蘇武出使始末》，更杜撰篇目，不用原書標題。改《管晏列傳》爲《管仲傳》，改《屈原賈生列傳》爲《屈原傳》，改《滑稽列傳》爲《淳于髡傳》，尤多所竄亂。至於魏文帝《典論・論文》、曹植《求自試表》、鍾會《檄蜀文》，列之秦漢，更無理矣。

秦漢文鈔

《四庫提要・總集類存目三》《秦漢文鈔》十二卷。内府藏本。明馮有翼編。有翼，字君卿，杭州人。是書前後無序跋，不知刊於何時，其版式則萬曆以後之坊本也。凡秦文二卷，西漢文五卷，東漢文三卷。冠以《楚詞》，惟録《卜居》《漁父》二篇，題爲秦人，是不足與論矣。

秦漢文尤

《四庫提要・總集類存目三》《秦漢文尤》十二卷。内府藏本。明倪元璐編。

元璐有《兒易内外儀》，已著録。元璐氣節文章，震耀一世。而是書龎雜特甚，殊不類其所編。其以屈原、宋玉列之秦人，既乖斷限，且名實舛迕，疑亦坊刻託名也。

三國文章類鈔

錢謙益等《絳雲樓書目·文集總類》 《三國文章類抄》。錢穀。

三國文紀

黄虞稷《千頃堂書目·總集類》 梅鼎祚《三國文紀》□□卷。

三國文

黄虞稷《千頃堂書目·總集類》 張采《三國文》二十卷。

西晉文紀

《四庫提要·總集類四》 《西晉文紀》二十卷。浙江巡撫採進本。明梅鼎祚編。西晉相傳四葉，爲日無多。何晏、王弼之徒，以莊、老清言轉相神聖，浸淫不返，遂至於南渡偏安。然觀鼎祚所編一代之文，則討論典故、崇勵風俗者，猶居其半。蓋東漢以來，老師宿儒之遺訓，越三國而猶有存焉。非鼎祚裒而輯之，不知建武以還，猶能立國者，爲禮教未殄之故也。其中多採詩賦之序，以足篇帙，特較他代爲緐，殊嫌割裂。又司馬懿以及師、昭，雖《晉書》本紀、三祖竝登，而揆以史法，終乘限斷。鼎祚既通編八代之文，自宜附之魏末，使名號不舛，時代靡差。乃因仍晉書之失，存其帝號以冠篇，是亦失於糾正者矣。

西晉文

黄虞稷《千頃堂書目·總集類》 張采《西晉文》二十卷。

東晉文紀

黄虞稷《千頃堂書目·總集類》 梅鼎祚《東晉文紀》□□卷。

東晉文

黄虞稷《千頃堂書目·總集類》 張采《東晉文》□卷。

晉文歸

范邦甸等《天一閣書目·總集類》 《晉文歸》六卷。刊本。明鍾惺評次。

秦漢晉魏文選

范邦甸等《天一閣書目·總集類》 《秦漢晉魏文選》十卷。刊本。首二卷缺。

漢魏七十二家集

黄虞稷《千頃堂書目·總集類》 張燮《漢魏七十二家集》三百五十一卷。

漢魏名家

祁承㸁《澹生堂藏書目・子類・叢書》 《漢魏名家》。《董仲舒集》《東方朔集》《司馬長卿集》《楊子雲集》《蔡中郎集》《曹子建集》《陸士龍集》《陸士衡集》《嵇中散集》《阮嗣宗集》《庾開府集》《潘黄門集》《陶靖節集》《鮑明遠集》《江文通集》《顔延年集》《任彦升集》《謝康樂集》《謝宣城集》《謝惠連集》《陶貞白集》《白玉蟾集》。

《四庫提要・總集類存目三》 《漢魏名家》。無卷數。通行本。明汪士賢編。士賢，徽州人。是編所録，自漢董仲舒迄周庾信，凡二十二集。刊於萬曆中，在張溥《百三家集》之前，與張燮《七十二家》互相出入。中又有題吕兆僖、焦竑、程榮校者，則非士賢一人所手定也。中如《謝惠連集》，以《南史》本傳爲李憙撰，亦多舛謬。

漢魏六朝一百三家集

彭元瑞等《天禄琳琅書目後編・明版集部》 《漢魏六朝一百三家集》。六函，四十二册。明張溥撰。書一百十八卷，凡一百三家。漢九人：賈誼、司馬相如、董仲舒、東方朔、褚少孫、王褒、劉向、揚雄、劉歆；東漢十一人：馮衍、班固、崔駰、張衡、李尤、馬融、荀彧、蔡邕、王逸、孔融、諸葛亮；魏十二人：武帝、文帝、曹植、陳琳、王粲、阮瑀、劉楨、應瑒、應璩、阮籍、嵇康、鍾會；晉二十二人：杜預、荀勖、傅玄、張華、孫楚、摯虞、束皙、夏侯湛、潘岳、傅咸、潘尼、陸機、陸雲、成公綏、張載、張協、劉琨、郭璞、王羲之、王獻之、孫綽、陶潛；宋八人：何承天、傅亮、謝靈運、顔延之、鮑照、袁淑、謝惠連、謝莊；齊六人：蕭子良、王儉、王融、謝朓、張融、孔稚圭；梁十九人：武帝、昭明太子、簡文帝、元帝、江淹、沈約、陶宏景、邱遲、任昉、王僧孺、陸倕、劉孝標、王筠、劉孝綽、劉潛、劉孝威、庾肩吾、何遜、吴均；陳五人：後主、徐陵、沈炯、江總、張正見；北魏二人：高允、温子昇；北齊二人：邢邵、魏收；北周二人：庾信、王褒；隋五人：煬帝、盧思道、李德林、牛宏、薛道衡。蒐輯諸書所載詩文，並及斷篇逸句，人各爲集，集各題詞。前有溥自序。

徐時棟《煙嶼樓讀書志・集》 《漢魏六朝一百三家集》。張天如溥《百三名家集》，千古傑作也。惜搜羅未備，時多掛漏，又不能鑒别真僞。如《馬季長集》收僞造《忠經》，《忠經》爲宋海鵬作，明見《玉海》，後人妄題季長名而且僞康成名以注之，天如不察，遽爲收入；且果季長作，亦當自爲一書，豈宜收以入集？諸家中如《摯太常集》之《文章流别》，《蕭竟陵集》之《浄住子》，《庾度支集》之《書品》，皆不宜收入者也。

《四庫提要・總集類四》 《漢魏六朝一百三家集》一百十八卷。兩江總督採進本。明張溥編。溥有《詩經注疏大全合纂》，已著録。自馮惟訥輯《詩紀》，而漢、魏六朝之詩匯於一編。自梅鼎祚輯《文紀》，而漢、魏六朝之文匯於一編。自張燮輯《七十二家集》，而漢、魏六朝之遺集匯於一編。溥以張氏書爲根柢，而取馮氏、梅氏書中其人著作稍多者，排比而附益之，以成是集。卷帙既繁，不免務得食多，失於限斷。編録亦往往無法，考證亦往往未明。

漢魏名文乘

《四庫提要・總集類存目三》 《漢魏名文乘》。無卷數。江蘇巡撫採進本。明張運泰、余元熹同編，二人皆閩中書賈也。所録凡六十家，蓋雜採何鏜《漢魏叢書》、張溥《百三家集》二書合併而成。惟增公孫宏文，僞題曰《公孫子》；趙充國文，僞題曰《趙營平集》；又改東方朔文爲《吉雲子》而已。

宋文紀

《四庫提要・總集類四》 《安文紀》十八卷。浙江巡撫採進本。明梅鼎祚編。鼎祚所輯八代《文紀》，卷溢三百。其版行者，自皇霸至西晉而止。鼎祚殁後，應天巡按御史張煊、寧國府知府周維新始爲次第開雕，而此集先成，故卷首獨有煊及維新序。宋之文，上承魏、晉，清儁之體猶存；下啓齊梁，纂組之風漸盛。於八代之内，居文質升降之關，雖涉雕華，未全綺靡。觀鼎祚所録，可以見風氣轉移、日趨日變之故焉。其編纂之體，略同漢、晉。中間如《廬山公九錫文》《和香方》之類，鉅細兼收，義取全備。猶之《鉏表》《頭責子羽文》諸作，咸登前牒，不能以蕪累爲譏。惟宋公册封九錫禪代諸文，既爲晉人所撰，自當附之於《晉紀》，移而入宋，於例殊乖；又司馬越女銘詞雖發自宋年，而撰由晉代，附之簡末，尤無取義，是則編次之疎矣。

南齊文紀

《四庫提要・總集類四》《南齊文紀》十卷。浙江巡撫採進本。明梅鼎祚編。

是集於酬荅之文，參錯附録，及誤載前代册誥，與諸集略同，而體例尤爲叢脞。如永明五年九月詔，乃《齊書》撮敘其事，而以爲詔詞。高祖與周盤龍第二勅、明帝手詔王思遠，皆只常言五字，但可存爲故實，豈宜目以文章？無姓名之文，例附於末，而魚腹侯子響還本奏獨列於前。代擬諸作，例歸操觚之人，而褚淵《禪齊詔》、江淹《築壘教》獨不畫一。曹景宗《與弟義宗書》、忱約《荅陸厥樂藹書》，猶曰人雖入梁，事關齊代；至於宋順帝《荅誅黄回詔》，則《宋文紀》自爲一集，何以隔代闌入？若劉虬《荅蕭子良書》，已見二卷，又見六卷，失檢抑又甚矣！其間如高祖《與王彦之書》尺牘，誤以爲世祖；崔覺《與妹書》尺牘，誤以爲崔恭祖。亦間有小小駁正，然如黄回一人，隔數頁而重注；曹虎一人，前注見北魏，而七卷之中乃別出曹虎之名，詳注爵里，矛盾者正復不少。徒以一代之文，兼收全備而存之耳。

宋齊文

黄虞稷《千頃堂書目・總集類》 張釆《宋齊文》四十卷。

梁文紀

《四庫提要・總集類四》《梁文紀》十四卷。浙江巡撫採進本。明梅鼎祚編。

是集採梁一代之文，多取之《梁書》《南史》及諸家文集。故所録不甚繁碎，考證亦頗精核。惟以後梁蕭巋退附「外國」之後，不與諸王同列，殊乖次序；又侯景矯詔入於簡文帝文内，亦非事實。他若梁武帝《請謚荅詔》，不著其人，稍爲疎漏。《江淹集》作於齊代，割以入齊，《齊文紀》既已發例。何佟之之文乃云「以上作於齊朝，以下作於梁世」，但爲分注，而全入此集，亦未免自亂其例。然較他集，終爲有條理也。梁代沿永明舊制，競事浮華，故裴子野撰《雕蟲論》以砭其失。簡文帝《與湘東王書》曰：「六典三禮，所施則有地；吉凶嘉賓，用之則有所。未聞吟詠性情，反擬《内則》之篇；操筆寫志，更摹《酒誥》之作。『遲遲春日』，反學《歸藏》；『湛湛江水』，遂同《大傳》。」又曰：「時有效謝康樂、裴鴻臚文者，亦頗有惑焉。謝客吐言天拔，出於自然；時有不拘，是其糠粕。裴氏乃良史之才，了無篇什之美。謝故巧不可階，裴亦質不宜慕。」一代帝王，持論如是，宜其風靡波蕩，文體日趨華縟也。然古文至梁而絶，駢體乃以梁爲極盛。殘膏賸馥，沾溉無窮。唐代沿流，取材不盡。譬之晚唐五代，其詩無非側調，而其詞乃爲正聲。寸有所長，四六既不能廢，則梁代諸家，亦未可屏斥矣。

陳文紀

《四庫提要・總集類四》《陳文紀》八卷。浙江巡撫採進本。明梅鼎祚編。南朝六代，至陳而終，文章亦至陳而極敝。其時能自成家者，詩惟陰鏗、張正見；文則徐陵、沈炯以外，惟江總所傳稍多。而或久仕梁朝，上承異代；或晚歸隋主，尚署前銜。鼎祚兼其前後諸作，割併於陳，以足卷帙，未免朝代混淆。然鼎祚既取南北朝文，通爲編次，苟闕其一代，則源流始末，有所未詳，斯亦不得已之變例也。況永明、天監，相去未遥，江左餘風，往往而在。韓、柳未出以前，王、楊之麗製，燕、許之鴻篇，多有取材於是者，亦不能以其少而廢之矣。

後魏文紀

黄虞稷《千頃堂書目・總集類》 梅鼎祚《後魏文紀》□□卷。

北齊文紀

《四庫提要・總集類四》《北齊文紀》三卷。浙江巡撫採進本。明梅鼎祚編。北齊著作，邢、魏居首，其餘零篇短札，取備卷帙而已。所採自正史以來，不過《文苑英華》《藝文類聚》《通鑑》諸書，蓋流傳本少，蒐輯爲難，非其網羅之未備也。其首列高歡、高澄，亦同西晉之編，濫登三祖。他如侯景《報高澄書》，史明言王偉；文宣即位《告天文》，史明言魏收；天保元年《大赦詔》，《藝文類聚》明言邢邵，而不歸操筆之人，竟冒署其所代，核以事實，亦未睹其安。又《顔氏家訓》，各自爲書，史志相沿著録。設使全文載入，已於體例有乖，乃僅録其《敘致》一篇而一篇之中，又僅録其首四五行，豈非以篇頁無多，忽而不檢，致是疎漏歟？考崇禎戊寅周鑣序，鼎祚所輯《文紀》，自東晉以下，皆鼎祚没後所刻。蓋中多草刱之稿，其後人未盡是正，因而刊之，亦非盡鼎祚之失也。

後周文紀

《四庫提要・總集類四》明梅鼎祚編。按：東漢、東晉之名，所以别於西；南齊之名，所以别於北。若周則豐鎬舊京，年祀綿遠，中原江左，别無國號相同。盧思道作《興亡論》，題曰「後周」，殊爲無義。故令狐德棻所撰國史，但曰《周書》。鼎祚仍以後題，未免失於刊正。所録宇文氏一代之文，不過八卷，而庾信一人，乃居五卷。次則王褒撰著，尚十八篇。使非借才異國，其寂寥更甚於高齊。然宇文泰爲丞相時，干戈擾攘之中，實獨能尊崇儒術，釐正文體。大統五年正月，置行臺學，十一月，命周惠達、唐瑾制禮樂。大統十一年六月，患晉氏以來文章浮華，命蘇綽作大誥，宣示羣臣，仍命自今文章，咸依此體。今觀其一代詔敕，大抵温醇雅令，有漢魏之遺風，即間有稍雜俳偶者，亦摛詞典重，無齊、梁綺艷之習。他如《庾信集》中《春賦》《鐙賦》之類，大抵在梁舊作，其入北以後諸篇，亦皆華實相扶，風骨不乏。故杜甫有「庾信文章老更成，凌雲健筆意縱横」語，豈非黜雕尚樸，導之者有漸歟？無平不陂，無往不復，六朝靡麗之風，極而將返，實至周而一小振，未可以流傳之寡而忽之也。

南北朝文歸

范邦甸等《天一閣書目・總集類》《南北朝文歸》四卷。刊本。明鍾惺評次選，西湖朱東觀、陸夢龍同裁定。

隋文紀

《四庫提要・總集類四》《隋文紀》八卷。浙江巡撫採進本。明梅鼎祚編。隋氏混一南北，凡齊、周之故老，梁、陳之舊臣，咸薈粹一朝，成文章之總匯。而人沿舊習，風尚各殊，故著作之林，不名一格，四十餘載，竟不能自爲體裁。又世傳小説，唐代爲多，而仁壽、大業，去唐最近，遺篇瑣語，真贋相參，不能無所附會，故鼎祚所録，此集又最糅雜。其中如《隋遺録》《開河記》《迷樓記》《海山記》《大業拾遺記》，皆出依託，而王度《古鏡記》尤爲迂怪不經。《搜神》《異苑》之末流，《睽車》《夷堅》之先路，豈可登之總集，自穢其書？又如《甲秀堂帖》載煬帝跋曹子建墨跡，唐以來收藏賞鑒皆所未聞，詞旨凡庸，顯出近代，而一槩闌入，未免失於鑒裁。至於唐高祖、太宗、褚亮、李靖、陳叔達、温大雅、魏徵諸人，不繫於隋，無煩擬議，乃以其文作於隋末，遂爾兼收。而李德林代静帝之詔作於周時，顔之推請考樂之奏上於梁代，前則文隨人編，後則人隨文列，揆以斷限，厥例安居？若文帝《復姓令》之誤採史文，李德林之《修定五禮詔》題爲文帝，祖君彦之《移郡縣書》《與袁子幹書》，魏徵《與鄖王慶書》，皆題爲李密；孔德紹《遺秦王書》題爲竇建德；以及《罪蜀王秀文》已見一卷，復見二卷；戴逵《皇太子箴》已見五卷，復見七卷，又諸集之通病，不在所論矣。八卷之末，載梁神洊等十二人。蓋鼎祚文紀以此集爲終，神洊等時代未詳，故統附於此。合觀所録，雖牴牾罅漏，卷卷有之。然上起古初，下窮八代，旁搜博採，薈合成編，使唐以前之文章，源委相承，粲然可考，斯實藝苑之大觀，其功亦不爲過掩矣。

按：《千頃堂書目》載鼎祚所編尚有《三國文紀》《東晉文紀》《後陳文紀》。三國、東晉，今未見其本，姑從闕如；後陳併不知爲何代，疑傳寫有譌，今亦未見其本，故置之不論焉。

唐文鑑

高儒《百川書志・總集》 《唐文鑑》二十一卷。皇明御史賀泰，東吴人也。做《漢宋文鑑》，遍閲《唐書》及諸典籍所載李唐三百年奏、議、表、策、記、賦有關治道、裨風教者梓之。

《四庫提要・總集類存目二》 《唐文鑑》二十一卷。安徽巡撫採進本。明賀泰編。泰字志同，吴縣人。弘治己未進士。官至監察御史，巡按福建。是編雜採唐文，所見殊爲隘陋。前有林瀚序，稱「兩漢有《文鑑》，宋亦有《文鑑》，惟唐一代闕焉」。如曰一朝必當有一文鑑，文何以必當名「鑑」也；如曰唐文無總集，是併姚鉉書未見矣。蓋明代書帕之本，其紕繆往往如此。

宋文鈔

《四庫提要・總集類存目二》 《宋文鈔》。無卷數。浙江巡撫採進本。明查志隆編。志隆有《山東鹽法志》，已著録。是書僅從《宋文鑑》諸書摘録成編，未能賅備，别裁亦未能精審。

宋文歸

《四庫提要・總集類存目三》 《宋文歸》二十卷。兩江總督採進本。明鍾惺編。宋文多樸實，而惺以纖巧之法選之，以佻薄之語評之，是爲南轅而北轍。其去取之得失，可以不必問矣。

國朝文纂

黄虞稷《千頃堂書目・總集類》 王稌《聖朝文纂》四十卷。

《明史・藝文志・總集類》 王稌《國朝文纂》四十卷。

皇明文衡

高儒《百川書志・總集》 《皇明文衡》一百卷。新安程敏政編選我朝名公著作。其間載有聖道治度，詔誥、表章，書時禮樂，詞賦，碑銘，序文，形物，議論諸事，可以備史氏收録；清廟詠歌，著述考證，也成一代之言。

范邦甸等《天一閣書目・總集類》 《皇明文衡》一百卷。刊本。明翰林學士新安程敏政選編，直隸徽州府推官西蜀張鵬校刊。序後云：「篁墩程學士嘗自洪武以來旁蒐遐索，垂三十年，得一百五十六家。擇其文詞之精者，分類録之，得九百七十二篇。學士没，諸集散失。庠生程曾于敗篋中得學士手書目録，遍訪海内蓄書家，亦幾十餘年，始克成編。適予承乏，來推刑新安，乃于政暇，畧加校正，分爲九十八卷，繕寫入梓，六閲月梓人迄工。間有目録、無文字者缺之，以俟續訪，别爲一卷。」

《四庫提要・總集類四》 《明文衡》九十八卷。兩江總督採進本。明程敏政編。敏政有《宋遺民録》，已著録。是編首代言，爲詞臣奉敕撰擬之文，次賦，次騷，次樂府，次琴操，次表箋，次奏議，次論，次説，次解，次辨，次原，次箴，次銘，次頌，次贊，次七，次策問，次問對，次書，次記，次序，次題跋，次雜著，次傳，次行狀，次碑，次神道碑，次墓碣，次墓誌，次墓表，次哀誄，次祭文，次字説，爲類凡三十有八，悉從《玉臺新詠》之例。題作者姓名，惟方孝孺則書字，蓋是時靖難文禁稍弛，而尚未全解，故存其文，而隱其名也。内「琴操」闕一首，「表」闕四首，「奏議」闕十首，「辨」闕一首，「頌」闕一首，「贊」闕二首，「記」闕十一首，「序」闕十五首，「題跋」闕四首，「雜著」闕一首，「傳」闕一首，「神道碑」闕十一首，「墓碣」闕四首，「墓誌」闕八首，「墓表」闕二首，「祭文」闕二首，皆有録無書，各注「闕」字於目中，未喻其故。所録如吴訥《文章辨體序》、題劉定之雜志之類，皆非文體；而袁忠徹《瀛國公事實》

之類，事既誣妄，文尤鄙俚，皆不免蕪雜之譏；朱右撰《寧生傳》雜述醫案，至以一篇占一卷，亦乖體例。然所録皆洪武以後、成化以前之文，在此地信陽之前，文格未變，無七子末流摹擬詰屈之僞體。稽明初之文者，固當以是編爲正軌矣。

明文寶

黄虞稷《千頃堂書目・總集類》 楊循吉《大明文寶》八十卷。

《明史・藝文志・總集類》 楊循吉《明文寶》八十卷。

明文苑通編

黄虞稷《千頃堂書目・總集類》 姚福《皇明文苑通編》十卷。

《明史・藝文志・總集類》 姚福《明文苑通編》十卷。

明文選

黄虞稷《千頃堂書目・總集類》 唐順之《我朝文選》二十卷。

《明史・藝文志・總集類》 唐順之《明文選》二十卷。

明文選

黄虞稷《千頃堂書目・總集類》 汪宗元《皇明文選》二十卷。

《明史・藝文志・總集類》 汪宗元《明文選》二十卷。

明正德文章志

錢謙益等《絳雲樓書目・文集總類》 《皇明正德文章志》。

明文纂

王圻《續文獻通考經籍考・類書》 《皇明文纂》，大梁張士瀹纂。

黄虞稷《千頃堂書目・總集類》 張士瀹《國朝文纂》五十卷。

《明史・藝文志・總集類》 張士瀹《明文纂》五十卷。

皇明近代文範

黄虞稷《千頃堂書目・總集類》 張蓉《皇明近代文範》六卷。

皇明文教録

黄虞稷《千頃堂書目・總集類》 婁樞《皇明文教録》五卷。

明文集要

黄虞稷《千頃堂書目・總集類》 顧應祥《明文集要》。

明文則

王圻《續文獻通考經籍考・類書》《皇明文則》。吴興慎蒙輯。

黄虞稷《千頃堂書目・總集類》慎蒙《皇明文則》二十二卷。

《明史・藝文志・總集類》慎蒙《明文則》二十二卷。

明大成

王圻《續文獻通考經籍考・類書》《皇明大成》。吴興慎蒙輯。

黄虞稷《千頃堂書目・總集類》慎蒙《皇明大成》十卷。

明文範

范邦甸等《天一閣書目・總集類》《皇明文範》六十八卷。刊本。明甬上張時徹輯。隆慶己巳序曰：「余既輯《皇明文苑》成，爰復加品隲，稍爲汰黜，摘其尤異者若千篇，題之曰《皇明文範》。」

《四庫提要・總集類存目二》《明文範》六十六卷。通行本。明張時徹編。時徹有《善行録》，已著録。是集成於隆慶己巳，録明洪武至嘉靖之文凡四百四十二家。初名《文苑》，病其太繁，乃覆加芟削，以成此本。《自序》稱：「銓綜者積褀。其始也，十而取六七焉；其繼也，十而取四五焉；又其繼也，十而取二三焉。迄今存者，裁十之一二焉。」故《自序》又曰：「苑者，無所不蓄；範者，如以範範金也。」然於正、嘉之文，尚病其少所別裁焉。

皇明文憲

黄虞稷《千頃堂書目・總集類》黄洪憲《皇明文憲》。

明文雋

《四庫提要・總集類存目三》《明文雋》八卷。江蘇巡撫採進本。舊本題曰「袁宏道精選，邱兆麟參補，陳繼儒標旨，張鼐校閲，吴從光解釋，陳萬言彙評」，蓋坊間刻本，託宏道等以行。前有周宗建序，謂「有志公車業者，其沈酣之無後」，亦必非宗建語也。

大明文鈔

黄虞稷《千頃堂書目・總集類》徐師曾《大明文鈔》□□卷。

明百家文範

范邦甸等《天一閣書目・總集類》《明百家文範》八卷。刊本。明萬曆東陽王乾章選。

皇明文選

徐𤊹《徐氏家藏書目・總集類》《皇明文選》十二卷。

明文翼統

徐𤊹《徐氏家藏書目・總集類》《明文翼統》四十卷。楊瞿崍。

黄虞稷《千頃堂書目・總集類》楊瞿崍《明文翼統》四十卷。晉江人，萬曆丁未進士，江西提學副使。

明文翼運

黄虞稷《千頃堂書目·總集類》 沈猶龍《明文翼運》六十卷。字雲升，華亭人，萬曆丙辰進士，兵部右侍郎。

明文徵

黄虞稷《千頃堂書目·總集類》 何喬遠《皇明文徵》七十四卷。

《四庫提要·總集類存目三》 《明文徵》七十二卷。浙江巡撫採進本。明何喬遠編。喬遠有《閩書》，已著録。是集以明代詩文分體編次，各體之中又復分類，自洪武迄崇禎初年。自序云：「國家之施設建立，士大夫之經營論著，悉具其中。下及於方外、閨秀，無不兼收竝録。」然其稍傷冗濫，亦由於此。其附時藝數篇，則《宋文鑑》例也。

明文徵

黄虞稷《千頃堂書目·總集類》 黄居中《明文徵》。

山曉閣選明文續集

軍機處奏《禁毀書目》 《山曉閣選明文續集》四本。查《山曉閣選明文續集》，系孫琮選輯。所録錢謙益文最多，至有六十餘篇，其餘諸家，每人多不過數篇，且各有耑集，不籍此以傳。應請銷燬。

今文選

《明史·藝文志·總集類》 孫鑛《今文選》十二卷。

《四庫提要·總集類存目》 《今文選》十二卷。兩江總督採進本。明孫鑛撰。鑛有《孫月峰評經》，已著録。是編裒録明人之文。所選自羅玘至李維楨，凡三十一人，竝撮舉其姓氏爵里於卷前。其前七卷稱《今文選》，後五卷稱《續選》。觀其自序，蓋以李夢陽爲宗，故明初諸人皆不之及焉。

正學類編

黄虞稷《千頃堂書目·總集類》 李堂《正學類編》十五卷。鄞縣人，官都御史。輯明理學經濟之文，凡二百六十首。

皇明館課

黄虞稷《千頃堂書目·總集類》 陳經邦《皇明館課》五十一卷。

《明史·藝文志·總集類》 陳經邦《明館課》五十一卷。

明經世文編

黄虞稷《千頃堂書目·總集類》 陳子龍《皇明經世文編》五百八卷。

《明史·藝文志·總集類》 陳子龍《明代經世文編》五百八卷。

同時尚論録

《四庫提要·總集類存目三》 《同時尚論録》十六卷。江蘇巡撫採進本。明蔡士順編。士順，蘇州人。由國子監生官福建按察司照磨。此録成於崇禎丁丑，所輯皆東林諸人詩文，以科目先後爲序，始萬曆甲戌，終崇禎辛未。

綺合繡揚集

黄虞稷《千頃堂書目·總集類》 新樂王載璽《綺合繡揚集》□□卷。集明諸王著作。

韓柳全集

于敏中等《天禄琳琅書目·明版集部》 《韓柳全集》。一函，六册。唐韓愈、柳宗元著。《韓集》二十卷，《外集》一卷，《集傳》一卷，《補遺》一卷，前宋朱子《考異序》，次宋王伯大序，次《諸家姓氏》，次唐李漢序，次汪季路書，次《凡例》。《柳集》二十卷，《别集》一卷，《外集》一卷，附録一卷，前宋陸之淵《音義序》，次唐劉禹錫序，次《諸家姓氏》。宋人合刊韓、柳集者，有魏仲舉本，前宋版書中已皆録之。此本亦韓、柳合刊，以版式觀，似亦從宋本橅出，紙質墨光雖不相及，而已得其形似矣。「治卿」印記，未知誰氏。【略】闕補《韓集·諸家姓氏》、全。《柳集》卷四。十五。

《韓柳全集》。一函，八册。《韓集》四十卷，《外集》十卷，《集傳》一卷，《補遺》一卷。

《柳集》三十六卷。《韓集》李漢序，《柳集》陸之淵序，俱不載。此本亦仿宋槧版式，與前部約略同，而刻手印工又出其下。至分卷各不相謀者，蓋緣唐宋人文集凡經後人校刊者，每有更定，以係集部之書，固不必如經史子篇目各沿奉爲圭臬也。泰興季氏藏本，印記見前。

唐宋六家文衡

黄虞稷《千頃堂書目·總集類》 朱右《唐宋六家文衡》。

大家文選

范邦甸等《天一閣書目·總集類》 《大家文選》二十二卷。刊本。明嘉靖己亥江陰薛甲選。自序云：「《文選》一編凡二十二卷，選九大家所作，而賦則取之《離騷》。九家爲李白氏、杜甫氏、韓愈氏、柳宗元氏、歐陽修氏、王安石氏、蘇洵氏、蘇軾氏、曾鞏氏，冠以屈原、宋玉，凡十有一人。編成於蜀南大觀臺。」

黄虞稷《千頃堂書目·總集類》 薛甲《大家文選》二十二卷。

《明史·藝文志·總集類》 薛甲《大家文選》二十二卷。

七大家文選

黄虞稷《千頃堂書目·總集類》 王寘《七大家文選》。

八大家文選

徐𤊹《徐氏家藏書目·總集類》 《八大家文選》。

張之洞《書目答問·總集》 鍾惺《八大家文選》。

六大家文略

黄虞稷《千頃堂書目·總集類》 唐順之《六大家文略》。

唐宋八大家文鈔

黃虞稷《千頃堂書目・總集類》 茅坤《唐宋八大家文鈔》一百四十四卷。

《明史・藝文志・總集類》 茅坤《唐宋八大家文鈔》一百四十四卷。

《四庫提要・總集類四》 《唐宋八大家文鈔》一百四十四卷。通行本。

《明史・藝文志・總集類》 茅坤《唐宋八大家文鈔》一百四十四卷。

丁丙《善本書室藏書志・總集類》 《唐宋八大家文鈔》一百四十四卷。萬曆刊本。明行人司藏書。歸安鹿門茅坤批評。坤字順甫，歸安人。嘉靖戊戌進士，官至大名兵備副使，《明史》入《文苑傳》。坤治古文，最宗唐順之。順之《文編》，唐宋人惟取韓、柳、歐、三蘇、曾、王八家。坤有所稟承，凡選韓文公文十六卷，柳柳州文十二卷，歐陽文忠文三十二卷，王荆公文十六卷，曾南豐文十卷，蘇文公文十卷，蘇文忠文二十八卷，蘇文定文二十卷。每家各刊本傳，各爲序引，自撰《總序》二篇。坤甥顧爾行《題辭》，坤姪一桂著《文旨》。首列《凡例》，中附評語。萬曆己卯，刊版杭州，故無《五代史鈔》附入。有「行人司圖書記」「萬曆戊申春，行人司查明」兩朱記。考《明史》，行人司隸鴻臚寺，凡出使官屬，必採書籍歸司。每歲查檢，蓋戳卷端。此萬曆戊申，距刻書時才二十有八年，不獨有殊乎坤孫茅著之重雕，且得考見明代官書制度之一端也。

八大家文歸

范邦甸等《天一閣書目・總集類》 《八大家文歸》二十八卷。刊本。明鍾惺評次，西湖沈懋允裁定。卷首列八家本傳。

歐蘇文選

黃虞稷《千頃堂書目・總集類》 符觀《歐蘇文選》。

三蘇文範

徐𤊹《徐氏家藏書目・總集類》 《三蘇文範》。

《四庫提要・總集類存目二》 《三蘇文範》十八卷。內府藏本。舊本題明楊慎編。然所取皆近於科舉之文，亦不類慎之所爲，殆與《翰苑瓊琚》均出依託也。

六君子文集

張萱等《內閣藏書目録・總集部》 《六君子文集》八册。不全。今止存宋陳襄集二十五卷，附《使遼録》，全。

四大家文選

范邦甸等《天一閣書目・總集類》 《四大家文選》四卷。刊本。明嘉靖丁巳姑蘇王坊編校。後跋云：「韓粹而正，柳肆而華，歐閎而深，蘇辨而騁。參其塗徑，人人異殊。要之闡聖奧，該物理，顯道體而賁人文，其揆一也。坊自總髮時，先大父永溪公常教習制科，因俾讀四家之文，僅憶百首，乃竟以濩落勿振，行且暮矣。循格佐垣暇日理而刻之，題曰《四大家文選》。」

三忠文選

《四庫提要・總集類存目三》 《三忠文選》三卷。江西巡撫採進本。明吳達可編。達可有《奏疏遺稿》，已著録。是編録嘉靖朝三諫臣之文：一周怡，一楊爵，一劉魁。怡《訥溪奏議》，爵《楊忠介集》，魁《省愆稿》，皆有本別行。達可爲怡之門人，因併爵、魁所著彙而刻之。皆摘録梗槩，故所存甚略，蓋意在存其人，不在備其文也。

五先生文雋

黃虞稷《千頃堂書目・總集類》 蘇文韓《五先生文雋》二百四卷。空同、于鱗、元美、伯玉、赤水。

成仁遺稿

《四庫提要・總集類存目二》 （殘本）《成仁遺稿》五卷。安徽巡撫採進本。明舒芬編。

三忠文選

《四庫提要・總集類存目三》 《三忠文選》十六卷。內府藏本。明胡接輝編。接輝，字篤父，廬陵人，官監察御史。是編成於崇禎丁丑，選録宋胡銓、周必大、文天祥之文。曰「三忠」者，以銓謚忠簡、必大謚文忠、天祥謚忠烈也。按：廬陵原有三忠堂，一爲歐陽文忠修，一爲楊忠節邦乂，一爲胡忠簡銓，建於嘉泰四年，周必大爲之序，岳珂《桯史》載其始末甚詳。邦乂以節義著，其文不傳；修集則固具在；補以必大、天祥，當合爲四。接輝增周文而去歐陽，殆未詳考《平園集》歟？卷首序文，一爲李建泰，一爲阮大鋮，一爲楊文驄，以是三人弁冕三忠，殊嫌著穢。不知當日何以氣類相從，如斯巧合，斯亦可異也已。

宋人小集

瞿鏞《鐵琴銅劍樓藏書目録・總集類》 《宋人小集》九十三卷。舊鈔本。此即宋陳起《江湖集》，後人得其不全本，裒録之，亦有羼入者。原本藏蘇州王逸陶扶摇館，太倉宋賓王借録，以顧俠君藏本校過。編分甲至癸十集，凡五十一家。十集外，又有十六家，較今讀畫齋所刻知不足齋本，增多宋器之《西塍集》、王鎡《雪溪詩》、羅公升《滄洲集》、王質《紹陶録》、釋道璨《柳塘外集》、陶弼《邕州小集》、洪炎《西渡詩》、洪邁《野處類稿》、孫銳《耕閒集》，凡九家。賓王有跋云：秀水竹垞翁秘藏《宋人小集》，中多世所罕見。其客周文遷曾攜數種見售，字畫多譌，且非其全。既而王子逸陶有收藏善本，編分甲、乙，凡五十一種。於十集外，另有十六種，較秀水本爲勝。丙午夏借鈔之。卷首有宋蔚如收藏印朱記。

金華正學編

徐𤊹《徐氏家藏書目・總詩類》 《金華正學篇》十卷。

《四庫提要・總集類存目二》 《金華正學編》十二卷。兩江總督採進本。明趙鶴編，唐邦佐重輯。鶴字叔鳴，江都人。弘治丙辰進士，官至山東提學副使。邦佐字維良，蘭谿人。隆慶戊辰進士，官至光州知州。初，嘉靖閒鶴官金華知府，以宋呂祖謙、何基、王柏，元金履祥、許謙皆金華名儒，因録五家之文涉於講學者數篇，及其本傳、行狀、墓誌等，各爲二卷。萬曆庚寅，邦佐復取鶴原書，爲之删訂，而益以明章懋。以祖謙、朱子之友，基等皆傳朱子之派，故命曰「正學」。

金華文徵

徐𤊹《徐氏家藏書目・總集類》 《金華文徵》二十卷。

黃虞稷《千頃堂書目・總集類》 阮元聲《金華文徵》二十卷。馬龍州籍，上元人，崇禎戊辰進士，吏部員外郎。

《明史・藝文志・總集類》 阮元聲《金華文徵》二十卷。

金華文統

黃虞稷《千頃堂書目・總集類》 趙鶴《金華文統》十三卷。

《明史・藝文志・總集類》 趙鶴《金華文統》十三卷。

《四庫提要・總集類存目二》 《金華文統》十三卷。副都御史黃登賢家藏本。明趙鶴編。是書於《正學編》外，兼録金華耆舊之文。宋宗澤、梅執禮、潘良貴、鄭剛中、賈廷佐、范浚、陳亮、呂祖儉、徐僑、何恪、時少章、喬行簡等十二人，元柳貫、張樞、吳師道、黃溍、吳萊等六人，明宋濂、王褘、蘇伯衡、胡翰、戴良、吳沈、王紳、章懋等八人，而宋濂所録獨多。蓋視諸人較呂祖謙等爲稍亞，故所録亦稍寬。然前列呂祖謙修《文鑑》法、朱子取文字法及王柏、吳師道論文之語，則大旨仍以講學爲宗。故劉孝綽、駱賓王、舒元輿之文皆所不取。然唐仲友亦不登一字，則門户之見殊未能化矣。

詩 通代

詩淵

楊士奇等《文淵閣書目・詩詞》《詩淵》。一部，一册。闕。

雜編詩

楊士奇等《文淵閣書目・詩詞》《雜編詩》。一部，二册。闕。

光岳英華

徐㶿《徐氏家藏書目・總詩類》《光岳英華》十五卷。楊軌選。唐、元、國初，不選宋。

錢謙益等《絳雲樓書目・詩總集類》《光岳英華》。元末許中麗字仲孚編。十五卷。唐、元詩合編，卷末皆明初人詩。作序者臨川揭軌。

黃虞稷《千頃堂書目・總集類》揭軌《光岳英華》十五卷。

《四庫提要・總集類存目一》（殘本）《光岳英華》十五卷。浙江范懋柱家天一閣藏本。明許中麗編。中麗爵里未詳，朱彝尊《明詩綜》稱「明初操選政者有許中麗」云云，則洪武中人也。此書傳本殘闕，僅存「七言律體」一門。唐後即接以元、明，不録宋、金。然則李攀龍撰《詩刪》，竝廢宋、元，其來亦有漸矣。

參玄別集　續集

高儒《百川書志・總集》《參玄別集》一卷。皇明通政參議武鄉竇惟遠。以二十九門，選集七朝、盛唐五十四人之詩，又以李賀、王建、温庭筠、白居易、李商隱詩七十六首，別成此集。

《參玄續集》一卷。竇惟遠又以前例，編選中唐、晚唐五十二人，七言律詩一百七十八首，成此集。

黃虞稷《千頃堂書目・總集類》竇惟遠《參玄集》，又《別集》一卷，又《續集》一卷。武鄉人，官通政使參議。集皆選唐人詩。

詩學權輿

《四庫提要・總集類存目一》《詩學權輿》二十二卷。兩淮馬裕家藏本。明黃溥編。案：明有兩黃溥，其一鄞縣人，有《簡籍遺聞》，已著録；此黃溥字澄濟，自號石厓居士，弋陽人。正統戊辰進士，官至廣東按察使。是書兼收衆體，各爲注釋。定爲名格、名義、韻譜、句法、格調諸目，復雜引諸説以證之。然採摭雖廣，考證多疎，如卷首《董少年歌》不知鳴、平爲韻，古多此格，乃誤以爲七言一句之歌。甚至以《楚辭》與騷分爲二體，可謂不知而作矣。

古選詩

徐㶿《徐氏家藏書目・總詩類》《古選詩》一卷。

羣英雜言

王圻《續文獻通考經籍考・詩集》 《羣英雜言》。鄱陽王韲著。

風雅逸篇

高儒《百川書志・總集》 《風雅逸篇》六卷。皇明成都楊慎編録中古先秦歌詩也。斯三百篇之逸，諸書之散載也。慎恐久而泯没，編成一書，以圖不朽，以慰學古，以正時習。凡一百九十七篇。

范邦甸等《天一閣書目・總集類》 《風雅逸篇》十卷。刊本。明楊慎用修編。《自序》稱録中古先秦詩歌也。首黄帝《彈歌》至伯夷《薇歌》，爲第一卷；《琴操歌》《瑶詞曲》三十一篇，爲第二卷；《石鼓詩》十章，爲第三卷；逸詩篇名斷章存者十篇，有句亡篇名者四十四條，爲第四卷；經傳所載孔子歌辭及諸事涉孔子者二十二篇，爲第五卷；魯、衛、齊、晉、鄭、宋、吴、趙、成、徐、秦、楚君臣、民庶、婦女、胥靡、俳優雜歌、謳摻曲誦、祝相曲，爲第六卷、第七卷；古諺、古語、古言、鄙諺、鄙語、野語、俗語、故語、名語、不恭之語百五十條，爲第八卷；荀卿《成相雜辭》三章，佹詩一章，附蘇秦干秦王詩，爲第九卷；葛天氏八闋訖于師延滌角，有篇目，逸其辭，存其名義，爲風雅篇十卷，終焉。

王圻《續文獻通考經籍考・詩集》 《風雅逸編》。

徐𤊹《徐氏家藏書目・總詩類》 《風雅逸篇》十卷。

張萱等《内閣藏書目録・總集部》 《風雅逸編》二册，全。嘉靖閒楊慎輯。

錢謙益等《絳雲樓書目・詩總集類》 《風雅逸編》六卷。楊慎。

黄虞稷《千頃堂書目・總集類》 楊慎《風雅逸編》十卷。

《明史・藝文志・總集類》 楊慎《風雅逸編》十卷。

《四庫提要・總集類存目二》 《風雅逸篇》十卷。浙江吴玉墀家藏本。明楊慎編。是編採録古來有韻之文，上起古初，下迄戰國末，又附載有篇目而無其辭者，自葛天氏八闋，訖於師延滌角。馮惟訥《風雅廣逸》即據此書爲藍本，而紕漏之處，亦即沿此書之譌。末一卷所載逸詩諸名，尤多牽合。既有《詩紀》，此無庸複録矣。

近體始音

徐𤊹《徐氏家藏書目・總詩類》 《近體始音》五卷。

黄虞稷《千頃堂書目・總集類》 楊慎《近體始音》五卷。

《明史・藝文志・總集類》 楊慎《近體始音》五卷。

詩林振秀

王圻《續文獻通考經籍考・詩集》 《詩林振秀》。

黄虞稷《千頃堂書目・總集類》 楊慎《詩林振秀》十一卷。

《明史・藝文志・總集類》 楊慎《詩林振秀》十一卷。

羣詩麗句

王圻《續文獻通考經籍考・詩集》 《羣詩麗句》。［楊慎用修著。］

六藝流别

《四庫提要・總集類存目二》 《六藝流别》二十卷。兩淮馬裕家藏本。明黄佐撰。佐有《樂典》，已著録。是書大旨以「六藝」之源皆出於經，因採摭漢、魏以下詩文，悉以「六經」統之。凡《詩》之流五，其别二十有一；《書》之流八，其别四十有九；《禮》之流二，其别十有六；《樂》之流二，其别十有二；《易》之流十二，而無所謂别。分類編敘，去取甚嚴。其《自序》言「欲補摯虞《文章流别》而作」，然「文本於經」之論，千古不易，特爲明理致用而言。至劉勰作《文心雕龍》，始以各體分配諸經，指爲源流所自，其説已涉於臆創。佐更推而衍之，剖析名目，殊無所據，固難免於附會牽合也。

古詩類苑

黃虞稷《千頃堂書目・總集類》 張之象《古詩類苑》一百二十卷。

《明史・藝文志・總集類》 張之象《古詩類苑》一百二十卷。

《四庫提要・總集類存目二》 《古詩類苑》一百二十卷。浙江汪啓淑家藏本。

明張之象編。是編前有黃體仁序，稱之象此書與《唐詩類苑》均家貧不能刊，以授其同里俞顯卿。顯卿亦未刊而卒。萬曆庚子，吴門曹氏始爲刊其唐詩。至壬寅，顯卿之弟顯謨，乃與之象婿王熲、陳甲校刊之。是其刻在《唐詩》後。其《凡例》有云「是編首自上古，下迄陳、隋，一枝片玉，搜括無遺。有唐一代之作，別有《類苑》，兹不重録」，是其編纂亦在《唐詩》後也。其書以馮惟訥《詩紀》爲稿本，較《唐詩》易於爲力。漢以後箴、銘、頌、贊，馮本不録，之象增之。然文章各有體裁，著述各有斷限。馮本所收《封禪文》之類，馮舒作《詩紀匡謬》，已深駁之，正宜盡從刊削，而復捃摭續貂，殊不免傷於嗜博。又割裂分隸，門目冗瑣。如全書既以「古詩」爲名，而第七十七卷「人部」又立「古詩」一門，是何體例乎？其《凡例》至稱道家歌詩出《列仙傳》《真誥》等書云云。《真誥》歌詩，誠不一而足，《列仙傳》七十二人，未有一人載詩也。足見其隨意剽掇，不盡考古書矣。

詩苑繁英

黃虞稷《千頃堂書目・總集類》 張之象《詩苑繁英》二百卷。

風雅會編

黃虞稷《千頃堂書目・總集類》 司馬泰《風雅會編》。

詩林辨體

高儒《百川書志・總集》 《詩林辨體》十六卷。皇明景寧潘援編。自唐虞而至我朝，自古歌謡而至近代詞曲，體自爲類，各著序題，原制作之意，辨析精確，必底成説。原增損吴思菴《文章辨體》，備二十五代之言，辨二十九體之製，而諸家談録詩法，皆萃聚焉。

黃虞稷《千頃堂書目・總集類》 潘援《詩林辨體》十六卷。景寧人。

苑詩類選

范邦甸等《天一閣書目・總集類》 《苑詩類選》三十卷。刊本。明包節輯，王交校。嘉靖二十五年戴金序云：「《文苑英華》爲宋之太宗詔諸儒編次，盈千卷，相傳迄今，苦灝瀚，獲睹者未十一。吴淞包侍御蒙泉取詩選百卷，擇其十三，類爲集，付前給諫王子龍田，校讐疑誤，屬刻于鄂州守何子月湖。未成，高侍御南山代守，嗣其美。是編序次始齊、梁，以終唐季。其篇什則部以隸目，目以繫詩，自天文、地理、帝德、應制、應令、朝省，以迄人事之屬，爲部二十有七。目幾二百，包括無遺，條附無紊，即一目而羣才畢集。當與《昭明文選》、西山《正宗》並傳云。」

徐𤊹《徐氏家藏書目・總詩類》 《苑詩類選》三十卷。包節。

黃虞稷《千頃堂書目・總集類》 包節《苑詩類選》三十卷。

古詩紀

徐𤊹《徐氏家藏書目・總詩類》 《古詩紀》三十六卷。馮惟訥。

錢謙益等《絳雲樓書目・詩總集類》 《古詩紀》一百五十六卷。馮惟訥。馮光禄，嘉靖間人，仕宦三十年，圖書詩卷外無長物。

《四庫提要・總集類四》 《古詩紀》一百五十六卷。內府藏本。明馮惟訥撰。

惟訥，字汝言，臨朐人。

彭元瑞等《天禄琳琅書目後編・明版集部》 《古詩紀》。三函，十八册。明馮惟訥撰。惟訥，字汝言，臨朐人，嘉靖戊戌進士，官布政使，加光禄寺卿。書一百五十六卷，凡古逸十卷，漢十卷，魏九卷，吴一卷，晉二十四卷，宋十一卷，齊八卷，梁三十四卷，陳十卷，北魏二卷，北齊二卷，北周八卷，隋十卷。《外集》仙鬼詩四卷，《别集》統論二卷，品藻六卷，雜解二卷，辨證、駁異、志遺各一卷。前有嘉靖戊午張四維序、王世貞序。甄敬爲刻於關中，頗有譌舛。此本乃萬曆丙戌吴琯、俞策、謝陛、陸弼分校重栞，汪道昆序。四維，字子維，蒲州人，嘉靖癸丑進士，官大學士，謚文毅。《明史》有傳。

詩紀

范邦甸等《天一閣書目・總集類》 《詩紀前集》十卷，《正集》一百三十卷，《外集》四卷，《别集》十二卷。刊本。明北海馮惟訥彙編，太原甄敬裁正，有序。

黄虞稷《千頃堂書目・總集類》 馮惟訥《詩紀》一百五十六卷。

《明史・藝文志・總集類》 馮惟訥《詩紀》一百五十六卷。

《四庫提要・總集類四》 《詩紀》一百五十六卷。内府藏本。

張之洞《書目答問・總集類》 《詩紀》一百五十六卷。明馮惟訥編。原刻本。

風雅廣逸

徐𤊹《徐氏家藏書目・總詩類》 《風雅廣逸》七卷。馮惟訥。

黄虞稷《千頃堂書目・總集類》 馮惟訥《風雅廣逸》七卷。

《明史・藝文志・總集類》 馮惟訥《風雅廣逸》七卷。

古今詩删

范邦甸等《天一閣書目・總集類》 《古今詩删》三十四卷。刊本。明濟南李攀龍選，王世貞序。

徐𤊹《徐氏家藏書目・總詩類》 《古今詩删》三十四卷。李攀龍。

黄虞稷《千頃堂書目・總集類》 李于鱗《古今詩删》三十四卷。

《明史・藝文志・總集類》 李于鱗《古今詩删》三十四卷。

《四庫提要・總集類四》 《古今詩删》三十四卷。江蘇巡撫採進本。明李攀龍編。

古今詩選

黄虞稷《千頃堂書目・總集類》 周履靖《古今詩選》十六卷。

雅歌

黄虞稷《千頃堂書目・總集類》 羅汝芳《雅歌》二卷。

情采編

徐𤊹《徐氏家藏書目・總詩類》 《情采編》二十六卷。屠本畯。

黄虞稷《千頃堂書目・總集類》 屠本畯《情采編》二十六卷。

《四庫提要・總集類存目三》 《情采編》三十六卷。浙江巡撫採進本。明屠本畯撰。本畯有《閩中海錯疏》，已著録。是編選漢、魏至唐之詩，既踳駁不倫，又參以杜撰，如「古詩」之名，《文選》所有也；「古絶句」之名，亦《玉臺新詠》所有也。此外則王融、沈約以下，文用宫商，當時謂之「永明體」，唐人謂之「齊梁體」而已。至律詩之名，始於沈佺期、宋之問，《唐書》列傳可考；「排律」之名，始於楊士宏《唐音》，亦可考也。本畯乃於古詩、律詩之閒，别立一名，謂之「聲詩」，以「齊梁體」當之，已爲妄作。乃復以齊邱巨源等四十人之詩，列爲「五言律詩」，以梁元帝等十三人之詩，列爲「五言排律」，則刱見罕聞。殆因楊慎《五言律祖》之説，而彌失彌遠者矣。

其他如古詩四十餘首，昭明所録，偶然得其十九，非有定數可拘，乃雜摭諸篇，爲「後十九」以配之，是何異郡懸志書地必有景、景必有八、題必四字、詩必七律者乎？至唐上官昭容之《綵毫怨》，誤題梁范靖妻《沈滿願》；梁劉孝標之《淇上戲蕩子婦》，誤題王筠；唐崔融之《寶劍篇》，誤題北魏崔鴻，甚至以宋周密《癸辛雜識》所載女仙之詩「柳條金嫩不勝鴉」一首，題爲《小秦王》，竄入唐人詩者，更指不勝屈也。

古詩所

徐𤊹《徐氏家藏書目・總詩類》 《古詩所》五十六卷。臧懋循。

黄虞稷《千頃堂書目・總集類》 臧懋循《古詩所》五十二卷。

《明史・藝文志・總集類》 臧懋循《古詩所》五十二卷。

《四庫提要・總集類存目三》 《古詩所》五十六卷。通行本。明臧懋循編。

千家詩

劉若愚《内板經書紀略》 《千家詩》。一本，四十四葉。

詩苑醍醐

徐𤊹《徐氏家藏書目・總詩類》 《詩苑醍醐》四卷。

詩選則要

徐𤊹《徐氏家藏書目・總詩類》 《詩選則要》一卷。

詩家全體

徐𤊹《徐氏家藏書目・總詩類》 《詩家全體》十四卷。李之用。

黄虞稷《千頃堂書目・總集類》 李之用《詩家全體》十四卷。

詩學正宗

黄虞稷《千頃堂書目・總集類》 浦南金《詩學正宗》十六卷。

《四庫提要・總集類存目二》 《詩學正宗》十六卷。内府藏本。明浦南金編。南金有《修詞指南》，已著録。是集選歷代之詩，起唐、虞古辭，至唐人近體。自四言至七言絶句，分體有九。每體中又分正始、正音、正變、附録四門，其分繫殊多未當。如孔子去魯等歌，雖不免或有依託，然如以爲僞，則當删汰；如以爲真，則固聖人之作也，降而列之「正變」，於義未協。至既分「古樂府」一體，而安世《房中歌》，則列之四言古詩，《長歌行》《怨歌行》《苦寒行》《箜篌引》之類，則列之五言古詩，體例亦殊叢脞。又三謝之作雖多偶句，究與唐律不同，而竟入之「排律」中，尤踵楊慎《律祖》之説而失之者矣。

詩宿

黄虞稷《千頃堂書目・總集類》 劉一相《詩宿》。字惟衡。采周、秦、漢、魏、六朝、三唐之詩，分部二十八，爲類百六十有二。

《四庫提要・總集類存目三》 《詩宿》二十八卷。内府藏本。明劉一相編。一相，字維衡，長山人。萬曆丁丑進士。官至陝西布政使。是編採周、秦、漢、魏、六朝、三唐之詩，區別差次，爲部二十八，子目一百五十有四。陳、隋以上詩體不甚異者都稱古詩，惟以時代爲序；唐則類以題分，人以詩分，詩以體分。亦張之象《唐詩類苑》之流亞也。

詩歸

范邦甸等《天一閣書目・總集類》 《詩歸》五十一卷。刊本。明鍾惺、譚元春同選，均有序。自古逸至隋，凡十五卷，曰《古詩歸》；初唐五卷，盛唐十九卷，中唐八卷，晚唐四卷，凡三十六卷，曰《唐詩歸》。

《四庫提要・總集類存目三》 《詩歸》五十一卷。内府藏本。明鍾惺、譚元春同編。

古唐詩歸

黄虞稷《千頃堂書目・總集類》 鍾惺、譚元春《古唐詩歸》四十七卷。古十五，唐三十二。

《明史・藝文志・總集類》 鍾惺《古唐詩歸》四十七卷。

詩雋類函

徐𤊹《徐氏家藏書目・總詩類》 《詩雋類函》。俞安期。又《詩雋類函》。俞安期。

黄虞稷《千頃堂書目・總集類》 俞安期《詩雋類函》一百五十卷。

《明史・藝文志・總集類》 俞安期《詩雋類函》一百五十卷。

古逸詩載

黄虞稷《千頃堂書目・總集類》 麻三衡《古逸詩載》十二卷。

古詩解

黄虞稷《千頃堂書目・總集類》 唐汝諤《古詩解》□十卷。

《四庫提要・總集類存目三》 《古詩解》二十四卷。江蘇巡撫採進本。明唐汝諤撰。汝諤有《詩經微言合參》，已著録。其兄汝詢有《唐詩解》，故此以古詩配之。其注釋體例略同。惟《唐詩解》以五、七言分古今體，此則分爲五類：曰古歌謡辭，曰古逸雜篇，曰漢歌謡辭，曰樂府，曰詩。其訓詁字義，頗爲簡略；所發明作意，亦皆敷衍。又「樂府」之類，聲詞合寫者，汝諤不究其源，一一強爲之説，尤多牽強。其《凡例》謂五言起於鄒、枚。考枚乘之説，見《文心雕龍》及《玉臺新詠》。鄒不知其所指，亦不知其所本。《漢郊祀歌》注，鄒子樂名，又非五言，所言已爲荒誕。又以「十九首」冠於蘇、李之前，不知《冉冉孤生竹》一篇，《文心雕龍》稱爲傅毅作，毅固東漢人；《去者日以疎》《客從遠方來》二首，鍾嶸《詩品》稱爲舊疑建安中陳王所製，則時代尤後。乃俱躋之蘇、李以前，殊爲失考，所注解抑可知矣。

古詩評選

黄虞稷《千頃堂書目・總集類》 楊維休《古詩評選》二十卷。

歷代詩選

黄虞稷《千頃堂書目・總集類》 張洪《歷代詩選》。

風雅遺音

黄虞稷《千頃堂書目・總集類》 劉詠《風雅遺音》。輯楚、漢以下詞人之作得《三百篇》之旨者。

風雅元音

黃虞稷《千頃堂書目・總集類》 傅振商《風雅元音》。

石倉古詩選

徐𤊹《徐氏家藏書目・總詩類》 《石倉古詩選》十二卷。曹學佺。

石倉十二代詩選

黃虞稷《千頃堂書目・總集類》 曹學佺《石倉十二代詩選》。《古詩選》十三卷；《唐詩選》一百十卷；《宋詩選》一百七卷；《元詩選》五十卷；《明詩選》一集八十六卷，二集一百四十卷，三集一百卷，四集一百三十二卷，五集五十卷，六集一百卷。

《明史・藝文志・總集類》 曹學佺《石倉十二代詩選》八百八十八卷。

天籟集

《四庫提要・總集類存目三》 《天籟集》二卷。庶吉士戴震家藏本。 明釋無相編。無相始末未詳。是集成於萬曆己酉。所録皆宋以前不工文者之詩，如《易水歌》《黃臺瓜詞》之類。序稱「詩以道性情，後世雕繪字句，囂争宗派，於所謂『詩言志』者無當也。孔聖删詩，多取委巷歌謡，毋乃不工於文者，反能直抒性情，爲風雅正軌乎」云云，殆爲明季風氣而言，然矯枉過直矣。

古詩鏡　唐詩鏡

《四庫提要・總集類四》 《古詩鏡》三十六卷，《唐詩鏡》五十四卷。內府藏本。 明陸時雍撰。時雍，字仲昭，桐鄉人，崇禎癸酉貢生。是編選自漢、魏以迄晚唐之詩，分爲二集。前有《總論》一篇，其大旨以神韻爲宗，情境爲主。如云「詩須觀其自得，古人佳處不在言語間」，又云「氣太重，意太深，聲太宏，色太厲，佳而不佳，反以此病」，又云「詩不患無材，而患材之揚；不患無情，而患情之肆；不患無言，而患言之盡；不患無景，而患景之煩」，所言皆妙解詩理。其間如《孔雀東南飛》一詩，譏其情詞之紕謬；而於儲光羲、孟浩然輩，亦俱有微詞。蓋其時王、李餘波，相沿未息，學者方以吞剥爲工，故於蹊逕易尋者，往往加之排斥，欲以此針砭流俗，故不免於懲羹而吹虀。然其採摭精審，評釋詳核，凡運會升降，一一皆可考見其源流，在明末諸選之中，固不可不謂之善本矣。書中評語間涉纖仄，似乎漸染楚風，然《總論》中所指「晉人華言是務，巧言是標」，實以隱刺鍾、譚。其字句尖新，特文人綺語之習，與竟陵一派，實貌同而小異也。

天盖樓偶評

軍機處奏《禁毁書目》 《天盖樓偶評》一部二十一本。查《天盖樓偶評》係呂留良所評選詩文，應請銷燬。

古律手鈔

黃虞稷《千頃堂書目・總集類》 陳沂《古律手鈔》。

五言律祖

范邦甸等《天一閣書目·總集類》 《五言律祖》六卷。刊本。明楊慎選并序。

王圻《續文獻通考經籍考·詩集》 《五言律祖》。［楊慎用修著。］

徐𤊹《徐氏家藏書目·總詩類》 《五言律祖》二卷。

張萱等《内閣藏書目録·總集部》 《五言律祖》二册。全。國朝楊慎編六朝詩。

錢謙益等《絳雲樓書目·詩總集類》 《五七言律祖》六卷。楊慎。

黄虞稷《千頃堂書目·總集類》 楊慎《五言律祖》六卷。又楊沓《五言律祖》五卷。

《明史·藝文志·總集類》 楊慎《五言律祖》六卷。

五言律細

黄虞稷《千頃堂書目·總集類》 楊慎《五言律細》一卷。

五言三韻詩選

王圻《續文獻通考經籍考·詩集》 《五言三韻詩選》。［楊慎用修著。］

五言選

王圻《續文獻通考經籍考·詩集》 《五言選》。［新都人楊慎用修著。］

六言絶句

范邦甸等《天一閣書目·總集類》 《六言絶句》一卷。刊本。明楊慎選。

七言古選

徐𤊹《徐氏家藏書目·總詩類》 《七言古選》。

七言律細

黄虞稷《千頃堂書目·總集類》 《七言律細》二卷。

七言律準

黄虞稷《千頃堂書目·總集類》 張玉成《七言律準》四十六卷。如皋人。一作五十四卷。

絶句辯體

王圻《續文獻通考經籍考·詩集》 《絶句辯體》。［楊慎用修著。］

徐𤊹《徐氏家藏書目·總詩類》 《絶句辨體》八卷。楊慎。

張萱等《内閣藏書目録·雜部》 《絶句辨體》一册。楊慎編。自六朝至唐止。

錢謙益等《絳雲樓書目·唐詩類》 楊升菴《絶句辨體》。八卷。

黄虞稷《千頃堂書目·總集類》 楊沓《絶句辨體》八卷。

絶句衍義

黄虞稷《千頃堂書目・總集類》 楊慎《絶句衍義》四卷。

絶句博選

高儒《百川書志・總集》 《絶句博選》四卷。稱秦中衣山王公。選唐七言絶句千餘首，及宋人數百首。

范邦甸等《天一閣書目・總集類》 《絶句博選》五卷。刊本。明王朝雍輯。

黄虞稷《千頃堂書目・總集類》 王朝雍《絶句博選》五卷。號友山，秦人。

二妙集

黄虞稷《千頃堂書目・總集類》 唐順之《二妙集》十二卷。選唐、宋、元、明七言律絶。

二妙集

《四庫提要・總集類存目二》 《二妙集》十二卷。浙江范懋柱家天一閣藏本。明萬士和編。士和有《履菴集》，已著録。初，唐順之選漢、魏至明之詩爲《二妙集》，蓋取陳獻章論詩法與理俱妙之語，以名其書。士和受業於順之，因摘其中七言律詩、七言絶句二體，又益以順之七言律詩一卷，共爲十二卷。唐取杜甫、王維、劉長卿、韋應物、王建、張籍、吕嵓七人，宋取王安石、黄庭堅、邵子、朱子四人，元取劉因一人，明取莊㫤、王守仁二人。順之長於古文，至詩道，則全然不解，持論以談理爲宗，尤不可與口舌争。士和序中亦稱「集成而世無好者」，則是非之心，人皆有之矣。

學庵絶句

黄虞稷《千頃堂書目・總集類》 邵宣《學庵絶句詩》一卷。邵復孺子，字子庭。

歷代宫詞

徐𤊹《徐氏家藏書目・總詩類》 《歷代宫詞》四卷。

黄虞稷《千頃堂書目・總集類》 《歷代宫詞》四卷。

歷代帝王詩集

黄虞稷《千頃堂書目・總集類》 沈麟《歷代帝王詩集》四卷。嘉靖間錦衣衛千户。

禪藻集

徐𤊹《徐氏家藏書目・總詩類》 《禪藻集》二十八卷。古今僧詩。

錢謙益等《絳雲樓書目・詩總集類》 《禪藻集》二卷。楊慎。

海雲禪藻集

軍機處奏《禁燬書目》 《海雲禪藻集》三本。查《海雲禪藻集》，乃徐作霖等所輯雷峰諸僧之詩，中有金堡詩句，其他亦多冗雜不倫，應請銷燬。

中宮詩集

張萱等《内閣藏書目録・聖制部》《中宮詩集》一册。全。朝代未詳。取古孝女、孝婦事略爲韻語，通一卷。鈔本。上有「順德之寶」、「廣大含弘」二印。

詩女史

錢謙益等《絳雲樓書目・詩總集類》《詩女史》二册。

《四庫提要・總集類存目二》《詩女史》十四卷，《拾遺》二卷。内府藏本。明田藝蘅編。藝蘅有《大明同文集》，已著録。是書採録閨閣之詩，上起古初，下迄明代。《拾遺》二卷，則皆宋以前人也。採摭頗富，而考證太疎，如《皇娥歌》出《拾遺記》，本王嘉僞託，乃不能辨别，復妄增嫘祖字；蘇伯玉妻本晉人，故《玉臺新詠》列傅元之後，乃承《詩紀》之誤，以爲漢詩；王宋詩本魏文帝擬作，詳載《藝文類聚》，而承《玉臺新詠》誤本，竟署宋名；吴興妖神贈謝覽詩，見《太平御覽》，亦承《詩紀》之誤，作吴興伎童。甚至《拾遺》之首，冠以南齊蘇小小詞，其詞乃《減字木蘭花》，尤爲可異。藝蘅未必至此，毋乃書肆所託名耶？

名媛詩歸

《四庫提要・總集類存目三》《名媛詩歸》三十六卷。内府藏本。舊本題明鍾惺編。取古今宮閨篇什，裒輯成書，與所撰古、唐《詩歸》竝行。其間真僞雜出，尤足炫惑後學，王士禛《居易録》亦以爲坊賈所託名。今觀書首有書坊識語，稱「名媛詩未經刊行，特覓祕本，精刻詳訂」云云，核其所言，其不出惺手明甚。然亦足見竟陵流弊，如報讐之變爲行劫也。

名媛彙詩

《四庫提要・總集類存目三》《名媛彙詩》二十卷。内府藏本。明鄭文昂編。文昂始末未詳。閨秀著作，明人喜爲編輯，然大抵輾轉勦襲，體例略同。此書較《名媛詩歸》等書，不過增入雜文，其餘皆互相出入，譌謬亦復相沿，魯衛之間，固無可優劣也。

古今宮闈詩史

黄虞稷《千頃堂書目・總集類》方維儀《古今宮闈詩史》。清芳閣，桐城人大理卿大鎮女，適姚蓀棐。

吟堂博笑集

《四庫提要・總集類存目三》《吟堂博笑集》五卷。浙江范懋柱家天一閣藏本。不著編輯者名氏。雜採隋、唐以來閨闈之作，以死節、勸戒、奇遇、題詠、寄情分爲五類。惟首二卷尚有裨風教，然採擇亦頗疎舛；其後三卷則多鄙穢之詞，不出小説家言矣。

千里面談

錢謙益等《絳雲樓書目・詩總集類》《千里面談》。

詞海遺珠

《四庫提要・總集類存目二》 《詞海遺珠》四卷。浙江汪啓淑家藏本。明勞堪編。堪字道亭，江西德化人。嘉靖丙辰進士，官至副都御史。此書雜採金石文字、以及詩詞、雜文，不分體製，亦不敘時代；又多刪節原文，餖飣割裂，其中紕繆，不可殫數。如王羲之《月儀帖》乃索靖之語，劉禹錫「春江一曲柳千條」詩以爲本集不載，乃元稹之詩，刪八句爲四句；又載裴度《題嶽廟石闕》詩，乃司空圖作，載在本集；又《古黄姑歌》二句，乃梁武帝《東飛伯勞歌》；又《青史子》一篇，不知爲賈誼《新書》所載；晉無名氏三言詩，不知爲傅玄作；漢鑑銘「錬形神冶」一篇，不知爲《太平廣記》所載，唐人作。他如《左傳》衛靈公石槨銘、《聲伯夢涉洹水歌》、《禮記》伊耆氏《蜡詞》，皆載於經；蕭子顯《齊書・郡國志贊》亦見正史，皆曰「遺珠」，尤疏舛矣。

衡門集

《四庫提要・總集類存目二》 《衡門集》十五卷。浙江汪汝瑮家藏本。明鄭履淳編，其子心材續成之。履淳有《鄭端簡年譜》，心材有《鄭京兆集》，均已著録。是編乃履淳以其父刑部尚書曉所喜讀古文詩文近於閒適曠達者，彙次成集，分體排纂。凡詩十一卷，文僅四卷，亦摘録史傳爲多。每篇之首，皆不題作者姓名，殊無體例。始刊於隆慶己巳，尚多闕略。至萬曆乙酉，心材始補輯爲此本。其曰《衡門集》者，言其非臺閣之書，不爲世俗所好也。

古樂府類編

《明史・藝文志・總集類》 胡瀚《古樂府類編》四卷。

樂府原

錢謙益等《絳雲樓書目・詩總集類》 《樂府原》。徐獻忠。

《明史・藝文志・總集類》 徐獻忠《樂府原》十五卷。

《四庫提要・總集類存目二》 《樂府原》十五卷。内府藏本。明徐獻忠撰。獻忠有《吳興掌故集》，已著録。是書取漢魏六朝樂府古題，各爲考證，並録原文而釋其義。然所見殊淺，而又索解太鑿，如杜氏《通典》謂《房中樂》爲楚聲，獻忠則謂屈、宋騷辭，每言著一「兮」字，乃楚人怨歎之本聲，而以《安世房中歌》爲非其倫，亦未免拘泥鮮通矣。

七言樂府

錢謙益等《絳雲樓書目・詩總集類》 《七言樂府》。

古樂府

高儒《百川書志・總集》 《古樂府》三卷。皇明中書舍人信陽何景明編。擇左氏所集辭古雅者九十一首，列爲六等，又擇可録者一百五十首續焉。

古樂苑

范邦甸等《天一閣書目・詞曲類》 《古樂苑》五十二卷。刊本。卷首有「范汝槐之印」。西吴梅鼎祚補正，東越吕元昌校閲。

《四庫提要・總集類四》 《古樂苑》五十二卷。兩淮馬裕家藏本。明梅鼎祚撰。鼎祚有《才鬼記》，已著録。是編因郭茂倩《樂府詩集》而增輯之。

張之洞《書目答問・總集》 明梅鼎祚編《古樂苑》五十二卷，又補郭遺。

續玉臺新詠

黄虞稷《千頃堂書目・總集類》 《續玉臺新詠》五卷。

斯文正統

《四庫提要・總集類存目四》 《斯文正統》十二卷。直隸總督採進本。國朝刁包編。包有《易酌》，已著録。是編所録歷代理學諸儒之文，凡二百一十有六篇。其凡例稱專以品行爲主，若言是人非，雖絶技無取。蓋本真德秀《文章正宗》之例，持論可云嚴正。然三代以前，文皆載道；三代以後，流派漸分。猶之衣資布帛，不能廢五采之華；食主菽粟，不能廢八珍之味。必欲一掃而空之，於理甚正，而於事必不能行。即如《文章正宗》，行世已久，究不能盡廢諸集，其勢然也。至蘇軾大悲閣、四大菩薩諸記，因題製文，原非講學，言各有當，義豈一端，而包於歐陽修本論評語中，極詞詆斥。然則真德秀《西山集》中爲二氏而作者不知凡幾，包既講學，不應不見是集，何以置之不言？豈非以蘇氏爲程子之敵、真氏則朱子之徒乎？恐未足服軾之心也。

斷代

周詩遺軌

范邦甸等《天一閣書目・總集類》 《周詩遺軌》十卷。刊本。明劉節編。

徐𤊹《徐氏家藏書目・總詩類》 《周詩遺軌》八卷。

黄虞稷《千頃堂書目・總集類》 劉節《周詩遺軌》十卷。

漢詩

高儒《百川書志・總集》 《漢詩》七卷。河中劉成德編選。凡二百一十四首。

錢謙益等《絳雲樓書目・詩總集類》 《漢詩》。

黄虞稷《千頃堂書目・總集類》 劉成德選《漢詩》七卷。

古詩

高儒《百川書志・總集》 《古詩》一卷。或云枚乘。蓋十九首爾。鍾嶸稱四十五首非一人作，明矣。前此無集，予恐湮没，搜摭諸詩，猶闕數首。儻流落人間尚存，俟博求益之。

魏詩

高儒《百川書志・總集》 《魏詩》六卷。皇明劉成德編選。凡二百八十三首，二詩各注人之事實，詩之作旨。

黄虞稷《千頃堂書目・總集類》 劉成德選《魏詩》六卷。河中人。

漢魏詩集

范邦甸等《天一閣書目・總集類》 《漢魏詩集》十四卷。刊本。明河中劉成德編選并序，何景明、蕭海校正，均有序。

徐𤊹《徐氏家藏書目・總詩類》 《漢魏詩》十四卷。何景明校正。

黄虞稷《千頃堂書目・總集類》 何景明校《漢魏詩》十四卷。

《明史・藝文志・總集類》 何景明校《漢魏詩》十四卷。

漢魏古辭

高儒《百川書志・總集》 《漢魏古辭》一卷。詞旨高古，絶非晉、宋可及，但各詩注下亦無姓氏可考。凡二十一首。

漢魏詩紀

范邦甸等《天一閣書目・總集類》 《漢魏詩紀》十卷。刊本。明馮惟訥編。□爲豫章徐南京序稱：「北海馮君得漢魏以來樂府、詩詞、歌謡、雜曲，凡若干篇。□爲之考證疑誤，整齊世次，命曰《漢魏詩紀》。馮君嘗集《□雅廣逸》，以補先秦古詩之缺，别有録。謂先秦而降，獨漢、魏最爲近古。乃始自漢高，迄于吴紀。自君侯卿士、詞客墨卿，下逮閭門里巷之什，莫不燦然畢備，靡有闕遺。復爲之詳其世系、歷履，正其訛舛，令論古者有攷焉。而附以《詩品》談藝諸篇，刻諸河濆，傳之四方，好古君子，庶或有取於斯乎？君名惟訥，臨朐人。」黄禎、喬世寧均有序。

漢魏詩集

徐𤊹《徐氏家藏書目・總詩類》 《漢魏詩集》二卷。

漢魏詩乘

徐𤊹《徐氏家藏書目・總詩類》 《漢魏詩乘》二十卷。

錢謙益等《絳雲樓書目・詩總集類》 《漢魏詩乘》。

黄虞稷《千頃堂書目・總集類》 梅禹金《漢魏詩乘》二十卷。

《四庫提要・總集類存目三》 《漢魏詩乘》二十卷。通行本。明梅鼎祚編。鼎祚有《才鬼記》，已著録。其所輯漢魏六朝之詩，名《八代詩乘》，六朝詩多所刪削，而漢魏詩則全載。又其書先出，故刊本或亦别行。孫皓、韋昭諸作，别題曰「吴詩」，亦以時代類附焉。此書作於馮惟訥《詩紀》之後，頗欲補其軼闕。然真僞雜糅，不能考正，如蘇武妻詩之類，至今爲藝林口實也。

漢魏百篇

徐𤊹《徐氏家藏書目・總詩類》 《漢魏百篇》一卷。趙世顯。

六朝聲偶集

高儒《百川書志・總集》 《六朝聲偶集》七卷。皇明吴人徐獻志選齊、梁、陳、隋、北齊、後周詩，取其偶切成律者，以明唐人之創也。

范邦甸等《天一閣書目・總集類》 《六朝聲偶集》七卷。刊本。明徐獻忠選并序。

徐𤊹《徐氏家藏書目・總詩類》 《六朝聲偶》七卷。

錢謙益等《絳雲樓書目・詩總集類》 《六朝聲偶》二册。七卷。

黄虞稷《千頃堂書目・總集類》 徐獻忠《六朝聲偶集》七卷。

《明史・藝文志・總集類》 徐獻忠《六朝聲偶集》七卷。

《四庫提要・總集類存目二》 《六朝聲偶》七卷。浙江范懋柱家天一閣藏本。明徐獻忠編。是書因楊慎《五言律祖》而廣之。取南北朝人五言詩，以明唐律所自出。然以齊、梁、陳、北齊、周、隋謂之「六朝」，未免自我作古。況「永明體」載在《齊書・王融傳》，聲病宫商載在《梁書・沈約傳》，而李商隱、温庭筠諸集所謂「齊梁體」者，亦皆具有明文，此本不待考而知者。慎書已爲多事，獻忠何必又衍爲此書。如曰以爲詩法，則詩又不以齊、梁爲極則也。

黄丕烈《蕘圃藏書題識・集類》 《六朝聲偶集》七卷。鈔補本。徐獻忠《六朝聲偶集》，凡書目皆載七卷，今所收者止四卷，有序，無總目。或因無五、六、七卷，遂去總目，幸有子目存，可考存卷詩之全否。書名「六朝聲偶」，此正齊、梁，其爲不全可知。兒輩好古學，頗究心，因留此，爲流覽之助。若余則止知矢口成吟，不知若何爲「六朝」、若何爲「聲偶」，茫如也，但云詩而已，但云有韻之言而已，詩云乎哉？道光癸未中秋後三日秋清逸士記。

余每得一書，遇書友來，必告以余近所得某書，其書之何本何刻，亦必曲爲解釋，以冀其見聞之廣。蓋業書者未必知書，且遇罕見之本，亦往往不識，故示以所得之書，知其中之委曲也。秋間，有賈人以舊鈔《六朝聲偶集》來，惜逸其後三卷，因罕覯收之。兹届仲冬七日，敬業堂閔聯奎持其後三卷來，適可補向所闕。因歎事苟留心搜訪，雖不易得者，未始不可屢見也。且是刻本，尤勝於鈔，姑俟之，或續有刻本之全，并原失之四卷，豈不更快哉！蕘夫記。

黄丕烈《蕘圃藏書題識再續録・集類》　《六朝聲偶集》七卷。明刻合配本。

物無重輕，以全爲上；事無巨細，以合爲奇。此徐獻忠《六朝聲偶集》，不過總集中之一種耳，因不習見，殘帙亦收之。偶舉示書友之常所往來者，冀其或有配頭也。仲冬七日，果獲殘帙五、六、七卷，合諸前所收一、二、三、四卷，適符全書七卷，是可謂巧遇矣，喜而識其緣起于卷端。蕘夫。

六朝聲偶删補

《四庫提要・總集類存目三》　《六朝聲偶删補》七卷。内府藏本。明邵一儒編。一儒，字仲魯，海陽人。是書成於萬曆庚申之九月，時廷議以萬曆四十八年八月以後爲泰昌元年，故其序以泰昌紀元也。初，徐獻忠有《六朝聲偶》，大致本楊慎《五言律祖》而廣之。此又因獻忠之本，重爲删補。

六朝詩集

范邦甸等《天一閣書目・總集類》　《六朝詩集》一册。刊本。明方山薛應旂序。

丁丙《善本書室藏書志・總集類》　《六朝詩集》二十四家無卷數。嘉靖刊本。是編前有嘉靖癸卯薛應旂序，但論六朝詩法，而不言彙詩若干家。又無總目，不能知其是全是闕。其中多從宋本出者，如《謝宣城集》五卷，與吴騫所刊宋本對看，無毫髮差。餘則二陸、陰、何，校以宋本，一一吻合。偶見《絳雲樓書目・總集類》載此書，後附細目，始知二十四家已全。凡梁武帝、文帝、宣帝、元帝、後周明帝、陳后主、隋煬帝、陳思王、阮嗣宗、嵇中散、陸士衡、陸士龍、謝康樂、謝惠連、謝宣城、江文通、劉孝綽、劉孝威、沈約、何水部、陰常侍、王子淵、庾開府、鮑照，皆有詩無文，故曰《詩集》。有「安石」一印。

六朝詩彙

范邦甸等《天一閣書目・總集類》　《六朝詩彙》一百十四卷。刊本。卷首有「崑崙山人」、「范氏子受家藏」二印。明慈谿張謙彙集，義烏王家聖增彙，姑蘇陸師道校正，嘉靖濟南元白子金城序。

黄虞稷《千頃堂書目・總集類》　王宗聖《增補張謙〈六朝詩彙〉》一百十四卷。

《明史・藝文志・總集類》　王宗聖《增補六朝詩彙》一百十四卷。

于敏中等《天禄琳琅書目・明版集部》　《六朝詩彙》二函十二册。明張謙輯，王宗聖增。一百十四卷，前明金城序，次詩人姓氏、爵里。

《明史・藝文志》載「王宗聖《增補六朝詩彙》一百十四卷」，雖於標題之上加以「增補」二字，然不及張謙之名。此本標題下并列張謙、王宗聖，兼署姑蘇陸師道校正。而金城序又稱「鄮西張子雅意哀采，積累成編，賓湖王子復裨益之，人凡五百有奇，爲卷百有十四，命曰《六朝詩彙》。因託五湖陸子爲之校讐，刻於蘇郡」云云。是此書之剏始與續成者，瞭然具見矣。張謙，字仲受，慈谿人，嘉靖壬辰進士，歷官按察副使，見朱彝尊《明詩綜》。王宗聖，義烏人，嘉靖甲辰進士，官僉事，見《浙江通志》。陸師道，字子傳，吴縣人，嘉靖戊戌進士，官尚寶少卿，見《蘇州府志》。金城始末無考，其序後自署爲濟南人，號元白子。此書字畫朗潔，紙墨俱佳，係初印本。

六朝詩乘

范邦甸等《天一閣書目・總集類》《六朝詩乘》十八卷。明四明史起欽裁正，宣城梅鼎祚選輯。

黃虞稷《千頃堂書目・總集類》梅禹金《六朝詩乘》四十七卷。

八代詩乘

范邦甸等《天一閣書目・總集類》《八代詩乘》十八卷。梅鼎祚選輯。

六朝釋氏古詩

錢謙益等《絳雲樓書目・詩總集類》《六朝釋氏古詩》。

唐詩通考

黃虞稷《千頃堂書目・總集類》徐舫《唐詩通考》。

錢大昕《補元史藝文志・總集類》徐舫《唐詩通考》。

唐詩品彙　拾遺

高儒《百川書志・總集》《唐詩品彙》九十卷，《拾遺》十卷。國朝翰林檢討新寧高棅廷禮編。集有唐一代之作，自貞觀迄龍紀，不以小泥，不以人廢，因時定體，比楊選精詳。得六百二十人，共詩五千七百六十九首。類分七體，詳列九目，上自朝廷公卿大夫，下有山林隱逸士子，外而夷貊，内而閨秀，與夫方外異人、衲子羽士之流，一題一詠之善，採撫無遺。又集《拾遺》十卷，增六十一人，詩九百五十四首，足成百卷。合六百八十一人，共詩六千七百二十三首。嚴滄浪言唐詩八百家，校此亦庶幾矣。諸選之總會，唐詩之大成也。

范邦甸等《天一閣書目・總集類》《唐詩品彙》九十卷。刊本。每卷首有「先光祿少明」、「范氏子受」、「崑崙山人」、「碧沚書堂」四圖書。明洪武新寧高棅編。序稱：「自貞觀至天祐，通得六百二十人，共詩五千七百六十九首，分爲九十卷。」

徐𤊹《徐氏家藏書目・總詩類》《唐詩品彙》九十卷。高棅。

張萱等《内閣藏書目録・總集部》《唐詩品彙》十七册。全。國初新寧高棅輯。

錢謙益等《絳雲樓書目・唐詩類》《唐詩品彙》九十卷。又《拾遺》十卷。明高棅，字彦恢，永樂時人，官終國子監典籍。

黃虞稷《千頃堂書目・總集類》高棅《唐詩品彙》九十卷，又《拾遺》十卷。

王士禛《漁洋書跋》《唐詩品彙》。宋、元論唐詩，不甚分初、盛、中、晚，故《三體》《鼓吹》等集，率詳中、晚而略初、盛，攬之憒憒。楊士弘《唐音》始稍區別，有正音，有餘響，然猶未暢其説，間有舛謬。迨高廷禮《品彙》出，而所謂正始、正音、大家、名家、羽翼、接武、正變、餘響，皆井然矣。獨七言古詩以李太白爲正宗，杜子美爲大家，王摩詰、高達夫、李東川爲名家，稍誤。是三家者皆當爲正宗，李、杜均之爲大家，岑嘉州而下爲名家，則確然不可易矣。聖人復起，不易吾言。

《明史・藝文志・總集類》高棅《唐詩品彙》九十卷，《拾遺》十卷。

《四庫提要・總集類四》《唐詩品彙》九十卷《拾遺》十卷。編修鄭際唐家藏本。明高棅編。棅有《嘯臺集》，已著録。宋之末年，江西一派與四靈一派併合而爲江湖派，猥雜細碎，如出一轍，詩以大弊。元人欲以新艷奇麗矯之，迨其末流，飛卿、長吉一派，與盧仝、馬異、劉叉一派併合而爲纖體，妖冶俶詭，如出一轍，詩又大弊。百餘年中，能自拔於風氣外者，落落數十人耳。明初閩人林鴻始以規仿盛唐立論，而棅實左右之，是集其職志也。所録凡六百二十家，得詩五千七百六十九首。分體編次，爲五言古詩二十四卷，七言古詩十三卷，長短句附焉，五言絶句八卷，六言附焉，七言絶句十卷，五言律詩十五卷，五言排律十一卷，七言律詩九卷，排律附焉。始於洪武甲子，成於癸酉。至戊寅，又搜補作者六十一人，詩九百五十四首，爲《拾遺》十卷，附於後。

唐詩正聲

高儒《百川書志・總集》《唐詩正聲》二十二卷。棅成《品彙》，又慮其浩繁，復採取聲律純正九百二十九首，以正唐音。

范邦甸等《天一閣書目・總集類》《唐詩正聲》二十二卷。刊本。明洪武新寧高棅選并識云：因編《唐詩品彙》一集，自貞觀迄于龍紀，三百年間，凡所謂大名家十數公，與夫善鳴者，殆將數百家，其言足以没世不忘者悉録之。分編定目，隨體類從，凡九十卷，共詩五千七百六十九首。竊慮博而廣要，雜而不純，乃拔其尤，彙爲此編。

又《唐詩二選正聲》十卷。刊本每卷首有「天中静香」圖章。高棅編選，黄魯曾序。

徐𤊹《徐氏家藏書目・總詩類》《唐詩正聲》二十二卷。

錢謙益等《絳雲樓書目・唐詩類》《唐詩正聲》。高棅。

黄虞稷《千頃堂書目・總集類》《唐詩正聲》二十二卷。

《明史・藝文志・總集類》高棅《唐詩正聲》二十二卷。

唐詩正音

范邦甸等《天一閣書目・總集類》《唐詩正音》三十二卷。刊本。明高棅選。閩北郭波序云：「吾鄉漫士高先生所選者，視《品彙》加嚴矣。吾師可泉胡公愛是書，不去手，簡以示波，且曰：『熟此則入門不差。』因圖刻之吴中。先生名棅，字彦恢，仕名廷禮，宋尚書張鎮之後。祖麟出菘高，因姓焉。波忝鄉後進，跡其本末於此。若夫格調之高雅，鑑别之精當，則有可泉公之序在。」

唐詩始音輯注

孫星衍《平津館鑒藏書籍記・元版》《唐詩始音輯注》一卷，《正音輯注》六卷，《遺響輯注》七卷。題襄城楊士宏伯謙編次，新淦張震文亮輯注。每集有目序、小序，前有《唐音名氏》，又有至正四年八月楊士宏序并《凡例》，序後有「楊氏伯謙」木方印、「鑑池春草」木方印、「尚白齋」木長印。《始音・目録》後有「廣勤堂鼎式」木印、「建安葉氏鼎新繡梓」木長印。每集後有「鑑池春草」、「尚白齋」兩木印。黑口板，每葉廿行，行十八字。收藏有「季振宜印」朱文方印、「滄葦」朱文方印、「季滄葦圖書記」朱文長印。

唐律羣玉

黄虞稷《千頃堂書目・總集類》何喬新《唐律羣玉》十六卷。

《明史・藝文志・總集類》何喬新《唐律羣玉》十六卷。

唐詩正體

高儒《百川書志・總集》《唐詩正體》七卷。皇明新喻符觀重訂《唐音正聲》，而少加增損焉。止五、七言律及七言絶三體。

范邦甸等《天一閣書目・總集類》《唐詩正體》六卷。刊本。明符觀重訂并序。

黄虞稷《千頃堂書目・總集類》符觀《唐詩正體》七卷。

《明史・藝文志・總集類》符觀《唐詩正體》七卷。

唐詩類編

王圻《續文獻通考・經籍考・詩集》《唐詩類編》。［吉水周敍著。］

黄虞稷《千頃堂書目・總集類》周叙《石溪周氏唐詩類編》十卷。

《明史・藝文志・總集類》周敍《唐詩類編》十卷。

十二家唐詩

范邦甸等《天一閣書目·總集類》 《十二家唐詩》，刊本。明嘉靖壬子永嘉張遜業序首，江都黃埻梓行，題其後曰：「王、楊、盧、駱沿六朝之習，爲天賦之才，實一代聲律之發硎。自是文運益昌，乃有陳、杜、沈、宋倡于前，王、孟、高、岑繼于後。當時指武德、貞觀爲初唐，天寶、貞元爲盛唐，元和、開成之末曰晚唐。則十二家者，又唐之可法者歟？爰重梓之。」

二十六家唐詩選

范邦甸等《天一閣書目·總集類》 《二十六家唐詩選》一册。刊本。明嘉靖癸丑江夏黃貫曾選，并序云：「唐詩自武德迄大曆，英彥蔚興，大家如李、杜，有集廣播。洞庭徐太宰刻陳、杜而下十二家，邇毘陵蔣氏刻錢、劉而下十二家，翼徐刻行世。至如唐初，若李嶠，若蘇挺輩，盛唐若李頎，若崔顥，若常建，若祖詠，若王昌齡輩，中唐若李嘉祐，若郎士元，若皇甫曾、冉輩，都無刻本。貫曾懼湮沉，用壽諸梓，俾苦吟琢句之士，盡覩一代美麗之撰云。」

《四庫提要·總集類存目三》 《二十六家唐詩》。無卷數，内府藏本。不著編輯者名氏。二十六家者，李嶠、蘇頲、虞世南、許敬宗、李頎、王昌齡、崔顥、崔曙、祖詠、常建、嚴武、皇甫冉、皇甫曾、權德輿、李益、司空曙、嚴維、顧況、韓翃、武元衡、李嘉祐、耿湋、秦系、郎士元、包何、包佶也。所選詩甚寥寥，於唐人之中獨録此數家，亦未知何所取義。前後無序跋，惟目録後題曰「姑蘇吳時用書，黃周賢、金賢刻」，疑明末書賈所爲云。

十二家唐詩

丁丙《善本書室藏書志·總集類》 東壁圖書府《十二家唐詩》二十四卷。明刊本。永嘉張遜業有功校正，江都黃埻子篤梓行。凡選《王勃集》二卷，《楊炯集》二卷，《盧照鄰集》二卷，《駱賓王集》二卷，《陳子昂集》二卷，《杜審言集》二卷，《沈佺期集》二卷，《宋之問集》二卷，《王摩詰集》二卷，《孟浩然集》二卷，《高常侍集》二卷，《岑嘉州集》二卷。遜業爲張孚敬之子，當時録選必多善本。

十家唐詩

丁丙《善本書室藏書志·總集類》 《十家唐詩》十卷。萬曆刊本。新安畢效欽增定，秣陵顧起元校正。前有萬曆辛卯新安方宏静序，又萬曆戊申江寧顧起元序，金陵朱之蕃序，萬曆壬辰新都畢力忠自序。所選十家，初唐爲李嶠、張説、張九齡、蘇頲，盛唐爲儲光羲、李頎、常建、崔顥、王昌齡、祖詠。其所據之本，皆宋元舊刻，足備讐校異同。

二十家唐詩

丁丙《善本書室藏書志·總集類》 《二十家唐詩》不分卷。明鈔本。右司空曙、武元衡、權德輿、羊士諤、李益、秦隱君、包何、包佶、韓君平、顧況、李嘉祐、戴叔倫、祖詠、崔曙、嚴維、嚴武、盧綸、皇甫冉、皇甫曾、郎士元之詩，皆明人從宋槧影寫，不知何人所輯。考《四庫》著録有《五十家唐詩》，自太宗至儲光羲，《提要》疑爲徐獻忠《百家唐詩》之殘本。此所存二十家，均在光羲之後，或徐氏從宋刊寫出，爲《百家》之底本耳。

唐詩韻鈔

范邦甸等《天一閣書目·總集類》 《唐詩韻鈔》兩卷。刊本。嘉靖臨海蔡雲程鈔。序稱取楊伯謙、高廷禮諸家所選唐人詩與其五、七言律尤萃者，分類鈔之。初、盛爲多，中唐次之，晚唐間取之。《英華》典則，大畧在是。其類凡十有五，詩凡五百首。

唐詩別刻

高儒《百川書志・總集》《唐詩別刻》五卷。皇明御史王夢弼於《唐音》鈔出五、七言律三百六十首另行。

唐詩選元集

范邦甸等《天一閣書目・總集類》《唐詩選元集》二卷。藍絲闌，鈔本。唐萬表編選。

唐詩又元集

范邦甸等《天一閣書目・總集類》《唐詩又元集》一卷。藍絲闌，鈔本。唐萬表編選。

唐詩正音

錢謙益等《絳雲樓書目・唐詩類》楊仲宏《唐詩正音》。九卷。始音、正音、遺響。

唐詩正音

范邦甸等《天一閣書目・總集類》《唐詩正音》二卷。刊本。明姚江王庸補注并序。

唐詩批點正音

范邦甸等《天一閣書目・總集類》《唐詩批點正音》一本。

唐音大成

范邦甸等《天一閣書目・總集類》《唐音大成》十一卷。刊本。宜興邵天和編校。

錢謙益等《絳雲樓書目・唐詩類》《唐音大成》，四册。

唐詩品

黃虞稷《千頃堂書目・總集類》徐獻忠《唐詩品》一卷。

百家唐詩

黃虞稷《千頃堂書目・總集類》徐獻忠《百家唐詩》一百卷。

《明史・藝文志・總集類》徐獻忠《百家唐詩》一百卷。

百家唐詩

范邦甸等《天一閣書目・總集類・集部三》《百家唐詩》十八册。刊本。每册首有先光録范大沖、范伯子子受、「少明清寧」、「宇宙中人」、「崑崙山人」五圖章。計九十八人，無選校姓名。

錢謙益等《絳雲樓書目・唐詩類》 《百家唐詩》三十二册。二十卷。

彭元瑞等《天禄琳琅書目後編・明版集部》 《唐百家詩集》。六函，八十册。不著彙刻姓名。凡唐詩人九十八人，人各爲集。曰太宗、虞世南、許敬宗、許琳、王勃、楊炯、陳子昂、喬知之、宋之問、杜審言、沈雲卿、李嶠、蘇頲、蘇瓌、(元)〔玄〕宗、崔顥、王昌齡、尚顔、崔曙、嚴武、于武陵、常建、顔真卿、李頎、祖詠、郎士元、皇甫冉、皇甫曾、司空曙、羊士諤、釋清塞、戎昱、李端、耿湋、張祐、武元衡、于鵠、李益、戴叔倫、權德輿、嚴維、釋靈一、釋皎然、韓翃、李賀、包佶、包何、顧況、朱慶餘、吕温、盧仝、喻凫、項斯、馬戴、劉滄、曹鄴、李昌符、張喬、劉叉、蘇拯、章孝標、于濆、李山甫、崔塗、邵謁、劉駕、李洞、周賀、張蠙、李咸用、李建勳、魚玄機、唐求、羅鄴、章碣、伍喬、姚鵠、李遠、秦韜玉、殷文珪、林寬、孟貫、劉威、釋無可、曹松、劉兼、鄭巢、周曇、羅虬、牟融、王周、于鄴、儲嗣宗、釋貫休、釋齊已、秦公緒、司馬札、無名氏。間有各家舊序，或題「菏澤李龔編」，無序跋。諸人雜標名字、爵里，義例不一，特於唐時人如李、杜、王、孟烜赫流傳者，均不編入，多取隱僻之集，足資考證。

五十家唐詩

《四庫提要・總集類存目二》 《五十家唐詩》。無卷數。内府藏本。不著編輯者名氏。自唐太宗、(元)〔玄〕宗至儲光羲，凡五十家。各家之詩但分古、近體，亦有載賦數首者。間存原序，似皆從舊本録入。考明徐獻忠有《百家唐詩》一百卷，是編前無序目，或即獻忠之本，而佚其半歟？

雅音會編

范邦甸等《天一閣書目・總集類》 《雅音會編》十二卷。刊本。元羊城康麟文瑞集次，後學剡溪王鈍校正。序稱：是編爲閩臬憲五羊康先生之所集次。先生博取諸家選唐詩，涵濡諷詠，及枕藉熟觀李、杜、韓詩，殊有所得，但未得音韻成類，艱于檢閲。因手録楊伯謙所選《唐音》，仍分始音、正音、遺響，而足之以青蓮、工部、昌黎三家，以一東、二冬等三十韻分布，以提其綱；取詩之同韻者，以類從類，而詳其目，名曰《雅音會編》。凡十有二卷，總詩三千八百餘首。先生按清漳日出示，俾刊訛誤，因請壽諸梓。

徐𤊹《徐氏家藏書目・總詩類》 《雅音會編》十二卷。康麟。

黄虞稷《千頃堂書目・總集類》 康麟文《雅音會編》十二卷。順德縣人，天順中按察僉事，會編《唐詩鼓吹》《三體唐音》，依韻次之。

《四庫提要・總集類存目一》 《雅音會編》十二卷。内府藏本。明康麟編。麟字文瑞，廣東順德人。天順中，官福建按察司僉事。是書以平聲三十韻爲綱，以諸詩案韻分隸，蓋因宋人《十二先生詩宗》之體，稍變通之；所列始音、正音、遺響，亦沿楊士宏《唐音》之例，無所發明。

唐雅

黄虞稷《千頃堂書目・總集類》 胡纘宗《唐雅》八卷。

范邦甸等《天一閣書目・集部三》 《唐雅》二十六卷。刊本。明清河張之象編，嘉靖華亭何良後序。是編起自武德，迄于開元，通得詩二千餘篇，分二十六卷。

錢謙益等《絳雲樓書目・唐詩類》 《唐雅》十册。八卷。胡纘宗。

黄虞稷《千頃堂書目・總集類》 張之象《唐雅》二十六卷。

《明史・藝文志・總集類》 張之象《唐雅》二十六卷。

《四庫提要・總集類存目二》 《唐雅》二十六卷。内府藏本。明張之象編。是集取唐君臣唱酬之作二千餘篇，分部五十有三，以類編次，自武德訖於開元。以天寶而後風格漸卑，故不與焉，其論似高而無當。蓋是時七子之派方熾，故遵其「詩必盛唐」之説也。且賦雖古詩之流，而自漢以來，體裁久别，雜入《喜雨》諸賦，亦爲例不純。

彭元瑞等《天禄琳琅書目後編・明版集部》 《唐雅》。四函，二十四册。明張之象撰。書二十六卷，分五十二類，曰：天文、四時、節序、山嶽、水泉、京都、關境、橋梁、宫殿、樓閣、宅第、亭榭、池沼、臨御、郊丘、祭祀、宗廟、社稷、釋奠、封禪、明堂、朝會、扈從、省直、誕辰、儲嗣、婚姻、公讌、酺宴、寵錫、戒勵、赦宥、奉使、祖餞、眺望、懷古、感舊、哀傷、挽歌、畋獵、軍戎、經史、字書、器用、樂舞、巧藝、寺觀、祥瑞、花卉、果木、鳥獸、昆蟲。録唐君臣唱酬詩賦，自武德至開元，帝王七人、公卿百六十八人、宮闈八人、外國二人。前有嘉靖辛丑何良俊序。

唐詩類苑

《明史・藝文志・總集類》 張之象《唐詩類苑》二百卷。

《四庫提要・總集類存目二》 《唐詩類苑》二百卷。内府藏本。明張之象編。初，宋趙孟堅有《分類唐詩》，佚闕不完，世無刊本。之象因復有此作，凡分三十六部，以類隸詩，意取博收，不復簡擇，故不免失之冗濫，蓋類書流也。然《文選》及《文苑英華》本有分類之例，故與所作《古詩類苑》，仍併入總集。是集未刊之先，其稿爲浙江卓明卿所得，割取初、盛唐詩刊之，遂掩爲已有。華亭王徹重爲辨正釐定，乃復之象之舊。故世有二本，然今皆知爲之象書也。

彭元瑞等《天禄琳琅書目後編・明版集部》 《唐詩類苑》。五函，三十册。明張之象撰。書二百卷，分三十九部，曰天、歲時、地、山水、京都、州郡、邊塞、帝王、帝戚、職官、政治、禮樂、文武、人、儒、釋、道、居處、寺觀、祠廟、産業、器用、服食、玉帛、巧藝、方術、花草、果木、鳥獸、鱗介、蟲豸、祥異、雜部。前有四唐年號、詩人姓名、引用書目，雖名選詩，實爲類書。馮時可、趙應元序，王徹撰傳。時可，字敏卿，華亭人，隆慶辛未進士，官廣西參政。

唐詩類鈔

范邦甸等《天一閣書目・總集類》 《唐詩類鈔》八卷。刊本。明顧應祥序云：「選唐詩者非一家，惟襄城楊伯謙《唐音》最爲嚴恪，分別始音、正音、遺響，非合作者弗録。然中唐以後，多有傑然膾炙人口者，俱不見録。未免考諸别集，苦于檢閲。乃取《唐詩品彙》《三體》《鼓吹》及真西山《文章正宗》所載，摘其間爲世所稱者，增入數首。仍以五七言、古風、近體各爲一類，俱以世代爲先後，名曰《唐詩類鈔》。若李、杜、韓三大家各全集，舊俱不録。然李、杜詩多有選者，惟韓無選，故亦附入云。」

黄虞稷《千頃堂書目・總集類》 顧應祥《唐詩類鈔》八卷。

全唐風雅詩

范邦甸等《天一閣書目・總集類》 《全唐風雅詩》一册。刊本。明閩人黄應麟選集并序。

唐音翼

黄虞稷《千頃堂書目・總集類》 馮惟訥《唐音翼》。

唐詩選

范邦甸等《天一閣書目・總集類》 《唐詩選》七卷。刊本。明濟南李攀龍編選并序，吴郡王世懋、太原王穉登均有序。

徐𤊹《徐氏家藏書目・總詩類》 李于鱗《唐詩選》七卷。

黄虞稷《千頃堂書目・總集類》 李于鱗《唐詩選》七卷。

《明史・藝文志・總集類》 李于鱗《唐詩選》七卷。

《四庫提要・總集類存目二》 《唐詩選》七卷。内府藏本。舊本題明李攀龍編，唐汝詢注，蔣一葵直解。攀龍有《詩學事類》，汝詢有《編蓬集》，一葵有《堯山堂外紀》，皆已著録。攀龍所選歷代之詩，本名《詩删》，此乃摘其所選唐詩；汝詢亦有《唐詩解》，此乃割取其注，皆坊賈所爲。疑蔣一葵之直解，亦託名矣。然至今盛行鄉塾閒，亦可異也。

全唐詩選

范邦甸等《天一閣書目・總集類》 《全唐詩選》。明李默、鄒守愚編輯，閩林應亮、泰和曾才漢校刊并跋後。

黄虞稷《千頃堂書目·總集類》 鄒守愚《全唐詩選》十八卷。

《明史·藝文志·總集類》 鄒守愚《全唐詩選》十八卷。

集唐音

范邦甸等《天一閣書目·總集類》 《集唐音》二卷。

唐詩紀

《四庫提要·總集類存目二》 《唐詩紀》一百七十卷。内府藏本。明吴琯編。琯，漳浦人，隆慶辛未進士。嘗校刊馮惟訥《古詩紀》，因準其例，輯此書。甫成初唐、盛唐詩，即先刊行，故止一百七十卷，非完書也。其始事者爲黄清甫，同時纂輯者爲陸弼、謝陛、俞體初、俞策諸人，具見於序例，而卷首題「滁陽方一元彙編」，未喻其故。大抵雜出衆手，非一家之書矣。

唐詩類苑

黄虞稷《千頃堂書目·總集類》 卓明卿《唐詩類苑》一百卷。

《明史·藝文志·總集類》 卓明卿《唐詩類苑》一百卷。

唐詩所

黄虞稷《千頃堂書目·總集類》 臧懋循《唐詩所》四十七卷。

《明史·藝文志·總集類》 臧懋循《唐詩所》四十七卷。

《四庫提要·總集類存目三》 《唐詩所》四十七卷。通行本。明臧懋循編。凡十有四門：曰古樂府，曰樂府系，曰三言、四言古詩，曰五言古詩，曰七言古詩，曰雜體古詩，曰風體騷體古詩，曰五言律詩，曰七言律詩，曰五言排律，曰七言排律，曰五言絶句，曰七言絶句，曰闕文。每門之内，又各以題目類從，餖飣割裂，亦張之象《唐詩類苑》之流也。每卷之首皆注「前集」二字，則當有後集，今未之見，然大槩可睹矣。

唐詩類韻

黄虞稷《千頃堂書目·總集類》 馮琦《唐詩類韻》。

石倉唐詩選

徐𤊹《徐氏家藏書目·總詩類》 《石倉唐詩選》一百三十卷。曹學佺。

唐詩選脈會通評林

《四庫提要·總集類存目三》 《唐詩選脈會通評林》六十卷。通行本。明周珽編。珽字無瑕，海寧人。初，其曾祖敬輯《唐詩選脈》一書，刊未竟，而燬於倭變，珽輯綴殘稿，續成是編。其持論以高棅《品彙》、李攀龍《詩刪》爲宗。每體之中，各分初、盛、中晚。又箋釋其字句典故，名之曰「證」；發明其詞意脈絡，名之曰「訓」；而以諸家議論及珽所自品題者標於簡端，是爲「評林」。大抵貪多務博，冗雜特甚，疎舛亦多。

唐雅同聲

黄虞稷《千頃堂書目·總集類》 毛應宗《唐雅同聲》五十卷。吉水人。

《明史·藝文志·總集類》 毛應宗《唐雅同聲》五十卷。

琬琰清音

黄虞稷《千頃堂書目・總集類》 朱梧《琬琰清音》十二卷。

草堂選唐詩

黄虞稷《千頃堂書目・總集類》 郝敬山《草堂選唐詩》二卷。

唐詩解

黄虞稷《千頃堂書目・總集類》 唐汝詢《唐詩解》五十卷。

《四庫提要・總集類存目三》 《唐詩解》五十卷。通行本。明唐汝詢撰。汝詢有《編蓬集》，已著録。是書取高廷禮《唐詩正聲》、李于鱗《唐詩選》二書，稍爲訂正，附以己意，爲之箋釋。《書影》曰：「唐汝詢五歲而瞽，默坐，聽諸兄佔畢，而暗識之，積久，遂淹貫。嘗解唐詩，掇拾古文，以爲箋注。溯流從源，蒐羅略盡，必先經後史，不少紊淆。雖詩賦之屬，亦從年代次序之。如某字某句秦漢竝用，則必博採秦人，不以漢先。」其推挹之甚至。然所注實多冗蕪，不盡得古人之意，亦不盡得其所出。徒以幼而失明，乃口授耳治，博通羣籍，且能著書，實爲亘古所稀有，故世以爲異，至今傳之耳。

唐詩十集

黄虞稷《千頃堂書目・總集類》 唐汝詢《唐詩十集》四十八卷。

唐詩緒箋

黄虞稷《千頃堂書目・總集類》 程元初《唐詩緒箋》二十九卷。

唐詩三集合編

黄虞稷《千頃堂書目・總集類》 沈子來《唐詩三集合編》七十八卷。

《明史・藝文志・總集類》 沈子來《唐詩三集合編》七十八卷。

唐音統籤

黄虞稷《千頃堂書目・總集類》 胡震亨《唐音統籤》。甲籤，帝王詩七卷；乙籤，初唐詩七十九卷；丙籤，盛唐詩一百二十五卷；丁籤，中唐詩三百四十一卷；戊籤，晚唐詩二百一卷，又餘閏六十四卷；己籤，三唐雜詩五十四卷；庚籤，僧詩三十九卷，道士詩六卷，宫閨詩九卷，外夷詩一卷；辛籤，樂章十卷，雜曲五卷，填詞十卷，歌謡、諺語四卷，諧謔四卷，謎酒令一卷，題語、判語一卷，讖記一卷，占辭一卷，蒙求一卷，章咒四卷，偈頌二十四卷；壬籤，仙詩三卷，神詩一卷，鬼詩二卷，夢詩一卷，物怪詩一卷；癸籤，詩史三十二卷，體凡法微、評彙、樂通、詁箋、談叢、集録。

《明史・藝文志・總集類》 胡震亨《唐音統籤》一千二十四卷。甲籤，帝王詩七卷；乙籤，初唐詩七十九卷；丙籤，盛唐詩一百二十五卷；丁籤，中唐詩三百四十一卷；戊籤，晚唐詩二百一卷，又餘閏六十四卷；己籤，五唐雜詩四十六卷；庚籤，僧詩三十八卷，道士詩六卷，宫閨詩九卷，外國詩一卷；辛籤，樂章十卷，雜曲五卷，填詞十卷，歌一卷，謡一卷，諧謔四卷，諺一卷，語一卷，酒令一卷，題語、判語一卷，讖記一卷，占辭一卷，蒙求一卷，章咒一卷，偈頌二十四卷；壬籤，仙詩三卷，神詩一卷，鬼詩二卷，夢詩一卷，物怪詩一卷；癸籤，體凡、發微、評彙、樂通、詁箋、談叢、集録，凡三十二卷。

《四庫提要・總集類存目三》 《唐音戊籤》二百一卷，《閏餘》六十四卷。江蘇巡撫採進本。明胡震亨編。震亨有《海鹽縣圖經》，已著録。其所撰《唐音統籤》凡一千二十七卷，以十干爲紀，卷帙浩繁，均未鋟版。國朝康熙乙丑，其孫成之、曾孫頎始以戊籤刊行，即此本也。蓋當明末國初時，太倉、歷下之摹古，與公安、竟陵之趨新，久而俱弊，遂相率而爲宋詩。宋詩又弊，而馮舒、馮班之流乃尊「崑體」，以攻江西，而晚唐之體遂盛。《戊籤》二百一卷，所録皆晚唐之詩；《閏餘》六十四卷，所録皆南唐、吳越、閩國之詩。風會所趨，故及時先出爾。方其剞劂之始，尚欲相繼刊布全書，故此集始於五百五十三卷，迄於八百一十七卷，編帙之數，尚仍《統籤》之舊。迨《御定全唐詩》出，而諸籤遂廢，惟《癸籤》僅有續刊，餘則繕録之本，亦日傳日減矣。

唐詩合選

軍機處奏《禁毀書目》 《唐詩合選》。查《唐詩合選》題錢謙益箋注，應請銷燬。

唐詩韻匯

《四庫提要・總集類存目三》 《唐詩韻匯》。無卷數。江蘇巡撫採進本。明施端教編。端教有《讀史漢翹》，已著録。是書採唐人近體諸詩，以上、下平韻隸之，大抵取供集句者之用。前有王震序，稱其集句爲絶藝，可知是書所由作矣。

唐詩近體集韻

《四庫提要・總集類存目三》 《唐詩近體集韻》三十卷。内府藏本。明施重光編。重光，字慶徵，里貫未詳。是集以唐人近體分上、下平三十韻編次。案：上、下平聲分三十部，乃劉淵《壬子新刊禮部韻略》所併，與《唐韻》不同。唐人私相歌詠者，又與官韻不同，如東、冬二部，蕭、肴、豪三部，鹽、咸二部，皆互有出入。此書及《唐詩韻匯》均以宋韻分隸唐律，不免時有牽混；而此書之漏略，則又出《韻匯》下焉。

唐詩廣選

《四庫提要・總集類存目三》 《唐詩廣選》七卷。内府藏本。明凌宏憲編。宏憲始末未詳。初，李攀龍撰《詩刪》，王世貞序之。後坊閒割其中所録唐詩刊行，別題曰《唐詩選》，已非于鱗之舊。宏憲又病其無評點，乃雜摭諸家之評，綴於簡端，以朱、墨版印之，改題此名，蓋坊刻翻新之技耳。

唐科試詩

徐𤊹《徐氏家藏書目・總詩類》 《唐科試詩》四卷。

錢謙益等《絳雲樓書目・唐詩類》 《唐科試詩》二册。

黄虞稷《千頃堂書目・總集類》 《唐科試詩》四卷。

九代樂章

《四庫提要・總集類存目二》 《九代樂章》二十三卷。浙江鄭大節家藏本。明劉濂撰。濂有《易象解》，已著録。是書取自漢迄唐九代之詩，分門編次。大略以詩、樂之義後人不能辨，故所選以音聲爲主，分風、雅、頌爲三；每代又別里巷、儒林爲兩類。自謂「『三百篇』後，不可無此選」，其言極爲狂誕。夫古樂府之存於今者，後人亦第能習其句讀，而不可播之管絃。濂乃指爲某代某音，某代某調，穿鑿配合，已屬強爲解事；至如東方《誡子》、仲長《述志》之類，本非入樂之詩，而亦爲之辨別宮商，尤不知其何據。又每代下各爲《總論》一篇，而北齊伶人曹妙達等封王，及《無愁》《伴侶曲》諸事，乃以屬之陳後主，殊爲不考，特故爲高論而已。

初唐詩選

高儒《百川書志・總集》《初唐詩》三卷。皇明信陽南溪溟樊鵬集。專取貞觀至開元間編成，而古詩不與焉，誠以「律詩當以唐初」求之。又曰：「初唐詩如池塘春草，又如未放之花，含蓄渾厚，生意勃勃；大曆以後，鋤而治之矣。」

范邦甸等《天一閣書目・總集類》《初唐詩》三卷。刊本。明信陽樊鵬編集。《自序》稱：「嘉靖癸巳，督儲濠梁，得關中李子宗樞相與評《古今詩》。李以初唐爲稱，適與余契。乃專取開元間詩，編爲三册，凡若干人，題曰《初唐詩》。」

徐𤊹《徐氏家藏書目・總詩類》《初唐詩選》三卷。

黄虞稷《千頃堂書目・總集類》樊鵬《初唐詩》三卷。

初唐詩紀

錢謙益等《絳雲樓書目・唐詩類》《初唐詩紀》。六十卷。黄德水，嘉靖間山左馮光禄惟訥撰《漢魏六朝詩紀》，自上古以迄陳、隋，網羅放失，殊有功於藝苑，牧翁稱之，《唐詩紀》不逮也。光禄有集，名少洲。

黄虞稷《千頃堂書目・總集類》黄德水《初唐詩紀》三十卷。

《明史・藝文志・總集類》黄德水《初唐詩紀》三十卷。

初唐詩紀

黄虞稷《千頃堂書目・總集類》《初唐詩紀》六十卷。俞□輯，字公臨。

初唐鼓吹

黄虞稷《千頃堂書目・總集類》蕭彦《初唐鼓吹》二卷。

初唐彙詩

徐𤊹《徐氏家藏書目・總詩類》《初唐彙詩》七十卷。

黄虞稷《千頃堂書目・總集類》《初唐彙詩》七十卷。

盛唐彙詩

徐𤊹《徐氏家藏書目・總詩類》《盛唐彙詩》一百二十四卷。

黄虞稷《千頃堂書目・總集類》《盛唐彙詩》一百三十四卷。

盛唐詩紀

錢謙益等《絳雲樓書目・唐詩類》《盛唐詩紀》。一百十卷。

黄虞稷《千頃堂書目・總集類》《盛唐詩紀》一百十卷。

盛唐十二家詩

黄虞稷《千頃堂書目・總集類》《盛唐十二家詩》四十七卷。

中唐十二家詩集

范邦甸等《天一閣書目・總集類》《中唐十二家詩集》一册。刊本。卷首有「先光禄范氏子受」、「西郭草堂」二印。明嘉靖毘陵蔣孝思惟忠氏刊并序。是編采儲光羲以下凡若干人，爲中唐詩。

中唐十二家詩

黄虞稷《千頃堂書目・總集類》 朱之蕃輯《中唐十二家詩》十二卷。

中唐十二家詩

黄虞稷《千頃堂書目・總集類》 《中唐十二家詩》七十二卷。

晚唐十二家詩

黄虞稷《千頃堂書目・總集類》 朱之蕃輯《晚唐十二家詩》十二卷。

初盛中晚唐集

范邦甸等《天一閣書目・總集類》 《初盛中晚唐集》四册，總一百三十六卷。刊本。《駱賓王集》二卷，《杜審言集》二卷，《沈佺期集》四卷，《(揭)[楊]炯集》二卷，《李嶠集》二卷，《王勃集》二卷，《唐太宗集》二卷，《虞世南集》一卷，《許敬宗集》一卷，《盧照隣集》二卷，《張九齡集》六卷，《蘇(廷碩)[頲]集》二卷，《孫逖集》一卷，《張悦之集》八卷，《宋之問集》二卷，《王維集》六卷，《李頎集》二卷，《儲光羲集》五卷，《孟浩然集》三卷，《崔顥集》二卷，《崔曙集》一卷，《祖詠集》一卷，《常建集》《覆武集》一卷，《高常侍集》八卷，《岑嘉州集》八卷，《王昌齡集》二卷，《劉隨州集》十卷，《錢考功集》十卷，《皇甫冉集》二卷，《皇甫曾集》二卷，《韋蘇州集》十卷，《李嘉祐集》二卷，《戴叔倫集》二卷，《羊士諤集》二卷，《盧綸集》六卷，《李端集》四卷，《司空曙集》二卷，《覆維集》二卷，《顧況集》二卷，《權德輿集》二卷，《李益集》二卷，《武元衡集》二卷，《耿湋集》二卷。

唐律詩選

黄虞稷《千頃堂書目・總集類》 王行《唐律詩選》。

唐詩品彙七言律詩

范邦甸等《天一閣書目・總集類》 《唐詩品彙七言律詩》二卷。刊本。明陳卿序，王伯辰校録。

唐律類鈔

范邦甸等《天一閣書目・總集類》 《唐律類鈔》二卷。刊本。明臨海蔡雲程輯。蕭山孫學古識云：「鶴田蔡公在南銓時所輯者。舊有鏤版，不傳于嶺海，觀者病弗給也。公迺以録本畀屬吏學古，命工刻之。律凡五百首，篇百有五，版五十有三。工完，寘之紫薇堂中。」

《唐律類鈔》二卷。刊本。明臨海蔡雲程輯并序。爲類凡十有五，詩凡五百首。

徐𤊹《徐氏家藏書目・總詩類》 《唐律類鈔》二卷。

唐詩律選

范邦甸等《天一閣書目・集部三》 《唐詩律選》(五言)六卷。刊本。

博選唐七言律詩

范邦甸等《天一閣書目・總集類》《博選唐七言律詩》九卷。刊本。明方介選輯并序，處州府儒學訓導高孝忠後序。

唐七言律選

黄虞稷《千頃堂書目・總集類》田藝蘅《唐七言律選》一卷。

唐詩五言絶句精選　拾遺　附刻

范邦甸等《天一閣書目・總集類》《唐詩五言絶句精選》四卷，《拾遺》一卷，又《附刻》一卷。刊本。明永昌張含精選，成都楊慎批點并序。

唐絶精選

王圻《續文獻通考・經籍考・詩集》《唐絶精選》。［楊慎用修著。］

唐絶搜奇

黄虞稷《千頃堂書目・總集類》楊慎《唐絶搜奇》一卷。

唐音百絶

范邦甸等《天一閣書目・總集類》《唐音百絶》一卷。刊本。明簡紹芳選。嘉靖辛亥成都楊慎序稱：風雅遺音，莫如絶句。擅長則李彰明，驂乘則王江寧，偏美則劉中山，遺響則杜樊川。少陵雖號大家，不能兼善，自「錦城絲管」之外，咸無譏焉。余友西嵒簡子紹芳選唐諸家，萃爲百首。西嵒别有詩話及雜著若干卷。

王圻《續文獻通考經籍考・詩集》《唐音百絶》。［楊慎用修著。］

唐絶增奇

范邦甸等《天一閣書目・總集類》《唐絶增奇》五卷。刊本。明楊慎編并序。

徐𤊹《徐氏家藏書目・總詩類》《唐絶争奇》五卷。楊慎。

黄虞稷《千頃堂書目・總集類》楊旾《唐絶增奇》七卷。

類編唐詩絶句

范邦甸等《天一閣書目・總集類》《類編唐詩絶句》二卷。刊本。五言絶句，明慈谿王交批點；七言絶句，清江敖英批點，王交删訂。

黄虞稷《千頃堂書目・總集類》敖英《類編唐詩絶句》一卷。

增定萬首唐人絶句

黄虞稷《千頃堂書目・總集類》趙宧光、黄習遠《增定萬首唐人絶句》四十卷。

宋遺民録

《四庫提要・總集類存目一》 《宋遺民録》一卷。兩淮馬裕家藏本。 此卷皆宋遺民詩詞雜文，未知誰所編録。宋之故老入元後多懷故國之思，作詩者衆矣。此本所録，僅謝翶、方鳳、納新原本作迺賢，今改正。李吟山、王學文、梁棟、林德暘、王炎午、黄溍、吴師道十人之作，已多挂漏；又溍及師道皆元臣，而納新爲郭囉洛原作葛邏禄，今改正氏，爲元色目人，與宋尤邈不相涉。槩曰「遺民」，殊不可解，殆書肆賈豎僞託之以售欺也。

黄丕烈《蕘圃藏書題識・集類》 《宋遺民録》十五卷。校舊鈔本。 古書日就湮没，即如明初本，已不可多得，矧前於此者乎？此《宋遺民録》猶是照明初刻本寫者，篋藏久矣。頃收得毛子晉藏本，於明刻似影摹，故明人題語多有，此稍脱略矣。全書經斧季用朱、墨兩筆手校，又有別一人墨校，余悉臨之，以備參考。至於每卷各有附録，總置書後，足見古人采訪之勤、體例之善。蓋是書原係程篁墩所輯，儻有未備未確者，不妨俟後人補之正之。近時《知不足齋叢書》中刊此，於所補者刊入當卷下，所正者盡空其文，吾無取乎爾也。兹第就程録所有，悉爲校勘，而毛氏之坿録者不存焉，亦取存此宋遺民録之真本而已。復翁。

又《宋遺民録》十五卷。明刻本。 余向得《宋遺民録》于郡故家，爲汲古毛氏影寫明刻本，而又經斧季手校各種，援引文字異同，已珍惜之至，出重直購之矣。頃書友攜此嘉靖刻本示余，余重其爲原刻，復收之，可謂近時一得意事。中有殘毁處，倩工照毛氏影寫本補之，可見向日儲藏，郤爲今日鈔補地也，古書因緣，余何幸而得此邪？裝成并記於卷尾，時道光元年立夏後一日。蕘夫記。末葉填補圖書鈔胥不善，爲此，因命鳳兒摹之。又記。

宋詩正體

高儒《百川書志・總集》 《宋詩正體》四卷。新喻符觀以宋詩略萃《文鑑》，散載各集，撮其三體精要，以舉世宗唐尚元，語人曰：「吾爲宋人立赤幟矣。」

范邦甸等《天一閣書目・總集類》 《宋詩正體》四卷。刊本。 明符觀編選。序稱采五、七言律詩與七言絶句調氣渾厚、意味雋永、可以裨化而善俗者，彙爲四卷傳之。

黄虞稷《千頃堂書目・總集類》 符觀《宋詩正體》四卷。

《明史・藝文志・總集類》 符觀《宋詩正體》四卷。

宋藝圃集　續集

徐𤊹《徐氏家藏書目・總詩類》 《宋藝圃集》二十二卷，《續集》三卷。

黄虞稷《千頃堂書目・總集類》 李蓘《宋藝圃集》二十二卷，又《續集》二卷。

王士禎《漁洋書跋》 《宋藝圃集》。內鄉李子田蓘撰《宋藝圃集》二十二卷，凡二百八十人。時在隆慶初元，海内尊尚李、王之派，諱言宋詩，而子田獨闡幽抉異，撰爲此書，其學識有過人者。然於宋初載廖融、江爲、沈彬、孟賓于之流，皆五代人也。又取馬定國、周昂、李純甫、趙渢、龐鑄、史肅、劉昂霄諸人，皆《中州集》所載金源産也，而與周平園、范石湖等並列，淄澠混淆，誰能別之，所宜刊正。

《四庫提要・總集類四》 《宋藝圃集》二十二卷。浙江鮑士恭家藏本。 明李蓘編。蓘有《黄谷瑣談》，已著録。是集選録宋人之詩，殫力蒐羅，凡十三載，至隆慶丁卯而後成。所列凡二百三十有六人，而核其名氏，實二百三十有七人，蓋編目時誤數一人。末卷附釋衲三十三人、宫閨六人、靈怪三則、妓流五人、不知名四人，通上，當爲二百八十八人，而注曰共二百八十四人，則除不知姓名四人不數耳。王士禎《香祖筆記》稱所選凡二百八十人，亦誤數也。書中編次後先，最爲顛倒，如以蘇軾、蘇轍列張詠、余靖、范仲淹、司馬光前，陳與義、吕本中、曾幾列蔡襄、歐陽修、黄庭堅、陳師道前，秦觀列趙抃、蘇頌前，楊萬里列楊蟠、米芾、王令、唐庚前，葉采、嚴粲列蔡京、章惇前，林景熙、謝翶列陸游前者，指不勝屈。其最誕者，莫若以徽宗皇帝與邢居實、張栻、劉子翬合爲一卷。夫《漢書・藝文志》以文帝列劉敬、賈山之間，武帝列蔡甲、倪寬之間，《玉臺新詠》以梁武帝及太子、諸王列吴均等九人之後，蕭子顯等二十一人之前，以時代相次，猶爲有説。至邢居實爲邢恕之子，年十八早夭，在徽宗以前；劉子翬爲劉韐之子，張栻爲張浚之子，皆南宋高孝時人，在徽宗以後，乃君臣淆列，尤屬不倫。殆由選録時隨手雜鈔，未遑銓次歟？至於廖融、江爲、沈彬、孟賓于之屬，則上涉南唐；馬定國、周昂、李純甫、趙渢、龐鑄、史肅、劉迎之屬，則旁及金朝，衡以斷限，更屬未安。王士禛之所糾，亦未嘗不中其失也。然《香祖筆記》又曰「隆慶初元，海内尊尚李、王之派，諱言宋詩，而子田獨闡幽抉異，撰爲此書，其學識有過人者」，則士禛亦甚取其書矣。

彭元瑞等《天禄琳琅書目後編・明版集部》 《宋藝圃集》。四函，二十四册。明李蓘撰。蓘字子田，内鄉人。嘉靖癸丑進士，官提學副使。書二十二卷，選宋人自廖融至不知名二百八十八人，詩二千五百四十一首。惟蘇軾、朱熹、陸游之詩入選爲多。前有隆慶丁卯蓘自序，後有萬曆丁丑暴孟奇跋。蓘别有《元藝圃集》。

宋詩選

王圻《續文獻通考經籍考・詩集》 《宋詩選》。［新都人楊慎著。］

石倉宋詩選

徐𤊹《徐氏家藏書目・總詩類》 《石倉宋詩選》一百七卷。曹學佺。

宋詩絶句選

高儒《百川書志・總集》 《宋詩絶句選》一卷。皇明翰林庶吉士青崖王瑄選拔衛琦之集，又續可採而遺者，合七十四人，五言十一首，七言一百三十三首，且冠晦翁于首。

黄虞稷《千頃堂書目・總集類》 王萱《宋絶句選》一卷。

唐宋詩選

黄虞稷《千頃堂書目・總集類》 《唐宋詩選》二十二卷。不知撰人。

乾坤清氣集

楊士奇等《文淵閣書目・詩詞》 《乾坤清氣集》。一部，四册。闕。

黄虞稷《千頃堂書目・總集類》 金弘《乾坤清氣》。錢塘人。選元作者三十餘人。

《四庫提要・總集類四》 《乾坤清氣集》十四卷。浙江鮑士恭家藏本。明偶桓編。桓字武孟，號海翁，因眇一目，又自號瞎牛。太倉人。洪武中官荆門州吏目。是集録元一代之詩，分體編次。其中如汪元量、瀛國公、元好問等，上該金、宋之末；張以寧、危素等，亦下涉明初。朱彝尊《静志居詩話》稱：「明初詩家操選政者，賴良直卿、許中麗仲孚、劉仔肩汝弼、沈巽士偁、王偁孟敭，皆有所蔽。惟瞎牛《乾坤清氣》一編，能别開生面。惜余所鈔，闕七言近體絶句，未得全書，恒以爲憾。」此本稱鈔自孫氏蒼雪齋，所闕與彝尊本同。又以厲氏樊榭山房本、郁氏東嘯軒本參校，頗爲精善，雖卷帙無多，而去取極爲不苟。又編在明初，多見舊刻，如七言古詩中陳旅《泰定元年八月》一首、張翥《周昉按樂圖》一首、鄭元祐《送林彦清》一首、《將還淮揚》一首，古樂府中揭傒斯《馬上郎》《車中女》二首、陳泰《漢使謡》一首、薩都拉原作薩都剌，今改正。《秋夜長》一首、張憲《飛來狐》一首；五言律詩中如馬祖常《寄邵允文》一首、《南征》一首、張翥《禊臺》一首、《遊石頭城清涼寺》一首、楊基《夏夜有懷》第二首，今本集皆佚不載，惟賴此集以存。又五言律詩中趙孟頫《次袁學士上都集韻》一首，《松雪集》不載，而譚氏所刻《趙子昂詩集》有之，當亦從此本摭入也。他如《題金淵集詩》、《山村集》、《竹素山房集》皆作「吾衍」，此本作「屠彝」；《烏夜啼》《將進酒》《趙孝子歌》三首，《玉山草堂雅集》作柯九思，此作雅琥，皆足以考異。其餘字句互異諸集者，不一而足，甚如倪瓚《春日雲林齋居》詩凡六韻六十字，而與本集相同者僅十七字。桓受知倪瓚最深，是必其手授定本，爲編《雲林集》者所未見矣。至於甘立《烏夜啼》一首，既見八卷古樂府，又載入一卷中，作《晚出西掖》第二首，編次亦未免小疏；李孝光《題楊鐵崖琴書安樂窩》詩「豔妻歡娛，自令身枯」二句，誤析「令」字爲「人之」二字，傳寫亦未免有舛。然元詩選本，究當以此編爲善也。

正聲類編

黄虞稷《千頃堂書目・總集類》 楊芾《正聲類編》。字仲彰，義烏人。輯元人詩。明初官學博。

元　音

楊士奇等《文淵閣書目・詩詞》 《元音》一部一册。闕。

高儒《百川書志・總集》 《元音》十二卷。皇明孫原理、陳孟誠編。選有元一代之音，所載一百七十五人。

徐𤊹《徐氏家藏書目・總詩類》 《元音》十二卷。

錢謙益等《絳雲樓書目・詩總集類》 《元音》十二卷。孫元禮。

黄虞稷《千頃堂書目・總集類》 孫原理《元音》十二卷。一作張中達。

《四庫提要・總集類四》 《元音》十二卷。浙江巡撫採進本。不著編輯者名氏。前有洪武甲子烏斯道序，稱寧波孫原理彙輯；又有曾用臧序，稱爲定海丞張中達所刻。末題「辛巳九月下澣」，而空其年號兩字。考辛巳爲建文三年，殆以靖難革除，鏟削其板，蓋猶明初本也。所録自劉因至龍雲從，凡一百七十六人，每人之下略注字號爵里。大抵詳於元末，而略於元初，末附無名氏詩十一首，又陳益稷詩一首，程文海詩四首，滕賓詩一首，虞集詩五首，别題曰《補遺》，均爲原目所不載。其中無名氏諸篇尤爲淺俗，與全書體例稍異，或中達刻板之時，以意增入歟？顧嗣立《元百家詩選・凡例》嘗議宋公傳《元詩體要》、蔣易《元風雅》及原理是書所收均爲不廣，然是書於去取之閒頗具持擇，雖未能盡汰當時穠縟之習，而大致崇尚風格，已有除煩滌濫之功矣。

錢大昕《補元史藝文志・總集類》 孫原理《元音》十二卷。

元詩體要

高儒《百川書志・總集》 《元詩體要》十四卷。皇明姚江宋公傳編選。總三十八體，凡一千五百二十一首。

范邦甸等《天一閣書目・總集類》 《元詩體要》十四卷。刊本。明姚江宋公傳編選。總三十八體，凡一千五百二十一首。宣德南海鄧林有序。

徐𤊹《徐氏家藏書目・總詩類》 《元詩體要》二十卷。宋公傳。

黄虞稷《千頃堂書目・總集類》 宋公傳《元詩體要》十四卷。餘姚人。南海鄧林序稱其「嘗與同修東觀書」，蓋永樂初纂修《大典》者。

《明史・藝文志・總集類》 宋公傳《元詩體要》十四卷。南海鄧林序稱其「嘗同修東觀書」，蓋永樂初纂修《大典》者。

《四庫提要・總集類四》 《元詩體要》十四卷。浙江巡撫採進本。明宋緒編。緒字公傳，以字行。餘姚人。成祖時預修《永樂大典》。時同邑被徵者五人，及書成，宋孟嶽、趙膺迪、朱德茂、張廷皆授官，緒獨辭歸。是集録元一代之詩，曹安《讕言長語》稱其分體三十有八，此本凡爲體三十有六：曰四言，曰騷，曰選，曰樂府，曰柏梁，曰五言，曰七言，曰長短句，曰雜古，曰言，曰詞，曰歌，曰行，曰操，曰曲，曰吟，曰嘆，曰怨，曰引，曰謡，曰詠，曰篇，曰禽言，曰香奩，曰陰何，曰聯句，曰集句，曰無題，曰詠物，曰五言律，曰七言律，曰五言長律，曰五言絶，曰六言絶，曰七言絶，曰拗體，較安所列，少七言長律體、側體二種，未喻其故。各體之前皆有小序，仿方回《瀛奎律髓》之例，其中或以體分，或以題分，體例頗不畫一。其以體分者，選體别於五言古，吟、嘆、怨、引之類别於樂府，長短句别於雜古體，未免治絲而棼；其以題分者，香奩、無題、詠物既各爲類，則行役、邊塞、贈荅諸門將不勝載，更不免於挂漏；又第八卷楊維楨《出浴》絶句，實唐韓偓七言律詩後四句，亦閒有疎舛。然去取頗有鑒裁，鄧林序稱「緒深於詩，故選詩如此之精」，非溢詞也。傳本頗稀。此本爲秀水曹溶家所藏，目録卷六以下闕，書中亦閒有闕頁，惜無别本可校矣。

張金吾《愛日精廬藏書志・總集類》 《元詩體要》十四卷。明正德刊本。菉竹堂藏書。明姚江宋公傳編選。是書傳本頗稀，兼多闕頁，此本通體無闕，差可貴也。

遼府重刊序正德己卯。鄧林序宣德癸丑。

元詩正體

高儒《百川書志・總集》《元詩正體》四卷。符觀以元詩當世所嚮，乃選其三體以嗣唐。

范邦甸等《天一閣書目・總集類》《元詩正體》四卷。刊本。明正德新喻符觀選并序。

黄虞稷《千頃堂書目・總集類》符觀《元詩正體》四卷。

《明史・藝文志・總集類》符觀《元詩正體》四卷。

元藝圃集

《四庫提要・總集類四》《元藝圃集》四卷。浙江鮑士恭家藏本。明李蓘編。此集續宋詩而選，所録凡一百九人，詩六百二十五首。《自序》稱「地僻少書籍，無以盡括一代之所長」。今觀所録，有虞集、范梈、揭傒斯而無楊載，即一代名人號爲四家者，已闕其一，是漏略誠所不免。又劉辰翁乃宋人，王庭筠、高克恭、元好問乃金人，僧來復乃明人，一例載入，頗失斷限。其編次則倪瓚、宋无、余闕等皆元末人，而名在最前；戴表元、白珽等皆元初人，而名在最後。其他亦多先後顛倒，頗無倫序，似亦隨見隨鈔，未經勘定之本，與《宋藝圃集》相同。殆慵於排纂，遂用唐無名氏《搜玉小集》不拘時代之例歟。然其《自序》謂「宋詩痼於理，元詩鄰於詞」，則深中兩代作者之弊。故其去取之間，頗爲不苟。以云備一代之詩，誠爲不足；以云鑒別，則較之泛濫旁收務盈卷帙者，精審多矣。

石倉元詩選

徐𤊹《徐氏家藏書目・總詩類》《石倉元詩選》五十卷。曹學佺。

元詩選

王圻《續文獻通考・經籍考・詩集》《元詩選》。［新都人楊慎著。］

元詩類選

黄虞稷《千頃堂書目・總集類》曾應珪《元詩類選》四卷。

錢大昕《補元史藝文志・總集類》曾應奎《元詩類選》四卷。

宋元名家詩選

黄虞稷《千頃堂書目・總集類》潘是仁《宋元名家詩選》一百卷。字訒叔，新安人。

《明史・藝文志・總集類》潘是仁《宋元名家詩選》一百卷。

大明詩選

楊士奇等《文淵閣書目・詩詞》《大明詩選》。一部，二册。闕。

大明玉府天谷吟

楊士奇等《文淵閣書目・詩詞》《大明玉府天谷吟》。一部，一册。完全。

雅頌正音

高儒《百川書志・總集》 《雅頌正音》五卷。皇朝鄱陽劉仔肩選國初諸公之詩也。

范邦甸等《天一閣書目・總集類》 《雅頌正音》五卷。刊本。鄱陽劉仔肩撰，洪武三年宋濂序。

錢謙益等《絳雲樓書目・詩總集類》 劉仔肩選《雅頌正音》。劉字汝弼，鄱陽人。此選皆洪武初名公卿詩，宋濂、張丁作序。蓋劉亦嘗應召至京也。

黄虞稷《千頃堂書目・總集類》 劉仔肩《雅頌正音》五卷。字汝弼，鄱陽人。集明初一時名人之作。

《四庫提要・總集類四》 《雅頌正音》五卷。江西巡撫採進本。明劉仔肩編。仔肩，字汝弼，鄱陽人。洪武初，因薦應召至京，集同時之詩爲此書。上自公卿，下至衲子，凡五十餘人，而仔肩所作亦附焉，用劉向、王逸、徐陵、芮挺章例也。有宋濂、張孟兼前後二序，皆作於洪武三年。所選之詩，每人寥寥數首，蓋是時諸人之集皆未成編，隨得隨録，故未能賅備。然明初諸家今無專集行世者，頗藉以略存梗槩。其時武功初定，文治方興，仔肩擬之雅、頌，固未免溢美。要其春容諧婉，雍雍乎開國之音，存之亦足以見明初之風氣也。此本猶洪武時舊刻，歲久刓敝，頗有模糊佚脱之處，無別本可校，今悉姑仍其舊焉。

黄丕烈《蕘圃藏書題識・集類》 《雅頌正音》五卷。明刊本。劉仔肩《雅頌正音》五卷，家俞邰《明史・藝文志》有其目，然世不多有。此刻信屬明初舊本，楮墨間猶饒元刻氣息。細玩卷末碑牌，知此爲前集，而所有後集今將編類，則成否未可卜，故志藝文者不聞更有後集也。金陵王舉直係書坊籍貫姓氏，今金陵多書坊，且多刻工，但剞劂不精，坊間亦無好事如舉直者，于此可以觀世變矣。是册出吴枚菴家，余以一番錢得之。稍有破損，兼爲字紙襯其腹，因命工重裝，以舊紙補綴之，工料費又加一番錢。愛明刻書如此，余不當自笑其愚邪？甲子二月清明前五日遺悶，蕘翁書。

明朝詩選

黄虞稷《千頃堂書目・總集類》 王偁《皇朝詩選》。

朝野詩選

黄虞稷《千頃堂書目・總集類》 鄭晦《朝野詩選》八卷。字子明，歙人。明初隱居不仕。

士林詩選

高儒《百川書志・總集》 《士林詩選》十卷。皇朝嘉禾懷悦用和編次同時名人之詩也。

范邦甸等《天一閣書目・總集類》 《士林詩選》二卷。刊本。明嘉禾懷悦編次，天順秀水吕原序，吴興邱大祐校正。

徐𤊹《徐氏家藏書目・總詩類》 《明仕林詩類》□卷。

黄虞稷《千頃堂書目・總集類》 懷悦《士林詩選》十卷。字用和，嘉興人，以漕粟授官。選同時人之作。

《四庫提要・總集類存目一》 《士林詩選》一卷。兩淮馬裕家藏本。明懷悦編。悦字用和，嘉興人。永樂中，以納粟官通判。是集所載，皆一時友朋之作，近體最多，持擇亦未精審。

鳴盛集

黄虞稷《千頃堂書目・總集類》 晏鐸《鳴盛集》十卷。

湖海耆英集

黄虞稷《千頃堂書目・總集類》 徐庸《湖海耆英集》十二卷。字用理，吴人。録永樂至正統四朝人詩。

明正音

黄虞稷《千頃堂書目・總集類》 蘇大《皇明正音》。

聲文會選

黄虞稷《千頃堂書目・總集類》 程慶琉《聲文會選》。休寧人。集明初至弘治間人詩，凡二百家。

明珠玉

黄虞稷《千頃堂書目・總集類》 王諤《皇明珠玉》八卷。

《四庫提要・總集類存目二》 《明珠玉》八卷。浙江范懋柱家天一閣藏本。明王諤編。諤字秉忠，江陰人。是編成於成化甲午。選明一代之詩，自劉基以下，凡數百家，而所録祇七言律詩一體，蓋用《唐詩鼓吹》例也。然猥雜殊甚，不及元好問書多矣。

明風雅

黄虞稷《千頃堂書目・總集類》 尹乘《皇明風雅》。

大明風雅

黄虞稷《千頃堂書目・總集類》 王三省《大明風雅》十卷。朝邑人。

明風雅廣選

黄虞稷《千頃堂書目・總集類》 蕭儼《大明風雅廣選》三十七卷。字畏之，内江人。正德壬戌進士，貴州布政使。一作五十卷。

錢謙益等《絳雲樓書目・詩總集類》 《風雅廣選》四册。三十七卷。蕭儼。皆録明人詩。

《明史・藝文志・總集類》 蕭儼《明代風雅廣選》三十七卷。

明詩正體

高儒《百川書志・總集》 《明詩正體》五卷。符觀既選三代之時，又以今代之詩，上自卿相，下及韋布，損詩選，益近聞成此，體例仍前焉。

范邦甸等《天一閣書目・總集類》 《明詩正體》六卷。刊本。新喻符觀序云：「明詩選無慮十數家，若劉鄱陽之《正音》、王靈式之《詩選》，可謂得其宗者。然皆止于其時，而于近世之作無及矣。予既選唐、宋、元詩各爲一編，明詩則選自二公所集，而參之以近日之所得云。」

黄虞稷《千頃堂書目・總集類》 符觀《明詩正體》五卷。

《明史・藝文志・總集類》 符觀《明詩正體》五卷。

明音類選

徐𤊹《徐氏家藏書目・總詩類》 《明音類選》十二卷。黎民表。

黃虞稷《千頃堂書目・總集類》 黃佐《明音類選》十二卷。

《明史・藝文志・總集類》 黃佐《明音類選》十八卷。

明詩古選

徐𤊹《徐氏家藏書目・總詩類》 《明詩古選》四卷。

盛明十二家詩選

范邦甸等《天一閣書目・總集類》 《盛明十二家詩選》十二卷。刊本。益王滇南道人批選并序。

黃虞稷《千頃堂書目・總集類》 《盛明十二家詩選》。空同、大復、昌穀、華泉、東橋、西原、蘇門、夢澤、滄溟、鳳洲、姚鳳麓、張少谷。

徐𤊹《徐氏家藏書目・總詩類》 《盛明十二家詩選》十二卷。

交遊詩録

王圻《續文獻通考・經籍考・詩集》 《交遊詩録》。[楊慎用修著。]

明詩鈔

范邦甸等《天一閣書目・總集類》 《皇明詩鈔》十卷。刊本。嘉靖丙申新安程旦後語云：「卷釐爲十，凡九十七人，共詩二百七十七首。予懼其鈔之弗廣也，命雲南沈尹繼芳梓而傳之。」

《皇明詩鈔》十卷。刊本。明楊慎鈔。凡九十七人，共詩二百七十七首。嘉靖新安程旦後序。

王圻《續文獻通考・經籍考・詩集》 《皇明詩鈔》。[楊慎用修著。]

徐𤊹《徐氏家藏書目・總詩類》 《皇明詩鈔》。十卷。楊慎。

張萱等《内閣藏書目録・集部》 《皇明詩鈔》二册。全。莫詳編輯姓氏。國初至嘉靖間名公詩。

《明史・藝文志・總集類》 楊慎《明詩鈔》七卷。

南都英華

黃虞稷《千頃堂書目・總集類》 司馬泰《南都英華》。

盛明百家詩

黃虞稷《千頃堂書目・總集類》 俞憲《盛明百家詩》一百卷。

《明史・藝文志・總集類》 俞憲《盛明百家詩》一百卷。

《四庫提要・總集類存目二》 《盛明百家詩》三百卷。浙江范懋柱家天一閣藏本。明俞憲編。憲字汝成，無錫人。嘉靖戊戌進士。官至湖廣按察使。世傳李攀龍《送俞臬使赴湖廣詩》有「江漢日高天子氣，樓臺秋敞大王風」，以爲似陳友諒僭位柱聯者，即其人也。是編所録諸集，每人各冠以小序，略如殷璠《河岳英靈集》例。然其學沿七子之餘波，未免好收摹仿古調、填綴膚詞之作；又務以標榜聲氣爲宗，不以鑒別篇章爲事，故略於明初，而詳於同時，至以其子淵、沂之詩列爲二家，殆有王福時之癖矣。

明詩類選

范邦甸等《天一閣書目・總集類》 《明詩類選》十二卷。明泰山山人黃佐鑒定，門人黎民表參訂，并跋云：「先生嘗取先正遺集，指受去取，俾與同志參訂之。積有年，始克成編。友人潘少承甫獲觀焉，遂以請梓。」

補訂明布衣詩

黃虞稷《千頃堂書目·總集類》 張可仕《補訂閔士行〈明布衣詩〉》一百卷。士行，字景賢，歙人。可仕，字文峙，號紫淀，上元人。

《明史·藝文志·總集類》 張可仕《補訂明布衣詩》一百卷。

國雅　續國雅

王圻《續文獻通考·經籍考·詩集》 《國雅》。錫山顧起綸選。

黃虞稷《千頃堂書目·總集類》 顧起綸《國雅》二十卷，又《續雅》四卷。

《四庫提要·總集類存目二》 《國雅》二十卷，《續國雅》四卷。浙江巡撫採進本。明顧起綸編。起綸有《句漏集》，已著録。是編選明諸家之詩，上起洪武，下迄隆慶。首列《品目》一卷，仿鍾嶸《詩品》、殷璠《河岳英靈集》、高仲武《中興間氣集》例。但《詩品》不載詩，此則載詩；《英靈》《間氣》二集分列諸家姓名下，此則總冠卷首耳。所録詩篇，採摭頗富，然起綸當嘉隆之際，太倉、歷下聲價方高，故惟奉《藝苑卮言》爲圭臬，持論似乎精詣，而録詩多雜庸音。又聲氣交通，轉相標榜，其入品者，洪武至正德僅七十九人，嘉、隆兩朝乃至五十二人，而附見名姓者尚不在其數，大抵與起綸攀援唱和、有瓜葛者居多。卷末附書牘二十篇，皆荅徵詩謝入選者，其大略可睹矣。

明風雅

徐𤊹《徐氏家藏書目·總詩類》 《皇明風雅》四十卷。徐泰。

張萱等《内閣藏書目録·總集部》 《皇明風雅》八册，全。嘉靖間海鹽徐泰編集，凡四十卷。

黃虞稷《千頃堂書目·總集類》 徐泰《皇明風雅》四十卷。海鹽人。

《明史·藝文志·總集類》 徐泰《明代風雅》四十卷。

明詩粹選

高儒《百川書志·總集》 《明詩粹選》十卷。皇朝山陰高播居獲，布衣人也。所選公卿、名士、異人、閨秀，參拔諸選，得二百四十六人。

范邦甸等《天一閣書目·總集類》 《明詩粹選》十卷。鈔本。明山陰高播批選。

徐𤊹《徐氏家藏書目·總詩類》 《明詩粹選》十二卷。

黃虞稷《千頃堂書目·總集類》 高播《明詩選粹》十卷。山陰人。

明藝圃集

黃虞稷《千頃堂書目·總集類》 李蓘《明藝圃集》。

明詩擬

黃虞稷《千頃堂書目·總集類》 瞿九思《明詩擬》。

明詩

黃虞稷《千頃堂書目·總集類》 李先芳《明詩》十七卷。上采明初郊廟、朝會樂章，以追雅、頌；析兩畿、十三省，以擬十五「國風」。

明雋

黃虞稷《千頃堂書目·總集類》 李先芳《明雋》十卷。

友雅

黃虞稷《千頃堂書目・總集類》 朱多炤《友雅》三卷。

明詩選

范邦甸等《天一閣書目・總集類》 《皇明詩選》七卷。刊本。 明吳興歸安山泉慎蒙編選，校正并序。是編起洪武，至成化初，爲雜集，爲甲集，爲乙集；又以洪治至正德初，爲《中興集》；又自正德至嘉靖始終，爲《繼中興集》。

詩統

黃虞稷《千頃堂書目・總集類》 李騰鵬《詩統》四十二卷。南皮人，官訓導。

《明史・藝文志・總集類》 李騰鵬《詩統》四十二卷。

弘正詩鈔

王士禛《漁洋書跋》 《弘正詩鈔》。海豐故太宰夢山楊公詩。予曩居京師，既選其最者，刻梓以傳，又得《檄餘録》，以授其縣人吏侍冰壺王公，諾爲重刊。會其卒，此事未果。康熙戊辰春，以謁太皇太后梓宫，至京師，於慈仁寺復得是集。蓋太宰撰弘、正名家之作，起空同，訖石川，凡十卷。合《檄餘録》觀之，公取裁大旨，約略具是矣，宜其自運之清迥絶俗也。

《四庫提要・總集類存目二》 《弘正詩鈔》十卷。江蘇周厚堉家藏本。 不著編輯者名氏。惟卷首曹忭序謂「二山楊君工於詩，所選弘治、正德閒詩鈔，正如淘沙見金，非具大金剛目力者不能」云云。不知楊二山者何名。所録凡李夢陽、何景明、康海、薛蕙、徐禎卿、鄭繼之、王廷相、邊貢、孫一元、殷雲霄十人之詩。前無目録，亦不知其完否。考黃虞稷《千頃堂書目》，有《明十二家詩類鈔》十二卷，又有《盛明十二家詩選》，無卷數。皆宏、正閒詩。然所刻十二家之名，均與此互有出入，非一書也。

國華集

黃虞稷《千頃堂書目・總集類》 黃德水《國華集》三卷。

明詩歸　補遺

《四庫提要・總集類存目三》 《明詩歸》十卷，《補遺》一卷。内府藏本。 舊本題明鍾惺、譚元春編，其邑人王汝南校刊，汝南又爲之補綴。凡評語稱「鍾曰」、「譚曰」者，其原本；稱「補曰」者，汝南所加也。然所録如錢秉鐙《南從紀事》詩，首稱「皇帝十四載，仲冬月上弦」，是崇禎辛巳歲也。考鍾惺没於天啓乙丑，元春亦以崇禎辛未旅卒，何從得秉鐙辛巳之詩而評之？王士禛《池北偶談》稱「坊間有《明詩歸》，鄙俚可笑，託名竟陵」，蓋前人已知其僞矣。

明詩妙絶

徐𤊹《徐氏家藏書目・總詩類》 《明詩妙絶》五卷。陸應陽。

黃虞稷《千頃堂書目・總集類》 陸應陽《明詩妙絶》五卷。

明詩正聲

徐𤊹《徐氏家藏書目・總詩類》 《明詩正聲》六十卷。盧純學。

黄虞稷《千頃堂書目・總集類》 盧純學《明詩正聲》六十卷。

《明史・藝文志・總集類》 盧純學《明詩正聲》六十卷。

明詩正聲

黄虞稷《千頃堂書目・總集類》 穆光胤《明詩正聲》十八卷。

明百家詩選

《四庫提要・總集類存目三》《明百家詩選》三十四卷。通行本。明朱之蕃編。之蕃有《奉使稿》，已著録。是編前有萬曆丙辰自序，稱「錫山俞公憲殫生平之精力，搜羅四百餘家，編帙浩繁，難於廣布。閲之幾半載，始克卒業。因汰其七八，僅存二三。友人周時泰謬相許與，用廣梓傳，因人成事，良足自媿」云云。其標題稱「百家」，而首卷所載名氏實三百一十八人，蓋用王安石《唐百家詩》之例。惟以詩分體，而不以詩繫人，與分家之説名實相迕；首列賦二卷，末附詩餘二卷，與編録之體亦乖。其去取尤漫無持擇，非善本也。

盛明風雅

黄虞稷《千頃堂書目・總集類》 江昌《盛明風雅》十二卷。

明詩藻

黄虞稷《千頃堂書目・總集類》 張所敬《明詩藻》。

明詩選

黄虞稷《千頃堂書目・總集類》 沈士侢《皇明詩選》。嘉興人。

明詩選

黄虞稷《千頃堂書目・總集類》 陳子龍《明詩選》十三卷。

《明史・藝文志・總集類》 陳子龍《明詩選》十三卷。

大明雅音

黄虞稷《千頃堂書目・總集類》《大明雅音》六卷。

大明詩選

黄虞稷《千頃堂書目・總集類》《大明詩選》二十卷。

明十二家詩類鈔

黄虞稷《千頃堂書目・總集類》《明十二家詩類鈔》十二卷。李空同、何大復、徐昌穀、邊華泉、孫太白、薛西原、李滄溟、謝四溟、王鳳洲、宗方城、吴川樓、穆少春。

同聲堂詩選

范邦甸等《天一閣書目・總集類》 《同聲堂詩選》十三卷。刊本。國朝左國棟、孫中麟、吴循、姚文焱同彙，次衲如覺序，同里吴道新亦有序。

兩朝遺詩

軍機處奏《禁毀書目》 《兩朝遺詩》一部六本。查《兩朝遺詩》，係明吴甡輯，皆天啓、崇禎時人之詩，中多狂悖字句，應請銷燬。

遺民詩

軍機處奏《禁毀書目》 《遺民詩》一部八本。查《遺民詩》，係卓爾堪所撰明末諸人詩，其他人多已入本朝，而詩中詞句，狂妄處不可勝數，應請銷燬。

明近體詩抄

徐𤊹《徐氏家藏書目・總詩類》 《皇明近體詩抄》一卷。楊慎。

近體詩鈔

范邦甸等《天一閣書目・總集類》 《近體詩鈔》二十四卷。刊本。明謝東山輯。

黄虞稷《千頃堂書目・總集類》 謝東山《明近體詩鈔》二十九卷。

《明史・藝文志・總集類》 謝東山《明近體詩鈔》二十九卷。

明律詩類鈔

黄虞稷《千頃堂書目・總集類》 狄斯彬《明律詩類鈔》二十四卷。

七言律細

黄虞稷《千頃堂書目・總集類》 朱曰藩《七言律細》二卷。

批點明詩七律

范邦甸等《天一閣書目・總集類》 《批點明詩七律》十二卷。刊本。明東明穆文熙批選，拱辰石星閲正，并序云：「敬甫取我明詩數百家，歷數十年閲之，拔選得七言律若干篇，各加評語，將梓行之。而其所爲詩不與焉。余與伯完趙君夙從君游，知其苦心聲律，而其自爲詩又雅深典麗，直逼貞元、大曆之間。乃頃嫌于自選，置而不録。余故與伯完氏拔其七言律若干首。」

徐𤊹《徐氏家藏書目・總詩類》 《明詩七言律選》。穆文熙。

黄虞稷《千頃堂書目・總集類》 穆文熙《明七言律》十二卷。

七言律範

黄虞稷《千頃堂書目・總集類》 胡應麟《七言律範》十二卷。

明七言律傳

徐𤊹《徐氏家藏書目・總詩類》《明七言律傳》五卷。彭會。

黄虞稷《千頃堂書目・總集類》彭會《明七言律傳》五卷。

明律範

徐𤊹《徐氏家藏書目・總詩類》《皇明律範》二十卷。

醉學士歌

王圻《續文獻通考經籍考・詩集》《醉學士歌》。宋濂嘗侍太祖宴，三觴輒醉，行不成步。上親製楚詞一章，命侍臣各賦歌曰：「俾後世知朕君臣同樂如此。」

平胡詩

王圻《續文獻通考經籍考・詩集》《平胡詩》。洪武二十一年太祖賦二章，命羣臣和。

平胡詩

張萱等《内閣藏書目録・雜部》《平胡詩文》四十二册。永樂間，屢年北征，大捷，羣臣所獻詩也。

瑞應騶虞詩

張萱等《内閣藏書目録・雜部》《瑞應騶虞詩》二十二册。永樂間騶虞至。又十一年，車駕再狩北京，騶虞見於山東，守臣獲以獻。皓質緇章，虎軀猊首，精光眩燿，尾參於身，不驚不虓，蓋瑞獸也。諸臣供獻詩歌賦頌，人各一册。

瑞應麒麟詩

張萱等《内閣藏書目録・雜部》《瑞應麒麟詩》四十册。永樂十二年榜。葛剌國以麒麟獻，十三年，麻林國復獻，羣臣各爲歌詩頌之。

獅子詩文

張萱等《内閣藏書目録・雜部》《獅子詩文》三册。永樂十二年，哈烈國來獻獅子，紺眼赤身，銅爪鋸牙，文彩奪目，羣臣各爲詩歌賦頌以進。

黄鸚鵡詩

張萱等《内閣藏書目録・雜部》《黄鸚鵡詩》二册。永樂辛丑，雲南守臣以鸚鵡獻，金衣菊裳，絳膺丹趾，聰慧能言，馴擾弗驚，羣臣各爲詩贊之。

聖德瑞應詩

張萱等《内閣藏書目録・雜部》《聖德瑞應詩》二十册。永樂十五年鼎建北京，宫殿有卿雲瑞靄，五色浮空。金水橋河冰現祥，凝結浮圖諸像。又慶雲呈彩，團圓如日，正當御座中，且現五色天花。大小臣工咸爲歌頌以獻。

瑞象詩

張萱等《内閣藏書目録·雜部》《瑞象詩文》九册。永樂十六年，占城國所獻象也，玉質鮮明，雪花圓麗，若星斗雲霞，故曰瑞象，諸臣皆獻詩賦。

聖德瑞應詩

張萱等《内閣藏書目録·雜部》《聖德瑞應詩》四册。永樂十七年，爲高皇帝、孝皇后敕僧於海印寺，設無遮大會。時天花繽紛，卿雲垂彩，甘露降於祇林，醴泉湧於東井，羣臣皆爲歌頌以獻。

平胡詩

張萱等《内閣藏書目録·雜部》《平胡詩文》九册。宣德三年，車駕巡邊，師次石門，大破虜衆，布捷中外，羣臣各爲歌頌以獻。

鰣魚詩

王圻《續文獻通考經籍考·詩集》《鰣魚詩》。宣德四年，以鰣魚醇酒賜大學士楊士奇、楊榮、金幼孜，示以御製詩，士奇等賡和。

瑞應詩

張萱等《内閣藏書目録·雜部》《瑞應詩》二十八册。

瑞應騶虞詩

張萱等《内閣藏書目録·雜部》《瑞應騶虞詩》九册。宣德四年，有騶虞四見於滁之來安石固山，南京守臣以獻，羣臣皆爲歌詩賦頌。

瑞應玄兔詩

張萱等《内閣藏書目録·雜部》《瑞應玄兔詩》十六册。宣德四年，寧夏守臣所獻兔，黑質玄文，故曰瑞兔。欽賜羣臣觀之，各爲詩獻。

瑞應白烏詩

張萱等《内閣藏書目録·雜部》《瑞應白烏詩》九册。宣德四年，廣東潮陽縣進二白烏，大小臣工皆獻歌詩賦頌。

瑞星詩

張萱等《内閣藏書目録·雜部》《瑞星詩》十七册。宣德五年十二月二十一日，含譽星見，其色黄白，越二十三日，愈見明潤，羣臣各爲詩賦以獻。

瑞應麒麟詩

張萱等《内閣藏書目録・雜部》《瑞應麒麟詩》十六册。宣德八年，古里、亞丹諸國各遣使來獻麒麟，從以金獅、玄虎諸物，羣臣各爲詩歌以獻。

瑞應景星詩

張萱等《内閣藏書目録・雜部》《瑞應景星詩》十七册。宣德八年八月初八日夜，景星見於天門，羣臣各爲詩賦以獻。

瑞應龍馬詩

張萱等《内閣藏書目録・雜部》《瑞應龍馬詩》三十三册。宣德九年，寧夏守臣所獻馬，耳額及頷鬉尾皆肖龍，全體潔白如雪，鬐毛層疊，狀如波文。所産之地有池，其生適當雲雨，晦冥風雷交作，故曰龍馬。欽賜文武羣臣於奉天門觀看，諸臣各賦詩獻焉。

賜觀鐙詩

張萱等《内閣藏書目録・聖制部》《賜觀鐙詩》六册。宣德九年元夕，賜羣臣觀鐙，各獻詩賦。又《賜元夕觀鐙詩》九册，宣德間諸臣所獻。

御製傳集

王圻《續文獻通考經籍考・詩集》《御製傳集》。成化十四年命儒臣輯，凡四卷，五百八十九首。

白鵲贊賀集

張萱等《内閣藏書目録・雜部》《白鵲贊賀集》一册。

白鵲賦頌集

黄虞稷《千頃堂書目・騷賦類》《白鵲賦頌集》一卷。嘉靖十年，鄭王進白鵲一雙，輔臣翟鑾、李時及羣臣所爲賦頌。

金蘭集　金蘭續集

黄虞稷《千頃堂書目・總集類》徐達左《金蘭集》三卷。集一時交游贈答之作。

《四庫提要・總集類存目一》明徐達左編。

錢大昕《補元史藝文志・總集類》徐達左《金蘭集》三卷。字良夫，吴人。

鶴林集

黄虞稷《千頃堂書目・總集類》周玄貞《鶴林集》。字玄初，洪武初道士，有異術，構外鶴軒，讀《黄庭》，人稱「鶴林高士」。集皆當時人題贈之作。

餘姚海隄集

《四庫提要・總集類存目一》《餘姚海隄集》一卷。浙江范懋柱家天一閣藏本。

明葉翼編。翼，寧波人。其祖恒，字敬常。元天曆間，爲餘姚判官，築隄捍海，民賴其利。至正末，詔封仁功侯，立廟祀之。其子晉，爲南臺掾，嘗輯當時名人序記詩文爲一集，未及刊而燬於火。宣德中，翼復裒綴散佚，以成是編。

自易集

黄虞稷《千頃堂書目・總集類》 董匡《自見集》六卷。字宗正，永樂辛卯舉人。

蘭芳集

黄虞稷《千頃堂書目・總集類》 俞道生《蘭芳集》二卷。

芸窗父師集

黄虞稷《千頃堂書目・總集類》 張瑞、張瑄《芸窗父師集》。

金臺話舊集

黄虞稷《千頃堂書目・總集類》 張元禎《金臺話舊集》。

簪萍録

黄虞稷《千頃堂書目・總集類》 王雲鳳、喬宇《簪萍録》一卷。

旌忠録

高儒《百川書志・雜集》 《旌忠録》五卷。

縉紳贈言

范邦甸等《天一閣書目・總集類》 《縉紳贈言》一卷。刊本。

振鷺集

高儒《百川書志・雜集》 《振鷺集》三卷。録在朝縉紳送襲封衍聖公孔聞韶還闕里詩文三卷，梓行也。

《四庫提要・總集類存目二》 《振鷺集》一卷。衍聖公孔昭焕家藏本。明陳鎬編。鎬有《闕里志》，已著録。弘治十六年，孔子六十二代孫、襲封衍聖公孔聞韶入覲京師，事畢將還，朝臣咸賦詩贈行。館閣自大學士劉健以下三十五人爲一軸，吴寬爲之序；卿寺自馬文升以下三十六人爲一軸，謝鐸爲之序。聞韶爲李東陽壻，故朝士出東陽之門者，又別爲一軸，凡二十一人，靳貴爲之序。鎬時爲山東提學副使，乃合而梓之。以聖系出自殷後，故以「振鷺」爲名。然衍聖公非三恪之列，數典頗爲不切也。

陶園後集

范邦甸等《天一閣書目・總集類》 《陶園後集》一册。藍絲闌，鈔本。

秉忠定議集

《四庫提要・總集類存目二》《秉忠定議集》二卷。内府藏本。不著編輯者名氏。嘉靖十年，都御史宋滄巡撫四川，平真州劇盜周天星等。時同官於蜀者作爲凱歌露布等篇，彙成一書，以紀其事。其名《秉忠定議集》者，蓋取世宗所賜璽書有「秉忠定議，條奏膚功」語也。

平吴凱旋録

《四庫提要・總集類存目二》《平吴凱旋録》四卷。浙江巡撫採進本。明朱澤編。澤字東漁，定海人。初，嘉靖乙未，崇明海寇秦璠、黄艮、黄庠者爲亂，官軍屢衄。己丑，以湯和之裔孫慶爲左軍都督，充巡捕江淮總兵官，督帥邳、揚二衛官兵，合蘇、松、常、鎮四郡民兵以勦平之。吴中士大夫各贈以詩文，澤編次以成此集。

稿事詩詠

高儒《百川書志・雜集》《稿事詩詠》一卷。皇明山西提學副使石玠著。

椿荆聯桂集

高儒《百川書志・雜集》《椿荆聯桂集》一卷，附録一卷。

羣英會詠集

高儒《百川書志・雜集》《羣英會詠集》二卷。

廉鵝集

高儒《百川書志・雜集》《廉鵝集》一卷。

西南涉屺集

高儒《百川書志・雜集》《西南涉屺集》四卷。

鷗峰録　續録　别録

高儒《百川書志・雜集》《鷗峰録》十卷，《鷗峰續録》八卷，《鷗峰别録》二卷。以上十三詩，慶祝、哀輓、題贈、酬唱詩文諸作，各擅一時之長，以紀一時之盛。蓋當今好尚如此，不暇詳考，列此以備藝文之一派云。

二園集

范邦甸等《天一閣書目・總集類》《二園集》一卷。明賜進士許論序云：「正統丁巳，楊文貞諸公會于楊文敏公之杏園，曰『雅集』。弘治己未，屠囊惠諸公會于周文公之竹園，曰『壽集』。各有繪像、篇什，皆太平盛事也。」

金陵社集詩

黄虞稷《千頃堂書目・總集類》《金陵社集詩》八卷。

西湖八社詩帖

《四庫提要·總集類存目二》《西湖八社詩帖》。無卷數。浙江范懋柱家天一閣藏本。明嘉靖壬戌，閩人祝時泰游於杭州，與其友結詩社西湖上，凡會吟者八：曰紫陽社，曰湖心社，曰玉岑社，曰飛來社，曰月巖社，曰南屏社，曰紫雲社，曰洞霄社。時泰與光州知州仁和高應冕、承天府知府錢塘方九敘、江西副使錢塘童漢臣、諸生徽州王寅、仁和劉子伯、布衣仁和沈仕等分主之，以所作唱和詩集爲此編，分春社、秋社二目。明之季年，講學者聚徒，朋黨分而門户立；吟詩者結社，聲氣盛而文章衰。當其中葉，兆已先見矣。

龍光社草

黄虞稷《千頃堂書目·總集類》 朱謀㙔《龍光社草》一卷。字文翰，南昌人。同社者凡四十三人。

寒山蔓草

《四庫提要·總集類存目三》《寒山蔓草》十卷。直隸總督採進本。明趙宧光編。宧光有《説文長箋》，已著録。朱彝尊《静志居詩話》稱宧光「饒於財，卜築城西寒山之麓。淘汰泥沙，俾山骨畢露，高下泉流。凡遊於吴者，無不造廬談讌，廣爲樂方」云云。蓋宧光雖號隱居，而聲氣交通，實奔走天下，此集即其山居贈荅之作也。其曰「蔓草」，則取《鄭風·野有蔓草》之意。《自序》謂先簡子與客賦詩，子太叔賦《野有蔓草》，至「邂逅相遇，適我願兮」，先子起而拜曰：「吾子之惠也。」寒山投珠，實有賴焉，因以命名，亦可謂「遥遥華胄」。況其事乃趙武，非趙鞅，左氏之傳具在，益爲數典而忘矣。

小瀛洲社詩

《四庫提要·總集類存目三》《小瀛洲社詩》六卷。浙江巡撫採進本。明錢孺穀、鍾祖述同編。嘉靖中，襄陽府知府徐咸致仕歸海鹽，築園城闉，名小瀛洲。招同邑布衣朱朴、思南府知府錢琦、福建布政使吴昂、布衣陳鑑、海寧指揮使劉鋭、濟南府知府鍾梁、龍巖縣知縣陳瀛、僧永瑛并咸兄光澤縣知縣泰，其十人，爲社會，飲酒賦詩。陳詢爲繪圖，而咸自作記。崇禎己卯，琦孫孺穀、梁孫祖述，輯十人之詩爲此集。孺穀又各爲小傳，列於首卷。

荆南倡和集

黄虞稷《千頃堂書目·總集類》 馬治、周砥《荆南倡和集》。治字孝常，砥字履道，同客宜興。倡和詩。

倪燦等《補遼金元藝文志·總集類》 周砥等《荆南倡和詩》一卷。與馬治唱和。治後入明，而詩則作於元時，故繫此。

錢謙益等《絳雲樓書目·金元文集類》《荆南倡和集》。周砥。字履道，吴布衣。馬治。字孝常，義興人。洪武初歷官同知。詩共五十二首。鄭明德序。

吴焯《繡谷亭薰習録·集二》《荆南倡和詩》一卷。

錢大昕《補元史藝文志·總集類》 周砥《荆南倡和集》一卷。字履道，吴人。

黄丕烈《蕘圃藏書題識·集類》《荆南倡和集》一卷。明刻本。

吴壽暘《拜經樓藏書題跋記》卷五 《荆南倡和集》。《荆南倡和集》一卷，元馬治季常、周砥履道二人遊荆南，詶唱之作也。

橋門聽雨詩

《四庫提要·總集類存目一》《橋門聽雨詩》一卷。浙江范懋柱家天一閣藏本。明金庠編。庠，蘇州人。永樂己丑進士，官至監察御史。是編乃永樂七年會試，得陳燧等九十五人。

燕山八景圖詩

《四庫提要・總集類存目一》《燕山八景圖詩》一卷。兩淮鹽政採進本。明永樂十二年，左春坊左中允吉水鄒緝等倡和之作也。

盤谷唱和前後集

錢曾《讀書敏求記・總集》《盤谷唱和前後集》二卷。

分司題詠

高儒《百川書志・雜集》《分司題詠》一卷。

南樓賡和詩集

高儒《百川書志・雜集》《南樓賡和詩集》一卷，附録一卷。

麗澤會詩集

高儒《百川書志・雜集》《麗澤會詩集》一卷。成化辛卯四方文士二十五人分韻詩也。

校文詩集　附録

高儒《百川書志・雜集》《校文詩集》一卷，附録一卷。廣東校文八詠倡和也。

太學讌會詩

黄虞稷《千頃堂書目・總集類》《太學讌會詩》一卷。成化乙未冬十二月，祭酒王倎等公讌倡和。

浙元三會録

《四庫提要・總集類存目二》《浙元三會録》。無卷數。浙江巡撫採進本。明楊守阯編。守阯有《碧川文選》，已著録。是書乃以浙江解元同仕於朝者，邀爲文會。

清泉精舍小志

《四庫提要・總集類存目二》《清泉精舍小志》一卷。浙江巡撫採進本。明黎民表編。民表有《瑶石山人稿》，已著録。兹編乃其家居唱和之詩。

壽俊會詩

黄虞稷《千頃堂書目・總集類》《壽俊會詩》一卷。南京參贊機務兵部尚書王恕集同年十六，續耆英會，倡和詩。

江南春詞

《四庫提要・總集類存目一》《江南春詞》一卷。浙江巡撫採進本。明沈周等追和元倪瓚作也。時吴中有得瓚手稿者，因共屬和成帙。首有作者姓氏，自周以下共五十人。嘉靖十八年，袁表序而刻之。後有袁褧跋。二人亦皆有和作。

荆南詩社倡和集

高儒《百川書志・别集》《荆南詩社倡和集》十二卷。皇明宗人府儀賓江陵周應璧編次社友一十四人唱和詩律五百八十有奇。

黄虞稷《千頃堂書目・總集類》周應璧《荆南詩社倡和集》十二卷。應璧江陵王府儀賓編次同時倡和十二人之作。

同聲集　同聲後集　續集

高儒《百川書志・别集》《同聲集》一卷，《後同聲集》一卷。皇明西涯李東陽、方石、謝鐸前後左掖垣經歷，應接聯句唱和之作也。

黄虞稷《千頃堂書目・總集類》李東陽、謝鐸《同聲集》二卷，又《同聲後集》一卷，又《續集》□卷。

聯句録

《四庫提要・總集類存目一》《聯句録》五卷。兩淮鹽政採進本。明李東陽編。東陽有《東祀録》，已著録。此其官翰林時，與同年進士及同遊士大夫聯句之作。

浙西倡和詩

黄虞稷《千頃堂書目・總集類》王濟、張寧《浙西倡和詩》。

湖山倡和

黄虞稷《千頃堂書目・總集類》謝遷、馮蘭《湖山倡和》二卷。餘姚令劉應徵刻。

髻游聯句録

高儒《百川書志・别集》《髻游聯句録》一卷。國朝都憲巴陵柳應辰同楊邃庵一清作也。

黄虞稷《千頃堂書目・總集類》柳應辰、楊一清《髻游聯句録》一卷。應辰，字拱之，巴陵人。成化己丑進士，巡撫蘇州都御史。忤劉瑾，下獄褫職。瑾誅，復官。

朝正倡和集

高儒《百川書志・别集》《朝正倡和》一卷，《朝正歸途唱和》一卷。皇明徐禎卿、趙鶴諸名人十三人之作。

黄虞稷《千頃堂書目・總集類》徐昌穀、趙鶴等《朝正倡和集》二卷。

扈從巡邊詩

高儒《百川書志・雜集》《扈從巡邊詩》二卷。武宗北狩，中外五十二人唱和六十六章。

輔臣贊和詩集

張萱等《内閣藏書目録·聖制部》《輔臣贊和詩集》一册。全。嘉靖六年除夕，御製五言詩，示楊少師一清與謝遷等恭和。

《四庫提要·總集類存目二》《輔臣贊和詩集》一卷。左都御史張若溎家藏本。案：此集乃嘉靖六年除夕，世宗作五言律詩一首，以示閣臣。於是大學士楊一清、謝遷、張璁、翟鑾等竝和韻録進。帝彙書成帙，御製序，冠其端，且命一清爲之後序。世宗序題「七年正月四日」，一清後序，則正月六日所上也。

翊學詩

張萱等《内閣藏書目録·聖制部》《翊學詩》一册。全。嘉靖七年，以御製《聽筵官講〈大學衍義〉》五言古詩并序，寫示内閣，大學士楊一清等恭和。集爲一册，名曰《翊學詩》。

《四庫提要·總集類存目二》《翊學詩》一卷。左都御史張若溎家藏本。案：此集乃嘉靖七年五月，經筵官進講《大學衍義》，世宗因製五言古詩一章并序，以賜閣臣。大學士楊一清、賈詠、翟鑾等奉表謝，竝和以進。既而謝遷、張璁相繼入閣，亦令和進。命集爲一册，以「翊學」爲名。《明史·藝文志》作一卷，與此本同。

詠和録

張萱等《内閣藏書目録·聖制部》《詠和録》一册。全。嘉靖辛卯，御製《同輔臣孚敬宗伯時西苑視穀祗先蠶壇位賦》，孚敬等恭和。

蒹葭倚玉集

高儒《百川書志·别集》《蒹葭倚玉集》一卷。皇明吴郡楊循吉編其同名人聯句一十二詩。

黄虞稷《千頃堂書目·總集類》楊循吉等《倚玉集》一卷。

七人聯句詩紀

黄虞稷《千頃堂書目·總集類》楊循吉等《七人聯句詩紀》一卷。

彙吉和鳴集

高儒《百川書志·别集》《彙吉和鳴集》一卷。

懷古詩

高儒《百川書志·雜集》《懷古詩》一卷。皇明幸庵。彭澤原倡十五首，和者六人，詩九十首。

小瀛洲十老詩

黄虞稷《千頃堂書目·總集類》吴昂等《小瀛洲十老詩》六卷。

破碗集

黄虞稷《千頃堂書目・總集類》 楊爵、孫繼魯《破碗集》。獄中倡和，以毀磁書之壁，故名「破碗」。

賜宴倡和詩

黄虞稷《千頃堂書目・總集類》 楊廷和《賜宴倡和詩》一卷。嘉靖二年。

宸章集録

《四庫提要・總集類存目二》 《宸章集録》一卷。左都御史張若溎家藏本。明費宏編。宏有文集，已著録。此書乃嘉靖五年六月十三日世宗御平臺，召宏及大學士楊一清、石珤、賈詠入見，各賜御製詩。宏得七言古詩一章，一清、珤、詠各得五言古詩一章。宏等疏謝，竝依原韻和進，帝復賜以批荅。宏因集爲一帙，梓而傳之。

皇華集　續集

《四庫提要・總集類存目二》 《皇華集》二卷，《續集》一卷。安徽巡撫採進本。明翰林院修撰。

皇華集

《四庫提要・總集類存目二》 《皇華集》十三卷。内府藏本。明朝鮮國所刊使臣唱酬之作。所録惟天順元年、二年、三年、四年、八年，成化十二年，弘治元年、五年，正德十六年，嘉靖十六年之詩。考明代遣使往朝鮮者不僅此十年，似有闕佚。然世所傳本竝同，或使臣不盡能詩，其成集者止此耶？

良會集

黄虞稷《千頃堂書目・總集類》 盧雍、楊慎《良會集》一卷。

繹過亭聯句

高儒《百川書志・别集》 《繹過亭聯句稿》一卷。皇明前御史淮陽杜旻按隴時同副使王雲鳳、參議邵棠所聯也。凡十五首。

黄虞稷《千頃堂書目・總集類》 杜旻、王雲鳳、邵棠《繹過亭聯句》一卷。旻爲御史按隴右，與副使王雲鳳、參議邵棠倡和。

聯句私鈔

《四庫提要・總集類存目二》 《聯句私鈔》四卷。兩江總督採進本。明毛紀編。紀有《密勿稿》，已著録。是集前有引一篇，稱昔在翰林，與僚友及諸司善鳴者會晤遊賞，多形之聯句，得二卷。後爲部佐，與同年數公相處，因事感懷，復得一卷。其末卷則在内閣與諸老同作者。總七言律二百二十五首、排律二首、五言古詩一首。歸田後，葺録爲一帙，竝題姓名、履貫於卷首，自華亭顧清以下，共三十有三人。

海岱會集

《四庫提要・總集類四》 《海岱會集》十二卷。兵部侍郎紀昀家藏本。明石存禮、藍田、馮裕、劉澄甫、陳經、黄卿、劉淵甫、楊應奎八人唱和之詩也。

轅門十詠

徐𤊹《徐氏家藏書目・總詩類》《轅門十詠》二卷。

黄虞稷《千頃堂書目・總集類》《轅門十詠》二卷。永樂中，福州中衛百户朱克誠與羅泰、谷宣、林坦、秦善、王溥、朱珙、鄧善、鄧廣、余旭倡和集。

今雨瑶華

徐𤊹《徐氏家藏書目・總詩類》《今雨瑶華》一卷。鄴岳岱選。

黄虞稷《千頃堂書目・總集類》岳岱《今雨瑶華》一卷。

武林怡老會詩

徐𤊹《徐氏家藏書目・總詩類》《武林怡老會詩》一卷。抄本，有畫像。

梅市唱和集

高儒《百川書志・雜集》《梅市唱和集》一卷。

恩紀含春堂詩

劉若愚《内板經書紀略》《恩紀含春堂詩》二本，一百十五葉。

比玉集

黄虞稷《千頃堂書目・總集類》劉鳳、魏學禮《比玉集》四卷。

采蓉詞

黄虞稷《千頃堂書目・總集類》劉鳳、魏學禮《采蓉詞》五卷。

披襟倡和集

黄虞稷《千頃堂書目・總集類》范訥、吴鼎芳《披襟倡和集》。

荆溪唱和詩

《四庫提要・總集類存目二》《荆溪唱和詩》一卷。浙江范懋柱家天一閣藏本。明俞允文編。是編爲嘉靖辛酉顧從義、姚昭、董宜陽、馮遷、朱察卿、姚遇、姚遂、沈明臣八人同游荆溪所作，允文爲合而刊之。

江皋小築集

《四庫提要・總集類存目三》《江皋小築集》三卷。兩淮馬裕家藏本。明李元弼撰。元弼，字靖吾，廣東人。萬曆中卜築江皋，題爲十景。集友朋唱和成編，而以所作詩稿附録焉。

郡齋倡和録

楊士奇等《文淵閣書目・詩詞》 《郡齋酬唱》。一部，三册。完全。

范邦甸等《天一閣書目・總集類》 《郡齋倡和録》四卷。刊本。明袁表校刊并識，王養正序。

梁谿倡和集

軍機處奏《禁毁書目》 《梁谿倡和集》一部一本。查《梁谿倡和集》係明吴應箕、顧杲偶和之詩。中有指斥，應請銷燬。

西曹秋思

黄虞稷《千頃堂書目・總集類》 黄道周、葉廷秀、董養河《西曹秋思》一卷。道周以參楊嗣昌奪情，廷秀、養河皆以黨人同下獄，獄中倡和詩也。養河，字叔會，閩縣人，以歲貢，官工部司務。

《四庫提要・總集類存目三》 《西曹秋思》一卷。庶吉士梁上國家藏本。明黄道周、葉廷秀、董養河倡和詩也。

和友人詩卷

毛晉《汲古閣書跋》 《和友人詩卷》。余自丁巳歲治詩叔子魏師之門，得尚友諸君子，輒以詩篇見贈。或遥寄郵筒，或分題即席，不揣矢和。迄今癸未，紙墨遂多，展卷再讀，半屬古人，不勝今昔之感也。倩筆録成副本，且摘佳篇，並附俚句於後。隱湖毛晉。

樂府集

張萱等《内閣藏書目録・總集部》 《樂府集》四册。全。皆漢魏六朝詩。

漢鐃歌發

《四庫提要・總集類存目三》 《漢鐃歌發》一卷。兩淮馬裕家藏本。明董説編。説有《易發》，已著録。是書取《漢鐃歌》十八章，反復解説。首論大意，次論韻，次論音。其論韻則有伏、有擊、有進退、有同攝、有同母同入；論音，本《周禮》「三宫」之説，按宫、商、角、徵、羽篇分章位，章分句位，立説殊爲創闢。然沈約嘗言：《漢鐃歌》大字爲詞，細字爲聲。後來聲詞合寫，不復可辨，遂無文義可尋，但存其聲而已。自唐後，樂府失傳，新題迭作，於是并聲而亦亡之。説不知聲詞合寫之源，而强爲索解，已迷宗旨；至鐃歌乃鼓吹之曲，但奏其音，而不歌其詞，故十八章或韻或不韻，亦猶「風」、「雅」皆有韻，而「頌」不盡韻也。説一槩强爲叶讀，非惟不知古音，亦并不知樂府體裁矣。

唐樂府

《四庫提要・總集類存目三》 《唐樂府》十八卷。兩江總督採進本。明吴勉學編。勉學所編《河閒六書》，已著録。是集彙輯唐人樂府，祇登初、盛，而不及中、晚，皆郭茂倩《樂府詩集》所已採。閒有小小增損，即多不當。如王勃《忽夢遊仙》、宋之問《放白鷳篇》之類，皆實非樂府而濫收；而《享龍池樂章》之類，乃反佚去。至詩餘，雖樂府之遺，而已别爲一體，李白《菩薩蠻》《憶秦娥》之類，亦不宜泛載。且古題、新題，漫然無别，既無解釋，復鮮詮次，是真可以不作也。

類型

五倫詩選

高儒《百川書志・總集》《五倫詩選》五卷。不知選者。取唐宋諸體，以五倫類之。

錢謙益等《絳雲樓書目・詩總集類》《五倫詩集》。

黄虞稷《千頃堂書目・總集類》沈易《五倫詩選》五卷。字翼之，華亭人。洪武中官諮議參軍。棄官養親，教授里中，集是以教童子誦習。里人稱爲「苦節先生」。

《四庫提要・總集類存目一》《五倫詩》五卷。浙江汪啓淑家藏本。明沈易編。易字翼之，華亭人。是編前有洪武己未錢惟善序。

璇璣回文詩詞

高儒《百川書志・總集》《璇璣回文詩詞》三卷。皇朝涵虚子臞仙編集古今之作，諸體咸萃，反覆旋轉成文，詩中之異珍也。

黄虞稷《千頃堂書目・總集類》寧獻王編集《璇璣回文詩詞》三卷。集古今作。

連珠集

高儒《百川書志・總集》《連珠集》一卷。集漢班固至我朝劉伯温、宋景濂十人連珠。

錢謙益等《絳雲樓書目・文集總類》《連珠集》。

黄虞稷《千頃堂書目・總集類》《連珠集》一卷。集班固至劉基、宋濂十人之作。

回文類聚　續編

黄虞稷《千頃堂書目・總集類》張之象《回文類聚》四卷。

珠采集

徐𤊹《徐氏家藏書目・連珠類》《珠采集》一卷。何偉然。

陳山人集句

黄虞稷《千頃堂書目・總集類》陳言《陳山人集句》二卷。字于庭，莆田人。

聯錦詩集

黄虞稷《千頃堂書目・總集類》夏宏《聯錦詩集》四卷。字仲寬，當塗人，天順中官松溪教諭。

閨情集句

黄虞稷《千頃堂書目・總集類》劉芳節《閨情集句》一卷。字聖達，宜都人。萬曆丁酉舉人。

詠史絶句

高儒《百川書志・總集》《詠史詩選》一卷。皇明左諭德程敏政選次七言絶句二百餘首，自唐至國初詩人，詠鑒三代歷元之事也。

錢謙益等《絳雲樓書目・詩總集類》 程篁墩選《詠史詩》二册。《篁墩文集》九十餘卷，《李賓之集》。

黄虞稷《千頃堂書目・總集類》 程敏政《詠史絶句》。

詠史詩選

黄虞稷《千頃堂書目・總集類》 程敏政《詠史詩選》十五卷。選唐至明初人詠史作。

《明史・藝文志・總集類》 程敏政《詠史詩選》十五卷。

詠史集解

《四庫提要・總集類存目一》《詠史集解》七卷。浙江巡撫採進本。明程敏政編，林喬松注。敏政有《宋遺民録》，已著録。喬松，晉江人，始末未詳，其注此書，則官景寧縣知縣時也。其書取古人詠史之作，依代編次，自三代迄宋末，止七言絶句一體。

唐詩詠史絶句

王圻《續文獻通考經籍考・詩集》《唐詩詠史絶句》。［楊文恪著。］

黄虞稷《千頃堂書目・總集類》 楊廉《唐詩詠史絶句》。

懷古詩集

王圻《續文獻通考經籍考・詩集》《懷古詩集》。南昌劉端著。

詠史續編

黄虞稷《千頃堂書目・總集類》 清源王嬾雲《詠史續編》一卷。凡百四十九首。

雪湖詠史詩

黄虞稷《千頃堂書目・總集類》 馮蘭《雪湖詠史詩》二卷。餘姚人，字廷佩。官按察司副使。

續詠史詩

黄虞稷《千頃堂書目・總集類》 俞深《續詠史詩》二卷。字魯淵，桐廬人。明初建寧府教授。

詠史詩

黄虞稷《千頃堂書目・總集類》 姜璉《詠史詩》。蘭溪人，天順庚辰進士，永平府知府。

詠史詩

黄虞稷《千頃堂書目·總集類》 陳恪《詠史詩》。歸安人，成化丁未進士，大理寺卿。凡百三十篇。

詠史詩

黄虞稷《千頃堂書目·總集類》 楊子器《詠史詩》。慈谿人，成化丁未進士。

續詠史詩

黄虞稷《千頃堂書目·總集類》 張素和《續詠史詩》。山陽人，成化乙酉舉人，知縣。

史鑑吟

黄虞稷《千頃堂書目·總集類》 徐元太《史鑑吟》。

讀史詩集

黄虞稷《千頃堂書目·總集類》 周禮《讀史詩集》。

讀史韻言

黄虞稷《千頃堂書目·總集類》 蘇茂相《讀史韻言》三卷。

通史補遺

黄虞稷《千頃堂書目·總集類》 鄒璧《通史補遺》二卷。字辰甫，號九峰山人。無錫人。

止庵觀感詩

黄虞稷《千頃堂書目·總集類》 施敏政《止庵觀感詩》四卷。開化人。

詠物詩

黄虞稷《千頃堂書目·總集類》 謝宗可、瞿佑、朱之蕃《詠物詩》六卷。

古今詠物詩選

高儒《百川書志·總集》 《古今詠物詩選》一卷。皇明進士蜀人鄒魯於唐宋詩中詠物七言律隨手録之。似不止此，恐有全集，尚當博求之。

黄虞稷《千頃堂書目·總集類》 鄒魯《古今詠物詩選》一卷。蜀人，□□□□進士。

詠物絶句

黄虞稷《千頃堂書目·總集類》 沈行《詠物絶句》一卷。

落花詩集

高儒《百川書志·總集》 《落花詩集》一卷。皇明山陽陳操集東吴名士陳周輩九人所作七言律百三十首，末載雙城吴滋一賦。

黄虞稷《千頃堂書目·總集類》 陳操《落花詩集》一卷。山陽人。集沈周、唐寅等九人作。

香雪林集

黄虞稷《千頃堂書目·總集類》 王思敬《香雪林集》二十六卷。上海人，王圻子。集古今梅花詩文。

瓊芳集

錢謙益等《絳雲樓書目·詩總集類》 《瓊芳集》。

青城梅花三百詠

黄虞稷《千頃堂書目·總集類》 晏鐸《青城梅花三百詠》一卷。

梅花百詠

黄虞稷《千頃堂書目·總集類》 楊光溥《梅花百詠》一卷。

黄丕烈《蕘圃藏書題識·集類》 《梅花百詠》一卷。元本。庭前黄梅花盛開，戊辰元旦試筆，適檢及此《梅花百詠》，因附録於卷端。

復庵詠梅詩

黄虞稷《千頃堂書目·總集類》 王絅《復庵詠梅詩》一卷。襄城人，江西副使。

斯存和梅藁

黄虞稷《千頃堂書目·總集類》 孫錦《斯存和梅藁》一卷。

詠梅集句

黄虞稷《千頃堂書目·總集類》 沈行《詠梅集句》□卷。字履德，錢塘人。

秋香百詠

黄虞稷《千頃堂書目·總集類》 管時敏《秋香百詠》一卷。

牡丹百詠

黄虞稷《千頃堂書目・總集類》 張淮《牡丹百詠》一卷。字豫源，吴縣人。

百花鼓吹　梅花鼓吹

《四庫提要・總集類存目二》 《百花鼓吹》五卷，《梅花鼓吹》二卷。内淮鹽政採進本。明王化醇撰。化醇字和甫，别號應峰，無錫人。嘉靖中國子監生。《百花鼓吹》皆雜採唐人詠花之詩，凡三十八種；《梅花鼓吹》則惟採宋、元及明人之詩，以唐人詠梅之作已載入《百花鼓吹》故也。

詠雪唱和　續詠雪唱和

高儒《百川書志・别集》 《詠雪唱和》一卷。皇明楊一清提學陝西，出巡郡縣，往返積雪中，幾四十日，得詩三十六首，秦藩賓竹道人和之。《續詠雪唱和》一卷。皇明秦簡王俾陝西參政樵山張元應順德次韻遂庵之作也。

詠雪集句

黄虞稷《千頃堂書目・總集類》 沈行《詠雪集句》二卷。

楓杜

徐𤊹《徐氏家藏書目・總詩類》 《楓杜》三卷。紹興府。

睡鸚鵡詩

徐𤊹《徐氏家藏書目・總詩類》 《睡鸚鵡詩》一卷。

緝玉録

《四庫提要・總集類存目三》 《緝玉録》五卷。兩淮馬裕家藏本。明傅振商撰。是編乃其爲御史時巡按關隴，即其所歷山川名勝，各裒輯其題詠，共爲一編。皆明人之作也。

彭城降鶴記

高儒《百川書志・雜集》 《彭城降鶴記》一卷。吕仙記詩二十六首。

南樵遇仙記

高儒《百川書志・雜集》 《南樵遇仙記》一卷。亦言洞賓仙跡也，附詩。

南山松柏集

高儒《百川書志・雜集》 《南山松柏集》一卷。諸名公壽先君子六十壽也。先父諱字履歷，見《涿州志》及家譜。

海釣遺風集

《四庫提要·總集類存目一》《海釣遺風集》四卷。兩淮馬裕家藏本。明蕭鳴鳳編。鳴鳳字子雝，浙江山陰人。正德九年進士，官至廣東提學副使。事蹟具《明史》本傳。

重慶堂詩

高儒《百川書志·雜集》《重慶堂詩》一卷。

恩慶集

高儒《百川書志·雜集》《恩慶集》一卷。

景行録

高儒《百川書志·雜集》《景行録》一卷。

臺閣人文

徐𤊹《徐氏家藏書目·總集類》《臺閣人文》十三卷。

古今聯句詩集

黄虞稷《千頃堂書目·總集類》 董楠《古今聯句詩集》六卷。字孟才，益都人。

古藤書屋聯句詩

王士禛《漁洋書跋》《古藤書屋聯句詩》。聯句有人各賦四句，分之自成絶句，合之仍爲一篇。謝朓、范雲、何遜、江革輩多有此體。

古今風謡　古今風謡拾遺

徐𤊹《徐氏家藏書目·總詩類》《古今風謡》一卷。楊慎。

黄虞稷《千頃堂書目·總集類》 楊慎《古今風謡》一卷。

古今諺

黄虞稷《千頃堂書目·總集類》 楊慎《古今諺》一卷。

古今諺　拾遺

徐𤊹《徐氏家藏書目·總詩類》《古今諺》一卷。范欽。

歷朝酒歌

黄虞稷《千頃堂書目・總集類》 周履靖《歷朝酒歌》十二卷。

人物

建安七子全集

徐𤊹《徐氏家藏書目・總詩類》《建安七子集》二十四卷。陳朝輔刻。

黄虞稷《千頃堂書目・總集類》《建安七子詩集》二十四卷。

姚振宗《三國藝文志・總集類》《魏文帝建安七子集》。

李太白詩選　杜少陵詩選

《四庫提要・總集類存目二》《李太白詩選》五卷《杜少陵詩選》六卷。內府藏本。不著編輯者名氏。

李杜詩通

黄虞稷《千頃堂書目・文史類・補明》 胡震亨《李杜詩通》四十卷。

李杜詩解

黄虞稷《千頃堂書目・文史類・補明》 賴進德《李杜詩解》三卷。宣德時萬安人，官鳳翔府推官。

韓君平錢考功詩集

黄丕烈《蕘圃藏書題識・集類一》《韓君平詩集》五卷、《錢考功詩集》十卷。校書鈔本。韓翃，字君平，南陽人。天寶十三年進士，侯希逸表佐幕府。府罷，十年不仕。李勉任宣武，復辟之。建中初，以駕部郎中知制誥，終中書舍人。集五卷。

元和三舍人詩

錢謙益等《絳雲樓書目・唐詩類》《元和三舍人詩》。

唐人雜集

錢謙益等《絳雲樓書目・唐詩類》《唐人雜集》。于武陵、唐求、曹唐、尚顏、司馬禮、顧非熊、許棠、孟貫、許琳、無名氏。

陶韋合集

《四庫提要・總集類存目三》《陶韋合集》十八卷。內府藏本。明凌濛初編。是書前有濛初題詞。

蘇黄詩髓

王圻《續文獻通考經籍考・詩集》《蘇黄詩髓》。新都人楊慎用修著。

二家宮詞

《四庫提要・總集類四》《二家宮詞》二卷。浙江巡撫採進本。明毛晉編。凡宋徽宗皇帝三百首，寧宗楊皇后五十首。徽宗卷末有帝姬長公主跋。

元四家詩

《四庫提要・總集類存目三》《元四家詩》二十六卷。江蘇巡撫採進本。明毛晉編。晉有《毛詩陸疏廣要》，已著録。是編凡虞集詩八卷、楊載詩八卷、范梈詩七卷、揭傒斯詩三卷。集詩乃晉以意摘鈔，非其完本，且四家各有專集，亦無庸此合編也。

白沙定山詩

王圻《續文獻通考經籍考・詩集》《白沙定山詩》。楊文恪著。

明七子詩選

徐𤊹《徐氏家藏書目・總詩類》《明七子詩選》七卷。

南華合璧集

《四庫提要・總集類存目二》《南華合璧集》五卷。内府藏本。明黄魯曾編。魯曾，字得之，吴縣人。正德丙子舉人。五岳山人省曾之弟也。是編選王寵之詩，而附以己作，合爲一集。

三異人集

《四庫提要・總集類存目二》《三異人集》二十二卷。浙江巡撫採進本。明李贄編。贄有《九正易因》，已著録。是書凡方孝孺詩文十卷，于謙奏疏四卷、文一卷、詩三卷，楊繼盛奏疏詩文各一卷，附録一卷。贄各爲之評。

二温詩集

《四庫提要・總集類存目二》《二温詩集》四卷。浙江孫仰曾家藏本。《太谷詩集》二卷，明温新撰。《中谷詩集》二卷，新弟秀撰。新字伯明，洛陽人。嘉靖戊戌進士，官户部主事。秀字仲實，由舉人官至襄陽府同知。秀游李夢陽之門，故詩多亢厲之音。新詩刻意學杜，而僅得浮聲，蓋亦宗北地之學者也。

四家詩選

《四庫提要・總集類存目三》《四家詩選》四卷。内府藏本。明傅振商編。是集選顧起元、焦竑、郭正域、葉向高四人之詩，人各一卷。蓋崇禎元年爲南京兵部侍郎時所刻，亦書帕本也。

三僧詩

《四庫提要・總集類存目三》《三僧詩》三卷。兩江總督採進本。三僧均不著其名。一曰《二楞詩稿》，一曰《高松詩稿》，一曰《中峰詩稿》。

宋氏傳芳録

高儒《百川書志・雜集》《宋氏傳芳録》三卷。録金華宋濂家世之書也。

徐𤊹《徐氏家藏書目・家集類》《金華宋氏傳芳録》八卷。

章氏三堂集録

范邦甸等《天一閣書目・總集類》《章氏三堂集録》□卷。刊本。明嘉靖三年，太平知府金華章藹彙刻其伯祖大宗伯楓山章懋、父大司空元樸章拯及族父方伯甦齋章述與兄給舍道峰章邁所著奏疏及諸體詩文也。其《四端堂集録》署曰《闇翁文鈔》，理學名臣章懋著；曰《樸翁文鈔》，近代名臣章拯著，有鄱陽余祐序。其《翽羽堂集》署曰《四臣奏疏》，有仙居仙時來序。其《槐桂堂集録》署曰《楓樸遺音》，藹自引，稱守太平時集録四臣奏疏于翽羽堂，集録二老文珍于四端堂，而槐桂之集，則紀辛丑三月三日之夢也。總名之曰《章氏三堂集録》，而以道峰給舍詩文附焉。

鄭氏道山集

黄虞稷《千頃堂書目・總集類》《鄭氏道山集》十卷。金華浦江義門鄭濤、鄭泳、鄭淵。

郭氏遺芳集詩選

高儒《百川書志・總集》《郭氏遺芳集詩選》四卷。皇明黄巖郭氏孫齊琤輯録自宋至明祖禰九世之詩也。

黄虞稷《千頃堂書目・總集類》郭齊琤《郭氏遺芳集》四卷。黄巖郭氏輯宋至明九世之詩。

傳芳集

錢曾《讀書敏求記・總集》《傳芳集》二卷。宋綬《序傳芳集》云：「彭城公纂其宗門歌詩，凡得格律、長言四十五首，合爲一編。族子仙芝又纂爲五卷，目曰後集。今此本乃忠靖公十二世孫楞所刊者。上卷自吾祖武肅王至浙東提刑，共二十四人；下卷自滄軒先生至石泉生，共三十八人。總詩一百三十二首，未知與宣獻公所序本合否。吾祖《還鄉歌》曰：『三節還鄉兮掛錦衣，碧天朗朗兮愛日暉。功臣道上兮列旌旗，父老遠迎兮來相隨。家山鄉巷兮會時稀，今朝設燕兮觥散飛。牛羊撫李兮民無欺，吴越一王兮駟馬歸。』《五代史删》爲四句，雖見歐公剪裁之妙，然非此集，未由見吾祖之全璧。且歌中豪上之氣，誠有足配漢高皇者，吾子孫其知之。」

《四庫提要・總集類存目二》《吴越錢氏傳芳集》二卷。兩淮鹽政採進本。明錢筠、錢篩同編。筠字飛卿，篩字章卿，紹興人。是集録錢氏一家之詩，自吴越武肅王鏐至明諸生淮，凡六十二人，一百三十一首。初，吴越文穆王元瓘有《錦樓集》，忠懿王俶有《政本集》。俶子惟演因採鏐及元瓘、宏佐、倧、俶五王之詩，合爲一編，名曰《傳芳集》。後族子仙芝復益以羣從所作，纂爲五卷，目曰《後集》，宋綬爲之序。明嘉靖中，筠等又爲搜輯增益，鋟之於木，仍以宋綬序冠於前。然序稱「惟演所得五王格律、長言共四十五首」，而此編所載僅九首，又卷數亦與《後集》不合。蓋散佚之餘，重爲裒輯，雖尚沿其名，已非原本之舊矣。

蕭山丁氏乘選

徐𤊹《徐氏家藏書目・家集類》《蕭山丁氏乘選》一卷。

新安吴氏倡和篇

徐𤊹《徐氏家藏書目・家集類》《新安吴氏倡和篇》一卷。唐吴少微、吴鞏，宋吴白牧、吴白中。

德清嵇氏世德録

徐𤊹《徐氏家藏書目・家集類》《德清嵇氏世德録》四卷。

上虞葛氏家藏詩鈔

徐𤊹《徐氏家藏書目・家集類》《葛氏家藏詩抄》十六卷。上虞人。貞、浩、啓、銘、錬、木、昂、梅。

黄虞稷《千頃堂書目・總集類》《上虞葛氏家藏詩鈔》十六卷。葛貞、葛浩、葛啓、葛銘、葛錬、葛木、葛昂、葛梅。

餘杭盛氏家乘

徐𤊹《徐氏家藏書目・家集類》《餘杭盛氏家乘》七卷。盛應期編。

柴氏四賢集

黄虞稷《千頃堂書目・總集類》《柴氏四賢集》□卷。宋柴望。

《四庫提要・總集類二》《柴氏四隱集》三卷。浙江鮑士恭家藏本。宋柴望及其從弟隨亨、元亨、元彪之詩文也。望有《丙丁龜鑑》，已著録。隨亨，字瞻屺，登文天祥榜進士，歷知建昌軍事；元亨，字吉甫，與隨亨同舉進士，歷官朝散大夫、荆湖參制；元彪，字炳中，號澤臞居士，嘗官察推。宋亡以後，兄弟俱遁跡不仕，時稱「柴氏四隱」。望所著有《道州台衣集》《詠史詩》《涼州鼓吹》；元彪所著有《襪線集》；隨亨、元亨著作散佚，其集名皆不可考。明萬曆中，其十一世孫復貞等蒐羅遺稿，元亨之作已無復存，因合望與隨亨、元彪詩文共爲一集，仍以「四隱」爲名，因舊稱也。世所行者，僅《望秋堂》一集，而實非足本。錢塘吴允嘉始得刻本，鈔傳之。又據《江山志》及《吴氏詩永》，益以集外詩五首，遂爲完書。

錢大昕《補元史藝文志・總集類》《柴氏四隱集》三卷。曰望，曰隨亨，曰元亨，曰元彪，皆宋臣入元不仕者。江山人。

丁丙《善本書室藏書志・總集類》《柴氏四隱集》三卷。吴志上鈔本。汪魚亭藏書。宋國史秋堂柴望、瞻岵居士柴隨亨、澤臞居士柴元彪著。首有江山知縣李斗序及萬曆戊子十一世孫復貞《四隱集》序，次至正四年楊仲宏撰《秋堂詩集》序，里人蘇幼安撰《秋堂柴公墓志銘》，又知衢州府李遂撰《柴公隨亨墓志》，十一世孫復貞撰《四隱》後序，十一世孫時秀《刻四隱集跋》。吴志上允嘉手識云：「按集名《四隱》而目録所載實止三人，其所謂制參吉甫公元亨，則無一字，何也？豈刻本原完而輾轉鈔録，遂失之歟？」有「汪魚亭藏閲書」一印。

《柴氏四隱集》二卷。吴氏瓶花齋鈔本。趙素門藏書。

聯輝集

黄虞稷《千頃堂書目・總集類》張輿、張輅《聯輝集》。輿字行中，輅字行素，仁和人。輅子震編集。

壎篪集

黄虞稷《千頃堂書目・總集類》繆珊、繆璉《壎篪集》。珊字仲琳，璉字仲卣，平陽人。

三鳳集

黄虞稷《千頃堂書目・總集類》吴任、吴田、吴穀《三鳳集》。任字以任，田字以耘，穀字以穎，平陽人。

聯珠集

黄虞稷《千頃堂書目·總集類》 鄭仕清、仕淵、仕彝、仕宏《聯珠集》。開化人，詩稱「四鄭」。仕清以薦爲按察使。

二戴小簡

《四庫提要·總集類存目二》 《二戴小簡》二卷。浙江范懋柱家天一閣藏本。不著編輯者名氏。所載一曰《贅言録》，明戴豪撰；一曰《筠溪集》，戴顒撰。豪字師文，台州太平人。成化戊戌進士，官至廣東布政司參政。顒字師觀，豪之弟。正德辛未進士，官至兵科給事中。《萬姓統譜》載豪所著有《贅言録》若干卷。《太平志》載顒有《倦歌集》，又有《筠溪雜稿》。此本以兩人書簡各一卷，合爲一編，蓋摘録於全集之中，而仍以原集標目，非其完本也。

塤篪音

《四庫提要·總集類存目三》 《塤篪音》二卷。兩江總督採進本。明虞淳熙、虞淳貞同撰。淳熙有《孝經集靈》，已著録。淳貞，字僧孺，淳熙弟也。是集凡《賦溪上落花》詩一百五十首，又《次韻沈嘉則雜詠》一百二十首，又《倣杜甫〈同谷七歌〉》。淳熙作者命曰「塤音」，淳貞作者命曰「篪音」。原序稱其《溪上落花》詩，伯仲皆一夜而就，大意欲夸多鬬捷耳。不知一題衍至百餘首，即曹、劉、沈、謝，亦不必工也。

尚元齋三世詩

《四庫提要·總集類存目三》 《尚元齋三世詩》十二卷。兩江總督採進本。明姚悦及其子兗、孫舜聰之詩也。悦字汝誾，秀水人。兗字叔信，號元岳山人。均以布衣終。舜聰，字伯達，官休寧縣訓導。初，悦以富甲一鄉，兗獨折節與文士游，所爲詩，號《尚元草》，凡十餘卷。朱國祚爲删定之，存八卷。又别爲《詠物詩》二卷，用戴復古《石屏集》首載其父詩例，以悦《西郭遺稿》一卷弁前。舜聰又用顧況《華陽集》末附載其子非熊詩例，以己作《汗漫游草》一卷綴後。悦詩僅十六首，而八首《和杜甫秋興》，八首《和林逋梅花》，亦可云敢嬰勍敵矣。

奕世文集

《四庫提要·總集類存目三》 《奕世文集》十六卷。兩江總督採進本。明蕭自開編。自開，萬安人。由廕生官詹事府主簿。是編輯其先世文集五種。凡《二休居士集》一卷，蕭纉撰；《石巖山房集》四卷，蕭乾元撰；《小石集》二卷，蕭暘撰；《修業堂集》五卷，蕭廩撰；《復菴集》四卷，蕭中行撰。每集之後，各附以誌、銘、傳、贊之屬。纉字昌緒，成化癸卯舉人，官潛江縣知縣；乾元，字必充，弘治己未進士，官雲南金騰兵備副使；暘字惟賓，嘉靖壬午舉人，官零陵縣知縣；廩字可發，號兑嵎，嘉靖乙丑進士，官兵部右侍郎；中行，字復菴，太學生，即自開父也。

三華集

《四庫提要·總集類四》 《三華集》十八卷。兩淮鹽政採進本。明無錫錢子正及弟子義、姪仲益合刻詩也。子正《緑苔軒集》六卷，前有王達序；子義《種菊菴集》四卷，前有洪武八年自序；仲益《錦樹集》八卷，前有魏驥序。三集初各自爲書，正統中，仲益族子公善等始合而刻之。其曰「三華」者，蓋以三者皆錢氏英華也。按：子正詩，朱彝尊《明詩綜》不載，但附見其名於子義之下。然二人出處始末，均無可考。獨仲益以元末進士知華亭縣，後爲翰林修撰，見於魏驥序中。而《明詩綜》載，仲益永樂初以翰林編修轉周王府長史，與驥序互有異同；又稱仲益「詩格爽朗，惜遺集罕傳。子從秦對巖前輩購得，亟録八首，猶未盡其藴」云云。然則彝尊僅見仲益遺集，未見斯本也，則亦罕覯之笈矣。

徐氏雙桂集

《四庫提要·總集類存目一》《雙桂集》六卷。江蘇巡撫採進本。明徐墺編。墺，無錫人。是集録其祖環、父允之詩。環字伯樞，元兵部侍郎憲之子。洪武間，常以茂才薦，擢上元縣主簿，終臨桂縣丞。所著有《臨桂集》。允字邦孝，所著有《水南集》。墺合爲一集刊之，統名曰《雙桂》。朱彝尊《明詩綜》蒐羅至三千四百餘家，而環父子之詩不載一字。然其詩皆未成家，疑彝尊删之，未必不見也。

錢大昕《補元史藝文志·總集類》《徐氏雙桂集》，伯樞衍，無錫人。

文氏五家詩

《四庫提要·總集類四》《文氏五家詩》十四卷。浙江汪汝瑮家藏本。明長洲文氏三世五人之詩也。文洪，字功大，成化乙酉舉人，官淶水教諭，著《括囊稿》，詩一卷、文一卷。其孫徵明，著《甫田集》詩四卷。徵明長子彭，字壽承，官南京國子監博士，著《博士詩》二卷；次子嘉，字休承，官和州學正，著《和州詩》一卷。彭之子肇祉，字基聖，官上林苑録事，亦著詩五卷。

吴中文氏家藏集

徐𤊹《徐氏家藏書目·家集類》《吴中文氏家藏集》六卷。

黄虞稷《千頃堂書目·總集類》《吴中文氏家藏集》六卷。

海虞陳氏義慈集

高儒《百川書志·雜集》《海虞陳氏義慈集》三卷。

二陸集

《四庫提要·總集類存目二》《二陸集》三卷。兩江總督採進本。《長白山人集》二卷，明陸之箕撰。《南門續集》一卷，其弟之裘撰。之箕，字肖孫，一字汝瞻，別號復泉，太倉人，弘治中貢生；之裘，字象孫，官景寧縣教諭。其合二集而刻之，則太倉知州莆田蕭奇勳也。

長樂陳氏江田詩系

徐𤊹《徐氏家藏書目·總詩類》《江田陳氏詩系》三十六卷。陳肇曾輯刻。

又《家集類》《長樂陳氏江田詩系》二十卷。陳肇曾編。

黄虞稷《千頃堂書目·總集類》《長樂陳氏江田詩系》二十卷。一本三十八卷。

陳氏義谿世藁

徐𤊹《徐氏家藏書目·家集類》《閩中義溪世稿》□卷。

黄虞稷《千頃堂書目·總集類》《陳氏義谿世藁》十二卷。陳週、陳棖、陳振、陳相、陳瑋、陳燿、陳焞、陳烒、陳炷、陳墀、陳達。

閩長林世存録

徐𤊹《徐氏家藏書目・家集類》《閩長林世存録》□卷。

張氏孝友堂遺藁

徐𤊹《徐氏家藏書目・家集類》《張氏孝友堂遺稿》三卷。

黄虞稷《千頃堂書目・總集類》《張氏孝友堂遺藁》三卷。張濬、張天顯、張元秩。

鳳山鄭氏詩選

徐𤊹《徐氏家藏書目・家集類》《鳳山鄭氏家集》三卷。孔道、人達、瀧、大亨。

《四庫提要・總集類存目三》《鳳山鄭氏詩選》二卷。福建巡撫採進本。明曹學佺編。學佺有《易經通論》，已著録。是集乃所選鄭孔道、鄭大亨之詩也。孔道，號一所，閩縣人，官至雲南兵備副使，所著有《一齋集》；大亨，字慕塘，孔道從子，所著有《書種堂集》。學佺撰《八代詩選》，皆採録之。其元孫光裔因即《八代詩選》所録，別刊此本。然卷首有崇禎己卯徐𤊹序，稱「孔道之孫惟嘉命序簡端」，則刊版者光裔，編次者實惟嘉也。閩縣有鳳凰山，鄭氏聚族於是，題曰「鳳山」，蓋從所居也。

莆田方氏藏山集

徐𤊹《徐氏家藏書目・家集類》《莆田方氏藏山集》二卷。

莆田周氏岩藏稿

徐𤊹《徐氏家藏書目・家集類》《莆田周氏岩藏稿》□卷。

莆中周氏章林巖藏山録

黄虞稷《千頃堂書目・總集類》《莆中周氏章林巖藏山録》六卷。

三山鄭氏家集

徐𤊹《徐氏家藏書目・家集類》《三山鄭氏家集》三卷。瑛珞亮。

黄虞稷《千頃堂書目・總集類》《三山鄭氏家集》三卷。閩鄭瑛、鄭珞、鄭亮。

麻沙劉氏忠賢集

徐𤊹《徐氏家藏書目・家集類》《麻沙劉氏忠賢集》五卷。

黄虞稷《千頃堂書目・總集類》《麻沙劉氏忠賢集》五卷。

林氏竹田世詠稿

徐𤊹《徐氏家藏書目・家集類》《林氏竹田世詠稿》二卷。

蔡氏九賢全書

《四庫提要・總集類存目三》《蔡氏九賢全書》九卷。福建巡撫採進本。明蔡鵾編。鵾，元定十五世孫也。自元定之父發，及元定之子淵、沆、沈，孫模、格、杭、權凡九人。各載其遺詩，而略紀其生平梗槩。惟蔡發一卷，所載皆形家之言，不應列之詩集。前有俞德光序，以伏羲、堯、舜、孔子比諸蔡，尤妄之甚矣。

王氏文獻集

徐𤊹《徐氏家藏書目・家集類》《王氏文獻集》□卷。

黄虞稷《千頃堂書目・總集類》《王氏文獻集》十一卷。王褒、王肇、王亶、王佐、王譚、王希旦、王昺、王杲。

南豐朱氏家集

徐𤊹《徐氏家藏書目・家集類》《南豐朱氏家集》三卷。宋朱京、朱彦、朱褒、明朱紘。

黄虞稷《千頃堂書目・總集類》《南豐朱氏家集》三卷。宋朱京、朱彦、朱褒，明朱紘。

世玉集選

《四庫提要・總集類存目三》《世玉集選》二卷。江西巡撫採進本。明孫梗編。梗字汝良，豐城人。孫氏在豐城爲望族，世有聞人。是編次其先世詩文，自明初國子監博士貞，訖嘉靖中泰州知州樾，凡二十四人。上卷爲詩詞賦，下卷爲雜文。書成於萬曆辛卯。

存存稿　續稿

《四庫提要・總集類存目一》《存存稿》十卷，《續稿》三卷。兩江總督採進本。《存存稿》，明周泰編；《續稿》，周宲編。皆其先世遺集也。《存存稿》凡《石初集》五卷，周霆震撰；《達止集》三卷，霆震子莊撰；《提舉集》一卷，莊長子静撰；《蹄涔集》一卷，莊次子庸撰。泰合編之爲十卷，泰即庸之孫也。其書成於正統丙寅。至萬曆十九年，其裔孫宲又益以周永錫《愚直存稿》一卷、周正方《佩韋存稿》二卷，名曰《續編》，合訂成帙。案：霆震《石初集》有單行之本，已別著録。其餘五集，特子孫自珍其手澤，爲一家之書耳，實皆非霆震比也。其曰《存存稿》者，宲序稱「或取緜緜之義，或取存其所存」，是其命名，其子孫已不得詳之矣。

二麓正議

《四庫提要・總集類存目一》《二麓正議》三卷。浙江巡撫採進本。明湯光烈及其子護所著也。光烈，號西麓，新建人，官海豐縣教諭；護號小麓，嘗受業於張元禎，元禎攜之入都，欲薦於朝，會元禎卒，不果。光烈於正統時，嘗上禦戎、勤王、擇官養民、開科取士四疏；護嘗作《野史辨誣》，以糾李賢《天順日録》之舛。其郡人艾璞合刊之，名《二麓正議》，而以詩歌、雜著及同時贈答之作，各附載於後。前有弘治戊午張元禎序，蓋刊於護未北上之日也。光烈所作凡一卷，以《禦戎疏》爲冠。其第一條「欲於沿路多掘陷穽，架以二木，中置長錐，覆以草土，待敵自入。坑其一騎，則十騎錯愕。坑其十騎，則百騎驚疑。坑其百騎，則萬騎猶豫，自不敢長驅」，殆毫不曉事之腐儒。護所作凡二卷，其辨李賢誣景帝而諛英宗，是固不免；至於以奪門之功，比之湯武征誅，又力爲石亨辨冤，事事爲之回護，以爲社稷純臣，功高受戮，乃韓信、岳飛之匹，則殊乖公論。考張元禎之學出於吴與弼，而護之學出於元禎，或因亨嘗薦與弼，以門户之故，感而修報歟？

唐氏三先生集

黄虞稷《千頃堂書目・總集類》 《唐氏三先生集》二十八卷。新安唐元、唐桂芳、唐文鳳。

《四庫提要・總集類存目一》 《唐氏三先生集》二十八卷，附録三卷。安徽巡撫採進本。明程敏政編。凡唐元《筠軒集》詩八卷、文五卷；唐桂芳《白雲集》詩五卷、文二卷；唐文鳳《梧岡集》詩四卷、文四卷。前列諸集原序，後附以傳記、銘誌之文，稿成而燬於火。正德戊寅，唐氏裔孫澤濂得其副於程師魯，因重爲補輯，徽州知府張文林刊之。今三集已別著録，存其總目於此，以不没搜輯之功焉。

朱緒曾《開有益齋讀書志・總集》 《唐氏三先生集》。《唐氏三先生集》三十卷，婺源唐氏三世之集也。卷一至卷十三爲《筠軒稿》，元唐元撰。元字長孺，元平江路儒學録，調分水儒學教諭，陞南軒書院山長，以徽州路儒學教授致仕。卷十四至卷二十一爲《白雲稿》，元唐桂芳撰。桂芳字仲實，元明道書院訓導，後爲崇安教諭，選南雄路儒學正。卷二十二至卷三十爲《梧岡稿》，明唐文鳳撰。文鳳字子儀，洪武中以薦爲歙縣訓導，再薦贛州興國知縣，永樂初爲趙府紀善以終。附録三卷，乃行狀、墓誌、贈答詩文、序記之類。

順則集

《四庫提要・總集類存目三》 《順則集》八卷。編修勵守謙家藏本。明程文潞編。文潞，字希古，歙縣人。是編成於萬曆壬午，輯程氏先世遺詩，自後唐程炳，迄明程百教，凡百有四人。但分時代，而皆不詳其仕履，蓋以別有譜牒在也。其稱「順則」者，以世業耕鑿，取順帝之則意爾。

毓慶勳懿集

高儒《百川書志・雜集》 《毓慶勳懿集》八卷。定武侯家録其歷世璽書文翰、琬琰詩章也。

郭武定聯珠集

黄虞稷《千頃堂書目・總集類》 《郭武定聯珠集》三十二卷。郭良、郭鈺、郭武、郭登。

來蘇吴氏原泉詩集

《四庫提要・總集類存目二》 《來蘇吴氏原泉詩集》八卷。内府藏本。明吴宗周編。宗周，字子旦，號石岡，宣城人。弘治丙辰進士，官至臨江府知府。是編輯其先世以來之詩，始宋迄明。據宗周自序稱，「以先人之作爲《内集》，外人所贈爲《外集》，附以拙作」。此本自五卷至七卷，皆宗周詩；宗周詩後，益以按察司副使大本、貢士棻、府庠士木，又有宗周《拾遺》，而無所謂《外集》者。蓋其後人所損益，已非復宗周之舊矣。

西園遺集

《四庫提要・總集類存目三》 《西園遺稿》。無卷數。安徽巡撫採進本。明汪茂槐編。茂槐，字廷植，績溪人，以歲貢授宜陽主簿。是編一曰《康範詩集》，宋汪晫撰；一曰《北遊詩集》，宋汪夢斗撰，皆已著録。茂槐爲二人裔孫，復合而刻之。「西園」者，乃汪氏所居里名也。後有外集，則宋蘇軾贈汪覃、蘇轍贈汪琛、汪宗臣諸人之詩，以其皆爲汪氏而作，故亦附之於末云。

華容孫氏世集選

黄虞稷《千頃堂書目・總集類》 《華容孫氏世集選》八帙。

商山吴氏寶澤集

黄虞稷《千頃堂書目・總集類》 《商山吴氏寶澤集》二十卷。

六李集

黄虞稷《千頃堂書目・總集類》 《六李集》三十卷。內鄉李蓘、李蔭、李宗、李雲鵠、李雲鴈、李雲鴻。

《四庫提要・總集類存目二》 《六李集》三十四卷。浙江汪汝瑮家藏本。 明內鄉李氏二世六人之詩也。凡李宗《木杏山集》八卷，李蓘《太史集》六卷，李蔭《比部集》九卷，李雲鵠《侍御集》四卷，李雲雁《白羽集》二卷，李雲鴻《秋羽集》五卷。中惟李蓘最知名，其詩源出何景明。故諸李之詩，大抵安雅有法度，而頗乏深警之思，則才分之不逮也。

成氏詩集

《四庫提要・總集類存目三》 《成氏詩集》五卷。直隸總督採進本。 明大名成氏之家集也。一曰《適和堂初集》，成宰撰；一曰《適和堂繼集》，宰子之蓮撰；一曰《東壁園詩集》，蓮仲子仲龍撰；一曰《鶺鴒園集》，蓮季子少龍撰；一曰《永言集》，仲龍之子象珽撰。前四集皆稱「象珽纂録」，象珽集則稱倪元璐、王思任、蔣鳴玉三人選，則此集象珽所合刻也。

吴氏家集

徐𤊹《徐氏家藏書目・總集類》 《吴氏家集》四卷。

薛氏世風删

徐𤊹《徐氏家藏書目・家集類》 《薛氏世風删》□卷。

石倉世纂

周中孚《鄭堂讀書記・雜家類八》 《石倉世纂》五種，附二種。五畝園刊本。國朝曹錫黼編。錫黼字誕文，號菽圃，上海人。官太常寺。上海曹氏，讀書績學，爲松江一郡冠冕。沈歸愚嘗稱：「曹氏昆弟，人比之劉孝綽。三昆齊名，詩品亦復相當。」蓋指麓蒿及其弟春浦、從弟巢南也。三曹之從子濟寰，以名士爲名臣，詩歌雜文，尤稱重當世。諸家集本自單行，菽圃爲巢南之孫，因裒爲一編，以志世業之所存，間附載事跡，更可補家譜所未及。前有楊陸榮、王礐二序，末有菽圃《書後》。余既爲分記於別集，而存其原編卷第於此。

地方

金華詩選

徐𤊹《徐氏家藏書目・總詩類》 《金華詩選》□卷。楊德周。

金華詩粹

《四庫提要・總集類存目三》 《金華詩粹》十二卷。浙江汪啓淑家藏本。明阮元聲編。元聲有《南詔野史》，已著録。是書輯自梁迄明婺人所作詩二百五十四家。自樂府迄六言，皆以體分，每篇後間附評語，蒐輯頗富，而略遠評近，未免失之汜濫。

八詠樓詩紀

黄虞稷《千頃堂書目・總集類》 楊通可《八詠樓詩紀》三卷。別號南峰，明初金華寶婺觀道士。

靈洞山房集

《四庫提要・總集類存目二》 《靈洞山房集》二卷。浙江汪啓淑家藏本。明趙志皋編。志皋有《内閣奏疏稿》，已著録。靈洞山在蘭谿東南十五里，爲金華山分支，有棲真寺，久廢。萬曆初，志皋自嶺南謫所歸，買得其地，建祕書樓、三山齋、六虚堂諸勝，又標爲十二景，一時賓客競相題詠。既志皋起爲南京吏部侍郎，乃裒而刻之。

華川文派録

黄虞稷《千頃堂書目・總集類》 黄應掄《華川文派録》六卷。號鐵巖，義烏人。録唐宋邑人之文。

倪燦等《宋史藝文志補・總集類》 黄應龢《華川文派録》六卷。號鐵巖，義烏人。録唐宋邑人之文。

錢大昕《補元史藝文志・總集類》 黄應和《華川文派録》六卷。義烏人。

石洞遺芳

《四庫提要・總集類存目二》 《石洞遺芳》二卷。浙江吴玉墀家藏本。明郭鈇編。鈇，金華人，始末未詳。石洞山在東陽邑治之南。宋淳熙中，邑人郭欽止築書院於洞旁，延師以訓子弟。一時名儒如吕祖謙、魏了翁、葉適輩，皆主講其中。其山水名勝，陸游、陳傅良等亦多題詠。鈇爲欽止之裔孫，正德中，取當時諸人碑刻題詠及誌銘、狀序、哀輓諸作，彙成此編。欽止，字德誼，其學出於張九成。而朱子爲作墓銘，稱其「子弟服師儒之訓，鄉閭識遜弟之方，霍然其變豪傑之窟，焕乎其闢禮義之場」，不以淵源之異爲嫌，則亦有深取其人者。集中詩文凡爲郭氏作者皆在，不盡關乎欽止。然郭氏以儒顯，則欽止其宗也。

黄巖英氣續集

黄虞稷《千頃堂書目・總集類》 張粹《黄巖英氣》十卷。官國子監學録。

又 鄭廷濟、章大器《黄巖英氣續集》。

赤城詩集　後集　續編

高儒《百川書志・別集》 《赤誠詩集》六卷。皇明翰林侍講謝鐸鳴治輯赤城鄉賢，自宋宣和間，至國朝洪武、永樂，得五十九人，詩三百六十一首。

范邦甸等《天一閣書目・總集類》 《赤城詩集》六卷。刊本。明李東陽序云：「浙東台州，古赤城郡地，其人故多能詩。吏部郎中黄君世顯、翰林侍講謝君鳴治輯宋宣和間至我朝洪武、永樂，得數十人，人得若干篇，爲六卷，名之曰《赤城詩集》。初，宋理宗時有林詠道者，嘗輯爲《天台集》，今刻本不傳。天順初，國子學録張存粹輯《黄巖英氣集》，而不及旁縣。至是始粹然成編。」

徐㶿《徐氏家藏書目・總詩類》《赤城詩集》六卷。謝鐸選。

黄虞稷《千頃堂書目・總集類》《赤城詩集》三十三卷。謝鐸序。

又 謝鐸《赤城詩集》六卷，又《詩集補遺》五卷。輯本郡人詩，起宋宣和間，迄明永樂時。又《續編》八卷。

赤城論諫録

徐㶿《徐氏家藏書目・總集類》《赤城論諫録》二卷。

《明史・藝文志・總集類》 謝鐸《赤城論諫録》十卷。鐸與黄孔昭同輯天台人文之有關治道者，宋十人，明六人。

天台詩選

黄虞稷《千頃堂書目・總集類》 許鳴鶴《天台詩選》五卷。

《四庫提要・總集類存目三》《天台詩選》五卷。浙江巡撫採進本。明許鳴遠編。鳴遠，字有望，天台人。自序：「爲天台先正詩，多湮没失傳，慮後學併此近今者而失之，因加蒐羅。間入僊、釋及占籍之士。」起南宋迄明，凡二百二十四家，搜採不可謂不廣。然元以前僅得二十餘人，餘皆明人也。

三台文獻録

《四庫提要・總集類存目二》《三台文獻録》二十三卷。江蘇巡撫採進本。明李時漸編。時漸，字伯鴻，號磐石，壽光人。嘉靖丙辰進士，官至陝西按察司副使。是編乃其守台州時，與郡人王允東、陳公綸、黄承忠等採訪台州一郡往哲遺文，分類選録。自唐迄明嘉靖，凡二百九十六人，得文十六卷，賦詩七卷。卷首所列姓氏，有《正編》，有《續編》，而集中則合爲一，不知前何以分，後又何以合也。

清風祠集

高儒《百川書志・雜集》《清風祠集》二卷。

古括遺芳

《四庫提要・總集類存目二》《古括遺芳》四卷。浙江巡撫採進本。舊本題「南山鄭宣撰」，不著時代，亦無序跋。考書中所録，止於明天順中，則明人也。其書裒輯處州之文，凡三十三家，分序文、奏疏、策論、辨説四門，採摭甚略，似乎鈔撮志乘爲之，未博考於諸集。其考證亦多舛陋，如著《漢雋》者本林鉞，見《書録解題》，而以《青田志》不載鉞有著述疑之。至以鮑彪《戰國策序》誤疑爲劉向之文，則更異矣。

東甌詩集

黄虞稷《千頃堂書目・總集類》 蔡璞《東(甄)〔甌〕詩集》八卷。字廷玉，樂清人。

東甌詩集　補遺　續集

黄虞稷《千頃堂書目・總集類》 趙諫《東甌詩集》七卷，又《續集》七卷，又《補遺》一卷。

《四庫提要・總集類存目二》《東甌詩集》七卷，《補遺》一卷，《續集》八卷。江蘇周厚堉家藏本。明趙諫編。諫字士忠，温州人。初，成化中樂清蔡璞嘗輯温州一郡之詩，自王十朋以下爲七卷，又補遺一卷。諫以其去取爲未善，乃因蔡本而增損之，温州知府趙淮序而刊之。又爲《續集》八卷，或補人，或補詩，以拾蔡本之遺，諫自序之。竝刻於弘治庚戌。其體例頗雜，不出地志之積習。如張子容本襄陽人，爲樂成尉，故其詩多永嘉所作，子容及《孟浩然集》中諸詩，班班可考。續集乃以爲永嘉人，然則《謝靈運集》不當同入此選歟？

四明風雅

徐𤊹《徐氏家藏書目・總詩類》《四明風雅》□卷。張時徹。

黄虞稷《千頃堂書目・總集類》戴鯨《四明風雅》四卷。

又 宋恢《四明雅集》四卷。字弘之，鄞人。

《四庫提要・總集類存目二》《四明風雅》四卷。浙江范懋柱家天一閣藏本。明宋宏之編，戴鯨增删，張時徹又增删之。宏之仕履未詳。鯨字時霖，號南蒼，鄞縣人。嘉靖癸未進士，官至福建布政司參議。所録明代寧波之詩，自洪武迄嘉靖，凡六十五人。

四明歷代僧詩

徐𤊹《徐氏家藏書目・總詩類》《四明歷代僧詩》一卷。名湖南别集。

四明文獻集

孫星衍《平津館鑒藏書籍記補遺・舊寫本》《四明文獻集》五卷。題後學鄭真輯，末有陳朝輔跋。王深甯集本一百卷，《宋志》不著録，其亡已久。此本乃明人所編，非完書也。收藏有「歸求草堂訂本」朱文長印、「嚴長明校藏印」朱文長印。

甬東詩括

黄虞稷《千頃堂書目・總集類》《甬東詩括》十三卷。崇禎戊寅郡人楊德周、陸寶、陳朝輔、李桐同輯。

越山鍾秀集

黄虞稷《千頃堂書目・總集類》求漁《越山鍾秀集》。字宗尚，鄞縣人。

鄞詩嫡派

徐𤊹《徐氏家藏書目・總詩類》《鄞詩清派》四卷。永嘉何白選。

黄虞稷《千頃堂書目・總集類》何白《鄞詩嫡派》四卷。永嘉人。

新安文粹

黄虞稷《千頃堂書目・總集類》張陽、蘇大《新安文粹》十五卷。陽字士輝，大字景元，俱休寧人。

《明史・藝文志・總集類》張陽《新安文粹》十五卷。

《四庫提要・總集類存目一》《新安文粹》十五卷。兩淮馬裕家藏本。明金德玹撰，蘇大重訂正之，其第十五卷，則蘇大自載其詩文也。德玹，字仁本，大字景元，皆休寧人。此書成於景泰、天順間。程敏政《新安文獻志》成於弘治初，《文獻志》載此書之目於「事略」，此書補遺之内亦出敏政名，則二書同時所作，略有先後耳。中閒所録之文，不及《文獻志》之博，而頗有《文獻志》所不載者，二書固互相表裏也。

清溪詩集

黄虞稷《千頃堂書目・總集類》徐楚《清溪詩集》六卷。

《四庫提要・總集類存目二》《清溪詩集》七卷。兩淮馬裕家藏本。明徐楚編，李高續輯。楚號青溪，淳安人，官至四川布政司參政。高字抑中，雲南人，官至嚴州府通判。青溪在浙之淳安縣，即所謂新安江也。楚生於其地，因採前人題詠，編爲一集，成於嘉靖丙寅。後高官於其地，又增廣之，成於崇禎乙亥。

釣台集

高儒《百川書志・紀蹟》《釣台集》十卷。皇明嚴州同知鄺才編歷代之及子陵之詩文也。

釣臺集

《四庫提要・總集類存目三》《釣臺集》六卷。兩江總督採進本。明陳文煥編。文煥，字静菴，臨川人。官嚴州府知府。是集成於萬曆丙子，因《釣臺集》舊本，續以後來詩文，別無發凡起例之處。

釣臺集

《四庫提要・總集類存目三》《釣臺集》二卷。兩淮馬裕家藏本。明楊束編。束，建安人，官桐廬縣知縣。嚴光釣臺詩文，弘治中，嚴州府推官龔宏始輯録而未成，同知鄺才乃續成十卷刊之。後新安程敏政爲增補記文、銘贊等六十餘篇。至萬曆四年，知府陳文煥又屬教諭劉伯潮重編。萬曆十四年，束復刪補，以成此本。始末凡經五人，故體例頗不畫一。所載碑記等，既不盡存其年月；所載諸詩，亦不盡著其原題。且其目則列卷一至卷四，而其書止有上、下二卷，是篇第尚不能釐正，無論其他矣。

椒江炳靈集

黄虞稷《千頃堂書目・總集類》賀春《椒江炳靈集》。臨海人。

明慈谿詩選

高儒《百川書志・雜集》《皇明慈谿詩選》十卷。常熟知縣楊子器編次。

黄虞稷《千頃堂書目・總集類》楊子器《慈溪詩選》十卷。

游滸西集

黄虞稷《千頃堂書目・總集類》康海、吕柟《游滸西集》一卷。

古虞詩集

范邦甸等《天一閣書目・總集類》《皇明古虞詩集》二卷。刊本。明謝讜獻忠甫編并序。

徐𤊹《徐氏家藏書目・總詩類》《皇明古虞詩集》二卷。上虞謝讜輯。自洪武至隆慶。

黄虞稷《千頃堂書目・總集類》謝讜《古虞詩集》二卷。上虞人。選洪武及隆慶止。

明蕭山詩選

范邦甸等《天一閣書目・總集類》《皇明蕭山□□》六卷。刊本。明陳諫選，嚴魏批點，楊武書。

徐𤊹《徐氏家藏書目・總詩類》《蕭山詩選》一卷。

檇李英華

高儒《百川書志・總集》《檇李英華》十六卷。皇明石田朱翰編。選嘉興元、明二代鄉賢詩。

徐𤊹《徐氏家藏書目・總詩類》《檇李英華》十六卷。

黄虞稷《千頃堂書目・總集類》朱翰《檇李英華》十六卷。選元、明二代詩。

檇李詩乘

黄虞稷《千頃堂書目・總集類》蔣之翹《檇李詩乘》四十卷。字楚穉，秀水人。

梅會詩選

英廉奏《抽毁書目》《梅會詩選》二集四本。查《梅會詩選》二集，係國朝李稻塍李集編次。乃選明代嘉興人詩，内卷一李應徵《易州懷古》詩一首、卷二李應徵《登薊門望塞上》詩四首、《塞上曲》四首，俱有空字偏謬，又卷二内錢謙益撰《李衷純墓誌銘》一首，均應請抽燬。

梅塢貽瓊

《四庫提要・總集類存目二》《梅塢貽瓊》四卷。兩江總督採進本。明周履靖編，姚士粦删定。履靖所輯《夷門廣牘》、士粦所輯《陸氏易解》，均已著録。履靖在隆、萬間號爲隱士，而聲氣頗廣，凡有著作，必請勝流爲之題詠、序跋。積久漸多，因集爲此帙，并往來書牘附之。凡十一體，一百六十餘篇。蓋明季山人例以標榜相尚也。

西湖游詠

黄虞稷《千頃堂書目・總集類》黄省曾《西湖游詠》二卷。

湖山游詠録

黄虞稷《千頃堂書目・總集類》陳震編《湖山游詠録》。鄧林、姚肇、夏誠同游西湖詩。

越望亭詩集

《四庫提要・總集類存目二》《越望亭詩集》二卷。浙江巡撫採進本。明陳鶴編。鶴有《海樵山人集》，已著録。越望亭在紹興府城卧龍山巔，前對秦望，初名望海，後更此名。或曰爲越地之望，或曰可以望越，未之詳也。嘉靖戊戌，紹興守湯紹恩重創斯亭，一時多爲題詠。同知孫令、推官周鳳岐因令鶴輯録成編，前繪《山川城郭圖》。詩則溯唐迄明，雖名以詩集，而賦亦綴焉。紹恩，號篤齋，安岳人。嘉靖丙戌進士。其治越有惠政，事蹟具《明史・循吏傳》。

會稽懷古詩

高儒《百川書志・雜集》《會稽懷古詩》一首。皇明山陰唐漳著。長洲載冠韻，止三十題，凡六十首，各有小序。

興觀集

黄虞稷《千頃堂書目・總集類》 仇遠、瞿佑《興觀集》一卷。

《四庫提要・總集類存目一》 《興觀集》一卷，附《山村遺詩雜著》一卷。浙江巡撫採進本。明瞿暹編。暹舊藏仇遠手書七言律詩三十八首，有元末明初諸人題跋。宣德三年，暹又乞其伯父長史佑書所爲七律五十首於卷後。故魏驥序曰：「《興觀集》者，錢塘瞿暹集其鄉人先達仇山村、瞿存齋二先生所著七言近體八十八首。」世或專稱仇遠《興觀集》，誤也。後綴《山村逸詩》一卷，凡詩五十四首，雜著二首，不知何人所附。今《山村遺稿》已有新本，而遠《金淵集》復從《永樂大典》中裒集成帙，刊刻以行。此不完之本，不足爲重，故僅存其目焉。

荆溪外紀

《四庫提要・總集類存目三》 《荆溪外紀》二十五卷。安徽巡撫採進本。明沈敕編。敕字克寅，宜興人。是編輯録其邑藝文人物，上起漢，下迄明。凡詩十一卷，詞賦、碑銘、序、奏議、書、題跋各一卷，記、傳各二卷，風土記、拾遺、紀遺、雜説各一卷附焉。採摭頗爲詳贍，惟詩以絶句居律體前，律體居古風前，稍爲失次。又四言亦謂之絶句，而七言古詩之外，又别出歌行，爲二門，亦非體例。至所列諸傳，皆採之正史及地志，以爲紀録人物，則挂漏太多；以爲藝文之一體，則此種例不入集，尤爲進退無據矣。

淛音會略

黄虞稷《千頃堂書目・總集類》 方繼學《淛音會略》十七卷。

越　詠

黄虞稷《千頃堂書目・總集類》 王埜《越詠》十二卷。張天復增補。

姑蘇雜詠

高儒《百川書志・雜集》 《姑蘇雜詠》一卷，附録一卷。皇明拙遺老人周南老正道撰。十門百首，俱古體。

《四庫提要・總集類存目一》 《姑蘇雜詠》二卷。浙江巡撫採進本。明周希孟、周希夔同編。上卷爲高啓原唱，下卷爲其祖南老續作。啓詩凡古今體一百三十六首，南老復因其題，各賦五言六韻。末又增《疊韻吴宫詞》一首，補遺四首，續附詞二首。案：啓所作已具見本集中，南老追其後塵，未能聯步，合而刊之，殆有「蒹葭玉樹」之目。南老字正道，自號拙遺子，亦明初人也。

虎丘詩集

《四庫提要・總集類存目一》 《虎丘詩集》一卷。兩淮馬裕家藏本。明王賓編。賓有《光菴集》，已著録。是編專録虎丘題詠，自樓鑰至顧阿瑛，得詩一百八十八首。然止及宋、元兩朝，不免多所遺漏。末有朱彝尊跋云：「『此編爲項氏萬卷樓藏書。』中有郯經詩云：『虎丘山前新築城，虎丘寺裏斷人行。』虎丘築城，當屬淮張時事，吴人鮮有知者。」末云：「竹垞老人識，時年七十有三。」觀其筆蹟，乃從原本影鈔者，非即項氏萬卷樓所藏也。

獅子林紀勝

《四庫提要・總集類存目三》 《獅子林紀勝》二卷。兩淮馬裕家藏本。明釋道恂撰。獅子林在蘇州府城内。元至正中，天如禪師居寺中，倪瓚爲之壘石成山。地址偪仄，而起伏曲折，有若穹谷深巖，遂爲勝地。頂一石，狀若狻猊，故名曰「獅子林」。勝流來往，題詠至多。道恂裒而編之，以成是集。自翠華南幸，繪圖題句，奎藻輝煌，一邱一壑，藉以千古，回視斯編，又不啻爝火之光矣。

雲巖詩集

高儒《百川書志・雜集》《雲巖詩集》六卷。

五隖山房集

范邦甸等《天一閣書目・總集類》《五隖山房集》一卷。刊本。明叚炅序稱：「姑蘇之勝，莫大于震澤，莫嘉于石湖。據兩湖之間，以全有湖山佳勝，曰五隖山。少參盧公師承昔家食時，建精舍其中，已乃取甲科，登仕内朝，分職司馬。一時名流以公潛修舊地，詠其山水。得賢詩，備羣體，集以疊帙。」

陽山新録

黄虞稷《千頃堂書目・總集類》顧元慶《陽山新録》一卷。

吴興詩選

高儒《百川書志・總集》《吴興詩選》六卷。皇明烏程尹常熟錢學選吴興人物，自梁沈約至大明吴瓊，五朝，一百二十四人。

范邦甸等《天一閣書目・總集類》《吴興詩選》六卷。刊本。陸隅編，錢學校刊并跋後云：「予官烏程，爲吴興屬邑。冥感遐遇，萃闔郡之良，自梁、唐、宋以及于今，得詩若干首，編校壽梓。見聞弗及者不與焉。」唐樞序。

徐𤊹《徐氏家藏書目・總詩類》《吴興詩選》六卷。

黄虞稷《千頃堂書目・總集類》錢學《吴興詩選》六卷。常熟人，烏程知縣。選梁沈約至明貝瓊，凡一百二十四人詩。

吴興藝文補

黄虞稷《千頃堂書目・總集類》董斯張《吴興藝文補》七十卷。與韓昌箕同輯。

《明史・藝文志・總集類》董斯張《吴興藝文補》七十卷。

《四庫提要・總集類存目三》《吴興藝文補》四十八卷。浙江巡撫採進本。明董斯張、閔元衢、韓千秋同編，而韓昌箕爲校録刊刻。斯張有《吴興備志》，元衢有《歐餘漫筆》，皆已著録。千秋，字聖開，昌箕，字仲弓，竝烏程人。是書採録自漢至明藝文之有關湖州者，彙爲一編，以補舊志所未備。其自唐以前，爲斯張手輯，宋、元以後，則元衢、千秋諸人共成之。所採録前代頗詳，而明代則漸濫，亦志乘之通病也。

吴興絶唱集　續集

《四庫提要・總集類存目二》《吴興絶唱集》四卷，《續集》二卷。浙江巡撫採進本。明邱吉編。吉字大祐，湖州人。是編成於正德末，皆録其鄉元、明二代之詩，亦間及流寓。其人非吴興，而詩爲吴興作者亦附著焉。所録多涉俗艷，不盡諸家之長。且以「絶唱」爲名，而吉所自作亦復載入，亦未免嫌於自炫。又閻若璩《潛邱劄記》載，吉是編選其父詩，而直書其父之名，深以爲譏。吉蓋未見《中州集》中有元好問之舊例耳。

錫山遺響

高儒《百川書志・總集》《錫山遺響》十卷。皇明進士邑人莫錫載定。錫山地靈人傑，代不乏人，故採自南宋，以底於今也。

范邦甸等《天一閣書目・總集類》 《錫山遺響》十卷。刊本。明莫息跋云：「無錫儒士翟公厚、潘繼芳相繼裒集，余偕加裁定，凡十卷，目爲《錫山遺響》。」

黄虞稷《千頃堂書目・總集類》 翟厚《錫山遺響》十卷。一作進士邑人莫息采南宋迄明。

容山鍾秀集

高儒《百川書志・總集》 《容山鍾秀集》六卷。皇明容山樸庵王韶編輯。自唐至國朝詩人二百六十七人，詩共一千四十一首。

黄虞稷《千頃堂書目・總集類》 王韶《容山鍾秀集》六卷。號朴庵。輯唐至明二百六十七人詩。

崑山雜詠

黄虞稷《千頃堂書目・總集類》 俞允文《崑山雜詠》二十八卷。

楊士奇等《文淵閣書目・詩詞》 《唐賢崑山雜詠》。一部，二册。完全。

張萱等《内閣藏書目録・雜部》 《崑山雜詠》二册。全。宋嘉定間龔道立裒集崑山自唐以來名勝題詠。

《四庫提要・總集類存目二》 《崑山雜詠》二十八卷。浙江汪啓淑家藏本。明俞允文編。允文有《俞仲蔚集》，已著録。宋嘉定中，龔昱嘗輯《崑山雜詠》三卷、《續集》一卷。開禧中，知嘉定縣事徐挺之曾刊之縣齋。至明王綸，又集近代詩歌百篇，附益其後，已非舊本。允文復溯晉、唐以來，得數百篇，增爲二十八卷，仍因舊名，而別分十六類。然三人所選，混而爲一，非惟龔本之《初集》《續集》不可復考，即孰爲龔選，孰爲王選，孰爲允文所增，亦不可復辨，二家之書遂亡，體例殊爲未善也。

玉峰詩纂

黄虞稷《千頃堂書目・總集類》 周復俊《玉峰詩纂》六卷。字子籲，崑山人。嘉靖壬辰進士，南京太僕寺卿。

《四庫提要・總集類存目二》 《玉峰詩纂》六卷。兩淮馬裕家藏本。明周復俊編。復俊有《東吳名賢記》，已著録。玉峰者，崑山之別名。所纂諸詩，自西晉迄於明代，蓋邑乘之餘也。

太倉文略

范邦甸等《天一閣書目・總集類》 《太倉文略》四卷。刊本。明陸之裘選，馮汝弼序。

太倉文略

黄虞稷《千頃堂書目・總集類》 周復俊《太倉文略》六卷。

古虞文録

黄虞稷《千頃堂書目・總集類》 楊儀《古虞文録》二卷。

《四庫提要・總集類存目二》 《古虞文録》二卷、《文章表録》一卷。浙江范懋柱家天一閣藏本。明楊儀撰。是書採古人著作之關於常熟者，裒爲一帙。凡文一卷，自梁鴻至楊舫，凡三十六篇；詩一卷，自支遁至王寵，凡四十二首；其《文章表録》一卷，凡文六篇、詩三篇，皆爲常熟之先賢、列女作者。意取型俗，故曰「表録」。末一首爲《白茆民謡》，則元後至元甲辰張士誠鑿白茆港時民間之怨詞，附存以爲戒者也。

海虞文苑

黄虞稷《千頃堂書目・總集類》 張應麟《海虞文苑》二十四卷。

《明史・藝文志・總集類》 張應麟《海虞文苑》二十四卷。

《四庫提要・總集類存目三》 《海虞文苑》二十四卷。江蘇巡撫採進本。明張應遴編。應遴，字選卿，常熟人。是書輯其鄉有明一代賦詩雜文，以類敘次而成。其中如桑悦《兩都賦》，朱彝尊修《日下舊聞》未見其本；牟俸《請興水利疏》，《續文獻通考》及《明史・河渠志》皆載之，而不及此之詳盡；明之中葉，嘗平減蘇松賦役，載在《明史・食貨志》，而與此略有異同；張洪《與緬甸五書》，亦較《明史》列傳爲備。特時代既近，牽於鄉曲之恩怨，不免有所濫收。蓋凡輯一鄉之文者，均不免此失，亦其勢然也。

金陵二隱詩

黄虞稷《千頃堂書目・總集類》 盛時泰輯《金陵二隱詩》□卷。金陵元玉琮、史廷直忠。

金陵風雅

黄虞稷《千頃堂書目・總集類》 姚汝循《金陵風雅》四十卷。

金陵雅游編

黄虞稷《千頃堂書目・總集類》 余孟麟《金陵雅游編》。與焦澹園、朱蘭嵎、顧鄰初同賦作。

市隱園詩文

《四庫提要・總集類存目二》 《市隱園詩文》。無卷數。浙江巡撫採進本。明姚淛及其子之裔所編。淛，江寧人。李維楨作其《海月樓集序》，稱爲「金陵典客」，蓋以質庫爲業者也。有別墅在秦淮之東，曰市隱園，頗有林麓之勝，標爲十有八景，招邀一時知名之士，爲之記序題詠，隨得隨刊，故不分卷帙，但以初紀、二紀別之。案：劉元卿《應諧録》載：上元姚三老貲甲閭右，嘗買別墅，其中有池亭假山，皆太湖怪石。有狂客王大癡，詢知姚謀之久，其主以無可柰何而賤售，因諷以「當效刻石平泉，垂戒子孫，異時無可柰何，不宜賤售」。其里貫與淛相同，未知即謂此園否？果即此園，則此集亦不足尚也。

雲間三詩翁詩

黄虞稷《千頃堂書目・總集類》 《雲間三詩翁詩》七卷。王良佐、成韶、張冕。

待隱園集

高儒《百川書志・雜集》 《待隱園集》一卷。

江浦餘音

黄虞稷《千頃堂書目・總集類》 歐勝《江浦餘音》十卷。成化間人。

京江逸響

黃虞稷《千頃堂書目·總集類》 唐成《京江逸響》四十卷。

吳越遊稿

《四庫提要·總集類存目二》 《吳越遊稿》一卷。浙江巡撫採進本。明沈明臣、沈一貫、余寅唱和之詩也。明臣有《通州志》，寅有《同姓名録》，皆已著録。是編乃嘉靖丙寅三人結伴於錢塘，北遊至揚州，積途中題詠，得詩五十首，因合刻之。考一貫登隆慶戊辰進士，寅登萬曆庚辰進士，時皆未第，故與明臣同遊也。後有揚州卞蓑跋。一貫亦有《卞長卿園燕集》詩一首，長卿殆即蓑字歟？

江西詩記

王圻《續文獻通考經籍考·詩集》 《江西詩記》。漢陽戴金著。

明西江詩選

高儒《百川書志·總集》 《皇明西江詩選》十卷。會稽韓楊選編，洪武至景泰江西一省文人才子百餘年之作也。

范邦甸等《天一閣書目·總集類》 《皇明江西詩選》十卷。刊本。明韓陽選編，李奎校正。韓雍序稱：「巡撫江西之明年，博采國朝江西諸古老之詩，得若干帙。屬按察副使韓陽伯易、大理少卿李公文曜選而正之，逾明年始成，遂壽梓以傳。」

黃虞稷《千頃堂書目·總集類》 韓陽《西江詩選》十卷。會稽人。韓經子，仁、宣間官御史。

江西晉唐詩選

徐𤊹《徐氏家藏書目·總詩類》 《江西晉唐詩選》。

江門別言

范邦甸等《天一閣書目·別集類》 《江門別言》一卷。刊本。玉山程應魁序云：豫章諸君贈友之作，匡南公袞而付梓。至癸酉秋別余入楚者，亦并刻焉。

黎川文緒

黃虞稷《千頃堂書目·總集類》 王材《黎川文緒》。選建昌宋、明諸家之文。

《四庫提要·總集類存目二》 《黎川文緒》四卷。江西巡撫採進本。明王材編。材字子難，江西新城人。嘉靖辛丑進士。官至太常寺卿，掌國子監祭酒事。黎灘鎮自宋紹興中析置，故稱黎川。宋以來人文頗盛，具見虞集所作《新城學記》。今惟李覯《盱江》一集尚孤行無恙，其餘多不顯於世。材搜輯遺佚，分爲文三卷、詩一卷，然終以李覯爲主，他家特輔之而已。

新都秀運集

黃虞稷《千頃堂書目·總集類》 王寅《新都秀運集》二卷。録弘治、正德、嘉靖三朝詩。

石鍾山集

高儒《百川書志・總集》《石鍾山集》九卷。

《四庫提要・總集類存目一》《石鐘山志》八卷。浙江范懋柱家天一閣藏本。明王恕撰。案：是時有二王恕，一爲三原人，《明史》有傳；一即此王恕，字尚忠，湖口人，景泰甲戌進士，官至廣東布政司參議。湖口有上、下石鐘山，即蘇軾作記者。恕以其爲邑名勝，因輯古今題詠、賦、傳、記、跋等文，都爲一編，雖以「志」爲名，實總集也。

鹿洞古蹟詩選

軍機處奏《禁毀書目》《鹿洞古蹟詩選》一部一本。查《鹿洞古蹟詩選》係徐鶴齡所輯白鹿洞題詠，鄙俚冗雜，殊无可取。内有屈大均詩，應請銷燬。

滕王閣集　續集

《四庫提要・總集類存目二》《滕王閣集》十卷。内府藏本。明董遵編。遵始末未詳。是編成於正德中，輯滕王閣由唐至明之詩文。是閣自王勃、韓愈以後，爲世所艷稱，故題詠特多，蕪雜亦甚。

又《總集類存目三》《滕王閣續集》十九卷。兩淮鹽政採進本。明李嗣京撰。嗣京，揚州興化人。崇禎戊辰進士，官南昌府推官。巡撫解學龍屬其取明中葉以後滕王閣中賦詠，編成此集，蓋以續正德中董遵所輯也。

麻姑集

《四庫提要・總集類存目二》《麻姑集》十二卷。兩淮馬裕家藏本。明陳克昌編。克昌，仁和人。嘉靖丙戌進士，官至建昌府同知。麻姑山爲建昌所屬，唐顔真卿《仙壇記》後題詠滋多，克昌因彙成此集。所録多明人之作，故卷帙若是之多焉。

清江二家詩

《四庫提要・總集類存目二》《清江二家詩》四卷。浙江范懋柱家天一閣藏本。明熊逵編。逵，清江人。是編選録孫偉、敖英二人之詩。偉字朝望，號鷺沙。弘治壬辰進士，官至鶴慶府知府。其詩曰《鷺沙集》。英有《慎言集訓》，已著録。其詩曰《心遠稿》。二人皆與逵同鄉里，逵因删録其集，各爲二卷，併爲之評點。然去取不甚允愜，且往往濫載壽詩，殆以桑梓之故，因詩以存其人。又書成於嘉靖丁巳，是時嚴嵩已敗矣，而偉集開卷即録《送嵩北上詩》六首，亦可以不必也。

小孤山詩集

《四庫提要・總集類存目三》《小孤山詩集》一卷。浙江巡撫採進本。明陳恪編。恪字克謹，鄞縣人。萬曆壬辰進士，官宿松縣知縣。是編乃恪於弘治七年因修小孤山廟落成，偕寮友登半山亭，見古今題詠，懼其殘剥不傳，録而梓之。前繪山圖。其所載詩，起南宋，迄於明，蓋就所見而録之，故寥寥特甚，不足以備考證也。

婺賢文軌　拾遺

徐𤊹《徐氏家藏書目・總集類》《婺賢文軌》四卷。

黄虞稷《千頃堂書目・總集類》戚賢《婺賢文軌》四卷。

《四庫提要・總集類存目二》《婺賢文軌》四卷，《拾遺》一卷。江蘇巡撫採進本。明戚雄編。雄字世英，金華人。正德辛未進士，官至監察御史。是編以《金華文統》去取未當，乃取其鄉先輩潘良貴、范浚、吕祖謙、陳亮、唐仲友、夏明誠、何恪、時少章、何基、王柏、柳貫、金履祥、許謙、吴師道、胡助、黄溍、吴萊、宋濂、王禕、胡翰、戴良、馮宿、陳樵二十三人之文，薈而録之。大旨謂宗澤、梅詢皆以忠義功業顯，不必取其尋常酬應之作。又謂唐仲友雖與朱子爲難，而善不可没，持論皆頗切當。然所載文章，惟吕祖謙《佚老堂記》爲本集所無，其他亦不出習見之作也。

徽詩類編

徐𤊹《徐氏家藏書目·總詩類》《徽詩類編》四十二卷。

黄虞稷《千頃堂書目·總集類》《徽詩類編》四十二卷。

徽郡詩選

黄虞稷《千頃堂書目·總集類》《徽郡詩選》。陳有守著。

《四庫提要·總集類存目二》《徽郡詩》八卷。安徽巡撫採進本。明陳有守、汪淮、李敏仝編。有守字達甫，淮字禹乂，敏字功甫，皆休寧人。是編創始嘉靖丁巳，成於己未，共得作者一百四十六人，計詩七百五十四首，皆斷自明初，而有守等三人之詩亦附於末。

柳黄同聲集

《四庫提要·總集類存目一》《柳黄同聲集》二卷。浙江鮑士恭家藏本。明杜桓編。桓字宗表，徽州人。是編刻於宣德己酉。以柳貫、黄溍皆其鄉人，因採貫延祐庚申以國子監助教分教上都詩三十二首，至治癸亥考試進士於上都時詩九首、溍至順辛未以翰林應奉扈從上都詩十二首，合爲一集。其時溍集未刻，故所載虞集諸人題跋，較貫詩獨詳云。

齊山詩集

《四庫提要·總集類存目一》《齊山詩集》七卷。兩江總督採進本。明釋祖浩與其徒道瓏同編。二人竝齊山寺僧。案：齊山在池州貴池縣，有十餘峰，以其正相齊等，故曰齊山。或云唐刺史齊映有善政，嘗好遊之，因而得名。宋李壁曰：「《唐書》載映爲江西觀察使，不言其作池州守。池州郡牧題名有齊照，當是以此得名也。」自唐杜牧齊山登高有詩，後之遊者多繼作。此集彙採成帙，并雜著記序附焉，書成於弘治甲寅。

南滁會景編

《四庫提要·總集類存目二》《南滁會景編》十二卷。内府藏本。明趙廷瑞編。林烴又增以《十景圖》，自宋至明，篇什略備。廷瑞，開州人。正德辛巳進士，官至兵部尚書。烴有《覆瓿草》，已著録。其作是書時，皆爲南太僕寺卿。明南太僕寺署建於滁州故也。

黄山彙鳴集

黄虞稷《千頃堂書目·總集類》章大器《黄山彙鳴集》。

宛雅　續宛雅

黄虞稷《千頃堂書目·總集類》梅鼎祚《宛雅》八卷。

《四庫提要·總集類存目三》《宛雅》十卷，明梅鼎祚編。所載皆自唐至明宣城之詩，凡九十二家。《續宛雅》八卷，國朝蔡蓁春、施閏章同編。採明嘉靖以後至崇禎末年諸作，以續鼎祚所集，凡六十五家。後施念曾、張汝霖又蒐採唐、宋諸詩爲二集所遺者，益以國朝之作，爲《宛雅三編》二十四卷。所補凡唐三人，五代一人，宋三人，元五人，明三十人，國朝二百十五人。閨閣，明一人，國朝三人；方外，唐五人，宋三人，元一人，明三人，國朝五人；妓女，唐一人。附聯句、逸句一卷，詩話三卷，視前二集爲完備。惟近詩所録稍繁，蓋選録一地之詩者，大勢類然，不但斯集也。蓁春始末未詳。閏章有《矩齋雜記》，汝霖有《澳門志略》，皆已著録。念曾號竹窗，閏章孫也。

謫仙樓集

《四庫提要・總集類存目三》《謫仙樓集》三卷。浙江巡撫採進本。明駱駸曾編。駸曾，字象先，武康人。萬曆戊戌進士，官至監察御史。太平府西北二十五里采石江有牛渚磯，磯之東，謫仙樓在焉，以李白得名。又有白墓，在府城東南二十里青山，而采石庚賢坊，亦有後人所作衣冠墓。其地江山秀麗，稱爲勝蹟。正德壬申，御史鄺文博始集樓中題詠授梓。萬曆丙辰，駸曾巡按應天，復加續輯。凡文一卷、詩二卷，而以榮昌冷宗元所繪圖冠之卷首。

温陵留墨

張萱等《内閣藏書目録・總集部》《温陵留墨》四册。全。温陵郡丞丁一中纂集宋太守王梅溪、真西山及國朝朱炳如詩文。又四册。全。

温陵文獻集

徐𤊹《徐氏家藏書目・總集類》《温陵文獻集》□卷。

清源文獻

英廉奏《抽毀書目》《清源文獻》十二本。查《清源文獻》，係明何炯等輯。乃選録泉州一郡詩文。卷首董鳳翔序，卷二周天佐《登士木成》《遇邊民雲州道中》《送周左詩四首》、丘葵《七歌》第一首、趙珤《謁匡山》一首，卷三《鄧城贈奕者》一首、《飲馬長城窟》一首、趙珤《登匡山》一首，卷十一李愷《贈廖東雩序》一首、李杜《正氣堂集序》一首，卷十五黄伯度《沈青霞傳》一首，均有偏謬，應請抽燬。

《四庫提要・總集類存目三》《清源文獻》十二卷。禮部尚書曹秀先家藏本。明何炯編。炯，晉江人。官靖江縣教諭。是集成於萬曆丁酉，皆録其郡人之詩文。前列「爵里」一卷，首曰「寓賢」，凡僑寓於泉者，自唐秦系至元王翰，十二人；次曰「遡賢」，乃其身未家於是，而子孫載族以徙者，爲宋李昭玘、傅堯俞二人；次曰「孕賢」，則誕生其地，及其父祖，爲泉人者，爲宋王曾、韓琦、明邱濬三人；次曰「郡賢」，薦紳則自唐歐陽詹至明周訓，二百五人，藩王則宋陳洪進一人，武弁則明俞大猷、鄧城二人。爵里疑誤者，宋段全等五人，布衣唐王轂等二十六人，閨秀三人，釋子三人，女冠一人，羽士二人。凡詩賦雜文，悉加甄録，蒐採頗廣。然如王曾、邱濬，皆終身未至其地，而亦援以爲重，未免失於限斷也。

莆陽文獻集

徐𤊹《徐氏家藏書目・總集類》《莆陽文獻集》□卷。

莆陽全書

軍機處奏《禁毀書目》《莆陽全書》十四本。查《莆陽全書》，明林承霖、謝天駒仝編，凡《文編》十四卷、《詩編》十二卷、《紀言》一卷、《紀游》一卷，所録元以前詩文，皆《莆陽文獻》及各家集中所有，不藉此書以傳。《文編》所録明人諸作，有悖妄之語，應請銷燬。

潭陽文獻集

徐𤊹《徐氏家藏書目・總集類》《潭陽文獻集》□卷。

閩中正聲

徐𤊹《徐氏家藏書目・總詩類》《閩中正聲》七卷。鄧原嶽。

黄虞稷《千頃堂書目・總集類》鄧原岳《閩中正聲》七卷。

晉安風雅

徐𤊹《徐氏家藏書目・總詩類》《晉安風雅》十二卷。徐熥。

黄虞稷《千頃堂書目・總集類》徐熥《晉安風雅》十二卷。

《四庫提要・總集類存目三》《晉安風雅》十二卷。福建巡撫採進本。明徐熥編。熥有《幔亭詩集》，已著録。是編輯福州一府之詩，其曰「晉安」者，福州在晉時爲晉安郡也。所録起洪武，迄萬曆，得二百六十四人。詩以體分，姓氏下各載其里居、出處及所著作，竝以「右某朝若干人」列數於左。其例多仿高棅《品彙》，惟「閨秀」一類，另立「妓女」，以別薰蕕，爲小異云。

閩南唐雅

徐𤊹《徐氏家藏書目・總詩類》《閩南唐雅》十二卷。費道用、楊德周刻。

黄虞稷《千頃堂書目・總集類》楊德周《閩南唐雅》十二卷。

《四庫提要・總集類存目三》《閩南唐雅》十二卷。浙江汪啓淑家藏本。明徐𤊹編。費道用、楊德周等補之，德周序言之甚明，而卷首題名乃稱道用輯、德周訂，而𤊹校之。殆𤊹爲閩人，而道用、德周皆閩令，故讓善於二人也。所録皆閩中有唐一代之詩，自薛令之以下，得四十人。是時胡震亨《唐音統籤》已出，鈔合較易，故所載頗詳。然秦系、周朴、韓偓，其人既一時流寓，其詩又不關於閩地，一槩録之，未免借材之誚也。𤊹有《榕陰新檢》，德周有《澹圃芋紀》，皆已著録。道用，字闇如，石阡人，官福清縣知縣。

三山詩選

徐𤊹《徐氏家藏書目・總詩類》《三山詩選》八卷。陳元珂。

黄虞稷《千頃堂書目・總集類》陳元珂《三山詩選》八卷。

閩中十才子詩

黄虞稷《千頃堂書目・總集類》《閩中十才子詩》十卷。林鴻、唐泰、黄玄、周玄、鄭定、高棅、王偁、王褒、王恭、陳亮。

《四庫提要・總集類三》《閩中十子詩》三十卷。浙江汪汝瑮家藏本。明袁表、馬熒同編。表字景從，熒字用昭，皆福州人。閩中十子者：一曰福清林鴻，有《膳部集》；一曰長樂陳亮，有《儲玉齋集》；一曰長樂高廷禮，有《木天清氣集》《嘯臺集》；一曰閩縣王恭，有《白雲樵唱》《鳳臺清嘯》《草澤狂歌》諸集；一曰閩縣唐泰，詩軼不傳，散見《善鳴集》中；一曰閩縣鄭定，有《澹齋集》；一曰永福王偁，有《虛舟集》；一曰閩縣王褒，有《養静集》；一曰閩縣周元，有《宜秋集》；一曰侯官黄元，其集名不傳。皆明初人。萬曆丙子，表等即高以陳家所藏諸人之詩，選爲是集。考閩中詩派，多以十子爲宗，厥後輾轉流傳，漸成窠臼，其初已有「唐摹晉帖」之評，其後遂至有詩必律、有律必七言，而晉安一派，乃至爲世所詬厲。論閩中詩者，嘗深病之。要其濫觴之始，不至是也。十人遺集已不盡傳，傳者亦不盡可録。此編採擷菁華，存其梗槩，猶可以見一時之風氣，固宜存以備一格焉。

名筆私鈔

《四庫提要・總集類存目二》《名筆私鈔》六卷。浙江范懋柱家天一閣藏本。明曾佩編。佩字元山，臨川人。嘉靖辛丑進士，官至監察御史。是編乃其按閩時，搜羅各郡縣藝文，自宋迄明，凡關於風土者，胥見採録。然編次無倫，如所載《羅江風物賦》與《烏石山賦》自爲一類，乃一編於朱子書廖德明仁壽條約之前，一編於劉鉞《新建道學淵源祠記》之後。李侗《初見羅從彦書》與楊時《見程明道書》亦自爲一類，乃一編於《龍頭巖記》之前，一編於《新建四賢堂記》之後。蓋佩爲是書，第從各志乘中錯雜鈔撮，於體例未暇詳考耳。

武夷游詠

《四庫提要・總集類存目二》《武夷遊詠》一卷。浙江巡撫採進本。明田汝成、蔡汝楠同撰。汝成有《炎徼紀聞》，汝楠有《説經劄記》，皆已著録。嘉靖二十年四月，汝楠以刑部員外郎告歸，省父於延平。適汝成爲福建提學副使，校士崇安。二人因偕遊九曲，各成五言古詩十首，編爲一帙。

嶺南聲詩鼓吹

黄虞稷《千頃堂書目・總集類》 王惠《嶺南聲詩鼓吹》。瓊州人，師趙撝謙。

嶺南珠玉

黄虞稷《千頃堂書目・總集類》 陳贄《嶺南珠玉》十二卷。

粤　音

黄虞稷《千頃堂書目・總集類》 韓𨑨《粤音》□卷。

韓祠録

高儒《百川書志・雜集》《韓祠録》三卷，附録一卷。紀韓文公祠關涉詩文并後人作者。

嶺南文獻　嶺南文獻補遺

《四庫提要・總集類存目三》《嶺南文獻》三十二卷。江蘇周厚堉家藏本。明張邦翼編。邦翼，蘄州人。萬曆戊戌進士，官至廣東提學副使。是集採粤中前哲之文，分類編次，先文後詩。起唐張九齡，迄於明之萬曆，凡二百六十餘人。於嶺南諸集，搜輯頗廣。然明人著作，百分之中幾居其九焉。蓋時彌近而所收彌濫，亦明季標榜之習氣也。

又《嶺南文獻補遺》六卷。江蘇周厚堉家藏本。明楊瞿崍編。瞿崍有《易互》，已著録。先是，廣東提學張邦翼撰《嶺南文獻》三十二卷。瞿崍繼爲提學，復輯是書。《自序》謂「張刻詳於人，補則詳於事理。必其事與理關切者，纂而補之」。有文無詩，亦略分體，中間又自分理類、事類等目，間綴評語。蓋與張本同爲採選嶺南之文，而用意則各有在也。

廣州四先生詩

《四庫提要・總集類四》《廣州四先生詩》四卷。浙江巡撫採進本。不著編輯者名氏，乃明初廣州黄哲、李德、王佐、趙介四人詩也。哲字庸之。用薦拜翰林待制，侍懿文太子讀書。出知東阿縣，陞東平通判，歸。尋坐法死。有《雪篷集》。德字仲修。洪武中，用薦授雒陽長史，官至義寧縣知縣。有《易菴集》。佐字彦舉，本河東人。元末侍父官南雄，遂占南海籍。洪武初，徵至京師，授給事中。有《聽雨軒》、《瀛洲》二集。没後稿多遺逸，僅存詩一卷，郡人彭森刻於建安。介字伯貞。明初閉户讀書，不求仕進。屢薦，皆辭免。坐累，逮赴京師，卒於南昌舟中。後以子純官監察御史，贈如其官。有《臨清集》。四人初與同郡孫蕡號「南園五先生」。後惟蕡集流傳，四人著作已多散佚。此乃後人重輯之本。以蕡集别行，故惟稱「四先生」焉。雖網羅放失，篇帙無多。然如哲之五言古體祖述齊、梁，德之七言長篇胎息温、李，俱可自名一家。惟佐氣骨稍卑，未能驂駕。而介詩所存太少，不足以見所長耳。然粤東詩派，數人實開其先。其提唱風雅之功，有未可没者。故存之以著其槩，俾與《西菴集》竝傳焉。

廣中五先生詩集

范邦甸等《天一閣書目·總集類》《廣中五先生詩集》五卷。刊本。明南海孫西菴蕡、黄雪蓬哲、番禺李易菴德、趙臨清介、河東王聽雨佐撰。每卷首各有傳，無序。見《廣州人物傳》。

黄虞稷《千頃堂書目·總集類》《廣中五先生詩》四卷。孫蕡、王佐、黄哲、李德、汪廣洋。

《四庫提要·總集類存目二》《廣中五先生詩選》二卷。江蘇周厚堉家藏本。明陳暹編。暹爵里未詳。五先生者，孫蕡、王佐、黄哲、李德、趙介也。五人之中，孫、王、黄、李皆仕宦，趙則隱居不出，所謂《臨清集》者亦不傳。嘉靖丁巳，無錫談愷刻《五先生詩》，僅得孫、王、黄、李四家，以汪廣洋嘗爲廣東行省參政，因合而刻之，以足五人之數。朱彝尊《詩話》云：「伯貞集雖不傳，然名在五先生之列。刊詩者去伯貞，而冠汪忠勤於卷首，可爲失笑。」即指談刻也。此本乃嘉靖乙丑陳暹重訂，謂得舊本《趙臨清集》，命工刻之，以補五先生之闕，而以汪右丞詩别自爲集，於是五先生之詩，始復其舊。五人集前各有小傳，爵里、行事略具，惟《孫蕡傳》云：「洪武二十二年，以事謫戍遼東。時梅思祖節鎮三韓，迎置家塾。是年竟以黨禍見殺。」考《明史·文苑傳》，蕡坐累戍遼東。已大治藍玉黨，蕡嘗爲玉題畫，遂論死。而梅思祖本傳：「十五年，與平章潘元明同守雲南，是年卒。」安得有二十二年鎮遼東之事？暹蓋據黄佐《廣州人物傳》所載，未及詳考耳。

南園五先生集

《四庫提要·總集類存目三》《南園五先生集》二卷。安徽巡撫採進本。明葛徵奇編。徵奇有《蕪園詩集》，已著録。初，嘉靖乙丑，陳暹合刻孫蕡、王佐、黄哲、李德、趙介五人之詩爲《廣中五先生集》。崇禎丁丑，徵奇以御史巡撫廣東，又訂正而重刻之。

廣陵詩

黄虞稷《千頃堂書目·總集類》盧純學《廣陵詩》五十六卷。

古黄遺蹟集

《四庫提要·總集類存目二》《古黄遺蹟集》一卷。兩淮鹽政採進本。明盧濬編。濬，天台人。成化丁未進士，弘治中官黄州府知府。是編輯黄州古蹟題詠，大旨以詩賦爲主，而以唐許遠祠祭文三篇，錯雜諸詩之内。又《宣聖遺像碑記》亦附卷末，頗無體例。至王禹偁《黄州竹樓記》，在耳目之前，轉遺不採，亦莫喻其故也。

黄鶴樓集

高儒《百川書志·雜集》《黄鶴樓集》三卷。

三忠集

《四庫提要・總集類存目三》《三忠集》十四卷。安徽巡撫採進本。明郭惟賢撰。惟賢，晉江人。萬曆甲戌進士，官至左副都御史，以憂歸。起户部右侍郎，未上而卒。事蹟具《明史》本傳。是集乃惟賢官湖廣巡撫時所編。前有萬曆甲午自序，謂屈原，秭歸人；孔明，南陽人。岳忠武雖起家湯陰，而封鄂王，苗裔迄今在武、黄間，均以楚稱，故合爲一編。於《離騷》，取朱子注，編爲七卷；於《武侯集》，兼取《將苑》《心書》及雜文，編爲三卷；於《忠武集》，則取《金陀粹編》中《家集》十卷，汰其大半，編爲四卷，其大篇關一時興亡得喪者，多不見採；於三賢事狀、文章，俱無可證覈。惟賢一代名臣，此編則未爲精善，蓋一時書帕本也。

渠陽詩注

高儒《百川書志・别集》《渠陽詩注》一卷。

楚陽明賢詩選

黄虞稷《千頃堂書目・總集類》陸原溥《楚陽明賢詩選》二卷。

洞庭湖詩集　文　紀事

高儒《百川書志・雜集》《洞庭湖詩集》一卷，《文》一卷，《洞庭湖紀事》一卷。

洞庭君山集

《四庫提要・總集類存目二》《洞庭君山集》三卷。兩淮馬裕家藏本。明胥文相編。文相，巴陵人。弘治乙丑進士，官至柳州府知府。是集纂輯屈原而後歷代題詠湖山及岳陽樓者，共爲一編。自載所作二詩，淺陋殊甚，蓋特好事者流也。

岳陽樓詩集　序紀　紀事

高儒《百川書志・雜集》《岳陽樓詩集》三卷，《序紀》一卷，《岳陽樓紀事》一卷。

岳陽紀勝彙編

《四庫提要・總集類存目二》《岳陽紀勝彙編》四卷。浙江汪啓淑家藏本。明梅淳撰。淳，當塗人，隆慶辛未進士。初，元釋天鏡嘗輯録岳陽樓石刻諸詩，其本久佚。嘉靖中，有取岳陽題詠，與洞庭分爲二集者，蕪雜無次。淳因合洞庭君山、岳陽諸作，都爲一編，共十五部；又雜著一部，即外紀之類，亦冗碎，不足採録也。

岣嶁書堂集

范邦甸等《天一閣書目・總集類》《岣嶁書堂集》一卷。刊本。明嘉靖癸巳趙時春序云：「岣嶁者，南嶽之支峰也，其高與衡岳等。升岣嶁而望，凡可喜可駭者，舉得而觀焉。衡之良祝君鳴盛卜居于岣嶁之陽，將以悦乎聖人，而求其道。甘泉湛子見而銘之，漁石唐子聞而記之。祝君既校，舉以示余，更授簡，屬余敘之。」

郴州文志

《四庫提要·總集類存目二》《郴州文志》七卷。兩淮鹽政採進本。明王心編。心自號後隅子，龍江衛籍，天長人。嘉靖戊戌進士，官郴州同知。據此書原序，蓋既輯《郴志》六卷，又與郴諸生袁大邦等集古今之文爲郴而作者，勒成此集，以輔《郴志》。其以命制、紀載、議論、詠歌四類分編，略倣真德秀《文章正宗》之例。所載「詠歌」內，以漢周憬《功勳碑銘》爲安康邦作，亦不免沿譌也。

語溪詩文集　訂補語溪集

《四庫提要·總集類存目二》《語溪詩文集》二卷。兩淮馬裕家藏本。明黄焯編。焯自號龍津子，始末未詳。是書成於嘉靖戊子，輯元結以下至明代諸人題詠碑銘。前列《語溪小志》，紀其山水之勝。

又《訂補語溪集》二卷。浙江朱彝尊家曝書亭藏本。明陳斗編。斗字民仰，祁陽人。官永寧縣主簿。語溪在祁陽縣南五里，爲唐道州刺史元結故蹟。結所撰《中興頌》，顔真卿書者，即磨厓刻溪上。故後來題詠考證，相續日繁。是編成於嘉靖戊子，皆輯前人詩文爲是溪而作者。題曰「訂補」，而不云補何人之書。王士禎《語溪考序》稱：「《語溪》前、後舊有兩集，爲李仁剛、綦光祖撰，見於《輿地碑目》，皆無傳」云云。

黄丕烈《蕘圃藏書題識·集類》《語溪詩文集》□卷□本。余年來書興闌珊，故書友之蹤跡亦鮮。此《語溪詩文集》二册，實出觀東道經堂介其友邵品立攜來。邵蓋書友中之與余最稔者，旬日間必來再三，故託之也。索番餠廿二枚，許以三之一而售。余之收此，非專爲書之不多見而蓄之也。

桃花源集

《四庫提要·總集類存目二》《桃花源集》三卷。兩淮馬裕家藏本。明馮子京撰。子京，字南台，錢塘人。嘉靖乙丑進士，官至湖廣按察使。桃花源在湖南常德府桃源縣，即陶潛所記者也。宋淳熙間，趙彦琇、張櫟曾修《桃花源集》一卷，見晁公武《讀書志》。隆慶中，子京取舊集，補其闕逸，更爲詮次，又增以元人、明人之作。

全蜀藝文志

《四庫提要·總集類四》《全蜀藝文志》六十四卷。兩淮馬裕家藏本。明周復俊編。復俊有《東吴名賢記》，已著録。初，宋慶元中，四川安撫使袁説友、屬知雲安縣程遇孫等八人裒《成都文類》五十卷，中間尚有所未備。嘉靖中，復俊官四川按察司副使，復博採漢、魏以降詩文之有關於蜀者，彙爲此書，包括網羅，極爲賅洽。

蜀藻幽勝集

《四庫提要·總集類存目三》《蜀藻幽勝集》四卷。安徽巡撫採進本。明傅振商編。蜀雖僻處一隅，而自漢、晉以來，文章爲盛。宋慶元中，有程遇孫等《成都文類》；明嘉靖中，又有周復俊《全蜀藝文志》，蒐羅賅備，業已巨細兼登，菁華畢萃。振商此集，採掇十一，分爲二十五類，去取頗無條理，蓋當時書帖之本，不足以言別裁也。後有振商自跋，以《秦蜀幽勝録》標題；又有「留滯秦川，披尋舊簡，秦蜀幽文，幾無賸采」之語，蓋原刻尚有《秦藻幽勝集》，合爲一編，此本佚其半耳。

蓉溪書屋集　續集

《四庫提要·總集類存目二》《蓉溪書屋集》四卷，《續集》五卷。浙江巡撫採進本。正集，明方豪編；續集，高第編。豪有《斷碑集》，已著録。第，緜州人。正德甲戌進士。初，緜州左都御史金爵居州城東三里，所居有水，迤邐而南，入於涪江。水上多植芙蓉，因以名溪，頗擅林壑之勝。爵以按察使罷歸時，嘗構屋數楹，徜徉其間，名之曰蓉溪書屋。後復起掌憲，思之不置。於是禮部尚書劉春、喬宇等皆有賦詠，以紀其勝，士大夫聞而和者甚多。正德十四年，因屬豪裒集成書，凡作者七十八人。至嘉靖二年，繼和者益衆，復屬第編爲續集，凡作者七十一人。爵字舜舉，成化己丑進士，官至刑部尚書。其父良貴，以進士累官左參政。子皋，以進士爲翰林。皡亦以進士爲主事。三世通顯，交遊甚盛，故一時題贈，至盈八九卷云。

三賢集

《四庫提要·總集類存目二》 《三賢集》三卷。浙江范懋柱家天一閣藏本。明楊名編。名字實卿，遂寧人。嘉靖己丑進士，官翰林院編修。三賢祠在夔州蓮花峰下。以周子嘗判夔州，王十朋嘗爲夔帥，明初宋濂亦卒於夔，故知府張儉爲立斯祠，并屬名集其遺文爲一集。然周子僅《太極圖》《通書》二篇，世所共見，毋煩甄録。至《梅溪》《潛溪》二集，文極繁富，而所採寥寥，尤難免於挂漏矣。

游峨集

《四庫提要·總集類存目二》 《遊峨集》一卷。浙江巡撫採進本。明殷綺編。綺始末未詳。其刊此書時，則署「雅州知州事」也。嘉靖九年庚寅，四川巡按御史邱道隆偕官吏遊峨嵋山，有詩唱和。嘉靖二十一年壬寅，巡按御史謝瑜亦踵昌故事。綺因合二人暨同遊諸詩，編爲一集，大抵一時宦場酬應之詞，無可採録。

黄陵一覽

高儒《百川書志·雜集》 《黄陵一覽》，事蹟一卷，詩文二卷。

秦漢幽勝録

黄虞稷《千頃堂書目·總集類》 傅振商《秦漢幽勝録》十二卷。

雍音

黄虞稷《千頃堂書目·總集類》 胡纘宗《雍音》四卷。

《四庫提要·總集類存目一》 《雍音》四卷。陝西巡撫採進本。明胡纘宗撰。纘宗有《安慶府志》，已著録。是編專輯秦中之詩。始於泰伯、文、武、周公、成王、宣王諸逸篇，下迄於元，凡百五十人。分體排纂，以合於雅音者爲内編二卷；示盡雅馴者爲外編二卷。然李陵、蘇武諸詩，槩列之外編中，其進退殊不甚可解也。

豳風槩

《四庫提要·總集類存目三》 《豳風槩》一卷。兩江總督採進本。明蔣如苹編。如苹有《萬曆容城縣志》，已著録。是集乃其官邠州知州時，採歷代歌詩之有關於風土者，彙爲一編，刻於萬曆戊申。凡七十餘篇，首冠以《豳風·七月》之詩。

温泉集

黄虞稷《千頃堂書目·總集類》 楊慎《温泉集》一卷。

商山題詠

黄虞稷《千頃堂書目·總集類》 南鏜《商山題詠》二卷。

頻陽四先生集

張萱等《内閣藏書目録・總集部》 《頻陽四先生集》四册。全。萬曆閒，新安劉兑輯國朝張紞、李宗樞、楊爵、孫丕揚文藁，四公皆富平人。又四册。全。

黄虞稷《千頃堂書目・總集類》 劉兑《頻陽四先生集》□卷。明張紞、李宗樞、楊爵、孫丕揚。

《四庫提要・總集類存目三》 《頻陽四先生集》四卷。陝西巡撫採進本。明劉兑編。兑始末未詳。其編此書，則官富平縣知縣時也。所録爲張紞、李宗樞、楊爵、孫丕揚四人詩文。紞有《雲南機務鈔》，黄爵有《周易辨録》，丕揚有《論學篇》，均已著録。宗樞，字子西，號石疊。嘉靖癸未進士。官至右僉都御史，巡撫河南。四人皆富平人。富平古頻陽地，故稱「頻陽四先生」。是集之編在萬曆甲申，於時丕揚方以右副都御史家居。兑以丕揚所作爲四家之一，殊乖古人蓋棺論定之義。明季標榜之習，大率如斯矣。

湛園雜詠

《四庫提要・總集類存目三》 《湛園雜詠》一卷。兩淮馬裕家藏本。明米萬鍾撰。萬鍾，字友石，一字仲詔，宛平人。萬曆乙未進士，官至太僕寺少卿。《明史・文苑傳》附見《董其昌傳》中。嘗構漫園、勺園，又構湛園，標園中佳勝爲十八題。因裒集一時賦詠，類爲此編。

晉詩雅選

徐𤊹《徐氏家藏書目・總詩類》 《晉詩雅選》十卷。

雁門勝蹟詩集

高儒《百川書志・雜集》 《雁門勝蹟詩集》一卷。皇明空谷樵者王綸著。

中州名賢文表　續中州名賢文表

黄虞稷《千頃堂書目・總集類》 劉昌《中州名賢文表》内集三十卷。姑蘇劉昌欽謨官中州督學時編元許衡、姚燧、王惲、馬祖常、許有壬、孛朮魯翀之文。別有《外集》《別集》《雜集》，未見。

王士禎《漁洋書跋》 《中州名賢文表》。《中州文表》三十卷。明成化中河南提舉吴人劉昌欽謨所集。元許文正衡、姚文公燧、馬文貞祖常、許文忠有壬、王文定惲、魯文靖翀六家之遺文，皆河南産也。馬與魯，色目人。一居光州，一居南陽，遂著籍，足徵元時之寛大。許魯齋、馬石田、王秋澗三集，余皆及見其全，餘則多賴此書，以有傳于後世。欽謨，名士，常撰《吴先賢讚》。其風流好事，槩可想已。昔曾假此書于黄俞邰氏，未及鈔録。庚辰十二月于慈仁寺市覯此本，乃兼金購之。

《四庫提要・總集類四》 明劉昌編。昌字欽謨，吴縣人。正統乙丑進士。歷官河南提學副使，遷廣東參政。是編即其官河南時所蒐輯。凡許衡六卷、姚燧八卷、馬祖常五卷、許有壬三卷、王惲六卷、富珠哩翀原作孛术魯翀，今改正。二卷。又略依本集之體，各以碑志銘傳等篇附録於後。考許衡《魯齋遺書》、馬祖常《石田集》、許有壬《至正集》、王惲《秋澗集》，雖尚存傳本，而惟《魯齋遺書》有刊板，餘皆輾轉傳鈔，舛譌滋甚，賴此編擷其英華，得以互勘。至姚燧本集五十卷、富珠哩翀本集六十餘卷，見於諸家著録者，已久佚不傳，獨賴此僅存，其表章之功，亦不可泯矣。每集末有昌所作跋語數則，亦頗見考訂。王士禎《香祖筆記》載其勸宋牧仲重刻《文表》，且云欽謨諸跋當悉刻之，以存其舊。此本實康熙丙戌宋犖授錢塘汪立名所刊其附入原跋，蓋本士禎之意也。昌自序又謂此其内集，尚有外集、正集、雜集若干卷，今俱未見，殆久而散佚歟？

明中州詩選

黄虞稷《千頃堂書目・總集類》《明中州詩選》二十二卷。李空同、何大復、王子衡、薛君采、張助甫、謝茂榛、趙微生。

梁園風雅

黄虞稷《千頃堂書目・總集類》趙彦復《梁園風雅》十二卷。字微生，雍丘人。與臨清汪元、范明生同輯。

王士禛《漁洋書跋》《梁園風雅》。《梁園風雅》，明雍正趙彦復微生、臨清汪元范明生所撰。

《四庫提要・總集類存目三》《梁園風雅》二十七卷。浙江鮑士恭家藏本。明趙彦復編。彦復，字微生，杞縣人。萬曆甲辰進士。官至湖廣按察司副使。是編選中州之詩凡九家：李夢陽五卷，何景明五卷，王廷相一卷，孟洋一卷，薛蕙二卷，高叔嗣二卷，劉繪一卷，張九一三卷，謝榛五卷，而彦復詩一卷附焉。李、薛皆秦産，以夢陽祖籍扶溝、蕙祖籍偃師，遂併闌入。謝榛本臨清人，以遊蹟偶至，遂强爲流寓，以是爲例，今古詩人其可以攀附者强半矣，又何止是三人乎？梁王兔園，僅漢時一別館，取以槩名中州之詩，尤無謂也。

少林古今録

《四庫提要・總集類存目二》《少林古今録》二卷。浙江范懋柱家天一閣藏本。明劉思温撰。思温，渾源人。嘉靖中官登封縣知縣。少林寺在嵩山之麓，相傳爲達摩面壁之所。是編上卷爲詩，下卷爲記，所録下迄於明，上及唐代而止。顧炎武《日知録》曰：少林寺有唐太宗爲秦王時賜寺僧教，其詞曰：「王世充叨竊非據，敢違天常。法師等竝能深悟機變，早識妙因，擒彼凶孽，廓兹净土。聞以欣尚，不可思議。今東都危急，旦夕殄除，竝宜勉終茂功，以垂令範」云云。此録佚而不載，則挂漏者多矣。

嵩少集

《四庫提要・總集類存目三》《嵩少集》四卷。兩淮馬裕家藏本。明鄭太原編。太原，潞安人，官登封縣知縣。初，嘉靖中渾源劉思温嘗輯少林寺題詠、碑刻爲《少林古今録》。萬曆戊子，太原因其舊本，增入嵩嶽、嵩麓諸寺詩文，故名之曰《嵩少集》。

保定兩賢集

黄虞稷《千頃堂書目・總集類》《保定兩賢集》八卷。元劉因，明楊繼盛。

趙州石橋詩集

高儒《百川書志・雜集》《趙州石橋詩集》一卷。

清樂園集

范邦甸等《天一閣書目・總集類》《清樂園集》一卷。刊本。明高璧跋後云：「清樂園在故尚書崔莊敏公之第。公謝事歸，卜此園終老焉。士大夫歌誦其間者，日益衆，斯園殆與韓魏公之晝錦、司馬温公之獨樂並稱。予辱交其孫清溪，聞公之德行勳業爲詳。集成，謹書之末簡。」

海岳靈秀集

黃虞稷《千頃堂書目・總集類》 朱觀熰《海岳靈秀集》二十二卷。

齊魯集

黃虞稷《千頃堂書目・總集類》 李先芳《齊魯集》。

超然臺集

高儒《百川書志・雜集》《超然臺集》九卷。

蓬萊閣詩集

高儒《百川書志・雜集》《蓬萊閣詩集》一卷。

蓬萊觀海亭集

《四庫提要・總集類存目二》《蓬萊觀海亭集》十卷。浙江范懋柱家天一閣藏本。明潘滋編。滋，婺源人，始末未詳。觀海亭在登州蓬萊閣，爲觀海市之地。嘉靖庚戌，滋爲登州府推官，承臺檄，輯古來詩賦、碑記之文爲一編。凡作者一百十七人，中如唐人《海上生明月賦》《白雲照春海賦》《望海上五色雲賦》《大鵬賦》《鯤化爲鵬賦》《北溟有魚賦》《巨鼇冠靈山賦》《釣鼇賦》諸篇，俱賦物之作，與蓬萊閣無涉，乃一概闌入，殊爲牽合。

泰山蒐玉

《四庫提要・總集類存目二》《泰山蒐玉》四卷。兩淮馬裕家藏本。明袁稽撰。稽字玉田，懷遠人。官泰安州知州。是編採泰山碑銘、詩文，彙爲一帙，皆嘉靖乙卯以後之作。

太白樓集

高儒《百川書志・雜集》《太白樓集》十卷。

《四庫提要・總集類存目二》《太白樓集》十卷。浙江范懋柱家天一閣藏本。明蔡鍊編。鍊字懋成，餘姚人。弘治庚戌進士，官工部主事。此編乃其管理山東河道時，以濟寧州城東南有太白樓，爲李白遺蹟，因録諸題詠碑刻之文，合爲一集，而二賢祠碑亦附入焉。二賢祠者，州人所建，以祀白及賀知章者也。

金臺十八子詩略

范邦甸等《天一閣書目・總集類》《金臺十八子詩略》三卷。刊本。明王世貞序云：「金臺者，志燕舊也。十八子者，其人非金臺人，稱『金臺十八子』，集于燕而作者也。梓者誰？紀君旭仁也。黎民表、丁一中等撰。」

滄海遺珠集

高儒《百川書志・雜集》《滄海遺珠集》四卷。皇明都督沐景顒選集。皆諸選所遺，得二十一人，詩二百餘首。

錢謙益等《絳雲樓書目・詩總集類》《滄海遺珠》。國初時。明初沐景顒集一時名士官於滇及謫戍者之詩。景顒名昂，官都督，謚武襄，黔寧王子。此書以郝經壓卷，凡二十一家，二百五十首。西楊作序。

黄虞稷《千頃堂書目・總集類》 沐昂《滄海遺珠集》四卷。輯明初官于滇及謫戍者之作。

《四庫提要・總集類四》 《滄海遺珠》四卷。浙江范懋柱家天一閣藏本。不著編輯者名氏。前有正統元年楊士奇序，稱都督沐公所選，又稱其字曰景容，黔寧王之仲子，佐兄黔國公爲朝廷鎮撫西南一方。考《明史》，黔寧王沐英之子晟爲黔國公，鎮雲南。昂爲右都督，領雲南都司，則此集當爲昂所編。惟昂字景高，不字景容。疑其初字景高，至洪熙元年後，避仁宗之諱，改「高」爲「容」，史未及詳。

黄丕烈《蕘圃藏書題識・集類》 《滄海遺珠》八卷。鈔本。余既從昭文同年張子和令嗣處借得《滄海遺珠》八卷，鈔藏之，已幸較四庫本多詩四卷，然無前序并目，不知何以有四卷、八卷之異。伏讀《四庫全書提要》，知有楊士奇序，得悉選者爲沐英後人。其止有四卷，顛末不之及。頃見小讀書堆遺書精鈔本，前載楊序，而後有成化間葉福跋云「吾萬載令陳侯僅得一册，珍襲歌詠。猶傳文未博，故重刻之，以博其傳」，方信四卷之止得半也。因補録楊序、葉跋於後。方信見聞不廣，不足以定是非而決疑信，有如是夫。己卯秋復翁朱筆從小讀書堆精鈔本補。蓋張本板壞闕失故也。復翁。

前四卷復從顧氏所藏精鈔本校一過，然不可據者多。非特刻在成化，較余所見本本後，而不知妄作，或重刻所改，或傳寫所致。兹一一校出，是者可補余藏本所不逮，非者益見余藏本爲可貴也。己卯秋復翁校畢識。

清風

徐𤊹《徐氏家藏書目・總詩類》 《清風》六卷。廖淳。

游崆峒詩

高儒《百川書志・雜集》 《遊崆峒詩》一卷。

月塢萃言

高儒《百川書志・雜集》 《月塢萃言》一卷。

西山紀遊

范邦甸等《天一閣書目・總集類》 《西山紀遊》一卷。刊本。明鄧欽文、沈淵、楊汝允、朱正初、邱齊雲、胡應麟、朱宗吉、潘光統等合刻詩。

朝鮮詩

錢謙益等《絳雲樓書目・詩總集類》 《朝鮮詩選》。萬曆中，有援鮮之師。會稽吴明濟，子魚司馬之客也。從軍至平壤，因采詩於其國。作後序者許筠，東國之以文學鳴者也。

錢曾《讀書敏求記・總集》 《朝鮮詩》四卷。東國夙被聲教，崇尚文雅，卷中詩彬彬可觀。其新羅納祇王《憂思曲》與古詞《鵶迷嶺》一篇，可補東史闕遺。

朝鮮詩選

黄虞稷《千頃堂書目・總集類》 吴明濟《朝鮮詩選》八卷。一作四卷。明濟一作濟，字子魚，會稽人。

賦

類編古賦

范邦甸等《天一閣書目・雜著類》 《類編古賦》二十四卷。藍絲闌，鈔本。卷首有小引云：「古賦自宋玉《風賦》，至宋南渡前見於諸賢編類者，幾千餘篇，散見諸集中，不下五六百篇。文墨汗漫，學者焉得人人歷覽。今於諸格中各拔尤者，編成一集，計二百四十篇。後卷續當選擇，隨類入編。至如韓昌黎《明水》等賦、李程《五色》等賦，並係律賦之源，今不復入。」

賦苑聯芳

范邦甸等《天一閣書目・雜著類》 《賦苑聯芳》十册。紅絲闌，鈔本。不著撰人名氏。

賦苑

黃虞稷《千頃堂書目・騷賦類》 李鴻《賦苑》八卷。字漸卿，吴人。

《四庫提要・總集類存目三》 《賦苑》八卷。兵部侍郎紀昀家藏本。不著編輯者名氏。前有蔡紹襄序，但稱曰李君，不著歲月。《凡例》稱「甲午歲始輯」，亦不著年號。相其版式，是萬曆以後書也。所録諸賦，始於周荀況，終於隋蕭皇后，以時代爲編次，大抵多取之《藝文類聚》諸書，故往往殘闕。又次序顛倒殊甚，黄香《九宫賦》，已見於漢，又見於南北朝中，題其字曰黄文疆；張超《誚青衣賦》，已見於漢，改其題曰《譏青衣賦》，改其名曰「張安超」，又見於南北朝中，仍其故題，而題其字曰「張子並」；至公孫乘《月賦》，則一見漢，一見南北朝，顯然複出，亦全不檢。蓋明季選本，大抵如斯也。

賦紀

黃虞稷《千頃堂書目・騷賦類》 劉世教《賦紀》一百卷。字少彝，海鹽人，舉人。

《明史・藝文志・總集類》 劉世教《賦紀》一百卷。

賦藻

黃虞稷《千頃堂書目・騷賦類》 王志守《賦藻》。

辭賦標義

黃虞稷《千頃堂書目・騷賦類》 俞王言《辭賦標義》十八卷。

《明史・藝文志・總集類》 俞王言《辭賦標義》十八卷。

賦略

黃虞稷《千頃堂書目・騷賦類》 陳山毓《賦略》五十卷，又《賦略外篇》十五卷。

《明史・藝文志・總集類》 陳山毓《賦略》五十卷。

賦珍

黃虞稷《千頃堂書目・騷賦類》 施重光《賦珍》八卷。

雜文

東坡題跋　詞牘　山谷題跋　詞牘

范邦甸等《天一閣書目・雜著類》　《東坡題跋》四卷，《詞牘》四卷，《山谷題跋》四卷，《詞牘》四卷。刊本。明海陽黄嘉惠校，序稱：「蘇、黄二公之風流皆在小品。自王聖俞吏部刻有小品，而僅取什之二三。楊修齡侍御畢舉，而止于題跋。陳眉公徵君謂二公之最妙在尺牘，在題跋，在小詞，當合之另行。余因取而併采諸評雋雅者附之。」

尺牘清裁　增集尺牘清裁

范邦甸等《天一閣書目・雜著類》　《赤牘清裁》二十八卷。刊本。明楊慎輯，王世貞序。又《赤牘清裁》五卷。藍絲闌，鈔本。明楊慎著，永昌張含、東巖張綘堇序。

徐𤊹《徐氏家藏書目・啓劄類》　《尺牘清裁》十一卷。楊慎。又《尺牘清裁益本》二十八卷。王世貞。

錢謙益等《絳雲樓書目・文集總類》　《尺牘清裁》。

黄虞稷《千頃堂書目・總集類》　楊慎《尺牘清裁》十一卷。又王世貞《增集尺牘清裁》二十八卷。

《明史・藝文志・總集類》　楊慎《尺牘清裁》十一卷。又王世貞《增集尺牘清裁》二十八卷。

古今尺牘聞見拔尤

范邦甸等《天一閣書目・雜著類》　《古今尺牘聞見拔尤》八卷。刊本。明潘文淵選。嘉靖乙丑潘世治序云：「簡以達意，其來尚矣。余姪文淵自肄業成均，後旁蒐博采，凡有聞于一時巨儒碩輔者，悉選録之，猶以爲未足。又進而閲諸史傳文集，及古今名簡。載更寒暑，始得精彙，成若干卷。余披覽之，皆近易而不俚，典故而不晦，多而不煩，古而不澁，庶足以一洗時習之陋而新之。于是即其選輯之實，而名之曰《聞見拔尤》。蓋以其自所聞所見者，選其尤者拔之也。輯成，厥弟文湛校讐以廣之。」

蘇黄尺牘

徐𤊹《徐氏家藏書目・啓劄類》　《蘇黄尺牘》九卷。

名公尺牘

徐𤊹《徐氏家藏書目・啓劄類》　《名公尺牘》二卷。

羣公小簡

《四庫提要・總集類存目二》　《羣公小簡》六卷。浙江范懋柱家天一閣藏本。不著編輯者名氏。前有成化乙未徐傳序，稱「蘇文忠、方秋崖、趙清曠、盧柳南、孫仲益五先生之所著」，而第六卷乃爲歐陽修作。其第一卷題「五先生手簡」，自第二卷以下，又題曰「六先生手簡」。後有成化二十年周信跋，稱「出《醉翁帖》一帙贈徐，徐亦以此書報贈」；又稱「捐俸命工，仍舊本重刊」。則末一卷爲信所增入，其改題「六先生」，亦信所爲也。蓋明代朝覲述職之官，例以一書一帕贈京中親故，其書皆潦草刊版，苟應故事，謂之「書帕本」，即此之類。其標題顛舛，固不足深詰矣。

名家竿牘

徐𤊹《徐氏家藏書目・啓劄類》　《名家竿牘》四卷。

啓劄駢芳

錢謙益等《絳雲樓書目·文集總類》《啓劄駢芳》。

啓劄雲錦

錢謙益等《絳雲樓書目·文集總類》《啓劄雲錦》。

書記洞詮

錢謙益等《絳雲樓書目·文集總類》《書記洞詮》一百二十卷。萬曆中宣城梅禹金輯，劉鳳序。

黃虞稷《千頃堂書目·總集類》梅鼎祚《書記洞詮》一百二十卷。

《明史·藝文志·總集類》梅鼎祚《書記洞詮》一百二十卷。

《四庫提要·總集類存目三》《書記洞詮》一百十六卷。內府藏本。明梅鼎祚編。先是，楊慎編《赤牘清裁》一書，自左氏至六朝，僅八卷。王世貞益之，訖於明代，爲六十卷。是書仍楊慎之舊，起周秦，訖陳隋，凡長篇短幅，採録靡遺，卷帙幾十倍於楊。而真贋竝收，殊少甄别，至《左傳》所載問對之辭，竝非形諸筆札，非類强附，尤爲不倫。《總目》載有補遺四卷，此本無之。然今世傳本竝同，蓋當日本有録無書，非闕佚也。

彭元瑞等《天禄琳琅書目後編·明版集部》《書記洞詮》。二函，二十六册。明梅鼎祚撰。書一百二十卷，輯自周至隋辭命書牘之文，凡周秦八卷，漢六卷，後漢九卷，蜀漢二卷，魏七卷，吴二卷，晉二十卷，宋六卷，南齊五卷，梁十卷，陳四卷，後魏三卷，北齊二卷，後周二卷，隋四卷，釋十九卷，道七卷，詮遺四卷有録無書。前有《文心雕龍·書記》一條，《凡例》、《引用書目》，萬曆丁酉劉威序。鼎祚此書，蓋與《文紀》竝成者。

古今啓秀

黃虞稷《千頃堂書目·總集類》王納諫《古今啓秀》六卷。江都人，萬曆丁未進士，吏部員外郎。

尺牘雋言

黃虞稷《千頃堂書目·總集類》陳臣忠《尺牘雋言》十二卷。

《四庫提要·總集類存目三》《尺牘雋言》十二卷。江西巡撫採進本。明陳臣忠編。臣忠，字景周，莆田人。萬曆甲辰進士，官至南京刑部郎中。是書摘録古人書牘，自周、秦訖於宋、元。各爲點論，以朱墨版印之。去取既乏鑒裁，評論亦無可採。

啓雋彙函

黃虞稷《千頃堂書目·總集類》俞安期《啓雋彙函》一百卷。

啓雋類函

《四庫提要·總集類存目三》《啓雋類函》一百九卷。內府藏本。明俞安期編。首《職官考》五卷，次載牋、疏、表、啓，分古體二卷、近體一百二卷，近體又分二十九部。上自諸王、宰相，下逮丞簿、教職，終以婚書及募緣疏引，大旨皆爲應俗設也。安期自作《凡例》云「江陵秉政，凡牋啓中得一二警語，立躋顯要」，可知當時所尚矣。

如面談

軍機處奏《禁毁書目》《如面談》一部十四本。查《如面談》原本題明鍾譚撰。係坊間托名之本，多係活套之尺牘，本不足存。其「武弁」一門中語有偏駁，應請鈔燬。

翰墨選注

《四庫提要·總集類存目三》《翰墨選注》十二卷。浙江巡撫採進本。舊本題明屠隆撰。隆有《篇海類編》，已著録。是書皆歷代尺牘，謬妄不可殫述。如前載漢晁錯《與友人索詩編》尺牘一篇曰：「日外入芳圃，知騎氣南遊，抱恨而返，所謂『南山千萬峰，盡是相思情』也。吟編久客左右，偶欲檢點，敢請頒下。霜月更白，尚容瀆寒往見，話前人工拙」云云，則其他可知矣。隆雖縱誕之士，不以學問名，然其陋不應至是，必書肆僞託也。

翰墨鼎彝

《四庫提要·總集類存目三》《翰墨鼎彝》十卷。江蘇周厚堉家藏本。不著編輯者名氏，但標曰「車書樓選刻」。卷首有金谿聶文麟序，稱「《養恬集》輯古名公牘札，溯周而下，迄於宋元，莫不詳加訂正」，亦不知養恬爲誰也。所録皆踳駁不倫，如《左氏傳》所載諸辭命問荅，如薛侯長滕之類，特假言詞，非寓書策；且出於左氏潤飾之文，乃至指爲其人之牋札，標署其姓名，殊爲杜撰。其他顛倒舛謬，更不可縷舉，蓋書肆射利之本耳。

名公翰藻

徐𤊹《徐氏家藏書目·啓劄類》《名公翰藻》二十卷。

黄虞稷《千頃堂書目·總集類》淩稺隆《名公翰藻》五十二卷。

《明史·藝文志·總集類》淩稺隆《名公翰藻》五十二卷。

《四庫提要·總集類存目二》《名公翰藻》五十卷。浙江汪啓淑家藏本。明淩迪知編。迪知有《左國腴詞》，已著録。此集録有明一代書牘，意取博收，而冗雜特甚。

魚腹編

徐𤊹《徐氏家藏書目·啓劄類》《魚腹編》四卷。

宋人表

徐𤊹《徐氏家藏書目·四六類》《宋人表》二卷。

唐宋元名表

范邦甸等《天一閣書目·雜著類》《唐宋元名表》四卷。明李新芳輯并序。

唐宋元名表

錢謙益等《絳雲樓書目·文集總類》胡松輯《唐宋元名表》。

《四庫提要・總集類四》《唐宋元名表》四卷。浙江汪啓淑家藏本。明胡松編。松有《滁州志》，已著録。《明史》松本傳稱，松幼嗜學，嘗輯《古名臣章奏》。今未見其本。是編乃松督學山西時，選爲士子程式之書，雖所録皆各集所有，無奇祕未睹之篇，而去取極爲不苟。前有《自序》曰：「是學也，昉於漢、魏、六朝，盛於隋、唐，而極於宋。其體不能盡同，然其意同於宣上德而達下情，明己志而述物則。其後相沿日下，競趨新巧，争尚衍博，往往貪用事而晦其意，務屬詞而滅其質。蓋四六之本意，失之遠矣。」其言頗爲明切。自明代二場用表，而表遂變爲時文，久而僞體雜出，或參以長聯，如王世貞所作一聯，多至十餘句，如「四書」文之二小比；或參以五、七言詩句，以爲源出徐、庾及王、駱。不知徐、庾、王、駱用之於賦，賦爲古詩之流，其體相近，若以詩入文，豈復成格？至於全用成句，每生硬而杈枒；間雜欲語，多鄙俚而率易。冠冕堂皇之調，剽襲者陳膚；餖飣割裂之詞，小才者纖巧，其弊尤不勝言。松選此編，挽頹波而歸之雅，亦可謂有功於駢體者矣。

表則

錢謙益等《絳雲樓書目・文集總類》《表則》。

名家表選

范邦甸等《天一閣書目・雜著類》《名家表選》八卷。刊本。明陳塏輯，并序云：「四六之體，起於六朝，時則文無非四六者。唐宋以來，始專用其體於詔、誥、表、箋、啓，而博學宏詞科則以之試士。國家設科，去詞賦聲律，而仍用詔、告、表，蓋詞賦無用，而詔、告、表有用也。近士子應試，率多作表取中。然猶嫌其麗而未則，或漫而不工。予謂表莫盛于唐、宋，唐表雄渾，然有出入。至于揣摩聲律，剪裁典故，敷陳事情而意明暢，則惟宋表爲然，故宋人往往以四六名家。我朝所録程表，高者不減宋人，其餘渾厚則有之，文采不及也。故表學至于宋人，不可加矣。予校士之暇，取唐宋諸名家所謂表，選其尤工者鈔之，而尤多于宋。類爲八卷，刻之崇正書院，以與嶺海諸士子共之。」

《四庫提要・總集類存目二》《名家表選》八卷。江西巡撫採進本。明陳塏編。塏，餘姚人。嘉靖壬辰進士。官至廣東提學副使。是編即在廣東所選，以訓士子者。凡唐表一卷，宋表七卷。案：胡松有《唐宋元名表》一書，所録頗爲醇雅。此與松書體例相近，而簡當則遠不及之矣。

存古表函判函

軍機處奏《禁毀書目》《存古表函判函》一部，二本。查《存古表函判函》明陳組綬編。係坊刻後場陋本，中有狂謬之詞，應請銷燬。

古表選

《四庫提要・總集類存目三》《古表選》十二卷。浙江巡撫採進本。明張一卿編。一卿字次公，自號求如居士，涇縣人。是書輯歷代表章，上起六朝之末，下逮於元。然六朝不過庾信、盧思道等數篇，元惟阿嚕台原作阿魯台，今改正。一篇，餘皆唐、宋作也。分八門：曰賀，曰進上，曰辭讓，曰謝官，曰陳請，曰詔賜謝恩，曰遷謫謝恩，曰乞休陳情。末附補遺九篇。其《凡例》稱「未入儷偶者，不諧聲律者，簡儉無可取材者，文義無關制學者，竝經裁汰」，則爲場屋擬表作矣。凡本題事實及引用典故，皆略爲注釋，而不著出典，殊不出兔園冊子錮習。

表衡

黄虞稷《千頃堂書目・制舉類》茅維《表衡》六卷。皆録歷科程文。

《明史・藝文志・總集類》茅維《表衡》六卷。

西漢書疏

高儒《百川書志・總集》《西漢書疏》八卷。皇明縉雲周瓘編。

黄虞稷《千頃堂書目・總集類》周瓘《西漢書疏》八卷。

東漢書疏

高儒《百川書志・總集》《東漢書疏》八卷。皇明周瓘編。

黄虞稷《千頃堂書目・總集類》周瓘《東漢書疏》八卷。縉雲人。

古今箴銘集

《明史・藝文志・總集類》張洪《古今箴銘集》十四卷。

詞致録

徐𤊹《徐氏家藏書目・四六類》《詞致録》十六卷。

錢謙益等《絳雲樓書目・文集總類》《詞致録》十卷。萬曆中浙江巡按李天麟開板杭州。

黄虞稷《千頃堂書目・總集類》李天麟《詞致録》十六卷。

于敏中等《天禄琳琅書目・明版集部》《詞致録》二函，十六册。明李天麟著。十六卷。前有序，闕名。李天麟，山東濟南府武定州人。登萬曆庚辰進士第，見太學題名碑。其書專輯駢體，上自六朝，下迄唐宋，採其根葉並茂者，合而録之，不以富麗爲工。天麟曾有自刊之本，其序作於萬曆丁亥，備述選輯之旨。此本序稱「祥宇李公」，則又別爲一版。而序後署名爲書賈割去，復從目録、卷六中割取歐陽修、方岳、李良樞等名，移補目録、首葉標題下，以此書爲歐陽修所作。不知書中所在南宋人文章甚多，豈有修爲纂輯之理？今取天麟自刊本校之，顛末具見，又安從欺飾乎？第此書雕刻清朗，橅印頗工，亦不失爲佳本。

《四庫提要・總集類存目三》《詞致録》十六卷。兩江總督採進本。明李天麟編。天麟大興人，萬曆庚辰進士。官至監察御史，巡按浙江。是集皆載詞命之文，分制詞、進奏、啓劄、祈告、雜著五門，中又各分子目。所採上自漢、晉，下迄於宋，頗勝明末之猥濫。然意主於剽剟詞藻，仍餖飣之學耳。

重編有宋簪纓四六

范邦甸等《天一閣書目・雜著類》《重編有宋簪纓四六》六册。藍絲闌，鈔本。不著編書人姓名。卷首有堇峰子識云：「是書得於莆陽鄭氏家藏古版。原編以十干爲號，相傳歲久，首尾俱逸，中間錯落，亦甚殊不可類。今姑以其見存者，畧爲編次，若其當年諸公姓氏先後之序、四六體裁之別、篇目多寡之數，皆不能辨而存其舊矣，尚俟覓善本另校之。」

古今四六會編

范邦甸等《天一閣書目・雜著類》《古今四六會編》四卷。刊本。明薛應旂纂。又《精選古今四六會編》四卷。刊本。明薛應旂纂。

四六標準

范邦甸等《天一閣書目・雜著類》李梅亭先生《四六標準》二十卷。藍絲闌鈔本，首卷已殘。

徐𤊹《徐氏家藏書目・四六類》《四六標準》四十卷。李梅亭。

四六類編

徐𤊹《徐氏家藏書目・四六類》《四六類編》二十四卷。

軍機處奏《禁毀書目》《四六類編》一部，七本。查《四六類編》係明李日華編。多係應酬之作，不足採録。内有干碍字面，應請銷燬。

四六争奇

徐𤊹《徐氏家藏書目・四六類》《四六争奇》八卷。

四六宙函

徐𤊹《徐氏家藏書目・四六類》《四六宙函》。

四六菁華

徐𤊹《徐氏家藏書目・四六類》《四六菁華》二卷。

四六類鈔

徐𤊹《徐氏家藏書目・四六類》《四六類鈔》二卷。

四六鴛鴦譜

徐𤊹《徐氏家藏書目・四六類》《四六鴛鴦譜》四卷。

四六叢珠彙選

《四庫提要・總集類存目三》《四六叢珠彙選》十卷。副都御史黄登賢家藏本。

明王明嶅編。明嶅，字懋良，晉江人。萬曆己卯舉人，官至寧波府通判。宋葉適所編《四六叢珠》凡四十卷，見於《千頃堂書目》，明時鈔本尚存。明嶅病其繁冗，因別爲選録刊行。所分大目十一，子目數百，皆仍葉氏之舊。然適原書所採，多録全文，今散見《永樂大典》中者，尚可考見其體例。明嶅乃隨意刊削，僅存摘句，又不列標題，不著撰人名氏，一仿坊刻表聯活套之式，割裂破碎，遂致盡失其本來，亦可謂不善變矣。

四六雕蟲

黄虞稷《千頃堂書目・總集類》馬朴《四六雕蟲》三十一卷。字敦若，同州人。

四六法海

黄虞稷《千頃堂書目・總集類》王志堅《四六法海》十二卷。

《明史・藝文志・總集類》王志堅《四六法海》十二卷。

《四庫提要・總集類四》《四六法海》十二卷。内府藏本。明王志堅編。

張之洞《書目答問・總集》《四六法海》十二卷。明王志堅編。

四六采腴

黄虞稷《千頃堂書目・總集類》 陳鍾盛《四六采腴》。

四六逢源

軍機處奏《禁毁書目》 《四六逢源》一部六本。查《四六逢源》係明魯汝□□。中間語多干礙，應請銷燬。

堯山堂偶雋

徐𤊹《徐氏家藏書目・四六類》 《堯山堂偶雋》七卷。晉陵蔣一蔡。

八朝偶雋

黄虞稷《千頃堂書目・總集類》 蔣一葵《八朝偶雋》六卷。

策　要

黄虞稷《千頃堂書目・制舉類》 梁寅《策要》六卷。

《明史・藝文志・總集類》 梁寅《策要》六卷。

阮元《四庫未收書目提要・總集類》 《策要》六卷。元梁寅撰。寅有《周易參議》，《四庫全書》已著録。其門人黎卓序其文集云「尚有《方策稽要》，曾鋟梓行世」，即此書也。寅于諸經皆有訓釋，史學亦頗考究。是書元元本本，能撮其要領，宜爲學者所重耳。

翰林策要

高儒《百川書志・別集》 《翰林策要》四卷。四問，三十八事。

十科策略

黄虞稷《千頃堂書目・制舉類》 劉定之《十科策略》八卷。

《明史・藝文志・總集類》 劉定之《十科策略》八卷。

策學衍義

黄虞稷《千頃堂書目・制舉類》 《策學衍義》四册。

策學會元

黄虞稷《千頃堂書目・制舉類》 戴鱀《策學會元》四十卷。

《明史・藝文志・總集類》 戴鱀《策學會元》四十卷。

策海正傳

錢謙益等《絳雲樓書目・論策》 《策海正傳》。

黄虞稷《千頃堂書目・制舉類》 唐順之《策海正傳》十二卷。

《明史・藝文志・總集類》 唐順之《策海正傳》十二卷。

策學矜式五段錦

高儒《百川書志・别集》《策學矜式五段錦》一卷。

策學輯畧

范邦甸等《天一閣書目・雜著類》《策學輯畧》十二卷。刊本。明弋陽黄溥編。

策論膚見

范邦甸等《天一閣書目・雜著類》《策論膚見》。刊本。十餘册，不全。

策原

黄虞稷《千頃堂書目・制舉類》《策原》十卷。

策衡

黄虞稷《千頃堂書目・制舉類》茅維《策衡》二十二卷。
《明史・藝文志・總集類》茅維《策衡》二十二卷。

篠菴論鈔

黄虞稷《千頃堂書目・制舉類》張和《篠庵論鈔》一卷。
《明史・藝文志・總集類》張和《篠菴論鈔》一卷。

論原

黄虞稷《千頃堂書目・制舉類》黄佐《論原》十卷。
《明史・藝文志・總集類》黄佐《論原》十卷。

論式

黄虞稷《千頃堂書目・制舉類》黄佐《論式》三卷。
《明史・藝文志・總集類》黄佐《論式》三卷。

唐宋名賢策論文粹

范邦甸等《天一閣書目・雜著類》唐會元精選批點《唐宋名賢策論文粹》八卷。刊本。明嘉靖己酉書林桐源胡氏刊。

程論玉轂

范邦甸等《天一閣書目・雜著類》《程論玉轂》一本。刊本。李吴滋選。

省解擬題大成論會

范邦甸等《天一閣書目補遺・雜著類》《新編省解擬題大成論會》八卷。不著撰人名氏。

古今議論參　廣古今議論參

徐㶿《徐氏家藏書目・總集類》《古今議論參》。林德謀。

黄虞稷《千頃堂書目・總集類》林德謀《古今議論參》五十五卷。

軍機處奏《禁燬書目》《古今議論參》二十本。查《古今議論參》五十五卷，係明林德謀輯。乃當時策科之書，摭拾舊文，語皆習見，本無可取。其第四十八卷中悖謬字句甚多，應請銷燬。

又《廣古今議論參》八本。查《廣古今議論參》，係明吴中龍等選輯。内第五卷所載京省尤邊考各篇，悖妄殊甚。其餘所録，亦俱係習見之文，無庸節存，應銷燬。再，書内原闕三卷，恐尚有違碍之處，應行令各督撫一併查銷。

明儒論宗

黄虞稷《千頃堂書目・總集類》薛應旂《明儒論宗》八卷。

六子論

黄虞稷《千頃堂書目・制舉類》《六子論》一卷。集陽明、夢澤、荆川、震川、萊峰、鹿門制舉文。

論衡

黄虞稷《千頃堂書目・制舉類》茅維《論衡》六卷。

《明史・藝文志・總集類》茅維《論衡》六卷。

古論大觀

黄虞稷《千頃堂書目・總集類》陳繼儒《古論大觀》四十卷。

彭元瑞等《天禄琳琅書目後編・明版集部》《古論大觀》二函，十四册。明陳繼儒撰。書四十卷，分十類：曰天地，曰六經，曰歷代，曰政治，曰名法，曰藝文，曰技術，曰諸子，曰二氏，曰四裔。取文集、史傳凡論體之文，輯綴成書。前有繼儒自序。

論學淵源

黄虞稷《千頃堂書目・制舉類》《論學淵源》十二卷。

玉屑齋百家論鈔

《四庫提要・總集類存目三》《玉屑齋百家論鈔》十二卷。浙江巡撫採進本。

明張文炎編。文炎，字維謙，杭州人。其書取明一代之文，泛論經史疑義者，總萃成編。其體有論，有辨，有評，有解，有説，有考，有敘，有原，有志，有紀，有難，有略，有讀。所録凡一百十一家，云「百家」，舉成數也。

百家論鈔

《四庫提要・總集類存目三》《百家論鈔》十二卷。浙江巡撫採進本。明王思任編。思任，字季重，山陰人。萬曆乙未進士，官至江西九江道按察使僉事。是書所取，皆有明一代議論之文。前有思任自序曰：「宋不如唐，唐不如漢，漢不如三代，此文談舊唾也。吾以爲文章至明而始妙。」是何言歟？

古論元箸

《四庫提要・總集類存目三》《古論元箸》八卷。浙江巡撫採進本。明傅振商編。振商有《杜詩分類》，已著録。是編乃萬曆壬子振商巡按直隸時所刊。雜採戰國至唐、宋之文，多竄易篇名，強題曰「論」。如《莊子》之《齊物論》，本以「物論」二字相屬，乃摘取，加以「論」名，尚可曰沿劉勰之誤；至《淮南子・氾論訓》亦割去「訓」字，題曰《氾論》；韓愈《原道》《原毁》則加一「論」字，曰《原道論》《原毁論》；《張中丞傳後敍》亦改曰《張中丞傳後論》。其乖謬率皆類此，則其書可不必問矣。

場屋準繩

高儒《百川書志・別集》《場屋準繩》三卷。

費狀元錦囊試問卷

高儒《百川書志・別集》《費狀元錦囊試問卷》三卷。

明狀元策

黄虞稷《千頃堂書目・制舉類》《明狀元策》十二卷。

《明史・藝文志・總集類》《明狀元策》十二卷。坊刻本。

軍機處奏《禁毁書目》《狀元策》一部，十本。查《狀元策》係明代焦竑所編歷科狀元對策之文，其後坊間陸續增刻。自明初以至本朝，採録頗爲完備。中間惟崇禎時諸策語有違悖，及他策内議論間涉偏謬者，均應抽燬外，其餘尚無干碍，應請毋庸全燬。

類字判草

黄虞稷《千頃堂書目・制舉類》陳禹謨《類字判草》二卷。

《明史・藝文志・總集類》陳禹謨《類字判草》二卷。

詔誥章表擬題事實

黄虞稷《千頃堂書目・制舉類》《詔誥章表擬題事實》九卷。

程墨表選

范邦甸等《天一閣書目・雜著類》《程墨表選》四卷。刊本。明隆慶丁卯科起，至嘉靖甲子科止。

五經程文

《明史·藝文志·總集類》《五經程文》三十二卷。

四書程文

黄虞稷《千頃堂書目·制舉類》《四書程文》二十九卷。

《明史·藝文志·總集類》《四書程文》二十九卷。

易經程文

黄虞稷《千頃堂書目·制舉類》《易經程文》六卷。

書經程文

黄虞稷《千頃堂書目·制舉類》《書經程文》六卷。

詩經程文

黄虞稷《千頃堂書目·制舉類》《詩經程文》六卷。

春秋經程文

黄虞稷《千頃堂書目·制舉類》《春秋經程文》二十二卷。

禮記程文

黄虞稷《千頃堂書目·制舉類》《禮記程文》十卷。

論程文

黄虞稷《千頃堂書目·制舉類》《論程文》十卷。

《明史·藝文志·總集類》《論程文》十卷。

策程文

黄虞稷《千頃堂書目·制舉類》《策程文》二十卷。右八種，見葉盛《菉竹堂書目》，皆明初場屋試士之文。

《明史·藝文志·總集類》《策程文》二十卷。已上五種，見葉盛《菉竹堂書目》，皆明初舉業程氏。

詔誥表程文

黄虞稷《千頃堂書目·制舉類》《詔誥表程文》五卷。

《明史·藝文志·總集類》《詔誥表程文》五卷。

國朝試録

黄虞稷《千頃堂書目·制舉類》黎淳《國朝試録》六百四十卷。輯明成化以前試士之文，邱濬序。

《明史・藝文志・總集類》 黎淳《國朝試録》六百四十卷。輯明成化已前試士之文。丘濬爲序。

二三場日牋

軍機處奏《禁燬書目》 《二三場日牋》一部二本。查《二三場日牋》係明陳組綬撰。皆當時場屋表策，爲坊間刊行射利之本，殊不成書。中間指斥字句甚多，應請銷燬。

二三場合删

軍機處奏《禁燬書目》 《二三場合删》一部二本。查《二三場合删》不著編輯人姓名。皆明代場屋應用策料，書既冗陋，不足觀，字句尤多悖碍，應請銷燬。

二三場旁訓

軍機處奏《禁燬書目》 《二三場旁訓》一部二本。查《二三場旁訓》係明馮晉允輯。乃場屋所用策料，中多狂悖語，應請銷燬。

後場名山集

軍機處奏《禁燬書目》 《後場名山集》一本。查《後場名山集》係明周鍾所選。鍾諂附李自成，爲明福王所誅。此本專輯當時場屋表文，亦不成書。其内鄭以偉等表四篇，語多悖謬，應請銷燬。

後場塵史

軍機處奏《禁燬書目》 《後場塵史》一部四本。查《後場塵史》係明馮明玠等輯。皆當時後場程文，語多悖碍，應請銷燬。

明人後場論表

軍機處奏《禁燬書目》 《明人後場論表》一部，五本。查此書不題書名，亦无撰輯人名氏，僅存「論」第二卷至第七卷，「表」第十三卷。表中多指斥之詞，應請銷燬。其原缺諸卷，應令該督撫另行查辦繳銷。

三場文海

黄虞稷《千頃堂書目・制舉類》 《三場文海》一百二十卷。

春秋明經

黄虞稷《千頃堂書目・制舉類》 劉基《春秋明經》四卷。

春秋作義要訣

黄虞稷《千頃堂書目・制舉類》 汪克寬《春秋作義要訣》一卷。

《明史・藝文志・總集類》 汪克寬《春秋作義要訣》一卷。

春秋詞命

《四庫提要・總集類存目一》 《春秋詞命》三卷。江蘇巡撫採進本。舊本題明王鏊撰，王徹注。鏊有《史餘》，已著録。徹自署松江人，始末未詳。是書雜採左氏所載應對之詞，釋以通俗之語，似非鏊之所作，疑爲書肆所託名。然序文乃載鏊集中，朱彝尊《經義考》亦著録，則事之不可解者也。所録雖源出《春秋》，而於經義無關，於傳義亦不相涉。今以其輯録舊文，爲童蒙誦讀之用，姑附之「總集類」中。

經義模範

黃虞稷《千頃堂書目・制舉類》 楊慎《經義模範》一卷。

倪燦等《宋史藝文志補・制舉類》 《經義模範》一卷。

《明史・藝文志・總集類》 楊慎《經義模範》一卷。

正脈

黃虞稷《千頃堂書目・制舉類》 吴崑麓《正脈》。毘陵人。

玄覽

黃虞稷《千頃堂書目・制舉類》 沈弘逵《玄覽》。

原始

黃虞稷《千頃堂書目・制舉類》 劉景范《原始》。

文記

黃虞稷《千頃堂書目・制舉類》 范應賓《文記》。

詞林片玉

徐𤊹《徐氏家藏書目・啓劄類》 《詞林片玉》四卷。

翰苑瓊琚

徐𤊹《徐氏家藏書目・啓劄類》 《翰苑瓊琚》。

黃虞稷《千頃堂書目・總集類》 楊慎《古今翰苑瓊琚》十二卷。

《明史・藝文志・總集類》 楊慎《古今翰苑瓊琚》十二卷。

《四庫提要・總集類存目二》 《翰苑瓊琚》八卷。内府藏本。舊本題明楊慎編。其書餖飣補綴，類鄉塾兔園册子，中間割裂《尚書》，尤爲庸妄，疑非慎之所爲。

濡削選章

徐𤊹《徐氏家藏書目・四六類》 《濡削選章》三十卷。

黃虞稷《千頃堂書目・總集類》 李國祥《濡削選章》四十卷。

《四庫提要・總集類存目三》《古今濡削選章》四十卷。江蘇周厚堉家藏本。明李國祥編。國祥字休徵，南昌人，天啓中官開封府同知。是書選録四六書啓，以官制爲類，每類之首載《官制考》一篇。所選上起六朝，下迄宋、明，而宋、明尤詳，國祥及其弟鼎作亦附焉。大抵爲應酬而作，其體則總集，其實則類書也。

經世挈要

軍機處奏《禁毀書目》《經世挈要》四本。查《經世挈要》係明張燧輯。所録多係策科套語，本無足取。其中悖觸之處，尤不一而足。應請銷燬。

干禄集

軍機處奏《禁毀書目》《干禄集》六本。查《干禄集》係明坊間所刊後場策科，託名陳子龍。選内多狂悖句，應請銷燬。

揣摩成

軍機處奏《禁毀書目》《揣摩成》四本。查《揣摩成》所載皆場屋表策，乃明季坊間刊行射利之本，原不成書。中間狂悖字句甚多，應請銷燬。

匡時集

軍機處奏《禁毀書目》《匡時集》八本。查《匡時集》係明秦駿生選。乃輯明季諸人奏議及論策之類，彙録成書。原係當時坊刻之本，叢雜无章，殊無可取；且多違碍字面，其論略内觸悖之處，尤不可勝數。應請銷燬。

拾芥新聲

軍機處奏《禁毀書目》《拾芥新聲》一部三本。查《拾芥新聲》係明顧起元撰。皆以備場屋策論而設，本餖飣湊集之書。卷四内狂悖尤甚，應請銷燬。再此書本「文」、「行」、「忠」、「信」四本，此部内尚闕第一本，應行令該督撫再將全部查明繳銷。

名山業

軍機處奏《禁毀書目》《名山業》一部十四本。查《名山業》原本不著編輯人姓名。俱係場屋策料，剽竊冗濫，本不成書。且中多指斥字句，應請銷燬。

曝閣選

軍機處奏《禁毀書目》《曝閣選》一部四本。查《曝閣選》係明鄒之麟輯。皆場屋策表，以備剿襲之用者，策内有指斥語，應請銷燬。

治平會要

軍機處奏《禁毀書目》《治平會要》一部四本。查《治平會要》係坊間所刻場屋策料，中間「外譯」一門有干碍語，應請銷燬。

經濟文輯

《四庫提要・總集類存目三》《經濟文輯》三十二卷。内府藏本。明陳其愫編。其愫，字素心，餘杭人。是編選明代議論之文，分聖學、儲宫、宗藩、官制、財計、漕輓、天文、地理、禮制、樂律、兵政、刑法、河渠、工虞、海防、邊夷十六目。書成於天啓丁卯，所録皆嘉靖、隆慶以前之文。大抵剽諸類書策略，空談多而實際少，其斯爲明人之經濟乎？

吕留良批點時文

軍機處奏《禁毀書目》《吕留良批點時文》四部二十二本。查黄洪憲、金聲、黄淳耀、錢禧，皆前明特文名家，各有耑稿行世。此二十二册，皆逆賊吕留良所評點，應請銷燬。

七彙

黄虞稷《千頃堂書目・總集類》《七彙》四卷。

清代分部

詩文

昭明文選越裁

《四庫提要・總集類存目一》《昭明文選越裁》十一卷。内府藏本。國朝洪若臯編。若臯有《南沙文集》，已著録。是編取《昭明文選》重爲删定，復捃拾諸家之注，略爲詮解。

選詩定論

《四庫提要・總集類存目一》《選詩定論》十八卷。内府藏本。國朝吴湛撰。湛字伯其，號冉渠，睢陽人。其書以《文選》所録諸詩歌，自漢高帝以下，以時代編次，而荆軻《易水歌》十五字别爲一卷終焉。

文選理學權輿　文選理學權輿補

張之洞《書目答問・總集》《文選理學權輿》八卷。汪師韓。讀畫齋本。《文選理學權輿補》一卷。孫志祖。讀畫齋本。

文選音義

《四庫提要・總集類存目一》《文選音義》八卷。安徽巡撫採進本。國朝余蕭客撰。蕭客有《古經解鉤沈》，採掇舊詁，最爲詳核，已别著録。此書則罅漏叢生，如出二手。

張之洞《書目答問・總集》《文選音義》八卷。余蕭客。静勝堂刻本。此書乃少作，余又撰《文選雜題》三十卷，未見傳本。

文選考異

顧廣圻《思適齋書跋・集類》《文選考異》四卷。讀畫齋刻本。

顧廣圻《思適齋集外書跋輯存・集類》《文選考異》四卷。讀畫齋叢書本。

張之洞《書目答問・總集》《文選考異》四卷。孫志祖。讀畫齋本。

文選李注補正

張之洞《書目答問·總集》 《文選李注補正》四卷，孫志祖。讀畫齋本。

選學膠言

張之洞《書目答問·總集》 《選學膠言》二十卷。張雲璈。三影閣刻本。

文選集釋

張之洞《書目答問·總集》 《文選集釋》二十四卷，朱珔。自刻本。

文選旁證

張之洞《書目答問·總集》 《文選旁證》四十六卷。梁章鉅。榕風樓刻本。

文選古字通疏證　續文選古字通

張之洞《書目答問·總集》 《文選古字通疏證》六卷。薛傳均。刻本。原書十二卷。

臨川文獻

《四庫提要·總集類存目四》 《臨川文獻》八卷。兩淮馬裕家藏本。國朝胡亦堂編。亦堂，字二齊，慈谿人。順治辛卯舉人。官臨川縣知縣，後行取主事。是編選臨川一縣之文。宋晏殊、晏幾道、王安石三人，明章衮、陳九川、帥機、湯顯祖、邱兆麟、章世純、艾南英、羅萬藻、陳際泰、揭重熙十人，國朝游東昇、傅占衡二人，皆有集行世者。每集各爲小序，書中仍各標本集之名，略如張溥《百三家集》例。但溥書全録其集，此則多所刪削耳。

友聲集

《四庫提要·總集類存目四》 《友聲集》七卷。浙江巡撫採進本。國朝賴鯤升編。鯤升，字滄嶠，會昌人。其父方勃偕弟方度於邑治之西闢霞綺園，與邑人沈開進、胡應相、曾鑑、歐有駿讀書其中，一時多爲題詠。後鯤升兄弟復讀書園中，因輯投贈之作，合爲一編，凡序記、書、傳、賦二卷，詩五卷，蓋仿《玉山草堂集》例也。

粵西詩載　粵西文載　粵西叢載

《四庫提要·總集類五》 《粵西詩載》二十五卷，《粵西文載》七十五卷，附《粵西叢載》三十卷。浙江巡撫採進本。國朝汪森編。森字晉賢，桐鄉人，休寧籍。官桂林府通判。森在粵西，以輿志闕略殊甚，考據難資，因取歷代詩文有關斯地者，詳搜博採，記録成帙。歸田後，復借朱彝尊家藏書，薈萃訂補，共成《詩載》二十四卷，附《詞》一卷；《文載》七十五卷；又以軼聞瑣語可載於詩文者，更輯爲《叢載》三十卷。

三楚文獻録

英廉奏《全毀書目》 《三楚文獻録》四本。高世泰輯。

邱、海二公文集合編

《四庫提要・總集類存目四》《邱、海二公文集合編》十六卷。副都御史黄登賢家藏本。國朝焦映漢、賈棠所刻邱濬、海瑞集也。濬、瑞皆瓊州人，映漢與棠同官於瓊，故有兹刻。濬《瓊臺類稿》本七十卷，此選定爲十卷。瑞集有自作《稿引》，不著卷數，此選定爲六卷。映漢爲濬作傳，又載梁雲龍所作瑞傳。蓋是編刻於康熙戊子，時《明史》尚未成也。

湖陵江氏集

《四庫提要・總集類存目四》（殘本）《湖陵江氏集》五卷。江西巡撫採進本。國朝江八斗編。八斗，字四達，號純夫，貴溪人。其始祖公榮，自宋建炎間官弋陽，始遷居於貴溪之湖陵，是爲湖陵江氏。其後仕宦頗盛。故八斗輯其先世詩文，分體編次，以成此集，八斗所自作亦載入焉。目録列文五卷，詩二卷，并以歷代敕命制誥，而終以附録。

蕭氏世集

《四庫提要・總集類存目四》《蕭氏世集》。無卷數，山東巡撫採進本。國朝蕭伯升編。伯升，字孟昉，泰和人。是集皆録其先世詩文。

楊氏五家文鈔

《四庫提要・總集類存目四》《楊氏五家文鈔》十二卷。江西巡撫採進本。國朝楊長世及其從子以叡、以儼、從孫兆鳳、兆年合刻稿也。長世，字延會，瑞金人。官興安縣訓導。著《影居文鈔》一卷；以叡，字維明，邑諸生。著《汲亭文鈔》一卷、《詩鈔》二卷；以儼，字維莊，貢生。著《強恕齋文鈔》四卷；兆鳳，字爾翔，官上饒縣訓導。著《寓鴻亭文鈔》二卷；兆年，字爾逢，官宜黄縣訓導。著《栩栩園文鈔》二卷。以叡《汲亭稿》中有詩二卷，而總題曰「文鈔」，用《文選》例也。

義門鄭氏奕葉集

《四庫提要・總集類存目四》《義門鄭氏奕葉集》十卷。江西巡撫採進本。國朝鄭爾垣編。爾垣既續鄭昺之書爲七卷，又編次遺文，得十五種。

棣華書屋近刻

《四庫提要・總集類存目四》《棣華書屋近刻》四卷。山東巡撫採進本。國朝歷城朱緗、朱絳、朱綱兄弟三人之合集也。

學海堂初集　二集　三集

張之洞《書目答問・別集》《學海堂》。《初集》十六卷，《二集》二十二卷，《三集》二十四卷。廣州學海堂諸生。

誠求堂彙編

《四庫提要・總集類存目四》《誠求堂彙編》六卷。江蘇周厚堉家藏本。國朝徐開錫撰。開錫，字定山，常山人。康熙中貢生。官至彰德府同知。是編第一卷曰贈言，爲出都時贈行之作；第二卷曰杞言，官杞縣知縣時邑人相贈之作；第三卷曰介言，爲紳士介壽之作，曰雜著，爲頌揚政績之作。第四卷曰詩草，第五卷曰文稿，第六卷曰實政，則皆詩文及案牘也。

賦、駢

歷朝賦格

《四庫提要・總集類存目四》《歷朝賦》十五卷。內府藏本。國朝陸棻編。棻字義山，平湖人。康熙丁未進士。授內閣典籍。己未召試博學宏詞，改翰林院編修。官至內閣學士，兼禮部侍郎。是編彙選歷代之賦，分爲三格：曰文賦，曰騷賦，曰駢賦。

歷朝賦楷

《四庫提要・總集類存目四》《歷朝賦楷》八卷。內府藏本。國朝王修玉編。修玉，字倩修，錢塘人。是編成於康熙丙寅。

歷代賦彙

《四庫提要・總集類五》《御定歷代賦彙》一百四十卷，《外集》二十卷，《逸句》二卷，《補遺》二十二卷。康熙四十五年聖祖仁皇帝御定。

張之洞《書目答問・總集》《歷代賦彙》一百四十卷，《外集》二十卷，《逸句》三卷，《補遺》二十二卷。康熙四十五年敕編。揚州詩局本，重刻通行本。

賦彙録要箋畧

張之洞《書目答問・總集》《賦彙録要箋畧》二十八卷。附補題注，外集補遺題法。吴光昭。通行本。

賦彙題解

張之洞《書目答問・總集》杭世駿有《賦彙題解》，通行。

七十家賦鈔

張之洞《書目答問・總集》《七十家賦鈔》六卷。張惠言編。康刻本。

八家四六文鈔

張之洞《書目答問・總集》《八家四六文鈔》九卷。吴鼒編。較經堂刻本。袁枚、邵齊燾、劉星煒、孔廣森、吴錫麒、曾燠、孫星衍、洪亮吉。

駢體文鈔

張之洞《書目答問・總集》《駢體文鈔》三十一卷。李兆洛編。康刻本。合《類纂》，合肥徐氏重刻本。

唐駢體文鈔

張之洞《書目答問・總集》《唐駢體文鈔》十七卷。陳均編。

宋四六選

張之洞《書目答問・總集》《宋四六選》二十四卷。彭元瑞編。通行本。

清朝駢體正宗　續編

張之洞《書目答問・總集》《國朝駢體正宗》十二卷。曾燠編。原刻本，廣州重刻本。

文

文章辨體彙選

《四庫提要・總集類四》《文章辨體彙選》七百八十卷。浙江巡撫採進本。明賀復徵編。復徵字仲來，丹陽人。是書首無序目。

初學辨體

范邦甸等《天一閣書目・總集類》《初學辨體》十部。刊本。國朝崑山徐與喬輯評并序。

古文輯略

《四庫提要・總集類存目四》《古文輯略》。無卷數，湖北巡撫採進本。國朝曹本榮編。

古文淵鑒

《四庫提要・總集類五》《御選古文淵鑒》六十四卷。康熙二十四年聖祖仁皇帝御選。内閣學士徐乾學等奉勅編注。所録上起《春秋左傳》，下迄於宋，用真德秀《文章正宗》例。

榕村講授

《四庫提要・總集類存目四》《榕村講授》三卷。兩淮馬裕家藏本。國朝李光地編。光地有《周易觀彖》，已著録。是書凡分三編。上編載周、張、二程、朱子所著，中編爲董仲舒、揚雄、王通、韓愈及邵子、胡宏所著，下編則賈誼、匡衡、劉向、谷永、劉歆、班固、諸葛亮、歐陽修、宋祁及王安石、曾鞏、陸九淵、真德秀所著。

古文精藻

《四庫提要・總集類存目四》《古文精藻》二卷。内府藏本。國朝李光地編。光地爲兵部侍郎時，提督順天學政。選録此集，以誨鄉曲諸生，不求盡古文之變也。

古文雅正　續古文雅正

《四庫提要・總集類五》《古文雅正》十四卷。兵部尚書蔡新家藏本。國朝蔡世遠編。世遠有《二希堂集》，已著録。是集選録自漢至元之文，凡二百三十六篇。

張之洞《書目答問・總集》《古文雅正》十四卷。蔡世遠編。又《續古文雅正》十四卷。林有席編。

文章鼻祖

《四庫提要·總集類存目四》《文章鼻祖》六卷。江蘇巡撫採進本。國朝楊繩武編。繩武，字文叔，長洲人。康熙乙未進士。官翰林院編修。是編録六代以前詩文凡十四篇，各爲評注。

湖海文傳

張之洞《書目答問·總集》《湖海文傳》七十五卷。王昶編。家刻本。

古文辭類纂　續古文辭類纂

張之洞《書目答問·總集》《古文辭類纂》四十八卷。姚鼐編。與縣康氏刻小字本，又大字本，蘇州局繙康本。

明倫初集　續集

《四庫提要·總集類存目四》《明倫初集》五卷，《續集》五卷。福建巡撫採進本。國朝鄭文炳編。文炳，字慕斯，莆田人。是書取歷朝文之有關五倫者，分類輯之，每篇綴評語於後。

金華文略

《四庫提要·總集類存目四》《金華文略》二十卷。副都御史黄登賢家藏本。國朝王崇炳編。崇炳有《金華徵獻略》，已著録。是編録金華一郡之文，始自漢尚書楊喬，迄於國朝徐騰，共一百一十七人，而崇炳之文亦自録焉。

全唐文

張之洞《書目答問·總集》《全唐文》一千卷。嘉慶十九年敕編。揚州官本。

南宋文範

張之洞《書目答問·總集》《南宋文範》七十卷。莊仲方編。道光十七年活字版本。

唐宋文醇

《四庫提要·總集類五》《御選唐宋文醇》五十八卷。乾隆三年御定。明茅坤嘗取韓、柳、歐、蘇、曾、王之文，以編唐宋八家文鈔。國朝儲欣增李翺、孫樵，爲十家。皇上以欣所去取尚未盡協，所評論亦或未允，乃指授儒臣，定爲此集。其文有經聖祖仁皇帝御評者，以黄色恭書篇首；皇上御評，則朱書篇後；至前人評跋有所發明，及姓名事蹟有資考證者，亦各以紫色、緑色分系於末。考唐之文體，變於韓愈，而柳宗元以下和之；宋之文體，變於歐陽修，而蘇洵以下和之。愈《與崔立之書》，深病場屋之作；修知貢舉，亦黜劉幾等，以挽回風氣。則八家之所論著，其不爲程試計，可知也。茅坤所録，大抵以「八比」法説之。儲欣雖以「便於舉業」譏坤，而核其所論，亦相去不能分寸。夫能爲八比者，其源必出於古文，自明以來，歷歷可數。坤與欣即古文以講八比，未始非探本之論。然論八比而沿溯古文，爲八比之正脈；論古文而專爲八比設，則非古文之正脈。此如場屋策論，以能根柢經史者爲上，操文柄者亦必以能根柢經史與否，定其甲乙。至講經評史，而專備策論之用，則其經不足爲經學，其史不足爲史學。茅坤、儲欣之評八家，適類於是。得我皇上表章古學，示所折衷，乙覽之餘，親爲甄擇，其上者足以明理載道，經世致用；其次者亦有關法戒，不爲空言。其上者矩矱六籍，其次者波瀾意度，亦出入於周、秦、南漢諸家。至於品題考辨，疏通證明，無不抉摘精微，研窮窔奥。蓋唐宋之文，以十家標其宗，十家之文，經睿裁而括其要矣。茅坤等管蠡之見，烏足仰測聖人之權衡哉！

張之洞《書目答問・總集》《御選唐宋文醇》五十八卷。乾隆三年内府大字本，廣州重刻大字本。

金文雅

張之洞《書目答問・總集》《金文雅》十卷，莊仲方編。道光十七年活字版本。

明文案

軍機處奏《禁毁書目》《明文案》一部五十本。查《明文案》係黄宗羲編。所録皆明人各體古文，中間多有干碍字面，應請銷燬。

明文海

《四庫提要・總集類五》《明文海》四百八十二卷。兩淮鹽政採進本。國朝黄宗羲編。宗羲有《易學象數論》，已著録。宗羲於康熙乙卯以前，嘗選《明文案》二百卷。既復得崑山徐氏所藏明人文集，因更輯成是編。分體二十有八，每體之中又各爲子目。賦之目至十有六，書之目至二十有七，序之目至五，記之目至十有七，傳之目至二十，墓文之目至十有三，分類殊爲繁碎，又頗錯互不倫。如「議」已别立一門，而「奏疏」内復出此體；既立「諸體文」一門，而《却巧》《瘗筆》《放雀》諸篇復别爲一類，而止目爲文，尤爲無謂。他若書序、傳記諸門，或析學校、書院爲二；或敘《文苑》於《儒林》之上；或列論文、論詩於講學、議禮、議樂、論史之前。編次糅雜，頗爲後人所譏。考閻若璩《潛邱劄記》，辨此書體例，謂必非黄先生所編，乃其子主一所爲。若璩嘗游宗羲之門，其説當爲可據。蓋晚年未定之本也。明代文章，自何、李盛行，天下相率爲沿襲剽竊之學，逮嘉、隆以後，其弊益甚。宗羲之意，在於掃除摹擬，空所倚傍，以情至爲宗。又欲使一代典章人物，俱藉以考見大凡，故雖游戲小説家言，亦爲兼收竝採，不免失之泛濫。然其蒐羅極富，所閲明人集幾至二千餘家，如桑悦《北都》《南都》二賦，朱彝尊著《日下舊聞》時，搜討未見，而宗羲得之，以冠兹選。其他散失零落，賴此以傳者，尚復不少，亦可謂一代文章之淵藪，考明人著作者，當必以是編爲極備矣。其書卷帙繁重，傳鈔者希，此本猶其原稿。四百八十一及八十二卷内文十二篇，有録無書，無可核補，今亦竝仍之云。

明文授讀

《四庫提要・總集類存目四》《明文授讀》六十二卷。浙江巡撫採進本。國朝黄宗羲編。初，宗羲輯有明一代之文爲《文案》。後得崑山徐氏傳是樓藏書，益以所未見文集三百餘種，增爲《文海》。後其子百家以《文海》卷帙浩繁，請宗羲選其尤者爲此編。其序則仍《文海》之舊，蓋其門人寧波張錫琨移冠此集，以見去取宗旨云。

張之洞《書目答問・總集》《明文授讀》六十二卷。黄宗羲編。刻本。

明文遠

《四庫提要・總集類存目四》《明文遠》。無卷數，直隸總督採進本。國朝徐文駒編。文駒有《師經堂集》，已著録。是編輯有明一代之文。前後無序跋，亦無目録。其圈點批語，皆用八比之法。至如戴良係元代遺老，王猷定係國朝人，俱收入明代，殊失斷限也。

明文在

《四庫提要・總集類存目四》《明文在》一百卷。江蘇巡撫採進本。國朝薛熙編。熙有《練閲火器陣記》，已著録。是書仿照明《文選》體例，於諸體之中各以類從，所録亦頗存鑒別。蓋熙爲汪琬門人，於古文有所受之也。然數多則簡擇難精，世近則是非未定。榛楛未翦，則亦勢使之然耳。

張之洞《書目答問・總集》《明文在》一百卷。薛熙編。倪霱寫刻本。

元明十大家文集

張之洞《書目答問・總集》《元明十大家文集》□卷。國朝人編。

金元明八大家文選

張之洞《書目答問・總集》《金元明八大家文選》五十三卷，李祖陶編。元好問、姚燧、吴澂、虞集、宋濂、王守仁、唐順之、歸有光。

文瀫初編

軍機處奏《禁毀書目》《文瀫初編》一部十六本。查《文瀫初編》係無錫錢肅潤編。乃選録國初諸家所作古文，各體具備。内除錢謙益、屈大均、金堡等文，及他作中間有語句乖謬處，均應抽燬外，其餘尚无干碍，應毋庸全燬。

三家文鈔

張之洞《書目答問・總集》《三家文鈔》三十二卷。宋犖編刻。侯方域八卷，汪琬十二卷，魏禧十二卷。

皇清文穎　續集

《四庫提要・總集類五》《皇清文穎》一百二十四卷。康熙中聖祖仁皇帝詔大學士陳廷敬編録未竟，世宗憲皇帝復詔續輯，以卷帙浩博，亦未即蕆功，我皇上申命廷臣，乃斷自乾隆甲子以前，排纂成帙。冠以列聖宸章、皇上御製二十四卷；次爲諸臣之作一百卷。伏考總集之興，遠從西晉。其以當代帝王詔輯當代之文者不少槩見。今世所傳，惟唐令狐楚《御覽詩》奉憲宗之命、宋吕祖謙《文鑑》奉孝宗之命爾。然楚所録者，佳篇多所漏略；祖謙所録者，衆論頗有異同。固由時代太近，別擇爲難；亦由其時爲之君者不足以折衷羣言，故或獨任一人之偏見，或莫決衆口之交譁也。我國家定鼎之初，人心返樸，已盡變前朝纖仄之體。故順治以來，渾渾噩噩，皆開國元音。康熙六十一年中，太和翔洽，經術昌明，士大夫文采風流，交相照映。作者大都沈博絶麗，馳驟古今。雍正十三年中，累洽重熙，和聲鳴盛，作者率舂容大雅，渢渢乎治世之音。我皇上御極之初，肇舉詞科，人文蔚起。治經者多以考證之功，研求古義；摛文者亦多以根柢之學，抒發鴻裁，佩實銜華，迄今尚蒸蒸日上，一代之著作，本足凌轢古人。又恭逢我世祖章皇帝、聖祖仁皇帝、世宗憲皇帝聰明天亶，制作日新；我皇上復游心藻府，焕著堯文，足以陶鑄羣才，權衡衆藝。譬諸伏羲端策而演卦，則讖緯小術不敢侈其談；虞舜拊石而鳴韶，則弦管繁聲不敢奏於側。故司事之臣，其難其慎，幾三十載而後能排纂奏御，上請睿裁。迄今披檢鴻篇，仰見國家文治之盛，與皇上聖鑒之明，均軼千古，俯視令狐楚、吕祖謙書，不猶日月之於爝火哉！

張之洞《書目答問・總集類》《皇清文穎》一百二十四卷。乾隆十二年敕編。殿本。

清朝詁經文鈔

張之洞《書目答問・總集》朱珔編《國朝詁經文鈔》一百卷，未刊。

清朝文録

張之洞《書目答問・總集類》 《國朝文録》一百卷。姚椿編。

清朝文録　續録

張之洞《書目答問・總集》 李選《國朝文録》八十二卷,《續録》六十三卷。李祖陶編。共八十八家,體例未精,評語尤陋,取其各存大畧。

清朝二十四家古文

張之洞《書目答問・總集》 近人編輯《國朝二十四家古文》,尤草草。

三蘇談

《四庫提要・總集類存目四》 《三蘇談》十卷。兵部侍郎紀昀家藏本。國朝高阜撰。阜字康生,號蘿棲,祥符人。所録凡蘇洵文二卷、蘇軾文六卷、蘇轍文二卷。每篇爲之反覆詳論,故名曰《三蘇談》。其言瀾翻不竭,亦足以自暢其説。然必謂三蘇本旨如是,則不盡然也。

唐宋八大家全集録

《四庫提要・總集類存目四》 《唐宋十大家全集録》五十一卷。通行本。國朝儲欣編。欣有《春秋指掌》,已著録。是編乃仿明茅坤《唐宋八家文鈔》,增李翺、孫樵爲十家。各爲批評,亦間附考注。其中標識,悉依茅本之舊。欣自序謂「即茅所評論以窺其所用心,大抵爲經義計耳。予欲破學者抱匱守殘之見,所録加倍焉。至增入習之、可之,似屬創見。然大家豈有定數,可以八,即可以十」云云,其説良是。然觀其持論,仍不離乎經義之計。恭讀御製《唐宋文醇》序文,有曰:「欣用意良美,顧其識之未充,而見之未當,則所去取,與茅坤亦未始徑庭。」睿鑒高深,物無遁狀,斯誠萬古之定論矣。

張之洞《書目答問・總集》 《唐宋十大家文集》五十一卷。儲欣編。八家外,增李翺、孫樵。

豐陽人文紀略

《四庫提要・總集類存目四》 《豐陽人文紀略》十卷。江西巡撫採進本。國朝聶芳聲編。芳聲,字晦之,永豐人。是編裒其邑人之文。自宋至明,分類編輯。然宋元不過十人,餘皆明人之作也。

詩

通代

詩紀匡謬

《四庫提要・總集類四》 《詩紀匡謬》一卷。江蘇巡撫採進本。國朝馮舒撰。舒字已蒼,號默菴,又號癸巳老人,常熟人。舒因李攀龍《詩刪》、鍾惺、譚元春《詩歸》所載古詩,輾轉沿譌,而其源總出於馮惟訥之《古詩紀》。因作是書以糾之,凡一百一十二條。其中如《於忽操》三章爲宋王令詩,《兩頭纖纖青玉玦》一章爲王建詩,《休洗紅》二章爲楊慎詩,一一辨之。而楊慎《石鼓文》僞本全載卷中,乃置不一詁。

張之洞**《書目答問・總集》**《詩紀匡謬》一卷。馮舒。知不足齋本。

采菽堂古詩選　補遺

張之洞**《書目答問・總集》**《采菽堂古詩選》三十八卷《補遺》四卷，陳祚明編。通行本。

詩　原

《四庫提要・總集類存目四》《詩原》二十五卷。江蘇周厚堉家藏本。國朝顧大申撰。大申有《堪齋詩存》，已著録。是編以詩教起於《三百》；降而屈、宋，則有王逸之《章句》；漢、魏六朝，則有昭明之《文選》；三唐之詩，則以明李攀龍之《詩選》爲能存書聲，於是總輯諸家，裒爲五集。一集曰《毛詩》四卷，附以子夏之序；二集曰《楚詞》五卷，述王逸之《章句》；三集曰《選詩》五卷；四集曰《選賦》四卷，録昭明之所選；五集曰《唐詩》七卷，録攀龍之《詩選》，音釋撰次，命曰《詩原》。每集皆有自序。夫《三百篇》列爲六經，豈容以後人總集僭續其後？王逸、蕭統已病不倫，乃更益以李攀龍，不亦異乎？

詩苑天聲

《四庫提要・總集類存目四》《詩苑天聲》二十一卷。江蘇巡撫採進本。國朝范良撰。良字眉生，徽州人。是集選自漢至明之詩爲五類，曰樂章，曰應制，曰應試，曰朝堂，曰館課，各冠以小引。所選皆鋪張富麗之作，由其體宗臺閣故也。然精觕互呈，頗爲淆雜。而卷首列參訂姓氏凡五百九人，亦斷無是事也。

古詩選

《四庫提要・總集類存目四》《古詩選》三十二卷。山東巡撫採進本。國朝王士禎編。士禎有《古懽録》，已著録。此編凡五言詩十七卷，七言詩十五卷。五言自漢、魏、六朝以下，唐代惟載陳子昂、張九齡、李白、韋應物、柳宗元五人；七言古逸一卷，漢、魏、六朝一卷，唐則李嶠、宋之問、張説、王翰四人爲一卷，王維、李頎、高適、岑參、李白爲一卷，而王昌齡、崔顥二人，則稱附録。五卷以下，則唐杜甫、韓愈，宋歐陽修、王安石、蘇軾、黄庭堅、晁説之、晁補之、陸游，金元好問，元虞集、吴萊十三人之詩，而李商隱、蘇轍、劉迎、劉因四人稱附録。

張之洞**《書目答問・總集》**《古詩選》三十二卷。王士禎編聞人倓箋。通行本。

毅堂詩鈔

軍機處奏《禁毁書目》《毅堂詩鈔》一本。查《應制詩注解》《毅堂詩鈔》内俱有王錫侯詩文，應請銷燬。

樂府英華

《四庫提要・總集類存目四》《樂府英華》十卷。江蘇巡撫採進本。國朝顧有孝編。有孝字茂倫，吴江人。

樂府廣序

《四庫提要・總集類存目四》《樂府廣序》三十卷。編修勵守謙家藏本。國朝朱嘉徵編。嘉徵字岷左，别號止谿圃人，海寧人。前明崇禎壬午舉人。入國朝官徽州府推官。此編取漢、魏樂府及詩分爲三集。

玉臺新詠考異

《四庫提要·總集類一》《玉臺新詠考異》十卷。大理寺卿陸錫熊家藏本。國朝紀容舒撰。容舒有《孫氏唐韻考》，已著録。是編因徐陵《玉臺新詠》自明代以來刊本不一，非惟字句異同，即所載諸詩，亦復參差不一。萬曆中，張嗣修本多所增竄，茅國縉本又併其次第亂之，而原書之本真益失。惟寒山趙宧光所傳嘉定乙亥永嘉陳玉父本最爲近古。近時馮舒本據以校正，差爲清整。然舒所校，有宋刻本誤而堅執以爲不誤者，如張衡《同聲歌》，譌「恐慓」爲「恐瞟」，譌「莞弱」爲「苑蒻」之類，亦以古字假借，曲爲之説，既牽強而難通；有宋刻本不誤而反以爲誤者，如蘇武詩一首，舊本無題，而妄題爲《留别妻》之類，復僞妄而無據。又有宋刻已誤，因所改而益誤者，如《塘上行》，據《宋書·樂志》改爲魏武帝之類，全與原書相左，彌失其真，皆不可以爲定。故容舒是編，參考諸書，裒合各本，倣《韓文考異》之例，兩可者竝存之，不可通者闕之，明人刊本雖於義可通，而於古無徵者，則附見之。各箋其棄取之由，附之句下，引證頗爲賅備。他如《塘上行》之有四説，《劉勳妻詩》之有三説，《蘇伯玉妻詩》誤作傅元，《吴興妖神詩》誤作妓童，徐悱詩誤作悱妻，其妻詩又誤作悱，梁武帝詩誤作古歌以及徐幹《室思》本爲六首，楊方《合歡》實共五篇，與王融、徐陵之獨書字，昭明太子之不入選，梁代帝王與諸臣竝列之類，考辨亦頗詳悉。雖未必一一復徐陵之舊，而較明人任臆竄亂之本，則爲有據之文矣。惟漢魏六朝諸作散見《永樂大典》者，所據皆宋刻精本，足資考證。案：文淵閣書皆宋刻，見王肎堂《鬱岡齋筆麈》。以書藏中祕，非外間之所能窺，其間文句之殊，尚未能一一參訂。今竝詳爲校正，各加案語於簡端，以補其所遺焉。

玉臺新詠箋注

《四庫提要·總集類存目一》《玉臺新詠箋注》十卷。兵部侍郎紀昀家藏本。國朝吴兆宜撰。兆宜有《庾開府集注》，已著録。是書引證頗博，然繁而無當。又多以後代之書注前代之事，尤爲未允。惟每卷以明人濫增之作退之卷末，注曰「以下宋本所無」，較諸本爲善。

斷代

漢詩音注　漢詩評

《四庫提要·總集類存目四》《漢詩音注》五卷，《漢詩評》五卷。直隸總督採進本。國朝李因篤撰。因篤有《受祺堂集》，已著録。是編評點漢詩，兼注音韻。一卷至五卷題曰《漢詩音注》，六卷至十卷題曰《漢詩評》，一書而中分二名。又前五卷之評夾注句下，後五卷之評大書詩後，體例亦迥不同，不知其何所取也。顧炎武有《與因篤書》，極論古今音韻，刻於所撰《音學五書》前。

漢詩説

《四庫提要·總集類存目四》《漢詩説》十卷。浙江巡撫採進本。國朝費錫璜、沈用濟同編。錫璜，字滋衡，吴江人，自署曰成都。蓋其父費密，自成都避亂，家於江南，錫璜猶署其故里也。用濟，字方舟，錢塘人。是編因馮惟訥《詩紀》、梅鼎祚《詩乘》所録漢詩，略爲評釋。卷首有凡例，持論似高，而所説殊草草。如漢人鐃歌、鼓吹諸曲，沈約《宋書·樂志》明言聲詞合寫，不可復辨，本無文義可推，而必求其説以通之，遂横生穿鑿。

説唐詩

《四庫提要·總集類存目四》《説唐詩》二十二卷。内府藏本。國朝徐增撰。增字子能，長洲人。所録唐詩三百餘首，一一推闡其作意，其説悠謬支離，皆不可訓。至於分解之説，始於樂府。如《陌上桑》等篇，所注一解、二解、三解字，尚不拘句數；晉、魏所歌古辭，如《白頭吟》《塘上行》等篇，乃注四句爲一解，所謂「古歌以四句爲一解，傖歌以一句爲一解」是也。然所説乃歌之節奏，非詩之格律。增與金人瑞遊，取其唐才子書之説，以分解之説施於律詩，穿鑿附會，尤失古人之意。

唐四家詩

《四庫提要·總集類存目四》《唐四家詩》八卷。内府藏本。國朝汪立名編。立名有《鐘鼎字源》，已著録。是編合刻唐王維、孟浩然、韋應物、柳宗元四家之詩。前有自序，稱四家詩爲宋、元人鼻祖，學宋、元詩者當仍於唐詩求之，故以此矯其弊云。

唐詩小補

王士禛《漁洋書跋》《唐詩小補》。唐武后遊石淙倡和詩。首御製，自皇太子相王以下和者十六人。相王之後，次梁王武三思，次内史狄仁傑，次奉宸令張易之、麟臺監中山縣開國男張昌宗，又次鸞臺侍郎李嶠、鳳閣侍郎蘇味道、夏官侍郎姚元崇。奉宸大夫汾陽縣開國男薛曜書。久視元年五月刊于平樂澗之北巖。諸詩惟李嶠、沈佺期二篇差成章，餘皆拗拙，可資笑柄耳。黄岡葉井叔封知登封縣，撰《嵩陽石刻集記》，始著録之，而删去九首。删之不爲無見，而朱竹垞太史憾其闕略，以得覩全碑爲幸，則亦好奇之過也。當牝朝淫昏之世，二張每侍行幸，預倡和，已令千古齒冷，而列銜于李嶠、蘇味道輩之前，諸人亦俯首甘之。當時君臣上下，豈復知有羞惡之心耶？可爲一歎。

全唐詩

《四庫提要·總集類五》《御定全唐詩》九百卷，康熙四十二年聖祖仁皇帝御定。詩莫備於唐，然自北宋以來，但有選録之總集，而無輯一代之詩共爲一集者。明海鹽胡震亨《唐音統籤》，始蒐羅成帙，粗見規模，然尚多所舛漏。是編稟承聖訓，以震亨書爲稿本，而益以内府所藏全唐詩集；又旁採殘碑、斷碣、稗史、雜書之所載，補苴所遺。凡得詩四萬八千九百餘首，作者二千二百餘人。冠以帝王、后妃，次以樂章、樂府，殿以聯句、逸句、名媛、僧道、外國、仙神、鬼怪、諧謔及諸雜體。其餘皆以作者先後爲次，而以補遺六卷、詞十二卷別綴於末。網羅賅備，細大不遺。然如《册府元龜》所載唐高祖《賜秦王詩》，則考訂其僞託；又舊以六朝人誤作唐人者，如陳昭儀沈氏、衛敬瑜妻之類；以六朝人譌其姓名誤爲唐人者，如楊慎即陳陽慎、沈烟即陳沈炯之類；以六朝詩誤入唐詩者，如吴均《妾安所居》、劉孝勝《武陵深行》誤作曹鄴，薛道衡《昔昔鹽》誤作劉長卿之類；唐詩之誤以詩題爲姓名者，如上官儀《高密公主輓詞》作高密詩，王維《慕容承攜素饌見過》詩作慕容承詩之類，亦竝釐正。《唐音統籤》收道家章咒、釋氏偈頌多至二十八卷，本非詩歌之體，傷於冗雜者，咸爲删削，義例仍極謹嚴。至於字句之異同，篇章之互見，根據諸本，一一校注，尤爲周密。得此一編，而唐詩之源流正變，始末釐然，自有總集以來，更無如是之既博且精者矣。

張之洞《書目答問·總集》《全唐詩》九百卷。康熙四十六年敕編。揚州詩局本、江甯重刻本、廣州巾箱本。

全唐詩録

《四庫提要·總集類五》《全唐詩録》一百卷。編修徐天柱家藏本。國朝徐倬編。倬有《蘋村類稿》，已著録。是編以唐詩卷帙浩繁，乃採擷菁華，輯爲一集。每人各附小傳，又間附詩話、詩評，以備考證。康熙丙戌，恭逢聖祖仁皇帝聖駕南巡，倬繕録進呈，得旨嘉奬，特由侍讀擢禮部侍郎，以旌好學。併御製序文，賜帑金刊版，儒臣榮遇，至今傳焉。謹案《御定全唐詩》，用胡震亨《統籤》之例，或分體，或不分體，各因諸家原集，以存其舊。倬是編惟仙鬼之詩仍不分體，餘皆以古體、今體分編。《全唐詩》以上官昭容、宋若昭姊妹列帝后之後，倬則以長孫皇后、徐賢妃、江采蘋附於帝王，而以上官昭容等別入宫闈；又聯句隨人類附，不另爲門；韓愈《效玉川子月蝕詩》不入愈本集，而附於盧仝詩下；香山九老詩不入自列名，而附於白居易詩下，體例與《全唐詩》亦殊。蓋《全唐詩》編纂成書在康熙四十六年丁亥，倬是書則先一年成，雖以全唐詩録爲名，實未見頒行之本，故編次稍有異同云。

張之洞《書目答問·總集》《全唐詩録》一百卷。徐倬編。通行本。

唐詩　附録

《四庫提要·總集類五》《御選唐詩》三十二卷，附録三卷。康熙五十二年聖祖仁皇帝御定。其注釋則命諸臣編録，而取斷於睿裁。詩至唐，無體不備，亦無派不有。撰録總集者，或得其性情之所近，或因乎風氣之所趨，隨所撰録，無不可各成一家。故元結尚古淡，《篋中集》所録皆古淡；令狐楚尚富瞻，《御覽詩》所録皆富瞻；方回尚生拗，《瀛奎律髓》所録即多生拗之篇；元好問尚高華，《唐詩鼓吹》所録即多高華之製。蓋求詩於唐，如求材於山海，隨取皆給。而所取之當否，則如影隨形，各肖其人之學識。自明以來，詩派屢變，論唐詩者亦屢變，大抵各持偏見，未協中聲。惟我聖祖仁皇帝，學邁百王，理研四始，奎章宏富，足以陶鑄三唐。故辨別瑕瑜，如居高視下，坐照纖微。既命編《全唐詩》九百卷，以窮其源流；復親標甲乙，撰録此編，以正其軌範。博收約取，漉液鎔精。譬諸古詩三千，本里閭謡唱。一經尼山之删定，遂列諸六籍，與日月齊懸矣。詩中注釋，每名氏之下詳其爵里，以爲論世之資。每句之下，各徵所用故實，與名物訓詁，如李善注《文選》之例。至作者之意，則使人涵泳而自得，尤足砭自宋以來説唐詩者穿鑿附會之失焉。

唐賢三昧集箋注

《四庫提要·總集類五》《唐賢三昧集》三卷。江蘇巡撫採進本。國朝王士禛撰。士禛有《古懽録》，已著録。初，士禛少年，嘗與其兄士禄撰《神韻集》，見所作《居易録》中。然其書爲人改竄，已非其舊。故晚定此編，皆録盛唐之作，名曰「三昧」，取佛經「自在義」也。詩自太倉、歷下，以雄渾博麗爲主，其失也膚；公安、竟陵以清新幽渺爲宗，其失也詭。學者兩途並窮，不得不折而入宋，其弊也滯而不靈，直而好盡，語録、史論，皆可成篇。於是士禛等重申嚴羽之説，獨主「神韻」以矯之，蓋亦救弊補偏，各明一義。其後風流相尚，光景流連，趙執信等遂復操二馮舊法，起而相争，所作《談龍録》，排詆是書，不遺餘力。其論雖非無見，然兩説相濟，其理乃全，殊途同歸，未容偏廢。今仍並録存之，以除門户之見。又閻若璩《潛邱劄記》有《與趙執信書》，詆此集所録，如張旭四絶句，本宋蔡襄詩，而誤收；又詆其祖詠詩，誤以「京水」爲「涇水」；孟浩然詩，誤以「涔陽」爲「潯陽」；王維詩，誤以「御亭」爲「卸亭」、「蔡洲」爲「蔡州」；高適《燕歌行》，誤以「渝關」爲「榆關」，全不講於地理之學。引據精詳，皆切中其病。然士禛自品詩格，原不精於考證。若璩所云，不必爲是集諱，亦不必爲是集病也。

張之洞《書目答問·總集》《唐賢三昧集箋注》三卷。王士禛編，吴煊胡棠注。乾隆丁未刻本。

十種唐詩選

《四庫提要·總集類存目四》《十種唐詩選》十七卷。山東巡撫採進本。國朝王士禛編。取唐人總集八家及摘宋姚鉉《唐文粹》所載諸詩，各爲删汰。凡《河岳英靈集》一卷，《中興間氣集》一卷，《國秀集》一卷，《篋中集》一卷，《搜玉集》一卷，《御覽集》一卷，《極元集》一卷，《又元集》一卷，《才調集》三卷，《唐文粹》六卷，附以士禛所選《唐賢三昧集》，共爲十種。其去取一以「神韻」爲宗，猶其本法。惟《才調集》《唐文粹》删汰未精，門徑叢雜，而《文粹》尤甚。如盧仝《月蝕詩》、陸龜蒙《江湖散人歌》，皆不能謂之盛唐格也。又韋莊《又元集》，原書已佚，今所傳者乃贋本，馮氏《才調集·凡例》言之，而士禛仍爲選録，亦失別裁。其《三昧集》一種，乃其生平宗旨所在，去取較爲精密。世多摘出別行，今亦別著於録。又士禛《居易録》曰：「近日金陵有刻《唐詩十集》者，謂爲予所訂。或作序假予言曰『余奉此爲金科玉律，年來於此道稍有會心者，得力於是書良多』云云。及訪是書閲之，乃標華亭唐汝詢仲言名。大旨在通高漫士、李滄溟、鍾退谷三選之郵，而以汝詢詩解附之。強分甲乙丙丁等目，淺陋割裂，可一笑也。」然則是書未出以前，先有僞本矣。今僞本已不傳，蓋辨之早也。

張之洞《書目答問·總集》《十種唐詩選》十七卷。王士禛編。通行本。

唐詩掞藻

《四庫提要·總集類存目四》《唐詩掞藻》八卷。内府藏本。國朝高士奇編。是書仿《文選》、《文苑英華》之例。

晚唐詩鈔

《四庫提要·總集類存目四》《晚唐詩鈔》二十六卷。内府藏本。國朝查克宏編。克宏，海寧人。是集所録凡一百一十二家。蓋本明胡震亨《唐音·戊籤》刊削成帙，人各綴以小傳，兼附考核。杜牧、李商隱、温庭筠三家所收最多，皮日休、陸龜蒙二家次之，餘皆不滿百篇。其以五代末人入宋者，溷入晚唐，亦仍震亨之舊。

唐詩叩彈集　續集

《四庫提要·總集類存目四》《唐詩叩彈集》十二卷，《續集》三卷。内府藏本。國朝杜詔、杜庭珠同編。詔有《雲川閣詩集》，已著録。庭珠，秀水人，尚書臻之子也。是書以明高棅《唐詩品彙》所録皆貞元以前之詩，故選録元和迄唐末諸作，凡一千八百七十餘篇，以補所遺。名曰「叩彈」，取陸機《文賦》語也。諸人系以小傳，卷末間有品評。其訓釋考證，亦頗多可採。然如元稹《鶯鶯詩》、李羣玉《杜丞相筵中作》及韓偓《香奩集》諸詩，皆所謂靡靡之音，一概濫登，於精審猶有愧焉。

八劉唐人詩集

《四庫提要·總集類存目四》《八劉唐人詩集》八卷。内府藏本。題曰「淮陰劉青夕選」，不著其名。前有康熙癸未李翰熙序，稱青夕嘗有《唐詩十三家》之刻，又輯爲此本。凡劉乂、劉商、劉言史、劉得仁、劉駕、劉滄、劉兼、劉威八人，皆八唐詩所已具。且既以家數區分，而版心又標曰「中唐詩」、「晚唐詩」，體例亦殊未協也。

唐宫閨詩

《四庫提要·總集類存目四》《唐宫閨詩》二卷。内府藏本。國朝費密編。密有《燕峰文鈔》，已著録。是編録唐代女子之作，頗有別裁，然皆習見。

唐人萬首絶句選

《四庫提要·總集類五》《唐人萬首絶句選》七卷。内府藏本。國朝王士禛編。洪邁《唐人萬首絶句》，務求盈數，踳駁至多。宋倉部郎中福清林清之真，父鈔取其佳者，得七言一千二百八十首、五言一百五十六首、六言十五首，勒爲四卷，名曰《唐絶句選》，見於陳振孫《書録解題》。蓋十分之中，汰其八分有奇。然其書不傳，無由知其善否。士禛此編，删存八百九十五首，作者二百六十四人，更十分而取其一矣。其書成於康熙戊子，距士禛之没僅三年，最爲晚出。又當田居，閒暇之時，得以從容校理，故較他選爲精審。然其序謂以當唐樂府，則不盡然。樂府主聲不主詞，其采詩入樂，亦不專取絶句。士禛此書，實選詞而非選聲，無庸務爲高論也。

張之洞《書目答問·總集》《唐人萬首絶句選》七卷，王士禛編。通行本。

宋詩删

《四庫提要·總集類存目四》《宋詩删》二十五卷。内府藏本。國朝顧貞觀編。貞觀，字華封，無錫人。由監生考授祕書院中書。後中康熙丙午舉人。遷國史院典籍。是編蒐採宋代之詩，分體纂集。自謂寬於正變，而嚴於雅俗，删繁就簡，得詩二千五百有奇。然採摭既富，頗不能自守其例。

傳是樓宋人小集

《四庫提要・總集類存目四》 《傳是樓宋人小集》，無卷數。江蘇巡撫採進本。不著編輯者名氏。卷尾有嘉定戴范雲跋語云：「是崑山徐氏所輯，故仍題之曰《傳是樓宋人小集》。」然則徐乾學家本也。所録凡二十二家。一廉村薛嵎仲止《雲泉詩》，一剡溪姚鏞希聲《雪蓬稿》，一長沙劉翰武子《小山集》，一大梁張良臣武子《雪窗小集》，一笠澤葉茵景文《順適堂吟稿・前集》及《續集》，一滄州高九萬《菊磵小集》及《續編》，一錢唐俞桂晞郗《漁溪詩稿》及《漁溪乙稿》，一壺山許棐忱父《梅屋詩稿》及《融春小綴》、《梅屋雜著》、《梅屋第三稿》、《第四稿》，一山陰葛天民《無懷小集》，一邗州張藴仁溥《斗野稿支卷》，一南豐石門黄大受德容《露香拾稿》，一陽穀周文璞晉僊《方泉先生詩集》，一錢唐陳起宗之《芸居乙稿》，一龍泉沈説惟肖《庸齋小集》，一金華王同祖與之《學詩初稿》，一錢唐何應龍子翔《橘潭詩稿》，一浮玉施樞《芸隱勸游稿》及《芸隱横舟稿》，一臨川危稹逢吉《巽齋小集》，一螺川羅與之與甫《雪坡小稿》，一霅川吴仲孚《菊潭詩集》，一建州張至龍季靈《雪林删餘集》，一唐栖釋永頤山老《雲泉詩集》。皆吴之振《宋詩鈔》所未收。然陳起《江湖小集》中則皆已收録，所遺者惟釋永頤一人耳。

吴壽暘《拜經樓藏書題跋記》卷五 《宋人小集》。《宋人小集》十六種，姊壻許梅隱所贈。爲《何潛齋集》《傳忠肅文集》《晁具茨集》《高彦先集》《謝幼槃集》《浮溪集》《白石道人詩》《佩韋齋集》《倚松老人詩》《瓜廬集》《雪巖西塍集》《雪磯叢稿》《疎寮集》《雪林集》《病榻小集》《秋江集》等。先君子題云：「許甥懋堇舊藏此南北宋人集十餘家，似從江湖、羣賢等集鈔合。中間敘跋，間有明人手筆，惜乎家數寥寥，不及十之二三。然終屬舊鈔，可存披閲也。嘉慶戊午兔牀識。」

宋四家詩鈔

張之洞《書目答問・總集》 《宋四家詩鈔》。無卷數，周之鱗編。通行本。蘇、黄、范、陸。

宋詩鈔

《四庫提要・總集類五》 《宋詩鈔》一百六卷。内府藏本。國朝吴之振編。之振有《黄葉村莊詩集》，已著録。是編以宋詩選本叢雜，因蒐羅遺集，共得百家。其本無專集及有集而所選不滿五首者，皆不録。每集之首，繫以小傳，略如元好問《中州集》例。而品評考證，其文加詳。蓋明季詩派，最爲蕪雜，其初厭太倉、歷下之剽襲，一變而趨清新；其繼又厭公安、竟陵之纖佻，一變而趨真樸。故國初諸家，頗以出入宋詩，矯鉤棘塗飾之弊。之振是選，即成於是時。以其人自爲集，故甫刊一帙，即摹印行世。所傳之本，往往多寡不同。此本有録無書者，尚有劉弇、鄧肅、黄榦、魏了翁、方逢辰、宋伯仁、馮時行、岳珂、嚴羽、裘萬頃、謝枋得、吕定、鄭思肖、王柏、葛長庚、朱淑真十六家。蓋剞劂未竣，故竟無完帙也。近時曹庭棟病其未備，因又有《宋人百家詩存》之刻，以補其闕，皆之振之所未録。然之振於遺集散佚之餘，搰意蒐羅，使學者得見兩宋詩人之崖略，不可謂之無功。與庭棟之書互相補直，相輔而行，固未可偏廢其一矣。

張之洞《書目答問・總集》 《宋詩鈔》一百六卷。吴之振編。通行本。

宋十五家詩選

《四庫提要・總集類存目四》 《宋十五家詩選》十六卷。内府藏本。國朝陳訏編。訏有《句股引蒙》，已著録。十五家者，梅堯臣、歐陽修、曾鞏、王安石、蘇軾、蘇轍、黄庭堅、范成大、陸游、楊萬里、王十朋、朱子、高翥、方岳、文天祥也。每集各繫小傳及前人詩話，而以己所評論附焉。

宋百家詩存

《四庫提要・總集類五》 《宋百家詩存》二十八卷。江蘇巡撫採進本。國朝曹庭楝編。庭楝有《易準》，已著録。初，吴之振輯《宋詩鈔》，雖盛行於世，然闕略尚多，且刊刻未竟，往往有録無書。庭楝因搜採遺佚，續爲是編。所録凡一百家，皆有本集傳世者。始於魏野《東觀集》，終於僧斯植《採芝集》。賀鑄本北宋末人，而升以弁首，置於魏野之前，自云少時所最愛。然選六朝詩者，陶、謝不先於潘、陸；選唐詩者，李、杜不先於沈、宋。以甲乙而移時代，此庭楝之創例，古所無也。其中如穆修以古文著，傅察以忠節傳，林亦之、陳淵以道學顯，於詩家皆非當行。許棐、張至龍、施樞諸人載於《江湖小集》者，王士禛《居易録》詆爲槩無足取者。亦皆録其寸長，不遺採擇。雖別裁未必盡當，然宋人遺集，徐乾學傳是樓二十八家之本、朱彝尊曝書亭五十家之本，皆未刊刻，輾轉傳鈔，陶陰多誤。其餘專集行世者，又各自爲帙，未能匯合於一。庭楝裒輯成編，以補吴之振書之闕。宋詩大略，已幾備於此二集矣。

張之洞《書目答問・總集》 《宋百家詩存》二十八卷。曹廷棟編刻本。補吴鈔之遺。陳焯編《宋元詩會》一百卷，蒐羅殘佚，尤備。

南宋雜事詩

《四庫提要・總集類五》 《南宋雜事詩》七卷。浙江巡撫採進本。國朝沈嘉轍、吴焯、陳芝光、符曾、趙昱、厲鶚、趙信等同撰。鶚有《遼史拾遺》，已著録。嘉轍，字樂城，焯字尺鳧，曾字幼魯，皆錢塘人。芝光，字蔚九，昱字功干，信字意林，皆仁和人。七人之中，惟曾以薦舉官至户部郎中，鶚以康熙庚子舉於鄉，餘皆終於諸生。是書以其鄉爲南宋故都，故捃摭軼聞，每人各爲詩百首，而以所引典故注於每首之下。意主紀事，不在修詞，故警句頗多，而牽綴填砌之處，亦復不少。然採據浩博，所引書幾及千種，一字一句，悉有根柢，萃説部之菁華，采詞家之腴潤，一代故實，巨細兼該，頗爲有資於考證，蓋不徒以文章論矣。

張之洞《書目答問・總集》 《南宋雜事詩》七卷。沈嘉轍、吴焯、陳芝光、符曾、趙昱、厲鶚、趙信。原刻本。可資考史。

唐宋詩醇

《四庫提要・總集類五》 《御選唐宋詩醇》四十七卷。乾隆十五年御定。凡唐詩四家：曰李白，曰杜甫，曰白居易，曰韓愈；宋詩二家：曰蘇軾，曰陸游。詩至唐而極其盛，至宋而極其變。盛極或伏其衰，變極或失其正，亦惟兩代之詩最爲總雜，於其中通評甲乙，要當以此六家爲大宗。蓋李白源出《離騷》，而才華超妙，爲唐人第一；杜甫源出於《國風》、二《雅》，而性情真摯，亦爲唐人第一。自是而外，平易而最近乎情者，無過白居易；奇朳而不詭乎理者，無過韓愈。録此四集，已足包括衆長。至於北宋之詩，蘇、黄竝鶩；南宋之詩，范、陸齊名。然江西宗派，實變化於韓、杜之間。既録杜、韓，可無庸複見。《石湖集》篇什無多，才力識解，亦均不能出《劒南集》上。既舉白以槩元，自當存陸而删范，權衡至當，洵千古之定評矣。考國朝諸家選本，惟王士禛書最爲學者所傳。其《古詩選》，五言不録杜甫、白居易、韓愈、蘇軾、陸游，七言不録白居易，已自爲一家之言。至《唐賢三昧集》，非惟白居易、韓愈皆所不載，即李白、杜甫亦一字不登。蓋明詩摹擬之弊，極於太倉、歷城；纖佻之弊，極於公安、竟陵。物窮則變，故國初多以宋詩爲宗。宋詩又弊，士禛乃持嚴羽餘論，倡「神韻」之説以救之。故其推爲極軌者，惟王、孟、韋、柳諸家。然《詩》三百篇，尼山所定。其論詩一則謂歸於「温柔敦厚」，一則謂可以「興觀羣怨」。原非以品題泉石，摹繪煙霞。洎乎畸士逸人，各標幽賞，乃別爲山水清音，實詩之一體，不足以盡詩之全也。宋人惟不解温柔敦厚之義，故意言竝盡，流而爲鈍根。士禛又不究興觀羣怨之原，故光景流連，變而爲虛響，各明一義，遂各倚一偏。論甘忌辛，是丹非素，其斯之謂歟！兹逢我皇上聖學高深，精研六義，以孔門删定之旨，品評作者。定此六家，乃共識風雅之正軌。臣等循環雒誦，實深爲詩教幸，不但爲六家幸也。

張之洞《書目答問・總集》 《御選唐宋詩醇》四十七卷。乾隆十五年内府本，廣州重刻本。

元詩選

《四庫提要·總集類五》《元詩選》一百一十一卷。內府藏本。國朝顧嗣立編。嗣立有《温飛卿詩注》，已著録。是選凡三集，每集之中，又以十干分爲十集。而所爲癸集，實有録無書，故皆止於九集。蓋其例以甲集至壬集，分編有集之人，以癸集總收零章斷什、不成卷帙之作。其事浩繁，故欲爲之而未成也。所録自帝王别爲卷首外，初集凡元好問以下一百家；二集所録，凡段克己兄弟以下一百家；三集所録，凡麻革以下一百家。每人下各存原集之名，前列小傳，兼品其詩。雖去取不必盡當，而網羅浩博，一一採自本書，具見崖略，非他家選本餖飣綴合者可比，有元一代之詩，要以此本爲巨觀矣。嗣立稱所見元人之集約四百餘家，方今詔採遺書，海内祕藏，大都輻輳，中間如嗣立所未見者，固指不勝屈；而嗣立所見，今不著録者，亦往往而有。蓋相距五六十年，隱者或顯，而存者亦或偶佚，殘膏賸馥，轉賴是集以傳，正未可以不備爲嫌也。

張之洞《書目答問·總集》《元詩選》一百一十一卷。顧嗣立編。家刻本。一集六十八卷，二集二十六卷，三集十六卷。

元詩癸集

《四庫提要·總集類五》《宋元詩會》一百卷。浙江巡撫採進本。國朝陳焯編。焯字默公，桐城人。順治壬辰進士，官兵部主事。是編裒輯宋、元諸詩，自云「散録零鈔，或得諸山水圖經，或得諸厓碑摩搨，以及市坊村塾、道院禪宫、敞簏殘蹏、窮極蒐求，積累歲時，成兹巨帙」，凡九百餘家。每家名氏之後，倣元好問《中州集》例，詳其里居出處，正史之外，旁取志乘、稗説，以補訂闕漏，其用心可謂勤矣。王士禛《香祖筆記》載，甲子祭告南海時，歲杪抵桐城，焯攜是編相商，縱觀竟日，而不言其書之可否。今觀其書，不載諸詩之出處，猶明人著書舊格，其間網羅既富，亦不免於疏漏蕪雜。然宋元遺集，迄今多已無傳。焯能蒐輯散佚，存什一於千百，披沙簡金，往往見寶，亦未嘗不多資考據也。

張之洞《書目答問·總集》《元詩癸集》十集。無卷數，席世臣補刻本。

全金詩

《四庫提要·總集類五》《御定全金詩》七十四卷，康熙五十年聖祖仁皇帝御定。宋自南渡以後，議論多而事功少，道學盛而文章衰，中原文獻，實併入於金。特北人質樸，性不近名，不似江左勝流，動刊梨棗。迨汝陽版蕩，散佚遂多。元好問撰《中州集》，掇拾畸零，得詩一千九百八十餘首，作者二百四十餘人，併樂府，釐爲十一卷。每人各以小傳述其軼事，頗爲詳悉。然好問之意，在於借詩以存史，故於詩不甚求全，所録未能賅備。郭元釪因取好問原本，重爲葺綴，所增之人，視舊加倍；所增之詩，視舊三倍。仍存好問之小傳，而取劉祁《歸潛志》以拾其遺，别題曰「補」。又雜取金史及諸家文集、説部，以備考核，别題曰「附」。元釪有所論説，亦附見焉。金源一代之歌詠，彬彬乎備矣。書成奏進，仰蒙聖祖仁皇帝製序刊行。伏讀序文，知是編薈稡排纂，實經御筆。而目録之首，猶題「臣郭元釪補緝」一條。大聖人善與人同，一長必録之盛心，尤足以昭示千古也。

張之洞《書目答問·總集》《全金詩》七十四卷。康熙五十年敕編。揚州詩局本。

宋金元詩永　補遺

《四庫提要·總集類存目四》《宋金元詩永》二十卷，《補遺》二卷。内府藏本。國朝吴綺選。綺有《嶺南風物記》，已著録。是編選宋、金、元詩合爲一集，首有康熙戊午綺自序。其《凡例》謂所選諸篇，品骨氣味、規矩方圓，要不與李唐丰格致有天淵之别云云。故頗能刊除宋人生硬之病，與元人縟媚之失。然一朝之詩，各有體裁；一家之詩，各有面目，江淹所謂「楚謠漢風，既非一骨；魏製晉造，固已二體。蛾眉詎同貌而俱動於魂，芳草寧共氣而皆悦於魄」者也。必以唐法律宋、金、元，而宋、金、元之本真隱矣。

金俊明鈔書

黃丕烈《蕘圃藏書題識・集類》《金俊明鈔書》不分卷。此金俊明先生手録《月泉吟社》、《谷音》、《河汾諸老詩》、《中州集》並《中州樂府序目》及《小傳》彙爲一册。

扶輪新集

范邦甸等《天一閣書目・總集類》《扶輪廣集》十四卷。刊本。國朝黃傳祖、陸朝瑛同選。

御定四朝詩

《四庫提要・總集類五》《御定四朝詩》三百一十二卷。康熙四十八年聖祖仁皇帝御定。右庶子張豫章等奉敕編次。凡宋詩七十八卷，作者八百八十二人；金詩二十五卷，作者三百二十一人；元詩八十一卷，作者一千一百九十七人；明詩一百二十八卷，作者三千四百人。每代之前，各詳敘作者之爵里。其詩則首帝製，次四言，次樂府、歌行，次古體，次律詩，次絶句，次六言，次雜言，以體分編。唐詩至五代而衰，至宋初而未振。王禹偁初學白居易，如古文之有柳、穆，明而未融。楊億等倡「西崑體」，流布一時。歐陽修、梅堯臣始變舊格，蘇軾、黃庭堅益出新意，宋詩於時爲極盛。南渡以後，《擊壤集》一派參錯竝行。遷流至於四靈、江湖二派，遂弊極而不復焉。金人奄有中原，故詩格多沿元祐。迨其末造，國運與宋同衰，詩道乃較宋爲獨盛。元好問《自題〈中州集〉後》詩曰：「鄴下曹、劉氣儘豪，江東諸謝韻尤高。若從華實評詩品，未便吴儂得錦袍。」豈虚語乎？有元一代，作者雲興。虞、楊、范、揭以下，指不勝屈。而末葉爭趨綺麗，乃類小詞。楊維楨負其才氣，破崖岸而爲之，風氣一新，然訖不能返諸古也。明詩總雜，門户多岐。約而論之，高啓諸人爲極盛。洪熙、宣德以後，體參臺閣，風雅漸微。李東陽稍稍振之，而北地、信陽已崛起與爭，詩體遂變。後再變而公安，三變而竟陵，淫哇競作，明祚遂終。大抵四朝各有其盛衰，其作者亦互有長短。而七百餘年之中，著作浩繁，雖博識通儒，亦無從徧觀遺集。至於澄汰沙礫，披檢精英，合四朝而爲一巨帙，勢更有所不能矣。我國家稽古右文，石渠、天禄之藏，既逾前代。我聖祖仁皇帝游心風雅，典學維勤，乙覽之餘，咸無遺照。用能別裁得失，勒著鴻編。非惟四朝作者，得睿鑒而表章；即讀者沿波以得奇，於詩家正變源流，亦一一識其門徑。聖人之嘉惠儒林者，寧淺尠歟？

張之洞《書目答問・總集》《四朝詩》三百一十二卷。康熙四十八年敕編。宋七十八卷，金二十五卷，元八十一卷，明一百二十八卷。揚州詩局本。

翠樓集

《四庫提要・總集類存目四》《翠樓集》三卷。内府藏本。國朝劉之份編。之份字平勝，里籍未詳。是集選明代閨閣之詩，分《初集》、《二集》、《新集》，集各一卷。其族里別編於前。朱彝尊《静志居詩話》嘗譏其真贋交錯云。

明詩綜

《四庫提要・總集類五》《明詩綜》一百卷，通行本。國朝朱彝尊編。彝尊有《經義考》，已著録。明之詩派，始終三變。洪武開國之初，人心渾朴，一洗元季之綺靡。作者各抒所長，無門户異同之見。永樂以迄弘治，沿三楊臺閣之體，務以春容和雅，歌詠太平。其弊也冗沓膚廓，萬喙一音，形模徒具，興象不存。是以正德、嘉靖、隆慶之間，李夢陽、何景明等崛起於前，李攀龍、王世貞等奮發於後，以復古之説，遞相唱和，導天下無讀唐以後書。天下響應，文體一新。「七子」之名，遂竟奪長沙之壇坫。漸久而摹擬剽竊，百弊俱生，厭故趨新，別開蹊徑。萬曆以後，公安倡纖詭之音，竟陵標幽冷之趣，幺弦側調，嘈囋爭鳴。佻巧蕩乎人心，哀思關乎國運，而明社亦於是乎屋矣。大抵二百七十年中，主盟者遞相盛衰，偏袒者互相左右。諸家選本，亦遂皆堅持畛域，各尊所聞。至錢謙益《列朝詩集》出，以記醜言僞之才，濟以黨同伐異之見，逞其恩怨，顛倒是非，黑白混淆，無復公論。彝尊因衆情之弗協，乃編纂此書，以糾其謬。每人皆略敘始末，不横牽他事，巧肆譏彈。里貫之下，各備載諸家評論，而以所作《静志居詩話》分附於後。雖隆、萬以後，所收未免稍繁。然世遠者篇章易佚，時近者部帙多存，當亦隨所見聞，不盡出於標榜。其所評品，亦頗持平。於舊人私憎私愛之談，往往多所匡正。六七十年以來，謙益之書久已澌滅無遺；而彝尊此編，獨爲詩家所傳誦，亦人心彝秉之公，有不知其然而然者矣。

吴壽暘《拜經樓藏書題跋記》卷五 《明詩綜》。右初印本，紙墨竝佳。先子記首册云：「張爲儒《蟲獲軒筆》記朱竹垞先生選《明詩綜》，喜删改前人之句，然有大失作者之旨者，即如《亭林集》中《禹陵二十韻》前半『大禹南巡守，相傳此地崩』十韻，敘禹陵；後半『往者三光降，江干一障乘』八韻，敘乙酉魯王監國事，而末四句總結之曰：『望古頻搔首，嗟今更拊膺。會稽山色好，悽惻獨攀登。』《詩綜》芟去中間『往者』十六句，則所謂『嗟今更拊膺』者，竟不知何所指。竹垞選此書，意欲備一代文獻，宜其持擇矜慎。況生平又與亭林交好，没後録其遺詩，似不應鹵莽至此也。」爲儒字承之，海甯人，貢生。生平湛深經學，惜身後著述多散佚。《蟲獲軒筆記》四册，子從其從孫謨借觀。起乾隆戊午十二月二十六日立春，迄庚申五月三十日。排日而記之，大約經解爲多。因令猶子昂駒録其經解筆記，雖尚闕而不全，已足見前輩爲學之勤，幾寢饋于經籍中矣。子家尚有明經所批《十三經文鈔》，亦人間不可多得之書也。嘉慶丙辰八月四日吴某志于拜經樓。

張之洞《書目答問・總集》 《明詩綜》一百卷。朱彝尊編。原刻本。

閨秀集初編

《四庫提要・總集類存目四》 《閨秀集初編》五卷。兩淮鹽政採進本。國朝季嫻編。季嫻，字静姎，興化女子，適李氏。是集選前明閨閣諸詩，編爲四卷，皆近體也。後附詞一卷。

溯洄集

《四庫提要・總集類存目四》 《溯洄集》十卷。浙江汪啓淑家藏本。國朝魏裔介撰。裔介有《孝經注義》，已著録。裔介嘗選國初詩爲《觀始集》，今未見傳本。是編乃所選康熙中詩，以續前集者也。

國雅初集

《四庫提要・總集類存目四》 《國雅初集》。無卷數，副都御史黄登賢家藏本。國朝陳允衡編。允衡有《古人幾部》，已著録。是編選國初人詩。體例一倣明顧起綸之舊，故亦以「國雅」爲名。自魏裔介以下，凡五十餘家。

詩持

軍機處奏《禁毁書目》 《詩持》一部五本。查《詩持》十卷，係福州魏憲輯。皆選同時諸人之詩。内除屈大均等所作，及他人詩中有意寓感憤、措詞不合者，應行删燬外，其餘應請毋庸全燬。

詩觀　別集

軍機處奏《禁毁書目》 《詩觀》一部六本。查《詩觀》，係泰州鄧漢儀輯。皆選國初諸家之詩，凡五百餘人。内除錢謙益、屈大均、金堡等詩，及他人亦間有詞含憤激之作，均應抽燬外，其餘應請毋庸全燬。

《四庫提要・總集類存目四》 《詩觀》十四卷，《別集》二卷。内府藏本。國朝鄧漢儀編。漢儀，字孝威，泰州人。康熙己未召試博學鴻詞，以年老，授中書舍人。是編皆選輯國初諸人之作。《別集》則閨閣詩也。

篋衍集

軍機處奏《禁毁書目》 《篋衍集》一部四本。查《篋衍集》係翰林院檢討陳維崧輯。以國初諸家之詩,分體編次,所選頗爲精粹。內除錢謙益、屈大均等詩篇俱應抽燬外,其餘各家尚无干碍,應請毋庸全燬。

百名家詩選

《四庫提要・總集類存目四》《百名家詩選》八十九卷。福建巡撫採進本。國朝魏憲編。憲字惟度,福清人。杭世駿《榕城詩話》載所著有《枕江樓集》,今未見其本。世駿稱其《同友宿白雲洞》詩一首,則浮聲也。憲以曹學佺有《十二代詩選》,止於天啓,因選是集以補之。自天啓甲子以後,康熙壬子以前,由縉紳迄方外,共得百人,人各立一小引,并列字號、籍貫於前。其詩或以體序,或以類序,或以時與地序,各從原本。其登選則以得詩之先後爲次,不拘行輩,而憲詩亦附於後焉。

湖海詩傳

張之洞《書目答問・總集》《湖海詩傳》四十六卷。王昶編。原刻本。雍正至乾隆末聞人畧備。

清詩選

《四庫提要・總集類存目四》《皇清詩選》三十卷。內府藏本。國朝孫鋐編。鋐字思九,江南華亭人。其書採國朝諸詩,分體編録。

感舊集

軍機處奏《禁毀書目》《感舊集》一部八本。查《感舊集》係刑部尚書王士禛選輯。以所藏平生師友之作,裒爲一編,凡三百餘家,頗稱賅備。中間除錢謙益、屈大均等詩句,及所引《有學集》等各條均應抽燬外,其餘查无干碍,應請毋庸全燬。

張之洞《書目答問・總集》《感舊集》十六卷。王士禛編。雅雨堂刻本。解題下多存舊聞佚事。

今樂府

軍機處奏《禁毀書目》《今樂府》二本。查《今樂府》,吴炎、潘檉章同撰。二人並莊廷鑨私修《明史》案內正法之犯。其詩作於國初,而《寧遠》《捷明》《月洞》諸篇,語多詆斥,應請銷燬。

鳳池集

《四庫提要・總集類存目四》《鳳池集》。無卷數,內府藏本。國朝沈玉亮、吴陳琬同編。玉亮,字瑶岑,武康人。陳琬有《春秋三傳同異考》,已著録。是編刻於康熙乙酉,裒國朝應制之詩,分體編輯,無所詮擇。末附雜劇一折,則自古所無之創例也。

詩因

吴壽暘《拜經樓藏書題跋記》卷五《詩因》。《大清詩因閨門》一集,亦先師手録,先君子校正。

花月吟

吴壽暘《拜經樓藏書題跋記》卷五《花月吟》。《花月聯珠吟》十二首,爲沈氏涵碧所作,及其女雲濤、祝氏竹如同作。予姊景昭氏亦有和詩二首,附集後。先君子書卷首云:「沈氏號涵碧,陳清渠太學有爲族祖母。沈《花月吟跋》,曾屬余點定。」

洛如詩鈔

《四庫提要・總集類存目四》《洛如詩鈔》六卷。浙江巡撫採進本。國朝朱彝尊選録,陸奎勳編次。彝尊有《經義考》,奎勳有《陸堂易學》,皆已著録。此集皆康熙丁亥平湖人社集之作。據奎勳詩集載,洛如之唱起丙戌三月,至丁亥而中閒。詩什則奎勳集中編次,頗有前後不同,未詳其故。其以「洛如」名者,洛如,花名,幹如竹,實似莢,郡有文士則生也。

姑蘇楊柳枝詞

《四庫提要・總集類存目四》《姑蘇楊柳枝詞》一卷。内府藏本。國朝汪琬編。琬有《堯峰文鈔》,已著録。初,琬自翰林告歸,居堯峰别業。偶仿白樂天作《姑蘇楊柳枝詞》十八章,一時東南文士多相屬和。琬乃手自選定,得一百十二家,一百九十七首。令周枝楙排次成帙,而周靖爲之箋注。刊本題爲枝楙所輯,非其實也。今仍題琬名焉。

于野集

《四庫提要・總集類存目四》《于野集》七卷。江西巡撫採進本。國朝王原編。原號西亭,青浦人。康熙戊辰進士。官至給事中。是編刻於康熙庚子。乃其同郡朱霞等三十二人唱和之作,請原釐擇而選定之。名曰「于野」者,取《易》「同人于野」義也。

夢境圖唱和詩

黄丕烈《蕘圃刻書題識》《夢境圖唱和詩集小引》:夫天下事,皆夢境也。然夢境必有實事以生之,如修志,實事也;修志有竹堂、芝軒兩先生,實事也;予忝隨兩先生後,實事也。乃忽遇諸夢境,則全乎虚矣。然明明有詩,句意又可解不可解,似非無因而至者,安知夢境之不有實事耶?予喜徵夢,因刻《夢境圖唱和詩》爲一集。道光四年甲申季夏月望日蕘夫識。

《夢境圖唱和詩》一卷。黄丕烈編。

狀元會唱和詩集

黄丕烈《蕘圃刻書題識》《狀元會唱和詩集・小引》:客有見予《夢境圖唱和詩》者,曰:「子殆不忘情於狀元,故假諸夢耳。即真有是夢,亦戀戀於功名富貴,故形諸夢想。」殊不知予之夢,其因在閒談詩也。詩之教,徹乎上下,談詩者爲狀元,遂謂有功名富貴氣乎?不然也。國家功令所在,凡入仕必科第。人不學舉業,則已如學焉,誰不思爲狀元者?必以狀元爲功名富貴中人,而非我輩所願爲。此不願爲之心,出諸山林隱逸之士則可,如我輩,斷不宜作此違心之論也。狀元何涴我乎哉?予知有詩而已,因刻《狀元會唱和詩》,爲第二集。道光四年甲申季夏月望日蕘夫識。

類型

佩文齋詠物詩選

《四庫提要・總集類五》《御定佩文齋詠物詩選》四百八十六卷。康熙四十五年聖祖仁皇帝御定。自《藝文類聚》《初學記》始以詠物之詩分隷各類,後宋綬、蒲積中有《歲時雜詠》,專收節序之篇;陳景沂有《全芳備祖》,惟採草木之什。未有蒐合遺篇,包括歷代,分門列目,共爲一總集者。明華亭張之象始有《古詩類苑》《唐詩類苑》兩集。然亦多以人事分編,不專於詠物。其全輯詠物之詩者,實始自是編。所録上起古初,下訖明代,凡四百八十六類,又附見者四十九類。諸體咸備，庶彙畢陳，洋洋乎詞苑之大觀也。夫鳥獸草木，學詩者資其多識，孔門之訓也。郭璞作《山海經贊》，戴凱之作《竹譜》，宋祁作《益部方物略記》，竝以韻語敘物産，豈非以諧諸聲律，易於記誦歟？學者坐諷一篇，而周知萬品，是以摛文而兼博物之功也。至於借題以託比，觸目以起興，美刺法戒，繼軌風人，又不止《爾雅》之注蟲魚矣。知聖人隨事寓教，嘉惠藝林者深也。原本未標卷第，惟分六十四册，篇頁稍繁。今依類分析，編爲四百八十六卷。

詠物詩選

軍機處奏《禁毀書目》 《詠物詩選》一部八本。查《詠物詩選》係嘉善俞琰輯。取前人詠物之詩，分天部至昆蟲部，凡三十類。自六朝以迄明季，析爲八卷。内除錢謙益詩句應行抽燬外，其餘尚无干碍，應請毋庸全燬。

千叟宴詩

《四庫提要・總集類五》 《御定千叟宴詩》四卷。康熙六十一年奉敕編。欽惟聖祖仁皇帝昌運膺圖，沖齡踐祚，削平三蘖，砥屬四瀛。聖德懋其緝熙，神功昭乎啓佑，用能欽崇永保，無逸延年，壽考康強，符薄海無疆之祝。而深仁厚澤，涵育龐洪，啿啿春祺，桐生茂豫。所謂皇建其有極，斂五福用敷，錫厥庶民，驗以箕疇，允符古義。是以平格之瑞，翊運者咸登；淳固之氣，飲和者靡算，鮐背黄髮，駢聯相屬。既俯允臣民之請，肇舉萬壽盛典，驩心普洽，陬澨嵩呼。業已恭勒鴻編，昭垂弈禩，復詔舉高年，宏開嘉讌，申延洪之慶，表仁壽之徵。酒醴笙簧，賡歌颺拜，彬彬焉，郁郁焉，自攝提合雒以來，未有如斯之盛也！爰命裒集詩篇，通爲一集。首以聖製，與伊耆神人暢曲曠代齊光；繼以羣臣和章，與周京《天保》諸什雅音接響。其餘諸作，亦與《豳風》稱觥之文、堯民擊壤之詠，後先一軌焉。伏而讀之，化國之日舒以長，盛世之音安以樂，具見於斯，允宜襲琅函而貯石渠矣。

千叟宴詩

《四庫提要・總集類五》 《欽定千叟宴詩》三十六卷。乾隆五十五年，奉敕編。洪惟我皇上斟元陳樞，體乾行健，會歸有極，德合無疆，曼壽延洪，固預卜億萬斯年，康強逢吉，而品彙含生，得沐盛朝之涵育，亦專與盛長。百昌蕃秀，熙熙然弗異華胥。在廷紱佩，既多符君奭之銘；即蔀屋茅簷，歲以百齡蒙賜者，春官之籍，亦縷指不能殫數。豈但東都耆舊，僅有潞公；晉邑老人，惟傳絳縣而已哉，斯誠太平至治之徵也。昔我聖祖仁皇帝，以海甸承平，咸登仁壽，曾以康熙壬寅詔開嘉宴，以千叟爲名。我皇上揚烈覲光，克繩祖武。歲乙巳正月六日，親臨賜宴，式繼前規。一時龐眉皓首、扶鳩杖瞻龍顔者，計三千餘人。仍以千叟賜名，舉成數也，亦循舊典也。燕飲歡洽，錫賚便蕃，睿藻先頒，頌聲競作。儒臣排次成編，凡得三十六卷。既恭呈御覽，剞劂頒行。謹恭録入《四庫全書》，以昭久道化成之盛美。夫草木滋榮，根柢盤深，人知草木之滋生，不知天之功也；川嶽流峙，亘古貞固，人知川嶽之流峙，不知天之力也。然則四海恬熙，高年耆耇，非臣民之自能壽，惟皇上之深仁厚澤，培養而致此壽，此臣等所以拜手稽首、爲聖人頌也。抑德侔天地者，壽亦必符於天地，臣等能勿拜手稽首、爲聖人祝哉？

應制詩注解

軍機處奏《禁毀書目》 《應制詩注解》二本。

今體臺閣集

范邦甸等《天一閣書目・總集類》 《今體臺閣集》十卷。刊本。國朝吴江顧有孝、趙澐同選，禹航嚴沆序。

十家宮詞

張之洞《書目答問・總集》《十家宮詞》十二卷。宣和、宋文安、王建、花蕊、王珪、胡偉集句、和凝、張公庠、王仲修、周彦質。朱彝尊編刻本。借月山房叢書刻《宮詞小纂》三卷。

濂洛風雅

《四庫提要・總集類存目四》《濂洛風雅》九卷。兩江總督採進本。國朝張伯行編。伯行有《道統録》，已著録。是編輯周子、二程子、邵子、張子、游酢、尹焞、楊時、羅仲素、李侗、朱子、張栻、真德秀、許衡、薛瑄、胡居仁、羅洪先十七家之詩。乃其官福建巡撫時所刊。案：金履祥先有《濂洛風雅》，伯行是書，仍其舊名，而一字不及履祥，不可解也。

歷代題畫詩

《四庫提要・總集類五》《御定題畫詩》一百二十卷。康熙四十六年聖祖仁皇帝御定。裒合題畫之詩共爲一集者，始於宋之孫紹遠。然書止八卷，所録僅唐宋之作，未爲賅備。所分二十六門，義例亦未能盡協。自是以來，論書畫者如無名氏之《鐵網珊瑚》、案《鐵網珊瑚》舊誤稱，朱存理作，今已訂正，語詳本條之下。郁逢慶之《書畫題跋記》、張丑之《清河書畫舫真蹟日録》、汪砢玉之《珊瑚網》、孫承澤之《庚子銷夏記》、吴其貞之《書畫記》、高士奇之《江邨銷夏録》、卞永譽之《書畫彙考》，所録皆題跋爲多，詩句僅附見其一二。即《御定佩文齋書畫譜》，與此書同時竝纂，亦不立「題詠」一門。臣等竊以管蠡之見，窺測高深，或以古人題畫者多，題書者少，卷帙既慮偏枯。又《書畫譜》爲卷一百，而此書篇什繁富，爲卷一百二十。如併爲一編，則末大於本，亦未協體例。是以分命廷臣，各爲編校敕。集中所録，凡詩八千九百六十二首，分爲三十門。如「樹石」別於「山水」，「名勝」亦別於「山水」，「古蹟」別於「名勝」，「古像」別於「寫真」，「漁樵耕織牧養」別於「閒適」，「蘭竹禾麥蔬果」別於「花卉」，配隸俱有條理。末爲人事、雜題二類，包舉亦爲簡括，較諸孫氏舊編，實博而有要。披覽之餘，覺名物典故，有資考證；鴻篇巨製，有益文章。即山川景物，開卷如逢；魚鳥留連，煙雲供養，亦足以悦性怡情。及恭讀御製序文，則謂「不逾几席，而得流觀山川險易之形；近在目前，而可考鏡往代留遺之蹟。以至農耕蠶織，纖悉必具；雞犬桑麻，宛然如睹。庶幾與昔人《豳風》《無逸》之圖，有互相發明者焉。」益知聖人之心，即物寓道，所見者大，又不徒作藝事觀焉。

載書圖詩

《四庫提要・總集類存目四》《載書圖詩》一卷。浙江巡撫採進本。國朝王士禛編。康熙辛巳，士禛官刑部尚書時，乞假旋里，改窆其親，載書數車以歸。其門人揚州禹之鼎繪爲是圖，一時多爲題詠，士禛彙以成編。圖後首載奏疏二篇，次序二篇，次題圖詩八十六首，皆其門人所作，而附其姪《啓座送還京》詩一首；次贈行二十四首，皆朝臣之作，而附侍講尤侗《寄懷詩》一首；次《賜沐起程》一篇。而附朱彝尊《池北書庫記》一篇，則以載書及之也。

人物

宋四名家詩

《四庫提要・總集類存目四》《宋四名家詩》。無卷數，内府藏本。國朝周之鱗、柴升同編。之鱗，字雪蒼，海寧人。升字錦川，仁和人。是編選蘇軾、黄庭堅、范成大、陸游之詩，分體排次。《東坡集》選六百首、《山谷集》選三百首，《石湖集》選四百首，《劍南集》選九百首。較吴之振《宋詩鈔》所録較多，而去取未能悉當也。

二家詩選

《四庫提要・總集類五》《二家詩選》二卷。內府藏本。國朝王士禎刪録明徐禎卿、高叔嗣二人詩也。明自弘治以迄嘉靖，前後七子，軌範略同。惟禎卿、叔嗣雖名列七子之中，而泊然於聲華馳逐之外。其人品本高，其詩亦上規陶、謝，下摹韋、柳，清微婉約，寄託遥深，於七子爲別調。越一二百年，李、何爲衆口所攻，而二人則物無異議。王世懋之所論，其言竟果驗焉。語詳《蘇門集》條下。豈非務外飾者所得淺，具內心者所造深乎？士禎之詩，實沿其派，故合二人所作，簡其菁華，編爲此集。禎卿詩多取《迪功集》，其少年之作見於《外集》《別集》者，十不存一。叔嗣惟取其五言詩，其七言則闕焉。取所長而棄所短，二人佳什，亦約略備於是矣。

二家詩鈔

《四庫提要・總集類存目四》《二家詩鈔》二十卷。內府藏本。國朝邵長蘅編。長蘅有《青門集》，已著録。此其所選新城王士禎、商邱宋犖之詩也。是時士禎爲刑部尚書，犖爲蘇州巡撫。而長蘅實長洲人，又犖之門客。趙執信見之，有違言，故士禎寄犖詩有「尚書北闕霜侵鬢，開府江南雪滿頭」之句。蓋言已爲揚州推官之日，犖爲黄州通判之日，已同以詩名，初不以致位通顯始竝稱也。然長蘅實不自遠嫌，致干物議，至今論者不允，殆亦有由矣。

四家詩鈔

《四庫提要・總集類存目四》《四家詩鈔》二十八卷。江西巡撫採進本。國朝王企埥編。企埥，字苾遠，雄縣人。康熙乙丑進士。官至江西巡撫。四家者，清苑郭棻、鉅鹿楊思聖、任邱龐塏、文安紀炅也。所録棻《學源堂集》凡六卷，思聖《且亭集》凡八卷，塏《叢碧山房集》凡六卷，炅《桂山堂集》凡八卷。每集各爲之序。棻及塏、炅皆有集，已著於録，惟思聖集今未見，獨見於此編耳。

國朝六家詩鈔

張之洞《書目答問・總集》《國朝六家詩鈔》八卷。通行本。施、宋、王、趙、朱、查。

同人集　續同人集

《四庫提要・總集類存目四》《同人集》十二卷。兩江總督採進本。國朝冒襄編。襄字辟疆，如皋人，自號巢民。所居有樸巢、水繪園、深翠山房諸勝。晚年卻掃家居，與友朋觴詠，輯其酬荅詩文，都爲一集，凡十二卷。蓋仿顧阿瑛《玉山草堂雅集》而作。然阿瑛但文酒之歡，此併其壽序之類，亦皆載入，故繁富勝之，而精美則不及焉。

述本堂詩集　續集

《四庫提要・總集類存目四》《述本堂詩集》十八卷。內閣中書方維甸家藏本。國朝桐城方氏三世家集也。凡《依園詩略》一卷、《星硯齋存稿》一卷、《垢硯吟》一卷、《葆素齋集》三卷、《如是齋集》一卷，皆方登嶧撰。《陸塘初稿》一卷、《出關詩》一卷，皆登嶧之子式濟所撰。《東閣剩稿》一卷、《入塞詩》一卷、《懷南草》一卷、《豎步吟》一卷、《叩舷吟》一卷、《宜田彙稿》一卷、《看蠶詞》一卷、《松漠草》一卷，皆式濟之子觀承撰。登嶧字鳧宗，號屏垢。康熙甲戌貢生。官工部主事。坐事謫黑龍江卜魁塞。式濟有《龍沙紀略》，本附刻此集之中，今別著録。觀承別有《薇香》《燕香》諸集，亦別著録。

豐山世稿

潘祖蔭《滂喜齋藏書記・集部》《高麗刻豐山世稿》六卷，三册。高麗洪氏家集也。洪氏籍安東之豐山，其鼻祖之慶，有子名侃，字平甫。侃八世孫履祥始大顯世，爲哲鮮望族。此集即奭周所編。

澄遠堂三世詩存

《四庫提要・總集類存目四》《澄遠堂三世詩存》八卷。浙江巡撫採進本。國朝李繩遠編。繩遠有《姓氏譜》，已著録。是集合刻其曾祖應徵、祖士標、父寅之詩。應徵，字伯遠，萬曆癸酉舉人。官臨安縣教諭，遷國子監博士。所著曰《藿園詩存》，凡六卷。士標，字窿菴，官山東寧海同知。所著曰《蒼雪齋詩存》，凡一卷。寅字寅生，縣學生。所著曰《視彼亭詩存》，凡一卷。

長林四世弓冶集

《四庫提要・總集類存目四》《長林四世弓冶集》五卷。禮部主事任大椿家藏本。國朝林其茂編。其茂有《山陰集》，已著録。是集裒其家四世之詩。《後樂堂集》一卷、《雙峰吟》一卷，皆其茂曾祖逸作。《貽桂軒集》一卷，其茂祖秉中作；《吟臺詩草》一卷，其茂父贊龍作；《瞉音集》一卷，則其茂自作也。逸字德子，順治庚子舉人。秉中字與人，康熙己卯副榜貢生。贊龍有《學易大象要參》，已著録。

瑞竹亭合稿

《四庫提要・總集類存目四》《瑞竹亭合稿》四卷。江西巡撫採進本。國朝王愈擴及其弟王愈融撰。愈擴，字若先，泰和人。康熙庚戌進士。愈融，字侣新，終於諸生。兄弟俱從魏禧遊。愈擴文長於論古，頗能曲折如意，蓋其師授如是也。愈融筆力稍弱，風骨尚未老成，較亞於其兄。是集初刻燬於兵，後愈融子元坤得舊本於建昌布衣梁份所，又手録而重刊之。

篤敘堂詩集

《四庫提要・總集類存目四》《篤敘堂詩集》五卷。福建巡撫採進本。侯官許氏之家集也。凡作者七人，集八種。前明一人。

義門鄭氏奕葉吟集

《四庫提要・總集類存目四》《義門鄭氏奕葉吟集》七卷。江蘇巡撫採進本。國朝鄭爾垣編。爾垣，字一樞，浦江人。義門二十世裔也。鄭氏自宋建炎至明初，合族而居者十三世，故稱「義門」。

地方

渠風集略

《四庫提要・總集類存目四》《渠風集略》七卷。山東巡撫採進本。國朝馬長淑編。長淑，字漢荀，安邱人。雍正庚戌進士。官至磁州知州。初，安邱張貞欲輯其邑自明以來迄於國朝之詩，名曰「渠風」，久而未就，長淑因踵成是編。稱「渠風」者，安邱古渠邱地也。書凡四卷。其五卷則專輯馬氏一家詩，其六卷爲流寓、方外、閨秀、續編四門，其七卷爲詩餘。然意主夸飾風土，不免附會古人，如「方外」内闌入唐釋皎然一詩，殊不合斷自前明之例；而「流寓」内首列蘇軾，亦非事實也。

磁人詩

《四庫提要・總集類存目四》《磁人詩》十卷。直隸總督採進本。國朝楊方晃編。方晃有《孔子年譜》，已著録。是集皆録磁州之詩。自唐迄本朝作者八十餘人，得詩千餘首。各繫其人之事蹟、出處甚詳，亦頗有考據。然意在表彰，未能嚴於決擇。其第八卷至第十卷，悉載方晃及孫濂詩。濂亦磁州諸生，即校刊此集者也。

山左明詩鈔

《四庫提要・總集類存目四》《山左明詩鈔》三十五卷。廣東潮陽縣知縣李文藻家刊本。國朝宋弼編。弼字仲良，德州人。乾隆乙丑進士。官至甘肅按察使。是集輯明代山東一省之詩，所録凡四百三十一人。其體例全仿朱彝尊之《明詩綜》。其去取之間，則謹守王士禛之門徑，纖毫不肯異同也。

倪城風雅

《四庫提要・總集類存目四》《倪城風雅》二卷。山東巡撫採進本。國朝勞巎編。巎有《半菴詩稿》，已著録。是編所録皆陽信一縣之詩。上卷自明代嘉靖以後，得劉世偉等十人；下卷自國朝雍正以前，得張崖等二十三人。上卷少而可觀，下卷不免冗濫矣，則同時假借之故也。

晉國垂棘　續垂棘　四集

《四庫提要・總集類存目四》《續垂棘編三集》十卷，《四集》九卷。山西巡撫採進本。國朝范鄗鼎編。鄗鼎有《理學備考》，已著録。初，鄗鼎父芸茂，當明末年，嘗選輯山西之文二十卷，題曰《晉國垂棘》。鄗鼎復取其鄉近人之文，依例彙輯成帙，謂之《續垂棘編》。前後共爲四集。兹僅其三、四兩集，非全本也。三集所録凡五十二人，四集所録凡四十七人。然多有人已前見，而文屬補録者；又有一集之中，而一人之文前後分見者。蓋隨選隨刊，故漫無體例如是耳。

羣雅集

《四庫提要・總集類存目四》《羣雅集》十二卷。内府藏本。國朝李振裕編。振裕有《白石山房稿》，已著録。是編乃其督學江南時，選録諸生詩賦雜文，彙刻成集。凡十二卷，而目録則作四卷。蓋卷一中分四子卷，卷二分二子卷，卷三、卷四又各分三子卷。由於隨時續鐫，故輾轉增益。其編次漫無體例，亦由於是也。

江左十五子詩選

《四庫提要・總集類存目四》《江左十五子詩選》十五卷。内府藏本。國朝宋犖編。犖有《滄浪小志》，已著録。是編乃犖爲蘇州巡撫時甄拔境内能文之士王式丹等十五人，各選詩一卷刻之。

龍眠風雅

軍機處奏《禁毀書目》《龍眠風雅》一部十六本。查《龍眠風雅》係潘江輯。書中所選各詩，俱无可觀。其悖碍之處，不一而足，應請銷燬。

崇川詩集

《四庫提要・總集類存目四》《崇川詩集》十二卷。兩江總督採進本。國朝孫翔編。翔字吕溪，南通州人。是集輯通州及州屬如皐、泰興、海門三邑之詩，自宋、元至國朝，附以流寓。每人記其姓氏、爵里。後綴補遺一卷。

七十二峰足徵集

《四庫提要・總集類存目四》《七十二峰足徵集》一百一卷。江蘇巡撫採進本。國朝吴定璋編。定璋，字友篁，吴縣人。是集蒐歷代文士之生於太湖七十二峰間者，録其所作，共爲一編。凡詩八十三卷，詞二卷，賦三卷，文十三卷。所選之詩不敘時代，惟每姓各以類從，題曰某氏合編。仿《中州集》之例，人各冠以小傳。徵引頗爲賅洽，而大旨在因詩以存人，不免夸飾之見，復不免鄉曲之私，濫採兼收，固其勢所必至。

松陵文獻

英廉奏《全燬書目》《松陵文獻》四本。潘檉章輯。

太倉十子詩選

《四庫提要・總集類存目四》《太倉十子詩選》十卷。浙江巡撫採進本。國朝吴偉業編。偉業有《綏寇紀略》，已著録。是書採其同里能詩者得十人，人各一集。

沙谿洞志畧

軍機處奏《禁燬書目》《沙谿洞志畧》一部一本。查《沙谿洞志畧》係劉凝編。皆所輯沙谿洞題詠詩文。本冗雜，又不足存。内有金堡詩句，應請銷燬。

國朝練音集

《四庫提要・總集類存目四》《練音集補》七卷。浙江汪啓淑家藏本。國朝王輔銘編。輔銘，字翊思，嘉定人。初，明翟校嘗以嘉定代有作者，而詩篇多散逸，因採宋天聖以後迄於弘治，合爲一集。

東皋詩存

《四庫提要・總集類存目四》《東皋詩存》四十八卷。兩江總督採進本。國朝王之珩編。之珩，字楚白，如皋人。是集選其邑人之詩。自宋以迄於國朝，每人各詳其字號、官爵。所載既多近時之作，而之珩之詩收至二百餘首。

松風餘韻

《四庫提要・總集類存目四》《松風餘韻》五十一卷。浙江汪啓淑家藏本。國朝姚宏緒編。宏緒，號聽巖，婁縣人。康熙辛未進士。官翰林院檢討。是選上自六朝，下迄有明，凡雲間諸人之以全集傳，或篇什之僅存一二者，悉收輯之，人各綴以小傳。

檇李詩繫

《四庫提要・總集類五》《檇李詩繫》四十二卷。浙江巡撫採進本。國朝沈季友撰。季友有《學古堂詩集》，已著録。是編輯嘉興一郡之詩，自漢晉以迄本朝，凡縉紳、韋布、閨秀、方外、土著、流寓有吟詠傳世者，皆録之，而以仙鬼題詠、謡諺附焉。姓氏之下，又各爲小傳，略敘梗槩。其山川、古蹟、土風、物産亦間加附注，以備考據。

興善寺歷代名賢留題集

《四庫提要・總集類存目四》《興善寺歷代名賢留題集》二卷。兩淮鹽政採進本。國朝釋浄溥編。興善寺在嘉興府治東南秦溪之上。是書上卷載詩，下卷載碑記。内有明大學士呂原記云：「寺創自梁天監二年，至周顯德年間，坦法師開山爲報恩院。宋治平元年，改興善院。」然卷首載盧綸《題興善寺後池》詩，則寺之著名在唐代，豈原未之考耶？全書篇幅寥寥，可資考證者殊少。舊本題明釋浄溥撰。今考國朝彭孫遹諸人詩，皆載於後。

柳洲詩集

《四庫提要・總集類存目四》《柳洲詩集》十卷。浙江巡撫採進本。國朝陳增新等編。增新，字子更，嘉善人。柳洲在嘉善熙寧門外。順治初，增新與同里魏學渠等結詩社相倡和，稱「柳洲八子」。其後攀附者日衆，因遴次所作，録爲一編，共七十餘人。其詩體格相似，大抵五言多宗選體，七言悉學唐音，蓋猶明季幾社餘派也。

海昌閨秀詩

吴壽暘《拜經樓藏書題跋記》卷五　《海昌閨秀詩》。右爲褚貞、周僖齡《落花詩》，王範《蕉雨樓吟》，《佟陳氏稿》。先君子書周詩後云：右《落花詩》三十律，錢唐魏叔子鉞得一便面，有蠅頭細楷書此，末署「癸亥秋盡日，録海昌女史周僖齡《落花詩》」。

遺老高風

吴壽暘《拜經樓藏書題跋記》卷五　《遺老高風》。右鈔本一册。首爲陳乾初先生《山中約》，次爲祝眉老先生《忠魂歸夢記》，次爲乾初先生、東海山臞祝逌、用山養吾子蔡遵、來雲先生蔡沛、黄山大辛子許奝諸公詩，又次爲山臞先生《項子魂遊記》及《研譜》《研譜餘攷》，末爲耕煙老農祝子夏《斯文快事》。諸先生詩前，有當湖施洪烈《三哀詩并序》。

韶光庵紀游集

《四庫提要・總集類存目四》《韶光菴紀遊集》。無卷數，浙江巡撫採進本。國朝釋山止編。初，唐沙門韶光卓錫西湖之巢隖。白居易守杭日，相與倡和，後人因以「韶光」名其菴。菴踞山之勝，歷代遊人頗多題詠。山止康熙中住持是菴，因裒集付梓。自唐迄本朝，得古今體詩五百餘首，然其中多同時投贈山止之作，聲氣攀援，不盡爲勝地作也。

青溪先正詩集

《四庫提要・總集類存目四》《青溪先正詩集》。無卷數，浙江巡撫採進本。國朝鮑楹編。楹字覺庭，餘杭人。康熙丙子舉人。官知縣。是編採淳安之詩，合爲一編。以淳安古青溪地，故以爲名。凡唐一人，宋六人，元五人，明十人，國朝二人。其總目所列宋之方一夔，元之方道堅、夏溥、洪震老、徐貫，國朝之徐士訥等七人。《總目補遺》又有宋方有開等六人，元汪雲等二人，明余溥等七人，皆有録無書，非完本也。

姚江逸詩　續姚江逸詩

《四庫提要·總集類存目四》《姚江逸詩》十五卷。浙江巡撫採進本。國朝黄宗羲編。宗羲有《易學象數論》，已著録。是編皆録餘姚一邑之詩，自南齊迄明，以時代爲敘，其方外、閨秀、仙鬼，則總彙於末卷。每人各爲小傳，頗足以補史事之闕，然第十五卷韓應龍傳末云「梨洲先生選《逸詩》，廣極搜輯，不解何故遺此」，則此卷爲後人所續無疑，非宗羲之原書，不知何以混而一之。又劉妙容事出於吴均《續齊諧記》，其人乃吴令劉惠明之女，没後魂見，是鬼非神，題曰「神女」，已大謬；又王敬伯雖餘姚人，而女則不知何方之産，所遇之地又在吴中，引而入之姚江，尤爲無理，亦必非宗羲之舊也。

又《續姚江逸詩》十二卷。浙江巡撫採進本。國朝倪繼宗編。繼宗，字復野，餘姚人。初，黄宗羲作《姚江逸詩》，所録自齊迄明。此集續選國朝之詩，即以宗羲爲首。所録凡七十五人，每人各爲小傳，採輯事實，頗爲詳備。然亦時有附會。

甬上耆舊詩　續詩

范邦甸等《天一閣書目·總集類》《甬上耆舊詩》三十卷。刊本。國朝道南胡文學輯選，杲堂李鄴嗣敘傳，均有序。胡序云：「與其友杲堂同選。取杲堂所撰《甬上耆舊傳》爲本。」

《四庫提要·總集類五》《甬上耆舊詩》三十卷。浙江巡撫採進本。國朝胡文學編，其傳則李鄴嗣作也。文學有《疏稿》，鄴嗣有《杲堂文鈔》，俱已著録。文學因即其傳中之人搜録遺詩，論定編次，而各以原傳系之。始自周文種、漢大黄公，終於明季諸家，凡四百三十人，得詩三千餘首，本四十卷。

三詩合編

《四庫提要·總集類存目四》《三詩合編》三卷。江西巡撫採進本。國朝黄光岳編。光岳，字碩廬，上高人。雍正甲辰進士。官金華縣知縣。是編合刻其鄉吴學詩、黄鎡、李堅三人之詩。

濮川詩鈔

《四庫提要·總集類存目四》《濮川詩鈔》三十五卷。浙江巡撫採進本。不著編輯者名氏。所載濮淙《澹軒集》一卷，沈機《梅涇集》二卷，沈朗《恬翁集》一卷，馮允秀《梅花逸叟集》一卷，楊焯《雲竹集》一卷，楊燮《勖亭集》一卷，楊炯《南遊草》一卷，周映康《雪芝集》一卷，周龍雯《懷孟草》一卷，周甸《嶧山集》一卷，陳選藍《染齋集》一卷，徐晞《赤巖集》一卷，徐嘉《得月樓集》一卷，張其是《碧草軒集》一卷，陳曾祉《心隱集》四卷，沈履端《竹岳樓草》一卷，沈堯咨《晚盥集》三卷，濮光孝《學圃集》一卷，程琦《芳峻稿》一卷，陳樂《故鄉草》一卷，曹勳《萍梗集》一卷，鍾梁《來霞集》一卷，陳光裕《荻書樓稿》一卷、《石墩草》一卷，張宏牧《嬾髯集》一卷，陳梓客《星零草》一卷、《寓硤草》一卷，張宏範《霽陽集》二卷，沈鍾泰《荻書樓遺稿》一卷，潘亮《一得吟》一卷，釋佛眉《龍潭集》一卷，凡二十九人之詩。觀張宏範《霽陽集》後有陳春宇跋，稱從祖謹堂公選刻《濮川詩鈔》，而陳光裕《荻書樓稿》前題曰「謹堂集」，是編殆即光裕所輯歟？

鄱陽五家集

《四庫提要·總集類五》《鄱陽五家集》十五卷。江西巡撫採進本。國朝史簡編。簡字文令，鄱陽人。是編輯其鄉人之詩，自宋末至明初，凡五家：一曰《芳洲集》三卷，黎廷瑞撰。廷瑞，字祥仲，宋咸淳辛未進士，授迪功郎，肇慶府司法參軍。二曰《樂菴遺稿》二卷，吴存撰。存字，仲退，延祐元年舉於鄉，官至饒州路鄱陽縣主簿。三曰《松巢漫稿》三卷，徐瑞撰。瑞字山玉，號松巢，宋末元初人，嘗爲鄱邑書院山長。集末附其從子弢詩三十六首，曰《仰山集》。四曰《寓齋詩集》二卷，葉蘭撰。蘭字楚庭，號醉漁，元太常寺禮儀院奉禮郎。明太祖召之，投水死。末附葉德新先生僅存詩一卷。德新名懋，蘭之父也。元時官嘉興路總管。五曰《春雨軒集》四卷，劉炳撰。所録以詩爲主，間亦及詩餘及賦。考五家之中，惟劉炳全集有傳本，已著於録。其餘四家及所附録二家，則刊本殊稀，頗賴此刻以存。其詩大都諧雅可誦，非誇飾風土，濫盈卷帙者比也。葉懋爲葉蘭之父，而其詩附刻蘭詩後，蓋用黄庭堅集附刻《伐檀集》例，於義未允。今移此卷於蘭詩之前焉。

滕王閣集・滕王閣續集

《四庫提要・總集類存目四》《滕王閣集》十三卷，《滕王閣續集》。無卷數。江西巡撫採進本。國朝蔡士英編。士英，字伯彦，奉天人。官漕運總督。順治十四年，士英巡撫江西，葺滕王閣。因集自唐至明登臨記勝之作，分類詮次，爲十三卷。又徵近人詩文爲二巨册，但分體，而不分卷，蓋欲附入前集各體後也。陳維崧《迦陵集》有《滕王閣賦》，絶工麗，非諸人所及，然是集不載，或刊版時尚未得其稿歟？

高言集

《四庫提要・總集類存目四》《高言集》四卷。江蘇周厚堉家藏本。國朝田茂遇、董俞同編。茂遇，字髴淵，順治戊子舉人；俞字蒼水，終於布衣。皆華亭人。是書題曰《十五國風高言集》，而别標一「閩」字爲子目。據其《凡例》，乃以一省之詩爲一集，此乃十五集中之一也。

樵川二家詩

《四庫提要・總集類存目四》《樵川二家詩》四卷。福建巡撫採進本。國朝朱霞編。案《浙江通志》載，朱霞，建德人。順治乙未進士。未知即此人否也。樵川爲今邵武縣。二家者，宋嚴羽、元黄鎮成也。羽有《滄浪集》，鎮成有《秋聲集》，皆已著録。是本每集分爲二卷，諸雜體爲一卷，五、七言近體爲一卷，而附《滄浪詩話》於其後焉。

莆風清籟集

《四庫提要・總集類存目四》《莆風清籟集》六十卷。福建巡撫採進本。國朝鄭王臣編。王臣，字慎人，一字蘭陔，莆田人。乾隆辛酉拔貢生。官至蘭州府知府。是集選興化一府自唐至國朝之詩，凡三千餘篇，作者一千九百餘人。仿金元好問《中州集》例，於詩首詳其人之里居出處、生平著作，并綴以各家評語，而所自著《蘭陔詩話》亦附載焉，則朱彝尊《明詩綜》例也。其仙遊一縣，本莆陽舊地，唐時析置。明鄭岳撰《莆陽文獻》，嘗竝載入。王臣則别爲三卷，以示區别。然蔡襄、蔡京、蔡卞本爲同里，襄以名流推重，遂收之莆田；京、卞以姦蹟彰聞，遂推之仙遊。鄭樵夾漈草堂，今仙遊尚有遺迹，而以其博洽，又移之莆田，則亦不符公論矣。

廣東詩粹

軍機處奏《禁毁書目》《廣東詩粹》一部四本。查《廣東詩粹》，係順德梁善長輯。皆奥人之詩，自唐張九齡以下，按代甄録。内除屈大均、陳恭尹等詩及錢謙益、屈大均、金堡評論各條均應抽燬外，其餘應請毋庸銷燬。

《四庫提要・總集類存目四》《廣東詩粹》十二卷。浙江汪啓淑家藏本。國朝梁善長編。善長，字崇一，順德人。乾隆己未進士。此集所選廣東詩，上起於唐，下至國朝。凡四百一十三家，一千五百五十餘首，各爲之評注。先是，黄登有《五朝詩選》，善長以其持擇未精，故更加蒐訪，定爲此集云。

嶺南五朝詩選

《四庫提要·總集類存目四》《嶺南五朝詩選》三十五卷。浙江汪啓淑家藏本。國朝黄登編。登字俊升，號積菴，番禺人。是編分爲二帙：第一帙二十卷，皆載詩之爲粤東作者；第二帙凡十五卷，則皆粤東人詩也。第一帙謂之名宦，頗爲無理，無論其人不仕於粤東，即開卷之杜審言、宋之問、沈佺期，《唐書》具載其事，何可以名宦稱歟？

嶺南三家詩選

軍機處奏《禁毁書目》《嶺南三家詩選》一部五本。查《嶺南三家詩選》係番禺王隼所選梁佩蘭、屈大均、陳恭尹三人之詩。此内除屈大均、陳恭尹二家均應抽出銷燬外，其梁佩蘭一家尚无違碍，應請毋庸銷燬。

南國後五子詩集

《四庫提要·總集類存目四》《南國後五子詩集》二十八卷。江西巡撫採進本。國朝陳文藻等編明順德歐大任、梁有譽、從化黎民表、南海吴旦、番禺李時行五人詩也。大任六卷，有譽五卷，民表七卷，旦四卷，時行六卷。前列五人姓氏，並諸家詩評。每集之前，又各附小傳。

楚風補

《四庫提要·總集類存目四》《楚風補》五十卷。浙江巡撫採進本。國朝廖元度編。元度，字大隱，長沙人。是書成於康熙甲子、丙子之間。乾隆丙寅，長沙府知府吕肅高重爲刪定，刻之。

二南遺音　續集

《四庫提要·總集類存目四》《二南遺音》四卷。陝西巡撫採進本。國朝劉紹攽編。紹攽有《周易詳説》，已著録。是編所録皆國朝關中人詩。自孫枝蔚以下，共一百四十人。每人俱載履貫於前。其曰「二南遺音」者，以周時岐豐建國而言，其實周、召二南之地，不止關中也。

雜文

牘雋

《四庫提要·總集類存目四》《牘雋》四卷。兵部侍郎紀昀家藏本。國朝蕭士琦撰。士琦，字季公，泰和人。前明貢生。是編選自漢至宋尺牘，分三十二門。卷首有其子伯升所記緣起，大旨主於清省，故所録往往摘一二語，非其全文。又如龔使者告隗炤妻一條，原非尺牘，而亦載之，殊不可解也。

尺牘新語　二編　廣編

《四庫提要·總集類存目四》《尺牘新語》二十四卷。内府藏本。國朝徐士俊、汪淇同編。士俊，字野君，淇字瞻漪，竝錢塘人。是編刻於康熙癸卯，採明末國初諸家尺牘，分二十四門，各有評語，大抵不出萬曆以來纖仄之派。

延陵書塾合璧

《四庫提要・總集類存目四》《延陵書塾合璧》四卷。江蘇周厚堉家藏本。國朝吳季長編。季長始末未詳。前有康熙丁丑自序，稱少嗜儷體文，平生酷愛梁簡文、江文通二家，以爲開徐、庾之先，莫有過於此者。爰手録合爲一集，遂名曰《延陵書塾合璧》。蓋以一人之嗜好，偶録爲誦讀之本，其實未爲定論也。徐、庾生於梁代，於江淹爲後輩，於簡文則爲同時。當其早年，競爲輕艷，猶可肩隨，洎乎晚歲，則徐視庾瞠乎後矣，又何論簡文乎！

尺牘嚶鳴集

《四庫提要・總集類存目四》《尺牘嚶鳴集》十二卷。內府藏本。國朝王相編。相字晉升，臨川人。是書成於康熙己丑。採明末及國初簡札分十二類，類中又分子目四十有三。大抵輕佻纖巧，沿陳繼儒等之餘習。

四書文

《四庫提要・總集類五》《欽定四書文》四十一卷。乾隆元年，內閣學士方苞奉敕編明文。凡四集：曰化、治文，曰正、嘉文，曰隆、萬文，曰啓、禎文。而國朝文別爲一集。每篇皆抉其精要，評隲於後。卷首恭載諭旨；次爲苞奏摺；又次爲《凡例》八則，亦苞所述，以發明持擇之旨。蓋經義始於宋，《宋文鑑》中所載張才叔《自靖人自獻於先王》一篇，即當時程試之作也。元延祐中，兼以經義、經疑試士。明洪武初，定科舉法，亦兼用經疑，後乃專用經義，其大旨以闡發理道爲宗。厥後其法日密，其體日變，其弊亦遂日生。有明二百餘年，自洪、永以迄化、治，風氣初開，文多簡樸，逮於正嘉，號爲極盛。隆、萬以機法爲貴，漸趨佻巧。至於啓、禎，警闢奇傑之氣日勝，而駁雜不醇，猖狂自恣者，亦遂錯出於其間。於是啓橫議之風，長傾詖之習，文體盭而士習彌壞，士習壞，而國運亦隨之矣。我國家景運聿新，乃反而歸於正軌，列聖相承，又皆諄諄以士習文風勤頒誥誡。我皇上復申明「清真雅正」之訓，是編所録，一一仰稟聖裁，大抵皆詞達理醇，可以傳世行遠。承學之士，於前明諸集，可以考風格之得失；於國朝之文，可以定趨嚮之指歸。聖人之教思無窮，於是乎在，非徒示以弋取科名之具也。故時文選本，汗牛充棟，今悉斥不録。惟恭録是編，以爲士林之標準。原本不分卷第，今約其篇帙，分爲四十一卷焉。

詁經精舍文鈔

張之洞《書目答問・別集》《詁經精舍文鈔》。《初集》十四卷，《續集》八卷，《三集》九卷。杭州詁經精舍諸生。

詩文評部

論述

馬端臨《文獻通考·經籍考·文史》 《宋三朝藝文志》：晉李充始著《翰林論》。梁劉勰又著《文心雕龍》，言文章體製。又鍾嶸爲《詩評》，其後述略例者多矣。至於揚榷史法，著爲類例者，亦各名家焉。前代志録，散在雜家或總集，然皆所未安。惟吴兢《西齋》有文史之别，今取其名而條次之。

《中興藝文志》：文史者，譏評文人之得失也。《通志叙論》評史，《韻語陽秋》評詩，《藝苑雌黄》則併子、史、集之誤皆評之。

《四庫提要·詩文評類一》 文章莫盛於兩漢。渾渾灝灝，文成法立，無格律之可拘。建安、黄初，體裁漸備。故論文之説出焉，《典論》其首也。其勒爲一書傳於今者，則斷自劉勰、鍾嶸。勰究文體之源流，而評其工拙；嶸第作者之甲乙，而溯厥師承。爲例各殊。至皎然《詩式》，備陳法律；孟棨《本事詩》，旁採故實；劉攽《中山詩話》、歐陽修《六一詩話》，又體兼説部。後所論著，不出此五例中矣。宋、明兩代，均好爲議論，所撰尤繁。雖宋人務求深解，多穿鑿之詞；明人喜作高談，多虚憍之論。然汰除糟粕，採擷菁英，每足以考證舊聞，觸發新意。《隋志》附總集之内，《唐書》以下則竝於集部之末，别立此門。豈非以其討論瑕瑜，别裁真僞，博參廣考，亦有裨於文章歟？

耿文光《萬卷精華樓藏書記·詩文評類序》 詩話、文評，《唐志》收於總集，《宋志》則别立一門。評論文之工拙，自《文心雕龍》始，其本在《宗經》、《原道》；品第詩之高下，自鍾嶸《詩品》始，其體如《書斷》、《畫品》；皎然《詩式》備陳法律；司空表聖《詩品》獨含意味；以至六一、後山書冠以人；梅磵、麓堂書冠以地；此皆别集之屬也。其裒合成帙者，《苕溪漁隱叢話》詳於北宋詩人，《玉屑》詳於南宋，是亦總集之㙺也。至如《宋詩紀事》、《全閩詩話》，其名則詩，其實則事，以之徵文考獻則有餘，問途尋徑則不足。蓋因孟棨《本事詩》旁引故實，其流派遂同於説部。然説部中多詩話、文評，正可與此類參考互證。今所録者凡三十家，衆美兼收，諸法學備，以爲詩文之助，兼得考證之資，蓋大有益於學詩、學文也。

雜録

《新唐書·藝文志·文史類》 凡文史類四家，四部，十八卷。劉子玄以下不著録。二十二家，二十三部，一百七十九卷。

鄭樵《通志·藝文略·文史》 《唐志》：四部，四家，一十八卷。劉子元以下皆不著録，二十二家，三十三部，一百七十九卷。

《宋三朝志》：三十八部，一百二十五卷。

《宋兩朝志》：八部，五十九卷。

《宋四朝志》：一十八部，一百四十卷。

《宋中興志》：六十二家，六十五部，四百八十七卷。

又 凡文史一種，二十三部，四十九卷。

又《樂類》 右題解六部，一十七卷。

《宋史·藝文志·文史類》 右文史類九十八部，六百卷。

又 右文史類四十八部，二百六十卷。

倪燦等《宋史藝文志補·文史類》 右文史類十三家，七十四卷。

《四庫提要·詩文評類二》 右詩文評類六十四部，七百三十一卷。皆《文淵閣》著録。

又 右詩文評類八十五部，五百二十四卷。内一部無卷數。皆附存目。

錢東垣等輯《崇文總目·文史類》 共二十五部，計七十卷。

張之洞《書目答問·詩文評》 詩文評第四。詩話但舉總匯者，其專家詩話太繁，不録。

姚振宗《隋書經籍志考證·總集類》 以上總集文章及評論之屬凡廿三部。附梁有十一部，爲第一類。

二

遼金元分部

歲寒集

王圻《續文獻通考・經籍考・詩集》《歲寒集》。遼蕭柳著。字徒門，淳欽皇后弟。智勇能文，爲北女直詳穩卒。耶律觀音奴集其所著詩千篇，名曰《歲寒》。

錢大昕《補元史藝文志・別集類》 蕭柳《歲寒集》，詩千篇。

王仁俊《遼史藝文志補證・別集類》 蕭柳《歲寒集》千篇。繆有。出《續通考》。按本傳：多知能文，膂力絶人，耶律觀音努集柳著詩千篇，目曰《歲寒集》。

黄任恒《補遼史藝文志・別集類》 蕭柳《歲寒集》。《蕭柳傳》曰：柳字徒門，多智能文，耶律觀音奴集柳所著詩千篇，目曰《歲寒集》。

義宗詩

王仁俊《遼史藝文志補證・別集類》《義宗詩》。金有。見《宗室傳》。《海上詩》已輯。

丁年集

王仁俊《遼史藝文志補證・別集類》 李澣《丁年集》十卷。厲、繆有。出《宋志》。

應曆小集

王仁俊《遼史藝文志補證・別集類》 李氏《應曆小集》十卷。厲、繆有。按鄭略：李澣晉末陷契丹，以遼應曆年號名集。

黄任恒《補遼史藝文志・別集類》 李澣《應曆小集》十卷。鄭樵《通志》七十曰：李澣晉末人，晉陷契丹，以僞遼應曆年號名集。

陶岳《五代史補》三曰：李澣有逸才，每作文則筆不停輟，卒於蕃中。後人有得其文集者，號曰《丁年集》，蓋取蘇武丁年奉使之義。

耶律谷欲集

王仁俊《遼史藝文志補證・別集類》《耶律谷欲集》。金有。按本傳又作古雲，工文章，興宗命爲詩友。

閬苑集

王圻《續文獻通考・經籍考・集中》《閬苑集》。平王隆先著。隆先字圃隱，讓國皇帝子，聰明博學能詩。

錢大昕《補元史藝文志・別集類》 平王隆先《閬苑集》。

王仁俊《遼史藝文志補證・別集類》 平王隆先《閬苑集》。厲、錢、金、繆有。出《續通考》。按《宗室本傳》：聰明博學，能詩，《閬苑集》行世。金列《閬苑詩》，宜併入。

黄任恒《補遼史藝文志・別集類》 耶律隆先《閬苑集》。《宗室傳》曰：平王隆先字團隱，爲人聰明，博學能詩，有《閬苑集》行於世。

聖宗御製曲

王仁俊《遼史藝文志補證・別集類》《聖宗御製曲》五百餘首。見《契丹國志》。按《本紀》：幼喜書翰，十歲能詩，既長，曉音律。

黄任恒《補遼史藝文志・別集類》《聖宗御製曲》。葉隆禮《契丹國志》七

曰：聖宗喜吟詩，《御製曲》百餘首。

六義集

王圻《續文獻通考・經籍考・詩集》　《六義集》十二卷。遼蕭韓家奴著。

錢大昕《補元史藝文志・別集類》　蕭韓家奴《六義集》十二卷。

王仁俊《遼史藝文志補證・別集類》　蕭韓家奴《六義集》十二卷行於世。錢、金、繆有。出《續通考》。按本傳：少好學，博覽經史，有《六義集》十二卷行於世。金於賦類列《四時逸樂賦》，碑類列《太祖功德碑》，策對類列《策對》一卷，宜併入。

黃任恒《補遼史藝文志・別集類》　蕭韓家奴《六義集》十二卷。《文學傳》曰：蕭韓家奴字休堅，通遼漢文字，有《六義集》十二卷行於世。

寶老集

王圻《續文獻通考・經籍考・集中》　《寶老集》。蕭孝穆著。爲北院樞密使。時稱爲國寶臣文人，因目其集曰《寶老》。

錢大昕《補元史藝文志・別集類》　蕭孝穆《寶老集》。

王仁俊《遼史藝文志補證・別集類》　蕭孝穆《寶老集》。厲、錢、金、繆有。出《續通考》。按本傳：時稱爲「國寶臣」，目所著文曰《寶老集》，《諫南伐疏》、《謀取三關議》，已輯。

黃任恒《補遼史藝文志・別集類》　蕭孝穆《寶老集》。《蕭孝穆傳》曰：孝穆小字胡獨堇，廉謹有禮法，重熙十一年復爲北院樞密使，更王齊薨時稱爲國寶臣，目所著文曰《寶老集》。

劉京集

《宋史・藝文志・別集類》　《劉京集》四十卷。

王仁俊《遼史藝文志補證・別集類》　《劉京集》四十卷。厲、錢有。出《宋志》。

黃任恒《補遼史藝文志・別集類》　《劉京集》四十卷。《遼詩話》上曰：劉經一作京。爲政事舍人，來奉使，路中有野韭可食，味絶佳，作詩云：野韭長猶嫩，沙泉淺更清。《談苑》。《宋史・藝文志》：《劉京集》四十卷。任恒案：《聖宗紀》：開泰二年劉涇由户部侍郎加工部尚書，則涇乃聖宗時人也。《遼史拾遺》十六劉京誤作劉景，《拾遺補》五亦引《談苑》此説，而經則作涇，案作涇者是也。《遼詩話》亦誤。

登瀛集

《宋史・藝文志・別集類》　楊吉《登瀛集》五卷。

王圻《續文獻通考・經籍考・集中》　《登瀛集》。楊佶著。佶字正叔，南京人。幼穎悟，讀書自能成句。仕終吏部尚書，兼門下侍郎，同中書門下平章事。

錢大昕《補元史藝文志・別集類》　楊佶《登瀛集》。

王仁俊《遼史藝文志補證・別集類》　楊佶《登瀛集》五卷。厲、錢、金、繆有。出《宋志》。按本傳云：穎悟異常，文章號得體，宋梅詢賀千齡節，詔佶迎送，多倡酬，每見稱貴。有《登瀛集》行於世。

黃任恒《補遼史藝文志・別集類》　楊佶《登瀛集》十卷。《宋祕書省續編四庫闕書目》一。任恒案：楊字下原無「佶」字，而注以「徽宗廟諱」四字，又《書目》下注一「闕」字，是紹興初年已有録無書矣。《宋史・藝文志》佶作吉，蓋亦避諱，惟著録五卷，則佚其半也。《楊佶傳》曰：佶字正叔，幼穎悟異常，讀書自能成句，官翰林學士，文章號得體。卒有《登瀛集》行於世。

重熙小集

黃任恒《補遼史藝文志・別集類》　楊佶《重熙小集》十卷。《宋祕書省續編四庫闕書目》一。任恒案：此書不注闕字，是尚存也。亦不書名，而填注「徽宗廟

諱」四字。

西亭集

王圻《續文獻通考・經籍考・集中》《西亭集》。蕭資忠著。聖宗時使高麗，留不遺。每憶君親，輒有著述，號《西亭集》。

錢大昕《補元史藝文志・別集類》耶律資忠《西亭集》。

王仁俊《遼史藝文志補證・別集類》耶律資忠《西亭集》。厲、錢、金、繆有。出《續通考》。按本傳：再使高麗，留弗遣，資忠每懷君親，輒有著述，號《西亭集》。金又列《西亭詩》，宜併入。

黃任恒《補遼史藝文志・別集類》耶律資忠《西亭集》。《耶律資忠傳》曰：資忠字沃衍，博學工辭章，開泰四年再使高麗，留弗遣。資忠每懷君親，輒有著述，號《西亭集》。九年高麗始送還。

述懷詩

王仁俊《遼史藝文志補證・詩集類》耶律韓留《述懷詩》。金有。按本傳：詔進《述懷詩》，上嘉歎。

慶會集

王圻《續文獻通考・經籍考・詩集》《慶會集》。遼耶律良著。良讀書醫巫閭山，學既博，又入南山肄業，清寧中官知制誥。帝命其詩爲《慶會集》，親製序焉。

錢大昕《補元史藝文志・別集類》耶律良《慶會集》。

王仁俊《遼史藝文志補證・別集類》耶律良《慶會集》。厲、錢有。出《續通考》。按本傳：上命良詩爲《慶會集》，親製其序。

黃任恒《補遼史藝文志・別集類》耶律良《慶會集》。《耶律良傳》曰：良請編御製詩文，目曰《清寧集》，上命良詩爲《慶會集》，親製其序。

耶律庶成集

錢大昕《補元史藝文志・別集類》《耶律庶成詩文》。

王仁俊《遼史藝文志補證・別集類》《耶律庶成集》。錢、金、繆有。按本傳：於詩尤工，有詩文行於世。《乞廣本國姓氏表》已輯。金列《四時逸樂賦》入賦類，宜併入。

黃任恒《補遼史藝文志・別集類》《耶律庶成詩文集》。《耶律庶成傳》曰：庶成字喜隱，善遼、漢文字，於詩尤工，有詩文行於世。

耶律庶成詩集

王仁俊《遼史藝文志補證・詩集類》《耶律庶成詩集》。錢、金、繆有。

王棠集

王仁俊《遼史藝文志補證・別集類》《王棠集》。金、繆有。按本傳：博古善屬文。

清寧集

王圻《續文獻通考・經籍考・集中》《清寧集》。道宗製，耶律良編集。

錢大昕《補元史藝文志・別集類》遼道宗皇帝《清寧集》。

王仁俊《遼史藝文志補證・別集類》道宗《清寧集》，耶律良編。錢、厲、金、繆

有。出《續通考》。按本傳：奏請編御製詩文，目曰《清寧集》，詩文已輯。

道宗《御製詩賦》，耶律伯編。按本紀：清寧六年，耶律伯請編次《御製詩賦》，仍命伯爲序。伯一作白。

黄任恒《補遼史藝文志・別集類》 道宗《清寧集》。《道宗紀》一曰：清寧六年五月，監修國史，耶律白請編次御製詩賦，仍命白爲序。

《耶律良傳》曰：良字習撚，清寧中遷知制誥，兼知部署司事，奏請編御製詩文，目曰《清寧集》。

錢大昕《廿二史考異》八十三曰：《道宗紀》耶律白請編次御製詩賦，咸雍六年以惕隱耶律白爲中京留守，八月耶律白薨，追封遼西郡王。按此三事，俱見《耶律良傳》，紀與傳當有一誤，或一人而二名也。

僧了洙文集

黄任恒《補遼史藝文志・別集類》 《僧了洙文集》。楊丘文《柳谿玄心寺洙公壁記》曰：佛之徒曰洙公者，吾友人也。字涣之，姓高氏，世籍燕，爲名家生，而被詩書禮樂之教，固充沛乎耳目矣。然性介絜，嗜浮圖，所謂禪者之説，不數歲盡得其術，乃卜居豐陽玄心寺，研探六藝子史之學，掇其微眇，隨所意得作爲文辭而輟輯之，積十數歲不舍鉛素，寖然聲聞流於京師。《遼文存》四。任恒案：此碑乾統三年立。

耶律孟簡集

王仁俊《遼史藝文志補證・別集類》 《耶律孟簡集》。金有。按本傳：性穎悟，六歲，父晨出獵，俾賦曉天星月詩，應聲而成，父大奇之。《乞修國史表》已輯。

放懷詩

王圻《續文獻通考・經籍考・詩集》 《放懷詩》一卷。遼耶律孟簡著。聞皇太子被害，不勝哀痛，作《放懷詩》二十首以傷之。

錢大昕《補元史藝文志・別集類》 耶律孟簡《放懷詩》一卷。

王仁俊《遼史藝文志補證・詩集類》 耶律孟簡《放懷詩》一卷。厲、錢、金、繆有。出《續通考》。按本傳作《放懷詩》二十首，序已輯。

黄任恒《補遼史藝文志・別集類》 耶律孟簡《放懷詩》一卷。《文學傳》曰：耶律孟簡字復易，大康初爲乙辛所銜，流保州，及聞皇太子被害，不勝哀痛，作《放懷詩》二十首。大康中始得歸里。任恒案：錢大昕《補元史藝文志》作一卷，兹據以著録。

天祚文妃諷諫歌

王仁俊《遼史藝文志補證・詩集類》 《天祚文妃諷諫歌》。金有。按見《后妃傳》。

常哥集

王仁俊《遼史藝文志補證・別集類》 耶律氏《常歌集》。金、繆有。按《列女傳・回文詩》已輯，金又列《常哥詩》，宜併入。

馬得成詩

王仁俊《遼史藝文志補證・詩集類》 《馬得成詩》。金有。見本傳。

陳氏詩

王仁俊《遼史藝文志補證・詩集類》 邢簡妻《陳氏詩》。金有。見《列女傳》。

王鼎詩

王仁俊《遼史藝文志補證・詩集類》《王鼎詩》。金有。按本傳：時馬唐俊有文名燕、薊間，與同志袚禊水濱，酌酒賦詩，鼎偶造席，俊欲以詩困之，先出所作素賦，鼎援筆立成。

馬唐俊詩

王仁俊《遼史藝文志補證・詩集類》《馬唐俊詩》。

北朝馬氏集

黄任恒《補遼史藝文志・别集類》《北朝馬氏集》二十卷。《宋祕書省續編四庫闕書目》一。任恒案：《祕省書目》係紹興初年續編，其時金源立國不過十餘年，未必有文集之刻，然則所云北朝者，必指遼也。

梅花十詠詩

楊士奇等《文淵閣書目・詩詞》耶律《梅花十詠詩》。一部，一册。闕。塾本「十」作「千」。

南榮集

黄虞稷《千頃堂書目・别集類・補金》劉蹟《南榮集》。東平人，宋相莘老子，右相長言父，儀真令。

倪燦等《補遼金元藝文志・别集類・補金》劉蹟《南榮集》。東平人，宋相莘老子，右相長言父，儀真令。

錢大昕《補元史藝文志・别集類》劉蹟《南榮集》。東平人，儀真令，右相長言之父。

龔顯曾《金藝文志補録・别集類》《南榮集詩文》二册。劉蹟東平人，宋相莘老子，右相長言父，儀真令。

霖堂集

黄虞稷《千頃堂書目・别集類・補金》朱之才《霖堂集》。字師美，洛西人，仕劉豫爲諫官，黜爲泗水令。

倪燦等《補遼金元藝文志・别集類・補金》朱之才《霖堂集》。字師美，洛西人，仕劉豫爲諫官，出爲泗水令。

錢大昕《補元史藝文志・别集類》朱之才《霖堂集》。字師美，洛西人。

龔顯曾《金藝文志補録・别集類》《霖堂集》。朱之才，字師美，洛西人，仕劉豫爲諫官，出爲泗水令。

嗚嗚集

黄虞稷《千頃堂書目・别集類・補金》祝簡《嗚嗚集》。字廉夫，單父人，太常丞兼直史館。

倪燦等《補遼金元藝文志・别集類・補金》祝簡《嗚嗚集》。字廉夫，單父人，太常卿兼直史館。

錢大昕《補元史藝文志・别集類》祝簡《嗚嗚集》。字廉夫，單父人，太常丞直史館。

龔顯曾《金藝文志補録・别集類》《嗚嗚集》。祝簡字廉夫，單父人，太常卿兼直史館。

南游集　北游集

黃虞稷《千頃堂書目·別集類·補金》 張斛《南遊》、《北歸》等詩。字德容，漁陽人。祕書省著作郎。

倪燦等《補遼金元藝文志·別集類·補金》 張斛《南遊》、《北歸》等詩。字德容，漁陽人，祕書省著作郎。

錢大昕《補元史藝文志·別集類》 張斛《南游詩》。又《北歸詩》。字德容，漁陽人，祕書省著作郎。

龔顯曾《金藝文志補録·別集類》 《南游》、《北歸》、《南游集》、《北游集》。張斛字德容，漁陽人，祕書省著作郎。倪《志》題《南游》、《北歸》等詩。

虞仲文集

龔顯曾《金藝文志補録·別集類》 《虞仲文集》。虞仲文，他書不見著録。據金《志》增入。

錦溪集

黃虞稷《千頃堂書目·別集類·補金》 杜佺《錦溪集》。字真卿，武功人，宋末有詩名於關中。

倪燦等《補遼金元藝文志·別集類·補金》 杜佺《錦溪集》。字真卿，武功人。

錢大昕《補元史藝文志·別集類》 杜佺《錦溪集》。字真卿，武功人。

龔顯曾《金藝文志補録·別集類》 《錦溪集》。杜佺字真卿，武功人。

漆園集

黃虞稷《千頃堂書目·別集類·補金》 李之翰《漆園集》。字周卿，濟南人，東平倅。

倪燦等《補遼金元藝文志·別集類·補金》 李之翰《漆園集》。字周卿，濟南人。

錢大昕《補元史藝文志·別集類》 李之翰《漆園集》。字周卿，濟南人。

龔顯曾《金藝文志補録·別集類》 《漆園集》。李之翰字周卿，濟南人。

龍南集

黃虞稷《千頃堂書目·別集類·補金》 楊興宗《龍南集》。高陵人。

倪燦等《補遼金元藝文志·別集類·補金》 楊與宗《龍南集》。高陵人。

錢大昕《補元史藝文志·別集類》 楊興宗《龍南集》。高陵人。

龔顯曾《金藝文志補録·別集類》 《龍南集》。楊興宗，高陵人。倪《志》作「與宗」。

薺堂集

黃虞稷《千頃堂書目·別集類·補金》 馬定國《薺堂先生集》。字子卿，茌平人，翰林學士。

倪燦等《補遼金元藝文志·別集類·補金》 馬定國《薺堂集》。字子卿，茌平人，翰林學士。

錢大昕《補元史藝文志·別集類》 馬定國《薺堂集》。

龔顯曾《金藝文志補録·別集類》 《薺堂集》。馬定國字子卿，茌平人，翰林學士。

蒙城集

王圻《續文獻通考・經籍考・集中》《蒙城集》。高士談著。燕人。家富圖籍，與宇文虛中友愛。

黃虞稷《千頃堂書目・別集類・補金》 高士談《蒙城集》。字子文，一字季默，翰林直學士。

倪燦等《補遼金元藝文志・別集類・補金》 高士談《蒙城集》。字子文，一字季默，翰林直學士。

錢大昕《補元史藝文志・別集類》 高士談《蒙城集》。

龔顯曾《金藝文志補録・別集類》《蒙城集》。高士談字子文，一字季默，翰林直學士。

曹王集

黃虞稷《千頃堂書目・別集類・補金》 劉豫《劉曹王集》十卷。字彦由，阜城人。

倪燦等《補遼金元藝文志・別集類・補金》 劉豫《曹王集》十卷。

錢大昕《補元史藝文志・別集類》《劉豫集》十卷。

龔顯曾《金藝文志補録・別集類》《曹王集》十卷。劉豫。

宇文虛中文集

錢大昕《補元史藝文志・別集類》《宇文虛中文集》。

龔顯曾《金藝文志補録・別集類》《宇文虛中文集》。宇文虛中。

東山集

王圻《續文獻通考・經籍考・集中》《東山集》十卷。吴激著。激字彦高，建州人，宋米芾壻也。將宋命至金，以知名留不遣，爲翰林學士。皇統二年，出知深州。卒。集名「東山」，因其號也。

黃虞稷《千頃堂書目・別集類・補金》 吴激《東山集》十卷。字彦高，宋宰臣栻子。翰林待制，出知深州。

倪燦等《補遼金元藝文志・別集類・補金》 吴激《東山集》十卷。字彦高，宋宰臣栻子。翰林待制，出知深州。

錢大昕《補元史藝文志・別集類》 吴激《東山集》十卷。

龔顯曾《金藝文志補録・別集類》《東山集》十卷，并《樂府》。吴激字彦高，宋宰臣栻子，翰林待制，出知深州。

橘軒詩集

龔顯曾《金藝文志補録・別集類》《橘軒詩集》。張澄。元好問有《張仲經詩集序》。

澶水集

黃虞稷《千頃堂書目・別集類・補金》 鼂會《澶水集》。字公錫，高平人，天眷二年進士，興平軍節度副使。

倪燦等《補遼金元藝文志・別集類・補金》 鼂會《澶水集》。字公錫，高平人。

錢大昕《補元史藝文志・別集類》 鼂會《泫水集》。字公錫，高平人。

龔顯曾《金藝文志補録・別集類》《泫水集》。鼂會字公錫，高平人。倪《志》作

「澶水」。

通理集

龔顯曾《金藝文志補録・別集類》《通理集》。何宏中。

成真集

龔顯曾《金藝文志補録・別集類》《成真集》。何宏中。

雞肋集

錢大昕《補元史藝文志・別集類》姚孝錫《雞肋集》。存律詩五卷。字仲純，豐縣人。

龔顯曾《金藝文志補録・別集類》《雞肋集》。姚孝錫，存律詩五卷。

完顔勖集

龔顯曾《金藝文志補録・別集類》《金源郡王完顔勖集》。完顔勖。

蔡松年文集

黄虞稷《千頃堂書目・別集類・補金》《蔡松年文集》。字伯堅，尚書右丞相，謚文簡。

倪燦等《補遼金元藝文志・別集類・補金》《蔡松年文集》。字伯堅，尚書右丞相，謚文簡。

錢大昕《補元史藝文志・別集類》《蔡松年集》。

龔顯曾《金藝文志補録・別集類》《蔡松年集》。蔡松年字伯堅，尚書右丞相，謚文簡。

三住老人集

黄虞稷《千頃堂書目・別集類・補金》施宜生《三住老人集》。字明望，浦城人，翰林學士。

倪燦等《補遼金元藝文志・別集類・補金》施宜生《三住老人集》。字明望，浦城人，翰林學士。

錢大昕《補元史藝文志・別集類》《施宜生集》。字明望，浦城人，翰林學士。

龔顯曾《金藝文志補録・別集類》《三住老人集》。施宜生字明望，浦城人，翰林學士。錢《志》題《施宜生集》。

蔡珪文集

王圻《續文獻通考・經籍考・集中》《蔡正甫文集》五十五卷。真定蔡珪著。

黄虞稷《千頃堂書目・別集類・補金》《蔡珪文集》五十五卷。字正甫，松年子，官禮部郎中。

倪燦等《補遼金元藝文志・別集類・補金》《蔡珪文集》五十五卷。字正甫，松年子，禮部郎中。

錢大昕《補元史藝文志・別集類》《蔡珪文集》五十五卷。

龔顯曾《金藝文志補録・別集類》《蔡珪文集》五十五卷。蔡珪字正甫，松年子，禮部郎中。金《志》題《正甫集》。

竹堂集

黃虞稷《千頃堂書目・别集類・補金》 張公藥《竹堂集》。字元石，孝純孫，以父蔭入仕爲郾城令。

倪燦等《補遼金元藝文志・别集類・補金》 張公藥《竹堂集》。字元石，孝純孫，郾城令。

錢大昕《補元史藝文志・别集類》 張公藥《竹堂集》。字元石，宰相永錫之孫，官郾城令。

龔顯曾《金藝文志補録・别集類》 《竹堂集》。張公藥字元石，孝純孫，郾城令。

史旭詩

黃虞稷《千頃堂書目・别集類・補金》 《史旭詩》一卷。字景陽，第進士，歷臨真、秀容二縣令。

倪燦等《補遼金元藝文志・别集類・補金》 《史旭詩》一卷。字景陽，歷臨真、秀容二縣令。

錢大昕《補元史藝文志・别集類》 《史旭詩》一卷。字景陽，秀容令。

龔顯曾《金藝文志補録・别集類》 《史旭詩》一卷。史旭字景陽，歷臨真、秀容縣令。

東皋集

黃虞稷《千頃堂書目・别集類・補金》 桑之維《東皋集》。字之才，恩州人。蔡伯堅子壻。

倪燦等《補遼金元藝文志・别集類・補金》 桑之維《東皋集》。字之才，恩州人。

錢大昕《補元史藝文志・别集類》 桑之維《東皋集》。字之才，恩州人。

龔顯曾《金藝文志補録・别集類》 《東皋集》。桑之維字之才，恩州人。

張庭玉詩集

黃虞稷《千頃堂書目・别集類・補金》 《張廷玉集》。字子榮，易縣人。

倪燦等《補遼金元藝文志・别集類・補金》 《張庭玉集》。字子榮，易縣人。

錢大昕《補元史藝文志・别集類》 《張庭玉詩集》。字子榮，易縣人，號盤溪居士。

龔顯曾《金藝文志補録・别集類》 《張子榮集》。張庭玉字子榮，號盤溪居士，易縣人。

丹崖集

龔顯曾《金藝文志補録・别集類》 《丹崖集》。邢安國。

渭濱野叟集

黃虞稷《千頃堂書目・别集類・補金》 景覃《渭濱埜叟集》。字伯仁，華州人。

倪燦等《補遼金元藝文志・别集類・補金》 景覃《渭濱野叟集》。字伯仁，華陰人。

錢大昕《補元史藝文志・别集類》 《景覃集》。字伯仁，華陰人。

龔顯曾《金藝文志補録・别集類》 《渭濱野叟集》。景覃字伯仁，華陰人。

崑崙集

王圻《續文獻通考・經籍考・集中》 《崑崙集》。郭長倩著。長倩字曼卿，

文登人。中皇統經義乙科，官秘書少監兼修起居注。撰《石決明傳》，時輩稱之。

黄虞稷《千頃堂書目・別集類・補金》 郭長倩《崑崙集》。字曼卿，文登人。皇統丙寅經義乙科，仕至祕書少監，兼禮部郎中，修起居注。

倪燦等《補遼金元藝文志・別集類・補金》 郭長倩《崑崙集》。字曼卿，文登人。

錢大昕《補元史藝文志・別集類》 郭長倩《崑崙集》。字曼卿，文登人，祕書少監。

龔顯曾《金藝文志補録・別集類》 《崑崙集》。郭長倩字曼卿，文登人。倪《志》作「崑崙」。

韋齋集

黄虞稷《千頃堂書目・別集類・補金》 張鉉《韋齋集》。河中人。(大)〔天〕德中進士，同知定國軍節度使。刻意於詩，五言尤工。

倪燦等《補遼金元藝文志・別集類・補金》 張鉉《韋齋集》。河中人。

龔顯曾《金藝文志補録・別集類》 《韋齋集》。張鉉，河中人。

侯大中詩集

王圻《續文獻通考・經籍考・詩集》 《侯大中詩集》。公安人，號損齋。金大定初應詔建醮，授師號。其詩集學士元善爲之記。

錢大昕《補元史藝文志・別集類》 《侯大中詩集》。號損齋，公安人，金大定初應詔建醮，授師號。

龔顯曾《金藝文志補録・別集類》 《侯大中詩集》。侯大中號損齋，公安人，大定初應詔建醮，授師號。

西巖集

黄虞稷《千頃堂書目・別集類・補金》 劉汲《西巖集》。字伯深，南山翁子，(大)〔天〕德三年進士，翰林供奉。

倪燦等《補遼金元藝文志・別集類・補金》 劉汲《西巖集》。字伯深，南山翁撝子，翰林供奉。

錢大昕《補元史藝文志・別集類》 劉汲《西巖集》。字伯深，翰林應奉。

龔顯曾《金藝文志補録・別集類》 《西嵓集》。劉汲字伯深，南山翁撝子，翰林供奉。《中州集》，倪《志》作《西巖集》。

攖寧居士集

黄虞稷《千頃堂書目・別集類・補金》 劉瞻《攖寧居士集》。字巖老，亳州人，天德三年南榜登科，大定初史館編修。

倪燦等《補遼金元藝文志・別集類・補金》 劉瞻《攖寧居士集》。字巖老，亳州人，史館編修。

錢大昕《補元史藝文志・別集類》 《劉瞻集》。字巖老，亳州人，史館編修。

龔顯曾《金藝文志補録・別集類》 《攖寧居士集》。劉瞻字巖老，亳州人，史館編修。

曹望之詩集

王圻《續文獻通考・經籍考・詩集》 《曹户部詩集》三十卷。金曹望之著。字景蕭，宣德人。天會間，以秀民子充女直字學生，年十四歲學成，除西京教授，累官户部尚書。望之初不學，及貴稍知讀書，遂刻苦自致。

黄虞稷《千頃堂書目・別集類・補金》 《曹望之詩集》二十卷。臨潼人，户部尚書。

倪燦等《補遼金元藝文志・別集類・補金》 《曹望之詩集》二十卷。臨潼人。

錢大昕《補元史藝文志・別集類》 《曹户部詩集》三十卷。曹望之字景蕭，宣德人，户部尚書。

龔顯曾《金藝文志補録・別集類》《曹户部詩集》三十卷。曹望之字景蕭，宣德人，户部尚書。倪《志》作臨潼人，集作二十卷。

水雲集

黃虞稷《千頃堂書目・別集類・補金》譚處淵《水雲集》。金羽士。

倪燦等《補遼金元藝文志・別集類・補金》譚處端《水雲集》。羽士。

吴焯《繡谷亭薰習録・集二》《水雲集》二卷。金道士東牟譚處端著。處端一名玉，號長真子，大定丁未。下闕。

錢大昕《補元史藝文志・別集類》譚處端《水雲集》三卷。東牟人，號長真子。

龔顯曾《金藝文志補録・別集類》《水雲集》。譚處端羽士。依倪《志》補入。

漸悟集

徐𤊹《徐氏家藏書目・文集類》無名氏《漸悟集》一卷。

錢大昕《補元史藝文志・別集類》馬鈺《漸悟集》二卷。

龔顯曾《金藝文志補録・別集類》《漸悟集》二卷。馬鈺。

遯齋詩集

王圻《續文獻通考・經籍考・詩集》《遯齋詩集》。金王元節著。字子元，弘州人。天德三年詞賦進士，仕終密州觀察判官。

黃虞稷《千頃堂書目・別集類・補金》王元節《遯齋詩集》。字子充，弘州人，第進士，密州觀察判官。

倪燦等《補遼金元藝文志・別集類・補金》王元節《遯齋詩集》。字子充，宏州人。

錢大昕《補元史藝文志・別集類》王元節《遯齋詩集》。

龔顯曾《金藝文志補録・別集類》《遯齋詩集》。王元節字子充，宏州人。

玉峰散人集

王圻《續文獻通考・經籍考・集中》《玉峰散人集》。趙可著。可字獻之，高平人，貞元二年進士，仕至翰林直學士。

黃虞稷《千頃堂書目・別集類・補金》趙可《玉峰散人集》。字獻之，高平人，貞元二年進士，翰林直學士。

倪燦等《補遼金元藝文志・別集類・補金》趙可《玉峰散人集》。字獻之，高平人，翰林直學士。

錢大昕《補元史藝文志・別集類》趙可《玉峰散人集》。

龔顯曾《金藝文志補録・別集類》《玉峰散人集》。趙可字獻之，高平人，翰林直學士。

龍山集

黃虞稷《千頃堂書目・別集類・補金》劉仲尹《龍山集》。字致君，益州人，後遷沃州，正隆二年以潞州節度副使召爲都水監丞。

倪燦等《補遼金元藝文志・別集類・補金》劉仲尹《龍山集》。字致君，益州人，後遷沃州都水監丞。

錢大昕《補元史藝文志・別集類》劉仲尹《龍山集》。字致君，蓋州人，都水監丞。

龔顯曾《金藝文志補録・別集類》《龍山集》。劉仲尹字致君，益州人，遷沃州都水監丞。

虚舟居士集

黃虞稷《千頃堂書目・別集類・補金》郝俣《虚舟居士集》。字子玉，太原人，

正隆二年進士，河東北路轉運副使。

倪燦等《補遼金元藝文志・別集類・補金》 郝俁《虚舟居士集》。字子玉，太原人，河東北路轉運副使。

錢大昕《補元史藝文志・別集類》 郝俁《虚舟居士集》。字子玉，太原人，河東北路轉運使。

龔顯曾《金藝文志補録・別集類》 《虚舟居士集》。郝俁字子玉，太原人，河東北路轉運副使。

清漳集

王圻《續文獻通考・經籍考・集中》 《清漳集》。吕(宗)〔中〕孚著。字信臣，南宫人。與蒲城張建皆知名。

黄虞稷《千頃堂書目・別集類・補金》 吕中孚《清漳集》。字信臣，冀州南宫人。

倪燦等《補遼金元藝文志・別集類・補金》 吕中孚《清漳集》。字信臣，南宫人。

錢大昕《補元史藝文志・別集類》 吕中孚《清漳集》。字信臣，南宫人。

龔顯曾《金藝文志補録・別集類》 《清漳集》。吕中孚字信臣，南宫人。金《志》別載《蘭泉集》。

洨水老人集

黄虞稷《千頃堂書目・別集類・補金》 王世賞《洨水老人集》。字彦功，汴人。明昌中保舉才能德行，賜出身，釋褐鞏州教授，終於鹿邑簿。

倪燦等《補遼金元藝文志・別集類・補金》 王世賞《洨水老人集》。字彦功，汴人。

錢大昕《補元史藝文志・別集類》 王世賞《洨水老人集》。字彦功，汴人。

龔顯曾《金藝文志補録・別集類》 《洨水老人集》。王世賞字彦功，汴人。

鄭子聃詩文

錢大昕《補元史藝文志・別集類》 《鄭子聃詩文》二千餘篇。

龔顯曾《金藝文志補録・別集類》 《鄭子聃詩文》二千餘篇。鄭子聃。金《志》作《鄭子聃集》。又詩集類別載《鄭子聃詩》一種、《忠臣猶孝子詩》一種。

王敏夫集

黄虞稷《千頃堂書目・別集類・補金》 《王敏夫集》。五臺人。

倪燦等《補遼金元藝文志・別集類・補金》 《王敏夫集》。五臺人。

錢大昕《補元史藝文志・別集類》 《王敏夫集》。

龔顯曾《金藝文志補録・別集類》 《王敏夫集》。王敏夫，五臺人。

拙軒集

楊士奇等《文淵閣書目・文集》 王元老《拙軒集》。一部，三册。闕。

黄虞稷《千頃堂書目・別集類・補金》 王寂《拙軒集》。字元老，薊州玉田人，天德二年進士，中都轉運使。

倪燦等《補遼金元藝文志・別集類・補金》 王寂《拙軒集》六卷。字元老，玉田人，中都轉運使。

《四庫提要・別集類一九》 《拙軒集》六卷。《永樂大典》本。金王寂撰。寂字元老，薊州玉田人。登天德二年進士，歷官中都路轉運使，謚文肅。《金史》不爲立傳。元好問《中州集》載其詩入《乙集》中，而仕履亦僅見梗概。

錢大昕《補元史藝文志・別集類》 王寂《拙軒集》六卷。

張之洞《書目答問・別集》 《拙軒集》六卷。金王寂。聚珍本。福州杭州重刻本。又新刻本。

運使。

龔顯曾《金藝文志補録・别集類》《拙軒集》六卷。王寂字元老，玉田人，轉運使。

北遷録

錢大昕《補元史藝文志・别集類》王寂《北遷録》。字元老，玉田人，中都路轉運使。

朱巨觀集

龔顯曾《金藝文志補録・别集類》《朱巨觀集》。朱瀾。

漳川集

黃虞稷《千頃堂書目・别集類・補金》董師中《漳川集》。安紹祖，邯鄲人，後徙洺州，皇統九年進士，承安中入政府。

倪燦等《補遼金元藝文志・别集類・補金》董師中《漳川集》。字紹祖，邯鄲人，徙洺州。

錢大昕《補元史藝文志・别集類》董師中《漳川集》。字紹祖，邯鄲人。

龔顯曾《金藝文志補録・别集類》《漳川集》。董師中字紹祖，邯鄲人，徙洺州。《全金詩》引作《漳州集》，非。

燕賜邊部詩

龔顯曾《金藝文志補録・别集類》《燕賜邊部詩》。董師中。

韋齋集

黃虞稷《千頃堂書目・别集類・補金》張琚《韋齋集》。字子玉，河中人。

倪燦等《補遼金元藝文志・别集類・補金》張琚《韋齋集》。字子玉，河中人。

錢大昕《補元史藝文志・别集類》張琚《韋齋集》。字子玉，河中人。

龔顯曾《金藝文志補録・别集類》《韋齋集》。張琚字子玉，河中人。

耶律文獻公集

楊士奇等《文淵閣書目・文集》《耶律文獻公集》。一部，六册。完全。

張萱等《内閣藏書目録・集部》《右丞耶律公集》六册。全。金大定間耶律履著。履，楚材父也。凡十五卷。

錢謙益等《絳雲樓書目・金元文集類》《耶律文獻集》。履字履道，明昌初官右相，元裕之《中州集》中選其詩一首。

黃虞稷《千頃堂書目・别集類・補金》耶律履《文獻公集》十五卷。字履道，東丹王七世孫，參知政事，尚書右丞，謚文獻。楚材父。

倪燦等《補遼金元藝文志・别集類・補金》耶律履《文獻集》十五卷。字履道，東丹王七世孫，謚文獻。

錢大昕《補元史藝文志・别集類》《耶律履集》十五卷。

龔顯曾《金藝文志補録・别集類》《耶律文獻集》十五卷。耶律履字履道，東丹王七世孫，謚文獻。見《絳雲樓書目》。

披軒集

黃虞稷《千頃堂書目・别集類・補金》酈權《披軒集》。字元輿，安陽人，明昌

初以著作郎召，未幾，卒。

倪燦等《補遼金元藝文志・別集類・補金》 鄺權《披軒集》。字元輿，安陽人。

錢大昕《補元史藝文志・別集類》 鄺權《披軒集》。字元輿，安陽人，著作郎。

龔顯曾《金藝文志補録・別集類》《披軒集》。鄺權字元輿，安陽人。

澹軒遺稿

黃虞稷《千頃堂書目・別集類・補金》 史肅《澹軒遺稿》。字舜元，京兆人，户部正郎，鐫降同知汾州事。

倪燦等《補遼金元藝文志・別集類・補金》 史肅《澹軒遺稿》。字舜元，京兆人。

錢大昕《補元史藝文志・別集類》 史肅《澹軒遺稿》。字舜元，京兆人，監察御史。

龔顯曾《金藝文志補録・別集類》《澹軒遺稿》。史肅字舜元，京兆人。

樂善居士文集

王圻《續文獻通考・經籍考・集中》《樂善居士文集》。世宗子豫王永成著。

黃虞稷《千頃堂書目・別集類・補金》 完顔永成《樂善居士集》。封豫王。

倪燦等《補遼金元藝文志・別集類・補金》 完顔永成《樂善居士集》。封豫王。

錢大昕《補元史藝文志・別集類》 金豫王永成《樂善居士文集》。

龔顯曾《金藝文志補録・別集類》《樂善老人集》。完顔永成，封豫王，世宗子，一作名允中。倪《志》、金《志》題《樂善居士集》。

狂愚集

王圻《續文獻通考・經籍考・集中》《狂愚集》二十卷。絳州正平李愈著。愈中正隆五年詞賦進士，官知河中府致仕。

黃虞稷《千頃堂書目・別集類・補金》 李愈《狂愚集》二十卷。正平人，河平軍節度使。

倪燦等《補遼金元藝文志・別集類・補金》 李愈《狂愚集》二十卷。正平人。

錢大昕《補元史藝文志・別集類》 李愈《狂愚集》二十卷。

龔顯曾《金藝文志補録・別集類》《狂愚集》二十卷。李愈，正平人。

党學士詩集

楊士奇等《文淵閣書目・詩詞》《党學士詩集》。一部，一册。闕。

竹溪集

黃虞稷《千頃堂書目・別集類・補金》 党懷英《竹溪集》十卷。字世杰，奉符人。大定十年進士，史館編修，應奉翰林學士，出爲泰定軍節度使，召爲翰林學士承旨。致仕。

倪燦等《補遼金元藝文志・別集類・補金》 党懷英《竹溪集》十卷。字世傑，奉符人。

錢大昕《補元史藝文志・別集類》 党懷英《竹溪集》十卷。

龔顯曾《金藝文志補録・別集類》《竹溪先生文集》十卷。党懷英字世傑，奉符人。倪《志》題《竹溪集》。

寂照居士集

黃虞稷《千頃堂書目・别集類・補金》 郭用中《寂照居士集》。字仲正，平陽人。大定七年進士，歷浮山簿、陝州録事。集有郝子玉、毛牧達、鄭仲康序。

倪燦等《補遼金元藝文志・别集類・補金》 郭用中《寂照居士集》。字仲正，平陽人。

錢大昕《補元史藝文志・别集類》 郭用中《寂照居士集》。字仲正，平陽人。

龔顯曾《金藝文志補録・别集類》 《寂照居士集》。郭用中字仲正，平陽人。

山林長語

黃虞稷《千頃堂書目・别集類・補金》 劉迎《山林長語》。字無黨，東萊人，大定十四年進士，官太子司經。

倪燦等《補遼金元藝文志・别集類・補金》 劉迎《山林長語》。字無黨，東萊人。

錢大昕《補元史藝文志・别集類》 劉迎《山林長語》。字無黨，東萊人，太子司經。

龔顯曾《金藝文志補録・别集類》 《山林長語》。劉迎字無黨，東萊人。

虛舟居士集

王圻《續文獻通考・經籍考・集中》 《虛舟居士集》。孫鐸著。孫鐸字振之，滕州人。大定中進士，爲臺諫亢直，貞祐初遷孟州防禦使。

平水集

黃虞稷《千頃堂書目・别集類・補金》 毛麾《平水集》。字牧達，平陽人，大定十六年特賜進士出身，同知泌州軍州事。

倪燦等《補遼金元藝文志・别集類・補金》 毛麾《平水集》。字牧達，平陽人。

錢大昕《補元史藝文志・别集類》 毛麾《平水老人詩集》十卷。字牧達，平陽人，太常博士。

龔顯曾《金藝文志補録・别集類》 《平水集》。毛麾字牧達，平陽人。一作《平水老人詩集》十卷。

張行簡文集

王圻《續文獻通考・經籍考・集中》 《張叔甫文章》十五卷。張行簡著。行簡字叔甫，日照人。大定中進士第一，官至銀青榮禄大夫，典貢舉進士。

黃虞稷《千頃堂書目・别集類・補金》 《張行簡文集》三十卷。字敬夫。大定十九年詞賦第一人，吏部尚書，太子太保，翰林學士承旨，謚文正。

倪燦等《補遼金元藝文志・别集類・補金》 《張行簡文集》三十卷。字敬甫，謚文正。

錢大昕《補元史藝文志・别集類》 《張行簡文集》十五卷。一作三十卷。

龔顯曾《金藝文志補録・别集類》 《張敬甫集》三十卷。張行簡字敬甫。謚文正。《全金詩》引《金史》作十五卷，倪《志》題《張行簡文集》。金氏《補志》題《叔甫集》十五卷。「叔」字筆誤。

仙樂集

徐𤊹《徐氏家藏書目・文集類》 劉處玄《仙樂集》一卷。

太古集

徐𤊹《徐氏家藏書目・文集類》 郝大通《太古集》一卷。

黄虞稷《千頃堂書目・別集類・補金》 《郝太古詩集》。

倪燦等《補遼金元藝文志・別集類・補金》 《郝太古詩集》。羽士。

錢大昕《補元史藝文志・別集類》 郝大通《太古集》四卷。道士。

龔顯曾《金藝文志補録・別集類》 《太古集》四卷。郝大通道士。倪《志》題《詩集》。

弘道集

王圻《續文獻通考・經籍考・集中》 《弘道集》六卷。徒單鎰著。鎰，上京人。大定九年進士及第，官至左丞相。嘗嘆文士委頓，雖巧拙不同，要以仁義道德爲本，乃著《學之急》、《道之要》二篇，太學諸生刻于石。

黄虞稷《千頃堂書目・別集類・補金》 徒單鎰《弘道集》六卷。右丞相廣平郡王。

倪燦等《補遼金元藝文志・別集類・補金》 徒單鎰《宏道集》六卷。右丞相，廣平郡王。

錢大昕《補元史藝文志・別集類》 徒單鎰《宏道集》六卷。

龔顯曾《金藝文志補録・別集類》 《宏道集》六卷。徒單鎰，右丞相，廣平郡王。

蘭泉老人集

王圻《續文獻通考・經籍考・集中》 《蘭泉老人集》。章建著。建字吉甫，蒲城人。明昌初授絳州教官，召爲應奉翰林文字，改授華州同知防禦使。自號蘭泉老人。

黄虞稷《千頃堂書目・別集類・補金》 張建《蘭泉老人集》。字吉甫，蒲城人，同知華州防禦使。

倪燦等《補遼金元藝文志・別集類・補金》 張建《蘭泉老人集》。字吉甫，蒲城人。

錢大昕《補元史藝文志・別集類》 張建一作章建。《蘭泉老人集》。字吉甫，蒲城人。

龔顯曾《金藝文志補録・別集類》 《蘭泉老人集》。張建字吉甫，蒲城人，一作章建。

王翰林文集

王圻《續文獻通考・經籍考・集中》 《王翰林文集》四十卷。河東王庭筠著。

黄虞稷《千頃堂書目・別集類・補金》 王庭筠《王翰林文集》四十卷。字子端，熊岳人，大定十六年甲科，翰林修撰。

倪燦等《補遼金元藝文志・別集類・補金》 王庭筠《翰林文集》四十卷。字子端，熊岳人。

錢大昕《補元史藝文志・別集類》 《王庭筠文集》四十卷。

龔顯曾《金藝文志補録・別集類》 《王庭筠文集》四十卷。王庭筠字子端，熊岳人。倪《志》題《翰林文集》，金《志》別載《秋山應制詩》卌首。

丹源釣徒集

黄虞稷《千頃堂書目・別集類・補金》 李仲略《丹源釣徒集》。字簡之，高平人，承旨晏子。大定二十二年進士，仕至山東路按察使。

倪燦等《補遼金元藝文志・別集類・補金》 李仲略《丹源釣徒集》。字簡之，高平人。

錢大昕《補元史藝文志・別集類》 李仲略《丹源釣徒集》。

龔顯曾《金藝文志補録・別集類》 《丹源釣徒集》。李仲略字簡之，高平人。

常山集

錢大昕《補元史藝文志・別集類》 周昂《常山集》。字德卿，真定人，行六部員外郎。

龔顯曾《金藝文志補録・別集類》 《常山集》。周昂。《滹南詩話》稱《周德卿詩集》，有史舜元序。德卿即昂字也。《中州集》云：初有《常山集》，亂後不見。

愚軒集

錢大昕《補元史藝文志・別集類》 趙元《愚軒集》。字宜之，定襄人。

龔顯曾《金藝文志補録・別集類》 《愚軒集》。趙元。

虚舟居士集

黄虞稷《千頃堂書目・別集類・補金》 路鐸《虚舟居士集》。字宣叔，貞祐初爲孟州防禦使，城陷，投沁水死。

倪燦等《補遼金元藝文志・別集類・補金》 路鐸《虚舟居士集》。字宣叔，貞祐初爲孟州防禦使，城陷，投沁水死。

錢大昕《補元史藝文志・別集類》 路鐸《虚舟居士集》。字宣叔。

龔顯曾《金藝文志補録・別集類》 《虚舟居士集》。路鐸字宣叔，貞祐初爲孟州防禦使，城陷，投沁水死。

黄山集

王圻《續文獻通考・經籍考・集中》 《黄山集》。趙渢著。渢，文儒〔字文孺〕，（東）〔東〕平人。大定二十二年進士，仕至禮部郎中。自號黄山。性沖澹，學道有所得。其篆書配党懷英，時人號曰党趙。

黄虞稷《千頃堂書目・別集類・補金》 趙渢《黄山集》。字文孺，第進士，明昌末禮部郎中。

倪燦等《補遼金元藝文志・別集類・補金》 趙渢《黄山集》。字文孺。

錢大昕《補元史藝文志・別集類》 趙渢《黄山集》。

龔顯曾《金藝文志補録・別集類》 《黄山集》。趙渢字文孺。

洹水集

黄虞稷《千頃堂書目・別集類・補金》 史公奕《洹水集》。字秀宏，大名人，大定二十八年進士，再中博學宏詞科，累官翰林直學士。

倪燦等《補遼金元藝文志・別集類・補金》 史公奕《洹水集》。字季宏，大名人，翰林直學士。

錢大昕《補元史藝文志・別集類》 史公奕《洹水集》。字季宏，大名人，直學士。

龔顯曾《金藝文志補録・別集類》 《洹水集》。史公奕字秀宏，大名人，翰林直學士。

蕭貢文集

黄虞稷《千頃堂書目・別集類・補金》 《蕭貢文集》十卷。字真卿，咸陽人，户部尚書，謚文簡。

倪燦等《補遼金元藝文志・別集類・補金》 《蕭貢文集》十卷。字真卿，咸陽人，謚文簡。

錢大昕《補元史藝文志・別集類》 《蕭貢文集》十卷。

龔顯曾《金藝文志補録・別集類》 《蕭真卿文集》。蕭貢字真卿，咸陽人，謚文簡。

東巖集

王圻《續文獻通考・經籍考・集中》 《東巖集》三卷。元德明著。德明，太原秀容人，放浪山水。

又《詩集》 《東巖詩集》三卷。金元德明著。系出拓跋，太原人。累舉不第，因放浪山水，飲酒賦詩自適。

黄虞稷《千頃堂書目・别集類・補金》 元德明《東巖詩集》三卷。秀容人，好問之父。累舉不第。

倪燦等《補遼金元藝文志・别集類・補金》 元德明《東巖詩集》三卷。秀容人，好問父。

錢大昕《補元史藝文志・别集類》 元德明《東巖集》三卷。

龔顯曾《金藝文志補録・别集類》 《東嵓集》三卷。元格字德明，好問父，秀容人。倪《志》作《東巖詩集》，金《志》作《東山集》。

許悦詩集

錢大昕《補元史藝文志・别集類》 《許悦詩集》。字子遷，雁門人。

龔顯曾《金藝文志補録・别集類》 《許悦詩集》。許悦字子遷，雁門人。

滏水集

楊士奇等《文淵閣書目・文集》 趙閑閑《滏水集》。一部，四册。闕。

王圻《續文獻通考・經籍考・集中》 《滏水集》三十卷。趙秉文著。爲文長于辯析，極所欲言，不以繩墨拘。七言古詩筆勢縱放，律詩壯麗，小詩精絶，五言古詩沉鬱頓挫。夏人恒問秉文及王庭筠起居狀，爲四方所重如此。

錢謙益等《絳雲樓書目・金元文集類》 閒閒老人《滏水集》。三十卷，趙秉文周臣著。

黄虞稷《千頃堂書目・别集類・補金》 趙秉文《滏水集》三十卷。字周臣，滏陽人，大定二十五年進士，禮部尚書。今世行本二十卷。

倪燦等《補遼金元藝文志・别集類・補金》 趙秉文《滏水集》三十卷。字周臣，滏陽人。分内、外集。今《外集》十卷佚。

《四庫提要・别集類一九》 《滏水集》二十卷。兩淮馬裕家藏本。金趙秉文撰。秉文字周臣，自號閒閒道人，滏陽人，大定二十五年進士，歷官翰林侍讀學士，拜禮部尚書。事蹟具《金史》本傳。元好問《中州集》稱其自幼至老，未嘗一日廢書。著《易叢説》十卷、《中庸説》一卷、《揚子發微》一卷、《太元贊》六卷、《文中子類説》一卷、《南華略釋》一卷、《列子補注》一卷、《删集論語孟子説》各十卷、《資暇録》十五卷。今皆未見，惟此集存。

錢大昕《補元史藝文志・别集類》 趙秉文《滏水集》三十卷。今本二十卷。

黄丕烈《蕘圃藏書題識續録・集類上》 閑閑老人《滏水文集》二十卷。舊鈔本。

又《蕘圃藏書題識再續録・集類》 閑閑老人《滏水文集》二十卷。舊鈔本。

張金吾《愛日精廬藏書志・别集類》 閑閑老人《滏水文集》二十卷。舊抄本。何氏義門手校。

張之洞《書目答問・别集》 趙秉文《滏水集》二十卷。有傳鈔本，無刻本。

龔顯曾《金藝文志補録・别集類》 《滏水集内集》二十卷，《外集》十卷。閒閒老人趙秉文，字周臣，滏陽人。《中州集》偁前、後集三十卷，《絳雲樓書目》亦載三十卷。今《外集》十卷佚。金《志》别載《詩資》一種。

西溪老人集

黄虞稷《千頃堂書目・别集類・補金》 秦略《西谿老人集》。字簡夫，臨川人。

倪燦等《補遼金元藝文志・别集類・補金》 秦略《西溪老人集》。字簡夫，臨川人。

錢大昕《補元史藝文志・别集類》 《秦略集》。字簡夫，陵川人，自號西溪老人。

龔顯曾《金藝文志補録・別集類》《西溪老人集》。秦略字簡夫，臨川人。

劉中文集

黃虞稷《千頃堂書目・別集類・補金》《劉中文集》。字正夫，漁陽人，應奉翰林文字。

倪燦等《補遼金元藝文志・別集類・補金》《劉中文集》。字正夫，漁陽人。

錢大昕《補元史藝文志・別集類》《劉中文集》。字正夫，漁陽人，左司都事。

龔顯曾《金藝文志補録・別集類》《劉中文集》。劉中文字正夫，漁陽人。

松堂集

黃虞稷《千頃堂書目・別集類・補金》張邦彦《松堂集》。字彦才，平陽人。張楫榜登科，富川令。

倪燦等《補遼金元藝文志・別集類・補金》張邦彦《松堂集》。字彦才，平陽人。

錢大昕《補元史藝文志・別集類》張邦彦《松堂集》。字彦才，平陽人。

龔顯曾《金藝文志補録・別集類》《松堂集》。張邦彦字彦才，平陽人。一作張德直。

離峰子詩集

龔顯曾《金藝文志補録・別集類》《離峰子詩集》二卷。離峰老人羽士于道顯，有張本序。

姑汾漫士集

黃虞稷《千頃堂書目・別集類・補金》王琢《姑汾漫士集》。字器之，平陽人。

倪燦等《補遼金元藝文志・別集類・補金》王琢《姑汾漫士集》。字器之，平陽人。

錢大昕《補元史藝文志・別集類》王琢《姑汾漫士集》。字器之，平陽人。

龔顯曾《金藝文志補録・別集類》《姑汾漫士集》。王琢字器之，平陽人。

楊之美文集

王圻《續文獻通考・經籍考・集中》《楊之美文集》。楊雲翼著。之美，其字也。

錢大昕《補元史藝文志・別集類》《楊雲翼文集》。

龔顯曾《金藝文志補録・別集類》《楊雲翼文集》。楊雲翼。金《志》題《之美集》。

復軒集

王圻《續文獻通考・經籍考・集中》《復軒集》。閻詠著。

悅堂文集

王圻《續文獻通考・經籍考・集中》《悅堂文集》。長溪楊楫著。

張孟循詩集

楊士奇等《文淵閣書目・詩詞》《張孟循詩集》。一部，一册。完全。

吾子行詩

楊士奇等《文淵閣書目・詩詞》《吾子行詩》。一部，一册。闕。

許梅屋詩

楊士奇等《文淵閣書目・詩詞》《許梅屋詩》。一部，一册。闕。

柳溪集

黄虞稷《千頃堂書目・別集類・補金》劉鐸《柳谿先生集》。字文仲，冀州棗強人，承安五年進士，武昌軍節度副使。

倪燦等《補遼金元藝文志・別集類・補金》劉鐸《柳溪集》。字文仲，棗強人。

錢大昕《補元史藝文志・別集類》《劉鐸集》。字文仲，棗強人，兵部員外郎。

龔顯曾《金藝文志補録・別集類》《柳溪集》。劉鐸字文仲，棗強人。

如庵小稿

王圻《續文獻通考・經籍考・詩集》《如庵小稿》。金完顏璹著。璹本名壽孫，越王永功子。平生詩文甚多，自删其詩，存三百首，樂府百首，號《如庵小稿》。

黄虞稷《千頃堂書目・別集類・補金》完顏璹《如庵小稿》六卷。世宗孫，越王長子，封密國公。

倪燦等《補遼金元藝文志・別集類・補金》金完顏璹《如菴小稿》六卷。世宗孫，越王長子，封密國公。

錢大昕《補元史藝文志・別集類》密國公璹《如庵小稿》六卷。

龔顯曾《金藝文志補録・別集類》《如菴小稿》六卷。完顏璹，世宗孫，越王長子，密國公。金《志》別載樂府詩一百首，又三百首《如菴小稿》詩。

樗軒居士集

龔顯曾《金藝文志補録・別集類》《樗軒居士集》。越王允常子，世宗孫。

卷瀾集

王圻《續文獻通考・經籍考・集中》《卷瀾集》二卷。曹（班）〔珏〕著。

黄虞稷《千頃堂書目・別集類・補金》曹珏《卷瀾集》二卷。字子玉，滏陽人，徙居方城，以教授爲業。自號囂囂老人。

倪燦等《補遼金元藝文志・別集類・補金》曹珏《卷瀾集》三卷。字子玉，滏陽人，徙居方城。

錢大昕《補元史藝文志・別集類》曹珏《卷瀾集》二卷。字子玉，滏陽人。

龔顯曾《金藝文志補録・別集類》《卷瀾集》二卷。曹珏字子玉，滏陽人，徙居方城。金《志》作曹班，誤。倪《志》作三卷。

滹南遺老集

楊士奇等《文淵閣書目・文集》王若虚《滹南文集》。一部，十册。闕。一部，

五册。全。

王圻《續文獻通考・經籍考・集中》《滹南遺老集》。王若虛著。

張萱等《内閣藏書目録・集部》《滹南先生文集》五册。全。元至元間古蒼王若虛著。凡四十六卷，中多經史辨論語及詩話雜文。

錢謙益等《絳雲樓書目・金元文集類》《滹南遺老文集》。四十五卷。王若虛從之撰。

黄虞稷《千頃堂書目・別集類・補金》王若虛《滹南遺老集》四十五卷。字從之，稿城人，承安二年進士，翰林直學士。

倪燦等《補遼金元藝文志・別集類・補金》王若虛《滹南遺老集》四十五卷。字從之，藁城人。

《四庫提要・別集類一九》《滹南遺老集》四十五卷。兩淮鹽政採進本。金王若虛撰。

錢大昕《補元史藝文志・別集類》王若虛《滹南遺老集》四十五卷。

張金吾《愛日精廬藏書志・別集類》《滹南遺老集》四十五卷。文瀾閣傳抄本。金滹南王若虛從之撰。

張之洞《書目答問・別集》王若虛《滹南遺老集》四十五卷。有傳鈔本，無刻本。

龔顯曾《金藝文志補録・別集類》《滹南遺老集》四十五卷。王若虛字從之，稿城人。焦竑《國史經籍志》系之元人。然若虛不食元禄，守金義，實金人也。焦氏誤。

慵夫集

王圻《續文獻通考・經籍考・集中》《慵夫集》。王若虛著。若虛字從之，稿城人。承安二年經義進士，累官直學士。

錢謙益等《絳雲樓書目・金元文集類》王若虛有《慵夫集》。

黄虞稷《千頃堂書目・別集類・補金》王若虛《傭夫集》。

倪燦等《補遼金元藝文志・別集類・補金》王若虛《傭夫集》。

錢大昕《補元史藝文志・別集類》王若虛《慵夫集》。

龔顯曾《金藝文志補録・別集類》《傭夫集》。王若虛。傭一作慵。

横溪翁集

黄虞稷《千頃堂書目・別集類・補金》馮延登《横溪翁集》。字子駿，吉州人，承安二年進士，禮部侍郎。京城陷，自投井中死。

倪燦等《補遼金元藝文志・別集類・補金》馮延登《横溪翁集》。字子駿，吉州人，禮部侍郎。京城陷，自投井死。

錢大昕《補元史藝文志・別集類》馮延登《横溪翁集》。字子駿，吉州人，禮部侍郎。

龔顯曾《金藝文志補録・別集類》《横溪翁集》。馮延登字子駿，吉州人，禮部侍郎。京城陷，投井死。

莊靖集

徐𤊹《徐氏家藏書目・文集類》李俊民《莊靖集》十卷。山西泌水人，金承安中狀元，官翰林。正德中鄉人李瀚序而刻之。

錢謙益等《絳雲樓書目・金元文集類》李俊民《莊静先生遺集》。俊民字用章，澤州人。深於數學，更在劉秉忠之右，元世祖極重之。莊静，其謚也。

黄虞稷《千頃堂書目・別集類・補金》李俊民《莊靖先生遺集》十卷。

倪燦等《補遼金元藝文志・別集類・補金》李俊民《莊靖集》十卷。

《四庫提要・別集類一九》《莊靖集》十卷。兩淮馬裕家藏本。金李俊民撰。

錢大昕《補元史藝文志・別集類》李俊民《莊靖先生遺集》十卷。

張金吾《愛日精廬藏書志・別集類》《莊靖集》十卷。文瀾閣傳抄本。金李俊民撰。

龔顯曾《金藝文志補録・別集類》《莊靖集》十卷。李俊民。一作《鶴鳴老人集》。

茅亭詩

龔顯曾《金藝文志補録・別集類》《茅亭詩》。白君舉。

李純甫内稿　外稿

黄虞稷《千頃堂書目・別集類・補金》《李純甫内稿》。論性理及闢佛道二家者。《外稿》。應物文字。字之純，弘州人，承安□年進士，仕至尚書右司都事。

倪燦等《補遼金元藝文志・別集類・補金》《李純甫内稿》。論性理及闢佛道二家者。《外稿》。應物文字。宏州人。

錢大昕《補元史藝文志・別集類》李純甫《内外稿》。論性理及佛老者爲《内稿》，應物文字爲《外稿》。

龔顯曾《金藝文志補録・別集類》《李純甫文集内稿外稿》。李純甫，宏州人。《内稿》論性理及闢佛道二家，《外稿》應物文字。

蓬門集

王圻《續文獻通考・經籍考・集中》《蓬門集》。劉從益著。字雲卿，渾源人。大安中進士，累官監察御史。博文強記，精于經學，文甚工，詩尤長于五言。

黄虞稷《千頃堂書目・別集類・補金》劉從益《蓬門先生集》。字虞卿，南山翁撝曾孫，大安二年進士，應奉翰林文學。

倪燦等《補遼金元藝文志・別集類・補金》劉從益《蓬門集》。字虞卿，南山翁撝曾孫。

錢大昕《補元史藝文志・別集類》劉從益《蓬門先生集》。

龔顯曾《金藝文志補録・別集類》《蓬門集》。劉從益字虞卿，南山翁撝曾孫。

林泉集

龔顯曾《金藝文志補録・別集類》《林泉集》二十卷。通真子秦志安。

天游集

龔顯曾《金藝文志補録・別集類》《天游集》。無名老人陶氏，有李俊民序。

遺山集

楊士奇等《文淵閣書目・文集》《元遺山文集》。一部，十二册。殘缺。《元遺山文集》。一部，十册。闕。

徐𤊹《徐氏家藏書目・文集類》元好問《遺山集》四十卷。

張萱等《内閣藏書目録・集部》《遺山先生文集》十二册。全。元正大間河東元好問著。凡四十卷。又九册。不全。又十册。不全。

錢謙益等《絳雲樓書目・金元文集類》《元遺山全集》。四十卷。前有李冶、徐世隆二序。弘治間河南刊刻，巡按李瀚序。

黄虞稷《千頃堂書目・別集類》元好問《遺山文集》四十卷。

倪燦等《補遼金元藝文志・別集類》元好問《遺山集》四十卷。又附録一卷。

《四庫提要・別集類一九》《遺山集》四十卷，附録一卷。江蘇巡撫採進本。金元好問撰。

錢大昕《補元史藝文志・別集類》元好問《遺山集》四十卷。

黄丕烈《蕘圃藏書題識・集類三》《元遺山集》三十卷。明鈔本。《遺山集》元刻，僅見五硯樓曾藏十餘卷。昔年借校家傳鈔本，知近本校明刻録出居多。是本爲明湯燕生嚴裝夫已氏所舊藏，亦出自明本。其朱筆字的系何義門手跡，較他

本多是正，視元刻亦在伯仲間矣。嘉慶乙亥午月得此，因識。蕘圃。

張金吾《愛日精廬藏書志・別集類》《遺山先生文集》四十卷。明弘治刊本。玉蘭堂藏書。金元好問撰。

張之洞《書目答問・別集》《遺山集》四十卷，附録一卷。金元好問。張穆校補刻本。又康熙間無錫華氏刻本。

龔顯曾《金藝文志補録・別集類》《遺山集》四十卷，附録一卷。元好問字裕之，太原人。焦氏《經籍志》：《遺山集》五十二卷，《詩集》二十卷。金《志》載十二卷。

元遺山詩集

王士禛《漁洋書跋》《元遺山詩》。張祜詩：「人生只合揚州死，禪智山光好墓田。」元遺山擬作兩句云：「人生只合梁園死，金水河頭好墓田。」蓋哀金宮人之被俘擄者，亦如宋末孟鯁《折花怨》、鮑輗《重到錢唐》諸作諷謝太后北行之意，與張詩語同而意義迥別也。

楊士奇等《文淵閣書目・文集》《遺山詩》。一部，三册。完全。

高儒《百川書志・元詩》《元遺山詩集》二十卷。金河東元好問裕之撰。

徐𤊹《徐氏家藏書目・文集類》元好問《遺山詩集》二十卷。

毛晉《汲古閣書跋》《遺山詩集》。裕之嘗選金人詩十卷，名《中州集》，酷似晚唐足洗戎虜之陋。七歲能詩，鄉里稱爲神童。弱冠作《箕山》、《琴臺》諸篇，秉文輩見而異之，名震南國。晚年尤以著作自任，日以寸紙細字記金源一代故實。今《金史》多出其手筆也。先輩評其詩云：「奇崛而絶雕劌，巧縟而謝綺麗。」但樂府不用古題，未免少遜鐵崖耳。

黄虞稷《千頃堂書目・別集類》元好問《遺山詩集》二十卷。

倪燦等《補遼金元藝文志・別集類》元好問《遺山詩集》二十卷。字裕之，太原人。

《四庫提要・別集類存目一》《遺山詩集》二十卷。江蘇巡撫採進本。金元好問撰。好問全集已著録。此《詩集》二十卷，乃毛晉從全集摘出，刊於《十元人集》中者。別行已久，姑附存其目。案好問雖入元而未仕元，晉以爲元人，殊誤。顧嗣立《元百家詩選初集》以好問詩爲冠，又沿晉之失。今仍題曰金人，從其實焉。

錢大昕《補元史藝文志・別集類》元好問《詩集》二十卷。

龔顯曾《金藝文志補録・別集類》《遺山詩集》二十卷。元好問。毛晉刊本。

補注元遺山詩

黄虞稷《千頃堂書目・文史類・補元》曾巽申撰《補注元遺山詩》十卷。

倪燦等《補遼金元藝文志・文史類》曾巽申《補注元遺山詩》十卷。

又《評注類》曾巽申《補注元遺山詩》十卷。

元遺山詩注

張之洞《書目答問・別集》《元遺山詩注》十六卷。施國祁注。原刻本。

陶然集

楊士奇等《文淵閣書目・詩詞》楊雲鵬《陶然集》。一部，一册。完全。

龔顯曾《金藝文志補録・別集類》《陶然集》。楊鵬。

貽溪先生文集

龔顯曾《金藝文志補録・別集類》《貽溪先生文集》。麻革。

雲山集

徐𤊹《徐氏家藏書目・文集類》姬志真《雲山集》二卷。

錢大昕《補元史藝文志・別集類》姬志真《雲山集》十卷。

李汾詩

龔顯曾《金藝文志補録・別集類》 《李汾詩》。李汾。依金《志》補入。

天倪集

王圻《續文獻通考・經籍考・集中》 《天倪集》。李獻甫著。獻甫字欽用，獻能從弟。興定五年進士，累官鎮南軍節度使，死于蔡州之難。

黄虞稷《千頃堂書目・別集類・補金》 李獻甫《天倪集》。字欽用，湖州人。獻能從弟，鎮南軍節度副使兼右警巡使。車駕東巡，死於蔡州之難。同年華陰王元禮購得其集。

倪燦等《補遼金元藝文志・別集類・補金》 李獻甫《天倪集》。字欽用，湖州人，鎮南軍節度副使，死蔡州難。

錢大昕《補元史藝文志・別集類》 李獻甫《天倪集》。

龔顯曾《金藝文志補録・別集類》 《天倪集》。李獻甫字欽用，湖州人，鎮南軍節度副使。

兑齋文集

龔顯曾《金藝文志補録・別集類》 《兑齋文集》。曹之謙。王惲序。

神川遯士集

黄虞稷《千頃堂書目・別集類・補金》 劉祁《神川遯士集》二十二卷。

倪燦等《補遼金元藝文志・別集類・補元》 劉祁《神川遯士集》二十二卷。

錢大昕《補元史藝文志・別集類》 劉祁《神川遯士集》二十卷。一作二十二卷。

龔顯曾《金藝文志補録・別集類》 《神川遯士文集》二十二卷。劉祁。一作「神州」，非。《全金詩》作二十卷。按《全金詩》元好問、劉祁二家俱入遺獻，附於集後。

雲巖文集

黄虞稷《千頃堂書目・別集類・補金》 宗經《雲巖文集》。稷山人，舉進士。

倪燦等《補遼金元藝文志・別集類・補金》 宗經《雲巖文集》。稷山人，舉進士。

龔顯曾《金藝文志補録・別集類》 《雲巖文集》。宗經。稷山人，舉進士。

應制集

龔顯曾《金藝文志補録・別集類》 《應制集》。韓玉。依金《志》補入。

王鬱集

龔顯曾《金藝文志補録・別集類》 《王鬱集》。王鬱。

野戰歌

王仁俊《西夏藝文志・集部》 景宗《野戰歌》。

靈芝歌

王仁俊《西夏藝文志・集部》 崇宗《靈芝歌》。《宋史・西夏傳》，夏人陷府

州，靈芝生於後堂高守忠家，乾順作《靈芝歌》，俾中書相王仁宗和之。按《靈芝歌》
石刻在甘州孔子廟，元時尚存。見虞集《幹相公畫像贊》。

長春子稿

錢大昕《補元史藝文志・別集類》 丘處機《長春子稿》。

磻溪集

吴焯《繡谷亭薰習録・集二》 《磻溪集》六卷。元道士栖霞丘處機通密著。
元太祖召入燕，居太極宫，改名長春。本傳著其異□。今□京師彰儀門外白雲觀
内奉長春像。

錢大昕《補元史藝文志・別集類》 〔丘處機〕《磻溪集》六卷。

葆光集

錢大昕《補元史藝文志・別集類》 尹志平《葆光集》三卷。

玉溪集

王圻《續文獻通考・經籍考・集中》 《玉溪集》。王霆著。浙人。

錢大昕《補元史藝文志・別集類》 王霆《玉溪集》。浙人。

還山集

王圻《續文獻通考・經籍考・集中》 《還山集》。楊奂著。奂，奉元人。元
初隱居鄠縣，講道授徒，學者稱爲紫陽先生。

黄虞稷《千頃堂書目・別集類・補元》 楊奂《還山集》六十卷。明宋廷佐輯。

倪燦等《補遼金元藝文志・別集類・補元》 楊奂《還山集》六十卷。

錢大昕《補元史藝文志・別集類》 楊奂《還山集》六十卷。今存二卷。

紫陽集

錢大昕《補元史藝文志・別集類》 楊奂《紫陽集》八十卷。

紫陽還山遺稿

黄虞稷《千頃堂書目・文史類・補元》 宋廷佐輯元楊奂《紫陽還山遺稿》二
卷。廷佐，乾州人。正德辛巳進士，巡撫陝西，監察御史。

黄虞稷《千頃堂書目・別集類・補元》 楊奂《紫陽遺稿》二卷。

倪燦等《補遼金元藝文志・別集類・補元》 楊奂《紫陽遺稿》二卷，又附録
二卷。

《四庫提要・別集類一九》 《還山遺稿》二卷，附録一卷。浙江鮑士恭家藏本。
元楊奂撰。

張金吾《愛日精廬藏書志・別集類》 《還山遺稿》二卷，附録一卷。明嘉靖刊
本。元楊奂撰。王元凱序。嘉靖元年。

小亨集

楊士奇等《文淵閣書目・文集》 楊宏道《小亨集》。一部，五册。闕。楊宏道
《小亨集》。一部，二册。全。

王圻《續文獻通考・經籍考・集中》 《小亨集》。楊弘道著。

張萱等《内閣藏書目録・集部》 《小亨集》二册全。元正大間楊弘道著，凡

十卷。又五册，全。

黄虞稷《千頃堂書目・别集類・補元》 楊弘道《小亨集》十卷。淄川人，字叔能，金末補父蔭，與元好問、劉祁並以詩名。避地襄漢，宋人授以唐州司户兼文學，復棄去。延祐三年謚文節。

倪燦等《補遼金元藝文志・别集類・補元》 楊弘道《小亨集》十卷。今六卷。字叔能，淄川人，謚文節。

《四庫提要・别集類一九》 《小亨集》六卷。《永樂大典》本。元楊弘道撰。

錢大昕《補元史藝文志・别集類》 楊弘道《小亨集》六卷。字叔能，淄川人，謚文節。

張金吾《愛日精廬藏書志・别集類》 《小亨集》六卷。文瀾閣傳抄本。元楊宏道撰。元好問序。

龔顯曾《金藝文志補録・别集類》 《叔亨集》。楊叔能。

敬齋文集

王圻《續文獻通考・經籍考・集中》 《敬齋文集》。李冶著。

黄虞稷《千頃堂書目・别集類・補元》 李冶《敬齋文集》四十卷。

倪燦等《補遼金元藝文志・别集類・補元》 李冶《敬齋文集》四十卷。

錢大昕《補元史藝文志・别集類》 李冶《敬齋文集》四十卷。

湛然居士集

楊士奇等《文淵閣書目・文集》 《耶律湛然居士集》。一部，三册。闕。《耶律湛然居士集》。一部，十七册。殘缺。

張萱等《内閣藏書目録・集部》 中書令《湛然居士文集》十三册不全。元耶律楚材著。凡三十五卷，闕七卷至十二卷、二十二、二十三卷。

錢謙益等《絳雲樓書目・金元文集類》 耶律楚材《澹然居士文集》。十四卷，字晉卿，謚文正。

黄虞稷《千頃堂書目・别集類・補元》 耶律楚材《湛然居士集》三十五卷，缺七卷至十二卷。又缺二十二卷、二十三卷。又《湛然居士文集》十四卷。中書省都事宗仲亨輯。

倪燦等《補遼金元藝文志・别集類・補元》 耶律楚材《湛然居士集》三十五卷，缺七卷至十二卷，又缺二十二卷、二十三卷。又《文集》十四卷。履子。

吴焯《繡谷亭薰習録・集二》 《湛然居士集》十四卷。元中書令謚文正耶律楚材晉卿著。

《四庫提要・别集類一九》 《湛然居士集》十四卷。兵部侍郎紀昀家藏本。元耶律楚材撰。

錢大昕《補元史藝文志・别集類》 耶律楚材《湛然居士集》三十五卷。又十四卷。中書都事宗仲亨輯。

孫星衍《平津館鑒藏書籍記補遺・舊寫本》 《湛然居士文集》十四卷，題中書令移剌楚材晉卿。前有癸巳年李微、孟攀鱗、王鄰序。甲午年行秀序，《元史》本傳「耶律」一作「移剌」，蓋譯語之異。王鄰序稱：外省官府得居士文集古律詩雜文五百餘首，分爲九卷，特命良工板行於世。此本作十四卷。又以雜文錯入詩中，疑非原編。

黄丕烈《蕘圃藏書題識・集類三》 《湛然居士文集》十四卷。舊鈔本。余向藏《湛然居士文集》係七卷，非全本也。頃以骨董鋪獲王西莊家藏本乃十四卷，且爲宋賓王所校，誠可珍寶。前七卷用向藏本手校其歧異，已歸貝硐香矣。復翁。

張金吾《愛日精廬藏書志・别集類》 《湛然居士文集》十四卷。抄本。從子謙姪藏舊抄本影寫。元耶律楚材晉卿撰。

龔顯曾《金藝文志補録・别集類》 《移剌楚材湛然集》三十五卷。見焦氏《經籍志》，與耶律楚材分爲二人，耶律楚材隸於元人，此又收入金人，殊爲失考，已爲錢氏所識。蓋漢字書曰「耶律」，契丹字書曰「移剌」，二人實即一人也。按楚材爲金尚書右丞履之子，金太宗朝拜中書令，追封廣寧王，謚文正，故附録焉。

應物集

王圻《續文獻通考・經籍考・集中》 《應物集》十卷。王鶚著。

黄虞稷《千頃堂書目・別集類・補元》 王鶚《應物集》四十卷。字百一，東明人。金正大元年狀元及第，入元翰林學士承旨。

倪燦等《補遼金元藝文志・別集類・補元》 王鶚《應物集》四十卷。字百一，東明人。金正大元年狀元及第，入元官翰林學士承旨。

錢大昕《補元史藝文志・別集類》 王鶚《應物集》四十卷。

滄軒文集

王圻《續文獻通考・經籍考・集中》《滄軒文集》數卷。康曄著。

黄虞稷《千頃堂書目・別集類・補元》 康曄《滄軒文集》。字韞之，高唐州人。金至大詞賦甲科，入元嚴實聘爲詞林祭酒。

倪燦等《補遼金元藝文志・別集類・補元》 康曄《淡軒文集》。字韞之，高唐州人。金至大詞賦甲科，入元嚴實聘爲詞林祭酒。

錢大昕《補元史藝文志・別集類》 康曄《滄軒文集》。字韞之，高唐人。金正大詞賦進士，嚴實聘爲詞林祭酒。

西庵樂府

楊士奇等《文淵閣書目・詩詞》《西菴樂府》。一部，一册。闕。

黄虞稷《千頃堂書目・別集類・補元》 楊果《西庵集》。

倪燦等《補遼金元藝文志・別集類・補元》 楊果《西菴集》。

錢大昕《補元史藝文志・別集類》 楊果《西庵集》。

所性稿

王圻《續文獻通考・經籍考・集中》《所性稿》。時少章著。

錢大昕《補元史藝文志・別集類》 時少章《所性稿》。

古木風瓢集

錢大昕《補元史藝文志・別集類》 淩巖《古木風瓢集》。字山英，華亭人。

雪齋集

錢大昕《補元史藝文志・別集類》 姚樞《雪齋集》。

鹿庵集

錢大昕《補元史藝文志・別集類》 王磐《鹿庵集》。

中山文集

王圻《續文獻通考・經籍考・集中》《杜瑛文集》十卷。瑛字文玉。金末由霸州避地河南緱氏山中，術者言其所居下有藏金，家人欲發視，輒止之。後居者果得黄金百斤，其不苟取如此。徵辟皆辭不就。

黄虞稷《千頃堂書目・別集類・補元》 杜瑛《中山文集》十卷。

倪燦等《補遼金元藝文志・別集類・補元》 杜瑛《中山文集》十卷。

錢大昕《補元史藝文志・別集類》 杜瑛《中山文集》十卷。

瀛州集

王圻《續文獻通考・經籍考・集中》《瀛州集》百餘卷。徐世隆著。世隆，西華人。金進士，後召爲翰林進賢學士，以疾辭。

黄虞稷《千頃堂書目・别集類・補元》　徐世隆《瀛州集》一百卷。

倪燦等《補遼金元藝文志・别集類・補元》　徐世隆《瀛州集》一百卷。

錢大昕《補元史藝文志・别集類》　徐世隆《瀛洲集》一百卷。

河東文集

王圻《續文獻通考・經籍考・集中》　《河東文集》五十卷。高鳴著。鳴，真定人。元世祖召拜翰林學士，憫其年老，有大政就問之。

黄虞稷《千頃堂書目・别集類・補元》　高鳴《河東文集》五十卷。號河東先生，本太原人。徙相州，累官吏部尚書，進封魏國公。

倪燦等《補遼金元藝文志・别集類・補元》　高鳴《河東文集》五十卷。太原人，徙相州。

錢大昕《補元史藝文志・别集類》　高鳴《河東文集》五十卷。

許魯齋文集

高儒《百川書志・元文》　《魯齋文集》。《事録》二卷，《遺詩》□卷。《文》一卷，《詩》一卷，附録一卷。中書左丞文正公河南許衡著。

范邦甸等《天一閣書目・别集類》　《許魯齋全書》七卷。刊本。

王圻《續文獻通考・經籍考・集中》　《許魯齋文集》。許衡著。

張金吾《愛日精廬藏書志・别集類》　《魯齋全書》七卷。明正德刊本。曹楝亭藏書。元許衡撰。何瑭序。正德戊寅。

許文正公集

楊士奇等《文淵閣書目・文集》　《許文正公集》。一部，三册。全。塾本二册。

張萱等《内閣藏書目録・集部》　《許文正公大全集》二册全。元許衡著，凡三十卷。

錢謙益等《絳雲樓書目・金元文集類》　《許魯齋全集》。衡字平仲，謚文正。河内人。

黄虞稷《千頃堂書目・别集類・補元》　《文正公大全集》三十卷。

倪燦等《補遼金元藝文志・别集類・補元》　又《大全集》三十卷。

錢大昕《補元史藝文志・别集類》　又《文正公大全集》三十卷。

魯齋詩

高儒《百川書志・元詩》　《魯齋詩》。文正公中書左丞河南許衡仲平撰。

魯齋遺書

黄虞稷《千頃堂書目・别集類・補元》　許衡《魯齋遺書》六卷。

倪燦等《補遼金元藝文志・别集類・補元》　許衡《魯齋遺書》八卷。又附録二卷。

《四庫提要・别集類一九》　《魯齋遺書》八卷，附録二卷。左都御史張若淮家藏本。元許衡撰。

彭元瑞等《天禄琳琅書目後編・元版集部》　《魯齋遺書》一函，二册。元許衡撰。衡，號魯齋，河内人。官集賢大學士，兼國子祭酒、中書左丞。追封魏國公，謚文正，從祀聖廟。《元史》有傳。書六卷，分奏議、雜著、書簡、詩章、樂府、編年歌。

錢大昕《補元史藝文志・别集類》　許衡《魯齋遺書》六卷。

吴壽暘《拜經樓藏書題跋記・卷五》　《魯齋遺書》。舊鈔本《魯齋先生集》六卷，末卷爲附録。首有嘉靖九年康海序，嘉靖三十九年衡府新樂王序。

重輯魯齋遺書

黄虞稷《千頃堂書目・别集類・補元》　《重輯魯齋遺書》十四卷。明懷慶推

官涇陽怡愉重輯。

倪燦等《補遼金元藝文志·別集類·補元》《重輯魯齋遺書》十四卷。

錢大昕《補元史藝文志·別集類》《重輯魯齋遺書》十四卷。

藏春詩集

范邦甸等《天一閣書目·別集類》《藏春詩集》一册。刊本。商梃撰，馬偉校，至元丁亥閻復序。

詹公文集

王圻《續文獻通考·經籍考·集中》《詹公文集》三十卷。真定詹思著。至元中爲江東廉訪副使。謚文孝。

稼村類稿

徐𤊹《徐氏家藏書目·文集類》王義山《稼村集》三十卷。

黃虞稷《千頃堂書目·別集類·補元》王義山《稼村類稿》三十卷。又別本十卷。字元高，豐城人。宋景定進士，永州户曹參軍，入元提舉江西學事。

倪燦等《補遼金元藝文志·別集類·補元》王義山《稼村類稿》三十卷。又別本十卷。字元高，豐城人。宋進士，入元提舉江西學事。

《四庫提要·別集類一九》《稼村類稿》三十卷。兩淮鹽政採進本。元王義山撰。

彭元瑞等《天禄琳琅書目後編·明版集部》《稼村先生類稿》。一函，二册。元王義山撰。

錢大昕《補元史藝文志·別集類》王義山《稼村類稿》三十卷。字元高，富州人。

幽放集

楊士奇等《文淵閣書目·文集》徐霽野《幽放集》。一部，一册。闕。

黃虞稷《千頃堂書目·別集類·補元》徐霽野《幽放集》□卷。

倪燦等《補遼金元藝文志·別集類·補元》徐霽野《幽放集》。

孤山晚稿

楊士奇等《文淵閣書目·詩詞》《孤山晚稿》。一部，一册。闕。

錢謙益等《絳雲樓書目·金元文集類》艾一作文。性夫《孤山晚稿》。

黃虞稷《千頃堂書目·別集類·補元》艾性夫《孤山晚稿》□卷。盧本作《孤山曉稿》。

倪燦等《補遼金元藝文志·別集類·補元》艾性夫《孤山晚稿》。

剩　語

倪燦等《補遼金元藝文志·別集類·補元》艾性夫《剩語》二卷。

《四庫提要·別集類一九》《剩語》二卷。《永樂大典》本。

錢大昕《補元史藝文志·別集類》艾性夫《剩語》二卷。

磵谷居愧稿

錢大昕《補元史藝文志·別集類》李進《磵谷居愧稿》。字野翁，號粹齋，崇仁人，宋淳祐四年進士，福建運管，宋亡不仕。

草堂集

王圻《續文獻通考・經籍考・集中》《草堂集》。林逄龍著。

錢大昕《補元史藝文志・別集類》林逄龍《草堂集》。

遊山集

楊士奇等《文淵閣書目・詩詞》僧盤谷《遊山集》。一部，二册。闕。

蒲衣集

楊士奇等《文淵閣書目・詩詞》僧《蒲衣集》。一部，一册。闕。

西麓詩稿

錢大昕《補元史藝文志・別集類》陳允平《西麓詩稿》一卷。

蜩鳴集

楊士奇等《文淵閣書目・詩詞》陳允平《蜩鳴集》。一部，一册。闕。

錢大昕《補元史藝文志・別集類》陳允平《蜩鳴稿》一册。

藏春集

高儒《百川書志・元詩》《藏春集》四卷，附録一卷。光禄大夫文貞公劉侃著。瑞州人也。更名秉忠，字仲晦。

王圻《續文獻通考・經籍考・集中》《劉太保文集》十卷。劉秉忠著。邢臺人。遁迹浮屠，博學多才。元世祖召見，留置左右，官太保。卒贈常山王，謚文正。

錢謙益等《絳雲樓書目・金元文集類》劉秉忠《藏春詩集》。

黃虞稷《千頃堂書目・別集類・補元》劉秉忠《藏春詩集》六卷。商挺編。又《文集》十卷。又《詩集》二十二卷。

倪燦等《補遼金元藝文志・別集類・補元》劉秉忠《藏春詩集》六卷。又《文集》十卷。又《詩集》二十二卷。

吴焯《繡谷亭薰習録・集二》《藏春詩集》五卷，附録一卷。

《四庫提要・別集類一九》《藏春集》六卷。浙江鮑士恭家藏本。元劉秉忠撰。

錢大昕《補元史藝文志・別集類》《劉秉忠文集》十卷，又《詩集》二十二卷，又《藏春集》六卷。商挺編。

黃丕烈《蕘圃藏書題識・集類三》《藏春詩集》六卷。校鈔本。集中止有七言律詩、七言絶句及詩餘，而無古詩及五言律、絶詩，其非全書明矣。至章奏碑版之文，劉公所作必富，而集中亦無一字，殆編次時失之耳。菊圃學人記於書隱閣。

張金吾《愛日精廬藏書志・別集類》《藏春詩集》六卷。舊抄本。曹倦圃藏書。元劉秉忠撰。中書參知政事魯國文定公左山商挺孟卿類集，胡菊圃重從天順刊本校并補録。天順五年馬偉、黎近兩序。板心有「檇李曹氏倦圃藏書」八字。

劉文貞公集

楊士奇等《文淵閣書目・詩詞》《劉文貞公集》。一部，七册。闕。《劉文貞公集》。一部，十册。完全。

閬風集

楊士奇等《文淵閣書目・文集》 舒岳祥《閬風集》。一部，五册。完全。

艮齋詩集

倪燦等《補遼金元藝文志・別集類・補元》 侯充中《艮齋詩集》十四卷。

《四庫提要・別集類二〇》 《艮齋詩集》十四卷。浙江鮑士恭家藏本。元侯克中撰。

錢大昕《補元史藝文志・別集類》 侯充中《艮齋詩集》十四卷。

瓢泉吟稿

楊士奇等《文淵閣書目・文集》 朱希賢《瓢泉吟稿》。一部，四册。完全。

張萱等《内閣藏書目録・集部》 《瓢泉吟稿》四册。全。元至元間朱晞顔詩文。

黄虞稷《千頃堂書目・別集類・補元》 朱希顔《瓢泉吟稿》四卷。後至元間人。

倪燦等《補遼金元藝文志・別集類・補元》 朱希顔《瓢泉吟稿》四卷。後至元間人。

《四庫提要・別集類二〇》 《瓢泉吟稿》五卷。《永樂大典》本。元朱晞顔撰。

錢大昕《補元史藝文志・別集類》 朱晞顔《瓢泉吟稿》五卷。字景淵，長興人。

張金吾《愛日精廬藏書志・別集類》 《瓢泉吟稿》五卷。文瀾閣傳抄本。元朱晞顔撰。

雙溪醉飲集

楊士奇等《文淵閣書目・詩詞》 元耶律丞相《雙溪集》。一部，十九册。殘缺。

張萱等《内閣藏書目録・樂律部》 《雙溪醉隱樂府》十二册不全。元左丞相耶律鑄著。分前、續、別、外、新五集，中多闕逸。

錢謙益等《絳雲樓書目・金元文集類》 耶律鑄《雙溪醉飲集》。元世祖時兩入中書。

黄虞稷《千頃堂書目・別集類・補元》 耶律鑄《雙溪醉隱集》□□□卷。

倪燦等《補遼金元藝文志・別集類・補元》 耶律鑄《雙溪醉隱集》八卷。楚材子。

《四庫提要・別集類一九》 《雙溪醉隱集》八卷。《永樂大典》本。元耶律鑄撰。

錢大昕《補元史藝文志・別集類》 耶律鑄《雙溪醉隱集》八卷。

張金吾《愛日精廬藏書志・別集類》 《雙溪醉飲集》六卷。文瀾閣傳抄本。元耶律鑄撰。

大畜集

黄虞稷《千頃堂書目・別集類・補元》 何榮祖《大畜集》。

倪燦等《補遼金元藝文志・別集類・補元》 何榮祖《大畜十集》。

錢大昕《補元史藝文志・別集類》 何榮祖《大畜十集》。

載道集

黄虞稷《千頃堂書目・別集類・補元》 何榮祖《載道集》。

倪燦等《補遼金元藝文志・別集類・補元》 何榮祖《載道集》。

錢大昕《補元史藝文志・別集類》 何榮祖《載道集》。

節齋集

王圻《續文獻通考・經籍考・集中》 《節齋集》。寧晉李佑著。

黄虞稷《千頃堂書目・別集類・補元》 陳祐《節齋集》。一名天祐，趙州寧晉人。浙東道宣慰使。

倪燦等《補遼金元藝文志・別集類・補元》 陳祐《節齋集》。一名天祐，趙州寧晉人，浙東道宣慰使。

錢大昕《補元史藝文志・別集類》 陳祐《節齋集》。

牧萊脞語　二集

黄虞稷《千頃堂書目・別集類・補元》 陳仁子《牧萊脞語》二十卷。又《二集》八卷。字同備，號古迂，長沙人。不仕元，釐東山書院以老。余德肅龍友序。

錢大昕《補元史藝文志・別集類》 陳仁子《牧萊脞語》十二卷，《二稿》八卷。

陵川集

楊士奇等《文淵閣書目・文集》 郝經《臨川集》。一部，十册。闕。

王圻《續文獻通考・經籍考・集中》 《郝陵川文集》。郝經著。

錢謙益等《絳雲樓書目・金元文集類》 郝經《陵川集》。三十九卷。伯常。

黄虞稷《千頃堂書目・別集類・補元》 郝經《陵川文集》三十九卷。附録一卷。

倪燦等《補遼金元藝文志・別集類・補元》 郝經《陵川文集》三十九卷。又附録一卷。

吴焯《繡谷亭薰習録・集二》 《陵川集》三十九卷。元翰林侍讀學士國信使謚文忠、陵川郝經伯常著。

《四庫提要・別集類一九》 《陵川集》三十九卷，附録一卷。編修汪如藻家藏本。元郝經撰。經有《續後漢書》，已著録。其生平大節，炳耀古今，而學問文章，亦具有根柢。

錢大昕《補元史藝文志・別集類》 郝經《陵川文集》三十九卷，附録一卷。又《一王雅》二百五十篇。

郝經先生詩

楊士奇等《文淵閣書目・詩詞》 《郝經先生詩》。一部，一册。闕。

鯨背吟

黄虞稷《千頃堂書目・別集類・補元》 朱名世《鯨背吟》一卷。字希顔，吴人。以武弁領海運。集皆航海之作。

倪燦等《補遼金元藝文志・別集類・補元》 朱名世《鯨背吟》一卷。字希顔，吴人。以武弁領海運。集皆航海之作。

《四庫提要・別集類二〇》 《鯨背吟集》一卷。編修汪如藻家藏本。舊本題元朱晞顔撰。

錢大昕《補元史藝文志・別集類》 朱名世《鯨背吟》一卷。字希顔，吴人。或云即宋无初，名晞顔，冒姓朱。

潛齋集

黄虞稷《千頃堂書目・別集類・補元》 楊恭懿《潛齋集》。

倪燦等《補遼金元藝文志・別集類・補元》 楊恭懿《潛齋集》。

錢大昕《補元史藝文志・別集類》 楊恭懿《潛齋集》。

潛齋集

吴焯《繡谷亭薰習録・集二》《潛齋集》四卷。姓何氏，失其名。元至元間人也，與程雪樓、方虚谷爲友。前序亦失名，序中稱淳于公爲八世孫。成化癸卯得公文集印本于同邑汪廷貴家，後有汪顯題跋，比來湖湘，取舊本編纂，重録刊行。

秬山集

王圻《續文獻通考・經籍考・集中》《秬山集》十卷。宋道著。道，中統間翰林修撰，遷太子賓客。

黄虞稷《千頃堂書目・別集類・補元》宋衜《秬山集》十卷。字次道，長洲人。太子賓客。

倪燦等《補遼金元藝文志・別集類・補元》宋衜《秬山集》十卷。字次道，長子人。

錢大昕《補元史藝文志・別集類》宋衜《秬山集》十卷。

青崖集

楊士奇等《文淵閣書目・文集》魏太初《青崖文集》。一部，七册。完全。

張萱等《内閣藏書目録・集部》《青崖魏忠肅公文集》六册全。元至元間御史中丞魏鑑著。凡十卷，又奏議一册。

黄虞稷《千頃堂書目・別集類・補元》魏初《青崖集》十卷。弘州順聖人。世祖時南臺御史中丞，謚忠肅。

倪燦等《補遼金元藝文志・別集類・補元》魏初《青崖集》十卷。今五卷。弘州順聖人，謚忠肅。

《四庫提要・別集類一九》《青崖集》五卷。《永樂大典》本。元魏初撰。

錢大昕《補元史藝文志・別集類》魏初《青崖集》十卷。今存五卷。

紫山大全集

楊士奇等《文淵閣書目・文集》胡祗遹《紫山文集》。一部，二十册。殘缺。

王圻《續文獻通考・經籍考・集中》《紫山集》。胡特著。

張萱等《内閣藏書目録・集部》《紫山先生大全文集》。元胡祗遹著。凡六十七卷，闕十五至十九卷，五十九至六十一卷。

黄虞稷《千頃堂書目・別集類・補元》胡祗遹《紫山先生大全集》六十七卷。

倪燦等《補遼金元藝文志・別集類・補元》胡祗遹《紫山大全集》六十七卷。今二十六卷。

《四庫提要・別集類一九》《紫山大全集》二十六卷。《永樂大典》本。元胡祗遹撰。祗遹，磁州武安人。《元史》本傳載其字曰「紹開」。然「今民將在祗遹乃文考，紹聞衣德言」，實《周書康誥》之文。核其名義，疑「紹開」當作「紹聞」，《元史》乃傳刻之譌也。

錢大昕《補元史藝文志・別集類》胡祗遹《紫山先生大全集》六十七卷。今存二十六卷。

虚谷集

黄虞稷《千頃堂書目・別集類・補宋》方回又《虚谷集》。

倪燦等《補遼金元藝文志・別集類・補元》〔方回〕《虚谷集》。

錢大昕《補元史藝文志・別集類》方回《虚谷集》。

桐江集

阮元《四庫未收書目提要・別集類》《桐江集》八卷。元方回撰。回《桐江

續集》,《四庫全書》已著録,皆其元時罷官後所作。其前集名《虚谷集》,見黄虞稷《千頃堂書目》,疑即是編。

張金吾《愛日精廬藏書志·别集類》 《桐江集》八卷。抄本。從錢唐何氏藏本傳録。元方回撰。回有《桐江續集》,皆入元後所作,此其前集也。《千頃堂書目》載有回《虚谷集》,未審即此書否。卷七鄭清之所進《聖語考》五後有弘治十四年重光作「噩歲閏七月二十六日寅紫雲溪范文恭録」一條。

桐江續集

黄虞稷《千頃堂書目·别集類·補宋》 方回《桐江續集》五十卷。字萬里,歙人。舉宋景定三年進士,知建德府。入元改授嘉議大夫、建德路總管。

錢謙益等《絳雲樓書目·金元文集類》 方回《桐江續集》。

倪燦等《補遼金元藝文志·别集類·補元》 方回《桐江續集》五十卷。今三十七卷。字萬里,歙人,宋進士,知建德府。入元,爲建德路總管。

《四庫提要·别集類一九》 《桐江續集》三十七卷。浙江孫仰曾家藏本。元方回撰。回有《續古今考》,已著録。所撰有《虚谷集》,今未見。此《桐江續集》,皆其元時罷官後作。集中有《自序》,稱二十卷。而《千頃堂書目》作五十卷。

錢大昕《補元史藝文志·别集類》 又《桐江續集》三十七卷。

滕玉霄文集

楊士奇等《文淵閣書目·文集》 《滕玉霄文》。一部,三册。完全。

黄虞稷《千頃堂書目·别集類·補元》 《滕玉霄文》□卷。

倪燦等《補遼金元藝文志·别集類·補元》 《滕玉霄文集》。

陵陽集

黄虞稷《千頃堂書目·别集類·補元》 牟巘《陵陽先生集》三十四卷。字獻之,陵陽人,居吴興。

倪燦等《補遼金元藝文志·别集類·補元》 牟巘《陵陽集》三十四卷。字獻之,陵陽人,居吴興。

王士禛《漁洋書跋》 牟氏《陵陽集》。《陵陽集》二十四卷。元初牟巘獻之著。詩有盛宋時坡、谷門風,題跋亦知之。雜文皆典實詳雅。

錢大昕《補元史藝文志·别集類》 牟巘《陵陽集》三十四卷。字獻之,陵陽人,宋大理少卿,入元不仕。

秋澗集

楊士奇等《文淵閣書目·文集》 《王秋澗大全集》。一部,四十二册。完全。《王秋澗大全集》。一部,四十二册。殘缺。

徐𤊹《徐氏家藏書目·文集類》 王惲《秋澗集》九十二卷。

王圻《續文獻通考·經籍考·集中》 《秋澗集》百餘卷。王惲著。惲,汲縣人。博學有俊才,舉進士,官至翰林學士承旨。

張萱等《内閣藏書目録·集部》 《秋磵先生大全集》四十一册,不全。元初太史王惲著。凡一百卷,闕八十二、八十三卷,并末册殘闕。

錢謙益等《絳雲樓書目·金元文集類》 王惲《秋澗文集》一百卷。

黄虞稷《千頃堂書目·别集類·補元》 王惲《秋澗大全集》一百卷。

倪燦等《補遼金元藝文志·别集類·補元》 王惲《秋澗大全集》一百卷。

吴焯《繡谷亭薰習録·集二》 《秋澗集》一百卷。元翰林學士謚文定汲王惲仲謀著。

《四庫提要·别集類一九》 《秋澗集》一百卷。兩淮馬裕家藏本。元王惲撰。惲有《玉堂嘉話》,已著録。

錢大昕《補元史藝文志·别集類》 王惲《秋澗大全集》一百卷。

張金吾《愛日精廬藏書志·别集類》 《秋澗先生大全文集》一百卷。舊抄本。元王惲撰。

張之洞《書目答問·别集》 王惲《秋澗集》一百卷。有傳鈔本,無刻本。

中和集

吴焯《繡谷亭薰習録・集二》《中和集》六卷。元都梁清菴瑩蟾子李道純元素著，門人蔡志頤損菴編，當塗南谷杜道堅序于錢唐玄玄真館。分前後集，丹説居多。大德丙午翠峰丹房刊行。

吴壽暘《拜經樓藏書題跋記・卷五》《中和集》。元本《中和集》三册，前題「都梁清菴瑩蟾子李道純元素撰，門弟子損菴寶蟾子蔡志頤編」。《前集》一卷，《後集》二卷，《續集》三卷，《別集》四卷，《新集》五卷，《外集》六卷，無序。按《菉竹堂書目》載此書一册，不記卷數。《道藏目録》載是書六卷，並謂爲通儒貫釋之至言。

弗齋集

錢大昕《補元史藝文志・別集類》陳宜孫《弗齋集》。休寧人。

心泉學詩稿

倪燦等《補遼金元藝文志・別集類・補元》蒲壽晟《心泉學詩稿》六卷。蒲壽庚之弟。

錢大昕《補元史藝文志・別集類》蒲壽晟《心泉學詩稿》六卷。「晟」一作「宬」。

東崖稿

黄虞稷《千頃堂書目・別集類・補元》劉岳《東崖稿》□卷。字公泰，吴人。世祖以醫召入，知其能文，改官翰林學士，後歷建德路總管。

倪燦等《補遼金元藝文志・別集類・補元》劉岳《東崖稿》。字岷泰，吴人。世祖時以醫召入，知其能文，改官翰林學士。

錢大昕《補元史藝文志・別集類》劉岳《東厓小稿》。字公泰，吴人，建昌路總管。

古梅詩稿　詩集

黄虞稷《千頃堂書目・別集類・補元》吴龍翰《古梅詩稿》十六卷。又《詩集》六卷。字式賢，新安人。咸淳甲子鄉貢，爲書院山長。

倪燦等《補遼金元藝文志・別集類・補元》吴龍翰《古梅吟稿》十六卷。又《詩集》六卷。字式賢，新安人。

錢大昕《補元史藝文志・別集類》吴龍翰《古梅詩稿》六卷。字式顔，新安人。

淵泉集

徐𤊹《徐氏家藏書目・文集類》劉躍《淵泉集》三卷。

黄虞稷《千頃堂書目・別集類・補元》劉躍《淵泉集》二卷。字起宗，安城人。居廬陵中洲。自號中洲釣者。元屢聘不出。吴勤以其學有源本，名其集曰「淵泉」。

錢大昕《補元史藝文志・別集類》劉躍《淵泉集》二卷。字宗起，安成人。

梅山樵叟詩

錢大昕《補元史藝文志・別集類》顧逢《梅山樵叟詩》十卷。吴人。

黄叔英文集

王圻《續文獻通考・經籍考・集中》《詩文雜著》總二十卷。黄叔英著。叔英字彦實，文潔先生孫。登宋文天祥榜進士。入元爲晉陵宣城蕪湖三學教諭，又

爲和端采石兩書院山長。

黄虞稷《千頃堂書目・別集類・補元》〔黄叔英〕又《詩文》二十卷。

倪燦等《補遼金元藝文志・別集類・補元》〔黄叔英〕又《詩文》二十卷。字彦實，慈谿人。

錢大昕《補元史藝文志・別集類》《黄叔英文集》二十卷。

戇庵下筆

王圻《續文獻通考・經籍考・集中》《戇庵下筆》三卷。黄叔英著。

黄虞稷《千頃堂書目・別集類・補元》黄叔英《戇庵下筆》二卷。字彦實，慈谿人。宋進士，元山長。

倪燦等《補遼金元藝文志・別集類・補元》黄叔英《戇菴下筆》二卷。

登述稿

黄虞稷《千頃堂書目・別集類・補元》程時《登述稿》三十卷。字登庸，江西樂平人。咸淳甲子鄉貢，入元不仕。

錢大昕《補元史藝文志・別集類》程時《登述稿》三十卷。

蒲室集

錢謙益等《絳雲樓書目・金元文集類》訢笑隱《蒲室集》。

黄虞稷《千頃堂書目・別集類・補元》僧大訢《蒲室集》十五卷。字笑隱，南昌人。

倪燦等《補遼金元藝文志・別集類・補元》僧大訢《蒲室集》十五卷。

吴焯《繡谷亭薰習録・集二》《蒲室集》十五卷。元豫章釋大訢笑隱著。

《四庫提要・別集類二〇》《蒲室集》十五卷。浙江汪啓淑家藏本。元釋大訢撰。大訢字笑隱，南昌陳氏子。居杭之鳳山，遷中天竺。又主建康集慶寺。是集詩六卷，文九卷。前有虞集序，謂其「如洞庭之野，衆樂竝作，鏗宏軒昂，蛟龍起躍，物怪屏走，沉冥發興。」

錢大昕《補元史藝文志・別集類》大訢《蒲室集》十五卷。

耘廬集

王圻《續文獻通考・經籍考・集上》《耘廬集》。安成劉應登著。

黄虞稷《千頃堂書目・別集類・補元》劉應登《耘廬集》。安福人，與兄應鳳，皆不仕元。

倪燦等《補遼金元藝文志・別集類・補元》劉應登《耘廬集》。安福人。

錢大昕《補元史藝文志・別集類》劉應登《耘廬集》。安福人。

冰崖詩集

王圻《續文獻通考・經籍考・詩集》《冰崕詩集》。贛縣蕭士贇著。尤愛李白詩，反覆吟誦，爲分類補注。

黄虞稷《千頃堂書目・別集類・補元》蕭士贇《冰崖詩集》。

倪燦等《補遼金元藝文志・別集類・補元》蕭士贇《冰崖詩集》。

錢大昕《補元史藝文志・別集類》蕭士贇《冰崖詩集》。字粹可，贛州人。

竹素園稿

黄虞稷《千頃堂書目・別集類・補元》胡三省《竹素園稿》一百卷。字身之，寧海人，宋寶祐進士，常注司馬温公《通鑑》。

錢大昕《補元史藝文志・別集類》胡三省《竹素園稿》一百卷。

雷思齊詩文

錢大昕《補元史藝文志・別集類》《雷思齊詩文》二十卷。

和陶詩

錢大昕《補元史藝文志・別集類》雷思齊《和陶詩》三卷。

空山漫稿

黄虞稷《千頃堂書目・別集類・補元》雷思齊《空山漫稿》。臨川人。字齊賢，玄教講師。

倪燦等《補遼金元藝文志・別集類・補元》雷思齊《空山漫稿》。字齊賢。臨川人，玄教講師。

錢大昕《補元史藝文志・別集類》雷思齊《空山漫稿》。卷亡。

四如集

徐𤊹《徐氏家藏書目・文集類》黄淵《四如集》六卷。

黄虞稷《千頃堂書目・別集類・補元》黄仲元《四如先生集》五卷。字淵叟，莆田人。宋國子監簿。入元不仕。

錢大昕《補元史藝文志・別集類》黄仲元《四如先生集》五卷。字淵叟，莆田人，宋國子監簿，入元不仕。

吴焯《繡谷亭薰習録・集二》《黄四如文稿》四卷。元莆陽黄仲元四如著。至治三年，清源傅定保序。稱「四如翁與余咸淳辛未歲聯榜」，則四如曾登宋進士第也。其爲文主理學，莆人，自艾軒、樗菴、漁仲而後，四如繼起，固有學之士云。

須溪集

黄虞稷《千頃堂書目・別集類・補元》劉辰翁《須溪集》一百卷。字會孟，廬陵人。

倪燦等《補遼金元藝文志・別集類・補元》劉辰翁《須溪集》一百卷。

錢大昕《補元史藝文志・別集類》劉辰翁《須溪集》一百卷。

四景集

黄虞稷《千頃堂書目・別集類・補元》〔劉辰翁〕《四景集》四卷。

倪燦等《補遼金元藝文志・別集類・補元》〔劉辰翁〕《四景集》四卷。

錢大昕《補元史藝文志・別集類》〔劉辰翁〕《四景集》四卷。

須溪記鈔

黄虞稷《千頃堂書目・別集類・補元》〔劉辰翁〕《須溪記鈔》。

倪燦等《補遼金元藝文志・別集類・補元》〔劉辰翁〕《須溪記鈔》八卷。字會孟，廬陵人。

錢大昕《補元史藝文志・別集類》〔劉辰翁〕《須溪記鈔》八卷。

蠟屐集

楊士奇等《文淵閣書目・詩詞》周公謹《蠟屐集》。一部，二册。完全。

黄虞稷《千頃堂書目・別集類・補元》《蠟屐集》一卷。

錢大昕《補元史藝文志・別集類》 周密《蠟屐集》一卷。

弁山詩集

黄虞稷《千頃堂書目・別集類・補元》 周密《弁山詩集》五卷。字公瑾，錢塘人，宋寶祐間爲義烏令，入元不仕。

錢大昕《補元史藝文志・別集類》 周密《弁山詩集》五卷。

秋岡先生集

錢大昕《補元史藝文志・別集類》 陳思濟《秋岡先生集》。字濟民，柘城人。僉河南江北行省事，追封潁川郡侯，謚文肅。

聊復軒稿

黄虞稷《千頃堂書目・別集類・補元》 毛直方《聊復軒稿》二十卷。字静可，建安人。宋咸淳中鄉薦，入元不仕。

錢大昕《補元史藝文志・別集類》 毛直方《聊復軒稿》二十卷。

冶靈稿

黄虞稷《千頃堂書目・別集類・補元》 毛直方《冶靈稿》四卷。

錢大昕《補元史藝文志・別集類》 毛直方《冶靈稿》四卷。字静可，建安人，宋咸淳中鄉薦，入元不仕。

蓉月集

錢大昕《補元史藝文志・別集類》 李季高《蓉月集》。崑山人。

穀山集

黄虞稷《千頃堂書目・別集類・補元》 黄錫孫《穀山集》。字禹疇，常熟人。

倪燦等《補遼金元藝文志・別集類・補元》 黄錫孫《穀山集》。字禹疇，常熟人。

錢大昕《補元史藝文志・別集類》 黄錫孫《穀山集》。字禹疇，常熟人。

真山民詩集

黄虞稷《千頃堂書目・別集類・補元》 《真山民詩集》一卷。浦城人，真德秀裔。入元隱居，自晦其名稱山民。

倪燦等《補遼金元藝文志・別集類・補元》 《真山民詩集》一卷。浦城人。

錢大昕《補元史藝文志・別集類》 《真山民詩集》一卷。

詩文韻儷稿

黄虞稷《千頃堂書目・別集類・補元》 曹涇《書文韻儷稿》五卷。字清甫，新安人。馬端臨之師，端臨之學皆本於涇。

倪燦等《補遼金元藝文志・別集類・補元》 曹涇《書文韻儷稿》五卷。字清甫，新安人。

錢大昕《補元史藝文志・別集類》 曹涇《詩文韻儷稿》五卷。

廬山集

楊士奇等《文淵閣書目・詩詞》 董德明《廬山集》。一部，五册。殘缺。

黄虞稷《千頃堂書目・別集類・補元》 董嗣杲《廬山集》□卷。字德明，杭州人，別號静傳。後爲僧，改名思學，字無益。

倪燦等《補遼金元藝文志・別集類・補元》 董嗣杲《廬山集》。

錢大昕《補元史藝文志・別集類》 董嗣杲《廬山集》五卷。

西湖百詠

黄虞稷《千頃堂書目・別集類・補元》 董嗣杲《西湖百詠集》。

倪燦等《補遼金元藝文志・別集類・補元》 董嗣杲《西湖百詠》一卷。字德明，杭州人，後爲僧，改名思學，字無益。

錢大昕《補元史藝文志・別集類》 董嗣杲《西湖百詠》二卷。字明德，杭州人，後改名思學，字無益。

英溪集

錢大昕《補元史藝文志・別集類》 董嗣杲《英溪集》一卷。

敬儼詩文集

黄虞稷《千頃堂書目・別集類・補元》 《敬儼詩文集》。

倪燦等《補遼金元藝文志・別集類・補元》 《敬儼詩文集》。

錢大昕《補元史藝文志・別集類》 《敬儼詩文集》。

藥莊廢稿

錢大昕《補元史藝文志・別集類》 范晞文《藥莊廢稿》。字景文，錢塘人，江浙儒學提舉。

清軒集

王圻《續文獻通考・經籍考・集中》 《清軒集》五十卷。閻復著。復，高唐人。王盤薦爲翰林應奉，累官翰林學士承旨。

張萱等《内閣藏書目録・集部》 《静軒先生閻文康公集》七册，不全。元至元間人，莫詳其名。

黄虞稷《千頃堂書目・別集類・補元》 閻復《静軒集》五十卷。

倪燦等《補遼金元藝文志・別集類・補元》 閻復《静軒集》五十卷。

錢大昕《補元史藝文志・別集類》 閻復《静軒集》五十卷。

内外制集

錢大昕《補元史藝文志・別集類》 閻復《内外制集》。

遺風稿

楊士奇等《文淵閣書目・詩詞》 鄭國《遺風稿》。一部，一册。闕。

方蒲陽小集

楊士奇等《文淵閣書目・詩詞》《方蒲陽小集》。一部，一册。闕。

山翁自在吟

楊士奇等《文淵閣書目・詩詞》《山翁自在吟》。一部，一册。闕。

屏巖小稿

倪燦等《補遼金元藝文志・别集類・補元》（錢）〔張〕觀光《屏巖小稿》一卷。

《四庫提要・别集類一九》《屏巖小稿》一卷。編修汪如藻家藏本。元張觀光撰。觀光字直夫，東陽人。其始末未詳。集中有《和仇山村九日吟》，而《晚春即事詩》中有「杜鵑亡國恨，歸鶴故鄉情」句。蓋宋末元初人。

錢大昕《補元史藝文志・别集類》張觀光《屏巖小稿》一卷。

淮陽集

錢謙益等《絳雲樓書目・金元文集類》《淮揚張弘範獻武王詩集》。

黄虞稷《千頃堂書目・别集類・補元》張弘範《淮陽獻武王詩集》一卷。

倪燦等《補遼金元藝文志・别集類・補元》張弘範《淮陽詩集》一卷。

《四庫提要・别集類一九》《淮陽集》一卷，附録《詩餘》一卷。浙江鮑士恭家藏本。元張弘範撰。弘範字仲疇，易州定興人，汝南忠武王柔之第九子也。官至鎮國上將軍、蒙古漢軍都元帥。將兵入閩、廣，滅宋於厓山。師還而卒，累贈太師淮陽王，謚憲武。事蹟具《元史》本傳。其遺詩一百二十篇，詞三十餘篇，燕山王氏嘗刻之敬義堂，廬陵鄧光薦爲之序。

錢大昕《補元史藝文志・别集類》張弘範《淮陽獻武王詩集》一卷。

征行集

王圻《續文獻通考・經籍考・集中》《征行集》。段信苴福，大理僰人，思平之後。從主興智入覲，獻地圖，條奏治民立賦法。又率僰爨軍二萬，導元將兀良哈台平諸郡，降交趾。集名「征行」，皆其道里時所作也。

黄虞稷《千頃堂書目・别集類・補元》段信苴《征行集》。大理僰人，從元良哈台征交趾道里所作。

倪燦等《補遼金元藝文志・别集類・補元》段信苴《征行集》。大理僰人，從兀良哈台征交阯道里所作。

錢大昕《補元史藝文志・别集類》信苴福《征行集》。大理僰人，姓段氏，從元良哈歹征交趾道中作。

牧菴文集

楊士奇等《文淵閣書目・文集》《姚牧菴文集》。一部，二十册。完全。

王圻《續文獻通考・經籍考・集中》《牧菴集》。柳城姚燧著。

張萱等《内閣藏書目録・集部》《牧庵文集》。元至順間集賢學士姚燧著。凡五十卷。

錢謙益等《絳雲樓書目・金元文集類》《姚燧集》。字端甫，號牧菴，樞從子，歷官至翰林承旨，謚文。《牧菴集》至元間開板浙東，見《玉海序》。牧菴游於魯齋之門。魯齋於元世祖初年爲國子祭酒，請徵其弟子十二人爲齋長，牧菴與焉。

黄虞稷《千頃堂書目・别集類・補元》姚燧《牧庵文集》五十卷。一作三十卷。

倪燦等《補遼金元藝文志・别集類・補元》姚燧《牧菴文集》五十卷。今三

十六卷。

《四庫提要・別集類一九》《牧菴文集》三十六卷。《永樂大典》本。元姚燧撰。燧字端甫，號牧菴，河南人，姚樞之從子也。案《元史》稱樞爲柳城人，元無柳城，蓋史據誌狀之文著其祖貫耳。初以薦爲秦王府文學。歷官至翰林學士承旨、集賢大學士。謚曰文。事蹟具《元史》本傳。

錢大昕《補元史藝文志・別集類》姚燧《牧庵文集》五十卷。今存三十六卷。

黄丕烈《蕘圃藏書題識・集類三》《姚牧庵集》□卷。舊鈔本。

張之洞《書目答問・別集》《牧菴文集》三十六卷。元姚燧。聚珍本福本。明劉昌編，《中州名賢文表》三十卷。宋犖刻本内有姚燧文八卷。

王思廉文集

王圻《續文獻通考・經籍考・集中》《王思廉文集》。

習嬾齋集

錢大昕《補元史藝文志・別集類》錢選《習嬾齋集》。字舜舉，吴興人。

太初紀夢集

錢大昕《補元史藝文志・別集類》趙淇《太初紀夢集》二十卷。字元德，湖南道宣慰使。

紫巖集

錢大昕《補元史藝文志・別集類》汪宗臣《紫巖集》四卷。字公輔，婺源人。

丙子稿

楊士奇等《文淵閣書目・詩詞》連伯正《丙子稿》。一部，一册。闕。

石塘文集

王圻《續文獻通考・經籍考・集中》《石塘文集》。胡長孺著。長孺，永康人。爲人光明宏偉，博學多文，海内購其辭章者，如獲拱璧。

黄虞稷《千頃堂書目・別集類・補元》胡長孺《石塘文集》五十卷。

倪燦等《補遼金元藝文志・別集類・補元》胡長孺《石塘文集》五十卷。

錢大昕《補元史藝文志・別集類》胡長孺《石塘文集》五十卷。

顔樂齋稿

王圻《續文獻通考・經籍考・集中》《樂齋稿》。胡長孺著。

黄虞稷《千頃堂書目・別集類・補元》胡長孺《顔樂齋稿》。

倪燦等《補遼金元藝文志・別集類・補元》胡長孺《顔樂齋稿》。字汲仲，永康人。

錢大昕《補元史藝文志・別集類》胡長孺《顔樂齋稿》。

瓦缶編類

王圻《續文獻通考・經籍考・集中》《瓦缶編類》。胡長孺著。

黄虞稷《千頃堂書目・別集類・補元》胡長孺《瓦缶編》。字汲仲，永康人，官寧海縣簿。

倪燦等《補遼金元藝文志・別集類・補元》 胡長孺《瓦缶編》。

錢大昕《補元史藝文志・別集類》 胡長孺《瓦缶集》。

南昌集

黄虞稷《千頃堂書目・別集類・補元》 胡長孺《南昌集》。

倪燦等《補遼金元藝文志・別集類・補元》 胡長孺《南昌集》。

錢大昕《補元史藝文志・別集類》 胡長孺《南昌集》。

寧海漫鈔

黄虞稷《千頃堂書目・別集類・補元》 胡長孺《寧海漫鈔》。

倪燦等《補遼金元藝文志・別集類・補元》 胡長孺《寧海漫抄》。

錢大昕《補元史藝文志・別集類》 胡長孺《寧海漫草》。

水雲村稿

黄虞稷《千頃堂書目・別集類・補元》 劉壎《水村先生文集》二十八卷。

倪燦等《補遼金元藝文志・別集類・補元》 劉壎《水村文集》二十八卷。今十五卷。

《四庫提要・別集類一九》 《水雲村稿》十五卷。江西巡撫採進本。元劉壎撰。壎有《隱居通議》，已著録。其文集舊有二本：一曰《水雲村泯稿》，乃明洪武間其孫瑛所手鈔，篇目無多，而多雜採《隱居通議》中語，綴輯成帙，不爲完本；一即此本，乃其裔孫凝收拾遺佚，別加排次，蒐求較爲賅備。惟原目二十卷，而所存止十五卷，自十六卷以下有録無書，當由傳寫者失之。

錢大昕《補元史藝文志・別集類》 劉壎《水雲邨稿》二十卷。

水雲村泯稿

《四庫提要・別集類存目一》 《水雲村泯稿》二卷。編修汪如藻家藏本。元劉壎撰。壎有《隱居通議》，已著録。又有《水雲村稿》，亦著録。此集上卷凡賦三篇、記十一篇、傳一篇、題跋四十九篇、碑二篇、墓表二篇、壙志一篇、墓誌銘五篇、贊十四篇、銘五篇、啓二十篇、書十一篇、詩九十篇、筆記七則，下卷則皆其筆記。

水村詩集

黄虞稷《千頃堂書目・別集類・補元》 劉壎《水村詩集》十卷。

倪燦等《補遼金元藝文志・別集類・補元》 劉壎《水村詩集》十卷。

忠義録

徐𤊹《徐氏家藏書目・文集類》 劉壎劉麟瑞《忠義録》七卷。

竅蚓集

錢大昕《補元史藝文志・別集類》 陳觀《竅蚓集》。

嵩里集

錢大昕《補元史藝文志・別集類》 陳觀《嵩里集》。字國秀，奉化人。

彝齋存稿

錢大昕《補元史藝文志·別集類》 焦養直《彝齋存稿》。

西游漫稿

錢大昕《補元史藝文志·別集類》 司允德《西游漫稿》。字執中，東平人。

清溪山房詩集

錢大昕《補元史藝文志·別集類》 王茂實《清溪山房詩集》。九江人。

吾愚詩集

錢大昕《補元史藝文志·別集類》 朱望樂《吾愚詩集》。字幼望，樂安人。

青山集

楊士奇等《文淵閣書目·文集》 《趙青山文集》。一部，五册。完全。

黃虞稷《千頃堂書目·別集類·補元》 趙文《青山稿》三十一卷。字儀可，盧陵人，嘗入文天祥幕，參決軍務。入元不仕。

倪燦等《補遼金元藝文志·別集類·補元》 趙彣《青山集》八卷。

《四庫提要·別集類一九》 《青山集》八卷。《永樂大典》本。元趙文撰。文字儀可，一字惟恭，號青山，盧陵人。

錢大昕《補元史藝文志·別集類》 趙文《青山集》三十卷。今存八卷。字儀可，廬陵人，清江學教授。

林屋山人稿

錢大昕《補元史藝文志·別集類》 俞玉吾《林屋山人稿》一卷。

薇山文集

黃虞稷《千頃堂書目·別集類·補元》 虞薦發《薇山文集》二十卷。丹陽人，居常州。爲縣教諭。自號薇山老人。

倪燦等《補遼金元藝文志·別集類·補元》 虞薦發《薇山文集》二十卷。丹陽人，居常州。

錢大昕《補元史藝文志·別集類》 虞薦發《薇山文集》二十卷。

西林集

錢大昕《補元史藝文志·別集類》 李鳳《西林集》。字翔卿，東明人，好文之父也。

江村近稿

楊士奇等《文淵閣書目·文集》 姚雲《江村近稿》。一部，五册。完全。

黃虞稷《千頃堂書目·別集類·補元》 姚雲《江村近稿》十三卷。初名云文，字聖瑞，高安人，宋進士。元爲撫建兩路儒學提舉。雲尤工詩，人比之秦淮海。

倪燦等《補遼金元藝文志·別集類·補元》 姚雲《江村近稿》十三卷。字聖瑞，高安人，宋進士，仕元。

錢大昕《補元史藝文志・別集類》 姚雲文《江村近稿》十三卷。字聖瑞，高安人，宋咸淳進士，仕元，爲撫建兩路儒學提舉。

張萱等《内閣藏書目録・集部》 《江村近稿》四册。全。姚□□著。莫詳時代，名字。凡十三卷。

吴塘集

錢大昕《補元史藝文志・別集類》 周才《吴塘集》。

陶陶翁文集

錢大昕《補元史藝文志・別集類》 江靁《陶陶翁文集》。婺源人。

兩山詩集

王圻《續文獻通考・經籍考・詩集》 《兩山詩集》。南臺御史李思衍著。

錢大昕《補元史藝文志・別集類》 李思衍《兩山稿》。字克昌，番陽人，南臺御史。

北游集

錢大昕《補元史藝文志・別集類》 汪夢斗《北游集》一卷。

玉華集

王圻《續文獻通考・經籍考・集中》 《玉華集》。何逢原著。

錢大昕《補元史藝文志・別集類》 何逢原《玉華集》。

玉斗山人集

《四庫提要・別集類一九》 《玉斗山人集》三卷。浙江鮑士恭家藏本。舊本題南宋王奕撰。

錢大昕《補元史藝文志・別集類》 王奕《玉斗山人集》三卷。

梅巖雜詠

錢大昕《補元史藝文志・別集類》 王奕《梅巖雜詠》七卷。

東行斐稿

楊士奇等《文淵閣書目・詩詞》 玉斗山〔人〕《東行斐稿》。一部，一册。闕。

錢大昕《補元史藝文志・別集類》 〔王奕〕《東行斐稿》三卷。字伯敬，玉山人。自號至元逸民。

野趣有聲畫

倪燦等《補遼金元藝文志・別集類・補元》 楊公遠《野趣有聲畫》二卷。

《四庫提要・別集類一九》 《野趣有聲畫》二卷。浙江鮑士恭家藏本。元楊公遠撰。公遠字叔明，歙縣人。是集前有咸淳中吴龍翰序，稱一卷。而此本二卷。

錢大昕《補元史藝文志・別集類》 楊公遠《野趣有聲畫》二卷。

五峰集

錢大昕《補元史藝文志・別集類》 燕公楠《五峰集》。

滕東安詩

楊士奇等《文淵閣書目・詩詞》 〔滕安上〕《滕東安詩》。一部，六册。完全。塾本安作菴。

東庵集

王圻《續文獻通考・經籍考・集中》 《東庵類稿》。安喜滕安上著。吴澄序曰：根之以義理，翼之以英華，信乎有學行者之言也。

張萱等《内閣藏書目録・集部》 《東庵稿》六册全。元元貞間廉訪使滕安上著。

黄虞稷《千頃堂書目・別集類・補元》 滕安上《東庵稿》十六卷。字仲禮。元貞間官國子司業。

倪燦等《補遼金元藝文志・別集類・補元》 滕安上《東庵稿》十六卷。今四卷，字仲體。

《四庫提要・別集類一九》 《東庵集》四卷。《永樂大典》本。元滕安上撰。安上字仲禮，定州人。以薦除中山府教授。歷禹城主簿，徵爲國子博士，轉太常丞，拜監察御史。以地震上疏不得達，遂引疾去。尋起爲國子司業，卒於官。《元史》不爲立傳。

錢大昕《補元史藝文志・別集類》 滕安上《東庵集》十六卷。今存四卷，字仲禮，元貞間國子司業。

霽山白石樵唱

高儒《百川書志・元詩》 《霽山白石樵唱》三卷。宋遺老平陽林景熙得陽撰。

錢大昕《補元史藝文志・別集類》 林景熙《霽山集》十卷。集名「白石樵唱」。

白石稿

高儒《百川書志・元文》 《白石稿》二卷。宋人霽山先生平陽林景熙德陽撰。記、賦、序、説、傳、銘、雜著三十九篇。

疏齋集

楊士奇等《文淵閣書目・文集》 《盧疏齋集》。一部，九册。完全。《盧疏齋集》。一部，八册。完全。

王圻《續文獻通考・經籍考・集中》 《疏齋集》。盧摯著。摯，涿州人。仕至翰林學士，元初稱能詩。

張萱等《内閣藏書目録・集部》 《(虞)〔盧〕疏齋文集》五册。不全。元大德間集賢學士(虞)〔盧〕摯著。

黄虞稷《千頃堂書目・別集類・補元》 盧摯《疏齋文集》□□卷。

倪燦等《補遼金元藝文志・別集類・補元》 盧摯《疏齋文集》。

錢大昕《補元史藝文志・別集類》 盧摯《疏齋文集》。字處道，涿州人，翰林學士。

梁學士詩集

錢謙益等《絳雲樓書目・金元文集類》《梁學士詩集》。梁曾撰。

黃虞稷《千頃堂書目・別集類・補元》梁曾《梁學士詩集》。

倪燦等《補遼金元藝文志・別集類・補元》梁曾《學士詩集》。

錢大昕《補元史藝文志・別集類》《梁學士詩集》。名曾。

存雅堂集

王圻《續文獻通考・經籍考・集中》《存雅堂集》。方鳳著。

錢大昕《補元史藝文志・別集類》方鳳《存雅堂集》五卷。字韶父，浦江人。

霽峰文集

錢大昕《補元史藝文志・別集類》李洧孫《霽峰文集》二十卷。字甫山，寧海人，黃巖州判官。

鄭滁孫文集

黃虞稷《千頃堂書目・別集類・補元》《鄭滁孫文集》。

倪燦等《補遼金元藝文志・別集類・補元》《鄭滁孫文集》。

錢大昕《補元史藝文志・別集類》《鄭滁孫文集》。

養蒙集

王圻《續文獻通考・經籍考・集中》《張伯淳文集》。伯淳，浙人。

黃虞稷《千頃堂書目・別集類・補元》張伯淳《養蒙先生文集》十卷。字師道，嘉興人，以趙孟頫薦，爲翰林直學士。

倪燦等《補遼金元藝文志・別集類・補元》張伯淳《養蒙文集》十卷。字師道，嘉興人。

吴焯《繡谷亭薰習録・集二》《養蒙集》十卷。元翰林侍講學士，謚文穆，嘉興張伯淳師道著。

《四庫提要・別集類一九》《養蒙集》十卷。兩江總督採進本。元張伯淳撰。伯淳字師道，嘉興崇德人。宋末舉童子科。至元二十三年以薦除杭州路教授。大德中官至翰林侍講學士。虞集序其集，述其生平甚悉，以漢賈誼比之。

錢大昕《補元史藝文志・別集類》張伯淳《養蒙先生集》十卷。字師道。

張金吾《愛日精廬藏書志・別集類》《養蒙先生文集》十卷。舊抄本。元張伯淳撰。卷末有「孫承事郎湖州路武康縣尹兼勸農事知渠堰事炯編類」一條，板心上有「九貢堂書」四字，下有「辨惑」二字。

中庵集

楊士奇等《文淵閣書目・文集》劉敏中《中閣集》。一部，五册。闕。

王圻《續文獻通考・經籍考・集中》劉敏中《中庵集》二十五卷。敏中，章丘人。至元中爲監察御史，累遷翰林學士承旨。

黃虞稷《千頃堂書目・別集類・補元》劉敏中《中庵集》二十五卷。章丘人，翰林學士承旨，謚文簡。

倪燦等《補遼金元藝文志・別集類・補元》劉敏中《中庵集》二十五卷。今二十卷。章丘人，謚文簡。

《四庫提要・別集類二〇》《中庵集》二十卷。《永樂大典》本。元劉敏中撰。

敏中有《平宋録》，已著録。《元史》載敏中《中庵集》二十五卷。《文淵閣書目》作五册，不著卷數。梁維樞《内閣書目》不載其名，則是時官書已佚。明藏書之家惟葉盛《菉竹堂書目》僅著於録，亦無卷數。黄虞稷《千頃堂書目》雖有其名，而獨作三十五卷，與史不符。

錢大昕《補元史藝文志·別集類》 劉敏中《中庵集》二十五卷。

黄丕烈《蕘圃藏書題識·集類三》 《中庵詩》。鈔本。

顧廣圻《思適齋書跋·集部》 《中庵詩》十一卷。舊鈔殘本。

顧廣圻《思適齋集外書跋輯存·集類》 《中庵詩》殘本十一卷。鈔校本。

梅花詩

黄虞稷《千頃堂書目·別集類·補元》 丁易東《梅花詩》。龍陽人，宋進士，入元不仕。

勤齋集

楊士奇等《文淵閣書目·文集》 蕭㪺《勤齋文集》。一部，六册。完全。

王圻《續文獻通考·經籍考·集中》 《勤齋文集》。蕭㪺著。集有前、後。

張萱等《内閣藏書目録·集部》 《勤齋文集》五册全。元關中蕭㪺著。凡十三卷。

黄虞稷《千頃堂書目·別集類·補元》 蕭㪺《勤齋文集》十五卷。

倪燦等《補遼金元藝文志·別集類·補元》 蕭㪺《勤齋文集》十五卷。今八卷。

《四庫提要·別集類二〇》 《勤齋集》八卷。《永樂大典》本。元蕭㪺撰。㪺字維斗，奉元人。

錢大昕《補元史藝文志·別集類》 蕭㪺《勤齋文集》十五卷。今存八卷。

釋奠通禮書

王圻《續文獻通考·經籍考·集中》 《釋奠通禮書》。汴人申屠致遠著。平生聚書萬卷，名曰墨莊。

忍齋行稿

王圻《續文獻通考·經籍考·集中》 《忍齋稿》。申屠致遠著。

黄虞稷《千頃堂書目·別集類·補元》 申屠致遠《忍齋行稿》四十卷。

倪燦等《補遼金元藝文志·別集類·補元》 申屠致遠《忍齋行稿》四十卷。

錢大昕《補元史藝文志·別集類》 申屠致遠《忍齋行稿》四十卷。

高文簡公文集

楊士奇等《文淵閣書目·文集》 《高文簡公文集》。一部，十册。完全。塾本一册。

張萱等《内閣藏書目録·集部》 《高文簡公文集》。一册，全。元高亨著。

黄虞稷《千頃堂書目·別集類·補元》 《高克恭文簡公集》七卷。字彦敬，本西域人，後家房山，仕元官刑部尚書，善畫，世所稱高房山也。内閣書目云名亨。一名士亨。

倪燦等《補遼金元藝文志·別集類·補元》 《高克恭文簡文集》七卷。字彦敬，本西域人，後家房山。

錢大昕《補元史藝文志·別集類》 《高文簡公文集》七卷。名克恭，房山人。

北郵集

錢大昕《補元史藝文志·別集類》 湯炳龍《北郵集》。

薊門行卷

黄虞稷《千頃堂書目·别集類·補元》 羅志仁《薊門行卷》。字壽可，號壺秋，新喻人。舉元鄉薦，授天山書院山長。劉會孟稱其小詞人不能及。

倪燦等《補遼金元藝文志·别集類·補元》 羅志仁《薊門行卷》。

錢大昕《補元史藝文志·别集類》 羅志仁《薊門行》。

姑蘇筆記

黄虞稷《千頃堂書目·别集類·補元》 羅志仁《姑蘇筆記》。

倪燦等《補遼金元藝文志·别集類·補元》 羅志仁《姑蘇筆記》。

古香編

黄虞稷《千頃堂書目·别集類·補元》 羅志仁《古香編》。

倪燦等《補遼金元藝文志·别集類·補元》 羅志仁《古香編》。

倦游集

黄虞稷《千頃堂書目·别集類·補元》 羅志仁《倦游集》。

倪燦等《補遼金元藝文志·别集類·補元》 羅志仁《倦遊集》。字壽可，新喻人。

錢大昕《補元史藝文志·别集類》 羅志仁《倦游集》。

柳軒逸稿

黄虞稷《千頃堂書目·别集類·補元》 程珣《柳軒逸稿》十卷。字晉甫，烏程人，泰定三年進士，婺源縣令。

倪燦等《補遼金元藝文志·别集類·補元》 程珣《柳軒逸稿》十卷。字晉甫，烏程人。

錢大昕《補元史藝文志·别集類》 程珣《柳軒退稿》十卷。字晉輔，眉州人，泰定進士婺源知州。

歲遷集

黄虞稷《千頃堂書目·别集類·補元》 馬瑩《歲遷集》四十卷。字仲珍，浙江建德人。

倪燦等《補遼金元藝文志·别集類·補元》 馬瑩《歲遷集》四十卷。字仲珍，浙江建德人。

錢大昕《補元史藝文志·别集類》 馬瑩《歲遷集》四十卷。

雜古文

黄虞稷《千頃堂書目·别集類·補元》 馬瑩《雜古文》十二卷。

倪燦等《補遼金元藝文志·别集類·補元》 馬瑩《雜古文》十二卷。

錢大昕《補元史藝文志·别集類》 馬瑩《雜文》十二卷。字仲珍，建德人。

芳潤稿

錢大昕《補元史藝文志·别集類》 劉莊孫《芳潤稿》五十卷。

和陶詩

錢大昕《補元史藝文志・別集類》 劉莊孫《和陶詩》一卷。

希聲集

錢大昕《補元史藝文志・別集類》 孫德彧《希聲集》。字用章，仁宗時賜真人號。

玄玄贅語

錢大昕《補元史藝文志・別集類》 吴元初《玄玄贅語》。號虎山道士。

飯牛稿

楊士奇等《文淵閣書目・詩詞》 汪濟《飯牛稿》。一部，一册。闕。

一瓢稿

王圻《續文獻通考・經籍考・集中》 《一瓢稿》。翁森著。森，仙居人。隱居教授，從遊者八百餘人。

黄虞稷《千頃堂書目・別集類・補元》 翁森《一瓢稿》。字秀卿，仙居人。隱居教授，從游者多至八百人。

倪燦等《補遼金元藝文志・別集類・補元》 翁森《一瓢稿》。字秀卿，仙居人。

錢大昕《補元史藝文志・別集類》 翁森《一瓢稿》。字秀卿，仙居人。

山南先生集

王圻《續文獻通考・經籍考・集下》 《夢稿》、《痴稿》、《聽雨留稿》。義烏劉應龜著。

黄虞稷《千頃堂書目・別集類・補元》 劉應龜《山南先生集》二十卷。字元益，義烏人。杭州路學正。所著集爲《夢稿》、《癡稿》、《聽雨樓稿》。

倪燦等《補遼金元藝文志・別集類・補元》 劉應龜《山南集》二十卷。字元益，義烏人。所著集爲《夢稿》、《癡稿》、《聽雨留稿》。

錢大昕《補元史藝文志・別集類》 劉應龜《山南先生集》二十卷。字元益，義烏人。

剡源集

楊士奇等《文淵閣書目・詩詞》 《剡源集》。一部，一册。闕。

范邦甸等《天一閣書目・別集類》 《剡源文集》三十卷。刊本。卷首有「天一閣萬古同心之學」圖章。元戴表元著。

徐𤊹《徐氏家藏書目・文集類》 戴表元《剡原文集》□卷，《詩集》六卷。

錢謙益等《絳雲樓書目・金元文集類》 戴表元《剡源文集》。二十八卷。字帥初，鄞人。明初刻，宋濂序。

黄虞稷《千頃堂書目・別集類・補元》 戴表元《剡源文集》三十卷。字帥初，一字曾伯，慶元奉化人。一作二十八卷。

倪燦等《補遼金元藝文志・別集類・補元》 戴表元《剡源文集》三十卷。字帥初，一字曾伯，奉化人。一作二十八卷。

吴焯《繡谷亭薰習録・集二》 《剡源集》二十八卷。元奉化戴表元帥初著，自序。

《四庫提要・别集類一九》 《剡源集》三十卷。兩淮鹽政採進本。

錢大昕《補元史藝文志・别集類》 戴表元《剡源文集》三十卷。一作二十八卷。

黄丕烈《蕘圃藏書題識續録・集類下》 《剡源戴先生文集》三十卷。明刊校舊鈔本。

黄丕烈《蕘圃藏書題識再續録・集類》 《剡源戴先生文集》三十卷。明刻校舊鈔本。

張金吾《愛日精廬藏書志・别集類》 《剡源戴先生文集》三十卷。抄本。臨何氏義門校。元四明戴表元帥初撰。

又 《剡源文集》五卷。抄本。元戴表元撰。分甲、乙、丙、丁、戊五集，前四卷即何氏所據之本，後多戊集一卷，蓋後人附益之也。宋濂序。洪武四年。

張之洞《書目答問・别集》 《剡源集》三十卷附《札記》一卷。元戴表元。宜稼堂本。

潘祖蔭《滂喜齋藏書記・集部》 明刻《剡源集》。四册。

剡源逸稿

黄丕烈《蕘圃藏書題識・集類三》 《剡源逸稿》。文一卷，詩四卷。舊鈔校本。

剡源文鈔

《四庫提要・别集類存目一》 《剡源文鈔》四卷。江蘇蔣曾瑩家藏本。 國朝黄宗羲編。宗羲有《易學象數論》，已著録。其時戴表元《剡源集》傳本尚稀，因選其記十六首、序三十六首、墓誌銘四首、題後九首。宗羲亦間有點定，其持擇頗精審，然不足以盡表元也。

吴壽暘《拜經樓藏書題跋記・卷五》 《剡源文鈔》。右刻本四卷。前有本傳、自序。先君子親筆評點。記後云：「予心慕《剡源文集》數十年，嘉慶甲子始購得是編而讀之，漫識卷尾。齊雲采藥翁。時年七十又二。」

蒙隱稿

錢大昕《補元史藝文志・别集類》 鄭芳叔《蒙隱稿》十三卷。字德仲，鄞人。

水鏡集

黄虞稷《千頃堂書目・别集類・補元》 元淮《水鏡元公金困集》一卷。崇仁人。先爲宋崇義郎，後歸元授武德將軍，同知溧陽州，總管府事。

倪燦等《補遼金元藝文志・别集類・補元》 元淮《金困集》一卷。崇仁人。

吴焯《繡谷亭薰習録・集二》 《金困吟》一卷。元溧陽路總管臨川元淮國泉著。又號水鏡。徙家邵武至□□□□□。兹集六世孫道泰編刻，正統九年吉水謝。下闕。

《四庫提要・别集類存目一》 《水鏡集》一卷。兩淮馬裕家藏本。 元元淮撰。淮字國泉，號水鏡，臨川人。至元初以軍功顯於閩，官至溧陽路總管。是編一名《金困集》。困古淵字，與仇遠《金淵集》同名。蓋遠亦嘗官溧陽教授，均取義於投金瀨耳。其詩有《擊壤集》之風，而理趣不逮，視遠詩則不可同日語矣。

錢大昕《補元史藝文志・别集類》 元淮《金困集》一卷。崇仁人，溧陽路總管。

石堂先生遺集

黄虞稷《千頃堂書目・别集類・補元》 陳普《石堂先生遺集》二十二卷。寧德人。一名尚德，號懼齋。隱居不仕。其學以六籍四子爲本，旁及天文、律吕、地志、算數之類，皆有撰著。

倪燦等《補遼金元藝文志・别集類・補元》 陳普《石堂遺集》二十二卷。寧德人，一名尚德。

錢大昕《補元史藝文志・别集類》 陳普《石堂先生遺集》二十二卷。

詠史詩

倪燦等《補遼金元藝文志·別集類·補元》 陳普《詠史詩》。

在軒集

錢大昕《補元史藝文志·別集類》 黃公紹《在軒集》一卷。

蓬廬居士集

王圻《續文獻通考·經籍考·集中》《蓬廬居士集》。鄞縣史公珽著。

錢大昕《補元史藝文志·別集類》 史公珽《蓬廬居士集》。

雞肋集

錢大昕《補元史藝文志·別集類》 胡渭《雞肋集》。字景呂，諸暨人。

愫軒集

王圻《續文獻通考·經籍考·集中》《愫軒集》三十卷。耶律希亮著。希亮，楚材孫。武宗時官翰林學士承旨，兼修國史。以職史官，類次嘉言善行以進。

黃虞稷《千頃堂書目·別集類·補元》 耶律希亮《愫軒集》三十卷。鑄子，楚材孫，字明甫。官翰林學士承旨，知制誥兼修國史，皆塞外從軍紀行之作。

倪燦等《補遼金元藝文志·別集類·補元》 耶律希亮《愫軒集》三十卷。鑄子，翰林學士承旨，皆塞外從軍紀行之作。

錢大昕《補元史藝文志·別集類》 耶律希亮《愫軒集》三十卷。

葉瑞遺文

錢大昕《補元史藝文志·別集類》《葉瑞遺文》四十卷。

靜學稿

錢大昕《補元史藝文志·別集類》 王昌世《靜學稿》二十卷。字昭甫，鄞人，宋禮部尚書應麟之子。

果齋文集

黃虞稷《千頃堂書目·別集類·補元》 史蒙卿《靜□集》。號果齋，明州人，寓居臨海。

倪燦等《補遼金元藝文志·別集類·補元》 史蒙卿《果齋文集》四十卷。鄞人，寓居臨海。

錢大昕《補元史藝文志·別集類》 史蒙卿《果齋文集》四十卷。

金淵集

楊士奇等《文淵閣書目·詩詞》 仇仁父《金淵集》。一部，二冊。闕。、

倪燦等《補遼金元藝文志·別集類·補元》 仇遠《金淵集》六卷。字仁近，錢塘人，溧陽州儒學教授。

《四庫提要·別集類一九》《金淵集》六卷。《永樂大典》本。元仇遠撰。遠字

仁近，一曰仁父，錢塘人。因居餘杭溪上之仇山，自號曰山村民。世傳高克恭畫《山村圖卷》，即爲遠作也。遠在宋咸淳間即以詩名。至元中嘗爲溧陽教授，旋罷歸，優游湖山以終。遠初録所作一編，方鳳、牟巘、戴表元皆爲之序。分教京口時，裒所作曰《金淵集》，吾丘衍爲之題詩。所謂仇仁父解秩建康，有新文曰《金淵集》者是也。二集皆已佚。

錢大昕《補元史藝文志・別集類》 仇遠《金淵集》六卷。字仁近，錢唐人，溧陽州學教授。

張之洞《書目答問・別集》 《金淵集》六卷。元仇遠。聚珍本。杭本福本。

山村遺集

王圻《續文獻通考・經籍考・集上》 《山村集》。仇遠著。

黄虞稷《千頃堂書目・別集類・補元》 仇遠《山村集》□卷。字仁近，錢塘人，元初爲溧陽州儒學教授。

倪燦等《補遼金元藝文志・別集類・補元》 仇遠《山村遺集》一卷。

《四庫提要・別集類一九》 《山村遺集》一卷。浙江鮑士恭家藏本。元仇遠撰。遠所撰《金淵集》，皆官溧陽日所作，故取投金瀨事以爲名。所載皆溧陽之詩，而他作不預焉。其他作爲方鳳、牟巘、戴表元等所序者，僅散見諸家集中，而詩則久佚。

錢大昕《補元史藝文志・別集類》 仇遠《山邨遺集》一卷。

興觀詩

高儒《百川書志・宋詩》 《興觀詩》一卷。咸淳名士錢塘山村仇遠著。此蓋自書律詩三十八首，以贈時賢，後轉相梓刻。

吴焯《繡谷亭薰習録・集二》 《興觀集》一卷。元錢唐仇遠仁近著。此山村手録，與友人盛元仁後王修撰。希範爲書「興觀」二大字于卷首，遂以名集。今顧氏《元詩》蒐録已倍此數，別無專集也。牟陵陽有《山村集序》，余録而補之。

養浩集

黄虞稷《千頃堂書目・別集類・補元》 汪漢卿《養浩集》二十卷。字景辰，黟縣人。宋知青陽縣，仕元國子監丞。

倪燦等《補遼金元藝文志・別集類・補元》 汪漢卿《養浩集》二十卷。字景辰，黟縣人。

錢大昕《補元史藝文志・別集類》 汪漢卿《養浩集》二十卷。字景辰，黟縣人，國子監丞。

山林清氣集　續集

《四庫提要・別集類存目一》 《山林清氣集》一卷，《續集》一卷。浙江巡撫採進本。元釋德浄撰。德浄字如鏡，錢塘人。泰定、天曆間，嘗與仇遠、馮子振、白珽諸人遊。其詩皆五七言律體。又《續集》僅詩七十六首，而詠物者至五十三首，格調亦皆淺弱。末有《附集》一卷，皆同時諸人酬贈之作。前有《三山王都中題》五言律詩一首。又一首署「蒙古作」，亦和王韻，蓋即集中所稱「錢蒙古松壑僉事」也。

湛淵集

錢謙益等《絳雲樓書目・金元文集類》 白珽《湛淵集》四册。字廷玉，四明人。有聲場屋，以薦入仕，終蘭溪判官。所居西湖，有泉自天竺來，榜曰湛淵，因以自號。其詩文盛爲戴表元所稱，宋潛溪誌其墓。

《四庫提要・別集類一九》 《湛淵集》一卷。浙江鮑士恭家藏本。元白珽撰。珽有《湛淵静語》，已著録。《成化杭州府志》載珽《湛淵集》八卷，《文淵閣書目》尚著録，今已久佚。

湛淵文集

王圻《續文獻通考·經籍考·集中》《白湛淵文》二十卷。宋景濂曰：檇李湛淵先生白(挺)〔珽〕著。(挺)〔珽〕字廷玉，自幼至老，無日廢問學，故能長于詩文，不爲雕刻苛碎，不惟極塵外之趣，兼有雲山韶濩之音。

黃虞稷《千頃堂書目·別集類·補元》 白珽《湛淵文集》二十卷。字廷玉，錢塘人。官江浙儒學副使提舉。號棲霞山人。

倪燦等《補遼金元藝文志·別集類·補元》 白珽《湛淵文集》二十卷。今一卷。字廷玉，錢塘人。

錢大昕《補元史藝文志·別集類》 白珽《湛淵文集》二十卷。今存集一卷。字廷玉，錢唐人，蘭溪州判官。

白湛淵詩

楊士奇等《文淵閣書目·詩詞》《白湛淵詩》。一部，五册。闕。

王圻《續文獻通考·經籍考·集中》《白湛淵詩》二十卷。

黃虞稷《千頃堂書目·別集類·補元》 白珽《詩集》二十卷。

倪燦等《補遼金元藝文志·別集類·補元》 白珽《詩集》二十卷。

錢大昕《補元史藝文志·別集類》 白珽《詩集》二十卷。

集翠裘

王圻《續文獻通考·經籍考·集中》《集翠裘》二十卷。白(挺)〔珽〕著。

經子類訓

王圻《續文獻通考·經籍考·集中》《經子類訓》二十卷。白(挺)〔珽〕著。

静　語

王圻《續文獻通考·經籍考·集中》《静語》二十卷。白(挺)〔珽〕著。

静修集

楊士奇等《文淵閣書目·文集》《劉静修文集》。一部，十册。闕。《劉静修文集》。一部，十册。完全。

高儒《百川書志·元文》《劉静修文集》二十三卷。《丁亥集》四卷，《和陶詩》、《樵菴詞》、《遺文》六卷，《遺詩》六卷，《拾遺》七卷。文静公太子贊善容城劉因夢吉撰。

徐𤊹《徐氏家藏書目·文集類》《劉静修集》三十卷。名因。

張萱等《内閣藏書目録·集部》《静修文集》十册。元劉因著。凡三十卷。

錢謙益等《絳雲樓書目·金元文集類》《劉静修全集》。三十卷。名因，容城人，字夢吉。

黃虞稷《千頃堂書目·別集類·補元》 劉因《静修文集》三十卷。

倪燦等《補遼金元藝文志·別集類·補元》 劉因《静修文集》三十卷。

吳焯《繡谷亭薰習録·集二》《静修集》二十五卷。元集賢學士謚文靖容城劉因夢吉著。

《四庫提要·別集類一九》《静修集》三十卷。兩江總督採進本。元劉因撰。因有《四書集義精要》，已著録。其早歲詩文，才情馳騁。既乃自訂《丁亥詩集》五卷，盡取他文焚之。卒後門人故友裒其軼稿，得《樵庵詞集》一卷、《遺文》六卷、《拾

遺》七卷。最後楊俊民又得《續集》二卷。

彭元瑞等《天禄琳琅書目後編・明版集部》《静修先生文集》。一函，四册。元劉因撰。因字夢吉，容城人，至元間徵授右贊善大夫，贈翰林學士容城郡公，謚文靖。書一卷，分類曰：理學、説、記、序、書、文、題跋、疏、贊、雜記、銘、碑銘、誌、表、哀辭、賦、詩、先世宗事記，凡九百九十二首，附録十二首。

錢大昕《補元史藝文志・别集類》劉因《静修文集》三十卷。

張金吾《愛日精廬藏書志・别集類》《静修集》二十二卷。宋氏賓王手抄本。元劉因撰。卷一後注云：「元刻有『至順庚午孟秋宗文堂刻』十字。」蓋從元刊本影寫者。

又《静修先生文集》三十卷。明弘治刊本。元劉因撰。凡《丁亥集》五卷，《樵庵詞》一卷，《遺文》、《遺詩》各六卷，《拾遺》七卷，《續》三卷，附録二卷，合三十卷。宋賓王云三十卷實二十五卷，蓋偶見缺五卷者耳。

劉靖修詩

楊士奇等《文淵閣書目・詩詞》《静修先生詩》。一部，一册。闕。

高儒《百川書志・元詩》《劉靖修詩》。文静公太子贊善容城劉因夢吉撰。

和陶詩

高儒《百川書志・别集》《和陶詩》一卷。元文靖公劉静修撰著。

丁亥集

王圻《續文獻通考・經籍考・詩集》《丁亥詩集》五卷。劉因著。天資絶人，日記千言。隱居教授，隨材皆有成就。學者稱爲静修先生。

黄虞稷《千頃堂書目・别集類・補元》劉因《丁亥集》五卷。

倪燦等《補遼金元藝文志・别集類・補元》劉因《丁亥集》五卷。

錢大昕《補元史藝文志・别集類》劉因《丁亥集》五卷。

雪樓集

楊士奇等《文淵閣書目・文集》《程文憲公文集》。一部，五册。闕。《程雪樓文集》。一部，二册。闕。

王圻《續文獻通考・經籍考・集中》《雪樓文集》。程鉅夫著。鉅夫，南城人。世祖時爲翰林學士承旨，卒謚文憲，追封楚國公。雪樓，其號也。

錢謙益等《絳雲樓書目・金元文集類》程鉅夫《雪樓集》。元初名臣，子昂起家爲郎，雪樓薦之。

黄虞稷《千頃堂書目・别集類・補元》程鉅夫《雪樓集》三十卷。本名文海，避武宗諱，以字行。建昌人，官翰林學士承旨，追封楚國公，謚文憲。

倪燦等《補遼金元藝文志・别集類・補元》程鉅夫《雪樓集》三十卷。本名文海，避武宗諱，以字行，建昌人。

吴焯《繡谷亭薰習録・集二》《雪樓集》三十卷。元翰林學士承旨、楚國公、謚文憲南城程鉅夫著。

《四庫提要・别集類一九》《雪樓集》三十卷。兩淮馬裕家藏本。元程鉅夫撰。鉅夫初名文海，以字行，建昌人。

錢大昕《補元史藝文志・别集類》程鉅夫《雪樓集》三十卷。

張金吾《愛日精廬藏書志・别集類》楚國文憲公《雪樓程先生文集》三十卷。明洪武刊本。元程鉅夫撰。

潘祖蔭《滂喜齋藏書記・集部》元刻《楚國文憲公雪樓程先生文集》三十卷。十六册。

支言集

楊士奇等《文淵閣書目・文集》臨川吴先生《支言文集》。一部，二十册。

殘缺。

張萱等《内閣藏書目録・集部》 《支言集》十八册。不全。元吴澄著。原二十册，闕第九第十四册。

黄虞稷《千頃堂書目・别集類・補元》 吴澂《支言集》一百卷。

倪燦等《補遼金元藝文志・别集類・補元》 吴澂《支言集》一百卷。

錢大昕《補元史藝文志・别集類》 吴澂《支言集》一百卷。

草廬集

高儒《百川書志・元文》 《吴草廬文集》三十四卷。本集三十一卷，《年表》一卷，附録二卷，文正公翰林學士臨川吴澄幼清撰。

錢謙益等《絳雲樓書目・金元文集類》 吴澄《草廬集》。字幼清，崇仁人。歷官至翰林學士，元文宗至順二年卒，年八十五，謚文正。

黄虞稷《千頃堂書目・别集類・補元》 吴澄《草廬集》三十卷。

吴草廬詩

高儒《百川書志・元詩》 《吴草廬詩》。文正公翰林學士臨川吴澄幼清著。

吴文正公集

范邦甸等《天一閣書目・别集類》 《臨川吴文正公集》四十二卷。刊本。元吴澄撰。卷首載《元史》列傳。揭傒斯撰神道碑暨年譜、行狀。明宣德十年《從祀孔廟議》。

張萱等《内閣藏書目録・集部》 《吴文正公集》二册。全。元泰定間吴澄著。

黄虞稷《千頃堂書目・别集類・補元》 《吴文正公文集》五十二卷。

彭元瑞等《天禄琳琅書目後編・明版集部》 《臨川吴文正公集》。二函，二十四册。元吴澄撰。

吴文正集

《四庫提要・别集類一九》 《吴文正集》一百卷。浙江孫仰曾家藏本。元吴澄撰。

倪燦等《補遼金元藝文志・别集類・補元》 吴澂《文集》五十二卷。

錢大昕《補元史藝文志・别集類》 吴澂《文正集》一百二卷。

私録

錢大昕《補元史藝文志・别集類》 吴澂《私録》二卷。

草廬文粹

高儒《百川書志・元文》 《草廬文粹》五卷。皇朝明海虞吴訥編集。

黄虞稷《千頃堂書目・别集類・補元》 《吴草廬輯粹》七卷。明吴訥輯。

倪燦等《補遼金元藝文志・别集類・補元》 吴澂《草廬輯粹》七卷。

草廬輯粹

吴焯《繡谷亭薰習録・集二》 《草廬輯粹》七卷。明金谿王蓂選吴文正公之文。嘉靖甲辰序。明年撫州開。□□□□序。

《四庫提要・别集類存目一》 《草廬吴先生輯粹》六卷。浙江范懋柱家天一閣藏本。明王蓂所選吴澄文也。蓂有《忠義録》，已著録。是編以《草廬全集》浩繁難

竟，乃擇其尤精者録爲六卷，以便誦讀。澄之學誦説程、朱，而源實出於陸九淵。莫，金谿人，與九淵爲同里，故力爲表章云。

吴草廬文鈔

《四庫提要・別集類存目一》《吴草廬文鈔》。無卷數。副都御史黄登賢家藏本。不著編輯者名氏。前署甲辰春退谷手選。蓋康熙三年孫承澤所定本也。於吴澄《支言集》中鈔其十分之一，前後無序跋，亦無目録，又不分卷帙。蓋偶然繕寫，未及成編之本耳。

雲峰集

高儒《百川書志・元文》《雲峰胡先生文集》五卷，附録一卷。蘭溪州學正徽州婺源人胡炳文仲虎著。記、序、説、銘、書、啓、箴、賦、雜著合八十七篇，附録十二篇。

彭元瑞等《天禄琳琅書目後編・明版集部》《雲峰胡先生文集》。一函，二册。元胡炳文撰。

黄虞稷《千頃堂書目・別集類・補元》胡炳文《雲峰集》十卷。字仲虎，婺源人，蘭谿州學正。一作二十卷。

倪燦等《補遼金元藝文志・別集類・補元》胡炳文《雲峰集》十卷。一作二十卷。字仲虎，婺源人。

《四庫提要・別集類一九》《雲峰集》十卷。兩淮馬裕家藏本。元胡炳文撰。

錢大昕《補元史藝文志・別集類》胡炳文《雲峰集》二十卷。今存十卷。

張金吾《愛日精廬藏書志・別集類》《雲峰胡先生文集》十卷。明正德刊本。葉石君藏書。元胡炳文撰，卷首有石君印記。

雲峰詩

高儒《百川書志・元詩》《雲峰詩》一卷。蘭溪州學正徽州胡炳文仲虎著。詩詞四十有四。

紫巖詩選

黄虞稷《千頃堂書目・別集類・補元》于石《紫巖詩選》四卷。字介翁，蘭谿人。

倪燦等《補遼金元藝文志・別集類・補元》于石《紫巖詩選》五卷。字介翁，蘭谿人。

錢大昕《補元史藝文志・別集類》于石《紫巖詩選》三卷。字介翁，蘭溪人。

過耳集

黄虞稷《千頃堂書目・別集類・補元》衛培《過耳集》十卷。字寧深，吴人。延祐七年鄉居，賦《龍虎臺賦》，文不起草。後聘爲州訓導。

倪燦等《補遼金元藝文志・別集類・補元》衛培《過耳集》十卷。字寧深，吴人。

錢大昕《補元史藝文志・別集類》衛培《過耳集》十卷。字寧深，崑山人。

自家意思集

王圻《續文獻通考・經籍考・詩集》《自家意思集》。劉邊著。字近道，建安人。工詩。

黃虞稷《千頃堂書目・別集類・補元》 劉邊《自家意思集》四卷。字延道，建安人，與熊禾善。

倪燦等《補遼金元藝文志・別集類・補元》 劉邊《自家意思集》四卷。字近道，建安人。

錢大昕《補元史藝文志・別集類》 劉邊《自家意思集》四卷。字近道，建安人。

遺安集

黃虞稷《千頃堂書目・別集類・補元》 鄒次陳《遺安集》十八卷。字用弼，宜黃人。宋末中博學宏詞科，入元不仕。

錢大昕《補元史藝文志・別集類》 鄒次陳《遺安集》十八卷。字用弼，宜黃人。宋末中博學宏詞科，入元不仕。

前村吟

錢大昕《補元史藝文志・別集類》 程直方《前村吟》。

韓信同遺書

徐𤊹《徐氏家藏書目・文集類》《韓信同遺書》二卷。

黃虞稷《千頃堂書目・別集類・補元》《韓性同遺書》二卷。寧德人，陳普弟子。

倪燦等《補遼金元藝文志・別集類・補元》《韓性同遺書》二卷。寧德人，陳普弟子。

錢大昕《補元史藝文志・別集類》《韓信同遺書》二卷。寧德人。

雷鐘小稿

錢大昕《補元史藝文志・別集類》 江永之《雷鐘小稿》。上元人。

九曲韻語

錢大昕《補元史藝文志・別集類》 唐本道《九曲韻語》。

潛丘稿

王圻《續文獻通考・經籍考・集中》《潛丘稿》三十卷。真定王約著。

黃虞稷《千頃堂書目・別集類・補元》 王約《潛丘集》三十卷。字彦博，真定人。集賢大學士，商議中書省事。

倪燦等《補遼金元藝文志・別集類・補元》 王約《潛丘集》三十卷。字彦博，真定人。

錢大昕《補元史藝文志・別集類》 王約《潛丘稿》三十卷。

定宇集　別集

黃虞稷《千頃堂書目・別集類・補元》 陳櫟《陳定宇先生集》。字壽翁，休寧人，自稱東阜老人。延祐間鄉舉，不赴春官，以布衣終。

倪燦等《補遼金元藝文志・別集類・補元》 陳櫟《定宇集》十六卷。又《別集》一卷。字壽翁，休寧人。

《四庫提要・別集類二〇》《定宇集》十六卷，《別集》一卷。浙江鮑士恭家藏本。元陳櫟撰，櫟有《書傳纂疏》，已著録。是集爲其族孫嘉基所刊。凡文十五卷，

詩及詩餘一卷。

錢大昕《補元史藝文志・別集類》 陳櫟《定宇集》十六卷。又《別集》一卷。

馬紹詩文

黄虞稷《千頃堂書目・別集類・補元》 《馬紹詩文》。金鄉人，河南行中書省右丞。

倪燦等《補遼金元藝文志・別集類・補元》 《馬紹詩文》。金鄉人，河南行中書省右丞。

馬需庵集

楊士奇等《文淵閣書目・詩詞》 《馬需庵集》。一部，三册。完全。

張萱等《内閣藏書目録・集部》 《需庵馬先生集》三册。全。元至元間清泉馬□□著。

黄虞稷《千頃堂書目・別集類・補元》 《需庵馬先生集》□卷。至元間人，稱清泉馬需庵，失其名。

倪燦等《補遼金元藝文志・別集類・補元》 《馬需菴集》。至元間人，失其名。

松鄉文集

楊士奇等《文淵閣書目・文集》 任叔實《松鄉文集》。一部，四册。完全。

徐𤊹《徐氏家藏書目・文集類》 任士林《松鄉集》十卷。

張萱等《内閣藏書目録・集部》 《松鄉先生文集》四册。全。元四明任士林著。凡十卷。

黄虞稷《千頃堂書目・別集類・補元》 任士林《松鄉文集》十卷。字叔寔，奉化人。

倪燦等《補遼金元藝文志・別集類・補元》 任士林《松鄉文集》十卷。字叔實，奉化人。

吴焯《繡谷亭薰習録・集二》 《松鄉集》二卷。元湖州安定書院山長勾章任士林叔實著。顧氏《元詩選》云：士林有集十卷。萬曆間同邑孫能傳縱觀秘閣藏書得至正舊本耳。孫一鳴復裒而刻之。考《内閣書目》有《松鄉集》十卷，此編上卷詩，下卷賦，當非足本。能傳官大理寺副，以内閣命校理書籍，著《内閣藏書目録》，傳于世。

《四庫提要・別集類一九》 《松鄉文集》十卷。兩淮馬裕家藏本。元任士林撰。

錢大昕《補元史藝文志・別集類》 任士林《松鄉文集》十卷。

張金吾《愛日精廬藏書志・別集類》 《松鄉先生文集》十卷。抄本。元句章任士林叔實甫著。

句章集

王士禛《漁洋書跋》 《句章集》。元任士林《句章集》十卷。萬曆中鄞人孫能傳所鈔館閣藏本，至正四年浙江行中書省舊刻也。卷首有趙松雪撰誌銘、王厚齋序。士林字叔實，與戴表元帥初齊名。所作謝翱、吴思齊二傳最傳。程篁墩《宋逸民録》載之，他文或未稱是。

琴川集

錢大昕《補元史藝文志・別集類》 盧克治《琴川集》。字仲敬，開州人，漢陽知府。

錢唐集

錢大昕《補元史藝文志・別集類》 盧克治《錢唐集》。

果齋文集

王圻《續文獻通考・經籍考・集中》《果齋文集》。李之紹著。東平平陰人。家貧教授，學者咸集。元末以薦授國史編修，遷翰林侍講學士，自號果齋。

黃虞稷《千頃堂書目・別集類・補元》 李之紹《果齋文集》。平陰人，翰林侍講學士。

倪燦等《補遼金元藝文志・別集類・補元》 李之紹《果齋文集》。平陰人。

錢大昕《補元史藝文志・別集類》 李之紹《果齋文集》。

龍仁夫文集

黃虞稷《千頃堂書目・別集類・補元》《龍仁夫文集》。字觀復，號麟洲，永新人。

倪燦等《補遼金元藝文志・別集類・補元》《龍仁夫文集》。字觀復，永新人。

錢大昕《補元史藝文志・別集類》《龍仁夫文集》。

小孤山人集

王圻《續文獻通考・經籍考・集中》《小孤山人集》。林(仝)〔全〕著。(仝)〔全〕字子貞，福州人。公遇之子，與弟合俱有隱操。

黃虞稷《千頃堂書目・別集類・補元》 林全《小孤山人集》二卷。

倪燦等《補遼金元藝文志・別集類・補元》 林全《小孤山人集》二卷。

錢大昕《補元史藝文志・別集類》 林全《小孤山人集》二卷。字子貞，福州人。

小溪集

王圻《續文獻通考・經籍考・集中》《小溪集》。丁嚴著。嚴自號小溪，因以名稿。

黃虞稷《千頃堂書目・別集類・補元》 丁儼《小溪集》四卷。字主敬，新建人，吳草廬門人。爲龍興路酒務大使。

倪燦等《補遼金元藝文志・別集類・補元》 丁儼《小溪集》四卷。

錢大昕《補元史藝文志・別集類》 丁儼《小溪集》四十卷。

小溪寓興

王圻《續文獻通考・經籍考・詩集》《小溪寓興》十卷。丁嚴著。

黃虞稷《千頃堂書目・別集類・補元》 丁儼《小溪集寓興》十卷。

倪燦等《補遼金元藝文志・別集類・補元》 丁儼《小溪寓興》十卷。字主敬，新建人。

錢大昕《補元史藝文志・別集類》 丁儼《小溪寓興》十卷。

巽溪嗣稿

王圻《續文獻通考・經籍考・詩集》《巽溪嗣稿》。陳章伯著。字奎龍，敬叟之子。其稿名示不敢忘先澤也。

彝齋文集

王圻《續文獻通考・經籍考・集中》 《彝齋文集》。（挺）〔琥〕著。濟陰人。工詩善隸。又著詩千餘篇。

黄虞稷《千頃堂書目・别集類・補元》 商琥《彝齋文集》。

倪燦等《補遼金元藝文志・别集類・補元》 商琥《彝齋文集》。

錢大昕《補元史藝文志・别集類》 商琥《彝齋文集》十卷。

松雪齋集　外集

楊士奇等《文淵閣書目・文集》 《趙文敏公集》。一部，六册。殘缺。

高儒《百川書志・元文》 趙公《松雪齋文集》二卷。文敏公學士承旨宋王孫吴興趙孟頫子昂著。本集浩瀚，此蓋後人選者。

王世貞《讀書後》 《書趙松雪集後》。

徐𤊹《徐氏家藏書目・文集類》 趙孟頫《松雪集》四卷。

張萱等《内閣藏書目録・集部》 《趙松雪詩文集》一册。不全。趙孟頫著。

錢謙益等《絳雲樓書目・金元文集類》 趙子昂《松雪齋集》。舊板十二卷者佳。

黄虞稷《千頃堂書目・别集類・補元》 趙孟頫《松雪齋集》十卷。又《别集》一卷。

倪燦等《補遼金元藝文志・别集類・補元》 趙孟頫《松雪齋集》十卷。又《外集》一卷。又《續集》一卷。

錢曾《讀書敏求記・集》 趙子昂《松雪齋集》十二卷，《外集》一卷。

王士禛《漁洋書跋》 《趙松雪集》。康熙丙子，余奉朝命祭告華山，憩王山史待庵，閲架上書，有《趙松雪集》，乃先太師大司馬公較刊本，遂告於主人攜歸。先太師所刻書甚多，亂後惟《文選删注》、《沈文端公鯉集》尚存，餘悉不可問矣，得此如拱璧也。

吴焯《繡谷亭薰習録・集二》 《松雪齋集》十二卷，《外集》一卷。元翰林學士承旨謚文敏吴興趙孟頫子昂著。大德戊戌戴表元序，至元後己卯花溪沈璜槧本最佳。《外集》，何貞立輯，□□□跋。明萬曆杭本不及其半，然亦有沈本。□□□□蓋文敏翰墨流傳人間尚多也。今海上曹培廉重雕，又增《續集》一卷。

《四庫提要・别集類一九》 《松雪齋集》十卷，《外集》一卷。江蘇巡撫採進本。元趙孟頫撰。孟頫字子昂，宋太祖之後。以秀王伯圭賜第湖州，故爲湖州人。年十四，以父廕入仕。宋亡家居，會程鉅夫訪遺逸於江南，以孟頫入見。即授兵部郎中，累官翰林學士承旨。卒，追封魏國公，謚文敏。事蹟具《元史》本傳。楊載作孟頫行狀，稱所著有《松雪齋詩集》，不詳卷數。

又《别集類存目一》 《别本松雪齋集》二卷。編修汪如藻家藏本。元趙孟頫撰。《孟頫全集》十卷，又《外集》一卷，已著録。此本爲明江元禧所刊。後有萬曆甲寅跋，稱文敏文集湮没，因檢枕中所藏，益以耳目所睹記流通之。蓋元禧未見《全集》，故復搜輯爲此本也。

彭元瑞等《天禄琳琅書目後編・元版集部》 《松雪齋文集》。一函，八册。元趙孟頫撰。孟頫，字子昂，湖州人，官翰林學士承旨。追封魏國公，謚文敏。事具《元史》本傳。書十卷，分賦、詩五卷，雜著、序、記、碑銘、制、贊、銘、題跋、樂府五卷。

錢大昕《補元史藝文志・别集類》 趙孟頫《松雪齋集》十卷。又《别集》一卷。又《續集》一卷。

孫星衍《平津館鑒藏書籍記補遺・元版》 《松雪齋文集》十卷，《外集》一卷，《行狀謚文》一卷，《目録》一卷。

潘祖蔭《滂喜齋藏書記・集部》 元刻《趙松雪文集》十二卷，《外集》一卷。一函，二册。元趙孟頫撰。集十卷，附行狀、謚文一卷，目録一卷，合十二卷。後至元己卯花溪沈璜校刊。

趙子昂詩

楊士奇等《文淵閣書目・詩詞》 《趙子昂詩》。一部，二册。闕。

趙松雪詩選

高儒《百川書志・元詩》 《趙松雪詩選》。宋王孫吴興趙孟頫子昂著。

安南集

錢大昕《補元史藝文志・別集類》 陳益稷《安南集》。

榘庵集

楊士奇等《文淵閣書目・文集》 同恕《榘庵文集》。一部，八册。完全。

王圻《續文獻通考・經籍考・集中》 《榘庵集》二十卷。（童）〔同〕恕著。恕，奉元人。博學能文，學無不該。

張萱等《内閣藏書目録・集部》 《榘庵同先生文集》八册。元至正間贊善同恕著。凡二十卷。

黄虞稷《千頃堂書目・別集類・補元》 同恕《榘庵同先生文集》二十卷。官贊善。

倪燦等《補遼金元藝文志・別集類・補元》 同恕《榘庵文集》二十卷。今十五卷。

《四庫提要・別集類二〇》 《榘庵集》十五卷。《永樂大典》本。元同恕撰。恕字寬甫，其先太原人，徙於奉元。恕年十三，以書經魁鄉校。至元間授國子司業，辭不拜。

錢大昕《補元史藝文志・別集類》 同恕《榘庵先生文集》三十卷。

郭野齋詩稿

楊士奇等《文淵閣書目・詩詞》 《郭野齋詩稿》。一部，一册。闕。

黄虞稷《千頃堂書目・別集類・補元》 《郭埜庵詩稿》□卷。

倪燦等《補遼金元藝文志・別集類・補元》 《郭野庵詩稿》。

錢大昕《補元史藝文志・別集類》 郭昂《野齋集》。字彦高，彰德林州人，廣東宣慰使，謚文毅。

康莊文集

王圻《續文獻通考・經籍考・集中》 《康莊文集》。王泰亨著。

黄虞稷《千頃堂書目・別集類・補元》 王泰亨《康莊文集》。平陽人。成宗時給事東宫，中書平章政事。封晉國公，謚清獻。

倪燦等《補遼金元藝文志・別集類・補元》 王泰亨《康莊文集》。平陽人，謚清獻。

錢大昕《補元史藝文志・別集類》 王泰亨《康莊文集》。平陽人，中書平章政事。

霞外詩集

徐𤊹《徐氏家藏書目・文集類》 馬臻《霞外詩集》十卷。

毛晉《汲古閣書跋》 《霞外詩集》。虚中，錢塘族也，少時慕陶貞白爲人，師碩翁，著道士服，隱於西湖之濱，嘗畫《桑乾》、《龍門》二圖，流傳海内，不見者輒以爲恨。既從褚雪巘游，肆力吟事，風致酷似中州諸名家。伯雨之後，復有虚中，何錢塘多隱君子耶！

黄虞稷《千頃堂書目・別集類・補元》 馬臻《霞外詩集》十卷。

倪燦等《補遼金元藝文志・別集類・補元》 馬臻《霞外詩集》十卷。

《四庫提要・別集類二〇》 《霞外詩集》十卷。浙江鮑士恭家藏本。元馬臻撰。臻字志道，號虛中，錢塘道士。

錢大昕《補元史藝文志・別集類》 馬臻《霞外集》十卷。

樵隱集

錢大昕《補元史藝文志・別集類》 馬潤《樵隱集》。字仲澤，雍古人，祖常之父。

秋谷集

錢大昕《補元史藝文志・別集類》 李孟《秋谷集》。

漢泉漫稿　續稿

楊士奇等《文淵閣書目・詩詞》 《曹文貞公集》。一部，六册。完全。《漢泉曹公詩》。一部，四册。完全。

王圻《續文獻通考・經籍考・集中》 《漢泉漫稿》三卷。《詩文》三卷。曹伯啓著。伯啓，碭山人。弱冠從東平李謙遊，篤於問學。累官集賢學士。

又《詩集》 《曹伯啓詩文》十卷。曹伯啓著。

張萱等《内閣藏書目録・集部》 《曹文貞公集》六册。全。曹伯啓著。即《漢泉漫稿》，凡十卷，歐陽玄有序。《曹文貞公詩集》四册。全。元至元間曹伯啓著。

黄虞稷《千頃堂書目・別集類・補元》 曹伯啓《漢泉漫稿》十卷。又《續稿》三卷。碭山人，集賢學士。

倪燦等《補遼金元藝文志・別集類・補元》 曹伯啓《漢泉漫稿》十卷。又《續稿》三卷。碭山人。

《四庫提要・別集類一九》 《曹文貞詩集》十卷，《後録》一卷。江蘇蔣曾瑩家藏本。元曹伯啓撰。伯啓字士開，碭山人。至元中薦除冀州教授。天曆初官至陝西諸道行臺御史中丞。卒謚文貞。

錢大昕《補元史藝文志・別集類》 曹伯啓《漢泉漫稿》十卷。又《續稿》三卷。

寒拾里人稿

錢大昕《補元史藝文志・別集類》 行端《寒拾里人稿》。字景元，徑山僧。

平山詩集

王圻《續文獻通考・經籍考・詩集》 《平山詩集》。僧有貞著。福清人。骨相清奇，作頌説法，皆造其極。

錢大昕《補元史藝文志・別集類》 有貞《平山詩集》。

牧潛集

錢謙益等《絳雲樓書目・金元文集類》 僧國至筠溪《牧潛集》。

黄虞稷《千頃堂書目・別集類・補元》 僧圓至筠谿《牧潛集》七卷。

倪燦等《補遼金元藝文志・別集類・補元》 僧圓至筠溪《牧潛集》七卷。

吴焯《繡谷亭薰習録・集二》 筠溪《牧潛集》七卷。元高安釋圓至天隱著，方虛谷序，大德三年天目洪喬祖跋，又有姚廣孝序。今本方、姚二序並逸去，僅存崇禎己卯華山釋明河後序。

《四庫提要・別集類一九》 《牧潛集》七卷。編修汪如藻家藏本。元釋圓至撰。圓至字牧潛，號天隱，高安人。至元以來，遍歷荆、襄、吴、越，禪理外頗能讀書。

錢大昕《補元史藝文志・別集類》 圓至《牧潛集》七卷。

困學齋集

王圻《續文獻通考・經籍考・集中》 《困學齋集》。鮮于樞著。樞，漁陽人。官至太常典簿。能詩文，尤精書翰。虞集嘗云，大德延祐間，漁陽、吳興、巴西翰墨擅一代，謂鮮于樞、趙孟頫、鄧文原也。

黄虞稷《千頃堂書目・別集類・補元》 鮮于樞《困學齋集》□卷。

倪燦等《補遼金元藝文志・別集類・補元》 鮮于樞《困學齋集》。

錢大昕《補元史藝文志・別集類》 鮮于樞《困學齋集》。

牆東類稿

黄虞稷《千頃堂書目・別集類・補元》 陸文圭《牆東類稿》二十卷。

倪燦等《補遼金元藝文志・別集類・補元》 陸文圭《牆東類稿》二十卷。

《四庫提要・別集類一九》 《牆東類稿》二十卷。《永樂大典》本。元陸文圭撰。文圭字子方，江陰人。幼而穎悟，博通經史及天文、地理、律象、醫藥、算數之學。

錢大昕《補元史藝文志・別集類》 陸文圭《牆東類稿》二十卷。

張金吾《愛日精廬藏書志・別集類》 《牆東類稿》二十卷。文瀾閣傳抄本。元陸文圭撰。

湖山汗漫集

錢大昕《補元史藝文志・別集類》 趙孟僩《湖山汗漫集》。黄巖人，宋宗室，嘗爲文天祥從事。宋亡，易服爲道士，又爲僧，自號三教遺逸。

芳谷集

倪燦等《補遼金元藝文志・別集類・補元》 徐明善《芳谷集》二卷。

《四庫提要・別集類一九》 《芳谷集》二卷。編修汪如藻家藏本。元徐明善撰。明善字志友，德興人，芳谷其別號也。至元中官隆興教授。又爲江西儒學提舉。嘗奉使安南。又歷主江浙、湖廣三省考試，拔黄溍於棄卷中，識鑑爲當世所稱。

錢大昕《補元史藝文志・別集類》 徐明善《芳谷集》二卷。

陳秋巖詩集

楊士奇等《文淵閣書目・詩詞》 《陳秋巖詩》。一部，一册。闕。

張萱等《内閣藏書目録・集部》 《秋巖文學詩集》一册。元至元間陳義(高)〔甫〕著。

倪燦等《補遼金元藝文志・別集類・補元》 陳宜甫《秋巖詩集》二卷。

《四庫提要・別集類一九》 《陳秋巖詩集》二卷。《永樂大典》本。案《陳秋巖集》散見《永樂大典》中，然不著其名，亦不著時代。考焦竑《國史經籍志》有陳宜甫《秋巖集》，當即其人，而爵里則終無可考。

錢大昕《補元史藝文志・別集類》 陳宜甫《秋巖詩集》二卷。

玉井樵唱

倪燦等《補遼金元藝文志・別集類・補元》 尹廷高《玉井樵唱》三卷。

《四庫提要・別集類二〇》 《玉井樵唱》三卷。兩淮馬裕家藏本。元尹廷高撰。廷高字仲明，別號六峰，遂昌人。

錢大昕《補元史藝文志・別集類》 尹廷高《玉井樵唱》三卷。字仲明，遂昌人。

蘭軒集

楊士奇等《文淵閣書目·文集》 王景初《蘭軒文集》。一部，十册。完全。王景初《蘭軒文集》。一部，十册。完全。

張萱等《内閣藏書目録·集部》 《蘭軒文集》十册。全。元至大間鄆人王旭著。凡二十卷。又十册全。同前。

黃虞稷《千頃堂書目·別集類·補元》 王旭《蘭軒文集》二十卷。字景初，鄆城人。

倪燦等《補遼金元藝文志·別集類·補元》 王旭《蘭軒文集》二十卷。今十六卷。字景初，鄆城人。

《四庫提要·別集類一九》 《蘭軒集》十六卷。《永樂大典》本。元王旭撰。旭字景初，東平人。其事蹟不見於《元史》，談藝家亦罕見稱述。顧嗣立撰《元詩選》，裒緝至三百家，而不載旭集，則久佚可知。

錢大昕《補元史藝文志·別集類》 王旭《蘭軒集》十六卷。字景初，鄆城人。

此山集

楊士奇等《文淵閣書目·詩詞》 《周此山先生詩》。一部，一册。完全。

高儒《百川書志·元詩》 《周此山先生詩》四卷。括蒼周衡之撰。

徐𤊹《徐氏家藏書目·文集類》 周權《此山集》四卷。

錢謙益等《絳雲樓書目·金元文集類》 周權《此山詩集》。

黃虞稷《千頃堂書目·別集類·補元》 周權《此山集》四卷。一作十卷。字衡之，松陽人，歐陽原功薦爲館職，以母老辭。

倪燦等《補遼金元藝文志·別集類·補元》 周權《此山詩集》四卷。字衡之，松陽人。

《四庫提要·別集類二〇》 《此山集》四卷。浙江鮑士恭家藏本。元周權撰。權字衡之，號此山，處州人。嘗游京師，以詩贄翰林學士袁桷。桷深重之，薦爲館職，竟報罷，然詩名日起，唱和日多。集中有《贈趙孟頫詩》云：「瓣香未展師道敬，攜琴暫出松蘿中。」

錢大昕《補元史藝文志·別集類》 周權《此山集》四卷。一作十卷。字衡之，括蒼人。

黃丕烈《蕘圃藏書題識·集類三》 《周此山詩集》四卷。校舊鈔本。風雅頌不作，詩之變屢矣，大抵與世相爲低昂，其變易推也。

張金吾《愛日精廬藏書志·別集類》 周此山先生《詩集》四卷。舊抄本。元周權撰。【略】《詩》有經緯焉，《詩》之正也；有正變焉，後人傳益之説也。

張公文集　要言

王圻《續文獻通考·經籍考·集中》 《張公文集》十卷。《要言》一卷。稿城張延著。

黃虞稷《千頃堂書目·別集類·補元》 張延《張公文集》十卷。稿城人。真定路教授，見《真定志》。

倪燦等《補遼金元藝文志·別集類·補元》 《張延文集》十卷。稿城人。

錢大昕《補元史藝文志·別集類》 《張延文集》十卷。

讀通鑑詩

錢大昕《補元史藝文志·別集類》 張延《讀通鑑詩》二卷。

東園小稿

王圻《續文獻通考·經籍考·集中》 《東岡小稿》。許熙載著。熙載湯陰人。博古通今，事母以孝聞。嘗開義學，以教鄉人。

黃虞稷《千頃堂書目·別集類·補元》 許熙載《東園小稿》。字獻臣，許有壬

父，爲會福院照磨。見《彰德志》。

倪燦等《補遼金元藝文志・別集類・補元》 許熙載《東園小稿》。字獻臣。許有壬父。

舊雨集

王圻《續文獻通考・經籍考・集中》 《舊雨集》五十卷。宋景濂曰：熊本著，虞公爲之序，謂其雜著本理而敷暢，典雅而不阿，人以爲實録。

黄虞稷《千頃堂書目・別集類・補元》 熊本《舊雨集》五十卷。吴草廬弟子。

倪燦等《補遼金元藝文志・別集類・補元》 熊本《舊雨集》五十卷。

錢大昕《補元史藝文志・別集類》 熊本《舊雨集》五十卷。

月屋樵吟

高儒《百川書志・元詩》 《月屋樵吟》四卷。天台黄庚星甫著。

錢謙益等《絳雲樓書目・金元文集類》 黄庚《月屋樵吟》。四卷。

黄虞稷《千頃堂書目・別集類・補元》 黄庚《月屋樵吟》四卷。字星甫，天台人。

倪燦等《補遼金元藝文志・別集類・補元》 黄庚《月屋樵吟》四卷。今止《漫稿》一卷，字星甫，天台人。

錢曾《讀書敏求記・詩集》 黄庚《月屋樵吟》四卷。清常道人跋云：「詩多俊語，復多媚語。或時吐一二禪語，句中往往有用世意，非不欲仕元者。」

《四庫提要・別集類一九》 《月屋漫稿》一卷。兩淮鹽政採進本。元黄庚撰。庚字星甫，天台人。厲鶚以其生於宋末，入元未仕，遂收入宋詩。然宋亡時庚尚幼，觀其集首自序，乃泰定丁卯所作。

錢大昕《補元史藝文志・別集類》 黄庚《月屋漫稿》一卷。字星父，天台人。

黄丕烈《蕘圃藏書題識・集類三》 《月屋漫稿》一卷。舊鈔本。此《月屋漫稿》，王蓮涇家物也。秋濤爲蓮涇族孫，故藏弆最多。

張金吾《愛日精廬藏書志・別集類》 《月屋漫稿》四卷。舊抄本。元天台山人黄庚著。

谷響集

楊士奇等《文淵閣書目・詩詞》 《僧谷響集》。一部，一册。闕。

張萱等《内閣藏書目録・集部》 《谷響集》四册。全。元僧雲屋著。

黄虞稷《千頃堂書目・別集類・補元》 僧善住《谷響集》四卷。

倪燦等《補遼金元藝文志・別集類・補元》 僧善住《谷響集》四卷。今一卷。

《四庫提要・別集類一九》 《谷響集》三卷。編修汪如藻家藏本。元釋善住撰。善住字無住，別號雲屋。嘗居吴郡城之報恩寺，往來吴淞江上，與仇遠、白珽、虞集、宋无諸人相酬唱。遠贈詩有云：「閶門北去山如畫，有日同師步翠微。」无答其見寄詩，亦有「句妙唐風在」之語。蓋雖入空門，而深與文士同臭味也。集中《癸亥歲寓居錢塘千頃寺述懷詩》，有「高閣工書三十年」句。從英宗至治三年癸亥，上推三十年爲世祖至元三十一年甲午，距宋亡僅十四年。其《贈隱者詩》，有「對食慙周粟，紉衣尚楚蘭」句，蓋猶及見宋之遺老，故所作頗有矩矱。觀其論詩有云「典雅始成唐句法，麤豪終有宋人風」，命意極爲不凡。及核其篇什，則但工近體，大抵以清雋琱琢爲事，頗近四靈、江湖之派，終不脱宋人窠臼，所言未免涉於過高。然造語新秀，絶無蔬筍之氣，佳處亦未易及。在元代詩僧中，固宜爲屈一指也。

錢大昕《補元史藝文志・別集類》 善性《谷響集》一卷。字無住，吴郡人。

陳衆仲詩

楊士奇等《文淵閣書目・詩詞》 《陳衆仲詩》。一部，一册。闕。

水雲集

王圻《續文獻通考・經籍考・集中》 《水雲集》。武恪著。恪，宣德府人。

遊學江南，吴澄薦入國學。

黄虞稷《千頃堂書目・别集類・補元》 武恪《水雲集》。字伯威，宣德府人。明宗在潛邸，選爲侍書。

倪燦等《補遼金元藝文志・别集類・補元》 武恪《水雲集》。字伯威，宣德府人。

錢大昕《補元史藝文志・别集類》 武恪《水雲集》。

武伯威詩集

錢大昕《補元史藝文志・别集類》 武恪《武伯威詩集》。宣德人，大德中以神童貢於朝，官汾西縣尹。

山居幽興集

錢大昕《補元史藝文志・别集類》 王珪《山居幽興集》。

梅花百詠

高儒《百川書志・别集》 馮海粟《梅花百詠》一卷。元人。自立百題，各詠七言一絶。嘗爲翰林學士。

黄虞稷《千頃堂書目・别集類・補元》 馮子振《梅花百詠》一卷。號海粟，寧鄉人，仕爲翰林待制。

倪燦等《補遼金元藝文志・别集類・補元》 馮子振《梅花百詠》一卷。號海粟，寧鄉人。

受命寶賦

楊士奇等《文淵閣書目・文集》 馮子振《受命寶賦》。一部，一册。完全。

黄虞稷《千頃堂書目・騷賦類・補元》 馮子振《受命寶賦》一卷。

倪燦等《補遼金元藝文志・騷賦類・補元》 馮子振《受命寶賦》一卷。

錢大昕《補元史藝文志・别集類》 馮子振《受命寶賦》一卷。

月灣溪詩稿

王圻《續文獻通考・經籍考・詩集》 《月灣詩集》。將仕佐郎鄱陽吴存著。

黄虞稷《千頃堂書目・别集類・補元》 吴存《月灣溪詩集》。字仲退，鄱陽人。延祐元年鄉試第一，爲本縣主簿。

倪燦等《補遼金元藝文志・别集類・補元》 吴存《月灣溪詩稿》。字仲退，鄱陽人。

錢大昕《補元史藝文志・别集類》 吴存《月溪詩集》。字仲退，鄱陽人，延祐元年舉鄉試第一，本縣主簿。

樂庵遺稿

楊士奇等《文淵閣書目・文集》 吴存《樂庵遺稿》。一部，一册。闕。

碧山類稿

錢大昕《補元史藝文志・别集類》 湯彌昌《碧山類稿》。

湘江櫂歌

錢大昕《補元史藝文志・别集類》 湯彌昌《湘江櫂歌》。

陳自堂存稿

楊士奇等《文淵閣書目・詩詞》 《陳自堂存稿》。一部，二册。闕。

黄虞稷《千頃堂書目・別集類・補元》 《陳自堂存稿》□卷。

百香詩

楊士奇等《文淵閣書目・詩詞》 郭居敬《百香詩》。一部，一册。闕。

二十四孝詩

王圻《續文獻通考・經籍考・詩集》 《二十四孝詩》。尤溪郭居敬撰。以訓童蒙。

養吾齋集

倪燦等《補遼金元藝文志・別集類・補元》 劉將孫《養吾齋集》三十二卷。

《四庫提要・別集類一九》 《養吾齋集》三十二卷。《永樂大典》本。元劉將孫撰。將孫字尚友，廬陵人，辰翁之子。嘗爲延平教官、臨汀書院山長。辰翁以文名於宋末，當文體冗濫之餘，欲矯以清新幽雋。故所評諸書，多標舉纖巧，而所作亦多以詰屈爲奇。然蹊徑獨開，亦遂別自成家，不可磨滅。將孫濡染家學，頗習父風，故當日有「小須」之目。吴澄爲作集序，謂其浩瀚演迤，自成爲尚友之交，如蘇洵之有蘇軾。會以立序則謂淵源所自，淹貫古今。

錢大昕《補元史藝文志・別集類》 劉將孫《養吾齋集》三十二卷。

巴西文集

黄虞稷《千頃堂書目・別集類・補元》 鄧文原《巴西集》。

倪燦等《補遼金元藝文志・別集類・補元》 鄧文原《巴西集》一卷。

《四庫提要・別集類一九》 《巴西文集》一卷。江西巡撫採進本。元鄧文原撰。文原字善之，一字匪石，緜州人，隨其父流寓錢塘。自稱巴西，不忘本也。生於宋理宗寶祐六年。宋末應浙西轉運司試，中魁選。至元間行中書省辟爲杭州路儒學正，官至集賢直學士，兼國子監祭酒，致仕。致和元年卒於家，謚文肅。事蹟見《元史》本傳。文原學有本原，所作皆温醇典雅。當大德、延祐之世，獨以詞林耆舊主持風氣。

錢大昕《補元史藝文志・別集類》 鄧文原《巴西集》。今存一卷。

黄丕烈《蕘圃藏書題識・集類三》 《巴西鄧先生文集》不分卷。鈔本。性父以此集與王止仲《褚園稿》同見示，鄧公何得比擬止仲，略讀一二，知其大略。因書。弘治二年二月廿四日，楊循吉君謙父。

又 《巴西鄧先生文集》□卷。舊鈔本。嘉慶乙丑六月，從嘉定瞿木夫借得伊外舅錢辛楣先生所鈔朱文游家藏毛汲古藏明人鈔本，手校一過，行款大略相同，訛舛亦復不少。

張金吾《愛日精廬藏書志・別集類》 《巴西鄧先生集》一卷。明初抄本。汲古閣藏書。元鄧文原撰。卷首有毛子晉季滄葦印記。

內制集

黄虞稷《千頃堂書目・別集類・補元》 鄧文原《內制集》。

倪燦等《補遼金元藝文志・別集類・補元》 鄧文原《內制集》。

錢大昕《補元史藝文志・別集類》 鄧文原《內制集》。

素履齋集

錢大昕《補元史藝文志・别集類》 鄧文原《素履齋稿》。

安南録

楊士奇等《文淵閣書目・詩詞》 陳剛中《安南録》。一部，一册。完全。陳剛中《安南録》。一部，一册。闕。

出使詩

楊士奇等《文淵閣書目・詩詞》 陳剛中《出使詩》。一部，一册。闕。

觀光稿　交州稿　玉堂集

高儒《百川書志・元詩》 《陳剛中詩集》四卷、附録，《觀光稿》、《交州稿》、《玉堂稿》。衢州治中天台勿齋陳孚剛中撰。

徐𤊹《徐氏家藏書目・文集類》 《陳剛中詩集》四卷。

錢謙益等《絳雲樓書目・金元文集類》 陳剛中《觀光》、《玉堂》、《交州》三稿。

黄虞稷《千頃堂書目・别集類・補元》 陳孚《觀光》、《玉堂》、《交州》三稿三卷，附録一卷。

倪燦等《補遼金元藝文志・别集類・補元》 陳孚《觀光》、《玉堂》、《交州》三稿三卷，又附録一卷。

《四庫提要・别集類一九》 《觀光稿》一卷，《交州稿》一卷，《玉堂稿》一卷，附録一卷。浙江巡撫採進本。元陳孚撰。孚字剛中，天台臨海人，歷官奉直大夫台州路總管府治中。是編凡分三集。

錢大昕《補元史藝文志・别集類》 陳孚《觀光稿》一卷。《交州稿》一卷。又《玉堂稿》一卷。又附録一卷。

安南即事詩

《四庫提要・别集類存目一》 《安南即事詩》一卷。浙江巡撫採進本。元陳孚撰。孚有《觀光》、《交州》、《玉堂》三稿，已著録。此集詩及自注皆自孚《交州集》中鈔出，别題此名。蓋書賈譌僞之本，藏弆者不辨而收之也。

寧極齋集

黄虞稷《千頃堂書目・别集類・補元》 陳深《寧極齋集》一卷。字子微，吴人。元天曆間以能書召，匿不出。自號清全齋。

倪燦等《補遼金元藝文志・别集類・補金》 陳深《寧極齋集》一卷。

吴焯《繡谷亭薰習録・集二》 《寧極齋稿》一卷。元吴郡陳深子微著。深自宋亡棄舉子業，杜門著書，有《讀易》、《讀詩》、《讀春秋》等編。號清全。附詩一編，乃其子□叔。□□□□□。慎獨叟鄭元祐爲撰墓誌。漁洋書庫□□□□淺陋不足觀。

東游小稿

黄虞稷《千頃堂書目・别集類・補元》 陳深《東游小稿》。

倪燦等《補遼金元藝文志・别集類・補金》 陳深《東游小稿》。

錢大昕《補元史藝文志・别集類》 陳深《東游小稿》。

寧極先生詩

錢大昕《補元史藝文志・別集類》 陳深《寧極先生詩》四卷。

歲寒小稿

黄虞稷《千頃堂書目・別集類・補元》 范霖《歲寒小稿》一卷。縉雲人，家於吳。

倪燦等《補遼金元藝文志・別集類・補元》 范霖《歲寒小稿》一卷。縉雲人，家於吳。

錢大昕《補元史藝文志・別集類》 范霖《歲寒小稿》一卷。縉雲人。

菊逸集

錢大昕《補元史藝文志・別集類》 金至善《菊逸集》。字伯明，崑山人。

閒居叢稿

楊士奇等《文淵閣書目・文集》 蒲道源《順齋叢稿》。一部，四册。完全。

又《詩詞》 《蒲順齋叢稿》。一部，三册。完全。

錢謙益等《絳雲樓書目・金元文集類》 蒲順齋《閒居叢稿》。

黄虞稷《千頃堂書目・別集類・補元》 蒲道源順齋《閒居叢稿》二十六卷。

倪燦等《補遼金元藝文志・別集類・補元》 蒲道源《閒居叢稿》二十六卷。

《四庫提要・別集類二〇》 《閒居叢稿》二十六卷。江蘇巡撫採進本。元蒲道源撰。道源字得之，號順齋，世居眉州之青神，徙居興元。初爲郡學正，罷歸。皇慶中徵爲國史院編修官，進國子博士，年六十矣。越歲復引疾去。後十年召爲陝西儒學提舉，不就。迹其生平，恬於仕宦，大抵閒居之日爲多。故其子機裒輯遺文，題曰《閒居叢稿》。凡詩賦八卷、雜文、樂府十八卷。詩文俱平實顯易，不尚華藻。黄溍爲之序，稱「國家統一海宇，士俗醇美，一時鴻生碩儒所爲文，皆雄深渾厚，而無靡麗之習。承平滋久，風流未墜。皇慶、延祐間，公以性理之學施於臺閣之文。譬如良金美玉，不假鍛鍊琱琢，而光耀自不可掩」云云，亦言其文之真樸也。蓋元大德以後，亦如明宣德、正統以後，其文大抵雍容不迫，淺顯不支。雖流弊所滋，庸沓在所不免，而不謂之盛時則不可。顧嗣立《元詩選》引溍此文，謂當時風尚如此，可以觀世運焉。斯言允矣。

錢大昕《補元史藝文志・別集類》 蒲道源《閒居叢稿》二十六卷。字得之，號順齋。興元人，提舉陝西儒學。

張金吾《愛日精廬藏書志・別集類》 順齋先生《閒居叢稿》二十六卷。抄本。元蒲道源撰。男蒲機類編，門生薛懿校正。故贈秘書少監順齋先生蒲公既没，仲子御史君機裒輯遺文，曰《閒居叢稿》者，爲二十又六卷，以授溍，俾序之。

徐毅　詩文

錢大昕《補元史藝文志・別集類》 徐毅《詩文》三卷。字伯宏，趙城人，御史中丞，贈平陽郡公，謚文靖。

翠寒集

徐𤊹《徐氏家藏書目・文集類》 宋(元)〔无〕《翠寒集》一卷。

毛晉《汲古閣書跋》 《翠寒集》。司空圖序生平警句，如「人家寒食月，花影午時天」，又如「得劍乍如添健僕，忘書久似憶良朋」云云。即令郊、島操觚，恐不免斷數鬚而下一字。既讀馮海粟《子虚詩序》，拈出若干聯，新琢驚人，不讓表聖。亟覓《翠寒全集》讀之，語語如煆歲煉年者，然出之甚易。質之白家老嫗，應亦解頤。直前無唐人矣，元人不足言也。

錢謙益等《絳雲樓書目・金元文集類》 宋子虚《翠寒》。

黄虞稷《千頃堂書目・別集類・補元》 宋无《翠寒集》八卷。字子虛，吴人，生宋景定間，入元科舉廢，遂工於詩，尤善詠史，嘗舉茂異不就。

倪燦等《補遼金元藝文志・別集類・補元》 宋无《翠寒集》八卷。今一卷。

錢曾《讀書敏求記・詩集》 宋无《翠寒集》六卷。无字子虛，吴人。馮海粟極稱其詩。隱居翠寒山，因以名焉。張習分之爲六卷。《嗩囈集》鄧光荐作序，附自銘于後。其製銘時年已八十一矣，尚有《鸝迺集》、《寒𡨥冷話》，無從得見，佚更覓之。

《四庫提要・別集類二〇》 《翠寒集》一卷。浙江巡撫採進本。元宋无撰。无字子虛，蘇州人。嘗舉茂才不就。是集前有自序，又有元貞乙未趙孟頫序、延祐庚申馮子振序。然卷末有《題孟頫遺墨詩》，不應有孟頫序。以自序考之，蓋此本爲无晚年自定，子振爲序而刻之。孟頫所序，乃其少作。以其名重，仍刊以冠集耳。子振序仿李中《碧雲集》序例，摘録其佳句甚悉。所舉如《古研歌》之「神媧蹋雲去補天，留下一團焦墨煙」，殆〔A〕獷不復成語。又如「楊柳昏黄晚西月，梨花明白夜東風」之句，亦欠自然。然其他品題，大抵精當。統觀其集，七言古體純學李賀、温庭筠，時有雋語。樂府短章，往往欲出新意，而反失之纖。五言律詩、五言長律最爲擅長，七言絶句次之，七言律詩又次之。五言古詩集中惟《建業懷古》一首，亦僅如拗體律詩，句句對偶，特平仄不諧耳。蓋才所不近，避而不作也，亦可謂善用其短矣。

錢大昕《補元史藝文志・別集類》 宋无《翠寒集》六卷。

張金吾《愛日精廬藏書續志・別集類》 《翠寒集》六卷。元吴郡宋无子虛著。馮子振序。延祐庚申。

嗩囈集

楊士奇等《文淵閣書目・詩詞》 宋子虛《嗩囈集》。一部，二册。闕。

徐𤊹《徐氏家藏書目・文集類》 宋(元)〔无〕《嗩囈集》一卷。《嗩囈集》一卷。

毛晉《汲古閣書跋》 《嗩囈集》。漢魏迄唐名家集中，詠史詩亦不多見。逮宋末文文山始有《詠史集》，亦不過集杜句耳。至元始盛，如楊鐵崖《詠史樂府》，宋子虛《嗩囈集》，凡古今朝野褒貶雌黄，直補全史所未備，足稱「詩史」矣。子虛自稱爲寐叟，又云懵騰鄉人，又云吾寐吾寐，據梧而瞑。其玩世自放，猶五柳先生云「不知何許人也」。鄧中甫以爲謙詞，謬哉！惜《鸝迺集》、《寒齋冷語》，予未及見耳。

錢謙益等《絳雲樓書目・金元文集類》 宋子虛《嗩囈集》。

黄虞稷《千頃堂書目・別集類・補元》 宋无《嗩囈集》一卷。

倪燦等《補遼金元藝文志・別集類・補元》 宋无《嗩囈集》一卷。字子虛，吴人。

錢曾《讀書敏求記・詩集》 宋无《嗩囈集》六卷。

《四庫提要・別集類存目一》 《嗩囈集》一卷。内府藏本。元宋无撰。无有《翠寒集》，已著録。是集始於《禹鼎》，終於《留夢炎》，每事爲七言絶句一章，凡一百一首。各敘其始末於詩後，如自注然。詠史詩肇於班固。厥後詞人間作，往往一唱三嘆，託意於語言之外。至周曇、胡曾，詞旨淺近，古法遂微。无詩頗可觀，而此集亦不免以論爲詩之病。其中如《金明池》、《龜胡琴》、《婢勝兒》之類，旁摭小説，亦殊泛濫也。

錢大昕《補元史藝文志・別集類》 宋无《嗩囈集》一卷。

張金吾《愛日精廬藏書續志・別集類》 《嗩囈集》一卷。元刊本。元吴郡宋无子虛著。

鸝迺集

錢大昕《補元史藝文志・別集類》 宋无《鸝迺集》，字子虛，吴人。

申齋集

楊士奇等《文淵閣書目・文集》 《劉申齋文》。一部，二册。完全。

張萱等《内閣藏書目録・集部》 《申齋劉先生文集》二册。全。元至大間劉岳申著。凡十五卷。

黄虞稷《千頃堂書目・別集類・補元》 劉岳申《申齋文集》十五卷。字高仲，

吉水人。遼陽儒學副提舉，以泰和州州判致仕。

倪燦等《補遼金元藝文志・別集類・補元》 劉岳申《中齋文集》十五卷。字高仲，吉水人。

《四庫提要・別集類二〇》 《申齋集》十五卷。編修汪如藻家藏本。元劉岳申撰。岳申字高仲，吉水人。以吴澄薦，召爲遼陽儒學副提舉，不就。後授泰和州判，致仕。是集乃其門人蕭洵所編，李祁爲之序。元季嘗付剞劂，久經兵燹。顧嗣立《元詩選》蒐羅至備，獨不及此編。《江西通志》亦謂岳申文集今已不傳。

錢大昕《補元史藝文志・別集類》 劉岳申《中齋集》十五卷。字高仲，吉水人。

張金吾《愛日精廬藏書志・別集類》 《申齋劉先生文集》十五卷。抄本。元劉岳申撰，門人蕭洵德瑜校正，番易費震振遠編次。

盱里子集

錢大昕《補元史藝文志・別集類》 揭佑民《盱里子集》。廣昌人，邵武府經歷。

效古集

王圻《續文獻通考・經籍考・集中》 《效古集》。張立道著。立道，其先陳留人，後徙大名。事世祖，累官至雲南參政。所著又有《平蜀總論》等書。

黄虞稷《千頃堂書目・別集類・補元》 張立道《效古集》。

倪燦等《補遼金元藝文志・別集類・補元》 張立道《效古集》。

錢大昕《補元史藝文志・別集類》 張立道《效古集》。

江炎昶詩集

黄虞稷《千頃堂書目・別集類・補元》 《江炎昶詩集》五卷。字懋遠，婺源人。隱居不仕，人稱古逸先生。

錢大昕《補元史藝文志・別集類》 《汪炎昶詩》五卷。字懋遠，婺源人。

臞庵稿

錢大昕《補元史藝文志・別集類》 梅鼐《臞庵稿》。吴江人。

淵默叟集

錢大昕《補元史藝文志・別集類》 余日強《淵默叟集》。

退密老人詩

錢大昕《補元史藝文志・別集類》 汪巽元《退密老人詩》八卷。休寧人。

秋聲集

張萱等《内閣藏書目録・集部》 《秋聲集》三册。全。元至元間衛宗武著。凡十卷。

黄虞稷《千頃堂書目・別集類・補元》 衛宗武《秋聲集》十卷。雲間人。

倪燦等《補遼金元藝文志・別集類・補元》 衛宗武《秋聲集》十卷。雲間人。

錢大昕《補元史藝文志・別集類》 衛宗武《秋聲集》十卷。今存六卷。

梅花百詠

阮元《四庫未收書目提要・別集類》 《梅花百詠》一卷。元韋珪撰。珪字德珪，山陰人。案《四庫全書》所收《梅花百詠》乃元馮子振、釋明本倡和之詩。德珪此作，始以李仲山之命成《詠梅二十六首》。繼又摭拾見聞，更成百首。復以梅花未入楚詞，作《補騷》一章以附於後。又嘗自署其讀書處曰「梅雪窩」，蓋其平生有嗜梅之癖矣。首有楊維禎手書序文。此從元刻摹寫者。

文子方集

錢大昕《補元史藝文志・別集類》 文子方集。名矩，長沙人，太常禮儀院判官。

甬山集

錢大昕《補元史藝文志・別集類》 李在明《甬山集》十卷。鄞人。

静春堂集

楊士奇等《文淵閣書目・詩詞》 袁通父《静春堂集》。一部，一册。闕。

黄虞稷《千頃堂書目・別集類・補元》 袁易通父《静春堂集》□卷。杭云，字通甫，吴人，爲石洞書院山長。與龔子敬、郭祥卿、趙子昂稱爲吴中三君子。

倪燦等《補遼金元藝文志・別集類・補元》 袁易《静春堂集》四卷。字通甫，吴人。

《四庫提要・別集類二〇》 《静春堂集》四卷。兩淮馬裕家藏本。元袁易撰。易字通甫，長洲人。不求仕進。部使者擬薦於朝，謝不應。行中書省署徽州路石洞書院山長，旋亦罷歸。居吴淞、具區之間，築堂曰静春。聚書萬卷，手自校定。或棹舟載筆床茶竈、古器，游於江湖。趙孟頫嘗爲畫《卧雪圖》，稱易與龔璛、郭麟孫爲吴中三君子。是集乃易殁之後，其子泰所編。延祐四年龔璛爲之序，推之甚至。

錢大昕《補元史藝文志・別集類》 袁易《静春堂集》四卷。字通甫，長洲人，石洞書院山長。

黄丕烈《蕘圃藏書題識・集類三》 《静春堂詩集》□卷。舊鈔本。《静春堂遺墨》卷向藏吾郡袁氏。

又《續録・集類下》 《静春堂詩集》，四卷《静春翰墨》一册附。舊鈔本。

杏庭摘稿

楊士奇等《文淵閣書目・詩詞》 洪潛夫《杏庭稿》。一部，一册。完全。

錢謙益等《絳雲樓書目・金元文集類》 洪焱祖《杏庭摘稿》。

黄虞稷《千頃堂書目・別集類・補元》 洪焱祖《杏庭摘稿》十卷。一作五十卷。

倪燦等《補遼金元藝文志・別集類・補元》 洪焱祖《杏庭摘稿》十卷。一作五十卷。

錢曾《讀書敏求記・詩集》 洪焱祖《杏庭摘稿》一卷。焱祖字潛夫，仕元爲休寧縣尹。著《續新安志》十卷，《爾雅翌音注》三十二卷。所居有銀杏，大百圍，故以「杏庭」爲號，遂名其集，此則其摘稿也。宋濂、危素爲之序。

《四庫提要・別集類二〇》 《杏亭摘稿》一卷。浙江鮑士恭家藏本。元洪焱祖撰。焱祖字潛夫，歙縣人。是集前有危素序，稱爲徽州路休寧縣尹致仕。而敘其仕履乃曰年二十六爲平江路儒學録，浮梁州長薌書院山長，紹興路儒學正，調衢州路儒學教授，擢處州路遂昌縣主簿。天曆元年年六十二致仕。乃不云其爲縣尹。考宋濂序，稱其自儒官起家，四轉而爲遂昌主簿，遂以休寧縣尹致其仕。蓋是時猶沿宋例，致仕者率進一官使歸，實未嘗任是職也。焱祖嘗作《羅願爾雅翼音釋》，至今附願書以行。又有《續新安志》十卷，亦繼願《新安志》而作。

錢大昕《補元史藝文志・別集類》　洪焱祖《杏庭摘稿》一卷。

淡軒詩

黃虞稷《千頃堂書目・別集類・補元》　孫轍《淡軒詩》。臨川人。

倪燦等《補遼金元藝文志・別集類・補元》　孫轍《淡軒詩》。臨川人。

錢大昕《補元史藝文志・別集類》　孫轍《淡軒詩》。

中齋文集

王圻《續文獻通考・經籍考・集中》　《中齋文集》。陳信惠著。信惠字孚中，晉江人。初試有司不利，後以才能應帥府辟，仕終惠安尹。自號退翁。

錢大昕《補元史藝文志・別集類》　陳信惠《中齋文集》。字孚中，晉江人。惠安縣尹，自號退翁。

懷浄土詩

錢大昕《補元史藝文志・別集類》　明本《懷浄土詩》一卷。

梅花百詠

徐𤊹《徐氏家藏書目・文集類》　中峰和尚《梅花百詠》一卷。

錢大昕《補元史藝文志・別集類》　明本《梅花百詠》一卷。

於吴。

方瀾詩

黃虞稷《千頃堂書目・別集類・補元》　《方瀾詩》一卷。字叔囦，本莆田人，居於吴。

倪燦等《補遼金元藝文志・別集類・補元》　《方瀾詩》一卷。字叔囦，莆田人，居於吴。

吴焯《繡谷亭薰習録・集二》　《叔囦稿》一卷。元莆陽方瀾叔囦著。僅五言近體四十五篇。至元後己卯樊士寬子厚序。王東跋云：此子厚所録，尚有《全集》，未見。

錢大昕《補元史藝文志・別集類》　《方瀾遺稿》一卷。字叔淵，莆陽人。

吴壽暘《拜經樓藏書題跋記・卷五》　《方叔淵稿》。《方先生遺稿》，五言詩四十二首，後至元己卯樊士寬所鈔，有跋及《次先生自趙屯歸城中韻》詩，又有王東題語。是册面葉題「寄樓鈔藏」，有「寄樓」、「東萊仲子手鈔」二印記。

五雲書屋稿

黃虞稷《千頃堂書目・別集類・補元》　韓謣《五雲書屋稿》六卷。字致用，韓性從兄。御史王餘慶薦爲温州路學正，後官建寧路録事兼防禦事。

倪燦等《補遼金元藝文志・別集類・補元》　韓謣《五雲書屋稿》六卷。字致用，韓性從兄。

錢大昕《補元史藝文志・別集類》　韓謣《五雲書屋稿》六卷。字致用，性從兄，建寧路録事。

知非堂稿　外稿

王圻《續文獻通考・經籍考・集中》　《知非堂集》。何中著。中字太虛，撫

之樂安人。其學宏深該博，元至順初，江西行省聘爲龍興郡學師。

徐㷆《徐氏家藏書目・文集類》 何太虛《知非集》六卷。

黄虞稷《千頃堂書目・别集類・補元》 何中《知非堂集》六卷。一作十七卷。

倪燦等《補遼金元藝文志・别集類・補元》 何中《知非堂稿》六卷。一作十七卷。

吴焯《繡谷亭薰習録・集二》 《知非堂稿》六卷。元臨川何中太虛著，吴澂伯清序，延祐庚申自序。中與伯清媦兄弟也。《元詩選》稱《知非堂稿》十七卷，驗其選次甲乙，即從此本録出。自序祇題六卷，或有文集耳。新城王阮亭「尚書論太虛」五字獨佳，有唐人風格。顧氏選十録其六七。《河間》一首，「河間堠子多」，「堠」誤「猴」，又「伯父堅白道人」，「父」誤「艾」。以此本校之，誤處尚多。

《四庫提要・别集類二〇》 《知非堂稿》六卷。江西巡撫採進本。元何中撰。中有《通鑑綱目測海》，已著録。據中自序，所著尚有《易類象》三卷、《書傳補遺》十卷、《吴才老叶韻補遺》一卷、《六書綱領》一卷、《補六書故》三十二卷、《通書問》一卷、《蘇丘述遊録》一卷、《𢭏頤録》十卷。今自《通鑑測海》以外，惟《通書問》及此集僅存。然自序稱有《知非堂稿》十七卷、《外稿》十六卷。顧嗣立《元詩選》載《知非堂稿》十七卷，與自序合。王士禎《居易録》作十六卷，亦與自序、《外稿》合。此集止六卷，似非完書。然嗣立之所録與士禎之所稱者，已均在此六卷之中，又似無所亡佚者。

錢大昕《補元史藝文志・别集類》 何中《知非堂稿》六卷。一作十七卷。《知非外稿》十六卷。

黄丕烈《蕘圃藏書題識・集類三》 《知非堂稿》六卷。鈔本。《知非堂稿》六卷，《四庫書目》亦止收此，而所謂十七卷及十六卷者，亦云未見，疑爲後人删削而存此六卷，理或然也。余向曾蓄此，已贈人。

太虛集

楊士奇等《文淵閣書目・文集》 《何太虛集》。一部，四册。闕。

王士禎《漁洋書跋》 《太虛集》。元臨川何中《太虛集》。吴草廬序。吴與何中表兄弟也。中善五言詩，如「聊隨碧溪轉，忽與白鷗逢。小雨十數點，淡煙三四峰」，「落葉半藏路，清風時滿溪」，「寒沙梅影路，微雪酒香村」，「湖雪殘波岸，船燈獨夜人」，「西風一夜雨，丹桂滿林花」，皆有唐風。中自序。有《易類象》三卷、《書傳補遺》十卷、《通鑑綱目測海》三卷、《通書問》一卷、《吴才老叶韻》一卷、《六書綱領》一卷、《補六書故》三十二卷、《薊丘述遊録》一卷、《𢭏頤録》十卷、《知非堂稿》十七卷、《外稿》十六卷。今詩止十六卷耳。

錢大昕《補元史藝文志・别集類》 何中《太虛集》十六卷。

江亭集

楊士奇等《文淵閣書目・文集》 王士熙《江亭集》。一部，一册。闕。

黄虞稷《千頃堂書目・别集類・補元》 王士熙《江亭集》□□卷。

倪燦等《補遼金元藝文志・别集類・補元》 王士熙《江亭集》。

錢大昕《補元史藝文志・别集類》 王士熙《江亭集》。字繼學，東平人，構之子中書參知政事，南臺御史中丞。

王魯公詩鈔

《四庫提要・别集類存目一》 《王魯公詩鈔》一卷。編修汪如藻家藏本。元王士熙撰。士熙字繼學，東平人，翰林學士承旨構之子。以文學世其家，歷官中書省參知政事。在館閣日，與虞集、袁桷等唱和，論者比之唐岑、賈，宋楊、劉，爲有元盛世之音。此本不知何人所鈔，與顧嗣立《元詩選》所載士熙《江亭集》八十餘首，一一相同，惟次第小異。疑即書賈從《元詩選》鈔出，僞爲舊本射利耳。

清容居士集

王圻《續文獻通考・經籍考・集中》 《清容居士集》。袁桷著。

徐㷆《徐氏家藏書目・文集類》 袁桷《清容集》二卷。

錢謙益等《絳雲樓書目・金元文集類》 袁桷《清容居士集》。五十卷。字伯長，慶元人，大德初以閻復薦入翰林。

黄虞稷《千頃堂書目・別集類・補元》 袁桷《清容居士集》五十卷。

倪燦等《補遼金元藝文志・別集類・補元》 袁桷《清容居士集》五十卷。

吴焯《繡谷亭薰習録・集二》 《清容集》五十卷。元侍講學士謚文清鄞袁桷伯長著。

《四庫提要・別集類二〇》 《清容居士集》五十卷。兩淮馬裕家藏本。元袁桷撰。桷有《延祐四明志》，已著録。其集據蘇天爵行狀及《元史》本傳，俱稱五十卷。此本卷數相符，蓋猶舊本也。桷少從戴表元、王應麟、舒岳祥諸遺老游，學問源淵具有所自。其在朝踐歷清華，再入集賢，八登翰苑，凡朝廷制册、勛臣碑版多出其手。故其文章博碩偉麗，有盛世之音。尤練習掌故，長於考據。集中如《南郊十議》、《明堂郊天異制議》、《祭天無閒歲議》、《郊不當立從祀議》、《郊非辛日議》諸篇，皆成宗初所上。其援引經訓，元元本本，非空談聚訟者所能。當時以其精博，竝採用之。其詩格俊邁高華，造語並多工鍊，卓然能自成一家。蓋桷本舊家文獻之遺，又當大德、延祐間爲元治極盛之際。故其著作宏富，氣象光昌，蔚爲承平雅頌之聲。文采風流，遂爲虞、楊、范、揭等先路之導。其承前啓後，稱一代文章之鉅公，良無愧矣。

錢大昕《補元史藝文志・別集類》 袁桷《清容居士集》五十卷。

張金吾《愛日精廬藏書志・別集類》 《清容居士集》五十卷。舊抄本。元袁桷撰。後附謚議、士瓚撰。墓誌銘、蘇天爵撰。

張之洞《書目答問・別集》 《清容居士集》五十卷，附《札記》一卷。元袁桷。宜稼堂本。

致亭集

黄虞稷《千頃堂書目・別集類・補元》 袁桷《致亭集》三十七卷。

倪燦等《補遼金元藝文志・別集類・補元》 袁桷《致亭集》三十七卷。

錢大昕《補元史藝文志・別集類》 袁桷《致亭集》三十七卷。

卧雪齋文集

錢大昕《補元史藝文志・別集類》 袁袞《卧雪齋文集》。

存悔齋稿　補遺

毛晉《汲古閣書跋》 《存悔齋詩》。余家藏元人集未逮百家，意欲擇勝授梓，閩中徐興公許以祕本五十種見寄，奈魚雁杳然，惄如也。適馬人伯出龔子敬《存悔齋稿》示予，得未曾有，真八年第一快事。中有殘缺二處，末有朱性甫補遺一十七首。問所從來，迺荻溪王凱度家藏本。卷帙如新，而凱度已爲玉樓作記人矣，掩卷相對，泫然久之。時崇禎十三年閏正月十三日，毛晉識。

又《附稿》 《存悔齋詩》。《存悔齋詩》，世不多見，先君子從馬師借鈔。先君手跋在崇禎十三年閏正月十三，扆生于是年六月二十六日，則跋書之日，扆尚未生。今犬馬之齒五十有六矣，白首無成，深負父師之訓，一展閱間，手澤如新，音容久杳，不禁淚下沾衣也。偶閱《天平山志》載子敬詩二首，集中止有其一，又從《六硯齋筆記》得絶句一首，《皇元風雅》得詩五首，并録于右。康熙乙亥花朝後二日，毛扆識。

黄虞稷《千頃堂書目・別集類・補元》 龔璛《存悔齋詩》一卷。字子敬，高郵人，宋司農卿潗之子，官浙江儒學副提舉。

倪燦等《補遼金元藝文志・別集類》 龔璛《存悔齋詩》一卷。又《補遺》一卷。字子敬，真州人。

吴焯《繡谷亭薰習録・集二》 《存悔齋稿》一卷。元浙江儒學副提舉平江龔璛子敬著。至正九年開封俞楨跋，稱此本出永嘉朱氏明朱存理，又從荻溪王氏録其遺，附卷末。顧氏《元詩》採宣城詩九首，此本無之，固知蒐録未盡也。

《四庫提要・別集類一九》 《存悔齋稿》一卷，《補遺》一卷。浙江鮑士恭家藏本。元龔璛撰。璛字子敬，自高郵遷居平江。父潗，宋末官司農卿。國亡，不食卒。璛少爲憲使徐琰辟置幕下，後充和靖、學道兩書院山長。調寧國路儒學教授，遷上饒主簿，改宜春丞。以江浙儒學副提舉致仕。所著有《存悔齋詩稿》一卷。明朱存理復輯其佚篇爲《補遺》一卷。其《詩稿》之末，至正九年開封

俞禎跋所稱永嘉朱先生，乃别是一人而佚其名，非即存理也。盛儀《嘉靖維揚志》，稱璛善屬文，刻意學書，有晉人風度，蓋亦一時知名士。乃篇什所存，寥寥無幾，當已不免散佚。然其詩格伉爽，頗能自出清新。在元人諸集中猶爲獨開生面，正不必以少爲嫌矣。

錢大昕《補元史藝文志・别集類》 龔璛《存悔齋稿》一卷。又《補遺》一卷。字子敬，真州人，江浙儒學副提舉。

黄丕烈《蕘圃藏書題識・集類三》 《存悔齋詩》不分卷。鈔本。

張金吾《愛日精廬藏書續志・别集類》 《存悔齋詩》一卷，《遺詩》一卷。舊抄本。汲古閣藏書。元龔璛子敬著。後附《補遺》十七首。明朱存理輯，又七首，則毛氏斧季所補也。卷中有紅筆校改，上方注云：「某俞録，本作某。」蓋從元俞楨手録本校過者。題籤係斧季手筆，前後俱有毛子晉印記。

五雲漫稿

楊士奇等《文淵閣書目・文集》 韓明善《五雲漫稿》。一部，六册。殘缺。

又《詩詞》 韓性《五雲漫稿》。一部，一册。闕。

黄虞稷《千頃堂書目・别集類・補元》 韓性《五雲漫稿》十二卷。字明善，會稽人，賜謚莊節。

倪燦等《補遼金元藝文志・别集類・補元》 韓性《五雲漫稿》十二卷。字明善，會稽人，謚莊節。

錢大昕《補元史藝文志・别集類》 韓性《五雲漫稿》十二卷。

超然集

王圻《續文獻通考・經籍考・集中》 《超然集》四十卷。曹元用著。元用，汶上人。資禀俊爽，書過目輒成誦，爲禮部主事，陞翰林學士。

黄虞稷《千頃堂書目・别集類・補元》 曹元用《超然集》四十卷。汶上人，翰林學士。

倪燦等《補遼金元藝文志・别集類・補元》 曹元用《超然集》四十卷。汶上人。

錢大昕《補元史藝文志・别集類》 曹元用《超然集》四十卷。

桂隱文集　詩集

范邦甸等《天一閣書目・别集類》 《桂隱集》一卷。鈔本。元劉詵撰。至正元年，廬陵歐陽元序。

王圻《續文獻通考・經籍考・集中》 《桂隱集》。劉詵著。詵，廬陵人。幼失父，年十二能文章，爲文根柢六經，躪轢諸子百家，融液今古，而不露其踔厲迅發之狀。自號桂隱。

黄虞稷《千頃堂書目・别集類・補元》 劉詵《桂隱文集》四卷。又《桂隱詩集》四卷。

倪燦等《補遼金元藝文志・别集類・補元》 劉詵《桂隱文集》四卷。又《詩集》四卷。

《四庫提要・别集類一九》 《桂隱文集》四卷，《詩集》四卷。浙江鮑士恭家藏本。元劉詵撰。詵字桂翁，廬陵人。生於宋末，猶及見諸遺老，得其緒論。迨延祐復科舉後，益肆力於名物、度數、訓詁、箋注之學。既十年不第，乃刻意於詩古文。江南行御史臺屢以教官、館職、遺逸薦，皆不報。至正十年卒，年八十三。王榮禄爲之請於朝。謚曰文敏。事蹟具《元史・儒學傳》。此集爲其門人羅如篪所編，有虞集、歐陽玄二序。本傳稱其文「根柢六經，躪躒諸子百家，融液今古，而不露其踔厲風發之狀。」

錢大昕《補元史藝文志・别集類》 劉詵《桂隱文集》四卷。又《詩集》四卷。

梅西集

王圻《續文獻通考・經籍考・集中》 《梅西先生集》。郭陞著。陞字德基，長樂人。至元中授泉山書院山長。文不刻鑿以爲異，詩不琢鏤以爲工。

黄虞稷《千頃堂書目·別集類·補元》郭鎧《梅西集》。字德基，福建長樂人。

倪燦等《補遼金元藝文志·別集類·補元》郭鎧《梅西集》。字德基，福建長樂人。

錢大昕《補元史藝文志·別集類》郭鎧《梅西先生集》。

心遠堂集

黄虞稷《千頃堂書目·別集類·補元》張淵《心遠堂集》。字清夫，吴江人。

倪燦等《補遼金元藝文志·別集類·補元》張淵《心遠堂集》。字清夫，吴江人。

錢大昕《補元史藝文志·別集類》張淵《心遠堂集》。吴江人。

環中集

黄虞稷《千頃堂書目·別集類·補元》洪淵《環中集》十卷。豐城人。宋鄉貢進士。入元以教授致仕，給半俸終，自號泳齋翁。

倪燦等《補遼金元藝文志·別集類·補元》洪淵《環中集》十卷。豐城人。

錢大昕《補元史藝文志·別集類》洪淵《環中集》十卷。豐城人。

學箕集

黄虞稷《千頃堂書目·別集類·補元》薛觀《學箕集》三卷。一名孟，字景荀，鄞人。元至治癸亥鄉舉，知丹陽縣事。

倪燦等《補遼金元藝文志·別集類·補元》薛觀《學箕集》三卷。一名孟，字景荀，鄞人。

劉炳詩

黄虞稷《千頃堂書目·別集類·補元》《劉炳詩》一卷。字元亮，崇安人。詩效韋柳，嘗被徵爲端本堂説書，不就。

倪燦等《補遼金元藝文志·別集類·補元》《劉炳詩》一卷。字元亮，崇安人。《明志》有《春雨軒集》十卷者，不知即此人否。

戴羽詩

黄虞稷《千頃堂書目·別集類·補元》《戴羽詩》一卷。德安人，徵士。

倪燦等《補遼金元藝文志·別集類·補元》《戴羽詩》一卷。德安人。

吴志大詩

黄虞稷《千頃堂書目·別集類·補元》《吴志大詩》一卷。

倪燦等《補遼金元藝文志·別集類·補元》《吴志大詩》一卷。

詠史詩

倪燦等《補遼金元藝文志·別集類·補元》徐見心《詠史詩》。蘭谿人。

竹齋詩集

王圻《續文獻通考·經籍考·詩集》《竹齋詩集》。安思承著。

黃虞稷《千頃堂書目・别集類・補元》 安思承《竹齋詩集》。磁州人，山東道肅政廉訪使，贈樞密副使，武威郡公，謚貞肅。

倪燦等《補遼金元藝文志・别集類・補元》 安思承《竹齋詩集》。磁州人，謚貞肅。

錢大昕《補元史藝文志・别集類》 安思承《竹齋詩集》。磁州人，山東廉訪使，謚貞肅。

三山稿

黃虞稷《千頃堂書目・别集類・補元》 梁益《三山稿》。

倪燦等《補遼金元藝文志・别集類・補元》 梁益《三山稿》。

錢大昕《補元史藝文志・别集類》 梁益《三山稿》。

松瀑稿

錢大昕《補元史藝文志・别集類》 黃石翁《松瀑稿》。字可玉，廬山道士。

草堂集

錢大昕《補元史藝文志・别集類》 王先生《草堂集》一卷。號白雲子，不著名。

王彦高文集

王圻《續文獻通考・經籍考・集中》 《王彦高集》。昆明王昇著。

黃虞稷《千頃堂書目・别集類・補元》 《王彦高集》十卷。

倪燦等《補遼金元藝文志・别集類・補元》 《王彦高集》十卷。

錢大昕《補元史藝文志・别集類》 《王彦高集》十卷。名昇，昆明人。

愛齋稿

錢大昕《補元史藝文志・别集類》 楊居《愛齋稿》。字温如，新昌人，元季不仕。

静庵詩集

錢大昕《補元史藝文志・别集類》 陳尚簡《静庵詩集》。

養閒詩集

錢大昕《補元史藝文志・别集類》 華璹《養閒詩集》。

雲濤萃稿

王圻《續文獻通考・經籍考・集中》 《雲濤萃集》。括蒼劉氏曰：濮陽吴孟思著，自號雲濤散人。少好學，工翰墨，精篆隸。

錢大昕《補元史藝文志・别集類》 吴叡《雲濤萃稿》。

南泉稿

錢大昕《補元史藝文志・别集類》 趙友桂《南泉稿》。

默庵集

楊士奇等《文淵閣書目・文集》　《默庵安先生文集》。一部，二册。完全。

王圻《續文獻通考・經籍考・集中》　《默庵文集》十卷。稿城安熙著。

張萱等《内閣藏書目録・集部》　《安先生文集》二册。全。元至治間安熙著。凡五卷。虞集序。

黄虞稷《千頃堂書目・别集類・補元》　安熙《默庵集》五卷。一作十卷。門人蘇天爵編。

倪燦等《補遼金元藝文志・别集類・補元》　安熙《默庵集》五卷。一作十卷。

《四庫提要・别集類一九》　《默庵集》五卷。兩淮馬裕家藏本。元安熙撰。熙字敬仲，稿城人。少慕劉因之名，欲從之游，因亦願傳所學於熙，會因卒，不果，然所學一以因爲宗。其門人蘇天爵作熙行狀，稱朱子《四書集注》初至北方，滹南王若虚起而辨之，陳天祥益闡其説。熙力與争，天祥遂焚其書。今天祥之書故在，焚之之説雖涉於夸飾，然熙之力崇朱學，固於是可見也。熙殁之後，天爵輯其詩文，而虞集爲之序。詩頗有格調，雖時作理語，而不涉語録。惟《冬日齋居》五首及《壽李翁八十詩》，不入體裁。雜文皆篤實力學之言，而傷於平沓，蓋本無意於求工耳。天爵行狀稱集十卷。《目録》後熙子壄附記，亦云《内集》五卷、《外集》五卷。此本僅存詩文五卷，附録一卷，或舊本散佚，後人重爲編綴歟。

錢大昕《補元史藝文志・别集類》　安熙《默庵集》五卷。

清河集

楊士奇等《文淵閣書目・文集》　元明善《清河文集》一部，十五册。完全。

張萱等《内閣藏書目録・集部》　《清河集》八册。全。元至治間翰林學士元明善著。共三十九卷。闕三卷至八卷、十二卷至十七卷、二十一至二十三卷。又五册。不全。又二册。不全。

錢謙益等《絳雲樓書目・金元文集類》　元明善《清河集》。三十九卷。字復初，大名人。仕至翰林學士，謚文敏。與虞道園始相得，後相失，末又相親云。

黄虞稷《千頃堂書目・别集類・補元》　元明善《清河集》三十九卷。

倪燦等《補遼金元藝文志・别集類・補元》　元明善《清河集》三十九卷。

錢大昕《補元史藝文志・别集類》　元明善《清河集》三十九卷。

雲莊集

楊士奇等《文淵閣書目・文集》　張養浩《雲莊集》。一部，三册。闕。

錢大昕《補元史藝文志・别集類》　張養浩《雲莊集》四十卷。

歸田類稿

高儒《百川書志・元詩》　《歸田集稿》。文忠公御史中丞濟南雲莊翁張養浩撰。其《三忠告》、《經筵餘旨》入别類。

王圻《續文獻通考・經籍考・集中》　《張文忠公文集》二十四卷。御史中丞濟南雲莊張養浩希孟著。又名《雲莊歸田類稿》，又《歸田集稿》。張養浩著。

錢謙益等《絳雲樓書目・金元文集類》　張養浩《歸田集》。十八卷。字希孟，濟南人，歷官至西臺御史中丞。

黄虞稷《千頃堂書目・别集類・補元》　張養浩文忠公《歸田集稿》二十八卷附録一卷。

倪燦等《補遼金元藝文志・别集類・補元》　張養浩《歸田類稿》二十八卷。又附録一卷。

《四庫提要・别集類一九》　《歸田類稿》二十四卷。《永樂大典》本。元張養浩撰。養浩有《三事忠告》，已著録。是編乃其詩文也。養浩嘗自序其集，稱「退休田野，録所得詩文樂府九百餘首，岐爲四十卷，名曰《歸田類稿》」。富珠哩翀序案富珠哩翀原作孛术魯翀，今改正。作三十八卷，卷數已異。《文淵閣書目》載養浩《雲莊家集》一册。《雲莊集》三册。焦竑《國史經籍志》則作《張養浩文忠集》十八卷。書

名、卷數更均與養浩自序不符。黄虞稷《千頃堂書目》雖載《歸田類稿》之名，而亦無卷數。

錢大昕《補元史藝文志·別集類》 張養浩《歸田類稿》二十四卷，附録一卷。

張金吾《愛日精廬藏書志·別集類》 《張文忠公文集》二十八卷。元刊本。元張養浩撰。後附畫像記，至正甲午倪中撰。贊，劉耳撰。神道碑銘，張起巖撰。祠堂碑銘。撰人闕。聖朝牧庵姚文公以古文雄天下，天下英才振奮而宗之。

傳家集

楊士奇等《文淵閣書目·文集》 《張雲莊傳家集》。一部，一册。完全。

雲林集

高儒《百川書志·元詩》 貢文清公《雲林詩集》六卷，附録一卷。翰林學士大中大夫宣城貢奎章撰。泰甫尚書之父也。

毛晉《汲古閣書跋》 《雲林詩集》。予向梓雲林遺事數則，凡處母兄師友間，真不愧古君子，已足見其品望。但一段悲世憤俗之懷，所謂若子長長公有不勝其哀者。不讀其詩，不能令人泣下沾襟也。因復梓其詩若干卷行世。張子宜贈句云：「潔身穢跡緣時晦，寫竹題詩任夜分。」可謂知言。其《述懷詩二十六韻》，殆即雲林子自傳云。

徐𤊹《徐氏家藏書目·文集類》 貢奎《雲林集》六卷。

錢謙益等《絳雲樓書目·金元文集類》 貢文靖奎《雲林詩集》。

黄虞稷《千頃堂書目·別集類·補元》 貢奎《雲林小稿》六卷。字仲章，宣城人，官直賢集學士。奎他所著有《聽雪齋記》、《青山漫吟》、《倦游集》、《豫章稿》、《上元新録》、《南湖紀行》，皆逸不傳。

倪燦等《補遼金元藝文志·別集類·補元》 貢奎《雲林小稿》六卷。字仲章，宣城人。他所著有《聽雪齋記》、《青山漫吟》、《倦遊集》、《豫章稿》、《上元新録》、《南湖記行》，皆逸不傳。

吳焯《繡谷亭薰習録·集二》 《雲林集》六卷。元集賢直學士謚文靖宣城貢奎仲章著。洪熙元年三山陳嵦序。舊有宋濂序。嵦作序時云已失去，考宋集亦無之。幸附録吳澄後序、李黼狀、馬祖常碑而已。茲集曾孫吏部郎元禮刊，弘治庚戌天台范吉跋。奎所著有《聽雪齋記》、《青山謾吟》、《倦游集》、《豫章稿》、《上元新録》、《南州紀行》，陳序作「南湖」。並不傳。焦氏《經籍志》題《雲林集》爲貢師泰作，非也。師泰，奎之子，別有《玩齋集》。

《四庫提要·別集類二〇》 《雲林集》六卷，附録一卷，兩淮馬裕家藏本。元貢奎撰。奎字仲章，宣城人，官集賢直學士，追封廣陵郡侯，謚文靖。李黼爲之狀，馬祖常奉敕撰碑，皆天下重望也。所著有《雲林小稿》、《聽雪齋記》、《青山漫吟》、《倦游集》、《豫章稿》、《上元新録》、《南州紀行》，凡百二十卷。明永樂間徵入祕府，家無副本，遂絶不傳。惟《雲林小稿》宋濂所序者，尚存其曾孫蘭家。洪熙中福州陳嵦復序而傳之。弘治間其裔孫元禮復采諸書所載奎詩及遺文二篇，附益成編，是爲今本。奎詩格在虞、楊、范、揭之間，爲元人巨擘。王士禎《居易録》論其境地未能深造，殆專以神韻求之歟。吳澄跋其文稿，稱其温然粹然，得典雅之體，視求工好奇，而卒不工不奇者，相去萬萬，惜今不可得見矣。卷末增載《見婦人》、《偶興》二首，鄙俚穢褻，必委巷附會之説。元禮不知而悮收之，其爲謬陋，不止《謝康樂集》載東陽《溪中贈答》也。

彭元瑞等《天禄琳琅書目後編·明版集部》 貢文靖公《雲林詩集》。一函，二册。元貢奎撰。奎字仲章，宣城人，官集賢直學士，謚文靖。書六卷。凡詩四百二十三首，又文二首，附録吳澄題後、李黼撰行狀、馬祖常撰神道碑、虞集《游長春宫詩序》。全集有《雲林小稿》、《聽雪齋記》、《青山漫吟》、《倦游集》、《豫章稿》、《上元新録》、《南州記行》，凡百二十卷。永樂間徵入祕府，家無副本，遂絶不傳。惟宋濂所序《雲林小稿》，尚存其曾孫蘭家。洪熙乙巳南京國子助教三山陳嵦序而傳之。至弘治庚戌，其裔孫欽復采諸書所載奎詩及文二首，以爲茲集。有范吉跋。欽字元禮，成化甲辰進士，官文選郎。

錢大昕《補元史藝文志·別集類》 貢奎《雲林小稿》六卷。

張金吾《愛日精廬藏書志·別集類》 貢文靖公《雲林詩集》六卷。明弘治刊本。元貢奎撰。後附《行狀》，李黼撰。神道碑銘。馬祖常撰。陳凱序。洪熙元年。范吉刊板序。弘治庚戌。

看雲集

錢大昕《補元史藝文志・別集類》 吳全節《看雲集》二十六卷。

筠軒集

黄虞稷《千頃堂書目・別集類・補元》 《唐元詩文》五十卷。字長孺，歙人。徽州府儒學教授，別號筠軒先生。

倪燦等《補遼金元藝文志・別集類・補元》 《唐元詩文》五十卷。今《筠軒集》十三卷。字長孺，歙人。

《四庫提要・別集類二〇》 《筠軒集》十三卷。安徽巡撫採進本。元唐元撰。元字長孺，歙縣人。泰定丁卯，以文學授平江路學録。再任建德路分水縣教諭。以徽州路學教授致仕卒。集中《朱克用總管詩會序》，作於至正乙酉，自題七十七歲，則當生於宋咸淳五年己巳。始終皆當元盛時，故所作多和平温厚之音。又嘗著《易大義》、《見聞録》諸書，於經術頗深。故議論亦不詭於正。據朱文選行狀，元有《敬堂雜著》、《思樂雜著》、《吴門雜著》、《分陽雜著》、《金陵雜著》、《老學藁稿》幾七千篇，分爲五十卷，乃其子桂芳手輯，故集中間有桂芳題識。此本爲程敏政編入《唐氏三先生集》者，僅詩稿八卷、文稿五卷，殊非其舊。觀其裔孫澤請汪抑之作序啓中，亦謂兵燹之餘，十存二三，則此集亦蠹蝕零落，幸而得存矣。惟元以鄉校終身，未嘗一官臺閣，而集中有《扈從灤陽清暑》四詩，又有《玉堂夜直詩》，及《察罕淖爾》、《李陵臺》諸詩，未喻其故，或誤收他人之作歟！

錢大昕《補元史藝文志・別集類》 唐元《筠軒集》五十卷。今存十三卷。

大癡道人集

錢大昕《補元史藝文志・別集類》 黄公望《大癡道人集》。

把菊軒稿

錢大昕《補元史藝文志・別集類》 陸友《把菊軒稿》。

松陵續集

錢大昕《補元史藝文志・別集類》 朱良實《松陵續集》。字子誠，鳳之子。

漁唱稿

錢大昕《補元史藝文志・別集類》 朱良實《漁唱稿》。

味道編

黄虞稷《千頃堂書目・別集類・補元》 陳樸《味道編》。奉化人，陳桱兄。家於吴。

倪燦等《補遼金元藝文志・別集類・補元》 陳樸《味道編》。

錢大昕《補元史藝文志・別集類》 陳樸《味道編》。

雲軒集

黄虞稷《千頃堂書目・別集類・補元》 陳樸《雲軒集》。

倪燦等《補遼金元藝文志・別集類・補元》 陳樸《雲軒集》。奉化人，陳桱兄。家於吴。

錢大昕《補元史藝文志・別集類》 陳樸《雲軒集》。奉化人。

庭芳集

錢大昕《補元史藝文志・別集類》 周文英《庭芳集》。吴人，才之子。

許文懿古詩

楊士奇等《文淵閣書目・詩詞》 《許文懿古詩》。一部，一册。完全。

黃虞稷《千頃堂書目・別集類・補元》 許謙《許文懿古詩》一卷。

倪燦等《補遼金元藝文志・別集類・補元》 許謙《許文懿古詩》一卷。

錢大昕《補元史藝文志・別集類》 許謙《古詩》一卷。

白雲集

高儒《百川書志・元文》 《白雲許文懿公文集》三卷。金華處士許謙益之著。《白雲許文懿公集》一卷。金華處士許謙益之撰。

徐𤊹《徐氏家藏書目・文集類》 許謙《白雲集》四卷。

錢謙益等《絳雲樓書目・金元文集類》 許謙《白雲集》。四卷。字益之，金華人。金吉父門人，吉父《論孟考證》，謙爲之序。明宗初年卒官，謚文正。

黃虞稷《千頃堂書目・別集類・補元》 許謙《白雲先生集》四卷。

倪燦等《補遼金元藝文志・別集類・補元》 許謙《白雲集》四卷。

吴焯《繡谷亭薰習録・集二》 《白雲集》四卷。元處士謚文懿金華許謙益之之著。

《四庫提要・別集類一九》 《白雲集》四卷。編修朱筠家藏本。元許謙撰。謙有《讀書叢説》，已著録。謙初從金履祥游，講明朱子之學，不甚留意於詞藻，然其詩理趣之中頗含興象。五言古體，尤諧雅音，非《擊壤集》一派惟涉理路者比。文亦醇古，無宋人語録之氣，猶講學家之兼擅文章者也。惟其《與王申伯》一詩，宗旨入於莊老，非儒者所宜言。《求補儒吏》一書，代人于乞，亦可不必編置集中，爲有道之累。至於《南城晚望詩》，乃五言長律八韻，而誤分爲二首。《放棹行》乃七言古詩，而誤以爲律體。故《朝散大夫婺州路總管治中致仕朱公壙志》，末稱「孤子某等泣血謹識」，全篇皆子爲父作之詞，乃他人之文，誤爲收入。《題趙昌甫詩卷》實七言絶句一首，題下「昌甫以辛丑歲」云云，即詩之序，乃誤入雜著中。《學箴》一篇既據謙手蹟收入集中，即當題曰《補遺》，乃別其明人題跋題曰附録。考卷末舊跋，是集乃正統丁卯金臺李伸得殘編於其祖妣王氏家，皆謙之草稿。伸始編次成書，非出於謙所自定，故體例踳駁如是也。成化丙戌，江浦張瑄初刻於廣東，金華陳相爲之序。又有正德戊寅陳綱重刻跋，稱脱去數頁，竟不可得。又稱改其名曰《白雲存稿》。此本從商丘宋犖家傳寫，乃題曰《許白雲集》，亦無闕頁。觀卷末題識，蓋此跋從別本録入，故與書不相應，今亦削之不載云。

錢大昕《補元史藝文志・別集類》 許謙《白雲先生集》四卷。

張金吾《愛日精廬藏書志・別集類》 《許白雲先生文集》四卷。舊抄本。元許謙撰。李紳序正統丁卯。陳相序成化丙戌。張瑄跋成化乙酉。

柳貫文集　別集

王圻《續文獻通考・經籍考・集中》 《文集》四十卷。柳貫著。

又《集下》 《柳貫文集》二十卷，《別集》二十卷。貫，浦陽人，字道傳。

黃虞稷《千頃堂書目・別集類・補元》 《柳貫文集》四十卷。又《集》三十卷。

倪燦等《補遼金元藝文志・別集類・補元》 《柳貫文集》四十卷。又《集》三十卷。

錢大昕《補元史藝文志・別集類》 《柳貫文集》二十卷。又《別集》二十卷。皆門人宋濂、戴良所彙次。

待制文集　別集

錢謙益等《絳雲樓書目·金元文集類》 柳貫《待制文集》二十卷。

黃虞稷《千頃堂書目·別集類·補元》 《待制文集》二十卷，《別集》二十卷。

倪燦等《補遼金元藝文志·別集類·補元》 《待制文集》二十卷，《別集》二十卷。

《四庫提要·別集類二〇》 《待制集》二十卷，附録一卷。浙江鮑士恭家藏本。元柳貫撰。貫字道傳，浦江人。

黃丕烈《蕘圃藏書題識·集類三》 《柳待制文集》二十卷，附録一卷。校本。

柳氏雜著書文

王圻《續文獻通考·經籍考·集中》 柳氏《雜著書文》一十五卷。柳貫著。

上京紀行詩

彭元瑞等《天禄琳琅書目後編·明版集部》 《上京紀行詩》一函一册。元柳貫撰。貫字道傳，浦江人。大德中以薦入官，至正元年授翰林待制。書一卷，凡詩四十首。貫以延祐七年由國子助教分教北都，所作三十二首。至泰定元年被命方試進士上京，所作八首，屬薛漢作楷聯卷并摹入版。貫自作序，漢作識。貫又自題，并馬祖常題後。洪武丁巳，宋濂題，濂蓋貫之門人也。漢字宗海，永嘉人，官國子助教。祖常字伯庸，雍古部人，官樞密副使，謚文貞，有《石田集》。

李泂文集

王圻《續文獻通考·經籍考·集中》 《李泂文集》四十卷。泂字宗朝，滕州人。文宗時預修《經世大典》，除翰林直學士。

黃虞稷《千頃堂書目·別集類·補元》 《李泂文集》四十卷。字溉之，勝州人。姚燧薦其有文名，累官翰林學士。

倪燦等《補遼金元藝文志·別集類·補元》 《李泂文集》四十卷。字溉之，勝州人。

錢大昕《補元史藝文志·別集類》 《李泂文集》四十卷。

楊仲弘集

楊士奇等《文淵閣書目·詩詞》 《楊仲弘詩》。一部，一册。闕。

王圻《續文獻通考·經籍考·詩集》 《楊載詩集》。字仲弘，浦城人，後徙杭州。爲文以氣爲主，而詩尤有法，與虞集、范梈、揭傒斯齊名，號虞、楊、范、揭。

錢謙益等《絳雲樓書目·金元文集類》 《楊載仲弘詩集》四卷。

黃虞稷《千頃堂書目·別集類·補元》 楊載《楊仲弘詩集》八卷。浦城人，徙居杭。延祐中進士，歷寧國路推官。

倪燦等《補遼金元藝文志·別集類·補元》 楊載《仲弘詩集》八卷。浦城人，徙居杭州。

錢曾《讀書敏求記·詩集》 《楊仲弘詩集》八卷。余昔藏元板仲弘詩集，後歸之季氏，此從刻本影鈔。元詩稱虞、楊、范、揭爲四大家，今予所藏皆善本，殊足喜耳。

《四庫提要·別集類二〇》 《楊仲弘集》八卷。内府藏本。元楊載撰。載字仲弘，浦城人，後徙杭州。

錢大昕《補元史藝文志·別集類》 《楊仲弘詩集》八卷。名載。

張之洞《書目答問·別集》 《楊仲弘詩》八卷。元楊載。留香室刻本。

集古詩

王圻《續文獻通考・經籍考・詩集》〔楊載〕《集古句詩》二卷。

黄虞稷《千頃堂書目・別集類・補元》 楊載《集古詩》二卷。

倪燦等《補遼金元藝文志・別集類・補元》 楊載《集古詩》二卷。

錢大昕《補元史藝文志・別集類》 楊仲弘《集古詩》二卷。

畏齋集

楊士奇等《文淵閣書目・文集》 程端禮《畏齋集》。一部，二册。完全。

黄虞稷《千頃堂書目・別集類・補元》 程端禮《畏齋集》十卷。字敬叔，慶元人。官將仕佐郎，台州路儒學教授。

倪燦等《補遼金元藝文志・別集類・補元》 程端禮《畏齋集》十卷。今六卷，字敬叔，慶元人。

《四庫提要・別集類一九》《畏齋集》六卷。《永樂大典》本。元程端禮撰。端禮有《讀書分年日程》，已著録。其詩文名《畏齋集》，見於黄溍所作《墓誌》，而不著卷數。諸家書目亦多不載，故世久無傳。惟散見《永樂大典》中者尚得詩文百餘篇。謹依類編次，釐爲六卷。其學以朱子爲宗。

錢大昕《補元史藝文志・別集類》 程端禮《畏齋集》十卷今六卷。

農務集

《四庫提要・別集類存目一》《農務集》三卷。編修汪如藻家藏本。舊本題元王禎撰。禎有《農書》，已著録。此集凡賦五首、詩一百九十四首、贊銘七首，皆《農書》所已載。蓋即從《農書》中鈔出，詭立此名也。其第二卷四言《民社詩》，乃《農書》祭社稷之祝詞。三卷《繭館贊》，乃《農書》之《先蠶壇贊》。《農書》《撻詩》下有《耰詩》一首，此集不載。又《鐵搭賦》佚其首句。則爲後人採掇舛漏，非禎所自編明矣。

農務詩

錢大昕《補元史藝文志・別集類》 王禎《農務詩》一卷。

梅花字字香前集　後集

倪燦等《補遼金元藝文志・別集類・補元》 郭豫亨《梅花字字香前集》一卷。又《後集》一卷。

《四庫提要・別集類二〇》《梅花字字香前集》一卷，《後集》一卷。浙江鮑士恭家藏本。元郭豫亨撰。豫亨自號梅巖野人。里籍未詳。

錢大昕《補元史藝文志・別集類》 郭豫亨《梅花字字香》二卷。

黄丕烈《蕘圃藏書題識・集類三》《梅花字字香》。舊鈔本。

竹素山房詩集

黄虞稷《千頃堂書目・別集類・補元》 吾衍《竹素山房集》二卷。

倪燦等《補遼金元藝文志・別集類・補元》 吾衍《竹素山房集》三卷。

《四庫提要・別集類一九》《竹素山房詩集》三卷。編修汪如藻家藏本。元吾丘衍撰。衍有《晉史乘》，已著録。此其所著詩集，而附以遺文二篇。其詩頗效李賀體，不能盡脱元人窠臼。然胸次既高，神韻自別，往往於町畦之外，逸致横生，所謂王謝家子弟雖不復端正者，亦奕奕有一種風氣也。考衍於至大三年爲人所累，被攝得釋，不勝其恚，自投西湖死。留一詩別其友仇遠云：「劉伶一鍤事徒然，蝴蝶飛來別有天。欲語太元何處問，西泠西畔斷橋邊。」別見於《釋宗泐集》，而此三卷中無之。意者原稿爲衍所自編，故未經載入歟。朱存理《樓居雜著》有《書吾氏類集》一篇，稱「《虞山雜鈔》内有《竹房集》三卷，予家有《子招雨師》文等篇遺蹟一

册，録附集後。」其卷帙與此本合，則此猶舊帙云。

錢大昕《補元史藝文志・別集類》 吾衍《竹素山房詩集》三卷。

范德機詩

楊士奇等《文淵閣書目・詩詞》 《范德機詩》一部，一册。闕。

錢謙益等《絳雲樓書目・金元文集類》 《范德機詩集》名梈，字亨父，一字德機，清江人。用薦起，歷官至湖南嶺北道經歷，明宗至順元年卒，年五十九。吴幼清誌其墓。

黄虞稷《千頃堂書目・別集類・補元》 范梈《范德機詩》七卷。字亨父，清江人。累官翰林應奉，福建廉訪司知事。

倪燦等《補遼金元藝文志・別集類・補元》 《范梈德機詩》七卷。

錢曾《讀書敏求記・詩集》 《范德機詩集》七卷。至元庚辰刊于益友書堂，臨川葛雝仲穆編次。

《四庫提要・別集類二〇》 《范德機詩》七卷。山東巡撫採進本。元范梈撰。梈字亨父，一字德機，清江人。以薦爲左衛教授，遷翰林院編修官。出爲嶺海廉訪使照磨，歷轉江西、湖東。後選充翰林應奉。又改閩海道知事，移疾歸。天曆二年授湖南嶺北道廉訪使經歷，以母老未赴。明年母喪，竟以毁卒。所著有《燕然稿》、《東方稿》、《豫章稿》、《侯官稿》、《江夏稿》、《百丈稿》，凡十二卷。

黄丕烈《蕘圃藏書題識・集類三》 《范德機詩集》七卷。舊鈔本。

張之洞《書目答問・別集》 《范德機詩》七卷。元范梈。

范文白詩集

《四庫提要・別集類存目一》 《范文白詩集》六卷。山東巡撫採進本。元范梈撰。梈詩別有七卷之本。題《范德機集》者，乃臨川葛雝所編，刊於閩中，已著録。是編爲明楊翬所選，所取纔十之六，其删汰亦不盡當。

南州前集　南州集

楊士奇等《文淵閣書目・文集》 《南州前集》。一部，四册。完全。《南州集》。一部，六册。完全。

道園學古録

楊士奇等《文淵閣書目・文集》 虞伯生《道園學古録》。一部，八册。殘缺。

高儒《百川書志・元文》 《道園學古録》五十卷。《在朝稿》二十卷，《應制録》六卷，《歸田稿》十八卷，《方外稿》六卷，雍邵庵先生虞集伯生撰。

《道園學古録》。邵庵先生雍虞集伯生撰。

徐㶿《徐氏家藏書目・文集類》 虞集《道園學古録》五十卷。

錢謙益等《絳雲樓書目・金元文集類》 《虞道園學古録》。

黄虞稷《千頃堂書目・別集類・補元》 虞集《道園學古録》五十卷。

倪燦等《補遼金元藝文志・別集類・補元》 虞集《道園學古録》五十卷。

錢曾《讀書敏求記・集》 虞伯生《道園學古録》五十卷。是集分《在朝稿》、《應制録》、《歸田稿》、《方外稿》四種，總名《道園學古録》。鏤刻精雅，世行本從此翻雕，間取讐勘，譌謬處絶少，知嘉、隆以前學人信而好古，非若近日槧書者淆亂芟改，師心自是也。

吴焯《繡谷亭薰習録・集二》 《道園學古録》五十卷。元奎章閣學士謚文靖崇仁虞集伯生著。

《四庫提要・別集類二〇》 《道園學古録》五十卷。浙江巡撫採進本。元虞集撰。集有《平猺記》，已著録。此集凡分四編，曰《在朝稿》，曰《應制稿》，曰《歸田稿》，曰《方外稿》。其中詩稿又别名《芝亭永言》。

彭元瑞等《天禄琳琅書目後編・元版集部》 《道園學古録》。四函，二十四册。元虞集撰。集字伯生，蜀郡人。官翰林學士，奎章閣侍書，進侍講學士。謚文靖。《元史》有傳。書五十卷，分四編：曰《在朝稿》二十卷，曰《應制稿》六卷，曰《歸田

稿》十八卷，曰《方外稿》六卷。

又《明版集部》 《道園學古録》。二函，十二册。篇目見前元版集部。前有景泰丙子崑山知縣鄭達序，云從太倉興福寺九衮僧暕公得建本刻之，并歐陽元舊序及《致劉基書》。

錢大昕《補元史藝文志・別集類》 虞集《道園學古録》五十卷。分《應制》、《在朝》、《歸田》、《方外》四稿。

張金吾《愛日精廬藏書志・別集類》 《道園學古録》五十卷。明景泰刊本。元雍虞集伯生撰。目録後有重增目録嘉靖本散入各卷，不另列。所增詩文散入各卷末，或元本所無而鄭達增入者歟？鄭達重刊序。景泰七年

吴壽暘《拜經樓藏書題跋記・卷五》 《道園學古録》。《道園學古録》五十卷。元刻本。每葉二十六行，行二十三字。前有至正六年歐陽元序，爲陳書崖先生藏本。有「劉氏家藏」、「陳氏家藏」、「書崖珍秘」、「天都陳氏承雅堂圖籍」、「陳書崖讀書記」、「陳氏藏書子孫永寶」諸圖記。

張之洞《書目答問・別集》 《道園學古録》五十卷。元虞集。通行本。仁壽新刻本六十卷，仍少文。《遺稿》八卷。

潘祖蔭《滂喜齋藏書記・集部》 明刻《道園學古録》五十卷。十册。自卷一至二十爲《在朝稿》，卷二十一至二十六爲《應制稿》，卷二十七至四十四爲《歸田稿》，後六卷爲《方外稿》，與《四庫》著録合，明人覆元本也。附藏印：「海琛」、「支郎琛誌」。

道園類稿

楊士奇等《文淵閣書目・文集》 虞伯生《道園類稿》。一部，十一册。塾本六册。

張萱等《内閣藏書目録・集部》 虞先生《道園類稿》十一册。全。莫詳姓氏。

黄虞稷《千頃堂書目・別集類・補元》 又《道園類稿》五十二卷。

錢謙益等《絳雲樓書目・金元文集類》 又《道園類稿》五十卷，又五卷。

倪燦等《補遼金元藝文志・別集類・補元》 虞集《道園類稿》五十二卷。

錢大昕《補元史藝文志・別集類》 虞集《道園類稿》。

張金吾《愛日精廬藏書志・別集類》 雍虞先生《道園類稿》五十卷。明人抄本。元虞集撰，《學古録》世多有之，《類稿》則不之概見，所載詩文多有出《學古録》外者。錢氏《補元史藝文志》載《類稿》，不著卷數，或未見全書歟？末有「門人吴彤編類，門生重喜、胡式點對，臨川袁明善、戈直重校」三行。

道園遺稿

楊士奇等《文淵閣書目・詩詞》 《道園遺稿》。一部，三册。闕。

高儒《百川書志・元詩》 《道園遺稿》五卷。奎章閣侍書學士蜀郡虞集《學古録》之遺篇，古律詩總七百餘首。

黄虞稷《千頃堂書目・別集類・補元》 《道園遺稿》六卷。

錢謙益等《絳雲樓書目・金元文集類》 《道園續集》。

倪燦等《補遼金元藝文志・別集類・補元》 又《道園遺稿》十六卷。

吴焯《繡谷亭薰習録・集二》 《道園遺稿》六卷。虞集著。初《學古録》既刊，好事者復另輯一編，互有存佚，于是公之從孫堪克用以二集之外，蒐得詩七百四十一篇，編爲五卷。吴江金天瑞伯祥授諸梓，至正己亥眉山楊椿序，金華黄溍與堪並爲後序。後附《鳴鶴餘音》一卷，係和全真馮尊師《游仙詞》。馮詞並載，自爲序，自署曰「翁生天瑞跋」。

《四庫提要・別集類二〇》 《道園遺稿》六卷。江西巡撫採進本。元虞集撰。其從孫堪編。蓋以補《道園學古録》之遺也。凡古律詩七百四十一首，附以樂府，刻於至正十四年。

錢大昕《補元史藝文志・別集類》 又《道園遺稿》六卷、又《續稿》三卷。

黄丕烈《蕘圃藏書題識・集類三》 《道園遺稿》六卷。元刻本。

又《集類三》 《道園遺稿》六卷。舊鈔本。

張金吾《愛日精廬藏書志・別集類》 《道園遺稿》六卷。元刊本。元雍虞集伯生撰。闕序目及一、二兩卷，抄補。

吴壽暘《拜經樓藏書題跋記・卷五》 《道園遺稿》。右鈔本六卷，緑飲先生所贈，末卷爲樂府，附《鳴鶴餘音》，乃公與全真馮尊師合作。《蘇武慢》、《無俗念》詞也。是編爲從孫堪克用所輯。前有至正己亥楊椿序，後有至正二十年黄溍序，堪有題識，樂府後有公自記及金天瑞跋。《四庫目録》作十六卷，與此不同。今觀

楊序云：「凡七百餘篇，皆板行二集所無者，遂分類編次爲六卷，附以樂府。題曰《道園遺稿》。」是所收當止此十六卷者，或併二集數之歟？

仁壽録

王圻《續文獻通考・經籍考・集中》 《虞邵庵仁壽録》一百卷。虞集著。集，臨川人。三歲即知讀書，稍長從吴澄遊。歷官翰林學士兼國子祭酒。平生詩文殆萬餘篇，存稿有《道園學古録應制》十二卷，《在朝》二十四卷，《歸田》三十六卷，《方外》八卷，門人彙而録之。

道園集

《四庫提要・別集類存目一》 《道園集》，無卷數，江蘇巡撫採進本。元虞集撰。集有《平猺記》，已著録。此集不列卷數，惟分八册。前七册題曰《道園學古録》，後一册題曰《類稿選》。然前七册非《學古録》之全本，後一册亦非《類稿》之全本。蓋坊刻摘録，疏漏實多。且每則之首皆題曰「崇仁虞集」。考集雖寓居崇仁，而其平生詩文皆自稱蜀人，不當以僑寓之地改其祖貫。此必撫州書賈所爲，欲引集以重其鄉土，不足據也。

芝亭永言集

楊士奇等《文淵閣書目・詩詞》 《芝亭永言集》。一部，一册。闕。

虞伯生文

楊士奇等《文淵閣書目・文集》 《虞伯生文》。一部，六册。闕。《虞伯生文》。一部，八册。闕。

虞邵庵詩

楊士奇等《文淵閣書目・詩詞》 《虞邵庵詩》。一部，一册。闕。《虞邵庵詩》。一部，一册。闕。

翰林珠玉

錢大昕《補元史藝文志・別集類》 《翰林珠玉》六卷。詩。虞集撰。

黃丕烈《蕘圃藏書題識・集類三》 《新編翰林珠玉》六卷。舊鈔本。

虞伯生詩續編

黃虞稷《千頃堂書目・別集類・補元》 又《虞伯生詩續稿》三卷。

倪燦等《補遼金元藝文志・別集類・補元》 《虞伯生詩續稿》三卷。

《四庫提要・別集類存目一》 《虞伯生詩續編》三卷。浙江范懋柱家天一閣藏本。元虞集撰。僅詩九十餘首。目録末有《至元後庚辰劉氏日新堂識語》一則，稱是集「乃學士晚年所作，尤爲得意，敬刻與騷壇共之」云云。考至元後庚辰者，順帝之至元六年也。是年集年六十九歲，李本訪集山中，編其詩文爲《學古録》者，即是冬之事。本所爲序則在明年辛巳之十二月。是《學古録》尚未出，不識何以有續編之目。中間題目字句，亦往往舛謬。此必當時坊賈以集負重名，故掇拾其詩數十篇，梓以射利之本耳。

黃丕烈《蕘圃藏書題識・集類三》 《伯生詩續編》三卷。元刻本。

空谷樵音

王圻《續文獻通考・經籍考・集中》《空谷樵音》。無極何體仁著。

錢大昕《補元史藝文志・別集類》何體仁《空谷樵音》，無極人。

石屋山居詩

高儒《百川書志・宋詩》《石屋詩》二卷。石屋和尚清珙山居之作。

徐𤊹《徐氏家藏書目・文集類》《石屋和尚詩》三卷。諱清珙。石屋和尚撰。

黃虞稷《千頃堂書目・別集類・補元》僧元珙《石屋山居詩》二卷。

倪燦等《補遼金元藝文志・別集類・補元》僧元珙《石屋山居詩》二卷。

錢大昕《補元史藝文志・別集類》清珙《石屋山居詩》二卷。

薩天錫前後集

錢謙益等《絳雲樓書目・金元文集類》《薩天錫前後集》。慶元方氏客。

雁門集　集外詩

錢謙益等《絳雲樓書目・金元文集類》薩天錫《雁門集》。

黃虞稷《千頃堂書目・別集類・補元》《雁門集》六卷。

倪燦等《補遼金元藝文志・別集類・補元》薩都剌《鴈門集》六卷，又《集外詩》一卷。鴈門人。

錢曾《讀書敏求記・詩集》薩天錫《雁門集》八卷。新刻通一卷，此則八卷。前列至元丁丑于文傳序，天錫父阿魯赤留鎮燕代，生君于雁門，故以「雁門」名其詩。後附詞十一首。君冒姓薩氏，名都剌史，天錫其字，別號直齋。薩都剌者，即華人所謂濟善也。文傳之序云然。

吴焯《繡谷亭薰習録・集二》《雁門集》八卷。元河北廉訪經歷雁門薩都拉天錫著。至元丁丑于文傳序謂：「其名都剌者，華言濟善也。」又云：「父阿魯赤鎮燕代，天錫生于燕門，冒姓薩氏。」然元色目人，無一定之姓，其説不知是否。孔齊《至正直記》云。天錫京口朱氏子，冒爲西域回回人，其集流傳各不同，詳見顧氏《元詩》。

《四庫提要・別集類二〇》《雁門集》三卷，《集外詩》一卷，江蘇巡撫採進本。元薩都拉撰。案薩都拉原作薩都剌，今改正。薩都拉字天錫，號直齋。

錢大昕《補元史藝文志・別集類》薩都剌《雁門集》八卷，又《集外詩》一卷。

黃丕烈《蕘圃藏書題識・集類三》《雁門集》八卷。明鈔本。此薩天錫《雁門集》八卷。前列至元丁丑于文傳序其詩，後附詞十一首，與錢遵王《讀書敏求記》所云者合。新刻通一卷，失其舊第矣。

張金吾《愛日精廬藏書志・別集類》《雁門集》八卷。元刊本。汲古閣藏書。元代郡薩都剌天錫撰。卷首有毛子晉印記。于文傳序。至正丁丑。

張之洞《書目答問・別集》《雁門集》三卷。《集外詩》一卷。元薩都剌。汲古閣本。

薩天錫詩集

楊士奇等《文淵閣書目・詩詞》《薩天錫詩》。一部，一册。闕。《薩天錫詩》。一部，一册。闕。

高儒《百川書志・元詩》《薩天錫詩集》七卷。閩縣知事雁門薩都剌天錫撰。

徐𤊹《徐氏家藏書目・文集類》《薩天錫詩集》二卷。《薩天錫詩集》三卷。

毛晉《汲古閣書跋》《薩天錫集》。天錫以茹毛飲血之裔而入中華，日弄柔翰，遂成南國名家。始信美玉胎於頑石，靈芝芽於朽根，才正不問華夷也。今其詩諸體具備，磊落激昂，

不獵前人一字。半山云：「看似尋常最奇崛，成如容易卻艱辛。」予於天錫詩亦云。

黄虞稷《千頃堂書目・别集類・補元》 《薩天錫詩集》二卷。雁門人。登泰定初進士，官京口録事，南御史臺辟爲掾，奏爲燕南架閣官，進閩海廉訪司知事，又擢爲河東廉訪司經歷。

倪燦等《補遼金元藝文志・别集類・補元》 薩天錫《詩集》三卷。

黄丕烈《蕘圃藏書題識・集類三》 薩天錫《詩集》十卷。校鈔本。

潘祖蔭《滂喜齋藏書記・集部》 明刻《薩天錫詩集》。薩《雁門集》，元刊八卷，汲古閣刻三卷，附《集外詩》一卷，即《四庫》著録本也。此本分體不分卷。按，《絳雲樓書目》有薩天錫《前後集》、《雁門集》，所謂「雁門集」者，當即八卷本，《前後集》即此本也。此本板心標「前」，一訖前五十一，是爲《前集》。《前集》之後又自一起至八十五，空白不標「後」字，當爲《後集》。明成化二十一年，兗州知府趙蘭刻之。弘治十六年，東昌知府李舉再刻。此弘治本也。前有劉子鍾、趙蘭、李舉三序。

也先忽都詩集

黄虞稷《千頃堂書目・别集類・補元》 《也先忽都詩集》十卷。賀太平子。

倪燦等《補遼金元藝文志・别集類・補元》 《也先忽都詩集》十卷。賀太平子。

錢大昕《補元史藝文志・别集類》 《也先忽都詩集》十卷。丞相太平子。

小軒初稿

黄虞稷《千頃堂書目・别集類・補元》 曾德裕《小軒初稿》。字益初，永豐人。大德中官翰林學士，兼領吏部考功郎。

倪燦等《補遼金元藝文志・别集類・補元》 曾德裕《小軒初稿》。字益功，永豐人。

錢大昕《補元史藝文志・别集類》 曾德裕《小軒初稿》。字益初，永豐人，大德中翰林學士。

灤京雜詠

錢謙益等《絳雲樓書目・金元文集類》 楊允孚《灤京百詠》。

黄虞稷《千頃堂書目・别集類・補元》 楊和《灤京百詠》一卷。號西雲，翰林供奉，一云名和吉，金幼孜序。

倪燦等《補遼金元藝文志・别集類・補元》 楊和《灤京百詠》一卷。號西雲，一云名和吉，今作楊允孚。

錢曾《讀書敏求記・詩集》 《灤京雜詠》一卷。元揚允孚字和吉，吉水濕塘人。

《四庫提要・别集類二一》 《灤京雜詠》一卷。浙江鮑士恭家藏本。元楊允孚撰。允孚字和吉，吉水人。其始末未詳。

錢大昕《補元史藝文志・别集類》 楊允孚《灤京雜詠》一卷。字和吉，吉水人。

立雪詩稿

錢大昕《補元史藝文志・别集類》 劉清叟《立雪詩稿》一卷。江西人。

拙齋集

王圻《續文獻通考・經籍考・集中》 《拙齋集》。鄱陽周應極著。

黄虞稷《千頃堂書目・别集類・補元》 周應極《拙齋集》二十卷。字南翁，鄱陽人，周伯琦父。官温州府同知。

倪燦等《補遼金元藝文志・别集類・補元》 周應極《拙齋集》二十卷。字南翁，鄱陽人，周伯琦父。

錢大昕《補元史藝文志・別集類》 周應極《拙齋集》二十卷。字南翁，番陽人，參政伯琦之父。

貞一稿

黃虞稷《千頃堂書目・別集類・補元》 朱本初《貞一稿》。臨川人。從吴全節宗師居大都，數祀名山，所至考求地里，作《輿地圖考》，集有虞邵庵、范德機、柳道傳序。

倪燦等《補遼金元藝文志・別集類・補元》 朱本初《貞一稿》。臨川人，從吴全節居大都。

錢大昕《補元史藝文志・別集類》 朱本初《貞一稿》。臨川道士。

阮元《四庫未收書目提要・別集類》 《貞一齋詩文稿》二卷。元朱思本撰。思本字本初，豫章臨川人。常學道于龍虎山中，貞一其號云。顧嗣立《元詩》四集稱：思本嘗從吴全節居都下，博治文雅，見稱於時。所著詩文稿世無刻本，僅存范椁、劉有慶、歐陽應丙、虞集、柳貫及全節六序，俱諸人手書，藏吴中劉損抑夫家。此本乃叢書堂吴寬手鈔，凡二卷。

巢深稿　燕山稿　宛陵稿

王圻《續文獻通考・經籍考・集中》 《巢深》、《燕山》、《宛陵》三稿。宋景濂曰：宛陵王先生澤民著。文不事絺章繪句，而義理自足，詩清婉有魏晉風。

黃虞稷《千頃堂書目・別集類・補元》 汪澤民《巢深》、《燕山》、《宛陵》三稿。字叔志，宣城人。延祐五年進士，官吏部尚書。追封譙郡公，謚文節。

倪燦等《補遼金元藝文志・別集類・補元》 汪澤民《巢深》、《燕山》、《宛陵》三稿。字叔志，宣城人，謚文節。

錢大昕《補元史藝文志・別集類》 汪澤民《巢深稿》。又《燕山稿》。又《宛陵稿》。

盧待制詩集

錢大昕《補元史藝文志・別集類》 《盧待制詩集》一卷。名亘，字彦威，汲郡人，翰林待制。

揭曼碩詩集

錢曾《讀書敏求記・詩集》 《揭曼碩詩集》三卷。吾友顧伊人，從至元庚辰刻本爲予手録之。

張金吾《愛日精廬藏書志・別集類》 《揭曼碩詩集》三卷。影寫元刊本。元揭傒斯撰。門生前進士燮理溥化校録。目録後有「至元庚辰季春日新堂印行」一行。錢氏《補元史藝文志》有《揭傒斯詩》三卷，當即是本。孫慶增。玉照俱有印記。

張之洞《書目答問・別集》 《揭曼碩詩》三卷。元揭傒斯。以上三家集均汲古閣摘本。又《宋元名家詩集》本。

揭文安詩粹鈔本

錢謙益等《絳雲樓書目・金元文集類》 《揭文安詩粹鈔本》。文安，亦以程鉅夫薦授官。順帝初，爲侍講學士，卒官。富州人。

文安集

楊士奇等《文淵閣書目・文集》 《揭曼碩文》。一部，一册。闕。

徐𤊹《徐氏家藏書目・文集類》 揭曼碩《文安集》六卷，《文粹》一卷。

張萱等《内閣藏書目録・集部》《揭學士文集》一册，不全。元揭曼碩著。莫詳卷數。

黄虞稷《千頃堂書目・别集類・補元》揭傒斯《揭文安公集》五十卷。全集今軼不完。楊士奇《文籍志》云：缺十三卷。又《揭文》一卷。又《詩》三卷。又《文粹》一卷。又《文續録》二卷。

倪燦等《補遼金元藝文志・别集類・補元》《揭傒斯文安集》五十卷。楊士奇《文籍志》云缺，案今止十四卷，乃門人雪不華所編。又《揭文》一卷。又《詩》三卷。又《文粹》一卷。又《文續録》二卷。

吴焯《繡谷亭薰習録・集二》《文安公集》六卷。元侍講豫章揭傒斯曼碩著。焦氏《經籍志》凡兩載。一云：《揭傒斯集》一卷，一云《揭曼碩集》五十卷。顧氏《元詩録》之《秋宜集》者，□此倍多，此編非足本也。

《四庫提要・别集類二〇》《文安集》十四卷。編修汪如藻家藏本。元揭傒斯撰。傒斯字曼碩，龍興富州人。延祐初以薦授國史院編修官，應奉翰林文字。遷國子助教，告歸。復召還。天曆初開奎章閣，首擢爲授經郎，與修《經世大典》。累官翰林侍講學士，總修遼、金、宋三史。

錢大昕《補元史藝文志・别集類》揭傒斯《揭文安公集》五十卷。又《揭文》一卷。又《詩》三卷。又《文粹》一卷。又《文續録》二卷。又《秋宜集》。

張金吾《愛日精廬藏書志・别集類》《揭文安集》十卷。舊抄本。菉竹堂藏書。元揭曼碩傒斯著。前有《元史》本傳，後附録遺文四篇，首頁有葉氏菉竹堂藏書印記。

揭曼碩遺文

《四庫提要・别集類存目一》《揭曼碩遺文》一卷，江蘇巡撫採進本。元揭傒斯撰。傒斯有全集，已著録。是編記、序、碑、述凡九篇，爲宜黄劉肇虞所輯。前有肇虞序，稱揭集版兵燹燬没，今不可遽購。因於諸書所散見者，摭拾若干，不復别擇，概爲編次云云。蓋不知原集猶存也。惟其中《吴澄墓誌》一篇，爲全集之所未收，然已刻於《支言集》首矣。

揭曼碩集

楊士奇等《文淵閣書目・詩詞》《揭曼碩集》。一部，一册。完全。《揭曼碩集》。一部，二册。完全。《揭曼碩集》。一部，二册。完全。

揭文安公文粹

黄丕烈《蕘圃藏書題識・集類三》《揭文安公文粹》不分卷。明刻本。

看雲集

張萱等《内閣藏書目録・集部》《看雲集》二册。不全。莫詳姓氏卷數。元揭傒斯奉敕編。

黄虞稷《千頃堂書目・别集類・補元》亡名氏《看雲集》三卷。揭傒斯奉敕編。不詳何人。

倪燦等《補遼金元藝文志・别集類・補元》亡名氏《看雲集》三卷。揭傒斯奉敕編，不詳何人。

虞槃文集

錢大昕《補元史藝文志・别集類》《虞槃文集》。

王師魯文集

王圻《續文獻通考・經籍考・集中》《王師魯文集》六十八卷。括蒼劉誠意

曰：師魯歷官尚書，生於至元間，仁宗皇帝首開科舉，即以其年登第。其爲文有中和正大之音，無纖巧蔓靡之習，舂容而紆餘，衍迤而宏肆，不極于理不止，粹乎其爲言也。

王文忠集

王圻《續文獻通考・經籍考・集中》《王結文集》十五卷。結，易州定興人。出處見《易説》下。

張萱等《内閣藏書目録・集部》《王文忠公文集》四册。全。元至治間王太中著。凡十五卷，闕七卷至十卷。

黄虞稷《千頃堂書目・别集類・補元》《王結詩文集》十五卷。字儀伯，定興人。翰林學士，知制誥，同修國史。

倪燦等《補遼金元藝文志・别集類・補元》《王結文忠集》十五卷。今六卷。字儀伯，定興人。

《四庫提要・别集類二〇》《王文忠集》六卷。《永樂大典》本。元王結撰。結字儀伯，定興人。仁宗在潛邸時，以薦充宿衛。及即位，遷集賢直學士。元統中，官至中書左丞。文忠其謚也。事蹟具《元史》本傳。史稱結有集十五卷。王圻《續文獻通考》所載亦同。今久散佚，惟散見《永樂大典》者，採掇排比，尚得詩一百三十四首，詩餘十三首，編爲三卷；又雜文九首爲一卷；《問答》五首爲一卷；《善俗要義》三十三條爲一卷：共成六卷。

錢大昕《補元史藝文志・别集類》《王結文忠文集》十五卷。今存六卷。黄丕烈云：《千頃堂》别有《王文忠公文集》十五卷。蓋重出。

桃溪内外集

錢大昕《補元史藝文志・别集類》楊漢英《桃溪内外集》六十二卷。一作六十四卷。

清江碧嶂集

王圻《續文獻通考・經籍考・詩集》《清江碧嶂詩》一卷。杜本著。

毛晉《汲古閣書跋》《清江碧嶂集》。

錢謙益等《絳雲樓書目・金元文集類》杜本《清江碧嶂集》。字伯原，後人稱杜清碧。蓋節取其集名稱之也。至正初，丞相脱脱薦本於朝，力辭不行。

黄虞稷《千頃堂書目・别集類・補元》杜本《清江碧嶂集》一卷。

倪燦等《補遼金元藝文志・别集類・補元》杜本《清江碧嶂集》一卷。

《四庫提要・别集類存目一》《清江碧嶂集》一卷。浙江鮑士恭家藏本。元杜本撰。本字伯原，清江人，事蹟具《元史・隱逸傳》。父謙，在文天祥幕中，嘗毁家以佐軍。本讀書能文，頗留心於經世。吴越歲饑，本上救荒策，江浙行省丞相布呼密用其言，米價頓平。遂薦於武宗，召至京。已而去，居武夷山。文宗即位，再徵不起，終於家。嘗輯宋遺民詩爲《谷音》一卷，鑒别極精。而所自作詩乃粗淺不入格。顧嗣立《元百家詩選》譏其多應酬俚近之作，非苛論也。

錢大昕《補元史藝文志・别集類》杜本《清江碧嶂集》一卷。

仁里漫稿

錢大昕《補元史藝文志・别集類》干文傳《仁里漫稿》。

黄文獻集

楊士奇等《文淵閣書目・文集》《黄文獻公文集》。一部，八册。完册。

徐𤊹《徐氏家藏書目・文集類》黄縉《文獻公集》十卷。

王圻《續文獻通考・經籍考・集中》《文獻公集》若干卷。黄溍著。

黄虞稷《千頃堂書目・别集類・補元》黄溍《黄文獻公集》四十三卷。《前

集》二十三卷，《後集》十八卷，《續集》三卷。門人宋濂定。

倪燦等《補遼金元藝文志・別集類・補元》 黄溍《文獻集》四十三卷。又《集》十卷。

《四庫提要・別集類二〇》 《黄文獻集》十卷。浙江鮑士恭家藏本。元黄溍撰。溍有《日損齋筆記》，已著録。其文原本經術，應繩引墨，動中法度。學者承其指授，多所成就。宋濂、王褘皆嘗受業焉。濂序稱所著《日損齋稿》二十五卷，溍殁後，縣尹胡惟信鍥梓以傳。又有危素所編本爲二十三卷。今皆未見。此本乃止十卷。

彭元瑞等《天禄琳琅書目後編・明版集部》 《黄文獻公文集》。一函，八册。元黄溍撰。溍，字晉卿，義烏人。延祐初進士，累官侍講學士，追封江夏郡公，謚文獻。《元史》有傳。書十卷。

錢大昕《補元史藝文志・別集類》 黄溍《文獻公集》四十三卷。門人宋濂定。

張金吾《愛日精廬藏書志・別集類》 《黄文獻公集》二十三卷。影寫明正統補刊本。元黄溍撰。卷一至三曰《初稿》，卷四至十曰《續稿》。上俱題臨川危素編。卷十一至十六曰《續稿》中，題門人王褘編。卷十七至二十三曰《續稿》下，題門人宋濂、傅藻同編，合二十三卷。

又 《金華黄先生文集》，殘本，二十三卷。元刊本。元黄溍撰。臨川危素編次，番昜劉耳校正。原四十三卷，今存卷一至十三卷、二十二至三十一，合二十三卷。

潘祖蔭《滂喜齋藏書記・集部》 元刻《黄文獻公集》二十三卷。八册。元黄溍撰。

日損齋稿

王圻《續文獻通考・經籍考・集中》 《日損齋稿》三十三卷。黄溍著。

錢謙益等《絳雲樓書目・金元文集類》 《金華黄先生溍集》。黄文獻公《日損齋稿》三十三卷。

黄虞稷《千頃堂書目・別集類・補元》 黄溍《日損齋稿》二十三卷。

倪燦等《補遼金元藝文志・別集類・補元》 黄溍《日損齋稿》二十三卷。

錢大昕《補元史藝文志・別集類》 黄溍《日損齋稿》三十三卷。一名《金華黄先生集》。

黄文獻別録

吴焯《繡谷亭薫習録・集二》 《黄文獻別録》二卷。元侍講學士義烏黄溍晉卿著。嘉靖十年李鶴鳴潛厓序，張大輪葉觀跋。此編詩文多緣釋老而作，因閩重刻《文獻全集》盡削之，復爲補刻，故名《別録》。焦氏《經籍志》誤謚爲文肅。王圻《續通考》元明互見，姓氏重複，抑且卷帙混淆，如是而曰「通考」，難矣！

范稕詩

錢大昕《補元史藝文志・別集類》 《范稕詩》七卷。吴草廬云：范之詩文有《燕然稿》、《東方稿》、《海康稿》、《豫章稿》、《侯官稿》、《江夏稿》、《百丈稿》，凡十二卷。

曹鑑文集

黄虞稷《千頃堂書目・別集類・補元》 《曹鑑文集》。字克明，宛平人。禮部尚書，謚文穆。

倪燦等《補遼金元藝文志・別集類・補元》 《曹鑑文集》。字克明，宛平人。謚文穆。

錢大昕《補元史藝文志・別集類》 《曹鑑文集》。

絪緼集

黃虞稷《千頃堂書目・別集類・補元》 李序《絪緼集》。字仲修，東陽人。詩學李長吉。

倪燦等《補遼金元藝文志・別集類・補元》 李序《絪緼集》。字仲修，東陽人。

錢大昕《補元史藝文志・別集類》 李序《絪緼集》。字仲修，東陽人。

李庸詩集

黃虞稷《千頃堂書目・別集類・補元》 《李庸詩集》五卷。字仲常，序弟。舉明經，官杭州路録事。

倪燦等《補遼金元藝文志・別集類・補元》 《李庸詩集》五卷。字仲常，序弟。

錢大昕《補元史藝文志・別集類》 《李庸詩集》五卷。字仲常，東陽人，杭州路録事。

宮詞

黃虞稷《千頃堂書目・別集類・補元》 李庸《宮詞》一卷。

倪燦等《補遼金元藝文志・別集類・補元》 李庸《宮詞》一卷。

錢大昕《補元史藝文志・別集類》 李庸《宮詞》一卷。

愛山詩稿

楊士奇等《文淵閣書目・詩詞》 《陳愛山詩稿》。一部，三册。完全。

張萱等《内閣藏書目録・集部》 《愛山詩稿》三册全。元至大間，嘉禾陳景仁著。

黃虞稷《千頃堂書目・別集類・補元》 陳景仁《愛山詩稿》□卷。至大間，嘉禾人。

倪燦等《補遼金元藝文志・別集類・補元》 陳景仁《愛山詩稿》至大間，嘉禾人。

錢大昕《補元史藝文志・別集類》 陳景仁《愛山詩稿》嘉禾人。

白粥稿

錢大昕《補元史藝文志・別集類》 程養全《白粥稿》。字子正，德興人。至正進士，鉛山州判官。

隨齋詩集

錢大昕《補元史藝文志・別集類》 楊益《隨齋詩集》。字友直，洛陽人，撫州路總管。

太平金鏡策

錢謙益等《絳雲樓書目・論策》 趙天麟《太平金鏡策》。元人。

《四庫提要・別集類存目一》 《太平金鏡策》八卷。兩江總督採進本。元趙天麟撰。

衍極載記

楊士奇等《文淵閣書目・文集》 鄭杓《衍極載記》。一部，一册。闕。

次夾漈餘聲樂府

黃虞稷《千頃堂書目・別集類・補元》 鄭杓《次夾漈餘聲樂府》。字子經，閩興化人。大定中爲南安儒學教諭。

錢大昕《補元史藝文志・別集類》 鄭杓《次夾漈餘聲樂府》。

劉有定詩集

黃虞稷《千頃堂書目・別集類・補元》 《劉有定詩集》八卷。莆田處士。

倪燦等《補遼金元藝文志・別集類・補元》 《劉有定詩集》八卷。莆田處士。

錢大昕《補元史藝文志・別集類》 《劉有定詩集》八卷。莆田人。

泮宮歎

黃虞稷《千頃堂書目・別集類・補元》 鄭有定《泮宮歎》一卷。

倪燦等《補遼金元藝文志・別集類・補元》 鄭有定《泮宮歎》一卷。

錢大昕《補元史藝文志・別集類》 鄭有定《泮宮歎》一卷。

純樸翁稿

黃虞稷《千頃堂書目・別集類・補元》 應恂《純樸翁稿》。字子孚，永康人。

倪燦等《補遼金元藝文志・別集類・補元》 應恂《純樸翁稿》。字子孚，永康人。

錢大昕《補元史藝文志・別集類》 應恂《純樸翁稿》。字子孚，永康人。

黎省之詩

錢大昕《補元史藝文志・別集類》 《黎省之詩》一卷。安南人。

王德輝文集

黃虞稷《千頃堂書目・別集類・補元》 王朝《王德輝先生文集》十卷。莆田人。

倪燦等《補遼金元藝文志・別集類・補元》 《王朝德輝文集》十卷。莆田人。

錢大昕《補元史藝文志・別集類》 《王德輝先生文集》十卷。名朝，莆田人。

蒼崖類稿

王圻《續文獻通考・經籍考・集中》 《蒼崖類稿》。潘昂霄著。昂霄，濟南人，號蒼崖。雄文博學，爲時推重。

黃虞稷《千頃堂書目・別集類・補元》 潘昂霄《蒼崖類稿》。濟南人，官翰林侍讀學士。

倪燦等《補遼金元藝文志・別集類・補元》 潘昂霄《蒼崖類稿》。

錢大昕《補元史藝文志・別集類》 潘昂霄《蒼崖類稿》。

蒼崖漫稿

黃虞稷《千頃堂書目・別集類・補元》 〔潘昂霄〕《蒼崖漫稿》。

倪燦等《補遼金元藝文志・別集類・補元》 〔潘昂霄〕《蒼崖漫稿》。濟

南人。

錢大昕《補元史藝文志・別集類》〔潘昂霄〕《漫稿》。

楊如山詩集

黄虞稷《千頃堂書目・別集類・補元》《楊如山詩集》十卷。字少游，本蜀人，爲淮海書院山長，遂家京口。

倪燦等《補遼金元藝文志・別集類・補元》《楊如山詩集》十卷。字少游，本蜀人，後家京口。

錢大昕《補元史藝文志・別集類》楊如山《淮海集》十卷。

幼壯俚語

楊士奇等《文淵閣書目・詩詞》陸厚《幼壯俚語》。一部，一册。闕。

古漁唱

錢大昕《補元史藝文志・別集類》陸厚《古漁唱》。

杜秉彝文集

王圻《續文獻通考・經籍考・集中》《杜秉彝文集》四十卷。秉彝，安陽人。仕元爲集賢大學士。

黄虞稷《千頃堂書目・別集類・補元》《杜秉彝文集》四十卷。瑛曾孫，累官中書左丞，集賢大學士，預修《宋史》。

倪燦等《補遼金元藝文志・別集類・補元》《杜秉彝文集》四十卷。瑛曾孫。

錢大昕《補元史藝文志・別集類》《杜秉彝文集》四十卷。安陽人，集賢院大學士。

拙庵集

王圻《續文獻通考・經籍考・集中》《拙庵集》。王士元著。史稱文學政事皆可師法。

黄虞稷《千頃堂書目・別集類・補元》王士元《拙庵集》。山西平陽人，崇文少監。

倪燦等《補遼金元藝文志・別集類・補元》王士元《拙庵集》。山西平陽人。

錢大昕《補元史藝文志・別集類》王士元《拙庵集》。平陽人，崇文少監。

黟南文集

楊士奇等《文淵閣書目・文集》程文《黟南文集》。一部，十册。完全。

張萱等《内閣藏書目録・集部》《黟南文集》。元至正間禮部程文著。凡二十五卷。

黄虞稷《千頃堂書目・別集類・補元》程文《黟南文集》三十八卷。字以文，婺源人。以纂修《經世大典》授官，終禮部員外郎。

倪燦等《補遼金元藝文志・別集類・補元》程文《黟南生集》三十八卷。字以文，婺源人。

錢大昕《補元史藝文志・別集類》程文《黟南生集》三十八卷。

程以文詩集

楊士奇等《文淵閣書目・詩詞》《程以文詩集》。一部，一册。闕。

師意集

黄虞稷《千頃堂書目・别集類・補元》 程文《師意集》。

倪燦等《補遼金元藝文志・别集類・補元》 程文《師意集》。

錢大昕《補元史藝文志・别集類》 程文《師意集》。

蚊雷小稿

黄虞稷《千頃堂書目・别集類・補元》 程文《蚊雷小稿》四卷。

倪燦等《補遼金元藝文志・别集類・補元》 程文《蚊雷小稿》四卷。

錢大昕《補元史藝文志・别集類》 程文《蚊雷小稿》四卷。

積齋集

楊士奇等《文淵閣書目・詩詞》 《程積齋集》。一部，一册。闕。

倪燦等《補遼金元藝文志・别集類・補元》 程端學《積齋集》五卷。

《四庫提要・别集類二〇》 《積齋集》五卷。《永樂大典》本。元程端學撰。端學有《春秋三傳辨疑》，已著録。其文集《元史》本傳不載，世亦未見傳本，惟《文淵閣書目》有之。今檢勘《永樂大典》各韻中，尚頗散見一二。

錢大昕《補元史藝文志・别集類》 程端學《積齋集》五卷。

江村先生集

錢大昕《補元史藝文志・别集類》 錢良右《江村先生集》。字翼之，吴人。

瞻思文集

黄虞稷《千頃堂書目・别集類・補元》 《瞻思文集》三十卷。字得之，其先大食國人，後居真定，官祕書少監。

倪燦等《補遼金元藝文志・别集類・補元》 《瞻思文集》三十卷。字得之。其先大食國人，後居真定。

錢大昕《補元史藝文志・别集類》 《瞻思文集》三十卷。

純白齋類稿

王圻《續文獻通考・經籍考・集下》 《純白類稿》三十卷。東陽胡助履信著。

黄虞稷《千頃堂書目・别集類・補元》 胡助《純白類稿》三十卷。字履信，一字古愚，東陽人。國史編修。

倪燦等《補遼金元藝文志・别集類・補元》 胡助《純白類稿》二十卷。又附録二卷。字履信，一字古愚，東陽人。

《四庫提要・别集類二〇》 《純白齋類稿》二十卷，附録二卷。浙江巡撫採進本。元胡助撰。助字履信，一字古愚，婺州東陽人。始舉茂才。爲建康路儒學學録。歷美化書院山長、温州路儒學教授，用薦再爲翰林國史院編修官。秩滿授承信郎、太常博士，致仕歸，時至正五年也。是集乃助所自編，本三十卷。歷年既久，殘闕失次。明正德中，其六世孫淮掇拾散佚，重編此本。僅存賦一卷、詩十六卷、雜文三卷。又附録當時投贈詩文二卷。仍以《純白齋類稿》爲名，而卷帙已減三之一，非其舊本。虞集嘗跋其《上京紀行集》，稱其龍門以後詩尤佳，今已散入集中。鄧文原、吴澄嘗跋其《鑾坡小録》及《升學祭器文》，此本不載。則當在亡佚十卷中也。助詩文皆平易近人，無深湛奇警之思，而亦無支離破碎之病，要不失爲中聲。吴澄稱其詩「如春蘭茁芽，夏竹含籜，露滋雨洗之餘，濯濯幽媚，娟娟静好」。則形容過當，反不肖其品格矣。

錢大昕《補元史藝文志・别集類》 胡助《純白齋類稿》二十卷。又附録二卷。

鹿皮子集

楊士奇等《文淵閣書目·文集》 陳氏《鹿皮子文集》。一部，一册。闕。

錢謙益等《絳雲樓書目·金元文集類》 陳樵《鹿皮子集》。四卷。

黃虞稷《千頃堂書目·別集類·補元》 陳樵《鹿皮子集》四卷。字君采，金華人。常衣鹿皮，因以自號，元季不仕，隱太霞洞著書。

倪燦等《補遼金元藝文志·別集類·補元》 陳樵《鹿皮子集》四卷。字君采，金華人。

王士禛《漁洋書跋》 《鹿皮子集》。近日金華刻元陳樵《鹿皮子集》，郡人盧聯所編，刻于明正德戊寅。今部陽縣丞會稽董肇勳重刻于婺郡。凡古賦十五首爲一卷，詩三卷。卷首載宋文憲公所撰墓銘，董有序，頗佳。又云原刻有慈谿周旋序，佚去不載。甲申，董自秦中以卓異入京陛見來謁，以是書爲贄，惜未暇晤其人。

吴焯《繡谷亭薰習録·集二》 《鹿皮子集》四卷。元東陽陳樵居采著。

《四庫提要·別集類二一》 《鹿皮子集》四卷。兩淮馬裕家藏本。元陳樵撰。樵字居采，婺州東陽人。至正中，遭亂不仕，遁居圁谷，每衣鹿皮，因自號鹿皮子。考所作《北山別業詩》三十八首，備水石花竹之趣，則亦顧阿瑛、倪瓚之流，非窮鄉苦寒之士也。鄭善夫《經世要言》稱其經學爲獨到。然所稱神所知者謂之智，實慈湖之緒餘，而姚江之先導。論其所長，當仍在文章。

錢大昕《補元史藝文志·別集類》 陳樵《鹿皮子集》四卷。字君采，東陽人。

飛霞觀稿

王圻《續文獻通考·經籍考·集中》 《飛霞觀稿》。陳樵著。

鹿皮子賦

高儒《百川書志·元詩》 《鹿皮子賦》二卷。隱士鹿皮子陳樵著。

鹿皮子詩

高儒《百川書志·元詩》 《鹿皮子詩集》三卷。隱士鹿皮子陳樵著。

徐㶿《徐氏家藏書目·文集類》 陳樵《鹿皮子詩》四卷。

衍桂堂集

王圻《續文獻通考·經籍考·集中》 《衍桂堂集》若干卷。鄭奕夫著。清之曾孫，號習齋先生。

錢大昕《補元史藝文志·別集類》 鄭奕夫《衍桂堂集》。鄞人。

言志稿

黃虞稷《千頃堂書目·別集類·補元》 張明卿《言志稿》四卷。

倪燦等《補遼金元藝文志·別集類·補元》 張明卿《言志稿》四卷。

六藝編

黃虞稷《千頃堂書目·別集類·補元》 張明卿《六藝編》六卷。

倪燦等《補遼金元藝文志·別集類·補元》 張明卿《六藝編》六卷。

南陽文集

王圻《續文獻通考·經籍考·集中》 《南陽文集》六十卷。孛（木）〔朮〕魯翀

著。魯翀，蒙古人，居鄧州。官至集賢學士、禮部尚書、浙江行省參政。

黃虞稷《千頃堂書目・別集類・補元》 《孛术魯翀文集》六十卷。

倪燦等《補遼金元藝文志・別集類・補元》 《孛术魯翀文集》六十卷。

錢大昕《補元史藝文志・別集類》 孛术魯翀《菊潭集》六十卷。

石田集　章疏

楊士奇等《文淵閣書目・文集》 馬伯庸《石田文集》。一部，十册。完全。

高儒《百川書志・元詩》 《馬石田文集》十五卷，附録一卷。文貞公御史中丞浚儀馬祖常伯庸撰。

徐𤊹《徐氏家藏書目・文集類》 馬祖常《石田集》十六卷。

張萱等《内閣藏書目録・集部》 《石田文集》十册。全。宋嘉祐間馬祖常著。凡十五卷。

錢謙益等《絳雲樓書目・金元文集類》 馬祖常《石田文集》。十五卷。

黃虞稷《千頃堂書目・別集類・補元》 馬祖常《石田文集》十五卷。

倪燦等《補遼金元藝文志・別集類・補元》 馬祖常《石田文集》十五卷。

錢曾《讀書敏求記・集》 《石田先生文集》十五卷。皇帝聖旨裏，江北淮東道肅政廉訪使蘇嘉議牒，伏覩故資德大夫御史中丞知經筵事馬祖常，擬令照依左丞王結例，抄録遺文于淮東路學，刊板傳布，申覆御史臺照詳去。

王士禛《漁洋書跋》 《石田集》。元馬祖常伯庸《石田文集》十五卷。至元五年江北淮東道肅政廉訪司奉旨刊行，弘治中都御史熊翀重刊本。

《四庫提要・別集類二〇》 《石田集》十五卷。兩淮馬裕家藏本。元馬祖常撰。祖常字伯庸，世爲雍古部人，居靖州之天山。高祖錫里濟蘇，原作錫里吉思，今改正。金末爲鳳翔兵馬判官，子孫用以官爲氏之例，遂稱馬氏。

錢大昕《補元史藝文志・別集類》 馬祖常《石田先生文集》十五卷。又《章疏》一卷。

孫星衍《平津館鑒藏書籍記・舊影寫本》 《馬石田文集》十五卷，附録一卷。前有至元五年江北淮東道肅政廉訪司請刊馬祖常文集文録，後列廉訪使阿合馬等銜名，至元五年王守誠序，至元五年蘇天爵序，應奉翰林陳旅序，弘治癸丑李東陽序，弘治六年張頤序，康熙二十九年王士禛題字。此集始刊於至元五年，《讀書敏求記》稱其雕刻精妙。此又從明弘治中山西按察使熊騰霄刊本影鈔者也。收藏有「五硯樓」朱文長印，「袁又愷藏書」朱文長印，「五硯樓袁氏收藏金石圖書印」朱文方印。

張金吾《愛日精廬藏書志・別集類》 《馬石田文集》十五卷。元至元刊本。元馬祖常撰。後附《桐鄉阡碑》虞集撰。《神道碑》，許有壬撰。《石田山房記》，爲附録一卷，闕卷六至卷八三卷，抄補。

馬石田詩

高儒《百川書志・元詩》 《馬石田詩》。文貞公御史中丞浚儀馬祖常伯庸撰。

本齋詩集

王圻《續文獻通考・經籍考・詩集》 《本齋詩集》三卷。王都中著。

黃虞稷《千頃堂書目・別集類・補元》 王都中《本齋詩集》三卷。

倪燦等《補遼金元藝文志・別集類・補元》 王都中《本齋詩集》三卷。

錢大昕《補元史藝文志・別集類》 王都中《本齋詩集》三卷。

覆瓿集

錢大昕《補元史藝文志・別集類》 高常《覆瓿集》五卷。字履常，吳人。

澹泊集

錢大昕《補元史藝文志・別集類》 陳瀧《澹泊集》九卷。字伯雨，吳人。

北游詩集

錢大昕《補元史藝文志·别集類》 湯仲友《北游詩集》。字端夫，吴人。

聽雨軒集

黄虞稷《千頃堂書目·别集類·補元》 俞希魯《聽雨軒集》二十二卷。一作十一卷，京口人。

倪燦等《補遼金元藝文志·别集類·補元》 俞希魯《聽雨軒集》二十二卷。一作十一卷，京口人。

錢大昕《補元史藝文志·别集類》 俞希魯《聽雨軒集》二十二卷。丹徒人。

屠龍集

黄虞稷《千頃堂書目·别集類·補元》 高皓孫《屠龍集》十卷。字商叟，號方山，丹徒人。爲郡學録。

倪燦等《補遼金元藝文志·别集類·補元》 高皓孫《屠龍集》十卷。字商叟，丹徒人。

錢大昕《補元史藝文志·别集類》 高皓孫《屠龍集》十卷。字商叟，丹徒人。

客齋集

黄虞稷《千頃堂書目·别集類·補元》 顧觀《容齋集》二卷。字利賓，金壇人，星子縣尉。一作丹陽人。劉彦昺極賞其詩。

倪燦等《補遼金元藝文志·别集類·補元》 顧觀《容齋集》二卷。字利賓，金壇人，一作丹陽人。

錢大昕《補元史藝文志·别集類》 顧觀《容齋集》二卷。字利賓，金壇人，星子縣尉。

王文忠公文集

楊士奇等《文淵閣書目·文集》 《王文忠公文集》。一部，六册。殘缺。

黄虞稷《千頃堂書目·别集類·補元》 王大中《王文忠公文集》十五卷。至治間人。

倪燦等《補遼金元藝文志·别集類·補元》 王大中《文忠文集》十五卷。

達意集

楊士奇等《文淵閣書目·文集》 王元明《達意集》。一部，六册。完全。塾本二册。

張萱等《内閣藏書目録·集部》 《達意集》二册。全。元至治間蜀都王元明著。凡十卷。

黄虞稷《千頃堂書目·别集類·補元》 王元明《達意集》十卷。蜀人。

倪燦等《補遼金元藝文志·别集類·補元》 王元明《達意集》十卷。蜀人。

錢大昕《補元史藝文志·别集類》 王元明《達意集》十卷。蜀人。

輝山存稿

《四庫提要·别集類存目一》 《輝山存稿》一卷。浙江鮑士恭家藏本。元蕭國寶撰。國寶字君玉，號輝山，山陰人，流寓吴江。其集乃至順二年其嗣子英所編次，而孔東濤爲之序，稱其詩清新警策，句律整嚴。然此本所載僅二十四首，爲明崇禎間其裔孫雲程重編。疑舊稿散佚，雲程掇拾成之，故所存止此也。書僅五頁，不成卷帙，已見於顧嗣立《元詩選》中，故不復録焉。

錢大昕《補元史藝文志・別集類》 蕭國寶《輝山存稿》一卷。字君玉，山陰人。

樂善齋集

錢大昕《補元史藝文志・別集類》 吳福孫《樂善齋集》。

梅花道人遺墨

黃虞稷《千頃堂書目・別集類・補元》 吳鎮《梅道人墨菜詩》一卷。字仲圭，嘉興人。

倪燦等《補遼金元藝文志・別集類・補元》 吳鎮《梅道人遺墨》二卷。字仲圭，嘉興人。

《四庫提要・別集類二一》 《梅花道人遺墨》二卷。浙江鮑士恭家藏本。元吳鎮撰。鎮字仲圭，自號梅花道人，嘉興人。《嘉興志》稱其卒於明洪武中。考鎮自書墓碣，稱生於至元十七年庚辰，卒於至正十四年甲午。

錢大昕《補元史藝文志・別集類》 吳鎮《梅花道人遺墨》二卷。

魯山集

楊士奇等《文淵閣書目・詩詞》 僧《魯山集》。一部，一册。闕。

竹窗小稿

楊士奇等《文淵閣書目・詩詞》 僧《竹窗小稿》。一部，一册。完全。

非空上人集

楊士奇等《文淵閣書目・詩詞》 《非空上人集》。一部，一册。闕。

静軒樂府

楊士奇等《文淵閣書目・詩詞》 《静軒樂府》。一部，一册。

樂府新聲

楊士奇等《文淵閣書目・詩詞》 《樂府新聲》。一部，一册。闕。

樂府聯珠

楊士奇等《文淵閣書目・詩詞》 《樂府聯珠》。一部，一册。

薛漢詩集

錢大昕《補元史藝文志・別集類》 《薛漢詩集》。字宗海，永嘉人，國子助教。

古鼎外集

錢大昕《補元史藝文志・別集類》 祖銘《古鼎外集》。

擬寒山詩

錢大昕《補元史藝文志・別集類》 元長和智覺《擬寒山詩》一卷。

雲麓文稿

張萱等《内閣藏書目録・集部》 《雲麓文稿》八册。全。元弘聖寺釋允中編，皆僧家詩文。

黄虞稷《千頃堂書目・別集類・補元》 僧允中《雲麓文稿》□卷。

倪燦等《補遼金元藝文志・別集類・補元》 僧允中《雲麓文稿》。

錢大昕《補元史藝文志・別集類》 允中《雲麓文稿》。

至治集

楊士奇等《文淵閣書目・文集》 宋本《至治集》。一部，十三册。闕。宋本《至治集》。一部，十三册。完全。

王圻《續文獻通考・經籍考・集中》 《至治集》。宋本著。大都人。至治初進士第一，官集賢學士。

張萱等《内閣藏書目録・集部》 宋正獻《至治集》十三册。全。元至治間祭酒宋本著。凡四十卷。又十三册。全。

黄虞稷《千頃堂書目・別集類・補元》 宋本《至治集》四十卷。

倪燦等《補遼金元藝文志・別集類・補元》 宋本《至治集》四十卷。

錢大昕《補元史藝文志・別集類》 宋本《至治集》四十卷。

明時類稿

黄虞稷《千頃堂書目・別集類・補元》 曾巽申《明時類稿》。德裕弟，應茂才異等。官翰林文字兼國史院編修官。明時者，元京師坊名，巽申所居也。明狀元曾棨是其曾孫。

倪燦等《補遼金元藝文志・別集類・補元》 曾巽申《明時類稿》。德裕弟，明時者，元京師坊名，巽申所居也。

錢大昕《補元史藝文志・別集類》 曾巽申《明時類稿》。

超然集

黄虞稷《千頃堂書目・別集類・補元》 曾巽申《超然集》二卷。

倪燦等《補遼金元藝文志・別集類・補元》 曾巽申《超然集》二卷。

錢大昕《補元史藝文志・別集類》 曾巽申《超然集》二卷。

馮翼翁文集

黄虞稷《千頃堂書目・別集類・補元》 《馮翼翁文集》二十卷。

倪燦等《補遼金元藝文志・別集類・補元》 《馮翼翁文集》二十卷。

錢大昕《補元史藝文志・別集類》 《馮翼翁文集》二十卷。

續軒渠集

徐𤊹《徐氏家藏書目・文集類》 洪希文《續軒渠集》十卷。

黄虞稷《千頃堂書目・別集類・補元》 洪希文《續軒渠集》二卷。莆田人。

父名巖虎，宋咸淳丁卯貢士，號吾圃翁，有集曰《軒渠》。故希文自名其集曰《續軒渠》。

倪燦等《補遼金元藝文志・別集類・補元》 洪希文《續軒渠集》十卷。又附録一卷。莆田人。父名巖虎，宋咸淳貢士，有集曰《軒渠》。故此名曰續。附録即其父詩也。

《四庫提要・別集類二〇》 《續軒渠集》十卷，附録一卷。江蘇巡撫採進本。元洪希文撰。附録一卷，則其父巖虎詩也。巖虎字德章，號吾圃，莆田人，宋末嘗爲教諭。希文字汝質，號去華，嘗官訓導。巖虎詩名《軒渠集》，故希文集以續名。然《軒渠集》斷爛不存，故摭其遺詩附於卷末。

錢大昕《補元史藝文志・別集類》 洪希文《續軒渠集》十卷。字汝質。巖虎子。

溪居集

黃虞稷《千頃堂書目・別集類・補元》 卞南仲《溪居集》。字應午，長興人，官溧陽州判，遂家於溧。

倪燦等《補遼金元藝文志・別集類・補金》 卞南仲《溪居集》。字應午，長興人，官溧陽州判官，遂家焉。

錢大昕《補元史藝文志・別集類》 卞南仲《溪居集》。字應午，長興人，溧陽州判官。

江行集

黃虞稷《千頃堂書目・別集類・補元》 卞南仲《江行集》。

倪燦等《補遼金元藝文志・別集類・補金》 卞南仲《江行集》。

錢大昕《補元史藝文志・別集類》 卞南仲《江行集》。

上清集

錢大昕《補元史藝文志・別集類》 薛元曦《上清集》。字元卿，龍虎山道士。

禮部集

楊士奇等《文淵閣書目・文集》 《吳禮部集》。一部，二册。殘缺。

王圻《續文獻通考・經籍考・集中》 《吳公文集》二十卷。吳師道著。

錢謙益等《絳雲樓書目・金元文集類》 《吳師道集》。二十卷。字正傳，蘭溪人，官禮部郎中。子沈，明初文學名臣也。

黃虞稷《千頃堂書目・別集類・補元》 吳師道《吳禮部集》二十卷。

倪燦等《補遼金元藝文志・別集類・補元》 《吳師道禮部集》二十卷。

王士禛《漁洋書跋》 《吳禮部集》。二則。元吳師道《禮部集》二十卷。詩九卷，雜文十一卷。師道，金華蘭溪人。與許白雲講明金仁山之學，而與黃晉卿溍、柳道傳貫爲友。故其學問文章，遠有統緒，時稱其爲文清勁，善持論，友人朱簡討竹垞常稱之。此本乃崑山徐少宰果亭秉義。寫以見貽者。吳，至治辛酉進士，仕止國子博士，致仕，加禮部郎中，故集稱禮部云。

吳師道《仙山秋月圖》詩自注：「宫扇，馬遠畫。宋寧宗后楊氏題詩，自稱『楊妹子』。」詩中感慨濟王之事，以楊妹子爲楊后。誤矣。

《四庫提要・別集類二〇》 《禮部集》二十卷，附録一卷。兩淮鹽政採進本。元吳師道撰。師道有《戰國策校注》，已著録。其集原名《蘭陰山房類稿》。此本題曰「禮部」者，蓋師道致仕以後，授奉議大夫禮部郎中，以所進之官名之也。

錢大昕《補元史藝文志・別集類》 《吳禮部集》二十卷。師道。

黃丕烈《蕘圃藏書題識・集類三》 《吳禮部文集》二十卷。元刻本。此《吳禮部文集》余於書友處得之，云是郡城故家物，真奇書也。讀《四庫全書總目》，《禮部集》二十卷，元吳師道撰。

張金吾《愛日精廬藏書志・別集類》 《吳禮部文集》二十卷，附録一卷。抄

本。元吴師道撰。

吴禮部别集

黄丕烈《蕘圃藏書題識再續録·集類》 《吴禮部别集》二卷。鈔校本。《吴禮部正傳集》世多傳本，獨《詩話雜説》一卷罕有。

吴壽暘《拜經樓藏書題跋記·卷四》 《吴禮部别集》。右鈔本，一册，先君子從知不足齋借録。

句曲外史集　補遺　集外詩

楊士奇等《文淵閣書目·詩詞》 《名曲外史集》。一部，一册。闕。

徐𤊹《徐氏家藏書目·文集類》 張雨《句曲外史集》二卷。又張雨《句曲外史集》四卷。

毛晉《汲古閣書跋》 《句曲外史集》。伯雨慕米元章爲人，撰《中岳外史傳》，此即《句曲外史自傳》也。

錢謙益等《絳雲樓書目·金元文集類》 《張貞居詩集》。《句曲外史》。

黄虞稷《千頃堂書目·别集類·補元》 張雨《句曲外史詩集》二卷。字伯雨，吴郡人，年二十棄家入道。一名嗣真，别號貞居，隱茅山。

倪燦等《補遼金元藝文志·别集類·補元》 張雨《句曲外史集》三卷。《補遺》三卷。又《集外詩》一卷。字伯雨，吴郡人，棄家入道，隱茅山。

王士禛《漁洋書跋》 《句曲外史集》。《名曲外史雜詩》一卷，元張雨伯雨著。

《四庫提要·别集類二一》 《句曲外史集》三卷，《補遺》三卷，《集外詩》一卷。浙江鮑士恭家藏本。元張雨撰。雨有《元品録》，已著録。

錢大昕《補元史藝文志·别集類》 張雨《句曲外史集》三卷。又《補遺》三卷。又《集外詩》一卷。

黄丕烈《蕘圃藏書題識·集類三》 《句曲外史貞居先生詩集》五卷。舊鈔本。

黄丕烈《蕘圃藏書題識續録·集類下》 《句曲外史詩集》二卷，《集外詩》一卷。明鈔本。

句曲外史貞居先生詩集　雜文

黄丕烈《蕘圃藏書題識·集類三》 《句曲外史貞居先生詩集》六卷，《詞》一卷，《雜文》一卷。校舊鈔本。

三十代天師虚靖真君集　句曲外史　雜詩

黄丕烈《蕘圃藏書題識·集類三》 《三十代天師虚靖真君集》一卷，《句曲外史雜詩》一卷。校舊鈔本。

張伯雨先生集

黄丕烈《蕘圃藏書題識補遺》 《張伯雨先生集》。毛鈔本。

學詩初稿

錢大昕《補元史藝文志·别集類》 查居廣《學詩初稿》一卷。字廣居，臨川道士。

圭齋集

高儒《百川書志·元文》 《圭齋文集》十五卷，附録一卷。翰林學士歐陽玄原功撰。

徐𤊹《徐氏家藏書目·文集類》 歐陽玄《圭齋集》二卷。

王圻《續文獻通考・經籍考・集中》 《圭齋文集》。歐陽玄著。玄，瀏陽人。八歲即知屬文，舉進士，歷國子祭酒，文章道德，卓然名世。

錢謙益等《絳雲樓書目・金元文集類》 歐陽玄《圭齋集》。六十卷。字元功，仕至翰林學士承旨，至正十八年卒。

黃虞稷《千頃堂書目・別集類・補元》 歐陽原功《圭齋文集》十五卷，附録一卷。

倪燦等《補遼金元藝文志・別集類・補元》 歐陽原功《圭齋文集》十五卷。又附録一卷。

《四庫提要・別集類二〇》 《圭齋集》十五卷，附録一卷。江西巡撫採進本。元歐陽玄撰。元有《拯荒事略》，已著録。元平生三仕成均，兩爲祭酒，六入翰林，三拜承旨，凡朝廷高文典册，多出其手。揭傒斯作元集序，稱有曰詩流者三卷、曰鉛中者十卷、曰驅煙者十五卷、曰強學者十卷、曰述真者三卷，其門人王師模所編。明宋濂序則謂原集一百餘册，皆燬於兵，惟存辛卯至丁酉七年之作二十四卷，其孫祐持編録之。此本詩賦四卷、文十一卷、附録一卷，題宗孫銘鏞編集，又非祐持之舊矣。孔齊《至正直記》曰：「歐陽玄作文，必詢其實事而書，未嘗代世俗誇誕。」時人謂文法不及虞集、揭傒斯、黃溍，而事實不妄則過之。然宋濂稱其文「如雷電恍惚，雨雹交下，可怖可愕，及乎雲散雨止，長空萬里，一碧如洗」，實亦未減於三人也。

彭元瑞等《天禄琳琅書目後編・明版集部》 《圭齋文集》。一函，六册。元歐陽玄撰。玄，字原功，瀏陽人。

張金吾《愛日精廬藏書志・別集類》 《圭齋文集》十六卷。抄本。元歐陽玄撰。宗孫銘鏞編集。宋濂序。

圭齋詩

高儒《百川書志・元詩》 《圭齋詩》。翰林承旨廬陵歐陽玄原功撰。

虛籟集

王圻《續文獻通考・經籍考・詩集》 《虛籟集》。秀江縣孫春州著。歐陽圭齋稱其清曠簡遠，擬古精到，有韋柳風。

梅南詩集

王圻《續文獻通考・經籍考・詩集》 《梅南詩集》，高安易南友著。歐陽圭齋曰：南友恬愉清白，富貴利達不動其中，游行江湖，以得句爲樂，故其爲樂府爲諸體詩，往往出于性情所感觸，咸臻其妙。

錢大昕《補元史藝文志・別集類》 易南友《梅南詩集》。高安人。

羅舜美詩集

王圻《續文獻通考・經籍考・詩集》 《羅舜美詩集》。廬陵人。歐陽圭齋曰：詩不輕猥，不鍥薄，日進于雅且正矣。

陳子尚詩

楊士奇等《文淵閣書目・詩詞》 《陳子尚詩》。一部，一册。完全。

呂維清集

楊士奇等《文淵閣書目・詩詞》 《呂維清集》。一部，一册。完全。

緑軒集

楊士奇等《文淵閣書目・詩詞》《緑軒集》。一部，一册。闕。

徐網集

楊士奇等《文淵閣書目・詩詞》桐鄉居士《徐網集》。一部，一册。完全。

李宏謨詩集

王圻《續文獻通考・經籍考・詩集》《李宏謨詩集》。安成人。詩尚雅興，不事浮靡。

覺軒集

錢大昕《補元史藝文志・別集類》王天覺《覺軒集》十卷。宜興人。

自立齋集

錢大昕《補元史藝文志・別集類》王文澤《自立齋集》十卷。上海人。

秋巖小稿

黄虞稷《千頃堂書目・別集類・補元》柴潛道《秋巖小稿》。襄陵人，隱居不仕，人稱秋巖莊靖先生。詩爲集句。

倪燦等《補遼金元藝文志・別集類・補元》柴潛道《秋巖小稿》。襄陵人，詩爲集句。

錢大昕《補元史藝文志・別集類》柴潛道《秋巖小稿》。襄陵人。

樵雲集

黄虞稷《千頃堂書目・別集類・補元》壺弢《樵雪集》。字怡樂，號天爵居士，烏程人，隱居。工詩，明章溢嘗從之學。

倪燦等《補遼金元藝文志・別集類・補元》壺弢《樵雲集》。字怡樂，烏程人。

錢大昕《補元史藝文志・別集類》壺弢《樵雲集》。字怡樂，烏程人。

琴餘雅言

黄虞稷《千頃堂書目・別集類》徐夢吉《琴餘雅言》。於潛人。

琴餘雜言

黄虞稷《千頃堂書目・別集類・補元》徐夢吉《琴餘雜言》。龍游人，常熟儒學教官。

倪燦等《補遼金元藝文志・別集類・補元》徐夢吉《琴餘雜言》。龍游人。

錢大昕《補元史藝文志・別集類》徐夢吉《琴餘雜言》。龍游人。

師雨軒稿

黄虞稷《千頃堂書目・別集類・補元》陳顯曾《師雨軒稿》□卷。

倪燦等《補遼金元藝文志・別集類・補元》 陳顯曾《師雨軒稿》。

錢大昕《補元史藝文志・別集類》 陳顯曾《思雨軒稿》。

鄧林樵唱

錢大昕《補元史藝文志・別集類》 鄧舜裳《鄧林樵唱》。臨湘人。

管斑集

錢大昕《補元史藝文志・別集類》 王安民《管斑集》。巴陵人。

石潭漁唱

錢大昕《補元史藝文志・別集類》 蕭居仁《石潭漁唱》。廬陵人。

存齋雜稿

黃虞稷《千頃堂書目・別集類・補元》 唐懷德《存齋雜稿》。

倪燦等《補遼金元藝文志・別集類・補元》 唐懷德《存齋雜稿》。

錢大昕《補元史藝文志・別集類》 唐懷德《存齋雜稿》。

方壺集

黃虞稷《千頃堂書目・別集類・補元》 方樸《方壺集》二卷。

倪燦等《補遼金元藝文志・別集類・補元》 方樸《方壺集》二卷。

錢大昕《補元史藝文志・別集類》 方樸《方壺集》二卷。

程梅軒集

黃虞稷《千頃堂書目・別集類・補元》 程從龍《梅軒詩集》。字登雲，嘉魚人，隱士。

《四庫提要・別集類存目一》 《程梅軒集》四卷。湖北巡撫採進本。元程從龍撰。從龍字登雲，別號漢章，嘉魚人，自元末隱居教授，入明仍不仕以終。是集爲其孫鑑所編。前有其門人李德庸序及《從龍小傳》，又有王進、王愷二序及鑑跋，皆永樂中所作。鑑跋稱從龍著作散佚，所存惟此。前三卷，凡賦二首、詞七首，餘皆古今體詩。後一卷爲雜文，僅八篇。詩文皆清而過淺，未足抗行於作者之間。

倪燦等《補遼金元藝文志・別集類・補元》 程從龍《梅軒詩集》。字登雲，嘉魚人。

錢大昕《補元史藝文志・別集類》 程從龍《梅軒詩》。字登雲，嘉魚人。

敖繼公文集

王圻《續文獻通考・經籍考・集中》 《敖繼翁集》。繼翁，福建人，寓居湖州，趙孟頫嘗師事之。

黃虞稷《千頃堂書目・別集類・補元》 《敖繼公文集》二十卷。字君善，福州人，家烏程，趙孟頫常師之。元平章高顯卿常薦之朝，授信州教授，命下而卒。

倪燦等《補遼金元藝文志・別集類・補元》 《敖繼公文集》二十卷。字君善，福州人，家烏程。

錢大昕《補元史藝文志・別集類》 《敖繼公文集》二十卷。

歸問堂集

錢大昕《補元史藝文志・別集類》 尤玘《歸問堂集》。

蓬窗集

王圻《續文獻通考・經籍考・集中》《蓬窗集》。歷城張範著。範，起巖之父。

錢大昕《補元史藝文志・別集類》張範《蓬窗集》。歷城人起巖之父也。

益齋集　旅齋集

王圻《續文獻通考・經籍考・集中》《益齋》、《旅齋》二集。歷城張範著。

錢大昕《補元史藝文志・別集類》張範《益齋》、《旅齋》二集。

江西老圃集

王圻《續文獻通考・經籍考・集中》《江西老圃集》。安福周南瑞著。時好爛腐之文，瑞獨鋭意古學，與吴徵相友善，多所講辨。

錢大昕《補元史藝文志・別集類》周南瑞《江西老圃集》。安福人。

曹慶孫副墨

錢大昕《補元史藝文志・別集類》《曹慶孫副墨》。字繼善，華亭人，淳安縣儒學教諭。

東山高蹈集

錢大昕《補元史藝文志・別集類》曹慶孫《東山高蹈集》。

滄州詩集

黄虞稷《千頃堂書目・別集類・補元》羅公升《滄州詩集》一卷。字時翁，永豐人。祖聞禮，同文天祥起義不屈死，公升初以軍功授本邑尉，入元不仕。

錢大昕《補元史藝文志・別集類》羅公升《滄州詩集》一卷。字時翁，永豐人。

雲中稿

錢大昕《補元史藝文志・別集類》王壎《雲中稿》。

雲屋稿

錢大昕《補元史藝文志・別集類》〔王壎〕《雲屋稿》。

詩文講義

黄虞稷《千頃堂書目・別集類・補元》曹仲埜《詩文講義》二卷。新安人。

倪燦等《補遼金元藝文志・別集類・補元》曹仲埜《詩文講義》二卷。新安人。

錢大昕《補元史藝文志・別集類》曹仲埜《詩文講義》二卷。新安人。

水北山房集

黄虞稷《千頃堂書目・別集類・補元》楊顯夫《水北山房集》。南昌人。

倪燦等《補遼金元藝文志・別集類・補元》 楊顯夫《水北山房集》。南昌人。

錢大昕《補元史藝文志・別集類》 楊顯夫《水北山房集》。南昌人。

泉山文集

黃虞稷《千頃堂書目・別集類・補元》 林善同《泉山文集》二卷。莆田人。

倪燦等《補遼金元藝文志・別集類・補元》 林善同《泉山文集》二卷。莆田人。

錢大昕《補元史藝文志・別集類》 林善同《泉山文集》二卷。泉州人。

雲山夜話集

黃虞稷《千頃堂書目・別集類・補元》 龔道原《雲山夜話集》。字士元，新建人。號碧梧先生。

倪燦等《補遼金元藝文志・別集類・補元》 龔道原《雲山夜話集》。字士元，新建人。

錢大昕《補元史藝文志・別集類》 龔道原《雲山夜話集》。字士元，新建人。

南窗吟稿

黃虞稷《千頃堂書目・別集類・補元》 吳景南《南窗吟稿》四卷。吳溥曾祖。元時不仕。楊士奇序其集。

倪燦等《補遼金元藝文志・別集類・補元》 吳景南《南窗吟稿》四卷。吳溥曾祖。

錢大昕《補元史藝文志・別集類》 吳景南《南窗吟稿》四卷。

守齋類稿

王圻《續文獻通考・經籍考・集中》 《守齋類稿》三十卷。顧潤著。潤字德輝，鄞人。幼以神童貢，不果，志在立言，著《釋圖》一、《說約》六十三、《圖徽》二十一、《希言》二十四、《事剡》六十二、《治要》十八、《體卦》八、解八、辯十二、議二十四、傳七、記論序文銘各三、雜著十八、賦六、騷十九、雜詩三百二十一，合三十卷，分爲前、後、外三集，通名《守齋類稿》。宋景濂稱其近古之立言者。

黃虞稷《千頃堂書目・別集類・補元》 顧淵《守齋類稿》三十卷。字德輝，鄞人。

錢大昕《補元史藝文志・別集類》 顧輝《守齋類稿》三十卷。字德潤，鄞人。

息庵集　寓齋集　稺隱集

黃虞稷《千頃堂書目・別集類・補元》 王立中《息庵》、《寓齋》、《稺隱》三集二十卷。閬州人，居於吳。官松江知府。杭云：字彥強。

倪燦等《補遼金元藝文志・別集類・補元》 王立中《息庵》、《寓齋》、《稺隱》三集二十卷。字彥強，閬州人，居於吳。

錢大昕《補元史藝文志・別集類》 王立中《息稿》、《寓稿》、《稺隱》三集二十卷。字彥強，遂寧人，至正中官松江知府。

翰林應制集

錢大昕《補元史藝文志・別集類》 吳善《翰林應制集》。

五峰文集

王圻《續文獻通考・經籍考・集中》 《五峰文集》二十卷。李孝光著。

徐𤊹《徐氏家藏書目・文集類》 李孝光《五峰集》。

黄虞稷《千頃堂書目・別集類・補元》 李孝光《雁峰文集》二十卷。樂清人，至正中徵授祕書監丞。

倪燦等《補遼金元藝文志・別集類・補元》 李孝光《鴈峰文集》二十卷。今六卷。樂清人。

《四庫提要・別集類二〇》 《五峰集》六卷。編修汪如藻家藏本。元李孝光撰。孝光字季和，樂清人。

錢大昕《補元史藝文志・別集類》 李孝光《五峰文集》二十卷。今存六卷。字季和，樂清人，祕書監丞。

五峰詩集

錢謙益等《絳雲樓書目・金元文集類》 李孝光《五峰詩集》。永嘉人。

雁山十記

楊士奇等《文淵閣書目・文集》 李孝光《雁山十記》。一部，一册。完全。

華峰漫稿

王圻《續文獻通考・經籍考・集中》 《華峰漫稿》。張起巖著。起巖，章丘人。延祐中進士第。

黄虞稷《千頃堂書目・別集類・補元》 張起巖《華峰漫稿》。

倪燦等《補遼金元藝文志・別集類・補元》 張起巖《華峰漫稿》。

錢大昕《補元史藝文志・別集類》 張起巖《華峰漫稿》。

華峰類稿

王圻《續文獻通考・經籍考・集中》 《華峰類稿》。張起巖著。

黄虞稷《千頃堂書目・別集類・補元》 〔張起巖〕《華峰類稿》。

倪燦等《補遼金元藝文志・別集類・補元》 〔張起巖〕《華峰類稿》。

錢大昕《補元史藝文志・別集類》 〔張起巖〕《華峰類稿》。

金陵集

王圻《續文獻通考・經籍考・集中》 《金陵集》。張起巖著。

黄虞稷《千頃堂書目・別集類・補元》 〔張起巖〕《金陵集》。

倪燦等《補遼金元藝文志・別集類・補元》 〔張起巖〕《金陵集》。

錢大昕《補元史藝文志・別集類》 〔張起巖〕《金陵集》。

筆海雜録

黄虞稷《千頃堂書目・別集類・補元》 孟夢恂《筆海雜録》五十卷。字長文，台州黄巖人，官宜興州判。

倪燦等《補遼金元藝文志・別集類・補元》 孟夢恂《筆海雜録》五十卷。字長文，台州黄巖人。

子淵詩集

楊士奇等《文淵閣書目・詩詞》 《張子淵詩》。一部，一册。闕。

倪燦等《補遼金元藝文志・別集類・補元》 張仲深《子淵詩集》六卷。

《四庫提要・别集類二〇》 《子淵詩集》六卷。《永樂大典》本。案《子淵詩集》散見《永樂大典》中，但題曰元人《文淵閣書目》載之，亦不著撰人名氏。

錢大昕《補元史藝文志・别集類》 張仲深《詩集》六卷。字子淵。

午溪集

倪燦等《補遼金元藝文志・别集類・補元》 陳鑑《午溪集》十卷。

《四庫提要・别集類二〇》 《午溪集》十卷。編修汪如藻家藏本。元陳鎰撰。鎰字伯銖，麗水人。嘗官松陽教授。後築室午溪上，遂以「午溪」名其集。卷首題「前進士曲阜孔暘編選，前進士青田劉基校正」，有黄溍、張翥、孫炎及暘、基五人序。翥序稱其學於外舅周衡。炎序又稱其學於翥。故其詩才地雖覺稍弱，而吐言清脱，不失風調。蓋淵源有所自來。前又載基、暘手柬各一通。其柬稱其「體製皆佳，而近日應酬之作去其一二則純矣。」暘柬則稱其「篇篇合律而中吕，字字鏗金而鏘玉」。今觀其集，基言爲是。基序稱《午溪集》一卷。炎序稱二卷。暘序則稱四百餘篇。此本十卷，豈基所欲去者，暘仍爲存之乎？

錢大昕《補元史藝文志・别集類》 陳鑑《午溪集》十卷。

伊濱集

倪燦等《補遼金元藝文志・别集類・補元》 王沂《伊濱集》二十四卷。《明志》有王沂《徵士集》八卷，或非一人。

《四庫提要・别集類二〇》 《伊濱集》二十四卷。《永樂大典》本。元王沂撰。沂字思魯，先世雲中人，徙於真定。

錢大昕《補元史藝文志・别集類》 王沂《伊濱集》二十四卷。字師魯，延祐初進士，官尚書。

所安遺集

錢謙益等《絳雲樓書目・金元文集類》 《所安遺集》陳泰，字志同，長沙人。

黄虞稷《千頃堂書目・别集類・補元》 陳泰《所安遺集》一卷。字志同，茶陵州人。延祐元年鄉舉，翰林供奉，出補龍南令。

倪燦等《補遼金元藝文志・别集類・補元》 陳泰《所安遺集》一卷。字志同，茶陵州人。

王士禛《漁洋書跋》 《所安集》。所安遺集一卷，元長沙進士陳泰志同著。

《四庫提要・别集類二〇》 《所安遺集》一卷。編修汪如藻家藏本。元陳泰撰。泰字志同，别號所安，長沙茶陵人。延祐二年進士。除龍泉縣主簿。棲遲薄宦，惟以吟詠自適，竟終於是官。其著作亦未成集。至其曾孫朴，始裒輯以成此編，故曰遺稿。明成化中，其來孫銓等重刊。卷末有舊題六字云：「後段蠹損，惜哉！」則併朴所輯亦非完本也。

錢大昕《補元史藝文志・别集類》 陳泰《所安遺集》一卷。字志同，長沙進士。

栲栳山人集

王圻《續文獻通考・經籍考・詩集》 《栲栳山人詩集》。餘杭岑公之詩。公有志節，人敬憚之。

徐𤊹《徐氏家藏書目・文集類》 岑安卿《栲栳史集》一卷。

黄虞稷《千頃堂書目・别集類・補元》 岑安卿《栲栳山人集》一卷。字静能，餘姚人。宋景濂稱其唾涕富貴，以布衣傳其詩文。

倪燦等《補遼金元藝文志・别集類・補元》 岑安卿《栲栳山人集》三卷。字静能，餘姚人。

《四庫提要・别集類二〇》 《栲栳山人集》三卷。兩淮馬裕家藏本。元岑安卿撰。安卿字静能，餘姚人。所居近栲栳峰，故以自號。志行高潔，窮阨以終。

錢大昕《補元史藝文志・別集類》 岑安卿《栲栳山人集》三卷。字静能，餘姚人。

張金吾《愛日精廬藏書志・別集類》 《栲栳山人詩集》三卷。抄本。元岑安卿静能著，後學宋元僖重編。宋元僖序。

海涯酸齋文集

黄虞稷《千頃堂書目・別集類・補元》 小雲石《海牙酸齋文集》。

倪燦等《補遼金元藝文志・別集類・補元》 小雲石《海崖酸齋文集》。

錢大昕《補元史藝文志・別集類》 小雲石《海涯酸齋文集》。

至正集

楊士奇等《文淵閣書目・文集》 許有壬《至正集》。一部，十册。闕。

王圻《續文獻通考・經籍考・集中》 《至正集》一百卷。許有壬著。有壬，湯陰人。讀書一目五行。延祐中進士，累官中書左丞。

黄虞稷《千頃堂書目・別集類・補元》 許有壬《至正集》八十一卷。

倪燦等《補遼金元藝文志・別集類・補元》 許有壬《至正集》八十一卷。

《四庫提要・別集類二〇》 《至正集》八十一卷。河南巡撫採進本。元許有壬撰。有壬字可用，湯陰人。延祐二年進士。歷官集賢大學士、中書左丞、兼太子左諭德，致仕。卒謚文忠。事蹟具《元史》本傳。

錢大昕《補元史藝文志・別集類》 許有壬《至正集》一百卷。今存八十一卷。

倡和集

楊士奇等《文淵閣書目・詩詞》 許圭塘《倡和集》。一部，一册。完全。

圭塘小稿　別集　續集

高儒《百川書志・元文》 《圭塘小稿》十七卷。《圭塘集》十二卷。《詞》、《別集》二卷。《續集》一卷。《外集》一卷。附録一卷。文正公翰林集賢學士光禄大夫兼太子左諭德許有壬可用集撰。

又《百川書志・元詩》 《圭塘小稿》。翰林集賢學士許有壬可用撰。

徐𤊹《徐氏家藏書目・文集類》 許有壬《圭塘集》四卷。

錢謙益等《絳雲樓書目・金元文集類》 許有壬《圭塘小稿》。字可用，湯陰人。仕至中書左丞集賢大學士，至正中卒，歷事七朝，垂五十年。屢進讜言，有大臣風節。

黄虞稷《千頃堂書目・別集類・補元》 《圭塘小稿》十卷。又《別稿》二卷，又《外稿》二卷，又《續稿》一卷。

倪燦等《補遼金元藝文志・別集類・補元》 又《圭塘小稿》十卷。又《別稿》二卷。又《外稿》二卷。又《續稿》一卷。弟有孚倡和之作亦在焉，後不別出。

《四庫提要・別集類二〇》 《圭塘小稿》十三卷，《別集》二卷，《續集》一卷，附録一卷。浙江鮑士恭家藏本。元許有壬撰。其《小稿》爲有壬所自輯。至正庚子，其弟有孚録而序之，所謂即《至正集》而不具録者也。迨有壬既殁，集本散亡。而有孚所攜此本獨存，因重加編次，得詩文二百四十三首，釐爲十三卷。又輯嘗寄有孚詩文八十五篇，緱獻可所收《文過集》及林慮記遊詩文九十三篇，爲《別集》二卷。其殘編斷簡，得於倚尖野人家者爲《外集》一卷。有孚復爲之序，題屠維作噩二月，乃洪武二年己酉，在元亡之後矣。子孫世藏其書。宣德間，復失其《外集》。成化己丑，其五世孫南康知府容始校正刊行，而以家乘載誌文、祭文及有孚等倡和之作編爲《續集》一卷，附之於末。

錢大昕《補元史藝文志・別集類》 又《圭塘小稿》三十卷，《別稿》二卷，《外稿》一卷，《續稿》一卷。

圭塘欸乃集

錢曾《讀書敏求記・詩集》 《圭塘欸乃集》一卷。安陽公一門及其客唱和之

什，別有《圭塘小稿》行于世。

吴焯《繡谷亭薫習録・集二》《圭塘欸乃集》一卷。

彭元瑞等《天禄琳琅書目後編・明版集部》《圭齋文集》。一函，二册。篇目同上。前有宋濂、揭傒斯舊序，後有彭時、吴節神道碑、二跋。又《時文集志》劉釪跋，蓋成化辛卯刻集時作。

錢大昕《補元史藝文志・別集類》歐陽原功《圭齋文集》十五卷。又附録一卷。

黄丕烈《蕘圃藏書題識・集類三》《圭齋文集》□卷。明刻本。

唱和集

錢大昕《補元史藝文志・別集類》張光祖《唱和集》。字明遠。

寶雲堂文藝

黄虞稷《千頃堂書目・別集類・補元》趙偕《寶雲堂文藝》二卷。字子永，慈谿人。

倪燦等《補遼金元藝文志・別集類・補元》趙偕《寶雲堂文藝》二卷。字子永，慈谿人。

寶峰集

錢謙益等《絳雲樓書目・金元文集類》趙偕《寶峰集》。

吴焯《繡谷亭薫習録・集二》《寶峰集》二卷。元慈溪趙偕子永著。外孫顧恭編，門人烏斯道序。偕爲宋魏王廷美之後。潛心理學，隱居不仕，至正二十六年卒。此明初鈔本。後嘉靖甲寅重刻，六世孫文華後序。

錢大昕《補元史藝文志・別集類》趙偕《寶峰先生文集》。字子永，慈溪人。

寶峰先生遺集

黄虞稷《千頃堂書目・別集類・補元》〔趙偕〕《寶峰先生遺集》□卷。

倪燦等《補遼金元藝文志・別集類・補元》〔趙偕〕《寶峰先生遺集》。

江月松風集

錢謙益等《絳雲樓書目・金元文集類》錢思復《江月松風集》。惟善，錢唐人，號曲江居士。與鐵崖倡和。官至副提舉。

黄虞稷《千頃堂書目・別集類・補元》錢維善《江月松風集》四卷。字思復，錢塘人。至正辛巳舉於浙，官儒學副提舉。一作十二卷。

倪燦等《補遼金元藝文志・別集類・補元》錢惟善《江月松風集》四卷。一作十二卷。字思復，錢塘人。

吴焯《繡谷亭薫習録・集二》《江月松風集》十二卷。元錢塘錢惟善思復著。至元中陳旅、夏溥並序。此本傳于練川陸氏，繼歸倦圃曹氏，其源流見顧氏《元詩選》，《列朝詩集》僅録之賴良《大雅集》，實未嘗見全集也。

《四庫提要・別集類二一》《江月松風集》十二卷。山東巡撫採進本。元錢惟善撰。惟善字思復，自號心白道人，錢塘人。

錢大昕《補元史藝文志・別集類》錢惟善《江月松風集》十二卷。字思復，錢塘人。

黄丕烈《蕘圃藏書題識・集類三》《江月松風集》十二卷。舊鈔本。

張金吾《愛日精廬藏書志・別集類》《江月松風集》十二卷。文瑞樓抄本。元錢唐錢惟善思復撰。

吴壽暘《拜經樓藏書題跋記・卷五》《江月松風集》。《江月松風集》十二卷，金氏憲邦從思復先生手書本鈔藏。筆札甚精。後有《詩補》二葉，明陸嘉潁補四首，曹潔躬先生從所藏元人真蹟補《再次廷璋長史留宿韻》二首，題云：「余家藏元人真蹟有此二詩」，乃知《江月松風集》尚多遺佚。思復以書名、卷册流傳人間者

隨見富補入也。

鳩巢集

王圻《續文獻通考・經籍考・集中》《鳩巢集》。李京著。京，河間人。爲烏撒烏蒙道宣慰副使，周履雲南，又嘗爲《雲南誌》。

黄虞稷《千頃堂書目・別集類・補元》 李京《鳩巢集》。河間人，烏撒烏蠻道宣慰副使。

倪燦等《補遼金元藝文志・別集類・補元》 李京《鳩巢集》。河間人。

錢大昕《補元史藝文志・別集類》 李京《鳩巢漫稿》。

得静稿

王圻《續文獻通考・經籍考・集中》《得静稿》。許嗣著。

錢大昕《補元史藝文志・別集類》 許嗣《得静齋集》。字繼可，天台人。

雲嶠集

錢大昕《補元史藝文志・別集類》 陳柏《雲嶠集》。字新甫，泗州人。

新山稿

王圻《續文獻通考・經籍考・集中》《新山稿》。曹文海著。

錢大昕《補元史藝文志・別集類》 曹文晦《新山集》。字輝伯，天台人。

南稜類稿

王圻《續文獻通考・經籍考・集下》《南稜類稿》二十卷。義烏王炎澤仲威著。

錢大昕《補元史藝文志・別集類》 王炎澤《南稜類稿》二十卷。字威仲，義烏人，石峽書院山長。

南明齋稿

錢大昕《補元史藝文志・別集類》 曾嚴卿《南明齋稿》三十卷。字務光，金溪人。

四勿齋稿

錢大昕《補元史藝文志・別集類》 葉謹翁《四勿齋稿》。

曲全集

錢大昕《補元史藝文志・別集類》〔葉謹翁〕《曲全集》。字審言，金華人，瑞安州同知。

棲閑集

錢大昕《補元史藝文志・別集類》 葉應咸《棲閑集》二卷。字心可，麗水人。

竹齋集

高儒《百川書志・元詩》《竹齋集》三卷。諸暨王冕元章著。

黄虞稷《千頃堂書目・別集類・補元》 王冕《竹齋詩集》二卷。字元章，自號煮石山農，諸暨人。舉進士不第，棄去。明兵至邑，胡大海授咨議參軍。一夕病死。

《明史・藝文志・別集類》 王冕《竹齋詩集》三卷。

吴焯《繡谷亭薰習録・集二》《竹齋集》一卷。元會稽王冕元章著。括蒼劉基序，金華宋濂、諸暨張辰並爲之傳。舊編三卷。此諸甥駱居安重編，景泰七年郡人白圭後序。冕爲元季逸民，未嘗仕明，《竹垞檢討》有辨，詳顧氏元詩。

《四庫提要・別集類二二》《竹齋集》三卷、《續集》一卷、附録一卷。兩淮鹽政採進本。明王冕撰。冕字元章，《續高士傳》作字元肅，諸暨人。

黄丕烈《蕘圃藏書題識再續録・集類》《竹齋詩集》一卷。鈔本。

竹齋詠梅詩

高儒《百川書志・別集》《竹齋詠梅詩》一卷。元王冕著絶句長句。

黄虞稷《千頃堂書目・別集類・補元》《竹齋詠梅詩》一卷。凡一百三首。

傲軒吟稿

高儒《百川書志・元詩》《傲軒詩集》一卷。平江傲軒胡天游著。

王圻《續文獻通考・經籍考・集中》《傲軒集》。胡天游著。平江人，名乘龍，以字行。七歲能詩，博學高志。遭元季亂，抗志不仕，意有所激，悉于詩文發之。

黄虞稷《千頃堂書目・別集類・補元》 胡天游《傲軒集》一卷。平江人，隱士。

倪燦等《補遼金元藝文志・別集類・補元》 胡天游《傲軒集》一卷。平江人。

吴焯《繡谷亭薰習録・集二》《傲軒吟稿》一卷。元平江胡乘龍天游著。明弘治十二年，七世孫榮昌今湘刻，内江鄧山繼申序。嘉靖十四年，八世孫大器改編重刻，豫章羅標文烈序，邑人余廷瑚後序。考《湖廣省志》，平江元時爲州，明復爲縣，隷岳州府。余序稱吾昌者，因唐時曾名昌江縣也。

《四庫提要・別集類二一》《傲軒吟稿》一卷。浙江鮑士恭家藏本。元胡天游撰。天游名乘龍，以字行，號松竹主人，又號傲軒，岳州平江人。

錢大昕《補元史藝文志・別集類》 胡天游《傲軒吟稿》一卷。岳州平江人。

蛻餘集

楊士奇等《文淵閣書目・詩詞》 張仲舉《蛻餘集》。一部，一册。完全。

蛻庵集

錢謙益等《絳雲樓書目・金元文集類》 張翥《蛻庵集》二卷。字仲舉，江右人，元末官翰林學士承旨。仲舉無子，其遺稿傳者，有律詩、樂府，僅三卷，又嘗集兵興以來死節死事之人，爲書曰《忠義録》，見《元史》本傳。

黄虞稷《千頃堂書目・別集類・補元》 張翥《蛻庵集》四卷。北山釋大(訢)〔杍〕輯。

倪燦等《補遼金元藝文志・別集類・補元》 張翥《蛻庵集》四卷。

王士禛《漁洋書跋》《蛻庵集》。元張翥《蛻菴集》四卷。衡山釋大杍北山編集，洪武三年錫山郎成鈔本。成不知何許人，書法妍妙，逼真佛遺教經，亦古物之可寶惜者。蛻庵，元末大家，古今詩皆有法度，蒼辣不及虞道園，而情致殊勝，無論子昂、伯庸輩，即范德機、揭曼碩，未知伯仲何如耳。

《四庫提要・別集類二〇》《蛻庵集》五卷。浙江巡撫採進本。元張翥撰。翥字仲舉，晉寧人。

錢大昕《補元史藝文志・別集類》 張翥《蛻庵集》四卷。

黄丕烈《蕘圃藏書題識・集類三》《蜕庵詩集》四卷。校舊鈔本。

黄丕烈《蕘圃藏書題識再續録・集類》《蜕庵詩集》四卷。校舊鈔本。

張金吾《愛日精廬藏書志・別集類》《蜕庵詩》四卷。明洪武刊本，文瑞樓藏書。元張翥撰。衡山釋大杼《北山編集》。

張仲舉詩

楊士奇等《文淵閣書目・詩詞》《張仲舉詩》。一部，一册。闕。

律詩樂府

王圻《續文獻通考・經籍考・詩集》《律詩樂府》三卷。晉寧張翥著。

陳衆仲文集

黄丕烈《蕘圃藏書題識・集類三》《陳衆仲文集》七卷。殘元本。

又《陳衆仲文集》十卷。明刻本。

吴壽暘《拜經樓藏書題跋記・卷五》《陳衆仲集》。右元刻不全本，僅存詩賦三卷，序一卷。首有明沈氏麟手書，《元史》本傳，并記云：「衆仲集不多見。嘉靖丙申，偶得此元朝刻本，因手録其傳於前，以識歲月。七十二翁竹東沈麟書。」

安雅堂集

楊士奇等《文淵閣書目・文集》陳衆仲《安雅堂集》。一部，二册。闕。

高儒《百川書志・元》陳衆仲《安雅堂集》十三卷。國子監丞閩人陳旅衆仲撰。

徐𤊹《徐氏家藏書目・文集類》陳旅《安雅集》十一卷。

王圻《續文獻通考・經籍考・集中》《安雅堂集》。陳旅著。族，莆田人。學有淵源，聞見該博。爲文純潔高古，深爲虞集所知。仕終國子監丞。

錢謙益等《絳雲樓書目・金元文集類》陳旅《安雅堂集》。十五卷。

黄虞稷《千頃堂書目・別集類・補元》陳旅《安雅堂集》十三卷。字衆仲，莆田人，官國子監丞。

倪燦等《補遼金元藝文志・別集類・補元》陳旅《安雅堂集》十三卷。字衆仲，莆田人。

吴焯《繡谷亭薰習録・集二》《安雅堂集》十三卷。元國子監丞莆田陳旅衆仲著。至正九年張翥序。顧氏《元詩》云集十四卷，今見翥序止十三卷。

《四庫提要・別集類二〇》《安雅堂集》十三卷，兩淮馬裕家藏本。元陳旅撰。旅字衆仲，莆田人。

錢大昕《補元史藝文志・別集類》陳旅《安雅堂集》十四卷。一作十三卷。

黄丕烈《蕘圃藏書題識・集類三》《安雅堂集殘本》三卷。明刻本。

安雅堂詩集

高儒《百川書志・元詩》《安雅堂詩集》。國子監丞閩人陳旅衆仲撰。

秋聲集

徐𤊹《徐氏家藏書目・文集類》黄鎮成《秋聲集》十卷。

王圻《續文獻通考・經籍考・集中》存存子《秋聲集》十卷。黄鎮成著。鎮成，邵武人。

錢謙益等《絳雲樓書目・金元文集類》黄鎮成《秋聲集》。

黄虞稷《千頃堂書目・別集類・補元》黄鎮成《秋聲集》四卷。

倪燦等《補遼金元藝文志・別集類・補元》黄鎮成《秋聲集》四卷。

《四庫提要・別集類二〇》《秋聲集》四卷。兩淮馬裕家藏本。元黄鎮成撰。

鎮成有《尚書通考》，已著録。其集據顧嗣立《元詩選》稱原本十卷，又載有鄭潛序。此本僅存四卷，又惟鎮成自序一篇，而不載潛序，似非完帙矣。

錢大昕《補元史藝文志・別集類》 黄鎮成《秋聲集》，四卷。字元鎮，昭武人。

張金吾《愛日精廬藏書續志・別集類》 《秋聲集》十卷。明洪武刊本。吳方山藏書。元黄鎮成撰。凡詩六卷，文二卷，實八卷。每卷卷數俱留。本板心除一、二、三、四、五、九、十外，餘亦留。本蓋爲續刊地也。世行本四卷，止有詩集。此本雖似殘闕，蓋當時本未全刊。讀後跋可見非不完本也。卷末有姑蘇吳岫家藏印記。

趙仲穆遺稿

吳焯《繡谷亭薰習録・集二》 《趙仲穆遺稿》一卷。元翰林待制趙雍仲穆著。

《四庫提要・別集類存目一》 《趙仲穆遺稿》一卷。兩淮馬裕家藏本。舊本題元趙雍撰。雍字仲穆，孟頫子也，官至集賢待制，同知湖州路總管府事。是集凡詩十七首，詞十七首。卷末題延祐元年春正月寄呈德璉姊丈。

柯敬仲詩

黄虞稷《千頃堂書目・別集類・補元》 柯九思《柯敬仲詩》一卷。

倪燦等《補遼金元藝文志・別集類・補元》 柯九思《敬仲詩》一卷。

錢大昕《補元史藝文志・別集類》 《柯九思集》一卷。

樵水集

王圻《續文獻通考・經籍考・集中》 《樵水集文集》。黄清老著。字子肅，邵武人。泰定時浙江鄉試第一，擢進士第，爲湖廣行省儒學提舉。號樵水先生。

徐㶿《徐氏家藏書目・文集類》 黄清老《樵水集》一卷。

黄虞稷《千頃堂書目・別集類・補元》 黄清老《樵水集》。字子肅，邵武人。大定四年進士，湖廣儒學提舉。

倪燦等《補遼金元藝文志・別集類・補元》 黄清老《樵水集》。

錢大昕《補元史藝文志・別集類》 黄清老《樵水集》。

檜亭集

楊士奇等《文淵閣書目・詩詞》 丁仲容《檜亭集》。一部，四册。完全。

徐㶿《徐氏家藏書目・文集類》 丁復《檜亭集》十卷。

張萱等《内閣藏書目録・集部》 《檜亭詩稿》一册。全。元至元間天台丁復著。

黄虞稷《千頃堂書目・別集類・補元》 丁復《檜亭詩稿》九卷。字仲容，天台人，寓居建康。臨川饒介婦翁。集有上元李桓序。

倪燦等《補遼金元藝文志・別集類・補元》 丁復《檜亭詩稿》九卷。字仲容，天台人。

《四庫提要・別集類二〇》 《檜亭集》九卷。浙江鮑士恭家藏本。元丁復撰。復字仲容，天台人。

錢大昕《補元史藝文志・別集類》 丁復《檜亭集》九卷。字仲容，天台人。

觀光集

黄虞稷《千頃堂書目・別集類・補元》 洪震老《觀光集》一卷。字復翁，淳安人。延祐初以《詩經》領鄉薦，官州學正。

倪燦等《補遼金元藝文志・別集類・補元》 洪震老《觀光集》一卷。字復翁，淳安人。

錢大昕《補元史藝文志・別集類》 洪震老《觀光集》一卷。字復翁，淳安人。

雲窗法語

黄虞稷《千頃堂書目・别集類・補元》 汪可孫《雲窗法語》一卷。績谿人。隱居力學，號虚夷子。工文章。

倪燦等《補遼金元藝文志・别集類・補元》 汪可孫《雲窗法語》一卷。績溪人。

錢大昕《補元史藝文志・别集類》 汪可孫《雲窗法語》一卷。績溪人，號虚夷子。

縷裂集

黄虞稷《千頃堂書目・别集類・補元》 師餘《縷裂集》一卷。字學翁，本眉州人，居於吳。

倪燦等《補遼金元藝文志・别集類・補元》 師餘《縷裂集》一卷。字學翁，眉州人，居於吳。

錢大昕《補元史藝文志・别集類》 師餘《縷裂集》一卷。字學翁，眉州人，居於吳。

北游集

黄虞稷《千頃堂書目・别集類・補元》 陳鐸《北游集》八卷。字子振，吳人。趙文敏序。

倪燦等《補遼金元藝文志・别集類・補元》 陳鐸《北游集》八卷。字子振，吳人。

錢大昕《補元史藝文志・别集類》 陳鐸《北游集》八卷。字子振，吳人。

自然機籟

王圻《續文獻通考・經籍考・集中》 《自然機籟》。鄭東起著。起，福清人。家居教授，常百餘人。

錢大昕《補元史藝文志・别集類》 鄭東起《自然機籟》。福清人。

霜月齋集

楊士奇等《文淵閣書目・文集》 楊志行《霜月齋集》。一部，十册。完全。

王圻《續文獻通考・經籍考・集中》 《霜月集》。楊剛中著。剛中，上元人。爲文奇奥簡澁，動法古人，元明善極嘆異之。累官翰林待制。

張萱等《内閣藏書目録・集部》 《霜月齋集》。十册，全。元至元待制金陵楊志行著。凡四十卷。

黄虞稷《千頃堂書目・别集類・補元》 楊剛中《霜月齋集》四十卷。字志行，建康上元人，官翰林院待制。

倪燦等《補遼金元藝文志・别集類・補元》 楊剛中《霜月齋集》四十卷。字志行，上元人。

錢大昕《補元史藝文志・别集類》 楊剛中《霜月齋集》四十卷。

竹圃夢語

黄虞稷《千頃堂書目・别集類・補元》 柯舉《竹圃夢語》二卷。莆田人。

倪燦等《補遼金元藝文志・别集類・補元》 柯舉《竹圃夢語》二卷。莆田人。

錢大昕《補元史藝文志・别集類》 柯舉《竹圃夢語》二卷。莆田人。

月蕉稿

錢大昕《補元史藝文志・別集類》 瞿孝順《月蕉稿》。字逢祥，常熟人。

弋陽山樵稿

錢大昕《補元史藝文志・別集類》 李瓚《弋陽山樵稿》。字子粲。

詠亭集

錢大昕《補元史藝文志・別集類》 宋沂春《詠亭集》。字子與，清江人，常山縣尹。

秋浦集

王圻《續文獻通考・經籍考・集中》《秋浦集》。楊少愚著。

錢大昕《補元史藝文志・別集類》 楊少愚《秋浦集》。

惟實集　外集

倪燦等《補遼金元藝文志・別集類・補元》 劉鶚《惟實集》四卷，又《外集》一卷。

《四庫提要・別集類二〇》《惟實集》四卷，《外集》一卷。江西巡撫採進本。元劉鶚撰。鶚字楚奇，永豐人。

錢大昕《補元史藝文志・別集類》 劉鶚《惟實集》四卷，又《外集》一卷。字楚奇。

張金吾《愛日精廬藏書志・別集類》 憲節堂《惟實集》八卷，附録二卷。舊抄本。

林下竊議

王圻《續文獻通考・經籍考・集下》《林下竊議》一卷。東陽張樞子長著。

敝帚編

王圻《續文獻通考・經籍考・集下》《敝帚編》。張樞子長著。

黃虞稷《千頃堂書目・別集類・補元》 張樞《敝帚編》。

倪燦等《補遼金元藝文志・別集類・補元》 張樞《敝帚編》。

錢大昕《補元史藝文志・別集類》 張樞《敝帚編》。

藥房樵唱

徐𤊹《徐氏家藏書目・文集類》 吴景奎《藥房樵唱》三卷。

王圻《續文獻通考・經籍考・詩集》《藥房樵唱》。蘭溪吴景奎著。以雄逸之資濟通明之識，著於篇翰，讀之者如入玄圃而覽明月。

黃虞稷《千頃堂書目・別集類・補元》 吴景奎《藥房樵唱》三卷。字文可，蘭谿人。明吴履父。

倪燦等《補遼金元藝文志・別集類・補元》 吴景奎《藥房樵唱》二卷，又附録一卷。字文可，蘭谿人。

《四庫提要・別集類二〇》《藥房樵唱》三卷，附録一卷，浙江鮑士恭家藏本。元吴景奎撰。景奎字文可，蘭溪人。

錢大昕《補元史藝文志・別集類》 吴景奎《藥房樵唱》三卷，又附録二卷。字文可，蘭溪人，興化路學録。

僑吴集

錢謙益等《絳雲樓書目・金元文集類》 鄭元祐《僑吴集》。鄭明德，遂昌人，淮張客。

黄虞稷《千頃堂書目・別集類・補元》 鄭元祐《僑吴集》十二卷。字明德，遂昌人，從父居吴中，故老多折節與交。

倪燦等《補遼金元藝文志・別集類・補元》 鄭元祐《僑吴集》十二卷。字明德，遂昌人，從父居吴。

《四庫提要・別集類二一》 《僑吴集》十二卷。兩淮馬裕家藏本。元鄭元祐撰。元祐有《遂昌雜録》，已著録。

錢大昕《補元史藝文志・別集類》 鄭元祐《僑吴集》十二卷。字明德，遂昌人，浙江儒學提舉。

黄丕烈《蕘圃藏書題識・集類三》 《僑吴集》十二卷。明刻本。

顧廣圻《思適齋書跋・集部》 《僑吴集》十二卷。明弘治刻本。

顧廣圻《思適齋集外書跋輯存・集類》 《僑吴集》十二卷。明刊本。

張金吾《愛日精廬藏書志・別集類》 《僑吴集》十二卷。舊抄本。元括蒼鄭元祐明德著。

石初集

黄虞稷《千頃堂書目・別集類・補元》 周霆震《石初集》十卷。字亨遠，安成人，不仕。集爲門人晏璧編。

吴焯《繡谷亭薰習録・集二》 《石初集》十卷。

《四庫提要・別集類二一》 《石初集》十卷，附録一卷，浙江鮑士恭家藏本。元周霆震撰。霆震字亨遠，安成人。

錢大昕《補元史藝文志・別集類》 周霆震《石初集》十卷。字亨遠，吉之安成人。

望雲集

高儒《百川書志・元詩》 郭子章《望雲集》五卷。淮南郭奎子章著。常從軍。詩二百一十首，書三附。

范邦甸等《天一閣書目・別集類》 《望雲集》五卷。刊本。元郭奎撰。嘉靖辛卯吴廷翰序，稱集五卷，爲五言古詩者三十七，爲詞歌曲者十三，爲七言律者百有九，排律七，雜詩四十四，淮南郭君子章之所作也。舊名《望雲》，版刻于廬，今巢邑亦有之。歲久字多磨滅，間取稍正之，付括守吴君亞甫校刊。新安趙汸、金華宋濂均有序。

王圻《續文獻通考・經籍考・集下》 《望雲稿》。巢縣郭奎著。

又 《望雲稿》。郭奎著。少遊余忠宣門，遭世亂，親亡弟喪，漂零江湖間，遂仗劍從軍，凡大江以西燕趙淮楚之壖，奇蹤勝跡，咸涉獵而形諸歌詩。

徐㶿《徐氏家藏書目・文集類》 郭子章《望雲集》二卷。

錢謙益等《絳雲樓書目・金元文集類》 郭奎《望雲集》。五卷。字子章，巢縣人。曾參丁玉軍事，丁玉得罪，奎亦坐誅。

黄虞稷《千頃堂書目・別集類》 郭奎《望雲集》五卷。字子章，以字行，巢縣人。師事青陽余闕，明初朱文正開大都府，節鎮洪都，太祖命奎輔佐參謀，及文正得罪，坐不諫誅。

《明史・藝文志・別集類》 郭奎《望雲集》五卷。

《四庫提要・別集類二二》 《望雲集》五卷。浙江鮑士恭家藏本。明郭奎撰。奎字子章，巢縣人。

居竹軒集

徐㶿《徐氏家藏書目・文集類》 成原常《居竹軒集》四卷。

高儒《百川書志・元詩》 《居竹軒詩》四卷。元隱士廣陵成原常撰。

錢謙益等《絳雲樓書目・金元文集類》 成廷珪《居竹軒詩》四卷。

黃虞稷《千頃堂書目・别集類・補元》 成原常《居竹軒集》四卷。

倪燦等《補遼金元藝文志・别集類・補元》 成原常《居竹軒集》四卷。

又 成廷珪《居竹軒集》四卷。

吴焯《繡谷亭薰習録・集二》《居竹軒集》四卷。元處士蕪城成廷珪原常著。

《四庫提要・别集類二一》《居竹軒集》四卷。浙江鮑士恭家藏本。元成廷珪撰。廷珪字原常，一字元章，又字禮執，揚州人。

錢大昕《補元史藝文志・别集類》 成廷珪《居竹軒集》四卷。字原常，揚州人。

詠物詩

高儒《百川書志・别集》 謝宗可《詠物詩》一卷。元金陵謝宗可詠，皆七言律，凡百四首，外九首有題而無詩。

黃虞稷《千頃堂書目・别集類・補元》 謝宗可《詠物詩》一卷。臨川人，一云金陵人。

倪燦等《補遼金元藝文志・别集類・補元》 謝宗可《詠物詩》一卷。臨川人，一云金陵人。

《四庫提要・别集類二一》《詠物詩》一卷，浙江鮑士恭家藏本。元謝宗可撰。宗可自稱金陵人，其始末無考。

錢大昕《補元史藝文志・别集類》 謝宗可《詠詩》一卷。臨川人，一云金陵人。

雲樓野稿

錢大昕《補元史藝文志・别集類》 程樞《雲樓野稿》。

折桂集

黃虞稷《千頃堂書目・别集類・補元》 宇文公諒《折桂集》。

倪燦等《補遼金元藝文志・别集類・補元》 宇文公諒《折桂集》。

錢大昕《補元史藝文志・别集類》 宇文公諒《折桂集》。

觀光集

黃虞稷《千頃堂書目・别集類・補元》 宇文公諒《觀光集》。

倪燦等《補遼金元藝文志・别集類・補元》 宇文公諒《觀光集》。

錢大昕《補元史藝文志・别集類》 宇文公諒《觀光集》。

辟水集

黃虞稷《千頃堂書目・别集類・補元》 宇文公諒《辟水集》。

倪燦等《補遼金元藝文志・别集類・補元》 宇文公諒《辟水集》。

錢大昕《補元史藝文志・别集類》 宇文公諒《辟水集》。

以齋行稿

黃虞稷《千頃堂書目・别集類・補元》 宇文公諒《以齋行稿》。

倪燦等《補遼金元藝文志・别集類・補元》 宇文公諒《以齋行稿》。

錢大昕《補元史藝文志・别集類》 宇文公諒《以齋行稿》。

玉堂漫稿

黃虞稷《千頃堂書目・别集類・補元》 宇文公諒《玉堂漫稿》。

倪燦等《補遼金元藝文志・别集類・補元》 宇文公諒《玉堂漫稿》。

錢大昕《補元史藝文志・别集類》 宇文公諒《玉堂漫稿》。

越中行稿

黄虞稷《千頃堂書目・別集類・補元》〔宇文公諒〕《越中行稿》。

倪燦等《補遼金元藝文志・別集類・補元》〔宇文公諒〕《越中行稿》。

錢大昕《補元史藝文志・別集類》〔宇文公諒〕《越中行稿》。

呂思誠文集

黄虞稷《千頃堂書目・別集類・補元》《呂思誠文集》。

倪燦等《補遼金元藝文志・別集類・補元》《呂思誠文集》。

錢大昕《補元史藝文志・別集類》《呂思誠文集》。

慎獨叟遺稿

錢大昕《補元史藝文志・別集類》陳植《慎獨叟遺稿》一卷。字叔方，深之子。

忠孝百詠

黄虞稷《千頃堂書目・別集類・補元》秦輔之《忠孝百詠》。嘉定人。

倪燦等《補遼金元藝文志・別集類・補元》秦輔之《忠孝百詠》。嘉定人。

錢大昕《補元史藝文志・別集類》秦輔之《忠孝百詠》。

龍津稿　龍山稿　鄭川稿　環中稿　黄鶴磯稿　梅易齋稿　碧玉環稿

王圻《續文獻通考・經籍考・集中》《易齋》、《黄鶴磯》、《碧玉環》、《龍川》、《勤川》、《環中》諸稿。元雷樞著。樞字子樞，建安人。延祐戊午進士，仕終翰林待制。

錢大昕《補元史藝文志・別集類》雷機《龍津》、《龍山》、《鄭川》、《環中》、《黄鶴磯》、《梅易齋》、《碧玉環》七稿。字子樞，建安人。延祐進士，翰林待制。

葵山文集

王圻《續文獻通考・經籍考・集中》《朱葵山文集》。宋景濂曰：莆田朱文霆著。其言醇而理彰，于理不合，雖強之言，不言也。

黄虞稷《千頃堂書目・別集類・補元》朱文霆《葵山文集》。莆田人。至順壬申舉進士，官泉州路總管。宋濂序其集。

倪燦等《補遼金元藝文志・別集類・補元》朱文霆《葵山文集》。莆田人。

錢大昕《補元史藝文志・別集類》朱文霆《葵山文集》。字原道，莆田人，至順進士，泉州路總管。

楚石集

錢大昕《補元史藝文志・別集類》梵琦《楚石集》。

燕石集

楊士奇等《文淵閣書目・文集》宋褧《燕石集》。一部，八册。完全。

王圻《續文獻通考・經籍考・集中》《燕石集》。宋聚著。本之弟。泰定初進士，官翰林學士。

張萱等《内閣藏書目録・集部》《燕石集》八册。元延祐間翰林宋褧著。歐陽玄序，凡十五卷。

黄虞稷《千頃堂書目・別集類・補元》宋褧《燕石集》十五卷。附録一卷。

倪燦等《補遼金元藝文志・別集類・補元》宋褧《燕石集》十五卷。又附録一卷。

吴焯《繡谷亭薰習録·集二》《燕石集》十五卷。

《四庫提要·別集類二〇》《燕石集》十五卷。浙江巡撫採進本。元宋褧撰。褧字顯夫，大都人。泰定元年進士。歷官翰林直學士，兼經筵講官。謚文清。褧博覽羣籍，與兄本後先入館閣，竝有集行世，時人以「大宋」「小宋」擬之。

錢大昕《補元史藝文志·別集類》宋褧《燕石集》十五卷，附録一卷。

張金吾《愛日精廬藏書志·別集類》《燕石集》十五卷。抄本。元宋褧撰。姪太常奉禮郎彍編次，應奉翰林文字危素校正。

滋溪文稿

楊士奇等《文淵閣書目·文集》蘇天爵《滋溪文集》。一部，一册。完全。塾本三册。

王圻《續文獻通考·經籍考·集中》《滋溪文集》。真定蘇天爵著。

張萱等《内閣藏書目録·集部》《滋谿文稿》三册。全。元末蘇天爵著。凡三十卷。

黃虞稷《千頃堂書目·別集類·補元》蘇天爵《滋谿文稿》三十卷。

倪燦等《補遼金元藝文志·別集類·補元》蘇天爵《滋溪文稿》三十卷。

《四庫提要·別集類二〇》《滋溪文稿》三十卷。兩淮馬裕家藏本。元蘇天爵撰。天爵有《名臣事略》，已著録。所作有詩稿七卷、文稿三十卷。其詩稿，《元百家詩》尚録之，今未見其本。此爲其文稿三十卷，乃天爵官浙江行省參政時，屬掾高明、葛元哲所編。元哲字廷哲，臨川人，以鄉貢第一人舉進士，趙汸《東山存稿》中有《別元哲序》一篇，載其行履甚詳。

錢大昕《補元史藝文志·別集類》蘇天爵《滋溪文稿》三十卷。

張金吾《愛日精廬藏書志·別集類》《滋溪文稿》三十卷。舊抄本。元蘇天爵撰。

蘇天爵詩稿

黃虞稷《千頃堂書目·別集類·補元》蘇天爵《詩稿》七卷。

倪燦等《補遼金元藝文志·別集類·補元》蘇天爵《詩稿》七卷。

錢大昕《補元史藝文志·別集類》《蘇天爵詩稿》七卷。

存復齋集

徐𤊹《徐氏家藏書目·文集類》朱澤民《存復齋集》十卷。

錢謙益等《絳雲樓書目·金元文集類》朱澤民《存復齋集》。十卷。德潤。

黃虞稷《千頃堂書目·別集類·補元》朱德潤《存復齋集》十卷。字澤民，崑山人。

倪燦等《補遼金元藝文志·別集類·補元》朱德潤《存復齋集》十卷。字澤民，吴人。

吴焯《繡谷亭薰習録·集二》《存復齋集》五卷。

《四庫提要·別集類存目一》《存復齋集》十卷。浙江鮑士恭家藏本。元朱德潤撰。德潤字澤民，睢陽人，流寓吴中。延祐末，以薦授翰林應奉文字，兼國史院編修官。尋授鎮東行省儒學提舉。召見，獻《雪獵賦》稱旨。時集善書者以金泥寫梵書，遂以德潤總其事。後移疾歸。

錢大昕《補元史藝文志·別集類》朱德潤《存復齋集》十卷字澤民，崑山人，儒學提舉。

黃丕烈《蕘圃藏書題識補遺》《存復齋文集》。明刻本。

潘祖蔭《滂喜齋藏書記·集部》明刻《存復齋集》十卷，附録一卷。一函，六册。元朱德潤撰，曾孫夏重編，項璁校刊。後有順治丙申蔣玢手跋。

鳴琴集

王圻《續文獻通考·經籍考·集中》《鳴琴集》。陳天錫著。天錫字載之，福寧人。以文學薦授本州學正，後知福清州，早年致仕，壽八十終。

錢大昕《補元史藝文志·別集類》陳天錫《鳴琴集》。字載之，福寧人，福清知州。

王守誠文集

黃虞稷《千頃堂書目·別集類·補元》《王守誠文集》。陽曲人。河南行省右丞,賜謚文昭。

倪燦等《補遼金元藝文志·別集類·補元》《王守誠文集》。陽曲人,謚文昭。

錢大昕《補元史藝文志·別集類》《王守誠文集》。

青城集

王圻《續文獻通考·經籍考·集中》《齊城集》。吴暾著。

黃虞稷《千頃堂書目·別集類·補元》吴暾《青城集》二十卷。字朝陽,淳安人。泰定間進士,鎮平縣尹。

倪燦等《補遼金元藝文志·別集類·補元》吴暾《青城集》二十卷。字朝陽,淳安人。

錢大昕《補元史藝文志·別集類》吴暾《青城集》二十卷。

龜巢集

王圻《續文獻通考·經籍考·集下》《龜巢稿》。武進謝應芳著。

黃虞稷《千頃堂書目·別集類》謝應芳《龜巢集》二十卷。字子蘭,武進人,自號龜巢老人。

《明史·藝文志·別集類》謝應芳《龜巢集》二十卷。

《四庫提要·別集類二一》《龜巢集》十七卷。編修汪如藻家藏本。元謝應芳撰。應芳有《思賢録》,已著録。集一卷爲賦,二卷至五卷爲詩,六卷至十一卷爲雜文,十二卷爲詩餘,十三卷至十五卷又爲雜文,十六卷、十七卷又爲詩。編次頗爲無緒,疑後人傳寫,亂其舊第。抑或本爲前集十二卷,後集五卷,一則先詩而後文,一則先文而後詩。傳寫誤併爲一集,故參錯如是也。史稱其詩文雅麗醖藉。今集中詩頗雅潔,文則多應酬之作。然其中如《上周郎中論五事啓》、《上奉使宣撫書》、《與王氏諸子書》、《上周參政正風俗書》、《上何太守書》、《上武進樊大尹書》、《與林掌諭請建先賢祠書》,皆有關於國計民生、人心風俗,非徒以筆墨爲物役者。史稱其年益高,學行益邵,達官縉紳過郡者,必訪其廬。應芳布衣韋帶,與之抗禮,議論必關世教,切民隱,蓋不誣焉。

錢大昕《補元史藝文志·別集類》謝應芳《龜巢集》十七卷。

龜巢摘稿

錢謙益等《絳雲樓書目·金元文集類》謝應芳《龜巢摘稿》。字子蘭,武進人,晚自號龜巢老人,故以名其集。

黃虞稷《千頃堂書目·別集類》謝應芳《龜巢摘稿》四卷。

黃丕烈《蕘圃藏書題識·集類三》《謝龜巢集摘稿》三卷。舊鈔本。《謝龜巢集》,世皆流傳鈔本,惟《龜巢摘稿》閒有舊刻本。近年蕭山人欲購古籍,於胥門某坊插架中無意得一舊刻本去,心殊怏怏。頃香巖書屋有影寫洪武本,想必從舊刻出也,購之,以聯慰夙願。辛巳三月六日,蕘夫記。

思賢録

王圻《續文獻通考·經籍考·集下》《思賢録》。武進謝應芳著。

辯惑編

王圻《續文獻通考·經籍考·集下》《辯惑編》。武進謝應芳著。

楊廉夫集

楊士奇等《文淵閣書目・詩詞》《楊廉夫集》。一部，一册。完全。

西湖竹枝集

楊士奇等《文淵閣書目・詩詞》《西湖竹枝集》。一部，一册。闕。

錢謙益等《絳雲樓書目・金元文集類》鐵崖《西湖竹枝詞》。

鐵崖先生詩

楊士奇等《文淵閣書目・詩詞》《鐵崖先生詩》。一部，一册。闕。

黄丕烈《蕘圃藏書題識・集類三》《鐵崖先生詩集》十卷。鈔本。余向藏《鐵崖漫稿》爲舊鈔本，皆文也。别有一册詩，亦鈔本，較《漫稿》筆致稍時近。有人攜此詩集三册來，云是騎龍巷顧氏物。檢其舊傳書帳，果有之，蓋顧氏書散已久，此其僅存者爾。索直十金，以每册二兩易得。取其鈔手甚舊，疑出自洪、永間，可與《漫稿》爲合璧。至于所録詩篇，不特《東維子集》二卷詩有不符，即吴復所編《古樂府》、章琬所集《復古詩》亦不盡合，當是别據舊本。此分甲至癸爲十卷，與章琬分年詩十卷卷數合，不知是一是二，俟詳考之。嘉慶庚申閏四月望日，書于讀未見書齋。蕘圃黄丕烈。

張金吾《愛日精廬藏書志・别集類》《鐵崖先生詩集》十卷。抄本。從吴門黄氏藏書抄本傳録。元楊維禎撰。分甲、乙、丙、丁、戊、己、庚、辛、壬、癸十集。甲至丙曰《鐵崖先生詩集》。丁、戊二集曰《鐵崖先生古樂府後集》，丁集題「太史金華黄縉晉卿評點，門人雲門章琬孟文編注」。戊集前有至正丙午章琬跋。己集曰《鐵龍詩集》，曰《鐵笛詩七言絶句》。庚集曰《鐵笛詩七言律》。辛至癸曰《草元閣後集》。壬集題「孫月泉輯録」，月泉未詳何時人。《述古堂書目》有《楊鐵崖集》十卷，未審即是書否。

鐵崖詠史

高儒《百川書志・史詠》《鐵崖詠史》一卷。元鉄笛道人抱遺叟會稽楊廉夫著。

徐𤊹《徐氏家藏書目・文集類》楊鐵崖《詠史拾遺》一卷。

鐵崖文集

高儒《百川書志・元文》《楊鐵崖文集》五卷。會稽鐵笛道人楊維楨廉夫著。

王圻《續文獻通考・經籍考・集中》《鐵厓文集》。諸暨楊維楨著。

黄虞稷《千頃堂書目・别集類・補元》《鐵崖文集》□□卷。

《明史・藝文志・别集類》楊維楨《鐵崖文集》五卷。

張金吾《愛日精廬藏書志・别集類》《鐵崖文集》五卷。元刊本。元會稽楊維禎著。毘陵朱昱校正。前有《鐵崖先生傳》，卷首《圻城老父射敗將書》、《上夔夔平章書》兩篇。《東維子集》、《鐵崖漫稿》俱不載。卷末有「姑蘇楊鳳書於楊州之正誼書院」一條。

鐵崖古樂府　樂府補

高儒《百川書志・别集》《鐵崖先生古樂府》十卷。元太史紹興楊維楨廉夫著，門人富春吴復見心編。凡四百九首。

王圻《續文獻通考・經籍考・樂府》《擬古樂府》。楊維禎著。

徐𤊹《徐氏家藏書目・文集類》楊維禎《鐵厓樂府文集》十卷。《楊鐵厓樂府》十卷。

錢謙益等《絳雲樓書目・金元文集類》《鐵崖古樂府》十卷。

黃虞稷《千頃堂書目・別集類・補元》楊維楨《古樂府》十卷。又《樂府補》六卷。

《明史・藝文志・別集類》楊維楨《古樂府》十六卷。

《四庫提要・別集類二一》《鐵崖古樂府》十卷，《樂府補》六卷。安徽巡撫採進本。元楊維楨撰。其門人吴復所編。維楨以樂府擅名，此其全帙也。樂府始於漢武，後遂以官署之名爲文章之名。其初郊祀等歌，依律製詩，橫吹諸曲，採詩協律，與古詩原不甚分。後乃聲調迥殊，與詩異格，或擬舊譜，或製新題，輾轉日增，體裁百出。大抵奇矯始於鮑照，變化極於李白，幽艷奇詭、別出蹊徑岐於李賀。元之季年，多效温庭筠體，黎媚旖旎，全類小詞。維楨以橫絶一世之才，乘其弊而力矯之，根柢於青蓮、昌谷，縱横排奡，自闢町畦。其高者或突過古人，其下者亦多墮入魔趣。故文采照映一時，而彈射者亦復四起。

錢大昕《補元史藝文志・別集類》楊維楨《鐵崖樂府》十卷。又《樂府補》六卷。

黃丕烈《蕘圃藏書題識・集類三》《鐵崖先生古樂府》十六卷。元至正刻本。

《楊鐵崖先生古樂府》，其舊刻本余初見諸香巖周丈處，搜訪數年，近始獲此，可謂幸矣。因重借周本相勘，此本印較在先，紙張雖黃白不純，其初印則同，間有缺葉，亦是照刻本補録，非僞爲者。圈點脱落，余復取周本摹補，惟是糊塗字跡幾板，周本已爲補刻，不如此之尚屬原刊。

鐵崖古樂府注　逸編注　詠史注

張之洞《書目答問・別集》《鐵崖古樂府注》十六卷。元楊維楨。卜灋注。乾隆甲午刻本。西安王氏刻本四卷無注。

復古詩集

高儒《百川書志・別集》鐵崖先生《復古詩集》六卷。元太史紹興楊廉夫著，太史金華黃縉評，門生雲間章琬孟文注。凡一百四十一首。

錢謙益等《絳雲樓書目・金元文集類》鐵崖《復古詩集》。

黃虞稷《千頃堂書目・別集類・補元》楊維楨《復古詩集》六卷。

《四庫提要・別集類二一》《復古詩集》六卷。編修汪如藻家藏本。元楊維楨撰。所載皆琴操、宫詞、冶春、遊仙、香奩等作，而古樂府亦雜厠其間。乃其門人章琬所編，以其體皆時俗所置而不爲，故以「復古」爲名。琬序稱「輯前後所製者二百首，連吴復所編又三百首」，而今止一百五十二首，數不相符，或後人已有所删削，非完本歟。

錢大昕《補元史藝文志・別集類》楊維楨《復古詩集》六卷。門人章琬編。

麗則遺音

王圻《續文獻通考・經籍考・樂府》《麗則遺音》。楊維禎著。

徐𤊹《徐氏家藏書目・文集類》《麗則遺音》六卷。

錢謙益等《絳雲樓書目・金元文集類》楊鐵崖《麗則餘音》。四卷。

《四庫提要・別集類二一》《麗則遺音》四卷。江蘇巡撫採進本。元楊維楨撰。維楨《東維子集》不載所作古賦，《鐵崖文集》中亦僅有《土圭》、《蓮花漏》、《記里鼓車》三作，而他賦概未之及。是集爲賦三十有二首，皆其應舉時私擬程試之作。乃維楨門人陳存禮所編，而刊版於錢塘者。至正二年，維楨自爲之序。其後漸佚不傳，《明史・藝文志》中備録維楨著述書目，亦無是集之名。

錢大昕《補元史藝文志・別集類》楊維禎《麗則遺音》四卷。門人陳存禮編。

東維子集

錢謙益等《絳雲樓書目・金元文集類》楊鐵崖《東維子集》。

黃虞稷《千頃堂書目・別集類・補元》楊維楨《東維子集》三十卷。字廉夫，元泰定丁卯進士，授天台尹，改錢清場司令。別號鐵崖，又號東維子。山陰人。洪武三年召至

京議禮。有疾乞歸卒。

《明史·藝文志·别集類》 楊維楨《東維子集》三十卷。

《四庫提要·别集類二一》 《東維子集》三十卷，附録一卷。浙江孫仰曾家藏本。元楊維楨撰。維楨有《春秋合題著説》，已著録。此其初刊詩文集也。維楨以詩文奇逸凌跨一時。此編乃録文二十八卷，詩僅兩卷，又以雜文六篇足之。蓋以文爲主，詩特附行耳。朱國楨《湧幢小品》載王彝嘗詆維楨爲「文妖」。

錢大昕《補元史藝文志·别集類》 楊維楨《東維子集》三十卷。又附録一卷。

黄丕烈《蕘圃藏書題識·集類三》 《東維子文集》三十一卷。明刻本。此書收自東城故家，裝潢精妙，久已什襲珍之矣。頃五柳居收得揚州蔣西圃家數種，亦有此集。從余借此本補目録一至七七葉，而余本亦闕七卷第六葉、二十二卷第五葉、二十三卷第十二葉，復從揚州本補兩葉，其二十三卷中一葉均闕如也。原有烏欄空紙，惟恐影寫損裝，遂照録以備誦讀。書訖，誌其緣起如此。辛酉孟冬，黄丕烈。

張金吾《愛日精廬藏書志·别集類》 《東維子集》三十卷，附録一卷。明刊本。元會稽鐵厓楊維禎廉夫著。闕卷一至八。抄補。金吾。另藏一抄本。後有王俞跋。

東維子詩集

黄虞稷《千頃堂書目·别集類·補元》 《東維子詩集》□卷。

《明史·藝文志·别集類》 楊維楨《詩集》六卷。

鐵崖賦稿

阮元《四庫未收書目提要·别集類》 《鐵崖賦稿》二卷。元楊維禎撰。按《四庫全書》録維禎《麗則遺音》四卷，計賦三十二首。此則未刻稿也，賦凡四十八篇。書爲洪武三十一年海虞朱燧子新氏手録，《文瑞樓書目》有《鐵崖賦》一卷，即此本也。

黄丕烈《蕘圃藏書題識·集類三》 《鐵崖賦稿》一卷。鈔本。余喜蓄未見書，故向以「讀未見書」名其齋，而自後所獲，亦未見者多。故三十年來檢篋中藏本，輒自詫曰：「此外間罕傳之祕本也。」

鐵崖漫稿

張金吾《愛日精廬藏書志·别集類》 《鐵崖漫稿》五卷。抄本。從吴門黄氏藏舊抄本傳録。元楊維禎撰。

李材詩

錢大昕《補元史藝文志·别集類》 《李材詩》一卷。字子構，京兆人。

淵穎集

楊士奇等《文淵閣書目·文集》 吴萊《淵穎文集》。一部，二册。完全。

王圻《續文獻通考·經籍考·集中》 《淵穎集》十卷。吴萊著。又《集》六十卷。

徐𤊹《徐氏家藏書目·文集類》 吴萊《淵穎集》十三卷。

張萱等《内閣藏書目録·集部》 《淵穎先生文集》二册。全。元至正間金華吴萊著。門人宋濂編劉基序。

錢謙益等《絳雲樓書目·金元文集類》 《吴淵穎集》。十二卷。名萊，字立夫。

黄虞稷《千頃堂書目·别集類·補元》 宋濂訂《淵穎集》十二卷，附録一卷。

倪燦等《補遼金元藝文志·别集類·補元》 吴萊《淵穎集》十二卷。宋濂訂。又附録一卷。

《四庫提要·别集類二〇》 《淵穎集》十二卷，附録一卷。兩江總督採進本。

元吴萊撰。萊字立夫，浦陽人。延祐中復科舉之制，以《春秋》貢於鄉，試禮部不第。後以薦署饒州路長薌書院山長，未行而卒，年僅四十四。

錢大昕《補元史藝文志·别集類》 吴萊《淵穎集》十二卷。宋濂訂。

彭元瑞等《天禄琳琅書目後編·元版集部》 《淵穎吴先生集》。一函，八册。元吴萊撰，萊字立夫，浦陽人，以薦署饒州路長薌書院山長。書十二卷，附録碑及謚議，蓋淵穎其私謚也。集爲門人宋濂所編。前有至正十二年門人胡翰序，又劉基、胡助二序，目録後有男士謂識，又刻「金華後學宋璲謄寫」。璲，字仲珩，官中書舍人，濂仲子也。胡翰，字仲子，金華人，明洪武初薦授衢州府教授，入《明史·文苑傳》。胡助，字履信，東陽人，舉茂才，官國史院編修太常博士。

又《明版集部》 《淵穎吴先生集》。二函，十二册。篇目見前元版集部。是本乃明祝鑾重刻，有序，版式照元開雕。鑾，字鳴和，當塗人。正德戊辰進士，官布政使。有《篁溪集》。

張之洞《書目答問·别集》 《淵穎集》十二卷，附録一卷。元吴萊。國朝人校刻本。明嘉靖卓氏刻本。

吴萊文集

錢謙益等《絳雲樓書目·金元文集類》 《吴萊文集》六十卷。

倪燦等《補遼金元藝文志·别集類·補元》 《吴萊文集》六十卷。

錢大昕《補元史藝文志·别集類》 《吴萊文集》六十卷。

楚漢正聲

王圻《續文獻通考·經籍考·詩集》 《楚漢正聲》二卷。浦江吴萊著。又有《詩傳科條》、《春秋經説》、《胡氏傳考誤》。

玩齋吟稿

楊士奇等《文淵閣書目·詩詞》 《玩齋吟稿》。一部，一册。闕。

玩齋集　拾遺

楊士奇等《文淵閣書目·詩詞》 《玩齋先生集》。一部，一册。闕。

錢謙益等《絳雲樓書目·金元文集類》 貢禮部《玩齋集》。十卷，名師泰，宣城人。元末以户部尚書漕粟閩海。没於臨海旅舍。

黄虞稷《千頃堂書目·别集類·補元》 貢師泰《玩齋集》十卷。一作十二卷。

倪燦等《補遼金元藝文志·别集類·補元》 貢師泰《玩齋集》十卷。一作十二卷。又《拾遺》一卷。

《四庫提要·别集類二一》 《玩齋集》十卷，《拾遺》一卷。兩淮馬裕家藏本。元貢師泰撰。師泰字泰甫，宣城人。以國子生中江浙鄉試。除泰和州判官，薦充應奉翰林文字。出爲紹興府推官。復入翰林，遷宣文閣授經郎。至正十四年擢吏部侍郎，除浙江都水庸田使。尋拜禮部尚書，調平江路總管。張士誠據吴，避之海上，江浙行省丞相承制授參知政事。二十年改户部尚書，命督海運。二十二年召爲祕書卿，道卒。

錢大昕《補元史藝文志·别集類》 貢師泰《玩齋集》十卷。又《拾遺》一卷。

張金吾《愛日精廬藏書志·别集類》 貢禮部《玩齋集》十卷，《拾遺》一卷。舊抄本。宋氏賓王手校。元貢師泰撰。

貢公文集

王圻《續文獻通考·經籍考·集中》 《貢公文集》。貢師泰著。

學言詩稿

黄虞稷《千頃堂書目・別集類・補元》 吴當《學言稿》。吴澄孫。

倪燦等《補遼金元藝文志・別集類・補元》 吴當《學言詩稿》六卷。吴澄孫。

《四庫提要・別集類二一》 《學言詩稿》六卷。江西巡撫採進本。元吴當撰。當字伯尚，崇仁人，澄之孫也。以廕授萬億四庫照磨。薦爲國子助教，預修宋、遼、金三史。除翰林修撰，累遷直學士。

錢大昕《補元史藝文志・別集類》 吴當《學言詩稿》六卷。

草翠軒文稿

錢大昕《補元史藝文志・別集類》 盧觀《草翠軒文稿》。

樂府聲調集

錢大昕《補元史藝文志・別集類》 盧觀《樂府聲調集》。

師子林剩語　別録

吴焯《繡谷亭薰習録・集二》 《師子林剩語》五卷。《別録》五卷。元釋天如惟則著，其徒善遇編。《剩語》至正壬辰鄭元祐序，《別録》至正己丑遠者圖序。《別録》皆詩文，而《剩語》則禪録也。

錢大昕《補元史藝文志・別集類》 惟則《師子林別録》。字天如，吴郡僧。

官　箴

楊士奇等《文淵閣書目・文集》 周伯琦《官箴》。一部，一册。闕。

近光集　扈從詩

錢謙益等《絳雲樓書目・金元文集類》 周伯琦《近光集》、《扈從集》。三卷。字伯温，號玉坡，鄱陽人。伯琦元末爲浙西憲招諭。淮張爲其所留，吴平後，引歸鄱陽。卒於家。

黄虞稷《千頃堂書目・別集類・補元》 周伯琦《近光集》三卷，《扈從紀行集》一卷。字伯温，鄱陽人。官江南行御史臺侍御史，遷江浙行省左丞。

倪燦等《補遼金元藝文志・別集類・補元》 周伯琦《近光集》三卷。字伯温，鄱陽人。《扈從紀行集》一卷。

《四庫提要・別集類二〇》 《近光集》三卷，《扈從詩》一卷。江蘇巡撫採進本。元周伯琦撰。伯琦有《六書正譌》，已著録。

錢大昕《補元史藝文志・別集類》 周伯琦《近光集》三卷。又《扈從詩》一卷。

黄丕烈《蕘圃藏書題識再續録・集類》 周翰林《近光集》三卷，《扈從集》一卷。鈔本。此集雖非舊鈔，然筆意頗不俗，且爲外間未刻之本，因收之，與元人諸集並藏焉。己未冬季望之前二日燈下記。丕烈。

鳴陽集

王圻《續文獻通考・經籍考・集中》 《鳴陽集》若干卷。金谿朱夏著。夏遊草廬先生門，杜門積學，爲文不及于古不止。

錢大昕《補元史藝文志・別集類》 朱夏《鳴陽集》。金溪人。

奎光集

王圻《續文獻通考·經籍考·集中》《奎光集》。樂安詹從朴著。

錢大昕《補元史藝文志·别集類》詹從朴《奎光集》。樂安人。

留皮稿

王圻《續文獻通考·經籍考·集中》《留皮稿》。豐城黄竑著。竑，疇若曾孫也。

錢大昕《補元史藝文志·别集類》黄竑《留皮稿》。豐城人。

中鵠集　汲清集

王圻《續文獻通考·經籍考·集中》《中鵠》、《汲清》二集合。泰和劉鍔著。

錢大昕《補元史藝文志·别集類》劉鍔《中鵠集》。又《汲清集》。泰和人。

鳳山集

王圻《續文獻通考·經籍考·集中》《鳳山集》。廬陵歐陽弁著。

錢大昕《補元史藝文志·别集類》歐陽弁《鳳山集》。廬陵人。

鳴皋集

王圻《續文獻通考·經籍考·集中》《鳴皋集》。安成劉執中著。號後梅。集中樂府精深，諸體詩皆壯麗閒適。

錢大昕《補元史藝文志·别集類》劉執中《鳴皋集》。安成人。

魚軒集

黄虞稷《千頃堂書目·别集類·補元》龍雲從《魚軒集》。字子高，廬陵人。

倪燦等《補遼金元藝文志·别集類·補元》龍雲從《魚軒集》。字子高，廬陵人。

錢大昕《補元史藝文志·别集類》龍雲從《魚軒集》。字子高，廬陵人。

宋史詩

王圻《續文獻通考·經籍考·詩集》《宋史詩》。寧德陳尚德著。

王氏夢吟詩卷

王圻《續文獻通考·經籍考·詩集》《王氏夢吟詩卷》。宋濂氏曰：先生自幼至老，不啻六十年，未嘗一日忘詩。一夕宿仙華山下，夢偉丈夫過之，取袖中詩一章，朗然而誦，迨旦頗憶其首句，因從而補其辭，遂以名卷。按宋氏不著其名。

張景遠詩集

王圻《續文獻通考·經籍考·詩集》《張景遠詩集》。陶安著。略曰：君舊居河東，徙家毘陵。喜攻詩，遇事紛糾，常吟哦有雅致。歷覽名山巨川仙墟福境，輒吐英藻，罄其模寫。其或游神沖淡，托意悠深，則又脱氛埃，棄雕琢，故體格屢變，卒歸于治平之音。使造進未已，猶當揚厲風雅遺芬、高視兩京六朝之上也。

郭子明詩集

王圻《續文獻通考・經籍考・詩集》《郭子明詩集》。廣平郭文德著。劉誠意曰：「其詩不尚險澁，不求奇巧，惟心所適，因言成章，而其自得之妙則有己獨知之者。」

呂周臣詩集

王圻《續文獻通考・經籍考・詩集》《呂周臣詩集》。括蒼劉氏曰：呂君由吏員累月至九品，家居以待選，則杜門而作，有《詠史》一百首，題詠雜花三百有餘首，皆意足而語到。

王原章詩集

王圻《續文獻通考・經籍考・詩集》《王原章詩集》。括蒼劉氏曰：「會稽王原章善爲詩，士大夫工詩者多能道之。其詩直而不絞，質而不俚，豪而不誕，奇而不怪，博而不濫，有忠君愛民之情、去惡拔邪之志。」

黔南道士詩集

王圻《續文獻通考・經籍考・詩集》《黔南道士詩集》。歐陽賓實著。圭齋稱其詩清緻有體，幽閒之容，沖抑之氣，可因詩而知其人。

月樓上人詩

王圻《續文獻通考・經籍考・詩集》《月樓上人詩》。圭齋稱其五言長律，思緻清醇，氣格深妥，唐之九僧不得專美于前。

昭玄上人詩集

王圻《續文獻通考・經籍考・詩集》《昭玄上人詩集》。上人詩雄俊俏拔，近世能詩者莫之先。

論範

錢謙益等《絳雲樓書目・論策》 歐陽起明《論範》。

《四庫提要・別集類存目一》《論範》二卷。兩淮馬裕家藏本。題元進士歐陽起鳴撰。起鳴不知何許人。其書雜取經史諸子之語爲題，各繫以論，而史事爲多，共六十篇。所見多乖僻，不足採録。

貞白英華集

王圻《續文獻通考・經籍考・集中》《貞白英華集》。王原傑著。原傑，吴江人。至正中領鄉薦，兵亂不仕。

黃虞稷《千頃堂書目・別集類・補元》 王元杰《貞白英華集》。

倪燦等《補遼金元藝文志・別集類・補元》 王元杰《貞白英華集》。文。字子英，吴江人。

錢大昕《補元史藝文志・別集類》 王元杰《貞白英華集》。

水雲清嘯集

王圻《續文獻通考・經籍考・詩集》《水雲清嘯詩集》。吴江王原傑著。

黄虞稷《千頃堂書目・別集類・補元》 王元杰《水雲清嘯集》。詩。字子英，吴江人。至正中領鄉薦，值兵亂，遂不仕，隱居教授。集巙巙子山序。

倪燦等《補遼金元藝文志・別集類・補元》 王元杰《水雲清嘯集》。詩。

錢大昕《補元史藝文志・別集類》 王元杰《水雲清嘯集》。

槃園集

王圻《續文獻通考・經籍考・集中》 《槃園集》。蜀任詔著。築圃曰槃園，建堂曰高風，因以名稿。

錢大昕《補元史藝文志・別集類》 任詔《槃園集》。蜀人。

滴露齋集

錢大昕《補元史藝文志・別集類》 盛輿《滴露齋稿》。

牖巖遺稿

錢謙益等《絳雲樓書目・金元文集類》 《巖史先生遺稿》。

黄虞稷《千頃堂書目・別集類・補元》 史伯璿《牖巖史先生遺稿》。

倪燦等《補遼金元藝文志・別集類・補元》 史伯璿《牖巖遺稿》。

錢大昕《補元史藝文志・別集類》 史伯璿《牖巖遺稿》。

瑶林集　滄江集

王圻《續文獻通考・經籍考・詩集》 《瑶林》、《滄江》二集。桐廬徐舫著。字方舟，自號滄江散人。少攻舉子業，後棄去，習古歌詩。

又《集下》 《滄江集》。桐廬徐舫著。

黄虞稷《千頃堂書目・別集類》 徐舫《瑶林集》。又《滄江集》。字方舟，桐廬人。別號滄江散人，死而自題其墓曰「詩人徐方舟之墓」。

錢大昕《補元史藝文志・別集類》 徐舫《瑶林集》、《滄江集》。字方舟，桐廬人。宋濂撰墓誌云：至正丙午卒，或以爲明人者，誤。

泊川集

錢謙益等《絳雲樓書目・金元文集類》 用章《泊川集》。五卷。沂公之徒。黄文獻序。

黄虞稷《千頃堂書目・別集類・補元》 僧廷俊《泊川文集》五卷。子用章，樂平人。

倪燦等《補遼金元藝文志・別集類・補元》 僧廷俊《泊川文集》五卷。字用章，樂平人。

錢大昕《補元史藝文志・別集類》 廷俊《泊川文集》五卷。字用章，樂平人。

鐵牛翁詩集

黄虞稷《千頃堂書目・別集類・補元》 何景祖《鐵牛翁詩集》一卷。字介夫，淳安人，隱居不仕。

倪燦等《補遼金元藝文志・別集類・補元》 何景福《鐵牛翁詩集》一卷。字介夫，淳安人。

錢大昕《補元史藝文志・別集類》 何景福《鐵牛翁詩集》一卷。字介夫，淳安人。

菊存稿

黄虞稷《千頃堂書目・別集類・補元》 徐夢高《菊存稿》一卷。字明叟，淳安人，官衡州教授。

倪燦等《補遼金元藝文志・別集類・補元》 徐夢高《菊存稿》一卷。字明叟，淳安人。

錢大昕《補元史藝文志・別集類》 徐夢高《菊存稿》一卷。字明叟，淳安人，衡州教授。

澗邊集

王圻《續文獻通考・經籍考・詩集》 《澗邊集》二十卷。趙若著。字順之，崇安人。元時薦辟皆不就，吟詠自適。

黃虞稷《千頃堂書目・別集類・補元》 趙若《澗邊集》二十卷。字順之，崇安隱士。

倪燦等《補遼金元藝文志・別集類・補元》 趙若《澗邊集》二十卷。字順之。

錢大昕《補元史藝文志・別集類》 趙若《澗邊集》二十卷。字順之，崇安人。

鷄肋集

王圻《續文獻通考・經籍考・集中》 《鷄肋集》。楊丹著。丹字梓夫，慈利人。居彌勒山讀書。登進士，待制翰林院。

錢大昕《補元史藝文志・別集類》 楊舟《雞肋集》。字梓夫，慈利人，翰林待制。

雲槎集

王圻《續文獻通考・經籍考・集中》 《雲槎集》。吴復著。

黃虞稷《千頃堂書目・別集類・補元》 吴復《雲槎集》十卷。字見心，富陽人。與張憲同學于維楨，樂府歌詩，與憲齊名。

錢大昕《補元史藝文志・別集類》 吴復《雲樵集》。

餘留稿

王圻《續文獻通考・經籍考・集中》 《餘留稿》。夏正著。

錢大昕《補元史藝文志・別集類》 夏正《餘留稿》。

穀城稿

王圻《續文獻通考・經籍考・集中》 《穀城稿》。黃宏著。浙人。

錢大昕《補元史藝文志・別集類》 黃宏《穀城稿》。浙人。

白雲翁集

王圻《續文獻通考・經籍考・集中》 《白雲翁集》。管師復著。

錢大昕《補元史藝文志・別集類》 管師復《白雲翁集》。

鳴陽稿

王圻《續文獻通考・經籍考・集中》 《鳴陽稿》。徐蘭著。

錢大昕《補元史藝文志・別集類》 徐蘭《鳴陽集》。

自鳴集

王圻《續文獻通考・經籍考・集中》 《自鳴集》。徐蘭著。

錢大昕《補元史藝文志・別集類》徐蘭《自鳴集》。

覺非集

王圻《續文獻通考・經籍考・集中》《覺非集》。金寔著。

錢大昕《補元史藝文志・別集類》金寔《覺非集》。

方氏詩文集

王圻《續文獻通考・經籍考・集中》《方氏詩文集》十一卷。方有開著。

錢大昕《補元史藝文志・別集類》《方有開詩文集》十一卷。

静軒集

王圻《續文獻通考・經籍考・集中》《静軒集》。胡朝穎著。

錢大昕《補元史藝文志・別集類》胡朝穎《静軒集》。

鳳山集

王圻《續文獻通考・經籍考・集中》《鳳山集》。吴人龍著。

錢大昕《補元史藝文志・別集類》吴人龍《鳳山集》。

北源先生文集

王圻《續文獻通考・經籍考・集中》《北源先生文集》。海陽李闢著。

錢大昕《補元史藝文志・別集類》李闢《北源先生文集》。

起興集

王圻《續文獻通考・經籍考・集中》《起興集》。陳自新著。自新，寧德人。博學通五經，從遊甚衆。

錢大昕《補元史藝文志・別集類》陳自新《起興集》。

鳳山集

王圻《續文獻通考・經籍考・集中》《鳳山集》。安溪楊景中著。

錢大昕《補元史藝文志・別集類》楊景中《鳳山集》。安溪人。

怡軒文集

王圻《續文獻通考・經籍考・集中》《怡軒文集》。蓬萊王華著。號怡軒，因以名集。

錢大昕《補元史藝文志・別集類》王華《怡軒文集》。蓬萊人。

芳州文集

王圻《續文獻通考・經籍考・集中》《芳州文集》若干卷。元秘書著作佐郎蕭雷龍著，藏于家。

錢大昕《補元史藝文志・別集類》蕭雷龍《芳州文集》。祕書著作佐郎。

山窗餘稿

錢謙益等《絳雲樓書目・金元文集類》 甘復《山窗餘稿》。字克敏，餘千布衣。其集至成化中同縣趙琥爲刻之。

倪燦等《補遼金元藝文志・別集類・補元》 甘復《山窗餘稿》一卷。

錢曾《讀書敏求記・集》 甘復《山窗餘稿》一卷。復字克敬，元末餘干人。成化癸卯，保寧推官張敬先得其手稿于趙時用，刻之以傳。

《四庫提要・別集類二一》 《山窗餘稿》一卷。浙江鮑士恭家藏本。元甘復撰。復字克敬，餘干人。其詩源出於張翥，雖不及翥之才力富健，諸體兼備，而風懷澄澹，意境翛然。五言古體，綽有韋、柳之遺。其格韻乃似在翥上。蓋才有所偏長，詣有所獨至也。元亡之後，遁跡以終。著作散佚，僅存手墨於同里趙石蒲家，凡文數十篇，詩十餘首。明成化中，石蒲之孫琥始爲繕録開雕，復見於世。雖零篇斷簡，所剩無多，而詩格文筆，一一高潔。疑復當日自擇其最得意者，手録此帙，故篇篇率有可觀，轉勝於珠礫雜陳，務盈卷帙，徒供覆瓿者矣。顧嗣立《元詩選》稱琥刻是編，劉憲爲序。此本僅有琥跋，不載憲序，蓋刊版散失之後，輾轉傳鈔佚之矣。然復集自足傳，亦不以序之有無爲輕重也。

錢大昕《補元史藝文志・別集類》 甘復《山窗餘集》二卷。字克敬，餘干人。

黄丕烈《蕘圃藏書題識・集類三》 《山窗餘稿》一卷。明刻本。甘復《山窗餘稿》見諸《讀書敏求記》中，從未見其書也。頃過胡葦洲書肆，談及近有此書明刻本，爲王迂樓所收，因借歸，倩友影寫，聊以厭所欲耳，亦自覺可笑也。庚辰十二月東坡生日，蕘夫識。

雲陽集

楊士奇等《文淵閣書目・文集》 《李雲陽文集》。一部，一册。闕。

高儒《百川書志・元文》 《雲陽李先生文集》八卷，附録一卷。江淛儒學提舉長沙茶陵希蘧翁李祁一初撰。西涯公族祖也。

王圻《續文獻通考・經籍考・集中》 《希蘧集》。茶陵李祁著。祁，元末進士，爲遼陽儒學提舉。國亡不仕。自號危行老人。又有《雲陽集》，疑即此。

錢謙益等《絳雲樓書目・金元文集類》 李祁《雲陽集》。十卷。

黄虞稷《千頃堂書目・別集類・補元》 李祁《雲陽先生集》十卷。字一初，茶陵州人。至順癸酉進士，江浙儒學提舉。元亡，避居永新山中。明徵之，力辭不起，李東陽其五世從孫，爲傳其集。

《四庫提要・別集類二一》 《雲陽集》十卷。浙江鮑士恭家藏本。元李祁撰。祁字一初，別號希蘧，茶陵人。元統元年進士。除應奉翰林文字，改授婺源州同知。遷江浙儒學副提舉，以母憂解職。會天下已亂，遂隱永新山中。元亡，自稱不二心老人，年七十餘乃卒。祁爲詩，沖融和平，自合節度。文章亦雅潔有法。

彭元瑞等《天禄琳琅書目後編・明版集部》 《雲陽李先生文集》。一函，六册。元李祁撰。祁字一初，號希蘧，茶陵人。元統元年進士，除應奉翰林文字，累遷江浙儒學副提舉。書十卷，分類曰：賦、詩、序、記、墓銘、表、傳、雜著，共二百七十三首，附録六首，劉中孚、危素、鄧永錫舊序。

錢大昕《補元史藝文志・別集類》 李祁《雲陽集》十卷。字一初，茶陵人，元統進士翰林應奉。

李雲陽集

高儒《百川書志・元詩》 《李雲陽集》二卷。江淛儒學副提舉長沙希蘧翁李祁一初撰。

覺是集

黄虞稷《千頃堂書目・別集類・補元》 林泉生《覺是集》二十卷。字清源，福州永福人。天曆二年進士，翰林直學士，知制誥，同修國史。

倪燦等《補遼金元藝文志・別集類・補元》 林泉生《覺是集》二十卷。字清

源，福州永福人。

錢大昕《補元史藝文志・別集類》 林泉生《覺是先生文集》二十卷。

觀瀾集

錢大昕《補元史藝文志・別集類》 林泉生《觀瀾集》一卷。

聞人夢吉詩

黃虞稷《千頃堂書目・別集類・補元》《聞人夢吉詩》二卷。字應之，婺源人。泰定丙午鄉舉，慶元路總管府知事。學者私謚曰凝熙先生。

倪燦等《補遼金元藝文志・別集類・補元》《聞人夢吉詩集》二卷。字應之，婺源人。

錢大昕《補元史藝文志・別集類》《聞人夢吉詩集》二卷。字應之，婺源人，慶元路知事。

王儀文集

王圻《續文獻通考・經籍考・集中》《王儀文集》。儀，鄧州人。累官至西臺御史。

錢大昕《補元史藝文志・別集類》《王儀文集》。鄧州人，陝西行臺御史。

瞿梧集

錢大昕《補元史藝文志・別集類》 熊西父《瞿梧集》。

詒笑集

黃虞稷《千頃堂書目・別集類・補元》 陳廷言《詒笑集》二卷。進士。官集賢侍講。

倪燦等《補遼金元藝文志・別集類・補元》 陳廷言《詒笑集》二卷。

錢大昕《補元史藝文志・別集類》 陳廷言《詒笑集》二卷。進士，集賢侍講。

江湖詩品

黃虞稷《千頃堂書目・別集類・補元》 陳廷言《江湖詩品》二卷。

倪燦等《補遼金元藝文志・別集類・補元》 陳廷言《江湖詩品》二卷。

錢大昕《補元史藝文志・別集類》 陳廷言《江湖詩品》二卷。

遂初集

王圻《續文獻通考・經籍考・集中》《遂初集》三十卷。王厚孫著。厚孫字叔載，鄞人。八歲能詩，十歲能詞賦，爲文不事雕飾。授象山教諭，調浦江，甫閲月即歸養。自號遂初老人。

黃虞稷《千頃堂書目・別集類・補元》 王厚孫《遂初稿》三十卷。字叔載，鄞人。王應麟孫，福建路儒學副提舉。

倪燦等《補遼金元藝文志・別集類・補元》 王厚孫《遂初稿》三十卷。字叔載，鄞人，王應麟孫。

錢大昕《補元史藝文志・別集類》 王厚孫《遂初稿》三十卷。字叔載，鄞人，福建儒學副提舉。

快雪齋集

錢大昕《補元史藝文志・別集類》 郭天錫《快雪齋集》。

環谷集

黃虞稷《千頃堂書目・別集類》 汪克寬《環谷集》八卷。字德輔，一字仲裕，祁門人。隱居環谷，教授。洪武初，召修《元史》，書成，固辭不仕。

《明史・藝文志・別集類》 汪克寬《環谷集》八卷。

《四庫提要・別集類二一》 《環谷集》八卷。浙江鮑士恭家藏本。元汪克寬撰。克寬有《禮經補逸》，已著録。其平生以聚徒講學爲業，本不留意於文章，談藝之家亦未有以文章稱克寬者。然其學以朱子爲宗，故其文皆持論謹嚴，敷詞明達，無支離迂怪之習。詩僅存十餘首，雖亦濂、洛風雅之派，而其中七言古詩數首，造語新警，乃頗近温庭筠、李賀之格。較諸演語録以成篇，方言俚字，無不可以入集者，亦殊勝之。在其鄉人中，不失爲陳櫟、胡炳文之亞。文士之文以詞勝，而防其害理。詞勝而不至害理，則其詞可傳。道學之文以理勝，而病其不文。理勝而不至不文，則其理亦可傳。固不必以一格繩古人矣。此集爲國朝康熙初其裔孫宗豫所輯，前列行狀、墓表、年譜，末附以汪澤民等序文，爲胡傳纂疏諸書而作者。前有三原孫枝蔚序，稱《祁門三汪先生集》。今以時代不同，析之各著録焉。

清閟閣集

黃虞稷《千頃堂書目・別集類・補元》 〔倪瓚〕《清閟閣集》十五卷。

倪燦等《補遼金元藝文志・別集類・補元》 〔倪瓚〕《清閟閣集》十五卷。一作十二卷。

《四庫提要・別集類二一》 《清閟閣集》十二卷。安徽巡撫採進本。元倪瓚撰。瓚字元鎮，號雲林。

錢大昕《補元史藝文志・別集類》 倪瓚《清閟閣集》十二卷。

倪雲林詩集

徐𤊹《徐氏家藏書目・文集類》 倪瓚《雲林集》七卷。倪瓚《雲林詩集》六卷。

錢謙益等《絳雲樓書目・金元文集類》 《倪雲林詩集》。

黃虞稷《千頃堂書目・別集類・補元》 倪瓚《雲林詩集》六卷。

倪燦等《補遼金元藝文志・別集類・補元》 倪瓚《雲林詩集》六卷。

吳焯《繡谷亭薰習録・集二》 《雲林集詩》六卷。《清閟閣遺稿》。十五卷。元處士無錫倪瓚元鎮著。《雲林詩集》，宜興蹇曦朝陽編，天順四年華亭錢溥序。後有附録一卷，僅録文數篇而已。

《四庫提要・別集類存目一》 《倪雲林詩集》六卷。兩江總督採進本。元倪瓚撰。瓚有《清閟閣集》，已著録。此本爲明潘瓚校刻。凡四言古詩、五言古詩一卷，七言古詩一卷，五言律詩一卷，七言律詩一卷，五言絶句、六言絶句一卷，七言絶句一卷，不及新本之完善也。

山中言志前後續集

黃虞稷《千頃堂書目・別集類・補元》 項曡《山中言志前後續集》共八卷。字彦高，龍泉人，與石抹宜孫、劉基相倡和。

倪燦等《補遼金元藝文志・別集類・補元》 項曡《山中言志前後續集》共八卷。字彦高，龍泉人。

錢大昕《補元史藝文志・別集類》 項曡《山中言志前後續集》共八卷。字彦高，龍泉人，與石抹宜孫唱和。

松雲樵唱

黄虞稷《千頃堂書目・別集類・補元》 趙德光《松雲樵唱》四卷。字子明，龍泉人。元季隱居不仕，石抹宜孫甚重之。

倪燦等《補遼金元藝文志・別集類・補元》 趙德光《松雲樵唱》四卷。

錢大昕《補元史藝文志・別集類》 趙德光《松雲樵唱》四卷。

桃園舊稿

黄虞稷《千頃堂書目・別集類・補元》 趙德光《桃園舊稿》二卷。

倪燦等《補遼金元藝文志・別集類・補元》 〔趙德光〕《桃園舊稿》二卷。

錢大昕《補元史藝文志・別集類》 〔趙德光〕《桃源舊稿》二卷。字子明，龍泉人。

筆鄉紀謬

黄虞稷《千頃堂書目・別集類・補元》 趙德光《筆鄉紀謬》三卷。

倪燦等《補遼金元藝文志・別集類・補元》 趙德光《筆鄉紀謬》三卷。字子明，龍泉人。

師山文集

楊士奇等《文淵閣書目・文集》 鄭玉《師山文集》。一部，一册。完全。

王圻《續文獻通考・經籍考・集中》 《師山集》。鄭玉著。歙人。

張萱等《内閣藏書目録・集部》 《師山先生文集》一册。元至正間蜀人鄭子美著。

錢謙益等《絳雲樓書目・金元文集類》 鄭玉《師山集》二卷。

黄虞稷《千頃堂書目・別集類・補元》 《師山集》八卷，附録一卷。字子美，歙人，鄭潛子。至正十四年徵爲翰林待制。道阻，明兵至，強起之，自縊卒。

倪燦等《補遼金元藝文志・別集類・補元》 〔鄭玉〕《師山集》八卷又附録一卷。

《四庫提要・別集類二一》 《師山文集》八卷，《遺文》五卷，附録一卷。安徽巡撫採進本。元鄭玉撰。玉有《春秋闕疑》，已著録。是編《文集》八卷，前有至正丁亥程文序。又有至正庚寅玉自序，蓋即玉所自編。

錢大昕《補元史藝文志・別集類》 鄭玉《師山文集》八卷。

濟美録

黄虞稷《千頃堂書目・別集類・補元》 鄭玉《濟美録》四卷。

倪燦等《補遼金元藝文志・別集類・補元》 〔鄭玉〕《濟美録》四卷。

餘力稿　遺文

黄虞稷《千頃堂書目・別集類・補元》 鄭玉《餘力稿》五卷。又《遺文》六卷。

倪燦等《補遼金元藝文志・別集類・補元》 鄭玉《餘力稿》五卷。又《遺文》六卷。字子美，歙人，鄭潛子。至正十四年徵爲翰林待制，道阻，明兵至，強起之，自縊死。

錢大昕《補元史藝文志・別集類》 〔鄭玉〕《餘力稿》五卷。

北郭集　補遺

倪燦等《補遼金元藝文志・別集類・補元》 許恕《北郭集》六卷。又《補遺》

一卷。

《四庫提要・別集類二一》《北郭集》六卷。《補遺》一卷。浙江鮑士恭家藏本。元許恕撰。恕字如心，江陰人。至正中薦授澄江書院山長，旋棄去。會天下已亂，乃遁迹賣藥於海上，與山僧野人爲侶。善自晦匿，罕相識者，故徵召不及。至洪武甲寅乃卒。是集其子禮部主事節所輯。范餘慶跋稱其後張簡編爲七卷，今考定原本爲六卷。是今本六卷乃其原數。顧嗣立《元詩選》云：「所著《北郭集》十卷。」或「十」字「七」字字畫相近而誤歟？集中每卷之首皆題五七言古一行，其實乃古體近體雜編，殊不可解，疑或傳録者所妄加。《補遺》卷内附録其子節詩六首、孫輅詩二首、又詩穆詩二首，許雲詩一首，則其族孫裔所續入也。恕詩格力頗遒，往往意境沈鬱，而音節高朗，無元季靡靡之音。近體頗似陳與義，或其所宗法者在《簡齋集》耶？中多愁苦之詞。然如《偶成詩》之「一逕豆苗緑，獨行溪水西。繁露墜叢竹，新流漲芳堤。偶與樵者語，忽聞幽鳥啼」云云，亦未嘗不翛然清遠。蓋遭逢喪亂，故哀怨獨深，有不能率其恬夷之素者矣。

錢大昕《補元史藝文志・別集類》許恕《北郭集》六卷。又《補遺》一卷。江陰人。

待制集

黃虞稷《千頃堂書目・別集類・補元》吴炳《待制集》一卷。

倪燦等《補遼金元藝文志・別集類・補元》吴炳《待制集》一卷。

錢大昕《補元史藝文志・別集類》吴炳《待制集》一卷。

寄情集

錢大昕《補元史藝文志・別集類》陳秀民《寄情集》。字庶子，温州人，行省參知政事。

姚江集

錢大昕《補元史藝文志・別集類》汪松壽《姚江集》。休寧人。

春谷文集

王圻《續文獻通考・經籍考・集中》《春谷文集》若干卷。婺州路儒學教授季仁壽著。

錢大昕《補元史藝文志・別集類》季仁壽《春谷文集》。

季山甫文集

王圻《續文獻通考・經籍考・集中》《季山甫文集》若干卷。括蒼劉氏曰：山甫，同郡人，屢試不偶，所爲詩文銘記論贊序説體格嚴正，文詞典雅。

月山集

黃虞稷《千頃堂書目・別集類・補元》張敏《月山集》九卷。富平人。大定四年進士，歷官陝西行省左司郎中，明禮部尚書張紞父。

倪燦等《補遼金元藝文志・別集類・補元》張敏《月山集》九卷。富平人。

錢大昕《補元史藝文志・別集類》張敏《月山集》九卷。富平人，泰定進士，陝西行省郎中。

太史集

楊士奇等《文淵閣書目・詩詞》 劉容窗《太史集》。一部，一册。闕。

黄虞稷《千頃堂書目・別集類・補元》 劉聞《太史集》六卷。字文霆，安福人。至順元年進士，知沔陽州。楊文貞《文籍志》云：「天曆庚午進士。」按天曆庚午即至順元年。

倪燦等《補遼金元藝文志・別集類・補元》 劉聞《太史集》六卷。字文霆，安福人。

錢大昕《補元史藝文志・別集類》 劉聞《太史集》六卷。

容窗集

王圻《續文獻通考・經籍考・集中》 《容齋文集》。安福劉聞著。

錢大昕《補元史藝文志・別集類》 劉聞《容窗集》十卷。

觀海集

王圻《續文獻通考・經籍考・集中》 《觀海集》。括蒼劉氏曰：桐江章正則著。正則好學能文。

錢大昕《補元史藝文志・別集類》 章正則《觀海集》。

三溪集

王圻《續文獻通考・經籍考・集中》 《三溪集》。龍溪林廣著。廣天性嗜學，以詩禮訓家庭。至正間郡學辟爲諸生師，部使者薦爲安溪教官，合邑官僚以師事之。

錢大昕《補元史藝文志・別集類》 林廣《三溪集》。龍溪人。

九華詩集

王圻《續文獻通考・經籍考・詩集》 《九華詩集》。陳清隱著。

黄虞稷《千頃堂書目・別集類・補元》 陳巖《九華詩集》四卷。

倪燦等《補遼金元藝文志・別集類・補元》 陳巖《九華詩集》四卷。【略】陳清隱《九華詩集》四卷。爲五言絶句。題詠九華之勝。

錢大昕《補元史藝文志・別集類》 陳巖《九華詩集》四卷。

鳳髓集

王圻《續文獻通考・經籍考・詩集》 《鳳髓集》。青陽陳清隱著。《鳳髓集》則集杜甫詩句爲之者也。

黄虞稷《千頃堂書目・別集類・補元》 《鳳髓集》。集杜詩。字清隱，青陽人，隱居不仕。

倪燦等《補遼金元藝文志・別集類・補元》 《鳳髓集》集杜詩。字清隱，青陽人。

錢大昕《補元史藝文志・別集類》 又《鳳髓集》。集杜子美句。號清隱，青陽人。

應言稿

錢大昕《補元史藝文志・別集類》 耿介《應言稿》。

清輝樓稿

錢大昕《補元史藝文志・別集類》 沈右《清輝樓稿》。字仲説，吴人。

嘯古集

錢大昕《補元史藝文志·別集類》 盛應發《嘯古集》。

馮華文集　詩

錢大昕《補元史藝文志·別集類》 《馮華文集》三卷。又《詩》五卷。

席郁文集

錢大昕《補元史藝文志·別集類》 《席郁文集》。字士文，元城人，延祐監察御史。

包希魯文集

錢大昕《補元史藝文志·別集類》 《包希魯文集》十四卷。

諸若集

王圻《續文獻通考·經籍考·集下》 《諸若集》。進賢包希魯著。

雲麓文集

錢大昕《補元史藝文志·別集類》 邱迪《雲麓文稿》。

歸湖岡文

高儒《百川書志·元文》 《歸湖岡文》一卷。常熟處士盛彧季文著。雜文十三篇。

歸湖岡詩

高儒《百川書志·元詩》 《歸湖岡詩》一卷。處士常熟盛彧季文撰。凡百九十首。

歸吳岡稿

錢大昕《補元史藝文志·別集類》 盛彧《歸吳岡稿》一卷。字季文，常熟人。

十洲三島詩

錢大昕《補元史藝文志·別集類》 曹貞《十洲三島詩》。字元度，常熟人。

菟庵文集

錢大昕《補元史藝文志·別集類》 王儀《菟庵文集》。婺源人。

黦醭稿

王圻《續文獻通考・經籍考・集中》《黦醭稿》。朱南強著。

錢大昕《補元史藝文志・別集類》朱南強《黦醭稿》。句容人。

鶴田集

徐𤊹《徐氏家藏書目・文集類》蔣易《鶴田集》。

黄虞稷《千頃堂書目・別集類・補元》蔣易《鶴田集》二十卷。

倪燦等《補遼金元藝文志・別集類・補元》蔣易《鶴田集》二十卷。

錢大昕《補元史藝文志・別集類》蔣易《鶴田集》二十卷。

弁山小隱吟録

王圻《續文獻通考・經籍考・集中》《弁山集》。

倪燦等《補遼金元藝文志・別集類・補元》黄玠《弁山小隱吟録》二卷。

《四庫提要・別集類二〇》《弁山小隱吟録》二卷。兩淮馬裕家藏本。元黄玠撰。玠姓名不見於史傳。惟弘治《湖州府志》載玠字伯成，慈谿人，宋黄震之曾孫。清苦力學，無所不通。周游西湖、樂吴興山水，因卜居弁山，與趙文敏游，又敏稱許之。有《下山集》、《知非稿》、《唐詩選纂》、《韻録》等書，獨不載此集之目。或後人以《下山集》、《知非稿》併爲一編，改題此名歟？其詩不爲近體，視宋末江湖諸人惟從事五七言律者，志趣殊高。中多勸戒之詞，其上者有元結遺意，次者亦近乎白居易。雖宏闊深厚不能及二人，要於俗音嘈囋之中讀之如聽古鐘磬矣。前有自序，稱蔑有令德，不敢謂隱。獨以所得於天者薄，故將退藏以終其身。又引文中子之説，稱願上之人正身修德，使時和歲豐，已受其賜。尤粹然有德之言，勝矯語高蹈者萬萬也。

錢大昕《補元史藝文志・別集類》黄玠《弁山小隱吟録》二卷。

道川集

黄虞稷《千頃堂書目・別集類・補元》倪士毅《道川集》。字仲弘，休寧人，陳櫟弟子。

倪燦等《補遼金元藝文志・別集類・補元》倪士毅《道川集》。

錢大昕《補元史藝文志・別集類》倪士毅《道川集》。

傅與礪文集　詩集

黄虞稷《千頃堂書目・別集類・補元》傅若金《傅與礪文集》十二卷，附録一卷。新喻人。

倪燦等《補遼金元藝文志・別集類・補元》傅若金《與礪文集》十二卷，又附録一卷。新喻人。

《四庫提要・別集類二〇》《傅與礪詩文集》二十卷。江蘇巡撫採進本。元傅若金撰。若金初字汝礪，揭傒斯爲改字與礪，江西新喻人。

錢大昕《補元史藝文志・別集類》《傅與礪文集》十一卷，又附録一卷。初名若金。新喻人。

張金吾《愛日精廬藏書志・別集類》《傅與礪文集》十一卷，附録一卷。舊抄本。元傅若金撰，弟傅若川次舟編刊。

傅與礪詩集

楊士奇等《文淵閣書目・詩詞》《傅與礪詩》。一部，一册。闕。

徐𤊹《徐氏家藏書目・文集類》傅汝礪《詩集》八卷。

黄虞稷《千頃堂書目・別集類・補元》《傅與礪詩集》九卷。

倪燦等《補遼金元藝文志・別集類・補元》 傅若金又《詩集》八卷。

王士禛《漁洋書跋》 《傅若金集》。元傅汝礪若金詩集八卷。有范德機、揭曼碩序，洪武壬戌刊本。歌行頗得子美一鱗片甲，七律亦有格調。視南宋俚俗之體，相去遠甚。時借竹垞太史鈔本宋元人集十數種，如行黄茆白葦間，忽逢嘉樹美箭，爲之眼明。若金妻孫淑，字蕙蘭，亦工詩。見陶南村《輟耕録》。集中「湘皋煙草緑紛紛，淚灑東風憶細君」，其悼亡之作也。

吴焯《繡谷亭薰習録・集二》 《傅與礪集》八卷。元廣州教授新喻傅若金與礪著。

錢大昕《補元史藝文志・別集類》 〔傅若金〕又《詩集》八卷。

黄丕烈《蕘圃藏書題識・集類三》 傅與礪《詩集》八卷。校舊鈔本。元傅若金，字與礪，江西新喻人。受業范德機之門，年三十遊燕京。虞伯生見其詩，大加稱賞，由是知名。元統三年，介使安南，還授廣州教授，余修《江西志》，於臨江人物爲立傳，此八卷借鈔於吴尺鳧氏。尚有文集若干卷，當從花山馬氏合成全集。初白翁識，時年七十一。在卷首。

傅與礪《文集》十一卷，《鈄録》一卷，《詩集》八卷，錢《補元史藝文志》所載如此，但傳本絶少，此詩八卷，不知得於何時。上下方校語係余筆，又不知據自何本，皆健忘之故耳。丁丑檢理書籍，因記之如左。

緑窗遺稿

王圻《續文獻通考・經籍考・詩集》 《緑窗遺稿》。孫氏諱淑，字蕙蘭，新喻傅若金妻。父周卿先生以《孝經》、《論語》及《女誡》教之，未嘗學詩，因其弟受唐詩家法于庭，取而讀之，得其音格，輒能爲近體五七言。既卒，因出其稿，得五言七首、七言十一首、五七言未成章者廿六句，其夫特爲編集成帙。

黄虞稷《千頃堂書目・別集類・補元》 傅若金妻孫蕙蘭《緑窗遺稿》一卷。

倪燦等《補遼金元藝文志・別集類・補元》 傅若金妻孫蕙蘭《緑窗遺稿》一卷。

青陽集

楊士奇等《文淵閣書目・文集》 余廷心《青陽文集》。一部，一册。完全。

王圻《續文獻通考・經籍考・集中》 《青陽集》。余闕著。闕，合肥人。天資英邁，博學能文。至順中進士，擢翰林應奉，後死節于安慶。

又《集下》 《青陽文集》。元末余闕著，洪武中刊行。

徐𤊹《徐氏家藏書目・文集類》 余闕《忠宣集》六卷。

張萱等《内閣藏書目録・集部》 《青陽集》三册。全。元末余闕著。闕讀書青陽山中，故名。又一册。全。

錢謙益等《絳雲樓書目・金元文集類》 《青陽先生文集》。余闕著。

黄虞稷《千頃堂書目・別集類・補元》 余闕《青陽集》六卷。附録二卷。

倪燦等《補遼金元藝文志・別集類・補元》 余闕《青陽集》六卷。又附録二卷。

王士禛《漁洋書跋》 《余忠宣集》。元余忠宣公《青陽集》五卷。廬守張君某新刻本，己卯七月，門人合肥王裛所貽，讀其序記諸篇，立説一本經術，皆醇儒之言，而忠義之氣，往往鬱勃憤發于行墨之間。公之大節，與日月争光，夫豈襲而取之者耶？若華州大寧宫記，予謂不減羅鄂州，世必有知言者。

吴焯《繡谷亭薰習録・集二》 《青陽集》六卷。元左丞謚忠宣合肥余闕廷心著。

錢大昕《補元史藝文志・別集類》 余闕《青陽山房集》六卷，又附録二卷。

《四庫提要・別集類二〇》 《青陽集》四卷。編修勵守謙家藏本。元余闕撰。闕字廷心，一字天心，色目人。世居武威。以父官合肥，遂家焉。元統元年進士。

思兩軒稿

楊士奇等《文淵閣書目・詩詞》 余廷心《思兩軒稿》。一部，一册。完全。

石門集

《四庫提要・別集類二一》 《石門集》七卷。浙江汪啓淑家藏本。元梁寅撰。寅有《詩演義》，已著録。其集世有二本。一即此本，乃馬氏玲瓏山館所鈔。一爲

新喻知縣崇安暨用所刊本，分爲十卷，與此本稍有詳略，而其大致不甚相遠，蓋即此本而析其卷帙以就成數耳。寅於《易》、《詩》、《書》、《春秋》、《禮記》、《周禮》皆有訓釋。又有《策要》、《史斷》諸書，頗究心於史學。又有《耄言》、《論林》、《蒐古集》、《格物編》諸書，亦兼講考證。故其文理極醇雅，而持論多有根柢，不同剽掇語録之空談。詩格尤舂容澹遠，規仿陶韋。惟《河源》一記，過信篤什所傳，其謬與潘昂霄相類。蓋儒生拘限舊聞，故承譌襲誤。然有元一代，皆主火敦腦兒之説，不獨寅一人爲然，存而不論焉可矣。

黄丕烈《蕘圃藏書題識續録・集類下》 《石門集》二册。舊鈔本。

張金吾《愛日精廬藏書志・別集類》 《石門先生文集》七卷。明刊本。元臨江梁寅孟敬撰，門人黎卓宗瞻編次。

吴壽暘《拜經樓藏書題跋記・卷五》 《石門集》。舊鈔本《石門集》十五卷，嘉靖壬子李先芳序，黎卓、傅鶚後序。《四庫書目》作七卷，未審視此本何如。

方策稽要

張萱等《内閣藏書目録・集部》 《方策稽要》二册，全。鈔本。莫詳譔著姓氏。

桐山老農文集

倪燦等《補遼金元藝文志・別集類・補元》 魯貞《桐山老農文集》四卷。

《四庫提要・別集類二一》 《桐山老農文集》四卷。浙江范懋柱家天一閣藏本。元魯貞撰。貞字起元，自號桐山老農，開化人。集中《萬青軒記》，自稱曲阜人，蓋曲阜其祖貫也。是集凡文三卷、詩一卷。凡元代所作，皆題至正年號。其入明以後，惟題甲子，殆亦栗里之遺意。詩不出元末之格，且間有累句，殊非所長。其文亦聞見頗狹，或失考正。如《武安王廟記・迎神詞》中有「蘭佩下兮桂旗揚，乘赤兔兮從周倉」句。考周倉之名不見史傳，是直以委巷俚語鐫刻金石，殊乖大雅。然人品既高，胸懷夷曠，一切塵容俗狀，無由入其筆端。故稱臆而談，自饒。清韻，譬諸深山幽谷，老柏蒼松，雖不中繩規，而天然有出塵之意。其故正不在語言文字閒矣。

錢大昕《補元史藝文志・別集類》 魯貞《桐山老農文集》四卷。

北郇集

錢大昕《補元史藝文志・別集類》 夏疇《北郇集》。

雅琥詩

錢大昕《補元史藝文志・別集類》 《雅琥詩》。字正卿，可温人，天曆進士，福建鹽運司同知。

顧北集

錢大昕《補元史藝文志・別集類》 泰不華《顧北集》。

白雲稿

王圻《續文獻通考・經籍考・詩集》 《白雲稿》。天台林茂濬著。生平酷嗜吟詠，上自漢魏，下逮唐、宋諸家，無不漱其芳腴，挹其真醇，積而後發，發必竭盡其興趣。此稿尤爲時所傳誦。

錢大昕《補元史藝文志・別集類》 林茂濬《白雲稿》。天台人。

貞素齋集

錢謙益等《絳雲樓書目・金元文集類》 《真素齋詩集》。舒頔，元末爲學正，明初不應徵召，考終於家。

黄虞稷《千頃堂書目・别集類》 舒頔《華陽貞素齋集》七卷。字道原，績溪人。至元丁丑辟貴池校官，轉台州學正。入明，禮聘以疾辭，學者稱爲貞素先生。

倪燦等《補遼金元藝文志・别集類・補元》 舒頔《貞素齋集》八卷，又附録一卷。

《四庫提要・别集類二一》 《貞素齋集》八卷，附録一卷。浙江鮑士恭家藏本。元舒頔撰。頔字道原，績溪人。至元丁丑，江東憲使辟爲貴池教諭。秩滿調丹徒。至正庚寅，轉台州路儒學正。以道梗不赴，歸隱山中。明興，屢召不出，名所居曰貞素齋，著自守之志也。所著有《古淡稿》、《華陽集》，今皆不傳。此本乃嘉靖中其曾孫旭、元孫孔昭等所輯，績溪知縣遂寧趙春所刊。其文章頗有法律。詩則縱横排宕，不尚纖巧織組之習。七言古體尤爲擅場。卷首有頔自序及自作小傳，均以陶潛自比。而其文乃多頌明功德。蓋元綱失馭，海水羣飛，有德者興，人歸天與，原無所容其怨尤。特遺老孤臣，義存故生，自抱其區區之志耳。頔不忘舊國之恩，爲出處之正；不掩新朝之美，亦是非之公。固未可與《劇秦美新》一例而論也。附録一卷，載俞希魯、唐仲實等所作銘記數篇。

錢大昕《補元史藝文志・别集類》 舒頔《貞素齋集》八卷，又附録一卷。字道原，績溪人。

北莊遺稿

倪燦等《補遼金元藝文志・别集類・補元》 〔舒遠〕《北莊遺稿》一卷。

《四庫提要・别集類二一》 《北莊遺稿》一卷。《北莊遺稿》一卷，則頔弟遠遜遺詩，亦孔昭等所採入。今竝仍其舊録之焉。

錢大昕《補元史藝文志・别集類》 舒遠《北莊遺稿》一卷。

明農稿

王圻《續文獻通考・經籍考・集中》 《明農稿》。汪文璟著。文璟，常山人。泰定初進士，累官廉訪副使，以國難憂憤不食卒。

錢大昕《補元史藝文志・别集類》 又《明農稿》。常山人，泰定初進士。

居朝稿

王圻《續文獻通考・經籍考・集中》 《居朝稿》。汪文璟著。

錢大昕《補元史藝文志・别集類》 汪文璟《居朝録》。

龍溪詩集

王圻《續文獻通考・經籍考・集中》 《龍溪（時）〔詩〕集》。支渭興著。渭興，長寧人。至順初進士，官奉訓大夫四川行省參政。善屬文。别號龍溪。

黄虞稷《千頃堂書目・别集類・補元》 支渭興《龍溪詩集》。四川長寧人，至順初進士，官四川行省參政。

倪燦等《補遼金元藝文志・别集類・補元》 支渭興《龍溪詩集》。四川長寧人。

錢大昕《補元史藝文志・别集類》 支渭興《龍溪詩集》。四川長寧人，至順進士，四川行省參政。

緱山集

錢大昕《補元史藝文志・别集類》 王鵬《緱山集》。字九萬，吴人。

羽庭集

錢謙益等《絳雲樓書目・金元文集類》 劉仁本《羽庭稿》。字德玄，天台人。在慶元方氏幕中，最親近用事。朱右序。

黄虞稷《千頃堂書目・別集類・補元》 劉仁本《羽亭稿》□□卷。字德玄，天台人。中元乙科，爲方國珍行省左右司郎中，參其謀議。

倪燦等《補遼金元藝文志・別集類・補元》 劉仁本《羽庭集》六卷。

《四庫提要・別集類二一》 《羽庭集》六卷。《永樂大典》本。元劉仁本撰。

錢大昕《補元史藝文志・別集類》 劉仁本《羽庭集》十卷。今存六卷。

張金吾《愛日精廬藏書志・別集類》 《羽庭集》六卷。文瀾閣傳抄本。元劉仁本撰。

亦玄集

楊士奇等《文淵閣書目・文集》 劉德玄《亦玄集》。一部，二册。闕。

黄虞稷《千頃堂書目・別集類・補元》 劉德玄《亦玄集》□卷。

倪燦等《補遼金元藝文志・別集類・補元》 劉德玄《亦玄集》。

劉羽庭詩

楊士奇等《文淵閣書目・詩詞》 《劉羽庭詩》。一部，二册。闕。

翠屏集

高儒《百川書志・元詩》 《翠屏集》二卷。國子祭酒閩中古田人張志道以寧撰。國朝洪武三年奉使安南以卒。

《翠屏集》二卷。國子祭酒古閩張志道以立撰。

麟原文集

倪燦等《補遼金元藝文志・別集類・補元》 王禮《麟原文集》二十四卷。

《四庫提要・別集類二一》 《麟原文集》二十四卷。兩淮馬裕家藏本。元王禮撰。禮字子尚，後更字子讓，廬陵人。元末爲廣東元帥府照磨。明興不仕，聘爲考官亦不就。《江西通志》載吉安人物有王子讓，而無王禮，蓋誤以子讓爲名也。禮工於文章，著述甚富。嘗選輯同時人詩爲《天地間集》，案謝翱嘗録宋遺民詩爲《天地間集》，此襲其名，蓋陰以自寓。其名見於郭鈺《静思集》中。今已久佚。惟是編尚存，分前、後兩集各十二卷。前有李祁、劉定之二序。定之序謂其「託耕鑿以棲迹於運去物改之餘，依麴糵以逃名於頭童齒豁之際。其文奇氣硉矹胸臆，以未裸將周京故也。有與子讓同出元科目，佐幕府，其氣亦有掣碧海戈蒼旻之奇。及攀附龍鳳，自擬留文成。然有所作，噫喑鬱伊，捫舌騂顔，曩昔豪氣澌泯無餘矣。」意蓋借禮以詆劉基，然所評與禮文不甚似。祁序稱其「藹然仁義之詞，凜然忠憤之氣，深切懇至，無不可人意者。」斯得之矣。

錢大昕《補元史藝文志・別集類》 王禮《麟原文集》二十四卷。字子讓，廬陵人，元統進士。

長留天地間集

楊士奇等《文淵閣書目・詩詞》 《長留天地間集》。一部，一册。闕。

節庵詩集

王圻《續文獻通考・經籍考・詩集》 《節庵詩集》三十卷。黄巽著。

黃虞稷《千頃堂書目・別集類・補元》 黃異《節庵集》三十卷。字民同，都昌人，後至元進士，南安路道源書院山長。一云星子人。

倪燦等《補遼金元藝文志・別集類・補元》 黃異《節庵集》三十卷。字民同，都昌人，一云星子人。

錢大昕《補元史藝文志・別集類》 黃異《節庵詩集》三十卷。字民同，都昌人，道源書院山長。

林外野言

倪燦等《補遼金元藝文志・別集類・補元》 郭翼《林外野言》二卷。

《四庫提要・別集類二一》 《林外野言》二卷。浙江鮑士恭家藏本。元郭翼撰。翼有《雪履齋筆記》，已著録。翼學問博洽，既老不得志，偃蹇學官，惟刻意於詩古文。嘗自號東郭生，又稱野翁，而名所著集曰《林外野言》。今所傳本凡二卷，附《與顧仲瑛書》一篇。考《玉山名勝》及《乾隆清氣》諸集所録翼詩，不見此集者尚多。又如《題劉龍洲墓道》、《道士游武當》諸詩，又皆別見《吕誠集》。疑或後人重編，故多所舛漏，未必即翼手定之稿也。翼從楊維楨遊，詩頗近其流派。其間如《望夫石》、《精衛詞》諸篇，皆用鐵崖樂府體，尤爲酷似。要其筆力挺勁，絶無懦響，在元季詩人中可謂矯然特出者矣。

錢大昕《補元史藝文志・別集類》 郭翼《林外野言》二卷。字義仲，崑山人，盧熊撰墓志云：「卒於至正二十四年」，或列諸明人，誤也。

瓦釜鳴集

黃虞稷《千頃堂書目・別集類・補元》 葉森《瓦釜鳴集》三卷。字景瞻，錢塘人，吾衍門人。

倪燦等《補遼金元藝文志・別集類・補元》 葉森《瓦釜鳴集》三卷。字景瞻，錢塘人。

錢大昕《補元史藝文志・別集類》 葉森《瓦釜鳴集》三卷。字景瞻，錢唐人。

象川集

黃虞稷《千頃堂書目・別集類・補元》 俞漢《象川集》十卷。字仲雲，諸暨人。辟儒學教官，不就。

倪燦等《補遼金元藝文志・別集類・補元》 俞漢《象川集》十卷。字仲雲，諸暨人。

錢大昕《補元史藝文志・別集類》 俞漢《象川集》十卷。字仲雲，諸暨人。

梯雲集

黃虞稷《千頃堂書目・別集類・補元》 丘世良《梯雲集》六卷。字子正，錢塘人。慶元路總管府治中。

倪燦等《補遼金元藝文志・別集類・補元》 丘世良《梯雲集》六卷。字子正，錢塘人。

錢大昕《補元史藝文志・別集類》 丘世良《梯雲集》六卷。字子正，錢唐人，慶元路治中。

瓜園集

王圻《續文獻通考・經籍考・集中》 《瓜園集》。臨川黎仲基著。

黃虞稷《千頃堂書目・別集類・補元》 黎仲基《瓜園集》十卷。名載，以字行，臨川人。元天曆中太平路儒學教授。洪武初徵之不起。

倪燦等《補遼金元藝文志・別集類・補元》 黎仲基《瓜園集》十卷。名載，以字行，臨川人。

錢大昕《補元史藝文志・別集類》 黎仲基《瓜園集》十卷。臨川人，天曆中太平路儒學教授。

圭峰集　續集

徐㶿《徐氏家藏書目・文集類》 盧琦《圭峰集》四卷。

王圻《續文獻通考・經籍考・集中》 《圭峰集》六本，《續集》二本。盧(畸)〔琦〕著。(畸)〔琦〕，惠安人。至正初進士，調寧德尹。

錢謙益等《絳雲樓書目・金元文集類》 盧琦《圭齋集》。

黄虞稷《千頃堂書目・别集類・補元》 盧琦《圭齋集》二卷。

倪燦等《補遼金元藝文志・别集類・補元》 盧琦《圭齋集》，二卷。

《四庫提要・别集類二〇》 《圭峰集》二卷。浙江鮑士恭家藏本。元盧琦撰。琦字希韓，號立齋，惠安人。圭峰其所居地。鈔本或作《圭齋集》，傳寫誤也。

錢大昕《補元史藝文志・别集類》 盧琦《圭峰集》二卷。字希韓，惠安人。

柔克齋集

黄虞稷《千頃堂書目・别集類》 高明《柔克齋集》二十卷。字則誠，永嘉人。元至正乙酉舉人，累官福建行省都事，爲處州録事。太祖聞其名召之，以老疾辭還。

鼇溪文集

黄虞稷《千頃堂書目・别集類・補元》 周聞孫《鼇溪文集》三卷。字以立，吉水人。至正辛巳舉於鄉，爲鼇溪書院山長。

倪燦等《補遼金元藝文志・别集類・補元》 周聞孫《鰲溪文集》三卷。字以立，吉水人。

《四庫提要・别集類存目一》 《鼇溪文集》二卷。江西巡撫採進本。元周聞孫撰。聞孫字以立，廬陵人。是集前有永樂辛丑鄒緝序，稱其年三十五，舉進士。會試中乙榜，揭傒斯薦入史館。以論修《宋史》不合，出爲鼇溪書院山長。復爲貞文書院山長。遭亂還鄉里，薦於行省。以便宜授白鷺書院山長。改教授袁州，未及赴而亂益甚，遂不仕。所著書凡二十卷，無復存者。此本乃明正統壬戌其曾孫翰林院侍讀敘所輯，僅詩文各一卷而已。文末附《奏修三史以宋爲正統論》一篇，全文已佚，僅載其略。鄒緝序所論《宋史》不合者此也。自晉以來，南、北史竝傳。朱子作《綱目》，亦南、北朝分注。聞孫必尊宋比蜀漢，而抑遼、金不得比北魏。不知遼、金各自立國，與曹氏、孫氏以漢之臣子乘時篡竊不同。聞孫所執，殊爲偏駁。以此去官，未見其有當也。

錢大昕《補元史藝文志・别集類》 周聞孫《鼇溪文集》三卷。字以立，吉水人，鼇溪書院山長。

黄楊集　補遺

楊士奇等《文淵閣書目・文集》 華彦清《黄楊集》。一部，一册。闕。

高儒《百川書志・元詩》 《黄楊集》六卷。元棲碧先生無錫華幼武彦清撰。

錢謙益等《絳雲樓書目・金元文集類》 華彦清《黄楊集》。六卷。名幼武，無錫布衣。

黄虞稷《千頃堂書目・别集類・補元》 華幼武《黄楊集》三卷，《續集》一卷。字彦清，無錫人，號棲碧老人，師陳方子楨。子楨題其集曰「黄楊」，言其欲爲詩而奪於事，猶黄楊之厄閏也。

吴焯《繡谷亭薰習録・集二》 《黄楊集》三卷、《補遺》一卷。元布衣無錫華幼武彦清著。其友京口陳方、吴郡陳謙、門人吕緯文並序，包山樵人俞貞木後序。幼武又號棲碧處士，少孤，長築春草軒以奉母。張翥爲記，并陳方《棲碧軒記》、俞貞木壙誌附卷末。王乃昭手録本校洪武丁卯刊本，微有不同。

《四庫提要・别集類存目一》 《黄楊集》三卷、《補遺》一卷。浙江鮑士恭家藏本。元華幼武撰。幼武字彦清，無錫人。平生篤於孝友，不樂仕進。構春草堂以奉母，凡力可以娛其親者，無不爲之。性好吟詠。友人陳方題其集曰「黄楊」，蓋爲其愛詩甚篤，而奪於多事，故勉其無厄於閏也。然其詩未足名家，世以重其人品傳之耳。

錢大昕《補元史藝文志・别集類》 華幼武《黄楊集》三卷。又《補遺》一卷。字彦清，無錫人。

豆亭集

黄虞稷《千頃堂書目·别集類·補元》 俞遠《豆亭集》。字之近，常州人，希魯子。

倪燦等《補遼金元藝文志·别集類·補元》 俞遠《豆亭集》。字之近，常州人。

錢大昕《補元史藝文志·别集類》 俞遠《豆亭集》。字之近，江陰人。

嘉樹堂稿

錢大昕《補元史藝文志·别集類》 強珇《嘉樹堂稿》。字彦栗，嘉定人。

愚泉詩稿

王圻《續文獻通考·經籍考·詩集》 《愚前詩稿》十卷。方道叡著。又有《詩文説》、《選唐詩元》各一卷。

黄虞稷《千頃堂書目·别集類·補元》 方道壑《愚泉詩稿》十卷。字以愚，方逢辰曾孫，至順二年進士，江西行省員外郎，洪武初兩被召，皆不起。

倪燦等《補遼金元藝文志·别集類·補元》、方道壑《愚泉詩稿》十卷。字以愚。

錢大昕《補元史藝文志·别集類》 方道叡《愚泉詩集》十卷。

平野集

黄虞稷《千頃堂書目·别集類·補元》 劉耕孫《平野先生集》。茶陵人。仕元爲寧國路推官，死瑣南班之難。劉三吾兄。

倪燦等《補遼金元藝文志·别集類·補元》 劉耕孫《平野集》。茶陵人。寧國路推官，死鎖南班之難。

錢大昕《補元史藝文志·别集類》 劉畊孫《平野先生集》。茶陵人。寧國路推官。

成遵文集

王圻《續文獻通考·經籍考·集中》 《成遵文集》。遵，鄧州穰人。虞集一見稱曰：適觀生文，今見生貌，公輔器也。累官尚書左丞。

錢大昕《補元史藝文志·别集類》 成遵《文集》。

黄殷士詩

黄虞稷《千頃堂書目·别集類·補元》 黄昮《黄殷士詩》□卷。

倪燦等《補遼金元藝文志·别集類·補元》 《黄昮殷士詩》。

錢大昕《補元史藝文志·别集類》 《黄殷士詩》一卷。名昮。

金臺集　後集

王圻《續文獻通考·經籍考·集中》 《金臺集》。馬易之著。

徐𤊹《徐氏家藏書目·文集類》 迺賢《金臺集》二卷。

毛晉《汲古閣書跋》 《金臺集》。葛邏禄氏與回紇錯壤，去中國甚遠。其俗好射，易之獨不操弓矢，且好利禄，易之絶無意仕進，嘗以詩謁。貢御史曰：此心泊然無他好，其有好而得之者，盡在是矣。真實録也。金山之西北，向不知詩文，自易之始。江南人稱其與韓與玉、王子充爲三絶，名雄京師，一時名公，如虞伯生、揭曼碩輩，莫不歎賞，惟臨川危太樸尤甚。茲集二卷，即其手編。前後諸序跋，不但評論詳覈，書法亦極精妙，因倩友人王與公摹而副諸棗，若初

本臨本，予亦不能辨。

錢謙益等《絳雲樓書目・金元文集類》 迺賢《金臺集》。

黃虞稷《千頃堂書目・別集類・補元》 迺賢《金臺集》二卷。字易之，本回鶻，後家四明。集危素所編定。又《金臺後集》一卷。

倪燦等《補遼金元藝文志・別集類・補元》 迺賢《金臺集》二卷。又《金臺後集》一卷。字易之，本回鶻人，後家四明。

錢曾《讀書敏求記・詩集》 《金臺集》二卷。迺賢易之，葛邏祿氏也。葛邏祿氏居北庭西北，金山之西，去中國遠甚。元太祖取天下，其國與回紇最先來附。易之少居江南，長游齊、魯、燕、趙之間，客京師。危太樸爲編其詩集，前後序、跋皆一時諸名公手書。刻鏤甚精，元板中之最佳者。虞道園題詩云「目疾深坐乃，其馬鬃縫目」之後，故有「因君懷郭隗，千古意如何」之句。蓋亦自傷也。

于敏中等《天祿琳琅書目・元版集部》 《金臺集》一函二册。元迺賢著，危素編。二卷。前歐陽玄、李好文、黃溍三序，後虞集、張起巖詩，泰不華今改正曰台哈布哈。識語。貢師泰、揭傒斯、危素、程文、楊彝五序。

《四庫提要・別集類二〇》 《金臺集》二卷。江蘇巡撫採進本。元納新原本作迺賢，今改正。撰。納新有《河朔訪古記》，已著録。是集爲危素所編。前有歐陽玄、李好文、貢師泰三序，作於至正壬辰。又有黃溍題詞，作於至正庚寅。末有至正乙酉揭傒斯跋，至正辛卯程文跋，至正乙未楊彝跋，至正己丑泰哈布哈原本作泰不華，今改正。題字，至正戊子張起巖題詩。復有虞集詩一首，及危素一跋，均不著年月。素跋稱「易之《金臺前稿》，余既序之。及再至京師，又得《後稿》一卷。」則此集二卷乃合兩稿編之。故集中稱揭傒斯謚爲「揭文安」，而集末乃有傒斯跋也。納新天才宏秀，去元好問爲近。雖晚年内登翰林，外參戎幕，而仕進非所汲汲，惟以遊覽唱酬爲事。故氣格軒翥，無世俗猥瑣之態。其名少亞薩都拉。核其所作，視薩都拉無不及也。

錢大昕《補元史藝文志・別集類》 迺賢《金臺集》二卷。

海雲清嘯集

王圻《續文獻通考・經籍考・集中》 《海雲長嘯集》。馬易之著。

黃虞稷《千頃堂書目・別集類・補元》 迺賢《海雲清嘯集》□卷。

倪燦等《補遼金元藝文志・別集類・補元》 〔迺賢〕《海雲清嘯集》。

野處集

徐𤊹《徐氏家藏書目・文集類》 邵復孺《野處集》四卷。雲間人。生於元。

《四庫提要・別集類二〇》 《野處集》四卷。浙江巡撫採進本。元邵亨貞撰。亨貞字復孺。楊樞《淞故述》，載其本淳安人。至正間爲松江訓導，占籍華亭。今考集中有《送族兄安仲還鄉序》云：「至元中，大父處縣君以弗終仕於宋，晦迹華亭別業，先子遂生華亭。至德間，大父歸葬故里，先子弗克舉家去，至今爲華亭人。」則自其祖已占籍松江，樞所述猶未盡也。是編後有馮遷、汪稷二跋，謂其書本出上海陸深家，深之孫郯以授稷而刊行之。并所著《蛾術詩選》、《蛾述詞選》爲十六卷。今詩詞二選世已無傳，惟此本獨存。共雜文六十八首。亨貞終於儒官，足蹟又不出鄉里，故無雄篇巨製以發其奇氣。而文章大致清快，步伐井然，猶能守先民遺矩者。其詩詞世不多見。陶宗儀《南村輟耕録》載所作《詠眉目沁園春詞》二首，雋永清麗，頗有可觀。蓋所長尤在於是，惜《詞選》今已久佚矣。

蛾術詩選

徐𤊹《徐氏家藏書目・文集類》 〔邵亨貞〕《詩選》八卷。

錢謙益等《絳雲樓書目・金元文集類》 邵亨貞《蛾術集選》。字復孺，華亭人，與王原吉、陶九成友善。有《蛾術文集》十六卷，《蛾術詞選》四卷，張編修宣之婦翁也。

阮元《四庫未收書目提要・別集類》 《蟻術詩選》八卷。元邵亨貞撰。亨貞字復孺，有《野處集》四卷。見《四庫全書》。伏讀《四庫全書總目》云，亨貞所著《蟻術詩選》。世已無傳。此從舊鈔依樣過録，凡古今體三百七十六首，又聯句三首。詩格高雅，絕無元世綺縟之習。案馮遷、汪稷跋《野處編》；並云其書乃上海陸郯以授稷而刊行，是編及《詞選》每卷首皆有新都

汪稷校字樣，是亦鄭所授刊之册。跋又云，并所著《蟻術詩選》、《蟻術詞選》爲十六卷，今合三書卷帙觀之，並屬完善之書。惟卷首不著名而著字，乃明人刻書陋習也。

蛾術詞選

徐𤊹《徐氏家藏書目·文集類》 邵復孺《蛾術詞選》四卷。

書林外集

高儒《百川書志·元詩》 《書林外集》七卷。翰林國史檢閱四明菊邨袁士元彦章著。

范邦甸等《天一閣書目·別集類》 《書林外集》七卷。刊本殘。元四明袁彦章著。至正四年臨川危素序已殘缺。

王圻《續文獻通考·經籍考·集中》 《書林外集》。袁士元著。士元字彦章，鄞人，鏞之孫。至正間以薦授文林郎翰林國史院檢閲官，引年弗就。

黄虞稷《千頃堂書目·別集類·補元》 袁士元《書林外集》七卷。字彦章，鄞人。翰林院檢閲官。明袁忠徹其裔孫。忠徹正統四年春，以私家所藏先世集，命中書舍人代録，坐是下獄，即是集。

倪燦等《補遼金元藝文志·別集類·補元》 袁士元《書林外集》七卷。字彦章，鄞人。

《四庫提要·別集類存目一》 《書林外集》七卷，浙江鮑士恭家藏本。元袁士元撰。士元字彦章，鄞縣人，即袁珙之父也。以薦授縣學教諭。尋擢翰林國史院檢閲官，不赴。其詩危素序之，稱其清麗可喜，然往往粗淺多累句。如《壽吕瀛海詩》云：「我方而立足先弱，公到古稀鬢未蒼」，又其甚者也。

錢大昕《補元史藝文志·別集類》 袁士元《書林外集》七卷。字彦章，鄞人，國史院檢閲官。

玉山草堂集

徐𤊹《徐氏家藏書目·文集類》 顧瑛《玉山草堂集》二卷。

黄虞稷《千頃堂書目·別集類·補元》 顧德輝《玉山草堂集》二卷。

吴焯《繡谷亭薰習録·集二》 《玉山草堂集》一卷。元崑山顧阿瑛仲瑛著。至正十年金華黄溍、元統癸酉湘東李祁並序。案仲瑛所著有《玉山璞稿》二十卷，兹則傳誌中所謂《草堂名勝集》是也，《金粟冢燕集》諸作附焉。此吴門王慎德懶髯楷録倦圃秘藏本。

玉山璞稿

錢謙益等《絳雲樓書目·金元文集類》 顧仲瑛《玉山璞稿》。德輝別名阿瑛，崑山人，晚自號金粟道人。

黄虞稷《千頃堂書目·別集類·補元》 《玉山璞稿》二十卷。字仲瑛，别名阿瑛，崑山人，元時舉茂才，授會稽教諭，不就，淮張辟之，避居嘉興。入明，徙濠州卒。自號金粟道人。

倪燦等《補遼金元藝文志·別集類·補元》 顧瑛《玉山璞稿》一卷。

《四庫提要·別集類二一》 《玉山璞稿》一卷。兩淮馬裕家藏本。元顧瑛撰。瑛一名阿瑛，又名德輝，字仲瑛，崑山人。

錢大昕《補元史藝文志·別集類》 顧瑛《玉山璞稿》一卷。

阮元《四庫未收書目提要·別集類》 《玉山璞稿》二卷。《讀畫齋叢書》本。元顧瑛撰。瑛字仲瑛，崑山人。事蹟附《明（原本明誤元，據《瀛洲筆談》校。）史·陶宗儀傳》後。《玉山璞稿》，《四庫全書》已著録一卷。是編乃至正壬辰乙未間所作，凡古今體詩二百七十五首，詞一首。書中《送董參政鐃歌》十章，如《克淮西》、《入昌化》、《定安吉》諸題，足補史所未備。《元史》惟稱秋七月，饒徽賊犯昱嶺關，及杭州路。案是時董摶霄率兵復之，所云參政及送周天蟾詩中，大參董侯，皆其人。卷末有云：水戰甚難。蓋舟檝有遲速，風水有逆順，故不能齊其隊伍。然則瑛于舟師之法，亦略窺其一二，非僅以詞語流麗見長也。

輞川集

楊士奇等《文淵閣書目・詩詞》 王漢章《輞川集》。一部，一册。闕。

黄虞稷《千頃堂書目・別集類・補元》 王漢章《輞川集》□卷。

倪燦等《補遼金元藝文志・別集類・補元》 王漢章《輞川集》。

士苴集

錢大昕《補元史藝文志・別集類》 馮勉《士苴集》。建德人。

確軒集

錢大昕《補元史藝文志・別集類》 李琛《確軒集》。無錫人。

陳可齋集

黄虞稷《千頃堂書目・別集類・補元》 《可齋陳先生文集》二十卷。

倪燦等《補遼金元藝文志・別集類・補元》 《陳可齋文集》二十卷。

錢大昕《補元史藝文志・別集類》 《陳可齋集》二十卷。

武當紀勝集

錢大昕《補元史藝文志・別集類》 羅庭震《武當紀勝集》一卷。龍興路人，皆七言絶句。

雪庵長語

錢大昕《補元史藝文志・別集類》 釋溥光《雪庵長語》。字元輝，大同人，俗姓李。昭文館大學士，主頭陀教。

白雲集

倪燦等《補遼金元藝文志・別集類・補元》 釋英《白雲集》三卷。

《四庫提要・別集類一九》 《白雲集》三卷。浙江鮑士恭家藏本。元釋英撰。釋英字存實，錢塘人。

錢大昕《補元史藝文志・別集類》 釋英《白雲集》三卷。字存實，俗姓厲，錢塘人。

錢大昕《補元史藝文志・別集類》 實存《白雲集》。錢唐人。

庸庵文集

楊士奇等《文淵閣書目・文集》 宋元禧《庸庵文集》。一部，三册。完全。

張萱等《內閣藏書目録・集部》 《宋庸庵文集》三册，不全。元餘姚宋玄僖著。莫詳卷數。

黄虞稷《千頃堂書目・別集類》 宋禧《庸庵文集》三十卷。初名玄禧，字無逸，餘姚人。學於楊維楨，洪武初徵修《元史》，再與桂彦良被徵，主考福建。

《四庫提要・別集類二一》 《庸庵集》十四卷。《永樂大典》本。元宋禧撰。禧初名元禧，後改名禧，字元逸，庸庵其號也。餘姚人。

《明史・藝文志・別集類》 《宋禧文集》三十卷。

庸庵詩集

黃虞稷《千頃堂書目・別集類》 宋禧《庸庵詩集》十卷。

《明史・藝文志・別集類》 宋禧《詩》十卷。

經濟文集

王圻《續文獻通考・經籍考・集中》 《經濟集》。李士瞻著。士瞻，東安人。爲翰林學士承旨，嘗使閩諭海賊出降。

《經濟集》。李士瞻著。士瞻字彦文，荆門人。官至榮禄大夫翰林承旨。

黃虞稷《千頃堂書目・別集類・補元》 李士瞻《經濟文集》六卷。東安人，翰林學士承旨。楚國公。

倪燦等《補遼金元藝文志・別集類・補元》 李士瞻《經濟文集》六卷。東安人。

《四庫提要・別集類二〇》 《經濟文集》六卷。浙江鮑士恭家藏本。元李士瞻撰。士瞻字彦聞，先世新野人，徙居荆門。至正初，中大都路進士。

錢大昕《補元史藝文志・別集類》 李士瞻《經濟文集》六卷。字彦聞，南陽人，至正進士，翰林學士承旨，楚國公。

夷白齋稿　外集

錢謙益等《絳雲樓書目・金元文集類》 陳基《夷白集》字敬初，天台人。仕淮張爲學士。吳平，召入與修《元史》。

錢曾《讀書敏求記・集》 陳基《夷白齋稿》三十五卷，《外集》一卷。

黃虞稷《千頃堂書目・別集類・補元》 陳基《夷白齋稿》二十卷。一作二十五卷。字敬初，臨海人。少從黃溍學。游京師，授經筵檢討，淮兵起爲浙江行省郎中，參張士誠軍事。士誠稱王。基諫之幾被殺，已而進秩内史，遷學士院學士。入明，召修《元史》，賜金而還。

《四庫提要・別集類二一》 《夷白齋稿》三十五卷，《外集》一卷。浙江鮑士恭家藏本。元陳基撰。基字敬初，臨海人。受業黃溍之門。所作詩文，皆操縱馳騁，而自有雍容揖讓之度，能不失其師傳。至正中，以薦授經筵檢討。嘗爲人草諫章，幾獲罪，引避歸。張士誠據吳，引爲學士，書檄多出其手。明興，太祖召修《元史》，賜金而還。《明史・文苑傳》附見《趙壎傳》中。基寓舍有夷白齋，故以名其稿。凡《内集》詩十一卷，文二十四卷，《外集》詩文合一卷，大抵皆元世所作也。朱存理《樓居雜著》有《跋夷白齋稿》一篇，稱「得鈔本於王東郭家，臨寫一部，計二百九十六番，裝爲五册」，而不言其卷數。又有《跋夷白齋拾遺》一篇，稱「尚寶李公前修郡乘時，先得海虞人家本一册，復有遺文三十五篇，予悉録之。今得王氏本相校異同，於海虞本録出爲《拾遺》一卷。吳中尤氏有遺墨數紙，内有陳基傳謝徵詩，併存《拾遺》後」云云。據其所言，頗與今本相近。然存理但云《拾遺》爲遺文，而此本《外集》有詩，或後人又有所更定歟。

張金吾《愛日精廬藏書志・別集類》 《夷白齋稿》三十五卷，《外集》一卷。舊抄本。汲古閣藏書。元臨海陳基著，金華戴良編。卷首有汲古閣毛子晉印記。

吳壽暘《拜經樓藏書題跋記・卷五》 《夷白齋集》。右舊刻十二卷，義門先生手校本多所補正。

夷白齋尺牘

黃虞稷《千頃堂書目・別集類・補元》 《夷白齋尺牘》□卷。

白雲稿

張萱等《内閣藏書目録・集部》 《白雲稿》一册。全。元至正間天台朱右詩文。附有《深衣考》。

灊峰精舍文集

張萱等《内閣藏書目録・集部》　《灊峰精舍文集》一册。全。元末豐城朱善著。

黄虞稷《千頃堂書目・別集類・補元》　朱隱老《灊峰精舍文集》□卷。字子尚，豐城人。明初大學士朱善父。

倪燦等《補遼金元藝文志・別集類・補元》　朱隱老《灊峰精舍文集》。字子方，豐城人。

錢大昕《補元史藝文志・別集類》　朱隱老《灊峰精舍文集》。

鼓枻稿

錢謙益等《絳雲樓書目・金元文集類》　虞戡《鼓枻稿》。字勝伯，長洲人。

黄丕烈《蕘圃藏書題識・集類三》　《鼓枻稿》一卷。舊鈔本。

學齋吟稿

錢大昕《補元史藝文志・別集類》　沙刺班《學齋吟稿》。張掖人，劉氏。字伯温。

崞山詩集

錢大昕《補元史藝文志・別集類》　僧嘉訥《崞山詩集》。字元卿，廣東宣慰都元帥。

花溪集

高儒《百川書志・元文》　《花谿文》。武康令吴興沈夢麟原昭著。《花谿集》三卷。吴興沈夢麟原昭著。詩文四百二十四篇。國朝徵不起。只五典文衡，壽九十二卒。

黄虞稷《千頃堂書目・別集類》　沈夢麟《花谿集》三卷。字原昭，歸安人。元時以明經領鄉薦，累除武康令。入明，三校文闈浙，兩同考會試，太祖以老試官呼之，屢以賢良薦不起。

《明史・藝文志・別集類》　沈夢麟《花溪集》三卷。

《四庫提要・別集類二一》　《花溪集》三卷。兩淮鹽政採進本。元沈夢麟撰。夢麟字原昭，吴興人。舉後至元己卯鄉薦，授婺源州學正，遷武康令。至正中，解官歸隱。明初以賢良徵，辭不起。應聘入浙、閩校文者三，爲會試同考者再，太祖稱之曰「老試官」。然知其志不可屈，亦不強以仕。年垂九十而卒。夢麟以前朝遺老，不能銷聲滅蹟，自遁於雲山煙水之間，乃出預新朝貢舉之事。此與楊維楨等之修《元史》、胡行簡等之修《禮書》，其蹤蹟相類。以較丁鶴年諸人，當降一格。然身經徵辟，卒不受官，較改節希榮者，終加一等。仍繫諸元，曲諒其本志也。是集爲其元孫江西按察司僉事清所編。凡詩文四百二十四篇。夢麟與趙孟頫爲姻家，傳其詩法，七言律體最工，時稱「沈八句」。劉基早與之遊，嘗寄贈曰：「杜陵老去詩千首，陶令歸來酒一罇。」其文其人，具見於是矣。

謙齋稿

黄虞稷《千頃堂書目・別集類》　滕克恭《謙齋稿》。字安卿，祥符人。元進士，集賢學士，遇亂避地錢塘，洪武初兩聘充本省考試官。

玉笥集

倪燦等《補遼金元藝文志・別集類・補元》　鄧雅《玉笥集》十卷。

《四庫提要・別集類二一》《玉笥集》九卷。浙江汪啓淑家藏本。元鄧雅撰。原本集首但題鄧伯言，而不著其名。今案集中《洪武壬戌辭聘詩》，有「雅以菲才，例蒙郡舉」云云，知其名爲雅，而伯言乃其字也。又雅雖辭聘，而末一卷乃爲《朝京紀行詩》，且有《應制賦鍾山雲氣沍寒》之作。

張金吾《愛日精廬藏書志・別集類》 鄧伯言《玉笥集》九卷。抄本。元鄧雅撰。

滹川文集

王圻《續文獻通考・經籍考・集中》《滹川文集》若干卷。真定楊俊民著。

黄虞稷《千頃堂書目・別集類・補元》 楊俊民《滹川文集》。真定人。第進士，國子祭酒。

倪燦等《補遼金元藝文志・別集類・補元》 楊俊民《滹川文集》。真定人。

錢大昕《補元史藝文志・別集類》 楊俊民《滹川文集》。真定人。

大隱集

王圻《續文獻通考・經籍考・集中》《大隱集》。楊大雅著。

錢大昕《補元史藝文志・別集類》 楊大雅《大隱集》。

蔣宗簡文集

錢大昕《補元史藝文志・別集類》《蔣宗簡文集》十卷。

金薤稿

錢大昕《補元史藝文志・別集類》 席應真《金薤稿》。

不繫舟漁集

徐𤊹《徐氏家藏書目・文集類》 陳高《不繫舟漁集》十二卷。

黄虞稷《千頃堂書目・別集類・補元》 陳高《不繫舟漁詩集》十二卷。字子上，永嘉人。至正十四年進士，爲慶元路録事。方國珍亂，高浮海走，察罕軍中欲官之不受。卒於懷慶。明裔孫順天府尹一元梓其詩行世。一作十六卷。

倪燦等《補遼金元藝文志・別集類・補元》 陳高《不繫舟漁詩集》十二卷。一作十六卷，今九卷。字子上，永嘉人。

吴焯《繡谷亭薰習録・集二》《不繫舟漁集》一卷。元永嘉陳高子上著。永嘉自「四靈」宗尚唐法，沿及子上，猶有餘風，然失之薄矣。

《四庫提要・別集類二一》《不繫舟漁集》十五卷附録一卷。兩淮馬裕家藏本。

錢大昕《補元史藝文志・別集類》 陳高《不繫舟漁集》十二卷。字子上，温州平陽人。

張金吾《愛日精廬藏書志・別集類》《不繫舟漁集》十五卷，附録一卷。舊抄本。元平陽陳高撰。

江檻集

錢大昕《補元史藝文志・別集類》 潘伯修《江檻集》。字省中，黄巖人。

潘省中集

黄虞稷《千頃堂書目・別集類・補元》 潘省中《潘先生集》。

倪燦等《補遼金元藝文志・別集類・補元》《潘省中集》。黄巖人。

静思集

倪燦等《補遼金元藝文志・别集類・補元》 郭鈺《静思集》十卷。

《四庫提要・别集類二一》 《静思集》十卷。浙江鮑士恭家藏本。元郭鈺撰。鈺字彦章，吉水人。

錢大昕《補元史藝文志・别集類》 郭鈺《静思集》十卷。字彦章，吉水人。明初以茂才徵，不就。

九靈山房集　補編

高儒《百川書志・元文》 《九靈山房集》三十卷。《山居稿》七卷，《吴游稿》七卷，《鄞游稿》七卷，《越游稿》六卷，《外集附録》一卷。金華戴良叔能撰。

徐𤊹《徐氏家藏書目・文集類》 戴良《九靈山人集》三十卷。

王圻《續文獻通考・經籍考・集中》 《九靈山房文集》。戴良著。

錢謙益等《絳雲樓書目・金元文集類》 戴良《元靈山人集》。洪武中召至京師，堅辭官職，遂自裁於旅舍。良字叔龍，浦江人，學文於柳貫、黄溍，學詩於余闕，皆得其師承。集三十卷。

黄虞稷《千頃堂書目・别集類・補元》 戴良《九靈山房集》三十卷。字叔能，浦江人。至正辛丑薦，授淮南江北行中書省儒學提舉。洪武中召至京，欲官之，以老病辭，卒於寓舍。錢謙益云：蓋自裁也。

《明史・藝文志・别集類》 戴良《九靈山房集》三十卷。

《四庫提要・别集類二一》 《九靈山房集》三十卷，《補編》二卷。兩江總督採進本。元戴良撰。良字叔能，浦江人。嘗學文於柳貫、黄溍、吴萊，學詩於余闕。【略】其集曰《山居稿》，曰《吴游稿》，曰《鄞游稿》，曰《越遊稿》。後跋又云：「集外有《和陶詩》一卷。」今檢集中，《越遊稿》内已有《和陶詩》一卷。而其門人趙友同所作墓誌亦云「《和陶詩》一卷、《九靈集》三十卷，不在集目之内。」或本别有《和陶詩》一卷，而爲後人合併於集中者，未可知也。良詩風骨高秀，迥出一時。睠懷宗國，慷慨激烈，發爲吟詠，多磊落抑塞之音。故其《自贊》謂「歌黍離麥秀之詩，詠剩水殘山之句。」蘇伯衡贊其畫像，亦謂其「跋涉道途，如子房之報韓；其彷徨山澤，如正則之自放」云。

錢大昕《補元史藝文志・别集類》 戴良《九靈山房集》三十卷。

黄丕烈《蕘圃藏書題識・集類三》 《九靈山房集》三十卷。明正統刻本。

張之洞《書目答問・别集》 《九靈山房集》三十卷。元戴良。戴殿江家刻本。《金華叢書》本。

九靈山房遺稿

《四庫提要・别集類存目一》 《九靈山房遺稿》五卷。副都御史黄登賢家藏本。元戴良撰。良有《九靈山房集》，已著録。初，良集世罕傳本。國朝康熙間，其里人張以培蒐採諸書，輯爲此本。傅旭元爲刊版，而秀水曾安世又爲校訂編次。今海内藏書，咸登祕府，良之全集復出。此本掇拾殘闕，已可不録。以世所通行，且以培等掇拾補綴之勤亦不可没，故附存其目焉。

九靈山房詩

高儒《百川書志・元詩》 《九靈山房詩》。金華戴良叔能撰。

和陶詩

王圻《續文獻通考・經籍考・詩集》 《和陶詩》。戴良著。

丹崖集

范邦甸等《天一閣書目・别集類》 《丹崖集》十卷。藍絲闌鈔本。元唐肅撰，臨川危素序。

趙東山文集　詩集

范邦甸等《天一閣書目・別集類》　《趙東山文集》九卷，《詩集》二卷。烏絲闌鈔本。元休寧趙汸撰。

黃虞稷《千頃堂書目・別集類》　趙汸《東山文集》十五卷。字子常，休寧人。隱居東山，洪武二年召修《元史》，書成，不願仕，還。

《明史・藝文志・別集類》　趙汸《東山集》十五卷。

吴焯《繡谷亭薰習録・集二》　《東山集》十一卷。明休寧趙汸子常著。汸在元時隱居東山，洪武二年徵修《元史》。玆集裔孫吉士視榷揚州日刻。吉士字恒夫，康熙中給諫。此明人録本也。

黃丕烈《蕘圃藏書題識・集類三》　《東山趙先生文集》十一卷。舊鈔本。此趙汸集名曰《東山趙先生文集》，共十一卷，文八卷，詩三卷。係坊間從貯書樓蔣氏收得者，筆致古拙，硃書校讐，未知爲誰氏鈔而校者。卷端有檇李曹氏藏書印，又有項氏珍藏印，則其來固有自矣。

東山存稿

《四庫提要・別集類二一》　《東山存稿》七卷，附録一卷。内府藏本。元趙汸撰。汸有《周易文詮》，已著録。初，汸於洪武二年應召修《元史》，歸未逾月而卒。其門人汪蔭裒輯遺文爲一編。後其門人范準又蒐羅補綴，汪仲魯爲之序，但稱若干卷而不詳其數，似作序時尚未編定也。又有嘉靖戊午鮑志定序，稱「文集散佚，間輯於汪、范二君而未備也。先翰林於先生爲莫逆交，故諸所撰述，留余家藏書樓中大率悉備。先君子棠野公追念世好，收摭先生遺文，總彙成集，攜遊北雍。潛川豫庵汪君亟請繡梓」云云。則此本乃志定之父所編，非汪蔭、范準之舊也。

梧溪集

楊士奇等《文淵閣書目・詩詞》　王逢吉《梧溪集》。一部，一册。闕。

王圻《續文獻通考・經籍考・集中》　《梧溪集》。王逢著。

錢謙益等《絳雲樓書目・金元文集類》　王逢《梧溪集》。七卷。字逢原，江陰人。牧翁稱其「記載宋元之間人才、國事，多史家所未備」。

黃虞稷《千頃堂書目・別集類・補元》　王逢《梧溪詩集》七卷。字元吉，江陰人，至正中獻《河清賦》，台臣薦之，稱疾辭歸。避地上海，自號最閒園丁。洪武初召之不出，子掖爲通事司令，以逢老叩頭泣請乃已。

錢曾《讀書敏求記・詩集》　王逢《梧溪集》七卷。先君留心國初史事，訪求王逢、陳基等集不遺餘力，然唯絳雲樓有諸。牧翁秘不肯出，未由得覩。先君殁，余於劍映齋藏書購得《梧溪集》前二卷，是洪武年間刊本，如獲拱璧，恨無從補録其全。越十餘年，復與梁溪顧修遠借得後五卷鈔本，亟命侍史繕寫成完書。

王士禎《漁洋書跋》　《梧溪集》。二則。元席帽山人王逢《梧溪集》七卷，壬申歲，門人楊庶常名時所貽，江陰老儒周榮起研農氏手録本也。

《明史・藝文志・別集類》　王逢《梧溪詩集》七卷。

吴焯《繡谷亭薰習録・集二》　《梧溪集》七卷。元江陰王逢原吉著。梧溪精舍在青龍江上，因號梧溪子，又號席帽山人，晚稱最閒園丁。卷首雜列志傳，并汪澤民、周伯琦二小序。此集刊于洪武初。至景泰七年，四世孫孟重翻，南康守錢唐陳敏政後序。

《四庫提要・別集類二一》　《梧溪集》七卷。浙江鮑士恭家藏本。元王逢撰。逢字原吉，自稱席帽山人，江陰人。當至正間被薦不就，避地吴淞江，築室上海之烏涇。適張氏據吴，東南之士咸爲之用。逢獨高蹈遠引。及洪武初，徵召甚迫，又以老疾辭。《明史・文苑傳》附載於《戴良傳》中，以二人皆義不負元者也。逢少學詩於陳漢卿，得虞集之傳。

錢大昕《補元史藝文志・別集類》　王逢《梧溪集》七卷。

顧廣圻《思適齋書跋・集部》　《梧溪集》七卷。明刻本。鮑丈渌飲向欲刊行世，今嗣規續成先志，以作《知不足齋叢書》之廿九集。

顧廣圻《思適齋書跋・集部》《梧溪集》七卷。鈔本。據陳敏政後序，知此集初刊於洪武，繼補於景泰，迨明季而景泰板已模糊斷爛且不可得矣。汲古閣藏本用景泰板填補完全，今在小讀書堆，借來校正，十獲八九，惜無從購洪武印本訂證之耳。元和顧千里記。

顧廣圻《思適齋集外書跋輯存・集類》《梧溪集》七卷。鈔本。

又《梧溪集》七卷。明刊本。

張金吾《愛日精廬藏書志・別集類》《梧溪集》七卷。舊抄本。元江陰王逢原吉撰。周伯琦序。至正己亥。陳敏政刊板序。景泰七年。

《梧溪集》七卷。明洪武刊本。卷一至四舊抄補。汲古閣藏書。元江陰王逢原吉撰。存卷五至末。其卷一至四，毛氏抄補。

東皋詩集

高儒《百川書志・元詩》《東皋先生詩集》五卷。參知政事海陵馬玉麟谷璲撰，一字伯祥。

黃虞稷《千頃堂書目・別集類・補元》馬玉麟《東皋先生詩集》五卷。字伯祥，海陵人。

倪燦等《補遼金元藝文志・別集類・補元》馬玉麟《東皋詩集》五卷。字伯祥，海陵人。

錢大昕《補元史藝文志・別集類》馬玉麟《東皋先生詩集》五卷。字伯祥，海陵人。

阮元《四庫未收書目提要・別集類》《東皋詩集》五卷。元馬玉麟撰。按玉麟，吴陵樊川人。仕元，官參知政事。著有詩集五卷，嘗自號東皋道人，故名其稿曰《東皋漫稿》云。此編成于元至正間，當時周伯琦、王宗堯皆爲之序。

昭忠逸詠

錢大昕《補元史藝文志・別集類》劉麟瑞《昭忠逸詠》五卷。記文天祥軼事。

斐然稿

黃虞稷《千頃堂書目・別集類・補元》周自得《斐然稿》。字性善，新喻人，舉《春秋》第一，揭傒斯序。

倪燦等《補遼金元藝文志・別集類・補金》周自得《斐然集》。字性善，新喻人。

樵隱集

王圻《續文獻通考・經籍考・詩集》《樵隱集》。麗水祝大明著。

錢大昕《補元史藝文志・別集類》祝大明《樵隱集》。麗水人。

玲瓏窗吟

王圻《續文獻通考・經籍考・詩集》《玲瓏窗吟卷》。清江徐基著。

錢大昕《補元史藝文志・別集類》徐基《玲瓏窗吟稿》。清江人。

僧栯堂集

黃虞稷《千頃堂書目・別集類・補元》《僧栯堂集》。

倪燦等《補遼金元藝文志・別集類・補元》《僧栯堂集》。

僧益山居詩

錢大昕《補元史藝文志・別集類》《僧益山居詩》一卷。字栯堂，奉化岳林寺僧。

傖鳴集

王圻《續文獻通考·經籍考·集中》《傖鳴集》。胡淡著。

雲陽集

錢大昕《補元史藝文志·別集類》虞志道《雲陽集》。無錫人。

玉泉集

錢大昕《補元史藝文志·別集類》謝俊民《玉泉集》。祁門人。

敬聚齋稿

錢大昕《補元史藝文志·別集類》衛仁近《敬聚齋稿》。字剛叔，華亭人。

九峰清氣集

錢大昕《補元史藝文志·別集類》陸鵬南《九峰清氣集》。

雪磯集

王圻《續文獻通考·經籍考·集中》《雪磯集》。孫庚著。庚字居仁，慈谿人。刻苦磨礪，夜坐達旦。及門若桂彥良、王桓、陳恭皆名士也。

錢大昕《補元史藝文志·別集類》孫庚《雪磯集》。字居仁，慈溪人。

漫遊集

楊士奇等《文淵閣書目·詩詞》孟伯真《漫遊集》。一部，二册。闕。

聞過齋集

楊士奇等《文淵閣書目·文集》吴海《聞過齋集》。一部，一册。闕。

錢謙益等《絳雲樓書目·金元文集類》吴海《聞過齋集》。四卷。

黄虞稷《千頃堂書目·別集類·補元》吴海《聞過齋集》。四卷。字朝宗，一字魯客，閩人，元亡不仕。秦從龍薦之明太祖，不肯出。

倪燦等《補遼金元藝文志·別集類·補元》吴海《聞過齋集》。八卷。字朝宗，閩縣人，元亡不仕。

《四庫提要·別集類二一》《聞過齋集》八卷。兩淮鹽政採進本。元吴海撰。海字朝宗，閩縣人。至正末，遭逢兵亂，絶意仕進。明洪武初，守臣欲薦諸朝，力辭得免。既而徵諸史局，亦力辭不赴。事蹟具《明史·隱逸傳》。是集爲其門人王偁所編。

錢大昕《補元史藝文志·別集類》吴海《聞過齋集》八卷。

張金吾《愛日精廬藏書志·別集類》《聞過齋集》八卷。淡生堂抄本。元吴海撰。門人靈武王偁編次。進士永嘉胡寧校正。卷首有「山陰祁氏藏書」之章。板心有「淡生堂抄本」五字。徐起、王偁兩序。後一題「歲在辛巳」，一題「歲次辛巳」，蓋建文三年辛巳也，革除之後，跋經刓改，故不著年號。

徐起序。藏在辛巳。

王偁跋。歲次辛巳。

毅齋存稿

王圻《續文獻通考・經籍考・集中》 《毅齋存稿》。王洪著。

錢大昕《補元史藝文志・別集類》 王洪《毅齋存稿》。

環翠山房集

錢大昕《補元史藝文志・別集類》 葛閏孫《環翠山房集》。合肥人。

黄山詩集

錢大昕《補元史藝文志・別集類》 陳玉峰《黄山詩集》。太平人。

友雲集

錢大昕《補元史藝文志・別集類》 汪文龍《友雲集》。太平人。

南山詩集

錢大昕《補元史藝文志・別集類》 汪珍《南山詩集》。太平人。

東白文集

錢大昕《補元史藝文志・別集類》 任暉《東白文集》。上海人。

雙清詩

王圻《續文獻通考・經籍考・詩集》 《雙清詩》一卷。東山壽聖寺物外上人作，同聲氣者和之。

雙清稿

錢大昕《補元史藝文志・別集類》 沈騰《雙清稿》。華亭人。

樗隱集

黄虞稷《千頃堂書目・別集類・補元》 胡行簡《樗隱集》。字居敬，新喻人。至正間進士，官國史院修撰。

倪燦等《補遼金元藝文志・別集類・補元》 胡行簡《樗隱集》六卷。字居敬，新喻人。

《四庫提要・別集類二一》 《樗隱集》六卷。《永樂大典》本。元胡行簡撰。行簡字居敬，新喻人。至正二年進士，授國子監助教，歷翰林修撰，除江南道御史，遷江西廉訪司經歷。遭世亂，乞歸，以經學教授鄉里。事蹟見《江西通志》中。考《明史・禮志》，載洪武二年詔郡縣舉高潔博雅之士，同修《禮書》，至者八人，而行簡與焉，是明初尚存。故集中《晏公廟》、《喻真人》二碑均有洪武年號。然《明太祖實録》又載「徵江西儒士劉于、胡行簡等至京，欲官之，俱以老病辭，各賜帛遣還」，則尚未受明官也。行簡文章，以沖和淡雅爲宗，雖波瀾未闊，而能確守法度，不爲支離冗贅之詞。擬之元末，殆李祁《雲陽集》之流。其詩傳者無多，《墨竹》一章，於故君舊國之思，再三致意，亦頗可見其節操。焦竑《經籍志》所列元末明初諸集，爲數最夥，而獨無此集之目，是明代傳本已尠。今從《永樂大典》蒐輯編綴，釐爲六卷，存其概焉。

錢大昕《補元史藝文志・別集類》 胡行簡《樗隱集》六卷。

鑑池春草集

黃虞稷《千頃堂書目・別集類・補元》 楊士弘《鑑池春草集》□卷。字伯謙，本襄城人，寓居清江。所撰《唐音》最著。

倪燦等《補遼金元藝文志・別集類・補元》 楊士弘《鑑池春草集》。字伯謙，本襄城人，居清江。

錢大昕《補元史藝文志・別集類》 楊士弘《鑑池春草集》。字伯謙，襄城人，寓居清江。

廣莫子稿

黃虞稷《千頃堂書目・別集類・補元》 莫惟賢《廣莫子稿》。字景行，錢塘人。

倪燦等《補遼金元藝文志・別集類・補元》 莫惟賢《廣莫子稿》。字景行，錢塘人。

溝南集

黃虞稷《千頃堂書目・別集類・補元》 張端《溝南集》□□卷。字希尹，江陰人，海鹽州判官。

倪燦等《補遼金元藝文志・別集類・補元》 張端《溝南集》。字希尹，江陰人。

溝南漫存稿

錢大昕《補元史藝文志・別集類》 張端《溝南漫存稿》。字希尹，江陰人，江浙行樞密院都事。

待清軒遺稿

錢大昕《補元史藝文志・別集類》 潘音《待清軒遺稿》。字聲甫，天台人。

野航亭稿

錢大昕《補元史藝文志・別集類》 姚文奐《野航亭稿》。字子章，崑山人。

茶山集

黃虞稷《千頃堂書目・別集類》 沈貞《茶山集》五十四卷。字元吉，長興人。元末隱居橫玉山之士林，自號茶山老人，明初不仕。

黃虞稷《千頃堂書目・別集類・補元》 沈貞《茶山集》十集。字元吉，長興人。隱居不仕，號茶山老人。

倪燦等《補遼金元藝文志・別集類・補元》 沈貞《茶山集》十卷。字元吉，長興人。

錢大昕《補元史藝文志・別集類》 沈貞《茶山集》十卷。字元吉，長興人。

茶山老人遺集

《四庫提要・別集類存目一》 《茶山老人遺集》二卷。浙江孫仰曾家藏本。元沈貞撰。貞字元吉，自號茶山老人，長興人，入明不仕。勞鉞《湖州府志》稱所著《茶山稿》十二卷，而顧應祥《長興志》則稱所著《茶山集》凡五十卷，朱彝尊編《明詩綜》，僅搜得《樂神曲》一十三首，尚多闕文，則原集之佚久矣。

書山遺集

《四庫提要・別集類存目一》《書山遺集》二十卷。江西巡撫採進本。元吴會撰。會字慶伯，金谿人。至正三年，嘗舉鄉薦第一。入明不仕，至洪武戊辰乃卒。以一足病廢，自稱獨足先生。所作詩文，即名《獨足雅言》，凡二十卷。李夢陽《懷麓堂詩話》尚引其《晚張性詩》，證《杜律注》非虞集作，則正德間尚存，近世已久無傳本。是集爲其裔孫尚絅所蒐輯，以已非原本，故改題曰《書山遺集》，而仍編爲二十卷，以存其舊。原刻《獨足雅言解》一篇，仍冠於首。

王仁輔文稿

黄虞稷《千頃堂書目・別集類・補元》《王仁輔文稿》十卷。字文友，鞏昌人，居常州。

倪燦等《補遼金元藝文志・別集類・補元》《王仁輔文稿》十卷。字文友，鞏昌人，居常州。

錢大昕《補元史藝文志・別集類》《王仁輔文稿》十卷。

烏繼善文集

王圻《續文獻通考・經籍考・集中》《烏繼善文集》。宋景濂曰：繼善名期道，號草堂先生，慈谿人。爲文峻潔如明月珠，起伏如春江濤。

吴萬户詩集

黄虞稷《千頃堂書目・別集類・補元》吴訥《吴萬户詩集》五卷。字克敏，休寧人。少好兵法，鄭玉、楊維楨言其才於浙省，授建德路判官，兼義兵萬户，與明兵戰敗，不屈自裁。

倪燦等《補遼金元藝文志・別集類・補元》《吴訥詩集》五卷。字克敏，休寧人。建德路判官，兼義兵萬户。與明兵戰敗，不屈自裁。

錢大昕《補元史藝文志・別集類》《吴萬户詩集》五卷。名訥，字克敏，休寧人。至正末爲義兵萬户，與明戰敗，不屈死。

燹餘集

王圻《續文獻通考・經籍考・詩集》《燹餘集》。桃峰朱嗣榮著。精于詩，沖淡如漢魏，雄健如盛唐，因遭兵火，故以名集。所著又有《政鑒》若干卷，亦燬于兵。

錢大昕《補元史藝文志・別集類》朱嗣榮《燹餘集》。字文昌，金溪人。

清嘯前後集

錢大昕《補元史藝文志・別集類》胡山立《清嘯前後集》。廬陵人。

燹餘集

錢大昕《補元史藝文志・別集類》熊太古《燹餘集》。

熙真集

錢大昕《補元史藝文志・別集類》熊太古《熙真集》。

冀越集

黃丕烈《蕘圃藏書題識再續録·集類》《冀越集》前後二卷，附《相宅管説》。古歡堂鈔本。右《冀越集》二卷，元熊太古撰。太古豐城人，天慵先生朋來之子。篇末所引《瑟譜》及《家集》皆朋來所著也。余舊藏明伍氏刻本無後卷。乾隆壬寅六月，借蔣氏賦琴樓所藏吳匏庵本録全。是年九月，又得武林鮑氏知不足齋本校讎誤脱，遂并録而識之如此。

東游集

王圻《續文獻通考·經籍考·集中》《東遊集》。括蒼劉氏曰：豫章鄭士亨著。

錢大昕《補元史藝文志·別集類》鄭士亨《東游集》。豫章人。

昌雩集

王圻《續文獻通考·經籍考·集中》《昌雩集》。雩都劉君賢著。

錢大昕《補元史藝文志·別集類》劉君賢《昌雩集》六卷。字文定，雩都人，改姓袁。

得月稿

高儒《百川書志·元詩》《得月稿》六卷。南明石鼓聾者吕不用則耕著。

黃虞稷《千頃堂書目·別集類·補元》吕則耕《得月稿》，六卷。新昌人。生而聾，自號石鼓山聾者。明初被薦，以病辭。

倪燦等《補遼金元藝文志·別集類·補元》吕則耕《得月稿》六卷。新昌人。生而聾，自號石鼓山聾者。

《四庫提要·別集類存目一》《得月稿》四卷。兩淮鹽政採進本。元吕不用撰。不用字則耕，上虞人，元亡不仕，洪武初舉教諭，以聾辭，自號石鼓山聾。是集爲其孫鳳所編，凡詩三卷、文一卷。前有洪武九年曾衍、王霖二序，推之甚至。然詩多粗俚，文尤冗漫。

錢大昕《補元史藝文志·別集類》吕則耕《得月稿》六卷。

青村遺稿

倪燦等《補遼金元藝文志·別集類·補元》金涓《青村遺稿》一卷。

《四庫提要·別集類二二》《青村遺稿》一卷。浙江巡撫採進本。元金涓撰。涓字德原，義烏人。本姓劉，先世避吳越王錢鏐嫌名，改爲金氏。嘗受經於許謙，又學文章於黃溍。嘗爲虞集、柳貫所知，交薦於朝，皆辭不赴。明初州郡辟召，亦堅拒不起，竟教授鄉里以終。所著有《湖西》、《青村》二集，共四十卷，兵燹不存。嘉靖中，其六世孫魁始掇拾散亡，編爲此本。魁子江始刊版印行。

錢大昕《補元史藝文志·別集類》金涓《青村遺稿》一卷。

風雅翼

楊士奇等《文淵閣書目·詩詞》《風雅翼》。一部，四册。闕。

子貞詩集

錢謙益等《絳雲樓書目·金元文集類》陳方《子貞詩集》。元末處士。

黃虞稷《千頃堂書目·別集類·補元》陳方《子貞詩集》一卷。京口人，居於吳，死張士誠之難。吳人刻其詩以傳。

倪燦等《補遼金元藝文志·別集類·補元》 陳方《子貞詩集》一卷。京口人，居於吳，死張士誠之難。

谷陽集

錢大昕《補元史藝文志·別集類》 陳方《谷陽集》。

不二心稿

錢大昕《補元史藝文志·別集類》 孟栻《不二心稿》。無錫人。

張頍文集

黄虞稷《千頃堂書目·別集類·補元》 《張頍文集》。

倪燦等《補遼金元藝文志·別集類·補元》 《張頍文集》。

錢大昕《補元史藝文志·別集類》 張頍《導江文集》。

覆瓿集

錢大昕《補元史藝文志·別集類》 趙質翁《覆瓿集》。山陽人。

軒渠集

錢大昕《補元史藝文志·別集類》 洪德章《軒渠集》一卷。名巖虎，莆田人。

王泰來詩集

王圻《續文獻通考·經籍考·詩集》 《王泰來詩集》。王泰來著。

静庵詩集

王圻《續文獻通考·經籍考·詩集》 《静庵詩集》。華亭胡林卿著。

孫良禎詩文

王圻《續文獻通考·經籍考·詩集》 《孫良禎詩文》若干卷。烏古孫良著。

筆花集

范邦甸等《天一閣書目·總集類》 《筆花集》一册。藍絲闌鈔本。湯舜民著。

春草軒集

黄虞稷《千頃堂書目·別集類》 金信《春草軒集》。字中孚，金華人。與楊維楨友善，工詩。以茂才舉不就，穩居自怡，人稱漫吟先生。

尚雅集

黄虞稷《千頃堂書目·別集類》 陳大倫《尚雅集》。字彦理，諸暨人。

元喆文集

王圻《續文獻通考・經籍考・集中》《元喆文集》十卷。金谿葛元喆著。

錢大昕《補元史藝文志・別集類》《葛元喆文集》十卷。金溪人。

葛元喆遺稿

黃虞稷《千頃堂書目・別集類・補元》《葛元喆遺稿》十卷。金溪人，舉進士。官福建行省經歷，人稱文貞先生，明崔亮、蘇伯衡咸師之。

倪燦等《補遼金元藝文志・別集類・補元》《葛元喆遺稿》十卷。金谿人。

平蜀總論

黃虞稷《千頃堂書目・別集類・補元》葛元喆《平蜀總論》。

倪燦等《補遼金元藝文志・別集類・補元》葛元喆《平蜀總論》。

來鶴亭詩　補遺

黃虞稷《千頃堂書目・別集類・補元》呂肅《來鶴亭集》。字敬夫，初名誠，崑山人。

倪燦等《補遼金元藝文志・別集類・補元》呂肅《來鶴亭稿》。字敬夫，初名誠，崑山人。

《四庫提要・別集類二一》《來鶴亭詩》八卷，《補遺》一卷。浙江鮑士恭家藏本。元呂誠撰。誠字敬夫，崑山人。工於吟詠，詩格清麗，與同里郭翼、陸仁、袁華相唱和。嘗於園林蓄一鶴，後有鶴自來爲伍，因築來鶴亭，併以名其詩集。

錢大昕《補元史藝文志・別集類》呂誠《來鶴亭詩》一卷。又《補遺》一卷。

黃丕烈《蕘圃藏書題識續録・集類下》《來鶴草堂稿》一卷，附《鶴亭倡和》一卷。舊鈔本。海寧吳兔牀以舊鈔本示余，余取此互勘。去冬校未半，病大作，因循未了此債。新年始畢，校而還之。復翁。

既白軒稿

黃虞稷《千頃堂書目・別集類・補元》呂肅《既白軒稿》。

倪燦等《補遼金元藝文志・別集類・補元》呂肅《既白軒稿》。

錢大昕《補元史藝文志・別集類》呂誠《既白軒稿》一卷。

黃丕烈《蕘圃藏書題識續録・集類下》《既白軒稿》一卷。

番禺稿

黃虞稷《千頃堂書目・別集類・補元》呂肅《番禺稿》。

倪燦等《補遼金元藝文志・別集類・補元》呂肅《番禺稿》。

錢大昕《補元史藝文志・別集類》呂誠《番禺稿》一卷。

竹洲歸田稿

黃虞稷《千頃堂書目・別集類・補元》呂肅《竹洲歸田稿》。

倪燦等《補遼金元藝文志・別集類・補元》呂肅《竹洲歸田稿》。

錢大昕《補元史藝文志・別集類》呂誠《竹洲歸田稿》一卷。

黃丕烈《蕘圃藏書題識續録・集類下》《竹洲歸田稿》一卷。

樂志園集

黃丕烈《蕘圃藏書題識・集類三》 《樂志園集》八卷。校本。此册爲兔牀山人藏本并手校者，介髯翁示余，余取舊藏顧秀野鈔本勘之，大段略同而詞句互有得失。至命名則有異，此云《樂志園詩集》一至八卷，余本則分題，各自爲一集，一云《來鶴草堂稿》，二云《既白軒稿》，三云《竹洲歸田稿》，鄭文康後記外，又有《鶴亭唱和》一卷，又有十葉，亦敬夫詩，無集名，未知云何，此脱之矣。

吴壽暘《拜經樓藏書題跋記・卷五》 《樂志園集》。舊鈔本《樂志園集》八卷，後附《補遺》，元崑山吕誠敬夫著。先君子校閲，復經黃蕘圃先生以家藏秀野堂鈔本互勘，手書補正脱誤。蕘圃題云：【略】後附《歲暮懷人》之一云：「異地能同好，一州得兩人。僑居情久密，謂髯翁。過訪跡常親。君每過吴，必至余舍。屢寄書相賞，曾遺畫絶珍。蒙君作《員嶠訪書圖》以贈。髯翁倘歸去，爲我賀新春。每歲底託髯翁帶拜年帖稱賀。」其鄭文康記及《歸田稿》内「杖屨」云云至「答之」，皆補於卷末。前後有「蕘翁」、「更字復翁」、「蕘圃手校」圖記。

來鶴亭詩　補遺

倪燦等《補遼金元藝文志・别集類・補元》 吕誠《來鶴亭詩》一卷。又《補遺》一卷。疑與吕思誠是一人。

雲松巢詩集

高儒《百川書志・元詩》 《雲松巢先生詩集》三卷。贈朝列大夫樂清瑶川故老朱希晦撰。其七世孫玄諫選古近體精粹者百八十五首。

錢謙益等《絳雲樓書目・金元文集》 朱希晦《雲松巢集》。二卷。樂清人。

倪燦等《補遼金元藝文志・别集類・補元》 朱希晦《雲松巢集》三卷。

錢曾《讀書敏求記・詩集》 朱希晦《雲松巢詩集》二卷。希晦，樂清人。元季與四明吴主一、蕭臺、趙彦銘遊詠雁山中，時稱爲「雁山三老」。臨終以業田數十畝悉歸祠堂，奉祭祀，獨取遺稿及端硯、古本《文選》遺五子。永樂中，其子鬮謁序于天台鮑原弘，可謂克繼家聲者矣。

《四庫提要・别集類二一》 《雲松巢集》三卷。浙江鮑士恭家藏本。元朱希晦撰。希晦，樂清人。至正末，隱居瑶州，與四明吴主一、蕭臺、趙彦銘游詠雁山之中，稱「雁山三老」。明初有薦於朝者，朝命未至而卒。是集乃其子鬮所編，天台鮑原弘爲之序。正統中，其玄孫玄諫刊版，章陬又爲之序。原弘序稱其「飄逸放曠宗於李，典雅雄壯宗於杜」。陬序稱其「思致精深，詞意豐贍。滔滔汨汨，如驚濤怒瀾，蛟鼉出没，而可駭可愕」。今觀其詩，五言詩氣格頗清，而邊幅少狹，興象未深，數首以外，詞旨略同；七言稍爲振拔；古體又勝於近體。溯其宗派，蓋瓣香於《劍南》一集。原序所稱，未爲篤論也。

錢大昕《補元史藝文志・别集類》 朱希晦《雲松巢集》三卷。樂清人，明初被薦，未授官卒。

黃丕烈《蕘圃藏書題識續録・集類下》 《雲松巢詩集》一卷。舊鈔本。詩集自五言六言七言絶句以及五言七言律、五言七言古體，終以五言長律。似完善者，其爲足本無疑。【略】因思是書卷數載諸《讀書敏求記》者爲確，而所見不分卷，又非殘零，何與錢本不合？且《四庫全書總目》以爲三卷，正統中玄孫玄諫刊板，章陬爲之序，《浙江采集遺書總録》以爲十卷，寫本有天台鮑原弘、章陬撰序。所聞異詞，吾不知其原本究竟何如也。俟與諸藏書家博訪之。蕘圃主人黃丕烈識。

蠖閣集

錢大昕《補元史藝文志・别集類》 何淑《蠖閣集》八卷。字伯善，臨川人，至正進士。

孟待制文集

黃虞稷《千頃堂書目・别集類・補元》 孟昉《孟待制文集》。字天暐，西域人。

居北平。官江南行臺御史。陳基爲其集序。

倪燦等《補遼金元藝文志・別集類・補元》《孟昉待制文集》。字天暐，本西域人，居北平。

錢大昕《補元史藝文志・別集類》《孟待制文集》。名昉，字天暐，本西域人，江南行臺御史。

一山文集

王圻《續文獻通考・經籍考・集中》《一山文集》。李守成著。即士瞻之子，官至翰林檢討，河朔學者多師之。

錢謙益等《絳雲樓書目・金元文集類》李繼本《一山文集》。九卷。

黄虞稷《千頃堂書目・別集類・補元》李延興《一山文集》九卷。字繼本，士瞻子。至正丁酉進士，官太常奉禮，兼翰林院檢討，入明不仕，郡邑聘爲教官。

倪燦等《補遼金元藝文志・別集類・補元》李延興《一山文集》九卷。字繼本，士瞻子。

倪燦等《補遼金元藝文志・別集類・補元》李繼本《一山文集》九卷。

《四庫提要・別集類二一》《一山文集》九卷。兩淮馬裕家藏本。元李繼本撰。繼本名延興，以字行，東安人，占籍北平。登至正十七年進士。授太常奉禮，兼翰林檢討。考其代雄縣知縣所作《禱雨文》，内稱「洪武二十七年」，則其人明初尚存矣。此集前有李敏序，稱爲其子方曙、方煦所輯。而景泰中黎公穎序則曰其孫容城教諭伸所編。意其父子相繼爲之歟。朱彝尊《明詩綜》蒐羅最備，獨未録是集。殆以未仕於明，故與楊維楨諸人一例不載。顧嗣立《元百家詩選》亦未收入。則疑流傳頗少，嗣立偶未見也。其詩文俊偉疏達，能不失前人規範。長歌縱横磊落，尤爲擅場。中有學李白不成，流爲盧仝、馬異格調者。好奇之弊，其失不免獷而野。然愈於翦紅刻翠，以詞爲詩者多矣。

錢大昕《補元史藝文志・別集類》李繼本《一山文集》九卷。一名守成。至正進士，翰林檢討。

肅雝集

黄虞稷《千頃堂書目・別集類・補元》鄭允端《肅雍集》一卷。字正肅，吴人。宋丞相鄭清之裔孫，同郡施伯仁婦。

倪燦等《補遼金元藝文志・別集類・補元》鄭允端《肅雍集》一卷。字正肅，吴人。宋丞相鄭清之裔孫，同郡施伯仁婦。

《四庫提要・別集類存目一》《肅雝集》一卷。浙江鮑士恭家藏本。舊本題元女子鄭允端撰。允端字正淑，平江人，宋丞相清之五世孫女，歸同郡施伯仁。至正丙申，張士誠入平江，家爲兵所破，貧病悒悒而卒，年僅三十。集首有《敘傳》，紀其始末。集爲允端没後伯仁裒其遺稿而成，錢塘錢惟善、青城杜寅爲作前後序。明嘉靖中其五世孫仁始刻之。其詩詞意淺弱，失粘落韻者，不一而足。

吴壽暘《拜經樓藏書題跋記・卷五》《肅雝集》。右詩一卷，元閨秀鄭允端著。舊鈔本首爲錢惟善序，次序不書名氏。先君子記云：「某按《列朝詩集》云《允端集》，曲江老人錢惟善、汴人杜寅爲敘傳」云云。然則此篇蓋寅筆也，次爲至正丙申允端自序，末有至正甲辰杜寅後序。先君子書列朝詩《閨、名媛詩》歸二條于別楮，立書卷首云：《提要》以《肅雝集》爲僞託。

包公文集

王圻《續文獻通考・經籍考・集上》《包公文集》。包文舉著。

春雨軒文

高儒《百川書志・元文》《春雨軒文》一卷。鄱陽劉彦昺著。凡十五篇，附録，六篇。

劉彦昺詩集

高儒《百川書志・元詩》 《春雨軒詩集》七卷。鄱陽劉彦昺撰。詞賦樂府古律諸體百七十有奇。詞另類。

王圻《續文獻通考・經籍考・詩集》 《劉彦昺詩集》。彦昺名炳。其詩氣韻沉鬱，言出意表，近謝康樂；蘊藉脱落，不霑塵土，類岑嘉州；渢渢乎仙遊，英英乎霞舉，又善學李供奉。天分既高，人功又深，凡有模擬，彷彿似之。

性情集

倪燦等《補遼金元藝文志・別集類・補元》 周巽《性情集》六卷。

《四庫提要・別集類二一》 《性情集》六卷。《永樂大典》本。元周巽撰。巽事蹟不見於他書。其詩集諸家亦未著録。集以「性情」爲名，其所尚蓋可知也。【略】詩格不高，頗乏沈鬱頓挫之致。然其抒懷寫景，亦頗近自然，要自不失雅則。元末吉州一郡，如周霆震、楊允孚、郭鈺等，皆有詩集流傳，而巽詩獨佚，殆亦有幸不幸歟。今據《永樂大典》所載，蒐羅編輯，釐爲六卷，俾與《石初》諸集竝存於世，亦未嘗不分路争馳矣。

錢大昕《補元史藝文志・別集類》 周巽《性情集》六卷。

訥齋文集

楊士奇等《文淵閣書目・文集》 王毅《訥齋文集》。一部，一册。闕。

黄虞稷《千頃堂書目・別集類》 王毅《訥齋集》四卷。字剛叔，栝蒼人。弟存誠輯，宋濂序。

又《別集類・補元》 王毅《訥齋文集》四卷。字剛叔，括蒼人。元末與其徒章溢集鄉民捍禦寇盜有功，後死於寇。

倪燦等《補遼金元藝文志・別集類・補元》 王毅《訥齋文集》四卷。字剛叔，括蒼人。元末與其徒章溢集鄉民禦寇有功，後死於寇。

錢大昕《補元史藝文志・別集類》 王毅《木訥齋文集》五卷。字剛叔，龍泉人。

瀘濱集

楊士奇等《文淵閣書目・詩詞》 《瀘濱性情集》。一部，一册。完全。

黄虞稷《千頃堂書目・別集類・補元》 張植《瀘濱集》五卷。一作《瀘濱性情集》。

倪燦等《補遼金元藝文志・別集類・補元》 張植《瀘濱集》五卷。一作《瀘濱性情集》。

錢大昕《補元史藝文志・別集類》 張植《瀘濱集》五卷。

雲坡樵唱集

錢大昕《補元史藝文志・別集類》 汪斌《雲坡樵唱集》。婺源人。

菊坡集

錢大昕《補元史藝文志・別集類》 汪德馨《菊坡集》。婺源人。

東湖遺稿

錢大昕《補元史藝文志・別集類》 汪德鈞《東湖遺稿》。婺源人。

金帚集

錢大昕《補元史藝文志·別集類》 范致大《金帚集》。無錫人。

牛處士詩集

錢大昕《補元史藝文志·別集類》 《牛處士詩集》一卷。名野夫，真州人。

松軒文集

錢大昕《補元史藝文志·別集類》 許應祁《松軒文集》。宜興人。

雲谷集

錢大昕《補元史藝文志·別集類》 金原舉《雲谷集》。鹽城人。

乾乾居士集

錢大昕《補元史藝文志·別集類》 陸仁《乾乾居士集》。字良貴，河南人，寓崑山。

詩　草

錢大昕《補元史藝文志·別集類》 吴主一《詩草》。名志淳，無爲州人。

紫巖稿

王圻《續文獻通考·經籍考·集上》 《紫巖稿》十餘卷。周潤祖著。浙人。

又 《紫巖稿》十餘卷。周順祖著。順祖，臨海人。精性理之學。

黃虞稷《千頃堂書目·別集類·補元》 周潤祖《柴巖稿》。臨海人，至正中徵士。

倪燦等《補遼金元藝文志·別集類·補元》 周潤祖《柴巖稿》。臨海人。

錢大昕《補元史藝文志·別集類》 周潤祖《紫巖稿》。臨海人。

醉漁集

錢大昕《補元史藝文志·別集類》 馬麐《醉漁集》。字公振，崑山人。

草堂集

錢大昕《補元史藝文志·別集類》 馬麐《草堂集》。

守約齋集

錢大昕《補元史藝文志·別集類》 吴簡《守約齋集》。明初應召入都。

月潭詩集

錢大昕《補元史藝文志·別集類》 吴簡《月潭詩集》。

樵唱集

錢大昕《補元史藝文志·別集類》 朱鳳《樵唱集》。吴江人。

溪香集

錢大昕《補元史藝文志·別集類》 正則《溪香集》。

夢觀集

楊士奇等《文淵閣書目·詩詞》 僧《夢觀集》。一部，一册。完全。

黄虞稷《千頃堂書目·別集類》 大圭《夢觀集》。字恒白，晉江人，泉州開元寺僧。

倪燦等《補遼金元藝文志·別集類·補元》 僧大圭《夢觀集》二十四卷。

《四庫提要·別集類二〇》 《夢觀集》五卷。浙江鮑士恭家藏本。元釋大圭撰。大圭字恒白，姓廖氏，晉江人。至正間，居泉州之紫雲寺。其集本二十四卷。首爲《夢法》一卷、《夢偈》一卷、《夢事》一卷。次爲詩六卷，次爲文十五卷。所謂《夢法》、《夢偈》、《夢事》者，皆宗門語録，不當列之集中。其雜文亦多青詞、疏引，不出釋氏之本色，皆無可取。惟其詩氣骨磊落，無元代纖穠之習，亦無宋末江湖蔬筍之氣。吴鑒原序稱其華實相副，詞達而意到，不雕鎪而工，去纂組而麗，屏耕鋤而秀。雖朋友推奬之詞，然核以所作，亦不盡出於溢美。蓋石湖、劍南之餘風，猶存於方以外矣。今删除其《夢法》等卷，併删除其雜文，惟録古今體詩編爲五卷。沙礫既捐，精華斯露。取長棄短，期於不失雅音。其三乘宗旨，聽釋氏之徒自傳之，固不必爲彼法計也。

錢大昕《補元史藝文志·別集類》 大圭《夢觀集》五卷。字恒白，晉江人。

不繫舟集

錢大昕《補元史藝文志·別集類》 祖柏《不繫舟集》。字子庭，四明人。

長春集

錢大昕《補元史藝文志·別集類》 餘澤《長春集》。字天泉，天竺寺僧。

雨花別集

錢大昕《補元史藝文志·別集類》 餘澤《雨花別集》。

碧山堂集

黄虞稷《千頃堂書目·別集類》 宗衍《碧山堂集》三卷。字道原，蘇州人，危素爲集序。

《明史·藝文志·別集類》 宗衍《碧山堂集》三卷。

錢大昕《補元史藝文志·別集類》 宗衍《碧山堂集》。字道源，吴人。住持嘉興德藏寺僧。

卧雲集

錢大昕《補元史藝文志·別集類》 無照《卧雲集》。

忠節流芳集　挽詩附録　手澤聚芳

高儒《百川書志・元詩》　《忠節流芳集》一卷。《挽詩附録》一卷。《手澤聚芳》一卷。潮州路總管廬州友石山人王翰用文著。

友石山人遺稿

徐𤊹《徐氏家藏書目・文集類》　王翰《友石山人詩》一卷。

黄虞稷《千頃堂書目・別集類・補元》　王翰《友石山人遺稿》一卷。字用文，其先靈武人，居廬州，爲潮州路總管。明既有天下，翰辟地於福州永福爲黄冠，太祖召之，乃屬其子偁於友人吴海，自引決。

倪燦等《補遼金元藝文志・別集類・補元》　王翰《友石山人遺稿》一卷。字用文，其先靈武人，居廬州，爲潮州路總管。元亡，辟地福州，明太祖召之，乃屬其子偁於友人吴海，自引決。

錢曾《讀書敏求記・集》　王翰《友石山人稿》一卷。潮州路總管王翰，字用文，别號友石山人。元亡，浮海之閩，居永福山中黄冠服十年。有薦之于朝者，君聞，辟命下，即引決。今讀其《自決詩》，忠義之氣凛然，吁可敬也。遺稿爲其子偁編類。偁字孟揚，行事詳附録中。予今題其稿者，所以存其人也。

《四庫提要・別集類二一》　《友石山人遺稿》一卷。編修汪如藻家藏本。元王翰撰。翰字用文，其先西夏人。元初從下江淮，授領兵千户，鎮廬州，因家焉。翰少襲爵，有能名，累遷江西、福建行省郎中。陳友定留居幕府，表授潮州路總管，兼督循、梅、惠三州。友定敗，浮海抵交趾，不果。屏居永福之觀獵山，著黄冠服者十一年。洪武間辟書再至，翰以幼子偁託其故人吴海，遂自引決。翰本將家子，志匡時難，不幸遭宗邦顛沛，其慷慨激烈之氣，往往託之聲詩。故雖篇什無多，而沈鬱頓挫，凛然足見其志節。

錢大昕《補元史藝文志・別集類》　王翰《友石山人遺稿》一卷。本唐兀氏，名那木罕，潮州路總管。

張金吾《愛日精廬藏書志・別集類》　《友石山人遺稿》一卷。明弘治刊本。元王翰撰。前有墓誌銘。吴海撰。

丁鶴年集

楊士奇等《文淵閣書目・詩詞》　《鶴年先生詩》。一部，一册。闕。《鶴年先生詩》。一部，一册。闕。

高儒《百川書志・元詩》　《丁鶴年詩集》三卷，附録一卷。西域人也。外附時人及昆仲詩十七首。

徐𤊹《徐氏家藏書目・文集類》　《丁鶴年詩集》一卷。

錢謙益等《絳雲樓書目・金元文集類》　《丁鶴年詩集》。字鶴年，西域人。戴良作《丁高士傳》，以申屠蟠擬之。永樂中卒於武昌。正統中楚藩刻其遺文。

《四庫提要・別集類二一》　《丁鶴年集》一卷。直隸總督採進本。元丁鶴年撰。鶴年字亦曰鶴年，蓋用孟浩然字浩然例也。色目人。本世家子。遭亂不求仕宦，篤尚志操，兼以孝聞。烏斯道、戴良爲作傳，皆以申屠蟠擬之。元亡避地四明，後歸老武昌山中。《明史・文苑傳》附見《戴良傳》末。其詩本名《海巢集》。此本題《丁鶴年先生集》，不知何人所編。

黄丕烈《蕘圃藏書題識・集類三》　《丁鶴年集》四卷。元刻本。《題丁鶴年集呈蕘圃政》：西域詩人集，傳於至正年。諸兄咸附録，高弟各分編。

顧廣圻《思適齋集外書跋輯存・集類》　《丁鶴年集》四卷。元刊本。

張金吾《愛日精廬藏書志・別集類》　《鶴年先生詩集》四卷。元刊本。元丁鶴年撰。卷一曰《海巢集》，題門人四明戴稷編次。卷二曰《哀思集》，題門人四明戴習編次。卷三曰《方外集》，編次姓氏闕。卷四曰《續集》，題門人修江向誠編次，後附鶴年兄吉雅謨丁、愛理沙及鶴年表兄吴惟善三人詩一十三首。

海巢集

錢大昕《補元史藝文志・別集類》　丁鶴年《海巢集》一卷。

哀思集

錢大昕《補元史藝文志·别集類》〔丁鶴年〕《哀思集》一卷。

方外集　續集

錢大昕《補元史藝文志·别集類》〔丁鶴年〕《方外集》一卷，又《續集》一卷。

張孟兼詩

楊士奇等《文淵閣書目·詩詞》《張孟兼詩》。一部，一册。闕。

映雪齋稿

錢大昕《補元史藝文志·别集類》孫元蒙《映雪齋稿》。字正甫，鄞人，忠清書院山長。

缾窩類稿

錢大昕《補元史藝文志·别集類》劉希賢《缾窩類稿》。鄞人。

學餘稿

錢大昕《補元史藝文志·别集類》彭克紹《學餘稿》。

邯鄲步

錢大昕《補元史藝文志·别集類》夏洪參《邯鄲步》。

紀夢集

錢大昕《補元史藝文志·别集類》高德進《紀夢集》十卷。河南人，失其名，由御史掾史官浙江宣慰使都事。

宗雅集

錢大昕《補元史藝文志·别集類》李仲淵《宗雅集》。集賢直學士。

秦淮櫂歌

錢大昕《補元史藝文志·别集類》余東卿《秦淮櫂歌》。

自然亭詩

錢大昕《補元史藝文志·别集類》孔肅夫《自然亭詩》。

潔庵集

錢大昕《補元史藝文志·别集類》孔子升《潔庵集》十二卷。平陽人。

鄭璞集

錢大昕《補元史藝文志・別集類》 高賓叔《鄭璞集》。

望雲稿

錢大昕《補元史藝文志・別集類》 謝震《望雲稿》。丹陽人。

嗚球集

錢大昕《補元史藝文志・別集類》 汪逢辰《嗚球集》。歙人。

仁山遺稿

錢大昕《補元史藝文志・別集類》 程彌壽《仁山遺稿》。祁門人。

蘭皋集

錢大昕《補元史藝文志・別集類》 吳錫疇《蘭皋集》。休寧人。

甬東野人語

黄虞稷《千頃堂書目・別集類・補元》 薛聞孫《甬東野人語》四卷。鄞縣人，官宣教郎。

倪燦等《補遼金元藝文志・別集類・補元》 薛聞孫《甬東野人語》四卷。鄞縣人。

錢大昕《補元史藝文志・別集類》 薛同孫《甬東野人語》四卷。

學箕集

錢大昕《補元史藝文志・別集類》 薛燾《學箕集》三卷。

瑞堂稿

黄虞稷《千頃堂書目・別集類・補元》 薛明道《瑞堂稿》七卷。鄞人，官提舉。

倪燦等《補遼金元藝文志・別集類・補元》 薛明道《瑞堂稿》七卷。鄞人。

錢大昕《補元史藝文志・別集類》 薛明道《瑞室稿》七卷。

思剡集

錢大昕《補元史藝文志・別集類》 徐本原《思剡集》。奉化人。

雁山樵唱詩集

錢大昕《補元史藝文志・別集類》 孔克烈《雁山樵唱詩集》。字顯夫，温州平陽人。

長林稿

楊士奇等《文淵閣書目・文集》 林希元《長林稿》。一部，一册。完全。

張萱等《内閣藏書目録・集部》 《長林稿》一册。全。元至正間林希元著。

黄虞稷《千頃堂書目・別集類・補元》 林希元《長林存稿》□卷。台州人，上虞縣尹。

倪燦等《補遼金元藝文志・別集類・補元》 林希元《長林存稿》。台州人。

錢大昕《補元史藝文志・別集類》 林希元《長林稿》。台州人，上虞尹。

周賀詩

楊士奇等《文淵閣書目・詩詞》 《周賀詩》。一部，一册。闕。

黄叔美詩

楊士奇等《文淵閣書目・詩詞》 《黄叔美詩》。一部，一册。完全。

張萱等《内閣藏書目録・集部》 《黄叔美詩》一册。全。元盱江黄河清著。

黄虞稷《千頃堂書目・別集類・補元》 黄河清《黄叔美詩》一卷。盱江人。

倪燦等《補遼金元藝文志・別集類・補元》 黄河清《叔美詩》一卷。盱江人。

錢大昕《補元史藝文志・別集類》 《黄叔美詩》一卷。名河清，盱江人。

黄仲寶詩

楊士奇等《文淵閣書目・詩詞》 《黄仲寶詩》。一部，一册。闕。

張仲實詩

楊士奇等《文淵閣書目・詩詞》 《張仲實詩》。一部，一册。

梁隆吉詩

楊士奇等《文淵閣書目・詩詞》 《梁隆吉詩》。一部，一册。完全。

錢大昕《補元史藝文志・別集類》 《梁隆吉詩集》，名棟，字中砥。

片雲小稿

黄虞稷《千頃堂書目・別集類・補元》 陳深源《片雲小稿》一卷。

倪燦等《補遼金元藝文志・別集類・補元》 陳深源《片雲小稿》一卷。

錢大昕《補元史藝文志・別集類》 陳深源《片雲小稿》一卷。

遺安集

黄虞稷《千頃堂書目・別集類・補元》 郭鎬《遺安集》十一卷。

倪燦等《補遼金元藝文志・別集類・補元》 郭鎬《遺安集》十一卷。

錢大昕《補元史藝文志・別集類》 郭鎬《遺安集》十一卷。

澹居稿

吴焯《繡谷亭薰習録・集二》 《澹居稿》二卷。元僧鄱陽至仁行中著，饒州路總管府判官吴興皇甫琮廷玉編，至正二十四年江左克新雪廬序。至仁又號熙怡，曾住姑蘇萬壽寺，《虞文靖集》稱其文「醇正雄簡，宗門之子長也」。

錢大昕《補元史藝文志・別集類》 至仁《澹居稿》。字行中。

翠屏集

錢大昕《補元史藝文志・別集類》 景洙《翠屏集》。番陽僧。

自得齋集

黃虞稷《千頃堂書目・別集類・補元》 葉廣居《自得齋集》。

倪燦等《補遼金元藝文志・別集類・補元》 葉廣居《自得齋集》。

錢大昕《補元史藝文志・別集類》 葉廣居《自得齋集》。

雲章集

黃虞稷《千頃堂書目・別集類・補元》 劉霖《雲章集》。安福人。

倪燦等《補遼金元藝文志・別集類・補元》 劉霖《雲章集》。安福人。

錢大昕《補元史藝文志・別集類》 劉霖《雲章集》。

雪篷行稿

錢大昕《補元史藝文志・別集類》 張天永《雪篷行稿》。

溝亭集

錢大昕《補元史藝文志・別集類》 張天永《溝亭集》。字長年，高郵人。

惺惺道人遺稿

錢大昕《補元史藝文志・別集類》 王餘慶《惺惺道人遺稿》。宜興人。

滄洲集

錢大昕《補元史藝文志・別集類》 丁岷《滄洲集》。江陰人。

甘允從詩

錢大昕《補元史藝文志・別集類》 《甘允從詩》。名立，陳留人。

雲臺集

錢大昕《補元史藝文志・別集類》 郯韶《雲臺集》。字九成，湖州人。

素軒詩

錢大昕《補元史藝文志・別集類》 鄭洪《素軒詩》一卷。字君舉，永嘉人，或云衢州人。

丹崖夜嘯

錢大昕《補元史藝文志・別集類》 余瑾《丹崖夜嘯》。

玉露吟

錢大昕《補元史藝文志・別集類》　余瑾《玉露吟》。

元名賢詩集

楊士奇等《文淵閣書目・詩詞》　《元名賢詩集》。一部，一册。闕。

金臺稿

楊士奇等《文淵閣書目・詩詞》　吕濬《金臺稿》。一部，一册。闕。

黄虞稷《千頃堂書目・别集類・補元》　吕濬《金臺稿》□卷。

倪燦等《補遼金元藝文志・别集類・補元》　吕濬《金臺稿》。

紫霞洲詩

楊士奇等《文淵閣書目・詩詞》　唐齊《紫霞洲詩》。一部，三册。殘缺。

麟溪集

楊士奇等《文淵閣書目・詩詞》　鄭氏《麟溪集》。一部，一册。完全。

珠林集

楊士奇等《文淵閣書目・詩詞》　《珠林集》。一部，一册。完全。

天分吟

楊士奇等《文淵閣書目・詩詞》　趙瑞行《天分吟》。一部，一册。闕。

梅邊集

楊士奇等《文淵閣書目・詩詞》　蔡文瑞《梅邊集》。一部，一册。完全。

顧梅山集

楊士奇等《文淵閣書目・詩詞》　《顧梅山集》。一部，一册。闕。

甘棠集

楊士奇等《文淵閣書目・詩詞》　廉侯《甘棠集》。一部，一册。完全。

竹外吟稿

楊士奇等《文淵閣書目・詩詞》　丁景伯《竹外吟稿》。一部，一册。完全。

張文穆公集

楊士奇等《文淵閣書目·文集》　《張文穆公集》。一部，四册。完全。

陳子方文集

楊士奇等《文淵閣書目·文集》　《陳子方文集》。一部，八册。闕。

從好集

楊士奇等《文淵閣書目·文集》　徐文俊《從好集》。一部，一册。闕。

黄虞稷《千頃堂書目·别集類·補元》　徐文俊《從好集》□卷。

倪燦等《補遼金元藝文志·别集類·補元》　徐文俊《從好集》。

蘭莊舊稿

楊士奇等《文淵閣書目·文集》　葉見太《蘭莊舊稿》。一部，一册。闕。

汶陽荒稿

楊士奇等《文淵閣書目·文集》　《汶陽荒稿》。一部，一册。完全。

石粱文集

楊士奇等《文淵閣書目·文集》　王時潛《石粱文集》。一部，一册。完全。

黄虞稷《千頃堂書目·别集類·補元》　王時潛《石粱文集》□卷。

倪燦等《補遼金元藝文志·别集類·補元》　王時潛《石粱文集》。

思剡集

王圻《續文獻通考·經籍考·詩集》　《思剡集》。陳子翬著。字象賢，奉化人。嘗爲慶路教諭。因國事日蹙，隱居田里，每風晨月夕，載酒溪山之上，賡唱迭和，以發舒懷抱。

錢大昕《補元史藝文志·别集類》　陳子翬《思剡集》。字象賢，奉化人。

山中小稿

王圻《續文獻通考·經籍考·詩集》　《山中小稿》。安成秀才李希説著。開卷第一首雜賦有曰：我欲近自然，物物由天成。歐陽圭齋曰：以此求詩，何患無佳句。

錢大昕《補元史藝文志·别集類》　李希説《山中小稿》。安成人。

江漢百詠集

王圻《續文獻通考·經籍考·詩集》　《江漢百詠集》。嚴士真著。字正卿，崇陽人。博洽子史，善詩文，尤嗜仙釋。

黄虞稷《千頃堂書目·别集類·補元》　嚴士貞《江漢百詠集》。

倪燦等《補遼金元藝文志·別集類·補元》　嚴士真《江漢百詠集》。

錢大昕《補元史藝文志·別集類》　嚴士真《江漢百詠》。

桃溪百詠

徐𤊹《徐氏家藏書目·文集類》　嚴士貞《桃溪百詠》一卷。

黄虞稷《千頃堂書目·别集類·補元》　嚴士貞《桃溪百詠》一卷。字正卿，號寄庵，崇陽人。

倪燦等《補遼金元藝文志·别集類·補元》　嚴士貞《桃溪百詠》一卷。

錢大昕《補元史藝文志·别集類》　嚴士貞《桃溪百詠》一卷。

環山詩稿

王圻《續文獻通考·經籍考·詩集》　《環山詩稿》。廬陵歐陽齊吾著。

錢大昕《補元史藝文志·别集類》　歐陽齊吾《環山詩稿》。

曾仲啓集

錢大昕《補元史藝文志·别集類》　《曾仲啓集》十卷。

草堂文集

王圻《續文獻通考·經籍考·集中》　《草堂文集》。王選著。

補暇集

王圻《續文獻通考·經籍考·集中》　《補暇集》。宋軌著。

存齋文集

高儒《百川書志·元文》　《存齋文集》一卷。魯齋書院山長平陽張昌思廣著。止記、序六篇。

存齋集

高儒《百川書志·元詩》　《存齋集》一卷。國子助教平陽張昌思廣在元時所作。詩五十一首。

寓道集

黄虞稷《千頃堂書目·别集類·補元》　張昌《寓道集》十卷。

倪燦等《補遼金元藝文志·别集類·補元》　張昌《寓道集》十卷。

錢大昕《補元史藝文志·别集類》　張昌《寓道集》十卷。

虎林高隱集

高儒《百川書志·元詩》　《虎林高隱集》五卷，附録一卷，《鑑湖集》一卷。錢塘謹嚴齋方誼著。附時賢詩文六篇，及明人鑑湖方質學文二詩一賦。

黄虞稷《千頃堂書目・別集類・補元》 方誼《虎林高隱集》五卷，附録一卷。錢塘人，自名其齋曰謹嚴。附録者皆同時人，詩文末有《鑑湖集》一卷，則其裔孫明人方質學文著作。

倪燦等《補遼金元藝文志・別集類・補元》 方誼《虎林高隱集》五卷。又附録一卷。錢塘人，附録皆同時人詩文。

錢大昕《補元史藝文志・別集類》 方誼《虎林高隱集》五卷。又附録一卷。錢唐人。

上饒集　吴興集　姑孰集　北游録

錢大昕《補元史藝文志・別集類》 徐師賢《上饒集》，又《吴興集》，又《姑孰集》，又《北游録》共十卷。字子愚。

行餘全集

王圻《續文獻通考・經籍考・集中》 《行餘全集》。宜陽令鄭以道著。以道嘗爲廣右憲史，以一檄諭傜人數千出降，後復以一檄諭西江岑黄僚出降。

錢大昕《補元史藝文志・別集類》 鄭以道《行餘全集》。

求齋文集

王圻《續文獻通考・經籍考・集中》 《求齋文集》三十三卷。鄭覺民著。覺民字以道，號求齋，鄞人。芳叔子，有孝行。以遺逸徵署婺、處二州教授，以疾卒。

黄虞稷《千頃堂書目・別集類・補元》 鄭覺民《求我齋集》三十三卷。字以道，鄞人。與程端禮齊名，官處州教授。

倪燦等《補遼金元藝文志・別集類・補元》 鄭覺民《求我齋集》三十三卷。字以道，鄞人。

錢大昕《補元史藝文志・別集類》 鄭覺民《求我齋稿》三十三卷。字以道，鄞人，處州教授。

海峰文編

黄虞稷《千頃堂書目・別集類・補元》 張慶之《海峰文編》三卷。字子善，吴人。

倪燦等《補遼金元藝文志・別集類・補元》 張慶之《海峰文編》三卷。字子善，吴人。

錢大昕《補元史藝文志・別集類》 張慶之《海峰文編》三卷。字子善，吴人。

續胡曾詠史詩

錢大昕《補元史藝文志・別集類》 張慶之《續胡曾詠史詩》。

淡庵集

王圻《續文獻通考・經籍考・集中》 《淡庵集》。華亭高子鳳著。

徵士集

楊士奇等《文淵閣書目・詩詞》 王子與《徵士集》。一部，一册。完全。又，王子與《徵士集》。一部，一册。完全。

王圻《續文獻通考・經籍考・詩集》 《陶集注》，三卷、《詩》一卷。真定王沂著。

阮元《四庫未收書目提要・別集類》 《王徵士詩集》八卷。元王沂撰。沂字

子與，泰和人。博通經史，學者稱爲竹亭先生。

何得之詩

錢大昕《補元史藝文志・別集類》 《何得之詩》一卷。名失，昌平人。

吾吾類稿

王圻《續文獻通考・經籍考・集中》 《吴吾齋類稿》。臨川吴皋著。

倪燦等《補遼金元藝文志・別集類・補元》 吴皋《吾吾類稿》三卷。

《四庫提要・別集類二一》 《吾吾類稿》三卷。《永樂大典》本。元吴皋撰。皋《元史》無傳，志乘亦失載其姓名。獨《永樂大典》各韻中頗採録其詩文，題作吴舜舉《吾吾類稿》。又別收胡居敬等原序二篇，略具行履。

錢大昕《補元史藝文志・別集類》 吴皋《吾吾類稿》三卷。臨川人。

張金吾《愛日精廬藏書志・別集類》 《吾吾類稿》三卷。文瀾閣傳抄本。元吴皋撰。

樵雲獨唱

高儒《百川書志・元詩》 《樵雲獨唱詩集》六卷。金華雲巘天民景南葉顒撰。

錢謙益等《絳雲樓書目・金元文集類》 葉顒《樵雲獨唱》。字伯昂，元末爲山長。明初不仕，吴郡東洞庭山人。

倪燦等《補遼金元藝文志・別集類・補元》 葉顒《樵雲獨唱》六卷。

錢曾《讀書敏求記・詩集》 葉顒《樵雲獨唱》六卷。葉顒，金華人，稱雲巘，此篆文頂字。天民，至正甲午自爲前序，庚子又爲後序，不乞文于他人，即獨唱之旨也。

吴焯《繡谷亭薰習録・集二》 《樵雲獨唱》一卷。元雲巘天民景南葉顒著。至正甲午自序，庚子又爲後序，自稱東陽逸叟。雲巘，其所居之庭名也。

《四庫提要・別集類二一》 《樵雲獨唱》六卷。浙江鮑士恭家藏本。元葉顒撰。顒字景南，金華人。志行高潔。結廬城山東隅，名其地曰雲巘，自號雲巘天民。是集乃其孫雍所編。前有自序，謂「薪桂老而雲山高寒，音調古而巖谷絶響，故名曰《樵雲獨唱》。」序凡二篇，皆題至正甲午。而集中多載入明詩，且後篇乃明興後語。疑原本後篇未著年月，傳寫者誤以前篇年月補入也。顧嗣立《元詩選》載：「葉樵雲容，字伯愷，洪武中登進士，官行人司副，免歸。」

錢大昕《補元史藝文志・別集類》 葉景南《樵雲獨唱》，六卷。金華人。

黄丕烈《蕘圃藏書題識・集類三》 《樵雲獨唱》六卷。舊鈔本。

張金吾《愛日精廬藏書志・別集類》 《樵雲獨唱集》六卷。元刊本。元金華雲巘天民景南葉顒撰。

南湖集

黄虞稷《千頃堂書目・別集類・補元》 貢性之貢理官《南湖集》二卷。字友初，宣城人，號南湖先生。元季爲閩省理官，明初隱居山陰，更名悦。

吴焯《繡谷亭薰習録・集二》 《南湖集》二卷。

《四庫提要・別集類二一》 《南湖集》七卷，浙江鮑士恭家藏本。元貢性之撰。性之字友初。

錢大昕《補元史藝文志・別集類》 貢性之《南湖集》七卷。

佩玉齋類稿

黄虞稷《千頃堂書目・別集類・補元》 楊翮《佩玉齋集》十卷。字文舉，上元人。剛中族。官浙江儒學提舉。

倪燦等《補遼金元藝文志・別集類・補元》 楊翮《佩玉齋集》十卷。字文舉，上元人。

倪燦等《補遼金元藝文志・別集類・補元》 楊翮《佩玉齋類稿》十卷。

錢曾《讀書敏求記・集》 楊翮《佩玉齋類稿》。翮字文舉，以文類其稿，不分卷帙，元刻中之佳者。

吴焯《繡谷亭薰習録・集二》 《佩玉齋類稿》一卷。元上元楊翮文舉著。虞集、吴復興、陳旅、楊維楨並序。文舉學于導江張氏，張氏之學出于紫陽，故其文多主性理。虞序，考《學古録》無之。

《四庫提要・別集類二一》 《佩玉齋類稿》十卷。兩淮馬裕家藏本。元楊翮撰。翮字文舉，上元人。父剛中，大德間官翰林待制，著有《霜月集》，今已不傳。

錢大昕《補元史藝文志・別集類》 楊翮《佩玉齋類稿》十卷。字文舉，上元人，剛中之子，太常博士。

樗庵類稿

楊士奇等《文淵閣書目・詩詞》 《鄭樗庵類稿》。一部，一册。完全。

倪燦等《補遼金元藝文志・別集類・補元》 鄭潛《樗庵類稿》二卷。字彦昭，歙人。

全歸集

黄虞稷《千頃堂書目・別集類》 張庸《全歸集》。字惟中，慈谿人。明初聘不仕。

吴焯《繡谷亭薰習録・集二》 《全歸集》七卷。元處士慈谿張庸惟中著。洪武己巳四明烏斯道繼善序。正統乙丑其孫琳刻，有跋。秦府教授慈溪馮益後序。方元季兵亂，竊據者署庸爲上虞山長，不就。明太祖聘至金陵，亦不受職而歸。

韓山人集

《四庫提要・別集類存目一》 《韓山人集》。無卷數。浙江巡撫採進本。元韓奕撰。奕有《易牙遺意》，已著録。

松雨軒詩集

阮元《四庫未收書目提要・別集類》 《松雨軒詩集》八卷。元平顯撰。顯字仲微，錢塘人。明洪武初，官廣西藤縣令。案顯集初刻于滇南，是編乃其裔孫所重刊，今依樣過録。暹序稱其足跡半天下，有似于子長，學博而行峻，直道而屈身云云。今觀其詩及風土之同異，道途之阨塞，以及友朋之離合，悉見于篇，蓋得于遠游之助爲多耳。按顯入明，曾官縣令，宜改題明人。

杜東洲吟稿

楊士奇等《文淵閣書目・詩詞》 《杜東洲吟稿》。一部，一册。闕。

黄虞稷《千頃堂書目・別集類・補元》 《杜東洲吟稿》□卷。

倪燦等《補遼金元藝文志・別集類・補元》 《杜東洲吟稿》。

寓庵先生集

楊士奇等《文淵閣書目・詩詞》 《寓庵先生集》。一部，一册。闕。

寓庵文集

楊士奇等《文淵閣書目・文集》 李顯卿《寓庵文集》。一部，五册。闕。

黄虞稷《千頃堂書目・別集類・補元》 李顯卿《寓庵文集》□卷。

倪燦等《補遼金元藝文志・別集類・補元》 李顯卿《寓庵文集》。

寓庵詩稿

楊士奇等《文淵閣書目・詩詞》《寓庵詩稿》。一部，一册。闕。塾本寓齋。

回文詩類

楊士奇等《文淵閣書目・詩詞》《回文詩類》。一部，一册。闕。

傅西巖吟稿

楊士奇等《文淵閣書目・詩詞》《傅西巖吟稿》。一部，一册。闕。

嵩安詩集

楊士奇等《文淵閣書目・詩詞》《嵩安詩集》。一部，一册。闕。

南遊寓興

楊士奇等《文淵閣書目・詩詞》余元素《南遊寓興》。一部，一册。闕。《祕閣書目》「余」作「金」。

中原星鳳集

楊士奇等《文淵閣書目・詩詞》《中原星鳳集》。一部，一册。闕。

盤隱集

楊士奇等《文淵閣書目・詩詞》王緣《盤隱集》。一部，一册。闕。

洪崖笑拍亭

楊士奇等《文淵閣書目・詩詞》《洪崖笑拍亭》。一部，二册。完全。

礨空集

楊士奇等《文淵閣書目・詩詞》《礨空集》。一部，二册。闕。塾本一册。

迂闊集

楊士奇等《文淵閣書目・詩詞》吴湯舉《迂闊集》。一部，一册。闕。

彭元亮集

王圻《續文獻通考・經籍考・詩集》《彭元亮集》。彭炳著。爲詩專效陶、柳。

東軒集

王圻《續文獻通考・經籍考・詩集》《東軒集》。宋景濂曰：天台方明敏

著。其弟明則繕抄成帙。古詩俊逸超群，律詩清麗婉切。

王以道詩集

王圻《續文獻通考·經籍考·詩集》《王以道詩集》。太和詩韻度閒曠，一如其人。

蕭同可詩集

王圻《續文獻通考·經籍考·詩集》《蕭同可詩集》。廬陵人，隱居不仕。

益右衍疑

王圻《續文獻通考·經籍考·集中》《右衍疑》。欒城李治著。治，金末進士，元世祖召爲學士。

壁書叢削

王圻《續文獻通考·經籍考·集中》《壁書叢削》。李治著。

古今難

王圻《續文獻通考·經籍考·集中》《古今難》。李治著。

測圓鏡海

王圻《續文獻通考·經籍考·集中》《測圓鏡海》。李治著。

知非稿

王圻《續文獻通考·經籍考·集中》《知非稿》。定海黄圻著。

吴濰州文集

王圻《續文獻通考·經籍考·集中》《吴濰州文集》。宋景濂曰：青田吴復德幼抱逸才，下筆飄飄有奇氣，長取馬、班二家書玩繹，此編勁硬奇峭，澤媚山輝，蓋善學遷、固者。

唯庭稿

王圻《續文獻通考·經籍考·集中》《唯庭稿》。宋景濂曰：新塗曾順自號唯庭，因以名其詩文。順爲文不務鈎章棘句，一以理勝。

朱松亭詩集

楊士奇等《文淵閣書目·詩詞》《朱松亭詩集》。一部，一册。闕。

黄虞稷《千頃堂書目·別集類·補元》《朱松亭詩集》□卷。

倪燦等《補遼金元藝文志·別集類·補元》《朱松亭詩集》。

吴仲孚詩

楊士奇等《文淵閣書目・詩詞》《吴仲孚詩》。一部，一册。闕。

黄虞稷《千頃堂書目・别集類・補元》《吴仲孚詩》□卷。

倪燦等《補遼金元藝文志・别集類・補元》《吴仲孚詩》。

拱和詩集

《四庫提要・别集類存目一》《拱和詩集》一卷。浙江鮑士恭家藏本。元曹志撰。志字伯康，自號拱和居士，金華人。至正末，遭亂隱居。洪武中，以遺逸薦，不起，終於家。是集乃其家刻。前有二序不署年月，亦不署撰人。末附《拱和詩序》及《志小傳》。又附其《家傳》三篇，惟《曹俸傳》稱六世孫服撰，《曹光遠傳》稱姚坦撰，《曹煜傳》稱野史氏容，不著其姓，餘併不知誰作，其文格則如出一手。又附《曹光遠誥》一篇，後有《吕祖謙贊》。《曹彬誥》一篇，後有《米芾贊》。終以《竹卷記》一篇，又爲志作。編次絶無體例。其詩惟近體，無古體。大抵流連光景，千篇一律云。

峒嶼詩集

錢謙益等《絳雲樓書目・金元文集類》德祥《峒嶼詩集》。生元季，永樂時猶存。

黄肅詩

錢謙益等《絳雲樓書目・金元文集類》《黄肅詩》一卷。字子邕，新城人，元季官禮部主事。洪武中，歷陞尚書，後坐黨禍。王子充序。

玉笥集

楊士奇等《文淵閣書目・詩詞》張思廉《玉笥集》。一部，一册。闕。

高儒《百川書志・元詩》《玉笥集》十卷。會稽玉笥山人張憲思廉撰。

徐𤊹《徐氏家藏書目・文集類》張思廉《玉笥集》十卷。

錢謙益等《絳雲樓書目・金元文集類》張憲《玉笥集》。字思廉，山陰人。鐵崖高弟，淮張客也。

黄虞稷《千頃堂書目・别集類・補元》張憲《玉笥集》十卷。字思廉，會稽人。受詩法於楊維禎，明成化中仝椒黄璨刻行其詩。憲嘗爲張士誠樞密院知事。

錢曾《讀書敏求記・詩集》張憲《玉笥集》十卷。憲字思廉，會稽山陰人，居玉笥山，自名玉笥山人。讀其《怯薛行》、《琴操》十二首，誠留心斯世之士。劉釪稱思廉以忠義自許，良不虚也。

《四庫提要・别集類二一》《玉笥集》十卷。浙江鮑士恭家藏本。元張憲撰。憲字思廉，山陰人，家玉笥山。因以爲號。

錢大昕《補元史藝文志・别集類》張憲《玉笥集》十卷。

蘭雪軒集

楊士奇等《文淵閣書目・詩詞》僧《蘭雪軒集》。一部，一册。闕。

雪窗集

楊士奇等《文淵閣書目・詩詞》僧《雪窗集》。一部，一册。闕。

詠物詩

楊士奇等《文淵閣書目・詩詞》 何孟舒《詠物詩》。一部，一冊。闕。

西巖集

楊士奇等《文淵閣書目・文集》 張之翰《西巖文集》。一部，六冊。殘缺。

張萱等《内閣藏書目録・集部》 《張西(崖)〔巖〕文集》七册。不全。元元貞間邯鄲張□□著。

黄虞稷《千頃堂書目・別集類・補元》 張之翰《西巖文集》□卷。元貞間，邯鄲人。

倪燦等《補遼金元藝文志・別集類・補元》 張之翰《西巖集》二十卷。元貞間，邯鄲人。

《四庫提要・別集類二〇》 《西巖集》二十卷。《永樂大典》本。元張之翰撰。之翰字周卿，邯鄲人。《元史》無傳。惟《松江府志》載之翰至元末自翰林侍講學士知松江府事，有古循吏風。時民苦荒，租額以十萬計，之翰力除其弊，得以蠲除，至今猶祠於名宦祠。生平著述甚富。晚號西巖老人，故以西巖名集。其詩清新宕逸，有蘇軾、黄庭堅之遺；文亦頗具唐、宋舊格。其集據《松江府志》所載，本三十卷。今於《永樂大典》中蒐採綴輯，分體編次，釐爲二十卷。雖當時舊本篇頁多寡不可知，而約略大數，計已得什之六七矣。《永樂大典》所載，有標題《張西巖集》，而核其詩文實爲張起巖作。起巖字夢臣，濟南人，有《華峰漫稿》、《類稿》、《金陵集》尚行於世，與之翰截然兩人。殆當世繕録之人，以《張西巖集》與《張起巖集》聲音略近，故隨讀而譌，致相淆亂。今竝釐正，各存其真焉。

錢大昕《補元史藝文志・別集類》 張之翰《西巖集》二十卷。邯鄲人。

高閒雲集

《四庫提要・別集類存目一》 《高閒雲集》六卷。兩淮鹽政採進本。元董養性撰。養性有《周易訂疑》，已著録。養性入明不仕，作《高閒雲賦》以自況，因以名集。前有洪武中王翌序，盛推其文及詩。此本僅詩五卷、賦一卷。文則已佚。其詩頗清遒，而淺於比興，往往意言竝盡，少含蓄深婉之致。

東村野叟詩稿

黄虞稷《千頃堂書目・別集類・補元》 王茂《東村野叟詩稿》。字伯昌，曹州人。順帝朝進士，累官行省左丞，入明授刑部尚書，力辭不就，因安置安慶，復以老病放歸。

倪燦等《補遼金元藝文志・別集類・補元》 王茂《東村野叟詩稿》。字伯昌，曹州人，行省右丞，明初官之，力辭，因安置安慶，後放歸。

俟庵集

楊士奇等《文淵閣書目・文集》 李仲公《俟庵文集》。一部，一冊。闕。

錢謙益等《絳雲樓書目・金元文集類》 《李俟庵文集》。

黄虞稷《千頃堂書目・別集類・補元》 李存《俟庵文集》三十卷。字仲公，安仁人。元季以高蹈丘園，舉不起，洪武中卒。

倪燦等《補遼金元藝文志・別集類・補元》 李存《俟庵文集》三十卷。字仲公，安仁人。

《四庫提要・別集類二〇》 《俟庵集》三十卷。兩淮馬裕家藏本。元李存撰。存字明遠，更字仲公，安仁人。少博涉典籍，喜爲文章。

錢大昕《補元史藝文志・別集類》 李存《俟庵集》三十卷。字明遠，更字仲公，饒州安仁人。

張金吾《愛日精廬藏書志・别集類》《番易仲公李先生文集》三十卷。明永樂刊本。季滄葦藏書。元李存撰。前有《墓誌銘》，危素撰。末附虞集《答書》一編，卷首有季振宜藏書印記。

張光弼詩集

高儒《百川書志・元詩》《張光弼詩》二卷。樞密院判官盧陵張光弼撰。

錢謙益等《絳雲樓書目・金元文集類》 張昱《光弼詩集》。二卷。盧陵人，晚自號可閑老人。

黄虞稷《千頃堂書目・别集類・補元》 張昱《張光弼詩集》三卷。盧陵人，爲楊完者參軍，遷浙江左右司員外郎，行樞密院判官。明祖徵入京，問其年，曰可閒矣，因自號可閒老人。寓西湖山水間以終。

錢曾《讀書敏求記・詩集》《張光弼詩集》二卷。

錢大昕《補元史藝文志・别集類》《張光弼詩集》二卷。名昱，盧陵人，江浙行樞密院判官。

黄丕烈《蕘圃藏書題識・集類三》《張光弼詩集》二卷。舊鈔本。

可閒老人集

《四庫提要・别集類二一》《可閒老人集》四卷。浙江鮑士恭家藏本。元張昱撰。昱字光弼，自號一笑居士，盧陵人。

答禄與權文集

楊士奇等《文淵閣書目・文集》《答禄與權文集》。一部，五册。完全。

張萱等《内閣藏書目録・集部》 編類《答禄與權文集》五册。

栗齋文集

王圻《續文獻通考・經籍考・集中》《栗齋文集》。林温著。

錢大昕《補元史藝文志・别集類》 林温《栗齋文集》。

林伯恭詩集

王圻《續文獻通考・經籍考・詩集》《林伯恭詩集》。永嘉林温著。

劉太史文集

楊士奇等《文淵閣書目・文集》《劉太史文集》。一部，一册。完全。

張萱等《内閣藏書目録・集部》《劉太史集》一册。全。元太史劉文庭著。洪武中禮部尚書朱夢炎序。凡六卷。

遯世遺音

高儒《百川書志・元詩》《遯世遺音》一卷。豐城遺民黄堅子直撰。

黄虞稷《千頃堂書目・别集類・補元》 黄堅《遯世遺音》一卷。字子貞，豐城人。明初吏部尚書，黄宗載父。

倪燦等《補遼金元藝文志・别集類・補元》 黄堅《遯世遺音》一卷。字子貞，豐城人。

錢大昕《補元史藝文志・别集類》 黄堅《遯世遺音》一卷。字子貞，豐城人。

海叟集

徐𤊹《徐氏家藏書目·文集類》 袁凱《海叟集》三卷。

四時比興

錢謙益等《絳雲樓書目·金元文集類》 王達《四時比興》。字達善，無錫人。洪武中舉明經，永樂中歷官侍讀學士，有盛名，與解大紳輩號東南五才子。

黄虞稷《千頃堂書目·别集類·補元》 王兼善《四時比興》。

倪燦等《補遼金元藝文志·别集類·補元》 王兼善《四時比興》。

慎獨庵詩稿

錢謙益等《絳雲樓書目·金元文集類》 《慎獨庵詩稿》。趙文宗。宗文，長洲人。永樂初以薦起。知鄱陽縣。

明代分部

揀元詩集

錢謙益等《絳雲樓書目·國初文集類》 羅閏庵《揀元詩集》。

橄欖集

黄虞稷《千頃堂書目·别集類》 李習《橄欖集》五卷。字伯羽，當塗人。元延祐四年鄉舉，明太祖下太平，以爲郡太守，陶安其門人也。

《明史·藝文志·别集類》 李習《橄欖集》五卷。

白沙行稿

黄虞稷《千頃堂書目·别集類》 朱模《白沙行稿》二卷。字子範，休寧人。元六安州判官，從學陳櫟，爲文有史漢風，洪武初以捕逃丁被害。

危學士全集

《明史·藝文志·别集類》 危素《學士集》五十卷。

《四庫提要·别集類存目二》 《危學士全集》十四卷。江西巡撫採進本。明危素撰。素有《草廬年譜》，已著録。其原集本五十卷，世久無傳。明歸有光得其手稿，因編爲《説學齋稿》，凡一百三十餘篇。又所作詩名《雲林集》，乃納新所編。此本文十三卷、詩一卷，乃其鄉人取二集彙輯而成。雖名全集，實非原本。故今仍録《説學齋稿》、《雲林集》以存其舊，此本則附存目焉。

説學齋集

黄虞稷《千頃堂書目·别集類》 危素《説學齋集》五十卷。字太樸，金谿人。仕元至翰林學士承旨。洪武初授翰林侍講學士，兼弘文館學士。謫佃和州。

吴焯《繡谷亭薰習録·集二》 《説學齋集》一卷。明翰林侍講學士金谿危素

太樸著，震川歸氏校定。本凡録文一百三十七首，以賦、頌、贊、記、序爲次，而編不分卷，文不聯牘，每篇自署甲子而已。有光跋稱尚有其半而軼矣。余以所紀甲子考之，止于乙未之歲，乙未爲元順帝至正十五年，是歲明太祖起兵自和州渡江，更十有四年而元亡，此十餘年間正當南北兵戈俶擾之際。素以史事自任，其間豈無憂時憫世之作？迨身歷承平，雖登禁從而亡國之餘，聲華銷爍卒致觸諱。此稿之軼，非無故也。志傳所稱集五十卷者，大抵未有成書。素行文精整古淡，後來宋濂、王褘諸家未始不馳驟康莊，然終不脱此公規矩。讀斯集者，可得氣運先後之道焉。續收詩文，并志傳別爲補遺附録，庶不失歸氏本之舊。余于是編，凡三校云。

《四庫提要・別集類二二》 《説學齋稿》四卷。浙江鮑士恭家藏本。明危素撰。素有《草廬年譜》，已著録。據《千頃堂書目》，其文集本五十卷，明代已散佚不存。此本乃嘉靖三十八年歸有光從吴氏得素手稿傳鈔。其文不分卷帙，但於紙尾記所作年歲，皆在元時所作。有光跋稱共一百三十六篇，此本乃止一百三十三篇。又王懋竑《白田雜著》有是集跋，稱賦三、贊二、銘二、頌三、記五十有一、序七十有六，共一百三十八首，以有光跋爲傳寫之誤。然據懋竑所列，實止一百三十七首，數亦不符。殆舊無刊版，好事者遞相傳録，故篇數參差，不能畫一，實則一本也。素晚節不終，爲世僇笑，其人本不足稱。而文章則歐、虞、黄、柳之後，屹爲大宗。懋竑跋稱其文「演迤澄泓，視之若平易，而實不可幾及，非熙甫莫知其深」。其珍重鈔傳，蓋非漫然矣。

雲林集

楊士奇等《文淵閣書目・詩詞》 《危太樸詩》。一部，一册。闕。

黄虞稷《千頃堂書目・別集類》 危素《雲林詩集》一卷。

吴焯《繡谷亭薰習録・集二》 《雲林集》二卷。

《四庫提要・別集類二二》 《雲林集》二卷。浙江鮑士恭家藏本。明危素撰。皆在元代所作之詩，納新爲編次成集者也。素家居臨川，相近有雲林山，嘗讀書其上。方方壺爲作《雲林圖》，陳旅等俱賦詩以記其事，故集即以是爲名。朱彝尊《曝書亭集》有是書跋，稱發雕於後至元三年。則彝尊所見，乃元時舊版。此本卷帙相符，蓋猶從原刻鈔傳者。特彝尊跋稱前有虞集序，而此本所載乃集《贈行序》一篇，絶與詩集無涉，似爲後人所附入。觀其《静志居詩話》，亦稱前有虞集《送行序》，則已自知其誤而改之矣。素於元末負盛名，入明以後，其人不爲世所重，其文亦遂不復收拾。故《説學齋集》僅存在元之文，而此集亦僅存在元之詩，不足盡素之著作。然氣格雄偉，風骨遒上，足以陵轢一時。就詩論詩，要不能不推爲元季一作者矣。原集共詩七十六首，浙江鮑氏知不足齋本復從他書蒐採，增入補遺十四首，較爲完備。今竝仍而録之焉。

吴壽暘《拜經樓藏書題跋記・類五》 《雲林集》。《雲林集》鈔本，南陽迺賢易之編，虞集伯生序。詩二卷，文一卷。查初白先生藏本，有其手校及「南書房史官」印記。卷二後初白先生手書云：「按黄文獻公溍所作《太常博士危府君墓志》，府君諱永吉，字德祥，徙居雲林三十六峰之陽。即太樸之父也。詩名《雲林集》當以此。慎行識。」又云：「虞伯生有《清明山房詩爲危太樸作》又《次韻太樸讀書山中見懷之作》二首，皆載《學古録》二十七卷《歸田稿》中。今撿《雲林集》，皆失原作。又宋景濂有《題危雲林訓子四言詩後》，云「危公冢子，字於巘，自檢討奉常遷佐薊州，將之官，賦四言詩一章勉之」云云。今亦失原作。卷一後補《梅仙峰》七律一首，從撫州舊志采出，亦先生親筆。

北游集

黄虞稷《千頃堂書目・別集類》 梵琦《北游集》。字楚石，小字曇曜，象山人。居海鹽天寧寺，明初徵至京，建法會，賜座第一。

西齋集

黄虞稷《千頃堂書目・別集類》 梵琦《西齋集》。

鳳山集

黄虞稷《千頃堂書目・別集類》 梵琦《鳳山集》。

希言集

黃虞稷《千頃堂書目・別集類》 陳世昌《希言集》。字彦博，錢塘人。至正初由布衣入爲翰林修撰，洪武初徵入修禮樂書，授太常博士。

灌園集

黃虞稷《千頃堂書目・別集類》 馬文璧《灌園集》。名琬，以字行，扶風人。家於秦淮，洪武初仕撫州知府。

詹同文集

《明史・藝文志・別集類》 《詹同文集》三卷。

天衢吟嘯集

黃虞稷《千頃堂書目・別集類》 詹同《天衢吟嘯集》一卷。

海岳涓埃集

黃虞稷《千頃堂書目・別集類》 詹同《海岳涓埃集》二卷。字同文，初名書，婺源人。元末爲郴州路學正，遇亂家黄州，仕陳友諒爲翰林學士承旨。歸附後，賜今名，授國子博士，累官禮部尚書，改翰林學士承旨，卒謚文憲。

樗庵類稿

黃虞稷《千頃堂書目・別集類》 鄭潛《樗庵類稿》二卷。

《四庫提要・別集類二二》 《樗庵類稿》二卷。《永樂大典》本。明鄭潛撰。潛字彦昭，歙縣人。元末由内臺掾廣東帥府從事，上計京師，遂爲監修國史掾。後擢正字，歷官監察御史，福建行省員外郎，海北道廉訪副使，泉州路總管。入明，起爲寶應縣主簿，遷潞州同知，至洪武十年乃致仕。程敏政《新安文獻志》載其始末甚詳。黃虞稷《千頃堂書目》列之元人，誤也。虞稷載《樗庵類稿》二卷。今從《永樂大典》裒輯得古體詩五十首、近體詩一百四十六首，併原序三篇，仍可編爲二卷，計所遺亦無幾矣。是集皆其在元所作。程以文序稱《行役小稿》二卷，豫章鄧文著所編，凡一百五十餘篇。其時方爲監察御史。貢師泰序稱集其歌詩爲二卷，題曰《行役稿》、《攬轡稿》。其時爲福建謙訪副使。揭汯序始稱爲《樗庵類稿》，不言卷數。據其所言，仍成於元末官福建時。蓋初爲《行役稿》二卷，後删併爲一卷，而益《攬轡稿》一卷，仍爲二卷，終乃合爲一編，改題曰《樗庵類稿》。蓋數經增損而後勒爲定本，則其成集亦不苟矣。潛雖起家掾吏，而天資絶異。其詩詞意軒爽，有玉山朗朗之致。視元末纖穠之格，特爲俊逸。入明以後，名位不昌，距纂修《永樂大典》之時年代又近，而書局諸人顧特編録其遺稿，追配古人，知當時必有以取之，非徒然也。

楓林集

黃虞稷《千頃堂書目・別集類・補元》 朱升《楓林文集》十二卷。

《明史・藝文志・別集類》 朱升《楓林集》十二卷。

《四庫提要・別集類存目二》 《楓林集》十卷。安徽巡撫採進本。明朱升撰。升有《周易旁注》，已著録。是編前八卷皆詩文，而以《官誥》及《太祖手敕》編入第一卷首，與升文相連，殊爲非體。第九卷載《徽州府志》本傳一首，廖道南所撰《詩贊》一首，竝《翼運節略》十餘則。第十卷爲附録，皆當時投贈詩文也。升於明興之

初，參贊帷幄，兼知制誥。一切典制，多出其手。與陶安、宋濂等名望相埒。陳敬則《明廷雜記》嘗稱其李善長、徐達、常遇春、劉基四誥，惜《明文衡》未及收入。《明史》本傳載太祖大封功臣，制詞多升撰，時稱典核，蓋據是文。然統觀全集，文章乃非所長。詩學《擊壤集》而不成，頗近鄙俚，故朱彝尊《明詩綜》絶不登其一字。況升身本元臣，曾膺爵禄，而《賀平浙東賦序》肆言醜詆，毫無故君舊國之思，是尤不可爲訓也。

九峰樵唱集

黄虞稷《千頃堂書目・别集類》 朱昇《九峰樵唱集》。字彦升，無錫人。詩工選體，洪武初舉明經，任本縣訓導，升上虞教諭。

臨安集

黄虞稷《千頃堂書目・别集類》 錢宰《臨安集》十卷。字子予，一字伯均，會稽人。元進士，明初以明經徵修禮樂書，授國子助教，乞歸，召校書翰林，加博士，致仕。

《四庫提要・别集類二二》 《臨安集》六卷。《永樂大典》本。明錢宰撰。宰字子予，一字伯均，會稽人。元至正中中甲科。親老不赴公車，教授於鄉。明初徵修禮樂書，尋以病去。洪武六年授國子助教，以賦《早朝詩》忤旨，遣歸。二十七年又召修《書傳會選》，書成，優賚，加博士致仕。事蹟附見《明史・趙俶傳》。考集中《金陵形勝論》，末署「洪武二十七年六月國子博士致仕錢宰進」，是致仕即在奉召之年，蓋留京師者不及一歲也。宰學有原本，在元末已稱宿儒，韓宜可、唐之淳皆其弟子。其詩吐辭清拔，寓意高遠，刻意古調，不屑爲艷仄之體。徐泰《詩談》譬以霜曉鯨音，自然洪亮。古文雖非所擅長，而謹守法度，亦無卑冗之習。其集《明史・藝文志》、焦竑《國史經籍志》俱未著録，則在明代行世已稀。今從《永樂大典》中採掇編排，參以諸選本所録，釐爲六卷，以備明初之一家。宰本浙東人，集以臨安名者，蓋自以爲吴越武肅王十四世孫，從其舊貫也。

樵雲獨唱

黄虞稷《千頃堂書目・别集類》 葉顒《樵雲獨唱》六卷。字景南，金華人。長孫雍編次，曾孫户部尚書洪重刊，成化間廣東布政使安丘袁凱序。

《明史・藝文志・别集類》 葉顒《樵雲集》六卷。

翠屏集

王圻《續文獻通考・經籍考・集下》 《翠屏集》。翰林侍講張以寧著。古田人。

張萱等《内閣藏書目録・集部》 《翠屏集》二册。全。洪武初古田張以寧著。

錢謙益等《絳雲樓書目・國初文集類》 張以寧《翠屏集》。字志道，閩人，號翠屏山人。有《翠屏前後集》，劉三吾序，洪武初爲學士，三使安南。

黄虞稷《千頃堂書目・别集類》 張以寧《翠屏集》五卷。字志道，古田人。元末官翰林學士承旨。明初例徙南京，召爲侍讀學士，三使安南，道卒。

《明史・藝文志・别集類》 張以寧《翠屏集》五卷。

吴焯《繡谷亭薰習録・集二》 《翠屏集》四卷《至寶集》一卷。

《四庫提要・别集類二二》 《翠屏集》四卷。浙江汪汝瑮家藏本。明張以寧撰。以寧有《春王正月考》，已著録。是集爲宣德三年所刊，陳璉爲之序。稱以寧文集爲其子孟晦所編，宋濂序之。詩集爲其門人石光霽所編，劉三吾、陳南賓序之。其孫南雄教官隆，復以安南稿續版行世。今三序皆冠集首，而詩文集總題「光霽編次，嗣孫德慶州訓導淮續編」，與序不同，未喻其故。其文神鋒雋利，稍乏渾涵深厚之氣。其詩五言古體意境清逸，七言古體亦遒警。惟《倦繡篇》、《洗衣曲》等數章，稍未脱元季綺縟之習。近體皆清新，間有涉於纖仄者，如《次李宗烈韻詩》「浮生萬古有萬古，濁酒一杯復一杯」之類。然偶一見之，不爲全體之累也。

淮南集

黃虞稷《千頃堂書目・別集類》 張以寧《淮南集》一卷。

南歸紀行

黃虞稷《千頃堂書目・別集類》 張以寧《南歸紀行》一卷。

張翠屏詩

楊士奇等《文淵閣書目・詩詞》 《張翠屏詩》。一部，一册。闕。

天姥山賦

黃虞稷《千頃堂書目・騷賦類》 董曾《天姥山賦》。字貫道。

翠庭集

黃虞稷《千頃堂書目・別集類》 周如玖《翠庭集》。字仲璋，以字行，東陽人。

龍沙集

黃虞稷《千頃堂書目・別集類》 周如玖《龍沙集》。

西溪漫稿

黃虞稷《千頃堂書目・別集類》 鮑恂《西溪漫稿》四卷。字仲孚，崇德人。元末薦授翰林，不就。洪武四年會試充考試官。十五年詔徵耆儒入見，命爲文華殿大學士，以老固辭，放歸。

石門集

王圻《續文獻通考・經籍考・集下》 《石門集》。新喻梁寅著。

黃虞稷《千頃堂書目・別集類》 梁寅《石門集》四卷。字孟敬，新喻人。元末辟集慶路儒學訓導，洪武初徵修禮書，書成，辭疾歸石門山，學者稱「梁五經」。

《明史・藝文志・別集類》 梁寅《石門集》四卷。

東臯録

黃虞稷《千頃堂書目・別集類》 妙聲《東臯録》七卷。字九臯，吴縣人。居常熟慧日寺，洪武三年召統天下僧教。

《明史・藝文志・別集類》 妙聲《東臯録》七卷。

《四庫提要・別集類二二》 《東臯録》三卷。兩淮鹽政採進本。 明釋妙聲撰。妙聲字九臯，吴縣人。元末居景德寺，後居常熟慧日寺，又主平江北禪寺。洪武三年，與釋萬金同被召，莅天下釋教。所作詩文，繕寫藏之山房。洪武十七年，其徒德瓛始刊行之。《明史・藝文志》明僧宏秀集皆作七卷。此本有汲古閣印，蓋毛晉家鈔本。前有晉題識，亦稱德瓛所刻凡詩三卷，雜文四卷。而其書雜文及詩僅共爲三卷，蓋傳録時所合併也。妙聲入明時，年已六十餘，詩文多至正中所作。故顧嗣立《元詩選》亦録是集。然方外者流，不嬰爵禄，不能以受官與否爲兩朝之斷限。既已謁帝金門，即屬歸誠新主，不能復以遺老稱矣。今繫之明，從其實也。妙聲與

袁桷、張翥、危素等俱相友善，故所作頗有士風。當元季擾攘之時，感事抒懷，往往激昂可誦。雜文體裁清整。四六儷語，亦具有南宋遺風。在緇流之内，雖未能語帶煙霞，固猶非氣含蔬筍者也。

劉彦昺詩集

楊士奇等《文淵閣書目・詩詞》《劉彦昺詩集》。一部，一册。完全。《劉彦昺詩集》。一部，一册。闕。

張萱等《内閣藏書目録・集部》《劉彦昺詩集》一册。彦昺，國初鄱陽人。

春雨軒詩集

范邦甸等《天一閣書目・别集類》《春雨軒詩集》十卷。刊本。明鄱陽劉某撰。卷首有元虚羽人、危素等序，汝南周象初後序。

徐𤊹《徐氏家藏書目・别集類》劉炳《春雨軒集》十卷。字彦昺，號懶雲，鄱陽人。洪武初官中書博士，咨議典籤。極承高帝寵遇，卒年六十九。嘉靖癸巳六世孫劉塾重梓，宋濂、危素、楊維禎俱序之。

黄虞稷《千頃堂書目・别集類》鎦炳《春雨軒集》十卷。字彦昺，以字行，鄱陽人。明初獻書，任中書典籤，出爲大都督府掌記。集爲危素、宋濂序。

《明史・藝文志・别集類》劉炳《春雨軒集》十卷。

《四庫提要・别集類二二》《劉彦昺集》九卷。編修汪汝藻家藏本。

陶尚書集

黄虞稷《千頃堂書目・别集類》陶凱《陶尚書集》。字中立，天台人。至正丁亥鄉薦，洪武初召修《元史》，除翰林院應奉文字，升禮部尚書，出爲湖廣參政，致仕，復召爲國子祭酒，以參政致仕。

蒲山牧唱

高儒《百川書志・集・國朝》《蒲山牧唱集》四卷。姑蘇守前國子祭酒梅初先生蒲圻魏觀杞山撰。劉基、宋濂同時人，五七古律通二百四十篇。

徐𤊹《徐氏家藏書目・别集類》魏觀《蒲山牧唱》四卷。字杞山，號海初，蒲圻人。洪武初以文學薦，歷任浙江按察僉事、太常寺卿、翰林侍讀、國子祭酒，出知蘇州，因改蘇州郡。治與高啓同，以罪棄市，卒年六十九。正德中玄孫魏頌刻其遺集。

黄虞稷《千頃堂書目・别集類》魏觀《蒲山牧唱》四卷。

《明史・藝文志・别集類》魏觀《蒲山集》四卷。

梅初詩集

范邦甸等《天一閣書目・别集類》《梅初詩集》。刊本。明湖南蒲圻魏觀著，曾孫銘編次，泰和尹直楊導同校。卷首載洪武三年誥命，古濠沐璘撰像贊，成化元年南陽李賢序。又有金華蘇伯衡《梅初亭記》、安成彭時《蒲山牧昌集序》，泰和楊導《梅初詩集敘》，卷末有成化元年曾孫銘後識。

海桑集

王圻《續文獻通考・經籍考・集下》《海桑集》。泰和陳謨著。

黄虞稷《千頃堂書目・别集類》陳謨《海桑集》十卷。字一德，號心吾，泰和人。洪武初與梁寅皆徵至南京議禮，楊東里、梁不移皆其弟子。

《明史・藝文志・别集類》陳謨《海桑集》十卷。

《四庫提要・别集類二二》《海桑集》十卷。江蘇巡撫採進本。明陳謨撰。謨

字一德，泰和人。生於元成宗時。洪武初召赴闕，以疾辭歸。後屢聘爲江浙考試官。事蹟具《明史・儒林傳》。是集有謨家傳，稱卒年九十六。考集中年月止於洪武十七年，晏璧於永樂七年作《海桑集序》，稱謨卒後二十年。則卒於洪武二十一年戊辰也。謨《書劉氏西齋唱和卷後》稱生大德間，爲前朝太平幸民六十餘年。由洪武戊辰上推大德元年丁酉，僅九十二年，或晏璧所稱乃約成數也。其詩集、文集各五卷，爲其甥楊士奇所編。國朝康熙庚申，其裔孫邦祥重刊。然《靈山寺詩》以五言長律入古體，《悼劉生詩》以七言拗律入古體，而《崆峒雲居詩》又以古體入律體，士奇未必舛誤如是，殆邦祥又有所竄亂歟。集中《通塞論》一篇，引微子、箕子反復申明，謂革代之時不必死節，最爲害理。故其客韶州時爲太祖吴元年，元尚未亡，已爲衛官作賀表。而集中頌明功德，不一而足，無一語故君舊國之思。其不仕也，雖稱以老病辭，然孫仲亨跋其墨跡，稱「太祖龍興，弓旌首至，先生雖老，猶輿曳就道。一時老師俗儒，曲學附會先生之論，動輒矛盾。是以所如不合，遂命駕還山，拂衣去國」云云，則與柴桑東籬之志固有殊矣。至於文體簡潔，詩格春容，則東里淵源實出於是。其在明初，固渢渢乎雅音也。

青村遺稿

黃虞稷《千頃堂書目・別集類》 金涓《青村遺稿》。字德原，義烏人。

胡仲子集

楊士奇等《文淵閣書目・文集》 《胡仲子集》。一部，二册。闕。

范邦甸等《天一閣書目・別集類》 《胡仲子文集》十卷。緜紙藍絲闌鈔本。明胡翰著，宋濂序，序多脱字。

徐𤊹《徐氏家藏書目・別集類》 胡翰《仲子集》十卷。字仲申，金華人。洪武初薦爲衢州府教授，徵入史館修《元史》。宋濂序之，洪武十四年刻也。

《明史・藝文志・別集類》 《胡翰文集》十卷。

《四庫提要・別集類二二》 《胡仲子集》十卷。浙江汪汝瑮家藏本。明胡翰撰。翰字仲子，一字仲申，金華人。洪武初，以薦爲衢州府教授。事蹟具《明史・文苑傳》。是集乃其門人劉剛及浦陽王懋温所編，以洪武十四年刊版。今印本罕傳，惟寫本猶存於世，凡文九卷、詩一卷。史稱其文曰《胡仲子集》，詩曰《長山先生集》，今合爲一集，豈剛等所併歟。史又稱翰少從吴師道及吴萊學爲古文，復登同邑許謙之門。今觀其文章，多得二吴遺法，而持論多切世用，與謙之坐談誠敬小殊。然嘗與修《元史・五行志》，序論即其所撰，今見集中，於天人和同之際，剖析頗微。《犧尊辨》、《宗法論》諸篇，亦湛深經術，則又未嘗不精究儒理也。詩不多作，故卷帙寥寥，而格意特爲高秀。朱彝尊《静志居詩話》曰：「金華承黃文獻溍、柳文肅貫、吴貞文萊之後，多以古文詞鳴，詩非所好。以詩論，吾必以仲申爲巨擘焉。獨孤及之論曰：五言之源生於《國風》，廣於《離騷》，著於蘇、李，盛於曹、劉。漢、魏作者，質有餘而文不足。以今揆昔，則有朱弦疏越，太羹遺味之歎。誦仲申五言，正猶路鼗出於土鼓，篆籀生於鳥跡。庶幾哉，升堂之彦乎。宜潛溪有學林老虎文淵鯨之目也。」斯言允矣。

信安集

錢謙益等《絳雲樓書目・國初文集類》 胡翰《信安集》。字仲申，金華人。師事黃文獻柳文肅，與宋潛溪、王子充友善。與修《元史》，官止於衢州教授，不及宋之大顯也。

黃虞稷《千頃堂書目・別集類》 胡翰《信安集》。

長山先生集

黃虞稷《千頃堂書目・別集類》 胡翰《長山先生集》。

東岡集

黃虞稷《千頃堂書目・別集類》 許汝霖《東岡集》。字時用，嵊人。元國史院編修。明初召至京，乞歸。宋濂有《送還家序》。

禮庭遺稿

黄虞稷《千頃堂書目·别集類》 許汝霖《禮庭遺稿》。

四梅集

黄虞稷《千頃堂書目·别集類》 葉兑《四梅集》。字良仲，寧海人。常獻武事一綱三目於明太祖。晚植四梅於庭，因以名集。

白雲集

《四庫提要·别集類二二》 《白雲集》七卷。安徽巡撫採進本。明唐桂芳撰。桂芳一名仲，字仲實，號白雲，又號三峰，歙縣人。教授元之第五子。少從洪焱祖學，弱冠爲明道書院司訓。元至正中，用薦授建寧路崇安縣教諭。再任南雄路學正，以憂歸。明太祖定徽州，召對稱旨，命之仕，以聱廢辭。尋攝紫陽書院山長。卒年七十有三。此集在程敏政所編《唐氏三先生集》中。廬陵鍾晦撰桂芳行狀，稱其文一以氣爲主。今觀集中有《與陳浩書》，稱嘗慕蘇老泉閉户探賾，古今上下，融液胸臆，故下筆源源，而無艱險窘迫態。輒謂文不可學而能，氣可以養而致，此蘇老家傳法也。蓋其平生宗旨如此。故所作容與透迤，絶無聱牙晦澀之習。詩亦清諧婉麗，頗合雅音。集中《重修興安府孔子廟記》，稱「龍鳳元年，大丞相統軍下太平，克應天。六年冬，僉事黄公行郡興安，重建府學」。又《贈汪德元序》，稱「大丞相吴國公」。又《黄憲僉唱酬詩序》，稱「大丞相位冢宰之明年」。案龍鳳乃韓林兒年號，大丞相即明太祖。蓋明興時實假僞宋號令，故用其紀年。徽州改興安府在丁酉年，見《明史·地理志》。其爲冢宰事則《明史》不載，蓋必林兒所加官，而其後諱之，此亦可以證史也。

白雲集略

黄虞稷《千頃堂書目·别集類》 唐仲實《白雲集略》四十卷。名桂芳，以字行，歙人，唐元子。元季南雄路學正，明初攝紫陽書院山長，太祖至歙，與朱升同被召見。

《明史·藝文志·别集類》 唐桂芳《白雲集略》四十卷。

武夷小稿

黄虞稷《千頃堂書目·别集類》 唐仲實《武夷小稿》。

盤谷遺稿

徐𤊹《徐氏家藏書目·别集類》 李勝原《盤谷遺稿》五卷。字源澤，太平縣人。國初從高皇帝取復江州，有繡袍銀碗之賜，後歸美溪，保障一方，卒無子。高皇帝遣官致祭，遺稿藏于族人。嘉靖戊午葉一清始得而梓之，南京解元祁門王諷爲序。

黄虞稷《千頃堂書目·别集類》 李勝原《盤谷遺稿》五卷。字源澤，寧國太平人。明初從太祖取江州，有繡袍銀盌之賜，後乞歸卒，太祖遣祭。

《明史·藝文志·别集類》 李勝原《盤谷遺稿》五卷。

初齋稿

黄虞稷《千頃堂書目·别集類》 鄭淵遂《初齋稿》十卷。浦江義門鄭氏，有孝行，宋濂謚之貞孝處士。

《明史·藝文志·别集類》 鄭淵遂《初齋稿》十卷。

蛾術文集

黄虞稷《千頃堂書目・别集類》 邵亨貞《蛾術文集》十六卷。字復孺，嚴州人。徙居華亭，明初爲松江府學訓導。集後有《學庵集句詩》一卷，復孺子伯宣作。

《明史・藝文志・别集類》 邵亨貞《蛾術文集》十六卷。

蛾術詩集

黄虞稷《千頃堂書目・别集類》 邵亨貞《蛾術詩集》八卷。

邵復孺集

王圻《續文獻通考・經籍考・集下》 邵亨貞《邵復孺集》。

潛溪文集　後集　續集

楊士奇等《文淵閣書目・文集》 宋景濂《潛溪集》。一部，二册。闕。宋景濂《潛溪續集》。一部，二册。闕。

王圻《續文獻通考・經籍考・集下》 《宋潛溪集》。浦江宋濂著，濂翰林學士承旨。

張萱等《内閣藏書目録・集部》 《潛溪集》八册。全。國初金華宋濂著，凡八卷。

黄虞稷《千頃堂書目・别集類》 宋濂《潛溪文集》十卷，《後集》十卷，《續集》十卷。

《明史・藝文志・别集類》 宋濂《潛溪文集》三十卷。皆元時作。

潘祖蔭《滂喜齋藏書記・集部》 元刻《潛谿集》十卷。附録二卷。二函，二册。宋濂撰。前有陳旅序，後有王褘序。濂集。《四庫》著録者三十六卷。明正德刻本，曰《鑾坡集》，曰《翰苑集》，曰《芝園集》，曰《朝京稿》，合七十四卷。天順刊本，二十六卷，題《宋學士先生全集》。又一本十八卷，題《潛谿集》，亦天順刻。此本十卷，附録二卷。附録之後有至正丙申門人鄭渙跋，謂兄仲舒所編定，而渙又益之者也。仲舒昆弟即世所稱，義門鄭氏家，有《麟谿集》者是也。標目前第一行題曰《潛谿前集》，首篇國朝名臣序頌，自忠武王木華黎至劉文靖公因，凡二十二人。稱元曰「皇元」，提行頂格，蓋猶未入明時所刊。《潛谿集》莫先於此，亦莫可寶貴於此矣。明内閣遺書外函如一封書式，不用摺疊，文淵舊裝也。

宋學士集

范邦甸等《天一閣書目・别集類》 《宋學士集》十卷。刊本。明洪武庚戌揭汯序云：余聞景濂之名，蓋二十年矣，近始會于金陵，挹其光儀，聆其論説，已有以慰夫平昔向慕之心。及觀其潛溪新集，浩乎其博，淵乎其深，蔚乎其色，鏗乎其聲，讀之累日，不知神之駭而心之醉也。然此特應制代言、紀功銘德之作，若平日所著，則有前、後、續、别四集，已盛行于世。及流傳于海外學者，又當兼取而博習之可也。

宋學士文集

高儒《百川書志・集・國朝》 《宋學士潛溪文集》七十五卷。《鑾坡前集》十卷即《翰苑集》、《鑾坡後集》十卷、《翰苑續集》十卷、《翰苑别集》十卷、《芝園前集》十卷、《芝園後集》十卷、《芝園續集》十卷、《朝宗集》(十)〔五〕卷。翰林侍講學士金華宋濂撰。

張萱等《内閣藏書目録・集部》 宋濂《宋學士文集》十二册。全。

黄虞稷《千頃堂書目・别集類》 《宋學士文集》七十五卷。

《明史・藝文志・别集類》 《宋學士文集》七十五卷。《鑾坡前集》十卷、《後集》十卷、《續集》十卷、《别集》十卷、《芝園前集》十卷、《後集》十卷、《别集》十卷、《朝天集》五卷。

宋學士全集

范邦甸等《天一閣書目・總集類》 《宋學士全集》三十六卷。刊本。明浦江宋濂著。嘉靖庚戌豐城雷禮序稱：先生舊有《朝京稿》、《凝道記》、《潛溪》、《翰苑》、《鑾坡》、《芝園集》、《龍門子》、《浦陽人物記》，然各集出，一時故舊以己見集者，今知浦江事韓叔陽萃爲一編，共三十六卷，九百六十七篇，題曰《宋學士全集》，梓行之。

徐𤊹《徐氏家藏書目・別集類》 《宋濂學士集》三十二卷。字景濂，號潛溪，金華人。洪武初官翰林院學士，承旨，卒于夔州，謚文憲。

黄虞稷《千頃堂書目・別集類》 《宋學士全集》三十三卷。高淳韓叔陽彙諸家本定爲全集，刊於金華，然亦多遺落，不稱善本。

《四庫提要・別集類二二》 《宋學士全集》三十六卷。內府藏本。明宋濂撰。濂有《篇海類編》，已著録。元末文章，以吴萊、柳貫、黄溍爲一朝之後勁。濂初從萊學，既又學於貫與溍，其授受具有源流。又早從聞人夢吉講貫五經，其學問亦具有根柢。《明史》濂本傳稱其「自少至老，未嘗一日去書卷，於學無所不通，爲文醇深演迤，與古作者竝。在朝郊社、宗廟、山川、百神之典，朝會、燕饗、律曆、衣冠之制，四裔、貢賦、賞勞之儀，旁及元勳鉅卿碑記刻石之詞，咸以委濂，爲開國文臣之首。士大夫造門乞文者，後先相踵。外國貢使亦知其名，高麗、安南、日本，至出兼金購其文集。」《劉基傳》中又稱基所爲文章，氣昌而奇，與濂竝爲一代之宗。今觀二家之集，濂文雅容渾穆，如天閑良驥，魚魚雅雅，自中節度。基文神鋒四出，如千金駿足，飛騰飄瞥，驀澗注坡。雖皆極天下之選，而以德以力，則略有間矣。方孝孺受業於濂，努力繼之，然較其品格，亦終如蘇之與歐。蓋基講經世之略，所學不及濂之醇。方孝孺自命太高，意氣太盛，所養不及濂之粹也。

宋學士詩集

黄虞稷《千頃堂書目・別集類》 宋濂《宋學士詩集》五卷。字景濂，浦江人。元末用薦除翰林編修，以親老辭，入仙華山爲道士。國初徵至，授皇太子經，居禮賢館，修元史，充總裁，官仕至翰林學士承旨，兼太子贊善大夫。正德中追謚文憲。

《明史・藝文志・別集類》 宋濂《詩集》五卷。

宋景濂集

王世貞《讀書後》書《宋景濂集》後一 間與僧無心閲永明壽禪師日行百八事，毋論精神疲于應接，即自子至亥，盡廢食寢盥溲之晷而爲之，亦有所不能偏。後又偶檢宋學士洪武以後集，十二年中得文千四百篇，永明神僧也，固毋論已，學士握文柄特自耳順而踰從心，縱游刃斲輪不礙方寸，亦寧無毫髮累而優然自如。吾三載來五更起，焚誦不過佛道經數卷，應酬文字不盡却，然亦不能學士五之一。而日來心氣損耗成疾，爲子弟所苦禁，亦自種種覺之。乃知吴門白馬之喻誠非妄也。因題數語於學士集後，不勝貧子之歎。

書《宋景濂集》後二 宋文憲以宿儒佐英主，司禮樂制作之柄。其高文大册偏海內，即近而九重，遠而四夷，亡能舍公筆弗請者。骨尚肉而臺閣以易奪之久。而至弘德間，縉紳以古奪之，至嘉靖不盡程古，亦不盡爲易者復奪之。蓋至于今而不復有能舉文憲名矣，何論著作？雖然，亦安可竟廢文憲也？文憲於書無所不讀，於文體裁無所不曉，顧其概，以典實易宏麗，以詳明易遒簡，發之而欲意之必罄，言之而欲人之必曉。以故，不能預執後人之權，而時時見奪，夫使後人率偏師而與之角，孫主簿之三千騎足敵贏卒數萬；若各悉其國之賦甲而競於大麓，所謂五戰而秦不勝三，趙再勝者邯鄲岌岌乎！我故思用其人也。

潛溪先生集

黄虞稷《千頃堂書目・別集類》 宋濂《潛溪先生集》十八卷。弋陽黄溥選定，刊於蜀。

潘祖蔭《滂喜齋藏書記・集部》 明刻《潛谿集》十八卷，附録一卷。八册。題弋陽黄溥選編。按附録中有溥祭文，題「景泰七年三月」。是年丙子，明年丁丑，英宗復辟改元天順，是亦天順間刊本也。前有陳旅、王褘、歐陽玄三序。

黃丕烈《蕘圃藏書題識・集類三》《潛溪先生集》十八卷。明刻本。此天順刻本《潛溪先生集》，爲弋陽吾家澄濟氏所選定者，各家書目均不載，唯《千頃堂書目》及家俞邰《明史・藝文志》有之。雖係選本，實舊刻也。頃往常熟同年友張子和家弔其母喪，因於書肆搜得。歸再展玩，首至末悉排長葉，亦刻書之一格，并著之，以識古款。至是集，亦爲潛溪先生諸集之一本，藏書家何可輕棄耶？

潛溪文粹　續文粹

楊士奇等《文淵閣書目・文集》宋景濂《文粹》。一部，二册。闕。宋景濂《文粹》。一部，一册。闕。

黃虞稷《千頃堂書目・別集類》宋濂《潛溪文粹》十卷。劉基選定。又《續文粹》十卷。門下方孝孺、鄭濟等同選定，皆孝孺與同門劉剛、林靜、樓璉手自繕寫，刊於義門書塾。

《明史・藝文志・別集類》宋濂《潛溪文粹》十卷。劉基選。《續文粹》十卷。方孝孺、鄭濟同選。

張金吾《愛日精廬藏書續志・別集類》《宋學士文粹》十卷，《補遺》一卷。明洪武刊本。宋濂撰。卷首有文彭印記。闕卷六至十，抄補。劉基序。洪武八年。《宋學士續文粹》十卷，附録一卷。明建文刊本。宋濂撰。樓璉序題「歲在辛巳」，蓋建文三年辛巳也。樓璉序。歲在辛巳。鄭柏跋。

宋景濂未刻集

楊士奇等《文淵閣書目・文集》《宋景濂遺文》。一部，一册。闕。

《四庫提要・別集類二二》《宋景濂未刻集》二卷。浙江巡撫採進本。明宋濂撰。濂集重刻於嘉靖中，行世已久。此本乃國朝順治乙未，濂裔孫實穎得文徵明家所藏書稿，以示金壇蔣超，超擇其中今本未載者得三十八篇，編爲此集，以補其遺。今以韓叔陽刻本重勘，其中《跋何道夫所著宣撫鄭公墓銘》等十一篇，皆今本所已載，超蓋檢之未審。其餘二十七篇則實屬佚文。推究當日之意，蓋或以元代功臣諸頌及誌銘諸篇大抵作於前朝，至明不免有所諱。或以尊崇二氏，不免過當，嫌於耽溺異學而隱之。觀楊士奇《東里集》、倪謙《文僖集》，竝用楊傑《無爲集》例，凡爲二氏而作者，皆別爲卷帙，附綴末簡，不散入各體之中。則正德、嘉靖以前士大夫之持論，可大略覩矣。然古來操觚之士，如韓愈之於高閑、文暢，持論終始謹嚴，固其正也。其餘若蘇、黃諸集，不入學派者勿論。至於胡寅、真德秀，皆講學家所謂大儒，《致堂》、《西山》二集，此類正復不少。蓋文章一道，隨事立言，與訓詁經義，排纂語録，其例小殊。宋儒尚不能拘，則濂作釋、老之文，又何必欲滅其迹歟。

宋文憲全集

張之洞《書目答問・別集》《宋文憲全集》五十三卷，卷首四卷。明宋濂。嚴榮刻本。

翰苑集

王圻《續文獻通考・經籍考・集下》宋濂《翰苑集》。

芝園集

王圻《續文獻通考・經籍考・集下》宋濂《芝園集》。

蘿山詩集

王圻《續文獻通考・經籍考・詩集》宋景濂《蘿山詩集》。

蘿山吟稿

楊士奇等《文淵閣書目・詩詞》 宋太史《蘿山吟》。一部，一册。闕。

王圻《續文獻通考・經籍考・集下》 宋濂《蘿山集》。

黄虞稷《千頃堂書目・別集類》 宋濂《蘿山吟稿》三卷。

龍門凝道記

王圻《續文獻通考・經籍考・集下》 宋濂《龍門凝道記》。

浦陽人物記

王圻《續文獻通考・經籍考・集下》 宋濂《浦陽人物記》。

誠意伯文集

王圻《續文獻通考・經籍考・集下》 《誠意伯集》。青田劉基著。

徐𤊹《徐氏家藏書目・別集類》 劉基《誠意伯集》二十卷。字伯温，青田人。元末舉進士，洪武初封誠意伯，謚文成。

張萱等《内閣藏書目録・集部》 《誠意伯劉先生文集》八册。不全。國初劉基著。

黄虞稷《千頃堂書目・別集類》 劉基《誠意伯文集》二十卷。首《翊運録》，次《郁離子》，次《覆瓿集》，次《寫情集》，次《春秋明經》，次《犁眉公集》。

《明史・藝文志・別集類》 劉基《文成集》二十卷。彙編諸集及《郁離子》、《春秋明經》諸書。

吴焯《繡谷亭薰習録・集二》 《劉誠意集》二十卷。明御史中丞誠意伯青田劉基伯温著。第一卷爲《翊運録》，永樂二年翰林學士同郡王景序；二至四爲《郁離子》，洪武十九年國史編修吴從善、杭州教授天台徐一夔並序；五至十四爲《覆瓿集》，宣德五年工部侍郎、吉水羅汝敬補序；十五、十六爲《犁眉公集》，宣德五年翰林學士金陵李時勉補序；十七、十八爲《寫情詞集》，洪武十三年永嘉訓導安國葉蕃序；十九、二十爲《春秋明經》，此成化六年彙刻，太子洗馬四明楊守陳總序。案《郁離子》原編五卷，《覆瓿集》二十卷，《犁眉公集》五卷，《寫情集》、《春秋明經》各四卷，後人既彙次，以其卷帙之繁而約之，其文則仍舊也。至麗水何鏜再刻，文已編亂，盡削舊序，集名俱不可得見矣。

《四庫提要・別集類二二》 《誠意伯文集》二十卷。浙江巡撫採進本。明劉基撰。基有《國初禮賢録》，已著録。其詩文雜著凡《郁離子》四卷、《覆瓿集》十卷、《寫情集》二卷、《春秋明經》二卷、《犁眉公集》二卷，本各自爲書。成化中，巡按浙江御史戴鱀等始合爲一帙，而冠以基孫廌等所撰《翊運録》。蓋以中載詔旨制敕，故列之卷首。然其書究屬廌編，用以編入卷數，使此集標基之名，而開卷乃他人之書，殊乖體例。今移綴是録於末簡，以正其譌。餘十九卷則悉仍戴本之原次，以存其舊。基遭逢興運，參預帷幄，祕計深謀，多所裨贊。世遂謬謂爲前知，凡讖緯術數之説，一切附會於基，神怪謬妄，無所不至。方技家遞相熒惑，百無一真。惟此一集，尚真出基手。其詩沈鬱頓挫，自成一家，足與高啓相抗。其文閎深肅括，亦宋濂、王禕之亞。楊守陳序謂「子房之策不見詞章，玄齡之文僅辦符檄，未見樹開國之勳業，而兼傳世之文章，可謂千古人豪」。斯言允矣。大抵其學問智略如耶律楚材、劉秉忠，而文章則非二人所及也。

覆瓿集　拾遺

楊士奇等《文淵閣書目・文集》 劉伯温《覆瓿集》。一部，四册。闕。

高儒《百川書志・集・國朝》 誠意伯《覆瓿集》二十四卷，《拾遺》二卷。誠意伯開國元勳弘文館學士括蒼劉基伯温撰。

王圻《續文獻通考・經籍考・集下》 《覆瓿集》。青田劉基著，字伯温，國初

封誠意伯。

黃虞稷《千頃堂書目·別集類》 劉基《覆瓿集》二十四卷，《拾遺》二卷。前元時作。

《明史·藝文志·別集類》 劉基《覆瓿集》二十四卷，《拾遺》二卷。皆元時作。

黃丕烈《蕘圃藏書題識再續録·集類》 《覆瓿集》二十四卷。明宣德刻本。

劉誠意《覆瓿集》係明初板，近日流傳頗少，宜珍惜之。康熙壬申三月重裝於松風書屋。

家俞邰《明史·藝文志·別集》載劉基《覆瓿集》二十四卷、《拾遺》二卷，前元時作，外間實罕見也。此《覆瓿集》二十四卷與《志》合，《拾遺》無聞焉。己巳仲冬廿有四日，坊間得《五硯樓書》，余轉向取歸，猶是珍惜之意云爾。康熙時，徐太史以爲近日流傳頗少，矧經百餘年來耶。雖明初刻，當與《宋潛溪文粹》等並重矣。嘉慶十有四年十一月，復翁黃丕烈識。

犂眉公集

高儒《百川書志·集·國朝》 《犂眉公集》四卷。誠意伯劉基既老之著也。

王圻《續文獻通考·經籍考·集下》 劉基《犂眉公集》。

黃虞稷《千頃堂書目·別集類》 劉基《犂眉公集》四卷。長子璉集。

《明史·藝文志·別集類》 劉基《犂眉公集》四卷。

覆瓿犂眉集

高儒《百川書志·集·國朝》 《覆瓿犂眉集》。誠意伯括蒼劉基伯温著。

寫情集

王圻《續文獻通考·經籍考·集下》 《寫情集》。劉基著。

郁離子

王圻《續文獻通考·經籍考·集下》 劉基《郁離子》。

重編誠意伯文集

范邦甸等《天一閣書目·別集類》 《重編誠意伯文集》十八卷。刊本。明青田劉基著，嘉靖丙辰巡按直隸縉雲樊獻科編，序稱：集舊刻于括蒼，凡二十卷。其間著作雜陳，未可類別，且歲久多遺落，因裒爲十八卷。少易舊編之次，始像贊、行狀，概事業之全；次御書、詔誥，紀勳庸之大；次表頌，次《郁離子》，揚文明之盛；次序紀至詩歌，載制作之詳。統會以題要，分類以便觀。餘姚李本序。

黃虞稷《千頃堂書目·別集類》 劉基《誠意伯文集》十八卷。嘉靖三十五年縉雲樊獻科編次。

重編誠意伯文成劉公文集翊運録

范邦甸等《天一閣書目·別集類》 《重編誠意伯文成劉公文集翊運録》一卷。刊本。王景序稱：先生括蒼之青田人。景爲同郡，今年守職翰林。其孫薦等集其御書詔誥行狀事實等文，名之曰《翊運録》，蓋取誥文開翊運之語也，請予序其首簡。

連珠集

高儒《百川書志·別集》 《連珠集》一卷。皇明括蒼劉基集鈔出，凡五十首。

擬連珠

徐𤊹《徐氏家藏書目・連珠類》 劉基《擬連珠》一卷。

古樂府

楊士奇等《文淵閣書目・詩詞》 袁尚志《古樂府》。一部，一册。闕。

環碧軒集

黄虞稷《千頃堂書目・别集類》 吴志淳《環碧軒集》。字主一，以字行，無爲州人。仕元爲翰林待制，濠泗兵起，徙家豫章，復徙鄞。

柳南漁隱集

黄虞稷《千頃堂書目・别集類》 吴志淳《柳南漁隱集》。

登州集

黄虞稷《千頃堂書目・别集類》 林弼《林登州集》六卷。一名《梅雪齋集》。字元凱，初名唐臣，龍谿人。仕元爲漳州路知事，戊申内附，以儒士登春官，修禮樂書，除禮部主事，升登州知府。

《明史・藝文志・别集類》 林弼《登州集》六卷。

《四庫提要・别集類二二》 《登州集》二十三卷。福建巡撫採進本。明林弼撰。弼字元凱，龍溪人。元至正戊子進士，爲漳州路知事。明初以儒士修禮樂書，授吏部主事，官至登州府知府。弼嘗與王廉同使安南，以卻贐金爲太祖所器。生平著作有《梅雪齋稿》、《使南安集》。是集總名《登州》，蓋彙爲一編，總題以所終之官也，凡詩七卷、文十六卷。其《使安南集》，宋濂曾爲之序，稱其文辭爾雅。王褘亦嘗贈以詩，與之唱酬。其墓誌即王廉所作，稱其詩文皆雄偉跌宕，清峻之語，夐出塵表。蓋明初閩南以明經學古擅名文苑者，弼實爲之冠也。弼又名唐臣，以時禁國號名氏，遂仍舊名。是弼其初名，唐臣乃其改名。朱彝尊《明詩綜》則云弼初名唐臣，當由宋濂序謂唐臣更名爲弼致誤，然宋序未嘗言初名唐臣也。至弼改名既久，而此本之首尚署林唐臣撰，殊乖其實，今仍署弼名，著之録焉。

雪樵詩集

黄虞稷《千頃堂書目・别集類》 劉承直《雪樵詩集》。字宗弼，以字行，贛州人。元進士，明初與修禮樂書，官國子博士，升司業，出爲浙江按察司僉事。

存齋雜稿

黄虞稷《千頃堂書目・别集類》 唐懷德《存齋雜稿》。字思誠，金華人。受業許謙，明初爲本邑教諭。

張紳詩集

黄虞稷《千頃堂書目・别集類》 《張紳詩集》。字仲紳，一字士行，濟南人。博學工詩，少從事兵間，仕明爲浙江布政使。

南山集

黃虞稷《千頃堂書目・別集類》 韓循仁《南山集》。字進之，金華人。居永康，與宋濂吴履交。

畊讀稿

黃虞稷《千頃堂書目・別集類》 章廷端《畊讀稿》。舊名廷瑞，字信臣，新昌人。

西隱集

王圻《續文獻通考・經籍考・集下》 《西隱集》。滑縣宋訥著。洪武中祭酒。

徐𤊹《徐氏家藏書目・別集類》 宋訥《西隱文集》十卷。

張萱等《内閣藏書目録・集部》 宋文恪公《西隱稿》四册。國初祭酒宋訥著。

黃虞稷《千頃堂書目・別集類》 宋訥《西隱集》十卷。

《明史・藝文志・別集類》 宋訥《西隱集》十卷。

《四庫提要・別集類二二》 《西隱集》十卷。浙江汪汝瑮家藏本。 明宋訥撰。訥字仲敏，滑縣人。元至正中舉進士，官鹽山知縣。洪武十三年徵爲國子助教，陞翰林學士，文淵閣大學士，遷國子祭酒，卒。正德中追謚文恪。事蹟具《明史》本傳。劉三吾撰訥墓誌，稱所著《西隱集》十七卷，而《明史・藝文志》、黃虞稷《千頃堂書目》俱作十卷。此本有東萊劉師魯序，稱其集初爲上海張趨所手録。滑人王崇之令上海，從其後求得而刻之。歲久漫漶，師魯因鳩工重刻，蓋即十卷之本。豈張趨繕録之時，又有所删併，故與墓誌不合歟。集前四卷爲賦、詩，後六卷爲雜文，附以明太祖手敕四道，及《白雲茅屋賦》二篇、《記》一篇。

強學齋文集

黃虞稷《千頃堂書目・別集類》 徐原《強學齋文集》。字均善，蘭谿人。洪武中舉賢良，官翰林院待詔，兩主福建，江西鄉試。

崖峰集

黃虞稷《千頃堂書目・別集類》 徐原《崖峰集》。

桂林一枝稿

黃虞稷《千頃堂書目・別集類》 馮翊《桂林一枝稿》。字原輔，義烏人。

崑山片玉稿

黃虞稷《千頃堂書目・別集類》 馮翊《崑山片玉稿》。

南陽山房稿

黃虞稷《千頃堂書目・別集類》 葉儀《南陽山房稿》二十卷。字景翰，金華人。受學許謙。明師下金華，召爲五經師，以老疾辭。

《明史・藝文志・別集類》 葉儀《南陽山房稿》二十卷。

柏軒集

黄虞稷《千頃堂書目·別集類》 范祖幹《柏軒集》四卷。字景先，金華人。與葉儀同被召，辭，辟爲諮議，以親老辭。學者稱純孝先生。

《明史·藝文志·別集類》 范祖幹《柏軒集》四卷。

砂岡集

黄虞稷《千頃堂書目·別集類》 全思誠《砂岡集》。字希賢，上海人。洪武十五年以耆儒召爲文華殿大學士，兼左中允，致仕。

坦齋文集

王圻《續文獻通考·經籍考·集下》 《坦齋先生集》。

張萱等《内閣藏書目録·集部》 《坦齋先生文集》二册。洪武初劉三吾著。

黄虞稷《千頃堂書目·別集類》 劉三吾《坦坦齋集》二卷。桐江俞藎知茶陵合刻。一作《坦翁集》十二卷。

《明史·藝文志·別集類》 劉三吾《坦齋集》二卷。一作《坦翁集》十二卷。

《四庫提要·別集類存目二》 《坦齋文集》二卷。江蘇巡撫採進本。明劉三吾撰。三吾字如孫，自號坦坦翁，茶陵人。洪武中官翰林學士。事蹟具《明史》本傳。案鄭曉、雷禮、王世貞竝謂三吾於洪武三十年以罪誅死。蔣一葵又謂三吾以作大誥漏言賜死。《明史》則稱以考試不實戍邊，建文初召還。今集中有《敕下御製大明一統賦》，實建文時所撰，與史相合，是曉等所載皆不確。知其集在明代不甚傳，故以曉等熟於掌故者亦未之見矣。此本乃成化中桐江俞藎官茶陵時所刊。萬曆戊寅，茶陵知州韓城賈緣又重刊之。三吾於洪武中典司文章，頗被恩遇，然其文鉤棘而淺近，未能凌轢一時也。

璚署集

黄虞稷《千頃堂書目·別集類》 劉三吾《璚署集》。初名如孫，字坦甫，茶陵人。元末提舉靖江學。洪武中用薦除左贊善，升學士。三十年主會試，以多中南人，坐罪戍邊。永樂中卒。

春坊集

黄虞稷《千頃堂書目·別集類》 劉三吾《春坊集》。

知非集

黄虞稷《千頃堂書目·別集類》 劉三吾《知非集》。

北園集

黄虞稷《千頃堂書目·別集類》 劉三吾《北園集》。

化鶴集

黄虞稷《千頃堂書目·別集類》 劉三吾《化鶴集》。

正氣集

黄虞稷《千頃堂書目·別集類》 劉三吾《正氣集》。

斐然稿

范邦甸等《天一閣書目・總集類》 劉翰林《斐然稿》一卷。紅絲闌鈔本。明劉三吾著。張璜序云：明開國詞臣若宋景濂、王子充、劉三吾諸老，皆首以文章道德之言黼黻一代文明之治，凡其制作皆足以傳。獨三吾先生文燬于回禄，後輩每以不見全傳爲慨。《長沙碑記詩》不下二十餘篇，蓋先生當時手書以遺愛祖前長史南賓者。南賓與先生同鄉同時，且姻親，故集賴以獨存。予復益以蜀中壬大夫所收先生手書序記若《環牖》諸作數篇，類爲集，因併收壽梓，期成一家言以傳。

環洲集

黄虞稷《千頃堂書目・別集類》 莘野《環洲集》。字叔畊，歸安人。洪武初由本縣儒學訓導遷棗強知縣，致仕，後改麗波巡檢，卒于官。

樗散雜言

黄虞稷《千頃堂書目・別集類》 許孚《樗散雜言》。字存禮，謙子。洪武初薦起爲北平教授，坐誣累死。

養素齋稿

黄虞稷《千頃堂書目・別集類》 俞慶《養素齋稿》八卷。字大有，義烏人，一作金華人。明初義烏訓導。

余深雜詩

黄虞稷《千頃堂書目・別集類》 《余深雜詩》十卷。字魯淵，桐廬人，明初建寧教授。《嚴陵志》作《聽松集》。

蓉峰集

黄虞稷《千頃堂書目・別集類》 汪叡《蓉峰集》□卷。左春坊左司直郎。字伯魯，後以字行。

清溪集

黄虞稷《千頃堂書目・別集類》 汪叡《清溪集》十帙。

翠屏集

黄虞稷《千頃堂書目・別集類》 徐誼《翠屏集》。字宜叔，壽昌人。

白雲稿

楊士奇等《文淵閣書目・文集》 朱右《白雲稿》。一部，一册。完全。

錢謙益等《絳雲樓書目・金元文集類》 朱右《白雲稿》。十二卷。浙東名士，曾爲方國珍客。洪武初，宋濂薦修《元史》，官終晉府長史。

黄虞稷《千頃堂書目・別集類》 朱右《白雲稿》十二卷。

《明史·藝文志·别集類》 朱右《白雲稿》十二卷。

《四庫提要·别集類二二》 《朱雲稿》五卷。浙江汪啓淑家藏本。 明朱右撰。右字伯賢，臨海人，自號鄒陽子。元至正二十一年當詣闕獻《河清頌》，不遇而歸。洪武三年召修《元史》，六年修《日曆》，除翰林院編修。七年修《洪武正韻》，尋遷晉府右長史，卒於官。《明史·文苑傳》附載《趙壎傳》中。所著《白雲稿》本十卷，今世所傳僅存五卷，雜文之後僅有《琴操》而無詩。檢勘諸本竝同，無可校補。

清江文集

楊士奇等《文淵閣書目·文集》 《貝瓊文集》。一部，二册。完全。

王圻《續文獻通考·經籍考·集下》 《清江集》。國子博士貝瓊著。字廷琚，一名闕，字廷臣，崇德人。洪武初徵修《元史》，除國子助教，遷中都國子助教。

張萱等《内閣藏書目録·集部》 《清江貝先生文集》四册。全。國初國子監助教貝瓊著。

黄虞稷《千頃堂書目·别集類》 貝瓊《清江貝先生文集》三十卷。《海昌集》一卷、《雲間集》七卷、《兩峰集》三卷、《金陵集》十卷、《中都集》九卷、《歸田稿》一卷附。

《明史·藝文志·别集類》 貝瓊《清江文集》三十卷。

《四庫提要·别集類二二》 《清江文集》三十一卷。編修汪如藻家藏本。 明貝瓊撰。

清江詩集

黄虞稷《千頃堂書目·别集類》 貝瓊《詩集》十卷。詩餘一卷附。

《明史·藝文志·别集類》 貝瓊《詩》十卷。

《四庫提要·别集類二二》 《清江詩集》十卷，《文集》三十一卷。編修汪如藻家藏本。 明貝瓊撰。瓊字廷琚，一名闕，字廷臣，崇德人。元末領鄉薦，遭亂退居殳山。明初徵修《元史》，除國子監助教。事蹟附見《明史·宋訥傳》。考程慶《琉聲文會選》以貝闕、貝瓊爲二人。然陶宗儀《輟耕録》載妓女真真事云「嘉興貝闕有詩」。今《真真曲》載此集中，則瓊一名闕審矣。《兩浙名賢録》載瓊集二十卷，明萬曆中所刻乃止三卷。此本凡詩集十卷，文集分《海昌集》一卷、《雲間集》七卷、《兩峰集》三卷、《金陵集》十卷、《中都稿》九卷、《歸田稿》一卷，僅有鈔本流傳。康熙丁亥，桐鄉金檀購得之，始爲刊版。

草閣集 拾遺 文集

楊士奇等《文淵閣書目·詩詞》 李宗表《草閣集》。一部，一册。闕。

王圻《續文獻通考·經籍考·集下》 《草閣集》七卷。永康李曄宗表著。

黄虞稷《千頃堂書目·别集類》 李曄《草閣集》六卷，《拾遺》一卷。字東表，錢塘人。明初官國子助教。集爲門人唐仲暹所編。《南雍志》作臨安人。

《四庫提要·别集類二二》 《草閣集》六卷，《拾遺》一卷，《文集》一卷，附《筠谷詩》一卷。兩淮鹽政採進本。 明李昱撰。昱字宗表，號草閣，錢塘人。《南雍志》作臨安人，蓋偶署宋代地名，非明之臨安也。洪武中官國子監助教。昱元季避地永康、東陽間，館於胡氏。故集中與胡伯宏兄弟贈答之什最多。此集乃昱没後伯宏及其友徐孟璣、陳公明所輯。《拾遺》一卷則其門人唐光祖所輯。《拾遺》之後又附雜文四篇，題曰《文集》，不知何人所續輯，或亦出光祖之手歟。昱詩才力雄贍，古體長篇，大抵清剛雋上，矯矯不羣。近體亦卓犖無凡語。雖爲高、楊、張、徐諸人盛名所掩，實則竝駕中原，未定孰居先後也。末附《筠谷詩》一帙，不著名氏。案宋濂作昱詩序，稱其子轅字公載，爲詩能繼其家。《千頃堂書目》亦載有李轅《筠谷集》，注爲李昱之子，官宜綸縣丞。殆編録者以卷帙無多，附其父後。觀詩内有《冬至前日侍父讌胡伯奇濟生堂》七言一首，是轅作之明證矣。朱彝尊《曝書亭集》有昱《草閣集跋》，而不言末附《筠谷詩》，或所見之本偶佚此卷也。

吴壽暘《拜經樓藏書題跋記》 《草閣集》。《草閣集》六卷，後附《筠谷集》一卷。宋濂序，後跋不全，未知撰者名氏。

廣遊集

黄虞稷《千頃堂書目·别集類》 朱善《廣遊集》一卷。在元時作。

一齋集

王圻《續文獻通考·經籍考·集下》 朱善《一齋集》。

黃虞稷《千頃堂書目·别集類》 朱善《一齋集》十卷。在元時作。字隆萬，豐城人。洪武初官至文淵閣大學士，卒謚文恪。

《明史·藝文志·别集類》 朱善《一齋集》十卷。

《四庫提要·别集類存目二》 《一齋集》十六卷。福建巡撫採進本。明朱善撰。善有《詩解頤》，已著録。是集首載聶鉉所作墓誌，稱名善繼。然集中自稱曰朱善，而《詩經解頤》亦題曰「朱善」，則「繼」字殆刊本誤也。是編《前集》十卷、《後集》五卷，又《廣遊集》一卷，附刊於後。善以文章爲明太祖所知。然核其品第，究不能與宋濂諸人雁行。

遼海集

王圻《續文獻通考·經籍考·集下》 《遼海集》。朱善著。豐城人，大學士。

黃虞稷《千頃堂書目·别集類》 朱善《遼海集》五卷。在元時作。

《明史·藝文志·别集類》 朱善《遼海集》五卷。

灊峰精舍文集

黃虞稷《千頃堂書目·别集類》 朱善《灊峰精舍文集》一册。

春草齋集

范邦甸等《天一閣書目·别集類》 《春草齋集》十卷。藍絲闌鈔本。明烏斯道著。

徐𤊹《徐氏家藏書目·别集類》 烏斯道《春草集》十一卷。

黃虞稷《千頃堂書目·别集類》 烏斯道《春草齋集》十卷。

《明史·藝文志·别集類》 烏斯道《春草齋集》十卷。

《四庫提要·别集類二二》 《春草齋集》十卷，附録一卷。編修汪如藻家藏本。明烏斯道撰。斯道字繼善，慈谿人。洪武初，官石龍縣知縣，調永新，坐事謫戍定遠，尋放還。《明史·文苑傳》附見《趙壎傳》中。所著有《秋吟稿》及此集。《千頃堂書目》載《秋吟稿》之名，而闕其卷數，蓋明代已佚。此集凡詩五卷、文五卷，與《千頃堂書目》卷數相合，蓋猶舊本。又附録傳贊一卷，則萬曆間其八世孫獻明所續輯也。

秋吟稿

黃虞稷《千頃堂書目·别集類》 烏斯道《秋吟稿》。字繼善，慈谿人。明初以薦起知石龍縣，調永新，以疾去官。斯道學文於僧噩夢棠。

陶學士集

高儒《百川書志·集·國朝》 《陶學士先生集》二十卷。《陶學士事蹟》一卷。翰林院學士太平陶安主敬撰。

范邦甸等《天一閣書目·總集類》 《陶學士集》二十卷。刊本。明陶安撰，鉛山張祐編校。

王圻《續文獻通考·經籍考·集下》 《陶學士集》。陶安著。

徐𤊹《徐氏家藏書目·别集類》 陶安《學士集》十五卷。字主敬，當塗人。洪武初累官翰林院學士。

黃虞稷《千頃堂書目·别集類》 陶安《辭達類鈔》十九卷，又《姚江類鈔》一卷，又《知新稿》五卷，又《江行雜詠》一卷，又《黄岡寓稿》一卷，又《鶴沙小紀》一卷，

又《別類》一卷，又《鄱陽新録》一卷，又《玉堂稿》八卷，又《陶學士先生文集》二十卷。合併諸集成編，前附《陶學士事迹》一卷。

《明史・藝文志・別集類》　《陶安文集》二十卷。

《四庫提要・別集類二二》　《陶學士集》二十卷。浙江汪汝瑮家藏本。明陶安撰。安字主敬，當塗人。元至正八年中浙江鄉試。入明，官至江西行省參知政事。事蹟具《明史》本傳。其詩一曰《辭達集》，一曰《知新近稿》，一曰《黄岡寓稿》，一曰《鶴沙小記》，一曰《江行雜詠》，本各自爲集。此本分體編次，與所作詞賦共爲十卷。其文亦十卷，而送人之序引居其半。或以安文章宿望，人得其贈言以爲榮，故求之者多耶。又安以儒臣司著作，於郊社、宗廟、典禮，皆有奏議。若明初分祭南北郊，及四代各一廟之制，皆定於安。又刑律亦安所裁。而集中均不載其文，殆以朝廷公牘，同署者不一人，故不復列入私集也。世言祝壽之序，自歸有光始入集。考此集已有二篇，則不自有光始矣。安聲價亞於宋濂，然學術深醇，其詞皆平正典實，有先正遺風。一代開國之初，應運而生者，其氣象固終不侔也。

陶學士詩

高儒《百川書志・集・國朝》　《陶學士詩》。翰林學士當塗陶安主敬撰。

懷歸稿　還鄉稿

黄虞稷《千頃堂書目・別集類》　徐尊生《懷歸還鄉》等稿二十卷。字大年，淳安人。召修《元史》，授翰林應奉文字，又入禮局議禮，不肯受官歸。

《明史・藝文志・別集類》　徐尊生《懷歸稿》十卷。《還鄉稿》十卷。

徐尊生制誥

《明史・藝文志・別集類》　《徐尊生制誥》二卷。

樵雲集

黄虞稷《千頃堂書目・別集類》　李質《樵雲集》。字文彬，德慶州人。洪武五年任刑部尚書，出爲浙江參政，終靖江王府右相。

栗齋集

黄虞稷《千頃堂書目・別集類》　林温《栗齋集》。字伯恭，永嘉人。初仕元，爲福建行省左司郎中。入明，官泰府長史。與弟常俱以詩名，宋濂極稱之。

王徵士集

張萱等《内閣藏書目録・集部》　《王徵士詩集》一册。全。國初廬陵王子與著。

黄虞稷《千頃堂書目・別集類》　王沂《徵士集》八卷。字子與，泰和人。洪武初徵爲諸王説書，授福建鹽運司副使，以老辭歸，學者稱竹亭先生。後以孫直貴贈光禄大夫，少傅兼太子太師吏部尚書。門人蕭翬收其兄弟詩爲《二妙集》。

《明史・藝文志・別集類》　王沂《徵士集》八卷。

竹亭遺稿

黄虞稷《千頃堂書目・別集類》　王沂《竹亭遺稿》一卷。

二妙集

吴焯《繡谷亭薰習録・集二》　《二妙集》二卷。明泰和王沂子與、王佑子啓著，門人蕭翬鵬漢編。沂于洪武初徵爲諸王説書，授福建鹽運司副使，後以孫直

貴，贈吏部尚書，有《竹亭集》。佑以洪武三年舉教官，擢監察御史，出爲廣西按察僉事，改知崇慶州。有《長江萬里集》，《二妙集》所收輯者殆十之一二耳。序《二妙集》者，永樂四年梁□蕭鵬舉。而專序沂集者，渝水胡行簡、四明烏斯道、清江彭鏞、金華宋濂、泰和廖謙。跋之者，楊士奇。跋佑集者，亦士奇。

全室稿

楊士奇等《文淵閣書目・詩詞》 僧《全室稿》。一部，一册。完全。

全室外集　續集

張萱等《内閣藏書目録・集部》 《全室外集》一册。全。國初釋宗泐著。

錢謙益等《絳雲樓書目・金元文集類》 宗泐《全室外集》。十卷。

黄虞稷《千頃堂書目・别集類》 宗泐《全室外集》十卷。

《明史・藝文志・别集類》 宗泐《全室外集》十卷。

《四庫提要・别集類二二》 《全室外集》九卷，《續集》一卷。安徽巡撫採進本。

明僧宗泐撰。宗泐字季潭，臨安人。洪武初舉高行沙門，命住天界寺，尋往西域求遺經，還授左善世。太祖欲授以官，固辭。太祖爲撰《免官説》。其後胡惟庸謀逆，詞連宗泐，特原之。是編題曰《外集》。蓋釋氏以佛經爲内學，故以詩文爲外，猶宋釋道璨《柳塘外集》例也。首二卷爲應制詩及樂府供佛、讚佛諸曲，三卷至八卷爲古近體詩，九卷爲疏及題跋。《續集》詩文合編，而詩文之間闕四頁，其原數遂不可考。今所存者凡詩三十六首，題跋十五篇。《千頃堂書目》作《全室外集》十卷，蓋合此一卷言之耳。

全室西游集

黄虞稷《千頃堂書目・别集類》 宗泐《全室西游集》一卷。

《明史・藝文志・别集類》 《西游集》一卷。洪武中，宗泐爲右善世，奉使西域求遺經，往返道中之作。

泐季潭集

楊士奇等《文淵閣書目・詩詞》 《泐季潭集》。一部，一册。闕。

雲屋集

黄虞稷《千頃堂書目・别集類》 蔣景高《雲屋集》。字伯尚，象山人。

守約齋集

黄虞稷《千頃堂書目・别集類》 曾魯《守約齋集》。字得之，新淦人。應召纂修《元史》，編類禮書，入儀曹爲祠部主事，超拜禮部侍郎，以病乞歸，道卒。

明白先生集

黄虞稷《千頃堂書目・别集類》 王桓《明白先生集》。字彦貞，慈谿人。洪武初，舉明經，官盧氏令。

石泉集

黄虞稷《千頃堂書目・别集類》 俞峴《石泉集》。字石泉，遂安人。

二妙集

黄虞稷《千頃堂書目・別集類》 俞峴《二妙集》。

魯道原詩集

黄虞稷《千頃堂書目・別集類》 魯淵《魯道原詩集》。字道原，淳安人。至正辛卯進士，江浙儒學提舉，洪武初徵修禮樂書，詔授江西按察司僉事，以病歸。

徐大章文集

楊士奇等《文淵閣書目・文集》 《徐大章文集》。一部，二册。闕。 《徐大章文集》。一部，二册。闕。

始豐稿

王士禛《漁洋書跋》 《始豐稿》。予于慈仁寺市得徐一夔《始豐稿》，文十四卷，無詩。陳繼儒嘗稱一夔《宋行宮考》、《吴越國考》。研檢精確。予觀集中，如《歐史十國年譜備證》、《錢塘鐵箭辨》等篇，皆極精核，不獨二考也。

《四庫提要・別集類二二》 《始豐稿》十四卷。浙江巡撫採進本。明徐一夔撰。一夔有《藝圃搜奇》，已著録。朱彝尊《静志居詩話》曰：「大章遺稿罕傳，余於京師見之新城王貽上所。凡四册，比余家藏者倍之。然驗其目無詩，猶未是足本。」案今行世凡二本。其一本六卷，當即朱彝尊家所藏。此本自一卷至三卷爲前稿，自四卷至十四卷爲後稿，皆雜文無詩，當即王士禛家所藏矣。據《千頃堂書目》，載一夔《始豐類稿》十五卷，此本所佚不過詩一卷耳。

黄丕烈《蕘圃藏書題識・集類三》 《始豐稿》十四卷。明刻本，七卷以下景鈔。

始豐類稿

黄虞稷《千頃堂書目・別集類》 徐一夔《始豐類稿》十五卷。字大章，天台人，徙嘉興。元末建寧教授，洪武初召修禮書，終杭州府學教授。

弱齡稿

黄虞稷《千頃堂書目・別集類》 吴彤《弱齡稿》。字文明，臨川人。元至正十三年進士，官贛州府録事。入明被薦召用，歷官北平按察司副使。

壯遊稿

黄虞稷《千頃堂書目・別集類》 吴彤《壯遊稿》。

南遊稿

黄虞稷《千頃堂書目・別集類》 吴彤《南遊稿》。

山居稿

黄虞稷《千頃堂書目・別集類》 吴彤《山居稿》。

金蘭稿

黃虞稷《千頃堂書目·別集類》 吴彤《金蘭稿》。

應酬稿

黃虞稷《千頃堂書目·別集類》 吴沈《應酬稿》。字濬仲，蘭谿人，師道子。明初召爲翰林待制，官至東閣大學士。坐懿文太子故，被譴死。

漱川集

黃虞稷《千頃堂書目·別集類》 吴沈《漱川集》。

緑苔軒詩

黃虞稷《千頃堂書目·別集類》 錢子正《緑苔軒詩》。無錫人。王學士達序。

錢蒙《緑苔軒詩》六卷。字子正，無錫人。

槎翁集

范邦甸等《天一閣書目·別集類》 《重刻槎翁文集》十八卷。明劉子高槎翁著。

王圻《續文獻通考·經籍考·集下》 《劉槎翁集》。泰和劉子高著。

徐𤊹《徐氏家藏書目·別集類》 劉崧《槎翁集》十二卷。

黃虞稷《千頃堂書目·別集類》 劉崧《槎翁集》十八卷。字子高，泰和人。明初以人材舉，授兵部職方司郎中，遷北平按察司副使。坐事輸作京師。尋放還。徵拜禮部侍郎，署吏部尚書，請老許之。復召爲國子司業。

《明史·藝文志·別集類》 《劉崧文集》十八卷。

《四庫提要·別集類存目二》 《槎翁集》八卷。兩淮馬裕家藏本。明劉崧撰。崧有《槎翁詩集》，已著録。是編乃其文集，羅允升所校正，而吉安知府徐士元爲之刊版。其文頗傷流易，殊不及其詩。

職方集

王圻《續文獻通考·經籍考·集下》 《職方集》。禮部侍郎劉崧著。

黃虞稷《千頃堂書目·別集類》 劉崧《職方集》九卷。

槎翁詩集

黃虞稷《千頃堂書目·別集類》 劉崧《槎翁詩集》八卷。

《明史·藝文志·別集類》 劉崧《詩》八卷。

《四庫提要·別集類二二》 《槎翁詩集》八卷。浙江汪汝瑮家藏本。明劉崧撰。崧字子高，初名楚，泰和人。元末舉於鄉，洪武三年以人材薦，授職方郎中。遷北平按察司副使，坐事輸作京師。十三年，手敕召爲禮部侍郎，擢吏部尚書致仕。十四年，復召爲國子司業，未旬日卒。事蹟具《明史》本傳。崧七歲能賦詩，及長，日課一篇，讀書天寒皸裂不少輟。其在官舍，孤燈諷誦，夜分不休。蓋一生耽嗜吟詠，至爲刻苦。故徐泰《詩談》稱其「如冬嶺孤松，老而愈秀」。胡應麟《詩藪》稱「當明之初，吴中詩派，昉於高啓；越中詩派，昉於劉基；閩中詩派，昉於林鴻；嶺南詩派，昉於孫蕡；而江右詩派，則昉於崧。」史亦稱崧善爲詩，豫章人宗之，爲西江派。大抵以清和婉約之音，提導後進。迨楊士奇等嗣起，復變爲臺閣博大之體，久之遂浸成冗漫。北地、信陽乃乘其弊而力排之，遂分正、嘉之門户。然崧詩正平典雅，實不失爲正聲。固不能以末

流放失，併咎創始之人矣。

劉職方詩

楊士奇等《文淵閣書目·詩詞》《劉職方詩》。一部，一册。完全。

桂宇集

黄虞稷《千頃堂書目·别集類》 張翨一作翼。《桂宇集》。字翔南，秀水人。元至正乙巳舉人鄉，薦主甬東書院山長，不就，吴元年徵入禮局，書成，以老辭官告歸。

草澤閒吟

黄虞稷《千頃堂書目·别集類》 劉履《草澤閒吟》。上虞人。

清節集

黄虞稷《千頃堂書目·别集類》 桂彦良《清節集》。在鄉里作。名德稱，以字行，慈谿人。洪武初待詔公車，以白衣賜宴，除太子正字，尋爲晉府右傅，改長史，追贈編修，謚敬恪。

清谿集

黄虞稷《千頃堂書目·别集類》 桂彦良《清谿集》。在京師作。

春和詠言

黄虞稷《千頃堂書目·别集類》 桂彦良《春和詠言》。在京師作。

山西集

黄虞稷《千頃堂書目·别集類》 桂彦良《山西集》。爲王傅時作。

拄笏集

黄虞稷《千頃堂書目·别集類》 桂彦良《拄笏集》。爲長史時作。

老拙集

黄虞稷《千頃堂書目·别集類》 桂彦良《老拙集》。還鄉後作。

和陶詩

黄虞稷《千頃堂書目·别集類》 桂彦良《和陶詩》。

中都紀行

黄虞稷《千頃堂書目·别集類》 桂彦良《中都紀行》。

守齋類稿

黃虞稷《千頃堂書目・別集類》 顧輝《守齋類稿》前、後、外三集共三十卷。字德潤，鄞人。宋濂序。

《明史・藝文志・別集類》 顧輝《守齋類稿》三十卷。

紀行詩

黃虞稷《千頃堂書目・別集類》 傅藻《紀行詩》。字伯長，義烏人。

王子充文集

楊士奇等《文淵閣書目・文集》 《王子充文集》。一部，二册。完全。

王忠文公集

徐𤊟《徐氏家藏書目・別集類》 王禕《忠文集》二十四卷。字子充，義烏人。洪武初官翰林院待制，謚忠文。

張萱等《内閣藏書目録・集部》 《王文忠公文集》十二册。全。正統間學士王禕著。

黃虞稷《千頃堂書目・別集類》 《王忠文公集》二十四卷。永樂五年義烏丞鄱陽劉傑編輯。

《明史・藝文志・別集類》 王禕《忠文集》二十四卷。

《四庫提要・別集類二二》 《王忠文公集》二十四卷。浙江巡撫採進本。明王禕撰。禕有《大事記續編》，已著録。是集前十二卷題鄱陽劉傑編輯，廬陵劉同校正。十三卷以下則編輯者改題同，校正者改題傑，意二人各刊其半歟。傑即正統六年爲義烏丞時表禕之忠於朝，得贈官賜謚者也。禕所著本爲《華川前集》十卷、《後集》十卷，傑等合編爲此本。卷端胡翰、胡行簡二序，皆爲《前集》作。宋濂、蘇伯衡二序，皆爲《後集》作。其楊士奇一序，則爲此本作也。禕師黃溍、友宋濂，學有淵源。故其文醇朴宏肆，有宋人軌範。濂序稱其「文凡三變，初年所作，幅程廣而運化宏；壯年出遊之後，氣象益以沈雄，暨四十以後，乃渾然天成，條理不爽」，可謂知禕之深矣。鄭瑗《井觀瑣言》稱其文「精密而氣弱」，非篤論也。集中多代擬古人之作，蓋學文之時，設身處地以殫揣摩之功。宋代諸集，往往有此，亦未可以遊戲譏焉。

華川集

王圻《續文獻通考・經籍考・集下》 《華川集》二十五卷。王禕著。

黃虞稷《千頃堂書目・別集類》 王禕《華川前後集》二十五卷。字子充，義烏人。國初徵爲中書省掾，詔修元史，與宋濂同爲總裁官。書成，拜翰林待制，奉使招吐蕃，至蘭州召還，改使雲南。抗節死。建文元年贈翰林學士，謚文節，正統中改謚忠文。

王待制集

王圻《續文獻通考・經籍考・集下》 《王待制集》。王禕著。

玉堂雜著

王圻《續文獻通考・經籍考・集下》 《玉堂雜著》。義烏王禕著。國初翰林待制承旨。

黃虞稷《千頃堂書目・別集類》 王禕《玉堂雜著》二卷。

演連珠

徐𤊹《徐氏家藏書目・連珠類》 王子充《演連珠》一卷。

左司集

黄虞稷《千頃堂書目・別集類》 孫炎《左司集》四卷。字伯融，句容人。國初辟行省掾，尋以省都事總制處州。會苗將叛，被擒，罵賊死。追贈丹陽縣男，謚忠愍。集爲門人蔣敬編次。敬字行簡，金陵人。

《明史・藝文志・別集類》 孫炎《左司集》四卷。

右丞集

徐𤊹《徐氏家藏書目・別集類》 汪廣洋《右丞集》五卷。字朝宗，高郵人。洪武初拜右丞相，特進榮禄大夫、右柱國，知軍國事。後貶海南，卒於道。

鳳池吟稿

高儒《百川書志・集・國朝》《鳳池吟稿》八卷。淮南汪廣洋朝宗撰。

黄虞稷《千頃堂書目・別集類》 汪廣洋《鳳池吟稿》十卷。字朝宗，高郵人。洪武初爲中書左丞，封忠勤伯，拜右丞相。尋貶廣東，有詔數其罪，自縊死。

《明史・藝文志・別集類》 汪廣洋《鳳池吟稿》十卷。

《四庫提要・別集類二二》《鳳池吟稿》十卷。浙江汪汝瑮家藏本。明汪廣洋撰。廣洋字朝宗，高郵人，流寓太平。元末舉進士。太祖渡江，召爲元帥府令史。官至右丞相，封忠勤伯。洪武十二年，坐貶廣南，於中途賜死。事蹟具《明史》本傳。廣洋有幹濟才，屢參政柄，亦無他罪惡。徒以初與楊憲同爲中書左右丞，又與胡惟庸同爲左右丞相，俱隱忍依違，不能發其姦狀，卒以黨誅。蓋巧宦而適以巧敗，故史稱其有負於爰立。至於學問文章，則史稱其少師余闕，淹通經史，善篆隸，工爲詩歌。今觀是集，大都清剛典重，一洗元人纖媚之習。朱彝尊《静志居詩話》嘗摘其五言之「平沙誰戲馬，落日自登臺」、「湖水當門落，松雲傍枕學」、「懷人當永夜，看月上疎桐」、「對客開春酒，當門掃落花」、「天垂芳草地，漁唱夕陽村」等句數十聯，以爲可入《唐人主客圖》。《静居北郭》猶當遜之，毋論孟載，其論頗爲允愜。雖當時爲宋濂諸人盛名所掩，世不甚解。然觀其遺作，究不愧一代開國之音也。

自鳴稿

黄虞稷《千頃堂書目・別集類》 徐蘭《自鳴稿》一卷。字與善，開化人。洪武中舉京闈鄉試，拜郃陽令，坐事謫戍，後官國子助教。

醉夢稿

黄虞稷《千頃堂書目・別集類》 黄肅《醉夢稿》一卷。字子邕，江西新城人。元禮部主事，洪武五年官工部尚書，出爲廣西行省參政，坐黨禍死。

愚庵集

黄虞稷《千頃堂書目・別集類》 方克勤《愚庵集》二十卷。字去矜，臨海人。正學之父。洪武二年以訓導辟知濟南府。

《明史・藝文志・別集類》 方克勤《愚庵集》二十卷。

静齋詩集

黄虞稷《千頃堂書目・别集類》 葉子奇《静齋詩集》十六卷。字世傑，龍泉人，用薦主巴陵簿。

静齋文稿

黄虞稷《千頃堂書目・别集類》 葉子奇《静齋文稿》二十卷。

栖白齋集

黄虞稷《千頃堂書目・别集類》 李公紀《栖白齋集》。字仲修，龍泉人。龍鳳元年同葉子奇薦起，累官應天府治中。

樵海漫稿

黄虞稷《千頃堂書目・别集類》 秦約《樵海漫稿》。字文仲，鹽城人，徙居崑山。仕元爲崇德教授，洪武初召拜禮部侍郎，以親老辭歸，再徵爲溧陽教諭。

鳳池山房集

黄虞稷《千頃堂書目・别集類》 姚璉《鳳池山房集》。字廷用，一字汝器，歙人。元太平路儒學教諭，明初與唐仲實同迎蹕於街口，被顧問。

允中集

黄虞稷《千頃堂書目・别集類》 夏煜《允中集》。字允中，金陵人。與孫融皆學詩於天台丁仲容，太祖下金陵，辟爲行中書省博士，調浙東總制。

嘉定集

錢謙益等《絳雲樓書目・國初文集類》 （孫）〔張〕率《嘉定集》。率字孟循，江陰人。吴元年，徵知嘉定州。

黄虞稷《千頃堂書目・别集類》 張率《張嘉定集》八卷。

眉庵集

范邦甸等《天一閣書目・總集類》 《眉庵集》。刊本。明姑蘇楊基著。成化二十年江朝宗序。

王圻《續文獻通考・經籍考・集下》 《習庵集》。蘇州僉事楊基著。

徐𤊹《徐氏家藏書目・别集類》 楊基《眉庵集》十二卷。字孟載，本蜀嘉州人，父仕江左，遂家吴中。國初以薦累官山西按察使。平日之詩甚富，盛年稿已散失，今流傳人間十無二三。天順間郡人鄭教授刊行，萬曆中浙江參政陳邦瞻合高、楊、張、徐爲國初四大家，太學生汪汝淳重梓之。

黄虞稷《千頃堂書目・别集類》 楊基《眉庵集》十二卷。詩餘附。張企翱編。

《明史・藝文志・别集類》 楊基《眉庵集》十二卷。

《四庫提要・别集類二二》 《眉庵集》十二卷。安徽巡撫採進本。明楊基撰。基字孟載，其先嘉州人，祖官吴中，因家焉，始爲張士誠記室。洪武初，起爲滎陽縣知縣，歷官山西按察使。尋以事奪官輸作，卒於工所。《明史・文苑傳》附載《高啓傳》中。史稱基少以鐵笛歌爲楊維楨所稱，與高啓、張羽、徐賁號「明初四傑」。其

詩頗沿元季穠纖之習。

黄丕烈《蕘圃藏書題識・集類三》《眉庵集》十二卷。明刻本。

眉庵詩集

高儒《百川書志・集・國朝》《眉庵詩集》五卷。山西按察使吴郡楊基孟載著。

王士禛《漁洋書跋》《眉庵手録詩集》。李方伯紫瀾濤自桂林歸,求爲母夫人作傳,貽予楊孟載手録《眉庵詩集》五大册。雖書法未爲當家,然先哲故物,可寶惜也。每幅有「子京」、「墨林」、「項叔子」、「琴書清暇」等印,蓋禾中項氏藏本也。卷首自識,行末有「業字號」三字。【略】後書五言一篇云「今夕復何夕」云云。其詩分體、不分卷,凡若干首,不止序所云奉使四十首也。按孟載始以薦爲江西行省幕官,此蓋江西時所自書。首卷起《寓懷》十二首,與今本同,但今本作《感懷》耳。方君不知何許人。《眉庵集》中有《秋懷方員外》詩,《張静居集》亦有《元日雪懷方員外以常》、《送方員外歸吴興》詩,所云「晴春入舊臘,積雪含清暉」是也,方蓋吴興人。

丹崖集

黄虞稷《千頃堂書目・別集類》唐肅《丹崖集》八卷。一作十卷。字處敬,會稽人。元末官嘉興學正,洪武初召修禮樂書,擢應奉翰林文字兼國史院編修。

《明史・藝文志・別集類》唐肅《丹崖集》八卷。

黄丕烈《蕘圃藏書題識・集類三》《丹崖集》□卷。舊鈔本。

蘭庭集

黄虞稷《千頃堂書目・別集類》謝徽《蘭庭集》六卷。字元懿,長洲人。以布衣召修《元史》,除翰林院編修,改吏部郎中,辭歸。復起國子助教,卒於官。

《明史・藝文志・別集類》謝徽《蘭庭集》六卷。

韓山人蒙齋集

王圻《續文獻通考・經籍考・集下》《韓山人集》。韓琦十一世孫韓奕著。

黄虞稷《千頃堂書目・別集類》韓奕《韓山人蒙齋集》。字公望,吴人。與王賓、王履偕隱於醫,稱吴中三高士。

韓山人詩集

楊士奇等《文淵閣書目・詩詞》《韓山人詩》。一部,一册。闕。

黄丕烈《蕘圃藏書題識・集類三》《韓山人詩集》不分卷。舊刻本。時嘉慶乙丑春三月二十有八日,挑鐙書此。蕘翁黄丕烈識。

丁卯孟冬月朔,檢舊藏鈔本,兹所缺第四十三葉,其文適有,遂命工補全。復翁并記。

覆檢,知第五十葉亦脱,據鈔本補。又記。

《韓山人詩正集續集》不分卷。明鈔本。丁卯秋莫,以明初刻本手校一過,前脱目録,後脱《蒙齋記》,當補入此册。通體似影鈔者,舊刻間有一二誤字,此亦仍之。偶有爛板,字跡模糊,此卻清爽,當是從初印本寫也,勿以鈔本忽之。復翁。

明太祖文集

楊士奇等《文淵閣書目・國朝》《御製文集》一部,六册。完全。《御製文集》一部,六册。完全。《御製文集》一部,六册。殘缺。《御製文集》一部,六册。殘缺。《御製文集》一部,七册。殘缺。《御製文集》一部,四册。完全。《御製文集》一部,四册。完全。

《御製文集》一部,二册。完全。《御製文集》一部,二册。完全。《御製文集》一部,二册。殘缺。《御製文集》一部,二册。殘缺。《御製文集》一部,二册。闕。《御製文集》一部,二册。闕。《御製文集》一部,二册。闕。《御製文集》一部,一册。完全。《御製文集》一部,一册。完全。《御製文集》一部,一册。完全。《御製文集》一部,一册。完全。《御製文集》一部,一册。完全。《御製文集》一部,三册。完全。《御製文集》一部,二册。闕。《御製文》一部,五册。完全。《御製文集》一部,十册。完全。

高儒《百川書志・聖朝文集》 《御製文集》二十九卷。《甲集》二卷、《乙集》三卷、《丙集文》十四卷、《丙詩集》、《丁集》十卷。洪武年製。

范邦甸等《天一閣書目・別集類》 《御製文集》二十卷。刊本。明太祖高皇帝文。

王圻《續文獻通考・經籍考・集下》 《高皇帝御製文集》,永樂元年命禮部遣監生三十餘人,分詣天下,採高皇帝詩文書翰録成。

張萱等《内閣藏書目録・聖制部》 《御製文集》,四册,全。太祖高皇帝敕諭羣臣及詔制祝祭文,并《賜諸番敕書》鈔本。《御製文集》,三册,全。高皇帝製。又五册,全。又二册,全。又二册,全。又一册,全。鈔本。又二册,全。鈔本。又一册,全。鈔本。又一册,全。鈔本。又《御製文集》一束,共五十七册。高皇帝御製。皆首尾殘闕者。《御製文集》四册,《詩集》二册,全。太祖高皇帝製。鈔本。

劉若愚《内板經書紀略》 《御製文集》。八本,七百十三葉。

黄虞稷《千頃堂書目・別集類》 太祖高皇帝《御製文集》三十卷。《甲集》二卷,《乙集》三卷,《丙集文》十四卷,《詩》一卷,《丁集》十卷。

《明史・藝文志・別集類》 《明太祖文集》五十卷,《詩集》五卷。

《四庫提要・別集類存目四》 《明太祖文集》二十卷。兩江總督採進本。

明巡按直隸督學御史姚士觀、南京户部督儲主事沈鈇仝校刊。分十六類:曰詔,曰制,曰誥,曰書,曰敕命,曰策問,曰敕問,曰論,曰樂章,曰樂歌,曰文,曰碑,曰記,曰序,曰説,曰雜著,曰祭文,曰詩。案《太祖集》初刻於洪武七年。劉基及宋濂文集所載序文俱云五卷,稱翰林學士樂韶鳳所編録。然黄虞稷《千頃堂書目》已不著録,所著録者有《太祖文集》三十卷,注曰「《甲集》二卷、《乙集》三卷、《丙集文》十四卷、《詩》一卷、《丁集》十卷」。又《太祖文集類編》十二卷,又《太祖詩集》五卷,又《太祖御製書稿》三卷,均與此本不符。焦竑《國史經籍志》列《太祖文集》二十卷,又三十卷。此本卷數與竑所列前一本合,當即竑所著録歟。其刻在萬曆十四年,編次不知出誰手。《目録》之末有姚士觀等跋語,乃據舊本刻於中都,亦未能詳考所自來也。考朱彝尊《明詩綜》載有太祖《祖鳳操》一首,而集内無之,則亦未爲賅備。然所謂三十卷者,今未見傳本,其存佚均未可知。近時諸家所藏弆,大抵皆即士觀等所刻。今亦據以著録,存有明一代開國之著作焉。

御製詩文

楊士奇等《文淵閣書目・國朝》 《御製詩文》。一部,五册。完全。

御製文集類編

高儒《百川書志・聖朝文集》 《御製文集類編》二十卷。洪武年製。

黄虞稷《千頃堂書目・別集類》 太祖高皇帝《御製文集類編》十二卷。

御製戊辰集

楊士奇等《文淵閣書目・國朝》 《御製戊辰集》。一部,一册。闕。

御製祝文

楊士奇等《文淵閣書目・國朝》 《御製祝文》。一部,三册。殘缺。

張萱等《内閣藏書目録・聖制部》 《祝文》一册,不全。國初祭開國諸臣及各祀神祇。

御製戒酒文

楊士奇等《文淵閣書目・國朝》《御製戒酒文》。一部，一册。闕。

御製申明五常敕

楊士奇等《文淵閣書目・國朝》《御製申明五常敕》。一部，一册。完全。

賜諸番書

楊士奇等《文淵閣書目・國朝》《賜諸番書》。一部，一册。

御製書稿

黄虞稷《千頃堂書目・别集類》太祖高皇帝《御製書稿》三卷。

御製詩集

楊士奇等《文淵閣書目・國朝》《御製詩集》。一部，五册。殘缺。《御製詩集》。一木匣。完全。《高皇帝詩》。一部，四册。完全。《御製詩集》。一部，二册。殘缺。《御製詩集》。一部，一册。完全。《御製詩集》。一部，一册。完全。《御製詩集》。一部，一册。完全。《御製詩集》。一部，一册。完全。《御製詩集》。一部，一册。完全。《御製詩集》。一部，一册。完全。《御製詩集》。一部，一册。完全。《御製詩集》。一部，三册。完全。《御製詩集》。一部，一册。闕。《御製詩集》。一部，一册。闕。《御製詩集》。一部，一册。闕。《御製詩集》。一部，一册。闕。《御製詩集》。一部，一册。闕。

高儒《百川書志・聖朝詩集》《御製詩集》一卷。洪武年製，六體一百三首。《御製詩集》二卷。永樂年製，十體二百七十二首。

張萱等《内閣藏書目録・聖制部》《御製詩册》一卷。高皇帝製。《御製詩》一册。高皇帝製。鈔本。又一册，全。又一册。又一册。

劉若愚《内板經書紀略》《御製詩集》。二本，八十四葉。

黄虞稷《千頃堂書目・别集類》《太祖高皇帝詩集》五卷。

御製僧詩

楊士奇等《文淵閣書目・國朝》《御製僧詩》。一部，一册。闕。

御製賜詩

楊士奇等《文淵閣書目・國朝》《御製賜詩》。一部，一册。闕。

御製豐年詩

楊士奇等《文淵閣書目・國朝》《御製豐年詩》。一部，一册。闕。

喜雪詩

王圻《續文獻通考・經籍考・詩集》《喜雪詩》。太祖因作詩示羣臣，以志豐年之兆。

御製詩

楊士奇等《文淵閣書目·國朝》《御製詩》。一部，六册。完全。《御製詩》。一部，五册。殘缺。

御製詩木匾

楊士奇等《文淵閣書目·國朝》《御製詩木匾》。一片，闕。

良馬歌

王圻《續文獻通考·經籍考·詩集》《良馬歌》。洪武九年賜宋濂，親爲製歌。

嘉禾詩

王圻《續文獻通考·經籍考·詩集》《高皇帝嘉禾詩》。永樂四年勒石，仍賜諸王及各官。

蘇平仲集

楊士奇等《文淵閣書目·文集》《蘇平仲文集》。一部，四册。闕。《蘇平仲文集》。一部，三册。闕。

范邦甸等《天一閣書目·別集類》《蘇平仲文集》四卷。刊本。

徐𤊹《徐氏家藏書目·別集類》蘇伯衡《平仲文集》十六卷。字平仲，金華人。洪武中官翰林院承旨。

張萱等《内閣藏書目録·集部》《蘇平仲文集》四册。不全。國朝太史蘇伯衡著。闕第二册。又三册。不全。

黄虞稷《千頃堂書目·別集類》蘇伯衡《蘇平仲文集》十六卷。

《明史·藝文志·別集類》蘇伯衡《蘇平仲集》十六卷。

《四庫提要·別集類二二》《蘇平仲集》十六卷。浙江巡撫採進本。明蘇伯衡撰。伯衡有《空同子瞽説》，已著録。是集卷首有洪武四年劉基序，而集中《厚德庵記》云「庵成於洪武壬戌十二月」，則是記乃洪武十五年以後之作，基所序者，尚未定之初稿也。又集末有洪武八年胡翰跋，謂伯衡選爲太學官，居太學六年。考《明史》稱伯衡以丙午歲爲國子學録，伯衡所著《國子學同官記》，稱以丁未陞學正，其詩又有《庚戌七月十日奉命編摩國史口號》，則伯衡由學正擢編修，實在洪武三年，上距丙午僅五年。翰與伯衡同時，所敘不應有誤，或史誤移後一年歟。集爲正統壬戌處州推官黎諒所重刻。宋濂序稱其不求似古人，而未嘗不似。又《明史·文苑傳》稱「濂以翰林學士承旨致仕，薦伯衡自代，稱其文詞蔚贍有法」，殆非虚美。鄭瑗《井觀瑣言》病其用意太苦，遣詞太繁縟，不可爲法，則過高之論矣。

黄丕烈《蕘圃藏書題識續録·集類下》《蘇平仲文集》十六卷。明刻本。

潘祖蔭《滂喜齋藏書記·集部》明刻《蘇平仲文集》十六卷。八册。明蘇伯衡撰。劉基、宋濂序。後有處州推官黎諒跋云：「林公與直編類鏤板郡庠，傳世既久，朽失過半。諒命郡人葉景森繕寫壽梓，壬戌秋八月成書。」壬戌，正統七年也。平仲與宋濂同郡。濂推服其文，鄭氏《麟溪集》所載如《師儉訓》、《鄭仲河傳》、《貞孝處士畫像贊》、《書鄭叔恭字解後》，皆平仲作。此集惟有《師儉訓》一首，則知其文散佚者多矣。然集中如《鄭氏三老圖贊》、《鄭叔文字序跋》、《黄侍講送鄭仲舒序》亦爲義門掌故，而《麟溪》遺之，則又可以補其闕也。有璜川吴氏收藏印。

南村詩集

徐𤊹《徐氏家藏書目·集類》陶九成《南村詩集》四卷。

毛晉《汲古閣書跋》陶宗儀《南村詩集》。

黄虞稷《千頃堂書目・别集類》 陶宗儀《南村詩集》四卷。字九成，黄巖人。居松江，至正間累辭辟舉，洪武六年舉人才，至京以疾辭，建文中卒。

《明史・藝文志・别集類》 陶宗儀《南村詩集》四卷。

《四庫提要・别集類二二》 《南村詩集》四卷。浙江鮑士恭家藏本。明陶宗儀撰。宗儀有《國風尊經》，已著録。是編毛晉嘗刻入《十元人集》。劉體仁《七頌堂集》有《與張實水尺牘》，稱讀史不載陶南村，竊謂此君靖節一流人。今考《十元人集》内，如倪瓚、顧阿瑛亦皆親見新朝。然瓚遁跡江湖，阿瑛隨子謫徙，未沾明禄，自可附朱子《綱目》陶潛書晉之例。宗儀則身已仕明，孫作《滄螺集》中有《陶九成小傳》可證。晉仍列之元人，非事實矣。觀集中《洪武三十一年皇太孫即位詩》曰：「老臣忭舞南村底，笑對兒孫兩鬢霜。」則宗儀臣明，原不自諱。又集中《三月朔日至都門》、《二日早朝》、《三日率諸生赴禮部考試》、《十日給賞》、《十一日謝恩》諸詩，即《明史》本傳所謂洪武二十九年率諸生赴禮部試時作也，是又豈東籬採菊之人所肯爲之事？又何必曲相假借，强使與栗里同稱乎。是集不知何人所編，考其題中年月及詩中詞意，入明所作十之九。惟《鐃歌》、《鼓吹曲》諸篇，似爲元時作耳。其編次年月，頗爲無緒，殆雜收遺稿而録之，未遑詮次。又顧阿瑛《玉山草堂雅集》所載《澂懷樓》七律一首，《送殊上人》七律一首，皆不見收，知非宗儀自編也。毛晉品其詩如疎林早秋，殊不甚似。然格力遒健，實虞、楊、范、揭之後勁，非元末靡靡之音，其在明初，固屹然一巨手矣。

錢大昕《補元史藝文志・别集類》 陶宗儀《南村詩集》四卷。

滄浪櫂歌

高儒《百川書志・集》 《滄浪歌》一卷。天台南邨處士陶宗儀九成著。明雲間唐錦選評。詩歌諸作六十一首。

錢謙益等《絳雲樓書目・金元文集類》 陶九成《滄浪櫂歌》。名宗儀，天台人。洪武初召至京師，以病固辭得歸。

黄虞稷《千頃堂書目・别集類》 陶宗儀《滄浪櫂歌》一卷。

《四庫提要・别集類存目二》 《滄浪櫂歌》一卷。浙江范懋柱家天一閣藏本。明陶宗儀撰。宗儀有《國風尊經》，已著録。是編詩詞合爲一卷。前有正德丁丑松江唐錦序，稱其集不傳，惟得此一卷爲宗儀所自編。今考其中詩詞皆已載《南村集》中，惟《題卞莊子刺虎圖》七言古詩一首、《題岳王廟》七言長律十四韻一首，爲《南村集》所未載耳。又《對月》七言律詩「甘旨未能娱綵侍」句，《南村集》作「娱綵服」，疑此本爲誤。《南浦詞序》中「一水竝九山，南過村外以入於海」句，《南村集》作「一水兼九山」，則《南村集》誤也。

錢大昕《補元史藝文志・别集類》 陶宗儀《滄浪櫂歌》。

野莊集

徐𤊹《徐氏家藏書目・别集類》 王鈍《野莊集》六卷。字士魯，開封府太康縣人。元至正登進士，洪武初詔徵爲福建參政，建文初爲户部尚書。卒年七十有一。

黄虞稷《千頃堂書目・别集類》 王鈍《野莊集》六卷。

《明史・藝文志・别集類》 王鈍《野莊集》六卷。

《四庫提要・别集類存目二》 《野莊集》六卷。兩淮馬裕家藏本。明王鈍撰。鈍字士魯，太康人。元至正丙午進士。洪武初徵授禮部主事，歷官浙江布政使。建文中召爲户部尚書。燕王篡立，仍故官。後以布政使勒致仕。事蹟具《明史》本傳。是集凡詩二卷、文四卷，皆未能入格。前有王崇慶序，謂嘉靖中其後裔曰朝獻者，始謀梓之。蓋集中多稱建文爲今上皇帝，故靖難後懼觸語禁，久而不敢出也。

山長集

黄虞稷《千頃堂書目・别集類》 周致堯《山長集》。字焕文，崇德人，平江書院山長。

雪崖集

黄虞稷《千頃堂書目・别集類》 程國儒《雪崖集》。字邦民，歙人，徙居德興。元

至正進士，授餘姚州判官，攝紹興録事，明獲之不屈，授内省都事，爲洪都知府，坐事自經。

巢松集

黄虞稷《千頃堂書目·別集類》 徐畖《巢松集》。字仲由，淳安人。洪武初徵秀才，至藩省辭歸。

知州文集

錢謙益等《絳雲樓書目·國初文集類》 盧熊《知州文集》。洪武初知兗州，後坐累死。

鹿城隱居書

黄虞稷《千頃堂書目·別集類》 盧熊《鹿城隱居書》。字公武，崑山人。元季吴縣教授，洪武初授中書舍人，出知兗州府，坐累死。

幽夏集

黄虞稷《千頃堂書目·別集類》 盧熊《幽夏集》。

蓬蝸集

黄虞稷《千頃堂書目·別集類》 盧熊《蓬蝸集》。

清溪集

王圻《續文獻通考·經籍考·集下》 《清溪集》。崑山盧熊著。兗州知府。

黄虞稷《千頃堂書目·別集類》 盧熊《清溪集》。

聽雪篷詩集

黄虞稷《千頃堂書目·別集類》 劉秩《聽雪篷詩集》六卷。字伯序，豐城人。洪武初崇明知州，奏免租課，民立祠祀之。未幾被誣，子孫。二年十二，上書訟冤得白，一作《秋南集》。

思誠齋詩集

高儒《百川書志·集·國朝》 《思誠齋詩集》三卷。秋官正郎廬陵劉秩厚本撰。又曰安成人也。

秋水軒詩稿

黄虞稷《千頃堂書目·別集類》 陳汝言《秋水軒詩稿》。字惟允，吴縣人。與兄汝秩、惟寅皆有才名。爲張士誠參謀，親信用事，入明，官濟南府經歷，坐事死。

石林集

黄虞稷《千頃堂書目·別集類》 永瑛《石林集》一卷。字含章，海鹽天寧寺僧。

半軒集

徐𤊹《徐氏家藏書目・別集類》 王行《半軒集》十三卷。字止仲，吴縣人，號半軒。初父賣藥，行髫年能記千品，弱冠工古文辭。洪武初郡庠延爲經師，晚更號楮園。有《楮園集》十五卷、《半軒集》六卷、《學言稿》十卷、《四六劄子》二卷、《宋系統圖》二卷。洪武二十八年卒于金陵，年六十有四。同社杜瓊爲之傳，成化癸卯同郡張習得抄本，彙而録之，總名曰《半軒集》十二卷。

黄虞稷《千頃堂書目・別集類》 王行《半軒集》十二卷，《補遺》一卷。

《明史・藝文志・別集類》 王行《半軒集》十二卷。

《四庫提要・別集類二二》 《半軒集》十四卷。兩淮馬裕家藏本。明王行撰。行字止仲，長洲人。少授徒於城北齊門。洪武初，有司延爲學校師。後館涼國公藍玉家。玉薦之太祖，得召見。玉誅，行亦坐死。事蹟具《明史・文苑傳》。是時文士以藍黨誅者，有行與孫蕡。然蕡特爲玉偶題一畫，無所攀附於其間，其詩今在蕡集中，亦竝無假借溢分之語。行則性喜談兵，當元末兩浙兵起時，嘗默坐籌其勝負，與所親言之，恒百不失一二，益以自負。及藍玉延之課其子，遂數以兵法説玉，頗與密議。又與道衍深相投契，嘗告以盍有所待，不當以浮屠老。蓋負其桀黠之才，有不肯槁死牖下者。故其文往往踔厲風發，縱横排奡，極其意所馳騁，而不能悉歸之醇正，頗肖其爲人。詩格亦清剛肅爽，在北郭十子之中，案《明史・文苑傳》行與高啓、徐賁、高遜志、唐肅、宋克、余堯臣、張羽、吕敏、陳則，號北郭十友，亦曰十才子。與高啓稱爲勍敵，就文論文，不能不推一代奇才也。

黄丕烈《蕘圃藏書題識・集類三》 《半軒集》十二卷。明刻校本。嘉慶三年戊午冬，借得周薌巖新從騎龍巷顧氏購得舊鈔本《學言稿》上一册，共計四十七葉。云是元人所鈔，卷首有吴寬印章。則其爲匏庵以前人所鈔無疑，雖非全璧，然取與此刻相對，脱落差誤不一而足。書以最舊爲最佳，不信然歟？十一月望日冬至校畢。

楮園集

黄虞稷《千頃堂書目・別集類》 王行《楮園集》十五卷。

學言稿

黄虞稷《千頃堂書目・別集類》 王行《學言稿》十二卷。

四六劄子

黄虞稷《千頃堂書目・別集類》 王行《四六劄子》二卷。

立庵集

黄虞稷《千頃堂書目・別集類》 俞貞木《立庵集》。初名楨，以字行，更字有立，吴縣人。洪武初以薦知樂昌縣，改都昌，建文時以勸太守姚善起兵，坐累死。

斗南老人集

黄虞稷《千頃堂書目・別集類》 胡奎《斗南老人詩集》。字虚白，海寧人，寧府教授。

《四庫提要・別集類二二》 《斗南老人集》六卷。兩淮鹽政採進本。明胡奎撰。奎字虚白，海寧人。生元至順間，嘗遊貢師泰之門。明初以儒學徵，官寧王府教授。是集前有寧王權序，稱其「晚年泊舟鄱陽望湖亭，見石刻東坡『黑雲堆墨未

遮山』詩，次韻和之。俄見一叟來，誦其詩曰，子非斗南老人耶？因以自號。」其事頗怪，疑好事者附會之，莫由詰其真妄也。朱彝尊《静志居詩話》稱：「吾鄉雲東逸史曾手録其稿，舊藏項氏天籟閣，繼歸高氏稽古堂，後爲華山馬思贊所藏。」案今世所傳全集皆出天籟閣鈔本，止有四卷。前有項元汴題識，而無寧王原序。此本爲明初寧王府文英館所刊，見於《寧藩書目》。崑山徐氏傳是樓又從原刻影鈔，實分六卷。凡詩一千九百餘首，與項氏所藏互校，乃知彼多所脱佚，不爲足本。

吴壽暘《拜經樓藏書題跋記》 《斗南老人集》。右鈔本四卷，間有缺字，首序題「墨林後學」。

可傳集

黄虞稷《千頃堂書目・別集類》 袁華《可傳集》。字子英，崑山人，洪武初府學訓導。

《四庫提要・別集類二二》 《可傳集》一卷。浙江鮑士恭家藏本。明袁華撰。其本爲至正癸卯楊維楨所删定。華，維楨弟子也。【略】華《耕學齋稿》卷帙較富，世多行之。此集《明史・藝文志》亦不著録。《千頃堂書目》雖著録而不載卷數，蓋黄虞稷亦未見之。今以其爲楊維楨所手定，去取頗嚴。故一取其備，一取其精，與全集竝著於録焉。

耕學齋詩集

《四庫提要・別集類二二》 《耕學齋詩集》十二卷。浙江巡撫採進本。明袁華撰。華字子英，崑山人。生於元季，洪武初爲蘇州府學訓導。後坐累逮繫，死於京師。此集凡古體詩七卷，近體詩五卷，不知何人所編，《明史・藝文志》不著録。考楊維楨爲作《可傳集序》，稱「華自二十歲後三十年所積，無慮千餘首，吾選之得若干首」云云，疑即所謂千餘首者後人裒輯以傳也。

黄丕烈《蕘圃藏書題識・集類三》 《耕學齋詩集》十二卷。舊鈔本。此舊鈔《耕學齋詩集》，余得諸東城故藏書家，因是曹潔躬藏本，故收之。適書友以東倉陸時化手鈔唐宋元明人集數種求售，内有是集，留之校對一過，曹本尚有一二通假字，陸本續去之，非也。即訛謬亦更甚於曹本，聊爲參閲，以考異可耳。究當以曹本爲據。惟曹本脱落，賴陸本增補者，未知陸所據云何，俟再訪求善本正之。時嘉慶二年歲在丁巳六月十一日，連日陰雨晦冥，而昨尤大風頓作，有拔木之變。今晨天晴，展簾校此，午後竣事，書此於讀未見書齋。蕘圃黄丕烈。

《耕學齋詩集》十二卷。鈔本。嘉慶乙丑八月二十有六日，友人張秋塘以此册來，云是碧筠草堂顧氏舊藏，易余番錢二枚而去。余所藏《耕學齋》有二本，一爲葉文莊家藏本，止存七卷至十二卷。後又得一本，爲曹秋岳所藏，雖不從葉本傳録，而已訛舛不一矣。

仙巖文集

黄虞稷《千頃堂書目・別集類》 樓英《仙巖文集》四卷。一名公爽，字全善，蕭山人。

完軒集

黄虞稷《千頃堂書目・別集類》 鄭璧《完軒集》二卷。字伯規，仁和人。洪武初孝子。張宣爲傳，孫環編次。

光庵集　吴中古跡詩

黄虞稷《千頃堂書目・別集類》 王賓《光庵集》二卷。字仲光，長洲人，有高行。

《明史・藝文志・別集類》 《王賓詩集》二卷。

《四庫提要・別集類存目二》 《光庵集》二卷。兩淮馬裕家藏本。明王賓撰。賓字仲光，長洲人。博聞強記，尤精醫學。隱居奉母，以孝行稱。少與姚廣孝相善。《吴中往哲記》稱「廣孝既貴，歸訪賓，賓弗與見。方盥，掩面而走」。黄姬水

《貧士傳》所記相同,《明史·廣孝傳》中亦略載其事。然觀賓集有所作《賑災記》,稱廣孝爲少師,鋪陳功德甚至。賓没後,廣孝爲之傳,亦極稱譽。是兩人交契,終始如一。蓋流俗欲推尊賓者造作此言,殊非事實。集凡文一卷,後附諸家贊頌及《吴中古蹟詩》一卷。詩共一百三十七首,各有小序。其文務爲可崛之語,間傷冗贅,未能成家。詩詞亦頗傷流易。卷首記唐鈺、林德暘二事,全録舊文,而無所論斷。或賓嘗手書此二節,後人不考,誤編入集歟。

吴焯《繡谷亭薰習録·集二》 《光庵文集》一卷,《吴中古蹟詩》一卷。明長樂王賓仲光著。文集傳于荻溪王氏,練川陸嘉穎又以《吴中古蹟詩》附卷後,并録《姚廣孝傳》及釋宗泐、袁忠徹、李傑、吴寬、王鏊、楊循吉、王世貞、曹起巖、黄姬水諸人贊詠附焉。至王守溪《姑蘇志》、《隱逸傳》、劉子威《續吴先賢贊文》、文起《吴中名賢小紀》祇存其目,未録其文,余爲補之。

強齋集

黄虞稷《千頃堂書目·別集類》 殷奎《強齋文集》十卷。字孝章,一字孝伯,崑山人。洪武初以薦例授州縣職,以母老請近地,忤帝意,除咸陽儒學教諭。卒於官,門人私謚曰文獻先生。

錢謙益等《絳雲樓書目·國初文集類》 《殷強齋集》。

《四庫提要·別集類二二》 《強齋集》十卷。兩淮鹽政採進本。明殷奎撰。奎字孝章,號強齋,崑山人。洪武初,以薦例授州縣職。以母老請近地,除咸陽教諭,卒。奎受業於楊維楨之門,學行純正,爲當時所重。是集乃其門人余熂所編,詩文雜著凡九卷,又益以其交游贈答詩文暨行實墓誌,共爲十卷。元、明之間,承先儒篤實之餘風,乘開國渾朴之初運,宋末江湖積習,門户流波,湔除已盡。故發爲文章,雖不以華美爲工,而訓詞爾雅,亦頗有經籍之光。如奎等者,在當時不以詞翰名,而行矩言規,學有根柢,要不失爲儒者之言。視後來雕章繢句,乃有逕庭之別矣。集本刊於洪武十五年,崑山儒學訓導錢塘陳振祖爲之序。其文亦朴雅,可想見一時風氣云。

婁曲叢稿

黄虞稷《千頃堂書目·別集類》 殷奎《婁曲叢稿》。

支離稿

黄虞稷《千頃堂書目·別集類》 殷奎《支離稿》。

渭城寤語

黄虞稷《千頃堂書目·別集類》 殷奎《渭城寤語》。

永嘉集

張金吾《愛日精廬藏書志·別集類》 《永嘉集》十二卷。抄本。

西庵集

范邦甸等《天一閣書目·別集類》 《西庵集》十卷。刊本。明孫蕡著。

黄虞稷《千頃堂書目·別集類》 孫蕡《西庵集》九卷。字仲衍,南海人。洪武中授工部織染局使,出爲虹縣主簿,選入爲翰林典籍,復外補平原主簿。罷歸,尋除蘇州府經歷。謫遼東,坐黨禍死。

《明史·藝文志·別集類》 孫蕡《西庵集》九卷。蕡與王佐、黄哲、趙介、李德另有《廣中五先生詩》四卷。

《四庫提要・别集類二二》《西庵集》九卷。浙江汪汝瑮家藏本。明孫蕡撰。蕡字仲衍，廣東順德人。洪武三年舉於鄉，旋登進士。授工部織染局使，遷虹縣主簿。召入爲翰林院典籍。出爲平原主簿，坐累逮繫。旋釋之，起爲蘇州經歷。復坐累戍遼東。既而以嘗爲藍玉題畫，坐玉黨，論死。事蹟具《明史・文苑傳》。是編前有黄佐、葉春及所撰小傳，稱蕡著述甚富，自兹集外，尚有《通鑑前編綱目》、《孝經集善》、《理學訓蒙》、《和陶集古律詩》。其《孝經集善》則宋濂爲之序。蕡殁，諸書散逸，其詩文今行世者爲門人黎貞所編。然佐稱《西庵集》八卷，而是編詩八卷、文一卷。卷端題「姑蘇葉初春選」，或初春别加釐訂，抑佐但舉其詩集歟。蕡當元季綺靡之餘，其詩獨卓然有古格。雖神骨雋異不及高啓，而要非林鴻諸人所及。小説載書生見蘇軾侍姬朝雲之魂者，得集句七言律詩十首、七言絶句十五首，今乃在此集第八卷末。蓋蕡游戲之筆，即《黄佐傳》中所稱《集古律詩》一卷是也。黎貞乃綴於集後，又併載其序。遂似蕡真有遇鬼事者，殆與《林鴻集》末附載張紅橋詩同一無識。姜南《蓉塘詩話》又從而盛稱之，更無當矣。

西庵詩集

范邦甸等《天一閣書目・别集類》《西庵詩集》十卷。刊本。卷首有「天一閣」「古司馬氏」二圖章。明翰林典籍南海孫蕡著。弘治十六年吳郡張習校并序，稱先生字仲衍，西庵其别號，廣東南海人。官翰林典籍，奉使秦、晉、楚、蜀之境，改經歷，左遷魯之平原簿，後又戍遼陽以終。末有崑山顧恂跋。

西庵詩選

徐𤊹《徐氏家藏書目・别集類》 孫蕡《西庵詩選》一卷。字仲衍，南海人。洪武初選入翰林，以梅都帥思祖黨禍誅，年五十六。

孫典籍集句

黄虞稷《千頃堂書目・别集類》 孫蕡《孫典籍集句》一卷。

和陶集

黄虞稷《千頃堂書目・别集類》 孫蕡《和陶集》。

臨清集

黄虞稷《千頃堂書目・别集類》 趙介《臨清集》二卷。字伯貞，番禺人。屢薦辭免，坐累逮至京，道南昌卒於舟中，後以子純貴，贈監察御史。

直正齋集

黄虞稷《千頃堂書目・别集類》 鄭涔《直正齋集》。字起深，黄巖人，洪武末爲樂清縣訓導。

北郭集

范邦甸等《天一閣書目・總集類》《北郭集》。刊本。明吴郡徐賁著。成化丙午吴興閔班序。

徐𤊹《徐氏家藏書目・别集類》 徐賁《北郭集》六卷。字幼文，長洲人。洪武初累官廣東左布政使。

黄虞稷《千頃堂書目・別集類》 徐賁《北郭集》六卷。一作十卷，張企翱編。

《明史・藝文志・別集類》 徐賁《北郭集》六卷。

《四庫提要・別集類二二》 《北郭集》六卷。安徽巡撫採進本。 明徐賁撰。賁字幼文，其先蜀人。徙常州，再徙平江。張士誠開閫，辟爲屬官。賁與張羽俱避居湖州之蜀山。洪武七年，被薦至京。嘗奉使晉、冀，有所廉訪。及還，檢其槖惟紀行詩數首。太祖悦，授給事中，歷官河南左布政使。會征洮岷兵過其境，坐犒勞不時，下獄死。《明史・文苑傳》附載《高啓傳》中。賁善畫，亦工於書。李日華《六研齋筆記》稱其楷筆秀整端慎，不爲沓拖自恣。詹景鳳《小辨》亦稱其小楷，法鍾兼虞，然皆拘拘法内。蓋其天性端謹，不踰規矩。故其詩才氣不及高、楊、張，而法律謹嚴，字句熨帖。長篇短什，並首尾温麗，於三家别爲一格。其客吴時，常居城北之齊門，故名集曰《北郭》。舊本爲吴人張習編次。今是集前後無序跋，題曰陳邦瞻校，蓋萬曆間重刻之本，又非習所編之舊矣。

石渠集

黄虞稷《千頃堂書目・別集類》 張天英《石渠集》。平陽人。

缶鳴集

楊士奇等《文淵閣書目・詩詞》 高季迪《缶鳴集》。一部，一册。完全。

范邦甸等《天一閣書目・別集類》 《缶鳴集》十二卷。刊本。 明户部侍郎姑蘇高啓著，後學周立重編。洪武三年吴郡謝徽序曰：季迪詩甚多，有《吹臺集》、《缶鳴集》、《江館集》、《鳳臺集》，凡詩幾二千首。今年冬，季迪取舊所集詩益加删改，彙萃爲一，總題曰《缶鳴集》。自樂府歌行而下至五七諸體，得詩九百餘首，皆其精選。然特以今年庚戌冬而止，及後有作當别自爲集。

王圻《續文獻通考・經籍考・集下》 《缶鳴集》。長州高啓著。官户部侍郎。

徐𤊹《徐氏家藏書目・別集類》 高啓《缶鳴集》十二卷。

黄虞稷《千頃堂書目・別集類》 高啓《缶鳴集》十二卷。自選。字季迪，長洲人。洪武初召修《元史》，授翰林院國史編修官，擢户部侍郎。放還，尋坐法死。

黄丕烈《蕘圃藏書題識・集類三》 高季迪《缶鳴集》十二卷。明刻本。

潘祖蔭《滂喜齋藏書記・集部》 明刻《缶鳴集》十二卷。一函，四册。 明高啓撰。周立公禮編，青丘之妻姪也。舊爲虞山張芙川藏書。黄琴六跋云：明永樂元年周立所刻，正統末燬於火，甫里周仲英重刻，吴文定爲之序。即此本是也。吴序失，惟存謝徽一序。按徽序云季迪之詩有《吹臺集》、《缶鳴集》、《江館集》、《鳳臺集》，今取諸詩删改，爲之總題曰《缶鳴集》。詩九百首，皆其精選。是此編爲青丘子手定本。今所行《大全集》，景泰中徐庸編刻，詩雖倍之，非其舊矣。明竺塢文氏、國朝蔣文肅、汪東山、馮二癡、曹彬侯、趙秋谷皆有收藏鑒定印。其「臣伊」一印，則文肅公尊人也。其首册附裴琴六與芙川書，乞借皇山人手鈔《續談助》，其書後歸士禮居，今藏虞山瞿氏，完好無恙。據士禮題跋，謝徽序外尚有胡、王二序，又有公禮後序，今皆脱之。

鳧藻集

高儒《百川書志・集・國朝》 《鳧藻集》五卷。户部侍郎前翰林編修官青邱先生姑蘇高啓季迪撰。

王圻《續文獻通考・經籍考・集下》 《鳧藻集》。長州高啓著。

徐𤊹《徐氏家藏書目・別集類》 高啓《鳧藻集》五卷。

錢謙益等《絳雲樓書目・國初文集類》 高啓《鳧藻集》。此文集也，與詩篇各自爲序。季迪詩集有數種，晚自選定《缶鳴集》十二卷。至景泰間，徐庸合梓其諸集詩爲《大全集》。徐庸又嘗採永樂至正統四代之詩，爲《湖海耆英集》十二卷。徐本富家，以詩著，吴人也。

黄虞稷《千頃堂書目・別集類》 高啓《鳧藻集》五卷。文。

《四庫提要・別集類二二》 《鳧藻集》五卷。兩江總督採進本。 明高啓撰。按《明史》本傳，啓坐爲觀作上梁文見法，則爲其末年之作，蓋平生古文，盡於此集矣。初無刻本，周忱爲蘇州巡撫時，始得鈔本於郡人周立。立之姑，即啓婦也。正統九年，監察御史錢塘鄭士昂又得本於忱，因命教授張素校刊之，而忱爲之序。此本爲雍正戊申桐鄉金檀所刻，即因鄭本而正其譌，多所校正。檀即注啓詩集者，故併刻

是集,成一家完書云。

始蘇雜詠

范邦甸等《天一閣書目・別集類》 《始蘇雜詠》一册。刊本。明高啓著。

王圻《續文獻通考・經籍考・集下》 《始蘇百詠》。長州高啓著。

黄虞稷《千頃堂書目・別集類》 高啓《始蘇雜詠》一卷。

吴壽暘《拜經樓藏書題跋記類五》 《始蘇雜詠》。右一卷,明高啓著。周傳編,有洪武四年啓自序,三十一年傳後序。卷首有「檇李」、「項藥師藏」、「巽峰山人」諸圖記。

槎軒集

范邦甸等《天一閣書目・總集類》 《槎軒集》。刊本。明吴郡高啓著,成化十四年婁東張泰序。

黄虞稷《千頃堂書目・別集類》 高啓《槎軒集》十卷。啓詩有《鳳臺》、《吹臺》、《江館》、《青丘》、《南樓》、《槎軒》諸集。成化中吴人張習企翱得其遺稿,緝爲是編,總名曰《槎軒》。

《明史・藝文志・別集類》 高啓《槎軒集》十卷。

黄丕烈《蕘圃藏書題再識續録・集類》 《槎軒集》十卷。舊鈔本。

高太史大全集

高儒《百川書志・集・國朝》 《高太史大全集》十八卷。户部侍郎青丘先生吴郡高啓季迪著。廣益至二千有餘首。

范邦甸等《天一閣書目・別集類》 《高太史大全集》十八卷。刊本。

徐𤊹《徐氏家藏書目・別集類》 《高啓大全集》二十卷。

黄虞稷《千頃堂書目・別集類》 高啓《高季迪大全集》十八卷。景泰中吴人徐庸編,劉昌欽謨序。

《明史・藝文志・別集類》 高啓《大全集》十八卷。

《四庫提要・別集類二一》 《大全集》十八卷。副都御史黄登賢家藏本。明高啓撰。啓字季迪,長洲人。元末避張士誠之亂,遁居松江之青丘,自號青丘子。洪武初,召修《元史》,授翰林院國史編修,官至户部侍郎。年僅三十九。事蹟具《明史・文苑傳》。所著有《吹臺集》、《江館集》、《鳳臺集》、《婁江吟稿》、《姑蘇雜詠》凡二千餘首。自選定爲《缶鳴集》十二卷,凡九百餘首。啓没無子,其姪立,於永樂元年鏤版行之。至景泰初,徐庸掇拾遺佚,合爲一編,題曰《大全集》,劉昌爲之序,即此本也。

高季迪集

王圻《續文獻通考・經籍考・集下》 高啓《高季迪集》。

青丘詩集注　附鳧藻集

張之洞《書目答問・別集》 《青丘詩集注》十八卷,附《鳧藻集》五卷。明高啓,金檀注。雍正六年刻本。

尚友齋集

黄虞稷《千頃堂書目・別集類》 牛諒《尚友齋集》。字士良,東平人,歷禮部尚書。

覆瓿集

黄虞稷《千頃堂書目・別集類》 朱同《覆瓿集》十卷。

《四庫提要・別集類二二》　《覆瓿集》七卷，附録一卷。兩江總督採進本。明朱同撰。同字大同，自號紫陽山樵，休寧人。翰林學士升之子。【略】集凡詩三卷，多元末之作，爽朗有格。文四卷，議論純粹，不愧儒者之言。惟編録者不解體裁，知有拗體律詩，而不知何者爲拗體，遂以七言古體之八句者列爲律詩，舛陋殊甚，今姑仍舊本録之，而附糾其謬焉。

南雅集

黄虞稷《千頃堂書目・別集類》　陳伯康《南雅集》。【略】陳仲進《南雅集》四卷。名伯康，以字行，長樂人。洪武中明經，江山知縣。

白石山房稿

黄虞稷《千頃堂書目・別集類》　張孟兼《白石山房稿》六卷。名丁，以字行，浦江人。徵爲國子學録，與修《元史》，以太常丞出爲山西按察司僉事，遷山東按察副使，爲吴印所訐，論棄市。

《明史・藝文志・別集類》　《張孟兼文集》六卷。

《四庫提要・別集類存目二》　《新本白石山房稿》五卷。浙江巡撫採進本。明張孟兼撰。孟兼有《白石山房逸稿》，已著録。是編乃其十一世孫思煌所重編。思煌序稱孟兼舊有《白石山房文稿》二十卷，與《蜀山遺集》竝遭回禄，無片紙隻字之存。及觀焦竑《國史經籍志》，載孟兼集六卷，乃知萬曆初猶存文淵閣。案雄書雖名《國史經籍志》，實鈔合諸史《藝文志》及諸家書目而成，非明文淵閣所貯之書，楊士奇、張萱二目可以互勘，思煌此語殆誤，謹附訂於此。然祕之內府，人間不得而覩。兹不過殘編斷簡中採而輯之，僅存什一於千百云云。今計編中五言古詩九首、七言古詩三首、排律一首、五言律三首、七言律六首、七言絶句四首、樂歌八章、聯句二首、記四首、行狀二首、傳一首、雜文一首，皆掇拾他書而得者。附以諸家跋語，分爲二卷。其三卷至五卷皆載同時投贈及後人詩文傳誌。卷帙雖增於舊本，而孟兼之著作則無所增也。

白石山房逸稿

吴焯《繡谷亭薰習録・集二》　《白石山房逸稿》二卷。明浦陽張丁孟兼著。其《釋謝翺西臺記》、《冬青樹引》、《微辭隱語》都爲銓注，使後來有考焉。洪武十年龍門宋濂、義門鄭淵並跋。

《四庫提要・別集類二二》　《白石山房逸稿》二卷。兩淮馬裕家藏本。明張孟兼撰。孟兼名丁，以字行，浦江人。洪武初，徵爲國子監學録，與修《元史》。以太常丞出爲山西按察司僉事，遷山東按察司副使，以執法不阿，爲吴印所誣訐，棄市。《明史・文苑傳》附載《趙壎傳》中。《藝文志》載孟兼文集六卷，焦竑《國史經籍志》亦同。其本久已散佚。近時有孟兼十一世孫思煌者，始掇拾他書所載，重編定爲五卷。而集内收他人唱和題贈之作幾十之七八，孟兼著作仍寥寥無多。此本不知何人所輯，視思煌本較多數首，疑尚出明人裒集，故思煌未之見也。

學古齋集

黄虞稷《千頃堂書目・別集類》　鄭秋《學古齋集》。字叔韓，浦江人。宋學士濂之壻。

希澹園詩

黄虞稷《千頃堂書目・別集類》　虞堪《鼓枻稿》四卷。字克用，一字勝伯，宋丞相雍公八世孫，家長洲。洪武中雲南府學教授，卒官。

《四庫提要・別集類二二》　《希澹園詩》三卷。編修汪如藻家藏本。明虞堪撰。堪字克用，一字勝伯，長洲人。【略】世又有堪詩別本，題曰《鼓枻稿》者，與此集互相檢勘，其詩篇數多寡竝同，惟前後編次稍異，或即堪之原本，或後人別題以行，均

未可定。今附存其目於此，不復録焉。

玩齋集

黄虞稷《千頃堂書目·別集類》 郁經《玩齋集》。字仲誼，仁和人，元進士。

尚絅齋集

《四庫提要·別集類二二》 《尚絅齋集》五卷。編修朱筠家藏本。明童冀撰。冀字中州，金華人。洪武九年徵入書館，後爲湖州府教授。調北平，坐罪死。此集不知何人所編，分詩文爲二集，體例雜糅，殆不可讀。就其編目考之，原目當爲《金華集》、《南行集》、《雪川集》、《北游集》四種，前三集兼載詩文，惟《北游集》有詩無文。後人不知古法，以詩歸詩，以文歸文，分爲二集，而詩文之中，又不各歸其類。前後複疊，職此之由。幸其雖經割裂，尚未竄亂，其次第猶有端緒可尋。今詳考標題，仍分爲四集，中間時有闕文。又《雪川集》末《跋唐五王醉歸圖》一篇、《書柳子厚伊尹五就桀贊後》一篇、《書王簡死事傳後》一篇、《書金節婦傳後》一篇、《書集芳詩文卷後》一篇、《卜釋》一篇，悉有録無書，蓋蠹蝕殘闕，今亦仍其舊。冀在明初，與宋濂、張羽、姚廣孝相唱和，詞意清剛，不染元季綺靡之習，雖名不甚著，而在一時作者之中，固亦足相羽翼也。

和陶詩

楊士奇等《文淵閣書目·詩詞》 童中州《和陶集》。一部，一册。闕。

黄虞稷《千頃堂書目·別集類》 童冀《和陶詩》。字中州，金華人。洪武丙辰被徵修書，後爲湖州府學教授，調北平，坐罪卒。

白羊山樵集

黄虞稷《千頃堂書目·別集類》 張簡《白羊山樵集》。字仲簡，吴人。洪武初召修《元史》。

希賢集

黄虞稷《千頃堂書目·別集類》 沈鉉《希賢集》。秀水人。

海漁集

黄虞稷《千頃堂書目·別集類》 馬治《海漁集》六卷。字孝常，宜興人。初爲沙門，洪武初知内丘縣，終建昌知府。

松雨軒集

范邦甸等《天一閣書目·別集類》 《重刻松雨軒集》二卷。刊本。明平仲微著。嘉靖庚子邑人陳霆序，稱：《松雨軒集》凡若干卷，鄉先生平仲微氏詩也。仲微仕國初，既而謫戍滇海。黔國憐其才，請俾脱籍，禮之賓館者十餘年，晚以校職歸老。正首牖下。集初刻于滇南，世遠地阻，傳者益寡，其裔孫重刻以傳。原集皆詩，兹裒拾殘賸，附以記、賦。

黄虞稷《千頃堂書目·別集類》 平顯《松雨集》。字仲微，錢塘人。

平顯《松雨集》。字仲微，錢塘人。以薦授廣西藤縣知縣，謫戍雲南，沭黔國延爲西席。

愛禮集

高儒《百川書志・集・國朝》 《愛禮文集》六卷。都御史漳郡作悔子劉駟宗道著。

黄虞稷《千頃堂書目・别集類》 劉駟《愛禮先生集》十卷。字宗道，龍谿人。洪武初徵秀才入試者八千人，駟居第一，拜左都御史，後坐事謫滇，徵還投水死。

《明史・藝文志・别集類》 《劉駟文集》十卷。

《四庫提要・别集類存目二》 《愛禮集》十卷。浙江巡撫採進本。明劉駟撰。駟字宗道，龍谿人。洪武初徵秀才入試者八千人，駟爲第一。授都御史，尋坐事徙滇卒。門人私謚愛禮先生，故以名集。凡文三卷、詩二卷、《中庸説》一卷、書啓三卷、附録一卷。駟宗陳淳之學，詩文多涉性理，略似語録之體。《中庸説》乃講授口義，亦無所發明。集爲弘治六年浙江參政林進卿所刊。附録《慎獨翁行狀》，紀駟父寶與駟平生行實頗具，乃其門人漳州陳拯所述。又附《趙先生書》一首，則駟之師趙彦進也。

愛禮詩

高儒《百川書志・集・國朝》 《愛禮詩》二卷。都御史漳郡悔怍子劉駟宗道著。

竹居集

黄虞稷《千頃堂書目・别集類》 王珙《竹居詩集》。字庭珪，常熟人。明初處士。

王珙《竹居集》一卷。字廷珪，常熟人。資性高潔，所居植竹，因以名集。

《四庫提要・别集類存目二》 《竹居集》一卷。兩淮馬裕家藏本。明王珙撰。珙字廷珪，常熟人。是集爲其曾孫仲申所輯，其六世孫古始刊版。朱彝尊《明詩綜》不載其名，蓋偶未見也。其詩多用《洪武正韻》，蓋當時功令使然。大致出入於月泉吟社一派，亦時有秀句，而邊幅單窘，興象未深，數首之後，語意略同。觀卷中絶無古體，其根柢可知矣。

新河集

王圻《續文獻通考・經籍考・集下》 《新河集》。知清河縣揭軌著。臨川人。

黄虞稷《千頃堂書目・别集類》 揭軌《新河集》。字孟同，臨川人。洪武初以明經舉，除清河主簿，升知縣，謝歸，教授生徒，召定《書傳會選》。

後圃存稿

黄虞稷《千頃堂書目・别集類》 黄樞《後圃存稿》。字子運，休寧人。洪武初被徵，以躄免，鄉人稱爲後圃先生，子則惠輯。

鳳臺集

黄虞稷《千頃堂書目・别集類》 戈鎬《鳳臺集》。字仲京，鎮江人。洪武初徵士，官禮部主事。

一默居士集

黄虞稷《千頃堂書目・别集類》 陳約《一默居士集》。字博文，嘉興人。大理寺卿，出爲山西布政使。與弟絅、繹、緝並有詩名。

竹林集

黄虞稷《千頃堂書目·別集類》 陳綗《竹林集》。字簡文，嘉興人，約弟。

石溪吟稿

黄虞稷《千頃堂書目·別集類》 吴舜舉《石溪吟稿》。字士源，歙人。洪武初以耆儒舉，除本府教授。

漱芳集

黄虞稷《千頃堂書目·別集類》 朱應辰《漱芳集》三卷。字文奎，吴人。明初爲本府儒學訓導，改江陰。

鉏雲集

黄虞稷《千頃堂書目·別集類》 邵誼《鉏雲集》。字思宜，休寧人。洪武中由薦辟授本縣儒學訓導，轉黟縣學教諭。

介軒集

黄虞稷《千頃堂書目·別集類》 戴奎《介軒集》。字文祥，台州人，齊河縣主簿。

江天集

黄虞稷《千頃堂書目·別集類》 薛敬《江天集》。字原理，鄞人。洪武初舉茂才，授龍泉税大使，歷國子監博士。

鶴崖集　無逸齋稿

黄虞稷《千頃堂書目·別集類》 楊芾《百一稿》、《無逸齋稿》、《鶴崖集》合二十卷。字仲彰，一字質夫，義烏人，徙東陽。從黄溍、陳樵學。明初薦舉。

《明史·藝文志·別集類》 楊芾《鶴崖集》二十卷。

石門集

黄虞稷《千頃堂書目·別集類》 陳鏗翁《石門集》。字太希，太平人。

廣莫子稿

黄虞稷《千頃堂書目·別集類》 莫維賢《廣莫子稿》。字景行，錢塘人。

和陶集

黄虞稷《千頃堂書目·別集類》 莫維賢《和陶集》。

甘白先生集

范邦甸等《天一閣書目·別集類》《甘白先生詩集》六卷。刊本。明張適著，永樂元年朱逢吉序。

黄虞稷《千頃堂書目·別集類》張適《甘白先生集》六卷。《樂圃集》二卷，《江館》、《南湖》、《江行》、《滇池集》各一卷，孫梲合爲此集。適字子宜，長洲人。洪武初以秀才舉，擢工部都水郎中，以病免。後復舉明經，授廣西理問，歷滇池魚課、宣課二司大使，卒於官。

《明史·藝文志·別集類》張適《樂圃集》六卷。

《四庫提要·別集類存目二》《甘白集》六卷。浙江汪啓淑家藏本。明張適撰。適字子宣，蘇州人。明初以儒士徵，授水部郎中，旋放歸。見集中所作其妻《沈氏壙志》。而其《祭西平侯文》則自署「雲南滇池漁課司大使」，是洪武末又嘗官雲南，故集中每自稱「滇池老漁」也。集爲正統丁卯其子收所編，文體修潔，而未造深厚。

朱廉文集

王圻《續文獻通考·經籍考·集下》《朱廉文集》十七卷。廉，義烏人，字伯清。

黄虞稷《千頃堂書目·別集類》《朱世廉文集》十七卷。一名廉，字伯清，義烏人。明初薦授釣臺書院山長，洪武三年續修《元史》被召，史成乞歸。復與修《日曆》，除翰林院編修，遷楚府長史。

《明史·藝文志·別集類》《朱廉文集》十七卷。

樗隱集

黄虞稷《千頃堂書目·別集類》劉儼《樗隱集》。字敬思，錢塘人。元末隱居西湖，明初徵入修禮樂書，授廣東市舶司令。

劉儼文集

《明史·藝文志·別集類》《劉儼文集》三十二卷。

劉仲修詩文集

徐𤊹《徐氏家藏書目·集類》《劉仲修詩文集》七卷。名永之。

山陰集

黄虞稷《千頃堂書目·別集類》劉永之《山陰集》五卷。字仲修，臨江人。明初應聘入都，以耳疾辭。

《明史·藝文志·別集類》劉永之《山陰集》五卷。

滄螺集

楊士奇等《文淵閣書目·文集》孫作《滄螺集》。一部，一册。闕。

范邦甸等《天一閣書目·總集類》《滄螺集》六卷。刊本。明江陰孫作著。弘治丙辰薛章憲記云：鄉先生孫公大雅，在洪武初以文名一世，求之廿年，乃得公所爲文曰《滄螺集》于都君元敬，既又得公詩于黄公應龍，各丐以歸。以示中表弟徐直夫，謀刻未果。歲乙卯九月，元敬、直夫同領鄉薦，歸自南都，乃重言焉。直夫于是捐金僦工，而元敬手爲校勘，始得竣事。凡爲詩若文七十六首，共六卷，卷首宋濂有傳。

錢謙益等《絳雲樓書目·國初文集類》張大雅《滄螺集》。六卷。名作，江陰

人，洪武初官國子司業。

黃虞稷《千頃堂書目・別集類》 孫作《滄螺集》六卷。字大雅，以字行，一字次知，江陰人。洪武癸丑召修《日曆》，書成，除翰林院編修。以老病乞外，授太平府儒學教授，入爲國子助教，遷司業。

《明史・藝文志・別集類》 孫作《滄螺集》六卷。

《四庫提要・別集類二二》 《滄螺集》六卷。兩淮馬裕家藏本。明孫作撰。作字大雅，以字行，一字次知，江陰人。元至正末，避兵於吴。初受張士誠之招，旋去之松江。洪武癸丑，召修《日曆》，書成，除翰林院編修。以老病乞外，授太平府教授。入爲國子助教，尋遷司業。以事廢爲民，後復官長樂縣教諭。作自號東家子，宋濂爲作《東家子傳》，推挹甚至。《明史・文苑傳》附載《陶宗儀傳》末。是集凡詩一卷、文五卷。

吴壽暘《拜經樓藏書題跋記類五》 《滄螺集》。孫大雅著，六卷。前有宋濂撰《東家子傳》，後有薛章憲跋，汲古閣刻，都元敬校本。

吾樂山房稿

黃虞稷《千頃堂書目・別集類》 張九韶《吾樂山房稿》。

長江萬里稿

黃虞稷《千頃堂書目・別集類》 王佑《長江萬里稿》五卷。字子啓，沂弟。洪武三年舉教官，擢監察御史，出爲廣西按察僉事，改知崇慶州。

《明史・藝文志・別集類》 王祐《長江稿》五卷。

武昌集

黃虞稷《千頃堂書目・別集類》 鄭好仁《武昌集》。字士元，寧海人。

柘軒集

黃虞稷《千頃堂書目・別集類》 凌雲翰《柘軒集》三卷。字彦翀，錢塘人。元末蘭亭書院山長，洪武初以薦授四川成都教授。

《四庫提要・別集類二二》 《柘軒集》四卷。兩淮鹽政採進本。明凌雲翰撰。雲翰字彦翀，錢塘人。元至正十九年舉浙江鄉試，除平江路學正，不赴。洪武辛酉，以薦授四川成都教授。坐貢舉乏人，謫南荒以卒。事見《歸田詩話》。瞿宗吉與之最契，語必不誣。或以爲卒於官者，誤也。所作詩文雜著，藏稿於家。至永樂中，其孫始編爲四卷。

菜薖集

黃虞稷《千頃堂書目・別集類》 余堯臣《菜薖集》。字唐卿，永嘉人。元末自會稽入吴，明初謫濠，放還，授新鄭丞。

無礙居士詩集

黃虞稷《千頃堂書目・別集類》 吕敏《無礙居士詩集》。字志學，無錫人。元末爲道士，洪武初官無錫縣學教諭。

鳳臺貴竹東屯南游諸稿

黃虞稷《千頃堂書目・別集類》 楊彝《鳳臺貴竹東屯南游諸稿》。字宗彝，余姚人。洪武中以人才舉，爲沔陽倉副使，遷都察院司獄，調長泰主簿，以獻詩擢吏部考功主事，謫居滇南。

瞻雲集

黄虞稷《千頃堂書目·別集類》 王俊華《瞻雲集》。字名仙，臨海人。

蚓竅集

高儒《百川書志·集·國朝》 《蚓竅集》十卷。楚府長史司雲間竹閒子管時敏撰。西域丁鶴年評點之。

范邦甸等《天一閣書目·別集類》 《蚓竅集》五卷。刊本。明管時敏撰。

王圻《續文獻通考·經籍考·集下》 《蚓竅集》。管時敏著。

徐𤊹《徐氏家藏書目·別集類》 管訥《蚓竅集》八卷。字時敏，華亭人。洪武中官府左長史。

錢謙益等《絳雲樓書目·國初文集類》 管時敏訥《蚓竅集》。華亭人，師楊廉夫，友袁景文，官王府長史。

黄虞稷《千頃堂書目·別集類》 管訥《蚓竅集》十卷。丁鶴年定。字時敏，華亭人。洪武中徵拜楚府紀善，升左長史，乞致仕，王請命於朝，留居本國，禄之終身。

《四庫提要·別集類二二》 《蚓竅集》十卷。兩江總督採進本。明管時敏撰。時敏初名訥，以字行，華亭人。洪武九年，徵拜楚王府紀善，從王之國。後進左長史，事楚王楨。二十五年乞致仕歸里。楨請命於朝，留居武昌，禄之終身。築室黄屯山，命曰全庵。而名其集曰《蚓竅》，蓋取韓愈《石鼎聯句》語也。

秋香百詠

高儒《百川書志·別集》 《秋香百詠》一卷。皇明雲間管時敏著。菊花百品，各詠七言一絶，博勝譜録。

黄虞稷《千頃堂書目·別集類》 管訥《秋香百詠》一卷。

管長史紀行詩

黄虞稷《千頃堂書目·別集類》 管訥《管長史紀行詩》一卷。

齏甕稿

黄虞稷《千頃堂書目·別集類》 范準《齏甕稿》。字平仲，休寧人。洪武中舉明經，官至工部主事，師事朱升、趙汸、汪叡，嘗訂汸《春秋集傳》行世。

西游率稿

黄虞稷《千頃堂書目·別集類》 范準《西游率稿》。

繆　稿

黄虞稷《千頃堂書目·別集類》 范準《繆稿》。

塞白稿

黄虞稷《千頃堂書目·別集類》 范準《塞白稿》。

何陋軒稿

黄虞稷《千頃堂書目·別集類》 范準《何陋軒稿》。

愚庵集

黃虞稷《千頃堂書目・別集類》 吴文泰《愚庵集》。字文度，吴縣人。涿州同知。

翠微漫稿

黃虞稷《千頃堂書目・別集類》 董荆《翠微漫稿》。字宗楚，新昌人。

善鳴集

王圻《續文獻通考・經籍考・集下》 《善鳴集》。副使唐泰著，侯官人。

黃虞稷《千頃堂書目・別集類》 唐泰《善鳴集》十卷。字亨仲，侯官人。洪武甲戌進士，授行人，終陝西副使。

青暘集

錢謙益等《絳雲樓書目・國初文集類》 張藻仲《青暘集》。九卷。名宣，江陰人。洪武初召修《元史》，擢翰林院編修。

黃虞稷《千頃堂書目・別集類》 張宣《青暘集》。字藻仲，初名瑄，江陰人。端子。洪武初與修《元史》，擢翰林院編修，既而謫濠，道卒。

王常宗集　補遺　續補遺

錢謙益等《絳雲樓書目・國初文集類》 王彝《常宗集》。嘉定人。集刊於弘、正中。都南濠抄本，有南濠序文。

黃虞稷《千頃堂書目・別集類》 王彝《王常宗集》四卷。一名媯蜼子，集一名《三近齋文稿》。字常宗，嘉定人。以布衣召修《元史》，賜金幣遣還，尋薦入翰林，以母老乞歸。洪武七年坐太守魏觀事誅。

王士禛《漁洋書跋》 《王徵士集》。《王徵士集》四卷，都少卿元敬所定，有元敬及浦杲序。徵士名彝，字常宗，又號媯蜼子。洪武初，與高季迪同預修《元史》，後亦同死魏觀之難。元敬稱其古文明暢英發，又或以爲吴中四傑之一，以常宗代張羽來儀者。今觀其詩，歌行擬李賀、温庭筠，殊墮惡道，餘體亦不能佳，詎可與高、楊頡頏上下乎？固知高、楊、徐、王之説，誕而無徵矣。此本嘉定門人陸廷燦扶照所刻，牧仲中丞所寄。

《明史・藝文志・別集類》 王彝《潙蜼子集》四卷。

《四庫提要・別集類二二》 《王常宗集》四卷，《補遺》一卷，《續補遺》一卷。江蘇巡撫採進本。明王彝撰。彝字常宗，其先蜀人，本姓陳氏。父仕元爲崑山教授，遂遷嘉定。洪武初，以布衣召修《元史》，賜金幣遣還。尋選入翰林，以母老乞歸養，自號媯蜼子。後以魏觀上梁文事，與高啓併誅。《明史・文苑傳》附載《趙壎傳》中。其集本名《三近齋稿》，弘治中都穆編爲文三卷、詩一卷。劉廷璋、浦杲又輯《補遺》一卷。今世所傳鈔本，又有《續補遺》一卷，不知何人所輯。考其體格，與全集相類，似非贋作也。

潘祖蔭《滂喜齋藏書記・集部》 《舊鈔本王常宗集》四卷，《補遺》一卷，《續補遺》一卷。一册。明王彝撰。彝，嘉定人，洪武初預修《元史》，自號媯蜼子。其集四卷，《補遺》一卷，皆都穆編，嘉定劉子珍刻，此即從刻本傳鈔也。前有穆序，後有浦杲及子珍跋。《續補遺》文三首、詩三首，則陸嘉穎得自項藥師家，舊爲張芙川藏。書册首題云：「此本用筆古雅，極似錢求赤先生所書。細審裝治，爲述古堂故物，遂以重值購得，亦別集中罕見之祕册也。嘉慶乙卯中秋後十日，虞陽張蓉鏡識。」

雪篷集

黃虞稷《千頃堂書目・別集類》 黄哲《雪篷集》六卷。字庸之，番禺人。明初用薦拜翰林待制，侍太子讀書，尋兼翰林典籤，出知東阿縣，升東平府通判，尋坐法死。

雪篷詩選

徐𤊹《徐氏家藏書目・別集類》 黃哲《雪篷詩選》一卷。字庸之，番禺人。洪武初薦爲漢陽教諭，改廣西義寧知縣，歸，卒於家。

鳴盛集

高儒《百川書志・集・國朝》 《鳴盛集》四卷。膳部員外三山林鴻子羽著。

范邦甸等《天一閣書目・別集類》 《鳴盛集》四卷。刊本。明林鴻著。洪武庚申廬陵劉嵩序，稱：林員外子羽詩始窺陳拾遺之閫「奥」而駸駸乎開元之盛風，若殷璠所論「神來氣來情來」者，莫不兼備。雖其天資卓絶，心會神融，然亦國家氣運之盛驅致然也。謹題其集曰《鳴盛》，爲之序云。倪桓、邵銅均有序。

黃虞稷《千頃堂書目・別集類》 林鴻《鳴盛集》四卷。字子羽，福清人。洪武初以薦授將樂訓導，拜禮部員外，世稱林膳部。

王士禛《漁洋書跋》 《鳴盛集》。二則。《鳴盛集》三卷，乃廣陵門人殷彥來譽慶自閩中手鈔寄余。集爲明初林鴻子羽著，成化中温州府知府邵銅編刻，徐𤊹家藏本也。卷首有劉尚書崧、吴興倪桓二序。余歸田以來，京師故人無尺蹏相存者，獨彥來與吴江徐太史電發釚音繹不絶，又屢鈔祕書遠以相示。古道不墜，賴有斯文。因識其緣起，俾子孫勿忘。

林子羽《鳴盛集》四卷，其同郡邵銅所編。銅作後序，稱中憲大夫温州府知府，成化三年丁亥歲也。按邵銅天順間以御史言事忤權奸，與張鵬等十三人皆左遷知縣，載葉文莊《水東日記》。

《明史・藝文志・別集類》 林鴻《鳴盛集》四卷。鴻與唐泰、黃玄、周玄、鄭定、高棅、王偁、王褒、王恭、陳亮另有《閩中十才子詩》十卷。

《四庫提要・別集類二二》 《鳴盛集》四卷。浙江汪啓淑家藏本。明林鴻撰。鴻字子羽，福清人。洪武初，以薦授將樂縣訓導，歷官禮部精膳司員外郎。年未四十，自免歸。事蹟具《明史・文苑傳》。明初，閩中善詩者有長樂陳亮、高廷禮，閩縣王恭、唐泰、鄭定、王褒、周玄，永福王偁，侯官黃玄，而鴻爲之冠，號十才子。其論詩惟主唐音，所作以格調勝，是爲晉安詩派之祖。李東陽《懷麓堂詩話》曰「林子羽《鳴盛集》，專學唐。袁凱《在野集》，專學杜。蓋能極力摹擬，不但字面句法，併其題目亦效之。開卷驟視，宛若舊本。然細味之，求其流出肺腑，卓爾自立者，指不能一再屈也。是在弘、正之間，已有異議。故論者謂「閩中才雋輩出，彬彬風雅，亦云盛矣。第晉安一派，流傳未已，守林儀部、高典籍之論，若金科玉條，凜不敢犯。動爲七律，如出一手」云云。是其末流且驅至爲世口實。然鴻倡始之時，固未嘗不舂容諧雅，自協正聲，未可以作法於涼遽相詆斥。況高棅尚不免庸音，鴻則時饒清韻，尤未可不分甲乙，一例擯排矣。此本爲成化初鴻郡人温州知府邵銅所編，末有銅跋，稱覽其舊稿，慨然興思，因詳加校勘，補其闕略。然如張紅橋唱和詩詞，事之有無不可知。即才人放佚，容或有之，決無存諸本集之理。此必銅摭小説妄增之。《夢游仙記》一首，疑亦寓言紅橋之事。觀其名目，乃襲元稹《夢游春詩》，可以意會。銅亦附之簡末，殊爲無識。葉盛《水東日記》載銅天順中爲御史，以言事忤權姦，左遷知縣，則其人亦錚錚者。或平生以氣節自勵，文章體例，非所素嫻歟。

蘭莊集

黃虞稷《千頃堂書目・別集類》 葉見泰《蘭莊集》。字彝仲，臨海人。洪武中刑部主事。

滄洲集

黃虞稷《千頃堂書目・別集類》 陳亮《滄洲集》三卷。字景明，長樂人。明初累詔不出，作《讀陳摶詩見志》。

儲玉齋集

黃虞稷《千頃堂書目・別集類》 陳亮《儲玉齋集》。

滄齋集

黃虞稷《千頃堂書目・別集類》 鄭定《滄齋集》一卷。字孟宣，閩縣人。陳友定辟爲記室，友定敗，浮海亡交廣間，久之還居長樂。洪武中徵授延平訓導，歷齊府紀善，紀國子助教。《晉安風雅》作《浮丘集》。

樗壽稿

黃虞稷《千頃堂書目・別集類》 韓守益《樗壽稿》。字仲修，石首人。河南道御史，改春坊中允。

聽雨軒集

黃虞稷《千頃堂書目・別集類》 王佐《聽雨軒集》二卷。字彥舉，家本河東，元末侍父宦南雄，遂占籍南海。洪武初徵至京師，授給事中。

瀛洲集

黃虞稷《千頃堂書目・別集類》 王佐《瀛洲集》。

聽雨詩選

徐𤊹《徐氏家藏書目・別集類》 王佐《聽雨詩選》一卷。字彥舉，南海人。洪武初薦爲給事中，居二載乞歸，賜鈔五十千，士林美之。

訥齋蛙吟

黃虞稷《千頃堂書目・別集類》 余尚則《訥齋蛙吟》十卷。名郁，以字行，黃巖人。

愚齋集

黃虞稷《千頃堂書目・別集類》 林靜《愚齋集》二十卷。字子山，吳興人，宋濂弟子。

《明史・藝文志・別集類》 林靜《愚齋集》二十卷。

王恭詩集

《明史・藝文志・別集類》 《王恭詩集》七卷。

白雲樵唱

黃虞稷《千頃堂書目・別集類》 王恭《白雲樵唱》二卷。字安中，閩縣人，自稱皆山樵者。永樂初以儒士薦，起待詔翰林，與修《大典》，授翰林典籍。

《四庫提要・別集類二二》 《白雲樵唱集》四卷，附録一卷。浙江范懋柱家天一閣藏本。明王恭撰。恭字安中，閩縣人。自稱皆山樵者，閩中十子之一也。成祖初，以儒士薦，修《永樂大典》，授翰林院典籍。《明史・文苑傳》附載《林鴻傳》中。其詩凡三集，一曰《鳳臺清嘯》，乃官翰林以後作。此集及《草澤狂歌》，則皆未仕以前所作。恭没之後，湮晦不傳。成化癸卯，南京户部尚書黃鎬蒐恭遺稿，始得此集於吏部郎中長樂黃汝明家，因屬汝明編次，分爲前後二集。卷首有永樂三年林環舊序，兼爲三集而作者。序中所列次第，以此集爲首。知其詩在《草澤狂歌》以前。

卷末又有永樂中林蕙諸人所作皆山樵者傳贊辭説，則刻成之後，續爲增入者也。

草澤狂歌

黄虞稷《千頃堂書目・別集類》 王恭《草澤狂歌》五卷。歸田作。

吴焯《繡谷亭薰習録・集二》 《草澤狂歌》一卷。明閩縣王恭安中著。自號皆山樵者。永樂初與修《大典》。案《明詩綜》恭所著有《白雲樵唱》、《鳳臺清嘯》、《草澤狂歌》，則此編特其一耳。余得萬曆中徐惟起録本，前有惟起跋，相傳只有鈔本云。

《四庫提要・別集類二二》 《草澤狂歌》五卷。編修汪如藻家藏本。明王恭撰。案恭所作三集，《鳳臺清嘯》已不傳。故《千頃堂書目》有其名，而闕其卷數。范氏天一閣藏本僅存其《白雲樵唱》，而無此集。此集出自秀水汪氏，蓋幾佚而僅存也。大致與《白雲樵唱》相近，而中年所作，情思較深。

鳳臺清嘯

黄虞稷《千頃堂書目・別集類》 王恭《鳳臺清嘯》。在金陵作。

松菊寓言

楊士奇等《文淵閣書目・詩詞》 易幼學《松菊寓言》。一部，一册。闕。

關隴行稿

楊士奇等《文淵閣書目・詩詞》 《關隴行稿》。一部，一册。闕。

遺興集

黄虞稷《千頃堂書目・別集類》 嚴震直《遺興集》。初名震直，字子敏，因御稱其字，乃互易焉，烏程人。明初由糧長授河南布政司參議，累官工部尚書，致仕。永樂初，召令宣諭山西，卒於澤州。

静齋集

黄虞稷《千頃堂書目・別集類》 徐宗實《静齋集》。黄巖人。

觀樂生集

高儒《百川書志・集・國朝》 《觀樂生詩集》五卷，附録一卷。越南隱君子許繼士修撰。好吟古風。

錢謙益等《絳雲樓書目・國初文集類》 許繼《觀樂生集》。五卷。字士修，定海人。自號觀樂生，嘗爲台州學官。

黄虞稷《千頃堂書目・別集類》 許繼《觀樂生詩集》五卷。字士修，寧海人。洪武中台州儒學訓導。

許繼《觀樂生集》五卷附録一卷。字士修，寧海隱士。集爲林昇編。

叩角集

黄虞稷《千頃堂書目・別集類》 申居衡《叩角集》。字仲權，大梁人。徙居長洲，自號樹屋傭。洪武三年徵至京，草諭蜀文稱旨，授翰林院修撰，謫徙濠州。

密庵集

黃虞稷《千頃堂書目・別集類》 謝肅《密庵集》十卷。字原功，上虞人。舉明經，歷官福建按察僉事，與唐肅稱「會稽二肅」。

《明史・藝文志・別集類》 謝肅《密庵集》十卷。

《四庫提要・別集類二二》 《密庵集》八卷。《永樂大典》本。明謝肅撰。肅字原功，上虞人。元至正末，張士誠據吴，肅慨然欲見宰相，獻偃兵息民之策。卒無所遇，歸隱於越。洪武中舉明經，授福建按察司僉事，以事被逮，下獄死。《明史・藝文志》、焦竑《國史經籍志》、黄虞稷《千頃堂書目》俱載肅《密菴集》十卷，而傳本久稀，藏書家罕著於録，惟《永樂大典》中所收肅詩文頗多。其時肅没未久，而姚廣孝等已録其遺集，與古人同列，知當日即重其文矣。

王友竹詩集

張萱等《内閣藏書目録・集部》 《王友竹詩集》一册。不全。洪武間谷府長史王友竹著。

退庵集

黃虞稷《千頃堂書目・別集類》 潘若水《退庵集》。鄞縣人。明初翰林院待詔，以罪謫陝西，行太僕寺吏。

郭太學遺稿

黃虞稷《千頃堂書目・別集類》 郭濬《郭太學遺稿》。字子淵，寧海人。洪武初取入太學，名重一時。爲祭酒所譖，坐法死。《赤城新志》作《樗園稿》。

操縵稿

黃虞稷《千頃堂書目・別集類》 王琦《操縵稿》。字修德，寧海人。與郭濬皆以文名。林右稱其如月墮澄江，上下一色，净絶垢氛，清明之氣可掬。後坐事謫滇南。

王紀善集

黃虞稷《千頃堂書目・別集類》 王璞《王紀善集》。寧海人。

嘯臺集

高儒《百川書志・集・國朝》 高漫士《嘯臺集》二十卷。翰林待詔、閩人高棅廷禮隱龍門時作也。擬古歌行、長篇短句，或古或近，積八百首。

黃虞稷《千頃堂書目・別集類》 高棅《嘯臺集》二十卷。一作八卷。字彦恢，仕籍名廷禮，别號漫士，長樂人。永樂初以布衣召入爲翰林待詔，升典籍。

《明史・藝文志・別集類》 高棅《嘯臺集》二十卷。

《四庫提要・別集類存目二》 《嘯臺集》二十卷，《木天清氣集》十四卷。浙江汪汝瑮家藏本。明高棅撰。棅一名廷禮，字彦恢，號漫士，福建長樂人。永樂間自布衣徵爲翰林待詔，陞典籍。《明史・文苑傳》附見《林鴻傳》中，「閩中十子」之一也。其山居時所作名《嘯臺集》。入京後所作名《木天清氣集》。

木天清氣集

范邦甸等《天一閣書目・別集類》 高漫士《木天清氣集》五卷。藍絲闌鈔本。

明高棅撰。

黄虞稷《千頃堂書目・别集類》 高棅《木天清氣集》十四卷。

《明史・藝文志・别集類》 高棅《木天清氣集》十四卷。

《四庫提要・别集類存目二》 《木天清氣集》十四卷。浙江汪汝瑮家藏本。明高棅撰。

藍山集

楊士奇等《文淵閣書目・詩詞》 《藍静之詩集》。一部，一册。完全。

黄虞稷《千頃堂書目・别集類》 藍仁《藍山集》六卷。字静之，崇安人。明初内附，隨例徙濠，尋放還。集有蔣易、張榘二序。

《明史・藝文志・别集類》 《藍仁詩集》六卷。

《四庫提要・别集類二二》 《藍山集》六卷。《永樂大典》本。明藍仁撰。仁字静之，崇安人。《明史・文苑傳》附載《陶宗儀傳》末。稱元末杜本隱居武夷山，仁與弟智往師之。授以四明任松鄉詩法，遂謝科舉，一意爲詩。後辟武夷書院山長，遷邵武尉，不赴。又稱其明初内附，隨例徙臨濠，則必嘗仕張士誠。又集中有《甲寅仲冬攝官詩》。甲寅爲洪武七年，則放歸又嘗仕宦，特其始末不可考耳。

考古餘事

黄虞稷《千頃堂書目・别集類》 趙撝謙《考古餘事》。名謙，一名古則，餘姚人。洪武初徵修《正韻》，出爲中都國子監典簿，罷歸，尋以薦召爲瓊山教諭，卒於官。

南游紀詠集

黄虞稷《千頃堂書目・别集類》 趙撝謙《南游紀詠集》五卷。

考古文集

《四庫提要・别集類二二》 《考古文集》二卷。浙江巡撫採進本。明趙撝謙撰。撝謙有《六書本義》，已著録。《明詩綜》引黄宗羲之言，謂其詩集名《考古餘事》，凡千首，不傳於世。今考焦竑《國史經籍志》，撝謙集已不著録。黄虞稷《千頃堂書目》雖列其名，而不著卷數，則亦未見原本，信乎其久不傳也。此本所録詩僅十餘篇，古文亦祇五十餘篇。前有順治丁酉黄世春序，稱其「子孫式微已甚，而能録其遺集，出没於藏書之家，殆天將藉是而彰考古」云云。蓋其後人掇拾散亡，重裒成帙者耳。集後附遺言十六條，又載其裔孫諸生䕶《上瓊州姜參政請復姓書》，及與浙中族姓札數通。蓋撝謙没後，其幼子流寓海南，依母族冒吴姓，故䕶請於姜而復之。又撝謙所作《造化經綸圖》，亦附於後，編次頗無條理。然傳刻先集者多因祖父以附子孫，自宋、元以來即往往以文集爲家牒，陋例相沿，亦不自是編始矣。

易庵集

黄虞稷《千頃堂書目・别集類》 李德《易庵集》。字仲修，番禺人。洪武中用薦授雒陽長史，遷濟南府經歷，調西安，改漢陽教諭，升義寧知縣。

安分齋集

黄虞稷《千頃堂書目・别集類》 鄭本忠《安分集》十卷。字本忠，鄞人。洪武中以薦爲昌國訓導，旋遷泰府教授，永樂初仍故官。

《四庫提要・别集類存目二》 《安分齋集》十卷。江蘇巡撫採進本。明鄭本忠撰。本忠自號安分先生，鄞縣人。洪武癸丑舉明經，不起。郡教授趙思盛薦，授昌國訓導，尋陞秦府教授。是集乃永樂中其子復言、永言所編，凡記三卷、序二卷、賦詩四卷、雜文一卷。

畦樂詩集

黃虞稷《千頃堂書目・別集類》 梁蘭《畦樂先生集》一卷，附録一卷。字庭芳，一字不移，南昌人。贊善潛之父，於楊士奇爲先輩。集中歌詩律絶凡二百五十四篇。

《四庫提要・別集類二二》 《畦樂詩集》一卷。江西巡撫採進本。明梁蘭撰。蘭字庭秀，又字不移，泰和人。右贊善梁潛之父也。田居不仕，故以畦樂自號。於楊士奇爲姻家，士奇嘗從之學詩。此集即士奇所編，前有洪武三十一年士奇序。考士奇所作蘭墓誌，稱卒於永樂八年，則編此集時，蘭猶及見之也。舊本列《泊庵集》後，蓋用《山谷集》後附刻《伐檀集》之例。今以各自爲集，仍分著於録。原目列古今體詩二百三十四首，而五言古詩中注闕七首，實二百二十七首。題中有闕字二處，詩中亦有闕字二處，均無别本可補，今亦仍之。

蘭坡遺集

黃虞稷《千頃堂書目・別集類》 季德璣《蘭坡遺集》。字武抑，瑞安人。

介石稿

黃虞稷《千頃堂書目・別集類》 許伯旅《介石稿》。字廷順，天台人。洪武中爲刑科給事中，以詩名，號許少杜。

足庵集

黃虞稷《千頃堂書目・別集類》 徐樞《足庵集》。海鹽人。

竹所翁集

黃虞稷《千頃堂書目・別集類》 季德珍《竹所翁集》。字正中，德璣弟。

藍澗集

黃虞稷《千頃堂書目・別集類》 藍智《藍澗集》六卷。字明之，仕弟。明初應薦授廣西按察僉事。

《明史・藝文志・別集類》 《藍智詩集》六卷。

《四庫提要・別集類二二》 《藍澗集》六卷。《永樂大典》。明藍智撰。其字諸書皆作明之，而《永樂大典》獨題性之。當時去明初未遠，必有所據，疑作明之者誤也。《明史・文苑傳》附載《陶宗儀傳》末，稱洪武十年以薦授廣西按察司僉事，著廉聲。志乘均失載其事迹。考集中有《書懷詩》十首，乃在粵時所作，以寄其子雲松樵者。張榘爲之跋，稱其「持身廉正，處事平允，三載始終無失」，則史言著廉聲者，當必有據。《劉彦昺集》有《輓藍氏昆季詩》云「桂林持節還，高風振林谷」，則晚年又嘗謝事歸里矣。

訥齋遺稿

黃虞稷《千頃堂書目・別集類》 薛文舉《訥齋遺稿》。字才用，上虞人。

秫坡集

黃虞稷《千頃堂書目・別集類》 黎貞《秫坡集》八卷。字彦晦，新會人。從孫蕡學，洪武初舉本邑訓導，不就，坐事戍遼東，尋放還。

《四庫提要・别集類存目二》 《秫坡詩稿》七卷，附録一卷。浙江孫仰曾家藏本。明黎貞撰。貞字彦晦，秫坡其自號也，新會人。洪武初舉邑訓導，不就。坐事戍遼東，尋放歸。《明史・文苑傳》附見《孫蕡傳》中。是集初刻於嘉靖庚戌，歲久散佚。國朝康熙丙寅，其後人搜輯重刊。凡詩詞賦三卷、雜文四卷，卷八附以贈言。貞少從孫蕡學詩，蕡集即其所編次。雖所造未深，而風格尚爲遒上。惜此本掇拾於殘闕之餘，其菁華已不概見矣。

逯光古詩

黄虞稷《千頃堂書目・别集類》 逯昶《逯光古詩》五卷。字光古，修武人。博通經史，隱居不仕。

方外集

黄虞稷《千頃堂書目・别集類》 逯昶《方外集》。

清華軒集

黄虞稷《千頃堂書目・别集類》 逯昶《清華軒集》。

御製文集

黄虞稷《千頃堂書目・别集類》 成祖文皇帝《御製文集》。

西郊笑端集

黄虞稷《千頃堂書目・别集類》 董紀《西郊笑端集》一卷。字良史，以字行，更字述夫，上海人，江西按察司僉事。

《四庫提要・别集類二二》 《西郊笑端集》二卷。兩淮鹽政採進本。明董紀撰。紀字良史，以字行，更字述夫，上海人。洪武壬戌舉賢良方正，廷試對策稱旨，授江西按察使僉事。未幾告歸，築西郊草堂以居。因即以名其集。然未及鋟版，稿藏其門人周鼎家。成化中，鼎孫光禄寺少卿庠始爲刊印。此本有宣德辛亥鼎後跋，又有成化戊子錢溥序，蓋又從庠刻本傳寫者也。

虚舟集

高儒《百川書志・集・國朝》 《虚舟集》四卷。翰林檢討三山王偁孟陽撰。文二首。

范邦甸等《天一閣書目・别集類》 《虚舟集》五卷。刊本。明王偁著。弘治六年冬桑悦民懌序，云：閩之三山世英王先生，初爲名進士，入翰林爲庶吉士，授地官主事，擢副郎，出守袁州。以學行文章發爲政事，其豈弟有循吏之風，凝重得大臣之體。公暇尤留心文事，慨鄉之先達王君孟揚以文名當世，因翻刻其《虚舟集》以傳。孟陽父友石山人，仕元爲總管，國朝死節。先生并刻其詩，亦屬予爲之序。永樂丁亥盧陵解縉序後。

王圻《續文獻通考・經籍考・集下》 《虚舟集》。翰林檢討王偁著。永福人。

黄虞稷《千頃堂書目・别集類》 王偁《虚舟集》五卷。字孟敭，永福人。洪武庚午舉人，永樂初用薦授國史院簡討，爲《永樂大典》總裁官。參英國公張輔軍事，坐黨下獄死。

《明史・藝文志・别集類》 王偁《虚舟集》五卷。

《四庫提要・别集類二三》 《虚舟集》五卷。山東巡撫採進本。明王偁撰。偁字孟揚，永福人。元潮州總管翰之子，翰於明初抗節死。【略】是編乃其詩集，前有

王汝玉序，又有解縉序二篇，一題《虚舟集序》，一題《王孟揚文集序》。又有弘治六年桑懌譯，則爲袁州守王世英翻刻《虚舟集》而作。不言其別有文集，蓋當時已失傳矣。集末附書評及自述、誄各一首。

釣鼇集

黃虞稷《千頃堂書目·別集類》 陶振《釣鼇集》。字子昌，吴江人。徙居華亭。洪武中舉明經，授吴江縣學訓導，改安化教諭。

陶振賦

黃虞稷《千頃堂書目·騷賦類》 陶振《紫金山》等三賦一卷。字子昌，吴江人。洪武初爲本學訓導，坐佃居官房，逮至京，進三賦稱旨，釋其罪，擢安化教諭。三賦者，《紫金山》、《金水河》及《飛龍在天》三篇。

《明史·藝文志·別集類》 《陶振賦》一卷。洪武初，振獻《紫金山》、《金水河》及《飛龍在天》三賦。

雲間清嘯集

黃丕烈《蕘圃藏書題識·集類三》 《雲間清嘯集》一卷，明鈔本。

桂軒詩集

黃丕烈《蕘圃藏書題識·集類三》 《桂軒詩集》一卷。

養静齋集

黃虞稷《千頃堂書目·別集類》 王褒《養静齋集》十卷。字仲美，閩縣人。洪武癸酉舉人，翰林院編修，爲《永樂大典》總裁，官至王府紀善。

《明史·藝文志·別集類》 王褒《養静齋集》十卷。

黃玄詩

黃虞稷《千頃堂書目·別集類》 《黃玄詩》。字延之，侯官人。歲貢，泉州訓導。與周玄皆林鴻弟子，稱「二玄」。

宜秋集

黃虞稷《千頃堂書目·別集類》 周玄《宜秋集》八卷。字微之，閩縣人。永樂中以文學徵拜祠部尚書郎。

舍人集

黃虞稷《千頃堂書目·別集類》 浦源《浦舍人集》十卷。字長源，無錫人。晉王府引禮舍人。

《明史·藝文志·別集類》 浦源《舍人集》十卷。

東海生集

王士禛《漁洋書跋》 《東海生集》。此集四卷，梁溪浦源著。康熙癸酉冬，張夏秋紹

所寫寄也。予與秋紹未相識，然聞其以理學鳴東南數十年矣。聞予訪《長源集》，不靳藏本，三千里鈔録見寄，予深愧之。題數語以識緣起，知古道猶在人間也。康熙甲戌三月三日，侍經筵於文華殿，歸邸書此。

王友行詩

楊士奇等《文淵閣書目·詩詞》 《王友行詩》。一部，一册。完全。

江湖吟嘯集

楊士奇等《文淵閣書目·詩詞》 張仲達《江湖吟嘯集》。一部，一册。完全。

陶情集

黄虞稷《千頃堂書目·别集類》 易恒《陶情集》。字久成，廬陵人，徙家崑山。洪武中應薦至京，以老罷歸。

平滄集

黄虞稷《千頃堂書目·别集類》 貝翱《平滄集》。字季翔，瓊第三子，楚府紀善。一作《舒庵集》十卷。

《明史·藝文志·别集類》 貝翱《舒庵集》十卷。

桂孟平文

黄虞稷《千頃堂書目·别集類》 桂衡《桂孟平文》一卷。字孟平，仁和人。洪武中錢塘儒學訓導，遷山東，建文庚辰授谷府紀善。

紫薇稿

黄虞稷《千頃堂書目·别集類》 桂衡《紫薇稿》。

友蘭集

黄虞稷《千頃堂書目·别集類》 陸闓《友蘭集》十卷。字伯陽，揚州興化人，洪武中楚府伴讀。

續古樂章

黄虞稷《千頃堂書目·别集類》 陸闓《續古樂章》。

虛室集

黄虞稷《千頃堂書目·别集類》 白范《虛室集》。字以中，紹興山陰人。黄州府同知。

白沙稿

黄虞稷《千頃堂書目·别集類》 鄭潛《白沙稿》。字彦昭，歙人。元泉州路總管，洪武初以故官起除授寶應縣主簿，遷潞州同知。

青霞集

黄虞稷《千頃堂書目·别集類》 王澤《青霞集》。字叔潤，天台人。僑居山陰，洪武中官華亭縣丞。

蘇庵集

黄虞稷《千頃堂書目·别集類》 梅頤《蘇庵集》。字昌年，永嘉人。以明經薦除都昌主簿，遷夔州判官。

藴玉山房集

黄虞稷《千頃堂書目·别集類》 吴斌《韞玉山房集》。字韞中，休寧人。舉賢良，授平陽主簿。

吴斌《藴玉山房集》。字藴中，休寧人。洪武中用，薦授平陽縣主簿。

崑崙集

范邦甸等《天一閣書目·别集類》 《崑崙集》八卷。刊本。明燕人張時著，吴万九序，童漢臣、許應元、王椿同校刊。王椿序稱崑崙張山人有詩名，尤工綴文，别有文集行于世。

自怡集

黄虞稷《千頃堂書目·别集類》 張時《自怡集》。字敏中，錢塘人。洪武中訓導。

夢墨稿

范邦甸等《天一閣書目·總集類》 《夢墨稿》□卷。刊本。明四明時季照著。永樂間臨川饒仲恭序，稱季照嘗夢人遺以墨，自是學益進，因號所著爲《夢墨稿》云。

黄虞稷《千頃堂書目·别集類》 時銘《夢墨稿》十卷。字季照，以字行，慈谿人。洪武中。官四川按察司僉事。

欒良遺稿

黄虞稷《千頃堂書目·别集類》 《欒良遺稿》五十卷。定海人。受學程端禮，洪武中爲本學教諭。

視志稿

黄虞稷《千頃堂書目·别集類》 傅淳《視志稿》。字伯厚，慈谿人。洪武中徵士。

北郭集

黄虞稷《千頃堂書目·别集類》 毛鉉《北郭集》。字鼎仁，山陰人。

劉翼南詩稿

黄虞稷《千頃堂書目·别集類》 劉鵬《劉翼南詩稿》。上虞人。

康山詩集

黄虞稷《千頃堂書目・别集類》 丁義《康山詩集》。字宜民，新昌人。

密庵集

黄虞稷《千頃堂書目・别集類》 鄭昂《密庵集》。字處抑，温州平陽人。

緝齋畊隱稿

黄虞稷《千頃堂書目・别集類》 范再《緝齋畊隱稿》。字續卿，休寧人。

雪溪集

黄虞稷《千頃堂書目・别集類》 趙次誠《雪溪集》。字學之，樂清人。

夷齋集

黄虞稷《千頃堂書目・别集類》 林常《夷齋集》。字伯庸，永嘉人。長史温之弟，本府儒學教授。

曳裾録

黄虞稷《千頃堂書目・别集類》 薛服耘《曳裾禄》十卷。字濟美，鄞人。

濟南集

黄虞稷《千頃堂書目・别集類》 薛服耘《濟南集》三卷。

學詩集

黄虞稷《千頃堂書目・别集類》 丁遜《學詩集》一卷。名敏，吴人。

任原集

黄虞稷《千頃堂書目・别集類》 《任原集》。字本初，休寧人。明初以捍禦功授顯威將軍，雄鋒翼管萬户。

經進集

黄虞稷《千頃堂書目・别集類》 顧禄《經進集》二十卷。初名天禄，字謹中，華亭人。以國子生除太常典簿，遷蜀王府教授。

《明史・藝文志・别集類》 顧禄《經進集》二十卷。

明混一頌

黄虞稷《千頃堂書目・别集類》 顧禄《明混一頌》一卷。

菌翁集

黄虞稷《千頃堂書目·别集類》 季應期《菌翁集》。字均鐃，瑞安人。府志作《恥庵集》。

清意味集

黄虞稷《千頃堂書目·别集類》 李道生《清意味集》。字本立，休寧人。

觀海集

黄虞稷《千頃堂書目·别集類》 章正則《觀海集》。桐廬人。劉基序。

静學齋集

黄虞稷《千頃堂書目·别集類》 李唐《静學齋集》。東陽人。

尚絅齋集

黄虞稷《千頃堂書目·别集類》 李唐《尚絅齋集》。

畊餘野唱集

黄虞稷《千頃堂書目·别集類》 吕默《畊餘野唱集》。字審言，東陽人。

赴京紀行集

黄虞稷《千頃堂書目·别集類》 張文華《赴京紀行集》。字彦先，東陽人。

醒泉集

黄虞稷《千頃堂書目·别集類》 鄭與曾《醒泉集》。字沂父，蘭谿人。

芻蕘集

黄虞稷《千頃堂書目·别集類》 鄭興《芻蕘集》十五卷。字誠夫，蘭谿人。有《讀史餘論》、《獨學稿》、《考志集》、《芻蕘子集》，子宣孫編。

白雲山房集

黄虞稷《千頃堂書目·别集類》 趙良恭《白雲山房集》。字敬德，蘭谿人。吴沈序。

栗山吟稿

黄虞稷《千頃堂書目·别集類》 吕肅《栗山吟稿》。字伯剛，金華人。

尚拙齋稿

黄虞稷《千頃堂書目·別集類》 王杰《尚拙齋稿》。字文英，金華人。

守墨稿

黄虞稷《千頃堂書目·別集類》 夏時《守墨稿》。字時中，上虞人。葉珉録其文行於世。

守黑齋遺稿

黄丕烈《蕘圃藏書題識續録·集類下》 《守黑齋遺稿》十一卷。明刻本。

雙崖集

黄虞稷《千頃堂書目·別集類》 邢沂《雙崖集》一卷。字師魯，金華人。受經范祖幹之門，以詞翰知名。隱於虎崖、鶴崖之間，故名其集曰「雙崖」。

隸山堂雜稿

黄虞稷《千頃堂書目·別集類》 邢僉《隸山堂雜稿》。字敬之，金華人。

石谿集

黄虞稷《千頃堂書目·別集類》 成濬《石谿集》。字茂先，金華人。

存齋稿

黄虞稷《千頃堂書目·別集類》 汪雨《存齋稿》。字潤之，金華人。

中子集

黄虞稷《千頃堂書目·別集類》 邵政中《中子集》。字宗政，金華人。由吏員入仕，至禮部郎中。

成齋文集

黄虞稷《千頃堂書目·別集類》 王珹《成齋文集》。金華人。

松山集

黄虞稷《千頃堂書目·別集類》 何傅《松山集》。字宗文，義烏人。

尚志齋稿

黄虞稷《千頃堂書目·別集類》 俞恂《尚志齋稿》八卷。字子嚴，慶子，官本郡

訓導。

静軒詩集

黄虞稷《千頃堂書目·别集類》 張森《静軒詩集》。字餘之，浦江人。

四松軒稿

黄虞稷《千頃堂書目·别集類》 馮塤《四松軒稿》。字伯茂，義烏人。

梅溪漁隱集

黄虞稷《千頃堂書目·别集類》 馮仲庸《梅溪漁隱集》。塤從弟。

蘭渚漁歌

黄虞稷《千頃堂書目·别集類》 吴奂《蘭渚漁歌》。字德章，蘭谿人。

德齋稿

黄虞稷《千頃堂書目·别集類》 鄭伯進《德齋稿》。字叔端，浦江人，蜀王賜號清逸處士。

委順夫集

黄虞稷《千頃堂書目·别集類》 唐光祖《委順夫集》。字仲遲，武康人。隱居不仕。爲文典實有法。

雙泉文集

黄虞稷《千頃堂書目·别集類》 吕熒《雙泉文集》。字慎明，永康人。從宋濂遊，文有奇氣，以薦官刑部郎中。

純朴齋稿

黄虞稷《千頃堂書目·别集類》 應恂《純朴齋稿》。字子孚，永康人。

安素集

黄虞稷《千頃堂書目·别集類》 傅揚善《安素集》。字大有，浦江人。

静齋稿

黄虞稷《千頃堂書目·别集類》 汪仲壽《静齋稿》。字仲山，蘭谿人。

慎餘稿

黄虞稷《千頃堂書目·别集類》 丘海《慎餘稿》。字朝宗，太平人。

南齋稿

黄虞稷《千頃堂書目·别集類》 陳德良《南齋稿》。字昌言，臨海人。

使西集

黄虞稷《千頃堂書目·别集類》 黄斌《使西集》。字憲章，黄巖人。

郭元亮詩文集

黄虞稷《千頃堂書目·别集類》 《郭元亮詩文集》五卷。黄巖人。

暢軒稿

黄虞稷《千頃堂書目·别集類》 郭櫃《暢軒稿》。字德茂，黄巖人。官知縣。

蒼山集

黄虞稷《千頃堂書目·别集類》 王文啓《蒼山集》。名興，以字行，黄巖人。

潊西集

黄虞稷《千頃堂書目·别集類》 張由益《潊西集》。名進，以字行，黄巖人。

利故生集

黄虞稷《千頃堂書目·别集類》 童子倫《利故生集》□卷。蘭溪人。自名其堂曰恒德，吴履爲之記。

風瓢遺響

黄虞稷《千頃堂書目·别集類》 蔡阡《風瓢遺響》。號俟軒，台州人。

懷癡子集

黄虞稷《千頃堂書目·别集類》 童琫《懷癡子集》。號琹堂，黄巖人。

采蘭集

黄虞稷《千頃堂書目·别集類》 金礎《采蘭集》。字廷器，台州人。

澮庵稿

黄虞稷《千頃堂書目·别集類》 金茂《澮庵稿》。字敬緒，黄巖人。

老圃詩集

黄虞稷《千頃堂書目·别集類》 楊偉《老圃詩集》。字公俊，天台人。

約軒稿

黄虞稷《千頃堂書目·别集類》 方湜《約軒稿》。寧海人。

藥所稿

黄虞稷《千頃堂書目·别集類》 李毓《藥所稿》。字長民，太平人。

翠屏稿

黄虞稷《千頃堂書目·别集類》 黄友誼《翠屏稿》。太平人。

登瀛稿

黄虞稷《千頃堂書目·别集類》 黄友誼《登瀛稿》。

保光集

黄虞稷《千頃堂書目·别集類》 張珽《保光集》。字廷玉，台州人。

書隱集　西上集　南游集

黄虞稷《千頃堂書目·别集類》 王賓《書隱》、《西上》、《南游》等集。字用賓，鄞人。

雲屋集

黄虞稷《千頃堂書目·别集類》 胡庚《雲屋集》。字文剛，鄞人。

芸窗稿

黄虞稷《千頃堂書目·别集類》 姚伯良《芸窗稿》。名驥，以字行，鄞人。

溪雲稿

黄虞稷《千頃堂書目·别集類》 錢珏《溪雲稿》。慈谿人。

容齋集

黄虞稷《千頃堂書目·别集類》 桂同德《容齋集》。慈谿人。

桑榆稿

黄虞稷《千頃堂書目·别集類》 桂瑮《桑榆稿》。字懷英，慈谿人。

東谷集

黄虞稷《千頃堂書目・别集類》 黄思銘《東谷集》。象山人。

雙桂集

黄虞稷《千頃堂書目・别集類》 袁塈《雙桂集》。奉化人。

南洲集

黄虞稷《千頃堂書目・别集類》 徐瑾《南洲集》十五卷。字大章，奉化人。

清軒稿

黄虞稷《千頃堂書目・别集類》 陳協《清軒稿》。字久恒，奉化人。

慎庵稿

黄虞稷《千頃堂書目・别集類》 胡春《慎庵稿》。字元伯，山陰人。

南行集

黄虞稷《千頃堂書目・别集類》 胡槐《南行集》。字粹中，春弟。

西行集

黄虞稷《千頃堂書目・别集類》 胡槐《西行集》。

思復齋稿

黄虞稷《千頃堂書目・别集類》 胡槐《思復齋稿》。

閲耕集

黄虞稷《千頃堂書目・别集類》 李勖《閲耕集》二十卷。字文勉，山陰人。

劉考功集

黄虞稷《千頃堂書目・别集類》 劉直《劉考功集》。字天錫，山陰人。

雲航集

黄虞稷《千頃堂書目・别集類》 張一民《雲航集》。字天民，餘姚人。

張天民《雲航集》一卷。

悠然集

黄虞稷《千頃堂書目・别集類》 葛貞《悠然集》。字原良，上虞人。

和陶詩

黄虞稷《千頃堂書目·别集類》 范彰《和陶詩》。字仲彰，上虞人。

守拙稿

黄虞稷《千頃堂書目·别集類》 范彰《守拙稿》。

歸田稿

黄虞稷《千頃堂書目·别集類》 范彰《歸田稿》。

守齋詩稿

黄虞稷《千頃堂書目·别集類》 姚輯《守齋詩稿》。字孟羲，上虞人。

星溪集

黄虞稷《千頃堂書目·别集類》 郭斯垕《星溪集》。字伯載，諸暨人。

南軒稿

黄虞稷《千頃堂書目·别集類》 柳南《南軒稿》。字南仲，上虞人。

未庵稿

黄虞稷《千頃堂書目·别集類》 伍建《未庵稿》。上虞人。

成玩稿

黄虞稷《千頃堂書目·别集類》 徐顒《成玩稿》。上虞人。

退翁集

黄虞稷《千頃堂書目·别集類》 宋堂《退翁集》。字思賢，餘姚人。

蜩鳴集

黄虞稷《千頃堂書目·别集類》 楊立《蜩鳴集》。字大本，諸暨人。

菭軒集

黄虞稷《千頃堂書目·别集類》 陳韶《菭軒集》。字伯善，諸暨人。

介石集

黄虞稷《千頃堂書目·别集類》 章衡民《介石集》。新昌人。

南莊詩稿

黄虞稷《千頃堂書目・别集類》 章文華《南莊詩稿》。新昌隱士。

隨寓稿

黄虞稷《千頃堂書目・别集類》 俞壽《隨寓稿》。字本初,新昌人。

筠谷集

黄虞稷《千頃堂書目・别集類》 李轅《筠谷集》。字公載,錢塘人。曄子,爲宜倫縣丞。

陳潛夫集

黄虞稷《千頃堂書目・别集類》《陳潛夫集》。字振祖,錢塘人。

西崦稿

黄虞稷《千頃堂書目・别集類》 高堃《西崦稿》。更名來,字良玉,仁和人。

退庵集

黄虞稷《千頃堂書目・别集類》 夏節《退庵集》。字文度,錢塘人。

西崦詩集

黄虞稷《千頃堂書目・别集類》 周昉《西崦詩集》。字元亮,錢塘人。

孫蔗田集

黄虞稷《千頃堂書目・别集類》《孫蔗田集》。錢塘隱士,不知何名。

雪崖集

黄虞稷《千頃堂書目・别集類》 朱祚《雪崖集》。字永年,海寧人。

半隱集

黄虞稷《千頃堂書目・别集類》 錢鈞《半隱集》。字志衡,嘉興人。

韋軒集

黄虞稷《千頃堂書目・别集類》 陳援《韋軒集》。字以道,烏程人。

潛齋集

黄虞稷《千頃堂書目・别集類》 許德彰《潛齋集》。長興人。

林霏集

黄虞稷《千頃堂書目・别集類》 吴中《林霏集》六卷。字宗本，自號青霞處士，長興人。

約庵詩集

黄虞稷《千頃堂書目・别集類》 韋齡《約庵詩集》三卷。長興人。

樵樂存稿

黄虞稷《千頃堂書目・别集類》 吴畸《樵樂存稿》。長興人。

臨清集

黄虞稷《千頃堂書目・别集類》 車昭《臨清集》。字叔明，德清人。

南楹集

黄虞稷《千頃堂書目・别集類》 王輿《南楹集》。字行之，分水人。

北山樵隱竹吟集

黄虞稷《千頃堂書目・别集類》 張冠《北山樵隱竹吟集》。字士毅，桐廬人。洪武十四年官蘇州知府。

雪臺集

黄虞稷《千頃堂書目・别集類》 王份玉《雪臺集》。字仲質，永嘉人。

蓮塘集

黄虞稷《千頃堂書目・别集類》 王淵《蓮塘集》。字如淵，永嘉人，洪武初本學訓導。

蒼崖文集

黄虞稷《千頃堂書目・别集類》 蔣允汶《蒼崖文集》。字彬夫，永嘉人。元進士，洪武初薦，起爲温州府學訓導。

行素稿

黄虞稷《千頃堂書目・别集類》 趙新《行素稿》。字彦銘，樂清人。《東甌詩集》作《止軒集》。

梅雪窩集

黄虞稷《千頃堂書目・别集類》 南堯民《梅雪窩集》。字思尹，樂清人。

冷齋集

黄虞稷《千頃堂書目·别集類》 王宗遠《冷齋集》。名珪，以字行，平陽人。

雪舟吟稿

黄虞稷《千頃堂書目·别集類》 章功懋《雪舟吟稿》。字子勉，平陽人。

布鼓集

黄虞稷《千頃堂書目·别集類》 董瑨《布鼓集》。字仲石，平陽人。

笏軒集

黄虞稷《千頃堂書目·别集類》 劉覲拄《笏軒集》。永嘉人。

綄窩集

黄虞稷《千頃堂書目·别集類》 劉觀《綄窩集》。永嘉人。

壺山行雲集

黄虞稷《千頃堂書目·别集類》 劉南金《壺山行雲集》。永嘉人。

寫懷存稿

黄虞稷《千頃堂書目·别集類》 劉清《寫懷存稿》。字惟寅，永嘉人。

巢雲集

黄虞稷《千頃堂書目·别集類》 潘伯濟《巢雲集》三十卷。麗水人。

石樓文集

黄虞稷《千頃堂書目·别集類》 黄池《石樓文集》。字伯生，麗水人。

吟癡集

黄虞稷《千頃堂書目·别集類》 祝金《吟癡集》。字廷心，麗水人。

泉石稿

黄虞稷《千頃堂書目·别集類》 李參《泉石稿》。字景參，麗水人。

交山集

王圻《續文獻通考·經籍考·集上》 《文山集》。王廉著。

黄虞稷《千頃堂書目·別集類》 王廉《交山集》。字希陽，麗水人。

南征録

黄虞稷《千頃堂書目·別集類》 王廉《南征録》。出使安南時作。使歸，擢工部員外郎，以躐等辭，改澠池令。

雉足稿

黄虞稷《千頃堂書目·別集類》 潘初《雉足稿》。麗水人。

兩庵集

黄虞稷《千頃堂書目·別集類》 包文舉《兩庵集》。字仕登，青田人。

和陶集

黄虞稷《千頃堂書目·別集類》 包文舉《和陶集》。

璧水集

黄虞稷《千頃堂書目·別集類》 包文舉《璧水集》。

海岱集

黄虞稷《千頃堂書目·別集類》 包文舉《海岱集》。

慰思集

黄虞稷《千頃堂書目·別集類》 蔣謐《慰思集》。字則言，青田人。

觀光集

黄虞稷《千頃堂書目·別集類》 林伯光《觀光集》。青田人。

潛居集

黄虞稷《千頃堂書目·別集類》 厲光《潛居集》二卷。字仲潛，青田人。

中山吏隱集

黄虞稷《千頃堂書目·別集類》 項昌銘《中山吏隱集》。青田人。

素履集

黄虞稷《千頃堂書目·別集類》 朱維嘉《素履集》。縉雲人。

琴鶴集

黄虞稷《千頃堂書目·别集類》 趙塤《琴鶴集》。字伯和，縉雲人。

倥侗集 外集

黄虞稷《千頃堂書目·别集類》 練魯《倥侗集》八卷，《外集》四卷。字希曾，松陽人。元鄉薦，明初徵之不出。

南湖集

《明史·藝文志·别集類》 貢性之《南湖集》二卷。

廬陵集

楊士奇等《文淵閣書目·文集》 《廬陵集》。一部，二册。完全。

《明史·藝文志·别集類》 《張昱詩集》二卷。

澹居稿

黄虞稷《千頃堂書目·别集類》 至仁《澹居稿》。字行中，自稱熙怡叟，番陽人。元末住紹興崇報寺，洪武初主虎丘寺。

古庭詩集

黄虞稷《千頃堂書目·别集類》 善學《古庭詩集》。號古庭，吴人。出家大覺寺，元末主崑山薦福寺，明初居光福，以寺僧輸賦違期，徙贛州，行至馬當山下，示寂而卒。

雲陽先生集

《明史·藝文志·别集類》 李祁《雲陽先生集》十卷。裔孫李東陽傳其集。

少微集

黄虞稷《千頃堂書目·别集類》 陳德詢《少微集》。松陽人。

元溪稿

黄虞稷《千頃堂書目·别集類》 陳謙《元溪稿》四卷。

玉堂倡和稿

黄虞稷《千頃堂書目·别集類》 羅復仁《玉堂倡和稿》。吉水人，明初弘文館學士。

黄楊集

《明史·藝文志·别集類》 華幼武《黄楊集》四卷。

雲松巢集

黃虞稷《千頃堂書目・別集類》 朱希晦《雲松巢集》二卷。樂清人。七世孫玄諫刊。與四明吴主一、蕭台趙彦銘稱「府山三老」。明初召至京師，不受官歸。

芸齋集

黃虞稷《千頃堂書目・別集類》 胡深《芸齋集》。字仲淵，龍泉人。

龍淵集

黃虞稷《千頃堂書目・別集類》 章溢《龍淵集》。

夷白齋集

《明史・藝文志・別集類》 陳基《夷白齋集》二十卷。

百韻梅花詩

黃虞稷《千頃堂書目・別集類》 吴廷桓《百韻梅花詩》一卷。宣平人。

詠史詩

黃虞稷《千頃堂書目・別集類》 吴廷桓《詠史詩》一卷。

槐溪吟稿

黃虞稷《千頃堂書目・別集類》 吴廷桓《槐溪吟稿》一卷。

友梅集

黃虞稷《千頃堂書目・別集類》 王雋《友梅集》。字叔英，宣平人。

槐屋集

黃虞稷《千頃堂書目・別集類》 王雋《槐屋集》。

謙齋集

黃虞稷《千頃堂書目・別集類》 錢遜《謙齋集》二十卷。字謙伯，山陰人。洪武中以薦官寧夏水利提舉司吏目，升知縣，坐累謫交阯，起文昌縣主簿。

隨手録

黃虞稷《千頃堂書目・別集類》 楊大中《隨手録》三十卷。臨海人。元秘書省著作郎，洪武中徵之不起。

劉明詩集

黄虞稷《千頃堂書目·别集類》 《劉明詩集》四卷。字峻明，龍泉人。明初宇文忠聘之不起。

竹齋小稿

黄虞稷《千頃堂書目·别集類》 項昕《竹齋小稿》。字彦章，號抱一翁，永嘉人，明初名醫。

鳴窮集

黄虞稷《千頃堂書目·别集類》 謝矩《鳴窮集》。字友規，鄞人。洪武初以户役充浙江憲司吏，稱疾求退，謫臨洮府，謫戍興州衛。善爲文。

澹泊齋稿

黄虞稷《千頃堂書目·别集類》 萬金《澹泊齋稿》。字西白，吴人。宗衍弟子。元末住持瑞光寺，洪武初召入禁庭，奏對稱旨，總持鍾山法會，住天界寺。一云名力金。

雪廬稿

楊士奇等《文淵閣書目·文集》 僧克新《雪廬稿》。一部，一册。完全。

張萱等《内閣藏書目録·集部》 《雪廬稿》一册。全。元至正間鄱陽釋克新著，周伯琦序。

錢謙益等《絳雲樓書目·金元文集類》 克新《雪廬稿》。新公所著。

黄虞稷《千頃堂書目·别集類》 克新《雪廬南詢稿》一卷。字仲銘，自號江左外史，鄱陽人。嘗爲元文宗書記。住嘉興水西寺，洪武初召至南京，奉詔往西域，詔諭吐番。

《明史·藝文志·别集類》 克新《雪廬稿》一卷。

錢大昕《補元史藝文志·别集類》 克新《雪廬稿》一卷。

元釋集

《四庫提要·别集類存目二》 《元釋集》一卷。編修汪如藻家藏本。明釋克新撰。克新姓余氏，字仲銘，自號江左外史，又稱爲雪廬和尚。鄱陽人。元末住嘉興木西寺。洪武初召至南京，嘗奉詔往西域招諭吐番。所著有《雪廬南詢稿》。此本别題《元釋集》，僅古今體詩六十餘首。考賴良《大雅集》載有克新詩四首，而此本皆無之。蓋後人於《雪廬集》中摘録鈔存，非其全稿也。

南詢稿

錢謙益等《絳雲樓書目·金元文集類》 克新有《南詢稿》。黔南程文，張潞公所正也。

泊川文集

黄虞稷《千頃堂書目·别集類》 廷俊《泊川文集》五卷。字用章，號嬾庵，饒州樂平人。至正末主西湖浄慈寺，洪武元年未寂於鍾山，葬南屏。危素著塔銘，黄溍、杜本、李孝光、張翥、周伯琦皆爲序其集。

《明史·藝文志·别集類》 廷俊《泊川文集》五卷。

鐵鏞集

黃虞稷《千頃堂書目・別集類》 張友霖《鐵鏞集》二卷。字修文，貴溪人。洪武初辟教門高士，提點萬壽宮。

《明史・藝文志・別集類》 張友霖《鐵鏞集》二卷。

聯輝集

黃虞稷《千頃堂書目・別集類》 張輿、張輅《聯輝集》。輿字行中，輅字行素，仁和人。輅子震編集。

壎篪集

黃虞稷《千頃堂書目・別集類》 繆珊、繆璉《壎篪集》。珊字仲琳，璉字仲卣，平陽人。

三鳳集

黃虞稷《千頃堂書目・別集類》 吴任、吴田、吴穀《三鳳集》。任字以仁，田字以耘，穀字以穎，平陽人。

石樓文稿

黃虞稷《千頃堂書目・別集類》 顧碩《石樓文稿》。字景蕃，仙居人。

鄭居貞集

黃虞稷《千頃堂書目・別集類》 鄭桓《閩南集》、《關隴行稿》、《歸來稿》、《隨稿》、《檜庭稿》。字居貞，潛子。舉明經，授鞏昌府判，歷河南左參政。

鄭桓《閩南》、《關隴集》五卷，又《歸來》、《檜庭》諸稿。字居貞，歙人。潛字，潛官于閩，桓遂爲閩人。洪武中舉明經，授鞏昌府判，官至河南左參政。永樂初坐方黨死。

《明史・藝文志・別集類》 《鄭居貞集》五卷。

五壺詩集

黃虞稷《千頃堂書目・別集類》 滕浩《玉壺詩集》。字至剛，金華人。

泮宮稿

楊士奇等《文淵閣書目・詩詞》 龔資遠《泮宮稿》。一部，一册。完全。

張萱等《内閣藏書目録・集部》 《泮宮稿》。一册，全。永樂間臨江訓導清江龔雲著。

壺父集

黃虞稷《千頃堂書目・別集類》 王謙《壺父集》。字自牧，錢塘人。

涂子類稿

黃虞稷《千頃堂書目・別集類》 《類稿》十卷。江西巡撫採進本。明涂幾撰。

幾字守約，又字孟規，宜黄人。以隱居著述稱。然朱彝尊《静志居詩話》謂「幾嘗撰時事策十九篇，上言孝廟，大言不怍，蓋非安於遯世者」云云。今觀其集，亦不甚講經世之學也。

《明史・藝文志・別集類》 涂幾《涂子類稿》十卷。

東游集

黄虞稷《千頃堂書目・別集類》 涂幾《東游集》。

于于集

黄虞稷《千頃堂書目・別集類》 應宗義《于于集》。字直中，象山人。

雪樵集

黄虞稷《千頃堂書目・別集類》 謝林《雪樵集》。字璚樹，武進人，應芳子。

煮雪窩集

黄虞稷《千頃堂書目・別集類》 謝林《煑雪窩集》。

瓜膚集

黄虞稷《千頃堂書目・別集類》 茹淣《爪膚集》。字季清，無錫人。

醉漁草堂二集

黄虞稷《千頃堂書目・別集類》 馬麐《醉漁草堂二集》。字公振，崑山人。

歸胡岡集

黄虞稷《千頃堂書目・別集類》 盛彧《歸胡岡集》一卷。常熟人。

鳴志集

黄虞稷《千頃堂書目・別集類》 顧協《鳴志集》。字允迪，無錫人。貢監生。

退軒集

黄虞稷《千頃堂書目・別集類》 陳鈞《退軒集》。字衡臣，羅源人。洪武中以人才薦，官建德縣丞。

桂軒稿

黄虞稷《千頃堂書目・別集類》 謝常《桂軒稿》。字彦銘，吴江人。洪武中舉秀才，召試丹鳳朝陽賦稱旨，帝欲官之，辭歸，隱震澤東溪。

東溪集

黄虞稷《千頃堂書目・別集類》 謝常《東溪集》。

蕙庭集

黄虞稷《千頃堂書目・別集類》 謝恭《蕙庭集》。字元功，長洲人。徽之弟。

海天清嘯集

黄虞稷《千頃堂書目・別集類》 潘子安《海天清嘯集》。和州人。

獨醉亭集

黄虞稷《千頃堂書目・別集類》 史謹《獨醉亭詩集》。字公謹，太倉人。洪武中應天府推官，左遷湘陰縣丞，後僑居金陵也。

《四庫提要・別集類二二》 《獨醉亭集》三卷。兩淮馬裕家藏本。明史謹撰。謹字公謹，崑山人。洪武初以事謫居雲南。後用薦爲應天府推官，降補湘陰縣丞。尋罷歸，僑居金陵以終。是集前有陳璉序，稱洪武壬午九月。按洪武無壬午，壬午爲建文五年，蓋革除之後，傳録者所追改。又有《獨醉亭記》一篇，不著作者名氏，稱謹爲「滇陽史先生」，則竄謫之時，即以編管之地著籍也。據璉所序，是集蓋謹所自編。但以體分，不題卷數。自《武當八景》以下九十三首，別題曰《遺稿》。疑謹没以後，其後人掇拾晚年所作附於集末。然中有《經人鮓甕詩》、《謁黔寧王廟詩》，則皆在謫雲南時。又有《雪酒爲金粟公賦詩》，金粟道人乃顧阿瑛別號，則元末明初之作亦在其中。殆雜採佚篇，不復甄別。觀所載題畫之詩特多，必丹青手蹟，一一録入矣。今以原本所有，亦併存之，與謹所自定諸詩共釐爲三卷。

海叟集　集外詩

高儒《百川書志・集・國朝》 《海叟詩集》四卷。御史雲間袁凱景文著。

范邦甸等《天一閣書目・總集類》 《海叟集》四卷。刊本。明雲間袁凱著。

又《別集類》 《海叟集》二卷。刊本。明雲間袁凱著，正德元年李夢陽序。

黄虞稷《千頃堂書目・別集類》 袁凱《海叟詩集》四卷。字景文，華亭人。洪武中徵拜御史，以病免歸。

王士禛《漁洋書跋》 《袁海叟集》。

《明史・藝文志・別集類》 袁凱《海叟詩集》四卷。

《四庫提要・別集類二二》 《海叟集》四卷。《集外詩》一卷。副都御史黄登賢家藏本。明袁凱撰。凱字景文，華亭人。洪武中由舉人薦授監察御史，以病免歸。事蹟具《明史・文苑傳》。其集舊有祥澤張氏刻本，乃凱所自定，歲久散佚。天順中朱應祥、張璞所校選者名《在野集》，多以己意更竄。

《四庫提要・別集類存目二》 《別本袁海叟詩集》四卷。江蘇巡撫採進本。明袁凱撰。凱有全集，已著録。此本乃正德元年陸深同李夢陽所刪定，而何景明授其門人孫繼芳刊於松江。深及夢陽、景明各爲之序，其版久佚，今所存者傳鈔之本也。後有萬曆己丑王俞跋，已佚其前半，不能考見始末。惟篇終有「偶續前刊，輒附數言」之語，似乎俞又有所續入。然題下多注「選入《詩綜》」字，又似朱彝尊以後之本，非其舊編矣。

在野集

高儒《百川書志・集・國朝》 海叟《在野集選》二卷。袁凱著，張璞、朱應祥校選評點，諸詩百二十六首。

范邦甸等《天一閣書目・總集類》 《在野集》一卷。刊本。明天順甲子雲間袁凱景文著。同郡張璞校選，朱應祥評點，正德丙寅重刊，江東矩庵陳鎬跋後。

王圻《續文獻通考・經籍考・集下》《在野集》。松江袁覬著。覬字景文，官侍御。

黃虞稷《千頃堂書目・別集類》袁凱《在野集》二卷。

補刊袁海叟在野集

高儒《百川書志・集・國朝》《補刊袁海叟在野集》二卷。袁凱著，翰林吉士同郡陸子淵删。

劉尚賓集

楊士奇等《文淵閣書目・詩詞》《劉尚賓集》。一部，一册。闕。

高儒《百川書志・集・國朝》《劉尚賓文集》三卷。國初尚賓館副使安成劉迪簡商卿著。

王圻《續文獻通考・經籍考・集下》《尚賓集》。宜春人劉迪簡著。

徐𤊹《徐氏家藏書目・別集類》劉迪簡《尚賓文集》五卷。字商卿，安福人。洪武初薦爲尚賓館副使，勑授將仕佐郎。使安南回至南寧府，卒，御選送行詩。

黃虞稷《千頃堂書目・別集類》劉迪簡《劉尚賓文集》五卷。字商卿，安福人。洪武初官尚賓館副使，出使安南。

《明史・藝文志・別集類》《劉迪簡文集》五卷。

劉尚賓詩

高儒《百川書志・集・國朝》《劉尚賓詩》一卷。洪武初尚賓館副使安成劉迪簡商卿著。雜詩止三十一首。

蠖闇集

楊士奇等《文淵閣書目・文集》何淑《蠖闇文集》。一部，一册。完全。

黃虞稷《千頃堂書目・別集類》何淑《蠖闇集》八卷。字伯善，撫州樂安人。元至正辛卯進士，授武岡丞。洪武四年召爲太子賓客，辭不就。又召至京師，以老疾辭，自號蠖闇。

燹餘集

黃虞稷《千頃堂書目・別集類》熊太古《燹餘集》。字鄰初，豫章人。熊明來子。元至順三年鄉舉，南臺御史，平章趙予敬辟爲廣東廉訪司書吏，轉湖廣省掾，授翰林編修，國子助教，江南行省員外郎。元末隱梧山著書。洪武三年徵校雅樂，告老歸卒。

熙真集

黃虞稷《千頃堂書目・別集類》熊太古《熙真集》。

長留天地集

黃虞稷《千頃堂書目・別集類》王子讓《長留天地集》。廬陵人。

滄海遺珠集

楊士奇等《文淵閣書目・詩詞》王子讓《滄海遺珠稿》。一部，一册。闕。

黃虞稷《千頃堂書目・別集類》王子讓《滄海遺珠集》。

幾亭文集

黃虞稷《千頃堂書目・別集類》 熊釗《幾亭文集》。字伯幾，南昌人。洪武初聘校書會同館。胡儼其門人也。

謙齋存稿

黃虞稷《千頃堂書目・別集類》 錢甦《謙齋存稿》一册。字更生，常熟人。太祖命代撰祭元幼主文，蒙嘉賞。甦初名沂，字伯興。洪武初坐事當刑，子迪代死，改今名。

味梅齋稿

黃虞稷《千頃堂書目・別集類》 傅著《味梅齋稿》。字則明，常熟人。與張適皆預修元史，後官潞州知府。

答祿與權文集

黃虞稷《千頃堂書目・別集類》 《答祿與權文集》十卷。蒙古人。元河南北道廉訪司僉事。洪武六年以薦爲秦府紀善，改監察御史，擢翰林修撰，降典籍。九年升應奉。十一年致仕，居河南永寧。吳人黃省曾序其集傳之。

《明史・藝文志・別集類》 《答祿與權文集》十卷。

存齋集

黃虞稷《千頃堂書目・別集類》 張昌《存齋集》一卷。臨汾人。元進士。洪武二年聘至禮局議禮，授國子監助教，授皇太子經，又爲經筵講官，尋致仕。

一梧集

黃虞稷《千頃堂書目・別集類》 張籌《一梧集》。字惟中，無錫人。元舉江浙行省鄉試，明初以薦爲禮部尚書。

知非齋稿

黃虞稷《千頃堂書目・別集類》 李惟馨《知非齋稿》一卷。字庭芳，潞州人。元兵部尚書。明初召入禮局議禮，授以官，辭歸。

拙庵集

張萱等《內閣藏書目録・集部》 《拙庵集》。二册。全。洪武初太子賓客壺關杜斅著。

黃虞稷《千頃堂書目・別集類》 杜斅《拙庵集》十卷。壺關人。字致道。太祖時以布衣召授四輔官，兼太子賓客。

《明史・藝文志・別集類》 杜斅《拙庵集》十卷。

學海集

王圻《續文獻通考・經籍考・集下》 《學海集》。博士吳毅著，南城人。

黃虞稷《千頃堂書目・別集類》 吳毅《學海集》。南城人。洪武初徵辟，官博士典籤，預修大明律令。學者稱「學海先生」。

託素齋集

黄虞稷《千頃堂書目·別集類》 吴源《託素齋集》八卷。字性傳，莆田人。元泉州路訓導，洪武中徵爲四輔官。

《明史·藝文志·別集類》 吴源《託素齋集》八卷。

敝帚集

張萱等《内閣藏書目録·集部》 《敝帚集》二册。全。天順間夏臺王翰著。

黄虞稷《千頃堂書目·別集類》 王翰《敝帚集》五卷。夏縣人。廣州教授。

《明史·藝文志·別集類》 王翰《敝帚集》五卷。

梁園寓稿

黄虞稷《千頃堂書目·別集類》 王翰《梁園寓稿》九卷。

《明史·藝文志·別集類》 王翰《梁園寓稿》九卷。

《四庫提要·別集類二二》 《梁園寓稿》九卷。山西巡撫採進本。明王翰撰。翰字時舉，禹州人。元季隱居中條山，明初出爲周王橚長史。王素驕，有異志。翰屢諫弗納，斷指佯狂去。後王敗，得不坐。其事附見《明史·周王傳》中。後起爲翰林編修，尋謫廉州教授。夷獠亂，城陷，抗節死。《明史·藝文志》載所著有《敝帚集》五卷、《梁園寓稿》九卷。《敝帚集》今未見。此書卷數與《明史》合。焦竑《經籍志》止稱《寓稿》二卷，誤也。《焦志》别載翰《山林樵唱》一卷，今亦未見，殆併佚歟。

山林樵唱

黄虞稷《千頃堂書目·別集類》 王翰《山林樵唱》一卷。

悠然集

黄虞稷《千頃堂書目·別集類》 劉仕貆《悠然集》十卷。安福人。洪武初舉賢良，官廣東按察司僉事。

棠陰清趣集

黄虞稷《千頃堂書目·別集類》 林興祖《棠陰清趣集》七卷。福清人。明初舉孝廉，官廣西布政使司參議。

雙清集

黄虞稷《千頃堂書目·別集類》 杜隰《雙清集》十卷。字宗原，松江人。洪武中舉詞科，爲太常贊禮郎，奉使麓川，諭其主入貢，擢禮科給事中，以疾歸。太祖兩賜手書存問。卒年三十三。

《明史·藝文志·別集類》 杜隰《雙清集》十卷。

紀行詩

黄虞稷《千頃堂書目·別集類》 杜隰《紀行詩》一卷。

林外野言

黃虞稷《千頃堂書目・别集類》 郭翼《林外野言》八卷。字羲仲，崑山人。洪武初徵授訓導。

吴焯《繡谷亭薰習録・集二》 《林外野言》二卷。明訓導崑山郭翼羲仲著。翼與天台項炯、姑蘇陳謙、永嘉鄭東並爲楊廉夫論詩之友，見廉夫序。

老拙逸齋稿

黃虞稷《千頃堂書目・别集類》 周南《老拙逸齋稿》二卷。字正道，長洲人。元季爲省掾，明初徵入議禮，自號拙逸老人。

姑蘇雜詠

黃虞稷《千頃堂書目・别集類》 周南《姑蘇雜詠》。

蔗境吟稿

黃虞稷《千頃堂書目・别集類》 顧文昱《蔗境吟稿》。字光遠，嘉定人，明初爲廣東行省右司郎中。

耕漁文集

黃虞稷《千頃堂書目・别集類》 徐達左《耕漁文集》六卷。字良夫，吴郡人。明初薦起爲建寧訓導，卒官。

三畏齋集

黃虞稷《千頃堂書目・别集類》 朱吉《三畏齋稿》四卷。字季寧，吴郡人。朱德潤子。洪武間以人才授户科給事中，集本稱中書舍人。

《四庫提要・别集類存目二》 《三畏齋集》四卷。浙江汪啓淑家藏本。明朱吉撰。吉字季寧，吴縣人。洪武初官中書舍人。是集凡詩二卷、雜文二卷。據其後序，當時蓋嘗刊版。今印本久佚，惟鈔本存。元末明初，作者林立，吉之所著，殊未能伯仲其間，所以世不甚傳歟。

西掖稿

黃虞稷《千頃堂書目・别集類》 陳登《西掖稿》。字從善，句容人。元季隱句曲山中，明初入太祖幕，與孫炎、夏煜才名相頡頏。

寓軒集

徐𤊹《徐氏家藏書目・别集類》 朱潤祖《寓軒集》十卷。只有律、絶，無上卷。字□□，溧水人。洪武初，官淳安教諭。

黃虞稷《千頃堂書目・别集類》 朱潤祖《寓軒集》十卷。溧水人，洪武初淳安縣教諭。

確軒文集

黃虞稷《千頃堂書目・别集類》 李琛《確軒文集》。字伯器，無錫人。與浦源善，

號雲泉生。

確軒吟稿

黄虞稷《千頃堂書目・别集類》 李琛《確軒吟稿》。

野樵逸響

黄虞稷《千頃堂書目・别集類》 葛天民《野樵逸響》一卷。江陰人。洪武中舉人才，爲大理府同知。

雪江集

黄虞稷《千頃堂書目・别集類》 朱袒《雪江集》。字明通，靖江人。洪武中秦府長史。

五松清響集

黄虞稷《千頃堂書目・别集類》 儲可求《五松清響集》。名才，以字行，宜興人。洪武初舉明經，累官禮部右侍郎。

菊莊集

黄虞稷《千頃堂書目・别集類》 袁宗《菊莊集》三卷。字宗彦，以字行，松江人。洪武中官長史，後謫戍滇南。

東湖集

黄虞稷《千頃堂書目・别集類》 華希顔《東湖集》一卷。辟常州訓導，以老病辭職，隱居東湖。

雪澗集

黄虞稷《千頃堂書目・别集類》 張存《雪澗集》。字性中，丹陽人。洪武中江西安遠主簿。

王震文集

黄虞稷《千頃堂書目・别集類》 《王震文集》一卷。字震之，高郵州人。洪武中本州訓導。

王震詩集

黄虞稷《千頃堂書目・别集類》 《王震詩集》二卷。

樵歌集

黄虞稷《千頃堂書目・别集類》 張源湜《樵歌集》。字仲源，高郵州人。洪武中辰州知府。

漁隱集

黄虞稷《千頃堂書目·別集類》 陳擇善《漁隱集》。字從之，安東人。洪武中御史，能詩。

松蘿吟稿

黄虞稷《千頃堂書目·別集類》 吴伯岡《松蘿吟稿》二十卷。新安人，名玉林。明初辟爲參軍，未幾棄去，解大紳志其墓。

《明史·藝文志·別集類》 吴玉林《松蘿吟稿》二十卷。

翬山集

黄虞稷《千頃堂書目·別集類》 方幼學《翬山集》十二卷。字澤民，績溪人。洪武初舉人才，爲台州教授。

《明史·藝文志·別集類》 方幼學《翬山集》十二卷。

茂齋集

黄虞稷《千頃堂書目·別集類》 葉宗茂《茂齋集》。名保翁，以字行，休寧人。洪武初饒州府知府。

仁山遺稿

黄虞稷《千頃堂書目·別集類》 程彌壽《仁山遺稿》。字德堅，祁門人。明初爲江西行樞密院都事。

寄情稿

黄虞稷《千頃堂書目·別集類》 陳秀民《寄情稿》。字庶子，温州人。元時知常熟州，後仕張士誠爲學士。

窳庵集

黄虞稷《千頃堂書目·別集類》 陳雷《窳庵集》。字公聲，秀民子。

東軒集

黄虞稷《千頃堂書目·別集類》 方行《東軒集》。字時敏，方國珍子，江浙行中書省參知政事。宋濂爲集序。

雪樵集

黄虞稷《千頃堂書目·別集類》 劉養晦《雪樵集》四卷。萬安人。

鵝湖集

楊士奇等《文淵閣書目·文集》 龔斆《鵝湖文集》。一部，二册。完全。

張萱等《內閣藏書目録·集部》 《鵝湖文集》二册。洪武初國子監司業龔斆著，博士翁士白編，吴沈序。

黃虞稷《千頃堂書目・別集類》 龔斅《鵝湖集》六卷。鉛山人。洪武初舉明經，官國子監助教。

《明史・藝文志・別集類》 龔斅《鵝湖集》六卷。

《四庫提要・別集類二二》 《鵝湖集》六卷。《永樂大典》本。明龔斅撰。斅，鉛山人。《明史》無傳，惟《太祖本紀》載「洪武十三年九月丙午，置四輔官，以儒士王本、杜佑、龔斅、杜斅、趙民望、吴源爲春夏官。」又《宋訥傳》稱「訥爲祭酒，與訥定學規者，司業王嘉會、龔斅。三人年俱高，鬚髮皓白，終日危坐，堂上肅然」，而亦不詳其本末。考《鉛山縣志》，稱「斅先以明經分教廣信，輯朱子之説，補六經圖。御史葉孟芳薦其學行，徵入爲四輔官，以老乞歸。又召爲國子祭酒，卒於官。著有《經野類鈔》二十八卷。」蓋亦窮經篤學之士也。其集見於焦竑《經籍志》者六卷，流傳甚尠。程敏政《明文衡》、黄宗羲《明文海》蒐採極博，而均不及其名姓，則亡佚久矣。今惟《永樂大典》尚頗載其詩文。

東臯畊叟詩

徐𤊹《徐氏家藏書目・別集類》 朱弘祖《東臯舒嘯集》九卷。字彦昌，臨川人，號東臯畊叟。元末國初逸士。景泰七年，弘祖孫朱紹徽刻，門人參政吴昌衍序。

黃虞稷《千頃堂書目・別集類》 朱弘祖《東臯畊叟詩》八卷。字彦昌，臨川人。明初都税大使。一作《東臯舒嘯集》九卷。

遼海詩略

徐𤊹《徐氏家藏書目・別集類》 曾子永《遼海詩略》一卷。號遼海，太和人。洪武初處士，以執公役謫戍遼東，居數年。所著有詩集若干卷，五世孫曾子拱選刻之。

黃虞稷《千頃堂書目・別集類》 曾子永《遼海詩略》一卷。泰和人。洪武中禮部主事，坐事謫遼東。

澹湖集

黃虞稷《千頃堂書目・別集類》 徐素《澹湖集》十卷。字淡如，鄱陽人。爲文善叙事，詩有氣格，陶安稱爲儒者。

清華集

黃虞稷《千頃堂書目・別集類》 劉宗玉《清華集》。字潤芳，鄱陽人。陶安爲賦積善堂歌。

平橋詩文集

黃虞稷《千頃堂書目・別集類》 董彝《平橋詩文集》。字宗文，樂平人。元至正間領鄉薦，明初國子監學録。自號太平橋迂士。

解開集

黃虞稷《千頃堂書目・別集類》 《解開集》四十卷。字開先，吉水人。解縉父也。元末入胄監，明初徵至京，爲本學訓導。

《明史・藝文志・別集類》 《解開文集》四十卷。

雪崖集

楊士奇等《文淵閣書目・詩詞》 《金雪崖先生集》。一部，一册。完全。

黃虞稷《千頃堂書目・別集類》 金固《雪崖集》五卷。字守正，新喻人。金幼孜

父，官臨江府學訓導。

胡延平詩

黄虞稷《千頃堂書目·别集類》 胡壽昌《胡延平詩》四卷。字子祺，吉水人。胡廣父。洪武初延平知府。

羅德安集

黄虞稷《千頃堂書目·别集類》 羅性《羅德安集》一卷。字子理，泰和人。洪武初爲德安府同知，坐事謫戍西安。

知非稿

黄虞稷《千頃堂書目·别集類》 雷貫《知非稿》四卷。

楝庵詩集

高儒《百川書志·集·國朝》 《楝庵詩集》十卷。蕭山税使遷刑部司務瑞州羅閏玄存禮著。

黄虞稷《千頃堂書目·别集類》 羅閏玄《楝庵詩集》十卷。字存禮，瑞州人。爲蕭山税使，遷刑部司務。

詠萊稿

黄虞稷《千頃堂書目·别集類》 周啓《詠萊稿》。字孟啓，貴谿人。洪武中後軍都督府經歷。從張率學爲古文，以才稱。

擊壤集

黄虞稷《千頃堂書目·别集類》 莊希俊《擊壤集》。福清人。薦辟官臨洮同知。

恒軒集

范邦甸等《天一閣書目·别集類》 《恒軒集》。刊本。明山陰韓經本常著，男韓陽編次，廬陵楊士奇序。

黄虞稷《千頃堂書目·别集類》 韓經《恒軒集》七卷。字本常，山陰人。洪武初屢以經明行修薦，皆以疾辭，家居教授，日以吟詠爲樂。

《四庫提要·别集類存目二》 《恒軒集》六卷。浙江汪啓淑家藏本。明韓經撰。經字本常，山陰人。宋太尉琦之十二世孫，以行誼稱於鄉里，屢徵不出，家居教授以終。是集爲其子監察御史陽所編，凡古體詩二卷，近體詩四卷。語多質直，主於抒寫己意而止，非屑屑以文字求工者也。

樗隱集

黄虞稷《千頃堂書目·别集類》 周恒《樗隱集》。本開封人，徙臨江。洪武初聘修禮書。

卧雪齋稿

黄虞稷《千頃堂書目·别集類》 魯修《卧雪齋稿》三卷。董彝序。明初樂平人。

協趣集

黄虞稷《千頃堂書目·别集類》 洪楫《協趣集》二十卷。明初樂平人。

愚浦鳴稿

黄虞稷《千頃堂書目·别集類》 黎明《愚浦鳴稿》十卷。明初樂平人。

雲山樵唱稿

黄虞稷《千頃堂書目·别集類》 余應鳳《雲山樵唱稿》。字士韶，德興人。洪武十七年以隱逸徵，官山東布政使司參議。

中山文集

黄虞稷《千頃堂書目·别集類》 李衡《中山文集》。字元成，崇仁人。洪武初本府訓導。

擊壤餘音

黄虞稷《千頃堂書目·别集類》 章喆《擊壤餘音》。字子愚，新喻人。梁寅弟子。

江湖漁唱集

黄虞稷《千頃堂書目·别集類》 章喆《江湖漁唱集》。

天涯芳草集

黄虞稷《千頃堂書目·别集類》 王時寶《天涯芳草集》。號雪軒，江西樂安人。洪武中刑部主事，左遷東流教諭。

采芹集

黄虞稷《千頃堂書目·别集類》 朱叔服《采芹集》。大學士朱善子。

康衢集

黄虞稷《千頃堂書目·别集類》 吴從敬《康衢集》。貴溪人。洪武中秦府長史。

散沐齋稿

黄虞稷《千頃堂書目·别集類》 蔡深《散沐齋稿》。字淵仲，樂平人。元徽州路學教授，饒州太守陶安薦其學行，辭不赴。

竹庵外集

黃虞稷《千頃堂書目・別集類》 懷渭《竹庵外集》。字清遠，南昌人。洪武初奉詔至鍾山，退居錢塘。

餘學初集

黃虞稷《千頃堂書目・別集類》 歐陽貞《餘學初集》。字元嘉，分宜人。從揭傒斯學，工古文。洪武初以《易》魁江西省試，官考城主簿。

龍江叢稿

黃虞稷《千頃堂書目・別集類》 歐陽貞《龍江叢稿》。

東齋寓録

黃虞稷《千頃堂書目・別集類》 歐陽貞《東齋寓録》。

貧樂集

黃虞稷《千頃堂書目・別集類》 歐陽貞《貧樂集》。

近思齋逸稿

黃虞稷《千頃堂書目・別集類》 偰遜《近思齋逸稿》。回鶻人。初名百遼，世居偰輦河，因以爲氏，家世仕元。順帝時中進士，歷翰林應奉文字，宣政院斷事官，選爲端本堂正字。恭愍王七年，避兵東來，賜第封高昌伯，改封富原侯。

蒲庵集

錢謙益等《絳雲樓書目・金元文集類》 來室《蒲庵集》。十卷。洪武十二年刻，宋文憲序。復出坐胡黨磔死，年七十餘矣。泐公亦幾同戮，僅而得免耳。

黃虞稷《千頃堂書目・別集類》 來復《蒲庵集》十卷。字見心，自號竺曇叟，豐城人。元季航海至鄞，止定水等。洪武初召至京，太祖覽其詩褒美，賜金襴袈裟，授僧録司左覺義，詔住鳳陽圓通院。坐胡黨凌遲死。

《明史・藝文志・別集類》 來復《蒲菴集》十卷。

澹游集

楊士奇等《文淵閣書目・詩詞》 《澹游集》。一部，一册。闕。

黃虞稷《千頃堂書目・別集類》 來復《澹游集》□卷。

蒲庵詩集

高儒《百川書志・集・國朝》 《蒲菴詩集》三卷。豐城高釋來復見心著。皆七言古近體及五言。及文，尚有別本。

幻住詩

黄虞稷《千頃堂書目・別集類》 法住《幻住詩》一卷。來復弟子。

《明史・藝文志・別集類》 法住《幻住詩》一卷。

錢大昕《補元史藝文志・別集類》 法住《幻庵詩》一卷。

山窗遺稿

黄虞稷《千頃堂書目・別集類》 甘復《山窗遺稿》。字克敬，餘干人。洪武二十三年官國子監學正。成化中，同里趙琥刻其集。

正固先生集

黄虞稷《千頃堂書目・別集類》 蕭岐《正固先生集》一卷。字尚仁，泰和人，洪武中陝西平涼府學訓導。

煮雪稿

黄虞稷《千頃堂書目・別集類》 朱智《煮雪稿》。字存禮，鄱陽人。洪武中靖江王府紀善。

觀物吟

黄虞稷《千頃堂書目・別集類》 鄧羽《觀物吟》一卷。南海人。明初知青陽縣事，後爲道士，隱居武當之南巖，自號松石道人，不知所終。

《明史・藝文志・別集類》 鄧羽《觀物吟》一卷。

覺非集

黄虞稷《千頃堂書目・別集類》 羅泰《覺非集》五卷。字宗讓，福清人。一作明初布衣，工於《易》學，兩聘京闈分考不仕，宣德中應天聘司文衡不赴。一作閩縣人，別號覺非道人。集爲徐𤊹所輯。

詠竹稿

黄虞稷《千頃堂書目・別集類》 鄭旭《詠竹稿》一卷。字景初，閩縣人。洪武中南安訓導。

三山樵唱

黄虞稷《千頃堂書目・別集類》 王堅《三山樵唱》二卷。字子正，長樂人。洪武三年薦辟，嘉興府同知。

銅魚集

黄虞稷《千頃堂書目・別集類》 林同《銅魚集》。字于野，閩縣人。洪武中訓導。

北溪觀海集

黄虞稷《千頃堂書目・別集類》 危德華《北溪觀海集》。光澤人。善屬文，尤工

詩。洪武十五年知縣金川姚伯和序其詩而傳之。

繩庵集

黄虞稷《千頃堂書目・别集類》 邢奇《繩庵集》。字彦美，長溪人。明初爲河泊官。

東崖樵唱集

黄虞稷《千頃堂書目・别集類》 沈得衛《東崖樵唱集》。字輔之，連城人。爲陳友定幕客，入明以薦官訓導。

俞伯莊文集

黄虞稷《千頃堂書目・别集類》 俞日強《俞伯莊文集》。福建古田人。爲太倉州。

張昌齡詩集

黄虞稷《千頃堂書目・别集類》 《張昌齡詩集》一卷。字有年，建安人。從杜本、蔣易學詩，洪武中官福建按察司僉事。

敬所小稿

黄虞稷《千頃堂書目・别集類》 蘇仲簡《敬所小稿》四卷。名境，以字行，洪武中訓導。洪武癸酉陸仲述序。

黄丕烈《蕘圃藏書題識・集類三》 《敬所小稿》一卷。舊鈔本。

趙良士文集

黄虞稷《千頃堂書目・别集類》 《趙良士文集》一集。字志道，甌寧人。洪武中國子監助教。《南雍志》作「趙友仁」。

草澗集

黄虞稷《千頃堂書目・别集類》 胡宗華《草澗集》六卷。龍溪人。洪武中明經，官訓導。

吴樵稿

黄虞稷《千頃堂書目・别集類》 鄒奕《吴樵稿》。字弘道，吴人。元贛州守，明初謫隴右。

蒲栖集

黄虞稷《千頃堂書目・别集類》 陸中《蒲栖集》二十卷。字與權，興化縣人。少讀書，從楊維楨學，不干禄仕。

《明史・藝文志・别集類》 陸中《蒲棲集》二十卷。

蠅聲集

黄虞稷《千頃堂書目・别集類》 王文静《蠅聲集》五卷。宜興人，隱士。

菊莊集

高儒《百川書志・集・國朝》《菊莊集》三卷。周府長史大梁劉醇文中撰。

王圻《續文獻通考・經籍考・集下》《菊莊集》。祥符長史劉醇著。

黄虞稷《千頃堂書目・别集類》劉醇《菊莊集》四卷。字文中，祥符人。洪武中周府右長史。

菊莊詩

高儒《百川書志・集・國朝》《菊莊詩》。周府長史大梁劉醇撰。

滄浪集

王圻《續文獻通考・經籍考・集下》《滄浪集》。考功郎中歐陽謙著。沔陽人。

黄虞稷《千頃堂書目・别集類》歐陽謙《滄浪集》。字伯貞，沔陽州人。洪武中舉明經，官考功司郎中。

安老堂集

黄虞稷《千頃堂書目・别集類》陳南賓《安老堂集》□卷。名光裕，以字行，茶陵州人。元至正中進士，洪武二年應賢才聘至京，除無棣縣丞，後官蜀府長史。

貽安集

黄虞稷《千頃堂書目・别集類》岳仲明《貽安集》。固始人。岳飛七世孫。洪武七年舉孝廉，不出。號純學先生。

吴仲昭文集

黄虞稷《千頃堂書目・别集類》《吴仲昭文集》十卷。銅梁人。洪武中以國子生歷官浙江布政使。

朱以貞集

黄虞稷《千頃堂書目・别集類》朱逢吉《朱以貞集》四卷。嘉興人。洪武初應詔陳用賢五事，授寧津知縣，後官大理寺丞。按逢吉爲徐達左傳，署銜大理卿，而列卿表皆不録，未知孰是。

滇南集

黄虞稷《千頃堂書目・别集類》周静《滇南集》。安福周霆震子。明初爲寶鈔提舉，坐事謫畢節衛，薦起官行人，使榜葛剌國，被羈久乃歸。人比之蘇子卿。

芹邊稿

黄虞稷《千頃堂書目・别集類》林士敏《芹邊稿》四卷。名懋，以字行，莆田人。

洪武中鄉貢，淮安府知府。

匡廬小稿

黃虞稷《千頃堂書目・別集類》 林士敏《匡廬小稿》。

鳴樵詩集

黃虞稷《千頃堂書目・別集類》 王旭《鳴樵詩集》。字士熙，蒲州人。性孝友，洪武間代叔戍陝右，與曹端友善。

崑岡文稿

黃虞稷《千頃堂書目・別集類》 沈璵《崑岡文稿》。字吾温，太倉州人。洪武中謫戍滇南，宣德初始歸。教授鄉里，學有源委。

種菊庵詩

黃虞稷《千頃堂書目・別集類》 錢子義《種菊庵詩》四卷。子正弟，漢府長史。

玉華遺稿

黃虞稷《千頃堂書目・別集類》 玉華山樵《玉華遺稿》。洪武初寓東陽之東山，終不肯言姓名。或云陳友諒客，友諒亡，遁跡至此。遺詩百篇，孫石臺楊序之。

鞏山樵唱集

黃虞稷《千頃堂書目・別集類》 俞宗益《鞏山樵唱集》。字允欽，績溪人。

溝斷稿

黃虞稷《千頃堂書目・別集類》 游芳《溝斷稿》。字蘭仲，婺源人。

初月梅軒集

黃虞稷《千頃堂書目・別集類》 游芳《初月梅軒集》。族子祖賢、泰、亨壽等編。

斐然集

黃虞稷《千頃堂書目・別集類》 江敬弘《斐然集》。休寧人。以吏謫濠上。

搜楛集

黃虞稷《千頃堂書目・別集類》 舒遜《搜楛集》。字士謙，號可庵，績溪人。頔弟。

藥溪集

黃虞稷《千頃堂書目・別集類》 吳買《藥溪集》。字漢臣，一字之翰，休寧人。學

通五經，尤明于《易》。洪武初累徵不就。

遺安集

黄虞稷《千頃堂書目·别集類》 金譯《遺安集》。字定遠，休寧人。以老人召見，授縣丞，辭疾歸。

愚齋集

黄虞稷《千頃堂書目·别集類》 汪周《愚齋集》。字子文，號素隱，婺源人。舉明經，李一初序。

偶然稿

黄虞稷《千頃堂書目·别集類》 陳潤《偶然稿》。字允旭，黄巖人。

花萼集

黄虞稷《千頃堂書目·别集類》 陳謨《花萼集》。號牧庵，潤弟。

樵野文集

黄虞稷《千頃堂書目·别集類》 韓廉《樵野文集》。字仲廉，婺源人。

韈綫稿

黄虞稷《千頃堂書目·别集類》 汪德《韈綫稿》。字以名，休寧人。

蚓鳴稿

黄虞稷《千頃堂書目·别集類》 孫陽《蚓鳴稿》。字士輝，號雲隱，休寧人。

秋齋野趣稿

黄虞稷《千頃堂書目·别集類》 王善慶《秋齋野趣稿》。字仕積，歙縣人。

山林清趣集

黄虞稷《千頃堂書目·别集類》 戴恭《山林清趣集》十卷。字伯敬，婺源人。

尚友齋集

黄虞稷《千頃堂書目·别集類》 余鏞《尚友齋集》。字子韶，休寧人。洪武四年舉明經，爲開封滎澤縣丞，攝鄭州事。

勤成文集

黄虞稷《千頃堂書目·别集類》 方光昭《勤成文集》。字順存，婺源人。洪武壬

戍舉聰明正直，授贛州寧都縣大使。

覆瓿集

黄虞稷《千頃堂書目·別集類》 程汝器《覆瓿集》。名琨，以字行，休寧人。洪武二十三年以明經舉，任黟縣學訓導，歷蘄州知州。

清隱稿

黄虞稷《千頃堂書目·別集類》 程用晦《清隱稿》。字明遠，休寧人。以明經舉，不就。

石松稿

黄虞稷《千頃堂書目·別集類》 吴觀國《石松稿》。字用賓，休寧人。元婺州路醫學録，歸明，拜樞密分院都事。

斲苓餘稿

黄虞稷《千頃堂書目·別集類》 王槐《斲苓餘稿》。字啓昭，號斲苓，嘉定人。

萍水集

黄虞稷《千頃堂書目·別集類》 程宣《萍水集》。字德敷，號適齋，婺源人。湖廣德安府經歷。

程宣《萍水集》。字德敷，婺源人。歲貢，安陸府經歷。

吟餘稿

黄虞稷《千頃堂書目·別集類》 程宣《吟餘稿》。

程宣《味餘稿》。

宦游稿

黄虞稷《千頃堂書目·別集類》 程宣《宦游稿》。

程宣《宦途稿》。

南墅筆録

黄虞稷《千頃堂書目·別集類》 程宣《南墅筆録》。

養浩齋集

黄虞稷《千頃堂書目·別集類》 汪思敬《養浩齋集》二十卷。名敬，以字行，祁門人。侍郎楊寧薦於朝，徵不起。

噫餘集

黄虞稷《千頃堂書目·別集類》 梁時《噫餘集》。字用行，長洲人。由明經舉爲岷府紀善，改翰林典籍。

雪區集

黄虞稷《千頃堂書目·别集類》 吴復《雪區集》。字孟修，吴江人。辟人才，授湖廣僉事。

桃溪集

黄虞稷《千頃堂書目·别集類》 吴頤《桃溪集》。字希程，復弟，舉薦授本縣儒學訓導。

白雲集

黄虞稷《千頃堂書目·别集類》 沈丙《白雲集》。字南叔，以才薦授閩清縣令。

易齋稿

黄虞稷《千頃堂書目·别集類》 鄭宏味《易齋稿》。字以純，嘉定人。舉秀才，授禮部郎中。

東硐集

黄虞稷《千頃堂書目·别集類》 沈應《東硐集》。字德乾，吴人。辟入文華殿説書，除江西左參議，轉山東。

錦江稿

黄虞稷《千頃堂書目·别集類》 王璉《錦江稿》。字汝器，立中長子，吏部主事。

湘山樵寓集

黄虞稷《千頃堂書目·别集類》 蕭規《湘山樵寓集》。字元則，吴江人。

林皋集

黄虞稷《千頃堂書目·别集類》 樓澄《林皋集》。字文淵，其先四明人。徙居吴。

鼓缶集

黄虞稷《千頃堂書目·别集類》 樓澄《鼓缶集》。

觀光詩集

黄虞稷《千頃堂書目·别集類》 侯復《觀光詩集》十卷。字祖常，進賢人，永樂中官國子助教。

滎陽外史集

黄虞稷《千頃堂書目·别集類》 鄭真《滎陽外史集》一百卷。字千之，慈谿人。

鄉試第一，授臨淮教諭，秩滿入京賜燕，升廣信教授，引年歸。

《明史・藝文志・别集類》 鄭真《滎陽外史集》一百卷。

《四庫提要・别集類二二》 《滎陽外史集》七十卷。兩淮鹽政採進本。 明鄭真撰。真字千之，鄞縣人。《成化四明郡志》稱其研窮六籍，尤長於《春秋》。

鄭真文集

楊士奇等《文淵閣書目・文集》 《鄭真文集》。一部，二册。闕。 塾本「真」作「貞」。

牧隱集

黄虞稷《千頃堂書目・别集類》 李穡《牧隱集》。字穎叔。中征東省鄉試第一，明年赴元廷試，擢二甲進士，授應奉翰林文字，累官政堂文學，封韓山府院君，進位門下侍中。與鄭夢周同謀去李成桂，放於韓州，再放衿州，徙驪興，尋封韓山伯。卒謚文靖。

圓庵集

范邦甸等《天一閣書目・總集類》 《圓庵集》十卷，附録一卷。刊本。 明天台釋居頂撰。【略】平生詩文甚富，多不存稿，既謝世，其徒崇遠收萃散逸，僅存其詩賦雜文二百首，釐爲十卷，名《圓庵集》。圓庵，元極别號也。

黄虞稷《千頃堂書目・别集類》 元極《圓庵集》十卷。天台人。爲僧録司左闡教，住持靈谷寺，蜀獻王稱其爲僧中班、馬。

《明史・藝文志・别集類》 元極《圓庵集》十卷。

匡山集

王圻《續文獻通考・經籍考・集下》 《匡山集》。楚府教授吴孟勤著。永新人。

匡山樵者集

黄虞稷《千頃堂書目・别集類》 吴勤《匡山樵者集》。字孟勤，永新人。洪武中武昌教授。永樂初中預修《太祖實録》，改開封教授。

黄鶴山樵集

黄虞稷《千頃堂書目・别集類》 吴勤《黄鶴山樵集》。

莊山集

王圻《續文獻通考・經籍考・集下》 《莊山集》。永新吴孟勤著。洪熙時爲翰林學士。

幽翁集

黄虞稷《千頃堂書目・别集類》 吴勤《幽翁集》。

六義齋集

黄虞稷《千頃堂書目・别集類》 吴勤《六義齋集》。

錦樹齋詩

黄虞稷《千頃堂書目・别集類》 錢仲益《錦樹齋詩》六卷。名允昇，以字行，蒙從子。洪武中爲太常博士，後官長史，預修《太祖實録》。

公餘小稿

黄虞稷《千頃堂書目・别集類》 詹俊《公餘小稿》一卷。字用章，當塗人。從學陶安。洪武初以薦官磁州同知，遷汝寧府通判。

張來儀文集

黄丕烈《蕘圃藏書題識・集類三》 《張來儀文集》一卷。舊鈔本。余向藏《静居集》係明初張習刊本，未載其文也。國朝《四庫》但載詩四卷，云其文不傳。然《明史》附《高啓傳》，盛稱其文，而洪武時命作《滁陽王廟碑》，又《吾郡七姬權厝志》亦羽撰文，見于行世搨本。則羽固非不以文著者也。

又《續録・集類下》 《張來儀先生文集》一卷。何夢華鈔本，邵朗僊校。此義門手校舊鈔本《張來儀先生文集》。

張金吾《愛日精廬藏書志・别集類》 《張來儀先生文集》一卷。舊抄本，何氏義門手校。明張羽撰。案《明史・文苑傳》云「羽文精潔有法則」，羽固非不以文著名者。世行本止有《詩集》四卷，《文集》則未之見。此本始《山雉賦》，終《漏月齋記》，凡文五十一篇。

静居集

范邦甸等《天一閣書目・總集類》 《静居集》刊本。明潯陽張羽著，弘治改元，盱江左贊序。

黄虞稷《千頃堂書目・别集類》 張羽《静居集》六卷。字來儀，以字行，更字附鳳。潯陽人，居吴興。元末授安定書院山長，明初徵起擢太常司丞，兼翰林院同掌文淵閣事。以事竄嶺外，自投龍江死。

《明史・藝文志・别集類》 張羽《静居集》六卷。

《四庫提要・别集類二二》 《静居集》四卷。浙江巡撫採進本。明張羽撰。羽字來儀，後以字行，更字附鳳。本潯陽人，僑居吴興。元末領鄉薦，爲安定書院山長，再徙於吴。洪武初，徵授太常寺丞。尋坐事竄嶺南，未半道召還。羽自知不免，投龍江死。

静庵集

《四庫提要・别集類存目二》 《静庵集》一卷。兩淮馬裕家藏本。明張羽撰。羽有《静居集》，已著録。此本删存原集四分之一，改名《静庵集》，不知何人所選。其去取未爲精當。

蛟川集

黄虞稷《千頃堂書目・别集類》 包荎《蛟川集》。字尹耕，鄞人。

鶡突稿

黄虞稷《千頃堂書目・别集類》 胡澄《鶡突稿》。字以道，諸暨人。

吴伯宗集

王圻《續文獻通考・經籍考・集下》 《南宫集》，《成均稿》，《玉堂稿》。金谿

吴伯宗著。名祐，以字行。洪武辛亥狀元，官司業。

黄虞稷《千頃堂書目・别集類》 吴伯宗《南宫》、《使交》、《成均》三集二十卷，《玉堂稿》四卷。字伯宗，名祐，以字行，金谿人。一甲第一人，武英殿大學士。

《明史・藝文志・别集類》 《吴伯宗集》二十四卷。《南宫》、《使交》、《成均》、《玉堂》凡四種。

榮進集

《四庫提要・别集類二二》 《榮進集》四卷。江西巡撫採進本。明吴伯宗撰。伯宗名佑，以字行，金谿人。洪武辛未進士第一，官至武英殿大學士，後降檢討以終。事蹟具《明史》本傳。伯宗守正不阿，雖忤旨貶謫，不少悔。胡惟庸擅權之日，勢焰張甚，獨毅然上疏劾之，風節棱棱，殊不可及。所著有《南宫集》、《使交集》、《成均集》，共二十卷，又《玉堂集》四卷。今皆未見。此本中有《奉使安南》、《國學釋奠》、《玉堂燕坐》諸詩，疑原集散佚，後人掇拾殘賸，合爲此編也。

範軒文集

黄虞稷《千頃堂書目・别集類》 林大同《範軒文集》九卷。字逢吉，常熟人。洪武中由明經授開封府學訓導，病歸。永樂三年再召用，力辭受宴賜還。

《明史・藝文志・别集類》 《林大同文集》九卷。

張金吾《愛日精廬藏書志・别集類》 《範軒集》十二卷。抄本。明林大同著。大同字逢吉，號範軒，吾邑人。仕至開封府訓導。明初吾邑有三儒籍，言氏、林氏及吾張氏也。今吾宗與言氏世有達者，林氏則無聞。而先生之集乃巍然獨存，是則苟卓有可傳表章，不必盡在子孫也。

逃虚子集　外集

王圻《續文獻通考・經籍考・集下》 《述虚子集》。長洲姚廣孝著。封榮國公。

黄虞稷《千頃堂書目・别集類》 姚廣孝《述虚子集》十卷，又《外集》一卷。釋名道衍，字斯道，長洲人。永樂初爲僧録司左善世，東宫立，特授資善大夫，太子少師。卒，追封榮國公，謚恭靖。太宗御製文銘其墓。仁宗立，追贈少師，配享太廟。嘉靖中，移祀大興隆寺。

姚廣孝《逃虚子集》十卷。長洲人，幼名天僖，既爲僧，名道衍，字斯道。洪武中以高僧應選，侍燕邸。永樂初論靖難功，爲僧録左善世，加太子少師，復姓，賜今名。卒贈榮國公，謚恭靖。

《明史・藝文志・别集類》 姚廣孝《逃虚子集》十卷，《外集》一卷。

《四庫提要・别集類存目二》 《逃虚子集》十一卷，《類稿補遺》八卷。浙江范懋柱家天一閣藏本。明姚廣孝撰。廣孝，長洲人。初爲僧，名道衍，字斯道。洪武中以僧宗泐薦，選侍燕邸。燕王謀逆，資其策力居多。篡立之後，乃使復姓賜今名。爵至資善大夫，太子少師，封榮國公，然迄未改僧服。事蹟具《明史》本傳。

黄丕烈《蕘圃藏書題識・集類三》 《逃虚子》十卷，《續》一卷。鈔本。

柳莊集

黄虞稷《千頃堂書目・别集類》 袁珙《柳莊集》一卷。字廷玉，鄞人。以相術拜太常寺丞。

清白先生詩集

黄虞稷《千頃堂書目・别集類》 袁珪《清白先生詩集》一卷。字廷珪，珙弟，永

樂初官禮科給事中。

海巢集

黃虞稷《千頃堂書目・別集類》 丁鶴年《海巢集》三卷。本西域人，後家武昌。性至孝。永樂中楚憲王命長史管延枝刻其集。

《明史・藝文志・別集類》 丁鶴年《海巢集》三卷。本西域人，後家武昌，永樂中始卒。楚憲王爲刻其集。

千齋稿

黃虞稷《千頃堂書目・別集類》 王鈍《千齋稿》。字希敏，嵊人。

聶鉉文集

黃虞稷《千頃堂書目・別集類》 《聶鉉文集》。字器之，清江人。授廣宗縣丞，累官國子監助教。胡儼序其集。

圃隱集

黃虞稷《千頃堂書目・別集類》 鄭夢周《圃隱集》。字達可，高麗迎日縣人，初名夢蘭，又名夢龍，既長改今名。恭愍王九年，應舉擢第一人。累官政堂文學，進三司左使，改進賢館大提舉，知經筵春秋館事，兼成均大司成，領書雲館事。初封永原君，加封益陽郡忠義君。爲李成桂所殺，梟其首於市，籍其家。後贈大匡輔國崇祿大夫，領議政府事、修文殿大提舉，兼藝文春秋館事，益陽府院君，謚文忠。

玉堂稿

黃虞稷《千頃堂書目・別集類》 王景《玉堂稿》。字景彰，松陽人。建文初禮部侍郎，兼翰林侍講，靖難後進學士。

南詔稿

黃虞稷《千頃堂書目・別集類》 王景《南詔稿》。

西村集

黃虞稷《千頃堂書目・別集類》 朱朴《西村集》二卷。字元素。海鹽布衣，許杞山序刻其集。

西村詩集　補遺

《四庫提要・別集類二五》 《西邨詩集》二卷、《補遺》一卷。浙江巡撫採進本。明朱朴撰。朴字元素，海鹽人。當正德、嘉靖間與文徵明、孫一元相唱酬。是集爲其孫綵所編，分上、下二卷。下卷附以集句、詩餘，又別輯《補輯》一卷。

坦齋集

黃虞稷《千頃堂書目・別集類》 葉砥《坦齋集》。字履道，上虞人，永樂中官饒州知府。

退朝稿

黄虞稷《千頃堂書目·别集類》 葉砥《退朝稿》。

芝山稿

黄虞稷《千頃堂書目·别集類》 葉砥《芝山稿》。

經筵講義

黄虞稷《千頃堂書目·别集類》 葉砥《經筵講義》。

鑾坡稿

黄虞稷《千頃堂書目·别集類》 葉砥《鑾坡稿》。

溪居稿

黄虞稷《千頃堂書目·别集類》 葉砥《溪居稿》。

南行稿

黄虞稷《千頃堂書目·别集類》 葉砥《南行稿》。

經進稿

黄虞稷《千頃堂書目·别集類》 葉砥《經進稿》。

雲萍集

黄虞稷《千頃堂書目·别集類》 梁敏《雲萍集》。字以訥，高安人。永樂初官春坊贊善，以忤旨謫枝江訓導。

漱芳齋稿

黄虞稷《千頃堂書目·别集類》 馮忠《漱芳齋稿》。字存誠，義烏人。

寅清集

黄虞稷《千頃堂書目·别集類》 盛祥《寅清集》十卷。字天瑞，丹徒人。道州知州，《貢舉考》作「盛安」。

古文先生集

黄虞稷《千頃堂書目·别集類》 陳繼先《古文先生集》五卷。字仲述，江西泰和人。監察御史。一作《古陳先生喬梓集》九卷。

石陽山人建州集

范邦甸等《天一閣書目・總集類》 《石陽山人建州集》四卷。刊本。明吉人陳德文子器著。内卷三、卷四名《孤竹賓谈》。

石陽山人蠡海

范邦甸等《天一閣書目・總集類》 《石陽山人蠡海》二卷。刊本。明吉人陳德文撰。序稱：髫齡呫嗶之時，得於編翰師友。雖頗散失，猶幸思惟書置囊中，聊備檢閲，積彙累百。犂爲八十一篇，名曰《蠡海》，言乎以微測巨，不知量者也。

石陽山人病詩

范邦甸等《天一閣書目・别集類》 《石陽山人病詩》一卷。刊本。明政和令陳德文撰。

雪溪集

黄虞稷《千頃堂書目・别集類》 陳敏《雪溪集》。永嘉人。

鄱陽集

黄虞稷《千頃堂書目・别集類》 宋原用《鄱陽集》。字士登，奉化人。

陳竹山文集

《四庫提要・别集類存目二》 《陳竹山文集》四卷。江西巡撫採進本。明陳誠撰。誠有《使西域記》，已著録。是集分内、外二篇。《内篇》二卷，皆其奉使時所撰述，僅文十餘首、詩一百三十餘首。《外篇》二卷，則皆當時投贈詩文并其先世諸狀也。

任狀元遺稿

高儒《百川書志・集・國朝》 《任狀元遺稿》二卷。洪武戊辰狀元禮部尚書襄陽任亨泰撰。長短五七言詩六十一首。

范邦甸等《天一閣書目・别集類》 《任狀元遺稿》二卷。刊本。明任某著。正德辛未江東陳鎬後序，云：右長短五七言詩計六十一首，乃洪武戊辰狀元任先生遺稿也。先生由翰林修撰任詹事府，官至吏部尚書，嘗奉使交南，此稿皆是時所作。惜其家稿散逸，僅存止此，而末路大節，與其家所傳口語文字殊不相類。俟徐爲考訂以遺諸孫云。御史慈谿顧英有序，張琮編輯，曹璘校正。

黄虞稷《千頃堂書目・别集類》 任亨泰《任狀元遺稿》二卷。襄陽人。洪武戊辰狀元，官禮部尚書，左遷御史。

《明史・藝文志・别集類》 《任亨泰遺稿》二卷。

松谷集

黄虞稷《千頃堂書目・别集類》 林鍾《松谷集》。字仲鏞，先世山東，洪武二十二年辟爲崑山文學掾，遂家焉。永樂初山東參政。

蒙庵詩集

黃虞稷《千頃堂書目・別集類》 姚肇《蒙庵詩集》。字世初，富陽人。福建布政使。

貞元遺稿

黃虞稷《千頃堂書目・別集類》 程通《貞白先生遺稿》十卷。字彦亨，績溪人。遼府左長史。

《明史・藝文志・別集類》 《程通遺稿》十卷。

《四庫提要・別集類二三》 《貞元遺稿》十卷，附《顯忠録》二卷。浙江孫仰曾家藏本。【略】所著述凡百餘卷，悉毁於官。後十年，其弟赴荆州，遼王以所圖通像及遺稿授之。嘉靖中，黨禁漸弛，其從孫長等乃搜訪佚篇，裒爲六卷。附以遼王竝同時諸人贈言及行狀、小傳等篇，別爲四卷。天啓中，其裔孫樞及子應階又集前後建祠請謚之文，爲《顯忠録》二卷，附綴於末，即此本也。

江雨軒集

黃虞稷《千頃堂書目・別集類》 偶桓《江雨軒集》二十卷。字武孟，太倉衛人。洪武中應秀才舉，爲崇安從事，授桂林河泊大使，終荆門州吏目。

江雨軒詩集

楊士奇等《文淵閣書目・詩詞》 《江雨軒詩集》。一部，一册。闕。

醉吟録三集

黃虞稷《千頃堂書目・別集類》 偶桓《醉吟録三集》。

盤谷集

黃虞稷《千頃堂書目・別集類》 劉薦《盤谷集》十卷。字士瑞，青田人。基之孫。洪武庚午襲封，辛未貶秩，丁丑戍甘肅，尋赦還。永樂中卒于家。

《明史・藝文志・別集類》 劉薦《盤谷集》十卷。

梅花詩

楊士奇等《文淵閣書目・詩詞》 王達善《梅花詩》。一部，一册。闕。

天游集　天游別集　天游雜稿

王圻《續文獻通考・經籍考・集下》 《天游稿》。無錫王達著。侍讀學士。

黃虞稷《千頃堂書目・別集類》 王達《天游集》十卷，又《天游別集》二卷，又《天游雜稿》十卷。字達善，無錫人。洪武中舉明經，爲大同訓導，薦入官國子助教。永樂初擢翰林編修，遷侍讀學士。

《明史・藝文志・別集類》 王達《天游集》二十二卷。

《四庫提要・別集類存目二》 《王天游集》十卷。兩江總督採進本。明王達撰。達有《筆疇》，已著録。是集乃其門人王孚所編。卷末又有其門人翟厚跋，謂其館閣鉅製及《諸子辨》等篇，咸未見録。乃重爲增補編次，仍爲十卷云云。則厚所重定，非孚之舊本矣。據孚稱達所著有《天游小稿》、《梅花百詠》、《古今孝子

讚》，俱已梓行。《詩書二經心法》，學者多傳之。又有《耐軒雜録》五卷、《問津集》一卷、《南歸集》一卷、《通書發明》一卷、《天遊詩集》十卷、《文集》三十卷，今皆未見。惟《景仲撮書》一卷、《筆疇》二卷，附於此集之末者，今尚有別本行世。蓋即從此集鈔出云。

耐軒集

王圻《續文獻通考・經籍考・集下》　《耐軒集》。王達著。

桂林機要

王圻《續文獻通考・經籍考・集下》　《桂林機要》。王達著。

青城山人集

高儒《百川書志・集・國朝》　《青城山人詩集》八卷。太子賓客春坊贊善兼翰林編修謚文静吴門王汝玉撰。名璲，以字行，青城其別號也。

范邦甸等《天一閣書目・別集類》　《青城山人詩集》一册。刊本。吴門王汝玉撰。

黄虞稷《千頃堂書目・別集類》　王璲《青城山人詩集》八卷。字汝玉，後以字行，長洲人。洪武中舉浙江鄉試，以薦攝府學教授，改應天訓導，擢翰林五經博士。永樂初進檢討，再進春坊贊善，下詔獄死。洪熙初贈太子賓客，謚文靖。

《明史・藝文志・別集類》　《王汝玉詩集》八卷。

《四庫提要・別集類二三》　《青城山人集》八卷。兩淮鹽政採進本。明王璲撰。璲字汝玉，長洲人。洪武中舉浙江鄉試。以薦攝府學教授，改應天訓導。永樂初，擢翰林五經博士，官至左春坊左贊善。後坐解縉累，下詔獄瘐死。洪熙初，贈太子賓客，謚文靖。事蹟附見《明史・鄒濟傳》。

黄丕烈《蕘圃藏書題識・集類三》　《青城山人集》八卷。校舊鈔本。此《王青城集》，余得諸五柳居書肆，崑山孔氏所藏書也。汝玉爲吴人，考楊循吉《吴中故實記》所載風雅第五凡十四人，青城王先生汝玉居首。《記》云青城王先生汝玉詩豪放，有寵永樂間，與王偁、孟楊、解縉、王達善同名，當時稱「東南五才子」。今録其語於集尾，以徵吾郡之文獻云。蕘圃黄丕烈。

頤光集

黄虞稷《千頃堂書目・別集類》　陸顒《頤光集》二十卷。字伯瞻，揚州興化人。洪武中舉明經，官户部員外郎，永樂初與修《太祖實録》。奉使朝鮮，得專對之體，爲時所稱。

《明史・藝文志・別集類》　陸顒《頤光集》二十卷。

七香詩稿

黄虞稷《千頃堂書目・別集類》　姚粵《七香詩稿》。字文政，嘉善人。

截山詩集

王圻《續文獻通考・經籍考・詩集》　《截山詩集》瓊山王惠著。

雨軒外集

范邦甸等《天一閣書目・別集類》　《雨軒外集》八卷。刊本。明僧陸溥洽撰。卷首載《敕諭》及《御祭文》，又廬陵楊士奇等塔銘，《敕賜鳳嶺講寺記》，廬陵周忱等撰文，宣德九年羊城陳璉序。

黄虞稷《千頃堂書目・別集類》　溥洽《雨軒外集》八卷。字南洲，山陰人，陸游

裔孫。上天竺僧，洪武中爲僧録司右善世。爲建文帝然鐙詛太宗，太宗即位，下獄，姚廣孝力救之始釋。仁宗即位，乞居南京報恩寺，宣德初卒。

《明史・藝文志・別集類》 溥洽《雨軒外集》八卷。

掬清稿

黄虞稷《千頃堂書目・別集類》 張羽《掬清稿》。字孝翊，黄巖人。

鳳鳴集

范邦甸等《天一閣書目・總集類》 《鳳鳴後集》六卷。刊本。明鄭楷撰。

黄虞稷《千頃堂書目・別集類》 鄭楷《鳳鳴集》。字叔度，浦江人。棠弟。

《四庫提要・別集類存目二》 《鳳鳴後集》十卷。浙江汪汝瑮家藏本。明鄭楷撰。楷字叔度，浦陽人。官蜀府左長史。是集第一卷中載近體詩數首，餘皆雜文。前後無序跋。其曰《後集》，當尚有《前集》也。朱彝尊《明詩綜》載義門鄭氏有梃、杕、榦、桐四人，而不及楷。今觀其《謝銀鈔箋》中稱家長兄榦，則楷爲榦弟。殆因不以詩名，故彝尊佚之，抑或偶未之見耶。

盤洲集

黄虞稷《千頃堂書目・別集類》 李揆《盤洲集》一卷。字伯葵，廬陵人。李昌祺父。工爲詩，人稱「李五言」，楊榮爲作傳。

興觀詩集

高儒《百川書志・集・國朝》 《興觀詩集》一卷。長史錢塘瞿祐宗吉著。止七言五十律。

存齋詠物詩

高儒《百川書志・別集》 《存齋詠物詩》一卷。皇明錢塘瞿佑宗吉著。百詠皆新題，不經謝題也，二公取物之難詠者而詠之，自成一體。

范邦甸等《天一閣書目・別集類》 《詠物新題詩》一卷。刊本。明瞿佑著。自序稱：少日見謝宗可《詠物詩》，愛之。因效其體，亦擬百篇，其已詠不重出也。才踈語拙，不可追配前人，藏之家塾，以資吟覽。正統丁卯陳信秋鴻跋。

吴焯《繡谷亭薰習録・集二》 《詠物新題》一卷。明錢唐瞿佑宗吉著。此仿元人謝宗可《詠物詩》而作，正統□年刻。□□姑蘇張益序。

黄虞稷《千頃堂書目・別集類》 瞿佑《存齋詠物詩》一卷。

宗吉集

黄虞稷《千頃堂書目・別集類》 瞿佑《宗吉集》四卷。字宗吉，錢塘人。洪武中以薦歷仁和、臨安、宜陽訓導，升周府右長史。永樂間謫戍保安，洪熙乙巳赦還。

存齋樂全集

黄虞稷《千頃堂書目・別集類》 瞿佑《存齋樂全集》三卷。

《明史・藝文志・別集類》 瞿佑《存齋樂全集》三卷。

香臺集

范邦甸等《天一閣書目・總集類》 《香臺集》三卷。藍絲闌鈔本。不著撰人名氏。

徐𤊹《徐氏家藏書目・別集類》 瞿佑《香臺集》三卷。字宗吉，錢塘人。永累中官周府長史。予曾得其鈔本詩三册，爲張惟誠求去，即杭人亦難得也。

黄虞稷《千頃堂書目・別集類》 瞿佑《香臺集》三卷。

香臺百詠

黄虞稷《千頃堂書目・別集類》 瞿佑《香臺百詠》一卷。

樂全詩集

高儒《百川書志・集・國朝》 《樂全詩集》一卷。《東遊詩》一卷。《樂全續集》一卷。前國子助教錢塘存齋翁瞿祐宗吉八十時歸老之作。自金陵游吴抵杭，途中吟詠，總得二百五十首。

東游詩

高儒《百川書志・集・國朝》 《東游詩》一卷。瞿祐作。

樂全續集

高儒《百川書志・集・國朝》 《樂全續集》一卷。瞿祐作。

陶隱集

黄虞稷《千頃堂書目・別集類》 李崇仁《陶隱集》。字子安，京山府人。恭愍王時登第，官至簽書密直司事，同知春秋館事。李成桂簒立，以鄭夢周黨削職遠流。

惕若齋集

黄虞稷《千頃堂書目・別集類》 金九容《惕若齋集》。初名齊閔，字敬之，安東人。中進士，拜三司左尹。與李崇仁權近等上書都堂，阻迎北元，使竄竹州，召爲左司議大夫，終成均大司成，尋流大理衛。

中林集

黄虞稷《千頃堂書目・別集類》 李孝謙《中林集》。名本，以字行，鄞人。與弟悌謙、忠謙洪永間相繼舉孝廉，皆以母老固辭。

自怡集

楊士奇等《文淵閣書目・詩詞》 劉孟藻《自怡集》。一部，一册。闕。

高儒《百川書志・集・國朝》 《自怡集》一卷。中奉大夫江西布政使司右參政青田劉璉孟藻著。誠意伯冢子也。詩凡九十四首。

黄虞稷《千頃堂書目・別集類》 劉璉《自怡集》一卷。字孟藻，青田人。基長子。官江西參政。

《四庫提要・別集類二二》 《自怡集》一卷。浙江巡撫採進本。明劉璉撰。璉字孟藻，青田人。誠意伯基長子，洪武十年爲考功監丞，兼試監察御史。出爲江西布政司右參政，爲胡惟庸所脅，墮井死。事蹟附見《明史・劉基傳》。是集爲其子薦所編，末附洪武十三年國史院編修官吴從善所作哀辭。

大明頌

黄虞稷《千頃堂書目・騷賦類》 王起東《大明頌》。上虞人。洪武二十三年十月

獻頌，以爲禮部試右侍郎。

易齋稿

高儒《百川書志・集・國朝》《易齋稿》十卷。括蒼易齋劉璟仲景撰。

黄虞稷《千頃堂書目・别集類》劉璟《易齋稿》十卷。字仲璟，青田人。基次子，授閤門使，尋爲谷王府左長史。靖難師入，稱疾不起，下詔獄自經死。

易齋集

高儒《百川書志・集・國朝》《易齋稿》。括蒼劉璟仲景著。

《四庫提要・别集類二三》《易齋集》二卷。浙江巡撫採進本。明劉璟撰。璟字仲璟，青田人。誠意伯基之次子。洪武二十三年，太祖命襲父爵，以讓其兄子薦，乃特設閤門使授之。尋爲谷王府左長史。燕王稱兵，隨谷王歸京師，令參李景隆軍事。兵敗，上書不見省，遂歸里。燕王即位，召之，稱疾不至。逮入京，下獄，自經死。乾隆四十一年，賜謚忠節。事蹟附見《明史・劉基傳》。其遺文久佚不傳。明末，楊文驄令青田，從諸生蔣芳華家得鈔本，始以授梓。考黄虞稷《千頃堂書目》載璟集十卷，疑此尚非完帙。又别有《無隱稿》一卷，今佚不見。其與此本同異，亦莫可考也。

無隱集

錢謙益等《絳雲樓書目・國初文集類》易齊先生《無隱集》。

黄虞稷《千頃堂書目・别集類》劉璟《無隱稿》一卷。

巽隱集

張萱等《内閣藏書目録・集部》《巽隱程先生集》二册。國初都憲程本立著。

黄虞稷《千頃堂書目・别集類》程本立《巽隱集》四卷。字原道，崇德人。洪武丙辰以明經薦爲秦、周二府引禮，謫雲南馬龍他郎甸長官司吏目。建文初徵入翰林，升僉都御史。靖難兵至，自經於應天府學。

《明史・藝文志・别集類》程本立《巽隱集》四卷。

《四庫提要・别集類二三》《巽隱集》四卷。浙江巡撫採進本。明程本立撰。本立字原道，巽隱其號也，桐鄉人。洪武九年，以明經擢秦王府引禮舍人，以母憂去。復補周府禮官，坐累謫雲南馬龍他郎甸長官司吏目。有平定百夷功，徵入翰林。歷官至右僉都御史，調江西按察副使。未行，值燕王篡位，遂自盡以殉。事蹟具《明史》本傳。是集詩二卷、文二卷，爲其曾孫山所編。弘治乙丑，桐鄉知縣莆田李廷梧序之。嘉靖初，南溪吴氏爲刊版，西虞范氏又重刊之，歲久皆散佚。此本乃萬曆乙丑桐鄉知縣濮陽棐得遺稿於其裔孫九澤，而屬訓導李詩校刊者也。

黄丕烈《蕘圃藏書題識續録・集類下》《巽隱集》四卷。明刻本。程集以此刻爲最先《四庫》所收亦濮本，葉啓勳案：此題在書面右角上方，作兩行寫。嘉靖吴南溪初刻本。葉啓勳案：此在書面中間，作一行寫。《巽隱集》。卷一、卷二。葉啓勳案：此在書面左角，作一行寫。《巽隱集》。卷三、卷四。葉啓勳案：此在書面左角，作一行寫。

余向藏《巽隱集》四卷，係重刻本，蓋明神廟時濮陽棐所梓也。其序云：集舊有刻者二，一刻於南溪吴公，再刻於西虞范公。今皆廢無存，是明神廟時已鮮舊刻矣。

卓氏遺書

黄虞稷《千頃堂書目・别集類》卓敬《卓氏遺書》五十卷。門人黄朝光輯。字維恭，瑞安人。除給事中，歷户部侍郎。靖難兵渡江，被執不屈死。

《明史・藝文志・别集類》 卓敬《卓氏遺書》五十卷。

靜學文集

張萱等《内閣藏書目録・集部》 《王靜學先生文集》二册。全。洪武末年修撰黄巖王元彩著。

黄虞稷《千頃堂書目・别集類》 王叔英《靜學齋集》二卷。字原采，一作名元采，以字行，黄巖人。洪武末爲仙居教諭，升漢陽知縣。建文元年召爲翰林修撰，靖難師逼江，奉詔募兵，行至廣德，自經於玄妙觀。

《明史・藝文志・别集類》 王叔英《靜學集》二卷。

《四庫提要・别集類二三》 《靜學文集》一卷。兩淮馬裕家藏本。明王叔英撰。叔英名原采，以字行，黄巖人。洪武中，與楊大中、葉見泰、方孝孺、林佑竝徵至，叔英固辭還鄉。後以薦官仙居訓導，改德安教授，遷漢陽知縣。建文時，召爲翰林修撰。燕兵至淮，奉詔募兵。行至廣德，會齊泰來奔，知事不可爲，乃書絶命詞，自經於玄妙觀。邏捕其家，妻金氏及二女并殉焉。事蹟具《明史》本傳。乾隆四十一年，賜謚忠節。史稱叔英在建文朝嘗上資治八策。

希董堂集

黄虞稷《千頃堂書目・别集類》 茅大方《希董堂集》五卷。字希董，泰興人。洪武中爲淮安府學教授，擢秦府長史。建文時官右副都御史，靖難兵至，死於難，集爲儲巏輯編。

《明史・藝文志・别集類》 《茅大方集》五卷。

金川玉屑集

高儒《百川書志・集・國朝》 《金川玉屑集》四卷，附録一卷。左副都御史江西新淦練安子寧著。

練子寧《金川玉屑集》三卷。名安，以字行，新淦人。洪武乙丑榜眼，官左副都御史。

黄虞稷《千頃堂書目・别集類》 練子寧《金川玉屑集》五卷。名安，以字行，號松月居士，新淦人。一甲第二人，授翰林院修撰，升副都御史，工部侍郎，建文時遷御史大夫。靖難師入，不屈死。

《明史・藝文志・别集類》 練子寧《金川玉屑集》五卷。

練中丞集

徐𤊹《徐氏家藏書目・别集類》 練子寧《中丞文集》二卷。

《四庫提要・别集類二三》 《練中丞集》二卷。兩淮馬裕家藏本。明練子寧撰。子寧名安，以字行，號松月居士，新淦人。洪武乙丑進士，建文時官左副都御史。燕兵入，殉節死。事蹟具《明史》本傳。當燕王篡立之初，誣建文諸臣爲姦黨，禁其文字甚嚴。弘治中，王佐始輯其遺文，名曰《金川玉屑》，故徐泰《詩説》有「金川練子寧《玉屑》無多，爲世所寶」之語。此本乃泰和郭子章重編。附以《遺事》一卷，其裔孫綺復增輯之。

金川玉屑詩

高儒《百川書志・集・國朝》 《金川玉屑詩》。副都憲新淦練安子寧撰。

冢宰文集

《四庫提要・别集類存目二》 《冢宰文集》一卷。浙江范懋柱家天一閣藏本。明張紞撰。紞有《雲南機務鈔黄》，已著録。此集爲嘉靖中富平訓導王道所編。道序稱烽火之餘，僅存什一於千百，蓋其所遺者僅此也。卷首有道所纂《宦績》一篇，言紞以永樂之故，勺水不入口，如是者七日，終於吏部後堂。考《明史》本傳，成祖

咎建文之改官制者，乃令紈解職務，月給半俸居京師。紈懼，自經於吏部後堂。妻子相牽，投池中死。道所云云，固善善從長之意，然非其實也。

苦淡齋集

黄虞稷《千頃堂書目・别集類》 張嗣祖《苦淡齋集》。字伯潁，吉水人。翰林修撰，署南京掌院事。

嗇庵遺稿

黄虞稷《千頃堂書目・别集類》 高遜志《嗇庵遺稿》二卷。字士敏，蕭縣人，徙居嘉興。洪武初召修《元史》，入翰林爲編修，累遷侍講學士。建文時加太常寺少卿，靖難後死永嘉山中。詩、文各一卷，十世孫佑釲編。

《明史・藝文志・别集類》 高遜志《嗇齋集》二卷。

静學齋集

黄虞稷《千頃堂書目・别集類》 蔣用文《静學齋集》。名武生，以字行，儀真人。以醫事仁宗，官太醫院使。謚恭靖。

應制集

黄虞稷《千頃堂書目・别集類》 權近《應制集》。初名晉，字可遠，一字思叔，號揚邨，高麗秀才。建文四年，朝鮮恭定王李芳遠令知申事朴錫下議政府鏤板以行，嘉靖大夫藝文館提舉。國人李詹暨奉使翰林史官兵部主事金陵端木孝思作序。

節庵集　續編

黄虞稷《千頃堂書目・别集類》 高得暘《節庵集》三卷。字孟升，錢塘人。宗人府經歷，預修《永樂大典》。後坐解縉事，下獄死。

《四庫提要・别集類存目二》 《節庵集》八卷，《續編》一卷。浙江巡撫採進本。明高得暘撰。得暘字節庵，錢塘人，遷居臨安。洪武間有司以文學薦，三爲校官。永樂初擢爲宗人府經歷，充《永樂大典》副總裁。是集首雜著一卷，次各體詩七卷。鄒濟墓誌謂其生平稿多不存，故所録僅止於此。誌又稱得暘與修《永樂大典》，分掌《三禮》，編摩有方。今核所纂《三禮》諸條，於前人經説，去取尚爲精審，蓋亦博識之士。

素庵集

黄虞稷《千頃堂書目・别集類》 鄒緝《素庵集》十卷。字仲熙，吉水人。除星子訓導，永樂初入爲翰林檢討，歷官左春坊左庶子，與修《太祖實録》及《永樂大典》。

《明史・藝文志・别集類》 鄒緝《素庵集》十卷。

芻蕘集

徐𤊹《徐氏家藏書目・别集類》 周是修《芻蕘集》六卷。名德，以字行，太和人。國初以明經舉。高皇帝擢爲周府奉祠，改衡府紀善，預翰林纂修。文皇靖難至金川門，是修密留書於家，入應天府學。自經死，年四十九。萬曆中刻集，王世貞、劉應秋、姜士昌序，末附楊士奇、解縉、王直墓志。

黄虞稷《千頃堂書目・别集類》 周是修《芻蕘集》六卷。名德，以字行，泰和人。洪武中舉明經，由霍丘訓導歷周府紀善。改衡府。靖難兵渡江，入應天府學自經死。

《明史・藝文志・别集類》 周是修《芻蕘集》六卷。

《四庫提要・别集類二三》 《芻蕘集》六卷。江西巡撫採進本。明周是修撰。

是修有《綱常懿範》，已著録。是集爲其孫應鼇所編。凡詩三卷，賦及雜文共三卷。大抵風骨棱棱，溢於楮墨，望而知爲忠臣義士之文。其矩度波瀾，亦具合古法，不在當時作者下。世不甚稱，殆轉以氣節掩歟。

進思集

黄虞稷《千頃堂書目・别集類》 周是修《進思集》□卷。

樸庵自怡稿

黄虞稷《千頃堂書目・别集類》 俞士吉《樸庵自怡稿》。字用貞，象山人。南京刑部右侍郎。

滇南集稿

黄虞稷《千頃堂書目・别集類》 沈度《滇南集稿》。洪武中謫滇時作。字民則，華亭人。翰林學士。

隨筆録

黄虞稷《千頃堂書目・别集類》 沈度《隨筆録》。

西清餘暇

黄虞稷《千頃堂書目・别集類》 沈度《西清餘暇》。

自樂稿

黄虞稷《千頃堂書目・别集類》 沈度《自樂稿》。

玉堂集

黄虞稷《千頃堂書目・别集類》 徐旭《玉堂集》。字孟昭，江西樂平人。國子監祭酒，降翰林院修撰。

林公輔集

黄虞稷《千頃堂書目・别集類》 林右《林公輔集》二卷。臨海人。洪武間爲中書舍人，與方孝孺、王叔英友，奉璽書行邊歸，進春坊大學士，輔導皇太孫。後以事謫中都教授，挂冠歸去。成祖兵入，聞方、王死，爲位哭於家。永樂戊子島倭亂，有司強右起視兵，禦鄉里有功，成祖聞而召之。不赴，命武士械至京，對語不遜，劓其鼻死。

《明史・藝文志・别集類》 《林右集》二卷。

《四庫提要・别集類存目二》 《林公輔集》三卷。編修汪如藻家藏本。明林右撰。右字公輔，臨海人。洪武中官中書舍人，進春坊大學士，輔導皇太孫，以事謫中都教授。是集多記序酬應之作，惟題後數則間及史事，亦無特識。至於故國舊君，動多詆斥。其視徐鉉撰《李煜碑》但陳運數有歸者，用心之厚薄尤相去遠矣。

吴壽暘《拜經樓藏書題跋記》 《林公輔集》。天台林公輔先生文集一册，不分卷。初白庵藏本補書目録于前，並跋云：「林公輔名右，明洪武朝人，被薦授職閣門下，所著文計一百五篇，不分卷帙。余得鈔本於友人齋頭，補綴破爛，别録如右。原本舊用硃墨校閲，每篇段落及字句之間多有鉤畫甲乙處，於作者命意眉目分明，要是留意於先民矩矱者。故并其圈點悉依原本

以存其舊焉。」

方正學文集

王世貞《讀書後》 書《方正學文集》後。

遜志齋集　拾遺

王圻《續文獻通考・經籍考・集下》 《遜志齋集》四十卷。臨海方希古著。

徐燉《徐氏家藏書目・別集類》 方孝孺《遜志齋集》二十四卷。字希直，海寧人。洪武末官翰林院侍讀，直文淵閣。

黃虞稷《千頃堂書目・別集類》 方孝孺《遜志齋集》三十卷，《拾遺》一卷。黃孔昭，謝鐸同輯。又二十四卷，《附録外紀》二卷。今行本。字希直，一字希古，臨海人。建文中文學博士，靖難兵至，首以身殉。歿後嚴禁文字，門人王稌藏之。

《明史・藝文志・別集類》 方孝孺《遜志齋集》三十卷，《拾遺》十卷。黃孔昭，謝鐸同輯。

《四庫提要・別集類二三》 《遜志齋集》二十四卷。內府藏本。明方孝孺撰。孝孺有《雜誠》，已著録。是集凡雜著八卷，書三卷，序三卷，記三卷，題跋一卷，贊一卷，祭文、誄、哀辭一卷，行狀、傳一卷，碑、表、誌一卷，古體詩一卷，近體詩一卷。史稱孝孺殉節後，文禁甚嚴。其門人王稌藏其遺稿，宣德後始稍傳播，故其中闕文脱簡頗多。原本凡三十卷。《拾遺》十卷，乃黃孔昭、謝鐸所編。此本併爲二十四卷，則正德中顧璘守台州時所重刊也。孝孺學術醇正，而文章乃縱横豪放，頗出入於東坡、龍川之間。蓋其志在於駕軼漢、唐，鋭復三代，故其毅然自命之氣，發揚蹈厲，時露於筆墨之間。

張之洞《書目答問・別集》 《遜志齋集》二十四卷。明方孝孺。明刻本。台州刻本。《乾坤正氣集》本。

雜誠二十八章

王圻《續文獻通考・經籍考・集下》 《雜誠二十八章》。臨海方希古著。

宗儀九篇

王圻《續文獻通考・經籍考・集下》 《宗儀九篇》。臨海方希古著。

侯城集

王圻《續文獻通考・經籍考・集下》 《侯城集》。臨海方希古著。乃王稌所輯正學遺文。

二十八箴

王圻《續文獻通考・經籍考・詩集》 《二十八箴》。方希古著。

天游山人賦

黃虞稷《千頃堂書目・騷賦類》 康祥卿《天游山人賦》一卷。

忠誠伯詩集

高儒《百川書志・集・國朝》 《忠誠伯詩》一卷。榮禄大夫太子少保兵部尚

書忠誠伯衡山茹瑺良玉撰。詩九首。

黄虞稷《千頃堂書目・別集類》 茹瑺《忠誠伯詩集》一卷。

《明史・藝文志・別集類》 《茹瑺詩》一卷。

慎獨齋集

黄虞稷《千頃堂書目・別集類》 趙文《慎獨齋集》一卷。字宗文，以字行，長洲人。永樂中鄱陽知縣。

峴泉文集

范邦甸等《天一閣書目・總集類》 《峴泉文集》二十卷。鈔本。明耆山張宇初撰。金華王紳序云：嗣教真人張公無爲，自其家世守老子之教至公凡四十三傳，公于琅函蘂笈、金科玉訣之文，既無不博覽而該貫，益于六經子史、百氏之書大肆其窮索。至于辭章翰墨，各極精妙，間出其詩文若干卷，屬序，題曰「峴泉」者，因精舍之稱云。

黄虞稷《千頃堂書目・別集類》 張宇初《峴泉文集》二十卷。字子璿，廣信人。嗣漢四十二代天師，洪武十年嗣掌道教，賜號無爲真人。穎悟有文學，王紳爲集序。

《明史・藝文志・別集類》 張宇初《峴泉文集》二十卷。

峴泉集

《四庫提要・別集類二三》 《峴泉集》四卷。江西巡撫採進本。明張宇初撰。宇初字子璿，貴溪人。張道陵四十三世孫，洪武十年襲掌道教，永樂八年卒。《明史・方技傳》附見其父《正常傳》中，稱其建文時嘗坐不法奪印誥，成祖即位復之。又稱其嘗受道法於長春真人劉淵然，後與淵然不協，互相詆訐，其人品頗不純粹。然其文章乃斐然可觀。其中若《太極釋》、《先天圖論》、《河圖原辨》、《荀子辨》、《陰符經》諸篇，皆有合於儒者之言。《問神》一篇，悉本程朱之理，未嘗以雲師、風伯荒怪之説張大其教。以視誦周、孔之書而混淆儒、墨之界者，實轉爲勝之。

簡齋集

黄虞稷《千頃堂書目・別集類》 陳仲完《簡齋集》四卷。名完，以字行，福建長樂人。以王褒薦，官左春坊左贊善，兼翰林院編修。

簡齋集

黄虞稷《千頃堂書目・別集類》 陳完《簡齋集》。字孟英，吴人。

繼志齋集

王圻《續文獻通考・經籍考・集下》 《繼志齋集》三十卷。國子博士王紳著，禕仲子，義烏人。

黄虞稷《千頃堂書目・別集類》 王紳《繼志齋文集》二十卷。字仲縉，義烏人。待制禕之子，官國子博士。

《明史・藝文志・別集類》 《王紳文集》三十卷。

《四庫提要・別集類二三》 《繼志齋集》十二卷，附録一卷。兩淮鹽政採進本。明王紳撰。紳字仲縉，義烏人。待制禕之仲子。【略】「建文帝時，用薦召爲國子博士，預修《太祖實録》。獻《大明鐃歌鼓吹曲》十二章，卒於官。」王泌《東朝記》以爲成祖召入翰林，編摩《太祖實録》者，誤也。其集冠以《鐃歌》十二首，即建文初所獻。次爲賦二篇，次爲古今體詩及諸雜文，末爲附録一卷。

黄郎中集

黄虞稷《千頃堂書目·别集類》 黄裳《黄郎中集》十卷。字迪吉，番禺人。刑部郎中。

《明史·藝文志·别集類》 《黄裳集》十卷。

竹齋文集

黄虞稷《千頃堂書目·别集類》 孫貞《竹齋文集》。字宗正，豐城人。國子監博士。

西澗集

黄虞稷《千頃堂書目·别集類》 戴哻《西澗集》一卷。字士儀，浮梁人。嘉興府學教授，戴珊父。

遇安軒集

黄虞稷《千頃堂書目·别集類》 石允常《遇安軒集》。字恒德，寧海人。河南僉事，謫常州同知。永樂初授御史不受，過金陵，痛哭不食卒。

聞一齋集

黄虞稷《千頃堂書目·别集類》 鄭賜《聞一齋集》四卷。甌寧人。禮部尚書。

《明史·藝文志·别集類》 鄭賜《聞一齋集》四卷。

履素齋集

黄虞稷《千頃堂書目·别集類》 蘇伯厚《履素齋集》十卷。名垶，以字行，建安人。洪武中以薦授建寧府學訓導，遷晉府伴讀。永樂初擢翰林侍書，遷檢討，預修《太祖實録》。以子鎰仕，贈吏部員外郎。

《明史·藝文志·别集類》 蘇伯厚《履素集》十卷。

西崖集

黄虞稷《千頃堂書目·别集類》 朱瑛《西崖集》八卷。

雲泉集

黄虞稷《千頃堂書目·别集類》 劉本《雲泉集》五卷。字惟源，慈谿人。翰林院編修。

薇庵集

黄虞稷《千頃堂書目·别集類》 任勉《薇庵集》。字□□，上海人。福建右參政。

節齋詩

黄虞稷《千頃堂書目·别集類》 武信《節齋詩》二卷。字□□，滁州人。交阯順化知府。

歸田類稿

王圻《續文獻通考·經籍考·集下》《歸田類稿》。知瑞安縣黄紹烈著。金谿人。

黄虞稷《千頃堂書目·別集類》黄紹烈《歸田類稿》。名克，以字行，臨川人，瑞安知縣。

止軒集

黄虞稷《千頃堂書目·別集類》方定《止軒集》。字志安，淳安人。

孝思集

黄虞稷《千頃堂書目·別集類》朱思平《孝思集》。字廷準，天台人。

玉堂吟

黄虞稷《千頃堂書目·別集類》朱思平《玉堂吟》。

静寄集

黄虞稷《千頃堂書目·別集類》倪峻《静寄集》。字克明，無錫人。給事中，改行人，出使占城。

徐永達文集

黄虞稷《千頃堂書目·別集類》《徐永達文集》二十卷。字志道，歸德人。永樂十年任南京鴻臚寺，出爲湖廣山西按察使。

《明史·藝文志·別集類》《徐永達文集》二十卷。

徐永達詩集

黄虞稷《千頃堂書目·別集類》《徐永達詩集》十卷。

《明史·藝文志·別集類》《徐永達詩》十卷。

槐陰集

黄虞稷《千頃堂書目·別集類》王毓《槐陰集》。永嘉人。

元宮詞

毛晉《汲古閣書跋》《元宮詞》。辛未花朝，偶過林若撫齋頭，見《元宮詞》百首，乃是我朝蘭雪主人作。又不著姓氏，雖未若元人親炙宮庭，然風聞於乳媪，或非浪詠。且沙漠景光，一換唐宋耳目，亦可嗣刻，予昔年三家二家之尾云。

黄虞稷《千頃堂書目·別集類》周定王橚《蘭雪軒元宮詞》一卷。舊以爲周憲王，宛平劉效祖序又作周恭王，何喬遠以爲定王。考其自序作于永樂四年，定王之薨，在洪熙元年，則似屬定王，非憲、恭也。王高皇帝第五子。洪武三年封吴，十一年改封周。

《四庫提要·別集類存目二》《元宮詞》一卷。浙江巡撫採進本。不著撰人名氏。前有自序，稱「永樂元年欽賜余家一老媪，年七十矣，乃元宮之乳姆。女知宫

中事爲最悉。閒嘗細訪之，一一備陳其事。故余詩中所録，皆元宫之實事」云云。末題「永樂四年夏四月朔日，蘭雪軒製」。後有毛晉跋，亦不知爲何許人。案朱彝尊《静志居詩話》曰：「《元宫詞》百首，宛平劉效祖序，稱周恭王所撰。」考定王以洪武十四年之國，洪熙元年薨。序題永樂四年，則爲定王無疑矣。定王名橚，太祖第五子也。《明史·周王橚傳》用彝尊之説，蓋以所考爲允矣。

進德齋稿

黄虞稷《千頃堂書目·别集類》 鄭柏《進德齋稿》。字叔瑞，楷弟。

頤庵集

王圻《續文獻通考·經籍考·集下》 《頤庵集》。國子祭酒胡儼著。南昌人。

黄虞稷《千頃堂書目·别集類》 胡儼《頤庵集》三十卷。字若思，南昌人。洪武末會試乙未科，授華亭教諭。永樂初擢翰林檢討，同解縉等直内閣，尋遷國子監祭酒。洪熙元年加太子賓客，致仕。

《明史·藝文志·别集類》 胡儼《頤庵集》三十卷。

頤庵文集

黄虞稷《千頃堂書目·别集類》 胡儼《頤庵文集》十二卷。吴國倫選。

頤庵文選

《四庫提要·别集類二三》 《頤庵文選》二卷。兩淮鹽政採進本。明胡儼撰。儼字若思，南昌人。洪武末以舉人授華亭教諭。永樂初擢翰林院檢討，與解縉等同直内閣，遷國子祭酒。洪熙元年加太子賓客，致仕。家居二十年而卒。事蹟具《明史》本傳。史稱儼少嗜學，於象緯、占候、律算、醫卜之術，無不通曉。又稱是時海内混一垂五十年，公卿大夫彬彬多文學之士。儼館閣宿儒，朝廷大著作多出其手。纂修《太祖實録》、《永樂大典》皆爲總裁官。而以議論戇直，爲同僚所不容。故久於國學，未能大用。其詩頗近江西一派，詞旨高邁，寄託深遠。與「三楊」之和平安雅者氣象稍殊。文章則得法於熊釗，釗學於虞集，授受淵源，相承有自。故其氣格高老，律度謹嚴，可以追蹤作者，卓然爲明初之一家。《明史·藝文志》載《頤庵集》本三十卷，此集詩文各止一卷，乃後人選本，非其全帙。然嘗鼎一臠，亦足以知其概矣。

歸田集

王圻《續文獻通考·經籍考·集下》 《歸田稿》。常熟修撰張洪著。

黄虞稷《千頃堂書目·别集類》 張洪《歸田集》二卷。字宗海，常熟人。洪武中謫戍雲南。永樂初授行人。仁宗召入翰林，改修撰。

《明史·藝文志·别集類》 《張洪集》二卷。

攬轡集

黄虞稷《千頃堂書目·别集類》 張洪《攬轡集》□卷。

王舍人詩集

高儒《百川書志·集·國朝》 《王舍人友石詩集》五卷。中書舍人錫山王紱孟端撰。

黄虞稷《千頃堂書目·别集類》 王紱《友石山房稿》五卷。

《明史・藝文志・別集類》《王紱詩集》五卷。

吴焯《繡谷亭薰習録・集二》《友石集》五卷。

《四庫提要・別集類二三》《王舍人詩集》五卷。浙江巡撫採進本。明王紱撰。紱字孟端，無錫人，別號友石生，又曰九龍山人。洪武中徵至京師，尋坐累戍朔州。永樂初，用薦以善書供事文淵閣。久之除中書舍人，卒於官，事蹟具《明史・文苑傳》。集爲其子默所編，又名《友石山房稿》。前有曾棨、王進序，後附章昞如、胡廣等所作行狀、墓表。

黄丕烈《蕘圃藏書題識・集類三》《友石先生詩集》五卷。明刻本。

石田集

黄虞稷《千頃堂書目・別集類》陳登《石田集》三卷。字思孝，以善書爲中書舍人。

欣木稿

黄虞稷《千頃堂書目・別集類》陳山《欣木稿》。會稽人。

瓊臺集

黄虞稷《千頃堂書目・別集類》陳山《瓊臺集》。

春庵集

黄虞稷《千頃堂書目・別集類》楊貢《春庵集》。字彦章，滁州人。中書省右司郎中楊元杲子。官楚府紀善。

謝孔昭詩集

范邦甸等《天一閣書目・別集類》《謝孔昭詩集》一册。藍絲闌鈔本。明吴門謝孔昭著。永樂癸未朱逢吉序，稱得之其友王均塾中，因爲之序。後有汝南周傳、浚儀張肯序。

蘭庭集

黄虞稷《千頃堂書目・別集類》謝縉《蘭庭集》一卷。

《四庫提要・別集類二三》《蘭庭集》二卷。兩淮鹽政採進本。明謝晉撰。晉字孔昭，吴縣人。工畫山水，嘗自戲爲謝疊山。其名《明詩綜》作「晉」，而集末《贈盛啓東》一首，乃自題「葵丘謝縉」。又附見《沈大本詩》一首，題作「寄謝縉」。

樵雲集

黄虞稷《千頃堂書目・別集類》丁晉《樵雲集》。崑山人。洪武中謫戍莊浪，永樂中選爲肅府校尉。

夢庵集

黄虞稷《千頃堂書目・別集類》張肯《夢庵集》。字繼孟，吴人張芸己子，從宋濂學。

木菴存稿

高儒《百川書志・集・國朝》《木菴存稿》二卷，《附卷》。知蓬州政閩中鄭

濟叔亨撰。文止六篇。

灤洲漁唱集

黄虞稷《千頃堂書目・别集類》 胡榮《灤洲漁唱集》。字希華，湯溪人。

樸園集

黄虞稷《千頃堂書目・别集類》 元瀞《樸園集》。字天鏡，號樸隱，會稽人，自稱會稽山樵。洪武中召至南京，乞歸主靈隱寺，罹禍謫戍陝西。

蘭江望雲集

黄虞稷《千頃堂書目・别集類》 清濋《蘭江望雲集》二卷。字蘭江，天台人。常説法吴中，太祖召對稱旨，御製清濋歌賜之。

《明史・藝文志・别集類》 清濋《蘭江望雲集》二卷。

夢室集

黄虞稷《千頃堂書目・别集類》 至道《夢室集》。字物外，臨海人。住無錫之嵩山寺，洪武中被召，尋乞還。

山庵雜録

黄虞稷《千頃堂書目・别集類》 無愠《山庵雜録》。字恕沖，號空室，臨海人。出家徑山，主明州之靈巖，再主台州之瑞巖，忽謝事入松巖。日本來聘，被召至闕下，以老病辭，留天界寺，尋還鄞之翠山。

水雲堂小稿

黄虞稷《千頃堂書目・别集類》 子楩《水雲堂小稿》二卷。字用章，奉化人。族陳氏，宋濂爲序其集。

《明史・藝文志・别集類》 子楩《水雲堂稿》二卷。

西閣集

黄虞稷《千頃堂書目・别集類》 如臯《西閣集》。字物元，四明人。餘姚趙撝謙詮次，天台朱右序。

照元上人詩集

黄虞稷《千頃堂書目・别集類》 《照元上人詩集》。住持萬松嶺之壽寧寺，劉基序。

松月集

黄虞稷《千頃堂書目・别集類》 故山《松月集》。洪武初，揚州府僧綱司都綱。

松月集

《四庫提要・别集類存目二》 《松月集》一卷。兩淮鹽政採進本。明釋睿略

撰。睿略字道權，號簡庵，蘇州人。嘗以「松月」扁其軒，人呼爲松月翁，因以名集。前有洪武癸酉俞貞序，後載姚廣孝塔銘。

桐嶼集

黄虞稷《千頃堂書目・别集類》 德祥《桐嶼詩集》。

《明史・藝文志・别集類》 德祥《桐嶼詩》一卷。

《四庫提要・别集類存目二》 《桐嶼集》四卷。浙江汪啓淑家藏本。 明釋德祥撰。德祥字麟洲，號止菴，錢塘人。洪武中住持徑山。

夢觀集

黄虞稷《千頃堂書目・别集類》 守仁《夢覺集》六卷。字一初，號夢覺，富陽人。四明延慶寺僧，住持靈隱，洪武中徵授僧録司左講經，升右善世。

《明史・藝文志・别集類》 守仁《夢觀集》六卷。

息耒齋集

黄虞稷《千頃堂書目・别集類》 唐之淳《息耒齋集》。字愚士，以字行，山陰人。供奉肅之子。建文初用薦爲翰林侍讀。

寄我軒集

黄虞稷《千頃堂書目・别集類》 唐之淳《寄我軒集》。

彀齋稿

黄虞稷《千頃堂書目・别集類》 唐之淳《彀齋稿》。

萍居集

黄虞稷《千頃堂書目・别集類》 唐之淳《萍居集》二十卷。

唐愚士詩　附會稽懷古詩

《四庫提要・别集類二三》 《唐愚士詩》二卷，附《會稽懷古詩》一卷。江蘇巡撫採進本。 明唐之淳撰。之淳字愚士，亦以字行，山陰人。肅之子也。建文初，詔詞臣修《鑑戒録》，方孝孺薦之，授翰林院侍讀，與孝孺同領書局，卒於官。【略】是集僅其丁卯、戊辰二年所作，似非完本。又詩文相間成編，而總題曰詩，亦非體例。疑當日雜録手稿，存此一帙，後人因鈔傳之，故編次叢雜如此歟。其詩雖未經簡汰，金礫竝存，而氣格質實，無元季纖穠之習。其塞外諸作，山川物産，尤足以資考核。《會稽懷古詩》一卷，乃其少作。凡五言古詩三十首，題下各有小序，仿阮閲、曾極、張堯同之例。其中如舜廟不取地志耕象之説，禹廟不取禹穴藏書之説，皆爲有識。此卷本於集外别行，然篇頁寥寥，今綴於集後。末附長洲戴冠和詩三十首，大抵湊泊成篇，不及之淳原唱。以舊本所有，姑亦竝存焉。

李氏詩集

黄虞稷《千頃堂書目・别集類》 《李氏詩集》一卷。洪武間吴郡士女。

柏樓吟

黃虞稷《千頃堂書目・別集類》 蔣文旭妻孟蘊《柏樓吟》一卷。字生温，諸暨人。

石軒集

黃虞稷《千頃堂書目・別集類》 漏瑜《石軒集》。字叔瑜，一字大美，別號越南，會稽人，革除間河南道監察御史。

都尉集

黃虞稷《千頃堂書目・別集類》 梅殷《都尉集》三卷。

《明史・藝文志・別集類》 梅殷《都尉集》三卷。

青巖類稿

黃虞稷《千頃堂書目・別集類》 王稌《青巖類稿》。字叔豐，王紳子。受業方孝孺，收其遺骸。

《明史・藝文志・別集類》 王稌《青巖類稿》十卷。

懷古詩集

黃虞稷《千頃堂書目・別集類》 劉端《懷古詩集》。南昌人。永樂十一年任大理寺右寺丞，與左寺丞王高同以縱奸惡外親棄市。

沖玄稿

黃虞稷《千頃堂書目・別集類》 孫鎮《沖玄稿》。字希武，合肥人。洪武中舉經明行修爲衛輝知府，以守城抗節。永樂初謫戍山海。宣德初御史薦授上饒丞不就。

竹軒集

黃虞稷《千頃堂書目・別集類》 劉亨《竹軒集》。字嘉會，廬陵人。洪武中徵辟。建文初言國子監祭酒師表天下，士班不宜在太僕下，采用之。永樂中屢薦不出卒。

寫心集

黃虞稷《千頃堂書目・別集類》 劉亨《寫心集》。

隨寓録

黃虞稷《千頃堂書目・別集類》 劉亨《隨寓録》。

鷗庵集

黃虞稷《千頃堂書目・別集類》 張紞《鷗庵集》一卷。字季昭，富平人。洪武中舉通經爲東宮侍書，建文中召拜吏部尚書。

《明史・藝文志・別集類》 張紞《鷗庵集》一卷。

居夷集

黄虞稷《千頃堂書目・別集類》 樓璉《居夷集》五卷。謫戍雲南洱海時作。字士連，義烏人。建文初起爲翰林侍讀，燕師入，命草詔，自經死。

《明史・藝文志・別集類》 樓璉《居夷集》五卷。

古檜堂集

黄虞稷《千頃堂書目・別集類》 范昌《古檜堂集》。字廷碩，嘉興人。

溪南集

黄虞稷《千頃堂書目・別集類》 馬昇《溪南集》。平湖人。

蒹葭詩稿

黄虞稷《千頃堂書目・別集類》 馬昇《蒹葭詩稿》。

雪庵集

黄虞稷《千頃堂書目・別集類》 葉希賢《雪庵集》。松陽人。

撫安泮池稿

黄虞稷《千頃堂書目・別集類》 朱肇《撫安泮池稿》。字本初，義烏人。

仁孝皇后詩集

黄虞稷《千頃堂書目・別集類》 《仁孝皇后詩集》一卷。

龍溪陳先生文集

潘祖蔭《滂喜齋藏書記・集部》 明刻《龍溪陳先生文集》五卷。二册。明陳睢子晦撰。《四庫》不著録，後有鄭雍序。子晦，閩之龍溪人，年十六即領鄉貢，後爲教官，初任建昌南城，後調常州，升國子學正，卒於官，年四十有一。其文多在常州時作，談毘陵典實者，頗有資於考證也。舊藏虞山張氏，後有陳蓮史跋云：道光乙巳三月，向芙川兄借讀并傳寫一部珍藏。張冰圓題其首云：此爲瞿忠宣金元功藏書，《文瑞樓書目》所載也。雖是明初人別集，傳本絶少。己酉九月，孫鎮軍雲鴻見之，因是龍溪文獻，欲以善價求之，未許也。咸豐壬子冬月。

古厓集

黄虞稷《千頃堂書目・別集類》 吴溥《古厓集》一卷。字德潤，臨川人。會元，授翰林院編修，與修《太祖實録》，國子監司業。

黄忠宣集　别集

王圻《續文獻通考・經籍考・集下》　《黄忠宣集》、《忠宣别集》。黄福著。

《四庫提要・别集類存目二》　《黄忠宣集》八卷。兩淮馬裕家藏本。明黄福撰。福字如錫，號後樂翁，昌邑人。洪武甲子舉人，官至南京户部尚書，兼掌兵部，參贊留都機務。事蹟具《明史》本傳。是集爲其子琮所編。冠以奉使安南水程，殊乖體例。餘多手札公牘，皆不入格，蓋福本以政績傳也。

黄忠宣公家集

黄虞稷《千頃堂書目・别集類》　黄福《黄忠宣公家集》三十卷。又集十八卷。字如錫，昌邑人。南京户部尚書，兼兵部，成化初贈太保。謚忠宣，集一作十三卷。

《明史・藝文志・别集類》　黄福《家集》三十卷。

後樂堂使交文集　續集

黄虞稷《千頃堂書目・别集類》　黄福《後樂堂使交文集》十七卷。又《後樂續集》。

《明史・藝文志・别集類》　黄福《使交文集》十七卷。

頤庵集

黄虞稷《千頃堂書目・别集類》　鄒濟《頤庵集》九卷。餘杭人。永樂初薦舉，官少詹事，兼翰林院侍讀學士，贈太子少保。謚文敏。成化《杭州府志》云詩文四卷，孫煜編次。

《明史・藝文志・别集類》　鄒濟《頤庵集》九卷。

存軒集

黄虞稷《千頃堂書目・别集類》　趙友同《存軒集》一卷。

《四庫提要・别集類存目二》　《存軒集》。無卷數。江蘇巡撫採進本。明趙友同撰。友同字彦如，浦江人，徙居長洲。洪武末官華亭訓導，永樂初用薦授御醫，與修《永樂大典》、《五經大全》諸書。集首結銜稱修職郎、太醫院御醫、兼文淵閣副總裁。蓋明初官制如此也。其集皆賦頌記序雜文，而無詩，共一百四十四翻。篇首雖標卷一，而書中實不分卷數。其文沿南宋餘習，頗爲平衍，在明初未爲作手。

思齋集

王圻《續文獻通考・經籍考・集下》　《思齋集》。武進陳濟著。右贊善。

傖父集

王圻《續文獻通考・經籍考・集下》　《傖父集》。祥符禮兵刑三部尚書趙玨著。

黄虞稷《千頃堂書目・别集類》　趙玨《傖父集》三卷。字雲翰，祥符人。授兵部主事，遷員外，升浙江右參政。命使交阯，還擢刑部右侍郎，改工部，復改禮部尚書，尋改兵部，再改刑部。

《明史・藝文志・别集類》　《趙玨集》三卷。

東里全集　别集

徐𤊹《徐氏家藏書目・别集類》　楊士奇《東里全集》八十四卷。原名寓，以

字行，泰和人。建文初徵辟爲翰林修撰。文皇即位，累官禮部尚書，華盖殿大學士，進少師，柱國，歷仕三朝。卒年八十，謚文貞。

《四庫提要・別集類二三》《東里全集》九十七卷，《別集》四卷。江蘇巡撫採進本。明楊士奇撰。士奇有《三朝聖諭録》，已著録。明初「三楊」竝稱，而士奇文章特優，制誥碑版多出其手。【略】集分正、續二編。正集所載較少，續集幾至倍之。其別集四種：一即《代言録》，一爲《聖諭録》，一爲《奏對録》，一爲士奇傳誌諸文，綴於末爲附録。李東陽《懷麓堂詩話》曰：「楊文貞《東里集》，手自選擇，刻之廣東，爲人竄入數首。後其子孫又刻爲續集，非公意也。」然則續集乃士奇所自芟棄，非盡得意之作。以其搜羅較富，往往有足備考核者，故仍其舊并録之焉。

東里文集

高儒《百川書志・集・國朝》《東里文集》二十五卷。少師文貞公廬陵楊士奇撰。

范邦甸等《天一閣書目・別集類》《東里文集》二十五卷。刊本。明少師楊士奇著。永嘉黄淮、江陵楊博、金陵李時敏均有序，周京、唐堯賓、張天敘、洪恩、彭紹夔、鄺舜陶校刻。

王圻《續文獻通考・經籍考・集下》《楊東里集》。泰和楊士奇著，官兵部尚書。

黄虞稷《千頃堂書目・別集類》楊士奇《東里集》二十五卷。名寓，以字行，泰和人。建文時以辟召入翰林，永樂初改編修，入直文淵閣，累官少師，華蓋殿大學士，贈太師，謚文貞。

《明史・藝文志・別集類》楊士奇《東里集》二十五卷。

《四庫提要・別集類存目二》《別本東里文集》二十五卷。江蘇巡撫採進本。明楊士奇撰。士奇有《代言録》，已著録。是集記二卷、序六卷、題跋四卷、碑銘十卷、雜文三卷。末一卷題曰《方外》，凡爲二氏所作悉別編焉。蓋用楊傑《無爲集》例，疑即《懷麓堂詩話》所謂士奇自定之本。以不及全集之完備，故附存其目焉。

東里詩集　續集

范邦甸等《天一閣書目・別集類》《楊東里詩集》三卷。刊本。明少師廬陵楊士奇撰，正統元年江陵楊溥爲之序。

《東里詩集》三卷。刊本。明楊士奇著，楊溥序。

《東里詩集》三卷，《續集》六十二卷。楊士奇著。

黄虞稷《千頃堂書目・別集類》楊士奇《東里詩集》三卷，又《東里續集》六十六卷。

《明史・藝文志・別集類》《楊士奇詩》三卷。

黄丕烈《蕘圃藏書題識續録・集類下》《楊東里詩集》三卷。明刻本。

玉堂遺稿

黄虞稷《千頃堂書目・別集類》楊士奇《玉堂遺稿》四册。

代言録

范邦甸等《天一閣書目・別集類》楊士奇《代言録》一卷。

聖諭録

范邦甸等《天一閣書目・別集類》楊士奇《聖諭録》一卷。

奏對録

范邦甸等《天一閣書目・別集類》 楊士奇《奏對録》一卷，附録四卷。

泊庵集

范邦甸等《天一閣書目・總集類》 《泊庵集》十六卷。刊本。明梁潛撰。

黄虞稷《千頃堂書目・別集類》 梁潛《泊庵集》十二卷。

《明史・藝文志・別集類》 梁潛《泊庵集》十二卷。

《四庫提要・別集類二三》 《泊庵集》十六卷。江西巡撫採進本。明梁潛撰。潛字用之，泰和人。洪武丙子舉人。授蒼溪訓導，歷知四會、陽江、陽春三縣。永樂初，召修《太祖實録》，累遷右春坊右贊善。會修《永樂大典》，代禮部尚書鄭賜爲總裁，陞侍讀。永樂十五年北征，仁宗監國，以釋陳千户事牽連坐死。【略】此本有文無詩，集末有康熙辛酉潛裔孫天清《續刻家集小引》云：「泊庵公詩集已瘞文冢，不復存人間。」則舊本久佚矣。

泊庵詩集

范邦甸等《天一閣書目・別集類》 《泊庵詩集》二卷。刊本。卷首尾無序跋。有少峰識云：泊庵姓梁，名潛，江右人，洪武永樂時仕至某官。五世孫梁號定齋由舉人監官辰州府通判，惠我此集，上下二本，詩有可觀，存之。

玉巖集

黄虞稷《千頃堂書目・別集類》 馬鐸《玉巖集》二卷。字彦聲，長樂人。一甲第一人，翰林修撰，兩侍仁宗監國。

玉雪齋集

王圻《續文獻通考・經籍考・集下》 《玉雪齋集》。金壇大理卿虞謙著。

玉雪齋詩集

黄虞稷《千頃堂書目・別集類》 虞謙《玉雪齋詩集》二卷。字伯益，金壇人。洪武中由太學生擢刑部郎，出知杭州府。永樂中召爲大理寺少卿。仁宗監國，奏除都察院左副都御史，轉大理卿。

疏庵日稿

黄虞稷《千頃堂書目・別集類》 向寶《疏庵日稿》。字克忠，進賢人。都察院副都御史，兼詹事府詹事。

夏忠靖集

王圻《續文獻通考・經籍考・集下》 《夏文靖公集》。夏原吉著。

黄虞稷《千頃堂書目・別集類》 夏原吉《夏忠靖公集》六卷。一作三卷。附《遺稿》二卷。

《明史・藝文志・別集類》 《夏原吉集》六卷。

《四庫提要・別集類二三》 《夏忠靖集》六卷，附録一卷。浙江巡撫採進本。明夏原吉撰。原吉字維喆，湘陰人。以鄉薦遊太學，選授户部主事。燕王篡位，原吉降附。後官至户部尚書。謚忠靖。事蹟具《明史》本傳。原吉詩文集六卷，載於

《明史・藝文志》與此集卷數相合，蓋即舊本。後附《遺事》一卷，爲其孫廷章所輯。刊版久佚。此本乃國朝康熙乙酉潘宗洛提督湖廣學政時，得其裔孫之所藏，重爲校刊。

留飲稿

王圻《續文獻通考・經籍考・集下》 夏原吉《留飲稿》。

東歸稿

王圻《續文獻通考・經籍考・集下》 夏原吉《東歸稿》。

梅花百詠

王圻《續文獻通考・經籍考・詩集》 夏元吉《梅花百詠》。

損齋文集

黄虞稷《千頃堂書目・别集類》 黄宗載《損齋文集》。字□□，豐城人，南京吏部尚書。

太古集

黄虞稷《千頃堂書目・别集類》 趙曾《太古集》。字子益，浙江縉雲人。

金文靖集

黄虞稷《千頃堂書目・别集類》 金幼孜《金文靖公集》十卷，《外集》一卷。初名善，以字行，新淦人。歷官太子少保，禮部尚書，兼武英殿大學士。卒贈少保，謚文靖。

《明史・藝文志・别集類》 《金幼孜集》十二卷。

《四庫提要・别集類二三》 《金文靖集》十卷。江西巡撫採進本。明金幼孜撰。幼孜有《北征録》，已著録。【略】《千頃堂書目》載《幼孜集》十卷，又《外集》一卷，又《北征集》一卷，今《外集》未見。朱彝尊《静志居詩話》稱其《北征集》，大漠窮沙，靡不身歷，時露悲壯之音。則彝尊猶及見之，今亦未見。是編爲其子昭伯所輯，詩文多應制之作，蓋即黄虞稷所謂十卷之本。别冠以《三朝恩榮録》一卷，則其敕諭、誥命、祭文、像贊、神道碑之屬。幼孜事蹟已詳《明史》。核以本傳，多其子孫誇侈之詞，無關考證。今删去不載，惟以本集著録焉。

北征集

黄虞稷《千頃堂書目・别集類》 金幼孜《北征集》一卷。

環庵集

黄虞稷《千頃堂書目・别集類》 虞原璩《環庵集》。字叔囿，瑞安人。

愚莊集

黄虞稷《千頃堂書目・别集類》 潘文奎《愚莊集》一卷。字景昭。

潘文奎《愚莊集》一卷。字景明，永嘉人。宣德初官春坊司直郎，預修太宗、仁宗實録，

後官福建參議。

介庵集

王圻《續文獻通考・經籍考・集下》《介庵集》。鶴齡子曾廉著。

充然子集

黃虞稷《千頃堂書目・别集類》顧瑴《充然子集》□卷。字存誠，慈谿人。

翰林集

黃虞稷《千頃堂書目・别集類》王艮《翰林集》十卷。字□□，吉水人，充耘孫。己卯解元，一甲第二人。

《明史・藝文志・别集類》王艮《翰林集》十卷。

橫山集

黃虞稷《千頃堂書目・别集類》劉子欽《橫山集》二卷。字□□，吉水人。癸未解元，選庶吉士，終新淦縣訓導。

芸庵集

黃虞稷《千頃堂書目・别集類》丘陵《芸庵集》三十卷。字志高，蘭陽人。解元，陝西右布政使。

學士集

徐𤊹《徐氏家藏書目・别集類》解縉《學士集》三十卷。字大紳，一字縉紳，號春雨，廬陵人。洪武戊戌進士，官翰林院右春坊大學士。宣德中謫交阯參議，以讒言下獄死，年四十七。

黃虞稷《千頃堂書目・别集類》解縉《學士集》三十卷。

《明史・藝文志・别集類》解縉《學士集》三十卷。

文毅集

《四庫提要・别集類二三》解縉《文毅集》十六卷。江西巡撫採進本。縉所著有《白雲稿》、《東山集》、《太平奏疏》等書，歿後多散佚。天順初，金城黃諫始輯其遺文爲三十卷，後亦漸湮。嘉靖中，同邑羅洪先復與縉從孫相輯成十卷。《千頃堂書目》又載有《似羅隱集》一卷、《學士集》二十卷，今竝未見。此本十六卷，則康熙戊戌其十世孫悦所補輯也。

春雨齋集

高儒《百川書志・集・國朝》解學士先生《春雨堂集》三十卷，附録一卷。交趾參議吉水解縉大紳撰。

王圻《續文獻通考・經籍考・集下》解縉《解春雨集》。

黃虞稷《千頃堂書目・别集類》解縉《春雨齋集》十卷。

《明史・藝文志・别集類》《春雨集》十卷。

解學士詩

高儒《百川書志·集·國朝》《解學士詩》。解縉大紳撰。

似羅隱集

黃虞稷《千頃堂書目·別集類》 解縉《似羅隱集》二卷。

《明史·藝文志·別集類》 解縉《似羅隱集》二卷。

胡文穆集

黃虞稷《千頃堂書目·別集類》 胡廣《胡文穆公集》十九卷。初名廣，上改爲靖，永樂中復疏名廣，字光大，吉水人。一甲第一人，文淵閣大學士，□□□卒，贈少師，禮部尚書，謚文穆。

《明史·藝文志·別集類》《胡廣集》十九卷。

《四庫提要·別集類存目二》《胡文穆集》二十卷。江西巡撫採進本。明胡廣撰。廣有《胡文穆雜著》，已著録。是集其裔孫張書等所刻，凡詩八卷、應制詩文一卷、各體文七卷、題跋二卷、《扈從詩》及《扈從北征日記》一卷，其第十九卷即所謂《雜著》也。

晃庵扈從集

黃虞稷《千頃堂書目·別集類》 胡廣《晃庵扈從集》。

尹昌隆集

黃虞稷《千頃堂書目·別集類》《尹昌隆□□集》八卷。字彦瑾，泰和人。丙子解元，一甲第二人，永樂初官春坊中允，改禮部主事，爲尚書呂震誣誅。

尹訥庵遺稿

《四庫提要·別集類存目二》《尹訥庵遺稿》八卷，附録二卷。江西巡撫採進本。明尹昌隆撰。昌隆字彦謙，泰和人。洪武丁丑進士。永樂二年擢左春坊右中允，改禮部主事，爲尚書呂震誣構見殺。【略】是集爲其八世孫應中所梓，鄒元標序之。附録二卷，則載其詔敕、行狀、序傳之屬也。傳中稱「爲中允時進講，有《穿楊集》，仁宗命其家録進，中途舟覆没於水」云云。朱彝尊《明詩綜》祇稱有集而不載其名，蓋未見此本。然所選《送孟潛陽先生教授邵武府學》五言古詩一首，是編亦不録。蓋採自他書，編此集者又未見也。

省愆集

高儒《百川書志·集·國朝》《省愆集》二卷。少保户部尚書兼武英殿大學士永嘉黃淮宗豫撰。詩辭四百有奇。

徐𤊹《徐氏家藏書目·別集類》 黃淮《省愆集》二卷。字宗豫，號介庵。洪武丁丑進士，官户部尚書，武英殿大學士。楊榮、金幼孜、楊士奇爲序。

錢謙益等《絳雲樓書目·國初文集類》 黃淮《省愆集》。二卷。字宗豫，永嘉人。輔相四朝，歷官少保，謚文簡。永樂中繫詔獄十年。此集皆獄中作也。

黃虞稷《千頃堂書目·別集類》 黃淮《省愆集》二卷。

《明史·藝文志·別集類》 黃淮《省愆集》二卷。

《四庫提要·別集類二三》《省愆集》二卷。江西巡撫採進本。明黃淮撰。淮

字宗豫，永嘉人。洪武丁丑進士，除中書舍人。燕王篡位，命入直文淵閣，陞翰林院編修。累進右春坊、大學士，輔皇太子監國。爲漢王高煦所譖，坐繫詔獄十年。洪熙初復官，授武英殿大學士，累加少保。卒謚文簡。【略】此集乃其繫獄時所作，故以《省衍》爲名。當患難幽憂之日，而和平温厚，無所怨尤，可謂不失風人之旨。故特存之，以見其著作之梗概。至其《退直》、《入覲》、《歸田》三稿同編爲《介庵集》者，門徑與「三楊」不異。《東里》諸集既已著録，則是可姑置焉。

黄介庵集

黄虞稷《千頃堂書目・别集類》 黄淮《介庵集》六卷。

《四庫提要・别集類存目二》 《黄介庵集》十一卷。浙江汪啓淑家藏本。明黄淮撰。淮有《省愆集》，已著録。案《千頃堂書目》載淮所著有《介庵集》、《歸田稿》，均不著卷數。此本總名《介庵集》，而分《退直》、《入覲》、《歸田》三稿，疑黄虞稷未見此本，但據傳聞載入也。據目録，本十二卷。今第七卷已佚，故以十一卷著録焉。

歸田稿

黄虞稷《千頃堂書目・别集類》 黄淮《歸田稿》。

大方笑集

黄虞稷《千頃堂書目・别集類》 徐曦《大方笑集》十卷。字叔睿，開化人。永樂初預修大典，爲楚府伴讀。

雲露集

黄虞稷《千頃堂書目・别集類》 劉現《雲露集》。字朝紳，永嘉人。

晞顔先生集

王圻《續文獻通考・經籍考・集下》 《希顔集》。吴縣楊翥著。禮部尚書。

徐𤊹《徐氏家藏書目・别集類》 楊翥《晞顔先生集》一卷。字仲舉，吴縣人。洪武中薦入翰林，官禮部尚書。

晞顔先生詩

黄虞稷《千頃堂書目・别集類》 楊翥《晞顔先生詩》一卷。字仲舉，吴縣人。少與兄成武昌，爲鄉校師。仁宗驛召，授翰林院編修，歷修撰，遷郕府長史。景泰初擢禮部左侍郎，尋進禮部尚書。

怡庵集

王圻《續文獻通考・經籍考・集下》 《怡庵集》。吴縣檢討陳繼著。

黄虞稷《千頃堂書目・别集類》 陳繼《怡庵集》二十卷。字嗣初，吴縣人。經歷汝言子，用薦授五經博士，領弘文館事，進檢討。

《明史・藝文志・别集類》 陳繼《怡庵集》二十卷。

喬梓集

錢謙益等《絳雲樓書目・國初文集類》 古文先生《喬梓集》。陳繼繼字嗣初。子寬完。寬字孟賢，完字孟英。陳五經《怡安集》，板留郡學。陳五經之父惟允，在淮張幕，最親近用事。洪武初官濟南經歷，坐法死。有《秋水軒詩稿》，倪瓚序。

坦庵文集

黄虞稷《千頃堂書目・別集類》 梁本之《坦庵集》八卷。

《四庫提要・別集類存目二》 《坦庵文集》八卷。江西巡撫採進本。明梁本之撰。本之名混，以字行，坦庵其别號也，泰和人。洪武中爲瑞州府學訓導，遷溧陽教諭，改魯王府紀善。本之與其兄潛齊名。蕭鎡稱所作泓渟澄深，端重典則，蓋莊人學者之文。然規模與其兄相近，骨力根柢則皆不及其兄也。

江行倡和詩

黄虞稷《千頃堂書目・別集類》 善啓《江行倡和詩》一卷。字東白，號曉庵，長洲人。主蘇州永定寺，尋主松江延慶寺，授僧綱司副都綱。預修永樂大典，書成告歸。與上竺完公敬修、北禪瑾公如圭、白蓮車公指南舟中倡和，王汝玉序之。

《明史・藝文志・別集類》 善啓《江行倡和詩》一卷。

青陽集

黄虞稷《千頃堂書目・別集類》 金問《青陽集》。吴縣人。永樂中以楷書薦，正統中官南京禮部右侍郎，攝部事。

桂坊集

黄虞稷《千頃堂書目・別集類》 金問《桂坊集》。

恥庵集

黄虞稷《千頃堂書目・別集類》 金問《恥庵集》。

琴軒集

王圻《續文獻通考・經籍考・集下》 《琴軒集》。禮部侍郎陳璉著。東莞人。

黄虞稷《千頃堂書目・別集類》 陳璉《琴軒稿》三十卷。字□□，景州人。陳璉《琴軒集》三十卷。字廷器，東莞人。洪武中以明經薦爲桂林教授，選國子助教。永樂初知許州，改滁州，尋以揚州知府攝州事，擢四川按察使，入爲南京通政使，掌國子監事，終南禮部侍郎。

《明史・藝文志・別集類》 陳璉《琴軒稿》三十卷。

獻園集

黄虞稷《千頃堂書目・別集類》 蜀獻王椿《獻園集》十七卷。高皇帝第十一子。洪武十一年封，二十三年之國成都。

拙庵集

黄虞稷《千頃堂書目・別集類》 劉均《拙庵集》八卷。字宗平，吉水人。舉人，爲大寧都司教授，豫修《太祖實録》，授翰林院待詔，陞檢討，爲《永樂大典》副總裁。坐罪謫，再薦爲天長教官卒。

《明史・藝文志・別集類》 劉均《拙庵集》八卷。

兩京類稿

黃虞稷《千頃堂書目·別集類》 黄胤宗《兩京類稿》。失名，以字行，海鹽人。

覺非齋文集

高儒《百川書志·集·國朝》 《覺非齋文集》二十八卷。衛王長史前左春坊司直郎三衢金實用誠著。

黃虞稷《千頃堂書目·別集類》 金實《覺非齋文集》二十八卷。字用誠，開化人。永樂初詣闕上書稱旨，命入翰林，預修《太祖實録》，授典籍。又預修《大典》，授春坊司直郎，改授衛王府長史。

《明史·藝文志·別集類》 《金實文集》二十八卷。

覺非齋詩

高儒《百川書志·集·國朝》 《覺非齋詩》。衛王長史三衢金實用誠撰。

兩京類稿

王圻《續文獻通考·經籍考·集下》 楊榮《兩京類稿》。

黃虞稷《千頃堂書目·別集類》 楊榮《兩京類稿》三十卷。榜名子榮，字勉仁，建安人。除翰林編修。靖難後入直内閣，更今名。累官工部尚書，謹身殿大學士，加少師。卒贈太師，謚文敏。

《明史·藝文志·別集類》 楊榮《兩京類稿》三十卷。

楊文敏集

王圻《續文獻通考·經籍考·集下》 《楊文敏集》。建安楊榮著。官少師。

張萱等《内閣藏書目録·集部》 《楊文敏公集》八册。全。宣德間大學士楊公榮著。

黃虞稷《千頃堂書目·別集類》 楊榮《文敏公集》二十五卷，附録一卷。曾孫楊亘、楊旦合前二稿重編。

英廉奏《抽毁書目》 《楊文敏集》十本。查《楊文敏集》，係明楊榮撰。卷八《平胡頌》、卷十二《贈遊擊將軍楊宗道序》，俱有偏謬語，應請抽燬。

《四庫提要·別集類二三》 《楊文敏集》二十五卷。福建巡撫採進本。明楊榮撰。榮有《後北征記》，已著録。

玉堂遺稿

黃虞稷《千頃堂書目·別集類》 楊榮《玉堂遺稿》十二卷。

《明史·藝文志·別集類》 楊榮《玉堂遺稿》十二卷。

心學齋集

黃虞稷《千頃堂書目·別集類》 蔣驥《心學齋集》。字良夫，錢塘人。子瑛輯。

無聞和尚詩集

黃虞稷《千頃堂書目·別集類》 法宣《無聞和尚詩集》。鎮平人，洪永間説法少林寺。

弘道集

高儒《百川書志・集・國朝》 《弘道集》一卷，附録一卷。通靈真人錢塘素庵周思德養真撰。三十六篇。

又《弘道集》一卷。通靈真人錢塘周思得養真撰。

黄虞稷《千頃堂書目・別集類》 周思得《弘道集》。字養真，別字素庵，錢塘人。扈從成祖北征，恩寵甚厚，歷事五朝，晉秩二品，享年九十，諭葬賜塋。

止庵集

黄虞稷《千頃堂書目・別集類》 林復真《止庵集》。字剛伯，常熟人，龍虎山道士。預修永樂大典，歸居致道觀之來雲堂。

畦東集

黄虞稷《千頃堂書目・別集類》 錢安《畦東集》。字静能，以字行，鄞人。臨安訓導，遷韓府紀善。永樂改元，聞其名，召至京，固以老辭放還。縣志作《約庵集》。

恕庵集

黄虞稷《千頃堂書目・別集類》 鮑仁濟《恕庵集》。字原弘，黄巖人，永樂初伊府紀善。

西園先生集

黄虞稷《千頃堂書目・別集類》 李進《西園先生集》五卷。字孟昭，嘉興人。永樂初聘爲府學訓導，庚子福建，癸卯山東兩應省闈之聘。俞誥刊其集，廬陵陳方序。

曾棨集

《明史・藝文志・別集類》 《曾棨集》十八卷。

巢睫集

范邦甸等《天一閣書目・別集類》 《巢睫集》四卷。刊本。卷面有「四明范氏家藏」六字圖章，又有一圖章。先生謝世後，其全集惜未之見，僅存《巢睫集》一帙，約詩二百餘首，湖臬僉事廬陵陳方正觀得而繡梓。未幾，方物故，版隨散失。近者長清張公大振來湖掌憲，乃以舊本繕寫，命翻刻之。

黄虞稷《千頃堂書目・別集類》 曾棨《巢睫集》五卷。

西墅集

黄虞稷《千頃堂書目・別集類》 曾棨《西墅集》□十卷。字子啓，永豐人。一甲第一人，詹事府少詹事，□□□贈禮部左侍郎。謚襄敏。

《四庫提要・別集類存目二》 《西墅集》十卷。浙江朱彝尊家曝書亭藏本。明曾棨撰。棨字子棨，永豐人。永樂甲申進士第一，官至少詹事。棨文章捷敏，信筆千百言立就。劉昌《懸笥瑣探》稱成祖嘗御試《天馬歌》，棨文先成，詞旨瀏亮，成祖賜以瑪瑙帶，其思速可見。然集中一題百首，往往才氣用事，而按切肌理，不耐推敲，是亦速成之過也。此本乃萬曆中永豐知縣德清吴期炤所選録。

寅庵集　外集

王圻《續文獻通考・經籍考・集下》 《寅庵集》。工部侍郎羅汝敬著。吉

水人。

黃虞稷《千頃堂書目・別集類》 羅汝敬《寅庵先生集》三卷。名肅，以字行。工部侍郎，吉水人。

《四庫提要・別集類存目二》 《寅庵集》三卷，《外集》四卷，附録一卷。兩淮馬裕家藏本。明羅肅撰。肅字汝敬，號寅庵，以字行，廬陵人。永樂甲申進士，官至陝西巡撫。是集爲其玄孫廷相所編，詩文無詭僻之習，亦無精深之致。《外集》四卷，皆誥敕、像贊、誄祭之詞。附録一卷，爲桃林四景詩文，蓋羅氏聚族之地矣。

楊文定公集

黃虞稷《千頃堂書目・別集類》 楊溥《楊文定公集》十二卷。字弘濟，石首人。除翰林編修，靖難後轉太子洗馬。宣德初以太常卿兼學士，直内閣，歷少保，武英殿大學士。謚文定。

《明史・藝文志・別集類》 《楊溥文集》十二卷。

楊文定公詩集

黃虞稷《千頃堂書目・別集類》 楊溥《楊文定公詩集》四卷。

《明史・藝文志・別集類》 楊溥《詩》四卷。

錢文肅公集

黃虞稷《千頃堂書目・別集類》 錢習禮《錢文肅公集》十四卷。名幹，以字行，吉水人。戊子解元，禮部右侍郎。謚文肅。

《明史・藝文志・別集類》 《錢習禮文集》十四卷。

應制集

黃虞稷《千頃堂書目・別集類》 錢習禮《應制集》一卷。

《明史・藝文志・別集類》 《應制集》一卷。

詞垣續稿

黃虞稷《千頃堂書目・別集類》 錢習禮《詞垣續稿》。

歸田稿

黃虞稷《千頃堂書目・別集類》 錢習禮《歸田稿》。

思庵集　續集

徐𤊹《徐氏家藏書目・別集類》 吴訥《思庵集》十一卷。字敏德，常熟人。永樂中以賢良薦，官至左副都御史。其孫御史淳編刻。

黃虞稷《千頃堂書目・別集類》 吴訥《思庵集》十一卷，又《思庵續集》十卷。

《明史・藝文志・別集類》 《吴訥文集》二十卷。

思庵詩集

黃虞稷《千頃堂書目・別集類》 吴訥《思庵詩集》八卷。

《明史・藝文志・別集類》 吴訥《詩》八卷。

思庵文粹

黄虞稷《千頃堂書目・別集類》 《思庵文粹》四册。

恐庵集

黄虞稷《千頃堂書目・別集類》 吴中《恐庵集》。字孟庸，山陰人。

西蜀紀行録

黄虞稷《千頃堂書目・別集類》 吴中《西蜀紀行録》。

薇垣集

黄虞稷《千頃堂書目・別集類》 吴中《薇垣集》。

石潭存稿

范邦甸等《天一閣書目・別集類》 《石潭存稿》二卷。刊本。明舉人禾川劉髦著。其子翰林編修定之，聚其存者彙集之，目曰《石潭存稿》。正統丙寅，翰林吉水周敘序之。卷首有成化三年《贈工部侍郎制誥》并小像。

黄虞稷《千頃堂書目・別集類》 劉髦《石潭集》五卷。永新人，不仕，永樂戊子舉人。

《明史・藝文志・別集類》 劉髦《石潭集》五卷。

《四庫提要・別集類存目二》 《石潭存稿》三卷。兩江總督採進本。明劉髦撰。髦有《易傳撮要》，已著録。是編上卷爲詩，中卷即《易傳撮要》，下卷爲《義方録》。《義方録》者，皆寄其子定之之手札，而定之彙粹成編者也。

覆瓿稿

王圻《續文獻通考・經籍考・集下》 《覆瓿稿》。永新人劉髦著。

湖山游詠録

黄虞稷《千頃堂書目・別集類》 鄧林《湖山游詠録》。初名觀善，字士齊，新會人。廣西貴縣教諭，遷吏部主事，宣德初以事忤旨，謫居杭州。

退庵集

黄虞稷《千頃堂書目・別集類》 鄧林《退庵集》。

退庵遺稿

《四庫提要・別集類存目二》 《退庵遺稿》七卷。兩淮馬裕家藏本。明鄧林撰。林初名彝，又名觀善，字士齊，後成祖爲改今名。新會人。洪武丙子舉人。任潯州府貴縣教諭。秩滿入京，預修《永樂大典》，凡五年，出爲南昌教授。後又秩滿試高等，遷吏部主事。宣宗時以事謫杭州，在杭多湖山之遊，倡和甚富，田汝成作《西湖志》多採之。此本乃太常寺少卿會稽陳贄爲廣東參議時掇拾遺稿而成也。

道山集

范邦甸等《天一閣書目・别集類》《道山集》六卷。刊本。明鄭棠撰。

王圻《續文獻通考・經籍考・集下》《道山集》二十卷。浦陽鄭棠叔美著。

黄虞稷《千頃堂書目・别集類》 鄭棠《道山集》二十卷。字叔美，浦江義門人。受業宋濂。永樂初預修《大典》，後選侍仁宗於東宫，授檢討，告歸卒。

《明史・藝文志・别集類》 鄭棠《道山集》二十卷。

《四庫提要・别集類存目二》《道山集》六卷。浙江汪汝瑮家藏本。明鄭棠撰。棠字叔美，浦陽人。永樂中官翰林院檢討。是集編次猥雜，第一卷爲賦；二卷爲辭頌、銘贊、四言、五言古體詩、歌行、樂府、七言絶句、填詞，而附以論二篇；三卷爲記序，而附以五七言律詩、五言絶句，後又附以雜文，殊漫無體例；卷四爲經筵講義；卷五、卷六爲《元史評》。以雜著附入，則固唐以來例也。棠以文章選入翰林，由典籍至檢討，而於詩殊不擅長。朱彝尊作《明詩綜》，不登一字，蓋非疎漏矣。

支離集

黄虞稷《千頃堂書目・别集類》 如蘭《支離集》七卷。字古春，富陽人。與守仁同學於楊維楨，授《春秋》。住持天竺寺，永樂初召校經律論三藏。善相人，嘗識于忠肅謙於童時，目爲救時宰相。

《明史・藝文志・别集類》 如蘭《支離集》七卷。

盤谷集

高儒《百川書志・集・國朝》《盤谷集》十卷。襲封誠意伯括蒼閑閑子劉薦撰。犂眉公孫也。

徐𤊹《徐氏家藏書目・别集類》 劉薦《盤谷集》十卷。字閑閑。基之孫。

盤谷詩

高儒《百川書志・集・國朝》《盤谷詩》。襲封誠意伯劉薦撰。

棘亭漫稿

高儒《百川書志・集・國朝》《棘亭漫稿》一卷。閩沙邨鄭威著。

棘庭漫稿

高儒《百川書志・集・國朝》《棘庭漫稿》一卷。閩沙村鄭威著。

流光集

黄虞稷《千頃堂書目・别集類》 盛寅《流光集》。字起東，吴江人，太醫。

古廉集

黄虞稷《千頃堂書目・别集類》 李時勉《古廉文集》十一卷。

《明史・藝文志・别集類》《李時勉文集》十一卷。

《四庫提要・别集類二三》《古廉集》十一卷、附録一卷。浙江孫仰曾家藏本。明李時勉撰。時勉本名懋，以字行，安福人。永樂甲申進士。官至國子監祭酒。卒謚文敬，成化中改謚忠文。【略】此集乃成化中其門人戴難所編，其孫長樂知縣容所刊。併以墓誌、傳贊之類附録於末焉。

李古廉詩集

范邦甸等《天一閣書目・别集類》　《李古廉詩集》十一卷。刊本。明國子祭酒安成李時敏著。景泰七年門生吴節、四明姚堂刊，弋陽李奎序。

黄虞稷《千頃堂書目・别集類》　李時勉《詩集》一卷。

《明史・藝文志・别集類》　李時勉《詩》一卷。

庸庵集

黄虞稷《千頃堂書目・别集類》　蔡庸《庸庵集》。字惟中，山陰人。

介軒集

黄虞稷《千頃堂書目・别集類》　花潤生《介軒集》。字蘊玉，邵武人，浙江按察司僉事。

耶溪集

黄虞稷《千頃堂書目・别集類》　毛肇宗《耶溪集》二十卷。字克敬，浙江山陰人，周王府教授。

澹軒集

黄虞稷《千頃堂書目・别集類》　李衡《澹軒集》。字□□，當塗人，南京兵部左侍郎。

知非集

黄虞稷《千頃堂書目・别集類》　葉仕寧《知非集》。字處道，青田人。

厚澤堂稿

徐𤊹《徐氏家藏書目・别集類》　葉銘臻《厚澤堂稿》一卷。字維新，鄞縣人。永樂甲申進士，韓府伴讀。

厚澤堂詩集

黄虞稷《千頃堂書目・别集類》　葉銘臻《厚澤堂詩集》二卷。字維新，慈谿人，韓府伴讀。

居家集

黄虞稷《千頃堂書目・别集類》　葉銘臻《居家集》三卷。

復庵集

黄虞稷《千頃堂書目・别集類》　高暐《復庵集》。字汝晦，浙江臨安人，四川按察司僉事。

矮庵集

黄虞稷《千頃堂書目·别集類》 李貴昌《矮庵集》。字用光，餘姚人。

五倫贊

黄虞稷《千頃堂書目·别集類》 李貴昌《五倫贊》。

退省集

黄虞稷《千頃堂書目·别集類》 邢旭《退省集》。字景陽，金華人，沂子。正統初四川布政使。

偉庵集

王圻《續文獻通考·經籍考·集下》 《韋庵集》。知潮州府王源著。龍溪人。

黄虞稷《千頃堂書目·别集類》 王源《偉庵集》。字□□，龍巖人。潮州知府，有惠政，潮州人比之韓愈。

董鏞文集

黄虞稷《千頃堂書目·别集類》 《董鏞文集》三卷。字孟聲，仁和人。

虚庵集

黄虞稷《千頃堂書目·别集類》 劉璠《虚庵集》三卷。字伯玉，當塗人。魯府教授，改官閩縣丞，人稱哦松先生。

容庵集

黄虞稷《千頃堂書目·别集類》 潘賜《容庵集》。字天錫，浦城人，鴻臚寺少卿。

螺城集

王圻《續文獻通考·經籍考·集下》 《螺城集》。參政孫子良著。海寧人。

黄虞稷《千頃堂書目·别集類》 孫子良《螺城集》四卷。字□□，錢塘人。武選郎中，出爲交阯參議。

南齋前後集

黄虞稷《千頃堂書目·别集類》 魏驥《南齋前後集》二十卷。字仲芳，蕭山人。南京禮部尚書，致仕卒，年九十有八，謚文靖。

南齋摘稿

黄虞稷《千頃堂書目·别集類》 《魏文靖摘稿》十卷。孫堉錢塘洪鍾輯。

《明史·藝文志·别集類》 《魏驥摘稿》十卷。

《四庫提要・別集類存目二》《南齋摘稿》十卷。浙江巡撫採進本。明魏驥撰。驥字仲房，號南齋，蕭山人。永樂乙酉舉人。以進士副榜授松江訓導，召修《永樂大典》，擢太常寺博士，官至南京吏部尚書，謚文靖。事蹟具《明史》本傳。是編爲其孫壻福建布政使錢塘洪鍾所編。《前集》四卷，兩京居官時所作。《後集》六卷，自景泰辛未歸田至成化辛卯所作。蓋驥年九十八始卒，故身歷七朝，各有著述也。【略】黄虞稷《千頃堂書目》别載有《驥前後集》二十卷，蓋其未摘之全稿。今未見傳本，其存佚不可考矣。

絅齋文集

黄虞稷《千頃堂書目・別集類》 林環《絅齋文集》十卷，詩三卷。字崇璧，莆田人。一甲第一人，翰林院侍講。

《明史・藝文志・別集類》 《林環文集》十卷，詩三卷。

東軒集

黄虞稷《千頃堂書目・別集類》 應履平《東軒集》。字錫祥，奉化人，雲南左布政使。

芝軒集

黄虞稷《千頃堂書目・別集類》 胡濙《芝軒集》。字□□，武進人。

澹庵集

《明史・藝文志・別集類》 胡濙《澹菴集》五卷。

詠史繼編

高儒《百川書志・史詠》 《詠史繼編》一卷。大明清源王懶雲繼胡曾之作也。自出一意，凡百四十九事。

止庵觀感詩

高儒《百川書志・史詠》 《止庵觀感詩》四卷。皇明開化施敏政著。自西周迄宋，七言詩一百八十六律。

運甓漫稿

范邦甸等《天一閣書目・別集類》 《運甓漫稿》七卷。刊本。明江南布政盧陵李禎著。正統元年西昌陳循、金陵李時勉序，江浦張瑄校，姑蘇鄭鋼編。鋼後序稱吉郡守江浦張侯得全稿於先生之子定，手加校正，命鋼編次鋟梓。定感侯之德，請序諸後云。

黄虞稷《千頃堂書目・別集類》 李昌祺《運甓漫稿》。

《四庫提要・別集類二三》 《運甓漫稿》七卷。浙江巡撫採進本。明李昌祺撰。昌祺名禎，以字行，廬陵人。永樂甲申進士。選庶吉士，授禮部郎中。案明初六科皆有庶吉士，不止翰林有之，故得以直授郎中。歷官廣西、河南左布政使。事蹟具《明史》本傳。是編皆古近體詩竝詩餘，乃天順三年吉安教授鄭綱所編。

容膝軒草

黄虞稷《千頃堂書目・別集類》 李昌祺《容膝軒草》。名禎，以字行，廬陵人，撰

子。河南左布政使。

泉坡文集

范邦甸等《天一閣書目・别集類》《文集》六卷。刊本。明王英撰，男祐編集。成化元年安成吴節序。

王圻《續文獻通考・經籍考・集下》《泉坡文集》。禮部尚書王英著。金谿人。

黄虞稷《千頃堂書目・别集類》王英《泉坡文集》六卷。字時彦，金谿人。南京禮部尚書，謚文安，改謚文忠。

《明史・藝文志・别集類》《王英文集》六卷。

王文安公詩集

范邦甸等《天一閣書目・别集類》王英《王文安公詩集》五卷。

黄虞稷《千頃堂書目・别集類》王英《詩集》五卷。

《明史・藝文志・别集類》王英《詩》五卷。

質庵文集

黄虞稷《千頃堂書目・别集類》章敞《質庵稿》一卷。

《四庫提要・别集類存目二》《質庵文集》。無卷數。浙江王啓淑家藏本。明章敞撰。敞字尚文，會稽人。永樂甲申進士。由庶吉士授刑部主事，官至禮部侍郎，嘗與修《永樂大典》及《五經四書性理大全》。事蹟具《明史》本傳。其集本四十卷，其子瑾等所編，因倭亂散失。兹編所存不及十之二三，乃其裔孫元綸所蒐輯也。凡賦四篇，詩百餘首，文僅三篇，二篇爲記，一篇爲敘，又一篇併不標題，皆錯雜於詩中，殊無倫次。又《明詩綜》載敞《長安雪夜歸興》絶句，集中無之，則舛漏亦殊不少。末附録《祝壽詩》一卷，亦非古法也。

賴添貴詩

黄虞稷《千頃堂書目・别集類》《賴添貴詩》一卷。字景望，清流人，鄭王府長史。

耐翁稿

黄虞稷《千頃堂書目・别集類》沈固《耐翁稿》。丹陽人，户部尚書。

蒙庵集

黄虞稷《千頃堂書目・别集類》陳全《蒙庵集》八卷。字果之，長樂人。一甲第二人，侍講學士，署南京翰林院事。

土苴集

黄虞稷《千頃堂書目・别集類》楊復《土苴集》五十卷。字遂初，長興人。南京大理寺右少卿，蕭山魏驥序。

《明史・藝文志・别集類》楊復《土苴集》五十卷。

蝸濡集

范邦甸等《天一閣書目・别集類》《蝸濡集》一卷。刊本。明四明謝瑾著。

黄虞稷《千頃堂書目・别集類》謝瑾《蝸濡集》。字庭蘭，鄞縣人，廣西按察使。

存庵稿

黄虞稷《千頃堂書目・別集類》 彭清《存庵稿》。字□□，錢塘人。

白庵稿

黄虞稷《千頃堂書目・別集類》 薛常生《白庵稿》。字壬用，上虞人，官吏部郎中。

退翁集

黄虞稷《千頃堂書目・別集類》 王瀹《退翁集》六卷。王鈍子，南京户部右侍郎。一作《退庵集》。

文房選粹

黄虞稷《千頃堂書目・別集類》 童叙《文房選粹》十卷。字景和，甌寧人。永樂四年以孝廉薦，親老不仕。

曹月川集

《四庫提要・別集類二三》 《曹月川集》一卷。江蘇巡撫採進本。明曹端撰。端有《太極圖説述解》，已著録。明初理學，以端與薛瑄爲最醇。《瑄詩文集》、《讀書録》等皆傳於世。而端之遺書散佚幾盡，其集亦不復存。此本爲國朝儀封張伯行裒輯而成。首以《夜行燭》，次《家規輯略》，次《語録》，次《録粹》，次序七篇，次詩十五首。《夜行燭》、《家規》二序不冠本書，而別載於後詩之中，間以《太極圖贊》一篇，皆非體例，蓋編次者誤也。末附諸儒評語及張信民所纂《年譜》。

曹月川著述

張萱等《内閣藏書目録・集部》 《曹月川著述》八册。全。國初蒲州學正澠池曹端著。

符臺外集

黄虞稷《千頃堂書目・別集類》 袁忠徹《符臺外集》五卷。字静思，珙子，以父廕由鴻臚序班歷官尚寶少卿。

《明史・藝文志・別集類》 袁忠徹《符臺外集》五卷。

鳳池吟稿

黄虞稷《千頃堂書目・別集類》 袁忠徹《鳳池吟稿》。

拙休稿

黄虞稷《千頃堂書目・別集類》 袁忠徹《拙休稿》。

拙齋稿

黄虞稷《千頃堂書目・別集類》 楊昇《拙齋稿》。字孟潛，錢塘人，副榜徽州府學

教授。

遼簡王植遺稿

黃虞稷《千頃堂書目·別集類》《遼簡王植遺稿》五卷。高皇帝第十五子。洪武十一年封衛，十四年改封，二十六年之國遼東廣寧州。永樂二年遷荆州。遺集曾孫惠王恩鐠所刊。

蓮　詞

黃虞稷《千頃堂書目·別集類》遼簡王植《蓮詞》二册。

東墅詩集

范邦甸等《天一閣書目·別集類》《東墅詩集》二卷。刊本。明周述著，男錞編。

《四庫提要·別集類存目二》《東墅詩集》六卷。浙江范懋柱家天一閣藏本。明周述撰。述字崇述，東墅其別號也，吉水人。永樂甲申進士，官至左春坊左庶子。事蹟具《明史》本傳。述及第時，與從弟孟簡同榜，成祖至比之二蘇。史亦稱其文章雅贍，然其詩不出當時臺閣之體也。

周氏兄弟集

黃虞稷《千頃堂書目·別集類》周述、周孟簡《周氏兄弟集》二卷。述字崇述，吉水人。永樂甲申與從弟孟簡同及第，初孟簡第二，述第三。傳臚時，上曰弟不可以先兄，遂先述。同授翰林院編修，預修《永樂大典》。述累官左庶子，孟簡襄府長史。述名《東墅集》；孟簡名《竹磵集》，又《翰林集》一卷，又《西垣詩集》一卷。

覺非集

黃虞稷《千頃堂書目·別集類》羅亨信《覺非集》十二卷。字用實，東莞人。巡撫宣府，副都御史。

《明史·藝文志·別集類》《羅亨信集》十二卷。

《四庫提要·別集類存目二》《覺非集》十卷。浙江巡撫採進本。明羅亨信撰。亨信字用實，號樂素，東莞人。永樂甲申進士，官至左副都御史。亨信居諫垣有直聲，其巡撫大同宣府，值英宗北狩，捍城有功。生平著述，每不留稿。是集乃其後人收拾散逸，而丘濬、祁順爲之詮次。其中頌美中官之文至十餘篇，編録者略不删汰，殊不可解也。

澹然集

黃虞稷《千頃堂書目·別集類》陳敬宗《澹然文集》。又《澹然詩集》。字光世，慈谿人。南京國子司業，升祭酒。卒贈禮部右侍郎，謚文定。

《明史·藝文志·別集類》陳敬宗《澹然集》十八卷。

《四庫提要·別集類存目二》《澹然集》五卷。兩江總督採進本。明陳敬宗撰。敬宗字光世，號澹然居士，慈谿人。永樂甲申進士。選庶吉士，預修《永樂大典》。官至國子監祭酒，贈禮部侍郎，謚文定。【略】所著詩文集，《明史·藝文志》作十八卷，此本乃萬曆四十四年慈谿知縣吴門陳其柱所編，僅詩三卷、文二卷，亦非完本也。

仁宗文集

張萱等《內閣藏書目録·聖制部》《御製文集》一册。全。仁宗昭皇帝製，鈔本。

黄虞稷《千頃堂書目・别集類》　仁宗昭皇帝《御製文集》二十卷。

《明史・藝文志・别集類》　《仁宗文集》二十卷。

御製詩集

黄虞稷《千頃堂書目・别集類》　仁宗昭皇帝《詩集》二卷。

《明史・藝文志・别集類》　《詩集》二卷。

蔀齋集

范邦甸等《天一閣書目・别集類》　《蔀齋先生文集》十二卷。藍絲闌鈔本。明林誌著。正德庚午曾孫士昭序，云：是集曾大父諭德蔀齋先生所著。原稿五十卷，大父助教公珍藏，嘗欲版行，顧力有未逮。至正統八年春，巡按御史張處告恐散佚失傳，特命四庠掌教先生選校。其中深古者，録得三分之一繡梓。迨今七十餘年，版遭朽落，得者亦鮮矣。兹以尋得舊本，補完十二，有策府樞要十二，闌干碎金四十三，要歌暨敕命、謚詞、表傳及諸祭文、詩章不入集中，俟後與拾遺别梓。卷首有吴節恪贊，并洪熙元年制誥，宣德二年臣王寶等御祭文，國史名臣列傳係男雲翰識。正統八年天台王用盛有序。

黄虞稷《千頃堂書目・别集類》　林誌《蔀齋集》十五卷。字尚默，閩縣人。辛卯解元，會元，一甲第二人，右諭德兼翰林院侍讀。

《明史・藝文志・别集類》　林誌《蔀齋集》十五卷。

筠軒詩

高儒《百川書志・集・國朝》　《筠軒詩》一卷。封監察御史義谿陳週仲昌著。詩止三首。

錦屏集

黄虞稷《千頃堂書目・别集類》　張真《錦屏集》。字□□，浙江平陽人。

采芝吟

黄虞稷《千頃堂書目・别集類》　寧獻王權《采芝吟》四卷。高皇帝第十六子，洪武二十四年封，二十七年之國大寧，永樂二年移南昌。

臞仙宫詞

高儒《百川書志・聖朝詩集》　《臞仙宫詞》一卷。甯藩涵虚子撰，凡百八首。

臞仙詩譜

范邦甸等《天一閣書目・别集類》　《臞仙詩譜》一册。刊本。明□藩涵虚子著。

毅齋詩文集

王圻《續文獻通考・經籍考・集下》　《毅齋集》。仁和翰林侍講王洪著。

黄虞稷《千頃堂書目・别集類》　王洪《毅齋集》八卷。字希範，錢塘人。□□□□永樂初歷翰林修撰，侍講，左遷禮部主事。

《明史・藝文志・别集類》　王洪《毅齋集》八卷。

《四庫提要・別集類二三》《毅齋詩文集》八卷，附録一卷。兩淮鹽政採進本。明王洪撰。洪字希範，錢塘人。年十八，舉洪武丁丑進士。授行人，尋擢吏科給事中。以薦入翰林，由檢討歷官修撰、侍講，爲《永樂大典》副總裁官。【略】至聞於成祖前，坐謫禮部主事，卒於官。

毅齋王先生文集

高儒《百川書志・集・國朝》《毅齋王先生文集》八卷。儀制主事錢塘王洪希範著。

毅庵王先生詩

高儒《百川書志・集・國朝》《毅庵王先生詩》。翰林侍講春官錢塘王洪希範著。

誠齋録

高儒《百川書志・聖朝文集》《誠齋録》一卷。周府殿下著文十九篇。**又《聖朝詩集》**《誠齋録》六卷。周府殿下撰。

誠齋集

高儒《百川書志・別集》《梅花百詠》一卷，《牡丹百詠》一卷，《玉堂春百詠》一卷。皇明親藩誠齋殿下著。俱次元中峰和尚之句。

黄虞稷《千頃堂書目・別集類》周憲王有燉《誠齋集》三卷。《牡丹》、《梅花》、《玉堂春》各百詠。

黄丕烈《蕘圃藏書題識續録・集類下》誠齋《牡丹百詠》一卷，《梅花百詠》一卷，《玉堂春百詠》一卷。明刻本。明周憲王有燉爲周定王長子，高皇帝孫，洪熙元年襲封，史稱定王。

誠齋新録

高儒《百川書志・聖朝詩集》《誠齋新録》一卷。錦窠老人晚年之作也。

黄虞稷《千頃堂書目・別集類》周憲王有燉《誠齋新録》三卷。定王長子，高皇帝孫，洪熙元年襲封。

誠齋遺稿

黄虞稷《千頃堂書目・別集類》周憲王有燉又《誠齋遺稿》一册。

牡丹譜

高儒《百川書志・別集》《牡丹譜》。皇明親藩誠齋殿下著。

抑庵集　後集

范邦甸等《天一閣書目・別集類》《王抑庵文集》十三卷。刊本。明西昌王直著。永樂首選進士，入翰林二十八人之一，歷洪熙、宣德、正統、景泰四朝，壽至七十三。男檢討稹編録在翰林時詩文，成化二年男稹重刊，安成吴節序。

王圻《續文獻通考・經籍考・集下》《王抑庵集》。泰和王直著。官少傅。

徐𤊹《徐氏家藏書目・別集類》王直《抑庵文集》三十七卷。字行儉，太和人。永樂甲申進士，累官太子太師、吏部尚書。卒年八十四，謚文端。

黄虞稷《千頃堂書目・別集類》王直《抑庵集》四十二卷。字行儉，泰和人。

吏部尚書，加太子太保，進少傅，兼太子太師，贈太保。謚文端。

《明史・藝文志・別集類》 王直《抑庵集》四十二卷。

《四庫提要・別集類二三》 《抑庵集》十三卷、《後集》三十七卷。兩淮鹽政採進本。明王直撰。直字行儉，泰和人。永樂甲申進士。正統間拜吏部尚書。天順初以老疾乞休。卒謚文端。【略】集爲其子檢討稹所編。成化初，其次子稙復加校訂，而以原集未録及致仕後所作別爲《後集》云。

王文端公集

王圻《續文獻通考・經籍考・集下》 《王文端公集》。王直著。

素軒詩集

范邦甸等《天一閣書目・別集類》 《三軒詩集》。刊本。明左都督總兵雲南定邊武襄伯沐昂著《素軒詩》十二卷，錦衣副千户沐僖著《敬軒詩》四卷，右都督總兵雲南沐璘著《繼軒詩》十二卷，裔孫黔國公沐崑重刊。

黄虞稷《千頃堂書目・別集類》 沐昂《素軒集》十二卷。字景顒，黔寧王第三子。鎮守雲南，總兵官左都督。贈定邊伯，謚武襄。

艮庵集

黄虞稷《千頃堂書目・別集類》 杜桓《艮庵集》。字宗表，金華人。《趙府紀善》、《金華先民傳》、《分省人物考》皆作《尚儉齋集》。

鄞陽稿

黄虞稷《千頃堂書目・別集類》 臧性《鄞陽稿》。字孟庠，鄞縣人。

柏臺稿

黄虞稷《千頃堂書目・別集類》 臧性《柏臺稿》。

東里文集

黄虞稷《千頃堂書目・別集類》 黄壽生《東里文集》十卷。字行中，莆田人。戊子解元，選庶吉士，預修《五經四書性理大全》。官檢討卒。

《明史・藝文志・別集類》 《黄壽生文集》十卷。

襪線集

黄虞稷《千頃堂書目・別集類》 蕭儀《韈綫集》二十卷。字德容，江西樂安人。官吏部主事，三殿災應詔，陳言被殺，儀爲《石中美傳》，楊士奇謂可比韓愈《毛穎傳》。

《四庫提要・別集類存目二》 《襪線集》十五卷。江西巡撫採進本。明蕭儀撰。儀字德容，樂安人。永樂乙未進士。官吏部主事，以疏論遷都北京不便，忤旨見殺。《明史》附見《夏原吉傳》中。是集乃其子超進所編，據其原目，凡文十卷、詩十卷。此本僅十五卷，蓋詩佚其五卷矣。其文有紆徐曲折之致，而意境不深。其詩爲朱彝尊《明詩綜》所不録，殆偶未見歟。

若金集

《四庫提要・別集類存目二》 《若金集》二卷。江西巡撫採進本。明彭百鍊撰。百鍊字若金，泰和人。永樂乙未進士，官至廣西道監察御史。是編前有任敬敏序，稱遺文分爲十四卷。而是編僅二卷，文三十九首，詩四首，後附他人所爲碑

誌題詠而已。考其族孫敏求跋，蓋散佚之餘，後復重鈔成帙也。

愼庵稿

黄虞稷《千頃堂書目·别集類》 孫迪《愼庵稿》。字元吉，祁門人，中書舍人。

竹素稿

黄虞稷《千頃堂書目·别集類》 魯穆《竹素稿》。字希文，天台人。

游思稿

黄虞稷《千頃堂書目·别集類》 魯穆《游思稿》。

今山文集

黄虞稷《千頃堂書目·别集類》 胡瀚《今山文集》一百卷。字川甫，餘姚人。嘉靖中歲貢，崇明教諭，學宗陽明。

《明史·藝文志·别集類》 胡瀚《今山文集》一百卷。

信庵集

黄虞稷《千頃堂書目·别集類》 胡瀚《信庵集》二卷。

雙崖集

王圻《續文獻通考·經籍考·集下》 《雙崖集》。户部尚書周忱著。吉水人。

黄虞稷《千頃堂書目·别集類》 周忱《雙崖集》六卷。字恂如，吉水人。工部尚書，謚文襄。

《明史·藝文志·别集類》 周忱《雙崖集》八卷。

尋樂文集

黄虞稷《千頃堂書目·别集類》 習嘉言《尋樂稿》。

《四庫提要·别集類存目二》 《尋樂文集》二十卷。江西巡撫採進本。明習經撰。經字嘉言，號寅清居士，晚自號尋樂翁，新喻人。永樂戊戌進士，官至詹事府詹事。經於成祖時亦以試《黄鸚鵡賦》稱旨，擢授編修，其賦今在集中。又有《皇都大一統賦》，朱彝尊撰《日下舊聞》未經收入，蓋未見此集也。集爲其子興化府同知襄所編。

使西稿

黄虞稷《千頃堂書目·别集類》 習嘉言《使西稿》。名經，以字行，新喻人。詹事府詹事，兼太常寺少卿。

秋林集

黄虞稷《千頃堂書目·别集類》 陳勉《秋林集》一卷。字進之，無錫人。以貢入太學，受知祭酒李時勉，後官工部員外郎。

敝帚集

《四庫提要·别集類存目二》《敝帚集》二卷。江蘇巡撫採進本。明陳益撰。益字啓行，自號行素，高安人。永樂間以五經教授於其鄉，至景泰甲戌始卒。是集乃弘治乙未其子揚所刊，後燬於火。萬曆中其裔孫德又重刊之。所載皆古今體詩，雜文僅寥寥數篇。

田心集

黄虞稷《千頃堂書目·别集類》宋子環《田心集》二卷。字文瑩，吉水人，□王府長史。

詞林稿

王圻《續文獻通考·經籍考·集下》宋子環《詞林稿》。

梁園稿

王圻《續文獻通考·經籍考·集下》《梁園稿》。長史宋子環著。吉水人。

默庵集

黄虞稷《千頃堂書目·别集類》秦康王志㙨《默庵集》。隱王尚炳第三子，愍王樉孫，高皇帝曾孫，宣德三年以富平王進封。

野古集

黄虞稷《千頃堂書目·别集類》龔詡《野古集》三卷。字大章，崑山人。父詧，洪武給事中，戍五開死，句詡補伍守金川門。靖難師入，變姓名王大章。遁歸，更二十餘年，禁稍解，賣藥授徒。周忱撫江南，薦爲學官，不赴。既卒，門人私謚曰安節先生。

王士禛《漁洋書跋》《野古集》。右《野古集》如干卷。龔詡大章所著。

《明史·藝文志·别集類》龔詡《野古集》二卷。

《四庫提要·别集類二三》《野古集》三卷。內府藏本。明龔詡撰。詡字大章，崑山人。

芝山集

王圻《續文獻通考·經籍考·集下》《芝山集》。熊概著。

黄虞稷《千頃堂書目·别集類》熊概《芝山居士集》四十卷。字元節，吉水人。榜姓胡，南京都察院右都御史，召掌院事，兼署刑部事。

《明史·藝文志·别集類》熊概《芝山集》四十卷。

公餘稿

黄虞稷《千頃堂書目·别集類》《公餘稿》。左都御史熊概著。吉水人。

黄虞稷《千頃堂書目·别集類》熊概《公餘集》三十卷。

《明史·藝文志·别集類》熊概《公餘集》三十卷。

松臞集

《四庫提要·别集類存目二》《松臞集》二十八卷。江西巡撫採進本。明曾鶴

齡撰。鶴齡字延年，一字延之，泰和人。永樂辛丑進士第一，官至侍講學士。詩多牽率之作，命意不深，而措詞結局，往往爲韻所窘，殆非所擅長。文則説理明暢，次序有法，大抵規橅歐陽，頗近王直《抑庵集》，而沈著則不及也。直爲作墓誌，於其文章亦無所稱譽云。

松臞詩集

高儒《百川書志・集・國朝》 《松臞詩集》三卷。翰林侍講學士太和曾□□。

黄虞稷《千頃堂書目・別集類》 曾鶴齡《松臞集》三卷。字延年，泰和人。一甲第一人，翰林院侍講學士，攝南院事。

《明史・藝文志・別集類》 曾鶴齡《松臞集》三卷。

松坡集

王圻《續文獻通考・經籍考・集下》 《松坡集》。侍讀曾鶴齡著。泰和人。

臞叟集

王圻《續文獻通考・經籍考・集下》 《臞叟集》。曾鶴齡著。

尖峰集

高儒《百川書志・集・國朝》 《尖峰集》一卷《文》一卷。桃源尖峰蕭儀子羽著。詩百九首，文十三首。

紀行録

高儒《百川書志・集・國朝》 《紀行録》九卷。詩餘。《南歸稿》一卷、《使西集》一卷、《湖湘稿》一卷、《錦官録》一卷、《重使關西稿》一卷、《西巡稿》一卷、《西巡續稿》一卷、《紀行續集》一卷、《戊寅集》一卷。湖廣僉憲山成始終自進士歷官紀行之作。

桂林集

黄虞稷《千頃堂書目・別集類》 陳鏞《桂林集》四卷。字叔振，錢塘人。禮部主事，死交阯事。

橋門聽雨集

黄虞稷《千頃堂書目・別集類》 陳璲《橋門聽雨集》。字廷嘉，臨海人。戊子解元，己丑會元，江西提學僉事。

逸庵集

黄虞稷《千頃堂書目・別集類》 陳璲《逸庵集》。

敬軒詩

范邦甸等《天一閣書目・別集類》 錦衣副千户沐僖著《敬軒詩》四卷。

□□集

黄虞稷《千頃堂書目・别集類》 沐僖《□□集》二卷。昂子，南京錦衣衛千户，贈都督同知。

擬古感興詩

黄虞稷《千頃堂書目・别集類》 漢王高煦《擬古感興詩》一卷。凡二十八篇，《列朝詩》云，其臣僚嘗爲鏤版行世。王文皇帝第二子，永樂二年封漢王，十五年之國樂安州。宣德八年叛，縶道遥城，死，國除。

東園文集

徐𤊹《徐氏家藏書目・别集類》 何文淵《東園文集》四卷。字巨川，廣昌人。永樂戊戌進士，累官太子太保，吏部尚書，卒年七十三。

東園遺稿

黄虞稷《千頃堂書目・别集類》 何文淵《東園遺稿》四卷。字□□，廣昌人。

《明史・藝文志・别集類》 《何文淵文稿》四卷。

九川集

黄虞稷《千頃堂書目・别集類》 李奎《九川集》六卷。弋陽人，大理寺右少卿。一本二十卷。

《明史・藝文志・别集類》 李奎《九川集》六卷。

樸齋集

黄虞稷《千頃堂書目・别集類》 吴實《樸齋集》一卷。字仲美，長樂人，榜姓吴，後改姓林，廣東按察司僉事。

燕石稿

黄虞稷《千頃堂書目・别集類》 方祖安《燕石稿》。永嘉人。

砥庵集

黄虞稷《千頃堂書目・别集類》 邵廉《砥庵集》。字思廉，會稽人。

姑溪集

黄虞稷《千頃堂書目・别集類》 徐惟超《姑溪集》。字士奇，奉化人。

柳軒集

黄虞稷《千頃堂書目・别集類》 徐惟超《柳軒集》。

白下集

黃虞稷《千頃堂書目・別集類》 伍盛《白下集》。字德恭，江山人。

抑齋集

黃虞稷《千頃堂書目・別集類》 鄭閻《抑齋集》一卷。字公望，閩縣人，廣信府學教授。

旂峰集

黃虞稷《千頃堂書目・別集類》 黃澤《旂峰集》十四卷。字敷仲，閩縣人，浙江右布政使。

《明史・藝文志・別集類》 《黃澤詩集》十四卷。

芳洲集　續集

范邦甸等《天一閣書目・別集類》 《陳芳洲集》三卷。刊本。明大學士陳循著。卷首有像，楊士奇贊，有成化七年復舊職誥文并自序。正德二年，嗣孫陳馥序曰：先少保芳洲公被誣謫戍，每于風晨月夕，摘取古人所製詩句，集成短什，凡若干首，彙以成編。叔父無逸先生係以年譜并頌辭，刊行于世。惜遭回禄，爰命工重刊，俾後之子若孫得有所考云。

徐𤊹《徐氏家藏書目・別集類》 陳循《芳洲集》十卷。字德遵，太和人。永樂乙未狀元，累官户部尚書，少保、華盖殿大學士，謫戍遼東，卒年七十八。

黃虞稷《千頃堂書目・別集類》 陳循《芳洲集》十卷，又《續集》六卷。字德遵，泰和人。甲午解元，會試第二人，一甲第一人，户部尚書，少保兼太子太傅，華蓋殿大學士。英廟復辟，戍鐵嶺，尋放還。

《明史・藝文志・別集類》 陳循《芳洲集》十六卷。

《四庫提要・別集類存目二》 《芳洲集》十卷。江西巡撫採進本。明陳循撰。循字德遵，泰和人。永樂乙未進士第一。官至户部尚書，華蓋殿大學士。英宗復辟，謫戍鐵嶺。石亨敗後，循上疏自訟，詔放還。事蹟具《明史》本傳。是編其裔孫以躍所輯，附録一卷，則諭祭文、誌銘、祭文、輓詩、乞恩復官疏及祀鄉賢文移。首列奏對而無章疏。其自訟疏本傳尚載其略，乃削而不存，未喻何故，殆久而佚其稿耶。

陳循詩集

黃虞稷《千頃堂書目・別集類》 《陳循詩集》四卷。

東行百詠集句

黃虞稷《千頃堂書目・別集類》 陳循《東行百詠》八卷。

《四庫提要・別集類存目二》 《東行百詠集句》九卷，附《芳洲年譜》一卷。浙江汪汝瑮家藏本。明陳循撰。是編乃其被謫東行時集古人詩句以成七絶。初得三百首，復疊和其韻至千餘首。集句皆不著姓名，頗多竄易牽就。和韻諸作，更多累句。後附《年譜》一卷，乃其門人王翔所録。當時敕諭及循所進詩頌，俱載入其中，亦非體例也。

神功聖德詩頌

張萱等《内閣藏書目録・雜部》 《神功聖德頌詩》一册。全。天順五年，陳循有罪謫戍鐵嶺衛撰進。成祖、仁宗、宣宗、英宗四朝神功聖德頌四章，近體二

十首。

黄虞稷《千頃堂書目・騷賦類》 陳循《神功聖德詩頌》一卷。循謫戍鐵嶺，天順三年撰進，成祖、仁宗、宣宗、英宗功德，爲頌四章、詩二十章。

東魯先生集

黄虞稷《千頃堂書目・别集類》 許彬《東魯先生集》十卷。字□□，寧陽人。

《明史・藝文志・别集類》 許彬《文集》十卷。

許彬詩集

黄虞稷《千頃堂書目・别集類》 許彬《詩集》□卷。

《明史・藝文志・别集類》 《許彬詩》四卷。

海岱集

范邦甸等《天一閣書目・别集類》 《海岱集》。明秋梁張鐸著。嘉靖甲辰有事岱宗東巡海上，既返，得詩若干首。卷首白世卿、李開元，卷末楊溥均有序。

徐琦文集

黄虞稷《千頃堂書目・别集類》 《徐琦文集》六卷。字良玉，錢塘人。南京兵部尚書。子鎡輯。

《明史・藝文志・别集類》 《徐琦文集》六卷。

默庵詩集

范邦甸等《天一閣書目・别集類》 《默庵詩集》一册。刊本。明曹義撰。

黄虞稷《千頃堂書目・别集類》 曹義《默庵集》二卷。字□□，句容人，南京吏部尚書。

觀過稿

王圻《續文獻通考・經籍考・集下》 《觀過稿》。新喻右諭德黎恬著。

黄虞稷《千頃堂書目・别集類》 徐恬《觀過稿》。字□□，清江人。右春坊右諭德，預修《宣宗實録》。

徵士集

黄虞稷《千頃堂書目・别集類》 黎恬《徵士集》。

斐然稿

黄虞稷《千頃堂書目・别集類》 黎恬《斐然稿》。

憑虚稿

黄虞稷《千頃堂書目・别集類》 魯靖王肇煇《憑虚稿》。荒王檀庶子，高皇帝孫，永樂元年襲封。

介庵集

徐𤊹《徐氏家藏書目・别集類》 陳鎰《僖敏集》六卷。字有戒，號介庵，吴縣人。舉永樂壬辰馬鐸榜進士，累官太子太保，都察院左都御史。景泰七年卒，年六十有八。子僎，四川僉事。

黄虞稷《千頃堂書目・别集類》 陳鎰《介庵集》六卷。字有仁，吴縣人。榮禄大夫，太子太保，都察院左都御史，贈太保，謚僖敏。

《明史・藝文志・别集類》 《陳鎰文集》六卷。

月冷詩

徐𤊹《徐氏家藏書目・别集類》 吴復《月冷詩》一卷。字鹿畊，蘭谿人。

南山録

王圻《續文獻通考・經籍考・集下》 《南山録》。黄潤玉著。

南山稿

王圻《續文獻通考・經籍考・集下》 《南山稿》。黄潤玉著。

黄虞稷《千頃堂書目・别集類》 黄潤玉《南山稿》。字孟清，鄞人。永樂時舉子，歷湖廣按察使。

蒙庵集

王圻《續文獻通考・經籍考・集下》 《蒙庵集》。布政使戴弁著。浮梁人。

石室遺音

黄虞稷《千頃堂書目・别集類》 鄭關《石室遺音》六卷。字公啓，一名迪，閩縣布衣。集有王偁序。

蔀齋集

黄虞稷《千頃堂書目・别集類》 鄭關《蔀齋集》。

願學稿

王圻《續文獻通考・經籍考・集下》 《願學稿》。副都御史朱鑑著。晋江人。

東岡集

徐𤊹《徐氏家藏書目・别集類》 柯暹《東岡集》十二卷。字啓暉，一字用晦，貴池人。永樂中鄉貢，預修《大典》。仁宗在東宫聞其名，召拜户科給事中。正統中陞雲南浙江按察使。卒年六十一。

黄虞稷《千頃堂書目・别集類》 柯暹《東岡集》十二卷。

《明史・藝文志・别集類》 柯暹《東岡集》十二卷。

《四庫提要・别集類存目二》 《東岡集》十卷。兩淮鹽政採進本。明柯暹撰。暹字啓暉，更字用晦，建德人。永樂乙酉領鄉薦，年僅十六。明年與修《永樂大典》，選入翰林，知機宜文字。進《元兔詩》，授户科給事中。以三殿災，應詔陳言，謫交阯驩州知州。累遷雲南按察使，致仕歸。事蹟附見《明史・鄒緝傳》。是集乃暹晚年所手訂。劉定之序稱其詩文奇崛，出人意表。今觀所作，文豪邁有餘，而落筆太快，少瀠洄渟蓄之致。詩亦矢口即成，不耐咀詠。是亦登科太早，才高學淺之效歟。

宦游集

黄虞稷《千頃堂書目・别集類》 陳鈍《宦游集》。字斯鈍，樂清人。

淡軒稿　補遺

王圻《續文獻通考・經籍考・集下》 《澹軒文集》。太常卿林文著。莆田人。

黄虞稷《千頃堂書目・别集類》 林文《澹軒稿》十二卷。字恒簡，莆田人。一甲第三人，太常寺少卿，兼翰林院侍讀學士。卒贈禮部侍郎，謚襄敏。

《明史・藝文志・别集類》 林文《澹軒稿》十二卷。

《四庫提要・别集類存目二》 《淡軒稿》十二卷，《補遺》一卷。福建巡撫採進本。明林文撰。文字恒簡，莆田人。宣德庚戌進士，官至太常寺少卿，兼翰林院學士，謚襄敏。是集詩三卷、文七卷，其十一、十二兩卷乃附録誥敕及行狀、神道碑。《補遺》一卷，則又其詩文雜著。凡有二本，初刻者爲其孫岳州同知希範，重刻者爲其曾孫南京大理寺寺正炳章。此本即炳章所校也。

嚴陵賦

徐𤊹《徐氏家藏書目・别集類》 方寬《嚴陵賦》一卷。字敬敷，號楓麓，壽昌縣人。

黄虞稷《千頃堂書目・騷賦類》 方寬《嚴陵賦》一卷。字敬敷，壽昌人。

石矼樵唱

黄虞稷《千頃堂書目・别集類》 盧大雅《石矼樵唱》。貴溪人，龍虎山道士。

梧岡集

黄虞稷《千頃堂書目・别集類》 唐子儀《梧岡集》。名文鳳，以字行，歙縣人。仲實次子，以文學徵，授知興國縣，擢趙王府紀善。

《四庫提要・别集類二三》 《梧岡集》八卷。安徽巡撫採進本。明唐文鳳撰。文鳳字子儀，號夢鶴，歙縣人。與祖元父桂芳俱以文學擅名。永樂中薦授興國縣知縣，改趙府紀善。卒年八十有六。文鳳宰興國，著有政績。泰和劉鴻嘗爲作《賢令祠記》，見程敏政所編《唐氏三先生集・附録》中。其詩文亦豐縟深厚，刊落浮華，能不失其家法。其五世孫澤撰墓表云：「先生著述在鄉校者曰《朝陽類稿》；在興國者曰《政餘類稿》，又曰《章貢文稿》；在藩府者曰《進忠類稿》；在洛陽者曰《洛陽文稿》；歸田後曰《老學文稿》。」今此編所存者止詩四卷，文四卷，蓋不逮十之三四，然亦足見其大凡矣。

拙庵稿

黄虞稷《千頃堂書目・别集類》 唐文楷《拙庵集》。字儀弟，以善楷書徵，與修《永樂大典》。

退庵集

黄虞稷《千頃堂書目・别集類》 余吉祥《退庵集》。字大昌，黄巖人，永樂中官禮部主事。

丹淵詩集

黄虞稷《千頃堂書目・别集類》 祖儁《丹淵詩集》二卷。字其遠，當塗人，永樂中預修大典。

竺庵集

黄虞稷《千頃堂書目・别集類》 大回《竺庵集》二卷。字妙止，會稽人。鄞縣延慶寺僧，預修《永樂大典》。

《明史・藝文志・别集類》 大同《竺庵集》二卷。

静齋集

范邦甸等《天一閣書目・别集類》 《静齋詩集》六卷。刊本。明莆田黄約仲著。裔孫獻可志略云：公諱約仲，號静齋。少博學，工詩，聲調祖初唐。永樂初年，召天下文學之士寔史館校諸書。公時以庠士被命入京，修《大典》。書成，文皇御西角門，親試《天馬歌》、《上林曉鶯》二詩，擢第一。遂官翰林典籍，遷檢討，在翰苑二十年，以親老疏求近地教職便禄養，乃俞允，除汀州府教授，尋卒于官。其詩文書法多傳于後，惜散落不一，家庭所掇拾又或多失真。丙申秋，始采閲之，去其重複，僅得六十餘篇，録刻之。

黄虞稷《千頃堂書目・别集類》 黄守《静齋集》四卷。字仲約，以字行，莆田人。永樂中以楷書選爲汀州府學教授，大臣薦其能詩，授翰林檢討。

金臺寓稿

黄虞稷《千頃堂書目・别集類》 蘇鑑《金臺寓稿》。字良金，建寧人。蘇仲厚子。

永樂中舉明經，官吏部郎中。

慎齋集

黄虞稷《千頃堂書目・别集類》 樊敬《慎齋集》。字公慎，縉雲人。

鏡湖清唱

黄虞稷《千頃堂書目・别集類》 郭廛《鏡湖清唱》四卷。字敬夫，閩縣人，永樂中布衣。

興復齋稿

黄虞稷《千頃堂書目・别集類》 胡粹中《興復齋稿》。名由，以字行，山陰人，楚府右長史。

泮宫稿

黄虞稷《千頃堂書目・别集類》 龔澐《泮宫稿》一卷。永樂間臨江訓導。

澹交集

黄虞稷《千頃堂書目・别集類》 廖謹《澹交集》。字慎初，南海人，南安府學教授。

耕隱集

黄虞稷《千頃堂書目·别集類》 鄧定《耕隱集》二卷。字子静，閩縣人。永樂中薦辟不出。

蒙齋集

黄虞稷《千頃堂書目·别集類》 王肇《蒙齋集》一卷。字開若，侯官人。褒子。永樂中薦辟不仕。

竹坡吟稿

黄虞稷《千頃堂書目·别集類》 蘇鉦《竹坡吟稿》二十卷。字良聲，建安人。永樂中高士。

《明史·藝文志·别集類》 蘇鉦《竹坡吟稿》二十卷。

澹庵集

黄虞稷《千頃堂書目·别集類》 楊讓《澹庵集》二十卷。楊榮子。

閒居叢稿

黄虞稷《千頃堂書目·别集類》 雷境《閒居叢稿》。字彦遇，建安人。永樂中以孝薦，固辭。學者稱慎齋先生。

皇華詩

黄虞稷《千頃堂書目·别集類》 徐驥《皇華詩》一卷。字尚德，浦城人，永樂中太學生。

海上詩稿

黄虞稷《千頃堂書目·别集類》 朱韞珉《海上詩稿》一卷。鄱陽人。從鄭和使西洋，録所見作。

樂稼詩稿

黄虞稷《千頃堂書目·别集類》 周子良《樂稼詩稿》。錢塘人。

醉桃佳趣

黄虞稷《千頃堂書目·别集類》 徐伯齡《醉桃佳趣》二十卷。字延之，錢塘人。

舊雨堂稿

黄虞稷《千頃堂書目·别集類》 徐伯齡《舊雨堂稿》二卷。

高文義公集

黄虞稷《千頃堂書目·别集類》 高穀《高文義公集》十卷。字克用，興化人。少

傅兼太子太傅，工部尚書，謹身殿大學士，贈太保，謚文毅。

《明史・藝文志・別集類》《高穀集》十卷。

育齋集

范邦甸等《天一閣書目・別集類》《育齋先生詩集》十七卷。刊本。明户部員外郎卞榮紹輯，翰林院學士錢溥校正，弘治乙亥禮部侍郎汪楷序。

黄虞稷《千頃堂書目・別集類》高穀《育齋集》十七卷。

歸田集

黄虞稷《千頃堂書目・別集類》高穀《歸田集》三卷。

拾遺集

黄虞稷《千頃堂書目・別集類》高穀《拾遺集》一卷。

錦舟集

黄虞稷《千頃堂書目・別集類》戴時雨《錦舟集》。永嘉人。

樂庵稿

黄虞稷《千頃堂書目・別集類》張居傑《樂庵稿》。字翰英，上虞人。

困庵集

黄虞稷《千頃堂書目・別集類》李叙《困庵集》。字秉彝，東陽人。

南征紀行録

黄虞稷《千頃堂書目・別集類》李叙《南征紀行録》。

南溪吟卷

黄虞稷《千頃堂書目・別集類》王逵《南溪吟卷》。字公路，嘉興人。

管窺集

黄虞稷《千頃堂書目・別集類》王逵《管窺集》。

雲溪遺稿

黄虞稷《千頃堂書目・別集類》王逵《雲溪遺稿》。

西澗文集

黄虞稷《千頃堂書目・別集類》熊直《西磵集》十六卷。字敬方，其初冒姓胡，

吉水人。永樂中舉人，以子概貴，贈右都御史。

《四庫提要・別集類存目二》《西澗文集》十六卷。浙江巡撫採進本。明熊直撰。直字敬方，吉水人。永樂中舉人，以子概貴，贈右都御史。是集詩二卷、文十四卷。有宣德五年楊士奇序，稱：「蘇明允父子，一時皆有文名。而明允老成巋然，時號老蘇，其官位竟不顯。曁子貴，乃進身後之命。敬方亦今之明允乎？」今觀其文，視明初宋濂、王禕，去之尚遠，似未容上擬眉山也。

梅湖集

黄虞稷《千頃堂書目・別集類》 林文秸《梅湖集》二卷。字□□，懷安人。與弟文秩同年進士，岳州府通判。

歲寒集

王圻《續文獻通考・經籍考・集下》《歲寒集》。孫原貞著。德興人，兵部尚書。

黄虞稷《千頃堂書目・別集類》 孫原貞《歲寒集》二卷。字□□，德興人。巡撫浙江，都御史兼兵部尚書。

《明史・藝文志・別集類》 孫原貞《歲寒集》二卷。

《四庫提要・別集類存目二》《歲寒集》二卷。浙江汪啓淑家藏本。明孫瑀撰。瑀字原貞，以字行，德興人。永樂乙未進士，官至兵部尚書。是編乃其孫孚吉等所編，凡文一卷、詩一卷。前有李東陽序，稱其詩平正通達，無鉤棘險怪之態。今觀諸作，大抵純任自然，不事結構，韓愈所謂「此詩有何好有何惡」也。

燕岡集

黄虞稷《千頃堂書目・別集類》 胡溉《燕岡集》一卷。字□□，吉水人，宣德時中書舍人。

囂囂集

黄虞稷《千頃堂書目・別集類》 嚴珊《囂囂集》。字□□，開化人。

雞肋集

范邦甸等《天一閣書目・總集類》《雞肋集》一卷。刊本。明訥菴鄭珞著。

黄虞稷《千頃堂書目・別集類》 鄭珞《雞肋集》。

訥庵集

黄虞稷《千頃堂書目・別集類》 鄭珞《訥庵集》四卷。字希玉，侯官人。庶吉士，寧波知府。

玹齋集

黄虞稷《千頃堂書目・別集類》 鄭瑛《玹齋集》一卷。字希晦，侯官人。珞兄，教諭。

澹成集

黄虞稷《千頃堂書目・別集類》 洪英《澹成集》。字實天，懷安人。會元，巡撫浙江，右都御史。

琴邊清唱

黃虞稷《千頃堂書目・別集類》 陳輝《琴邊清唱》十卷。字伯煒，閩縣人。廣西按察司副使。

晉安風雅

黃虞稷《千頃堂書目・別集類》 陳輝《晉安風雅》。

存庵集

黃虞稷《千頃堂書目・別集類》 陳輝又有《存庵集》。

藏山名世集

黃虞稷《千頃堂書目・別集類》 方以正《藏山名世集》。字秉中，永嘉人。

存省稿

黃虞稷《千頃堂書目・別集類》 李茂弘《存省稿》。字□□，黃巖人。

澹庵集

王圻《續文獻通考・經籍考・集下》 《澹庵集》。參政黃仲芳著。甌寧人。

拙庵學言集

黃虞稷《千頃堂書目・別集類》 宋琰《拙庵學言集》十五卷。字廷圭，奉化人。南京兵部右侍郎，預修《宣宗實録》。

思庵稿

黃虞稷《千頃堂書目・別集類》 韓陽《思庵稿》二十卷。字伯陽，山陰人。

學古集

黃虞稷《千頃堂書目・別集類》 呂迪《學古集》。字茂恭，新昌人。

半隱集

《四庫提要・別集類存目二》 《半隱集》十卷。浙江汪汝瑮家藏本。明陳衡撰。衡字克平，淳安人。永樂丁酉舉人，官亳州學正。是集序四卷、記一卷、説一卷、詩四卷，附雜文於後。末有其甥方漢所撰行狀。詩文皆不入格，於明初諸人爲未能方軌竝騖也。

玉堂清餘集

黃虞稷《千頃堂書目・別集類》 董璘《玉堂清餘集》。字□□，高郵州人。會元，選庶吉士，官修撰。

明皇都賦

張萱等《内閣藏書目録・雜部》 《皇都賦》一册。全鈔本。正統七年翰林院修撰董璘撰進。

黄虞稷《千頃堂書目・騷賦類》 董璘《明皇都賦》一卷。

息軒集

黄虞稷《千頃堂書目・别集類》 彭琉《息軒集》。字□□，安福人。湖廣按察司副使，預修《五倫書》及《宣宗實録》，後官雲南左布政使。

康齋文集

王圻《續文獻通考・經籍考・集下》 《吴康齋集》。崇仁吴與弼著。

黄虞稷《千頃堂書目・别集類》 吴與弼《康齋文集》十二卷。字子傳，臨川人。天順初以薦徵至京，拜左春坊左諭德，辭不就。

《明史・藝文志・别集類》 吴與弼《康齋文集》十二卷。

吴焯《繡谷亭薰習録・集二》 《康齋集》十三卷。明□□吴與弼子傳著，弘治七年知撫州江浦吴泰序。

《四庫提要・别集類二三》 《康齋文集》十二卷。江蘇周厚堉家藏本。明吴與弼撰。與弼字子傳，臨川人。天順元年以忠國公石亨薦，徵至京師，授左春坊左諭德，辭不就職，詔行人護送歸。事蹟具《明史・儒林傳》。其集初刻於撫州，凡四卷，歲久漫漶。此本乃崇禎壬申江南提學副使陳維新所刻。分爲詩七卷，奏疏、書、雜著一卷，序一卷，記一卷，目録一卷，跋、贊、銘、啓、墓誌、墓表、祭文一卷。

默庵詩稿

黄虞稷《千頃堂書目・别集類》 戴浩《默庵詩稿》。字彦廣，鄞人。

青城梅花三百詠

高儒《百川書志・别集》 《青城梅花三百詠》三卷。大明翰林錦城晏鐸著。次中峰一韻百律，品題古今人物用韻二十七律，并和海粟百題及梅花賦。墨莊，其號也。

青雲集

黄虞稷《千頃堂書目・别集類》 晏鐸《青雲集》。字振之，富順人。庶吉士，授福建道御史，以言事謫上高典史。

怡笑集

黄虞稷《千頃堂書目・别集類》 褚思敬《怡笑集》。字□□，天台人。

慎庵集

黄虞稷《千頃堂書目・别集類》 王暹《慎庵集》四十卷。字景暘，浙江山陰人。巡撫河南，右都御史。

《明史・藝文志・别集類》 《王暹文集》四十卷。

訥庵集

黃虞稷《千頃堂書目・別集類》 左證《訥庵集》。字世瑄，南城人，山東參政。

吴下集

黃虞稷《千頃堂書目・別集類》 陳道曾《吴下集》。字端試，晉江人，無爲州學正。

筠陽稿

黃虞稷《千頃堂書目・別集類》 陳道曾《筠陽稿》。

濡須稿

黃虞稷《千頃堂書目・別集類》 陳道曾《濡須稿》。

金誠集

黃虞稷《千頃堂書目・別集類》 《金誠□□集》。字誠之，番禺人。工部主事，改刑部。

會元古義

黃虞稷《千頃堂書目・別集類》 陳詔《會元古義》四卷。字廷詢，青田人。

薛文清集

王圻《續文獻通考・經籍考・集下》 《薛文清集》。河東薛瑄著。

徐𤊹《徐氏家藏書目・別集類》 薛瑄《文清全集》四十卷。

張萱等《内閣藏書目録・集部》 《敬軒薛先生文集》八册。全。薛文清公瑄著。

黃虞稷《千頃堂書目・別集類》 薛瑄《敬軒集》四十卷。字德温，河南人。庚子解元，禮部左侍郎兼文淵閣大學士，謚文清，從祀孔廟。

《明史・藝文志・別集類》 薛瑄《敬軒集》四十卷。

《四庫提要・別集類二三》 《薛文清集》二十四卷。大學士于敏中家藏本。明薛瑄撰。瑄有《讀書録》，已著録。是集爲其門人關西張鼎所編。

河汾詩集

范邦甸等《天一閣書目・別集類》 《河汾集》八卷。刊本。明薛瑄著。孫禔編次，閻禹錫校正，有序。謝庭桂重校，成化五年序稱：《河汾詩》一帙，先生孫刑部主事禔之所彙萃，門人國子監丞閻君禹錫讐校，凡八卷一千一百三十首。

徐𤊹《徐氏家藏書目・別集類》 薛瑄《河汾詩集》八卷。字德温，號敬軒，平陽府蒲州人。永樂辛丑進士，禮部侍郎，謚文清，從祀孔子廟庭。詩一千一百三十首，孫禔官刑部主事彙次，門人閻禹錫序。

黃虞稷《千頃堂書目・別集類》 薛瑄《河汾詩集》八卷。

《明史・藝文志・別集類》 《薛瑄詩》八卷。

《四庫提要・別集類存目二》 《河汾詩集》八卷。浙江汪汝瑮家藏本。明薛瑄撰。瑄有《讀書録》，已著録。是集第一卷載賦五篇，餘皆古今體詩。其孫禔於成化間裒拾遺稿而成，門人閻禹錫爲之序。今考所載詩賦，皆已編入全集中，此猶其初出別行之本也。

真趣軒集

黄虞稷《千頃堂書目·别集類》 梁萼《真趣軒集》二十卷。字紹理，臨川人。衡州府學教授，預修太宗、仁宗實録。

《明史·藝文志·别集類》 《梁萼集》二十卷。

草堂集

黄虞稷《千頃堂書目·别集類》 蹇英《草堂集》。字伯榮，巴縣人。蹇義子，以父任官太常寺少卿。

寓懷稿

黄虞稷《千頃堂書目·别集類》 蹇英《寓懷稿》。

蒙軒集

黄虞稷《千頃堂書目·别集類》 陳贄《蒙軒集》三卷。字惟成，餘姚人。以薦官儒學訓導，入爲翰林待詔，升廣東參議，遷太常少卿。

自娱稿

黄虞稷《千頃堂書目·别集類》 陳贄《自娱稿》。

容臺稿

黄虞稷《千頃堂書目·别集類》 陳贄《容臺稿》。

薇垣稿

黄虞稷《千頃堂書目·别集類》 陳贄《薇垣稿》。

撫安録

黄虞稷《千頃堂書目·别集類》 陳贄《撫安録》。

歸田稿

黄虞稷《千頃堂書目·别集類》 陳贄《歸田稿》。

和唐音

徐𤊹《徐氏家藏書目·别集類》 陳贄《和唐音》二卷。字惟成，號蒙軒，餘姚人。正統中以薦辟官廣東參議。

黄虞稷《千頃堂書目·别集類》 陳贄《和唐音》三卷。

和陶詩

黄虞稷《千頃堂書目·别集類》 陳贄《和陶詩》。

和董嗣杲西湖百詠

黃虞稷《千頃堂書目・別集類》 陳贄《和董嗣杲西湖百詠》一卷。

閒邊日鈔

黃虞稷《千頃堂書目・別集類》 陳贄《閒邊日鈔》。

蕉窗集

黃虞稷《千頃堂書目・別集類》 嚴貞《蕉窗集》。字宗正，奉化人。

尚約居士集

徐𤊹《徐氏家藏書目・別集類》 蕭鎡《尚約居士集》二十卷。字孟勤，太和人。宣德丁未進士，官至太子少師，户部尚書。丘濬、程敏政序，弘治七年刻。卒年七十有二。

黃虞稷《千頃堂書目・別集類》 蕭鎡《尚約居士集》二十卷。字孟勤，泰和人。太子少師，户部尚書，兼翰林院學士。

《明史・藝文志・別集類》 《蕭鎡文集》二十卷。

《四庫提要・別集類存目二》 《尚約居士集》。無卷數。江西巡撫採進本。明蕭鎡撰。鎡字孟勤，泰和人。宣德丁未進士，官至户部尚書、文淵閣大學士，兼翰林院學士。事蹟附見《明史・陳循傳》。案鎡爲蕭鵬舉之子，鵬舉學詩於劉崧，鎡不墜其家法。史稱其學問該博，文章爾雅。其門人丘濬序，稱其文正大光明，不爲浮誕奇崛，蓋洪、宣閒臺閣之體大率如是也。

尚約居士詩集

黃虞稷《千頃堂書目・別集類》 蕭鎡《尚約居士詩集》十卷。

《明史・藝文志・別集類》 《蕭鎡詩》十卷。

怡庵集

黃虞稷《千頃堂書目・別集類》 方勉《怡庵集》十五卷。字懋德，歙縣人。選庶吉士，歷湖廣右參議。

《明史・藝文志・別集類》 方勉《怡菴集》十五卷。

絅齋集

黃虞稷《千頃堂書目・別集類》 陳叔剛《絅齋集》十卷。名棖，以字行，閩縣人。以監察御史預修永樂、洪熙實録，改翰林修撰，復纂修《宣宗實録》。升侍讀，遭父喪卒。

《明史・藝文志・別集類》 陳叔剛《絅齋集》十卷。

絅齋詩

高儒《百川書志・集・國朝》 《絅齋詩》一卷。翰林侍讀陳棖叔剛，筠軒長子也。詩一百三十六首。

恥菴詩

高儒《百川書志・集・國朝》 《恥菴詩》一卷。浙江右布政使陳煒文耀，絅

齋冢子也。詩百四十七首。

抑齋詩

高儒《百川書志・集・國朝》《抑齋詩》一卷。贈御史隱士陳栖叔復，筠軒四子也。詩七首。

果菴詩

高儒《百川書志・集・國朝》《果菴詩》一卷。贈南京户部郎中隱士陳瓘文政，絅齋仲子也。詩三十四首。

遯菴詩

高儒《百川書志・集・國朝》《遯菴詩》一卷。舉人陳煒文厚，毅齋子也。詩百六首。

默菴詩

高儒《百川書志・集・國朝》《默菴詩》一卷。太學生陳焞文盛，筠軒之孫也。詩止六首。

畏菴詩

高儒《百川書志・集・國朝》《畏菴詩》一卷。陳烒文熇，筠軒從孫也。詩十五首。

劉文恭詩集

范邦甸等《天一閣書目・别集類》《劉文恭公詩集》六卷。刊本。明少詹事長洲劉鉉著。鉉由京闈鄉解授中書舍人，與修《三朝實録》，累陞翰林侍講、國子祭酒，轉少詹事，卒于官。《一統志》稱其「學行淳篤，教人以不欺爲本」。善古文，尤工于詩。所著有《假菴集》六十卷。

徐𤊹《徐氏家藏書目・别集類》劉鉉《文恭集》六卷。字宗器，長洲人。永樂間徵入翰林，領京闈鄉試，授中書舍人。宣德、正統間預修《三朝寔録》，天順改元，擢少詹事。卒于官。成化初，追贈禮部侍郎，謚文恭。所著有《假菴集》六十卷，嘉靖己酉玄孫畿梓之，僅得六卷，文徵明爲之序。

黄虞稷《千頃堂書目・别集類》劉鉉《劉文恭公詩集》六卷。字宗器，長洲人。永樂初以善書徵入翰林，中鄉薦，授中書舍人，升兵部主事，擢翰林侍講，累官少詹事。卒贈禮部左侍郎，謚文恭。

《明史・藝文志・别集類》《劉鉉詩集》六卷。

假庵稿

王圻《續文獻通考・經籍考・集下》《假庵稿》。長洲劉鉉著。永樂中以能書徵，官至少詹事。

兩溪文集

黄虞稷《千頃堂書目・别集類》劉球《兩谿集》二十四卷。字求樂，更字廷振，安福人。翰林院侍講，以忤王振，矯旨下獄死。景泰初，贈學士，謚忠愍。

《明史・藝文志・别集類》劉球《兩谿集》二十四卷。

《四庫提要・別集類二三》《兩溪文集》二十四卷。江西巡撫採進本。明劉球撰。球字求樂，更字廷振，安福人。永樂辛丑進士，授禮部主事。以楊士奇薦，入侍經筵，改侍講。後忤王振，下詔獄，爲振黨馬順就獄中支解死。景泰初，贈翰林學士，謚忠愍。事蹟具《明史》本傳。

兩溪詩集

范邦甸等《天一閣書目・別集類》《兩溪詩集》四卷。刊本。明安城劉球撰。子鉞釪類編，同邑吳節序。

劉文介公集

黃虞稷《千頃堂書目・別集類》 劉儼《劉文介公集》三十二卷。字宣化，吉水人。一甲第一人，太常寺少卿，兼侍讀學士，攝院務，贈禮部侍郎。謚文介。

《四庫提要・別集類存目二》《劉文介公集》三十卷。兩淮鹽政採進本。明劉儼撰。儼字宣化，吉水人。正統壬戌進士第一，累官太常寺少卿，春坊大學士，掌院事。《明史》附見《周敘傳》。稱其景泰中典順天鄉試，力持公道。黜大學士陳循、王文之子，幾得危禍，蓋剛正不撓之士也。是集策、表、講章一卷，記四卷，序十四卷，雜著六卷，五七言古今體詩五卷。尚沿臺閣舊體，無疵累之可摘，亦無精華之可挹。

東軒詩集

高儒《百川書志・聖朝詩集》《東軒詩集》一卷。秦藩永壽王著。

黃虞稷《千頃堂書目・別集類》 永壽王《東軒詩集》五卷。秦藩。

端清閣詩

黃虞稷《千頃堂書目・別集類》 周憲王宮人夏雲英《端清閣詩》一卷。莒州人，詩六十九首，年二十四死，憲王銘其墓。

《明史・藝文志・別集類》 周憲王宮人夏雲英《端清閣詩》一卷。

勤有文集

范邦甸等《天一閣書目・總集類》《勤有文集》一册。刊本。明藩楚莊王撰，典儀正雷貫編，伴讀胡粹中序，子嗣王季埦跋。其名爲「勤有」者，取昌黎詩「詩書勤乃有，不勤腹空虚」也。

黃虞稷《千頃堂書目・別集類》 楚莊王孟烷《勤有堂文集》□卷。昭王楨第三子，高皇帝孫，永樂二十二年襲封。

勤有詩集

范邦甸等《天一閣書目・總集類》《[勤有]詩集》一册。刊本。明藩楚莊王撰。

黃虞稷《千頃堂書目・別集類》 楚莊王孟烷《勤有堂詩集》□卷。

澹軒集

黃虞稷《千頃堂書目・別集類》 馬愉《淡軒文集》七卷。字性和，臨朐人。一甲第一人，禮部右侍郎，直内閣，謚襄敏。

《明史・藝文志・別集類》 馬愉《淡軒文集》八卷。

《四庫提要・別集類存目二》《澹軒集》七卷。浙江巡撫採進本。明馬愉撰。愉字性和，臨朐人。宣德丁未進士第一。正統五年以侍講學士入直文淵閣，官至禮部右侍郎。事蹟附見《明史・楊溥傳》。愉没後，詩文散失。成化庚子，山東參政邢居正命青州知府劉晚勉裒集遺亡而刊之。凡詩賦四卷，雜文三卷，第六卷又有歌詩錯雜其中，蓋隨得隨編，故先後無序。詩多酬應之作，或佳者多佚耶。然史稱愉端重簡默，門無私謁，論事務寬厚。又載其清理滯獄，及善處蕃使二事，絶不稱及其著作，蓋不以文采見也。

《別本澹軒集》八卷。兩淮鹽政採進本。明馬愉撰。愉集散佚之後，其鄉人都御史遲翔鳳購得殘本，更於愉家掇拾逸作，補葺刻之，故題曰《續刻》。目中注「續刻」字者，皆翔鳳所增也。

拙庵稿

黄虞稷《千頃堂書目・別集類》沈慶《拙庵集》。字汝會，餘杭人。湖廣僉事，有平寇功。

抑齋集

黄虞稷《千頃堂書目・別集類》王來《抑齋集》。字元之，慈谿人。南京工部尚書，兼大理寺卿。

西湖散人稿

黄虞稷《千頃堂書目・別集類》徐珙《西湖散人稿》。字聯璧，錢塘人。

介庵集

黄虞稷《千頃堂書目・別集類》陳鑑《介庵集》。字緝熙，長洲人。一甲第二人，國子監祭酒。

就正稿

黄虞稷《千頃堂書目・別集類》范霖《就正稿》。字時雨，樂清人。

宦游稿

黄虞稷《千頃堂書目・別集類》范霖《宦游稿》。

皇華稿

黄虞稷《千頃堂書目・別集類》范霖《皇華稿》。

柏臺稿

黄虞稷《千頃堂書目・別集類》范霖《柏臺稿》。

宮詹遺稿

徐爀《徐氏家藏書目・別集類》李齡《宮詹遺稿》六卷。字景齡，潮陽人。

宣德己酉鄉舉，年十八，歷官江西提學僉事，詹事府丞。五世孫古田教諭一軒刻之。

黄虞稷《千頃堂書目・別集類》 李齡《宫詹遺稿》六卷。字景熙，潮陽人，詹事府丞。

園趣存稿

黄虞稷《千頃堂書目・別集類》 夏誠《園趣存稿》。字與誠，鄞縣人，徙居仁和。子建編次。

張文僖公集

黄虞稷《千頃堂書目・別集類》 張益《張文僖公集》五卷。字□□，江寧人。

畏庵集

王圻《續文獻通考・經籍考・集下》 《畏庵周先生集》。狀元周旋著。

黄虞稷《千頃堂書目・別集類》 周旋《畏庵集》十卷。字中規，永嘉人。一甲第一人，左春坊左庶子，兼翰林院侍講。

《明史・藝文志・別集類》 《周旋文集》十卷。

《四庫提要・別集類存目二》 《畏菴集》十卷。兩淮馬裕家藏本。明周旋撰。旋字中規，別號畏菴，永嘉人。正統丙辰進士第一，官至左春坊左庶子。是集凡詩賦五卷，雜文五卷。樂清章綸爲之序，稱其典雅閒淡。然在當時，猶馳驅於流輩之中，未能自闢蹊徑。

雲庵集

黄虞稷《千頃堂書目・別集類》 劉廣衡《雲庵集》三十卷。萬安人。

《明史・藝文志・別集類》 劉廣衡《雲菴集》三十卷。

竹居集

黄虞稷《千頃堂書目・別集類》 黄閏《竹居集》。字期餘，信豐人。

西秦彙稿

黄虞稷《千頃堂書目・別集類》 耿九疇《西秦彙稿》。字□□，平定州人。南京刑部尚書，謚清惠。

東原集

黄虞稷《千頃堂書目・別集類》 杜瓊《東原集》一卷。字用嘉，吴縣人。自號鹿冠老人，又號東原耕者。卒，門人私謚曰淵孝先生。

《四庫提要・別集類存目三》 《東原集》七卷。兩江總督採進本。明杜瓊撰。瓊有《紀善録》，已著録。其詩以平正暢達爲宗，而傷於樸僿。後有正德己卯俞弁跋，稱刻本體製未備，此集乃其鄉人僉都御史張企翱所輯補云。

黄丕烈《蕘圃藏書題識續録・集類下》 《杜東原集》七卷。舊鈔本。

王文通公集

黄虞稷《千頃堂書目・別集類》 王一寧《王文通公集》二十卷。一作八卷。名康，以字行，仙居人。

節齋文集

黄虞稷《千頃堂書目・別集類》 王一寧《節齋文集》三十六卷。

務本集

黄虞稷《千頃堂書目・別集類》 蔣主孝《務本集》。字務本，儀真人。徙句容，蔣用文子。

樵林摘稿

徐𤊹《徐氏家藏書目・別集類》 蔣主孝《樵林摘稿》一卷。字□□，號樵林，句容人。天順中布衣。父用文，官太醫判，謚恭靖。子誼，成化丙戌進士。主孝所著有《務本集》若干卷，不傳。

黄虞稷《千頃堂書目・別集類》 蔣主孝《樵林摘稿》一卷。

吴竹坡文集

《四庫提要・別集類存目二》 《吴竹坡文集》五卷，《詩集》二十八卷。江西巡撫採進本。明吴節撰。節字與儉，竹坡其號也，安成人。宣德庚戌進士，官至太常寺卿，兼侍讀學士。是集爲其七世孫琦所刊。

吴竹坡詩集

《四庫提要・別集類存目二》 《吴竹坡詩集》二十八卷。江西巡撫採進本。明吴節撰。

慎齋集

阮元《四庫未收書目提要・別集類》 《慎齋集》四卷。明蔣主忠撰。按主忠字存恕，儀真人。與兄主孝，皆以詩名。時稱「景泰十才子」者，主忠其一也。是集共四卷，詞旨清逸，致爲可誦。考之朱彝尊所著《明詩綜》，曾録其《芙蓉》一絶句，而此編古今各體，計得二百八十餘首，已爲全稿無疑矣。

黄虞稷《千頃堂書目・別集類》 蔣主忠《慎齋集》七卷。字存恕，主孝弟。

孫志集

黄虞稷《千頃堂書目・別集類》 林補《遜志集》。字□□，永嘉人。

明宣宗詩文

《四庫提要・別集類存目》 《明宣宗詩文》一卷。浙江范懋柱家天一閣藏本。案《明史・藝文志》載《宣宗文集》四十四卷，今未見傳本。此册僅《廣寒殿記》一篇、《玉簪花賦》一首，詩歌詞曲三十九首，非其全帙也。朱彝尊《明詩綜》所録宣宗詩，多此册所未載，意者彝尊尚及見其集歟。

宣宗文集

黃虞稷《千頃堂書目・別集類》 宣宗章皇帝《御製文集》四十四卷。

《明史・藝文志・別集類》 《宣宗文集》四十四卷。

[宣宗]御製詩集

張萱等《內閣藏書目録・聖制部》 《御製詩集》二册。宣宗章皇帝製。鈔本。又二册。

黃虞稷《千頃堂書目・別集類》 宣宗章皇帝《詩集》六卷。

《明史・藝文志・別集類》 《詩集》六卷。

[宣宗]御製二教文

黃虞稷《千頃堂書目・別集類》 宣宗章皇帝《御製二教文》一卷。

宣宗御製樂府

黃虞稷《千頃堂書目・詞曲類》 宣宗《御製樂府》一卷。

黃虞稷《千頃堂書目・別集類》 宣宗章皇帝《樂府》一卷。

《明史・藝文志・別集類》 《樂府》一卷。

招隱歌

王圻《續文獻通考・經籍考・詩集》 《招隱歌》。宣德六年賜蹇義等《招隱歌》，且曰：古有招隱歌者，欲與俱遯，朕欲招而用之，恐山林之士未悉此意，再賦七言《招隱歌》，以示卿等。

祖德詩

王圻《續文獻通考・經籍考・詩集》 《祖德詩》。宣德六年御製，凡九章。

黃虞稷《千頃堂書目・別集類》 《宣宗章皇帝御製祖德詩》□卷。世宗和韻。

豳風圖詩

王圻《續文獻通考・經籍考・詩集》 《豳風圖詩》。宣德七年御製。因閱元趙孟頫《豳風圖》作。

濟美堂稿

黃虞稷《千頃堂書目・別集類》 朱觀熰《濟美堂稿》。字中立，鉅野僖順王玄孫，封鎮國中尉。

石溪集

黃虞稷《千頃堂書目・別集類》 周叙《石溪集》八卷。字伯叙，吉水人。翰林院侍講學士，攝院事。

《明史・藝文志・別集類》 周敍《石溪集》十八卷。

《四庫提要・別集類存目二》 《石溪文集》七卷，附録一卷。江西巡撫採進本。明周敘撰。敘字功敘，吉水人。永樂戊戌進士，官至南京翰林院侍講學士。事蹟具《明史》本傳。是編詩三卷、賦頌詞一卷、文三卷，又以誥敕誌傳爲附録一卷。

石溪類集

黃虞稷《千頃堂書目・別集類》 周叙《石溪類集》十一卷。

于肅愍公集

高儒《百川書志・集・國朝》 《于肅愍公集》。少保兼司馬錢塘于謙撰。凡三十三篇。

高儒《百川書志・集・國朝》 《于肅愍公集》八卷，附録一卷。少保兼兵部尚書錢塘節菴于謙撰。

范邦甸等《天一閣書目・別集類》 《于肅愍公集》九卷。大梁書院刊本。明于謙撰。嘉靖丁亥新喻簡霄序，四明王應鵬後序。

張萱等《内閣藏書目録・集部》 《于肅愍公集》四册。全。正統間于公謙著。

黃虞稷《千頃堂書目・別集類》 于謙《于肅愍公集》八卷，附録一卷。字廷益，錢塘人。兵部尚書，加少保，成化中贈太傅，謚肅愍，後改謚忠肅。

潘祖蔭《滂喜齋藏書記・集部》 《明刻于肅愍集》八卷，附録一卷。四册。明于謙撰。成化元年，謙子上疏訟冤，得祭墓立祠。弘治初又上疏請謚，予謚肅愍，其後改謚忠肅。此本嘉靖丁亥刻，題《于肅愍集》，猶未改謚前刊本也。前有河南山西道監察御史簡霄序。板心有「大梁書院刻」五字。附録遞有增益，與目不符。《四庫》著録者已改謚本，除《奏議》十卷、附録一卷，僅存詩、文各一卷，非其全帙矣。

于忠肅集

《四庫提要・別集類二三》 《于忠肅集》十三卷。直隸總督採進本。明于謙撰。謙字廷益，錢塘人。永樂辛丑進士。授御史，歷官兵部尚書。英宗復辟，爲徐有貞、石亨等誣陷，棄市。成化初，追復原官。弘治初，贈特進光禄大夫、柱國、太傅，謚肅愍。萬曆中，改謚忠肅。事蹟具《明史》本傳。倪岳作謙神道碑，稱「謙平生著述甚多，僅存《節菴詩文稿》、《奏議》各若干卷。禍變之餘，蓋千百之什一」云云。是其殁後遺稿已多散佚。世所刊行者，乃出後人掇拾而成，故其本往往互有同異。《明史・藝文志》載謙《奏議》十卷、《文集》二十卷。又嘉靖中河南刊本詩文共八卷，而無疏議。此本前爲《奏議》十卷，分《北伐》、《南征》、《雜行》三類，與《藝文志》合。後次以《詩》一卷、《雜文》一卷、附録一卷，與《藝文志》迥異，與嘉靖刊本亦迥異。蓋又重經編次，非其舊本也。謙遭逢厄運，獨抱孤忠，憂國忘家，計安宗社，其大節炳垂竹帛，本不藉文字以傳。然集所載奏疏，明白洞達，切中事機，較史傳首尾完整，尤足覘其經世之略。至其詩風格遒上，興象深遠。雖志存開濟，未嘗於吟咏求工，而品格乃轉出文士上。亦足見其才之無施不可矣。又案王世貞《名卿績記》及李之藻序謙集，皆謂謙嘗再疏請復儲。今集中實無此疏，《明史》亦不著其事。惟倪岳《神道碑》稱：「景帝不豫，謙同廷臣上章乞復皇儲。」是當時所上乃廷臣公疏，非謙一人，故集中不載其稿。世貞等專屬之謙，殆亦考之未審歟。

于謙文集

《明史・藝文志・別集類》 《于謙文集》二十卷。

敬齋詩集

高儒《百川書志・集・國朝》 《敬齋詩集》五卷，附詩一卷，附文一卷。中奉大夫浙江按察使定遠陳璇汝衡撰。

紀遇集

黃虞稷《千頃堂書目・別集類》 張純《紀遇集》十二卷。字□□，江陵人，南京兵部尚書。

南游稿

黄虞稷《千頃堂書目·别集類》 甄完《南游稿》。字克修，新昌人。

歸田録

黄虞稷《千頃堂書目·别集類》 甄完《歸田録》。

陳光言集

黄虞稷《千頃堂書目·别集類》 陳聳《陳光言集》。字光言，永嘉人。

如弦集

黄虞稷《千頃堂書目·别集類》 嚴敬嚴《如弦集》。字如弦，歸安人。

樵溪漁叟集

黄虞稷《千頃堂書目·别集類》 曾真保《樵溪漁叟集》一卷。字文鼎，邵武人。浮梁知縣，秦最加秩六品復任。

效顰集

黄虞稷《千頃堂書目·别集類》 李卓《效顰集》。字□□，永豐人，長沙府學教授。

雪坡集

黄虞稷《千頃堂書目·别集類》 萬節《雪坡集》。字資中，安福人，廣西按察副使。

陝西紀行集

黄虞稷《千頃堂書目·别集類》 張楷《陝西紀行集》。字式之，慈谿人，都察院右僉都御史。

輕俟集

黄虞稷《千頃堂書目·别集類》 張楷《輕俟集》。

介庵集

黄虞稷《千頃堂書目·别集類》 張楷《介庵集》。

歸田録

黄虞稷《千頃堂書目·别集類》 張楷《歸田録》。

南臺稿

黄虞稷《千頃堂書目・别集類》 張楷《南臺稿》。

百琴操

黄虞稷《千頃堂書目・别集類》 張楷《百琴操》。

效顰稿

黄虞稷《千頃堂書目・别集類》 張楷《效顰稿》。

和選詩

黄虞稷《千頃堂書目・别集類》 張楷《和選詩》。

蒲東珠玉詩

范邦甸等《天一閣書目補遺・别集類》 《蒲東珠玉詩》一卷。刊本。四明張楷撰。

和李杜詩

范邦甸等《天一閣書目・别集類》 《和李杜詩》十三卷。刊本。明張楷著。自識云：景泰間余和李翰林古樂府二百五十餘篇、杜少陵律詩二百五十首。既脱稿，天順己卯調官南臺，海虞劉以則來京，求其母孺人墓誌。因出示之，以則請爲余繡梓以傳，遂與之歸。鋟刻既畢，以書來報，并書此以弁其端。

黄虞稷《千頃堂書目・别集類》 張楷《和李謫仙樂府古詩杜少陵七言律》十二卷。

《明史・藝文志・别集類》 張楷《和李杜詩》十二卷。

和唐詩正音

范邦甸等《天一閣書目・别集類》 《和唐詩正音》二十八卷。刊本。明張楷撰，建安楊榮序。

黄虞稷《千頃堂書目・别集類》 張楷《和唐詩正音》二十卷。

《明史・藝文志・别集類》 張楷《和唐音》二十八卷。

和許渾丁卯集

黄虞稷《千頃堂書目・别集類》 張楷《和許渾丁卯集》。

和高季迪缶鳴集

黄虞稷《千頃堂書目・别集類》 張楷《和高季迪缶鳴集》。

和中峰和尚梅花百詠

黄虞稷《千頃堂書目・别集類》 張楷《和中峰和尚梅花百詠》。

蒙齋集

黄虞稷《千頃堂書目・別集類》 龔錡《蒙齋集》十卷。字台鼎，建安人。一甲第二人，授編修，坐累去官。正統初鄧茂七亂，錡應募爲大軍鄉導，被賊所害。

《明史・藝文志・別集類》 龔錡《蒙齋集》十卷。

蘭省遺音

黄虞稷《千頃堂書目・別集類》 程式《蘭省遺音》二卷。字□□，常熟人。

梅莊集

黄虞稷《千頃堂書目・別集類》 俞山《梅莊集》。字積之，秀水人。太子少傅，吏部左侍郎。

雲川文集　附恭愍遺文

《四庫提要・別集類存目二》 《雲川文集》六卷，附《恭愍遺文》一卷。江西巡撫採進本。明鍾復撰。復字彦彰，雲川其號也，永豐人。宣德癸丑進士，官至翰林院侍講。

白雲稿

黄虞稷《千頃堂書目・別集類》 楊寧《白雲稿》。字彦謐，錢塘人。南京刑部尚書，遷歙縣。

卧雲稿

黄虞稷《千頃堂書目・別集類》 楊寧《卧雲稿》。

蒙齋集

黄虞稷《千頃堂書目・別集類》 李棠《蒙齋集》。字宗楷，浙江縉雲人。

德善齋詩集

黄虞稷《千頃堂書目・別集類》 鎮平恭定王有爌《德善齋詩集》一卷。

植花百詠

黄虞稷《千頃堂書目・別集類》 鎮平恭定王有爌《植花百詠》一卷。

道統論

黄虞稷《千頃堂書目・別集類》 鎮平恭定王有爌《道統論》。

觀光集　錦榮集　鳴玉集　全生集　休休子集

黄虞稷《千頃堂書目・別集類》 江淵《觀光》、《錦榮》、《鳴玉》、《全生》、《休

休子》等集。字□□，奉化人。

竹坡吟嘯集

范邦甸等《天一閣書目・别集類》《竹坡吟嘯集》三卷，附録《題贈》一卷。刊本。明方珙撰，李勝校刊。

梅庵存稿

王圻《續文獻通考・經籍考・集下》《梅庵存稿》。布政陳疊著。

桐村疑舫齋土苴集

黄虞稷《千頃堂書目・别集類》周鼎《桐村疑舫齋土苴集》八卷。字伯器，嘉善人，一名鑄，字九鼎。有文名。從金濂平鄧茂七有功，授沭陽典史。

土苴詩集

黄虞稷《千頃堂書目・别集類》周鼎《土苴詩集》二卷。

聶大年集

王圻《續文獻通考・經籍考・集下》《聶大年集》。大年，臨川人。

東軒詩集

高儒《百川書志・集・國朝》《東軒詩集》四卷。仁和教諭臨川聶大年著。

東軒集

黄虞稷《千頃堂書目・别集類》聶大年《東軒集》四十卷。字壽卿，臨川人。用薦爲仁和訓導，升教諭，景泰初徵入翰林卒。一作《冷齋集》四卷。

雪溪漁唱

黄虞稷《千頃堂書目・别集類》蘇平《雪溪漁唱》六卷。字秉衡，海寧人。舉賢良方正不就，與弟政俱在「景泰十才子」之列。

雲壑集

黄虞稷《千頃堂書目・别集類》蘇正《雲壑集》。字秉貞，平弟。

蘭畹集

黄虞稷《千頃堂書目・别集類》蘇直《蘭畹集》。字秉忠，平弟。

行素集

黃虞稷《千頃堂書目・別集類》 盧祥《行素集》。字仲和，東莞人。巡撫延綏，都御史。

拙庵集

黃虞稷《千頃堂書目・別集類》 陳泰《拙庵集》二十五卷。光澤人。總督漕運，右副都御史。

《明史・藝文志・別集類》 陳泰《拙菴集》二十五卷。

桐山詩集

《四庫提要・別集類存目二》 《桐山詩集》十卷。浙江汪汝瑮家藏本。明王偉撰。偉字士英，攸縣人。正統丙辰進士，官至兵部侍郎。事蹟附見《明史・于謙傳》。偉所著有《詩學正蒙》，久已散佚。其《桐山文集》，繁昌吴琛序刻之，今亦未見。此集凡詩九卷，又以偉《引疾告歸疏》及贈行之作爲附録一卷，乃其弟傑所録，其子添楨所重刊也。

含翠文集

黃虞稷《千頃堂書目・別集類》 汪翁善《含翠文集》。字復初，烏程人。

畫峰集

黃虞稷《千頃堂書目・別集類》 蔡智《畫峰集》。黃巖人。

鳴缶集

黃虞稷《千頃堂書目・別集類》 張粹《鳴缶集》。字存粹，黃巖人。

訥齋集

黃虞稷《千頃堂書目・別集類》 俞春《訥齋集》。遂安人。

虚車集

黃虞稷《千頃堂書目・別集類》 鄭厚《虚車集》三卷。字良載，仁和人。子環編次。

恥齋集

黃虞稷《千頃堂書目・別集類》 葉恩《恥齋集》。字□□，臨海人，會元。

餘庵稿

黃虞稷《千頃堂書目・別集類》 邵宏譽《餘庵稿》五卷。字德昭，餘姚人。

蘭谷集

黃虞稷《千頃堂書目・別集類》 楊述《蘭谷集》二卷。字宗道，桐鄉人。

楊述《蘭谷集》二卷。桐鄉人，遼府右長史。

漁梁集

黃虞稷《千頃堂書目・別集類》 廖莊《漁梁集》二卷。字□□，吉水人。刑部左侍郎，贈尚書，謚恭敏。

《明史・藝文志・別集類》 廖莊《漁梁集》二卷。

廖恭敏佚稿

《四庫提要・別集類存目二》 《廖恭敏佚稿》一卷，附録一卷。江西巡撫採進本。明廖莊撰。莊字安止，號東山，吉水人。宣德庚戌進士，官至刑部左侍郎，謚恭敏。事蹟具《明史》本傳。

樂全集

黃虞稷《千頃堂書目・別集類》 杜寧《樂全集》。字宗謐，天台人，一甲第二人。

聚齋稿

黃虞稷《千頃堂書目・別集類》 陳文《聚齋稿》一卷。字□□，廬陵人，一甲第二人。

需軒逸稿

黃虞稷《千頃堂書目・別集類》 陳文《需軒逸稿》一卷。

慎德軒集

黃虞稷《千頃堂書目・別集類》 慶康王秩煃《慎德軒集》。靖王櫇庶子，高皇帝孫，正統四年嗣封。

端齋杜撰

黃虞稷《千頃堂書目・別集類》 司馬軫《端齋杜撰》十二卷。字式古，山陰人。國子監助教，子亜編。

復庵存稿

張萱等《内閣藏書目録・集部》 《復庵存稿》一册。全。弘治間蘭陽訓導應律著。

黃虞稷《千頃堂書目・別集類》 應志和《復庵存稿》。名律，以字行，太平人。

静虚稿

黃虞稷《千頃堂書目・別集類》 金潤《静虚稿》。字伯玉，上元人，南安知府。

静虛外稿

黄虞稷《千頃堂書目·别集類》 金潤《静虛外稿》。

南山十秀集

黄虞稷《千頃堂書目·别集類》 金潤《南山十秀集》。

鄮山稿

黄虞稷《千頃堂書目·别集類》 蔡錫《鄮山稿》。字廷予，鄞人。巡撫湖廣，大理寺卿。

楓江集

黄虞稷《千頃堂書目·别集類》 王偡《楓江集》。字□□，臨海人。

勿齋稿

黄虞稷《千頃堂書目·别集類》 陳貞韶《勿齋稿》一卷。字□□，臨海人。選父，福建右布政使。

玉堂稿選

黄虞稷《千頃堂書目·别集類》 賴世隆《玉堂稿選》二卷。字德受，清流人，翰林院編修。

誠齋集

黄虞稷《千頃堂書目·别集類》 王恂《誠齋集》。公安人，國子監祭酒。

詠梅集句録

高儒《百川書志·别集》 《詠梅集句録》一卷。皇明錢唐沈行履德集唐、宋、元七言詩句而成，凡百二十律。

貫珠編貝集

《四庫提要·别集類存目二》 《貫珠編貝集》五卷。兩淮鹽政採進本。明沈行撰。行字履德，錢塘人。是編前有魏驥序，則當在永樂、宣德閒也。是編皆集句之詩，兼取唐、宋、元人之作。「貫珠」言其聲之和，「編貝」言其材之富。然牽强湊合，在所不免。視後來《香屑集》之類，其工巧自然，百不及一矣。

退齋稿

黄虞稷《千頃堂書目·别集類》 周鳴《退齋稿》六十卷。字岐鳳，吉水人。官漢

府紀善，每諫以當守藩臣禮，庶人怒，送於朝。仁宗察其誣，但謫長洲教諭。後官兵部員外郎。子叙，翰林學士。

《明史・藝文志・別集類》 周鳴《退齋稿》六十卷。

嬾顛集

黃虞稷《千頃堂書目・別集類》 王彥修《嬾顛集》。名緒，以字行，鄞縣人。

南坡文集

王圻《續文獻通考・經籍考・集下》《南坡集》。翰林侍講余鼎著。星子人。

黃虞稷《千頃堂書目・別集類》 余鼎《南坡文集》。字□□，星子人。翰林院修撰，預修《太祖實録》及《聖學心法》。

江村吟稿

黃虞稷《千頃堂書目・別集類》 張得中《江村吟稿》。字大本，鄞縣人。刑部主事，改江寧知縣，以廉能稱，嘗預修《永樂大典》。

思牧齋集

黃虞稷《千頃堂書目・別集類》 張得中《思牧齋集》。

雲谷集

黃虞稷《千頃堂書目・別集類》 王愷《雲谷集》。字時舉，蒲圻人，廣東布政司參議。

明德集

黃虞稷《千頃堂書目・別集類》 葉生《明德集》二十五卷。字則存，慈谿人。蜀府伴讀，預修《四書五經大全》。

披雲集

黃虞稷《千頃堂書目・別集類》 蔡子宜《披雲集》。字□□，青田人。

蘭臺稿

黃虞稷《千頃堂書目・別集類》 曹閏《蘭臺稿》。字冀成，黃巖人，一作江夏人，官監察御史。

菊庵集

黃虞稷《千頃堂書目・別集類》 陶菊《菊庵集》。字友菊，山陰人。

楊慈文集

黃虞稷《千頃堂書目・別集類》《楊慈文集》五卷。字惠叔，莆田人。戊子解元，選庶吉士。

《明史・藝文志・別集類》《楊慈文集》五卷。

效顰集

黄虞稷《千頃堂書目·别集類》 林枝《效顰集》一卷。字昌達，閩縣人，號古平山人。

雪厓詩集

黄虞稷《千頃堂書目·别集類》 吴子恒《雪厓詩集》一卷。豐城人，寧海縣丞。

講餘集

黄虞稷《千頃堂書目·别集類》 錢復亨《講餘集》。華亭人，蕭山教諭。

可聞集

黄虞稷《千頃堂書目·别集類》 姚黼《可聞集》。字廷章，嘉興人。

柿莊集

黄虞稷《千頃堂書目·别集類》 鄭嘉《柿莊集》。字原亨，紹興山陰人，時稱柿莊先生。

恕齋稿

黄虞稷《千頃堂書目·别集類》 廖駒強《恕齋稿》。閩人。

南莊集

黄虞稷《千頃堂書目·别集類》 李孟璿《南莊集》。名均，以字行，海鹽人。以薦官府學訓導。

西溪集

黄虞稷《千頃堂書目·别集類》 李季衡《西溪集》。名希平，孟璿弟。

溪山集

黄虞稷《千頃堂書目·别集類》 陳航《溪山集》五卷。字思濟，布衣，福州長樂人。

待詔集

黄虞稷《千頃堂書目·别集類》 董轟《待詔集》三卷。字文雷，奉化人，徙家徐州。博通經史，詞翰俱美。以大學士權謹薦，爲承天門待詔。

憃叟稿

黄虞稷《千頃堂書目・别集類》 張顥《憃叟稿》。字緝熙，奉新人。國子監丞。北都建，移北國學，能盡厥職。卒于官，兩京人皆灑泣。

寫心集

黄虞稷《千頃堂書目・别集類》 羅師程《寫心集》。名恢，以字行，永豐人。國子監博士。

歸田集

黄虞稷《千頃堂書目・别集類》 羅師程《歸田集》。

鶴鳴集

張萱等《内閣藏書目録・集部》 《鶴鳴集》。一册。全。永樂間青山謝貞詩。

黄虞稷《千頃堂書目・别集類》 謝貞《鶴鳴集》一卷。字仕復，安福人。隱居不仕，善爲五言詩，有高、岑風。集稱「青山謝貞」。

栖雲稿

黄虞稷《千頃堂書目・别集類》 楊範《栖雲稿》。字九疇，鄞縣人。隱居不仕。楊守陳、守阯其孫也。

友菊詩集

高儒《百川書志・集・國朝》 《友菊賀先生詩集》八卷。四明布衣九十老隱賀確存誠撰。

黄虞稷《千頃堂書目・别集類》 賀確《友菊詩集》八卷。字存誠，上元人。隱居不仕，周叙薦修宋、遼、金三史，辭不就。

蘭坡集

黄虞稷《千頃堂書目・别集類》 羅紘《蘭坡集》十二卷。字孟維，山陰人。

《明史・藝文志・别集類》 羅紘《蘭坡集》十二卷。

會稽百詠

黄虞稷《千頃堂書目・别集類》 羅紘《會稽百詠》一卷。

居學齋集

黄虞稷《千頃堂書目・别集類》 徐遠《居學齋集》六卷。字文穆，錢塘人，居應天。隱士。

居學齋詩

高儒《百川書志・集・國朝》 《居學齋詩》六卷。錢塘老隱徐遠文穆著述。

蘭埜集

黃虞稷《千頃堂書目・別集類》 王逵《蘭埜集》。字志道，錢塘人。

東巖老人集

黃虞稷《千頃堂書目・別集類》 孫適《東巖老人集》。字孟博，錢塘人。

西塍吟稿

黃虞稷《千頃堂書目・別集類》 孔克愚《西塍吟稿》。字鈍夫，仁和人。

玉岑集

黃虞稷《千頃堂書目・別集類》 洪春《玉岑集》。字遂初，仁和人。

存齋稿

黃虞稷《千頃堂書目・別集類》 賀榮《存齋稿》二卷。字師桓，錢塘人。

朱儆遺集

黃虞稷《千頃堂書目・別集類》 《朱儆遺集》一卷。字孟寬，崇德人。

學古集

黃虞稷《千頃堂書目・別集類》 李齡《學古集》十卷。字長年，歸安人。

洪庵稿

黃虞稷《千頃堂書目・別集類》 馮厚《洪庵稿》。字良載，慈谿人。

中都稿

黃虞稷《千頃堂書目・別集類》 馮厚《中都稿》。

南陽稿

黃虞稷《千頃堂書目・別集類》 馮厚《南陽稿》。

閩中稿

黃虞稷《千頃堂書目・別集類》 陳恭《閩中稿》。字莊仲，鄞人。

竹窗集

黃虞稷《千頃堂書目・別集類》 李鍔《竹窗集》。字仲威，鄞人。

菊泉集

黄虞稷《千頃堂書目・別集類》 洪性《菊泉集》。字復之，鄞人。

東皋集

黄虞稷《千頃堂書目・別集類》 張堪《東皋集》。字汝誠，鄞人。

西錦集

黄虞稷《千頃堂書目・別集類》 王景才《西錦集》。奉化人。

翰林集

黄虞稷《千頃堂書目・別集類》 王鑑《翰林集》一卷。字欽止，吉水人。宣德壬子解元，選庶吉士。

忍齋集

黄虞稷《千頃堂書目・別集類》 李應吉《忍齋集》。字維楨。餘姚人。

集韻詩

黄虞稷《千頃堂書目・別集類》 李應吉《集韻詩》。

陳吏部集

黄虞稷《千頃堂書目・別集類》 陳叔剛《陳吏部集》。字叔剛，餘姚人。

雪崖集

黄虞稷《千頃堂書目・別集類》 岑琬《雪崖集》。字公琬，餘姚人。

無能集

黄虞稷《千頃堂書目・別集類》 章胥民《無能集》。名仕潮，以字行，新昌人。

牧謙文集

黄虞稷《千頃堂書目・別集類》 史原信《牧謙文集》。嵊縣人。

知止集

黄虞稷《千頃堂書目・別集類》 袁嵩《知止集》五卷。天台人。

石盤稿

黄虞稷《千頃堂書目・別集類》 林銘可《石盤稿》。太平人。

南湖集

黃虞稷《千頃堂書目・別集類》 方圓《南湖集》。字伯規，浦江人。

龜鶴山人吟稿

黃虞稷《千頃堂書目・別集類》 方淵《龜鶴山人吟稿》二卷。字宗源，淳安人。

貽哂稿

黃虞稷《千頃堂書目・別集類》 方淵《貽哂稿》三卷。

菊庵稿

黃虞稷《千頃堂書目・別集類》 蔣鵠《菊庵稿》。字孔志，青田人。

漷陰吟稿

黃虞稷《千頃堂書目・別集類》 吴允傳《漷陰吟稿》。麗水人。

拙庵詩稿

黃虞稷《千頃堂書目・別集類》 鄭希穆《拙庵詩稿》。青田人。

仁溪樵唱

黃虞稷《千頃堂書目・別集類》 蔣陬《仁溪樵唱》四卷。青田人。

東蒙集

黃虞稷《千頃堂書目・別集類》 周景辰《東蒙集》。松陽人。

留耕集

黃虞稷《千頃堂書目・別集類》 葉廷敏《留耕集》。字遜學，松陽人。

全歸文翰

黃虞稷《千頃堂書目・別集類》 葉廷敏《全歸文翰》。

時雨集

黃虞稷《千頃堂書目・別集類》 吴錫《時雨集》。字用庶，金谿人。洪武中舉人材，永樂中，國子監學録，神樂觀醴泉出，獻頌，後上《平胡詩》。

甕天集

黃虞稷《千頃堂書目・別集類》 蘇大《甕天集》。字景元，號鈍齋，休寧人。

媒皋集

黄虞稷《千頃堂書目・別集類》 黄莆《媒皋集》。字世瑞，號浉山聱叟，休寧人，樞之孫。

居隱詩集

黄虞稷《千頃堂書目・別集類》 馮敏政《居隱詩集》。績溪人。

臨清詩卷

黄虞稷《千頃堂書目・別集類》 馮恭《臨清詩卷》。敏政子。

翠雲稿

黄虞稷《千頃堂書目・別集類》 如筏《翠雲稿》。字性海，姓余，慈谿人。

掬山堂詩文集

軍機處奏《禁毀書目》 《掬山堂詩文集》，陳智言撰。查《掬山堂詩文集》，係陳智言撰。中有違礙語，應請銷燬。

鑑止集

黄虞稷《千頃堂書目・別集類》 王誼《鑑止集》。字内敬，紹興山陰人。宣德初待詔翰林，預修國史。以子佑貴，封工部右侍郎。

毅齋詩

高儒《百川書志・集・國朝》 《毅齋詩》一卷。監察御史陳榐叔紹，筠軒三子也。終湖廣副使。詩百二十二首。

毅齋集

黄虞稷《千頃堂書目・別集類》 陳叔紹《毅齋集》一卷。名榐，以字行，閩縣人。叔剛弟，監察御史，出爲湖廣按察副使。

武功集

王圻《續文獻通考・經籍考・集下》 《武功伯文集》。吴縣徐有(功)〔貞〕著。宣德甲寅進士，選庶吉士，封武功伯。

黄虞稷《千頃堂書目・別集類》 徐有貞《武功集》五卷。榜名珵，字元玉，宛平籍，吴縣人。華蓋殿大學士，兵部尚書，封武功伯。

《明史・藝文志・別集類》 徐有貞《武功集》八卷。

《四庫提要・別集類二三》 《武功集》五卷。浙江汪啓淑家藏本。明徐有貞撰。有貞初名珵，字元玉，吴縣人。宣德癸丑進士，官至兵部尚書，兼華蓋殿大學士，封武功伯。

勿齋稿

黄虞稷《千頃堂書目・别集類》 周瑄《勿齋稿》。字弘璧，淳安人。

秋臺稿

黄虞稷《千頃堂書目・别集類》 周瑄《秋臺稿》。

出使詠録

黄虞稷《千頃堂書目・别集類》 周瑄《出使詠録》。

柏臺稿

黄虞稷《千頃堂書目・别集類》 周瑄《柏臺稿》。

古穰集

王圻《續文獻通考・經籍考・集下》 《古穰集》。李賢著。

黄虞稷《千頃堂書目・别集類》 李賢《古穰集》三十卷。字原德，鄧州人。少保兼太子太保，華蓋殿大學士，卒贈太師，謚文達。

《明史・藝文志・别集類》 李賢《古穰集》三十卷。

《四庫提要・别集類二三》 《古穰集》三十卷。兩江總督採進本。明李賢撰。賢有《天順日録》，已著録。【略】此集爲其壻程敏政所編。凡《奏疏》二卷，《書》一卷，《記》二卷，《序》三卷，《説》、《題跋》一卷，《神道碑》四卷，《墓碑》、《碣》一卷，《墓表》二卷，《墓誌》二卷，《行狀》、《傳》一卷，《祭文》、《銘箴》、《贊賦》、《哀辭》一卷，《古今體詩》二卷，《和陶詩》二卷，《天順日録》三卷，《雜録、奏疏、雜文》三卷。中多記載時事，亦有足備史乘參核者，未可棄也。其《天順日録》有本别行，茲以原本編入集中，仍竝録之焉。

古穰續集

黄虞稷《千頃堂書目・别集類》 李賢《古穰續集》二十卷。

《明史・藝文志・别集類》 李賢《古穰續集》二十卷。

和陶詩

王圻《續文獻通考・經籍考・詩集》 《和陶詩》二卷。李賢著。

省庵集

黄虞稷《千頃堂書目・别集類》 侯潤《省庵集》。字仲璣，臨海人。

青瑣稿

黄虞稷《千頃堂書目・别集類》 侯臣《青瑣稿》。字仲勳，臨海人，潤弟。

薇垣稿

黄虞稷《千頃堂書目・别集類》 侯臣《薇垣稿》。

榕軒集

黄虞稷《千頃堂書目・别集類》 高旭《榕軒集》二卷。字伊旭，侯官人，江西按察司僉事。

蒙齋集

黄虞稷《千頃堂書目・别集類》 鄭亮《蒙齋集》一卷。字汝明，閩縣人，户部主事。

公餘清興稿

黄虞稷《千頃堂書目・别集類》 林灝《公餘清興稿》。字□□，黄巖人。

正觀草

黄虞稷《千頃堂書目・别集類》 蔣箴《正觀草》。字□□，臨海人。

龍坡集

黄虞稷《千頃堂書目・别集類》 曾翚《龍坡集》。字時升，泰和人，刑部左侍郎。

松岡集

黄虞稷《千頃堂書目・别集類》 姜洪《松岡集》十一卷。字啓洪，樂安人。翰林院修撰，預修《宣宗實録》。

《明史・藝文志・别集類》 姜洪《松岡集》十一卷。

《四庫提要・别集類存目二》 《松岡集》十一卷。浙江汪汝瑮家藏本。明姜洪撰。洪字啓洪，號松岡，江西樂安人。宣德癸丑進士。改庶吉士，除檢討，陞修撰，以疾乞歸。是集序二卷、記一卷、歌詩二卷、賦頌銘贊表一卷、近體詩五卷。文頗平淡，詩亦妥適，而步趨東里，得其形似，格律未能遒上也。

筆府詳述

王圻《續文獻通考・經籍考・集下》 《筆府詳述》。修撰姜洪著，樂安人。

横峰樵唱

黄虞稷《千頃堂書目・别集類》 丁嵩《横峰樵唱》。字□□，永昌人。洪熙初舉懷才抱德不就。宣德間應詔言六事，徵至道，病卒。

篤齋集

黄虞稷《千頃堂書目・别集類》 王亶《篤齋集》一卷。字彦誠，侯官人。肇子。宣德中布衣。

未齋稿

黄虞稷《千頃堂書目・别集類》 黎久《未齋稿》十六卷。字之大，臨川人。宣德中應薦試優等，爲高要知縣。以直諫下獄者十年，作《鐃歌太平頌》以獻，宣宗欲官以侍從不果，後爲泌陽知縣。

明鐃歌鼓吹曲

黄虞稷《千頃堂書目・别集類》 黎久《明鐃歌鼓吹曲》一卷。

潛齋集

黄虞稷《千頃堂書目・别集類》 沈以潛《潛齋集》。名立，以字行，吴人。宣德初徵入爲醫士，以蔣用文薦，授御醫。

蕭鳳儀文

黄虞稷《千頃堂書目・别集類》 蕭韶《蕭鳳儀文》一卷。字鳳儀，常熟人，生宣德間。有異才。

竹松集

黄虞稷《千頃堂書目・别集類》 壺敏《竹松集》□卷。字中行，宣德間人，善繪事。

吴楚資糧

黄虞稷《千頃堂書目・别集類》 壺敏《吴楚資糧》四卷。

蓴川雜詠

黄虞稷《千頃堂書目・别集類》 黎公弁《蓴川雜詠》。字之冕，臨川人。舉明經，正統中授臨潁教諭，調蒲圻。

橋南倡和集

黄虞稷《千頃堂書目・别集類》 陸珪《橋南倡和集》。字廷璧，慈谿人。

楊侍讀存稿

范邦甸等《天一閣書目・别集類》 《楊侍讀存稿》十卷，附録五卷。刊本。明成化四明楊自徵著，子守阯編并序。

蚓竅稿

黄虞稷《千頃堂書目・别集類》 程隱《蚓竅稿》三十卷。字逸民，休寧人。

白龍山集

黄虞稷《千頃堂書目・别集類》 朱元諫《白龍山集》六卷。

拙存齋稿

黄虞稷《千頃堂書目・别集類》 朱望《拙存齋稿》。字廷觀，天台人。

怡雲集

黄虞稷《千頃堂書目・别集類》 鄭勳《怡雲集》。字季建，浦江人。

觀光集

黄虞稷《千頃堂書目・别集類》 倪寅《觀光集》。字子賓，瑞安人。

竹溪集

黄虞稷《千頃堂書目・别集類》 吳槐《竹溪集》。字子庭，休寧人。

韓溪漫稿

黄虞稷《千頃堂書目・别集類》 汪衢《韓溪漫稿》。

小石稿　續稿

黄虞稷《千頃堂書目・别集類》 汪衢《小石稿》。字世亨，祁門人，諸生。《續稿》。

舞雩春詠集

黄虞稷《千頃堂書目・别集類》 孔諤《舞雩春詠集》二卷。曲阜聖後。

林居集

黄虞稷《千頃堂書目・别集類》 賈恪《林居集》一卷。字惟恭，通許人。御史，歷山東右參議，自號林居子。

助費稿

黄虞稷《千頃堂書目・别集類》 楊鼎《助費稿》二十卷。字□□，咸寧人。宣德乙卯解元，會元，一甲第二人。太子少保，户部尚書，贈太子太保。謚莊敏。

《明史・藝文志・别集類》 楊鼎《文稿》二十卷。

公餘集

黄虞稷《千頃堂書目・别集類》 李秉《公餘集》。字□□，曹縣人。

江南雜稿

黃虞稷《千頃堂書目・別集類》 李秉《江南雜稿》。

雲中集

黃虞稷《千頃堂書目・別集類》 李秉《雲中集》。

歸田集

黃虞稷《千頃堂書目・別集類》 李秉《歸田集》。

呆齋集

范邦甸等《天一閣書目・總集類》 《呆齋存稿》二十四卷。刊本。明工部侍郎劉定之著。《呆齋續稿》四卷。刊本。

黃虞稷《千頃堂書目・別集類》 劉定之《呆齋存稿》二十一卷，又《續稿》五卷。字主静，永新人。一甲第三人，成化初太常少卿，兼侍讀學士，直内閣，進侍郎，謚文安。

《明史・藝文志・別集類》 《劉定之存稿》二十一卷，《續稿》五卷。

《四庫提要・別集類存目二》 《呆齋集》四十五卷。浙江巡撫採進本。明劉定之撰。定之有《易經圖釋》，已著録。是集《前稿》十六卷、《存稿》二十四卷，皆分類編録。

呆齋藏稿

黃虞稷《千頃堂書目・別集類》 劉定之《藏稿》八卷。

呆齋策略

黃虞稷《千頃堂書目・別集類》 劉定之《策略》十卷。

遺安集

黃虞稷《千頃堂書目・別集類》 徐諒《遺安集》。龍游人。

北游稿

黃虞稷《千頃堂書目・別集類》 林璧《北游稿》。

一枝集

黃虞稷《千頃堂書目・別集類》 林璧《一枝集》。字貴璧，黃巖人。

松雲稿

黃虞稷《千頃堂書目・別集類》 陶元素《松雲稿》。字希文，上元人。以親老，乞

終養不仕。天順己卯、成化辛卯兩主浙江、河南鄉試。

萬竹山房稿

黄虞稷《千頃堂書目·別集類》 陶元素《萬竹山房稿》。

華山雜著

黄虞稷《千頃堂書目·別集類》 陶元素《華山雜著》。

約齋稿

黄虞稷《千頃堂書目·別集類》 章陬《約齋稿》。字□□，黄巖人。

職方集

黄虞稷《千頃堂書目·別集類》 黄彦俊《職方集》。名愉，以字行，黄巖人。

拙庵集

黄虞稷《千頃堂書目·別集類》 沈淳《拙庵集》。字惟厚，嘉興人。吏部員外郎。

休庵集

黄虞稷《千頃堂書目·別集類》 汪回顯《休庵集》。字汝光，號養晦，祁門人。刑部郎中，歷知廣、惠二府。

嵩陽集

黄虞稷《千頃堂書目·別集類》 劉績《嵩陽集》。字孟熙，紹興山陰人。隱居不仕，人稱西江先生。

穿雲集

黄虞稷《千頃堂書目·別集類》 劉績《穿雲集》。

怡素集

黄虞稷《千頃堂書目·別集類》 徐輔《怡素集》。復姓林，字良弼，崇德人。

知非集

王圻《續文獻通考·經籍考·集下》 《知非集》。大理評事戴璉著。浮梁人。

靖節集

黄虞稷《千頃堂書目·別集類》 戴璉《靖節集》。字汝器，南海人。

娱清集

黄虞稷《千頃堂書目·别集類》 王懌《娱清集》。字内悦，誼之弟，正統初溧水知縣。

謐齋集

黄虞稷《千頃堂書目·别集類》 鮑寧《謐齋集》十卷。字廷謐，歙人。正統初薦舉不就。

抱拙集

黄虞稷《千頃堂書目·别集類》 秦樸《抱拙集》六卷。無錫人。秦金曾祖父，布衣。

《明史·藝文志·别集類》 秦樸《抱拙集》六卷。

善鳴稿

黄虞稷《千頃堂書目·别集類》 黎擴《善鳴稿》。字大量，臨川人。正統初舉賢良，爲蘇州府學教授。

完庵集

黄虞稷《千頃堂書目·别集類》 劉珏《完庵集》一卷。字廷美，長洲人。山西按察僉事。

完庵詩集

《四庫提要·别集類存目二》 《完庵詩集》一卷。江蘇巡撫採進本。不著撰人名氏。惟篇首有吴寬序，稱完菴先生劉公，少爲刑部。屬出僉山西按察司事，居三載，棄官歸吴中。所與倡和者，武功徐公、參政祝公及隱士沈石田數人。考《江南通志·人物·文苑類》中載，劉珏字廷美，長洲人。正統三年舉人，官至山西按察司僉事。

丹臺稿

黄虞稷《千頃堂書目·别集類》 范理《丹臺稿》十卷。字道濟，天台人。己酉解元。

《明史·藝文志·别集類》 范理《丹臺稿》十卷。

陳剩夫集

《四庫提要·别集類存目二》 《陳剩夫集》四卷。福建巡撫採進本。明陳真晟撰。真晟字晦德，改字剩夫，又自號曰布衣。家本泉州，以父隸鎮海衛戍籍，遂爲漳州人。天順中，嘗詣闕上書，獻所撰《程朱正學纂要》，兼上書執政，均不見收。又上書當路，獻所撰《正教正考會通》，亦不見省而罷。又作《學校正教文廟配享疏》，擬詣闕再上，未及行而卒。事蹟具《明史·儒林傳》。是集乃真晟卒後其鄉人林祺所編。

布衣存稿

王圻《續文獻通考・經籍考・集下》《布衣存稿》。鎮海衛人陳真晟著。

黄虞稷《千頃堂書目・別集類》陳真晟《布衣存稿》九卷。

《明史・藝文志・別集類》陳真晟《布衣存稿》九卷。

襄王文集

黄虞稷《千頃堂書目・別集類》襄王《文集》一卷。仁宗嫡五子，憲王瞻墡，始封。

修敬先生集

黄虞稷《千頃堂書目・別集類》秦旭《修敬先生集》。字景暘，無錫人。

悔齋稿

黄虞稷《千頃堂書目・別集類》魯惠王泰堪《悔齋稿》。靖王嫡子，高皇帝曾孫，成化三年襲封。

居敬齋詩集

黄虞稷《千頃堂書目・別集類》江玭《居敬齋詩集》。字用良，仁和人。

篠庵集

黄虞稷《千頃堂書目・別集類》張和《篠庵集》十五卷。字節之，崑山人。浙江提學副使。

山房類稿

黄虞稷《千頃堂書目・別集類》孟玘《山房類稿》四卷。字廷振，閩縣人。廬州知府。

簡庵集

黄虞稷《千頃堂書目・別集類》豐慶《簡庵集》。字文慶，鄞縣人。

澹軒紀行集

黄虞稷《千頃堂書目・別集類》成始終《澹軒紀行集》七卷。字敬之，無錫人。湖廣按察司僉事。又有《蓬庵》、《觀光》等集。

蘭坡集

黄虞稷《千頃堂書目・別集類》黄諫《蘭坡集》一卷。字廷臣，蘭州人。一甲第三人，翰林院侍讀學士，謫廣州通判。

使南稿

黄虞稷《千頃堂書目・别集類》 黄諫《使南稿》。

貞齋集

黄虞稷《千頃堂書目・别集類》 趙謐《貞齋集》一卷。字子安，涇陽人。正統甲子陝西解元，江西右參議。

荷亭文集

黄虞稷《千頃堂書目・别集類》 盧格《荷亭文集》十四卷。字正夫，東陽人，監察御史。

瀛嶼稿

黄虞稷《千頃堂書目・别集類》 夏時正《瀛嶼稿》一卷。名尚，以字行，更字季爵，慈谿人。

留餘稿

黄虞稷《千頃堂書目・别集類》 夏時正《留餘稿》三十五卷。

《明史・藝文志・别集類》 夏時正《留餘稿》三十五卷。

毓秀軒集

黄虞稷《千頃堂書目・别集類》 楚憲王季埱《毓秀軒集》。莊王子，高皇帝曾孫，初封武陵王，正統五年襲封。

平橋集

黄虞稷《千頃堂書目・别集類》 鄭文康《平橋集》十八卷。字時乂，崑山人。觀政大理寺，移疾歸，遂不仕。

《明史・藝文志・别集類》 鄭文康《平橋集》十八卷。

《四庫提要・别集類二三》 《平橋稿》十八卷。浙江巡撫採進本。明鄭文康撰。文康字時乂，號介菴，崑山人。平橋其所居地也。集中或自署曰開封，其祖貫耳。《江南通志・文苑傳》稱文康登正統戊辰進士。以父母繼亡，遂絶意仕進，居家枕藉經史，操觚頃刻千言。稿成輒爲人持去，其存者有《平橋稿》十八卷，即此本也。初刊於天順辛巳，葉盛爲之序，舊版久佚。康熙癸酉，其裔孫起泓又爲重刊。凡詩五卷、文十三卷。

雲溪稿

黄虞稷《千頃堂書目・别集類》 靈丘榮順王遜烇《雲溪稿》。代藩簡王桂庶六子，高皇帝孫，永樂二十二年封，天順五年别封絳州。

困志集

王圻《續文獻通考・經籍考・集下》 《困志集》。浙江欒清章綸著。官南禮

侍郎。

黃虞稷《千頃堂書目·別集類》 章綸《困志集》。字大經，樂清人。

拙稿

黃虞稷《千頃堂書目·別集類》 章綸《拙稿》。

勿齋集

黃虞稷《千頃堂書目·別集類》 張穆《勿齋集》二十卷。字敬之，崑山人。和弟。浙江參政。

《明史·藝文志·別集類》 張穆《勿齋集》二十卷。

姚文敏集

徐𤊹《徐氏家藏書目·別集類》 姚夔《文敏集》十卷。字大章，號損菴，桐廬縣人。正統戊午解元，壬戌會元，官吏部尚書。卒年六十，謚文敏。

黃虞稷《千頃堂書目·別集類》 姚夔《姚文敏公集》十卷。一名《藞苴堆稿》。字大章，桐廬人。戊午解元、會元，太子少保，吏部尚書。謚文敏。

《明史·藝文志·別集類》 姚夔《文集》十卷。

《四庫提要·別集類存目二》 《姚文敏集》八卷。浙江汪汝瑮家藏本。明姚夔撰。夔字大章，桐廬人。正統壬戌進士，官至吏部尚書，謚文敏。事蹟具《明史》本傳。是集本名《藞矗堆稿》，後其子璽刊版，改題此名。

雨華詩集

黃虞稷《千頃堂書目·別集類》 覺澄《雨華詩集》□卷。號古溪，蔚州人。天順中住金陵高座寺，集爲胡忠安濙序。

《明史·藝文志·別集類》 覺澄《雨華詩集》二卷。

知庵集

王圻《續文獻通考·經籍考·集下》 《知庵集》。副都御史羅箎著。南昌人。

黃虞稷《千頃堂書目·別集類》 羅箎《知庵集》。字□□，南昌人，南京右都御史。

商文毅公集

徐𤊹《徐氏家藏書目·別集類》 商輅《文毅集》十一卷。字弘載，號素菴，淳安人。正統乙丑狀元，景泰中官文淵閣大學士，卒年七十三，謚文毅。

張萱等《内閣藏書目録·集部》 《商文毅公集》四册。全。景泰間大學士商公輅著。

黃虞稷《千頃堂書目·別集類》 商輅《商文毅公集》十一卷。字弘載，淳安人。宣德乙卯解元、會元、一甲第一人。太子少保，進少保，吏部尚書，謹身殿大學士，贈太傅，謚文毅。集爲莆田鄭應齡編輯。

《四庫提要·別集類存目二》 《商文毅公集》十卷。浙江巡撫採進本。一名《素菴集》，明商輅撰。輅有《商文毅疏稿略》，已著録。是編爲萬曆中淳安知縣漢陽劉體元所編，凡文九卷、詩一卷，多館閣應酬之作，不出當時嘽緩之體。

商文毅公文集

黃虞稷《千頃堂書目·別集類》 商輅《商文毅公文集》三十二卷。

《明史·藝文志·別集類》 《商輅文集》三十二卷。

雞肋集

黄虞稷《千頃堂書目・別集類》 方瑛《雞肋集》。字□□，開化人。

玉堂稿

黄虞稷《千頃堂書目・別集類》 倪謙《玉堂稿》一百卷。字克讓，上元人。一甲第三人，南京禮部尚書，贈太子少保，謚文僖。

《明史・藝文志・別集類》 倪謙《玉堂》、《南宫》、《上谷》、《歸田》四稿共一百七十卷。

南宫稿

黄虞稷《千頃堂書目・別集類》 倪謙《南宫稿》二十卷。

上谷稿

黄虞稷《千頃堂書目・別集類》 倪謙《上谷稿》八卷。

歸田稿

黄虞稷《千頃堂書目・別集類》 倪謙《歸田稿》四十二卷。

倪文僖集

黄虞稷《千頃堂書目・別集類》 倪謙《倪文僖公集》三十二卷。

《四庫提要・別集類二三》 《倪文僖集》三十二卷。副都御史黄登賢家藏本。明倪謙撰。謙有《朝鮮紀事》，已著録。據李東陽序，謙所著有《玉堂稿》一百卷、《上谷稿》八卷、《歸田稿》四十二卷、《南宫稿》二十卷。又有奉使朝鮮之作爲《遼海編》，別行於世。今皆未見。此本凡賦辭、琴操、古今體詩、詩餘十一卷，頌、贊、表、牋、箴、銘一卷，文二十卷。蓋謙所自編，於生平著作，汰存六之一者也。

遼海編

黄虞稷《千頃堂書目・別集類》 倪謙《遼海編》四卷。

冰崖集

王圻《續文獻通考・經籍考・集下》 《冰崖集》。户部尚書翁世資著。莆田人。

黄虞稷《千頃堂書目・別集類》 翁世資《冰崖集》。字資甫，莆田人。太子少保，户部尚書，贈太子少傅。

宜閒集

黄虞稷《千頃堂書目・別集類》 楊璿《宜閒集》十二卷。字叔璣，無錫人。户部右侍郎，尋改都察院左副都御史，巡撫河南。

彭文憲公集

徐𤊹《徐氏家藏書目・别集類》 彭時《文憲公集》四卷。字純道。正統戊辰狀元，文淵閣大學士，卒年六十。

黄虞稷《千頃堂書目・别集類》 彭時《彭文憲公集》四卷。字純道，安福人。一甲第一人。一作八卷。

《明史・藝文志・别集類》 《彭時文集》四卷。

《四庫提要・别集類存目二》 《彭文憲集》四卷。江西巡撫採進本。明彭時撰。時有《可齋雜記》，已著録。其集原本十卷，歲久散佚。此本乃其六世從孫篤福所刊，掇拾殘賸，取盈卷帙，不足見所長矣。

雞肋集

黄虞稷《千頃堂書目・别集類》 胡拱辰《雞肋集》。字拱之，淳安人。

錦官稿

黄虞稷《千頃堂書目・别集類》 胡拱辰《錦官稿》。

從征稿

黄虞稷《千頃堂書目・别集類》 胡拱辰《從征稿》。

華封記事

黄虞稷《千頃堂書目・别集類》 胡拱辰《華封記事》。

山居雜詠

黄虞稷《千頃堂書目・别集類》 胡拱辰《山居雜詠》。

亦拙齋詩集

黄虞稷《千頃堂書目・别集類》 胡拱辰《亦拙齋詩集》。

敬所雜著

黄虞稷《千頃堂書目・别集類》 胡拱辰《敬所雜著》。

更拙稿

黄虞稷《千頃堂書目・别集類》 胡拱璧《更拙稿》。字寶之，拱辰弟。

陶情稿

黄虞稷《千頃堂書目・别集類》 胡拱璧《陶情稿》。

石梁意見

王圻《續文獻通考・經籍考・集下》《石梁意見》。三原吏部尚書王恕著。

王端毅公集

張萱等《内閣藏書目録・集部》《王端毅公文集》。四册。全。成化間吏部尚書王恕著。

黄虞稷《千頃堂書目・别集類》王恕《王端毅公集》九卷。字宗貫，三原人。

《明史・藝文志・别集類》《王恕文集》九卷。

《四庫提要・别集類存目二》《王端毅文集》九卷。江蘇巡撫採進本。明王恕撰。恕有《玩易意見》，已著録。是集乃嘉靖壬子祥符李濂所編，前六卷爲文集，平實淺顯，無所雕飾，如其爲人。喬世寧序稱當時以爲其文無假英藻，而質厚有餘；不務以閎辨，而歸準於躬行。又最稱其《答劉太保書》，第七卷即《玩易意見》，八卷曰《石渠意見》，九卷曰《意見拾遺》，皆説經之語。各有别本單行，濂用李石《方舟集》例，又編入集中也。

樗庵集

黄虞稷《千頃堂書目・别集類》劉清《樗庵集》。字廉夫，滁州人。刑部右侍郎，謫四川右參政。

厚齋集

黄虞稷《千頃堂書目・别集類》王宇《厚齋集》三卷。字□□，祥符人，大理寺卿。

《明史・藝文志・别集類》王宇《厚齋集》三卷。

尚寶集

高儒《百川書志・集・國朝》《尚寶集》八卷。尚寶司丞郭武靈隆述。

聯珠集

高儒《百川書志・集・國朝》《聯珠集》十卷。榮禄大夫定襄伯郭登元登述。

《明史・藝文志・别集類》郭登《聯珠集》二十二卷。景泰初，登封定襄伯，有詩名。是集以其父珏兄武之作，與登詩合編。

定襄詠物詩

高儒《百川書志・别集》《定襄詠物詩》一卷。皇明定襄伯臨淮郭登著。七言絶句百二十五首。

恒庵集

黄虞稷《千頃堂書目・别集類》汪浩《恒庵集》。字□□，石首人。巡撫四川，兼理貴州副都御史。

晴洲釣者集

黄虞稷《千頃堂書目・别集類》程信《晴洲釣者集》。字彦實，河間籍，休寧人。

南京兵部尚書，參贊機務，贈太子少保，謚襄毅。

容軒稿

黄虞稷《千頃堂書目·别集類》 程信又有《容軒稿》。

南征録

黄虞稷《千頃堂書目·别集類》 程信又有《南征録》。

榆莊集

黄虞稷《千頃堂書目·别集類》 程信又有《榆莊集》。

尹東稿

黄虞稷《千頃堂書目·别集類》 程信又有《尹東稿》。

見庵集

王圻《續文獻通考·經籍考·集下》 《見庵集》。福建寧德林聰著。

黄虞稷《千頃堂書目·别集類》 林聰《見庵集》十四卷。字□□，寧德人。

《明史·藝文志·别集類》 林聰《文集》十四卷。

陶鉛集

黄虞稷《千頃堂書目·别集類》 朱純《陶鉛集》。字克粹，山陰人。

驢背集

黄虞稷《千頃堂書目·别集類》 朱純《驢背集》。

自怡集

黄虞稷《千頃堂書目·别集類》 朱純《自怡集》。

農餘雜言

黄虞稷《千頃堂書目·别集類》 朱純《農餘雜言》。字性純，會稽人。

黄門遺稿

黄虞稷《千頃堂書目·别集類》 徐簡《黄門遺稿》。字易道，黄巖人。

蘭軒集

徐𤊹《徐氏家藏書目·别集類》 沈彬《蘭軒集》五卷。字原質，武康人。正

統壬戌進士，官刑部郎中，卒年五十九。

黄虞稷《千頃堂書目・别集類》 沈彬《蘭軒集》十卷。字原質，武康人，刑部郎中。

《四庫提要・别集類存目二》 《蘭軒集》四卷。浙江汪汝瑮家藏本。明沈彬撰。彬字原質，武康人。正統壬戌進士，官至刑部郎中。其居官以強幹著，不以詩文自鳴，遺稿亦多散佚。没後百有餘年，至隆慶己巳，其鄉人周維新始序而刻之，以墓誌、墓表諸篇附於後。

静軒集

《四庫提要・别集類存目二》 《静軒集》十三卷。浙江汪汝瑮家藏本。明陳宜撰。宜字公宜，静軒其號也，泰和人。正統壬戌進士，官至兵部侍郎。路璧所作宜小傳，稱有《金臺集》、《金陵集》、《滇南集》、《金臺晚集》存於家。此本其季子佩所編録累朝誥敕、家譜、序與搢紳投贈之作，共爲七卷，冠於前，併以爲佩而作者附載卷内。自第八卷以後，始爲宜所著詩文，編次殊無體例。

静軒集

黄虞稷《千頃堂書目・别集類》 陳述《静軒集》。字宗理，膺薦歷官御史，擢四川左參政。

宜齋稿

黄虞稷《千頃堂書目・别集類》 南昱《宜齋稿》。字時芳，樂清人。

恥齋集

黄虞稷《千頃堂書目・别集類》 吕昌《恥齋集》。字好隆，新昌人。

竹軒稿

黄虞稷《千頃堂書目・别集類》 蕭儷《竹軒稿》二十卷。字畏之，内江人，貴州左布政使。

《明史・藝文志・别集類》 蕭儷《竹軒集》二十卷。

明農稿

黄虞稷《千頃堂書目・别集類》 洪繩《明農稿》。字文綱，青田人。

虚庵集

張萱等《内閣藏書目録・集部》 《虚庵集》一册。景泰間都御史李實著。

黄仕儁詩文

黄虞稷《千頃堂書目・别集類》 《黄仕儁詩文》二十卷。字□□，富順人，刑部右侍郎。

宋昱聯芳類稿

黄虞稷《千頃堂書目・别集類》 宋昂《宋昱聯芳類稿》。昂字從頫，號有齋，襲貴州宣慰使。弟昱，字如晦，號宜庵。

立齋集

王圻《續文獻通考・經籍考・集下》 《立齋集》。僉都御史左鼎著。永新人。

汎翁集

黄虞稷《千頃堂書目・别集類》 申叔舟《汎翁集》二十卷。字汎翁。自右弼善歷禮曹判書，積官至議政府領議政，以功封高靈君。集孫從濩編，寧都董尚書越使其國爲作序。

誠齋遺稿

黄虞稷《千頃堂書目・别集類》 朱英《誠齋遺稿》。字世傑，桂陽人。太保，都察院左都御史，謚恭簡。

認真子集

黄虞稷《千頃堂書目・别集類》 朱英《認真子集》一卷。

觀庵集

黄虞稷《千頃堂書目・别集類》 張瑄《觀庵集》十五卷。字□□，四川高縣人。

《明史・藝文志・别集類》 張瑄《觀庵集》十五卷。

香泉稿

黄虞稷《千頃堂書目・别集類》 張瑄《香泉稿》三卷。

南征録

高儒《百川書志・集・國朝》 《南征録》二卷。福建巡撫副都御史江浦張瑄廷璽布政廣東時剿討洞蠻之著也。詩文雜引。

黄虞稷《千頃堂書目・别集類》 張瑄《南征録》三卷。

紀行雜志

高儒《百川書志・集・國朝》 《紀行雜志》一卷。張瑄著也。

别　録

高儒《百川書志・集・國朝》 《别録》一卷。張瑄著也。

粉署餘閒稿

黄虞稷《千頃堂書目・別集類》 張瑄《粉署餘閒稿》一卷。

凝清集

黄虞稷《千頃堂書目・別集類》 張瑄《凝清集》八卷。

闕洛紀巡録

黄虞稷《千頃堂書目・別集類》 張瑄《闕洛紀巡録》十七卷。

《明史・藝文志・別集類》 張瑄《闕洛紀巡録》十七卷。

寓庵文集

黄虞稷《千頃堂書目・別集類》 王訓《寓庵文集》三十卷。貴州衛人。本衛教授，參尚書侯輗軍事。

《明史・藝文志・別集類》 《王訓文集》三十卷。

坦齋集

黄虞稷《千頃堂書目・別集類》 吴騆《坦齋集》五卷。字文端，山陰人。

錦軒集

黄虞稷《千頃堂書目・別集類》 應璧《錦軒集》。臨海人。

介庵集

黄虞稷《千頃堂書目・別集類》 吕原《介庵集》十二卷。字逢原，秀水人。辛酉解元，一甲第二人，學士，贈禮部右侍郎，謚文懿。

《明史・藝文志・別集類》 吕原《介軒集》十二卷。

類博稿

高儒《百川書志・集・國朝》 《類博稿》七卷。興化知府燕人蒙泉岳正季方撰。雜文百六首。

《類博稿》一卷。興化太守，前翰林修撰，燕山漷人蒙泉岳正季方撰。古詩歌詞律詩絶句一百七十四首。

徐𤊹《徐氏家藏書目・別集類》 岳正《類博稿》十卷。字季方，號蒙泉，順天漷縣人。正統戊辰探花，禮科給事中，出知興化府，致仕，謚文肅。

張萱等《内閣藏書目録・集部》 《類(傅)〔博〕稿》四册。全。正統間岳文肅公正著。凡十卷。大學士李公東陽序。又四册。全。

黄虞稷《千頃堂書目・別集類》 岳正《類博稿》十卷。字季方，漷縣人。一甲第三人，天順初以左贊善兼修撰，直文淵閣，降欽州同知，謫戍肅州。成化初復官，出爲興化知府，謚文肅。

《明史・藝文志・別集類》 岳正《類博稿》十卷。

《四庫提要・別集類二三》 《類博稿》十卷，附録二卷。浙江汪汝瑮家藏本。明岳正撰。正有《類博雜言》，已著録。

類博雜言

高儒《百川書志・集・國朝》《類博雜言》，附録一卷。岳正著。

土苴内外集

黄虞稷《千頃堂書目・别集類》張瓚《土苴内外集》。字□□，孝感人。總督漕運，副都御史。

東征紀行録

黄虞稷《千頃堂書目・别集類》張瓚《東征紀行録》。

征夷雜記

黄虞稷《千頃堂書目・别集類》張瓚《征夷雜記》。

郤埽吟

黄虞稷《千頃堂書目・别集類》寧靖王奠培《郤埽吟》。獻王孫。

擬古詩二百篇

黄虞稷《千頃堂書目・别集類》寧靖王奠培《擬古詩二百篇》。

嬾仙竹林漫稿

徐𤊹《徐氏家藏書目・别集類》《懶仙竹林集》二卷。天順中。

黄虞稷《千頃堂書目・别集類》寧靖王奠培《嬾仙竹林漫稿》三卷。

冰壑集

黄虞稷《千頃堂書目・别集類》盛顒《冰壑集》。字時望，無錫人。巡撫山東，都御史。

定襄集

高儒《百川書志・集・國朝》《定襄集》四卷。贈定襄伯臨淮郭旺景南著。二百二首。

瓊臺吟稿　遺稿

高儒《百川書志・集・國朝》《瓊臺吟稿》十卷。大宗伯翰林學士國子祭酒丘濬撰。

徐𤊹《徐氏家藏書目・别集類》丘濬《瓊臺吟稿》十二卷，《遺稿》二卷。字仲深，瓊山人。景泰甲戌進士，禮部尚書，武英殿大學士，謚文莊。更著《大學衍義補》，别見。

黄虞稷《千頃堂書目・别集類》丘濬《瓊臺吟稿》十二卷。

瓊臺類稿

王圻《續文獻通考・經籍考・集下》《瓊臺類稿》。瓊山丘濬著。字仲深，登景泰甲戌進士，武英殿學士。

黄虞稷《千頃堂書目・別集類》丘濬《瓊臺類稿》五十二卷。字仲深，瓊山人。正統甲子解元，禮部尚書，加太子太保，直文淵閣，加少保，户部尚書，武英殿大學士，贈太傅，謚文莊。

《明史・藝文志・別集類》丘濬《瓊臺類稿》五十二卷。

瓊臺集

王圻《續文獻通考・經籍考・集下》《瓊臺集》。丘濬著。

重編瓊臺會稿

黄虞稷《千頃堂書目・別集類》丘濬《會稿》廿四卷。

《四庫提要・別集類二三》《重編瓊臺會稿》二十四卷。副都御史黄登賢家藏本。明丘濬撰。濬有《家禮儀節》，已著録。其文集世不一本。初其門人蔣冕等刻其詩曰《吟稿》，續又裒其記序表奏曰《類稿》。嘉靖中，鄭廷鵠合二稿所載，益以所得寫本，釐爲十二卷，名曰《會稿》。天啓初，其裔孫爾穀遴《類稿》十之二增《會稿》十之三，併《吟稿》合刻，曰《重編會稿》，即此本也。雖不及《類稿》、《會稿》之完備，而簡汰頗嚴，菁華具在，足以括濬之著作矣。

丘濬詩

《明史・藝文志・別集類》《丘濬詩》十二卷。

逸窩詩集

范邦甸等《天一閣書目・別集類》《逸窩詩集》七卷。刊本。明彭孔堅著，弘治丁巳自序。

避庵詩集

高儒《百川書志・集・國朝》《避庵詩集》四卷。都司經歷海虞錢曄允暉著。

黄虞稷《千頃堂書目・別集類》錢曄《避庵詩集》四卷。字允輝，常熟人。錢甦孫，入貲爲浙江都司經歷。

鳴秋集

黄虞稷《千頃堂書目・別集類》趙迪《鳴秋集》六卷。字景哲，懷安人，自號白湖小隱。

《四庫提要・別集類存目二》《鳴秋集》二卷。兩淮鹽政採進本。明趙迪撰。迪字景哲，懷安人，自號白湖小隱。

竹室外集

高儒《百川書志・集・國朝》《竹室外集》一卷。大魏禪院昆明釋浄倫著。附卷。

黄虞稷《千頃堂書目・別集類》浄倫《竹室集》。字大巍，昆明人。正統中出家，天順間參善學於浮山，晚住錫五臺，示寂京師顯通寺。

薰風吟

黄虞稷《千頃堂書目・別集類》 葉瑗《薰風吟》五卷。字仲美，慶元人。正統時築室薰山下，隱居不仕。

陶冶集

黄虞稷《千頃堂書目・別集類》 尹淳《陶冶集》二十卷。崇慶州人，正統中舉人，參政。

雲遨摘稿

黄虞稷《千頃堂書目・別集類》 鄭鯨《雲遨摘稿》八卷。字騰海，歙人。集爲程敏政選定。

《明史・藝文志・別集類》 鄭鯨《雲遨摘稿》八卷。

城南集

黄虞稷《千頃堂書目・別集類》 徐履誠《城南集》二卷。龍游人。正統間累辟明經不就，有孝行。

志雲詩集

黄虞稷《千頃堂書目・別集類》 方冕《志雲詩集》。字元服，錢塘人。正統中翰林侍讀學士，周叙薦之朝不報，後爲平江伯陳□客。

建橐集

黄虞稷《千頃堂書目・別集類》 王清《建橐集》二卷。字一寧，合肥人。世襲臨清衛指揮，升廣東都指揮使，死於黄蕭養之難。

居易軒集

黄虞稷《千頃堂書目・別集類》 葉瓚《居易軒集》。字居易，分水人。

居易軒詩集

黄虞稷《千頃堂書目・別集類》 葉瓚《居易軒詩集》。

甕天集

黄虞稷《千頃堂書目・別集類》 俞膺《甕天集》。字右章，富陽人。

慎齋文集

黄虞稷《千頃堂書目・別集類》 馮奎《慎齋文集》。字文璧，平湖人。

感樓集

范邦甸等《天一閣書目・別集類》《感樓詩》一卷。刊本。明吳中賀甫著，弘治四年吳人楊循吉序。

黃虞稷《千頃堂書目・別集類》賀甫《感樓集》一卷。字美之，吳人。集楊循吉所選定。正統間詔有司舉士，無錫以甫名上，以非本邑，罷歸。

梅隱稿

黃虞稷《千頃堂書目・別集類》羅周《梅隱稿》十八卷。字汝濟，山陰人。羅紘子，嘗辟儒官不就。

《明史・藝文志・別集類》羅周《梅隱稿》十八卷。

介軒集

黃虞稷《千頃堂書目・別集類》羅新《介軒集》八卷。周弟。

核軒集

黃虞稷《千頃堂書目・別集類》羅頎《核軒集》。字儀甫，新子。

東坤雜文

高儒《百川書志・集・國朝》《東坤雜文》一卷。毘陵陸奎章子翰著。止六首。

東坤演連珠

高儒《百川書志・別集》《東坤演連珠》一卷。皇明毗陵奎章子翰著。凡六十首。

芸閣稿

高儒《百川書志・集・國朝》《芸閣稿》六卷。贈武定侯臨淮郭珍化重著。附駙馬郭鎮《親賢集》一卷。

賓竹稿

高儒《百川書志・集・國朝》《賓竹稿》十卷。詩餘。襲封武定侯郭良存忠撰。同前總稱《文獻集》。

鶴田稿

高儒《百川書志・集・國朝》《鶴田稿》一卷。廣陵蔡圻子封著。

師邵和唐音

黃虞稷《千頃堂書目・別集類》鎦紹《師邵和唐音》。字師邵，山陰人，績之子。

半齋集

黄虞稷《千頃堂書目・别集類》 鐳紹《半齋集》。

盧胡稿

黄虞稷《千頃堂書目・别集類》 鐳紹《盧胡稿》。

紀游稿

黄虞稷《千頃堂書目・别集類》 鐳紹《紀游稿》。

尚志翁稿

黄虞稷《千頃堂書目・别集類》 葉挺《尚志翁稿》。字允疇，永嘉人。

芝雲集

黄虞稷《千頃堂書目・别集類》 夏存《芝雲集》。字留耕，泰順人。

六一集

黄虞稷《千頃堂書目・别集類》 林裕《六一集》。字德裕，泰順人。

樂丘集

黄虞稷《千頃堂書目・别集類》 葉鉅《樂丘集》。字伯廣，麗水人。

東麓集

黄虞稷《千頃堂書目・别集類》 沈孟操《東麓集》。青田人。

寶泉集

黄虞稷《千頃堂書目・别集類》 章廷益《寶泉集》。臨海人。

心南遺稿

黄虞稷《千頃堂書目・别集類》 侯肱《心南遺稿》。字邦輔，臨海人。

梅花百詠

黄虞稷《千頃堂書目・别集類》 侯肱《梅花百詠》。

叢拙稿

黄虞稷《千頃堂書目・别集類》 侯鳴《叢拙稿》。字世喈，臨海人。

北崖樵唱

黄虞稷《千頃堂書目・别集類》 侯鳴《北崖樵唱》。

頤庵集

黄虞稷《千頃堂書目・别集類》 葛希濟《頤庵集》。名永，以字行，黄巖人。

南溪集

黄虞稷《千頃堂書目・别集類》 孫俊《南溪集》。字叔英，崑山人。

夢草編

黄虞稷《千頃堂書目・别集類》 姚綸《夢草編》。字允言，嘉善人。其孫翼，亦能詩。五代孫雩都尹復姓卞，名瑺，合刻之，名《雙璧集》。

鐵松集

黄虞稷《千頃堂書目・别集類》 懷悦《鐵松集》。字用和，嘉興人。

百櫞堂集

黄虞稷《千頃堂書目・别集類》 周寅《百櫞堂集》。字汝欽，嘉善人。

章小家言

黄虞稷《千頃堂書目・别集類》 章珍句《章小家言》二十卷。字文重，鄞人。

乂庵稿

黄虞稷《千頃堂書目・别集類》 徐光大《乂庵稿》。名暹，以字行，山陰人。

樗軒集

黄虞稷《千頃堂書目・别集類》 朱訓《樗軒集》。蕭山人。

享金敝帚

黄虞稷《千頃堂書目・别集類》 范升《享金敝帚》。上虞人。

瓦釜餘音

黄虞稷《千頃堂書目・别集類》 范升《瓦釜餘音》。

邯鄲學步

黄虞稷《千頃堂書目・别集類》 范升《邯鄲學步》。

金蘭編

黃虞稷《千頃堂書目·別集類》 范升《金蘭編》。

蘭陵稿

黃虞稷《千頃堂書目·別集類》 求澧《蘭陵稿》。字宗衡，嵊人。

觀風稿

黃虞稷《千頃堂書目·別集類》 涂謙《觀風稿》。字恒謙，豐城人。貴州按察使。

朝天稿

黃虞稷《千頃堂書目·別集類》 涂謙《朝天稿》。

容思集

黃虞稷《千頃堂書目·別集類》 段堅《容思集》。字可久，蘭州人。南陽知府。

卞郎中詩集

高儒《百川書志·集·國朝》 《卞郎中詩集》七卷。户部郎中江陰卞華伯撰。

范邦甸等《天一閣書目·別集類》 《卞郎中詩集》六卷。刊本。明卞華伯著，門生吴綎編刊。寧良序稱：華伯自進士歷官户部郎中，居京二十年，朝騎甫歸櫪，持牘者輒擁限，日應百篇，風揮雨灑，故詩名動天下。及讀豫而還，山邀水請，燕求越購，筆髡硯皾，而詩益奇。以其自號蘭堂，故江湖之上觀蘭堂署者，詩未誦而心先醉焉。蘭堂詩各體凡若干首，其門生無錫吴以榮謀爲繡梓，儒士徐延齡預爲校正之，以予同年欲得數語云。

《四庫提要·別集類存目二》 《卞郎中詩集》七卷。浙江汪汝瑮家藏本。明卞榮撰。榮字華伯，江陰人。正統乙丑進士，官至户部郎中。榮在景泰間，盛有詩名。居郎署二十年。朝騎甫歸，持牘乞詩者擁塞户限，日應百篇。湯沐《公餘日録》盛稱其「狀元自是渴睡漢，宰相須用讀書人」一聯，以爲雖有翦裁，渾無痕迹，蓋亦儁才。然所作大半皆酬贈哀輓之章，亦多淺率，蓋得之太易也。是集爲其門人無錫吴鍵所刊，附以雜文十餘首，亦非所長。

蘭堂集

黃虞稷《千頃堂書目·別集類》 卞榮《蘭堂集》七卷。字華伯，江陰人。户部郎中。

禮庭吟

《四庫提要·別集類存目二》 《禮庭吟》一卷。衍聖公孔昭焕家藏本。明孔承慶撰。承慶字永祚，曲阜人。至聖六十代孫也。年三十一，未及襲封而卒。其外祖王惟善爲裒其遺詩以成此集。有景泰間同郡許彬序，又有天順丁丑長洲劉鉉序，歲久散佚。康熙庚辰，衍聖公孔毓圻檢校先世遺稿，又得而重刊之。

蜀定王友垓文集

黃虞稷《千頃堂書目・別集類》《蜀定王友垓文集》十卷。獻王孫，和王悅燇嫡子，高皇帝曾孫，宣德十年進封。

毅齋集

《明史・藝文志・別集類》張倬《毅齋集》二十卷。

仕優小稿

黃虞稷《千頃堂書目・別集類》丘璿《仕優小稿》。字文璣，祥符人。山東左參政，擢巡撫，遼東都御史。

葉文莊公集

高儒《百川書志・集・國朝》《葉文莊公文集》二卷。吏部侍郎崐山葉盛與中撰。及菴號。

王士禎《漁洋書跋》《葉文莊公集》。《葉文莊公集》流傳絶少，世所習見，止《水東日記》若干卷，焦澹園《經籍志》載《涇東文集》四卷，不知何據。詢諸今侍讀學士訒菴先生，云公集未嘗板行也。此集，學士家藏本，不釐卷次，後有《族譜》一卷，《宣鎮志》諸序一卷。別有《涇東小稿》一册。文間有異同，塗竄甲乙，皆公當時手筆。卷首有巡撫宣府關防，蓋公天順八年自兩廣移鎮宣府後手稿也。

水東文稿

黃虞稷《千頃堂書目・別集類》葉盛《水東文稿》二卷。字與中，崑山人。吏部左侍郎，謚文莊。

《明史・藝文志・別集類》《葉盛文稿》二卷。

涇東小稿

高儒《百川書志・集・國朝》《涇東小稿》六卷。文莊公少冢宰崐山葉盛與中著。

黃虞稷《千頃堂書目・別集類》葉盛《涇東小稿》一卷。

水東詩稿

黃虞稷《千頃堂書目・別集類》葉盛《水東詩稿》二卷。

菉竹堂小稿

黃虞稷《千頃堂書目・別集類》葉盛《菉竹堂小稿》一卷。

菉竹堂稿

黃虞稷《千頃堂書目・別集類》葉盛《菉竹堂集》□卷。

《四庫提要・別集類存目一》《菉竹堂稿》八卷。兩淮鹽政採進本。明葉盛

撰。盛有《葉文莊奏議》，已著録。是集乃盛所自訂，凡詩詞四卷、文四卷。

葉盛詩

《明史·藝文志·別集類》 《葉盛詩》一卷。

繼軒集

黄虞稷《千頃堂書目·別集類》 沐璘《繼軒集》三卷。字廷章，僖子。鎮守雲南總兵，官都督同知，贈右軍都督，特進榮禄大夫。

繼軒詩

范邦甸等《天一閣書目·別集類》 右都督總兵雲南沐璘著《繼軒詩》十二卷。

復齋小稿

黄虞稷《千頃堂書目·別集類》 畢亨《復齋小稿》六卷。字□□，洛陽籍，單縣人。巡撫應天，都御史。

北征稿

黄虞稷《千頃堂書目·別集類》 徐居正《北征稿》。字剛中。議政府左參贊，天順庚辰奉王命入覲所作之詩。

勉齋稿

黄虞稷《千頃堂書目·別集類》 章唐《勉齋稿》。黄巖人。

缶鳴稿

黄虞稷《千頃堂書目·別集類》 蔡堅《缶鳴稿》。字廷白，黄巖人。

南行稿

黄虞稷《千頃堂書目·別集類》 蔡堅《南行稿》。

慎齋稿

黄虞稷《千頃堂書目·別集類》 趙珂《慎齋稿》。黄巖人。

毅齋集

黄虞稷《千頃堂書目·別集類》 張倬《毅齋集》二十卷。字士昭，山陰人。崑山訓導。

筆録

黄虞稷《千頃堂書目·別集類》 張倬《筆録》十卷。

雯峰集

黃虞稷《千頃堂書目・别集類》 饒秉鏗《雯峰集》。字憲章，廣昌人。廉州知府。

遯子集

黃虞稷《千頃堂書目・别集類》 王濬嘉《遯子集》。字文通，上元人。廣西提學僉事。

南山居士集

黃虞稷《千頃堂書目・别集類》 伍福《南山居士集》。字天錫，臨川人。陝西提學副使。

雲峰清賞集

黃虞稷《千頃堂書目・别集類》 伍福《雲峰清賞集》。

箐齋集

黃虞稷《千頃堂書目・别集類》 周洪謨《箐齋集》五十卷。字堯佐，長寧人。甲子解元，一甲第三人。

《明史・藝文志・别集類》 周洪謨《箐齋集》五十卷。

南皋子集

黃虞稷《千頃堂書目・别集類》 周洪謨《南皋子集》二十卷。

《明史・藝文志・别集類》 周洪謨《南皋集》二十卷。

逸老堂浄稿

范邦甸等《天一閣書目・别集類》 《逸老堂浄稿》二十卷。刊本。明謝省著。弘治庚戌南昌張元禎序云：逸老，寶慶太守謝公歸休之自號。兹其平日之所作也。逸老名省，字世修，台之黃巖人。自甲戌進士，歷主事員外郎于兵部，陟守寶慶，甫一考即歸，年纔五十四。族子侍講鳴治輯成兹集，其傳也無疑，于是乎序之。時弘治庚戌端陽日，逸老壽已七十有一矣。

張萱等《内閣藏書目録・集部》 《逸老堂浄稿》二册。全。成化間黃巖謝省著。

黃虞稷《千頃堂書目・别集類》 謝省《逸老堂浄稿》十九卷。字士修，黃巖人。寶慶知府。

石窗漫稿

黃虞稷《千頃堂書目・别集類》 沈琮《石窗漫稿》。字公禮，平湖人。廣州知府。

東宇稿

黃虞稷《千頃堂書目・别集類》 沈琮《東宇稿》。

廣游集

黃虞稷《千頃堂書目・别集類》 沈琮《廣游集》。

紀行稿

黃虞稷《千頃堂書目・别集類》 沈琮《紀行稿》。

宦游筆録

黃虞稷《千頃堂書目・别集類》 沈琮《宦游筆録》。

息軒稿

黃虞稷《千頃堂書目・别集類》 朱貞《息軒稿》。字惟正，南京旗手衛籍。四川布政司參議，督儲松藩。

藏史居集

黃虞稷《千頃堂書目・别集類》 項忠《藏史居集》十卷。字藎臣，嘉興人。刑部尚書，改兵部，贈太子太保。謚襄毅。

襄毅公遺稿

黃虞稷《千頃堂書目・别集類》 項忠《襄毅公遺稿》一卷。玄孫德楨輯。

貽安集

黃虞稷《千頃堂書目・别集類》 趙昂《貽安集》。字伯顒，永清左衛人。通政司右參議。

叢桂集

黃虞稷《千頃堂書目・别集類》 趙昂《叢桂集》。

竹溪小稿

黃虞稷《千頃堂書目・别集類》 趙昂《竹溪小稿》。

菊莊晚香集

黃虞稷《千頃堂書目・别集類》 劉泰《菊莊晚香集》。字士亨，錢塘人。隱士。

雪餘倡和集

黃虞稷《千頃堂書目·別集類》 劉泰《雪餘倡和集》。

襄毅文集

黃虞稷《千頃堂書目·別集類》 韓雍《韓襄毅公文集》十五卷。字永熙，吴縣人。總督兩廣軍務，右都御史。謚襄毅。

《明史·藝文志·別集類》 韓雍《文集》十五卷。

《四庫提要·別集類二三》 《襄毅文集》十五卷。副都御史黄登賢家藏本。明韓雍撰。雍字永熙，吴縣人。正統壬戌進士，官至右僉都御史，總督兩廣。正德間謚襄毅。

苑洛集

王圻《續文獻通考·經籍考·集下》 《苑洛集》。長洲韓雍著，官都御史。

栗庵稿

黃虞稷《千頃堂書目·別集類》 鄭環《栗庵稿》。字瑶夫，仁和人。一甲第三人，南京太常寺少卿。

栗庵遺稿

《四庫提要·別集類存目二》 《栗庵遺稿》二卷。浙江汪汝瑮家藏本。明鄭環撰。環字瑶夫，號栗菴，仁和人。天順庚辰進士，官至太常寺少卿。是集有其子孟縄跋，稱環集本十卷，不戒於火，兹集乃其搜輯另編者。楊守陳作環墓碑，稱其文章典雅贍密。今此本所存無多，體亦不備，不足以見其全。守陳所論，難遽定其確否也。

恒拙稿

黃虞稷《千頃堂書目·別集類》 陸愷《恒拙稿》。字元之，武進人。户部郎中。

王阜詩集

黃虞稷《千頃堂書目·別集類》 《王阜詩集》一卷。字公大，福州長樂人。英德訓導，河源教諭。

雲東集

黃虞稷《千頃堂書目·別集類》 姚綬《雲東集》十卷。字公綬，嘉善人。監察御史，出知永寧府。集爲曾孫堦鐫，屠應埈序，題曰《姚侍御集》。鄒衡《嘉興府志補》又作《穀庵集》三十卷、《穀庵集選》十卷、附録二卷。嘉靖戊午曾孫堦重刊，文徵明序。

《明史·藝文志·別集類》 姚綬《雲東集》十卷。

仙華集

黃虞稷《千頃堂書目·別集類》 趙同魯《仙華集》。字與哲，長洲布衣。

雞肋集

黄虞稷《千頃堂書目·别集類》 王佐《雞肋集》。字汝學，瓊州臨高人，高州同知。

竹坡稿

黄虞稷《千頃堂書目·别集類》 施奎《竹坡稿》十二卷。字漢章，秀水人。

夏文明公集

黄虞稷《千頃堂書目·别集類》 夏寅《夏文明公集》四十卷。字時正，號止軒，華亭人。山東右布政使。

《明史·藝文志·别集類》 《夏寅文集》四十卷。

備遺録

黄虞稷《千頃堂書目·别集類》 夏寅《備遺録》二十三卷。

《明史·藝文志·别集類》 夏寅《備遺録》二十三卷。

江西紀行集

黄虞稷《千頃堂書目·别集類》 夏寅《江西紀行集》一卷。

月樓集

黄虞稷《千頃堂書目·别集類》 倪敬《月樓集》。字汝敬，無錫人。監察御史。

石田稿

黄虞稷《千頃堂書目·别集類》 洪常《石田稿》。字子經，鄞縣人。

鹿城遺稿

黄虞稷《千頃堂書目·别集類》 孫瓊《鹿城遺稿》。字藴章，崑山人。刑部郎中。

退庵稿

黄虞稷《千頃堂書目·别集類》 高瑛《退庵稿》。字廷璧，山西聚落驛籍，黄巖人。

南崖一得稿

黄虞稷《千頃堂書目·别集類》 黄溥《南崖一得稿》。字存吾，鄞縣人。隆從子。

續游仙詩

黄虞稷《千頃堂書目·别集類》 馬洪《續游仙詩》百首。字浩瀾，仁和人。

公餘歸田二集

王圻《續文獻通考・經籍考・集下》《公餘歸田二集》。太康户部侍郎王瀹著。

戒軒集

黄虞稷《千頃堂書目・别集類》馮善《戒軒集》。

歸田稿

黄虞稷《千頃堂書目・别集類》張昺《歸田稿》。字仲明，鄞人。

楝莊集

黄虞稷《千頃堂書目・别集類》張昺《楝莊集》。

寓鳴集

黄虞稷《千頃堂書目・别集類》張昺《寓鳴集》。

經子訓戒

黄虞稷《千頃堂書目・别集類》張昺《經子訓戒》共一百二十卷。

顧軒存稿

黄虞稷《千頃堂書目・别集類》趙愷《顧軒存稿》。字允孚，黄巖人。

壽山文集

黄虞稷《千頃堂書目・别集類》方漢《壽山文集》。字孔殷，淳安人。南京太僕寺卿。

巽齋稿

黄虞稷《千頃堂書目・别集類》張世軒《巽齋稿》。字冕之，嵊人。

衡軒集

黄虞稷《千頃堂書目・别集類》韓弼《衡軒集》。字藎臣，會稽人。

井蛙集

黄虞稷《千頃堂書目・别集類》劉濬《井蛙集》。永嘉人。

青鸞溪集

黄虞稷《千頃堂書目・别集類》安康《青鸞溪集》。字汝錫，思南人。澂江知府。

畏齋存稿

張萱等《内閣藏書目録・集部》 《畏齋存稿》二册。全。弘治間侍郎林鶚著。

又 《畏齋集》二册。全。莫詳姓名，凡十卷，疑即林鶚也。

黄虞稷《千頃堂書目・别集類》 林鶚《畏齋存稿》十卷。字一鶚，黄巖人。刑部右侍郎，贈尚書，謚恭肅。

《明史・藝文志・别集類》 《林鶚文稿》十卷。

菊潭集

黄虞稷《千頃堂書目・别集類》 姚旭《菊潭集》。字景暘，桐城人。刑科給事中，天順間以言事謫判鄭州，仕至雲南參政。

龍峰集

王圻《續文獻通考・經籍考・集下》 《龍峰集》。華容黎淳著。天順丁丑進士，禮部尚書。

黄虞稷《千頃堂書目・别集類》 黎淳《龍峰集》十三卷。字太樸，華容人。一甲第一人，南京禮部尚書，謚文僖。

《明史・藝文志・别集類》 黎淳《龍峰集》十三卷。

王襄敏集　續集

張萱等《内閣藏書目録・集部》 《黎陽王襄敏公全集》四册。全。成化間威寧伯王越著。

黄虞稷《千頃堂書目・别集類》 王越《王襄敏公集》四卷。字世昌，濬縣人。巡撫大同，右副都御史，進太子太保，兵部尚書，封威寧伯，佩征西前將軍印，加少保兼太子太保，贈太傅。謚襄毅。

《四庫提要・别集類存目二》 《王襄敏集》二卷，《續集》一卷。浙江汪汝瑮家藏本。明王越撰。是編即其曾孫紹思所輯，第一卷爲疏議，皆處置邊務及奏報捷音。第二卷爲雜文。《續集》一卷，爲詩及詩餘，而以李東陽所作墓誌，崔銑所作神道碑，附録於末。

王太傅集

徐𤊹《徐氏家藏書目・别集類》 王越《太傅集》十卷。字世昌，大名府濬縣人。景泰辛未進士，破虜有功，官終太子太傅，謚襄敏，封威寧伯。

《四庫提要・别集類存目二》 《王太傅集》二卷。浙江汪汝瑮家藏本。明王越撰。越字世昌，濬縣人。景泰辛未進士。官至兵部尚書，以功封威寧伯，謚襄敏。【略】是集分體編輯，附録雜文。前有嘉靖九年吴江吴洪序，稱其遺稿散佚不傳，有郢人高德崇録所見聞，刻之於學舍，乃行於世。後越曾孫紹思，别輯全集。其跋中所稱「在楚有太傅詩文集」者，即此本也。

黎陽王太傅集録

高儒《百川書志・集・國朝》 《黎陽王太傅集録》二卷。寧威伯黎陽王越世昌撰。

王太傅詩選

高儒《百川書志・集・國朝》 《王太傅詩選》一卷。威寧伯兼大司馬御史中

承黎陽王越世昌撰。

范邦甸等《天一閣書目・別集類》 《黎陽王太傅詩選》一册。明王某著，正德戊辰秦下楊儀宗德行部至濬摭遺稿，屬山東大參石侯刻之，郡齋并爲之序。

静庵集

黄虞稷《千頃堂書目・別集類》 光澤教諭周濟妻朱妙端《静庵集》十卷。字仲嫻，海寧人，尚寶司卿朱祚女，與李昂妻陳氏倡和。

《明史・藝文志・別集類》 《朱静庵詩集》十卷。

五臺集

黄虞稷《千頃堂書目・別集類》 劉昌《五臺集》二十二卷。字欽謨，吴縣人。甲子解元，廣東左參政。《胥臺》、《鳳臺》、《金臺》、《嵩臺》、《越臺》等稿。

《明史・藝文志・別集類》 劉昌《五臺集》二十二卷。《胥臺》、《鳳臺》、《金臺》、《嵩臺》、《越臺》諸稿彙編。

餘力集

徐𤊹《徐氏家藏書目・別集類》 李裕《餘力集》四卷。字咨德，號古澹，豐城人。景泰甲戌進士，累官吏部尚書。卒年八十有八。

古澹集

黄虞稷《千頃堂書目・別集類》 李裕《古澹集》四卷。字資德，豐城人，南京吏部尚書。

《明史・藝文志・別集類》 《李裕文集》四卷。

東藩倡和集

黄虞稷《千頃堂書目・別集類》 李裕《東藩倡和集》一卷。

竹軒稿

黄虞稷《千頃堂書目・別集類》 潘琴《竹軒稿》七卷。字舜絃，景寧人。興化知府。

詠史詩

黄虞稷《千頃堂書目・別集類》 潘琴《詠史詩》一卷。

愚庵集

黄虞稷《千頃堂書目・別集類》 吴琛《愚庵集》。字□□，繁昌人。總督兩廣，都御史。

古源文集

黄虞稷《千頃堂書目・別集類》 謝一夔《古源文集》六卷。字大韶，新建人。榜姓王，後復姓。一甲第一人，工部尚書，謚文莊。一名《謝文莊公集》。

《明史・藝文志・別集類》 《謝一夔文集》六卷。

東海集

王圻《續文獻通考・經籍考・集下》《東海集》。華亭張弼著。

東海文集

高儒《百川書志・集・國朝》《東海文集》四卷，附録一卷。南安守華亭張弼撰。

徐𤊹《徐氏家藏書目・別集類》張弼《文集》三卷。

黄虞稷《千頃堂書目・別集類》張弼《東海文集》五卷。字汝弼，華亭人，南安知府。

《明史・藝文志・別集類》《張弼文集》五卷。

《四庫提要・別集類存目二》《東海文集》五卷。兩江總督採進本。明張弼撰。弼字汝弼，華亭人。成化丙戌進士，官至南安府知府。事蹟具《明史・文苑傳》。是集前四卷皆雜文，後一卷皆附録弔輓銘贊之作。考吴鉞序，稱其子輯録詩文若干卷，則其文原與詩合刻，此本偶佚其半也。弼工章書，爲世所重。

東海詩集

高儒《百川書志・集・國朝》《東海詩集》四卷。南安華亭張弼汝弼撰。

徐𤊹《徐氏家藏書目・別集類》張弼《東海詩集》五卷。字汝弼，華亭人，成化丙戌進士，官南安知府，卒年六十三。其子宏宜、宏至皆舉進士。宏至官翰林時梓之，李文正東陽爲序。

黄虞稷《千頃堂書目・別集類》張弼《東海詩集》四卷。

《明史・藝文志・別集類》張弼《詩》四卷。

張弼詩

高儒《百川書志・集・國朝》《張弼詩》一卷。

恥庵集

黄虞稷《千頃堂書目・別集類》胡超《恥庵集》十卷。字彦超，龍游人。

楊文懿公集

高儒《百川書志・集・國朝》《楊文懿公文集》。《晉菴稿》一卷、《鏡川稿》四卷、《東觀稿》十卷、《桂芳稿》五卷、《金坡稿》九卷、《銓部稿》一卷。吏部右侍郎四明楊守陳維新撰。

王圻《續文獻通考・經籍考・集下》《楊文懿集》鄞縣楊守陳著。

徐𤊹《徐氏家藏書目・別集類》楊守陳文懿諸稿二十五卷。字維新，號鏡川，鄞縣人。景泰辛未進士，官吏部侍郎，謚文懿。

黄虞稷《千頃堂書目・別集類》楊守陳《楊文懿公集》三十卷。《晉庵稿》一卷、《鏡川稿》四卷、《東觀稿》十卷、《桂坊稿》五卷、《金坡稿》九卷、《銓部稿》一卷。字維新，號鏡川，鄞縣人。吏部右侍郎，兼詹事府丞，贈禮部尚書。謚文懿。

《明史・藝文志・別集類》《楊守陳全集》三十卷。

黄丕烈《蕘圃藏書題識・集類三》《楊文懿公集》二十卷。殘明本。嘉慶己未正月下澣，書友攜殘本明刻《楊文懿公集》求售。僅二十卷，每册首有吴枚庵圖書，當是其家舊藏而失之者也。余因取向收之本相對，刻正同而紙色白黄微異。余本缺首序二葉，卷十二第十二、第十三葉，其第十四葉余本首行爲「侯服一布」云云，當是修板擠行，故脱前行。今並取以補入。至二十七卷所缺七八兩葉，適爲缺卷，無從補入爲悵爾。噫，一明人集耳，而缺失久不能完，又何論古於此者耶？并

著之以當一喟。棘人黄丕烈識。

桂林稿

王圻《續文獻通考·經籍考·集下》《桂林稿》。楊守陳著。

沖淡集

王圻《續文獻通考·經籍考·集下》《沖澹集》。安福劉宣著。

黄虞稷《千頃堂書目·別集類》劉宣《沖淡集》。字□□，安福人。南京工部尚書，謚文懿。

詠古詩集

黄虞稷《千頃堂書目·別集類》謝士元《詠古詩集》三卷。字仲仁，福州長樂人。巡撫四川，副都御史。

枕肱集

黄虞稷《千頃堂書目·別集類》童軒《枕肱集》二十卷。字士昂，鄱陽人。南京禮部尚書。

《明史·藝文志·別集類》童軒《枕肱集》二十卷。

清風亭稿

高儒《百川書志·集·國朝》《清風亭稿》八卷。吏科給事中鄱陽童軒士昂撰。

范邦甸等《天一閣書目·別集類》《清風亭稿》八卷。刊本。明童士昂著。李澄編集，劉珝、張弼評，俞澤重評。慈谿張楷序稱「童黄門詩類玉川」云。陶元素、項麒俱有序，張弼跋後。

王圻《續文獻通考·經籍考·集下》《清風亭稿》。童軒著。鄱陽人，禮部尚書。

黄虞稷《千頃堂書目·別集類》童軒《清風亭稿》一卷。

《四庫提要·別集類二三》《清風亭稿》七卷。浙江巡撫採進本。明童軒撰。軒有《紀夢要覽》，已著録。《千頃堂書目》載《清風亭稿》十卷，此本第一卷爲騷賦，自二卷至七卷皆詩，其門人李澄所編，而劉珝、張弼評之。後有魏驥、楊守陳、沈周諸人題詞。較《千頃堂書目》少三卷，未知爲原本佚脱，爲黄虞稷誤記也。

海岳涓埃

王圻《續文獻通考·經籍考·集下》《海岳涓埃》。童軒著。

黄虞稷《千頃堂書目·別集類》童軒《海岳涓埃》。

籌邊録

王圻《續文獻通考·經籍考·集下》《籌邊録》。童軒著。

諭蜀稿

王圻《續文獻通考·經籍考·集下》《喻蜀稿》。童軒著。

黄虞稷《千頃堂書目·別集類》童軒《諭蜀稿》。

和杜詩

高儒《百川書志・別集》《和杜詩》四卷。皇明南京兵部右侍郎眉山萬葉，取少陵五七律排絶體和之，太常卿鄱陽童軒評點之。

復菴詠梅詩

高儒《百川書志・別集》《復菴詠梅詩》一卷。皇明江西副使襄城王絅著。七言百律，各立一題。

千一齋分類百詠雪詩

高儒《百川書志・別集》《千一齋分類百詠雪詩》一卷。鄭芝山秀著。

千一齋次韻百詠梅詩

高儒《百川書志・別集》《千一齋次韻百詠梅詩》一卷。明鄱陽鄭芝山秀著。

二宜軒集

黄虞稷《千頃堂書目・別集類》方泌《二宜軒集》。字繼元，開化人，貴州按察司僉事。

自信集

黄虞稷《千頃堂書目・別集類》閻禹錫《自信集》。字子與，洛陽人，監察御史。

嶺南集

黄虞稷《千頃堂書目・別集類》夏塤《嶺南集》。字宗成，天台人，巡撫四川都御史。

嶺南江西行稿

黄虞稷《千頃堂書目・別集類》夏塤《嶺南江西行稿》。

三巴稿

黄虞稷《千頃堂書目・別集類》夏塤《三巴稿》。

劉古直集

王圻《續文獻通考・經籍考・集下》《劉古直集》。壽光劉珝著。

黄虞稷《千頃堂書目・別集類》劉珝《劉古直文集》十六卷。字叔温，壽光人。太子太保，户部尚書，兼謹身殿大學士，贈太保，謚文和。

《明史・藝文志・別集類》《劉珝文集》十六卷。

《四庫提要・別集類存目二》《劉古直集》十六卷。浙江汪汝瑮家藏本。明劉

翊撰。翊字叔温，號古直，壽光人。正統戊辰進士，官至户部尚書，謹身殿大學士，謚文和。事蹟具《明史》本傳。是集乃其子太常寺卿鉞所編，凡詩五卷、文十一卷、志表祭文附於末。

司空集

黄虞稷《千頃堂書目·别集類》 程宗《司空集》八卷。字源伊，常熟人，南京工部尚書。

撫夷集

黄虞稷《千頃堂書目·别集類》 程宗《撫夷集》。

方洲集　附讀史録

徐𤊹《徐氏家藏書目·别集類》 張寧《方洲集》二十六卷。字靖之，海鹽人。景泰甲戌進士，官禮科給事中。

黄虞稷《千頃堂書目·别集類》 張寧《方洲文集》四十卷。字静之，海鹽人，汀州知府。

《明史·藝文志·别集類》 《張寧文集》三十二卷。

《四庫提要·别集類二三》 《方洲集》二十六卷，附《讀史録》四卷。兩淮馬裕家藏本。明張寧撰。寧有《文洲雜言》，已著録。是集首有弘治四年仁和夏時正序，稱《方洲集》四十卷。又有餘姚謝丕續集序，稱夏復拾林下之作爲四卷。又有錢陞募刻疏，稱僭作《補遺》，是又在四卷外矣。而今本乃止二十六卷，合以所附《讀史録》僅三十卷。或錢陞重刊改併歟。

奉使録

《四庫提要·别集類存目二》 《奉使録》二卷。兩江總督採進本。明張寧撰。寧有《方洲集》，已著録。是集乃寧天順四年出使朝鮮所作，已編入《方洲集》内，此其初出别行之本也。上卷首敘奉使召對及奏稿數篇，餘皆途中留題之作。下卷則至朝鮮以後篇什，題曰《皇華集》，注云「朝鮮刻本」。前有崔恒序，乃奉國王李瑈命編次而序之者也。

馬端肅公集

黄虞稷《千頃堂書目·别集類》 馬文升《馬端肅公集》一卷。字負圖，鈞川人。少師兼太子太師，吏部尚書，贈太傅，再贈左柱國太師，謚端肅。

《明史·藝文志·别集類》 馬文升《文集》一卷。

終養録

黄虞稷《千頃堂書目·别集類》 高明《終養録》。字□□，貴溪人，鎮守福建僉都御史。

征閩録

黄虞稷《千頃堂書目·别集類》 高明《征閩録》。

安定録

黄虞稷《千頃堂書目·别集類》 高明《安定録》。

螢窗集

黄虞稷《千頃堂書目・别集類》 陸昶《螢窗集》。字孟昭，常熟人，福建參政。

秋臺集

黄虞稷《千頃堂書目・别集類》 陸昶《秋臺集》。

閩海集

黄虞稷《千頃堂書目・别集類》 陸昶《閩海集》。

雲泉集

黄虞稷《千頃堂書目・别集類》 陸昶《雲泉集》。

橋門漫稿

黄虞稷《千頃堂書目・别集類》 沈肆《橋門漫稿》。字公貴，平湖人。正統丁卯解元，山東道御史。

柏臺新稿

黄虞稷《千頃堂書目・别集類》 沈肆《柏臺新稿》。

竹巖集

范邦甸等《天一閣書目・别集類》 《竹巖先生文集》十二卷。藍絲闌鈔本。明莆田柯潛撰，四世從孫維騏編校。

王圻《續文獻通考・經籍考・集下》 《竹巖文集》。祭酒柯潛著，莆田人。

黄虞稷《千頃堂書目・别集類》 柯潛《竹巖集》八卷。字孟時，莆田人。一甲第一人，詹事府少詹事，兼翰林院學士，掌院事。

《明史・藝文志・别集類》 柯潛《竹巖集》八卷。

竹巖詩集　文集　補遺

《四庫提要・别集類二三》 《竹巖詩集》一卷、《文集》一卷、《補遺》一卷。福建巡撫採進本。明柯潛撰。潛字孟時，號竹巖，莆田人。景泰辛未進士第一，官至詹事府少詹事。【略】據集首董士宏序，則原集在嘉靖中曾經刊版。然今福建所採進者，僅屬鈔本。又據康太和序，知當時已多闕佚。今則并康序中所稱《記盆魚》、《序愚樂》等作，亦俱未見。殆更爲後人妄有刊削，彌致散亡。鈔録亦多舛誤，彌失其真。今就是集所存詩文各一卷，重爲訂正。并從鄭岳《莆陽文獻》、鄭王臣《莆風清籟集》中録詩十首、文二首，爲《補遺》一卷。附綴於末，以存梗概。

思軒集

黄虞稷《千頃堂書目・别集類》 王㒜《思軒集》十二卷。字廷貴，武進人。一甲第二人，南京吏部尚書，贈太子太保，謚文肅。

《明史・藝文志・别集類》 王㒜《思軒集》十二卷。

《四庫提要・别集類存目二》 《王文肅集》十二卷。浙江孫仰曾家藏本。明王

與撰。與有《毘陵志》，已著録。此集亦名《思軒稿》，卷首載李東陽所作傳，謂其官吏部尚書時，上疏陳八事，多見採納。今其疏不見集中，止存《經筵進講》、《文華進講》二卷。殆有所避而不載歟，抑東陽溢美也。

何光禄詩集

黄虞稷《千頃堂書目・别集類》 何熙《何光禄詩集》。海寧人。

退庵文集

黄虞稷《千頃堂書目・别集類》 王獻《退庵文集》。字惟臣，仁和人。

梅軒集

黄虞稷《千頃堂書目・别集類》 王佐《梅軒集》一卷。字彦弼，侯官人。褒從孫。廣東參政。

易庵集

黄虞稷《千頃堂書目・别集類》 高閏《易庵集》五十卷。字居正，遼東蓋州衛籍，浙江山陰人。

郡齋稿

黄虞稷《千頃堂書目・别集類》 周瑩《郡齋新稿》十卷。字次玉，莆田人。撫州知府。

《明史・藝文志・别集類》 周瑩《郡齋稿》十卷。

[英宗]御製詩文

張萱等《内閣藏書目録・聖制部》 《御製詩文》一册。天順元年至成化十年。《御製詩文》後附《寶文圖書》、《春對酒帘》諸作。

黄虞稷《千頃堂書目・别集類》 《英宗睿皇帝御製詩文》一卷。

御製賦歌

高儒《百川書志・聖朝詩集》 《御製賦歌》一卷。天順四年御製《峴山漢水賦》、《襄陽四景歌》。

辟雍稿

高儒《百川書志・集・國朝》 《辟雍稿》一卷。國子祭酒襄東邢讓遜之著。

黄虞稷《千頃堂書目・别集類》 邢讓《辟雍稿》一卷。字遜之，襄陵人，禮部右侍郎。

野菴文集

徐𤊹《徐氏家藏書目・别集類》 吴宣《野菴先生集》十六卷。字師尼，崇仁人。景泰癸酉鄉舉，官鎮遠太守。

黄虞稷《千頃堂書目・别集類》 吴宣《野庵先生集》十六卷。字師尼，崇仁人，順慶知府。

《明史・藝文志・别集類》 吴宣《野菴集》十六卷。

《四庫提要・别集類存目二》《野菴文集》十卷。江西巡撫採進本。明吴宣撰。宣字師尼，野菴其别號也，崇仁人。景泰癸酉舉人，授左軍督府經歷，坐劾長官不法繫獄，十年始得釋。改中府，陞鎮遠府知府，道病卒。其文落落有氣，而格律未嚴。是集乃其門人王君謨等所編，未經刊行，其玄孫道南復訂正藏於家。前有道南《自述顛末》一篇。

紀行集

黄虞稷《千頃堂書目・别集類》許端宏《紀行集》。名恢，以字行，天台人。

詠道集

黄虞稷《千頃堂書目・别集類》許端宏《詠道集》。

羊城續集

黄虞稷《千頃堂書目・别集類》許端宏《羊城續集》。

滄洲漁隱録

黄虞稷《千頃堂書目・别集類》安塞宣靖王秩炅《滄洲漁隱録》六卷。

樗齋隨筆

黄虞稷《千頃堂書目・别集類》安塞宣靖王秩炅《樗齋隨筆》二十卷。慶藩。

凝香稿

黄虞稷《千頃堂書目・别集類》姜璉《凝香稿》。字廷器，蘭谿人，永平知府。

詠史詩

黄虞稷《千頃堂書目・别集類》姜璉《詠史詩》。

椒丘文集　外集

王圻《續文獻通考・經籍考・集下》《椒丘稿》。廣昌何喬新著。字廷秀，文淵子。登景泰甲戌進士，刑部尚書。

徐𤊹《徐氏家藏書目・别集類》何喬新《椒丘集》三十四卷。字廷秀，文淵之子。景泰甲戌進士，累官刑部尚書。卒年七十六，謚文肅。

黄虞稷《千頃堂書目・别集類》何喬新《椒丘文集》三十二卷，《外集》一卷。字廷秀，廣昌人。刑部尚書，贈太子少傅，謚文肅。

《明史・藝文志・别集類》《何喬新文集》三十二卷。

《四庫提要・别集類二三》《椒丘文集》四十四卷。兩江總督採進本。明何喬新撰。喬新有《周禮集注》，已著録。

卑牧吟稿

高儒《百川書志・集・國朝》《卑牧吟稿》六卷。錫山封君卑牧先生秦霖潤亭撰。

石田詩集

高儒《百川書志・集・國朝》《石田稿》二卷。《沈詩補遺》一卷。石田沈周啓南著。長洲人。

范邦甸等《天一閣書目・別集類》《沈石田詩稿》三卷。刊本。明長洲布衣沈周著。弘治壬戌蘇撫安城彭禮彦命有司删訂其詩付梓。

徐𤊹《徐氏家藏書目・別集類》沈周《石田集》三卷。字啓南，號石田，長洲人。弘治中布衣。

黄虞稷《千頃堂書目・別集類》沈周《石田詩集》三卷。字啓南，長洲人。景泰中郡守，以賢良應詔，辭不赴。

石田畫詩

高儒《百川書志・別集》《石田畫詩》一卷。皇明長洲沈周啓南，詩畫馳名，凡作畫必題一詩，尤善書，人稱三絶。此其門人盛德霑所録者，共分四景，止七言絶二百七十餘首。

石田詩選

范邦甸等《天一閣書目・別集類》《石田詩選》十卷。刊本。明沈周著，華珵編選。弘治庚申吴寬序云：桐城沈氏自綎菴徵士，已有詩名于江南。二子貞吉、恒吉繼之，至吾友啓南名大播，不特江之南也。其子鴻雲欲得予序其《石田稿》。啓南詩餘發爲圖繪，妙逼古人，或謂揜其詩名，而卒不能揜也。

《四庫提要・別集類二三》《石田詩選》十卷。兩江總督採進本。明沈周撰。周有《石田雜記》，已著録。此集不標體製，不譜年月，但分天文、時令等三十一類，蓋方宋人分類杜詩之例。據慈谿張鈇跋，蓋其友光禄寺署丞華汝德所編也。【略】集前有吴寬序，稱其詩餘發爲圖繪，妙逼古人。核實而論，周固以畫之餘事溢而爲詩，非以詩之餘事溢而爲畫。寬序其詩，故主詩而賓畫耳。又有李東陽後序，東陽與周不相識，時已爲大學士，與周勢分懸隔，以吴寬嘗以寫本示之，重其爲人，故越三十年後又補爲作之。然二序皆爲全集而作，華汝德刊此選本時，仍而録之，非序此本者也。

石田詩鈔

黄虞稷《千頃堂書目・別集類》沈周《畊石齋石田詩鈔》十卷。錢謙益編。

《明史・藝文志・別集類》沈周《石田詩鈔》十卷。

耕石齋石田集

《四庫提要・別集類存目二》《耕石齋石田集》九卷。兩江總督採進本。明沈周撰。周有《石田雜記》，已著録。是集乃瞿式耜所删定，凡詩八卷、文一卷。其詩與華汝德本互有出入，文則華本所未收。然周詩猶以天趣勝，文則更非所長，徒爲贅疣矣。

僦寮集

《四庫提要・別集類存目五》《僦寮集》一卷。浙江巡撫採進本。舊本題古杭月堂宗賢撰，不著時代。考之《志乘》，亦不載其名氏。據其題名，似乎衲子。故所與唱和者亦衲子爲多。集中有《和沈石田鵲橋仙詞》，知爲正、嘉間人也。詩筆清曠，頗近自然。特邊幅少狹，不免傷於寒瘦。

辣齋集

黄虞稷《千頃堂書目・別集類》王徽《辣齋集》。字尚文，江浦人，南京陝西參議。

引笑集

黄虞稷《千頃堂書目・別集類》 王徽《引笑集》。

定軒集

范邦甸等《天一閣書目・別集類》 《定軒集》十六卷。鈔本。明黄孔昭撰。前五卷皆詩，六卷爲《唐縣稿》，七卷爲《江西湖北稿》，八卷爲《鄧州稿》，九卷爲《池州稿》，以下皆文稿，其十六卷則附載御祭文及各官祭文并誌狀輓章序文暨哀詞等篇。

王圻《續文獻通考・經籍考・集下》 《定軒集》。黄孔昭著。

定軒存稿

黄虞稷《千頃堂書目・別集類》 黄孔昭《定軒存稿》。字世顯，黄巖人。南京刑部右侍郎，贈禮部尚書，謚文毅。

赤城録詩集

王圻《續文獻通考・經籍考・集下》 黄孔昭《赤城録詩集》。

黄孔昭詩選

黄虞稷《千頃堂書目・別集類》 黄克晦《黄孔昭詩選》。惠安人。《金陵游稿》則張仲立刊之，《西山倡和編》則李于鱗所定也，《今臺詩》則林登卿所鐫也。

名相贊

高儒《百川書志・別集》 《名相贊》三卷。皇明兵部尚書澄江居士尹直正言著。漢唐宋賢相八十七人，摭事跡，成讚詞，邪佞不與焉。

澄江集　別集　續集

范邦甸等《天一閣書目・別集類》 《尹澄江集》二十五卷。刊本。明尹直撰。弘治七年門生新安程敏政序稱：太子少保兵部尚書兼翰林院學士盧江澄江先生尹公，還政退居其邑之澄江之上。門生弟子相與詮次其文，號曰《澄江集》，爲二十有五卷。適進士吴君必顯亦門下士，方知泰和縣事，請而刻之。

王圻《續文獻通考・經籍考・集下》 《澄江集》、《別集》、《續集》。泰和尹直著。兵部尚書。

黄虞稷《千頃堂書目・別集類》 尹直《澄江集》二十五卷。字□□，泰和人。

《明史・藝文志・別集類》 尹直《澄江集》二十五卷。

徐文靖公集

徐燉《徐氏家藏書目・別集類》 徐溥《文靖集》八卷。字時用，號謙齋，宜興人。景泰甲戌進士第二人，弘治中入内閣，謚文靖。越三十年，仲子中翰宏弼始彙刻之，門人朱希周序。

黄虞稷《千頃堂書目・別集類》 徐溥《徐文靖公集》七卷。字時用，宜興人。一甲第二人，少師兼太子太師，吏部尚書，華蓋殿大學士，贈太師，謚文靖。

《明史・藝文志・別集類》 《徐溥文集》七卷。

謙齋集

黄虞稷《千頃堂書目・别集類》 徐溥《謙齋集》□卷。

謙齋文録

黄虞稷《千頃堂書目・别集類》 徐溥《謙齋文録》四卷。

《四庫提要・别集類二三》 《謙齋文録》四卷。江蘇巡撫採進本。明徐溥撰。溥字時用，宜興人。景泰甲戌進士，官至華蓋殿大學士，謚文靖。

鳴盛録

黄虞稷《千頃堂書目・别集類》 孫賢《鳴盛録》三卷。字□□，杞縣人。一甲第一人，太常寺卿，兼侍講學士，贈禮部左侍郎，謚襄敏。

南谷稿

黄虞稷《千頃堂書目・别集類》 黄隆《南谷稿》。字自立，鄞縣人。

竹莊集

黄虞稷《千頃堂書目・别集類》 章瑄《竹莊集》四十卷。字用輝，會稽人，遼東行太僕寺少卿。

《明史・藝文志・别集類》 章瑄《竹莊集》四十卷。

柳庵集

黄虞稷《千頃堂書目・别集類》 伍方《柳庵集》十八卷。字公矩，嘉興人。武岡知州，謫戍柳州。

竹泉文集

黄虞稷《千頃堂書目・别集類》 易貴《竹泉文集》十五卷。字天爵，貴州宣慰司人，辰州知府。

《明史・藝文志・别集類》 《易貴文集》十五卷。

李昂文集

黄虞稷《千頃堂書目・别集類》 《李昂文集》四卷。字文舉，仁和人。總督漕運，右副都御史。

謙齋稿

黄虞稷《千頃堂書目・别集類》 嚴端《謙齋稿》。字克正，鄞縣人。

恒庵稿

黄虞稷《千頃堂書目・别集類》 何琮《恒庵稿》。字文璧，仁和人。

楚游稿

黄虞稷《千頃堂書目·别集類》 杜庠《楚游稿》。字公序，長洲人，攸縣知縣。

江浙歌風集

黄虞稷《千頃堂書目·别集類》 杜庠《江浙歌風集》。

冰壑先生遺稿

黄虞稷《千頃堂書目·别集類》 潘亨《冰壑先生遺稿》。字從禮，山陽人，同知武昌府事。

雙槐集

黄虞稷《千頃堂書目·别集類》 黄瑜《雙槐集》。字廷美，香山人。黄佐祖。長樂知縣。

井天集

黄虞稷《千頃堂書目·别集類》 俞繪《井天集》。字本素，上虞人。

紀行集

黄虞稷《千頃堂書目·别集類》 朱裡《紀行集》一卷。字元肅，會稽人。國子監學録，嘗典福建、雲南試事。

容庵稿

黄虞稷《千頃堂書目·别集類》 李旻《容庵稿》。字景暘，上元人。雲南按察僉事。

石翁浄稿

高儒《百川書志·集·國朝》 《石翁浄稿》二卷。翰林檢討廣東番禺陳獻章著。

石翁浄稿

高儒《百川書志·集·國朝》 《石翁浄稿》七卷。翰林檢討番禺陳獻章著。起成化甲午，至弘治辛亥，十八年之作也。

白沙先生詩集

高儒《百川書志·集·國朝》 《白沙詩近稿》十卷。陳獻章著。起成化甲辰，盡弘治乙卯，十二載所作。前此二稿，非一手所編，故年次不同耳。

范邦甸等《天一閣書目・別集類》《白沙先生詩集》十卷。刊本。明古岡陳獻章公甫著，弘治甲子知望江縣事郡人沈灝重刊。丙辰門人嘉魚李承箕序。

陳獻章詩

高儒《百川書志・集・國朝》《陳獻章詩》一卷。

白沙詩教解　附詩教外解

范邦甸等《天一閣書目・別集類》《白沙詩教解》十五卷。麗澤書院刊本。明陳獻章著，門人湛若水輯解。隆慶改元丁卯長洲王庭序。【略】隆慶改元吴郡顧存仁序，東吴王問臣序，嘉靖四年湛若水序，沈庭訓重寫，又自序一篇。周恭先書字，海岱李尚重刊，隆慶丁卯并識，姑蘇管志道跋。

王圻《續文獻通考・經籍考・集下》《白沙詩教》。陳獻章著。

《四庫提要・別集類存目二》《白沙詩教解》十卷，附《詩教外傳》五卷。安徽巡撫採進本。明陳獻章撰，湛若水注。獻章有《白沙集》，若水有《二禮經傳測》，皆已著録。《白沙詩教》凡一百六十六篇，皆闡發性理之作。《詩教外傳》則皆獻章語録之類，足與詩相發明者。若水以類排纂，各爲之標目。獻章於詩家爲別調，不妨存備一格。若水務尊師説，必以爲風雅正宗，至別撰此書以行。言之似乎成理，而實則不然。王士禎《居易録》曰：「如欲講學，何不竟作語録？」可謂要言不煩矣。

白沙集

王世貞《讀書後》卷四《書陳白沙集後》。

王圻《續文獻通考・經籍考・集下》《陳白沙集》。新會陳獻章著。翰林檢討。

徐𤊹《徐氏家藏書目・別集類》陳獻章《白沙先生集》二十一卷。字公甫，一號石齋，南海人。成化中鄉舉，授翰林檢討，辭歸，從祀孔子廟庭。

黃虞稷《千頃堂書目・別集類》陳獻章《白沙文集》二十二卷。字公甫，新會人。用薦授翰林檢討，卒謚文恭，從祀孔廟。

《明史・藝文志・別集類》《陳獻章文集》二十二卷。

《四庫提要・別集類二三》《白沙集》九卷。江西巡撫採進本。明陳獻章撰。獻章字公甫，新會人。正統丁卯舉人，以薦授翰林院檢討，追謚文恭。事蹟具《明史・儒林傳》。是集爲其門人湛若水校定，萬曆間何熊祥重刊之。凡文四卷，詩五卷，行狀、誌、表附於後。

白沙全集

張萱等《内閣藏書目録・集部》《白沙全集》十册。正德間檢討南海陳獻章著。

白沙子

黃虞稷《千頃堂書目・別集類》陳獻章《白沙子》八卷。

《明史・藝文志・別集類》陳獻章《白沙子》八卷。

白沙遺編

黃虞稷《千頃堂書目・別集類》陳獻章《白沙遺編》六卷。

《明史・藝文志・別集類》《陳獻章遺編》六卷。

白沙文編

王圻《續文獻通考・經籍考・集下》《白沙文編》。新會陳獻章著。

黄虞稷《千頃堂書目・別集類》 陳獻章《白沙文編》六卷。楊起元編。

《明史・藝文志・別集類》 楊起元《文編》六卷。

梅坡集

黄虞稷《千頃堂書目・別集類》 劉璋《梅坡集》。字廷信，南平人。太子少保，工部尚書。

茆山穢稿

黄虞稷《千頃堂書目・別集類》 繆恭《茆山穢稿》。字思敬，浙江太平人。弘治初上疏，請擇宗室賢者封之以嗣懿文太子，後格不得上而罷。

大明一統賦　明一統賦補

高儒《百川書志・別集》 《大明一統賦》三卷。南京國子學正吴江鱸鄉莫旦景周著。一統天下，事物巨細該載，包括無遺，注目更加詳備。雖非班馬之才，度越京都之志。

王圻《續文獻通考・經籍考・集下》 《大明一統賦》。吴莫旦撰。

黄虞稷《千頃堂書目・騷賦類》 莫旦《明一統賦補》四卷。字景周，吴江人。成化乙酉舉人，南京國子監學正。別有《鱸鄉集》。

晉陽稿

黄虞稷《千頃堂書目・別集類》 金文《晉陽稿》。與弟忠倡和二集。字尚德，麗水人，開封知府。

讞獄餘興

黄虞稷《千頃堂書目・別集類》 金文《讞獄餘興》二卷。

履素閒吟

黄虞稷《千頃堂書目・別集類》 金文《履素閒吟》。

東遊稿

黄虞稷《千頃堂書目・別集類》 金文《東遊稿》。

鏡潭新詠

黄虞稷《千頃堂書目・別集類》 金文《鏡潭新詠》。

壎篪和聲

黄虞稷《千頃堂書目・別集類》 金文《壎篪和聲》。

聽鶴軒詩集

黄虞稷《千頃堂書目・別集類》 郭紀《聽鶴軒詩集》。字□□，大同縣人。正統

丁卯解元，江西左布政使。

吟窗涉趣

黃虞稷《千頃堂書目・别集類》 陸昂《吟窗涉趣》。字元偁，錢塘人。少游劉菊莊之門。

窺豹録

黃虞稷《千頃堂書目・别集類》 陸昂《窺豹録》。

玉崖子集

黃虞稷《千頃堂書目・别集類》 陳延齡《玉崖子集》。初名壽，字昌年，嘉興人，景泰中郡掾史。一作《松雲集》。

陳德懿詩

黃虞稷《千頃堂書目・别集類》 都御史李昂妻陳氏《遺稿》四卷。字懿德，長興人。徙仁和，南康知府敏政女。

《明史・藝文志・别集類》 《陳德懿詩》四卷。

東皋集

黃虞稷《千頃堂書目・别集類》 楊森《東皋集》。字用材，嘉興人。

東谷集

《明史・藝文志・别集類》 湯胤勣《東谷集》十卷。

東谷遺稿

黃虞稷《千頃堂書目・别集類》 楊胤績《東谷遺稿》十三卷。字公讓，東甌襄武王曾孫。授錦衣百户，轉千户。景泰中命通問上皇歸，進指揮僉事。成化初以參將守延綏戰没。會昌侯孫繼宗序。胤績所著有《五雲清唱》、《風雅遺音》、《蛙池鼓吹》、《六體香匳》諸集，皆佚。

五雲清唱

黃虞稷《千頃堂書目・别集類》 楊胤績《五雲清唱》，佚。

風雅遺音

黃虞稷《千頃堂書目・别集類》 楊胤績《風雅遺音》，佚。

蛙池鼓吹

黃虞稷《千頃堂書目・别集類》 楊胤績《蛙池鼓吹》，佚。

六體香匲

黄虞稷《千頃堂書目・别集類》 楊胤績《六體香匲》，佚。

篔籟集

黄虞稷《千頃堂書目・别集類》 沈愚《篔籟集》二十卷。字通理，崑山人，自號崆峒生。以詩名吴下。

吴歈集

黄虞稷《千頃堂書目・别集類》 沈愚《吴歈集》五卷。

鳴珂集　漱芳集

黄虞稷《千頃堂書目・别集類》 鄒亮《鳴珂》、《漱芳》等集二十卷。字克明，長洲人。正統初用郡守況鍾薦，授吏部司務，遷南京監察御史。

大媿稿

黄虞稷《千頃堂書目・别集類》 王淮《大媿稿》。字伯原，慈谿人。

茗芋集

黄虞稷《千頃堂書目・别集類》 王貞慶《茗芋集》。字維善，一字善甫，定遠人。駙馬都尉永春侯寧之子。自劉溥以下，稱「景泰十才子」，而蘇直不與焉，或又以晏鐸亦在其列。

竹深堂詩集

黄虞稷《千頃堂書目・别集類》 錢洪《竹深堂詩集》四卷。字理平，常熟人。與景泰十才子同時。

《明史・藝文志・别集類》 《錢洪詩集》四卷。

鶴溪集

黄虞稷《千頃堂書目・别集類》 桑琳《鶴溪集》二十卷。字廷貴，太倉人，桑悦父。

《明史・藝文志・别集類》 桑琳《鶴溪集》二十卷。

適楚録

黄虞稷《千頃堂書目・别集類》 陳頤《適楚録》。字永之，長洲人。景泰間薦授陽武訓導。

游梁録

黄虞稷《千頃堂書目・别集類》 陳頤《游梁録》。

陽巖集

黄虞稷《千頃堂書目·别集類》 江汜《陽巖集》。字孟復，奉化人。

澹齋稿

黄虞稷《千頃堂書目·别集類》 周敬《澹齋稿》。字尚敬，海寧人。

王城山人稿

黄虞稷《千頃堂書目·别集類》 謝績《王城山人稿》。字世懋，黄巖人，省之兄。

效顰集

黄虞稷《千頃堂書目·别集類》 王由《效顰集》。字秉璠，毓子。

宜休居士集

黄虞稷《千頃堂書目·别集類》 葉衡《宜休居士集》。字廷衡，平陽人。

登雲稿

黄虞稷《千頃堂書目·别集類》 薛伯順《登雲稿》。上虞人。

甲子録

黄虞稷《千頃堂書目·别集類》 葉獻《甲子録》一卷。青田人。

冰蘗集

黄虞稷《千頃堂書目·别集類》 葉獻《冰蘗集》一卷。

貞白野語

黄虞稷《千頃堂書目·别集類》 劉處黯《貞白野語》。青田人。

丹崖集

黄虞稷《千頃堂書目·别集類》 葉瑰《丹崖集》。青田人。

尋樂集

黄虞稷《千頃堂書目·别集類》 劉祥《尋樂集》。青田人。

孫西川詩

徐𤊹《徐氏家藏書目·别集類》 《孫西川詩》一卷。名、字，集中俱不載，乃

吳人，與沈周同時。

復齋遺稿

黄虞稷《千頃堂書目・別集類》 趙德相《復齋遺稿》。字文弼，一字汝弼，歙縣人。

北山文集

黄虞稷《千頃堂書目・別集類》 戎洵《北山文集》。字君實，鄞縣人。

草堂詩録

黄虞稷《千頃堂書目・別集類》 戎洵《草堂詩録》。

清客窓留

徐𤊹《徐氏家藏書目・別集類》 王路《清客窓留》一卷。字仲遵，平湖人。

桂華詩集

黄虞稷《千頃堂書目・別集類》 安福郡主《桂華詩集》一卷。寧靖王奠培長女，嫁宣聖五十八世孫孔景文，天順元年封主，工草書。

《明史・藝文志・別集類》 安福郡主《桂華詩集》一卷。

彭惠安公文集

王圻《續文獻通考・經籍考・集下》 《彭從吾集》。莆田彭韶著。

張萱等《内閣藏書目録・集部》 《彭惠安先生文集》二册。正德閒大司寇彭韶著。

黄虞稷《千頃堂書目・別集類》 彭韶《惠安文集》十一卷。字鳳儀，莆田人。刑部尚書，贈太子少保，謚惠安。

《明史・藝文志・別集類》 彭韶《文集》十二卷。

《四庫提要・別集類存目二》 《別本彭惠安公文集》七卷，附録一卷。兩江總督採進本。 明彭韶撰。韶有《政訓》，已著録。所著詩文名《從吾滯稿》，已散佚不存。是集乃御史陳時周所重編，已多所刊削，非盡精要。附録一卷，則楊守陳、陳獻章等贈言及府志傳論也。

彭惠安集

王圻《續文獻通考・經籍考・集下》 《從吾滯稿》。彭惠安著。

黄虞稷《千頃堂書目・別集類》 彭韶《從吾浄稿》八卷。

《四庫提要・別集類二三》 《彭惠安集》十卷，附録一卷。福建巡撫採進本。 明彭韶撰。韶有《政訓》，已著録。初名《從吾滯稿》，嘉靖中重刊，乃改題此名。然據鄭岳原序，已有遺稿散佚之語，則似已非其舊本，故所收詩僅十餘首。如《明詩綜》載其《臨江詞》一篇，指斥東里，慷慨激烈，足起頑懦，而此集不載。又《莆風清籟集》載其詩十五首，亦半從他書録入。是掇拾散亡，尚多未盡，特賴此一編，幸不至於全佚，是則校刊者之功耳。

東谷文集

黄虞稷《千頃堂書目・別集類》 徐瓊《東谷文集》。字時庸，金谿人，一甲第

二人。

桂坡集

黄虞稷《千頃堂書目・别集類》 左贊《桂坡文集》三十卷。字時翊，南城人，廣東右布政使。

《四庫提要・别集類存目二》 《桂坡集》十五卷。浙江汪汝瑮家藏本。 明左贊撰。贊字時翊，南城人。天順丁丑進士，官至廣東布政使。是編凡《前集》五卷、《後集》八卷，皆詩賦雜文，而以所作方外諸篇别爲一卷，附於末，蓋用楊傑《無爲集》例。至於《樂府》一卷之中，如《關山月》、《楊白華》之類，皆古題，而忽以詞曲續其後，則從來無此體例。殆以宋人詞曲亦標樂府之名，故合爲一。不知源流遞變，格律各殊，不可以宋之樂府竟當古樂府也。贊嘗删定《李覯集》，蓋亦頗留心詩古文者。然所作質朴而不能健，清淺而不能腴，其於古格，僅僅具體云爾。

桂坡遇録

黄虞稷《千頃堂書目・别集類》 左贊《桂坡遇録》一卷。

梅花百詠

黄虞稷《千頃堂書目・别集類》 左贊《梅花百詠》一卷。

日損齋稿

王圻《續文獻通考・經籍考・集下》 《日損齋稿》五十三卷。《筆記》一卷。義烏黄縉晉卿著。

漸齋稿

黄虞稷《千頃堂書目・别集類》 胡謐《漸齋稿》。字廷慎，會稽人，癸酉解元。

餘力集

徐𤊹《徐氏家藏書目・别集類》 徐貫《餘力集》十二卷。字原一，淳安人。天順丁丑進士，累官工部尚書，謚康懿。

黄虞稷《千頃堂書目・别集類》 徐貫《餘力稿》十二卷。字原一，淳安人。太子太保，工部尚書，贈少保，謚康懿。

《明史・藝文志・别集類》 徐貫《餘力集》十二卷。

《四庫提要・别集類存目二》 《餘力稿》十二卷。副都御史黄登賢家藏本。 明徐貫撰。貫字元一，淳安人。天順丁丑進士，官至工部尚書，謚康懿。是集乃貫所自定，前有弘治己未自序。其子頤初刊於舒城，間有遺佚。嘉靖壬子，其次子健倅歸州時，復增訂梓行。詩文皆平實，然大半應酬之作也。

諫草

黄虞稷《千頃堂書目・别集類》 黄篪《諫草》。字仲和，南海人，工科給事中。

吟草

黄虞稷《千頃堂書目・别集類》 黄篪《吟草》。

閑情集

王圻《續文獻通考・經籍考・集下》《閑情集》。户部侍郎程萬里著。華容人。

黄虞稷《千頃堂書目・别集類》 程萬里《閑情集》。字道遠，華容人，禮部右侍郎。

静齋稿

黄虞稷《千頃堂書目・别集類》 何衷《静齋稿》。字惟孝，新淦人，南京大理寺右寺丞。

樸庵稿

黄虞稷《千頃堂書目・别集類》 范純《樸庵稿》。字誠夫，嘉定人，四川兵備副使。

華略直義軒稿

黄虞稷《千頃堂書目・别集類》 程廣英《華略直義軒稿》。字克勤，婺源人，南京户部主事。

暨陽遺稿

黄虞稷《千頃堂書目・别集類》 徐晞《暨陽遺稿》。字孟晞，江陰人，永樂中由縣功曹累官至兵部尚書。

耻菴集

黄虞稷《千頃堂書目・别集類》 陳煒《耻齋集》十一卷。字文耀，閩縣人。叔剛子，浙江布政使。

《四庫提要・别集類存目二》《耻菴集》十卷。浙江汪汝瑮家藏本。明陳煒撰。煒字文曜，别號耻菴，閩縣人。天順庚辰進士，官至浙江左布政使。煒風裁峻整，爲御史時劾罷錦衣指揮門達。在江西平反疑獄，爲民興利除弊，具有實績。詩文非所注意。是集乃正德初其從子墀爲東莞知縣時所刊，嘉靖中其孫全之復補輯之，而以贊輓諸詩附於其末。

青崖稿

黄虞稷《千頃堂書目・别集類》 耿裕《青崖稿》。字好問，盧氏人。尚書九疇子。太子太保，吏部尚書，贈太保，謚文恪。

澹庵稿

黄虞稷《千頃堂書目・别集類》 耿裕《澹庵稿》。

張莊簡公集

黄虞稷《千頃堂書目・别集類》 張悦《張莊簡公集》五卷。字時敏，華亭人。

《明史・藝文志・别集類》《張悦集》五卷。

定庵集

《四庫提要·别集類存目二》《定庵集》五卷。兩淮鹽政採進本。明張悦撰。悦字時敏，華亭人。天順庚辰進士，官至南京兵部尚書，謚莊簡。事蹟具《明史》本傳。是集凡詩一卷、文四卷，大抵流易有餘，而頗乏雋永之味。

董文僖公集

黄虞稷《千頃堂書目·别集類》董越《董文僖公集》四十二卷。字尚矩，寧都人。一甲第三人，南工部尚書，贈太子少保，謚文僖。

《明史·藝文志·别集類》《董越文集》四十二卷。

使東日録

高儒《百川書志·集·國朝》《使東日録》一卷。大司空圭峰董越尚矩，弘治改元，以春坊庶子充頒正朔使之朝鮮作也。附文四篇。

《四庫提要·别集類存目二》《使東日録》一卷。浙江巡撫採進本。明董越撰。越有《朝鮮賦》，已著録。是集乃弘治元年越爲朝鮮頒詔正使途中紀行之詩。考越奉使時官庶子，而刻本首行結銜乃作儒林郎大理寺。「寺」字以下刊版刓滅，不可辨其姓名，疑或校刊者所題歟。

朝鮮賦

黄虞稷《千頃堂書目·騷賦類》董越《朝鮮賦》一卷。

翠渠續稿

范邦甸等《天一閣書目·總集類》《翠渠續稿》一册。烏絲闌鈔本。明周瑛撰。

翠渠摘稿

黄虞稷《千頃堂書目·别集類》周瑛《翠渠摘稿》七卷。字梁石，莆田人，四川右布政使。

《明史·藝文志·别集類》周瑛《翠渠摘稿》七卷。

《四庫提要·别集類二四》《翠渠摘稿》七卷《補遺》一卷。福建巡撫採進本。明周瑛撰。瑛有《書纂》，已著録。所著詩文集曰《翠渠類稿》。此本乃其門人林近龍所選録，故曰《摘稿》。【略】末附説三篇、序一篇、詩十八首，共爲一卷。乃康熙戊子其七世孫維鑣於家乘中鈔出，以補《摘稿》所遺者。然冠以鄭岳所撰傳，其八世孫成又於雍正壬子求得瑛自撰誌銘，補録於後，又列於題跋之中，均乖編次之體。

閔莊懿集

黄虞稷《千頃堂書目·别集類》閔珪《閔莊懿公集》十卷。字朝英，烏程人。少保兼太子太保，刑部尚書，贈太保。謚莊懿。

《明史·藝文志·别集類》《閔珪文集》十卷。

《四庫提要·别集類存目二》《閔莊懿集》八卷。浙江巡撫採進本。明閔珪撰。珪字朝英，烏程人。天順甲申進士，官至南京刑部尚書，左都御史。事蹟具《明史》本傳。是編乃其詩集。集中七言律詩多至六卷，大抵皆酬贈之作。蓋珪老成持重，治獄平允，爲當代名臣，後以不阿劉瑾告歸。其立身自有本末，吟詠則非所留意云。

東陵文集

黃虞稷《千頃堂書目・別集類》 丁川《東陵文集》。字大容，新昌人。巡撫延綏，都御史。

一峰集

高儒《百川書志・集・國朝》 《一峰文集》十卷。翰林修撰羅倫著。

范邦甸等《天一閣書目・別集類》 《羅一峰先生文集》十四卷。刊本。明永豐羅倫著。有弘治癸丑石齋陳獻章所撰《一峰先生傳》，正德十六年有詔制并像贊，嘉靖己酉羅洪先、聶豹俱有序。

王圻《續文獻通考・經籍考・集下》 《羅一峰集》。永豐羅倫著，官修撰。

徐𤊹《徐氏家藏書目・別集類》 羅倫《一峰文集》十四卷。字彝正，永豐人。成化丙戌狀元，官翰林院修撰，以諫謫福建提舉。卒年四十八，謚文毅。一字應魁。

黃虞稷《千頃堂書目・別集類》 羅倫《一峰集》十卷。

《明史・藝文志・別集類》 羅倫《一峰集》十卷。

《四庫提要・別集類二四》 《一峰集》十卷。浙江汪汝瑮家藏本。明羅倫撰。倫字彝正，別號一峰，江西永豐人。成化丙戌進士第一，授修撰。釋褐甫三月，以疏劾大學士李賢，謫泉州市舶副提舉。明年詔還，復原官，改南京供職。尋以疾辭歸，退居金牛山，授徒講學以終。【略】後載《夢稿》二卷，記夢之詞至三百餘首，隱約幻渺，幾莫測其用意所在，亦文集中罕見之體。以其人足重，故得附本集以傳，今亦姑仍舊本録之焉。

一峰詩

高儒《百川書志・集・國朝》 《一峰詩》。翰林修撰羅倫著。

思庵集

黃虞稷《千頃堂書目・別集類》 俞欽《思庵集》二十卷。字振恭，新昌人。

抑齋存稿

黃虞稷《千頃堂書目・別集類》 林克賢《抑齋存稿》。字一中，黃巖人，官福建僉事。

李氏遺集

黃虞稷《千頃堂書目・別集類》 李應禎《李氏遺集》四卷。名甡，以字行，更字貞伯，長洲人。仕至南京太僕寺少卿。

南行録

高儒《百川書志・集・國朝》 《南行録》四卷。

高儒《百川書志・集・國朝》 《南行録》四卷。

還山稿

黃虞稷《千頃堂書目・別集類》 吾昪《還山稿》。字景瑞，開化人。

三留稿

黄虞稷《千頃堂書目・别集類》 王佐《三留稿》。字廷用，福州衛籍。官訓導。以子鼎貴，封都御史。

竹軒集

黄虞稷《千頃堂書目・别集類》 諸倫《竹軒集》。字孟彝，桐廬人。

樗散稿

黄虞稷《千頃堂書目・别集類》 陳紀《樗散稿》。字德廉，臨海人。

孝友堂遺稿

黄虞稷《千頃堂書目・别集類》 張濬《孝友堂遺稿》一卷。字哲之，閩縣人，饒平令。

仕優稿

黄虞稷《千頃堂書目・别集類》 汪溥《仕優稿》。字源學，績溪人，廣西按察副使。

槐瀨集

黄虞稷《千頃堂書目・别集類》 程孟《槐瀨集》。字文實，歙縣人。

海釣遺風

徐𤊹《徐氏家藏書目・别集類》 蕭顯《海釣遺風》四卷。字文明，號履菴，山海衛籍，江西龍泉人。成化壬辰進士，官兵科給事中，爲權幸所嫉，遷鎮寧州同知，擢福建按察僉事。卒年七十六。

黄虞稷《千頃堂書目・别集類》 蕭顯《海釣遺風》四卷。字文明，山海關人，福建按察司僉事。

鎮寧行稿

黄虞稷《千頃堂書目・别集類》 蕭顯《鎮寧行稿》。

歸田録

黄虞稷《千頃堂書目・别集類》 蕭顯《歸田録》。

坦拙稿

黄虞稷《千頃堂書目・别集類》 李昊《坦拙稿》十卷。字志遠，上元人，籍崑山。翰林院檢討，改禮科給事中，歷廣西太平知府。

謫居集

黄虞稷《千頃堂書目・别集類》 李昊《謫居集》四卷。

甕天稿

黄虞稷《千頃堂書目・别集類》 金忠《甕天稿》三卷。雲和人，南京道御史。字尚文。

東甌童子吟稿

黄虞稷《千頃堂書目・别集類》 金忠《東甌童子吟稿》三卷。

筠清軒集

黄虞稷《千頃堂書目・别集類》 蔣琬《筠清軒集》十卷。字□□，□□人。太保兼太子太保，定西侯，追封涼國公，謚襄毅。

《明史・藝文志・别集類》 《蔣琬文集》十卷。

雜　文

黄虞稷《千頃堂書目・别集類》 蔣琬《雜文》一卷。

彭文思集

王圻《續文獻通考・經籍考・集下》 《文思集》。禮部尚書彭華著。安福人。

徐𤊹《徐氏家藏書目・别集類》 彭華《文思集》四卷。字彦實，號素菴，安福人。景泰甲戌會元，禮部尚書。卒年六十五。

《四庫提要・别集類存目二》 《彭文思集》六卷。江西巡撫採進本。明彭華撰。華字彦實，安福人。景泰甲戌進士。官至吏部侍郎，入内閣，逾年以風疾去，卒謚文思。事蹟附見《明史・萬安傳》。所著有《素菴集》九卷，李東陽序稱其文嚴整峭潔，力追古作者。今未見傳本。此本爲其六世孫篤福所編，視原集僅十之三矣。

彭華文集

黄虞稷《千頃堂書目・别集類》 彭華《彭文思公素庵集》十卷。字彦實，安福人。禮部尚書，直内閣，謚文思。

《明史・藝文志・别集類》 《彭華文集》十卷。

寅軒稿

黄虞稷《千頃堂書目・别集類》 汪諧《寅軒稿》。字伯諧，仁和人。

慕庵稿

黄虞稷《千頃堂書目・别集類》 邵琮《慕庵稿》。字叔璋，仁和人。

存齋稿

黃虞稷《千頃堂書目・別集類》 陳相《存齋稿》。字廷輔，金華人。

雙溪獨晤

黃虞稷《千頃堂書目・別集類》 陳相《雙溪獨晤》。

休齋集

黃虞稷《千頃堂書目・別集類》 沈鍾《休齋集》一卷。字仲律，上元籍，長洲人。按察司副使，提督湖廣、山東、山西學政。在郎署時，與羅倫、章懋、黃仲昭、莊昶、周孟中、林孟和、支玄、項麒、陳壯稱「十君子」。

晉陽稿

黃虞稷《千頃堂書目・別集類》 沈鍾《晉陽稿》一卷。

草堂集

黃虞稷《千頃堂書目・別集類》 丘霽《草堂集》。字時雍，鄱陽人，蘇州知府。

友竹集

黃虞稷《千頃堂書目・別集類》 陳維裕《友竹集》四卷。字饒初，福州長樂人。陳航孫。監察御史。

休亭稿

黃虞稷《千頃堂書目・別集類》 南劍《休亭稿》十卷。字希古，渭南人，河南布政司參議。

萬松遺稿

黃虞稷《千頃堂書目・別集類》 饒欽《萬松遺稿》。字克恭，祁門人，雲南澂江知府。孫棨編。

冰玉集

王圻《續文獻通考・經籍考・集下》 《冰玉集》。祭酒羅璟著，泰和人。

北上稿

黃虞稷《千頃堂書目・別集類》 羅璟《北上稿》一卷。字□□，泰和人。一甲第三人，南京國子監祭酒。

南岡吟稿

黄虞稷《千頃堂書目・别集類》 李孟暘《南岡吟稿》三卷。字□□，睢州人。

凝齋稿

黄虞稷《千頃堂書目・别集類》 瀋安王詮鉌《凝齋稿》。莊王幼㙉庶次子，簡王模曾孫，高皇帝玄孫。成化十九年初封靈川王，正德四年薨，謚榮懿。後以長孫憲王胤移嗣封，更謚安。

管天稿

黄虞稷《千頃堂書目・别集類》 程充《管天稿》。字用光，休寧人。

齊山文集

黄虞稷《千頃堂書目・别集類》 王汶《齊山文集》。字允達，義烏人，褘曾孫，中書舍人。

五峰遺稿

黄虞稷《千頃堂書目・别集類》 秦夔《五峰遺稿》二十四卷。字廷韶，無錫人，江西右布政使。

晦庵集

黄虞稷《千頃堂書目・别集類》 劉健《晦庵集》。字希賢，洛陽人。

蚓竅餘音

黄虞稷《千頃堂書目・别集類》 張愷《蚓竅餘音》。字元之，無錫人，福建鹽運使。

心雪稿

黄虞稷《千頃堂書目・别集類》 金紳《心雪稿》。字□□，上元人。南京刑部右侍郎，視部事。

江西巡視稿

黄虞稷《千頃堂書目・别集類》 金紳《江西巡視稿》。

敬齋集

王圻《續文獻通考・經籍考・集下》 吴居仁《敬齋集》。

徐𤊹《徐氏家藏書目・别集類》 胡居仁《敬齋集》三卷。字叔心，號敬齋，餘干人。弘治中布衣，主教白鹿洞書院，從祀孔子廟廷。

黄虞稷《千頃堂書目・别集類》 胡居仁《敬齋集》三卷。

《明史・藝文志・別集類》 胡居仁《敬齋集》三卷。

《四庫提要・別集類二四》 《胡文敬公集》三卷。副都御史黄登賢家藏本。明胡居仁撰。居仁有《易像鈔》，已著録。【略】是集乃其門人余祐網羅散失而成，雖中多少作，然近裏著已皆粹然儒者之言，不似吳與弼書動稱夢見孔子也。

居業録

王圻《續文獻通考・經籍考・集下》 《居業録》。成化中餘干處士吳居仁著。

徐㶿《徐氏家藏書目・別集類》 胡居仁《居業録》六卷。

西村集

黄虞稷《千頃堂書目・別集類》 史鑑《西村集》八卷。字明古，吳江人。

王士禛《漁洋書跋》 《史西村集》。吳江門人徐翰林電發釓寄《西村集》。集凡二十八卷，其鄉先輩史鑑明古著也。明古，成化間高士，與沈啓南齊名，而與吳原博、王濟之、李貞伯友善，爲三原端毅公所知。按集中有曾祖文質府君行狀，秖言洪武中縛貪吏詣闕事，無一語及靖難。而吳文定爲明古表墓，止云曾祖彬，亦無一語及遜國。則《致身録》之作，果不足信。然當時胡爲而有此説，遂傳千古之疑，雖博洽諳典故如虞山錢公，亦不能知也。集是陳仲醇繼儒選，初字醇儒。

《明史・藝文志・別集類》 史鑑《西村集》八卷。

《四庫提要・別集類二四》 《西村集》八卷，附録一卷。兩淮馬裕家藏本。明史鑑撰。案憲宗、孝宗時有兩史鑑，其一長洲人，弘治己未進士，見《太學題名碑》。其一吳江人，字明古，號西村，隱居不仕，即撰此集者也。【略】所著詩四卷、文四卷，嘉靖閒其孫周裒而刊之，以墓表及諸人哀挽之詩附於後。周用、盧襄各爲之序。其文究悉物情，練達時勢，多關於國計民生，而於吳中水利言之尤詳。第五卷皆明初諸人列傳，敘次簡明，疑其欲爲野史而未就也。其詩亦落落無俗韻，惟古詩不知古音，所注叶韻多謬誤。文中《祭徐有貞文》及文後跋一篇，以私恩之故，爲力辨奪門一事，未免曲筆耳。案王士禛《香祖筆記》曰「吳江門人徐翰林電發案電發乃檢討徐釓之字。寄《西村集》二十八卷，其鄉前輩史鑑明古著也。集中有曾祖文質府君行狀，案文質乃史彬之字。秖言洪武中縛貪吏詣闕事，無一語及靖難。集是陳繼儒仲醇選」云云。是鑑集本二十八卷，此本八卷，尚非完帙。然今未見繼儒所選本，故仍以此本著録，而附載其卷帙之異同，備考證焉。

巽川集

黄虞稷《千頃堂書目・別集類》 祁順《巽川集》二十卷。字致和，東莞人，江西布政使。

《明史・藝文志・別集類》 祁順《巽川集》二十卷。

《四庫提要・別集類存目二》 《巽川集》十六卷，附録一卷。浙江孫仰曾家藏本。明祁順撰。順字致和，巽川其號也，東莞人。天順庚辰進士，官至江西左布政使。其集前載有韻之文，次爲詩詞，次爲散體。末附張元正所作墓誌，賈宏所作墓表，各爲一卷。

使東稿

黄虞稷《千頃堂書目・別集類》 祁順《使東稿》十六卷。

冷庵翠渠倡和

黄虞稷《千頃堂書目・別集類》 祁順《冷庵翠渠倡和》□卷。

寶安雜詠

黄虞稷《千頃堂書目・別集類》 祁順《寶安雜詠》。

雙谿集

王圻《續文獻通考・經籍考・集下》《雙溪集》。祭酒劉震著。安福人。

黄虞稷《千頃堂書目・別集類》劉震《雙谿集》。字□□，安福人。一甲第二人，國子監祭酒。

正誼堂詩集

黄虞稷《千頃堂書目・別集類》雍泰《正誼堂詩集》六卷。字□□，咸寧人，南京户部尚書。

林文安公泉山集

黄虞稷《千頃堂書目・別集類》林瀚《林文安公泉山集》二十五卷。字亨大，閩縣人。南京吏部尚書，贈太子太保。謚文安。

《明史・藝文志・別集類》《林瀚集》二十五卷。

南山野唱集

高儒《百川書志・集・國朝》《南山野唱集》一卷。中憲大夫贊治尹知臨安府上海瞿霆啓東著。

劉一菴先生集

高儒《百川書志・集・國朝》《劉一菴先生集》三卷。浙江兵備副使劉絜清之著。山西潞之襄垣人也。

一齋存稿

高儒《百川書志・集・國朝》《一齋存稿》四卷。水部正郎東丘楊輿在前撰。凡二百一十七首。

固軒存稿

高儒《百川書志・集・國朝》《固軒存稿》一卷。雲浦齊江居士金闕奇淵撰。

時學存稿　固軒附録

高儒《百川書志・集・國朝》《時學存稿》一卷，《固軒附録》一卷。金櫛鳳〔錦〕實固軒長子也。止十七首。

學行稿

高儒《百川書志・集・國朝》《學行稿》一卷。金櫛鳳錦著。詩二十首。

竹坡律詩稿

高儒《百川書志・集・國朝》《竹坡律詩稿》四卷。縉雲高逸歉菴鄭綽世裕撰。止五七言律詩。

西查集

高儒《百川書志·集·國朝》《西查集》一卷。

北上稿

高儒《百川書志·集·國朝》《北上稿》一卷。

觀海詩集

高儒《百川書志·集·國朝》《觀海詩集》一卷。

鶴沙詩集

高儒《百川書志·集·國朝》《鶴沙詩集》二卷。長白山人濟南王子謙撰。詩三十三首，文一篇，全詩無傳。此予鈔於折月窟先生者。

吟覽詩餘

高儒《百川書志·集·國朝》《吟覽詩餘》二卷。稱李白先生，又稱章子，雖道者流，莫詳何人也。

冰崖雜録

高儒《百川書志·集·國朝》《冰崖雜録》二卷。無名氏。詩二十七首，文九首，附二首，得於殘牘。

月窟東行稿

高儒《百川書志·集·國朝》《月窟東行稿》一卷。雲中折桂天香壯游東魯之作也，凡七十三首。公予師也，詩道善鳴者著述也，逸散爲多，惟此卷成書，係公手澤，餘俟博求集之。

斯存稿

高儒《百川書志·集·國朝》《斯存稿》四卷。明鎮常孫錦尚絅撰。

斯存和梅稿

高儒《百川書志·别集》《斯存和梅稿》一卷。皇明鎮常孫錦著百律。次韻中峰也。

三峰盧氏可齋集

高儒《百川書志·集·國朝》《三峰盧氏可齋集》一卷，附録一卷。浙江秋元東陽盧楷中夫著。

高儒《百川書志・集・國朝》《可齋集》一卷。解元江淛東陽三峰盧楷中夫著。

黄虞稷《千頃堂書目・别集類》盧楷《三峰盧氏可齋集》一卷，附録一卷。字中夫，東陽人，解元。

萬山稿

黄虞稷《千頃堂書目・别集類》謝暹《萬山稿》。永嘉人。

三湘集

徐𤊹《徐氏家藏書目・别集類》薛綱《三湘集》二卷。字之綱，號未齋，山陰人。天順甲申進士，官雲南布政使。

黄虞稷《千頃堂書目・别集類》薛綱《三湘集》二卷。字之綱，浙江山陰人，雲南布政使。

榕陰蛙吹

黄虞稷《千頃堂書目・别集類》薛綱《榕陰蛙吹》。

素庵集

黄虞稷《千頃堂書目・别集類》劉時敫《素庵集》三卷。字用行，内江人，山東僉事。

崇岡集

黄虞稷《千頃堂書目・别集類》李冕《崇岡集》一卷。字□□，劍州人。陝西按察使，與周瑛講學。

頤貞集

黄虞稷《千頃堂書目・别集類》沈棨《頤貞集》。字元節，平湖人，貴州參政。

與齋稿

黄虞稷《千頃堂書目・别集類》徐志文《與齋稿》。字大華，新昌人。

橋門集

黄虞稷《千頃堂書目・别集類》余志《橋門集》。字志學，建寧人，□□知府。

秋臺集

黄虞稷《千頃堂書目・别集類》余志《秋臺集》。

竹溪集

黄虞稷《千頃堂書目・别集類》金鋹《竹溪集》。上元人，隱士。子章，成化乙未

進士，福建道御史。孫冕，弘治庚戌進士，貴州按察副使。

陸聖姬詩

黄虞稷《千頃堂書目・別集類》《陸聖姬詩》一卷。字文岳，嘉興人。

樗軒稿

黄虞稷《千頃堂書目・別集類》沈樾《樗軒稿》。字元茂，平湖人，天順間布衣。

雲丘子集

黄虞稷《千頃堂書目・別集類》蕭子鵬《雲丘子集》。字宜沖，新淦人，以薦授嘉興府學教授。

夢草集

黄虞稷《千頃堂書目・別集類》周漳《夢草集》。莆田人，號小溪，官河橋主簿。

鶴叟詩集

黄虞稷《千頃堂書目・別集類》錢文《鶴叟詩集》。字章靖，無錫人。諸生，試不遇，遂隱居不仕。

京寓稿

范邦甸等《天一閣書目・別集類》《京寓稿》一册。《龜城寓稿》一册。明四明倪珣著。萬曆己卯自序云：在京凡首尾七閱祀，羈身仕禄，率多適意寫情之作，存之敝笥。芮友輩爲余刻龜城鄙作，因并索此刻之。別有丙寅進京、癸酉出京路作四十五首，亦附刻其後。

龜城寓稿

范邦甸等《天一閣書目・別集類》《龜城寓稿》一册。明四明倪珣著。

竹溪集

黄虞稷《千頃堂書目・別集類》魏時敏《竹溪集》八卷。莆田人，字竹溪。官無錫縣丞，改桃源。

謙光堂詩集

《四庫提要・別集類存目三》《謙光堂詩集》八卷。兩廣總督採進本。明文城王朱彌鉗撰。彌鉗號秋江翁，唐莊王芝阯次子。初封文城王，後以子宇温嗣封唐王，彌鉗亦追封唐王，謚曰恭。《明史》附見《唐王桱傳》，稱其有學行，孝友篤至。是集諸體詩凡八卷，而賦物居其大半。「詠梅」一韻，至百首。頗見才氣，而骨格尚未成就。集爲正德戊寅彌鉗所自編，卷首有嘉靖辛丑思誠子序，「思誠子」即宇温自號也。親藩尊貴，筆札例不署名。然子序父集，則又不當拘此格，此亦於禮未協者矣。

湖山吟稿

黃虞稷《千頃堂書目・別集類》 程文杰《湖山吟稿》。字思周，休寧人。

竹南集

黃虞稷《千頃堂書目・別集類》 詹貴《竹南集》。字存中，休寧人。

雪窗家藏集

黃虞稷《千頃堂書目・別集類》 李宗《雪窗家藏集》。字德紹，江陰人。

棲雲集

黃虞稷《千頃堂書目・別集類》 陳焯《棲雲集》。字惟大，閩縣人。

餘生草

黃虞稷《千頃堂書目・別集類》 張德政《餘生草》。字平之，杭州人。流寓南皮，國子監生。

桂巖集

黃虞稷《千頃堂書目・別集類》 姚翼《桂巖集》。字廷輔，嘉興人。

石田清嘯集

徐㶿《徐氏家藏書目・別集類》 朱翰《石田清嘯》六卷。字漢翔，嘉興人，成化中布衣。

黃虞稷《千頃堂書目・別集類》 朱翰《石田清嘯集》十四卷。字漢翔，號石田，嘉興布衣。一作六卷。

《明史・藝文志・別集類》 朱翰《石田稿》十四卷。

友蘭集

黃虞稷《千頃堂書目・別集類》 陸琦《友蘭集》。字公璐，嘉善人。

佩觿稿

黃虞稷《千頃堂書目・別集類》 莫藏《佩觿稿》。字用行，海鹽人。

詠史詩

黃虞稷《千頃堂書目・別集類》 莫藏《詠史詩》。

素軒詩

黃虞稷《千頃堂書目・別集類》 莫藏《素軒詩》。

西林集

黄虞稷《千頃堂書目·别集類》 劉玒《西林集》。字公縝，海鹽人。

翠厓集

黄虞稷《千頃堂書目·别集類》 滕鷟《翠厓集》。字朝儀，海鹽人。

菊莊集

黄虞稷《千頃堂書目·别集類》 陳昌《菊莊集》。字穎昌，平湖人。

武林倡和集

黄虞稷《千頃堂書目·别集類》 陳禧《武林倡和集》。秀水人。

虁綫集

黄虞稷《千頃堂書目·别集類》 史傑《虁綫集》。字孟哲，湖州人。

鴻墩集

黄虞稷《千頃堂書目·别集類》 張淵《鴻墩集》。字子静，歸安人。一作《夢墩集》

信齋稿

黄虞稷《千頃堂書目·别集類》 丘吉順《信齋稿》二十卷。字大祜（一作天祐），歸安人。

芝麓集

黄虞稷《千頃堂書目·别集類》 趙廷玉《芝麓集》。字芝巖，崇德人，以入粟補官。

味易詩集

黄虞稷《千頃堂書目·别集類》 倪光《味易詩集》十二卷。字應奎，鄞縣人。

恪齋集

黄虞稷《千頃堂書目·别集類》 舒鑑《恪齋集》。字孔昭，自號東海釣叟，紹興人。

扶摇集

黄虞稷《千頃堂書目·别集類》 錢濟《扶摇集》。字汝周，嵊縣人。

建南稿

黄虞稷《千頃堂書目・别集類》 王寬《建南稿》。字敬敷，東陽人，龍南教諭。

雲屏集

黄虞稷《千頃堂書目・别集類》 濮瑀《雲屏集》二十卷。字彦璧，桐廬人。

定庵集

黄虞稷《千頃堂書目・别集類》 林顗《定庵集》。永嘉人。

溟蠡稿

黄虞稷《千頃堂書目・别集類》 金信《溟蠡稿》。麗水人。

静觀堂稿

黄虞稷《千頃堂書目・别集類》 陶璽《静觀堂稿》。字仕政，縉雲人。

清隱集

黄虞稷《千頃堂書目・别集類》 陶璽《清隱集》。

逸庵文集

黄虞稷《千頃堂書目・别集類》 陶顯《逸庵文集》。縉雲人。

真休稿

黄虞稷《千頃堂書目・别集類》 厲述《真休稿》。青田人。

静齋稿

黄虞稷《千頃堂書目・别集類》 葛興《静齋稿》。字應禎，績溪人。歲貢，濟寧州判。

葛興《静齋稿》。字應禎，績谿人，濟寧州州判。

壽梅集

范邦甸等《天一閣書目・别集類》 《壽梅集》二卷。刊本。明上海朱元振著。嘉靖甲寅長洲文徵明序。

黄虞稷《千頃堂書目・别集類》 朱元振《壽梅集》一卷。松江人。

静虚齋稿

黄虞稷《千頃堂書目・别集類》 潘璋《静虚齋稿》。字栗夫，金華人。

晉軒集

王圻《續文獻通考・經籍考・集下》《晉軒集》。右諭德劉戬著。安福人。

黄虞稷《千頃堂書目・別集類》劉戬《晉軒集》。字景元，安福人。一甲第二人，右春坊右諭德。

歸來集

黄虞稷《千頃堂書目・別集類》薛敬之《歸來集》。字顯思，渭南人。成化初貢生，授應州知州，升金華府同知。

芝山野興稿

黄虞稷《千頃堂書目・別集類》薛悦之《芝山野興稿》一卷。字以道，敬之弟，通《春秋》，官許州吏目。

桃溪集

王圻《續文獻通考・經籍考・集下》《桃溪集》。謝鐸著。鐸字鳴治，號方石，浙江太平人。官禮部右侍郎。

桃溪浄稿

高儒《百川書志・集・國朝》《桃谿浄稿》三十五卷。國子祭酒禮部左侍郎太平方石文肅公謝鐸鳴治撰。

黄虞稷《千頃堂書目・別集類》謝鐸《桃谿浄稿》四十五卷。字鳴治，黄巖人。禮部右侍郎，掌祭酒事，贈禮部尚書，謚文肅。

《明史・藝文志・別集類》謝鐸《文稿》四十五卷。

《四庫提要・別集類存目二》《桃溪浄稿》八十四卷。江蘇巡撫採進本。明謝鐸撰。鐸有《赤城論諫録》，已著録。是集凡詩四十五卷、文三十九卷。蓋李東陽因其舊本再取而芟之，故以《桃溪浄稿》爲名。然瑕瑜參半，猶不能悉爲刊除也。

歸夷雜詠

王圻《續文獻通考・經籍考・詩集》謝鐸《歸夷雜詠》。

真西山讀書記

王圻《續文獻通考・經籍考・集下》謝鐸《真西山讀書記》。

伊洛淵源續録

王圻《續文獻通考・經籍考・集下》謝鐸《伊洛淵源續録》。

四子擇言

王圻《續文獻通考・經籍考・集下》謝鐸《四子擇言》。

緦山集

王圻《續文獻通考・經籍考・集下》 謝鐸《緦山集》。

黄虞稷《千頃堂書目・别集類》 謝鐸《偲山集》七卷。

論諫録

王圻《續文獻通考・經籍考・集下》 《論諫録》。謝鐸著。

惶忱稿

王圻《續文獻通考・經籍考・集下》 謝鐸《惶忱稿》。

級(汲)綆餘誠

王圻《續文獻通考・經籍考・集下》 謝鐸《級〔汲〕綆餘誠》。

桃谿詩稿

黄虞稷《千頃堂書目・别集類》 謝鐸《桃谿詩稿》三十六卷。

《明史・藝文志・别集類》 謝鐸《詩》三十六卷。

平軒稿

黄虞稷《千頃堂書目・别集類》 蕭雅《平軒稿》二卷。

蟬噪集

黄虞稷《千頃堂書目・别集類》 徐節《蟬噪集》十二卷。字時中，壽昌人。巡撫山西，右副都御史。忤劉瑾削籍，瑾誅，復職致仕。

未軒文集

范邦甸等《天一閣書目・别集類》 《未軒集》十卷。藍絲闌鈔本。明黄仲皓撰。

黄虞稷《千頃堂書目・别集類》 黄仲昭《未軒集》十四卷。名潛，以字行，莆田人。江西提學僉事。

《明史・藝文志・别集類》 黄仲昭《未軒集》十三卷。

《四庫提要・别集類二四》 《未軒文集》十二卷，《補遺》二卷，附録一卷。江蘇巡撫採進本。明黄仲昭撰。仲昭有《八閩通志》，已著録。是集爲其門人劉節所編，凡文六卷，詩五卷，詞一卷，而以碑文、墓誌銘附之。仲昭官編修時，與章懋、莊昶竝以疏争元宵煙火事廷杖謫官，當時有「翰林三君子」之目。後懋與昶竝以聚徒講學爲事，而仲昭獨刻意紀述。《八閩通志》、《延平府志》、《邵武府志》、《南平縣志》、《興化府志》皆所編録。

滄洲集　續集

范邦甸等《天一閣書目・别集類》 《滄洲集》十卷。刊本。首頁有「吴岫書籍」四

字圖章。明翰林修撰太倉張泰撰。

徐𤇆《徐氏家藏書目・別集類》 張泰《滄洲集》八卷。字亨父，太倉人。天順甲申進士，官翰林檢討。

黃虞稷《千頃堂書目・別集類》 張泰《滄洲集》八卷。字亨父，太倉人，翰林院修撰。

《四庫提要・別集類存目二》 《滄洲集》十卷，《續集》二卷。浙江汪汝瑮家藏本。明張泰撰。泰字亨父，太倉人。天順甲申進士，官至翰林院修撰。

滄洲詩集

高儒《百川書志・集・國朝》 《滄州詩集》十卷。翰林修撰太倉張泰亨友撰。

范邦甸等《天一閣書目・別集類》 《滄洲詩集》一册。鈔本。明（陳）〔張〕某撰。

類劇藏稿

黃虞稷《千頃堂書目・別集類》 倪輔《類劇藏稿》。字良弼，平湖人，湖廣參政。

獻笑存稿

黃虞稷《千頃堂書目・別集類》 倪輔《獻笑存稿》。

愧齋集

黃虞稷《千頃堂書目・別集類》 陳音《愧齋集》十卷。字師邵，莆田人，太常寺卿。一作十二卷。

《明史・藝文志・別集類》 陳音《愧齋集》十二卷。

愧齋文粹

范邦甸等《天一閣書目・別集類》 《愧齋文粹》五卷。刊本。明莆田陳音著。嘉靖元年師山馬明衡序稱：公以厚德聞于天下，平生所著不下千餘篇。後峰黃君伯固嘗即家藏編輯，得若干篇，其孫須政又即其集録其要，若奏疏、序記、誌銘之類，得若干篇，題曰《愧齋文粹》，鋟梓以傳。

括囊稿

高儒《百川書志・集・國朝》 《括囊稿》一卷。淶水教諭贈太僕寺丞長洲文洪功大著。自擇百篇，附文七篇。

徐𤇆《徐氏家藏書目・別集類》 文洪《括囊集》二卷。字功大，長洲人。成化乙酉舉試，官淶水教諭。

黃虞稷《千頃堂書目・別集類》 文洪《括囊稿》二卷。字功大，長洲人，署淶水儒學教諭。

淶水集

《四庫提要・別集類存目二》 《淶水集》二卷。兩淮鹽政採進本。明文洪撰。洪字功大，號希素，長洲人。成化乙酉舉人。官淶水縣教諭，故以名集。洪爲待詔徵明之祖。故朱彝尊《静志居詩話》云：「長洲文氏，世載其德，希素先生實始之。」詩饒有恬淡之致。是集案洪自序稱，檢前後所作，汰之得百篇，蓋所自編。然此本末附遺文七篇，則後來又有增入，非手定之舊稿矣。

檜泉集

黄虞稷《千頃堂書目・别集類》 張素《檜泉集》。字元卿，山陽人，河陰令。

和續詠史詩

黄虞稷《千頃堂書目・别集類》 張素《和續詠史詩》。

詠物詩

黄虞稷《千頃堂書目・别集類》 張素《詠物詩》。

幽蘭集

黄虞稷《千頃堂書目・别集類》 陳暕《幽蘭集》。青田人。

麟台野筆

高儒《百川書志・别集》 《麟台野筆》一卷。皇明鄉貢進士東流道人陶性著。止賦三篇。

桃峰稿

黄虞稷《千頃堂書目・别集類》 謝瓊《桃峰稿》。字文瑩，祁門人，松陽知縣。

式齋集

黄虞稷《千頃堂書目・别集類》 陸容《式齋集》三十八卷。字文量，榜姓徐，後復姓，崑山人，浙江布政司右參政。與張亨父、陸鼎儀稱「婁東三鳳」。

《明史・藝文志・别集類》 陸容《式齋集》三十八卷。

浙藩稿

黄虞稷《千頃堂書目・别集類》 陸容《浙藩稿》十卷。

松畦集

黄虞稷《千頃堂書目・别集類》 楊文卿《松畦集》。字質夫，鄞縣人，辛卯解元。

苕谿集

黄虞稷《千頃堂書目・别集類》 楊文卿《苕谿集》。

東山詩集

高儒《百川書志・集・國朝》 《東山詩集》二卷。太子太保兵部尚書東山劉大夏著。

范邦甸等《天一閣書目・别集類》 《東山集》二卷。刊本。明兵部尚書劉大夏著，正德辛巳東湖吴廷舉序。詩凡三百三十一首。

徐𤊹《徐氏家藏書目・别集類》 劉大夏《東山詩集》二卷。字時雍，華容人。天順甲申進士，爲閩省參政，官至兵部尚書，太子太保，謚忠宣。仲子祖修得其詩三百三十首，都憲李立卿刻傳。

黄虞稷《千頃堂書目・别集類》 劉大夏《東山詩集》二卷。字時雍，華容人。己卯解元，兵部尚書，贈太保。謚忠宣。

《明史・藝文志・别集類》 劉大夏《詩》二卷。

聽雨亭稿

黄虞稷《千頃堂書目・别集類》 吴希賢《聽雨亭稿》五卷。字汝賢，莆田人。南京翰林院侍讀學士，攝院事。

莊定山集

高儒《百川書志・集・國朝》 《定山先生集》五卷。南京吏部郎中江浦莊昶孔易著。作八體八十八篇。

范邦甸等《天一閣書目・總集類》 《莊定山集》十卷。明雲南陳常道編輯，四川周滿校正，桂林劉縉教諭、陳應奎訓導、龍壽山同刊，增城湛若水序。詩文凡十卷，户曹陳常道編輯，周滿校正，縣尹劉縉刻置定山書院。别有餘姚聞人詮、王華、廣漢周滿三序。

徐𤊹《徐氏家藏書目・别集類》 莊昶《定山集》十卷。字孔暘，江浦人。成化丙戌進士，官南京吏部郎中。

黄虞稷《千頃堂書目・别集類》 莊昶《定山集》十卷。字孔暘，江浦人。南京吏部郎中，天啓初追謚文節。

《明史・藝文志・别集類》 莊昶《定山集》十卷。

《四庫提要・别集類二四》 《莊定山集》十卷。山東巡撫採進本。明莊昶撰。昶字孔暘，江浦人。成化丙戌進士，官至南京禮部郎中。

定山先生詩集　續集

高儒《百川書志・集・國朝》 《定山先生詩集》五卷。南京吏部郎中江浦莊昶孔易著。作六體八百九十八首。

《莊定山詩續集》一卷。莊昶作，著諸體共一百十五首。

莊昶詩

高儒《百川書志・集・國朝》 《莊昶詩》一卷。明南安知府東海居士松江張汝弼、翰林檢討石齋新會陳公甫、行人木齋金陵莊孔易三先生之作也。予各有其全集，此卷未詳録出何人也。

楊守阯詩選

徐𤊹《徐氏家藏書目・别集類》 《楊守阯詩選》八卷。字維立，號碧川，守陳之弟。成化戊戌進士，官吏部尚書。卒年七十七。

碧川文選

徐𤊹《徐氏家藏書目・别集類》 《楊守阯文選》八卷。

黄虞稷《千頃堂書目・别集類》 楊守阯《碧川文選》四卷。

《四庫提要・别集類存目二》 《碧川文選》四卷。兩江總督採進本。明楊守阯撰。守阯字惟立，號碧川，鄞縣人。成化戊戌進士，官至南京吏部左侍郎，加尚書銜致仕。事蹟附見《明史・楊守陳傳》。案《明分省人物考》云：「《碧川文鈔》二十九卷、《雜文儲稿》又若干卷。」此本爲其外孫陸錡所刻。前有陳琳序曰「楊公自摘

手稿凡一百五十三篇，藏於家，陸君釐爲四卷」云云，則此爲守阯手定之本矣。

碧川文鈔

黄虞稷《千頃堂書目・別集類》 楊守阯《碧川文鈔》二十九卷。字惟立，鄞縣人。一甲第二人，南吏部尚書。

《明史・藝文志・別集類》 楊守阯《碧川文鈔》二十九卷。

碧川詩鈔

黄虞稷《千頃堂書目・別集類》 楊守阯《碧川詩鈔》二十卷。

《明史・藝文志・別集類》 楊守阯《碧川詩》二十卷。

畏齋集

王圻《續文獻通考・經籍考・集下》 《畏齋集》。副都御史周孟中著。廬陵人。

黄虞稷《千頃堂書目・別集類》 周孟中《畏齋集》十卷。字時可，吉水人。廣東布政使，詔升副都御史，致仕。

東白集

王圻《續文獻通考・經籍考・集下》 《張東白集》。南昌張元禎著。

徐𤊹《徐氏家藏書目・別集類》 張元禎《東白文集》三十四卷。字廷祥，初名元徵，南昌人。天順庚辰進士，累官吏部侍郎。卒年七十，謚文恪。

黄虞稷《千頃堂書目・別集類》 張元貞《東白集》二十四卷。字廷祥，南昌人。吏部左侍郎，兼翰林院學士，掌詹事府事。天啓初，追謚文裕。

《明史・藝文志・別集類》 《張元禎文集》二十四卷。

《四庫提要・別集類存目二》 《東白集》二十四卷。浙江孫仰曾家藏本。明張元禎撰。【略】是集凡詩文二十三卷，末卷則附録事實祭文。

醫閭集

黄虞稷《千頃堂書目・別集類》 賀欽《醫閭先生集》九卷。字克恭，廣寧後屯衛籍，定海人。給事中。天啓初追謚恭定。

《四庫提要・別集類二四》 《醫閭集》九卷。江蘇巡撫採進本。明賀欽撰。【略】此編乃其子士諮蒐輯遺稿竝生平言行都爲一集。前三卷爲《言行録》，四卷至七卷爲《存稿》，皆雜文。第八卷爲《奏稿》。第九卷爲《詩稿》。以欽常讀書醫閭山，自號醫閭山人，因以名集。欽之學出於陳獻章，然獻章之學主静悟，欽之學則期於反身實踐，能補苴其師之所偏。嘗言爲學不在求之高遠，在主静以收放心而已。故集中所録言行，皆平易真樸，非高談性命者可比。而所上諸奏疏，亦無不通達治理，確然可見諸施行。在講學諸人之中，獨爲篤實而純正。文章雖多信筆揮灑，不甚修詞，而仁義之言，藹然可見，固不必以工拙論也。

陸大參集

都穆《南濠居士文跋》 《陸大參集》。故浙江參政太倉陸公有文曰《式齋稿》、曰《浙藩稿》者，其子貢士伸既刻之於梓。今年春，復以公退休之作，曰《歸田稿》，并刻之以行。仲夏穆至而工適告完。貢士俾識其後，因記歲癸丑，公解政東還，抵郡即辱過穆，共《觴福濟道院聯句池亭》，寔爲歸田首倡。今而登公之堂，公雖不可見，而獲見其文之全，蓋有非偶然者。惟公以高才邃學，歷仕中朝餘二十年，其所建白，皆當世要務。晚而出參藩政，雖制於命不竟其施。然没未幾而述作之富，流佈人間，其視得志一時而名隨身泯者，果孰多而孰少。嗚呼！若公者，其可以不朽矣。

東崖集

黃虞稷《千頃堂書目・別集類》 許進《東崖集》。字季升，靈寶人。吏部尚書，贈太子少保，謚襄毅。

楓山集

徐𤊹《徐氏家藏書目・別集類》 章懋《楓山集》九卷。字德懋，蘭谿人。成化二年會試第一，官南京禮部尚書。卒年八十六，謚文懿。

張萱等《内閣藏書目録・集部》 《楓山先生文集》五册。全。嘉靖間章懋著。後附《實紀》一册。

黃虞稷《千頃堂書目・別集類》 章懋《楓山文集》四卷。字德懋，蘭谿人。會元，南京禮部尚書，贈太子少保。謚文懿，明《貢舉考》云「著有《闇然子集》」。

《明史・藝文志・別集類》 《章懋文集》九卷。

《四庫提要・別集類二四》 《楓山集》四卷，附録一卷。浙江巡撫採進本。明章懋撰。懋有《楓山語録》，已著録。懋初在詞垣，以直諫著名。今集中第一篇即其原疏。

楓山遺文

徐𤊹《徐氏家藏書目・別集類》 章懋《遺文》一卷。

黃虞稷《千頃堂書目・別集類》 章懋《遺文》一卷。

東皋文集

黃虞稷《千頃堂書目・別集類》 陸淵之《東皋集》十三卷。字克深，上虞人，歷官布政使。

《四庫提要・別集類存目二》 《東皋文集》十三卷，附録一卷。浙江巡撫採進本。明陸淵之撰。淵之字克深，上虞人。成化丙戌進士，官至河南布政使。是集爲其門人王汝鄰所刻，前有其門人劉瑞序曰：「讀先生之文者，知其大可也。乃若較聲律，評矩矱，區區於文字家者，亦淺之乎知先生矣。」殆微詞歟。

恩遇録

黃虞稷《千頃堂書目・別集類》 王進《恩遇録》。字藎臣，上虞人。

太呆集

黃虞稷《千頃堂書目・別集類》 王進《太呆集》。

虛舟集

黃虞稷《千頃堂書目・別集類》 江沂《虛舟集》十卷。字本達，建安人，四川副使。

樂行稿

黃虞稷《千頃堂書目・別集類》 章鎰《樂行稿》。字元益，鄞縣人。

思庵雜稿

黃虞稷《千頃堂書目・別集類》 湯滌《思庵雜稿》。字新之，嘉善人。

可翁集

黄虞稷《千頃堂書目·别集類》 張賁六《可翁集》七卷。字彦質。四川護成都前衛籍，瀘溪人。南京太僕寺卿。

復齋稿

黄虞稷《千頃堂書目·别集類》 沃頖《復齋稿》。字文淵，定海人。

石屋閒鈔

黄虞稷《千頃堂書目·别集類》 蔣誼《石屋閒鈔》。字宜誼，上元人，河南道御史。

紀行集

黄虞稷《千頃堂書目·别集類》 蔣誼《紀行集》。

吹呋餘音

黄虞稷《千頃堂書目·别集類》 蔣誼《吹呋餘音》。

容庵集

黄虞稷《千頃堂書目·别集類》 金澤《容庵集》。字德潤，江寧人，南京都察院右都御史。

一庵詩鈔

黄虞稷《千頃堂書目·别集類》 顔瑄《一庵詩鈔》。字寶之，江陰人，户部主事。

竹居文集

黄虞稷《千頃堂書目·别集類》 徐博《竹居文集》十册。字德宏，嘉定人。知湘鄉縣，擢監察御史，調知樂陵，改巴東。

古愚集

黄虞稷《千頃堂書目·别集類》 汪直《古愚集》。字懋儉，號筆峰，祁門人。回顯子，歷吏、户二科給事中。

絅軒小稿

黄虞稷《千頃堂書目·别集類》 汪奎《絅軒小稿》。字文燦，婺源人。副都御史，巡撫廣西。

直庵集

王圻《續文獻通考·經籍考·集下》《直庵集》。左布政舒清著，德興人。

素軒文集

王圻《續文獻通考·經籍考·集下》《素軒文集》。副使謝綱著，巴陵人。

瀧江集

王圻《續文獻通考·經籍考·集下》《瀧江集》。翰林侍講彭教著。吉水人。

東瀧遺稿

黄虞稷《千頃堂書目·別集類》彭教《東龍集》。字敷五，吉水人。己卯解元，一甲第一人，翰林院侍講。

《四庫提要·別集類存目二》《東瀧遺稿》四卷。江西巡撫採進本。明彭教撰。教字敷五，號東瀧，吉水人。天順甲申進士第一，官至翰林院侍講。集中詩文，類多應酬之作。李東陽序云：「敷五年僅四十餘，編摩考校之外，無由自試，而文又不盡其蘊。」蓋亦微詞也。

松樵集

黄虞稷《千頃堂書目·別集類》馮忠《松樵集》。字原孝，慈谿人。

徐文敏公集

徐𤊹《徐氏家藏書目·別集類》徐晉《文敏公集》六卷。字子容，吴縣人。弘治乙丑進士，吏部左侍郎。

黄虞稷《千頃堂書目·別集類》徐縉《徐文敏公集》六卷。字子容，吴縣人。吏部左侍郎兼翰林侍講學士，謚文敏。

惕庵稿

黄虞稷《千頃堂書目·別集類》黄珣《惕庵稿》。字廷璽，餘姚人。南京吏部尚書，謚文僖。

東山文集

黄虞稷《千頃堂書目·別集類》黄珣《東山文集》。

素庵詩集

黄虞稷《千頃堂書目·別集類》黄珣《素庵詩集》。

百字吟

黄虞稷《千頃堂書目·別集類》虞摶《百字吟》。字天民，義烏人。

半齋稿

黄虞稷《千頃堂書目・别集類》 虞摶《半齋稿》。

介軒集

黄虞稷《千頃堂書目・别集類》 張敷華《介軒集》。字公實，安福人。都察院左都御史，贈太子少保，謚簡肅。

東園文集　續編

張萱等《内閣藏書目録・集部》 《東園先生文集》四册。全。天順閒户部尚書鄭紀著。

《四庫提要・别集類二三》 《東園文集》十三卷，《續編》一卷。福建巡撫採進本。明鄭紀撰。紀字廷綱，别號東園，仙遊人。天順庚辰進士，官至南京户部尚書。是集前四卷爲經筵講章及奏議，後九卷爲雜文。《續編》一卷，凡文二十一篇，則國朝康熙初其九世孫梁英等所續輯也。

東園遺稿

黄虞稷《千頃堂書目・别集類》 鄭紀《東園遺稿》十三卷。字廷綱，仙游人。南京户部尚書。一作前、後、續、别文集五十卷，《歸田録》八卷。

東園詩集續編

《四庫提要・别集類存目二》 《東園詩集續編》八卷。浙江范懋柱家天一閣藏本。明鄭紀撰。紀有《東園文集》，已著録。是編其詩集也。初，紀子主一、主敬嘗編其詩爲十二卷，今未見傳本。此本乃其少子忠蒐輯遺篇，故題曰《續集》。集中如「古塹斜連江樹没，飢烏恒傍野人飛」、「橋頭雨歇徑初溜，天際雲收山漸多」等句，亦頗有南宋風格，然亦止於如此耳。

豫軒集

黄虞稷《千頃堂書目・别集類》 沈暉《豫軒集》。字時暘，宜興人。巡撫河南，右副都御史。

緝熙集

黄虞稷《千頃堂書目・别集類》 林光《緝熙集》十卷。

樊山摘稿

黄虞稷《千頃堂書目・别集類》 樊阜《樊山摘稿》。字時登，縉雲人，延平儒學訓導。縉雲樊氏，門才頗盛：曰叙，字公倫，有《用拙稿》；曰源，字時濟，有《竹軒稿》；曰昌，字永盛，有《友菊詩》；曰甫，字永美，有《磵櫟集》；曰貴，字永芳，有《桂岡集》；曰鐸，字伯廣，有《畏齋存稿》；曰通，有《默庵集》；曰濬，有《雲門集》；曰哲，有《鳳山集》。

友竹稿

黄虞稷《千頃堂書目・别集類》 施應麒《友竹稿》。字應祥，鄞縣人。

春雨軒稿

黄虞稷《千頃堂書目・别集類》 汪瑔《春雨軒稿》。字文亮，祁門人。徵修《憲宗實録》。

杏雨軒集

黄虞稷《千頃堂書目・别集類》 汪瑔《杏雨軒集》。字文亮，祁門人，徵修《憲宗實録》。

玉堂遺稿

黄虞稷《千頃堂書目・别集類》 張縉《玉堂遺稿》。字朝用，陽曲人。南京户部尚書，嘗忤劉瑾下獄。

語風稿

黄虞稷《千頃堂書目・别集類》 圓信《語風稿》。字雪亭，更字雪嶠，寧波人。初住武康雙髻峰，後居徑山。

秋壑小稿

黄虞稷《千頃堂書目・别集類》 張錦《秋壑小稿》。字□□，岷州人，刑部左侍郎。

宣政録

黄虞稷《千頃堂書目・别集類》 張錦《宣政録》。

成齋集

黄虞稷《千頃堂書目・别集類》 陳璚《成齋集》。字玉汝，長洲人，南京都察院左都御史。

南軒詩稿

黄虞稷《千頃堂書目・别集類》 王珣《南軒詩稿》二卷。字□□，曹縣人。巡撫寧夏，副都御史。

《明史・藝文志・别集類》 《王珣詩》二卷。

蘭谷詩文鈔

黄虞稷《千頃堂書目・别集類》 劉昂《蘭谷詩文鈔》。字孟頫，開封人。貢士，棗強縣學訓導。

書香窩裏吟

黄虞稷《千頃堂書目・别集類》 劉昂《書香窩裏吟》。

雪湖集

黄虞稷《千頃堂書目・别集類》 馮蘭《雪湖集》。字佩之，餘姚人，江西提學副使。

雪湖詠史録

高儒《百川書志・史詠》 《雪湖詠史録》二卷。皇明姚江馮蘭著。

沂川集

徐𤊹《徐氏家藏書目・别集類》 楊光溥《沂川集》六卷。字文卿，青州府沂水縣人。成化己丑進士，山西按察司副使。

黄虞稷《千頃堂書目・别集類》 楊光溥《沂川集》六卷。字文卿，沂水人，江西副使。

梅花集詠

高儒《百川書志・别集》 《梅花集詠》一卷。皇明山西按察司副使沂水楊光溥集三代詩句，足成百首。

省庵稿

黄虞稷《千頃堂書目・别集類》 沈鋭《省庵稿》十二卷。字文進，仁和人。

半江詩集

高儒《百川書志・集・國朝》 《邵半江詩集》五卷，附録一卷。司徒副郎思南知府宜興邵奎文敬撰。

徐𤊹《徐氏家藏書目・别集類》 邵珪《半江詩集》五卷。字文敬，宜興人。成化己丑進士，官思南府知府。

半江集

黄虞稷《千頃堂書目・别集類》 邵珪《半江集》六卷。字文敬，宜興人，思南知府。

《明史・藝文志・别集類》 邵珪《半江集》六卷。

止庵集

黄虞稷《千頃堂書目・别集類》 熊翀《止庵集》。字□□，光州人，南京户部尚書。

益齋稿

黄虞稷《千頃堂書目・别集類》 盡禹《益齋稿》。字希玉，鄞縣人。

石居遺稿

黄虞稷《千頃堂書目·别集類》 吴珵《石居遺稿》。字元玉，大興籍，上元人。南京工部郎中。

石厓集

黄虞稷《千頃堂書目·别集類》 丁鏞《石厓集》。字鳳儀，上元人。南京刑部郎中，興化知府。

北山集

黄虞稷《千頃堂書目·别集類》 王臣《北山集》三卷。字□□，廬陵人。選庶吉士，授編修，歷廣西参政。

考功詩集

高儒《百川書志·集·國朝》 《考功詩集》二卷。河南参政前考功郎中岍山葵菴閻仲實光甫著。

葵庵生集

黄虞稷《千頃堂書目·别集類》 閻仲實《葵庵生集》。隴州人，景泰丙子解元，河南右参政。

樗軒集

黄虞稷《千頃堂書目·别集類》 李良《樗軒集》。字堯臣，嘉定人。南京刑部郎中，知瑞州。

留餘堂集

黄虞稷《千頃堂書目·别集類》 瞿俊《留餘堂集》十卷。常熟人，官御史。

石岡集

黄虞稷《千頃堂書目·别集類》 蔡天祐《石岡集》二卷。字□□，睢州人。巡撫大同，兵部右侍郎，右僉都御史。

軍機處奏《禁毀書目》 《石岡集》一部，三本。查《石岡集》，係明蔡天祐撰。

介庵集

黄虞稷《千頃堂書目·别集類》 段正《介庵集》三十卷。字以中，澤州人。江西参政。

《明史·藝文志·别集類》 段正《介庵集》三十卷。

課程日紀

黄虞稷《千頃堂書目·别集類》 段正《課程日紀》十卷。

西山類稿

徐𤊹《徐氏家藏書目・別集類》 謝復《西山類稿》六卷。字一陽，祁門人。別號無慮子、廢翁。正統中大儒，卒年五十六。

黃虞稷《千頃堂書目・別集類》 謝復《西山類稿》。字一陽，祁門人。布衣。

《四庫提要・別集類存目二》 《西山類稿》五卷。兩淮馬裕家藏本。明謝復撰。復字一陽，祁門人。少從吴與弼游，與陳獻章爲同門友，而篤實勝於獻章。故集中有《書獻章詩後》一篇，頗詆其晚涉於佛老，其宗旨可見。然其詩文則不出講學之門徑，與談藝家又別論云。

交石集

黃虞稷《千頃堂書目・別集類》 吴文度《交石集》十卷。字憲之，江寧人，南京户部尚書。

《明史・藝文志・別集類》 吴文度《交石集》十卷。

交石類稿

《四庫提要・別集類存目二》 《交石類稿》三卷。兩淮鹽政採進本。明吴文度撰。文度字憲之，應天人。成化壬辰進士，官至南京户部尚書。事蹟附見《明史・張泰傳》。是集詩一卷、文二卷，皆詞旨樸僿。蓋文度官汀州知府時有惠政，汀州人爲之刊行以誌遺愛，是固不以詞采論也。

忠定集

黃虞稷《千頃堂書目・別集類》 韓文《忠定集》四卷。字貫道，洪洞人。太子太保户部尚書，贈太傅，謚忠定。

質庵存稿

黃虞稷《千頃堂書目・別集類》 韓文《質庵存稿》。

《明史・藝文志・別集類》 韓文《質菴集》四卷。

歸田稿

黃虞稷《千頃堂書目・別集類》 韓文《歸田稿》。

龍皋文集

徐𤊹《徐氏家藏書目・別集類》 陸簡《龍皋文集》十九卷。字廉伯，武進人。成化乙酉解元，丙戌榜眼，官侍講學士。卒年五十四。

黃虞稷《千頃堂書目・別集類》 陸簡《龍皋稿》十九卷。字廉伯，武進人。乙酉解元，一甲第三人，詹事府詹事，兼翰林院侍讀學士，贈禮部侍郎。

《明史・藝文志・別集類》 陸簡《龍皋稿》十九卷。

《四庫提要・別集類存目二》 《龍皋文集》十九卷。浙江孫仰曾家藏本。明陸簡撰。簡字伯廉，號治齋，龍皋其別號也，武進人。成化丙戌進士，官至詹事府少詹事。是集有文無詩，冠以日講直解及經筵講章。

進修稿

黃虞稷《千頃堂書目・別集類》 三城康穆王芝垝《進修稿》。唐憲王瓊炟庶子，高皇帝曾孫，成化七年封。

濯纓子文集

黄虞稷《千頃堂書目・别集類》 戴冠《濯纓子文集》。字章甫，長洲人，以貢士授紹興府學訓導。

和會稽懷古詩

黄虞稷《千頃堂書目・别集類》 戴冠《和會稽懷古詩》。

竹西亭稿

黄虞稷《千頃堂書目・别集類》 虞臣《竹西亭稿》。字元凱，崑山人，四川右參議。

竹西回文

徐𤊹《徐氏家藏書目・别集類》 虞臣《竹西迴文》一卷。字□□，崑山人。

黄虞稷《千頃堂書目・别集類》 虞臣《竹西回文》一卷。

五山吟稿

黄虞稷《千頃堂書目・别集類》 何鑑《五山吟稿》。字世光，新昌人。太子太保，兵部尚書，兼督團營。

夕川詠物詩

高儒《百川書志・别集》 《夕川詠物詩》一卷。皇明夕川老人陶輔著。目前事物，吟咏殆盡，不文不俗，凡三百首。末附《盆梅賦》。

四端通俗詩詞

高儒《百川書志・别集》 《四端通俗詩詞》一卷。皇明致政指揮鳳陽陶輔廷弼著。凡十六目，詩詞四十八首，以解勤儉、富貴、驕奢、貧賤之四端，并陳圖說。

張文僖公文集

王圻《續文獻通考・經籍考・集下》 《栢崖集》。禮部尚書張昇著。南城人。

黄虞稷《千頃堂書目・别集類》 張昇《栢崖集》。字啓昭，南城人。一甲第一人，太子太保，禮部尚書，贈太子太傅，謚文僖。一作《張文僖公集》二十二卷，一作三十六卷。

《四庫提要・别集類存目二》 《張文僖公文集》十四卷，《詩集》二十二卷。浙江巡撫採進本。明張昇撰。昇字啓昭，南城人。成化己丑進士第一，官至禮部尚書。事蹟具《明史》本傳。是編乃其子浙江布政使元錫所刊。前有嘉靖元年邵寶序，謂此書本名《栢崖集》。刻成而賜謚之命適至，遂以名之。然本傳不言有謚，或偶漏歟。昇立朝頗著風節，而其文多應酬之作。末附《瀛涯勝覽》及《北行録》、《西行録》，皆縷述見聞，無所考證。詩則近體多於古體，而七言近體尤多於五言。是足驗其所得矣。

文僖詩集

徐𤊹《徐氏家藏書目・别集類》 張昇《文僖詩集》二十二卷。字啓昭，號柏崖，南城人。成化己丑進士，歷官禮部尚書，謚文僖。

《明史・藝文志・别集類》 《張昇文集》二十二卷。

和唐詩

高儒《百川書志・别集》 《張文僖公和唐詩鼓吹》十卷。皇明柏崖張昇取遺山所編，次第和之，以當時之故實，發今日之性情，彙得五百八十首。

范邦甸等《天一閣書目・别集類》 《和唐詩》十卷。刊本。明張昇著。門人楊一清序稱：南城伯厓先生張公作詩務學唐，得其肯綮。嘗取近代所編《唐詩鼓吹》七言律詩次第屬和之，隨題步韻，以當時之故實，發今日之性情。久之，彙得五百八十七首，藏于家。先生既捐館舍，其伯子今浙江左布政使張君元錫，將入梓以傳，屬余序。昔襄城楊士宏選編《唐音》，李杜韓詩皆不録，君子嘉其有識，以三大家詩有難以選而求也。先生所和，自盛唐至晚唐各有取，而前三家闕焉，其亦士宏之見與？

杜文貞集

黄虞稷《千頃堂書目・别集類》 杜整《杜文貞集》。字思齊，浙江平陽人。

幼童集

黄虞稷《千頃堂書目・别集類》 杜整《幼童集》。

歸吴集　和陶集　達意集

黄虞稷《千頃堂書目・别集類》 周詔《歸吴》、《和陶》、《達意》等集。字希正，長洲人。太常寺卿，兼翰林院侍讀，贈禮部右侍郎。

平山稿　遺安稿

黄虞稷《千頃堂書目・别集類》 高銓《平山》、《遺安》二稿。字□□，江都人。南京户部尚書，贈太子少保。

石城山房稿

黄虞稷《千頃堂書目・别集類》 李傑《石城山房稿》。字世賢，常熟人。禮部尚書，贈太子太保，謚文安。

石城集

黄虞稷《千頃堂書目・别集類》 李傑《石城集》二十七卷。

窺豹集

范邦甸等《天一閣書目・别集類》 《窺豹集》一册。刊本。明錫山過時霽撰。天順五年設經序，稱過君時霽宗徐王郡馬之後，貲富好禮，性敏勤學，而尤喜吟咏。集類成編，目之曰《窺豹》。有華嶽《題窺豹集詩》附後，其《圜扉倡和詩敘》，司邑張

九方撰。

黄虞稷《千頃堂書目·別集類》 過時濟《窺豹集》。一卷。

樂林集

黄虞稷《千頃堂書目·別集類》 王愷《樂林集》四十卷。字宗先，定海人。

貴陽紀行録

高儒《百川書志·集·國朝》 《貴陽紀行録》一卷。大都憲貴州巡撫兩峰居士洪鐘著。附文五篇。

黄虞稷《千頃堂書目·別集類》 洪鍾《貴陽紀行録》一卷。字□□，錢塘人。

青谿漫稿

黄虞稷《千頃堂書目·別集類》 倪岳《青谿漫稿》二十四卷。字舜咨，上元人。謙子，太子少保，吏部尚書，贈少保。謚文毅。

《明史·藝文志·別集類》 倪岳《青溪漫稿》二十四卷。

《四庫提要·別集類二三》 《清谿漫稿》二十四卷。浙江汪汝瑮家藏本。明倪岳撰。岳字舜咨，錢塘人，徙居上元。南京禮部尚書謙之子也，登天順甲申進士，官至吏部尚書，謚文毅。事蹟具《明史》本傳。【略】今集中疏議共五十九篇，與所謂百餘事者不合，疑刊集時已有所刪擇。然如《正祀典》、《陳災異》及《論西北用兵》諸奏，皆建白之最大者，已具在其中，所言簡切明達，得告君之體，頗有北宋諸賢奏議遺風。他文亦浩瀚流轉，不屑爲追章琢句之習。

上谷稿

王圻《續文獻通考·經籍考·集下》 《上谷稿》。上元倪岳著。岳字舜咨，登天順甲申庶吉士，吏部尚書。

玉堂前後稿

王圻《續文獻通考·經籍考·集下》 《玉堂前後稿》。倪岳著。

歸山稿

王圻《續文獻通考·經籍考·集下》 《歸山稿》。倪岳著。

南宫稿

王圻《續文獻通考·經籍考·集下》 《南宫稿》。倪岳著。

雙松集

黄虞稷《千頃堂書目·別集類》 林虢《雙松集》。字世調，閩縣人。吏部郎中，廣東布政使。

克齋稿

黄虞稷《千頃堂書目・别集類》 任彦常《克齋稿》。字吉夫，上元人。天順壬午御試第一，舉福建按察司僉事，提督學政。

蘭亭集

黄虞稷《千頃堂書目・别集類》 司馬亜《蘭亭集》。字通伯，浙江山陰人。

隆山稿

黄虞稷《千頃堂書目・别集類》 項旻《隆山稿》。字□□，瑞安人。

竹西稿

黄虞稷《千頃堂書目・别集類》 張稷《竹西稿》。字世用，寶應人，監察御史。

孫清簡公集

黄虞稷《千頃堂書目・别集類》 孫需《孫清簡公集》二卷。字□□，德興人。一名《冰蘖稿》。

《四庫提要・别集類存目二》 《孫清簡公集》二卷。兩江總督採進本。明孫需撰。需字孚吉，别號冰蘗翁，德興人。成化壬辰進士，官至南京吏部尚書，謚清簡。事蹟附見《明史・孫原貞傳》。【略】是集初名《冰蘖稿》，其孫世良改今名。末有隆慶庚午世良記曰：「壬戌循例至京師奉遺稿。請瞿昆湖、姜晉齋摘其尤者得四帙。丁卯過常郡，謀諸王百穀，更爲分門别類，釐爲上下二卷。是刻豈欲上匹大方，持示海内，第俾子孫異日有所取以承藉云耳。」其言篤實，想見需之家法。王世貞序謂其詩文沖然而不爲藻采，淡然而若無深思，亦有微詞焉。

章林藏稿

黄虞稷《千頃堂書目・别集類》 周軫《章林藏稿》。字公載，莆田人，江西按察司僉事。

柳南集

黄虞稷《千頃堂書目・别集類》 黄榮《柳南集》。字儼仁，莆田人，按察司僉事。

冰潭稿

黄虞稷《千頃堂書目・别集類》 吴郁《冰潭稿》。字文盛，休寧人。雲南布政司右參議，分守安普道。

汪山奏議

黄虞稷《千頃堂書目・别集類》 《汪山奏議》三卷。字仁夫，歙縣人，浙江僉事。

汪山詩文

黄虞稷《千頃堂書目・别集類》 《汪山詩文》二卷。

南行録

黄虞稷《千頃堂書目・别集類》 邵賢《南行録》一卷。

銓曹稿

黄虞稷《千頃堂書目・别集類》 江瀾《銓曹稿》。字文淵，仁和人。南京禮部尚書，贈太子少保，謚文昭。

春亭稿

黄虞稷《千頃堂書目・别集類》 江瀾《春亭稿》。

東川稿

黄虞稷《千頃堂書目・别集類》 江瀾《東川稿》。

潛齋集

黄虞稷《千頃堂書目・别集類》 陳宣《潛齋集》。字文德，浙江平陽人。

竹田集

黄虞稷《千頃堂書目・别集類》 林廷選《竹田集》二卷。字舜舉，長樂人，南京工部尚書。

朱存理集

錢謙益等《絳雲樓書目・國初文集類》 《朱存理集》。字性甫，長洲人。隱居著書。正德間卒，年七十矣。所著《野航詩集》，楊君謙序。

黄虞稷《千頃堂書目・别集類》 朱存理《野航漁歌》。字性父，長洲人。

《四庫提要・别集類二三》 《樓居雜著》一卷，《野航詩稿》一卷，《野航文稿》一卷，附録一卷。浙江巡撫採進本。 明朱存理撰。存理有《旌孝録》，已著録。據文徵明作《存理墓誌》，稱所著有《野航集》，不言卷數。存理自作募刻詩疏，稱選得一百首之外。沈周題其詩稿，亦有「雖止百篇諸體備，不拘一律大方諧」句，知其集不過一卷。《千頃堂書目》載其《野航漁歌》、《鶴岑集》二種，亦不言卷數，蓋已久佚。是編爲其族孫觀潛所輯。惟《樓居雜著》一卷爲當時原帙。凡題跋二十二篇，引一篇，逸事一篇，記二篇，尺牘二篇，募疏二篇，然雜亂無次第。又以王鏊《募造野航疏》一篇竄入其中，殊不可解。《詩稿》、《文稿》各一卷，則觀潛採掇諸書而成。《詩稿》僅十四首，其中一爲佚句，一爲聯句，實止十二首，仍冠以楊循吉、祝允明二序。《文稿》亦僅十篇，而見於《吴都文粹續集》者八，益以欣賞編所載一跋及顧氏憩賢堂所藏一帖而已。附録一卷，雜録存理逸事及諸家詩文爲存理而作者，而以觀潛跋語終焉。存理嗜古，精賞鑒。雜著中如《題雲林子詩後》、《跋席上腐談》、《跋夷白齋稿》、《跋夷白齋拾遺》、《書楊鐵崖遺文》、《書吾氏類集》、《跋鳴鶴餘音後》諸篇，皆足以考證諸書之始末。詩文則皆散佚之餘，不足以盡所長，姑附存以備一家耳。何良俊《四友齋叢説》記當時盛推其「萬事不如杯在手，一年幾見月當頭」句，其事今載附録中。然二語格意殊卑，不審何以傳誦。折楊皇荂，嗑然而笑，殊不足爲存理重。蓋成、宏之際，大抵沿臺閣舊體，故見一本色之語，遽覺耳目一新，而不知實非其至也。

鶴吟集

黄虞稷《千頃堂書目・别集類》 朱存理《鶴吟集》。

句曲紀遊詩

黃虞稷《千頃堂書目・別集類》 朱凱《句曲紀遊詩》一卷。字堯民，長洲人。與存理齊名。

《四庫提要・別集類存目三》 《句曲紀遊詩》一卷。兩淮馬裕家藏本。明朱凱撰。凱字堯民，長洲人。與同里朱存理齊名，稱爲二朱先生。所著有《堯民集》，久已散佚。故朱彝尊《明詩綜》不載其詩，但附其名於存理之下。且云有《句曲紀遊》一卷，亦不傳。此本乃馬裕家所藏，末有馬人伯跋，謂崇禎己巳仲秋，摹録成、弘諸先哲詩，因凱度先生談及，借得此本，鈔於雙橘齋中云云。則明末尚有傳本，彝尊偶未見耳。編中古體八首，近體十七首，乃正德丁卯三月十三日凱與東陽沈用之、沈宜永兄弟同遊三茅山而作。前有凱自序，末有凱友吳奕跋。

活谿存稿

黃虞稷《千頃堂書目・別集類》 符觀《活谿存稿》六卷。字繼觀，新喻人。浙江布政司參議。

文温州集

高儒《百川書志・集・國朝》 《文温州集》二卷。中順大夫浙江温州知府長洲文林宗儒著。洪之子，迪功徐禎卿師也。古今詩一百三十六首，交游倡和詩一百六十六首。

徐𤊹《徐氏家藏書目・別集類》 《文林全集》十二卷。字宗儒，洪之子，稱交木先生。成化八年進士，官温州刺史。

黃虞稷《千頃堂書目・別集類》 文林《文温州集》十二卷。字宗儒，長洲人，温州知府。

《明史・藝文志・別集類》 文林《温州集》十二卷。

《四庫提要・別集類存目二》 《文温州集》十二卷。浙江巡撫採進本。明文林撰。林有《瑯琊漫鈔》，已著録。林嘗爲温州府知府，故其集以温州名。其中《陳馬政》諸篇，皆官南京太僕寺丞時作。總題以「温州」，從所終也。

黃丕烈《蕘圃藏書題識・集類三》 《文温州集》十卷。明刻本。

黃丕烈《蕘圃藏書題識續録・集類下》 《文温州集》十二卷。明刻本。

温州集

徐𤊹《徐氏家藏書目・別集類》 文林《温州集》一卷。

念初堂稿　續集

《四庫提要・別集類存目四》 《念初堂稿》四卷，《續集》二卷。兩淮馬裕家藏本。明陳嘉謨撰。嘉謨，廬陵人。嘉靖丁未進士，官至四川按察司副使，隆慶庚午移疾歸，召爲湖廣布政司左參政，不起。優游林下以終。其詩起於嘉靖丁未，終於萬曆癸卯。往來仕宦者二十三年，而閒居者三十三年，故多自適之言。序引邵子《擊壤集》自擬，而詩中屢引陳獻章語，其旨趣可知也。

篁墩全集

黃虞稷《千頃堂書目・別集類》 程敏政《全集》一百二十卷。

《明史・藝文志・別集類》 程敏政《篁墩全集》一百二十卷。

篁墩集

王圻《續文獻通考・經籍考・集下》 《程篁墩集》，《篁墩續稿》，《篁墩新稿》。程敏政著。敏政字以勤，休寧人。官太常卿，先以神童薦登成化丙戌進士。

黄虞稷《千頃堂書目・別集類》 程敏政《篁墩文集》九十三卷。字克勤，休寧人。一甲第二人，禮部右侍郎。卒贈尚書。

《四庫提要・別集類二四》 《篁墩集》九十三卷。兩淮馬裕家藏本。明程敏政撰。敏政有《宋遺民録》，已著録。是集爲敏政所自訂。據《千頃堂書目》，尚有《外集》十二卷、《別集》二卷、《行素稿》一卷、《拾遺》一卷、《雜著》一卷，今皆不在此編中，疑其本別行也。【略】集中徵引故實，恃其淹博，不加詳檢，舛誤者固多，其考證精當者亦時有可取。要爲一時之碩學，未可盡以蕪雜廢也。其集名曰「篁墩」者，考新安有黄墩，爲晉新安太守黄積所居。子孫世宅於此，故以「黄」爲名。自羅願《新安志》、朱子《文集》所載皆同。敏政乃稱「黄」本「篁」字，因黄巢而改，遂稱曰「篁墩」，爲之作記，且以自號。其説杜撰無稽，然名從主人，實爲古義。今亦仍其舊稱焉。

張之洞《書目答問・別集》 《篁墩集》九十三卷。明程敏政。明刻本。

篁墩外集

黄虞稷《千頃堂書目・別集類》 程敏政《外集》十二卷。

篁墩別集

黄虞稷《千頃堂書目・別集類》 程敏政《別集》二卷。

篁墩集拾遺

黄虞稷《千頃堂書目・別集類》 程敏政《拾遺》一卷。

篁墩集雜著

黄虞稷《千頃堂書目・別集類》 程敏政《雜著》十卷。

行素稿

王圻《續文獻通考・經籍考・集下》 《行素稿》。程敏政著。

黄虞稷《千頃堂書目・別集類》 程敏政《行素稿》一卷。

程氏貽範集

王圻《續文獻通考・經籍考・集下》 《程氏貽範集》。程敏政著。

迎賢奏對録

王圻《續文獻通考・經籍考・集下》 《迎賢奏對録》。程敏政著。

道一編

王圻《續文獻通考・經籍考・集下》 《道一編》六卷。程敏政著。

篁墩文粹

范邦甸等《天一閣書目・別集類》《程篁墩文粹》二十五卷。刊本。明禮部尚書新安程敏政撰，正德元年三山林瀚序。有弘治十二年授禮部右侍郎誥敕，有小像及太原周經贊、北海沈東之傳，大庾張九逵小識。弘治乙丑門人婺源戴銑後序云：文二十五卷，族子曾所摘録，銑爲詮次。始嘗自輯爲《篁墩稿》、《篁墩續稿》、《篁墩三稿》、《行素稿》，復合諸稿而一之，增爲卷百有四十，總名之曰《篁墩先生文集》。但卷帙繁多，艱於傳録。弘治癸亥大庾張先生拔其粹，刻之。

徐𤊹《徐氏家藏書目・別集類》程敏政《篁墩文粹》二十五卷。字克勤，休寧人。天順中以神童舉詔，讀書翰林院，成化丙戌探花，累官禮部右侍郎。公全集一百四十卷，此乃族子曾摘抄而婺源戴銑銓次，門人大庾張天衢刻之者也。

黄虞稷《千頃堂書目・別集類》《篁墩文粹》二十五卷。族子程曾輯。

休齋集

黄虞稷《千頃堂書目・別集類》姚黼《休齋集》。字大用，上元人。

無底筌稿

黄虞稷《千頃堂書目・別集類》葉肅《無底筌稿》。字致和，號畏齋，祁門人，湖廣黄梅縣知縣。

梅巖小稿

《四庫提要・別集類存目二》《梅巖小稿》三十卷。浙江汪汝瑮家藏本。明張旭撰。旭字廷曙，休寧人。成化甲午舉人，歷官孝豐、伊陽、高明三縣知縣。是集凡詩二十二卷、文八卷。其詩長於集句，採摭成語，位置聯絡，往往如出自然。其所自作，則雖律調工整，而傷於剽利，蓋學《長慶集》而不至者也。散體諸文，大抵應俗之作矣。

介庵小集

王圻《續文獻通考・經籍考・集下》《介庵小集》。魏默著，新建人。光澤縣尹。

學吟稿

黄虞稷《千頃堂書目・別集類》郭緒《學吟稿》。字繼業，太康人，四川右參政。

撫夷録

黄虞稷《千頃堂書目・別集類》郭緒《撫夷録》。

東厓集

黄虞稷《千頃堂書目・別集類》李旻《東厓集》四卷。字子陽，錢塘人。庚子解元，一甲第一人，禮部左侍郎。

龍峰文集

黄虞稷《千頃堂書目・別集類》胡富《龍峰文集》。字永年，績谿人。南京户部

尚書，贈太子少保，謚康惠。

漫游稿

王圻《續文獻通考・經籍考・集下》 《漫游稿》。祭酒王勑著。歷城人。

黃虞稷《千頃堂書目・別集類》 王敕《漫游稿》。字□□，歷城人。一甲第三人，南京國子監祭酒。

雲芝稿

王圻《續文獻通考・經籍考・集下》 《雲芝稿》。王勑著。

黃虞稷《千頃堂書目・別集類》 王敕《雲芝稿》。

玉笥集

《明史・藝文志・別集類》 張憲《玉笥集》十卷。

東田漫稿

范邦甸等《天一閣書目・別集類》 《東田漫稿》六卷。刊本。明東田馬中錫著，沙溪孫緒評，筆山文三畏校并序後，曰：家君同年進士友東田馬公以文章氣節負海內重名，三畏每讀公詩文，輒加敬賞焉。厥嗣監生（詩）〔師〕言近持公遺稿七卷及我淩川兄書，委三畏校正鋟梓，以永厥傳向之心，師言于是爲有終世行。沙溪、端溪二公序之詳矣，聊述刻書之意以紀歲月云。前有同邑孫緒、開州王崇慶序。

《四庫提要・別集類存目二》 《東田漫稿》六卷。直隸總督採進本。明馬中錫撰。中錫字天祿，別號東田，故城人。成化乙未進士，官至左都御史。事蹟具《明史》本傳。是集爲其子師言所編。同邑孫緒序之，稱其詩卑者亦邁許渾，高者當在劉長卿、陸龜蒙之列。而其末力詆竊片語，撏數字，規規於聲韻步驟，摹仿愈工，背馳愈遠。蓋爲李夢陽而發。其排斥北地，未爲不當。然中錫詩格，實出入於《劍南集》中，精神魄力，尚不能逮夢陽也。

東田集

張萱等《内閣藏書目録・集部》 《東田文集》六册。全。嘉靖間馬中錫著。

《明史・藝文志・別集類》 馬中錫《東田集》六卷。

《四庫提要・別集類存目二》 《別本東田集》十五卷。直隸總督採進本。明馬中錫撰。是集爲國朝康熙丁亥，中錫鄉人賈棠所刊，凡文五卷、詩十卷。案《嵩陽雜識》曰：「李空同與韓貫道草疏，劉瑾切齒，必欲置之死，賴康滸西營救而脱。後滸西得罪，空同議論稍過嚴，人作《中山狼傳》以詆之。」王士禎《居易録》亦稱中錫《中山狼傳》爲刺李夢陽負康海而作。今其文在第五卷中。然海以救夢陽坐累，夢陽特未嘗救之耳，未嘗逞凶反噬，如傳所云云也。疑中錫别有所指，而好事者以康、李爲同時之人，又有相負一事，附會其説也。

東田詩集

黃虞稷《千頃堂書目・別集類》 馬中錫《東田詩集》六卷。字天禄，故城人。左都御史，掌院事。

瓜涇集

黃虞稷《千頃堂書目・別集類》 徐源《瓜涇集》二卷。字仲山，長洲人。巡撫山東，副都御史。

東湖遺稿

高儒《百川書志·集·國朝》《東湖遺稿》十一卷。太保大司寇平湖屠勛元勳撰。

黄虞稷《千頃堂書目·別集類》屠勳《東湖遺稿》十二卷。字元勳，平湖人。刑部尚書，加太子太保，謚康僖。

《明史·藝文志·別集類》屠勳《東湖稿》十二卷。

東湖詩

高儒《百川書志·集·國朝》《東湖詩》。太保大司寇平湖屠勳元勳撰。

家藏集

黄虞稷《千頃堂書目·別集類》屠勳《家藏集》六卷。

太和堂集

《四庫提要·別集類存目二》《太和堂集》六卷。浙江汪汝瑮家藏本。明屠勳撰。勳字元勳，平湖人。成化己丑進士，官至刑部尚書，謚康僖。是編詩四卷、文二卷，以神道碑、墓誌附於末。陳懿典序稱合刻屠氏家藏二集，蓋其子應埈有《蘭暉堂集》，當日合爲一編耳。

垣南草堂稿　龍山稿　讀書雜録

黄虞稷《千頃堂書目·別集類》王華《垣南草堂稿》，又《龍山稿》，又《讀書雜録》，共四十六卷。字德輝，餘姚人。一甲第一人，南京禮部尚書。

歸閑文集

高儒《百川書志·集·國朝》《歸閑文纂》十八卷。水部副郎東湖居士錢仁夫士宏撰。

黄虞稷《千頃堂書目·別集類》錢仁夫《歸閑文集》十八卷。

水部詩曆

高儒《百川書志·集·國朝》《水部詩曆》十五卷。水部員外郎海虞錢仁夫士弘二十七年之作。卷列編年，其見聞應接，于以考索，效杜陵詩史之意。曰曆，尊正朔也。

黄虞稷《千頃堂書目·別集類》錢仁夫《水部詩曆》十二卷。字□□，常熟人。工部員外郎，學者稱東湖先生。

《明史·藝文志·別集類》錢仁夫《水部詩曆》十二卷。

憲宗詩集

黄虞稷《千頃堂書目·別集類》憲宗純皇帝《御製詩集》四卷。

《明史·藝文志·別集類》《憲宗詩集》四卷。

立齋稿

黃虞稷《千頃堂書目・別集類》 宋端儀《立齋稿》。字孔時，莆田人，廣東僉事。

柏軒集

黃虞稷《千頃堂書目・別集類》 范吉《柏軒集》。字以真，天台人。

雁蕩山樵詩集

范邦甸等《天一閣書目・別集類》 《雁蕩山樵詩集》十五卷。刊本。明廣東布政東甌吴玄應撰，福建僉事孫吴朝鳳輯。閩游居敬校序稱：曼亭諱玄應，字順德，初襲章姓，至南岡君疏復吴姓，東甌樂清人。成化乙未進士，授南京禮科給事，歷湖廣少參，陝西大參，至方伯。正德初年卒。其父爲尚書恭毅公綸，在景泰年間有奇節。而公屢陳論諫，有乃考風，其猷烈載志乘。晚又號雁蕩山樵，故以名集。

徐𤊹《徐氏家藏書目・別集類》 吴玄應《雁蕩山樵詩集》十五卷。字順德，號曼亭，樂清人。成化乙未進士，官廣東右布政使。父章綸，尚書。復姓吴。

黃虞稷《千頃堂書目・別集類》 章玄應《雁蕩山樵詩集》十五卷。字順德，樂清人，綸子。復姓吴，廣東布政使。

《明史・藝文志・別集類》 《吴玄應詩集》十五卷。

賓山詩集

都穆《南濠居士文跋》 《劉氏賓山集》。【略】壬戌秋遊杭，則先生没已數歲，幸識其子景清于周君襄虞坐上。翌日，景清携先生之詩所謂《賓山集》者示予，因得而盡閱之。

高儒《百川書志・集・國朝》 《賓山詩集》六卷。錢塘劉英邦彦著。

黃虞稷《千頃堂書目・別集類》 劉英《賓山詩集》六卷。字邦彦，錢塘人。景泰中郡邑交辟，以母老辭。

《明史・藝文志・別集類》 《劉英詩集》六卷。

焦雪稿

黃虞稷《千頃堂書目・別集類》 劉英《焦雪稿》。

竹東小編

黃虞稷《千頃堂書目・別集類》 劉英《竹東小編》。

湖山詠録

黃虞稷《千頃堂書目・別集類》 劉英《湖山詠録》。

皇華集

黃虞稷《千頃堂書目・別集類》 俞振才《皇華集》。字仲才，新昌人。

内外臺集

黃虞稷《千頃堂書目・別集類》 俞振才《内外臺集》。

湖南稿

黄虞稷《千頃堂書目・别集類》 俞振才《湖南稿》。

湖湘稿

黄虞稷《千頃堂書目・别集類》 俞振才《湖湘稿》。

新齋集

黄虞稷《千頃堂書目・别集類》 俞振才《新齋集》。

弦齋集

黄虞稷《千頃堂書目・别集類》 楊璡《弦齋集》。字用章，祥符人，山東僉事。

聽庵稿

黄虞稷《千頃堂書目・别集類》 鄭錡《聽庵稿》。字威甫，蘭谿人。

董文簡公集

黄虞稷《千頃堂書目・别集類》 董復《董文簡公集》。字德初，會稽人。

一得稿

黄虞稷《千頃堂書目・别集類》 趙年《一得稿》。字有年，蘭谿人。

碌碌集

黄虞稷《千頃堂書目・别集類》 趙年《碌碌集》。

節庵集

高儒《百川書志・集・國朝》 《節庵集》一卷。浙江參政東安李德恢叔恢撰。文止十五篇。

黄虞稷《千頃堂書目・别集類》 李德恢《節庵集》二卷。字□□，東安人，浙江布政使參政。

後樂亭稿

黄虞稷《千頃堂書目・别集類》 吴誠《後樂亭稿》。字性夫，淳安人。

夔門集

黄虞稷《千頃堂書目・别集類》 吴珏《夔門集》。字孟璋，臨海人。

怡亭集

黃虞稷《千頃堂書目・別集類》 吴珏《怡亭集》。

南郭集

徐𤊹《徐氏家藏書目・別集類》 王弼《南郭集》六卷。字存敬，黄巖人。成化乙未進士，官興化府知府。

黃虞稷《千頃堂書目・別集類》 王弼《南郭集》八卷。字存敬，黄巖人，興化知府。

王南郭詩集

范邦甸等《天一閣書目・別集類》 《王南郭詩集》五卷。刊本。明王存敬著。林俊序云：成化間刑部屬稱小翰林。王南郭存敬，自起進士，宰溧陽，由郎署出守吾莆。詩才吏治，並稱卓絶。公族人僉憲朝器，梓其粹以行，方石菴爲題其略。予披讀已，書語其子進士坊。

西谿集

黃虞稷《千頃堂書目・別集類》 吴瑀《西谿集》。字德徵，崑山人。工部郎中，鑿高郵内湖以避風濤，至今賴之。

宦游稿

黃虞稷《千頃堂書目・別集類》 吴瑀《宦游稿》。

居閒稿

黃虞稷《千頃堂書目・別集類》 吴瑀《居閒稿》。

雲田集

王圻《續文獻通考・經籍考・集下》 《雲田集》。清江彭綱著。提學副使。

黃虞稷《千頃堂書目・別集類》 彭綱《雲田集》。字性仁，清江人，雲南提學副使。

竹室詩

黃虞稷《千頃堂書目・別集類》 王盛《竹室詩》一卷。字茂德，韓城人，山西左參政。

滇南行稿

《四庫提要・別集類存目二》 《滇南行稿》四卷，附録一卷。江西巡撫採進本。明蘇章撰。章字文簡，號雲崖，餘干人。成化乙未進士，官至延平府知府。初，章官兵部主事時，因星變事劾妖僧繼曉、方士李孜省，謫姚安通判。因裒其

所作共爲一集，故以《滇南行稿》爲名。末附詞四闋、《祭胡敬齋》文一首。附録一卷，則其行實及諸家題跋與入祀鄉賢文卷也。章少問學於陳獻章之門。嘗出胡居仁於獄，與吴與弼亦友善。蓋亦刻意講學者，故所作皆率意而成，不能入格云。

思玄集

徐𤊹《徐氏家藏書目・别集類》 桑悦《思玄集》十六卷。字民懌，吴縣人。成化中鄉舉，官長沙通判，調柳州。

張萱等《内閣藏書目録・集部》 《桑思玄集》六册。全。柳州通判桑悦著。

黄虞稷《千頃堂書目・别集類》 桑悦《思玄集》十六卷。字民懌，常熟人，柳州通判。

《明史・藝文志・别集類》 桑悦《文集》十六卷。

《四庫提要・别集類存目二》 《思玄集》十六卷。浙江汪啓淑家藏本。明桑悦撰。悦有《桑子庸言》，已著録。是編賦一卷、文八卷、詩六卷、詩餘一卷，附刻一卷，則悦之志傳也。

兩都賦

王圻《續文獻通考・經籍考・集下》 《大明兩都賦》。吴桑悦撰。

黄虞稷《千頃堂書目・騷賦類》 桑悦《兩都賦》二卷。

《明史・藝文志・别集類》 桑悦《兩都賦》二卷。

思玄文賦

高儒《百川書志・集・國朝》 《思玄文賦》二卷。江西太湖訓導海虞桑悦民懌著。凡十四篇。

古賦

黄虞稷《千頃堂書目・騷賦類》 桑悦《古賦》三卷。門人徐威注。

《明史・藝文志・别集類》 桑悦《古賦》三卷。

夢軒稿

黄虞稷《千頃堂書目・别集類》 劉洪《夢軒稿》。字文裕，定海人。

懷麓堂集

王圻《續文獻通考・經籍考・集下》 《懷麓堂稿》。茶陵李東陽著。字賓之，以神童薦登景泰甲申進士，官柱國少師。

徐𤊹《徐氏家藏書目・别集類》 李東陽《懷麓堂續稿》十三卷。字賓之，號西涯，茶陵州人。四歲舉神童，天順甲申進士，華蓋殿大學士。卒年七十，謚文正。《續稿》邵寶序，樂府自爲注。

黄虞稷《千頃堂書目・别集類》 李東陽《懷麓堂文集》三十卷，《詩集》二十卷。又《後集》三十卷，《詩集》十卷。《懷麓堂續稿》二十卷。字賓之，金吾左衛籍，茶陵州人。少師兼太子太師，吏部尚書，華蓋殿大學士，贈太師。謚文正。

《明史・藝文志・别集類》 李東陽《懷麓堂前後集》九十卷，《續稿》二十卷。

《四庫提要・别集類二三》 《懷麓堂集》一百卷。兵部侍郎紀昀家藏本。明李東陽撰。東陽有《東祀録》，已著録。【略】其集舊版已燬，此本爲國朝康熙壬戌茶陵州學正廖方達所校刻。凡《詩稿》二十卷、《文稿》三十卷、《詩後稿》十卷、《文後稿》三十卷。又《雜稿十卷》，曰《南行稿》、曰《北上録》、曰《經筵講讀》、曰《東祀録》、曰《集句録》、曰《哭子録》、曰《求退録》，凡七種。其《詩後稿》本十卷，張鴻烈跋作二十卷，筆誤也。前有正德丙子楊一清序，及東陽自序。然自序爲擬古樂府

作，不爲全集作，後人移弁全集耳。

張之洞《書目答問・別集》《懷麓堂集》一百卷。明李東陽。重刻本。

東祀録　紀行雜志

高儒《百川書志・集・國朝》《東祀録》一卷，《奏議》一卷，《紀行雜志》一卷。謹身殿大學士長沙李東陽奉勅東祀闕里往迴之作也。疏五、文九、詩二十八。

黄虞稷《千頃堂書目・別集類》李東陽《東祀録》一卷。

講讀録

黄虞稷《千頃堂書目・別集類》李東陽《講讀録》一卷。

北上稿

黄虞稷《千頃堂書目・別集類》李東陽《北上稿》一卷。

南行稿

黄虞稷《千頃堂書目・別集類》李東陽《南行稿》一卷。

求退録

黄虞稷《千頃堂書目・別集類》李東陽《求退録》三卷。

同聲集　後集

王圻《續文獻通考・經籍考・集下》《同聲集》。李西涯、謝方石合著。

吴焯《繡谷亭薰習録・集二》《同聲集》一卷，《後集》一卷。明天台謝鐸方石、長沙李東陽西涯著。成化辛丑蒲田□音序，□□長洲吴寬及東陽自序，新安汪循跋。

西涯麓堂詩話

張萱等《内閣藏書目録・集部》《西涯麓堂詩話》二册。全。李東陽著。

西涯擬古樂府

高儒《百川書志・史詠》《西崖擬古樂府》二卷。皇明西崖公長沙李東陽賓之撰。凡百首。

王世貞《讀書後》書《李西涯古樂府》後。

王圻《續文獻通考・經籍考・集下》《擬古樂府》。李東陽著。

徐𤊹《徐氏家藏書目・別集類》李東陽《擬古樂府》一卷。

張萱等《内閣藏書目録・集部》《西涯擬古樂府》二册。全。弘治間大學士李公東陽著。

西涯古樂府

黄虞稷《千頃堂書目・別集類》李東陽《西涯古樂府》一卷。何孟春注。

音注西崖擬古樂府

高儒《百川書志・史詠》《音注西崖擬古樂府》二卷。郴陽何孟春音注。序列其事，分注其辭，隨加方石謝鐸、南屏潘辰詳點，頗具周詳。

白洲詩集

范邦甸等《天一閣書目・别集類》《白洲詩集》三卷。刊本。明右都御史豫章李士賓著。

圭峰文集　續集

王圻《續文獻通考・經籍考・集下》《圭峰文集》。泰和羅玘著。

徐㶿《徐氏家藏書目・别集類》羅玘《圭峰集》十八卷，《續集》九卷。字景鳴，南城人。成化丁未進士，累官南京吏部左侍郎，致仕。卒年七十三，謚文肅。

黄虞稷《千頃堂書目・别集類》羅玘《圭峰文集》十八卷，又《續集》十四卷。字景鳴，南城人。吏部右侍郎，贈禮部尚書，謚文肅。一作《文肅公集》三十卷。

《明史・藝文志・别集類》羅玘《文集》十八卷，《續集》十四卷。

《四庫提要・别集類二四》《羅圭峰文集》三十卷。江蘇巡撫採進本。明羅玘撰。玘字景鳴，南城人。成化丁未進士，官至南京吏部右侍郎，謚文肅。【略】據玘所作《白江墓碑》，蓋嘗充是任者，故集中諸文，爲宦官作者頗多。雖玘之風概，可以其諒於後世。然其爲微瑕，不止陶集之閒情。顧一一録之，是所不可解也。《因樹屋書影》稱玘集一刻於盱眙，再刻於南國子監，又有武進孫氏本，今皆未見。據此本所敘，則初刻於常州，再刻於荆州，版皆佚。嘉靖五年，陳洪謨得荆州本六卷，又得《續集》二卷、《奏議》一卷，彙而重刊。後其鄉人黄端伯又於玘曾孫寬處求得逸稾，合原集編爲三十卷。是其集輾轉增入，已非其舊。兹數篇者，毋乃端伯所增入歟。此本爲康熙庚午玘八世從孫美才所刊，編次頗無體例。如文以壽文爲冠，而以奏議列雜著後；詩亦以壽詩爲冠，而名之曰「古樂府」。又以詞置賦之後、詩之前，皆爲顛舛。其凡例第二條云：「集中詳加評綴，凡有資舉業者，聯圈標出。」所見如是，則其失於刊削，以多爲貴亦宜矣。

吴壽暘《拜經樓藏書題跋記類五》《圭峰集》。羅文肅《圭峰集》三十七卷，錢湘靈先生評本，朱墨紛綸印記重疊。《四庫書目》三十卷，此多七卷。

尊德堂稿

黄虞稷《千頃堂書目・别集類》魯莊王陽鑄《尊德堂稿》。惠王嫡子，高皇帝玄孫，成化十二年襲封。

東溪稿

《四庫提要・别集類存目二》《東溪稿》十卷。兩淮鹽政採進本。明鄧庠撰。庠字宗周，宜章人。成化壬辰進士。官至南京户部尚書，終蘇州巡撫。是編乃其詩集。凡《吟稿》五卷、《入覲聯句録》一卷、《續稿》三卷、《别稿》一卷，而以石珤所作小傳附焉。

奉天一覽賦

黄虞稷《千頃堂書目・騷賦類》楊通《奉天一覽賦》一卷。

白齋稿

黄虞稷《千頃堂書目・别集類》周南《白齋稿》。字文化，浙江縉雲人。提督兩

廣，右都御史，贈太子少保。

盤錯集

黄虞稷《千頃堂書目・别集類》　周南《盤錯集》。

和許郢州詩

黄虞稷《千頃堂書目・别集類》　周南《和許郢州詩》。

嗜泉詩存

《四庫提要・别集類存目三》　《嗜泉詩存》二卷，附録一卷。浙江巡撫採進本。

明李璋撰。璋字政虹，海鹽人。是集前有正德四年璋自序，稱取舊刻痛加刊削，存十之一，竝及近作爲二卷，雜著、詩餘爲一卷，易其名曰《詩存》。此本爲其十世孫鳳藻所刊，上卷爲古體，下卷爲近體，附録詩説五則，而獨無詩餘、雜著。據其九世族孫纘祖後序，蓋舊刊已佚，此重刻者殘本耳。卷末摘句三十四聯，同時諸人和章及小傳、墓誌銘，皆鳳藻所續也。纘祖跋又稱尚有重刊殘本詩鈔第八、第九兩卷，今未見傳本，其存佚不可知矣。

吹劍集

黄虞稷《千頃堂書目・别集類》　蘇葵《吹劍集》。字伯誠，順德人。福建右布政使。

九柏山房存稿

黄虞稷《千頃堂書目・别集類》　吕㦤《九柏山房存稿》六卷。字秉之，秀水人。大學士原子。仕至太常寺卿。

《明史・藝文志・别集類》　吕㦤《九柏集》六卷。

九栢存稿

高儒《百川書志・集・國朝》　《九栢存稿》七卷。太常寺卿嘉禾吕㦤。

雙谿存稿

黄虞稷《千頃堂書目・别集類》　朱繼祖《雙谿存稿》。字□□，高安人，楚雄知府。

江陵集

黄虞稷《千頃堂書目・别集類》　朱訥《江陵集》二卷。字存仁，寶應人。江陵知縣。朱應登其子也。

卧游清嘯録

黄虞稷《千頃堂書目・别集類》　洪貫《卧游清嘯録》。字唯卿，鄞人，從化知縣。

太白山人稿

黃虞稷《千頃堂書目・別集類》 洪貫《太白山人稿》五十卷。

澹庵稿

黃虞稷《千頃堂書目・別集類》 應元徵《澹庵稿》。字敬之，象山人。

確庵稿

黃虞稷《千頃堂書目・別集類》 柯昌《確庵稿》。字廷言，黃巖人。

芝山稿

黃虞稷《千頃堂書目・別集類》 黃禄《芝山稿》。字漢廉，永嘉人。

檢齋遺稿

黃虞稷《千頃堂書目・別集類》 李文祥《檢齋遺稿》二卷。字天瑞，麻城人。成化丁未進士，兵部主事。

七星詩文存

《四庫提要・別集類存目二》 《七星詩文存》十二卷。江西巡撫採進本。明劉鴻撰。鴻字雲表，泰和人。以居七星坳，自號七星居士。成化丁酉舉人。屢上公車不第，遂放游山水以終。是集爲泰和知縣區時行所編，前有正德五年羅欽順序。其文風格疎暢，多自抒抑塞磊落之懷。詩則率意而成，興寄頗淺。五言絶句中《西州詞》第一首，乃全録《西州古詞》四句，殊不可解。疑或手書是詞，其後人不考而誤收也。

留餘存稿

黃虞稷《千頃堂書目・別集類》 陳烓《留餘存稿》十四卷。字文用，閩縣人，浙江僉事。

蒙菴詩

高儒《百川書志・集・國朝》 《蒙菴詩》一卷。朝列大夫浙江僉事陳烓文用，抑齋子也。詩一百七十九首。

湖山倡和

范邦甸等《天一閣書目・別集類》 《湖山倡和》二卷。刊本。明正德會稽雪湖馮蘭木齊謝遷撰并序。

謝文正公集

黃虞稷《千頃堂書目・別集類》 謝遷《謝文正公集》四十卷。字于喬，餘姚人。一甲第一人，少傅兼太子太傅，户部尚書，謹身殿大學士，贈太傅，謚文正。

歸田稿

張萱等《内閣藏書目録・集部》《木翁歸田稿》四册。正德閒大學士謝公遷致政後稿。

黄虞稷《千頃堂書目・别集類》 謝遷《木翁歸田稿》八卷。

《明史・藝文志・别集類》 謝遷《歸田稿》十卷。

《四庫提要・别集類二四》《歸田稿》八卷。浙江巡撫採進本。明謝遷撰。遷字于喬，餘姚人。成化乙未進士第一，授修撰，官至户部尚書，謹身殿大學士，謚文正。事蹟具《明史》本傳。遷之在内閣也，與劉健同心輔政。史稱其秉節直諒，見事明敏，天下稱爲賢相。其文集全稿，嘉靖中倭亂被燬。此集乃其致仕以後及再召時所作，自題曰《歸田稿》，以授其子至者也。國朝康熙中，其七世孫大名府同知鍾和復加蒐輯，梓而傳之。集中奏疏，類多晚年陳謝之作。凡在朝時嘉謨讜論，均已無存。即史所稱《請罷選妃嬪》、《禁約内官》諸疏，亦不在其閒，則其散失者當復不少。然遷當歸里以後，正劉瑾、焦芳等挾怨修郤，日在危疑震撼之中。而所作詩文，大抵詞旨和平，惟惓惓寄江湖魏闕之思。老臣憂國，退不忘君，讀此一編，已足以知其忠悃矣。

雪岑集

王圻《續文獻通考・經籍考・集下》《孫雪岑集》。孫衍著。

黄虞稷《千頃堂書目・别集類》 孫衍《雪岑集》四卷。字世延，華亭人。延平知府。一作八卷。

雪峰先生存稿

張萱等《内閣藏書目録・集部》《雪峰先生存稿》四册。全。弘治閒華亭孫衍著。

野亭遺稿

徐𤊹《徐氏家藏書目・别集類》 劉忠《野亭遺稿》八卷。字司直，陳留人。成化戊戌進士，官少傅，武英殿大學士，卒年七十二，謚文肅。門生鄒守益序。

黄虞稷《千頃堂書目・别集類》 劉忠《野亭遺稿》十八卷。字司直，陳留人。太子太傅，大學士，贈太保，謚文肅。

伊乘集

黄虞稷《千頃堂書目・别集類》《伊乘集》八卷。字德載，上元籍，吴縣人，四川提學僉事。

兩山集

王圻《續文獻通考・經籍考・集下》《西山集》。參政嚴永濬著。華容人。

黄虞稷《千頃堂書目・别集類》 嚴永濬《兩山集》。字希哲，華容人，南安知府。

静軒集

高儒《百川書志・集・國朝》《静軒先生文集》十五卷，附録一卷。南京都察院右副都御史婺源汪舜民從仁撰。

黄虞稷《千頃堂書目・别集類》 汪舜民《静軒集》十二卷。字從仁，婺源人。撫治鄖陽，右副都御史。

静軒詩

高儒《百川書志・集・國朝》《静軒詩》。南京副都御史徽州汪舜民從仁撰。

臨城集

黄虞稷《千頃堂書目・别集類》章忱《臨城集》。字景恂，會稽人。

克齋稿

黄虞稷《千頃堂書目・别集類》章忱《克齋稿》。

貞齋集

黄虞稷《千頃堂書目・别集類》施恕《貞齋集》。字勉仁，開化人。

先憂集

黄虞稷《千頃堂書目・别集類》祁司員《先憂集》。字宗規，浙江山陰人。

仕優稿

黄虞稷《千頃堂書目・别集類》祁司員《仕優稿》。

石稜粲然稿

高儒《百川書志・集・國朝》《石稜粲然稿》一卷。中順大夫山西提學副使東昌敖山静之撰。

黄虞稷《千頃堂書目・别集類》敖山《石稜粲然稿》一卷。字静之，莘縣人。辛卯解元，翰林院編修，江西提學副使。

鐵谿集

黄虞稷《千頃堂書目・别集類》高鑑《鐵谿集》。字□□，信陽州人，夔州知府。

西潭詩集

黄虞稷《千頃堂書目・别集類》陳章《西潭詩集》。字一夔，華亭人，知高州府。

貽笑稿

黄虞稷《千頃堂書目・别集類》汪貴《貽笑稿》。字良貴，歙縣人，浙江嘉善縣知縣。

竹坡小稿

黄虞稷《千頃堂書目・别集類》王珦《竹坡小稿》。字克温，祁門人。庶吉士，户科給事中，出爲廣西參議。

代思集

黄虞稷《千頃堂書目・別集類》 王珦《代思集》。

贅言録

張萱等《内閣藏書目録・集部》 《贅言録》二册。全。弘治間廣東參政戴□□著。

東嶠集

徐𤊹《徐氏家藏書目・別集類》 李承芳《東嶠集》二卷。字□□，號東嶠，嘉魚人。弘治庚戌進士。

黄虞稷《千頃堂書目・別集類》 李承芳《東嶠集》。字□□，嘉魚人。承箕弟，大理寺寺副。

《四庫提要・別集類存目三》 《東嶠集》十五卷。湖北巡撫採進本。明李承芳撰。承芳字茂卿，嘉魚人。弘治庚戌進士，官大理寺評事。《明史・儒林傳》與其弟承箕同附《陳獻章傳》末。是集詩多俚俗，如《詠馮道》云：「地獄剉燒春磨具，定將此賊謝天人。」《白頭吟》云：「恨殺相如非正氣，未曾焚却白頭吟。」皆墮入下劣詩魔。文亦拙澀。曾璵序謂其識類許魯齋，志類范叔子，睦族類范文正，而詩文則甚自類。蓋譏其無所師法也。

東莊稿

黄虞稷《千頃堂書目・別集類》 孔弘泰《東莊稿》。孔子六十一代孫，字以和，襲封衍聖公。

麟洲存稿

黄虞稷《千頃堂書目・別集類》 楊茂元《麟洲存稿》。字志仁，鄞縣人，守陳子，刑部右侍郎。

諫垣稿

黄虞稷《千頃堂書目・別集類》 龐泮《諫垣稿》。字原化，天台人，廣西布政使。

薇垣稿

黄虞稷《千頃堂書目・別集類》 龐泮《薇垣稿》。

歸田稿

黄虞稷《千頃堂書目・別集類》 龐泮《歸田稿》。

西谿小稿

黄虞稷《千頃堂書目・別集類》 周旋《西谿小稿》。字克敬，慈谿人。以兵科給事中出參廣藩。

震澤集

王圻《續文獻通考・經籍考・集下》《震澤先生文集》。吴縣王鏊著。字濟之，登成化乙未進士第一，官大學士。

徐𤊹《徐氏家藏書目・別集類》 王鏊《文恪集》三十六卷。字濟之，號守溪，吴縣人。成化甲午鄉薦第一，乙未會試第一，廷試第三。累官户部尚書，兼文淵閣大學士，卒謚文恪。

黄虞稷《千頃堂書目・別集類》 王鏊《震澤先生文集》三十六卷。字濟之，吴縣人。甲午解元，會元，一甲第三人。少保，户部尚書兼武英殿大學士，贈太傅，謚文恪。

《明史・藝文志・別集類》《王鏊文集》三十卷。

《四庫提要・別集類二四》《震澤集》三十六卷。江蘇巡撫採進本。明王鏊撰。鏊有《史餘》，已著録。

震澤長語

王圻《續文獻通考・經籍考・集下》《震澤長語》。王鏊著。

震澤編

王圻《續文獻通考・經籍考・集下》《震澤編》。王鏊著。

静遠堂集

黄虞稷《千頃堂書目・別集類》 范璋《静遠堂集》。字朝秉，秀水人。

蘋洲集

黄虞稷《千頃堂書目・別集類》 沈溥《蘋洲集》。字弘濟，烏程人。蘇州通判，嘗上封事八事，皆切時弊。

思軒集

黄虞稷《千頃堂書目・別集類》 鄭欽《思軒集》。字敬之，諸暨人。

安齋集

黄虞稷《千頃堂書目・別集類》 周山《安齋集》。字静之，嵊縣人。

慎庵小稿

黄虞稷《千頃堂書目・別集類》 張瓛《慎庵小稿》六卷。字孔圭，浦城人，蘇州同知。

錦江雜詠

黄虞稷《千頃堂書目・別集類》 張瓛《錦江雜詠》四卷。

雲坪集

黄虞稷《千頃堂書目・別集類》 張天瑞《雲坪集》四卷。字天祥，山東清平人。一甲第二人，右春坊右庶子，兼翰林院侍讀。

古城文略

高儒《百川書志・集・國朝》 《古城文略》五卷。貴州布政使餘干張吉克修撰。

黄虞稷《千頃堂書目・別集類》 張吉《古城文略》四卷。字克修，餘干人，貴州布政使。

古城詩略

高儒《百川書志・集・國朝》 《古城詩略》十卷。貴州布政使餘干張吉堯修撰。

黄虞稷《千頃堂書目・別集類》 張吉《古城詩略》十卷。

古城集　補遺

《四庫提要・別集類二四》 《古城集》六卷，《補遺》一卷。江蘇巡撫採進本。明張吉撰。吉字克修，號翼齋，又曰默菴，又曰怡窩，晚乃自稱曰古城，餘干人。成化辛丑進士，官至貴州左布政使。是編第一卷爲《三朝奏議》，第二卷爲《陸學訂疑》，第三卷爲《貞觀小斷》，第四卷爲《文略》，第五、第六卷爲詩，末有《補遺》，皆雜文。

嘉議堂集

黄虞稷《千頃堂書目・別集類》 祝萃《嘉議堂集》。字維貞，海寧人，陝西提學副使。

虛齋遺稿

黄虞稷《千頃堂書目・別集類》 祝萃《虛齋遺稿》十卷。

《四庫提要・別集類存目二》 《虛齋先生遺集》十卷。編修祝德麟家藏本。明祝萃撰。萃字維真，海寧人。成化甲辰進士，官至廣東布政司參政。是集文五卷、詩五卷。文頗舂容，詩亦妥帖，蓋成、弘間臺閣之體也。

月湖集

高儒《百川書志・集・國朝》 《月湖後稿》三卷。豐城楊廉著。

徐𤊹《徐氏家藏書目・別集類》 楊廉《月湖浄稿》六十二卷。字方震，豐城人。成化丁未進士，官終南京禮部尚書，謚文恪。

黄虞稷《千頃堂書目・別集類》 楊廉《月湖文集》四十八卷。字方震，豐城人。南京禮部尚書。卒贈太子少保，謚文恪。

《明史・藝文志・別集類》 楊廉《文集》六十二卷。

《四庫提要・別集類存目二》 《月湖集》四十八卷。浙江巡撫採進本。明楊廉撰。廉字方震，豐城人。成化丁未進士，官至南京禮部尚書，謚文恪。事蹟具《明史・儒林傳》。是編凡分六集，以所作歲月核之，《月湖浄稿》十九卷、《續稿》二卷、《遺稿》一卷，當在前；《月湖四稿》十卷、《五稿》七卷、《六稿》七卷，當在後。原本次序顛倒，蓋編次偶誤也。廉以氣節稱，而其父崇嘗從吴與弼游，因亦喜講學。請頒薛瑄《讀書録》於同朝，請躋周、程、張、朱於漢唐諸儒上，皆其所奏。故其詩多涉

理路，其文亦概似語録云。

楊文恪集

王圻《續文獻通考・經籍考・集下》 《楊文恪集》。楊濂著。豐城人。官禮部尚書。

大厓集

王圻《續文獻通考・經籍考・集下》 《大崖集》。嘉魚人李承箕著。

黄虞稷《千頃堂書目・别集類》 李承箕《大崖集》二十卷。嘉魚人，舉人。

《明史・藝文志・别集類》 李承箕《大崖集》二十卷。

《四庫提要・别集類存目二》 《李大厓集》二十卷，附録一卷。浙江孫仰曾家藏本。明李承箕撰。承箕字世卿，嘉魚人。讀書大厓山，自號大厓居士。成化丙午舉人。嘗徒步至嶺南，從陳獻章游。及歸，遂隱居黄公山，不復仕進。《明史・儒林傳》附載於《獻章傳》末。是編乃其弟立卿所刻。《明史・藝文志》載《大厓集》二十卷，與此本合。前十二卷爲詩，後八卷爲雜文，附録一卷，則墓表、行狀及陳獻章所贈詩文。前有其兄承芳所作《采菊稿引》。《采菊稿》者，即獻章所贈古詩凡十三首，裝潢成卷。以其首句有「采菊」二字因以名焉。然此宜入附録，乃以冠諸簡端，蓋欲假獻章以重承箕，殊非體例。且重不重繫乎其人，亦不繫乎其師也。

強佐史文

高儒《百川書志・集・國朝》 《強佐史文》一卷。秦長史借山強晟景明著。汝南人也。二十一篇。

借山詩集

高儒《百川書志・集・國朝》 《強左史詩集》六卷。秦府左長史汝南強晟景明著。又名《借山詩稿》。

黄虞稷《千頃堂書目・别集類》 強晟《借山詩集》六卷。字□□，汝南人。秦府左長史。

集　句

高儒《百川書志・集・國朝》 強晟《集句》一卷。

黄虞稷《千頃堂書目・别集類》 強晟《集句》一卷。

秦藩應教詩

高儒《百川書志・集・國朝》 《秦藩應教詩》一卷。強晟爲紀善時，累應簡王之教而作也。

黄虞稷《千頃堂書目・别集類》 強晟《秦藩應教詩》一卷。

見素詩集

范邦甸等《天一閣書目・别集類》 《見素詩集》十四卷。刊本。明右都御史莆田林浚著。石淙楊一清、北郡李夢陽序。正德己卯無錫邵寶後序云：先生夙好吟咏，大篇短章傳播海内。初以秋官郎言事，左遷，久而長憲湖南，以疾歸。越數年起，佐南臺。未幾巡視江西。又數年起，靖蜀寇功成，乃老。今年七十，而望繫乎天下益重。其間四十年所至有詩，其時與地皆可考。集凡十四卷，刻于公伯

子達，同年東莞彭君美中、西蜀高君公次，少傅邃菴楊公既爲之序，而公之甥太倉知州黄君廷宣復屬實數言于後。其文若干卷，別有刻者，茲不著。

黄虞稷《千頃堂書目・別集類》《林俊詩集》十四卷。

《明史・藝文志・別集類》《林俊詩》十四卷。

見素文集　續集

王圻《續文獻通考・經籍考・集下》《林見素集》。莆田林俊著。

黄虞稷《千頃堂書目・別集類》林俊《見素文集》二十八卷，又《續集》十二卷。字待用，莆田人。太子太保，刑部尚書，謚貞肅。

《明史・藝文志・別集類》《林俊文集》四十卷。

《四庫提要・別集類二四》《見素文集》二十八卷，《奏疏》七卷，《續集》十二卷。福建巡撫採進本。明林俊撰。俊字待用，號見素，莆田人。成化戊戌進士，官至刑部尚書。謚貞肅。事蹟具《明史》本傳。【略】所著詩文，張詡序謂俊致仕之時手編成集者五十餘卷。此本文二十八卷，《奏疏》七卷，《續集》詩文十二卷，兼及其起廢以後所作，併附以遺疏四首，與詡序不符。蓋已出後人裒輯，非俊自編之原本也。俊爲文，體裁不一，大都奇崛博奥，不沿襲臺閣之派。其詩多學山谷、後山兩家，頗多隱澀之詞，而氣味頗能遠俗。奏議分《兩曹》、《外臺》、《内臺》、《西征》、《起輔》、《新政》、《秋臺》六稿，無不委曲詳盡，通達事機。平生經略，此足見其大凡矣。又案王鳳靈續集序，稱俊原有詩集十四卷，此本無之。別有《西征集》，凡詩歌二百二篇，跋二篇，賦一篇，書二十二篇，祭文二十四篇，序四篇，記五篇，亦不以詩爲一集。觀其孫則祖跋，稱重梓是書而詩集尚闕，是當時本未同刊，故流傳頗尠。今仍其原第著録云。

西征集

《四庫提要・別集類存目二》《西征集》。無卷數。浙江汪汝瑮家藏本。明林俊撰。俊有《見素文集》，已著録。是集皆其正德四年再起官四川巡撫，平定巴夔土寇時作，故以《西征》爲名。凡詩歌一百二篇、跋二篇、賦一篇、書二十二篇、祭文二十四篇、序四篇、記五篇，末附戴錦所撰《西征傳》，述靖亂始末頗詳。

林貞肅公文集

張萱等《内閣藏書目録・集部》《林貞肅公文集》十册。全。嘉靖間莆田林俊著。

避名稿

黄虞稷《千頃堂書目・別集類》金祺《避名稿》。字宗厚，麗水人。

茅齋集

黄虞稷《千頃堂書目・別集類》金祺《茅齋集》。

白湖集

黄虞稷《千頃堂書目・別集類》金旅《白湖集》。字宗吉，麗水人，祺之弟。

代博稿

黄虞稷《千頃堂書目・別集類》金祼《代博稿》。亦祺弟。

清正吟集

黄虞稷《千頃堂書目・別集類》 東會王《清正吟集》二卷。

澤西集

黄虞稷《千頃堂書目・別集類》 杭濟《澤西集》六卷。字世卿，宜興人，福建布政使。

《明史・藝文志・別集類》 《杭濟詩集》六卷。

家藏集

王圻《續文獻通考・經籍考・集下》 《匏庵集》。長洲吴寬著。字原博，登成化壬辰第一，禮部尚書。

徐𤊹《徐氏家藏書目・別集類》 吴寬《匏翁家藏集》三十卷。字原博，號匏菴。成化壬辰會試、廷試俱第一，官至禮部尚書，謚文定。此集只詩，文尚缺。

黄虞稷《千頃堂書目・別集類》 吴寬《匏庵家藏集》七十七卷。字原博，長洲人。會元，一甲第一人，禮部尚書，贈太子太保，謚文定。《補遺》一卷。

《明史・藝文志・別集類》 吴寬《匏菴集》七十八卷。

《四庫提要・別集類二四》 《家藏集》七十七卷。兩淮鹽政採進本。明吴寬撰。寬字原博，號匏菴，長洲人。成化壬辰進士第一，官至掌詹事府禮部尚書，謚文定。事蹟具《明史》本傳。集爲寬所自訂。李東陽、王鏊二序皆稱詩三十卷、雜文四十卷，總爲七十卷。今此本詩目相同，而文集實多七卷，又附以《補遺》文六篇。後序亦稱寬子中書舍人奭蒐閱笥稿，得詩三十卷、文四十七卷，與前序頗不合。疑七十卷以上乃寬原編，而其後七卷則出奭等所附益也。

虚齋集

張萱等《内閣藏書目録・集部》 《蔡虚齋文集》五册。全。祭酒蔡清著。又五册。全。

黄虞稷《千頃堂書目・別集類》 蔡清《虚齋文集》六卷。字介夫，晉江人，南京國子監祭酒。一作十二卷。

《明史・藝文志・別集類》 蔡清《虚齋文集》五卷。

《四庫提要・別集類二四》 《虚齋集》五卷。浙江巡撫採進本。明蔡清撰。清有《易經蒙引》，已著録。《明史・藝文志》載《清虚齋文集》五卷，與此本合。蓋正德間葛志貞所輯，林俊爲之序。其後棃棗漫漶，清族孫廷魁復爲重刊，而益以補遺、附録，分爲八卷。然所增不過手簡墨蹟，本無關輕重。而史乘傳贊之作一概附入，尤多冗濫，固不若原本之持擇有要矣。

蔡文莊集

《四庫提要・別集類存目二》 《蔡文莊集》八卷。浙江巡撫採進本。明蔡清撰。清有《易經蒙引》，已著録。其集凡有二本。一爲石崖葛氏所刊，即《明史・藝文志》所載五卷之本。一即此本，乾隆壬戌其族孫廷魁所重刊也。自一卷至五卷，仍其舊文而重訂其目。又搜輯墨蹟遺稿爲《補遺》一卷。附以其孫邦騊所集事蹟及志書傳序爲附録二卷。

⿱龍瓦天小稿

黄虞稷《千頃堂書目・別集類》 唐成王彌鍗《⿱龍瓦天小稿》十二卷。莊王芝址庶長子，定王桱曾孫，高皇帝玄孫，初封潁昌王，弘治二年襲封。

梁文康公集

張萱等《内閣藏書目録·集部》 《梁文康公集》四册。全。國朝大學士梁公儲著。

鬱洲遺稿

黄虞稷《千頃堂書目·別集類》 梁儲《鬱洲集》九卷。字叔厚，順德人。會元，少師兼太子太師，華蓋殿大學士，贈太師，謚文康。

《明史·藝文志·別集類》 梁儲《鬱洲集》九卷。

《四庫提要·別集類二四》 《鬱洲遺稿》十卷。兩江總督採巡本。明梁儲撰。儲字叔厚，號厚齋，晚號鬱洲，廣東順德人。成化戊戌進士，官至華蓋殿大學士，謚文康。事蹟具《明史》本傳。是集其子次挹所編，初名《鬱洲集》，香山黄佐爲之序。後其孫孜官中書舍人，從内閣録其奏疏，補入集中，釐爲十卷，故名曰《鬱洲遺稿》，即此本也。

晚節園集

黄虞稷《千頃堂書目·別集類》 孫交《晚節園集》。字□□，鍾祥人。户部尚書，贈少保，謚榮僖。

醉陶詩集

黄虞稷《千頃堂書目·別集類》 徐寬《醉陶詩集》。字立夫，海寧人。

蚓鳴集

黄虞稷《千頃堂書目·別集類》 宋旻《蚓鳴集》十二卷。奉化人，旭之兄。

秋臺集

黄虞稷《千頃堂書目·別集類》 宋旭《秋臺集》十二卷。字訥庵，奉化人。

斗庵集

黄虞稷《千頃堂書目·別集類》 韓鼎《斗庵集》一卷。字□□，合水人，户部右侍郎。

三峰集

黄虞稷《千頃堂書目·別集類》 陳崇德《三峰集》一卷。字季廣，長樂人，浙江布政使。

鳴春集

王圻《續文獻通考·經籍考·集下》 《鳴春集》。知安東縣孫治著。清江人。

黄虞稷《千頃堂書目·別集類》 孫治《鳴春集》。字□□，清江人。臨淮、安東知縣，以忤汪直棄歸。

孫宇台集

軍機處奏《禁毀書目》 《孫宇台集》一部。四本。查《孫宇台集》，係孫治撰。第十四卷有空字，以上下文義核之，當有指斥，應請銷燬。

東江家藏集

王圻《續文獻通考・經籍考・集下》 《東江家藏集》。顧清著。華亭人，禮部尚書。

徐𤊹《徐氏家藏書目・別集類》 顧清《東江集》十卷。字士廉，華亭人。弘治癸丑進士，禮部侍郎。

黄虞稷《千頃堂書目・別集類》 顧清《東江文集》四十二卷。字士廉，華亭人。南京禮部尚書，謚文僖。

《明史・藝文志・別集類》 《顧清文集》四十二卷。

《四庫提要・別集類二四》 《東江家藏集》四十二卷。兩淮馬裕家藏本。明顧清撰。清有《松江府志》，已著録。是集凡《山中稿》四卷爲初集，乃未仕時作；《北遊稿》二十九卷爲中集，乃既仕後作；《歸來稿》九卷爲後集，乃致仕後作。皆清晚年所自編，故體例頗爲精審。又有《留都稿》四卷、《存稿》十卷，爲其子孫所續輯，今已不傳矣。

新齋集

黄虞稷《千頃堂書目・別集類》 王鼎《新齋集》五卷。字□□，福州衛籍，定遠人。都察院左都御史，掌院事，贈工部尚書。

巡吴録

黄虞稷《千頃堂書目・別集類》 王鼎《巡吴録》二卷。

古厓集

黄虞稷《千頃堂書目・別集類》 葉元玉《古厓集》十七卷。字廷璽，清流人。潮州知府。

損齋集

黄虞稷《千頃堂書目・別集類》 梅純《損齋集》。字一之，江寧人。江都留守。

損齋備忘録

王圻《續文獻通考・經籍考・集下》 《損齋備忘録》。夏邑梅純著。

素亭集

黄虞稷《千頃堂書目・別集類》 方向《素亭集》。字與義，桐城人。南京户科給事中，以言事謫多羅驛丞，後官瓊州知府。

省齋集

黃虞稷《千頃堂書目・別集類》 鄭瑗《省齋集》。字仲璧，莆田人。官禮部郎中。

餘力稿

黃虞稷《千頃堂書目・別集類》 汪堅《餘力稿》。字守貞，婺源人。大理寺右寺正。

古直存稿

高儒《百川書志・集・國朝》 《直古存稿》四卷。天台黃巖人王佐仁甫撰。嘗自稱奇怪人也，李西涯爲作傳。自作六十三首，唱和四十九首。

范邦甸等《天一閣書目・別集類》 《古直存稿》一卷。刊本。明王佐撰。謝鐸序云：内閣大學士西涯李公舊爲作《古直傳》，所存詩得六十三首，與諸公倡和贈答者又四十九首，類而録之爲四卷。福建參政歷元化取而刻之。

黃虞稷《千頃堂書目・別集類》 王佐《古直存稿》四卷。字仁甫，黃巖人。自號古直老人。

怡情稿

黃虞稷《千頃堂書目・別集類》 白鉞《怡情稿》。字秉德，南宫人，圭次子。一甲第二人，禮部尚書，掌詹事府事，加太子少保，謚文裕。

雨村集

《四庫提要・別集類存目二》 《雨村集》四卷。直隸總督採進本。明周東撰。東字伯震，號雨村，阜城人。成化甲辰進士，官至大理寺少卿。以伉直忤劉瑾，時寘鐇將變，乃使勘事陝西，會亂作，死之。是集詩一卷、雜文一卷，其後二卷爲《正論》八篇，蓋東子所著之書，編以入集。詩文皆不甚留意。《正論》多刺時之語，蓋亦發憤而著書。然東之足不朽者，終在氣節也。

三渠稿

黃虞稷《千頃堂書目・別集類》 陳仁《三渠稿》。字子居，莆田人。浙江右布政使。

赧古集

黃虞稷《千頃堂書目・別集類》 魏英《赧古集》。字上華，慈谿人。巡撫貴州，都御史。

守魯集

黃虞稷《千頃堂書目・別集類》 陳璽《守魯集》八卷。字德符。焯子。閩縣布衣。

敬亭稿

黃虞稷《千頃堂書目・別集類》 張綸《敬亭稿》。字大經，富峪衛人。右都御史，掌院事，贈太子少保。

關南雜興詩

高儒《百川書志・集・國朝》《關南雜興詩》一卷。石淙楊一清著。

石淙稿

王圻《續文獻通考・經籍考・集下》《石淙稿》。巴陵楊一清著。

《四庫提要・別集類存目二》《石淙稿》十九卷。安徽巡撫採進本。明楊一清撰。一清有《關中奏題稿》，已著録。考《明史・藝文志》載一清《奏議》三十卷、《石淙類稿》四十五卷、詩二十卷。今所傳《關中奏題稿》已與三十卷之數不符。此本有詩無文，首《鳳池稿》，次《省墓稿》，次《禫後稿》，次《西巡稿》，次《北行稿》，次《容臺稿》，次《行臺稿》，次《歸田前稿》，次《自訟稿》，次《制府稿》，次《吏部稿》，次《玉堂稿》，次《歸田後稿》，次《督府稿》，次《玉堂後稿》，各以類分，止十九卷，與《藝文志》卷目亦不合。惟《督府稿》後別附簡札一卷，當爲文集中一種，裝緝誤入於此，忠志或併此數之歟。

制府小稿

王圻《續文獻通考・經籍考・集下》《制府小稿》。楊一清著。

石淙詩集

徐𤊹《徐氏家藏書目・別集類》 楊一清《石淙詩集》二十卷。字應寧，丹徒人。成化壬辰進士，武英殿大學士、太傅，謚文襄。巴陵人。

黃虞稷《千頃堂書目・別集類》 楊一清《石淙詩集》二十卷。

《明史・藝文志・別集類》《楊一清詩》二十卷。

石淙類稿

黃虞稷《千頃堂書目・別集類》 楊一清《石淙類稿》四十五卷。字應寧，巴陵人。少師兼太子太師，吏部尚書，華蓋殿大學士，卒贈太保，謚文襄。

《明史・藝文志・別集類》 楊一清《石淙類稿》四十五卷。

南澗文録

黃虞稷《千頃堂書目・別集類》 林廷玉《南澗文録》七卷。字粹夫，侯官人。平涼衛籍，總督南京，糧儲都御史。一作《南澗先生文集》十二卷。

皁南樓集

黃虞稷《千頃堂書目・別集類》 張元慶《皁南樓集》。字子升，山陰人。

學齋稿

王圻《續文獻通考・經籍考・集下》《學齋稿》。提學僉事姚文灝著。貴溪人。

黃虞稷《千頃堂書目・別集類》 姚文灝《學齋稿》。字□□，貴谿人，湖廣提學僉事。

雪洲文集　雪洲續集

黃虞稷《千頃堂書目・別集類》 黃瓚《雪洲文集》十二卷，又《雪洲續集》四卷。字公儀，儀真人，南京兵部右侍郎。

《明史・藝文志・別集類》《黄瓚文集》十二卷。

《四庫提要・別集類存目二》《雪洲文集》十四卷。浙江巡撫採進本。明黄瓚撰。瓚字公獻，儀真人。成化甲辰進士，官至南京兵部侍郎。是集乃其子襄所刊，自一卷至六卷爲詩，自七卷至十二卷爲文，十三、十四兩卷題曰《續集》，詩文竝列，蓋補遺也。詩多伉厲之響，文亦意境未深。集中載爲山東巡撫時薦劾方面各官疏，於所糾之人，俱闕其名，殆不欲暴人之短耶。

赤城集

楊士奇等《文淵閣書目・文集》《赤城集》。一部，十冊。殘缺。

徐𤊹《徐氏家藏書目・別集類》夏鍭《赤城集》七卷。字德樹，天台人。成化丁未進士，官南京大理寺左評事。

黄虞稷《千頃堂書目・別集類》夏鍭《赤城集》四卷。字德樹，天台人。南京大理寺評事。一作二十三卷。

《四庫提要・別集類存目二》《赤城集》二十三卷。兩淮馬裕家藏本。明夏鍭撰。鍭字德樹，天台人。成化丁未進士，官至南京大理寺左評事。事蹟附見《明史・夏壎傳》。其詩欲爲別調，而轉乖雅則。文亦惟意所如，不可繩以古法。史稱鍭弘治四年謁選時，疏請復李文祥、羅倫官，併請罷大學士劉吉，忤旨下獄。後官評事時，又疏論賦斂、徭役、馬政、鹽課利弊及宗藩、戚里侵漁狀。蓋亦讜正之士，非專意於詞章者也。

赤城夏先生律選

高儒《百川書志・集・國朝》《赤城夏先生律選》一卷。

東所文集

黄虞稷《千頃堂書目・別集類》張詡《東所先生集》十卷。

《明史・藝文志・別集類》張詡《東所集》十卷。

《四庫提要・別集類存目二》《東所文集》十三卷。浙江汪啓淑家藏本。明張詡撰。詡有《白沙遺言》，已著録。是集凡雜文十卷、詩三卷。其學出於新會，故所爲《白沙文集序》、《白沙遺言纂要序》、《周禮重言重意互注序》及《學記》、《與友人往復》諸書，大抵皆本陳氏之説。

南海雜詠

黄虞稷《千頃堂書目・別集類》張詡《南海雜詠》十卷。

《四庫提要・別集類存目二》《南海雜詠》十卷。浙江汪汝瑮家藏本。明張詡撰。是集雜詠廣州古蹟，分爲九門。每題之下，各列小序。皆摭志乘爲之，無所糾正。詩亦罕逢新語。

舫齋集

黄虞稷《千頃堂書目・別集類》李貢《舫齋集》。字惟正，蕪湖人。兵部右侍郎。

愓齋存稿

黄虞稷《千頃堂書目・別集類》陶嵩《愓齋存稿》。字□□，浙江縉雲人。

節齋雜稿

黄虞稷《千頃堂書目・別集類》王綸《節齋雜稿》。字汝言，慈谿人。

禮部要稿

黄虞稷《千頃堂書目・别集類》 王綸《禮部要稿》。

分守要稿

黄虞稷《千頃堂書目・别集類》 王綸《分守要稿》。

承宣稿

黄虞稷《千頃堂書目・别集類》 王綸《承宣稿》。

巡撫稿

黄虞稷《千頃堂書目・别集類》 王綸《巡撫稿》。

新齋稿

黄虞稷《千頃堂書目・别集類》 施槃《新齋稿》。字彦器，黄巖人。

甲軒稿

黄虞稷《千頃堂書目・别集類》 吕獻《甲軒稿》一卷。字貢父，新昌人。南京兵部右侍郎。

使交稿

黄虞稷《千頃堂書目・别集類》 吕獻《使交稿》一卷。

月航集

黄虞稷《千頃堂書目・别集類》 周津《月航集》。字文濟，慈谿人。

東巡稿

黄虞稷《千頃堂書目・别集類》 周津《東巡稿》。

南莊稿

黄虞稷《千頃堂書目・别集類》 李浩《南莊稿》。字□□，曲沃人。太子少保，禮部尚書，掌通政司事，贈太子太保，謚莊簡。

歸田集

黄虞稷《千頃堂書目・别集類》 李浩《歸田集》。

秦游集

黄虞稷《千頃堂書目·别集類》 杜克遜《秦游集》四卷。字宗膚，平陽人。

蓉谿遺稿

張萱等《内閣藏書目録·集部》 《蓉谿遺稿》一册。兵部尚書金獻民著。

二渠巴語

黄虞稷《千頃堂書目·别集類》 張賢《二渠巴語》一卷。字堯臣，祥符人。太原知府。

三渠巴語

高儒《百川書志·集·國朝》 《三渠巴語》一卷。順慶知府祥符張賢著。

宕渠倡和

高儒《百川書志·集·國朝》 《宕渠唱和》一卷。張賢著。

黄虞稷《千頃堂書目·别集類》 張賢《宕渠倡和》一卷。

名賢珠玉

黄虞稷《千頃堂書目·别集類》 張賢《名賢珠玉》□卷。

雲峰集

黄虞稷《千頃堂書目·别集類》 董時望《雲峰集》十三卷。字□□，江西樂安人，監察御史。

商山題詠

黄虞稷《千頃堂書目·别集類》 商鏜《商山題詠》二卷。字彦聲，商州人。南京太僕寺卿，忤劉瑾繫獄，瑾敗，累薦不起。

商谿集

黄虞稷《千頃堂書目·别集類》 商鏜《商谿集》。

三覲稿

黄虞稷《千頃堂書目·别集類》 潘珏《三覲稿》。字玉汝，婺源人，福建僉事。

澹翁稿

黄虞稷《千頃堂書目·别集類》 潘珏《澹翁稿》。

雲萍倡和

黄虞稷《千頃堂書目・别集類》 潘珏《雲萍倡和》。

龍山集

黄虞稷《千頃堂書目・别集類》 鮑楠《龍山集》。字良用，歙縣人。南京户部員外郎。

竹廬詩集

范邦甸等《天一閣書目・别集類》 《竹廬詩集》一册。刊本。明吴璉著，嘉靖九年鄱陽胡韶序。

郭氏聯珠集

范邦甸等《天一閣書目・總集類》 《郭氏聯珠集》二十二卷。刊本。明贈定襄伯郭鈺著。

悔軒集

黄虞稷《千頃堂書目・别集類》 李遜學《悔軒集》四卷。字□□，上蔡人。禮部尚書，兼翰林院學士，掌詹事府事，贈太子太保，謚文簡。

半江集

高儒《百川書志・集・國朝》 《半江集》六卷。廣東按察使吴江趙寬栗夫撰。

黄虞稷《千頃堂書目・别集類》 趙寬《半江集》十六卷。字栗夫，吴江人。會元，廣東按察使。

《明史・藝文志・别集類》 趙寬《半江集》六卷。

《四庫提要・别集類存目二》 《半江集》十五卷。兩淮馬裕家藏本。明趙寬撰。寬字栗夫，號半江，吴江人。成化辛丑進士，官至廣東按察使。是集初爲其邑人王思誠所刊，王守仁、費宏皆爲之序。守仁序不載卷數，但惜其遺稿散佚。宏序稱詩六卷，文如之。此本凡詩八卷、文七卷，蓋其仲子綸掇拾補緝，又增三卷也。

補齋集

黄虞稷《千頃堂書目・别集類》 丁璣《補齋集》八卷。字玉夫，丹徒人，廣東提學副使。

柴墟齋集

王圻《續文獻通考・經籍考・集下》 《紫墟文集》。海寧儲巏著。成化甲辰會元，吏部左侍郎。

黄虞稷《千頃堂書目・别集類》 儲巏《柴墟文集》十五卷。字静夫，泰州人。南京吏部左侍郎，謚文懿。

《明史・藝文志・别集類》 《儲巏文集》十五卷。

《四庫提要・别集類存目二》 《柴墟齋集》十五卷。兩江總督採進本。明

儲巏撰。巏字静夫，號柴墟，泰州人。成化甲辰進士。官至户部侍郎，劉瑾用事，引疾歸。瑾誅，復起，調南京吏部侍郎，卒謚文懿。事蹟具《明史·文苑傳》。是集爲其曾孫耀所刊，詩五卷、序文三卷、墓誌一卷、雜著二卷、奏疏一卷、書簡三卷。

駟野集

王圻《續文獻通考·經籍考·集下》 《駟野集》。儲巏著。

黄虞稷《千頃堂書目·别集類》 儲巏又有《驅野集》。

儲文懿簡公集

張萱等《内閣藏書目録·集部》 《儲文懿簡公集》五册。全。正德間侍郎儲巏著。

好齋集

黄虞稷《千頃堂書目·别集類》 王哲《好齋集》十卷。字□□，吴江人。巡撫江西，都御史。

謙光堂詩集

黄虞稷《千頃堂書目·别集類》 唐恭王彌鉗《謙光堂詩集》四卷。莊王第三子，成王彌鍗之弟，定王桱曾孫，高皇帝玄孫。初封交城王，正德中薨，謚恭靖。後以子宇温襲王，改稱唐王，定謚曰恭。

草窗集

黄虞稷《千頃堂書目·别集類》 劉溥《草窗集》二卷。字原博，長洲人。世以醫名，宣德初授惠民局副使，調太醫院吏目。

《明史·藝文志·别集類》 劉溥《草窗集》二卷。溥與蔣主忠、王貞慶、晏鐸、蘇平、蘇正、湯胤勣、王淮、沈愚、鄒亮等稱「景泰十才子」，當時各有專稿。

《四庫提要·别集類存目二》 《草窻集》一卷。浙江范懋柱家天一閣藏本。明劉溥撰。溥字原博，草窻其别號也，長洲人。宣德初授惠民局副使，後調太醫院吏目。

吴文肅公摘稿

黄虞稷《千頃堂書目·别集類》 吴儼《吴文肅公摘稿》。字克温，宜興人。南京禮部尚書，贈太子少保，謚文肅。

《四庫提要·别集類二四》 《吴文肅公摘稿》四卷。江蘇巡撫採進本。明吴儼撰。儼字克温，宜興人。成化丁未進士，官至南京禮部尚書，謚文肅。【略】其集初藏於家，至萬曆甲申，其孫士遇始刊版。同邑王升、武進莊昶及其仲孫達可爲删而存之，故名曰《摘稿》。儼當何、李未出以前，猶守明初舊格，無鉤棘塗飾之習。其才其學，雖皆不及李東陽之宏富，而文章局度舂容，詩格亦復嫻雅。往往因題寓意，不似當時臺閣流派，沿爲膚廓。雖名不甚著，要與東陽肩隨，亦足相羽翼也。

白巖集

張萱等《内閣藏書目録·集部》 《白巖文集》四册。正德間尚書喬宇著。

黄虞稷《千頃堂書目·别集類》 喬宇《白巖集》二十卷。字希大，山西樂平人。吏部尚書，加少保，兼太子太保，謚莊簡。

王士禛《漁洋書跋》 《喬莊簡公集》。喬莊簡公《白巖集》四卷，有文無詩。

弇州先生爲之序。

《明史·藝文志·别集類》 喬宇《白巖集》二十卷。

鳳巢小鳴稿

范邦甸等《天一閣書目·别集類》 《鳳巢小鳴稿》四卷。刊本。明劉敔著。正德丙子尹南序云：乙亥春，永福令致菴劉先生奏最京師。先是，天官欲擢先生賓州。夏五月，卒于歸途。其子充録拾途次之詩，凡若干卷，名曰《北上稿》。又明年，其仲子魁繕寫成稿，辱書及余，俾引其端。

徐𤊹《徐氏家藏書目·别集類》 劉敔《鳳巢小鳴稿》六卷。字中和，廬陵人。成化丙午鄉舉，賓州知州。

黄虞稷《千頃堂書目·别集類》 劉敔《鳳巢小鳴稿》六卷。字中和，廬陵人。賓州知州。

《明史·藝文志·别集類》 劉敔《鳳巢稿》六卷。

潯陽餘稿

黄虞稷《千頃堂書目·别集類》 戴經《潯陽餘稿》。字孟常，秀水人。

雙湖集

黄虞稷《千頃堂書目·别集類》 戴經《雙湖集》。

戴楚望詩集

黄虞稷《千頃堂書目·别集類》 戴逕《戴楚望詩集》□卷。以王家從世宗入繼大統，授錦衣衛千户，歷官衛僉事。在錦衣常護視詔獄諸人，從聶豹受經於獄中，一時士大夫皆稱其賢。

拙齋稿

黄虞稷《千頃堂書目·别集類》 朱祚《拙齋稿》。字天錫，海鹽人。

雲谷集

黄虞稷《千頃堂書目·别集類》 朱祚《雲谷集》。

雲松遺集

黄虞稷《千頃堂書目·别集類》 徐球《雲松遺集》。字廷美，分水人。

矩庵漫稿

黄虞稷《千頃堂書目·别集類》 陳鎬《矩庵漫稿》。字宗之，南京欽天監籍，會稽人。丙午解元，巡撫湖廣，右副都御史。

小鳴稿

黄虞稷《千頃堂書目·别集類》 秦簡王誠泳《經進賓竹小鳴稿》十卷。惠王公錫庶子，康王孫，高皇帝來孫，弘治元年以鎮安王襲封。紀善強晟校刻其詩，嘉靖元年從孫定王惟焯表上，詔付史館。

《四庫提要·別集類二四》《小鳴稿》十卷。浙江巡撫採進本。明秦王朱誠泳撰。誠泳號賓竹道人，太祖五世孫也。弘治元年以鎮安王襲封，十一年薨，謚曰簡。【略】既薨，紀善強晟校刻其詩。嘉靖初，王孫定王維焯表上之，詔送史館。史稱「經進」，蓋由於此。此本不題「經進」字，蓋刻在前而進在後也。自卷一至卷八皆詩，卷九爲雜文，卷十爲《恩賜勝覽録》，乃弘治癸丑，誠泳請朝命養疾於鳳泉溫泉湯泉時所作。

長平雜稿

黄虞稷《千頃堂書目·別集類》 楊子器《長平雜稿》。字名父，慈谿人。河南左布政使。

柳塘先生遺稿

黄虞稷《千頃堂書目·別集類》 楊子器《柳塘先生遺稿》。

排節宮詞

黄虞稷《千頃堂書目·別集類》 楊子器《排節宮詞》。

詠史詩

黄虞稷《千頃堂書目·別集類》 楊子器《詠史詩》。

早朝詩

范邦甸等《天一閣書目·別集類》 《篆楊名父早朝詩》一卷，附正文一卷。刊本。明高唐王岱翁篆。

黄虞稷《千頃堂書目·別集類》 楊子器《早朝詩》一卷。

悼内詩

都穆《南濠居士文跋》 楊考功《悼内詩》。

養正餘力録

黄虞稷《千頃堂書目·別集類》 博平王《養正餘力録》一卷。周藩。

水村集

黄虞稷《千頃堂書目·別集類》 陸完《水村集》二十卷。字全卿，長洲人。太子太保，吏部尚書。

《明史·藝文志·別集類》 陸完《水村集》二十卷。

蒼榆館近稿

黄虞稷《千頃堂書目·別集類》 張嵿《蒼榆館近稿》六卷。字□□，蕭山人。南京工部尚書。

心齋稿

范邦甸等《天一閣書目・總集類》 《心齋稿》六卷。刊本。明鄞縣李麟著。正德庚辰曾大有跋。

黄虞稷《千頃堂書目・別集類》 李麟《心齋稿》六卷。字仁仲，鄞縣人。貴州布政使。

從吾道人詩稿

黄虞稷《千頃堂書目・別集類》 董澐《從吾道人詩稿》。字復宗，海鹽人。

董從吾稿

《四庫提要・別集類存目三》 《董從吾稿》二卷。浙江汪啓淑家藏本。明董澐撰。澐字復宗，一字子壽，號蘿石，海鹽人。《明史・儒林傳》附載《錢德洪傳》末。嘉靖甲申，澐年六十八，始遊會稽，從王守仁講學，或沮之。澐曰：「吾從吾所好耳。」遂又自號「從吾」。其集以詩與語録、雜文共爲一編，而附守仁和贈諸作。大抵皆暮年談理之詞也。卷末有其子穀跋，稱尚有詩文若干卷未刻，蓋講學以後，轉以早年之作爲不足存云。

南峰集

徐𤊹《徐氏家藏書目・別集類》 楊循吉《南峰集》四卷。字君謙，吴縣人。成化二十年進士，官禮部侍郎。

松籌堂遺集

黄虞稷《千頃堂書目・別集類》 楊循吉《松籌堂遺集》。《齋中雜詠》一卷、《都下贈僧詩》一卷、《菊花百詠》一卷、《攢眉集》一卷、《鐙窗末藝》一卷。字君謙，吴郡人。禮部主事，以病乞歸。

《明史・藝文志・別集類》 《楊循吉遺集》五卷。

松籌堂集

《四庫提要・別集類存目二》 《松籌堂集》十二卷。兩淮鹽政採進本。明楊循吉撰。循吉有《蘇州府纂修識異》，已著録。其平生詩文雜著幾及千卷，蕪累頗甚。是集雖經別裁，尚多俗體。蓋循吉任誕不羈，故其詞往往近俳云。

都下贈僧詩

《四庫提要・別集類存目二》 《都下贈僧詩》一卷。浙江汪汝瑮家藏本。明楊循吉撰。循吉好與方外遊。成化丙午，大給祠牒，吴僧多集京師。其所識緇流，時或往訪。比其還也，各賦詩以送之，因録爲一通，吴寬跋其後。後二年，循吉復摹寬書，刻之持定塔院。

菊花百詠

《四庫提要・別集類存目二》 《菊花百詠》一卷。浙江汪汝瑮家藏本。明楊循吉撰。以菊花種類，各案其名，系以七言絶句，分爲十一類。天文類自《滿天星》以下三首，地理類自《岳州紅》以下三首，人物類自《狀元紅》以下二十一首，

宮室類《金樓子》一首，珍寶類自《銀絞綺》以下七首，時令類自《海棠春》以下六首，花木類自《白牡丹》以下三十二首，身體類自《金寶相》以下三首，鳥獸類自《金鳳仙》以下十三首，衣服類自《黃疊羅》以下十四首，器用類自《蘸金香》以下十八首。

齋中拙咏

《四庫提要·別集類存目二》 《齋中拙咏》一卷。浙江汪汝瑮家藏本。明楊循吉撰。凡古今體詩二十一首，皆循吉官禮部主事，以病乞歸，將發京師，及至家後所作。又以成化甲辰、丙午至弘治戊申所作聯句詩六首附於末。徐景鳳彙刻循吉所著爲《南峰逸稿》，此其一種也。

燈窗末藝

《四庫提要·別集類存目二》 《燈窗末藝》一卷。《攢眉集》一卷。浙江汪汝瑮家藏本。明楊循吉撰。皆所作古文，合兩集僅四十餘首，頗宕逸有奇氣。而縱横曼衍，亦多不入格。徐景鳳亦嘗刻入《南峰逸稿》中。

攢眉集

《四庫提要·別集類存目二》 《攢眉集》一卷。浙江汪汝瑮家藏本。明楊循吉撰。

都玄敬楊君謙雜著

王士禛《漁洋書跋》 《都玄敬楊君謙雜著》。尤翰林悔菴寄都穆玄敬《南濠文跋》寫本凡六卷，其後二卷即《金薤琳琅》諸碑跋也。又楊循吉君謙雜著寫本若干卷，文曰《燈牕末藝》，曰《攢眉集》，詩曰《齋中拙詠》，曰《都下贈僧詩》，曰《菊花百詠》，別有所謂《金山雜志》，山在吳縣西三十里。《廬陽客記》者。《客記》最簡古，有史裁。

南園集

黃虞稷《千頃堂書目·別集類》 張志淳《南園集》。字進之，雲南永昌衛籍，江寧人，南京户部右侍郎。

永昌二芳記

黃虞稷《千頃堂書目·別集類》 張志淳《永昌二芳記》。

惠園集

黃虞稷《千頃堂書目·別集類》 蜀惠王申鑿《惠園集》。獻王曾孫，定王庶三子，成化八年進封。

蘆泉集

王圻《續文獻通考·經籍考·集下》 《蘆泉集》。知鎮江府劉績著，江夏人。

徐𤊹《徐氏家藏書目·別集類》 劉績《蘆泉集》四卷。字用熙，江夏人。弘治庚戌進士，吏部員外，鎮江知府。

黃虞稷《千頃堂書目·別集類》 劉績《蘆泉集》四卷。字用熙，江夏人。鎮江知府。

文毅公集

王圻《續文獻通考・經籍考・集下》《傅文毅集》。傅珪著。清苑人。官禮部尚書。

黄虞稷《千頃堂書目・别集類》傅珪《文毅公集》八卷。

北潭稿

范邦甸等《天一閣書目・總集類》《北潭稿》一册。刊本。明傅珪著。

徐𤊹《徐氏家藏書目・别集類》傅珪《北潭稿》一卷。字邦瑞，保定府清苑縣人。成化丁未進士，禮部尚書。謚文毅。子棨彙次，陸子淵爲序。

黄虞稷《千頃堂書目・别集類》傅珪《北潭集》二卷。字邦瑞，清苑人。禮部尚書，兼翰林院學士，贈太子太保。謚文毅。

畏齋稿

黄虞稷《千頃堂書目・别集類》徐聯《畏齋稿》。字成章，長淮衛人。陝西按察司副使。

謝山人集

王圻《續文獻通考・經籍考・集下》《謝山人集》。謝榛著。

四溟集

范邦甸等《天一閣書目・别集類》《四溟全集》七卷。明謝榛著。

范邦甸等《天一閣書目・總集類》《四溟全集》五卷。刊本。明謝榛撰。

徐𤊹《徐氏家藏書目・别集類》謝榛《四溟旅人集》十卷。字茂秦，號四溟，東昌府臨清人。嘉靖中布衣，與李攀龍、王世貞、徐中行、梁有譽、宗臣、吴國倫稱中原七子。

黄虞稷《千頃堂書目・别集類》《四溟山人集》二十三卷。字茂秦，臨清人。

《明史・藝文志・别集類》謝榛《四溟山人集》二十卷。

《四庫提要・别集類二五》《四溟集》十卷。浙江汪汝瑮家藏本。明謝榛撰。榛字茂秦，臨清人。【略】是編刻於萬曆壬子，乃臨清州知州盛以進得趙邸舊本，重爲補訂。又以榛所撰《詩家直説》二卷，附於卷首。案榛詩足以傳，而論詩之語則多迂謬。今惟録此集，其《詩家直説》則别存目於詩文評焉。

張之洞《書目答問・别集》《四溟集》十卷。明謝榛。明刻本、《盛明百家詩》本。

遊燕集

范邦甸等《天一閣書目・總集類》《遊燕集》六卷。刊本。明謝榛著。

適晉稿

范邦甸等《天一閣書目・别集類》《適晉稿》六卷。刊本。明東郡謝蓁著。北海馮惟訥、河汾孔天允同批點，始于嘉靖癸亥六月，訖于乙丑十二月，題中瀋藩諸宗室皆稱號，諸縉紳隱流皆稱字，從《遊燕集》舊例。

謝茂秦詩

范邦甸等《天一閣書目・別集類》《四溟詩集》一册。謝榛著，并序。

黄虞稷《千頃堂書目・別集類》謝榛《謝茂秦詩》四卷。

《明史・藝文志・別集類》謝榛《詩》四卷。

孝廉集

黄虞稷《千頃堂書目・別集類》陳茂烈《孝廉集》五卷。字□□，興化衛人。

凝齋集　別集

黄虞稷《千頃堂書目・別集類》王鴻儒《凝齋集》九卷，又《別集》二卷。字懋學，南陽人。南京户部尚書，謚文莊。

《明史・藝文志・別集類》王鴻儒《凝齋集》九卷。

南濠文略

黄虞稷《千頃堂書目・別集類》都穆《南濠文略》。字玄敬，吴縣人。禮部主客司郎中，加太僕寺少卿，致仕。

南濠文跋

錢謙益等《絳雲樓書目・國初文集類》都穆《南濠文跋》。

黄虞稷《千頃堂書目・別集類》都穆《南濠文跋》六卷。

南濠詩略

黄虞稷《千頃堂書目・別集類》都穆《南濠詩略》。

石齋集

黄虞稷《千頃堂書目・別集類》楊廷和《石齋集》八卷。字介夫，新都人。大學士，太子太師，謚文忠。一作二十二卷。

《明史・藝文志・別集類》楊廷和《石齋集》八卷。

邵元節集

黄虞稷《千頃堂書目・別集類》邵元節《賜號太和先生集》四卷。

《明史・藝文志・別集類》《邵元節集》四卷。

公安鄒莊簡公存稿

張萱等《内閣藏書目録・集部》《公安鄒莊簡公存稿》二册。全。嘉靖間少保鄒文盛著。

黄虞稷《千頃堂書目・別集類》鄒文盛《公安鄒莊簡公存稿》。

默庵集

黄虞稷《千頃堂書目・別集類》鄒文盛《默庵集》。字□□，公安人。户部尚書，

贈太子少保，謚莊簡。

詩文咨劄

黄虞稷《千頃堂書目・別集類》 孫燧《詩文咨劄》六卷。字德成，餘姚人。

案牘稿

黄虞稷《千頃堂書目・別集類》 孫燧《案牘稿》十卷。

卹刑録

黄虞稷《千頃堂書目・別集類》 孫燧《卹刑録》二卷。

容春堂前集　後集　續集　別集

高儒《百川書志・集・國朝》 《二泉文集》六十六卷。《容春堂前集》二十卷，《容春堂別集》九卷，《戊寅》至《壬午》五集三十七卷，户部左侍郎無錫邵國賢撰。

王圻《續文獻通考・經籍考・集下》 《容春堂集》。錫山邵寶著。

徐𤊹《徐氏家藏書目・別集類》 邵寶《容春堂集》二十卷，《別集》十卷。字國賢，號二泉，無錫人。成化甲辰進士，官南京禮部尚書，謚文莊。正德甲戌刻於家塾。

黄虞稷《千頃堂書目・別集類》 邵寶《容春堂前集》二十卷，又《後集》十四卷，又《續集》十八卷，又《別集》九卷。字國賢，無錫人。南京禮部尚書，謚文莊。

《明史・藝文志・別集類》 邵寶《容春堂全集》六十一卷。

《四庫提要・別集類二四》 《容春堂前集》二十卷，《後集》十四卷，《續集》十八卷，《別集》九卷。浙江汪汝瑮家藏本。明邵寶撰。寶有《左觿》，已著録。

二泉詩

高儒《百川書志・集・國朝》 《二泉詩》。少司徒錫山邵寶國賢撰。

泉齋勿藥集

范邦甸等《天一閣書目・別集類》 《泉齋勿藥集》十四卷。刊本。明户部左侍郎無錫邵寶撰。

徐𤊹《徐氏家藏書目・別集類》 邵寶《勿藥集》十四卷。

黄虞稷《千頃堂書目・別集類》 邵寶《泉齋勿藥集》十四卷。

洞雲稿

黄虞稷《千頃堂書目・別集類》 張時敏《洞雲稿》。字日新，鄞縣人。時孜之兄。

湯廷尉家藏集

黄虞稷《千頃堂書目・別集類》 湯沐《湯廷尉家藏集》四卷。字新之，江陰人。大理寺卿。

吴文端集

范邦甸等《天一閣書目・總集類》 《吴文端公集》十六卷。刊本。明吴白樓

著，邵寶撰像贊。

黃虞稷《千頃堂書目・別集類》 吴一鵬《吴文端公集》十六卷。字南夫，長洲人。太子少保，南京吏部尚書，贈太子太保，謚文端。

《四庫提要・別集類存目三》 《吴文端集》四十卷。安徽巡撫採進本。明吴一鵬撰。一鵬字南夫，號白樓，長洲人。弘治癸丑進士，官至南京吏部尚書，謚文端。

【略】是集前有徐階序，稱其子純叔所編，而不著其名。

程念齋集

黃虞稷《千頃堂書目・別集類》 程楷《念齋集》十四卷。字正之，樂平人。傳臚，官編修。

《四庫提要・別集類存目二》 《程念齋集》十卷。江西巡撫採進本。明程楷撰。楷字念齋，饒州人。成化丁未進士，改庶吉士。是集末有方其跋，稱其家居時所著有《東樓南樓日録》，遊太學時有《屏嵐書屋稿》，官翰林時有《來英亭稿》，皆散落不存。此本乃其郡人史簡所摘鈔，凡文七卷，詩詞八卷。古文具有間架，而醖釀未深。詩詞亦多率意之作，不留心於陶鍊。

東岡小稿

黃虞稷《千頃堂書目・別集類》 倪阜《東岡小稿》六卷。字舜薰，岳弟。四川布政司。

鳳洲遺稿

黃虞稷《千頃堂書目・別集類》 楊茂仁《鳳洲遺稿》。字志道，鄞縣人。

堇山集

黃虞稷《千頃堂書目・別集類》 李堂《堇山遺稿》十五卷。字時升，鄞縣人。總理河道，工部右侍郎，兼僉都御史。

《四庫提要・別集類存目二》 《堇山集》十五卷。浙江孫仰曾家藏本。明李堂撰。堂字時升，鄞縣人。成化丁未進士，官至工部右侍郎，總理漕河。鄞有赤堇山，即《越絶書》所謂「赤堇之溪，涸而出銅」者。堂居其側，故以名集。其文根據未深，持論頗多臆斷。

效唐集

黃虞稷《千頃堂書目・別集類》 丁養浩《效唐集》十二卷。仁和人。

《四庫提要・別集類存目二》 《西軒效唐集録》十二卷。浙江孫仰曾家藏本。明丁養浩撰。養浩字師孟，別號西軒，仁和人。成化丁未進士，官至雲南布政使。是集詩八卷、文四卷。其名「效唐」者，蓋取法唐人之意。然殊不類唐音也。

埭谿集

黃虞稷《千頃堂書目・別集類》 史學《埭谿集》二十卷。字□□，溧陽人。山東左參政。

《明史・藝文志・別集類》 史學《埭谿集》二十卷。

青嶼稿

黃虞稷《千頃堂書目・別集類》 陳世良《青嶼稿》。字崇之，臨海人。南京僉都

御史，提督江防。

任漢詩

黄虞稷《千頃堂書目·别集類》　《任漢詩》六卷。字□□，温江人。南京大理寺卿。

瘦石亭稿

黄虞稷《千頃堂書目·别集類》　蔡餘慶《瘦石亭稿》。字從善，黄巖人。

達意録

黄虞稷《千頃堂書目·别集類》　蔣顒《達意録》。字思誠，臨海人。

錦屏集

黄虞稷《千頃堂書目·别集類》　任儀《錦屏集》十卷。字□□，閬中人。山西右參政，忤逆瑾，謫西安府同知。

紫泉集

黄虞稷《千頃堂書目·别集類》　楊潭《紫泉集》。字□□，直隸新城人。户部尚書。

青谿草

黄虞稷《千頃堂書目·别集類》　朱綬《青谿草》。字文佩，秀水人。

翠屏詩集

黄虞稷《千頃堂書目·别集類》　韋厚《翠屏詩集》四卷。字原載，長興人，黄州同知。

石田慚稿

黄虞稷《千頃堂書目·别集類》　徐鶚《石田慚稿》。字良舉，黄巖人。

東滸漫稿

黄虞稷《千頃堂書目·别集類》　石玠《東滸漫稿》一卷。字□□，藁城人。珤兄。太子少保，户部尚書，贈太子少傅。

永昌百詠

黄虞稷《千頃堂書目·别集類》　滕檳《永昌百詠》。字秀之，永昌人。南京户部郎中。

歸田録

黄虞稷《千頃堂書目・別集類》 滕檟《歸田録》。

自庵稿

黄虞稷《千頃堂書目・別集類》 陳矩《自庵稿》一卷。字諒之，南京欽天監籍，鄞縣人。廣東提學副使。

海山聯句録

黄虞稷《千頃堂書目・別集類》 陳矩《海山聯句録》四卷。

梧山集

黄虞稷《千頃堂書目・別集類》 李克嗣《梧山集》。内江人。南京兵部尚書。謚康和。

尚友堂詩集

黄虞稷《千頃堂書目・別集類》 許琮《尚友堂詩集》。字宗卿，安興人。由進士爲吏曹判書，積官至参政府議政。祖惰，字原德，官奉常，有《梅軒集》。曾祖錦，字在中，官判書，有《野堂集》。

傳響集

范邦甸等《天一閣書目・別集類》 《傳響集》十二卷。刊本。明松陵崔澂著。翰林侍講四明吴惠林屋山人蔡羽序，練溪凌震後序。後附同邑史鑑墓志銘，汝泰哀詞，名公手簡，如沈石田周、李少卿應楨、王黄門徽，周院判庚、史西村鑑、楊儀部循吉、祝進士允明、朱鶴岑存理、汝太守泰、趙刑部寛并名公贈言十四首，會合聯句五首。又有東橋顧璘、長洲文徵明、林屋蔡羽、荆山楊均、練溪凌震、周山顧聞、南濠楊循吉題詞。

黄虞稷《千頃堂書目・別集類》 崔徵《傳響集》。字淵甫，吴江人。國子監生。

東皋集

王圻《續文獻通考・經籍考・集下》 《東皋集》。副使周謨著。新淦人。

東壁遺稿

《四庫提要・別集類存目三》 《東壁遺稿》二卷。浙江孫仰曾家藏本。明蔣燾撰。燾字仰仁，長洲人。徐有貞之外孫也。九歲能究經史百家言，十一歲補郡學生，十七歲而卒。祝允明爲作遺文後序，載其死爲《丹臺記》，事甚怪。燾外舅程遵爲作墓誌、墓碣，集序乃無一語及之。允明故好奇，所作野記、志怪諸書，朱孟震《河上楮談》稱其百無一信，則所述燾事，殆影附《李賀小傳》爲之，未必有據矣。是編乃燾没之後，遵所編次，凡論十五篇，策五篇，表四篇，皆其揣摩科舉之文。大抵才氣溢發，有蘇氏父子遺意，而神鋒太雋，義藴未深，則天限其年，學問未足副之也。遵序稱燾在時，嘗題其文曰《東壁録》，故因其志，題曰《東壁遺稿》云。

康谷子集

《四庫提要・别集類存目三》 《康谷子集》六卷。湖南巡撫採進本。明劉養微撰。養微字敬伯，廣濟人。是集前三卷爲樂府及詩，四卷則其《説鈴》及《自譜》四則。其詩宗李夢陽，而才力薄弱，頗窘於邊幅。其《説鈴》内極推夢陽，謂古色過於子美，未免爲偏好之言。五卷以下附其弟養言詩文，及其遠祖天行、文焕等傳。又附劉秉鈔《石浪詩鈔》、劉醇駿《盟鷗集》、劉鵾化《味閒軒遺稿》數種。皆寥寥數篇，姑備劉氏一家之書而已。

南沙集

黄虞稷《千頃堂書目・别集類》 莫止《南沙集》。字如山，無錫人。

介庵集

黄虞稷《千頃堂書目・别集類》 陸松《介庵集》。字鶴林，平湖人。

燕石存稿

黄虞稷《千頃堂書目・别集類》 徐晟《燕石存稿》。字公允，海鹽人。

東谷存笥集

黄虞稷《千頃堂書目・别集類》 鄭正《東谷存笥集》。字世昌，海鹽人。成化中以貢授廣東市舶提舉。

芝林集

黄虞稷《千頃堂書目・别集類》 劉堪《芝林集》。字子輿，嘉興人。

淵泉集

黄虞稷《千頃堂書目・别集類》 羅肅《淵泉集》二卷。字元溥，上元人。由歲貢生授光澤主簿。

寒齋存稿

黄虞稷《千頃堂書目・别集類》 錢百川《寒齋存稿》。名棨，字東之，無錫人。

九斗山人集

黄虞稷《千頃堂書目・别集類》 葉聰《九斗山人集》。字文明，永嘉人。以子式貴，贈翰林院編修。

汎雪集

黄虞稷《千頃堂書目・别集類》 陳蒙《汎雪集》。字允德，常熟人。

龍谷老人集

黃虞稷《千頃堂書目·別集類》 程玄輔《龍谷老人集》。字叔明，歙人。萬曆間潘景升序。

寶經堂稿

黃虞稷《千頃堂書目·別集類》 汪祚《寶經堂稿》。字承之，歙人。諸生。

月谿集

黃虞稷《千頃堂書目·別集類》 吴鑌《月谿集》。字希聲，歙人。

婁曲山人集

黃虞稷《千頃堂書目·別集類》 沈本初《婁曲山人集》。字大中，崑山人。

玉洲集

黃虞稷《千頃堂書目·別集類》 朱曜《玉洲集》。字叔暘，松江華亭人。以鄉貢士爲鹽課提舉，後以子豹貴封御史。

滌煩亭稿

黃虞稷《千頃堂書目·別集類》 秦奭《滌煩亭稿》。字仲孚，無錫人，夔之弟。

鴻泥堂小稿　續稿

高儒《百川書志·集·國朝》 《鴻泥堂小稿》三卷。江陰文士薛章憲堯卿著。文止二十二篇。

高儒《百川書志·集·國朝》 《鴻泥堂小稿》五卷。江陰文士薛章憲著，都玄敬同時人。

徐𤊹《徐氏家藏書目·別集類》 薛章憲《鴻泥堂稿》八卷。字堯卿，號浮休先生，江陰人。正德中布衣，卒年六十。子甲妻按察副使梓行，都穆序，詩中與吴寬、沈周倡和爲多。

張萱等《内閣藏書目録·集部》 《鴻泥堂集》四册。全。未詳姓氏。

黃虞稷《千頃堂書目·別集類》 薛章憲《鴻泥堂集》八卷，《續集》十卷。字堯卿，號浮休先生，江陰人。薛甲之父。

《四庫提要·別集類存目三》 《鴻泥堂小稿》八卷，《續稿》十卷。浙江孫仰曾家藏本。明薛章憲撰。章憲字堯卿，自號浮休居士，江陰人。小稿刻於正德丁丑，其子布所編，《續稿》刻於嘉靖庚申，邑人沈翰卿所編。詩文皆乏神韻，蓋摹古而僅得其貌也。

半隱集

黃虞稷《千頃堂書目·別集類》 唐廣《半隱集》。字惟勤，歸安人。

朴庵歸休稿

黄虞稷《千頃堂書目·别集類》 陳文《朴庵歸休稿》。長興人。温州衛指揮同知，以征閩功，升浙江都指揮僉事。成化初，總督兩浙漕運。

畏齋存稿

黄虞稷《千頃堂書目·别集類》 倪復《畏齋存稿》。字汝新，鄞縣人。

碧溪詩集

范邦甸等《天一閣書目·别集類》 《張碧溪詩集》六卷。刊本。明慈谿布衣張鈇著，正德丙子翰林編修雲間陸深序後，又書跋。卷末附《鐃歌鼓吹曲》十二章，皆王守仁擒勦寧王平定江西事。其子瀾稱所作詩文甚富，兹僅得詩文一十五卷成編。瀾子堯年乙未登科，補金壇，始克以詩集版布。遺草尚繁，俟後日續刊。

徐𤊹《徐氏家藏書目·别集類》 張鈇《碧溪詩集》六卷。字子威，慈谿人。正德中布衣，善艸書。其孫堯年登嘉靖乙未進士，令金壇時彙梓其集，雲間陸深爲序。

黄虞稷《千頃堂書目·别集類》 張鈇《碧谿集》六卷。字子威，慈谿人，布衣。

詠史百絶

黄虞稷《千頃堂書目·别集類》 張鈇《詠史百絶》。

雲松詩略

范邦甸等《天一閣書目·别集類》 《雲松詩略》八卷。石城儒學著，書亭刊本。明魏偁著，蕭贊摘編。序稱：先生號雲松，石城儒學。所著文幾數百篇，詩餘三千首，贛郡節推張公瓛行部石城欲召工繡梓，先生力辭。贊乃據名人標識其尤者摘鈔一二首，多不過三四十首，名曰《雲松詩略》，持示翰林泰和歐陽鵬，加之評點，復增鈔近作得意者二三十首，并摘頌操詞賦之類，每體二三首，分爲八卷。

黄虞稷《千頃堂書目·别集類》 魏偁《雲松詩略》。字達卿，鄞縣人。石城訓導。

欒山集

黄虞稷《千頃堂書目·别集類》 史徐《欒山集》。字巽伯，溧陽人。都指揮。

海陽集

黄虞稷《千頃堂書目·别集類》 胡尚志《海陽集》。字士先，績谿人。

畏齋詩稿

黄虞稷《千頃堂書目·别集類》 費傑《畏齋詩稿》。字世彦，山陰人。

寓陵集

黄虞稷《千頃堂書目·别集類》 王輔《寓陵集》。字廷佐，嵊縣人。

澹齋稿

黄虞稷《千頃堂書目·别集類》 楊浩《澹齋稿》。字本洪，嵊縣人。

順庵稿

黄虞稷《千頃堂書目·别集類》 錢紱《順庵稿》。字仕彰，嵊縣人。

古齋集

黄虞稷《千頃堂書目·别集類》 錢悌《古齋集》。字舜夫，嵊縣人。

東征集 北上集

吴焯《繡谷亭薰習録·集二》 《東征集》一卷，《北上集》一卷。不□□□□□序。題巖潭王子奉命至魯及還京之作，内□□□□□□□如詩。蓋弘治中人也。

幻寄集

黄虞稷《千頃堂書目·别集類》 梅雪《幻寄集》。錢塘僧。

菊莊集

黄虞稷《千頃堂書目·别集類》 周泰《菊莊集》。字叔亨，嵊縣人。

東谿集

黄虞稷《千頃堂書目·别集類》 潘律《東谿集》。字孔聲，新昌人。

謙亨稿

黄虞稷《千頃堂書目·别集類》 賈穎《謙亨稿》。天台人。

貢齋稿

黄虞稷《千頃堂書目·别集類》 朱麟《貢齋稿》。字宜端，天台人。

遜志集

黄虞稷《千頃堂書目·别集類》 張成德《遜志集》。名渼，以字行，仙居人。

補閒稿

黄虞稷《千頃堂書目·别集類》 金炯《補閒稿》。字逢明，黄巖人。

孔峰集

黄虞稷《千頃堂書目・別集類》 虞鳳《孔峰集》。字文祥，義烏人。

聞道集

黄虞稷《千頃堂書目・別集類》 陳昉《聞道集》。字時望，義烏人。

敬庵雜稿

黄虞稷《千頃堂書目・別集類》 陳昉《敬庵雜稿》。

芝山稿

黄虞稷《千頃堂書目・別集類》 馮圻《芝山稿》。字叔京，義烏人。

雉洲文稿

黄虞稷《千頃堂書目・別集類》 汪紳《雉洲文稿》。字德彰，淳安人。

鈍軒稿

黄虞稷《千頃堂書目・別集類》 張遜《鈍軒稿》。字時敏，無錫人。舉人，福州知府。

雪航集

高儒《百川書志・集・國朝》 《雪航集》十卷。松江散人王桓公玉撰。

黄虞稷《千頃堂書目・別集類》 王桓《雪航集》十卷。字公玉，華亭人。張弼序。

聯錦詩集

黄虞稷《千頃堂書目・別集類》 夏宏《聯錦詩集》四卷。字仲寬，當塗人。集唐句也，劉定之爲序。宏官松谿教諭。別有《零金碎玉集》。

滄江集

徐𤊹《徐氏家藏書目・別集類》 顧文淵《滄江集》四卷。字静卿，錢塘人。成化中諸生，孫男郎中言刻其集。

黄虞稷《千頃堂書目・別集類》 顧文淵《滄江集》四卷。字静卿，錢塘人，成化中諸生。

蛙鳴集

黄虞稷《千頃堂書目・別集類》 鄭伉《蛙鳴集》。字孔明，常山人，從學吴與弼。

西溪集

黄虞稷《千頃堂書目・別集類》 張胃《西谿集》十五卷。字仲翼，嵊縣人。年十

三爲《雲騏》,楊信民薦其經學該博,才堪任使,不報。自號西溪子,琰即其弟之子也。

《明史・藝文志・別集類》 張冑《西溪集》十五卷。

駮齋集

黄虞稷《千頃堂書目・別集類》 張璨《駮齋集》二十卷。字藴之,嵊縣人。從羅頎學,父跛不能行,身自負之,弟病,養之終身。

丁元吉文集

黄虞稷《千頃堂書目・別集類》 《丁元吉文集》六十四卷。字无咎,丹徒人。與陳獻章善,號易洞先生。

《明史・藝文志・別集類》 《丁元吉文集》六十四卷。

天傭集

黄虞稷《千頃堂書目・別集類》 唐成《天傭集》二十卷。字伯敬,丹徒人。

瓢　稿

黄虞稷《千頃堂書目・別集類》 唐成《瓢稿》十卷。

蘭軒集

黄虞稷《千頃堂書目・別集類》 曾仲質《蘭軒集》四卷。字應文,南豐人。陰陽訂徐

和馮海粟梅花百詠

黄虞稷《千頃堂書目・別集類》 曾仲質《和馮海粟梅花百詠》一卷。

澗松稿

《明史・藝文志・別集類》 吕禎《澗松稿》四卷。

澗松遺稿

徐烱《徐氏家藏書目・別集類》 吕禎《澗松遺稿》十六卷。字□□,贑縣人。成化中歲貢,睢寧縣丞。

黄虞稷《千頃堂書目・別集類》 吕楨《澗松遺稿》十六卷。贑縣人。成化歲貢,睢寧縣丞。

櫟亭集

黄虞稷《千頃堂書目・別集類》 尹東郊《櫟亭集》四卷。字敬孚,嘉定州人。博學善爲詩,郡守魏瀚常薦之朝,不就。

竹窗小稿

黄虞稷《千頃堂書目・別集類》 林景清《竹窗小稿》二卷。字靖夫,連江人。成

化中貢士，興國州判官。

鴻泥集

黃虞稷《千頃堂書目·別集類》 龍瑄《鴻泥集》二十卷。霓之父，自號半閒居士。顧東江作傳。字克温，宜春籍，金陵人。與丘濬、陳獻章友善。

《明史·藝文志·別集類》 龍瑄《鴻泥集》二十卷。

燕居集

黃虞稷《千頃堂書目·別集類》 龍瑄《燕居集》。

咏物詩

徐𤊹《徐氏家藏書目·別集類》 陳宏世《咏物詩》一卷。字延之，上元人。

岐阜樵歌

徐𤊹《徐氏家藏書目·別集類》 程恩《岐阜樵歌》二卷。字志榮，號懶樵，休寧人。成化中處士。卒年七十二。

荆山居士集

黃虞稷《千頃堂書目·別集類》 孟淑卿《荆山居士詩》一卷。

《明史·藝文志·別集類》 孟叔卿《荆山居士集》一卷。

恩鍉詩集

黃虞稷《千頃堂書目·別集類》 《恩鍉詩集》。字古田，號友雲。成化間蘇州嘉定護國寺僧。

野庵詩集

高儒《百川書志·集·國朝》 《野庵詩集》三卷。秦釋普太魯山著。

黃虞稷《千頃堂書目·別集類》 普泰《野庵詩集》三卷。字魯山，陝西人。住京師興隆寺，楊循吉喜其「鳥栖匠氏難求木，僧住樵夫不到山」句，爲定其集，王鏊爲序。

《明史·藝文志·別集類》 普泰《野庵詩集》三卷。

禪餘集

黃虞稷《千頃堂書目·別集類》 戒襄《禪餘集》。字子成，號平野，海鹽天寧寺僧。

筠窗録

黃虞稷《千頃堂書目·別集類》 張濂《筠窗録》。字宗源，號筠窗，嘉定人。

蠢遇録

王圻《續文獻通考·經籍考·集下》 《蠢遇録》。金谿吕世忠著。

矜庵詩

王圻《續文獻通考・經籍考・詩集》《矜庵詩》。金谿吴世忠著。

鶴灘集

高儒《百川書志・集・國朝》錢狀元《鶴灘文集》一卷。翰林修撰華亭錢福與謙撰。公名振海宇，惜無全集，此蓋沈行東鈔輯流傳士夫者，序、記、碑、銘、傳、贊三十九篇。

黄虞稷《千頃堂書目・別集類》錢福《鶴灘文集》六卷。字與謙，華亭人。一甲第一人，翰林院修撰。

《明史・藝文志・別集類》《錢福文集》六卷。

《四庫提要・別集類存目三》《鶴灘集》六卷。浙江巡撫採進本。明錢福撰。福字與謙，松江華亭人。弘治庚戌進士第一，官翰林院修撰。家近鶴灘，因以自號。福少而穎悟，詩文以敏捷見長，故委巷鄙俚之詞，率以歸之。今觀是集，實少俳諧之作，知小説多附會也。末爲《鶴灘紀事》一卷，蓋後人綴緝遺聞，又多溢美，亦不盡可憑。

桂軒稿　續集

范邦甸等《天一閣書目・總集類》《桂軒稿》十卷，《續集》六卷。刊本。明四川按察副使番禺江源著。弘治四年盱江張昇、豫章李士實序，廬陵王臣、南溪劉忠評，莆田黄仲昭重評，門生吴璉、盧淵編校，新安汪舜民跋。《續集》六卷，弘治十八年南海張詡序。

翀峰文集

黄虞稷《千頃堂書目・別集類》戴銑《翀峰文集》。字寶之，婺源人。庶吉士，改給事中，以親老改南。劉瑾用事，疏劾中官廷杖，贈光禄少卿。

黄門集

黄虞稷《千頃堂書目・別集類》許天錫《黄門集》三卷。字啓衷，閩縣人。工科都給事中。

交南詩

黄虞稷《千頃堂書目・別集類》許天錫《交南詩》一卷。

白湖集

黄虞稷《千頃堂書目・別集類》鄭汝美《白湖集》八卷。字□□，閩縣人。

毛文簡公類稿　遺稿

王圻《續文獻通考・經籍考・集下》《毛文簡公集》。崑山毛澄著，官禮部尚書。

黄虞稷《千頃堂書目・別集類》毛澄《毛文簡公類稿》十八卷，又《遺稿》二卷。字□□，崑山籍，太倉州人。一甲第一人，太子太傅。

《明史・藝文志・別集類》《毛澄類稿》十八卷。

毛文簡集

《四庫提要・別集類存目三》《毛文簡集》二卷。江蘇巡撫採進本。明毛澄撰。澄號三江，太倉人。弘治癸丑進士第一，官至禮部尚書。嘉靖初，議大禮不合，致仕歸，道卒。事蹟具《明史》本傳。是集皆所作雜文。前有李維楨序，稱「澄没十餘年，其子希原裒所作詩文爲《三江集》，未及剞劂而散佚。後其從曾孫君明蒐拾鳩合，屬維楨校刊，更名曰《遺稿》，詩已無一存，文存者僅二卷耳」云云。此本題曰《毛文簡集》，與序不合，豈又經重刊歟。

王肅公集

都穆《南濠居士文跋》《王肅公集》。故南京吏部尚書毗陵王公集十二卷。公之孫中書舍人昇所詮次。維公以雄才碩學，自入詞林至登八座，中間述作甚富，稿留于家。其子都御史希曾嘗刻之以行，亦既有年。昇以公之文浩瀚，人未易徧覽，托李户部獻吉校定以成斯集，將重刻焉。

謝子象詩集

范邦甸等《天一閣書目・別集類》《謝子象詩》十五卷。刊本。明金陵謝承舉著。初名璿，字子象，夢神授其名，遂改焉。八歲善詩，十舉不第，退耕國門之南，自號野全。又以美鬚髯，行九，人稱爲「髯九」。所著有《采毫録》、《東村稿》、《西遊録》、《在客稿》、《日得録》、《廣陵雜録》、《湘中漫録》，總若干首。子少南以進士官刑郎，刪刻其詩十五卷于京師，皆斷自三十年後諸稿。視少南所葺，僅十之三，視所藏遺稿，僅十之一。嘉靖癸卯西蜀張湖序，同里陳鳳、許穀爲後序。

徐𤊹《徐氏家藏書目・別集類》《謝承舉詩集》十四卷。字子象，上元人。成化中布衣。

黄虞稷《千頃堂書目・別集類》謝承舉《謝子象詩集》十五卷。初名璿，字文卿，既更名，改字子象，上元人。一作《野全子集》。

《明史・藝文志・別集類》《謝承舉(一名璿)詩集》十五卷。

方簡肅文集

張萱等《内閣藏書目録・集部》《方簡肅公文集》四册。全。正德間大司寇方良永著。

黄虞稷《千頃堂書目・別集類》方良永《方簡肅公集》十卷。字□□，莆田人。南京刑部尚書，謚簡肅。

《四庫提要・別集類二四》《方簡肅文集》十卷。浙江巡撫採進本。明方良永撰。良永字壽卿，莆田人。弘治庚戌進士，官至右副都御史，撫治鄖陽，告歸再起，巡撫應天，中途疾作，乞致仕。旋除南京刑部尚書，良永已先卒，謚簡肅。事蹟具《明史》本傳。是集爲河南按察使鄭茂所編，隆慶庚午其孫山東布政使攸續刊之。

元山文選

徐𤊹《徐氏家藏書目・別集類》席書《元山文選》五卷。字文同，濂川州遂寧人。弘治庚戌進士，武英殿大學士，謚文襄。

張萱等《内閣藏書目録・集部》《元山文選》。嘉靖間大學士席公書著。

黄虞稷《千頃堂書目・別集類》席書《元山文選》五卷。字□□，遂寧人。

《明史・藝文志・別集類》席書《元山文選》五卷。

祝京兆集

王圻《續文獻通考・經籍考・集下》《祝京兆集》。姑蘇祝允明著。

祝氏集略

范邦甸等《天一閣書目・總集類》　《祝氏集略》三十卷。刊本。明祝允明撰。眉山張景賢序。集分騷賦、樂府、古調、歌行、近體、古體、論議、書牘、碑版、傳志、紀敘、外教十二類，皆公手自編定。別有祝子通、祝子罪《知蘇林小纂》、《浮物蠶衣》、《太中遺事》、《野記興寧志》，祝子雜《話怪懟鐸音》、《江海□渠記》。

徐𤊹《徐氏家藏書目・別集類》　祝允明《枝山集略》三十卷。字希哲。弘治中鄉舉，官應天府通判。

張萱等《内閣藏書目録・集部》　《祝氏集略》十二册。全。嘉靖間吴郡祝允明著。

黄虞稷《千頃堂書目・別集類》　祝允明《祝氏集略》三十卷。字希哲，長洲人。應天府通判。又有《金縷》、《醉紅》、《窺簾》、《暢哉》、《擲果》、《拂絃》、《玉期》等集。

《明史・藝文志・別集類》　祝允明《祝氏集略》三十卷。

懷星堂集

黄虞稷《千頃堂書目・別集類》　《懷星堂集》三十卷。祝允明著。

《明史・藝文志・別集類》　《懷星堂集》三十卷。祝允明著。

《四庫提要・別集類二四》　《懷星堂集》三十卷。江蘇巡撫採進本。明祝允明撰。允明有《蘇材小纂》，已著録。《明史・藝文志》載《祝氏集略》三十卷、《懷星堂集》三十卷、《小集》七卷。本傳稱其《詩文集》六十卷。朱彝尊《静志居詩話》載《祝氏集略》外，又有《金縷》、《醉紅》、《窺簾》、《暢哉》、《擲果》、《拂絃》、《玉期》等集。今行於世者惟《祝氏集略》及此集，凡詩八卷，雜文二十二卷。

祝氏小集

黄虞稷《千頃堂書目・別集類》　祝允明《祝氏小集》七卷。

《明史・藝文志・別集類》　祝允明《小集》七卷。

魯文恪存集

張萱等《内閣藏書目録・集部》　《蓮北魯文恪公存集》二册。全。嘉靖間祭酒魯鐸著。

黄虞稷《千頃堂書目・別集類》　魯鐸《魯文恪公集》十卷。字振之，景陵人。南京國子祭酒，贈禮部侍郎，謚文恪。一作《蓮北》、《使交》、《東廂》諸集。

《明史・藝文志・別集類》　《魯鐸文集》十卷。

《四庫提要・別集類存目三》　《魯文恪存集》十卷。浙江孫仰曾家藏本。明魯鐸撰。鐸字振之，號蓮北，景陵人。弘治壬戌進士，官至南京國子監祭酒。卒贈禮部侍郎，謚文恪。事蹟具《明史》本傳。是編爲其子彭嘉所編，前四卷皆詩。第五卷爲使交稿，鐸官編修時，嘗奉使安南故也。第六卷以下爲雜文。

已有園稿　續稿

黄虞稷《千頃堂書目・別集類》　魯鐸《已有園稿》二卷，又《續稿》一卷。

蓮北先生集選

徐𤊹《徐氏家藏書目・別集類》　魯鐸《蓮北先生集選》一卷。字振之，景陵人。弘治壬戌會元，國子祭酒。羞與送瑾同朝，拂衣歸，卒年六十七，謚文恪。同鄉譚元春所删者也。

晉郊集

黄虞稷《千頃堂書目・別集類》　閻睿《晉郊集》。字汝思，祁縣人。浙江按察司

副使。

南屏遺稿

黃虞稷《千頃堂書目・别集類》 高友璣《南屏遺稿》。字□□，慈谿人。

兩谿詩集

黃虞稷《千頃堂書目・别集類》 葛浩《兩谿詩集》。字天宏，上虞人。

甌濱集

黃虞稷《千頃堂書目・别集類》 王瓚《甌濱集》。字思獻，永嘉人。一甲第二人，南京禮部右侍郎，贈尚書。

甕山集

黃虞稷《千頃堂書目・别集類》 周秀《甕山集》。字公全，歷城人。貢士，上元知縣，擢懷慶府同知。

中丞集

徐𤊹《徐氏家藏書目・别集類》 文森《中丞集》一卷。字宗嚴，號白湖，洪之仲子。成化二十三年進士，官終右僉都御史。

黃虞稷《千頃堂書目・别集類》 文森《中丞集》一卷。字宗慶，長洲人。巡撫南贛，都御史，未任。

采芹餘興

黃虞稷《千頃堂書目・别集類》 邢珣《采芹餘興》。字子用，當塗人，江西左布政使。

章貢雜稿

黃虞稷《千頃堂書目・别集類》 邢珣《章貢雜稿》。

江藩隨筆

黃虞稷《千頃堂書目・别集類》 邢珣《江藩隨筆》。

歸田野語

黃虞稷《千頃堂書目・别集類》 邢珣《歸田野語》。

雙溪詩集

范邦甸等《天一閣書目・别集類》 《雙溪詩集》八卷。刊本。明杭淮著。弟洵重刊。嘉靖乙未晉江王慎中序，林東海跋。

黃虞稷《千頃堂書目・别集類》 杭淮《雙谿詩集》八卷。字東卿，宜興人。總督南京糧儲，工部侍郎。

《明史・藝文志・別集類》 杭淮《雙溪詩集》八卷。

《四庫提要・別集類二四》 《雙溪集》八卷。浙江朱彝尊家曝書亭藏本。明杭淮撰。淮字東卿，宜興人。弘治乙未進士，官至南京總督糧儲右副都御史。【略】此本乃其弟洵所編，爲朱彝尊曝書亭舊藏。卷末有彝尊手題兩行，稱「康熙辛巳九月十九日，竹垞老人讀一過，選入《詩綜》一十四首」。各詩内亦多圈點甲乙之處，蓋其輯《明詩綜》時所評騭。今《詩綜》本内所録淮詩篇數，竝與自記相同。中如《打牛坪詩》第三聯，原本作「碧嶂自雲生」，而彝尊改作「蔓草自春生」。《王思槐過訪詩》第三聯，原本作「野竹過牆初挺秀」，而彝尊改作「挺拔」。亦間有所點定，皆較原本爲善。

麗藻堂文集

黄虞稷《千頃堂書目・別集類》 徐霖《麗藻堂文集》。字子仁，吳人。徙南京，補諸生，坐事削籍。武宗南狩，召見欲官之，固辭。賜飛魚服，扈從還京，後歸里。又有《端居詠》、《遠游紀》、《北行稿》、《皖游録》、《古杭清游稿》。

徐子仁詩集

黄虞稷《千頃堂書目・別集類》 徐霖《徐子仁詩集》四卷。

名山百咏

徐𤊹《徐氏家藏書目・別集類》 徐霖《名山百咏》一卷。字子仁，號髯仙，金陵人。正德中布衣，善書畫。武宗三幸其家。長於小詞，別號九峰。

熊士選集

范邦甸等《天一閣書目・別集類》 《熊士選集》一册。刊本。明熊卓著。司馬公校刊。正德七年李夢陽序云：熊士選者，豐城曲江人也，名卓，字士選，弘治丙辰進士，除平湖知縣，後擢監察御史。劉瑾矯詔黜歸者四十有八人，士選及余與焉。踰年起余官江西，過豐城，訪其人于曲江之濱，亡矣。乃收輯其遺詩可讀者六十篇録之，俾藏于家。

黄虞稷《千頃堂書目・別集類》 熊卓《熊士選集》一卷。字士選，豐城人。監察御史。

侍御詩選

徐𤊹《徐氏家藏書目・別集類》 熊卓《侍御詩選》一卷。字士選，號東溪，豐城人。弘治丙辰進士，官平湖知縣，監察御史。

偶山集

徐𤊹《徐氏家藏書目・別集類》 田登《偶山集》四卷。字有年，西安府長安人。弘治乙丑進士，官刑部時抗疏諫武宗南巡，湖廣參政累薦不起。子田部令内鄉時刻也。

黄虞稷《千頃堂書目・別集類》 田登《偶山集》四卷。字有年，長安人。刑部郎中，諫南巡被杖，後官湖廣參政。

行臺紀興

黄虞稷《千頃堂書目・別集類》 周在《行臺紀興》。

燕京逮事録

黃虞稷《千頃堂書目・別集類》 周在《燕京逮事録》。字善卿，太倉州人，浙江右參政。

吴清惠公集

張萱等《内閣藏書目録・集部》 《吴清惠公集》五册。全。正德間大司寇吴廷舉著。

西巡類稿

《四庫提要・別集類存目二》 《西巡類稿》八卷。浙江范懋柱家天一閣藏本。明吴廷舉撰。廷舉字獻臣，梧州人。成化丁未進士，官至南京工部尚書，謚清惠。

東湖詩集

黃虞稷《千頃堂書目・別集類》 吴廷舉《東湖詩集》。蒼梧人。南京工部尚書。

磧東集

黃虞稷《千頃堂書目・別集類》 秦文《磧東集》。字從簡，臨海人。

關東稿

黃虞稷《千頃堂書目・別集類》 秦文《關東稿》。

柏崖集

高儒《百川書志・集・國朝》 《柏崖詩》一卷。南京户部郎中陳墀德階，果菴子也。詩三百八首。

黃虞稷《千頃堂書目・別集類》 陳墀《柏崖集》一卷。字德階，閩縣人，□□副使。

瓊瑰録

范邦甸等《天一閣書目・別集類》 《瓊瑰録》二卷。刊本。明湘源蔣冕著。嘉靖壬午李璧序云：少傅敬所先生湘源蔣公官翰林時，於其舅氏陳君以照之歸滇也，嘗賦詩送之，厥後都相位，復作詩九首以寄，念母之深，待舅之厚，于是乎可考。璧官臨安，過通海，訪諸陳氏，得是詩而讀之，重其類乎古之道，謹爲次録，名曰《瓊瑰》，蓋取渭陽卒章之義，併以當時同官諸公所贈詩文附焉。

湘臯集

徐𤊹《徐氏家藏書目・別集類》 蔣冕《湘臯集》三十二卷。字敬之，號敬所，全州人。成化丁未進士，謹身殿大學士，謚文定。

張萱等《内閣藏書目録・集部》 《湘臯集》八册。全。嘉靖間大學士蔣公冕著。

黃虞稷《千頃堂書目・別集類》 蔣冕《湘皋集》三十三卷。字敬之，全州人。少傅兼太子太傅，户部尚書，謹身殿大學士，贈少師，謚文定。

《明史・藝文志・別集類》 蔣冕《湘皋集》三十三卷。

《四庫提要・別集類存目二》 《湘皋集》三十三卷。浙江孫仰曾家藏本。明蔣冕撰。冕字敬所，案《明史》本傳，冕字敬之，然編首王宗沐、黃佐、陳邦偁、吕調陽四序俱稱敬所，同時之人不應有誤，疑《明史》乃刊本之訛。全州人。成化丁未進士，官至户部尚書，謹身殿大學士，謚文定。事蹟具《明史》本傳。是集分奏對四卷、奏疏三卷、附録召對及經筵講章敕諭等稿一卷、詩八卷、詞一卷、序記等雜文十六卷。

樗林摘稿

黃虞稷《千頃堂書目・別集類》 秦鏜《樗林摘稿》三卷，附録一卷。字國和，無錫人。隱居，人稱貞静先生。

《四庫提要・別集類存目三》 《樗林摘稿》三卷，附録一卷。浙江汪汝瑮家藏本。明秦鏜撰。鏜字國和，號樂易，又自號類樗子，無錫人。弘治甲子舉人，親没後不復進取。嘉靖中，召選人不願試者授以散銜致仕，遂循例授南京都察院都事。是集爲其子淮、漳所刊，凡詩三卷，附録贊銘誌文爲一卷。鏜隱居不仕，絶意時名。其於詩，特以寄興，故附録諸篇，皆敘其隱德而不及其文章。朱彝尊《明詩綜》亦未採録一篇云。

容堂雜稿

黃虞稷《千頃堂書目・別集類》 楊宏《容堂雜稿》。字希仁，海州人。世襲指揮，歷官中軍都督府都督同知，督理漕運。

自考録

黃虞稷《千頃堂書目・別集類》 楊宏《自考録》。

貞翁浄稿

徐𤊹《徐氏家藏書目・別集類》 周倫《貞翁浄稿》十二卷。字伯明，號貞菴，昆山人。弘治己未進士，累官南京刑部尚書，致仕。卒年八十，贈太子少保，謚康僖。文徵明爲之傳，嘉靖戊午男鳳起梓之。

黃虞稷《千頃堂書目・別集類》 周倫《貞翁稿》十二卷。字伯明，崑山人。南京刑部尚書，贈太子少傅，謚康僖。

《明史・藝文志・別集類》 周倫《貞翁稿》十二卷。

《四庫提要・別集類存目三》 《貞翁浄稿》十二卷。浙江汪汝瑮家藏本。明周倫撰。倫字伯明，晚號貞翁，崑山人。弘治己未進士，官至南京刑部尚書。謚康僖。是集爲趙士英所刪定，其詩沿臺閣舊派，不免膚廓。士英序謂其有得於陶元亮、王摩詰兩家，非定論也。

鼇峰類稿

黃虞稷《千頃堂書目・別集類》 毛紀《鼇峰類稿》二十四卷。字維之，掖縣人。少保兼太子太保，吏部尚書，謹身殿大學士，卒贈太保，謚文簡。

《明史・藝文志・別集類》 毛紀《鼇峰類稿》二十六卷。

《四庫提要・別集類存目二》 《鼇峰類稿》二十六卷。浙江巡撫採進本。明毛紀撰。紀有《密勿稿》，已著録。是集乃紀致仕後所手定。前十八卷爲文，後八卷爲詩。朱彝尊《明詩綜》載紀有《鼇頭類稿》，蓋即此編。校刊偶疎，誤以「峰」字爲「頭」字也。

渺粟稿

黄虞稷《千頃堂書目・别集類》 盧濬《渺粟稿》。字希哲，天台人。

黄州詩集

黄虞稷《千頃堂書目・别集類》 盧濬《黄州詩集》。

雪窗遺稿

黄虞稷《千頃堂書目・别集類》 余默《雪窗遺稿》。字克容，龍游人。

幸庵集

黄虞稷《千頃堂書目・别集類》 彭澤《幸庵集》一卷。字□□，蘭州衛人。

《明史・藝文志・别集類》 彭澤《幸菴行稿》十二卷。

懷古集

黄虞稷《千頃堂書目・别集類》 彭澤《懷古集》一卷。

梅花詩

徐𤊹《徐氏家藏書目・别集類》 章琥《梅花詩》二卷。字廷瑞，蘭溪人，號草窗。弘治庚戌進士，官工部郎中。

黄虞稷《千頃堂書目・别集類》 童琥《梅花詩》二卷。字廷瑞，蘭谿人。工部郎中，按察司副使。

梅花集句

徐𤊹《徐氏家藏書目・别集類》 章琥《梅花集句》二卷。

黄虞稷《千頃堂書目・别集類》 童琥《梅花集句》二卷。

《四庫提要・别集類存目三》 《集古梅花詩》四卷。浙江巡撫採進本。明童琥撰。琥字廷瑞，蘭谿人。弘治庚戌進士，官至工部郎中。是編皆集句成詩，以咏梅花，得五言律詩、七言律詩、七言絶句各百首。又旁及紅梅，得七言律詩十首。所採上自六代，下及明初，排比聯貫，往往巧合。然非詩家正格，徒弊精神於無用之地耳。

寫懷集

黄虞稷《千頃堂書目・别集類》 童琥《寫懷集》。

克齋集

黄虞稷《千頃堂書目・别集類》 陶懌《克齋集》。字習之，會稽人。

澹庵稿

黄虞稷《千頃堂書目・别集類》 韓智《澹庵稿》。滋陽人，工科都給事中。

白露集

黃虞稷《千頃堂書目・別集類》 黃傅《白露集》。字夢弼，蘭谿人。

《四庫提要・別集類存目三》 《白露山人遺稿》二卷。浙江巡撫採進本。明黃傅撰。傅字夢弼，蘭谿人。弘治庚戌進士，官至監察御史。是編詩文各一卷，其居在邑之白露山陽，故以山自號，因以名集。傅受業章懋之門，清苦自持，不愧其師。集中有「死卧溪山鬼亦清」句，可以見其志節。然年未四十而卒，文章則未成就也。

石林稿

黃虞稷《千頃堂書目・別集類》 徐珫《石林稿》。字信之，江寧人。浙江布政司參議。

茁齋集

黃虞稷《千頃堂書目・別集類》 鄒虞《茁齋集》。字天祥，仁和人。

蛙鳴集

黃虞稷《千頃堂書目・別集類》 鄭瓘《蛙鳴集》。字威甫，蘭谿人，錡子，一作字温卿。楚雄判官。

何檢討集

黃虞稷《千頃堂書目・別集類》 何洽《何檢討集》。字允仁，富陽人。

弦齋集

黃虞稷《千頃堂書目・別集類》 羅柔《弦齋集》。字□□，無錫人。建寧知府，有廉聲。

犀潭集

黃虞稷《千頃堂書目・別集類》 袁經《犀潭集》。字□□，寧鄉人。巡撫遼東，都御史。

惜陰小稿

黃虞稷《千頃堂書目・別集類》 楊旦《惜陰小稿》。字晉叔，建安人。南京禮部尚書。

世潛集　葵草録

徐𤊹《徐氏家藏書目・別集類》 王鉞《世潛集》八卷。附子王縉《葵草録》一卷。字□□，臨海人。弘治庚戌進士，號素菴，官刑科給事中。

雪筠集

黃虞稷《千頃堂書目・別集類》 方良節《雪筠集》。字介卿，莆田人。布政使。

戒庵文集

王圻《續文獻通考・經籍考・集下》《靳文僖公集》。丹徒靳貴著。官大學士。

黄虞稷《千頃堂書目・別集類》靳貴《靳文僖公戒庵集》二十卷。字充道，丹徒人。一甲第三人，太子太保，户部尚書兼武英殿大學士，贈太傅，謚文僖。

《明史・藝文志・別集類》靳貴《戒菴集》二十卷。

《四庫提要・別集類存目三》《戒庵文集》二十卷。兩江總督採進本。明靳貴撰。貴字充遂，號戒菴，丹徒人。弘治庚戌進士，官至武英殿大學士，謚文僖。是集乃吴郡蔡羽所編，凡文十八卷、詩二卷，大半皆應俗之作。

石厓稿

黄虞稷《千頃堂書目・別集類》熊桂《石厓稿》。字世芳，新建人。山東參政。

熊峰集

高儒《百川書志・集・國朝》《熊峰集》二卷。相公石珤撰。凡二十八首。

王圻《續文獻通考・經籍考・集下》《熊峰集》。藁城石瑶著。

徐𤊹《徐氏家藏書目・別集類》石瑶《熊峰集》四卷。字邦彦，真定藁城人。成化丁未進士，文淵閣大學士。謚文隱，改謚文介。

黄虞稷《千頃堂書目・別集類》石珤《熊峰集》四卷。字邦彦，藁城人。吏部尚書，武英殿大學士，加少保兼太子太保。謚文隱，隆慶改謚文介。

《明史・藝文志・別集類》石珤《熊峰集》四卷。

《四庫提要・別集類二四》《熊峰集》十卷。直隸總督採進本。明石珤撰。珤字邦彦，藁城人。成化丁未進士，官至文淵閣大學士，謚文隱，改謚文介。事蹟具

《明史》本傳。珤出李東陽之門，東陽每稱後進可託以柄斯文者，惟珤一人。皇甫汸嘗刪定其集爲四卷，歲久版佚。國朝康熙丁未，餘姚孫光曷爲藁城知縣，得《別集》遺稿於其家，爲合而重刊之。嗣聞真定梁清標家有其全稿，乃購得續刊，共爲十卷，即此本也。自一卷至四卷爲詩，五卷六卷爲文，七卷至九卷又爲詩，十卷又爲文。蓋刊版已定，不能依類續入，故其體例叢脞如是也。

又《存目二》《別本熊峰集》四卷。浙江汪汝瑮家藏本。明石珤撰。珤有全集十卷，已著録。案朱彝尊《明詩綜》，稱珤所著《名恒陽集》，曲周令皇甫汸刪定爲四卷，詩僅一百九十餘首。今此集題作《熊峰先生集》，前後無序跋，詩亦一百九十餘首。而《詩綜》所録惟《春日雜言》、《秋蓮曲》、《會昌宫詞》三首在集中。其《送邵國賢》、《芟田行》、《春渡滹沱》諸篇皆未之載。疑此爲初刊別行之本，非汸所選，故集名亦各不同。然卷數篇數又合，殊不可解。今未見原刻，其同異莫能詳也。以此雖舊本，而不及康熙中所刻新本之賅備。故録其新本，而此本附存目焉。

未軒漫稿

黄虞稷《千頃堂書目・別集類》周季鳳《未軒漫稿》。字□□，寧州人。巡撫應天，副都御史，贈刑部尚書，謚康惠。

南隖集

黄虞稷《千頃堂書目・別集類》賈詠《南隖集》十卷。字□□，臨潁人。

《明史・藝文志・別集類》賈詠《南隖集》十卷。

竹巖集

黄虞稷《千頃堂書目・別集類》胡汝礪《竹巖集》。字□□，溧陽人。寧夏中衛

籍，兵部尚書。

峰溪集　外集

徐𤊹《徐氏家藏書目・別集類》　孫璽《峰溪集》六卷。字朝信，平湖人。正德戊辰進士，官山西參議。卒年七十一。以子植貴，贈刑部尚書。

黃虞稷《千頃堂書目・別集類》　孫璽《峰谿集》五卷。字朝信，平湖人。山西按察司僉事，以子植貴，贈刑部尚書。

《四庫提要・別集類存目三》　《峰溪集》五卷，《外集》一卷。浙江孫仰曾家藏本。明孫璽撰。璽字朝信，平湖人。正德戊辰進士，官至山西按察司僉事。是集乃其子刑部尚書植所編。璽先世居松江之華亭，南有九峰，東有盛溪，自號曰峰溪道人，併以名集。卷一至卷四爲詩，多往來滇、晉道中游覽之作。卷五爲文，不過試策、書啓之類。《外集》則其任揚州時所頒條令也。

祈山小稿

高儒《百川書志・集・國朝》　《祈山小稿》一卷。祁門孫璽汝信著。

李徵伯存稿

高儒《百川書志・集・國朝》　《李徵伯存稿》五卷。長沙李兆先徵伯撰。

黃虞稷《千頃堂書目・別集類》　李兆先《李徵伯存稿》十一卷。

《四庫提要・別集類存目三》　《李徵伯存稿》十三卷。兩淮鹽政採進本。明李兆先撰。兆先字徵伯，茶陵人。大學士東陽之子，以廕爲國子生，年二十七而卒。【略】是集凡詩賦、雜文十一卷，又《東行稿》一卷，乃其自京師赴山東之作，附録一卷，則東陽所爲《兆先誌》及同時諸人慰問詩具在焉。

東行稿

高儒《百川書志・集・國朝》　李兆先《東行稿》一卷，附録一卷。

黃虞稷《千頃堂書目・別集類》　李兆先《東行稿》一卷。李東陽子。

博趣齋稿

高儒《百川書志・集・國朝》　王虎谷《博趣齋稿》二十一卷，附録二卷。右副都御史虎谷王雲鳳應韶撰。

張萱等《内閣藏書目録・集部》　《虎谷集》三册。全。大中丞王雲鳳著。即《博趣齋稿》也，凡二十三卷，全。

黃虞稷《千頃堂書目・別集類》　王雲鳳《博趣齋稿》二十三卷。

王虎谷詩

高儒《百川書志・集・國朝》　《王虎谷詩》。右都御史虎谷王雲鳳應韶著。

簪萍録

高儒《百川書志・別集》　《簪萍録》一卷。皇明王雲鳳關西紀行之作。

虎谷集

黃虞稷《千頃堂書目・別集類》　王雲鳳《虎谷集》二十一卷。字應韶，和順人。

巡撫宣府，右僉都御史。

王士禎《漁洋書跋》　《王虎谷集》。正德中，給事中屈銓、祭酒王雲鳳先後疏請刊定正德元年以後《現行事例》，編集成書，頒布中外。又請瑾釋奠，如魚朝恩故事。銓不足言，雲鳳號稱名臣，乃亦靦顔爲此，何也？雲鳳與喬莊簡、王瓊齊名，號「河東三鳳」。莊簡尚矣，瓊與雲鳳，何異華歆之龍尾乎？《虎谷集》詩文，皆未成家，然一時名流，如石邦彦、喬白岩、儲柴墟、邵二泉、王陽明、韓苑洛、五泉，皆與唱和，亦一噉名之士。

《明史・藝文志・別集類》　王雲鳳《虎谷集》二十一卷。

應酬詩集

黄虞稷《千頃堂書目・別集類》　盛杲《應酬詩集》。字啓東，臨安人。

畸所漫稿

徐𤊹《徐氏家藏書目・別集類》　徐威《畸所漫稿》二卷。字廣威，太和人。弘治壬子鄉舉，官鄖西教諭。

黄虞稷《千頃堂書目・別集類》　徐威《畸所漫稿》二卷。字廣威，江西泰和人，鄖西教諭，桑悦弟子。

姚東泉文集

王圻《續文獻通考・經籍考・集下》　《姚東魯集》。慈谿姚鏌著。

黄虞稷《千頃堂書目・別集類》　姚鏌《東泉文集》八卷。字英之，慈谿人。兵部尚書，總督三邊，右都御史。

《明史・藝文志・別集類》　《姚鏌文集》八卷。

《四庫提要・別集類存目三》　《姚東泉文集》八卷。兩淮鹽政採進本。明姚鏌撰。鏌字東泉，慈谿人。弘治癸丑進士，官至右都御史，總督兩廣，中蜚語罷職。後復起爲兵部尚書，總制三邊，辭不赴。以規避落職，卒於家。事蹟具《明史》本傳。是集序記二卷、奏疏四卷、雜文一卷、學政事宜一卷。文皆嘽緩，尤多吏牘之辭，蓋鏌本以武略見也。

團山集

黄虞稷《千頃堂書目・別集類》　潘鏜《團山集》十卷。字宗節，六安州人。廣東按察司僉事。

尚友集

黄虞稷《千頃堂書目・別集類》　李熙《尚友集》。字師文，上元人。浙江按察司副使。

明農稿

黄虞稷《千頃堂書目・別集類》　李熙《明農稿》。

飲虹遺稿

黄虞稷《千頃堂書目・別集類》　李熙《飲虹遺稿》。

葦川集

黄虞稷《千頃堂書目・別集類》　陳霽《葦川集》。字子宇，吴縣人。國子監祭酒。

有《玉堂》、《成均》、《歸田》諸稿，燬於火。

整庵存稿　續稿

黄虞稷《千頃堂書目・別集類》 羅欽順《整庵存稿》二十卷，又《續稿》十三卷。字□□，泰和人，一甲第三人。

《明史・藝文志・別集類》 羅欽順《整菴稿》三十三卷。

《四庫提要・別集類二四》 《整庵存稿》二十卷。江西巡撫採進本。明羅欽順撰。

困知記

王圻《續文獻通考・經籍考・集下》 《困知記》。泰和羅欽順著。

梅軒集

黄虞稷《千頃堂書目・別集類》 馬騤《梅軒集》六卷。字世用，夏縣人。鄖陽知府。

手　簡

黄虞稷《千頃堂書目・別集類》 馬騤《手簡》一卷。

立齋遺文

張萱等《内閣藏書目録・集部》 《立齋遺文》二册。弘治間四川鄒智著。

黄虞稷《千頃堂書目・別集類》 鄒智《立齋遺文》五卷。字汝愚，合州人。改庶吉士，坐誣下獄免死，謫廣東石城所吏目，暴卒。

《明史・藝文志・別集類》 鄒智《立齋遺文》四卷。

《四庫提要・別集類二四》 《立齋遺文》五卷。浙江汪汝瑮家藏本。明鄒智撰。智字汝愚，合州人。成化丙午鄉試第一人。【略】金祺作智墓誌，稱所著有《立齋集》藏於家。考集中《初到石城詩》第一首後有其友人順德知縣吴廷舉附注，記智自改定中四句事。末有附載《寄吴獻臣》一書，失其姓名，論刻集及作序事。則集爲廷舉所編次刊刻。此本前有什邡縣訓導李廷樑序，稱舊版佚闕，案臺李公芳麓重梓。蓋天啓乙丑所刊也。凡奏疏一卷，雜文三卷，詩一卷，附録一卷。

中丞遺稿

徐𤊹《徐氏家藏書目・別集類》 白圻《中丞遺稿》二卷。字輔之，號敬齋，武進人。成化甲辰進士，官右副都御史。子悦彙刻，廖道南爲之序。

黄虞稷《千頃堂書目・別集類》 白圻《中丞遺稿》二卷。字輔之，武進人。總督南京，糧儲副都御史。

東濱先生逸稿

徐𤊹《徐氏家藏書目・別集類》 陸泇《東濱先生逸稿》一卷。字文東，平湖人。弘治己酉解元，庚戌進士，官南京光禄寺卿。

黄虞稷《千頃堂書目・別集類》 陸淞《東濱逸稿》一卷。字文東，平湖人。己酉解元，南京光禄寺卿，曾忤劉瑾下詔獄。

遠游稿

黄虞稷《千頃堂書目・別集類》 陸淞《遠遊稿》。

東瀛集

黄虞稷《千頃堂書目・別集類》 陳珂《東瀛集》。字□□，嵊縣人。大理寺卿。

九谿吟稿

黄虞稷《千頃堂書目・別集類》 陳珂《九谿吟稿》。

鍾石遺稿

黄虞稷《千頃堂書目・別集類》 江潮《鍾石遺稿》四卷。字大信，貴谿人。巡撫山西，副都御史。

趙璜文稿

黄虞稷《千頃堂書目・別集類》 《趙璜文稿》一卷。字□□，安福人。工部尚書，贈太子少保，謚莊靖。

述夢餘閒

黄虞稷《千頃堂書目・別集類》 趙璜《述夢餘閒》一卷。

語録文集

黄虞稷《千頃堂書目・別集類》 夏尚朴《語録文集》。字敬夫，永豐人。南京太僕寺少卿。

東巖集

《四庫提要・別集類二五》 《東巖集》六卷。浙江汪汝瑮家藏本。明夏尚樸撰。尚樸字敦夫，東巖其號也，永豐人。正德辛未進士，官至南京太僕少卿。【略】史載所著有《中庸説》、《東巖文集》。此本爲其壻劉賓所編，以語録《中庸説》爲第一卷，與《文集》併爲一編。史蓋據其初出各行之本也。尚樸本講學之士，不以文章爲工，然其言醇正，固亦不乖於大雅焉。

東巖詩集

《四庫提要・別集類存目三》 《東巖詩集》八卷。浙江巡撫採進本。明夏尚樸撰。尚樸有《東巖文集》，已著録。此編乃其詩集，多涉理語，近白沙、定山流派。

海山集

黄虞稷《千頃堂書目・別集類》 王時中《海山集》。字□□，黄縣人。太子少保，刑部尚書。

宧轍聯句

黃虞稷《千頃堂書目・別集類》 王時中《宧轍聯句》一卷。

孝經堂集

黃虞稷《千頃堂書目・別集類》 王承裕《孝經堂集》。字□□，三原人。恕子。南京户部尚書，謚康僖。

星軺集

黃虞稷《千頃堂書目・別集類》 王承裕《星軺集》。

庚寅集

黃虞稷《千頃堂書目・別集類》 王承裕《庚寅集》。

辛卯集

黃虞稷《千頃堂書目・別集類》 王承裕《辛卯集》。

童子吟稿

黃虞稷《千頃堂書目・別集類》 王承裕《童子吟稿》。

吴舫集

黃虞稷《千頃堂書目・別集類》 陸相《吴舫集》。字良弼，餘姚人，長沙知府。

濯庵集

黃虞稷《千頃堂書目・別集類》 馮清《濯庵集》二卷。字□□，宛平籍，餘姚人，總督宣大侍郎。

扈巡自慰小稿

高儒《百川書志・集・國朝》 《扈巡自慰小稿》一卷。少司馬宣大提督軍務廣陽濯菴馮清著。

用拙稿

黃虞稷《千頃堂書目・別集類》 侯溪《用拙稿》。字□□，臨海人。

紫山詩稿

黃虞稷《千頃堂書目・別集類》 胡瓚《紫山詩稿》。字伯珩，永年人，南京工部尚書。

兼山遺稿

黄虞稷《千頃堂書目・别集類》 王宗文《兼山遺稿》二卷。字□□，曹縣人，珣子。巡撫保定，副都御史。

康衢集

黄虞稷《千頃堂書目・别集類》 許莊《康衢集》一百卷。字德徵，灤州人。陝西右參政，預修《孝宗實録》。

《明史・藝文志・别集類》 許莊《康衢集》一百卷。

梅花百詠

黄虞稷《千頃堂書目・别集類》 許莊《梅花百詠》一卷。

名將題詠

黄虞稷《千頃堂書目・别集類》 高臺《名將題詠》一卷。字居賢，山陰人。

時事感論

黄虞稷《千頃堂書目・别集類》 高臺《時事感論》一卷。

怡老園録

黄虞稷《千頃堂書目・别集類》 高臺《怡老園録》六卷。

探驪

黄虞稷《千頃堂書目・别集類》 高廩《探驪》三十卷。字居豐，山陰人，臺之弟。

會稽懷古集

黄虞稷《千頃堂書目・别集類》 高廩《會稽懷古集》二百八十首。

北屏存稿

黄虞稷《千頃堂書目・别集類》 惠隆《北屏存稿》。字從道，仁和人。

東峰詠稿

黄虞稷《千頃堂書目・别集類》 劉介《東峰詠稿》。字□□，清潤人。南京太常寺少卿。

北都集

黄虞稷《千頃堂書目・别集類》 劉介《北都集》。

南都集

黄虞稷《千頃堂書目・别集類》 劉介《南都集》。

友石亭集

黄虞稷《千頃堂書目・别集類》 陳玉《友石亭集》四卷。字德卿，沂州衛籍，高郵州人。南京左都御史，掌院事，贈太子太保。

蒲塘集

黄虞稷《千頃堂書目・别集類》 胡燿《蒲塘集》。字仲□，蕪湖人。庶吉士，户部主事。

林歸集

黄虞稷《千頃堂書目・别集類》 曹鏷《林歸集》。字良金，吴江人。湖廣按察司僉事。

鏡山稿

黄虞稷《千頃堂書目・别集類》 李汎《鏡山稿》十三卷。字彦夫，祁門人。思恩知府。

未齋稿

王圻《續文獻通考・經籍考・集下》 《未齋稿》。郎中徐廷用著。醴陵人。

鶴坡集

黄虞稷《千頃堂書目・别集類》 王良佐《鶴坡集》。字良弼，華亭人。廣濟知縣。

千峰堂集

黄虞稷《千頃堂書目・别集類》 章玄梅《千峰堂集》。字和德，樂清人。

風木哀情集

黄虞稷《千頃堂書目・别集類》 葉藟《風木哀情集》。字德敷，祁門人。慶遠知府。

括菴先生詩集

范邦甸等《天一閣書目・别集類》 《括菴先生詩集》刊本。明四明錢瓚廷佑著，男峰輯，孫鳳來次。隆慶己巳蜀富順宋豫卿序。

甘泉集　後集　外編

王圻《續文獻通考・經籍考・集下》 湛若水《甘泉文集》。

黄虞稷《千頃堂書目・别集類》 湛若水《甘泉集》六十六卷，又《後集》三十三卷，又《外編》十二卷。字元明，增城人。兵部尚書，謚文莊。

《明史・藝文志・别集類》 湛若水《甘泉前後集》一百卷。

《四庫提要・别集類存目三》 《甘泉集》三十二卷。廣東巡撫採進本。明湛若水撰。若水有《二禮經傳測》，已著録。據若水門人洪垣所記，其集本四十八册，刊以行世者十五册。此本凡《樵語》一卷，《新論》一卷，《雍語》一卷，《二業合一訓》一卷，《大科訓規》一卷，《書》一卷，《新泉問辨録》一卷，《新泉問辨續録》一卷，《問疑録》一卷，《問疑續録》一卷，《金陵問荅》一卷，《金臺問荅》一卷，《書問》二卷，《古樂經傳或問》一卷，《序記章疏》三卷，《講章》一卷，《雜著》一卷，《約言》一卷，《語録》一卷，《揚子折衷略》一卷，《非老子略》一卷，《詩》二卷，《歸來紀行略》一卷，《嶽游紀行略》一卷，祭文、碑銘二卷，外集一卷。蓋語録居十之九，詩文其餘贅耳。

甘泉文録

高儒《百川書志・集・國朝》 《甘泉文録類選》二十一卷。南京吏部侍郎曾城湛若水撰。

徐𤊹《徐氏家藏書目・别集類》 湛若水《甘泉先生文録》二十一卷。字元明，增城人。弘治乙丑進士，南京兵部尚書。卒年八十一，謚文簡。

黄虞稷《千頃堂書目・别集類》 湛若水《甘泉文録》二十一卷。

甘泉詩

高儒《百川書志・集・國朝》 《甘泉詩》。南京少冢宰增城湛若水撰。

兩都風詠

范邦甸等《天一閣書目・别集類》 甘泉先生《兩都風詠》四卷。刊本。明湛若水著。

雍語

王圻《續文獻通考・經籍考・集下》 《雍語》。湛若水著。

格物通

王圻《續文獻通考・經籍考・集下》 湛若水《格物通》。

甘泉子古詩選

范邦甸等《天一閣書目・别集類》 《甘泉子古詩選》五卷。刊本。明湛若水撰。門人謝錫命、何鴻、周榮、朱同編選。謝有後序，後附門生沈桂奇啓。

漱芳集

黄虞稷《千頃堂書目・别集類》 林文纉《漱芳集》。字德緒，侯官人，湖廣布政司參議。

迂岡集

黃虞稷《千頃堂書目·别集類》 倫文叙《迂岡集》十卷。字伯疇，南海人。會元，一甲第一人，右春坊右諭德兼翰林院侍講。

《明史·藝文志·别集類》 倫文敍《迂岡集》十卷。

白沙集

黃虞稷《千頃堂書目·别集類》 倫文叙《白沙集》十二卷。

《明史·藝文志·别集類》 倫文叙《白沙集》十二卷。

武昌集

王圻《續文獻通考·經籍考·集下》 《武昌集》。興山教諭左經著。眉州人。

黃虞稷《千頃堂書目·别集類》 左經《武昌集》。字載道，眉州人。湖廣僉事。

蕩南集

黃虞稷《千頃堂書目·别集類》 朱諫《蕩南集》一卷。字君佐，樂清人。吉安知府。

鳳山詩集

徐𤊹《徐氏家藏書目·别集類》 秦金《鳳山詩集》八卷。字國聲，無錫人。弘治癸丑進士，官工部尚書，謚端敏。

黃虞稷《千頃堂書目·别集類》 秦金《鳳山詩集》十卷。字國聲，慈谿人。太子太保，南京兵部尚書，贈少保，謚端敏。

《明史·藝文志·别集類》 《秦金詩集》十卷。

霞山集

黃虞稷《千頃堂書目·别集類》 蔡潮《霞山集》十卷。字巨源，臨海人。河南布政使。

南峰稿

黃虞稷《千頃堂書目·别集類》 徐穆《南峰稿》一卷。字舜和，吉水人。一甲第二人，翰林院侍講學士。

九龍山房集

黃虞稷《千頃堂書目·别集類》 郝鳳升《九龍山房集》四卷。字瑞卿，汀州衛人。大理寺寺副。

知山稿

黃虞稷《千頃堂書目·别集類》 史後《知山稿》。字巽仲，溧陽人。光禄寺少卿。

慕陶集

黃虞稷《千頃堂書目·别集類》 史後《慕陶集》。

歸得園集

黄虞稷《千頃堂書目・别集類》 史後《歸得園集》。

處園稿

黄虞稷《千頃堂書目・别集類》 史後《處園稿》。

一庵吟稿　别稿

高儒《百川書志・集・國朝》 陶照《□菴别集》一卷。

高儒《百川書志・集・國朝》 陶照《一菴别稿》一卷。

黄虞稷《千頃堂書目・别集類》 陶照《一庵吟稿》。字時用，秀水人。堉陸埗序，今不傳。

費文憲公集

范邦甸等《天一閣書目・總集類》 《費文憲公集》十五卷。刊本。明費宏著。

徐𤊹《徐氏家藏書目・别集類》 費宏《文憲集》二十卷。字子充，號鵝湖，鉛山人。成化丁未狀元，少師，華蓋殿大學士，謚文憲。門人徐階序。

鍾石先生文集

黄虞稷《千頃堂書目・别集類》 費宏《鍾石先生文集》二十四卷。字子充，鉛山人。一甲第一人，少師兼太子太師，吏部尚書，華蓋殿大學士，贈太保，謚文憲。

《明史・藝文志・别集類》 《費宏文集》二十四卷。

自慚漫録

黄虞稷《千頃堂書目・别集類》 費宏《自慚漫録》。

費文憲集選要

《四庫提要・别集類存目二》 《費文憲集選要》七卷。兩江總督採進本。明費宏撰。宏字子充，鉛山人。成化丁未進士第一，官至吏部尚書，華蓋殿大學士，謚文憲。事蹟具《明史》本傳。所著《鵝湖摘稿》本二十卷，此本乃徐階、劉同升所選録，非全帙也。

鄭山齋公文集

張萱等《内閣藏書目録・集部》 《鄭山齋公文集》六册。全。正德间少司馬鄭岳著。

山齋浄稿

黄虞稷《千頃堂書目・别集類》 鄭岳《山齋浄稿》二十四卷。字汝華，莆田人，兵部侍郎。

西行紀

高儒《百川書志・集・國朝》《西行紀》四卷。大理卿莆田山齋蒙叟鄭岳著。凡七十七首。

黃虞稷《千頃堂書目・別集類》 鄭岳《西行紀》四卷。

山齋集

《明史・藝文志・別集類》 鄭岳《山齋稿》二十四卷。

《四庫提要・別集類二四》《山齋集》二十四卷。福建巡撫採進本。明鄭岳撰。岳有《莆陽文獻》，已著録。其所著詩文有《蒙難録》、《西行紀》、《南還録》、《山齋吟稿》、《漫稿》、《浄稿》、《續稿》、《奏議》。因雕本燹燬，所存不過數種。是集乃萬曆中其曾孫炫蒐輯重鋟，凡詩七卷、文十七卷。炫跋謂較視舊集十未能存二三，蓋亦幸而不佚也。

山齋吟稿

范邦甸等《天一閣書目・別集類》《山齋吟稿》三卷。刊本。明鄭岳撰。師山馬明衡序云：如川鄭君泓手録其尊府山齋公詩百八十餘篇，蓋二山石莊所評選者。公著述甚富，其文別自有集，詩亦有全集云。

草堂撮稿

黃虞稷《千頃堂書目・別集類》 黃重《草堂撮稿》。字子佐，南海人，南太常寺少卿。

矯亭存稿　續稿

徐𤊹《徐氏家藏書目・別集類》 方鵬《矯亭集》十八卷。字時舉，號矯亭，崑山人。正德三年進士，官太常寺卿。卒年七十。

黃虞稷《千頃堂書目・別集類》 方鵬《矯亭集》十八卷，又《續集》八卷。字時舉，崑山人，南京太常寺卿。

《明史・藝文志・別集類》《方鵬文集》十八卷。

《四庫提要・別集類存目三》《矯亭存稿》十八卷，《續稿》八卷。兩淮馬裕家藏本。明方鵬撰。鵬有《續觀感録》，已著録。是集詩文多應酬之作，所載筆記，亦無所發明。

方鵬詩集

黃虞稷《千頃堂書目・別集類》 方鵬《詩集》八卷。

《明史・藝文志・別集類》 方鵬《詩》八卷。

玉峰集

黃虞稷《千頃堂書目・別集類》 徐璉《玉峰集》十五卷。字□□，武邑人。知府，加布政使。

《明史・藝文志・別集類》 徐璉《玉峰集》十五卷。

徐璉五言詩

黃虞稷《千頃堂書目・別集類》 徐璉《五言詩》五卷。

《明史・藝文志・別集類》 徐璉《五言詩》五卷。

渼西集

高儒《百川書志・集・國朝》 《渼西集》十卷。翰林檢討渼陂山人鄠杜王九思敬夫撰。

渼陂集　續集

高儒《百川書志・集・國朝》 《渼陂集》六卷。翰林檢討鄠杜王九思敬夫撰。

王圻《續文獻通考・經籍考・集下》 《王渼陂集》。關中王九思著。

黃虞稷《千頃堂書目・別集類》 王九思《渼陂集》十六卷，又《續集》三卷。字敬夫，鄠縣人。翰林院檢討，改吏部文選司郎中，謫壽州同知。

《明史・藝文志・別集類》 王九思《渼陂集》十九卷。

《四庫提要・別集類存目三》 《渼陂集》十六卷，《續集》三卷。陝西巡撫採進本。明王九思撰。九思字敬夫，鄠縣人。弘治丙辰進士，官至吏部郎中。坐劉瑾黨，降壽州同知，尋勒致仕。九思爲「弘治七子」之一。【略】正集十六卷，爲嘉靖癸巳九思門人監察御史王獻所刊。續集三卷，乃九思晚年之作，嘉靖丙午巡撫翁萬達續刊行之。

碧山樂府　續

《明史・藝文志・別集類》 王九思《樂府》四卷。

吳焯《繡谷亭薰習録・集二》 《碧山樂府》一卷，《續》一卷。紫□山□著。正德十四年汧東漁父序。嘉靖癸巳自爲。下闕。

心庵文集

黃虞稷《千頃堂書目・別集類》 唐皐《心庵文集》。字守之，號心庵，歙人。一甲第一人，侍讀學士。

德安行稿

王圻《續文獻通考・經籍考・集下》 胡端敏《德安行稿》二卷。

黃虞稷《千頃堂書目・別集類》 胡世寧《德安行稿》二卷。字永清，昌化籍，仁和人。

太平寶慶雜稿

王圻《續文獻通考・經籍考・集下》 胡端敏《太平寶慶雜稿》二卷。

黃虞稷《千頃堂書目・別集類》 胡世寧《太平寶慶雜稿》二卷。

撫蜀雜稿

黃虞稷《千頃堂書目・別集類》 胡世寧《撫蜀雜稿》一卷。

矩齋集

《明史・藝文志・別集類》 黃衷《矩齋集》二十卷。

矩洲文集

徐𤊹《徐氏家藏書目·别集類》 黄衷《矩洲集》九卷。字子和，南海人。弘治丙辰進士，福建運使，兵部侍郎。

黄虞稷《千頃堂書目·别集類》 黄衷《矩洲文集》十卷。字子和，南海人。工部右侍郎，兼僉都御史，采木四川。

矩洲集　附樗亭集

范邦甸等《天一閣書目·别集類》 《黄矩洲詩集》八卷。刊本。明南海黄衷著，會稽徐九臯、青蘿山人王漸逵、族子學準俱有序，嘉靖二十一年瓊臺鍾芳仲實首序。公字鐵橋，别號矩洲，官少司馬。

黄虞稷《千頃堂書目·别集類》 黄衷《矩洲詩集》十卷。

《四庫提要·别集類存目三》 《矩洲集》十卷，附《樗亭集》一卷。浙江汪汝瑮家藏本。明黄衷撰。衷有《海語》，已著録。考《千頃堂書目》，衷有文集、詩集各十卷，是編乃其詩集也。凡《吴中稿》一卷、《南中稿》一卷、《閩中稿》一卷、《粤中稿》一卷、《湖中稿》一卷、《伐檀稿》一卷、《草堂前後稿》二卷、《續稿》二卷，多描寫風景之作。末附《樗亭集》一卷，乃其弟裒所撰，篇帙不多，體格亦弱。

草堂續稿

范邦甸等《天一閣書目·别集類》 《草堂續稿》二卷。黄衷著。

東谿遺稿

黄虞稷《千頃堂書目·别集類》 陳諮《東谿遺稿》四卷。字汝謀，秀水人。

紀行録

黄虞稷《千頃堂書目·别集類》 陳諮《紀行録》。

野堂集

黄虞稷《千頃堂書目·别集類》 王朝卿《野堂集》一卷。字振之，新建人。安陸知州。

野堂拾遺集

高儒《百川書志·集·國朝》 《野堂拾遺集》一卷。安陸知州南昌王朝卿升之撰。

野堂遺稿

高儒《百川書志·集·國朝》 《野堂遺稿》一卷。安陸知州南昌王朝卿升之撰。

耽勝集

黄虞稷《千頃堂書目·别集類》 趙鶴《耽勝集》。字叔鳴，江都人。山東提學副使。

具區集

黄虞稷《千頃堂書目·别集類》 趙鶴《具區集》。

雙梧集

黄虞稷《千頃堂書目·别集類》 華杲《雙梧集》。字文光，無錫人。福建布政使。

仁峰文集　外集

黄虞稷《千頃堂書目·别集類》 汪循《仁峰文集》二十五卷。字進之，休寧人。順天府通判。

《明史·藝文志·别集類》 汪循《仁峰文集》二十五卷。

《四庫提要·别集類存目三》 《仁峰文集》二十四卷，《外集》一卷。安徽巡撫採進本。明汪循撰。循字進之，休寧人。弘治丙辰進士，官至順天府通判。【略】是集凡文十七卷、日録二卷、詩五卷，末附詩話數則。《外集》一卷，附録敕命、行實、墓銘、祭文之類。題嘉靖辛卯書林劉氏刊行。其子戬跋，謂先刻其強半，蓋尚非全稿。刻本亦頗多脱佚，失於校正云。

雙谿詩集

黄虞稷《千頃堂書目·别集類》 王宗獻《雙谿詩集》。字□□，曹縣人。崇文弟，南京太僕寺卿。

韻語拾遺

黄虞稷《千頃堂書目·别集類》 王宗獻《韻語拾遺》。

竹堂遺稿

徐𤊹《徐氏家藏書目·别集類》 蔣曙《竹堂遺稿》八卷。字景明，全州人。弘治丙辰進士，工部右侍郎。

黄虞稷《千頃堂書目·别集類》 蔣曙《竹堂遺稿》八卷。字景明，全州人。工部右侍郎，兼右僉都御史，奉使四川采木。

東田遺稿

《四庫提要·别集類二四》 《東田遺稿》二卷。兩江總督採進本。明張羽撰。羽字鳳舉，泰興人。弘治丙辰進士，官至河南左布政使。案明初張羽爲「吳中四傑」之一。相距不過百載，而襲前輩之姓名，殊不可解。然前張羽工詩，此張羽亦復工詩，豈有心仿效，有藺相如之慕歟。是集詩文各一卷，爲其季子楨所編，其門人儲洵序之。

含章子集

黄虞稷《千頃堂書目·别集類》 童品《含章子集》。字廷式，蘭谿人。南京兵部員外郎。

蛟川集

黄虞稷《千頃堂書目・別集類》 王朝佐《蛟川集》。字廷望，浙江平陽人。

嗚琴稿

黄虞稷《千頃堂書目・別集類》 王渙《嗚琴稿》。字時霖，象山人。

執齋集

徐𤊹《徐氏家藏書目・別集類》 劉玉《執齋集》十三卷。字咸栗，萬安人。弘治丙辰進士。建言劾劉瑾，廷杖。官至刑部左侍郎。卒年七十二，謚端毅。祖廣衡、父喬、子瑴俱進士。是集爲楊慎所選。

黄虞稷《千頃堂書目・別集類》 劉玉《執齋集》二十卷。字咸栗，安福人。刑部左侍郎，贈尚書，謚端毅。

《明史・藝文志・別集類》 劉玉《執齋集》二十卷。

劉端毅集

王圻《續文獻通考・經籍考・集下》 《劉端毅集》。安福劉玉著。刑部侍郎。

劉清惠集

黄虞稷《千頃堂書目・別集類》 劉麟《劉清惠公集》十二卷。字元瑞，上元人。工部尚書。謚清惠。一作《南垣老人集》。

《明史・藝文志・別集類》 《劉麟文集》十二卷。

《四庫提要・別集類二四》 《劉清惠集》十二卷。浙江巡撫採進本。明劉麟撰。麟字元瑞，一字子振，江西安仁人。後流寓辰興，子孫遂隸籍焉。弘治丙辰進士，官至工部尚書。【略】是集凡詩二卷，奏疏、雜文九卷，附録一卷，麟曾孫慾陛所編。

五清集

黄虞稷《千頃堂書目・別集類》 劉瑞《五清集》十八卷。字德符，内江人。南京禮部侍郎，贈尚書，謚文肅。

《明史・藝文志・別集類》 劉瑞《五清集》十八卷。

外臺集

黄虞稷《千頃堂書目・別集類》 劉瑞《外臺集》六卷。

一谿集

黄虞稷《千頃堂書目・別集類》 黄相《一谿集》。字弼甫，莆田人。九江知府。

碧谿稿

黄虞稷《千頃堂書目・別集類》 王壽《碧谿稿》。字希仁，婺源人。禮部郎中，桂林知府。

歸養録

黄虞稷《千頃堂書目・别集類》 王壽《歸養録》。

餘慶集

黄虞稷《千頃堂書目・别集類》 王壽《餘慶集》。

全歸録

黄虞稷《千頃堂書目・别集類》 王壽《全歸録》。

西冶先生遺稿

黄虞稷《千頃堂書目・别集類》 王鑾《西冶先生遺稿》二卷。字汝和，錦衣衛籍，吴江人。吏部驗封司郎中，諫南巡被杖。

古庵集

黄虞稷《千頃堂書目・别集類》 毛憲《古庵集》十卷。字式之，武進人。禮科右給事中。

《四庫提要・别集類存目三》 《古庵文集》十卷。兩江總督採進本。 明毛憲撰。憲有《諫垣奏草》，已著録。是集乃其子訢所編，凡文八卷，詩二卷。

支湖集

黄虞稷《千頃堂書目・别集類》 胡鐸《支湖集》二十卷。字時振，餘姚人，南京太僕寺卿。

千峰集

徐𤊹《徐氏家藏書目・别集類》 程銈《千峰集》十卷。字瑞卿，號方岩，永康人。弘治己未進士，官四川按察副使。卒年七十。

黄虞稷《千頃堂書目・别集類》 程銈《千峰集》十卷。字仲申，一字瑞卿，永康人。四川副使。

拘虚集　續拘虚集

高儒《百川書志・集・國朝》 《拘虚集》五卷。石亭陳□。

范邦甸等《天一閣書目・别集類》 《拘虚集》五卷。刊本。 明鄞人陳沂著。東郡許成序，門人廣揚陳儒跋後。

徐𤊹《徐氏家藏書目・别集類》 陳沂《拘虚集》五卷。字宗魯，又字魯南，號石亭，鄞縣人。正德丁丑進士，官山東參政，行太僕寺卿。

黄虞稷《千頃堂書目・别集類》 陳沂《拘虚集》五卷，又《續拘虚集》二卷。字魯南，鄞縣人。徙家南京，山西行太僕寺卿。

《明史・藝文志・别集類》 《陳沂文集》十二卷。

石亭文集

黄虞稷《千頃堂書目・别集類》 陳沂《石亭文集》十二卷。

紀游集

黄虞稷《千頃堂書目・別集類》 陳沂《紀游集》五卷。

陳沂詩

《明史・藝文志・別集類》 《陳沂詩》五卷。

臨江遺集

黄虞稷《千頃堂書目・別集類》 錢琦《臨江遺集》十四卷。字公良，海鹽人。以刑部郎中知臨江、思南二府。

東畬集

黄虞稷《千頃堂書目・別集類》 錢琦《東畬集》。

《四庫提要・別集類存目三》 《東畬集》十四卷。浙江汪汝瑮家藏本。明錢琦撰。琦有《錢子測語》，已著録。是集爲其子薾、蕿等所編。

公良詩選

黄虞稷《千頃堂書目・別集類》 錢琦《公良詩選》。

孝宗詩集

《明史・藝文志・別集類》 《孝宗詩集》五卷。

唐伯虎集

王圻《續文獻通考・經籍考・集下》 《唐伯虎集》。唐寅著。

徐㶿《徐氏家藏書目・別集類》 唐寅《伯虎集》四卷。字子畏，一字伯虎，號六如，長洲人。弘治中南京解元。善畫。

黄虞稷《千頃堂書目・別集類》 唐寅《唐伯虎集》二卷。字伯虎，一字子畏，吴縣人。舉南京鄉試第一，坐事下獄放歸。

《明史・藝文志・別集類》 《唐寅集》四卷。

重編唐伯虎集

黄虞稷《千頃堂書目・別集類》 《重編唐伯虎集》四卷。袁宏道編。

白湖遺稿

徐㶿《徐氏家藏書目・別集類》 張鍾靈《白湖遺稿》四卷。字一卿，武昌人。弘治中解元，高尚不仕。

黄虞稷《千頃堂書目・別集類》 張鍾靈《白湖遺稿》四卷。字一卿，武昌人。解元。

黄山稿

黄虞稷《千頃堂書目·别集類》 余斌《黄山稿》。字廷實，黄巖人。

圭巖稿

黄虞稷《千頃堂書目·别集類》 牟克鞏《圭巖稿》。字邦寧，黄巖人。

萃同集

黄虞稷《千頃堂書目·别集類》 戴特《萃同集》。字師唐，太平人。

雲谷詩集

黄虞稷《千頃堂書目·别集類》 張廷用《雲谷詩集》。字以忠，澄城人。知屯留、羅山二縣。

求志稿

黄虞稷《千頃堂書目·别集類》 黄琮《求志稿》。字元質，上元人。崇府左長史，預修《孝宗實録》。

行義稿

黄虞稷《千頃堂書目·别集類》 黄琮《行義稿》。

楚征日録

黄虞稷《千頃堂書目·别集類》 黄琮《楚征日録》。

青田稿

黄虞稷《千頃堂書目·别集類》 黄琮《青田稿》。

謫游稿

黄虞稷《千頃堂書目·别集類》 黄琮《謫游稿》。

郯城稿

黄虞稷《千頃堂書目·别集類》 黄琮《郯城稿》。

嶺南日課　嶺南續課

黄虞稷《千頃堂書目·别集類》 黄琮《嶺南日課》，又《嶺南續課》。

東歸稿

黄虞稷《千頃堂書目·別集類》 黄琮《東歸稿》。

乞養堂稿

黄虞稷《千頃堂書目·別集類》 黄琮《乞養堂稿》。

金陵賦

黄虞稷《千頃堂書目·騷賦類》 黄琮《金陵賦》。字元質，官長史。

白庵集

黄虞稷《千頃堂書目·別集類》 豐熙《白庵集》。字厚學，鄞縣人。一甲第二人，翰林院學士，諫大禮謫戍鎮海衛。

一齋集

黄虞稷《千頃堂書目·別集類》 豐熙《一齋集》。

鷄土集

《四庫提要·別集類存目四》 《鷄土集》六卷。直隸總督採進本。明劉乾撰。乾字仲坤，號易菴，保定人。嘉靖戊戌進士，官國子監丞。是集詩、詞二卷，賦、記、雜文四卷。

萍谿集

高儒《百川書志·集·國朝》 《蘋溪集》二卷。京兆皇甫録世庸著。太原祝允明批點。

黄虞稷《千頃堂書目·別集類》 皇甫録《萍谿集》二卷。字□□，長洲人。

南谿集

黄虞稷《千頃堂書目·別集類》 吴昂《南谿集》。字德翼，海鹽人，福建布政使。

黼庵遺稿

黄虞稷《千頃堂書目·別集類》 柴奇《黼庵遺稿》十卷。字德美，崑山人。應天府尹。

《四庫提要·別集類存目三》 《黼庵遺稿》十卷。江蘇巡撫採進本。明柴奇撰。奇字德美，崑山人。正德辛未進士，官至應天府尹。奇在正德時，諫南巡，劾權倖，及上《邊儲屯政》諸疏，頗著直聲。以當時自焚其草，故集中不載。是編前有正德辛巳題識，稱「舊有《石池詩稿》、《石池文稿》、《嘉樹軒紀聞》各一册，已卯轉南光禄，失之。重置一册，録後來之作，時有所憶，或就人録得，亦錯置其間」云云。蓋猶奇所手編也。凡詩六卷，雜文四卷，皆平易有餘，精深不足。鄒守益序稱其詩文典雅雄健，不落骩骳，不矜刻峭。友朋推挹之詞耳。

文衡山集

王圻《續文獻通考・經籍考・集下》 《文衡山集》。文徵明注(著)。

甫田集　附録

范邦甸等《天一閣書目・總集類》 《甫田集》四卷。刊本。明翰林待詔文徵明著。

王圻《續文獻通考・經籍考・集下》 《甫田集》。文徵明注(著)。

徐𤊹《徐氏家藏書目・別集類》 文徵明《甫田集》三十五卷。字徵仲，號衡山，林之子。正德中以薦辟，官翰林待詔，兼修國史，卒年九十。

黄虞稷《千頃堂書目・別集類》 文徵明《甫田集》三十五卷。初名璧，以字行，更字徵仲，長洲人。以歲貢入京，薦授翰林待詔，卒，私謚貞憲先生。

《明史・藝文志・別集類》 文徵明《甫田集》三十五卷。

《四庫提要・別集類二五》 《甫田集》三十五卷，附録一卷。内府藏本。明文徵明撰。徵明初名璧，以字行，更字徵仲，號衡山，長洲人。以歲貢薦授翰林院待詔。事蹟具《明史・文苑傳》。是集凡詩十五卷，文二十卷。附録《行略》一卷，其仲子嘉所述也。【略】朱彝尊《明詩綜》録徵明詩十五首。其《池上》一詩，得諸墨迹，爲本集所不載。且稱其集外流傳者甚多，惜無廣搜爲續集者。然縑素流傳，半真半贋。與其如吴鎮、倪瓚諸集多收僞本，固不如據其家集，猶不失本來面目矣。

東岡小稿

黄虞稷《千頃堂書目・別集類》 李昆《東岡小稿》。字承裕，高密人。兵部右侍郎。

静觀堂集

黄虞稷《千頃堂書目・別集類》 顧潛《静觀堂集》十四卷。字孔昭，崑山人。御史，出爲馬湖知府。

《明史・藝文志・別集類》 顧潛《静觀堂集》十四卷。

《四庫提要・別集類存目三》 《静觀堂集》十四卷。浙江朱彝尊家曝書亭藏本。明顧潛撰。潛字孔昭，崑山人。弘治丙辰進士，官至直隸提學御史。以伉直忤尚書劉宇，宇讒之於劉瑾，出爲馬湖知府，未任罷歸。是集凡詩六卷、文八卷，俱平正樸實，不事修飾，蓋當時風氣類然。《蘇州府志》稱所著尚有《讀史新知》、《林下記聞》、《湖堧醉韻》、《惇史》、《夢林》等集，方鵬序又稱其有《稽古治要》若干卷，蓋亦多所著述者，今皆不可見矣。

霞城集

英廉奏《抽毁書目》 《霞城集》八本。查《霞城集》係明許誥撰。誥在嘉靖中以布衣能詩。卷十二第五頁《聞邸報》一首，卷二十二第七頁《開道關門》四首，當係指俺答入邊事，而措語偏謬，應請抽燬。

練溪集

徐𤊹《徐氏家藏書目・別集類》 凌震《練溪集》四卷。字時東，歸安人。嘉靖中歲貢，官黔陽訓導。子約言刊。

黄虞稷《千頃堂書目・別集類》 凌震《練谿集》四卷。字時東，烏程人。正德中貢生，黔陽訓導。

鳳笙閣簡鈔

黄虞稷《千頃堂書目・別集類》 凌震《鳳笙閣簡鈔》。

薇花堂稿

黄虞稷《千頃堂書目・別集類》 李時《薇花堂稿》。字宗易，任丘人。少傅兼太子太師，吏部尚書，華蓋殿大學士，贈太傅。謚文康。

西洲存稿

黄虞稷《千頃堂書目・別集類》 唐胄《西洲存稿》。字□□，瓊山人。户部左侍郎。

唐西州存詩

范邦甸等《天一閣書目・別集類》 《唐西州存詩》五卷。刊本。明户部左侍郎瓊山唐胄平侯著。嘉靖辛亥泰泉黄佐序。

王諫議摘稿

張萱等《内閣藏書目録・集部》 《王諫議摘稿》二册。全。嘉靖間給事中王征著。

寒谿子集

黄虞稷《千頃堂書目・別集類》 方太古《寒谿子集》。字元素，蘭谿人。

迂樵雜著

黄虞稷《千頃堂書目・別集類》 胡德《迂樵雜著》。字全之，婺源人。雲南參政。

王文成全書

王圻《續文獻通考・經籍考・集下》 王守仁《王文成公全書》。

黄虞稷《千頃堂書目・別集類》 王守仁《陽明全書》三十八卷。

《明史・藝文志・別集類》 王守仁《陽明全書》三十八卷。

《四庫提要・別集類二四》 《王文成全書》三十八卷。浙江巡撫採進本。明王守仁撰。守仁有《陽明鄉約法》，已著録。是書首編《語録》三卷爲《傳習録》，附以《朱子晚年定論》，乃守仁在時，其門人徐愛所輯，而錢德洪删訂之者。次《文録》五卷，皆雜文。《別録》十卷，爲奏疏、公移之類。《外集》七卷，爲詩及雜文。《續編》六卷，則《文録》所遺，搜輯續刊者。皆守仁殁後，德洪所編次。後附以《年譜》五卷、《世德記》二卷，亦德洪與王畿等所纂集也。其初本各自爲書，隆慶壬申，御史新建謝廷傑巡按浙江，始合梓以傳，仿《朱子全書》之例以名之。【略】此書明末版佚，多有選輯別本以行者。然皆闕略，不及是編之詳備焉。

《四庫提要・別集類存目三》 《陽明全集》二十卷、《傳習録》一卷、《語録》一卷。浙江巡撫採進本。明王守仁撰。此本爲康熙中餘姚俞嶙所編。删除錢德洪本正録、外録、別録之目，併爲一集，更其舊第。首載年譜，次以書序、記、説諸體，而以《傳習録》、《語録》附焉。

張之洞《書目答問・別集》 《王文成全書》三十八卷。明王守仁。明刻本。又

通行本亦偁《陽明全集》。

王文成集

王世貞《讀書後》 書《王文成集》後一。書《王文成集》後二。

王陽明集

徐㶿《徐氏家藏書目・别集類》 王守仁《陽明集》二十二卷。字伯安，餘姚人。弘治己未進士，官兵部尚書。謚文成，從祀孔子廟庭。

張萱等《内閣藏書目録・集部》 《陽明文集》二十册。全。正德間王守仁著。

《四庫提要・别集類存目三》 《王陽明集》十六卷。浙江巡撫採進本。明王守仁撰，其五世孫貽樂重編。案守仁全集刻於明嘉靖中，久而版佚。國朝康熙初，貽樂爲滕縣知縣，乃重爲掇拾，定爲此本。然視原集已闕其半。其目分《論學書》、《南贛書》、《平濠書》、《思田書》、《雜著書》，亦頗瑣屑。又因有李贄所作《年譜》，而遂以卓吾鑒定題其前，尤爲依託。迥不及原本之完善也。

陽明文録

范邦甸等《天一閣書目・别集類》 《王陽明先生别録》十卷。刊本。明王守仁著。

范邦甸等《天一閣書目・總集類》 《陽明先生文録》五卷，《外録》九卷，《别録》十卷。刊本。明新安胡宗憲重刊并序。

黄虞稷《千頃堂書目・别集類》 王守仁《陽明文録》二十卷，又《文録别集》八卷，又《續録》八卷。

陽明時習録

王圻《續文獻通考・經籍考・集下》 《陽明時習録》。正德中王文成公守仁著，餘姚人。

陽明傳習録

王圻《續文獻通考・經籍考・集下》 《陽明傳習録》。王文成公守仁著。

陽明則言

王圻《續文獻通考・經籍考・集下》 《陽明則言》。王文成公守仁著。

居夷集

黄虞稷《千頃堂書目・别集類》 王守仁《居夷集》三卷。

陽明寓廣遺稿

黄虞稷《千頃堂書目・别集類》 王守仁《陽明寓廣遺稿》二卷。字伯安，餘姚人。南京兵部尚書，以軍功封新建伯，世襲。謚文成。

陽明先生文粹

張萱等《内閣藏書目録・集部》 《陽明先生文粹》四册。全。嘉靖間廬陵宋儀望選編。

黄虞稷《千頃堂書目・别集類》 王守仁《陽明先生文粹》十一卷。宋儀望輯。

陽明文鈔

《四庫提要・别集類存目三》 《陽明文鈔》二十卷。江西巡撫採進本。明王守仁撰。是編康熙己巳江都張問達所編。以《傳習録》、《大學》、《或問》爲首，奏疏、序記、諸講學書及論説、雜著、賦、詩、公移次之，而終以《陽明年譜》。

陽明要書

《四庫提要・别集類存目三》 《陽明要書》八卷，附録五卷。浙江巡撫採進本。明王守仁撰，葉紹容編。守仁有《保甲法》，已著録。紹永，吴江人。是書成於崇禎乙亥，取《守仁全書》摘其要語，前有小序八首，及凡例四條，皆著其删纂之大意。《浙江通志》載宋儀望輯《陽明文粹》十一卷，王畿輯《陽明文選》八卷，而無此書之名，蓋偶未見也。

陽明文選

黄虞稷《千頃堂書目・别集類》 王守仁《陽明文選》八卷。王畿輯。

茹澹稿

黄虞稷《千頃堂書目・别集類》 王文轅《茹澹稿》。字司輿，山陰人。

水衡集

黄虞稷《千頃堂書目・别集類》 朱朝章《水衡集》一卷。

空同全集

高儒《百川書志・集・國朝》 《空同詩文全集》六十三卷。江西提學副使空同山人北郡李夢陽獻吉撰。

王圻《續文獻通考・經籍考・集下》 《崆峒文集》六十三卷。信陽李夢陽著。弘治癸丑進士，宫提學副使。

徐𤊹《徐氏家藏書目・别集類》 李夢陽《崆峒集》六十六卷。字獻吉，慶陽衛籍，河南扶溝人。弘治癸丑進士，江西提學副使。

黄虞稷《千頃堂書目・别集類》 李夢陽《空同全集》六十六卷。字獻吉，扶溝人。江西提學副使，天啓初追謚景文。

《明史・藝文志・别集類》 李夢陽《空同全集》六十六卷。

《四庫提要・别集類二四》 《空同集》六十六卷。陝西巡撫採進本。明李夢陽撰。夢陽有《空同子》，已著録。

張之洞《書目答問・别集》 《空同集》六十六卷。明李夢陽。明刻本。今多詩集單行。

空同集

高儒《百川書志・集・國朝》 《崆峒集》二十一卷。江西副使北郡李孟陽獻吉撰。

范邦甸等《天一閣書目・別集類》 《崆峒集》二十一卷。刊本。明李夢陽著。

《空同集》二十一卷。刊本。卷首有天一閣、古司馬氏二圖章。明李夢陽撰。

王世貞《讀書後》 《書李空同集後》。

嘉靖集

范邦甸等《天一閣書目・別集類》 《嘉靖集》一册。明空同山人李夢陽撰。集内無序文，目録乃元年二年三年所作，詩首頁有「堯鼎」二字圖章。

麗澤録

范邦甸等《天一閣書目・別集類》 《麗澤録》二十四卷。刊本。明李夢陽撰，吴世良序。

弘德集

黄虞稷《千頃堂書目・別集類》 李夢陽《弘德集》三十三卷。

李户部詩

都穆《南濠居士文跋》 《李户部詩》。李户部獻吉詩一卷，近書以遺戴太史寅仲者。

空同詩選

范邦甸等《天一閣書目・別集類》 《空同詩選》四卷。刊本。明楊慎選。

空同精華集

范邦甸等《天一閣書目・別集類》 《空同精華集》三卷又兩册。刊本。明北郡李夢陽著，嘉靖甲寅考功司豐坊編，并引沈明臣序云：是集得之李賓父生寅，屠田叔本峻刻以傳。又有嘉靖倪珣亦有序略。

升庵南中集

范邦甸等《天一閣書目・別集類》 《升庵南中集》五卷。刊本。卷首有「四明范氏」圖書記。明李夢陽著，升菴楊慎批選。

李汝含詩

高儒《百川書志・集・國朝》 《李汝含詩》一卷，附録一卷。慶陽李益章汝含撰，空同之弟。詩止六首。

北游集

高儒《百川書志・集・國朝》 《北游集》一卷。越僧四明天童懷讓著。弘治丙辰上京受度，蓬窗路途之作，得八十首。

湖西散人詩集

高儒《百川書志・集・國朝》 《湖西散人詩集》四卷，附録一卷。五雲郭廷

子敬著。

雲巖集

黃虞稷《千頃堂書目・別集類》 張嘉謨《雲巖集》。字舜卿，寧夏衛人。山東僉事。

西行稿

黃虞稷《千頃堂書目・別集類》 張嘉謨《西行稿》。

席太史文集

黃虞稷《千頃堂書目・別集類》 席春《席太史文集》。字仁同，遂寧人。席書弟。吏部右侍郎。

小泉稿

黃虞稷《千頃堂書目・別集類》 林庭㭿《小泉稿》六卷。字利瞻，閩縣人，瀚子。太子太保，工部尚書，贈少保，謚康毅。

康毅公集

黃虞稷《千頃堂書目・別集類》 林庭㭿《康毅公集》十卷。

《明史・藝文志・別集類》 《林廷㭿集》十卷。

浮漚雜草　續草

黃虞稷《千頃堂書目・別集類》 羅欽德《浮漚雜草》，又《續草》。字□□，泰和人。欽順弟。貴州按察使。

南渠存稿

黃虞稷《千頃堂書目・別集類》 王爌《南渠存稿》十六卷。字存約，黃巖人。南京都察院右都御史。

《明史・藝文志・別集類》 王爌《南渠稿》十六卷。

少山集

黃虞稷《千頃堂書目・別集類》 戴鼇《少山集》。字時化，鄞縣人。櫝季子。工部都水司主事。

張伎陵集

黃虞稷《千頃堂書目・別集類》 張鳳翔《張伎陵集》七卷。字光世，洵陽人。户部主事，移病歸，卒年三十。集爲李夢陽選定。

《四庫提要・別集類存目三》 《張伎陵集》七卷。浙江范懋柱家天一閣藏本。明張鳳翔撰。鳳翔字光世，號伎陵子，洵陽人。弘治己未進士，官户部主事。是集前六卷爲詩，附賦三篇，後一卷爲雜文。

石藥集

軍機處奏《禁毁書目》《石藥集》一部，四本。查《石藥集》，係明張鳳翔撰。其第四、五卷内指斥字面甚多，應請銷燬。

淮海集

黄虞稷《千頃堂書目・别集類》 王軏《淮海集》三十卷。字載卿，江都人。參贊機務，兵部尚書。

東橋漫稿

黄虞稷《千頃堂書目・别集類》 姚汀《東橋漫稿》四卷。字維寧，慈谿人。

謫所吟稿

黄虞稷《千頃堂書目・别集類》 姚汀《謫所吟稿》二卷。

東川集

黄虞稷《千頃堂書目・别集類》 童器《東川集》。字大用，浙江平陽人。

寓廉集

黄虞稷《千頃堂書目・别集類》 向錦《寓廉集》。字中美，慈谿人。

左氏詠

黄虞稷《千頃堂書目・别集類》 向錦《左氏詠》。

和梅百詠

黄虞稷《千頃堂書目・别集類》 向錦《和梅百詠》。

竹坡稿

黄虞稷《千頃堂書目・别集類》 向錦《竹坡稿》。

岫雲集

黄虞稷《千頃堂書目・别集類》 張時孜《岫雲集》。字惟善，鄞縣人。

余遷江集

范邦甸等《天一閣書目・别集類》《余遷江集》二卷。刊本。明知遷江縣事

余佑著，嘉靖己酉子紹芳刻于四川官署。卷首自序，卷尾紹芳跋識。

訥齋集　續集

黄虞稷《千頃堂書目·别集類》 余祐《訥齋集》，又《續集》。字□□，鄱陽人。吏部右侍郎。

白齋竹里集

《四庫提要·别集類存目三》 《白齋竹里集》七卷。浙江汪汝瑮家藏本。明張琦撰。琦字君玉，鄞縣人。弘治己未進士，官至興化府知府，加布政使參政，致仕。是集前有嘉靖癸未自序，稱守莆陽日，既梓平生所作，積數年，又得若干首，有相知君子贊予續梓之。文稿力緐，不能盡刻，姑芟摭數十篇附詩之後。是琦尚有前集行世，此則歸田後所刻續集也。

白齋集

徐㶿《徐氏家藏書目·别集類》 張琦《白齋集》九卷。字君玉，鄞縣人。正德辛巳進士，官興化知府。

黄虞稷《千頃堂書目·别集類》 張琦《白齋集》九卷。字君玉，鄞縣人。興化知府，歷福建左參政。

竹里館集

黄虞稷《千頃堂書目·别集類》 張琦《竹里館集》。

白齋先生詩集

范邦甸等《天一閣書目·别集類》 《白齋先生詩集》。明四明張琦君玉著，玉峰朱欽編次、批點。正德癸酉莆田林俊序。末又有自跋。

雙湖集

黄虞稷《千頃堂書目·别集類》 謝廷柱《雙湖集》。字邦用，長樂人。湖廣按察僉事。

偉谿稿

黄虞稷《千頃堂書目·别集類》 方謙《偉谿稿》。字純吉，祁門人。工部主事，督蕪湖關税。

霞城集

黄虞稷《千頃堂書目·别集類》 程誥《霞城集》二十四卷。字自邑，歙人。與鄭作皆以詩見知於李夢陽。

《四庫提要·别集類存目三》 《霞城集》二十四卷。浙江汪汝瑮家藏本。明程誥撰。誥字自邑，歙縣人。

臨淵先生集

張萱等《内閣藏書目録·集部》 《臨淵先生集》三册。全。嘉靖間閩吴希由著。

未齋集

黄虞稷《千頃堂書目·别集類》 顧鼎臣《顧文康公集》二十四卷。字九和，崑山人。一甲第一人，少保兼太子太保，禮部尚書，武英殿大學士，贈太保。謚文康。

《明史·藝文志·别集類》 《顧鼎臣文集》二十四卷。

英廉奏《抽毁書目》 《顧文康續稿》一本。查《顧文康續稿》，係明顧鼎臣撰。卷首《顧錫疇序》，有挖孔字面，查係違礙，應請抽燬。

《四庫提要·别集類存目三》 《未齋集》二十二卷。浙江巡撫採進本。明顧鼎臣撰。鼎臣字九和，崑山人。弘治乙丑進士第一，官至武英殿大學士。謚文康。【略】《明史·藝文志》載《鼎臣集》二十四卷，今所存者凡二本。一爲其孫晉璠等輯，凡文稿六卷，詩六卷，續稿六卷，其題曰《顧文康集》，較史志少六卷。此本多三集四卷，亦止二十二卷，不足二十四卷之數。或集本殘闕，或史文偶誤，則莫之詳矣。

上谷稿

黄虞稷《千頃堂書目·别集類》 周金《上谷稿》。字子庚，府軍右籍，武進人。太子少保，南京户部尚書，贈太子太保，謚襄敏。

漁陽稿

黄虞稷《千頃堂書目·别集類》 周金《漁陽稿》。

撫上郡集

范邦甸等《天一閣書目·别集類》 《撫上郡集》一卷。刊本。明周金撰。

松皋集

黄虞稷《千頃堂書目·别集類》 許讚《松皋集》二十六卷。字廷美，靈寶人。少傅兼太子太傅，吏部尚書，文淵閣大學士，贈少師，謚文簡。

《明史·藝文志·别集類》 許讚《松皋集》二十六卷。

安分堂詩

黄虞稷《千頃堂書目·别集類》 李希輔《安分堂詩》。字和中，由禮賓寺副正，歷官同知中樞府事。

永州集

黄虞稷《千頃堂書目·别集類》 唐珤《永州集》三卷。武進人。永州知府。

古園集

黄虞稷《千頃堂書目·别集類》 盧雍《古園集》十二卷。字師邵，長洲人。四川提學副使。

《明史·藝文志·别集類》 盧雍《古園集》十二卷。

玉巖集

黄虞稷《千頃堂書目·别集類》 周廣《玉巖集》九卷。字充之，太倉州人。南京

刑部右侍郎，贈右都御史。

《四庫提要・别集類存目三》《玉巖集》九卷，附録一卷。兩江總督採進本。明周廣撰。廣有《江西通志》，已著録。所著詩文，自釋褐以前曰《初稿》，官縣令時曰《鳴琴稿》，御史時曰《排雲稿》，謫懷遠時曰《啖荔稿》，官建昌時曰《量移稿》、曰《乞骸稿》，謫竹寨時曰《沅芷稿》，官江西時曰《攬轡稿》、曰《閲江稿》，視學福建時曰《外臺稿》，官巡撫時曰《内臺稿》，官刑部時曰《邦禁稿》，篇帙甚富。後其子臼同邑周鳳鳴簡汰編次，定爲此集。凡詩六卷，文三卷，卷中仍注原集諸名。附録一卷，則誌狀之屬也。

何燕泉詩

范邦甸等《天一閣書目・别集類》《何燕泉詩集》四卷。刊本。明少宰郴陽何孟春著。同郡周南輯，全湘蔣文化刊，嘉靖丙寅後跋，隆慶丁卯仁山劉穩序。

張萱等《内閣藏書目録・集部》《何燕泉先生詩集》二册。全。正德間何孟春著。

《四庫提要・别集類存目三》《何燕泉詩》四卷。兩淮馬裕家藏本。明何孟春撰。孟春有《何文簡疏議》，已著録。孟春少遊李東陽之門，傳其詩派。而才力不及其富贍，故往往失之平衍。是編乃嘉靖間署郴州事蔣文化選録刊行，亦非其全集也。

餘冬序録

范邦甸等《天一閣書目・别集類》《餘冬序録》十三册。刊本。明何孟春撰。自序稱：少而仕宦，俸足自資。雖鞅掌王務，然未必無三餘之隙。而性顧慵惰，比當開卷，輒悵然止。嘉靖甲申，因言事調官南部，幹局稍間，乃理舊稿。乙酉冬閏，既萃有成帙。又明年，得養病歸山林，益多長暑。明年，乃命兒子仲方，取舊稿而編輯之，歲亦適丁戊子冬閏。夫予之爲學，猶是閏爾。恍成六十餘卷。以歲陽爲序，遂題曰《餘冬序録》。

何文簡公燕臯集

黄虞稷《千頃堂書目・别集類》何孟春《何文簡公燕臯集》十八卷。字子元，郴州人。吏部右侍郎，左遷南工部，謚文簡。

《明史・藝文志・别集類》《文集》十八卷。何孟春著。

風木樓集

黄虞稷《千頃堂書目・别集類》留禄《風木樓集》。青田人。

夢蕉存稿

《四庫提要・别集類存目三》《夢蕉存稿》四卷。浙江汪汝瑮家藏本。明游潛撰。潛有《博物志補》，已著録。是集凡詩三卷，文一卷。

遠咎子詩

黄虞稷《千頃堂書目・别集類》范輅《遠咎子詩》一卷。字以載，桂陽人。福建布政使。

東麓稿

徐𤊹《徐氏家藏書目・别集類》汪佃《東麓遺稿》五卷。字有之，弋陽人。正德丁丑進士，福建僉事，太僕寺少卿。

黄虞稷《千頃堂書目・別集類》 汪佃《東麓遺稿》十卷。字友之，弋陽人。南京太常寺少卿。一作五卷。

《明史・藝文志・別集類》 汪佃《東麓稿》十卷。

《四庫提要・別集類存目三》 《東麓稿》十卷。兩淮鹽政採進本。明汪佃撰。佃字友之，弋陽人。正德丁丑進士，官至翰林院編修，後出爲建寧府通判。其集無大疵累，亦無所見長。

谷應集

黄虞稷《千頃堂書目・別集類》 王濟《谷應集》。字伯雨，別號雨舟，烏程人。太學生，横州判官。

水南詞

黄虞稷《千頃堂書目・別集類》 王濟《水南詞》。

和花蕊夫人宫詞

黄虞稷《千頃堂書目・別集類》 王濟《和花蕊夫人宫詞》。

柏齋集

范邦甸等《天一閣書目・別集類》 《柏齋文集》十一卷。刊本。明何瑭著。

徐𤊹《徐氏家藏書目・別集類》 何瑭《柏齋集》十卷。字粹夫，懷慶衛籍，南直隸如皋人。弘治壬戌進士，禮部侍郎，南京右都御史。卒年七十，謚文定。

黄虞稷《千頃堂書目・別集類》 何瑭《柏齋文集》十一卷。字粹夫，懷慶人。南京右都御史，贈工部尚書，謚文定。

《明史・藝文志・別集類》 《何瑭文集》十一卷。

《四庫提要・別集類二四》 《柏齋集》十一卷。河南巡撫採進本。明何瑭撰。瑭有《醫學管見》，已著録。

芷居集

黄虞稷《千頃堂書目・別集類》 少卿陳沂繼室馬閑卿《芷居集》一卷。字芷居，上元人，封宜人。能畫，善山水白描，年八十，猶不廢吟詠。

《明史・藝文志・別集類》 馬閑卿《芷居集》一卷。

曲江鶯囀集

黄虞稷《千頃堂書目・別集類》 賽濤《曲江鶯囀集》。古杭清平山巷趙家女。

内臺集

范邦甸等《天一閣書目・別集類》 《内臺集》九卷。王廷相著。《内臺集》九卷。嘉靖十八年沁陽門人張鵬序曰：録浚川公與名公鉅卿歲壬辰後往來辨答贈送之作，刻之東省，見公之所以經濟天下者，有具也。洪洞李復初序。

黄虞稷《千頃堂書目・別集類》 王廷相《内臺集》七卷。

《四庫提要・別集類存目三》 《内臺集》七卷。江蘇巡撫採進本。明王廷相撰。是編刻於嘉靖丙申，凡詩二卷、詞一卷、雜著一卷、奏疏一卷、雜文二卷，又在《家藏集》之後者也。時廷相爲都御史，故以「内臺」爲名云。

王氏家藏集

高儒《百川書志·集·國朝》《王氏家藏集》二十卷。都御史浚川儀封王廷相子衡撰。

范邦甸等《天一閣書目·别集類》《王氏家藏集》四十一卷。刊本。每卷首有「天一閣」、「東明山人之印」二圖章。明兵部尚書浚川王廷相著。首卷起至四十一卷俱詩、古文，門人鄔紳、湯紹恩、余承業校正，藺谿唐龍、潁川杜柟子門下士，上黨栗應宏序。

王圻《續文獻通考·經籍考·集下》《王氏家藏集》。河内王廷相著。

徐𤊹《徐氏家藏書目·别集類》王廷相《家藏集》五十四卷。字子衡，號浚川，開封府儀封人。弘治壬戌進士，累官兵部尚書，太子少師。

張萱等《内閣藏書目録·集部》《王氏家藏集》十八册。全。嘉靖間少保王肅敏公廷相著。

黄虞稷《千頃堂書目·别集類》王廷相《王氏家藏集》五十四卷。

《明史·藝文志·别集類》王廷相《家藏集》五十四卷。

《四庫提要·别集類存目三》《王氏家藏集》六十八卷。浙江汪汝瑮家藏本。一曰《浚川集》，明王廷相撰。廷相有《慎言》，已著録。

溝斷集

高儒《百川書志·集·國朝》《溝斷集》二卷。浚川子故作。自弘治迄今，凡二十六祀，詩賦文一百八首。

臺史集

高儒《百川書志·集·國朝》《臺史集》二卷。浚川子爲御史時著也。起正德庚午至甲戌五載之作，詩文賦百四十五首。

泉上稿

高儒《百川書志·集·國朝》《泉上稿》二卷。浚川督學山東所著。詩文六十篇。

家居集

高儒《百川書志·集·國朝》《家居集》三卷。浚川家居著也。三十二首，銘文二十六首。

黄虞稷《千頃堂書目·别集類》王廷相《家居集》一卷。

慎言集

范邦甸等《天一閣書目·别集類》《慎言集》十三卷。王廷相著。《慎言》十三卷，嚴衛孔子之道，不敢雜以異説之意。姑蘇顧璘、瓊臺黄芳序，岱埜張一厚、成都焦維章跋後。

雅　述

范邦甸等《天一閣書目·别集類》《雅述》二卷。王廷相著。《雅述》二卷。安陽崔銑序首，新安謝鎰、濟南周居岐跋後。

近海集

黄虞稷《千頃堂書目・別集類》 王廷相《近海集》一卷。字子衡，儀封人。太子太保，兵部尚書，謚肅敏。

南川稿

黄虞稷《千頃堂書目・別集類》 陶諧《南川漫游稿》十卷。字世和，會稽人。兵部左侍郎，贈尚書，謚莊敏。一作《莊敏集》八卷。

《四庫提要・別集類存目三》 《南川稿》十二卷。浙江汪汝瑮家藏本。 明陶諧撰。諧字世和，號南川，會稽人。弘治丙辰進士。改庶吉士，授工科給事中。以忤劉瑾，逮訊謫戍肅州。後起江南按察司僉事，官至兵部侍郎，總督兩廣軍務。謚莊敏。事蹟具《明史》本傳。是編分爲十集，曰《西行稿》、《北上稿》、《洪都稿》、《中州稿》、《再北上稿》、《題贈稿》、《行臺稿》、《草堂續稿》、《北遊稿》、《歸閒稿》各一卷。雜著奏疏二卷，正德三年劉瑾所矯示姦黨《敕諭》一道，及諧下獄《自辨》一疏，亦附載於末。蓋其初刻之本，後乃重編爲《莊敏集》也。

陶莊敏集　附蘭渚遺稿

《四庫提要・別集類存目三》 《陶莊敏集》八卷，附《蘭渚遺稿》一卷。江蘇巡撫採進本。 明陶諧撰。是集凡詩六卷、文二卷。據諧自序，但自録其詩。雜著、奏疏，蓋其後人所續入。後附《蘭渚遺稿》，則其孫尚寶司丞允淳所撰也。

西行稿

黄虞稷《千頃堂書目・別集類》 陶諧《西行稿》。

北上稿

黄虞稷《千頃堂書目・別集類》 陶諧《北上稿》。

洪都稿

黄虞稷《千頃堂書目・別集類》 陶諧《洪都稿》。

中州稿

黄虞稷《千頃堂書目・別集類》 陶諧《中州稿》。

行臺稿

黄虞稷《千頃堂書目・別集類》 陶諧《行臺稿》。

贈遺稿

黄虞稷《千頃堂書目・別集類》 陶諧《贈遺稿》。

平齋集

黄虞稷《千頃堂書目・別集類》 豐林端康王台翰《平齋集》。慶藩安簡王庶

子，嘉靖九年封。

沙溪集

黃虞稷《千頃堂書目・別集類》 孫緒《沙谿稿》二十三卷。字誠甫，故城人。太僕寺卿。

《四庫提要・別集類二四》 《沙溪集》二十三卷。直隸總督採進本。明孫緒撰。緒字誠甫，沙溪其自號也，故城人。弘治己未進士，官至太僕寺卿。是集文八卷，賦一卷，雜著一卷，《無用閑談》六卷，詩七卷。

沙洋集

張萱等《内閣藏書目録・集部》 《沙洋集》六册。嘉靖間太僕卿孫緒著。

保和齋稿

黃虞稷《千頃堂書目・別集類》 瀋憲王胤栘《保和齋稿》五卷。惠王勛潪子，安王孫，簡王來孫，高皇帝曷孫，自號南山道人，嘉靖五年封靈川王。九年懷王胤愷絶，奉敕管理府事，十年進封。

静芳亭摘稿

范邦甸等《天一閣書目・別集類》 《静芳亭摘稿》八卷。刊本。明陳洪謨撰。吴興顧應祥序稱：《静芳亭稿》若干卷，爲今少司馬高吾陳先生所著。其門人判常德府事聶君璜輯而刻之以傳。

王圻《續文獻通考・經籍考・集下》 《静芳亭稿》。兵部侍郎陳洪謨著，武陵人。

徐𤊹《徐氏家藏書目・別集類》 陳洪謨《静芳亭摘稿》十二卷。字宗禹，號高吾，武陵人。弘治丙辰進士，兵部侍郎致仕。顧應祥、顧璘爲序。

黃虞稷《千頃堂書目・別集類》 陳洪謨《静芳堂摘稿》十二卷。字宗禹，武陵人，兵部左侍郎。

《明史・藝文志・別集類》 《陳洪謨文稿》二卷。

《四庫提要・別集類存目三》 《静芳亭摘稿》八卷。浙江孫仰曾家藏本。明陳洪謨撰。洪謨有《治世餘聞》，已著録。是集爲洪謨所自定。以致仕之後，居高吾山下，築亭山中，榜曰「静芳」，故以名其集。又自稱高吾子，故亦曰《高吾摘稿》。其詩音節諧暢，而意境不深。蓋弘、正之間，風氣初變，漸趨七子之派，而未盡離「三楊」之體也。《明史・藝文志》有《陳洪謨文集》二卷，不載其詩。今乃獨有詩集而文集未見本傳。考此本卷首標題之下，俱有「詩集」二字，知尚別有文集，故以示別，非史誤也。

谿田文集　補遺

《四庫提要・別集類存目三》 《谿田文集》十一卷，《補遺》一卷。兩江總督採進本。明馬理撰。理有《周易贊義》，已著録。是集凡文六卷，詩五卷。補遺一卷，則有文無詩。

木亭雜稿

黃虞稷《千頃堂書目・別集類》 樂頀《木亭雜稿》三十六卷。字鳴吾，臨川人，河南左參政。

《明史・藝文志・別集類》 樂頀《木亭稿》三十六卷。

蒼谷集

徐㶿《徐氏家藏書目・別集類》 王尚絅《蒼谷集》十二卷。字錦夫，號蒼谷，汝州郟縣人。弘治壬戌進士，歷官浙江右布政使。私謚貞孝。尚書王崇慶序。

黄虞稷《千頃堂書目・別集類》 王尚絅《蒼谷集》十二卷。字錦夫，郟縣人。浙江布政使。

香東文集

黄虞稷《千頃堂書目・別集類》 郭維藩《香東文集》十二卷。字价夫，儀封人。太常寺少卿，兼翰林院侍讀學士，掌院事。

杏東集

《四庫提要・別集類存目三》 《杏東集》十卷。浙江孫仰曾家藏本。明郭維藩撰。維藩字价夫，正德辛未進士。官至太常寺少卿，兼翰林院侍讀學士掌院事。是集詩文各五卷，皆乏深湛之思。其門人河南巡撫蔡汝楫序，稱所著《經筵》、《南雍》二稿，俱不可見，此集已非完書。由維藩存日，無意傳其詞章，蓋亦道其實也。

張文忠集

《四庫提要・別集類存目三》 《張文忠集》十九卷。浙江巡撫採進本。明張孚敬撰。孚敬有《諭對録》，已著録。是集凡奏疏八卷，詩稿四卷，續稿一卷，文稿六卷。孚敬以議禮得君，故其著述，强半皆考禮之詞。不惟議興獻王禮，而且議郊祀禮，議孔廟禮。不惟撰《明倫大典》，而且撰《禮記章句》，自謂有明一主持禮教之人。其間所論，未必百無一當，然穿鑿附會以遷就時局者，比比然也。

張文忠公詩集

黄虞稷《千頃堂書目・別集類》 張孚敬《張文忠公詩集》三卷。初名璁，字秉用，永嘉人。少師兼太子太師，吏部尚書，華蓋殿大學士，贈太師，謚文忠。

《明史・藝文志・別集類》 《張孚敬詩集》三卷。

奏議

徐㶿《徐氏家藏書目・別集類》 張孚敬《奏議》十卷。字茂恭，號羅峰，永嘉人。正德辛巳進士，累官太師大學士，謚文忠。

羅山詩稿

范邦甸等《天一閣書目・別集類》 《羅山詩稿》三卷。不著撰人名氏。

對山集

范邦甸等《天一閣書目・別集類》 《康對山集》十九卷。刊本。明翰林修撰武功康海著。海號對山，嘗託其友張太微治道校序，卒後太微請中丞翁東厓檄西安吴六泉梓。嘉靖乙巳渼陂王九思序。

王圻《續文獻通考・經籍考・集下》 《康對山文集》。武功康海著。

黄虞稷《千頃堂書目・別集類》 康海《對山集》十九卷。字德涵，武功人。一甲第一人，翰林院修撰。

《明史・藝文志・別集類》 康海《對山集》十九卷。

《四庫提要・別集類存目三》 《對山集》十九卷。陝西巡撫採進本。明康海撰。海有《武功縣志》，已著録。海晚歲縱情聲伎，故樂府特爲擅長。詩文皆不甚留意，不免利鈍互陳。今已以孫景烈刪定之本繕入《四庫》。此本即張太微所編之原集，附存其目，不没其裒輯之功云爾。

對山集

《四庫提要・別集類二四》 《對山集》十卷。湖北巡撫採進本。明康海撰。海有《武功縣志》，已著録。其詩文集自明以來凡四刻，一爲張太微所選，一爲王世懋所選，互有去取。國朝康熙中，其里人馬氏始裒其全集刻之江寧。此本乃乾隆辛巳其里人編修孫景烈以所藏張太微本又加刊削而刻之。

樂府

黃虞稷《千頃堂書目・別集類》 康海《樂府》二卷。

《明史・藝文志・別集類》 康海《樂府》二卷。

惠威録

張萱等《内閣藏書目録・集部》 省吾林公《惠威録》二册。全。嘉靖間兩廣巡撫林富著。

汳臺集

范邦甸等《天一閣書目・別集類》 《汳臺集》二卷。刊本。明陳鳳梧撰，嘉靖甲申崔銑序。

修辭録

黃虞稷《千頃堂書目・別集類》 陳鳳梧《修辭録》六卷。字□□，泰和人。巡撫應天，右僉都御史，贈工部尚書。

《明史・藝文志・別集類》 《修辭録》六卷。

西行稿

黃虞稷《千頃堂書目・別集類》 陳鳳梧《西行稿》一卷。

南巡録

黃虞稷《千頃堂書目・別集類》 陳鳳梧《南巡録》一卷。

陽峰家藏集

王圻《續文獻通考・經籍考・集下》 [張璧]《陽峰家藏集》。

張萱等《内閣藏書目録・集部》 《張文簡公家藏集》一册。大學士張公璧著。

黃虞稷《千頃堂書目・別集類》 張璧《陽峰家藏集》三十五卷。字崇象，石首人。太子太保，禮部尚書，東閣大學士，贈少保，謚文簡。

《明史・藝文志・別集類》 張璧《陽峰集》二十六卷。

《四庫提要・別集類存目三》 《陽峰家藏集》三十五卷。浙江孫仰曾家藏本。明張璧撰。璧字崇象，石首人。正德辛未進士，官至禮部尚書，東閣大學士，謚文

簡。是集爲璧居內閣時所自編，首以經筵講章及議典禮之文，次爲應制諸詩及誥敕、賦頌、表疏，次爲古今體詩及雜文。

龍江集

徐𤊹《徐氏家藏書目・別集類》 唐錦《龍江集》十四卷。字士冏，華亭人。陸文裕之婿。弘治丙辰進士，官江西按察副使。卒年八十。尚書潘恩爲序。

黄虞稷《千頃堂書目・別集類》 唐錦《龍江集》十二卷。字士絅，上海人。江西提學副使。

《明史・藝文志・別集類》 唐錦《龍江集》十四卷。

含春堂稿

高儒《百川書志・聖朝詩集》 《含春堂稿》一卷。御製。皇考恭穆皇帝詩序略曰：《恩紀詩集》，乃弘治甲寅受命分封之國，感孝宗錫予之恩而紀之也。《含春堂稿》，則未之國時，在大內西館及出府所作。分類立題敘事，僅百三十餘首。而天文節候之大，人物宮室苑囿之繁，禮樂名物，經史文章之奧，大略具焉。

范邦甸等《天一閣書目・別集類》 《含春堂稿》二册。明恭穆獻皇帝御撰。弘治十三年庚辛自序稱大明興國純一道人。

黄虞稷《千頃堂書目・別集類》 興獻皇帝《含春堂稿》一卷。出閣時作。

恩紀詩集

高儒《百川書志・聖朝詩集》 《恩紀詩集》七卷。

范邦甸等《天一閣書目・別集類》 《紀恩詩集》七卷。刊本。明弘治壬戌興王純一道人撰并序。嘉靖五年御製序。

黄虞稷《千頃堂書目・別集類》 興獻皇帝《恩紀詩集》七卷。分藩時作。俱嘉靖五年命司禮監刊行。

南陽集

黄虞稷《千頃堂書目・別集類》 朱碩熿《南陽集》。字孔炎，唐定王五世孫，鎮國中尉。

巢園集

黄虞稷《千頃堂書目・別集類》 朱器封《巢園集》。字子厚，碩熑子。

前谿集

黄虞稷《千頃堂書目・別集類》 景暘《前谿集》十四卷。字伯時，上元籍，儀真人。一甲第二人，左春坊左中允管南京司業事。

《明史・藝文志・別集類》 景暘《前谿集》十四卷。

華泉集

《明史・藝文志・別集類》 邊貢《華泉集》四卷。

《四庫提要・別集類二四》 《華泉集》十四卷。山東巡撫採進本。明邊貢撰。貢字庭實，華泉其號也，歷城人。弘治丙辰進士，官至南京户部尚書。事蹟具《明史・文苑傳》。是集凡詩八卷，文六卷。【略】是集乃以送嵩之作列爲壓卷，不免見疑於清議。然詩集爲貢没之後其里人劉天民所編，時當嘉靖戊戌，正嵩權熾盛之日，或天民無識，趨附時局以爲榮，非貢本志歟。其文集亦大名魏允孚所續刊，自明以來，談藝家置而不論。今核其品格，實遠遜有韻之詞。蓋才有偏長，物不兩

大。附詩以行，視爲琰炎之耦可矣。

華泉文稿

黄虞稷《千頃堂書目·別集類》 邊貢《華泉文稿》一卷。

華泉詩集

范邦甸等《天一閣書目·別集類》 《邊華泉集》八卷。刊本。明南京户部尚書歷城邊貢著。郡人劉天民彙次，門人閻在邦校勘。卷末附神道碑，濮陽李廷相撰。公諱貢，字廷實，別號華泉。

又 《邊華泉集》八卷。刊本。明尚書邊貢撰。劉天民彙次并後序，門人閻在邦校勘。

王圻《續文獻通考·經籍考·集下》 《華泉先生集》。邊貢著。

徐𤊹《徐氏家藏書目·別集類》 邊貢《華泉集》八卷。字廷實，濟南歷城人。弘治丙辰進士，南京户部尚書，卒年五十七。郡人劉天民彙次。

黄虞稷《千頃堂書目·別集類》 邊貢《華泉詩集》八卷。字廷實，歷城人，南京户部尚書。

王士禛《漁洋書跋》 《邊華泉詩集》。二則。

《明史·藝文志·別集類》 邊貢《詩》八卷。

華泉集選

《四庫提要·別集類存目三》 《華泉集選》四卷。山東巡撫採進本。明邊貢撰。貢《華泉集》已著録。此本乃國朝王士禎所删定。

竹澗集

徐𤊹《徐氏家藏書目·別集類》 潘希曾《竹澗文集》八卷。字仲魯，金華人。弘治壬戌進士，官給事中，劾劉瑾廷杖，瑾誅，起原官。使安南賜一品服，歷官兵部右侍郎。卒年五十七，贈尚書。

張萱等《内閣藏書目録·集部》 《竹澗文集》四册。全。嘉靖間潘希曾著。

黄虞稷《千頃堂書目·別集類》 潘希曾《竹澗集》八卷。字仲魯，金華人。兵部左侍郎，贈尚書。

《明史·藝文志·別集類》 潘希曾《竹澗集》八卷。

《四庫提要·別集類二四》 《竹澗集》八卷，《竹澗奏議》四卷。浙江汪汝瑮家藏本。明潘希曾撰。希曾字仲魯，金華人。弘治壬戌進士，官至兵部左侍郎。是集爲嘉靖末長洲黄省曾所校。首載詩四卷，次雜文四卷，次奏議四卷，而以墓誌、小傳之類附録於末。核其卷數，與《千頃堂書目》所載相符，蓋猶舊本也。

江樓遺稿

黄虞稷《千頃堂書目·別集類》 錢宏《江樓遺稿》。字可容，錢塘人。巡撫南贛，都御史。

文江集

黄虞稷《千頃堂書目·別集類》 王激《文江集》。字子揚，永嘉人，國子祭酒。

鶴山詩文集

黄虞稷《千頃堂書目·別集類》 王激《鶴山詩文集》二卷。

三大禮賦

黄虞稷《千頃堂書目・騷賦類》 貢汝成《三大禮賦》三卷。嘉靖十六年表上。

《明史・藝文志・别集類》 貢汝成《三大禮賦》一卷。嘉靖中獻。

蜀游集

黄虞稷《千頃堂書目・别集類》 劉大謨《蜀游集》六卷。字□□，儀封人。巡撫四川，都御史。

東皋集

黄虞稷《千頃堂書目・别集類》 劉大謨《東皋集》。

鍾筠溪家藏集

黄虞稷《千頃堂書目・别集類》 《鍾芳詩文》二十卷。字□□，崖州人。户部右侍郎，總督糧儲。

《四庫提要・别集類存目三》 《鍾筠溪家藏集》三十卷。浙江范懋柱家天一閣藏本。明鍾芳撰。芳有《春秋集要》，已著録。《瓊州府志》載芳詩文集二十卷。此集文二十四卷，詩六卷，與志不符，蓋志誤「三」爲「二」也。第二十卷、第二十一卷爲《讀書札記》。第二十二卷爲《皇極經世圖續》，所推起宋神宗，迄明嘉靖。第二十三卷爲《雜著》。第二十四卷爲《夷情要覽》。蓋皆各自爲書者，附編於文集中云。

顧東橋集

王圻《續文獻通考・經籍考・集下》 《顧東橋集》。顧璘著。

息園存稿

范邦甸等《天一閣書目・别集類》 顧東橋《息園存稿》十四卷。刊本。明姑蘇顧璘著。嘉靖戊戌漢陽同知洛陽陳大壯序。

王圻《續文獻通考・經籍考・集下》 《息園集》。金陵顧璘著。

徐𤊹《徐氏家藏書目・别集類》 顧璘《息園存稿》十卷。

息園文稿

黄虞稷《千頃堂書目・别集類》 顧璘《息園文稿》九卷。字華玉，上元人。南京刑部尚書。

《明史・藝文志・别集類》 顧璘《息園文稿》九卷。

浮湘集

范邦甸等《天一閣書目・别集類》 《浮湘稿》四卷。刊本。顧璘撰，蔡羽序。

徐𤊹《徐氏家藏書目・别集類》 顧璘《浮湘稿》二卷。

黄虞稷《千頃堂書目・别集類》 顧璘《浮湘稿》四卷。

《四庫提要・别集類二四》 《浮湘集》四卷，《山中集》四卷，《憑几集》五卷，《續集》二卷，《息園存稿詩》十四卷，《文》九卷，《緩慟集》一卷。山西巡撫採進本。明顧璘撰。璘有《國寶新編》，已著録。是編乃其詩文全集。《浮湘集》由開封府知府謫全州

知州時作，蔡羽序之。《山中集》移病家居時作，陳束序之。《憑几集》、《憑几續集》皆起官湖廣巡撫時作，皇甫汸序之，璘亦有自序。《息園存稿》竝刻於嘉靖戊戌，《詩稿》陳大壯序之，《文稿》鄧繼中序之。附録曰《緩慟集》，官工部侍郎時哭其亡女之作，璘自序之。朱彝尊《明詩綜》稱其尚有《歸田集》，今未見傳本，不知佚否也。

憑几集　續集

范邦甸等《天一閣書目・別集類》　《憑几集》五卷，又《續集》二卷。刊本。明東橋居士顧璘著。自序曰：丁酉秋八月余發武昌行臺南，歷諸郡殆遍，至明年戊戌夏四月始返。蓋八閱月在車之日幾半，凡行七千餘里，所乘惟車，前有一橫版，下爲抽匱，藏書二三策，筆硯亦具。日憑而誦，若几焉。山川映發于目，時序變易于前，情感事觸悲喜百狀，率口占爲詩詞，將以寓懷消日。不求體調，所謂猶賢乎已者也。止輒筆之，不覺成帙，題曰《憑几集》，凡楚所得亦附焉。

徐𤊹《徐氏家藏書目・別集類》　顧璘《憑几集》五卷。字華玉，號東橋，江寧人。弘治丙辰進士，官終南京，刑部尚書。

黃虞稷《千頃堂書目・別集類》　顧璘《憑几集》七卷。

山中集

范邦甸等《天一閣書目・別集類》　《山中集》四卷。刊本。明顧璘著。嘉靖十七年鄞邑陳束序。

黃虞稷《千頃堂書目・別集類》　顧璘《山中集》四卷。

山中稿

徐𤊹《徐氏家藏書目・別集類》　顧璘《山中稿》一卷。

緩慟集

黃虞稷《千頃堂書目・別集類》　顧璘《緩慟集》一卷。

顧氏七記

高儒《百川書志・別集》　《顧氏七記》一卷。皇明遷金陵四世孫顧璘著。垂教子孫也。

息園詩稿

黃虞稷《千頃堂書目・別集類》　顧璘《息園詩稿》十四卷。

《明史・藝文志・別集類》　顧璘《詩》十四卷。

名山百咏

徐𤊹《徐氏家藏書目・別集類》　顧璘《名山百咏》一卷。

周恭肅集

徐𤊹《徐氏家藏書目・別集類》　周用《恭肅集》十六卷。字行之，號白川，吳江人。弘治壬戌進士，太子太保，吏部尚書，謚恭肅。

黃虞稷《千頃堂書目・別集類》　周用《周恭肅公集》十六卷。字□□，饒平人。

《四庫提要・別集類存目三》　《周恭肅集》十六卷。浙江汪汝瑮家藏本。明周

用撰。用字行之，吴江人。弘治壬戌進士，官至吏部尚書，謚恭肅。事蹟具《明史》本傳。是集爲其子國南所編，凡詩九卷、詩餘一卷、文六卷。其詩古體多嘽緩之音，近體音節頗宏整；文則平實坦易，縱其筆之所如。

白川集

黄虞稷《千頃堂書目・别集類》 周用《白川集》十六卷。字行之，吴江人。左都御史，太子少保，吏部尚書。贈太子太保，謚恭肅。

三峰集

黄虞稷《千頃堂書目・别集類》 方天雨《三峰集》。字濟甫，淳安人。

類庵稿

黄虞稷《千頃堂書目・别集類》 趙永《類庵稿》。字爾錫，長陵衛籍，臨淮人。南京禮部右侍郎。

瀛洲詩

黄虞稷《千頃堂書目・别集類》 趙永《瀛洲詩》。

北歸稿

黄虞稷《千頃堂書目・别集類》 趙永《北歸稿》。

養齋三集

張萱等《内閣藏書目録・集部》 《養齋集》十册。全。嘉靖間延陵徐問著。

黄虞稷《千頃堂書目・别集類》 徐問《養齋三集》二十四卷。字用中，武進人。户部尚書，謚莊裕。

山堂萃稿　續稿

張萱等《内閣藏書目録・集部》 《内山堂粹稿》十六卷，《續稿》四卷。徐問著。

黄虞稷《千頃堂書目・别集類》 徐問《山堂萃稿》四卷。一作十六卷。又《續稿》四卷。

《四庫提要・别集類存目三》 《山堂萃稿》十六卷。浙江汪汝瑮家藏本。明徐問撰。問有《讀書劄記》，已著録。是編詩六卷、文十卷，而奏疏三篇附詩之末，體例殊别。其詩文平正通達，而傷於淺易。中有孫偉、方豪、黄佐三人評語，蓋即以點勘之本付雕，亦非古式。

讀書劄記　續記

張萱等《内閣藏書目録・集部》 《讀書劄記》八卷，《續記》一卷。徐問著。

⿱此心齋集

黄虞稷《千頃堂書目・别集類》 查約《⿱此心齋集》。字原博，海寧人。

論學新稿

黄虞稷《千頃堂書目·别集類》 顧英《論學新稿》。字順中，慈谿人。

發齋集

黄虞稷《千頃堂書目·别集類》 顧英《發齋集》。

豐川文集

黄虞稷《千頃堂書目·别集類》 葉釗《豐川文集》。字時勉，豐城人。南京刑部主事。忤劉瑾被逮，歸卒。

蓮峰集

黄虞稷《千頃堂書目·别集類》 黄河清《蓮峰集》十三卷。字□□，福建南安人。南京右通政。

衢村集

黄虞稷《千頃堂書目·别集類》 范嵩《衢村集》六卷。字邦秀，甌寧人。南京工部右侍郎。

鶴林詩選

徐𤊹《徐氏家藏書目·别集類》 李學曾《鶴林詩選》二卷。字宗魯，茂名人。弘治壬戌進士，吏科都給事中。

黄虞稷《千頃堂書目·别集類》 李學曾《鶴林詩選》二卷。字宗魯，茂州人。吏科都給事中。

翠庭集

黄虞稷《千頃堂書目·别集類》 林茂達《翠庭集》。字孚可，莆田人。大理寺卿。

鷺沙集

黄虞稷《千頃堂書目·别集類》 孫偉《鷺沙集》。字朝望，清江人。鶴慶知府。

清江二家詩選

范邦甸等《天一閣書目·别集類》 《清江二家詩選》二册。刊本。《鷺沙詩集》二卷，明孫偉撰。《心遠堂詩草》二卷，明敖英撰。

芳洲漫興集

黄虞稷《千頃堂書目·别集類》 俞泰《芳洲漫興集》。字國昌，無錫人。山東參政。

兩峰存稿

黄虞稷《千頃堂書目・別集類》 潘珍《兩峰存稿》。字玉卿，婺源人。兵部左侍郎。

白石野稿

王圻《續文獻通考・經籍考・集下》 《白石野稿》。參政林魁著，龍溪人。

《四庫提要・別集類存目三》 《白石野稿》十七卷。兩江總督採進本。明林魁撰。魁自號白石山人，龍溪人。弘治壬戌進士，官至雲南兵備副使。是集賦、詩、詞六卷，序記、雜言等十卷。前有自序，稱平生應酬雜稿，毋慮千首，審非作家，然亦一愚之發也。今觀集中，如《上吏部揭帖》及與楊一清、李東陽諸書，頗足覘其學行。詩亦俊逸，惟其稱心而談，不免乏鍛鍊之功耳。

歸田録

王圻《續文獻通考・經籍考・集下》 林魁《歸田録》。

白石詩稿

范邦甸等《天一閣書目・別集類》 《白石詩稿》六卷。刊本。明林魁著，孫裕等校刊。

夢草堂稿

王圻《續文獻通考・經籍考・集下》 《夢草堂稿》。胡鎮著。

涵素詩集

高儒《百川書志・集・國朝》 《涵素詩集》三卷。錢塘布衣涵素胡鎮大寧著。

黄虞稷《千頃堂書目・別集類》 胡鎮《涵素詩集》三卷。字大寧，錢塘隱士。

梅國集

黄虞稷《千頃堂書目・別集類》 劉節《梅國集》四十一卷。字□□，大庾人。刑部右侍郎。

《明史・藝文志・別集類》 劉節《梅國集》四十二卷。

《四庫提要・別集類存目三》 《梅國集》四十一卷。浙江孫仰曾家藏本。明劉節撰。節有《春秋列傳》，已著録。是集凡詩十二卷，附以詩餘、雜文二十九卷。考節所輯《廣文選》，採摭浩博，而門目瑣碎，體例冗雜，頗有貪多務得之失。其所自作，亦惟取明白條暢，盡所欲言。往往下筆不能自休，故不免稍傷於蔓衍。

劉節文集

徐𤊹《徐氏家藏書目・別集類》 劉節《文集》二卷。

寶制堂録

《四庫提要・别集類存目三》《寶制堂録》二卷。江西巡撫採進本。明劉節撰。是集乃節官副都御史時其子魯掇拾雜稿而成。前有林庭棉、吕柟、方豪三序，皆題曰《寶制堂私録》，以明非節所自編。此本標題乃皆作《寶制堂録》，蓋其曾孫一翼等重刻所改也。然節之著作備於《梅國集》中，此未全之本也。

梅國詩集

徐𤊟《徐氏家藏書目・别集類》 劉節《梅國詩集》二卷。字介夫，大庾人。弘治乙丑進士，官終都察院御史。

星海詩集

黄虞稷《千頃堂書目・别集類》 肅藩安和世子真淤《星海詩集》二卷。恭王貢錝子，高皇帝來孫，莊王楧玄孫，成化中封世子，嘉靖五年薨。以子定王弼桄襲王，追謚靖。

凌溪集

范邦甸等《天一閣書目・總集類》 《凌溪先生集》十八卷。刊本。明寶應朱應登著，許宗魯序。

王圻《續文獻通考・經籍考・集下》 《朱凌溪集》。寶應朱應登著。

徐𤊟《徐氏家藏書目・别集類》 朱應登《陵溪集》十八卷。字升之，寶應人。弘治己未進士，官雲南參政。

黄虞稷《千頃堂書目・别集類》 朱應登《凌谿集》十八卷。字升之，寶應人。雲南參政。

《明史・藝文志・别集類》 朱應登《凌溪集》十九卷。

《四庫提要・别集類存目三》 《凌谿集》十八卷。浙江巡撫採進本。明朱應登撰。應登字升之，寶應人。弘治己未進士，官至雲南布政司參政。弘治七子之一也。《明史・文苑傳》附見《顧璘傳》中。是集凡賦二卷，詩十卷，文五卷，附録碑文、傳銘、詩文一卷。朱彝尊《静志居詩話》云：李何竝興，李目空諸子，自三秦而外，得其門者蓋寡，心摹手追，凌谿一人而已。其口占絶句云「文章康李傳新體，驅逐唐儒駕馬遷」，是其生平惟以北地爲宗，故詩文格調相近。然沈著頓挫處，則才力不及夢陽。顧璘爲作碑文，稱其詩上準《風》、《雅》，下採沈、宋，磅礴蘊藉，鬱興一代之體。未免諛墓之辭矣。

存笥集

黄虞稷《千頃堂書目・别集類》 朱應登《存笥集》一卷。

琴溪集

黄虞稷《千頃堂書目・别集類》 陳寰《琴谿集》六卷。字□□，常熟人。南京國子監祭酒。

《四庫提要・别集類存目三》 《琴溪集》八卷。兩淮鹽政採進本。明陳寰撰。寰字原大，常熟人。正德辛未進士，官至南京國子監祭酒。寰與桂萼爲同年，官翰林時，乃力斥萼議大禮之非，坐是移南京，旋告歸。其人足重，詩文則皆不入格。

雪厓文集

黄虞稷《千頃堂書目・别集類》 戚雄《雪厓文集》。字世英，金華人。南道御史，嘉靖初坐劾李福達、郭勛免職。

家藏集

黄虞稷《千頃堂書目・别集類》 張璿《家藏集》。字仲齋，晉州人。南右僉都御史，提督江防。

東巡録

黄虞稷《千頃堂書目・别集類》 張璿《東巡録》。

撫寧録

黄虞稷《千頃堂書目・别集類》 張璿《撫寧録》。

儼山集　續集　外集

王圻《續文獻通考・經籍考・集下》 《文裕公全集》。陸深著。

徐𤊹《徐氏家藏書目・别集類》 陸深《文裕全集》一百卷。字子淵，號儼山，上海人。弘治乙丑進士，歷官詹事，翰林學士，謚文裕。

《明史・藝文志・别集類》 《陸深全集》一百卷，《續集》十卷。

《四庫提要・别集類二四》 《儼山集》一百卷，《續集》十卷。兵部侍郎紀昀家藏本。明陸深撰。深有《南巡日録》，已著録。是集有費宷、徐階二序，文徵明後序，《續集》前有唐錦序，後有陸師道跋，皆其子楫所編。錦序及師道跋竝稱尚有《外集》四十卷，通此二集爲一百五十卷。此本不載《外集》，蓋《外集》皆其筆記、雜著，又自别行也。《明史・文苑傳》稱「深少與徐禎卿相切磨爲文章。又善書，仿李邕、趙孟頫。賞鑑博雅，爲詞臣冠」。階序稱深以經濟自許。在翰林，在國子，數上書言事。督學於晉，參藩於楚，旬宣於蜀，則皆有功德於其士民。而惜其獨以文章見。宷序亦稱其以剴切不諛忤宰臣，左遷以後，略無感時憤俗之意，而舉其《發教巖詩》、《峽江道中詩》證其無所怨尤。今觀其集，雖篇章繁富，而大抵根柢學問，切近事理，非徒闒靡誇多。當正、嘉之間，七子之派盛行，而獨以和平典雅爲宗，毅然不失其故步，抑亦可謂有守者矣。

張之洞《書目答問・别集》 《儼山集》一百卷，《續集》十卷，《儼山外集》三十四卷。明陸深。明刻本。《外集》皆雜箸，别行附此。

行遠集　行遠外集

《四庫提要・别集類存目三》 《行遠集》、《行遠外集》。皆無卷數。内府藏本。明陸深撰。深有《南巡録》，已著録。其文集、續集刻於嘉靖中。此集則崇禎庚午其曾孫休寧縣知縣起龍所編。前有《起龍述言》一篇，稱深隨地著述，散見四方者，邈不可購。所鐫正、續集一百五十卷有奇，十不得五，迄今模糊散佚又十之二三。起龍睠懷先澤，多方搜購，見輒筆之，又積至二十餘卷，以次校編。又稱附以年譜，重開生面云云。今考此本所載皆《文裕集》所已收，蓋其時舊刻散佚，因掇拾所存，重刻此版，故稱蒐購，實則非續獲於正、續二集之外也。所稱年譜，今亦不存，或裝緝偶漏，或歲久版又佚缺歟。

紫峰集

黄虞稷《千頃堂書目・别集類》 陳琛《紫峰先生文集》十二卷。字思獻，晉江人，江西提學副使。一作二十卷。

《明史・藝文志・别集類》 《陳琛文集》十二卷。

《四庫提要・别集類存目三》 《紫峰集》十三卷。福建巡撫採進本。明陳琛撰。琛有《易經淺説》，已著録。是集詩五卷、文七卷、《正學編》一卷，末以《年譜》附焉。初刻於嘉靖中，此其裔孫所重刻也。《明史・儒林傳》附見《蔡清傳》末。稱「琛杜門獨學，清見其文異之，曰吾得友此人足矣，琛因介友人以見清」云云。今觀

其詩，皆濂洛風雅一派，其文亦類語録講義，蓋其淵源如是云。

一螺集

徐𤊹《徐氏家藏書目・别集類》 袁仁《一螺集》二卷。字良貴，嘉興人，正德中布衣。

黄虞稷《千頃堂書目・别集類》 袁仁《一螺集》。字良貴，吴縣人。

漁石唐先生文集

張萱等《内閣藏書目録・集部》 唐龍《漁石唐先生文集》。

漁石集

高儒《百川書志・集・國朝》 《唐漁石集》三集。大司馬蘭谿唐龍虞佐著。

范邦甸等《天一閣書目・總集類》 《唐漁石集》四卷。刊本。明兵部尚書浙東唐龍著。門人平涼趙時春序稱：别有《黔南集》、《江右集》、《關中集》、《晉陽集》、《淮上集》。龍字虞佐，自云夢漁子，又云漁石子。

徐𤊹《徐氏家藏書目・别集類》 唐龍《漁石集》四卷。字虞佐，蘭谿人。正德戊辰進士，官兵部尚書，謚文襄。

黄虞稷《千頃堂書目・别集類》 唐龍《漁石集》四卷。字虞佐，蘭谿人。太子太保，吏部尚書，贈少保，謚文襄。

《明史・藝文志・别集類》 唐龍《漁石集》四卷。

《四庫提要・别集類存目三》 《漁石集》四卷。兩淮鹽政採進本。明唐龍撰。龍有《易經大旨》，已著録。龍敭歷中外，所著有《黔南集》、《江右集》、《關中集》、《晉陽集》、《淮陽集》，陝西提學僉事王維賢爲合而刻之，以成此集。其文頗具浩瀚之氣，詩尤長於五言。然集中自朱彝尊《詩話》所摘數聯以外，亦復罕逢佳句矣。

關中稿

張萱等《内閣藏書目録・集部》 《漁石關中稿》一册。全。嘉靖間總制唐龍著。

黄虞稷《千頃堂書目・别集類》 唐龍《關中稿》一卷。

博文堂稿

黄虞稷《千頃堂書目・别集類》 光澤榮端王寵瀼《博文堂稿》。遼惠王成鍊次子，高皇帝來孫，成化二十三年封。

水南集　續集

黄虞稷《千頃堂書目・别集類》 陳霆《水南集》十七卷，又《續集》。字聲伯，德清人。刑科給事中，忤劉瑾謫判六安州，後官山西僉事。

《明史・藝文志・别集類》 陳霆《水南集》十七卷。

《四庫提要・别集類存目三》 《水南》十九卷。浙江汪汝瑮家藏本。明陳霆撰。霆有《唐餘紀傳》，已著録。是集所載諸詩，意境頗爲蕭灑，而才氣坌涌，信筆而成，故往往不暇檢點。古文大致樸直，而少波瀾頓挫之勝。惟詩餘一體較工，其豪邁激越，猶有蘇辛遺範。末附詩話一卷，中間論詞一條，謂明代騷人多不務此，間有知者，十中之一二。則其自負亦不淺矣。

石龍集

黄虞稷《千頃堂書目・别集類》 黄綰《石龍集》二十八卷。字宗賢，黄巖人。

《明史·藝文志·别集類》黄綰《石龍集》二十八卷。

久庵文選

黄虞稷《千頃堂書目·别集類》 黄綰《久庵文選》十六卷。

紫巖文集

黄虞稷《千頃堂書目·别集類》 劉龍《紫巖文集》四十八卷。字舜卿，襄垣人。一甲第三人，南京吏部尚書，贈太子太保，謚文安。

《明史·藝文志·别集類》 《劉龍文集》四十八卷。

玉池稿

黄虞稷《千頃堂書目·别集類》 徐泰《玉池稿》。字子元，海鹽人。光澤知縣。

墨谿集

黄虞稷《千頃堂書目·别集類》 朱文簡《墨谿集》。字元可，樂清人。

東湖文集

黄虞稷《千頃堂書目·别集類》 鄭禧《東湖文集》。字宗慶，麗水人。

吟鞭小稿

黄虞稷《千頃堂書目·别集類》 鄭禧《吟鞭小稿》。

蟲技集

黄虞稷《千頃堂書目·别集類》 何晉《蟲技集》。字石川，龍游人。

寓蒲集

黄虞稷《千頃堂書目·别集類》 何晉《寓蒲集》。

和杜集

黄虞稷《千頃堂書目·别集類》 何晉《和杜集》一卷。

小浄稿

黄虞稷《千頃堂書目·别集類》 尚班爵《小浄稿》一卷。字宗周，同州人。安居知縣。

雲林集

黄虞稷《千頃堂書目·别集類》 尚班爵《雲林集》一卷。

北山稿

黄虞稷《千頃堂書目·别集類》 余嵓《北山稿》。字宗器，婺源人。廣昌知縣。

退庵集

黄虞稷《千頃堂書目·别集類》 王臬《退庵集》。字汝陳，金壇人。山東副使。

弘山集

黄虞稷《千頃堂書目·别集類》 楊士雲《弘山集》十二卷。字從龍，雲南太和衛人。福州知府，庶吉士，户科左給事中。

侍御集

黄虞稷《千頃堂書目·别集類》 藍田《侍御集》十卷。字□□，即墨人。監察御史。

東歸倡和

黄虞稷《千頃堂書目·别集類》 藍田《東歸倡和》一卷。

白齋集

王士禛《漁洋書跋》 《白齋集》。曹縣王叔武交李獻吉，即墨(蘭)〔藍〕玉父交楊用修，弇州《藝苑卮言》皆及之，顧其詩皆不能成家。右玉父《白齋集》，門人楊進士所貽也。玉父名田，嘉靖中御史，以疏劾席文襄書罷歸，遂不起。叔武名崇文，官副都御史。

北泉集

《四庫提要·别集類存目四》 《北泉集》。無卷數。副都御史黄登賢家藏本。明藍田撰。田字玉甫，號北泉，即墨人。嘉靖癸未進士，官至河南道監察御史。事蹟附見《明史·葉應驄傳》。當張璁等希旨議大禮，田反覆抗論，凡七上章，受廷杖幾殆，復糾劾陳洸不法事，直聲動一時。今集中惟録《劾禮部尚書席書》一疏，不知何故。其他古近體詩及書記、雜文亦未分卷。考《千頃堂書目》，田有《侍御集》十卷，又《東歸倡和》一卷，則此本已非完書。且田生平可傳者在諸諫草，今章疏闕佚，則此本非菁華所在矣。

虞山集

黄虞稷《千頃堂書目·别集類》 陳察《虞山集》十三卷。字□□，常熟人。提督南贛汀漳，右僉都御史。

《明史·藝文志·别集類》 陳察《虞山集》十三卷。

梅林雜詩

高儒《百川書志·集·國朝》 《梅林雜詩》五卷。嘉興守桐城蕭世賢老愚著。

水南集

黄虞稷《千頃堂書目·别集類》 田汝耔《水南集》十八卷。字勤父，祥符人。湖

廣副使。

《明史・藝文志・別集類》 田汝耔《水南集》十八卷。

洹詞

范邦甸等《天一閣書目・總集類》 《洹詞》十二卷。刊本。明相臺崔銑著。卷一、卷二名《館集》，起正德庚午至丁丑三月。卷三名《退集》，起丁丑至壬午七月。卷四名《雍集》，起癸未至甲申九月。卷五至卷十名《休集》，起甲申十一月至戊戌凡十五年。卷十一、卷十二名《三仕集》，起丙午至辛丑。

王圻《續文獻通考・經籍考・集下》 《崔氏洹詞》。彰德崔銑著。

徐𤊹《徐氏家藏書目・別集類》 崔銑《洹詞》十二卷。字子鍾，一字仲凫，彰德府安陽人。弘治乙丑進士，南京禮部侍郎，謚文敏，號後渠。

《明史・藝文志・別集類》 崔銑《洹詞》十二卷。

黃虞稷《千頃堂書目・別集類》 崔銑《洹詞》二十一卷。侍郎，贈尚書。

《四庫提要・別集類二四》 《洹詞》十二卷。副都御史黃登賢家藏本。明崔銑撰。銑有《讀易餘言》，已著録。是集題曰《洹詞》，以銑家安陽，境有洹水故也。一卷、二卷曰《館集》，三卷曰《退集》，四卷曰《雍集》，五卷至十卷曰《休集》，十一卷、十二卷曰《三仕集》。皆編年排次，不分體裁。雜著筆記亦參錯於其間。銑力排王守仁之學，謂其不當舍良能而談良知。故持論行己，一歸篤實。其争大禮，劾張璁、桂蕚，風節表表，亦不媿其言。所作《政議》十篇，準今酌古，無儒生迂闊之習。他若《漫記》十條，可以補宋史之未備。《謫傳》兩則，可以靖明代之浮言。而《岳飛論》一篇，稱飛之急宜奉詔班師，尤識大體。蓋不以文章著，而文章自可傳也。第十一卷中有嚴嵩《鈐山堂集序》，似涉南園作記之疑。然嵩集載此序，題嘉靖己亥。據《明史》嵩傳，是時方爲禮部尚書，未操國柄，尚無由預識其姦。是猶司馬光之於王安石，非陸游之於韓侂胄矣。

洹詞別本

《四庫提要・別集類存目三》 《洹詞別本》十七卷，附録四卷。兩江總督採進本。明崔銑撰。銑有《讀易餘言》，已著録。是集原本爲趙王所刊，僅十二卷，編年排次而不分體。此本乃嘉靖甲寅池州知府周鎬命貴池教諭范萿所重編，始區別體裁，以類彙次，而其文則無所增損焉。

洹詞記事鈔

英廉奏《抽毀書目》 《洹詞記事鈔》一本。查《洹詞記事鈔》，係明崔銑撰。書中載《明太祖祭元幼主文》一篇，語多偏謬，應請抽燬。

松窗寤言

王圻《續文獻通考・經籍考・集下》 《松窗寤言》八十一章。彰德崔銑著。

慕齋集

黃虞稷《千頃堂書目・別集類》 金安國《慕齋集》。字國卿，號慕齋。官刑曹判書，至領議政。

迪功集

高儒《百川書志・集・國朝》 《徐迪功集》二卷。國子博士吳郡徐禎卿昌穀撰。文止二十四首。

范邦甸等《天一閣書目・別集類》 《徐迪功集》六卷。刊本。明國子博士徐禎卿撰。嘉靖七年戊子李夢陽序，平湖屠奎後序，郡人黎緡跋。

王圻《續文獻通考・經籍考・集下》 《文集》六卷。吳縣徐禎卿著。

徐𤊹《徐氏家藏書目・別集類》 徐禎卿《迪功集》六卷。字昌穀，吳縣人。

弘治十八年進士，官國子博士。又著《談藝録》一卷、《新倩集》一卷，别見。

黄虞稷《千頃堂書目・别集類》 徐禎卿《迪功集》六卷。字昌穀，一字昌國，吴縣人。大理寺左寺副，降國子監博士。又有《歎歎》、《焦桐》、《鸚鵡》、《花間》、《野興》、《自慚》等集。

《明史・藝文志・别集類》 徐禎卿《迪功集》十一卷。

《四庫提要・别集類二四》 《迪功集》六卷。兩淮鹽政採進本。明徐禎卿撰。禎卿有《翦勝野聞》，已著録。其平生論詩宗旨，見於《談藝録》及《與李夢陽第一書》。

迪功五集

黄虞稷《千頃堂書目・别集類》 徐禎卿《迪功五集》五卷。

徐迪功詩

高儒《百川書志・集・國朝》 《徐迪功詩》。國子博士吴郡徐禎卿昌穀著。

談藝録

范邦甸等《天一閣書目・别集類》 《談藝録》一卷。徐禎卿著。

王圻《續文獻通考・經籍考・集下》 《談藝録》。吴縣徐禎卿著。弘治乙丑進士，官國子博士。

《四庫提要・别集類二四》 《談藝録》一卷。

歎歎集

黄虞稷《千頃堂書目・别集類》 徐禎卿《歎歎集》。

焦桐集

黄虞稷《千頃堂書目・别集類》 徐禎卿《焦桐集》。

鸚鵡集

黄虞稷《千頃堂書目・别集類》 徐禎卿《鸚鵡集》。

花間集

黄虞稷《千頃堂書目・别集類》 徐禎卿《花間集》。

野興集

黄虞稷《千頃堂書目・别集類》 徐禎卿《野興集》。

自慚集

黄虞稷《千頃堂書目・别集類》 徐禎卿《自慚集》。

新倩籍

王圻《續文獻通考・經籍考・集下》 《新倩籍》。徐禎卿著。

白閣山人遺稿

黄虞稷《千頃堂書目・别集類》 王九峰《白閣山人遺稿》。字壽夫，鄠縣人。九思弟，山西副使。

東齋稿

黄虞稷《千頃堂書目・别集類》 姚惟芹《東齋稿》。字惟誠，綬之孫。

穆文簡公宦稿

黄虞稷《千頃堂書目・别集類》 穆孔暉《穆文簡公宦稿》二卷。字伯潛，崇邑人。南京太常寺卿，贈禮部右侍郎，謚文簡。

《明史・藝文志・别集類》 《穆孔暉文集》三卷。

玄庵集

徐𤊹《徐氏家藏書目・别集類》 穆孔暉《玄庵集》二卷。字伯潛，東昌府堂邑人。弘治甲子解元，己丑進士，太常寺卿。卒年六十，贈禮部侍郎，謚文簡。朱延禧刻于金陵，焦竑爲序。

[玄庵]遺書

徐𤊹《徐氏家藏書目・别集類》 穆孔暉《遺書》二卷。

玄庵晚稿

黄虞稷《千頃堂書目・别集類》 穆孔暉《玄庵晚稿》二卷。

中川遺稿

《四庫提要・别集類存目四》 《中川遺稿》三十三卷。浙江巡撫採進本。明王教撰。教字庸之，祥符人。嘉靖癸未進士，官至南京兵部右侍郎。是集乃其子在阡所編，凡賦二卷，古今體詩十三卷，樂章及詩餘一卷，雜文十九卷。前有李濂序，稱其學窺本原，志在康濟。居嘗語人曰：「吾賦性蹇拙，詞翰誠非所長。」是教平日本不以詩文自命，故所作卷帙雖富，大抵縱筆所之，不甚翦裁結構也。

涇野集　别集

張萱等《内閣藏書目録・集部》 《涇野先生文集》二十册。全。吕柟著。又二十册。全。又六册。全。

黄虞稷《千頃堂書目・别集類》 吕柟《涇野集》三十七卷，又《别集》十三卷。字仲木，高陵人。一甲第一人，南京禮部右侍郎，贈尚書，謚文簡。

《明史・藝文志・别集類》 吕柟《涇野集》五十卷。

《四庫提要・别集類存目三》 《涇野集》三十六卷。浙江汪汝瑮家藏本。明吕柟撰。柟有《周易説翼》，已著録。其集初刻於西安，既而佚闕，其門人徐紳、吴遵、陶欽重爲删補編次，刻於真定。此本即真定刻也。柟之學出薛敬之，敬之之學出於薛瑄，授受有源，故大旨不失醇正。然頗刻意於字句，好以詰屈奥澀爲高古。往往離奇不常，掩抑不盡，貌似周秦間子書。其亦漸漬於空同之説者歟。

谷平集

黄虞稷《千頃堂書目·別集類》 李中《谷平集》五卷。字子庸，吉水人。總督南京糧儲，右副都御史。

《四庫提要·別集類存目三》 《谷平文集》五卷。江西巡撫採進本。明李中撰。中字子庸，吉水人。正德甲戌進士，官至總督南京糧儲，都察院副都御史，謚莊介。事蹟具《明史》本傳。是集爲其門人羅洪先所編，其曰《谷平》者，以其所居之里名之也。凡疏二十有八，日録三百九十六，書問三十有三，詩文一百六十有五，大抵講學者爲多。

長春競辰稿

黄虞稷《千頃堂書目·別集類》 蜀成王讓栩《長春競辰稿》十六卷。昭王賓瀚子，高皇帝晜孫，正德五年襲封，集爲成都楊慎序。

河上集

黄虞稷《千頃堂書目·別集類》 周藩奉國將軍安沠《河上集》。字思浦，鎮平王孫。

習静樓集

黄虞稷《千頃堂書目·別集類》 朱安游《習静樓集》三卷。

樸庵文集

徐𤊹《徐氏家藏書目·別集類》 章拯《樸庵文集》八卷。字以道，號樸庵，蘭谿人。弘治壬戌進士，官工部侍郎，謚恭惠。楓山文懿公猶子也。

黄虞稷《千頃堂書目·別集類》 章拯《樸庵文集》八卷。字以道，蘭谿人。懋從子，工部尚書，謚恭惠。

《明史·藝文志·別集類》 《章拯文集》八卷。

牢盆集

徐𤊹《徐氏家藏書目·別集類》 嚴時泰《牢盆集》一卷。字□□，餘姚人。正德中鄉舉，官福建運同。

黄虞稷《千頃堂書目·別集類》 嚴時泰《牢盆集》一卷。餘姚人，福建鹽運司同知。

苑洛集

張萱等《内閣藏書目録·集部》 《苑洛集》十册。全。正德間尚書韓邦奇著。

黄虞稷《千頃堂書目·別集類》 韓邦奇《苑洛集》二十二卷。字汝節，朝邑人。南京兵部尚書，贈太子少保。謚恭簡。

《明史·藝文志·別集類》 韓邦奇《苑洛集》二十二卷。

《四庫提要·別集類二四》 《苑洛集》二十二卷。副都御史黄登賢家藏本。明韓邦奇撰，邦奇有《易學啓蒙意見》，已著録。是集凡序二卷，記一卷，誌銘三卷，表一卷，傳一卷，策問一卷，詩二卷，詞一卷，奏議五卷，《見聞考隨録》五卷。乃嘉靖末所刊，汾陽孔天允爲之序。當正、嘉之際，北地、信陽方用其學提唱海内，邦奇獨

不相附和，以著書餘事，發爲文章。不必沾沾求合於古人，而記問淹通，凡天官、地理、律吕、數術、兵法之屬無不博覽精思，得其要領。故其徵引之富，議論之核，一一具有根柢，不同掇拾浮華。至《見聞考隨録》所紀朝廷典故，頗爲詳備。其間如譏于謙不能匡正之失，及辨張綵阿附劉瑾之事，雖不免小有偏駁，而敘次明晰，可資考據。其他辨論經義，闡發易數，更多精確可傳。蓋有本之學，雖瑣聞雜記，亦與空談者異也。

朱仲子集

黄虞稷《千頃堂書目·别集類》 棗陽榮肅王祐楒《朱仲子集》三卷。襄藩。

方城集

黄虞稷《千頃堂書目·别集類》 棗陽榮肅王祐楒《方城集》一卷。

許相卿全集

《明史·藝文志·别集類》 《許相卿全集》二十六卷。

雲邨文集

徐𤊹《徐氏家藏書目·别集類》 許相卿《雲邨集》十四卷。字伯台，號杞山，又號蹇翁，海寧人。正德丁丑進士，官兵科給事中。卒年七十九。

黄虞稷《千頃堂書目·别集類》 許相卿《雲村集》十四卷。字子仲，海寧人，禮科給事中。

《四庫提要·别集類二五》 《雲邨文集》十四卷。兩淮鹽政採進本。明許相卿撰。相卿有《史漢方駕》，已著録。是集爲相卿所自定，簡擇頗精。自序謂棄其脱遺不可讀者，存其餘可讀者。其《自題》絶句有曰：「雲邨病老語多哤，造次詩成絶宋腔。還溯開元論風格，拾遺壇上樹旌幢。」蓋自以所學爲未足，欲進而求之唐人也。今觀其詩，大抵近體居多，五言有大曆之調，七言出入於陳師道、陳與義間，可謂自知之審矣。章疏切實，雜文體裁雅潔，亦多有道之言，無明季士大夫求名若渴之習。殆篤實君子歟。其《歸田後與王子揚書》，稱「時慮更切，不敢以歸爲幸。乃今傳聞日駭，事勢日危，旦夕念北，如昔之思南」，其惓惓君國之意，視所謂「去國一身輕似葉，高名千古重於山」者，相去蓋不啻倍蓰也。

黄門集

黄虞稷《千頃堂書目·别集類》 許相卿《黄門集》十二卷。

白房集

王圻《續文獻通考·經籍考·集下》 《白房集》。參政朱衮著，永州衛人。

水衡餘興

黄虞稷《千頃堂書目·别集類》 朱衮《水衡餘興》一卷。

夢劍緒言

黄虞稷《千頃堂書目·别集類》 朱衮《夢劍緒言》。

雪壺倡和

黄虞稷《千頃堂書目·别集類》 朱衮《雪壺倡和》。

三峰文集

黄虞稷《千頃堂書目·别集類》 朱衮《三峰文集》。字朝章，上虞人。

大竹文集

徐𤇍《徐氏家藏書目·别集類》 陳鼎《大竹文集》四卷。字□□，登州衛人。弘治乙丑進士，浙江按察使，順天府尹。

黄虞稷《千頃堂書目·别集類》 陳鼎《大竹集》。字邦器，嘉興人。

海山集

黄虞稷《千頃堂書目·别集類》 姚繼巖《海山集》。字元肖，南通州人。太常寺少卿，徐問嘗稱爲「清苦名臣」。

貽穀堂集

黄虞稷《千頃堂書目·别集類》 徐子熙《貽穀堂集》。字世昭，上虞人。

秋齋集

黄虞稷《千頃堂書目·别集類》 周宣《秋齋集》。字彦道，莆田人。廣東按察使，坐事免。

金陵百詠

黄虞稷《千頃堂書目·别集類》 陳槐《金陵百詠》。字公輔，鄞縣人。

半湖集

黄虞稷《千頃堂書目·别集類》 陳槐《半湖集》。

元峰文集

黄虞稷《千頃堂書目·别集類》 周任《元峰文集》。字□□，江山人。

虚窗小稿

黄虞稷《千頃堂書目·别集類》 陳達《虚窗小稿》十二卷。字德英，閩縣人。巡撫山西，都御史。

虛窗詩

高儒《百川書志・集・國朝》《虛窗詩》一卷。職方郎中陳達德英，蒙菴子也。詩九十三首。自筠軒以下，爲閩人陳氏四世之作也，總名《義谿世稿》，南京户部郎中長汀李堅選次，武選郎中莆陽黄鞏評點之。

竹莊集

黄虞稷《千頃堂書目・别集類》孫勝《竹莊集》。字敏中，奉化人。

東樓遺稿

黄虞稷《千頃堂書目・别集類》李玠《東樓遺稿》。字朝信，浙江縉雲人。

松坡集

黄虞稷《千頃堂書目・别集類》馮應奎《松坡集》。字景神，鄞縣人。

和陸放翁詩

黄虞稷《千頃堂書目・别集類》馮應奎《和陸放翁詩》二卷。

和劉松坡詩

黄虞稷《千頃堂書目・别集類》馮應奎《和劉松坡詩》一卷。

小野集

黄虞稷《千頃堂書目・别集類》倪宗正《小野集》。字本端，餘姚人。南雄知府。

《四庫提要・别集類存目三》《倪小野集》二十二卷。江蘇巡撫採進本。明倪宗正撰。宗正字本端，餘姚人。弘治乙丑進士。官兵部武選司員外郎時，嘗以言事廷杖，後終於南雄府知府。嘉靖中賜祭葬，贈學士，謚文忠。所著有《豐富集》、《突兀稿》、《觀海集》、《太倉稿》，晚年復有《小野集》十六卷。此本二十二卷，蓋國朝康熙中其七世孫健宗彙輯重刻，而題以最後之名者也。謝遷《豐富集序》，述李東陽之言，謂明之詩文，至宗正而集大成。未免推之已甚。宗正嘗有詩云：「偶入棠陵眼，難齊少谷肩。」棠陵，方豪别號。少谷，鄭善夫别號也。可謂自知之審矣。

暘谷空音

范邦甸等《天一閣書目・别集類》《暘谷空音》九卷。刊本。不著撰人名氏。

黄虞稷《千頃堂書目・别集類》李寅《暘谷空音》。字敬之，浙江縉雲人。

龍溪藏稿

黄虞稷《千頃堂書目・别集類》孫泰《龍谿藏稿》。字時寅，歸安人。刑部郎，知成都、兖州兩府。

自庵集

黄虞稷《千頃堂書目·別集類》 陳卿《自庵集》一卷。字□□，宜賓人。巡撫甘肅，兵部侍郎。

槎谿集

黄虞稷《千頃堂書目·別集類》 葉溥《槎谿集》。字時用，龍泉人。

寧山集

黄虞稷《千頃堂書目·別集類》 王坊《寧山集》六卷。字崇賢，黄巖人。

西浦存稿

黄虞稷《千頃堂書目·別集類》 徐慶亨《西浦存稿》。字世嘉，黄巖人。

河濱集

黄虞稷《千頃堂書目·別集類》 段炅《河濱集》。字□□，蘭州人，堅子，翰林院檢討。

南原集

黄虞稷《千頃堂書目·別集類》 王韋《南原家藏集》八卷。字欽佩，錦衣衛籍，上元人。徽子，南京太僕寺少卿。

《四庫提要·別集類存目三》 《南原集》七卷。江蘇周厚堉家藏本。明王韋撰。韋字欽佩，上元人。弘治乙丑進士，官至太僕寺少卿。《明史·文苑傳》附見《顧璘傳》中。韋與璘及朱應登、陳沂相友善，時有朱、顧、陳、王之目。朱、顧皆羽翼北地，共立壇墠。而韋與陳沂獨心懲剿襲之非，頗欲自出手眼。《闈試春陰》一篇，當時至謂有神助。然所作多尚穠麗，亦未能突過李、何。是編璘所選定，凡詩三卷，文四卷，前有璘所作小傳一篇。

桐岡集

黄虞稷《千頃堂書目·別集類》 索承學《桐岡集》。字遜夫，邳州人。户部郎中。

頤山集

黄虞稷《千頃堂書目·別集類》 安磐《頤山集》。字公石，嘉定州人。兵科都給事中，議大禮被笞免官，萬曆初追贈太常少卿。

石疄集

黄虞稷《千頃堂書目·別集類》 潘選《石疄集》。字玉選，婺源人。山西僉事。

忍讀稿

黄虞稷《千頃堂書目・別集類》 楊圝《忍讀稿》。字厚甫，嘉定人。大理寺觀政。

金臺遺稿

黄虞稷《千頃堂書目・別集類》 程定《金臺遺稿》。字静夫，績谿人。未仕。

後野集

黄虞稷《千頃堂書目・別集類》 程定《後野集》。

質齋集

黄虞稷《千頃堂書目・別集類》 程文《質齋集》。字焕章，婺源人。廣南兵備副使。

張愈光詩文集

張萱等《内閣藏書目録・集部》 《張愈光詩文集》六册。全。正德間滇南張含著。

禺山文集

《四庫提要・別集類存目三》 《禺山文集》一卷，《詩集》四卷。江蘇巡撫採進本。明張含撰。含字愈光，永昌衛人，正德丁卯舉人。其學出於李夢陽，又與楊慎最契，故詩文皆慎所評定。慎序有曰：張子自少不喜爲時文舉子語，見宋人厭棄之猶膩也。其爲文必《弓》、《左》，字必《蒼》、《雅》。其推挹甚至，然其病正坐於此，故襞積字句，而乏鎔鑄運化之功。明人別有雕鏤堆砌一派，含其先聲歟。蓋慎在雲南，無可共語。得一好奇之士，遂爲空谷足音，不覺譽之過當。且慎名既重，聞者咸推波助瀾，而贋古之文又足以駴俗目，含遂盛爲文士所稱。實則塗飾之學，與其師同一病源，各現變證也。

艱征集

范邦甸等《天一閣書目・別集類》 《艱征集》一卷。藍絲闌鈔本。明張含著。楊慎跋云：昔盧子諒、傅長虞咸製《艱征賦》，予讀而慨之，傷二子之不遇也。乃茲禺山張子愈光固今之子諒、長虞也，文章既同，困躓過之。丙申歲冬，北上紀行，取二子賦名名其詩集，予讀之而重慨焉。嘉靖丁酉湯世賢序。

張含詩集

黄虞稷《千頃堂書目・別集類》 《張含詩集》四卷。

鐵橋詩集

黄虞稷《千頃堂書目・別集類》 [張含]《鐵橋詩集》一卷。字愈光，永昌衛人。張志淳子。

張禺山戊己吟

范邦甸等《天一閣書目・別集類》 《張禺山戊己吟》三卷。刊本。明禺山張

含著，升菴楊慎批點。卷首嘉靖二十八年楊升菴題詞，卷末有吟卷附作詩一册。

張禺光詩文選

黃虞稷《千頃堂書目·別集類》 張含《張禺光詩文選》五卷。

禺山律選

范邦甸等《天一閣書目·別集類》《禺山律選》一卷。刊本。明滇中張含著，蜀楊慎評選，滇中邵惟中、吴華雲校。

徐𤊹《徐氏家藏書目·別集類》 張含《禺山七言律選》一卷。字愈光，永昌府人。正德中鄉舉，屢試不第，遂絶仕。與楊升菴友善，七言律乃升菴所選，曾瑱爲序。

東洲集　續集

徐𤊹《徐氏家藏書目·別集類》 崔桐《東洲續集》十卷。字來鳳，海門人。正德丁丑探花，禮部侍郎。

黃虞稷《千頃堂書目·別集類》 崔桐《東洲集》三十卷，又《續集》十卷。字來鳳，海門人。一甲第三人，禮部右侍郎。

《明史·藝文志·別集類》 崔桐《東洲集》四十卷。

《四庫提要·別集類存目三》《東洲集》二十卷，《續集》十卷。江蘇巡撫採進本。明崔桐撰。桐字來鳳，海門人。正德丁丑進士，官至禮部右侍郎。事蹟附見《明史·舒芬傳》。以與芬俱以疏諫南巡廷杖故也。是集凡詩九卷，詞一卷，文十卷。《續集》詩六卷，文四卷。《江南通志》所載，卷帙與此相同。《千頃堂書目》作《東洲集》三十卷，《續集》十卷。《明史·藝文志》作《東洲集》四十卷。疑黃虞稷誤二十爲三十，《明志》據虞稷之目合而計之，共爲四十卷也。

石川集　附集

黃虞稷《千頃堂書目·別集類》 殷雲霄《石川集》五卷。字近夫，壽張人。南京工科給事中。

《四庫提要·別集類存目三》《石川集》四卷，《附集》一卷。浙江巡撫採進本。明殷雲霄撰。雲霄字近夫，壽張人。弘治乙丑進士，官至南京工科給事中。嘗疏論武宗納有娠女子馬姬事，以峭直稱。《明史·文苑傳》附載《鄭善夫傳》中。是集分二種，又各分詩文爲二卷，曰《瀛洲集》者，官靖江知縣時作，曰《芝田集》者，官青田知縣時作。附一卷曰《金陵稿》者，則官南京時作也。史稱雲霄嘗作蓄艾堂，聚書數千卷，以作者自命。多與孫一元唱和，詩派亦與相近。然大抵才情富贍，而骨格未堅。

石川遺集

高儒《百川書志·集·國朝》《石川遺集》二卷。

黃虞稷《千頃堂書目·別集類》 殷雲霄《遺集》二卷。

石川遺稿

高儒《百川書志·集·國朝》《石川遺稿》二卷。

瀛洲集

高儒《百川書志·集·國朝》《瀛洲集》一卷。南京工科給事中、東魯殷雲霄近夫撰。

芝田集

黃虞稷《千頃堂書目・別集類》 殷雲霄《芝田集》一卷。

後峰集

黃虞稷《千頃堂書目・別集類》 黃鞏《後峰集》。字伯固，莆田人。大理寺丞，天啓初追贈少卿，謚忠裕。

卓齋集

黃虞稷《千頃堂書目・別集類》 張綬《卓齋集》十卷。無錫人。弘治中貢士，東陽訓導。

尋樂堂集

《四庫提要・別集類存目三》 《尋樂堂集》十一卷。江西巡撫採進本。明王烈撰。烈字正邦，樂安人，尋樂其別號也。成化弘治間諸生。是集文五卷、詩六卷，末附其族孫澂江府經歷素節所撰《行實》一篇，載其論文、論經史之語。蓋志大而學則未廣者也。

虛齋稿

黃虞稷《千頃堂書目・別集類》 姚丞集《虛齋稿》。字存道，號畸艇，長洲人。弘治中貢生。

譚樵海集　附幽谷集　霜巖集

《四庫提要・別集類存目三》 《譚樵海集》六卷，附《幽谷集》一卷、《霜巖集》一卷。江西巡撫採進本。明譚寶煥撰。寶煥，江西樂安人，樵海其號也。集凡文三卷，詩三卷。寶煥少好講學，爲文多涉理趣，詩尤沿《擊壤集》流派。如《自示》云：「從今脊骨剛如鐵，一擔綱常勿放肩。」《寄鄧九邱》云：「還與先生磨太極，乾坤肎負苦心人。」較《定山集》抑又甚矣。末附《幽谷集》一卷，其孫欽瑗作。《霜巖集》一卷，其曾孫清巖作也。

性理吟

《四庫提要・別集類存目三》 《性理吟》二卷。江西巡撫採進本。明譚寶煥撰。是集成於正德壬申，前有自序，皆以《四書》及性理中字句爲題。前列朱子之說，而以一詩括其意。前集一卷爲七言絶句，後集一卷爲七言律詩。其意不在於詩，亦遂難以詩論也。

學齋詩

黃虞稷《千頃堂書目・別集類》 徐達居《學齋詩》六卷。字文穆，錢塘隱士。

彭村集

徐𤊹《徐氏家藏書目・別集類》 李河《彭村集》二卷。字□□，西安府長安人，弘治中官衛輝教授。

黄虞稷《千頃堂書目・别集類》 李河《彭邨集》二卷。長安人。弘治中衛輝府教授。

莘野集

黄虞稷《千頃堂書目・别集類》 田汝耕《莘野集》。字深甫，祥符人。弘治中舉人，官兵務司務。

田深甫詩集

范邦甸等《天一閣書目・别集類》 《田深甫詩集》二卷。刊本。明田汝耕撰。嘉靖癸亥陸東序云：吾邑田深甫詩六卷若干篇，蓋深甫殁後其子龍見輩所掇遺稿也。賈户部子薦攜之都下，余與翰林李子田共詮之，得一百四十四篇，定爲二卷，刻之。

南郭集

黄虞稷《千頃堂書目・别集類》 左國璣《南郭集》七卷。字舜齊，祥符人。弘治中舉人。

竹山小稿

黄虞稷《千頃堂書目・别集類》 蔣澳《竹山小稿》。字瞻仲，嘉興人。文藻子。

邢處士集

黄虞稷《千頃堂書目・别集類》 邢參《邢處士集》。字麗文，吴人。

麗文集

吴焯《繡谷亭薰習録・集二》 《麗文集》一卷。

柳溪遺稿

范邦甸等《天一閣書目・别集類》 《柳溪遺稿》十卷。刊本。明錢如畿著，男元鼎編并識。

竹心亭録

黄虞稷《千頃堂書目・别集類》 鄭鑑《竹心亭録》。麗水人。弘治甲子鄉貢，鄭禧之父。

武夷百咏

黄虞稷《千頃堂書目・别集類》 高均《武夷百咏》一卷。高旭子。一作《木軒稿》。

勉齋遺稿

《四庫提要·别集類存目三》《勉齋遺稿》三卷。浙江巡撫採進本。明鄭滿撰。滿字守謙，慈谿人。弘治壬子舉人，官至山東濮州知州。是集爲其仍孫梁敬所編，凡文二卷、詩一卷。大旨不詭於正，而頗乏修詞之功。

風教録

黄虞稷《千頃堂書目·别集類》 鄭高行鄧氏《風教録》。名鈴，字德和，閩縣人。儒士鄭坦妻，贈太宜人。

湖陰草堂詩集

黄虞稷《千頃堂書目·别集類》 鄭士龍《湖陰草堂詩集》。字雲卿，鼎津人。由内資寺正遷刑曹判書，歷漢城府判尹，改户曹判書，再改吏曹判書，階資憲大夫。

企齋集

黄虞稷《千頃堂書目·别集類》 申光漢《企齋集》。字漢之。由吏曹判書，官至正憲大夫，議政府左參贊，兼知成均館事，弘文館藝文館大提舉，同知書筵春秋館事。

雪崖集

黄虞稷《千頃堂書目·别集類》 繆璉《雪崖集》一卷。字宗貴，福安人。弘治中隱士。

正思堂遺稿

徐𤊹《徐氏家藏書目·别集類》 劉教《正思齋遺稿》十卷。字因吾，安福人。弱冠領弘治□□年鄉薦。卒年三十二。

黄虞稷《千頃堂書目·别集類》 劉教《正思堂遺稿》十卷。字因吾，安福人。弘治中舉人。

在笥集

徐𤊹《徐氏家藏書目·别集類》 徐繗《在笥集》十卷。字紹卿，吴郡洞庭山人。文敏縉之弟，弘、正中隱士。

黄虞稷《千頃堂書目·别集類》 徐繗《在笥集》十卷。字紹卿，吴縣人。徐縉弟，弘、正中隱士，與黄省曾等倡和。

滄洲遺稿

黄虞稷《千頃堂書目·别集類》 印佐《滄洲遺稿》。字良弼，號滄洲，嘉定人。

謙齋集

黄虞稷《千頃堂書目·别集類》 徐琦《謙齋集》。字廷美，號謙齋，嘉定人。

心夔稿

高儒《百川書志·集·國朝》　《心夔齋集》十卷。南寧伯毛良舜臣著，兩山其號也。

黄虞稷《千頃堂書目·别集類》　毛良《心夔稿》十卷。字舜臣，號西山，北京人。世襲南寧伯。

北窗文稿

黄虞稷《千頃堂書目·别集類》　孔公璜《北窗文稿》。字輔文，號北窗逸叟，曲阜人。至聖裔，官三代學録。

劉嘉綃遺稿

黄虞稷《千頃堂書目·别集類》　《劉嘉綃遺稿》二卷。字協中，劉昌欽謨子，年十六爲諸生。文章與中表楊循吉相頡頏，年二十四卒。都穆序其首。

名山百咏

徐𤊹《徐氏家藏書目·别集類》　李瑛《名山百咏》一卷。字廷玉，號璞菴，句容人。弘治中隱君結社茅山，與揮使王守仁倡和。守仁，字孟德。

黄虞稷《千頃堂書目·别集類》　李瑛《名山百詠》一卷。字廷玉，别號璞庵，句容人。弘治中隱士，與徐霖、顧璘倡和。

浦東集

黄虞稷《千頃堂書目·别集類》　王一鵬《浦東集》。永嘉人。

缶鳴集

王圻《續文獻通考·經籍考·集下》　《缶鳴集》。六安御史潘禎著。

求正稿

王圻《續文獻通考·經籍考·集下》　《求正稿》。參政萬廷彩著。武寧人。

梅峰小稿

黄虞稷《千頃堂書目·别集類》　汪顯德《梅峰小稿》。字孔昭，祁門人。與修《憲宗實録》。

南峰小稿

黄虞稷《千頃堂書目·别集類》　程質《南峰小稿》四卷。字文夫，婺源人。與修《憲宗實録》。

清風亭詩

黄虞稷《千頃堂書目・别集類》 汪湛《清風亭詩》。字主静，號天真，績谿人。

芻蕘雜集

黄虞稷《千頃堂書目・别集類》 汪湛《芻蕘雜集》。

富谿集

黄虞稷《千頃堂書目・别集類》 程曈《富谿集》。字啓皦。休寧隱士。

練江山人集

黄虞稷《千頃堂書目・别集類》 程曈《練江山人集》。

巖明善稿

黄虞稷《千頃堂書目・别集類》 程復柏《巖明善稿》。字用初。祁門隱士。

湛然堂詩稿

《四庫提要・别集類存目五》 《湛然堂詩稿》。無卷數。江西巡撫採進本。明陳汝瑒撰。汝瑒字席珍，高安人，官廣昌縣知縣。其自敘詩注云望五貢薦，蓋由貢生起家也。是集爲其子邦綸屬陳起元所選定，格意頗爲平實，然不足自名一家。

龜川詩集

《四庫提要・别集類存目五》 《龜川詩集》四卷。江西巡撫採進本。明董緒撰。緒字禹方，樂安人。少從鄒守益、聶豹游，講良知之學。故其詩不求工於聲律，以理趣爲主，蓋濂洛風雅之流派也。其子刑部尚書裕初刻於東莞，歲久版漶，其裔孫又爲重刻。然此本亦字多殘闕，殆難卒讀。據其目録，尚有附録誌狀之屬，亦佚之矣。

蘿峰集

黄虞稷《千頃堂書目・别集類》 游泰亨《蘿峰集》二十卷。字之逵，婺源人。

牧羊山人文集

黄虞稷《千頃堂書目・别集類》 程項《牧羊山人文集》。婺源人。

康德瞻集

高儒《百川書志・集・國朝》 《康德瞻集》四卷，附録。奇童關中康阜德瞻著。初字聖功，太史康海德涵兄也，卒年十九，所遺騷賦與詩通百十二篇。

張萱等《内閣藏書目録・集部》 《康德瞻集》一册。正德間康阜著。

黄虞稷《千頃堂書目・别集類》 康阜《康德瞻集》四卷。康海弟，年十九蚤卒，海集其所爲詩賦百十二篇。

句溪集

黄虞稷《千頃堂書目·别集類》 陳鑑《句溪集》。字用明，海鹽人。

樵樂存稿

黄虞稷《千頃堂書目·别集類》 沈疇《樵樂存稿》。字遺夫，吴興人。吴寬爲序。

東溟集

黄虞稷《千頃堂書目·别集類》 魏敖《東溟集》。鄞縣人。

野逸吟稿

高儒《百川書志·集·國朝》 《野逸吟稿》一卷。山陰高璿汝玉著。古近體凡百七十有六。

黄虞稷《千頃堂書目·别集類》 高璿《野逸吟稿》。山陰人。

樂滄集

黄虞稷《千頃堂書目·别集類》 夏寅《樂滄集》。字正寅，山陰人。

貞晦集

黄虞稷《千頃堂書目·别集類》 徐文彪《貞晦集》四卷。字望之，上虞人。忤劉瑾謫戍。

文獻集

黄虞稷《千頃堂書目·别集類》 薛貴《文獻集》。上虞人。

突兀子集

黄虞稷《千頃堂書目·别集類》 鍾禮《突兀子集》。字欽禮，上虞人。

古愚集

黄虞稷《千頃堂書目·别集類》 周嶧《古愚集》。字魯之，嵊縣人。

學吟稿

黄虞稷《千頃堂書目·别集類》 侯汾《學吟稿》。字守一，臨海人。

鶴堂集

黄虞稷《千頃堂書目·别集類》 趙璧《鶴堂集》十卷。字尚全，臨海人。

蓼蟲吟

黄虞稷《千頃堂書目·别集類》 張尺《蓼蟲吟》。字守度，黄巖人。

居牧唱稿

黄虞稷《千頃堂書目·别集類》 陳宙村《居牧唱稿》。太平人。

野處集

黄虞稷《千頃堂書目·别集類》 金如瑁《野處集》。太平人。

雪窗稿

黄虞稷《千頃堂書目·别集類》 林海《雪窗稿》。太平人。

卧雲集

黄虞稷《千頃堂書目·别集類》 余敏《卧雲集》。太平人。

竹浄稿

黄虞稷《千頃堂書目·别集類》 林倩《竹浄稿》。字應美，太平人。

雕蟲集

黄虞稷《千頃堂書目·别集類》 林天爵《雕蟲集》。字進修，太平人。

頣齋存稿

黄虞稷《千頃堂書目·别集類》 葉胚《頣齋存稿》。字全卿，太平人。

石樓山稿

黄虞稷《千頃堂書目·别集類》 謝愷《石樓山稿》。字舜卿，義烏人。

永思集

黄虞稷《千頃堂書目·别集類》 方冕《永思集》二卷。字尚周，龍游人。

志善集

黄虞稷《千頃堂書目·别集類》 周令《志善集》。字巽之，瑞安人。

荆西集

黄虞稷《千頃堂書目·别集類》 陳洽《荆西集》。字元悦，浙江平陽人。

竹坡律詩稿

黃虞稷《千頃堂書目・別集類》 鄭綽《竹坡律詩稿》四卷。字歉庵，縉雲隱士。

憫志稿

黃虞稷《千頃堂書目・別集類》 李灝《憫志稿》。字資賢，縉雲人。

雪窗詩

《四庫提要・別集類存目三》 《雪窗詩》六卷。浙江汪汝瑮家藏本。明吳爰撰。爰字翼夫，上海人。本姓陸，以父贅於吳，故冒其姓。本名瑗，後去玉旁名爰，則不知其何故也。是集爲其門人高介所編，淺弱殊甚。如《謝定翁招聯句詩》云：「舊雨不來新雨至，繡衣寧豈布衣嫌。」「寧豈」二字殆不成語，又附載其里人張衎評語，如朱隱翁《易齋詩》曰：「庖犧王天下，龍馬負河圖。夏禹治水成，元龜呈洛書。」即密點其旁，批於句下曰：「味《易》之深，有此等語。」通集大抵此類，殆故相侮弄耶。

頤貞集

黃虞稷《千頃堂書目・別集類》 翟孔仁《頤貞集》。字名容，號頤貞，嘉定人。正德初以高年覃恩。

梅雪詩

黃虞稷《千頃堂書目・別集類》 楊琛《梅雪詩》。字文美，號梅雪，嘉定人。

楊稼遺稿

黃虞稷《千頃堂書目・別集類》 《楊稼遺稿》。字有穀，嘉定人，琛從孫。

韈線稿

黃虞稷《千頃堂書目・別集類》 汪神鴛《韈線稿》。

學仙稿

黃虞稷《千頃堂書目・別集類》 汪神鴛《學仙稿》。字孟禎，休寧人。

雲巢詩

黃虞稷《千頃堂書目・別集類》 周玉如《雲巢詩》一卷。名潔，金陵人。適應天通判臨桂張鳴鳳。

《明史・藝文志・別集類》 周玉如《雲巢詩》一卷。

碧天吟稿

張萱等《内閣藏書目録・集部》 《碧天吟稿》一册。全。嘉靖間台州女郎碧天道人著。山東學憲潘留鶴之女，貢士裘西川之妻也。

黃虞稷《千頃堂書目・別集類》 貢士裘致中妻潘氏《碧天吟稿》一卷。台州人，山東提學副使潘應昌女，自署爲女郎，碧天道人。

沖虚集

黄虞稷《千頃堂書目・别集類》 龔華《沖虚集》。字中道，南昌人。弘治中内官監左丞。

士齋集

高儒《百川書志・集・國朝》 《士齋集》一卷。孺人鄒賽貞撰。

《四庫提要・别集類存目三》 《士齋集》三卷。兩淮鹽政採進本。 明女子鄒賽貞撰。賽貞，當塗人。贈監察御史謙之女，翰林院編修濮韶之母也。當時稱爲女士，故自號曰士齋。是集凡詩二卷、雜文一卷，其壻大學士費宏爲之序。考明弘治中有御史鄒魯，謫官蕭山令，以私憾害何舜賓。其子競，結客復仇，毆魯幾死。遣官鞫實，競與魯皆抵罪，見於《明史・孝義傳》。今以賽貞所作其父謙行狀證之，則賽貞即魯之妹也。

士齋詩集

高儒《百川書志・集・國朝》 《士齋詩集》二卷。贈翰林編修朱先濮之配鄒賽貞撰。太保大學士鉛山費宏子充，其婿也。

范邦甸等《天一閣書目・别集類》 《士齋詩集》三卷。刊本。 明女史鄒氏著。嘉靖三年婿鉛山費宏序云：「士齋姓鄒氏，爲贈翰林編修國子丞未軒濮公之配，以其子編修和仲貴，封孺人。少聰慧，其父贈御史，郡博益軒先生教之。《列女傳》諸書速解冥契，而又博覽子史，以含咀其菁華，形諸吟咏。見者無不奇之，以爲是無愧于能言之士矣，因以士齋稱之。然孺人未嘗苟作，惟未軒公及和仲之嘗所往來厚善有託而求焉者，乃時作一篇應之，其稿亦多棄不録。宏以爲請則曰筆札非吾職也，是特纂組之，彌文烹飪之餘味耳，何足以傳諸人人耶？比太平守傅侯希準，奉其母太夫人就養郡齋，以東山愛日十題懇孺人賦之，侯以爲能寫純孝之誠，歎曰「郡有班姑、謝娘，可使之泯没而無傳耶？」命其諸孫太學生訓録稿閲之，爲繡諸梓。」

黄虞稷《千頃堂書目・别集類》 國子監丞濮琰妻鄒賽貞《士齋詩集》四卷。當塗人。贈監察御史謙之女，子韶，進士，官編修，封孺人，壻爲費文憲宏，爲作集序。

《明史・藝文志・别集類》 《鄒賽貞詩》四卷。

雪江集

黄虞稷《千頃堂書目・别集類》 明秀《雪江集》三卷。字雪江，自號石門子，海鹽人。弘正間天寧寺僧，晚居錢塘勝果山。

《明史・藝文志・别集類》 明秀《雪江集》三卷。

蘆葦亭稿

黄虞稷《千頃堂書目・别集類》 文湛《蘆葦亭稿》。字秋江，海鹽人。天寧寺僧。

簡齋集

黄虞稷《千頃堂書目・别集類》 楊中《簡齋集》。字致行。無錫人。

西巖集

黄虞稷《千頃堂書目・别集類》 汪本《西巖集》。字以仁，歙人。

古迂集

黄虞稷《千頃堂書目・別集類》 吴益夫《古迂集》。字惟裕，閩縣人。武學教授。

九蘭俚稿

黄虞稷《千頃堂書目・別集類》 蔡紹科《九蘭俚稿》。字弘哲，黄巖人。

感時贅録

黄虞稷《千頃堂書目・別集類》 蔡紹科《感時贅録》。

宦程紀略

黄虞稷《千頃堂書目・別集類》 蔡紹科《宦程紀略》。

公餘漫興

黄虞稷《千頃堂書目・別集類》 蔡紹先《公餘漫興》。字弘業，黄巖人。紹科弟。

涴牘稿

黄虞稷《千頃堂書目・別集類》 蔡紹先《涴牘稿》。

簡齋詩集

黄虞稷《千頃堂書目・別集類》 顔曄《簡齋詩集》。字文華，上虞人。

守齋文集

黄虞稷《千頃堂書目・別集類》 金約《守齋文集》。字用博，休寧人。國子助教。

省愆稿

《四庫提要・別集類存目三》 《省愆稿》五卷。江西巡撫採進本。明劉魁撰。魁字焕吾，泰和人。正德丁卯舉人，官至工部員外郎。嘉靖初，疏諫雷壇工作太急，忤旨廷杖，與楊爵、周怡同長繫鎮撫司獄。久之釋歸而卒，隆慶初贈太常寺少卿。事蹟具《明史》本傳。所著有《晴川集》、《仁恩録》，今皆不傳。此編乃其詩集，其六世族孫承琦所編。與黄淮《省愆集》同名，蓋亦獄中作也。魁少從王守仁游，講良知之學。登朝以氣節著，吟咏非所注意，大抵皆一時遣興之作而已。

省愆摘稿

黄虞稷《千頃堂書目・別集類》 劉魁《省愆摘稿》五卷。字焕吾，號晴川，泰和人。舉人，官工部員外郎。諫從雷壇，廷杖繫詔獄者，再以宫禁火赦還。

燕程集

黄虞稷《千頃堂書目・別集類》 徐文溥《燕程集》。字可大，開化人。廣東左參議。

留都拾遺

黄虞稷《千頃堂書目・别集類》 徐文溥《留都拾遺》。

諫議稿

黄虞稷《千頃堂書目・别集類》 徐文溥《諫議稿》。

南巡稿

黄虞稷《千頃堂書目・别集類》 徐文溥《南巡稿》。

東巡録

黄虞稷《千頃堂書目・别集類》 徐文溥《東巡録》。

梧山集

黄虞稷《千頃堂書目・别集類》 徐文溥《梧山集》。

南門仲子集

黄虞稷《千頃堂書目・别集類》 陸之裘《南門中子集》。字象孫，太倉州人。陸容孫。官教諭。

西窗漫稿

黄虞稷《千頃堂書目・别集類》 譚稷《西窗漫稿》。字舜臣，嘉善人。

金鈴子

黄虞稷《千頃堂書目・别集類》 譚稷《金鈴子》。

洛江遺稿

黄虞稷《千頃堂書目・别集類》 陳騰鸞《洛江遺稿》二卷。字士達，莆田人。户部郎中。

涂水集

黄虞稷《千頃堂書目・别集類》 寇天叙《涂水集》。字子惇，榆次人。兵部右侍郎。

《四庫提要・别集類存目三》 《涂水集》八卷。浙江朱彝尊家曝書亭藏本。明寇天敘撰。天敘字子惇，榆次人。正德戊辰進士，官至兵部侍郎。事蹟具《明史》本傳。是集凡詩文三卷，巡撫陝西時奏疏五卷。天敘爲應天府丞時，值武宗南征宸濠，力抗權倖，以風節著。後巡撫甘肅，又屢以戰功顯。詞采則非所擅長，故郭鎜序亦稱其平日未嘗肆志於文章云。

端峰存稿

徐𤊹《徐氏家藏書目・别集類》 邵鋭《端峰集》四卷。字思抑，仁和人。正德戊辰進士，太僕寺卿，贈右都御史。謚康僖。

黃虞稷《千頃堂書目・别集類》 邵鋭《端峰存稿》二卷。字思抑，仁和人。大理卿，贈副都御史，謚康僖。

静庵文録

黃虞稷《千頃堂書目・别集類》 蕭鳴鳳《静庵文録》十五卷。字子雝，山陰人，廣東提學副使。

《明史・藝文志・别集類》 《蕭鳴鳳文集》十五卷。

静庵詩録

黃虞稷《千頃堂書目・别集類》 蕭鳴鳳《詩録》。

静庵教録

黃虞稷《千頃堂書目・别集類》 蕭鳴鳳《教録》。

正心詩集

黃虞稷《千頃堂書目・别集類》 楚端王榮滅《正心詩集》。靖王嫡子，昭王五世孫，正德七年嗣封。

燕石稿

黃虞稷《千頃堂書目・别集類》 王朝雍《燕石稿》二卷。字仲和，陝西朝邑人。山西按察僉事。

東洲初稿

黃虞稷《千頃堂書目・别集類》 夏良勝《東洲初稿》十二卷。字子中，南城人。吏部郎中，議大禮被杖削籍，後官南京太常寺少卿。

《明史・藝文志・别集類》 夏良勝《東洲稿》十二卷。

《四庫提要・别集類二四》 《東洲初稿》十四卷。浙江巡撫採進本。明夏良勝撰。【略】《明史・藝文志》載《東洲稿》十二卷，詩八卷，與此本卷帙互異。然此本題曰《初稿》，刻於正德十五年，其嘉靖以後諸作，咸未之及。史所載者，殆其全集之卷數歟。良勝兩以直諫謫，風節凛然。其詩文無意求工，而皆嶽嶽有直氣。雖不以詞藻著名，要非雕章繪句之士所可同日語也。

夏良勝詩集

黃虞稷《千頃堂書目・别集類》 夏良勝《詩集》八卷。

《明史・藝文志・别集類》 夏良勝《詩》八卷。

頤貞堂稿

范邦甸等《天一閣書目・别集類》 鶴江先生《頤貞堂稿》六卷。刊本。不著

撰人名氏。上元許穀編輯，武進薛應旂校正，萬曆甲戌男應申雕藏琳琅館。

黄虞稷《千頃堂書目・別集類》 蔡昂《頤貞堂稿》。字衡仲，淮安衛籍，嘉定人。一甲第三人，禮部左侍郎，贈尚書。

鶴江詩

徐㶿《徐氏家藏書目・別集類》 蔡□《鶴江詩》二卷。字□□，華亭人。嘉靖□□進士，歷官禮部尚書。

屠簡肅公文集

范邦甸等《天一閣書目・別集類》 《屠簡肅公文集》十四卷。明甬上屠僑著。嘉靖四十四年張時徹序。

東洲雜稿

黄虞稷《千頃堂書目・別集類》 屠僑《東洲雜稿》。字安卿，鄞縣人。太子太保，都察院左都御史，贈少保，謚簡肅。

南雍集

黄虞稷《千頃堂書目・別集類》 屠僑《南雍集》。

素齋先生集　附褒卹録

徐㶿《徐氏家藏書目・別集類》 于湛《素齋先生集》五卷，附《褒血録》一卷。字瑩中，金壇人。正德辛未進士，官副都御史。萬曆癸卯孫孔兼梓之。

黄虞稷《千頃堂書目・別集類》 于湛《素齋先生集》五卷，附《褒卹録》一卷。字瑩中，金壇人。撫治鄖襄，都御史。

少岷拾存稿　附司徒大事記

徐㶿《徐氏家藏書目・別集類》 曾璵《少岷存稿》四卷。字東玉，瀘州人。正德戊辰進士，户部郎中，因忤逆瑾出爲建昌知府。

黄虞稷《千頃堂書目・別集類》 曾璵《少岷存稿》四卷。字東玉，瀘州人。建昌知府。

《四庫提要・別集類存目三》 《少岷拾存稿》四卷，附《司徒大事記》一卷。兩廣總督採進本。明曾璵撰。璵字東玉，瀘州人。正德戊辰進士，官至建昌府知府。宸濠之叛，璵率屬引兵從王守仁破賊，收復南康。集中有《平江凱歌》，即記是事也。璵號少岷山人，共集本曰《少岷存稿》，此本乃隆慶辛未南京工部主事章懋所選定，故曰《拾存》。後載《司徒大事記》一卷，自「裁冗食」至「重漕政」凡十條，皆陳當世時務，題曰户部江西司郎中臣曾璵修，蓋奏進之書，附刻集末者也。

鈐山堂集　續集

高儒《百川書志・集・國朝》 《鈐山堂續集》三卷。嚴嵩著。

范邦甸等《天一閣書目・總集類》 《鈐山堂集》十三卷。刊本。明嚴嵩著，時爲禮部尚書。

王圻《續文獻通考・經籍考・集下》 《鈐山堂集》。大學士嚴嵩著。

徐㶿《徐氏家藏書目・別集類》 嚴嵩《鈐山堂集》四十卷。字惟中，號介溪，分宜人。弘治乙丑進士，累官少師，吏部尚書，華蓋殿大學士。

黄虞稷《千頃堂書目・別集類》 嚴嵩《鈐山堂集》四十卷。字惟中，分宜人。禮部尚書，少師，武英殿大學士。

《明史・藝文志・別集類》 嚴嵩《鈐山堂集》二十六卷。

《四庫提要・別集類存目三》《鈐山堂集》三十五卷。編修勵守謙家藏本。明嚴嵩撰。嵩字惟中，分宜人。弘治乙丑進士，官至大學士。事蹟具《明史・姦臣傳》。嵩雖怙寵擅權，其詩在流輩之中乃獨爲迥出。王世貞《樂府變》云「孔雀雖有毒，不能掩文章」，亦公論也。然迹其所爲，究非他文士有才無行可以節取者比，故吟咏雖工，僅存其目，以明彰癉之義焉。

南銓稿

高儒《百川書志・集・國朝》《南銓稿》二卷。嚴嵩著。

使郢稿

高儒《百川書志・集・國朝》嚴嵩《使郢稿》一卷。

南還稿

范邦甸等《天一閣書目・總集類》［嚴嵩］《南還稿》一卷。無撰著姓名。

鈐山堂詩鈔

范邦甸等《天一閣書目・別集類》《鈐山堂詩鈔》二卷。刊本。明嚴嵩撰。趙文華序。

鈐山堂詩選

范邦甸等《天一閣書目・別集類》《鈐山堂詩選》七卷。刊本。明嘉靖壬辰大庾劉節序云 鈐山堂 何宗作嚴公里居也 集 何公製也 鈐公製表公里居 何重公也。

楊慎批點介谿詩

黄虞稷《千頃堂書目・別集類》嚴嵩《楊慎批點介谿詩》十六卷。

鳥鼠山人集

黄虞稷《千頃堂書目・別集類》胡纘宗《鳥鼠山人集》十八卷。守蘇州時作。字孝思，秦州人。巡撫河南，都御史。

《明史・藝文志・別集類》胡纘宗《鳥鼠山人集》十八卷。

《四庫提要・別集類存目三》《鳥鼠山人集》二十九卷。兩淮馬裕家藏本。明胡纘宗撰。纘宗有《安慶府志》，已著録。是編凡《正德集》四卷、《嘉靖集》七卷、《鳥鼠山人小集》十六卷、《後集》二卷。其詩激昂悲壯，頗近秦聲。無婉媚之態，是其所長，多粗厲之音，是其所短。

開堰集

高儒《百川書志・集・國朝》《開堰集》一卷。可泉子胡纘宗世甫著。

河岱集

范邦甸等《天一閣書目・總集類》《河岱集》三卷。刊本。明胡纘宗著。嘉靖己亥李濂序稱：大中丞可泉胡公挺生西服，才思敏贍，詩文統若干卷，凡嚮慕者争梓之以傳。

木蘭堂集

黄虞稷《千頃堂書目・别集類》 胡纘宗《木蘭堂集》二卷。

可泉文集

黄虞稷《千頃堂書目・别集類》 胡纘宗《可泉文集》十二卷。

可泉文録

黄虞稷《千頃堂書目・别集類》 胡纘宗《可泉文録》三卷。

辛巳集

黄虞稷《千頃堂書目・别集類》 胡纘宗《辛巳集》四卷。

丙辰集

黄虞稷《千頃堂書目・别集類》 胡纘宗《丙辰集》四卷。

鳥鼠山人詩集

徐𤊹《徐氏家藏書目・别集類》 胡纘宗《鳥鼠山人詩集》七卷。字世甫，號可泉，鞏昌府秦安人。正德戊辰進士，官蘇州知府，副都御史。詩皆莅蘇時所作，門人袁六爲刻其集，相臺崔銑序。

黄虞稷《千頃堂書目・别集類》 胡纘宗《詩集》七卷。

《明史・藝文志・别集類》 胡纘宗《詩》七卷。

擬漢樂府

黄虞稷《千頃堂書目・别集類》 胡纘宗《擬漢樂府》二卷。

《四庫提要・别集類存目三》 《擬漢樂府》八卷。陝西巡撫採進本。明胡纘宗撰。一名《輿上集》，以其多成之輿上也。漢樂府多聲詞合寫，不能復辨，沈約《宋書》言之甚明。纘宗乃揣摩題意爲之，殊類於刻舟求劍。況唐人歌詩之法，宋人不傳。惟《小秦王》一調，勉強歌之，尚須雜以虛聲，乃能入律。宋人歌詞之法，元人亦不傳。《白石道人歌曲》自度諸腔，所注節拍，今皆不省爲何等事矣。纘宗乃於千年以外，求漢樂府之音節，不愈難而愈遠乎？

擬西涯古樂府

黄虞稷《千頃堂書目・别集類》 胡纘宗《擬西涯古樂府》一卷。

《明史・藝文志・别集類》 胡纘宗《擬古樂府》四卷。

《四庫提要・别集類存目三》 《擬涯翁擬古樂府》二卷。陝西巡撫採進本。明胡纘宗撰。纘宗游李東陽之門，乃取《東陽古樂府》二卷，以次屬和。立題指事，率由東陽之舊，亦間有所釐正。凡一百八首。太康張光孝爲之評，而其弟統宗爲之注。

改亭存稿　續稿

黄虞稷《千頃堂書目・别集類》 方鳳《改亭存稿》十卷，又《續稿》六卷。字時

鳴，崑山人。鵬弟，廣西提學。

改亭奏草

徐𤊹《徐氏家藏書目·別集類》 方鳳《改亭奏草》一卷。字時鳴，號改亭，崑山人。鵬之弟，正德戊辰進士，監察御史，提學僉事。

篁谿文集

黄虞稷《千頃堂書目·別集類》 祝鑾《篁谿文集》。字鳴和，當塗人。諫南巡被杖，後官四川參政。

邃谷集

范邦甸等《天一閣書目·總集類》 《戴邃谷集》十二卷。刊本。明戴冠撰，吉水張魯校刊并序。

黄虞稷《千頃堂書目·別集類》 戴冠《邃谷集》十二卷。字仲鶡，信陽州人。山東提學副使。

《明史·藝文志·別集類》 戴冠《邃谷集》十二卷。

《四庫提要·別集類存目三》 《邃谷集》十二卷。兩淮馬裕家藏本。明戴冠撰。案明有兩戴冠，其一長洲人，有《禮記集説辨疑》，已著録。此戴冠字仲鶡，信陽人。正德戊辰進士，官至山東提學副使。事蹟具《明史》本傳。或混爲一人，非也。冠受業於鄉人何景明，詩亦似之。然景明詩雖風姿俊逸，而醖釀猶深。冠才學皆遜於師，而徒守其格調，殆所謂時女步春，終傷婉弱者矣。

戴氏詩集

范邦甸等《天一閣書目·別集類》 《戴氏詩集》二卷。刊本。明戴冠著。嘉靖己亥陽州任良幹序稱：公出大復之門，妙契宗旨，故其形諸聲歌，播諸吟咏機軸，自别于衆。其稿散逸，賴仲子川克振先聲，僅存十之一二。余嘗刻《大復遺稿》三卷，兹以戴集分爲二帙，歸川授梓，捐俸以助其不逮。著之家塾，與《大復稿》並顯于世。云公名冠，字仲鶡，别號邃谷，登正德戊辰進士，官至提學副使，素履悉于碑誌傳畧。

黄虞稷《千頃堂書目·別集類》 戴冠《詩集》二卷。

《明史·藝文志·別集類》 [戴冠]《詩》二卷。

和溪文集

黄虞稷《千頃堂書目·別集類》 程昌《和谿文集》。字時言，祁門人。四川按察使。

石洲文集

王圻《續文獻通考·經籍考·集下》 《石洲文集》。副使王疇著。崇陽人。

黄虞稷《千頃堂書目·別集類》 王疇《石洲文集》。字□□，崇陽人。四川按察司副使。

有臺文稿

黄虞稷《千頃堂書目·別集類》 宋滄《有臺文稿》十卷。字□□，鉅野人。巡撫

四川，副都御史。

濬庵稿

黄虞稷《千頃堂書目·别集類》 吾翕《濬庵稿》。字廷順，開化人。哷子。

滄螺集

黄虞稷《千頃堂書目·别集類》 田惟祐《滄螺集》。字裕夫，蕭山人。

台峰集

黄虞稷《千頃堂書目·别集類》 熊相《台峰集》六卷。字尚弼，高安人。監察御史。

抱關稿

黄虞稷《千頃堂書目·别集類》 汪瑛《抱關稿》。字子修，麗水人。

西巖文集

黄虞稷《千頃堂書目·别集類》 汪瑛《西巖文集》。

百愚集

黄虞稷《千頃堂書目·别集類》 馬録《百愚集》。字君卿，浙江山陰人。監察御史。

定齋集

黄虞稷《千頃堂書目·别集類》 王應鵬《定齋集》。字天宇，鄞縣人。右副都御史，協理院事。

閩疏稿

黄虞稷《千頃堂書目·别集類》 王應鵬《閩疏稿》。

東臺稿

黄虞稷《千頃堂書目·别集類》 王應鵬《東臺稿》。

撫畿稿

黄虞稷《千頃堂書目·别集類》 王應鵬《撫畿稿》。

雜著稿

黄虞稷《千頃堂書目·别集類》 王應鵬《雜著稿》。

定齋先生詩集

范邦甸等《天一閣書目·别集類》 《定齋先生詩集》二卷。刊本。明鄞邑王應鵬天宇著。嘉靖庚申同郡印巖王鈁序稱：定齋先生殁二十年，其婿陸和叔氏畢業南榮雍，攜其遺詩三百六十首見予，而刻之。予與和叔中表也，而人亦曰予知先生者，請爲之序。婿陸澈序後。

編茗集

范邦甸等《天一閣書目·别集類》 《編茗集》八卷。刊本。明江西參政朝儁黄卿撰，嘉靖二十一年宗藩朱既白刊，鄭天行、陳蘭化校，濮陽蘇佑序。

徐𤊹《徐氏家藏書目·别集類》 黄卿《編茗集》八卷。字時庸，號海亭，青州府益都人。正德戊辰進士，江西布政使。

黄虞稷《千頃堂書目·别集類》 黄卿《編苕集》八卷。字時庸，益都人。江西左布政使。

臺南集

黄虞稷《千頃堂書目·别集類》 李顯《臺南集》。字崇綱，樂清人。

吏部文選

黄虞稷《千頃堂書目·别集類》 丁奉《吏部文選》八卷。字獻之，常熟人。南京吏部驗封司郎中。一作《南湖留稿》。

《四庫提要·别集類存目三》 《丁吏部文選》八卷。江蘇巡撫採進本。明丁奉撰。奉字獻之，常熟人。正德戊辰進士，官至南京吏部郎中。著有《南湖留稿》、《南湖逸稿》。此集則宣城梅守箕合二稿選輯者也。凡詩四卷，文四卷，而詩末附以史贊，文末又附詩三首，體例頗爲叢脞。詩文皆未成家，史論二卷，亦大半陳因之語。

虞卿三賦

黄虞稷《千頃堂書目·騷賦類》 丁奉《虞卿三賦》一卷。

人瑞翁集

黄虞稷《千頃堂書目·别集類》 林春澤《人瑞翁集》十二卷。字德敷，侯官人。程番知府。生於成化庚子，迨萬曆己卯始卒，凡百有四歲。子應亮，孫如楚。

《明史·藝文志·别集類》 林春澤《人瑞翁集》十二卷。

《四庫提要·别集類存目三》 《人瑞翁集》一卷。浙江巡撫採進本。明林春澤撰。春澤字德敷，侯官人。正德甲戌進士，官至平番府知府。年百有四歲，有司爲建人瑞坊，故以《人瑞翁》名其集。原本十二卷，今未見傳本，此本其曾孫慎所重編也。春澤少與鄭善夫游，互相切磋。故其詩頗有體裁，但乏深思厚力耳。

旂峰詩

范邦甸等《天一閣書目・別集類》《旂峰詩》十卷。刊本。明晉安林春澤著。泰和陳昌續編，廬陵吴炳校，門人棠邑常梓。

改齋集

黃虞稷《千頃堂書目・別集類》王思《改齋集》。字宜學，泰和人。直曾孫。翰林院編修，諫大禮廷杖卒。

敝篋留稿

徐㶿《徐氏家藏書目・別集類》汪玉《敝篋留稿》二卷。字汝成，號雷峰，鄞縣人。正德戊辰進士，歷官僉都御史。

黃虞稷《千頃堂書目・別集類》汪玉《敝篋留稿》二卷。字汝成，鄞縣人。巡撫順天，右僉都御史。

五隖草堂集

高儒《百川書志・集・國朝》《五塢草堂集》六卷。陝西參議吴郡盧襄師陳撰。凡四十八篇。

黃虞稷《千頃堂書目・別集類》盧襄《五隖草堂集》十卷。字師陳，吴縣人。陝西右參議。

《明史・藝文志・別集類》盧襄《五隖草堂集》十卷。

明虛軒集

黃虞稷《千頃堂書目・別集類》金安老《明虛軒集》。字頤叔。歷官議政府左議政，領書筵監春秋館事，兼弘文館藝文館大提舉，知成均館事，階崇禄大夫。

南銓稿

高儒《百川書志・集・國朝》《南銓稿》一卷。蒲汀先生濮人李廷相撰。

黃虞稷《千頃堂書目・別集類》李廷相《南銓稿》二卷。字夢弼，錦衣衛籍，濮州人。户部尚書兼太子賓客，贈太子太保，謚文敏。

聯句

高儒《百川書志・集・國朝》《南都聯句》一卷。李廷相著。

黃虞稷《千頃堂書目・別集類》李廷相《聯句》一卷。

小隱堂詩草

徐㶿《徐氏家藏書目・別集類》湯珍《小隱堂詩草》八卷。字子重，號雙梧，吴縣人。嘉靖中歲貢，崇德縣丞。孫給事中聘尹刻。

黃虞稷《千頃堂書目・別集類》湯珍《小隱堂詩草》八卷。字子重，長洲人。以歲貢生除崇德縣丞，遷唐府奉祀，不赴，致仕歸。一名《湯迪功集》。

《明史・藝文志・別集類》湯珍《小隱堂詩集》八卷。

福州集

徐𤊹《徐氏家藏書目·別集類》 朱豹《福州集》六卷。字子文，號青岡，上海人。曜之子，嘉靖□□進士，官御史，擢福州知府。

黄虞稷《千頃堂書目·別集類》 朱豹《朱福州集》八卷。字子文，上海人。福州知府。

《四庫提要·別集類存目三》 《朱福州集》六卷。浙江汪汝瑮家藏本。明朱豹撰。豹字子文，上海人。正德丁丑進士，官至福州府知府。是集爲其子察卿及其友馮遷所編，凡詩三卷，奏疏三卷。詩學中唐，以流麗清切爲主。

雲朔行稿

黄虞稷《千頃堂書目·別集類》 樊繼祖《雲朔行稿》。字孝甫，聊城人。兵部尚書，總督宣大軍務。

南園漫興

黄虞稷《千頃堂書目·別集類》 樊繼祖《南園漫興》。

瀼溪草堂稿

《四庫提要·別集類二五》 《瀼溪草堂稿》五十八卷。浙江巡撫採進本。明孫承恩撰。承恩字貞父，南直隸華亭人。正德辛未進士，官至禮部尚書，兼翰林院學士，掌詹事府，謚文簡。是集爲其門人楊豫孫、董宜陽、朱大韶所編。七卷以前爲疏、表、講章，皆進呈之作，八卷以後爲賦、詩、詞曲，二十七卷以後爲雜文。承恩於嘉靖之初，以庶子充經筵講官。今集中所載《正始箴》、《鑒古韻語》及講章即是時所作。及官禮部時，齋宮設醮，承恩獨不肯黄冠，遂乞致仕。較之嚴嵩諸人青詞自媚者，人品卓乎不同。其文章亦純正恬雅，有明初作者之遺。

孫文簡公集

黄虞稷《千頃堂書目·別集類》 孫承恩《孫文簡公集》二卷。字貞父，華亭人。太子少保，禮部尚書，兼翰林院學士，掌詹事府事，贈太子太保，謚文簡。

《明史·藝文志·別集類》 《孫承恩集》三卷。

使郢稿

徐𤊹《徐氏家藏書目·別集類》 孫承恩《使郢稿》一卷。字貞甫，號毅齋，華亭人。正德辛未進士，官禮部尚書。謚文簡。謝少南爲之序。

黄虞稷《千頃堂書目·別集類》 孫承恩《使郢稿》一卷。

閩廣集

黄虞稷《千頃堂書目·別集類》 戴鯨《閩廣集》。字時鳴，鄞縣人。

東白樓稿

黄虞稷《千頃堂書目·別集類》 戴鯨《東白樓稿》。

南湖詩集

徐𤊹《徐氏家藏書目・别集類》 謝上箴《南湖詩集》二卷。字以善，華容人。嘉靖壬辰進士，建寧知府。天游山人楊應詔序刻于建寧。

黄虞稷《千頃堂書目・别集類》 謝上箴《南湖詩集》二卷。字以善，華容人。建寧知府。

清巖集

黄虞稷《千頃堂書目・别集類》 王萱《清巖集》。字時芳，金谿人。通政司右參議。

玉岡詩集

黄虞稷《千頃堂書目・别集類》 沐崑《玉岡詩集》六卷。字元中，黔寧王五世孫。鎮守雲南總兵，官征南將軍，黔國公，謚莊襄。

瀛海集

徐𤊹《徐氏家藏書目・别集類》 顧彦夫《瀛海集》十三卷。字承美，號錫岩，無錫人。正德中鄉舉，官河間通判。

黄虞稷《千頃堂書目・别集類》 顧彦夫《瀛海集》十二卷。字承美，無錫人。河間府通判。

蓮谷集

黄虞稷《千頃堂書目・别集類》 洪肅《蓮谷集》。字廷器，壽昌人。

民懷集

黄虞稷《千頃堂書目・别集類》 魏楷《民懷集》。字良模，崇德人。

留都小稿

黄虞稷《千頃堂書目・别集類》 江一桂《留都小稿》。字伯馨，婺源人。太平知府。

中都行稿

黄虞稷《千頃堂書目・别集類》 江一桂《中都行稿》。

嶺南類稿

黄虞稷《千頃堂書目・别集類》 江一桂《嶺南類稿》。

少泉詩

黄虞稷《千頃堂書目・别集類》 官一夔《少泉詩》。字舜鳴，平度州人。官府

同知。

芝巖雜稿

黄虞稷《千頃堂書目・别集類》 虞守隨《芝巖雜稿》。字惟貞，義烏人。

南湖文録

黄虞稷《千頃堂書目・别集類》 余本《南湖文録》。字子華，鄞縣人。一甲第二人。

棠陵集

范邦甸等《天一閣書目・總集類》 《棠陵集》八卷。刊本。明方豪著。

張萱等《内閣藏書目録・集部》 《棠陵文集》四册。全。嘉靖間方豪著。

黄虞稷《千頃堂書目・别集類》 方豪《棠陵集》三卷。魏憲輯。豪字思道，開化人。湖南副使，諫南巡被杖。

《四庫提要・别集類存目三》 《棠陵集》八卷。浙江汪汝瑮家藏本。明方豪撰。豪有《斷碑集》，已著録。是集前六卷爲文，後二卷爲詩。豪與鄭善夫友善，集中有《祭鄭繼之文》，敘交情極爲篤摯。而詩則不及善夫遠甚。

養餘録

黄虞稷《千頃堂書目・别集類》 方豪《養餘録》。

奉希集

徐𤊹《徐氏家藏書目・别集類》 方豪《奉希集》一卷。

黄虞稷《千頃堂書目・别集類》 方豪《奉希集》。

老農編

黄虞稷《千頃堂書目・别集類》 方豪《老農編》。

洞庭煙雨編

黄虞稷《千頃堂書目・别集類》 方豪《洞庭煙雨編》。

珍憶録

黄虞稷《千頃堂書目・别集類》 方豪《珍憶録》。

棠陵文選

黄虞稷《千頃堂書目・别集類》 方豪《棠陵文選》八卷。

行臺稿

黄虞稷《千頃堂書目・别集類》 葉忠《行臺稿》。字一之，臨海人。

諫垣稿

黄虞稷《千頃堂書目・别集類》 葉忠《諫垣稿》。

山南集

黄虞稷《千頃堂書目・别集類》 葉忠《山南集》。

桂文襄公集

黄虞稷《千頃堂書目・别集類》 桂萼《桂文襄公集》。字□□，安仁人。

文襄奏疏

徐𤊹《徐氏家藏書目・别集類》 桂萼《文襄奏疏》八卷。字子實，安仁人。正德辛未進士，累官吏部尚書；少保，太子太傅，武英殿太學生。謚文襄。男載刻于應天府公署，饒州太守李易序。號尼山。

八厓文集

王圻《續文獻通考・經籍考・集下》 《八厓集》。按察使周廷用著，華容人。

黄虞稷《千頃堂書目・别集類》 周廷用《八厓文集》十三卷。字子賢，華容人。江西按察使。

《四庫提要・别集類存目三》 《八厓集》十三卷。浙江巡撫採進本。明周廷用撰。廷用字子賢，華容人。正德辛未進士，官至江西按察使。是集賦一卷，詩六卷，文二卷，後附《緒論》四卷，則其訓飭士民之説。顧璘《國寶新編》以廷用爲殿，其贊云：「按察人豪，闊視放言，文藻性成，早垂鉅篇。」然廷用自以耿直傳，不必以文藻著也。

方塘文集

黄虞稷《千頃堂書目・别集類》 潘鑑《方塘文集》十卷。字希古，婺源人。總督湖廣軍務，兵部尚書，贈太子太保，謚襄毅。

潘襄毅公文集

黄虞稷《千頃堂書目・别集類》 潘鑑《潘襄毅公文集》。字希古，婺源人。兵部尚書，總督兩廣軍務，贈太子太保，謚襄毅。

菊庵集

范邦甸等《天一閣書目・别集類》 《菊庵集》十二卷。刊本。明毛伯温序稱：其祖太守公遺稿，借弟伯淵備録，凡詩與文，悉以體類，丐友周朝陽校正付梓。

東塘集

范邦甸等《天一閣書目・别集類》 《東塘集》十卷。刊本。明毛伯温著。童承敘序稱：明興，作者接武，正德間李、何繼倡，雅頌復振，朝英國秀，嗣響有唐，若東塘先生毛公亦其一也。公篇翰播流，人以爲寶。嘉靖戊辰晉大司馬攝臺長，己亥兼攝宫賓，奉命征南濒行，廼裒舊草，屬敘校輯。敘受而卒業，蓋憲章翰林工

部而祖述拾遺者也，是可以傳矣。唐龍、杜柟俱有序，王儀、陳一德、葉稠後序。

徐𤊹《徐氏家藏書目·別集類》 毛伯温《東塘集》十卷。字汝厲，吉水人。正德戊辰進士，累官太子太保，兵部尚書。卒年六十四。

黄虞稷《千頃堂書目·別集類》 毛伯温《東塘集》十卷。字汝厲，吉水人。太子太保，兵部尚書，天啓初追謚襄懋。

《明史·藝文志·別集類》 毛伯温《東塘集》十卷。

毛襄懋集

《四庫提要·別集類存目三》 《毛襄懋集》十八卷。江西巡撫採進本。明毛伯温撰。伯温有《奏議》，已著録。此本凡詩十卷、文八卷。文格頗疎暢，詩則所造不深，詞多淺易，蓋伯温北拒蒙古，南服安南，以功名自見於世，文章非所專營。童承敘序稱「正德間，李、何首倡，雅頌復振，嗣響有唐，伯温亦其一」，乃自尊其師之詞，非公論也。

東塘詩集

《四庫提要·別集類存目三》 《東塘詩集》十卷。浙江范懋柱家天一閣藏本。明毛伯温撰。是集爲伯温所自編，後併入全集。此乃其初出別行之本。

桂洲集

范邦甸等《天一閣書目·別集類》 《桂洲集》二十四卷。刊本。明大學士貴溪夏言撰，杭州通判羅尚監刻，河南監察御史江陵曹某序。首山東監察御史華陰陽九澤序稱：公奏議文章毋慮數百卷，閩人袁子達摘其古律二體若干篇，請公梓之。公授錢塘田汝成爲之分門條次，使讀者因類而求之，題曰《桂洲詩集》者，從公別號也。

黄虞稷《千頃堂書目·別集類》 夏言《桂洲集》五十卷。字公謹，貴谿人。少師，吏部尚書，兼華蓋殿大學士，後棄市，追謚文愍。

《明史·藝文志·別集類》 夏言《桂洲集》二十卷。

《四庫提要·別集類存目三》 《桂洲集》十八卷。江西巡撫採進本。明夏言撰。言有《南宮奏稿》，已著録。此集凡賦詩詞八卷，文十卷，首有《年譜》。言未相時以詞典擅名，然集内詞亦未甚工，詩文宏整而平易，猶明中葉之舊格。

賜閒堂集

徐𤊹《徐氏家藏書目·別集類》 夏言《賜閒堂稿》八卷。字公謹，號桂州，貴溪人。正德丁丑進士，累官吏部尚書，少師，華蓋殿大學士。坐法下獄誅死，謚文愍。

黄虞稷《千頃堂書目·別集類》 夏言《賜閒堂集》十卷。

應制集

黄虞稷《千頃堂書目·別集類》 夏言《應制集》四卷。

桂洲詞

黄虞稷《千頃堂書目·別集類》 夏言《桂洲詞》一卷。

瑞石稿

黄虞稷《千頃堂書目·別集類》 江曉《瑞石稿》十卷。字景熙，仁和人。工部右侍郎。

歸田録

黄虞稷《千頃堂書目・别集類》 江曉《歸田録》十卷。

鐵硯齋集

黄虞稷《千頃堂書目・别集類》 徐充《鐵硯齋集》。字子擴，江陰人。

孫孝子文集

黄虞稷《千頃堂書目・别集類》 孫堪《孫孝子文集》二十卷。字志健。燧子。官都督僉事。

英廉奏《抽毁書目》 《孫孝子集》六本。查《孫孝子集》，係明孫堪撰。此集成於嘉靖中，其卷三送趙參戎二序、《送陳參戎序》，卷七《張忠愍公行狀》，卷十三《爲殷奉御題圖詩》，語有偏謬，應請抽燬。

林次崖集

黄虞稷《千頃堂書目・别集類》 林希元《次厓集》十八卷。字茂貞，晉江人。大理寺丞。

《四庫提要・别集類存目三》 《林次崖集》十八卷。福建巡撫採進本。明林希元撰。希元有《易經存疑》，已著録。是集爲其子有梧所編，凡奏疏四卷，書二卷，揭帖附焉，序三卷，記、碑共一卷，論、説、議共一卷，雜著一卷，誌、表一卷，傳、行狀一卷，祭文、哀詞二卷，詩二卷，詞附焉。

鴻爪集

徐𤊹《徐氏家藏書目・别集類》 吴仲《鴻爪集》八卷。字亞甫，武進人。正德丁丑進士，官太僕卿。子撝謙字幼安，履謙字幼元，與王百谷友善，號劍泉。

黄虞稷《千頃堂書目・别集類》 吴仲《鴻爪集》八卷。字亞甫，武進人。南京太僕寺少卿。

天目山房稿

黄虞稷《千頃堂書目・别集類》 陳良謨《天目山房稿》。字忠天，安吉州人。貴州參政。

山房摘稿

黄虞稷《千頃堂書目・别集類》 陳良謨《山房摘稿》。

和陶小稿

黄虞稷《千頃堂書目・别集類》 陳良謨《和陶小稿》。

何氏集

高儒《百川書志・集・國朝》 《何氏集》四卷。陝西提學副使大復山人信陽何景明仲默著。

范邦甸等《天一閣書目・別集類》《何氏集》三十七卷。刊本。明信陽何大復著。嘉靖十年王廷相序云：大復集辭賦三卷、四言古詩一卷、樂府二卷、使集二卷、家集五卷、京集七卷、秦集一卷、内篇一卷、外篇四卷，通二十六卷。別論若干卷，刻在潞州。斯集裒行久矣，尚未有序，其甥王朝良屬余序之。

王圻《續文獻通考・經籍考・集下》《何氏集十二論》。信陽何景明著。弘治壬戌進士，官副使。

徐𤊹《徐氏家藏書目・別集類》《何景明文集》二十六卷。字仲默，號大復，汝寧府信陽州人。年十九登弘治壬戌進士，陝西提學副使，卒年三十九。

何仲默集

范邦甸等《天一閣書目・別集類》《何仲默集》十卷。刊本。明何大復著。嘉靖三年蘭谿唐龍序，西安門人費棨、李文華种、雲漢張三畏校刻。武功友生康海序稱：仲默所著數萬言，可以上薄屈、宋、董、賈，有相如、子長之風，顧世無知之者，獨曰何子有詩人之遺意，厥覯淺矣。仲默豈特工于詩者？十六年秋，仲默既卒，又三年，次第其文爲若干卷，首賦，次詩，次文，皆隨體區裁，因製列卷，題曰《何仲默集》，録存家笥。仲默，予別有傳記，兹不載。

大復集　續集

范邦甸等《天一閣書目・別集類》《大復集》三十七卷。刊本。明何景明撰。嘉靖三年蘭谿唐龍序稱：康德涵、張時濟皆何子之友也，何子既歿，張子收其遺稿，訪康子于滸西之野，而共揚搉之，凡得若干首。時關中執事君子咸興嘉樂之懷，乃刻而傳之。嘉靖十年王廷相序，嘉靖三年康海序，嘉靖乙卯濂渠鄒察跋。其傳行狀暨墓誌銘，喬世等撰。

王圻《續文獻通考・經籍考・集下》《何大復集》。何景明著。

黃虞稷《千頃堂書目・別集類》何景明《何大復集》三十七卷，又《續集》二十六卷，又《大復遺稿》一卷。字大復，信陽州人。陝西提學副使。

《明史・藝文志・別集類》何景明《大復集》六十四卷。

《四庫提要・別集類二四》《大復集》三十八卷。兩淮馬裕家藏本。明何景明撰。景明有《雍大記》，已著録。是集凡賦三卷，詩二十六卷，文九卷，傳誌、行狀之屬附録於末。

張之洞《書目答問・別集》《大復集》三十八卷。明何景明。河南重刻本。

辭　賦

高儒《百川書志・集・國朝》何景明《辭賦》三卷。

樂　府

高儒《百川書志・集・國朝》何景明《樂府》二卷。

何景明詩

高儒《百川書志・集・國朝》何景明《詩》十六卷。

何仲默集

高儒《百川書志・集・國朝》《何仲默集》十卷。張治道得何子詩稿一千一百五十二首，擇而類焉，存古律詩七百七十二首。

孟有涯集

黃虞稷《千頃堂書目・別集類》孟洋《孟有涯集》十七卷。字望之，信陽衛人。

南京大理寺卿。

《四庫提要・別集類存目三》　《孟有涯集》十七卷。浙江孫仰曾家藏本。明孟洋撰。洋字望之，一字有涯，信陽人。弘治乙丑進士，官至監察御史。以論張璁、桂萼下獄，謫桂林府教授，移知汶上縣，終南京大理寺卿。是集詩十三卷、文四卷。洋娶於何氏，故其詩格多效何景明，而才則不逮。景明之没，洋誌其墓，其文亦不甚工。

蓉川集

黄虞稷《千頃堂書目・別集類》　齊之鸞《蓉川全集》七卷。

《四庫提要・別集類存目三》　《蓉川集》七卷。兩江總督採進本。明齊之鸞撰。之鸞字瑞卿，桐城人。正德辛未進士，官至河南按察使。事蹟具《明史》本傳。是集爲其曾孫山所編，凡五種。一曰《南征紀行》，爲其從征宸濠時所作雜詩，後附賦一首。一曰《悠然亭雜詩》，爲其官南京時作，後附記序三首。一曰《開堰集》，爲其在安慶時所作。一曰《歷官疏草》，皆其奏議，起正德九年，訖嘉靖八年，每種爲一卷。一曰《入夏録》，析爲三卷，乃其僉事寧夏時作，前二卷皆詩，後一卷則雜文；別以汪元錫等贈言附於末，而總冠以小傳、行狀、年譜；後有山跋語，稱閒遊而闃，得遺稿數篇，已而徧歷茶坊藥肆，恣意搜輯，編次成帙。因康熙已詔修《明史》，檄取《入夏録》送官，遂裒而付諸剞劂。蓋之鸞位雖不顯，然在正、嘉之間，卓卓稱名臣。故史館徵其著作，以備採擇。今觀其奏疏，詞多剴切，猶可想見風采，詩則非所擅長也。

入夏録

黄虞稷《千頃堂書目・別集類》　齊之鸞《入夏録》三卷。本姓徐，字瑞卿，桐城人。河南提學副使。

竹江集

黄虞稷《千頃堂書目・別集類》　趙淵《竹江集》。字弘道，臨海人。

三同集

黄虞稷《千頃堂書目・別集類》　蘇恩《三同集》。字從仁，華亭人。湖廣道御史，與唐蘇渙同姓、同官、同好吟，故曰「三同」。

石磯集

徐𤊹《徐氏家藏書目・別集類》　孫繼芳《石磯集》二卷。字世其，華容人。正德辛未進士，兵部員外。上疏諫武宗南巡，廷杖，補雲南提學副使。卒年五十有九。

黄虞稷《千頃堂書目・別集類》　孫繼芳《石磯集》二卷。字世其，華容人。雲南提學副使。

華容孫氏集選

徐𤊹《徐氏家藏書目・別集類》　《華容孫氏集選》四卷。繼芳、宜、斯億、羽侯。

心齋文集

黄虞稷《千頃堂書目・別集類》　王艮《心齋文集》六卷。秦州布衣。

《明史・藝文志・別集類》　王艮《心齋文集》二十卷。

莊渠先生書稿全編

范邦甸等《天一閣書目・別集類》 《莊渠先生書稿全編》四卷。刊本。明人撰。嘉靖丙辰從子參編序稱：先生著作，凡以明其所自得，或發前賢所未發，皆不得已而作。先生殁，門人雜記其平日奏疏、講義、序説、論札，彙爲成書，欲梓，而吾弟續復輯先生書稿，累成四帙，名曰《書稿全編》。

莊渠遺書

王圻《續文獻通考・經籍考・集下》 〔魏校〕《莊渠先生遺書》。

徐𤊹《徐氏家藏書目・別集類》 魏校《莊渠遺書》十六卷。字子才，崑山人。弘治乙丑進士，太常卿。謚文簡。胡松序，崑山知縣張煒刻。

黄虞稷《千頃堂書目・別集類》 魏校《遺書》十卷。

《四庫提要・別集類二四》 《莊渠遺書》十二卷。山東巡撫採進本。明魏校撰。校有《周禮沿革傳》，已著録。校欲行周禮於後世，其説頗爲迂闊。所著《六書精蘊》，欲以古篆改小篆，而所列古篆，又多杜撰，尤爲紕繆。然校見聞較博，學術亦醇，故是集文律謹嚴，不失雅正。考據亦具有根柢，無忝於儒者之言。其《御札問經義》諸條，亦多精確。惟《郊祀論》一篇，謂見於經者獨有南郊無北郊，而以社當地祇之祭。不知《大司樂》方丘之文與圜丘相對，圜丘爲郊天，方丘爲祭地可知。未聞祭社於澤中之方丘，且於夏日之至也。又《祭法》瘞埋於泰折，祭地也，與燔柴於泰壇祭天之文相對，皆北郊祭地之顯證。校乃引《周禮》陰祀用黝牲，駁《祭法》祭地用騂犢爲附會。不知《周禮》、《禮記》不能強合，先儒辨之甚明，無庸横相牽合，自生糾結也。

雜著

徐𤊹《徐氏家藏書目・別集類》 魏校《雜著》十卷。

莊渠文録

黄虞稷《千頃堂書目・別集類》 魏校《莊渠文録》十六卷。字□□，崑山人。

《明史・藝文志・別集類》 魏校《莊渠文録》十六卷。

詩稿全編

黄虞稷《千頃堂書目・別集類》 魏校《詩稿全編》四卷。

《明史・藝文志・別集類》 魏校《詩》四卷。

中峰文集

黄虞稷《千頃堂書目・別集類》 董玘《中峰文集》六卷。字文玉，會稽人。一甲第二人。

《明史・藝文志・別集類》 《董玘文集》六卷。

中峰應制稿

范邦甸等《天一閣書目・別集類》 《中峰應制稿》六卷。刊本。明會稽董玘著，唐順之序。

中峰文選

黄虞稷《千頃堂書目・別集類》 董玘《中峰文選》十一卷。

貽光堂集

黄虞稷《千頃堂書目・別集類》 黄焯《貽光堂集》。字□□，南平人。湖廣左參政。

濟美堂政録

黄虞稷《千頃堂書目・別集類》 黄焯《濟美堂政録》五卷。

費寀集

《明史・藝文志・別集類》 《費寀集》四卷。

鍾石先生集

王圻《續文獻通考・經籍考・集下》 《鍾石先生集》。費寀著。

文通集選

徐𤊹《徐氏家藏書目・別集類》 費寀《文通集選》四卷。字□□，號□□，鉛山人。正德辛未進士，禮部尚書，謚文通。子懋謙，萬曆甲申官福建運副刻于三山，張煒所選也，王應鍾、林懋和爲之序。

黄虞稷《千頃堂書目・別集類》 費寀《費文通集選》四卷。字□□，鉛山人。宏從弟，少保兼太子太保，禮部尚書。

費文通集選要

《四庫提要・別集類存目三》 《費文通集選要》六卷。江蘇巡撫採進本。明費寀撰。寀有《廣信府志》，已著録。所著文名《鍾石集》，本二十四卷。此本乃劉同升許穀所選，與其兄宏詩文合刻之本也。

淺齋文集

黄虞稷《千頃堂書目・別集類》 魏有本《淺齋文集》。字伯深，餘姚人。右都御史，贈兵部尚書。

長谷集

王圻《續文獻通考・經籍考・集下》 《長谷集》。徐獻忠著。

黄虞稷《千頃堂書目・別集類》 徐獻忠《長谷集》十五卷。字伯臣，華亭人。奉化知縣。

《明史・藝文志・別集類》 徐獻忠《長谷集》十五卷。

《四庫提要・別集類存目四》 《長谷集》十五卷。安徽巡撫採進本。明徐獻忠撰。獻忠有《吴興掌故》，已著録。是集賦一卷、詩三卷、文十一卷。嘉靖甲子，松江府知府袁汝是與其鄉士大夫醵金刻之。編次者，其門人董宜陽也。朱彝尊《詩話》稱其詩沖澹無累句，所少者警拔，足爲定評。至其《論松江加耗》、《守備》、《錢法》、《水利》諸書，條析利弊，皆頗詳悉，在一鄉亦足資考核焉。

道林集　續集　後集

黄虞稷《千頃堂書目・別集類》 蔣信《道林集》九卷，又《續集》，又《後集》。

字卿實，武陵人。貴州副使。

蔣道林文粹

張萱等《内閣藏書目録・集部》《蔣道林先生文粹》。四册。全。嘉靖間學憲蔣信著。

《四庫提要・别集類存目四》《蔣道林文粹》九卷。兩江總督採進本。明蔣信撰。信有《道林諸集》，已著録。是集爲其門人姚學閔所編。其文不事華藻，惟直抒胸臆，期於明暢而止。蓋信嘗從王守仁於龍場驛，後又從湛若水遊，所重惟在於講學耳。

崇雅堂集

黄虞稷《千頃堂書目・别集類》顧應祥《崇雅堂集》十四卷。字惟賢，長興人。南京刑部尚書，贈太子少保。

《明史・藝文志・别集類》《顧應祥文集》十四卷。

惜陰集

王圻《續文獻通考・經籍考・集下》《惜陰集》。吴興顧應祥著。

樂　府

《明史・藝文志・别集類》顧應祥《樂府》一卷。

歸田詩選

黄虞稷《千頃堂書目・别集類》顧應祥《歸田詩選》。

二峰摘稿

黄虞稷《千頃堂書目・别集類》周積《二峰摘稿》。字以善，江山人。

龍石集

范邦甸等《天一閣書目・别集類》《龍石集》二卷。刊本。明聊城許成名著。嘉靖癸亥濮陽蘇佑序。

黄虞稷《千頃堂書目・别集類》許成名《龍石集》四卷。字思仁，聊城人。禮部右侍郎。

龍石詩集　文集

范邦甸等《天一閣書目・别集類》《龍石詩集》八卷，《文集》六卷。刊本。明聊城許成名著。

劉艮所文稿

黄虞稷《千頃堂書目・别集類》劉棟《劉艮所文稿》四卷。字□□，山陰人。南京兵部右侍郎。

閑存集

黄虞稷《千頃堂書目・别集類》 應良《閑存集》。字元忠，仙居人。

巽峰集

黄虞稷《千頃堂書目・别集類》 尹襄《巽峰集》。字舜弼，永新人。司經局洗馬。

《四庫提要・别集類存目三》 《巽峰集》十二卷，附録一卷。南淮鹽政採進本。明尹襄撰。襄字舜弼，號巽峰，永新人。正德辛未進士，官至司經局洗馬。是集凡詩五卷，文七卷，後有其子祖懋題識，謂原集十卷，刻於閩中，繼復收輯得十二卷。其文持論頗純正，而波瀾結構則未造古人。

東濱三稿

黄虞稷《千頃堂書目・别集類》 徐咸《東濱三稿》。字子正，海鹽人。泰弟。襄陽知府。

平田稿

黄虞稷《千頃堂書目・别集類》 管楫《平田稿》二卷。字□□，咸寧人。巡撫山東，都御史。

平田詩集

《四庫提要・别集類存目三》 《平田詩集》二卷。陝西巡撫採進本。明管楫撰。楫字汝濟，號平田，又號竹木山人，咸寧人。正德辛未進士，官至右副都御史，巡撫山東，因與嚴嵩相忤，辭疾家居二十年。文徵明嘗畫《平田草堂》、《杜曲山房》二圖，竝詩貽之，重其人也。此集前有張治道序，稱驪邑令刻諸縣齋，楫不知也。又有楫自序，稱再閲舊稿，又删其十之三，然其本今皆不傳。故朱彝尊作《明詩綜》，不列其名。此本乃乾隆初其裔孫錫綬所輯。其詩頗沿七子之派，蓋楫與薛蕙、何景明、高叔嗣諸人相倡和，漸染而然也。

東石類稿

范邦甸等《天一閣書目・别集類》 《東石類稿》十卷。刊本。明清吏司郎中金溪王蓂著。嘉靖八年乙丑臨川吴華序稱：王君時禎類録，其平生之言而以别號志焉者也。南城傅君宗會梓行之。

東石文集　續集

范邦甸等《天一閣書目・别集類》 〔王蓂〕《東石續集》九卷。刊本。婿金溪黄文龍編次，臨川章袞序。

黄虞稷《千頃堂書目・别集類》 王蓂《東石文集》。字時禎，金谿人。浙江提學副使。

東石近稿

范邦甸等《天一閣書目・别集類》 《東石近稿》十卷。刊本。王蓂著。嘉靖壬子同郡徐良傅序稱：先生少與伯子青崖齊名，士林推爲宋氏郊、祁，蘇氏軾、轍。既成進士，歷刑禮曹官。先生以青崖蚤世，父潼川公將老，而成乞終養以歸視，終不復出。就家拜浙江提學副使，不赴，屢用言者薦，亦不起。杜門掃軌，日與經籍相酬酢。所著有《類稿》，先已梓行，吴太守石亭章、督學介菴序之。自嘉靖丙

午迄今茲爲《近稿》，則先生子婿黄文龍維中所次，且欲梓之，與前二稿並傳云。

南雋集

范邦甸等《天一閣書目·總集類》 《南雋集》二十卷。刊本。明鄂郡崇陽汪必東著。嘉靖三十年辛亥壽七十八，手書自序于卷首。

王圻《續文獻通考·經籍考·集下》 《南雋文集》。參政汪必東著，崇陽人。

徐𤊹《徐氏家藏書目·別集類》 汪必東《南雋集》二十卷。字希會，崇陽人。正德辛未進士，河南參政。

黄虞稷《千頃堂書目·別集類》 汪必東《南雋集》二十卷。字希會，崇陽人。河南參政。

《明史·藝文志·別集類》 汪必東《南雋集》二十卷。

倦歌集

黄虞稷《千頃堂書目·別集類》 戴顒《倦歌集》。字師觀，浙江太平人。

筠谿雜稿

黄虞稷《千頃堂書目·別集類》 戴顒《筠谿雜稿》。

東谿稿

黄虞稷《千頃堂書目·別集類》 何鉞《東谿稿》。字勳伯，江寧人。浙江道御史。

漸齋集

黄虞稷《千頃堂書目·別集類》 趙漢《漸齋集》四卷。字鴻逵，平湖人。南京□科給事中。

漸齋詩草

范邦甸等《天一閣書目·別集類》 《漸齋詩草》二卷。刊本。明趙漢撰，許卿相序。

徐𤊹《徐氏家藏書目·別集類》 趙漢《漸齋詩草》二卷。字鴻逵，平湖人。正德辛未進士，官山西參政。

《四庫提要·別集類存目三》 《漸齋詩草》二卷。浙江巡撫採進本。明趙漢撰。漢字鴻逵，平湖人。正德辛未進士，官至山西布政司參政。是集刻於嘉靖乙卯，詩學江西，於爾時爲別調。然風格雖異，興象未深，究不能獨絶一時也。

白泉文集

黄虞稷《千頃堂書目·別集類》 汪文盛《白泉文集》□卷。字希周，崇陽人。大理寺卿。

節愛汪府君詩集

《四庫提要·別集類存目三》 《節愛汪府君詩集》二卷。浙江范懋柱家天一閣藏本。明汪文盛撰。文盛字希周，崇陽人。正德辛未進士，除饒州推官，入爲兵部武選司主事，諫南巡廷杖。嘉靖初出知福州，歷官按察使。以僉都御史巡撫雲南，

進大理卿。事蹟附見《明史・毛伯温傳》。

汪白泉先生選稿

范邦甸等《天一閣書目・總集類》 《汪白泉先生選稿》十卷。刊本。明楊慎選。

黄虞稷《千頃堂書目・别集類》 汪文盛《選稿》十二卷。

谷庵遺稿

張萱等《内閣藏書目録・集部》 《谷庵遺稿》一册。全。正德間右贊善緜州金皋詩。

黄虞稷《千頃堂書目・别集類》 金皐《谷庵遺稿》一卷。綿州人。左春坊左贊善。

北川文集

黄虞稷《千頃堂書目・别集類》 吴惠《北川文集》。字仁甫，鄞縣人。

效顰南行集

黄虞稷《千頃堂書目・别集類》 游璉《效顰南行集》二卷。字世重，連江人。江西參政。一作《少石稿》。

張太常文集

黄虞稷《千頃堂書目・别集類》 張翀《張太常文集》二十卷。字□□，潼川州人。禮科都給事中，諫大禮廷杖，贈太常寺少卿。

《明史・藝文志・别集類》 《張翀文集》二十卷。

閑時吟

黄虞稷《千頃堂書目・别集類》 李長《閑時吟》。字復之，浙江縉雲人。

鷗汀漁嘯集

范邦甸等《天一閣書目・别集類》 《鷗汀漁嘯集》六卷。刊本。明涿鹿頓鋭著，同郡楊濬校，嘉靖三十四年河中裴紳、江南清吏、司信陽岳東升皆有序。

黄虞稷《千頃堂書目・别集類》 頓鋭《鷗汀漁嘯集》十卷。字叔養，涿州人。代府長史。

鷗汀長古集　前集　别集　續集　漁嘯集　頓詩

《四庫提要・别集類存目三》 《鷗汀長古集》二卷，《前集》二卷，《别集》二卷，《續集》一卷，《漁嘯集》二卷，頓詩一卷。直隸總督採進本。明頓鋭撰。鋭字叔養，涿州人。正德辛未進士，官代府右長史。鋭少負詩名，當時稱涿郡有才一石，鋭得其八斗。晚年卜居懷玉山，吟咏自適。其五言古詩，氣韻清拔，頗爲入格。七言古詩，跌蕩自喜，而少翦裁。近體專尚音節，數篇以外，意境多同，蓋變化之功猶

未至也。

西行贅録

黄虞稷《千頃堂書目・别集類》 俞集《西行贅録》。字汝成，新昌人。

隨筆録

黄虞稷《千頃堂書目・别集類》 俞集《隨筆録》。

中州巡稿

黄虞稷《千頃堂書目・别集類》 俞集《中州巡稿》。

旗峰詩集

黄虞稷《千頃堂書目・别集類》 俞集《旗峰詩集》。

南岡集

黄虞稷《千頃堂書目・别集類》 唐澤《南岡集》。字□□，歙縣人。巡撫甘肅，右副都御史。

槐溪集

黄虞稷《千頃堂書目・别集類》 戴祥《槐溪集》。字應和，績谿人。禮部郎中。

後齋遺稿

《四庫提要・别集類存目三》 《後齋遺稿》二卷。浙江汪汝瑮家藏本。明陳憲撰。憲字伯度，後齋其號也，餘干人。正德辛未進士，官至貴州布政使司參議。是集《公餘紀拙》一卷，《粤江行稿》一卷，乃憲之子鄞縣丞照所編。首有鄞縣人戴鱀序，謂其得鄉先哲胡居仁之傳，故詩多理語，鮮風人之致云。蓋當時本以理學推之也。

桃谷遺稿

《四庫提要・别集類存目三》 《桃谷遺稿》一卷。兩淮馬裕家藏本。明陸俸撰。俸字天爵，吴縣人。正德辛未進士，官刑部時，嘗以諫南巡廷杖，後終於寶慶府知府。其詩多應酬牽率之作，而時露風格。岳岱《今雨瑶華》謂其晚就操觚，靈心夙構，穎悟居多，蓋天姿高而學力未至者也。

丹巖集

徐𤊹《徐氏家藏書目・别集類》 黄雲《丹崖集》十卷。字應龍，崑山人。正德中高安教諭，門人朱寔昌按吴爲梓其集。

黄虞稷《千頃堂書目・别集類》 黄雲《丹巖集》十卷。字應龍，崑山人。正德中由歲貢生任瑞州府學訓導，後作高安教諭。

《四庫提要·別集類存目三》《丹巖集》十卷。浙江孫仰曾家藏本。明黄雲撰。雲字應龍，丹巖其別號也，崑山人。弘治中以歲貢授瑞州訓導。是集凡詩四卷，文六卷，其門人巡按御史高安朱實昌所編。中多與沈周、文徵明諸人往來題咏之作。

虔臺拙稿

黄虞稷《千頃堂書目·別集類》虞守愚《虔臺拙稿》。字惟明，義烏人，南京刑部右侍郎。

東厓文集

黄虞稷《千頃堂書目·別集類》虞守愚《東厓文集》。

太白山人漫稿

高儒《百川書志·集·國朝》《太白山人漫稿》五卷，附録一卷。吴越隱士關中孫一元太初著。

范邦甸等《天一閣書目·別集類》《太白山人漫稿》二卷。刊本。明關西孫太復著。正德戊寅晉安鄭善夫序。

徐𤊹《徐氏家藏書目·別集類》孫一元《太白山人漫稿》八卷。字太初，本關中人。正德中居吴越間，自稱太白山人，遂爲湖人。卒年三十七，葬于湖之首塲山。舊刻未全，萬曆乙未吴興張睿卿蒐輯梓之。初刻鄭善夫爲序，重刻謝肇淛爲序。

黄虞稷《千頃堂書目·別集類》孫一元《太白山人漫稿》五卷。字太初，不知何許人，或曰安化王孫也。自號太白山人，就昏於吴興沈氏，與劉麟、吴琬、陸崑、龍霓稱苕溪五隱。

《明史·藝文志·別集類》孫一元《太白山人稿》五卷。

《四庫提要·別集類二四》《太白山人漫稿》八卷。浙江孫仰曾家藏本。明孫一元撰。一元字太初，自稱秦人，或傳爲安化王孫。

孫太初集

王圻《續文獻通考·經籍考·集下》《孫太初集》。孫一元著。

梓谿集

范邦甸等《天一閣書目·別集類》《梓溪文集》十卷。刊本。明舒芬著，嘉靖十三年海偶黄佐序。

王圻《續文獻通考·經籍考·集下》《梓溪集》。舒芬著。

徐𤊹《徐氏家藏書目·別集類》舒芬《梓溪集》十卷。字國裳，初字以時，號石灘，進賢人。正德丁丑狀元，官翰林修撰。上疏諫武宗南巡，廷杖，謫福建市舶司提舉。卒年四十四。

黄虞稷《千頃堂書目·別集類》舒芬《梓谿集》五卷。字國裳，進賢人。一甲第一人，翰林院修撰。諫南巡被杖，謫福建市舶副提舉。辛巳復職。甲申會議大禮，再杖，歸卒。

内外集

黄虞稷《千頃堂書目·別集類》舒芬《内外集》十八卷。

《明史·藝文志·別集類》舒芬《内外集》十八卷。

東觀録

黄虞稷《千頃堂書目·別集類》舒芬《東觀録》。

冰壺遺稿

黃虞稷《千頃堂書目・别集類》 韓昭王旭櫄《冰壺遺稿》五卷。康王嫡子，憲王松來孫，高皇帝仍孫，弘治十七年嗣封。

張文定公集

王圻《續文獻通考・經籍考・集下》 《張文定集》。四明張邦奇著。

徐𤊹《徐氏家藏書目・别集類》 張邦奇《文定集》五十卷。字常甫，號甬川，鄞縣人。弘治乙丑進士，南京吏部尚書，謚文定。

黃虞稷《千頃堂書目・别集類》 張邦奇《張文定公集》五十卷。字常甫，鄞縣人。南京兵部尚書，贈太子太保，謚文定。

《明史・藝文志・别集類》 《張邦奇全集》五十卷。

覲光樓集

黃虞稷《千頃堂書目・别集類》 張邦奇《覲光樓集》十卷。

紓玉樓集

黃虞稷《千頃堂書目・别集類》 張邦奇《紓玉樓集》十卷。

環碧堂集

黃虞稷《千頃堂書目・别集類》 張邦奇《環碧堂集》十六卷。

養心亭集

黃虞稷《千頃堂書目・别集類》 張邦奇《養心亭集》八卷。

靡悔軒集

黃虞稷《千頃堂書目・别集類》 張邦奇《靡悔軒集》十二卷。

四友亭集

黃虞稷《千頃堂書目・别集類》 張邦奇《四友亭集》二十卷。

張文定公文選

黃虞稷《千頃堂書目・别集類》 張邦奇《張文定公文選》四十八卷。

三難軒集

王圻《續文獻通考・經籍考・集下》 《三難軒集》。兵部尚書戴金著。漢陽人。

使蜀稿

王圻《續文獻通考・經籍考・集下》 戴金《使蜀稿》。

海防稿

王圻《續文獻通考・經籍考・集下》 戴金《海防稿》。

官滁集

王圻《續文獻通考・經籍考・集下》 戴金《官滁集》。

棘署餘聞

王圻《續文獻通考・經籍考・集下》 戴金《棘署餘聞》。

端谿集

張萱等《内閣藏書目録・集部》 《端谿先生集》八册。嘉靖間大司徒王崇慶著。

黃虞稷《千頃堂書目・別集類》 王崇慶《端谿集》八卷。字德徵，開州人。南京禮部尚書，贈太子少保。

《明史・藝文志・別集類》 王崇慶《端溪集》八卷。

鄭少谷集

范邦甸等《天一閣書目・總集類》 《鄭善夫集》十五卷。明嘉靖鄭善夫繼之氏撰，汪文盛編。

黃虞稷《千頃堂書目・別集類》 鄭善夫《鄭少谷全集》二十五卷。字繼之，閩縣人。吏部郎中。

《明史・藝文志・別集類》 鄭善夫《少谷全集》二十五卷。

《四庫提要・別集類二四》 《鄭少谷集》二十五卷。福建巡撫採進本。明鄭善夫撰。善夫有《經世要録》，已著録。其詩規模杜甫，多憂時感事之作。林貞恒《福州志》病其時非天寶，地遠拾遺，爲無病而呻吟。然武宗時奄豎内訌，盜賊外作，詩人蒿目未可謂之無因。王世懋《藝圃擷餘》曰「閩人家能佔畢，而不甚工詩。國初林鴻、高廷禮、唐泰輩皆稱能詩，號閩南十才子。然出楊、徐下遠甚，無論季迪。其後氣骨崚崚，差堪旗鼓中原者，僅一鄭善夫耳。其詩雖多摹杜，猶是邊、徐、薛、王之亞」云云。斯言持其平矣。善夫《論詩》五言云：「大哉杜少陵，苦心良在斯。末流但叫噪，古意漫莫知。鳳鳥空中鳴，衆禽反見嗤。」觀其抒論，知其不諧於俗也。

鄭善夫文

高儒《百川書志・集・國朝》 《鄭文》十四卷。南畿驗封郎中閩人少谷鄭善夫繼之撰。

黃虞稷《千頃堂書目・別集類》 鄭善夫《鄭文》十五卷。

鄭少谷詩

高儒《百川書志・集・國朝》 《鄭詩》十三卷，附録一卷。南京吏部郎中少谷山人鄭善夫繼之撰。

范邦甸等《天一閣書目・別集類》 《鄭少谷詩》十三卷，附録一卷。刊本。明閩人鄭善夫撰，楚汪文盛編。

黃虞稷《千頃堂書目・別集類》 鄭善夫《鄭詩》十四卷。

方文襄公遺稿

范邦甸等《天一閣書目・別集類》　《方文襄公遺稿》五卷。刊本。明方獻夫撰，四明范欽序。

王圻《續文獻通考・經籍考・集下》　《方文襄公遺稿》。方獻夫著。

西樵遺稿

黄虞稷《千頃堂書目・別集類》　方獻夫《西樵遺稿》四卷。初名獻科，字叔賢，南海人。少保兼太子太保，吏部尚書，武英殿大學士，贈太保，謚文襄。

《明史・藝文志・別集類》　方獻夫《西樵稿》五卷。

《四庫提要・別集類存目三》　《西樵遺稿》八卷。浙江巡撫採進本。明方獻夫撰。獻夫有《周易傳義約説》，已著録。是集名曰《西樵》，以早年讀書西樵山也。獻夫緣議禮驟貴，故開卷即冠所上大禮疏。《明史》本傳謂其雖執大政，氣厭厭不振。入閣之初，攻者四起。故集中多引疾求退之章，無所謂嘉言碩畫云。

玉谿稿

黄虞稷《千頃堂書目・別集類》　張潮《玉谿稿》。字□□，内江人。禮部尚書，兼翰林院學士，掌詹事府事。

瑞山稿

黄虞稷《千頃堂書目・別集類》　何贊《瑞山稿》。字堯卿，黄巖人。

青石遺稿

黄虞稷《千頃堂書目・別集類》　趙可與《青石遺稿》。字合中，安成人。福建鹽運使。

南湖集

徐𤊹《徐氏家藏書目・別集類》　張綖《南湖集》四卷。字世文，高郵人。西樓王磐之婿也。正德癸酉鄉舉，官武昌通判。

黄虞稷《千頃堂書目・別集類》　張綖《南湖集》四卷。字世文，高郵州人。王磐婿，武昌通判，遷知光州。

入楚吟

范邦甸等《天一閣書目・別集類》　《入楚吟》一卷。刊本。明張綖撰。自稱乙未之歲判武昌，自是年冬十月抵任，至明年丙申冬十一月部糧歸南京，一歲間得五言古律詩若干首，七言古律詩若干首，六言絶句若干首，長短句若干首，成都百潭蔣子題曰《南湖入楚吟》。

南湖詩集

《四庫提要・別集類存目三》　《南湖詩集》四卷。浙江汪汝瑮家藏本。明張綖撰。綖有《杜詩通》，已著録。是集詩多艷體，頗涉佻薄，殆《玉臺》、《香奩》之末流。每卷皆附詞數闋，考綖嘗作《填詞圖譜》，蓋刻意於倚聲者，宜其詩皆如詞矣。

白厓詩集

黄虞稷《千頃堂書目・别集類》 張文宿《白厓詩集》五卷。字拱辰，仁和人。晉江知縣，有詩名。

閩游倡和

黄虞稷《千頃堂書目・别集類》 鄭天鵬《閩游倡和》。諸暨人。

北行野操

黄虞稷《千頃堂書目・别集類》 鄭天鵬《北行野操》。

南溟存稿

黄虞稷《千頃堂書目・别集類》 鄭天鵬《南溟存稿》。

二洞小稿

黄虞稷《千頃堂書目・别集類》 管邦宰《二洞小稿》。字良卿，黄巖人。

石谿集

黄虞稷《千頃堂書目・别集類》 王希旦《石谿集》八卷。字維周，侯官人。禮部郎中。

佩蘭集

高儒《百川書志・集・國朝》 《佩蘭子文集》三卷。閩中袁遠德修撰。

黄虞稷《千頃堂書目・别集類》 袁達《佩蘭集》。字德修，閩縣人。貴谿知縣，坐事下詔獄，既釋，補湖廣司都經歷。

佩蘭子詩

高儒《百川書志・集・國朝》 《佩蘭子詩》。閩中袁廷德修撰。

古山文集

徐𤊹《徐氏家藏書目・别集類》 桂華《古山文集》十二卷。字子朴，萼之兄。正德癸酉鄉舉，卒年四十七。

黄虞稷《千頃堂書目・别集類》 桂華《古山先生文集》二十卷。字子朴，安仁人。桂萼兄。

古山集

《四庫提要・别集類存目三》 《古山集》四卷。江西巡撫採進本。明桂華撰。華字子樸，安仁人。正德癸酉舉人，大學士萼之兄也。嘗從胡居仁門人張正游，故所學頗爲醇正，詩文則尚未成家。

海涯集

黃虞稷《千頃堂書目・別集類》 顧磐《海涯集》十卷。字子安，一字安甫，南直隸通州人。三歲能識字，八歲能爲文章，舉鄉貢不第卒。

《明史・藝文志・別集類》 顧磐《海涯集》十卷。

《四庫提要・別集類存目三》 《海涯集》十卷。浙江汪汝瑮家藏本。明顧磐撰。磐字子安，南直隸通州人。正德癸酉舉人。是集詩四卷，詩餘附焉，文六卷。集中如《考正鄉賢祠典》，以及《水利》、《馬政》諸作，於鄉邑利病，亦頗爲詳核。然大致以流利爲主，故不爲詰屈，亦不造精深。

在澗集

范邦甸等《天一閣書目・別集類》 《在澗集》九卷。刊本。明句吴顧可久著，嘉靖辛亥晉江王慎中序。

黃虞稷《千頃堂書目・別集類》 顧可久《在澗集》十九卷。

在署草

黃虞稷《千頃堂書目・別集類》 顧可久《在署草》八卷。字與新，無錫人。廣東按察司副使。一作《洞陽集》。

在疚草

黃虞稷《千頃堂書目・別集類》 顧可久《在疚草》二卷。

温陵集

黃虞稷《千頃堂書目・別集類》 顧可久《温陵集》六卷。

虔州集

黃虞稷《千頃堂書目・別集類》 顧可久《虔州集》一卷。

珠崖草

黃虞稷《千頃堂書目・別集類》 顧可久《珠崖草》一卷。

洞陽詩集

《四庫提要・別集類存目三》 《洞陽詩集》二十卷。浙江汪汝瑮家藏本。明顧可久撰。可久字與新，無錫人。正德甲戌進士，官至廣東按察司副使。是編標曰《洞陽詩集》，而子目俱題曰《在澗集》。考《千頃堂書目》，可久有《在署草》八卷、《在疚草》二卷、《温陵集》六卷、《虔州草》一卷、《珠崖草》一卷、《在澗集》十九卷，無《洞陽集》之名。蓋總彙諸集，名曰《洞陽》，而仍各自爲書也。此集凡二十卷，首尾完具，而黃虞稷作十九卷，豈所見之本偶未全歟。其詩古體頗散漫，律體多乏堅老，七言絶句尤學質樸而不成。

治齋集

《四庫提要・別集類存目三》 《治齋集》十七卷。浙江孫仰曾家藏本。明萬

鏜撰。鏜字仕鳴，進賢人。弘治乙丑進士，官至吏部尚書。事蹟附見《明史・李默傳》。是編凡奏議十卷，分《順天》、《南京》、《南臺》、《勘夷》、《北兵》、《吏部》、《辭謝》、《稱賀》八集，文集四卷，詩詞三卷。每集冠以自序，而其文一字不易。蓋其後人印行之時，分冠每集之首，而忘其合而編之，遂致複出也。史載鏜爲南京都御史時，以星變上言八事，除名，頗著丰采。後爲嚴嵩汲引，起爲副都御史。征湖廣蠟爾山蠻，剿撫失宜，暫平復叛，委罪於偏裨以解。及居吏部，委曲以順嵩，反爲趙文華斥擠罷官。則是集所載奏議，未必盡爲可據。詩文則更其餘事矣。

治齋文集

徐𤊹《徐氏家藏書目・别集類》 萬鏜《治齋文集》四卷。字仕鳴，進賢人。弘治乙丑進士，官順天府尹。

黄虞稷《千頃堂書目・别集類》 萬鏜《治齋文集》四卷。字□□，進賢人。太子少保，吏部尚書。

《明史・藝文志・别集類》 萬鏜《治齋文集》四卷。

函山集

黄虞稷《千頃堂書目・别集類》 劉天民《函山先生集》十卷。

《四庫提要・别集類存目三》 《函山集》十卷。山東巡撫採進本。明劉天民撰。天民字希尹，號函山，歷城人。正德甲戌進士，除户部主事。諫武宗南征廷杖，改禮部。諫大禮，復廷杖。遷吏部郎中，出知壽州，歷官按察司副使。朱彝尊《詩話》稱天民晚以計吏罷，憤懣不平，恒逃於詞曲。而顧璘序則稱其内境春融，神遊太古，無芥蔕於得失。今觀其集中，如《擬宫詞》五十首、《古别離》、《宿楚相祠》等作，尚可謂怨而不怒者。特其摹仿太多，不能卓然自成一家耳。所著本有《蟲吟草間集》、《刺壽稿》、《遊蜀稿》、《田間集》諸目，其孫亮采稿而刻之，共爲此集云。

遊蜀稿

范邦甸等《天一閣書目・别集類》 《遊蜀吟稿》二卷。刊本。明劉某撰。嘉靖丙申中川陳講序稱：《遊蜀吟稿》有賦，有古詩，有近體，凡二卷，迺函山劉子之所作也。

黄虞稷《千頃堂書目・别集類》 劉天民《遊蜀稿》二卷。字希尹，歷城人，四川按察司副使。

田間集

范邦甸等《天一閣書目・别集類》 《田間次集》一卷。刊本。明濟南劉天民撰，姑蘇顧璘序。

黄虞稷《千頃堂書目・别集類》 劉天民《田間集》一卷。

蛩吟集

黄虞稷《千頃堂書目・别集類》 劉天民《蛩吟集》一卷。

媿庵集

黄虞稷《千頃堂書目・别集類》 劉天民《媿庵集》□卷。

刺壽稿

黄虞稷《千頃堂書目・别集類》 劉天民《刺壽稿》□卷。

南行稿

黄虞稷《千頃堂書目・别集類》 劉天民《南行稿》□卷。

南泠集

黄虞稷《千頃堂書目・别集類》 蔣仙卿《南泠集》十二卷。字子雲，儀真人。廣西布政司參政。

《明史・藝文志・别集類》 蔣山卿《南泠集》十二卷。

《四庫提要・别集類存目三》 《南泠集》十二卷。兩江總督採進本。明蔣山卿撰。山卿字子雲，《千頃堂書目》作字仙卿，傳寫誤也，儀真人。正德甲戌進士，官至廣西布政司參政。是集爲山卿所自訂，其門人喬佑校刻。

研幾録

王圻《續文獻通考・經籍考・集下》 《研幾録》。行人薛侃著，揭陽人。

鍾離集

黄虞稷《千頃堂書目・别集類》 薛侃《鍾離集》四卷。字尚謙，揭陽人。行人司正。

平岡集

黄虞稷《千頃堂書目・别集類》 劉淮《平岡集》二十六卷。字東注，睢州人。

石岡集

黄虞稷《千頃堂書目・别集類》 王以旂《石岡集》四卷。字士招，江寧人。太子太保總督宣大兵部尚書，贈少保，謚襄敏。

《明史・藝文志・别集類》 王以旂《石岡集》四卷。

襄敏集

《四庫提要・别集類存目三》 《襄敏集》四卷。浙江汪啓淑家藏本。明王以旂撰。以旂有《漕河奏議》，已著録。是集爲其子籥所編，凡詩二卷，文二卷。以旂治河、按邊，皆以功見，而詞章不著於當時。此集所存，大抵皆應酬作也。

碧洋摘稿

黄虞稷《千頃堂書目・别集類》 江汝璧《碧洋摘稿》三卷。字懋穀，貴谿人。詹事府少詹事，兼翰林院侍講學士。

雞鳴集

黄虞稷《千頃堂書目・别集類》 張懷《雞鳴集》。字德珍，餘姚人。

川上稿

徐𤊹《徐氏家藏書目・别集類》 張寰《川上稿》二卷。字允清，號石川，崑山

人。正德辛巳進士，累官通政司參議。

黄虞稷《千頃堂書目・别集類》 張寰《川上稿》二卷。字允清，崑山人。通政司右參議。

江皋集

范邦甸等《天一閣書目・别集類》 《江皋集》六卷，又附《遺稿》一卷。刊本。明雲間馮淮會東著。同郡徐獻忠序曰：《江皋集》者，上海唐子世具、顧子汝修、喬子啓仁、朱子邦憲所刻，雪竹馮山人詩也。山人名淮，字會東，華亭曹涇里人。平生晦跡林樾，自高其志，于世一無所慕，而獨究于詩。有子曰遷，修詞立行，山人以是無内外慮，其詩多自得之意，不蹈陳跡，而寫撰情景多驚人語。所藏稿千餘篇，四子删采，僅此六卷。别有《武夷荆溪》諸稿，已刻，不在此數。

清心堂詩

黄虞稷《千頃堂書目・别集類》 蘇世讓《清心堂詩》。字彦謙。初官成均館司成，遷户曹判書，歷議政府左贊成。

徐横山集

黄虞稷《千頃堂書目・别集類》 徐愛《徐横山集》二卷。字曰仁，餘姚人。南京工部郎中。

亦雲集

黄虞稷《千頃堂書目・别集類》 姚鳴鸞《亦雲集》六卷。字景雍，莆田人。

崑崙山人集

黄虞稷《千頃堂書目・别集類》 張詩《崑崙山人集》。字子言，本姓李，宛平人。

方齋詩文集

黄虞稷《千頃堂書目・别集類》 林文俊《方齋存稿》。字汝英，莆田人。南京吏部右侍郎，謚文修。

《四庫提要・别集類二五》 《方齋詩文集》十卷。福建巡撫採進本。明林文俊撰。文俊字汝英，號方齋，莆田人。正德辛未進士，官至南京吏部右侍郎。事蹟具《明史》本傳。湛若水撰《文俊神道碑》，載所著有《方齋存稿》，世無刊本。此本乃其家藏舊鈔，凡疏表、序文、雜著九卷，詩一卷。史稱其文章醇雅，今觀其詩，亦從容恬適，不事雕琢。國朝朱彝尊輯《明詩綜》，乃獨不載。當由未見此本，非黜之不録也。又近人鄭王臣輯《莆風清籟集》，所録文俊詩尚有《彭城夜泊》七言律詩一首、《送黄主簿赴蘄水》七言絶句一首，爲是集所未收，未知王臣何自得之。王臣即莆田人，於文俊爲鄉里，或墨迹流傳，據以載入歟。今世傳明北監板《二十一史》，即文俊所校刊。竄改舛謬，頗爲後人訾議。然文俊爲祭酒，已在雕版將竣之日，陳騤《館閣續録》所謂經進不經修者，未可以是并訾其詩文也。

霍文敏公集

王圻《續文獻通考・經籍考・集下》 《霍文敏集》。南海霍韜著。

張萱等《内閣藏書目録・集部》 《霍文敏公集》。嘉靖間禮部尚書霍韜著。

黄虞稷《千頃堂書目・别集類》 霍韜《霍文敏公集》十五卷。

《明史・藝文志・别集類》 《霍韜集》十五卷。

渭厓文集

徐𤊹《徐氏家藏書目・別集類》 霍滔《渭厓集》十卷。字□□，號渭厓，南海人。正德甲戌進士，太子太保，禮部尚書。謚文敏。

黄虞稷《千頃堂書目・別集類》 霍韜《渭厓集》十卷。字渭先，南海人。太子少保，禮部尚書兼翰林院學士，贈太子太保，謚文敏。

《四庫提要・別集類存目三》 《渭厓文集》十卷。江蘇巡撫採進本。明霍韜撰。韜有《明良集》，已著録。是編爲其子與瑕、與琦所編，皆所作雜文，惟七卷有詩數十首。

瑞泉集

黄虞稷《千頃堂書目・別集類》 南大吉《瑞泉集》一卷。字元善，渭南人。紹興知府。

黄巖集

黄虞稷《千頃堂書目・別集類》 劉夔《黄巖集》。字舜弼，襄垣人。龍弟，巡撫保定，僉都御史。

金陵稿

黄虞稷《千頃堂書目・別集類》 劉夔《金陵稿》。

恒陽集

黄虞稷《千頃堂書目・別集類》 劉夔《恒陽集》。

歐陽恭簡集

黄虞稷《千頃堂書目・別集類》 歐陽鐸《歐陽恭簡公集》二十二卷。字崇道，泰和人。吏部右侍郎，贈工部尚書，謚恭簡。

《明史・藝文志・別集類》 《歐陽鐸集》二十二卷。

《四庫提要・別集類存目三》 《歐陽恭簡集》二十二卷。浙江巡撫採進本。明歐陽鐸撰。鐸字崇道，泰和人。正德戊辰進士，官至吏部右侍郎，謚恭簡。事蹟具《明史》本傳。史稱鐸清介自持，内行修飭，嘗知延平，毁淫祠百十所，以其材葺學宫壇廟。今考集中《延平改建山川壇記》，具載其事，與史相符。集中又有《上嚴嵩書》，然祇敘述榮遇，而無一字及其相業，猶異於稱功頌德之流。其文娟秀自喜，而邊幅頗狹。詩多近體，又遜於文。

東峰集

黄虞稷《千頃堂書目・別集類》 汪玄錫《東峰集》。字天啓，婺源人。户部侍郎，贈尚書。

卯洞集

《四庫提要・別集類存目五》 《卯洞集》四卷。浙江汪汝瑮家藏本。明徐珊撰。珊號三溪，餘姚人。官辰州府同知，卯洞在盤順中里，介於楚、蜀之交。嘉

靖間，珊以廟工採木於是。積其二年中所作公牘、雜文爲二卷，詩歌爲二卷，因以其地名集。中有《讀高蘇門集詩》，蓋宗法所在。大致不失風格，而深微則不及叔嗣也。

王文定公文録

徐𤊹《徐氏家藏書目・別集類》 王道《文定公文録》十二卷。字純甫，號順渠，東昌府武城人。正德辛未進士，南京國子祭酒，吏部侍郎，謚文定。

黄虞稷《千頃堂書目・別集類》 王道《王文定公文録》十二卷。字伯仁，臨清衛籍，鄱陽人。吏部右侍郎，贈禮部尚書，謚文定。

《明史・藝文志・別集類》 《王道文集》十二卷。

訓忠堂集

徐𤊹《徐氏家藏書目・別集類》 弋陽王《訓忠堂集》四卷。諱拱樻，號洪泉。

黄虞稷《千頃堂書目・別集類》 弋陽端惠王拱樻《訓忠堂集》四卷。俱寧藩莊僖王宸浻嫡子，嘉靖三十三年襲封。

東樂軒詩集

范邦甸等《天一閣書目・別集類》 《東樂軒詩集》六卷。刊本。皇明管理府事弋陽端惠王醒齋著，翰林院侍講胡經序。

負初集

黄虞稷《千頃堂書目・別集類》 寧藩弋陽王孫拱檜《負初集》二卷。

瑞鶴堂詩

黄虞稷《千頃堂書目・別集類》 寧藩建安輔國將軍拱樋《瑞鶴堂詩》二卷。

爽臺集

黄虞稷《千頃堂書目・別集類》 寧藩建安輔國將軍拱通《爽臺集》二卷。

匡南詩集

范邦甸等《天一閣書目・別集類》 《匡南詩集》四卷。刊本。明豫章朱拱樋著。柳溪余弼選。

瑞鶴堂近稿

范邦甸等《天一閣書目・別集類》 《瑞鶴堂近稿》十卷。刊本。卷首序曰「匡南朱君近所爲詩也」。卷内不署名字、官爵。前序兩首，明嘉靖癸亥蜀人陳宗虞、豫章余曰德撰。

題贈録　既白詩集

范邦甸等《天一閣書目・別集類》 《題贈録》十六卷，《既白詩集》五卷。明江藩編。前十六卷皆諸臣題贈之作，後五卷則既白自製詩也。

太微前集　後集

徐𤊹《徐氏家藏書目・別集類》　張治道《太微山人集》十二卷，《後集》四卷。字孟獨，西安府長安人。正德甲戌進士，刑部主事。

黄虞稷《千頃堂書目・別集類》　張治道《太微前集》十二卷，又《太微後集》四卷。字孟獨，長安人。刑部主事。

嘉靖集

范邦甸等《天一閣書目・別集類》　《嘉靖集》八卷。刊本。明關中太微山人張治道著，門生中南李汝蘭校。

黄虞稷《千頃堂書目・別集類》　張治道《嘉靖集》□卷。

張太微詩集　後集

范邦甸等《天一閣書目・別集類》　《張太微詩集》十二卷，《後集》四卷。刊本。明刑部主事關中張治道著。前十二卷康海序，後四卷王九思序，又有西陂劉儲秀合刻總序冠首。

默齋集

《明史・藝文志・別集類》　許論《默齋集》四卷。

西湖遊咏

范邦甸等《天一閣書目・別集類》　《西湖遊咏》一卷。刊本。明黄魯曾、田汝成同撰。

雙江文集

徐𤊹《徐氏家藏書目・別集類》　聶豹《雙江集》十四卷。字文蔚，吉水人。正德丁丑進士，福建巡按御史，太子太保，兵部尚書。卒年七十七，謚貞襄。

黄虞稷《千頃堂書目・別集類》　聶豹《雙江集》十八卷。字文蔚，永豐人。太子太保，兵部尚書，贈少保，謚貞襄。

《明史・藝文志・別集類》　聶豹《雙江集》十八卷。

《四庫提要・別集類存目三》　《雙江文集》十四卷。江西巡撫採進本。明聶豹撰。豹有《困辨録》，已著録。是集乃其姪禮部郎中静所編。第一卷至第十一卷皆文，第十二卷爲詩，第十三卷又爲壽文、雜著，而注曰即《困辨録》。疑静所編本十二卷，其後人又摭壽文及《困辨録》附見其後也。

張水南集

黄虞稷《千頃堂書目・別集類》　張袞《水南文集》十一卷。字補之，江陰人。南京光禄寺卿。

《四庫提要・別集類存目三》　《張水南集》十一卷。江蘇巡撫採進本。明張袞撰。袞字補之，江陰人。正德辛巳進士，歷官至南京光禄寺卿。是集凡詩二卷，文九卷。袞在諫垣，頗多建白。嘉靖中，倭擾東南，袞家居在危城中，馳書政府，條上禦倭五事，蓋亦留心於經世者。詞章則又當別論焉。

秋碧軒集

高儒《百川書志・集・國朝》《秋碧軒集》五卷。南京濟川衛指揮使陳鐸大聲著。

黄虞稷《千頃堂書目・別集類》陳鐸《秋碧軒集》五卷。字大聲，上元人。睢寧伯陳文曾孫，世襲濟州衛指揮。工聲律，人稱樂王。

香月亭集

黄虞稷《千頃堂書目・別集類》陳鐸《香月亭集》。

五泉集

徐𤊹《徐氏家藏書目・別集類》韓邦靖《五泉集》四卷。字汝度，西安府朝邑人。與弟邦奇同舉正德戊辰進士，山西參議。卒年三十六。康海爲序。

黄虞稷《千頃堂書目・別集類》韓邦靖《五泉集》四卷。字汝慶，朝邑人。邦奇弟，山西左參議。

韓五泉先生集

范邦甸等《天一閣書目・別集類》〔韓邦靖〕《韓五泉先生集》。此部係重刊。前有涓南劉鳳池序，後有嘉靖庚子石遷、高歸德、朱家相識。

韓五泉詩集　附録

范邦甸等《天一閣書目・別集類》《韓汝慶詩集》四卷，附録《墓志》一卷，《五泉傳》一卷。刊本。明韓邦靖撰。

《四庫提要・別集類存目三》《韓五泉詩集》四卷，附録二卷。浙江汪汝瑮家藏本。明韓邦靖撰。邦靖有《朝邑縣志》，已著録。是集乃其兄邦奇所編，以誌傳二卷附録於後。邦靖兄弟負重名，時有關中二韓之目，而詩則不出當日之風氣。

介塘文略

《四庫提要・別集類存目三》《介塘文略》一卷。浙江范懋柱家天一閣藏本。明王相撰。相號介塘，鄞縣人。正德辛巳進士，官翰林院編修，嘉靖初，以争大禮廷杖卒。事蹟附見《明史・王思傳》。是册僅雜文十八篇，且多酬贈之作。所著歲月，皆在嘉靖二三年。蓋叢殘鈔本，非其遺集。文格頗傷於雕琢，亦七子流派也。

明山文集

黄虞稷《千頃堂書目・別集類》姚淶《明山文集》八卷。字維東，慈谿人。鏌子。一甲第一人，翰林侍講學士。

《明史・藝文志・別集類》《姚淶文集》八卷。

復齋存稿

黄虞稷《千頃堂書目・別集類》承休昭毅王彌鋠《復齋存稿》。俱唐藩。榮和王芝垠庶子，高皇玄孫，嘉靖二年(孫)〔封〕。

天馬山房遺稿

黃虞稷《千頃堂書目・別集類》 朱浰《天馬山房集》八卷。字必東，莆田人。監察御史，諫免賀昭聖太后聖節，廷杖放歸，贈光禄少卿。

《四庫提要・別集類二五》 《天馬山房遺稿》八卷。福建巡撫採進本。明朱浰撰。浰字必東，號損巖，莆田人。嘉靖癸未進士，授湖廣道監察御史。會興國太后誕節，詔命婦朝賀，而慈壽太后誕節轉不令命婦朝賀，浰上疏争之，廷杖斥歸，終於家。事蹟具《明史》本傳。

五谿文集

黃虞稷《千頃堂書目・別集類》 萬潮《五谿文集》。字□□，進賢人。巡撫延綏，副都御史。

龍湖文集

王圻《續文獻通考・經籍考・集下》 《張龍湖集》。茶陵張治著。

徐𤊹《徐氏家藏書目・別集類》 張治《龍湖文集》十四卷。字文邦，茶陵州人。正德辛巳會元，文淵閣大學士。初謚文隱，改謚文毅。尚書雷禮序。

張萱等《内閣藏書目録・集部》 《龍湖先生文集》六册。全。嘉靖間大學士張公治著。

黃虞稷《千頃堂書目・別集類》 張治《龍湖文集》十四卷。字文邦，茶陵州人。太子太保，禮部尚書兼文淵閣大學士，贈少保。謚文隱，改謚文毅，萬曆初，復改謚文肅。

《明史・藝文志・別集類》 《張治文集》十四卷。

《四庫提要・別集類存目三》 《龍湖文集》十五卷。浙江巡撫採進本。明張治撰。治字文邦，茶陵人。正德辛巳進士，官至文淵閣大學士，謚文隱，改謚文毅，萬曆初，復改謚文肅。是集凡文十卷，詩五卷，乃豐城雷禮與治壻彭宣所編刊，版久漫漶。雍正丙午，宣之從曾孫思眷得舊刻校正，屬其子維新重刊於浙江。

石涇集

黃虞稷《千頃堂書目・別集類》 陸杰《石涇集》。字元望，平湖人。工部侍郎。

覃湖小稿

高儒《百川書志・集・國朝》 《覃湖小稿》一卷。益藩左史浙江張懋賢汝隆著。

黃虞稷《千頃堂書目・別集類》 張懋賢《覃湖小稿》一卷。字汝澤，鄞縣人。

頤山私稿

徐𤊹《徐氏家藏書目・別集類》 吴仕《頤山私集》十卷。字克學，崑山人。正德甲戌進士，福建提學副使。

張萱等《内閣藏書目録・集部》 《頤山私稿》四册。全。嘉靖間學憲吴仕著。

黃虞稷《千頃堂書目・別集類》 吴仕《頤山私録》十卷。字克學，宜興人。福建提學副使，四川參政。

《四庫提要・別集類存目三》 《頤山私稿》十卷。副都御史黃登賢家藏本。明吴仕撰。仕字克學，號頤山，宜興人。正德甲戌進士，官至四川布政司參政。是編凡詩三卷，文七卷，皆意境平淺，不耐尋繹。

頤山詩稿

徐𤊹《徐氏家藏書目·别集類》 吴仕《頤山詩稿》二卷。字克學，宜興人。正德甲戌進士，歷官福建提學副使，四川參政。

寒松齋存稿

黄虞稷《千頃堂書目·别集類》 顧璟《寒松齋存稿》四卷。字英玉，上元人。璘從弟。河南按察司副使，清介絶俗，罷官，授經自給。

《明史·藝文志·别集類》 顧璟《寒松齋稿》四卷。

榕江集

范邦甸等《天一閣書目·别集類》 《林榕江先生詩集》十卷。刊本。明御史閩中林炫著，嘉靖戊申子世璧刊。其别所撰著如《皇明名臣言行集録》、《困知記箋》、《卮言餘録》凡若干卷，藏家塾未梓。

黄虞稷《千頃堂書目·别集類》 林炫《榕江集》十卷。字貞孚，閩縣人。庭㭿子。通政司參議。

林榕江先生文集

范邦甸等《天一閣書目·别集類》 《林榕江先生文集》二十卷。

西皋集

黄虞稷《千頃堂書目·别集類》 鍾梁《西皋集》八卷。字彦材，海鹽人。南昌知府。

曉谿文集

黄虞稷《千頃堂書目·别集類》 祝品《曉谿文集》二卷。字公叙，龍游人。

潛夫一斑集

黄虞稷《千頃堂書目·别集類》 劉雋《潛夫一斑集》。字振道，崇仁人。山東參議。

巡南雜詠

黄虞稷《千頃堂書目·别集類》 沈教《巡南雜詠》。字意夫，慈谿人。督儲副都御史。

巡東漫紀

黄虞稷《千頃堂書目·别集類》 沈教《巡東漫紀》。

蓉泉稿

黃虞稷《千頃堂書目・別集類》 簡霄《蓉泉稿》。字騰芳，號一谿，新喻人。南京兵部右侍郎。

自得園稿

黃虞稷《千頃堂書目・別集類》 吳稷《自得園稿》。字舜弼，華亭人。衡府右長史。

石湖漫稿

黃虞稷《千頃堂書目・別集類》 吳稷《石湖漫稿》。

宦游稿

黃虞稷《千頃堂書目・別集類》 吳稷《宦游稿》。

林士元文集

黃虞稷《千頃堂書目・別集類》 《林士元文集》十卷。字舜卿，瓊山人。浙江按察使。

《明史・藝文志・別集類》 《林士元文集》十卷。

黃花集

黃虞稷《千頃堂書目・別集類》 張原《黃花集》。字士元，三原人。兵科給事中。

蛩鳴稿

黃虞稷《千頃堂書目・別集類》 張原《蛩鳴稿》。

北澗集

徐𤊹《徐氏家藏書目・別集類》 周佐《北澗集》十卷。字廷臣，永豐人。正德甲戌進士，山西僉事。

黃虞稷《千頃堂書目・別集類》 周佐《北澗集》十卷。字廷臣，永豐人。山西僉事。

《明史・藝文志・別集類》 周佐《北澗集》十卷。

一所文集

黃虞稷《千頃堂書目・別集類》 金賁亨《一所文集》四卷。字汝白，臨海人。江西提學副使。一作十二卷。

《明史・藝文志・別集類》 《金賁亨文集》四卷。

圭山稿

黃虞稷《千頃堂書目・別集類》 張儉《圭山稿》。字存禮，仙居人。

西陂集

黄虞稷《千頃堂書目・别集類》 劉儲秀《西陂集》四卷。字□□，咸寧人。總儲户部尚書。

石居漫興稿

黄虞稷《千頃堂書目・别集類》 陳器《石居漫興稿》。字德器，臨海人。

《四庫提要・别集類存目三》 《石居漫興稿》二卷。浙江汪汝瑮家藏本。明陳器撰。器字德器，臨海人。正德甲戌進士，官至刑部郎中。嘗得三奇石，置之别業，晨夕臨玩，遂自號「三石山人」。而其孫承翁編次遺稿，亦遂名曰《石居》，詞多淺易，尚未成家。

媿瘖集

黄虞稷《千頃堂書目・别集類》 林大輅《媿瘖集》十六卷。字以乘，莆田人。巡撫湖廣，都御史，自劾歸。

《明史・藝文志・别集類》 林大輅《槐瘖集》十六卷。

借聲堂稿

黄虞稷《千頃堂書目・别集類》 林大輅《借聲堂稿》四卷。

鄭京兆集　外集

《四庫提要・别集類存目五》 《鄭京兆集》十二卷，《外集》二卷。浙江巡撫採進本。明鄭心材撰。心材字敬仲，號思泉，海鹽人。刑部尚書曉之孫，光禄寺少卿履淳之子，以廕生官至應天府治中。是集爲其壻項皋謨所校。凡詩文、雜著十二卷，其《外集》二卷，則附録墓碑、行實之類也。考其子端允所作行實中，稱所著文集以外，有《昭明文選鈔》、《唐人列傳》、《見聞紀鈔》三書。今本《唐人列傳》乃編在第六卷。其《外集》别題曰《葬録》，與目録不相應。蓋隨意編次，故無體例也。心材老於場屋，必欲一第而卒不可得。年五十始就銓，平生精鋭之氣，已消磨於時文中。詩、古文特偶試爲之耳。

愧瘖集

王圻《續文獻通考・經籍考・集下》 林二山《愧瘖集》。

升庵集　外集　遺集

王圻《續文獻通考・經籍考・集下》 〔楊慎〕《楊升庵文集》。

徐𤊹《徐氏家藏書目・别集類》 楊慎《升庵全集》八十一卷。字用修，成都縣人。正德辛未狀元，翰林修撰，以伏□闕事下獄廷杖，流戍雲南永昌三十餘年。謚文憲。

黄虞稷《千頃堂書目・别集類》 楊慎《升庵文集》八十一卷，又《升庵合併集》二十卷，《升庵遺集》二十六卷，《升庵外集》一百卷。焦竑輯。慎字用修，新都人。一甲第一人，翰林院修撰，以諫大禮謫戍雲南永昌，天啓初追謚文憲。

《明史・藝文志・别集類》 《楊慎文集》八十一卷。

《四庫提要・别集類二五》 《升庵集》八十一卷。副都御史黄登賢家藏本。明

楊慎撰。慎有《檀弓叢訓》，已著録。此集爲萬曆中四川巡撫張士佩所訂。凡賦及雜文十一卷，詩二十九卷，又雜記四十一卷。

張之洞《書目答問・別集》《升菴全集》八十一卷，《外集》一百卷，《遺集》□卷。明楊慎。通行本不善。

南中集　續集

范邦甸等《天一閣書目・別集類》《南中集》七卷。綿紙刊本。卷首有司馬東明、萬古同心之學二圖章。明蜀人楊慎著。皆謫居滇南所作，少嵋譚某重刊。嘉靖二十四年河汾孔天允序，原刻有薛蕙、王廷表、張含三序仍之。

又《南中續集》四卷。綿紙刊本。全用行書。同上。嘉靖庚戌永昌張含序，又遁菴王廷表序。

王圻《續文獻通考・經籍考・集下》《南中集》，《南中續集》。新都楊慎著。字用修。

張萱等《内閣藏書目録・集部》升庵《南中集》一册。楊慎著。

黄虞稷《千頃堂書目・別集類》楊慎《南中集》七卷。

《明史・藝文志・別集類》楊慎《南中集》七卷。

歸田集

黄虞稷《千頃堂書目・別集類》楊慎《歸田集》。

晚秀集

黄虞稷《千頃堂書目・別集類》楊慎《晚秀集》。

寶堂集

王圻《續文獻通考・經籍考・集下》《寶堂集》。楊慎著。

引書晶釓

王圻《續文獻通考・經籍考・集下》《引書晶釓》。楊慎著。

七十行戍稿

王圻《續文獻通考・經籍考・集下》《七十行戍稿》。楊慎著。

黄虞稷《千頃堂書目・別集類》楊慎《七十行戍稿》一卷。

内翰林稿

高儒《百川書志・集・國朝》《内翰林稿》二卷。成都楊慎撰。《丁丑行紀》五十三首，《内子寄稿》二十三首。

千里面談

范邦甸等《天一閣書目・別集類》《千里面談》一卷。不著撰人名氏。

蘇黄詩髓

王圻《續文獻通考・經籍考・詩集》〔楊慎〕《蘇黄詩髓》。

楊升庵詩

范邦甸等《天一閣書目・别集類》《楊升庵詩》五卷。明蜀人楊慎著。書用六行，字俱行草。

王圻《續文獻通考・經籍考・詩集》《升庵詩集》。新都人楊慎用修著。

張萱等《内閣藏書目録・集部》《楊升庵先生詩集》二册。全。楊慎著。

黄虞稷《千頃堂書目・别集類》楊慎《升庵詩》五卷。

《明史・藝文志・别集類》楊慎《詩》五卷。

安寧温泉詩

范邦甸等《天一閣書目・别集類》《温泉詩》一首。楊慎著。

范邦甸等《天一閣書目補遺・别集類》《安寧温泉詩》一卷。刊本。明成都楊慎著。

高嶢十二景詩

范邦甸等《天一閣書目・别集類》《高嶢十二景詩》十二首。刊本。明成郡楊慎著。

禪藻詩集

張萱等《内閣藏書目録・集部》《禪藻詩集》一册。嘉靖楊慎采輯古今詩之關於禪門者。

丹鉛摘録

張萱等《内閣藏書目録・集部》《丹鉛摘録》二册。全。楊慎著。

南中集鈔

張萱等《内閣藏書目録・集部》《南中集鈔》二册。全。成都楊慎著。

讀升庵集

黄虞稷《千頃堂書目・别集類》《讀升庵集》二十卷。李贄。

英廉奏《抽毁書目》李卓吾《讀升菴集》六本。查李卓吾《讀升菴集》，係明楊慎撰，李贄評點。書内卷二《新都儒學記》、《定遠縣儒學記》，卷七《宋史論》，俱有偏謬語，應請抽燬。

升庵詩選

黄虞稷《千頃堂書目・别集類》楊慎《升庵詩選》二卷。林兆珂輯。

芹山集

黃虞稷《千頃堂書目・別集類》 陳儒《芹山集》四十卷。字□□，錦衣衛籍，交阯人。漕運右都御史。

《明史・藝文志・別集類》 陳儒《芹山集》四十卷。

陳鑑韋文集

軍機處奏《禁毀書目》 《陳鑑韋文集》六本。查《陳鑑韋文集》，明陳儒撰。其詩文體格皆極庸陋，中間《急固根本》一疏語多悖礙，應請銷燬。

長白先生集

黃虞稷《千頃堂書目・別集類》 李士翱《長白先生集》二卷。字□□，長山人。户部尚書。

嵩渚集

黃虞稷《千頃堂書目・別集類》 李濂《嵩渚集》一百卷。字川甫，祥符人。山西按察僉事。

《明史・藝文志・別集類》 李濂《嵩渚集》一百卷。

《四庫提要・別集類存目三》 《嵩渚集》一百卷。浙江汪汝瑮家藏本。明李濂撰。濂有《祥符先賢傳》，已著録。《明史・文苑傳》載濂少年嘗作《理情賦》，其友左國璣持以示李夢陽，夢陽大嗟賞，訪之吹臺，濂自此聲馳河洛間。既罷歸，益肆力於學，遂以古文名於時。又稱濂初受知夢陽，後不屑附和。此集詩三十八卷，文六十二卷，乃濂所自訂。皆於七子之外，挺然自爲一格。大抵筆鋒踔厲，泉湧飈馳，而裁翦尚疎，不免才多之患。濂《跋石珤熊峰集》，謂詩文傳世，豈貴於多。其説良是。而自定己作乃不能盡翦榛楛，信乎割愛之難也。

嵩渚外集

黃虞稷《千頃堂書目・別集類》 李濂《嵩渚外集》□卷。

嵩渚續集

黃虞稷《千頃堂書目・別集類》 李濂《嵩渚續集》□卷。

觀政集

《四庫提要・別集類存目三》 《觀政集》一卷。浙江范懋柱家天一閣藏本。明李濂撰。濂是集乃其正德乙亥在京觀政時所作，故以爲名。凡賦二篇，各體詩二百五十四首，雜著八篇。考濂爲正德甲戌進士，乙亥爲登第之次年，猶少作也。

春遊王屋稿

徐𤊹《徐氏家藏書目・別集類》 李濂《春遊王屋稿》五卷。字川父，號嵩渚，開封府祥符人。正德癸酉解元，甲戌進士，山西按察僉事，三十餘即懸車。

寒村集

徐𤊹《徐氏家藏書目・别集類》 蘇志皋《寒村集》四卷。字德明，順天固安人。嘉靖壬辰進士，副都御史。

黄虞稷《千頃堂書目・别集類》 蘇志皋《寒村集》四卷。字德明，固安人。巡撫遼東，都御史。

《四庫提要・别集類存目四》 《寒邨集》四卷。浙江汪啓淑家藏本。明蘇志皋撰。志皋字德明，别號寒村，固安人。嘉靖壬辰進士，官至副都御史。此集凡詩二卷，雜文二卷。有汪來後序，稱其尚有巡撫奏議十八卷，譯語、畫跋、恒言各一卷。今竝不傳。

抱罕集

黄虞稷《千頃堂書目・别集類》 蘇志皋《抱罕集》一卷。

東蘄集

黄虞稷《千頃堂書目・别集類》 富順王□□厚焜《東蘄集》二卷。

青門詩

徐𤊹《徐氏家藏書目・别集類》 《沈仕詩》一卷。字懋學，號青門，錢塘人。

黄虞稷《千頃堂書目・别集類》 沈仕《青門詩》一卷。字茂學，一字子登，杭州錢塘人。刑部郎中鋭子。

杲庵集

黄虞稷《千頃堂書目・别集類》 謝汝儀《杲庵集》。字□□，鄞縣人。江西按察使。

研岡集

高儒《百川書志・集・國朝》 《研岡集》二十四卷。大納言潁川杜柟撰。

范邦甸等《天一閣書目・别集類》 《研岡集》三十四卷。刊本。明潁川杜柟著。嘉靖乙未王廷相序。

納言集

黄虞稷《千頃堂書目・别集類》 杜柟《納言集》二十四卷。字子才，臨潁人。左僉都御史。

考功集

范邦甸等《天一閣書目・别集類》 《薛考功集》十卷。刊本。明薛蕙君采氏著。

王圻《續文獻通考・經籍考・集下》 《薛考功集》。薛蕙著。

徐𤊹《徐氏家藏書目・别集類》 薛蕙《考功集》十卷。字君采，號西原，亳州武平衛人。正德甲戌進士，官吏部郎中。嘉靖初因議大禮下詔獄，尋復職，絶意仕進。卒年五十三。

張萱等《内閣藏書目録・集部》 《薛考功集》四册。全。嘉靖間亳人薛

惠著。

黄虞稷《千頃堂書目・别集類》 薛蕙《考功集》十卷。字君采，亳州人。考功司郎中。

《明史・藝文志・别集類》 薛蕙《考功集》十卷。

《四庫提要・别集類二五》 《考功集》十卷。江蘇巡撫採進本。明薛蕙撰。蕙有《西原遺書》，已著録。

西原集

范邦甸等《天一閣書目・别集類》 《薛西原集》二卷。明嘉靖十四年秦中李宗樞序。

王圻《續文獻通考・經籍考・集下》 《西原集》薛蕙著。

黄虞稷《千頃堂書目・别集類》 薛蕙《西原集》二卷。

大寧齋月録

王圻《續文獻通考・經籍考・集下》 《大寧齋月録》。薛惠著。亳州人，號西原，仕考功郎，嘉靖中議禮罷歸。

西原遺書

《四庫提要・别集類存目三》 《西原遺書》二卷。直隸總督採進本。明薛蕙撰。蕙有《約言》，已著録。是編乃户部侍郎南充王廷所輯，嘉靖癸亥刻於揚州，皆其與人講學往復書札也。

薛詩拾遺

范邦甸等《天一閣書目・别集類》 《薛詩拾遺》一卷。藍絲闌鈔本。明西原薛蕙著。

遊嵩集

范邦甸等《天一閣書目・别集類》 《遊嵩集》一卷。刊本。明喬宇、薛蕙倡和詩。

天津集

黄虞稷《千頃堂書目・别集類》 靈丘世子俊格《天津集》。榮順王五世孫。嗜學好文，聚書萬卷。未及嗣封卒。

花潭集

黄虞稷《千頃堂書目・别集類》 徐敬德《花潭集》。朝鮮生員。

《四庫提要・别集類存目五》 《徐花潭集》二卷。浙江巡撫採進本。明嘉靖中朝鮮生員徐敬德撰。敬德貧居講學，年五十六，其國提學金安國以遺逸薦，授奉參，力辭不就，居於花潭，因以爲號。是集雜文、雜詩共二卷。其文中《原理氣》一篇，末有附記，稱曰先生。《鬼神生死論》一篇，末亦有附記，稱以上四篇，皆先生病亟時作。詩中《次申企齋韻》一首，附録原作，稱企齋贈先生詩。蓋其門人所編也。

孤憤詩草

徐𤊹《徐氏家藏書目·別集類》 安恪王《孤憤詩草》一卷。諱宸浮，別號宏毅。正德中册封爲石城王。

黃虞稷《千頃堂書目·別集類》 石城安恪王宸浮《孤憤詩草》一卷。端隱嫡子。弘治二年襲封。

東田集

黃虞稷《千頃堂書目·別集類》 周鳳鳴《東田集》二卷。字子岐，崑山人。大理寺右寺丞。

使西漫興

黃虞稷《千頃堂書目·別集類》 祝詠《使西漫興》。

蜀中稿

黃虞稷《千頃堂書目·別集類》 祝詠《蜀中稿》。字□□，衡陽人。陝西左參政。

博士集

徐𤊹《徐氏家藏書目·別集類》 文彭《博士集》二卷。字壽承。徵明之子。號三橋。嘉靖中以貢官國子博士。卒年七十有六。

黃虞稷《千頃堂書目·別集類》 文彭《博士集》二卷。字壽承，長洲人。待詔徵明伯子。歲貢，爲國子監博士。

《明史·藝文志·別集類》 文彭《博士集》二卷。

檗庵集

黃虞稷《千頃堂書目·別集類》 汪禔《檗庵遺稿》。字介夫，祁門人。諸生。

《四庫提要·別集類存目五》 《檗庵集》二卷。編修汪如藻家藏本。明汪禔撰。禔字介夫，別號檗菴，祁門人。《江南通志》稱所著有《家禮砭俗》、《投壺儀節》，其學蓋深於《禮》。故集中《與胡天敘書》、《論王生二書》、《與汪子立書》、《贈葉生新娶序》、《胡氏初堂記》、《新居告祖文》、《奉主還宗子祠文》、《宗法議》，皆本《禮》以立言。惟卷端《上學使者》一書，猶明代學校之舊習，可以不作耳。其詩則全作《擊壤集》體，不以聲律論矣。

康子寬集

張萱等《内閣藏書目録·集部》 《康子寬集》。二册。正德間康河著。

韋川集

黃虞稷《千頃堂書目·別集類》 康河《韋川集》一卷。字德清，武功人。海從弟。贛州知府。

少華山人前後續集

范邦甸等《天一閣書目·別集類》 《少華山人文集》十三卷，《後集》十卷，

《續集》六卷。刊本。明僉都御史西京許宗魯著。鄠杜王九思序，稱大中丞揭陽翁公、貴池柯公並巡撫關中，獲覩全編，檄屬部雕梓，并有門人漢汭胡彥、關中胡侍雍、長安王鶴等序。

黃虞稷《千頃堂書目·別集類》 許宗魯《少華山人前後續集》共五十二卷。字伯誠，咸寧人。巡撫遼東，副都御史。

《明史·藝文志·別集類》 《許宗魯全集》五十二卷。

碧里四存稿

范邦甸等《天一閣書目·總集類》 《碧里鳴存》一卷。浙西董穀碩父著。

徐𤊹《徐氏家藏書目·別集類》 董穀《碧里四存》四卷。字實用，號兩湖，海鹽人。正德丙子鄉舉，官漢陽知縣。

黃虞稷《千頃堂書目·別集類》 董穀《碧里四存稿》九卷。字碩甫，海鹽人。授知安義，漢陽二縣。

困學集

黃虞稷《千頃堂書目·別集類》 陳獻《困學集》。樂清人。

龍岡摘稿

黃虞稷《千頃堂書目·別集類》 賀鈞《龍岡摘稿》。字信夫，廬陵人。應天教授。

古楓文集

黃虞稷《千頃堂書目·別集類》 江軾《古楓文集》。字子敬，婺源人。連州知州。

五嶽山人集

王圻《續文獻通考·經籍考·集下》 《五嶽山人集》。吳門黃省曾著。

徐𤊹《徐氏家藏書目·別集類》 黃省曾《五岳集》三十八卷。字勉之，吳縣人。弘治中鄉舉，高隱不仕。

黃虞稷《千頃堂書目·別集類》 黃省曾《五岳山人集》三十八卷。字勉之，吳縣人。

《明史·藝文志·別集類》 黃省曾《五岳山人集》三十八卷。

《四庫提要·別集類存目四》 《五嶽山人集》三十八卷。江蘇巡撫採進本。明黃省曾撰。省曾有《西洋朝貢典録》，已著録。是集凡賦詩十八卷，雜文二十卷。

游藝集

徐𤊹《徐氏家藏書目·別集類》 馬一龍《游藝集》十九卷。字負圖，號孟河。吳縣人。嘉靖丁未進士，國子監司業。

黃虞稷《千頃堂書目·別集類》 馬一龍《玉華子游藝集》十九卷。字負圖，溧陽人。南京國子司業。一作三十六卷。

《明史·藝文志·別集類》 馬一龍《游藝集》十九卷。

戴中丞遺集

徐𤊹《徐氏家藏書目·別集類》 戴鱀《中丞遺集》八卷。字時量，號東石，鄞縣人。正德丁丑進士，副都御史。卒年六十七。

黃虞稷《千頃堂書目·別集類》 戴鱀《中丞遺集》八卷。字時重，鄞縣人。巡撫四川，都御史。一作《東石遺稿》。

《明史·藝文志·別集類》 《戴鱀文集》八卷。

《四庫提要·別集類存目三》 《戴中丞遺集》八卷。兩江總督採進本。明

戴鱀撰。鱀字時重，或作時量，字之譌也，號東石，鄞縣人。正德丁丑進士，官至四川巡撫。是集《千頃堂書目》作《東石遺稿》，凡詩四卷，雜文五卷，其子士充所編。張時徹序謂其負恢廓之才，不屑屑争雄鉛槧，或有句請，輒伸紙濡毫應之。故集中諸作，多傷率易，獨《鄞水利三敘》及《海防策》，以情形目擊，言之較爲確鑿云。

皇甫子浚全集

黄虞稷《千頃堂書目・别集類》 皇甫沖《皇甫子浚全集》六十卷。庚子下第作。沖字子浚，長洲人。皇甫録子。辛丑公車與弟涍、汸、濂並有盛名，稱「四皇甫」。

《明史・藝文志・别集類》 皇甫沖《子浚集》六十卷。

還山詩

黄虞稷《千頃堂書目・别集類》 皇甫沖《還山詩》一卷。

紀遊詩

黄虞稷《千頃堂書目・别集類》 皇浦沖《紀遊詩》一卷。壬子遊虞山作。

在庵遺稿

黄虞稷《千頃堂書目・别集類》 王璣《在庵遺稿》。字叔在，浙江西安人。提督，徐兖屯田都御史。

家居稿

黄虞稷《千頃堂書目・别集類》 沈啓《家居稿》。字子由，吴江人。湖廣副使。

南北稿

黄虞稷《千頃堂書目・别集類》 沈啓《南北稿》。

西臺浄稿

黄虞稷《千頃堂書目・别集類》 沈啓《西臺浄稿》。

越吟稿

黄虞稷《千頃堂書目・别集類》 沈啓《越吟稿》。

楚吟稿

黄虞稷《千頃堂書目・别集類》 沈啓《楚吟稿》。

雞窠嶺稿

黄虞稷《千頃堂書目・别集類》 沈啓《雞窠嶺稿》。

泰泉集

范邦甸等《天一閣書目・別集類》 《泰泉集》十卷。刊本。明翰林侍讀嶺南黃佐著。門人青霞李時行、尹淛之嘉興攜詩刻之，嘉靖壬寅平湖屠應埈、莆田林雲同、武進薛應旂俱有序，末有李時行後序。

王圻《續文獻通考・經籍考・集下》 《黃泰泉集》。黃佐著。

黃虞稷《千頃堂書目・別集類》 黃佐《泰泉集》六十卷。字才伯，香山人。少詹事兼侍講學士，贈禮部右侍郎，謚文裕。

《明史・藝文志・別集類》 《泰泉集》六十卷。

《四庫提要・別集類二五》 《泰泉集》十卷。江蘇巡撫採進本。明黃佐撰。佐有《泰泉鄉禮》，已著録。此集乃佐官南京國子監祭酒時手自編定，其門人李時行刊版於嘉興者也。

兩都賦

黃虞稷《千頃堂書目・騷賦類》 黃佐《兩都賦》二卷。

《明史・藝文志・別集類》 黃佐《兩都賦》二卷。

玉華詩文稿

黃虞稷《千頃堂書目・別集類》 高翀《玉華詩文稿》。字允升，安陸衛籍，新淦人。巡撫貴州，都御史。

歸與稿

黃虞稷《千頃堂書目・別集類》 高翀《歸與稿》。

太華集

黃虞稷《千頃堂書目・別集類》 何棟《太華集》。字伯直，長安人。右都御史。

石窗集

黃虞稷《千頃堂書目・別集類》 華愛《石窗集》。字仁卿，鄞縣人。

石囱先生遺稿

范邦甸等《天一閣書目・總集類》 《石囱先生遺稿》六卷。緜紙朱絲闌鈔本。明華愛撰。

金子有集

范邦甸等《天一閣書目・別集類》 《金子有集》一卷。刊本。明嘉靖江寧金大章著，同里陳風、許穀均有序。何世守校刊并識云：子有，金陵聞人也，未遇而卒，人共惜之。同鄉與槐、玉泉、石城三先生刻其遺詩百篇。守得而詠泆焉，不忍釋卷，乃命工重刻，用廣其傳。

黃虞稷《千頃堂書目・別集類》 金大車《方山遺稿》二卷。字子有，上元人。

《明史・藝文志・別集類》 金大車《子有集》二卷。

岳雲石集

《四庫提要・別集類存目四》 《岳雲石集》五卷。直隸總督採進本。明岳倫

撰。倫字雲石，懷安衛人。嘉靖丙戌進士，官至工部郎中，卒贈太常寺少卿。是集文三卷，詩二卷，附以其子《魯訟冤疏》。案集中最著之文，莫若《劾張璁、桂萼疏》。疏後，附世宗諭旨曰：「張璁著回家省改，桂萼革去散官，以尚書致仕。」然考璁、萼本傳，璁之罷也，一由給事中陸粲，再由御史譚績、端廷赦、唐愈賢，三由魏良弼、秦鼇；萼之罷也，獨由給事中陸粲。不見有倫劾罷二人之事，與史傳絶不相符。疑以傳疑可矣。

豐山集

王圻《續文獻通考·經籍考·集下》《孫豐山集》。

黄虞稷《千頃堂書目·别集類》孫存《豐山集》四十卷。字性甫，滁州人。河南左布政使。

《明史·藝文志·别集類》孫存《豐山集》四十卷。

舜原和唐七老詩

范邦甸等《天一閣書目·别集類》《舜原和唐七老詩》一卷。刊本。明御史蒲坂楊瞻著。自序稱：「胡、吉、劉、鄭、盧、張六賢皆多壽，余亦次焉。于東都敝居履道坊爲尚齒之會，七老相顧，既醉。且静而思之，此會希有，因各賦七言六韻詩一章以紀之，或傳諸好事者。時唐會昌五年三月二十四日，樂天云『余與方山劉公成德、少參楊津景公瀾、太守懷德裴公鼎、柱史龍谷劉公一中、大尹竹門劉公一正、大參小川荀公汝憲使作河中七老社』，適小川以唐七老詩示，感今仰昔，余遂各次之，初不計石之混玉也。」嘉靖己酉，婿王崇雅跋，萬曆元年孫俊民跋，俊士、俊彦、俊卿、俊臣同校。

東廓集

范邦甸等《天一閣書目·别集類》《東郭先生文集》九卷。刊本。明刑部侍郎鄒某著，卷首門生海陵林春序，嘉靖十七年婺源洪垣後序。

王圻《續文獻通考·經籍考·集下》《鄒東郭集》。

徐𤊹《徐氏家藏書目·别集類》鄒守益《東郭集》十一卷。字謙之，安福人。正德辛未會元，探花。南京國子監祭酒，禮部侍郎。卒年七十二，謚文莊。理學名臣。

黄虞稷《千頃堂書目·别集類》鄒守益《東廓集》十二卷。字謙之，安福人。會元，一甲第三人。南京國子監祭酒。

《明史·藝文志·别集類》鄒守益《東郭集》十二卷。

《四庫提要·别集類存目三》《東廓集》十二卷。江西巡撫採進本。明鄒守益撰。守益字謙之，安福人。正德辛未進士，官至南京國子監祭酒。隆慶初，追謚文莊。事蹟具《明史·儒林傳》。

東廓先生遺稿

王圻《續文獻通考·經籍考·集下》《東郭遺稿》。安福鄒守益著。

徐𤊹《徐氏家藏書目·别集類》鄒守益《遺稿》十二卷。

黄虞稷《千頃堂書目·别集類》鄒守益《東廓先生遺稿》十三卷。

《明史·藝文志·别集類》〔鄒守益〕《遺稿》十三卷。

晴川集

黄虞稷《千頃堂書目·别集類》王昺《晴川集》二卷。字文晦，侯官人。户部主事。

白雲山稿

黄虞稷《千頃堂書目·别集類》歐陽必進《白雲山稿》。字任夫，安福人。少保

兼太子太保，吏部尚書。

林端簡公存稿

黄虞稷《千頃堂書目·別集類》 林雲同《林端簡公存稿》三卷。莆田人。南京工部尚書。

詩稿

黄虞稷《千頃堂書目·別集類》 林雲同《詩稿》三卷。

常評事集

高儒《百川書志·集·國朝》 《常評事集》三卷。大理寺右評事泌水樓居常倫明卿撰。前後積成百八十一首。

黄虞稷《千頃堂書目·別集類》 常倫《評事集》二卷。字明卿，沁水人。寧羌州知州。

《四庫提要·別集類存目三》 《常評事集》一卷。山西巡撫採進本。明常倫撰。倫字明卿，號樓居子，沁水人。正德辛未進士，除大理寺評事，謫壽州州判，遷知寧羌州。負才凌傲，屢爲忌者所中。後因跨馬疾馳，馬渴赴飲，墮水死，年僅三十有四。是集賦五首，樂府二十一首，各體詩百餘首，傳贊等雜著數篇附之。王世貞謂其詩如沙苑兒駒，驕嘶自賞，未諳步驟。陳子龍則謂其氣骨高朗，頗能自運。今觀是編，合二人之論，乃爲定評。國朝王士禎《分甘餘話》云：「明詩人有早慧而年不得四十者，如陳后岡、董中峰與明卿之屬，汗血方新，而筋骨未就，秀而不實，殊可惜也。」

九峰文集

黄虞稷《千頃堂書目·別集類》 胡森《九峰文集》。字秀夫，湯谿人。南京鴻臚寺卿。

介立詩集

范邦甸等《天一閣書目·別集類》 《介立詩集》六卷。刊本。不著撰人名氏。中有贈文待詔徵明暨湛甘泉詩，知係嘉靖間人。

《介立詩》六卷。刊本。不著撰人名氏。

林時集

黄虞稷《千頃堂書目·別集類》 《林時集》七卷。字懋易，汝陽籍，休寧人。南京右通政，自號介立山人。

巵山集録

黄虞稷《千頃堂書目·別集類》 葛木《巵山集録》。字仁甫，上虞人。

巵山遺稿

黄虞稷《千頃堂書目·別集類》 葛木《巵山遺稿》。

一哂齋漫稿

黄虞稷《千頃堂書目・別集類》 葛臯《一哂齋漫稿》。上虞人，木弟。

胡蒙谿詩集

范邦甸等《天一閣書目・別集類》 《胡蒙谿詩集》四卷。明鴻臚卿關西胡侍著。侍弱冠舉進士，與晉陽何中舍、譙郡薛考功齊名，以鴻臚亞諫議免歸。著有詩文，嘉靖二十五年梓版以行。其《朝章野紀》，他集數種已並傳于世。雍張才、西京許宗魯、東郡吴孟祺、河汾孔天允俱有序。

蒙谿集　續集

范邦甸等《天一閣書目・別集類》 《文集》十一卷，《續集》六卷。刊本。胡侍著。

黄虞稷《千頃堂書目・別集類》 胡侍《蒙谿集》十一卷，又《續集》五卷。字承之，咸寧籍，溧陽人。汝礪子。鴻臚寺少卿。

張襄惠公文集

張萱等《内閣藏書目録・集部》 《張襄惠公文集》。閩張岳著。

浄峰稿

張萱等《内閣藏書目録・集部》 《張浄峰文集》十册。全。張岳著。又八册。全。

黄虞稷《千頃堂書目・別集類》 張岳《浄峰稿》四十六卷。字維喬，惠安人。總督川湖，都御史，贈太子少保，謚襄惠。

《明史・藝文志・別集類》 張岳《浄峰稿》四十六卷。

小山類稿

黄虞稷《千頃堂書目・別集類》 張岳《小山類稿選》二十卷。

《四庫提要・別集類二五》 《小山類稿》二十卷。浙江孫仰曾家藏本。明張岳撰。岳字維喬，惠安人。正德丁丑進士，官至刑部侍郎，掌都察院事，復出總督湖廣、四川、貴州，卒謚襄惠。事蹟具《明史》本傳。

南玄集

黄虞稷《千頃堂書目・別集類》 戚賢《南玄集》四卷。字□□，全椒人。刑科都給事中。

半洲稿

高儒《百川書志・集・國朝》 《半洲稿》四卷。《北寓稿》、《南行稿》、《西征稿》、《東巡稿》。御史中丞半洲蔡經著。古近體詩五百四首。

范邦甸等《天一閣書目・別集類》 《半洲詩集》七卷。明蔡經著。莆田王鳳靈序云：明興百六十年，聲詩駿盛，作者蓋數十家，吾閩稱鄭少谷氏，今大司馬半洲蔡公其甥也。詩法多從外氏，而實宏厥聲。始令嘉禾，有《南行》之稿；以大中丞撫齊魯，有《東巡》之稿；乃今總制百粵，又有《蒼梧》之稿。桂山馮子匯而次之，概稱《半洲集》云。別有黄臣、王納言、劉天民、張鵬、李義壯、林瓊等序，馮承芳引。

黄虞稷《千頃堂書目·别集類》 蔡經《半洲詩集》七卷。字廷彝，侯官人，復姓張。提督浙直軍務，兵部尚書，兼右副都御史，追謚襄愍。

《四庫提要·别集類存目三》 《半洲稿》四卷。浙江孫仰曾家藏本。明張經撰，卷首題曰蔡經，蓋其未復姓時所刊也。經字廷彝，侯官人。正德丁丑進士，累官南京兵部尚書，總督軍務，改左都御史。爲嚴嵩構陷，坐以失律棄市，後追謚襄愍。事蹟具《明史》本傳。是集第一卷爲《北寓稿》，乃經官御史時所著。次爲《南行稿》，爲嘉興府知府時所著。次爲《西征稿》，爲大理寺卿奉命安輯關西時所著。次爲《東巡稿》，巡撫山東時所著。詩多五七言近體，頗摹唐調，蓋正當太倉、歷下初變風氣之時也。

亹爰集　外集古文

高儒《百川書志·集·國朝》 《亹爰集》二卷，《外集古文》一卷。翰林院修撰岊粤山人仁和江暉景孚撰。

黄虞稷《千頃堂書目·别集類》 江暉《亹爰子集》二卷。字景孚，錢塘人。以庶吉士諫南巡受杖，歷官河南按察司僉事。

亹爰子詩集

高儒《百川書志·集·國朝》 《亹爰集》二卷。修撰前廣德守淛人江暉敬夫撰。

范邦甸等《天一閣書目·别集類》 《亹爰子詩集》二卷。刊本。明知廣德州事仁和江暉著。卷後附録廣德童謡二首，建平吕盛《去思記》一首。

淮漢燼餘稿

范邦甸等《天一閣書目·别集類》 《淮漢燼餘稿》四卷。刊本。不著撰人名氏。

黄虞稷《千頃堂書目·别集類》 顔木《燼餘稿》四卷。字惟喬，隨州人。亳州知州。

《明史·藝文志·别集類》 顔木《燼餘稿》四卷。

燼餘録

范邦甸等《天一閣書目·别集類》 《燼餘録》六卷。朱絲闌鈔本。名氏未詳，有嘉靖丁酉自序一首。自稱漫翁，每卷有夾片批評詩文賦雜文，題上有墨圈選記，此未經選定稿本也。

賦論

范邦甸等《天一閣書目·雜著類》 《賦論》一卷。刊本。明淮漢子顔木撰。嘉靖十八年劉祚刊，并識云：淮漢子所作《山陵賦》、《孝論》二篇，皇上事天事親之孝，敬神恤民之誠，與夫植本之固，發源之深，揄揚殆盡矣。聖子神孫，萬世帝王之業，端在於是，猗歟休哉。

夢澤集

范邦甸等《天一閣書目·别集類》 《夢澤集》十七卷。刊本。明吏科給事中黄岡王廷陳撰。子衡峰刊，嘉靖辛亥古黄吕韶序，華亭楊樞跋，謂其詩文宏而則，奇而不僻，足以叔季何李衙官高曹。

王圻《續文獻通考·經籍考·集下》 《王夢澤集》。楚王廷陳著，官吏科給事中。

徐𤊹《徐氏家藏書目·别集類》 王廷陳《夢澤集》十七卷。字穉欽，黄岡人。正德丁丑進士，由翰林庶吉士改吏科給事中。以建言廷杖，謫知裕州。卒年五十

有八。

黄虞稷《千頃堂書目・別集類》 王廷陳《夢澤集》十七卷，又《集》二十一卷。字稚欽，黄岡人。庶吉士，吏科給事中。諫南巡被杖，謫裕州同知，尋下獄免歸。

《明史・藝文志・別集類》 王廷陳《夢澤集》三十八卷。

《四庫提要・別集類二五》 《夢澤集》二十三卷。安徽巡撫採進本。明王廷陳撰。廷陳字稚欽，黄岡人。正德丁丑進士，選庶吉士，以言事廷杖，出知裕州。事蹟具《明史・文苑傳》。其集一刻於淮安，再刻於蘇州。此本爲其從孫追淳知潁州時所刻，乃第三本也。廷陳少年高第，以恃才傲物，致放廢終身，其器量殊爲淺狹。至其詩意警語圓，軒然出俗，則不得不稱爲一時之秀。王世貞《藝苑卮言》稱其如良馬走坂，美女舞竿，五言尤是長城。又稱王稚欽、吴明卿之五言律各集，妙境專至而有餘。朱彝尊《静志居詩話》亦謂其音高秋竹，色豔春蘭，樂府古詩，殊多精詣。蓋在正、嘉之間，何景明最爲俊逸。廷陳之天骨雄秀，抑亦驂乘矣。若雜文則藻采太多，華掩其實，等諸自鄶無譏，無庸深論也。

青湖文集

黄虞稷《千頃堂書目・別集類》 汪應軫《青湖先生文選》十四卷。字子宿，山陰人。江西按察司僉事。

《明史・藝文志・別集類》 《汪應軫文集》十四卷。

《四庫提要・別集類存目三》 《青湖文集》十四卷。浙江巡撫採進本。明汪應軫撰。應軫字子宿，浙江山陰人。正德丁丑進士，官至江西提學僉事，事蹟具《明史》本傳。是集爲其子延良所編，前七卷爲文，後七卷爲詩。應軫有吏才，兼以氣節著。史稱其在户科歲餘，所上凡三十餘疏，皆切時弊。今觀集中諸奏牘，多侃直之言，頗見風采。詩文則率皆樸實，猶守成、弘之舊格。

比部集

黄虞稷《千頃堂書目・別集類》 詹瀚《比部集》。字汝約，玉山人。刑部左侍郎。

浙東集

黄虞稷《千頃堂書目・別集類》 詹瀚《浙東集》。

振美堂集

黄虞稷《千頃堂書目・別集類》 詹瀚《振美堂集》。

致政録

黄虞稷《千頃堂書目・別集類》 詹瀚《致政録》。

方塘文集

黄虞稷《千頃堂書目・別集類》 汪思《方塘文集》。字得之，婺源人。庶吉士，改兵科給事中，歷雲南兵備副使。

仁山遺稿

黄虞稷《千頃堂書目・別集類》 江元輔《仁山遺稿》。字堯卿，婺源人。户部郎中。

筆峰詩文集

黄虞稷《千頃堂書目・別集類》 王鳳靈《筆峰詩文集》十五卷。字應時，莆田

人。陝西提學副使。

筆峰存稿

《四庫提要・別集類存目三》《筆峰存稿》五卷。福建巡撫採進本。明王鳳靈撰。鳳靈字應時，莆田人，筆峰其自號也。正德丁丑進士，官至廣西布政司參政。鳳靈官刑曹時，曾疏論宦官張鋭、都督錢安大辟之不當贖，及給事中陳洸顯罪之無可曲宥，其言甚直，朝議莫能奪。守淮時，救災疏六十上。卒以好激論天下事，見忌罷歸，死於倭難。生平所著有《淮陽急稿》及《漫稿》、《彙稿》、《浄稿》各二十卷，旋皆散佚。玆集乃其孫介所蒐輯，至崇禎時版漶，玄孫夢暘又重刊之，凡文四卷，賦、詩一卷。

淮陽稿

黄虞稷《千頃堂書目・別集類》 王鳳靈《淮陽稿》。

百山集

黄虞稷《千頃堂書目・別集類》 車純《百山集》。字秉文，上虞人。巡撫湖廣，都御史。

解組稿

黄虞稷《千頃堂書目・別集類》 車純《解組稿》。

柴中丞集

黄虞稷《千頃堂書目・別集類》 柴經《柴中丞集》。字季常，鄞縣人。南京右副都御史，兼督江防，諫南巡被杖。

寓莆集

高儒《百川書志・集・國朝》《我齋寓莆集》十卷。丁丑進士山陰蔡宗兖寓官莆陽之著也。

黄虞稷《千頃堂書目・別集類》 蔡宗兖《寓莆集》十卷。字希淵，山陰人。

我齋寓莆詩

高儒《百川書志・集・國朝》《我齋寓莆詩》。進士山陰蔡宗兖著。

我齋寓莆手簡

高儒《百川書志・啓劄》《我齋寓莆手簡》。一卷。皇明蔡宗兖著。

克齋集

黄虞稷《千頃堂書目・別集類》 王暐《克齋集》四卷。字克明，句容人。户部尚書，總督糧儲。

春岡集

徐𤊹《徐氏家藏書目・別集類》 劉認《春岡集》六卷。字□□，號春岡，鄢陵人。正德丁丑進士，刑部尚書。

黄虞稷《千頃堂書目・別集類》 劉訒《春岡集》六卷。字□□，鄢陵人。刑部尚書。

《明史・藝文志・別集類》 劉訒《春岡集》六卷。

省臺集

黄虞稷《千頃堂書目・別集類》 劉訒《省臺集》一卷。

獅山文集

黄虞稷《千頃堂書目・別集類》 柯相《獅山文集》。字□□，貴池人。巡撫河南，都御史。

山藏集

范邦甸等《天一閣書目・別集類》 《山藏集》六卷。刊本。明大梁李士允著。南郡曹汴序，稱士允學詩于空同先生，空同嘗語人曰，「繼吾名者此子也」。有《五子詠》其《咏空同詩》曰：「英聲滿人寰，俗調非所諧。」其《至治堂集詠詩》，曰：「吹萬本物情，得一會神理。」嗚呼，深哉！

徐𤊹《徐氏家藏書目・別集類》 李士允《山藏集》十卷。字子中，祥符人。正德丁丑進士。

黄虞稷《千頃堂書目・別集類》 李士允《山藏集》十卷。字子中，祥符人。陝西苑馬寺卿。

黎貫文集

黄虞稷《千頃堂書目・別集類》 《黎貫文集》六卷。字一卿，從化人。監察御史，民表之父。

王彭衙集

范邦甸等《天一閣書目・別集類》 《王彭衙集》。刊本。明王謳著。嘉靖乙未九褱陳嘉言後跋云：王子，關中人，名謳，字舜夫，別號彭衙山人。正德丁丑進士，爲冬官主事，改秋官員外郎，轉山西按察司僉事。所向以文章飭吏事，傑然爲當時所重。踰三年，以疾歸而亡，春秋才三十有六也。嘉言素善王子而愛其詩，因於乃兄青門子求所遺稿，得一十二册，擕以入楚，請于漢東子體別子而託范守欽刊諸木云。

王圻《續文獻通考・經籍考・集下》 《王彭衙集》。

徐𤊹《徐氏家藏書目・別集類》 王謳《彭衙集》四卷。字舜夫，西安府白水人。正德丁丑進士，刑部郎中，山西僉事。卒年三十六。集不書名第，曰《彭衙集》，詩以年月爲次序，自正德戊辰至丙戌止。

黄虞稷《千頃堂書目・別集類》 王謳《王彭衙集》九卷。字舜夫，陝西西安右護衛籍，白水人。山西按察司僉事。詩以年月爲次序，起正德戊辰，迄嘉靖丙戌。

王彭衙詩稿

范邦甸等《天一閣書目・別集類》 《王彭衙詩稿》一册。鈔本。其集始戊寅終丙戌。

沖穆稿

黃虞稷《千頃堂書目・別集類》 沈弘道《沖穆稿》。字伯充，會稽人。

大方笑集

黃虞稷《千頃堂書目・別集類》 吾謹《大方笑集》。字惟可，開化人。

瑞峰集

黃虞稷《千頃堂書目・別集類》 葉式《瑞峰集》。字成規，永嘉人。

南谿集

黃虞稷《千頃堂書目・別集類》 張璵《南谿集》。字叔美，崇德人。

鳳林類稿

黃虞稷《千頃堂書目・別集類》 姜絅《鳳林類稿》。字幼章，蘭谿人。

一亭集

黃虞稷《千頃堂書目・別集類》 金廷瑞《一亭集》。字信夫，錢塘人。

青華山人集

黃虞稷《千頃堂書目・別集類》 王鎔《青華山人集》。字時化，慈谿人。

葦齋文紀詩紀　南行稿　北還稿

黃虞稷《千頃堂書目・別集類》 閻閎《葦齋文紀詩紀》，又《南行稿》，又《北還稿》，共四十卷。字尚友，臨清州人。貴州副使。

雙杉亭草

王圻《續文獻通考・經籍考・集下》 《雙杉亭草》十二卷。義烏李鶴鳴九臯著。

黃虞稷《千頃堂書目・別集類》 李鶴鳴《雙杉亭草》十二卷。字九臯，義烏人。大理寺丞。

浣玉集

黃虞稷《千頃堂書目・別集類》 王光濟《浣玉集》二卷。字謙夫，商州人。山東運使，爲大理寺評事時，以議禮被杖。

少洛集

黃虞稷《千頃堂書目・別集類》 王光濟《少洛集》四卷。

世槐堂稿

黄虞稷《千頃堂書目・别集類》 陳文沛《世槐堂稿》二卷。字惟德，長樂人。陜西行太僕寺卿。

漫山集

黄虞稷《千頃堂書目・别集類》 曹嘉《漫山集》。字仲禮，扶溝人。江西右布政使。

方湖集

黄虞稷《千頃堂書目・别集類》 曹弘《方湖集》。字毅之，江陰人。監察御史，西川清軍。

淮泗集　西征集

黄虞稷《千頃堂書目・别集類》 袁汾《淮泗》、《西征》諸集。字伯昭，任丘人。知府。

越坡稿

黄虞稷《千頃堂書目・别集類》 廖世昭《越坡稿》。字師賢，淮安人。國子博士。

明一統賦

黄虞稷《千頃堂書目・騷賦類》 廖世昭《明一統賦》三卷。

《明史・藝文志・别集類》 廖世昭《明一統賦》三卷。

巖存稿

黄虞稷《千頃堂書目・别集類》 郭波《巖存稿》。字澄卿，閩縣人。户部主事。

蛟潭集

黄虞稷《千頃堂書目・别集類》 汪溱《蛟潭集》。字蛟潭，祁門人。江西左參政。

遯庵稿

黄虞稷《千頃堂書目・别集類》 高璧《遯庵稿》。字貴朋，紹興山陰人。

蘭言集

黄虞稷《千頃堂書目・别集類》 胡宗明《蘭言集》。績谿人。

豐道生摘稿

徐𤊹《徐氏家藏書目・别集類》 《豐道生摘稿》二卷。字存叔，號南禺，鄞縣

人，初名坊。嘉靖癸未進士，官吏部主事。

南禺先生詩選

黃虞稷《千頃堂書目・別集類》 豐坊《南禺先生詩選》二卷。字存禮，鄞縣人。熙子。南京吏部主事。後更名道生，號人翁。

玉芝内外集

黃虞稷《千頃堂書目・別集類》 法聚《玉芝内外集》。號玉芝，嘉興人。始居海鹽資聖寺，後隱武康天池山。嘗觀王守仁《傳習録》，謂與禪理無殊，因以偈相叩答。陸樹聲序其詩。

龍南漫稿

黃虞稷《千頃堂書目・別集類》 法聚《龍南漫稿》。

兩崖集

《四庫提要・別集類存目四》 《兩崖集》八卷。湖北巡撫採進本。明朱廷立撰。廷立有《鹽政志》，已著録。是集凡詩四卷，文四卷。其門人兵部尚書劉體乾撰墓誌，稱其學出於姚江，而擠之者復出自姚江之流。今其文集内推尊王守仁甚至，而詩集中《東隣女》、《西隣婦》二首，詳其詞意，實有所託諷，意即指所謂擠之者歟。講學而至相傾軋，不知所講何學也。

兩崖文集

范邦甸等《天一閣書目・別集類》 《兩厓先生文集》六卷。刊本。明兩厓朱廷立撰。嘉靖東郡蘇佑序，江夏三石山人馮世雍後序。

徐𤊹《徐氏家藏書目・別集類》 朱廷立《兩崖文集》六卷。字子禮，通山人。嘉靖癸未進士，禮部侍郎。

黃虞稷《千頃堂書目・別集類》 朱廷立《兩厓文集》八卷。字子禮，通山人。禮部右侍郎。

兩厓詩集

黃虞稷《千頃堂書目・別集類》 朱廷立《兩厓詩集》八卷。

範東集

黃虞稷《千頃堂書目・別集類》 劉隅《範東集》。字叔正，東阿人。右副都御史。

轂原詩集　續集

范邦甸等《天一閣書目・別集類》 《轂原詩集》八卷。刊本。明濮陽蘇祐著。嘉靖戊午同郡龔秉德序稱：舜翁宦跡所歷，悉有歌詠。初按諸省，有《三巡集》，司校豫章有《江西集》，參晉有《山西集》，巡撫有《畿内集》，總督有《塞下集》，雖各有刻本，類皆涣散，難以匯觀。予合而壽梓於襄陽公署，分爲八卷，名曰《轂原詩集》云。《轂原詩續集》一卷。蘇祐著。

黃虞稷《千頃堂書目・別集類》 蘇祐《轂原詩集》八卷。字允吉，濮州人。總督

宣大，侍郎，進兵部尚書，削籍，尋復官。

《四庫提要・别集類存目四》《穀原集》十卷。山東巡撫採進本。明蘇祐撰。此編乃其詩集，大旨宗李攀龍之説，不肯作唐以後格，而亦不能變唐以前格。故音節琅琅，都無新意。

舜澤江西詩

范邦甸等《天一閣書目・别集類》《舜澤江西詩》一卷。刊本。明濮陽蘇祐撰，曾孔化序。

三巡集

范邦甸等《天一閣書目・别集類》《三巡集》一册。刊本。明巡按濮陽蘇(佑)〔祐〕著。自序稱初按宣大，繼按江北，繼按江西，有所作輒録之，故名。汝南張承祚跋。

黄虞稷《千頃堂書目・别集類》蘇祐《三巡集》一卷。

穀原文集

黄虞稷《千頃堂書目・别集類》蘇祐《穀原文集》十卷。

穀原文草

王圻《續文獻通考・經籍考・集下》《穀原文草》。蘇佑著。

《四庫提要・别集類存目四》《穀原文草》四卷。兩江總督採進本。明蘇祐撰。祐有《逌旃瑣語》，已著録。是編乃其文集也。原分四卷，每卷又自分上下。詞多駢麗，規仿《文選》，而真氣不足以充之。在七子派中，又爲旁支矣。

古雪堂續草

徐𤊹《徐氏家藏書目・别集類》蘇祐《古雪堂續草》一卷。字啓先，休寧人。吴道榮，字尊生，休寧人。合草。

西園合草

徐𤊹《徐氏家藏書目・别集類》蘇祐《西園合草》一卷。

水洲文集

黄虞稷《千頃堂書目・别集類》魏良弼《水洲文集》。南昌人。太常寺少卿，謚忠簡。

《四庫提要・别集類存目四》《水洲文集》四卷。兩江總督採進本。明魏良弼撰。良弼字師説，别號水洲，新建人。嘉靖癸未進士。官至禮科都給事中，以劾張璁爲所中，削籍歸。隆慶初，即家晉太常寺少卿致仕。天啓初，追謚忠簡。事蹟具《明史》本傳。是集爲南昌劉曰寧所删訂，豐城熊劒化爲刻於華亭。據其原目，凡奏議、書簡、語録、撰述、詩賦等五卷，附録碑記、行略一卷。此本佚其第三卷之語録與其第四卷之撰述，僅存四卷，非完帙矣。原序稱其學爲陽明高弟，建言受杖者三。今疏稿具載一、二卷中，蓋亦剛直之士，詞章則非所長也。

西玄詩稿

范邦甸等《天一閣書目・别集類》《西玄詩稿》一卷。刊本。明馬汝驥撰，胡

纘序。

黄虞稷《千頃堂書目・别集類》 馬汝驥《西玄詩稿》十八卷。字仲芳，綏德州人。禮部右侍郎，贈尚書，謚文簡。

西玄集

王圻《續文獻通考・經籍考・集下》《馬西玄集》。關中馬汝驥著。

徐𤊹《徐氏家藏書目・别集類》《馬汝驥西玄集》一卷。字仲房，延安府綏德州人。正德丁丑進士，官翰林編修。上疏諫武宗南巡，廷杖跪闕下五日，調澤州知州，終禮部侍郎。卒年五十九，謚文簡。

《四庫提要・别集類存目三》《西玄集》八卷。浙江汪汝瑮家藏本。明馬汝驥撰。汝驥字仲房，綏德人。正德丁丑進士，改庶吉士，以諫南巡廷杖，出爲澤州知州。世宗立，召還，授編修，官至禮部右侍郎。謚文簡。事蹟附見《明史・舒芬傳》。是集古體二卷，今體六卷。

泉亭集

范邦甸等《天一閣書目・總集類》《泉亭存稿》六卷。刊本。明吴鼎著。有墓志銘一篇，海寧許相卿撰。

黄虞稷《千頃堂書目・别集類》 吴鼎《泉亭集》七卷。字惟新，錢塘人。廣西左參議。

過庭私録　外集

黄虞稷《千頃堂書目・别集類》 吴鼎《過庭詩録》七卷。

《四庫提要・别集類存目三》《過庭私録》七卷，《外集》一卷。江西巡撫採進本。明吴鼎撰。鼎字維新，號泉亭，又自號支離子，錢塘人。正德丁丑進士，官至廣西布政司參議。是集其仲子遵晦所録，故以《過庭》爲名，皆散體之文，末附賦騷古詩數首。《外集》則皆詩也。文有整飭平雅者，亦有微近俗調者，金石文字，頗失翦裁，有韻之文則更遜矣。

鹿原存稿

《四庫提要・别集類存目三》《鹿原存稿》九卷。浙江汪汝瑮家藏本。明戴欽撰。欽字時亮，馬平人。正德甲戌進士，官至刑部郎中。以諫大禮廷杖，創重而卒。其集刻於閩者八卷，曰《玉溪存稿》。刻於滇者二卷，曰《戴秋官集》。此則其姪希顥所合輯，凡文二卷，詩七卷。欽與何景明、李濂、薛蕙等同時友善，所作頗刻意摹古，然不越北地之餘派。

鹿原集

范邦甸等《天一閣書目・别集類》《鹿原集》一册。藍絲闌鈔本。玉溪戴欽著。

黄虞稷《千頃堂書目・别集類》 戴欽《鹿原集》。字時亮，柳州人。刑部郎中。

楊忠介集

《四庫提要・别集類二五》《楊忠介集》十三卷，附録三卷。陝西巡撫採進本。明楊爵撰。爵有《周易辨録》，已著録。是編第一卷爲奏議，二卷爲序、碑、記，三卷爲傳，四卷爲書，五卷爲家書，六卷爲語録，七卷爲祭文、誌銘、雜著，八卷至十二卷則皆詩。世宗時齋醮方興，士大夫率以青詞取媚，而爵獨據理直諫。如所陳時雪之不可爲符瑞，左道之不可以惑衆，詞極剴切。下獄以後，猶疏諫以冀一悟。其忠愛悱惻，至今如見。《家書》二十五則，諄諄以忠孝勖其子孫，未嘗一言及私。《語録》皆不爲高論，而篤實明白，真粹然儒者之言。案爵與羅洪先、錢德洪諸人遊，以

講學相勖。然德洪等源出姚江，務闡良知之説。爵則以躬行實踐爲先，關西道學之傳，爵實開之。跡其生平，可謂不負所學者。所作詩文，大抵直抒胸臆，雖似傷平易，然有本之言，不由雕繪，其可傳者正不在區區詞采間矣。

楊斛山先生文集

張萱等《内閣藏書目録・集部》　《楊斛山先生文集》五册。全。嘉靖間關中楊爵著。

斛山逸稿

張萱等《内閣藏書目録・集部》　〔楊爵〕《斛山遺稿》四册。

黄虞稷《千頃堂書目・別集類》　楊爵《槲山逸稿》五卷。字伯修，富平人。河南道監察御史。劾夏言、郭勛，廷杖繫獄。追謚忠介。

《明史・藝文志・別集類》　楊爵《斛山稿》六卷。

省庵集

黄虞稷《千頃堂書目・別集類》　陳逅《省庵集》四卷。字良會，常熟人。

黄洛邨集

《四庫提要・別集類存目三》　《黄洛邨集》二卷。兩江總督採進本。明黄宏綱撰。宏綱字正之，鄠都人。正德丙子舉人，官至刑部主事。是集乃其孫宜璞所刻，上卷書翰，多與鄒守益、羅洪先、聶豹輩講學之語。蓋宏綱師事王守仁，傳良知之説也。下卷雜著及詩數十首，則率皆應俗之作。

鳳山稿

黄虞稷《千頃堂書目・別集類》　張鉉《鳳山稿》。字叔治，鄞人。

陽和稿

黄虞稷《千頃堂書目・別集類》　魯承恩《陽和稿》。字光世，建德人。

需命稿

黄虞稷《千頃堂書目・別集類》　魯承恩《需命稿》。

睦族集

黄虞稷《千頃堂書目・別集類》　魯承恩《睦族集》。

南岑稿

黄虞稷《千頃堂書目・別集類》　方廷璽《南岑稿》。字信之，歙縣人。浙江山陰知縣。

巾石先生類稿

黄虞稷《千頃堂書目・別集類》　吕懷《巾石先生類稿》三十二卷。字汝德，廣

信永豐人。南京太僕寺少卿。

《明史・藝文志・別集類》《呂懷類稿》三十三卷。

巾石遺編

《四庫提要・別集類存目四》《巾石遺編》一卷。江西巡撫採進本。明呂懷撰。懷有《周易卦變圖傳》，已著録。據《千頃堂書目》所著，《巾石類稿》本三十卷，是集不知何人所編，皆掇拾於殘賸之餘，寥寥數篇，不成卷帙。疑原本散佚，此或其子孫所録存也。

王履吉集

王圻《續文獻通考・經籍考・集下》《王履吉集》。王寵著。

雅宜集

徐㶿《徐氏家藏書目・別集類》王寵《雅宜集》十卷。字履吉，吳縣人。正德中歲貢士。卒年四十。

黄虞稷《千頃堂書目・別集類》王寵《雅宜山人集》十卷。字履仁，更字履吉，吳縣人。以諸生貢入太學。

《明史・藝文志・別集類》王寵《雅宜山人集》十卷。

《四庫提要・別集類存目三》《雅宜集》十卷。兩淮馬裕家藏本。明王寵撰。寵字履吉，自號雅宜山人，長洲人。入舉不第，終於諸生。《明史・文苑傳》附見《文徵明傳》中。是集詩八卷，文二卷。詩分體編列，而各以「正德稿」、「嘉靖稿」字繫標題之下，蓋約略編年之意，以自記所造淺深。大抵才力富贍，而抑鬱之氣激爲亢厲，亦往往失之過犅。文則非所留意，姑附存詩後云爾。

吳中二集

范邦甸等《天一閣書目・別集類》《吳中二集》，《合璧集》五卷，《青藍集》四卷。刊本。明王寵、黄魯曾、王守、蔡羽撰。

甓餘集

黄虞稷《千頃堂書目・別集類》朱紈《甓餘雜集》十二卷。字子純，長洲人。巡撫、都御使。

《四庫提要・別集類存目三》《甓餘集》十二卷。江蘇巡撫採進本。明朱紈撰。紈有《茂邊紀事》，已著録。是集九卷以前皆其在官時章疏公移。十卷曰《海道紀言》，其巡撫閩浙時所著詩文。十一卷即《茂邊紀事》，其整飭威茂兵備時所著平寇始末，并詩數十首。末卷曰《永感録》，則其先人行述誌銘及諸人贈言也。

陸子餘集　遺集

范邦甸等《天一閣書目・別集類》《陸子餘集》八卷。刊本。明工科給事中吳郡陸粲著。

徐㶿《徐氏家藏書目・別集類》陸粲《貞山集》八卷。字子餘，一字浚明。嘉靖丙戌進士，官給事中。

張萱等《内閣藏書目録・集部》《陸子餘集》。嘉靖間工垣陸粲著。

黄虞稷《千頃堂書目・別集類》陸粲《陸子餘集》八卷，又《遺集》四卷。字子餘，長洲人。工科給事中，坐劾張桂，謫都匀驛丞，遷永新知縣。

《明史・藝文志・別集類》陸粲《貞山集》十二卷。

《四庫提要・別集類二五》《陸子餘集》八卷。兩淮鹽政採進本。明陸粲撰。粲有《左傳附注》，已著録。是集凡文七卷，詩一卷。

煙霞山房書尺

黄虞稷《千頃堂書目・別集類》 陸粲《煙霞山房書尺》。

羣玉樓稿

張萱等《内閣藏書目録・集部》 《羣玉樓稿》八册。全。嘉靖間吏部尚書李默著。

黄虞稷《千頃堂書目・別集類》 李默《羣玉樓稿》七卷。字時言，甌寧人。太子少保，吏部尚書兼學士，贈太子太保，謚肅愍。

《明史・藝文志・別集類》 李默《羣玉樓稿》七卷。

《四庫提要・別集類存目三》 《羣玉樓集》八卷。山西巡撫採進本。明李默撰。默有《建陽人物傳》，已著録。是集凡文五卷，詩三卷，乃其子太學生培所編。

困亨别稿

黄虞稷《千頃堂書目・別集類》 李默《困亨別稿》一卷。

初庵存稿

黄虞稷《千頃堂書目・別集類》 戴時宗《初庵存稿》。字□□，長泰人。右僉都御史。

弘藝録

黄虞稷《千頃堂書目・別集類》 邵經邦《弘藝録》三十二卷，附録十五卷。字仲德，號弘齋，仁和人。刑部員外郎。嘉靖八年十月日食陳言，謫戍鎮海衛者三十年。多所著述，附録爲奏疏、雜著、家乘。

《明史・藝文志・別集類》 邵經邦《弘藝録》三十二卷。

《四庫提要・別集類存目三》 《弘藝録》三十二卷。江蘇巡撫採進本。明邵經邦撰。經邦字仲德，仁和人。正德辛巳進士，官至刑部員外郎，以論劾張孚敬下獄謫戍。事蹟具《明史》本傳。經邦以講學自任，嘗採古今論學語，發明其旨，爲《弘道録》。又删掇諸史，爲《弘簡録》。所著詩文，則别爲此録。

甌東文録

黄虞稷《千頃堂書目・別集類》 項喬《甌東文録》。字遷之，永嘉人。

明水文集

《四庫提要・別集類存目三》 《明水文集》十四卷。兩江總督採進本。明陳九川撰。九川字惟濬，號竹亭，臨川人。正德甲戌進士，官太常寺博士。時以直諫廷杖，嘉靖初爲禮部主客司郎中，復以事謫戍，放還，居明水山，遂易號明水。初九川釋褐時，告歸謁王守仁，講無善無惡之旨，遂稱弟子。撫州爲姚江之學者自九川始。是集乃其門人董君和所編，凡文八卷，大抵皆講學之語。詩六卷，小有韻致，而不免薄弱。

明水先生文集

范邦甸等《天一閣書目・別集類》 《明水陳先生集》二卷。刊本。明臨川陳

九川著。門生董燧刊，嘉靖戊午晉江王慎中序，卷首有小像并吉水羅洪先贊，雙江聶豹墓碑，羅洪先墓志銘。先生爲陽明高第，弟子、學者咸推慕焉。

黃虞稷《千頃堂書目・別集類》 陳九川《明水先生文集》。字惟濟，臨川人。爲太常博士，諫南巡被杖，後官主客郎中。

少石集

徐𤊹《徐氏家藏書目・別集類》 陸釴《少石集》十三卷。字舉之，鄞縣人。正德辛巳榜眼，歷山東提學。

黃虞稷《千頃堂書目・別集類》 陸釴《少石子集》十三卷。字舉之，鄞縣人。一甲第二人，山東提學副使。

《明史・藝文志・別集類》 陸釴《少石子集》十三卷。

《四庫提要・別集類存目三》 《少石集》十三卷。兩淮馬裕家藏本。明陸釴撰。釴有《山東通志》，已著録。是集詩五卷，文七卷，雜著一卷。前有張時徹序，稱其華不近浮，質不近俚，而惜其志之未艾。蓋具體而未成家者，故序有微詞云。

春雨堂集

徐𤊹《徐氏家藏書目・別集類》 陸釴《春雨堂集》三十卷。字鼎儀，號静逸，崑山人。原祖育于吴冒吴姓，登科考尚作吴釴。天順癸未會元榜眼，右春坊諭德，卒年五十。

黃虞稷《千頃堂書目・別集類》 陸釴《春雨堂集》三十卷。字鼎儀，榜姓吴，後復姓，崑山人。一甲第二人，太常寺少卿。

《明史・藝文志・別集類》 陸釴《春雨堂稿》三十卷。

聚峰文集

王圻《續文獻通考・經籍考・集下》 《聚峰文集》。僉事毛鳳詔著。麻

城人。

少華集

黃虞稷《千頃堂書目・別集類》 詹泮《少華山人集》四卷。字文化，玉山人。

《四庫提要・別集類存目三》 《少華集》四卷。浙江孫仰曾家藏本。明詹泮撰。泮字少華，玉山人。正德辛巳進士，官至禮科給事中，乞養歸。泮嘗從章懋游，以講學自任，其詩文亦别爲一格。是集乃其子長至、長生所編，雜文詩詞其三卷，外録一卷，則皆他人之贈言也。

抑齋遺集

黃虞稷《千頃堂書目・別集類》 鄭一鵬《抑齋遺集》四卷。字九萬，莆田人。吏科左給事中。諫大禮廷杖。贈光禄寺少卿。

内方集

王圻《續文獻通考・經籍考・集下》 〔童承敘〕《内方文集》。

黃虞稷《千頃堂書目・別集類》 童承叙《内方集》十卷。字士疇，沔陽州人。右春坊右庶子，兼翰林院侍講。

《明史・藝文志・別集類》 童承敍《内方集》十卷。

心遠堂詩文草　續草

徐𤊹《徐氏家藏書目・別集類》 敖英《心遠堂詩文草》二卷。字子發，號東谷，清江人。正德辛巳進士，布政。

黄虞稷《千頃堂書目・別集類》 敖英《心遠堂文草》一卷，又《續草》一卷，又《詩草》一卷。字子發，清江人。河南右布政使。

雜著

徐𤊹《徐氏家藏書目・別集類》 敖英《雜著》六卷。

久庵詩集

范邦甸等《天一閣書目・別集類》 《久庵先生詩集》六卷。刊本。明翰林張逵著，子翊元編，信豐俞獻可校并序。其詩家食時爲《初稿》卷一，成進士改庶吉士爲《翰苑稿》卷二，給事黄門爲《諫垣稿》卷三，落職丞吴江爲《南遷稿》卷四，謫戍遼海與得罪諸臣遊有《義樂集》卷五，摘其聯句若干種附卷六。

黄虞稷《千頃堂書目・別集類》 張逵《久庵詩集》六卷。字懋登，餘姚人。刑科給事中。一作《義樂集》。

東田集

黄虞稷《千頃堂書目・別集類》 張羽《東田集》二卷。字子儀，崑山人。刑部員外郎，諫大禮被杖。

石溪集

黄虞稷《千頃堂書目・別集類》 倫以諒《石谿集》十卷。字彦周，南海人。以訓弟。南京通政司右通議。

《明史・藝文志・別集類》 倫以諒《石溪集》十卷。

三渠先生文集

黄虞稷《千頃堂書目・別集類》 王用賓《三渠先生文集》十六卷。字元興，陝西咸寧人。太子太保，南京吏部尚書。

《明史・藝文志・別集類》 《王用賓文集》十六卷。

中川集

黄虞稷《千頃堂書目・別集類》 陳講《中川集》十三卷。字子學，遂寧人。巡撫山西，副都御史。

《明史・藝文志・別集類》 陳講《中川集》十三卷。

如烏集

黄虞稷《千頃堂書目・別集類》 陳講《如烏集》三卷。

樸谿集

黄虞稷《千頃堂書目・別集類》 潘潢《樸谿集》九卷。字薦叔，婺源人。南京兵部尚書。

樸溪奏議

徐𤊹《徐氏家藏書目・別集類》 潘潢《樸溪奏議》十卷。字□□，歙縣人。嘉靖□□進士，官福建提學副使，歷户部尚書。

吴兵部集

范邦甸等《天一閣書目・別集類》《吴兵部集》一卷。刊本。明舒州吴檄著，嘉靖十七年西蜀蔣芝序。

徐㶿《徐氏家藏書目・別集類》 吴檄《兵部集》一卷。字□□，號皖山，桐城人。正德丁丑進士，官□□副使。

黃虞稷《千頃堂書目・別集類》 吴檄《兵部集》一卷。字用宣，桐城人。陝西參政。一作《皖山集》。

曉川文略

黃虞稷《千頃堂書目・別集類》 張寅《曉川文略》六卷。字仲明，太倉人。監察御史，改春坊司直郎。

石池集

黃虞稷《千頃堂書目・別集類》 湯風《石池集》二十卷。字仲卿，潼川州人。溧陽知縣，居憂廬墓，遂不仕。

惜陰小稿

黃虞稷《千頃堂書目・別集類》 楊旦《惜陰小稿》。字啓東，鄖城人。文敏公曾孫，南京吏部尚書。

后江集

徐㶿《徐氏家藏書目・別集類》 楊言《后江集》三卷。字惟仁，鄞縣人。正德辛巳進士，官禮科給事中。

黃虞稷《千頃堂書目・別集類》 楊言《后江集》三卷。字惟仁，鄞縣人。户科給事中，湖廣參議，縣志作《保和堂集》。

雙拙稿

黃虞稷《千頃堂書目・別集類》 陳大濩《雙拙稿》四卷。字則殷，長樂人。思恩府同知。

擬杜詩

黃虞稷《千頃堂書目・別集類》 陳大濩《擬杜詩》四卷。

擬陶詩

黃虞稷《千頃堂書目・別集類》 陳大濩《擬陶詩》四卷。

乾州集

黃虞稷《千頃堂書目・別集類》 熊爵《乾州集》二卷。字子修，祥符人。

周氏集

黃虞稷《千頃堂書目・別集類》　周祚《周氏集》十五卷。字天保，山陰人。工科左給事中。又《定齋集》四卷，玄孫襄緒刊行。

平厓集

黃虞稷《千頃堂書目・別集類》　林鉞《平厓集》一卷。字克相，閩縣人。監察御史。

筆山小稿

黃虞稷《千頃堂書目・別集類》　侯廷訓《筆山小稿》。字孟學，樂清人。

叢疣集

黃虞稷《千頃堂書目・別集類》　劉世龍《叢疣集》。字允卿，慈谿人。

西槎集

黃虞稷《千頃堂書目・別集類》　楊撫《西槎集》。字安世，餘姚人。湖廣提學副使。

龍湖集

黃虞稷《千頃堂書目・別集類》　施山《龍湖集》。字仁卿，浙江縉雲人。

和古集

黃虞稷《千頃堂書目・別集類》　張徽《和古集》。字德卿，秀水人。

給諫集

黃虞稷《千頃堂書目・別集類》　謝蕡《給諫集》。字維盛，閩縣人。禮科給事中，以議大禮廷杖，又劾張桂憸邪不可用，奪俸，尋命出知太平府，未上官卒于道。隆慶初贈太常少卿。

著臺集

黃虞稷《千頃堂書目・別集類》　馬敭《著臺集》。字抑之，上蔡人。監察御史。

桂巖集

黃虞稷《千頃堂書目・別集類》　浦瑾《桂巖集》。字文玉，無錫人。麗水知縣。

靈陂詩草

黃虞稷《千頃堂書目・別集類》　雷子質《靈陂詩草》一卷。字伯華，朝邑人。授潛山知縣，未任卒。

石泉稿

黃虞稷《千頃堂書目・別集類》　程輅《石泉稿》。

應言集

黄虞稷《千頃堂書目·别集類》 程輅《應言集》。字邦載，績谿人。給事中。

薊門集

黄虞稷《千頃堂書目·别集類》 裴騫《薊門集》二卷。

棟峰遺稿

《四庫提要·别集類存目三》 《棟峰遺稿》二卷。浙江孫仰曾家藏本。明曾梧撰。梧字于易，江西廣昌人。正德辛巳進士，官至常州府知府。是集凡文一卷，詩一卷。文冠以《應詔疏》，反復申明合祀天地之説，蓋是事古今聚訟，儒者各尊其所聞，不足異也。初録於嘉靖中，後燬於火。天啓辛酉，其曾孫邦泰又重刻焉。

鶴田集

范邦甸等《天一閣書目·别集類》 《鶴田集》三卷。不著撰人名氏。

鶴田草堂集

黄虞稷《千頃堂書目·别集類》 蔡雲程《鶴田草堂集》十卷。字亨之，臨海人。刑部尚書，贈太子少保。

《四庫提要·别集類存目四》 《鶴田草堂集》十卷。浙江巡撫採進本。明蔡雲程撰。雲程字亨之，臨海人。嘉靖己丑進士，官至刑部尚書。是集詩三卷，文七卷。雲程當王、李盛行之時，獨無摹擬剽竊之習，可謂不轉移於風氣。然根柢頗薄，亦不能自樹一幟。

張静思文集

《四庫提要·别集類存目四》 《張静思文集》十卷，附録二卷。江蘇巡撫採進本。明張選撰。選字舜舉，無錫人。嘉靖己丑進士，授蕭山知縣，擢户科給事中。會太廟祫祭，世宗遣勳臣代行禮。選抗疏力諫，廷杖削籍。隆慶初，復原官，終於通政司參議。事蹟具《明史》本傳。是集乃其曾孫纘曾所編，凡文九卷，詩一卷，其末二卷則附録居官政績及碑銘、小傳也。

歸田養浩集

黄虞稷《千頃堂書目·别集類》 張選《歸田養浩集》。字舜舉，無錫人。通政司左參議。

碧山吟社稿

黄虞稷《千頃堂書目·别集類》 張選《碧山吟社稿》。

姜泉集

黄虞稷《千頃堂書目·别集類》 南逢吉《姜泉集》十四卷。字元真，渭南人。山西副使。

《明史・藝文志・别集類》 南逢吉《姜泉集》十四卷。

徙倚軒稿

黄虞稷《千頃堂書目・别集類》 金鑾《徙倚軒稿》二卷。字在衡，本隴西人。從父家金陵，詩不操秦音，得江左清華之致。

徙倚軒詩集

范邦甸等《天一閣書目・别集類》 《徙倚軒詩集》一卷。不著撰人名氏，門生任近臣校梓。

潛坤集

黄虞稷《千頃堂書目・别集類》 姚咨《潛坤集》。字舜咨，無錫人。

介軒集

黄虞稷《千頃堂書目・别集類》 陳寅《介軒集》。字永慎，臨海人。

雪江詩選

黄虞稷《千頃堂書目・别集類》 木公《雪江詩選》。字公恕，筰人。先本麥氏，洪武中歸附賜姓。世襲麗江土知府，恕髫年讓爵。中年將兵卻敵，功在邊隅，永陵有御書輯寧邊境之褒。張禺光、楊用修皆稱其詩。

萬松吟卷

黄虞稷《千頃堂書目・别集類》 木公《萬松吟卷》。

秬山稿

《四庫提要・别集類存目三》 《秬山稿》一卷。浙江巡撫採進本。明田頊撰。頊字太素，龍溪人。正德辛巳進士，官至貴州提學副使。是集前半卷爲雜文，後半卷爲詩，大抵皆應酬之作。文格頗淺弱，惟詩頗爽朗，蓋沿前七子之流波，有意規橅唐人，而模擬未免有迹也。

秬山詩集

黄虞稷《千頃堂書目・别集類》 田頊《秬山詩集》二卷。字太素，尤谿人。貴州提學副使。

王襄毅公集

王圻《續文獻通考・經籍考・集下》 《王襄毅公集》。王邦瑞著。宜陽人。官兵部尚書。

黄虞稷《千頃堂書目・别集類》 王邦瑞《王襄毅公集》二十卷。字維賢，宜陽人。協理戎政，兵部尚書，贈太子少保。

《明史・藝文志・别集類》 《王邦瑞文集》二十卷。

玉涵堂詩選

黄虞稷《千頃堂書目・別集類》 吴子孝《玉涵堂詩選》十卷。字純叔，長洲人。庶吉士，歷官湖廣參議，吏部尚書。一鵬子。

明珠集

黄虞稷《千頃堂書目・別集類》 吴子孝《明珠集》二卷。

田舍集

黄虞稷《千頃堂書目・別集類》 袁褧《田舍集》。字尚之。吴縣諸生。袠弟。

石湖春汎稿

黄虞稷《千頃堂書目・別集類》 袁褧《石湖春汎稿》。

遊都三稿

黄虞稷《千頃堂書目・別集類》 袁褧《遊都三稿》。

馮岳文集

黄虞稷《千頃堂書目・別集類》 《馮岳文集》八卷。字望之，慈谿人。南京刑部尚書。

恤刑稿

黄虞稷《千頃堂書目・別集類》 馮岳《恤刑稿》四卷。

鄭思齋文集

黄虞稷《千頃堂書目・別集類》 鄭洛書《思齋集》二卷。字啓範，莆田人。河南道御史。

《四庫提要・別集類存目三》 《鄭思齋文集》一卷。浙江范懋柱家天一閣藏本。明鄭洛書撰。洛書字啓範，思齋其號也，莆田人。正德丁丑進士，官至監察御史，提督南直隸學政。事蹟附見《明史・解一貫傳》。是集前後無序跋，不知誰所編次，亦無目録。僅序九篇、記三篇、賦二篇，寥寥不成卷帙，又皆應酬之作，殆非完本。

集齋類稿

黄虞稷《千頃堂書目・別集類》 丘養浩《集齋類稿》十八卷。字以義，晉江人。巡撫四川，右副都御史。

《明史・藝文志・別集類》 丘養浩《集齋類稿》十八卷。

石灣集

黄虞稷《千頃堂書目・別集類》 沈翰卿《石灣集》。字子羽，江陰人。儒學生。

方山子集

黄虞稷《千頃堂書目·別集類》　鄭作《方山子集》二卷。字宜述，歙縣人，自號方山子。往來梁宋間，李夢陽流寓汴中，招致門下，選定其集。

石門詩集

黄虞稷《千頃堂書目·別集類》　沈澂《霞居子集》。字宗吕，侯官人。

《明史·藝文志·別集類》　高瀔《石門集》二卷。

《四庫提要·別集類存目五》　《石門詩集》一卷。福建巡撫採進本。一名《霞居集》，明高瀔撰。瀔字宗吕，號石門，又號髯仙，侯官人。朱彝尊《静志居詩話》云：「少谷鄭善夫居鼇峰北，從之遊者九人，鄉黨目爲十才子。瀔居首，傅汝舟次之。」今卷首林向哲序，稱其俊而不刻，清而不矯，亦非虚語。然竟以爲與少谷相伯仲，則溢美矣。瀔詩向未付梓，流傳俱屬鈔本。《明詩綜》載其《岳陽樓》一詩，有「殘雨數聲衡岳曉」句，今檢原集，「數聲」實作「數峰」，較聲字爲工，考徐𤊹《晉安風雅》所載亦同。蓋《詩綜》刊本偶誤耳。

前丘生行已外篇

黄虞稷《千頃堂書目·別集類》　傅汝舟《前丘生行已外篇》六卷。字木虚，一名丹，號丁戊山人，一曰磊老，侯官人。與同邑高瀔齊名，皆鄭善夫友。

傅山人集

《四庫提要·別集類存目五》　《傅山人集》三卷。浙江范懋柱家天一閣藏本。明傅汝舟撰。汝舟本名舟，字虚木，號丁戊山人，一曰磊老，侯官人。晚慕仙家服食之術，舍鄉井遨遊山水。其詩刻意學鄭善夫，喜爲荒誕詭譎之語。王世貞比之言法華作風語，凡多聖少。然奇崛處亦頗能獨造，特旁門曲徑，不入正宗耳。

粤吟稿

黄虞稷《千頃堂書目·別集類》　傅汝舟《粤吟稿》一卷。

丁戊山人集

黄虞稷《千頃堂書目·別集類》　傅汝舟《丁戊山人集》十二卷。

《明史·藝文志·別集類》　傅汝舟《丁戊集》十二卷。

拘虚集

黄虞稷《千頃堂書目·別集類》　傅汝舟《拘虚集》五卷。

七幅庵

黄虞稷《千頃堂書目·別集類》　傅汝舟《七幅庵》一卷。字遠度，江寧人。國子生。

唾心集

黄虞稷《千頃堂書目·別集類》　傅汝舟《唾心集》一卷。

步天集

黃虞稷《千頃堂書目・别集類》 傅汝舟《步天集》一卷。

英雄失路集

黃虞稷《千頃堂書目・别集類》 傅汝舟《英雄失路集》一卷。

拔劍集

黃虞稷《千頃堂書目・别集類》 傅汝舟《拔劍集》一卷。

箜篌集

黃虞稷《千頃堂書目・别集類》 傅汝舟《箜篌集》一卷。

藏樓集

黃虞稷《千頃堂書目・别集類》 傅汝舟《藏樓集》一卷。

㖥囈棄存

范邦甸等《天一閣書目・别集類》 《㖥囈棄存》一卷。緜紙藍絲闌鈔本。不著撰人名氏。

黃虞稷《千頃堂書目・别集類》 傅汝舟《㖥囈棄存》六卷。

卧芝集

黃虞稷《千頃堂書目・别集類》 傅汝楫《卧芝集》四卷。字木剡。汝舟弟。

南遊集

黃虞稷《千頃堂書目・别集類》 和春《南遊集》一卷。山西陵川人，家於開封。

己卯集

黃虞稷《千頃堂書目・别集類》 和夏《己卯集》二卷。

嘉會齋稿

黃虞稷《千頃堂書目・别集類》 許堂《嘉會齋稿》二卷。字彦明，上元人。穀之父。

蘗庵集

黃虞稷《千頃堂書目・别集類》 汪湜《蘗庵集》二卷。祁門人，字介夫。

正峰集

黄虞稷《千頃堂書目・别集類》 傅起巖《正峰集》。初名洪，字晉卿，既更字夢求，無錫人。

梟溪漫稿

黄虞稷《千頃堂書目・别集類》 鈕仲玉《梟溪漫稿》四卷。字貞父，吴江人。隱於醫，號五浮山人。萬曆中孫衢州别駕明綱刊。

紫泉集

黄虞稷《千頃堂書目・别集類》 馬駙《紫泉集》二十卷。字次甫，江都人。

竹居集

黄虞稷《千頃堂書目・别集類》 陳龠《竹居集》。字德音，閩縣人。

五真集

黄虞稷《千頃堂書目・别集類》 陳宇《五真集》。字時清，寧德人。

鴻山詩

黄虞稷《千頃堂書目・别集類》 錢文《鴻山詩》七卷。字希翁，正德中無錫諸生。

酌齋遺集

徐𤊹《徐氏家藏書目・别集類》 蕭雍《酌齋遺集》四卷。字宜用，萬安人。正德中歲貢，未仕，卒年六十有六。

黄虞稷《千頃堂書目・别集類》 蕭雍《酌齋遺集》四卷。字宜用，萬安人。正德中貢士。

《明史・藝文志・别集類》 蕭雍《酌齋遺稿》四卷。

南坡集

黄虞稷《千頃堂書目・别集類》 陳良貴《南坡集》四卷。字文介，福建長樂人。正德歲貢，陽朔教諭。

平齋遺稿

黄虞稷《千頃堂書目・别集類》 沈概《平齋遺稿》十卷。字一之，嘉善人。

蛩吟稿

黄虞稷《千頃堂書目・别集類》 徐定夫《蛩吟稿》。字士安，海鹽人。

朴園稿

黄虞稷《千頃堂書目·别集類》 沈祐淳《朴園稿》。字天用，海鹽人。

胡顔詩

黄虞稷《千頃堂書目·别集類》 《胡顔詩》一卷。字希用，海鹽人。存者十七篇。

浮休集

黄虞稷《千頃堂書目·别集類》 趙金《浮休集》。字淮獻，烏程人。布衣，正德中詔徵不起。

玩畫齋雜著編

黄虞稷《千頃堂書目·别集類》 姚翼《雜著編》八卷。字翔卿，歸安人。廣濟知縣。

《四庫提要·别集類存目七》 《玩畫齋雜著編》八卷。浙江汪汝瑮家藏本。明姚翼撰。翼字翔卿，歸安人，由歲貢生官廣濟縣知縣。是集皆所著雜文，編年排次。翼爲茅坤婦弟，其文格亦略相近。第八卷内附以瞿九思評語。前有其門人沈位《序》，作於隆慶丁卯，而所録文至萬曆乙亥，蓋自三卷以下，皆作序後所續刻也。

沈榮詩

黄虞稷《千頃堂書目·别集類》 《沈榮詩》二卷。字懋仁，桐鄉人。與正統甲子順天中式官知府者兩人。

闇然齋集

黄虞稷《千頃堂書目·别集類》 范訢《闇然齋集》。字誠甫，鄞縣人。

觀光集

黄虞稷《千頃堂書目·别集類》 陶恭《觀光集》。字肅之，定海人。

歸來集

黄虞稷《千頃堂書目·别集類》 陶恭《歸來集》。

遊燕草

黄虞稷《千頃堂書目·别集類》 唐欽《遊燕草》。字實庵，山陰人。

僑洛吟

黄虞稷《千頃堂書目·别集類》 唐欽《僑洛吟》。

雙谿集

黄虞稷《千頃堂書目·别集類》 胡純《雙谿集》。字惟一，會稽人。

西湖冶興

徐𤊹《徐氏家藏書目・別集類》 王瀛《西湖冶興》二卷。字元溟，會稽人。正德中布衣。

黄虞稷《千頃堂書目・別集類》 王瀛《西湖冶興》二卷。字元溟，會稽人。正德中布衣。

半山遺稿

黄虞稷《千頃堂書目・別集類》 黄嘉仁《半山遺稿》。餘姚人。

勿齋文集

黄虞稷《千頃堂書目・別集類》 王仁《勿齋文集》。上虞人。

坦庵集

黄虞稷《千頃堂書目・別集類》 胡淮《坦庵集》。字宗豫，嵊人。

燕石稿

黄虞稷《千頃堂書目・別集類》 李學《燕石稿》。字習之，太平人。

金壇集

黄虞稷《千頃堂書目・別集類》 李學《金壇集》。

樵陽稿

黄虞稷《千頃堂書目・別集類》 江蕃《樵陽稿》。字存玉，太平人。

東明山集

黄虞稷《千頃堂書目・別集類》 鄭鏓《東明山集》。字師準，浦陽人。

一齋集

黄虞稷《千頃堂書目・別集類》 趙檜《一齋集》十二卷。字庭堅，江山人。

棲碧餘録

黄虞稷《千頃堂書目・別集類》 楊起溟《棲碧餘録》。號棲碧，江山人。

白石稿　漁谿稿　慈石稿　缶音稿

黄虞稷《千頃堂書目・別集類》 宋鴻《白石》、《漁谿》、《慈石》、《缶音》諸稿。

字用儀，開化人。

毅齋遺稿

黄虞稷《千頃堂書目·别集類》 洪鼒《毅齋遺稿》。字廷新，壽昌人。鼒兄。

琴山雜咏

黄虞稷《千頃堂書目·别集類》 章蕓《琴山雜咏》。字振芳，桐廬人。

元峰集

黄虞稷《千頃堂書目·别集類》 陳謙《元峰集》。永嘉人。

江皋遺稿

黄虞稷《千頃堂書目·别集類》 彭時望《江皋遺稿》。永嘉人。

嗚困稿

黄虞稷《千頃堂書目·别集類》 陳斐《嗚困稿》二十卷。字舜文，樂清人。

東厓集

黄虞稷《千頃堂書目·别集類》 趙濮規《東厓集》。字獻可，樂清人。

滙尊稿

黄虞稷《千頃堂書目·别集類》 陶玻《滙尊稿》。字仕珩，縉雲人。

思嗚稿

黄虞稷《千頃堂書目·别集類》 陶玻《思嗚稿》。

椒山文集

黄虞稷《千頃堂書目·别集類》 葉烓《椒山文集》。字季鼎，麗水人。

西浦稿

黄虞稷《千頃堂書目·别集類》 管景《西浦稿》。字子山。歲貢，布政司檢校。

龍光齋遺稿

黄虞稷《千頃堂書目·别集類》 《龍光齋遺稿》四卷。字沖虚，吉水人。布衣，佐王守仁平宸濠及廣西盧蘇二寇有功。

南松堂稿

徐𤊹《徐氏家藏書目·别集類》 張翥山《南松堂稿》六卷。字汝立，號石磐。

正德辛未進士，監察御史。安福人。卒年七十四。

黄虞稷《千頃堂書目・别集類》 張鼇山《南松堂稿》六卷。

履道集

黄虞稷《千頃堂書目・别集類》 祝淇《履道集》。字汝淵，海寧人。萃子。

履坦幽懷集

黄虞稷《千頃堂書目・别集類》 祝淇《幽懷集》。

《四庫提要・别集類存目二》 《履坦幽懷集》二卷。編修祝德麟家藏本。明祝淇撰。淇字汝淵，號夢窻，海寧人。以子萃貴，封刑部主事。《明詩綜》作「祝祺」，云或作「淇」。此本乃其家刻，明作「淇」字，則《詩綜》誤也。是集爲餘姚胡培所編，凡文一卷、詩一卷。

眉軒漫稿

黄虞稷《千頃堂書目・别集類》 汪生民《眉軒漫稿》。字本仁，婺源人。

竹坡漫稿

黄虞稷《千頃堂書目・别集類》 汪錠《竹坡漫稿》。字克成，休寧人。

汪山人集

黄虞稷《千頃堂書目・别集類》 汪少廉《汪山人集》。字古矜，休寧人。

英廉奏《抽毀書目》 《汪山人集》四本。查《汪山人集》，係明汪少廉撰。卷四《南畿行》、卷十二《岳祠》，詩句内均多偏謬，應請抽燬。

《四庫提要・别集類存目五》 《汪山人集》十八卷。浙江孫仰曾家藏本。明汪少廉撰。少廉字古矜，休寧人。嘉靖中布衣。其集第一卷爲賦，二卷至十六卷爲詩，末二卷爲雜文。詩於分體中又各分類，名目繁細。每類中又注編年於其下，叢碎彌甚。所作音節高伉，而神理不具，往往失之蹈襲。其《邊憤》一詩，朱彝尊《明詩綜》獨取之，然究不出少陵《諸將》蹊徑也。

湖隱山人集

黄虞稷《千頃堂書目・别集類》 汪少廉《湖隱山人集》。字古矜，休寧人。

紫芝社草

黄虞稷《千頃堂書目・别集類》 范如珪《紫芝社草》。字文瑞，休寧人。與汪少廉、吴瓊及族子淇、翰、濠等結社。

豫章漫草

黄虞稷《千頃堂書目・别集類》 范淇《豫章漫草》。

敝屣集

黄虞稷《千頃堂書目・别集類》 吴瓊《敝屣集》。字邦珍，休寧人。

紫芝社稿

黄虞稷《千頃堂書目·别集類》 吴瓊《紫芝社稿》。字邦珍，休寧人。

缶音集

黄虞稷《千頃堂書目·别集類》 余存修《缶音集》。一名長生，號鈍齋，歙縣人。李夢陽序。

余存修《缶音》一卷。字純齋，歙縣人。

潛蚪山人集

黄虞稷《千頃堂書目·别集類》 余育《潛蚪山人集》十卷。字養浩，存修子。

時庵文稿

黄虞稷《千頃堂書目·别集類》 高鑑《時庵文稿》二集。字孔明，侯官人。高瀫父。歲貢，官清□教諭。

西樓集

黄虞稷《千頃堂書目·别集類》 王磐《西樓集》。字鴻漸，高郵人。

西樓樂府

徐𤊹《徐氏家藏書目·别集類》 王磐《西樓樂府》一卷。字鴻漸，高郵人，正德中布衣。

朽庵手稿

錢謙益等《絳雲樓書目·國初文集類》 宗林《朽庵手稿》。正德間僧。

香山夢寐集

黄虞稷《千頃堂書目·别集類》 宗林《香山夢寐集》。字大章，餘姚宋氏子。嘉靖間爲戒壇宗師，世宗奉道，宗林上書規勸，帝不以爲忤。

《明史·藝文志·别集類》 宗林《香山夢寐集》一卷。

竹窗集

黄虞稷《千頃堂書目·别集類》 趙永貞《竹窗集》四卷。

清流雜稿

徐𤊹《徐氏家藏書目·别集類》 余禕《清流雜稿》三卷。號方山，鄱陽人。嘉靖初任清流縣知縣，與葉古厓同時倡和。

說劍齋集

英廉奏《全毁書目》《說劍齋集》四本。明何良臣撰。

伯獻集

黄虞稷《千頃堂書目・別集類》金瑭《伯獻集》。字伯獻，休寧人。國子監生。

遊梁稿

黄虞稷《千頃堂書目・別集類》金珵《遊梁稿》。字惟良。瑭弟。

魯遊稿

黄虞稷《千頃堂書目・別集類》金珵《魯遊稿》。

華川文派録

王圻《續文獻通考・經籍考・集下》《華川文派録》。義烏金江孔殷著。

端本要略

王圻《續文獻通考・經籍考・集下》《端本要略》。義烏金江孔殷著。

續敬鄉録

王圻《續文獻通考・經籍考・集下》《續敬鄉録》。義烏金江孔殷著。

艾子詩

徐𤊹《徐氏家藏書目・別集類》唐秩蕭《艾子詩》一卷。字景夷，號存吾，瓊山人。嘉靖初諸生。

半峰集

黄虞稷《千頃堂書目・別集類》果斌《半峰集》。號半峰。嘉靖初住持天界寺。

野懷散稿

黄虞稷《千頃堂書目・別集類》汪麗陽《野懷散稿》一卷。鉛山人，號癡頤子。嘉靖初武夷接笱峰道士，遺蜕葬於石壁。

《明史・藝文志・別集類》汪麗陽《野懷散稿》一卷。

鴈里淺稿

王圻《續文獻通考・經籍考・集下》《鴈里淺稿》。僉事方孟縉著。武寧人。

朴齋集

張萱等《内閣藏書目録・集部》《朴齋先生集》六册。萬曆間葉邦榮著。

黄虞稷《千頃堂書目・别集類》葉邦榮《朴齋集》十二卷。字仁甫，閩縣人。安吉知州。

白厓集

黄虞稷《千頃堂書目・别集類》包梧《白厓集》。字子木，鄞人。蘇州通判。

放游集　鳴秋集　清源集

黄虞稷《千頃堂書目・别集類》葉本《放游》、《鳴秋》、《清源》等集。字敬叔，慈谿人。

蔡蒙山房稿

張萱等《内閣藏書目録・集部》《蔡蒙山房别稿》二册。全。嘉靖間李應元著。

黄虞稷《千頃堂書目・别集類》李應元《蔡蒙山房稿》四卷。字幼真，雅州人。真定府同知。

《明史・藝文志・别集類》李應元《蔡蒙山房稿》四卷。

六臺山人集

徐𤊹《徐氏家藏書目・别集類》李應元《六臺山人集》六卷。字幼貞，號□□，雅州人。嘉靖壬午鄉舉，真定同知。

黄虞稷《千頃堂書目・别集類》李應元《六臺山人集》六卷。

槐庭遺稿

黄虞稷《千頃堂書目・别集類》姜湧《槐庭遺稿》。字□□，蒙城人。武清知縣。

燕臺集

黄虞稷《千頃堂書目・别集類》黎瞻《燕臺集》。字民仰，番禺人。順天府尹。

歐陽南野集

王圻《續文獻通考・經籍考・集下》《歐陽南野文集》。歐陽必達著。

黄虞稷《千頃堂書目・别集類》歐陽德《南野先生集》三十卷。字崇一，泰和人。禮部尚書，兼翰林學士，贈太子少保，謚文莊。

《明史・藝文志・别集類》歐陽德《南野集》三十卷。

《四庫提要・别集類存目四》《歐陽南野集》三十卷。江蘇巡撫採進本。明歐陽德撰。德字崇一，泰和人。嘉靖癸未進士，官至禮部尚書，卒謚文莊。事蹟具《明史・儒林傳》。是集爲其門人王宗沐所編，凡《内集》十卷，皆講學之文；《外集》六卷，皆應製及章奏、案牘之文，《别集》十四卷，則應俗之詩文也。德之學，宗法姚江，故惟以提唱良知者爲内，而餘則外之、别之云。

南野文選

《四庫提要・別集類存目四》《南野文選》四卷。江西巡撫採進本。明歐陽德撰。此本爲隆慶中其門人馮惟訥等所編，於全集僅十分取一。然德在朝著述，如《建儲》、《災異》諸疏，皆能言人所不能言，而是編不載，則惟訥等所録皆講學之文故也，是可以觀明儒之所尚矣。

駱兩溪集

徐𤊹《徐氏家藏書目・別集類》 駱文盛《兩溪集》十四卷。字質甫，武康人。嘉靖乙未進士，官翰林院編修。卒年五十九。

《四庫提要・別集類存目四》《駱兩溪集》十四卷，附録一卷。江蘇周厚堉家藏本。明駱文盛撰。文盛字質甫，武康人。嘉靖乙未進士，官翰林院編修。初，蔡汝楠刻其詩集七卷，并爲之評點。卷首汝楠序即爲詩集而作。此集益以雜文、筆記七卷，蓋楊鶴所續增也。其詩文皆於淺弱之中時有清遠之致。蓋文盛官翰林時，以不附嚴嵩，遂移疾不出。後貧病垂死，有以千金求居間者，尚力揮之，至没無以葬。事具吴尚文序及卷末尚文書事中。是其胸次本高，故吐言不俗。特編次者欲取卷帙之富，未能盡翦其榛楛耳。

駱兩溪遺集

范邦甸等《天一閣書目・別集類》《駱兩溪遺集》一卷。又一部，二卷。刊本。明武康駱文盛著，德清蔡汝楠子木評，閩漳浦王健于行校。

兩溪先生存稿

黄虞稷《千頃堂書目・別集類》 駱文盛《兩溪先生存稿》十二卷。字質甫，武康人。翰林院編修。

《明史・藝文志・別集類》《駱文盛存稿》十五卷。

兩溪先生遺稿

黄虞稷《千頃堂書目・別集類》 駱文盛《遺稿》七卷。

涇林集

《四庫提要・別集類存目四》《涇林集》八卷。江蘇周厚堉家藏本。明周復俊撰。復俊有《東吴名賢記》，已著録。是集一名《六梅館集》，凡詩三卷，雜文五卷。其詩皆有楊慎評語。據其孫元暐跋，蓋慎戍雲南之時，與復俊遇於仙村草堂，劇談七晝夜，因爲評定其詩。一梓於蜀中，再梓於玉田。後編入全集，評亦遂仍其舊云。

涇林詩集

黄虞稷《千頃堂書目・別集類》 周復浚《涇林詩集》十卷。字子籲，崑山人。南京太僕寺卿。一作《六梅館集》。

緒山集

黄虞稷《千頃堂書目・別集類》 錢德洪《緒山集》二十四卷。字洪甫，餘姚人。

刑部郎中。

《明史・藝文志・别集類》 錢德洪《緒山集》二十四卷。

包山遺詩

黄虞稷《千頃堂書目・别集類》 陸治《包山遺詩》。字叔平，吴縣人。歲貢生。

馮侍御集

王圻《續文獻通考・經籍考・集下》 《馮侍御集》。馮恩著。華亭人。

芻蕘録

黄虞稷《千頃堂書目・别集類》 馮恩《芻蕘録》□卷。字□□，華亭人。監察御史，論汪鋐謫戍，隆慶初進大理寺寺丞。

《明史・藝文志・别集類》 馮恩《芻蕘録》四卷。

《四庫提要・别集類存目四》 《芻蕘録》二十卷。江蘇周厚堉家藏本。明馮恩撰。恩字子仁，華亭人。嘉靖丙戌進士，官南京監察御史，以疏論張璁、汪鋐、方獻夫三人，下獄擬死。其子行可刺血書疏請代死，謫戍雷州，越六年赦歸。隆慶初，進大理寺丞致仕。事蹟具《明史》本傳。是集凡文十五卷，詩五卷。

元覽堂詩鈔

范邦甸等《天一閣書目・别集類》 《元覽堂詩鈔》四卷。刊本。雲間潘恩子仁著。

笠江集

王圻《續文獻通考・經籍考・集下》 《笠江文集》。上海潘恩著。

徐𤊹《徐氏家藏書目・别集類》 潘恩《笠江集》十二卷。字子仁，上海人。嘉靖癸未進士，累官左都御史。卒年八十七，謚恭定。

張萱等《内閣藏書目録・集部》 《潘笠江集》六册。全。嘉靖間潘恩著。

黄虞稷《千頃堂書目・别集類》 潘恩《笠江集》十二卷。字子仁，號湛川，上海人。左都御史，贈太子少保，謚恭定。

《明史・藝文志・别集類》 潘恩《笠江集》二十四卷。

《四庫提要・别集類存目四》 《笠江集》十二卷。浙江孫仰曾家藏本。明潘恩撰。恩字子仁，上海人。嘉靖癸未進士，官至左都御史，謚恭定。事蹟附見《明史・周延傳》。是集爲諸生聶叔頤所編，凡賦詩五卷，策、表、箋、序、碑、記四卷，説、對、贊、誌銘、祭文及雜述三卷。前有陸樹聲序。

笠江近稿

徐𤊹《徐氏家藏書目・别集類》 潘恩《近稿》十二卷。

黄虞稷《千頃堂書目・别集類》 潘恩《笠江近稿》十二卷。

通玄真經輯略

王圻《續文獻通考・經籍考・集下》 《通玄真經輯略》。潘恩著。

天池山人小稿

范邦甸等《天一閣書目・總集類》 《天池山人小稿》一册。刊本。明吴郡陸

采著。卷分五帙，曰《太山稿》，曰《義興稿》，曰《壬辰稿》、《癸巳稿》、《甲午稿》，總名爲《天池山人小稿》。

章介菴集

黄虞稷《千頃堂書目・别集類》 章衮《介菴先生文集》。字汝明，臨川人。陝西副使。

《四庫提要・别集類存目四》 《章介菴集》十一卷。江西巡撫採進本。明章衮撰。衮字汝明，臨川人。嘉靖癸未進士，官至陝西按察司副使。是集首載《大學口義》、《中庸口義》各一卷，皆訓釋章句之語。三卷以下皆雜文。十卷爲各體詩，而以《隨筆》、《瑣言》終焉。《瑣言》者，衮所作語録也。其文疎爽而頗乏體要。《序王臨川集》幾萬言，極論新法之善，謂元祐若能守而不變，孰非繼述之善。又論公以瞑眩之藥攻治之於先，司馬公又以瞑眩之藥潰亂之於後，遂使國論屢摇，民心再擾云云。毅然翻久定之案，可謂桑梓情深矣。

林屋集

徐𤊹《徐氏家藏書目・别集類》 蔡羽《林屋集》二十卷。字九逵，長洲人。弘治中歲貢士，官南京翰林孔目。卒年七十餘，無子。文徵明之師也。羽居洞庭山中，善行草書。

黄虞稷《千頃堂書目・别集類》 蔡羽《林屋集》二十卷。字九逵，吴縣人。以太學生赴選，授南京翰林院孔目。

《明史・藝文志・别集類》 蔡羽《林屋集》二十卷。

南館集

徐𤊹《徐氏家藏書目・别集類》 蔡羽《南館集》十三卷。

黄虞稷《千頃堂書目・别集類》 蔡羽《南館集》十三卷。

《明史・藝文志・别集類》 蔡羽《南館集》十三卷。

石溪集

黄虞稷《千頃堂書目・别集類》 陸銓《石溪集》。字選之，鄞縣人。廣東布政使。

還山詩

范邦甸等《天一閣書目・别集類》 《還山詩》一卷。刊本。明安定皇甫□撰，弟皇甫汸序。

皇甫司勳集

范邦甸等《天一閣書目・别集類》 《皇甫司勳集》六十卷。刊本。卷首有天一閣和鳴國家之盛二印。明皇甫汸撰，劉鳳序。

王圻《續文獻通考・經籍考・集下》 《皇甫司勳集》。長洲皇甫汸著。

徐𤊹《徐氏家藏書目・别集類》 皇甫汸《司勳集》六十卷。字子循。嘉靖己丑進士，官雲南僉事。卒年八十。昆弟四人皆以科甲文學著名。號百泉。

黄虞稷《千頃堂書目・别集類》 皇甫汸《司勳集》六十卷。字子循。涍弟。雲南按察僉事。

《明史・藝文志・别集類》 皇甫汸《司勳集》六十卷。

《四庫提要・别集類二五》 《皇甫司勳集》六十卷。内府藏本。明皇甫汸撰。汸有《百泉子緒論》，已著録。其詩文有《政學》、《還山》、《奉使》、《寓黄》、《家居》、《南都》、《禪栖》、《澶州》、《栝州》、《南中》、《山居》、《副京》、《來皃》、《司勳》、《北征》、《南署》、《赴京》、《浩歌亭》、《安雅齋》諸集。晚年手自删削，定爲賦一卷，詩三十二卷，雜文二十七卷，冠以《集原》一篇。其諸集之名仍分注各卷之末。

三州集

范邦甸等《天一閣書目·別集類》 《三州集》三卷。刊本。明司勳郎中雲南僉副安定皇甫汸著。嘗謫黄州、澶州、括蒼州，集名「三州」，紀宦跡也。舊雕《禪栖》、《寓楚》、《還山》、《江行》、《新語》諸版悉毁，三稿幸無恙。長子懋嘗攜之黄州，令校黄詩；次琳攜之澶州，令校澶詩；季穀攜之括，令校括詩，勒爲三卷。瑯琊王世貞序稱，先生爲虞部，有《虞部集》，爲司勳，有《司勳集》，中歲依白下釋氏居，有《禪栖集》，憲滇有《南中集》，歸有《還山集》，謫居爲《三州集》云。

南中集

范邦甸等《天一閣書目·別集類》 〔皇甫汸〕《南中集》二卷。刊本。自序稱刻《三州集》成，季子穀出《南中稿》請刻，遂復登梓。

岳遊漫稿

范邦甸等《天一閣書目·別集類》 《岳遊漫稿》一卷。刊本。明吴都皇甫汸子循氏撰并序。

慶曆集

范邦甸等《天一閣書目·別集類》 皇甫司勳《慶曆稿》一部。刊本。自卷七至卷十四存。明吴郡皇甫汸子循氏撰。

黄虞稷《千頃堂書目·別集類》 皇甫汸《慶曆集》二十卷。

三州詩

徐𤊹《徐氏家藏書目·別集類》 皇甫汸《三州詩》一卷。

擬古樂府

范邦甸等《天一閣書目·詞曲類》 《擬古樂府》一卷。刊本。明皇甫汸撰，茂苑吴灼鋟梓。

皇甫少玄集　外集

王圻《續文獻通考·經籍考·集下》 《皇甫少玄集》。皇甫涍著，長洲人。

徐𤊹《徐氏家藏書目·別集類》 皇甫涍《少玄集》二十四卷。字子安，號少元，汸之弟，吴縣人。嘉靖壬辰進士，官浙江僉事。

黄虞稷《千頃堂書目·別集類》 皇甫涍《少玄集》二十六卷，又《外集》十卷。字子安，長洲人。沖弟。浙江按察司僉事。

《明史·藝文志·別集類》 皇甫涍《少玄集》三十六卷。

《四庫提要·別集類二五》 《皇甫少玄集》二十六卷，《外集》十卷。江蘇巡撫採進本。明皇甫涍撰。涍字子安，長洲人。嘉靖壬辰進士，除工部主事，官至浙江按察使僉事。事蹟具《明史·文苑傳》。是集凡賦一卷，詩十九卷，文六卷。又涍没之後，其子樞等裒輯賸稿，得詩八卷，賦及雜文二卷，編爲《外集》。古文非涍所刻意，亦不擅場。其詩則憲章漢、魏，取材六朝，古體多於近體，五言多於七言。

玄素子集

王圻《續文獻通考·經籍考·集下》 〔廖道南〕《玄素子集》。

徐𤊹《徐氏家藏書目・別集類》 廖道南《玄素子集》三十卷。字鳴吾，號淩嵒，蒲圻人。正德辛巳進士，翰林侍講。爲權臣所忌，謫徽州推官。

張萱等《内閣藏書目録・集部》 《玄玄集》十六册。嘉靖間廖道南著。即《玄素集》也。

黃虞稷《千頃堂書目・別集類》 廖道南《玄素子集》五十卷。

《明史・藝文志・別集類》 《廖道南文集》五十卷。

藝苑集

黃虞稷《千頃堂書目・別集類》 廖道南《藝苑集》六卷。字鳴吾，蒲圻人。侍講學士。

詞垣集

黃虞稷《千頃堂書目・別集類》 廖道南《詞垣集》五卷。

講幄集

黃虞稷《千頃堂書目・別集類》 廖道南《講幄集》三卷。

拱極集

黃虞稷《千頃堂書目・別集類》 廖道南《拱極集》一卷。

卿雲文集

黃虞稷《千頃堂書目・別集類》 廖道南《卿雲文集》二卷。

采風集

高儒《百川書志・集・國朝》 《采風集》二卷。右春坊右中允蒲圻廖道南奉節使楚之作也。十二體百六十七首。

徐𤊹《徐氏家藏書目・別集類》 廖道南《采風集》二卷。

廖道南詩集

黃虞稷《千頃堂書目・別集類》 廖道南《詩集》三卷。

《明史・藝文志・別集類》 〔廖道南〕《詩》六卷。

詞垣賦頌

黃虞稷《千頃堂書目・騷賦類》 廖道南《詞垣賦頌》四卷。

宗廟禋頌

張萱等《内閣藏書目録・聖制部》 《宗廟禋頌》二册。全。嘉靖間翰林侍講學士廖道南撰。太廟禋頌凡九章，以進，末附以原議疏鈔本。

黃虞稷《千頃堂書目・騷賦類》 廖道南《宗廟禋頌》二卷。

太史集

徐𤊹《徐氏家藏書目・別集類》 王同祖《太史集》六卷。字繩武，吴縣人。

正德辛巳進士，國子監司業。

黃虞稷《千頃堂書目・別集類》 王同祖《王太史集》六十卷。字繩武，崑山人。國子監司業。

《明史・藝文志・別集類》 王同祖《太史集》六十卷。

沅谿詩集

黃虞稷《千頃堂書目・別集類》 何鼇《沅谿詩集》七卷。字子魚，順德人。湖廣布政使。

程松谿先生文集

張萱等《内閣藏書目録・集部》 《程松谿先生文集》四册。全。程文德著。

松溪集

王圻《續文獻通考・經籍考・集下》 〔程文德〕《程松谿集》。

徐𤊹《徐氏家藏書目・別集類》 程文德《松溪集》十卷。字舜敷，銈之子。嘉靖己丑榜眼，吏部侍郎。

黃虞稷《千頃堂書目・別集類》 程文德《松谿集》三十二卷。字舜敷，永康人。一甲第二人，吏部左侍郎兼翰林院學士，掌詹事府事。贈禮部尚書，謚文恭。

《四庫提要・別集類存目四》 《松溪集》十卷。兩淮鹽政採進本。 明程文德撰。文德字舜敷，永康人。嘉靖己丑進士，官至吏部左侍郎，掌詹事府。謫南京工部右侍郎，疏辭忤旨，除名歸。萬曆中追贈禮部尚書，謚文恭。事蹟具《明史・儒林傳》。是集第一卷爲對策、講章，二卷爲頌及古體詩，三卷爲今體詩，四卷爲奏疏、表，五卷爲書，六卷爲序，七卷爲記、跋，八卷爲祭文，九卷爲傳、誌銘，十卷爲雜著。詩非所長。奏疏内如《賑濟疏》所條陳便宜諸事，頗切明季時政之弊。又所奏《郊壇事例》，皆《明史》各志及《明會典》、王圻《續通考》所未載。

程文恭遺稿

《四庫提要・別集類存目四》 《程文恭遺稿》三十二卷。浙江巡撫採進本。 明程文德撰。此集二十二卷以前皆文，二十一卷以後皆詩。較《松溪集》爲賅備，然體格則一也。

藝餘集　續集

張萱等《内閣藏書目録・集部》 柯希齋《藝餘集》四册。全。嘉靖間莆田柯維騏著。又四册。全。

黃虞稷《千頃堂書目・別集類》 柯惟騏《藝餘集》十卷，又《續集》四卷。字奇純，莆田人，南京户部主事。

《明史・藝文志・別集類》 柯維騏《藝餘集》十四卷。

柯惟騏雜著

黃虞稷《千頃堂書目・別集類》 柯惟騏《雜著》二卷。

常濱集

王圻《續文獻通考・經籍考・集下》 《常濱集》。何祉著，進賢人。

敝帚集

黄虞稷《千頃堂書目·别集類》 趙廷松《敝帚集》。字子俊，樂清人。

東華文集

黄虞稷《千頃堂書目·别集類》 戴時弁《東華文集》。字貞甫，臨海人。

蔭白堂稿

黄虞稷《千頃堂書目·别集類》 司馬泰《蔭白堂稿》。字魯瞻，江寧人。南監察御史，出守懷慶、濟南、嘉興三府。

山居百詠

黄虞稷《千頃堂書目·别集類》 司馬泰《山居百詠》。

石梁集

徐𤊹《徐氏家藏書目·别集類》 王度《石梁集》九卷。字律生，天臺人。嘉靖癸未進士，官建昌府知府。

黄虞稷《千頃堂書目·别集類》 王度《回浦集》，又《語道集》，又《庚辛集》，又《雲言蔭松集》。字律生，臨海人，建昌知府。黄作《石梁集》九卷。

赤山集

黄虞稷《千頃堂書目·别集類》 周易《赤山集》八卷。字時伯，蕪湖人。提學副使。

騮山集

黄虞稷《千頃堂書目·别集類》 陳褒《騮山集》十六卷。字邦進，寧德人。巡按江西，監察御史。

石比部集

黄虞稷《千頃堂書目·别集類》 石英中《石比部集》八卷。字□□，上海人。

《四庫提要·别集類存目四》 《石比部集》八卷。江蘇周厚堉家藏本。明石英中撰。英中字子珍，上海人。嘉靖癸未進士，官刑部主事。是集幾詩三卷，文四卷。英在西曹，以受誣被囚。其《七宣紀夢》及《古樂府》等篇，皆獄中所作，頗磊落有氣。嘗自評其文如赤手捕龍蛇，蓋才情俊逸，而未能斂才就法者也。

漫游稿

范邦甸等《天一閣書目·别集類》 《漫遊稿》六卷。刊本。明馮三石撰。黄訓序云：往子馮子都水于徐，予道齊魯之郊識焉。子馮子號三石，有文集若干卷，間出緒餘，示學諸生，劉丞時濟得而梓之。

黄虞稷《千頃堂書目·别集類》 馮世雍《漫游稿》。字子和，江夏人。徽州知府。

三石集

黃虞稷《千頃堂書目・別集類》 馮世雍《三石集》。

石氏家藏稿

黃虞稷《千頃堂書目・別集類》 石簡《石氏家藏稿》。字廉伯，寧海人。

石疊集

黃虞稷《千頃堂書目・別集類》 李宗樞《石疊集》四卷。字子西，富平人。巡撫河南，都御史。

海峰堂前稿

張萱等《内閣藏書目録・集部》 《海峰堂前稿》六册。全。國朝葉敬之著。

海峰堂集

黃虞稷《千頃堂書目・別集類》 葉良佩《海峰堂集》十八卷。字敬之，浙江太平人。刑部郎中。

葉海峰文

《四庫提要・別集類存目四》 《葉海峰文》一卷。浙江范懋柱家天一閣藏本。明葉良佩撰。良佩有《周易義叢》，已著録。《天台志》稱良佩所著，有《海峰堂前稿》十八卷。此册乃天一閣鈔本，所載皆雜文，僅四十二頁。蓋後人所摘録，非其全集也。

中憲集

徐𤊹《徐氏家藏書目・別集類》 鄔紳《中憲集》六卷。字佩之，號南涯，丹徒人。嘉靖癸未進士，累官西蜀按察使。

黃虞稷《千頃堂書目・別集類》 鄔紳《中憲集》四卷。字佩之，丹徒人。四川副使。一作六卷。

《明史・藝文志・別集類》 鄔紳《中憲集》六卷。

用拙稿

黃虞稷《千頃堂書目・別集類》 葉照《用拙稿》。字景陽，慈谿人。撫治鄖襄，右副都御史。

溝盈集

黃虞稷《千頃堂書目・別集類》 葉照《溝盈集》。

泰華集

黄虞稷《千頃堂書目・别集類》 張景《泰華集》六卷。字光啓，汝陽人。陝西副使。

望萊集

黄虞稷《千頃堂書目・别集類》 黄直《望萊集》。字以方，金谿人。漳州府推官。

還江集

黄虞稷《千頃堂書目・别集類》 黄直《還江集》。

東宦紀

黄虞稷《千頃堂書目・别集類》 王昺海《東宦紀》三卷。字承晦，章丘人。南京工部右侍郎。

三洲初稿

黄虞稷《千頃堂書目・别集類》 李義壯《三洲初稿》十五卷。字□□，南海人。巡撫貴州，都御史。

珠玉遺稿

徐𤊹《徐氏家藏書目・别集類》 李循義《珠玉遺稿》二卷。字時行，鄞縣人，正德中鄉舉。

黄虞稷《千頃堂書目・别集類》 李循義《鄮溪集》。字時行，鄞縣人。□志□□作《珠玉遺稿》二卷。正德中舉人。

殳山文集

黄虞稷《千頃堂書目・别集類》 張文憲《殳山文集》。字廷鑑，武功籍，崇德人。

石皐集

黄虞稷《千頃堂書目・别集類》 左思忠《石皐集》四卷。字舜臣，長安人。吏部驗封司員外。

鵠湖詩稿

高儒《百川書志・集・國朝》 陳水部《鵠湖詩稿》二卷。水部濟南陳明著。

鵠湖稿

徐𤊹《徐氏家藏書目・别集類》 陳明《鵠湖稿》二卷。字□□，濟南府人。嘉靖□□進士，工部主事。

黄虞稷《千頃堂書目・別集類》 陳明《鵲湖稿》二卷。字□□，歷城人。工部主事。

水西居士集

黄虞稷《千頃堂書目・別集類》 華鑰《水西居士集》十二卷。字德啓，無錫人。壬午解元，庶吉士，官刑部郎中。

《明史・藝文志・別集類》 華鑰《水西居士集》十二卷。

《四庫提要・別集類存目四》 《水西居士集》八卷。山東巡撫採進本。明華鑰撰。鑰字德啓，號水西，無錫人。嘉靖癸未進士，官至兵部郎中。是集詩二卷，文六卷。其詩多慶賀贈答之什，流麗有餘而深厚不足，其文亦尚未成就。

勝遊集

黄虞稷《千頃堂書目・別集類》 華鑰《勝遊集》二卷。

南苕集

黄虞稷《千頃堂書目・別集類》 韋商臣《南苕集》一卷。字希尹，長興人。四川左參議。

西遺稿

黄虞稷《千頃堂書目・別集類》 李仁吾《西遺稿》。字元夫，東阿人。右副都御史。

蓮峰集

黄虞稷《千頃堂書目・別集類》 葉份《蓮峰集》。字原學，婺源人。山東提學副使。

春谿集

黄虞稷《千頃堂書目・別集類》 狄沖《春谿集》。字仲虚，溧陽人。南京工部郎中。

春谿詩集

《四庫提要・別集類存目四》 《春谿詩集》四卷。浙江朱彝尊家曝書亭藏本。明狄沖撰。沖字仲虚，溧陽人。嘉靖癸未進士，官至南京工部郎中。是集分《未達》、《筮仕》、《南行》、《移滇》、《居筠》、《近遊》、《金陵》七稿。其《擬李東陽樂府一百二首》，自謂神似，然全襲原題，篇模句仿，實牀上牀、屋下屋也。

蘿山詩集

黄虞稷《千頃堂書目・別集類》 程旦《蘿山詩集》。字孟明，歙縣人。浙江布政使。

亦愚集

黄虞稷《千頃堂書目・別集類》 方升《亦愚集》。字世猷，婺源人。福建副使。

王鳳林文集

《四庫提要・别集類存目四》《王鳳林文集》四卷，《詩集》三卷。浙江汪汝瑮家藏本。明王從善撰。從善字承吉，號鳳林，襄陽人。嘉靖癸未進士，官吏部考功司主事。是編乃其子之瑞所編，多牽率應酬之作。《千頃堂書目》不著録，殆偶未見歟。

王鳳林詩集

《四庫提要・别集類存目四》《王鳳林詩集》三卷。浙江汪汝瑮家藏本。明王從善撰。

東遊集

《四庫提要・别集類存目四》《東遊集》一卷。浙江汪啓淑家藏本。明黄金撰。金號莘溪，莆田人，嘉靖癸未進士，官山東新城縣知縣。是集即其赴新城時所作，自出京至濟南，凡所遊歷，俱紀以詩，率皆淺易。又間以應酬雜著，若《賀施少府榮膺旌獎序》之類，錯載於詩之前後，尤無體例。

北海野人稿

《四庫提要・别集類存目四》《北海野人稿》一卷。兩江總督採進本。明黄禎撰。禎字德兆，號北海野人，安丘人。嘉靖癸未進士，官至吏部文選司郎中。府志稱其免官歸，日事吟咏。爲文力追古作者，與李舜臣齊名，海内謂之李、黄。然明代他書，不甚著李、黄之名。疑輿記夸飾之詞，未必確也。宋弼《山左明詩鈔》謂禎有《北上》及《户部》、《符臺》諸集。是編僅鈔存騷賦九首，五言古詩數十首，前後無序跋，蓋非全帙矣。

頭責齋詩

黄虞稷《千頃堂書目・别集類》 秦鎬《頭責齋詩》八卷。字□京，汝南人。爲諸生。以詩名。

鬘園銷夏録

黄虞稷《千頃堂書目・别集類》 秦鎬《鬘園銷夏録》四卷。

漳埜文集

《四庫提要・别集類存目四》《漳埜文集》八卷。兩江總督採進本。明李新芳撰。新芳字元德，别號漳埜，潞州人。嘉靖癸未進士，官至監察御史。是集爲其門人楊世卿所編，前六卷爲雜文，後二卷爲詩賦，以行狀、墓誌附於後。其文講學之作多至三卷，而他文宗旨亦不離乎是。其詩亦濂洛風雅之派也。

篆江存稿

范邦甸等《天一閣書目・别集類》《篆江存稿》九卷。刊本。明姜恩著，李維鉉校，沈淳序。

仲子集

黃虞稷《千頃堂書目・別集類》 蘇澹《仲子集》七卷。字子沖，濮州人。濂弟。

《明史・藝文志・別集類》 蘇澹《仲子集》七卷。

石聯遺稿

黃虞稷《千頃堂書目・別集類》 沈綸《石聯遺稿》六卷。字世明，一字伯達，嘉善人。

一川野稿

黃虞稷《千頃堂書目・別集類》 周吉《一川野稿》。字應貞，西安左衛人。蘭陽知縣。

巖亭集

徐𤊹《徐氏家藏書目・別集類》 凌瀚《岩亭集》四卷。字德容，蘭谿人。嘉靖乙酉經魁，周府紀善。

黃虞稷《千頃堂書目・別集類》 凌瀚《巖亭集》四卷。字德容，蘭谿人。周府紀善。

婁子敬文集

《四庫提要・別集類存目四》 《婁子敬文集》六卷。浙江巡撫採進本。明婁樞撰。樞字子敬，河內人。嘉靖乙酉舉人。

王士禛《漁洋書跋》 《婁子柔古文》。讀元氏、白氏《長慶集》婁堅子柔二序，紓餘倡歎，真古文也。子柔，嘉定人，與唐時升、程嘉燧、李流芳齊名。萬曆末，婁之文、程之詩，號吴中二絶。崇禎中，有臨川傅占衡，字平叔，能古文，在艾南英之上。入國朝，言古文者益多，如婁、傅者，予未見其比也。占衡乃天啓中給事中槐之子。

平山文集　詩集

《四庫提要・別集類存目五》 《平山文集》八卷，《詩集》八卷。直隸總督採進本。明何濤撰。濤字仲平，江西廣昌人。嘉靖己酉舉人，據集中所言，蓋嘗官於安慶，不知爲安慶何官也。詩文皆率其所欲言。詩集第五卷有《讀白集卒業》一首，可以知其宗尚矣。

平山遺集

軍機處奏《禁毀書目》 《平山遺集》一部，二本。查《平山遺集》，係明何濤撰。詩中有指斥語，應請銷毀。

激衷小擬

徐𤊹《徐氏家藏書目・別集類》 唐樞《激衷小擬》一卷。字子鎮，號一菴，歸安人。嘉靖丙戌進士，刑部主事，卒年七十九。

木鍾臺集

黃虞稷《千頃堂書目・別集類》 唐樞《木鍾臺集》三十二卷。字一菴，歸安人，

刑部主事。

《明史・藝文志・別集類》 唐樞《木鍾臺集》三十二卷。

木鍾臺續集

黄虞稷《千頃堂書目・別集類》 唐樞《木鍾臺續集》一百卷。

巖居稿

徐𤊹《徐氏家藏書目・別集類》 華察《巖居稿》四卷。字子潛，號鴻山，無錫人。嘉靖丙戌進士，官翰林學士。龔用卿、王慎中爲序。

黄虞稷《千頃堂書目・別集類》 華察《巖居稿》八卷。字子潛，號鴻山，無錫人。侍讀學士，掌南翰林院事。

《明史・藝文志・別集類》 華察《巖居稿》八卷。

王仲山集

王士禛《漁洋書跋》 《王仲山集》。康熙二十年辛酉夏六月，梁谿門人劉雷恒震修，北來應順天鄉試，惠予《仲山集》及《高忠憲公遺書節要》。時方連雨，庭柯增緑，叢竹娟好。涇川劉舍人子端適送琴魚閔茶，屬小疾謝客，焚魚啜茗，披玩移日。

原筮齋後集

范邦甸等《天一閣書目・別集類》 《原筮齋後集》二卷。刊本。明仲山王問著。嘉靖癸丑潘符序云：《原筮齋後集》者，前若干卷皆宦遊時作，後若干卷則歸來時作也。先生簡命之廣臬年正強，仕筮易得甘節，亟浩然歸耕于九里涇闢山寶界。每于養志課書之暇，肆情游眺，當其意得縱筆，縷縷不少休。或時趺坐噤不出一語，人莫得而測也。古人居閒每多日録，今觀是編，慮泊而思遠，事核而理真，凡一草一木、一蟲一禽，感物興懷，胥于斯焉發之。殆于日録同旨，謂之詩止也亦宜。

黄虞稷《千頃堂書目・別集類》 王問《原筮齋後集》二卷。字子裕，無錫人，廣東僉事。

祗役稿

黄虞稷《千頃堂書目・別集類》 王問《祗役稿》。

崇文館稿

黄虞稷《千頃堂書目・別集類》 王問《崇文館稿》。

仲山詩選

范邦甸等《天一閣書目・別集類》 《仲山詩選》九卷。刊本。明王問著。殷邦靖校選，鄭伯興編輯，嘉靖癸丑潘符序。

黄虞稷《千頃堂書目・別集類》 王問《仲山詩選》八卷。

《明史・藝文志・別集類》 王問《仲山詩選》八卷。

中溪集

張萱等《内閣藏書目録・集部》 《中谿稾稿》十册。全。嘉靖間郡守大理李元陽著。

黃虞稷《千頃堂書目·別集類》 李元陽《中溪集》十卷。字仁甫，雲南太和人。庶吉士，荆州知府。

中溪詩集

黃虞稷《千頃堂書目·別集類》 李元陽《中溪詩集》十卷。

東城集

王圻《續文獻通考·經籍考·集下》 《林東城文集》。泰州林春著。

張萱等《内閣藏書目録·集部》 《林東城文集》二册。全。嘉靖間林春著。

黃虞稷《千頃堂書目·別集類》 林春《東城集》二卷。字子仁，泰州人。會元，吏部文選司郎中。

《明史·藝文志·別集類》 林春《東城集》二卷。

白洛原集

黃虞稷《千頃堂書目·別集類》 白悦《白洛原集》八卷。字貞夫，武進人。尚寶司丞，詔遷江西按察司僉事，俄令致仕。

《四庫提要·別集類存目四》 《洛原遺稿》八卷。浙江汪汝瑮家藏本。明白悦撰。悦字貞夫，武進人。嘉靖壬辰進士，官至江西按察司僉事。悦爲尚書昂之孫，家世鼎貴，而獨刻意學詩。句調華贍，神理頗清，視當時襞積者差勝。特格律未能變化，往往雷同。

東厓集

王圻《續文獻通考·經籍考·集下》 《翁東涯集》。翁萬達著。

黃虞稷《千頃堂書目·別集類》 翁萬達《東厓集》十七卷。字仁夫，揭陽人。兵部尚書，贈太子少保，謚襄毅。

恩德堂集

黃虞稷《千頃堂書目·別集類》 翁萬達《恩德堂集》二卷。

唐音文集

黃虞稷《千頃堂書目·別集類》 《唐音文集》二十卷。字希古，武進人。舉人，雞澤知縣。與毛憲、魏校同學。

《明史·藝文志·別集類》 《唐音文集》二十卷。

勿齋文集　詠史詩

黃虞稷《千頃堂書目·別集類》 益莊王厚燁《勿齋文集》五卷。弟崇仁恭王厚炫嗣封，編輯以行，分校者左長史張默、右長史李敉。又《詠史詩》。端王祐檳子，憲宗孫，藩封建昌府，嘉靖二十年襲封。

邇卑吟集

黃虞稷《千頃堂書目·別集類》 徽王《邇卑吟集》一卷。

玩鹿亭稿

范邦甸等《天一閣書目·別集類》 《玩鹿亭稿》二卷。刊本。明萬表著。

徐𤊹《徐氏家藏書目・別集類》 萬表《玩鹿亭稿》二卷。字民望，寧波衛人。官南京中府都督僉事。

黄虞稷《千頃堂書目・別集類》 萬表《玩鹿亭集》八卷。字民望，鄞人。正德末中武進士，累官南中軍都督府都督同知僉事。

《明史・藝文志・別集類》 萬表《玩鹿亭稿》八卷。

《四庫提要・別集類存目三》 《玩鹿亭稿》八卷，附録一卷。浙江巡撫採進本。明萬表撰。表有《海寇議》，已著録。萬氏世以勳績顯，表獨才兼文武，每與唐順之等講學。禦倭亦有功績，號爲儒將。然其詩文，氣格稍弱，故終不能與一時文士角逐詞壇。是集凡詩二卷，文六卷，末附録贈荅詩啓及行狀、墓誌。乃其子達甫所編，其孫邦孚所刻。達甫有《皆非集》，邦孚有《一枝軒稿》，皆能傳其家學云。

鹿亭詩鈔

黄虞稷《千頃堂書目・別集類》 萬表《鹿亭詩鈔》。

青蘿文集

黄虞稷《千頃堂書目・別集類》 王漸逵《青蘿山人集》十六卷。字用儀，番禺人。刑部主事，贈光禄寺少卿。

《明史・藝文志・別集類》 王漸逵《青蘿集》十六卷。

《四庫提要・別集類存目三》 《青蘿文集》二十卷。兩江總督採進本。明王漸逵撰。漸逵字用儀，號青蘿子，番禺人。正德丁丑進士，官刑部主事，家居十餘年，以薦起官。言事不報，復乞歸。是集文八卷，首載《陳愚見以裨聖化》、《乞創立以存根本》兩疏，即其復起時所上。詩分《北遊》、《大隱》、《羅浮》、《靈洲》、《中洞》、《樾森》、《雙魚》、《深明》、《洛澄》、《越山》、《白雲》、《蘿山》十二稿，稿爲一卷。其《鐵橋》一絶，朱彝尊《詩話》謂其追蹤唐許碏「閬苑花前」之作。然沙中金屑，正復不能多覯也。

白山集

黄虞稷《千頃堂書目・別集類》 倫以訓《白山集》十卷。字□□，南海人。文叔子。會元，一甲第二人，南京國子監祭酒。

《明史・藝文志・別集類》 倫以訓《白山集》十卷。

居敬堂集

黄虞稷《千頃堂書目・別集類》 趙康王厚煜《居敬堂集》十二卷。文皇帝第三子趙簡王高燧之來孫，正德十六年襲封。

存愚集　思問集　紀遇集　東鄉集

黄虞稷《千頃堂書目・別集類》 張純《存愚》、《思問》、《紀遇》、《東鄉》等集。字伯貞，永嘉人。

河西稿

黄虞稷《千頃堂書目・別集類》 王誥《河西稿》。字公遇，西平人。總督漕運侍郎，兼右都御史。

鄭司馬公詩集

張萱等《内閣藏書目録・集部》 《鄭司馬公詩集》一册。嘉靖間莆田鄭綗著。

東匯詩集

范邦甸等《天一閣書目·別集類》 《東匯詩集》十卷。刊本。明通政武林呂希周著。嘉靖丙寅男中書舍人端甫編，門人太保東湖陸炳、禮科給事陳邦修校，吏部侍郎汝湖謝丕序。

黄虞稷《千頃堂書目·別集類》 呂希周《東匯詩集》十卷。字師旦，崇德人。通政司使。

《四庫提要·別集類存目四》 《東匯詩集》十卷。兩江總督採進本。明呂希周撰。希周字師旦，崇德人。嘉靖丙戌進士，官至通政使。是集編於嘉靖甲寅。其子端甫志云：「始自乙酉，迄今甲寅，共詩一千二百八十九首。呈於太保東湖公，欣然命付之梓。」東湖，陸炳別號也，爲希周門人。朱彝尊《詩話》云：「東匯於詩亦沾沾自喜，其集不甚傳。」由其子請論定於陸武惠也，同里曹秋嶽侍郎集明三百年名公手蹟，裝潢成册，多至七百家，《東匯雜詩》在焉。比集中所載者較勝。今詳端甫志，希周家居至甲寅尚無恙。曹溶所集，當是其甲寅以後詩歟？

樊氏集

范邦甸等《天一閣書目·別集類》 《樊氏集》六卷。刊本。明信陽樊鵬著，汾陽孔天允刻。卷一《信陽集》，卷二《安州集》，卷三《北都集》，卷四《中都集》，卷五《南都集》，卷六《關中集》，統名之曰《樊氏集》。嘉靖十五年丙申滸西康海序。

黄虞稷《千頃堂書目·別集類》 樊鵬《樊氏集》十二卷。字少南，信陽州人。固原兵備僉事。

菁山集

黄虞稷《千頃堂書目·別集類》 施侃《菁山集》。字邦直，歸安人。

芷蘭集

徐𤊹《徐氏家藏書目·別集類》 聞人詮《芷蘭集》一卷。字邦正，號北江，餘姚人。嘉靖丙戌進士，官南京提學副使。

黄虞稷《千頃堂書目·別集類》 聞人詮《芷蘭集》一卷。字邦正，餘姚人。督學南直御史。

菁陽集選

徐𤊹《徐氏家藏書目·別集類》 范言《菁陽集選》五卷。字孔嘉，秀水人。嘉靖丙戌進士，官大理府同知。卒年八十三。

黄虞稷《千頃堂書目·別集類》 范言《菁陽集選》五卷。字孔嘉，秀水人。大理府同知。

《明史·藝文志·別集類》 范言《菁陽集》五卷。

四音存稿

黄虞稷《千頃堂書目·別集類》 范言《四音存稿》。

西川集

黄虞稷《千頃堂書目·別集類》 方克《西川集》十二卷。字惟力，桐城人。陝西苑馬寺少卿。

清思漫紀

黄虞稷《千頃堂書目・别集類》 蔣瑜《清思漫紀》。字純卿，東陽人。

懷沙集

黄虞稷《千頃堂書目・别集類》 蔣瑜《懷沙集》。

蒲谷集

黄虞稷《千頃堂書目・别集類》 岑萬《蒲谷集》一卷。字體一，順德人。河南布政使。

朴庵詩集

高儒《百川書志・集・國朝》 《朴庵詩集》四卷。《宦游稿》、《金山稿》、《復游稿》、《歸休稿》、《歲稿》一卷。東郡少岱子谷繼宗嗣興著。

谷少岱歲稿

范邦甸等《天一閣書目・别集類》 《谷少岱歲稿》一册。明東郡谷繼宗撰，嘉靖辛卯傅漢臣序，夾谷孫光輝跋。

谷繼宗遺稿

黄虞稷《千頃堂書目・别集類》 《谷繼宗遺稿》一卷。字嗣興，歷城人。官知縣。

白山集

黄虞稷《千頃堂書目・别集類》 石文睿《白山集》。字文思，寧海人。太常博士。

北還集

黄虞稷《千頃堂書目・别集類》 張鵬《北還集》一卷。字鳴南，沁州人。大理寺右寺丞。

遺文諫草

黄虞稷《千頃堂書目・别集類》 張鵬《遺文諫草》八卷。

東巡録

黄虞稷《千頃堂書目・别集類》 張鵬《東巡録》。

遷鶯館集

黄虞稷《千頃堂書目・别集類》 張鏊《遷鶯館集》。字濟甫，南昌人。南京兵部尚書。

秋山文集

黄虞稷《千頃堂書目・别集類》 程霆《秋山文集》。字仲復，婺源人。户部郎中。

前峰漫稿

黄虞稷《千頃堂書目・别集類》 戴嘉猷《前峰漫稿》。字獻之，績谿人。浙江巡海副使。

東西楚蜀四稿

黄虞稷《千頃堂書目・别集類》 戴嘉猷《東西楚蜀四稿》。

拮据堂遺稿

徐𤊹《徐氏家藏書目・别集類》 趙吴《拮据堂遺稿》一卷。字子明，慈谿人。嘉靖丙戌進士，官□□御史。

均奕詩集

范邦甸等《天一閣書目・别集類》 《均奕詩集》一册。刊本。

讀史漫稿

范邦甸等《天一閣書目・别集類》 《讀史漫稿》一卷。刊本。明慈谿陳鯨著。自虞帝以迄南宋，上下數千年，詩凡若干首。嘉靖己未弟陳茂義序。

鄭少白詩集

范邦甸等《天一閣書目・别集類》 《鄭少白詩集》五卷。刊本。明閩中鄭允璋著。嘉靖甲午楚朱廷立、曾烶、錢塘楊祐、蘇城毛鳳韶序，前蜀湯紹恩、滇劉綸、同郡柯榮仁書後。

玩易堂詩

范邦甸等《天一閣書目・别集類》 《玩易堂詩》六册。刊本。明楊育秀撰，徐光啓序。

玩易堂稿

徐𤊹《徐氏家藏書目・别集類》 楊育秀《玩易堂稿》一卷。字原山，貴溪人。嘉靖丙戌進士，吏部郎中。

西樝集

范邦甸等《天一閣書目・別集類》《西樝集》一册。明楊某撰。

嘉靖龍飛頌

黄虞稷《千頃堂書目・騷賦類》潘淵《嘉靖龍飛頌》。嘉靖五年三月，天台起復知縣潘淵獻。凡六十四圖，五百段，一萬二千章。倣蘇蕙織錦回文體，帝以其文字縱横，不可辨識，令圖寫正文再上。

金陵覽勝詩

《四庫提要・別集類存目四》《金陵覽勝詩》一卷。浙江范懋柱家天一閣藏本。明章恩撰。恩字元之，山陰人。是集刻於嘉靖丙戌，皆五七言近體，多題咏名勝之作。其所列古蹟，如桃花小峴及虎踞關，皆志乘所未載。然才力稍弱，尚未足以摹寫江山。

藝文類稿

黄虞稷《千頃堂書目・別集類》薛甲《藝文類稿》十四卷。字應登，江陰人。江西按察司副使。

《明史・藝文志・別集類》薛甲《藝文類稿》十四卷。

祐山詩選

徐𤊹《徐氏家藏書目・別集類》馮汝弼《祐山詩選》一卷。字惟良，平湖人。嘉靖壬辰進士，官給事中。

龍溪全集

徐𤊹《徐氏家藏書目・別集類》王畿《龍溪先生集》二十卷。字汝中，山陰人。嘉靖壬辰進士，官終南京兵部郎中。陽明先生之高弟也。卒年八十六。

張萱等《内閣藏書目録・集部》《龍谿王先生全集》十册。全。嘉靖間王畿著。

黄虞稷《千頃堂書目・別集類》王畿《龍谿先生文集》二十卷。字汝中，山陰人。南京武選主事。

《明史・藝文志・別集類》王畿《龍谿文集》二十卷。

《四庫提要・別集類存目四》《龍谿全集》二十卷。兩江總督採進本。明王畿撰。畿字汝中，號龍谿，山陰人。嘉靖壬辰進士，官至兵部武選司郎中。事蹟具《明史・儒林傳》。

龍溪語録

《四庫提要・別集類存目四》《龍溪語録》八卷。浙江巡撫採進本。明王畿撰。是編雖名語録，實即畿之文集。前有李贄序，謂之《龍溪集鈔》，蓋又經贄所品定也。合是二人以成此書，則書可知矣。

馬氏家藏集

黄虞稷《千頃堂書目・別集類》馬卿《馬氏家藏集》。字□□，林縣人。總督漕儲，副都御史。又公家集四卷。

定齋存稿

黃虞稷《千頃堂書目・別集類》 梁格《定齋存稿》三卷。字君正，稷山人。南京兵科給事中。

窺易集

黃虞稷《千頃堂書目・別集類》 梁格《窺易集》。

冰玉堂綴逸稿　蘭舟漫稿　附二餘詞

《四庫提要・別集類存目四》 《冰玉堂綴逸稿》二卷，《蘭舟漫稿》一卷，附《二餘詞》一卷。浙江孫仰曾家藏本。明陳如綸撰。如綸字德宣，號午江，太倉人。嘉靖壬辰進士，官至福建布政司參議。文集爲其子謙亨等所編。初稿本十卷，以弗戒於火，稿盡亡。謙亨搜求殘賸，緝爲二卷，故題曰《綴逸》。其詩別名《蘭舟漫稿》，爲如綸所自編。乃嘉靖甲辰服闋補江西按察司僉事時途中所作。其詩餘別名《二餘詞》，亦如綸自編。二餘者，如綸別號也。

蘭舟漫稿

黃虞稷《千頃堂書目・別集類》 陳如綸《蘭舟漫稿》一卷。字□□，號午江，太倉人，本姓許。

轂音集

范邦甸等《天一閣書目・別集類》 《轂音集》四卷。明吳興王良樞著。

徐𤊹《徐氏家藏書目・別集類》 王良樞《轂音》四卷。字□□，號庚陽，歸安人。

王良樞《轂音》四卷。字□□，號庚陽，歸安人。

翰林詩稿

黃虞稷《千頃堂書目・別集類》 郭鎜《翰林詩稿》。字□□，高平人。鋆從弟，南京工部右侍郎。

窮居集

黃虞稷《千頃堂書目・別集類》 郭鎜《窮居集》。

愚谷集

黃虞稷《千頃堂書目・別集類》 李舜臣《愚谷集》十卷。字懋卿，山東樂安人。會元，太僕寺卿。

《明史・藝文志・別集類》 李舜臣《愚谷集》十卷。

《四庫提要・別集類二五》 《愚谷集》十卷。山東巡撫採進本。明李舜臣撰。舜臣字茂欽，號愚谷，又號未邨居士，山東樂安人。嘉靖癸未進士，官至太僕寺卿。是集詩四卷，曰《部署稿》、曰《金陵稿》、曰《江西稿》、曰《歸田稿》。文六卷，前有王世貞、孔天允二序。

符臺集

黄虞稷《千頃堂書目・别集類》 李舜臣《符臺集》二卷。

樓溪集

黄虞稷《千頃堂書目・别集類》 崔廷槐《樓溪集》三十六卷。字公桃，平度州人。按察司僉事。

《明史・藝文志・别集類》 崔廷槐《樓溪集》三十六卷。

周簡肅公遺稿

黄虞稷《千頃堂書目・别集類》 周延《周簡肅公遺稿》二卷。字□□，吉水人。太子少保，左都御史，贈太子太保，謚簡肅。

端簡文集

黄虞稷《千頃堂書目・别集類》 鄭曉《鄭端簡公集》十二卷。字窒甫，海鹽人。刑部尚書，贈太子少保，謚端簡。

《明史・藝文志・别集類》 《鄭曉文集》十二卷。

《四庫提要・别集類存目四》 《端簡文集》十二卷。兩江總督採進本。明鄭曉撰。曉有《禹貢圖説》，已著録。是編第一卷爲《説經》，第二卷爲詩，第三卷至八卷爲雜文，第九卷至十二卷爲奏疏。於奏疏中又分三類，首淮揚，次兵部，次刑部。曉熟諳典故，通達國體，志在經世，於韻語頗不多作。其文亦直抒所見，不以詞藻求工。前有萬曆庚子彭夢祖序，稱曉著作甚富，没後懼累畀火，存者未及什一。其孫敬仲始爲蒐集付梓云。

吾學編

王圻《續文獻通考・經籍考・集下》 《吾學編》。鄭曉著。

浮槎稿

范邦甸等《天一閣書目・别集類》 《浮槎稿》十二卷。刊本。明潘滋著。黄廷言跋，周思兼序。

黄虞稷《千頃堂書目・别集類》 潘滋《浮槎稿》十卷。字汝霖，婺源人。建寧通判。

桃穀集

黄虞稷《千頃堂書目・别集類》 潘滋《桃穀集》。

聞蛩集

黄虞稷《千頃堂書目・别集類》 潘滋《聞蛩集》。

莪齋集

黄虞稷《千頃堂書目・别集類》 陳津《莪齋集》。字道通，長洲人。丁酉舉人，兵部職方郎中。

趙勳遺集

黄虞稷《千頃堂書目・别集類》《趙勳遺集》五卷。字彝伯，番禺人。山東僉事。

懷古詩文稿

黄虞稷《千頃堂書目・别集類》咼文光《懷古詩文稿》。

北覲稿

黄虞稷《千頃堂書目・别集類》咼文光《北覲稿》。

擬陶詩

黄虞稷《千頃堂書目・别集類》咼文光《擬陶詩》。公安人。官巴縣、蓬溪二縣知縣。

山居存稿

黄虞稷《千頃堂書目・别集類》鄧遷《山居存稿》十一卷。字世喬，閩縣人。嘉興府通判，靖江王長史。

九嵕山人集

黄虞稷《千頃堂書目・别集類》顧聞《九嵕山人集》。字行之，吴縣人。

柏崖類稿

黄虞稷《千頃堂書目・别集類》黄瑚《柏崖類稿》。字汝器，義烏人。

南溟詩集

黄虞稷《千頃堂書目・别集類》陸鼇《南溟詩集》。字子任，平湖人。

荆山詩文

黄虞稷《千頃堂書目・别集類》江檠《荆山詩文》。開化人。

石川稿

黄虞稷《千頃堂書目・别集類》葉禎《石川稿》。字瑞卿，麗水人。

茹蘁草

黄虞稷《千頃堂書目・别集類》汪鯨《茹蘁草》。字時躍，績谿人。保寧府通判。

王寅詩文集

《明史·藝文志·别集類》 《王寅詩文集》八卷。

王仲房集

黄虞稷《千頃堂書目·别集類》 王寅《王仲房集》四卷。

十徽集

徐𤊹《徐氏家藏書目·别集類》 王寅《十徽集》四卷。字仲房，歙縣人。嘉靖中諸生。胡少保宗憲序而行其集。

十岳山人詩集

黄虞稷《千頃堂書目·别集類》 王寅《十岳山人集》四卷。字仲房，一字亮卿，歙縣人。以布衣入胡宗憲幕。

英廉奏《抽毁書目》 《十嶽山人集》四本。查《十嶽山人集》，係明王寅撰。寅在嘉靖中，嘗遊胡宗憲幕府，其詩雖多作於隆、萬以前，但其中如卷一《塞上曲》三首、《飲馬長城窟》一首、《廟謨重九邊》一首、《燕京再送伯玉司馬》一首，卷二《恒山歌》、《俺答圖》，卷四《秋興》八首、《遼陽兵變》一首，措詞均多偏謬，應請抽燬。

《四庫提要·别集類存目四》 《十岳山人詩集》四卷。浙江孫仰曾家藏本。明王寅撰。寅字仲房，一字亮卿，歙縣人。嘗北走大梁，問詩於李夢陽。中年習禪，事古峰和尚。古峰曰：「吾徧遊海内五岳，今將徧歷海外五岳，而後出世。」寅聞其語而悦之，因自號「十岳山人」。是集寅所自編，其詩音節宏亮，皆步趨北地之派。而鑄語未堅，時多累句。

沱村文集

黄虞稷《千頃堂書目·别集類》 史褒善《沱村文集》。字□□，開州人。大理寺卿，兼南京右僉都御史，提督江防。

一泉稿

黄虞稷《千頃堂書目·别集類》 郭鋆《一泉稿》。字□□，高平人。工部左侍郎。

張莊僖文集

《四庫提要·别集類二五》 《張莊僖文集》五卷。浙江巡撫採進本。明張永明撰。永明字鍾誠，烏程人。嘉靖乙未進士，官至刑部尚書，改左都御史，謚莊僖。事蹟具《明史》本傳。是編原分六集，以《禮》、《樂》、《射》、《御》、《書》、《數》爲目，蓋編次者之陋。《禮集》爲誥命、祭文、贊誄、碑誌之類。《樂集》、《射集》皆南垣諫草，爲南京給事中時所作。《御集》、《書集》爲中州疏略及部院彈奏事。《數集》爲家訓、語録、雜著、詩文。附《外紀》二篇，則去思碑、贈序也。其文平實質樸，不尚雕華，而多有用之言。其爲給事中時劾嚴嵩交通郭勛，朋比漁利，聞者震悚。爲河南巡撫時，伊王典楧肆虐一方，勢橫甚，所司稍撓之，輒中以酖，莫敢誰何。永明亦抗疏劾之，卒伸國法。其風節有足多者，則發爲文章，固與無物之言異矣。永明人自可傳，不以贈言爲重。今削去《禮集》及《外紀》，編爲五卷云。

臨溪存稿

黄虞稷《千頃堂書目·别集類》 張永明《臨溪存稿》。字鍾城，烏程人。左都御史，謚莊僖。

遊蛾集

黄虞稷《千頃堂書目・別集類》 謝瑜《遊蛾集》。字如卿，上虞人。

猬齋詩稿

黄虞稷《千頃堂書目・別集類》 謝瑜《猬齋詩稿》。

會溪類稿

黄虞稷《千頃堂書目・別集類》 扈永通《會溪類稿》四卷。字一貫，曹縣人。順天府尹，出爲河南布政使。

祐山文集

黄虞稷《千頃堂書目・別集類》 馮汝弼《祐山集》十六卷。字惟良，平湖人。兵科給事中，坐劾汪鋐，謫灤山丞，遷知太倉州。隆慶初追贈布政司參政。

《明史・藝文志・別集類》 馮汝弼《祐山集》十六卷。

《四庫提要・別集類存目四》 《祐山文集》十卷，《詩集》四卷。江蘇周厚堉家藏本。 明馮汝弼撰。汝弼有《祐山雜記》，已著録。其官工科給事中時，論劾汪鋐罪狀，直聲震動一時，其人足以不朽。其詩文則以人見重，非以詞章傳也。

括囊稿

黄虞稷《千頃堂書目・別集類》 袁褒《括囊稿》。字與之，號卧雪。太學生。

南山集

黄虞稷《千頃堂書目・別集類》 詹榮《南山集》四卷。字□□，山海衛籍，尤溪人。兵部右侍郎。

俟知堂集

黄虞稷《千頃堂書目・別集類》 鄒守愚《俟知堂集》十三卷。字□□，莆田人。户部左侍郎，贈右都御史。

《明史・藝文志・別集類》 鄒守愚《俟知堂集》十三卷。

入蜀稿

黄虞稷《千頃堂書目・別集類》 顧夢圭《入蜀稿》二卷。字武祥，崑山人。江西右布政使。

疣贅録　續録

黄虞稷《千頃堂書目・別集類》 顧夢圭《贅疣録》十二卷。

《四庫提要・別集類存目四》 《疣贅録》九卷，《續録》二卷。江蘇巡撫採進本。 明顧夢圭撰。夢圭字武祥，號雍里，崑山人。嘉靖癸未進士，官至江西右布政使。此集爲夢圭所自編，同里歸有光序之，末載《府志列傳》及有光所撰墓誌，則其五世孫登重刊時所附入也。首二卷爲《就正編》，乃其讀書劄記之語。上卷論五經四書，下卷皆雜論，而説經講學者居多。大旨以心學爲宗，闡王守仁之餘緒。考有光序中稱夢圭暇日以所爲文名之曰《疣贅録》，則「疣贅」但其文集之名，不應冠於此

書。《蘇州府志》載其有《北海》、《齊梁》、《武平》、《還山》諸稿，集中亦不標此名。意者四稿乃其詩集，與就正編皆別行。登重刊時始合爲一編，而仍襲其文集之名歟。文凡五卷，詩凡四卷，續録則文一卷有奇，而詩附焉。詩文皆平正通達，直抒胸臆，無鉤章棘句之習。惟詩有捶字未堅者，蓋當有明中葉，風氣初更，學問移於姚江，而文章未移於北地，猶沿長沙舊格者也。

雲岡詩集

張萱等《内閣藏書目録・集部》 《雲岡詩集》四册。全。嘉靖間狀元閩龔用卿著。

雲岡集

黄虞稷《千頃堂書目・別集類》 龔用卿《雲岡集》二十卷。字鳴治，懷安人。一甲第一人，南京國子監祭酒。

《明史・藝文志・別集類》 龔用卿《雲岡集》二十卷。

雲岡選稿

《四庫提要・別集類存目四》 《雲岡選稿》二十卷。浙江孫仰曾家藏本。明龔用卿撰。用卿字鳴治，懷安人。嘉靖丙戌進士第一，官至南京國子監祭酒。是編首賦，次詞，次詩，次雜文。考古人以詞爲詩餘，今編入詩前，殊乖體例。所作亦大抵館閣體也。

朱陽仲詩選

范邦甸等《天一閣書目・別集類》 《朱陽仲詩選》五卷。刊本。明朱陽仲甫著。嘉靖三十二年川北崔官刻并序云：侍御黄公西野出其友朱陽仲甫詩見示。予讀之，七言古有初唐風骨，五言選則知學魏晉者，五七言又似中唐以後人作，其近代詩人乎。侍御云：陽仲死未三十，詩僅存三之一。嗟夫，豐才嗇壽，造化叵測，或精華之發太早耶？詩凡三百二十二篇，選去五十五篇，今存二百六十七篇，共五卷。予刻之蒼洱間，黄中、王養端、王時儉均有序。

南窗紀竄集

黄虞稷《千頃堂書目・別集類》 黄中《南窗紀竄集》四卷。初名忠，字文卿，遂昌人。監察御史，擢天津兵備副使。

西野文集

黄虞稷《千頃堂書目・別集類》 黄中《西野文集》三卷。

吹劍集

黄虞稷《千頃堂書目・別集類》 黄中《吹劍集》。

南明紀遊詩集

范邦甸等《天一閣書目・別集類》 《南明紀遊詩集》一卷。刊本。明黄中撰。

少村漫稿

黄虞稷《千頃堂書目・別集類》 黄廷用《少村漫稿》三卷。字□□，莆田人。工

部右侍郎。

省垣稿

黃虞稷《千頃堂書目・別集類》 吕顒《省垣稿》一卷。字□□，陝西寧州人。應天府尹。

石渚遺稿

黃虞稷《千頃堂書目・別集類》 馬坤《石渚遺稿》八卷。字順卿，南直通州人。户部尚書。

少嶽集

范邦甸等《天一閣書目・別集類》 《少嶽山人詩集》四卷。刊本。明檇李項元淇撰。弟元汴校，仲弟篤壽序。萬曆乙亥安定皇甫汸序，卷末季弟元汴跋。

徐𤊹《徐氏家藏書目・別集類》 項元淇《少嶽集》四卷。字子瞻，嘉興人。隆萬中布衣，皇甫汸序。

黃虞稷《千頃堂書目・別集類》 項元琪《少岳山人詩集》四卷。字子瞻，秀水人。光禄署丞。

《四庫提要・別集類存目五》 《少嶽集》四卷。浙江巡撫採進本。明項元淇撰。元淇字子瞻，秀水人。以貲爲光禄寺署丞。是集乃其弟元汴所刊，凡元汴與元淇唱和諸作亦附入焉。近體頗妥適，古體則力不逮矣。

芝園定集　別集　外集

范邦甸等《天一閣書目・總集類》 《芝園定集》五十一卷，又《外集》一册。刊本。明張維静著。

徐𤊹《徐氏家藏書目・別集類》 張時徹《芝園集》五十一卷。字維静，號東沙，鄞縣人。嘉靖癸未進士，累官兵部尚書。

黃虞稷《千頃堂書目・別集類》 張時徹《芝園定集》五十六卷，又《芝園別集》十一卷，又《芝園外集》二十四卷。字唯静，鄞縣人。南京兵部尚書。

《明史・藝文志・別集類》 張時徹《芝園全集》八十五卷。

《四庫提要・別集類存目四》 《芝園定集》五十一卷，《別集》十一卷。浙江汪汝瑮家藏本。明張時徹撰。時徹有《善行録》，已著録。是集凡分二編。一曰《定集》，爲賦詩二十卷，雜文二十七卷，史論四卷。一曰《別集》，爲奏議五卷，公移六卷。詩文皆分體，而律詩中又分《兩京》、《藩臬》、《歸田》三稿。《明史・藝文志》載《芝園全集》八十五卷。考《浙江通志》，時徹尚有《芝園外集》，史蓋合而總計之。然《浙江通志》載《芝園定集》五十六卷、《別集》十一卷、《外集》二十四卷，與此卷數亦不合。或《定集》當爲五十一卷，《別集》當爲十一卷，《外集》當爲二十四卷，共八十六卷，史誤八十六爲八十五，《通志》誤五十一爲五十六歟。其詩文不出常格，樂府喜用古題，而所擬諸篇，皆舍其本詞而擬其增減入樂之詞，未免逐影而失形，史論尤多偏駁。

交游書翰

徐𤊹《徐氏家藏書目・啓劄類》 張東沙《交游書翰》四卷。

勝遊録

徐𤊹《徐氏家藏書目・別集類》 張時徹《勝遊録》四卷。倡和詩。

歷任疏稿

徐𤊹《徐氏家藏書目・別集類》 吴鵬《歷任疏稿》三十卷。字萬里，號默泉，

海寧人。嘉靖癸未進士，官吏部尚書。

飛鴻亭稿

黄虞稷《千頃堂書目·別集類》 吴鵬《飛鴻堂稿》二十卷。字(萬)〔萬〕里，秀水人。太子太保，吏部尚書。

《四庫提要·別集類存目四》 《飛鴻亭稿》二十卷。兩淮鹽政採進本。明吴鵬撰。鵬字萬里，秀水人。嘉靖癸未進士，官至吏部尚書。飛鴻亭者，鵬謝事娱老之所，因以名集。《千頃堂書目》作十二卷，此本實二十卷，蓋黄虞稷誤倒其文也。鵬常使安南，故集中有《征南行》諸篇。其詩文多應酬之作，未能精汰。後有其孫維貞跋，稱於奏疏外檢得若干首。又云先有狀譜之作，今是集俱不載，豈尚有闕佚耶。

司馬詩

徐𤊹《徐氏家藏書目·別集類》 屠大山《司馬詩》一卷。字國望，號竹墟，鄞縣人。嘉靖癸未進士，官兵部侍郎。

黄虞稷《千頃堂書目·別集類》 屠大山《司馬詩》一卷。字國望，鄞縣人。兵部右侍郎，兼僉都御史，提督南直軍務。

任文逸稿

張萱等《内閣藏書目録·集部》 《任文逸稿》四册。全。嘉靖間太史固陵任瀚撰。

黄虞稷《千頃堂書目·別集類》 任瀚《逸稿》六卷。字少海，南充人。春坊司直郎兼翰林檢討。一作《忠齋稿》。

《明史·藝文志·別集類》 任瀚《逸稿》六卷。

石雲家藏集

黄虞稷《千頃堂書目·別集類》 沈謐《石雲家藏集》。字靖夫，秀水人。江西按察僉事。

雲石先生詩集

范邦甸等《天一閣書目·別集類》 《雲石先生詩集》三卷。刊本。明檇李沈謐著。萬曆乙亥吴郡皇甫汸序。

后岡集

范邦甸等《天一閣書目·別集類》 《陳后岡文集》一卷。刊本。明四明陳束約之著，四川按察司僉事趙廷松序。

徐𤊹《徐氏家藏書目·別集類》 陳束《后岡集》一卷。字約之，鄞縣人。嘉靖己丑進士，官河南提學副使。卒年三十三。

黄虞稷《千頃堂書目·別集類》 陳束《后岡先生文集》二卷。字約之，鄞縣人。河南提學副使。

《明史·藝文志·別集類》 《陳束文集》二卷。

陳后岡詩集　文集

范邦甸等《天一閣書目·別集類》 《陳后岡詩集》一卷。刊本。明陳束著。吴郡皇甫汸序稱：嘉靖庚子，余友陳子約之以憲職督學於梁，即捐館淇上，歸櫬越中，太史唐子應德，祠郎熊子叔，抑不遠數千里，漬絮酒以八甬，望繐帳而出涕，

撫蕠孤于素室，搜遺稿于名山，而後相與別去。余方依廬，未果從邁，嘗遺之詩，悲焉亡何。唐子刪定其所爲詩若干卷，就荆令某登梓，而以序屬余，因占爲敘，并係詩于末簡。

《四庫提要・別集類存目四》《陳后岡詩集》一卷，《文集》一卷。浙江巡撫採進本。明陳束撰。束字約之，鄞縣人。嘉靖己丑進士，官至河南提學副使。事蹟具《明史・文苑傳》。

菲泉集

黃虞稷《千頃堂書目・別集類》來汝賢《菲泉集》十六卷。字汝禹，蕭山人。禮部精膳司主事。

《四庫提要・別集類存目四》《菲泉存稿》八卷。浙江汪汝瑮家藏本。明來汝賢撰。汝賢字子禹，蕭山人。嘉靖壬辰進士，官至禮部主事。是集凡詩二卷，文六卷，末附許應元所撰《墓志》及姜寶所撰《誣枉記》。蓋汝賢由丹陽知縣行取入都後，同僚譖其受金，爲巡按御史所論劾，故作此以辯之。寶，即汝賢之門人也。《千頃堂書目》載此集作十六卷，疑或有續集而佚之。至雲汝賢字汝禹，則「汝」字傳寫誤耳。

循夫先生集

徐㶿《徐氏家藏書目・別集類》郭廷序《循夫先生集》□卷。字循夫，潮陽人。

陂門集

黃虞稷《千頃堂書目・別集類》馮惟健《陂門集》八卷。字汝強，臨朐人。一作《冶泉集》。

《明史・藝文志・別集類》馮惟健《陂門集》八卷。

孫文恪集

王圻《續文獻通考・經籍考・集下》《孫文恪集》。孫陞著。

黃虞稷《千頃堂書目・別集類》孫陞《孫文恪公集》二十卷。字志高，餘姚人。燧子，一甲第二人，南京禮部尚書。贈太子少保，謚文恪。

《明史・藝文志・別集類》《孫陞文集》二十卷。

《四庫提要・別集類存目四》《孫文恪集》二十卷，附録一卷。兩江總督採進本。明孫陞撰。陞字志高，餘姚人，燧之子也。嘉靖乙未進士，官至南京禮部尚書。是集文十四卷，詩六卷，其子鑨等所編。

西室集

黃虞稷《千頃堂書目・別集類》王穀祥《西室集》。字禄之，長洲人。吏部文選司員外郎。

栗陳州集

黃虞稷《千頃堂書目・別集類》栗應麟《栗陳州集》一卷。字仁甫，潞州人。陝西按察僉事。一作《去陳集》。

燕石草

黃虞稷《千頃堂書目・別集類》陳茂義《燕石草》。字喻之，慈谿人。

少室山人集

徐𤊹《徐氏家藏書目・別集類》 楊本仁《少室山人集》二十四卷。字次山，號少室，開封府杞縣人。嘉靖己丑進士，刑部主事。

黄虞稷《千頃堂書目・別集類》 楊本仁《少室山人集》二十五卷。字次山，杞縣人。刑部主事，廣西按察使。

《明史・藝文志・別集類》 楊本仁《少室山人集》二十四卷。

沈鳳峰稿

王圻《續文獻通考・經籍考・集下》 《沈鳳峰稿》。華亭沈愷著。

環溪集

徐𤊹《徐氏家藏書目・別集類》 沈愷《漫集》八卷。

黄虞稷《千頃堂書目・別集類》 沈愷《環溪漫集》二十六卷。字舜臣，華亭人。寧波知府，陞湖廣右參政。

《明史・藝文志・別集類》 沈愷《環溪集》二十六卷。

《四庫提要・別集類存目四》 《環溪集》六卷。兩江總督採進本。明沈愷撰。愷有《夜燈管測》，已著録。是集皆所著雜文，乃其門人任子龍所編。前有徐階序，題曰《鳳峰雜集序》。又有文徵明序，亦題曰《鳳峰子詩稿序》。疑今名爲後來所追改，而又佚其詩集歟？考《千頃堂書目》別載《環溪集》二十六卷，則此非其全也。愷文章頗尚古雅，不肯作秦、漢以下語。而模仿太甚，遂與北地同歸。

守株子詩稿

范邦甸等《天一閣書目・別集類》 《守株子詩稿》二卷。刊本。明雲間沈愷著，門生朱煦、朱焕編次并序。

沈詩粹選

范邦甸等《天一閣書目・別集類》 《沈詩粹選》六卷。刊本。有天一閣印。明沈愷著。吴下皇甫汸選，序稱：雲間沈鳳峰大夫謝秩山棲，暇日取所撰述，合詩與文，彙次成集，凡若干卷，幾萬餘言，題曰「環谿」，志所居也，余爲序而傳矣。然雜著相錯，繁蕪未翦，活版紕繆，剖劂欠精，因將詩嚴選而重梓以布藝苑，總得樂府四十二首，五言古詩七十六首，七言古詩九首，五言律詩一百首，排律二首，七言律詩一百首，絶句一百五首，勒爲六卷，題目《沈詩粹選》。

環溪詩選

徐𤊹《徐氏家藏書目・別集類》 沈愷《環溪詩選》六卷。字□□，號鳳峰，華亭人。嘉靖己丑進士，太僕卿。

燕詒録

《四庫提要・別集類存目四》 《燕詒録》十三卷。兩江總督採進本。明孫應奎撰。應奎字文卿，號蒙泉，餘姚人。嘉靖己丑進士，官至右副都御史，總理河道，後左遷山東布政使。《明史》附見建陽《孫應奎傳》，而以餘姚孫應奎別之。蓋與《胡松傳》中附載績溪胡松，均以同姓名合傳也。是集前三卷，皆憶言，其語録也。次

書二卷，文二卷，詩三卷。次《河南存稿》二卷、《林居續稿》一卷，則詩文雜編焉。應奎受業於王守仁，講良知之學。初官禮科給事中，疏劾汪鋐，頗有直聲。然其著作則自成其爲講學家之詩文而已。

葵山集

黄虞稷《千頃堂書目·別集類》 鄭絅《葵山集》一卷。字子尚，莆田人。大同弟。總督兩廣，兵部侍郎。

知白堂稿

黄虞稷《千頃堂書目·別集類》 翁溥《知白堂稿》。字德宏，諸暨人。南京刑部尚書。

《四庫提要·別集類存目四》 《知白堂稿》十四卷。浙江孫仰曾家藏本。明翁溥撰。溥字德宏，諸暨人。嘉靖己丑進士，官至南京刑部尚書，謚榮靖。是集乃其門人金元立、潘季馴所編，凡詩六卷，雜文八卷。其中奏疏十五篇，乃巡撫江西及爲吏科時所上，皆無關大計。其餘亦大抵應酬之作。

苕溪集

黄虞稷《千頃堂書目·別集類》 孫濟《苕溪集》。字以道，歸安人。

西橋集

黄虞稷《千頃堂書目·別集類》 林恕《西橋集》一卷。字道近，長樂人。雲南副使。

方波集

黄虞稷《千頃堂書目·別集類》 曹世盛《方波集》四卷。字際卿，閩縣人。廣西參政。

謫滇稿

黄虞稷《千頃堂書目·別集類》 許勉仁《謫滇稿》四卷。字□□，雙流人。

趙鯤遺稿

黄虞稷《千頃堂書目·別集類》 《趙鯤遺稿》六卷。字宇南，壽張人。漢中知府，貴州按察使。

選雋

黄虞稷《千頃堂書目·別集類》 趙鯤《選雋》二卷。

黄潭集

黄虞稷《千頃堂書目·別集類》 黄訓《黄潭集》十卷。字學古，歙縣人。嘉興知縣，主事。

吉山集

黄虞稷《千頃堂書目·别集類》 張烜《吉山集》四卷。字□□，廣西慶遠衛人。總督漕運，右副都御史。

玉林集

黄虞稷《千頃堂書目·别集類》 張志《玉林集》。字□□，任丘人。光禄寺卿。

按貴録

黄虞稷《千頃堂書目·别集類》 王杏《按貴録》。字世文，奉化人。

按晉録

黄虞稷《千頃堂書目·别集類》 王杏《按晉録》。

寓洞稿

黄虞稷《千頃堂書目·别集類》 王杏《寓洞稿》。

入賀稿

黄虞稷《千頃堂書目·别集類》 王杏《入賀稿》。

蜯吟集

黄虞稷《千頃堂書目·别集類》 王杏《蜯吟集》。

鯉湖集

黄虞稷《千頃堂書目·别集類》 王杏《鯉湖集》。

汶濱集 附録

王圻《續文獻通考·經籍考·集下》 《蔡汶濱集》。寧晉蔡靉著。

黄虞稷《千頃堂書目·别集類》 蔡靉《汶濱文集》十二卷。字天章，寧晉人。浙江道御史，劾汪鋐廷杖爲民，尋以原官起用，再謫山東按察知事，隆慶初復職致仕，河南道御史。

《四庫提要·别集類存目四》 《汶濱集》十卷，附録二卷。直隸總督採進本。明蔡靉撰。靉有《汶濱語録》，已著録。是集爲其門人李登雲等所編，凡文六卷，詩四卷，銘贊之類附於詩末。附録二卷，則其朋友贈荅與門人稱頌之作也。靉早師真定張璿，入仕後師朝邑韓邦奇、增城湛若水。平居務講學，立朝務氣節，文章蓋非所長云。

周漢中集

《四庫提要·别集類存目四》 《周漢中集》四卷。内府藏本。明周顯宗撰。顯宗字子考，濮州人。嘉靖己丑進士，官至漢中府知府。是集前三卷爲《自適稿》，皆所著詩詞、雜文。後一卷爲《感寓録》，則隨筆劄記也。詩不入格，《感寓録》亦多雜

禪語，以空悟爲宗。

桃村山人自適稿

徐𤇆《徐氏家藏書目·别集類》 周顯宗《自適稿》四卷。字□□，號洞虛，東昌濮州人。嘉靖乙丑進士，漢中知府。

黄虞稷《千頃堂書目·别集類》 周顯宗《桃村山人自適稿》。字子孝，號洞虛，濮州人。漢中知府。

日涉園稿

黄虞稷《千頃堂書目·别集類》 張意《日涉園稿》。字誠之，崑山人。南京職方郎中。

于山堂稿

黄虞稷《千頃堂書目·别集類》 陳子文《于山堂稿》二卷。字在中，閩縣人。湖廣副使。

崔筆山文集

黄虞稷《千頃堂書目·别集類》 崔涯《筆山先生文集》十卷。字若濟，直隸太平縣人。巡按福建，監察御史。

《四庫提要·别集類存目四》 《崔筆山文集》十卷。安徽巡撫採進本。明崔涯撰。涯號筆山，太平人。嘉靖己丑進士，官至監察御史。是集自一卷至七卷爲奏疏及雜著，八卷爲古今體詩，九卷爲《虎異》，十卷爲《鵲異》，兩卷之末各附以頌德詩文。涯在當時有伉直聲，而文章非其所長，詩尤不入格。所謂「虎異」者，涯巡視山西時，有虎自入神廟，爲人所殪。「鵲異」者，涯巡視福建時，有葉氏爲奴所殺，憑鵲以訴冤。涯皆自紀其事，而所屬縉紳各歌頌之，因彙刊集後。昔猛虎渡河，劉寬以爲偶然；而涯乃以恍惚之事，引爲己功。人之度量相去，蓋不可道里計矣。

西潭詩集

黄虞稷《千頃堂書目·别集類》 汪大受《西潭詩集》。字叔可，婺源人。副都御史，湖廣巡撫。

水部集

黄虞稷《千頃堂書目·别集類》 程烈《水部集》。字惟先，歙縣人。工部主事。

東屏文集

黄虞稷《千頃堂書目·别集類》 鄭恭《東屏文集》。字子安，績谿人。樂平、萊州、大理三府知府。

公餘草

黄虞稷《千頃堂書目·别集類》 汪可進《公餘草》。字惟正，休寧人。南京户部主事。

上計隨筆

黄虞稷《千頃堂書目·别集類》 汪可進《上計隨筆》。

周潭集

黄虞稷《千頃堂書目·别集類》 江尚寧《周潭集》。字廷德，歙縣人。右副都御史。

南覽集

范邦甸等《天一閣書目·别集類》 《南覽集》一卷。刊本。明嘉靖乙未，門生趙維序稱：東洲夫子以己丑歲載視楚學，出所製《南覽録》見示，因録而刻之。

吴嶽詩集

黄虞稷《千頃堂書目·别集類》 《吴嶽詩集》二卷。字汝喬，汶上人。南京吏部尚書，贈太子太保，謚介肅。

麓村詩草

黄虞稷《千頃堂書目·别集類》 沈越《麓村詩草》。字中甫，江寧人。山東道御史。

西秦紀行

黄虞稷《千頃堂書目·别集類》 沈越《西秦紀行》。

澶淵雜著

黄虞稷《千頃堂書目·别集類》 沈越《澶淵雜著》。

新亭漫稿

黄虞稷《千頃堂書目·别集類》 沈越《新亭漫稿》。

吉陽集

王圻《續文獻通考·經籍考·集下》 《吉陽集》。刑部侍郎何遷著。德安人。

吉陽文集

黄虞稷《千頃堂書目·别集類》 何遷《吉陽文集》二十卷。字懋益，德安衛人。南京刑部右侍郎。

何遷詩集

黄虞稷《千頃堂書目·别集類》 何遷《詩集》□卷。

射陽先生存稿

黃虞稷《千頃堂書目・別集類》 吳承恩《射陽先生存稿》。字汝忠，淮安山陽人。長興縣丞。

和州集

徐𤊹《徐氏家藏書目・別集類》 文嘉《和州集》一卷。字休承。徵明之子。號文水。嘉靖中以貢授和州學正。卒年八十有三。

黃虞稷《千頃堂書目・別集類》 文嘉《和州集》一卷。字休承，徵明次子。歲貢，官和州學正。

《明史・藝文志・別集類》 文嘉《和州集》一卷。

蘇門集

范邦甸等《天一閣書目・別集類》 《蘇門集》八卷。刊本。明河南高叔嗣著并自序，别有陳束序。

王圻《續文獻通考・經籍考・集下》 《高蘇門集》。高叔嗣著。字子業，號蘇門。

徐𤊹《徐氏家藏書目・別集類》 高叔嗣《蕪門集》八卷。字子業，開封府祥符人。嘉靖癸未進士，湖廣按察使，卒年三十七。詩三百十一首，文五十一首，四明陳束、古鄢劉訒序。

黃虞稷《千頃堂書目・別集類》 高叔嗣《蘇門集》八卷。字子業，祥符人，湖廣按察使。

《明史・藝文志・別集類》 高叔嗣《蘇門集》八卷。

《四庫提要・別集類二五》 《蘇門集》八卷。浙江孫仰曾家藏本。明高叔嗣撰。叔嗣字子業，號蘇門山人，祥符人。嘉靖癸未進士，官至湖廣按察使。事蹟具《明史・文苑傳》。是集凡詩四卷，文四卷。其詩初受知於李夢陽，然擺脱窠臼，自抒性情，乃迥與夢陽異調。

屠漸山集

范邦甸等《天一閣書目・總集類》 《屠漸山集》。刊本。明甬上屠應埈撰。

蘭暉堂集

王圻《續文獻通考・經籍考・集下》 《蘭暉堂集》。屠應埈漸山著。

徐𤊹《徐氏家藏書目・別集類》 屠應峻《蘭暉堂集》八卷。字文升，號漸山，平湖人。嘉靖丙戌進士，官春坊左諭德。

黃虞稷《千頃堂書目・別集類》 屠應埈《蘭暉堂集》八卷。字文升，平湖人，右春坊右諭德。

《明史・藝文志・別集類》 屠應埈《蘭暉堂集》八卷。

《四庫提要・別集類存目五》 《蘭暉堂集》四卷。浙江汪汝瑮家藏本。明屠應埈撰。應埈字文升，刑部尚書勳之子。嘉靖丙辰進士，官至左春坊左諭德。《明史・文苑傳》附載《王慎中傳》中。應埈爲文，善比事屬辭。詩法汎濫諸家，時有獨造。一時名出其父右。然牽於華藻，蘊蓄未深。是編凡詩二卷，文二卷，與其父集本別行。後其曾孫繩德等又取勳所著《太和堂集》與是集合刻，名曰《屠氏家藏二集》云。

胥臺集

范邦甸等《天一閣書目・總集類》 《袁永之集》二十卷。刊本。明袁袠撰。嘉靖丁未雲間董宜陽序，稱《永之集》二十卷，詩十卷，文十卷，及《世緯》二十篇，故廣西提學僉事姑蘇袁先生之所作，其子魯望進士之所校刊者也。

王圻《續文獻通考・經籍考・集下》 《袁永之集》。姑蘇袁袠著。

徐𤊹《徐氏家藏書目・别集類》 袁衮《胥臺集》二十卷。字永之，吴縣人。嘉靖丙戌進士，廣西提學僉事。卒年三十有六。

黄虞稷《千頃堂書目・别集類》 袁袠《袁永之集》二十卷。字永之，吴縣人，廣東按察司僉事。一作《胥臺集》。

《明史・藝文志・别集類》 袁袠《胥臺集》二十卷。

《四庫提要・别集類存目四》 《胥臺集》二十卷。浙江汪汝瑮家藏本。明袁袠撰。袠有《世緯》，已著録。是編詩不失體格而特乏堅蒼，文亦俊爽而醖釀未免少薄。初爲其嗣子尊尼所刊，詩文各十卷，題曰《袁永之集》。此本爲萬曆甲申衡藩所重刊，改題曰《胥臺集》，實則一書。故《千頃堂書目》載《袁永之集》二十卷，注作《胥臺集》也。前有左長史鄭復亨序，言衡府司理張炳忠爲袠之甥，以是集贄於衡王，因爲開雕云。

江午坡集

王圻《續文獻通考・經籍考・集下》 《午坡文集》。

徐𤊹《徐氏家藏書目・别集類》 江以達《午坡集》四卷。字于順，貴溪人。嘉靖丙戌進士，官福建提學。莆田門人黄鑄官撫州知府爲刻其集。

黄虞稷《千頃堂書目・别集類》 江以達《午坡集》四卷。字于順，貴谿人，福建提學副使。

《四庫提要・别集類存目四》 《江午坡集》四卷。江西巡撫採進本。明江以達撰。以達字于順，號午坡，貴溪人。嘉靖丙戌進士，官至湖南提學副使，案《千頃堂書目》作福建提學，誤。福建去湖廣頗遠，不至忤楚藩也。以忤楚藩繫獄。後放歸，病卒。《明史・文苑傳》附見《王慎中傳》中。

應制録

黄虞稷《千頃堂書目・别集類》 王健《應制録》。字偉純，永嘉人，光禄少卿。

鶴泉集

黄虞稷《千頃堂書目・别集類》 王健《鶴泉集》八卷。

承啓堂稿

徐𤊹《徐氏家藏書目・别集類》 錢薇《承啓堂集》二十八卷。字懋垣，號海石，海鹽人。嘉靖壬辰進士，官禮科給事中，卒年五十三。

黄虞稷《千頃堂書目・别集類》 錢薇《海石集》二十八卷。别本海石集作承啓堂稿，下不應重列一目。字懋垣，海鹽人。禮科給事中，贈太常寺少卿。《承啓堂稿》二十九卷。

《明史・藝文志・别集類》 錢薇《海石集》二十八卷。

《四庫提要・别集類存目四》 《承啓堂稿》二十九卷。浙江巡撫採進本。明錢薇撰。薇字懋垣，海鹽人。嘉靖壬辰進士，官至禮科給事中，隆慶初贈太常寺少卿。事蹟具《明史》本傳。是集乃其門人嚴從簡所編，凡詩七卷，文二十卷，附録誌銘、行狀、墓表、傳誄一卷，末一卷則其曾孫嘉徵二疏，并行狀、誌銘也。嘉徵字孚千，天啓辛酉副榜貢生，官松溪縣知縣。嘗劾魏忠賢十大罪，其疏爲世所傳云。

海石詩集

黄虞稷《千頃堂書目・别集類》 錢薇《海石詩集》六卷。

閒居集

范邦甸等《天一閣書目・總集類》 《李中麓閒居集》四卷。刊本。明章邱李

開先著并自序。

王圻《續文獻通考・經籍考・集下》《李中麓閒居集》。李舜臣著。

黃虞稷《千頃堂書目・别集類》 李開先《中麓閒居集》十二卷。字伯華,章丘人。提督、四夷館少卿。

《明史・藝文志・别集類》 李開先《中麓集》十二卷。

《四庫提要・别集類存目四》《閒居集》十二卷。兩江總督採進本。明李開先撰。開先有《中麓畫品》,已著録。是集詩四卷,文八卷,皆歸田後所作。

四時行樂詩

黃虞稷《千頃堂書目・别集類》 李開先《四時行樂詩》一卷。

詠雪詩

黃虞稷《千頃堂書目・别集類》 李開先《詠雪詩》一卷。

青蓮集

黃虞稷《千頃堂書目・别集類》 史元中《青蓮集》三十卷。號鹿泉,鄞縣人。魚臺知縣。

野橋集

黃虞稷《千頃堂書目・别集類》 林垠《野橋集》。字天宇,閩縣人。户部員外郎。

世牧堂稿

黃虞稷《千頃堂書目・别集類》 林垠《世牧堂稿》。

劉玄倩集

黃虞稷《千頃堂書目・别集類》 劉成穆《劉玄倩集》。一名嘉壽,字玄倩,又字文孫。崇慶人。

冰壺稿

黃虞稷《千頃堂書目・别集類》 葛清《冰壺稿》一卷。字惟元,孝陵衛人。深於禪旨。

吟史集　和陶集

黃虞稷《千頃堂書目・别集類》 桑介《吟史》、《和陶》等集十六卷。字子石。與文徵明相倡和。常熟人。磁陽知縣。

賡吟集

黃虞稷《千頃堂書目・别集類》 桑介《賡吟集》二卷。

白厓詩選

黄虞稷《千頃堂書目·别集類》 桑介《白厓詩選》十卷。

《明史·藝文志·别集類》 桑介《白厓詩選》十卷。

望仙集

徐𤊹《徐氏家藏書目·别集類》 張浹《懷仙集》十二卷。字文東，號少華，又號華山。

黄虞稷《千頃堂書目·别集類》 張浹《望仙集》十二卷。字文東，海寧人。

窮居集

徐𤊹《徐氏家藏書目·别集類》 張浹《窮居集》八卷。

黄虞稷《千頃堂書目·别集類》 張浹《窮居集》六卷。

王生藝草

徐𤊹《徐氏家藏書目·别集類》 王文禄《王生藝草》五卷。字世廉，海鹽人。嘉靖辛卯鄉舉。

黄虞稷《千頃堂書目·别集類》 王文録《王生藝草》十二卷。字世廉，海鹽人。

寤言

黄虞稷《千頃堂書目·别集類》 王文録《寤言》。

蒡言

黄虞稷《千頃堂書目·别集類》 王文録《蒡言》。

天游集

黄虞稷《千頃堂書目·别集類》 楊應詔《天游集》二十卷。建寧人。隱居不仕，講學授徒。

雜著

黄虞稷《千頃堂書目·别集類》 薛冶《雜著》八卷。號曲東，鄞縣人。

曲泉集

黄虞稷《千頃堂書目·别集類》 薛冶《曲泉集》十二卷。

考槃寤歌

黄虞稷《千頃堂書目·别集類》 強仕《考槃寤歌》。字甫登，無錫人。德州知州。

綺塍集

黄虞稷《千頃堂書目·别集類》 強仕《綺塍集》。

石臼山堂集

黄虞稷《千頃堂書目・别集類》 王應元《石臼山堂集》二卷。字子貞，鳳翔人。河南教諭。

栗齋文集

《四庫提要・别集類存目五》 《栗齋文集》十一卷。安徽巡撫採進本。明金瑶撰。瑶有《六爻原意》，已著録。是集乃其外孫江從龍所梓。文頗有軼宕之致，其闡發經義之作，大抵空言多而實際少。蓋其説《易》、説《周禮》即多以臆斷云。

疏山先生文集

黄虞稷《千頃堂書目・别集類》 吴悌《疏山先生文集》。字□□，金谿人。南京刑部右侍郎。

陳梧岡集

《四庫提要・别集類存目四》 《陳梧岡集》九卷。兩江總督採進本。明陳堯撰。堯字敬甫，號梧岡，南通州人。嘉靖乙未進士，官至刑部左侍郎。《明史・藝文志》載堯文集五卷，詩集三卷。是集乃文二卷，詩二卷，與《志》不符。然首尾完具，篇次分明，《志》蓋偶沿《千頃堂書目》之誤也。其文樸直不支，而微傷太質。其詩又遜於文。

梧岡文集

徐𤊹《徐氏家藏書目・别集類》 陳堯《梧岡集》五卷。字敬甫，江都人。嘉靖乙未進士，官副都御史。

黄虞稷《千頃堂書目・别集類》 陳堯《梧岡文集》五卷。字敬甫，南直通州人，刑部左侍郎。

《明史・藝文志・别集類》 陳堯《梧岡文集》五卷。

梧岡詩集

黄虞稷《千頃堂書目・别集類》 陳堯《梧岡詩集》三卷。

《明史・藝文志・别集類》 陳堯《詩》三卷。

梧岡續集

黄虞稷《千頃堂書目・别集類》 陳堯《梧岡續集》五卷。

貴陽行紀

黄虞稷《千頃堂書目・别集類》 陳堯《貴陽行紀》一卷。

裒玉集

黄虞稷《千頃堂書目・别集類》 陳堯《裒玉集》一卷。

大觀樓漫録

黄虞稷《千頃堂書目・別集類》 陳堯《大觀樓漫録》一卷。

西巡録

黄虞稷《千頃堂書目・別集類》 陳堯《西巡録》一卷。

東白草堂集

范邦甸等《天一閣書目・別集類》 《東白草堂集》四卷。明顧存仁著。隆慶丁卯王世貞序，黄姬水跋後。

黄虞稷《千頃堂書目・別集類》 顧存仁《東白草堂集》四卷。字伯剛，太倉州人。官户科給事中。以言事廷杖，謫戍居庸十三年，復官太僕寺卿。

《四庫提要・別集類存目四》 《東白草堂集》四卷。兩江總督採進本。明顧存仁撰。存仁有《太僕寺志》，已著録。是編詩分四集，每集一卷。曰《使蜀初編》，存仁爲給事中時作。曰《居庸内編》、曰《居庸外編》、曰《居庸別編》，存仁編管保安時作。《別編》末《荅羅太史》韻十首，自記作於吴中。蓋當隆慶改元，存仁將起用時也。

使蜀稿

徐𤊹《徐氏家藏書目・別集類》 顧存仁《使蜀稿》一卷。字伯剛，號東白，太倉人。嘉靖壬辰進士，户科給事中，以諫廷杖，謫戍居庸三十年。

黄虞稷《千頃堂書目・別集類》 顧存仁《使蜀稿》一卷。

居庸集

徐𤊹《徐氏家藏書目・別集類》 顧存仁《居庸集》一卷。

黄虞稷《千頃堂書目・別集類》 顧存仁《居庸集》一卷。

受欸稿

黄虞稷《千頃堂書目・別集類》 陳塏《受欸稿》。字山甫，餘姚人。湖廣參政。

少泉集

范邦甸等《天一閣書目・別集類》 《少泉詩集》十卷。刊本。司馬公題籤并古司馬氏之印章。明京山王格著。嘉靖己亥崔銑序，辛丑顧璘序。

徐𤊹《徐氏家藏書目・別集類》 王格《少泉集》十卷。字汝化，京山人。嘉靖丙戌進士，河南僉事。崔銑、顧璘爲序。

黄虞稷《千頃堂書目・別集類》 王格《少泉集》十卷。字汝化，京山人。庶吉士，出爲分巡河北僉事。世宗南巡，行宫火，杖黜。隆慶初，授太僕少卿，致仕。

《明史・藝文志・別集類》 王格《少泉集》十卷。

《四庫提要・別集類存目四》 《少泉集》三十三卷。浙江孫仰曾家藏本。明王格撰。格字汝化，京山人。嘉靖丙戌進士，改庶吉士，出爲分巡河北道按察司僉事。世宗南巡，坐行宫火杖黜。隆慶初，授太僕寺少卿致仕。《明史・文苑傳》附見《王廷陳傳》末。《千頃堂書目》載格《少泉集》十卷，今考此本，凡詩選十卷，詩續選八卷，詩新選六卷，文選五卷，續文選四卷，共三十三卷。黄虞稷蓋僅得其詩選著録也。

包侍御集

黃虞稷《千頃堂書目・別集類》 包節《包侍御集》六卷。字元達，華亭人。監察御史，以建言謫戍湟中。

《明史・藝文志・別集類》 包節《侍御集》六卷。

《四庫提要・別集類存目四》 《包侍御集》六卷。江蘇周厚堉家藏本。明包節撰。節有《陝西行都司志》，已著録。是編前二卷爲《臺中稿》，官御史時作。後四卷爲《湟中稿》，戍莊浪時作。二編皆兼載詩文。節嘗謂《文苑英華集》可以續《昭明文選》，因輯《苑詩類選》三十卷。故所作纖麗爲多，大抵皆取材於是也。

臺中集

黃虞稷《千頃堂書目・別集類》 包節《臺中集》。

湟中稿

黃虞稷《千頃堂書目・別集類》 包節《湟中稿》。

西戍北逮稿

黃虞稷《千頃堂書目・別集類》 包節《西戍北逮稿》。

田叔禾集

王圻《續文獻通考・經籍考・集下》 《田叔禾集》。田汝成著。

徐𤊹《徐氏家藏書目・別集類》 田汝成《叔禾集》十二卷。號豫暘，錢塘人。嘉靖丙戌進士，官福建提學副使。

黃虞稷《千頃堂書目・別集類》 田汝成《田叔禾集》十二卷。字叔禾，錢塘人。廣西參議，分守左江道。一作《豫陽集》。

《明史・藝文志・別集類》 田汝成《叔禾集》十二卷。

《四庫提要・別集類存目四》 《田叔禾集》十二卷。浙江汪汝瑮家藏本。明田汝成撰。汝成有《炎徼紀聞》，已著録。其全稿本名《豫陽集》，亦名《楊園集》。此集乃汝成晚年令其子藝蘅所編，凡詩文三百六十九首。五十以後所作均不在是焉。汝成歸田後，盤桓湖山，搜剔名勝，殊以風流自賞。其詩律隊仗修整，頗自娟娟秀出。然使逢大敵，則未足相當。文體亦頗傷平易。

午塘集

徐𤊹《徐氏家藏書目・別集類》 閔如霖《于塘集》八卷。字師望，烏程人。嘉靖壬辰進士，禮部尚書。

黃虞稷《千頃堂書目・別集類》 閔如霖《午塘集》十六卷。字師望，烏程人。南京禮部尚書，贈太子少保。

閔午塘詩集

《四庫提要・別集類存目四》 《閔午塘詩集》七卷。浙江巡撫採進本。明閔如霖撰。如霖字師望，號午塘，烏程人。嘉靖壬辰進士，官至南京禮部尚書。是集爲其門人吏部侍郎姚宏謨所編。詩多應酬之作，雖清圓而乏骨力，古體尤不擅長。《千頃堂書目》載《午塘集》十六卷，殆尚有文集九卷而佚之歟。

丘隅集

范邦甸等《天一閣書目・總集類》 《丘隅集》十四卷。刊本。明喬世寧著。

徐㶿《徐氏家藏書目・別集類》 喬世寧《丘隅集》十九卷。字景叔，號三石，西安府耀州人。嘉靖戊戌進士，四川按察使。

張萱等《内閣藏書目録・集部》 《丘隅集》六册。全。嘉靖間喬世寧著。

黄虞稷《千頃堂書目・別集類》 喬世寧《丘隅集》十九卷。字景叔，耀州人，四川按察使。

《明史・藝文志・別集類》 喬世寧《丘隅集》十九卷。

東武集

黄虞稷《千頃堂書目・別集類》 朱公節《東武集》。字允中，山陰人。

霞石稿

黄虞稷《千頃堂書目・別集類》 江瓘《霞石稿》。字民瑩，歙縣人。珍弟。

江山人集

黄虞稷《千頃堂書目・別集類》 江瓘《篁南山人集》十卷。

英廉奏《抽毁書目》 《江山人集》二本。查《江山人集》，係明江瓘撰。卷首《汪道昆霞石山人傳》，語有偏謬，應請抽燬。

《四庫提要・別集類存目五》 《江山人集》七卷。浙江汪汝瑮家藏本。明江瓘撰。瓘有《名醫類案》，已著録。是集凡詩五卷，文二卷。汪道昆爲作傳，稱其少補諸生，以病謝舉子業，專事吟咏。故其詩較勝於文，特稍嫌薄弱。別有《武夷游稿》、《游金陵詩》二集，今皆未見。獨此集之末附存其原序二篇而已。

胡莊肅集

王圻《續文獻通考・經籍考・集下》 《胡莊肅公文集》。胡柏泉著。

徐㶿《徐氏家藏書目・別集類》 《胡松莊肅集》八卷。字汝茂，號柏泉，滁州人。嘉靖己丑進士，累官吏部尚書，謚莊肅。

張萱等《内閣藏書目録・集部》 《胡莊肅公文集》七册。不全。胡松著。

黄虞稷《千頃堂書目・別集類》 胡松《胡莊肅公集》八卷。字汝茂，滁州人。吏部尚書，贈太子少保，謚莊肅。

《明史・藝文志・別集類》 胡松《文集》十卷。

《四庫提要・別集類存目四》 《胡莊肅集》六卷。安徽巡撫採進本。明胡松撰。松有《滁州志》，已著録。是集惟第二卷末附載詩賦，餘俱雜著。考《明史》本傳，松初以禮部郎任山西提學副使，上邊務十二事，帝嘉其忠懇，進左參政。巡撫江西時，會討廣東寇張璉，又援閩破倭，功績甚偉。然其經世之文，惟《荅翟中丞邊事書》及《厚蓄》、《實塞》、《防邊》、《制蠻》四篇，頗見謀略，餘皆不載集中，豈別有奏議集歟？其中《格物解》，謂心外無事，事外無心。蓋從事於姚江之學者，其功名亦略相彷彿焉。卷首有凌約《東游稿序》，鄔宗源、趙大綱《南浮稿序》，徐獻忠《西游集序》，田汝成、徐渭《浙垣稿序》。殆各集別有專本，此其彙而刻之者也。

胡莊肅集

《四庫提要・別集類存目四》 《別本胡莊肅集》八卷。山東巡撫採進本。明胡松撰。是集凡文六卷，詩二卷。與六卷之本稍有增删，而大致相同。

胡莊肅公遺稿

張萱等《内閣藏書目録・集部》 《胡莊肅公遺稿》八册。全。嘉靖間吏部尚

書胡松著。

柏泉續集

黃虞稷《千頃堂書目・別集類》 胡松《柏泉續集》二卷。

承庵文集

黃虞稷《千頃堂書目・別集類》 胡松《承庵文集》。字茂卿，績谿人。工部尚書。

光州集

徐𤊹《徐氏家藏書目・別集類》 高應冕《光州集》二卷。字文中，號穎湖，仁和人。嘉靖甲子鄉舉，官光州知州。

光州詩選

黃虞稷《千頃堂書目・別集類》 高應冕《光州詩選》二卷。字文中，仁和人。光州知州。一作《白雲山房集》。

《四庫提要・別集類存目四》 《白雲山房集》二卷。浙江汪汝瑮家藏本。明高應冕撰。應冕字文中，仁和人。嘉靖甲午舉人，官光州知州。是集序記雜文凡八十七篇。中如《游閒公子》、《白雲先生》、《羲皇上人》諸傳，《虞秦對》、《曹交篇》諸文，大抵構虛託喻，游戲筆墨。惟《縱囚》一辨，差爲有見云。

春谷集

黃虞稷《千頃堂書目・別集類》 汪宗元《春谷集》。字□□，崇陽人，通政使。

江南經略

張萱等《内閣藏書目録・集部》 《江南經略》六册。全。隆慶間崑山太學生魯若曾著。皆三吳要害，圖江海之形，列水陸官兵。都御史林潤撫江南時，采梓之，凡八卷。

正氣堂集　續集　餘集

黃虞稷《千頃堂書目・別集類》 俞大猷《正氣堂集》十六卷，《續集》七卷，又《餘集》四卷。字志輔，晉江人。世爲百户，嘉靖乙未舉武進士，累官都督同知，佩征蠻將軍印，進右都督，卒贈左都督，謚武襄。

《明史・藝文志・別集類》 俞大猷《正氣堂集》十六卷。

徐少湖先生集

范邦甸等《天一閣書目・總集類》 《徐少湖先生集》七卷。刊本。明華亭徐文登字子升號少湖著，嘉靖甲午奎湖□真序。

世經堂全集

王圻《續文獻通考・經籍考・集下》 《世經堂集》。華亭徐階著。官少師大

學士。

黄虞稷《千頃堂書目・别集類》 徐階《世經堂集》二十六卷，又《世經堂續集》十四卷。字子升，華亭人。一甲第三人，少師，吏部尚書，建極殿大學士，贈太師，謚文貞。

《明史・藝文志・别集類》 徐階《世經堂全集》五十卷。

《四庫提要・别集類存目四》 《世經堂集》二十六卷。安徽巡撫採進本。明徐階撰。階所編《武穆集》，已著録。是集文二十四卷，賦、頌、詩、詞二卷。其中敷陳治體之文，皆能不詭於正，餘則未見所長。

少湖文集

高儒《百川書志・集・國朝》 《少湖文集》五卷。

黄虞稷《千頃堂書目・别集類》 徐階《少湖文集》十卷。

《四庫提要・别集類存目四》 《少湖文集》七卷。兩江總督採進本。明徐階撰。是集乃階外謫延平府推官時，三年秩滿北上，延平士人裒其前後諸作，爲之付梓。凡文五卷，語録一卷，詩一卷。大都應酬之文十居六七，皆不足以傳，特用誌遺愛云爾。

存齋文集

徐𤊹《徐氏家藏書目・别集類》 徐階《存齋文集》七卷。字文貞，華亭人。嘉靖癸未探花，歷官大學士，謚文貞。

少湖詩集

高儒《百川書志・集・國朝》 《少湖詩集》一卷。

蓉山集

《四庫提要・别集類存目四》 《蓉山集》十六卷。江西巡撫採進本。明董燧撰。燧字兆時，蓉山其號也，臨川人。嘉靖辛卯舉人，官至南京刑部郎中。燧少從王艮、聶豹講良知之學。是集自首卷至六卷皆其問荅會語，七卷至十卷爲詩，十一卷至十六卷爲雜文。

岱陽彙稿

黄虞稷《千頃堂書目・别集類》 鄭世威《岱陽彙稿》。字□□，長樂人。刑部右侍郎。

朱陽仲詩選

黄虞稷《千頃堂書目・别集類》 朱應鍾《朱陽仲詩選》五卷。字陽仲，遂寧人，號青城山人。嗜學多聞，刻意爲詩，尤工五七古。友人黄中刻其集於滇。

大行集

黄虞稷《千頃堂書目・别集類》 馮惟重《大行集》一卷。字汝威，官行人，惟訥弟。

兵部集

黄虞稷《千頃堂書目・别集類》 楊守謙《兵部集》。字□□，彭城衛籍，長沙人。

巡撫保定，兵部侍郎，謚恪敏。

波石集

黄虞稷《千頃堂書目·别集類》 徐樾《波石集》八卷。字子直，貴溪人。雲南左布政使，那夷作亂，率師討之，被害。

雙泉詩集

高儒《百川書志·聖朝詩集》《雙泉詩集》三卷。宗室蒲藩殿下著。

黄虞稷《千頃堂書目·别集類》 徽王《雙泉詩集》三卷。

陸簣齋集　外集

徐𤊹《徐氏家藏書目·别集類》 陸垹《簣壘集》十二卷。字秀卿，平湖人。嘉靖丙戌進士，官巡撫河南，僉都御史。

黄虞稷《千頃堂書目·别集類》 陸垹《簣齋文集》十二卷。字秀卿，嘉善人。巡撫河南，左僉都御史。

《明史·藝文志·别集類》《陸垹文集》十二卷。

《四庫提要·别集類存目四》《陸簣齋集》十卷，《外集》二卷。禮部尚書曹秀先家藏本。明陸垹撰。垹有《簣齋雜著》，已著録。是集爲郁天民所編。《外集》二卷，則附録誥敕、誌狀及贈送、誄奠之文與士民頌德之作也。徐階誌其墓，稱垹讀書恥爲章句，嘗曰：「人心與事物不相離，舍事物而徒求諸心者，禪學也；逐事物而不求諸心者，俗學也。」故集中有《傳習録存疑》，不附和陸學。又有《詩傳存疑》，亦不盡墨守朱學，持論可謂篤實。詩文則多近質朴，蓋非所留意云。

覺庵存稿

黄虞稷《千頃堂書目·别集類》 查秉彝《覺庵存稿》。字性甫，海寧人，順天府尹。

軍機處奏《禁毁書目》《覺庵存稿》一部，四本。查《覺庵存稿》，係明查秉彝撰。書中有干礙字面，應請銷燬。

石蓮洞全集

黄虞稷《千頃堂書目·别集類》 羅洪先《石蓮洞全集》二十五卷。

《明史·藝文志·别集類》《羅洪先全集》二十五卷。

念庵集

王圻《續文獻通考·經籍考·集下》《羅念庵集》。吉水羅洪先著。

徐𤊹《徐氏家藏書目·别集類》 羅洪先《念菴文集》十三卷。字達夫，吉水人。嘉靖己丑狀元，官左贊善、翰林院修撰，贈光禄寺少卿，謚文恭。

黄虞稷《千頃堂書目·别集類》 羅洪先《念菴文集》十三卷。字達夫，吉水人。一甲第一人，左春坊左諭德兼翰林院修撰，贈光禄寺少卿，謚文恭。

《四庫提要·别集類二五》《念庵集》二十二卷。江西巡撫採進本。明羅洪先撰。洪先有《冬遊記》，已著録。

《四庫提要·别集類存目四》《别本羅念菴集》十三卷。浙江汪汝瑮家藏本。明羅洪先撰。洪先有《冬遊記》，已著録。是編爲嘉靖癸亥其同年滁陽胡松所刻，凡書二卷，雜著一卷，序記、傳、狀、銘、表各一卷，祭文及雜文二卷，古律詩二卷。蓋初刊之本，非其全帙也。

李遂文稿

黄虞稷《千頃堂書目・别集類》《李遂文稿》六卷。字邦良，豐城人。南京兵部尚書。

李遂詩稿

黄虞稷《千頃堂書目・别集類》《李遂詩稿》二卷。

緑筠軒吟帙

范邦甸等《天一閣書目・别集類》〔朱恬烄〕《緑筠軒吟帙》二卷。刊本。明瀋國親王西屏道人著。

緑筠軒稿

黄虞稷《千頃堂書目・别集類》瀋宣王恬烄《緑筠軒稿》四卷。憲王次子，高皇帝仍孫，自號西屏道人。嘉靖三十一年襲封。

楊文儷詩

黄虞稷《千頃堂書目・别集類》禮部尚書孫陞繼室《孫夫人詩》一卷。名文儷。工部員外郎楊應獬女。

《明史・藝文志・别集類》《楊文儷詩》一卷。

忍齋文集

黄虞稷《千頃堂書目・别集類》洪暹《文集》三卷。

忍齋詩集

黄虞稷《千頃堂書目・别集類》洪暹《忍齋詩集》二卷。字退之，南陽人。由進士補弘文館正字，歷官領中樞府事兼領經筵事，階大臣輔國崇禄大夫。

省中稿　二臺稿　武林稿　歸田稿

徐𤊹《徐氏家藏書目・别集類》許穀《武林稿》一卷，《省中稿》四卷，《二臺稿》一卷，《歸田稿》十卷。字仲貽，號石城，□□人。祖移居金陵，爲上元人。嘉靖乙未會元，累官太常卿。

黄虞稷《千頃堂書目・别集類》許穀《省中稿》四卷，《一臺稿》一卷，《武林稿》一卷，《歸田稿》十卷。字仲貽，上元人。會元，南京尚寶司卿。

《明史・藝文志・别集類》許穀《省中》、《二臺》、《武林》、《歸田》四稿共十七卷。

《四庫提要・别集類存目四》《省中稿》二卷，《二臺稿》二卷，《歸田稿》十卷。兩淮鹽政採進本。明許穀撰。穀字仲貽，上元人。嘉靖乙未進士，官至尚寶司卿。《二臺稿》、《歸田稿》皆詩集，惟《省中稿》兼有雜文。詩格頗爽俊，當其合處，時得古人之意。而失於芟擇，多參以應俗之作，遂不免沙中金屑之憾。《千頃堂書目》載所作尚有《武林稿》一卷，此本不載，或裝緝者偶佚歟。

期齋集

范邦甸等《天一閣書目·別集類》　《吕期齋集》十四卷。刊本。鄭雲鎣、彭富王同讚，李時成校梓。

徐𤊹《徐氏家藏書目·別集類》　吕本《期齋集》十四卷。字□□，號南渠，餘姚人。嘉靖壬辰進士，官武英殿大學士，少傅。

黃虞稷《千頃堂書目·別集類》　吕本《期齋集》十六卷。字□□，餘姚人。

《明史·藝文志·別集類》　吕本《期齋集》十六卷。

《四庫提要·別集類存目四》　《期齋集》十四卷。江蘇巡撫採進本。明吕本撰。本字汝立，號南渠，又號期齋，餘姚人。初冒姓李，晚乃歸宗。嘉靖壬辰進士，官至武英殿大學士，謚文安。本在位不久，即遭憂以歸，遂不復出，家居數十年，以亭館花竹之勝，擅名一時。是編詩四卷、文十卷，爲其子禮部主事元所編。大抵應酬之作，仍沿臺閣之體。

晚秀集　續集

黃虞稷《千頃堂書目·別集類》　周滿《晚秀集》二卷，又《續集》□卷。字□□，四川漢州松潘人。提督南贛，汀漳右副都御史。

過庵稿

黃虞稷《千頃堂書目·別集類》　陳乙《過庵稿》八卷。字□□，杞縣人。

河垣稿

黃虞稷《千頃堂書目·別集類》　謝少南《河垣稿》一卷。字應午，上元人。廣西提學副使，河南布政使。

謫臺稿

黃虞稷《千頃堂書目·別集類》　謝少南《謫臺稿》一卷。

粵臺稿

徐𤊹《徐氏家藏書目·別集類》　謝少南《粵臺稿》二卷。字應午，號與槐，承舉之子。嘉靖壬辰進士，官河南參議。閩中門人王應鍾梓之。

黃虞稷《千頃堂書目·別集類》　謝少南《粵臺稿》二卷。

《四庫提要·別集類存目四》　《粵臺稿》二卷。兩江總督採進本。明謝少南撰。少南字與槐，上元人。嘉靖壬辰進士，官至河南布政司參政。是集乃其提學廣西時所作，詩與文各一卷。詩尚不失清拔，文則未之逮也。《千頃堂書目》別載少南《河垣稿》一卷、《謫臺稿》一卷，今未見傳本，疑其佚矣。

序芳園稿

徐𤊹《徐氏家藏書目·別集類》　趙伊《席芳園稿》二卷。字子衡，號上萃，平湖人。嘉靖壬辰進士，官廣西副使。卒年六十二，外孫沈懋孝序。

黃虞稷《千頃堂書目·別集類》　趙伊《席芳園集》二卷。字子衡，平湖人。廣西按察司副使。

《四庫提要·別集類存目四》　《序芳園稿》二卷。浙江巡撫採進本。明趙伊撰。伊字子衡，平湖人。嘉靖壬辰進士，官至廣西按察司副使。是集爲其甥沈懋孝所選，附以劉子伯批點。其詩時有清脱之致而醖釀未深。

古峰集

黄虞稷《千頃堂書目・別集類》 余光《古峰集》三卷。字晦之，江寧人。浙江道御史，忤嚴嵩致政歸。

兩京賦

黄虞稷《千頃堂書目・騷賦類》 余光《兩京賦》二卷。字晦之，號古峰，江寧人。嘉靖壬辰進士，官浙江道監察御史。嘉靖□年上命宣付史館，賞新鈔一千貫。

《明史・藝文志・別集類》 余光《兩京賦》二卷。

率性堂文集

黄虞稷《千頃堂書目・別集類》 米榮《率性堂文集》四卷。字仁夫，邵武人。湖廣左參議。

介山集

黄虞稷《千頃堂書目・別集類》 李愷《介山集》十六卷。字克諧，惠安人。湖廣副使，有平夷功。

儀城集

黄虞稷《千頃堂書目・別集類》 許樾《儀城集》五卷。字□□，蘭陽人。南京户部員外郎。

蘿東拙稿

黄虞稷《千頃堂書目・別集類》 姚翔鳳《蘿東拙稿》。字夢禎，上虞人。

見吾文集

黄虞稷《千頃堂書目・別集類》 陳讓《見吾文集》二十卷。字□□，晉江人。辛卯解元，監察御史。

陳見吾選稿

張萱等《内閣藏書目録・集部》 《陳見吾選稿》四册。嘉靖間御史陳讓著。

攻玉稿

黄虞稷《千頃堂書目・別集類》 趙維垣《攻玉稿》。字師德，永寧人。福建布政使。

王同野集

張萱等《内閣藏書目録・集部》 《王同野集》四册。嘉靖間王挺著。

徐徐集

范邦甸等《天一閣書目·總集類》　《徐徐集》一册。刊本。明象山王梃著。

黄虞稷《千頃堂書目·别集類》　王梃《徐徐集》。

涉江集

黄虞稷《千頃堂書目·别集類》　王梃《涉江集》。字子長，象山人。

同野遺稿

黄虞稷《千頃堂書目·别集類》　王梃《同野遺稿》。

柘湖遺稿

范邦甸等《天一閣書目·總集類》　《王柘湖遺稿》二卷。藍絲闌鈔本。明王梅撰。嘉靖癸卯太倉陳如綸序稱：王時魁既没之五年，太倉守馮侯惟良就其第得詩文遺稿，屬吴山人恂校編爲一卷刻之。時魁號柘湖，因以名其稿云。

徐𤊹《徐氏家藏書目·别集類》　王梅《柘湖遺稿》二卷。字時魁，平湖人。嘉靖壬辰進士，官庶吉士。

黄虞稷《千頃堂書目·别集類》　王梅《柘湖遺稿》二卷。字時魁，平湖人。庶吉士，官刑部主事，坐事謫判滁州。殁後三年，馮汝弼刻。

右丞稿

徐𤊹《徐氏家藏書目·别集類》　程瑶《右丞稿》八卷。字□□，濟南府德州衛人，液縣籍。嘉靖壬辰進士，江西布政使。

黄虞稷《千頃堂書目·别集類》　程瑶《右丞稿》八卷。字子彬，德州人。江西布政使。

王侍御集

《四庫提要·别集類存目四》　《王侍御集》七卷。浙江巡撫採進本。明王瑛撰。瑛字汝玉，無錫人。嘉靖壬辰進士，官至監察御史。是編爲其子鴻臚寺主簿同穀所刊，蓋歐大任所選定。前二卷爲古體，後五卷爲近體。前有小傳，亦大任所作。末有崔銑《兩巡紀行稿跋》一篇。兩巡者，一出理北直隸、山東、河南馬政，一巡按福建也。集中無此標目，蓋其詩已散入集中，銑跋無所附麗，故綴於後。鄭啓謨序題曰《石沙漫稿》，亦與此本標題不同。則瑛世居石沙山，初以名集，同穀改題今名也。

石沙溪上集

黄虞稷《千頃堂書目·别集類》　王瑛《石沙溪上集》。字汝玉，無錫人。監察御史。

少峰草堂詩集

黄虞稷《千頃堂書目·别集類》　林應亮《少峰草堂詩集》二卷。字熙載，侯官人。春澤子。督儲、右侍郎。

《四庫提要·别集類存目四》　《少峰草堂詩集》一卷。浙江巡撫採進本。明林

應亮撰。應亮字熙載，侯官人，人瑞翁春澤子也。嘉靖壬辰進士，官至户部右侍郎，總督倉場。是集《千頃堂書目》作二卷，此本僅一卷。其詩皆沿七子之派。

四留堂存稿

黄虞稷《千頃堂書目・别集類》 陳仕賢《四留堂存稿》六卷。字邦憲，福清人。巡撫湖廣，副都御史。

漣漪亭稿

高儒《百川書志・集・國朝》 《漣漪亭稿》九卷。古瀛樊深撰。

范邦甸等《天一閣書目・别集類》 《漣漪亭稿》十卷。刊本。明古瀛樊深著。方塘子鍾鑑序稱：西田樊公，瀛人也。自燕至吴僅二載，凡山川、風土、人情、物態有感于心無不發于詩，積之既久，乃自書其篇曰《漣漪亭稿》，蓋漣漪亭者，公之别舍扁題也。

黄虞稷《千頃堂書目・别集類》 樊深《漣漪亭稿》九卷。字□□，河間衛人。刑部右侍郎。

連猗亭擬連珠

高儒《百川書志・别集》 《連猗亭擬連珠》一卷。皇明古瀛樊深撰。凡五十首。

後巖集

黄虞稷《千頃堂書目・别集類》 浦應麒《後巖集》□卷。字道徵，無錫人。春坊贊善。

桑喬詩文集

黄虞稷《千頃堂書目・别集類》 桑喬《詩文集》。字子木，江都人。監察御史，隆慶初贈光禄寺少卿。

堯山詩集

黄虞稷《千頃堂書目・别集類》 徐禎《堯山詩集》。字世兆，長洲人。廣東參政。

自得齋稿

黄虞稷《千頃堂書目・别集類》 高世彦《自得齋稿》。字仲修，號白坪，内江人。

黄華詩文

黄虞稷《千頃堂書目・别集類》 黄華《詩文》十二卷。遂寧人。光禄寺卿。

覺山緒言

黄虞稷《千頃堂書目・别集類》 洪垣《覺山緒言》七卷。字峻之，婺源人。温州知府。

璞岡集

《四庫提要・別集類存目四》《璞岡集》三卷。浙江孫仰曾家藏本。明馬汝彰撰。汝彰字存美，璞岡其號也，汲縣人。嘉靖壬辰進士，官至雲南右布政使。是編乃汝彰所自編，垂没之時，其友人陰秉暘欲刻之，汝彰不可。汝彰没，其嗣子繩祖與其壻阮承謙始刻之，而秉暘爲之序，其始末具載序中。凡文一卷，詩一卷，詩餘一卷，皆不擅長。蓋其友、其子、其壻均不及汝彰之自知也。

元光漫稿

《四庫提要・別集類存目四》《元光漫稿》五卷。浙江巡撫採進本。明李徵撰。徵字誠之，湖廣桃源人。嘉靖壬辰進士，官至布政司參議。歸田後結廬於元光洞，因以名集。其於律詩題曰「八句」，而不名律詩，於絶句題曰「四句」，而不名絶句，爲唐、宋諸集未見之例。詩多出韻，又不合《洪武正韻》，亦不知何説也。前序稱六卷，而其書實止五卷，後餘一頁，蓋殘闕之本，故今以五卷著録焉。

藎心堂稿

徐𤊹《徐氏家藏書目・別集類》王尚文《藎心堂稿》十卷。號寶岡，真定縣人。嘉靖壬戌武進士第二人，萬曆初福建都督，總兵官。

黄虞稷《千頃堂書目・別集類》王尚文《藎心堂稿》十卷。真定縣人。嘉靖壬辰武會試，福建總兵官。

《四庫提要・別集類存目四》《藎心堂集》二卷。浙江范懋柱家天一閣藏本。明王尚文撰。尚文字寶江，真定人。嘉靖壬辰武進士，累官福建總兵官，挂征蠻將軍印，都督同知。

冰玉集

王圻《續文獻通考・經籍考・集下》《冰玉集》。濠梁石州崔鼎著。

三元集

王圻《續文獻通考・經籍考・集下》《三元集》。

次川存稿

黄虞稷《千頃堂書目・別集類》譚太初《次川存稿》八卷。始興人。南京户部尚書。

江峰漫稿

徐𤊹《徐氏家藏書目・別集類》吕高《江峰漫稿》十二卷。字山甫，丹徒人。嘉靖己丑進士，監都御史。

黄虞稷《千頃堂書目・別集類》吕高《江峰漫稿》十二卷。字山甫，丹徒人。山東提學副使。與王慎中、趙時春等稱嘉靖初八才子。

《明史・藝文志・別集類》吕高《江峰稿》十二卷。

世敬堂集

黄虞稷《千頃堂書目・別集類》趙文華《世敬堂集》四卷。字□□，慈谿人。

祇役紀略

黄虞稷《千頃堂書目・别集類》 趙文華《祇役紀略》八卷。

芳洲集

黄虞稷《千頃堂書目・别集類》 楊名《芳洲集》五卷。字實卿，遂寧人。一甲第三人，翰林院編修。

方洲文選

張萱等《内閣藏書目録・集部》 《方洲文選》三册。嘉靖間編修楊名著。

璉川詩集

范邦甸等《天一閣書目・别集類》 《施璉川詩集》八卷。刊本。明吴興施峻著。吴人俞策書，楚人温厚刻，刑部尚書長興顧應祥序，嘉靖丙辰華亭徐獻忠、上黨李敏德、武進楊鐸序。卷末烏程張永明書後。

黄虞稷《千頃堂書目・别集類》 施峻《璉川集》八卷。字平叔，歸安人。青州知府。

《四庫提要・别集類存目四》 《璉川詩集》八卷。浙江汪汝瑮家藏本。明施峻撰。峻字平叔，歸安人。嘉靖乙未進士，官至青州府知府。朱彝尊《静志居詩話》謂平叔以七律自詡，然殊不見好。諸體過修邊幅，未免氣餒。是集有顧應祥序，亦謂唐以後詩，音調格律相尚。鍛鍊益工，其氣益弱。亦似微致不滿焉。

愛吾廬集

《四庫提要・别集類存目四》 《愛吾廬集》八卷。江西巡撫採進本。明徐良傅撰。良傅字子弼，東鄉人。嘉靖戊戌進士，官至吏科給事中，以言事斥爲民。其門人湯顯祖所作傳，載其行履頗詳。集凡八卷。詩體略近七子，氣度安雅，而風骨不足以振之。古文則序多至數十篇，而論、碑、記、祭文僅得六篇。第八卷中題曰「瑞金楊子莊採補」，疑本有散佚，而後人掇拾刊行之，非其全也。

隆池山樵集

黄虞稷《千頃堂書目・别集類》 彭年《隆池山樵集》二卷。字孔嘉，長洲人。文徵明弟子。

《明史・藝文志・别集類》 彭年《隆池山樵集》三卷。

《四庫提要・别集類存目五》 《隆池山樵集》二卷。浙江孫仰曾家藏本。明彭年撰。年字孔嘉，長洲人，隆池山樵其號也。《明史・文苑傳》附見《文徵明傳》中。年書名亞於徵明，然當時鮮有稱其詩者。獨王世貞序稱徵明詩以韻勝，而年詩以邊幅勝，其詞亦頗有抑揚矣。又據世貞序，稱徵明孫子悱乃年女壻，年死後，其家取其詩文草鬻於某甲，得緡錢以資葬。後有永嘉王公者，從某甲購得之。然已佚其大半，其存者僅十之三，故此編有詩無文。《明史・藝文志》載《隆池山樵集》三卷，與此不合，疑刊本偶誤「二」字爲「三」云。

小竹集

黄虞稷《千頃堂書目・别集類》 王翹《小竹集》。字叔楚，蘇州嘉定人。嘉靖中倭亂，嘗居幕府贊軍事。

端肅公集

黃虞稷《千頃堂書目·別集類》 葛守禮《葛端肅公集》□卷。字與川，山東德平人。左都御史。

《四庫提要·別集類存目四》 《端肅公集》十卷。山東巡撫採進本。明葛守禮撰。守禮字與立，德平人。嘉靖己丑進士，官至左都御史，謚端肅。是集凡文九卷，詩一卷，邢侗爲之序。

嵩陽集

黃虞稷《千頃堂書目·別集類》 劉繪《嵩陽集》十五卷。字子素，汝陽人。重慶知府。

《明史·藝文志·別集類》 劉繪《嵩陽集》十五卷。

《四庫提要·別集類存目四》 《嵩陽集》。無卷數。浙江朱彝尊家曝書亭藏本。明劉繪撰。繪字子素，一字少質，光州人。嘉靖乙未進士，官至重慶府知府。事蹟具《明史》本傳。是集首賦，次詩，次書，次疏，復以詩賦殿後，而不分卷帙。蓋編次未定，旋作旋刊，明人文集，往往多如是也。

元湖春詠集

范邦甸等《天一閣書目·別集類》 《元湖春詠集》二卷。刊本。明汝南劉繪著，嘉靖三十七年戊午門人方顯後序。

榮樂賦

黃虞稷《千頃堂書目·別集類》 劉繪《榮樂賦》一卷。

孔文谷集　續集

黃虞稷《千頃堂書目·別集類》 孔天胤《孔文谷集》十六卷。字汝錫，汾州人。一甲第二人，浙江右布政使。

《明史·藝文志·別集類》 《孔汝錫文集》十六卷。

《四庫提要·別集類存目四》 《孔文谷文集》十六卷，《續集》四卷，《詩集》二十四卷。浙江巡撫採進本。明孔天允撰。此本較其家刻多文集二十卷，而詩則惟有《履霜集》、《漁嬉稿》、《闕澤鳴稿》一卷，所作《霞海篇》亦不在其中。相其詩集版式，蓋隨作隨刻，故傳本多少不定也。焦竑《國史經籍志》載《天允集》僅三卷，是即多所續增之明驗矣。

孔文谷詩集

黃虞稷《千頃堂書目·別集類》 孔天胤《詩集》十四卷。

《明史·藝文志·別集類》 孔汝錫《詩》十四卷。

《四庫提要·別集類存目四》 《孔文谷詩集》十四卷。山西巡撫採進本。明孔天允撰。天允字汝錫，號文谷，又號管涔山人，汾州人。嘉靖壬辰進士第二，於故事當授編修。以藩戚外補陝西提學僉事，官至浙江布政司參政。朱彝尊《靜志居詩話》云，管涔山人如新調鸜鵒，雖復多言，舌音終強，蓋深不取之。此集爲同安洪朝選所刻，內《履霜集》一卷，《澤鳴稿》一卷，《漁嬉稿》以編年爲次，自隆慶丁卯至萬曆戊寅十二年所作，分十二卷。校以浙江採進之本，佚闕尚多，非其完帙。考《千頃堂書目》亦載《天允詩集》十四卷，則黃虞稷所見，即此本矣。

霞海篇

《四庫提要·別集類存目四》 《霞海篇》一卷。浙江巡撫採進本。明孔天允

撰。是編乃其督學浙江時案臨台州所作，故以《霞海》爲名。凡詩三十四首，力摹三謝而未成。如《望司成程公詩》起句曰：「瞻塗脰來旌，邂逅欣遽斯。」以「脰」字爲「引領而望」之意，是不止「札闥鴻休」矣。

文谷漁嬉稿

范邦甸等《天一閣書目・別集類》〔孔天胤〕《文谷漁嬉稿》一卷。刊本。不著撰人名氏。《文谷漁嬉稿》二卷。刊本。甲子、乙丑兩集。

鐔墟堂摘稿

黄虞稷《千頃堂書目・別集類》雷禮《鐔墟堂摘稿》二十卷。字□□，豐城人。少傅兼太子太傅，工部尚書。

《明史・藝文志・別集類》雷禮《鐔墟堂稿》二十卷。

楓潭集

徐𤊹《徐氏家藏書目・別集類》萬虞凱《楓潭集鈔》二卷。字懋卿，南昌人。嘉靖戊戌進士，歷官都御史。同年吴維嶽爲序。

黄虞稷《千頃堂書目・別集類》萬虞愷《楓潭集》三卷。字懋卿，南昌人。刑部右侍郎。

賁所文集

王圻《續文獻通考・經籍考・集下》《賁所文集》。副使張合著。江寧人。

鷗海集

黄虞稷《千頃堂書目・別集類》楊文卿《鷗海集》。字子質，鹽山人。舉人，南京都察院經歷。

秣陵吟

黄虞稷《千頃堂書目・別集類》楊文卿《秣陵吟》。

許水部稿

《四庫提要・別集類存目四》《許水部稿》三卷。浙江汪汝瑮家藏本。明許應元撰。應元字子春，錢塘人。嘉靖壬辰進士，官至廣西布政使。是集乃應元官夔州知府時所自刊。以皆官郎署時所作，故仍以「水部」名集。凡詩一卷，文二卷。

陭堂摘稿

范邦甸等《天一閣書目・別集類》《陭堂摘稿》十六卷。刊本。明許茗山著。嘉靖辛酉游震得序。許公燕人家于錢塘，又爲吴人云。

黄虞稷《千頃堂書目・別集類》許應元《陭堂摘稿》十六卷。字子春，錢塘人。廣西右布政使。

陳子野集

黄虞稷《千頃堂書目・別集類》陳芹《陳子野集》。字子野，係出交南國王，永樂

中避黎氏之亂來奔，遂家南京，籍羽林右衛中式。寧鄉知縣，九十日謝病歸。

鳳泉堂稿

黃虞稷《千頃堂書目・別集類》 陳芹《鳳泉堂稿》。

冶山拙稿

張萱等《內閣藏書目録・集部》 《冶山拙稿》四册。全。嘉靖間閩王鐄著。後附《詠史補鈔》。

黃虞稷《千頃堂書目・別集類》 王鐄《冶山拙稿》二卷。字公范，閩縣人。思明府同知。

詠史詩

黃虞稷《千頃堂書目・別集類》 王鐄《詠史詩》一卷。

東山集

黃虞稷《千頃堂書目・別集類》 薛欽《東山集》。字寅甫，懷安人。太平儒學教諭。

比部稿

黃虞稷《千頃堂書目・別集類》 郁蘭《比部稿》。字文芳，秀水人。南京刑部主事。

求志齋言草

黃虞稷《千頃堂書目・別集類》 陳瀚《求志齋言草》三十卷。字元海，秀水人。

《四庫提要・別集類存目四》 《求志齋言草》三十卷。兩淮鹽政採進本。明陳瀚撰。瀚號龍嶽，秀水人。嘉靖甲午舉人，官至廉州府知府。是集兼載詩文，詞頗質實而微嫌鈍置。前有薛僑序，稱所著學論十篇，尤其平日所自得。今在第十七卷中，然皆宋儒所常言，無所闡發也。

三峰集

黃虞稷《千頃堂書目・別集類》 來日升《三峰集》六卷。字子旦，蕭山人。

三峰餘業

黃虞稷《千頃堂書目・別集類》 來日升《三峰餘業》四卷。

雙橋集

黃虞稷《千頃堂書目・別集類》 馬錫《雙橋集》。字公福，祁門人。南雄通判。

惇物山人集

黃虞稷《千頃堂書目・別集類》 張蒙訓《惇物山人集》二卷。字子成，耀州人。

官襄陽教諭。

黃龍集

黃虞稷《千頃堂書目・別集類》 龐嵩《黃龍集》一卷。字振卿，南海人。舉人，應天府治中，遷曲靖軍民府同知。

蛣蜣集

黃虞稷《千頃堂書目・別集類》 鄭若庸《蛣蜣集》八卷。字仲伯，崑山人。趙康王客。

《四庫提要・別集類存目五》 《蛣蜣集》八卷。兩淮鹽政採進本。明鄭若庸撰。若庸有《類雋》，已著録。蛣蜣生其所自號，因以名集。凡文七卷，詩一卷。其詩與謝榛齊名，然材力遜榛之富健，文又其餘事矣。

北遊漫稿

黃虞稷《千頃堂書目・別集類》 鄭若庸《北遊漫稿》三卷。

《四庫提要・別集類存目五》 《北遊漫稿》二卷。兩江總督採進本。明鄭若庸撰。是集爲歙人汪良迪所輯，前有王錫爵序，稱山人今年已八十，違趙而居清源又已數年。故今集中清源之詩不一而足，乃其晚年作也。《明詩綜》載若庸有《蛣蜣集》，不及此稿，然所録諸詩具在兹集。蓋《蛣蜣集》詩止一卷，良迪併入此稿耳。

沈鳳岡集

《四庫提要・別集類存目四》 《沈鳳岡集》四卷。山西巡撫採進本。明沈良才撰。良才字鳳岡，泰州人。嘉靖乙未進士，官至兵部右侍郎。其爲吏科給事中時，嘗疏劾嚴嵩，頗見風采。詩則尚未成家。

訥溪集

徐𤊹《徐氏家藏書目・別集類》 周怡《訥溪集》二十七卷。字順之，太平縣人。嘉靖戊戌進士，累官太常少卿。

黃虞稷《千頃堂書目・別集類》 周怡《訥溪集》二十七卷。字順之，寧國太平人。太常寺少卿，天啓初追謚恭節。

《明史・藝文志・別集類》 周怡《訥溪集》二十七卷。

毛愷文集

黃虞稷《千頃堂書目・別集類》 《毛愷文集》四卷。字□□，江山人。刑部尚書。

海上老人別集

徐𤊹《徐氏家藏書目・別集類》 喻時《海上老人別集》二卷。字吴臯，汝寧光州人，嘉靖戊戌進士。

黃虞稷《千頃堂書目・別集類》 喻時《海上老人別集》二卷。字中甫，光州人。南京兵部右侍郎。

喻吴臯集

徐𤊹《徐氏家藏書目・別集類》 喻時《正集》九卷。

黃虞稷《千頃堂書目・別集類》 喻時《喻吴臯集》十二卷。

太僕集

王圻《續文獻通考・經籍考・集下》 《歸太僕集》。崑山歸有光著。

黄虞稷《千頃堂書目・別集類》 歸有光《太僕集》三十二卷。蔣以忠校定二十五卷。字熙甫，崑山人。南京太僕寺卿。

震川文集 別集 外集

黄虞稷《千頃堂書目・別集類》 歸有光《錢謙益訂正震川先生集》三十卷，《外集》十卷。

《明史・藝文志・別集類》 歸有光《震川集》三十卷，《外集》十卷。錢謙益訂正。

《四庫提要・別集類二五》 《震川文集》三十卷，《別集》十卷。通行本。明歸有光撰。有光有《易經淵旨》，已著録。是編爲其曾孫莊所訂，首經解，終祭文，凡二十四體。《別集》首論策，終古今體詩，凡十有一體。

張之洞《書目答問・別集》 《震川文集》三十卷，《別集》十卷。明歸有光。歸氏家刻本。

已寬堂集

《四庫提要・別集類存目四》 《已寬堂集》四卷。浙江孫仰曾家藏本。明陳鎏撰。鎏字子兼，號雨泉，吴縣人。自署曰潁川，從郡望也。嘉靖戊戌進士，官至四川提學副使，署布政使。是集所載詩，自嘉靖壬辰至萬曆乙亥，計四十四年之作。篇什雖多，頗傷蕪雜。前有岷王定燿序，言其子出已寬堂詩文二編。而此帙有詩無文，蓋不全之本也。然《千頃堂書目》已作四卷，則文集之佚久矣。

星橋集

黄虞稷《千頃堂書目・別集類》 金達《星橋集》。字□□，浮梁人。會元，一甲第三人，南京國子監司業。

洞麓堂集

徐𤊹《徐氏家藏書目・別集類》 尹臺《洞山集》八卷。字□□，永新人。嘉靖乙未進士，南京禮部尚書。

黄虞稷《千頃堂書目・別集類》 尹臺《洞麓堂集》三十八卷。字崇基，永新人。南京禮部尚書。

《明史・藝文志・別集類》 尹臺《洞麓堂集》三十八卷。

《四庫提要・別集類二五》 《洞麓堂集》十卷。江西巡撫採進本。明尹臺撰。臺字崇基，號舊山，永新人。嘉靖乙未進士，官至南京禮部尚書。《明詩綜》稱其有《洞山集》。此作《洞麓堂集》，考集首鄒元標序，稱《洞麓堂稿》，大宗伯洞山尹公所撰。

思補軒稿

范邦甸等《天一閣書目・別集類》 《思補軒漫稿》八卷。刊本。內有贈司馬公古風二首。明吏部侍郎永新尹臺著并自序，嘉靖辛酉門人盱江王材序，子重民識。

黄虞稷《千頃堂書目・別集類》 尹臺《思補軒稿》八卷。

馬恭敏公集

黄虞稷《千頃堂書目・別集類》 馬森《馬恭敏公集》十卷。字孔陽，懷安人。太

子少保，户部尚書，謚恭敏。一作《鍾陽集》二十卷。

《明史・藝文志・別集類》《馬森文集》二十卷。

見南山集

黄虞稷《千頃堂書目・別集類》 陳柏《見南山集》八卷。字子堅，沔陽州人。按察司副使。

兼山集

黄虞稷《千頃堂書目・別集類》 陳柏《兼山集》五卷。

蘇山集

徐𤊹《徐氏家藏書目・別集類》 陳柏《蘇山集》五卷。字憲卿，沔陽州人。嘉靖庚戌進士，官山西副使。卒年七十五。

《四庫提要・別集類存目五》《蘇山集》二十卷。兩淮鹽政採進本。明陳柏撰。柏字子堅，一字憲卿，沔陽人。嘉靖庚戌進士，官至井陘兵備副使。是集凡詩十卷、文十卷。詩頗宕逸有姿，而失於薄弱，文又不及其詩。《千頃堂書目》別載柏《見南山集》八卷，不載此集，殆偶未見歟。

蘇山選集

《四庫提要・別集類存目五》《蘇山選集》七卷。浙江巡撫採進本。明陳柏撰。是集爲莆田黄謙所選定，凡詩四卷、文三卷。《千頃堂書目》作五卷，傳寫誤也。

世翰堂集

黄虞稷《千頃堂書目・別集類》 林庭機《世翰堂集》十二卷。字利仁，閩縣人。庭棉弟。南京禮部尚書，贈太子太保，謚文僖。

《明史・藝文志・別集類》《林庭機文集》十二卷。

世翰堂稿

張萱等《内閣藏書目録・集部》《世翰堂稿》五册。全。萬曆間大宗伯林廷機著。

司空集

黄虞稷《千頃堂書目・別集類》 陳紹儒《司空集》二十卷。字師孔，南海人。南京工部尚書。

《明史・藝文志・別集類》 陳紹儒《司空集》二十卷。

大司空遺稿

《四庫提要・別集類存目四》《大司空遺稿》十卷。浙江巡撫採進本。明陳紹儒撰。紹儒字師孔，南海人。嘉靖戊戌進士，官至南京工部尚書。是集文八卷，詩二卷。詩皆嘉靖四十年以後至萬曆八年以前之作。其文有意刻畫韓柳，而往往失之粗率。詩則音調諧美，亦學唐格而過於摹擬者也。

天一閣集

徐𤊹《徐氏家藏書目·别集類》 范欽《天一閣集》三十卷。字安卿，號東明，鄞縣人。嘉靖壬辰進士，兵部侍郎。

黄虞稷《千頃堂書目·别集類》 范欽《天一閣集》十九卷。字堯卿，鄞縣人。兵部右侍郎。一作三十一卷。

《明史·藝文志·别集類》 范欽《天一閣集》十九卷。

破甕集

黄虞稷《千頃堂書目·别集類》 黄光昇《破甕集》。字羲輪，吴江人。國子監生。

拊缶集

黄虞稷《千頃堂書目·别集類》 王廷《拊缶集》二卷。字□□，南充人。左都御史。

醯雞集

黄虞稷《千頃堂書目·别集類》 王廷《醯雞集》六卷。遷安人。進士，兵科給事中，出爲山東僉事。

王維楨全集

黄虞稷《千頃堂書目·别集類》 王維楨《全集》四十二卷。

《明史·藝文志·别集類》 《王維楨全集》四十二卷。

王氏存笥稿

王圻《續文獻通考·經籍考·集下》 《存笥稿》。右輔王維禎著。

徐𤊹《徐氏家藏書目·别集類》 王維楨《存笥稿》二十卷。字允寧，號槐野，西安府華州人。嘉靖乙未進士，南京國子監祭酒。便道過家，會關中地震，自殞於家。

黄虞稷《千頃堂書目·别集類》 王維楨《存笥集》二十卷。字允寧，華州人。南京國子監祭酒。以省母歸，值地震陷死。

《四庫提要·别集類存目四》 《王氏存笥稿》二十卷。江蘇巡撫採進本。明王維楨撰。維楨字允寧，華州人。嘉靖乙未進士，官至南京國子監祭酒。《明史·文苑傳》附見《李夢陽傳》中。《千頃堂書目》載維楨《存笥稿》二十卷，又《全集》四十二卷。今《全集》未見傳本，惟此集存，乃其友餘姚孫陞所編也。前十六卷爲雜文，後四卷爲古今體詩。陞序稱其文法司馬遷，詩法漢、魏，近體尤宗杜氏。朱彝尊《静志居詩話》則謂七律滯鈍，五言有句無篇。今觀其集，彝尊之論爲允。胡應麟又稱其文矯健勝其詩，亦不盡然。

洞庭漁人集

徐𤊹《徐氏家藏書目·别集類》 孫宜《洞庭漁人集》五十三卷。字仲可，號洞庭漁人，繼芳之子。嘉靖戊子鄉試，隱居不仕。喬世寧序，王世貞爲之傳。

黄虞稷《千頃堂書目·别集類》 孫宜《洞庭漁人集》五十三卷。字仲可，華容人。繼芳子。

《明史·藝文志·别集類》 孫宜《洞庭山人集》五十三卷。

〔世宗〕御製詩賦集

張萱等《内閣藏書目録·聖制部》 《御製》一册。世宗肅皇帝詩詞。

黄虞稷《千頃堂書目・別集類》 世宗肅皇帝《御製詩賦集》七卷。

〔世宗〕翊學詩

黄虞稷《千頃堂書目・別集類》《翊學詩》一卷。嘉靖七年聽經筵講官講《大學衍義》，帝製五言古詩一章并序，大學士楊一清等恭和。

《明史・藝文志・別集類》 世宗《翊學詩》一卷。

〔世宗〕宸翰録

黄虞稷《千頃堂書目・別集類》〔世宗〕《宸翰録》一卷。御製七言詩賜張孚敬者。

《明史・藝文志・別集類》《宸翰録》一卷。

輔臣贊和詩集

黄虞稷《千頃堂書目・別集類》〔世宗〕《輔臣贊和詩集》一卷。嘉靖六年除夕御製五言詩示楊一清，一清與謝遷等恭和。

〔世宗〕詠和録

黄虞稷《千頃堂書目・別集類》〔世宗〕《詠和録》一卷。嘉靖十年帝同大學士張孚敬及禮部尚書李時西苑觀稼，抵先蠶壇位御製詩，孚敬等和。

《明史・藝文志・別集類》〔世宗〕《咏和録》一卷。

詠春同德録

黄虞稷《千頃堂書目・別集類》〔世宗〕《詠春同德録》一卷。與輔臣費宏等倡和。

《明史・藝文志・別集類》〔世宗〕《咏春同德録》一卷。

白鵲贊和集

黄虞稷《千頃堂書目・別集類》〔世宗〕《白鵲贊和集》一卷。

《明史・藝文志・別集類》〔世宗〕《白鵲贊和集》一卷。

祭祀記

黄虞稷《千頃堂書目・別集類》〔世宗〕《祭祀記》一卷。

忌祭或問

黄虞稷《千頃堂書目・別集類》〔世宗〕《忌祭或問》一卷。嘉靖七年製。

火警或問

王圻《續文獻通考・經籍考・集下》《火警或問》。嘉靖十年御製。

黄虞稷《千頃堂書目・別集類》 世宗肅皇帝御製《火警或問》一卷。

敬一箴

王圻《續文獻通考・經籍考・詩集》《敬一箴》。嘉靖五年御製，命頒行天下。

平臺詩

王圻《續文獻通考・經籍考・詩集》《平臺詩》。嘉靖五年，上御平臺，以陳寵等恭和御詩，楊一清提督軍務，勞費宏潘潤。御製詩章，各作一詩賜之，以酬勸復，皆賜酒饌。

除夕詩

王圻《續文獻通考・經籍考・詩集》《除夕詩》。嘉靖七年賜少師楊一清，致輔道交修之意。

和輿地圖詩

王圻《續文獻通考・經籍考・詩集》《和輿地圖詩》。嘉靖十三年，上和宣宗《閱輿地圖詩》，因賜羣臣。

春游詠和集

高儒《百川書志・聖朝詩集》《春游詠和集》二卷。嘉靖十二年四月中旬宸游南城西苑，御製五詩，及輔臣之和，頒行中外。

欽天記頌

王圻《續文獻通考・經籍考・詩集》《欽天記頌》。嘉靖十年御製，頒賜羣臣，凡三百言，頌數十韻。

皇史宬記

王圻《續文獻通考・經籍考・集下》《皇史宬記》。嘉靖十六年御製，賜羣臣。

明堂或問

王圻《續文獻通考・經籍考・集下》《明堂或問》。嘉靖十七年御製。

念農詩

王圻《續文獻通考・經籍考・詩集》《念農詩》。嘉靖中幸省耕亭，御製詩賜羣臣。

和祖德詩

王圻《續文獻通考・經籍考・詩集》《和祖德詩》。嘉靖中，上以宣宗有賦淳祖至仁宗《祖德詩》四章，恭和之，廣其未備者宣宗至武宗凡九章。

青霞集

《四庫提要・別集類二五》 《青霞集》十一卷，《年譜》一卷。浙江巡撫採進本。

明沈鍊撰。鍊字純甫，會稽人。嘉靖戊戌進士。除溧陽知縣，後官錦衣衛經歷，疏論俺答請貢事，並劾嚴嵩。廷杖謫戍，復爲嵩黨路順搆入蔚州妖人閻浩案中棄市，天下冤之。隆慶初，贈光禄寺少卿。天啓初，追謚忠愍。事蹟具《明史》本傳。是編本文三卷，賦一卷，詩三卷，《論草兵説尺牘》四卷，合十一卷。自十二卷至十六卷則年譜、事紀、祠記。前有茅坤序及鍊子襄《刻集紀原》。

青霞山人稿

王圻《續文獻通考・經籍考・集下》 《沈青崖集》。山陰沈煉著。

黄虞稷《千頃堂書目・別集類》 沈鍊《青霞山人稿》五卷。字純甫，山陰人。錦衣衛經歷，隆慶初贈光禄少卿。謚忠愍。

《明史・藝文志・別集類》 《青霞山人集》五卷。

鳴劍集　續集

黄虞稷《千頃堂書目・別集類》 沈鍊《鳴劍集》六卷，又《續集》六卷。

《明史・藝文志・別集類》 沈鍊《鳴劍集》十二卷。

塞垣尺牘

黄虞稷《千頃堂書目・別集類》 沈鍊《塞垣尺牘》。

荊川集　續集　外集

范邦甸等《天一閣書目・別集類》 《唐荊川文集》十二卷。刊本。明唐順之著。詩目下自注「此下係翰林時作」。

又 《重刻校正唐荊川文集》十二卷。嘉靖己酉晉江遵巖居士王慎中序稱：無錫安君如、石子介慕君之學，得其所爲詩文，匯而刻之。卷末有是集，因無錫版，差訛太多，乃唐公親自增削校正無差者。三衢葉寶山堂大圖章毗陵陳奎鏤版。

王圻《續文獻通考・經籍考・集下》 《唐荊川集》、《續集》。武進唐順之著。

徐𤊹《徐氏家藏書目・別集類》 唐順之《荊川集》十七卷，《外集》三卷，《續集》六卷。字應德，武進人。嘉靖己丑會元，累官副都御史。

黄虞稷《千頃堂書目・別集類》 唐順之《荊川集》二十卷，又《續集》六卷。字應德，武進人。巡撫淮陽，僉都御史。天啓中追謚襄文，一作文襄。

《明史・藝文志・別集類》 唐順之《荊川集》二十六卷。

《四庫提要・別集類二五》 《荊川集》十二卷。兩淮馬裕家藏本。明唐順之撰。順之有《廣右戰功録》，已著録。

張之洞《書目答問・別集》 《荊川集》十二卷。明唐順之。國初刻本。

南北奉使集

黄虞稷《千頃堂書目・別集類》 唐順之《奉使集》一卷。

《四庫提要・別集類存目四》 《南北奉使集》二卷。浙江汪啓淑家藏本。明唐順之撰。順之有《廣右戰功録》，已著録。是編一爲《北奉使集》，乃其以職方郎中出覈薊鎮兵籍時所作。一爲《南奉使集》，乃視師江浙所作。兩集俱載其籌邊勦寇之事，先敕諭，次題疏，次啓劄，次詩篇，前後皆無序跋。

海樵先生集

《四庫提要・別集類存目四》 《海樵先生集》二十一卷。安徽巡撫採進本。明陳鶴撰。鶴字鳴野，山陰人。案《浙江通志》，鶴，嘉靖乙酉舉人。年十七，襲廕紹興衛百户，非其志也。遂棄官稱山人，則亦孤僻之士矣。是編賦一卷，古體詩四卷，近體詩九卷，文七卷。隆慶丁卯其子以世職莅兵粵東，屬南海盧夢陽、番禺黎民表校正編次。明自中葉以後，山人墨客，多以詩遨遊公卿間。然有才者纖詭，使氣者粗疎，體格蕪雜，率同一轍。朱彝尊《詩話》稱鶴才鋒雖鈍，而鑄詞差醇，似比諸家稍勝。考盧夢陽序，稱其築室飛來山麓，閉户伏枕，手不釋卷，足不下牀者七年。蓋卷軸較多，故與枵腹拈韻者異也。其絶句頗爲清雋，不止彝尊所摘律詩數聯。然趁筆而出，往往利鈍互陳，視孫一元《太白山人集》，尚未足旗鼓相當焉。

海樵詩集

徐𤊹《徐氏家藏書目・別集類》 陳鶴《海樵集》二十一卷。字鳴野。紹興衛百户。

黃虞稷《千頃堂書目・別集類》 陳鶴《海樵詩集》二十一卷。字鳴野，一字九皋，紹興山陰人。世襲紹興衛百户，棄其官出游，以詩名嘉隆間。

《明史・藝文志・別集類》 《海樵詩集》二十一卷。

海樵律詩

范邦甸等《天一閣書目・別集類》 《海樵律詩》二卷。明九皋陳鶴著。四明章槃與之友，攜其詩之廣右，託郎寧太守王修齋刻之，跋後。嘉靖辛亥朗寧陳大綸序稱「集中諸作五言多類王、孟，七言多類岑、劉，其全帙不讓何、李四大家」云。

陳山人小集

范邦甸等《天一閣書目・別集類》 《陳山人小集》一册。刊本。明古越陳鶴著，歙人方廷璽校刻。四川湯紹恩序稱：會稽名家若謝康樂如初發芙蓉，賀狂客如空中樓閣，虞學士之五絶、陸放翁之三逸，斯皆裒然爲一代稱首。晚得海樵陳子所著《小集》，自樂府、古風以至排律、絶句，諸體之集，蓋會四子之長而進取之者也。鶴子鳴野，越東高士。嘉靖甲午杭郡方九敘、寶山李釜跋後。

寶氣樓藏草

黃虞稷《千頃堂書目・別集類》 雷賀《寶氣樓藏草》十卷。字時雍，豐城人。巡撫四川，都御史。

粵藩稿

黃虞稷《千頃堂書目・別集類》 雷賀《粵藩稿》二卷。

中丞詩

黃虞稷《千頃堂書目・別集類》 雷賀《中丞詩》六卷。

中丞律選

黃虞稷《千頃堂書目・別集類》 雷賀《中丞律選》一卷。

中丞詩選

徐𤊹《徐氏家藏書目・别集類》 雷賀《中丞詩選》一卷。字時雍，南昌人。嘉靖辛丑進士，官都御史。號少郭。

居俟堂存稿

黄虞稷《千頃堂書目・别集類》 鄭大同《居俟堂存稿》二卷。字皆吾，莆田人。刑部右侍郎。

趙恭襄公集

黄虞稷《千頃堂書目・别集類》 趙炳然《趙恭襄公集》六卷。字□□，劍州人。太子少保，兵部尚書。

瞿文懿制敕稿　制科集　詩文集

《四庫提要・别集類存目四》 《瞿文懿制敕稿》一卷，《制科集》四卷，《詩文集》十六卷。兩淮馬裕家藏本。明瞿景淳撰。景淳字師道，號昆湖，常熟人。嘉靖甲辰進士，官至南京吏部右侍郎。事蹟具《明史》本傳。是集爲其子汝稷所編。首卷《制稿》十一篇，《敕稿》二十七篇，蓋即《明史・藝文志》所謂《瞿景淳内制集》也。其《制科集》四卷，皆應試策論諸作。《詩文集》十六卷，則文居其十五卷，詩賦一卷，特附見備體而已。景淳清介自持，史載其與嚴嵩論胡宗憲，及不撰陸炳妻誥詞，皆觸忤權姦，無所憚畏。其制義亦名一時，至今有王、唐、瞿、薛之稱。古文則非所擅長也。

瞿文懿公集

徐𤊹《徐氏家藏書目・别集類》 瞿景淳《文懿集》十六卷。字師道，號昆湖，常熟人。嘉靖甲辰會元及第，累官禮部侍郎，謚文懿。《文集》門人王錫爵序之，《内制集》同郡王世貞序之。

黄虞稷《千頃堂書目・别集類》 瞿景淳《瞿文懿公集》十六卷。字師道，常熟人。會元，一甲第二人，禮部右侍郎，兼翰林學士。贈禮部尚書，謚文懿。

《明史・藝文志・别集類》 瞿景淳《文集》十六卷。

内制集

徐𤊹《徐氏家藏書目・别集類》 《内制集》一卷。瞿景淳著。

《明史・藝文志・别集類》 瞿景淳《内制集》一卷。

制科集

徐𤊹《徐氏家藏書目・别集類》 《科制集》四卷。瞿景淳著。

黄虞稷《千頃堂書目・别集類》 《制科集》四卷。瞿景淳著。

清橋遺稿

徐𤊹《徐氏家藏書目・别集類》 陳言《清橋遺稿》一卷。字實父，鄞縣人，萬曆中遵化教諭。

南沙集

黄虞稷《千頃堂書目·别集類》 熊過《南沙集》八卷。字子仁，富順人。由庶吉士歷官禮部郎中。

《明史·藝文志·别集類》 熊過《南沙集》八卷。

《四庫提要·别集類存目四》 《熊南沙文集》八卷。浙江汪汝瑮家藏本。明熊過撰。過有《周易象旨決録》，已著録。是集乃隆慶戊辰其門人嚴清所刻，前四卷爲疏、序、書、記，後四卷爲題跋、引傳、碑銘、祭文、雜著。過留心經學，其文章亦列名八才子中。然集中諸作，大抵應酬之文也。

游名山記

徐𤊹《徐氏家藏書目·别集類》 何鏜《游名山記》一卷。字□□，號賓岩，麗水人。嘉靖丁未進士。

鴻猷録

王圻《續文獻通考·經籍考·集下》 《鴻猷録》。景藩長史高岱著。京山人。

樵論

王圻《續文獻通考·經籍考·集下》 高岱《樵論》。

徐𤊹《徐氏家藏書目·别集類》 高岱《樵論》一卷。

黄虞稷《千頃堂書目·别集類》 高岱《樵論》一卷。

楚漢餘談

王圻《續文獻通考·經籍考·集下》 高岱《楚漢餘談》。

居鄖稿

徐𤊹《徐氏家藏書目·别集類》 高岱《居鄖稿》一卷。字伯宗，號鹿城，京山縣人。嘉靖庚戌進士，景府長史。

黄虞稷《千頃堂書目·别集類》 高岱《居鄖稿》一卷。

西曹集

黄虞稷《千頃堂書目·别集類》 高岱《西曹集》九卷。字伯宗，京山人。景王府長史。

《明史·藝文志·别集類》 高岱《西曹集》九卷。

翔鴻集

范邦甸等《天一閣書目·别集類》 《翔鴻集》一册。刊本。明張之象著，國子司業朱大韶序。

黄虞稷《千頃堂書目·别集類》 張之象《翔鴻集》□卷。

題橋集

范邦甸等《天一閣書目·别集類》 《題橋集》一册。刊本。張之象著。自序

稱，養疾齋居，因次第相如之事，各綴以詠賦。卷首有朱邦憲序文。

黃虞稷《千頃堂書目・别集類》 張之象《題橋集》□卷。

避暑集

范邦甸等《天一閣書目・别集類》 《避暑集》二卷。刊本。張之象著。同邑董傳策序稱：余戍朗寧，君又以《避暑集》問序於予。君世居龍華，頃徙家舊西湖之上。西湖本名谷水，在郡西南里許，又有隱仙巷、杏花村、五色泉、四賢祠、唳鶴、涵碧等亭，古蹟《郡志》所稱第一幽勝者也。伏暑之月，君與朋舊觴詠于斯，得詩若干首，因以名集。

黃虞稷《千頃堂書目・别集類》 張之象《避暑集》□卷。

翦綵集

范邦甸等《天一閣書目・别集類》 《剪綵集》二卷。明雲間張之象元超著，嘉靖己酉華亭何良俊序。

黃虞稷《千頃堂書目・别集類》 張之象《剪綵集》二卷。

《明史・藝文志・别集類》 張之象《翦綃集》二卷。

聽鶯集

黃虞稷《千頃堂書目・别集類》 張之象《聽鶯集》□卷。

猗蘭集

黃虞稷《千頃堂書目・别集類》 張之象《猗蘭集》□卷。

擊轅集

黃虞稷《千頃堂書目・别集類》 張之象《擊轅集》□卷。

佩劍集

黃虞稷《千頃堂書目・别集類》 張之象《佩劍集》□卷。

林栖集

黃虞稷《千頃堂書目・别集類》 張之象《林栖集》□卷。

隱仙集

黃虞稷《千頃堂書目・别集類》 張之象《隱仙集》□卷。

秀林集

黃虞稷《千頃堂書目・别集類》 張之象《秀林集》□卷。

新草集

黃虞稷《千頃堂書目・别集類》 張之象《新草集》□卷。字月鹿，一字玄超，華亭人。太學生，入貲授浙江布政司經歷。

叩頭蟲賦

黄虞稷《千頃堂書目・騷賦類》 張之象《叩頭蟲賦》並注一卷。

康子寬集

黄虞稷《千頃堂書目・別集類》 康栗《康子寬集》五卷。康海子，蚤卒。

嘉南集

范邦甸等《天一閣書目・別集類》 《嘉南集》三卷，附一卷。刊本。明舒鏐著。自序稱：余涉仕以來，出入艱危者屢矣。癸卯歲，又渡浙沂，服官長沙，會時暑雨方滋，觸冒連旬，甫及息肩，而病且作，旋復告歸。舟中伏枕，聊檢前後所作，集爲此編，題曰《嘉南》，蓋竊慕屈子嘉南州之意也。

西野集

黄虞稷《千頃堂書目・別集類》 李璣《西野集》十三卷。字邦在，豐城人。南京禮部尚書。

《明史・藝文志・別集類》 李璣《西野集》十三卷。

西野遺稿

《四庫提要・別集類存目四》 《西野遺稿》十四卷。兩江總督採進本。明李璣撰。璣字邦在，號西野，豐城人。嘉靖乙未進士，官至南京禮部尚書。是集前有何鏜序，稱璣文稿多燬於火，仲孫自茂掇拾其僅存者，裒爲五帙授梓。此本多至十四卷，又崇禎中其曾孫九疇所刻也。凡文十卷，詩三卷，雜著一卷。詩中以古體與五言古風分爲二目，殊乖體例。

芹溪吟稿

黄虞稷《千頃堂書目・別集類》 沈宏《芹溪吟稿》。字惟遠，崇德人。

留省稿

黄虞稷《千頃堂書目・別集類》 康太和《留省稿》二十卷。石城許穀選。字原中，莆田人。南京工部尚書。

停雲館摘稿

黄虞稷《千頃堂書目・別集類》 康太和《停雲館摘稿》十二卷。

禾城集

黄虞稷《千頃堂書目・別集類》 康太和《禾城集》四卷。

編年集

黄虞稷《千頃堂書目・別集類》 康太和《編年集》十四卷。

礪峰集

黄虞稷《千頃堂書目·别集類》 康太和《礪峰集》。

《明史·藝文志·别集類》 康太和《蠣峰集》二十四卷。

嘉樂堂集

黄虞稷《千頃堂書目·别集類》 孫植《嘉樂堂集》十二卷。字斯立，平湖人。璽子。刑部尚書，謚簡肅。

家居集

黄虞稷《千頃堂書目·别集類》 陳元珂《家居集》四十卷。字仲聲，閩清人。湖廣參政。

居婺文録

黄虞稷《千頃堂書目·别集類》 陳元珂《居婺文録》二卷。

中丞集

黄虞稷《千頃堂書目·别集類》 宋淳《中丞集》。字□□，開化人。

三宋詩

黄虞稷《千頃堂書目·别集類》 宋淳《三宋詩》。

萬里風煙集

黄虞稷《千頃堂書目·别集類》 羅椿枝《萬里風煙集》。字日新，桐廬人。

驪山集

黄虞稷《千頃堂書目·别集類》 趙統《驪山集》。字伯一，臨潼人。户部郎中。

《四庫提要·别集類存目四》 《驪山集》十四卷。陝西巡撫採進本。明趙統撰。統有《杜律意注》，已著録。是集乃楊光訓所編，集中自謂：嘉靖丁未，誤罹陷獄近三十年，多爲詩。萬曆癸酉恤歸，仍歲爲一集。此本凡賦及詩九卷，文一卷，雜著二卷，詩話二卷，總題曰《驪山集》，似光訓有所删汰也。前有朱勤美序，稱其命意搜微，多出己見。大都骨力莽蒼，學殖淹博。稍稍融透，莫難雁行獻吉。然則明識其未融透矣，何不悟而猶刊以弁集也。

端居集

范邦甸等《天一閣書目·别集類》 《端居集》一卷。刊本。明楊祐著。嘉靖壬辰蔣芝跋云：右《端居集》爲詩歌詞凡若干首，爲同年錢塘丹泉子舊著。

楊氏四集

黃虞稷《千頃堂書目·別集類》　楊祐《楊氏四集》十六卷。

興國集

徐𤊹《徐氏家藏書目·別集類》　楊祐《興國集》二卷。字汝成，號丹泉，錢塘人。嘉靖己丑進士，官江西湖廣僉事。

黃虞稷《千頃堂書目·別集類》　楊祐《興國集》二卷。字汝承，錢塘人。湖廣按察司僉事。《分省人物考》云：蘭谿人，所著有《端居》、《興國》、《西曹》、《溧城》、《濟南》、《江西》、《湖上》、《荊南》諸集。一作《丹泉集》。

濟南集

黃虞稷《千頃堂書目·別集類》　楊祐《濟南集》一卷。字□□，內江人。

柏山集

黃虞稷《千頃堂書目·別集類》　劉尚義《柏山集》四卷。字□□，汾州人。河南副使。

青芝山人吟稿

徐𤊹《徐氏家藏書目·別集類》　陳鳳《青芝山人吟稿》二卷。字□□，杭州衛指揮。

黃虞稷《千頃堂書目·別集類》　陳鳳《青芝山人吟稿》二卷。杭州衛指揮。

清華堂稿

黃虞稷《千頃堂書目·別集類》　陳鳳《清華堂稿》六卷。

《明史·藝文志·別集類》　陳鳳《清華堂稿》六卷。

宛地梓

黃虞稷《千頃堂書目·別集類》　陳鳳《宛地梓》四卷。

清華堂擇存

黃虞稷《千頃堂書目·別集類》　陳鳳《清華堂擇存》。字元舉，南京太醫院籍，崑山人。陝西參議。一作字羽伯。

石村稿

黃虞稷《千頃堂書目·別集類》　陳鳳《石村稿》。字羽伯，更字鳴岐，無錫人。與金陵陳鳳別是一人。

東還賦

黃虞稷《千頃堂書目·騷賦類》　陳鳳《東還賦》一卷。

揜瓴集

黄虞稷《千頃堂書目・別集類》 陳暹《揜瓴集》十卷。字德暉，閩縣人。廣東布政使。

陳暹文集

《明史・藝文志・別集類》 《陳暹文集》四卷。

方山集

黄虞稷《千頃堂書目・別集類》 薛應旂《方山集》六十八卷。字仲常，武進人。浙江提學副使，改陝西。

《明史・藝文志・別集類》 薛應旂《方山集》六十八卷。

方山文録

徐𤊹《徐氏家藏書目・別集類》 薛應旂《方山文録》。字仲常，武進人。嘉靖乙未進士，官陝西副使。

黄虞稷《千頃堂書目・別集類》 《方山文録》二十二卷。薛應旂著。

《四庫提要・別集類存目四》 《方山文録》二十二卷。浙江孫仰曾家藏本。明薛應旂撰。應旂有《四書人物考》，已著録。是集爲應旂所自編。

外方録

范邦甸等《天一閣書目・別集類》 《外方録》六卷。刊本。明薛應旂著。

聶泉崖詩鈔稿

范邦甸等《天一閣書目・別集類》 《聶泉崖詩鈔稿》一册。刊本。明禮部永豐聶静撰，嘉靖辛未門人廬陵劉芙刊。歷下李于鱗稱其古體高遠，與曹、劉、王、謝、陶、韋齊驅，五七言沉著醞藉，伯仲王、孟、沈、宋、高、岑之間，吴中顧季狂深以爲知言。

郭子長集

黄虞稷《千頃堂書目・別集類》 郭萬程《郭子長集》四卷。字子長，福清人。刑部主事，徐中行刻其集以行。一作《雲橋集》。

竹湖遺稿

黄虞稷《千頃堂書目・別集類》 馬從謙《竹湖遺稿》二卷。字□□，溧陽人。光禄寺少卿。

樗庵先生集

黄虞稷《千頃堂書目・別集類》 王暐《樗庵先生集》七卷。字韜孟，金壇人。山東僉事。

青厓集

黃虞稷《千頃堂書目・別集類》 胡汝霖《青厓集》四卷。字汝霖，緜州人。巡撫甘肅，都御史。

陳文岡集

黃虞稷《千頃堂書目・別集類》 陳棐《文岡先生集》二十卷。字□□，鄢陵人。巡撫甘肅，都御史。

《四庫提要・別集類存目四》 《陳文岡集》二十卷。内府藏本。明陳棐撰。棐，鄢陵人，文岡其字也。嘉靖乙未進士，官至甘肅巡撫。是集詩文多率筆，奏疏亦多迂論。

東陵集

黃虞稷《千頃堂書目・別集類》 劉鳳池《東陵集》十卷。字文甫，渭南人。兵部職方司。

丹臺集

黃虞稷《千頃堂書目・別集類》 徐桂《丹臺集》二十卷。字子芳，灊山人。鄖陽知府。

吴温州集

黃虞稷《千頃堂書目・別集類》 吴瓊《吴温州集》。字德輝，祁門人。温州知府。

聖嗣誕慶賦

張萱等《内閣藏書目録・雜部》 《聖嗣誕慶賦》一册。嘉靖十五年瑞昌恭僖王曾孫奉國將軍栱榴撰進金書。

黃虞稷《千頃堂書目・騷賦類》 奉國將軍栱榴《聖嗣誕慶賦》一卷。嘉靖十五年進，栱榴瑞昌恭懿王曾孫。

水部集

黃虞稷《千頃堂書目・別集類》 皇甫濂《水部集》二十卷。字子約，長洲人。汸弟。興化府同知。

《明史・藝文志・別集類》 皇甫濂《水部集》二十卷。

文榮集

王圻《續文獻通考・經籍考・集下》 《袁文榮集》。袁煒著。

徐㶿《徐氏家藏書目・別集類》 袁煒《文榮集》八卷。字懋中，號元峰，慈谿人。嘉靖戊戌會元，禮部尚書，大學士，謚文榮。

袁文榮公詩集

范邦甸等《天一閣書目・別集類》 《袁文榮公詩集》八卷。

黃虞稷《千頃堂書目・別集類》 袁煒《袁文榮公詩集》八卷。字懋中，慈谿人。一甲第三人，少傅兼太子太傅，户部尚書，建極殿大學士。贈少師，謚文榮。

《明史・藝文志・別集類》 《袁煒詩集》八卷。

袁文榮詩略

徐𤊹《徐氏家藏書目·别集類》 袁煒《詩略》二卷。

《四庫提要·别集類存目四》 《袁文榮詩略》二卷。江蘇巡撫採進本。明袁煒撰。煒字懋中，慈谿人。嘉靖戊戌進士，官至建極殿大學士，謚文榮。事蹟附見《明史·嚴訥傳》。

磐峰集

黄虞稷《千頃堂書目·别集類》 康朗《磐峰集》□卷。字用晦，惠安人。巡撫鄖陽，都御史。

文肅集

徐𤊹《徐氏家藏書目·别集類》 趙貞言《文肅集》二十三卷。字孟静，號太洲，成都内江人。嘉靖乙未進士，大學士，謚文肅。

張萱等《内閣藏書目録·集部》 《趙文肅公文集》十册。全。大學士趙公貞吉著。

黄虞稷《千頃堂書目·别集類》 趙貞吉《趙文肅公集》二十三卷。字孟静，内江人。太子太保，禮部尚書，入直文淵閣。贈少保，謚文肅。

《明史·藝文志·别集類》 《趙貞吉文集》二十三卷。

《四庫提要·别集類存目四》 《文肅集》二十三卷。兩江總督採進本。明趙貞吉撰。貞吉字孟静，内江人。嘉靖乙未進士，官至文淵閣大學士，謚文肅。事蹟具《明史》本傳。是集凡詩六卷，文十七卷。貞吉學以釋氏爲宗，姜寶爲之序曰：「今世論學者，多陰採二氏之微妙，而陽諱其名。公於此能言之，敢言之，又訟言之，昌言之，而不少避忌。蓋其所見真，所論當，人固莫得而訾議也。」其持論可謂悍矣。

趙貞吉詩鈔

范邦甸等《天一閣書目·别集類》 《趙太史詩鈔》二卷。不著撰人名氏。

黄虞稷《千頃堂書目·别集類》 趙貞吉《詩鈔》五卷。

《明史·藝文志·别集類》 趙貞吉《詩》五卷。

漸齋集

黄虞稷《千頃堂書目·别集類》 江珍《漸齋集》。字民璞，歙縣人。貴州左布政使。一作《華委堂集》。

棠谿集

徐𤊹《徐氏家藏書目·别集類》 汪宗凱《棠溪集》二十卷。字子才，崇陽人。嘉靖乙未進士。少卿自號七十二峰山人。

黄虞稷《千頃堂書目·别集類》 汪宗凱《棠谿集》二十卷。字子才，崇陽人。□□少卿。

是堂學詩

黄虞稷《千頃堂書目·别集類》 俞憲《是堂學詩》二十四卷。字汝承，無錫人。湖廣副使。有《遼海》、《金陵》、《蓬萊》、《轂下》、《外臺》、《去楚》、《當弃》諸集。

《明史·藝文志·别集類》 《俞憲詩集》二十四卷。

念初堂集

黃虞稷《千頃堂書目・別集類》 王材《念初堂集》六十五卷。《石堂近語》一卷、《詩文》二十三卷、《黎川王氏家譜略》一卷、《外制集》三卷、《南雍申教録》一卷、《南雍日記》六卷、《南雍講章》四卷、《太學志略》一卷、《南雍再莅録》一卷、《退居集》十三卷、《館記》一卷、《雜記》一卷、《北田語》一卷、《新城志略》一卷、《念初先生年譜》一卷。字子難，江西新城人。太常寺卿，掌南京國子監事。

《明史・藝文志・別集類》 《王材文集》六十五卷。

懸磬室詩

黃虞稷《千頃堂書目・別集類》 錢穀《懸磬室詩》。字叔寶，長洲人。

東雲存稿

徐𤊹《徐氏家藏書目・別集類》 廖希顔《東雲存稿》四卷。字叔愚，茶陵州人。嘉靖壬辰進士，山西提學副使。

張萱等《内閣藏書目録・集部》 《東雲先生存稿》四册。全。嘉靖間山西督學廖希顔著。

黃虞稷《千頃堂書目・別集類》 廖希顔《東雲存稿》四卷。字叔愚，茶陵州人。山西提學副使。

監泉集

黃虞稷《千頃堂書目・別集類》 卜大同《監泉集》。字吉夫，秀水人。福建按察使副使。子蒙輯。

志山詩集

黃虞稷《千頃堂書目・別集類》 袁袠《志山詩集》。字紹之。吴縣諸生。

遵巖集

王圻《續文獻通考・經籍考・集下》 《遵巖文集》。晉江王慎中著。

張萱等《内閣藏書目録・集部》 《王遵巖文集》八册。全。嘉靖間王慎中著。

黃虞稷《千頃堂書目・別集類》 王慎中《遵巖文集》四十一卷。又一本十七卷，又一本二十五卷。字道思，晉江人。河南左參政。

《明史・藝文志・別集類》 王慎中《遵巖文集》四十一卷。

《四庫提要・別集類二五》 《遵巖集》二十五卷。兩淮鹽政採進本。明王慎中撰。慎中字道思，晉江人。嘉靖丙戌進士，官至河南布政使參政。事蹟具《明史・文苑傳》。

張之洞《書目答問・別集》 《遵巖集》二十五卷。明王慎中。明刻本。

家居集

范邦甸等《天一閣書目・別集類》 《家居集》七卷。刊本。明王慎中著。

黃虞稷《千頃堂書目・別集類》 王慎中《家居集》□卷。

玩芳堂摘稿

范邦甸等《天一閣書目・別集類》 《玩芳堂摘稿》四卷。刊本。明王慎中著。

《四庫提要・別集類存目四》《玩芳堂摘稿》四卷。兩江總督採進本。明王慎中撰。慎中有《遵巖文集》，已著録。此本乃嘉靖中江陵曹忭以御史巡按江西，取篋中所有慎中之文，校而刻之。僅一百首，故以《摘稿》爲名。

遵巖子

黄虞稷《千頃堂書目・別集類》王慎中《遵巖子》二卷。

遵巖文選

黄虞稷《千頃堂書目・別集類》王慎中《遵巖文選》十六卷。

王遵巖文粹

范邦甸等《天一閣書目・別集類》《王遵巖文粹》十六卷。刊本。明晉江王慎中著，隆慶庚午沔陽陳文燭序。

禮部集

王圻《續文獻通考・經籍考・集下》《何禮部集》。何良傳著。

徐𤊹《徐氏家藏書目・別集類》何良博《禮部集》十卷。字叔皮，華亭人。嘉靖辛丑進士，官祠祭郎中。

黄虞稷《千頃堂書目・別集類》何良傳《禮部集》十卷。字叔皮，華亭人。良俊弟。禮部祠祭司郎中。

《明史・藝文志・別集類》何良傳《禮部集》十卷。

見滄文集

黄虞稷《千頃堂書目・別集類》茅瓚《見滄先生文集》十五卷。字邦獻，錢塘人。一甲第一人，吏部左侍郎，兼翰林院學士。

《明史・藝文志・別集類》《茅瓚文集》十五卷。

《四庫提要・別集類存目四》《見滄文集》十五卷。浙江巡撫採進本。明茅瓚撰。瓚字見滄，錢塘人。嘉靖戊戌進士第一，官至吏部左侍郎。是集爲其門人趙應元所編，而其子藉吉校刊之。第一卷爲廷對策，二卷至七卷爲各體詩，八卷以下皆雜文，大抵應俗之作也。

趙浚谷集

黄虞稷《千頃堂書目・別集類》趙時春《浚谷集》十七卷。字子仁，平涼人。會元，巡撫山西，都御史。

《明史・藝文志・別集類》趙時春《浚谷集》十七卷。

《四庫提要・別集類存目四》《趙浚谷集》十六卷。浙江汪汝瑮家藏本。明趙時春撰。時春有《平涼府志》，已著録。時春素以將略自命，不屑屑以詩文名。然《明史》本傳稱其讀書善強記，文章豪肆，與唐順之、王慎中齊名。今觀其詩文，多慷慨自喜，不可拘以格律。胡松序所謂秦人而爲秦聲，亦其風氣然也。然則史所謂文章豪肆者，長短俱在是矣。是集詩六卷，文十卷，皆編年而不分體。徐階序稱十六卷，與此集合。李開先序則謂詩六卷，文九卷，幾十五卷。續有作者，當續入之。蓋開先序在嘉靖乙丑，而階序在萬曆庚辰，時春没後十五年，又有所續入也。

又《別本浚谷集》十七卷。安徽巡撫採進本。明趙時春撰。此本凡詩二卷，賦及雜文十五卷，有其甥周鑒序。《明史・藝文志》載《時春集》作十七卷，即據此本也。

浚谷趙先生文粹

張萱等《内閣藏書目録・集部》 《浚谷趙先生文粹》二册。全。嘉靖間趙時春著。

劉亭湖稿

高儒《百川書志・集・國朝》 《劉亭湖稿》一卷。平陽令亭湖劉録世臣著。

劉亭湖集稿

高儒《百川書志・集・國朝》 《劉亭湖集稿》一卷。平陽令亭湖劉録世臣著。

可齋集

黄虞稷《千頃堂書目・别集類》 游居敬《可齋集》四卷。字□□，南平人。刑部右侍郎。

黄淳父集

徐𤊹《徐氏家藏書目・别集類》 黄姬水《淳父集》二十四卷。字淳父，省曾之子。嘉靖中布衣。

黄虞稷《千頃堂書目・别集類》 黄姬水《黄淳父先生集》二十四卷。

《明史・藝文志・别集類》 黄姬水《淳父集》二十四卷。

《四庫提要・别集類存目七》 《黄淳父集》二十四卷。浙江汪汝瑮家藏本。明黄姬水撰。是編乃萬曆乙酉，其壻顧大思裒《白下》、《高素齋》二集及所未刊者并梓之，凡賦頌贊詩十六卷，雜文八卷。

白下集

黄虞稷《千頃堂書目・别集類》 《白下集》十一卷。黄姬水著。

《四庫提要・别集類存目七》 《白下集》十一卷。兩江總督採進本。明黄姬水撰。姬水有《貧士傳》，已著録。是集詩六卷，賦一卷，文四卷。姬水自吴門徙居金陵所作，故以「白下」爲名。

高素齋集

黄虞稷《千頃堂書目・别集類》 黄姬水《高素集》二十九卷。字淳父，長洲人。省曾子。

《四庫提要・别集類存目七》 《高素齋集》二十九卷。江蘇巡撫採進本。明黄姬水撰。是集凡賦一卷，詩十二卷，雜文十六卷。王世貞《藝苑卮言》稱其詩如「北里名姬作酒糾」，時出俊語，衮中寓貶，已足見其一斑矣。

楊博詩文集

《明史・藝文志・别集類》 楊博《詩文集》十二卷。

虞坡文集

黃虞稷《千頃堂書目・别集類》 楊博《虞坡文集》十卷。字惟約，蒲州人。少師兼太子太師，吏部尚書，贈太傅，謚襄毅。

獻納稿

《明史・藝文志・别集類》 楊博《獻納稿》十卷。

楊博雜著

黃虞稷《千頃堂書目・别集類》 楊博《雜著》四卷。

大椿堂詩集

黃虞稷《千頃堂書目・别集類》 楊博《大椿堂詩集》二卷。

大椿堂詩選

張萱等《内閣藏書目録・集部》 《大椿堂詩選》二册。全。太宰楊博撰。

種蓮歲稿　文略

范邦甸等《天一閣書目・總集類》 《種蓮歲稿》六卷，《文略》二卷。刊本。明逯藩貞翁撰。嘉靖丙辰四月曹忭序稱：王爲詩多不經人道語，而沖澹平婉，超然有出塵之想，爲文拈筆輒就，思若涌泉，真天才也。合集其詩爲《歲稿》若干卷，集其文爲《文略》若干卷，請于王梓行。

蘭皋集

黃虞稷《千頃堂書目・别集類》 吴日《蘭皋集》。字而待，南海人。官歸州知州。

龜陵集

黃虞稷《千頃堂書目・别集類》 蔡宗堯《龜陵集》二十一卷。臨海人，字中父，自號東郭子。松谿教諭。多識古文奇字，錢謙益稱爲圭峰之流。當塗知縣。

《明史・藝文志・别集類》 蔡宗堯《龜陵集》二十卷。

石洲集

黃虞稷《千頃堂書目・别集類》 方效《石洲集》。字去病，桐城人。

瀛仙集

黃虞稷《千頃堂書目・别集類》 仇俊卿《瀛仙集》。字舜徵，海鹽人。

海上稿　華嶼稿　淮陽稿　閩南稿

黃虞稷《千頃堂書目・别集類》 仇俊卿《海上》、《華嶼》、《淮陽》、《閩南》諸稿。

少豐稿

黃虞稷《千頃堂書目·別集類》 顧蓂《少豐稿》。字子期，海鹽人。

蜃湖吟稿

黃虞稷《千頃堂書目·別集類》 徐文和《蜃湖吟稿》。嘉興人。

享帚集

黃虞稷《千頃堂書目·別集類》 郭文涓《享帚集》七卷。字穉源，古田人。保寧府同知。

愛山堂集

黃虞稷《千頃堂書目·別集類》 林金《愛山堂集》四卷。字良珍，連江人。河池知州。

玄宜集

黃虞稷《千頃堂書目·別集類》 廖文光《玄宜集》。字士龍，上元人。工部都水郎中。

萬曆統天賦

黃虞稷《千頃堂書目·騷賦類》 廖文光《萬曆統天賦》。

立齋集

黃虞稷《千頃堂書目·別集類》 王諷三《立齋集》。字大中，號石龍，祁門人。南畿解元，秀水教諭。

丁陽集　續集

黃虞稷《千頃堂書目·別集類》 繆一鳳《丁陽集》八卷，又《續集》二卷。字朝雝，福寧州人。寧都知縣。

尺　素

黃虞稷《千頃堂書目·別集類》 繆一鳳《尺素》六卷。

中閣集

黃虞稷《千頃堂書目·別集類》 陳紹文《中閣集》。字公載，南海人。王府理官。

關遊稿

范邦甸等《天一閣書目・别集類》《關遊稿》一卷。刊本。明張大儀著。嘉靖丁酉許魯宗序云：黄門張子使關中，著《關遊稿》，郊守計子刻之傳，寄許子，其詩始自華山，終於偃隱，篇什富矣。若夫集句之作，彙萃衆美，組繪成章，尤難能者。後有吴本固序。

隨遇集

黄虞稷《千頃堂書目・别集類》曾丙《隨遇集》。字文光，秀水人。

麓屏稿

黄虞稷《千頃堂書目・别集類》林春秀《麓屏稿》四卷。字彦甫，閩縣人。廬州府同知。

徐陽溪集

《四庫提要・别集類存目四》《徐陽溪集》六卷。江西巡撫採進本。明徐燦撰。燦字文華，後更字本充，號陽溪，奉新人。嘉靖丁西舉人。嘗館於嚴嵩家。一日，嵩與朝官燕，方獻酬，客皆跪受爵，燦遂慨然辭歸。蓋亦知幾之士，較賢於張翮。平生喜講良知之學，故其文皆質俚，詩亦類《擊壤集》派。

按陝行稿

黄虞稷《千頃堂書目・别集類》姚一元《按陝行稿》。字惟貞，長興人。

蜩笑集

黄虞稷《千頃堂書目・别集類》李暢《蜩笑集》。字若無，南海人。以子待問貴，贈户部尚書。

崇蘭館集

王圻《續文獻通考・經籍考・集下》《崇蘭館集》。華亭莫如忠著，左布政。

黄虞稷《千頃堂書目・别集類》莫如忠《叢蘭館集》二十卷。字子良，華亭人。浙江布政使。

《明史・藝文志・别集類》莫如忠《崇蘭館集》二十卷。

《四庫提要・别集類存目四》《崇蘭館集》二十卷。浙江汪汝瑮家藏本。明莫如忠撰。如忠字子良，華亭人。嘉靖戊戌進士，官至浙江布政使。告歸，杜門著書，年至八十餘乃卒。《明史・文苑傳》附載《董其昌傳》中。其詩頗具唐音，五言近體尤多佳句。文則應俗之作居多，惟題跋十餘則，頗爲雅令。案如忠精於賞鑒，流傳墨蹟，題識最多。此所收猶未盡也。

錦泉集

黄虞稷《千頃堂書目・别集類》傅夏器《錦泉集》六卷。字廷璜，福建南安人。會元，吏部稽勳司郎中。

《明史・藝文志・别集類》傅夏器《錦泉集》六卷。

陸文定公集

黃虞稷《千頃堂書目・別集類》 陸樹聲《陸文定公集》二十六卷。字與吉，華亭人。會元，禮部尚書，贈太子太保，謚文定。

《明史・藝文志・別集類》 《陸樹聲詩文集》二十六卷。

汲古叢語

王圻《續文獻通考・經籍考・集下》 《汲古叢語》。華亭陸平泉樹聲著。官禮部尚書。

學泉集

黃虞稷《千頃堂書目・別集類》 梁懷仁《學泉集》□卷。字宅之，晉江人。生周歲即能識字，五歲善草書、吟詩。二十舉進士，授南吏部主事，尋殀。

司勳文集

《四庫提要・別集類存目四》 《司勳文集》八卷。兩淮鹽政採進本。明羅虞臣撰。虞臣字熙載，廣東順德人。嘉靖己丑進士，官吏部稽勳司主事。事蹟附見《明史・劉世穀傳》。

具茨集　具茨文集

黃虞稷《千頃堂書目・別集類》 王立道《具茨集》九卷，《詩集》六卷。字懋中，無錫人。翰林院編修。

《四庫提要・別集類二五》 《具茨集》五卷、《補遺》一卷，《文集》八卷、《補遺》一卷、附録一卷、《遺稿》一卷。江蘇巡撫採進本。明王立道撰。立道字懋中，無錫人。嘉靖乙未進士，官翰林院編修。其詩雖微嫌婉弱，而沖容淡宕，不爲奇險之語，猶有中唐錢、劉之遺。文則縱横自喜，頗於眉山爲近。

墮樵集

黃虞稷《千頃堂書目・別集類》 黃釧《墮樵集》三卷。字珍夫，福寧州人。温州同知。

遜學書院集

黃虞稷《千頃堂書目・別集類》 沁水昭定王恬烆《遜學書院集》。瀋簡王第八子，悼懷王佶熅封沁水王，簡王來孫，高皇帝曷孫，嘉靖二十五年襲封。

北虞集

黃虞稷《千頃堂書目・別集類》 邵圭潔《北虞集》六卷。字伯如，一字茂齊，常熟人。

《明史・藝文志・別集類》 邵圭潔《北虞集》六卷。

北虞先生遺文

《四庫提要・別集類存目五》 《北虞先生遺文》八卷。安徽巡撫採進本。明邵圭潔撰。圭潔字伯如，一字茂齊，號北虞，常熟人。嘉靖己酉舉人。其詩妥適而乏

警策，惟散文筆力頗縱宕，然史論諸篇，縱橫曼衍，已啓後來顧大韶等之風。是集爲其子兵部主事鼇所編，分爲二帙，前一帙凡六卷，繕寫多脱誤，後一帙凡二卷，與前帙間有重複，豈編次未定之本歟？

蛙鳴集

黄虞稷《千頃堂書目・别集類》 徐養正《蛙鳴集》。字吉夫，馬平人。南京工部尚書。

燕石集

黄虞稷《千頃堂書目・别集類》 趙大佑《燕石集》四卷。字世徵，浙江太平人。南京刑部尚書。

大司馬文集

張萱等《内閣藏書目録・集部》 《大司馬文集》五册。全。嘉靖間趙大祐著。

石泉山房集

徐𤊹《徐氏家藏書目・别集類》 郭汝霖《石泉山房集》十二卷。字時望，號一厓，永豐人。嘉靖癸丑進士，吏科給事中，奉使琉球，官至太常寺卿。卒年七十有一。

黄虞稷《千頃堂書目・别集類》 郭汝霖《石泉山房集》十二卷。字時望，永豐人。南京太常寺卿。

《明史・藝文志・别集類》 郭汝霖《石泉山房集》十二卷。

《四庫提要・别集類存目五》 《石泉山房集》十卷。江西巡撫採進本。明郭汝霖撰。汝霖字時望，號一厓，永豐人。嘉靖癸丑進士，官至南京太常寺卿。汝霖從鄒守益、歐陽德諸人講學，故其議論與羅汝芳一派相近。古詩頗規模陳子昂、李白諸人，得其形似。近體則又次焉。

范太僕集

黄虞稷《千頃堂書目・别集類》 范惟一《范太僕集》。字于中，一云字中方，華亭人。南京太僕寺卿。

貽安堂集

黄虞稷《千頃堂書目・别集類》 李春芳《詒安堂稿》十卷。字子實，興化籍，句容人。一甲第一人，少師，直内閣。

《明史・藝文志・别集類》 李春芳《詒安堂稿》十卷。

《四庫提要・别集類存目四》 《貽安堂集》十卷。兩江總督採進本。明李春芳撰。春芳字子實，號石麓，福建興化人。嘉靖丁未進士第一，官至中極殿大學士，謚文定。事蹟具《明史》本傳。春芳與嚴訥、郭樸、袁煒同有「青詞宰相」之目，史具載於《袁煒傳》中。然所作皆不傳，是集爲其子茂材所編。疏、表、序、記之文居多，詩則不滿一卷。李戴、于慎行、朱賡、李維楨爲之序，皆謂春芳不規規以文墨見長，是以其存草僅如此云。

貽安堂詩存

徐𤊹《徐氏家藏書目・别集類》 李春芳《貽安堂詩存》一卷。字子實，號石麓，興化人。嘉靖丁未狀元，官中極殿學士，少師。謚文定。

視軒集

徐𤊹《徐氏家藏書目・別集類》 陳慶《視軒集》八卷。字履旋，號西塘。永豐人。嘉靖庚戌進士，南京太常寺卿。

黃虞稷《千頃堂書目・別集類》 陳慶《視軒集》八卷。字履旋，永豐人。太常寺卿。

泌園集

黃虞稷《千頃堂書目・別集類》 董份《泌園全集》三十七卷。字用均，號潯陽，烏程人。禮部尚書，兼翰林院學士。

《明史・藝文志・別集類》 董份《泌園全集》三十七卷。

《四庫提要・別集類存目四》 《泌園集》三十七卷。浙江孫仰曾家藏本。明董份撰。份字用均，泌園其號也，烏程人。嘉靖辛丑進士，官至禮部尚書，兼翰林學士。是集爲其孫嗣茂所編，凡詩七卷，文三十卷。

静修子集

黃虞稷《千頃堂書目・別集類》 張遜志《静修子集》。字伯懷，永嘉人。孚敬長子。

蹟山遺稿

張萱等《内閣藏書目録・集部》 《蹟山周先生遺稿》二册。全。嘉靖間户曹周天佐著。天佐以論救御史楊爵下獄死。

黃虞稷《千頃堂書目・別集類》 周天佐《蹟山遺稿》十卷。字宇弼，晉江人。户部主事，論救楊爵被杖死。萬曆中追贈光禄寺少卿，天啓初追謚忠愍。

周蹟山詩文

范邦甸等《天一閣書目・總集類》 《周蹟山詩文》三卷。藍絲闌鈔本。司馬公題籤。明周天佐著。

松巖遺稿

黃虞稷《千頃堂書目・別集類》 符驗《松巖遺稿》。字太充，黃巖人。

蔡可泉集

黃虞稷《千頃堂書目・別集類》 蔡克廉《可泉集》。字□□，晉江人。南京户部尚書。

《四庫提要・別集類存目四》 《蔡可泉集》十五卷。浙江巡撫採進本。明蔡克廉撰。克廉字道卿，晉江人。嘉靖己丑進士，官至户部尚書。其文每篇皆係以時地，末綴以各體詩及案牘之文。萬曆初，其子應龍、應麟録而梓之。克廉少與鄉人王慎中齊名，而其文乃遠不及慎中。蘇濬序稱，克廉秉樞執鉞時，慎中已跧伏故園，日尋歐、曾之緒，而克廉方鋭意事功。論者謂慎中闃寂邱園，故文獨工云云。是當時已有定評矣。

五湖集

黃虞稷《千頃堂書目・別集類》 陸師道《五湖集》。字子傳，吳縣人。尚寶司少卿。

穗石集

黃虞稷《千頃堂書目・別集類》 倫以誂《穗石集》十卷。字彦羣，南海人。以諒弟。南京兵部郎中。

《明史・藝文志・別集類》 倫以誂《穗石集》十卷。

陳兩湖集

范邦甸等《天一閣書目・別集類》 《陳兩湖文集》一卷。緜紙鈔本。明陳昌積著。

黃虞稷《千頃堂書目・別集類》 陳昌積《兩湖文集》三十四卷。字子發，泰和人。壬午解元，尚寶寺丞。

《明史・藝文志・別集類》 《陳昌積文集》三十四卷。

《四庫提要・別集類存目四》 《陳兩湖集》三十四卷。江西巡撫採進本。明陳昌積撰。昌積號兩湖，泰和人。嘉靖戊戌進士，官至尚寶司少卿，兼翰林院學士。嘗手删其文爲《龍津稿》，後其子文揚、文振又益以古今體詩，合爲此集。其詩文悉才調富有，而馳驟自喜，細大不捐。

松風軒藏稿

《四庫提要・別集類存目四》 《松風軒藏稿》八卷。江西巡撫採進本。明陳昌積撰。此集《千頃堂書目》不著録，蓋其初刻未定之本也。

吾溪集

黃虞稷《千頃堂書目・別集類》 徐楚《吾溪集》。字世望，淳安人。四川左參政。

青溪集

黃虞稷《千頃堂書目・別集類》 徐楚《青溪集》。

永州集

徐𤊹《徐氏家藏書目・別集類》 錢芹《永州集》八卷。字懋文，海鹽人，號泮泉。嘉靖丙戌進士，官永州知府。

黃虞稷《千頃堂書目・別集類》 錢芹《永州集》八卷。字懋文，海鹽人。琦次子，永州知府。

《明史・藝文志・別集類》 錢芹《永州集》五卷。

《四庫提要・別集類存目四》 《錢永州集》八卷。兩淮鹽政採進本。明錢芹撰。芹字懋文，號泮泉，海鹽人，琦之次子也。嘉靖戊戌進士，官至永州府知府，故以永州名集。首列奏疏二卷，頗切當時利弊。其《斥異端》一條，蓋爲陶仲文而發也。惟其學出自湛若水，後乃改從王守仁。故於姚江一派推挹頗深，持論不無少偏云。

華陽漫稿

徐𤊹《徐氏家藏書目・別集類》 章煥《華陽漫稿》十四卷。字茂實，吴縣人。嘉靖戊戌進士，歷官副都御史，以謫戍廣東。自號羅浮山人。卒年五十八。

黃虞稷《千頃堂書目・別集類》 章煥《華陽漫稿》十三卷。字懋實，吴縣人。總督漕運，副都御史。

《四庫提要・別集類存目四》 《華陽漫稿》十四卷。浙江汪汝瑮家藏本。明章煥撰。煥有《平倭四疏》，已著録。其官總督南京倉儲副都御史時，以赴任遲延，言者劾其怠慢君命，逮治，謫戍廣東。卷中題「羅浮山人」，蓋在粵時所自號也。集爲其子德基所編，凡奏疏四卷，雜文九卷，詩一卷，而以德基從戍時賦詩百餘首附於末。

世美堂稿

王圻《續文獻通考・經籍考・集下》《世美堂集》。丁以忠著，新建人，官兵部侍郎。

黄虞稷《千頃堂書目・别集類》 丁以忠《世美堂稿》。字□□，新建人。南京兵部右侍郎。

瞻雲集

黄虞稷《千頃堂書目・别集類》 黄洪毗《瞻雲集》二卷。字協恭，莆田人。提督南畿學政，御史。

白湖草

黄虞稷《千頃堂書目・别集類》 何御《白湖草》十二卷。字範之，福清人。兩淮鹽運使。

衛原集

黄虞稷《千頃堂書目・别集類》 孟淮《衛原集》四卷。字豫川，祥符人。應天府尹。

入蜀稿

黄虞稷《千頃堂書目・别集類》 孟淮《入蜀稿》。

雲隖山人稿

徐𤊹《徐氏家藏書目・别集類》 吴世良《雲塢山人稿》十七卷。字□□，遂安人，嘉靖戊戌進士。

黄虞稷《千頃堂書目・别集類》 吴世良《雲隖山人稿》十七卷。字□□，遂安人。

珠川摘稿

范邦甸等《天一閣書目・别集類》《珠川摘稿》十四卷。刊本。明進士古睦吴世良著，吉水羅洪先批，武進唐順之點，門生胡漢、佘喬編輯。嘉靖壬子歲，弟世宜序稱：世良有《雲塢集》，周生澂、宋生銘梓于信江郡，至結茅湖上，忽經數紀，尚有未刻，用與龍泉胡子、鳳岡佘子，共取《雲塢集》，每類各摘數篇，刻置于武林書屋。

天目山齋歲編

范邦甸等《天一閣書目・别集類》《天目山齋歲編》二十四卷。刊本。明柳州張翀序稱：霽寰吴公讀書天目山，日所吟咏唱和諸作。

徐𤊹《徐氏家藏書目・别集類》 吴惟岳《天目山齋集》二十八卷。字峻伯，號霽寰，孝豐人，嘉靖戊戌進士，累官貴州巡撫，都御史。

黄虞稷《千頃堂書目・别集類》 吴維嶽《天目山齋藏稿》二十八卷。字峻伯，孝豐人。巡撫貴州，都御史。

《明史・藝文志・别集類》 吴維嶽《天目山齋稿》二十八卷。

《四庫提要・别集類存目四》《天目山齋歲編》二十四卷。浙江汪汝瑮家藏本。明吴維嶽撰。維嶽字峻伯，孝豐人。嘉靖戊戌進士，官至右都御史，巡撫貴州。《明史・文苑傳》附見《王世貞傳》中，爲嘉靖廣五子之一。是集皆其讀書天目

山時吟詠倡和之作。分年編次，起嘉靖己亥，訖壬戌。朱彝尊《静志居詩話》謂峻伯詩如鉛刀土花，不堪灑削。雖詆之太過，然覆核斯集，其論亦非無因也。

存笥稿

黄虞稷《千頃堂書目・別集類》 李嵩《存笥稿》十卷。字□□，歸德衛人。

《明史・藝文志・別集類》 李嵩《存笥稿》十卷。

白雪堂詩

《四庫提要・別集類存目七》 《白雪堂詩》一卷。直隸總督採進本。明李嵩撰。嵩有《按晉疏草》，已著録。是集乃其巡按湖廣時所刻，故以「郢中白雪」爲名。凡古律體詩一百餘首，有萊陽董嗣樸等四人評點，皆如時文之式。

見峰集

黄虞稷《千頃堂書目・別集類》 劉廷誥《見峰集》一卷。字□□，慈谿人。

皁囊稿

黄虞稷《千頃堂書目・別集類》 劉廷儀《皁囊稿》。字汝象，太醫院籍，慈谿人。

卧雲洞集

黄虞稷《千頃堂書目・別集類》 陳應魁《卧雲洞集》六卷。字孚元，莆田人。浙江副使。

禮部集

黄虞稷《千頃堂書目・別集類》 袁袞《禮部集》二卷。字補之，吴縣人。袠兄。禮部儀制司員外，□志郎中。

大谷集

范邦甸等《天一閣書目・別集類》 《大谷集》二卷。刊本。明洛陽温新著。

黄虞稷《千頃堂書目・別集類》 温新《大谷集》二卷。字伯明，洛陽人。主事。

海樵集

英廉《抽毁書目》 《海樵集》四本。查《海樵集》四本，係明盧夢陽撰。夢陽係嘉靖年間人，集内《送王繼津》一首，語有乖謬，應請抽燬。

勝弈稿

徐𤊹《徐氏家藏書目・別集類》 盧夢暘《勝奕稿》一卷。字少明，號星野，南海人。嘉靖戊戌進士，福建提學副使。

黄虞稷《千頃堂書目・別集類》 盧夢暘《勝弈稿》一卷。字少明，南海人。福建提學副使。

國朝要議

黄虞稷《千頃堂書目・別集類》 楊皆《國朝要議》一卷。字道卿，莆田人。户部

員外郎。

讓溪甲集　乙集

黄虞稷《千頃堂書目・别集類》 游震得《甲乙集》。字汝潛，婺源人。福建總督。

《四庫提要・别集類存目四》 《讓溪甲集》四卷，《乙集》十卷。浙江孫仰曾家藏本。明游震得撰。震得字汝潛，婺源人。嘉靖戊戌進士，授行人，擢監察御史。以疏諫世宗好方士，廷杖謫外。後官至左副都御史，巡撫福建。以興化失守罷歸，再起督轄南京糧儲。震得少與歐陽德、鄒守益諸人游，故頗講姚江之學。然《與王畿書》，多所規正，猶異於末派之狂禪。興化之役，由指揮歐陽深孤軍戰没。震得封疆大臣，不能不爲法受惡。且所薦譚綸、劉顯、戚繼光諸人，卒皆有所建立，故論者或恕焉。是集其所手定，《甲集》四卷，皆講學之語，《乙集》十卷，則詩、文、雜著也。

雍丘集

黄虞稷《千頃堂書目・别集類》 朱尚文《雍丘集》一卷。字□□，直隸新城人。

青峰存集

《四庫提要・别集類存目四》 《青峰存集》十二卷。江西巡撫採進本。明江柏撰。柏字廷節，號青峰，浮梁人。嘉靖戊戌進士，官至光禄寺卿。

止止齋集

黄虞稷《千頃堂書目・别集類》 丘雲霄《止止齋集》二十六卷。字凌漢，號止山，崇安人。嘉靖十七年貢士，柳城知縣。

南行集　東遊集　北觀集　山中集

黄虞稷《千頃堂書目・别集類》 丘雲霄《南行集》四卷。

《四庫提要・别集類二五》 《南行集》四卷，《東遊集》二卷，《北觀集》四卷，《山中集》十卷。浙江汪啓淑家藏本。明邱雲霄撰。雲霄字凌漢，號止山，崇安人。官柳城縣知縣。

汀西詩集

范邦甸等《天一閣書目・别集類》 《汀西詩集》六卷。刊本。明趙珏著。

怡齋詩集

范邦甸等《天一閣書目・别集類》 《怡齋詩集》三卷。刊本。明藩王成鍏著，嘉靖戊戌何瑭序。

孟横詩草

黄虞稷《千頃堂書目・别集類》 成皋《孟横詩草》三卷。

雲仙集

黄虞稷《千頃堂書目・别集類》 瀋□□□□《雲仙集》十四卷。

少鶴山人續稿

徐㶿《徐氏家藏書目・別集類》 武岡王《少鶴山人續稿》八卷。諱顯槐，嘉靖中受封。

少鶴詩集

《四庫提要・別集類存目四》 《少鶴詩集》八卷。兩江總督採進本。明武岡王顯槐撰。顯槐，楚端王榮㳚第三子，愍王顯榕之弟，嘉靖十七年封。榮㳚嘗自稱黄鶴道人，故顯槐自號曰「少鶴」。嘉靖乙巳，顯榕爲其世子英燿所弑，世宗命顯槐攝國事。事蹟附見《明史・楚王植傳》。此集乃其解政後所自編也。《千頃堂書目》載顯槐尚有文集及續集八卷，今未之見，惟此集存。

鏡湖文集

黄虞稷《千頃堂書目・別集類》 晁瑮《鏡湖文集》一卷。字□□，開州人。國子監司業。

山堂緝稿

黄虞稷《千頃堂書目・別集類》 馮惟敏《山堂緝稿》。字汝行，號海浮，惟健弟。工樂府，王世貞稱其「北調傑出」，歷官保定通判。

山堂詞稿

黄虞稷《千頃堂書目・別集類》 馮惟敏《山堂詞稿》。

擊節餘音

黄虞稷《千頃堂書目・別集類》 馮惟敏《擊節餘音》。

同春堂遺稿

范邦甸等《天一閣書目・總集類》 《同春堂遺稿》四卷。刊本。侍御劉熠著。

黄虞稷《千頃堂書目・別集類》 劉熠《同春堂遺稿》四卷。字元麗，號東沙，海鹽人。監察御史。

《四庫提要・別集類存目四》 《同春堂遺稿》四卷。江蘇巡撫採進本。明劉熠撰。熠字元麗，海鹽人。嘉靖庚子舉人，官至監察御史。是集乃崇禎丁丑其曾孫江南布政司參政泓所編，國朝順治中其玄孫維棟始刻之。韻語皆非所長，古文亦不入格。

鳳笙閣簡鈔

王圻《續文獻通考・經籍考・集下》 《鳳笙閣簡抄》。吴興凌約言著。

黄虞稷《千頃堂書目・別集類》 凌約言《鳳笙閣簡鈔》。字季默，烏程人。

徵寓録

黄虞稷《千頃堂書目·别集類》 謝瀌《徵寓録》。字禹川，奉化人。

浩歌臺百詠

黄虞稷《千頃堂書目·别集類》 謝瀌《浩歌臺百詠》。

西行集

徐𤊹《徐氏家藏書目·别集類》 孫昭《西行集》二卷。字明德，號斗城，永嘉人。嘉靖甲辰進士，官陜西巡按御史。一號省菴。

黄虞稷《千頃堂書目·别集類》 孫昭《西行集》二卷。字明德，永嘉人。御史，巡按陜西。

孫昭《西行稿》。永嘉人。

紹苕集

黄虞稷《千頃堂書目·别集類》 黄一鵬《紹苕集》。永嘉人。

畬村集

黄虞稷《千頃堂書目·别集類》 方興邦《畬村集》。字懋翼，莆田人。廣西參議。

行劍子

黄虞稷《千頃堂書目·别集類》 吴茂《行劍子》。

南霞集

黄虞稷《千頃堂書目·别集類》 吴茂《南霞集》。字德懋，大理人。順慶府通判，升階州知州，未任卒。善古文詞，嘗爲《寫韻樓賦》，楊升菴服其工，以爲己所不及，李元陽言其詩爲明初高、楊的裔。

乘槎稿

黄虞稷《千頃堂書目·别集類》 吴茂《乘槎稿》。

黄伯善文稿

黄虞稷《千頃堂書目·别集類》 黄伯善《文稿》六卷。

《明史·藝文志·别集類》 黄伯善《文稿》六卷。

菊山詩稿

黄虞稷《千頃堂書目·别集類》 黄伯善《菊山詩稿》十五卷。字達兼，晉江人。衢州府同知。詩學少陵。

《明史·藝文志·别集類》 黄伯善《詩》十五卷。

聯稿

黄虞稷《千頃堂書目・别集類》 黄伯善《聯稿》四卷。

阮谿草堂集

黄虞稷《千頃堂書目・别集類》 區益《阮谿草堂集》四卷。字叔謙，高明人。温州府同知。

西溟詩集

黄虞稷《千頃堂書目・别集類》 王傳《西溟詩集》四卷。字爾習，陝西朝邑人。高邑知縣。

畫沙語

黄虞稷《千頃堂書目・别集類》 王傳《畫沙語》三卷。

稽鐳詩略

徐𤊹《徐氏家藏書目・别集類》 《稽鐳詩略》一卷。字子佩，號少南，德清人。嘉靖庚子鄉舉，官如臯、安鄉、慶湖三縣令。卒年六十四。

大鄣山人集

《四庫提要・别集類存目五》 《大鄣山人集》五十三卷。安徽巡撫採進本。明吴子玉撰。子玉字瑞穀，休寧人。嘉靖中貢生。其文規橅李攀龍，集中分體二十，皆以某部爲題。其《敘事》、《志略》、《説譜》等目，竝出臆造。

吴瑞穀集

徐𤊹《徐氏家藏書目・别集類》 吴子玉《瑞穀集》十六卷。字瑞穀，歙縣人。萬曆中太學生。郭正域、劉鳳爲之序。

黄虞稷《千頃堂書目・别集類》 吴子玉《吴瑞穀集》五十三卷。休寧人。歲貢，官應天府學訓導。

鶯谷山房稿

王圻《續文獻通考・經籍考・集下》 《鶯谷山房集》。刑部尚書李遷著。新建人。

徐𤊹《徐氏家藏書目・别集類》 李遷《鶯谷山房稿》四卷。文三卷。字□□，號蟠峰，南昌人。嘉靖辛丑進士，刑部尚書。

黄虞稷《千頃堂書目・别集類》 李遷《鶯谷山房稿》四卷。字□□，新建人。南京刑部尚書。

嚴文靖公集

王圻《續文獻通考・經籍考・集下》 《嚴文靖公集》。嚴訥著，常熟人。官

大學士。

徐𤊹《徐氏家藏書目・別集類》 嚴訥《文靖集》十二卷。字敏卿，號養齋。常熟人。嘉靖辛丑進士，累官太子太保，武英殿大學士。卒年七十四，贈少保，謚文靖。

黃虞稷《千頃堂書目・別集類》 嚴訥《嚴文靖公集》十二卷。字敏卿，常熟人。太子太保，吏部尚書，兼武英殿大學士，贈少保，謚文靖。

《明史・藝文志・別集類》 嚴訥《文集》十二卷。

《四庫提要・別集類存目四》 《嚴文靖公集》十二卷。浙江汪啓淑家藏本。明嚴訥撰。訥有《春秋國華》，已著録。《明史》訥本傳稱，訥入直西苑，所撰青詞皆稱旨。然文格未能拔俗，集中亦大抵應酬之作。末附詩四十六首。朱彝尊録其《對月》一首於《明詩綜》，與此本頗有異同，殆有所點竄歟。

侯一元諸集

徐𤊹《徐氏家藏書目・別集類》 《侯一元諸集》共三十卷。字舜舉，號二谷，樂清人。嘉靖戊戌進士，官江西布政使。

少谷集

黃虞稷《千頃堂書目・別集類》 侯一元《少谷集》十六卷。字舜舉，樂清人。吏部郎中，河南布政使。

《明史・藝文志・別集類》 侯一元《少谷集》十六卷。

青居山房稿

黃虞稷《千頃堂書目・別集類》 陳以勤《青居山房稿》。字□□，四川南充人。

東崖遺集

黃虞稷《千頃堂書目・別集類》 王襞《東崖遺集》二卷。字宗順，泰州安豐場人。處士。艮仲子。自號天南逸史。

《四庫提要・別集類存目五》 《東厓遺集》二卷。浙江汪汝瑮家藏本。明王襞撰。襞字宗順，自號天南逸叟，泰州安豐場人。是集其門人林訥所輯。上卷爲像贊、墓圖、年譜、語録及同時贈荅雜文，下卷爲所作詩、賦，附載行狀、銘誌、祭文、世系、門人姓氏、刊集始末。

天山草堂集

徐𤊹《徐氏家藏書目・別集類》 何維柏《天山草堂集》二十卷。字喬仲，號古林，南海人。嘉靖乙未進士，福建巡按御史。首劾嚴嵩逮下錦衣獄。隆慶改元詔起至吏部侍郎。

黃虞稷《千頃堂書目・別集類》 何維柏《天山草堂集》二十卷。字喬仲，南海人。南京禮部尚書，謚端恪。

《明史・藝文志・別集類》 何維柏《天山堂集》二十卷。

天山草堂存稿

《四庫提要・別集類存目四》 《天山草堂存稿》八卷。浙江巡撫採進本。明何維柏撰。維柏字喬仲，南海人。嘉靖乙未進士，改庶吉士，授監察御史，坐劾嚴嵩廷杖除名。隆慶初復原官，累遷南京禮部尚書，謚端恪。事蹟具《明史》本傳。是集文六卷，詩二卷。文集中有《講義》、《語録》二種，皆以白沙緒論爲宗。其詩亦多講學語，蓋維柏嘗從陳獻章游也。

郭文簡公集　附録　補遺

黄虞稷《千頃堂書目·別集類》 郭樸《郭文簡公集》五卷，附録一卷，《補遺》一卷。字質夫，安陽人。

《明史·藝文志·別集類》 《郭樸文集》五卷。

張瀚詩文集

《明史·藝文志·別集類》 《張瀚詩文集》四十卷。

奚囊蠹餘　續集

徐𤊹《徐氏家藏書目·別集類》 張瀚《奚囊蠹餘集》二十卷。字□文，號元洲，仁和人。嘉靖乙未進士，吏部尚書，謚恭懿。

黄虞稷《千頃堂書目·別集類》 張瀚《奚囊蠹餘》二十卷，又《續集》二十卷。字子文，仁和人。太子少保，吏部尚書，贈太子太保，謚恭懿。

《四庫提要·別集類存目四》 《奚囊蠹餘》十八卷。安徽巡撫採進本。明張瀚撰。瀚有《臺省疏稿》，已著録。是集賦一卷，詩九卷，記一卷，雜著一卷，墓誌二卷，行狀、行略一卷，祭文一卷，書二卷。瀚於萬曆中以忤張居正罷歸，頗著風節。

張瀚詩略

徐𤊹《徐氏家藏書目·別集類》 《張瀚詩略》一卷。字子文，號元洲，仁和人。嘉靖乙未進士，官吏部尚書，謚恭懿。

松窗夢語

黄虞稷《千頃堂書目·別集類》 張瀚《松窗夢語》八卷。

濠梁集

范邦甸等《天一閣書目·別集類》 《濠梁集》一册。刊本。明同知宣州事濮上李先芳著。

高齋集

范邦甸等《天一閣書目·別集類》 《高齋集》一册。刊本。李先芳著。

使金陵稿

范邦甸等《天一閣書目·別集類》 《使金陵稿》一卷。刊本。明濮陽李先芳著。

江右詩稿

范邦甸等《天一閣書目·別集類》 《東岱山房詩録》。明尚寶少卿濮陽李先芳著。

《四庫提要·別集類存目四》 《江右詩稿》二卷。浙江汪汝瑮家藏本。明李先芳撰。先芳有《讀書私記》，已著録。

李氏山房詩選

《四庫提要・別集類存目四》《李氏山房詩選》六卷。江蘇周厚堉家藏本。明李先芳撰。此本乃皇甫汸所選，分體編次，亦間有評語，蓋非其全集也。

東岱山房稿

黄虞稷《千頃堂書目・別集類》 李先芳《東岱山房稿》三十卷。字伯承，濮州軍籍，監利人。尚寶司少卿，謫亳州同知，稍遷寧國府同知。

《明史・藝文志・別集類》 李先芳《東岱山房稿》三十卷。

清平閣集

黄虞稷《千頃堂書目・別集類》 李先芳《清平閣集》十二卷。

南河漫稿

黄虞稷《千頃堂書目・別集類》 薛騰蛟《南河漫稿》十二卷。字時化，渭南人。山西布政司參議。

東溪文集

徐𤊹《徐氏家藏書目・別集類》 徐霈《東溪文集》六卷。字□□，號東溪，江山人。嘉靖辛丑進士。

黄虞稷《千頃堂書目・別集類》 徐霈《東溪文集》六卷。字□□，江山人。

督撫奏疏

徐𤊹《徐氏家藏書目・別集類》 胡宗憲《督撫奏疏》六卷。字汝貞，號梅林。嘉靖戊戌進士，官兵部尚書。

無聞堂稿

徐𤊹《徐氏家藏書目・別集類》 趙釴《無聞堂稿》十八卷。字鼎卿，號八柱，桐城人。嘉靖庚子解元，甲辰進士，歷官給事中，僉都御史，巡撫貴州。羅汝芳序。卒年五十八。

黄虞稷《千頃堂書目・別集類》 趙釴《無聞堂稿》十七卷。字子舉，桐城人。巡撫貴州，都御史。

《四庫提要・別集類存目四》《無聞堂稿》十七卷。浙江孫仰曾家藏本。明趙釴撰。釴有《古今原始》，已著録。是集凡文十二卷，詩五卷，乃其子鴻賜所編。林樹聲爲作墓誌，稱其《幾希圖説》、《闢方士》、《論講學》諸説皆闡明理道，發前人所未發。今惟《幾希圖説》見集中，餘皆不載。盛汝謙爲作行狀，載《自祭文》一篇，集中亦不載，蓋亦簡汰而存者也。釴學出姚江，主良知之説。文頗磊落自喜，而亦微近七子之派。

高文襄公集

黄虞稷《千頃堂書目・別集類》《高文襄公集》四十四卷。高拱著。《外制》一卷、《綸扉内外稿》二卷、《獻忱集》五卷、《政府書答》二卷、《掌銓題稿》十四卷、《奏牘》二卷、《防邊紀事》一卷、《伏戎紀事》一卷、《綏廣紀事》二卷、《程士集》二卷、《本語》二卷、《春秋正旨》一卷、《大學中庸直講》二卷、《論語直講》三卷、《問辨録》

五卷、《病榻遺言》一卷。字肅卿，新鄭人。

《明史・藝文志・別集類》 高珙《詩文集》四十四卷。

《四庫提要・別集類存目四》 《高文襄公集》四十四卷。安徽巡撫採進本。明高拱撰。拱有《春秋正旨》，已著録。是編分《外制集》一卷、《綸扉内稿》一卷、《外稿》一卷、《獻忱集》二卷、《政府書答》二卷、《掌銓題稿》十四卷、《南宫奏牘》二卷、《防邊紀事》一卷、《伏戎紀事》一卷、《綏廣紀事》一卷、《程士集》二卷、《本語》三卷、《春秋正旨》一卷、《大學直講》一卷、《中庸直講》一卷、《論語直講》三卷、《問辯録》五卷、《病榻遺言》二卷，每類前各有題詞。《明史・藝文志》作《獻忱集》五卷、《詩文集》四十四卷。今《獻忱集》即在卷内，而四十四卷中有文無詩，殊不可解。又别本四十二册，無卷數，以《問辯録》居首。内多《土蠻紀事》、《靖夷紀事》二種，餘皆相同。疑爲初刻之本也。

玉堂公草

黄虞稷《千頃堂書目・別集類》 高拱《玉堂公草》十二卷。

《四庫提要・別集類存目四》 《玉堂公草》十卷。副都御史黄登賢家藏本。明高拱撰。是編首載《大學講義》一卷、《中庸講義》一卷、《論語講義》三卷，皆嘉靖間藩邸所講。次爲《程士録》二卷，載嘉靖戊午及乙丑鄉會録序及所撰程文，三場皆備，獨無易經文，未喻其故。後爲《獻忱集》二卷，皆辭謝稱賀諸表奏。次爲《綸扉稿》一卷，則在政府時作也。皆已見全集。此蓋初刻之本，故《綸扉外稿》不與焉。

外制集

《四庫提要・別集類存目四》 《外制集》一卷。安徽巡撫採進本。明高拱撰。嘉靖乙巳，世宗令輔臣舉編修二人、檢討三人，於中祕撰文官誥敕，拱時在列。是編乃其代言之稿也。前有自序，稱掌誥敕者，初以閣學或翰詹掌貳。後乃屬之兩院供事官，至是始復翰林之舊云。

政府書答

《四庫提要・別集類存目四》 《政府書答》四卷。河南巡撫採進本。明高拱撰。皆録其爲首輔時與各省文武大僚尺牘。分《庚午防秋》、《款處北邊》、《捷宣東塞》、《安綏廣東》、《讋服貴番》、《各省應答》、《調處徐府》等七目。其文大都爲籌酌時政而發。至徐階一事，則全爲自明心迹而設矣。

獻忱集

徐𤊹《徐氏家藏書目・別集類》 高拱《獻忱集》五卷。字肅卿，號中玄，新鄭人。

《明史・藝文志・別集類》 高拱《獻忱集》五卷。

石里稿

黄虞稷《千頃堂書目・別集類》 張子瑫《石里稿》。字仲玉，鄞縣人。

曾于拱文集

黄虞稷《千頃堂書目・別集類》 曾于《拱文集》。字思極，泰和人。總督糧儲，副都御史。

潭西存稿

黄虞稷《千頃堂書目・別集類》 吕時中《潭西存稿》十七卷。字以道，清豐人。

庶吉士，歷户部右侍郎。

《明史·藝文志·别集類》 吕時中《潭西文集》十七卷。

真逸先生集

黄虞稷《千頃堂書目·别集類》 朱瑞登《真逸先生集》。字禾仲，海寧人。按察副使。

陳子吉集

黄虞稷《千頃堂書目·别集類》 陳九德《陳子吉集》。欒城人。

又 陳九德《陳子吉集》四卷。秀水人。

鳳山詩集

黄虞稷《千頃堂書目·别集類》 周希程《鳳山詩集》。字道夫，象山人。

侑閒齋集

黄虞稷《千頃堂書目·别集類》 路伯鏜《侑閒齋集》。字東溟。南京龍江左衛籍，行人。

臨川集

黄虞稷《千頃堂書目·别集類》 應雲鸑《臨川集》。字瑞伯，象山人。

東塘瞉音

黄虞稷《千頃堂書目·别集類》 應雲鸑《東塘瞉音》。

象川雜稿

黄虞稷《千頃堂書目·别集類》 應雲鸑《象川雜稿》。

缶音集

黄虞稷《千頃堂書目·别集類》 王應鍾《缶音集》二卷。字懋復，侯官人。河南參政。

獅岡集

黄虞稷《千頃堂書目·别集類》 陳時範《獅岡集》二卷。字敷疇，長樂人。雲南左布政使。

文峰集

黄虞稷《千頃堂書目·别集類》 金翩《文峰集》。字思振，樂清人。

非非稿

黄虞稷《千頃堂書目·别集類》 金翩《非非稿》。

绿槐堂稿

黄虞稷《千頃堂書目・别集類》 王交《绿槐堂稿》二十二卷。字徵久，號龍田，又號同齋，慈谿人。庚子解元，南京太僕寺丞。

《明史・藝文志・别集類》 王交《绿槐堂稿》二十二卷。

中丞詩選

徐𤊹《徐氏家藏書目・别集類》 張鶚翼《中丞詩選》六卷。字習之，號須野，上海人。嘉靖辛丑進士，都御史。

黄虞稷《千頃堂書目・别集類》 張鶚翼《中丞詩選》六卷。字習之，上海人。巡撫貴州，都御史。

永思堂文稿

徐𤊹《徐氏家藏書目・别集類》 徐南金《永思堂文稿》十二卷。字體乾，號華原，豐城人。嘉靖辛丑進士，官巡撫都御史。

承恩堂文稿

黄虞稷《千頃堂書目・别集類》 徐南金《承恩堂文稿》十二卷。字體乾，豐城人。巡撫湖廣，副都御史。

石亭初集

黄虞稷《千頃堂書目・别集類》 何光裕《石亭初集》。字□□，四川梓潼人。翰林院。諫用仇鸞，被杖。卒贈光禄少卿。

五桂堂稿

黄虞稷《千頃堂書目・别集類》 王崇儉《五桂堂稿》。字叔度，曹縣人。崇獻弟。庶吉士。

三幻集

黄虞稷《千頃堂書目・别集類》 龔秉德《三幻集》。字性之，濮州人。南京監察御史。□□詩出入三謝、沈、宋之間。

望川存稿

黄虞稷《千頃堂書目・别集類》 鄭渭《望川存稿》。字應清，閩縣人。河南按察副使，榜姓孫。

龍峰集

黄虞稷《千頃堂書目・别集類》 陳玉《龍峰集》四卷。字汝良，長樂人。饒州知府。

陳玉文録

黄虞稷《千頃堂書目・别集類》 陳玉《文録》八卷。

高光州詩集

黄虞稷《千頃堂書目・别集類》 高冕《高光州詩集》二卷。孝豐人。

復初山人和陶詩

范邦甸等《天一閣書目・别集類》 《復初山人和陶詩》。明謝承祐著，嘉靖壬寅門人詔安盧彦序。

自適詩集

范邦甸等《天一閣書目・别集類》 《自適詩集》十二卷。末附《尋樂詩文贈輓》一卷。刊本。明謝表、謝章撰。豐熙序稱：自適謝先生與其昆尋樂先生皆號豪吟，晚與香雪坡樗軒二王、徐梅江、章終慕、傅藥欄、袁德隣諸英結社，以詩共娱。初有前後集，先生殁後，册乃逸。其曾孫贈御史表庠士章，蒐輯斷稿，得若干什。今玄孫汝儀僉閩臬校刻漳臺，附以《尋樂》殘稿，總十三卷。林魁、陳璟俱有後序。

夢宜集　蘆滄集　巴黔集　蒞荆集　游梁集

黄虞稷《千頃堂書目・别集類》 陳全之《夢宜集》、《蘆滄集》、《巴黔集》、《蒞荆集》、《游梁集》共十卷。字粹仲，閩縣人。璽子。山西參政。

游梁集

范邦甸等《天一閣書目・别集類》 《游梁集》一册。刊本。明嘉靖甲寅，閩中陳全之奉使至梁，周藩一樓朱勤烒梓其所著詩文，並邀御史南紀曹忭爲之序。

朱衡文集

黄虞稷《千頃堂書目・别集類》 《朱衡文集》二十卷。字士南，萬安人。太子少保，工部尚書。一作《鍾山稿》。

《明史・藝文志・别集類》 《朱衡文集》二十卷。

餘清堂定稿

徐𤊹《徐氏家藏書目・别集類》 汪鏜《餘清堂定稿》三十二卷。字□□，號遠峰，鄞縣人。嘉靖丁未進士，官禮部尚書。

黄虞稷《千頃堂書目・别集類》 汪鏜《餘清堂定稿》三十二卷。

《明史・藝文志・别集類》 汪鏜《餘清堂定稿》三十二卷。

《四庫提要・别集類存目四》 《餘清堂稿》三十二卷。江蘇周厚堉家藏本。明汪鏜撰。鏜字遠峰，鄞縣人。嘉靖丁未進士，官至禮部尚書，掌詹事府，兼翰林院學士。是集詩八卷，文二十四卷。考《千頃堂書目》，鏜有《餘清堂稿》十二卷，今未見其本。又有《餘清堂定稿》三十二卷，即此編也。

餘清堂稿

黄虞稷《千頃堂書目・别集類》 汪鏜《餘清堂稿》十二卷。字振宗，鄞縣人。禮

部尚書，掌詹事府事，贈太子少保。

茅坤文集

徐𤊹《徐氏家藏書目・别集類》 茅坤《鹿門先生集》三十六卷。字順甫，歸安人。嘉靖戊戌進士，官河南副使。卒年九十。

《明史・藝文志・别集類》 《茅坤文集》三十六卷。

白華樓藏稿

范邦甸等《天一閣書目・别集類》 《白華樓藏稿》九卷。明歸安茅坤著。邑人姚翼編，隆慶元年臨海王宗沐序。

《白華樓續稿》四卷。刊本。同上。與汪南明書曰：家刻十一卷，續稿詩文七卷。續稿，日所酬答，而侍兒輩日以活字版翻印者也。故首尾無次，亦多舛訛，倘賜塗抹箋教之幸甚。

黄虞稷《千頃堂書目・别集類》 茅坤《白華樓藏稿》十一卷。

《四庫提要・别集類存目四》 《白華樓藏稿》十一卷。浙江巡撫採進本。明茅坤撰。《續稿》十五卷。《吟稿》八卷。《玉芝山房稿》二十二卷。《耄年録》七卷。坤有《徐海本末》，已著録。是編《藏稿》、《續稿》皆其雜著之文，《吟稿》則皆詩也。《玉芝山房稿》文十六卷，詩六卷。《耄年録》則詩文雜編，不復分類。坤刻意摹司馬遷、歐陽修之文，喜跌宕激射。所選《史記鈔》、《八家文鈔》、《歐陽史鈔》，即其生平之宗旨。然根柢少薄，摹擬有迹。秦漢文之有窠臼，自李夢陽始。唐宋文之亦有窠臼，則自坤始。故施於制義則爲别調獨彈，而古文之品終不能與唐順之、歸有光諸人抗顔而行也。至《耄年録》則精力既衰，頽唐自放，益非復壯盛之時刻意爲文之舊矣。

白華樓續稿

范邦甸等《天一閣書目・别集類》 《白華樓續稿》四卷。刊本。

黄虞稷《千頃堂書目・别集類》 茅坤《續稿》十五卷。

《四庫提要・别集類存目四》 《（白華樓）續稿》十五卷。明茅坤撰。

玉芝山房稿

王圻《續文獻通考・經籍考・集下》 《玉芝山房稿》。茅坤著。

黄虞稷《千頃堂書目・别集類》 茅坤《玉芝山房稿》二十二卷。字順甫，歸安人。大名兵備副使。

《四庫提要・别集類存目四》 《玉芝山房稿》二十二卷。明茅坤撰。

白華樓吟稿

黄虞稷《千頃堂書目・别集類》 茅坤《吟稿》十卷。

《四庫提要・别集類存目四》 《（白華樓）吟稿》八卷。明茅坤撰。

耄年録

徐𤊹《徐氏家藏書目・别集類》 茅坤《耄年録》卷。

黄虞稷《千頃堂書目・别集類》 茅坤《耄年録》八卷。孫元儀輯。

《四庫提要・别集類存目四》 《耄年録》七卷。明茅坤撰。

茅坤詩選

徐𤊹《徐氏家藏書目・別集類》 茅坤《詩選》八卷。孫元儀甲戌重刻。

光禄集

黄虞稷《千頃堂書目・別集類》 馮惟訥《光禄集》十卷。字汝言，臨朐人。惟健季弟。江西左布政使，加光禄卿，致仕。

《明史・藝文志・別集類》 馮惟訥《光禄集》十卷。

鳴玉堂稿

黄虞稷《千頃堂書目・別集類》 張天復《鳴玉堂稿》十二卷。字復亨，山陰人。甘肅行太僕寺卿。

馬文莊公集

黄虞稷《千頃堂書目・別集類》 馬自強《馬文莊公集》二十卷。字體乾，號乾庵，陝西同州人。太子太保，文淵閣大學士，贈少保，謚文莊。

《明史・藝文志・別集類》 《馬自強文集》二十卷。

英廉奏《全毀書目》 《馬文莊集》八本。明馬自強撰。

俞仲蔚集

黄虞稷《千頃堂書目・別集類》 俞允文《俞仲蔚集》二十四卷。字仲蔚，崑山人。

《明史・藝文志・別集類》 《俞允文詩文集》二十四卷。

《四庫提要・別集類存目五》 《俞仲蔚集》二十四卷。浙江汪汝瑮家藏本。明俞允文撰。允文初名允執，仲蔚其字也，崑山人。嘉靖中諸生。年四十即棄去舉子業，一意爲詩。《明史・文苑傳》附載《王穉登傳》中。允文與王世貞善，故與盧柟、李先芳、吴維岳、區大任，世貞目爲「廣五子」。然允文論詩，乃深不滿李攀龍。特才地差弱，終不能與之抗衡耳。大抵廣五子中，柟最挺出，大任次之，先芳、維岳及允文又其次也。

真逸稿

黄虞稷《千頃堂書目・別集類》 俞允文《真逸稿》。

荆溪倡和

范邦甸等《天一閣書目・別集類》 《荆溪倡和》一卷。刊本。崑山俞允文次。

伯子集

黄虞稷《千頃堂書目・別集類》 蘇濂《伯子集》十三卷。字子川。祐子。漢州人。以父任官鞏昌通判。

《明史・藝文志・別集類》 蘇濂《伯子集》十三卷。

留齋漫稿

徐𤊹《徐氏家藏書目・別集類》 趙鏜《留齋漫稿》十三卷。字敦本，號方泉，

江山人。嘉靖丁未進士，官副都御史。

黄虞稷《千頃堂書目・别集類》 趙鏜《留齋漫稿》七卷。字仲聲，江山人。都察院右僉都御史。一作十三卷。

俟後編

黄虞稷《千頃堂書目・别集類》 王敬臣《俟後編》。字以道，長洲人。参政庭子。講學於吴，授國子監博士。學者稱少湖先生。

遊武夷紀

黄虞稷《千頃堂書目・别集類》 王敬臣《遊武夷紀》。

仰厓集

黄虞稷《千頃堂書目・别集類》 胡憲仲《仰厓集》。字文徵，海鹽人。刑部主事。

大拙堂集

黄虞稷《千頃堂書目・别集類》 楊載鳴《大拙堂集》九卷。字虞卿，泰和人。訓子。提督謄黄，右通政。

《四庫提要・别集類存目四》 《大拙堂集》九卷。浙江巡撫採進本。明楊載鳴撰。載鳴字虚卿，泰和人。嘉靖戊戌進士，官至通政使。是集前六卷爲雜文，後二卷爲詩，末一卷爲雜著。載鳴爲楊士奇之裔。士奇，泰和人，嘉靖戊戌《題名碑録》亦作泰和人，而卷首稱廬陵楊載鳴，蓋署古郡名也。

困喻録

黄虞稷《千頃堂書目・别集類》 楊載鳴《困喻録》。

兩城集

黄虞稷《千頃堂書目・别集類》 靳學顔《兩城集》二十卷。字子愚，濟寧州人。吏部右侍郎。

《四庫提要・别集類存目四》 《兩城集》二十卷。山東巡撫採進本。明靳學顔撰。學顔字子愚，濟寧人。嘉靖乙未進士，官至吏部左侍郎。事蹟具《明史》本傳。是集前有于若瀛序，稱所著有《閒存集》、《兩城集》、《荒稿園志》等部。没後所存，僅十之二三。其子需等復裒輯爲詩十四卷，文六卷，即此本也。其詩格律清整，而蹊徑尚存，不脱歷下流派。文則偶然揮灑而已。

禁砌蛩吟

黄虞稷《千頃堂書目・别集類》 王翱《禁砌蛩吟》。字鵬起，通州人。嘉靖中選入司禮監讀書，歷御馬監右監丞，退閒後慈寧宫教書。内卿李蔭、于美爲集序。

近譬軒稿

張萱等《内閣藏書目録・集部》 《近譬軒稿》六册。全。嘉靖間御史謝東山著。

黄虞稷《千頃堂書目・别集類》 謝東山《近譬軒集》四十卷。字少安，射洪人。巡撫山東，都御史。

《明史・藝文志・别集類》 《謝東山文集》四十卷。

黔中小稿

黃虞稷《千頃堂書目·别集類》 謝東山《黔中小稿》。

近譬軒詩鈔

黃虞稷《千頃堂書目·别集類》 謝東山《近譬軒詩鈔》四十卷。

海右集

黃虞稷《千頃堂書目·别集類》 許邦才《海右集》□卷。字殿卿，歷城人。解元，周府左長史。

梁園集

黃虞稷《千頃堂書目·别集類》 許邦才《梁園集》四卷。

王士禛《漁洋書跋》 《梁園集》。許左史殿卿少與滄溟倡和，齊名鄉曲。今《梁園正續集》詩，殊不足當滄溟下駟，何也？弘正間，歷下有劉天民希尹者，官吏部郎。同時視邊尚書華泉稍後，其詩古選實勝邊，特近體不逮耳。而左史獨擅名者，則以滄溟、弇州輩張之也，名詎足盡信哉。

《明史·藝文志·别集類》 許邦才《梁園集》四卷。

勖齋詩集

黃虞稷《千頃堂書目·别集類》 韓詩《勖齋詩集》。字承志，長洲人。雷州府同知。

山居三集

黃虞稷《千頃堂書目·别集類》 褚相《山居三集》。海寧人。

南崿集

黃虞稷《千頃堂書目·别集類》 劉鵠翔《南崿集》四卷。字宇卿，閩縣人。靖江王長史。

九龍山房詩稿

黃虞稷《千頃堂書目·别集類》 章汝顏《九龍山房詩稿》。字仲勿，金華人。

媿陶集

徐𤊹《徐氏家藏書目·别集類》 王葵《愧陶集》一卷。字□□，號懷鶴，邛州人。嘉靖癸卯鄉舉，崇安知縣。

黃虞稷《千頃堂書目·别集類》 王葵《媿陶集》一卷。邛州人。崇安知縣。

二淮集

黃虞稷《千頃堂書目·别集類》 向贇《二淮集》。字序伯，江寧人。興國知州。

中臺漫草

黃虞稷《千頃堂書目・別集類》 江一鵬《中臺漫草》。字□□，婺源人。瑞昌、於潛知縣。

孝藩永慕詩

范邦甸等《天一閣書目補遺・別集類》 《孝藩永慕詩》一册。刊本。明伊藩思親之作，侍者録之成帙。嘉靖癸卯洛陽辛東山序之，行人温新、右長史朱福跋後。

駕部集

黃虞稷《千頃堂書目・別集類》 李時行《駕部集》。字少偕，番禺人。南京兵部車駕司主事。一名《青霞集》。

青霞選稿

范邦甸等《天一閣書目・別集類》 《青霞選稿》一册。刊本。明嶺南李時行少偕著。嘉靖癸卯錢塘田汝成序，閩中洪朝跋後，嘉靖壬寅長洲文徵明序首。

滄溟集

范邦甸等《天一閣書目・別集類》 《滄溟先生集》三十二卷。刊本。明濟南李攀龍于鱗撰。

徐𤊹《徐氏家藏書目・別集類》 李攀龍《滄溟全集》三十二卷。字于鱗，號滄溟，濟南府歷城縣人。嘉靖甲辰進士，河南按察使。《滄溟遺稿》二卷。江都陸弼刻。

張萱等《内閣藏書目録・集部》 《滄溟先生集》十二册。嘉靖間山東李攀龍著。

黃虞稷《千頃堂書目・別集類》 李攀龍《滄溟集》三十二卷。字于鱗，歷城人。河南按察副使。王世貞、謝榛、梁有譽、宗臣、徐中行、吴國倫稱「七才子」。

《明史・藝文志・別集類》 李攀龍《滄溟集》三十二卷。

《四庫提要・別集類二五》 《滄溟集》三十卷，附録一卷。山東巡撫採進本。明李攀龍撰。攀龍有《詩學事類》，已著録。是集凡詩十四卷，文十六卷，附録誌傳表誄之文一卷。

張之洞《書目答問・別集》 《滄溟集》三十卷，附録一卷。明李攀龍。明刻本。

李于鱗集

王世貞《讀書後》 《書〈李于鱗集〉後》

滄溟文集

王圻《續文獻通考・經籍考・集下》 《滄溟文集》。歷城李攀龍于鱗父著。

白雪樓稿

徐𤊹《徐氏家藏書目・別集類》 李攀龍《白雪樓稿》十卷。

滄溟逸稿

黄虞稷《千頃堂書目·别集類》 李攀龍《滄溟逸稿》二卷。

白雪樓詩集

范邦甸等《天一閣書目·别集類》 《白雪樓詩集》十二卷。刊本。明歷下李攀龍著。于鱗歸閩中結樓鮑山，鮑山故管鮑論交地也。楚人魏裳以尊酒過從，和歌樓上，乃名樓曰白雪，并索其全集以序，同其門人汪時元刻之歷城，李邦才序，尾附王世貞贈時元詩二章，並新都汪時元識。

黄虞稷《千頃堂書目·别集類》 李攀龍《白雪樓詩集》十卷。

《明史·藝文志·别集類》 《白雪樓詩集》十卷。

《四庫提要·别集類存目四》 《白雪樓詩集》十卷。江蘇周厚堉家藏本。明李攀龍撰。攀龍有《詩學事類》，已著録。此集刻於嘉靖癸亥，猶在《滄溟集》之前，前有魏裳序。又有《擬古樂府序》二篇，一爲歷城許邦才撰，一爲攀龍自序。蓋當時特以樂府相誇，然而後來受詬厲者，亦惟樂府最甚焉。

擬古樂府

范邦甸等《天一閣書目·詞曲類》 《擬古樂府》二卷。刊本。明濟南李攀龍撰并序。

李滄溟集選

《四庫提要·别集類存目四》 《李滄溟集選》四卷。浙江巡撫採進本。明李攀龍撰，宋光庭所選。光庭，莆田人，始末未詳。王、李二家，皆以詩擅長，文則不逮詩遠甚。攀龍之文尤不逮王世貞。光庭乃獨選其文，可謂不善持擇矣。每卷之首皆題曰《補注李滄溟集》，而書實無注，亦不可解。

輿中稿

徐𤊹《徐氏家藏書目·别集類》 李有朋《輿中稿》二卷。字□□，號樂吾，東陽人。嘉靖丙午鄉舉，官福安知縣。

華陽館集

徐𤊹《徐氏家藏書目·别集類》 宋儀望《華陽館集》十二卷。字望之，號陽山，永豐人。嘉靖丁未進士，福建提學副使，都御史。卒年六十五。

黄虞稷《千頃堂書目·别集類》 宋儀望《華陽館集》十二卷。字望之，永豐人。南京大理寺卿。

《明史·藝文志·别集類》 《宋儀望文集》十二卷。

《四庫提要·别集類存目四》 《華陽文集》十二卷。浙江汪汝瑮家藏本。明宋儀望撰。《千頃堂書目》載《華陽館文集》十二卷，又《詩集》十四卷。此集皆其雜文，卷數亦相合，蓋猶儀望之原本。惟許宗魯、張獻翼諸人所作詩集序，皆附録集末，未喻何故。或裝輯者誤歟？然重綱之本，僅有詩五卷，則十四卷之本久佚矣。又疑以諸序無所附麗，故綴之文集末也。

宋儀望詩集

黄虞稷《千頃堂書目·别集類》 《宋儀望詩集》十四卷。

《明史·藝文志·别集類》 《宋儀望詩》十四卷。

華陽館文集　續集

《四庫提要・别集類存目五》《華陽館文集》十七卷，《續集》二卷。江西巡撫採進本。明宋儀望撰。儀望字望之，永豐人。嘉靖丁未進士，授吴縣知縣，徵拜御史。以劾胡宗憲、阮鶚忤嚴嵩，貶夷陵州判。嵩敗，擢霸州兵備僉事。後官至大理寺卿，卒以忤張居正被劾歸。事蹟具《明史》本傳。

文恪集

張萱等《内閣藏書目録・集部》《林學士全集》八册。全。閩林燫著。

《四庫提要・别集類存目四》《文恪集》二十二卷。兩淮鹽政採進本。明林燫撰。燫字貞恒，閩縣人。嘉靖丁未進士，官至南京禮部尚書，謚文恪。事蹟附見《明史・林瀚傳》。是集詩六卷，文十六卷，末附王世貞、王穉登所撰傳二篇。《千頃堂書目》載《林燫學士文集》十六卷，《詩集》六卷。集名不同，然卷數皆相合，蓋即此本。疑燫没後重刻，改題其謚也。

林學士文集

黄虞稷《千頃堂書目・别集類》林燫《林學士文集》十六卷。字貞恒，閩縣人。南京禮部尚書，贈太子少保，謚文恪。一作《對山集》。

《明史・藝文志・别集類》《林燫文集》十六卷。

林燫詩集

黄虞稷《千頃堂書目・别集類》《林燫詩集》六卷。

《明史・藝文志・别集類》《林燫詩》六卷。

余德甫集

徐𤊹《徐氏家藏書目・别集類》《余曰德集》十四卷。初名應舉，字德甫，號午渠，南昌人。嘉靖庚戌進士，官福建按察司副使。

黄虞稷《千頃堂書目・别集類》余曰德《余德甫詩集》十四卷。初名應舉，字德甫，南昌人。福建按察副使。與張助甫、肖甫，王世貞所謂「三甫」者也。

《明史・藝文志・别集類》《余曰德詩集》十四卷。

《四庫提要・别集類存目五》《余德甫集》十四卷。江蘇周厚堉家藏本。明余曰德撰。曰德初名應舉，字德甫，南昌人。嘉靖庚戌進士，官至福建按察司副使。《明史・文苑傳》附見《王世貞傳》中。與魏裳、汪道昆、張佳允、張九一所謂嘉靖後五子也。世貞稱其詩古近體無所不佳，近體獨超。近體五七言無所不超，七言獨妙。《静志居詩話》則謂其詩尚未見門户，元美冠諸後五子之首，未免阿其所好。今觀是集，彝尊所論公矣。

午渠集

黄虞稷《千頃堂書目・别集類》余曰德《午渠集》。

宜山先生集

黄虞稷《千頃堂書目・别集類》何寬《宜山先生集》十七卷。字□□，臨海人。南京吏部尚書。

備忘集

黃虞稷《千頃堂書目・別集類》 海瑞《備忘集》四卷。字□□，□□人。南京都察院右都御史。

《四庫提要・別集類二五》 《備忘集》十卷。兩淮馬裕家藏本。明海瑞撰。瑞有《元祐黨人碑考》，已著録。案《明史・藝文志》載《海瑞文集》七卷。

忠介公集

黃虞稷《千頃堂書目・別集類》 海瑞《忠介公集》七卷。

《明史・藝文志・別集類》 《海瑞文集》七卷。

黔南類稿

徐𤊹《徐氏家藏書目・別集類》 陳善《黔南匯稿》八卷。字思敬，號敬亭，錢塘人。嘉靖辛丑進士，廣西雲南提學副使。

黃虞稷《千頃堂書目・別集類》 陳善《黔南類稿》八卷。字思敬，錢塘人。雲南布政使。

《明史・藝文志・別集類》 陳善《黔南類稿》八卷。

粵臺行稿

黃虞稷《千頃堂書目・別集類》 陳善《粵臺行稿》二卷。

家藏稿

黃虞稷《千頃堂書目・別集類》 陳善《家藏稿》五十二卷。

姜鳳阿文集

徐𤊹《徐氏家藏書目・別集類》 善寶《鳳阿集》三十八卷。字廷善，丹徒人。嘉靖癸丑進士，南京禮部尚書。

黃虞稷《千頃堂書目・別集類》 姜寶《鳳阿文集》三十六卷。字廷善，丹陽人。南京禮部尚書。

《明史・藝文志・別集類》 《姜寶文集》三十八卷。

《四庫提要・別集類存目五》 《姜鳳阿文集》三十八卷。江西巡撫採進本。明姜寶撰。寶有《周易傳義補疑》，已著録。是集分十稿，《初稿》一卷、《中祕稿》一卷、《讀禮稿》一卷、《史館稿》三卷、《西川稿》二卷、《周南稿》二卷、《八閩稿》二卷、《銀臺稿》二卷、《南雍稿》二卷、《家居稿》十一卷、《留部稿》十一卷。

鳳阿詩集

黃虞稷《千頃堂書目・別集類》 姜寶《鳳阿詩集》□卷。

《明史・藝文志・別集類》 姜寶《詩》十卷。

小漁遺稿

《四庫提要・別集類存目五》 《小漁遺稿》十二卷。浙江巡撫採進本。明唐汝楫撰。汝楫字思濟，蘭谿人。吏部尚書龍之子，龍號漁石，故汝楫自號小漁。嘉靖

庚戌進士第一，官至左春坊左諭德，事蹟附見《明史・唐龍傳》。史稱龍與嚴嵩相善，汝楫又以素附嵩得第一人及第，後坐嵩黨奪官。則其人不足重，其文章亦不爲世所稱。是集爲萬曆乙卯蘭谿知縣莊起元所編，皆應俗之文。起元稱其著作甚夥，散佚不傳。僅從其孫宗本、曾孫明照索得殘稿，就而編次云。

鐵庵遺稿

黄虞稷《千頃堂書目・別集類》 侯堯封《鐵庵遺稿》二卷。字欽之，蘇州嘉定人。由御史歷任福建參政。

蒹葭堂集

黄虞稷《千頃堂書目・別集類》 陸楫《蒹葭堂集》七卷。字思豫，上海人。承父深蔭，入國子監讀書。

《明史・藝文志・別集類》 陸楫《蒹葭堂集》七卷。

九霞山人集

范邦甸等《天一閣書目・總集類》 《九霞山人集》十二卷。刊本。句吴顧起經著。

朔野集

黄虞稷《千頃堂書目・別集類》 尹耕《朔野集》□卷。字子莘，代州人。河南按察僉事，坐劾戌遼左。

錦泉集

黄虞稷《千頃堂書目・別集類》 徐廷綬《錦泉集》。字受之，淳安人。陝西按察副使。

何溪集

黄虞稷《千頃堂書目・別集類》 徐廷綬《何溪集》。

瑤石山人稿

徐𤊹《徐氏家藏書目・別集類》 黎民表《瑤石先生集》十六卷。字惟敬，南海人。

黄虞稷《千頃堂書目・別集類》 黎民表《瑤石山房集》十六卷。字惟敬，從化人。民衷弟，貫子。布政司參議。

《明史・藝文志・別集類》 《黎民表文集》十六卷。

《四庫提要・別集類二五》 《瑤石山人稿》十六卷。浙江汪汝瑮家藏本。明黎民表撰。民表字維敬，從化人。嘉靖甲午舉人，授翰林院孔目，遷吏部司務，以能文用爲制敕房中書，後加官至參議。《明史・文苑傳》附見《黄佐傳》中。

百川集

黄虞稷《千頃堂書目・別集類》 孫樓《百川集》十二卷。字子虛，常熟人。湖州推官。

《明史・藝文志・別集類》 孫樓《百川集》十二卷。

《四庫提要·别集類存目四》《百川集》十二卷。浙江巡撫採進本。明孫樓撰。樓字子虛，常熟人。嘉靖丙午舉人，官湖州府推官。工於制義，與胡友信、瞿景淳等相上下。詩、古文則非專門也。

九芝堂集

黄虞稷《千頃堂書目·别集類》 葉朝榮《九芝堂集》四卷。字良時，福清人。向高父。隆慶元年選貢，養利知州。

芝堂遺草

《四庫提要·别集類存目六》《芝堂遺草》七卷。福建巡撫採進本。明葉朝榮撰。朝榮有《詩經存固》，已著録。是集爲其子大學士向高所刊，凡詩一卷，雜文六卷。其名《芝堂》者，朝榮判江州時有靈芝産於所作仕學軒前，改軒曰瑞芝堂，自爲之記，因以名集。朝榮詩格、文格竝明白坦易，大抵偶然涉筆，非刻意欲成一家者也。

公餘漫稿

范邦甸等《天一閣書目·别集類》《公餘漫稿》五卷。刊本。明兵部尚書陝西總督河中王崇古著。隆慶二年陝西布政北海馮惟訥序，稱：「公以草檄餘暇，輯平生所著詩篇，自爲西曹以至敭歷中外，投贈紀行，與夫憫時諷喻之作，大都備具。」陝藩如臯孫應鰲、陝臬雲間莫如忠俱有序。

張萱等《内閣藏書目録·集部》《公餘漫稿》二册。全。萬曆間大司馬王崇古著。

黄虞稷《千頃堂書目·别集類》 王崇古《公餘漫稿》。字學甫，蒲州人。太子少保，兵部尚書，加少保。贈太保，謚襄毅。

山堂彙稿

黄虞稷《千頃堂書目·别集類》 王崇古《山堂彙稿》十七卷。

《明史·藝文志·别集類》 王崇古《山堂彙稿》十七卷。

近溪子集

黄虞稷《千頃堂書目·别集類》 羅汝芳《近溪子集》十二卷。字維德，南城人。官雲南參政。

《明史·藝文志·别集類》 羅汝芳《近溪集》十二卷。

近溪子文集

《四庫提要·别集類存目五》《近溪子文集》五卷。江蘇巡撫採進本。明羅汝芳撰。汝芳有《孝經宗旨》，已著録。

明德先生詩

黄虞稷《千頃堂書目·别集類》 羅汝芳《明德先生詩》二卷。

《明史·藝文志·别集類》 羅汝芳《詩》二卷。

洞陽子集　續集

黄虞稷《千頃堂書目·别集類》 萬恭《洞陽子集》十八卷，又《續集》。字

□□，南昌人。巡撫山西，都御史。

抱拙堂稿

黄虞稷《千頃堂書目・别集類》 蘇志仁《抱拙堂稿》。字□□，海陽人。河南按察司僉事。

楊忠愍集

王圻《續文獻通考・經籍考・集下》 《楊忠愍集》。保定楊繼盛著。

黄虞稷《千頃堂書目・别集類》 楊繼盛《楊忠愍公集》四卷。字仲芳，容城人。兵部員外，贈太常少卿，謚忠愍。

《明史・藝文志・别集類》 楊繼盛《忠愍集》四卷。

《四庫提要・别集類二五》 《楊忠愍集》三卷，附録一卷。直隸總督採進本。明楊繼盛撰。繼盛字仲芳，號椒山，容城人。嘉靖丁未進士。官至兵部武選司員外郎，以疏劾嚴嵩，爲所搆陷棄市。後追贈太常寺卿，謚忠愍。事蹟具《明史》本傳。

楊忠愍公手札

黄虞稷《千頃堂書目・别集類》 《手記》一卷。楊繼盛著。

吴壽暘《拜經樓藏書題跋記類四》 《楊忠愍公手札》。右録忠愍與鄭端簡書題跋一卷，先君子跋，已刊《愚谷文存》，此册各有按語。

自知堂集

王圻《續文獻通考・經籍考・集下》 《白石自知堂稿》。蔡汝南著。

徐𤊹《徐氏家藏書目・别集類》 蔡汝楠《自知堂集》八卷。字子本，號白石，歸安人。嘉靖壬辰進士，官南京工部侍郎。唐荆川、楊升菴、侯二谷爲序。

黄虞稷《千頃堂書目・别集類》 蔡汝楠《自知堂集》二十四卷。字子本，德清人。南京工部右侍郎。

《明史・藝文志・别集類》 蔡汝楠《自知堂集》二十四卷。

《四庫提要・别集類存目四》 《自知堂集》二十四卷。浙江汪汝瑮家藏本。明蔡汝枏撰。汝枏有《説經劄記》，已著録。是集詩七卷，文十七卷，其門人朱炳如所編。《明史》稱汝枏初喜文章，從王慎中、唐順之、高叔嗣、顧璘、皇甫涍兄弟游。中年復好講學，與鄒守益、羅洪先相善，詩格遂漸頹唐，頗有壽陵餘子失其故步之譏。然汝枏才地本不足鴈行王、唐諸人，亦不盡係於講學之後荒廢吟咏也。

白石山人詩選

范邦甸等《天一閣書目・别集類》 《白石山人詩選》二册。刊本。明蔡汝楠著，趙維垣識。

天一山□稿

黄虞稷《千頃堂書目・别集類》 胡友信《天一山□稿》。字成之，德清人。廣東順德知縣，有異政，卒於官。

静庵集

黄虞稷《千頃堂書目・别集類》 洪朝選《静庵集》十五卷。字舜臣，同安人。刑部左侍郎。

《明史・藝文志・别集類》 洪朝選《静庵稿》十五卷。

芳洲摘稿　別稿

黃虞稷《千頃堂書目·別集類》　洪朝選《芳洲摘稿》八卷，又《別稿》六卷。

歸田稿　歸田續稿

黃虞稷《千頃堂書目·別集類》　洪朝選《歸田稿》，又《歸田續稿》。

半山藏稿

黃虞稷《千頃堂書目·別集類》　王叔果《半山藏稿》二十卷。字育德，永嘉人。廣東副使。

《明史·藝文志·別集類》　王叔果《半山藏稿》二十卷。

履庵集

黃虞稷《千頃堂書目·別集類》　萬士和《履庵文集》十二卷。字思節，宜興人。禮部左侍郎。謚文恭。一作《萬文恭公摘稿》。

《四庫提要·別集類存目四》　《履庵集》十二卷。浙江巡撫採進本。明萬士和撰。士和字思節，宜興人。嘉靖辛丑進士，官至禮部尚書，謚文恭。事蹟具《明史》本傳。是集凡詩詞三卷，雜文九卷。其官江西、貴州、湖廣、山東以至爲宗伯時事蹟，頗散見於其中。然過任自然，罕鑄詞之功。蓋士和受業唐順之，能不染七子雕繪之習。而殫心吏事，又未能竟其業也。

淮厓集

范邦甸等《天一閣書目·總集類》　《淮厓集》三卷。刊本。明倪潤著，朱維藩序。

五橋集

黃虞稷《千頃堂書目·別集類》　徐惟賢《五橋集》。字師聖，上虞人。

趨庭集

徐𤊹《徐氏家藏書目·別集類》　胡安《趨庭集》十二卷。字仁夫，號樂山，餘姚人。嘉靖甲辰進士，官參政。

黃虞稷《千頃堂書目·別集類》　胡安《趨庭集》十二卷。字仁夫，餘姚人。布政司參議。

遺篋稿

徐𤊹《徐氏家藏書目·別集類》　方九叙《遺篋稿》九卷。字禹績，號十洲，錢塘人。嘉靖甲辰進士，官承天知府。

黃虞稷《千頃堂書目·別集類》　方九叙《遺篋稿》九卷。字禹績，錢塘人。承天知府。一作《十洲集》。

淮閩吏隱稿

徐𤊹《徐氏家藏書目·別集類》　秦懋德《淮閩吏隱稿》四卷。字□□，臨海

人。嘉靖中經魁，官淮安通判、福建運同。王亮爲之序。

袁履善集

黄虞稷《千頃堂書目・别集類》 袁福徵《袁履善集》。號太沖，華亭人。□王府長史。

石屋存稿

范邦甸等《天一閣書目・别集類》 《石屋存稿》六卷。刊本。明劉佃序稱：同年石屋許君存稿，其兄茗山爲閩大參。佃自閩郡轉山東臬司，辭公，公出其存稿六卷，迺付建陽尹鄒子校正，佃爲之序而刻之。

黄虞稷《千頃堂書目・别集類》 許應亨《石屋存稿》六卷。字□□，仁和人。應元弟。刑部主事。

劉鳳全集

徐𤊹《徐氏家藏書目・别集類》 《劉鳳全集》五十二卷。字子威，號羅陽，長洲人。嘉靖甲辰進士，累官河南僉事。

劉侍御集

王圻《續文獻通考・經籍考・集下》 劉鳳《劉侍御集》。

子威集

范邦甸等《天一閣書目・别集類》 《劉子威文集》三十二卷。刊本。明長州劉鳳子威撰并自序，琅琊王世貞、四明余寅君房均有序。

黄虞稷《千頃堂書目・别集類》 劉鳳《劉子威文集》三十二卷。

《明史・藝文志・别集類》 《劉鳳文集》三十二卷。

《四庫提要・别集類存目五》 《子威集》三十二卷。兩淮馬裕家藏本。明劉鳳撰。鳳有《續吴中先賢贊》，已著録。其文皆僻字奥句，尤澀體之餖飣者。

澹思集

范邦甸等《天一閣書目・别集類》 《了威先生淡思集》十六卷。刊本。明長州劉鳳子威著，卷首自序。

徐𤊹《徐氏家藏書目・别集類》 劉鳳《澹思集》十六卷。

黄虞稷《千頃堂書目・别集類》 劉鳳《澹思集》五十二卷。

客建集

黄虞稷《千頃堂書目・别集類》 劉鳳《客建集》□卷。

越覽篇

黄虞稷《千頃堂書目・别集類》 劉鳳《越覽篇》□卷。

太霞草

黄虞稷《千頃堂書目・别集類》 劉鳳《太霞草》□卷。

禪悅小草

黃虞稷《千頃堂書目・別集類》 劉鳳《禪悅小草》□卷。字子威，吴縣人。河南按察僉事。

續吴先賢讚

王圻《續文獻通考・經籍考・集下》 《續吴先賢讚》。長洲劉鳳著。

比玉集

徐𤊹《徐氏家藏書目・別集類》 劉鳳、魏學禮《比玉集》七卷。鳳字子威。嘉靖甲辰進士，河南僉事。學禮字季朗。嘉靖□□進士。

向懷葛先生集

黃虞稷《千頃堂書目・別集類》 向洪邁《向懷葛先生集》十卷。字□□，慈谿人。

《明史・藝文志・別集類》 《向洪邁詩文集》十卷。

學蚓吟

黃虞稷《千頃堂書目・別集類》 葛楠《學蚓吟》。字安甫，上虞人。祖錬有《蚓鳴稿》，故楠所著曰《學蚓吟》。

山帶閣集

徐𤊹《徐氏家藏書目・別集類》 朱曰藩《山帶閣集》三十三卷。字子价，號射陂。應登之子。嘉靖甲辰進士，副使。

黃虞稷《千頃堂書目・別集類》 朱曰藩《山帶閣集》三十三卷。字子价，寶應人。應登子。九江知府。

《明史・藝文志・別集類》 朱曰藩《山帶閣集》三十三卷。

《四庫提要・別集類存目四》 《山帶閣集》三十三卷。浙江孫仰曾家藏本。明朱曰藩撰。曰藩字子价，號射陂，寶應人。雲南布政司參政應登之子。嘉靖甲辰進士，官至九江府知府。是集詩十五卷，雜文十八卷。應登詩倣李夢陽，曰藩則法楊慎，嘗因所知，通訊滇南，慎爲選其詩七十餘首品題之。其在金陵，懸慎畫像於寓齋。集中有《人日瞻禮升菴公像詩》是也。然其詩穠麗，僅得慎之一體。王世貞《藝苑卮言》調其如高座道人，忽作番語，則詆之太甚矣。

朱射陂詩選

范邦甸等《天一閣書目・別集類》 《朱射陂詩選》二卷。刊本。明沛國朱曰藩著。嘉靖乙卯升菴楊慎序稱：維揚朱子射陂以掞藻相契，近以其池上編二帙寄評，擇其愜心而必傳者七十四首。至卭州，北川陸公珍而刻之。末有嘉靖丙辰春三癸亭重雕圖印。

潮候集

黃虞稷《千頃堂書目・別集類》 沈束《潮候集》。字□□，會稽人。癸卯解元，右通政。

雜體詩稿

黄虞稷《千頃堂書目・別集類》 沈束《雜體詩稿》。

心泉林先生集

張萱等《内閣藏書目録・集部》 《心泉林先生集》三册。全。隆慶間工科林懋舉著。

心泉文集

范邦甸等《天一閣書目・別集類》 《林心泉集》十卷。刊本。明廣西布政閩人林懋舉著，侯官王應鍾選，子東榮刻。姑蘇門生黄門跋云：「公諸疏牘所論列皆國家大計，如條邊務，陳江防、糾官邪、登雋良、議酌省，才猷敏練，以忠赤自許。至其古風歌行有漢魏體，五七言律宛似元和人句，記序温純爾雅，可愛可傳，顧公所重者奏疏，此又其緒餘耳。」末附門生玉陽丁元復祭文及洪世文行狀、魏文焲墓銘、子東榮行畧，并王應鍾銓擇詩文覆東榮札。

黄虞稷《千頃堂書目・別集類》 林懋舉《心泉文集》十卷。字直卿，閩縣人。懋和弟。廣東左布政使。

海門集

黄虞稷《千頃堂書目・別集類》 謝讜《海門集》。字獻忠，上虞人。

草　言

黄虞稷《千頃堂書目・別集類》 謝讜《草言》。

古虞集

黄虞稷《千頃堂書目・別集類》 謝讜《古虞集》。

石室祕鈔

黄虞稷《千頃堂書目・別集類》 魏文焲《石室祕鈔》四卷。字德章，福清人。廣西按察使。

《四庫提要・別集類存目四》 《石室祕鈔》五卷。福建巡撫採進本。明魏文焲撰。文焲字德章，侯官人。嘉靖甲辰進士，官至廣西按察司使。是集初刊於萬曆丙戌，崇禎庚午其孫定海知縣汝爲又重刊之。凡雜著二卷，皆讀書論古之作。其中如《駁方孝孺之疑子華子》，則未覩晁公武及朱子説。謂王充假蔡邕以自重，則未考充爲肅宗時人。不免疎舛。第三卷爲詩，五卷、六卷爲雜文，中《征支羅記》、《征龍洲記》、《松潘備兵本末》，敘其戰功頗詳。福州道山下，有朱子所書「石室清隱」字。文焲家近山麓，遂以名其集云。

迴溪遺稿

徐𤊹《徐氏家藏書目・別集類》 尤瑛《迴溪遺稿》二卷。字汝白，無錫人。嘉靖癸卯解元，甲辰進士，廣東參政，卒年五十。

黄虞稷《千頃堂書目・別集類》 尤瑛《迴溪遺稿》二卷。字汝白，無錫人。癸卯

解元，廣東參政。

唐巖文集

黄虞稷《千頃堂書目・别集類》 劉愨《唐巖文集》八卷。字□□，萬安人。南京工部右侍郎。

賓湖稿

王圻《續文獻通考・經籍考・集下》 《賓湖稿》五十卷。義烏王宗聖汝學著。

濱河稿

黄虞稷《千頃堂書目・别集類》 王宗聖《濱河稿》十五卷。字汝學，義烏人。福建按察司僉事。

榷政記

王圻《續文獻通考・經籍考・集下》 《榷政記》十五卷。王宗聖著。

肖雲稿

黄虞稷《千頃堂書目・别集類》 林愛民《肖雲稿》六卷。字惟牧，福寧州人。按察司僉事。

小海存稿

徐𤊹《徐氏家藏書目・别集類》 馮覲《小海存稿》八卷。字晉尗，錢塘人。嘉靖甲辰進士，廣東按察使。

黄虞稷《千頃堂書目・别集類》 馮覲《小海存稿》八卷。字晉叔，錢塘人。廣東按察使。

《四庫提要・别集類存目四》 《小海存稿》八卷。兩江總督採進本。明馮覲撰。覲字晉叔，别號小海，海寧人。嘉靖甲辰進士，官至廣東按察司副使。是集詩三卷，文五卷，乃其子有翼所編。張瀚序稱其簡易明鬯，不假雕琢，頗非溢美。然才地頗弱，未足名家。集中有《庚戌言兵事書》，乃覲爲兵部郎時所作，以上丁汝夔者。中有「請就京城外土城遺址，增築外羅城，以備不虞」一條，其後竟築外城，説者謂功成於許論，而不知覲已發其端也。

吹劍集

黄虞稷《千頃堂書目・别集類》 盧岐嶷《吹劍集》三十五卷，又《續集》八卷。字希稷，長泰人。□□副使。

《明史・藝文志・别集類》 盧岐嶷《吹劍集》三十五卷。

太乙詩集

黄虞稷《千頃堂書目・别集類》 張鍊《太乙山人詩稿》五卷。字□□，武功人。

《四庫提要・别集類存目四》 《太乙詩集》五卷。陝西巡撫採進本。明張鍊撰。鍊字伯純，武功人。嘉靖甲辰進士，官至湖南按察司僉事。其集曰《太乙》者，太乙山名，在武功，王維所謂「太乙近天都」也，鍊以自號，因以名集。其詩源出長慶，而更加率易。如云「一種勳庸一代賢，蜚聲滿路勢熏天。憑君回首寰中事，若

箇豪華過百年」之類，殊不類詩格。至如「能使機衡在我，從他造物弄人」等句，則愈涉俗矣。

見薇堂集

黄虞稷《千頃堂書目·別集類》 王鶴《見薇堂集》八卷。字□□，長安人。應天府尹。

南華山房集

黄虞稷《千頃堂書目·別集類》 汪一中《南華山房集》。字正叔，歙縣人。江西按察副使。閩、廣寇至，戰死，贈光禄寺卿，謚忠愍。

薄游稿

黄虞稷《千頃堂書目·別集類》 陳皐謨《薄游稿》。字思贊，江陰人。南京工部郎中。

北游稿

黄虞稷《千頃堂書目·別集類》 陳皐謨《北游稿》。

南都稿

黄虞稷《千頃堂書目·別集類》 陳皐謨《南都稿》。

九匡稿

黄虞稷《千頃堂書目·別集類》 余文獻《九匡稿》。字伯初，德化人。浙江參政。

茭東集

黄虞稷《千頃堂書目·別集類》 彭謙《茭東集》。字德光，溧陽人。

郭東山文集 詩集

黄虞稷《千頃堂書目·別集類》 郭文周《東山集》八卷。字景復，福寧人。御史。

《四庫提要·別集類存目四》 《郭東山文集》七卷，《詩集》二卷。江蘇巡撫採進本。明郭文周撰。文周字景復，號東山，福安人。嘉靖甲辰進士，官至監察御史，巡按廣東。其文集多應酬之作，詩分前後二卷，前卷爲《南畿稿》，後卷爲《菊邊閒譚集》、《解組稿》。

蕢言

《四庫提要·別集類存目六》 《蕢言》六卷。兩江總督採進本。明余懋孳撰。懋孳字舜仲，婺源人。萬曆甲辰進士，官至給事中。此集乃懋孳所自編，凡文五卷，詩一卷。其曰「蕢言」者，蓋取蕢桴之意，自謂學而無當於道者稗學也，言而無當於道者蕢言也。又謂「命題屬草，聊供酬應」。今觀其文，如《門墻桃李册序》、《刻聯捷稿引》、《細草流芳册小引》、《題龍山課藝》等篇，皆不免俗體，蓋疎於芟汰之過也。

春明草

黄虞稷《千頃堂書目·别集類》 余懋孳《春明草》。字舜仲，婺源人。禮科給事中。

瑞鶴堂集

黄虞稷《千頃堂書目·别集類》 繆宣《瑞鶴堂集》四卷。字東洲，常熟人。

五鵲别集

《四庫提要·别集類存目四》 《五鵲别集》二卷。直隸總督採進本。明盧寧撰。寧字獻子，號冠巖，南海人。嘉靖甲辰進士，官至登州府知府。寧受業黄佐之門，佐樂典序即所作也。是集乃其官南京刑部時講學新泉精舍，其門人程子明所刻。及守登州，所屬黄縣知縣劉珙又重刻之。以寧先有《五鵲臺集》，故此以《别集》名。凡詩一卷，文一卷，皆湊泊成篇，不能入格。

崇質堂集

《四庫提要·别集類存目四》 《崇質堂集》二十卷。江西巡撫採進本。明李萬實撰。萬實字少虛，南豐人。嘉靖甲辰進士，官至浙江按察司副使。其爲給事中時，嘗疏論權璫改官，蓋亦骨鯁之士。是集凡詩九卷，文十一卷。《江西通志》稱所作奏疏别名《恬仕録》，徐龍川序。而此集末亦載有奏疏三卷，蓋其初别本單行，後又編入集中也。萬實傳姚江之説，其文體平正，不事錘鎔，猶講學家之格。其詩頗學韋柳，意取清妍。雖風骨未就，而姿致可觀，則其天分之高也。

舍人集

黄虞稷《千頃堂書目·别集類》 胡景榮《舍人集》四卷。

栗城稿

黄虞稷《千頃堂書目·别集類》 鄭相《栗城稿》二卷。

虞部集

黄虞稷《千頃堂書目·别集類》 歐大任《虞部集》二十二卷。《思玄堂》、《旅燕》、《浮淮》、《秣陵》、《北轅》、《南翥》、《游梁》、《西署》、《輶中》、《詔歸》、《蘧園》諸集。

《明史·藝文志·别集類》 歐大任《虞部集》二十二卷。

英廉奏《全燬書目》 《歐虞部集》十二本。明歐大任撰。

西署集

范邦甸等《天一閣書目·别集類》 《西署集》四卷。刊本。明歐大任撰。吴郡王世懋序云：「歐先生楨伯嶺南人，嶺南故多嫺于文辭，而歐先生爲最。爲文學掌故，故事歷郡國即止，不復遷，歐先生所歷皆上考，遂破選入格爲國學掌故。居久之，將選入中祕，弗果，已遂遷爲廷尉平。所成帙若《浮淮》諸集，絃誦海內。而及是則稱『西署』，云廷尉署與比部鱗比而西，故皆得稱西署」。萬曆癸未安陸劉紹恤有序。

徐𤊹《徐氏家藏書目·别集類》 歐大任《西署集》二卷。字楨伯，號崙山，南海人。嘉靖中歲貢，官工部郎中。

北轅集

徐𤊹《徐氏家藏書目・別集類》　歐大任《北轅集》一卷。

蘧園集

徐𤊹《徐氏家藏書目・別集類》　歐大任《蘧園集》一卷。

離襄漫紀

徐𤊹《徐氏家藏書目・別集類》　歐大任《離襄漫紀》一卷。

歐大任選集

黄虞稷《千頃堂書目・別集類》　歐大任《選集》十四卷。字楨伯，順德人。歲貢，南京户部郎中。

歸雲集

黄虞稷《千頃堂書目・別集類》　陳士元《歸雲三集》七十五卷。字心叔，應城人。灤州知州。母夢孟軻而生，祀文廟，甫拜而軻主僕，人咸異之。

《明史・藝文志・別集類》　陳士元《歸雲集》七十五卷。

素園存稿

黄虞稷《千頃堂書目・別集類》　方弘静《素園存稿》二十卷。字定之，歙縣人。南京户部右侍郎。

《四庫提要・別集類存目五》　《素園存稿》十八卷。浙江巡撫採進本。明方宏静撰。宏静字定之，歙縣人。嘉靖庚戌進士。朱彝尊《明詩綜》載其官至南京户部右侍郎。《千頃堂書目》亦同。《江南通志》則載其奉使入浙擊水寨寇，論功當敘，中蜚語歸，卒贈工部尚書。據集内《山中稿小序》，稱自撫浙待命凡十載，自留京歸田經廿載。葉向高序亦云然。是宏静實自南京罷歸，《通志》所記偶誤也。是集目録祇十六卷，而書實十八卷。其目録之次序前後參互，亦與卷内不合，皆校刊之疏漏。又《千頃堂書目》載是集作二十卷，殆初刻十六卷，後增至十八卷，又增至二十卷，而目則未改歟。

康旻集

范邦甸等《天一閣書目・別集類》　《康旻集》三卷。刊本。明康浩著，嘉靖乙巳許宗魯序。

雙燕遺音

黄虞稷《千頃堂書目・別集類》　張引元、張引慶《雙燕遺音》一卷。王鳳嫺二女，并工翰藻，母子自相倡和。

《明史・藝文志・別集類》　張引元、張引慶《雙燕遺音》一卷。

三泉文集

張萱等《内閣藏書目録・集部》 《三泉文集》四册。嘉靖間御史林騰蛟著。

石龍菴詩草

黄虞稷《千頃堂書目・別集類》 徐學詩《龍川詩集》。字以言，上虞人。

《四庫提要・別集類存目四》 《石龍菴詩草》四卷，附刻二卷。浙江孫仰曾家藏本。明徐學詩撰。學詩字以言，別號龍川，上虞人。嘉靖甲辰進士，授刑部主事，遷郎中，以劾嚴嵩父子罷職。隆慶初，起南京通政司參議，未上而卒，贈大理寺少卿。學詩不以詩名，而所作音節頗清亮。蓋嘗與李攀龍相贈答，故流派與之相近。遺稿多闕字，邑人黄之璧爲補入，以圈別之。後二卷則附刻《劾嵩疏稿》及傳略諸篇。

高文端公遺稿

黄虞稷《千頃堂書目・別集類》 高儀《高文端公遺稿》一卷。浙江錢塘人。

彦國存稿

徐𤊹《徐氏家藏書目・別集類》 梁柱《彦國存稿》五卷。字彦國，順德人。嘉靖□□鄉舉，刑部主事。

黄虞稷《千頃堂書目・別集類》 梁柱臣《梁彦國存稿》五卷。字彦國，順德人。刑部主事。

效顰紀

黄虞稷《千頃堂書目・別集類》 何熽《效顰紀》。字思仁，麗水人。

舒嘯東皋篇

黄虞稷《千頃堂書目・別集類》 何熽《舒嘯東皋篇》。

滄螺録

黄虞稷《千頃堂書目・別集類》 何熽《滄螺録》。

青桂軒集

黄虞稷《千頃堂書目・別集類》 何熽《青桂軒集》。

竹翠軒存稿

黄虞稷《千頃堂書目・別集類》 鄭鑰《竹翠軒存稿》二卷。字道啓，閩縣人。御史。

吴文光文集

黄虞稷《千頃堂書目・別集類》 《吴文光文集》十卷。字有明，婺源人。應山

知縣。

論稿

黄虞稷《千頃堂書目・别集類》 吴文光《論稿》四卷。

皆春園集

《四庫提要・别集類存目六》 《皆春園集》四卷。兩淮鹽政採進本。明陳完撰。完字名甫，號海沙，南通州人。萬曆丙午舉人。是集爲完所自編。其詩多恬適敷暢，而不見性情，較黄省曾《五岳山人集》格調相似，而才力尚不能逮也。

經術堂集

黄虞稷《千頃堂書目・别集類》 朱大韶《經術堂集》。字象玄，號文石，華亭人。國子司業。

旅游吟稿

黄虞稷《千頃堂書目・别集類》 樊獻科《旅游吟稿》。

山居吟稿

黄虞稷《千頃堂書目・别集類》 〔樊獻科〕《山居吟稿》。字文叔，浙江縉雲人。

青蘿館詩

范邦甸等《天一閣書目・别集類》 《青蘿館詩集》六卷。刊本。明吴興徐中行著，門人新都汪時元刻，隆慶辛未吴郡俞允文序，六水陳有守、新都汪道昆俱有序。

黄虞稷《千頃堂書目・别集類》 徐中行《青蘿館詩集》六卷。

《明史・藝文志・别集類》 《徐中行詩》六卷。

《四庫提要・别集類存目五》 《青蘿館詩》六卷。兩江總督採進本。明徐中行撰。是集乃隆慶中其壻汪時元所刻。其守汝寧以後之詩居三分之一。汰其古文，又汰其少作，較前集爲精簡。然中行於北地之學漸染既深，時元能删其枝蔓，不能變其根柢也。

青蘿館集

王圻《續文獻通考・經籍考・集下》 《青蘿館集》。吴興徐中行著。

徐𤊹《徐氏家藏書目・别集類》 徐中行《青蘿館集》五卷。

天目山堂集　附録

徐𤊹《徐氏家藏書目・别集類》 徐中行《天目集》二十卷。字子與，號龍灣，長興人。嘉靖庚戌進士，官福建按察使，終江西布政使。卒年六十三。

張萱等《内閣藏書目録・集部》 《天目先生集》十册。全。嘉靖間吴興徐中行著。

黄虞稷《千頃堂書目・别集類》 徐中行《天目山人全集》二十一卷。字子與，長興人。江西左布政使。

《明史・藝文志・别集類》 徐中行《天目山人集》二十一卷。

《四庫提要·別集類存目五》 《天目山堂集》二十卷，附録一卷。兩淮鹽政採進本。明徐中行撰。中行字子與，號龍灣，長興人。讀書天目山下，故自稱天目山人。嘉靖庚戌進士，官至江西左布政使。《明史·文苑傳》附見《李攀龍傳》中。中行爲後七子之一。

湖上集

黃虞稷《千頃堂書目·別集類》 徐師曾《湖上集》十四卷。字伯魯，吴江人。兵科右給事中。

《明史·藝文志·別集類》 徐師曾《湖上集》十四卷。

春煦齋集

黃虞稷《千頃堂書目·別集類》 王好問《春煦齋集》三十卷。字裕卿，樂平人。南京户部尚書。一作十卷。

軍機處奏《禁毀書目》 《春煦軒集》四本。查《春煦軒集》，明王好問撰。中有指斥，應請銷燬。

宋布衣集

《四庫提要·別集類二五》 《宋布衣集》三卷。直隸總督採進本。明宋登春撰。登春字應元，新河人。少能詩善畫，年二十餘，即棄家遠游，足迹幾遍天下，晚乃依其兄子居江陵之天鵝池，因自號鵝池生。徐學謨爲荆州守，深敬禮之。後學謨以尚書致政歸，登春訪之吴中。買舟浮錢塘，徑躍入江水以死。

黃虞稷《千頃堂書目·別集類》 〔宋登春〕《宋布衣集》二卷。

鵝池山人集

黃虞稷《千頃堂書目·別集類》 宋登春《鵝池山人集》二卷。字應元，新河人。自號海翁，又稱鵝池生。

布衣詩集

徐𤊹《徐氏家藏書目·別集類》 宋登春《布衣詩集》二卷。字應元，真定府新河縣人，自號海翁，又號鵞池生。嘉靖中布衣。徐學謨爲作《鵝池生傳》。

衡廬精舍藏稿　續稿　遺稿

黃虞稷《千頃堂書目·別集類》 胡直《衡廬精舍藏稿》三十卷，又《續稿》十一卷，又《遺稿》四卷。字正甫，廬陵人。廣西按察使。

《明史·藝文志·別集類》 胡直《衡廬稿》三十卷。

《四庫提要·別集類二五》 《衡廬精舍藏稿》三十卷，《續稿》十一卷。江西巡撫採進本。明胡直撰。直有《胡子衡齊》，已著録。是集爲其門人郭子章所刻，凡賦一卷，樂府一卷，古近體詩四卷，文十九卷，雜著四卷。又《續集》詩賦一卷，文十卷，不知何人所編。

聚樂堂甲辰集

范邦甸等《天一閣書目·別集類》 《聚樂堂甲辰集》一卷。刊本。不著撰人名氏。

徐𤊹《徐氏家藏書目·別集類》 朱睦㮮《聚樂堂甲辰集》一卷。字灌甫，號

西亭，開封人，一號東坡居士。嘉靖中周府王孫。

閩中初稿

徐㷆《徐氏家藏書目・別集類》 黄希憲《閩中初稿》二卷。字伯容，號毅所，金溪人。嘉靖癸丑進士，官福建參政。

黄虞稷《千頃堂書目・別集類》 黄希憲《閩中初稿》二卷。字伯容，金谿人。湖廣按察司副使，福建參政。

效顰初稿

黄虞稷《千頃堂書目・別集類》 黄希憲《效顰初稿》。

入楚入蜀稿

黄虞稷《千頃堂書目・別集類》 黄希憲《入楚入蜀稿》。

澤秀集

范邦甸等《天一閣書目・別集類》 《澤秀集》七卷。朱氏竹素齋刊本。明無錫顧起綸著。同邑王問、李文麟、成都楊慎、長洲皇甫汸評選，錢唐洪楩編次。

句漏集

《四庫提要・別集類存目五》 《句漏集》四卷。浙江范懋柱家天一閣藏本。明

顧起綸撰。起綸字更生，號元名，無錫人。官鬱林州州判。是集即在鬱林所作，前二卷皆游覽詩，三、四卷名《感知篇》，乃歷敘素所相知者，各賦一詩，繫以小序，凡四十首。中間人品亦甚爲雜糅。如於趙文華乃稱其雅志豪邁，名冠英流。序其罷廢事，則曰感激罷官去。而於方士陶仲文亦以風神端恪，恭誠一至稱之。皆不免阿私所好也。

赤城集

《四庫提要・別集類存目五》 《赤城集》三卷。浙江范懋柱家天一閣藏本。明顧起綸撰。是集乃萬曆戊寅起綸游赤城時所作。上卷爲詩六十一首，下卷爲游記一篇。而以贈荅倡和之作閒於上下卷之閒，別爲中卷。似別集而非別集，似總集而非總集，體例頗爲未善。然中卷有附録字，知以起綸爲主矣。故仍入之別集類焉。

顯槐文集

黄虞稷《千頃堂書目・別集類》 武岡保康王《顯槐文集》。楚端王榮滅第三子，昭王來孫，高皇帝晜孫，嘉靖十七年封。

少鶴山人續集

黄虞稷《千頃堂書目・別集類》 武岡保康王《少鶴山人續集》八卷。

顯槐詩集

黄虞稷《千頃堂書目・別集類》 武岡保康王《詩集》八卷。

奏議

徐𤊹《徐氏家藏書目・別集類》 翁大立《奏議》十二卷。字□□，號見海，餘姚人。嘉靖戊戌進士，官兵部侍郎。

嘉慶集

黄虞稷《千頃堂書目・別集類》 安慶端懿王恬熾《嘉慶集》。瀋憲嫡第七子，高皇帝仍孫，自號西池道人，嘉靖三十一年封。

達庵集

黄虞稷《千頃堂書目・別集類》 朱恬烷《達庵集》。字達庵，沁水莊和王叔子，鎮國將軍。

玉田集

黄虞稷《千頃堂書目・別集類》 朱珵塯《玉田集》。字純甫，恬爍子，輔國將軍。

玉澗集

黄虞稷《千頃堂書目・別集類》 朱珵坑《玉澗集》。字崇甫，恬爍子，輔國將軍。

玉林集

黄虞稷《千頃堂書目・別集類》 朱珵圻《玉林集》。字京甫，恬烷子，輔國將軍。

壺峰集

黄虞稷《千頃堂書目・別集類》 朱效鍚《壺峰集》。字訓甫，奉國將軍。

觀史雅言

黄虞稷《千頃堂書目・別集類》 范櫝《觀史雅言》。字子美，會稽人。淮安知府。

首尾吟

黄虞稷《千頃堂書目・別集類》 范櫝《首尾吟》。

三教正宗統論

張萱等《内閣藏書目録・集部》 《三教正宗統論》三十六册。全。萬曆間閩諸生林兆恩著。

玉介園集

黄虞稷《千頃堂書目・別集類》 王叔杲《玉介園集》二十卷。字陽德，號暘谷，

永嘉人。叔杲弟。蘇松兵備副使。

《明史・藝文志・別集類》 王叔杲《玉介園稿》二十卷。

英廉奏《全毁書目》 《玉介園存稿》十二本。明王叔杲撰。

軍機處奏《禁毁書目》 《玉介園集》十二本。查《玉介園集》，係明王叔泉撰。末一册有指斥之語，應請銷燬。

可也居集

黄虞稷《千頃堂書目・別集類》 高鶴《可也居集》八卷。字若齡，山陰人。丙午解元，□科給事中。

匽松齋集

黄虞稷《千頃堂書目・別集類》 畢鏘《匽松齋集》八卷。字廷鳴，石埭人。南京吏部尚書。

夢山存稿

黄虞稷《千頃堂書目・別集類》 楊巍《夢山存稿》四卷。字伯謙，海豐人。太子太保，吏部尚書，贈太師。

《明史・藝文志・別集類》 楊巍《夢山存稿》四卷。

存家詩稿

《四庫提要・別集類二五》 《存家詩稿》八卷。山東巡撫採進本。明楊巍撰。巍字伯謙，號夢山，海豐人。嘉靖丁未進士，累官吏部尚書，贈少保。事蹟具《明史》本傳。

幼學稿

黄虞稷《千頃堂書目・別集類》 余世儒《幼學稿》。字汝爲，婺源人。瑞安、南康二縣知縣，升合州知州。

未信稿

黄虞稷《千頃堂書目・別集類》 余世儒《未信稿》八卷。

破蟋蟀集

黄虞稷《千頃堂書目・別集類》 余世儒《破蟋蟀集》八卷。

念山集

黄虞稷《千頃堂書目・別集類》 余世儒《念山集》二卷。字汝爲，婺源人。舉人，台州知府。

期齋集

黄虞稷《千頃堂書目・別集類》 吕光洵《期齋集》十六卷。字信卿，新昌人。兵部尚書兼副都御史，巡撫雲南，改南京工部尚書，未任卒。

皆山稿

徐𤊹《徐氏家藏書目・別集類》 呂光洵《皆山堂稿》四卷。字信卿，號期齋，新昌人。嘉靖壬辰進士，官南京兵部尚書。

黃虞稷《千頃堂書目・別集類》 呂光洵《皆山稿》四卷。

可園詩鈔

黃虞稷《千頃堂書目・別集類》 呂光洵《可園詩鈔》。

傳川集

黃虞稷《千頃堂書目・別集類》 曹金《傳川集》。字汝礪，祥符人。癸卯解元，巡撫陝西，都御史。

考槃集

黃虞稷《千頃堂書目・別集類》 惲紹芳《考槃集》四卷。字光世，武進人。

有本亭集

范邦甸等《天一閣書目・別集類》 《有本亭集》八卷。刊本。明梁佐著。

徐𤊹《徐氏家藏書目・別集類》 梁佐《有本亭集》四卷。字應台，號心泉，大理衛籍，河南蘭陽人。嘉靖丁未進士，福建僉事。

黃虞稷《千頃堂書目・別集類》 梁佐《有本亭集》四卷。字應台，大理衛軍籍，蘭陽人。福建僉事。

詹詹集

黃虞稷《千頃堂書目・別集類》 張元諭《詹詹集》七卷。字伯啓，浦江人。雲南按察副使。

中齋集

黃虞稷《千頃堂書目・別集類》 劉應時《中齋集》九卷。字子易，洪洞人。

勳部集

黃虞稷《千頃堂書目・別集類》 徐文沔《勳部集》。字可繩，開化人。

澗濱先生文集

范邦甸等《天一閣書目・別集類》 《澗濱先生文集》六卷。刊本。明徐文沔著，劉曰材序。

見川集

黃虞稷《千頃堂書目・別集類》 李儒烈《見川集》。字子思，又字忠甫，海鹽人。

九芝堂集

黄虞稷《千頃堂書目・别集類》 吴遵《九芝堂集》。字初泉，又字恭路，海寧人。

三洲詩膾

徐𤊹《徐氏家藏書目・别集類》 沈淮《三洲詩膾》四卷。字徵伯，仁和人。嘉靖丁未進士，□□參議。

黄虞稷《千頃堂書目・别集類》 沈淮《三洲詩膾》四卷。字瀓伯，仁和人。□□參議。

《四庫提要・别集類存目四》 《三洲詩膾》八卷。浙江孫仰曾家藏本。明沈淮撰。淮字瀓伯，仁和人。嘉靖丁未進士。是集前後無序跋，亦無目録，其完闕不可考。詩則體格尚未成就，累句亦多。

海壑吟稿

《四庫提要・别集類二五》 《海壑吟稿》十一卷。山東巡撫採進本。明趙完璧撰。完璧字全卿，號雲壑，晚號海壑，膠州人。由歲貢生官至鞏昌府通判。是集詩五卷、文五卷。其第一卷爲《目録》，入之卷數。蓋唐以前例，《經典釋文》尚然也。

得閒堂集

黄虞稷《千頃堂書目・别集類》 鄭銘《得閒堂集》。字警吾，閩縣人。

稽命集

黄虞稷《千頃堂書目・别集類》 狄斯彬《稽命集》十卷。字文中，溧陽人。

道峰集

黄虞稷《千頃堂書目・别集類》 章適《道峰集》六卷。字景南，蘭谿人。禮科給事中。一作《章景南集》，王世貞序。

《四庫提要・别集類存目四》 《道峰集》六卷。浙江汪汝瑮家藏本。明章適撰。適字景南，道峰其號也，蘭谿人。嘉靖丁未進士，官至禮科給事中。以《疏請景裕二王出閣講讀》，忤旨告歸。是集乃適没之後，其鄉人所刊。凡詩五卷，雜著一卷，而奏疏一篇冠於首，蓋當時以此一事重之也。詩頗娟雅，而醖釀不深。王世貞序稱其在陶、韋之間，則過矣。

彭比部集

黄虞稷《千頃堂書目・别集類》 彭輅《比部集》八卷。字子殷，海鹽人，登科録嘉興縣人。南京刑部郎中。

《四庫提要・别集類存目四》 《彭比部集》八卷。浙江巡撫採進本。明彭輅撰。輅字子殷，海鹽人。嘉靖丁未進士，官南京刑部主事，以察典罷歸。集爲其子潤宏所編。焦竑稱：「其於七子盛時，意氣高簡，不少貶以就俗。」今觀集中，多與王世貞酬答之作，體格亦近七子。竑所言不盡然也。

益泉詩集

黄虞稷《千頃堂書目・别集類》 卜大有《益泉詩集》。字謙夫，秀水人。大同

弟。尋甸知府。

西巡稿

范邦甸等《天一閣書目・別集類》 《西巡稿》三卷。明楊美益著。嘉靖三十六年東泉鄭本立序，稱乙卯奉命按陝西所作。

漫游集

黄虞稷《千頃堂書目・別集類》 黄元恭《漫游集》。字資禮，鄞縣人。河南兵備。

岷陽集

黄虞稷《千頃堂書目・別集類》 謝江《岷陽集》八卷。字仲川，河南衛人。禮科給事中，世宗時建言，兩被杖，削籍，隆慶初復官。

《明史・藝文志・別集類》 謝江《岷陽集》八卷。

章玄峰集

黄虞稷《千頃堂書目・別集類》 章美中《章玄峰集》六卷。字道華，崑山籍，吴縣人。四川副使。

陶山集

黄虞稷《千頃堂書目・別集類》 李一元《陶山集》十卷。字調卿，建德人。巡撫江西，兵部侍郎。

詩　草

黄虞稷《千頃堂書目・別集類》 張思静《詩草》一卷。字伯安，同州人。四川參政。

陂上集

黄虞稷《千頃堂書目・別集類》 朱睦㮮《陂上集》。字灌甫，號西亭。周定王六世孫。萬曆初舉宗正。

三業集

黄虞稷《千頃堂書目・別集類》 朱睦横、子勤炛、孫朝壗《三業集》。睦横，字仁庵，周定王六世孫，輔國中尉。子勤炛，號南游，封奉國將軍。孫朝壗，字汝升，號崇岡。勤炛輯父詩及己作，附朝壗。

濟美堂集

黄虞稷《千頃堂書目・別集類》 陳瓚《濟美堂集》八卷。常熟人。刑部右侍郎，贈右都御史。謚莊靖。

《四庫提要・別集類存目五》 《濟美堂集》六卷。浙江巡撫採進本。明陳瓚撰。案世宗時有兩陳瓚，其一獻縣人，嘉靖丁未進士，官至南京吏部尚書，即嘗爲楊繼盛奏請卹典者。此陳瓚字廷課，常熟人。嘉靖丙辰進士，官至刑部左侍郎，謚莊靖。事蹟附見《明史・魏時亮傳》。是編首列疏一卷，詞頗伉直，餘多酬應之文。

六卷之末，附詩二十八首、詞一首，亦非所長。

退思録

黄虞稷《千頃堂書目・別集類》 鄭王《退思録》四册。疑爲鄭恭王厚烷，仁宗庶二子，靖王瞻埈，永樂二十二年封鄭。

倚雲樓稿

黄虞稷《千頃堂書目・別集類》 秦鳴雷《倚雲樓稿》。字子豫，臨海人。一甲第一人。

談資

王圻《續文獻通考・經籍考・集下》 《談資》。秦鳴雷輯。

一川集

黄虞稷《千頃堂書目・別集類》 王會《一川集》四卷。漳州人。嘉靖舉人，曲靖知府。

豐對樓集

徐㶿《徐氏家藏書目・別集類》 沈明臣《豐對樓集》四十三卷。字嘉則，鄞縣人，別號句章山人。萬曆中布衣。長洲王世貞、劉鳳、屠隆爲之序。

帆前集

范邦甸等《天一閣書目・別集類》 《帆前集》一册。隆慶戊辰朱家舊雨軒刊。明勾章沈明臣著，雲間馮遷校，朱察卿序。

蒯緱集

范邦甸等《天一閣書目・別集類》 《蒯緱集》二卷。刊本。明勾章沈明臣著。嘉靖丙寅自序曰：馮先生遊齊甚貧，只一劍蒯緱。余遊吴楚閩粤間，王敬美解劍佩我，蒼頭用菅索穿之，懸之車馬前，行甚矣。余之似馮先生也，劍外書一束，硯一枚，陳元毛穎隨之。山川雲物接目興思，輒以韻語記之，踰時滿橐矣，匯而成帙，遂以《蒯緱》題云。

越草

《四庫提要・別集類存目五》 《越草》一卷。浙江范懋柱家天一閣藏本。明沈明臣撰。明臣有《通州志》，已著録。

豐對樓詩選

范邦甸等《天一閣書目・別集類》 《豐對樓詩選》四十卷。刊本。明甬上沈明臣撰，從子沈九疇選。

黄虞稷《千頃堂書目・別集類》 沈明臣《豐對樓詩選》四十二卷。字嘉則，鄞縣人。太學生。

《明史・藝文志・別集類》 《沈明臣詩集》四十二卷。

《四庫提要・別集類存目五》《豐對樓詩選》四十三卷。浙江巡撫採進本。明沈明臣撰。明臣生平所作詩凡七千篇，屬其猶子九疇選定爲四百篇，今未見傳本。是集爲廣陵陳大科所校梓，凡爲詩四千四百八十九首，較九疇所選增十倍。白居易詩尚以所存太富，有沙中金屑之憾，則不及居易者可知矣。

白嶽遊稿

范邦甸等《天一閣書目・別集類》《白嶽遊稿》一卷。刊本。明沈明臣與吳守淮唱和之作。

櫟寄集

黄虞稷《千頃堂書目・別集類》林懋和《櫟寄集》四卷。

雙臺詩選

黄虞稷《千頃堂書目・別集類》林懋和《雙臺詩選》九卷。字惟介，閩縣人。廣東左布政使。

《明史・藝文志・別集類》林懋和《雙臺詩選》九卷。

草禺子集

黄虞稷《千頃堂書目・別集類》萬衣《草禺子集》。字章父，潯陽人。河南左布政使。

萬子迂談

黄虞稷《千頃堂書目・別集類》萬衣《萬子迂談》八卷。

《四庫提要・別集類存目四》《萬子迂談》八卷。江西巡撫採進本。明萬衣撰。衣字章甫，潯陽人。嘉靖辛丑進士，官至河南左布政使。是集《内編》一卷，通論天地造化之理及古今人事之變。《諸經劄記》二卷，上卷專解五經之義，多雜採先儒之説，如《論朱子詩集傳》一條，本之王應麟，《論淫詩》一條，本之王柏，《論春秋策書》之例十有五，而筆削之義有八一條，本之趙汸者不一而足。然謂六經皆厄於傳疏，其宗旨未免偏僻。下卷專論律吕，其云十分爲寸，則三分損益之法不可行。以之規西山之誤，則頗爲明確。其《迂談外篇》一卷，雜論兵制、屯鹽等事。又文三卷，詩一卷，書啓一卷，皆不過直抒胸臆，不復計其工拙矣。

惺堂文集

黄虞稷《千頃堂書目・別集類》史桂芳《惺堂遺稿》十二卷。

《四庫提要・別集類存目五》《惺堂文集》十四卷。江西巡撫採進本。明史桂芳撰。桂芳字景實，號惺堂，鄱陽人。嘉靖癸丑進士，官至兩浙鹽運使。桂芳與羅汝芳、耿定向講學。其語録稱，誦陳獻章「未分無極源頭在，誰畫先天樣子來，碧玉樓中閒隱幾，十千川繞又山迴」之句，謂數十年不似今夕了悟，其宗旨可見。而文章頗樸實，不爲虛渺之談。集末附《書經補説》三卷，多與先儒立異。其謂周武王無封箕子事，説亦甚辯。然史傳炳然，古無異論，安可懸斷其誣也。

天隱子遺稿

《四庫提要・別集類存目五》《天隱子遺稿》十七卷。浙江巡撫採進本。明嚴果撰。果字毅之，震澤人。嘉靖時布衣。是集詩七卷、文十卷。

巖潭稿

徐𤊹《徐氏家藏書目・别集類》 王廷幹《岩潭集》七卷。字維禎，涇縣人。嘉靖壬辰進士，官南安知府。其集守郡時所梓，少司寇劉節爲序，板存郡齋。

黄虞稷《千頃堂書目・别集類》 王廷幹《巖潭稿》二卷。字維楨，涇縣人。九江知府。一作七卷。

王巖潭詩集

范邦甸等《天一閣書目・别集類》 《王巖潭詩集》八卷。刊本。明涇川王廷幹著。嘉靖乙卯曾迪跋。

山海漫談　附録

《四庫提要・别集類二五》 《山海漫談》三卷，附録二卷。山西巡撫採進本。明任環撰。環字應乾，號復菴，長治人。嘉靖甲辰進士。歷任廣平、沙河、滑縣三縣知縣，遷蘇州府同知。以禦倭功，擢按察司僉事，整飭蘇、松二府兵備道，進山東右參政。事蹟附見《明史・曹邦輔傳》。

周叔夜集

王圻《續文獻通考・經籍考・集下》 《周叔夜集》。周思兼著，華亭人。

黄虞稷《千頃堂書目・别集類》 周思兼《周叔夜集》十一卷。字叔夜，華亭人。工部員外郎。

《四庫提要・别集類存目四》 《周叔夜集》十一卷。浙江孫仰曾家藏本。明周思兼撰。思兼有《學道記言》，已著録。思兼以循吏著，然史稱其少有文名。是集爲王世貞所删定，文頗學三蘇，詩則七子之流派也。

周思兼文集

《明史・藝文志・别集類》 《周思兼文集》八卷。

仕學集

黄虞稷《千頃堂書目・别集類》 徐栻《仕學集》八卷。字世寅，常熟人。南京工部尚書。

南臺奏疏

徐𤊹《徐氏家藏書目・别集類》 徐栻《南臺奏疏》四卷。字世寅，號鳳竹，常熟人。□□□□進士。

郁泰初詩賦

黄虞稷《千頃堂書目・别集類》 郁從周《郁泰初詩賦》一卷。秀水人。

天壺集

黄虞稷《千頃堂書目・别集類》 謝豐《天壺集》八卷。字文度，建寧人。信宜知縣。

在璞稿

黄虞稷《千頃堂書目・别集類》 陳良珍《在璞稿》。字在璞，南海人。知府。

借景集

黄虞稷《千頃堂書目・别集類》 張孟元《借景集》。字貞甫，績谿人。貢生。

蕉庵集

黄虞稷《千頃堂書目・别集類》 張孟元《蕉庵集》。

和古集

黄虞稷《千頃堂書目・别集類》 張孟元《和古集》。

吾廬集

黄虞稷《千頃堂書目・别集類》 張孟元《吾廬集》。

汪禹乂詩集

英廉奏《抽毀書目》 《汪禹乂集》四本。查《汪禹乂集》係明汪淮撰。卷五《岳墓詩》四首内，語意偏謬，應請抽燬。

《四庫提要・别集類存目六》 《汪禹乂詩集》八卷。浙江孫仰曾家藏本。明汪淮撰。淮字禹乂，休寧人。隆慶間山人也。是集皆古今體詩，前有陳履、王世貞、劉鳳、汪道昆、吴子玉諸人序，子玉序稱「令其伯子懋孝手録成卷，諗於余」，蓋淮所自編。其詩皆依託七子之門户，故世貞等頗獎借焉。

蘿山詩稿

黄虞稷《千頃堂書目・别集類》 汪淮《蘿山詩稿》。字禹乂，休寧人。

録事集

徐𤊹《徐氏家藏書目・别集類》 文肇祉《録事集》□卷。字基聖，彭之子。萬曆中官上林録事。

黄虞稷《千頃堂書目・别集類》 文肇祉《録事集》四卷。文彭子。萬曆中官上林録事。

心泉集

《四庫提要・别集類存目五》 《心泉集》二十五卷。浙江孫仰曾家藏本。明何源撰。源字仲深，號心泉，江西廣昌人。嘉靖己未進士，官至刑部左侍郎，謚靖惠。

農丈人文集

徐𤊹《徐氏家藏書目・别集類》 余寅《農丈人集》二十卷。字君房，一字僧

杲，號漢城，鄞縣人。萬曆庚辰進士，官太常寺卿。

黄虞稷《千頃堂書目・別集類》 余寅《農丈人集》二十卷。字君房，鄞縣人。太常少卿。

《明史・藝文志・別集類》 余寅《農丈人集》二十卷。

英廉奏《抽毁書目》 《農丈人集》十二本。查《農丈人集》，係明余寅撰。集内《贈巡海》、《使者葉某序》、《太子少保譚綸墓誌》、《答顧益卿中丞》、《趙石梁侍御與戚都護》等書，俱有悖謬語。《兵部侍郎屠大山行狀》，有偏謬語，應請抽燬。

《四庫提要・別集類存目六》 《農丈人文集》二十卷，《詩集》八卷。浙江巡撫採進本。明余寅撰。寅有《乙未私志》，已著録。朱彝尊《静志居詩話》謂其自負古文，然於作者尚遠。其於詩自謂涉其藩，未窺其奥，亦自知之矣。是集乃其歸田以後所輯，考「農丈人星」見《天官書》，又《雲仙雜記》載陶潛聽水，稱吾師農丈人事。寅之命名，似取陶語也。

農丈人詩集

黄虞稷《千頃堂書目・別集類》 余寅《詩集》八卷。

《明史・藝文志・別集類》 余寅《詩》八卷。

叢桂堂全集　詩集

英廉奏《抽毁書目》 《叢桂堂集》六本。查《叢桂堂集》，係明顔廷榘撰。《文集》卷一《送制府楊公序》、《送陳大夫序》，卷四《祭都御史孫聯泉文》，《詩集》卷一《賜麟堂歌》，俱有違謬，應請抽燬。

《四庫提要・別集類存目七》 《叢桂堂全集》四卷，《詩集》四卷。福建巡撫採進本。明顔廷榘撰。廷榘字範卿，永春人。官岷府右長史。其詩文揮灑千言，頗多率易，其稿亦多散佚，蓋不甚經意於是也。國初，其孫堯揆、曾孫鐮始搜輯遺篇，編爲此集。

叢桂堂詩集

黄虞稷《千頃堂書目・別集類》 顔廷榘《叢桂堂詩集》四卷。字範卿，永春人。歲貢，岷府長史。

簏泉集

黄虞稷《千頃堂書目・別集類》 卜大順《簏泉集》。字信夫，秀水人。大同弟。吏部稽勳司郎中。

劍西集

黄虞稷《千頃堂書目・別集類》 胡杰《劍西集》。字子文，豐城人。太常寺卿。

西巖集

黄虞稷《千頃堂書目・別集類》 顧言《西巖集》。字子行，錢塘籍，仁和人。

青園録

黄虞稷《千頃堂書目・別集類》 黄尚質《青園録》。號醒泉，餘姚人。景州知州。

郭襄靖公遺集

黃虞稷《千頃堂書目・別集類》 郭應聘《郭襄靖公遺集》三十卷。

華陽洞稿

徐𤊹《徐氏家藏書目・別集類》 張祥鳶《華陽洞稿》二十卷。字道卿，號虛菴，金壇人。嘉靖己未進士，雲南知府。

黃虞稷《千頃堂書目・別集類》 張祥鳶《華陽洞稿》二十二卷。字道卿，金壇人。雲南知府。

《明史・藝文志・別集類》 張祥鳶《華陽洞稿》二十二卷。

《四庫提要・別集類存目五》 《華陽洞稿》二十二卷。兩江總督採進本。明張祥鳶撰。祥鳶字道卿，別號虛齋，金壇人。嘉靖己未進士，官至雲南府知府。是編文十三卷，詩九卷。祥鳶多與嘉靖七子相往還，而詩能不涉其窠臼，然所造則尚未深也。

虛庵集

黃虞稷《千頃堂書目・別集類》 張祥鳶《虛庵集》。

同野集

徐𤊹《徐氏家藏書目・別集類》 蕭端蒙《同野集》五卷。字曰啓，潮陽人。嘉靖辛丑進士，御史。

黃虞稷《千頃堂書目・別集類》 蕭端蒙《同野集》五卷。字曰啓，潮州人。監察御史。

梁有譽詩選

徐𤊹《徐氏家藏書目・別集類》 梁有譽《詩選》一卷。字公實，號蘭汀，順德人。嘉靖庚戌進士，刑部主事。

蘭汀存稿

黃虞稷《千頃堂書目・別集類》 梁有譽《蘭汀存稿》四卷。字公實，番禺人。刑部主事。

比部集

黃虞稷《千頃堂書目・別集類》 梁有譽《梁比部集》八卷。

《明史・藝文志・別集類》 梁有譽《比部集》八卷。

仙臨篇

黃虞稷《千頃堂書目・別集類》 陳元琰《仙臨篇》二卷。字仲文，懷安人。元珂弟。楚雄知府。

雲山堂集

王圻《續文獻通考・經籍考・集下》 《雲山草堂集》。副使魏裳著。蒲

圻人。

黄虞稷《千頃堂書目·别集類》 魏裳《雲山堂集》六卷。字順甫，蒲圻人。山西冀南道副使。

《明史·藝文志·别集類》 魏裳《雲山堂集》六卷。

《四庫提要·别集類存目五》 《雲山堂集》六卷。浙江孫仰曾家藏本。明魏裳撰。裳字順甫，蒲圻人。嘉靖庚戌進士，官至濟南府知府。《明史·文苑傳》附載《王世貞傳》中。是集前三卷皆詩，後三卷爲雜文。

鳳巖山房全稿

黄虞稷《千頃堂書目·别集類》 黄甲《鳳巖山房全稿》。字首卿，南京興武衛籍，上元人。吏部驗封司主事，左遷鹽運判。

編年稿

黄虞稷《千頃堂書目·别集類》 黄甲《編年稿》。

獨鑑録

黄虞稷《千頃堂書目·别集類》 黄甲《獨鑑録》。

蟄南選稿

黄虞稷《千頃堂書目·别集類》 黄甲《蟄南選稿》二十六卷。

豐陽集

黄虞稷《千頃堂書目·别集類》 馮皐謨《豐陽集》十二卷。字明卿，海鹽人。福建布政司參議。

《四庫提要·别集類存目五》 《豐陽集》十二卷。浙江巡撫採進本。明馮皐謨撰。皐謨字明卿，海鹽人。嘉靖庚戌進士，官至福建布政司參政。是集凡詩四卷，文八卷。

居閒集

黄虞稷《千頃堂書目·别集類》 馮皐謨《居閒集》。

白鶴園漫稿

黄虞稷《千頃堂書目·别集類》 馮皐謨《白鶴園漫稿》。

澄庵詩集

黄虞稷《千頃堂書目·别集類》 鄧楝《澄庵詩集》二卷。字澄庵，臨海人。

露山漫稿

黄虞稷《千頃堂書目·别集類》 毛汝麒《露山漫稿》一卷。字伯祥，龍游人。

松堂集

黄虞稷《千頃堂書目・別集類》 詹理《松堂集》。字夔卿，遂安人。

卧雲樓稿

黄虞稷《千頃堂書目・別集類》 陳宗虞《卧雲樓稿》十四卷。字于韶，四川保寧千户所籍，閬中人。江西副使。

《明史・藝文志・別集類》 陳宗虞《卧雲樓稿》十四卷。

六亭集

黄虞稷《千頃堂書目・別集類》 陳宗虞《六亭集》。

卧雲樓詩集

張萱等《内閣藏書目録・集部》 《卧雲樓詩集》四册。全。萬曆間閬中陳宗虞著。大學士陳公于陛有序。

陳子卧雲樓摘稿

張萱等《内閣藏書目録・集部》 《陳子卧雲樓摘稿》四册。全。萬曆間巴人陳宗虞著。

雨川集

黄虞稷《千頃堂書目・別集類》 翁夢鯉《雨川集》。字希登，莆田人。廣東僉事。

謫居稿

黄虞稷《千頃堂書目・別集類》 翁夢鯉《謫居稿》一卷。

桂子園集

黄虞稷《千頃堂書目・別集類》 王道行《桂子園集》。字明甫，陽曲人。官四川布政使。

陳巖草堂詩集

黄虞稷《千頃堂書目・別集類》 方攸躋《陳巖草堂詩集》二卷。字君敬，莆田人。南京户部主事。

方攸躋《陳巖草堂詩集》二卷。

方氏藏山草

張萱等《内閣藏書目録・集部》 《方氏藏山草》二册。萬曆間閩方沆及其父攸躋著。

韶亭集

黄虞稷《千頃堂書目・别集類》 張四知《韶亭集》。字子畏，汝陽人。四川按察僉事。原在翁夢鯉前，杭删去。按貢舉考張四知在第三甲，不應删去，仍録于此。

韶亭詩集

黄虞稷《千頃堂書目・别集類》 張四知《韶亭詩集》。字詒白，費縣人。少傅兼太子太傅，吏部尚書，兼武英殿大學士。

萬玉山房藏稿

黄虞稷《千頃堂書目・别集類》 黄謙《萬玉山房藏稿》十六卷。字亨夫，莆田人。刑科右給事中。

《明史・藝文志・别集類》 《黄謙詩文稿》十六卷。

大雅堂摘稿

《四庫提要・别集類存目五》 《大雅堂摘稿》。無卷數。江西巡撫採進本。

明況叔祺撰。叔祺有《考古詞綜》，已著録。是集《千頃堂書目》不載。《江西通志》亦稱是時王、李之學盛行，有後五子、廣五子等目，而不及叔祺。《大雅堂集》世亦罕有傳者，則明代已不行於世矣。此本題云《摘稿》，則尚非叔祺之全集。詩止近體無古體，叔祺尤不應若是之陋。或選録者不諳古體，惟取其所能解耶。

北堂上壽賦

黄虞稷《千頃堂書目・騷賦類》 張應鳳《北堂上壽賦》一卷。

含齋稿

黄虞稷《千頃堂書目・别集類》 曹大章《含齋稿》二十卷。字一呈，金壇人。會元，一甲第二人，授翰林院編修，以廢疾罷。

《明史・藝文志・别集類》 曹大章《含齋稿》二十卷。

《四庫提要・别集類存目五》 《曹太史含齋集》十六卷。浙江孫仰曾家藏本。

明曹大章撰。大章字一呈，號含齋，金壇人。嘉靖癸丑進士，官翰林院編修，以廢疾罷。是集凡文十三卷，詩三卷，多慶祝哀輓之篇。應試策論，亦悉載焉。

師暇裒言

徐𤊹《徐氏家藏書目・别集類》 吴桂芳《師暇裒言》十二卷。字子實，號自湖，新建人。嘉靖甲辰進士，兵部侍郎。

黄虞稷《千頃堂書目・别集類》 吴桂芳《師暇裒言》十六卷。字子實，新建人。總督河漕，工部尚書。

《明史・藝文志・别集類》 吴桂芳《文集》十六卷。

《四庫提要・别集類存目四》 《師暇裒言》十二卷。浙江孫仰曾家藏本。明吴桂芳撰。桂芳字子實，新建人。嘉靖甲辰進士，官至工部尚書。事蹟具《明史》本傳。是集乃其總督兩廣時所自編。時方禦倭，故題曰《師暇裒言》。其文平正通達，無鉤章棘句之習，而亦無警策，蓋猶沿臺閣舊體。詩力摹唐調，亦頗宏敞，而有學步太甚者，如陳子昂有「王師非樂戰，之子慎佳兵」句，桂芳《送張玉亭慮囚淮上》襲用其調曰「王仁非好殺，之子慎祥刑」，非所謂擬議變化之道也。

廓然子稿

黄虞稷《千頃堂書目・别集類》 董傳策《廓然子稿》二卷。字源漢，上海人。南京禮部右侍郎。

采薇集

黄虞稷《千頃堂書目・别集類》 董傳策《采薇集》十四卷。

《明史・藝文志・别集類》 董傳策《采薇集》十四卷。

《四庫提要・别集類存目五》 《采薇集》四卷。兩江總督採進本。明董傳策撰。傳策有《奏疏輯略》，已著録。此三集乃傳策以嘉靖戊午遣戍，至隆慶丁卯召還，前後十年之詩也。《采薇集》爲四言樂府、歌行、絶句等體。《幽貞集》爲五言古體。《邕歈集》爲七言律體。詩多激烈，如其爲人。案《千頃堂書目》，《采薇集》作十四卷、《幽貞集》作十一卷、《邕歈集》作七卷，與此互異。明人集多隨作隨刊，卷帙無定，未知爲此本不完，或黄虞稷誤載。又有《廓然子稿》二卷、《蘧廬稿》七卷，此本不載，殆偶佚矣。

幽貞集

黄虞稷《千頃堂書目・别集類》 董傳策《幽貞集》十二卷。

《四庫提要・别集類存目五》 《幽貞集》二卷。明董傳策撰。

蘧廬稿

黄虞稷《千頃堂書目・别集類》 董傳策《蘧廬稿》七卷。

邕歈稿

黄虞稷《千頃堂書目・别集類》 董傳策《邕歈稿》七卷。

《四庫提要・别集類存目五》 《邕歈集》明董傳策撰。

奇游漫記

黄虞稷《千頃堂書目・别集類》 董傳策《奇游漫記》八卷。

西巖漫稿

黄虞稷《千頃堂書目・别集類》 鎮康王恬焯《西巖漫稿》。瀋憲王胤移第五子，高皇帝仍孫，嘉靖二十四年封。

集書樓稿

黄虞稷《千頃堂書目・别集類》 德平榮順王胤椬《集書樓稿》。瀋惠王勛潪之次子，高皇帝晜孫，嘉靖三十七年封。

路　紀

王圻《續文獻通考・經籍考・集下》 《路紀》。嘉興項篤壽著。

何莫軒集

黄虞稷《千頃堂書目·別集類》 盧仲佃《何莫軒集》。字汝田，東陽人。廣西布政使，降廣東副使。

徐文長集

徐𤊹《徐氏家藏書目·別集類》 《徐渭全集》二十九卷。字文長，山陰人。嘉靖中諸生。

黄虞稷《千頃堂書目·別集類》 徐渭《文長三集》二十九卷。字文清，一字文長，山陰人。

《明史·藝文志·別集類》 《徐渭詩文全集》二十九卷。

軍機處奏《禁毀書目》 《徐文長文集》一卷，十本。查《徐文長文集》，係明山陰徐渭撰。渭在嘉靖間以詩畫擅名，嘗入胡宗憲幕中。又嘗客游宣府，故集中多及征倭及諳達互市等事。尚無干礙，應請毋庸銷燬，惟内有詞語偏駁處，仍應抽燬。

《四庫提要·別集類存目五》 《徐文長集》三十卷。兩江總督採進本。明徐渭撰。渭有《筆玄要旨》，已著録。

徐文長逸稿

黄虞稷《千頃堂書目·別集類》 〔徐渭〕《文長佚稿》二十四卷。

英廉奏《抽毀書目》 《徐文長逸稿》五本。查《徐文長逸稿》，係明徐渭撰。集内《贈李甯遠序》、《按遼議建序》俱有悖謬語，應請抽燬。

《四庫提要·別集類存目五》 《徐文長逸稿》二十四卷。江蘇周厚堉家藏本。明徐渭撰。此本爲其鄉人張汝霖、王思任所同選。如末卷所載《優人謔》、《喫酸梨偈》、《放鷴圖偈》、《對聯》、《燈謎》諸作，鄙俚猥雜，豈可入之集中。鮑照集中載《字謎》，恐非當時舊本，未可援以爲例。況照詞猶雅，不似渭所作摸著無節，看著有節，兩頭冰冷，中間火熱之類也。

文長初集

黄虞稷《千頃堂書目·別集類》 〔徐謂〕《文長初集》十一卷。

闕　篇

黄虞稷《千頃堂書目·別集類》 徐渭《闕篇》□卷。

一枝堂佚稿

黄虞稷《千頃堂書目·別集類》 徐渭《一枝堂佚稿》二卷。

遠遊稿

黄虞稷《千頃堂書目·別集類》 梁辰魚《遠遊稿》。字伯龍，崑山人。

留餘堂集

黄虞稷《千頃堂書目·別集類》 潘季馴《留餘堂集》五卷。字時良，號印川，烏程人。刑部尚書，加太子少保，總理河道。

《明史·藝文志·別集類》 潘季馴《文集》五卷。

英廉奏《抽毁書目》《留餘堂集》四本。查《留餘堂集》，係明潘季馴撰。書内《無爲州尊經閣記》一篇，語有偏駁，應請抽燬。

《四庫提要·别集類存目五》《留餘堂集》四卷。浙江巡撫採進本。明潘季馴撰。季馴平生功業，著於治河。所作《河防一覽》，已著録。是集詩一卷，文三卷，皆不見所長。《千頃堂書目》作五卷，或尚佚一卷歟。

陸莊簡公存稿

徐㶿《徐氏家藏書目·别集類》陸光祖《莊簡公遺稿》一卷。字與純，號五臺，平湖人。

黄虞稷《千頃堂書目·别集類》陸光祖《陸莊簡公存稿》一卷。字與繩，平湖人。吏部尚書，贈太子太保，謚莊簡。

生子稿

黄虞稷《千頃堂書目·别集類》陳師復《生子稿》。字思貞，錢塘人。

西州集

黄虞稷《千頃堂書目·别集類》吴景明《西州集》。字復陽，休寧人。知州。

井魚集

黄虞稷《千頃堂書目·别集類》陳王政《井魚集》。上虞人。

龜陵吟集

黄虞稷《千頃堂書目·别集類》趙祖舄《龜陵吟集》。字宗周，東陽人。

曉窗集

黄虞稷《千頃堂書目·别集類》李應陽《曉窗集》二卷。字希旦，侯官人。曲陽知縣。

李搏微集

黄虞稷《千頃堂書目·别集類》《李搏微集》八卷。《萬卷堂書目》：李應陽《搏微集》十八卷。

周禹川集

《四庫提要·别集類存目五》《周禹川集》五卷。直隸總督採進本。明周大章撰。大章字章之，號禹川，吴江人。嘉靖壬子舉人，官至瑞安縣知縣。是編爲《文藝集》二卷，皆所作雜文。《禦倭武略》三卷，前二卷載《防倭方略》，後一卷附録投贈詩文。嘉靖中，江以南屢被倭寇，大章以書生佐守吏，調兵食，所至克捷，鄉里實受其利。然生平本不以文章名，其《禦倭武略》中多載公移、劄付之類，尤爲叢雜。

濟美堂稿

黄虞稷《千頃堂書目·别集類》吴文華《濟美堂稿》四卷。字子彬，連江人。南

京兵部尚書，贈太子少保，謚襄惠。

《四庫提要・別集類存目五》《濟美堂集》八卷。福建巡撫採進本。明吴文華撰。文華有《粵西疏稿》，已著録。是集凡詩文四卷，頗沿臺閣舊體。前四卷即《粵西奏議》及《留都奏議》，其初别本各行，後又編入集中也。

方麓集

黄虞稷《千頃堂書目・別集類》王樵《方麓居士集》十四卷。字明逸，金壇人。南京右都御史，太子少保，謚恭簡。

《明史・藝文志・別集類》王樵《方麓居士集》十四卷。

《四庫提要・別集類二五》《方麓集》十六卷。兩淮馬裕家藏本。明王樵撰。樵有《周易私記》，已著録。其集凡有二本。一爲文九卷，《老子解》一卷，詩一卷。一即此本，凡詩文十四卷，又《戊申筆記》一卷，《紫薇堂劄記》一卷，較初本頗爲完備。樵研思著述，於《易》、《書》、《春秋》及《四書》皆有解詁。《江南通志》稱其性素簡默，至談經則娓娓不倦，故文章具有根柢。又《通志》述樵之言曰：「士大夫以留心案牘爲俗吏，文墨詩酒爲風雅。夫飽食官禄，受成吏胥，謂之風雅可乎。」故其文章頗切實際，非模山範水、嘲風弄月之詞。其詩雖不能自闢門徑，而沖和恬澹，要亦不失雅音。蓋當七子爭馳之日，尤能守成，宏先正之典型焉。

楊莊簡公集

黄虞稷《千頃堂書目・別集類》楊成《楊莊簡公集》四卷。字□□，長洲人。南京吏部尚書，太子太保。

浣所集

徐𤊹《徐氏家藏書目・別集類》李貴《浣所集》十二卷。字廷良，豐城人。嘉靖癸丑進士，裕之玄孫，官編修，四川副使。先中壬子解元。卒年五十。

黄虞稷《千頃堂書目・別集類》李貴《浣所集》十三卷。字廷良，豐城人。庶吉士，四川按察司副使。

金輿山房稿

黄虞稷《千頃堂書目・別集類》殷士儋《金輿山房稿》十四卷。字正甫，歷城籍，武定州人。少保兼太子太保，禮部尚書，武英殿大學士，贈太保，謚文通，改文莊。

《明史・藝文志・別集類》殷士儋《金輿山房稿》十四卷。

《四庫提要・別集類存目四》《金輿山房稿》十四卷。江蘇巡撫採進本。明殷士儋撰。士儋字正夫，號棠川，歷城人。嘉靖丁未進士，官至武英殿大學士，謚文莊。事蹟附見《明史・趙貞吉傳》。是集爲其門人于慎行所編，凡詩頌二卷、文十一卷、講義一卷。士儋與李攀龍游，今觀其詩文，蓋直以鄉曲之誼相周旋耳，其投契不在文章也。

衍慶堂集

黄虞稷《千頃堂書目・別集類》石茂華《衍慶堂集》。字□□，益都人。兵部尚書，掌南京都察院事，贈太子少保，謚恭襄。

招摇池館集

徐𤊹《徐氏家藏書目・別集類》詹萊《招摇池館集》十六卷。字時殷，號範川，常山人。嘉靖丁未進士，官僉事。

黄虞稷《千頃堂書目・別集類》詹萊《招摇池館集》十六卷。字時殷，常山人。官僉事。一作三十卷。

《明史・藝文志・別集類》詹萊《招摇池館集》三十卷。

虛籟集

黃虞稷《千頃堂書目・別集類》 劉堯誨《虛籟集》十六卷。字君納，臨武人。南京兵部尚書。

《四庫提要・別集類存目五》 《虛籟集》十四卷。湖南巡撫採進本。明劉堯誨撰。堯誨號凝齋，臨武人。嘉靖癸丑進士，官至南京兵部尚書。是集爲其六世孫心忠所編，凡文九卷，詩五卷，詞三首，偈四首，其爲一卷。其《論性》、《論格物》頗拾姚江緒餘。書啓、序記中皆贈荅應酬之作，標題多稱父母、郡祖、都臺，乃堂之類，亦頗嫌太質。

留垣吟稿

黃虞稷《千頃堂書目・別集類》 劉堯誨《留垣吟稿》。

劉仲修先生詩稿

黃虞稷《千頃堂書目・別集類》 劉效祖《劉仲修先生詩稿》。字仲修，濱州人，都居順天。官固原兵備副使。以賦詩自豪，篇什流傳中禁，皆知其名。穆宗嘗遣中官索其詩，都人盛傳其事。

《明史・藝文志・別集類》 《劉效祖詩稿》六卷。

劉仲修先生文稿

黃虞稷《千頃堂書目・別集類》 劉效祖《文稿》。

塞上言

黃虞稷《千頃堂書目・別集類》 劉效祖《塞上言》一卷。

盛世宣威

黃虞稷《千頃堂書目・別集類》 劉效祖《盛世宣威》一卷。

清時行樂

范邦甸等《天一閣書目・別集類》 《清時行樂》一卷。刊本。明劉效祖撰，并引云：萬曆壬午，我皇上御極十載矣，九宇豐裕，四塞謐寧，都人謂茲太平之像百年僅見。我皇上達孝尊親，乃遵故事于西内起鰲山以奉兩宮聖母懽。效祖不佞，竊伏林野，翹望宮墻。雖未知其嘉樂之詳，而耳所接聞，心所億度，恭撰俚言二十絕，題曰《清時行樂》，鏤之以布遠邇。於戲，華封有祝，康衢有謡，皆古人愛國忠君，情不容已，竊于斯二者願學步焉。

黃虞稷《千頃堂書目・別集類》 劉效祖《清時行樂》一卷。

鐙市謡

黃虞稷《千頃堂書目・別集類》 劉效祖《鐙市謡》一卷。

長門詞

黃虞稷《千頃堂書目・別集類》 劉效祖《長門詞》一卷。

雲林和詩

黃虞稷《千頃堂書目・別集類》 劉效祖《雲林和詩》一卷。

徐氏海隅集

王圻《續文獻通考・經籍考・集下》 《徐氏海隅集》。徐學謨太室著，嘉定人。

徐𤊹《徐氏家藏書目・別集類》 徐學謨《海隅集》三十卷。

張萱等《內閣藏書目録・集部》 《徐氏海隅集》三十二册。全。萬曆間宗伯徐學謨著。

黃虞稷《千頃堂書目・別集類》 徐學謨《海隅集》四十三卷。字思重，嘉定人。禮部尚書，加太子少保。

《明史・藝文志・別集類》 《徐學謨文集》四十三卷。

《四庫提要・別集類存目五》 《徐氏海隅集》四十卷。浙江孫仰曾家藏本。明徐學謨撰。《明史・藝文志》載《學謨文集》四十三卷，《千頃堂書目》亦載學謨《海隅集》四十三卷，此本僅四十卷，前無序目，蓋姦黠書賈以殘闕之本割去序目，冒爲完書也。開卷即列《寶殿》、《玉芝》諸頌，蓋當時風氣類然。至其《書易名始末》一篇，與世傳學謨初名學詩，以其時有上虞徐學詩疏劾嚴嵩，懼以同名罹禍，故改名學謨者，説又不同。蓋莫得而詳焉。

歸有園稿

徐𤊹《徐氏家藏書目・別集類》 徐學謨《歸有園集》二十二卷。字叔明，號太室，吳縣人。嘉靖庚戌進士，官少保禮部尚書。

《四庫提要・別集類存目五》 《歸有園稿》二十九卷。江蘇巡撫採進本。明徐學謨撰。是集文二十二卷，詩七卷，乃其歸田後所作。學謨嘗謂昔人有云，近世士大夫以官爲家，罷則無所於歸。故自早歲罷荆州守，即構一園，名曰「歸有」，因以名其詩文。中多酬應之筆。其雜著《中麈諧》、《鏡戒》二卷，尤未免失之於俚。

春明稿

王圻《續文獻通考・經籍考・集下》 徐學謨《春明稿》。

黃虞稷《千頃堂書目・別集類》 徐學謨《春明稿》八卷。

《四庫提要・別集類存目五》 《春明稿》十四卷。浙江汪汝瑮家藏本。明徐學謨撰。學謨有《春秋億》，已著録。是編皆其以尚書召起再入都時所作，故以《春明》爲名。凡文編十卷，詩編三卷，續編一卷。文編末四卷爲《齊語》，皆所著雜説。《千頃堂書目》作八卷，蓋除《齊語》計之也。

徐學謨詩集　外集

黃虞稷《千頃堂書目・別集類》 徐學謨《詩集》二十二卷，又《外集》十四卷。

《明史・藝文志・別集類》 徐學謨《詩》二十二卷。

塘南合稿

黃虞稷《千頃堂書目・別集類》 王時槐《塘南合稿》七卷。字子植，安福人。太僕寺少卿，左遷光禄寺少卿。

友慶堂存稿　續稿

黃虞稷《千頃堂書目・別集類》 王時槐《友慶堂存稿》十四卷，《友慶堂續

稿》□卷。

《明史・藝文志・别集類》《王時槐存稿》十四卷。

《四庫提要・别集類存目四》《友慶堂合稿》七卷。江西巡撫採進本。明王時槐撰。時槐有《廣仁類編》，已著録。是集凡書二卷，序、記、傳、墓誌一卷，語録一卷，説、跋及《石經大學略義》一卷，雜著、詩、詞一卷。詩詞不多作，亦非所長。文皆講學之語，而兼出入於老、莊之間，明季所謂心學者也。其《石經大學略義》，自云出於賈逵，而表章於鄭曉。且稱王守仁《大學古本》一依注疏之舊，味其文字，旨趣亦未甚瑩，似不無錯簡云云。不知鄭曉所傳，乃豐坊之僞本，諸儒考證已明，譎妄畢露。時槐更嘘其殘燼，誤之甚矣。

浮萍集

徐𤊹《徐氏家藏書目・别集類》張鳴鳳《浮萍集》十卷。字羽王，號□□，臨桂人。

黄虞稷《千頃堂書目・别集類》張鳴鳳《浮萍集》十卷。字羽王，臨桂人。應天府通判。

東潛集

徐𤊹《徐氏家藏書目・别集類》張鳴鳳《東漕集》一卷。

黄虞稷《千頃堂書目・别集類》張鳴鳳《東潛集》一卷。

羽王先生集略

《四庫提要・别集類存目五》《羽王先生集略》。無卷數。兩江總督採進本。明張鳴鳳撰。鳴鳳有《桂故》，已著録。是集爲僧超撥所刻，超撥即鳴鳳之孫也。自稱家遺鐫集七種，值兵火幸存。因從全稿内録其十分之二，付之剞劂。然《桂故》等三書亦在其内。惟詩文集及《漕書八論》世無别行之本，而超撥删削無識，往往去其菁華，搴其蕭艾，已非復鳴鳳之舊矣。

蒲州集

黄虞稷《千頃堂書目・别集類》陳綰《蒲州集》。字用章，上虞人。刑部郎中。

英廉奏《抽毀書目》《蒲洲集》二本。查《蒲洲集》，係明陳綰撰。卷二《登闕城望廣甯》二首，卷三《聞邊警有感》二首，卷六《與趙兵憲書》，卷八《楊南海履歷圖序》，卷九《防邊議》，俱有偏謬處，應請抽燬。

渭上稿　續稿

黄虞稷《千頃堂書目・别集類》南軒《渭上稿》二十五卷，又《續稿》十一卷。字叔厚，渭南人。大吉子。庶吉士，山東布政司參議。

華東集

黄虞稷《千頃堂書目・别集類》趙祖鵬《華東集》。字宗南，東陽人。

蕊珠林

黄虞稷《千頃堂書目・别集類》趙祖鵬《蕊珠林》。

旃蒙集

黄虞稷《千頃堂書目・别集類》趙祖鵬《旃蒙集》。

兩都賦

黃虞稷《千頃堂書目・別集類》 趙祖鵬《兩都賦》。

新陽詩草

徐𤊹《徐氏家藏書目・別集類》 劉侃《新陽詩草》十一卷。字正言，京山人。嘉靖癸丑進士，福建左布政使。都憲周滿序，刻于閩中。號均河。

黃虞稷《千頃堂書目・別集類》 劉侃《新陽詩草》十一卷。字正言，京山人。福建左布政使。

三山彙稿　續稿

黃虞稷《千頃堂書目・別集類》 王可大《三山彙稿》八卷，又《續稿》二卷。字元簡，南京錦衣衛鎮撫司籍，吴江人。瓊州知府。

《明史・藝文志・別集類》 王可大《三山彙稿》八卷。

懸笥集

黃虞稷《千頃堂書目・別集類》 王可大《懸笥集》。

白雲稿

黃虞稷《千頃堂書目・別集類》 王可大《白雲稿》。

沁南稿

范邦甸等《天一閣書目・別集類》 《沁南稿》二卷。刊本。明建業胡汝嘉撰。萬曆三年汴上陸棨序稱：太史秋宇先生胡公懋禮毓秀中，蜚聲白下，兼總羣材，命令當世。歲甲戌以少參分守覃懷，意與景會，輒成著作，釐爲二卷，題曰《沁南稿》。

黃虞稷《千頃堂書目・別集類》 胡汝嘉《沁南稿》二卷。字茂禧，應天府人。南京鷹揚衛籍。山西參議。

水竹居集

黃虞稷《千頃堂書目・別集類》 鍾一元《水竹居集》四卷。字太初，秀水人。

丘京兆稿

黃虞稷《千頃堂書目・別集類》 丘有巖《丘京兆稿》□卷。字□□，晉江人。應天府丞。

觀察集

黃虞稷《千頃堂書目・別集類》 陳奎《觀察集》六卷。字汝星，淮安人。廣東按察使。

詒閒堂集

黃虞稷《千頃堂書目・別集類》 董鯤《詒閒堂集》。字少溟，海寧人。

豐麓存稿

黃虞稷《千頃堂書目・别集類》 孟重《豐麓存稿》二卷。字汝器，渭南人。兵部左侍郎。

姜對揚詩集

黃虞稷《千頃堂書目・别集類》 姜子魚《姜對揚詩集》四卷。字宗孝，餘姚人。行太僕寺卿。

陽溪堂集

黃虞稷《千頃堂書目・别集類》 林命《陽溪堂集》十二卷。字子順，建安人。廣東副使。

南豐存稿

黃虞稷《千頃堂書目・别集類》 羅良《南豐存稿》十卷。字□□，萬安人。太僕寺卿。

濱溪集

黃虞稷《千頃堂書目・别集類》 呂旻《濱溪集》六卷。字□□，龍谿人。禮部右侍郎，兼翰林院侍讀學士。

玉堂摘稿

黃虞稷《千頃堂書目・别集類》 呂旻《玉堂摘稿》。

滴露堂稿

黃虞稷《千頃堂書目・别集類》 盛周《滴露堂稿》。字文郁，秀水人。東昌知府。

南曹倡和集

黃虞稷《千頃堂書目・别集類》 盛周《南曹倡和集》。

閩越雜詠

黃虞稷《千頃堂書目・别集類》 顧曾唯《閩越雜詠》。字一貫，吴江人。浙江道御史，巡按廣西。

雪浪稿

黃虞稷《千頃堂書目・别集類》 季科《雪浪稿》。字與登，江陰人。江西布政參政。

閒居稿

黃虞稷《千頃堂書目・别集類》 季科《閒居稿》。

了庵鷗盟録

黄虞稷《千頃堂書目・别集類》 季科《了庵鷗盟録》。

沙羡稿

黄虞稷《千頃堂書目・别集類》 王治《沙羡稿》一卷。

松石堂集

黄虞稷《千頃堂書目・别集類》 歸大道《松石堂集》四卷。字□□，長洲人。南京□科給事中，歷官陝西副使。

九愚山房詩集

《四庫提要・别集類存目五》 《九愚山房詩集》十三卷。山西巡撫採進本。明何東序撰。東序字崇教，號肖山，猗氏人。嘉靖癸丑進士，官至右僉都御史，巡撫延綏。其詩未能入格，而尤喜作古樂府。凡郭茂倩《樂府詩集》古題，擬之幾遍，甚至郊廟樂章，亦仿爲之。然唐人已不能擬漢、魏，而東序欲爲唐人所不能，不亦難乎？

朱光禄集

黄虞稷《千頃堂書目・别集類》 朱正初《朱光禄集》二卷。字在明，靖江人。嘉、隆間官光禄監事。

思則堂前後稿

黄虞稷《千頃堂書目・别集類》 孫鈺《思則堂前後稿》。堪子。累遷都督同知。

諸文懿公集

黄虞稷《千頃堂書目・别集類》 諸大綬《諸文懿公集》八卷。字□□，山陰人。一甲第一人，吏部右侍郎，兼翰林院侍讀學士。

《明史・藝文志・别集類》 《諸大綬文集》八卷。

魯望集

徐𤊹《徐氏家藏書目・别集類》 袁尊尼《魯望集》十二卷。字魯望，號吴門。衮之子。嘉靖乙丑進士，山東提學副使，年五十二。

黄虞稷《千頃堂書目・别集類》 袁尊尼《袁魯望集》十二卷。長洲人。袠子。山東提學副使。

《明史・藝文志・别集類》 袁尊尼《魯望集》十二卷。

《四庫提要・别集類存目五》 《魯望集》十二卷。兩淮馬裕家藏本。明袁尊尼撰。尊尼字魯望，吴縣人，僉事袠之子。嘉靖乙丑進士，官至山東提學副使。是集純爲七子之體，故王世貞序極稱之。

百可亭摘稿

黄虞稷《千頃堂書目・别集類》 龐尚鵬《百可亭摘稿》三卷。字少南，南海人。

巡撫福建，都御史。天啓初追謚忠敏。

《四庫提要・別集類存目五》《百可亭摘稿》九卷。浙江巡撫採進本。明龐尚鵬撰。尚鵬字少南，南海人。嘉靖癸丑進士，官至副都御史，巡撫福建。天啓初，追謚惠敏。事蹟具《明史》本傳。是集奏疏四卷，雜文三卷，詩二卷，凡分三編。《千頃堂書目》作三卷，蓋僅據其雜文一種也。詩文皆樸實，惟奏議頗爲明暢。其《與張居正小簡》尤切直，居正復書附焉。蓋論萬曆四年九月居正奪情事也。史稱居正深銜之，嗾吏科給事中陳三謨以給「由歲月有誤」劾之，遂罷去。家居四年而卒云。

百可亭詩摘稿

黃虞稷《千頃堂書目・別集類》 龐尚鵬《詩摘稿》二卷。

井丹集

徐𤊹《徐氏家藏書目・別集類》 林大春《井丹集》十五卷。字邦陽，夢漢人。嘉靖庚戌進士，浙江提學僉事。門人周篤棐序。

黃虞稷《千頃堂書目・別集類》 林大春《井丹集》十五卷。字邦陽，潮陽人。浙江提學僉事。

《明史・藝文志・別集類》 林大春《井丹集》十五卷。

張滸東集

《四庫提要・別集類存目五》《張滸東集》十四卷。河南巡撫採進本。明張鹵撰。鹵字召和，號滸東，儀封人。嘉靖己未進士，官至右副都御史，巡撫保定。以忤張居正、馮保，左遷南京太常寺卿。旋乞休歸，終於家。是集凡詩六卷，文八卷。初刻於天啓五年，爲其子永忠及門人王安仁所訂定，版久燬。此本爲其後人重刊。其中如《慶成宴》、《代巡》、《贈別》諸作，本五言長律，而雜之古體中。《題鹿鳴宴圖》本七言古詩，而列之詞內。編次頗爲舛誤。且考鹵在諫垣時，陳奏頗爲侃直。其後三領節鉞，能殲叛卒，修邊備。與中朝權貴相抗，多有政績可紀。而集中章疏，乃無一篇，意者尚別有奏議自爲一集乎？

敬所文集　續集

黃虞稷《千頃堂書目・別集類》 王宗沐《敬所文集》三十卷，又《續集》八卷。字新甫，臨海人。刑部左侍郎，謚襄裕。

《明史・藝文志・別集類》 王宗沐《文集》三十卷。

《四庫提要・別集類存目四》《敬所文集》三十卷。江蘇巡撫採進本。明王宗沐撰。宗沐有《海運詳考》，已著録。此集自一卷至十卷爲序、頌、書、啓，曰《内編》。十一卷至二十卷爲詩、論、碑、賦、説、傳、書後、約、策問、祭文、行狀、銘誌、講義，曰《別編》。二十一卷至三十卷爲奏疏、雜著、文移，曰《外編》。《明史・藝文志》載宗沐奏疏四卷，文集三十卷，此本止三十卷，而奏疏在焉，卷首題「門人張位選集」。然則史所載者其全集，此爲位所編定歟？抑其奏疏又有集外別行之本，史竝載之也？

王宗沐摘稿

徐𤊹《徐氏家藏書目・別集類》《王宗沐摘稿》十二卷。字新甫，號敬所，臨海人。嘉靖甲辰進士，官提學副使，都御史，刑部侍郎。

大隱樓集

黃虞稷《千頃堂書目・別集類》 方逢時《大隱樓集》十六卷。字兆行，嘉魚人。少保，兼太子太保，兵部尚書。

大隱堂集

黃虞稷《千頃堂書目・別集類》 王遴《大隱堂集》四卷。字慎微，霸州人。兵部尚書。

童子鳴集

黃虞稷《千頃堂書目・別集類》 童佩《童子鳴詩集》四卷，《文集》二卷。一字少瑜，龍游人。授經于歸有光，挾書以遊。

王士禛《漁洋書跋》 《童子鳴集》。余觀南宋錢塘人陳思所撰《寶刻叢編》，歎書賈中乃有嗜古雅尚如斯人者。因憶隆、萬間龍游童珮子鳴，亦以賈書有詩名公卿間，與太原王百穀善。會兵部主事楊袒與子鳴爲鄉人，屬訪其遺稿，得此集，蓋吴郡黄河水清父所定，梁谿談氏刻，凡六卷。康熙三十一年夏五記。

《四庫提要・別集類存目五》 《童子鳴集》六卷。浙江汪汝瑮家藏本。明童佩撰。佩字子鳴，龍游人。世爲書賈。佩獨以詩文遊公卿閒，嘗受業於歸有光。其殁也，王世貞爲作傳，王穉登爲作墓誌，蓋亦宋陳起之流也。

郭鯤溟集

《四庫提要・別集類二五》 《郭鯤溟集》四卷。江蘇巡撫採進本。明郭諫臣撰。諫臣字子忠，長洲人。嘉靖壬戌進士。官至江西布政司參政，罷歸後起鄖陽巡撫，未上而卒。

牧豕集

黃虞稷《千頃堂書目・別集類》 居節《牧豕集》。字士貞，吴縣人。從文待詔學詩，有其家風。

巢居小稿

黃虞稷《千頃堂書目・別集類》 張應文《巢居小稿》。字茂實，蘇州嘉定人。

吾野詩集

英廉奏《抽毁書目》 《吾野詩集》八本。查《吾野詩集》，係明黃克晦撰。卷一《門有萬里客行》、卷二《薊北門行》、卷四《同黃印中觀金元故城詩》，俱有乖謬語，應請抽燬。

《四庫提要・別集類存目七》 《吾野詩集》五卷。福建巡撫採進本。明黃克晦撰。克晦字孔昭，號吾野，惠安人。少工繪事，《御定佩文齋書畫譜》列之畫家傳中。其詩有《金陵游稿》、《匡廬集》、《北游草》、《金臺詩》、《宛城集》、《五羊草》、《西山唱和編》、《觀風録》等，凡四十卷。其《金陵稿》則張仲立刊之，《西山唱和編》則李于美刊之，《金臺詩》則林登卿刊之。没後二年，同里黃克纘復刻其遺詩六卷於聊城，歲久皆散佚。此本乃康熙壬午其五世孫象濳摭家藏遺帙，裒而重鋟，其編次頗多未善，如《小金山詩》本五言律詩二首，而聯爲一篇，列之五言古體中，殊爲失檢。然克晦詩別無傳本，亦賴此刻以傳。其詩亦出歷下、太倉之門户，而漸染稍輕。朱彝尊《静志居詩話》謂「青溪社集諸人，允當推克晦爲祭酒」，蓋以此也。

黃孔昭詩選

黃虞稷《千頃堂書目・別集類》 黃克晦《黃孔昭詩選》六卷。惠安人。少爲畫工，憤而學詩，遂以詩名，與沈明臣、王穉登相頡頏。

松菊堂集

《四庫提要・別集類存目五》《松菊堂集》二十四卷。浙江孫仰曾家藏本。明孫鏊撰。鏊字端峰，餘姚人。江西巡撫燧之孫，工部尚書陞之子也，官上林苑丞。是集凡詩二十卷，雜文四卷。詩句清雋，不入前後七子之派。文則不免於平衍。鏊晚歸燭湖，於宅東構漆園居之，作《漆園供事別傳》。如《滕六司農》、《玉羽仙翁》、《食苹仙子》、《秦大夫》、《清修子》、《姑射仙》諸傳，皆以文爲戲之筆也。

甑甀洞稿　續稿

王圻《續文獻通考・經籍考・集下》《甑甀洞稿》。興國州吳國倫著。

徐𤊹《徐氏家藏書目・別集類》吳國倫《甑甀洞稿》五十四卷，《續稿》五十七卷。字明卿，號川樓，興國州人。嘉靖庚戌進士，河南參政。《前集》王世貞、許國序，《續集》李維禎、鄧原岳序。

張萱等《内閣藏書目録・集部》《甑甀洞稿》二十册。全。嘉靖間吳國倫著。

黃虞稷《千頃堂書目・別集類》吳國倫《甑甀洞稿》五十四卷，《續稿》二十七卷。字明卿，興國州人。河南布政司參政。

《明史・藝文志・別集類》吳國倫《甑甀洞稿》五十四卷，《續稿》二十七卷。

《四庫提要・別集類存目五》《甑甀洞稿》五十四卷，《續稿》二十七卷。山東巡撫採進本。明吳國倫撰。國倫有《陳張本末略》，已著録。

吳國倫詩稿

黃虞稷《千頃堂書目・別集類》吳國倫《詩稿》十五卷。

《明史・藝文志・別集類》吳國倫《詩》十五卷。

溪南游詩

范邦甸等《天一閣書目・別集類》《溪南游詩》三卷。刊本。明吳國倫著。

朱峰集

黃虞稷《千頃堂書目・別集類》邵賁《朱峰集》。字厚實，桐廬人。

友芳園雜詠

黃虞稷《千頃堂書目・別集類》吕炯《友芳園雜詠》。字心文，崇德人。

素心居集

黃虞稷《千頃堂書目・別集類》吕炯《素心居集》。

東越手柬

黃虞稷《千頃堂書目・別集類》張鳴鸞《東越手柬》。字仲儀。純子。永嘉人。

宜陽四六

黃虞稷《千頃堂書目・別集類》張鳴鸞《宜陽四六》。

震堂集

黄虞稷《千頃堂書目・别集類》 王養端《震堂集》六卷。字茂成，遂昌人。順天中式，與朱陽仲、黄中齊名。

《四庫提要・别集類存目五》 《震堂集》六卷。江蘇巡撫採進本。明王養端撰。養端字茂成，遂昌人。嘉靖乙卯舉人。是集爲其鄉人何鏜所删定，而遂昌知縣池明刻之。

遂昌三賦

黄虞稷《千頃堂書目・騷賦類》 王養端《遂昌三賦》一卷。字茂成，遂昌人。嘉靖乙卯舉人。

《明史・藝文志・别集類》 王養端《遂昌三賦》一卷。

江干集

黄虞稷《千頃堂書目・别集類》 張煒《江干集》五卷。字德南，閩縣人。寧波通判。

操縵集

張萱等《内閣藏書目録・集部》 《操縵集》二册。全。萬曆間閩張煒著。

黄虞稷《千頃堂書目・别集類》 張煒《操縵集》五卷。

翼雅集

黄虞稷《千頃堂書目・别集類》 張煒《翼雅集》五卷。

佘江右詩集

黄虞稷《千頃堂書目・别集類》 佘光裕《佘江右詩集》。字□□，順德人。荆府左長史。

愧非集

《四庫提要・别集類存目五》 《愧非集》十四卷。山東巡撫採進本。明馬攀龍撰。攀龍字沖霄，號愧非子，陽信人。嘉靖乙卯舉人，官禮部主事。是編凡《談略》四卷、《乾坤逆旅集》一卷、《漫稿》一卷、《遊涉稿》一卷、《遊林稿》一卷、《邯鄲學步集》四卷、《忙忙亭稿》二卷。《明詩統》稱其博學雄才，著述甚富，惜年不稱壽。

朱邦憲集

黄虞稷《千頃堂書目・别集類》 朱邦憲《朱察卿集》十五卷。字察卿。朱豹子。太學生。

《明史・藝文志・别集類》 《朱邦憲詩文集》十五卷。

《四庫提要・别集類存目五》 《朱邦憲集》十五卷。江蘇巡撫採進本。明朱察卿撰。察卿，上海人。福州知府豹之子，邦憲其字也。爲太學生。慷慨任俠，與沈明臣、王穉登友善。集凡詩二百五十四首，文一百五十六首，即明臣所訂定也。

耿天臺文集

黃虞稷《千頃堂書目・別集類》 耿定向《天臺文集》二十卷。字□□，黄安人。督儲，户部尚書。

《明史・藝文志・別集類》 《耿定向文集》二十卷。

《四庫提要・別集類存目五》 《耿天臺文集》二十卷。湖北巡撫採進本。 明耿定向撰。定向有《碩輔寶鑑要覽》，已著録。是集爲其門人劉元卿所編。凡詩賦一卷，雜文十九卷，末一卷爲時藝，蓋用《宋文鑑》收張才叔經義例也。

廓如編

徐𤊹《徐氏家藏書目・別集類》 耿定向《廓如編》二卷。字在倫，號天臺，麻城人。嘉靖丙辰進士，户部尚書。謚恭簡。

趙文懿公集

黃虞稷《千頃堂書目・別集類》 趙志皋《趙文懿公集》四卷。字汝邁，蘭谿人。一甲第三人，少傅兼太子太傅，吏部尚書，建極殿大學士，贈太傅，謚文懿。

《明史・藝文志・別集類》 趙志皋《文集》四卷。

四遊稿

《四庫提要・別集類存目六》 《四遊稿》六卷。浙江巡撫採進本。 明趙志皋撰。志皋有《内閣奏疏稿》，已著録。是集前二卷爲初入翰林時作，第三卷爲官南京時作，第四卷爲使楚時作，第五卷爲客粵時作，題曰《四遊》，蓋取於此。第六卷乃還山以後之作，亦併附焉。

瀫陽詩集

黃虞稷《千頃堂書目・別集類》 趙志皋《瀫陽詩集》五卷。

《明史・藝文志・別集類》 趙志皋《詩》五卷。

田子藝集

徐𤊹《徐氏家藏書目・別集類》 《田藝蘅集》二十卷。字子藝，號香宇，汝成之子。隆慶中歲貢，官徽州教授。

黃虞稷《千頃堂書目・別集類》 田藝衡《田子藝集》二十卷。字子藝，錢塘人。汝成子。隆慶中歲貢，官徽州府教授。

《明史・藝文志・別集類》 《田藝蘅詩文集》二十卷。

《四庫提要・別集類存目五》 《田子藝集》二十一卷。浙江汪汝瑮家藏本。 明田藝蘅撰。藝蘅有《大明同文集》，已著録。此爲文選、詩選十八卷，乃其爲諸生時所刊。《北觀初稿》、《二稿》三卷，則以歲貢入京廷試時所作。藝蘅在嘉隆間猶爲博洽，而詩格頗嫌冗漫。

宗子相集

王圻《續文獻通考・經籍考・集下》 《宗子相集》。廣陵宗臣著。

徐𤊹《徐氏家藏書目・別集類》 宗臣《子相集》二十五卷。號方城，興化人。嘉靖庚戌進士，累官福建參議，卒年三十六。先是，吴國倫守邵武爲刻其集，僅十二卷，茲晉陵鄒之麟校刻，爲全集也。

張萱等《内閣藏書目録・集部》 《宗子相集》四册。全。嘉靖間宗臣著。

《明史・藝文志・別集類》 《宗臣詩文集》十五卷。

《四庫提要・别集類二五》《宗子相集》十五卷。兩淮馬裕家藏本。明宗臣撰。臣字子相，揚州興化人。嘉靖庚戌進士。除刑部主事，移吏部文選司，進稽勳司員外郎。以賻楊繼盛忤嚴嵩，出爲福建參議。遷提學副使，卒於官，年僅三十有六。《明史・文苑傳》附載《李攀龍傳》中。

宗子相文集

范邦甸等《天一閣書目・别集類》《宗子相文集》十五卷。刊本。明廣陵宗臣著，弟原校刊。

黄虞稷《千頃堂書目・别集類》宗臣《宗子相文集》二十五卷。字子相，揚州興化人。福建提學副使。

子相文選

《四庫提要・别集類存目五》《子相文選》五卷。江西巡撫採進本。明宗臣撰。臣有《宗子相集》，已著録。是編止詩一卷，文四卷，爲鄭二陽所選評，姜承宗、姜繽宗所編輯，於集外别行者也。

環江遺稿

黄虞稷《千頃堂書目・别集類》陳謹《環江遺稿》一卷。閩縣人。一甲第一人，右春坊，右中允。

堯麓集

黄虞稷《千頃堂書目・别集類》劉爾牧《堯麓集》。字長民，一字成卿，東平人。户部郎中。忤嚴世蕃，廷杖削籍。

鶴樓集

徐𤊹《徐氏家藏書目・别集類》張翀《鶴樓集》四卷。字子儀，馬平人。嘉靖癸丑進士，官刑部主事，疏劾嚴嵩，謫戍都勻。嚴敗起用，歷官都御史，巡撫南贛。

張萱等《内閣藏書目録・集部》《鶴樓集》四册。全。隆慶間馬平張翀著。

黄虞稷《千頃堂書目・别集類》張翀《鶴樓集》十二卷。字子儀，柳州馬平衛人。兵部協理右侍郎，天啓初追贈尚書，謚忠簡。

張文忠公全集

黄虞稷《千頃堂書目・别集類》張居正《張文忠公全集》六十四卷。字叔大，荆州衛人。太師，吏部尚書，中極殿大學士。謚文忠。

張居正詩文集

《明史・藝文志・别集類》張居正《詩文集》四十七卷。

太岳集

《四庫提要・别集類存目四》《太岳集》四十六卷。浙江巡撫採進本。明張居正撰。居正有《書經直解》，已著録。神宗初年居正獨持國柄，後毁譽不一，迄無定評。要其振作有爲之功，與威福自擅之罪，俱不能相掩。至文章本非所長。集中奏疏、啓劄最多，皆在廟堂時論事之作。往往縱筆而成，未嘗有所鍛煉也。

副墨

范邦甸等《天一閣書目・總集類》 《副墨》五卷。刊本。明汪道崑撰并序。

王圻《續文獻通考・經籍考・集下》 《南明副墨》。汪道昆著。

黃虞稷《千頃堂書目・別集類》 汪道昆《汪南溟副墨》二十四卷。

《明史・藝文志・別集類》 汪道昆《南溟副墨》二十四卷。

《四庫提要・別集類存目四》 《副墨》五卷。內府藏本。明汪道昆撰。是集刻於《太函集》之前。《千頃堂書目》載作二十四卷，此本五卷，殆非完帙。又載道昆尚有《太函遺書》二卷，今亦未見傳本。

太函集

王圻《續文獻通考・經籍考・集下》 汪道昆《太函集》。

徐𤊹《徐氏家藏書目・別集類》 汪道昆《太函集》一百二十卷。字伯玉，初字玉卿。號南溟，歙縣人。嘉靖丁未進士，累官兵部侍郎。全集未行時，先有《副墨》七卷傳于世。

黃虞稷《千頃堂書目・別集類》 汪道昆《太函集》一百二十卷。字伯玉，歙縣人。巡撫福建，都御史，兵部左侍郎。

《明史・藝文志・別集類》 汪道昆《太函集》一百二十卷。

《四庫提要・別集類存目四》 《太函集》一百二十卷。安徽巡撫採進本。明汪道昆撰。道昆有《五車霏五》，已著録。是編刻於萬曆辛卯，凡文一百六卷、詩十四卷。卷首有《自序》及目録六卷。

太函逸書

黃虞稷《千頃堂書目・別集類》 汪道昆《太函逸書》六卷。

魏恭襄公文集

黃虞稷《千頃堂書目・別集類》 魏學曾《魏恭襄公文集》十卷。字□□，涇陽人。總督三邊，太子少保，兵部尚書。

《明史・藝文志・別集類》 《魏學曾文集》十卷。

楮癭集

黃虞稷《千頃堂書目・別集類》 陳錫《楮癭集》。字元之，臨海人。

賜養堂集

黃虞稷《千頃堂書目・別集類》 李鍵《賜養堂集》。字廷守，縉雲人。

柴方伯詩略

黃虞稷《千頃堂書目・別集類》 柴淶《柴方伯詩略》。字季東，鄞縣人。

叔崇遺稿

徐𤊹《徐氏家藏書目・別集類》 高啓《叔崇遺稿》一卷。字叔崇，號鶴池，岱之弟。嘉靖乙卯省試第二人，丙辰進士，兵部武庫司郎中，卒年三十八。

黃虞稷《千頃堂書目・別集類》 高啓《叔崇遺稿》一卷。字叔崇，京山人。岱弟。兵部郎中。

虚巖山人集

范邦甸等《天一閣書目·別集類》 《虚巖山集》六卷。刊本。明周詩撰。嘉靖乙巳孔天允序。

黄虞稷《千頃堂書目·別集類》 周詩《虚巖山人集》六卷。字以言,崑山人。

《明史·藝文志·別集類》 周詩《虚巖山人集》六卷。

與鹿集

黄虞稷《千頃堂書目·別集類》 周詩《與鹿集》十二卷。字興叔,錢塘人。南京右通政。

《明史·藝文志·別集類》 周詩《與鹿集》十二卷。

青田集

黄虞稷《千頃堂書目·別集類》 陳聯芳《青田集》四卷。字以成,長樂人。南京太常寺卿。

息機堂稿

黄虞稷《千頃堂書目·別集類》 方九功《息機堂稿》。字允治,南陽人。南京工部右侍郎。

東谷集

黄虞稷《千頃堂書目·別集類》 張潛《東谷集》。字用昭,華州人。山東左參政。

豹山集

黄虞稷《千頃堂書目·別集類》 卞錫《豹山集》。字叔孝,嘉善人。吏部稽勳司主事。

焚餘稿

徐𤊹《徐氏家藏書目·別集類》 趙時齊《焚餘稿》四卷。字子巽,號巽齋,蘭谿人。嘉靖丙辰進士,官監察御史。

黄虞稷《千頃堂書目·別集類》 趙時齊《焚餘稿》四卷。字子巽,蘭谿人。監察御史。

山房漫稿

王圻《續文獻通考·經籍考·集下》 《山房漫稿》。太僕少卿劉穩著,鄢縣人。

二溪文論

徐𤊹《徐氏家藏書目·別集類》 胡定《二溪文論》二卷。字明仲,崇陽人。

嘉靖丙辰進士，萬曆初爲福建提學副使。

二南漫稿

王圻《續文獻通考·經籍考·集下》 劉穩《二南漫稿》。

二酉園文集　續集

徐𤊹《徐氏家藏書目·別集類》 陳文燭《文集》二十三卷。

黄虞稷《千頃堂書目·別集類》 陳文燭《二酉園文集》十四卷，《續集》十三卷。

《明史·藝文志·別集類》 《陳文燭文集》十四卷。

《四庫提要·別集類存目五》 《二酉園文集》十四卷，《續集》二十三卷。明陳文燭撰。

五嶽山房集

黄虞稷《千頃堂書目·別集類》 〔陳文燭〕《五嶽山房集》□卷。字玉叔，沔陽州人。南京大理寺卿。

二酉園詩集

徐𤊹《徐氏家藏書目·別集類》 陳文燭《二酉園詩集》十二卷。字玉叔，號五岳，柏之子。嘉靖乙丑進士，官福建布政使，南京大理寺卿。汪道昆、王世貞序。

黄虞稷《千頃堂書目·別集類》 陳文燭《詩集》十二卷。

《明史·藝文志·別集類》 陳文燭《詩》十二卷。

《四庫提要·別集類存目五》 《二酉園詩集》十二卷。湖北巡撫採進本。明陳文燭撰。文燭字玉叔，沔陽人。嘉靖乙丑進士，官至南京大理寺卿。其詩分八集：曰《漢陰詩》、曰《廷中詩》、曰《淮上詩》、曰《嵩和詩》、曰《西蜀詩》、曰《東岱詩》、曰《金焦詩》、曰《黄蓬詩》。陳思育、主喬桂、皇甫汸、袁福徵、黄貫曾、沈明臣、李先芳、孫斯億、住瀚、高啓愚、熊敦朴、陳宗虞、曾可耕、吴國倫、方沆、黄一正、李維楨、屠隆、周光鎬十九人序之。文曰《五岳山人前集》、《五岳山人後集》。王世貞、歸有光、注道昆、茅坤序之。後總編爲《二酉園文集》，道昆、世貞又序之。《續集》則文燭身後，其孫之蘧所輯。皆文無詩，亦無當時名士序。惟之蘧自序之，又與文燭之壻龍膺各爲一跋而已。斯亦生死之際，交遊盛衰之驗。而文壇標榜，其不足盡據可知矣。

鑑江享帚集

黄虞稷《千頃堂書目·別集類》 唐文燦《鑑江享帚集》。字若素，漳州鎮海衛人。廣西按察僉事。

瞿塘日録

徐𤊹《徐氏家藏書目·別集類》 來知德《瞿唐日録》三十卷。字矣鮮，夔州府梁山人。萬曆壬子鄉舉，隱居不仕。邃于《易》學，年七十八以薦，辟官翰林院待詔，越二年卒。

黄虞稷《千頃堂書目·別集類》 來知德《瞿塘日録》三十卷。

《明史·藝文志·別集類》 來知德《瞿塘日録》三十卷。

釜山詩集

黄虞稷《千頃堂書目·別集類》 來知德《釜山詩集》。字矣鮮，梁山人。以薦授

翰林待詔。

三陵稿

黄虞稷《千頃堂書目・别集類》 丁自申《三陵稿》十卷。字□□，晉江人。知順慶、梧州二府。

條麓堂集

黄虞稷《千頃堂書目・别集類》 張四維《條麓堂集》三十四卷。字子維，山西蒲州人。中極殿大學士，贈太師，謚文毅。

《明史・藝文志・别集類》 張四維《條麓堂集》三十四卷。

小有亭集

黄虞稷《千頃堂書目・别集類》 馮敏功《小有亭集》三十卷。字忠卿，平湖人。汝弼次子。

復初集

《四庫提要・别集類存目七》 《復初集》三十六卷。庶吉士戴震家藏本。明方承訓撰。承訓號鄈邱，徽州人。是集乃承訓所自編，前有萬曆癸未《自序》，稱家世役什一，不樂仕進，蓋賈人子。又稱間以玉獻，即被擯斥弗用。蓋終於不遇之士也。集首冠以《原初漫談》七條，大抵楊、何、李之餘波，而變本加厲。於唐以來詩文，如李、杜、韓、柳無不排擊，然核其所作，乃了不異人。

晴川先生集

張萱等《内閣藏書目録・集部》 《晴川先生集》四册。全。工部尚書楊兆著。

孟我疆集

黄虞稷《千頃堂書目・别集類》 孟秋《孟我疆集》六卷。字我疆，茌平人。兵部主事，尚寶司少卿。

墨林山堂詩集

黄虞稷《千頃堂書目・别集類》 項元汴《墨林山堂詩集》。字子京，嘉興人。

大隱山人集

黄虞稷《千頃堂書目・别集類》 樊山王載坽《大隱山人集》十七卷。人稱昇甫先生。俱荆府。樊山係荆靖王祁鎬庶子，温懿王見潗於成化三年始封。載坽爲温懿王曾孫，荆憲王來孫，恭恪王庶子，嘉靖三十六年嗣封，無謚。

三徑詞

黄虞稷《千頃堂書目・别集類》 樊山王載坽《三徑詞》一卷。

片玉齋存稿

黄虞稷《千頃堂書目・别集類》 丁元復《片玉齋存稿》二卷。字見心，長洲人。浙江布政參議。

弇州山人四部稿　續稿　再續稿

范邦甸等《天一閣書目・别集類》 《弇州山人四部稿》一百八十卷。明吴郡王世貞元美撰。

徐𤊹《徐氏家藏書目・别集類》 王世貞《弇州四部稿》一百七十四卷，《續稿》二百十八卷。字元美，號鳳洲，太倉人。嘉靖丁未進士，官刑部尚書。

黄虞稷《千頃堂書目・别集類》 王世貞《弇州四部稿》一百七十四卷，又《弇州續稿》二百七卷，又《弇州再續稿》十一卷。字元美，太倉人。刑部尚書。

《明史・藝文志・别集類》 王世貞《弇州四部稿》一百七十四卷。四部者，一賦、二詩、三文、四説，以擬域中之四部州。汪道昆序之。《續稿》二百十八卷。

于敏中等《天禄琳琅書目・明版集部》 《弇州山人四部稿》。六函，六十二册。明王世貞著。一百七十四卷，分賦、詩、文、説四部。前明汪道昆序，後附世貞弟世懋書并世貞記。觀世懋遺世貞書，世貞自爲記云「敬美此書，寄自豫章，成垂十年矣。以其見飾之過，祕不敢示人。至於揚榷藝文，折衷上下，往往有寸心千古意，安可以嫌終祕之？且聞在《藝圃擷餘》中行之閩矣，乃爲梓拙稿之後。」據此，則此書爲世貞所自刊也。當時橅刻本不能工，今世所行者皆出一版，而此本猶屬明時所印，較爲清朗。世貞、世懋、汪道昆並見前。

《四庫提要・别集類二五》 《弇州山人四部稿》一百七十四卷，《續稿》二百七卷。兩江總督採進本。明王世貞撰。世貞有《弇山堂别集》，已著録。此乃所著别集。其曰四部者，賦部、詩部、文部、説部也。《正稿・説部》凡七種，曰《劄記内篇》，曰《劄記外篇》，曰《左逸》，曰《短長》，曰《藝苑巵言》，曰《巵言附録》，曰《宛委餘篇》，皆世貞爲鄖陽巡撫時所自刊。《續稿》但有賦、詩、文三部，而無説部。則世貞致仕之後，手裒晚歲之作以授其少子士駿。至崇禎中，其孫始刊之。考自古文集之富，未有過於世貞者。其摹秦仿漢，與七子門徑相同。而博綜典籍，諳習掌故，則後七子不及，前七子亦不及，無論廣續諸子也。惟其早年自命太高，求名太急，虚憍恃氣，持論遂至一偏。又負其淵博，或不暇檢點，貽議者口實。故其盛也，推尊之者徧天下。及其衰也，攻擊之者亦徧天下。平心而論，自李夢陽之説出，而學者剽竊班馬李杜。自世貞之集出，學者遂剽竊世貞。故艾南英《天傭子集》有曰：「後生小子不必讀書，不必作文，但架上有前後《四部稿》，每遇應酬，頃刻裁割，便可成篇。驟讀之，無不濃麗鮮華，絢爛奪目。細案之，一腐套耳。」云云。其指陳流弊，可謂切矣。然世貞才學富贍，規模終大。譬諸五都列肆，百貨具陳，真僞駢羅，良楛淆雜，而名材瓌寶，亦未嘗不錯出其中。知末流之失可矣。以末流之失而盡廢世貞之集，則非通論也。

張之洞《書目答問・别集》 《弇州山人四部稿》。一百七十四卷，明王世貞。明刻本。《續稿》二百七卷。胡應麟《少室山人類稿》今罕見。

鳳洲筆記　續集　後集

黄虞稷《千頃堂書目・别集類》 王世貞《鳳洲筆記》三十二卷。

《四庫提要・别集類存目四》 《鳳洲筆記》二十四卷，《續集》四卷，《後集》四卷。兩淮鹽政採進本。明王世貞撰。世貞有《弇山堂别集》，已著録。是集乃隆慶己巳黄美中所編。前有美中序，稱世貞著作不能盡見，曾從其姪孫少川子得此集，因編刻以公天下。蓋當時摘選之本也。然命詩文曰「筆記」，其稱名可謂不倫矣。

弇州稿選

《四庫提要・别集類存目四》 《弇州稿選》十六卷。兩淮鹽政採進本。明王世貞撰。沈一貫選。一貫有《易學》，已著録。世貞才大學博，自謂靡所不有，方成大家。故其正續《四部稿》頗傷蕪雜。晚年悔其少作，而未及手自删定。一貫是編，别裁澄汰，意在擷其菁華。而宗旨所歸，仍尊秦漢而薄唐宋，終未能棄短取長也。

陽羡稿

范邦甸等《天一閣書目·别集類》 《陽羡稿》一卷。刊本。明王世貞著。

陽羡諸遊稿

范邦甸等《天一閣書目·别集類》 《陽羡諸遊稿》一卷。刊本。明王世貞撰。張獻翼題詞。

金虎集

王圻《續文獻通考·經籍考·集下》 《金虎集》。太倉王世貞著，號鳳州。

弇州山人集　别集

王圻《續文獻通考·經籍考·集下》 《弇州山人集》、《别集》。王世貞著。

戊辰三郡稿

王圻《續文獻通考·經籍考·集下》 《戊辰三郡稿》。王世貞著。

入魏稿

范邦甸等《天一閣書目補遺·别集類》 《入魏稿》二卷。明王世貞著。

入晉稿

范邦甸等《天一閣書目補遺·别集類》 《入晉稿》二卷。王世貞著。

入浙稿

范邦甸等《天一閣書目補遺·别集類》 《入浙稿》二卷。王世貞著。

入楚稿

范邦甸等《天一閣書目補遺·别集類》 《入楚稿》一卷。刊本。王世貞著。

讀書後

《四庫提要·别集類二五》 《讀書後》八卷。浙江巡撫採進本。明王世貞撰。此書本止四卷，爲世貞《四部稿》及《續稿》所未載，遂至散佚。其姪士騏得殘本於賣餳者，乃録而刊之，名曰《附集》。後吴江許恭又採《四部稿》中書後之文爲一卷，《續稿》中讀佛經之文爲一卷，讀道經之文爲二卷，併爲八卷，重刻之。而陳繼儒爲之序，稱其如吕氏《讀書記》、晁氏《讀書志》。案晁公武《讀書志》每書皆詳其卷數撰人，以及源流本末。世貞此書則九十五篇之中，爲跋尾者四十二，爲史論者五十

三。而四十二篇之中又皆議論之文，無一考證之語，與晁氏書南轅北轍。繼儒殆未見《郡齋讀書志》，而偶聞其名，妄以意揣度之，謂亦如此書之跋尾耳。《書影》記世貞初不喜蘇文，晚乃嗜之，臨没之時，牀頭尚有蘇文一部。今觀是編，往往與蘇軾辨難，而其文反覆條暢，亦皆類軾，無復摹秦仿漢之習。又其跋李東陽《樂府》與《歸有光集》、《陳獻章集》，均心平氣和，與其生平持論不同。而東陽《樂府跋》中自稱：「余作《藝苑卮言》時，年未四十，方與于鱗輩是古非今，此長彼短，未爲定論。至於戲學《世説》，比擬形似，既不切當，又傷儇薄。行世已久，不能復祕。姑隨事改正，勿令多誤後人而已。」云云。然則此書爲晚年進境，以少許勝多許矣。其第五卷爲《四部稿》中題跋二十五篇。其中如《讀亢倉子》，不知爲王士元所作，則未考《孟浩然集序》；《讀三墳》，以爲劉炫作，則未考《隋書·經籍志》；《讀元命苞》一篇所言，乃衛元嵩之《元包》，尤爲荒謬。則猶早年盛氣，不及檢校之作。許恭摭續此編，毋乃非世貞意歟？以原刻所有，姑竝存之。至是編雜論古書而究爲雜著，非目録之比，無類可附，今仍著録集部焉。

擬古詩七十首

范邦甸等《天一閣書目·別集類》《擬古詩七十首》。刊本。明吴郡王世貞著。吴興徐中行刻。自序稱：「自李都尉而下，至休上人，凡二十九，自蘇屬國至韋左司，凡四十一，其《古別離》一章，請俟異日，爲後十九首，故不更擬。」

蘇長公外紀　外集

王圻《續文獻通考·經籍考·集下》〔王世貞〕《蘇長公外紀》、《外集》。

南北二鳴編

范邦甸等《天一閣書目·別集類》《南北二鳴編》六卷。刊本。明李攀龍、王世貞著。張獻翼校刻并序云：「夫北有李君，鳳鳴于歷下，南有王君，龍躍于吴中，竝有奇節，千載人也。予少授書中郎，投刺北海，憶昔長者之遊，隆以國士之顧，玉君爲舉首。王君每爲予談天下士，必曰李君其人，雙金合璧，猗歟盛哉！七子中如吴邵武、徐汝寧，争爲二君不朽計，皆各自成帙，未萃一時唱和之美。予輒銓次爲一，非徒便睎同好，且以竝傳異代，寧特延平合劍而已哉。」

龍田漫稿

范邦甸等《天一閣書目·別集類》《龍田漫稿》三卷。刊本。明吴興宣世言著。崑山張環序稱：「龍田初作頗宗六朝，故藻思俊逸；近法盛唐，天然秀潁，不煩痕削。又忠義感激，精切過人，其《感遇》諸詩興寄益遠；樂府諸體，詞鋒姿媚，哀怨深長，尤得風人之旨。」

雪舟詩集

范邦甸等《天一閣書目·別集類》《雪舟詩集》六卷。刊本。明賈某著。廣陵桑喬序稱：「《雪舟詩》，留臺賈君之遺稿也，其子箕山子刻而藏諸家。雪舟久司兵柄而兼事文業，承州人士輯其詩，得五七言律及古體詩若干首，東郡張相、潤州吕高俱有序。」

翰林詩選

范邦甸等《天一閣書目·別集類》《翰林詩選》四卷。刊本。明金陵黄榮著并自序。

后谿詩稿

范邦甸等《天一閣書目·別集類》　《后谿詩稿》一卷。刊本。明劉世偉著，前川毛效直序。

草堂集

范邦甸等《天一閣書目·別集類》　《草堂集》。明張含序稱子蔡子著。

北屏詩稿

范邦甸等《天一閣書目·別集類》　《北屏詩稿》二卷。刊本。明傅某撰。

秉燭堂詩選

范邦甸等《天一閣書目·別集類》　《秉燭堂詩選》二册。刊本。明陳所有著。陳文燭序云：「余友費民益謂陳彥充善晉人書，及讀《押歌詩選》、《淘沙文選》，乃門人荆學憲擇而取之，十才一二，可稱三長云。彥充有高才，令合浦，仕宦不達，輒投劾以歸。一日遣才秀才嘉燕謁予，謂予神交，俾訂序焉。彥充名所有，號四樓，逸叟，家壺公山下。」

吴興絶唱　續集

范邦甸等《天一閣書目·別集類》　《吴興絶唱》二卷，《續集》二卷。刊本。明丘吉大祐編并序。

秀林亭詩

范邦甸等《天一閣書目·別集類》　《秀林亭詩》一卷。刊本。臨清處士王廷璧家園倡和詩，明成化臨清劉瀊輯録，蜀人周洪謨序。

静安八詠

范邦甸等《天一閣書目·別集類》　《静安八詠》一卷。吴興錢鼒述。

無名詩稿

范邦甸等《天一閣書目·別集類》　《無名詩稿》一卷。不著撰人名氏。

釋氏古詩

范邦甸等《天一閣書目·別集類》　《釋氏古詩》一册。鈔本。前後無序跋，卷面一長圖書，刻「吴郡西崦朱淑英書畫印」十字；一大方圖書，刻「楊氏家藏」四字；一中方圖書，刻「曹許衣冠」四字。卷末一小長圖書，刻「西崦」二字，一方圖書，刻「山窩林界」四字，又小行書「沛國朱曰藩借録一過」，下有小圖書二方。

芝山梅約倡和詩

范邦甸等《天一閣書目·別集類》　《芝山梅約倡和詩》一册。不著撰人名氏。

新刻古杭雜記詩集

范邦甸等《天一閣書目·别集類》《新刻古杭雜記詩集》四卷。不著撰人名氏。

適志集

范邦甸等《天一閣書目·别集類》《適志集》十卷。刊本。明江西黄鑰著。子粱山知長垣縣事，刊于任，户部郎中長垣張愉序，户部主事李從宜序後。

萬治齋文略

范邦甸等《天一閣書目·别集類》萬治齋《文略》。烏絲闌鈔本。明萬某撰。

吴霽環文稿

范邦甸等《天一閣書目·别集類》《吴霽環文稿》一册。鈔本。

處庵集

范邦甸等《天一閣書目·别集類》《處庵集》一卷。藍絲闌鈔本。不著撰人名氏。

督學存稿

范邦甸等《天一閣書目·别集類》《督學存稿》二卷。刊本。不著撰人名氏。

樵　風

范邦甸等《天一閣書目·别集類》《樵風》十卷。刊本。不著撰人名氏。

全懿堂集

范邦甸等《天一閣書目·别集類》《全懿堂集》二卷。刊本。不著撰人名氏。

操舟稿

范邦甸等《天一閣書目·總集類》《操舟稿》一卷。刊本。明東歐洪孝先著，譙國曹昌先校。

庸玉録

范邦甸等《天一閣書目·總集類》《庸玉録》二卷。刊本。明張終南著。

杏花書屋自娱集

范邦甸等《天一閣書目·總集類》《杏花書屋自娱集》一卷。刊本，殘。槜李

金世隆著。

東磵集

王圻《續文獻通考・經籍考・集下》《東磵集》。長洲右參議沈德著。

葵庵集

王圻《續文獻通考・經籍考・集下》《葵庵集》。吏部主事蕭義著。宜春人。

保秀堂文稿　學稿　外稿

王圻《續文獻通考・經籍考・集下》《保秀堂文稿》、《學稿》、《外稿》。通判石雷著，石曼卿十六世孫。

保秀堂詩稿

王圻《續文獻通考・經籍考・詩集》《保秀堂詩稿》。金齒司石雷著。

正楊集

王圻《續文獻通考・經籍考・集下》《正楊集》。汝南徐耀文著。

浮溪文粹

王圻《續文獻通考・經籍考・集下》《浮溪文粹》。

道軒小稿

王圻《續文獻通考・經籍考・集下》《道軒小稿》五卷。義烏馮宗珽惟端著。

皆可堂集

王圻《續文獻通考・經籍考・集下》《皆可堂集》。華亭馮時行著。

鶡園草

黄虞稷《千頃堂書目・别集類》沈啓原《鶡園草》四卷。字道升，秀水人。陝西按察副使。

巢雲館詩紀

黄虞稷《千頃堂書目・别集類》沈啓原《巢雲館詩紀》。

余文敏公集

范邦甸等《天一閣書目・别集類》《余文敏公文集》十五卷。刊本。明余有

丁著，門人沈一貫序。

黄虞稷《千頃堂書目·别集類》 余有丁《余文敏公集》十五卷。字丙仲，鄞縣人。一甲第三人，少傅兼太子太傅，建極殿大學士。贈太保，謚文敏。

《明史·藝文志·别集類》 《余有丁詩文集》十五卷。

英廉奏《抽毁書目》 《余文敏集》六本。查《余文敏集》，係明余有丁撰。集内卷一《賀太宰楊公序》，卷五《遊西山記》，卷八《殿試策一道兵制》等策問四道，卷九《英國公張溶墓誌銘》、《鎮遠侯顧寰墓誌銘》，俱有偏謬字樣，應請抽燬。

藏山集

黄虞稷《千頃堂書目·别集類》 游朴《藏山集》十二卷。字太初，福寧州人。湖廣右布政使。

學孔精言舍彙稿

徐𤊹《徐氏家藏書目·别集類》 孫應鰲《學孔精舍彙稿》十六卷。字山甫，號淮海，都匀府清平人。祖貫如皋。嘉靖癸未進士，南京工部尚書。謚文恭。

黄虞稷《千頃堂書目·别集類》 孫應鼇《學孔精舍彙稿》十六卷。字山甫，貴州清平衛人。南京工部尚書。未仕卒，贈太子太保，謚文恭。一作《孔堂稿》。

《明史·藝文志·别集類》 孫應鼇《彙稿》十六卷。

英廉奏《抽毁書目》 《學孔精舍彙稿》三本。查《學孔精舍彙稿》，係明孫如鼇撰。書内《世史正綱序》、《谷音序》、《張浚論》諸篇，語多偏駁，應請抽燬。

《四庫提要·别集類存目五》 《學孔精言舍彙稿》十二卷。兩江總督採進本。明孫應鼇撰。應鼇有《淮海易談》，已著録。《明史·藝文志》載應鼇《彙稿》十六卷。此本十二卷，前有萬曆己卯劉伯燮序，言集首奏疏，終於古風、絶、律。今第十二卷止於五言律詩，而絶句、七言律詩皆闕，知非足本矣。

孫山甫督學集

范邦甸等《天一閣書目·總集類》 《孫山甫督學集》八卷。刊本。前四卷缺。明湖廣巡撫如皋孫應鰲著。俱督學關西時詩。翰林南充任瀚評。末附嘉靖六年任瀚《淮海操并序》及《送淮海孫公陞觀察使序》，隆慶元年御史慈谿顏鯨《贈孫淮海拜大中丞節制三藩序》。

東巡雜詠

范邦甸等《天一閣書目·别集類》 《東巡雜詠》一卷。刊本。銅梁張佳胤著。

居來集

徐𤊹《徐氏家藏書目·别集類》 張佳胤《居來集》。字肖甫，銅梁人。

居來山房集

黄虞稷《千頃堂書目·别集類》 張佳胤《崌崍山房文集》六十五卷。字肖甫，銅梁人。太子太保，總督薊遼，尚書兼都御史，贈少保，謚襄敏。

《明史·藝文志·别集類》 張佳胤《崌崍文集》六十五卷。

英廉奏《抽毁書目》 《居來山房集》二十四本。查《居來山房集》，係明張佳胤撰。卷四内《獨石行》，卷十三内《挽李光禄》等篇，語皆駁雜，應請抽燬。

《四庫提要·别集類存目五》 《居來山房集》六十五卷。江蘇巡撫採進本。明張佳胤撰。佳胤字肖甫，銅梁人。初號嶁山，以其家在居來兩山之閒，更號居來山人。案居來一作崌崍，蓋字之别體。嘉靖庚戌進士，官至兵部尚書，總督薊遼。事蹟

具《明史》本傳。佳胤爲郎時，與王世貞諸人相酬和。七子仕宦多不達，而佳胤鎮雄邊，定大變，以功名始終。論者謂其詩文才氣縱横，而頗乏深致。蓋雄心大略，不耐研思於字句閒也。是集賦一卷、詩二十八卷、雜文三十五卷，末一卷附録行狀、墓誌，後又載同時諸人所作序記等文十一篇。

碣石篇

徐𤊹《徐氏家藏書目·别集類》 楊承鯤《碣石篇》二卷。字伯翼。守陳族孫。萬曆初太學生。

黄虞稷《千頃堂書目·别集類》 楊承鯤《碣石篇》二卷。字伯翼，鄞縣人。太僕卿。美益子。國子監生。

西清閣詩草

范邦甸等《天一閣書目·别集類》 《西清閣詩草》一卷。刊本。明鄞人楊承鯤撰。

徐𤊹《徐氏家藏書目·别集類》 楊承鯤《西清閣詩艸》四卷。

黄虞稷《千頃堂書目·别集類》 楊承鯤《西清閣詩草》四卷。

悟齋摘稿

黄虞稷《千頃堂書目·别集類》 吴時來《悟齋摘稿》十五卷。字惟修，仙居人。右都御史，掌院事。謚忠恪。

《明史·藝文志·别集類》 吴時來《悟齋稿》十五卷。

横槎集

徐𤊹《徐氏家藏書目·别集類》 吴時來《横槎集》四卷。字惟修，號悟齋，仙居人。嘉靖癸丑進士，左都御史。謚忠恪。

黄虞稷《千頃堂書目·别集類》 吴時來《横槎集》十卷。

筆山集

黄虞稷《千頃堂書目·别集類》 陳嚴之《筆山集》八卷。字泰仲，閩縣人。雲南副使。

許文穆公集

黄虞稷《千頃堂書目·别集類》 許國《許文穆公集》二十卷。字惟禎，歙縣人。少傅，吏部尚書，建極殿大學士。贈太保，謚文穆。

《明史·藝文志·别集類》 《許國文集》六卷。

英廉奏《全燬書目》 《許文穆集》十本。明許國撰。

横戈集

黄虞稷《千頃堂書目·别集類》 鄧子龍《横戈集》一卷。字武橋，豐城人。官副總兵，死日本關白之難。

初潭集

范邦甸等《天一閣書目·總集類》 《初潭集》三十卷。刊本。李贄撰并序。

李温陵集

黃虞稷《千頃堂書目・別集類》 李贄《李温陵集》二十卷。

《四庫提要・別集類存目五》 《李温陵集》二十卷。江蘇周厚堉家藏本。明李贄撰。贄有《九正易因》，已著録。是集一卷至十三卷爲荅書、雜述，即《焚書》也。十四卷至十七卷爲《讀史》，即摘録《藏書》史論也。十八、十九二卷爲《道原録》，即《説書》也。第二十卷則以所爲之詩終焉。前有自序，蓋因刻《説書》而併摘《焚書》、《藏書》合爲此集也。贄非聖無法，敢爲異論。雖以妖言逮治，懼而自剄。而焦竑等盛相推重，頗熒衆聽，遂使鄉塾陋儒，翕然尊信，至今爲人心風俗之害。故其人可誅，其書可燬。而仍存其目，以明正其爲名教之罪人，誣民之邪説。庶無識之士不至怵於虚名，而受其簧鼓，是亦彰癉之義也。

李氏焚書

黃虞稷《千頃堂書目・別集類》 李贄《李氏焚書》六卷。初名載贄，晉江人。累官尋甸知府。著書多掊擊道學，務爲矜奇之論。給事中張問達劾之，逮下詔獄自刎死。

李氏遺書

黃虞稷《千頃堂書目・別集類》 李贄《李氏遺書》二卷。

焚餘

黃虞稷《千頃堂書目・別集類》 李贄《焚餘》六卷。

李卓吾文集

軍機處奏《禁燬書目》 《李卓吾文集》一部，八本。查《李卓吾文集》，係明李贄撰。書中雖無指斥之語，而議論狂悖，寔爲非聖無法，不宜存留，應請銷燬。

熙亭集

黃虞稷《千頃堂書目・別集類》 艾穆《熙亭集》十卷。字和甫，一字純卿，岳州平江人。嘉靖辛酉舉人，右僉都御史，巡撫四川。一作《終太山人集》。

《明史・藝文志・別集類》 艾穆《熙亭集》十卷。

天池存稿

黃虞稷《千頃堂書目・別集類》 謝汝韶《天池存稿》十六卷。字其盛，長樂人。吉府左長史。

《明史・藝文志・別集類》 謝汝韶《天池稿》十六卷。

南郭集

黃虞稷《千頃堂書目・別集類》 吴福《南郭集》二卷。字常甫，長興人。

欒居集

黃虞稷《千頃堂書目・別集類》 俞子良《欒居集》。字汝誠，山陰人。

司牧集

黄虞稷《千頃堂書目・别集類》 俞子良《司牧集》。

霅溪集

黄虞稷《千頃堂書目・别集類》 項守安《霅溪集》二十卷。字汝勉，奉化人。

閑來吟

黄虞稷《千頃堂書目・别集類》 李陽泰《閑來吟》。字廷進，浙江縉雲人。

混珠録

黄虞稷《千頃堂書目・别集類》 李陽泰《混珠録》。

逋客集

黄虞稷《千頃堂書目・别集類》 袁表《逋客集》五卷。字景從，閩縣人。黎平知府。

尚白篇

黄虞稷《千頃堂書目・别集類》 袁表《尚白篇》一卷。

薛荔園集

黄虞稷《千頃堂書目・别集類》 佘翔《薛荔園集》二卷。字宗漢，莆田人。全椒知縣。

《四庫提要・别集類二五》 《薛荔園集》四卷。福建巡撫採進本。 明佘翔撰。翔字宗漢，號鳳臺，莆田人。嘉靖戊午舉人。官全椒縣知縣，與巡按御史牴牾，投劾棄官去，放遊山水以終。其詩以雄麗高峭爲宗，聲調氣格，頗近七子。故王世貞贈詩云：「十八娘紅産荔支，蠣蚄舌嫩比西施。更教何物誇三絶，爲有佘郎七字詩。」屠隆作傳亦稱「閩産足珍貴者不獨荔支、西施舌」，蓋即指此。然人品頗高，故詩有清致，不全爲七子之膚廓，未可全斥之也。傳稱所著有《薛荔園詩》、《佘宗漢稿》、《遊梁新編》、《金陵紀遊文》。考翔遊蹤所經，至大梁、金陵爲最後，今集中俱已載及。則合而編之，仍以《薛荔園詩》名也。《明詩綜》不著其名，殆僅存鈔本，流傳尚少歟。

文草

黄虞稷《千頃堂書目・别集類》 佘翔《文草》三卷。

滄海披沙集

黄虞稷《千頃堂書目・别集類》 沁水康僖王珵堦《滄海披沙集》。昭定王嫡子，瀋簡王七世孫，高皇帝仍孫，隆慶元年襲封。

《四庫提要・别集類存目二》 《滄海披沙集》十三卷。江蘇巡撫採進本。 明沁水王朱珵堦撰。珵堦號玉源，瀋簡王模之七世孫，昭定王恬炘子。隆慶元年襲封，萬曆二十九年卒，謚康僖。見《明史・諸王世表》。所著有《衡漳初稿》、《栖雲洞集》、《雲竇寤言》、《葵園紀言》、《公族論》等書，嘗刻於遜學書院。繼合爲一編，於

吳中重刊之，總名曰《滄海披沙集》。穆文熙《詩話》謂：「王詩丰神俊逸，思致雅澹，格調在大曆以前。」今觀集中，若《夏日東園詩》「月落棋聲久，涼生酒興多」，《潛龍寺訪孟誠菴詩》「借宿間多咏，求名静覺非」，《春初過涵春閣詩》「酒嫌蘆筍少，春恨李花多」等句，其格調頗近四靈，殊未足追蹤大曆，至於文體聱牙，更不出王、李流派矣。

衡漳稿

黃虞稷《千頃堂書目・別集類》 沁水康僖王珵堦《衡漳稿》。

《四庫提要・別集類存目二》 明沁水王朱珵堦【略】所著有《衡漳初稿》。

萬一樓集　外集

黃虞稷《千頃堂書目・別集類》 駱問禮《萬一樓集》五十六卷，又《外集》十卷。號纘亭，諸暨人。湖廣副使。

《明史・藝文志・別集類》 駱問禮《萬一樓集》六十一卷，《外集》十卷。

英廉奏《全燬書目》 《萬一樓集》二十本。明駱問禮撰。

續羊棗集

黃虞稷《千頃堂書目・別集類》 駱問禮《續羊棗集》六卷。

止止堂集

黃虞稷《千頃堂書目・別集類》 戚繼光《止止堂集》三卷。字元敬，登州人。世襲衛千户，薊遼總兵，進左都督，加少保，卒謚武毅。

英廉奏《抽燬書目》 《止止堂集》五本。查《止止堂集》，係明戚繼光撰。集内「揚王啓運」一條，「宋瀛國公」一條，皆有偏謬，應請抽燬。

《四庫提要・別集類存目五》 《止止堂集》五卷。浙江孫仰曾家藏本。明戚繼光撰。繼光有《練兵實紀》，已著録。《千頃堂書目》載繼光《止止堂集》，無卷數。又《橫槊稿》三卷、《愚愚稿》一卷。今此本《橫槊稿》亦三卷，《愚愚稿》則多一卷，編首總題《止止堂集》。前有萬曆二年工部尚書郭朝賓序，而集中有萬曆庚辰紀年，在朝賓作序之後，蓋又嘗續有增益。知虞稷所見《愚愚稿》一卷，乃初刻之本，非著録之誤也。繼光有平倭功，當時推爲良將。詩亦伉健近燕、趙之音。而雜説中乃多及陰騭果報神怪之事，不免偏駁。考繼光有《登盤山絶頂》七律一首，格律頗壯。今石刻尚存，而兩集中皆不收，殆作於刻集之後歟。

橫槊稿

黃虞稷《千頃堂書目・別集類》 戚繼光《橫槊稿》三卷。

《明史・藝文志・別集類》 戚繼光《橫槊稿》三卷。

愚愚稿

黃虞稷《千頃堂書目・別集類》 戚繼光《愚愚稿》一卷。

謝山存稿

《四庫提要・別集類存目五》 《謝山存稿》十卷。江蘇巡撫採進本。明陳吾德撰。吾德字有齋，廣東新會人。嘉靖乙丑進士，官至浙江按察司僉事。吾德傳陳獻章之學，居官忤張居正，屢遭貶謫。其氣節亦錚錚者。詩文則直述胸臆而已。

清森閣集

黄虞稷《千頃堂書目・別集類》 何良俊《清森閣集》。字元朗，華亭人。歲貢，授南京翰林院孔目。

柘湖集

黄虞稷《千頃堂書目・別集類》 何良俊《柘湖集》二十八卷。

《明史・藝文志・別集類》 何良俊《柘湖集》二十八卷。

何翰林集

王圻《續文獻通考・經籍考・集下》 何良俊《何翰林集》。

徐𤊹《徐氏家藏書目・別集類》 何良俊《翰林集》二十八卷。字元朗，號柘湖，華亭人。嘉靖中以貢官翰林孔目。

張萱等《内閣藏書目録・集部》 《何翰林集》六册。嘉靖間何良俊著。

《四庫提要・別集類存目五》 《何翰林集》二十二卷。兩淮鹽政採進本。明何良俊撰。良俊有《四友齋叢説》，已著録。是集乃其詩文、雜著，並《語林》之《小序》亦載焉。朱彝尊《明詩綜》載其有《清森閣集》。《千頃堂書目》載良俊《清森閣集》無卷數，又載其《柘湖集》二十八卷。據集首莫如忠序，稱是集二十八卷，蓋即所謂《柘湖集》者。此本僅二十二卷，目録亦復殘闕，則已非完書矣。良俊在當時，頗有文名。所作縱横跌宕，亦時有六朝遺意。而落筆微傷太快，殆亦才人輕脱之習歟。

關雎集

黄虞稷《千頃堂書目・別集類》 王之士《關雎集》。字欲立，藍田人。萬曆中侍郎趙用賢，御史王以道薦海内三遺，與鄧元錫、劉元卿同授國子監博士。

京途集

黄虞稷《千頃堂書目・別集類》 王之士《京途集》。

南游集

黄虞稷《千頃堂書目・別集類》 王之士《南游集》。

逍遥園集

黄虞稷《千頃堂書目・別集類》 穆文熙《逍遥園集》十卷。字敬敷，東明人。廣東按察副使，爲曹部時以擁護石星，廷杖解官歸，天下咸高其義。集爲劉子威、石拱辰所定。

《明史・藝文志・別集類》 穆文熙《逍遥園集》十卷。

英廉奏《抽毁書目》 《逍遥園集》十二本。查《逍遥園集》，係明穆文熙撰。集内《薊門凱歌塞下曲》十首，又《塞下曲》二首，俱有悖謬語，應請抽燬。

《四庫提要・別集類存目五》 《逍遥園集》二十卷。江蘇周厚堉家藏本。明穆文熙撰。文熙有《七雄策纂》，已著録。是集爲南師仲所編，凡詩十卷、文十卷。《明史・藝文志》作《逍遥園集》十卷，疑刊本誤脱二字也。

文蔚編

黄虞稷《千頃堂書目・別集類》 吴繼《文蔚編》四卷。秀水人。

雲東拾草

黃虞稷《千頃堂書目・別集類》 韓世能《雲東拾草》十四卷。字存良，長洲人，禮部左侍郎，兼侍讀學士。

英廉奏《抽毀書目》 《雲東拾草》六本。查《雲東拾草》，係明韓世能撰。卷八《武昌府重修岳忠武祠碑記》，議論極爲偏謬，應請抽燬。

《四庫提要・別集類存目六》 《雲東拾草》十四卷，附録一卷。浙江孫仰曾家藏本。明韓世能撰。世能字存良，長洲人。隆慶戊辰進士，官至南京禮部侍郎，召入兼翰林學士。事蹟附見《明史・黃鳳翔傳》。世能以鑒藏書畫名一時，張丑所爲輯《南陽書畫表》也。史稱其教習庶吉士，館閣文字，是科爲盛。考董其昌《洛神賦十三行跋》，稱館師韓宗伯，則當爲萬曆己丑科。據《明史・文苑傳》所載焦竑、黃輝諸人，固較他科爲稍勝。然世能詩文則不出王、李門徑。是集爲所自編，没後二十年，其子逢祐乃刊行，附以誥敕、諭祭葬文及碑銘、傳狀。

松韻堂集

徐𤊹《徐氏家藏書目・別集類》 孫七政《松韻堂集》十二卷。字齊之，常熟人。萬曆中布衣。

黃虞稷《千頃堂書目・別集類》 孫七政《松韻堂集》十二卷。字齊之，常熟人。太學生。

《四庫提要・別集類存目五》 《松韻堂集》十二卷。浙江孫仰曾家藏本。明孫七政撰。七政字齊之，常熟人。與王世貞諸人遊，故詩亦類七子之體，而字句時傷於筌滯。

湛園存稿

黃虞稷《千頃堂書目・別集類》 朱天球《湛園存稿》。字君玉，漳浦人，南京工部尚書。

怡雲堂集

《四庫提要・別集類存目五》 《怡雲堂集》十卷。江西巡撫採進本。明蔡國珍撰。國珍字汝聘，奉新人。嘉靖丙辰進士，官至吏部尚書，謚恭靖。事蹟具《明史》本傳。是集乃其從曾孫尚才所編，凡詩四卷，文六卷。詩皆近體，尚才序謂從敗簏中得其歸田後所作詩一帙，以類編次，蓋非全稿也。卷四後附其子若孫之詩。卷五、卷六乃國珍所作奏疏、序記諸文。又卷七、卷八附以敕命、墓表及壽文、祭文。卷九又爲國珍所作書啓、小詞。卷十又附刻他人書啓。編次殊爲無緒，且詩實四卷，而序云二卷，尤爲不檢矣。

魯源文集

黃虞稷《千頃堂書目・別集類》 徐用檢《魯源文集》。字其賢，蘭谿人。太常寺卿。

河右集

徐𤊹《徐氏家藏書目・別集類》 張問仁《河右集》八卷。字以元，號春谷，西安府西寧人。嘉靖丙辰進士。

黃虞稷《千頃堂書目・別集類》 張問仁《河右集》八卷。字以元，陝西西寧衛人。

柔生齋稿

黄虞稷《千頃堂書目・别集類》 沈位《柔生齋稿》六卷。字道立，吴江人。翰林院檢討。

城山堂集

黄虞稷《千頃堂書目・别集類》 盛時泰《大城山堂集》六十八卷。字仲交，上元人。貢生。

《明史・藝文志・别集類》 盛時泰《城山堂集》六十八卷。

游燕雜記

黄虞稷《千頃堂書目・别集類》 盛時泰《游燕雜記》三卷。

遊吴雜記

黄虞稷《千頃堂書目・别集類》 盛時泰《遊吴雜記》。

蒼潤軒集

黄虞稷《千頃堂書目・别集類》 盛時泰《蒼潤軒集》。

兩都賦

黄虞稷《千頃堂書目・騷賦類》 盛時泰《兩都賦》二卷。字仲交，江寧人。嘉靖末貢生。

卧月軒稿

黄虞稷《千頃堂書目・别集類》 黄茂梧妻顧若璞《卧月軒稿》一卷。字知和，錢塘人，副使黄汝亨子婦。

交翠軒佚稿

黄虞稷《千頃堂書目・别集類》 周子義《交翠軒佚稿》六卷。字以方，號儆庵，無錫人。吏部左侍郎，兼侍讀學士，掌詹事府事，贈禮部尚書，謚文恪。

雲夢詩

徐𤊹《徐氏家藏書目・别集類》 孫斯億《雲夢詩》二卷。字兆孺。宜之子。嘉靖中布衣，以子羽侯貴，封給事中。屠本畯選。

黄虞稷《千頃堂書目・别集類》 孫斯億《雲夢詩》二卷。字兆孺，華容人。孫宜子。

孫斯億詩

黄虞稷《千頃堂書目・别集類》 孫斯億《詩》二十卷。

潛學稿

黃虞稷《千頃堂書目・別集類》 鄧元錫《潛學稿》十九卷。字汝極，江西建昌新城人。徵授翰林院待詔。學者私謚文統先生。

《明史・藝文志・別集類》 鄧元錫《潛學稿》十七卷。

英廉奏《抽毀書目》 《潛學稿》四本。查《潛學稿》，係明鄧光錫撰。其《函史上編序》、《函史下編序》，俱有偏謬。《少司空張六十初度序》，有悖謬語，應請抽燬。

《四庫提要・別集類存目五》 《潛學稿》十二卷。浙江巡撫採進本。明鄧元錫撰。元錫有《三禮繹》，已著録。此其所作雜文及語録也。其語録力闢心學，在當時尚爲篤實。文章則頗爲朴僿，未足擅長。

藏微館集

黃虞稷《千頃堂書目・別集類》 劉黃裳《藏微館集》十六卷。字玄子，光州人，劉繪子。兵部郎中，贊畫宋應昌軍事。

夢菊全集

黃虞稷《千頃堂書目・別集類》 郭棐《夢菊全集》。字□□，南海人。光禄寺卿。

蘭省稿

黃虞稷《千頃堂書目・別集類》 郭棐《蘭省稿》。

蘭雪齋集

徐𤊹《徐氏家藏書目・別集類》 文元發《蘭雪齋集》二卷。字子悱，彭之子。官衛輝府同知。

黃虞稷《千頃堂書目・別集類》 文元發《蘭雪齋集》二卷。字子悱，肇祉弟。衛輝府同知。

幼溪集

黃虞稷《千頃堂書目・別集類》 陳省《幼溪集》四卷。字孔震，長樂人。兵部侍郎。

武夷集

黃虞稷《千頃堂書目・別集類》 陳省《武夷集》四卷。

湛庵遺稿

徐𤊹《徐氏家藏書目・別集類》 陸光祚《湛庵先生遺稿》一卷。字與培，平湖人。嘉靖己未進士，官陝西提學副使。

黃虞稷《千頃堂書目・別集類》 陸光祚《湛庵遺稿》。字與培，錦衣衛籍，平湖人。

春臺文集

黃虞稷《千頃堂書目・別集類》 蔡國熙《春臺文集》。永年人。蘇州太守，治行

爲天下第一，擢山西提學副使。王世貞官大名兵備，表其里門。

淡庵集

黄虞稷《千頃堂書目・別集類》 錢鎮《淡庵集》。字守中，烏程人。兵部郎中。

觀頤集

黄虞稷《千頃堂書目・別集類》 沈桐《觀頤集》二十卷。字子秀，歸安人。巡撫福建，都御史。

《明史・藝文志・別集類》 沈桐《觀頤集》二十卷。

習韻稿

黄虞稷《千頃堂書目・別集類》 朱湘《習韻稿》。字子清，義烏人。

瑞陽稿

黄虞稷《千頃堂書目・別集類》 朱湘《瑞陽稿》。

恤刑稿

黄虞稷《千頃堂書目・別集類》 朱湘《恤刑稿》。

天津存稿

黄虞稷《千頃堂書目・別集類》 查志隆《天津存稿》。字鳴治，海寧人。

皖城存稿

黄虞稷《千頃堂書目・別集類》 查志隆《皖城存稿》。

劉莊介公瑞芝堂集

黄虞稷《千頃堂書目・別集類》 劉一儒《劉莊介公瑞芝堂集》三卷。字孟真，夷陵州人。南京工部尚書。

少谷集

黄虞稷《千頃堂書目・別集類》 岑用賓《少谷集》二卷。字允穆，順德人。萬子。紹興知府。

歸興集

黄虞稷《千頃堂書目・別集類》 沈奎《歸興集》。字文叔，江陰人。江西布政司參議。

陽谿文集

張萱等《内閣藏書目録・集部》《陽谿文集》九册。全。嘉靖間孝義趙訥著。

陽谿詩集

張萱等《内閣藏書目録・集部》《陽谿詩集》七册。又一册。全。隆慶間孝義趙訥著。

歸田稿

徐𤊹《徐氏家藏書目・別集類》趙訥《歸田稿》十卷。字孟敏，號陽溪，汾州孝義縣人。嘉靖己未進士，保寧知府。

黄虞稷《千頃堂書目・別集類》趙訥《歸田稿》十卷。字孟敏，孝義人。保寧知府。

竹林雜興

徐𤊹《徐氏家藏書目・別集類》胡僖《竹林雜興》一卷。字伯安，號公泉，蘭谿人。嘉靖己未進士，官雲南副使。

十景詩

徐𤊹《徐氏家藏書目・別集類》胡僖《十景詩》一卷。

與泉先生詩集

范邦甸等《天一閣書目・別集類》《與泉先生詩集》二卷。刊本。明徐淵著，嘉靖庚申門生張淵序。

金齋集

黄虞稷《千頃堂書目・別集類》宋諾《金齋集》四卷。字子重，故城人。兗州知府。

《四庫提要・別集類存目四》《金齋集》四卷。直隸總督採進本。明宋諾撰。諾字子重，號金齋，故城人。嘉靖乙未進士，官至兗州府知府。是集文三卷，詩一卷，而別以策對、書啓之類附入詩後。其《歷官條教》，又標《政績》一目，體例頗爲糅雜。集中大抵宦遊應酬之作。

玉恩堂集

徐𤊹《徐氏家藏書目・別集類》林景暘《玉恩堂集》十卷。字紹熙，號宏齋，華亭人。隆慶戊辰進士，太僕卿。

黄虞稷《千頃堂書目・別集類》林景暘《玉恩堂集》十卷。字□□，華亭人。南京太僕寺卿。

《明史・藝文志・別集類》林景暘《玉恩堂集》十卷。

英廉奏《抽毀書目》《玉恩堂集》五本。查《玉恩堂集》，係明林景暘撰。卷一内二十一頁《覈警報疏》，卷二内十三等頁《斥邪謹漸疏》，卷六《送彭秀南備兵薊門詩》，卷七《送彭秀南序》，均有違謬字句，應請抽燬。

《四庫提要・別集類存目六》《玉恩堂集》九卷，附録一卷。浙江孫仰曾家藏本。明林景暘撰。景暘字紹熙，華亭人。隆慶戊辰進士。官至南京太僕寺卿。是

集爲其子有麟所編，凡奏議二卷，參詞二卷，詩二卷，文三卷，附録碑誌、行狀一卷。王錫爵、張以誠二序及張孟男所撰碑、申時行所撰墓誌，皆不稱其文章，惟杜士全序及王圻所作行狀稍稱之云。

石室藏稿

黄虞稷《千頃堂書目・別集類》 戴一俊《石室藏稿》四卷。字惟宅，泉州惠安人。廣東副使。

林初文全集

黄虞稷《千頃堂書目・別集類》 林章《林初文全集》十二卷。先名春元，字初文，福清人。疏請止礦稅，陳立兵行鹽之策，逮治死於獄。

林初文詩選

《四庫提要・別集類存目六》 《林初文詩選》一卷。兩江總督採進本。 明林章撰。章本名春元，字初文，福清人。萬曆癸酉舉人，坐事除名，後上書言兵事，瘐死於獄。是集前有曹學佺序曰：「初文才士，爲嫉者所中。所作多散佚，其子哀輯爲一帙，梁溪尤時純付梓。」則是集本有刊版，而此乃寫本，蓋傳録於版佚之後也。凡賦二首，詩八十二首。學佺序稱其《海月賦》，而此本無之，蓋鈔胥又有所漏矣。

洪洲類稿

黄虞稷《千頃堂書目・別集類》 王圻《洪洲類稿》十六卷。字元翰，上海人。湖廣提學副使。

《明史・藝文志・別集類》 王圻《鴻洲類稿》十卷。

《四庫提要・別集類存目五》 《洪洲類稿》四卷。浙江汪啓淑家藏本。 明王圻撰。圻有《東吴水利考》，已著録。是集凡詩一卷、文三卷，乃其提學湖廣時所自編。其孫謨又爲重刻。圻所著述，如《續文獻通考》、《三才圖會》、《稗史類編》諸書，皆篇帙浩繁，動至一二百卷。雖龐雜割裂，利鈍互陳，其采輯編排，用力亦云勤篤。計其平日，殆無時不考古研今。其於詩文，殆以餘事視之，故寥寥如此，存而不論可矣。

明農稿

黄虞稷《千頃堂書目・別集類》 王圻《明農稿》四卷。

懸榻齋集

黄虞稷《千頃堂書目・別集類》 陳履《懸榻齋集》九卷。字德基，東莞人，初名天澤。蒼梧兵備副使。

陳恭介公集

徐𤊹《徐氏家藏書目・別集類》 陳有年《恭介公集》十二卷。字登之，號心穀，餘姚人。嘉靖壬戌進士，官吏部尚書，謚恭介。

黄虞稷《千頃堂書目・別集類》 陳有年《陳恭介公集》十二卷。字登之，餘姚人。吏部尚書。

于仲子集

黄虞稷《千頃堂書目・別集類》 于慎思《于仲子集》十六卷。慎行弟，字無妄。

東阿諸生。有《龐眉生集》十六卷。

龐眉生集

黄虞稷《千頃堂書目・別集類》〔于慎思〕有《龐眉生集》十六卷。

《四庫提要・別集類存目六》《龐眉生集》十六卷。山東巡撫採進本。明于慎思撰。慎思字無妄，號航隱，東阿人，于慎行之弟也。是集詩七卷，雜文八卷，樂府一卷。皆有縱横排奡之氣，而頗涉粗豪。

寶綸閣集

黄虞稷《千頃堂書目・別集類》姚弘謨《寶綸閣集》八卷。字繼文，秀水人。

王先生文集

黄虞稷《千頃堂書目・別集類》王祖嫡《王先生文集》三十七卷。字胤昌，信陽州人。右春坊右庶子。

《明史・藝文志・別集類》《王祖嫡文集》三十七卷。

李子田文集

《四庫提要・別集類存目五》《李子田文集》四卷。兩江總督採進本。明李蓘撰。蓘有《黄谷瑣談》，已著録。所選《宋元藝圃集》，頗有別裁。而文章沿歷城、太倉之派，未能自闢門庭。其持論務合儒、釋爲一，遂併孟子而非之。如曰：「孟子非排告子也，排告子而自異於孔氏諸聖人也。諸儒非尊孟氏也，尊孟氏而自別於孔氏諸聖人也。」可云大繆。

李太史集

黄虞稷《千頃堂書目・別集類》李蓘《李太史集》六卷。字于田，内鄉人。提學副使。

達意稿

黄虞稷《千頃堂書目・別集類》張士佩《達意稿》二卷。字玫父，韓城人。南京户部尚書。

學步吟草

黄虞稷《千頃堂書目・別集類》吴郡《學步吟草》。字公治，崇德人。

殳山社草

黄虞稷《千頃堂書目・別集類》吴郡《殳山社草》。

季安遺稿

徐𤊹《徐氏家藏書目・別集類》高壆《季安遺稿》一卷。字季安，號厓山，岱之弟。嘉靖辛酉鄉舉，時年十九，次年卒。岱收其遺稿梓之。

黄虞稷《千頃堂書目・別集類》高壆《季安遺稿》一卷。字季安，京山人。岱弟。

三秀亭近草

徐𤊹《徐氏家藏書目・别集類》 唐堯官《三秀亭近草》二卷。字廷俊，雲南府昆明人。萬曆中鄉舉。焦竑爲序。

楊端潔公集

黄虞稷《千頃堂書目・别集類》 楊時喬《楊端潔公集》二十卷。字□□，上饒人。吏部右侍郎。

《四庫提要・别集類存目五》 《楊端潔集》。無卷數。江西巡撫採進本。明楊時喬撰。時喬有《周易古今文全書》，已著録。是集爲其子聖踐所編。江右之學，惟時喬一本程、朱。故集中《大學》、《周易》諸序及孔、朱二像碑皆力闢心學之誤云。

帚言摘稿

黄虞稷《千頃堂書目・别集類》 王應山《帚言摘稿》二十四卷。字懋宣。王杲子。侯官人。萬曆中貢士。

亦玉堂稿　續稿

黄虞稷《千頃堂書目・别集類》 沈鯉《亦玉堂稿》十八卷，又《亦玉堂續稿》。字□□，歸德人。

《明史・藝文志・别集類》 沈鯉《亦玉堂稿》十八卷。

《四庫提要・别集類二五》 《亦玉堂稿》十卷。浙江巡撫採進本。明沈鯉撰。鯉有《文雅社約》，已著録。鯉常輯其詩文爲《亦玉堂稿》十卷、《續稿》八卷，明末版燬不存。王士禛《古夫于亭雜録》載其家有鯉正續兩集，三復其文，歎其經術湛深，議論正大。然士禛没後，池北書庫所藏散佚皆盡，今亦未見其本。此本乃康熙庚午劉榛裒輯殘闕所重刊。集中有文無詩，蓋已非原稿之舊矣。

喙鳴文集

徐𤊹《徐氏家藏書目・别集類》 沈一貫《文集》二十一卷。

黄虞稷《千頃堂書目・别集類》 沈一貫《喙鳴文集》二十一卷。字肩吾，鄞縣人。少師兼太子太師，吏部尚書，中極殿大學士。謚文恭。

喙鳴詩集

范邦甸等《天一閣書目・别集類》 《喙鳴詩集》十八卷。刊本。明四明沈一貫撰。

徐𤊹《徐氏家藏書目・别集類》 沈一貫《喙鳴集》十八卷。字肩吾，號蛟門，明臣之姪。隆慶戊辰進士，累官禮部尚書，武英殿大學士。謚文恭。

黄虞稷《千頃堂書目・别集類》 沈一貫《喙鳴詩集》十八卷。

軍機處奏《禁毀書目》 《喙鳴軒詩集》六本。查《喙鳴軒詩集》，明沈一貫撰。一貫執政之時，黨同伐異，遂開朋黨之風。其人品、事業均無足取，詩中有悖妄之詞，應請銷燬。

晁東吴遺文

黄虞稷《千頃堂書目・别集類》 晁東吴《遺文》四卷。字叔泰。瑮子。直隸開州人。庶吉士。

鶴鳴集

徐㶿《徐氏家藏書目・別集類》 劉伯燮《鶴鳴集》二十七卷。字元甫，號小鶴，孝感人。隆慶戊辰進士，兵科給事中，福建參政，廣東按察使。閩門人鄭懋洵爲之序。

黄虞稷《千頃堂書目・別集類》 劉伯燮《鶴鳴集》二十七卷。字元甫，孝感人。廣東按察使。

工部集

黄虞稷《千頃堂書目・別集類》 葉逢春《工部集》十六卷。字叔仁，餘姚人。鄖陽知府。

起漕稿

黄虞稷《千頃堂書目・別集類》 葉逢春《起漕稿》。

海嶽山房集

黄虞稷《千頃堂書目・別集類》 郭造卿《海嶽山房集》二十卷。字建初，福清人。諸生，爲少保戚繼光幕客。

《明史・藝文志・別集類》 郭造卿《海岳山房集》二十卷。

絅齋集

徐㶿《徐氏家藏書目・別集類》 葉春及《絅齋全集》二十卷。

黄虞稷《千頃堂書目・別集類》 葉春及《絅齋集》六卷。字化甫，歸善人。户部郎中。

《明史・藝文志・別集類》 葉春及《絅齋集》六卷。

石洞集

黄虞稷《千頃堂書目・別集類》 葉春及《石洞集》十八卷。

《四庫提要・別集類二五》 《石洞集》十八卷。安徽巡撫採進本。明葉春及撰。春及字化甫，歸善人。嘉靖壬子舉人，官至户部郎中。事蹟附見《明史・艾穆傳》。是編首載《應詔書》五篇，共二卷。

過江集

黄虞稷《千頃堂書目・別集類》 葉春及《過江集》。

河垣稿

黄虞稷《千頃堂書目・別集類》 葉春及《河垣稿》。

謫臺稿

黄虞稷《千頃堂書目・別集類》 葉春及《謫臺稿》。

粵臺稿

黄虞稷《千頃堂書目・别集類》 葉春及《粵臺稿》。

應詔書

徐𤊹《徐氏家藏書目・别集類》 葉春及《應詔書》一卷。字化甫，號絅齋，歸善人。嘉靖中鄉舉，授閩清教諭。隆慶初詔求直言之士，春及上書二十五篇，三萬餘言，倣賈誼《治安策》。官終工部郎中。

黄虞稷《千頃堂書目・别集類》 葉春及《應詔書》一卷。

志論

黄虞稷《千頃堂書目・别集類》 葉春及《志論》二卷。

公牘

黄虞稷《千頃堂書目・别集類》 葉春及《公牘》二卷。

曾省吾文集

黄虞稷《千頃堂書目・别集類》 曾省吾《文集》。字□□，承天衛人。

西遊稿

黄虞稷《千頃堂書目・别集類》 詹景鳳《西遊稿》。字東圖，休寧人。平樂通判，謫保寧教授。

然藜閣遺稿

黄虞稷《千頃堂書目・别集類》 陳允升《然藜閣遺稿》。字吉甫，歸安人。滁州知州。

衛陽集

《四庫提要・别集類存目五》 《衛陽集》十四卷。直隸總督採進本。明周世選撰。世選字文賢，故城人。嘉靖壬戌進士，官至南京兵部尚書。是集以衛陽爲名，蓋故城在衛河之陽，世選以自號，因以名集也。

青藜閣集

范邦甸等《天一閣書目・别集類》 《青藜閣初稿》三卷。刊本。内缺第一卷。明檇李戚元佐撰，門人胡日新跋。

徐𤊹《徐氏家藏書目・别集類》 戚元佐《青藜閣稿》三卷。字希仲，嘉興人。嘉靖□□進士，官禮部郎中。

黄虞稷《千頃堂書目・别集類》 戚元佐《青藜閣集》三卷。字希仲，秀水人。尚寶寺少卿。

正學堂稿

徐𤊹《徐氏家藏書目·别集類》 李材《正學堂稿》二十四卷。

黄虞稷《千頃堂書目·别集類》 李材《正學堂稿》二十四卷。字孟誠，豐城人。巡撫雲南，都御史。

觀我堂書要

徐𤊹《徐氏家藏書目·别集類》 李材《觀我堂書要》三十卷。字孟誠，號見羅，豐城人。嘉靖壬戌進士，累官雲南巡撫都御史。

黄虞稷《千頃堂書目·别集類》 李材《觀我堂書要》三十卷。

觀我堂摘稿

《四庫提要·别集類存目五》 《觀我堂摘稿》十二卷。安徽巡撫採進本。明李材撰。材有《李見羅書》，已著録。其學出於姚江，而稍變其説。遂開止修一派，與良知一派竝傳。然制行頗率意自恣。官巡撫時，毁參將署爲書院，致激兵變。後雲南巡按御史劾其破蠻冒功，逮問坐繫十餘年。謫戍福建，乃仍用巡撫儀從以往，爲當時所怪。黄宗羲《明儒學案》謂其以師道自任，不因患難而改。不知者謂其不忘開府門面，則失之。然師道尊嚴，豈在鼓吹張蓋？宗羲以姚江一派門户相同，從而爲之曲説耳。是集凡《大學古本義》一卷、《書問》十卷、《雜著》一卷，皆其講學之文也。

竹葉軒稿

黄虞稷《千頃堂書目·别集類》 沈元華《竹葉軒稿》。字邃伯，秀水人。大理寺卿。

文岡集

黄虞稷《千頃堂書目·别集類》 李臺《文岡集》。字國佐，壽昌人。

少虞山房集

黄虞稷《千頃堂書目·别集類》 楊成名《少虞山房集》四卷。字志完，建安人。楊文敏榮裔孫。武進知縣。一作《遂初集》。

愛存稿

黄虞稷《千頃堂書目·别集類》 錢貢《愛存稿》一卷。字時雍，桐鄉人。新建知縣，升工部郎中。

元陽堂稿

黄虞稷《千頃堂書目·别集類》 張應治《元陽堂稿》。字體徵，秀水人。

海峰先生遺稿

黄虞稷《千頃堂書目·别集類》 朱潤身《海峰先生遺稿》。字海峰，江寧人。雲南僉事。

衡門集

黄虞稷《千頃堂書目・别集類》 鄭履淳《衡門集》十卷。字伯寅，海鹽人。尚寶司丞，建言廷杖，終光禄寺少卿。

九霞山人集

黄虞稷《千頃堂書目・别集類》 楊汝允《九霞山人集》。字維明，南昌人。姚安知府。

小函集

黄虞稷《千頃堂書目・别集類》 陳文燧《小函集》。字汝相，臨川人。官御史。江陵父死，諸御史具疏留之，文燧不肯署名，人稱其直。

海亭集

《四庫提要・别集類存目五》 《海亭集》四卷。福建巡撫採進本。明鄭普撰。普字汝德，海亭其號也，南安人。嘉靖壬戌進士，官至雲南府知府。是集文三卷，皆應酬之作。詩一卷，僅二十餘首，亦殊寥寥。據王慎中所作《墓誌》，謂普精於經學。觀集中《復林次崖》二書，亦憑虚理斷之學，非元元本本之學也。

石盂集

徐𤊹《徐氏家藏書目・别集類》 汪垣《石盂集》十七卷。字仲安，號識環，玉之子。嘉靖中國子生，官程蕃通判。

英廉奏《抽毁書目》 《石盂集》四本。查《石盂集》係明汪坦撰。集内卷十二《書孫覲簡牘後》一篇，語有誣謬，應請抽燬。

《四庫提要・别集類存目五》 《石盂集》十七卷。兩江總督採進本。明汪坦撰。坦字仲安，號誠環，鄞縣人。是集爲其子長文所刊，凡詩賦十卷，雜文七卷。前有屠隆序，稱其詩自《三百篇》、騷、選、漢、魏、六朝、唐、宋，文自左、馬、班、揚、崔、蔡、韓、柳、蘇、王諸體，靡所不詣。然核其所作，不出七子之體。

李山人詩

徐𤊹《徐氏家藏書目・别集類》 《李生寅詩》二卷。字賓父，鄞縣人，萬曆中山人。

《四庫提要・别集類存目七》 《李山人詩》二卷。浙江范懋柱家天一閣藏本。明李生寅撰。生寅字賓父，鄞縣人。是集爲其邑人楊承鯤所選。詩皆短章，音節頗諧，而乏深警之思，亦頗窘於邊幅，蓋思清而才弱者也。前有萬曆壬午鄞縣知縣楊芳序，稱其名可得而聞，人不可得而見，則其品在當時山人上，宜其詩之不俗矣。

兑隅先生集

黄虞稷《千頃堂書目・别集類》 蕭廩《兑隅先生集》五卷。字□□，萬安人。兵部侍郎，贈尚書。

緑波樓集

黄虞稷《千頃堂書目・别集類》 張九一《緑波樓集》十卷。字助甫，新蔡人。巡撫寧夏，都御史。

《明史・藝文志・别集類》 張九一《緑波樓集》十卷。

張九一文集

黃虞稷《千頃堂書目・別集類》 張九一《文集》五卷。

綠波樓詩集

黃虞稷《千頃堂書目・別集類》 張九一《詩集》十四卷。

《四庫提要・別集類存目五》 《綠波樓詩集》十四卷。河南巡撫採進本。明張九一撰。九一字助甫，號周田，新蔡人。嘉靖癸丑進士，官至右僉都御史，巡撫寧夏。《明史・文苑傳》附見《王世貞傳》中。

希高詩稿

黃虞稷《千頃堂書目・別集類》 陸萬垓《希高詩稿》。字無畦，平湖人。

太樸主人文集

黃虞稷《千頃堂書目・別集類》 沈節甫《太樸主人文集》十五卷。字以安，烏程人。工部侍郎，贈右都御史。謚端靖。

《明史・藝文志・別集類》 《沈節甫文集》十五卷。

奏議

徐𤊹《徐氏家藏書目・別集類》 沈節甫《奏議》八卷。字以安，號鏡宇，又號耐菴，烏程人。嘉靖己未進士，官南京刑部侍郎。

泉湖山房稿

徐𤊹《徐氏家藏書目・別集類》 曾同亨《泉湖山房稿》三十卷。字于埜，號見臺，吉水人。嘉靖己未進士，官南京吏部尚書兼太子少保。卒年七十五。

黃虞稷《千頃堂書目・別集類》 曾同亨《泉湖山房稿》三十卷。字于野，吉安人。太子太保，南京吏部尚書。謚恭端。

《明史・藝文志・別集類》 曾同亨《泉湖山房稿》三十卷。

孫敬身詩文

黃虞稷《千頃堂書目・別集類》 孫枝《孫敬身詩文》八卷。仁和人。

春陵集

黃虞稷《千頃堂書目・別集類》 王一鶚《春陵集》。字子薦，曲周人。太子少保，兵部尚書。

東掖漫稿

黃虞稷《千頃堂書目・別集類》 賈三近《東掖漫稿》。字德修，嶧縣人。兵部右侍郎。

雙柏堂集

黄虞稷《千頃堂書目・別集類》 范謙《雙柏堂集》□卷。字含虚，豐城人。禮部尚書，贈太子少保，謚文恪。

文起堂集　續集　新集

徐𤊹《徐氏家藏書目・別集類》 張獻翼《文起堂集》十卷，《新集》一卷。字幼□，號□□，嘉靖中太學生。

黄虞稷《千頃堂書目・別集類》 張獻翼《文起堂集》十卷，又《續集》五卷，又《新集》一卷。字幼于，更名敉，長洲人。鳳翼弟。國子監生。

《明史・藝文志・別集類》 張獻翼《文起堂集》十六卷。

《四庫提要・別集類存目五》 《文起堂集》十卷。兩淮馬裕家藏本。明張獻翼撰。獻翼有《讀易紀聞》，已著録。是集凡賦一卷、詩六卷、雜文三卷。其詩文多參以俳偶，蓋獻翼雖頗與李攀龍筆札往還，而與皇甫涍尤契。故學其含咀魏、晉，而未能成家云。

紈綺集

范邦甸等《天一閣書目・別集類》 《紈綺集》一卷。刊本。明張顯翼撰，徐縤序稱「張子幼于題其綺歲，所作曰《紈綺集》」。

《四庫提要・別集類存目五》 《紈綺集》一卷。安徽巡撫採進本。明張獻翼撰。乃自録其早歲所作，於《文起堂集》外別行者也。

蘭芬集

黄虞稷《千頃堂書目・別集類》 張獻翼《蘭芬集》二卷。

秣陵遊稿

范邦甸等《天一閣書目補遺・別集類》 《秣陵遊稿》一卷。刊本。明張獻翼撰，江都忭蓘校刊。

五言詩

徐𤊹《徐氏家藏書目・別集類》 張獻翼《五言詩》一卷。

自泉元論詩

范邦甸等《天一閣書目・別集類》 《自泉元諭詩》一卷。藍絲闌鈔本。明張獻翼著。

陳如岡文集

《四庫提要・別集類存目六》 《陳如岡文集》二卷。兩江總督採進本。明陳大科撰。大科字思進，號如岡，南通州人。隆慶辛未進士，官至右都御史，兼兵部侍郎，總督兩廣。大科官給事中時，因歲旱，上弭災六事，遷太常卿時，又疏救李獻可等，又劾太監馮保，有直聲。及總督兩廣，有定安南功。是集上一卷具録當時奏

疏，下一卷則雜文數篇而已。

咫亭文集

黃虞稷《千頃堂書目・別集類》 詹仰庇《咫亭文集》□卷。字□□，安溪人。刑部右侍郎。

王文肅集附録

《明史・藝文志・別集類》 《王錫爵詩文集》三十二卷。

《四庫提要・別集類存目五》 《王文肅集》五十二卷，附録二卷。檢討蕭芝家藏本。明王錫爵撰。錫爵有《王文肅奏草》，已著録。是集爲其孫時敏所編，凡雜文十二卷，書十八卷，奏疏二十二卷，附載《榮哀録》一卷，誌狀、碑傳一卷。前有申時行序，然時行乃序其奏疏，非序其全集，時敏刊刻之時，取以冠編耳。時敏跋稱彙集文稿，不能十之五六。詩稿經年廣搜，未能成帙。又稱入閣以後參軍代筆，奉有先命，不敢混入云。

王文肅公文草

黃虞稷《千頃堂書目・別集類》 王錫爵《王文肅公文草》十四卷。字荆石，太倉人。一甲第二人，少保兼太子太保，吏部尚書，建極殿大學士，贈太師，謚文肅。

牘草

黃虞稷《千頃堂書目・別集類》 王錫爵《牘草》十八卷。

司理集

黃虞稷《千頃堂書目・別集類》 鄭日休《司理集》十卷。字廷德，閩縣人。惠州府推官。

北征草

黃虞稷《千頃堂書目・別集類》 郁應元《北征草》。字槐泉，嘉善人。

南游雜編

黃虞稷《千頃堂書目・別集類》 郁應元《南游雜編》。

錢與映詩

黃虞稷《千頃堂書目・別集類》 《錢與映詩》一卷。字淵甫。薇子。嘉興人。屠隆序。

吹壎集

黃虞稷《千頃堂書目・別集類》 徐希明《吹壎集》。字允淳，上虞人。

拙齋稿

黄虞稷《千頃堂書目・別集類》 葉世德《拙齋稿》。字有懷，樂清人。

江右稿

黄虞稷《千頃堂書目・別集類》 葉世德《江右稿》。

郥雝集

黄虞稷《千頃堂書目・別集類》 張聘夫《郥雝集》。字時珍，婺源人。國子助教。

桃源集

黄虞稷《千頃堂書目・別集類》 江來岷《桃源集》。字本初，歙縣人。鄮縣知縣。

狎鷗子摘稿

《四庫提要・別集類存目五》 《狎鷗子摘稿》一卷。江蘇巡撫採進本。明吳崇節撰。崇節有《古史要評》，已著録。此其爲武岡知縣罷歸後所爲文也。前有《狎鷗亭賦》及《霞塘八景》絶句，後則雜文，寥寥僅十數篇，皆詞意淺薄。中有《悟邃生傳》，詳其詞意，乃崇節自謂，而其《狎鷗亭賦》又自稱「豫石子」，隨地易號，殆仿元結之例歟。

内丘集

黄虞稷《千頃堂書目・別集類》 李蔭《内丘集》。字襲美，内鄉人。刑部主事。

魁峰集

黄虞稷《千頃堂書目・別集類》 屠希曾《魁峰集》。樂清人。

采真堂集

黄虞稷《千頃堂書目・別集類》 胡涍《采真堂集》。字原荆，無錫人。廣西道御史，建言落職。

中祕稿

黄虞稷《千頃堂書目・別集類》 沈淵《中祕稿》。字子源，濟南新城人。國子司業。

成趣園集

黄虞稷《千頃堂書目・別集類》 鄭宣化《成趣園集》。字行義，南京龍江衛籍。兵部武選司郎中。

秀巖楚遊集

范邦甸等《天一閣書目·別集類》《秀巖楚遊集》二卷。刊本。明岐陽武靖王之孫臨淮李名言著，弟寧儉編次，嘉靖乙丑崇陽劉景紹序。

趙文毅公集

黃虞稷《千頃堂書目·別集類》 趙用賢《趙文毅公集》三十卷。字汝師，常熟人。禮部右侍郎兼翰林院侍讀學士，贈禮部尚書，謚文毅。一作《松石齋集》。

《明史·藝文志·別集類》 趙用賢《文集》三十卷。

英廉奏《全毀書目》《松石齋集》九本。明趙用賢撰。

趙用賢詩集

黃虞稷《千頃堂書目·別集類》 趙用賢《詩集》六卷。

《明史·藝文志·別集類》 趙用賢《詩》六卷。

錦石山齋集

徐𤊹《徐氏家藏書目·別集類》 姚汝循《錦石齋稿》二十卷。字叙卿，上元人。嘉靖丙辰進士，官大名知府。

黃虞稷《千頃堂書目·別集類》 姚汝循《錦石山齋集》二十四卷。字叙卿，錦衣衛籍，上元人。大名知府，謫嘉州知州。

《明史·藝文志·別集類》《姚汝循詩文集》二十四卷。

屏居集　浪游集　耕餘集

黃虞稷《千頃堂書目·別集類》 姚汝循《屏居集》八卷，《浪遊集》六卷，《耕餘集》八卷。

《四庫提要·別集類存目五》《屏居集》八卷，《浪游集》六卷，《耕餘集》八卷。江蘇巡撫採進本。明姚汝循撰。汝循字敘卿，江寧人。嘉靖丙辰進士，官至大名府知府，終於嘉州知州。汝循自大名罷官歸田，著《屏居集》。及嘉州罷後，歷遊燕、趙、楚、蜀間，著《浪遊集》。晚年退耕秦淮，著《耕餘集》。王穉登序其《耕餘集》，謂其沖若陶、韋，然陶、韋不在其貌也。

敬和堂集

徐𤊹《徐氏家藏書目·別集類》 許孚遠《敬和堂集》八卷。字孟中，號敬菴，德清人。嘉靖壬戌進士，福建巡撫副都御史，終兵部侍郎。

黃虞稷《千頃堂書目·別集類》 許孚遠《敬和堂集》八卷。字□□，德清人。兵部左侍郎，贈南京工部尚書。

《明史·藝文志·別集類》 許孚遠《致和堂集》八卷。

《四庫提要·別集類存目五》《敬和堂集》八卷。浙江巡撫採進本。明許孚遠撰。孚遠字孟中，德清人。嘉靖壬戌進士，官至兵部左侍郎。事蹟具《明史·儒林傳》。

紫園草　續草

徐𤊹《徐氏家藏書目·別集類》 曾朝茚《紫園續集》四卷。字□□，號植齋，臨武人。萬曆丁丑進士，禮部尚書，掌翰林院事。

黃虞稷《千頃堂書目·別集類》 曾朝節《紫園草》二十二卷，又《續草》四卷。

字植齋，臨武人。禮部尚書，掌詹事府事，謚文恪。

《明史·藝文志·別集類》 曾朝節《紫園草》二十二卷。

朱文懿公集

黄虞稷《千頃堂書目·別集類》 朱賡《朱文懿公集》十二卷。字少欽，山陰人。少保兼太子太保，吏部尚書，文華殿大學士。贈太保，加贈太傅，謚文懿。

英廉奏《抽毁書目》 《朱文懿集》八本。查《朱文懿集》，係明朱賡撰。卷五《問自昔創業之主策問并策對》、《又問國有大務策題并策對》，卷十《楊知菴墓誌銘》，語多偏謬，應請抽燬。

《四庫提要·別集類存目六》 《朱文懿文集》十二卷。浙江巡撫採進本。明朱賡撰。賡字少欽，浙江山陰人。隆慶戊辰進士，官至文華殿大學士。事蹟具《明史》本傳。

王百穀全集

徐𤊹《徐氏家藏書目·別集類》 王穉登《燕市》、《青雀》、《采真》、《雨航》、《客越》、《晉陵》、《竹箭》、《明月》、《金昌》、《延令》、《荆溪》、《梅花》共十二集，計二十四卷。字百穀，號玉遮，吴縣人，卒年七十九。

黄虞稷《千頃堂書目·別集類》 王穉登《王百穀全集》。《延令纂》二卷、《采真篇》二卷、《梅花什》一卷、《燕市集》二卷、《金閶集》四卷、《青雀集》二卷、《晉陵集》二卷、《荆溪疏》二卷、《竹箭篇》二卷、《客越志》二卷、《廣長菴疏志》一卷、《苦言》一卷。字百穀，一字伯固，長洲人。國子監生，嘉靖末，袁文榮煒嘗欲薦其以布衣領史事，不果。

英廉奏《全毁書目》 《王百穀集》六本。明王穉登撰。

吴壽暘《拜經樓藏書題跋記類五》 《王百穀集》。百穀先生集六册，爲《晉陵》、《金昌》、《燕市》、《竹箭》、《青雀》、《明月》、《荆溪疏》、《延令纂》諸集。先君子記云，嘉慶庚申搆得百穀先生集，其評點者未審何人，苕估謂是前輩許仲韋明經筆，未知然否。

謀野集　乙集

徐𤊹《徐氏家藏書目·啓劄類》 王百谷《謀野集》十卷，《乙集》十卷。

又《別集類》 〔王百谷〕《謀野集》十卷，《乙集》八卷。

燕市集

范邦甸等《天一閣書目·別集類》 《燕市集》二卷。刊本。明太原王穉登撰。自稱甲子、丁卯兩至京師，掇拾詩文，釐爲二卷，皆感故相國袁公之知也，名其集曰「燕市」，取築臺市駿意。

客越志

范邦甸等《天一閣書目·別集類》 《客越志》二卷。刊本。明王穉登撰。隆慶改元沛國朱察卿序。

王穉登詩集

《明史·藝文志·別集類》 《王穉登詩集》十二卷。

賜閑堂集

黄虞稷《千頃堂書目·別集類》 申時行《賜閑堂集》四十卷。榜姓徐，後復姓，字汝默，吴縣籍，長洲人。一甲第一人，少師兼太子太師，吏部尚書，中極殿大學士。贈太師，謚

文定。

《明史・藝文志・别集類》 申時行《賜閑堂集》四十卷。

英廉奏《抽毀書目》 《賜閑堂集》二十本。查《賜閑堂集》，係明申時行撰。卷二内《題清秋出塞圖》一首，語多駁雜，應請抽燬。

《四庫提要・别集類存目五》 《賜閑堂集》四十卷。兩淮鹽政採進本。明申時行撰。時行有《書經講義會編》，已著録。是集賦、詩共六卷，文及雜著共三十四卷。其相業無咎無譽，詩文亦如其爲人。

文定集

徐𤊹《徐氏家藏書目・别集類》 申時行《文定集》三十卷。字汝默，號瑶泉，吴縣人。嘉靖壬戌狀元，官太師，中極殿大學士。謚文定。

綸扉牘草

黄虞稷《千頃堂書目・别集類》 申時行《綸扉牘草》十卷。

《明史・藝文志・别集類》 申時行《綸扉奏草》十卷。

竹窗隨筆　二筆　三筆

黄虞稷《千頃堂書目・别集類》 袾宏《竹窗隨筆》一卷，又《二筆》一卷，又《三筆》一卷。字佛慧，别號蓮池，仁和人。住雲棲寺，本諸生。

山房雜録

黄虞稷《千頃堂書目・别集類》 袾宏《山房雜録》一卷。

雜録補

黄虞稷《千頃堂書目・别集類》 袾宏《雜録補》一卷。

紅梅館集

黄虞稷《千頃堂書目・别集類》 李際春《紅梅館集》八卷。字華卿，直隸常州府武進縣籍，陝西涇陽縣人。

王奉常集

徐𤊹《徐氏家藏書目・别集類》 王世懋《奉常集》五十四卷。字敬美，號麟洲。嘉靖己未進士。世貞之弟。官南京太常少卿，卒年五十三。

黄虞稷《千頃堂書目・别集類》 王世懋《奉常集》五十四卷。字敬美，太倉人。南京太常寺少卿。

《明史・藝文志・别集類》 王世懋《奉常集》五十四卷。

《四庫提要・别集類存目五》 《王奉常集》六十九卷。江蘇周厚堉家藏本。明王世懋撰。世懋有《卻金傳》，已著録。是集賦、詩、詞十五卷，文五十四卷。第五十二卷曰《澹思子》，第五十三卷曰《藝圃擷餘》，第五十四卷曰《經子臆解》、《易爻解》，皆所作雜説、筆記，附編集内者也。

關洛記游稿

《四庫提要・别集類存目五》 《關洛記游稿》二卷。兩淮鹽政採進本。明王世懋撰。是集乃萬曆辛巳世懋官陝西提學副使，旋以曇陽子事爲臺諫所彈，乃移疾

自洛陽東歸時作。上卷遊記三篇，下卷詩七十七首。屠隆爲之序，亦全作二氏支離語，蓋一時士大夫習氣如斯也。

白門稿略

范邦甸等《天一閣書目・總集類》 《白門稿略》一卷。刊本。明王世懋撰，黎南表序。

王奉常雜著

英廉奏《抽毀書目》 《王奉常雜著》三本。查《王奉常雜著》，係明王世懋撰。書中窺天外乘二條，語涉偏謬，應請抽燬。

奉常詩集

黄虞稷《千頃堂書目・別集類》 王世懋《奉常詩集》十五卷。

《明史・藝文志・別集類》 王世懋《詩》十五卷。

西征鼓吹

黄虞稷《千頃堂書目・別集類》 蔡可賢《西征鼓吹》。字仲聞，成安人。太原知府，萬曆中寧夏變起，爲遼陽兵備副使。

世澤編

黄虞稷《千頃堂書目・別集類》 羅萬化《世澤編》十六卷。字一甫，會稽人。一甲第一人，禮部尚書，贈太子少保，謚文懿。

復宿山房集

黄虞稷《千頃堂書目・別集類》 王家屏《復宿山房集》四十卷。字忠伯，山西山陰人。禮部尚書，文淵閣大學士，贈少保，謚文端。

王文端集

范邦甸等《天一閣書目・別集類》 《文端集》二卷。不著撰人名氏。

英廉奏《抽毀書目》 《王文端集》八本。查《王文端集》，係明王家屏撰。卷四《答王繼津司農書》，卷五《答張宏軒撫臺書》，卷六《寄趙瀔陽相公書》内，均有違謬，應請抽燬。

《四庫提要・別集類存目六》 《王文端集》十四卷。山西巡撫採進本。明王家屏撰。家屏有《王文端奏疏》，已著録。據《明史・藝文志》，其集凡二十卷。《千頃堂書目》作《復宿山房集》，凡四十卷，今未見傳本。是集奏疏四卷，詩二卷，尺牘八卷，凡三種。據尺牘卷首韓爌序，稱家屏之子已裒彙全帙，次第授梓，則此其不完之本也。朱彝尊《明詩綜》載其《題長陵四駿圖》古體詩四首，兹集亦未載入，知其散佚者多矣。

王家屏文集

《明史・藝文志・別集類》 《王家屏文集》二十卷。

尚友堂集

徐𤊹《徐氏家藏書目・別集類》 龔勉《尚友堂集》九卷。字子勤，號毅所，無

錫人。隆慶戊辰進士，嘉興知府。茅坤、王世貞、王穉登序。

黄虞稷《千頃堂書目·别集類》 龔勉《尚友堂集》九卷。字子勤，無錫人。浙江右布政使。

嬾雲居士集

黄虞稷《千頃堂書目·别集類》 裴應章《嬾雲居士集》十五卷。字元闇，清流人。南京吏部尚書，贈太子少保，謚恭清。

軍機處奏《禁毁書目》 《嬾雲居士集》一部，十二本。查《嬾雲居士集》，係明裴應奉撰。書中狂悖字句甚多，其奏疏内亦皆係詆觸之詞，應請銷燬。

編蒲蠹餘

黄虞稷《千頃堂書目·别集類》 裴應章《編蒲蠹餘》六卷。

明農山堂文草

徐𤊹《徐氏家藏書目·别集類》 周光鎬《明農山堂草文》三十四卷。字國雍，號耿西，潮陽人。

黄虞稷《千頃堂書目·别集類》 周光鎬《明農山堂文草》三十四卷。字國雍，潮州人。

詩草

徐𤊹《徐氏家藏書目·别集類》 周光鎬《詩》十五卷。

黄虞稷《千頃堂書目·别集類》 周光鎬《詩草》十五卷。

潘之恒詩

徐𤊹《徐氏家藏書目·别集類》 《潘之恒詩》一卷。字庚生。之恪之弟。

鸞嘯集

徐𤊹《徐氏家藏書目·别集類》 潘之恒《蒹葭館續草》一卷。

黄虞稷《千頃堂書目·别集類》 潘之恒《蒹葭館集》，又《冶城集》，又《黍谷集》，又《涉江草》，又《東游集》，又《金昌集》。以上總名《鸞嘯集》。字景升，歙縣人。太學生。

涉江詩選

《四庫提要·别集類存目五》 《涉江詩選》七卷。浙江孫仰曾家藏本。明潘之恒撰。之恒有《黄海》，已著録。之恒初以文詞受知於汪道昆、王世貞。既而赴公車不得志，渡江歷潯陽、武昌，從公安袁宏道兄弟游。宏道稱其出汪、王之門而能不入其蹊徑。然當時論者又謂之恒依傍汪、王，終不能有所解駁。宏道徒以其論與己合而收之。迹其生平，蓋始終隨人作計者也。集本二十卷，宏道删定爲此本。凡甲、乙集各三卷，丙集一卷。

石秀齋集

黄虞稷《千頃堂書目·别集類》 莫是龍《石秀齋集》十卷。字雲卿，以字行，又字廷韓，華亭人。如忠子。以諸生久次貢入國學。

《明史·藝文志·别集類》 莫是龍《石秀齋集》十卷。

《四庫提要・別集類存目七》 《石秀齋集》十卷。江蘇巡撫採進本。明莫是龍撰。是龍有《畫説》，已著録。是龍書畫皆有名，而爲詩不屑深思。《明詩綜》載有《莫廷韓遺稿》，不著卷數。此本前有傳一篇，於是龍平生事蹟不甚詳備，又無序跋及目録，其末卷亦有闕佚。然《明史・藝文志》云莫是龍《石秀齋集》十卷，與此本合。豈彝尊所見又别一本歟？

莫雲卿遺稿

黄虞稷《千頃堂書目・別集類》 莫是龍《莫雲卿遺稿》十四卷。

陽秋館集

黄虞稷《千頃堂書目・別集類》 帥機《陽秋館集》四十卷。字惟審，臨川人。思南知府，謫兩浙鹽運司副，遷南京刑部郎中。

英廉奏《全毁書目》 《陽秋館集》六本。明帥機撰。

陽秋館集選

徐𤊹《徐氏家藏書目・別集類》 帥機《陽秋館集選》十七卷。字惟審，號謙齋。臨川人。隆慶戊辰進士，官南京刑部郎中。

黄虞稷《千頃堂書目・別集類》 帥機《陽秋館集選》十七卷。

南京賦

黄虞稷《千頃堂書目・騷賦類》 帥機《南京賦》一卷。

北京賦

黄虞稷《千頃堂書目・騷賦類》 帥機《北京賦》一卷。萬曆中奏進。

平西夏頌

黄虞稷《千頃堂書目・騷賦類》 帥機《平西夏頌》。

皇太子出閣講學頌

黄虞稷《千頃堂書目・騷賦類》 帥機《皇太子出閣講學頌》。萬曆中進。

闇然堂遺集

黄虞稷《千頃堂書目・別集類》 潘士藻《闇然堂遺集》六卷。字去華，婺源人。尚寶司少卿。

《明史・藝文志・別集類》 潘士藻《闇然堂集》六卷。

吴越游

徐𤊹《徐氏家藏書目・別集類》 王叔承《吴越游》七卷。字承父，號昆侖，吴縣人。嘉靖中布衣。

黄虞稷《千頃堂書目・別集類》 王叔承《吴越游》十七卷。初名光穆，字叔承，後以字行，更字承父，晚更字子幻，吴江人。爲趙王客，後居京師，爲宫詞數十首，流傳禁中，人

盛傳之。

《明史・藝文志・别集類》 王叔承《吴越游》七卷。

英廉奏《抽毁書目》 《吴越遊集》六本。查《吴越遊集》，係明王叔承撰。叔承係嘉靖中人。其卷二有《警詩内》，語涉謬妄，應請抽燬。

《四庫提要・别集類存目五》 《吴越游》八卷。浙江孫仰曾家藏本。明王叔承撰。是集前六卷爲詩，無錫陳以忠所刻。後二卷爲雜文，烏程范應期所刻。《千頃堂書目》作十卷，與此本不合，或字誤歟。

後吴越吟

黄虞稷《千頃堂書目・别集類》 王叔承《後吴越吟》二十一卷。

壯遊編

英廉奏《抽毁書目》 《壯遊編》一本。查《壯遊編》，係明王叔承撰。卷中第十七頁内《示陳七》一首、《胡馬來》一首，俱語多違謬，應請抽燬。

《四庫提要・别集類存目五》 《壯遊編》三卷。浙江巡撫採進本。明王叔承撰。叔承初名光允，以字行，更字承父，晚更字子幻，自號崑崙山人，吴江人。《明史・文苑傳》附載《王穉登傳》中。叔承早棄舉子業，縱遊齊、魯、燕、趙，又入閩、入楚。其在鄴下，鄭若庸薦之趙康王。叔承以王無下士實意，賦詩以行。有「壯心欲别逢知己，羞向侯門待晚餐」之句。又客大學士李春芳家，亦以使酒傴蹇謝去。史稱其與王錫爵爲布衣交，錫爵再召時，有建三王竝封議者。叔承遺書數千言，謂當引大義以去就争，不當依違兩端負主恩、辜物望。蓋其氣節懷抱，亦非當時山人墨客以詩句爲市者比。最後從顧養謙於塞上，無所成就而歸，乃不復出。此集即其初入都時作也。

雲山居士集

黄虞稷《千頃堂書目・别集類》 林偕春《雲山居士集》八卷。字元孚，漳浦人。官編修，以不肯增改江陵父制詞，出爲湖廣副使，終參政。

《明史・藝文志・别集類》 林偕春《雲山居士集》八卷。

葆光閣草

徐𤊹《徐氏家藏書目・别集類》 王錫命《葆光閣艸》二卷。字予卿，號文泉，秀水人。嘉靖壬戌進士，官福建僉事，江西參議。

黄虞稷《千頃堂書目・别集類》 王錫命《葆光閣草》。字予卿，一字天予，秀水人。

我山集

徐𤊹《徐氏家藏書目・别集類》 李一迪《我山集》十卷。字君哲，茂名人。嘉靖乙丑進士，浙江副使。

黄虞稷《千頃堂書目・别集類》 李一迪《我山集》十卷。字君哲，茂名人。浙江副使。

兩峰集

黄虞稷《千頃堂書目・别集類》 唐維城《兩峰集》二卷。字邦翰，莆田人。青州知府。

震川集

黄虞稷《千頃堂書目・别集類》 何洛文《震川集》二十卷。字啓圖，信陽人。景明孫。禮部左侍郎，兼翰林院學士。

司成集

黄虞稷《千頃堂書目・别集類》 戴洵《司成集》二十五卷。字汝成，奉化人。南京國子監祭酒。

休休齋集

徐𤊹《徐氏家藏書目・别集類》 管大勳《休休齋集》六卷。字世臣，號慕雲，鄞縣人。嘉靖乙丑進士，官福建布政使，南京光禄寺卿。

黄虞稷《千頃堂書目・别集類》 管大勳《休休齋集》六卷。字世臣，鄞縣人。南京光禄寺卿。

管光禄集

黄虞稷《千頃堂書目・别集類》 管大勳《管光禄集》六卷。

湖湘初集

范邦甸等《天一閣書目・别集類》 《湖湘初集》一册。刊本。明四明管大勳著。萬曆癸未祝完序稱：「慕翁管公自翰林給事舍人歷郡守督學，所在著作膾炙人口。如《劍溪漫語》等帙，皆揚芳摛藻，沖淡和平，海内士罔不歛衽避席。今奉璽書巡省湖南，兼董學政，甫及三載。每歲一週，凡旌節之往來，道里之經宿，隨所感觸，形之歌咏，遂成篇帙，題曰《湖湘初集》。集凡若干言。」

劍谿漫語

張萱等《内閣藏書目録・集部》 《劍谿漫語》一册。全。萬曆間延平郡守管大勳詩。

查毅齋聞道集

黄虞稷《千頃堂書目・别集類》 查鐸《查毅齋聞道集》十卷。字子警，涇縣人。廣西副使。

金鉉文集

《明史・藝文志・别集類》 《金鉉文集》六卷。

三洲集

黄虞稷《千頃堂書目・别集類》 金鉉《三洲集》二卷。字邦鼎，漳州人。户部郎中。

後崖集

黄虞稷《千頃堂書目・别集類》 許僴《後崖集》。字文夫，靈寶人。陝西行太僕

少卿。

息菴集

黃虞稷《千頃堂書目·別集類》 施愛《息菴集》。字欲周，福州左衛人。歸安知縣。

自適稿

黃虞稷《千頃堂書目·別集類》 周宗顯《自適稿》四卷。號洞虛，濮州人。漢中知府。

羅浮漫語

黃虞稷《千頃堂書目·別集類》 李應蘭《羅浮漫語》。字如卿，東莞人。福州知州。

沈司成集

英廉奏《抽毀書目》 《沈司成集》二本。查《沈司成集》，係明沈懋孝撰。集内《合射議》、《與張岵峽書》、《防胡策》四篇，俱有乖謬，應請抽燬。

長水先生文鈔

徐𤊹《徐氏家藏書目·別集類》 《沈懋孝文鈔》二卷。字幼真，號晴峰，平湖人。嘉靖壬戌會試，戊辰進士，翰林院修撰，副都御史。

黃虞稷《千頃堂書目·別集類》 沈懋孝《長水先生文鈔》□卷。《滴露軒藏稿》一卷、《洛誦編》二卷、《石林蕢草》二卷、《四餘編》二卷、《蕢園草》四卷、《水雲緒編》三卷、《淇林雅詠》十卷。字幼真，平湖人。庶吉士，歷南京國子監司業，謫兩淮鹽運判官，起河南巡撫，未任。

英廉奏《全毀書目》 《長水文鈔》二十二本。明沈懋孝撰。

滴露軒稿

徐𤊹《徐氏家藏書目·別集類》 沈懋孝《滴露軒稿》一卷。

洛誦編

徐𤊹《徐氏家藏書目·別集類》 沈懋孝《洛誦編》四卷。

陳文恪公遺稿

黃虞稷《千頃堂書目·別集類》 陳經邦《陳文恪公遺稿》三卷。字公望，莆田人，禮部尚書。

遊梁詩集

徐𤊹《徐氏家藏書目·別集類》 吴鐄《遊梁詩集》二卷。字汝震，鄞縣人，嘉靖中布衣。

汝震詩集

范邦甸等《天一閣書目・別集類》 《汝震詩集》六卷。刊本。明四明山人吴鐄著。萬曆甲戌汝南張九一序曰「山人枕四明，面蓴湖，營室斗許，覆之以茅，自稱山人。幼習博士業，治《易》，蓍得《履》之初九，繇曰『幽人貞吉』，自是維舟嚴陵灘，又登蘇門，徘徊久之，遂學爲詩。詩工，已而爲畫，畫又工」云。

幼峰學士集

徐𤊹《徐氏家藏書目・別集類》 余孟麟《學士集》三十卷。字伯祥，號幼峰，上元人。萬曆甲戌榜眼，累官翰林學士，國子監祭酒。

黄虞稷《千頃堂書目・別集類》 余孟麟《幼峰學士集》三十二卷。字伯祥，江寧籍，祁門人。一甲第二人，南京國子監祭酒。

鄒聚所文集　外集

《四庫提要・別集類存目六》 《鄒聚所文集》六卷，《外集》一卷。浙江巡撫採進本。明鄒德涵撰。德涵字汝海，安福人。隆慶辛未進士，官至河南按察司僉事。《明史・儒林傳》附見其祖《守益傳》末。是集凡詩一卷，文五卷。其外集一卷，則皆歷官誥敕及往來書牘也。詩文多涉禪機，持論亦往往偏駁。史稱守益子善，服習父訓，踐履無怠，稱其家學。而德涵從耿定理游，定理不答，發憤湛思，自覺有得。於是專以悟爲宗，於祖父所傳始一變云。

魏仲子集

徐𤊹《徐氏家藏書目・別集類》 魏允中《仲子集》十卷。字懋權，號崑溟，大名府南樂縣人。萬曆庚辰進士，吏部主事，卒年四十三。

黄虞稷《千頃堂書目・別集類》 魏允中《魏仲子集》八卷。字懋權，南樂人。允貞弟。吏部考功司主事。

《明史・藝文志・別集類》 《魏允中文集》八卷。

槐石集

黄虞稷《千頃堂書目・別集類》 朱應轂《槐石集》。字德載，濬縣人。雲南道御史，巡撫淮揚。

不二齋遺稿

黄虞稷《千頃堂書目・別集類》 張元忭《不二齋遺稿》十二卷。字子藎，山陰人。一甲第一人，右春坊右諭德，兼翰林院侍講。

《明史・藝文志・別集類》 張元忭《不二齋稿》十二卷。

不二齋文集

徐𤊹《徐氏家藏書目・別集類》 張元忭《不二齋文集》五卷。字子藎，號陽和，山陰人。隆慶辛未狀元，修撰。鄒元標序。

不二齋文選

黄虞稷《千頃堂書目・別集類》 〔張元忭〕《不二齋文選》六卷，鄒元標輯。

《四庫提要・別集類存目六》 《不二齋文選》七卷。浙江巡撫採進本。明張元忭撰。元忭有《紹興府志》，已著録。《明史・儒林傳》稱元忭少負氣節，年十九，聞

楊繼盛死，爲文遥祭之。又稱其自未第時，即與鄧以讚從王畿游，傳良知之學。然皆勵志潛修，躬行實踐。以讚品端志潔，元忭亦矩矱儼然，無蹈入禪寂之病，與畿之恣肆迴殊。是集凡文六卷，詩一卷，亦無語録粗鄙之習，但於是事非當行耳。

張陽和文選

黄虞稷《千頃堂書目·别集類》《張陽和文選》八卷。張元忭著。

山游漫稿

黄虞稷《千頃堂書目·别集類》張元忭《山游漫稿》。

扣聲篇

徐𤊹《徐氏家藏書目·别集類》龔一清《扣聲篇》八卷。字貞夫，號日池，義烏人。萬曆甲戌進士，官福建巡按御史，廣西副使。

黄虞稷《千頃堂書目·别集類》龔一清《扣聲篇》八卷。字仲和，義烏人。廣西副使。

□□山房稿

黄虞稷《千頃堂書目·别集類》曾乾亨《□□山房稿》六卷。字□□，同亨弟。

東泉集

黄虞稷《千頃堂書目·别集類》石星《東泉集》。字拱辰，東明人。太子少保，工、户、兵三部尚書。

流憇集

范邦甸等《天一閣書目·别集類》《流憇集》二册。刊本。明上虞朱朋來著。謝讜序云：「余聞詩之善者，其遠也，若杳杳青冥，萬仞胡際，翔鴻恣翮，廓然雲外；其近也，若兒童恒語，里巷晤談，不煩推釋，意又了了；其真也，若寄身萬里，奉詢高堂，直陳情臆，不事綺裁；其質也，若德門淑媛，一任天姿，粉黛不加，素以爲絢；其清也，若長空秋霽，纖翳不留，皎月流輝，澄淵千頃；其和也，如上苑東風，紅披芳樹，喈喈黄鳥，對語遲陽；其喜也，若適逢嘉會，人事愜衷，萬舞在庭，歛謳競發；其凄也，若寥村古墓，向夕獨行，蕭蕭白楊，怨風暗襲；其壯也，若幽并健將，忩執銛鋋，迅驅出敵，萬虜俱靡；其妍也，若迴逕幽臺，時花數叢，依依揺裊，掩映蒼翠；其快也，若古石在礦，磽巖硉矹，豹踞鴟蹲，瞻目成愕；其變也，若風行水上，雲浮太虚，澎湃輪困，倏忽萬狀。今天下以詩名者多矣，執是以擬，罕有全能，約山氏殆庶幾乎？吾舉約山詩一二言之，觀其《訪馬武舉》云「應聞出塞曲，莫與雪兒歌」，其遠何如？其《樓上女》云「期子終衡芳，可以慰衷曲」，其質何如？其《訪滇僊》云「鹿呦神在畫，雲卧翠分衣」，其清何如？其《棄婦》云「如彼風前塵，飄泊無停轄」，其凄何如？其《東闕篇》云「一射千山浄腥血，萬里遼河清且冽」，其壯何如？其《賞菊》云「佳趣不嫌春事去，清歌還許故人來」，其變何如？餘可概見。故其意緒雋永，而音律爽愷，不落塵套，信吾越中正聲士也。歲多成集，余遴其尤者以傳。

太倉文略

范邦甸等《天一閣書目·别集類》《太倉文略》四卷。刊本。明太倉陸子裘選，王夢祥刊，平湖馮汝弼撰。

鳴春集

徐𤊹《徐氏家藏書目・別集類》 馮光浙《鳴春集》八卷。字邦鎮，號北湖，慈谿人。嘉靖中歲貢，福州訓導。孫烶官福建提學副使時所刻。

卓光禄集

徐𤊹《徐氏家藏書目・別集類》 卓明卿《光禄集》三卷。字澂父，仁和人。萬曆中以太學生官光禄署正。

黃虞稷《千頃堂書目・別集類》 卓明卿《卓光禄集》三卷。字徵父，仁和人。萬曆中以太學生官光禄寺署正。

《四庫提要・別集類存目六》 《卓光禄集》三卷。浙江汪汝瑮家藏本。明卓明卿撰。明卿有《卓氏藻林》，已著録。所著有《卓澂甫詩集》、《續集》、《北游稿》、《文集》、《三山游稿》諸編。其子爾康請曹子念裒合删定，編爲此集。其詩頗囿於風氣，未能自出新裁。

卓澂甫詩續集

《四庫提要・別集類存目六》 《卓澂甫詩續集》三卷。江蘇巡撫採進本。明卓明卿撰。是集爲明卿所自編，刻於萬曆甲申。李維楨序稱「元美兄弟左提右挈，足使澂甫不朽」，深有不滿之詞焉。

心逸道人吟稿

黃虞稷《千頃堂書目・別集類》 吴宗漢《心逸道人吟稿》。字守忠，海鹽人。

南白外編

黃虞稷《千頃堂書目・別集類》 聞華卿《南白外編》。字舜甫，錢塘人。父贅海鹽，因家焉。

擊壺編

黃虞稷《千頃堂書目・別集類》 彭紹賢《擊壺編》。字孔嘉，海鹽人。

龍池集

黃虞稷《千頃堂書目・別集類》 郁天民《龍池集》。嘉善人。

斗野山人言志録

黃虞稷《千頃堂書目・別集類》 郁敦易《斗野山人言志録》。

東齋遺稿

黃虞稷《千頃堂書目・別集類》 朱愚《東齋遺稿》。字汝明，嘉善人。

雁湖釣叟自在吟

王圻《續文獻通考・經籍考・集下》 《雁河釣叟自在吟》。王周著。

黄虞稷《千頃堂書目・别集類》 王周《雁湖釣叟自在吟》二卷。號質齋，嘉善人。

《四庫提要・别集類存目四》《雁湖釣叟自在吟》九卷，附録一卷。浙江孫仰曾家藏本。明王周撰。周字質齋，嘉興人。屢試不售，自號雁湖釣叟。是集以年月先後編次。其詩皆率意直書，不拘格律，故名曰「自在吟」。末附録同時題贈一卷，并前序、後跋，皆稱其子爲觀察，而不著其名。據王錫命、張大忠等題詞咸自稱年姪，證以《太學題名碑》所載，知其子乃嘉靖乙未進士王倴，後官至都御史。是編前四卷所稱「北上寓京諸詩」，即倴官京師迎養時作也。

碧蓮叟漫稿

黄虞稷《千頃堂書目・别集類》 陸道乾《碧蓮叟漫稿》一卷。字子勉，嘉善人。其孫輝錫集其遺文行世。

吴山漫稿

黄虞稷《千頃堂書目・别集類》 陸道乾《吴山漫稿》一卷。

鉏餘稿

黄虞稷《千頃堂書目・别集類》 陸光宙《鉏餘稿》。字與常，平湖人。

舜鳴集

黄虞稷《千頃堂書目・别集類》 郭球《舜鳴集》。字友虞，平湖人。

垂裕堂集

黄虞稷《千頃堂書目・别集類》 戈思齊《垂裕堂集》。字子賢，平湖人。

東歸稿

黄虞稷《千頃堂書目・别集類》 祖晟《東歸稿》一卷。字廷昭，海鹽人。

見山樓集

黄虞稷《千頃堂書目・别集類》 沈如封《見山樓集》。字慰先，崇德人。

北遊稿

黄虞稷《千頃堂書目・别集類》 沈如封《北遊稿》。

皆非集

黄虞稷《千頃堂書目・别集類》 萬達甫《皆非集》二卷。字仲章，鄞縣人。表子。

《四庫提要・别集類存目七》《皆非集》二卷，附《一枝軒吟草》二卷。浙江鄭大節家藏本。明萬達甫撰。達甫字仲章，號純初，鄞縣人。都督僉事表之子，少襲世職，官至廣東海防參將。表雖將家子，而篤好詞翰，達甫承其淵源，亦喜吟咏，此集其詩稿也。末附《一枝軒吟草》，乃其子邦孚所作，僅五十餘首。邦孚亦以世蔭

官至福建總兵官左軍都督府僉事。

燕遊漫稿

黄虞稷《千頃堂書目・别集類》 秦鍠《燕遊漫稿》。字茂宏，慈谿人。

月漁稿

黄虞稷《千頃堂書目・别集類》 盧澐《月漁稿》。字宗潤，鄞縣人。義烏縣吏。

包參軍集

黄虞稷《千頃堂書目・别集類》 包大中《包參軍集》。字庸之，鄞縣人。

《四庫提要・别集類存目五》 《包參軍集》六卷。浙江巡撫採進本。明包大中撰。大中字庸之，别號三川，寧波人。官建陽縣縣丞，以嘗預征倭之役，故稱曰參軍。是集隨事立名，曰《薄游集》、曰《武夷集》、曰《歸來集》、曰《台鴈集》各一卷；曰《東征漫稿》二卷。然《薄游集》題卷之一，則當有佚卷矣。

滄漚集

《四庫提要・别集類存目五》 《滄漚集》八卷。江蘇周厚堉家藏本。明張重華撰。重華字虞侯，華亭人。是編前有張位、姜寶二序。位序稱其有集百卷，先梓八卷。寶序稱其文言言欲奇，其詩首首欲出塵清新。然大抵拉雜不入格。如稱「九峰三泖」曰「九三」，雖《絳守居園池記》，亦不至於斯矣。

蜕巖詩集

黄虞稷《千頃堂書目・别集類》 王埜《蜕巖詩集》。字貞翁，山陰人。

百别詩

黄虞稷《千頃堂書目・别集類》 王埜《百别詩》。

弦誦新聲

黄虞稷《千頃堂書目・别集類》 王埜《弦誦新聲》。

白川集

黄虞稷《千頃堂書目・别集類》 楊明《白川集》。字誠之，鄞縣人。

周山人浮峰集

黄虞稷《千頃堂書目・别集類》 周沛《周山人浮峰集》十四卷。字允大，山陰人。祚子。入資爲鄭州同知。

玉芝集

黄虞稷《千頃堂書目・别集類》 董棟《玉芝集》。寧海人。

采碧集

黃虞稷《千頃堂書目·別集類》 陳公綸《采碧集》。字涣中，臨海人。

質疑稿

黃虞稷《千頃堂書目·別集類》 李珙《質疑稿》。字侯璧，永康人。

徐天民遺稿

黃虞稷《千頃堂書目·別集類》 《徐天民遺稿》。字邦中，龍游人。

陽峰詩選

黃虞稷《千頃堂書目·別集類》 洪試《陽峰詩選》。字時明，壽昌人。

隙覬集

黃虞稷《千頃堂書目·別集類》 葉素《隙覬集》。字尚文，青田人。

太鶴山人集

黃虞稷《千頃堂書目·別集類》 陳中《太鶴山人集》。字洛夫，青田人。

相坡文集

黃虞稷《千頃堂書目·別集類》 徐埠《相坡文集》二卷。字子瞻，閩縣人。嘉靖末以易學名，由歲貢歷永寧知縣。

相坡詩集

黃虞稷《千頃堂書目·別集類》 徐埠《相坡詩集》二卷。

餐霞館集

徐𤊹《徐氏家藏書目·別集類》 張誼《餐霞館集》二卷。字履道，號曉麓，青浦人。嘉靖中鄉貢。

夏汝舟遺稿

徐𤊹《徐氏家藏書目·別集類》 《夏汝舟遺稿》一卷。字懷遠，蕪湖人。嘉靖中庠生。

風雨軒稿

徐𤊹《徐氏家藏書目·別集類》 陳頤吉《風雨軒稿》一卷。字貞甫，號來川，德清人。嘉靖中鄉貢，官貴溪教諭。

黄兆山房稿

徐𤊹《徐氏家藏書目・别集類》 黄養端《黄兆山房稿》一卷。字□□。嘉靖中歲貢。

繹齋稿

徐𤊹《徐氏家藏書目・别集類》 温舊聞《繹齋稿》一卷。字恒新，南海人。嘉靖中廣文。

西谷集

王圻《續文獻通考・經籍考・集下》 《張西谷集》。華亭張世美著。

黄虞稷《千頃堂書目・别集類》 張世美《西谷集》十六卷。松江人，嘉靖中貢士。

《明史・藝文志・别集類》 張世美《西谷集》十六卷。

醉鄉小稿

黄虞稷《千頃堂書目・别集類》 高應玘《醉鄉小稿》。章丘人。貢士，元城縣丞。從李聞先學詩。

高仲子歸田稿

黄虞稷《千頃堂書目・别集類》 高應玘《高仲子歸田稿》。

玉洲集

徐𤊹《徐氏家藏書目・别集類》 朱曜《玉洲集》八卷。字景暘，上海人。嘉靖中鄉貢，官提舉。以子豹封御史。

黄虞稷《千頃堂書目・别集類》 朱曜《玉洲集》八卷。字景陽，上海人。嘉靖中貢士，官提舉。

董楠詩集

徐𤊹《徐氏家藏書目・别集類》 《董楠詩集》四卷。字孟材，青州人。

黄虞稷《千頃堂書目・别集類》 《董楠詩集》四卷。字孟材，青州人。

樵文集

黄虞稷《千頃堂書目・别集類》 王杲《樵文集》一卷。字文旭，侯官人。昺弟。布衣。

示兒集

黄虞稷《千頃堂書目・别集類》 何炯《示兒集》□卷。晉江人。貢士，靖江教諭。

秋水吟

徐𤊹《徐氏家藏書目・别集類》 盛世培《秋水吟》二卷。字鯤溟，定遠人，嘉

靖中布衣。天啓中諸孫民衡令閩邑，刻之。陳一元、邵捷春序。

黃虞稷《千頃堂書目・別集類》 盛世梧《秋水吟》二卷。字鯤溟，定遠人。布衣。

虚游集

黃虞稷《千頃堂書目・別集類》 楊希淳《虚游集》四卷。字道南，上元人，貢士。與李逢陽稱「李楊二子」。

虚游論草

黃虞稷《千頃堂書目・別集類》 楊希淳《虚游論草》二卷。

蕘山漫稿

黃虞稷《千頃堂書目・別集類》 劉愛《蕘山漫稿》二卷。字仁夫。朝邑諸生。

聖山集

黃虞稷《千頃堂書目・別集類》 劉愛《聖山集》一卷。

次杜五言

黃虞稷《千頃堂書目・別集類》 劉愛《次杜五言》一卷。

海岱集

黃虞稷《千頃堂書目・別集類》 王逢年《海岱集》。字舜華，初名治，字明佐，崑山人。同祖之子。諸生。

快然閣集

徐𤊹《徐氏家藏書目・別集類》 曹子念《快然閣集》十卷。字以新，吴縣人。萬曆中布衣。

黃虞稷《千頃堂書目・別集類》 曹子念《快然閣集》十卷。字以新，太倉人。王世貞甥，世稱其近體歌行酷似其舅。

曹子唸詩集

《明史・藝文志・別集類》 《曹子唸詩集》十卷。

含玄集　別集

徐𤊹《徐氏家藏書目・別集類》 趙樞生《含元集》四卷，《別集》十六卷。字彦材。嘉靖中布衣。

黃虞稷《千頃堂書目・別集類》 趙樞生《含玄集》四卷，又《別集》十六卷。字彦村。長洲布衣。

鳳皇山藏稿

黄虞稷《千頃堂書目·别集類》 黄履康《鳳皇山藏稿》二卷。字堯衢，莆田人。謙孫。

執齋稿

黄虞稷《千頃堂書目·别集類》 楊訓《執齋稿》。江西泰和人。楊士奇五世孫。貢士，華亭教諭。

教吴稿

黄虞稷《千頃堂書目·别集類》 楊訓《教吴稿》。

朝京稿

黄虞稷《千頃堂書目·别集類》 楊訓《朝京稿》。

指衡録

黄虞稷《千頃堂書目·别集類》 楊訓《指衡録》。

瞻雲稿

黄虞稷《千頃堂書目·别集類》 沈淇《瞻雲稿》。江寧人。御史越之父。

關中集

黄虞稷《千頃堂書目·别集類》 盧璧《關中集》。字國賢。苑馬寺少卿。

柳堂稿

黄虞稷《千頃堂書目·别集類》 李曉賓《柳堂稿》。字子晦，江寧人。瀋陽衛經歷。

南岑集

黄虞稷《千頃堂書目·别集類》 周俊《南岑集》。字伯英。江陰賈客。

轂音

黄虞稷《千頃堂書目·别集類》 黄徽《轂音》。字季美，杭州人。爲閩賈沈翁贅壻，繼其業。

佘山人集

黄虞稷《千頃堂書目·别集類》 佘世亨《佘山人集》。字始大，一字山人，順德人。以子嘉詒貴，贈南京福建道御史。

中華人民共和國國務院批准的重大文化出版工程

國家文化發展規劃綱要的重點出版工程項目

新聞出版總署列爲「十一五」國家重大工程出版規劃之首

國家出版基金重點支持項目

ISBN 978-7-5495-9248-7

中華大典

文獻目録典

廣西師範大學出版社集團有限公司

《中華大典》工作委員會

《中華大典》編纂委員會

《中華大典》前言

《中華大典》是運用我國歷代漢文古籍編纂的一部大型工具書。其目的是爲學術界及願意瞭解中國古代珍貴文化典籍的人士提供準確詳實、便於檢索的漢文古籍分類資料。

中國是世界文明古國之一，幾千年來纂寫和聚集的文化典籍浩如烟海。我國歷代都有編纂類書的優良傳統，具有代表性的《永樂大典》等大多已佚失，現存《古今圖書集成》編就距今也已數百年。爲了適應今天和以後研究和檢索的需要，一九八八年海内外三百多位專家學者和各古籍出版社同仁倡議，在已有類書的基礎上，用現代科學方法編纂一部新的類書《中華大典》。

國務院在關於編纂《中華大典》問題的批覆中指出，編纂《中華大典》「是我國建國以來最大的一項文化出版工程」。本書所收漢文古籍上起先秦，下迄清末，約三萬種，達七億多字，分爲二十四個典，近百個分典，内容廣博，規模宏大，前所未有。

《中華大典》的編纂工作堅持科學態度和百花齊放、百家争鳴方針。儘量採用古精校精刻本，優先採用我國建國後文獻學和考古學的優秀成果。對傳統文化中重要的不同學派的資料，兼收並蓄。運用現代圖書分類的方法，對收集到的資料，精選、精編，力求便於檢索、準確可信。

這項工作從開始起就受到中共中央、國務院和有關部門的重視和支持。國家主席江澤民、國務院總理李鵬分别爲《中華大典》題詞。江澤民的題詞是：「同心同德群策群力認真編好中華大典爲建設有中國特色的社會主義服務。」李鵬的題詞是：「繼承和弘揚民族優秀傳統文化。」全國政協主席李瑞環、國務委員李鐵映也作了重要指示，要求抓緊辦理。一九九零年五月，國務院批准《中華大典》爲國家重點古籍整理項目。一九九二年九月，正式成立了《中華大典》工作委員會和《中華大典》編纂委員會，召開了《中華大典》工作、編纂會議。自此，《中華大典》的編纂工作由試點轉入正式啓動，逐步鋪開。

編纂《中華大典》，學術性很强，工作量很大，工程十分艱巨，全賴廣大專家學者和全國各有關高等院校、科研院所、圖書館、出版單位的鼎力支持與積極參與。大家本着弘揚中華民族優秀文化的心願，發揚奉獻精神，克服各種困難，團結協作，給這部巨大類書的出版提供了根本保證。在此謹表示誠摯的謝意。

對本書的批評與建議，我們將十分歡迎。

《中華大典》編纂委員會

一九九七年四月

二〇〇六年十一月修訂

《中華大典》編纂通則

一、性質：《中華大典》（以下簡稱《大典》）是對漢文古籍（含已翻譯成漢文的少數民族古籍）進行全面的、系統的、科學的分類整理和匯編總結的新型類書，是在繼承歷代類書優良傳統、考慮漢文古籍固有特點的基礎上，借鑒和參照近代編纂百科全書的經驗和方法編纂而成。編纂《大典》的目的，是爲學術界及願意瞭解中國古代珍貴文化典籍的人士提供各種分門别類的、準確詳細的古代漢文專題資料。

二、規模和體例：《大典》所收古籍的時限，上自先秦，下迄辛亥革命。全書共收各類漢文古籍三萬餘種，七億多字。全書體例，着重汲取清代《古今圖書集成》所採用的經目和緯目相交織這一統一框架結構的模式，同時參照現代科學的學科、目録分類方法，並根據各類學科内容的實際情況，一般將每一大類學科輯爲一典，也有將幾個相關學科共輯爲一典的。對各典名稱，均以現代學科命名，對於所收入的各種古籍資料，亦儘可能納入現代科學分類體系之中。

三、經目：大典共分二十四個典，即哲學典、宗教典、政治典、軍事典、經濟典、法律典、教育典、語言文字典、文學典、藝術典、歷史典、歷史地理典、民俗典、數學典、物理化學典、天文典、地學典、生物學典、醫藥衛生典、農業典、林業典、工業典、交通運輸典、文獻目録典。典以下以分典、總部、部、分部分級，分部之下的標目根據各學科特點由各典自行擬定。

四、緯目：共設置九項緯目，用以包容各級經目的具體内容：

①題解：對有關學科的名稱、概念、涵義、特點等作總體介紹的資料。

②論説：有關理論部份的資料。

③綜述：有關學科或事物的系統性資料，凡有關學科或事物的性狀、制度、範疇、特點及學科地位、發展情況等具體内容均編入此緯目中。

④傳記：有關人物的傳記資料。

⑤紀事：有關學科或事物的具體活動或事例的資料。

⑥著錄：重要人物或文獻的有關著作資料，如專集介紹、序跋、藏書題記，以及有關著作的成書經過、版本源流等。

⑦藝文：有關屬於文學欣賞性的散文或韵文。

⑧雜錄：凡未收入以上各緯目，而又有較高參考價值的資料，均入雜錄。

⑨圖表：根據有關經目的内容需要，圖與表附於相關專題之下，或集中匯總於某級經目之後。

《大典》以内容分類安排各級緯目，各級緯目的正文，一般以原書爲單位，按時代順序排列。每一條資料前標明出處，包括書名或作者名、篇名或卷次，以利讀者核對原書。

五、書目：每分典後附有該分典所收書之書目，書目包括書名、作者、時(年)代、版本等内容。時代以成書時代爲準，成書時代不詳者，以作者主要活動時代爲準，並遵從歷史習慣。

六、版本：《大典》在選用版本時儘量採用古人的精校精刻本，亦採用學術界通用的近現代整理圈點本及現代學者校點整理本。

七、校點：爲儘可能保存古籍原貌，《大典》祇對底本中明顯的脱、訛、衍、倒進行勘正。古本中的避諱字一般不作改動，祇對缺筆字補足筆畫。後人刻書時避當朝人諱而改動的字，據古本改回。《大典》採用新式標點法。

一九九六年八月

二〇〇六年十一月修訂

《中華大典·文獻目録典》編纂委員會

《中華大典·文獻目録典》序

中國古籍素以浩如烟海、汗牛充棟而著稱。浩瀚的中華典籍哺育了世世代代的炎黄子孫，既是中華文明綿延五千年從不中斷的歷史標志，又是當今弘揚民族精神和時代精神，建設社會主義文化强國的重要資源。

整理研究古代文化典籍，在我國有悠久的歷史。從孔子整理「六經」開始，歷代學者爲了更好地認識和利用典籍，嬗遞文化傳統，非常重視對傳世典籍的考辨整理。他們或校勘異同，訂正訛誤，或訓釋箋注，闡幽發微，或編目著録，考鏡源流，或審定版本，辨别真僞。在整理典籍的長期實踐中，積累了豐富的經驗和資料，編纂出數逾千計的書目著作，逐漸形成了涵蓋目録、版本、校勘、注釋、辨僞、輯佚等專學的文獻校讎之學，並於二十世紀，最終確立了具有民族特色和現代科學體系的中國文獻學。

二十世紀八十年代以來，爲了推進社會主義文化的建設，黨中央多次號召加强古籍整理工作，指出「整理古籍是一件大事，得搞上百年」。古籍整理和文獻學研究的工作任重而道遠。在《中華大典》這項古籍整理的重大文化工程中，工委會和編委會於二十四典中特别設立了《文獻目録典》。其任務是分類彙集古代書目資料和文獻學資料，全面反映中國古代典籍編纂和典籍整理的豐富成果，以促進古籍整理和文獻學的持久發展。因此，《中華大典·文獻目録典》既是古籍整理實踐的産物，又肩負著爲今後古籍整理與文獻學研究的深入開展建設信息庫的歷史使命。

《文獻目録典》的編纂工作自二〇〇六年啓動，歷時六年而完成。全書約三千五百萬字，下設《文獻學分典》和《古籍目録分典》。本典的内容具有以下學術價值和特點：

一、《文獻目録典》推陳出新，規模宏大，是迄今爲止，首創類編文獻學與書目資料的大型工具書。在中國類書編纂史上，也曾有彙編前代評述典籍資料的類書，如南宋王應麟的《玉海·藝文》和清代官修類書《古今圖書集成》中的《理學彙編·經籍典》，然二者皆忽略對典籍整理資料的收集和類編。本典從繼承傳統又超越前賢的目標出發，彙編先秦至清末古籍中有關文獻校讎的重要資料，以及歷代古籍目録著録典籍的重要資料，彌補了古代類書編纂的不足；在規模和體制上，也大大超過了以往相同領域的文獻類編。

二、《文獻目録典》兼具資料類編與書目兩大功能，既是中國文獻學的資料大全，又是中國存佚古籍的解題全目。本典的《文獻學分典》彙集古代學者對目録、版本、校勘、注釋、辨僞、輯佚等各專學相關概念、術語、涵義、地位及淵源流别的論述，收録古代學者運用各專學考辨文獻的方法與實例，以及對他們考校典籍的具體事蹟和成果的記載，爲專業人員和其他學科的研究者提供古代文獻學豐富的史料，也可作爲高等院校文獻學教學的參考素材，從而適應了我國文獻學學科建設和古籍整理發展的需要。

本典的《古籍目録分典》則汲取南宋文獻學家鄭樵「紀百代之有無，廣古今而無遺」的目録學思想，廣採古今公私古籍目録，對産生於一九一一年以前的中國古籍，不論存佚，皆予著録。從一定意義上講，它是第一部反映我國古代文化典籍全貌的中國古籍解題全目，其中有關亡佚古籍的豐富材料，必將在全面發掘我國古代文化遺産，深入開展中國文化史研究的進程中顯示其重要的價值。

三、《文獻目録典》的框架體例體現了高度的科學性、系統的完整性和清晰的條理性。本典採用現代科學分類的方法，並吸收當今文獻學研究和古籍分類的最新成果，對我國古籍的傳統分類加以改造，形成了由典、分典、總部、部、分部、專題等六級經目及若干緯目相互交織的框架結構，用以容納豐富的資料。同時也展現了我國文獻學完整、清晰的學科體系和對古籍的科學分類。這種按學術内容分類統轄、依時間順序排列資料的邏輯體系，不僅有利於揭示典籍文獻的本質屬性和内容上的相互關係，而且有助於反映我國古代各門學術形成發展的淵源脉絡，發揮「辨章學術，考鏡源流」的作用。本典所設計的文獻學框架和對古籍分類體系的改造，也將有益於進一步規範我國文獻學的學科體系和完善古籍目録的分類方法。

四、《文獻目録典》的編纂確保了資料的廣泛性、文獻選編的實用性和校勘標點的準確性。本典的資料採編、整理堅持網羅宏富和質量第一的原則。收録資料的範圍包括傳世典籍、出土文獻和域外漢籍，普查典籍文獻達一萬四千餘種，其中查閲的書目文獻則遍及古今各種古籍目録；採録資料選用典籍較好的版本，並充分利用二十世紀以來古籍整理的優秀成果。文獻採選則注意去粗取精，既選用有代表性和稀見的資料，又兼收不同流派、不同觀點的材料，以求客觀地反映古代學術的面貌。類編文獻務求歸類恰當，並標明出處，配以詳細的《引用書目》，以利使用。由於本典編纂人員是來自國内文獻學界的專家和中青年學者，富有古籍整理的經驗，因而校點工作力求準確規範，在整理資料過程中還改正了以往古籍點校中的一些錯誤。

《中華大典·文獻目録典》在長達六年的編纂工作中，來自北京師範大學、内蒙古師範大學、河北師範大學、安徽大學、河南師範大學、内蒙古大學、南開大學、天津師範大學、雲南大學的近百名專家學者，以嚴謹認真的科學態度，團結協作，甘於奉獻，付出了大量辛勤的勞動。本典的編纂工作自始至終得到《中華大典》工委會、編委會和大典辦公室的悉心指導，得到廣西師範大學出版社的大力支持和密切配合，得到上述高校各級領導的關心支持，以及國家圖書館、有關省級圖書館和高校圖書館的熱情幫助。謹此表示衷心的感謝。並懇望海内外學術界和讀者諸君對本典存在的失誤不吝賜教。

《中華大典·文獻目録典》編纂委員會

二〇一二年一月三十日

《中華大典·文獻目録典》凡例

《文獻目録典》是《中華大典》二十四個典之一。本典以《中華大典》工作總則等條例爲依據，並結合本典内容的實際情況作個別變通，形成以下編纂體例。

一、本典由《文獻學分典》和《古籍目録分典》組成。分典下設總部，《文獻學分典》包括《文獻總論總部》《目録總部》《版本總部》《校勘總部》《注釋總部》《辨僞總部》《輯佚總部》《典藏總部》《流通總部》；《古籍目録分典》包括《經總部》《史總部》《子總部》《集總部》《叢書總部》《譯著總部》。總部下設部，部之下按需要再立分部、專題，由此構成典、分典、總部、部、分部、專題等六級經目。

二、各總部及其所轄經目之下設緯目，用以羅織相關材料。緯目設置視所據資料的情況而定，有則設之，無則不設。本典所設緯目有七項。論述：收録有關論述所屬經目的概念、涵義、特點、分類依據、發展源流的資料。綜述：全面、系統地收録對相關學術、事物或典籍作記述、評介或例證的資料。傳記：收録有關人物的具有代表性的傳記資料。紀事：收録對相關活動的具體記載和史實。藝文：收録吟誦相關事物或人物的韻文或散文。雜録：收録未採用於上述緯目，而又具有較高參考價值的資料。圖表：收録對相關事物作形象描述或簡明表述的圖表。

三、本典的《文獻學分典》彙編先秦至清末有關文獻産生發展、收藏流通及文獻學各門專學的重要資料。《古籍目録分典》彙編古今各種古籍目録的重要資料，用以著録一九一一年以前産生的所有中國古籍的狀况。收録典籍資料的範圍包括傳世典籍、出土文獻和域外漢籍。

所收資料分類編排於相應的緯目之下，並按資料成書的時代先後排列，時代難以考實者就近排列，或遵從歷史習慣。

四、在所引資料前標明出處，常用而熟知的古籍如先秦典籍、《十三經》《二十四史》可不標作者姓名，其他引書標注則均標明作者、書名、卷次或篇名。

五、爲避免不必要的文字重複，一些書名和篇名在引書標示時採用通行的簡稱，如《資治通鑑》簡稱《通鑑》，《漢書·藝文志》簡稱《漢志》，《四庫全書總目提要》簡稱《四庫提要》，書名簡稱所對應的全稱在《引用書目》中説明。在同一部典籍的不同部分引用兩段以上材料而又排列相連時，可用「又」字代替與前文重複的引書標示。

六、所引資料如在一段之中有省略之處，用【略】標明。

七、所引資料的正文中如有注疏文字，則按古籍原貌隨文夾注，並以大小字型區分正文與注疏文字。有的資料中注疏文字較多，形式繁雜，容易混淆，爲方便利用，則以方括號標注注疏者姓名及注疏方式，如［鄭玄注］。

八、校勘只對引書底本明顯的訛、脱、衍、倒進行勘正，不出校記。採用圓括號標署訛字、衍字和倒文，方括號標署正字、順文和增補的脱字。

九、引書底本的古今字、通假字，一般不作改動。不用簡化字。避諱字多一仍其舊，但因避諱而缺筆者，則補足筆畫，空字者補字。

十、採用新式標點符號標點資料原文。

十一、採用中文數字，不用阿拉伯數字。引書標示中對古籍卷次的標示，僅用一、二、三、四、五、六、七、八、九、〇，不用十、百、千、萬。

十二、各分典附《引用書目》，書目包括書名、作者、時代、版本等項内容。本典從實用出發，對一部典籍的引用不限於一種版本，擇善而從。

《中華大典·文獻目録典》編纂委員會

二〇一二年一月三十一日

中華大典·文獻目録典

總目

古籍目録分典

經總部
史總部
子總部
集總部
叢書總部
譯著總部

文獻學分典

文獻總論總部
目録總部
版本總部
校勘總部
注釋總部
辨僞總部
輯佚總部
典藏總部
流通總部

中華大典·文獻目録典

古籍目録分典

主編：楊寄林　諸偉奇

《古籍目録分典》編纂委員會

主　編：楊寄林　諸偉奇

編委會委員（以姓氏筆劃爲序）：

杜也力　邵永忠　周挺啓　敖　堃　董文武

楊寄林　鄭振峰　諸偉奇　蘇文珠

《古籍目録分典》編纂説明

《古籍目録分典》是《中華大典·文獻目録典》兩個分典之一。本分典以《〈中華大典〉編纂通則》與《〈文獻目録典〉凡例》爲指導，結合中國古籍和歷代古籍書目的特點與實際情況，通過廣泛搜採專題資料，進行科學編排，形成了一部規模較大的新型專科類書，同時兼具集成性中國古籍解題總目的功能。

本分典重在反映一九一一年辛亥革命以前中國歷代著述的整體風貌，以『紀百代之有無，廣古今而無遺』爲旨，本擬收輯古今書目文獻，悉録存佚古籍，以成全目。然受大典通則關於所收資料『迄於辛亥革命』的規定所限，故資料範圍僅以一九一一年前撰成的書目和著述爲採輯對象，特作説明。本分典的編纂企望能客觀顯示中國古籍所達到的位居世界之首的宏富與完備程度，並藉此展現中華傳統文化的獨特景觀與魅力。

本分典重在標揭每種古籍特别是傳世名著與要籍的本來面目和固有情狀，因而廣列群説，提要鈎玄，特將輻射面和關節點集中於：書名涵義、作者略歷、師承關係、時代背景、編著經過、成書年代、篇目次第、撰寫體例、内容概要、主旨大義、優劣得失、學術成就、史料價值、藝術風格、實際用途、社會意義、歷史地位、後世影響，以及傳布原委、版本源流、内容真僞、文字異同等。藉此數端而使每種古籍得以梗要略具或境界全出，進而在特定視域内彰顯其所藴含的中華民族特有的文化認知、精神價值、思維方式和創造力、想像力，並且昭示中華民族在數千年歷史發展過程中所積澱的具有代表性的重要精神文明成果。

本分典重在辨章學術，考鏡源流，因而類聚群分，舉要撮凡，着意宣明有史以來中華學術文化的立體格局和嬗變大勢，闡繹各門學術尤其是主流學術的淵源流變、各自特徵與精髓所在，彼此間的内在聯繫與相互作用，揭示貫穿其間的變通張弛之故；並兼及中國古代圖書事業、目録事業的發展軌跡與具體情形。進而彰揚民族文化的基本元素，顯現出綿延數千年而一脉相承的中華文明的博大精深，持續臻及的廣度、深度與力度。

基於上列重點内容，本分典構建了由五級『經目』同三個『緯目』交織互持的框架結構，用以統括和承載恰相對應的豐富資料。五級『經目』從上至下，除『分典』居首外，包括：六個『總部』，即《經總部》《史總部》《子總部》《集總部》《叢書總部》《譯著總部》。各總部之下，依次復設若干個『部』、若干個『分部』、若干個『專題』。三個『緯目』爲『論述』『雜録』『綜述』，各適其所地配置在『總部』『部』或『分部』『專題』之下。

本分典五級『經目』的設置，均以歷代古籍之有無多寡爲依據，採用現代科學的分類方法重行熔鑄，一方面保留古籍傳統分類的可取之處，另方面吸收當代有關古籍分類的研究成果，力求使之完備化，從而形成了脉絡清晰、邏輯嚴密的古籍分類新體系。

本分典三個『緯目』的設置，組成了各級『經目』所涵蓋的具體内容和各種資料的展開區間和宣示點位。其中『論述』則主要輯録衆書目之大序（部序）、小序（類序）文字，以及他書中與其交相發明的類序性文字；『雜録』則主要輯録同分類相關而足資參考的資料；『綜述』則主要輯録衆書目和他書中關於某部典籍的著録文字、解題文字、註語、按語和序跋題識等。三個『緯目』之間各有側重，彼此映照，互作支撑，融爲一體。

本分典依託於既定的經緯目框架結構，特以『既博且精』爲標尺，大範圍搜集又聚焦化選取原始資料。其『博』在：既以古代各種書目爲主，又以相關著作爲輔，達到近乎竭澤而漁的地步。其『精』在：參照《中華大典》兩委會所設定的編纂規模與輯録一九一一年以前資料的要求，擇定其中頗具代表性或稀見難覓的數百種書目及數十種相關著作予以多維度、層級化、集束式彙輯。彙輯中，特將資料的剪裁與編排列爲第一要務。必經反覆品察，判明每種典籍尤其是易混難分之書或模棱兩可之書的本質屬性而各歸其類，適得其所，力戒重出或失當。資料剪裁則兼顧涵蓋而突出重點，切忌缺漏或冗濫。從被收載的所有典籍到評介每部典籍的各種資料，皆按時代先後排列，自成單元又蟬聯而下。

《古籍目録分典》作爲一部總結性的資料彙編，可向學術界、研究者提供準確詳細、足資參取的古籍解題資料；並對批判地繼承和弘揚祖國歷史文化遺産，建設優秀傳統文化傳承體系，增强中華文明的國際影響力，起到一定的輔助作用。

《古籍目録分典》從發凡起例、廣搜精選資料到諸多編纂環節、審稿定稿，各有分工地傾注和凝聚着《文獻目録典》主編、副主編、本分典主編、六總部主編、全體編纂人員的大量心血、精力、勞動與學術智慧。而廣西師範大學出版社的領導與責任編輯亦爲本分典質量的提陞提出了許多寶貴意見。本分典有待社會檢驗和時間考驗，敬祈海内外方家和廣大讀者對其中存在的瑕疵及不足之處給予教正，謹此先致謝忱。

《中華大典·文獻目録典·古籍目録分典》編纂委員會

二〇一三年九月二十日

集總部

主編：鄭振峰

《集總部》編纂委員會

《集總部》提要

《集總部》是《文獻目録典・古籍目録分典》六個總部之一。本總部嚴格遵行《中華大典》的編纂通則和《文獻目録典・古籍目録分典》的編纂體例，旨在網羅古今，力圖反映古代集部典籍之全貌。參照《四庫全書總目提要・集部》之分類，並據實際情況有所增補。總部下設七部，首「楚辭」，次「别集」，次「總集」，次「詩文評」，「詞」、「曲」分列，而以「小説」終。「小説部」衹收話本、章回小説，與子部之「小説家」有别。

七部之中，「别集部」資料浩繁，最爲大宗，其書目編排不分細類，率以時代先後爲序。「總集部」、「小説部」排序方式同此。「楚辭部」、「詩文評部」、「詞部」、「曲部」則盡可能依照傳統，按類編排。其中，「詞部」不采「詞集」、「詞選」之習慣分類方式，而代之以「詞别集」、「詞總集」，却也並非故作生新，而實是采用唐圭璋《全宋詞》「引用書目」之分類方式。逐條之下，則以時代爲序詳列衆説，以凸顯每種集部古籍流傳演變之脈絡。

《集總部》編纂以河北師範大學文學院古代文學、古典文獻學兩個專業的新生力量爲主，也有外單位青年學者的加盟。具體分工如下：陳斯懷負責「楚辭部」，王京州負責「漢魏六朝别集分部」、「小説部」，向回負責「唐五代别集分部」，閻福玲負責「宋别集分部」，于峻嶸負責「遼金元别集分部」，李冬鴿負責「明别集分部」，杜志勇負責「清别集分部」，楊春俏負責「總集部」，王雪枝負責「詩文評部」，江合友負責「詞部」，時俊靜負責「曲部」。鄭振峰、王京州負責全書的審稿、定稿工作。

感謝古籍目録分典主編楊寄林先生，他親手撰寫了「集總部」、「楚辭部」、「别集部」、「曲部」的論述、雜録，以及《陶淵明集》等内容，既作爲示範，也節省了功夫。還要感謝古籍目録分典主編諸偉奇先生，他率領他的團隊對《别集部》送審稿進行了精細審訂，在立目、排序、標點的修正和條目單及頁碼的編製，尤其是條目的補寫等方面，投入了很多心血。

本總部編纂歷時數年，其中甘苦，難以備述。作爲主編，我要感謝參與《集總部》編纂的所有同仁，感謝他們可貴的付出和不懈的努力，同時還要感謝河北師範大學文學院對本總部編纂工作的重視和支持。

鄭振峰

二〇一六年三月三日

目次

一

論述……一
雜録……二
楚辭部……三
論述……三
雜録……三
綜述……四
輯注分部……四
音義分部……一四
考證分部……一六
評論分部……一九
圖譜分部……一九
擬作分部……二〇
別集部……二二
論述……二二
雜録……二二
綜述……二三
漢魏六朝分部……二三
唐五代分部……二四一
宋代分部……五一六

二

遼金元分部……八七一
明代分部(一)……一〇五七

三

明代分部(二)……一七二一
清代分部……二〇七四
總集部……二二〇五
論述……二二〇五
雜録……二二〇五
漢魏六朝分部……二二〇六
唐五代分部……二二三七
宋代分部……二二六三
遼金元分部……二三四〇
明代分部……二三六四

清代分部……二四九六
詩文評部……二五二八
論述……二五二八
雜録……二五二八
綜述……二五二九
總評分部……二五二九
文評分部……二五四〇
詩評分部……二五五〇
詩話分部……二五七七
詞部……二六一五
論述……二六一五
雜録……二六一五
綜述……二六一八
詞別集分部……二六一八
詞總集分部……二六七二
詞譜分部……二六八七
詞韻分部……二六八八
詞話分部……二六八九
曲部……二六九三
論述……二六九三
雜録……二六九四
綜述……二六九五
宋金雜劇院本分部……二六九五
南戲分部……二七九四
雜劇分部……二七九九
傳奇分部……二九二三
散曲分部……三〇二七
彈詞鼓詞分部……三〇三八
曲選分部……三〇三八
曲目分部……三〇四二
曲譜分部……三〇四三
曲韻分部……三〇四五
曲評分部……三〇四六
小説部……三〇四八
論述……三〇四八
雜録……三〇五〇
綜述……三〇五一

一

論述

《漢書・藝文志・詩賦略》 傳曰：「不歌而誦謂之賦，登高能賦可以爲大夫。」言感物造耑，材知深美，可與圖事，故可以爲列大夫也。古者諸侯卿大夫交接鄰國，以微言相感，當揖讓之時，必稱《詩》以諭其志，蓋以別賢不肖而觀盛衰焉。故孔子曰「不學《詩》，無以言」也。春秋之後，周道寖壞，聘問歌詠不行於列國，學《詩》之士逸在布衣，而賢人失志之賦作矣。大儒孫卿及楚臣屈原離讒憂國，皆作賦以風，咸有惻隱古詩之義。其後宋玉、唐勒，漢興枚乘、司馬相如，下及揚子雲，競爲侈麗閎衍之詞，没其風諭之義。是以揚子悔之，曰：「詩人之賦麗以則，辭人之賦麗以淫。如孔氏之門人用賦也，則賈誼登堂，相如入室矣，如其不用何！」自孝武立樂府而采歌謡，於是有代、趙之謳，秦、楚之風，皆感於哀樂，緣事而發，亦可以觀風俗，知薄厚云。序詩賦爲五種。

《隋書・經籍志・集部序》 文者，所以明言也。古者登高能賦，山川能祭，師旅能誓，喪紀能誄，作器能銘，則可以爲大夫。言其因物騁辭，情靈無擁者也。唐歌虞詠，商頌、周雅，敍事緣情，紛綸相襲，自斯已降，其道彌繁。世有澆淳，時移治亂，文體遷變，邪正或殊。宋玉、屈原，激清風於南楚；嚴、鄒、枚、馬，陳盛藻於西京。平子艷發於東都，王粲獨步於漳、滏。爰逮晉氏，見稱潘、陸，並黼藻相輝，宫商間起，清辭潤乎金石，精義薄乎雲天。永嘉已後，玄風既扇，辭多平淡，文寡風力。降及江東，不勝其弊。宋、齊之世，下逮梁初，靈運高致之奇，延年錯綜之美，謝玄暉之藻麗，沈休文之富溢，煇焕斌蔚，辭義可觀。梁簡文之在東宫，亦好篇什，清辭巧製，止乎衽席之間，彫琢蔓藻，思極閨闈之內。後生好事，遞相放習，朝野紛紛，號爲「宫體」。流宕不已，訖于喪亡。陳氏因之，未能全變。其中原則兵亂積年，文章道盡。後魏文帝，頗效屬辭，未能變俗，例皆淳古。齊宅漳濱，辭人間起，高言累句，紛紜絡繹，清辭雅致，是所未聞。後周草創，干戈不戢，君臣戮力，專事經營，風流文雅，我則未暇。其後南平漢、沔，東定河朔，訖于有隋，四海一統，采荆南之杞梓，收會稽之箭竹，辭人才士，總萃京師。屬以高祖少文，煬帝多忌，當路執權，逮相擯壓。於是握靈蛇之珠，韞荆山之玉，轉死溝壑之內者，不可勝數，草澤怨刺，於是興焉。古者陳詩觀風，斯亦所以關乎盛衰者也。班固有《詩賦略》，凡五種，今引而伸之，合爲三種，謂之集部。

晁公武《郡齋讀書志・集類總論》 集部其類有四：一曰楚辭類，二曰別集類，三曰總集類，四曰文説類。內別集猥多，復分爲上、中、下，合四百八部，計六千一百六十一卷。昔屈原作《離騷》，雖詭譎不可爲訓，而英辨藻思，閎麗演迆，發於忠正，蔚然爲百代詞章之祖。衆士慕嚮，波屬雲委。自時厥後，綴文者接踵於斯矣。然軌轍不同，機杼亦異，各名一家之言。學者欲矜式焉，故別而序之，命之爲集。蓋其原起於東京，而極於有唐，至七百餘家。當晉之時，摯虞已患其零雜難觀，嘗自詩賦以下彙分之，曰《文章流別》。後世祖述之而爲總集，蕭統所選是也。至唐亦且七十五家。嗚呼盛矣！雖然，賤生於無所用，或其傳不能廣，值水火兵寇之厄，因而散落者十八九。亦有長編鉅軸，幸而得存，屬目者幾希。此無他，凡以其虚詞濫説，徒爲美觀而已，無益於用故也。今録漢迄唐，附以五代，本朝作者，其數亦甚衆。其間格言偉論，可以扶持世教者，爲益固多。至於虚詞濫説如上所陳者，知其終當泯泯無聞，猶可以自警，則其無用亦有用也，是以不加銓擇焉。

馬端臨《文獻通考・經籍考・集部例言》 吴氏曰：漢時未以集名書，故《漢藝文志》載賦頌、歌詩一百家，皆不曰集。晉孫勉分書爲四部，其四曰丁部；宋王儉撰《七志》，其三曰《文翰志》，皆無集名。至梁阮孝緒爲《七録》，始有《文集録》。《隋經籍志》遂以荀況等賦，皆謂之集，而又有別集。史官謂別集之名，漢東京所剏。按閔馬父論《商頌》之「亂曰」，韋昭注：「輯，成也。」蓋東京別集之名，實本於劉歆之《輯略》，而《輯略》又本於《商頌》之「輯」云。

《四庫提要・集部總敘》 集部之目，楚辭最古，別集次之，總集次之，詩文評又晚出，詞曲則其閏餘也。古人不以文章名，故秦以前書，無稱屈原、宋玉工賦者。洎乎漢代，始有詞人。迹其著作，率由追録。故武帝命所忠求相如遺書，魏文帝亦詔天下上孔融文章。至於六朝，始自編次。唐末又刊版印行。事見貫休《禪月集序》。夫自編則多所愛惜，刊版則易於流傳。四部之書，別集最雜，茲其故歟？然典册高文，清辭麗句，亦未嘗不高標獨秀，挺出鄧林。此在翦刈卮言，別裁僞體，不必以猥濫病也。總集之作，多由論定。而《蘭亭》、《金谷》，悉觴詠於一時；下及《漢上題襟》、《松陵倡和》、《丹陽集》惟録鄉人，《篋中集》則附登乃弟。雖去取僉孚衆議，而履霜有漸，已爲詩社標榜之先驅。其聲氣攀援，甚於別集。要之浮華易歇，公論終明，巋然而獨存者，《文選》、《玉臺新詠》以下數十家耳。詩文評之作，著於齊梁。觀同一「八病四聲」也，鍾嶸以求譽不遂，巧致譏排；劉勰以知遇獨深，繼爲推闡。詞場恩怨，亘古如斯。冷齋曲附乎豫章，石林隱排乎元祐，黨人餘釁，報及文章，又其已事矣。固宜别白存之，各核其實。至於倚聲末技，分派詩歌，其間周、柳、蘇、辛，亦遞争軌轍。然其得其失，不足重輕，姑附存以備一格而已。大抵門户構争之見，莫甚於講學，而論文次之。講學者聚黨分朋，往往禍延宗社。操觚之士筆舌相攻，則未有亂及國事者。蓋講學者必辨是非，辨是非必及時政，其事與權勢相連，故其患大。文人詞翰，所争者名譽而已，與朝廷無預，故其患小也。然如艾南英以排斥王、李之故，至以嚴嵩爲察相，而以殺楊繼盛爲稍過當。豈其捫心清夜，果自謂然？亦朋黨既分，勢不兩立，故決裂名教而不辭耳。至錢謙益《列朝詩集》，更顛倒賢姦，彝良泯絶，其貽害人心風俗者，又豈尠哉？今掃除畛域，一準至公。明以來諸派之中，各取其所長，而不回護其所短。蓋有世道之防焉，不僅爲文體計也。

葉德輝《觀古堂藏書目·集部序例》 集之類有六，曰楚辭類，曰别集類，曰總集類，曰詩文評類，曰詞類，曰曲類。楚辭類者，風雅之變體，其離詩而成一家，亦猶史之離乎《春秋》，固勢之不能限斷者也。後世間有擬作，多列集中，惟宋高似孫《騷略》，專務摹仿，秩然具體云。别集類者，《漢志·詩賦略》之濫觴，然有詩賦而無文，以文次於諸子類也。魏晉以降，詩、文不分，於是專集之書盈千累萬，學者既從而選録之，又從而評論之，於是有總集類，有詩文評類。詞爲詩餘，導源於唐而備體於宋。以其句之無定，又謂之長短句。後人推其本事，定以牌名。北宋以來，號爲極盛。其製近於集而非集，故别爲類焉。曲者，詞之别子。其牌名太半相同，而以利於樂人按歌，每參以方音俗語。北曲、南曲，韻判《中原》。雜劇、傳奇，體兼小説。《四庫》録其譜而不著其書，是固别裁之義。兹則私家簿目，故并載焉。

雜録

《漢書·藝文志·詩賦略》 右賦二十家，三百六十一篇。右賦二十一家，二百七十四篇。入揚雄八篇。右賦二十五家，百三十六篇。右雜賦十二家，二百三十三篇。右歌詩二十八家，三百一十四篇。凡詩賦百六家，千三百一十八篇。入揚雄八篇。

《隋書·經籍志·集》 凡集五百五十四部，六千六百二十二卷。通計亡書，合一千一百四十六部，一萬三千三百九十卷。

《舊唐書·經籍志·總序》 丁部爲集，其類有三：一曰楚詞，以紀騷人怨刺。二曰别集，以紀詞賦雜論。三曰總集，以紀文章事類。

又《丁部集録》 丁部集録，三類，共八百九十部，書一萬二千二十八卷。楚詞類一，别集類二，總集類三。右集録楚詞七家；帝王二十七家，太子諸王二十一家，七國趙、楚各一家，前漢二十家，後漢五十家，魏四十六家，蜀二家，吴十四家，西晉一百一十九家，東晉一百四十四家，宋六十家，南齊十二家，梁五十九家，陳十四家，後魏十家，北齊四家，周五家，隋十八家，唐一百一十二家，沙門七家，婦人七家；總集一百二十四家。凡八百九十二部，一萬二千二十八卷。

《新唐書·藝文志·丁部集録》 丁部集録，其類三：一曰楚辭類，二曰别集類，三曰總集類。凡著録八百一十八家，八百五十六部，一萬一千九百二十三卷；不著録四百八家，五千八百二十五卷。

《宋史·藝文志·集類》 集類四：一曰楚辭類，二曰别集類，三曰總集類，四曰文史類。凡集類二千三百六十九部，三萬四千九百六十五卷。

《明史·藝文志·集類》 集類三：一曰别集類，二曰總集類，三曰文史類。

楚辭部

論述

《隋書·經籍志·楚辭類序》 《楚辭》者，屈原之所作也。自周室衰亂，詩人寢息，諂佞之道興，諷刺之辭廢。楚有賢臣屈原，被讒放逐，乃著《離騷》八篇，言己離别愁思，申杼其心，自明無罪，因以諷諫，冀君覺悟，卒不省察，遂赴汨羅死焉。弟子宋玉，痛惜其師，傷而和之。其後，賈誼、東方朔、劉向、揚雄，嘉其文彩，擬之而作。蓋以原楚人也，謂之「楚辭」。然其氣質高麗，雅致清遠，後之文人，咸不能逮。始漢武帝命淮南王爲之章句，旦受詔，食時而奏之，其書今亡。後漢校書郎王逸，集屈原已下，迄於劉向，逸又自爲一篇，并叙而注之，今行於世。隋時有釋道騫，善讀之，能爲楚聲，音韻清切，至今傳《楚辭》者，皆祖騫公之音。

晁公武《郡齋讀書志·楚辭類》 楚屈原，名平，爲懷王左徒，博聞強志，嫺於辭令。後同列心害其能而讒之，王怒，疏平。平自傷忠而被謗，乃作《離騷經》以諷，不見省納。及襄王立，又放之江南，復作《九歌》、《天問》、《九章》、《遠遊》、《卜居》、《漁父》、《大招》，自沉汨羅以死。其後，楚宋玉作《九辯》、《招魂》，漢賈誼作《惜誓》，淮南小山作《招隱士》，東方朔作《七諫》，嚴忌作《哀時命》，王襃作《九懷》，劉向作《九歎》，皆擬其文，而哀平之死於忠。至漢武時，淮南王安始作《離騷傳》。劉向典校經書，分爲十六卷。東京班固、賈逵各作《離騷章句》，餘十五卷，闕而不説。至逸，自以爲南陽人，與原同土，悼傷之，復作十六卷《章句》。又續爲《九思》，取班固二序附之，爲十七篇。按《漢書志·屈原賦》二十五篇，今起《離騷經》至《大招》凡六，《九章》、《九歌》又十八，則原賦存者二十四篇耳。并《國殤》、《禮魂》在《九歌》之外爲十一，則溢而爲二十六篇。不知《國殤》、《禮魂》何以係《九歌》之末，又不可合十一爲九，然則謂《大招》爲原辭，可疑也。夫以「招魂」爲義，恐非自作，或曰景差，蓋近之。

焦竑《國史經籍志·賦頌類序》 《詩》有賦、比、興，而頌者「四詩」之一也。後世篇章蔓衍，自開塗轍。遂以謂二者於詩文，如魚之於鳥獸，竹之於草木，不復爲詩屬，非古矣。屈平、宋玉自鑄偉辭，賈誼、相如同工異曲。自此以來，遞相師祖，即蕪音累氣，時或不無，而標能擅美，輝映當時者，每每有之，悉著於篇。語曰：「登高能賦，可以爲大夫。」學者吟諷迴環，可以慨然而賦矣。

《四庫提要·楚辭類序》 裒屈、宋諸賦，定名《楚辭》，自劉向始也。後人或謂之《騷》，故劉勰品論《楚辭》，以《辨騷》標目。考史遷稱「屈原放逐，乃著《離騷》」，蓋舉其最著一篇。《九歌》以下，均襲《騷》名，則非事實矣。《隋志》集部以「楚辭」别爲一門，歷代因之。蓋漢魏以下，賦體既變，無全集皆作此體者。他集不與《楚辭》類，《楚辭》亦不與他集類，體例既異，理不得不分著也。楊穆有《九悼》一卷，至宋已佚。晁補之、朱子皆嘗續編，然補之書亦不傳，僅朱子書附刻《集注》後。今所傳者，大抵注與音耳。注家由東漢至宋，遞相補苴，無大異詞。迨於近世，始多别解。割裂補綴，言人人殊。錯簡説經之術，蔓延及於詞賦矣。今竝刊除，杜竄亂古書之漸也。

耿文光《萬卷精華樓藏書記·楚辭類序》 漢劉向典校經書，裒集屈、宋諸賦，定名《楚辭》。歷代因之，實總集之始。而後世諸集不與《楚辭》同體，故别爲一門，列諸集部之首。其曰《騷》者，舉首一篇言之也。今所録者凡七家，注以通訓詁，疏以辨名物，圖以顯形相，亦云備矣。而古音尤不可不講。謹案：《四庫》附「存目」，明屠本畯有《楚騷協韻》十卷，其書未善。《屈宋古音考》最爲精當，本宜入之集部，《四庫全書提要》以是書與《毛詩古音考》互相發明，又以陳第之意主於論音，故入之小學類。今以《楚辭》音有未備，陳音又以屈、宋冠首，其書之二三卷備録屈、宋原文，並增以注，實便誦讀。因列之楚辭類，以全一家之學，似亦允當。而諸注之淺陋者不及。

雜録

《隋書·經籍志·楚辭》 右十部，二十九卷。通計亡書，十一部，四十卷。

《新唐書·藝文志·楚辭類》 右《楚辭》類七家，七部，三十二卷。

《宋史·藝文志·楚辭類》 右《楚辭》十二部，一百四卷。

《四庫提要·楚辭類》 右《楚辭》類六部，六十五卷，皆文淵閣著録。

又《楚辭類存目》 右《楚辭》類十七部，七十五卷。內一部無卷數。皆附存目。

張之洞《書目答問·楚辭類》 《楚辭》兼有屈、宋、楊、劉諸人作，義例實是總集，但從前著録，皆自爲一類，冠於别集之前，今仍舊例。

綜　述

輯注分部

屈原賦

《漢書・藝文志・詩賦略》《屈原賦》二十五篇。楚懷王大夫，有《列傳》。

吴焯《繡谷亭薰習録・集一》《楚辭》一卷。楚屈原著。此即班史《藝文志》所載「《屈原賦》二十五篇」是也。後人遞增續騷諸作，于是篇目異同，去留各别。然自後漢王逸之注，宋洪興祖之補注，相傳爲定本，而朱子又非之，則訓詁之紛出，幾人人自號靈珠矣。余因集自漢迄宋諸家之本，並列于後。案：《隋志》《楚辭》十部二十九卷，通計亡書十一部四十卷。《唐志》《楚辭》七部二十二卷。宋《中興志》《楚辭》九家十二部二百四卷。其間之不傳者無論，而傳者亦無一相合也。

班史《屈原賦》二十五篇。《離騷》、《九歌》、《天問》、《九章》、《遠游》、《卜居》、《漁父》。晁氏云：「此並原文。合《國殤》、《禮魂》而無《大招》，爲篇凡二十五。」

姚振宗《漢書藝文志條理・詩賦略》《屈原賦》二十五篇。楚懷王大夫，有列傳。《史》本傳：「屈原者，名平，楚之同姓也。爲楚懷王左徒。博聞彊志，明于治亂，嫺于辭令。入則與王圖議國事，以出號令；出則接遇賓客，應對諸侯。王甚任之。上官大夫與之同列，争寵而心害其能。因讒之，王怒而疏屈平。屈平疾王聽之不聰也，讒諂之蔽明也，邪曲之害公也，方正之不容也，故憂愁幽思而作《離騷》。離騷者，猶離憂也。【略】屈平之作《離騷》，蓋自怨生也。《國風》好色而不淫，《小雅》怨誹而不亂。若《離騷》者，可謂兼之矣。【略】

本書《人表》第二等「上中仁人屈原」。梁玉繩曰：「屈原始見《楚辭・卜居》，字原，名平，《離騷》所謂皇考伯庸名余正則字余靈均者也。爲楚三閭大夫，故稱曰三閭，亦曰原生，亦曰屈子。以正月庚寅日生，以五月五日投汨羅死。唐昭宗天祐元年封爲昭靈侯，宋元豐六年改封忠潔侯，後又封清烈公，元延祐五年加封忠節清烈公。」

後漢校書郎王逸《楚辭章句》曰：「屈原與楚同姓，仕于懷王，爲三閭大夫。三閭之職，掌王族三姓，曰昭、屈、景。屈原序其譜屬，率其賢良，以厲國士。」劉歆《七略》曰：「孝宣皇帝詔徵被公，見誦《楚辭》，被公年衰母老，每一誦，輒與粥。」按：此似有敓誤。《王褒傳》云：「宣帝徵能爲《楚辭》九江被公，召見誦讀。」又一引「年衰母老」作「羊裘母老」，疑是「羊裘年老」，不可知已。

嚴可均《三代文編》曰：「《楚辭》王逸序曰：『《大招》，屈原之所作也。或曰景差，疑不能明也。』洪興祖以爲非屈原作。今案《漢志》《屈原賦》二十五篇，謂《離騷》一篇，《九歌》十一篇，《天問》一篇，《九章》九篇，《遠游》、《卜居》、《漁父》各一篇，凡二十五篇。洪説是也。

案：景差有《大招》，而《七略》無景差賦。蓋當時劉中壘别集爲《楚辭》進呈，已在《楚辭》十六卷中，《七略》亦偶有所遺也。又劉氏集《楚辭》有東方朔《七諫》，《七略》亦無其賦。

楚　辭

尤袤《遂初堂書目・總集類》《楚詞》。

《宋史・藝文志・楚辭類》《楚辭》十六卷。楚屈原等撰。

楊士奇等《文淵閣書目・文集》《楚辭》。一部，二册。完全。《楚辭》。一部，六册。完全。《楚辭》。一部，六册。殘缺。《楚辭》。一部，六册。闕。《楚辭》。一部，五册。殘缺。《楚辭》。一部，五册。完全。塾本無此部。《楚辭》。一部，三册。闕。《楚辭》。一部，一册。闕。

徐𤊹《徐氏家藏書目・别集類》《楚辭》白文二卷。

錢謙益等《絳雲樓書目・騷賦類》宋板《楚辭》。隆慶間有江西芙蓉館翻宋板。佳。

吴焯《繡谷亭薰習録・集一》晁美叔家古本。《離騷》、《天問》、《遠游》、《卜居》、《漁父》、《大招》。凡六篇。《九章》、《九歌》。凡十八篇。《國殤》、《禮魂》二篇在《九歌》之外，謂不可合十一爲九也。總二十四篇。然謂《大招》爲景差作。

宋世本。見陳氏《書録解題》稱爲今本，蓋謂當時世行本也。或曰陳説本。《離騷》、《九歌》、《天問》、《九章》、《遠游》、《卜居》、《漁父》、《九辨》、《招魂》、《大招》、《惜誓》、《招隱》、《七諫》、《哀時命》、《九懷》、《九歎》、《九思》。

世行本。此今本也，相傳自宋至今云。《離騷》、《九歌》、《天問》、《九章》、《遠游》、《卜居》、《漁父》、《九辨》、《招魂》、《大招》、《惜誓》、《弔屈原》、《招隱士》、《哀時命》、《反離騷》。此本以《大招》爲景差作，故列于宋玉之後。無《諫》、《歎》、《懷》、《思》，而增賈誼《弔屈原》、揚雄《反離騷》。他如永嘉林應辰之《龍岡楚辭説》，則以《離騷》章分段釋爲二十段，《九歌》、《九章》諸篇亦隨長短分之。又如晁吏部之《續楚辭》、《變離騷》，周宣城之《楚辭贅説》，朱文公之《楚辭後語》，黄長睿之《新校楚辭》，並皆擬原之作，其去留各自爲説，不能殫述也。

黄丕烈《蕘圃藏書題識·集類》 《楚辭》殘本□卷。校本。此書於戊申歲從朱文游家得來，閲歲至今壬子，又從渠小阮秋崖處，假得惠半農評閲本，因傳録評語及圈點于是。惜佚十三卷，未獲傳録，亦一恨事。蕘圃黄丕烈識。

天問解

姚振宗《漢書藝文志拾補·總集》 劉向《天問解》。向始末具《六藝·禮家》。

天問解

姚振宗《漢書藝文志拾補·總集》 揚雄《天問解》。雄始末具《六藝·小學家》。王逸《楚辭章句·天問篇》敘曰：「昔屈原所作，凡二十五篇，世相教傳，而莫能説《天問》，以其文義不次，又多奇怪之事。自太史公口論道之，多所不逮。至於劉向、揚雄，援引傳記以解説之，亦不能詳悉。所闕者衆，日無聞焉。既有解詞，乃復多連蹇其文，濛澒其説，故厥義不昭，微指不晳，自游覽者，靡不苦之，而不能照也。」

離騷經章句

姚振宗《後漢藝文志·楚辭》 賈逵《離騷經章句》一卷。逵始末具《經部·書類》。王逸《離騷經敘》曰：「孝武皇帝，恢廓道訓，使淮南王安作《離騷經章句》。逮至劉向，典校經書，分爲十六卷。孝章即位，深弘道藝，而班固、賈逵復以所見改易前疑，各作《離騷經章句》。其餘十五卷，闕而不説。」按：王叔師所言，則班、賈兩家皆以正淮南之失，而更爲之注。

離騷經章句

姚振宗《後漢藝文志·楚辭》 班固《離騷經章句》一卷。固始末具《經部·小學類》。《楚辭章句》班孟堅序云：「昔在孝武，博覽古文。淮南王安敘《離騷傳》，以爲《國風》好色而不淫，《小雅》怨悱而不亂，若《離騷》者，可謂兼之。蟬蜕濁穢之中，浮游塵埃之外，皭然泥而不滓，推此志，雖與日月争光可也。斯論似過其真。又説：五子以失家巷，謂五子胥也。及至羿、澆、少康、二姚、有娀佚女，皆各以所識，有所增損，然猶未得其正也。故博采經書、傳記、本文，以爲之解。」

離騷傳

姚振宗《後漢藝文志·楚辭》 馬融《離騷傳》一卷。融始末具《經部·易類》。范書本《傳》：「注《孝經》、《論語》、《詩》、《易》、三《禮》、《尚書》、《列女傳》、《老子》、《淮南子》、《離騷》。」

楚辭章句

《隋書·經籍志·楚辭》 《楚辭》十二卷，并目録。後漢校書郎王逸注。

《舊唐書・經籍志・楚辭》《楚詞》十六卷。王逸注。

鄭樵《通志・藝文略・楚辭》《楚辭》十七卷。後漢校書郎王逸注。

晁公武《郡齋讀書志・楚辭類》《楚辭》十七卷。右後漢校書郎王逸叔師注。【略】其卷後有蔣之翰跋，云晁美叔家本也。

《宋史・藝文志・楚辭類》《楚辭》十七卷。後漢王逸章句。

又《總集類》王逸《楚辭章句》二卷。

范邦甸等《天一閣書目・楚辭類》《楚辭》十七卷。刊本。漢劉向編集，王逸章句。明後學西蜀高第、吴郡黄省曾校正。

《楚辭》十七卷。刊本。明正德戊寅王鏊重刊。《序》云：「《楚辭》十七卷，漢中壘校尉劉向編集，校書郎王逸章句。逸之注，訓詁爲詳。朱子始疏以《詩》之六義，援據博，義理精，誠有非逸所及者。然余之懵也，若《天問》、《招魂》，譎怪奇澁，讀之多未曉析。及得是編，恍然有開於余心，則逸也豈可無一日之長哉！」

《楚詞》十七卷。刊本。漢劉向編集，王逸章句。明王世貞《序》云：「梓《楚詞》十七卷。其前十五卷爲漢中壘校尉劉向編集，尊屈原《離騷》爲經，而以原别撰《九歌》等章，及宋玉、景差、賈誼、淮南、東方、嚴忌、王褒諸子凡有推佐原意而循其調者，爲傳。十六卷，則中壘所撰《九嘆》，以自見其意。前後皆王逸通故，爲章句。最後卷則逸所撰《九思》，以附於中壘者。吾友豫章宗人用晦，得宋《楚詞》善本以梓，而見屬爲序。」

錢謙益等《絳雲樓書目・騷賦類》王逸注《楚詞》。十六卷。

吴焯《繡谷亭薰習録・集一》王逸注本。《離騷》、《九歌》、《天問》、《九章》、《遠游》、《卜居》、《漁父》、《大招》。以上原文，三十六篇。《九辨》、宋玉。《招魂》、宋玉。《惜誓》、賈誼。《招隱士》、淮南小山。《七諫》、東方朔。《哀時命》、嚴忌。《九懷》、王褒。《九歎》、劉向。以上擬原作，因附焉。《九思》。王逸續，并附班固二序。

于敏中等《天禄琳琅書目・明版集部》《楚辭》。二函，十二册。周屈平著，附宋玉、景差、賈誼、淮南王安、東方朔、嚴忌、王褒、劉向、王逸擬騷諸篇，共十七卷。後漢王逸章句。書首載《史記》屈平本傳，次漢班固《序》，次梁劉勰《辨騷》，目録後附《楚辭疑字直音補》一卷。按：世傳《楚辭》最著者，一爲王逸《章句》，一爲晁无咎《重編》，一爲朱子《楚辭集注》。朱子《集注》止八卷，已見前宋版中矣。其餘卷目分合，互有異同。考《隋書・經籍志》：《楚辭》十二卷，注云：「後漢校書郎王逸注。」而《唐書・藝文志》乃云「王逸注《楚辭》十六卷」，已增多四卷矣。其又稱十七卷者，據晁公武《讀書志》言：「淮南王安始作《離騷傳》。劉向典校經書，分爲十六卷。東京班固、賈逵各作《離騷章句》，餘十五卷，闕而不説。至逸，自以爲南陽人，與原同土，悼傷之，復作十六卷《章句》。又續爲《九思》，取班固二序附之，爲十七篇。」夫十七篇，即十七卷也。宋時，洪興祖作《補注楚辭》，其卷目悉遵原本。然觀晁氏所述，王逸《章句》止十六卷，其增多一卷者，以逸續《九思》與班固二序合數之耳。此本分十七卷，而班序不入卷中，又與宋時傳本不同矣。其卷首之載《史記》本傳，則始於晁无咎之《重編》。无咎以東方朔、嚴忌皆漢武帝廷臣，淮南小山之辭不當先朔、忌，又以王逸爲東漢人，所作《九思》與劉向輩相闊，且十七卷亦非舊録，故删去一卷，止存十六卷。并於逸所著《離騷》其中有訓釋淺陋者，悉爲之删汰，而録司馬遷原《傳》，冠之於首。説詳《讀書志》中。至於劉勰《辨騷》，隋、唐兩《志》俱未論述。惟《讀書志》述洪興祖《補注楚辭・自序》言「《辨騷》非《楚辭》本書，不當録」云云，則亦古本所有，而曾經興祖删汰。此本蓋復序其舊，而亦不入卷數也。其《疑字直音補》一卷，宋人諸簿録中俱未見著其名，當又出於興祖、无咎之後。此本雖無刊刻年月，然以版式定之，則爲明代坊間所梓行者。故其槧印，亦復不能精善。若以前宋版中《集注》一書較之，其紙色、墨香則相去遠甚矣！

江陰徐氏印，未詳何人。

《四庫提要・楚辭類》《楚辭章句》十七卷。兵部侍郎紀昀家藏本。漢王逸撰。逸字叔師，南郡宜城人。順帝時官至侍中。事蹟具《後漢書・文苑傳》。舊本題校書郎中，蓋據其注是書時所居官也。

錢東垣等輯《崇文總目・總集類上》《楚詞》十七卷。王逸注。

彭元瑞等《天禄琳琅書目後編・明版集部》《楚辭》王注。一函，六册。篇目見前宋版集部。王逸章句。無洪興祖補注。

姚振宗《後漢藝文志・楚辭》王逸《楚辭章句》十六卷。范書《文苑傳》：著《楚辭章句》行于世。

逸自序曰：逮至劉向，典校經書，分爲十六卷。而班固、賈逵各作《離騷經章句》，其餘十五卷，闕而不説。又以壯爲狀，一作扶。義多乖異，事不要括。今臣復以所識所知，稽之舊章，合之經傳，作十六卷章句。雖未能究其微妙，然大指之趣，略可見矣。【略】按：逸自序稱「臣」，則當時嘗進于朝。其本迄劉向《九歎》，止于十六卷。其自撰《九思》一篇，不連在内。兩《唐志》所載，似即其相傳經進本。

姚振宗《漢書藝文志拾補・總集》《楚辭》十六篇。王逸《楚辭章句・序》

曰：孝武帝恢廓道訓，使淮南王安作《離騷經章句》，則大義粲然。後世雄俊，莫不瞻慕，舒肆妙慮，纘述其詞。逮至劉向，典校經書，分爲十六卷。【略】謂《離騷》一篇，《九歌》十一篇，《天問》一篇，《九章》九篇，《遠遊》、《卜居》、《漁父》各一篇。洪説是也。

離騷章句

鄭樵《通志・藝文略・楚辭》 《離騷章句》十七卷。

楚辭注

《隋書・經籍志・楚辭》 《楚辭》三卷。郭璞注。

《舊唐書・經籍志・楚辭》 《楚辭》十卷。郭璞注。

《新唐書・藝文志・楚辭類》 郭璞注《楚辭》十卷。

鄭樵《通志・藝文略・楚辭》 《楚辭》三卷。郭璞注。

參解楚辭

《隋書・經籍志・楚辭》 《參解楚辭》七卷。皇甫遵訓撰。

姚振宗《隋書經籍志考證・楚辭類》 《參解楚辭》七卷。皇甫遵訓撰。皇甫遵有《吳越春秋傳》，詳見《史部・雜史類》。案：此殆取王逸、郭璞、何偃三家注本，而參考爲訓解也。

楚辭删王逸注

《隋書・經籍志・楚辭》 梁有《楚辭》十一卷，宋何偃删王逸注，亡。

鄭樵《通志・藝文略・楚辭》 《楚辭》十一卷。宋何偃删王逸注。

離騷約

鄭樵《通志・藝文略・楚辭》 《離騷約》二卷。

《宋史・藝文志・總集類》 《離騷約》二卷。

錢東垣等輯《崇文總目・別集類》 《離騷約》二卷。

重編楚辭

晁公武《郡齋讀書志・楚辭類》 《重編楚辭》十六卷。右族父吏部公重編。獨《離騷經》仍故，爲首篇。其後以《遠游》、《九章》、《九歌》、《天問》、《卜居》、《漁父》、《大招》、《九辯》、《招魂》、《惜誓》、《七諫》、《哀時命》、《招隱士》、《九懷》、《九歎》爲次，而去《九思》一篇。其説曰：按八卷。屈原遭憂所作。故首篇曰《離騷經》，後篇皆曰《離騷》，餘皆曰《楚辭》。今本所第篇或不次序，於是遷《遠遊》、《九章》次《離騷經》，在《九歌》上，以原自敘其意近於《離騷經》也。而《九歌》、《天問》乃原既放之後攄憤所作者，故遷於下。《卜居》、《漁父》，自叙之餘意也，故又次之。《大招》古奥，疑原作，非景差詞，沈淵不返，故以終焉。爲《楚辭》上八卷。《九辯》、《招魂》皆宋玉所作，或曰《九辯》原作，其聲浮矣。《惜誓》宏深，或以爲賈誼作，蓋近之。東方朔、嚴忌皆漢武帝廷臣，淮南小山之詞，不當先朔、忌。王褒，漢宣帝時人，後淮南小山。至劉向最後作，故其次序如此。皆西漢以前文也，爲《楚辭》下八卷。王逸，東漢人，《九思》視向以前所作，相闊矣。又十七卷非舊録，故去之。又頗删逸《離騷經》訓釋淺陋者，而録司馬遷原《傳》冠其首云。

尤袤《遂初堂書目・總集類》 晁氏定《楚詞》。

陳振孫《直齋書録解題・楚辭類》 《重定楚辭》十六卷。禮部郎中濟北晁補之无咎撰。去《九思》一篇入《續楚辭》，定著十六卷，篇次亦頗改易，又不與陳説之本同。《續》、《變》二篇皆《楚辭》流派，其曰「變」者，又以其類《離騷》而少變也。新序三篇述其意甚詳，然其去取之際，或有不可盡曉者。

馬端臨《文獻通考・經籍考・賦詩》《重編楚辭》十六卷。

吴焯《繡谷亭薰習録・集一》 晁補之《重編楚辭》本。《離騷》、《遠游》、《九章》、《九歌》、《天問》、《卜居》、《漁父》、《大招》、《九辨》、《招魂》、《惜誓》、《七諫》、《哀時命》、《招隱》、《九懷》、《九歎》。無《九思》一篇。《大招》以上皆稱原作，《九辨》以下宋玉等擬。或謂《大招》一篇景差作，而晁氏謂是原作，以其沈淵不返耳。此序時代，首宋玉，次賈誼、東方朔、嚴忌、淮南小山、王褒、劉向，皆西漢文也。王逸《九思》以東漢闕之。

楚辭補注

晁公武《郡齋讀書志・楚辭類》《補注楚辭》十七卷。右未詳撰人。凡王逸《章句》有未盡者補之。自序云：「以歐陽永叔、蘇子瞻、晁文元、宋景文家本參校之，遂爲定本。又得姚廷輝本作《考異》。」且言《辨騷》非《楚辭》本書，不當録。

尤袤《遂初堂書目・總集類》 洪氏《補注楚詞》。

陳振孫《直齋書録解題・楚辭類》《楚辭》十七卷。漢護都水使者光禄大夫劉向集，後漢校書郎南郡王逸叔師注，知饒州曲阿洪興祖慶善補注。逸之注雖未能盡善，而自淮南王安以下爲訓傳者今不復存，其目僅見於《隋》《唐志》，獨逸《注》幸而尚傳，興祖從而補之，於是訓詁名物詳矣。

馬端臨《文獻通考・經籍考・賦詩》《補注楚辭》十七卷。

《宋史・藝文志・楚辭類》 洪興祖《補注楚辭》十七卷。

范邦甸等《天一閣書目・楚辭類》 洪興祖《補注楚辭》十七卷。刊本。序殘闕。

錢謙益等《絳雲樓書目・騷賦類》 洪興祖《楚詞補注》。十七卷。又嘗撰《韓文辨證》八卷。

吴焯《繡谷亭薰習録・集一》《楚辭》十七卷。後漢校書郎王逸叔師注。篇目見前。其注釋採自淮南王安以下，著爲訓傳。安與班固、賈逵之書皆不傳，惟此獨賴以存焉。至宋，洪興祖又以諸本異同重加參校，以補逸之未備，傳爲定本。當時分行，今則合爲一編矣。

《四庫提要・楚辭類》《楚辭補注》十七卷。内府藏本。宋洪興祖撰。興祖字慶善。陸游《渭南集》有興祖手帖跋，稱爲洪成季慶善，未之詳也。丹陽人。政和中登上舍第。南渡後召試，授祕書省正字。歷官提點江東刑獄，知真州饒州。後忤秦檜，編管昭州，卒。事蹟具《宋史・儒林傳》。周麟之《海陵集》有《興祖贈直敷文閣制》，極褒其編纂之功，蓋檜死乃昭雪也。案陳振孫《書録解題》列《補注楚辭》十七卷、《考異》一卷。稱「興祖少時從柳展如得東坡手校十卷【略】」云云。則舊本兼載《釋文》，而《考異》一卷附之，在《補注》十七卷之外。此本每卷之末，有汲古後人毛表字奏叔依古本是正印記，而《考異》已散入各句下，未知誰所竄亂也。又目録後有興祖《附記》，稱鮑欽止云「《辨騷》非《楚辭》本書，不當録。班固二序，舊在《九嘆》之後，今附於第一通之末」云云。此本離騷之末有班固二序，與所記合。而劉勰《辨騷》一篇，仍列序後，亦不詳其何故。

彭元瑞等《天禄琳琅書目後編・宋版集部》《楚辭補注》。一函，八册。書十七卷，目録後有附記，《離騷經》第一後録班固《序》二編，劉勰《辨騷》一篇。項元汴家藏本。

張之洞《書目答問・楚辭類》《楚辭補注》十七卷。漢王逸注，宋洪興祖補。汲古閣毛表校本。《楚辭章句》十七卷。大小雅堂刻本，止王注。

校定楚辭

陳振孫《直齋書録解題・楚辭類》《校定楚辭》十卷。祕書郎昭武黃伯思長睿撰。【略】既以諸家本校定，又以太史公《屈原傳》至陳説之序附以今序，別爲一卷，目以《翼騷》。

馬端臨《文獻通考・經籍考・賦詩》《新校楚辭》十卷。

天問解

黃虞稷《千頃堂書目・騷賦類・補宋》 楊萬里《天問解》一卷。

倪燦等《宋史藝文志補・騷賦類》 楊萬里《天問解》一卷。

《四庫提要・楚辭類存目》《天問天對解》一卷。浙江范懋柱家天一閣藏本。宋楊萬里撰。萬里有《易傳》，已著録。是書取屈原《天問》、柳宗元《天對》，比附貫綴，各爲之解。已載入《誠齋集》中，此其別行本也。訓詁頗爲淺易。其間有所辨，【略】未嘗別有新義也。

楚辭集注

趙希弁《讀書附志·楚辭類》 《楚辭集注》八卷。右朱文公所定也。《離騷》凡七題，二十五篇，皆屈原作，定爲五卷。《續離騷》八題，十六篇，定爲三卷。校晁氏本，增《弔屈原》、《服賦》二篇，而去《七諫》、《九懷》、《九歎》、《九思》四篇。【略】騷自楚興，公之加意此書，則作牧于楚之後也。或曰有感於趙忠定之變而然。

陳振孫《直齋書録解題·楚辭類》 《楚辭集注》八卷。侍講建安朱熹元晦撰。以王氏、洪氏注或迂滯而遠於事情，或迫切而害於義理，遂別爲之注。其訓詁文義之外，有當考訂者，則見於《辨證》，所以祛前注之蔽陋而明屈子微意於千載之下，忠魂義魄，頓有生氣。其於《九歌》、《九章》，尤爲明白痛快。至謂《山海經》、《淮南子》殆因《天問》而著書，説者反取二書以證《天問》，可謂高世絶識、毫髮無遺恨者矣。公爲此《注》在慶元退歸之時，序文所謂「放臣棄子、怨妻去婦」，蓋有感而託者也。其生平於六經皆有訓傳，而其殫見洽聞、發露不盡者，萃見於此書。嗚呼偉矣！其篇第視舊本益賈誼二賦而去《諫》、《歎》、《懷》、《思》。屈子所著二十五篇爲《離騷》，而宋玉以下則曰《續離騷》。其言「《七諫》以下辭意平緩，意不深切，如無所疾痛而強爲呻吟者」，尤名言也。

馬端臨《文獻通考·經籍考·賦詩》 《楚辭集説》八卷。

《宋史·藝文志·楚辭類》 朱熹《楚辭集注》八卷。

高儒《百川書志·總集》 《楚辭集注》八卷。宋紫陽朱元晦校定集注。《離騷》五卷七題二十五篇，皆屈原之作也。《續離騷》三卷八題十六篇，宋玉、景差、賈誼、莊忌、淮南小山之作也。

范邦甸等《天一閣書目·楚辭類》 《楚辭集注》。《離騷》五卷，《續離騷》三卷。刊本。宋慶元己未朱子集注。

徐𤊹《徐氏家藏書目·別集類》 《楚辭朱子集注》八卷。

錢謙益等《絳雲樓書目·騷賦類》 朱文公集注《楚辭》。八卷。周公謹言此書爲趙忠定放逐衡湘而作。見《齊東野語》。

吴焯《繡谷亭薰習録·集一》 朱文公《集注》本。《離騷》、《九歌》、《天問》、《九章》、《遠游》、《卜居》、《漁父》。凡七題廿五篇，屈原作。《大招》、《九辨》、《招魂》、《惜誓》、《哀時命》、《招隱》、《弔屈原》、《服賦》。凡八題十六篇，並擬原作爲《續離騷》。蓋去《諫》、《歎》、《懷》、《思》，而益以賈誼二賦云。

《楚辭集説》八卷。宋朱子著。篇目見前。朱子以王、洪二家之注不合屈子微意，蓋以屈子不甚怨君者也。今被諸家解得不成模樣，遂使原之所爲壹鬱不得申于當年者，又晦昧不白于後世。其詳見《自序》及《語録》。然于王、洪二家之訓詁名物，朱子終取之不泯没也。

于敏中等《天禄琳琅書目·宋版集部》 《楚辭》。一函四册。周屈平撰。附宋玉、景差、賈誼、莊忌、劉安擬騷諸篇，共八卷。宋朱子集注。目録後載朱子序，前有宋羅荷、向文龍二序，《汨羅山水圖》，屈平、朱子二像。【略】公爲此注在慶元退居之時，蓋有感而託其篇第。視舊本益賈誼二賦，而去《諫》、《歎》、《懷》、《思》。屈子所著二十五篇爲《離騷》，而宋玉以下則曰《續離騷》。考《宋史》，寧宗慶元二年，朱子草封事數萬言。【略】是書刻于咸淳丁卯，係宋度宗三年。所繪《汨羅山水圖》中有清烈公廟及墓。考《宋史》，【略】蓋宋祀典封爵，初封侯，再封公。當時既經改正，潭州之廟，宜亦稱清烈公。又按汨羅在湘陰縣北，宋爲潭州所屬。【略】廬陵羅荷者，時爲文學掾，故亦爲序之。其刻是書，蓋欲求爲善本，宜其雕槧精良也。

衡山文璧藏。卷八末。右明文徵明自識藏本，其子文彭亦有印記，後入檇李項氏、泰興季氏二家收藏。

《四庫提要·楚辭類》 《楚辭集注》八卷。内府藏本。宋朱子撰。以後漢王逸《章句》及洪興祖《補注》二書，詳於訓詁，未得意旨。乃檃括舊編，定爲此本。以屈原所著二十五篇爲《離騷》，宋玉以下十六篇爲《續離騷》。隨文詮釋，每章各繫以興比賦字，如《毛詩》傳例。其訂正舊注之謬誤者，別爲《辨證》二卷附焉。自爲之序。又刊定晁補之《續楚辭》、《變離騷》二書，録荀卿至吕大臨凡五十二篇，爲《楚辭後語》，亦自爲之序。《楚辭》舊本有東方朔《七諫》、王褒《九懷》、劉向《九歎》、王逸《九思》。晁本删《九思》一篇。是編并削《七諫》、《九懷》、《九歎》三篇，益以賈誼二賦。陳振孫《書録解題》謂「以《七諫》以下詞意平緩，意不深切，如無病而呻吟者也」。晁氏《續離騷》凡二十卷，《變楚辭》亦二十卷，《後語》删爲六卷，去取特嚴。而揚雄《反騷》爲舊録所不取者，乃反收入。《自序》謂「欲因《反騷》而著蘇氏、洪氏之貶詞，以明天下之大戒也」。周密《齊東野語》記紹熙内禪事曰：「趙汝愚永州安置，至衡州而卒。朱熹爲之注《離騷》以寄意焉。」然則是書大旨，在以靈均放逐，寓宗臣之貶，以宋玉《招魂》抒故舊之悲耳。固不必於箋釋音叶之間，規規争其得失矣！

彭元瑞等《天禄琳琅書目後編・宋版集部》《楚辭集注》。一函，七册。是書明時有刻本，并《後語》、《辨證》俱全。此宋大字本，極清朗，雖印本祇四卷，而卷一、卷三、卷四影鈔亦甚工緻，以其希覯足珍，收之。每册前有大印，剷補僅存一「亨」字可辨。

張之洞《書目答問・楚辭類》《楚辭集注》八卷。宋朱子。明成化吴氏刻本。明閔刻本無《辨證》、《後語》。

離騷集傳

《宋史・藝文志・楚辭類》《離騷》一卷。錢杲之集傳。

錢曾《讀書敏求記・集》 錢杲之《離騷集傳》一卷。杲之，晉陵人。解《離騷》而名爲《集傳》者，不敢同王叔師之注也。然其旨一稟于叔師，旁採《爾雅》、《山海經》、《本草》、《淮南子》諸書，而分《離騷》三百七十三句爲十四節。蓋謂古詩有節有章，賦則無章有節耳。杲之不曉昭明置騷于詩後之義，妄認騷即爲賦，侏儒之隅見若此。

阮元《四庫未收書目提要・楚辭類》《離騷集傳》一卷。知不足齋叢書本。宋錢杲之撰。杲之，晉陵人。所注《離騷集傳》一卷，見《宋史・藝文志・楚辭類》。【略】然其注旁採《爾雅》、《本草》、《淮南子》、《山海經》等書，其旨一稟於叔師。惟不解昭明置騷於詩後之意，遂認騷爲賦，未免隅見。錢曾《讀書敏求記》中，稱之如此。此册借宋板影鈔得之。

黄丕烈《蕘圃藏書題識・集類》 錢杲之《離騷集傳》一卷。宋本。嘉慶壬辰夏六月七日丙午，士禮居主人邀余題書匱簽，因出新得桐鄉金氏所藏宋刻錢杲之《離騷集傳》示余。卷耑畫蘭一幀，云是方樗盦筆。【略】蕘圃以余略識畫理，屬爲之跋，爰書數語於畫右。孫延。

此錢杲之《離騷集傳》，宋板之精絶者。余檢《汲古閣珍藏祕本書目・集部》云：「《錢杲之注〈離騷〉》一本。宋板景鈔，此書世間絶無。一兩五錢。」今爲宋板，宜乎價增十倍矣。顧余竊有疑焉。此書有戊戌毛晉印，又有毛衮字華伯號質菴印，則是書已傳兩世，而斧季手寫《書目》售于潘稼堂，不列宋板，豈留其真本耶？抑已經散失耶？不可得而知也。景寫本聞在小讀書堆，宋板今又在余，所謂「世間絶無」者，同在一郡，幸何如之。是書來自桐鄉金氏，卷端畫蘭，云是方薰筆云。辛酉十月蕘圃記。

黄丕烈《百宋一廛書録》《離騷集傳》。錢杲之注《離騷》一本。宋板影鈔者見諸《汲古閣珍藏祕本書目》，然已稱此書世間絶無，則宋槧本益可珍矣。余得諸桐鄉金氏，其實亦爲汲古舊藏。全書不過數葉，而楮墨古足，累經名家收藏。卷耑素紙畫蘭蕙一叢，美人香艸，其有靈均之思乎。

張之洞《書目答問・楚辭類》《離騷集傳》一卷。宋錢杲之。知不足齋本、龍威秘書本。

離騷章句

趙希弁《讀書附志・楚辭類》《離騷章句》一卷。右吕成公所分也。以《離騷經》一篇爲十六章。公謂王逸嘗言劉向典校，分《離騷》爲十六卷。班固、賈逵各作《離騷章句》，惟一卷傳焉，餘十五卷闕而不録。今觀屈平所作凡二十有五，各有篇目，獨此一篇，謂之《離騷》。切意劉向所分即此篇，猶一篇之中有數章焉。故嘗因逸之言，即《離騷》一篇，反復求之，考其文之起伏、意之先後，固有十六章次第矣。因而分之，爲十六章。《東萊集》中不載。

楚辭故訓傳

趙希弁《讀書附志拾遺》《楚辭故訓傳》六卷。右建寧倅谷水林至所著也。李大異爲之序。

龍岡楚辭説

陳振孫《直齋書録解題・楚辭類》《龍岡楚辭説》五卷。永嘉林應辰渭起撰。

以《離騷》章分段釋爲二十段，《九歌》、《九章》諸篇亦隨長短分之。其推屈子不死於汨羅，比諸浮海居夷之意，其説甚新而有理。以爲《離騷》一篇辭雖哀痛而意則宏放，與夫直情徑行、勇於踣河者，不可同日語。且其興寄高遠，登昆侖、歷閬風、指西海、陟陞皇，皆寓言也，世儒不以爲實，顧獨信其從彭咸、葬魚腹以爲實者，何哉？然沈湘之事，傳自司馬遷，賈誼、揚雄皆未嘗有異説，漢去戰國未遠，決非虚語也。

馬端臨《文獻通考·經籍考·賦詩》《龍岡楚辭説》五卷。

楚辭贅説

尤袤《遂初堂書目·總集類》周少隱《楚詞贅説》。

陳振孫《直齋書録解題·楚辭類》《楚辭贅説》四卷。右司郎宣城周紫芝少隱撰。嘗爲《哀湘纍賦》，以反賈誼、揚雄之説；又爲此書，頗有發明。

馬端臨《文獻通考·經籍考·賦詩》《楚辭贅説》四卷。

《宋史·藝文志·楚辭類》周紫芝《竹坡楚辭贅説》一卷。

離騷經解

姜亮夫《楚辭書目提要·輯注類》《離騷經解》。（佚）宋傅子雲撰。子雲字季魯，號琴山。金溪人。【著録】見《宋元學案·槐堂諸儒》。

天問章句

尤袤《遂初堂書目·總集類》《天問章句》。

楚詞補旨音釋

錢大昕《補元史藝文志·騷賦類》劉莊孫《楚詞補旨音釋》。

楚辭注解

楊士奇等《文淵閣書目·文集》《楚辭注解》。一部，五册。完全。《楚辭注解》。一部，四册。闕。

楚辭旁注

黄虞稷《千頃堂書目·騷賦類》馮惟訥《楚辭旁注》。

離騷經訂詁

黄虞稷《千頃堂書目·騷賦類》趙南星《離騷經訂詁》一卷。

楚詞述注

黄虞稷《千頃堂書目·騷賦類》林兆珂《楚詞述注》。

楚辭集解

黄虞稷《千頃堂書目·騷賦類》汪瑗《楚辭集解》十五卷。

《明史·藝文志·總集類》汪瑗《楚辭集解》十五卷。

《四庫提要·楚辭類存目》《楚辭集解》八卷。兩淮鹽政採進本。明汪瑗撰。瑗字玉卿，歙縣人。是書《集解》八卷，惟注屈原諸賦，而宋玉、景差以下諸篇弗與。《蒙引》二卷，皆辨證文義。《考異》一卷，則以王逸、洪興祖、朱子三本互校其字句也。《楚辭》一書，文重義隱，寄託遥深。自漢以來，訓詁或有異同，而大旨不相違舛。瑗乃以臆測之見，務爲新説，以排詆諸家。其尤舛者，以「何必懷故都」一語爲《離騷》之綱領，謂實有去楚之志，而深闢洪興祖等謂原惓惓宗國之非。又謂原爲聖人之徒，必不肯自沈於水，而痛斥司馬遷以下諸家言死於汨羅之誣。蓋掇拾王安石《聞吕望之解舟詩》李壁注中語也。亦可爲疑所不當疑，信所不當信矣。

楚辭聽直

黄虞稷《千頃堂書目・騷賦類》 黄文焕《楚辭聽直》八卷。字維章，福州永福人。天啓乙丑進士，海陽、山陽知縣，考授翰林院編修。

《四庫提要・楚辭類存目》 《楚辭聽直》八卷。兩江總督採進本。明黄文焕撰。文焕有《詩經考》，已著録。崇禎中，文焕坐黄道周黨下獄，因在獄中著此書，蓋借屈原以寓感。其曰「聽直」，即取原《惜誦》篇中「皋陶聽直」語也。其例凡評謂之「品」，注謂之「箋」。《九歌》、《九章》諸篇標題下，又有總品。其篇次首《離騷》，次《遠遊》，次《天問》，次《九歌》，次《漁父》，次《卜居》，次《九章》。又據王逸之《注》，以《大招》或稱屈原，又據司馬遷《屈原賈生傳・贊》有「讀原《離騷》、《招魂》、《哀郢》」語，竝以《大招》、《招魂》附於篇末。與舊本皆異。

天問補注

《四庫提要・楚辭類存目》 《天問補注》一卷。浙江巡撫採進本。國朝毛奇齡撰。奇齡有《仲氏易》，已著録。是編以朱子《楚辭集注》於《天問》一篇，多所闕疑。又謂世或牽引《天問》，造飾襞積，因以爲説，而淺陋者更且牽引而注之。奇齡喜摭朱子之失，故爲之補注。前爲總論，後凡三十四條，皆先列《天問》原文，次列《集注》，而後以《補注》繼之。亦閒有所疏證，然語本恍惚，事尤奇詭，終屬臆測之詞，不能一一確證也。

張之洞《書目答問・楚辭類》 《天問補注》一卷。毛奇齡。《西河集》本。

離騷九歌解義

《四庫提要・楚辭類存目》 《離騷經注》一卷。《九歌注》一卷。安徽巡撫採進本。國朝李光地撰。光地有《周易觀象》，已著録。案《史記》但稱屈原著《離騷》，至王逸注本，始於《離騷》加「經」字，而《九歌》、《九章》加「傳」字。此稱《離騷經》，從逸本也。所注皆推尋文意，以疏通其旨，亦頗簡要。然《楚辭》實詩賦之流，未可説以詁經之法。至《國殤》、《禮魂》二篇，向在《九歌》之末。古人以九紀數，實其大凡之名，猶《雅》、《頌》之稱什。故篇十有一，仍題曰「九」。光地謂當止於九篇，竟不附載，則未免拘泥矣。

楚辭燈

《四庫提要・楚辭類存目》 《楚辭燈》四卷。内府藏本。國朝林雲銘撰。雲銘字西仲，侯官人。順治戊戌進士。官徽州府通判。王晫《今世説》稱雲銘「少嗜學，每探索精思，竟日不食。暑月家僮具湯請浴，或和衣入盆。里人皆呼爲書癡」。然觀所著諸書，實未能深造。是編取楚辭之文，逐句詮釋。又每篇爲總論，詞旨淺近。蓋鄉塾課蒙之本。江寧朱冀嘗作《離騷辨》一卷，攻雲銘之説甚力。然二人均以時文之法解古書，亦同浴而譏裸裎也。

離騷中正

《四庫提要・楚辭類存目》 《離騷中正》。無卷數。副都御史黄登賢家藏本。國朝林仲懿撰。仲懿有《南華本義》，已著録。是編首載《讀離騷管見》數則，謂屈原之賦，以執中爲宗派，主敬爲根柢。自敘學問本領，陳述帝王心法，與《四子書》相表裏。其説甚迂，故所釋類多穿鑿。如釋「名余曰正則，字余曰靈均」，謂屈子竊取子思之道，所言「正則」、「靈均」，與《中庸》天命之性，率性之道相合。是果騷人之本意乎？

離騷經解

《四庫提要・楚辭類存目》《離騷經解》一卷。浙江巡撫採進本。國朝方槃如撰。槃如字文輈，淳安人。康熙丙戌進士。官豐潤縣知縣。是編所解甚略，無所考證發明。原附刻《集虛齋學古文》後，今析出別著録焉。

山帶閣注楚辭

《四庫提要・楚辭類》《山帶閣注楚辭》六卷。通行本。國朝蔣驥撰。驥字涑塍，武進人。是書自序題康熙癸巳，而《餘論》上卷有「庚子以後，復見安溪李氏《離騷解義》」之語。蓋《餘論》又成於注後也。《注》前冠以《史記・屈原列傳》、沈亞之《屈原外傳》、《楚世家節略》，以考原事蹟之本末。次以《楚辭地理》，列爲五圖，以考原涉歷之後先。所注即據事蹟之年月，道里之遠近，以定所作之時地。雖穿鑿附會，所不能無，而徵實之談，終勝懸斷。

張之洞《書目答問・楚辭類》《山帶閣楚辭注》六卷。蔣驥。通行本。

離騷解

《四庫提要・楚辭類存目》《離騷解》一卷。江蘇巡撫採進本。國朝顧成天撰。成天字良哉，婁縣人。雍正庚戌進士。官翰林院侍講。是編成於乾隆辛酉。大旨深闢王逸以來求女譬求君之説，持論甚正。然詞賦之體，與叙事不同，寄託之言，與莊語不同。往往恍惚汗漫，翕張反覆，迴出於蹊徑之外，而曲終乃歸於本意。疏以訓詁，核以事實，則刻舟而求劍矣。《離騷》之末曰：「陟升皇之赫戲兮，忽臨睨夫舊鄉。僕夫悲余馬懷兮，蜷局顧而不行。」即終之以「亂曰」云云。大意顯然，以前皆文章之波瀾也。不通觀其全篇，而句句字字必求其人以實之，反詆古人之疎桀，是亦蘇軾所謂「作詩必此詩」也。

楚辭九歌解

《四庫提要・楚辭類存目》《楚辭九歌解》一卷。江蘇巡撫採進本。國朝顧成天撰。其説以《湘君》、《湘夫人》爲一篇，《大司命》、《少司命》爲一篇。併十一篇爲九，以合《九歌》之數。説尚可通。至於每篇所解，大抵以林雲銘《楚辭燈》爲藍本，而加以穿鑿附會。如《河伯》篇云：「九河屬韓、魏之境，而崑崙在秦之墟。韓魏不能蔽秦，而東諸侯始無寧日。『與女遊兮九河』，武關之要盟也。『衝風起兮横波』，伏兵之刧行也。『登崑崙兮四望』，留秦而不返也。『靈何爲兮水中』，朝章臺如藩臣，不與抗禮也。『與女遊兮河渚，流澌紛兮來下』，冬卒而春歸其喪也。」則全歸之於懷王。又《山鬼》篇云：「楚襄王遊雲夢，夢一婦人，名曰瑶姬。通篇辭意，似指此事。」則又歸之於巫山神女。屈原本旨，豈其然乎！

讀騷別論

《四庫提要・楚辭類存目》《讀騷別論》一卷。江蘇巡撫採進本。國朝顧成天撰。此書又舉《九章》以下諸篇未及作解者，一一評其大意。謂《離騷》之作在頃襄之世，屈原之死乃身殉懷王，力闢《史記》記事之謬。謂《九章・惜誦》、《惜往日》二篇爲僞託，定爲河洛間人所作。謂《卜居》亦爲僞託，定爲戰國人所作。謂《漁父》即莊周。謂《招魂》、《大招》皆招懷王。其説皆不免武斷。至《思美人》篇「託元鳥而致詞」句，謂因張儀生出鳥字，因商於生出元鳥字，其説尤不可解矣。

楚辭新注

《四庫提要・楚辭類存目》《楚辭新注》八卷。陝西巡撫採進本。國朝屈復撰。復字悔翁，蒲城人。是編採合《楚辭》舊注，而自以新意疏解之。復頗工詩，故能求騷人言外之意，與拘言詮、涉理路者有殊。而果於師心，亦往往臆爲變亂。如《離騷》曰

「黄昏以爲期兮」二句，指爲衍文。《天問》一篇，隨意移置其前後，謂之錯簡。《九歌》末《禮魂》一章，欲改爲禮成，以爲《九歌》之亂辭。大抵皆以意爲之，無所依據也。

屈騷心印

《四庫提要・楚辭類存目》《屈騷心印》五卷。浙江巡撫採進本。國朝夏大霖撰。大霖字用雨，號梅臯，衢州西安人。是編成於乾隆甲子，因林雲銘《楚辭燈》而改訂之。據其自述，自林本以外，所見惟朱子、來欽之、黄維章三家本。其論韻稱沈約爲晉人，所引據者，亦不過李漁《笠翁詩韻》、蔡方炳《廣輿記》諸書。前有毛以陽評，謂朱子未暇注《楚辭》，今本出後人之附會，尤不知何據也。

屈子章句

《四庫提要・楚辭類存目》《楚辭章句》七卷。山東巡撫採進本。國朝劉夢鵬撰。夢鵬有《春秋義解》，已著録。是書就諸本字句異同，參互考訂，亦頗詳悉。然不注某字出某本，未足依據。至於篇章次第，竄亂尤多。如二卷《九歌》内《湘君》、《湘夫人》、《大司命》、《少司命》本各自標題，而删除《湘夫人》、《少司命》之名，稱《湘君前後篇》、《司命前後篇》。六卷《九章》内删《抽思》、《橘頌》之目，統爲《哀郢》，又移置其先後。均不知何據。又誤以《史記》叙事之文爲屈平之語，遂合《漁父》、《懷沙》爲一篇。删去漁父歌，而增入「乃作《懷沙》之賦，其辭曰」九字。尤以意爲之也。

音義分部

楚辭音

《隋書・經籍志・楚辭》《楚辭音》一卷。徐邈撰。

《舊唐書・經籍志・楚辭》《楚辭音》一卷。徐邈撰。

《新唐書・藝文志・楚辭類》徐邈《楚辭音》一卷。

鄭樵《通志・藝文略・楚辭》《楚辭音》一卷。徐邈撰。

文廷式《補晉書藝文志・楚辭類》徐邈《楚辭音》二卷。

楚辭音

《隋書・經籍志・楚辭》《楚辭音》一卷。宋處士諸葛氏撰。

鄭樵《通志・藝文略・楚辭》《楚辭音》一卷。宋處士諸葛氏撰。

姚振宗《隋書經籍志考證・楚辭類》《楚辭音》一卷。宋處士諸葛氏撰。諸葛氏始末未詳。《册府元龜・學校部・注釋門》：宋諸葛氏撰《楚辭音》一卷。案：此疑即諸葛璩，字幼玫，琅邪陽都人。世居京口，事徵士關康之，復師徵士臧榮緒，榮緒著《晉書》有發擿之功者也。見《梁書・處士傳》、《南史・隱逸傳》。

楚辭音

《隋書・經籍志・楚辭》《楚辭音》一卷。孟奥撰。

《舊唐書・經籍志・楚辭》《楚詞音》一卷。孟奥撰。

《新唐書・藝文志・楚辭類》孟奥《楚辭音》一卷。

楚辭音

《隋書・經籍志・楚辭》《楚辭音》一卷。釋道騫撰。

《舊唐書・經籍志・楚辭》《楚辭音》一卷。釋道騫撰。

《新唐書・藝文志・楚辭類》僧道騫《楚辭音》一卷。

鄭樵《通志・藝文略・楚辭》《楚辭音》一卷。釋道騫撰。

姚振宗《隋書經籍志考證・楚辭類》《楚辭音》一卷。釋道騫撰。本《志》敍曰：「隋時有釋道騫，善讀《楚辭》，能爲楚聲，音韻清切。至今傳《楚辭》者，皆祖騫公之音。」

楚辭音

《隋書・經籍志・楚辭》 《楚辭音》一卷。

楚辭釋文

晁公武《郡齋讀書志・楚辭類》 《楚辭釋文》一卷。右未詳撰人。其篇次不與世行本同。蓋以《離騷經》、《九辯》、《九歌》、《天問》、《九章》、《遠游》、《卜居》、《漁父》、《招隱士》、《招魂》、《九懷》、《七諫》、《九歎》、《哀時命》、《惜誓》、《大招》、《九思》爲次。按今本《九章》第四，《九辯》第八，而王逸《九章》注云：「皆解於《九辯》中。」知《釋文》篇第蓋舊本也，後人始以作者先後次第之耳。或曰天聖中陳説之所爲也。

陳振孫《直齋書録解題・楚辭類》 《離騷釋文》一卷。古本，無名氏。洪氏得之吴郡林虙德祖。其篇次不與今本同。今本首《騷經》，次《九歌》、《天問》、《九章》、《遠游》、《卜居》、《漁父》、《九辨》、《招魂》、《大招》、《惜誓》、《招隱》、《七諫》、《哀時命》、《九懷》、《九歎》、《九思》。《釋文》亦首《騷經》，次《九辨》，而後《九歌》、《天問》、《九章》、《遠游》、《卜居》、《漁父》、《招隱士》、《招魂》、《九懷》、《七諫》、《九歎》、《哀時命》、《惜誓》、《大招》、《九思》。洪氏按：王逸《九章》注云「皆解於《九辨》中」，則《釋文》篇第蓋舊本也，後人始以作者先後次序之耳。朱侍講按：天聖十年陳説之序以爲舊本篇第混并，乃考其人之先後，重定其篇第，然則今本説之所定也。余按：《楚辭》劉向所集，王逸所注，而《九歎》、《九思》亦列其中，蓋後人所益也歟。

馬端臨《文獻通考・經籍考・賦詩》 《楚辭釋文》一卷。

《宋史・藝文志・總集類》 《楚辭釋文》一卷。

吴焯《繡谷亭薰習録・集一》 《楚辭釋文》古本。晁氏云：「不計撰人，不與世行本同。」《離騷》、《九辨》、《九歌》、《天問》、《九章》、《遠游》、《卜居》、《漁父》、《招隱士》、《招魂》、《九懷》、《七諫》、《九歎》、《哀時命》、《惜誓》、《大招》、《九思》。

楚辭考異

晁公武《郡齋讀書志・楚辭類》 《考異》一卷。右未詳撰人。凡王逸《章句》有未盡者補之。自序云：「以歐陽永叔、蘇子瞻、晁文元、宋景文家本參校之，遂爲定本。又得姚廷輝本作《考異》。」且言《辨騷》非《楚辭》本書，不當録。

陳振孫《直齋書録解題・楚辭類》 《楚辭考異》一卷。洪興祖撰。興祖少時從柳展如得東坡手校《楚辭》十卷，凡諸本異同，皆兩出之。後又得洪玉父而下本十四五家參校，遂爲定本，始補王逸《章句》之未備者。書成，又得姚廷輝本，作《考異》，附古本《釋文》之後。其末，又得歐陽永叔、孫莘老、蘇子容本於關子東、葉少協，校正以補《考異》之遺。洪於是書用力亦以勤矣。

馬端臨《文獻通考・經籍考・賦詩》 《考異》一卷。

《宋史・藝文志・楚辭類》 《考異》一卷。

錢謙益等《絳雲樓書目・騷賦類》 又《考異》一卷。

楚辭補音

趙希弁《讀書附志拾遺》 《楚辭補音》一卷。右建寧倅谷水林至所著也。

楚辭協韻

《宋史・藝文志・楚辭類》 黄銖《楚辭協韻》一卷。

屈宋古音義

黄虞稷《千頃堂書目・騷賦類》 陳第《屈宋古音義》三卷。

《明史・藝文志・總集類》 陳第《屈宋古音義》三卷。

張之洞《書目答問・楚辭類》 《屈宋古音義》三卷。明陳第。學津本。

楚騷協韻

范邦甸等《天一閣書目・楚辭類》 《楚騷協韻》十卷。刊本。明甬東田叔屠畯撰。四明沈九疇序云：「《楚騷》上述皇王，旁羅近代，比物連類，銓綜三才，其於聲韻，當不詭於先王矣。後世讀不復諧，遂以槩之楚聲。且夫童歌里曲，猶或沿方，雄文麗藻，取會風雅，假令闔六義之文，仍南方之陋，其何以爭光日月，□詞賦之祖也。屠田叔氏，博取韻書，裁衷經訓，務求諧暢，積有歲年，遂成《協韻》十卷，其用心亦勤矣。後之讀《騷》者，其以田叔氏爲南車也！」吴郡黄姬水亦有序。

《四庫提要・楚辭類存目》 《楚騷協韻》十卷。浙江范懋柱家天一閣藏本。明屠本畯撰。此本惟題曰「屠畯」，蓋未改名以前刻也。本畯以朱子《楚辭集注》韻爲未備，故廣爲此書。然所增實未盡當。古無韻書，各以方音取讀。方音南北互殊，不免大同而小異。如《離騷》「朕皇考曰伯庸」、「維庚寅吾以降」，「降」讀户工切。「又重之以修能」、「紉秋蘭以爲佩」，「能」讀奴來切。皆古音也。至「肇錫予以嘉名」、「字余曰靈均」，則方音矣。江以南真、庚互叶，今世尚然。本畯必讀「名」彌延反，「均」居員反，殊爲牽合。本畯又好取《説文》字體改今楷法，以爲楚騷文字在小篆未變之前，寫《楚辭》宜用小篆分草。今刊本雖用隸書，然宜以六書善本正其差譌。夫隸體與分草之興，初不相遠。且意取簡易，與篆固殊。若盡依《説文》改變形體，以爲能守六書之義，轉爲煩重。則但作篆可耳，奚以隸爲？是亦好奇之過也。

楚騷協韻

徐𤊹《徐氏家藏書目・別集類》 《楚騷協韻》一卷。

楚辭説韻

《四庫提要・楚辭類》 《楚辭説韻》一卷。國朝蔣驥撰。《説韻》一卷，分以字母，通以方音。及博引古音之同異，每部列通韻、叶韻、同母叶韻三例，以攻顧炎武、毛奇齡之説。夫雙聲互轉、四聲遞轉之二例，沙隨程迥已言之，非驥之剏論。然實不知先有聲韻，後有字母，聲韻爲古法，字母爲梵學，而執末以繩其本。至於五方音異，自古已然，不能謂之不協，亦不能執以爲例。

張之洞《書目答問・楚辭類》 《楚辭説韻》一卷。

考證分部

離騷草木蟲魚疏

《隋書・經籍志・楚辭》 《離騷草木疏》二卷。劉杳撰。

《舊唐書・經籍志・楚辭》 《離騷草木蟲魚疏》一卷。劉杳撰。

《新唐書・藝文志・楚辭類》 劉杳《離騷草木蟲魚疏》二卷。

鄭樵《通志・藝文略・楚辭》 《離騷草木蟲魚疏》二卷。劉杳撰。

姚振宗《隋書經籍志考證・楚辭類》 《離騷草木疏》二卷。劉杳撰。劉杳有《壽光書苑》見子部雜家。《梁書・文學傳》：杳博識彊記，自少至長，多所著述撰。《要雅》五卷、《楚辭草木疏》一卷、《高士傳》二卷、《東宫新舊記》三十卷、《古今四部書目》五卷，並行于世。

楚辭辨證

趙希弁《讀書附志・楚辭類》 《辨證》一卷。校晁氏本，增《弔屈原》、《服賦》

二篇，而去《七諫》、《九懷》、《九歎》、《九思》四篇。公謂四篇雖爲騷體，然詞氣平緩，意不深切，如無所疾痛而強爲呻吟者，就其中《諫》《嘆》猶粗可觀，兩王則卑已甚矣。故雖幸附書尾，而人莫之讀，今不復以累篇袠也。賈傅之詞，於西京爲最高，且《惜誓》已著于篇，而二賦尤精，乃不見取，亦不可曉，故併録以附焉。

陳振孫《直齋書録解題・楚辭類》 《辨證》二卷。侍講建安朱熹元晦撰。以王氏、洪氏注或迂滯而遠於事情，或迫切而害於義理，遂别爲之注。其訓詁文義之外，有當考訂者，則見於《辨證》，所以祛前注之蔽陋而明屈子微意於千載之下，忠魂義魄，頓有生氣。其於《九歌》、《九章》，尤爲明白痛快。至謂《山海經》、《淮南子》殆因《天問》而著書，説者反取二書以證《天問》，可謂高世絶識，毫髮無遺恨者矣。【略】其言「《七諫》以下辭意平緩，意不深切，如無所疾痛而強爲呻吟者」，尤名言也。

馬端臨《文獻通考・經籍考・賦詩》 《辨證》二卷。

《宋史・藝文志・楚辭類》 《辨證》一卷。

高儒《百川書志・總集》 《楚詞辨證》二卷。朱子集其訓詁文義之外當考者爲《辨證》，所以祛前注蔽陋，明屈子微義千載之下也。

范邦甸等《天一閣書目・楚辭類》 《辨證》二卷。刊本。

錢謙益等《絳雲樓書目・騷賦類》 又《辨證》二卷。

《四庫提要・楚辭類》 《辨證》二卷。

張之洞《書目答問・楚辭類》 《辨證》二卷。

離騷草木疏

趙希弁《讀書附志・楚辭類》 《離騷草木疏》四卷。右通直郎行國子録河南吴仁傑撰。慶元間自序。

徐𤊹《徐氏家藏書目・别集類》 《離騷草木疏》四卷。宋吴仁傑。

錢謙益等《絳雲樓書目・騷賦類》 吴仁傑《離騷草木疏》二卷。

黄虞稷《千頃堂書目・騷賦類・補宋》 吴仁傑《離騷草木蟲魚疏》四卷。

倪燦等《宋史藝文志補・騷賦類》 吴仁傑《離騷草木蟲魚疏》四卷。

錢曾《讀書敏求記・集》 《離騷草木疏》四卷。劉杳之書不可得而見矣。世傳惟宋吴仁傑斗南所著《草木疏》，復經甬東屠本畯田叔芟其蔓衍而補益之，改盡斗南舊觀，且以吴氏闕鳥獸爲非通論。夫美人香草，騷之寄託云然。後人止疏草木者，其意適與靈均合。田叔别撰《昆蟲疏》，蓋欲多識鳥獸之名與？失騷人之旨矣。此從曹秋岳先生借録，得觀斗南原書，何其幸也！

于敏中等《天禄琳琅書目・影宋鈔集部》 《離騷草木疏》。一函二册。宋吴仁傑撰。四卷。後仁傑《自記》，宋方燦《跋》。

《宋史・藝文志》及鼂公武、陳振孫書，馬端臨諸人所纂書目，皆不載是書，惟明焦竑《經籍志》有吴仁傑《離騷草木蟲魚疏》二卷。今觀是書，標題爲《草木疏》，而書中亦不及蟲魚。且仁傑《後記》稱「《離騷》以薌草爲忠正，蕕菖爲小人。蓀、芙蓉以下，凡四十有四種，猶青史氏『忠義』、『獨行』之有全傳也。薋、菉、葹之類十一種，傳諸卷末，猶『佞幸』、『姦臣』傳也」云云。是仁傑之疏草木，正以沅湘香草，《騷》之寄託，故作此以逆靈均之意耳。焦竑所載祇二卷，此爲四卷，亦不相符。錢曾《讀書敏求記》載此書，亦爲《草木疏》。其稱《草木蟲魚疏》者，乃甬東屠本畯所撰。則知焦竑所載，並未加考也。仁傑，《宋史》無傳。按朱彝尊《曝書亭集》有《吴氏〈兩漢刊誤補遺〉跋》稱：「仁傑，字斗南，别號蠹隱居士，本崑山人。其稱河南者，舉郡望而然。登淳熙進士，歷官國子學録。」今書中於結銜下亦署河南，其銜爲國子學録，與彝尊所言相符。惟書末結銜稱免解進士、蘄州學正充羅田縣縣學講書吴仁傑校正，意仁傑此書既成，刊行之日，乃在羅田也。方燦亦稱河南人，其始末無考。影鈔字畫結體在歐柳之間，非工書者不能得此。

《四庫提要・楚辭類》 《離騷草木疏》四卷。安徽巡撫採進本。宋吴仁傑撰。仁傑有《古周易》，已著録。是編末有仁傑慶元丁巳《自序》，謂：「梁劉杳有《草木疏》二卷，見於本傳。其書已亡。杳《疏》凡王逸所集者皆在焉，仁傑獨取二十五篇疏之。」其大旨謂《離騷》之文，多本《山海經》，故書中引用，每以《山海經》爲斷。若辨「夕攬洲之宿莽」句，引朝歌之山有莽草焉爲據，駁王逸舊注之非。其説甚辨。然騷人寄興，義不一端。瓊枝若木之屬，固有寓言；澧蘭沅芷之類，亦多即目。必舉其隨時抒望，觸物興懷，悉引之於大荒之外，使靈均所賦，悉出伯益所書，是澤畔行吟，主於侈其博贍，非以寫其哀怨，是亦好奇之過矣。以其徵引宏富，考辨典核，實能補王逸訓詁所未及，以視陸璣之疏《毛詩》、羅願之翼《爾雅》，可以方軌竝駕，爭騖後先，故博物者恒資焉。迹其賅洽，固亦考證之林也。此本爲影宋舊鈔，末有慶元庚申方燦《跋》，又有校正姓氏三行。蓋仁傑官國子學録時，屬燦刊於羅田者。舊版散佚，流傳頗罕。寫本僅存，亦可謂藝林之珍笈矣。

張金吾《愛日精廬藏書志·楚詞類》　《離騷草木疏》四卷。宋慶元刊本。焦弱侯藏書。宋通直郎充國子録河南吴仁傑撰。焦弱侯、徐健菴俱有印記。《自序》慶元丁巳。方燦《跋》慶元庚申。

吴壽暘《拜經樓藏書題跋記》卷四　《離騷艸木疏》。右舊鈔本四卷。後有仁傑自跋及方粲跋，末列張師尹、杜醇、吴世傑校正銜名。

張之洞《書目答問·楚辭類》　《離騷草木疏》四卷。宋吴仁傑。知不足齋本、龍威本。

楚辭草木疏

趙希弁《讀書附志拾遺》　《楚辭草木疏》一卷。右建寧倅谷水林至所著也。

楚辭芳草圖譜

黄虞稷《千頃堂書目·騷賦類·補宋》　謝翱《楚辭芳草圖譜》一卷。

倪燦等《宋史藝文志補·騷賦類》　謝翱《楚詞芳草圖譜》一卷。

騷　苑

黄虞稷《千頃堂書目·騷賦類》　黄省曾《騷苑》四首。

離騷草木疏補

《四庫提要·楚辭類存目》　《離騷草木疏補》四卷。浙江范懋柱家天一閣藏本。明屠本畯撰。本畯有《閩中海錯疏》，已著録。是書以宋吴仁傑《離騷草木疏》多有未備，特於香草類增入麻、秬、黍、薇、藻、稻、粢、麥、粱八種，於嘉木類增入楓、梧二種。其餘於仁傑《疏》多所删汰，自謂明簡過之，而實則反失之疎略。又每類冠以《離騷》本文及王逸《注》，擬於《詩》之《小序》，亦無關宏旨，徒事更張。至仁傑謂宿莽非卷葹，斥王逸《注》及郭璞《爾雅注》之誤，本畯是書，引羅願《爾雅翼》以明之。不知其引《南越志》寧鄉草名卷葹，江淮間謂之宿莽者，正主郭之説，不免自相刺謬，尤失於考證矣。

楚　範

黄虞稷《千頃堂書目·騷賦類》　張之象《楚範》六卷。

楚騷綺語

《四庫提要·楚辭類存目》　《楚騷綺語》六卷。浙江巡撫採進本。明張之象編。之象有《太史史例》，已著録。是書摘《楚辭》字句，以供挦撦，已爲剽剟之學；又參差雜録於二十五賦，不復著出自何篇，亦與黄省曾《騷苑》同一紕陋。

楚辭考異

《四庫提要·楚辭類存目》　《考異》一卷。明汪瑗撰。《考異》一卷，則以王逸、洪興祖、朱子三本互校其字句也。

楚辭蒙引

黄虞稷《千頃堂書目·騷賦類》　又《楚辭蒙引》二卷。

《四庫提要·楚辭類存目》　《蒙引》二卷。明汪瑗撰。《蒙引》二卷，皆辨證文義。

離騷草木疏辨證

張之洞《書目答問・楚辭類》 《離騷草木疏辨證》四卷。祝德麟。自刻本。

評論分部

離騷傳

姚振宗《漢書藝文志拾補・總集》 淮南王安《離騷傳》。《漢書・列傳》：淮南厲王長，高帝少子也。十一年，淮南王布反，上自將擊滅布，立子長爲淮南王。文帝六年，以謀反廢，徙蜀不食而死。八年，封王子安爲阜陵侯。十六年，立爲淮南王。爲人好書，鼓琴，不喜弋獵狗馬馳騁，亦欲以行陰德拊循百姓，流名譽。時武帝方好藝文，以安屬爲諸父，辨博善爲文辭，甚尊重之。初，安入朝，上使爲《離騷傳》，旦受詔，日食時上。後謀反自殺，國除爲九江郡。

翼騷

陳振孫《直齋書録解題・楚辭類》 《翼騷》一卷。既以諸家本校定，又以太史公《屈原傳》至陳説之序附以今序，別爲一卷，目以《翼騷》。

馬端臨《文獻通考・經籍考・賦詩》 《翼騷》一卷。

《宋史・藝文志・楚辭類》 黄伯思《翼騷》一卷。

讀騷大旨

《四庫提要・楚辭類存目》 附《讀騷大旨》一卷。明屠本畯撰。

楚辭合論

《四庫提要・楚辭類存目》 《合論》一卷。明黄文焕撰。

楚辭評林

《四庫提要・楚辭類存目》 《楚辭評林》八卷。内府藏本。明沈雲翔編。雲翔字千仞，慶城人。是書成於崇禎丁丑。因朱子《集注》，雜採諸家之説，標識簡端，穴碎殊甚。蓋坊賈射利之本也。

楚辭餘論

《四庫提要・楚辭類》 《楚辭餘論》二卷。國朝蔣驥撰。《餘論》二卷，駁正注釋之得失，考證典故之同異。

張之洞《書目答問・楚辭類》 《餘論》二卷。

圖譜分部

古篆楚辭

徐𤊹《徐氏家藏書目・別集類》 《古篆楚辭》五卷。

九歌譜

錢大昕《補元史藝文志・騷賦類》 吾衍《九歌譜》。

篆文楚騷

范邦甸等《天一閣書目・楚辭類》 《篆文楚騷》五卷。藍絲闌鈔本。明正德庚辰長沙熊宇撰并序。

彭元瑞等《天禄琳琅書目後編・明版集部》 《篆文楚騷》。一函，八册。明熊宇篆書五卷，二十五篇，每字釋文，後附録《史記・屈原賈生列傳》，前有宇自序。宇，善化人，正德丁丑進士，官知府。

補繪離騷全圖

《四庫提要・楚辭類》 《欽定補繪離騷全圖》二卷。國朝蕭雲從原圖。乾隆四十七年奉敕補繪。雲從字尺木，當塗貢生。

擬作分部

續楚辭

晁公武《郡齋讀書志・楚辭類》 《續楚辭》二十卷。右族父吏部公編。擇後世文賦與《楚辭》類者編之。自宋玉以下至本朝王令，凡二十六人，計六十篇。各爲小序，以冠其首。

尤袤《遂初堂書目・總集類》 晁氏《續離騷》。

陳振孫《直齋書録解題・楚辭類》 《續楚辭》二十卷。

馬端臨《文獻通考・經籍考・賦詩》 《續楚辭》二十卷。

《宋史・藝文志・楚辭類》 晁補之《續楚辭》二十卷。

楊士奇等《文淵閣書目・文集》 《續楚辭》。一部三册，闕。

錢謙益等《絳雲樓書目・騷賦類》 晁補之《續楚詞》。二十卷。又編集《變離騷》三十卷。後朱子撰《楚詞後語》六卷，皆於晁二書中去取也。

變離騷

晁公武《郡齋讀書志・楚辭類》 《變離騷》二十卷。右族父吏部公編。公既集《續楚辭》，又擇其餘文賦大意祖述《離騷》，或一言似之者爲一編。其意謂原之作曰《離騷》，餘皆曰《楚辭》，今《楚辭》又變，而迺始曰《變離騷》者，欲後世知其出於原也，猶服盡而係其姓於祖云。所録自楚荀卿至本朝王令，凡三十八人，通九十六首。

尤袤《遂初堂書目・總集類》 晁氏《變騷》。

陳振孫《直齋書録解題・楚辭類》 《變離騷》二十卷。

馬端臨《文獻通考・經籍考・賦詩》 《變離騷》二十卷。

《宋史・藝文志・楚辭類》 又《變離騷》二十卷。

楊士奇等《文淵閣書目・文集》 《變離騷》。一部三册，闕。

洛陽九詠

陳振孫《直齋書録解題・楚辭類》 《洛陽九詠》一卷。《洛陽九詠》者，伯思所作也。

馬端臨《文獻通考・經籍考・賦詩》 《洛陽九詠》一卷。

楚辭後語

趙希弁《讀書附志・楚辭類》 《後語》六卷。《後語》定著五十二篇。

陳振孫《直齋書録解題・楚辭類》《楚辭後語》六卷。朱熹撰。凡五十二篇。以晁氏《續》、《變》二書刊定，而去取則嚴而有意矣。

馬端臨《文獻通考・經籍考・賦詩》《楚辭後語》六卷。

高儒《百川書志・總集》《楚辭後語集注》六卷。朱子以晁氏所集録《續》、《變》二書刊補定著者也，凡五十二篇。

徐𤊹《徐氏家藏書目・别集類》《後語》八卷。

吴焯《繡谷亭薰習録・集一》《楚辭後語》四卷。朱子著。蓋取晁氏之《續》、《變》二騷而删定者也。有自序。

《四庫提要・楚辭類》《後語》六卷。

范邦甸等《天一閣書目・楚辭類》又《後語》六卷。刊本。

張之洞《書目答問・楚辭類》《後語》六卷。

潘祖蔭《滂喜齋藏書記・集部》宋刻《楚辭後語》六卷。二册。宋朱子作《楚詞集注》，又以晁補之所輯《續楚詞》二十卷、《變離騷》二十卷，删定五十二篇，爲《後語》。自爲之序，序在目後。每半葉十一行，行二十四字。舊時必附《集注》並行，又有《辨證》二卷，此其佚存者耳。怡府藏書，通體朱筆，句讀頗多誤。附藏印：安樂堂藏書記、明善堂覽書畫印記、叔正、同消萬古愁。

楚辭九悼

《隋書・經籍志・楚辭》《楚辭九悼》一卷。楊穆撰。

《舊唐書・經籍志・楚辭》《楚辭九悼》一卷。楊穆撰。

《新唐書・藝文志・楚辭類》楊穆《楚辭九悼》一卷。

姚振宗《隋書經籍志考證・楚辭類》《楚辭九悼》一卷。楊穆撰。

騷　略

高儒《百川書志・别集》《疎寮騷略》三卷。宋高似孫續古撰，三十三篇。

徐𤊹《徐氏家藏書目・别集類》《騷略》一卷。宋高嗣孫。

又《總集類》《騷略》一卷。宋高似孫。

錢謙益等《絳雲樓書目・騷賦類》高似孫《騷略》。一卷。

黄虞稷《千頃堂書目・騷賦類・補宋》高似孫《騷略》三卷。

倪燦等《宋史藝文志補・騷賦類》高似孫《騷略》三卷。

天　對

黄虞稷《千頃堂書目・騷賦類》陳雅言《天對》六篇。

續離騷

黄虞稷《千頃堂書目・騷賦類》黄道周《續離騷》一卷。

《明史・藝文志・總集類》黄道周《續離騷》二卷。

謇　騷

黄虞稷《千頃堂書目・騷賦類》黄道周《謇騷》一卷。

擬離騷

黄虞稷《千頃堂書目・騷賦類》張燦《擬離騷》二十篇。字藴之，嵊縣人。

《明史・藝文志・總集類》張燦《擬離騷》二十卷。

別集部

論述

《隋書・經籍志・別集類序》 別集之名，蓋漢東京之所創也。自靈均已降，屬文之士衆矣，然其志尚不同，風流殊別。後之君子，欲觀其體勢而見其心靈，故別聚焉，名之爲集。辭人景慕，並自記載，以成書部。年代遷徙，亦頗遺散。其高唱絶俗者，略皆具存。今依其先後，次之於此。

晁公武《郡齋讀書志・別集類》 凡文集，其人正史自有傳者，止掇論其文學之辭，及略載鄉里、所終爵位，或死非其理，亦附見，餘歷官與其善惡，率不録。若史逸其行事者，則雜取他書詳載焉，庶後有考。

馬端臨《文獻通考・經籍考・集部例言》 《宋兩朝藝文志》曰：別集者，人別爲集。古人但以名氏命篇，南朝張融始著《玉海》之號，後世争効，制爲集名，一家至有十數者。爵里年氏，各立意義，或相重複，而文亦不勝其繁矣。

焦竑《國史經籍志・別集類序》 漢初著作，未以集名。梁阮孝緒始有《文集録》，《隋志》因之。至今衆士慕尚，波委雲屬，不可勝收矣。顧兵燹流移，百不存一。以彼掉鞅辭場，風雨生于筆札，金璧耀乎簡編，豈不謂獨映一時，垂聲千古哉！而一如烟雲過眼，轉盼以盡，以此知士之所恃，不在徒言也。然而名談瑋論，闡道濟時者，蓋閒有之。今具列于編，仍爲別集。

《四庫提要・別集類序》 集始於東漢，荀況諸集，後人追題也。其自製名者，則始張融《玉海集》。其區分部帙，則江淹有前集，有後集；梁武帝有詩賦集，有文集，有別集；梁元帝有集，有小集；謝朓有集，有逸集；與王筠之一官一集，沈約之正集百卷，又別選《集略》三十卷者，其體例均始於齊梁。蓋集之盛，自是始也。唐宋以後，名目益繁。然隋、唐《志》所著録，《宋志》十不存一；《宋志》所著録，今又十不存一。新刻日增，舊編日減，豈數有乘除歟？文章公論，歷久乃明。天地英華所聚，卓然不可磨滅者，一代不過數十人。其餘可傳可不傳者，則繫乎有幸有不幸。存佚靡恒，不足異也。今於元代以前，凡論定諸編，多加甄録；有明以後，篇章彌富，則刪薙彌嚴。非曰沿襲恒情，貴遠賤近，蓋閲時未久，珠礫並存，去取之閒，尤不敢不慎云爾。

又《別集類二六》 案諸史著録，但有別集、總集之分。《文獻通考》始於別集之内，析出詩集、歌詞、奏議三門。考奏議皆關國政，宜與詔令並爲一類，不宜列之於集。詩集亦屬別集，必欲區分，則有文無詩者，將又立文集一門，彌滋繁碎。今移奏議入史部，而別集、詩集則不復區分。惟歌詞體卑而藝賤，則從馬氏之例，別立詞曲一門焉。

耿文光《萬卷精華樓藏書記・別集類序》 秦以前無所謂集，至漢始有集之名，而四部之書，集部最雜。高文典册，固在於兹，巵言僞體，亦參入焉。苟非大加別白，不免珠礫並存矣。

黄逢元《補晉書藝文志・別集類序》 別集之名，肇始東漢，至司馬一代尤多。上自天子，降而王公卿士，旁及閨壼女史，沙門釋子，下至逆臣盜賊，各有撰著，都而爲集。《記》曰：「天下無道，則辭有枝葉」，此之謂也。《隋志》於亡書外，録其見存者，得一百五十餘部。今考其書，名存而卷佚者，又十之九，吁可慨已。傳迪、宗欽兩集，《隋志》次晉，證之史傳，析出屬宋，本志不録。其餘略依先後，編而次之。冠以官爵，亦遵其例，缺者補題。字與里郡有可考者，詳注卷後，惟已見經、史、子部中者不贅。

雜録

《隋書・經籍志・別集》 右四百三十七部，四千三百八十一卷。通計亡書，合八百八十六部，八千一百二十六卷。

《新唐書・藝文志・別集類》 右別集類七百三十六家，七百五十部，七千六百六十八卷。失姓名一家，玄宗以下不著録四百六家，五千一十二卷。

陳振孫《直齋書録解題・詩集類上》 凡無他文而獨有詩，及雖有他文而詩集復獨行者，別爲一類。

王應麟《玉海・藝文・著書》 古之君子，立言以明道，修辭以成文，文以貫道，斯不朽矣。

《宋史・藝文志・別集類》 右別集類一千八百二十四部，二萬三千六百四卷。

《明史・藝文志・別集類》 右別集類一千一百八十八部，一萬九千八百九十六卷。

《四庫提要・別集類二六》 右別集類九百六十一部，一萬八千零三十八卷，皆文淵閣著録。

又《別集類存目一二》 右別集類一千五百六十八部，一萬六千四百三十九卷，內六十六部無卷數。皆附存目。

張之洞《書目答問・別集弟二》 漢魏六朝舉隋唐著録原有專集之名者，其後人采集者，具在《百三家集》中，不及。唐至明，舉最著而單行者。國朝人，除詩文最著數家外，舉其説理紀事、考證經史者。

又《別集弟二・唐至五代》 汲古閣《三唐人文集》、《三唐人詩》、《五唐人集》、《六唐人集》、《八唐人集》、《唐三高僧詩》之屬。明劉云份刻《十二唐人詩集》、《八劉詩集》之屬。國朝席啓寓刻《唐詩百名家集》，雖彙刻，多單行。唐之詩家如高適、岑參之類，文家如李華、蕭穎士之類，今無單行本，詳《全唐詩》、《文》中。

又《北宋南宋》 此外宋人集若呂陶、劉摯、彭龜年，聚珍本有之。宗澤、呂祖謙，在《金華叢書》內。永嘉四靈在《南宋羣賢小集》內。

又《金元》 聚珍本諸集，如張説、宋庠、宋祁、胡宿、王珪、劉敞、劉攽、張耒、畢仲游、汪藻、曾幾、汪應辰、王質、樓鑰、仇遠、姚燧諸家，皆世無刻本。或傳本太略，蒐輯排印者。

又《明》 袁凱《海叟集》，邊貢《華泉集》，徐禎卿《迪功集》，高叔嗣《蘇門集》，皇甫汸《司勳集》，皇甫涍《少元集》，皆明詩家最著者。有刻本，不常見，並收《盛明百家詩》內。邊、徐、高三家，王士禎有選刻本。

又《國朝》 國朝人集流別太多，今爲分類列之，各標所長，以便初學尋求。其詩文集分刻者，分之；本合刻不別行者，仍牽連録之。皆有刻本，不臚列。詞章考訂，多有兼長者，此從其重者言之。

又《國朝考訂家集》 若紀昀、陸錫熊、彭元瑞、趙佑、朱筠、趙懷玉、王芑孫諸家集，既工詞章，間有考訂。此類不可枚舉，以此例之。

又《國朝不立宗派古文家集》 古文家多兼經濟家。

又《國朝詩家集》 詩家太多，讀不勝讀，止舉國初最著數家，餘多行本，汎覽不難。此後最著者，厲鶚《樊榭山房詩集》，黃景仁《兩當軒集》。

綜　述

漢魏六朝分部

孫卿賦

《漢書・藝文志・詩賦略》 孫卿賦十篇。

姚振宗《漢書藝文志條理・詩賦略》 孫卿賦十篇。孫卿有子書三十三篇，見諸子儒家。本志叙曰：大儒孫卿，及楚臣屈原，離讒憂國，皆作賦以風，咸有惻隱古詩之義。

《文心雕龍・才略篇》曰：荀況學宗，而象物名賦，文質相稱，固巨儒之情也。

章學誠《校讎通義》曰：荀卿賦十篇，居第三種之首，當日必有取義也。案，荀卿之書有《賦篇》，列于三十二篇之內，不知所謂「賦十篇」者，取其《賦篇》與否？嘉善謝墉序《荀子》曰：《漢志》又有孫卿賦十篇，今所存僅《禮》、《知》、《雲》、《蠶》、《箴》五篇。案此五篇劉氏《別録》入荀子書之末，名曰《賦篇》，似在此十篇之外者。猶《七略》既録孔臧賦二十篇，別有四篇見載《連叢子》也。

荀況集

《隋書・經籍志・別集》 楚蘭陵令《荀況集》一卷。殘缺。梁二卷。

《舊唐書・經籍志・別集》 趙《荀況集》二卷。

《新唐書・藝文志・別集類》 趙《荀況集》二卷。

鄭樵《通志・藝文略・別集一》 楚蘭陵令《荀況集》二卷。

錢東垣等輯《崇文總目・別集類》 別集類一，共九十九部，計一千一百三十六卷。別集類二，共一百一十三部，計一千四百六十四卷。別集類三，共七十六部，計三百二卷。別集類四，共一百一十八部，計三百五十一卷。別集類五，共四十二部，計一百二卷。別集類六，共六十二部，計三百二十二卷。別集類七，共六十二部，計五百三十六卷。

姚振宗《漢書藝文志拾補·別集》　楚蘭陵令《荀況集》二卷。《史·孟荀列傳》：荀卿，趙人，年五十始來游學於齊。齊襄王時，荀卿最爲老師。齊尚修列大夫之缺，而荀卿三爲祭酒焉。齊人或讒荀卿，荀卿乃適楚，而春申君以爲蘭陵令。春申君死，而荀卿廢，因家蘭陵，卒。索隱曰：荀卿名況，時人相尊而號爲卿，後亦謂之孫卿子者，避漢宣帝諱也。嚴可均曰：方音改易，稱孫卿。應劭《風俗通義》曰：孫卿有秀才，善爲《詩》、《禮》、《易》、《春秋》。

《太平御覽·文部》摯虞《文章流別論》曰：賦者，敷陳之稱，古詩之流也。前世爲賦者有孫卿、屈原，尚頗有古之詩義。

《文心雕龍·詮賦篇》曰：賦也者，受命於詩人，拓宇於楚辭也。於是荀況《禮》《智》，宋玉《風》《釣》，爰錫名號，與詩畫境。六義附庸，蔚成大國。遂客主以首引，極聲貌以窮文，斯蓋別詩之原始，命賦之厥初也。又曰：至於草區禽族，庶品雜類，則觸興致情，因變取會。擬諸形容則言務纖密，象其物宜則理貴側附，斯又小制之區畛，奇巧之機要也。觀夫荀結隱語，事數自環；宋發巧談，實始淫麗。《諧隱篇》云：魏代以來，嘲隱化爲謎語。謎也者，迴護其辭，使昏迷也。荀卿《蠶賦》，已兆其體。

王應麟《漢志考證》曰：《荀子·賦篇》，《禮》、《知》、《雲》、《蠶》、《箴》，又有《佹詩》。

嚴可均《全三代文編》：荀卿有集二卷。《荀子》有《禮賦》、《知賦》、《雲賦》、《蠶賦》、《箴賦》，《國策》及《韓詩外傳》有《爲書謝春申君》，凡六篇。

唐勒賦

《漢書·藝文志·詩賦略》　唐勒賦四篇。楚人。

姚振宗《漢書藝文志條理·詩賦略》　唐勒賦四篇。楚人。《史·屈原列傳》：屈原既死之後，楚有唐勒、景差之徒者，皆好辭而以賦見稱。

本書《人表》第六等中下「唐勒」。梁玉繩曰：唐勒惟見《史·屈原傳》，《通志·氏族略》云：楚滅唐，子孫以唐爲氏。宋洪邁《容齋五筆》云：《西京雜記》霍光曰：「楚大夫唐勒一產二子，一男一女，男曰正夫，女曰瓊華，以先生者爲長。」唐勒有子曰正夫，唯見于此。

嚴可均《三代文編》曰：唐勒，楚人，事頃襄王爲大夫。《水經·汝水注》引唐勒《奏土論》。按，《奏土論》似在此四篇之外者。

宋玉賦

《漢書·藝文志·詩賦略》　宋玉賦十六篇。楚人，與唐勒並時，在屈原後也。

姚振宗《漢書藝文志條理·詩賦略》　宋玉賦十六篇。楚人，與唐勒並時，在屈原後也。《史·屈原列傳》：屈原既死之後，楚有宋玉、唐勒、景差之徒者，皆好辭而以賦見稱。然皆祖屈原之從容辭令，終莫敢直諫。

本書《地理志》：始楚賢臣屈原被讒放流，作《離騷》諸賦，以自傷悼。後有宋玉、唐勒之屬，慕而述之，皆以顯名。

本書《人表》第五等中中「宋玉」。梁玉繩曰：宋玉始見《史·屈原傳》，鄢人，屈原弟子，體貌閒麗。楚襄王稱爲先生。冢在唐州北陽縣。

洪邁《容齋三筆》曰：宋玉《高唐》、《神女》二賦，其爲寓言託興甚明。予嘗即其詞而味其旨，蓋所謂發乎情，止乎禮義，真得詩人風化之本，玉之意可謂正矣。今人詩詞顧以襄王藉口，考其實則非是。

嚴可均《三代文編》曰：宋玉，郢人，師事屈平，爲頃襄王大夫，有集三卷。按《漢·藝文志》宋玉賦十六篇，今存者《風賦》、《大言賦》、《小言賦》、《諷賦》、《高唐賦》、《神女賦》、《登徒子好色賦》、《釣賦》、《笛賦》、《九辯》、《招魂》，凡十一篇。《對楚王問》、《高唐對》不在此數。如《九辯》爲九篇，則多出《漢志》三篇，所未審也。或云《笛賦》有宋意送荆卿之語，非宋玉作。

宋玉集

《隋書·經籍志·別集》　楚大夫《宋玉集》三卷。

《舊唐書·經籍志·別集》　楚《宋玉集》二卷。

《新唐書・藝文志・别集類》 楚《宋玉集》二卷。

鄭樵《通志・藝文略・别集一》 楚大夫《宋玉集》二卷。

陳振孫《直齋書録解題・别集類上》 《宋玉集》一卷。楚大夫宋玉撰。《史記・屈原傳》言：「楚人宋玉、唐勒、景差之徒，蓋皆原之弟子也，而玉之辭賦獨傳，至以屈、宋並稱於後世，餘人皆莫能及。」案《隋志》集三卷，《唐志》二卷，今書乃《文選》及《古文苑》中録出者，未必當時本也。

馬端臨《文獻通考・經籍考・别集》 《宋玉集》一卷。

徐𤊹《徐氏家藏書目・别集類》 《宋玉集》三卷。

姚振宗《漢書藝文志拾補・别集》 楚大夫《宋玉集》三卷。【略】晉摯虞《文章流别論》曰：孫卿、屈原，頗有古之詩義，至宋玉則多淫浮之病矣。

沈約《宋書・謝靈運傳論》曰：周室既衰，風流彌著，屈平、宋玉，導清源於前。《文心雕龍・雜文篇》曰：宋玉含才，頗亦負俗，始造《對問》，以申其志。放懷寥廓，氣實使之。《夸飾篇》云：文辭所被，夸飾恒存，自宋玉、景差，夸飾始盛。《才略篇》云：戰代任武，而文士不絶，諸子以道術取資，屈、宋以《楚辭》發采。

高祖歌詩

《漢書・藝文志・詩賦略》 《高祖歌詩》二篇。

姚振宗《漢書藝文志條理・詩賦略》 高祖歌詩二篇。本書《高帝紀》：十二年冬十月，上破布軍，還過沛，留置酒沛宫，悉召故人父老子弟佐酒，發沛中兒，得百二十人教之歌。酒酣，上擊筑自歌，令兒皆和習之。上乃起舞，忼慨傷懷，泣數行下。

本書《禮樂志》：初，高祖既定天下，過沛，與故人父老相樂，醉酒歡哀，作「風起」之詩，令沛中僮兒百二十人習而歌之。至孝惠時，以沛宫爲原廟，皆令歌兒習吹以相和，常以百二十人爲員。文景之間，禮官肄業而已。

本書《張良傳》：上欲廢太子，立戚夫人子趙王如意。已而曰：羽翼已成，難動矣。戚夫人涕泣，上曰：爲我楚舞，吾爲若歌。歌數闋，戚夫人歔欷流涕。王氏《考證》：《大風歌》亦名《三侯之章》。《文中子》曰：《大風》安不忘危，其伯心之存乎！《鴻鵠歌》，朱文公以爲卒章意象蕭索，非復三侯比矣。明馮惟訥《詩紀》曰：《鴻鵠歌》，其旨言太子得四皓爲輔，羽翼成就，不可易也。

漢楚王傅韋孟詩

姚振宗《漢書藝文志拾補・别集》 漢楚王傅韋孟詩二篇。《漢書・韋賢傳》：賢，魯國鄒人也。其先韋孟，家本彭城，爲楚元王傅，傅子夷王及孫王戊。戊荒淫不遵道，孟作詩風諫，後遂去位，徙家於鄒。又作一篇，孟卒於鄒。或曰：其子孫好事，述先人之志，而作是詩也。自孟至賢，凡五世云。《文心雕龍・明詩篇》曰：漢初四言，韋孟首唱，匡諫之義，繼軌周人。

趙幽王賦

《漢書・藝文志・詩賦略》 趙幽王賦一篇。

姚振宗《漢書藝文志條理・詩賦略》 趙幽王賦一篇。本書《諸侯王表》：趙幽王友，高帝子。高帝十一年三月丙寅，立爲淮陽王。二年，徙趙十四年。高后七年，自殺。《高后紀》：七年春正月，趙王友幽死於邸。

本書《高五王傳》：趙幽王友，十一年立爲淮陽王。趙隱王如意死，孝惠元年徙友王趙，凡立十四年。友以諸吕女爲后，不愛，愛他姬，諸吕女怒，去。讒之于太后曰：「王曰『吕氏安得王？太后百歲後，吾必擊之。』」太后怒，以故召趙王。趙王至，置邸，不見，令衛士圍守之，不得食。其羣臣或竊饋之，輒捕論之。趙王餓乃歌曰：諸吕用事兮劉氏微，迫脅王侯兮彊授我妃。我妃既妒兮誣我以惡，讒女亂國兮上曾不寤。我無忠臣兮何故棄國，自快中野兮蒼天與直。于嗟不可悔兮寧早自賊，爲王餓死兮誰者憐之，吕氏絶理兮託天報仇。遂死，以民禮葬長安。

陸賈賦

《漢書・藝文志・詩賦略》 陸賈賦三篇。

姚振宗《漢書藝文志條理・詩賦略》 陸賈賦三篇。陸賈有《楚漢春秋》，見六藝春秋家。又有書二十三篇，見諸子儒家。《文心雕龍・詮賦篇》曰：賦也者，受命于詩人，拓宇于楚辭也。漢初詞人，順流而作，陸賈扣其端。

朱建賦

《漢書・藝文志・詩賦略》 朱建賦二篇。

姚振宗《漢書藝文志條理・詩賦略》 朱建賦二篇。平原君朱建有書七篇，見諸子儒家。案，平原君，文帝時卒。此當在陸大夫之次，枚皋之前，疑轉寫之誤，觀下一條注「枚皋同時」，明是承上文而言，尤可證也。

孝景皇帝頌

《漢書・藝文志・詩賦略》 李思《孝景皇帝頌》十五篇。

姚振宗《漢書藝文志條理・詩賦略》 李思《孝景皇帝頌》十五篇。《文心雕龍・頌讚篇》曰：容告神明謂之頌，頌主告神，義必純美。漢之惠景，亦有述容注。

章學誠《校讎通義》曰：《孝景皇帝頌》次于第三種賦内，其旨不可強爲之解矣。按六義流别，賦爲最廣，比興之義，皆冒賦名，風詩無徵，存乎謡諺，則雅頌之體，實與賦類同源異流者也。

廣川惠王越賦

《漢書・藝文志・詩賦略》 廣川惠王越賦五篇。

姚振宗《漢書藝文志條理・詩賦略》 廣川惠王越賦五篇。本書《景十三王傳》：廣川惠王越，以孝景中二年立，十三年薨。又本紀：孝景中二年夏四月，立皇子越，爲廣川王。孝武建元五年秋八月，廣川王越薨。

莊夫子賦

《漢書・藝文志・詩賦略》 莊夫子賦二十四篇。名忌，吴人。

姚振宗《漢書藝文志條理・詩賦略》 莊夫子賦二十四篇。名忌，吴人。本書《地理志》：始楚屈原作賦，以自傷悼，後有宋玉、唐勒之屬。漢興，高祖王兄子濞，于吴招致天下之娱游子弟，枚乘、鄒陽、嚴夫子之徒興于文、景之際。按本志無鄒陽賦，疑在第四篇諸雜賦中。

本書《鄒陽傳》：吴王濞招致四方游士，陽與吴嚴忌、枚乘等俱仕吴，皆以文辯著名。久之，吴王陰有邪謀。是時景帝少弟梁孝王貴盛，亦待士，于是鄒陽、枚乘、嚴忌知吴王不可説，皆去之梁，從孝王游。

王逸《楚辭章句》：《哀時命》者，嚴夫子之所作也。夫子名忌，與司馬相如俱好辭賦，客游于梁，梁孝王甚奇重之。忌哀屈原受性忠貞，不遭明君而遇暗世，斐然作辭，歎而述之。故曰《哀時命》也。洪興祖曰：忌，會稽吴人。本姓莊，當時尊尚號曰夫子，避漢明帝諱，改曰嚴。一云名忌，字夫子。

上所自造賦

《漢書・藝文志・詩賦略》 上所自造賦二篇。

姚振宗《漢書藝文志條理・詩賦略》 上所自造賦二篇。顔氏《集注》曰：武帝也。案，此似班氏本注。本紀贊曰：漢承百王之弊，高祖撥亂反正，文景務在養民，至于稽古禮文之事，猶多闕焉。孝武初立，卓然罷黜百家，表章六經，遂疇咨海内，舉其俊茂，與之立功。興太學，修郊祀，改正朔，定曆數，協音律，作詩樂，建封禪，禮百神，紹周後，號令文章，焕焉可述。

《漢武故事》曰：上好辭賦，每行幸及奇獸異物，輒命相如等賦之。上亦自作詩賦數百篇，下筆即成，初不留思。相如造遲，彌時而後成，上每歎其工妙，謂相如曰：以吾之速，易子之遲，可乎？相如曰：于臣則可，未知陛下何如耳。上大笑而不責也。

王氏《考證》：《外戚傳》有《傷悼李夫人賦》，《文選》有《秋風辭》，《溝洫志》有

《瓠子之歌》二章。案以爲武帝之賦可考見者，唯此三章，別詳于《拾補》。

何義門《讀書記》曰：上所自造賦，不以冠趙幽王之上，而介于壽王、兒寬之中，此漢人所以近古也。

章學誠《校讎通義》曰：臣工稱當代之君則曰上。劉向爲成帝時人，其去孝武之世遠矣，竊意「上所自造」字必武帝時人標目，劉向從而著之。

漢武帝集

《隋書·經籍志·別集》《漢武帝集》一卷。梁二卷。

《舊唐書·經籍志·別集》《漢武帝集》二卷。

《新唐書·藝文志·別集類》《漢武帝集》二卷。

鄭樵《通志·藝文略·別集一》《漢武帝集》二卷。

姚振宗《漢書藝文志拾補·別集》《漢孝武皇帝集》二卷。《漢書》本紀：元狩元年冬十月，行幸雍祠五畤，獲白麟，作《白麟之歌》。六年夏四月乙巳，廟立皇子閎爲齊王，旦爲燕王，胥爲廣陵王，初作誥。《史記·三王世家》索隱曰：武帝策此三王，皆自手製。太史公曰：文辭爛然，甚可觀也。元鼎四年六月，得寶鼎后土祠旁，秋馬生渥洼水中，作《寶鼎》、《天馬之歌》。元封元年夏四月，祠泰山，至瓠子，臨決河，命從臣將軍以下皆負薪塞河隄，作《瓠子之歌》。六月，甘泉宮内中産芝，九莖連葉，作《芝房之歌》。五年冬，行南巡狩，至於盛唐，自尋陽浮江，親射蛟江中，獲之，舳艫千里，薄樅陽而出，作《盛唐樅陽之歌》。太初四年春，貳師將軍廣利斬大宛王首，獲汗血馬來，作《西極天馬之歌》。太始三年二月，行幸東海，獲赤鴈，作《朱鴈之歌》。四年四月，幸不其祠神人於交門宫，若有鄉坐拜者，作《交門之歌》。又《外戚傳》：上思念李夫人不已，爲作詩，又自爲賦傷悼。【略】《儒林傳》：太常孔臧等議曰：臣謹按詔書律令下者，明天人分際，通古今之誼，文章爾雅，訓辭深厚。王子年《拾遺記》云：武帝思懷李夫人不可復得，因賦《落葉哀蟬》之曲。

《漢武故事》：帝行幸河東，祠后土，作《秋風辭》。

《初學記·職官部》《漢武帝集》曰：武帝作《柏梁臺》，詔羣臣二千石有能爲七言者，乃得上坐。

《藝文類聚·雜文部》《漢武帝集》曰：奉車子侯暴病一日死，上甚悼之，乃自爲歌詩。《漢郊祀志》注服虔曰：子侯，霍去病子也。

《玉海·聖文御集篇》：西都號令文章，焕焉可述，史氏稱焉。故武帝之文，則以集著。又曰：孝武右文，紀述至富，哀爲鉅集，乃出後代。

嚴可均《全漢文編》曰：漢武帝有集二卷，凡賦、辭、制、詔、册、書、策書、勅書、璽書、報書及雜文，綜一百篇，編爲二卷。明馮惟訥《詩紀》輯存《瓠子歌》、《秋風辭》、《天馬歌》、《李夫人歌》、《落葉哀蟬曲》、《柏梁詩》凡六篇。按《山堂考索》載《文章緣起》云：漢武帝有《公孫弘誄》。

淮南王賦

姚振宗輯《七略別録佚文·詩賦略》淮南王賦八十二篇。淮南王有《熏籠賦》。嚴本。馬本。

《漢書·藝文志·詩賦略》淮南王賦八十二篇。

姚振宗《漢書藝文志條理·詩賦略》淮南王賦八十二篇。淮南王安有内外篇，見諸子雜家。本傳：初，安入朝，獻所作内篇，又獻《頌德》及《長安都國頌》。每宴見，談説得失，及方技賦頌，昏暮然後罷。

嚴可均《全漢文編》曰：《藝文類聚》六十九、《初學記》二十五、《太平御覽》七百一並引淮南王《屏風賦》。案，《七略》六藝樂家有淮南王《琴頌》，班氏出之。或在此八十二篇中。《楚辭》中有《橘頌》，頌亦賦之支流也。

淮南王集

《隋書·經籍志·別集》漢《淮南王集》一卷。梁二卷。

《舊唐書·經籍志·別集》漢《淮南王集》二卷。

《新唐書·藝文志·別集類》《淮南王安集》二卷。

鄭樵《通志·藝文略·別集一》《淮南王安集》二卷。

姚振宗《漢書藝文志拾補·別集》《漢淮南王集》二卷。【略】《漢書》本傳：武帝方好藝文，以安辯博，善爲文辭，每爲報書及賜，常召司馬相如等視草迺遣。

賈誼賦

《漢書·藝文志·詩賦略》 賈誼賦七篇。

姚振宗輯《七略别録佚文·詩賦略》 賈誼賦七篇。賈生《弔屈原賦》，因以自喻自恨也。嚴本。

姚振宗《漢書藝文志條理·詩賦略》 賈誼賦七篇。賈誼有書五十八篇，見諸子儒家。《史·屈賈列傳》：自屈原沈汨羅，後百有餘年，漢有賈生，爲長沙王太傅，過湘水，投書以弔屈原。又曰：賈生爲傳三年，有鴞飛入賈生舍，止于坐隅。楚人命鴞曰服。賈生既以適居長沙，長沙卑溼，自以爲壽不得長，傷悼之，乃爲賦以自廣。

王逸《楚辭章句》：《惜誓》者，不知誰所作也。或曰賈誼，疑不能明也。惜者哀也，誓者信也，約也。言哀惜懷王，與己信約，而復背之也。古時君臣將共爲治，必以信誓相約，然後言乃從而身以親也。蓋刺懷王有始而無終也。

王氏《考證》：朱文公曰：賈太傅以卓然命世英傑之才，俯就騷律，所出三篇，《惜誓》、《弔屈原》、《服賦》，皆非一時諸人所及。《古文苑》有《旱雲》、《簴虡賦》。

賈誼集

《隋書·經籍志·别集》 又有《賈誼集》四卷，録一卷。亡。

《舊唐書·經籍志·别集》 前漢《賈誼集》二卷。

《新唐書·藝文志·别集類》 《賈誼集》二卷。

鄭樵《通志·藝文略·别集一》 《賈誼集》四卷。

徐𤊹《徐氏家藏書目·别集類》 《賈誼集》三卷。

錢東垣等輯《崇文總目補遺·别集類一》 《賈誼集》二卷。

姚振宗《漢書藝文志拾補·别集》 漢梁太傅《賈誼集》四卷，録一卷。《史》、《漢》本傳：賈生年十八，以能誦詩書、屬文稱於郡中。及爲博士，年二十餘，最爲少。每詔令議下，諸老先生未能言，誼盡爲之對。人人各如其意所出，諸生於是以爲能。後爲長沙王太傅，既以謫去，意不自得，及度湘水，爲賦以弔屈原。爲傅三年，有服飛入誼舍，止於坐隅，服似鴞，不祥鳥也。誼自傷悼，以爲壽不得長，迺爲賦以自廣。數上疏陳政事，多所匡諫。又曰：劉向稱賈誼言三代與秦治亂之意，其論甚美，通達國體，雖古之伊、管，未能遠過也。使時見用，功化必盛。爲庸臣所害，甚可悼痛。又曰：凡所著述五十八篇。

《太平御覽·文部》魏文帝《典論》曰：余觀賈誼《過秦論》，發周秦之得失，通古今之滯義，洽以三代之風，潤以聖人之化，斯可謂作者矣。

摯虞《文章流别論》曰：《楚辭》之賦，賦之善者也。賈誼之作，則屈原儔也。

明張溥《漢魏六朝百三家·賈長沙集》輯本一卷，凡賦四篇，騷一篇，疏六篇，《過秦論》上、中、下三篇。嚴可均《全漢文編》曰：賈誼有集四卷。案，賈生諸疏，散在《新書》者十六篇，小有異同，見存不録，録其所無者，曰《旱雲賦》、《虡賦》、《鵩鳥賦》、《惜誓》、《上疏陳政事》、《上疏請封建子弟》、《上疏諫封淮南諸子》、《説積儲》、《諫除盜鑄錢令使民放鑄》、《過秦論》、《弔屈原文》，凡十一篇。又曰：《過秦論》，《文選》分上、中、下三篇，《史記·秦始皇本紀》但爲一篇，不分上、中、下，而次第全異，文亦小異，最爲古本，今據録之。又曰：《弔屈原文》，《史》、《漢》本傳並以爲賦，今據《文選》編入，並録其序，蓋本集所題如此。

晁錯集

《隋書·經籍志·别集》 《晁錯集》三卷，録一卷。亡。

鄭樵《通志·藝文略·别集一》 《晁錯集》三卷。

姚振宗《漢書藝文志拾補·别集》 漢御史大夫《晁錯集》三卷，録一卷。《史》、《漢》列傳：晁錯，潁川人也。學申、商刑名於軹張恢所，以文學爲太常掌故太子舍人門大夫，遷博士太子家令，詔舉賢良高第，遷中大夫。錯言宜削諸侯事及法令可更定者，書凡三十篇。孝文雖不盡聽，然奇其材。景帝即位，以爲内史，數請間言事，法令多所更定，遷御史大夫，請諸侯之罪過，削其支郡，所更令三十章，諸侯讙譁，吴楚七國俱反，以誅錯爲名。袁盎請斬錯，錯衣朝衣，斬東市。又曰：錯鋭於爲國遠慮而不見身害，悲夫錯，雖不終世，哀其忠。按《史》言其書三十篇者，即《藝文志》法家晁錯三十一篇，録一篇。故三十一於是集無與也。

《文心雕龍・奏啓篇》曰：自漢以來，奏事或稱上疏，儒雅繼踵，殊采可觀。若夫賈誼之《務農》，晁錯之《兵事》，理既切至，辭亦通暢，可謂識大體矣。《議對篇》云：漢文中年，始舉賢良，晁錯對策，蔚爲舉首。觀晁氏之對，證驗古今，辭裁以辨，事通而贍，超升高第，信有徵矣。【略】

嚴可均《全漢文編》曰：晁錯有集三卷。《漢書》本傳、《食貨志》、《吳王濞傳》、《藝文類聚》諸書，有《賢良文學對策》，又《上書言皇太子宜知術數》，又《上書言兵事》，又《言守邊備塞務農力本當世急務二事》，又《復言募民徙塞下》，又《說文帝令民入粟受爵》，又《復奏勿收農民租》，又《說景帝削吳》，又《請誅楚王》，凡九篇。

枚乘賦

《漢書・藝文志・詩賦略》 枚乘賦九篇。

姚振宗《漢書藝文志條理・詩賦略》 枚乘賦九篇。本書列傳：枚乘字叔，淮陰人也，爲吳王濞郎中。吳王之初怨望謀爲逆也，乘奏書諫吳王，不納，乘等去而之梁，從孝王游。及吳與六國反，以誅晁錯爲名，漢斬錯以謝諸侯。枚乘復說吳王，令還兵疾歸，吳王不用乘策，卒見禽滅。漢既平七國，乘由是知名，景帝召拜乘爲弘農都尉。乘久爲大國上賓，與英俊並游，得其所好，不樂郡吏，以病去官，復游梁，梁客皆善屬辭賦，乘尤高。孝王薨，乘歸淮陰，武帝自爲太子聞乘名，及即位，乘年老，迺以安車蒲輪徵，乘道死。【略】

王氏《考證》：《文選》有《七發》。《文選注》引《枚乘集》有《臨灞池遠訣賦》，《古文苑》有《梁王菟園賦》。

嚴可均《全漢文編》曰：《西京雜記》、《初學記》有枚乘《柳賦》。

枚乘集

《隋書・經籍志・別集》 漢弘農都尉《枚乘集》二卷，録一卷。亡。

《舊唐書・經籍志・別集》 《枚乘集》二卷。

《新唐書・藝文志・別集類》 《枚乘集》二卷。

鄭樵《通志・藝文略・別集一》 弘農都尉《枚乘集》二卷。

尤袤《遂初堂書目・別集類》 《枚乘集》。

陳振孫《直齋書録解題・別集類上》 《枚叔集》一卷。漢弘農都尉淮陰枚乘撰。叔其字也。《隋志》：「梁時有二卷，亡。」《唐志》復著録。今本乃於《漢書》及《文選》諸書鈔出者。

馬端臨《文獻通考・經籍考・別集》 《枚叔集》一卷。

《宋史・藝文志・別集類》 《枚乘集》一卷。

姚振宗《漢書藝文志拾補・別集》 漢弘農都尉《枚乘集》二卷，録一卷。【略】摯虞《文章流別論》曰：《七發》造於枚乘，借吳楚以爲客主，此因膏粱之常疾，以爲匡勸，雖有甚泰之辭，而不没其諷諭之義也。其流遂廣，其義遂變，率有辭人淫麗之尤矣。

《文心雕龍・明詩篇》曰：古詩佳麗，或稱枚叔。按，謂《古詩十九首》也。觀其結體散文，直而不野，婉轉附物，怊悵切情，實五言之冠冕也。《詮賦篇》云：枚乘《菟園》，舉要以會新。《雜文篇》云：枚乘摛艷，首製《七發》，腴辭雲搆，夸麗風駭，蓋七竅所發，發乎嗜欲，始邪末正，所以戒膏粱之子也。又曰：自《七發》以下，作者繼踵。觀枚氏首唱，信獨拔而偉麗矣。《才略篇》云：枚乘之《七發》、鄒陽之上書，膏潤於筆，氣形於言矣。《章句篇》云：若乃改韻從調，所以節文辭氣，賈誼、枚乘，兩韻輒易，亦各有其志也。然兩韻輒易，則聲韻微躁。【略】

嚴可均《全漢文編》曰：枚乘有集二卷。案，《漢志》枚乘賦九篇。《文選》謝朓《休沐重還道中詩》注引《枚乘集》有《臨灞池遠訣賦》，今亡。本傳及《說苑》、《西京雜記》、《初學記》、《類聚》、《文選》、《古文苑》諸書有《梁王菟園賦》、《柳賦》、《上書諫吳王》、《上書重諫吳王》、《七發》，凡五篇。《文選・西京賦》注、謝玄暉詩注引枚乘樂府詩。

枚皋賦

《漢書・藝文志・詩賦略》 枚皋賦百二十篇。

姚振宗輯《七略別録佚文・詩賦略》 枚皋賦百二十篇。有《麗人歌賦》。

姚振宗《漢書藝文志條理・詩賦略》 枚皋賦百二十篇。劉向《別録》曰：有《麗人歌賦》。按，《別録》佚文有此語，不知當何屬。今考《文章緣起》云「漢枚皋作《麗人歌

詩》」，似乎爲枚皋而發也，姑繫于此。【略】

案，此似即據劉中壘《别録》之文，故云百二十篇，與本志合。蓋中壘定著如此，其他尤嫚戲不可讀者，尚數十篇，則棄而不録者也。

姚振宗《漢書藝文志拾補・别集》 漢郎中枚皋辭賦一百數十篇。【略】又《嚴助傳》：其尤親幸者，東方朔、枚皋、嚴助、吾丘壽王、司馬相如。相如常稱疾避事，朔、皋不根持論，上頗俳優畜之。又《藝文志》曰：枚皋賦百二十篇。【略】

《文心雕龍・神思篇》曰：人之稟才，遲速異分，淮南崇朝而賦騷，枚皋應詔而成賦，亦思之速也。《諧隱篇》云：子長編史，列傳滑稽，以其辭雖傾回，意歸義正也。但本體不雅，其流易弊，於是東方、枚皋，餔糟啜醨，無所匡正，而詆嫚媟弄，故其自稱爲賦，迺亦俳也。見視如倡，亦有悔矣。按《文章緣起》載枚皋作《麗人歌詩》。

司馬遷賦

《漢書・藝文志・詩賦略》 司馬遷賦八篇。

姚振宗《漢書藝文志條理・詩賦略》 司馬遷賦八篇。司馬遷有《太史公》百三十篇，見六藝春秋家。本書《東方朔傳》：是時朝廷多賢材，上復問朔，方今公孫丞相、兒大夫、董仲舒、夏侯始昌、司馬相如、吾丘壽王、主父偃、朱買臣、嚴助、汲黯、膠倉、終軍、嚴安、徐樂、司馬遷之倫，皆辯知閎達，溢于文辭，先生自視，何與比哉？【略】王氏《考證》：《藝文類聚》有《司馬遷集・悲士不遇賦》。

司馬遷集

《隋書・經籍志・别集》 漢中書令《司馬遷集》一卷。

《舊唐書・經籍志・别集》 《司馬遷集》二卷。

《新唐書・藝文志・别集類》 《司馬遷集》二卷。

鄭樵《通志・藝文略・别集一》 中書令《司馬遷集》二卷。

姚振宗《漢書藝文志拾補・别集》 漢中書令《司馬遷集》一卷。《漢書》本傳：遷既被刑之後，爲中書令，尊寵任職。故人益州刺史任安予遷書，責以古賢臣

之義，教以慎於接物，推賢進士爲務。遷報之。【略】又《公孫弘等傳贊》曰：漢之得人，於茲爲盛。儒雅則公孫弘、董仲舒、兒寬，文章則司馬遷、相如。【略】

《文心雕龍・書記篇》曰：漢來筆札，辭氣紛紜。觀史遷之《報任安》，東方朔之《難公孫》，楊惲之《酬會宗》，子雲之《答劉歆》，志氣槃桓，各含殊采，並杼軸乎尺素，抑揚乎寸心。

嚴可均《全漢文編》曰：司馬遷有集一卷。今見諸書有《悲士不遇賦》、《報任少卿書》、《與摯伯陵書》，凡三篇。附《素王妙論》二條。

常侍郎莊怱奇賦

《漢書・藝文志・詩賦略》 常侍郎莊怱奇賦十一篇。枚皋同時。

姚振宗《漢書藝文志條理・詩賦略》 常侍郎莊怱奇賦十一篇。枚皋同時。劉歆《七略》曰：怱奇者，或言莊夫子子，或言族家子，莊助昆弟也。從行至茂陵，詔造賦。

本書《嚴助傳》：武帝後得朱買臣、吾丘壽王、司馬相如、主父偃、徐樂、嚴安、東方朔、枚皋、膠倉、終軍、嚴怱奇等，並在左右。

嚴助賦

《漢書・藝文志・詩賦略》 嚴助賦三十五篇。

姚振宗《漢書藝文志條理・詩賦略》 嚴助賦三十五篇。嚴助有書四篇，見諸子儒家。本傳：助爲會稽太守，奉三年，計最，因留侍中。有奇異，輒使爲文，及作賦頌數十篇。

朱買臣賦

《漢書・藝文志・詩賦略》 朱買臣賦三篇。

姚振宗《漢書藝文志條理・詩賦略》 朱買臣賦三篇。本書列傳：朱買臣，字翁子，吳人也。家貧，好讀書，不治産業，常艾薪樵，賣以給食。年五十，隨上計吏爲卒，將重車至長安，詣闕上書，書久不報。會邑子嚴助貴幸，薦買臣，召見，説《春秋》，言《楚辭》，帝甚説之，拜爲中大夫，與嚴助俱侍中，拜會稽太守，受詔將兵，與横海將軍韓説等俱擊破東越有功，徵入爲主爵都尉，列于九卿。數年坐法免官，復爲丞相長史，後以告張湯陰事，湯自殺，上亦誅買臣。

本書《地理志》：始楚屈原作《離騷》諸賦，後有宋玉、唐勒、枚乘、鄒陽、嚴夫子之徒，而吳有嚴助、朱買臣貴顯漢朝，文辭並發，故世傳《楚辭》。按此則西京人文，大都依則楚騷可知也。

宗正劉辟彊賦

《漢書・藝文志・詩賦略》 宗正劉辟彊賦八篇。

姚振宗《漢書藝文志條理・詩賦略》 宗正劉辟彊賦八篇。本書《楚元王傳》：元王子紅侯富，富子辟彊，字少卿，亦好讀《詩》，能屬文。武帝時，以宗室子隨，二千石論議，冠諸宗室。清静少欲，常以書自娱，不肯仕。昭帝即位，大將軍霍光擇宗室可用者，遂拜辟彊爲光禄大夫，守長樂衛尉，時年已八十矣。徙爲宗正，數月卒。

案，宗正，劉中壘之大父也。自元王以來家世《魯詩》，故史云「亦好讀《詩》」。此與前二十家賦别分部居，各爲起訖，不與陽城侯賦、劉向賦論前後也。

東方朔集

《隋書・經籍志・别集》 漢太中大夫《東方朔集》二卷。

《舊唐書・經籍志・别集》 《東方朔集》二卷。

《新唐書・經籍志・别集類》 《東方朔集》二卷。

鄭樵《通志・藝文略・别集一》 太中大夫《東方朔集》二卷。

徐𤊹《徐氏家藏書目・别集類》 《東方朔集》二卷。

姚振宗《漢書藝文志拾補・别集》 漢太中大夫《東方朔集》二卷。《漢書》本傳：朔字曼倩，平原厭次人也。武帝初即位，徵天下，舉方正、賢良、文學、材力之士，朔初來上書，文辭不遜，高自稱譽，上偉之，令待詔公車。久之，使待詔金馬門，稍得親近。又以爲常侍郎，遂得愛幸。以諫起上林，陳太階六符見《漢志》數術天文家，拜太中大夫，給事中。嘗醉入殿中，小遺殿上，劾不敬，詔免爲庶人。待詔宦者署，復爲中郎，與枚皋、郭舍人俱在左右，恢啁而已。久之，上書陳農戰彊國之計，因自訟不得大官，欲求試用，辭數萬言，終不見用。因著論設客難以自慰諭，又設非有先生之論。朔之文辭，此二篇最善。其餘有《封泰山》、《責和氏璧》及《皇太子生禖》、《屏風》、《殿上柏柱》、《平樂觀》、《賦獵》，八言、七言上下，《從公孫弘借車》，凡劉向所録朔書具是矣。師古曰：劉向《别録》所載。世所言他事皆非也。按《文選・蜀都賦》注引東方朔六言詩，此八言似六言之寫誤。其上書陳農戰數萬言者，即《藝文志》雜家「東方朔二十篇」也。【略】

明吕兆禧輯本一卷，凡《七諫》、《據地歌》、《戒子詩》、《柏梁詩應詔》、《上書諫起上林苑》、《諫止董偃入宣室》、《臨終諫天子劾董偃罪狀》、《與公孫弘書》、《與公孫弘借車馬書》、《與友人書》、《侏儒對》、《化民有道對》、《劇武帝對》、《劇羣臣對》、《伯夷叔齊對》、《善哉瞿所對》、《上天子壽》、《上壽謝過》、《割肉自責》、《答客難》、《答驃騎難》、《旱頌》、《非有先生論》，逸句綜二十六篇。張溥《百三家集》輯本一卷，凡《七諫》，疏、書、序、論、設難、頌、銘、詩綜十五篇。

嚴可均《全漢文編》：東方朔有集二卷，今存《七諫》、《嗟伯夷》、《上書自薦》、《諫除上林苑》、《化民有道對》、《對詔臨終諫天子》、《與公孫弘借車書》、《與友人書》、《非有先生論》、《隱真論》、《答客難》、《答驃騎難》、《十洲記序》、《旱頌》、《寶甕銘》、《誡子》凡十七篇，附東方朔占九條。

吾丘壽王賦

《漢書・藝文志・詩賦略》 吾丘壽王賦十五篇。

姚振宗《漢書藝文志條理・詩賦略》 吾丘壽王賦十五篇。吾丘壽王有書六篇，見諸子儒家。【略】王氏《考證》：《藝文類聚》有吾丘壽王《驃騎論功論》，而賦不傳。

吾丘壽王集

《隋書・經籍志・別集》 梁有漢光禄大夫《吾丘壽王集》二卷。亡。

姚振宗《漢書藝文志拾補・別集》 漢光禄大夫《吾丘壽王集》二卷。《漢書》本傳：壽王字子贛，趙人也。年少以善格五召待詔，詔使從中大夫董仲舒受《春秋》，高材通明，遷侍中中郎，坐法免。上書謝罪，願養馬黄門，上不許。後願守塞扞寇難，復不許。久之，上疏願擊匈奴，詔問狀，壽王對良善，復召爲郎。稍遷，拜爲東郡都尉。後徵入爲光禄大夫、侍中。丞相公孫弘奏言，民不得挾弓弩，上下其議，壽王對以爲不便，書奏上，以難丞相弘，弘詘服焉。後坐事誅。又《劉向傳》：向使其外親上變事曰：孝武帝時按道侯韓説諫曰「前吾丘壽王死，陛下至今恨之」。【略】

《文心雕龍・議對篇》曰：迄至有漢，始立駮議。駮者，雜也，雜議不純，故曰駮也。至如吾丘之《駮挾弓》，得事要矣。

嚴可均《全漢文編》曰：吾丘壽王有集二卷，今見諸書有《議禁民不得挾弓弩對》、《驃騎論功論》，雜文，凡三篇。

司馬相如賦

《漢書・藝文志・詩賦略》 司馬相如賦二十九篇。

姚振宗《漢書藝文志條理・詩賦略》 司馬相如賦二十九篇。司馬相如有《凡將篇》，見六藝小學家，又有《荆軻論》，見諸子雜家。

《史》、《漢》本傳：相如爲郎，事孝景帝，爲武騎常侍，非其好也。會景帝不好辭賦，是時梁孝王來朝，從游説之士鄒陽、枚乘、嚴忌夫子之徒，相如見而説之，因病免，客游梁，得與諸侯游士居數歲，乃著《子虛》之賦。上讀《子虛賦》而善之，乃召問相如。相如曰：此乃諸侯之事，未足觀，請爲天子游獵之賦。上令尚書給筆札，相如以子虛虛言也，爲楚稱；烏有先生者，烏有此事也，爲齊難；亡是公者，亡是人也，欲明天子之義，故虛藉此三人爲詞，以推天子諸侯之苑囿。其卒章歸之于節儉，因以風諫，奏之天子，天子大説。嘗從上至長楊獵，還過宜春宫，奏賦以哀二世行失。見上好仙，因奏《大人賦》。【略】

嚴可均《鐵橋漫稿・司馬長卿集輯本序》曰：《漢志》長卿賦二十九篇，今存《子虛》、《上林》、《哀秦二世》、《大人》、《長門》、《美人》六賦。徧索羣書，惟得《魏都賦》張載注引《梨賦》一句，《北堂書鈔》引《魚葅賦》有題無文，餘二十一賦莫考。又曰：《三百篇》後，屈原爲辭賦之宗，宋玉亞之，長卿與宋玉在伯仲之間。揚子雲云：如孔氏之門用賦也，相如入室。此爲定論。然而長卿不徒以詞賦見，後世鮮有知之者。《蜀志》：秦宓與王商書云：蜀本無學士，文翁遣相如東受七經，還教吏民，于是蜀學比于齊魯。故《地理志》曰：文翁倡其教，相如爲之師，漢家得士，盛于其世。如宓此言，蜀地經師，長卿爲鼻祖，而《史》、《漢》叙儒林授受，不一及之，以辭賦掩其名耳。古之振奇人，文章必從經出，故援《蜀志》以發其端。按長卿以辭賦名家，不專治經，亦莫詳其所授受，故本傳及《儒林傳》皆不載其事。

司馬相如集

《隋書・經籍志・別集》 漢孝文園令《司馬相如集》一卷。

《舊唐書・經籍志・別集》 《司馬相如集》二卷。

《新唐書・藝文志・別集類》 《司馬相如集》二卷。

鄭樵《通志・藝文略・別集一》 文園令《司馬相如集》二卷。

徐𤊹《徐氏家藏書目・別集類》 《司馬相如集》二卷。

姚振宗《漢書藝文志拾補・別集》 漢孝文園令《司馬相如集》二卷。《史》、《漢》列傳：司馬相如者，蜀郡成都人也。字長卿，以貲爲郎，事孝景帝，爲武騎常侍，病免。客游梁，著《子虛》之賦，上讀而善之，召問相如，相如曰：此乃諸侯之事，未足觀，請爲天子游獵之賦。上令尚書給筆札，賦奏，天子大悦。又奉使諭告巴蜀民，難蜀父老。嘗從上至長楊獵，天子好自擊熊豕，馳逐壄獸，因上疏諫，上善之。還過宜春宫，奏賦以哀二世。見上好僊，因爲《大人賦》。既病免，居茂陵，天子曰：司馬相如病甚，可往從悉取其書。使所忠往，而相如已死，家無遺書。問其妻，對曰：長卿時時著書，人又取去，長卿未死時爲一卷書，曰「有使來求書，奏之」，其遺札書言封禪事，所忠奏焉，天子異之。相如它所著，若《遺平陵侯書》、《與

五公子相難草木書》篇不采，采其尤著公卿者云。又曰：相如雖多虚辭濫說，然要其歸引之於節儉，此亦詩之風諫何異。【略】

明汪士賢《二十名家集》輯本一卷。凡賦六篇，琴歌二首，書二篇，檄一篇，難一篇，附《白頭吟》。張溥《百三家集》輯本一卷。凡賦、書、檄、難、《封禪文》、琴歌，綜十二篇。

嚴可均《全漢文編》曰：司馬相如有集二卷。按，相如有《遺平陵侯書》、《與五公子相難草木書》，並見本傳，云「不采」，今亡。史傳及諸書所載，有《子虚》、《上林賦》、《哀秦二世賦》、《大人賦》、《美人賦》、《長門賦》、《梨賦》、《魚葅賦》、《上書諫獵》、《喻巴蜀檄》、《報卓文君書》、《答盛覽問》、《難蜀父老》、《封禪文》、《題市門》，凡十五篇。附《凡將篇》佚文五條。近見新彫《鐵橋漫稿》中又有是集輯本序文。

上林賦

《舊唐書·經籍志·總集》《上林賦》一卷。司馬相如撰。

《新唐書·藝文志·總集類》司馬相如《上林賦》一卷。

鄭樵《通志·藝文略·賦》司馬相如《上林賦》一卷。

子虚上林賦

鄭樵《通志·藝文略·賦》《子虚上林賦》一卷。郭璞注。

文廷式《補晉書藝文志·總集類》郭璞注《子虚上林賦》一卷。《隋志》梁有，隋亡。按，李善注《文選·上林子虚賦》用郭注。

董仲舒集

《隋書·經籍志·別集》漢膠西相《董仲舒集》一卷。梁二卷。

《舊唐書·經籍志·別集》《董仲舒集》二卷。

《新唐書·經籍志·別集類》《董仲舒集》二卷。

鄭樵《通志·藝文略·別集一》膠西相《董仲舒集》二卷。

尤袤《遂初堂書目·別集類》《董仲舒集》。

陳振孫《直齋書録解題·別集類上》《董仲舒集》一卷。漢膠西相廣川董仲舒撰。案《隋》、《唐志》皆二卷，今惟録本傳中《三策》及《古文苑》所載《士不遇賦》、《詣公孫弘記室書》二篇而已。其叙篇略本傳語，亦載《古文苑》。仲舒平生著書，如《玉杯》、《繁露》、《清明》、《竹林》之類，其泯没不存多矣。所傳《繁露》，亦非本真也。

馬端臨《文獻通考·經籍考·別集》《董仲舒集》一卷。

《宋史·藝文志·別集類》《董仲舒集》一卷。

高儒《百川書志·秦漢六朝文》《董仲舒集》一卷。漢膠西相廣川董仲舒撰。今失原集。此蓋好事者採諸總集而成，以廣藏書之目，凡十一篇。

徐𤊹《徐氏家藏書目·別集類》《董仲舒集》二卷。

錢謙益等《絳雲樓書目·六朝文書類》《董仲舒集》一册。二卷。

《四庫提要·別集類存目一》《董子文集》一卷。編修朱筠家藏本。漢董仲舒撰。仲舒有《春秋繁露》，已著録。《隋書·經籍志》載《仲舒集》一卷，又注曰：梁二卷，亡。《舊唐書·經籍志》、《新唐書·藝文志》俱仍載二卷。《宋史·藝文志》又作一卷。後兩本並佚。明正德己亥，巡按御史盧雍行部至景州，爲仲舒故里。因修復廣川書院，祀仲舒，並裒其逸文以成是集，然自採録本傳外，僅益以《西京雜記》、《古文苑》所載數篇，不及張溥《百三家集》之完備，故僅存其目於此焉。

錢東垣等輯《崇文總目·別集類一》《董仲舒集》一卷。

彭元瑞等《天禄琳琅書目後編·明版集部》《董仲舒集》一函，一册。不著刻者名氏。按《隋書·經籍志》載《仲舒集》一卷，又注曰「梁二卷，亡」。《舊唐書·經籍志》、《唐書·藝文志》俱載二卷，《宋史·藝文志》又作一卷。此本一卷，惟《賢良三策》、《士不遇賦》、《山川頌》、《詣丞相公孫弘記室書》、《高廟園災對》、《雨雪對》、《郊祀對》、《乞種麥限田章》、《粤有三仁對》九篇。前有集叙、目録，後刻正德庚午桂連西齋印行。」今行世二本：一《董子文集》，乃正德乙亥巡按御史盧雍所輯，一張溥所裒《百三家集》之一，雖採録較多，俱不及此爲舊本。泰興季氏所藏。

姚振宗《漢書藝文志拾補·別集》漢膠西相《董仲舒集》二卷。《漢書》本傳：仲舒以賢良對策相江都、膠西兩國，輒事驕王，數上疏諫爭。教令國中，所居而治。及去位歸居，終不問家産業，以修學著書爲事。

《文心雕龍・議對篇》曰：仲舒對策，祖述《春秋》陰陽之化，究列代之變，煩而不慁者，事理明也。《才略篇》云：仲舒專儒，子長純史，而麗縟成文，亦詩人之告哀焉。【略】

明張溥《百三家・董膠西集》輯本一卷。凡賦一篇，策三篇，章一篇，書一篇，對三篇，頌一篇，《春秋陰陽》一篇。凡七十條，從《漢書・五行志》録出者，蓋其説《春秋》之文，不當輯入本集。

嚴可均《全漢文編》董仲舒有集二卷。案，《文選・北山移文》注引《董仲舒集》，有七言琴歌二首，今亡。本傳、《食貨志》、《五行志》、《匈奴傳贊》、《春秋繁露》、《抱朴子》、《古文苑》諸書有《士不遇賦》、《舉賢良對策》、《郊祀對》、《説武帝使關中民種麥》、《又言限民名田》、《廟毁火災對》、《雨雹對》、《粵有三仁對》、《奏江都王求雨請雨書》、《詣公孫弘記室書》、《論禦匈奴》、《山川頌》、《救日食祝》、《請雨祝》、《止雨祝》、《李少君家録》，凡十七篇。按家録似即家傳之流。《御覽》七百廿四《神仙傳》曰：李少君與議郎董仲舒相親，見仲舒宿有固疾，體枯氣少，少君乃與其成藥二劑云云。此仲舒爲撰家録之來由歟？

孔臧賦

《漢書・藝文志・詩賦略》 太常蓼侯孔臧賦二十篇。

姚振宗《漢書藝文志條理・詩賦略》 太常蓼侯孔臧賦二十篇。孔臧有書十篇，見諸子儒家。《連叢子》曰：臧嘗爲賦二十四篇，四篇别不在集，似其幼時之作也。【略】

嚴可均《全漢文編》曰：《孔叢子・連叢上篇》載孔臧《諫格虎賦》、《楊柳賦》、《鴞賦》、《蓼蟲賦》四篇。此即所謂不在二十篇之内是也。

孔臧集

《隋書・經籍志・别集》 又有漢太常《孔臧集》二卷。亡。

《舊唐書・經籍志・别集》 《孔臧集》二卷。

《新唐書・藝文志・别集類》 《孔臧集》二卷。

鄭樵《通志・藝文略・别集一》 太常《孔臧集》二卷。

姚振宗《漢書藝文志拾補・别集》 漢太常《孔臧集》二卷。《漢書・功臣表》：蓼夷侯孔聚以執盾，前元年從起碭以左司馬，入漢爲將軍，三以都尉擊項籍，屬韓信。高帝六年正月丙午，封。三十年，薨。孝文九年，侯臧嗣，四十五年。元朔三年，坐爲太常，衣冠道橋壞，不得度，免。師古曰：前元年謂初起之年，即秦胡亥元年也。

《文選・兩都賦序》注：《孔臧集》曰：臧，仲尼之後，少以才博知名。稍遷御史大夫，辭曰：臣代以經學爲宗，乞爲太常，專修家業。武帝遂用之。【略】

嚴可均《全漢文編》曰：孔臧，孔鮒從曾孫。文帝九年，嗣父聚爵蓼侯。元朔二年，拜太常。五年，坐事免。

陽丘侯劉偃賦

《漢書・藝文志・詩賦略》 陽丘侯劉隁賦十九篇。

姚振宗《漢書藝文志條理・詩賦略》 陽丘侯劉偃賦十九篇。本書《王子侯表》：楊丘共侯安，齊悼惠王子。按，齊悼惠王肥，高帝子也。孝文四年封，十二年薨。孝文十六年，侯偃嗣十一年。孝景四年，坐出國界，削爲司寇。

蔡甲賦

《漢書・藝文志・詩賦略》 蔡甲賦一篇。

姚振宗《漢書藝文志條理・詩賦略》 蔡甲賦一篇。蔡甲始末未詳。案，宣帝時有蔡癸，見諸子農家，豈其族歟？又案，自司馬相如至此，凡七家，皆武帝時人，而列于武帝之前者，當時必有其義，殆奉詔以生卒先後爲次，不必以尊卑論也。

兒寬賦

《漢書・藝文志・詩賦略》 兒寬賦二篇。

姚振宗《漢書藝文志條理・詩賦略》 兒寬賦二篇。兒寬有書九篇，見諸子儒家。班固《兩都賦序》曰：公卿大臣御史大夫倪寬、太常孔臧、宗正劉德、太子太傅蕭望之等時時間作，或以抒下情而通諷諭，或以宣上德而盡忠孝，雍容揄揚，著于後嗣，抑亦雅、頌之亞也。

李陵集

《隋書・經籍志・別集》 漢騎都尉《李陵集》二卷。

《舊唐書・經籍志・別集》 《李陵集》二卷。

《新唐書・經籍志・別集類》 《李陵集》二卷。

鄭樵《通志・藝文略・別集一》 騎都尉《李陵集》二卷。

洪邁《容齋題跋》 跋李陵詩。《文選》編李陵、蘇武詩凡七篇，人多疑「俯觀江漢流」之語，以爲蘇武在長安，所作何爲乃及江漢？東坡云「皆後人所擬也」。予觀李詩云「獨有盈觴酒，與子結綢繆」，盈字正惠帝諱，漢法觸諱者有罪，不應陵敢用之，益知坡公之言爲可信也。

姚振宗《漢書藝文志拾補・別集》 漢騎都尉《李陵集》二卷。《漢書・李廣傳》：廣，隴西成紀人也。廣子當户早死。有遺腹子陵，字少卿。少爲侍中、建章監，善騎射，愛人，謙讓下士，甚得名譽。武帝以爲有廣之風，拜爲騎都尉。天漢二年，將步兵五千人，出居延北，行三十日至浚稽山，與單于相直，兵敗，降匈奴，單于以女妻之，立爲右校王。陵在匈奴二十餘年，昭帝元平元年，病死。《世系》：漢騎都尉陵降匈奴，裔孫歸魏，見于丙殿，賜氏曰丙。

梁鍾嶸《詩品》曰：夏歌曰「鬱陶乎予心」，楚謡曰「名予曰正則」，雖詩體未全，然是五言之濫觴也。逮漢李陵，始著五言之目。又曰：漢都尉李陵詩，其源出於楚辭。文多悽怨者之流。陵，名家子，有殊才，生命不諧，聲頹身喪。使陵不遭辛苦，其文亦何能至此？

《御覽・文部》顔延之《庭誥》曰：李陵衆作，總雜不類，是假託，非盡陵制，至其善篇，有足悲者。

《史通・雜説篇》：《李陵集》有《與蘇武書》，詞采壯麗，音句流靡，觀其文體，不類西漢人，殆後來所爲，假稱陵作也。遷史缺而不載，良有以焉。編於李集中，斯爲謬矣。

嚴可均《全漢文編》李陵有集二卷。今存令、表、《與蘇武書》、《重報蘇武書》四篇。《文選》有李少卿《與蘇武詩》三篇。馮氏《詩紀》輯存《別蘇武歌》一篇。

魏相集

《隋書・經籍志・別集》 梁有漢丞相《魏相集》二卷，録一卷。亡。

《舊唐書・經籍志・別集》 《魏相集》二卷。

《新唐書・藝文志・別集類》 《魏相集》二卷。

鄭樵《通志・藝文略・別集一》 丞相《魏相集》二卷。

姚振宗《漢書藝文志拾補・別集》 漢丞相《魏相集》二卷，録一卷。《漢書》本傳：相字弱翁，濟陰定陶人也，徙平陵。少學《易》，爲郡卒史，舉賢良對策高第，爲茂陵令。遷河南太守，下廷尉獄，會赦出，復有詔守茂陵。令遷揚州刺史，徵爲諫大夫，復爲河南太守。宣帝即位，徵爲大司農，遷御史大夫，代韋賢爲丞相，封高平侯。數奏便宜封事，及郡國災變，輒奏言之，視事九歲。神爵三年薨，謚曰憲侯。又《藝文志》云：《雅琴趙氏》七篇，宣帝時丞相魏相所奏。《雅琴龍氏》九十九篇，劉向《別録》曰：亦魏相所奏也。

嚴可均《全漢文編》魏相有集二卷。今存《賢良對策》、《上封事薦張安世》、《上封事奪霍氏權》、《上書諫擊匈奴右地》、《上書自陳》、《條奏便宜》、《表奏采易陰陽明堂月令》，凡七篇。

張敞集

《隋書・經籍志・別集》 左馮翊《張敞集》一卷，録一卷。亡。

《舊唐書・經籍志・别集》《張敞集》二卷。

《新唐書・藝文志・别集類》《張敞集》二卷。

鄭樵《通志・藝文略・别集一》 左馮翊《張敞集》二卷。

姚振宗《漢書藝文志拾補・别集》 漢左馮翊《張敞集》一卷，録一卷。《漢書》本傳：始敞以諫昌邑王，超遷爲京兆九歲。數上事，有忠言，本始《春秋》，以經術自輔，朝廷每有大議，引古今，處便宜，公卿皆服。天子數從之。《文心雕龍・書記篇》曰：戰國以前，君臣同書，秦漢立儀，始有表奏。王公國内，亦稱奏書。張敞奏書於膠后，其義美矣。

嚴可均《全漢文編》張敞有集二卷。今存《告絮舜教》、《上書諫昌邑王》、《上書自請治膠東渤海盜賊》、《奏書諫膠東王太后數出游獵》、《詣公車上書》、《上書請令入穀贖罪》、《爲霍后上封事》、《上疏諫用方術》、《奏劾黄霸》、《條奏故昌邑王居處狀》、《美陽鼎不宜薦見議》、《答兩府入穀贖罪難問》、《爲膠東相與朱邑書》、《與嚴延年書》、《答宋登遺蟹醬書》，凡一十五篇。

魏内史賦

《漢書・藝文志・詩賦略》 魏内史賦二篇。

姚振宗《漢書藝文志條理・詩賦略》 魏内史賦二篇。本書《百官表》：諸侯王國有内史，治國民。成帝綏和元年省内史，更令相治民，如郡太守。

案，魏内史，蓋魏國之内史。考諸侯王表及傳，漢初唯有魏王豹，已爲周苛殺于滎陽，是後無封魏王者，此魏内史不知在何時。

東暆令延年賦

《漢書・藝文志・詩賦略》 東暆令延年賦七篇。

姚振宗《漢書藝文志條理・詩賦略》 東暆令延年賦七篇。顔氏集注曰：東暆，縣名。暆音移。王氏考證：《地理志》：東暆縣，在樂浪郡。案，《地理志》：樂浪郡，武帝元封三年開，屬幽州。應劭曰：故朝鮮國也。延年，其人名，失其姓。

衛士令李忠賦

《漢書・藝文志・詩賦略》 衛士令李忠賦二篇。

姚振宗《漢書藝文志條理・詩賦略》 衛士令李忠賦二篇。本書《百官表》：衛尉，屬官，有公車司馬、衛士、旅賁三令丞。

張偃賦

《漢書・藝文志・詩賦略》 張偃賦二篇。

姚振宗《漢書藝文志條理・詩賦略》 張偃賦二篇。

賈充賦

《漢書・藝文志・詩賦略》 賈充賦四篇。

姚振宗《漢書藝文志條理・詩賦略》 賈充賦四篇。

張仁賦

《漢書・藝文志・詩賦略》 張仁賦六篇。

姚振宗《漢書藝文志條理・詩賦略》 張仁賦六篇。

秦充賦

《漢書・藝文志・詩賦略》 秦充賦二篇。

姚振宗《漢書藝文志條理・詩賦略》 秦充賦二篇。案，此並在李步昌之前。步昌，宣帝時人，則此四家大抵皆武帝時奏賦者，舊本連屬而書，或皆是衛士令、蒙上省文。

郎中臣嬰齊賦

《漢書・藝文志・詩賦略》 郎中臣嬰齊賦十篇。

姚振宗《漢書藝文志條理・詩賦略》 郎中臣嬰齊賦十篇。嬰齊有書十二篇，見諸子道家。班氏注云「武帝時」，顔氏集注：劉向云：故待詔，不知其姓，數從游觀，名能爲文。

臣説賦

《漢書・藝文志・詩賦略》 臣説賦九篇。

姚振宗《漢書藝文志條理・詩賦略》 臣説賦九篇。臣説有書三篇，見諸子雜家。班氏注云「武帝時作賦」，顔氏集注曰：説者，其人名，讀曰悦。

臣吾賦

《漢書・藝文志・詩賦略》 臣吾賦十八篇。

姚振宗《漢書藝文志條理・詩賦略》 臣吾賦十八篇。臣吾始末未詳。案，以上三家，史並失其姓氏。舊本文相連屬，似臣説、臣吾亦官郎中，蒙上省文歟？

遼東太守蘇季賦

《漢書・藝文志・詩賦略》 遼東太守蘇季賦一篇。

姚振宗《漢書藝文志條理・詩賦略》 遼東太守蘇季賦一篇。蘇季始末未詳，疑是蘇武之後。

蕭望之賦

《漢書・藝文志・詩賦略》 蕭望之賦四篇。

姚振宗《漢書藝文志條理・詩賦略》 蕭望之賦四篇。本書列傳：蕭望之字長倩，東海蘭陵人也，徙杜陵。好學，治《齊詩》，事同縣后倉且十年，以令詣太常受業，復事同學博士白奇，又從夏侯勝問《論語》、《禮服》，京師諸儒稱述焉。以射策甲科爲郎，署小苑東門候，數年坐弟犯法，免歸爲郡吏。御史大夫魏相除爲屬，察廉爲大行治禮丞。宣帝自在民間聞望之名，拜爲謁者。累遷諫大夫、丞相司直，歲中三遷，至二千石。爲平原太守，徵入守少府，復以爲左馮翊，遷大鴻臚，代丙吉爲御史大夫。左遷太子太傅，以《論語》、《禮服》授皇太子。宣帝寢疾，拜爲前將軍光禄勳，與周堪受遺詔輔政，領尚書事。元帝即位，望之選白宗室明經達學散騎諫大夫劉更生給事中，後與弘恭、石顯忤望之及堪，更生皆免爲庶人。又《元帝本紀》：初元二年冬，詔曰：國之將興，尊師而重傅，故前將軍望之傅朕八年，道以經書，厥功茂焉，其賜爵關内侯，食邑八百户，朝朔望。十二月，中書令弘恭、石顯等譖望之，令自殺。

《世系》：蕭氏世居豐沛。漢有丞相酇文終侯何，二子遺、則，則生彪，諫議大夫、侍中，始徙蘭陵，生章，公府掾，章生仰，仰生皓，皓生望之，御史大夫，徙杜陵，生育，光禄大夫。案《世系》，則望之爲蕭相國七代孫也。

王褒賦

《漢書・藝文志・詩賦略》 王褒賦十六篇。

姚振宗《漢書藝文志條理・詩賦略》 王褒賦十六篇。本書列傳：王褒字子淵，蜀人也。宣帝時，益州刺史王襄使褒作《中和樂職宣布詩》，選好事者，令依鹿鳴之聲，習而歌之。褒既爲刺史作頌，又作其傳，刺史因奏褒有軼材，上迺徵褒，詔褒爲聖主得賢臣頌其意。令與張子僑等並待詔，數從褒等放獵，所幸宫館，輒爲歌頌，第其高下，以差賜帛。頃之，擢爲諫大夫。其後太子體不安，詔使褒等虞侍太子，誦讀奇文，及所自造作，太子喜褒所爲《甘泉》及《洞簫頌》，令後宫貴人左右，皆誦讀之。後方士言益州有金馬碧雞之寶，可祭祀致也。宣帝使褒往祀焉，褒于道病死，上閔惜之。本書《何武傳》：宣帝時天下和平，四夷賓服。神爵、五鳳之間，婁蒙瑞應，而益州刺史王襄使辯士王褒頌漢德，作《中和樂職宣布詩》三篇。《文選・四子講德論》注引如淳曰：言王政中和，在官者樂其職，《國語》所謂「宣布哲人之令德」也。

王逸《楚辭章句》曰：《九懷》者，諫議大夫王褒之所作也。懷者，思也。言屈原雖見放逐，猶思念其君，憂國傾危，而不能忘也。褒讀屈原之文，追而愍之，故作《九懷》，以裨其詞，史官録第，遂列于篇。按此稱史官者，即謂劉中壘也。【略】

嚴可均《全漢文編》曰：《楚辭》有《九懷》，《文選》有《洞簫賦》、《四子講德》、《聖主得賢臣頌》，《選》注引《甘泉宫賦》、《碧雞頌》。

王褒集

《隋書・經籍志・别集》 漢諫議大夫《王褒集》五卷。

《舊唐書・經籍志・别集》 《王褒集》五卷。

《新唐書・藝文志・别集類》 《王褒集》五卷。

鄭樵《通志・藝文略・别集一》 諫大夫《王褒集》五卷。

《宋史・藝文志・别集類》 《王褒集》五卷。

徐𤊹《徐氏家藏書目・别集類》 《王褒集》二卷。

姚振宗《漢書藝文志拾補・别集》 漢諫議大夫《王褒集》五卷。【略】

《文心雕龍・詮賦篇》曰：子淵《洞簫》，窮變於聲皃。《書記篇》云：古有鐵券，以堅信誓，王褒《髯奴》，則券之楷也。《才略篇》云：王褒構采，以密巧爲致，附聲測皃，泠然可觀。

張溥《百三家・王諫議集》輯本一卷。凡賦、騷、論、頌、移、約文，綜八篇。

張子僑賦

《漢書・藝文志・詩賦略》 光禄大夫張子僑賦三篇。與王褒同時也。

姚振宗《漢書藝文志條理・詩賦略》 光禄大夫張子僑賦三篇，與王褒同時也。本書《劉向傳》：宣帝循武帝故事，招選名儒俊材置左右。更生與王褒、張子僑等並進對，獻賦頌。又《王褒傳》：宣帝時修武帝故事，講論六藝羣書，博盡奇異之好。召高材劉向、張子僑等待詔金馬門。劉向《别録》曰：孝宣皇帝重申不害《君臣篇》，使黄門郎張子僑正其字。

又《東平思王傳》：王事太后，不相得。太后上書，言之。元帝遣太中大夫張子蟜奉璽書諭意。師古曰：蟜字或作僑。

案，張子僑仕履，參考史傳，乃宣帝時始與劉玉等待詔金馬門，後爲黄門郎。元帝時爲太中大夫，至光禄大夫。其賦著録三篇，今無一傳。

李步昌賦

《漢書・藝文志・詩賦略》 李步昌賦二篇。

姚振宗《漢書藝文志條理・詩賦略》 李步昌賦二篇。李步昌有書八篇，見諸子儒家。官鉤盾冗從云。

侍郎謝多賦

《漢書・藝文志・詩賦略》 侍郎謝多賦十篇。

姚振宗《漢書藝文志條理・詩賦略》 侍郎謝多賦十篇。謝多始末未詳。

平陽公主舍人周長孺賦

《漢書・藝文志・詩賦略》 平陽公主舍人周長孺賦二篇。

姚振宗《漢書藝文志條理・詩賦略》 平陽公主舍人周長孺賦二篇。本書《外戚傳》：孝景王皇后，武帝母也，長女爲平陽公主。本書《衛青霍去病傳》：平陽侯曹壽，尚武帝姊陽信長公主。壽有惡疾，就國，上迺詔青尚平陽主。如淳曰：

本陽信長公主也，爲平陽侯所尚，故稱平陽主。按，舍人周長孺，始末未詳。

雒陽錡華賦

《漢書・藝文志・詩賦略》 雒陽錡華賦九篇。

姚振宗《漢書藝文志條理・詩賦略》 雒陽錡華賦九篇。王氏考證：《左傳》「分康叔」云云，殷民七族錡氏。案，見定公四年傳。鄭樵《氏族略》：錡氏，商人之七族。《漢書》雒陽錡華。按，雒陽下疑有令丞等字，錡氏，殷民七族之一也。

眭弘賦

《漢書・藝文志・詩賦略》 眭弘賦一篇。

姚振宗《漢書藝文志條理・詩賦略》 眭弘賦一篇。本書列傳：眭弘字孟，魯國蕃人也。從嬴公受《春秋》，以明經爲議郎，至符節令。孝昭元鳳三年正月，泰山有大石自起，立昌邑有枯社木卧復生，上林苑大柳樹斷枯卧地，亦自立，有蟲食樹，葉成文字，曰：公孫病已立。孟推《春秋》之意，以爲石柳皆陰類，下民之象，泰山者，岱宗之嶽，王者易姓告代之處。今大石自立，僵柳復起，非人力所爲，此當有從匹夫爲天子者。枯社木復生，故廢之家公孫氏當復興者也。孟意亦不知其所在，即説曰：先師董仲舒有言，雖有繼體守文之君，不害聖人之受命，漢家堯後有傳國之運。漢帝宜誰差天下，求索賢人，禪以帝位，而退自封百里，如殷周二王，後以承順天命。孟使友人内官長賜上此書，昭帝幼，大將軍霍光秉政，惡之，下其書廷尉，奏賜孟妄設妖言惑衆，大逆不道，皆伏誅。後五年，孝宣帝興，于民間即位，徵孟子爲郎。

別栩陽賦

《漢書・藝文志・詩賦略》 別栩陽賦五篇。

姚振宗《漢書藝文志條理・詩賦略》 別栩陽賦五篇。王氏《考證》：庾信《哀江南賦》「栩陽亭有離別之賦」，蓋亭名也。顧炎武《日知録》：庾子山《哀江南賦》云：栩陽亭有離別之賦。《夜聽擣衣曲》云：栩陽離別賦。案，《漢書・藝文志》「別栩陽賦五篇」，詳其上下文，例當是人姓名，姓別名栩陽也，以爲離別之別，非也。

《四庫提要》曰：庾信《哀江南賦》稱「栩陽亭有離別之賦」，實由誤記《藝文志》，與所用「桂華馮」「馮」誤讀《郊祀志》者相等。應麟乃因而附會，以栩陽爲漢代亭名，亦未免間失之嗜奇。

沈濤《銅熨斗齋隨筆》曰：庾信《哀江南賦》曰「栩陽亭有離別之賦」，讀爲離別之別。濤案，別栩陽當是姓別，而封栩陽亭侯者，若以爲離別之別，則當列于雜賦家，而不列于賦家矣。《志》兵陰陽家有別成子《望軍氣》六篇，此人當即成子之後。古有別姓，《元和姓纂》引《姓苑》云：京兆人。

案，是篇著録之例，大抵當時奏進不知其官閥者，則從而稱臣，如下文「臣昌市賦」、「臣義賦」是也；其非奏御爲劉中壘所收録者，則但書其姓名，如「眭弘賦」及此「別栩陽賦」是也。《廣韻》「別」字注云：別又姓。亭林先生之言是也。沈氏以爲封栩陽亭侯，則《漢志》例無此稱，似未可信。

臣昌市賦

《漢書・藝文志・詩賦略》 臣昌市賦六篇。

姚振宗《漢書藝文志條理・詩賦略》 臣昌市賦六篇。

臣義賦

《漢書・藝文志・詩賦略》 臣義賦二篇。

姚振宗《漢書藝文志條理・詩賦略》 臣義賦二篇。按此二家大抵皆宣帝時奏賦，自署其名而不書其官及姓，至成帝時劉氏校録，已無可考，遂各就其所署書之。

黄門書者假史王商賦

《漢書・藝文志・詩賦略》黄門書者假史王商賦十三篇。

姚振宗《漢書藝文志條理・詩賦略》黄門書者假史王商賦十三篇。

侍中徐博賦

《漢書・藝文志・詩賦略》侍中徐博賦四篇。

姚振宗《漢書藝文志條理・詩賦略》侍中徐博賦四篇。

漢中都尉丞華龍賦

《漢書・藝文志・詩賦略》漢中都尉丞華龍賦二篇。

姚振宗《漢書藝文志條理・詩賦略》漢中都尉丞華龍賦二篇。本書《王褒傳》：宣帝時修武帝故事，召高材劉向、張子僑、華龍、柳褒等待詔金馬門。本書《蕭望之傳》：華龍者，宣帝時與張子僑等待詔，以行汙濊不進，欲附周堪等，不納，故與待詔鄭朋相結，恭、顯挾二人告望之等，令朋、龍上之，望之及堪、更生皆免爲庶人。

按《佞幸・石顯傳》：成帝初，顯黨皆免官，諸所交結以顯爲官者皆廢罷，少府五鹿充宗左遷玄菟太守，御史中丞伊嘉爲雁門都尉，龍殆以此時徙爲漢中都尉丞。

陽成侯劉德賦

《漢書・藝文志・詩賦略》陽成侯劉德賦九篇。

姚振宗《漢書藝文志條理・詩賦略》陽城侯劉德賦九篇。本書《恩澤侯表》：陽城繆侯劉德以宗正關内侯，行謹重，爲宗室率。侯，宣帝地節四年三月甲寅封，十年薨。五鳳二年，節侯安民嗣。

本書《楚元王傳》：元王子紅侯富，富子宗正辟彊，辟彊子德，字路。宋祁曰：路下疑有叔字。少修黄老術，有智略。少時數言事，召見甘泉宫，武帝謂之「千里駒」。昭帝初，爲中正丞，徙大鴻臚丞，遷太中大夫，爲宗正，免爲庶人。召守青州刺史，歲餘復爲宗正，與立宣帝定策，賜爵關内侯。地節中以親親行謹厚，封爲陽城侯，立十一年，子向坐鑄僞黄金，當伏法，德上書訟罪，會薨。大鴻臚奏德訟子罪，失大臣體，不宜賜謚，制曰：賜謚繆侯。

劉向賦

《漢書・藝文志・詩賦略》劉向賦三十三篇。

姚振宗輯《七略别録佚文・詩賦略》臣向賦三十三篇。臣向有《芳松枕賦》，臣向有《合賦》，有《麒麟角杖賦》，有《行過江上弋雁賦》、《行弋賦》、《弋雌得雄賦》。並嚴、馬本。

姚振宗《漢書藝文志條理・詩賦略》劉向賦三十三篇。劉向有《五行傳記》，見六藝尚書家。又有「所序」六十七篇，見諸子儒家。又有《老子説》，見道家。

本書《楚元王附傳》：向本名更生，以父德任爲輦郎。既冠，以行修飭，擢爲諫大夫。是時，宣帝循武帝故事，招選名儒俊材置左右，更生以通達能屬文辭，與王褒、張子僑等並進對，獻賦頌，凡數十篇。【略】

王逸《楚辭章句》曰：《九歎》者，護左都水使者光禄大夫劉向之所作也。向以博古敏達，典校經書，辯章舊文，追念屈原忠信之節，故作《九歎》也。【略】

《黄氏日鈔》曰：楚元王以好學禮賢，開國故戊，雖以叛誅，而辟彊、德、向，皆世濟其美，漢之宗英，于斯爲盛。

嚴可均《全漢文編》曰：《古文苑》有劉向《請雨華山賦》、《文選注》有《雅琴賦》七條、《圍棋賦》四語，《楚辭》有《九歎》。又按，向有《麒麟角杖賦》、《芳松枕賦合賦》等篇，今並亡。

案，《七略》樂家有淮南、劉向等《琴頌》七篇，班氏出之，或在此三十三篇中。《文選》張景陽《雜詩》注引劉向七言。

劉向集

《隋書・經籍志・別集》 漢諫議大夫《劉向集》六卷。

《舊唐書・經籍志・別集》 《劉向集》五卷。

《新唐書・藝文志・別集類》 《劉向集》五卷。

鄭樵《通志・藝文略・別集一》 諫大夫《劉向集》六卷。

陳振孫《直齋書録解題・別集類上》 《劉中壘集》五卷。漢中壘校尉劉向子政撰。前四卷,《封事》並見《漢書》,《九歎》見《楚辭》,末《請雨華山賦》見《古文苑》。

馬端臨《文獻通考・經籍考・別集》 《劉中壘集》五卷。

《宋史・藝文志・別集類》 《劉向集》五卷。

姚振宗《漢書藝文志拾補・別集》 漢諫議大夫《劉向集》八卷。

《漢書・楚元王附傳》:**【略】**成帝即位,更生乃復進用,數奏封事,數上疏言得失,陳法戒。時上無繼嗣,政由王氏,災異寖甚。向獨謂陳湯曰:災異如此,而外家日盛,其漸必危劉氏。遂上封事,極諫,每召見,數言權在外家。常譏刺王氏,其言多痛切,發於至誠。年七十二卒。卒後十三歲,而王氏代漢。又曰:仲尼稱材難,不其然與!自孔子後,綴文之士多矣,唯孟軻、孫況、董仲舒、司馬遷、劉向、揚雄,此數公者,皆博物洽聞,通達古今,其言有補於世,傳聖人不出其間,必有命世者焉,豈近是乎?嗚呼!向言山陵之戒,於今察之,哀哉!指明梓柱,以推廢興,昭矣。**【略】**

《玉海・藝文》曰:《中興書目》《劉向集》五卷,集者云:晉八卷,隋本六卷,今所有十八篇。

張溥《百三家・劉子政集》輯本一卷。凡賦、疏、上書、封事、議、對、頌、銘、序、騷,綜二十二篇。附以《洪範五行傳》。

嚴可均《全漢文編》輯本五卷。第一卷曰《請雨華山賦》、《雅琴賦》、《園棋賦》、《九歎》,凡四篇。第二卷曰《使外親上變事》、《條災異封事》、《極諫用外戚封事》、《理甘延壽陳湯疏》、《諫營昌陵疏》、《復上奏災異》、《奏劾甘忠可》、《對成帝甘泉泰時問》、《日食對》、《說成帝定禮樂》、《誡子歆書》,凡十一篇。第三卷曰《戰國策》、《管子》、《晏子》、《孫卿書》、《韓非子》、《列子》、《鄧析書》、《關尹子》、《子華子》、《說苑敘録》、《高祖頌》、《杖銘》、《熏鑪銘》、《五紀說》、《五紀論》,凡十五篇。注云:《關尹子》、《子華子》疑皆是宋人僞託,今姑録之。第四卷《別録》佚文。按《戰國策》以下「敘録」八篇,當編入《別録》中。第五卷《新序》佚文、《說苑》佚文。

陳湯集

《隋書・經籍志・別集》 梁有漢射聲校尉《陳湯集》二卷。亡。

鄭樵《通志・藝文略・別集一》 射聲校尉《陳湯集》二卷。

姚振宗《漢書藝文志拾補・別集》 漢射聲校尉《陳湯集》二卷。《漢書》本傳:湯字子公,山陽瑕丘人也。少好書,博達善屬文。西至長安,爲太官獻食丞數歲,舉茂材,復以薦爲郎,數求使外國,久之,遷西域副校尉,與甘延壽俱出。建昭三年,矯制發城郭諸國兵,斬郅支單于閼氏太子名王以下千五百一十八級,生虜百四十五人,降虜千餘人,封關内侯,拜射聲校尉。後奪爵爲士伍數歲,大將軍王鳳奏以爲從事中郎,又免爲庶人,卒。王莽秉政,追謚湯曰「破胡壯侯」。又劉向傳云:向雅奇湯智謀,與相親友。

嚴可均《全漢文編》陳湯有集二卷。今存《上疏自理》、《上封事請徙初陵》各一篇。

韋玄成集

《隋書・經籍志・別集》 丞相《韋玄成集》二卷。亡。

《舊唐書・經籍志・別集》 《韋玄成集》二卷。

《新唐書・藝文志・別集類》 《韋玄成集》二卷。

鄭樵《通志・藝文略・別集一》 丞相《韋玄成集》二卷。

姚振宗《漢書藝文志拾補・別集》 漢丞相《韋玄成集》二卷。《漢書》本傳:玄成字少翁,以父任爲郎常侍騎。少好學,修父業,以明經擢爲諫大夫,遷大河都尉。父賢病薨,受扶陽侯爵。宣帝以爲河南守,徵爲未央衛尉,遷太常,坐與故平通侯楊惲厚善，惲誅，黨友皆免官。後以列侯侍，祀孝惠廟，當晨入廟，天雨淖，不駕駟馬車而騎至，廟下有司劾奏，等輩數人皆削爵爲關内侯。玄成自傷貶黜父爵，作詩自劾責。久之，召拜爲淮陽中尉，受詔，與太子太傅蕭望之及五經諸儒雜論同異，於石渠閣條奏其對。及元帝即位，以玄成爲少府，遷太子太傅，至御史大夫。永光中，代于定國爲丞相，貶黜十年之間，遂繼父相位，封侯故國，榮當世焉。玄成復作詩，自著復玷缺之艱難，因以戒示子孫。爲相七年，守正持重不及父賢，而文采過之。建昭三年薨，謚曰共侯。

嚴可均《全漢文編》韋玄成有集二卷。今存《劾劉更生奏》、《奏發陳咸朱雲事》、《罷郡國廟議》、《毀廟議》、《毀廟遷主議》、《復言罷文昭太后寢祠園》，凡六篇。

河内太守徐明賦

《漢書・藝文志・詩賦略》 河内太守徐明賦三篇。字長君，東海人，元、成世歷五郡太守，有能名。

姚振宗《漢書藝文志條理・詩賦略》 河内太守徐明賦三篇。字長君，東海人。元、成世歷五郡太守，有能名。案，徐長君，據班氏注，則與劉中壘同時人。

給事黃門侍郎李息賦

《漢書・藝文志・詩賦略》 給事黃門侍郎李息賦九篇。

姚振宗《漢書藝文志條理・詩賦略》 給事黃門侍郎李息賦九篇。本書《百官表》：少府屬官有中黃門。師古曰：中黃門謂奄人居禁中，在黃門之内，給事者也。案，《霍去病傳》有李息，景、武時人，蓋別一人也。

淮南憲王賦

《漢書・藝文志・詩賦略》 淮陽憲王賦二篇。

姚振宗《漢書藝文志條理・詩賦略》 淮陽憲王賦二篇。本書《諸侯王表》：淮陽憲王欽，宣帝子，元康三年四月丙子立，三十六年薨。案，淮陽王薨，本紀失載，蓋在成帝河平元年也。

本書《宣元六王傳》：淮陽憲王欽，元康三年立，母張倢伃有寵最幸，而憲王壯大，好經書、法律，聰達有材，帝甚愛之。太子寬仁，喜儒術，上數嗟歎憲王曰：真我子也。常有意欲立張倢伃與憲王，然用太子起于微細，上少依倚許氏，及即位而許后以殺死，太子蚤失母，故弗忍也。久之，上以故丞相韋賢子玄成陽狂，讓侯兄宋祁曰：兄字上疑有於字。經明行高，稱于朝廷，乃召拜玄成爲淮陽中尉，欲感諭憲王，輔以推讓之臣，由是太子遂安。宣帝崩，元帝即位，乃遣憲王之國。至成帝即位，以淮陽王屬爲叔父，敬寵之異于他國。贊曰：淮陽憲王于時諸侯爲聰察矣。

待詔馮商賦

《漢書・藝文志・詩賦略》 待詔馮商賦九篇。

姚振宗輯《七略別録佚文・詩賦略》 待詔馮商賦九篇。待詔馮商作《燈賦》。嚴本。馬本。

姚振宗《漢書藝文志條理・詩賦略》 待詔馮商賦九篇。馮商有《續太史公書》，見六藝春秋家。本書《張湯傳贊》如淳注曰：班固《目録》：馮商，長安人。成帝時，以能屬書，待詔金馬門。按，如淳引班固《目録》，今不可考，疑即此志此條注文，而轉寫失之者。

博士弟子杜參賦

《漢書・藝文志・詩賦略》 博士弟子杜參賦二篇。

姚振宗輯《七略別録佚文・詩賦略》 博士弟子杜參賦二篇。臣向謹與長社尉杜參校中秘書。嚴本。馬本。

姚振宗《漢書藝文志條理・詩賦略》 博士弟子杜參賦二篇。劉歆《七略》曰：參，杜陵人，以陽朔元年病死，死時年二十餘。按，其人于劉中壘爲後進而前卒者。

車郎張豐賦

《漢書·藝文志·詩賦略》 車郎張豐賦三篇。張子僑子。

姚振宗《漢書藝文志條理·詩賦略》 車郎張豐賦三篇。張子僑子。本書《百官表》：光禄勳屬官有大夫、郎、謁者，郎有議郎、中郎、侍郎、郎中，郎中有車、户、騎三將。如淳曰：主車曰車郎。《漢儀注》：左右車將，主左右車郎。案，劉中壘以父任爲輦郎。服虔曰：輦郎，如今引御輦郎也。張豐殆亦以父任光禄大夫爲車郎，于中壘亦爲後進，未詳其始末。

驃騎將軍朱宇賦

《漢書·藝文志·詩賦略》 驃騎將軍朱宇賦三篇。

姚振宗《漢書藝文志條理·詩賦略》 驃騎將軍朱宇賦三篇。劉向《别録》曰：驃騎將軍史朱宇。顔師古曰：《志》以宇在驃騎府，故總言驃騎將軍。劉奉世曰：其實唯脱一「史」字耳。案，顔説頗謬，劉説是也。

案，自馮商以下四人，年皆少于揚子雲，而著録其賦者，或其人已卒，或其賦奏御，故類從于其後。

谷永集

《隋書·經籍志·别集》 漢諫議大夫《谷永集》二卷。

《舊唐書·經籍志·别集》 《谷永集》五卷。

《新唐書·藝文志·别集類》 《谷永集》五卷。

鄭樵《通志·藝文略·别集一》 光禄大夫《谷永集》二卷。

姚振宗《漢書藝文志拾補·别集》 漢諫議大夫《谷永集》五卷。《漢書》本傳：永字子雲，長安人也。少爲長安小史，後博學經書。建昭中，御史大夫繁延壽除補屬，舉爲太常丞。數上疏言得失，擢爲光禄大夫，安定太守，病免。補營軍司馬，轉大司馬長史，涼州刺史，徵爲太中大夫，遷光禄大夫，給事中，爲北地太守，徵入爲大司農，病卒。永於經書汎爲疏達，與杜欽、杜鄴略等不能洽浹，如劉向父子及揚雄也。其於《天官》、京氏《易》最密，故善言災異，前後所上四十餘事，略相反覆，專攻上身與後宫而已。黨於王氏，上亦知之，不甚親信也。本名並，以尉氏樊並反，更名永云。

《漢書·游俠樓護傳》：護字君卿，與谷永俱爲五侯上客，長安號曰「谷子雲筆札，樓君卿脣舌」，言其見信用也。

《論衡·别通篇》曰：若董仲舒、唐子高、谷子雲、丁伯玉，策既中實，文説美善，博覽膏腴之所生也。又《効力篇》云：谷子雲、唐子高，章奏百上，筆有餘力，極言不諱，文不折乏，非夫才知之人不能爲也。【略】

嚴可均《全漢文編》谷永有集二卷。今存《舉方正對策》、《復言災異》、《復對》、《又對》、《三月雨雪對》、《黑龍見東萊對》、《日食對》、《星隕對》、《又日食對》、《災異對》、《門牡自亡對》、《日蝕上書》、《上疏訟陳湯》、《上疏薦薛宣》、《請賜謚鄭寬中》、《上疏理梁王》、《立受降議》、《塞河議》、《諫成帝微行》、《説成帝距絶祭祀方術》、《説王音》、《謝王鳳書》、《與王譚書》、《與王音書》、《戒段會宗書》，凡二十五篇。按《文章緣起》載：漢大司農谷永作六言詩。

杜鄴集

《隋書·經籍志·别集》 梁有涼州刺史《杜鄴集》二卷。亡。

《舊唐書·經籍志·别集》 《杜鄴集》五卷。

《新唐書·藝文志·别集類》 《杜鄴集》五卷。

鄭樵《通志·藝文略·别集一》 涼州刺史《杜鄴集》五卷。

姚振宗《漢書藝文志拾補·别集》 漢涼州刺史《杜鄴集》五卷。《漢書》本傳：鄴字子夏，本魏郡繁陽人也。武帝時，徙茂陵。鄴少孤，其母張敞女。鄴壯，從敞子吉學問，得其家書，以孝廉爲郎，後以病去。王商爲大司馬，除鄴主簿，舉侍御史。哀帝即位，遷爲涼州刺史，數年以病免。元壽元年，舉方正對策，未拜，病卒。

嚴可均《全漢文編》杜鄴有集二卷。今存《舉方正直言對》、《災異對》、《説王音》、《説王商》、《臨終作墓石文》，凡五篇。

李尋集

《隋書・經籍志・別集》 騎都尉《李尋集》二卷。亡。

鄭樵《通志・藝文略・別集一》 騎都尉《李尋集》二卷。

姚振宗《漢書藝文志拾補・別集》 漢騎都尉《李尋集》二卷。《漢書》本傳：尋字子長，平陵人也。治《尚書》，與張孺、鄭寬中同師。按《儒林傳》，同師平陵張山拊。寬中等守師法教授，尋獨好《洪範》災異。又學天文、月令、陰陽。哀帝初即位，召尋待詔黄門，遷侍郎。以尋言且有水災，故拜尋爲騎都尉，使護河隄，後以助夏賀良事，下吏，坐誣罔不道，減死一等，徙敦煌郡。

嚴可均《全漢文編》李尋有集二卷。今存《對詔問災異》、《又對問災異》、《塞河議》、《奏記翟方進》、《説王根》，凡五篇。

師丹集

《隋書・經籍志・別集》 漢司空《師丹集》一卷。梁三卷，録一卷。

《舊唐書・經籍志・別集》 《師丹集》五卷。

《新唐書・藝文志・別集類》 《師丹集》五卷。

鄭樵《通志・藝文略・別集一》 司空《師丹集》五卷。

姚振宗《漢書藝文志拾補・別集》 漢司空《師丹集》三卷，録一卷。《漢書》本傳：丹字仲公，琅邪東武人也。治《詩》，事匡衡，舉孝廉，爲郎。元帝末爲博士，免。建始中，州舉茂才，復補博士，出爲東平王太傅，徵爲光禄大夫、丞相司直，數月，復以光禄大夫，給事中。由是爲少府、光禄勳、侍中、太子太傅。哀帝即位，爲左將軍，領尚書，代王莽爲大司馬，封高樂侯，徙爲大司空。書數十上，多切直之言，免爲庶人，廢歸鄉里者數年。平帝即位，王莽白太皇太后，封爲義陽侯。月餘，薨，謚曰節侯。

嚴可均《全漢文編》師丹有集三卷。今存《上書言封丁傅》、《建言限民田奴婢》、《劾奏董宏》、《共皇廟議》，凡四篇。

息夫躬集

《隋書・經籍志・別集》 漢光禄大夫《息夫躬集》一卷。

《舊唐書・經籍志・別集》 《息夫躬集》五卷。

《新唐書・藝文志・別集類》 《息夫躬集》五卷。

鄭樵《通志・藝文略・別集一》 光禄大夫《息夫躬集》五卷。

姚振宗《漢書藝文志拾補・別集》 漢光禄大夫《息夫躬集》五卷。《漢書》本傳：躬字子微，河内河陽人也。少爲博士弟子，受《春秋》，通覽記書。哀帝初即位，上書召待詔上變事，告東平王雲祠祭祝詛，求非望，擢光禄大夫、左曹、給事中，封宜陵侯，使領護三輔都水，免官，遣就國。以祝盜方事坐祝詛，逮繫洛陽詔獄，欲掠問躬，躬仰天大謼，因僵仆，吏就問，云咽已絶，血從鼻耳出，食頃，死，家屬徙合浦。初，躬待詔，數危言高論，自恐遭害，著《絶命辭》，後數年乃死，如其文。

嚴可均《全漢文編》息夫躬有集一卷。今存《上疏詆公卿大臣》、《上言開京渠》、《奏開匈奴烏孫》、《建言厭應變異》，凡四篇。

揚雄賦

姚振宗輯《七略別録佚文・詩賦略》 揚雄賦四篇。按班氏續入八篇，故《藝文志》十二篇。揚信字子烏，雄第二子，幼而聰慧。雄筭《玄經》不會，子烏令作九數而得之。雄又擬《易》「羝羊觸藩」，彌日不就。子烏曰：「大人何不云『荷戟入榛』？」《御覽》三百八十五引劉向《列傳》，蓋即《別録》。時雄撰《太玄》尚未成，童烏或已死，《別録》附記及之歟？又疑此爲揚雄《別傳》中語，然考諸書所引，唯有《揚雄自序》及《子雲家牒》，無所謂「別傳」者，疑不能釋也。

又曰：揚雄經目有《玄首》、《玄衝》、《玄錯》、《玄測》、《玄舒》、《玄瑩》、《玄數》、《玄文》、《玄挩》、《玄圖》、《玄告》、《玄問》，合十二篇。嚴本。按，《別録》、《七略》載雄書惟此四賦，以奏御得著于録。其他如《訓纂》、《法言》、《太玄》之類，見於《藝文志》者，皆班氏所入，雖《七略》亦不著。而《別録》佚文有此二條，尤可繫屬。中壘或附記于此歟？又，此所記《太玄》篇目，亦與定本不同，似據其初創之時言之。

《漢書·藝文志·詩賦略》 揚雄賦十二篇。

姚振宗《漢書藝文志條理·詩賦略》 揚雄賦十二篇。揚雄有《訓纂篇》，又有《倉頡訓纂》，見六藝小學家。又有所序《太玄》、《法言》等三十八篇，見諸子儒家。本傳：顧嘗好辭賦。先是，時蜀有司馬相如，作賦甚弘麗温雅，雄心壯之，每作賦，嘗擬之以爲式。又以爲賦者將以風之，必推類而言，極麗靡之辭，閎侈鉅衍，競于使人不能加也。既迺歸之于正，然覽者已過矣。往時武帝好神仙，相如上《大人賦》欲以風，帝反縹縹有陵雲之志。由是言之，賦勸而不止明矣。又頗似俳優淳于髡、優孟之徒，非法度所存，賢人君子詩賦之正也。于是輟不復爲。又曰：賦莫深于《離騷》，反而廣之；辭莫麗于相如，作四賦。

劉歆《七略》曰：揚雄賦四篇：《甘泉賦》，永始三年待詔臣雄上；《羽獵賦》，永始三年十二月上；《長楊賦》，綏和元年上。案，又有《河東賦》，永始三年三月上者。《七略》佚文不備，故闕如也。又曰：《子雲家諜》言以甘露元年生。又曰：揚雄卒，弟子侯芭負土作墳，號曰玄冢。

王氏《考證》曰：《七略》所載，止四賦，《甘泉》、《河東》、《校獵》、《長楊》也。按《文選·劉先生夫人墓誌》注引《七略》「揚雄卒」云云，疑後人附著之辭，非《七略》本文。

本志注曰：入揚雄八篇。見後。

嚴可均《鐵橋漫稿·重編揚子雲集序》曰：《漢志》著録賦十二篇，今得《蜀都》、《甘泉》、《河東》、《羽獵》、《長楊》、《覈靈》、《太玄》、《逐貧》、《酒》、《反騷》十篇，其《廣騷》、《畔牢愁》僅見篇名。《蜀都賦》爲集中鉅製，校讎再四，從順良難。《覈靈賦》章段畸零，觕存崖略。

又《前漢文編》曰：《漢志》揚雄賦十二篇，今蒐輯羣書，得完篇九，殘篇一。本傳云：旁《離騷》作重一篇，名曰《廣騷》，旁《惜誦》以下至《懷沙》一卷，名曰《畔牢愁》，此二篇並亡，僅存篇名。又曰：《酒賦》，《漢書》題作《酒箴》，《御覽》引《漢書》作《酒賦》，各書亦作《酒賦》，《北堂書鈔》作《都酒賦》。都酒者，酒器名也。驗文當以都酒爲長。案嚴氏《漫稿》謂《廣騷》、《畔牢愁》似即《反騷》之子目，與《文編》之言不合，蓋駁文而失於刊正者，今故不取。

揚雄集

《隋書·經籍志·別集》 漢太中大夫《揚雄集》五卷。

《舊唐書·經籍志·別集》 《揚雄集》五卷。

《新唐書·藝文志·別集類》 《揚雄集》五卷。

鄭樵《通志·藝文略·別集一》 太中大夫《揚雄集》五卷。

晁公武《郡齋讀書志·別集類上》 《揚雄集》三卷。右漢揚雄子雲也。古無雄集，皇朝譚愈好雄文，患其散在諸篇籍，離而不屬，因綴輯之，得四十餘篇。

尤袤《遂初堂書目·別集類》 漢《揚雄集》。

陳振孫《直齋書録解題·別集類上》 《揚子雲集》五卷。漢黄門郎成都揚雄子雲撰。大抵皆録《漢書》及《古文苑》所載。案宋玉而下五家，皆見唐以前《藝文志》，而《三朝志》俱不著録，《崇文總目》僅有《董集》一卷而已，蓋古本多已不存，好事者於史傳、類書中鈔録，以備一家之作，充藏書之數而已。

馬端臨《文獻通考·經籍考·別集》 《揚子雲集》五卷。

《宋史·藝文志·別集類》 《揚雄集》六卷。

楊士奇等《文淵閣書目·文集》 《揚子雲文集》。一部，一册。闕。

徐𤊹《徐氏家藏書目·別集類》 《揚雄集》五卷。

《四庫提要·別集類一》 《揚子雲集》六卷。副都御史黄登賢家藏本。漢揚雄撰。案《漢書·藝文志》、《隋書·經籍志》、《唐書·藝文志》皆載《雄集》五卷。其本久佚，宋譚愈始取《漢書》及《古文苑》所載四十餘篇，仍輯爲五卷，已非舊本。明萬曆中，遂州鄭樸又取所撰《太玄》、《法言》、《方言》三書及類書所引《蜀王本紀》、《琴清英》諸條，與諸文、賦合編之，釐爲六卷，而以逸篇之目附卷末，即此本也。雄所撰諸箴，《古文苑》及《中興書目》皆二十四篇，惟晁公武《讀書志》稱二十八篇，多《司空》、《尚書》、《博士》、《太常》四篇，是集復益以《太官令》、《太史令》爲三十篇。

姚振宗《漢書藝文志拾補·別集》 漢太中大夫《揚雄集》五卷。雄《答劉歆書》曰：雄先作《縣邸銘》、《王佴頌》、《階闥銘》及《成都城四堣銘》，蜀人有楊莊者，爲郎誦之於成帝，成帝好之，以爲似相如，雄遂以此得外見。此數者皆都水君常見，故不復奏。雄爲郎之歲，自奏少不得學，而心好沈博絶麗之文，願不受三歲之奉，且休脱直事之繇，得肆心廣意，以自克就，有詔可不奪奉令尚書，賜筆墨錢六萬，得觀書於石渠。如是後一歲，作《繡補靈節龍骨之銘詩》三章，成帝好之，遂得盡意。

二十四箴

陳振孫《直齋書録解題・別集類上》《二十四箴》一卷。揚雄撰。今廣德軍所刊本，校集中無《司空》、《尚書》、《博士》、《太常》四箴。集中所有，皆據《古文苑》。而此四箴，或云崔駰，或云崔子玉，疑不能明也。

馬端臨《文獻通考・經籍考・別集》《二十四箴》一卷。

《宋史・藝文志・別集類》又《二十四箴》二卷。

高儒《百川書志・秦漢六朝文》《二十四箴》一卷。漢揚雄撰。後人于《古文苑》鈔出者。

揚雄蜀都賦注

張鵬一《隋書經籍志補・別集總集》《揚雄蜀都賦注》，北齊河内司馬膺之。見《司馬子如傳》。

劉歆集

《隋書・經籍志・別集》漢太中大夫《劉歆集》五卷。

《舊唐書・經籍志・別集》《劉歆集》五卷。

《新唐書・藝文志・別集類》《劉歆集》五卷。

鄭樵《通志・藝文略・別集一》太中大夫《劉歆集》五卷。

姚振宗《漢書藝文志拾補・別集》漢太中大夫《劉歆集》五卷。《漢書・楚元王附傳》：向三子，少子歆最知名。少通詩書，能屬文，湛靖有謀，父子俱好古，博見彊志，過絶於人。及歆親近，欲建立《左氏春秋》及《毛詩》、《逸禮》、《古文尚書》皆列於學官。哀帝令歆與五經博士講論其義，諸博士或不肯置對，歆因移書太常博士責讓之，其言甚切。又《王莽傳》：平帝時，莽爲大司馬，以劉歆典文章。《傅子》曰，或問：劉歆、劉向孰賢？傅子曰：向才學俗而志忠，歆才學通而行邪。《詩》之雅、頌，《書》之典、謨，文質足以相副，玩之若近，尋之益遠，陳之若肆，研之若隱，浩浩乎其文章之淵府也。

《文心雕龍・檄移篇》曰：劉歆之移太常，辭剛而義辨，文移之首也。《議對篇》云：如吾邱之駁挾弓，劉歆之辨祖宗，雖質文不同，得事要矣。《事類篇》云：揚雄《百官箴》，頗酌於詩書；劉歆《遂初賦》，歷叙於紀傳。《章句篇》云：若乃改歆從調，所以節文辭氣。賈誼、枚乘，兩韻輒易；劉歆、桓譚，百句不遷。亦各有其志也。

張溥《百三家・劉子駿集》輯本一卷。凡賦、書、議各三篇。奏、説、論各一篇。附《洪範五行傳》佚文。

嚴可均《全漢文編》輯本二卷。第一卷曰《遂初賦》、《甘泉宫賦》、《燈賦》、《上山海經表》、《孝武廟不毀議》、《惠景及太上皇寢園議》、《功顯君喪服議》、《移書讓太常博士》、《答文學》、《與揚雄書從取方言》、《新序論》、《斛銘》，凡十二篇。第二卷曰《三統歷説》、《七略》佚文、《鍾律書》佚文，凡三篇。

薛方詩賦

姚振宗《漢書藝文志拾補・別集》薛方詩、賦數十篇。《漢書・鮑宣傳》：自成帝至王莽時，清名之士齊則薛方子容，嘗爲郡掾祭酒，嘗徵不至。及莽以安車迎方，方因使者辭謝曰：堯舜在上，下有巢由，今明主方隆唐虞之德，小臣欲守箕山之節也。使者以聞，莽説其言，不强致。方居家以經教授，喜屬文，著詩賦數十篇。世祖即位，徵方，道病卒。

左馮翊史路恭賦

《漢書・藝文志・詩賦略》左馮翊史路恭賦八篇。

姚振宗《漢書藝文志條理・詩賦略》左馮翊史路恭賦八篇。路恭始末未詳。

崔篆集

《隋書・經籍志・別集》 王莽建新大尹《崔篆集》一卷。亡。

《舊唐書・經籍志・別集》 《崔篆集》一卷。

《新唐書・藝文志・別集類》 《崔篆集》一卷。

鄭樵《通志・藝文略・別集一》 王莽建新大尹《崔篆集》一卷。

姚振宗《後漢藝文志・別集》 王莽建新大尹《崔篆集》一卷。范書《崔駰傳》：篆自以宗門受莽僞寵，慚愧漢朝，臨終作賦，以自傷悼，名《慰志》。

嚴可均《全漢文編》崔篆有集一卷。今惟見崔駰傳所載《慰志賦》一篇。

唐林集

《隋書・經籍志・別集》 保成師友《唐林集》一卷。亡。

鄭樵《通志・藝文略・別集一》 保成師友《唐林集》一卷。

姚振宗《漢書藝文志拾補・別集》 王莽保成師友《唐林集》一卷。《漢書・鮑宣傳》：自成帝至王莽時，清名之士，沛郡則唐林子高，唐尊伯高，皆以明經飭行，顯名於世。兩唐皆仕王莽，封侯貴重，歷公卿位。唐林數上疏諫正，有忠直節。

《漢書・王莽傳》：始建國三年，爲太子置師友各四人，以故尚書令唐林爲胥附。按爲四友之一。天鳳四年五月，莽曰：保成師友祭酒唐林，孝弟忠恕，敬上愛下，博通舊聞，德行醇備，至於黃髮，靡有愆失，其封林爲建德侯，位特進，見禮如三公，賜第一區錢三百萬，授几杖焉。

《唐書・世系表》：唐厲居沛國，漢封斥邱懿侯，生朝，朝生賢，賢生遵，按當爲尊。遵生蒙，中郎將，蒙生臨邛令都，都生倫，倫生林。林，尚書令，王莽封建德侯。

《論衡・超奇篇》曰：觀谷永之陳説，唐林之宜言，劉向之切議，以知爲本筆墨之文，將而送之，豈徒雕文飾辭，苟爲華葉之言哉！精誠由中，故其文語感動人深。

《玉海》六十一《中興書目》曰：漢名臣奏二卷。一卷孔光元壽二年八月奏，篇凡三，一卷唐林在新莽時奏，篇凡十。

嚴可均《全漢文編》唐林有集一卷。今存《上哀帝疏》、《請復師丹邑爵》、《又奏事》各一篇。

史岑集

《隋書・經籍志・別集》 中謁者《史岑集》二卷。亡。

《舊唐書・經籍志・別集》 《史岑集》二卷。

《新唐書・藝文志・別集類》 《史岑集》二卷。

鄭樵《通志・藝文略・別集一》 中謁者《史岑集》二卷。

姚振宗《後漢藝文志・別集》 王莽中謁者《史岑集》二卷。范書《文苑王隆傳》：初王莽末，沛國史岑子孝亦以文章顯，莽以爲謁者。著頌、誄、《復神》、《説疾》，凡四篇。章懷太子注云：岑一字孝山，著《出師頌》。《文選・出師頌》注云：漢有二史岑，字孝山者當和熹之際，字子孝者仕莽末，章懷此注誤爲一人。按史岑當亦卒于建武時，故范以王隆合傳。

《博物志》：元始元年，中謁者沛郡史岑上書，訟王宏奪董賢璽綬之功。按王宏即王閎，詳見史部雜傳記類。

《史通・正史篇》：《史記》所書年止漢武，其後劉向、向子歆及諸好事者若揚雄、史岑等相次撰續，迄于哀、平間。

王文山集

《舊唐書・經籍志・別集》 《王文山集》二卷。

《新唐書・藝文志・別集類》 《王文山集》二卷。

東平王蒼集

《隋書・經籍志・別集》 後漢《東平王蒼集》五卷。亡。

《舊唐書・經籍志・别集》 漢《東平王集》二卷。

《新唐書・藝文志・别集類》 《東平王蒼集》二卷。

鄭樵《通志・藝文略・别集一》 《東平王蒼集》五卷。

姚振宗《後漢藝文志・别集》 《東平憲王集》五卷。 范書《光武十王列傳》：建初八年正月薨，詔告中傳封上蒼自建武以來章奏及所作書、記、賦、頌、七言、别字、歌詩，並集展覽焉。【略】

嚴氏《文編》東平王有集五卷。今見于本傳、《吴良傳》、《東觀記》、《續漢志》、《袁紀》、《通典》諸書有疏、議、上書、上言，凡九篇。明馮惟訥《詩紀》輯存《武德舞歌詩》一篇。

光武受命中興賦

姚振宗《後漢藝文志・文史》 《光武受命中興頌》。范書《東平憲王傳》：永平十五年春，行幸東平，帝以所作《光武本紀》示蒼，蒼因上《光武受命中興頌》，帝甚善之，以其文典雅，特令校書郎賈逵爲之訓詁。

《東觀記》曰：蒼上《世祖受命中興頌》，上甚善之，以問校書郎「此與誰等」，皆言類揚雄、相如，前世史岑之比。

桓譚集

《隋書・經籍志・别集》 《桓譚集》五卷。亡。

《舊唐書・經籍志・别集》 後漢《桓譚集》二卷。

《新唐書・藝文志・别集類》 《桓譚集》二卷。

鄭樵《通志・藝文略・别集一》 《桓譚集》二卷。

姚振宗《後漢藝文志・别集》 六安郡丞《桓譚集》二十六篇。 范書本傳：所著賦、誄、書、奏，凡二十六篇。《文心雕龍・才略篇》：桓譚著論，富號猗頓，宋弘稱薦，爰比相如。而《集靈》諸賦，偏淺無才，故知長于諷論，不及麗文也。

嚴氏《全後漢文編》桓譚有集五卷。本傳有《陳時政疏》、《抑讖重賞疏》，《北堂書鈔》、《藝文類聚》有《仙賦并序》，《文選注》有《上便宜》、《陳便宜》、《啓事》、《答揚雄書》，凡七篇。

馮衍集

《隋書・經籍志・别集》 後漢司隷從事《馮衍集》五卷。

《舊唐書・經籍志・别集》 《馮衍集》五卷。

《新唐書・藝文志・别集類》 《馮衍集》五卷。

鄭樵《通志・藝文略・别集一》 司隷從事《馮衍集》五卷。

徐𤊹《徐氏家藏書目・别集類》 《馮衍集》二卷。

姚振宗《後漢藝文志・别集》 司隷從事《馮衍集》五十篇。 范書本傳：衍字敬通，京兆杜陵人也。幼有奇才，年二十而博通羣書。王莽時天下兵起，莽遣更始將軍廉丹討伐山東，辟衍爲掾。丹與赤眉戰死，衍乃亡命河東。更始遣尚書僕射鮑永行大將軍事，安集北方，以衍爲立漢將軍，領狼孟長屯太原，後審知更始殁，乃與永罷兵幅巾，降于河内。帝怨衍等不時至，永以立功得贖罪，遂任用之，而衍獨見黜。頃之以爲曲陽令，後爲司隷從事，又得罪西歸，故郡閉門自保，不敢復與親故通。建武末上疏自陳，猶以前過不用。衍不得志，退而作賦自厲，命其篇曰《顯志》，「顯志」者，言光明風化之情，昭章玄妙之思也。顯宗即位，又多短衍以文過其實，遂廢于家。衍娶北地女任氏悍忌，不得畜媵妾，兒女常自操井臼，老竟逐之，遂埳壈于時，居貧，年老卒于家。所著賦、誄、銘、説、問交、德誥、慎情、書記、説、自序、官録、説策五十篇。肅宗甚重其文。

章懷太子曰：《衍集》有《與陰就書》、《與婦弟任武達書》、《與宣孟書》，有《問交》一篇，《慎情》一篇。又曰《衍集》見有二十八篇。

明張溥《漢魏六朝百三家集・馮敬通曲陽集》輯本一卷。凡賦、疏、奏、記、牋、書、論、銘一十七篇。

嚴氏《文編》馮衍有集五卷。今見于本傳、傳注及袁《紀》、《選注》、《初學記》、《類聚》、《御覽》有賦、上疏、上書、説、書、德誥、銘，凡二十七篇。録爲一卷。惠棟《後漢書補注》云：《北堂書鈔》九十八卷引馮敬通《自序》。

蘇竟集

姚振宗《後漢藝文志・別集》 侍中《蘇竟集》。范書本傳：竟字伯況，扶風平陵人也。平帝世以明易爲博士，講書祭酒，善圖緯，能通百家之言。王莽時，與劉歆等共典校書，拜代郡中尉。光武即位，就拜代郡太守。建武五年冬，詣京師，拜侍中，數月以病免。初，延岑護軍鄧仲況擁兵據南陽陰縣爲寇，而劉歆兄子龔爲其謀主，竟時在南陽，與龔書曉之曰云云。又與仲況書諫之，文多不載。于是仲況與龔遂降，竟終不伐其功。潛樂道術，作《記誨篇》，及文章傳世，年七十卒于家。《隋書・天文志》曰：漢之傳天數者，光武時則有蘇伯況、郎雅光，並能參伍天文，發揚善道，補益當時，監垂來世。按，郎顗字雅光，范書有傳，實安帝時人。

按，是集《隋志》不著録，非無集也，蓋久佚之耳。今唯據史傳及他書所載者録而存之，下並同此例。竟在先漢爲《易》博士，與劉歆典校中祕書，固兩漢間碩儒。其《記誨篇》似别爲一袠，不知當何屬，今附于此，不别出。《隋志》所云「發揚善道，補益當時」者，今亦唯本傳所載《與劉孟公書》略見之。

夏恭集

姚振宗《後漢藝文志・别集》 泰山都尉《夏恭集》二十卷。范書《文苑傳》：夏恭字敬公，梁國蒙人也。習《韓詩》、孟氏《易》，講授，門徒常千餘人。王莽末，盜賊縱横，攻没郡縣，恭以恩信，爲衆所附，擁兵固守，獨安全。光武即位，嘉其忠果，召拜郎中，再遷太山都尉。恭善爲文，著賦、頌、詩、《勵學》凡二十篇。四十九卒官四上敚年字，諸儒共謚曰宣明君。

衛宏集

姚振宗《後漢藝文志・别集》 議郎《衛宏集》七首。范書《儒林傳》：宏作《漢舊儀》四篇，又著賦、頌、誄七首，皆傳于世。嚴氏《文編》：《史記・晁錯傳》、《儒林傳》正義、《後漢書・陳蕃傳》注引衛宏《詔定古文官書序》。按，宏之遺文僅此，并不在賦、誄、頌七首之内。

班彪集

《隋書・經籍志・别集》 後漢徐令《班彪集》二卷。梁五卷。

《舊唐書・經籍志・别集》 《班彪集》二卷。

《新唐書・藝文志・别集類》 《班彪集》三卷。

鄭樵《通志・藝文略・别集一》 徐令《班彪集》五卷。

姚振宗《後漢藝文志・别集》 徐令《班彪集》九篇。范書本傳：所著賦、論、書、記、奏事，合九篇。《文心雕龍・才略篇》曰：二班、兩劉，奕葉繼采。舊説以爲固文優彪，歆學精向，然《王命》清辨，《新序》該練，璿璧産于崑岡，亦難得而踰本矣。又《哀弔篇》云：自賈誼浮湘，發憤弔屈，首出之作也，班彪、蔡邕，並敏于致語，然影附賈氏，難爲並驅耳。

嚴氏《文編》班彪有集五卷。今諸書所引有《覽海賦》、《北征賦》、《冀州賦》、《悼離騷》、《復護羌校尉疏》、《上言宜復置烏桓校尉》、《上言宜選東宫及諸王國官屬》、《奏事》、《上事》、《奏議答北匈奴》、《與京兆丞郭季通書》、《與金昭卿書》、《王命論》、《史記論》，凡一十四篇。

陳元集

《隋書・經籍志・别集》 又有司徒掾《陳元集》一卷。亡。

鄭樵《通志・藝文略・别集一》 司徒掾《陳元集》一卷。

姚振宗《後漢藝文志・别集》 司徒掾《陳元集》一卷。范書本傳：上疏請建立《左氏春秋》，上疏言不宜令司隸督察三公，後辟司徒歐陽歙府，數陳當世便事郊廟之禮。子堅卿，有文章。又《儒林歐陽歙傳》：歙死獄中，歙掾陳元上書追訟之言甚切至。按，歙死時在建武十五年。又按，《竇章傳》云：章好學，有文章。《七録》有《竇章集》二卷。此云堅卿有文章，則堅卿亦當有集，今不可考。或并附其父集後，故范氏合而言之，未可知也。

嚴氏《文編》陳元有集一卷。今本傳有《上疏難范升》、《奏左氏不宜立博士》、《上疏駁江馮督察三公議》各一篇。

王隆集

《隋書·經籍志·别集》《王隆集》二卷。亡。

鄭樵《通志·藝文略·别集一》《王隆集》二卷。

姚振宗《後漢藝文志·别集》新汲令《王隆集》二十六篇。范書《文苑傳》：隆能文章，所著詩、賦、銘、書，凡二十六篇。

朱勃集

《隋書·經籍志·别集》雲陽令《朱勃集》二卷。亡。

《舊唐書·經籍志·别集》《朱勃集》二卷。

《新唐書·藝文志·别集類》《朱勃集》二卷。

鄭樵《通志·藝文略·别集一》雲陽令《朱勃集》二卷。

姚振宗《後漢藝文志·别集》雲陽令《朱勃集》二卷。《東觀記》：朱勃字叔陽，扶風平陵人。年十二，能誦《詩》、《書》。未二十，右扶風請試守渭城宰。及馬援爲將軍封侯，而勃位不過縣令，援嘗待以舊恩而卑侮之，勃愈身自親，及援遇讒，惟勃能終焉。章帝下詔曰：告平陵令丞縣人，故雲陽令朱勃建武中以伏波將軍爵土不傳，上書陳狀，不顧罪戾，懷旌善之志，有烈士之風，其以縣見穀二千石賜勃子若孫勿令遠詣闕謝。范書附見《馬援傳》中。

嚴氏《文編》朱勃有集二卷。今見袁宏《紀》載勃《詣闕上書理馬援》一篇，亦見《援傳》。

梁鴻集

《隋書·經籍志·别集》後漢處士《梁鴻集》二卷。亡。

《舊唐書·經籍志·别集》《梁鴻集》二卷。

《新唐書·藝文志·别集類》《梁鴻集》二卷。

鄭樵《通志·藝文略·别集一》處士《梁鴻集》二卷。

姚振宗《後漢藝文志·别集》處士《梁鴻集》二卷。范書《逸民傳》：鴻仰慕前世高士，而爲四皓以來二十四人作頌。東出關過京師，作《五噫》之歌。適吴將行作詩，至吴依大家皋伯通，潛閉著書十餘篇。思友人高恢，作詩。【略】

嚴氏《文編》輯存《安邱嚴平頌》一篇，馮氏《詩紀》輯存《五噫歌》、《適吴詩》、《思友詩》三篇。

杜篤集

《隋書·經籍志·别集》後漢車騎從事《杜篤集》一卷。

《舊唐書·經籍志·别集》《杜篤集》五卷。

《新唐書·藝文志·别集類》《杜篤集》五卷。

鄭樵《通志·藝文略·别集一》車騎從事《杜篤集》五卷。

姚振宗《後漢藝文志·别集》車騎從事《杜篤集》十八篇。范書《文苑傳》：大司馬吴漢薨，光武詔諸儒誄之，篤爲誄辭最高，帝美之，賜帛。篤以關中表裏山河，先帝舊京，不宜改營洛邑，迺上奏《論都賦》。又曰：所著賦、誄、弔、書、贊、七言、《女誡》及雜文，凡十八篇。【略】

嚴氏《文編》杜篤有集一卷。今本傳及諸書所引，有《祓禊賦》、《首陽山賦》、《論都賦》、《書攄賦》、《衆瑞賦》、《衆瑞頌》、《通邊論》、《展武論》、《連珠》、《迎鍾文》、禖、祝、《吴漢誄》、《弔比干文》，凡一十四篇。

琅邪王京頌德詩賦

姚振宗《後漢藝文志・文史》 琅邪王京頌德詩賦。范書《光武十王列傳》：琅邪孝王京，建武十五年封琅邪公，十七年進爵爲王。京性恭孝，好經學，顯宗尤愛幸，賞賜恩寵殊異，莫與爲比。永平五年，乃就國，京都莒好修宫室，窮極伎巧，殿館壁帶，皆飾以金銀。數上詩賦頌德，帝嘉美，下之史官。立三十一年薨。

漢德頌

姚振宗《後漢藝文志・文史》 臨邑侯復《漢德頌》。范書《劉平傳》：顯宗初，尚書僕射鍾離意上書，薦平及東萊王符等，有詔皆拜議郎。永平中，臨邑侯劉復著《漢德頌》，盛稱符爲名臣云。

北海敬王集

姚振宗《後漢藝文志・別集》 《北海敬王集》數十篇。范書《宗室四王列傳》：北海敬王睦，能屬文，作《春秋旨義終始論》及賦、頌數十篇。

夏牙集

姚振宗《後漢藝文志・別集》 舉孝廉《夏牙集》四十篇。范書《文苑・夏恭傳》：恭，梁國蒙人也。子牙，少習家業，著賦、頌、讚、誄凡四十篇。舉孝廉，早卒，鄉人號曰文德先生。

傅毅集

《隋書・經籍志・別集》 後漢車騎司馬《傅毅集》二卷。梁五卷。

《舊唐書・經籍志・別集》 《傅毅集》五卷。

《新唐書・藝文志・別集類》 《傅毅集》五卷。

鄭樵《通志・藝文略・別集一》 車騎司馬《傅毅集》二卷。

姚振宗《後漢藝文志・別集》 車騎司馬《傅毅集》二十八篇。范書《文苑傳》：永平中，于平陵習章句，因作《迪志詩》。以顯宗求賢不篤，士多隱處，故作《七激》以爲諷。又曰：著詩、賦、誄、頌、祝文、《七激》、連珠，凡二十八篇。

嚴氏《文編》：傅毅有集五卷，今從諸書所引，有《洛都賦》、《反都賦》、《舞賦》、《雅琴賦》、《扇賦》、《與荆文姜書》、《七激》、《顯宗頌》、《竇將軍北征頌》、《西征頌》、《扇銘》、《明帝誄》、《北海王誄》，凡一十三篇。馮氏《詩紀》録存《迪志詩》一篇。

神雀賦

《隋書・經籍志・總集》 《神雀賦》一卷。後漢傅毅撰。

鄭樵《通志・藝文略・賦》 《神雀賦》一卷。後漢傅毅撰。

顯宗頌

姚振宗《後漢藝文志・文史》 傅毅《顯宗頌》十篇。范書《文苑傳》：傅毅字武仲，扶風茂陵人也。少博學，永平中，于平陵習章句，建初中，肅宗博召文學之士，以毅爲蘭臺令史，拜郎中，與班固、賈逵共典校書。毅追美孝明皇帝功德最盛，而廟頌未立，乃依《清廟》作《顯宗頌》十篇奏之，由是文雅顯于朝廷。爲車騎將軍馬防軍司馬，及馬氏敗，免官歸。永元元年，車騎將軍竇憲復請毅爲主記室，及憲遷大將軍，復以毅爲司馬，卒。《困學紀聞》曰：《論衡》云：班孟堅頌孝明，孟堅頌今亡。蓋當時頌明帝者不止傅氏一家，傅特其最著者。

《太平御覽》五百八十八引《文章流别傳》曰：傅毅《顯宗頌》，文與《周頌》相似，而雜以風、雅之意。

嚴可均《全後漢文編》曰：《文選》曹植《責躬詩》注引傅毅《上明帝頌表》，張華《勵志詩》注引傅毅《顯宗頌》。

班固集

《隋書・經籍志・别集》 後漢大將軍護軍司馬《班固集》十七卷。

《舊唐書・經籍志・别集》 《班固集》十卷。

《新唐書・藝文志・别集類》 《班固集》十卷。

鄭樵《通志・藝文略・别集一》 大將軍護軍司馬《班固集》十七卷。

徐𤊹《徐氏家藏書目・别集類》 《班固集》四卷。

姚振宗《後漢藝文志・别集》 大將軍護軍司馬《班固集》四十一篇。范書本傳：年九歲，能屬文。及長，博觀載籍，九流百家之言，無不窮究。永平初，固始弱冠，奏記東平王蒼，薦宿儒故司空掾桓梁、京兆祭酒晉馮、扶風掾李育、京兆督郵郭基、涼州從事王雍、弘農功曹史殷肅，蒼納之。自爲郎後，遂見親近，時京師修起宮室，濬繕城隍，而關中耆老，猶望朝廷西顧，因感前世相如、壽王、東方之徒，造構文辭，終以諷諫，乃上《兩都賦》，盛稱洛邑制度之美，以折西賓淫侈之論。及肅宗雅好文章，固愈得幸，數入讀書禁中，或連日繼夜，每行巡狩，輒獻上賦頌，朝廷有大議，使難問公卿，辯論于前。所著《典引》、《賓戲》、《應譏》、詩、賦、銘、誄、頌、書、文、記、論、議、六言，在者凡四十一篇。

張氏《百三家・班蘭臺集》輯本一卷。凡賦、表、奏、記、牋、書、議、符命、設難、頌、銘、論、哀辭、連珠、文、詩二十九篇。

嚴氏《文編》輯本三卷。凡賦、頌、詩、歌、疏、議、箋、奏、記、書、論、序、連珠、銘、典引、弈旨、哀辭、祝文，凡三十二篇。附班超遺文五篇，班勇遺文四篇。馮氏《詩紀》輯存詩歌七篇。

幽通賦

《舊唐書・經籍志・總集》 《幽通賦》一卷。班固撰，曹大家注。

《新唐書・藝文志・總集類》 曹大家注班固《幽通賦》一卷。

鄭樵《通志・藝文略・賦》 班固《幽通賦》一卷。曹大家注。

姚振宗《後漢藝文志・總集》 曹大家《幽通賦注》一卷。《漢書・叙傳》曰：有子曰固，弱冠而孤，作《幽通》之賦，以致命遂志。劉德曰：致，極也，陳吉凶性命，遂明己之志。李善《文選注》曰：幽通，謂與神遇也。

嚴氏《文編》曰：《北堂書鈔》一百二十二引班固《幽通賦序》，《漢書・叙傳》、《文選》及《藝文類聚》二十六並載其文。

按，范書《列女傳》載大家所著十六篇中，有問及注兩種，今問不可考，注即是書及《列女傳》之類。疑此一卷，是本集佚存本，李善注《文選》，似即據其本而補益之。

幽通賦

《舊唐書・經籍志・總集》 《幽通賦》一卷。項岱撰。

《新唐書・藝文志・總集類》 項岱注《幽通賦》一卷。

鄭樵《通志・藝文略・賦》 《幽通賦》一卷。項岱注。

典引篇

姚振宗《後漢藝文志・文史》 班固《典引篇》一卷。范書本傳：固又作《典引篇》，述叙漢德，以爲相如《封禪》，靡而不典，揚雄《美新》，典而不實，蓋自謂得其致焉。

《文心雕龍・封禪篇》：班固《典引》，體因紀禪。又曰：《典引》所叙，雅有懿采，歷鑒前作，能執厥中，其致義會文，斐然餘巧，故稱《封禪》麗而不典，《劇秦》典而不實，豈非追觀易爲明，循勢易爲力歟？

典引篇注

《隋書・經籍志・總集》 又班固《典引》一卷，蔡邕注。亡。

姚振宗《後漢藝文志・總集》 蔡邕《典引篇注》一卷。李善《文選注》：蔡邕曰：《典引》者，篇名也。典者，常也，法也；引者，伸也，長也。《尚書》疏堯之常法，謂之《堯典》，漢紹其緒，伸而長之也。

按，蔡氏注《典引》，今見《文選》第四十八卷中，《隋志》云亡者，但據《七録》單行本言之。

班婕妤集

《隋書・經籍志・別集》 漢成帝《班婕妤集》一卷。

鄭樵《通志・藝文略・別集一》 成帝《班婕妤集》一卷。

姚振宗《漢書藝文志拾補・別集》 《班倢伃集》一卷。《漢書・外戚傳》：孝成班倢伃，帝初即位選入後宫，始爲少使，蛾而大幸。爲倢伃居增成舍再，就館有男，數月失之。成帝遊於後庭，嘗欲與倢伃同輦載，倢伃辭曰：觀古圖畫，賢聖之君，皆有名臣在側，三代末主，迺有嬖女，今欲同輦，得無近似之乎！上善其言而止。太后聞之喜曰：古有樊姬，今有班倢伃。其後失寵，求共養太后長信宫，上許焉。倢伃退處東宫，作賦自傷悼，至成帝崩，倢伃充奉園陵，薨。因葬園中。《續列女傳》曰：班倢伃者，左曹越騎校尉班況之女。《成紀贊》曰：臣之姑充後宫爲倢伃。晉灼曰：班彪之姑也。

《文心雕龍・明詩篇》曰：至成帝品録三百餘篇，按，《藝文志》歌詩二十八家，三百一十四篇。朝章國采，亦云周備，而辭人遺翰，莫見五言，所以李陵、班婕妤見疑於後代也。

嚴可均《全漢文編》班倢伃有集一卷。今存《自悼賦》、《擣素賦》、《報諸姪書》，凡三篇。《文選》有《怨歌行》一篇。

班昭集

《隋書・經籍志・別集》 梁有《班昭集》三卷。亡。

鄭樵《通志・藝文略・別集一》 《班昭集》三卷。

曹大家集

《舊唐書・經籍志・別集》 《曹大家集》二卷。

《新唐書・藝文志・別集類》 《曹大家集》二卷。

鄭樵《通志・藝文略・別集一》 《曹大家集》二卷。

姚振宗《後漢藝文志・別集》 《曹大家集》十六篇。范書《列女傳》：每有貢獻異物，輒詔大家作賦頌。又曰：所著賦、頌、銘、誄、問、注、哀辭、書、論、上疏、遺令，凡十六篇。子婦丁氏爲撰集之，又作《大家讚》焉。【略】嚴氏《文編》輯本有《東征賦》、《鍼縷賦》、《大雀賦》、《蟬賦》、《爲兄超求代疏》、《上鄧太后疏》、《欹器頌》、《女誡》，凡八篇。

黄香集

《隋書・經籍志・別集》 梁有魏郡太守《黄香集》二卷。亡。

《舊唐書・經籍志・別集》 《黄香集》二卷。

《新唐書・藝文志・別集類》 《黄香集》二卷。

鄭樵《通志・藝文略・別集一》 魏郡太守《黄香集》二卷。

姚振宗《後漢藝文志・別集》 魏郡太守《黄香集》五篇。范書《文苑傳》：黄香字文彊，江夏安陸人也。博學經典，究精道術，能文章，京師號曰「天下無雙，江夏黄童」。初除郎中，元和元年，肅宗詔香詣東觀讀所未嘗見書，拜尚書郎，數陳得失。永元四年，拜左丞，六年，累遷尚書令。延光元年，遷魏郡太守，後坐事免，數月卒于家。所著賦、牋、奏、書、令，凡五篇。《文心雕龍・書記篇》曰：黄香奏牋于江夏，亦肅恭之遺式矣。

嚴氏《文編》黄香有集二卷。今見本傳諸書者，有《九宫賦》、《讓東郡太守疏》、《留爲尚書令上疏》、《樂成王萇罪議》、《天子冠頌》、《屏風銘》，凡六篇。

崔駰集

《隋書・經籍志・别集》 後漢長岑長《崔駰集》十卷。

《舊唐書・經籍志・别集》 《崔駰集》十卷。

《新唐書・藝文志・别集類》 《崔駰集》十卷。

鄭樵《通志・藝文略・别集一》 長岑長《崔駰集》十卷。

姚振宗《後漢藝文志・别集》 長岑長《崔駰集》二十一篇。范書本傳：駰博學有偉才，盡通古今訓詁百家之言，善屬文，常以典籍爲業，未遑仕進之事。時人或譏其太玄静，將以後名失實。駰擬揚雄《解嘲》，作《達旨》以答。竇太后臨朝，憲以重戚出納，詔命駰獻書誡之，憲擅權驕恣，駰數諫之。及出擊匈奴，道路愈多不法，駰前後奏記數十，指切長短。所著詩、賦、銘、頌、書、記、表、《七依》、《婚禮結言》、《達旨》、《酒警》，合二十一篇。

張氏《百三家・亭伯集》輯本一卷。凡賦、著述、書、牋、箴、銘、頌、議、論、七、雜文、詩三十五篇。

嚴氏《文編》輯本一卷。凡賦、謚議、奏記、箋書、《達旨》、《博徒論》、《明帝頌》、《四巡頌》、《七依》、箴、銘、婚禮結言，凡四十篇。馮氏《詩紀》輯存《安封侯詩》。

四巡頌

姚振宗《後漢藝文志・文史》 崔駰《四巡頌》。范書本傳：元和中，肅宗始修古禮，巡狩方嶽，駰上《四巡頌》，以稱漢德，辭甚典美。《玉海》卷六十引此下有「文多故不載」五字。帝雅好文章，自見駰頌後，常嗟歎之，謂侍中竇憲曰：卿寧知崔駰乎？對曰：班固數爲臣説之，然未見也。帝曰：公愛班固，而忽崔駰，此葉公之好龍也，試請見之。駰由此候憲，入爲上客。

嚴可均《全後漢文編》曰：崔駰《四巡頌》，《初學記》十三、《藝文類聚》三十七、《御覽》三百四十、又五百三十七引數條，并上表。

賈逵集

《隋書・經籍志・别集》 後漢侍中《賈逵集》一卷。梁二卷。

《舊唐書・經籍志・别集》 《賈逵集》二卷。

《新唐書・藝文志・别集類》 《賈逵集》二卷。

鄭樵《通志・藝文略・别集一》 侍中《賈逵集》一卷。

姚振宗《後漢藝文志・别集》 侍中《賈逵集》九篇。范書本傳：顯宗勑蘭臺給筆札，使作《神雀頌》。又作詩、頌、誄、書、連珠、酒令，凡九篇。【略】嚴氏《文編》賈逵有集二卷。今見本傳者，有《條奏左氏長義》、按當作「大義」。《劉愷傳》有賈逵上書，《書鈔》有《永平頌》。《文選注》有連珠，凡四篇。按《續漢書・曆志》有《曆論》四篇，嚴氏未采，失之眉睫。

金人論

姚振宗《後漢藝文志・文史》 王景《金人論》。范書《循吏傳》：建初七年，遷徐州刺史。先是，杜陵杜篤奏上論遷都，欲令車駕遷還長安，耆老聞者皆動懷土之心，莫不眷然佇立西望。景以宫廟已立，恐人情疑惑，會時有神雀諸瑞，乃作《金人論》，頌洛邑之美，天人之符，文有可采。

封禪書

姚振宗《後漢藝文志・文史》 楊終《封禪書》。《華陽國志・蜀郡人士贊》：

終坐事徙邊，作《孤憤詩》，後又作《生民詩》，制《封禪書》，皆傳于世者。按，常道將所言楊子山，當有詩文集行世，而《七録》、《隋志》皆無其目。

嘉瑞頌

姚振宗《後漢藝文志・文史》 楊終《嘉瑞頌》十五章。范書本傳：終坐事徙北地，帝東巡狩，鳳皇黄龍並集，終贊頌嘉瑞，上述祖宗鴻業，凡十五章，奏上，詔貰還故郡。常璩《蜀郡人士贊》：又上《符瑞詩》十五章。

劉騊駼集

《隋書・經籍志・別集》 後漢校書郎《劉騊駼集》一卷。梁二卷，録一卷。

《舊唐書・經籍志・別集》 《劉騊駼集》二卷。

《新唐書・藝文志・別集類》 《劉騊駼集》二卷。

鄭樵《通志・藝文略・別集一》 校書郎《劉騊駼集》二卷。

姚振宗《後漢藝文志・別集》 校書郎《劉騊駼集》四篇。范書《宗室四王三侯列傳》：初臨邑侯復好學，能文章，復子騊駼及從兄平望侯毅並有才學。永寧中，鄧太后召毅及騊駼入東觀，與謁者僕射劉珍著中興以下名臣列士傳，騊駼又自造賦、頌、書、論，凡四篇。亦見《文苑劉珍傳》。《藝文類聚》卷十九引謝承書云：劉騊駼除樅陽長吏，民思而歌之云云。乃劉陶事，非騊駼事也。

嚴氏《文編》劉騊駼有集二卷。今見《文選注》、《書鈔》、《類聚》、《御覽》、《後漢書注》，有《玄根賦》、《上書諫鑄錢事》、《與竇季璋書》、《與李子堅書》、《郡太守箴》，凡五篇。

李尤集

《隋書・經籍志・別集》 有樂安相《李尤集》五卷。亡。

鄭樵《通志・藝文略・別集一》 樂安相《李尤集》五卷。

尤袤《遂初堂書目・別集類》 《李尤集》。

《宋史・藝文志・別集類》 《李尤集》二卷。

姚振宗《後漢藝文志・別集》 樂安相《李尤集》二十八篇。

張氏《百三家・蘭臺令李伯仁集》輯本一卷。凡賦、七、銘、序、詩九十三篇。

嚴氏《文編》李尤有集五卷。今搜輯羣書，有《函谷關賦》、《辟雍賦》、《德陽殿賦》、《平樂觀賦》、《東觀賦》、《七款》，凡六篇。又《華陽國志》稱尤作百二十銘，今得八十六銘，其餘三十四銘亡，編爲一卷。馮氏《詩紀》輯存《九曲歌》。

竇章集

《隋書・經籍志・別集》 大鴻臚《竇章集》二卷。亡。

《舊唐書・經籍志・別集》 《竇章集》二卷。

《新唐書・藝文志・別集類》 《竇章集》二卷。

鄭樵《通志・藝文略・別集一》 大鴻臚《竇章集》二卷。

姚振宗《後漢藝文志・別集》 大鴻臚《竇章集》二卷。范書《竇融傳》：融，扶風平陵人也。玄孫章，字伯向，少好學，有文章，與馬融、崔瑗同好，更相推薦。是時學者稱東觀爲老氏臧室、道家蓬萊山，太僕鄧康遂薦章入東觀，爲校書郎。順帝初，章女選入掖庭，與梁皇后並爲貴人，擢章羽林郎，將遷屯騎校尉，貴人卒，詔史官樹碑頌德，章自爲之辭。永和五年，遷少府。漢安二年，轉大鴻臚。建康元年，梁后稱制，章自免，卒于家。【略】嚴氏《文編》輯存《移書勸葛龔》一篇。

袁文術箴銘

姚振宗《後漢藝文志・別集》 臨淮袁文術箴銘。《論衡・案書篇》曰：臨淮袁太伯、袁文術，嚢橐文雅之英雄也。觀太伯之《易章句》，文術之箴、銘，劉子政，揚子雲不能過也。

李勝集

姚振宗《後漢藝文志・別集》　東觀郎《李勝集》數十篇。范書《文苑・李尤傳》：尤同郡李勝，亦有文才，爲東觀郎，著詩、誄、頌、論數十篇。常璩《廣漢人士贊》：李勝字茂通，雒人也。爲東觀郎，著賦、誄、論、頌數十篇。

漢頌

姚振宗《後漢藝文志・文史》　曹朔《漢頌》四篇。范書《文苑・蘇順傳》：又有曹朔，不知何許人，作《漢頌》四篇。按，扶風曹氏，世爲大族，疑即曹壽、曹成、曹衆之同族。

崔瑗集

《隋書・經籍志・別集》　後漢濟北相《崔瑗集》六卷。梁五卷。

《舊唐書・經籍志・別集》　《崔瑗集》五卷。

《新唐書・藝文志・別集類》　《崔瑗集》五卷。

鄭樵《通志・藝文略・別集一》　濟北相《崔瑗集》六卷。

姚振宗《後漢藝文志・別集》　濟北相《崔瑗集》五十七篇。范書《崔駰附傳》：瑗高于文辭，尤善爲書、記、箴、銘。所著賦、碑、銘、箴、頌、《七蘇》、《南陽文學官志》、《歎辭》、《移社文》、《悔祈》、《草書勢》、七言，凡五十七篇。

《御覽》五百九十引《文章流別傳》曰：後世以來，器銘之佳者，有王莽《鼎銘》、崔瑗《機銘》。

《文心雕龍・哀弔篇》曰：漢武封禪，而霍子侯暴亡，帝傷而作詩，亦哀辭之類也。及後漢汝陽王亡，崔瑗哀辭，始變前式，卒章五言，頗似歌謠，亦彷佛乎漢武也。又《書記篇》曰：後漢書記，則崔瑗尤善。《雜文篇》云：崔瑗《七蘇》，植義純正。【略】

唐《日本國人見在書目》小説家：《座右銘》一卷，崔子玉撰。

嚴氏《文編》輯存上言、書、雜文、《七蘇》、《南陽文學頌》、箴、銘、誄、碑、《草書勢》，凡二十九篇。

劉珍集

《隋書・經籍志・別集》　後漢《劉珍集》二卷。録一卷。

《舊唐書・經籍志・別集》　《劉珍集》二卷。

《新唐書・藝文志・別集類》　《劉珍集》二卷。

鄭樵《通志・藝文略・別集一》　《劉珍集》二卷。

姚振宗《後漢藝文志・別集》　衛尉《劉珍集》七篇。范書《文苑傳》：著誄、頌、連珠，凡七篇。【略】

嚴氏《文編》劉珍有集二卷。今見袁宏《紀》者，有《上言鄧太后宜獻廟》一篇，見《御覽》者有《東觀漢記・光武叙》、《章帝叙》、《和帝叙》、《殤帝叙》四篇。

張衡集

《隋書・經籍志・別集》　後漢河間相《張衡集》十一卷。梁十二卷，又一本十四卷。

《舊唐書・經籍志・別集》　《張衡集》十卷。

《新唐書・藝文志・別集類》　《張衡集》十卷。

鄭樵《通志・藝文略・別集一》　河間相《張衡集》十一卷。

尤袤《遂初堂書目・別集類》　《張衡集》。

《宋史・藝文志・別集類》　《張衡集》六卷。

徐𤊹《徐氏家藏書目・別集類》　《張衡集》五卷。

姚振宗《後漢藝文志・別集》　河間相《張衡集》三十二篇。范書本傳：衡少善屬文。永元中，舉孝廉，不行，連辟公府，不就。時天下承平日久，自王侯以下，莫不踰侈，衡乃擬班固《兩都》，作《二京賦》，因以諷諫，精思傅會，十年乃成。順帝初再轉，復爲太史令。衡不慕當世，所居之官，輒積年不徙，自去史職，五載復還。乃設客問，作《應間》，以見其志。初光武善讖，顯宗、肅宗因祖述焉，自中興之後，儒者争學圖緯，兼復附以妖言。衡以圖緯虚妄，非聖人之法，乃上疏請禁絶之。及遷侍中，常思圖身之事，以爲吉凶倚伏，幽微難明，乃作《思玄賦》以宣寄情志。又欲繼孔子《易》，説彖象殘缺者，竟不能就。所著詩、賦、銘、七言、《靈憲》、《應間》、《七辯》、《巡誥》、《懸圖》凡三十二篇。

《文心雕龍・明詩篇》曰：張衡《怨篇》，情典可味，仙詩緩歌，雅有新聲。又曰：四言五言，平子得其雅。《詮賦篇》云：張衡《二京》，迅發以宏富。《雜文篇》云：張衡《應間》，密而兼雅。又曰：張衡《七辯》，結采綿靡。《論説篇》云：張衡譏世，韻似俳説。【略】

張氏《百三家・張河間集》輯本二卷，凡賦、誥、疏、策、表、書、七、設難、議、説、銘、贊、誄、樂府詩，綜三十八篇。嚴氏《文編》輯本四卷，凡賦、《東巡誥》、對策、表奏、封事、疏、議、書、《應間》、《七辯》、序、贊、銘、誄及《靈憲》、《渾天儀玄圖》凡三十八篇。馮氏《詩紀》輯存《怨篇》、《同聲歌》、《定情歌》、《四愁詩》、《思玄詩》凡五篇。

二京賦

《舊唐書・經籍志・總集》 《二京賦》二卷。張衡撰。

《新唐書・藝文志・總集類》 張衡《二京賦》二卷。

二京賦音

《隋書・經籍志・總集》 薛綜注張衡《二京賦》二卷。亡。

《舊唐書・經籍志・總集》 《二京賦音》二卷。薛綜撰。

《新唐書・藝文志・總集類》 薛綜《二京賦音》二卷。

鄭樵《通志・藝文略・賦》 張衡《二京賦》二卷。薛綜注并音。

姚振宗《三國藝文志・總集》 薛綜《二京賦解》二卷。《吴志》本傳：綜又述《二京解》，傳于世。《文心雕龍・指瑕篇》曰：若夫注解爲書，所以明正事理，然謬于研求，或率意而斷。《西京賦》稱中黄育獲之疇，而薛綜謬注謂之閹尹，是不聞執雕虎之人也。

二京賦

《隋書・經籍志・總集》 傅巽注《二京賦》二卷。亡。

鄭樵《通志・藝文略・賦》 《二京賦》二卷。傅巽注。

姚振宗《三國藝文志・總集》 傅巽《二京賦》二卷。【略】案《隋志》引《七録》作武巽，《通志略》作傅巽，疑武、巽音聲之誤，姑從《通志》録之。

文廷式《補晉書藝文志・總集類》 武巽注《二京賦》二卷。

二京賦

《隋書・經籍志・總集》 晁矯注《二京賦》一卷。亡。

鄭樵《通志・藝文略・賦》 《二京賦》二卷。晁矯注。

文廷式《補晉書藝文志・總集類》 晁矯注《二京賦》一卷。

二京賦

《隋書・經籍志・總集》 《二京賦音》二卷，李軌、綦毋邃撰。

鄭樵《通志・藝文略・賦》 又《三京賦》一卷。李軌撰。

文廷式《補晉書藝文志・總集類》 《二京賦》二卷。《隋志》云：李軌、綦毋邃撰。案，《舊唐志》有綦毋邃《三京賦音》一卷，《隋志》又有李軌《三都賦音》一卷，此亦當是《二京賦音》也。

三京賦音

《舊唐書・經籍志・總集》《三京賦音》一卷。綦毋邃撰。

《新唐書・藝文志・總集類》綦毋邃《三京賦音》一卷。

鄭樵《通志・藝文略・賦》《三京賦音》一卷。綦毋邃撰。

蘇順集

《隋書・經籍志・別集》又有郎中《蘇順集》二卷，録二卷。亡。

《舊唐書・經籍志・別集》《蘇順集》二卷。

《新唐書・藝文志・別集類》《蘇順集》二卷。

鄭樵《通志・藝文略・別集一》郎中《蘇順集》二卷。

姚振宗《後漢藝文志・別集》郎中《蘇順集》十六篇。范書《文苑傳》：蘇順字孝山，京兆霸陵人也。和、安間，以才學見稱。好養生術，隱處求道，晚迺仕，拜郎中，卒于官。所著賦、論、誄、哀辭、雜文凡十六篇。《御覽》五百九十六引《文章流別傳》曰：哀辭者，誄之流也。崔瑗、馬融、蘇順等爲之，率以施于童殤夭折不以壽終者。

《文心雕龍・誄碑篇》曰：孝山、崔瑗，辨絜相參，觀其序事如傳，辭靡律調，固誄之才也。【略】嚴氏《文編》：《藝文類聚》有蘇順《歎懷賦》、《和帝誄》，《文選注》有《陳公誄》，《初學記》有《賈逵誄》，凡四篇。

胡廣集

《隋書・經籍志・別集》後漢太傅《胡廣集》二卷，録一卷。亡。

《舊唐書・經籍志・別集》《胡廣集》二卷。

《新唐書・藝文志・別集類》《胡廣集》二卷。

鄭樵《通志・藝文略・別集一》太傅《胡廣集》二卷。

姚振宗《後漢藝文志・別集》太傅《胡廣集》二十二篇。謝承書曰：廣有雅才，學究五經，古今術藝，皆畢覽之。【略】

嚴氏《文編》輯存《上書駮左雄》、《察舉議》、《諫探策立后疏》、《王隆漢官篇解詁叙》、《百官箴叙》、《侍中箴》、《邊都尉箴》、《陵令箴》、《印衣銘》、《綬笥銘》、《徵士法高卿碑》、《弔夷齊文》凡十二篇。

葛龔集

《隋書・經籍志・別集》後漢黄門郎《葛龔集》六卷。梁五卷，一本七卷。

《舊唐書・經籍志・別集》《葛龔集》五卷。

《新唐書・藝文志・別集類》《葛龔集》五卷。

鄭樵《通志・藝文略・別集一》黄門侍郎《葛龔集》六卷。

姚振宗《後漢藝文志・別集》黄門郎《葛龔集》二十篇。范書《文苑傳》：葛龔字元甫，梁國寧陵人也。和帝時，以善文記知名。安帝永初中，舉孝廉，爲大官丞，上便宜四事，拜蕩陰令，辟太尉府，病不就。州舉茂才，爲臨汾令，居二縣，皆有稱績。著文、賦、碑、誄、書、記凡二十篇。【略】嚴氏《文編》輯存賦、箋、書、記凡九篇。按，范書本傳不言官黄門郎，與《隋志》所題異。

李固集

《隋書・經籍志・別集》後漢司空《李固集》十二卷。梁十卷。

《舊唐書・經籍志・別集》《李固集》十卷。

《新唐書・藝文志・別集類》《李固集》十卷。

鄭樵《通志・藝文略・別集一》司空《李固集》十二卷。

姚振宗《後漢藝文志・別集》司空《李固集》十一篇。范書本傳：所著章、表、奏、議、教、令、對策、記、銘凡十一篇。【略】嚴氏《文編》輯存對策、上疏、上書、議、教、奏記、書、敕凡十九篇。近刻《古逸叢書・文館詞林》殘本中有《恤奉高令喪事教》一首，《祀胡母先生教》一首，皆永和中爲泰山太守時作也。

曹衆集

姚振宗《後漢藝文志・別集》 處士《曹衆集》四卷。范書《文苑・蘇順傳》：時三輔多士，扶風曹衆伯師，亦有才學，著誄、書、論四篇。章懷太子曰：《三輔決録》注曰：衆與鄉里蘇孺文、竇伯向、馬季長並游宦，唯衆不遇，以壽終于家。惠棟《後漢書・補注》魏文帝《典論》曰：三輔學有俊才，茂陵馬季長、同郡曹伯師、梁葛元甫、南陽張平子、南郡胡伯始、安定胡節等，文冠當世也。

漢德論　憲論

姚振宗《後漢藝文志・文史》 劉毅《漢德論》并《憲論》十二篇。范書《文苑傳》：劉毅，北海敬王子也。初封平望侯，永元中坐事奪爵，毅少有文辯稱，元初元年，上《漢德論》并《憲論》十二篇，時劉珍、鄧耽、尹兑、馬融共上書稱其美。安帝嘉之，賜錢三萬，拜議郎。毅上此論，下東觀，諸儒詳定，于是劉珍等四人上言，稱其美，其事固可想見也。

又《宗室四王傳》：北海敬王睦立十年薨，子哀王基嗣。永平十八年，封基二弟爲縣侯，二弟爲鄉侯。建初二年，又封基弟毅爲平望侯。毅有才學，永寧中鄧太后召毅及劉騊駼入東觀，與謁者僕射劉珍著《中興以下名臣列士傳》。

和熹鄧后頌

姚振宗《後漢藝文志・文史》 史岑《和熹鄧后頌》。《文選》史孝山《出師頌》注云：漢有二史岑，字子孝者仕王莽之末，字孝山者當和熹之際。書典散亡，未詳孝山爵里。《文章志》及《集林》、《今書七志》並載岑《出師頌》，而《流別集》及《集林》又載岑《和熹鄧后頌并序》。

《太平御覽》五百八十八引《文章流別集》曰：史岑爲《出師頌》、《和熹鄧后頌》，與《魯頌》體意相類，而文辭之異，古今之變也。

《文心雕龍・頌讚篇》曰：武仲之美顯宗，史岑之述熹后，或擬《清廟》，或範《駉》《那》，雖淺深不同，詳略各異，其褒德顯容，典章一也。

按，范書《和熹鄧后紀》：元初五年，平望侯劉毅以太后多德政，上書安帝，請令史官著《長樂宮聖德頌》，帝從之，此或即是《聖德頌》之一。審如是，則史岑者，安帝時史官也。

馬融集

《隋書・經籍志・別集》 後漢南郡太守《馬融集》九卷。

《舊唐書・經籍志・別集》 《馬融集》五卷。

《新唐書・藝文志・別集類》 《馬融集》五卷。

鄭樵《通志・藝文略・別集一》 南郡太守《馬融集》九卷。

姚振宗《後漢藝文志・別集》 南郡太守《馬融集》二十一篇。范書本傳：永初時，鄧太后臨朝，騭兄弟輔政，而俗儒世士以爲文德可興，武功宜廢，遂寢蒐狩之禮，息戰陳之法，故猾賊縱橫，乘此無備，融乃感激，以爲文武之道，聖賢不墜，五才之用，無或可廢。元初二年，上《廣成頌》以諷諫，重述蒐狩之義。頌奏，忤鄧氏，滯于東觀，十年不得調。安帝東巡岱宗，上《東巡頌》，帝奇其文。善鼓琴，好吹笛。所著賦、頌、碑、誄、書、記、表、奏、七言、琴歌、對策、遺令凡二十一篇。初，融懲于鄧氏，不敢復違忤執家，遂爲梁冀草奏李固。又作《大將軍西第頌》，以此頗爲正直所羞。

張氏《百三家・馬季長集》輯本一卷，凡賦、疏、頌、書十二篇，而繫以《忠經序》及經。

嚴氏《文編》輯存《琴賦》、《長笛賦》、《圍棋賦》、《摴蒱賦》、《龍虎賦》、《陽嘉二年舉樸敦對策》、《飛章誣李固》、《上疏乞自效》、《上書請赦龐參梁慬》、《延光四年日蝕上書》、《又上書陳星孛》、《奏馬賢事與竇伯尚書》、《與謝伯世書》、《書序》、《廣成頌》、《東巡頌》、《竇大將軍西第頌》、《遺令》、《自叙》凡二十篇。又曰：張溥本有

《忠經序》，案《忠經》及序皆宋人依託，不録。按《鄭玄傳》云：范升、陳元、李育、賈逵之徒，争論古今學，後馬融答北地太守劉瓌，及玄答何休，義據通深，由是古學遂明，則馬氏有《答劉瓌論古學書》，當在是集，今不可考。

高彪集

《隋書・經籍志・別集》 梁有外黄令《高彪集》二卷，録一卷。亡。

《舊唐書・經籍志・別集》 《高彪集》二卷。

《新唐書・藝文志・別集類》 《高彪集》二卷。

鄭樵《通志・藝文略・別集一》 外黄令《高彪集》二卷。

姚振宗《後漢藝文志・別集》 外黄令《高彪集》二卷，録一卷。范書《文苑傳》：高彪字義方，吴郡無錫人也。家本單寒，至彪爲諸生，游太學，有雅才，後郡舉孝廉，試經第一，除郎中。校書東觀，數奏賦頌奇文，因事諷諫，靈帝異之。時京兆第五永爲督軍御史，使督幽州，百官大會，祖餞于長樂觀，議郎蔡邕等皆賦詩，彪乃獨作箴，邕等甚美其文，以爲莫尚也。後遷内黄令，帝敕同僚臨送祖于上東門，詔東觀畫彪像以觀學者。彪到官，有德政，上書薦縣人申屠蟠等，病卒于官。文章多亡。子岱亦知名。惠氏補注《外黄令高君碑》曰：光和七年六月丙申卒。又曰：碑作外黄，傳稱内黄者，傳之誤。宗按：申屠蟠等陳留外黄人，亦足證實爲外黄，非内黄。

嚴氏《文編》高彪有《遺馬季長書》、《督軍御史箴》、《清誡》凡三篇。

王逸集

《隋書・經籍志・別集》 《王逸集》二卷，録一卷。亡。

《舊唐書・經籍志・別集》 《王逸集》二卷。

《新唐書・藝文志・別集類》 《王逸集》二卷。

鄭樵《通志・藝文略・別集一》 《王逸集》二卷。

姚振宗《後漢藝文志・別集》 侍中《王逸集》二十一篇。范書《文苑傳》：著

《楚辭章句》，行于世。其賦、誄、書、論及雜文凡二十一篇。《文心雕龍・才略篇》曰：王逸博識有功，而絢采無力。【略】

張氏《百三家・王叔師集》輯本一卷，凡賦、序、論、騷、詩二十二篇。嚴氏《文編》輯本一卷，凡《機婦賦》、《荔支賦》、《九思》、《折武論》，并《楚辭章句篇叙》，合二十一篇。馮氏《詩紀》輯存《琴思楚歌》一篇。

漢　詩

姚振宗《後漢藝文志・文史》 王逸《漢詩》百二十篇。范書《文苑傳》：又作《漢詩》百二十三篇。

張綱集

姚振宗《後漢藝文志・別集》 廣陵太守《張綱集》。范書《張晧傳》：晧字叔明，《蜀志・張翼傳》作浩。犍爲武陽人也。六世祖良，高帝時爲太子少傅，封留侯。晧子綱，字文紀，少明經學，舉孝廉，不就。司徒辟高第，爲御史。時順帝委縱宦官，綱上書奏，不省。漢安元年，選遣八使，徇行風俗，皆耆儒知名，唯綱年少，官次最微。餘人受命之部，而綱獨埋其車輪于洛陽都亭，曰「豺狼當路，安問狐狸」，遂奏大將軍冀、河南尹不疑，條其無君之心十五事，京師震悚。時廣陵賊張嬰等數萬人殺刺史二千石，寇亂揚徐間，積十餘年，朝廷不能討，冀乃諷尚書以綱爲廣陵太守，因欲以事中之。綱單車之職，徑造嬰壘，以慰安之，嬰感悟，乃將所部萬餘人與妻子面縛歸降，南州晏然，論功當封，梁冀遏絶乃止。天子嘉美，徵欲擢用綱，而嬰等上書乞留，乃許之。綱在郡一年，年三十六卒。《蜀志・張翼傳》注《續漢書》曰：在郡二歲，建康元年病卒官，時年三十六。惠棟《補注》，袁宏《紀》曰「年四十六」，又晧本良九世孫，《傳》誤爲六世。

嚴氏《文編》輯存《上書諫縱宦官》、《上書劾梁冀》各一篇。按《華陽國志》言綱奉使時所奏劾者，不止如範書梁冀、梁不疑二事。《續漢書》本傳言綱在廣陵，有《與張嬰親信長老書》。綜其生平所作章疏、書記、條教及張嬰上書請留、詔書

褒美諸文，足以編成一集。《選注》引之，則唐代有猶存者。汪氏編目列在馮衍、桓譚、班固、盧植之間。《隋》、《唐志》所載皆官庫所有書，民間流傳如是集之類者，自羅致不能盡也。

楊厚集

《新唐書・藝文志・別集類》《楊厚集》二卷。

姚振宗《後漢藝文志・別集》 侍中《楊厚集》二卷。范書本傳：厚字仲桓，廣漢新都人也。祖父春卿，善圖讖學，傳子統。厚少學統業，精力思述，鄧太后除爲中郎，免歸，順帝徵拜議郎，三遷爲侍中。每有災異，輒上消救之法，而閹宦專政，言不得信，固稱病求退，歸家修黄老，教授門生，上名録者三千餘人。年八十二，卒于家，鄉人謚曰文父，門人爲立廟，郡文學掾史春秋饗射常祠之。

《華陽國志》：楊序字仲桓，統仲子也，道業侔父，三司及公車連徵辟，拜侍中，上言四方及荆、揚、交州當兵起，人民疫蝗，洛陽大水，宫殿當災，三府當免，近戚謀變，皆效驗。【略】

嚴氏《文編》：楊厚，《華陽國志》作「楊序」，今惟《厚傳》及《天文志》注引《災異對》一篇。按，《隋志》：吴人《楊厚集》二卷，梁又有録一卷。《唐・經籍志》二卷，並列在吴人中，惟《藝文志》移在漢人劉珍、張衡之間，今從之。

秦嘉集

姚振宗《後漢藝文志・別集》 上計掾《秦嘉集》。唐林寶《元和姓纂》曰：後漢上計掾《秦嘉集叙》，下邳皮仲固撰。嚴氏《文編》曰：秦嘉字士會，隴西人。桓帝時仕郡，舉上計掾，入洛除黄門郎，病卒于津鄉亭。按，《續漢郡國志》：南郡江陵縣有津鄉，當是其鄉之亭。

《北堂書鈔》、《藝文類聚》、《太平御覽》引秦士會《與婦書》、《秦嘉與妻徐淑書》、《重報妻書》各數條。按，嘉官黄門郎，《七録》載其妻《徐淑集》，亦稱嘉爲黄門郎，而林寶云上計掾，似其本集原題如此，今從之。

桓麟集

《隋書・經籍志・別集》 司徒掾《桓麟集》二卷，録一卷。亡。

《舊唐書・經籍志・別集》《桓驎集》二卷。

《新唐書・藝文志・別集類》《桓驎集》二卷。

鄭樵《通志・藝文略・別集一》 司徒掾《桓驎集》二卷。

姚振宗《後漢藝文志・別集》 司徒掾《桓麟集》二十一篇。范書《桓榮傳》：榮，沛郡龍亢人也。玄孫彬，彬父麟，字元鳳，早有才惠。桓帝初爲議郎，入侍講禁中，以直道牾左右，出爲許令，病免。會母終，麟不勝喪，未祥而卒，年四十一。所著碑、誄、讚、説、書凡二十一篇。章懷太子曰：案摯虞《文章志》：麟文見在者十八篇，有碑九首，誄七首，《七説》一首，《沛相郭府君書》一首。

《文心雕龍・雜文篇》曰：自桓麟《七説》以下，左思《七諷》以上，枝附景從，十有餘家，或文麗而義睽，或理粹而辭駁。【略】

嚴氏《文編》輯存《七説》八條，《大尉劉寬碑》一首。馮氏《詩紀》輯存《答客詩》一首。按，范書附傳不言爲司徒掾，或略之也。《隋志》作鱗，誤。《舊唐志》以宋本避諱作垣，而轉寫譌爲柏。驎與麟通。

申情賦

姚振宗《後漢藝文志・別集》 馬芝《申情賦》一篇。范書《列女傳》：汝南袁隗妻者，扶風馬融之女也。字倫，隗既寵貴當時，倫亦有名于世。倫妹芝，亦有才義，少傷喪親，長而追感，乃作《申情賦》云。

崔琦集

《隋書・經籍志・別集》 後漢徵士《崔琦集》一卷。梁二卷。

《舊唐書・經籍志・别集》《崔琦集》二卷。

《新唐書・藝文志・别集類》《崔琦集》二卷。

鄭樵《通志・藝文略・别集一》 處士《崔琦集》一卷。

姚振宗《後漢藝文志・别集》 徵士《崔琦集》十五篇。范書《文苑傳》：崔琦字子瑋，涿郡安平人，濟北相瑗之宗也。少游學京師，以文章博通稱，初舉孝廉，爲郎。河南尹梁冀聞其才，請與交，冀行多不軌，琦數引古今成敗以戒之，冀不能受，乃作《外戚箴》，復作《白鵠賦》以爲風，冀因遣琦歸。後除爲臨濟長，不敢之職，解印綬去。冀遂令刺客陰求殺之，客哀其志，以實告琦，得脱。冀後竟捕殺之。所著賦、頌、銘、誄、箴、弔、論、《九咨》、七言凡十五篇。

嚴氏《文編》：崔琦有集一卷，今搜輯羣書，有《七蠲》、《四皓頌》、《外戚箴》三篇，《琦傳》有《白鵠賦》篇，亡。按，琦嘗舉孝廉，爲郎，除臨濟長，不知《隋志》何以題爲徵士？

酈炎集

《隋書・經籍志・别集》 又有《酈炎集》二卷。録二卷。亡。

《舊唐書・經籍志・别集》《酈炎集》二卷。

《新唐書・藝文志・别集類》《酈炎集》二卷。

鄭樵《通志・藝文略・别集一》《酈炎集》三卷。

尤袤《遂初堂書目・别集類》《酈炎集》。

姚振宗《後漢藝文志・别集》 孝廉《酈炎集》二卷，録二卷。范書《文苑傳》：炎有文才，解音律，言論給捷，多服其能理，有志氣，作詩二篇。

嚴氏《文編》輯存《對事》、《遺令書》二篇。馮氏《詩紀》輯存《見志詩》二首。按，炎《遺令》自言爲郡諸曹掾督郵察孝廉，爲州從事祭酒。《七録》不署其官，今從鍾氏《詩品》題孝廉云。

邊韶集

《隋書・經籍志・别集》 陳相《邊韶集》一卷，録一卷。亡。

《舊唐書・經籍志・别集》《邊韶集》二卷。

《新唐書・藝文志・别集類》《邊韶集》二卷。

鄭樵《通志・藝文略・别集一》 陳相《邊韶集》二卷。

姚振宗《後漢藝文志・别集》 陳相《邊韶集》十五篇。范書《文苑傳》：邊韶字孝先，陳留浚儀人也。以文學知名，教授數百人。桓帝時，爲臨潁侯相，徵拜太中大夫，著作東觀，再遷北地太守，入拜尚書令。後爲陳相，卒官。著詩、頌、碑、銘、書、策凡十五篇。【略】

嚴氏《文編》輯存《塞賦》、《上言四分曆之失》、《對嘲》、《河激頌》、《老子銘》凡五篇。

朱穆集

《隋書・經籍志・别集》 益州刺史《朱穆集》二卷，録一卷。亡。

《舊唐書・經籍志・别集》《朱穆集》二卷。

《新唐書・藝文志・别集類》《朱穆集》二卷。

鄭樵《通志・藝文略・别集一》 益州刺史《朱穆集》二卷。

姚振宗《後漢藝文志・别集》 益州刺史《朱穆集》二十篇。范書《朱暉傳》：暉，南陽宛人也。子頡，頡子穆，字公叔，年五歲便有孝稱，及壯躭學，鋭意講誦。初舉孝廉，順帝末，梁冀辟之，使典兵事，數奏記以勸戒。冀舉高第，爲侍御史。穆常感時澆薄，慕尚敦篤，乃作《崇厚論》。又著《絶交論》，亦矯時之作。永興元年，擢爲冀州刺史，徵詣廷尉，輸作左校，太學書生劉陶等數千人上書訟穆，乃赦之，居家數年，徵拜尚書。深疾宦官，憤懣發疽，延熹六年卒，時年六十四。公卿共表穆宜旌寵，策詔褒述，追贈益州太守。惠氏《補注》：《朱公叔鼎銘》載詔曰：今使權謁者中郎楊貢，贈益州刺史印綬。所著論、策、奏、教、書、詩、記、嘲凡二十篇。初穆父卒，穆與諸儒考依古義，謚曰貞宣先生。及穆卒，蔡邕復與門人共述其體行，謚爲文忠先生。

嚴氏《文編》輯存《鬱金賦》、疏、奏、奏記、《與劉伯宗絶交書》、《崇厚論》、《絶交論》，凡十一篇。

延篤集

《隋書・經籍志・别集》 後漢京兆尹《延篤集》一卷。梁二卷，録一卷。

《舊唐書・經籍志・别集》 《延篤集》二卷。

《新唐書・藝文志・别集類》 《延篤集》二卷。

鄭樵《通志・藝文略・别集一》 京兆尹《延篤集》一卷。

姚振宗《後漢藝文志・别集》 京兆尹《延篤集》二十篇。范書本傳：篤從馬融受業，博通經傳及百家之言，能著文章，有名京師。所著詩、論、銘、書、《應訊》、表、教、令凡二十篇。注：訊，問也，蓋《答客難》之類。

嚴氏《文編》輯存《答張奂書》、《與張奂書》、《與高彪書》、《與段紀明書》、《貽劉祐書》、《與李文德書》、《仁孝論》凡七篇。

皇甫規集

《隋書・經籍志・别集》 又有司農卿《皇甫規集》五卷。亡。

《舊唐書・經籍志・别集》 《皇甫規集》五卷。

《新唐書・藝文志・别集類》 《皇甫規集》五卷。

鄭樵《通志・藝文略・别集一》 司農卿《皇甫規集》五卷。

姚振宗《後漢藝文志・别集》 司農卿《皇甫規集》二十七篇。范書本傳：規字威明，安定朝那人也。爲郡功曹，舉上計掾，沖質之間，舉賢良方正對策。梁冀忿其刺己，以規爲下第，拜郎中，託疾免歸，以《詩》、《易》教授，門徒三百餘人。積十四年，梁冀誅，拜太山太守。延熹四年冬，三公舉規爲中郎將，持節監關西兵。明年冬，徵還拜議郎，坐繫廷尉，論輸左校，赦歸家，徵拜度遼將軍。永康元年，徵爲尚書，遷弘農太守，封壽成亭侯，讓封不受，再轉爲護羌校尉。熹平三年，以疾召還，未至，卒于穀城，年七十一。所著賦、銘、碑、讚、禱文、弔、章、表、教、令、書、檄、牋、記凡二十七篇。

張澍二酉堂輯本序曰：司農卿《皇甫規集》五卷，《七録》、《隋》《唐志》卷數同。本傳言所著凡二十七篇，今輯得十一篇，而趙壹報書，蔡邕薦章，並綴諸末。

嚴氏《文編》輯存《建康元年對策》、《永康元年對詔》、《求自効疏》、《上疏言羌事》、《上疏自訟》、《上書薦張奂自代》、《上言宜豫黨錮》、《與劉司空箋》、《與馬融書》、《追謝趙壹書》、《女師箴》凡十一篇。

按本傳，規終官護羌校尉，其前亦未嘗爲司農卿，疑熹平三年以大司農召還，范氏以其未上而略之歟？

張奂集

《隋書・經籍志・别集》 太常卿《張奂集》二卷，録一卷。亡。

《舊唐書・經籍志・别集》 《張奂集》二卷。

《新唐書・藝文志・别集類》 《張奂集》二卷。

鄭樵《通志・藝文略・别集一》 太常卿《張奂集》二卷。

姚振宗《後漢藝文志・别集》 太常卿《張奂集》二十四篇。范書本傳：所著銘、頌、書、教、誡、述志、對策、章、表二十四篇。【略】

張澍二酉堂輯本序曰：然明以賢良爲將率，卒使萸鞬、伯德服，乃威化屠各、鮮卑，失其酋豪，非由學該羣籍，兼立志節用，能還鏮立功，閉門守静乎？獨其記難章句，不傳于後，弗知仲威之源淵，以爲嘆息。按，奂學《尚書》于太尉朱寵，寵字仲威，見《鄧騭傳》。《隋》《唐志》載《太常卿集》二卷，本傳言所著二十四篇，今采輯羣書，都爲一卷。其子伯英、文舒，書、銘亦附于末。奂長子芝，字伯英；芝弟昶，字文舒，范書並附見《奂傳》末。

嚴氏《文編》曰：張奂有《扶蕖賦》、《應詔上書言災應》、《上言東羌事》、《奏記謝段熲》、《與延篤書》、《與陰氏書》、《與宋季文書》、《與許季師書》、《報崔子玉書》、《與崔子真書》、《與張公超書》、《與孟季衛書》、《與屯留君書》、《誡兄子書》、《遺命諸子》凡十五篇。芝有書四篇，昶有碑銘一篇。

王延壽集

《隋書・經籍志・别集》 《王延壽集》三卷。亡。

鄭樵《通志・藝文略・別集一》 《王延壽集》三卷。

姚振宗《後漢藝文志・別集》 處士《王延壽集》三卷。范書《文苑・王逸傳》：逸子延壽，字文考，有儁才。少游魯國，作《靈光殿賦》，後蔡邕亦造此賦，未成，及見延壽所爲，甚奇之，遂輟翰而已。曾有異夢，意惡之，乃作《夢賦》以自厲，後溺水死，時年二十餘。章懷太子曰：張華《博物志》曰：王子山與父叔師到泰山，從鮑子真學算，到魯，賦靈光殿，歸渡湘水，溺死。文考，一字子山也。惠氏《補注》：《水經注》曰：子山年二十而得惡夢，二十一溺死于湘浦，一作二十四。《博物志》曰：魯作靈光殿初成，逸語其子：汝寫狀歸，吾欲爲賦。文考遂以韻寫簡，其父曰：此即爲賦，吾固不及矣。

《文心雕龍・詮賦篇》曰：延壽《靈光》，含飛動之勢。《才略篇》云：延壽繼志，瓌穎獨標。其善圖物寫皃，豈枚乘之遺術歟？

嚴氏《文編》輯存《靈光殿賦》、《王孫賦》、《桐柏淮源廟碑》、《夢賦》凡四篇。

魯靈光殿賦

文廷式《補晉書藝文志・總集類》 張載注王延壽《魯靈光殿賦》。李善注《文選》録之。

崔寔集

《隋書・經籍志・別集》 五原太守《崔寔集》二卷，録一卷。亡。

鄭樵《通志・藝文略・別集一》 五原太守《崔寔集》二卷。

姚振宗《後漢藝文志・別集》 五原太守《崔寔集》十五篇。范書《崔駰附傳》：所著碑、論、箴、銘、答、七、言、詞、文、表、記、書，凡十五篇。《文心雕龍・才略篇》曰：傅毅、崔駰，光采比肩。瑗、寔踵武，能世厥風者矣。又《書記篇》：崔寔奏記于公府，則崇讓之德音矣。《雜文篇》云：崔寔《客譏》，整而微質。【略】唐《日本國人見在書目》：《崔寔集》二卷。

嚴氏《文編》輯存《大赦賦》、《答譏》、《諫議大夫箴》、《大醫令箴》凡四篇。

趙壹集

《隋書・經籍志・別集》 上計《趙壹集》二卷，録一卷。亡。

《舊唐書・經籍志・別集》 《趙壹集》二卷。

《新唐書・藝文志・別集類》 《趙壹集》二卷。

鄭樵《通志・藝文略・別集一》 《趙壹集》一卷。

姚振宗《後漢藝文志・別集》 上計《趙壹集》十六篇。范書《文苑傳》：趙壹字元叔，漢陽西縣人也，體皃魁梧，望之甚偉，而恃才倨傲，爲鄉黨所擯。後屢抵罪，幾至死，友人救得免。壹乃貽書謝恩，爲《窮鳥賦》一篇，又作《刺世疾邪賦》以舒其怨憤。光和元年，舉郡上計，河南尹羊陟、司徒袁逢共稱薦之，名動京師，士大夫望想其風采。及西還州郡，争致禮命，十辟公府，並不就，終于家。著賦、頌、箴、誄、書、論及雜文十六篇。

劉陶集

《隋書・經籍志・別集》 後漢諫議大夫《劉陶集》三卷。梁二卷，録一卷。

《舊唐書・經籍志・別集》 《劉陶集》二卷。

《新唐書・藝文志・別集類》 《劉陶集》二卷。

鄭樵《通志・藝文略・別集一》 諫議大夫《劉陶集》三卷。

姚振宗《後漢藝文志・別集》 諫議大夫《劉陶集》百餘篇。范書本傳：陶著書數十萬言，又作《七曜論》、《匡老子》、《反韓非》、《復孟軻》及上書言當世便事條教、賦、奏、書、記、辯疑，凡百餘篇。

《文心雕龍・誄碑篇》曰：至如崔駰誄趙，劉陶誄黄，並得憲章，工在簡要。【略】嚴氏《文編》輯存《上疏陳事》、《與樂松袁貢連名上疏》、《言張角疏》、《陳要急八事》、《詣闕上書訟朱穆改鑄大錢議》凡五篇。

張升集

《隋書・經籍志・別集》 有外黄令《張升集》二卷，録一卷。亡。

《舊唐書・經籍志・別集》 《張升集》二卷。

《新唐書・藝文志・別集類》 《張升集》二卷。

鄭樵《通志・藝文略・別集一》 外黄令《張升集》二卷。

姚振宗《後漢藝文志・別集》 外黄令《張升集》六十篇。范書《文苑傳》：張升字彦真，陳留尉氏人，富平侯放之孫也。放，湯六代孫。少好學，多關覽，而任情不羈，仕郡爲綱紀，以能出守外黄令，遇黨錮去官，後竟見誅，年四十九。著賦、誄、頌、碑、書凡六十篇。

《文心雕龍・哀弔篇》曰：蘇慎、張升，并述哀文，雖發其情華，而未極心實。

注：慎疑作順。

嚴氏《文編》張升有《曰鳩賦》、《與任彦堅書》、《友論》凡三篇。其《友論》，一作《反論》，一作《反論語》，皆誤。又或引作張叔《皮論》，尤誤。

侯瑾集

《隋書・經籍志・別集》 《侯瑾集》二卷。亡。

《舊唐書・經籍志・別集》 《侯瑾集》二卷。

《新唐書・藝文志・別集類》 《侯瑾集》二卷。

鄭樵《通志・藝文略・別集一》 《侯瑾集》二卷。

姚振宗《後漢藝文志・別集》 公車徵士《侯瑾集》數十篇。范書《文苑傳》：瑾作《矯世論》以譏切當時，以莫知于世，故作《應賓難》以自寄，餘所作雜文數十篇，多亡失。【略】嚴氏《文編》輯存《筝賦》、《皇德頌叙》各一篇。

盧植集

《隋書・經籍志・別集》 《盧植集》二卷。亡。

《舊唐書・經籍志・別集》 《盧植集》二卷。

《新唐書・藝文志・別集類》 《盧植集》二卷。

鄭樵《通志・藝文略・別集一》 《盧植集》二卷。

姚振宗《後漢藝文志・別集》 尚書《盧植集》六篇。范書本傳：植嘗懷濟世志，不好辭賦，素善蔡邕，邕前徙朔方，植獨上書請之。所著碑、誄、表、記凡六篇。【略】

嚴氏《文編》曰：盧植有集二卷，今見諸書所引，有《始立太學石經》、上書《日食上封事》、《奏事》、《獻書規竇武》、《酈文勝誄》凡五篇。

廉品集

《隋書・經籍志・別集》 議郎《廉品集》二卷。亡。

鄭樵《通志・藝文略・別集一》 議郎《廉品集》二卷。

姚振宗《後漢藝文志・別集》 議郎《廉品集》二卷。【略】嚴氏《文編》曰：廉品爲議郎，有集二卷。《太平御覽》五百三十引廉品《大儺賦》。按《魏志・杜恕傳》有樂安廉昭，以才能好言事，官尚書郎，似廉氏樂安人，昭或品之子弟輩歟？

荀爽集

《隋書・經籍志・別集》 後漢司空《荀爽集》一卷。梁三卷，録一卷。

《舊唐書・經籍志・別集》 《荀爽集》二卷。

《新唐書・藝文志・別集類》 《荀爽集》二卷。

鄭樵《通志・藝文略・別集一》 司空《荀爽集》三卷。

姚振宗《後漢藝文志・別集》 司空《荀爽集》三卷，録一卷。【略】嚴氏《文編》輯存《延熹九年舉至孝對策陳便宜》、又《奏記讓孝廉》、又《貽李膺書》、又《與郭叔都書》、又《女誡》，凡五篇。

按徐幹《中論》引荀爽《壽夭論》，又范書《朱穆傳》注云：穆子野，字子遼，見荀爽薦文。則又有《薦朱野》文。本傳云：司空袁逢舉有道不應，及逢卒，爽制服三年，當世往往化以爲俗。時人多不行妻服，雖在親憂，猶有弔問喪疾者，又私謚其君父及諸名士，爽皆引據大義，正之經典，雖不悉變，亦頗有改。袁山松書亦云：蔡邕議謚朱穆爲文忠先生，荀爽聞而非之。則又有《宜爲舉主行服》、《宜爲妻行服》、《不宜在親憂弔問》、《不宜爲君父名士私謚》諸論議，凡斯之類，皆當在是集中也。

劉梁集

《隋書・經籍志・別集》 後漢野王令《劉梁集》三卷。梁二卷，録一卷。

《舊唐書・經籍志・別集》 《劉梁集》二卷。

《新唐書・藝文志・別集類》 《劉梁集》二卷。

鄭樵《通志・藝文略・別集一》 野王令《劉梁集》三卷。

姚振宗《後漢藝文志・別集》 野王令《劉梁集》二卷，録一卷。范書《文苑傳》：劉梁字曼山，一名岑，東平寧陽人也。梁宗室子孫，而少孤貧，賣書于市以自資，常疾世多利交，以邪曲相黨，乃著《破羣論》，時之覽者以爲仲尼作《春秋》，亂臣知懼，今此論之作，俗士豈不愧心。其文不存。又著《辯和同之論》。桓帝時舉孝廉，除北新城長，特召入拜尚書郎，累遷，後爲野王令，未行，光和中病卒。【略】

嚴氏《文編》輯《存告新城縣人教》、《七舉》、《辯和同論》三篇，附以《劉梁碑》。

鄭玄集

《隋書・經籍志・別集》 又有《鄭玄集》二卷，録一卷。亡。

《舊唐書・經籍志・別集》 《鄭玄集》二卷。

《新唐書・藝文志・別集類》 《鄭玄集》二卷。

鄭樵《通志・藝文略・別集一》 《鄭玄集》二卷。

姚振宗《後漢藝文志・別集》 大司農《鄭玄集》二卷，録一卷。【略】鄭珍《鄭學録》曰：《鄭元集》，《唐志》二卷。按，康成平生雜著，必皆萃此集中。自佚其書，而注釋以外文字十不存一，惜哉！乾隆間盧氏見曾刻《周易鄭注》，後附《康成集》，其首爲《相風賦》，考此賦《藝文類聚》卷六十八所載，是晉傅玄作，不知何以誤歸康成，或因名同一時失檢歟？

嚴氏《文編》輯存《皇后敬父母議》、《戒子益恩書》、《周易叙》、《尚書大傳叙》、《詩譜叙》、《孝經注叙》、《論語叙》、《自序》，凡八篇。附以《六藝論》三十八條。

按范書本傳言玄《答何休論古學書》，《御覽》五百八十八引別傳有《嘉禾嘉瓜表頌》、《鄭志》載《兩答甄子然難禮》，凡斯之類，皆當在是集中。

桓彬集

姚振宗《後漢藝文志・別集》 尚書郎《桓彬集》三篇。范書《桓榮傳》：榮，沛郡龍亢人。子郁，郁中子焉，焉兄孫彬，字彦林，許令麟之子也。少與蔡邕齊名，初舉孝廉，拜尚書郎，時中常侍曹節女壻馮方亦爲郎，彬厲志操，與左丞劉歆、右丞杜希同好交善，未嘗與方共酒食之會。方深怨之，遂章言彬等爲酒黨，彬遂以廢。光和元年卒于家，年四十六，諸儒莫不傷之。所著《七説》及書凡三篇。蔡邕等共論序其志，僉以爲彬有過人者四：夙智早成，岐嶷也；學優文麗，至通也；仕不苟禄，絶高也；辭隆從窊，潔操也。乃共樹碑而頌焉。嚴氏《文編》曰：《北堂書鈔・酒食總篇》、《飯篇》、《膾篇》、《肉篇》引桓彬《七説》凡四條。

服虔集

姚振宗《後漢藝文志・別集》 九江太守《服虔集》十餘篇。范書《儒林傳》：虔有雅才，善著文論，所著賦、碑、誄、書、記、《連珠》、《九憤》凡十餘篇。

崔烈集

姚振宗《後漢藝文志・別集》 太尉《崔烈集》四篇。范書《崔寔傳》：寔從兄烈，有重名于北州，歷位郡守九卿。靈帝時，開鴻都門傍賣官爵，烈時因傅母入錢五百萬，得爲司徒，于是聲譽衰減。後拜太尉，其子鈞爲西河太守。獻帝初，鈞與袁紹俱起兵山東，董卓以是收烈，付郿獄，錮之鋃鐺鐵鎖。卓既誅，拜烈城門校尉，及李傕入長安，爲亂兵所殺。烈有文才，所著詩、書、教、頌等凡四篇。《獻帝本紀》：初平三年五月，董卓部曲將李傕、郭汜、樊稠、張濟等反攻京師，六月戊午，陷長安城，太常种拂、太僕魯旭、大鴻臚周奂、城門校尉崔烈、越騎校尉王頎並戰歿，吏民死者萬餘人。

韓説集

姚振宗《後漢藝文志・別集》 江夏太守《韓説集》。范書《方術傳》：韓説字叔儒，會稽山陰人也。博通五經，尤善圖緯之學，舉孝廉，與議郎蔡邕友善，數陳災眚，及奏賦、頌、連珠，稍遷侍中。光和元年十月，説言于靈帝，云其晦日必食，乞百官嚴裝。帝從之，果如所言。中平二年二月，又上封事，剋期宮中有災，至日南宮大火。遷説江夏太守，公事免，年七十卒于家。

趙岐集

姚振宗《後漢藝文志・別集》 太常《趙岐集》。范書本傳：岐逃難四方，北海孫嵩賓石藏岐複壁中數年，岐作《戹屯歌》二十三章，及出，擢拜荆州刺史，譔次《御寇論》。及留荆州，自爲壽藏，讃頌多所述作。

嚴氏《文編》輯存《藍賦》、《與友書》、《遺令勑兄子》、《臨終勑其子》、《三輔決録序》、《孟子題辭》、《孟子篇叙》凡七篇。

邊讓集

姚振宗《後漢藝文志・別集》 九江太守《邊讓集》。范書《文苑傳》：邊讓字文禮，陳留浚儀人也。少辯博，能屬文，作《章華賦》，雖多淫麗之辭，而終之以正，亦相如之諷也。大將軍何進聞讓才名，署令史。讓善占謝，能辭對，時賓客滿堂，莫不羡其風。府掾孔融、王朗並修刺候焉，議郎蔡邕深敬之。後以高才，擢進屢遷，出爲九江太守。初平中，王室大亂，去官歸家，恃才氣，不屈曹操，多輕侮之言。建安中，其鄉人有搆讓于操，操告郡就殺之。文多佚失。《魏志・武紀》注《曹瞞傳》曰：及在兖州，陳留邊讓言議頗侵太祖，太祖殺讓，族其家。

嚴氏《文編》惟輯存本傳所載《章華臺賦并序》，亦見《文選》曹植《贈丁儀王粲詩》注、謝惠連《詠牛女詩》注。

蔡邕集

《隋書・經籍志・別集》 後漢左中郎將《蔡邕集》十二卷。梁有二十卷，録一卷。

《舊唐書・經籍志・別集》 《蔡邕集》二十卷。

《新唐書・藝文志・別集類》 《蔡邕集》二十卷。

鄭樵《通志・藝文略・別集一》 左中郎將《蔡邕集》二十卷。

晁公武《郡齋讀書志・別集類上》 《蔡邕集》十卷。右後漢蔡邕伯喈也，陳留圉人。仕至左中郎將，後爲王允所害。邕博學，好辭章、術數、天文，妙操音律。在東觀欲補《漢紀》，自陳十意。及付獄，乞黥刖以成書，不能得，遂死獄中。所著文章百四篇，今録止存九十篇，而銘墓居其半。或曰碑銘，或曰神誥，或曰哀讚，其實一也。嘗自云「爲《郭有道碑》，獨無愧辭」，則其他可知矣。

尤袤《遂初堂書目・別集類》 《蔡邕集》。

陳振孫《直齋書録解題・別集類上》 《蔡中郎集》十卷。後漢左中郎將陳留蔡邕伯喈撰。《唐志》二十卷，今本闕亡之外，纔六十四篇。其間有稱建安年號及爲魏宗廟頌述者，非邕文也。卷末有天聖癸亥歐陽静所書《辨證》甚詳，以爲好事者雜編他人之文相混，非本書。

馬端臨《文獻通考・經籍考・別集》《蔡中郎集》十卷。【略】致堂胡氏曰：伯喈才士也，而短於識，文章翰墨又非班、馬之儔，假令續成漢史，不過與范曄伯仲耳。

《宋史・藝文志・別集類》《蔡邕集》十卷。

都穆《南濠居士文跋》卷一《蔡中郎集》。《蔡伯喈集》舊十五卷，今所傳者十卷。余嘗見《藝文類聚》載伯喈《焦君贊》、《伯夷叔齊碑》及《翟先生碑》諸文，今集中皆無之，以是知其非全書也。

高儒《百川書志・秦漢六朝文》《蔡中郎文集》十卷，《外集》一卷。漢左中郎將蔡邕伯喈撰，凡七十二篇。

徐𤊹《徐氏家藏書目・別集類》《蔡邕集》十二卷。

錢謙益等《絳雲樓書目・六朝文書類》《蔡中郎集》四册。十卷。

王士禎《漁洋題跋》《蔡中郎集》。《蔡邕集》有《劉鎮南碑》，即劉表也。按獻帝初平二年夏四月，誅董卓，夷三族，邕亦瘐死。初平四年改元興平，又二年改元建安，而表以建安十三年卒，邕之死，至是已十六七年矣，安得復起九原而爲其碑頌耶！碑又云「太和二年葬于先塋」，太和乃曹叡年號，按丕以建安二十五年簒漢，改元黄初，在位七年而叡嗣立，自建安十三年至是又二十一年，距邕之死且四十年矣，然則此碑果出邕手否乎？

《四庫提要・別集類一》《蔡中郎集》六卷。江蘇巡撫採進本。漢蔡邕撰。《隋志》載「後漢左中郎將《蔡邕集》十二卷」，注曰「梁有二十卷，録一卷」。則其集至隋已非完本。《舊唐志》乃仍作二十卷，當由官書佚脱，而民間傳本未亡，故復出也。《宋志》著録僅十卷，則又經散亡，非其舊本矣。此本爲雍正中陳留所刊，文與詩共得九十四首。證以張溥《百三家集》刻本，多寡增損，互有出入。卷首歐靜序論《姜伯淮》、《劉鎮南碑》斷非邕作，以年月考之，其説良是。張本删去《劉碑》，不爲無見。然以伯淮爲邕前輩，宜有邕文，遂改「建安二年」爲「熹平二年」，則近於武斷矣。張本又載《薦董卓表》，而陳留本無之，其事范書不載，或疑爲後人贋作。然劉克莊《後村詩話》已排詆此表，與揚雄《劇秦美新》同稱，則宋本實有此文，不自張本始載。後漢諸史，自范、袁二家以外，尚有謝承、薛瑩、張璠、華嶠、謝沈、袁崧、司馬彪諸家，今皆散佚，亦難以史所未載，斷其事之必無。或新本刊於陳留，以桑梓之情，欲爲隱諱，故削之以滅其蹟歟？

錢東垣等輯《崇文總目・別集類一》《蔡邕文集》五卷。

孫星衍《平津館鑒藏書籍記・明版》《蔡中郎集》十卷，《外傳》一卷。題「漢左中郎將蔡邕伯喈撰」。前有天聖癸亥歐靜序，稱：「《唐書・藝文志》洎吴氏《西齋書目》並云《邕集》十五卷，今之所傳纔十卷，亡《外傳》，計六十四篇。」此本止六十三篇，無《宗廟頌贊》一篇，又《外傳》八篇不在數中。目録後有「正德乙亥春三月錫山蘭雪堂華堅允剛活字銅板印行」廿二字，末卷後亦有，唯不署年月。洪頤煊曰：「《天禄琳琅》有《白氏長慶集》，錫山蘭雪堂華堅活字銅板印本。」錢氏《日記鈔》有《容齋五筆》，弘治八年錫山華煜序，板心有「會通館活字桐板」八字。每篇題作單行，正文作雙行，每葉十四行，行十三字。

《蔡中郎文集》十卷，《外傳》一卷。題「漢左中郎將蔡邕伯喈撰」。前有天聖癸亥歐靜序，亦無《宗廟頌贊》一篇。此即從前本翻雕，而字句較完善。世有八卷、六卷之本，殘舛譌脱，不可寓目。每葉十八行，行廿一字。

又《影寫本》《蔡中郎文集》十卷，《外傳》一卷。題「漢左中郎將蔡邕伯喈撰」。前有天聖癸亥歐靜序。此即從前蘭雪堂活字銅板本影寫，唯前本「正德乙亥春三月錫山蘭雪堂」題識兩行，前本在目録後上半葉，此本在下半葉。又脱「正德」二字，行款俱同前本。此本板心上有「蘭雪堂」三字。

黄丕烈《蕘圃藏書題識・集類一》漢《蔡中郎集》六卷。明刊本。嘉慶甲子九月，蕘翁出示此書，曰述古堂舊物也，予曰誠然，但非佳本。何以言之？憶盧抱經氏曾言蔡集以天聖年間歐靜所輯本爲最古，第一卷首篇是《橋本尉碑》，今本移易其篇第，又并篇中顛倒次序，大失其意云云，所論致確。此本《橋碑》在第五卷，碑文次序與盧所謂顛倒者吻合，然則實誤本之祖耳。詳盧言，歐本自在天壤間，何不留心搜訪之？因相與檢《鍾山札記》，果得其論。後尋首冠之三序，知天聖癸亥歐靜輯本者十卷六十四篇，今爲六卷九十二篇，全屬嘉靖時俞憲喬世寧所改。明代人往往少學而好妄作，宜其無定據也。蕘翁以爲然，乃書於後，用作他日得歐本之發端云。澗蘋居士。

黄丕烈《蕘圃藏書題識續録・集類上》《蔡中郎文集》十卷，《外傳》一卷。明活字本。

顧廣圻《思適齋書跋・集部》《蔡中郎集》六卷。明刻本。《青衣賦》雖爲張子並所誚，然自是集中應有之文，豈在歐本闕卷中耶？嘉靖增多，不知采此，其未嘗學問可概見矣。十五日鐙下漫記，澗蘋。

《蔡中郎文集》十卷，《外傳》一卷。校本。
《蔡中郎集》十卷。明活字本。
《蔡中郎文集》十卷。鈔本。

張金吾《愛日精廬藏書志・別集類》 《蔡中郎文集》十卷，《外傳》一卷。蘭雪堂活字本。 漢左中郎將蔡邕伯喈撰。

張之洞《書目答問・別集》 《蔡中郎集》六卷。漢蔡邕。聊城楊氏仿宋本，附《獨斷》二卷。嚴可均校補《蔡中郎集》十四卷，録一卷，未刊。 通行三本皆遜此本。

姚振宗《後漢藝文志・別集》 左中郎將《蔡邕集》百四篇。范書本傳：邕閒居翫古，不交當世，感東方朔《客難》及揚雄、班固、崔駰之徒設疑以自通，乃斟酌羣言，韙其是而矯其非，作《釋誨》以自戒厲。又曰：所著詩、賦、碑、誄、銘、讚、連珠、箴、弔、論、議、《獨斷》、《勸學》、《釋誨》、《叙樂》、《女訓》、《篆勢》、祝文、章、表、書、記凡百四篇，傳于世。

《文心雕龍・才略篇》曰：張衡通贍，蔡邕精雅，文史彬彬，隔世相望。是則竹柏異心而同貞，金玉殊質而皆寶也。小説家言衡後身即爲蔡邕，故劉勰云然。又《銘箴篇》曰：蔡邕銘思，獨冠古今。橋公之鉞，吐納典謨；朱穆之鼎，全成碑文，溺所長也。又《誄碑篇》云：自後漢以來，碑碣雲起，才鋒所斷，莫高蔡邕。觀楊賜之碑，骨鯁訓典；陳郭二文，詞無擇言；周胡衆碑，莫非精允。其叙事也該而要，其綴采也雅而澤。清詞轉而不窮，巧義出而卓立。察其爲才，自然而至。《雜文篇》云：蔡邕《釋誨》，體奥而文炳。【略】唐《日本國人見在書目》：《蔡邕集》廿卷。

嚴可均《文編序目》曰：《蔡邕集》，宋時得殘本，重加編次，爲十卷，《外傳》一卷。一明初九行仿北宋本，一明錫山重刻本，一影寫蘭雪堂活字本，一明徐子器六卷本，一陳留六卷本，又張溥輯《百三家集》二卷本。按嚴氏《全後漢文》編輯本十二卷，今盛行聊城楊氏仿宋本。

潘祖陰《滂喜齋藏書記・集部》 明刻《蔡中郎集》十卷，四册。

蔡邕外文

鄭樵《通志・藝文略・別集一》 又《蔡邕外文》一卷。

士孫瑞集

《隋書・經籍志・別集》 又有尚書令《士孫瑞集》二卷。亡。

《舊唐書・經籍志・別集》 《士孫瑞集》二卷。

《新唐書・藝文志・別集類》 《士孫瑞集》二卷。

鄭樵《通志・藝文略・別集一》 尚書令《士孫瑞集》二卷。

姚振宗《後漢藝文志・別集》 尚書令《士孫瑞集》二卷。范書《王允傳》：允見卓禍毒方深，篡逆已兆，密謀共誅之。乃上執金吾士孫瑞爲南陽太守，將兵出武關道，以討袁術爲名，實欲分路征卓，而後拔天子還洛陽。卓疑而留之，允乃引内瑞爲僕射。又曰：士孫瑞字君策，扶風人，頗有才謀。瑞以允自專討董卓之勞，故歸功不侯，所以獲免于難。免傕、汜、稠、濟陷長安殺王允之難也。後爲國三老、光禄大夫。每三公缺，楊彪、皇甫嵩皆讓位于瑞。興平二年，從駕東歸，爲亂兵所殺。《獻帝本紀》：興平二年十一月庚午，李傕、郭汜等追乘輿，戰于東澗，王師敗績，殺衛尉士孫瑞。裴松之注《魏志・獻帝紀》曰：時尚書令士孫瑞爲亂兵所害。

嚴氏《文編》輯存《理王允等事》一篇，《日蝕行冠禮議》一篇，《劍銘》一篇。或引作「博士孫瑞」，衍「博」字。又或引作「後漢孫瑞」，妄删「士」字。

應劭集

《隋書・經籍志・別集》 後漢太山太守《應劭集》二卷。梁四卷。

《舊唐書・經籍志・別集》 《應劭集》四卷。

《新唐書・藝文志・別集類》 《應劭集》四卷。

鄭樵《通志・藝文略・別集一》 太山太守、《應劭集》四卷。

姚振宗《後漢藝文志・別集》 泰山太守《應劭集》四卷。【略】嚴氏《文編》輯存《貢藥物表》、《奏上删定律令》、《駁韓卓募兵鮮卑議》、《鮮卑胡市議》、《追駁尚書陳忠活尹次史玉議》、《舊名諱議》、《營陵令到官移書申約吏民》、《風俗通義序》凡八篇。

張超集

《隋書・經籍志・別集》 又有別部司馬《張超集》五卷。亡。

《舊唐書・經籍志・別集》 《張劭集》五卷。

《新唐書・藝文志・別集類》 《張劭集》五卷。

鄭樵《通志・藝文略・別集一》 別部司馬《張超集》五卷。

尤袤《遂初堂書目・別集類》 漢《張超集》。

《宋史・藝文志・別集類》 《張超集》三卷。

姚振宗《後漢藝文志・別集》 別部司馬《張超集》十九篇。范書《文苑傳》：張超字子並，河間鄚人也。惠氏《補注》：鄚當作鄭。留侯良之後，有文才。靈帝時，從車騎將軍朱儁征黄巾，爲別部司馬。著賦、頌、碑、文、薦、檄、牋、書、謁文、嘲，凡十九篇，超又善于草書，妙絶時人，世共傳之。

嚴氏《文編》曰：超有集五卷，今引見諸書有《誚青衣賦》、《與某公箋》、《與太尉朱儁書》、《尼父頌》、《楊四公頌》、《靈帝河間舊廬碑》，凡六篇。

孔融集

《隋書・經籍志・別集》 後漢少府《孔融集》九卷。梁十卷，録一卷。

《舊唐書・經籍志・別集》 《孔融集》十卷。

《新唐書・藝文志・別集類》 《孔融集》十卷。

鄭樵《通志・藝文略・別集一》 少府《孔融集》十卷。

徐𤊹《徐氏家藏書目・別集類》 《孔融集》二卷。

《四庫提要・別集類一》 《孔北海集》一卷。編修朱筠家藏本。漢孔融撰。案魏文帝《典論・論文》稱「孔氏卓卓，信含異氣。筆墨之性，殆不可勝」。《後漢書》融本傳亦曰：魏文帝深好融文辭，歎曰「揚、班儔也」。募天下有上融文章者，輒賞以金帛。所著詩、頌、碑、文、論、議、六言、策文、表、檄、教、令、書、記，凡二十五篇。《隋書・經籍志》載漢少府《孔融集》九卷，注曰「梁十卷，録一卷」，則較本傳所記已多增益。新、舊《唐書》皆作十卷，蓋猶梁時之舊本。《宋史》始不著録，則其集當佚於宋時。此本乃明人所掇拾。凡表一篇、疏一篇、上書三篇、奏事二篇、議一篇、對一篇、教一篇、書十六篇、碑銘一篇、論四篇、詩六篇，共三十七篇。其《聖人優劣論》，蓋一文而偶存兩條，編次者遂析爲兩篇，實三十六篇也。張溥《百三家集》亦載是集，而較此本少《再告高密令教》、《告高密縣僚屬》二篇。大抵捃拾史傳、類書，多斷簡殘章，首尾不具。不但非隋唐之舊，即蘇軾《孔北海贊序》稱「讀其所作《楊氏四公贊》」，今本亦無之。則宋人所及見者，今已不具矣。然人既國器，文亦鴻寶，雖闕佚之餘，彌可珍也。其六言詩之名見於本傳，今所傳三章，詞多凡近，又皆盛稱曹操功德，斷以融之生平，可信其義不出此。即使舊本有之，亦必黄初間購求遺文，贋託融作以頌曹操，未可定爲真本也。流傳既久，姑仍舊本録之，而附糾其僞於此。集中詩文，多有箋釋本事者，不知何人所作。奏疏之類，皆附綴篇末，書教之類，則夾注篇題之下，體例自相違異，今悉夾注篇題之下，俾畫一焉。

姚振宗《後漢藝文志・別集》 少府《孔融集》二十五篇。范書本傳：魏文帝深好融文辭，募天下有上融文章者，輒賞以金帛。所著詩、頌、碑、文、論、議、六言、策文、表、檄、教、令、書、記凡二十五篇。

《魏志・王粲傳》注引文帝《典論》曰：孔融體氣高妙，有過人者，然不能持論，理不勝辭，至于雜以嘲戲。及其所善，揚、班之儔也。又《荀攸傳》注引《荀氏家傳》云：濟陰太守祈與孔融論肉刑，丞相祭酒愔與孔融論聖人優劣，並在《融集》。

嚴氏《文編》輯本一卷，凡疏、議、教、書、論、碑、銘三十九篇。馮氏《詩紀》輯存詩八首。

虞翻集

《隋書・經籍志・別集》 後漢侍御史《虞翻集》二卷。梁三卷，録一卷。

《舊唐書・經籍志・別集》 《虞翻集》三卷。

《新唐書・藝文志・別集類》 《虞翻集》三卷。

鄭樵《通志・藝文略・別集一》 侍御史《虞翻集》三卷。

姚振宗《三國藝文志・別集》 後漢侍御史《虞翻集》三卷，録一卷。【略】嚴氏《文編》曰：《隋志》以翻屬後漢，今考翻卒在權稱尊號之後，宜編入吴。傳注及

《御覽》諸書引翻《上吳主書》、《又奏上易注》、《奏鄭玄解尚書違失事因》、《追與客書》、《與丁固同僚書》、《與徐陵書》、《與士仁書》、《與所親書》、《與某書》、《與弟書》、《又與弟書》，凡十二篇。

張紘集

《隋書・經籍志・別集》 後漢討虜長史《張紘集》一卷。梁二卷，録一卷。

《舊唐書・經籍志・別集》 《張紘集》一卷。

《新唐書・藝文志・別集類》 《張紘集》一卷。

鄭樵《通志・藝文略・別集一》 討虜長史《張紘集》二卷。

姚振宗《後漢藝文志・別集》 討虜長史《張紘集》十餘篇。《吳志》：張紘字子綱，廣陵人。少游學京都，還本郡，舉茂才，公府辟皆不就。避難江東，孫策創業，遂委質焉，表爲正議校尉。建安四年，策遣紘奉章至許宮，留爲侍御史，少府孔融等皆與親善。策薨，曹公表權爲討虜將軍，領會稽太守，曹公欲令紘輔權内附，出紘爲會稽東部都尉。後權以紘爲長史，紘建計宜出都秣陵，權從之，令還吳。迎家，道病卒，時年六十。著詩、賦、銘、誄十餘篇。按《吳志》權徙治秣陵城石頭，改秣陵爲建業，在建安十六七年，紘之卒當在此兩年中。

嚴氏《文編》曰：張紘有集二卷。紘，《吳志》有傳，而《隋志》及《類聚》、《御覽》皆列于後漢，今從之。諸書所引有《瓌材枕賦》、《瓌材枕箴》《書鈔》引作「銘」、《爲孫會稽責袁術僭號書》、《與孔融書》、《臨困授子靖留箋》凡五篇。《瓌材枕賦》未知即是《柟榴枕賦》否？俟考。按傳注引《吳書》，紘又有《與陳琳書》，今亡。

禰衡集

《隋書・經籍志・別集》 梁有後漢處士《禰衡集》二卷，録一卷。亡。

《舊唐書・經籍志・別集》 《禰衡集》二卷。

《新唐書・藝文志・別集類》 《禰衡集》二卷。

鄭樵《通志・藝文略・別集一》 處士《禰衡集》二卷。

姚振宗《後漢藝文志・別集》 處士《禰衡集》二卷，録一卷。范書《文苑傳》：衡少有才辨，興平中避難荆州。建安初來游許下，唯善魯國孔融及弘農楊修。劉表及荆州士大夫服其才名，甚賓禮之，文章言議，非衡不定。江夏太守黄祖亦善待焉，衡爲作書記，輕重疎密，各得體宜。祖長子射爲章陵太守，尤善于衡，時有獻鸚鵡者，射舉卮于衡曰「願先生賦之」，衡攬筆而作，文無加點，辭采甚麗。其文章多亡云。

《文心雕龍・才略》篇曰：禰衡思鋭于爲文，有偏美焉。《哀弔篇》云：禰衡之弔平子，縟麗而輕清。《書記篇》云：禰衡代書，親疎得宜，斯又尺牘之偏才也。

【略】

嚴氏《文編》輯存《鸚鵡賦》、《書》、《魯夫子碑》、《顔子碑》、《弔張衡文》凡五篇。

潘勖集

《隋書・經籍志・別集》 後漢尚書右丞《潘勖集》二卷。梁有録一卷，亡。

《舊唐書・經籍志・別集》 《潘勖集》二卷。

《新唐書・藝文志・別集類》 《潘勖集》二卷。

鄭樵《通志・藝文略・別集一》 尚書右丞《潘勗集》二卷。

姚振宗《後漢藝文志・別集》 尚書右丞《潘勖集》二卷，録一卷。《魏志・武紀》注：潘勖字元茂，陳留中牟人，後漢尚書左丞。又《衛覬附傳》：建安末尚書右丞河南潘勖，亦與覬以文章顯。

裴松之注：《文章志》曰：勖字元茂，初名芝，改名勖，或曰勖。獻帝時爲尚書郎，遷右丞，詔以勖前在二千石曹，才敏兼通，明習舊事，敕并領本職，數加特賜。二十年，遷東海相，未發，留拜尚書左丞，其年病卒，時年五十餘。魏公九錫策命，勖所作也。**【略】**

嚴氏《文編》輯存《玄達賦》一作《玄遠賦》、《册魏公九錫文》、《擬連珠》、《尚書令荀彧碑》凡四篇。

阮瑀集

《隋書・經籍志・别集》 後漢丞相倉曹屬《阮瑀集》五卷。梁有録一卷，亡。

《舊唐書・經籍志・别集》 《阮瑀集》五卷。

《新唐書・藝文志・别集類》 《阮瑀集》五卷。

鄭樵《通志・藝文略・别集一》 丞相倉曹屬《阮瑀集》五卷。

尤袤《遂初堂書目・别集類》 《阮元瑜集》。

徐𤊹《徐氏家藏書目・别集類》 《阮瑀集》一卷。

姚振宗《後漢藝文志・别集》 丞相倉曹屬《阮瑀集》數十篇。《魏志・王粲附傳》：陳留阮瑀，字元瑜，少受學于蔡邕。建安中，都護曹洪欲使掌書記，瑀終不爲屈。太祖以瑀爲司空軍謀祭酒，管記室，軍國書檄，多瑀所作。徙爲倉曹掾屬。著文、賦數十篇。以建安十七年卒。文帝《書與元城令吴質》曰：元瑜書記翩翩，致足樂也。【略】

張氏《百三家・阮元瑜集》輯本一卷，凡賦、論、書、牋、文、詩十九篇。嚴氏《文編》輯本有《紀征賦》、《止欲賦》、《箏賦》、《鸚鵡賦》、《謝曹公箋》、《爲曹公與孫權書》、《爲曹公與劉備書》、《文質論》、《弔伯夷》凡九篇。馮氏《詩紀》輯存樂府詩十篇。

徐幹集

《隋書・經籍志・别集》 魏太子文學《徐幹集》五卷。梁有録一卷，亡。

《舊唐書・經籍志・别集》 《徐幹集》五卷。

《新唐書・藝文志・别集類》 《徐幹集》五卷。

鄭樵《通志・藝文略・别集一》 太子文學《徐幹集》五卷。

尤袤《遂初堂書目・别集類》 《徐偉長集》。

姚振宗《後漢藝文志・别集》 魏太子文學《徐幹集》數十篇。《魏志・王粲附傳》：著文、賦數十篇。裴松之注：《典論》曰：今之文人，北海徐幹，如幹之《玄猨》、《漏巵》、《圓扇》、《橘賦》，雖張、蔡不過也。然于他文，未能稱是。

鍾嶸評魏文學徐幹詩曰：偉長與公幹往復，雖曰以莛扣鍾，亦能閑雅矣。

【略】

嚴氏《文編》輯本有《齊都賦》、《西征賦》、《序征賦》、《哀别賦》、《嘉夢賦》、《冠賦》、《圓扇賦》、《車渠椀賦》、《七喻》、雜文凡十篇。馮氏《詩紀》輯存詩五篇。

應瑒集

《隋書・經籍志・别集》 魏太子文學《應瑒集》一卷。梁有五卷，録一卷，亡。

《舊唐書・經籍志・别集》 《應瑒集》二卷。

《新唐書・藝文志・别集類》 《應瑒集》二卷。

鄭樵《通志・藝文略・别集一》 太子文學《應瑒集》五卷。

尤袤《遂初堂書目・别集類》 《應德璉集》。

徐𤊹《徐氏家藏書目・别集類》 《應瑒集》一卷。

姚振宗《後漢藝文志・别集》 魏太子文學《應瑒集》數十篇。《魏志・王粲附傳》：瑒著文、賦數十篇。建安二十二年卒。文帝書與吴質曰：德璉常斐然有述作意，其才學足以著書，美志不遂，良可痛惜。【略】張氏《百三家・應德璉集》輯本一卷，凡賦、書、論、雜文、詩二十篇。嚴氏《文編》輯本有《愁霖賦》、《靈河賦》、《正情賦》、《撰征賦》、《西征賦》、《西狩賦》、《馳射賦》、《校獵賦》、《神女賦》、《車渠椀賦》、《竦迷迭賦》、《楊柳賦》、《鸚鵡賦》、《慜驥賦》、《報龐惠恭書》、《釋賓》、《文質論》、《奕勢》凡一十八篇。馮氏《詩紀》輯存詩五篇。

陳琳集

《隋書・經籍志・别集》 後漢丞相軍謀掾《陳琳集》三卷。梁十卷，録一卷。

《舊唐書・經籍志・别集》 《陳琳集》十卷。

《新唐書・藝文志・别集類》 《陳琳集》十卷。

鄭樵《通志・藝文略・别集一》 丞相軍謀掾《陳琳集》十卷。

錢東垣等輯《崇文總目・別集類一》《陳琳文集》九卷。

尤袤《遂初堂書目・別集類》《陳琳集》。

陳振孫《直齋書録解題・別集類上》《陳孔璋集》十卷。魏丞相軍謀掾廣陵陳琳孔璋撰。案《魏志》：文帝爲五官中郎將，及平原侯植，皆好文學，山陽王粲仲宣、北海徐幹偉長、廣陵陳琳孔璋、陳留阮瑀元瑜、汝南應瑒德璉、東平劉楨公幹，並見友善。自邯鄲淳、繁欽、路粹、丁廙、楊修、荀緯等，亦有文采，而不在此七人之列，世所謂「建安七子」者也。但自王粲而下纔六人，意子建亦在其間耶？而文帝《典論》則又以孔融居其首，并粲、琳等謂之七子，植不與焉。今諸家詩文散見於《文選》及諸類書。其以集傳者，仲宣、子建、孔璋三人而已。余家亦未有《仲宣集》。

馬端臨《文獻通考・經籍考・別集》《陳孔璋集》十卷。

《宋史・藝文志・別集類》《陳琳集》十卷。

徐𤊹《徐氏家藏書目・別集類》《陳琳集》二卷。

姚振宗《後漢藝文志・別集》 丞相軍謀掾《陳琳集》數十篇。《魏志・王粲附傳》：廣陵陳琳，字孔璋。前爲何進主簿，後避難冀州，袁紹使典文章。袁氏敗，琳歸太祖，太祖謂曰：卿昔爲本初移書，但可罪狀孤而已，惡惡止其身，何乃上及父祖耶？琳謝罪，太祖愛其才而不咎，以爲司空軍謀祭酒，管記室，軍國書檄，多琳所作，徙門下督。著文、賦數十篇。建安二十二年卒。文帝《書與元城令吴質》曰：孔璋章表殊健，微爲繁富。注又引《典論》曰：琳、瑀之章表書記，今之儁也。【略】

張氏《百三家・陳記室集》輯本一卷，凡賦、上書、書、牋、檄、版、文、設難、樂府詩二十二篇。

嚴氏《文編》輯本一卷，凡《大暑賦》、《止欲賦》、《武庫賦》、《神武賦》、《神女賦》、《大荒賦》、《迷迭賦》、《馬瑙勒賦》、《柳賦》、《鸚鵡賦》、《諫何進召外兵》、《答東阿王箋》、《更公孫瓚與子書》、《答張紘書》、《爲曹洪與魏太子書》、《爲袁紹檄豫州》、《檄吴將校部曲文》、《應譏》、《韋端碑》，凡一十九篇。馮氏《詩紀》輯存樂府詩三篇。

劉楨集

《隋書・經籍志・別集》 魏太子文學《劉楨集四卷》。録一卷。

《舊唐書・經籍志・別集》《劉楨集》二卷。

《新唐書・藝文志・別集類》《劉楨集》二卷。

鄭樵《通志・藝文略・別集一》 太子文學《劉楨集》四卷。

尤袤《遂初堂書目・別集類》《劉公幹集》。

姚振宗《後漢藝文志・別集》 魏太子文學《劉楨集》數十篇。《魏志・王粲附傳》：楨著文、賦數十篇。裴松之注：《魏略》曰：建安二十二年，太子又與吴質書曰：孔璋章表殊健，微爲繁富。公幹有逸氣，但未遒耳，至其五言詩，妙絶當時。【略】

張氏《百三家・劉公幹集》輯本一卷，凡賦、書、碑、詩十七篇。嚴氏《文編》輯本有《大暑賦》、《黎陽山賦》、《魯都賦》、《遂志賦》、《清慮賦》、《瓜賦》、《與曹植書》、《諫曹植書》、《答魏太子丕借廓落帶書》、《處士國文甫碑》凡十篇。馮氏《詩紀》輯存詩八篇。

繁欽集

《隋書・經籍志・別集》 後漢丞相主簿《繁欽集》十卷。梁録一卷，亡。

《舊唐書・經籍志・別集》《繁欽集》十卷。

《新唐書・藝文志・別集類》《繁欽集》十卷。

鄭樵《通志・藝文略・別集一》 丞相主簿《繁欽集》十卷。

姚振宗《後漢藝文志・別集》 丞相主簿《繁欽集》十卷，録一卷。《魏志・王粲附傳》：潁川繁欽，亦有文采。裴松之注：繁音婆。《典略》曰：欽字休伯，以文才機辯，少得名于汝潁。欽長于書記，又善爲詩賦，其所與太子書，記喉轉意，率皆巧麗。爲丞相主簿，建安二十三年卒。

嚴氏《文編》輯本有《暑賦》、《抑檢賦》、《明□賦》、《愁思賦》一作「秋思」、《弭愁賦》、《述征賦》、《述行賦》一作「遂行」、《避地賦》、《征天山賦》一作「撰征賦」、《建章鳳闕賦》、《三胡賦》、《桑賦》、《柳賦》、《與魏太子箋》、《爲史叔良作移零陵檄》、《川里先生訓》、《硯頌》、《硯讚》、《尚書箴》、《威儀箴》、《嘲應德璉》、《文丘儁碑》凡二十二篇。馮氏《詩紀》輯存詩六篇。

楊修集

《隋書・經籍志・別集》 後漢丞相主簿《楊修集》一卷。梁二卷，録一卷。

《舊唐書・經籍志・別集》 《楊修集》二卷。

《新唐書・藝文志・別集類》 《楊修集》二卷。

鄭樵《通志・藝文略・別集一》 丞相主簿《楊修集》二卷。

姚振宗《後漢藝文志・別集》 丞相主簿《楊修集》十五篇。范書《楊震附傳》：修所著賦、頌、碑、讚、詩、哀辭、表、記、書凡十五篇。《文心雕龍・才略篇》曰：路粹、楊修，頗懷筆記之工。

嚴氏《文編》輯存《節游賦》、《出征賦》、《許昌宮賦》、《神女賦》、《孔雀賦》、《答臨淄侯箋》、《司空荀爽述贊》凡七篇。

王粲集

《隋書・經籍志・別集》 後漢侍中《王粲集》十一卷。

《舊唐書・經籍志・別集》 《王粲集》十卷。

《新唐書・藝文志・別集類》 《王粲集》十卷。

鄭樵《通志・藝文略・別集一》 侍中《王粲集》十一卷。

晁公武《郡齋讀書志・別集類上》 《王粲集》八卷。右後漢王粲仲宣也。高平人。爲魏國侍中。粲博物多識，強記善算，屬文舉筆便成，無所改定，時人常以爲宿製，然正復精意覃思，亦不能加。著詩、賦、論、議垂六十篇。今集有八十一首。按《唐藝文志》粲集十卷，今亡兩卷，其詩文返多於史所紀二十餘篇，與《曹植集》同。

尤袤《遂初堂書目・別集類》 《王粲集》。

馬端臨《文獻通考・經籍考・別集》 《王粲集》八卷。

《宋史・藝文志・別集類》 《王粲集》八卷。

徐𤊹《徐氏家藏書目・別集類》 《王粲集》三卷。

姚振宗《後漢藝文志・別集》 魏國侍中《王粲集》六十篇。

張氏《百三家・王侍中集》輯本一卷，凡賦、書、檄、七、記、論、連珠、贊、銘、祭文、樂府詩綜五十六篇。

嚴氏《文編》輯本二卷，凡賦、書、檄、《七釋》、頌、贊、論、《荆州文學官志》、《倣連珠》、銘、弔綜四十六篇。馮氏《詩紀》輯存樂府詩十二篇。

按《王粲集》中有《尚書問》二卷，見《唐書・元行沖傳》，晁志稱今亡兩卷者，蓋即《尚書問》也。集中又有《贈滄津亭侯士孫萌詩》及萌答詩。萌，瑞之子也。見《魏志・董卓傳》注。

路粹集

《隋書・經籍志・別集》 梁有魏國郎中令《路粹集》二卷，録一卷。亡。

《舊唐書・經籍志・別集》 《路粹集》二卷。

《新唐書・藝文志・別集類》 《路粹集》二卷。

鄭樵《通志・藝文略・別集一》 魏國郎中令《路粹集》二卷。

姚振宗《後漢藝文志・別集》 魏國郎中令《路粹集》二卷，録一卷。《魏志・王粲傳》注：《典略》曰：路粹字文蔚，陳留人。少學於蔡邕，初平中，隨車駕至三輔。建安初，以高才擢拜尚書郎，後爲軍謀祭酒，與陳琳、阮瑀等典記室。及孔融有過，太祖使粹爲奏，承指數致融罪，融誅之後，人覩粹所作，無不嘉其才而畏其筆也。至十九年，粹轉爲祕書令，從大軍至漢中，坐違禁，賤請驢，伏法。太子素與粹善，聞其死，爲之歎息。及即位，特用其子爲長史。《後漢書・孔融傳》注亦引之。【略】

嚴氏《文編》輯存《枉狀奏孔融》一篇，《爲曹公與孔融書》一篇。

袁渙集

《隋書・經籍志・別集》 行御史大夫《袁渙集》五卷，録一卷。亡。

《舊唐書・經籍志・別集》 《袁渙集》五卷。

《新唐書・藝文志・别集類》《袁涣集》五卷。

鄭樵《通志・藝文略・别集一》 行御史大夫《袁涣集》五卷。

姚振宗《後漢藝文志・别集》 魏國郎中令行御史大夫《袁涣集》五卷，録一卷。《魏志》本傳：涣字曜卿，陳郡扶樂人也。郡命爲功曹，後辟公府，舉高第，遷侍御史，除譙令，不就。劉備之爲豫州，舉涣茂才，後避地江淮間，爲袁術所命。頃之，吕布擊術於阜陵，涣往從之，遂復爲布所拘留。布破，涣得歸，太祖拜爲沛南部都尉，遷梁相，以病去官。後徵爲諫議大夫，丞相軍祭酒。魏國初建，此處當有「以」字。郎中令行御史大夫事，居官數年，卒。太祖爲之流涕。按，魏國初建在建安十八年，《魏志・武紀》：是年秋七月，始建魏社稷宗廟。冬十月，分魏郡爲東西部，置都尉。十一月，初置尚書、侍中、六卿。《魏氏春秋》曰：以王粲爲侍中。

嚴氏《文編》曰：《魏志》、《魏書》、袁紀、《選注》引涣《與主簿孫徽等教》、《説曹公》、《與曹子建書》凡三篇。

王修集

《隋書・經籍志・别集》 魏國奉常《王修集》二卷。亡。

《舊唐書・經籍志・别集》《王修集》三卷。

《新唐書・藝文志・别集類》《王修集》三卷。

鄭樵《通志・藝文略・别集一》 魏國奉常《王修集》二卷。

姚振宗《後漢藝文志・别集》 魏國奉常《王修集》二卷。《魏志》本傳：修字叔治，北海營陵人也。初平中，北海相孔融召以爲主簿，守高密令，舉孝廉。時天下亂，遂不行，復署功曹，守膠東令。袁譚在青州，辟爲治中從事，袁紹又辟修除即墨令。紹、譚死，遂詣太祖，乃辟爲司空掾，行司金中郎將，遷魏郡太守。魏國既建，爲大司農、郎中令，徙奉常，病，卒官。

嚴氏《文編》曰：王修有集二卷，《通典》引修《四孤議》一篇，《魏略》載《奏記曹公陳黄白異議》一篇，《類聚》、《御覽》引修《誡子書》一篇。

丁儀集

《隋書・經籍志・别集》 後漢尚書《丁儀集》一卷。梁二卷，録一卷。

《舊唐書・經籍志・别集》《丁儀集》二卷。

《新唐書・藝文志・别集類》《丁儀集》二卷。

鄭樵《通志・藝文略・别集一》 尚書《丁儀集》二卷。

姚振宗《後漢藝文志・别集》 尚書《丁儀集》二卷，録一卷。

丁廙集

《隋書・經籍志・别集》 後漢黄門郎《丁廙集》一卷。梁二卷，録一卷。

《舊唐書・經籍志・别集》《丁廙集》二卷。

《新唐書・藝文志・别集類》《丁廙集》二卷。

鄭樵《通志・藝文略・别集一》 黄門郎《丁廙集》二卷。

姚振宗《後漢藝文志・别集》 黄門郎《丁廙集》二卷，録一卷。《魏志・王粲附傳》：自潁川邯鄲淳、繁欽，陳留路粹，沛國丁儀、丁廙，弘農楊修，河内荀緯等，皆有文采，而不在此七人之例。謂此亦七人，而不在文帝所論建安七子之列，例似列之寫誤。七子者，孔融、陳琳、王粲、徐幹、阮瑀、應瑒、劉楨也。邯鄲淳、荀緯兩人卒于魏世，故其集編入《三國藝文志》。【略】

嚴氏《文編》輯存丁儀《厲志賦》、《周成漢昭論》、《刑禮論》凡三篇。按《魏志・劉廙傳》：廙與丁儀共論刑禮，傳于世。丁廙《蔡伯喈女賦》、《彈棊賦》二篇。

徐淑集

《隋書・經籍志・别集》 梁又有婦人後漢黄門郎秦嘉妻《徐淑集》一卷。亡。

姚振宗《後漢藝文志・別集》　黄門郎秦嘉妻《徐淑集》一卷。嚴氏《文編》曰：徐淑，隴西人，黄門郎秦嘉妻，有集一卷。《御覽》四百四十一引杜預《女記》：淑喪夫守寡，兄弟將嫁之，誓而不許。《史通》云：徐氏毁形不嫁，哀慟傷生。《通典》六十九：晉咸平五年，散騎侍郎賀嶠妻于氏上表云：漢代秦嘉，早亡其妻，徐淑乞子而養之，淑亡後，子還所生，朝廷通儒移其鄉邑，録淑所養子，還繼秦氏之祀。又曰：《書鈔》、《類聚》、《御覽》有徐淑《答夫秦嘉書》、《又報嘉書》三條，又爲《誓書與兄弟》。

鍾嶸《詩品》曰：漢上計秦嘉妻徐淑詩。夫妻事既可傷，文亦悽怨，爲五言者不過數家，而婦人居二，徐淑《叙别》之作，亞于《團扇》矣。

蔡文姬集

《隋書・經籍志・別集》　後漢董祀妻《蔡文姬集》一卷。亡。

姚振宗《後漢藝文志・別集》　《蔡文姬集》一卷。范書《列女傳》：陳留董祀妻者，同郡蔡邕之女也。祀爲屯田都尉，犯法當死，文姬詣曹操請之，乃追原祀罪。操因問曰：聞夫人家先多墳籍，猶能憶識之不？文姬曰：昔亡父賜書四千許卷，流離塗炭，罔有存者，今所誦憶，裁四百餘篇耳。操曰：今當使十吏就夫人寫之。文姬曰：妾聞男女之别，禮不親授，乞給紙筆，真草唯命。于是繕寫送之，文無遺誤。後感傷亂離，追懷怨憤，作詩二章。

孔氏集

《隋書・經籍志・別集》　傅石甫妻《孔氏集》一卷。亡。

姚振宗《後漢藝文志・別集》　傅石甫妻《孔氏集》一卷。

周不疑集

姚振宗《後漢藝文志・別集》　處士《周不疑集》四篇。《魏志・劉表傳》注《零陵先賢傳》曰：周不疑字元直，幼有異才，聰明敏達，太祖欲以女妻之，不疑不敢當。太祖愛子倉舒，夙有才智，謂可與不疑爲儔，及倉舒卒，太祖心忌不疑，欲除之，文帝諫以爲不可。太祖曰：此人非汝所能駕御也，乃遣刺客殺之。又摯虞《文章志》曰：不疑死時，年十七，著文論四首。

《太平御覽》五百八十八引《零陵先賢傳》曰：周不疑字文直，曹公時有白雀瑞，儒林並已作頌，不疑見操，受紙筆，立令復作，操奇焉。

按，《魏志・武文世王公列傳》：鄧哀王沖，字倉舒，建安十三年亡。則不疑被殺，在是年之後，裴注及《御覽》所引同一書，而元直、文直，其字互異，未詳孰是。

傅幹集

姚振宗《後漢藝文志・別集》　扶風太守《傅幹集》。范書《傅燮傳》：燮字南容，北地靈州人也。靈帝時，爲漢陽太守，賊圍漢陽，燮固守。子幹年十三，從在官舍，燮呼幹小字，曰：别成，吾必死于此，汝有才智，勉之。燮臨陳戰殁，幹知名，位至扶風太守。章懷太子注曰：《幹集》曰幹字彦林。《靈帝本紀》：中平四年夏四月，金城賊韓遂寇漢陽，漢陽太守傅燮戰没。

魏武帝集

《隋書・經籍志・別集》　《魏武帝集》二十六卷。梁三十卷，録一卷。

《舊唐書・經籍志・別集》　《魏武帝集》三十卷。

《新唐書・藝文志・別集類》　《魏武帝集》三十卷。

鄭樵《通志・藝文略・別集一》　《魏武帝集》三十卷。

尤袤《遂初堂書目・別集類》　《魏武帝集》。

徐𤊹《徐氏家藏書目・別集類》　《魏武帝集》五卷。

姚振宗《三國藝文志・別集》　《魏武帝集》三十卷，録一卷。《魏志》本紀注：《魏書》曰：太祖御軍三十餘年，手不捨書，晝則講武策，夜則思經傳。登高必賦，及造新詩，被之管絃，皆成樂章。

《魏志・文紀》注：《典論・自叙》曰：上雅好詩書文籍，雖在軍旅，手不釋卷，每每定省從容。常言人：少好學則思專，長則善忘，長大而能勤學者，唯吾與袁伯業耳。袁遺字伯業，汝南人，袁紹從兄，見《武紀》初平元年裴氏注。

鍾嶸《詩品》曰：曹公古直，甚有悲涼之句。《文心雕龍・時序篇》曰：建安之末，區宇方輯，魏武以相王之尊，雅愛詩章。

明張溥《漢魏六朝百三家・魏武帝集》輯本一卷，凡令、教、表、奏事、策書、尺牘、序、祭文、樂府歌辭綜一百四十五篇。

嚴可均《全三國文》編輯本三卷，凡賦、策、表、奏、上書、上事、教、令、書、序、家傳、雜文綜一百五十篇。明馮惟訥《詩紀》輯存樂府十四篇二十一首。

魏武帝集新撰

《隋書・經籍志・別集》《魏武帝集新撰》十卷。

鄭樵《通志・藝文略・別集一》《武帝集新撰》十卷。

姚振宗《三國藝文志・別集》《魏武帝集新撰》十卷。

魏武帝逸集

《隋書・經籍志・別集》梁又有《武皇帝逸集》十卷。亡。

鄭樵《通志・藝文略・別集一》《武帝逸集》十卷。

姚振宗《三國藝文志・別集》《魏武帝逸集》十卷。

魏文帝集

《隋書・經籍志・別集》《魏文帝集》十卷。梁二十三卷。

《舊唐書・經籍志・別集》《魏文帝集》十卷。

《新唐書・藝文志・別集類》《文帝集》十卷。

鄭樵《通志・藝文略・別集一》《文帝集》二十三卷。

尤袤《遂初堂書目・別集類》《文帝集》。

《宋史・藝文志・別集類》《魏文帝集》一卷。

徐𤊹《徐氏家藏書目・別集類》《魏文帝集》十卷。

姚振宗《三國藝文志・別集》《魏文帝集》二十三卷。《魏志》本紀：初，帝好文學，以著述爲務，自所勒成垂百篇。又曰：文帝天資文藻，下筆成章，博聞彊識，才藝兼該。

《魏志》本紀注：《魏書》曰：帝八歲能屬文，有逸才，博貫古今經傳、諸子百家之書。初在東宮，疫癘大起，時人彫傷，帝深感歎，與素所敬者大理王朗書曰：生有七尺之形，死爲一棺之土，唯立德揚名，可以不朽；其次莫如著篇籍。疫癘數起，士人彫落，余獨何人，能全其壽？故論撰所著《典論》、詩、賦蓋百餘篇。

《玉海》二十八《中興書目》：《魏文帝集》六卷，賦、詩各二，書、表、詔一，雜文一。張氏《百三家・魏文帝集》輯本二卷，凡賦、詔、令、策、教、表、書、序、論、議、連珠、銘文、哀策、誄制、樂府詩綜一百九十餘篇。

嚴氏《文編》輯本四卷，凡賦、詔、策、令、教、上書、議、書、敘、論、連珠、銘、誄、雜文綜一百六十九篇。繫以《典論》一卷。馮氏《詩紀》輯存樂府詩三十五篇、四十二首，附甄后樂府一首。

魏明帝集

《隋書・經籍志・別集》《魏明帝集》七卷。梁五卷，或九卷，録一卷。

《舊唐書・經籍志・別集》《魏明帝集》十卷。

《新唐書・藝文志・別集類》《明帝集》十卷。

鄭樵《通志・藝文略・別集一》《明帝集》十卷。

尤袤《遂初堂書目・別集類》《明帝集》。

姚振宗《三國藝文志・別集》《魏明帝集》九卷，録一卷。《魏志》本紀注：《魏書》曰：帝好學多識，特留意于法理，自在東宮，不交朝臣，不問政事，唯潛思書籍而已。

鍾嶸《詩品》曰：曹公古直，甚有悲涼之句。叡不如丕，亦稱三祖。《文心雕

龍・時序篇》：明帝纂戎，制詩度曲，徵篇章之士，置崇文之館，何、劉羣才，迭相照耀。【略】

嚴氏《文編》輯本二卷，凡賦、詔、璽書、露布、論、雜文綜九十篇。馮氏《詩紀》輯存樂府十篇。

魏高貴鄉公集

《隋書・經籍志・別集》 梁又有《高貴鄉公集》四卷。亡。

《舊唐書・經籍志・別集》 《魏高貴鄉公集》二卷。

《新唐書・藝文志・別集類》 《高貴鄉公集》二卷。

鄭樵《通志・藝文略・別集一》 《高貴鄉公集》四卷。

姚振宗《三國藝文志・別集》 《魏高貴鄉公集》四卷。《魏志》本紀評曰：高貴公才慧夙成，好問尚辭，蓋亦文帝之風流也。本紀注：《魏氏春秋》曰：公神明爽儁，德音宣朗。罷朝，司馬景王私曰「上何如主也」，鍾會對曰「才同陳思，武類太祖」。本紀注：帝集載《自叙始生禎祥》一篇，傅暢《晉諸公贊》曰：帝嘗與中護軍司馬望、侍中王沈、散騎常侍裴秀、黄門侍郎鍾會等講宴于東堂，并屬文論。名秀爲儒林丈人，沈爲文籍先生，望、會亦各有名號。

《文心雕龍・時序篇》曰：少主相仍，唯高貴英雅，顧盼合章，動言成論。于時正始餘風，篇體輕澹，而嵇、阮、應、繆，並馳文路矣。【略】嚴氏《文編》輯本凡賦、詔、論、叙綜二十四篇。

前録

姚振宗《三國藝文志・別集》 魏陳思王曹植撰定《前録》七十八篇。《藝文類聚》五十三魏陳王曹植《文章序》曰：故君子之作也，儼乎若高山，勃乎若浮雲；質素也如秋蓮，摛藻也如春葩；汜乎洋洋，光乎皜皜，與《雅》、《頌》争流可也。余少而好賦，其所尚也，雅好慷慨，所著繁多，雖觸類而作，然蕪穢者衆，故删定別撰，爲《前録》七十八篇。

案《傳》注引《典略》：植《與楊修書》曰「今往僕少小所著辭賦一通相與」，修答書曰「猥受顧賜，教使刊定」云云，與此《録》自序所言相印合，其即此《録》，嘗以屬楊修點定者。建安十九年徙封臨菑之後事也。

曹植集

《隋書・經籍志・別集》 魏陳思王《曹植集》三十卷。

《舊唐書・經籍志・別集》 魏《陳思王集》二十卷。又三十卷。

《新唐書・藝文志・別集類》 《陳思王集》二十卷。又三十卷。

鄭樵《通志・藝文略・別集一》 陳思王《曹植集》三十卷。又二十卷。

晁公武《郡齋讀書志・別集類上》 《曹植集》十卷。右魏曹植子建也。太祖子，文帝封植爲陳王，卒年三十一，謚曰思。年十歲餘，誦讀詩論及辭賦數十萬言。善屬文，援筆立成。自少至終，篇籍不離於手。按《魏志》：「景初中，撰録植所著賦、頌、詩、銘、雜論，凡百餘篇。」《隋志》植集三十卷，《唐志》植集二十卷。今集十卷，比隋、唐本有亡逸者，而詩文二百篇，返溢於本傳所載，不曉其故。

尤袤《遂初堂書目・別集類》 《陳思王集》。

陳振孫《直齋書録解題・別集類上》 《陳思王集》二十卷。魏陳思王曹植子建撰。

馬端臨《文獻通考・經籍考・別集》 《陳思王集》十卷。

《宋史・藝文志・別集類》 《曹植集》十卷。

楊士奇等《文淵閣書目・文集》 《曹子建文集》。一部，二册。闕。

高儒《百川書志・秦漢六朝文》 《陳思王集》十卷。魏曹植子建撰。賦四十三，雜文九十二，詩七十三，共二百八篇。

范邦甸等《天一閣書目・別集類》 《曹子建集》十卷。刊本。魏曹植撰。明吴郡徐伯虬刊。序稱：集中五言詩及賦、表等作，是爲建安之冠。按景初中植著凡百餘篇，隋爲三十卷，今卷止十，詩文反溢而近二百篇。郭子萬程雅好是集，遂姑存之，刊布以傳焉。

徐𤊹《徐氏家藏書目・別集類》 《曹植集》十卷。

錢謙益等《絳雲樓書目・六朝文書類》 《曹子建集》四册。二十卷。又三十卷。

于敏中等《天禄琳琅書目・明版集部》 《曹子建集》。一函，四册。魏曹植著，十卷。考《子建集》見於《隋志》者，稱三十卷；見於《唐志》及《書録解題》者，皆二十卷；見於《讀書志》及《宋史・藝文志》者，則止十卷。此本前後俱無序跋。目録後有元豐五年萬玉堂刊本記，亦分十卷，與《讀書志》、《宋志》同。其書槧印甚精，印紙有「金粟山印」記，古色可愛。惟目録末葉、卷一首葉紙色不同，字體亦異，當是先有宋本，闕此二葉，因爲翻刻，并以原書所闕重寫補刊。或舊有序跋，俱經私汰，未可知也。

彭元瑞等《天禄琳琅書目後編・元版集部》 《曹子建集》。一函，二册。魏曹植撰。書十卷，凡賦四十三篇，詩七十三篇，文九十二篇。按《隋書・經籍志》植集三十卷，《唐書・藝文志》三十卷，又二十卷，《通志・藝文略》同，陳振孫《書録解題》二十卷。惟《文獻通考》作十卷，與此本合。蓋宋末已有闕佚，此本乃其重雕者。《四庫全書總目》云「目録後有嘉定六年癸酉」字，此本無。

《四庫提要・别集類一》 《曹子建集》十卷。兩江總督採進本。魏曹植撰。案《魏志》植本傳：景初中，撰録植所著賦、頌、詩、銘、雜論凡百餘篇，副藏内外。《隋書・經籍志》載《陳思王集》三十卷。《唐書・藝文志》作二十卷，然復曰「又三十卷」。蓋三十卷者，隋時舊本，二十卷者，爲後來合併重編，實無兩集。鄭樵作《通志略》亦併載二本。焦竑作《國史經籍志》遂合二本卷數爲一，稱《植集》爲五十卷，謬之甚矣。陳振孫《書録解題》亦作二十卷。然振孫謂其間頗有採取《御覽》、《書鈔》、《類聚》中所有者，則捃摭而成，已非唐時二十卷之舊。《文獻通考》作十卷，又併非陳氏著録之舊。此本目録後有「嘉定六年癸酉」字，猶從宋寧宗時本翻雕，蓋即《通考》所載也。凡賦四十四篇、詩七十四篇、雜文九十二篇，合計之，得二百十篇。較《魏志》所稱百餘篇者，其數轉溢。然殘篇斷句、錯出其間。如《鷂雀》、《蝙蝠》二賦均採自《藝文類聚》，《藝文類聚》之例，皆標「某人某文曰」云云，編是集者遂以「曰」字爲正文，連於賦之首句，殊爲失考。又《七哀詩》晉人採以入樂，增減其詞，以就音律，見《宋書・樂志》中。此不載其本詞，而載其入樂之本，亦爲舛謬。《棄婦篇》見《玉臺新詠》，亦見《太平御覽》。《鏡銘》八字，反覆顛倒，皆叶韻成文，實爲回文之祖，見《藝文類聚》。皆棄不載。而《善哉行》一篇，諸本皆作古辭，乃誤爲植作。不知其下所載「當來日大難」即當此篇也。使此爲植作，將自作之而自擬之乎？至於《王宋妻詩》，《藝文類聚》作魏文帝，邢凱《坦齋通編》據舊本《玉臺新詠》，稱爲植作。今本《玉臺新詠》又作王宋自賦之詩。則衆説異同，亦宜附載，以備參考。乃竟遺漏，亦爲疎略，不得謂之善本。然唐以前舊本既佚，後來刻植集者率以是編爲祖，别無更古於斯者。録而存之，亦不得已而思其次也。

孫星衍《平津館鑒藏書籍記・明版》 《曹子建集》十卷。題魏陳思王曹植撰。前有吴郡徐伯虯序，不署年月，稱：郭子萬程雅好是集，刊布以傳。萬程，閩清人，嘉靖己未進士，官刑部主事，見《明詩綜》。末有《曹集疑字音釋》二葉，即晁氏《讀書志》所見本，每葉十八行，行十七字，收藏有吴氏「連星閣藏書」朱文長印。

黄丕烈《蕘圃藏書題識・集類一》 《曹子建集》十卷。明活字本。《曹子建集》十卷二本，宋板，載諸《述古堂書目》，今未見其書。所見者以此本爲最古矣。此係活字板，當屬明本。余向亦有之，不知何時散逸，後爲書船友收得，付觀，裝潢、紙墨毫無疑義。惜余於所藏書不盡加圖記，且余亦不自憶其何由而失，無可左證，而書友又認爲宋刻，不可復收矣。適他坊有收得玉峰吴氏書者，此集與余舊藏同出一源，遂歸之。問其直，云估十金，較以贋作真者，識見不侔，喜而著其緣起。辛未初秋復翁識。

張金吾《愛日精盧藏書志・别集類》 《曹子建集》十卷。明活字本。魏陳思王曹植撰。

張之洞《書目答問・别集》 《曹子建集》十卷。魏曹植。明仿宋刻附音義本，明安氏活字版本，漢陽朝宗書室活字版本。

姚振宗《三國藝文志・别集》 魏陳思王《曹植集》三十卷。魏陳思王《曹植集》二十卷。《魏志》本傳：景初中詔曰：「陳思王自少至終，篇籍不離于手，誠難能也。其撰録植前後所著賦、頌、詩、銘、雜論，凡百餘篇，副藏内外。」

鍾嶸《詩品》曰：魏陳思王詩，其源出于《國風》。骨氣奇高，詞采華茂，情兼怨雅，體被文質，粲溢今古，卓爾不羣。孔氏之門如有詩，則公幹升堂，思王入室。又曰：古詩如曹植、劉楨、王粲、阮籍等十二人皆上品。

《文心雕龍・明詩篇》曰：四言五言，兼善則子建、仲宣。《章表篇》云：陳思之表，獨冠羣才。觀其體贍而律調，辭清而旨顯，應物制巧，隨變生趣，執轡有餘，故能緩急應節矣。《頌讚篇》云：陳思所綴，以皇子爲標。《雜文篇》云：陳思《七啓》，致美于宏壯。又曰：陳思《客問》，辭高而理疏。《誄碑篇》云：陳思叨名而體實繁緩，《文皇誄》末，旨言自陳，其乖甚矣。《論説篇》云：曹植《辨道》，體同書鈔。《封禪篇》云：陳思《魏德》，假論客主，問答迂復，且已千言，勞深勣寡，飆炎缺焉。《序志篇》云：詳觀近代之論文者，若陳思《序書》，辨而無當。

《日本國見在書目》：魏《曹植集》三十卷。【略】

嚴氏《文編叙目》曰：《曹植集》十卷，明郭萬程刻本。又二卷，明張溥《百三家集》本。今輯本七卷，凡賦五十六篇，令、章、表、疏、書、序、頌、畫、贊、論、説、銘、誄、雜文百四十三篇。馮氏《詩紀》：樂府詩五十六篇。

案陳思王文章有前、後《録》。景初詔撰稱「前後所著百餘篇」，亦似指《前録》、《後録》而言。除《前録》自定七十八篇，《後録》當二十餘。疑《前録》三十卷，《後録》二十卷。隋時但有《前録》，唐代乃前、後《録》並出。《通志略》以三十卷在前，二十卷列後，似亦以爲《前録》、《後録》，所以別于《唐志》之顛倒歟？然是否即景初原本，不可知已。

陳思王詩

高儒《百川書志·漢魏六朝詩》 《陳思王詩》。魏曹植著。凡七十三首。

洛神賦

《隋書·經籍志·總集》 《洛神賦》一卷。孫壑注。

鄭樵《通志·藝文略·賦》 《洛神賦》一卷。孫壑注。

華歆集

《隋書·經籍志·別集》 梁又有司徒《華歆集》二卷。亡。

《舊唐書·經籍志·別集》 魏《華歆集》二十卷。

《新唐書·藝文志·別集類》 《華歆集》三十卷。

鄭樵《通志·藝文略·別集一》 司徒《華歆集》二卷。

姚振宗《三國藝文志·別集》 魏司徒《華歆集》二卷。本傳：歆字子魚，平原高唐人也。靈帝時舉孝廉，除郎中，後爲豫章太守。孫策略地江東，歆乃幅巾迎策。策死，太祖在官渡表天子，徵歆，拜議郎，參司空軍事，入爲尚書。轉侍中，代荀彧爲尚書令。魏國既建，爲御史大夫。文帝即王位，拜相國。及踐阼，改爲司徒。明帝即位，進封博平侯，轉拜太尉。太和五年薨，謚曰敬侯。《魏書》云：時年七十五。

《隋書·經籍志》：梁有司徒《華歆集》二卷，亡。《唐·經籍志》：魏《華歆集》二十卷。《藝文志》：《華歆集》三十卷。案兩《唐志》卷數與《七録》懸殊，必有一誤。

嚴氏《文編》録存《請叙鄭小同表》、《諫伐蜀疏》、《請受禪上言》、《奏討孫吴》，凡四篇。

曹衮集

姚振宗《三國藝文志·別集》 魏中山恭王《曹衮集》。《魏志·武文世王公傳》：武皇帝二十五男，杜夫人生沛穆王林、中山恭王衮。衮，建安二十一年封平鄉侯，少好學，年十餘歲能屬文。二十二年，徙封東鄉，其年又改封贊。黄初二年，進爵爲公，三年，爲北海王。其年黄龍見鄴西漳水，衮上書贊頌。四年，改封贊王，七年，徙封濮陽。太和二年就國，五年冬入朝，六年改封中山。青龍三年秋，衮得疾病，其年薨。凡所著文章二萬餘言，才不及陳思王，而好與之侔。子孚嗣。《明紀》青龍三年冬十月，己酉中山王衮薨。

嚴氏《文編》輯存本傳所載《敕令官屬》、《敕世子》各一篇，皆疾困時作也。

荀緯集

姚振宗《三國藝文志·別集》 魏越騎校尉《荀緯集》。《魏志·王粲附傳》：自潁川邯鄲淳、繁欽，陳留路粹，沛國丁儀、丁廙，弘農楊修，河内荀緯等亦有文采，而不在此七人之列。案，七人謂建安七子也。

裴注、荀勖《文章叙録》曰：緯字公高，少喜文學。建安中，召署軍謀掾，魏太子庶子，稍遷至散騎常侍、越騎校尉，年四十二，黄初四年卒。

案，《魏志》此一卷所叙凡三十一人，皆文學士，各自著書傳世者。荀緯有文采，次建安七子，與王象同。爲魏太子所禮，又見于《文章叙録》，必有所作，其集蓋久亡，故《七録》、《隋志》不及著録。

嚴苞集

姚振宗《三國藝文志・别集》 魏西平太守《嚴苞集》。《魏志・王肅傳》注：《魏略・儒宗傳》曰：建安初，賈洪應州辟，時州中自參軍事以下百餘人，唯洪與馮翊、嚴苞交通，材學最高。苞歷守二縣，黄初中以高才入爲祕書丞，數奏文、賦，文帝異之，出爲西平太守，卒官。案，苞數奏文、賦，則當時有集可知。

衛覬集

姚振宗《三國藝文志・别集》 魏尚書《衛覬集》數十篇。本傳：還漢朝爲侍郎，勸贊禪代之儀，爲文誥之詔。又曰：覬歷漢魏，時獻忠言，受詔典著作，凡所撰述數十篇，好古文，鳥篆隸草，無所不善。河南潘勖、河内王象，與覬並以文章顯。

《古文苑》聞人牟準《衛敬侯碑陰文》曰：所著述、注解、故訓及文筆等甚多，皆已失墜。所注《孝經固》，而《倉頡冢碑》大篆書，在左馮翊利陽亭南道旁。及《華山下亭碑》、《增筭狀》、《殷叔時碑》、《魏大饗碑》、《羣臣上尊號奏》及《受禪石表文》，並在許繁昌。《尊號奏》、《鍾元常書》、《受禪表》，覬並金針八分書也。太祖、文帝等臨詔令雜駁議上封事一百餘條，《誡子》等散在門人及碑石可見。

《文心雕龍・詔策篇》：建安之末，文理代興，潘勖九錫，典雅逸羣；衛覬禪誥，符命炳燿，弗可加已。

嚴氏《文編》輯本一卷，凡詔、册、表、疏、奏、議、書、碑十七篇，附聞人牟準《衛敬侯碑陰文》一篇。嚴氏曰：牟準不見于傳記，據碑陰言故吏門生，則去覬未遠也。又言所著述、注解、故訓及文筆甚多，皆已失墜。考覬仕漢入魏，卒于明帝時，子瓘仕魏入晉，至惠帝永平初，家世烜赫，何至失墜？此必賈后矯詔殺瓘後之言也。又曰：獻帝諸禪詔，皆覬作。

案，衛敬侯所撰今可考見者，唯《孝經固》、《魏官儀》兩書，其集亦不見于《隋》、《唐志》，蓋皆亡于賈后殺瓘及恒之時。嚴氏極意蒐萃，猶存一卷，可珍也。

劉修集

姚振宗《三國藝文志・别集》 魏樂安太守《劉修集》六篇。《魏志・陳思王傳》注：《典略》曰：臨菑侯植《與楊修書》曰：劉季緒才不逮于作者，而好詆訶文章，掎摭利病。摯虞《文章志》曰：劉季緒名修，劉表子，官至東安太守，著詩、賦、頌六篇。案，魏無東安郡，《文選》楊德祖《答臨菑侯箋》注引《魏志》作樂安太守，今从之。

案，范書《劉表傳》：表二子，琦、琮。琦出代黄祖，爲江夏太守，操敗于赤壁，劉備表琦爲荆州刺史，明年卒。《魏志・劉表傳》：琮舉州降，太祖以爲青州刺史，封列侯。注引《魏武故事》：令曰：青州刺史琮，比有牋求還州，今聽所執，表琮爲諫議大夫，參同軍事。表二子始末如此，《文章志》言修爲劉表子，或表之衆子，史略之歟？修卒時無可考，今姑列于齊王末年。又案，鍾會爲其母傳，齊王嘉平初有中書令劉表，豈此劉表乎？然時代殊不相及。

王朗集

《隋書・經籍志・别集》 魏司徒《王朗集》三十四卷。梁三十卷。

《舊唐書・經籍志・别集》 《王朗集》三十卷。

《新唐書・藝文志・别集類》 《王朗集》三十卷。

鄭樵《通志・藝文略・别集一》 司徒《王朗集》二十四卷。

姚振宗《三國藝文志・别集》 魏司徒《王朗集》三十四卷。本傳：朗著《易》、《春秋》、《孝經》、《周官傳》，奏、議、論、記咸傳于世。《魏書》曰：朗高才博雅。《文心雕龍・奏啓篇》曰：魏代名臣，文理迭興，若高堂天文，王朗節省，亦盡節而知治矣。又《才略篇》云：王朗發憤以託志，亦致美于序銘。《銘箴篇》云：王朗雜箴，乃置巾履，得其戒慎，而失其所施。觀其約文舉要，憲章戒銘，而水火井竈，繁辭不已，志有偏也。

嚴氏《文編》録存表、疏、上事、奏、議、書、論、雜箴、《貧窶語》、《塞勢》凡三十二篇。案，《御覽》八百三十引王朗《新奏議》，似其集分奏議爲兩篇，入魏之後曰「新奏議」，未可知也。

陳羣集

《隋書・經籍志・别集》 又司空《陳羣集》五卷。亡。

《舊唐書・經籍志・别集》 《陳羣集》三卷。

《新唐書・藝文志・别集類》 《陳羣集》三卷。

鄭樵《通志・藝文略・别集一》 司徒《陳羣集》五卷。

姚振宗《三國藝文志・别集》 魏司徒《陳羣集》五卷。本傳：羣，祖父寔，父紀，叔父諶，皆有盛名。羣爲兒時，寔常奇異之，謂宗人父老曰：此興吾宗。魯國孔融，高才倨傲，年在紀、羣之間，先與紀友，後與羣交，更爲紀拜，由是顯名。【略】

嚴氏《文編》録存疏、諫、奏、議、書及《汝潁人物論》凡一十三篇。

邯鄲淳集

《隋書・經籍志・别集》 魏給事中《邯鄲淳集》二卷。梁有録一卷。

《舊唐書・經籍志・别集》 《邯鄲淳集》二卷。

《新唐書・藝文志・别集類》 《邯鄲淳集》二卷。

鄭樵《通志・藝文略・别集一》 給事中《邯鄲淳集》二卷。

姚振宗《三國藝文志・别集》 魏給事中《邯鄲淳》集二卷，録一卷。《魏志・王粲附傳》注：《魏略》曰：淳博學有才章。黄初初，作《投壺賦》千餘言，奏之，文帝以爲工，賜帛千匹。案千字似誤。

《文心雕龍・才略篇》曰：丁儀、邯鄲，亦含論述之美。又《封禪篇》云：至于邯鄲受命，攀響前聲，風末力寡，輯韻成頌，雖文理順序，而不能奮飛。

嚴氏《文編》輯存《投壺賦》、《受命述》及《上表》、《漢鴻臚陳紀碑》、《孝女曹娥碑》凡五篇。馮氏《詩紀》輯存四言詩一篇。

劉廙集

《隋書・經籍志・别集》 又有《劉廙集》二卷。亡。

《舊唐書・經籍志・别集》 《劉廙集》二卷。

《新唐書・藝文志・别集類》 《劉廙集》二卷。

鄭樵《通志・藝文略・别集一》 《劉廙集》二卷。

姚振宗《三國藝文志・别集》 魏侍中《劉廙集》二卷。本傳：廙著書數十篇，及與丁儀共論刑禮，皆傳于世。《吴志・孫晧傳》注：《江表傳》曰：初，丹陽刁玄使蜀，得司馬徽與劉廙論運命曆數事。

《文心雕龍・書記篇》曰：劉廙謝恩，喻切以至，箋之爲善者也。【略】嚴氏《文編》輯存表、疏、上言、奏、議、箋、答、難、戒凡十二篇，合以《政論》爲一卷。

吴質集

《隋書・經籍志・别集》 侍中《吴質集》五卷。亡。

《舊唐書・經籍志・别集》 《吴質集》五卷。

《新唐書・藝文志・别集類》 《吴質集》五卷。

鄭樵《通志・藝文略・别集一》 侍中《吴質集》五卷。

姚振宗《三國藝文志・别集》 魏侍中《吴質集》五卷。《魏志・王粲附傳》：質以文才爲文帝所善。《魏略》曰：質以才學通博，爲五官將及諸侯所禮愛。質亦善處其兄弟之間，若前世樓君卿之游五侯矣。《質别傳》曰：及文帝崩，質思慕作詩。【略】

嚴氏《文編》録存賦、箋、書、論凡七篇。馮氏《詩紀》録詩一篇。

孟達集

《隋書·經籍志·別集》 新城太守《孟達集》三卷。亡。

《舊唐書·經籍志·別集》 《孟達集》三卷。

《新唐書·藝文志·別集類》 《孟達集》三卷。

鄭樵《通志·藝文略·別集一》 新城太守《孟達集》三卷。

姚振宗《三國藝文志·別集》 魏新城太守《孟達集》三卷。

嚴氏《文編》録存達《辭先主表》、《在魏奏薦王雄》、《在魏與劉封書》、《與諸葛亮書》、《兵到又告諸葛亮》凡五篇。

管寧集

《隋書·經籍志·別集》 魏徵士《管寧集》三卷，録一卷。亡。

《舊唐書·經籍志·別集》 《管寧集》二卷。

《新唐書·藝文志·別集類》 《管寧集》二卷。

鄭樵《通志·藝文略·別集一》 處士《管寧集》三卷。

姚振宗《三國藝文志·別集》 魏徵士《管寧集》三卷，録一卷。本傳：寧與平原華歆、同縣邴原相友，俱游學于異國，並敬善陳仲弓。

嚴氏《文編》輯存《辭疾上書》、《辭徵命上疏》、《辭辟別駕文》、《答桓範書》凡四篇。

繆襲集

《隋書·經籍志·別集》 魏散騎常侍《繆襲集》五卷。梁有録一卷。

《舊唐書·經籍志·別集》 《繆襲集》五卷。

《新唐書·藝文志·別集類》 《繆襲集》五卷。

鄭樵《通志·藝文略·別集一》 散騎常侍《繆襲集》五卷。

姚振宗《三國藝文志·別集》 魏散騎常侍《繆襲集》五卷，録一卷。《魏志·劉邵附傳》：邵同時東海繆襲，亦有才學，多所述叙，亦著文、賦，頗傳于世。鍾嶸《詩品》曰：熙伯挽歌，唯以造哀爾。【略】嚴氏《文編》録存賦、表、奏、對、奏、議、贊及《祭儀》凡一十四篇。馮氏《詩紀》録存鼓吹曲、挽歌凡十三篇。

王象集

《隋書·經籍志·別集》 又有散騎常侍《王象集》一卷。亡。

鄭樵《通志·藝文略·別集一》 散騎常侍《王象集》一卷。

姚振宗《三國藝文志·別集》 魏散騎常侍《王象集》一卷。《魏志·楊俊傳》：俊避地并州，本郡王象少孤，特爲人僕隸，年十七八，見使牧羊而私讀書，因被箠楚。俊嘉其才質，即贖象著家，娉娶立屋，然後與別。《魏略》曰：象字羲伯，既爲俊所知拔，果有才智。建安中，與同郡荀緯等俱爲魏太子所禮待。及王粲、陳琳、阮瑀、路粹等亡後，新出之中，惟象才最高。魏有天下，拜象散騎侍郎，遷常侍，封列侯，領祕書監。象既性氣和厚，又文采温雅，用是京師歸美，稱爲儒宗。後文帝殺俊，象自恨不能濟俊，遂發病死。《魏志·衛覬傳》：黄初時，散騎常侍河内王象，亦與覬並以文章顯。【略】嚴氏《文編》録存《薦楊俊》一篇。

韋誕集

《隋書·經籍志·別集》 光禄大夫《韋誕集》三卷，録一卷。亡。

《舊唐書·經籍志·別集》 《韋誕集》三卷。

《新唐書·藝文志·別集類》 《韋誕集》三卷。

鄭樵《通志·藝文略·別集一》 光禄大夫《韋誕集》三卷。

姚振宗《三國藝文志·別集》 魏光禄大夫《韋誕集》三卷，録一卷。《魏志·劉邵附傳》：邵同時光禄大夫京兆韋誕，亦著文、賦，傳于世。【略】嚴氏《文編》録存賦、奏、駮、頌、誄及《墨方》、《筆方》凡八篇。

麋元集

《隋書・經籍志・别集》 散騎常侍《麋元集》五卷。亡。

《舊唐書・經籍志・别集》 《麋元集》五卷。

《新唐書・藝文志・别集類》 《麋元集》五卷。

鄭樵《通志・藝文略・别集一》 散騎常侍《麋元集》五卷。

姚振宗《三國藝文志・别集》 魏散騎常侍《麋元集》五卷。【略】嚴氏《文編》：麋元爲散騎常侍，有集五卷。《藝文類聚》三十六引魏麋元《譏許由》一篇，又三十七及《御覽》五百九十六引元《弔夷齊文》一篇。

案，麋元始末無可考。魏有麋信，蜀有麋竺、麋芳，並東海朐人，殆其族歟？《類聚》《弔夷齊文》，有王粲、阮瑀、麋元三人。粲之辭曰：歲旻秋之仲月，從王師以南征，濟河津而長驅，覽首陽于東隅。瑀之辭曰：余以王事，適彼洛師，詹望首陽，敬弔伯夷。元之辭曰：少承洪烈，從戎于王，側聞先生，處于首陽，敢不敬弔，寄之山岡。尋其文，則元與王、阮從魏武西征馬超、韓遂時作，建安十六年也。大抵初亦爲丞相掾屬，歷官散騎常侍者。《御覽》同卷又有麋元《弔比干文》。

卞蘭集

《隋書・經籍志・别集》 游擊將軍《卞蘭集》二卷，録一卷。亡。

《舊唐書・經籍志・别集》 《卞蘭集》二卷。

《新唐書・藝文志・别集類》 《卞蘭集》二卷。

鄭樵《通志・藝文略・别集一》 游擊將軍《卞蘭集》二卷。

姚振宗《三國藝文志・别集》 魏游擊將軍《卞蘭集》二卷，録一卷。《魏志・武宣卞皇后附傳》：后，琅邪開陽人，文帝母也。后弟秉以功進，封開陽侯，爲昭烈將軍。秉薨，子蘭嗣。蘭少有才學，爲奉車都尉、游擊將軍，加散騎常侍。《魏略》曰：蘭獻賦，贊述太子德美。【略】嚴氏《文編》録存《贊述太子賦》、《許昌宫賦》、《七牧》、《座右銘》凡四篇。

李康集

《隋書・經籍志・别集》 隰陽侯《李康集》二卷，録一卷。亡。

《舊唐書・經籍志・别集》 《李康集》二卷。

《新唐書・藝文志・别集類》 《李康集》二卷。

鄭樵《通志・藝文略・别集一》 隰陽侯《李康集》二卷。

姚振宗《三國藝文志・别集》 魏隰陽侯《李康集》二卷，録一卷。《太平御覽》五百八十六引《魏書》曰：李康字肅遠，性介立不和俗，爲鄉里所嫉，故官不進。嘗作《游九疑》詩，明帝異其文，問左右：斯人安在？吾欲擢之。因起家爲隰陽長，卒。

《文選・運命論》注引宋劉義慶《集林》曰：李康字蕭遠，中山人也。著《游山九吟》，魏明帝異其文，遂起家爲尋陽長，政有美績，病卒。

《文心雕龍・論説篇》曰：李康《運命》，同《論衡》而過之。【略】嚴氏《文編》録存《髑髏賦》、《游山九吟序》、《運命論》凡三篇。

案《魏書》康字肅遠，《選注》引《集林》作蕭遠，未詳孰是。隰陽長，《選注》作尋陽長，似非是。《隋志》引《七録》作隰陽侯，侯當爲長。

孫該集

《隋書・經籍志・别集》 陳郡太守《孫該集》二卷，録一卷。亡。

《舊唐書・經籍志・别集》 《孫該集》二卷。

《新唐書・藝文志・别集類》 《孫該集》二卷。

鄭樵《通志・藝文略・别集一》 陳郡太守《孫該集》二卷。

姚振宗《三國藝文志・别集》 魏陳郡太守《孫該集》二卷，録一卷。《魏志・劉邵附傳》：邵同時陳郡太守、任城孫該，著文、賦，傳于世。《文章叙録》曰：該字公達，彊志好學，年二十，上計掾召爲郎中。著《魏書》，遷博士司徒右長史，復遠入著作。景元二年卒官。【略】嚴氏《文編》録存《三公山下神祠賦》、《琵琶賦》各一篇。

傅巽集

《隋書・經籍志・別集》　尚書《傅巽集》二卷，録一卷。亡。

《舊唐書・經籍志・別集》　《傅巽集》二卷。

《新唐書・藝文志・別集類》　《傅巽集》二卷。

鄭樵《通志・藝文略・別集一》　尚書《傅巽集》二卷。

姚振宗《三國藝文志・別集》　魏尚書《傅巽集》二卷，録一卷。《魏志・劉表傳》注：傅子曰巽，瓌偉博達，有知人鑒。【略】嚴氏《文編》録存《槐樹賦》、《蚊賦》、《七誨》、《奢儉論》、《筆銘》凡五篇。

高堂隆集

《隋書・經籍志・別集》　魏光禄勳《高堂隆集》六卷。梁十卷，録一卷。

《舊唐書・經籍志・別集》　《高堂隆集》十卷。

《新唐書・藝文志・別集類》　《高堂隆集》十卷。

鄭樵《通志・藝文略・別集一》　光禄勳《高堂隆集》十卷。

姚振宗《三國藝文志・別集》　魏光禄勳《高堂隆集》十卷，録一卷。嚴氏《文編》輯本一卷，凡對、詔、表、疏、上言、奏、議、對問綜二十九篇。

劉邵集

《隋書・經籍志・別集》　又有光禄勳《劉邵集》二卷，録一卷。亡。

《舊唐書・經籍志・別集》　《劉邵集》二卷。

《新唐書・藝文志・別集類》　《劉邵集》二卷。

鄭樵《通志・藝文略・別集一》　光禄勳《劉邵集》二卷。

姚振宗《三國藝文志・別集》　魏光禄勳《劉邵集》二卷，録一卷。本傳：邵嘗作《趙都賦》，明帝美之，詔邵作《許都》、《洛都賦》。時外興軍旅，内興宮室，邵作二賦，皆諷諫焉。青龍中，詔書博求衆賢，散騎侍郎夏侯惠薦邵曰：伏見散騎常侍劉邵，深忠篤思，體周于數，凡所錯綜，源流弘遠。是以羣才大小，咸取所同而斟酌焉。故性實之士服其平和良正，清静之人慕其玄虚退讓，文學之士嘉其推步詳密，法理之士明其分數精比，意思之士知其沈深篤固，文章之士愛其著論屬辭，制度之士貴其化略較要，策謀之士贊其明思通微，凡此諸論，皆取適己所長，而舉其支流者也。臣數聽其清談，覽其篤論，漸漬歷年，服膺彌久，實爲朝廷奇其器量。臣松之以爲，凡相稱薦，率多溢美之辭，能不違中者或寡矣。惠之稱邵云「玄虚退讓」及「明思通徵」，近于過也。《文心雕龍・才略篇》曰：劉邵《趙都》，能攀于前修。

嚴氏《文編》録存《趙都賦》、《嘉瑞賦》、《龍瑞賦》、疏、議、序、《七華》、《飛白序勢》、誄凡一十三篇。案《飛白序勢》，嚴氏從《藝文類聚》七十四卷中録出，今考張懷瓘《書斷》，乃晉劉紹撰，非此劉邵也。

殷褒集

《隋書・經籍志・別集》　魏章武太守《殷褒集》一卷。梁二卷。

《舊唐書・經籍志・別集》　《殷褒集》二卷。

《新唐書・藝文志・別集類》　《殷褒集》二卷。

鄭樵《通志・藝文略・別集一》　章武太守《殷褒集》二卷。

姚振宗《三國藝文志・別集》　魏章武太守《殷褒集》二卷。宋郭茂倩《樂府詩集》：《殷氏世傳》曰：殷褒爲滎陽令，廣築學館，會集朋徒，民知禮讓，乃歌之曰：滎陽令，有異政，修立學校人易性，令我子弟恥訟争。

嚴氏《文編》曰：殷褒字元祚，爲章武太守，有集二卷。《藝文類聚》五十三有殷褒《薦朱儉表》，又二十三有《誡子書》。

王昶集

《隋書・經籍志・別集》 魏司空《王昶集》五卷。梁有録一卷。

《舊唐書・經籍志・別集》 《王昶集》五卷。

《新唐書・藝文志・別集類》 《王昶集》五卷。

鄭樵《通志・藝文略・別集一》 司空《王昶集》五卷。

姚振宗《三國藝文志・別集》 魏司空《王昶集》五卷，録一卷。本傳：嘉平初，太傅司馬宣王既誅曹爽，乃奏博問大臣得失，昶陳治略五事。其一欲崇道篤學，抑絶浮華，使國子入太學，而修庠序；其二欲用考試，考試猶準繩也，未有舍準繩而意正曲直，廢黜陟而空論能否也；其三欲令居官者久于其職，有治績則就增位賜爵；其四欲約官實禄，勵以廉恥，不使與百姓争利；其五欲絶侈靡，務崇節儉，令衣服有章，上下有叙，儲穀蓄帛，反民于樸。案昶有《治論》二十餘篇，見子部儒家類中，此《治略》一篇，嘉平初所奏，當編入本集。**【略】**嚴氏《文編》録存表、疏、奏、牋、檄、誡、論凡九篇。

王肅集

《隋書・經籍志・別集》 魏衛將軍《王肅集》五卷。梁有録一卷。

《舊唐書・經籍志・別集》 《王肅集》五卷。

《新唐書・藝文志・別集類》 《王肅集》五卷。

鄭樵《通志・藝文略・別集一》 衛將軍《王肅集》五卷。

姚振宗《三國藝文志・別集》 魏衛將軍《王肅集》五卷，録一卷。《魏志・王朗附傳》：其所論駁朝廷典制、郊祀宗廟、喪紀輕重，凡百餘篇。**【略】**嚴氏《文編》輯本一卷，凡賦、表、疏、議、答難、答問、教、書、序、頌、《賀正儀納徵辭》、《家誡》綜三十五篇。

桓範集

《隋書・經籍志・別集》 又有《桓範集》二卷。亡。

《舊唐書・經籍志・別集》 《桓範集》二卷。

《新唐書・藝文志・別集類》 《桓範集》二卷。

鄭樵《通志・藝文略・別集一》 《桓範集》二卷。

姚振宗《三國藝文志・別集》 魏大司農《桓範集》二卷。**【略】**嚴氏《文編》録存表、書五篇，并《世要論》逸文爲一卷。

曹羲集

《隋書・經籍志・別集》 中領軍《曹羲集》五卷，録一卷。亡。

《舊唐書・經籍志・別集》 《曹羲集》五卷。

《新唐書・藝文志・別集類》 《曹羲集》五卷。

鄭樵《通志・藝文略・別集一》 中領軍《曹羲集》五卷。

姚振宗《三國藝文志・別集》 魏中領軍《曹羲集》五卷，録一卷。**【略】**嚴氏《文編》録存《爲兄爽表司馬懿》、《爲太傅大司馬申蔣濟叔嫂服議》、《九品議》、《至公論》、《肉刑論》凡五篇。

何晏集

《隋書・經籍志・別集》 魏尚書《何晏集》十一卷。梁十卷，録一卷。

《舊唐書・經籍志・別集》 《何晏集》十卷。

《新唐書・藝文志・別集類》 《何晏集》十卷。

鄭樵《通志・藝文略・別集一》 尚書《何晏集》十一卷。

姚振宗《三國藝文志・別集》 魏尚書《何晏集》十卷，録一卷。《魏志・曹爽附傳》：晏以才秀知名，作《道德論》及諸文、賦、著述凡數十篇。《世說・規箴篇》曰：何晏令管輅作卦，云不知位至三公否？卦因成，稱引古義，深以戒之。晏曰：知幾其神乎？《詩》不云乎「中心藏之，何日忘之」。注：《名士傳》曰：是時曹爽輔政，識者慮有危機，晏有重名，與魏姻戚，内雖懷憂，而無復退也。著五言詩以言志，蓋因輅言，懼而賦詩。

鍾嶸《詩品》曰：平叔《鴻雁》之篇，風規見矣。宜居中品。《文心雕龍・明詩篇》曰：及正始明道，詩雜仙心，何晏之徒，率多浮淺。又《才略篇》云：何晏《景福》，克光于後進。【略】

嚴氏《文編》録存賦、奏、議、論、叙、頌、銘凡十四篇。馮氏《詩紀》五言詩二首。

應璩集

《隋書・經籍志・别集》 魏衛尉卿《應璩集》十卷。梁有録一卷。

鄭樵《通志・藝文略・别集一》 衛尉卿《應璩集》十卷。

姚振宗《三國藝文志・别集》 魏衛尉卿《應璩集》十卷，録一卷。《魏志・王粲附傳》：汝南應瑒，瑒弟璩，咸以文章顯。璩官至侍中。《魏志・附傳》注：《文章叙録》曰：璩字休璉，博學，好屬文，善爲書記文。明帝世，歷官散騎常侍，齊王即位，稍遷侍中，大將軍長史。曹爽秉政，多違法度，璩爲詩以諷焉。其言雖頗諧合，多切時要，世共傳之。復爲侍中，典著作。嘉平四年卒，追贈衛尉。《文選注》：李充《翰林論》曰：應休璉五言詩百數十篇，以風規治道，蓋有詩人之旨焉。

《文選注》：孫盛《晉陽秋》曰：應璩作五言詩百三十篇，言時事，頗有補益，世多傳之。

《文選注》：張方賢《楚國先賢傳》曰：汝南應休璉，作《百一篇》詩，譏切時事，徧以示在事者，咸皆怪愕，或以爲應焚棄之，何晏獨無怪也。

《文選注》：《今書七志》曰：《應璩集》謂之新詩，以百言爲一篇，或謂之《百一詩》，然以字名詩，義無所取。據《百一詩序》云：「時謂曹爽曰：公今閒周公巍巍之稱，安知百慮有一失乎？」百一之名，蓋興于此也。

鍾嶸《詩品》曰：魏侍中應璩，詩祖襲魏文，善爲古語，指事殷勤，雅意深篤，得詩人激刺之旨。

《文心雕龍・明詩篇》曰：若乃應璩《百一》，獨立不懼，辭譎義貞，亦魏之遺直也。又《才略篇》云：休璉風情，則《百一》標其志。

張氏《百三家・應休璉集》輯本一卷，凡牋、書、詩四十餘篇。嚴氏《文編》録存牋四篇，書二十九篇。馮氏《詩紀》存詩七首。

案《百一詩》，《隋》、《唐志》編入總集者，以應貞注本故也。兩《唐志》不著「應貞注」字，疎矣。《通志・藝文略》詩總集類云：《百一詩》八卷，應璩集。以爲璩集他人詩。考《選注》引《七志》云《應璩集》謂之新詩，則是詩已編入本集，後其子貞爲之注，析爲八卷别行，豈鄭漁仲以「應璩集」讀爲句，而誤會「譔集」之「集」耶？貞字吉甫，入晉，官散騎常侍，泰始五年卒。

百一詩

《舊唐書・經籍志・總集》 《百一詩》八卷。應璩撰。

《新唐書・藝文志・總集類》 應璩《百一詩》八卷。

鄭樵《通志・藝文略・詩總集》 《百一詩》八卷。應璩集。

文廷式《補晉書藝文志・總集類》 應貞注應璩《百一詩》八卷。

王弼集

《隋書・經籍志・别集》 又有《王弼集》五卷，録一卷。亡。

《舊唐書・經籍志・别集》 《王弼集》五卷。

《新唐書・藝文志・别集類》 《王弼集》五卷。

鄭樵《通志・藝文略・别集一》 《王弼集》五卷。

姚振宗《三國藝文志・别集》 魏尚書郎《王弼集》五卷，録一卷。【略】嚴氏《文編》録存弼《戲答荀融書》一篇，《難何晏聖人無喜怒哀樂論》一篇。

劉階集

《隋書・經籍志・别集》 中書令《劉階集》二卷。亡。

鄭樵《通志・藝文略・别集一》 中書令《劉階集》二卷。

姚振宗《三國藝文志・别集》 魏中書令《劉階集》二卷。【略】案，劉階始末未詳，疑是桓階之誤。《魏志》列傳以傅嘏、桓階相先後，《隋志》引《七録》亦以劉階、傅嘏相連屬，由是推尋其出于桓階爲多。階，文帝時爲尚書令、侍中，别見史部雜傳記類。《七録》云「中書令」，中亦疑「尚」字之譌。嚴氏《文編》從裴注、《宋書・禮志》、《通典》輯存其奏議六篇。

傅嘏集

《隋書・經籍志・别集》 太常卿《傅嘏集》二卷，録一卷。亡。

《舊唐書・經籍志・别集》 《傅嘏集》二卷。

《新唐書・藝文志・别集類》 《傅嘏集》二卷。

鄭樵《通志・藝文略・别集一》 太常卿《傅嘏集》二卷。

姚振宗《三國藝文志・别集》 魏太常卿《傅嘏集》二卷，録一卷。本傳：嘏字蘭石，北地泥陽人，傅介子之後也。弱冠知名，司空陳羣辟爲掾。正始初，除尚書郎，遷黄門侍郎，免官。起家拜滎陽太守，不行，太傅司馬宣王請爲從事中郎。曹爽誅，爲河南尹，遷尚書。正元二年春，毌丘儉、文欽作亂，嘏及王肅勸司馬景王自行，以嘏守，尚書僕射俱東，以功進封陽鄉侯。是歲薨。時年四十七，追贈太常，謚曰元侯。

嚴氏《文編》録存《對詔訪征吴三計》、《請立貴嬪爲皇后表》、《諸葛恪揚聲欲向青徐表》、《難劉邵考課法》、《皇初頌》凡五篇。

夏侯惠集

《隋書・經籍志・别集》 樂安太守《夏侯惠集》二卷，録一卷。亡。

《舊唐書・經籍志・别集》 《夏侯惠集》二卷。

《新唐書・藝文志・别集類》 《夏侯惠集》二卷。

鄭樵《通志・藝文略・别集一》 樂安太守《夏侯惠集》二卷。

姚振宗《三國藝文志・别集》 魏樂安太守《夏侯惠集》二卷，録一卷。《魏志・夏侯淵傳》：淵字妙才，沛國譙人，建安二十四年戰死漢中。黄初中，賜淵中子霸，太和中，賜霸四弟，爵皆關内侯，霸弟威，威弟惠，樂安太守。《文章叙録》曰：惠字稚權，幼以才學見稱，善屬奏議。歷散騎黄門侍郎，與鍾毓數有辨駁，事多見從。遷燕相樂安太守，年三十七卒。【略】嚴氏《文編》録存《景福殿賦》、《薦劉邵表》各一篇。

應瑗集

《舊唐書・經籍志・别集》 《應瑗集》十卷。

《新唐書・藝文志・别集類》 《應瑗集》十卷。

姚振宗《三國藝文志・别集》 《應瑗集》十卷。【略】馮惟訥《詩紀》曰：《唐藝文志》有《應瑗集》十卷，《初學記》有瑗雜詩云：貧子語窮兒，無錢可把撮，耕自不得粟，采彼北山葛，簞瓢恒自在，無用相呵喝。張溥《應休璉集》輯本遺句云：有酒流如川，有肴積如岑。此二句一作「應瑗《侍公宴詩》」。

嚴可均《全三國文編》曰：應瑗仕履未詳，有集十卷。《文選・七命》注引《瑗與桓元則書》曰：敢不策勵，敬尋後塵。

案《隋志》無《應瑗集》，兩《唐志》無《應璩集》，證以《通志略》，似《唐志》之《應瑗集》十卷，即《隋志》《應璩集》十卷。嚴氏所見應瑗《與桓元則書》，汪師韓《文選理學權輿》作「應璩」，并疑馮氏、張氏所見引應瑗詩者，亦即應璩之譌，或《應璩集》中有應瑗詩文，亦未可知，今無碻證，姑兩存之。

杜摯集

《隋書・經籍志・別集》 魏校書郎《杜摯集》二卷。

《舊唐書・經籍志・別集》 《杜摯集》一卷。

《新唐書・藝文志・別集類》 《杜摯集》二卷。

鄭樵《通志・藝文略・別集一》 校書郎《杜摯集》二卷。

姚振宗《三國藝文志・別集》 魏校書郎《杜摯集》二卷。《魏志・劉邵附傳》：邵同時郎中令河東杜摯等亦著文、賦，頗傳于世。《文章叙録》曰：摯字德魯。初，上《笳賦》，署司徒軍謀吏，後舉孝廉，除郎中，轉補校書。摯與毌丘儉鄉里相親，故爲詩與儉，求仙人藥一丸，欲以感切儉求助也，摯竟不得遷，卒于祕書。**【略】**嚴氏《文編》録存《笳賦》一篇，馮氏《詩紀》録存《贈毌丘儉詩》一篇。

毌丘儉集

《隋書・經籍志・別集》 梁有《毌丘儉集》二卷，録一卷。亡。

《舊唐書・經籍志・別集》 《毌丘儉集》二卷。

《新唐書・藝文志・別集類》 《毌丘儉集》二卷。

鄭樵《通志・藝文略・別集一》 《毌丘儉集》二卷。

姚振宗《三國藝文志・別集》 魏鎮東將軍《毌丘儉集》二卷，録一卷。**【略】**嚴氏《文編》録存賦、表、疏、上言、書、銘凡九篇，馮氏《詩紀》録存《答杜摯詩》一篇。

江奉集

《隋書・經籍志・別集》 征東軍司馬《江奉集》二卷。亡。

《舊唐書・經籍志・別集》 《江奉集》二卷。

《新唐書・藝文志・別集類》 《江奉集》二卷。

鄭樵《通志・藝文略・別集一》 征東軍司馬《江奉集》二卷。

姚振宗《三國藝文志・別集》 魏征東軍司馬《江奉集》二卷。**【略】**案，江奉始末未詳。

夏侯玄集

《隋書・經籍志・別集》 魏太常《夏侯玄集》三卷。

《舊唐書・經籍志・別集》 《夏侯玄集》二卷。

《新唐書・藝文志・別集類》 《夏侯玄集》二卷。

鄭樵《通志・藝文略・別集一》 太常《夏侯玄集》三卷。

姚振宗《三國藝文志・別集》 魏太常《夏侯玄集》三卷。本傳注：《魏氏春秋》曰：玄嘗著《樂毅》、《張良》及《本無肉刑論》，辭旨通遠，咸傳于世。**【略】**嚴氏《文編》録存《皇胤賦》、《時事議》、《答司馬宣王書》、《肉刑論》、《答李勝難肉刑論》、《樂毅論》、《辨樂論》凡七篇，繫以《夏侯子》佚文三條。

鍾毓集

《隋書・經籍志・別集》 梁有車騎將軍《鍾毓集》五卷，録一卷。亡。

《舊唐書・經籍志・別集》 《鍾毓集》五卷。

《新唐書・藝文志・別集類》 《鍾毓集》五卷。

鄭樵《通志・藝文略・別集一》 車騎將軍《鍾毓集》五卷。

姚振宗《三國藝文志・別集》 魏車騎將軍《鍾毓集》五卷，録一卷。**【略】**嚴氏《文編》録存賦、疏、奏、書凡四篇。

阮籍集

《隋書・經籍志・別集》 魏步兵校尉《阮籍集》十卷。梁十三卷，録一卷。

《舊唐書・經籍志・别集》《阮籍集》五卷。

《新唐書・藝文志・别集類》《阮籍集》五卷。

鄭樵《通志・藝文略・别集一》 步兵校尉《阮籍集》十三卷。

晁公武《郡齋讀書志・别集類上》《阮籍集》十卷。右魏阮籍嗣宗也。尉氏人。籍志氣宏放，博覽羣籍，尤好《莊》、《老》，屬文不留思，嗜酒，能嘯，善彈琴。當其得意，忽忘形體。雖不拘禮教，而發言玄遠。晉帝輔政，爲從事中郎，後求爲步兵校尉。

尤袤《遂初堂書目・别集類》《阮籍集》。

陳振孫《直齋書録解題・别集類上》《阮步兵集》十卷，魏步兵校尉陳留阮籍嗣宗撰。籍，瑀之子也。

馬端臨《文獻通考・經籍考・别集》《阮籍集》十卷。

《宋史・藝文志・别集類》《阮籍集》十卷。《阮林集》十卷。

徐𤊹《徐氏家藏書目・别集類》《阮籍集》五卷。

錢東垣等輯《崇文總目・别集類一》《阮步兵集》十卷。阮籍撰。

姚振宗《三國藝文志・别集》 魏步兵校尉《阮籍集》十三，録一卷。《晉書》本傳：籍能屬文，初不留思，作《詠懷詩》八十餘篇，爲世所重。著《達壯論》，叙無爲之貴，文多不録。

張氏《百三家・阮步兵集輯本》一卷。凡賦、牋、奏、記書、論、傳、贊、誄、文、帖二十篇，《詠懷詩》三首，又八十二首，歌二首。案馮氏《詩紀》所輯詩歌八十七首，與此同。嚴氏《文編序目》曰：《阮籍集》十卷，明黄省曾刻本。又一卷，張溥《百三家集》本。今輯本二卷，凡賦、箋、奏、記、書、贊、論、傳、帖、誄、弔，綜二十篇。

阮嗣宗集

陳振孫《直齋書録解題・詩集類上》《阮步兵集》四卷。魏步兵校尉陳留阮籍嗣宗撰。其題皆曰《詠懷》。首卷四言十三篇，餘皆五言，八十篇，通爲九十三篇。《文選》所收十七篇而已。

馬端臨《文獻通考・經籍考・詩集》《阮步兵集》。

高儒《百川書志・漢魏六朝詩》《阮嗣宗詩》一卷。魏步兵校尉陳留阮籍嗣宗撰，凡二十八首，皆詠懷之作。

范邦甸等《天一閣書目・别集類》《阮嗣宗詩集》一卷。刊本。晉阮籍撰。正德八年北郡李夢陽序云：「鍾參軍曰：嗣宗《咏懷》之作，洋洋乎會於風雅，使人忘其鄙近，斯爲不佞矣。顔延年注，今莫可考見。今以故所鈔籍《咏懷詩》八十篇刊諸此，訛缺姑仍之，俟知者校焉。」天水胡纘宗校，正德十五年并跋。嘉靖二年關中夏亨重刊。

錢曾《讀書敏求記・詩集》《阮嗣宗詩》一卷。阮嗣宗《詠懷詩》行世本惟五言八十首，朱子儋取家藏舊本刊于存餘堂，多四言《咏懷》十三首，覽者勿漫視之。

嵇康集

《隋書・經籍志・别集》 魏中散大夫《嵇康集》十三卷。梁十五卷，録一卷。

《舊唐書・經籍志・别集》《嵇康集》十五卷。

《新唐書・藝文志・别集類》《嵇康集》十五卷。

鄭樵《通志・藝文略・别集一》 中散大夫《嵇康集》十五卷。

晁公武《郡齋讀書志・别集類上》《嵇康集》十卷。右魏嵇康叔夜也。譙國人。康美詞氣，有丰儀，土木形骸，不自藻飾。學不師受，博覽該通，長好莊老，屬文玄遠。以魏宗室婚，拜中散大夫。景元初，鍾會譖於晉文帝，遇害。

尤袤《遂初堂書目・别集類》《嵇康集》。

陳振孫《直齋書録解題・别集類上》《嵇中散集》十卷。魏中散大夫譙嵇康叔夜撰。本姓奚，自會稽徙譙之銍縣嵇山，家其側，遂氏焉。取「稽」字之上，志其本也。案：《晉書》本傳：銍縣有嵇山，家於其側，因而命氏。此云「取稽字之上」，蓋以「嵇」與「稽」字體相近，爲不忘會稽之意。《文獻通攷》作「取嵇」，恐誤。所著文論六七萬言。今存于世者，僅如此。《唐志》猶有十五卷。

馬端臨《文獻通考・經籍考・别集》《嵇康集》十卷。

《宋史・藝文志・别集類》《嵇康集》十卷。

楊士奇等《文淵閣書目・文集》《嵇康文集》。一部，一册。闕。

高儒《百川書志・秦漢六朝文》《嵇中散集》十卷。魏中散大夫譙人嵇康叔夜撰。詩四十七，賦十三，文十五，附四。

范邦甸等《天一閣書目・別集類》 《嵇中散文集》十卷。刊本。晉嵇康撰。

徐𤊹《徐氏家藏書目・別集類》 《嵇康集》六卷。

張萱等《内閣藏書目録・集部》 《嵇中散集》二册，全。晉嵇康著。

錢謙益等《絳雲樓書目・六朝文書類》 《嵇中散集》二册。十卷。黄板佳。

《四庫提要・別集類一》 《嵇中散集》十卷。兩江總督採進本。 舊本題晉嵇康撰。案康爲司馬昭所害，時當塗之祚未終，則康當爲魏人，不當爲晉人，《晉書》立傳，實房喬等之舛誤，本集因而題之，非也。《隋書・經籍志》載康文集十五卷，新、舊《唐書》竝同，鄭樵《通志略》所載卷數尚合，至陳振孫《書録解題》則已作十卷，且稱「康所作文論六七萬言，其存於世者僅如此」，則宋時已無全本矣。疑鄭樵所載，亦因仍舊史之文，未必真見十五卷之本也。王楙《野客叢書》云：《嵇康傳》曰：「康喜談名理，能屬文，撰《高士傳贊》，作《太史箴》、《聲無哀樂論》。」余得毘陵賀方回家所藏繕寫《嵇康集》十卷，有詩六十八首，今《文選》所載才三數首；《選》惟載康《與山巨源絶交書》一首，不知又有《與呂長悌絶交》一書；《選》惟載《養生論》一篇，不知又有《與向子期論養生難荅》一篇四千餘言，辨論甚悉。集又有《宅無吉凶攝生論難》上中下三篇，《難張遼自然好學論》一首，《管蔡論》、《釋私論》、《明膽論》等文。《崇文總目》謂《嵇康集》十卷，正此本爾。《唐藝文志》謂《嵇康集》十五卷，不知五卷謂何，觀楙所言，則樵之妄載確矣。此本凡詩四十七篇、賦一篇、書二篇、雜著二篇、論九篇、箴一篇、《家誡》一篇。而雜著中《嵇荀録》一篇，有録無書。實共詩文六十二篇，又非宋本之舊。蓋明嘉靖乙酉吴縣黄省曾所重輯也。楊慎《丹鉛録》嘗辨阮籍卒於康後，而世傳《籍碑》爲康作。此本不載此碑，則其考核猶爲精審矣。

孫星衍《平津館鑒藏書籍記・明版》 《嵇中散集》十卷。每卷目録在前。前有嘉靖乙酉黄省曾序，稱「校次瑶編，彙爲十卷」。疑此本爲黄氏所定，然考王楙《野客叢書》，已稱「得毘陵賀方回家所藏繕寫十卷本」。又詩六十六首，與王楙所見本同，此本即從宋本翻雕，黄氏序文特誇言之耳。每葉廿二行，行廿，宋板心下方有「南星精含」四字，收藏有「世業堂」印、白文方印、「繡翰齋」朱文長圓印。

黄丕烈《蕘圃藏書題識・集類一》 《嵇康集》十卷。舊鈔本。 六朝人集存者寥寥，苟非善本，雖有如無。此《嵇康集》十卷爲叢書堂鈔本，且匏菴手自讐校，尤足寶貴，歷覽諸家書目無此集宋刻，則舊鈔爲尚矣。余得此於知不足齋，渌飲年老患病，思以去書爲買參之資，去冬曾作札往詢其舊藏殘本《元朝祕史》，今果寄余，并以此集及元刻《契丹國志》、活本《范石湖集》爲副，余贈之番餅四十枚。閒窗展翫，因記數語于此。觀張芑塘徵君跋，知此書舊出吴門，而時隔卅九年又歸故土。物之聚散，可懼可喜，特未知汪伯子爲誰何耳。嘉慶丙寅寒食日，晨雨小潤，夜風息狂。蕘翁書。【略】是書余用別本手校副本備閲。於丁卯歲爲舊時西賓顧某借去，久假不歸，遂致案頭無副，殊爲可惜。頃因啓厨見此，復跋數語，俾知此本外尚有餘校本留於他所也。癸酉五月廿有六日復翁記，其去得書之日已八閲歲矣。

黄丕烈《蕘圃藏書題識續録・集類上》 《嵇中散集》十卷，明刻鈔補本。 道光甲申正月穀日校舊鈔，黑格棉紙，每葉十六行，行二十二字。本並無收藏印，但有硃筆校勘者。卷一首行下云「七月廿六日較，公遠」，卷十末行下云「崇禎己巳五月，弟夏爲僧彌世兄較，時避暑雲東浄室，驟雨初過，北窗涼氣如秋中，啜□□□捉筆記此」。餘無序及總目，每卷子目與此不同，未之校。共十卷文字大略相似，非吴匏庵家本。就三本核之，吴本爲甲，此爲乙，舊鈔亦乙類也。老蕘記。

此黄省曾家梓本也。近出嘉靖時，非宋元板刻可比，而希有如是。此册刻本上有「楊五川」圖記，則在當時已爲珍祕，且殘闕補鈔皆似影寫，視之色香俱古，始予甚珍之，□有匏庵本，而遜居乙矣。老蕘又記。

顧廣圻《思適齋書跋・集部》 《嵇康集》十卷。舊鈔本。 《中散集》十卷，吴匏菴先生家鈔本。卷中譌誤之字，皆先生親手改定。自板本盛而人始不復寫書，即有書，不知較讎，與無書等，祇蠧損浥爛耳。觀前賢於書籍用心不苟如此，又可憑以證他本之失也。庚子六月入伏日記。

張金吾《愛日精廬藏書志・別集類》 《嵇中散集》十卷。明嘉靖刊本。 魏稽康撰。

張之洞《書目答問・別集》 《嵇中散集》十卷，晉嵇康。明黄省曾刻本，明汪士賢刻《漢魏六朝二十名家集》本。

姚振宗《三國藝文志・別集》 魏中散大夫《嵇康集》十五卷，録一卷。《魏志・王粲附傳》注：《魏氏春秋》曰：康所著諸文論六七萬言，皆爲世所玩詠。《晉書》本傳：康有奇才，遠邁不羣，著《養生論》，又爲《君子無私論》，蓋其胸懷所寄，以高契難期，每思郢質。山濤將去選官，舉康自代，康乃與濤書告絶。東平呂安以事繫獄，辭相證引，遂復收康。康性慎言行，一旦縲紲，乃作《幽憤詩》。康善談理，又能屬文，撰上古以來高士爲之傳贊。又作《太師箴》，亦足以明帝王之道焉。復作《聲無哀樂論》，甚有條理。又《魏志・邴原傳》注引荀綽《冀州記》曰：鉅鹿張邈，字叔遼，遼東太守，著《自然好學論》，在《嵇康集》。汪師韓《文選理學權輿》曰：《選注》所引羣書有《嵇康文集録注》。

嶸《詩品》曰：晉中散嵇康詩，頗似魏文，過爲峻切，訐直露才，傷淵雅之致。然託喻清遠，良有鑒裁，亦未失高流矣。

《文心雕龍・明詩篇》曰：嵇志清峻。又曰：四言五言，叔夜含其潤。《才略篇》云：嵇康師心以遣論。《書記篇》云：嵇康《絶交》，實志高而文偉。

《四庫簡明目録》曰：《嵇中散集》十卷，魏嵇康撰。《晉書》爲康立傳，舊本因題曰晉者，繆也。其集散佚，至宋僅存十卷。此本爲明黄省曾所編，雖卷數與宋本同，然考王楙《野客叢書》稱康詩六十八首，此本僅詩四十二首，合雜文僅六十二首，則又多所散佚矣。

張氏《百三家・嵇中散集》輯本一卷，凡賦、書、設難、論、贊、箴、誡二十二篇，樂府詩五十四篇。

嚴氏《文編》輯本六卷，凡賦、《卜疑》、書、贊、論、箴、銘、《家誡》、《目録》二十一篇，繫以《聖賢高士傳贊》一卷。馮氏《詩紀》存詩五十三篇。嚴氏《文編》又云：康有《嵇荀録》，亡。《嵇荀録》，未詳何書。

錢東垣等輯《崇文總目・別集類一》　《嵇康集》十卷。

嵇康詩

高儒《百川書志・漢魏六朝詩》　《嵇康詩》。

吕安集

《隋書・經籍志・別集》　又有魏徵士《吕安集》二卷，録一卷。亡。

《舊唐書・經籍志・別集》　《吕安集》二卷。

《新唐書・藝文志・別集類》　《吕安集》二卷。

鄭樵《通志・藝文略・別集一》　處士《吕安集》二卷。

姚振宗《三國藝文志・別集》　魏徵士《吕安集》二卷，録一卷。《魏志・王粲附傳》注：《魏氏春秋》曰：初，康與東平吕昭子巽及巽弟安親善。會巽淫安妻徐氏，其事亦見《嵇康集》康《與吕長悌絶交書》中，長悌，巽字也。而誣安不孝，囚之，安引康爲證，康義不負心，保明其事。安亦至烈，有濟世志力，鍾會勸大將軍因此除之，遂殺安及康。

《魏志・杜恕傳》注：《世語》曰：昭長子巽，字長悌，爲相國掾，有寵于司馬文王。次子安，字仲悌，與嵇康善，與康俱被誅。

《晉書・嵇康傳》：東平吕安，服康高致，每一相思，輒千里命駕，康友而善之。後安爲兄所枉訴，以事繫獄，辭相證引，遂復收康。

嚴氏《文編》曰：吕安字仲悌，東平人，徵士，景元中坐事，與嵇康俱誅。有集二卷。《初學記》、《藝文類聚》、《文選注》引安《髑髏賦》凡二條。

鍾會集

《隋書・經籍志・別集》　魏司徒《鍾會集》九卷。梁十卷，録一卷。

《舊唐書・經籍志・別集》　《鍾會集》十卷。

《新唐書・藝文志・別集類》　《鍾會集》十卷。

鄭樵《通志・藝文略・別集一》　司徒《鍾會集》十卷。

姚振宗《三國藝文志・別集》　魏司徒《鍾會集》十卷，録一卷。本傳：初，以鄧艾爲太尉，會爲司徒，皆持節都督諸軍如故，咸未受命而斃。《文心雕龍・檄移篇》：鍾會檄蜀，徵驗甚明，壯筆也。

張氏《百三家・鍾司徒集》輯本一卷，凡賦、檄、奏、書、記、傳十一篇，繫以《芻蕘論》一條。嚴氏《文編》録存賦、上言、書、檄、論、傳凡十三篇，繫以《芻蕘論》七條。

程曉集

《隋書・經籍志・別集》　魏汝南太守《程曉集》二卷。梁録一卷。

《舊唐書・經籍志・別集》　《程曉集》二卷。

《新唐書・藝文志・別集類》　《程曉集》二卷。

鄭樵《通志・藝文略・別集一》 汝南太守《程曉集》二卷。

姚振宗《三國藝文志・別集》 魏汝南太守《程曉集》二卷，録一卷。《魏志・程昱附傳》注：《曉別傳》曰：曉大著文章，多亡失，今之存者，不能十分之一。《文心雕龍・議對篇》：若乃程曉之駁校事，事實允當，可謂達議體矣。

嚴氏《文編》録存《請罷校事官疏》、《與傅玄書》、《女典篇》凡三篇，馮氏《詩紀》録存《贈傅休奕詩》、《嘲熱客詩》凡三首。

阮咸集

《宋史・藝文志・別集》 《阮咸集》一卷。

諸葛亮集

《隋書・經籍志・別集》 蜀丞相《諸葛亮集》二十五卷。梁二十四卷。

《舊唐書・經籍志・別集》 《諸葛亮集》二十四卷。

《新唐書・藝文志・別集類》 《諸葛亮集》二十四卷。

鄭樵《通志・藝文略・別集一》 丞相《諸葛亮集》二十五卷。

《宋史・藝文志・別集類》 《諸葛亮集》十四卷。

高儒《百川書志・秦漢六朝文》 《卧龍文集》。後漢諸葛亮，凡七十六篇。其《將權》至《北狄》五十篇，謂之《將苑》，又名《心書》；及《治國》至《陰察》十六篇，謂之《十六策》，世行久矣，《武德》至《兵戒》十篇，最出晚者。後人合三書而一之，繼名《卧龍文》，而《出師表》、《梁父吟》皆遺，不知何謂。又見子志兵家。

徐𤊹《徐氏家藏書目・別集類》 《諸葛亮集》二卷。

錢謙益等《絳雲樓書目・六朝文書類》 《諸葛武侯集》二册。二十四卷。

《四庫提要・別集類存目一》 《諸葛丞相集》四卷。內府藏本。國朝朱璘編。璘字青巖，常熟人，官至南陽府知府。是編首卷所録諸葛亮遺文一卷，陳壽所上目録皆不載。蓋摭拾《三國志》注及諸類書而成。其《黄陵廟記》，明楊時偉作《諸葛書》，嘗以摭用蘇軾「大江東去」詞語駁辨其僞。今考陸游《入蜀記》作於乾道六年，記黃牛廟事，引古諺及李白、歐陽修詩、張詠贊甚詳，獨一字不及亮記。袁説友所刻《成都文類》作於慶元五年，亦無此文。然則贋託之本出於南宋以後明甚。璘乃仍然載入，絶無考訂。至《心書》五十條，顯然僞託，亦取以苟充卷帙。且武侯十六策其僞與《心書》同，晁氏《讀書志》著録，則猶出宋人之手。既取《心書》，又不取是策，何也？二卷以下皆爲附録，所列「八陣圖」及「分野」諸條，猥雜尤甚。末一卷全爲璘及其子瑞圖詩文，是非刻《亮集》，乃刻璘家集矣。

張之洞《書目答問・別集》 《諸葛忠武侯文集》四卷。漢諸葛亮。附録二卷，《諸葛故事》五卷。張澍編。汭縣祠堂本。

姚振宗《三國藝文志・別集》 蜀丞相《諸葛亮集》二十五卷。本傳：亮言、教、書、奏多可觀，別爲一集。又《奏上諸葛氏集》曰：臣壽等言，臣前在著作郎侍中領中書監濟北侯臣荀勖、中書令關内侯臣和嶠奏，使臣定故蜀丞相諸葛亮故事，輒删除複重，隨類相從，凡爲二十四篇。開府作牧第一，權制第二，南征第三，北出第四，計算第五，訓厲第六，綜覈上下第七第八，雜言上下第九第十，貴和第十一，兵要第十二，傳運第十三，與孫權書第十四，與諸葛瑾書第十五，與孟達書第十六，廢李平第十七，法檢上下第十八十九，科令上下第二十二十一，軍令上中下第二十二二十三二十四，凡十萬四千一百一十二字。論者或怪亮文采不艷，而過于丁寧周至。臣愚以爲：咎繇，大賢也；周公，聖人也。考之《尚書》，咎繇之謨略而雅，周公之誥煩而悉，何則！咎繇與舜禹共談，周公與羣下矢誓故也。亮所與言，盡衆人凡士，故其文指不得及遠也。然其聲教遺言，皆經事綜物，公誠之心，形于文墨，足以知其人之意理，而有補于當世。

《文心雕龍・詔帝篇》：諸葛孔明之詳約，教之善也。又《章表篇》云：孔明之辭後主，志盡文暢，表之英也。

《玉海》五十五《中興書目》曰：《亮集》十四卷，後二卷録傳及碑記，其前十二篇，章句頗多，字數乃少。張氏《百三家・諸葛丞相集》輯本一卷，凡詔、表、奏、疏、公文、教、書、牋、議、法、論、記、碑、令、詩綜七十五首。武威張輯輯本序曰：明王士祺集《武侯全集》二十卷，楊時偉以王書蕪累，更撰《諸葛忠武全書》十卷，亦無財擇。本朝朱璘輯《諸葛武侯集》二十卷，遂寧張鵬翮之《忠武誌》，全襲之庸俗詩文，盈汗篇牘，侯之著作反多遺漏。澍搜采散佚，較諸本增益倍蓰，編文集四卷，附録二卷，別撰《諸葛故事》五卷，都爲十一卷。案《諸葛集》張氏所舉四本之外，又有明崇禎時武侯三十六世孫義輯本二十三卷，《道藏輯要》中刻之。

嚴氏《文編》輯本二卷，凡教、軍令、表、疏、上書、上言、公文、箋、書、誡、論、議、算計、兵要、兵法、《木牛流馬法》、記、序、贊、銘、雜文五十五篇，綜九十一首。

諸葛亮故事集

文廷式《補晉書藝文志・別集類》 陳壽次定《諸葛亮故事集》二十四篇。見《三國志・諸葛亮傳》及《華陽國志》。

諸葛武侯誡

鄭樵《通志・藝文略・箴銘》 《諸葛武侯誡》一卷。

許靖集

《隋書・經籍志・別集》 又有蜀司徒《許靖集》二卷，録一卷。亡。

《舊唐書・經籍志・別集》 蜀《許靖集》二卷。

《新唐書・藝文志・別集類》 蜀《許靖集》二卷。

鄭樵《通志・藝文略・別集一》 司徒《許靖集》二卷。

姚振宗《三國藝文志・別集》 蜀司徒《許靖集》二卷，録一卷。本傳：靖字文休，汝南平輿人。少與從弟劭俱知名，並有人倫臧否之稱。郡舉計吏，察孝廉，除尚書郎，典選舉。董卓秉政，靖奔豫州、揚州、吴郡、會稽，孫策東渡江，走交州。後劉璋使使招靖入蜀，以爲巴郡、廣漢太守。建安十六年，轉蜀郡，十九年，先主克蜀，以爲左將軍長史。先主爲漢中王，靖爲太傅，及即尊號，策爲司徒。靖年逾七十，愛樂人物，誘納後進，清譚不倦，丞相諸葛亮皆爲之拜，章武二年卒。

嚴氏《文編》録存《等孔伷自表》、《因衆瑞上言》、《與曹公書》凡三篇。

夏侯霸集

《隋書・經籍志・別集》 征北將軍《夏侯霸集》二卷。亡。

《舊唐書・經籍志・別集》 《夏侯霸集》二卷。

《新唐書・藝文志・別集類》 《夏侯霸集》二卷。

鄭樵《通志・藝文略・別集一》 征北將軍《夏侯霸集》二卷。

姚振宗《三國藝文志・別集》 蜀征北將軍《夏侯霸集》二卷。【略】案，夏侯霸爲征北將軍，自當在車騎將軍之後，尋《蜀志》未見，《舊唐志》誤以爲魏人，《新志》失于刊正，今從《七録》。

張温集

《隋書・經籍志・別集》 吴輔義中郎將《張温集》六卷。

《舊唐書・經籍志・別集》 吴《張温集》五卷。

《新唐書・藝文志・別集類》 吴《張温集》五卷。

鄭樵《通志・藝文略・別集一》 輔義中郎將《張温集》六卷。

姚振宗《三國藝文志・別集》 吴輔義中郎將《張温集》六卷。本傳：將軍駱統表理温曰：温雖智非從横，武非虓虎，然其弘雅之素，英秀之德，文章之采，論議之辨，卓躒冠羣，煒燁曜世，世人未有及之者也。故論温才，即可惜言，罪則可恕，若忍威烈以赦盛德，宥賢才以敦大業，固明朝之休光，四方之麗觀也。權終不納。【略】嚴氏《文編》曰：張温有集六卷。本傳有《奉使至蜀詣闕拜章》一篇，《文選注》、《類聚》、《御覽》有表二條，自理一條。

士燮集

《隋書・經籍志・別集》 梁有《士燮集》五卷。亡。

《舊唐書・經籍志・別集》《士燮集》五卷。

《新唐書・藝文志・別集類》《士燮集》五卷。

鄭樵《通志・藝文略・別集一》《士燮集》五卷。

姚振宗《三國藝文志・別集》吴衛將軍《士燮集》五卷。

駱統集

《隋書・經籍志・別集》吴偏將軍《駱統集》十卷。梁有録一卷。

《舊唐書・經籍志・別集》《駱統集》十卷。

《新唐書・藝文志・別集類》《駱統集》十卷。

鄭樵《通志・藝文略・別集一》偏將軍《駱統集》十卷。

姚振宗《三國藝文志・別集》吴偏將軍《駱統集》十卷，録一卷。本傳：統字公緒，會稽烏傷人也。孫權以將軍領會稽太守，統年二十，試爲烏程相召爲功曹，行騎都尉，妻以從兄輔女。出爲建忠郎將，遷偏將軍，封新陽亭侯。後爲濡須督，數陳便宜，前後書數十上，所言皆善，文多故不悉載。年三十六，黄武七年卒。

嚴氏《文編》曰：駱統有集十卷，本傳有《民户損耗上流》一篇，《張温傳》有《表理張温》一篇，《北堂書鈔》未改本有《陳諸將舟船飾嚴箋》。

薛綜集

《隋書・經籍志・別集》又有太子少傅《薛綜集》三卷，録一卷。亡。

《舊唐書・經籍志・別集》《薛綜集》二卷。

《新唐書・藝文志・別集類》《薛綜集》三卷。

鄭樵《通志・藝文略・別集一》太子少傅《薛綜集》三卷。

姚振宗《三國藝文志・別集》吴太子少傅《薛綜集》三卷，録一卷。本傳：凡所著詩、賦、難、論數萬言，名曰《私載》，傳于世。建衡三年，皓追歎瑩父綜遺文。《吴録》曰：綜少明經，善屬文，有秀才。

嚴氏《文編》録存表、疏、文、移、頌凡十一篇，《述鄭氏禮五宗圖》一篇。

暨艷集

《隋書・經籍志・別集》吴選曹尚書《暨艷集》二卷。梁三卷，録一卷。

《舊唐書・經籍志・別集》《暨艷集》二卷。

《新唐書・藝文志・別集類》《暨艷集》二卷。

鄭樵《通志・藝文略・別集一》選曹尚書《暨艷集》二卷。

姚振宗《三國藝文志・別集》吴選曹尚書《暨艷集》三卷，録一卷。《吴志・張温附傳》：艷字子休，吴郡人也。温引致之，以爲選曹郎，至尚書。艷性狷厲，好爲清議，見時郎署混濁淆雜，多非其人，欲臧否區别賢愚異貫，彈射百僚，覈選三署，率皆貶高就下，降損數等，其守故者十未能一，其居位貪鄙志節汙卑者，皆以爲軍吏，置營府以處之，而怨憤之聲積，浸潤之譖行矣，競言艷及選曹郎徐彪專用私情，憎愛不由公理，艷、彪皆坐自殺。

嚴氏《文編》曰：《太平御覽》三百四十八引《暨艷集》「雜移」一條。案，雜移，雜文移之屬，集中篇目也。

姚信集

《隋書・經籍志・別集》又有《姚信集》二卷，録一卷。今亡。

《舊唐書・經籍志・別集》《姚信集》十卷。

《新唐書・藝文志・別集類》《姚信集》十卷。

鄭樵《通志・藝文略・別集一》《姚信集》二卷。

姚振宗《三國藝文志・別集》吴太常卿《姚信集》二卷，録一卷。【略】武進張惠言《易義別録》曰：《吴興志》有《德祐文集》，輯《易注》一卷，明人爲之。嚴氏《文編》曰：信有集二卷，《陸績傳》注引《姚信集》《表請褒績女鬱生》，《晉》《宋》《隋書・天文志》及《御覽》引姚信《昕天論》，《藝文類聚》二十三引姚信《誡子》。

謝承集

《隋書・經籍志・別集》 《謝承集》四卷。今亡。

《舊唐書・經籍志・別集》 《謝承集》四卷。

《新唐書・藝文志・別集類》 《謝承集》四卷。

鄭樵《通志・藝文略・別集一》 《謝承集》四卷。

姚振宗《三國藝文志・別集》 吴武陵太守《謝承集》四卷。【略】嚴氏《文編》曰：謝承有集四卷，《初學記》、《藝文類聚》、《太平御覽》諸書有謝承《賀靈龜表》、《上丹砂表》、《與步子山書》、《三夫人箴》凡四篇。

楊厚集

《隋書・經籍志・別集》 吴人《楊厚集》二卷。梁又有録一卷。

《舊唐書・經籍志・別集》 《楊厚集》二卷。

鄭樵《通志・藝文略・別集一》 《楊文厚集》二卷。

姚振宗《三國藝文志・別集》 吴人《楊厚集》二卷，録一卷。【略】案《唐藝文志》列是集于後漢人中，自是漢順帝時侍中楊厚之集。然《隋志》明著吴人楊厚，又引《七録》有録一卷，自非舛誤，《通志略》又以爲楊文厚，鄭漁仲所據《隋志》爲多，豈今本《隋志》敓文字歟？其人爵里始末，並未詳。

陸凱集

《隋書・經籍志・別集》 吴丞相《陸凱集》五卷。梁有録一卷。

《新唐書・藝文志・別集類》 《陸凱集》五卷。

鄭樵《通志・藝文略・別集一》 丞相《陸凱集》五卷。

姚振宗《三國藝文志・別集》 吴丞相《陸凱集》五卷，録一卷。本傳：凱乃心公家，義形于色，表疏皆指事不飾，忠懇内發。又曰：予連從荆揚來者，得凱所陳皓二十事，博問吴人，多云不聞凱有此表。又案，其文殊。甚切直，恐非皓之所能容忍也。或以爲凱藏之篋笥，未敢宣行。病困，皓遣董朝省問，欲言困以付之，虚實難明，故不著于篇。然愛其指擿皓事，足爲後戒，故鈔列于《凱傳》左云。

嚴氏《文編》録存表、疏、奏凡八篇，繫以《吴先賢傳贊》三條。

胡綜集

《隋書・經籍志・別集》 吴侍中《胡綜集》二卷。梁有録一卷。

《舊唐書・經籍志・別集》 《胡綜集》二卷。

《新唐書・藝文志・別集類》 《胡綜集》二卷。

鄭樵《通志・藝文略・別集一》 侍中《胡綜集》二卷。

姚振宗《三國藝文志・別集》 吴侍中《胡綜集》二卷，録一卷。本傳：黄武八年夏，黄龍見夏口，于是權稱尊號，因瑞改元。又作黄龍大牙，常在中軍，諸軍進退，視其所向，命綜作賦。蜀聞權踐阼，遣使重申前好，綜爲盟文，文義甚美。凡自權統事，諸文誥策命，鄰國書符，略皆綜之所造也。

嚴氏《文編》録存《黄龍大牙賦》、《中分天下盟文》、《請立諸王表》、《議奔喪》、《僞爲吴質作降文》、《三條太子賓友目》凡六篇。

華覈集

《隋書・經籍志・別集》 又有東觀令《華覈集》五卷，録一卷。亡。

《舊唐書・經籍志・別集》 《華覈集》三卷。

《新唐書・藝文志・別集類》 《華覈集》五卷。

鄭樵《通志・藝文略・別集一》 東觀令《華覈集》五卷。

姚振宗《三國藝文志・別集》 吴東觀令《華覈集》五卷，録一卷。本傳：覈字永先，吴郡武進人也。始爲上虞尉、典農都尉，以文學入爲祕府郎，遷中書丞，後爲東觀令，領右國史。覈前後陳便宜及貢薦良能，解釋罪過，書百餘上，皆有補益。

天册元年，以微譴免，數歲卒。曜、覈所論事章疏，咸傳于世。又評曰：胡沖以爲華覈文賦之才，有過于曜，而典誥不及也。予觀覈數獻良規，期于自盡，庶幾忠臣矣。【略】

嚴氏《文編》録存《車賦》、《奏薦陸胤》、《表薦陸禕》、《聞蜀亡詣宫門上表》、《諫盛夏興工疏》、《上農務禁侈疏》、《乞赦樓玄疏》、《上疏請召還薛瑩》、《上疏救韋曜》、《奉敕草對》凡十一篇。

張儼集

《隋書·經籍志·別集》 吴侍中《張儼集》一卷。梁二卷，録一卷。

《舊唐書·經籍志·別集》 《張儼集》二卷。

《新唐書·藝文志·別集類》 《張儼集》二卷。

鄭樵《通志·藝文略·別集一》 侍中《張儼集》二卷。

姚振宗《三國藝文志·別集》 吴侍中《張儼集》二卷，録一卷。【略】嚴氏《文編》曰：張儼有《默記》三卷，《集》一卷，《朱桓傳》注引張儼《賦犬》，《藝文類聚》、《文選注》引張儼《請立太子師傅表》，《諸葛亮傳》注、《北堂書鈔》引《默記》各一篇。

韋昭集

《隋書·經籍志·別集》 又有《韋昭集》二卷，録一卷。亡。

《舊唐書·經籍志·別集》 《韋昭集》二卷。

《新唐書·藝文志·別集類》 《韋昭集》二卷。

鄭樵《通志·藝文略·別集一》 《韋昭集》二卷。

姚振宗《三國藝文志·別集》 吴侍中《韋昭集》二卷，録一卷。本傳：華覈連上疏救曜曰：曜自少勤學，雖老不倦，探綜墳典，温故知新，及意所經識古今行事，外吏之中少過曜者。又《華覈傳》云：曜、覈所論事章疏，咸傳于世也。

嚴氏《文編》録存《雲陽賦》、《上鼓吹鐃歌十二曲表》、《因獄吏上辭》、《國語解叙》、《博弈論》凡五篇，馮氏《詩紀》録存《鼓吹鐃歌十二曲》。

紀騭集

《隋書·經籍志·別集》 吴中書令《紀騭集》三卷。梁有録一卷。

《舊唐書·經籍志·別集》 《紀騭集》三卷。

《新唐書·藝文志·別集類》 《紀騭集》二卷。

鄭樵《通志·藝文略·別集一》 中書令《紀騭集》三卷。

姚振宗《三國藝文志·別集》 吴中書令《紀騭集》三卷，録一卷。《吴志·孫晧傳》：甘露元年三月，晧遣光禄大夫紀陟如魏報書。《吴録》曰：陟字子上，丹陽人，初爲中書郎。孫休時，父亮爲尚書令，而陟爲中書令，每朝會，詔以屏風隔其坐，出爲豫章太守。案騭、陟並通。范書「鄧騭」，章懷太子注云：《東觀記》作「陟」是也。

嚴氏《文編》曰：紀騭有集三卷，《太平御覽》有《上吴主晧表》。

陸景集

《隋書·經籍志·別集》 又有《陸景集》一卷。亡。

鄭樵《通志·藝文略·別集一》 《陸景集》一卷。

姚振宗《三國藝文志·別集》 吴中夏督《陸景集》一卷。《陸抗附傳》：景，澡身好學，著書數十篇。【略】嚴氏《文編》曰：陸景有集一卷，《北堂書鈔》一百三引陸景書，《藝文類聚》二十一引景《與兄書》、《又與兄書》，《類聚》二十三、《御覽》四百五十九引景《誡盈》。

楊泉集

姚振宗《三國藝文志·別集》 吴處士《楊泉集》二卷，録一卷。【略】嚴氏《文編》曰：吴楊泉有集二卷。《書鈔》、《類聚》、《御覽》、《文選注》所載有《五湖賦》、《贊善賦》、《養性賦》、《蠶賦》、《織機賦》、《草書賦》、《請辭》凡七篇。

晉宣帝集

《隋書・經籍志・別集》《晉宣帝集》五卷。梁有録一卷。

《舊唐書・經籍志・別集》《晉宣帝集》十卷。

《新唐書・藝文志・別集類》晉《宣帝集》五卷。

鄭樵《通志・藝文略・別集二》《晉宣帝集》五卷。

文廷式《補晉書藝文志・別集類》《晉宣帝集》五卷，録一卷。嚴可均《全晉文》録得十五篇。案，嚴可均《全晉文》一百六十七卷八百三十一人，捃摭繁富，近者《文館詞林》殘帙又出東洋，其間晉人著述復數十首，典午一朝，徵文略備矣。史家意存簡要，非集遺篇，故所撰解題取足明本書而止，其有唐以前各家著述所引，明言某集，及姓名隱翳者，附著一二焉。

晉文帝集

《隋書・經籍志・別集》《晉文帝集》三卷。

《舊唐書・經籍志・別集》《晉文帝集》一卷。

《新唐書・藝文志・別集類》《文帝集》二卷。

鄭樵《通志・藝文略・別集二》《文帝集》二卷。

文廷式《補晉書藝文志・別集類》《晉文帝集》三卷。

齊王攸集

《隋書・經籍志・別集》《齊王攸集》二卷。梁三卷。

《舊唐書・經籍志・別集》晉《齊王集》二卷。

《新唐書・藝文志・別集類》《齊王攸集》二卷。

鄭樵《通志・藝文略・別集二》《齊王攸集》二卷。

文廷式《補晉書藝文志・別集類》《齊王攸集》二卷。【略】《書鈔》六十司馬攸《與山巨源書》云：太子舍人夏侯湛，柔心居正，理識明徹，應可爲郎也。六十六齊王攸《與山濤書》云：孝若秉心居正，爲太子舍人。

王沈集

《隋書・經籍志・別集》晉《王沈集》五卷。

《舊唐書・經籍志・別集》晉《王沉集》五卷。

《新唐書・藝文志・別集類》《王沉集》五卷。

鄭樵《通志・藝文略・別集二》《王沈集》五卷。

文廷式《補晉書藝文志・別集類》《王沈集》五卷。《唐志》同《傳》。《書鈔》八十三有王沈《辟雍頌》。按，沈官至驃騎將軍，加散騎常侍，《隋志》失題其官。又《文苑傳》亦有王沈，此集《隋志》列鄭袤前，非彦伯也。俟攷。疑是《文苑傳》之王沈矣。

王沈集

文廷式《補晉書藝文志・別集類》《王沈集》。《北堂書鈔》卷九十九引《〈王沈集〉序》云：沈著《魏書》，多爲時諱，未同陳壽實録也。按，《隋志》有《王沈集》五卷，列齊王攸後、鄭袤前，當是官驃騎將軍之王沈，此論其撰《魏書》，則祕書監之王沈也。

鄭袤集

《隋書・經籍志・別集》梁有《鄭褒集》二卷。亡。

《舊唐書・經籍志・別集》《鄭袤集》二卷。

《新唐書・藝文志・別集類》《鄭袤集》二卷。

鄭樵《通志・藝文略・别集二》《鄭衮集》二卷。

文廷式《補晉書藝文志・别集類》《鄭衮集》二卷。《隋志》作「褒」，誤。按，衮仕至儀同三司。《隋志》云：梁有《鄭褒集》二卷，亡。《唐志》復著録。按《隋志》云「梁有」者，皆《七録》所述，今並依録。

嵇喜集

《隋書・經籍志・别集》晉宗正《嵇喜集》一卷。殘缺。梁二卷，録一卷。

《舊唐書・經籍志・别集》《嵇喜集》二卷。

《新唐書・藝文志・别集類》《嵇喜集》二卷。

鄭樵《通志・藝文略・别集二》宗正《嵇喜集》二卷。

文廷式《補晉書藝文志・别集類》宗正《嵇喜集》二卷，録一卷。【略】《書鈔》六十八《稽憙集》云：晉武爲撫軍，妙選官屬，以憙爲功曹。

應貞集

《隋書・經籍志・别集》晉散騎常侍《應貞集》一卷。梁五卷。

《舊唐書・經籍志・别集》《應貞集》五卷。

《新唐書・藝文志・别集類》《應貞集》五卷。

鄭樵《通志・藝文略・别集二》散騎常侍《應貞集》五卷。

文廷式《補晉書藝文志・别集類》散騎常侍《應貞集》五卷。貞在《文苑傳》。《魏志・王粲傳》注引《文章叙録》曰：應貞，晉室踐阼，遷太子中庶子，散騎常侍。又以儒學與太尉荀顗撰定新禮，事未施行。泰始五年卒。《書鈔》九十八引應貞《安石榴賦》云：應璩感於事而作，每不留意，時趙參軍爲通事郎，對貞不停筆而成也。嚴鐵橋輯《貞集》漏鈔此條。

傅玄集

《隋書・經籍志・别集》晉司隷校尉《傅玄集》十五卷。梁五十卷，録一卷，亡。

《舊唐書・經籍志・别集》《傅玄集》五十卷。

《新唐書・藝文志・别集類》《傅玄集》五十卷。

鄭樵《通志・藝文略・别集二》司隷校尉《傅玄集》五十卷。

尤袤《遂初堂書目・别集類》《傅玄集》。

《宋史・藝文志・别集類》《傅玄集》一卷。

徐𤊹《徐氏家藏書目・别集類》《傅玄集》六卷。

文廷式《補晉書藝文志・别集類》司隷校尉《傅玄集》五十卷，録一卷。

【略】近人定遠方濬師輯本五卷。

相風賦

文廷式《補晉書藝文志・别集類》傅玄等《相風賦》七卷。《御覽》八百九有杜萬年《相風賦》，稱「太僕傅侯命余賦之」，當出此書。《北堂書鈔》一百三十引傅玄、張華、潘岳《相風賦》。

成公綏集

《隋書・經籍志・别集》晉著作郎《成公綏集》九卷。殘缺。梁十卷。

《舊唐書・經籍志・别集》《成公綏集》十卷。

《新唐書・藝文志・别集類》《成公綏集》十卷。

鄭樵《通志・藝文略・别集二》著作郎《成公綏集》十卷。

文廷式《補晉書藝文志・别集類》著作郎《成公綏集》十卷。《文苑》本傳云：所著詩、賦、雜筆十餘卷。【略】《文苑》本傳云「中書郎」。《書鈔》卷一百引《成公綏集》

云：寶翰電流，彤管雨散。

錢神論

文廷式《補晉書藝文志・別集類》 成公綏《錢神論》，《御覽》八百三十六引之。

裴秀集

《隋書・經籍志・別集》 又有《裴秀集》三卷，録一卷。亡。

《舊唐書・經籍志・別集》 《裴秀集》三卷。

《新唐書・藝文志・別集類》 《裴秀集》三卷。

鄭樵《通志・藝文略・別集二》 《裴秀集》三卷。

文廷式《補晉書藝文志・別集類》 《裴秀集》三卷，録一卷。《隋志》亡，《唐志》著録。《書鈔》三十九引裴秀《新詩》有注，其注不知何人作也。《御覽》三十三有裴秀《大蜡詩》。

何楨集

《隋書・經籍志・別集》 晉金紫光禄大夫《何禎集》一卷。梁五卷。

《舊唐書・經籍志・別集》 《何禎集》五卷。

《新唐書・藝文志・別集類》 《何禎集》五卷。

鄭樵《通志・藝文略・別集二》 金紫光禄大夫《何禎集》五卷。

文廷式《補晉書藝文志・別集類》 金紫光禄大夫《何禎集》五卷。【略】《書鈔・設官部》五十七引虞預《晉書》：何禎字元幹，爲尚書郎參尚書右丞。右丞之設，自禎始也。

袁準集

《隋書・經籍志・別集》 又有《袁準集》一卷，録一卷。亡。

《舊唐書・經籍志・別集》 《袁準集》二卷。

《新唐書・藝文志・別集類》 《袁準集》二卷。

鄭樵《通志・藝文略・別集二》 《袁準集》二卷。

文廷式《補晉書藝文志・別集類》 《袁準集》二卷，録一卷。《隋志》亡，《唐志》著録。《書鈔》一百十二袁淮當作「準」《招公子》云：燕倡越舞齊商歌，五色紛華曳綺羅。

山濤集

《隋書・經籍志・別集》 晉少傅《山濤集》九卷。梁五卷，録一卷，又一本十卷。齊奉朝請裴津注。

《舊唐書・經籍志・別集》 《山濤集》五卷。

《新唐書・藝文志・別集類》 《山濤集》五卷。

鄭樵《通志・藝文略・別集二》 少傅《山濤集》十卷。齊朝奉請裴聿注。

文廷式《補晉書藝文志・別集類》 少傅《山濤集》五卷，録一卷。【略】今案各書所引山公《啓事》，往往有注，疑九卷、十卷本，皆合《啓事》言之也。今從《七志》入録。《唐志》五卷。

向秀集

《隋書・經籍志・別集》 又梁有《向秀集》二卷，録一卷。亡。

《舊唐書・經籍志・別集》 《向秀集》二卷。

《新唐書・藝文志・別集類》 《向秀集》二卷。

鄭樵《通志・藝文略・別集二》《向秀集》二卷。
文廷式《補晉書藝文志・別集類》《向秀集》二卷，録一卷。《隋志》亡，《唐志》著録。按《世説・言語門》注引《向秀別傳》曰：轉至黄門侍郎、散騎常侍。本傳同此失題其官。

阮沖集

《隋書・經籍志・別集》平原太守《阮种集》二卷，録一卷。亡。
《舊唐書・經籍志・別集》《阮沖集》二卷。
《新唐書・藝文志・別集類》《阮沖集》二卷。
鄭樵《通志・藝文略・別集二》平原太守《阮种集》二卷。
文廷式《補晉書藝文志・別集類》平原太守《阮种集》二卷，録一卷。

阮侃集

《隋書・經籍志・別集》《阮侃集》五卷，録一卷。亡。
《舊唐書・經籍志・別集》《阮侃集》五卷。
《新唐書・藝文志・別集類》《阮侃集》五卷。
鄭樵《通志・藝文略・別集二》《阮偘集》五卷。
文廷式《補晉書藝文志・別集類》《阮侃集》五卷，録一卷。《隋志》：亡。《唐志》著録。侃有《詩音》，已入録，此失題「河内太守」四字。

羊祜集

《隋書・經籍志・別集》晉太傅《羊祜集》一卷。殘缺。梁二卷，録一卷。
《舊唐書・經籍志・別集》《羊祜集》二卷。
《新唐書・藝文志・別集類》《羊祜集》二卷。
鄭樵《通志・藝文略・別集二》太傅《羊祜集》二卷。
文廷式《補晉書藝文志・別集類》太傅《羊祜集》二卷，録一卷。

蔡玄通集

《隋書・經籍志・別集》又有《蔡玄通集》五卷。亡。
鄭樵《通志・藝文略・別集二》《蔡玄通集》五卷。
文廷式《補晉書藝文志・別集類》《蔡玄通集》五卷。《隋志》：亡。《初學記》卷一引蔡韶《闡論》曰：衆經折軸呼成雷。

賈充集

《隋書・經籍志・別集》太宰《賈充集》五卷，録一卷。亡。
《舊唐書・經籍志・別集》《賈充集》二卷。
《新唐書・藝文志・別集類》《賈充集》二卷。
鄭樵《通志・藝文略・別集二》太宰《賈充集》五卷。
文廷式《補晉書藝文志・別集類》太宰《賈充集》五卷。《隋志》：亡。《唐志》：二卷。

荀勗集

《隋書・經籍志・別集》《荀勗集》三卷，録一卷。亡。
《舊唐書・經籍志・別集》《荀勗集》二十卷。
《新唐書・藝文志・別集類》《荀勗集》二十卷。
鄭樵《通志・藝文略・別集二》《荀勗集》三卷。
文廷式《補晉書藝文志・別集類》《荀勗集》三卷，録一卷。《隋志》：亡。《唐志》：二十卷。按《初學記》卷十一引《荀勗集》：晉武帝時，門下啓令史伊羕趙咸爲中書舍人，對掌文法，勗奏以爲不可。《書鈔》五十九《荀勗集》云：昔六官所掌，冢宰爲首，秦公卿贊以丞相御史爲冠，今者尚書令總此三者，非臣駑闇所宜竊忝。

小道

文廷式《補晉書藝文志・别集類》 盧欽《小道》數十篇。本傳：欽所著詩、賦、論、難數十篇，名曰《小道》。《春秋左氏傳》序正義引盧欽《公羊序》云「孔子自因魯史記而修《春秋》，制素王之道」，《類聚》二十二《魏志》曰「盧欽著書稱徐邈」云云，亦當是《小道》中之一篇。

文立章奏詩賦

文廷式《補晉書藝文志・别集類》 文立章、奏、詩、賦數十篇。本傳。《華陽國志》曰：凡立章、奏，集爲十篇，詩、賦、論、頌亦數十篇。

杜預集

《隋書・經籍志・别集》 晉征南將軍《杜預集》十八卷。

《舊唐書・經籍志・别集》 《杜預集》二十卷。

《新唐書・藝文志・别集類》 《杜預集》二十卷。

鄭樵《通志・藝文略・别集二》 征南將軍《杜預集》二十卷。

文廷式《補晉書藝文志・别集類》 征南將軍《杜預集》十八卷。【略】《書鈔》九十七《杜預集》云：預少而好學，在官勤於吏治，在家則滋味典籍。《書鈔》一百十九《杜預集序》云：預爲鎮南將軍，觀兵于江，男女降者百萬餘口，軍中爲之謡曰「以計代戰一當萬」。

王濬集

《隋書・經籍志・别集》 晉輔國將軍《王濬集》一卷。殘缺。梁二卷，録一卷。

《舊唐書・經籍志・别集》 《王濬集》二卷。

《新唐書・藝文志・别集類》 《王濬集》二卷。

鄭樵《通志・藝文略・别集二》 輔國將軍《王濬集》二卷。

文廷式《補晉書藝文志・别集類》 輔國將軍《王濬集》二卷，録一卷。《書鈔》一百三十七《王濬集》云：瓜皮船本圖以倉卒用之耳，寧可以深入敵境耶。

皇甫謐集

《隋書・經籍志・别集》 晉徵士《皇甫謐集》二卷。録一卷。

《舊唐書・經籍志・别集》 《皇甫謐集》二卷。

《新唐書・藝文志・别集類》 《皇甫謐集》二卷。

鄭樵《通志・藝文略・别集二》 處士《皇甫謐集》二卷。

文廷式《補晉書藝文志・别集類》 徵士《皇甫謐集》二卷，録一卷。《唐志》同。《書鈔》五十九引《皇甫謐集》云，《御覽》二百四十《皇甫謐集》云：護軍武士之官，尚書文士之樞機也。卷八十四皇甫謐《女怨詩》曰：施衿結帨，三命丁寧。又云：棄我舊廬，爰適他館。

程咸集

《隋書・經籍志・别集》 晉侍中《程咸集》三卷。

《舊唐書・經籍志・别集》 《程咸集》二卷。

《新唐書・藝文志・别集類》 《程咸集》二卷。

鄭樵《通志・藝文略・别集二》 侍中《程咸集》三卷。

文廷式《補晉書藝文志・別集類》 侍中《程咸集》三卷。【略】《鄭袞傳》：袞舉劉毅、劉寔、程咸、庾峻，並至公輔大位。《書鈔》五十八王隱《晉書》曰：程字咸延祚，太始十年詔曰：黄門郎程咸，博學洽通，文藻清敏，其以爲散騎常侍。《御覽》三百六十一引王隱《晉書》：程咸字延休，魏郡武安人。陶淵明《搜神後記》：三程咸，字咸休，武帝時歷位至侍中。《書鈔》一百三十二程咸《詩序》云：平原□三月三日，從華林園作壇，建仙宮，張朱幕，詔延羣臣作詩以頌之。

劉毅集

《隋書・經籍志・別集》 梁有光禄大夫《劉毅集》二卷，録一卷。亡。

《舊唐書・經籍志・別集》 《劉毅集》二卷。

《新唐書・藝文志・別集類》 《劉毅集》二卷。

鄭樵《通志・藝文略・別集二》 光禄大夫《劉毅集》二卷。

文廷式《補晉書藝文志・別集類》 光禄大夫《劉毅集》二卷，録一卷。《隋志》亡，《唐志》著録。《晉書》有兩《劉毅傳》，西晉劉毅字仲雄，東萊人。《書鈔》七十三引劉毅《論九品》，宋陳仁子《廣文選》有劉毅《中正疏》。

庾峻集

《隋書・經籍志・別集》 晉侍中《庾峻集》二卷，録一卷。亡。

《舊唐書・經籍志・別集》 《庾峻集》三卷。

《新唐書・藝文志・別集類》 《庾峻集》三卷。

鄭樵《通志・藝文略・別集二》 侍中《庾峻集》二卷。

文廷式《補晉書藝文志・別集類》 侍中《庾峻集》二卷，録一卷。《隋志》亡，《唐志》二卷。

郤正集

《隋書・經籍志・別集》 晉巴西太守《郤正集》一卷。

《舊唐書・經籍志・別集》 《郄正集》一卷。

《新唐書・藝文志・別集類》 《郄正集》一卷。

鄭樵《通志・藝文略・別集二》 巴西太守《郄正集》一卷。

姚振宗《三國藝文志・別集》 蜀祕書令《郤正集》垂百篇。本傳：正字令先，河南偃師人也。祖父儉，靈帝末益州刺史，爲盜賊所殺。父揖，留蜀爲孟達營都督，隨達降魏，爲中書令史。正本名纂，少以父死母嫁，單煢隻立，而安貧好學，博覽墳籍，弱冠能屬文，入爲祕書吏，轉爲令史，遷郎至令，澹于榮利，而尤耽意文章。自司馬、王、楊、班、傅、張、蔡之儔遺文篇賦，及當世美書善論，益部有者則鑽鑿推求，略皆寓目。自在内職與宦人黄皓比屋周旋，經三十年不爲皓所愛憎，官不過六百石，而免于憂患，依則先儒，假文見意，號曰《釋譏》，其文繼于崔駰《達旨》。景耀六年，後主降于鄧艾，其書正所造也。明年，後主東遷洛陽，賜爵關内侯。泰始中，除安陽令，遷巴西太守，咸寧四年卒。凡所著述詩、論、賦之屬垂百篇。【略】

嚴氏《文編》録存《爲後主作降書》、《姜維論》、《釋譏》凡三篇。案史言郤令先著述垂百篇，《隋》、《唐志》著録乃祇一卷，所佚多矣。令先卒于晉武帝即位十四年，時爲吴孫皓天紀二年，尚在太康渾一之前，列入三國之末，未嘗不可也。

文廷式《補晉書藝文志・別集類》 巴西太守《郤正集》一卷。【略】正，《蜀志》有傳云：凡所著述詩、論、賦之屬垂百篇，而《七録》一卷，蓋所佚多矣。

薛瑩集

《隋書・經籍志・別集》 晉散騎常侍《薛瑩集》三卷。

《舊唐書・經籍志・別集》 《薛瑩集》二卷。

《新唐書・藝文志・別集類》 《薛瑩集》二卷。

鄭樵《通志·藝文略·別集二》 散騎常侍《薛瑩集》三卷。

姚振宗《三國藝文志·別集》 吴光禄勳《薛瑩集》三卷。《薛綜附傳》：建衡三年，晧追歎瑩父綜遺文，且命瑩繼作，瑩獻詩一篇。是時法政多謬，舉措煩苛，瑩每上便宜，陳緩刑簡役，以濟育百姓，事或施行。

嚴氏《文編》録存《爲吴主晧請降書》、《後漢光武》、《明帝》、《章帝》、《安帝》、《桓帝》、《靈帝贊》、《條列吴事》凡八篇，馮氏《詩紀》録存《獻四言詩》一篇。

文廷式《補晉書藝文志·別集類》 散騎常侍《薛瑩集》三卷。【略】瑩，《吴志》附《薛綜傳》。《書鈔》五十七引《薛瑩集》論胡沖事。《御覽》三百二十八有薛瑩《答華永先詩》。

陶濬集

《隋書·經籍志·別集》 梁又有散騎常侍《陶濬集》二卷，録一卷。亡。

《舊唐書·經籍志·別集》 《陶濬集》三卷。

《新唐書·藝文志·別集類》 《陶濬集》二卷。

鄭樵《通志·藝文略·別集二》 散騎常侍《陶濬集》二卷。

文廷式《補晉書藝文志·別集類》 散騎常侍《陶濬集》二卷，録一卷。《隋志》亡，《唐志》著録。按《陶璜傳》云：弟濬，吴鎮南大將軍，荆州牧，不言爲散騎常侍，蓋入晉後所除官也。

江偉集

《隋書·經籍志·別集》 晉通事郎《江偉集》六卷。

《舊唐書·經籍志·別集》 《江偉集》五卷。

《新唐書·藝文志·別集類》 《江偉集》五卷。

鄭樵《通志·藝文略·別集二》 通仕郎《江偉集》六卷。

文廷式《補晉書藝文志·別集類》 通事郎《江偉集》六卷。【略】《太平御覽》七百四十七引《江偉家傳》曰：偉性善書，人得其手書，莫不藏之以爲寶。

宣舒集

《隋書·經籍志·別集》 梁有《宣舒集》五卷。亡。

《舊唐書·經籍志·別集》 《宣聘集》三卷。

《新唐書·藝文志·別集類》 《宣騁集》三卷。

鄭樵《通志·藝文略·別集二》 《宣舒集》五卷。

文廷式《補晉書藝文志·別集類》 《宣舒集》五卷。《隋志》亡，《舊唐志》有《宣聘集》三卷，《新唐志》作宣騁。舒官籍見甲部易類，此脱「宜城令」三字。鄧名世《古今姓氏書辯證》云：晉彭城令宣聘，望出陳郡。

曹志集

《隋書·經籍志·別集》 散騎常侍《曹志集》二卷，録一卷。亡。

《舊唐書·經籍志·別集》 《曹志集》二卷。

《新唐書·藝文志·別集類》 《曹志集》二卷。

鄭樵《通志·藝文略·別集二》 散騎常侍《曹志集》二卷。

文廷式《補晉書藝文志·別集類》 散騎常侍《曹志集》二卷，録一卷。《隋志》亡，《唐志》著録。

鄒湛集

《隋書·經籍志·別集》 《鄒湛集》三卷，録一卷。亡。

《舊唐書·經籍志·別集》 《鄒湛集》四卷。

《新唐書·藝文志·別集類》 《鄒湛集》四卷。

鄭樵《通志·藝文略·別集二》 《鄒湛集》三卷。

文廷式《補晉書藝文志·別集類》 《鄒湛集》三卷，録一卷。《隋志》亡，《唐志》四卷。《文苑》本傳：湛仕至少府，所著詩及論事、議二十五首。《文選》五十九注引鄒潤甫《爲諸葛穆答晉王命》曰：雖曰博納，虛懷下開。

孫毓集

《隋書・經籍志・別集》 晉汝南太守《孫毓集》六卷。

《舊唐書・經籍志・別集》 《孫毓集》二卷。

《新唐書・藝文志・別集類》 《孫毓集》五卷。

鄭樵《通志・藝文略・別集二》 汝南太守《孫毓集》六卷。

文廷式《補晉書藝文志・別集類》 汝南太守《孫毓集》六卷。【略】嚴可均《全晉文目》：毓字仲，泰山人。魏時嗣父觀爵呂都亭侯，仕至青州刺史。見《魏志・臧霸傳》。一云字休明，北海平昌人。見《經典叙録》。入晉爲太常博士，歷長沙、汝南太守。

楊泉集

《隋書・經籍志・別集》 晉處士《楊泉集》二卷録一卷。

《舊唐書・經籍志・別集》 《楊泉集》二卷。

《新唐書・藝文志・別集類》 《楊泉集》二卷。

鄭樵《通志・藝文略・別集二》 處士《楊泉集》二卷。

文廷式《補晉書藝文志・別集類》 處士《楊泉集》二卷，録一卷。《唐志》同。《書鈔》六十三引《晉録》：會稽相朱則上言：楊泉清操自然，徵聘終不移心，詔拜泉郎中。《類聚》二十三引泉《贊善賦》，題曰吳楊泉。《金樓子》曰：楊泉《蠶賦序》曰：古人所賦者多矣，而獨不賦蠶，乃爲《蠶賦》，是何言與！楚蘭陵荀況有《蠶賦》，德淵近不見之，有文不如無述也。

王渾集

《隋書・經籍志・別集》 梁有司徒《王渾集》五卷。亡。

《舊唐書・經籍志・別集》 《王渾集》五卷。

《新唐書・藝文志・別集類》 《王渾集》五卷。

鄭樵《通志・藝文略・別集二》 司徒《王渾集》五卷。

文廷式《補晉書藝文志・別集類》 司徒《王渾集》五卷。《隋志》亡，《唐志》著録。《御覽》二十九引《王渾集》。

王深集

《隋書・經籍志・別集》 冀州刺史《王深集》五卷。亡。

《舊唐書・經籍志・別集》 《王深集》四卷。

《新唐書・藝文志・別集類》 《王深集》四卷。

鄭樵《通志・藝文略・別集二》 冀州刺史《王深集》五卷。

文廷式《補晉書藝文志・別集類》 冀州刺史《王琛集》五卷。《隋志》亡，《唐志》四卷。按《王覽傳》：子琛，字士瑋，國子祭酒，恐非此人。《御覽》二百四十五《晉起居注》曰：太康十年，詔尚書郎王琛每所陳論，意在忠讜，其以爲太子庶子。

閔鴻集

《隋書・經籍志・別集》 晉徵士《閔鴻集》三卷。

《舊唐書・經籍志・別集》 《閔鴻集》二卷。

《新唐書・藝文志・別集類》 《閔鴻集》二卷。

鄭樵《通志・藝文略・別集二》 處士《閔鴻集》三卷。

姚振宗《三國藝文志・別集》 吳尚書《閔鴻集》三卷。【略】嚴氏《文編》曰：吳閔鴻，廣陵人，仕吳爲尚書，入晉徵不就，有集三卷。《初學記》諸書引鴻《親蠶賦》、《琴賦》、《羽扇賦》、《芙蓉賦》、《與劉子雅書》凡五篇。案《藝文類聚》八十二引《芙蓉賦》，稱後漢閔鴻者，非也。

文廷式《補晉書藝文志・别集類》 徵士《閔鴻集》三卷。【略】《紀瞻傳》有尚書閔鴻，此云徵士，當時曾以尚書徵而不起歟？又據《薛兼傳》，鴻，廣陵人。《晉書》曰：尚書閔鴻見陸雲，奇之曰「此兒若非龍駒，定是鳳雛」。《御覽》三百七十九。《御覽》三百五十八有閔鴻《與劉子稚書》。

裴楷集

《隋書・經籍志・别集》 梁有光禄大夫《裴楷集》二卷，録一卷。亡。

《舊唐書・經籍志・别集》 《裴楷集》二卷。

《新唐書・藝文志・别集類》 《裴楷集》二卷。

鄭樵《通志・藝文略・别集二》 光禄大夫《裴楷集》二卷。

文廷式《補晉書藝文志・别集類》 光禄大夫《裴楷集》二卷，録一卷。《隋志》亡，《唐志》著録。

衛恒集

文廷式《補晉書藝文志・别集類》 《衛恒集》。《書鈔》卷六十二《衛恒集》云「程邈爲衙獄吏」云云，《晉書》三十六載《四體書勢》：其文正同惟虞伯施。既以集標題，當不止《書勢》一篇，蓋《隋志》偶佚耳。

陳壽述作

文廷式《補晉書藝文志・别集類》 陳壽述作二百餘篇。見《華陽國志》。按，《華陽國志》載壽弟符、蒞、階，亦各數十篇。

張華集

《隋書・經籍志・别集》 晉司空《張華集》十卷。録一卷。

《舊唐書・經籍志・别集》 《張華集》十卷。

《新唐書・藝文志・别集類》 《張華集》十卷。

鄭樵《通志・藝文略・别集二》 司空《張華集》十卷。

晁公武《郡齋讀書志・别集類上》 《張華集》三卷。右晉張華茂先也。范陽人。惠帝時爲司空，趙王倫，孫秀黨謀害之。華學業優博，辭藻温麗，圖緯、方伎等書，莫不詳覽。家有書三十乘，天下奇祕悉在。博物洽聞，世無與比。集有詩一百二十，哀詞、册文二十一，賦三。

尤袤《遂初堂書目・别集類》 《張華集》。

陳振孫《直齋書録解題・别集類上》 《張司空集》三卷。晉司空范陽張華茂先撰。前二卷爲四言、五言詩，後一卷爲祭、祝、哀、誄等文。

馬端臨《文獻通考・經籍考・别集》 《張司空集》三卷。

《宋史・藝文志・别集類》 《張華集》二卷。又《詩》一卷。

文廷式《補晉書藝文志・别集類》 司空《張華集》十卷，録一卷。

裴頠集

《隋書・經籍志・别集》 晉尚書僕射《裴頠集》九卷。

《舊唐書・經籍志・别集》 《裴頠集》十卷。

《新唐書・藝文志・别集類》 《裴頠集》十卷。

鄭樵《通志・藝文略・别集二》 尚書僕射《裴頠集》十卷。

文廷式《補晉書藝文志・别集類》 尚書僕射《裴頠集》九卷。【略】《類聚》卷五十二《裴頠集》曰：臣聞感神以政，應變以誠，故桑穀之異，以勉己而消。漢末屢赦，猶淩不反，由此言之，上協宿度，下寧萬國，唯在賢能，慎厥庶政，殆非孤赦所能增損也。

許孟集

《隋書・經籍志・别集》　梁有太子中庶子《許孟集》三卷，録一卷。亡。

《舊唐書・經籍志・别集》　《許孟集》二卷。

《新唐書・藝文志・别集類》　《許孟集》二卷。

鄭樵《通志・藝文略・别集二》　太子中庶子《許孟集》三卷。

文廷式《補晉書藝文志・别集類》　太子中庶子《許孟集》三卷、録一卷。《隋志》亡，《唐志》一卷。按，許孟當作許猛，高陽人，見《賈謐傳》。《世説・賢媛門》注引《世語》：允子猛，字子豹。又引《晉諸公贊》：猛禮學儒博，加有才識，爲幽州刺史。《政事門》注引《許氏譜》：猛，吏部郎。

何劭集

《隋書・經籍志・别集》　太宰《何劭集》二卷，録一卷。亡。

《舊唐書・經籍志・别集》　《何劭集》二卷。

《新唐書・藝文志・别集類》　《何劭集》二卷。

鄭樵《通志・藝文略・别集二》　太宰《何劭集》二卷。

文廷式《補晉書藝文志・别集類》　太宰《何劭集》一卷，録一卷。《隋志》亡，《唐志》二卷。劭附《何曾傳》，《類聚》三十一有何劭《贈張華詩》。

劉頌集

《隋書・經籍志・别集》　光禄大夫《劉頌集》三卷，録一卷。亡。

《舊唐書・經籍志・别集》　《劉頌集》三卷。

鄭樵《通志・藝文略・别集二》　光禄大夫《劉頌集》三卷。

文廷式《補晉書藝文志・别集類》　光禄大夫《劉頌集》三卷，録一卷。《隋志》亡。

劉寔集

《隋書・經籍志・别集》　《劉寔集》二卷，録一卷。亡。

《舊唐書・經籍志・别集》　《劉寔集》二卷。

《新唐書・藝文志・别集類》　《劉寔集》二卷。

鄭樵《通志・藝文略・别集二》　《劉寔集》二卷。

文廷式《補晉書藝文志・别集類》　《劉寔集》二卷，録一卷。《隋志》亡。按寔官至太尉，《隋志》蓋脱二字，《唐志》著録。

王佑集

《隋書・經籍志・别集》　晉散騎常侍《王佑集》三卷。録一卷。

《舊唐書・經籍志・别集》　《王佑集》二卷。

《新唐書・藝文志・别集類》　《王佑集》三卷。

鄭樵《通志・藝文略・别集二》　散騎常侍《王佑集》三卷。

文廷式《補晉書藝文志・别集類》　散騎常侍《王佑集》三卷，録一卷。《王湛傳》：王嶠父佑，以才智稱，爲楊駿腹心，當即此人。但云位至北軍中候，不言散騎常侍，史偶遺之耳。《舊唐志》作王祐。

王濟集

《隋書・經籍志・别集》　梁有晉驃騎將軍《王濟集》二卷。亡。

《舊唐書・經籍志・别集》　《王濟集》二卷。

《新唐書・藝文志・别集類》　《王濟集》二卷。

鄭樵《通志・藝文略・别集二》　驃騎將軍《王濟集》二卷。

文廷式《補晉書藝文志・别集類》　驃騎將軍《王濟集》二卷。《隋志》亡，《唐志》著録。濟附《王渾傳》。

華嶠集

《隋書·經籍志·別集》《華嶠集》八卷。梁二卷。

《舊唐書·經籍志·別集》《華嶠集》一卷。

鄭樵《通志·藝文略·別集二》《華嶠集》八卷。

文廷式《補晉書藝文志·別集類》《華嶠集》八卷。按嶠追贈少府，《隋志》失題其官。【略】本傳曰：嶠所著論、議、難、駁、詩、賦之屬數十萬言。蓋八卷乃足本也。故從《隋志》。《書鈔》九十九引《華嶠集序》云：嶠作《後漢書》百卷，張華等稱其有良史之才，足以繼迹班固，乃藏之祕府，與三史並流。【略】《御覽》二百二十四《華嶠集》曰：詔曰：散騎以從容侍從、承答顧問爲職，又掌贊詔命，平處文籍，故前世多參用言語文學之士，以上參用《類聚》四十八。議郎華嶠有論義著述之才，其以嶠爲散騎常侍，兼與中書，共參著作事。嶠表謝云：非臣典筆申辭所能陳謝。

華頌集

《新唐書·藝文志·別集類》《華頌集》三卷。

劉嶠集

《新唐書·藝文志·別集類》《劉嶠集》二卷。

司馬彪集

《隋書·經籍志·別集》晉祕書丞《司馬彪集》四卷。梁三卷，録一卷。

《舊唐書·經籍志·別集》《司馬彪集》三卷。

《新唐書·藝文志·別集類》《司馬彪集》三卷。

鄭樵《通志·藝文略·別集二》祕書丞《司馬彪集》四卷。

文廷式《補晉書藝文志·別集類》祕書丞《司馬彪集》三卷，録一卷。

庾儵集

《隋書·經籍志·別集》又有尚書《庾儵集》二卷，録一卷。亡。

《舊唐書·經籍志·別集》《庾儵集》三卷。

《新唐書·藝文志·別集類》《庾儵集》三卷。

鄭樵《通志·藝文略·別集二》尚書《庾儵集》二卷。

文廷式《補晉書藝文志·別集類》尚書《庾儵集》二卷，録一卷。《隋志》亡，《唐志》著録三卷。《類聚》卷九引庾絛當作「儵」《冰井賦》，八十八引庾儵《大槐賦》。

謝衡集

《隋書·經籍志·別集》國子祭酒《謝衡集》二卷。亡。

《舊唐書·經籍志·別集》《謝衡集》二卷。

《新唐書·藝文志·別集類》《謝衡集》二卷。

鄭樵《通志·藝文略·別集二》國子祭酒《謝衡集》二卷。

文廷式《補晉書藝文志·別集類》國子祭酒《謝衡集》二卷。《隋志》亡，《唐志》著録。衡附見《謝鯤傳》。《王接傳》云：摯虞、謝衡皆博學多聞。《賈謐傳》稱「國子博士謝衡」。

李虔集

《隋書·經籍志·別集》晉漢中太守《李虔集》一卷。梁二卷，録一卷。

《舊唐書・經籍志・別集》《李虔集》十卷。

《新唐書・藝文志・別集類》《李虔集》十卷。

鄭樵《通志・藝文略・別集二》 漢中太守《李虔集》二卷。

文廷式《補晉書藝文志・別集類》 漢中太守《李虔集》二卷，録一卷。

傅咸集

《隋書・經籍志・別集》 晉司隸校尉《傅咸集》十七卷。梁三十卷，録一卷。

《舊唐書・經籍志・別集》《傅咸集》三十卷。

《新唐書・藝文志・別集類》《傅咸集》三十卷。

鄭樵《通志・藝文略・別集二》 司隸校尉《傅咸集》三十卷。

徐𤊹《徐氏家藏書目・別集類》《傅咸集》四卷。

文廷式《補晉書藝文志・別集類》 司隸校尉《傅咸集》三十卷，録一卷。

【略】《北堂書鈔》六十、六十一、六十二並引《傅咸集》。

棗據集

《隋書・經籍志・別集》 又有太子中庶子《棗據集》二卷，録一卷。亡。

《舊唐書・經籍志・別集》《棗據集》二卷。

《新唐書・藝文志・別集類》《棗據集》二卷。

鄭樵《通志・藝文略・別集二》 太子中庶子《棗據集》二卷。

文廷式《補晉書藝文志・別集類》 太子中庶子《棗據集》二卷，録一卷。《隋志》亡，《唐志》著録。《文選》卷二十九注：今書《七志》曰：棗據字道彦，潁川人。弱冠辟大將軍府，遷尚書郎，太尉賈充爲伐吴都督，請爲從事中郎，遷中庶子，卒。《類聚》三十一録據《答阮德猷詩》，《御覽》三百五十八兩引棗據詩。

劉寶集

《隋書・經籍志・別集》《劉寶集》三卷。亡。

《舊唐書・經籍志・別集》《劉寶集》三卷。

《新唐書・藝文志・別集類》《劉寶集》三卷。

鄭樵《通志・藝文略・別集二》《劉寶集》三卷。

文廷式《補晉書藝文志・別集類》《劉寶集》三卷。《隋志》亡，《唐志》著録。按寶官太子中庶子，見《通典》，《志》蓋蒙上文而省。

孫楚集

《隋書・經籍志・別集》 晉馮翊太守《孫楚集》六卷。梁十二卷，録一卷。

《舊唐書・經籍志・別集》《孫楚集》十卷。

《新唐書・藝文志・別集類》《孫楚集》十卷。

鄭樵《通志・藝文略・別集二》 馮翊太守《孫楚集》十二卷。

徐𤊹《徐氏家藏書目・別集類》《孫楚集》二卷。

文廷式《補晉書藝文志・別集類》 馮翊太守《孫楚集》十二卷，録一卷。

夏侯湛集

《隋書・經籍志・別集》 晉散騎常侍《夏侯湛集》十卷。梁有録一卷。

《舊唐書・經籍志・別集》《夏侯湛集》十卷。

《新唐書・藝文志・別集類》《夏侯湛集》十卷。

鄭樵《通志・藝文略・別集二》 散騎常侍《夏侯湛集》十卷。

徐𤊹《徐氏家藏書目・別集類》《夏侯湛集》二卷。

文廷式《補晉書藝文志・別集類》 散騎常侍《夏侯湛集》十卷，録一卷。《世說・文學門》注引《湛集・周詩叙》，《御覽》八百十五引《夏侯孝若集・羊太常辛夫人傳》，七百七亦引之。原誤「夏侯孝子集」。

夏侯淳集

《隋書・經籍志・別集》 又有弋陽太守《夏侯淳集》二卷。亡。

《舊唐書・經籍志・別集》 《夏侯淳集》十卷。

《新唐書・藝文志・別集類》 《夏侯淳集》十卷。

鄭樵《通志・藝文略・別集二》 弋陽太守《夏侯淳集》二卷。

文廷式《補晉書藝文志・別集類》 弋陽太守《夏侯淳集》二卷。《隋志》亡，《唐志》十卷。淳字孝沖，附《夏侯湛傳》。

王讚集

《隋書・經籍志・別集》 散騎侍郎《王讚集》五卷。亡。

《舊唐書・經籍志・別集》 《王讚集》三卷。

《新唐書・藝文志・別集類》 《王讚集》二卷。

鄭樵《通志・藝文略・別集二》 散騎侍郎《王讚集》五卷。

文廷式《補晉書藝文志・別集類》 散騎侍郎《王讚集》五卷。《隋志》亡，《唐志》二卷。《初學記》二十八有王讚《梨樹頌》。

石崇集

《隋書・經籍志・別集》 晉衛尉卿《石崇集》六卷。梁有録一卷。

《舊唐書・經籍志・別集》 《石崇集》五卷。

《新唐書・藝文志・別集類》 《石崇集》五卷。

鄭樵《通志・藝文略・別集二》 衛尉卿《石崇集》六卷。

文廷式《補晉書藝文志・別集類》 衛尉卿《石崇集》六卷，録一卷。

張敏集

《隋書・經籍志・別集》 晉尚書郎《張敏集》二卷。梁五卷。

《舊唐書・經籍志・別集》 《張敏集》二卷。

《新唐書・藝文志・別集類》 《張敏集》二卷。

鄭樵《通志・藝文略・別集二》 尚書郎《張敏集》五卷。

尤袤《遂初堂書目・別集類》 《張敏集》。

《宋史・藝文志・別集類》 《張敏集》二卷。

文廷式《補晉書藝文志・別集類》 尚書郎《張敏集》五卷。【略】案，《遂初堂書目》尚著録，是此書南宋猶存。《容齋五筆》卷四云：故簏中得舊書一帙，題爲《晉代名臣文集》，凡十四家，有張敏者，太原人，仕歷平南參軍、太子舍人、濟北長史，《集仙傳》所載《神女智瓊傳》，見《太平廣記》，敏之作也。

伏偉集

《隋書・經籍志・別集》 又有黄門郎《伏偉集》一卷。亡。

鄭樵《通志・藝文略・別集二》 黄門郎《伏偉集》一卷。

文廷式《補晉書藝文志・別集類》 黄門郎《伏偉集》一卷。《隋志》亡。

潘岳集

《隋書・經籍志・別集》 晉黄門郎《潘岳集》十卷。

《舊唐書・經籍志・別集》 《潘岳集》十卷。

《新唐書・藝文志・別集類》 《潘岳集》十卷。

鄭樵《通志・藝文略・別集二》 黄門郎《潘岳集》十卷。

尤袤《遂初堂書目・別集類》《潘岳集》。

《宋史・藝文志・別集類》《潘岳集》七卷。

徐𤊹《徐氏家藏書目・別集類》《潘岳集》六卷。

文廷式《補晉書藝文志・別集類》 黄門郎《潘岳集》十卷。《唐志》同。《世説・文學門》注引《續文章志》曰：岳爲文，選言簡章，清綺絶倫。

潘尼集

《隋書・經籍志・別集》 晉太常卿《潘尼集》十卷。

《舊唐書・經籍志・別集》《潘尼集》十卷。

《新唐書・藝文志・別集類》《潘尼集》十卷。

鄭樵《通志・藝文略・別集二》 太常卿《潘尼集》十卷。

徐𤊹《徐氏家藏書目・別集類》《潘尼集》二卷。

文廷式《補晉書藝文志・別集類》 太常卿《潘尼集》十卷。《唐志》同。尼附《潘岳傳》。唐段成式《酉陽雜俎》第十二引魏肇師曰：《鸚鵡賦》，禰衡、潘尼二集並載。君房曰：詞人自是好相采取，一字不異。君房，梁徐君房也。

歐陽建集

《隋書・經籍志・別集》 晉頓丘太守《歐陽建集》二卷。

《舊唐書・經籍志・別集》《歐陽建集》二卷。

《新唐書・藝文志・別集類》《歐陽建集》二卷。

鄭樵《通志・藝文略・別集二》 頓丘太守《歐陽建集》二卷。

文廷式《補晉書藝文志・別集類》 頓丘太守《歐陽建集》二卷。建附《石苞傳》，官至馮翊太守，與《隋志》異。

劉訏集

《隋書・經籍志・別集》 梁有宗正《劉許集》二卷，録一卷。亡。

《舊唐書・經籍志・別集》《劉訏集》二卷。

《新唐書・藝文志・別集類》《劉許集》二卷。

鄭樵《通志・藝文略・別集二》 宗正《劉訏集》二卷。

文廷式《補晉書藝文志・別集類》 宗正《劉訏集》二卷，録一卷。《隋志》亡，《唐志》《劉許集》二卷。《世説・排調門》注引《晉百官名》：劉許字文生，涿鹿郡人。父放，魏驃騎將軍，許惠帝時爲宗正卿。許與訏未詳孰是。

李重集

《隋書・經籍志・別集》 散騎常侍《李重集》二卷。亡。

《舊唐書・經籍志・別集》《李重集》二卷。

《新唐書・藝文志・別集類》《李重集》二卷。

鄭樵《通志・藝文略・別集二》 散騎常侍《李重集》二卷。

文廷式《補晉書藝文志・別集類》 散騎常侍《李重集》二卷。《隋志》亡，《唐志》著録。《文選》卷五十八注：《李重集》曰：爲選部尚書，其箴曰「銓管人流，品藻清濁」。《書鈔》卷六十《李重集》云：爲選部尚書，著《選曹箴》，置之左右，以明審才之宜。《御覽》卷二百三引《李重集》雜奏議，《初學記》十一亦引之。重，《晉書》有傳。《世説・品藻門》注《晉諸公贊》曰：李重字茂曾，江夏鍾武人，少以清尚見稱，歷吏部郎、平陽太守。

樂廣集

《隋書・經籍志・別集》 光禄大夫《樂廣集》二卷，録一卷。亡。

《舊唐書・經籍志・别集》 《樂廣集》二卷。

《新唐書・藝文志・别集類》 《樂廣集》二卷。

鄭樵《通志・藝文略・别集二》 光禄大夫《樂廣集》二卷。

文廷式《補晉書藝文志・别集類》 光禄大夫《樂廣集》二卷，録一卷。《隋志》：亡。《唐志》：二卷。

阮渾集

《隋書・經籍志・别集》 《阮渾集》三卷，録一卷。亡。

《舊唐書・經籍志・别集》 《阮渾集》二卷。

《新唐書・藝文志・别集類》 《阮渾集》二卷。

鄭樵《通志・藝文略・别集二》 《阮渾集》三卷。

文廷式《補晉書藝文志・别集類》 《阮渾集》三卷。《隋志》：亡。《唐志》：二卷。渾官籍見甲部易類，此失題「馮翊太守」四字。

嵇紹集

《隋書・經籍志・别集》 晉侍中《嵇紹集》二卷。録一卷。

《舊唐書・經籍志・别集》 《嵇紹集》二卷。

《新唐書・藝文志・别集類》 《嵇紹集》二卷。

鄭樵《通志・藝文略・别集二》 侍中《嵇紹集》二卷。

文廷式《補晉書藝文志・别集類》 侍中《嵇紹集》二卷，録一卷。《唐志》同。

楊建集

《隋書・經籍志・别集》 梁有錢唐令《楊建集》九卷。

鄭樵《通志・藝文略・别集二》 錢唐令《楊建集》九卷。

文廷式《補晉書藝文志・别集類》 錢塘令《楊建集》九卷。《隋志》：亡。

盛彦集

《隋書・經籍志・别集》 長沙相《盛彦集》五卷。

鄭樵《通志・藝文略・别集二》 長沙相《盛彦集》五卷。

文廷式《補晉書藝文志・别集類》 長沙相《盛彦集》五卷。《隋志》亡。彦在《孝友傳》，仕吴至中書侍郎，吴平，劉頌舉彦爲小中正。《七録》題「長沙相」，未詳所出。

楊乂集

《隋書・經籍志・别集》 左長史《楊乂集》三卷，録一卷。

《舊唐書・經籍志・别集》 《楊乂集》三卷。

《新唐書・藝文志・别集類》 《楊乂集》三卷。

鄭樵《通志・藝文略・别集二》 左長史《楊乂集》三卷。

文廷式《補晉書藝文志・别集類》 左長史《楊乂集》三卷，録一卷。《隋志》：亡。《唐志》著録。

盧播集

《隋書・經籍志・别集》 晉尚書《盧播集》一卷。梁二卷，録一卷。

《舊唐書・經籍志・别集》 《盧播集》二卷。

《新唐書・藝文志・别集類》 《盧播集》二卷。

鄭樵《通志・藝文略・别集二》 尚書《盧播集》二卷。

文廷式《補晉書藝文志・别集類》 尚書《盧播集》二卷，録一卷。【略】《類聚》五十三阮籍《與晉文王薦盧景宣書》曰：伏見鄙州別駕盧播，字景宣，潛心圖籍，文學之宗；敷藻載述，良史之表。

欒肇集

《隋書·經籍志·別集》 又有《欒肇集》五卷，録一卷。亡。

《舊唐書·經籍志·別集》 《欒肇集》二卷。

《新唐書·藝文志·別集類》 《欒肇集》五卷。

鄭樵《通志·藝文略·別集二》 《欒肇集》五卷。

文廷式《補晉書藝文志·別集類》 《欒肇集》五卷，録一卷。《隋志》：亡。《唐志》著録。按，肇官尚書郎。

應亨集

《隋書·經籍志·別集》 南中郎長史《應亨集》二卷。亡。

《舊唐書·經籍志·別集》 《應亨集》二卷。

《新唐書·藝文志·別集類》 《應亨集》二卷。

鄭樵《通志·藝文略·別集二》 南中郎長史《應亨集》二卷。

文廷式《補晉書藝文志·別集類》 南中郎長史《應亨集》二卷。《隋志》：亡。《唐志》著録。《北堂書鈔》五十七引《應亨集·讓著作表》，《書鈔》八十四應亨《贈四王冠詩》云：令月維吉日，盛服加元首。人咸飾其容，鮮能離塵垢。

杜育集

《隋書·經籍志·別集》 晉國子祭酒《杜育集》二卷。

《舊唐書·經籍志·別集》 《杜育集》二卷。

《新唐書·藝文志·別集類》 《杜育集》二卷。

鄭樵《通志·藝文略·別集二》 國子祭酒《杜育集》二卷。

文廷式《補晉書藝文志·別集類》 國子祭酒《杜育集》二卷。《唐志》同。

摯虞集

《隋書·經籍志·別集》 晉太常卿《摯虞集》九卷。梁十卷，録一卷。

《舊唐書·經籍志·別集》 《摯虞集》二卷。

《新唐書·藝文志·別集類》 《摯虞集》十卷。

鄭樵《通志·藝文略·別集二》 太常卿《摯虞集》十卷。

文廷式《補晉書藝文志·別集類》 太常卿《摯虞集》十卷，録一卷。

繆徵集

《隋書·經籍志·別集》 又祕書監《繆徵集》二卷，録一卷。亡。

《舊唐書·經籍志·別集》 《繆徵集》二卷。

《新唐書·藝文志·別集類》 《繆徵集》二卷。

鄭樵《通志·藝文略·別集二》 祕書監《繆證集》二卷。

文廷式《補晉書藝文志·別集類》 祕書監《繆徵集》二卷，録一卷。《隋志》亡，《唐志》著録。徵，蘭陵人，見《賈謐傳》。《北堂書鈔》六十二引《繆世應集·太尉石鑒碑》兩條。

按《張軌傳》有祕書監繆世徵，唐諱世，故但稱繆徵；宋諱徵，故宋鈔或爲世應，實一人也。

木華集

文廷式《補晉書藝文志·別集類》 《木華集》。《文選》卷十二引《木華集》曰：爲楊駿府主簿。又引《今書七志》曰：木華字玄虛。

海　賦

鄭樵《通志・藝文略・賦》 木玄虚《海賦》一卷。蕭廣濟注。

文廷式《補晋書藝文志・總集類》 蕭廣濟注木玄虚《海賦》一卷。

左思集

《隋書・經籍志・别集》 晋齊王府記室《左思集》二卷。梁有五卷，録一卷。

《舊唐書・經籍志・别集》 《左思集》五卷。

《新唐書・藝文志・别集類》 《左思集》五卷。

鄭樵《通志・藝文略・别集二》 齊王府記室《左思集》五卷。

文廷式《補晋書藝文志・别集類》 齊王府記室《左思集》五卷，録一卷。

姚振宗《隋書經籍志考證・别集類四》 晋齊王府記室《左思集》二卷，梁有五卷，録一卷。

齊都賦

《舊唐書・經籍志・總集》 《齊都賦》一卷。左太沖撰。

《新唐書・藝文志・總集類》 左太沖《齊都賦》一卷。

鄭樵《通志・藝文略・賦》 左思《齊都賦》一卷。

文廷式《補晋書藝文志・總集類》 《齊都賦》二卷。【略】《文選》二十八注引左思《齊都賦注》曰：《東武》、《太山》，皆齊之土風絃歌謳吟之曲名也。《水經・淄水注》引左思《齊都賦注》：申池在海濱齊藪也。又云：左氏捨近取遠，考古非矣。知注亦思自撰也。《文苑・左思傳》云：造《齊都賦》，一年乃成。《史記・孟荀列傳》「炙轂過髡」，集解引左思《齊都賦注》曰：言其多智難盡，如炙膏過之，有潤澤也。

齊都賦音

《舊唐書・經籍志・總集》 《齊都賦音》一卷。李軌撰。

《新唐書・藝文志・總集類》 李軌《齊都賦音》一卷。

鄭樵《通志・藝文略・賦》 《齊都賦音》一卷。李軌撰。

文廷式《補晋書藝文志・總集類》 李軌《齊都賦音》一卷。見《舊唐志》。

三都賦

《舊唐書・經籍志・總集》 《三都賦》三卷。

《新唐書・藝文志・總集類》 《三都賦》三卷。

鄭樵《通志・藝文略・賦》 左思《三都賦》三卷。

三都賦

文廷式《補晋書藝文志・總集類》 張載及劉逵、衛瓘注左思《三都賦》三卷。逵，侍中；瓘，懷令。《通典・職官部三》引衛瓘《吴都賦注》，李善《文選注》曰：《三都賦》成，張載爲注《魏都》，劉逵爲注《吴》、《蜀》而不標衛瓘名。案，《魏志・衛臻傳》注云：衛楷子瓘，字伯輿，作《左思吴都賦叙及注》，叙粗有文辭，至於爲注，了無所發明，直爲塵穢紙墨，不合傳寫也。崇賢不取，職此之由。瓘當作權，《隋志》似誤。《文苑・左思傳》：皇甫謐爲其賦序，張載爲注《魏都》，劉逵注《吴》、《蜀》而序之，陳留衛瓘又爲思賦作略解。亦與《隋志》異。

三都賦

文廷式《補晋書藝文志・總集類》 綦毋邃注《三都賦》三卷。《御覽》九百二十八左思《蜀都賦》曰：鷩鵕山栖。綦毋遂當作邃注曰：鷩鵕，鳥名，如今山雞，其色斑，其雛色異，出江東。

三都賦音

《隋書・經籍志・總集》 《三都賦音》一卷。李軌撰。

文廷式《補晉書藝文志・總集類》 李軌《三都賦音》一卷。

夏侯靖集

《隋書・經籍志・别集》 又有晉豫章太守《夏靖集》二卷，録一卷。亡。

《舊唐書・經籍志・别集》 《夏侯靖集》二卷。

《新唐書・藝文志・别集類》 《夏侯靖集》二卷。

鄭樵《通志・藝文略・别集二》 豫章太守《夏靖集》二卷。

文廷式《補晉書藝文志・别集類》 豫章太守《夏靖集》二卷，録一卷。《隋志》亡，《唐志》《夏侯靖集》二卷。

鄭豐集

《隋書・經籍志・别集》 吴王文學《鄭豐集》二卷，録一卷。亡。

《舊唐書・經籍志・别集》 《鄭豐集》二卷。

《新唐書・藝文志・别集類》 《鄭豐集》二卷。

鄭樵《通志・藝文略・别集二》 吴王文學《鄭豐集》二卷。

文廷式《補晉書藝文志・别集類》 吴王文學《鄭豐集》二卷，録一卷。《隋志》亡，《唐志》著録。按，《文館詞林》卷一百五十六有鄭豐《答陸士衡詩》四首，《吴志・孫權傳》注引《文士傳》云：豐字曼季，沛國人，有文學操行，與陸雲善，詩詞往反。司空張華辟，未就，卒。

陳略集

《隋書・經籍志・别集》 清河王文學《陳略集》二卷，録一卷。亡。

《舊唐書・經籍志・别集》 《陳略集》二卷。

《新唐書・藝文志・别集類》 《陳略集》二卷。

鄭樵《通志・藝文略・别集二》 清河王文學《陳略集》二卷。

文廷式《補晉書藝文志・别集類》 清河王文學《陳略集》二卷，録一卷。《隋志》亡，《唐志》著録。

張翰集

《隋書・經籍志・别集》 大司馬東曹掾《張翰集》二卷，録一卷。亡。

《舊唐書・經籍志・别集》 《張翰集》二卷。

《新唐書・藝文志・别集類》 《張翰集》二卷。

鄭樵《通志・藝文略・别集二》 大司馬東曹掾《張翰集》二卷。

文廷式《補晉書藝文志・别集類》 大司馬東曹掾《張翰集》二卷，録一卷。《隋志》亡，《唐志》著録。《初學記》卷二十張翰《詩序》曰：永康之末，疾苦痿瘵，故人頗候之常以閒静，爲著詩一首，分句改紙，各有别讀。《文選》卷二十九注：今書《七志》曰：張翰字季鷹，吴郡人也，文藻新麗，齊王冏辟爲東曹掾。觀天下亂，東歸，卒於家。《今書七志》是目録家言，故詳録之。

陸沖集

《隋書・經籍志・别集》 揚州從事《陸沖集》二卷，録一卷。亡。

《舊唐書・經籍志・别集》 《陸沖集》二卷。

《新唐書・藝文志・别集類》 《陸沖集》二卷。

鄭樵《通志・藝文略・別集二》 揚州從事《陸沖集》二卷。

文廷式《補晉書藝文志・別集類》 揚州從事《陸沖集》二卷，録一卷。《隋志》亡，《唐志》著録。《類聚》二十八有陸沖詩。

陸機集

《隋書・經籍志・別集》 晉平原内史《陸機集》十四卷。梁四十七卷，録一卷，亡。

《舊唐書・經籍志・別集》 《陸機集》十五卷。

《新唐書・藝文志・別集類》 《陸機集》十五卷。

鄭樵《通志・藝文略・別集二》 平原内史《陸機集》四十七卷。

晁公武《郡齋讀書志・別集類上》 《陸機集》十卷。右晉陸機士衡也。抗之子。少有異才，文章冠世，服膺儒術，非禮不動。吴滅，退居舊里，閉門勤學，積有十年。太康末，入洛。成都王穎令機率師伐長沙王乂，至河橋大敗，爲穎所誅。初，造張華，華重其名，如舊相識，嘗謂之曰：「人常恨才少，而子更患多。」葛洪著書亦稱歎焉。所著文章凡三百餘篇，今存詩、賦、論、議、箋、表、碑、誄一百七十餘首。以《晉書》、《文選》校正外，餘多舛誤。

尤袤《遂初堂書目・別集類》 晉《陸機集》。

陳振孫《直齋書録解題・別集類上》 《陸士衡集》十卷。晉平原内史吴郡陸機士衡撰。

馬端臨《文獻通考・經籍考・別類》 《陸機集》十卷。

《宋史・藝文志・別集類》 《陸機集》十卷。

高儒《百川書志・秦漢六朝文》 《陸士衡集》十卷。晉平原内史吴郡陸機士衡也。賦二十五，詩九十，雜著、雜文七十一，共一百八十六篇。

徐𤊹《徐氏家藏書目・別集類》 《陸機集》八卷。

錢謙益等《絳雲樓書目・六朝文書類》 《陸士衡集》二册。十卷。

錢曾《讀書敏求記・集》 《陸士衡文集》十卷，《陸士龍集》十卷。

孫星衍《平津館鑒藏書籍記・明版》 《陸士衡文集》十卷，《陸士龍文集》十卷。前有慶元庚申徐民瞻《晉二俊文集序》，稱「得《機集》於淮西撫幹林君，又得《雲集》於册府」。晁氏《讀書志》、陳氏《書録解題》所見本，卷數俱與此同。每集後有正德乙卯都穆跋。每葉廿行，行十八字。

阮元《四庫未收書目提要・別集類》 《陸士衡文集》十卷。

黄丕烈《蕘圃藏書題識・集類一》 《陸士衡集》十卷。校本。陸校《晉二俊文集》，士衡與士龍俱有，余向藏此本，止有士衡，且失徐民瞻序，想因其無《士龍集》而去之也。兹余臨校陸校本，但臨校士衡，難爲兩美之合矣。校畢復翁記。

張金吾《愛日精廬藏書志・別集類》 《陸士衡文集》十卷。明正德刊本。晉平原内史吴郡陸機士衡撰。

張之洞《書目答問・別集》 《陸士衡集》十卷。晉陸機。《二十名家集》本。

文廷式《補晉書藝文志・別集類》 平原内史《陸機集》四十七卷，録一卷。

陸機詩

高儒《百川書志・漢魏六朝詩》 《陸機詩》一卷。晉平原内史陸士衡也，凡八十六首。蓋後人于本集鈔出，與謝集并行。

陸機連珠注

徐𤊹《徐氏家藏書目・連珠類》 《陸機演連珠》一卷。

文廷式《補晉書藝文志・總集類》 《陸機連珠》一卷。《隋志》：《連珠》一卷，陸機撰，何承天注。按，此以注故入總集，然承天宋人，今當不録，以《隋志》所有，姑存之。

陸雲集

《隋書・經籍志・別集》 晉清河太守《陸雲集》十二卷。梁十卷，録一卷。

《舊唐書・經籍志・別集》 《陸雲集》十卷。

《新唐書・藝文志・別集類》 《陸雲集》十卷。

鄭樵《通志・藝文略・别集二》 清河太守《陸雲集》十二卷。

晁公武《郡齋讀書志・别集類上》 《陸雲集》十卷。右晉陸雲士龍也。吴郡人。惠帝時，爲中書侍郎。會兄機兵敗，同遇害。雲六歲能屬文，性清正，有才理。與機齊名，雖文章不及，而持論過之。所著文章三百四十九篇，《新書》十篇。

尤袤《遂初堂書目・别集類》 《陸雲集》。

陳振孫《直齋書録解題・别集類上》 《陸士龍集》十卷。

馬端臨《文獻通考・經籍考・别集》 《陸雲集》十卷。

《宋史・藝文志・别集類》 《陸雲集》十卷。

高儒《百川書志・秦漢六朝文》 《陸士龍集》十卷。

徐𤊹《徐氏家藏書目・别集類》 《陸雲集》八卷。

錢謙益等《絳雲樓書目・六朝文書類》 《陸士龍集》三册。十卷。

《四庫提要・别集類一》 《陸士龍集》十卷。編修勵守謙家藏本。晉陸雲撰。雲與兄機齊名，時稱二陸。史謂其文章不及機，而持論過之。今觀集中諸啓，其執辭諫諍，陳議鯁切，誠近於古之遺直。至其文藻麗密，詞旨深雅，與機亦相上下。平吴二俊，要亦未易優劣也。《隋書・經籍志》載雲集十二卷，又稱「梁十卷，録一卷」，是當時所傳之本，已有異同。《新唐書・藝文志》但作十卷，則所謂十二卷者，已不復見。至南宋時，十卷之本又漸湮没。慶元間，信安徐民瞻始得之於祕書省，與《機集》竝刊以行。然今亦未見宋刻，世所行者惟此本。考史稱「雲所著文詞凡三百四十九篇」，此僅録二百餘篇，似非足本。蓋宋以前相傳舊集久已亡佚，此特裒合散亡，重加編緝，故叙次頗爲叢雜，如《荅兄平原詩》二首，其「行矣怨路長」一首乃機贈雲之作，故馮惟訥《詩紀》收入機詩内，而此本誤作雲荅機詩；又「緑房含青實」四語及「逍遥近南畔」二語，皆自《藝文類聚・芙渠部》、《嘯部》摘出，佚其全篇。故《詩紀》以爲失題，系之卷末，但注見《藝文》某部。此乃直標曰「芙蓉」，曰「嘯」。殆明人不學者所編，又出《詩紀》之後矣。特是雲之原集既不可見，惟藉此以傳什一。故悉仍其舊録之，姑以存其梗概焉。

錢東垣等輯《崇文總目・别集類一》 《陸雲集》八卷。

張金吾《愛日精廬藏書志・别集類》 《陸士龍文集》十卷。明正德刊本。晉清河内史陸雲士龍撰。都穆重刊跋。正德己卯。

《陸士龍文集》十卷。影纂宋刊本。晉清河内史陸雲士龍撰。《二俊文集》以慶元六年二月既望書成，縣學職。校正監刊者三員題名于後：縣學司計進士朱奎監刊，縣學學長鄉貢進士孫垓校正，縣學學長鄉貢進士范公衮校正。

張之洞《書目答問・别集》 《陸士龍集》十卷。晉陸雲。《二十名家集》本。

文廷式《補晉書藝文志・别集類》 清河太守《陸雲集》十卷，録一卷。【略】

今存本十卷。

陸雲詩

高儒《百川書志・漢魏六朝詩》 《陸雲詩》。《雲集》止詩三十五首。即士龍也。

孫極集

《隋書・經籍志・别集》 又有少府丞《孫極集》二卷，録一卷。亡。

《舊唐書・經籍志・别集》 《孫極集》二卷。

《新唐書・藝文志・别集類》 《孫極集》二卷。

鄭樵《通志・藝文略・别集二》 少府《孫拯集》二卷。

文廷式《補晉書藝文志・别集類》 少府丞《孫極集》二卷，録一卷。《隋志》亡，《唐志》著録。按，孫極當作孫拯，《晉書》附《陸機傳》，云善屬文。

張載集

《隋書・經籍志・别集》 晉中書郎《張載集》七卷。梁一本二卷，録一卷。

《舊唐書・經籍志・别集》 《張載集》三卷。

《新唐書・藝文志・别集類》 《張載集》二卷。

鄭樵《通志・藝文略・别集二》 中書郎《張載集》七卷。

文廷式《補晉書藝文志・别集類》 中書郎《張載集》七卷。

張協集

《隋書·經籍志·别集》 晉黄門郎《張協集》三卷。梁四卷，録一卷。

《舊唐書·經籍志·别集》 《張協集》二卷。

《新唐書·藝文志·别集類》 《張協集》二卷。

鄭樵《通志·藝文略·别集二》 黄門郎《張協集》四卷。

文廷式《補晉書藝文志·别集類》 黄門郎《張協集》四卷，録一卷。【略】協附《張載傳》。鍾嶸《詩品上》曰：協詩，其原出於王粲，文章華妙，實少病累，又巧構形似之言，雄於潘岳，靡於太沖。

束晳集

《隋書·經籍志·别集》 晉著作郎《束晳集》七卷。梁五卷，録一卷。

《舊唐書·經籍志·别集》 《束晳集》五卷。

《新唐書·藝文志·别集類》 《束晳集》五卷。

鄭樵《通志·藝文略·别集二》 著作郎《束晳集》五卷。

《宋史·藝文志·别集類》 《束晳集》一卷。

文廷式《補晉書藝文志·别集類》 著作郎《束晳集》五卷，録一卷。【略】《書鈔》五十八《束晳集》云：員外侍郎，皆帝室茂親，貴游子弟。七十九《束晳集》云：郡吏王璞初入朝，上見之，始知其絶常。一百五十二《束晳集》云：零露垂林，非綴冠之飾；薄冰凝池，非登廟之寶。

曹攄集

《隋書·經籍志·别集》 又有征南司馬《曹攄集》三卷，録一卷。亡。

《舊唐書·經籍志·别集》 《曹攄集》二卷。

《新唐書·藝文志·别集類》 《曹攄集》二卷。

鄭樵《通志·藝文略·别集二》 征南司馬《曹攄集》三卷。

文廷式《補晉書藝文志·别集類》 征南司馬《曹攄集》三卷，録一卷。《隋志》：亡。《唐志》：二卷。攄在《良吏傳》。梁鍾嶸《詩品》卷中稱：晉襄城太守曹攄。

江統集

《隋書·經籍志·别集》 散騎常侍《江統集》十卷，録一卷。亡。

《舊唐書·經籍志·别集》 《江統集》十卷。

《新唐書·藝文志·别集類》 《江統集》十卷。

鄭樵《通志·藝文略·别集二》 散騎常侍《江統集》十卷。

尤袤《遂初堂書目·别集類》 《江統集》。

《宋史·藝文志·别集類》 《江統集》一卷。

文廷式《補晉書藝文志·别集類》 散騎常侍《江統集》十卷，録一卷。《隋志》亡，《唐志》著録。按，此書《遂初堂書目》尚著録。

胡濟集

《隋書·經籍志·别集》 著作郎《胡濟集》五卷，録一卷。亡。

《舊唐書·經籍志·别集》 《胡濟集》五卷。

《新唐書·藝文志·别集類》 《胡濟集》五卷。

鄭樵《通志·藝文略·别集二》 著作郎《胡濟集》五卷。

文廷式《補晉書藝文志·别集類》 著作郎《胡濟集》五卷，録一卷。《隋志》亡，《唐志》著録。《隱逸·伍朝傳》：劉弘薦朝爲零陵太守，主者以非選例，不聽，尚書郎胡濟奏「宜聽光顯以奬風尚」，即此人。《蜀志·董和傳》注有胡濟，字偉度，别是一人。

卞粹集

《隋書・經籍志・別集》 晉中書令《卞粹集》一卷。梁五卷。

《舊唐書・經籍志・別集》 《卞粹集》二卷。

《新唐書・藝文志・別集類》 《卞粹集》二卷。

鄭樵《通志・藝文略・別集二》 中書令《卞粹集》五卷。

文廷式《補晉書藝文志・別集類》 中書令《卞粹集》五卷。【略】《卞壺傳》：父粹，以清辯鑒察稱，仕至侍中、中書令。

閭丘沖集

《隋書・經籍志・別集》 又有光禄勳《閭丘沖集》二卷，録一卷。亡。

《舊唐書・經籍志・別集》 《閭丘沖集》二卷。

《新唐書・藝文志・別集類》 《閭丘沖集》二卷。

鄭樵《通志・藝文略・別集二》 光禄勳《閭丘沖集》二卷。

文廷式《補晉書藝文志・別集類》 光禄勳《閭丘沖集》二卷，録一卷。《隋志》亡，《唐志》著録。《世説・品藻門》注：荀綽《兗州記》曰：沖字賓卿，高平人，博學有文義，累遷太傅長史。操持文案，必引經誥，飾以文采。爲光禄勛，爲賊所害，時人皆痛惜之。《御覽》三十有閭丘沖《三月三日應詔詩》。

庾敳集

《隋書・經籍志・別集》 晉太傅從事中郎《庾敳集》一卷。梁五卷，録一卷。

《舊唐書・經籍志・別集》 《庾敳集》二卷。

《新唐書・藝文志・別集類》 《庾敳集》二卷。

鄭樵《通志・藝文略・別集二》 太傅從事中郎《庾敳集》五卷。

文廷式《補晉書藝文志・別集類》 太傅從事中郎《庾敳集》五卷，録一卷。

阮瞻集

《隋書・經籍志・別集》 又有太子中舍人《阮瞻集》二卷，録一卷。亡。

《舊唐書・經籍志・別集》 《阮瞻集》二卷。

《新唐書・藝文志・別集類》 《阮瞻集》二卷。

鄭樵《通志・藝文略・別集二》 太子中舍人《阮瞻集》二卷。

文廷式《補晉書藝文志・別集類》 太子中舍人《阮瞻集》二卷，録一卷。《隋志》亡，《唐志》著録。

阮修集

《隋書・經籍志・別集》 太子洗馬《阮修集》二卷，録一卷。亡。

《舊唐書・經籍志・別集》 《阮循集》二卷。

《新唐書・藝文志・別集類》 《阮修集》二卷。

鄭樵《通志・藝文略・別集二》 太子洗馬《阮修集》二卷。

文廷式《補晉書藝文志・別集類》 太子洗馬《阮修集》二卷，録一卷。《隋志》亡，《唐志》著録。本傳曰：修所著述甚寡，嘗作《大鵬贊》云云。《初學記》卷四有修《上巳詩》。

裴邈集

《隋書・經籍志・別集》 廣威將軍《裴邈集》二卷，録一卷。亡。

《舊唐書・經籍志・別集》 《裴邈集》二卷。

《新唐書・藝文志・別集類》 《裴邈集》二卷。

鄭樵《通志・藝文略・別集二》 廣威將軍《裴邈集》二卷。

文廷式《補晉書藝文志・別集類》 廣威將軍《裴邈集》二卷，録一卷。《隋志》亡，《唐志》著録。《魏志・裴潛傳》注云：邈字景聲，有儁才，爲太傅司馬越從事中郎，假節監中外營諸軍事。

郭象集

《隋書・經籍志・別集》 晉太傅主簿《郭象集》二卷。梁五卷，録一卷。

《舊唐書・經籍志・別集》 《郭象集》五卷。

《新唐書・藝文志・別集類》 《郭象集》五卷。

鄭樵《通志・藝文略・別集二》 太傅《郭象集》五卷。

文廷式《補晉書藝文志・別集類》 太傅《郭象集》五卷，録一卷。【略】錢大昕《廿二史考異》引袁廷檮曰：「太傅」下脱「主簿」二字。

嵇含集

《隋書・經籍志・別集》 又有廣州刺史《嵇含集》十卷，録一卷。亡。

《舊唐書・經籍志・別集》 《嵇含集》十卷。

《新唐書・藝文志・別集類》 《嵇含集》十卷。

鄭樵《通志・藝文略・別集二》 廣州刺史《嵇含集》十卷。

文廷式《補晉書藝文志・別集類》 廣州刺史《嵇含集》十卷，録一卷。《隋志》亡，《唐志》著録。《書鈔》一百三十二《嵇含集》云：李方治爲撫軍長史，余爲從軍中郎，常隨撫軍，時天熱露坐，有頃雨降，李不張油幔。

孫惠集

《隋書・經籍志・別集》 晉安豐太守《孫惠集》八卷。梁十一卷，録一卷。

《舊唐書・經籍志・別集》 《孫惠集》十卷。

《新唐書・藝文志・別集類》 《孫惠集》十卷。

鄭樵《通志・藝文略・別集二》 安豐太守《孫惠集》十卷。

文廷式《補晉書藝文志・別集類》 安豐太守《孫惠集》十一卷，録一卷。

蔡洪集

《隋書・經籍志・別集》 又有松滋令《蔡洪集》二卷，録一卷。亡。

《舊唐書・經籍志・別集》 《蔡洪集》三卷。

《新唐書・藝文志・別集類》 《蔡洪集》二卷。

文廷式《補晉書藝文志・別集類》 松滋令《蔡洪集》二卷，録一卷。《隋志》：亡。《唐志》著録。《世説・言語門》注：《洪集》録曰：洪字叔開，吳郡人，有才辯。初仕吳朝，太康中，本州從事舉秀才。王隱《晉書》曰：洪仕至松滋令。

牽秀集

《隋書・經籍志・別集》 晉平北將軍《牽秀集》四卷。梁三卷，録一卷。

《舊唐書・經籍志・別集》 《牽秀集》五卷。

《新唐書・藝文志・別集類》 《牽秀集》五卷。

鄭樵《通志・藝文略・別集二》 平北將軍《牽秀集》五卷。

文廷式《補晉書藝文志・別集類》 平北將軍《牽秀集》三卷，録一卷。【略】《書鈔》一百五十八引牽秀詩。

蔡克集

《隋書・經籍志・別集》 又有車騎從事中郎《蔡克集》二卷，録一卷。亡。

《舊唐書・經籍志・別集》 《蔡克集》二卷。

《新唐書・藝文志・別集類》 《蔡克集》二卷。

鄭樵《通志・藝文略・別集二》 車騎從事中郎《蔡克集》二卷。

文廷式《補晉書藝文志・別集類》 車騎從事中郎《蔡克集》二卷，録一卷。《隋志》亡，《唐志》著録。克見《蔡謨傳》。《御覽》八百十六引《蔡克別傳》：字子尼。

索靖集

《隋書・經籍志・別集》 游擊將軍《索靖集》三卷。亡。

《舊唐書・經籍志・別集》 《索靖集》二卷。

《新唐書・藝文志・別集類》 《索靖集》二卷。

鄭樵《通志・藝文略・別集二》 游擊將軍《索靖集》三卷。

《宋史・藝文志・別集類》 《索靖集》一卷。

文廷式《補晉書藝文志・別集類》 遊擊將軍《索靖集》三卷。《隋志》：亡。《唐志》：二卷。

閻纂集

《隋書・經籍志・別集》 隴西太守《閻纂集》二卷，録一卷。亡。

《舊唐書・經籍志・別集》 《閻纂集》二卷。

《新唐書・藝文志・別集類》 《閻纂集》二卷。

鄭樵《通志・藝文略・別集二》 隴西太守《閻纂集》二卷。

文廷式《補晉書藝文志・別集類》 隴西太守《閻纂集》二卷，録一卷。《隋志》亡，《唐志》著録。纂，《晉書》作纘。《周處傳》有纂詩，《北堂書鈔》卷五十七引《閻纂集・四言詩啓》。閻纂，鈔本訛作閻莫。

張輔集

《隋書・經籍志・別集》 秦州刺史《張輔集》二卷，録一卷。亡。

《舊唐書・經籍志・別集》 《張輔集》二卷。

《新唐書・藝文志・別集類》 《張輔集》二卷。

鄭樵《通志・藝文略・別集二》 秦州刺史《張輔集》二卷。

文廷式《補晉書藝文志・別集類》 秦州刺史《張輔集》二卷，録一卷。《隋志》：亡。《唐志》著録。

殷巨集

《隋書・經籍志・別集》 交趾太守《殷巨集》二卷，録一卷。亡。

《舊唐書・經籍志・別集》 《殷巨集》二卷。

《新唐書・藝文志・別集類》 《殷巨集》二卷。

鄭樵《通志・藝文略・別集二》 交趾太守《殷巨集》二卷。

文廷式《補晉書藝文志・別集類》 交趾太守《殷巨集》二卷，録一卷。《隋志》亡，《唐志》著録。《吴志・顧邵傳》注引《文士傳》：殷基三子，巨，字元大，有才器，初爲吴偏將軍，吴平後，爲蒼梧太守。《類聚》卷八十有魏殷臣《鯨魚燈賦》，臣當是巨字之誤。

陶佐集

《隋書・經籍志・別集》 太子洗馬《陶佐集》五卷，録一卷。亡。

《舊唐書・經籍志・別集》 《陶佐集》五卷。

《新唐書・藝文志・別集類》 《陶佐集》五卷。

鄭樵《通志・藝文略・別集二》 太子洗馬《陶佐集》五卷。

文廷式《補晉書藝文志・別集類》 太子洗馬《陶佐集》五卷，録一卷。《隋志》：亡。《唐志》著録。

仲長敖集

《隋書・經籍志・别集》《仲長敖集》二卷。亡。

《舊唐書・經籍志・别集》《仲長敖集》二卷。

《新唐書・藝文志・别集類》《仲長敖集》二卷。

鄭樵《通志・藝文略・别集二》《仲長敖集》二卷。

文廷式《補晉書藝文志・别集類》《仲長敖集》二卷。《隋志》：亡。《唐志》著録。《類聚》二十一録仲長敖《覈性賦》。

虞溥集

《隋書・經籍志・别集》東晉鄱陽太守《虞溥集》二卷，録一卷。亡。

《舊唐書・經籍志・别集》《虞溥集》二卷。

《新唐書・藝文志・别集類》《虞溥集》二卷。

鄭樵《通志・藝文略・别集二》東晉鄱陽太守《虞溥集》三卷。

文廷式《補晉書藝文志・别集類》鄱陽太守《虞溥集》二卷，録一卷。《隋志》亡，《唐志》著録。

吴商集

《隋書・經籍志・别集》益陽令《吴商集》五卷。亡。

《舊唐書・經籍志・别集》《吴商集》五卷。

《新唐書・藝文志・别集類》《吴商集》五卷。

鄭樵《通志・藝文略・别集二》益陽令《吴商集》五卷。

文廷式《補晉書藝文志・别集類》益陽令《吴商集》五卷。《隋志》：亡。《唐志》著録。

劉弘集

《隋書・經籍志・别集》晉太常卿《劉弘集》三卷，録一卷。亡。

《舊唐書・經籍志・别集》《劉弘集》三卷。

《新唐書・藝文志・别集類》《劉弘集》三卷。

鄭樵《通志・藝文略・别集二》太常卿《劉弘集》三卷。

文廷式《補晉書藝文志・别集類》太常卿《劉弘集》三卷，録一卷。《隋志》：亡。《唐志》著録。

山簡集

《隋書・經籍志・别集》開府《山簡集》二卷，録一卷。亡。

《舊唐書・經籍志・别集》《山簡集》二卷。

《新唐書・藝文志・别集類》《山簡集》二卷。

鄭樵《通志・藝文略・别集二》開府《山簡集》二卷。

文廷式《補晉書藝文志・别集類》開府《山簡集》二卷，録一卷。《隋志》：亡。《唐志》著録。簡附《山濤傳》。

宗岱集

《隋書・經籍志・别集》兖州刺史《宗岱集》二卷。亡。

《舊唐書・經籍志・别集》《宗岱集》三卷。

《新唐書・藝文志・别集類》《宗岱集》三卷。

鄭樵《通志・藝文略・别集二》兖州刺史《宗岱集》二卷。

文廷式《補晉書藝文志・别集類》兖州刺史《宗岱集》二卷。《隋志》：亡。《唐志》著録三卷。《續談助》卷四鈔《殷芸小説》引《雜記》云：宋岱爲青州刺史，宋或當作宗。禁淫祀，著《無鬼論》云云。《太平御覽》八百八十四引《語林》亦同，惟宋岱作宗岱，二書皆云「來日岱亡」，是終於青州刺史，與《隋志》異。

明真論

《隋書·經籍志·總集》 《明真論》一卷。晉兗州刺史宗岱撰。

鄭樵《通志·藝文略·論》 《明真論》一卷。晉兗州刺史宗岱撰。

文廷式《補晉書藝文志·總集類》 宗岱《明真論》一卷。兗州刺史，疑當作「宋岱」。《御覽》五百九十五《語林》曰：宋岱爲青州刺史，著《無鬼論》甚精，即此人。《文心雕龍·論説篇》曰：宋岱、郭象，鋭思於幾神之區。《隋志》易類題「荆州刺史」。

王曠集

《隋書·經籍志·別集》 濟陽内史《王曠集》五卷，録一卷。亡。

《舊唐書·經籍志·別集》 《王曠集》五卷。

《新唐書·藝文志·別集類》 《王曠集》五卷。

鄭樵《通志·藝文略·別集二》 濟陽内史《王曠集》五卷。

文廷式《補晉書藝文志·別集類》 濟陽内史《王曠集》五卷，録一卷。《隋志》亡，《唐志》著録。《御覽》三百三十七引王曠《與楊州論討陳敏計》曰：賊今下屯固横江。又云：復據烏江，皆塹壘彭排鹿角，步安嚴峻，以襲歷陽諸軍。《文字志》曰：羲之父曠，淮南太守。《世説·言語門》注、《德行門》注引《王獻之別傳》曰：祖父曠，淮南太守。

王峻集

《隋書·經籍志·別集》 侍中《王峻集》二卷，録一卷。亡。

《舊唐書·經籍志·別集》 《王峻集》二卷。

《新唐書·藝文志·別集類》 《王峻集》二卷。

鄭樵《通志·藝文略·別集二》 侍中《王峻集》二卷。

文廷式《補晉書藝文志·別集類》 侍中《王峻集》二卷，録一卷。《隋志》：亡。《唐志》著録。

棗嵩集

《隋書·經籍志·別集》 晉散騎常侍《棗嵩集》一卷。梁二卷，録一卷。

《舊唐書·經籍志·別集》 《棗嵩集》二卷。

《新唐書·藝文志·別集類》 《棗嵩集》二卷。

鄭樵《通志·藝文略·別集二》 散騎常侍《棗嵩集》二卷。

文廷式《補晉書藝文志·別集類》 散騎常侍《棗嵩集》二卷，録一卷。**【略】**嵩事具《王浚傳》。又《文苑·棗據傳》云：嵩字臺産，才藝尤美，爲太子中庶子、散騎常侍。《御覽》五百八十七《文士傳》曰：棗原誤「棘」嵩見陸雲作《逸民賦》，嵩以爲丈夫出身，不爲孝子，則爲忠臣，必欲建功立策，爲國宰輔，遂作《官人賦》，以反雲之賦。

棗腆集

《隋書·經籍志·別集》 又有襄陽太守《棗腆集》二卷，録一卷。亡。

《舊唐書·經籍志·別集》 《棗腆集》二卷。

《新唐書·藝文志·別集類》 《棗腆集》二卷。

鄭樵《通志·藝文略·別集二》 襄陽太守《棗腆集》二卷。

文廷式《補晉書藝文志·別集類》 襄陽太守《棗腆集》二卷，録一卷。字元方。《隋志》亡，《唐志》著録。腆見《棗據傳》，云：永嘉中爲襄城太守。此誤作「襄陽」。《類聚》三十一有腆《贈石季倫詩》。

劉琨集

《隋書·經籍志·別集》 晉太尉《劉琨集》九卷。梁十卷。

《舊唐書·經籍志·別集》 《劉琨集》十卷。

《新唐書·藝文志·別集類》 《劉琨集》十卷。

鄭樵《通志·藝文略·別集二》 太尉《劉琨集》十卷。

陳振孫《直齋書録解題·別集類上》 《劉司空集》十卷。晉司空中山劉琨越石撰。前五卷差全可觀，後五卷闕誤，或一卷數行，或斷續不屬，殆類鈔節者，末卷《劉府君誄》尤多訛，未有別本可以是正。

馬端臨《文獻通考·經籍考·別集》 《劉司空集》十卷。

《宋史·藝文志·別集類》 《劉琨集》十卷。

錢東垣等輯《崇文總目·別集類一》 《劉琨集》十卷。

又《別集類三》 《劉琨詩集》十卷。

文廷式《補晉書藝文志·別集類》 太尉《劉琨集》十卷。《隋志》九卷。《唐志》著録。按，《崇文總目》尚著録有此書，《通鑑·晉紀九》考異引之。

劉琨別集

《隋書·經籍志·別集》 《劉琨別集》十二卷。

鄭樵《通志·藝文略·別集二》 《劉琨別集》十二卷。

文廷式《補晉書藝文志·別集類》 《劉琨別集》十二卷。《崇文總目》著録《劉琨集》十卷，又《劉琨詩集》十卷，疑此別集即詩集矣。

盧諶集

《隋書·經籍志·別集》 晉司空從事中郎《盧諶集》十卷。梁有録一卷。

《舊唐書·經籍志·別集》 《盧諶集》十卷。

《新唐書·藝文志·別集類》 《盧諶集》十卷。

鄭樵《通志·藝文略·別集二》 司空從事中郎《盧諶集》十卷。

文廷式《補晉書藝文志·別集類》 司空從事中郎《盧諶集》十卷，録一卷。《初學記》卷十二盧諶《宣徽賦》曰：鄭山潛於谷口，楊朝隱於黄樞。諶注曰：楊雄爲黄門郎，三葉不徙官。據此則諶集有自注也。

錢神論

《宋史·藝文志·別集類》 魯褒《錢神論》一卷。

述懷詩

文廷式《補晉書藝文志·別集類》 劉聰《述懷詩》百餘篇，賦、頌五十餘篇。見《劉聰載記》。

傅暢集

《隋書·經籍志·別集》 晉祕書丞《傅暢集》五卷。梁有録一卷。

《舊唐書·經籍志·別集》 《傅暢集》五卷。

《新唐書·藝文志·別集類》 《傅暢集》五卷。

鄭樵《通志·藝文略·別集二》 祕書丞《傅暢集》五卷。

文廷式《補晉書藝文志·別集類》 祕書丞《傅暢集》五卷，録一卷。《唐志》同。

晉明帝集

《隋書・經籍志・別集》 又有《晉明帝集》五卷，録一卷。亡。

《舊唐書・經籍志・別集》 《晉明帝集》五卷。

《新唐書・藝文志・別集類》 《明帝集》五卷。

鄭樵《通志・藝文略・別集二》 《明帝集》五卷。

文廷式《補晉書藝文志・別集類》 《晉明帝集》五卷，録一卷。《隋志》：亡。《唐志》著録。《藝文類聚》九十七有晉明帝《蟬賦》。

晉簡文帝集

《隋書・經籍志・別集》 《簡文帝集》五卷，録一卷。亡。

《舊唐書・經籍志・別集》 《晉簡文帝集》五卷。

《新唐書・藝文志・別集類》 《簡文帝集》五卷。

鄭樵《通志・藝文略・別集二》 《簡文帝集》五卷。

文廷式《補晉書藝文志・別集類》 《簡文帝集》五卷，録一卷。《隋志》：亡。《唐志》著録。

孝武帝集

《隋書・經籍志・別集》 《孝武帝集》二卷，録一卷。亡。

鄭樵《通志・藝文略・別集二》 《孝武帝集》二卷。

文廷式《補晉書藝文志・別集類》 《孝武帝集》二卷，録一卷。《隋志》：亡。

彭城王集

《隋書・經籍志・別集》 《彭城王紘集》二卷。亡。

《舊唐書・經籍志・別集》 晉《彭城王集》八卷。

《新唐書・藝文志・別集類》 《彭城王集》八卷。

鄭樵《通志・藝文略・別集二》 《彭城王紘集》二卷。

文廷式《補晉書藝文志・別集類》 《彭城王紘集》二卷。《隋志》：亡。《唐志》：《彭城王集》八卷。紘附《彭城穆王權傳》。

譙烈王集

《隋書・經籍志・別集》 《譙烈王集》九卷，録一卷。亡。

《舊唐書・經籍志・別集》 晉《譙王集》三卷。

《新唐書・藝文志・別集類》 《譙王集》三卷。

鄭樵《通志・藝文略・別集二》 《譙烈王集》九卷。

文廷式《補晉書藝文志・別集類》 《譙烈王承集》九卷。《隋志》：亡。《唐志》：《譙王集》三卷。

會稽王道子集

《隋書・經籍志・別集》 晉《會稽王司馬道子集》八卷。梁九卷。

《舊唐書・經籍志・別集》 晉《會稽王集》八卷。

《新唐書・藝文志・別集類》 《會稽王道子集》八卷。

鄭樵《通志・藝文略・別集二》 《會稽王道子集》八卷。

文廷式《補晉書藝文志・別集類》 《會稽王司馬道子集》九卷。

傅毅集

《隋書・經籍志・別集》 又有鎮東從事中郎《傅毅集》五卷。亡。

《舊唐書・經籍志・別集》 《傅毅集》五卷。

鄭樵《通志・藝文略・別集二》 鎮東從事中郎《傅毅集》五卷。

文廷式《補晉書藝文志・別集類》 鎮東從事中郎《傅毅集》五卷。《隋志》：亡。

曾瓌集

《隋書・經籍志・別集》 晉衡陽内史《曾瓌集》三卷。梁四卷，録一卷。

《舊唐書・經籍志・別集》 《曾瓌集》五卷。

《新唐書・藝文志・別集類》 《曾瓌集》五卷。

鄭樵《通志・藝文略・別集二》 衡陽内史《曾瓌集》四卷。

文廷式《補晉書藝文志・別集類》 衡陽内史《曾瓌集》四卷，録一卷。【略】《通典》九十有曾瓌《爲舊君服議》。

顧榮集

《隋書・經籍志・別集》 又有驃騎將軍《顧榮集》五卷，録一卷。亡。

《舊唐書・經籍志・別集》 東晉《顧榮集》二卷。

《新唐書・藝文志・別集類》 《顧榮集》五卷。

鄭樵《通志・藝文略・別集二》 驃騎將軍《顧榮集》五卷。

文廷式《補晉書藝文志・別集類》 驃騎將軍《顧榮集》五卷，録一卷。《隋志》：亡。《唐志》著録。

賀循集

《隋書・經籍志・別集》 晉司空《賀循集》十八卷。梁二十卷，録一卷。

《舊唐書・經籍志・別集》 《賀循集》二十卷。

《新唐書・藝文志・別集類》 《賀循集》二十卷。

鄭樵《通志・藝文略・別集二》 司空《賀循集》二十卷。

文廷式《補晉書藝文志・別集類》 司空《賀循集》二十卷，録一卷。

張抗集

《隋書・經籍志・別集》 又有散騎常侍《張亢集》二卷，録一卷。亡。

《舊唐書・經籍志・別集》 《張抗集》二卷。

《新唐書・藝文志・別集類》 《張抗集》二卷。

鄭樵《通志・藝文略・別集二》 散騎常侍《張抗集》二卷。

文廷式《補晉書藝文志・別集類》 散騎常侍《張抗集》二卷，録一卷。《隋志》亡，《唐志》《張抗集》二卷。按，抗當作亢。亢字季陽，附《張載傳》，中興初過江，仕至散騎常侍。又案，《書鈔》一百四張抗詩云：昔吾好典籍，下帷慕董氏。吟詠仿遺風，染翰舒素紙。亦作「杭」。

賈彬集

《隋書・經籍志・別集》 車騎長史《賈彬集》三卷，録一卷。亡。

《舊唐書・經籍志・別集》 《賈霖集》三卷。

《新唐書・藝文志・別集類》 《賈霖集》三卷。

鄭樵《通志・藝文略・別集二》 車騎長史《賈彬集》三卷。

文廷式《補晉書藝文志・別集類》 車騎長史《賈彬集》三卷，録一卷。《隋志》亡。《唐志》、《賈霖集》三卷。「霖」當是「彪」字之譌。

衛展集

《隋書・經籍志・別集》 晉光禄大夫《衛展集》十二卷。梁十五卷。

《舊唐書・經籍志・別集》 《衛展集》四十卷。

《新唐書・藝文志・別集類》 《衛展集》十四卷。

鄭樵《通志・藝文略・別集二》 光禄大夫《衛展集》十五卷。

文廷式《補晉書藝文志・別集類》 光禄大夫《衛展集》十五卷。**【略】**展附《衛瓘孫玠傳》。

荀組集

《隋書・經籍志・別集》 又有東晉太尉《荀組集》三卷，録一卷。亡。

《舊唐書・經籍志・別集》 《荀組集》二卷。

《新唐書・藝文志・別集類》 《荀組集》二卷。

鄭樵《通志・藝文略・別集二》 東晉太尉《荀組集》三卷。

文廷式《補晉書藝文志・別集類》 太尉《荀組集》三卷，録一卷。《隋志》：亡。《唐志》二卷。組附《荀顗傳》。

張委集

《隋書・經籍志・別集》 晉祕書郎《張委集》九卷。梁五卷。

鄭樵《通志・藝文略・別集二》 祕書郎《張委集》五卷。

文廷式《補晉書藝文志・別集類》 祕書郎《張委集》五卷。**【略】**按《御覽》三百五十八引張委《九愍》，即此人。嚴可均以其列顔延之後、殷琰前，編入宋人，誤也。

周顗集

《隋書・經籍志・別集》 光禄大夫《周顗集》二卷，録一卷。亡。

《舊唐書・經籍志・別集》 《周顗集》二卷。

《新唐書・藝文志・別集類》 《周顗集》二卷。

鄭樵《通志・藝文略・別集二》 光禄大夫《周顗集》二卷。

文廷式《補晉書藝文志・別集類》 光禄大夫《周顗集》二卷，録一卷。《隋志》：亡。《唐志》著録。

傅珉集

《隋書・經籍志・別集》 又有關内侯《傅珉集》一卷。亡。

鄭樵《通志・藝文略・別集二》 關内侯《傅珉集》一卷。

文廷式《補晉書藝文志・別集類》 關内侯《傅珉集》一卷。《隋志》：亡。

謝鯤集

《隋書・經籍志・別集》 晉太常《謝鯤集》六卷。梁二卷。

《舊唐書・經籍志・別集》 《謝鯤集》二卷。

《新唐書・藝文志・別集類》 《謝琨集》二卷。

鄭樵《通志・藝文略・別集二》 太常《謝鯤集》二卷。

文廷式《補晉書藝文志・別集類》 太常卿《謝鯤集》二卷。**【略】**《唐志》：二卷。鯤作琨。

王廙集

《隋書・經籍志・別集》晉驃騎將軍《王廙集》十卷。梁三十四卷，録一卷。

《舊唐書・經籍志・別集》《王廙集》十卷。

《新唐書・藝文志・別集類》《王廙集》十卷。

鄭樵《通志・藝文略・別集二》驃騎將軍《王廙集》十卷。

文廷式《補晉書藝文志・別集類》驃騎將軍《王廙集》三十四卷，録一卷。【略】張彦遠《歷代名畫記》卷五記廙《畫孔子十弟子贊》云云。注曰：見廙本集。

華譚集

《隋書・經籍志・別集》又有《華譚集》二卷。亡。

《舊唐書・經籍志・別集》《華譚集》二卷。

《新唐書・藝文志・別集類》《華譚集》二卷。

鄭樵《通志・藝文略・別集二》《華譚集》二卷。

文廷式《補晉書藝文志・別集類》《華譚集》二卷。《隋志》亡，《唐志》著録。案，本傳：譚卒，贈光禄大夫，加散騎常侍。此失題其官。《通典》卷二十三、《書鈔》卷六十並引《華譚集・尚書二曹論》。

熊遠集

《隋書・經籍志・別集》晉御史中丞《熊遠集》十二卷。梁五卷，録一卷。

《舊唐書・經籍志・別集》《熊遠集》五卷。

《新唐書・藝文志・別集類》《熊遠集》五卷。

鄭樵《通志・藝文略・別集二》御史中丞《熊遠集》十二卷。

文廷式《補晉書藝文志・別集類》御史中丞《熊遠集》五卷，録一卷。

谷儉集

《隋書・經籍志・別集》又有湘州秀才《谷儉集》一卷。亡。

鄭樵《通志・藝文略・別集二》湘州秀才《谷儉集》一卷。

文廷式《補晉書藝文志・別集類》湘州秀才《谷儉集》一卷。《隋志》：亡。儉，桂陽人，事詳《甘卓傳》。

周嵩集

《隋書・經籍志・別集》大鴻臚《周嵩集》三卷，録一卷。亡。

《舊唐書・經籍志・別集》《周嵩集》三卷。

《新唐書・藝文志・別集類》《周嵩集》三卷。

鄭樵《通志・藝文略・別集二》大鴻臚《周嵩集》三卷。

文廷式《補晉書藝文志・別集類》大鴻臚《周嵩集》三卷，録一卷。《隋志》：亡。《唐志》著録。嵩附《周浚傳》。

郭璞集

《隋書・經籍志・別集》晉弘農太守《郭璞集》十七卷。梁十卷，録一卷。

《舊唐書・經籍志・別集》《郭璞集》十卷。

《新唐書・藝文志・別集類》《郭璞集》十卷。

鄭樵《通志・藝文略・別集二》弘農太守《郭璞集》十七卷。

尤袤《遂初堂書目・別集類》《郭景純集》。

《宋史・藝文志・別集類》《郭璞集》六卷。

徐𤊹《徐氏家藏書目・別集類》《郭璞集》六卷。

文廷式《補晉書藝文志・別集類》 弘農太守《郭璞集》十卷，録一卷。

江賦

文廷式《補晉書藝文志・別集類》 蕭廣濟注《江賦》。《太平寰宇記》卷七十二蕭廣濟注《江賦》云：觸玉壘山，東迴爲沱。

紀瞻詩賦牋表

文廷式《補晉書藝文志・別集類》 紀瞻詩、賦、牋、表數十篇。本傳。

常寬詩賦論議

文廷式《補晉書藝文志・別集類》 常寬詩、賦、論、議二十餘篇。見《華陽國志》。

張駿集

《隋書・經籍志・別集》 晉《張駿集》八卷。殘缺。

鄭樵《通志・藝文略・別集二》 《張駿集》八卷。

文廷式《補晉書藝文志・別集類》 《張駿集》八卷。【略】駿附《張軌傳》，官鎮西大將軍，此失題其官。

王敦集

《隋書・經籍志・別集》 晉大將軍《王敦集》十卷。

《舊唐書・經籍志・別集》 《王敦集》五卷。

《新唐書・藝文志・別集類》 《王敦集》五卷。

鄭樵《通志・藝文略・別集二》 大將軍《王敦集》十卷。

文廷式《補晉書藝文志・別集類》 大將軍《王敦集》十卷。【略】《書鈔》五十七引《王敦集》表云：中書令領軍庾亮，清雅正事，可中書監領軍如故。

沈充集

《隋書・經籍志・別集》 梁有吴興太守《沈充集》三卷。亡。

鄭樵《通志・藝文略・別集二》 吴興太守《沈充集》三卷。

文廷式《補晉書藝文志・別集類》 吴興太守《沈充集》二卷。《隋志》：亡。

傅純集

《隋書・經籍志・別集》 散騎常侍《傅純集》二卷，録一卷。亡。

《舊唐書・經籍志・別集》 《傅純集》二卷。

《新唐書・藝文志・別集類》 《傅純集》二卷。

鄭樵《通志・藝文略・別集二》 散騎常侍《傅純集》二卷。

文廷式《補晉書藝文志・別集類》 散騎常侍《傅純集》二卷，録一卷。《隋志》：亡。《唐志》著録。

梅陶集

《隋書・經籍志・別集》 晉光禄大夫《梅陶集》九卷。梁二十卷，録一卷。

《舊唐書・經籍志・別集》 《梅陶集》十卷。

《新唐書・藝文志・別集類》 《梅陶集》十卷。

鄭樵《通志・藝文略・別集二》 光禄大夫《梅陶集》二十卷。

文廷式《補晉書藝文志・別集類》 光禄大夫《梅陶集》二十卷，録一卷。

【略】《御覽》三十五梅陶書曰：古人就食於安里，今三州米流出門，無如今年豐也，若以古人用之，則累年之儲也。

荀邃集

《隋書・經籍志・別集》 又有金紫光禄大夫《荀邃集》二卷，録一卷。亡。

《舊唐書・經籍志・別集》 《荀邃集》二卷。

《新唐書・藝文志・別集類》 《荀邃集》二卷。

鄭樵《通志・藝文略・別集二》 金紫光禄大夫《荀邃集》二卷。

文廷式《補晉書藝文志・別集類》 金紫光禄大夫《荀邃集》二卷，録一卷。《隋志》：亡。《唐志》著録。邃附《荀顗傳》。

王鑒集

《隋書・經籍志・別集》 晉散騎常侍《王鑒集》九卷。梁五卷。

《舊唐書・經籍志・別集》 《王鑒集》五卷。

《新唐書・藝文志・別集類》 《王鑒集》五卷。

鄭樵《通志・藝文略・別集二》 散騎常侍《王覽集》五卷。

文廷式《補晉書藝文志・別集類》 散騎常侍《王鑒集》五卷。【略】按，覽當作鑒。《晉書》有傳，云「文集傳于世」。惟鑒仕至永興令，未爲散騎常侍，與此異。《書鈔》三十三引王鑒《薦山陽馮訪》云：魯璠之遺英，楚和之祕曜。

王濤集

《隋書・經籍志・別集》 又有晉著作佐郎《王濤集》五卷。亡。

《舊唐書・經籍志・別集》 《王濤集》五卷。

《新唐書・藝文志・別集類》 《王濤集》五卷。

鄭樵《通志・藝文略・別集二》 著作佐郎《王濤集》五卷。

文廷式《補晉書藝文志・別集類》 著作佐郎《王濤集》五卷。《隋志》亡，《唐志》著録。濤見《王鑒傳》。

王茂略集

《隋書・經籍志・別集》 晉《王茂略集》四卷。

《舊唐書・經籍志・別集》 《王茂略集》四卷。

《新唐書・藝文志・別集類》 《王茂略集》四卷。

鄭樵《通志・藝文略・別集二》 《王茂略集》四卷。

文廷式《補晉書藝文志・別集類》 《王茂略集》四卷。《唐志》同。《王鑒傳》：弟濤有文筆，字茂略，歷著作郎、無錫令。蓋即其人。惟《隋志》已録著作佐郎《王濤集》五卷，疑亦別本也。

阮放集

《隋書・經籍志・別集》 廷尉卿《阮放集》十卷，録一卷。亡。

《舊唐書・經籍志・別集》 《阮放集》五卷。

《新唐書・藝文志・別集類》 《阮放集》五卷。

鄭樵《通志・藝文略・別集二》 廷尉卿《阮放集》十卷。

文廷式《補晉書藝文志・別集類》 廷尉卿《阮放集》十卷，録一卷。《隋志》：亡。《唐志》：五卷。放附《阮籍傳》。

應碩集

《隋書・經籍志・別集》 汝南太守《應碩集》二卷。亡。

《新唐書・藝文志・別集類》 《應碩集》二卷。

鄭樵《通志・藝文略・別集二》汝南太守《應碩集》二卷。

文廷式《補晉書藝文志・別集類》汝南太守《應碩集》二卷。《隋志》：亡。《唐志》著録。

張悛集

《隋書・經籍志・別集》宗正卿《張悛集》五卷，録一卷。亡。

《舊唐書・經籍志・別集》《張俊集》二卷。

《新唐書・藝文志・別集類》《張悛集》二卷。

鄭樵《通志・藝文略・別集二》宗正卿《張悛集》二卷。

文廷式《補晉書藝文志・別集類》宗正卿《張悛集》二卷，録一卷。《隋志》：亡。《唐志》：《張峻集》二卷。《文選》卷三十八注：孫盛《晉陽秋》曰：張悛字士然，吴國人。又《晉百官名》曰：悛爲太子庶子。

張闓集

《隋書・經籍志・別集》金紫光禄大夫《張闓集》二卷，録一卷。亡。

《舊唐書・經籍志・別集》《張闓集》三卷。

《新唐書・藝文志・別集類》《張闓集》三卷。

鄭樵《通志・藝文略・別集二》金紫光禄大夫《張闓集》二卷。

文廷式《補晉書藝文志・別集類》金紫光禄大夫《張闓集》二卷，録一卷。《隋志》：亡。《唐志》：三卷。本傳：闓牋、表、文、議傳於世。

卞壼集

《隋書・經籍志・別集》驃騎將軍《卞壼集》二卷，録一卷。亡。

《舊唐書・經籍志・別集》《卞壼集》二卷。

《新唐書・藝文志・別集類》《卞壼集》二卷。

鄭樵《通志・藝文略・別集二》驃騎將軍《卞壼集》二卷。

文廷式《補晉書藝文志・別集類》驃騎將軍《卞壼集》二卷，録一卷。《隋志》：亡。《唐志》著録。

陸沈集

《隋書・經籍志・別集》揚州從事《陸沈集》二卷，録一卷。亡。

《新唐書・藝文志・別集類》《陸沈集》二卷。

鄭樵《通志・藝文略・別集二》揚州從事《陸沈集》二卷。

文廷式《補晉書藝文志・別集類》揚州從事《陸沈集》二卷，録一卷。《隋志》：亡。《唐志》著録。

鍾雅集

《隋書・經籍志・別集》光禄勳《鍾雅集》一卷。亡。

鄭樵《通志・藝文略・別集二》光禄勳《鍾雅集》一卷。

文廷式《補晉書藝文志・別集類》光禄勳《鍾雅集》一卷。《隋志》：亡。

劉超集

《隋書・經籍志・別集》衛尉卿《劉超集》二卷。亡。

《舊唐書・經籍志・別集》《劉超集》二卷。

《新唐書・藝文志・別集類》《劉超集》二卷。

鄭樵《通志・藝文略・別集二》衛尉卿《劉超集》二卷。

文廷式《補晉書藝文志・別集類》衛尉卿《劉超集》二卷。《隋志》：亡。《唐志》著録。

戴逯集

《隋書·經籍志·别集》 衛將軍《戴逯集》五卷，録一卷。亡。

《舊唐書·經籍志·别集》 《戴逯集》五卷。

《新唐書·藝文志·别集類》 《戴逯集》五卷。

鄭樵《通志·藝文略·别集二》 衛將軍《戴逯集》五卷。

文廷式《補晉書藝文志·别集類》 衛將軍《戴逯集》五卷，録一卷。《隋志》：亡。《唐志》著録。

荀崧集

《隋書·經籍志·别集》 光禄大夫《荀崧集》一卷。亡。

鄭樵《通志·藝文略·别集二》 光禄大夫《荀崧集》一卷。

文廷式《補晉書藝文志·别集類》 光禄大夫《荀崧集》一卷。《隋志》：亡。

温嶠集

《隋書·經籍志·别集》 晉大將軍《温嶠集》十卷。梁録一卷。

《舊唐書·經籍志·别集》 《温嶠集》十卷。

《新唐書·藝文志·别集類》 《温嶠集》十卷。

鄭樵《通志·藝文略·别集二》 大將軍《温嶠集》十卷。

文廷式《補晉書藝文志·别集類》 大將軍《温嶠集》十卷，録一卷。《隋志》著録一卷，《唐志》同。按凡録一卷，《唐志》並不載，《隋志》亦往往與《七録》異，今不復著其有無，從省也。唐皮日休《雜體詩序》曰：晉温嶠始有迴文詩。

孔坦集

《隋書·經籍志·别集》 晉侍中《孔坦集》十七卷。梁五卷，録一卷。

《舊唐書·經籍志·别集》 《孔坦集》五卷。

《新唐書·藝文志·别集類》 《孔坦集》五卷。

鄭樵《通志·藝文略·别集二》 侍中《孔坦集》十七卷。

文廷式《補晉書藝文志·别集類》 侍中《孔坦集》五卷，録一卷。

臧沖集

《隋書·經籍志·别集》 又有《臧沖集》一卷。亡。

鄭樵《通志·藝文略·别集二》 《臧沖集》一卷。

文廷式《補晉書藝文志·别集類》 《臧沖集》一卷。《隋志》：亡。

應詹集

《隋書·經籍志·别集》 晉鎮南大將軍《應詹集》五卷。亡。

《舊唐書·經籍志·别集》 《應詹集》三卷。

《新唐書·藝文志·别集類》 《應詹集》五卷。

鄭樵《通志·藝文略·别集二》 鎮南大將軍《應瞻集》五卷。

文廷式《補晉書藝文志·别集類》 鎮南大將軍《應詹集》五卷。《隋志》：亡。《唐志》著録。《隋志》作瞻。

王嶠集

《隋書·經籍志·别集》 晉太僕卿《王嶠集》八卷。

《新唐書・藝文志・別集類》《王嶠集》二卷。

鄭樵《通志・藝文略・別集二》太僕卿《王嶠集》八卷。

文廷式《補晉書藝文志・別集類》太僕卿《王嶠集》八卷。

荀闓集

《隋書・經籍志・別集》梁有衛尉《荀闓集》一卷。亡。

鄭樵《通志・藝文略・別集二》衛尉《荀闓集》一卷。

文廷式《補晉書藝文志・別集類》衛尉《荀闓集》一卷。《隋志》：亡。闓附《荀顗傳》。

劉隗集

《隋書・經籍志・別集》鎮北將軍《劉隗集》二卷。亡。

《舊唐書・經籍志・別集》《劉隗集》三卷。

《新唐書・藝文志・別集類》《劉隗集》三卷。

鄭樵《通志・藝文略・別集二》鎮北將軍《劉隗集》二卷。

文廷式《補晉書藝文志・別集類》鎮北將軍《劉隗集》二卷。《隋志》：亡。《唐志》：三卷。

陶侃集

《隋書・經籍志・別集》大司馬《陶侃集》二卷，録一卷。亡。

《舊唐書・經籍志・別集》《陶侃集》二卷。

《新唐書・藝文志・別集類》《陶侃集》二卷。

鄭樵《通志・藝文略・別集二》大司馬《陶侃集》二卷。

文廷式《補晉書藝文志・別集類》大司馬《陶侃集》二卷，録一卷。《隋志》：亡。《唐志》著録。

王導集

《隋書・經籍志・別集》晉丞相《王導集》十一卷。梁十卷，録一卷。

《舊唐書・經籍志・別集》《王導集》十卷。

《新唐書・藝文志・別集類》《王導集》十卷。

鄭樵《通志・藝文略・別集二》丞相《王導集》十卷。

文廷式《補晉書藝文志・別集類》丞相《王導集》十卷，録一卷。**【略】**《書鈔》七十三、《御覽》二百六十五並引《王丞相集》。

郗鑒集

《隋書・經籍志・別集》晉太尉《郗鑒集》十卷。録一卷。

《舊唐書・經籍志・別集》《郗鑒集》十卷。

《新唐書・藝文志・別集類》《郗鑒集》十卷。

鄭樵《通志・藝文略・別集二》太尉《郗鑒集》十卷。

文廷式《補晉書藝文志・別集類》太尉《郗鑒集》十卷，録一卷。

庾亮集

《隋書・經籍志・別集》晉太尉《庾亮集》二十一卷。梁二十卷，録一卷。

《舊唐書・經籍志・別集》《庾亮集》二十卷。

《新唐書・藝文志・別集類》《庾亮集》二十卷。

鄭樵《通志・藝文略・別集二》太尉《庾亮集》二十卷。

文廷式《補晉書藝文志・別集類》太尉《庾亮集》二十卷，録一卷。**【略】**《書鈔》七十三、《通典》三十二、《御覽》二百六十三並引《庾亮集》。

虞預集

《隋書・經籍志・別集》 又有《虞預集》十卷，録一卷。亡。

《舊唐書・經籍志・別集》 《虞預集》十卷。

《新唐書・藝文志・別集類》 《虞預集》十卷。

鄭樵《通志・藝文略・別集二》 《虞預集》十卷。

文廷式《補晉書藝文志・別集類》 《虞預集》十卷，録一卷。《隋志》：亡。《唐志》著録。本傳：預官至散騎常侍。

黄整集

《隋書・經籍志・別集》 平越司馬《黄整集》十卷，録一卷。亡。

《舊唐書・經籍志・別集》 《黄整集》十卷。

《新唐書・藝文志・別集類》 《黄整集》十卷。

鄭樵《通志・藝文略・別集二》 平越司馬《黄整集》十卷。

文廷式《補晉書藝文志・別集類》 平越司馬《黄整集》十卷，録一卷。《隋志》亡，《唐志》著録。《書鈔》一百三十二引黄士度《屏風頌序》：太寧三年，皇帝詔，遺殿上將賫御屏風寶劍，嘉兹屏風，帝王之服，謹爲述頌。士度，蓋整字也。《通典》六十七引整《羣臣敬太后議》。

庾堅集

《隋書・經籍志・別集》 晉護軍長史《庾堅集》十三卷。梁十卷，録一卷。

鄭樵《通志・藝文略・別集二》 護軍長史《庾堅集》十三卷。

文廷式《補晉書藝文志・別集類》 護軍長史《庾堅集》十卷，録一卷。

庾冰集

《隋書・經籍志・別集》 晉司空《庾冰集》七卷。梁二十卷，録一卷。

《舊唐書・經籍志・別集》 《庾冰集》二十卷。

《新唐書・藝文志・別集類》 《庾冰集》二十卷。

鄭樵《通志・藝文略・別集二》 司空《庾冰集》二十卷。

文廷式《補晉書藝文志・別集類》 司空《庾冰集》二十卷，録一卷。【略】《書鈔》五十三《庾冰集・用樂謨詔草》云：光禄，九卿列首，且職典吏署，選貢惟允，其以前散騎常侍謨爲光禄勳也。《初學記》十二亦引之。

庾闡集

《隋書・經籍志・別集》 晉給事中《庾闡集》九卷。梁十卷，録一卷。

《舊唐書・經籍志・別集》 《庾闡集》十卷。

《新唐書・藝文志・別集類》 《庾闡集》十卷。

鄭樵《通志・藝文略・別集二》 給事中《庾闡集》十卷。

文廷式《補晉書藝文志・別集類》 給事中《庾闡集》十卷，録一卷。【略】《文苑》本傳云：所著詩、賦、銘、頌十卷，行於世。

王隱集

《隋書・經籍志・別集》 晉著作郎《王隱集》十卷。梁二十卷，録一卷。

《舊唐書・經籍志・別集》 《王隱集》十卷。

《新唐書・藝文志・別集類》 《王隱集》十卷。

鄭樵《通志・藝文略・別集二》 著作郎《王隱集》二十卷。

文廷式《補晉書藝文志・別集類》 著作郎《王隱集》二十卷，録一卷。

高柔集

文廷式《補晉書藝文志・別集類》《高柔集》。《世説・輕詆門》：高柔在東，甚爲謝仁祖所重。注引孫統爲《柔集叙》曰：柔字世遠，樂安人。才理清鮮，安行仁義，婚泰山胡母氏女，姿色清惠，近是上流婦人。柔既罷司空參軍，安固令，營宅伏川，馳動之情既薄，又愛翫賢妻，便有終焉之志。尚書令何充取爲冠軍參軍，僶俛應命，眷戀綢繆，不能相舍，相贈詩書，清婉辛切。按，此與魏之高柔别是一人，魏高柔字文惠，《三國志》有傳。《書鈔》一百一十高文惠《與婦書》曰：今置琵琶一枚，音甚清亮也。《書鈔》一百三十六引高文惠婦《與文惠書》云：今奉織成襪一緉。《御覽》六百九十七又八百十六引作襪一量。《御覽》六百八十九高文惠婦《與文惠書》曰：今聊奉組生履一緉。六百八十八高文惠婦《與文惠原誤惠文書》曰：今奉總帢十枚。據《世説注》當是高世遠婦，《書鈔》、《御覽》誤也。

葛洪碑誄詩賦　移檄章表

文廷式《補晉書藝文志・別集類》葛洪碑、誄、詩、賦一百卷，移、檄、章、表三十卷。本傳。

抱朴君書

文廷式《補晉書藝文志・總集類》葛洪《抱朴君書》一卷。《抱朴子・自叙》云：軍書、檄移、章表、牋記三十卷。此一卷，殆殘佚之餘也。

徐禪集

《隋書・經籍志・別集》尚書左丞《徐禪集》六卷。亡。

文廷式《補晉書藝文志・別集類》尚書左丞《徐禪集》六卷。《隋志》亡。《晉中興書》：永和中將禘太廟，應有遞毁，尚書郎徐禪詣喜虞喜講焉。《御覽》卷五百三《通典・禮類》屢引禪議。

干寶集

《隋書・經籍志・別集》晉散騎常侍《干寶集》四卷。梁五卷。

《舊唐書・經籍志・別集》《干寶集》四卷。

《新唐書・藝文志・別集類》《干寶集》四卷。

鄭樵《通志・藝文略・別集二》散騎常侍《干寶集》四卷。

文廷式《補晉書藝文志・別集類》散騎常侍《干寶集》五卷。【略】嚴可均《全晉文》録得八篇，又《司徒儀》三條，非集部，亦未備。《御覽》三十二引《荆楚時歲當作「歲時」記》曰：夏至日，取菊爲灰，以止小麥蟲蠹。按干寶《變化論》乃云「稻成蛩麥爲蛺蝶」，其驗乎！是寶有《變化論》，嚴氏失收。

殷融集

《隋書・經籍志・別集》晉太常卿《殷融集》十卷。

《舊唐書・經籍志・別集》《殷融集》十卷。

《新唐書・藝文志・別集類》《殷融集》十卷。

鄭樵《通志・藝文略・別集二》太常卿《殷融集》十卷。

文廷式《補晉書藝文志・別集類》太常卿《殷融集》十卷。《唐志》同。臧榮緒《晉書》曰：殷浩，陳郡長平人。叔父融，俱好《老》、《易》，融與浩口談論，詞屈，著篇則融勝浩。《御覽》五百一十二。《殷顗傳》曰：祖融，太常卿。《殷仲堪傳》曰：祖融，太常、吏部尚書。《世説・文學門》注：《中興書》曰：殷融字洪遠，陳郡人，著《象不盡意》、《大賢須易論》，理義精微，談者稱焉。

張虞集

《隋書・經籍志・别集》梁有衛尉《張虞集》十卷。亡。

《舊唐書・經籍志・别集》《張虞集》五卷。

《新唐書・藝文志・别集類》《張虞集》五卷。

鄭樵《通志・藝文略・别集二》衛尉《張虞集》十卷。

文廷式《補晉書藝文志・别集類》衛尉《張虞集》十卷。《隋志》：亡。《唐志》：五卷。《許孜傳》：咸康中，太守張虞上疏。即此人。

諸葛恢集

《隋書・經籍志・别集》光禄大夫《諸葛恢集》五卷，録一卷。亡。

《舊唐書・經籍志・别集》《諸葛恢集》五卷。

《新唐書・藝文志・别集類》《諸葛恢集》五卷。

鄭樵《通志・藝文略・别集二》光禄大夫《諸葛恢集》五卷。

文廷式《補晉書藝文志・别集類》光禄大夫《諸葛恢集》五卷，録一卷。《隋志》：亡。《唐志》著録。

庾翼集

《隋書・經籍志・别集》晉車騎將軍《庾翼集》二十二卷。梁二十卷，録一卷。

《舊唐書・經籍志・别集》《庾翼集》二十卷。

《新唐書・藝文志・别集類》《庾翼集》二十卷。

鄭樵《通志・藝文略・别集二》車騎將軍《庾翼集》二十二卷。

文廷式《補晉書藝文志・别集類》車騎將軍《庾翼集》二十卷，録一卷。

【略】《御覽》七百五十四《庾翼集》曰：頃聞諸君有樗蒲過差者，初爲是政事閑暇，以娱意耳，故未有言也。今知大相聚集，漸以成俗，聞之能不憮然？《類聚》七十四《庾翼集》參軍于瓚陳節戲事曰：夫嬉戲都名動相剥，非爲治之本，自今樗蒲擲馬諸不急戲，宜一斷云。翼答曰：今唯許其圍棋，餘悉斷。

何充集

《隋書・經籍志・别集》晉司空《何充集》四卷。梁五卷。

《舊唐書・經籍志・别集》《何充集》五卷。

《新唐書・藝文志・别集類》《何充集》五卷。

鄭樵《通志・藝文略・别集二》司空《何充集》四卷。

文廷式《補晉書藝文志・别集類》司空《何充集》五卷。

郝默集

《隋書・經籍志・别集》又有御史中丞《郝默集》五卷。亡。

《舊唐書・經籍志・别集》《郝默集》五卷。

《新唐書・藝文志・别集類》《郝默集》五卷。

鄭樵《通志・藝文略・别集二》御史中丞《郝默集》五卷。

文廷式《補晉書藝文志・别集類》御史中丞《郝默集》五卷。《隋志》：亡。《唐志》著録。

甄述集

《隋書・經籍志・别集》征西諮議《甄述集》十二卷。亡。

《舊唐書・經籍志・别集》《甄述集》五卷。

《新唐書・藝文志・别集類》《甄述集》五卷。

鄭樵《通志・藝文略・别集二》征西諮議《甄述集》十二卷。

文廷式《補晉書藝文志・別集類》 征西諮議《甄述集》十二卷。《隋志》：亡。《唐志》著録五卷。按《王尼傳》有河南功曹甄述，即此人。《書鈔》一百三十六甄述《美女詩》曰：足躡承雲履。《御覽》六百九十七甄述《女詩》曰：足躡承雲履，豐趺皜春錦。《元和姓纂》：甄逸，中山無極人。逸子嚴，孫暢，暢生紹，紹生述。

徐彦則集

《隋書・經籍志・別集》 武昌太守《徐彦則集》十卷。亡。

鄭樵《通志・藝文略・別集二》 武昌太守《徐彦則集》十卷。

文廷式《補晉書藝文志・別集類》 武昌太守《徐彦則集》十卷。《隋志》亡。《通志・禮略》「四郡縣史爲守令服」一條，引武昌太守徐彦《與征西桓温牋》，疑即徐彦則。

王愆期集

《隋書・經籍志・別集》 晉散騎常侍《王愆期集》七卷。梁十卷，録一卷。

《舊唐書・經籍志・別集》 《王愆期集》十卷。

《新唐書・藝文志・別集類》 《王愆期集》十卷。

鄭樵《通志・藝文略・別集二》 散騎常侍《王愆期集》十卷。

文廷式《補晉書藝文志・別集類》 散騎常侍《王愆期集》十卷，録一卷。

【略】《御覽》五百八十三王諐期《降幕祠儀》當有誤字。曰：琵琶出於弦鞉，笙簧出於絲竹。

王濛集

《隋書・經籍志・別集》 司徒左長史《王濛集》五卷。亡。

《舊唐書・經籍志・別集》 《王濛集》五卷。

《新唐書・藝文志・別集類》 《王濛集》五卷。

鄭樵《通志・藝文略・別集二》 司徒左長史《王濛集》五卷。

文廷式《補晉書藝文志・別集類》 司徒左長史《王濛集》五卷。《隋志》：亡。《唐志》著録。

劉惔集

《隋書・經籍志・別集》 丹陽尹《劉惔集》二卷，録一卷。亡。

《舊唐書・經籍志・別集》 《劉惔集》二卷。

《新唐書・藝文志・別集類》 《劉惔集》二卷。

袁喬集

《隋書・經籍志・別集》 益州刺史《袁喬集》七卷。亡。

《舊唐書・經籍志・別集》 《袁喬集》五卷。

《新唐書・藝文志・別集類》 《袁喬集》五卷。

鄭樵《通志・藝文略・別集二》 益州刺史《袁喬集》七卷。

文廷式《補晉書藝文志・別集類》 益州刺史《袁喬集》七卷。《隋志》：亡。《唐志》：五卷。

顧和集

《隋書・經籍志・別集》 晉尚書令《顧和集》五卷。梁有録一卷。

《舊唐書・經籍志・別集》 《顧和集》五卷。

《新唐書・藝文志・別集類》 《顧和集》五卷。

鄭樵《通志・藝文略・別集二》 尚書令《顧和集》五卷。

文廷式《補晉書藝文志・別集類》 尚書令《顧和集》五卷，録一卷。《唐志》同。

劉遐集

《隋書・經籍志・別集》 尚書僕射《劉遐集》五卷。亡。

《舊唐書・經籍志・別集》 《劉遐集》五卷。

《新唐書・藝文志・別集類》 《劉遐集》五卷。

鄭樵《通志・藝文略・別集二》 尚書僕射《劉遐集》五卷。

文廷式《補晉書藝文志・別集類》 尚書僕射《劉遐集》五卷。《隋志》：亡。《唐志》著録。嚴可均曰：遐，永和中爲吏部尚書，見《褚裒傳》，與列傳之劉遐非一人。《劉遐傳》：仕至北軍中郎將、絳州刺史。卒，贈安北將軍。不言僕射，當是一人。

江淳集

《隋書・經籍志・別集》 徵士《江惇集》三卷，録一卷。亡。

《舊唐書・經籍志・別集》 《江淳集》五卷。

《新唐書・藝文志・別集類》 《江惇集》五卷。

鄭樵《通志・藝文略・別集二》 處士《江淳集》三卷。

文廷式《補晉書藝文志・別集類》 徵士《江淳集》三卷，録一卷。《隋志》：亡。《唐志》《江淳集》五卷。惇附《江統傳》。《世説・賞譽門》注引徐廣《晉紀》曰：惇字思悛，性篤學，手不釋書，博覽墳典，儒道兼綜。徵聘，無所就。

荀述集

《隋書・經籍志・別集》 魏興太守《荀述集》一卷。亡。

鄭樵《通志・藝文略・別集二》 魏興太守《荀述集》一卷。

文廷式《補晉書藝文志・別集類》 魏興太守《荀述集》一卷。《隋志》：亡。

賀翹集

《隋書・經籍志・別集》 平南將軍《賀翹集》五卷。亡。

鄭樵《通志・藝文略・別集二》 平南將軍《賀翹集》五卷。

文廷式《補晉書藝文志・別集類》 平南將軍《賀翹集》五卷。《隋志》：亡。

李軌集

《隋書・經籍志・別集》 《李軌集》八卷。亡。

鄭樵《通志・藝文略・別集二》 《李軌集》八卷。

文廷式《補晉書藝文志・別集類》 《李軌集》八卷。《隋志》：亡。《釋文序録》：軌爲祠部郎中。又《隋志》易類稱軌尚書郎，此失題其官。

李充集

《隋書・經籍志・別集》 晉《李充集》二十二卷。梁十五卷，録一卷。

《舊唐書・經籍志・別集》 《李充集》十四卷。

《新唐書・藝文志・別集類》 《李充集》十四卷。

鄭樵《通志・藝文略・別集二》 《李充集》二十一卷。

文廷式《補晉書藝文志・別集類》 《李充集》十五卷，録一卷。【略】《文苑》本傳：充仕至中書侍郎。

蔡謨集

《隋書・經籍志・別集》 晉司徒《蔡謨集》十七卷。梁四十三卷。

《舊唐書・經籍志・别集》《蔡謨集》十卷。

《新唐書・藝文志・别集類》《蔡謨集》十卷。

鄭樵《通志・藝文略・别集二》 司徒《蔡謨集》十七卷。

文廷式《補晉書藝文志・别集類》 司徒《蔡謨集》四十三卷。

蔡司徒書

鄭樵《通志・藝文略・書》《司徒書》三卷。蔡謨撰。

文廷式《補晉書藝文志・總集類》 蔡謨《蔡司徒書》三卷。《書鈔》一百二十六、《御覽》三百三十七有蔡謨《與何驃騎書》，又《御覽》三百三十五有蔡謨《與弟書》。

殷浩集

《隋書・經籍志・别集》 晉揚州刺史《殷浩集》四卷。梁五卷，録一卷。

《舊唐書・經籍志・别集》《殷浩集》五卷。

《新唐書・藝文志・别集類》《殷浩集》五卷。

鄭樵《通志・藝文略・别集二》 揚州刺史《殷浩集》五卷。

文廷式《補晉書藝文志・别集類》 揚州刺史《殷浩集》五卷，録一卷。

鈕滔集

《隋書・經籍志・别集》 又有吴興孝廉《鈕滔集》五卷，録一卷。亡。

《舊唐書・經籍志・别集》《鈕滔集》五卷。

《新唐書・藝文志・别集類》《鈕滔集》五卷。

鄭樵《通志・藝文略・别集二》 吴興孝廉《鈕滔集》五卷。

文廷式《補晉書藝文志・别集類》 吴興孝廉《鈕滔集》五卷，録一卷。《隋志》：亡。《唐志》著録。按《隋志》《孫瓊集》題「松陽令鈕滔母」，此滔不終於孝廉也。《姓苑》：宋處州刺史鈕滔，或即此人，俟考。

劉系之集

《隋書・經籍志・别集》 宣城内史《劉系之集》五卷，録一卷。亡。

《舊唐書・經籍志・别集》《劉系之集》五卷。

《新唐書・藝文志・别集類》《劉系之集》五卷。

鄭樵《通志・藝文略・别集二》 宣城内史《劉系之集》五卷。

文廷式《補晉書藝文志・别集類》 宣城内史《劉系之集》五卷，録一卷。《隋志》：亡。《唐志》著録。《通典》九十五引劉系之《問荀訥妻黨二服孰先孰後》，九十六引王冀《答劉系之爲庶子服爲庶祖母服》，《類聚》引劉謐之文疑即系之。《高僧・支遁傳》：遁常在白馬寺，與劉系之等談《莊子・逍遥》篇。

庾赤玉集

《隋書・經籍志・别集》《庾赤玉集》四卷。

文廷式《補晉書藝文志・别集類》《庾赤玉集》四卷。按，赤王當作赤玉。《世説・賞譽門》曰：謝仁祖云：庾赤玉胸中無宿物。劉孝標注：赤玉，庾統小字。又引《中興書》曰：統字長仁，潁川人，少有令名，仕至尋陽太守。《隋志》既列此書，又有《庾統集》，當是更有别本，非復出也。

庾統集

《隋書・經籍志・别集》 晉尋陽太守《庾統集》八卷。

《舊唐書・經籍志・别集》《庾統集》二卷。

《新唐書・藝文志・别集類》《庾統集》二卷。

鄭樵《通志·藝文略·别集二》 尋陽太守《庾純集》八卷。

文廷式《補晉書藝文志·别集類》 尋陽太守《庾統集》八卷。【略】嚴可均曰：統，《隋志》誤作純。按，統見《庾懌傳》。

王修集

《隋書·經籍志·别集》 梁有驃騎司馬《王修集》二卷，録一卷。亡。

《舊唐書·經籍志·别集》 《王修集》二卷。

《新唐書·藝文志·别集類》 《王修集》二卷。

鄭樵《通志·藝文略·别集二》 驃騎司馬《王修集》二卷。

文廷式《補晉書藝文志·别集類》 驃騎司馬《王修集》二卷，録一卷。《隋志》亡，《唐志》著録。修附《外戚·王濛傳》，云：轉中軍司馬，未拜，卒。《世説·文學門》注引《修集·賢人論》。本傳云：年十二作《賢全論》。

謝尚集

《隋書·經籍志·别集》 衛將軍《謝尚集》十卷，録一卷。亡。

《舊唐書·經籍志·别集》 《謝尚集》五卷。

《新唐書·藝文志·别集類》 《謝尚集》五卷。

鄭樵《通志·藝文略·别集二》 衛將軍《謝尚集》十卷。

文廷式《補晉書藝文志·别集類》 衛將軍《謝尚集》十卷，録一卷。《隋志》：亡。《唐志》：五卷。

樂府廣題

楊士奇等《文淵閣書目·詩詞》 《樂府廣題》。一部，一册。闕。

王浹集

《隋書·經籍志·别集》 青州刺史《王浹集》二卷。亡。

《舊唐書·經籍志·别集》 《王浹集》二卷。

《新唐書·藝文志·别集類》 《王浹集》二卷。

鄭樵《通志·藝文略·别集二》 青州刺史《王浹集》二卷。

文廷式《補晉書藝文志·别集類》 青州刺史《王浹集》二卷。《隋志》：亡。《唐志》著録。《御覽》三百五十八《晉起居注》曰：冠軍將軍王浹表：臣以發許昌，城内北人諸將孫凱等謀欲逼臣留身，驅遣南人。臣初出城門，乃相纏繞，牽臣馬，控臣手，刃斬截，僅乃得出。

王胡之集

《隋書·經籍志·别集》 晉西中郎將《王胡之集》十卷。梁五卷，録一卷。

《舊唐書·經籍志·别集》 《王胡之集》五卷。

《新唐書·藝文志·别集類》 《王胡之集》五卷。

鄭樵《通志·藝文略·别集二》 西中郎將《王胡之集》十卷。

文廷式《補晉書藝文志·别集類》 西中郎將《王胡之集》五卷，録一卷。

王洽集

《隋書·經籍志·别集》 晉中書令《王洽集》五卷。録一卷。

《舊唐書·經籍志·别集》 《王洽集》三卷。

《新唐書·藝文志·别集類》 《王洽集》三卷。

鄭樵《通志·藝文略·别集二》 中書令《王洽集》五卷。

文廷式《補晉書藝文志·别集類》 中書令《王洽集》五卷，録一卷。《書鈔》

一百五十七引《王洽集・辭中書令表》，《御覽》三十五晉《王洽集》曰：洽臨吴郡，上表曰：編户僵尸，葬埋無主，或闔門餓餒，烟火不舉。

范保集

《隋書・經籍志・别集》 梁有宜春令《范保集》七卷。亡。

鄭樵《通志・藝文略・别集二》 宜春令《范保集》七卷。

文廷式《補晉書藝文志・别集類》 宜春令《范保集》七卷。《隋志》：亡。

范宣集

《隋書・經籍志・别集》 徵士《范宣集》十卷，録一卷。亡。

《舊唐書・經籍志・别集》 《范宣集》十卷。《范宣集》五卷。

《新唐書・藝文志・别集類》 《范宣集》十卷。《范宣集》五卷。

鄭樵《通志・藝文略・别集二》 處士《范宣集》十卷。

文廷式《補晉書藝文志・别集類》 徵士《范宣集》十卷，録一卷。《隋志》：亡。《唐志》五卷。

丁纂集

《隋書・經籍志・别集》 建安太守《丁纂集》四卷，録一卷。亡。

《舊唐書・經籍志・别集》 《丁纂集》二卷。

《新唐書・藝文志・别集類》 《丁纂集》二卷。

鄭樵《通志・藝文略・别集二》 建安太守《丁纂集》四卷。

文廷式《補晉書藝文志・别集類》 建安太守《丁纂集》四卷，録一卷。《隋志》亡，《唐志》二卷。《通典》卷六十：李嵩又以父在大功，則子應小功，在服末則子服除者可婚，今降服而子未除，以疑問丁纂。纂曰：服末情殺，可行吉事。《蔡謨傳》有黄門郎丁纂。

王羲之集

《隋書・經籍志・别集》 晉金紫光禄大夫《王羲之集》九卷。梁十卷，録一卷。

《舊唐書・經籍志・别集》 《王羲之集》五卷。

《新唐書・藝文志・别集類》 《王羲之集》五卷。

鄭樵《通志・藝文略・别集二》 金紫光禄大夫《王羲之集》十卷。

文廷式《補晉書藝文志・别集類》 金紫光禄大夫《王羲之集》十卷，録一卷。

謝萬集

《隋書・經籍志・别集》 晉散騎常侍《謝萬集》十六卷。梁十卷。

《舊唐書・經籍志・别集》 《謝萬集》十卷。

《新唐書・藝文志・别集類》 《謝萬集》十卷。

鄭樵《通志・藝文略・别集二》 散騎常侍《謝萬集》十六卷。

文廷式《補晉書藝文志・别集類》 散騎常侍《謝萬集》十卷。【略】萬附《謝安傳》。

阮德猷集

文廷式《補晉書藝文志・别集類》 《阮德猷集》。

張憑集

《隋書・經籍志・别集》 晉司徒長史《張憑集》五卷。梁有録一卷。

《舊唐書・經籍志・别集》　《張憑集》五卷。

《新唐書・藝文志・别集類》　《張憑集》五卷。

鄭樵《通志・藝文略・别集二》　司徒長史《張憑集》五卷。

文廷式《補晉書藝文志・别集類》　司徒長史《張憑集》五卷，録一卷。【略】《書鈔》六十七引《郭子》云：張馮字嗣宗，劉真長薦之撫軍，曰：下官今日爲公得一太常博士好選。撫軍稱善。《類聚》四十六、《御覽》六百十七亦引此條。

楊方集

《隋書・經籍志・别集》　梁有高涼太守《楊方集》二卷。亡。

《舊唐書・經籍志・别集》　《楊方集》二卷。

《新唐書・藝文志・别集類》　《楊方集》二卷。

鄭樵《通志・藝文略・别集二》　高涼太守《楊方集》二卷。

文廷式《補晉書藝文志・别集類》　高涼太守《楊方集》二卷。《隋志》：亡。《唐志》著録。方附《賀循傳》。俟再考《書鈔》，此條别本或注「東觀漢記」四字。

許詢集

《隋書・經籍志・别集》　晉徵士《許詢集》三卷。梁八卷，録一卷。

《舊唐書・經籍志・别集》　《許詢集》三卷。

《新唐書・藝文志・别集類》　《許詢集》三卷。

鄭樵《通志・藝文略・别集二》　處士《許詢集》三卷。

文廷式《補晉書藝文志・别集類》　徵士《許詢集》八卷，録一卷。【略】《世説・賞譽門》注云：按《詢集》，詢出都迎姊，於路賦詩。《續晉陽秋》亦然。蔣清翊《支遁集補遺跋》云：《詢集》今可稽者，《黑白麈尾銘》二首，見《北堂書鈔》一百三十四、《太平御覽》七百三。鍾仲偉稱孫綽、許詢，彌善恬淡之辭。徵士詩，一字不傳，惜哉！按《藝文類聚》八十八引許詢詩：青松凝素髓，秋菊落芳英。非一字不傳也。蔣氏誤矣。《類聚》六十九引許詢《竹扇詩》。

六夷頌　符命傳

文廷式《補晉書藝文志・别集類》　索綏《六夷頌》、《符命傳》十餘篇。見《御覽》一百二十四引崔鴻《前涼録・張元靖傳》。

慕容儁著述

文廷式《補晉書藝文志・别集類》　慕容儁著述四十餘篇。見《儁載記》。

張望集

《隋書・經籍志・别集》　晉征西將軍《張望集》十卷。梁十二卷，録一卷。

《舊唐書・經籍志・别集》　《張望集》三卷。

《新唐書・藝文志・别集類》　《張望集》三卷。

鄭樵《通志・藝文略・别集二》　征西將軍《張望集》十卷。

文廷式《補晉書藝文志・别集類》　征西將軍《張望集》十二卷，録一卷。【略】《類聚》卷三十五有晉張望詩。

孫統集

《隋書・經籍志・别集》　晉餘姚令《孫統集》二卷。梁九卷，録一卷。

《舊唐書・經籍志・别集》　《孫統集》五卷。

《新唐書・藝文志・别集類》　《孫統集》五卷。

鄭樵《通志・藝文略・别集二》　餘姚令《孫統集》九卷。

文廷式《補晉書藝文志・别集類》　餘杭令《孫統集》九卷，録一卷。【略】《世說・品藻門》注：《中興書》曰：孫統字承公，太原人，善屬文，時人謂其有祖楚風。仕至餘姚令，蘭亭讌集有詩二首。

戴元集

《隋書・經籍志・別集》 又有晉陵令《戴元集》三卷，録一卷。亡。

文廷式《補晉書藝文志・別集類》 晉陵令《戴元集》三卷，録一卷。《隋志》：亡。

孫綽集

《隋書・經籍志・別集》 晉衛尉卿《孫綽集》十五卷。梁二十五卷。

《舊唐書・經籍志・別集》 《孫綽集》十五卷。

《新唐書・藝文志・別集類》 《孫綽集》十五卷。

鄭樵《通志・藝文略・別集二》 衛尉卿《孫綽集》十五卷。

徐𤊹《徐氏家藏書目・別集類》 《孫綽集》二卷。

文廷式《補晉書藝文志・別集類》 衛尉卿《孫綽集》二十五卷。【略】《文選》卷五十注引《孫綽集序》曰：綽文藻遒麗。卷五十五注同。

江逌集

《隋書・經籍志・別集》 晉太常《江逌集》九卷。

《舊唐書・經籍志・別集》 《江逌集》五卷。

《新唐書・藝文志・別集類》 《江逌集》五卷。

鄭樵《通志・藝文略・別集二》 太常《江逌集》九卷。

文廷式《補晉書藝文志・別集類》 太常《江逌集》九卷。【略】《御覽》七百五十七引江逌表，《類聚》三十五引江逌詩，八十九引江逌《竹賦》，韓鄂《歲華紀麗》卷四引江逌《冰賦》，《書鈔》一百三十四引江逌《羽扇賦》。

謝沈集

《隋書・經籍志・別集》 梁有《謝沈集》十卷。亡。

《舊唐書・經籍志・別集》 《謝沉集》五卷。

《新唐書・藝文志・別集類》 《謝沈集》五卷。

鄭樵《通志・藝文略・別集二》 《謝沈集》十卷。

文廷式《補晉書藝文志・別集類》 《謝沈集》十卷。《隋志》：亡。《唐志》著録。按，本傳沈仕至著作郎，此失題其官。

李顒集

《隋書・經籍志・別集》 晉《李顒集》十卷。録一卷。

《舊唐書・經籍志・別集》 《李顒集》十卷。

《新唐書・藝文志・別集類》 《李顒集》十卷。

鄭樵《通志・藝文略・別集二》 《李顒集》十卷。

文廷式《補晉書藝文志・別集類》 《李顒集》十卷，録一卷。《唐志》同。顒見《李充傳》，云「郡舉孝廉」，此當題「孝廉」二字。《類聚》卷二有李顒《雹賦》，卷三有李顒詩，《文選》卷五十五注亦引顒詩，《書鈔》一百二引李顒《弔平叔父文》。《高僧・竺法乘傳》云：高士李顒爲之贊傳。《書鈔》一百五十八引李顒《羨夏篇》，餘見嚴鐵橋輯本。《初學記》卷六有顒《感冬篇》。

曹毗集

《隋書・經籍志・別集》 晉光禄勳《曹毗集》十卷。梁十五卷，録一卷。

《舊唐書・經籍志・別集》 《曹毗集》十五卷。

《新唐書·藝文志·別集類》　《曹毗集》十五卷。

鄭樵《通志·藝文略·別集二》　光禄勳《曹毗集》十卷。

文廷式《補晉書藝文志·別集類》　光禄勳《曹毗集》十五卷，録一卷。【略】本傳云：所著文筆十五卷，傳於世。

曹毗集

《隋書·經籍志·別集》　晉《曹毗集》四卷。

鄭樵《通志·藝文略·別集二》　《曹毗集》四卷。

文廷式《補晉書藝文志·別集類》　《曹毗集》四卷。按《隋志》已録光禄勳《曹毗集》十五卷，此疑別本，姑並存其目。

王篾集

《隋書·經籍志·別集》　又有郡主簿《王篾集》五卷。亡。

《舊唐書·經籍志·別集》　《王篾集》五卷。

《新唐書·藝文志·別集類》　《王篾集》五卷。

鄭樵《通志·藝文略·別集二》　郡主簿《王篾集》五卷。

文廷式《補晉書藝文志·別集類》　郡主簿《王蔑集》五卷。《隋志》：亡。《唐志》著録。雜史類題「祠部郎王蔑」，與此異。

支遁集

《隋書·經籍志·別集》　晉沙門《支遁集》八卷。梁十三卷。

《舊唐書·經籍志·別集》　沙門《支遁集》十卷。

《新唐書·藝文志·別集類》　《支遁集》十卷。

鄭樵《通志·藝文略·別集二》　沙門《支遁集》八卷。

孫星衍《平津館鑒藏書籍記補遺·寫本》　《支遁集》二卷。題「東晉沃州山沙門支遁」。前後無序跋，上卷詩十八首，下卷書、銘、讃十五首。錢曾《讀書敏求記》有此書。遁所著有《文翰集》十卷，見梁《高僧傳》，今不傳，此是後人掇拾之本。

阮元《四庫未收書目提要·別集類》　《支遁集》二卷，明嘉靖刊本，釋寒石刊本。

文廷式《補晉書藝文志·別集類》　沙門《支道林集》十三卷。【略】《高僧傳》云：遁所著《文翰集》，有十卷，盛行於世。【略】按近人蔣清翊有《補遺》一卷。

劉彧集

《隋書·經籍志·別集》　又有《劉彧集》十六卷。亡。

鄭樵《通志·藝文略·別集二》　《劉彧集》十六卷。

文廷式《補晉書藝文志·別集類》　《劉彧集》十六卷。《隋志》亡。按《隋志》雜傳類有臨川王郎中劉彧，撰《長沙耆舊傳贊》，即此人。

謝艾集

《隋書·經籍志·別集》　張重華酒泉太守《謝艾集》七卷。梁八卷。

《舊唐書·經籍志·別集》　《謝艾集》八卷。

《新唐書·藝文志·別集類》　《謝艾集》八卷。

鄭樵《通志·藝文略·別集二》　張重華酒泉太守《謝艾集》七卷。

文廷式《補晉書藝文志·別集類》　張重華酒泉太守《謝艾集》八卷。【略】《文心雕龍·鎔裁篇》曰：昔謝艾、王濟，西河文士，張駿以爲艾繁而不可删，濟略而不可益。《御覽》三百五十九謝艾《密令與楊初》曰：今遣舍人孔章，特口論要密，將軍可差腹心人旨至珊瑚馬勒香瓔一具遺王擢。王擢狐疑於將軍父子，事得施矣。

蔡系集

《隋書·經籍志·別集》　又有撫軍長史《蔡系集》二卷。亡。

《舊唐書·經籍志·別集》　《蔡系集》二卷。

《新唐書・藝文志・別集類》《蔡系集》二卷。

鄭樵《通志・藝文略・別集二》 撫軍長史《蔡系集》二卷。

文廷式《補晉書藝文志・別集類》 撫軍長史《蔡系集》二卷。《隋志》亡，《唐志》著録。系，蔡謨少子，見謨傳。

江彬集

《隋書・經籍志・別集》 護軍將軍《江虨集》五卷，録一卷。亡。

《舊唐書・經籍志・別集》《江虨集》五卷。

《新唐書・藝文志・別集類》《江霖集》五卷。

鄭樵《通志・藝文略・別集二》 護軍將軍《江彬集》五卷。

文廷式《補晉書藝文志・別集類》 護軍將軍《江彬集》五卷，録一卷。《隋志》亡。彬，《晉書》作虨，附見《江統傳》。《書鈔》六十江虨原誤「彪」駁議云：左右丞都，無彈外官之事。《唐志》「《江霖集》五卷」，霖乃虨字之譌。

范汪集

《隋書・經籍志・別集》 晉《范汪集》一卷。梁十卷。

《舊唐書・經籍志・別集》《范汪集》八卷。

《新唐書・藝文志・別集類》《范汪集》八卷。

鄭樵《通志・藝文略・別集二》《范汪集》十卷。

文廷式《補晉書藝文志・別集類》《范汪集》十卷。【略】《玉燭寶典》卷二引《范汪集・新野四居疑當作「君」別傳》云：家以翦佛華爲業，其來蓋久。

王述集

《隋書・經籍志・別集》 晉尚書僕射《王述集》八卷。

《舊唐書・經籍志・別集》《王述集》五卷。

《新唐書・藝文志・別集類》《王述集》五卷。

鄭樵《通志・藝文略・別集二》 尚書僕射《王述集》八卷。

文廷式《補晉書藝文志・別集類》 尚書僕射《王述集》八卷。

王度集

《隋書・經籍志・別集》 梁又有《王度集》五卷，録一卷。亡。

《舊唐書・經籍志・別集》《王度集》五卷。

《新唐書・藝文志・別集類》《王度集》五卷。

鄭樵《通志・藝文略・別集二》《王度集》五卷。

文廷式《補晉書藝文志・別集類》《王度集》五卷，録一卷。《隋志》亡，《唐志》著録。按，霸史類題「北中郎參軍王度」。《藝文類聚》九十六有晉王慶《釣魚賦》，王慶蓋王度之譌。

庾龢集

《隋書・經籍志・別集》 中領軍《庾龢集》二卷，録一卷。亡。

《舊唐書・經籍志・別集》《庾龢集》二卷。

《新唐書・藝文志・別集類》《庾龢集》二卷。

鄭樵《通志・藝文略・別集二》 中領軍《庾龢集》二卷。

文廷式《補晉書藝文志・別集類》 中領軍《庾龢集》二卷，録一卷。《隋志》：亡。龢附《庾亮傳》。

孔嚴集

《隋書・經籍志・別集》 吴興太守《孔嚴集》十一卷，録一卷。亡。

《舊唐書・經籍志・别集》 《孔嚴集》五卷。

《新唐書・藝文志・别集類》 《孔嚴集》五卷。

鄭樵《通志・藝文略・别集二》 吴興太守《孔嚴集》十一卷。

文廷式《補晉書藝文志・别集類》 吴興太守《孔嚴集》十一卷，録一卷。《隋志》：亡。《唐志》：五卷。嚴附《孔愉傳》。

喻希集

《隋書・經籍志・别集》 將作大匠《喻希集》一卷。亡。

鄭樵《通志・藝文略・别集二》 將作大匠《喻希集》一卷。

文廷式《補晉書藝文志・别集類》 將作大匠《喻希集》一卷。《隋志》：亡。希字益期，豫章人，有《交州牋》，見地理類。又《通典》卷五十三「釋奠禮王儉議」引喻希云：若王者自設禮樂，則肆賞於致敬之所，若欲嘉美先師，則須所況非備。按疑有誤字。又云：時從喻希議，設軒懸之樂，六佾之舞，牲牢器用，悉依上公。

桓温集

《隋書・經籍志・别集》 晉大司馬《桓温集》十一卷。梁有四十三卷。

《舊唐書・經籍志・别集》 《桓温集》二十卷。

《新唐書・藝文志・别集類》 《桓温集》二十卷。

鄭樵《通志・藝文略・别集二》 大司馬《桓温集》四十三卷。

文廷式《補晉書藝文志・别集類》 大司馬《桓温集》四十三卷。

桓温要集

《隋書・經籍志・别集》 又有《桓温要集》二十卷，録一卷。亡。

鄭樵《通志・藝文略・别集二》 《桓温要集》二十卷。

文廷式《補晉書藝文志・别集類》 《桓温要集》二十卷，録一卷。《隋志》：亡。《太平御覽》卷二百三引《桓温集略》，蓋即此書。

車灌集

《隋書・經籍志・别集》 豫章太守《車灌集》五卷，録一卷。亡。

《舊唐書・經籍志・别集》 《車灌集》五卷。

《新唐書・藝文志・别集類》 《車灌集》五卷。

鄭樵《通志・藝文略・别集二》 豫章太守《車灌集》五卷。

文廷式《補晉書藝文志・别集類》 豫章太守《車灌集》五卷，録一卷。《隋志》：亡。《唐志》著録。

弘戎集

《隋書・經籍志・别集》 驍騎將軍《弘戎集》十六卷。亡。

文廷式《補晉書藝文志・别集類》 驍騎將軍《弘戎集》十六卷。《隋志》：亡。《庾冰傳》：卞眈與曲阿人弘戎發兵屯新城。

王坦之集

《隋書・經籍志・别集》 晉尚書僕射《王坦之集》七卷。梁五卷，録一卷，亡。

《舊唐書・經籍志・别集》 《王坦之集》五卷。

《新唐書・藝文志・别集類》 《王坦之集》五卷。

鄭樵《通志・藝文略・别集二》 尚書僕射《王坦之集》七卷。

文廷式《補晉書藝文志・别集類》 尚書僕射《王坦之集》五卷，録一卷。

王彪之集

《隋書・經籍志・别集》 晉左光禄《王彪之集》二十卷。梁有録一卷。

《舊唐書・經籍志・别集》 《王彪之集》二十卷。

《新唐書・藝文志・别集類》 《王彪之集》二十卷。

鄭樵《通志・藝文略・别集二》 左光禄《王彪之集》二十卷。

文廷式《補晉書藝文志・别集類》 光禄《王彪之集》二十卷，録一卷。《唐志》同。彪之附《王廙傳》。後魏賈思勰《齊民要術》卷三、卷十並引王彪之《閩中賦》，《書鈔》一百三十四引《王彪之集》云：扇上書頌王子喬、藺相如。又引王彪之《五言詩序》。

郄超集

《隋書・經籍志・别集》 晉中書郎《郄超集》九卷。梁十卷。

《舊唐書・經籍志・别集》 《郗超集》十五卷。

《新唐書・藝文志・别集類》 《郗超集》十五卷。

鄭樵《通志・藝文略・别集二》 中書郎《郗超集》十卷。

文廷式《補晉書藝文志・别集類》 中書郎《郄超集》十卷。

桓嗣集

《隋書・經籍志・别集》 又有南中郎《桓嗣集》五卷。亡。

《舊唐書・經籍志・别集》 《桓嗣集》五卷。

《新唐書・藝文志・别集類》 《桓嗣集》五卷。

鄭樵《通志・藝文略・别集二》 南中郎《桓嗣集》五卷。

文廷式《補晉書藝文志・别集類》 南中郎《桓嗣集》五卷。《隋志》：亡。《唐志》著録。嗣附《桓彝傳》。

邵毅集

《隋書・經籍志・别集》 平固令《邵毅集》五卷，録一卷。亡。

《舊唐書・經籍志・别集》 《邵毅集》五卷。

《新唐書・藝文志・别集類》 《邵毅集》五卷。

鄭樵《通志・藝文略・别集二》 平固令《邵毅集》五卷。

文廷式《補晉書藝文志・别集類》 平固令《邵毅集》五卷，録一卷。《隋志》：亡。《唐志》著録。

滕輔集

《隋書・經籍志・别集》 太學博士《滕輔集》五卷，録一卷。亡。

《舊唐書・經籍志・别集》 《滕輔集》五卷。

《新唐書・藝文志・别集類》 《滕輔集》五卷。

鄭樵《通志・藝文略・别集二》 太學博士《滕輔集》五卷。

文廷式《補晉書藝文志・别集類》 太學博士《滕輔集》五卷，録一卷。《隋志》：亡。《唐志》著録。《書鈔》一百二十、《類聚》六十並引滕輔《祭牙文》。

王猛集

《隋書・經籍志・别集》 晉苻堅丞相《王猛集》九卷。録一卷。

鄭樵《通志・藝文略・别集二》 苻堅丞相《王猛集》九卷。

文廷式《補晉書藝文志・别集類》 苻堅丞相《王猛集》九卷，録一卷。

顧夷集

《隋書・經籍志・别集》 梁有《顧夷集》五卷。亡。

《舊唐書・經籍志・别集》 《顧夷集》五卷。

《新唐書・藝文志・别集類》 《顧夷集》五卷。

鄭樵《通志・藝文略・别集二》 《顧夷集》五卷。

文廷式《補晉書藝文志・别集類》 《顧夷集》五卷。《隋志》亡，《唐志》著録。

按，夷官揚州主簿，見《隋志》儒家類。《世説・文學門》注引《顧氏譜》曰：夷字君齊，吴郡人。祖厥，孝廉；父霸，少府卿。夷辟州主簿，不就。

鄭襲集

《隋書・經籍志・别集》 散騎常侍《鄭襲集》四卷。亡。

鄭樵《通志・藝文略・别集二》 散騎常侍《鄭襲集》四卷。

文廷式《補晉書藝文志・别集類》 散騎常侍《鄭襲集》四卷。《隋志》亡。

《通典》卷一百兩引襲議。《宋書・鄭鮮之傳》：曾祖襲，大司農，初爲江乘令，因居縣境，不稱散騎常侍。與《七録》異。《太平廣記》四百二十六引《異苑》「滎陽鄭襲，晉太康中爲太守」云云。

劉暢集

《隋書・經籍志・别集》 撫軍掾《劉暢集》一卷。亡。

鄭樵《通志・藝文略・别集二》 撫軍掾《劉暢集》一卷。

文廷式《補晉書藝文志・别集類》 撫軍掾《劉暢集》一卷。《隋志》亡。《世説・品藻門》注引《劉瑾集叙》曰：父暢，娶王羲之女，生瑾。

韓康伯集

《隋書・經籍志・别集》 晉太常卿《韓康伯集》十六卷。

《舊唐書・經籍志・别集》 《韓康伯集》五卷。

《新唐書・藝文志・别集類》 《韓康伯集》五卷。

鄭樵《通志・藝文略・别集二》 太常卿《韓康伯集》十六卷。

文廷式《補晉書藝文志・别集類》 太常卿《韓康伯集》十六卷。

范啓集

《隋書・經籍志・别集》 梁有黄門郎《范啓集》四卷。亡。

鄭樵《通志・藝文略・别集二》 黄門郎《范啓集》四卷。

文廷式《補晉書藝文志・别集類》 黄門郎《范啓集》四卷。《隋志》：亡。《唐志》：《范起集》五卷。啓，范堅子，附《范汪傳》。史云「父子並有文筆，傳於世」，今《隋志》無《堅集》，《類聚》卷八十有范堅《蝎鐙賦》。

王愔集

《隋書・經籍志・别集》 豫章太守《王愔集》十卷。亡。

鄭樵《通志・藝文略・别集二》 豫章太守《王愔集》十卷。

文廷式《補晉書藝文志・别集類》 豫章太守《王愔集》十卷。《隋志》：亡。《外戚・王遐傳》：長子愔，領軍將軍，愔子欣之，豫章太守。此以愔爲豫章太守，疑誤。

陶混集

《隋書・經籍志・别集》 零陵太守《陶混集》七卷。亡。

鄭樵《通志・藝文略・別集二》 雲陵太守《陶混集》七卷。
文廷式《補晉書藝文志・別集類》 零陵太守《陶混集》七卷。《隋志》：亡。

祖撫集

《隋書・經籍志・別集》 海鹽令《祖撫集》三卷。亡。
鄭樵《通志・藝文略・別集二》 海鹽令《祖撫集》三卷。
文廷式《補晉書藝文志・別集類》 海鹽令《祖撫集》三卷。《隋志》：亡。

殷康集

《隋書・經籍志・別集》 吴興太守《殷康集》五卷，録一卷。亡。
《舊唐書・經籍志・別集》 《殷康集》五卷。
《新唐書・藝文志・別集類》 《殷康集》五卷。
鄭樵《通志・藝文略・別集二》 吴興太守《殷康集》五卷。
文廷式《補晉書藝文志・別集類》 吴興太守《殷康集》五卷，録一卷。《隋志》：亡。《唐志》著録。《殷覬傳》：父康，吴興太守。《太平御覽》引《殷康集》，又四百三十一引殷康《明慎》曰：古人云驕奢，人之殃；恭儉，福之揚。四百三十引殷康《明慎》曰：犇車之上無仲尼，覆舟之下無伯夷。蓋言慎也。

謝安集

《隋書・經籍志・別集》 晉太傅《謝安集》十卷。梁十卷，録一卷。
《舊唐書・經籍志・別集》 《謝安集》五卷。
《新唐書・藝文志・別集類》 《謝安集》五卷。
鄭樵《通志・藝文略・別集二》 太傅《謝安集》十卷。
文廷式《補晉書藝文志・別集類》 太傅《謝安集》十卷，録一卷。

東遊小稿

范邦甸等《天一閣書目・別集類》 《東遊小稿》一卷。刊本。晉謝東山撰。

孫嗣集

《隋書・經籍志・別集》 又有中軍參軍《孫嗣集》三卷，録一卷。亡。
《舊唐書・經籍志・別集》 《孫嗣集》三卷。
《新唐書・藝文志・別集類》 《孫嗣集》三卷。
鄭樵《通志・藝文略・別集二》 中軍參軍《孫嗣集》三卷。
文廷式《補晉書藝文志・別集類》 中軍參軍《孫嗣集》三卷，録一卷。《隋志》：亡。《唐志》著録。嗣，綽之子。《蘭亭讌集》有詩一首。

劉袞集

《隋書・經籍志・別集》 司徒左長史《劉袞集》三卷。亡。
鄭樵《通志・藝文略・別集二》 司徒左長史《劉袞集》三卷。
文廷式《補晉書藝文志・別集類》 司徒左長史《劉袞集》三卷。《隋志》：亡。《晉起居注》：穆帝升平二年，有尚書左丞相劉袞。當是此人。《御覽》七百六十一，「相」字誤衍。

孔欣時集

《隋書・經籍志・別集》 晉御史中丞《孔欣時集》八卷。梁七卷。
鄭樵《通志・藝文略・別集二》 御史中丞《孔欣時集》八卷。

文廷式《補晉書藝文志・別集類》 御史中丞《孔欣時集》七卷。

伏滔集

《隋書・經籍志・別集》 晉《伏滔集》十一卷。并目録。梁五卷，録一卷。

《舊唐書・經籍志・別集》 《伏滔集》五卷。

《新唐書・藝文志・別集類》 《伏滔集》五卷。

鄭樵《通志・藝文略・別集二》 《伏滔集》十一卷。

文廷式《補晉書藝文志・別集類》 《伏滔集》五卷，録一卷。【略】按，滔傳仕至游擊將軍，著作郎如故。此失題其官。《世説・言語門》注引《滔集・論青楚人物》。

劉恢集

《舊唐書・經籍志・別集》 《劉恢集》五卷。

《新唐書・藝文志・別集類》 《劉恢集》五卷。

鄭樵《通志・藝文略・別集二》 丹陽尹《劉恢集》二卷。

文廷式《補晉書藝文志・別集類》 丹陽尹《劉恢集》二卷，録一卷。《隋志》亡。《世説・賞譽門》注引宋明帝《文章志》曰：劉恢字道生，沛國人。王濛每稱其思理淹通，蕃屏之高選，爲車騎司馬，年三十六卒，贈前將軍。按此題「丹陽尹」，當是劉恢之譌，姑仍其舊，以俟考訂。《類聚》九十三有晉劉恢詩。

范起集

《舊唐書・經籍志・別集》 《范起集》五卷。

《新唐書・藝文志・別集類》 《范起集》五卷。

謝玄集

《舊唐書・經籍志・別集》 《謝玄集》十卷。

《新唐書・藝文志・別集類》 《謝玄集》十卷。

習鑿齒集

《隋書・經籍志・別集》 晉滎陽太守《習鑿齒集》五卷。

《舊唐書・經籍志・別集》 《習鑿齒集》五卷。

《新唐書・藝文志・別集類》 《習鑿齒集》五卷。

鄭樵《通志・藝文略・別集二》 滎陽太守《習鑿齒集》五卷。

文廷式《補晉書藝文志・別集類》 滎陽太守《習鑿齒集》五卷。《唐志》同。

孫盛集

《隋書・經籍志・別集》 晉祕書監《孫盛集》五卷。殘缺。梁十卷，録一卷。

《舊唐書・經籍志・別集》 《孫盛集》十卷。

《新唐書・藝文志・別集類》 《孫盛集》十卷。

鄭樵《通志・藝文略・別集二》 祕書監《孫盛集》五卷。

文廷式《補晉書藝文志・別集類》 祕書監《孫盛集》十卷，録一卷。

袁宏集

《隋書・經籍志・別集》 晉東陽太守《袁宏集》十五卷。梁二十卷，録一卷。

《舊唐書・經籍志・別集》 《袁宏集》二十卷。

《新唐書・藝文志・別集類》　《袁宏集》二十卷。

鄭樵《通志・藝文略・別集二》　東陽太守《袁宏集》十五卷。

文廷式《補晉書藝文志・別集類》　東陽太守《袁宏集》二十卷，録一卷。

【略】《元和姓纂》云：《袁宏集》有古成文。

顧淳集

《隋書・經籍志・別集》　又有晉黄門郎《顧淳集》一卷。亡。

鄭樵《通志・藝文略・別集二》　黄門郎《顧淳集》一卷。

文廷式《補晉書藝文志・別集類》　黄門郎《顧淳集》一卷。《隋志》：亡。按淳，顧和子，附《和傳》，仕至黄門侍郎、方衛將軍。

熊鳴鵠集

《隋書・經籍志・別集》　尋陽太守《熊鳴鵠集》十卷。亡。

鄭樵《通志・藝文略・別集二》　尋陽太守《熊鳴鵠集》十卷。

文廷式《補晉書藝文志・別集類》　尋陽太守《熊鳴鵠集》十卷。《隋志》：亡。鳴鵠見《熊遠傳》，云「仕至武昌太守」，《隋志》似誤矣。《高僧傳》卷六《釋法安傳》有武昌太守熊無患，疑即此人。

謝韶集

《隋書・經籍志・別集》　車騎司馬《謝韶集》三卷。亡。

鄭樵《通志・藝文略・別集二》　車騎司馬《謝韶集》三卷。

文廷式《補晉書藝文志・別集類》　車騎將軍《謝韶集》三卷。《隋志》：亡。韶，謝萬子，附見《謝安傳》，云「早卒，至車騎司馬」，《七録》題將軍，誤也。

王獻之集

《隋書・經籍志・別集》　金紫光禄大夫《王獻之集》十卷，録一卷。亡。

鄭樵《通志・藝文略・別集二》　金紫光禄大夫《王獻之集》十卷。

文廷式《補晉書藝文志・別集類》　金紫光禄大夫《王獻之集》十卷，録一卷。《隋志》亡。獻之附《王羲之傳》。

袁質集

《隋書・經籍志・別集》　琅邪内史《袁質集》二卷，録一卷。亡。

《舊唐書・經籍志・別集》　《袁質集》二卷。

《新唐書・藝文志・別集類》　《袁質集》二卷。

鄭樵《通志・藝文略・別集二》　琅琊内史《袁質集》二卷。

文廷式《補晉書藝文志・別集類》　《袁質集》二卷。見《唐志》。《唐書・宰相世系表》云：耽生質，字道和，東陽太守。二子：湛、豹。

袁邵集

《隋書・經籍志・別集》　太宰從事中郎《袁邵集》五卷，録一卷。亡。

《舊唐書・經籍志・別集》　《袁邵集》三卷。

《新唐書・藝文志・別集類》　《袁邵集》三卷。

鄭樵《通志・藝文略・別集二》　太宰從事中郎《袁邵集》五卷。

文廷式《補晉書藝文志・別集類》　《袁邵集》三卷。

謝朗集

《隋書·經籍志·别集》 車騎長史《謝朗集》六卷，録一卷。亡。

《舊唐書·經籍志·别集》 《謝朗集》五卷。

《新唐書·藝文志·别集類》 《謝朗集》五卷。

鄭樵《通志·藝文略·别集二》 車騎長史《謝朗集》六卷。

文廷式《補晉書藝文志·别集類》 車騎長史《謝朗集》六卷，録一卷。《隋志》亡，《唐志》五卷。朗附《謝安傳》。《世説·言語門》注：《續晉陽秋》曰：朗字長度，安次兄，據之長子。文義艷發，名亞於玄，仕至東陽太守。《唐志》有《謝玄集》十卷。

謝顧集

《隋書·經籍志·别集》 車騎將軍《謝顧集》十卷，録一卷。亡。

鄭樵《通志·藝文略·别集二》 車騎將軍《謝顧集》十卷。

文廷式《補晉書藝文志·别集類》 車騎將軍《謝顧集》十卷，録一卷。《隋志》：亡。

郗愔集

《隋書·經籍志·别集》 晉新安太守《郗愔集》四卷。殘缺。梁五卷。

鄭樵《通志·藝文略·别集二》 新安太守《郗愔集》五卷。

文廷式《補晉書藝文志·别集類》 新安太守《郗愔集》五卷。【略】《世説·品藻門》注：《郗愔别傳》曰：愔字方回，高平金鄉人，太宰鑒長子，歷會稽内史、侍中、司徒。竇臮《述書賦》注云：愔，晉司空。

陸法之集

《隋書·經籍志·别集》 又有吴郡功曹《陸法之集》十九卷。亡。

鄭樵《通志·藝文略·别集二》 吴郡功曹《陸法之集》十九卷。

文廷式《補晉書藝文志·别集類》 吴郡功曹《陸法之集》十九卷。《隋志》：亡。

王珉集

《隋書·經籍志·别集》 晉太常卿《王珉集》十卷。梁録一卷。

鄭樵《通志·藝文略·别集二》 太常卿《王珉集》十卷。

文廷式《補晉書藝文志·别集類》 太常卿《王珉集》十卷，録一卷。珉附《王導傳》。《類聚》七十二引王珉《答徐邈書》。

羅含集

《隋書·經籍志·别集》 晉中散大夫《羅含集》三卷。

《舊唐書·經籍志·别集》 《羅含集》三卷。

《新唐書·藝文志·别集類》 《羅含集》三卷。

鄭樵《通志·藝文略·别集二》 中散大夫《羅含集》三卷。

文廷式《補晉書藝文志·别集類》 中散大夫《羅含集》三卷。《唐志》同。含在《文苑傳》。

庾蒨集

《隋書·經籍志·别集》 梁有太宰長史《庾蒨集》二卷。亡。

《舊唐書・經籍志・別集》《庾蒨集》二卷。

《新唐書・藝文志・別集類》《庾蒨集》二卷。

鄭樵《通志・藝文略・別集二》 太宰中郎長史《庾蒨集》二卷。

文廷式《補晉書藝文志・別集類》 太宰長史《庾蒨集》二卷。《隋志》亡，《唐志》著録。《庾冰傳》：子倩，太宰長史，不作蒨。《世説・賞譽門》曰：庾公云「逸少國舉」，故庾倪爲碑文云：逸少國舉。注：倪，庾倩小字也。

庾悠之集

《隋書・經籍志・別集》 大司馬參軍《庾悠之集》三卷。亡。

鄭樵《通志・藝文略・別集二》 大司馬參軍《庾悠之集》三卷。

文廷式《補晉書藝文志・別集類》 大司馬參軍《庾悠之集》三卷。《隋志》：亡。《庾冰傳》：庾希子攸之，蓋即其人，惟攸、悠字異。

庾凱集

《隋書・經籍志・別集》 司徒右長史《庾凱集》二卷。亡。

《舊唐書・經籍志・別集》《庾軌集》二卷。

《新唐書・藝文志・別集類》《庾軌集》二卷。

鄭樵《通志・藝文略・別集二》 司徒右長史《庾凱集》二卷。

文廷式《補晉書藝文志・別集類》 司徒右長史《庾凱集》二卷。《隋志》：亡。《唐志》：《庾軌集》二卷。軌字是凱字之誤。

孫放集

《隋書・經籍志・別集》 晉國子博士《孫放集》一卷。殘缺。梁十卷。

《舊唐書・經籍志・別集》《孫放集》十五卷。

《新唐書・藝文志・別集類》《孫放集》十五卷。

鄭樵《通志・藝文略・別集二》 國子博士《孫放集》十卷。

文廷式《補晉書藝文志・別集類》 國子博士《孫放集》十卷。【略】放附《孫盛傳》。《世説・言語門》注引《放別傳》云「卒長沙王相」，與此異。陳舜俞《廬山記》卷一引孫放《山賦》曰：尋陽南有廬山，九江之鎮也，臨彭蠡之澤，接平敞之原。

殷叔獻集

《隋書・經籍志・別集》 晉聘士《殷叔獻集》四卷。并目録。梁三卷，録一卷。

《舊唐書・經籍志・別集》《殷叔獻集》三卷。

《新唐書・藝文志・別集類》《殷叔獻集》三卷。

鄭樵《通志・藝文略・別集二》 聘士《殷叔獻集》四卷。

文廷式《補晉書藝文志・別集類》 聘士《殷叔獻集》三卷，録一卷。《唐志》同。《晉書・殷顗傳》云：弟仲文叔獻，別有傳。今按《晉書》無《叔獻傳》，蓋誤用臧榮緒《晉書》舊文也。

郭愔集

《舊唐書・經籍志・別集》《郭愔集》五卷。

《新唐書・藝文志・別集類》《郭愔集》五卷。

庾肅之集

《隋書・經籍志・別集》 晉湘東太守《庾肅之集》十卷。録一卷。

《舊唐書・經籍志・別集》《庾肅之集》十卷。

《新唐書・藝文志・別集類》《庾肅之集》十卷。

鄭樵《通志・藝文略・別集二》 湘東太守《庾肅之集》十卷。

文廷式《補晉書藝文志・別集類》 湘東太守《庾肅之集》十卷，録一卷。《唐志》同。肅之附見《文苑・庾闡傳》。

蘇彦集

《隋書・經籍志・別集》 梁有晉北中郎參軍《蘇彦集》十卷。亡。

《舊唐書・經籍志・別集》 《蘇彦集》十卷。

《新唐書・藝文志・別集類》 《蘇彦集》十卷。

鄭樵《通志・藝文略・別集二》 北中郎參軍《蘇彦集》十卷。

文廷式《補晉書藝文志・別集類》 北中郎參軍《蘇彦集》十卷。《隋志》：亡。《唐志》著録。明馮惟訥《詩紀》録彦詩二篇，未備。

王肅之集

《隋書・經籍志・別集》 太子左率《王肅之集》三卷，録一卷。亡。

鄭樵《通志・藝文略・別集二》 太子左率《王肅之集》三卷。

文廷式《補晉書藝文志・別集類》 太子左率《王肅之集》三卷，録一卷。《隋志》：亡。《世説・排調門》注引《王氏譜》曰：肅之字幼恭，右將軍羲之第四子，歷中書郎、驃騎咨議。與《隋志》所題異。

王徽之集

《隋書・經籍志・別集》 黄門郎《王徽之集》八卷。亡。

鄭樵《通志・藝文略・別集二》 黄門郎《王徽之集》八卷。

文廷式《補晉書藝文志・別集類》 黄門郎《王徽之集》八卷。《隋志》：亡。徽之附羲之傳。

王忱集

《隋書・經籍志・別集》 右將軍《王忱集》五卷，録一卷。亡。

鄭樵《通志・藝文略・別集二》 右將軍《王忱集》五卷。

文廷式《補晉書藝文志・別集類》 右將軍《王忱集》五卷，録一卷。《隋志》：亡。忱附《王湛傳》。

孔汪集

《隋書・經籍志・別集》 太常卿《孔汪集》十卷。亡。

鄭樵《通志・藝文略・別集二》 太常卿《孔汪集》十卷。

文廷式《補晉書藝文志・別集類》 太常卿《孔汪集》十卷。《隋志》：亡。汪附《孔愉傳》。

陳統集

《隋書・經籍志・別集》 《陳統集》七卷。亡。

鄭樵《通志・藝文略・別集二》 《陳統集》七卷。

文廷式《補晉書藝文志・別集類》 《陳統集》七卷。字元方。

王愷集

《隋書・經籍志・別集》 太常《王愷集》十五卷。亡。

鄭樵《通志・藝文略・別集二》 太常《王愷集》十五卷。

文廷式《補晉書藝文志・別集類》 太常《王愷集》十五卷。《隋志》：亡。愷附《王湛傳》。

謝敷集

《隋書・經籍志・别集》 徵士《謝敷集》五卷，録一卷。亡。

鄭樵《通志・藝文略・别集二》 處士《謝敷集》五卷。

文廷式《補晉書藝文志・别集類》 徵士《謝敷集》五卷，録一卷。《隋志》亡。

殷允集

《隋書・經籍志・别集》 太常《殷允集》十卷。亡。

《舊唐書・經籍志・别集》 《殷允集》十卷。

《新唐書・藝文志・别集類》 《殷允集》十卷。

鄭樵《通志・藝文略・别集二》 太常《殷允集》十卷。

文廷式《補晉書藝文志・别集類》 太常《殷允集》十卷。《隋志》：亡。

《唐志》著録。《世説・賞譽門》注引《中興書》曰：允字子思，陳郡人，太常康第六子，恭素謙退，有儒者之風。歷吏部尚書。《類聚》九十九、《書鈔》一百三十三並引殷允《杖銘》。

戴逵集

《隋書・經籍志・别集》 晉徵士《戴逵集》九卷。殘缺。梁十卷，録一卷。

《舊唐書・經籍志・别集》 《戴逵集》十卷。

《新唐書・藝文志・别集類》 《戴逵集》十卷。

鄭樵《通志・藝文略・别集二》 處士《戴逵集》十卷。

文廷式《補晉書藝文志・别集類》 徵士《戴逵集》十卷，録一卷。

孫廞集

《隋書・經籍志・别集》 又有晉光禄大夫《孫廞集》十卷。亡。

鄭樵《通志・藝文略・别集二》 光禄大夫《孫廞集》十卷。

文廷式《補晉書藝文志・别集類》 光禄大夫《孫廞集》十卷。《隋志》：亡。

《王談傳》有會稽太守孔廞，疑是孫廞之誤。孔衍《在窮記》，《太平御覽》或引作孫舒元《在窮記》，是其證。

徐邈集

《隋書・經籍志・别集》 晉太子前率《徐邈集》九卷。并目録。梁二十卷，録一卷。

《舊唐書・經籍志・别集》 《徐邈集》八卷。

《新唐書・藝文志・别集類》 《徐邈集》八卷。

鄭樵《通志・藝文略・别集二》 太子前率《徐邈集》九卷。

文廷式《補晉書藝文志・别集類》 太子前率《徐邈集》二十卷，録一卷。

徐乾集

《隋書・經籍志・别集》 晉給事中《徐乾集》二十一卷。并目録。梁二十卷，録一卷。

鄭樵《通志・藝文略・别集二》 給事《徐乾集》二十一卷。

文廷式《補晉書藝文志・别集類》 給事中《徐乾集》二十卷，録一卷。《御覽》六百九十七録徐乾《古履儀》，儀當作議。

《唐書・宰相世系表》：徐澹，晉長壽令。生乾，乾字文祚，給事中。

張玄之集

《隋書·經籍志·别集》 又有晉冠軍將軍《張玄之集》五卷，録一卷。亡。

鄭樵《通志·藝文略·别集二》 冠軍將軍《張玄之集》五卷。

文廷式《補晉書藝文志·别集類》 冠軍將軍《張玄之集》五卷，録一卷。《隋志》亡。《世説·言語門》注：《續晉陽秋》曰：張玄之，字祖希，吴郡太守澄之孫也。少以學顯，歷吏部尚書，出爲冠軍將軍、吴興太守。

荀世之集

《隋書·經籍志·别集》 員外常侍《荀世之集》八卷。亡。

鄭樵《通志·藝文略·别集二》 員外常侍《荀世之集》八卷。

文廷式《補晉書藝文志·别集類》 員外常侍《荀世之集》八卷。《隋志》：亡。按荀世之無考。《釋文序録》：荀訥，字世言。蓋言、之二字因草書形近而譌。

袁山松集

《隋書·經籍志·别集》 《袁山松集》十卷。亡。

鄭樵《通志·藝文略·别集二》 《袁山松集》十卷。

文廷式《補晉書藝文志·别集類》 《袁山松集》十卷。《隋志》：亡。山松附《袁瓌傳》，仕至吴郡太守，此失題其官。

魏遢之集

《隋書·經籍志·别集》 黄門郎《魏遢之集》五卷。亡。

鄭樵《通志·藝文略·别集二》 黄門郎《魏遢之集》五卷。

文廷式《補晉書藝文志·别集類》 黄門郎《魏遢之集》五卷。《隋志》：亡。《世説·賞譽門》：魏隱兄弟少有學義。注引《魏氏譜》曰：隱字安時，會稽上虞人。弟遢，黄門郎。《高僧傳》卷十一有會稽魏邁之、放之等。

卞湛集

《隋書·經籍志·别集》 驃騎參軍《卞湛集》五卷。亡。

《舊唐書·經籍志·别集》 《卞湛集》五卷。

《新唐書·藝文志·别集類》 《卞湛集》五卷。

鄭樵《通志·藝文略·别集二》 驃騎將軍《卞湛集》五卷。

文廷式《補晉書藝文志·别集類》 驃騎參軍《卞湛集》五卷。《隋志》：亡。《唐志》著録。

褚爽集

《隋書·經籍志·别集》 金紫光禄大夫《褚爽集》十六卷，録一卷。亡。

鄭樵《通志·藝文略·别集二》 金紫光禄大夫《褚爽集》十六卷。

文廷式《補晉書藝文志·别集類》 金紫光禄大夫《褚爽集》十六卷，録一卷。《隋志》：亡。爽在《外戚傳》。

范寧集

《隋書·經籍志·别集》 晉豫章太守《范寧集》十六卷。

《舊唐書·經籍志·别集》 《范寧集》十五卷。

《新唐書·藝文志·别集類》 《范寧集》十五卷。

鄭樵《通志·藝文略·别集二》 豫章太守《范寧集》十六卷。

文廷式《補晉書藝文志・别集類》 豫章太守《范寧集》十六卷。

范弘之集

《隋書・經籍志・别集》 梁有晉餘杭令《范弘之集》六卷。亡。

鄭樵《通志・藝文略・别集二》 餘杭令《范弘之集》六卷。

文廷式《補晉書藝文志・别集類》 餘杭令《范弘之集》六卷。《隋志》：亡。弘之見《儒林傳》。

王珣集

《隋書・經籍志・别集》 晉司徒《王珣集》十一卷。并目録。梁十卷，録一卷，亡。

《舊唐書・經籍志・别集》 《王珣集》十卷。

《新唐書・藝文志・别集類》 《王珣集》十卷。

鄭樵《通志・藝文略・别集二》 司徒《王珣集》十卷。

文廷式《補晉書藝文志・别集類》 司徒《王珣集》十卷，録一卷。《唐志》同。

薄肅之集

《隋書・經籍志・别集》 晉處士《薄蕭之集》九卷。梁十卷。

《舊唐書・經籍志・别集》 《薄肅之集》十卷。

《新唐書・藝文志・别集類》 《薄肅之集》十卷。

鄭樵《通志・藝文略・别集二》 處士《薄蕭之集》十卷。

文廷式《補晉書藝文志・别集類》 處士《薄蕭之集》十卷。【略】張懷瓘《書斷》：晉薄紹之字敬叔，丹陽人，官至給事中。當是蕭之同族人。

薄要集

《隋書・經籍志・别集》 又有晉安北參軍《薄要集》九卷。亡。

鄭樵《通志・藝文略・别集二》 安北參軍《薄要集》九卷。

文廷式《補晉書藝文志・别集類》 安北參軍《薄要集》九卷。《隋志》：亡。

薄邕集

《隋書・經籍志・别集》 《薄邕集》七卷。亡。

鄭樵《通志・藝文略・别集二》 《薄邕集》七卷。

文廷式《補晉書藝文志・别集類》 《薄邕集》七卷。《隋志》：亡。

唐邁之集

《隋書・經籍志・别集》 延陵令《唐邁之集》十一卷，録一卷。亡。

鄭樵《通志・藝文略・别集二》 延陵令《唐邁之集》十一卷。

文廷式《補晉書藝文志・别集類》 延陵令《唐邁之集》十一卷，録一卷。《隋志》：亡。《藝文類聚》五十三有庾闡《薦唐芟牋》芟似字永延。未知是此人否，俟考。

孫恩集

《隋書・經籍志・别集》 晉《孫恩集》五卷。

鄭樵《通志・藝文略・别集二》 《孫恩集》五卷。

文廷式《補晉書藝文志・别集類》 《孫恩集》五卷。

傅綽集

《隋書・經籍志・別集》梁有晉殿中將軍《傅綽集》十五卷。亡。

鄭樵《通志・藝文略・別集二》殿中將軍《傅綽集》十五卷。

文廷式《補晉書藝文志・別集類》殿中將軍《傅綽集》十五卷。《隋志》：亡。

魏叔齊集

《隋書・經籍志・別集》御史中丞《魏叔齊集》十五卷。亡。

鄭樵《通志・藝文略・別集二》御史中丞《魏叔齊集》十五卷。

文廷式《補晉書藝文志・別集類》御史中丞《魏叔齊集》十五卷。《隋志》：亡。《世説・排調門》注引《魏氏譜》：顗字長齊，會稽人。父説，大鴻臚卿。疑叔齊乃顗弟也。

劉寧之集

《隋書・經籍志・別集》司徒右長史《劉寧之集》五卷。亡。

鄭樵《通志・藝文略・別集二》司徒右長史《劉寧之集》五卷。

文廷式《補晉書藝文志・別集類》司徒右長史《劉寧之集》五卷。《隋志》：亡。

辛德遠集

《隋書・經籍志・別集》晉臨海太守《辛德遠集》五卷。梁四卷。

《舊唐書・經籍志・別集》《辛昞集》四卷。

《新唐書・藝文志・別集類》《辛昞集》四卷。

鄭樵《通志・藝文略・別集二》臨海太守《辛德遠集》五卷。

文廷式《補晉書藝文志・別集類》臨海太守《辛德遠集》四卷。【略】德遠，蓋昞字，唐人諱昞，故稱其字也。《世説・德行門》注引《晉安帝紀》曰：孫恩於海上聚衆十萬人，攻没郡縣，後爲臨海太守，辛昞斬首送之。即此人。今《晉書》避諱作「辛景」。《御覽》三百三十七引辛昞《洛成時與桓郎箋》。

何瑾之集

《隋書・經籍志・別集》又有晉車騎參軍《何瑾之集》十一卷。亡。

鄭樵《通志・藝文略・別集二》車騎參軍《何瑾之集》十一卷。

文廷式《補晉書藝文志・別集類》車騎參軍《何瑾之集》十一卷。《隋志》：亡。《通典》卷五十五：東晉穆帝升平中，何瑾請備五岳祠，即此人。

王恭集

《隋書・經籍志・別集》太保《王恭集》五卷，録一卷。亡。

鄭樵《通志・藝文略・別集二》太保《王恭集》五卷。

文廷式《補晉書藝文志・別集類》太保《王恭集》五卷，録一卷。《隋志》：亡。

殷覬集

《隋書・經籍志・別集》《殷覬集》十卷，録一卷。亡。

鄭樵《通志・藝文略・別集二》《殷覬集》十卷。

文廷式《補晉書藝文志・別集類》《殷覬集》十卷，録一卷。《隋志》：亡。

按，本傳覬官至南蠻校尉，此失題其官。

殷仲堪集

《隋書・經籍志・別集》 晉荆州刺史《殷仲堪集》十二卷。并目録。梁十卷，録一卷，亡。

《舊唐書・經籍志・別集》 《殷仲堪集》十卷。

《新唐書・藝文志・別集類》 《殷仲堪集》十卷。

鄭樵《通志・藝文略・別集二》 荆州刺史《殷仲堪集》十二卷。

文廷式《補晉書藝文志・別集類》 荆州刺史《殷仲堪集》十卷，録一卷。

【略】《御覽》八百三十六引之。

謝景重集

《隋書・經籍志・別集》 晉驃騎長史《謝景重集》一卷。

鄭樵《通志・藝文略・別集二》 驃騎長史《謝景重集》一卷。

桓玄集

《隋書・經籍志・別集》 晉《桓玄集》二十卷。

《舊唐書・經籍志・別集》 《桓玄集》二十卷。

《新唐書・藝文志・別集類》 《桓玄集》二十卷。

鄭樵《通志・藝文略・別集二》 《桓玄集》二十卷。

文廷式《補晉書藝文志・別集類》 《桓玄集》二十卷。《唐志》同。《藝文類聚》七引桓玄《遊荆山詩》。

卞範之集

《隋書・經籍志・別集》 梁有晉丹陽尹《卞範之集》五卷，録一卷。亡。

鄭樵《通志・藝文略・別集二》 丹陽令《卞範之集》五卷。

卞承之集

《隋書・經籍志・別集》 光禄勳《卞承之集》十卷，録一卷。亡。

鄭樵《通志・藝文略・別集二》 光禄勳《卞承之集》十卷。

殷仲文集

《隋書・經籍志・別集》 晉東陽太守《殷仲文集》七卷。梁五卷。

《舊唐書・經籍志・別集》 《殷仲文集》七卷。

《新唐書・藝文志・別集類》 《殷仲文集》七卷。

鄭樵《通志・藝文略・別集二》 東陽太守《殷仲文集》七卷。

文廷式《補晉書藝文志・別集類》 東陽太守《殷仲文集》五卷。《隋志》：七卷，《唐志》同。《世説・文學門》注《續晉陽秋》曰：仲文雅有才藻，著文數十篇。鍾嶸《詩品》曰：晉宋之際，殆無詩乎！義熙中以謝益壽、殷仲文爲華綺之冠，殷不競矣。

王謐集

《隋書・經籍志・別集》 晉司徒《王謐集》十卷。録一卷。

《舊唐書・經籍志・別集》 《王謐集》十卷。

《新唐書・藝文志・別集類》《王謐集》十卷。

鄭樵《通志・藝文略・別集二》 司徒《王謐集》十卷。

文廷式《補晉書藝文志・別集類》 司徒《王謐集》十卷，録一卷。《唐志》同。謐附《王導傳》。

伏系之集

《隋書・經籍志・別集》 梁有晉光禄大夫《伏系之集》十卷，録一卷。亡。

鄭樵《通志・藝文略・別集二》 光禄大夫《伏系之集》十卷。

文廷式《補晉書藝文志・別集類》 光禄大夫《伏系之集》十卷，録一卷。《隋志》：亡。系之附《文學・伏滔傳》。

孔璠集

《隋書・經籍志・別集》 晉右軍參軍《孔璠集》二卷。

《舊唐書・經籍志・別集》《孔璠之集》二卷。

《新唐書・藝文志・別集類》《孔璠之集》二卷。

鄭樵《通志・藝文略・別集二》 右軍參軍《孔璠集》二卷。

文廷式《補晉書藝文志・別集類》 右軍參軍《孔璠集》二卷。《藝文類聚》八十二有孔璠之《艾賦》、《艾贊》，當即此人。璠之或稱璠，猶劉簡之或稱劉簡，庾蔚之或稱庾蔚也。

湛方生集

《隋書・經籍志・別集》 晉衛軍諮議《湛方生集》十卷。録一卷。

《舊唐書・經籍志・別集》《湛方生集》十卷。

《新唐書・藝文志・別集類》《湛方生集》十卷。

鄭樵《通志・藝文略・別集二》 衛軍諮議《湛方生集》十卷。

文廷式《補晉書藝文志・別集類》 衛軍諮議《湛方生集》十卷，録一卷。《唐志》同。王謨《豫章十代文獻略》云：《隋志》不詳何許人，今考湛氏望出豫章，而方生又有《廬山詩序》及《帆入南湖詩》，其爲豫章人無疑也。詩及序俱見《藝文類聚》。又《類聚》、《初學記》引方生詩文甚多，不悉出。

祖台之集

《隋書・經籍志・別集》 晉光禄大夫《祖台之集》十六卷。梁二十卷。

《舊唐書・經籍志・別集》《祖台之集》十五卷。

《新唐書・藝文志・別集類》《祖台之集》十五卷。

鄭樵《通志・藝文略・別集二》 光禄大夫《祖台之集》二十卷。

文廷式《補晉書藝文志・別集類》 光禄大夫《祖台之集》二十卷。**【略】**《御覽》七百三十九引祖台之《議錢耿殺妻事》、四百五十七引祖台之《與王荆州書》。

顧愷之集

《隋書・經籍志・別集》 晉通直常侍《顧愷之集》七卷。梁二十卷。

鄭樵《通志・藝文略・別集二》 通直常侍《顧愷之集》十三卷。

文廷式《補晉書藝文志・別集類》 通直散騎常侍《顧愷之集》二十卷。**【略】**愷之在《文苑傳》。張彦遠《歷代名畫記》卷五記愷之事，注云：見《晉史》、《中興書》、檀道鸞《續晉陽秋》、劉義慶《世記》及《顧集》。梁鍾嶸《詩品》云：長康能以二韻答四首之美。

劉瑾集

《隋書・經籍志・別集》 晉太常卿《劉瑾集》九卷。梁五卷。

《舊唐書·經籍志·别集》《劉瑾集》八卷。

《新唐書·藝文志·别集類》《劉瑾集》八卷。

鄭樵《通志·藝文略·别集二》太常卿《劉瑾集》九卷。

文廷式《補晉書藝文志·别集類》太常《劉瑾集》五卷。【略】《世説·品藻門》注《劉瑾之叙》曰：瑾字仲璋，南陽人。祖遐，父暢，暢娶王羲平女，生瑾。瑾有材力，歷尚書、太常卿。《桓玄傳》以集西長史劉瑾爲尚書。

謝混集

《隋書·經籍志·别集》晉左僕射《謝混集》三卷。梁五卷。

鄭樵《通志·藝文略·别集二》左僕射《謝混集》三卷。

文廷式《補晉書藝文志·别集類》左僕射《謝混集》五卷。【略】混附《謝安傳》。《宋書·謝靈運傳論》曰：仲文始革孫、許之風，叔源大變太元之氣。叔源，混字也。

滕演集

《隋書·經籍志·别集》晉祕書監《滕演集》十卷。録一卷。

《舊唐書·經籍志·别集》《滕演集》一卷。

《新唐書·藝文志·别集類》《滕演集》二卷。

鄭樵《通志·藝文略·别集二》祕書監《滕演集》十卷。

文廷式《補晉書藝文志·别集類》祕書監《滕演集》十卷，録一卷。

王誕集

《隋書·經籍志·别集》晉司徒長史《王誕集》二卷。

鄭樵《通志·藝文略·别集二》司徒長史《王誕集》二卷。

文廷式《補晉書藝文志·别集類》司空長史《王誕集》二卷。誕，《宋書》、《南史》皆有傳。《書鈔》一百二十、《類聚》六十、《御覽》三百三十九並引王誕《祭牙文》。

劉簡之集

《隋書·經籍志·别集》梁有晉太尉咨議《劉簡之集》十卷。亡。

鄭樵《通志·藝文略·别集二》太尉諮議《劉簡之集》十卷。

文廷式《補晉書藝文志·别集類》太尉咨議《劉簡之集》十卷。《隋志》：亡。簡之事見《宋書·劉康祖傳》。劉謙之《晉紀》曰：桓玄欲復虎賁中郎將，疑直省與不，訪之僚佐，咸莫能定。參軍劉簡之原誤「蘭之」對曰：昔潘岳爲《秋興賦序》云「兼虎賁中郎將，寓直於散騎之省」，以此言之，是直官也。《御覽》二百四十一。《世説·方正門》注《劉氏譜》曰：簡字仲約，南陽人。祖喬，豫州刺史；父挺，潁川太守。簡仕至大司馬參軍。《唐書·宰相世系表》：劉喬字伯彦，晉太傅軍諮祭酒。生挺，潁川太守。二子：耽、簡。耽字敬道，爲尚書令。

袁豹集

《隋書·經籍志·别集》晉丹陽太守《袁豹集》八卷。梁十卷，録一卷。

《舊唐書·經籍志·别集》《袁豹集》十卷。

《新唐書·藝文志·别集類》《袁豹集》十卷。

鄭樵《通志·藝文略·别集二》丹陽太守《袁豹集》十卷。

文廷式《補晉書藝文志·别集類》丹陽太守《袁豹集》十卷，録一卷。【略】《世説·文學門》注丘淵之《文章叙》曰：豹字士蔚，陳郡人。祖耽，父質。豹，隆安中著作佐郎，累遷太尉、長史、丹陽尹，義熙九年卒。

殷遵集

《隋書·經籍志·别集》 又有晉廬江太守《殷遵集》五卷，録一卷。亡。

鄭樵《通志·藝文略·别集二》 廬江太守《殷遵集》五卷。

文廷式《補晉書藝文志·别集類》 廬江太守《殷遵集》五卷，録一卷。《隋志》：亡。

荀軌集

《隋書·經籍志·别集》 興平令《荀軌集》五卷。亡。

鄭樵《通志·藝文略·别集二》 興平令《荀軌集》五卷。

文廷式《補晉書藝文志·别集類》 興平令《荀軌集》五卷。《隋志》：亡。

羊徽集

《隋書·經籍志·别集》 晉西中郎長史《羊徽集》九卷。梁十卷，録一卷。

《舊唐書·經籍志·别集》 《羊徽集》一卷。

《新唐書·藝文志·别集類》 《羊徽集》一卷。

鄭樵《通志·藝文略·别集二》 西中郎長史《羊徽集》十卷。

文廷式《補晉書藝文志·别集類》 西中郎長史《羊徽集》十卷，録一卷。

【略】《類聚》八十九引晉羊徽《木槿賦》。

周祇集

《隋書·經籍志·别集》 晉國子博士《周祇集》十一卷。梁二十卷，録一卷。

《舊唐書·經籍志·别集》 《周祇集》十卷。

《新唐書·藝文志·别集類》 《周祇集》十卷。

鄭樵《通志·藝文略·别集二》 國子博士《周祇集》十一卷。

文廷式《補晉書藝文志·别集類》 國子博士《周祇集》二十卷，録一卷。

【略】祇有《隆安記》，見史部。

殷闡集

《隋書·經籍志·别集》 又有晉相國主簿《殷闡集》十卷，録一卷。亡。

鄭樵《通志·藝文略·别集二》 相國主簿《殷闡集》十卷。

文廷式《補晉書藝文志·别集類》 相國主簿《殷闡集》十卷，録一卷。《隋志》亡。《殷仲文傳》：何無忌令府中文人殷闡、孔寧子之徒撰義搆文，以俟其至。

傅迪集

《隋書·經籍志·别集》 太常《傅迪集》十卷。亡。

鄭樵《通志·藝文略·别集二》 太常《傅迪集》十卷。

文廷式《補晉書藝文志·别集類》 太常《傅迪集》十卷。《隋志》：亡。《世説·識鑒門》注引《宋書》曰：迪字長猷，瑗長子也，位至五兵尚書，贈太常。

卞裕集

《隋書·經籍志·别集》 晉始安太守《卞裕集》十三卷。梁十五卷。

《舊唐書·經籍志·别集》 《卞裕集》十四卷。

《新唐書·藝文志·别集類》 《卞裕集》十四卷。

鄭樵《通志·藝文略·别集二》 始安太守《卞裕集》十五卷。

文廷式《補晉書藝文志·别集類》 始安太守《卞裕集》十五卷。**【略】**明馮惟訥《晉詩紀》卞裕。

韋公藝集

《隋書·經籍志·別集》 又有晉《韋公藝集》六卷。亡。

鄭樵《通志·藝文略·別集二》 《韋公藝集》六卷。

文廷式《補晉書藝文志·別集類》 《韋公藝集》六卷。《隋志》：亡。《真誥·闡幽微第一》云：韋遵字公藝，吴人，韋昭之孫也。博學有文才，善書，仕晉成穆之世，爲尚書左侍郎、中書黄門侍郎，代王逸少爲臨川郡守，以母愛當是「憂」字之誤。亡，年六十四。

毛伯成集

《隋書·經籍志·別集》 晉《毛伯成集》一卷。

鄭樵《通志·藝文略·別集二》 《毛伯成集》一卷。

文廷式《補晉書藝文志·別集類》 《毛伯成集》一卷。按《隋志》總集類注云：伯成，東晉征西參軍。《世説·言語門》注引《征西寮屬名》曰：毛玄字伯成，潁川人，仕至征西行軍參軍。

毛伯成詩

《隋書·經籍志·總集》 《毛伯成詩》一卷。伯成，東晉征西參軍。

文廷式《補晉書藝文志·總集類》 《毛伯成詩》一卷。按，《隋志》別集類有《毛伯成集》一卷，此總集又録其詩一卷，疑詩文分集也。今無從考正，姑依用其目。

曇諦集

《隋書·經籍志·別集》 晉沙門《支曇諦集》六卷。

《舊唐書·經籍志·別集》 沙門《曇諦集》六卷。

《新唐書·藝文志·別集類》 僧《曇諦集》六卷。

鄭樵《通志·藝文略·別集二》 沙門《支曇諦集》六卷。

文廷式《補晉書藝文志·別集類》 沙門《支曇諦集》六卷。《唐志》同。嚴可均《全晉文》録曇諦文得四篇，可均云：案，丘道護作《曇諦誄》，以爲義熙七年五月卒，道護與曇諦友善，必不有誤。《高僧傳》七案，當作「八」作宋元嘉卒，恐未可據。

釋惠遠集

《隋書·經籍志·別集》 晉沙門《釋惠遠集》十二卷。

《舊唐書·經籍志·別集》 沙門《惠遠集》十五卷。

《新唐書·藝文志·別集類》 《惠遠集》十五卷。

鄭樵《通志·藝文略·別集二》 沙門《釋慧遠集》十二卷。

尤袤《遂初堂書目·別集類》 遠法師《廬山集》。

《宋史·藝文志·別集類》 晉惠遠《廬山集》十卷。

文廷式《補晉書藝文志·別集類》 沙門《釋惠遠集》十二卷。【略】梁慧皎《高僧傳》云：遠所著論、序、銘、贊、詩、書，集爲十卷五十餘篇，見重於世。宋陳舜俞《廬山記》卷二云：廣明中，遠公《匡山集》爲淮南高駢所毀。《匡山集》二十卷，景福中嘗重寫，明道中爲部使者刑部許申所借。今本十卷，寺僧鈔補，用以譌舛云。

釋僧肇集

《隋書·經籍志·別集》 晉姚萇沙門《釋僧肇集》一卷。

鄭樵《通志・藝文略・別集二》 姚萇沙門《釋僧肇集》一卷。

文廷式《補晉書藝文志・別集類》 姚萇沙門《釋僧肇集》一卷。

宗欽集

《隋書・經籍志・別集》 晉《宗欽集》二卷。

《舊唐書・經籍志・別集》 《宗欽集》二卷。

《新唐書・藝文志・別集類》 《宗欽集》二卷。

鄭樵《通志・藝文略・別集二》 《宗欽集》二卷。

文廷式《補晉書藝文志・別集類》 《宗欽集》二卷。

殷曠之集

《隋書・經籍志・別集》 梁有晉中軍功曹《殷曠之集》五卷。亡。

鄭樵《通志・藝文略・別集二》 中軍功曹《殷曠之集》五卷。

文廷式《補晉書藝文志・別集類》 中軍功曹《殷曠之集》五卷。《隋志》：亡。曠之見《殷仲堪傳》，云仕至剡令，與《七録》異。

魏説集

《隋書・經籍志・別集》 太學博士《魏説集》十三卷。亡。

鄭樵《通志・藝文略・別集二》 太學博士《魏説集》十卷。

文廷式《補晉書藝文志・別集類》 太學博士《魏説集》十三卷。《隋志》：亡。

丘道護集

《隋書・經籍志・別集》 征西主簿《丘道護集》五卷，録一卷。亡。

鄭樵《通志・藝文略・別集二》 征西主簿《丘道護集》五卷。

文廷式《補晉書藝文志・別集類》 征西主簿《丘道護集》五卷，録一卷。《隋志》：亡。道護有《道士支曇諦誄》，見《廣弘明集》二十六。

劉遺民集

《隋書・經籍志・別集》 柴桑令《劉遺民集》五卷，録一卷。亡。

鄭樵《通志・藝文略・別集二》 柴桑令《劉遺民集》五卷。

文廷式《補晉書藝文志・別集類》 柴桑令《劉遺民集》五卷，録一卷。《隋志》：亡。《御覽》五百八十二劉道民詩云：亦有遠而合，蜀桐鳴吴石。「道民」當是「遺民」之誤。按，此詩《水經・漸江水注》已引之。

郭澄之集

《隋書・經籍志・別集》 《郭澄之集》十卷。亡。

鄭樵《通志・藝文略・別集二》 《郭澄之集》十卷。

文廷式《補晉書藝文志・別集類》 《郭澄之集》十卷。《隋志》：亡。按，《文苑》本傳：澄之位至相國，從事中郎。

周桓之集

《隋書・經籍志・別集》 徵士《周續之集》一卷。亡。

鄭樵《通志・藝文略・別集二》 處士《周元之集》一卷。

文廷式《補晉書藝文志・別集類》 徵士《周恒之集》一卷。疑當作「續之」。《隋志》：亡。《通志・藝文略》七作「周元之」，蓋避宋諱。

孔瞻集

《隋書・經籍志・別集》《孔瞻集》九卷。亡。

鄭樵《通志・藝文略・別集二》《孔瞻集》九卷。

文廷式《補晉書藝文志・別集類》《孔瞻集》九卷。《隋志》：亡。

謝道韞集

《隋書・經籍志・別集》晉江州刺史王凝之妻《謝道韞集》二卷。

鄭樵《通志・藝文略・別集二》江州刺史王凝之妻《謝道韞集》二卷。

文廷式《補晉書藝文志・別集類》江州刺史王凝之妻《謝道韞集》二卷。《婦人集》曰：謝夫人名道韞，有文才，所著詩、賦、誄、頌傳於世。《世説・言語門》注。

鍾夫人集

《隋書・經籍志・別集》梁有婦人晉司徒王渾妻《鍾夫人集》五卷。亡。

鄭樵《通志・藝文略・別集二》司徒王渾妻《鍾夫人集》五卷。

文廷式《補晉書藝文志・別集類》司徒王渾妻《鍾夫人集》五卷。《隋志》：亡。《唐志》：二卷。《世説・賢媛門》注：《王氏譜》曰：鍾夫人名琰之，太傅繇之孫。《列女傳》云「名琰」。《初學記》卷三引鍾夫人詩曰：冽冽季冬，素雪其霏。《類聚》九十二有鍾夫人《鶯賦》。

左九嬪集

《隋書・經籍志・別集》《晉武帝左九嬪集》四卷。亡。

《舊唐書・經籍志・別集》《左九嬪集》一卷。

《新唐書・藝文志・別集類》《左九嬪集》一卷。

鄭樵《通志・藝文略・別集二》晉武帝《左九嬪集》四卷。

文廷式《補晉書藝文志・別集類》武帝《左九嬪集》四卷。《隋志》：亡。《唐志》：一卷。《御覽》一百四十五云：《左九嬪集》有《離思賦》、《相風賦》、《孔雀賦》、《松柏賦》、《泣嘔頌賦》、《納皇后頌》、《楊皇后登祚讚》、《芍藥花頌》、《鬱金頌》、《菊花頌》、《神武頌》、《四言詩》四首、《武元皇后誄》、《萬年公主誄》。《類聚》二十九有左九嬪《離思詩》。

李扶集

《隋書・經籍志・別集》晉太宰賈充妻《李扶集》一卷。亡。

鄭樵《通志・藝文略・別集二》太宰賈充妻《李扶集》一卷。

文廷式《補晉書藝文志・別集類》太宰賈充妻《李扶集》一卷。《隋志》：亡。《世説・賢媛門》注引《婦人集》曰：充妻李氏，名婉，字叔文。與《志》異。

陳窈集

《隋書・經籍志・別集》晉武平都尉陶融妻《陳窈集》一卷。亡。

鄭樵《通志・藝文略・別集二》武平都尉陶融妻《陳窈集》一卷。

文廷式《補晉書藝文志・別集類》武平都尉陶融妻《陳窈集》一卷。《隋志》：亡。

陳玢集

《隋書・經籍志・別集》晉都水使者妻《陳玢集》五卷。亡。

鄭樵《通志・藝文略・別集二》都水使者妻《陳玢集》五卷。

文廷式《補晉書藝文志・別集類》 都水使者徐藻妻《陳玢集》五卷。《隋志》：亡。按：《志》誤奪「徐藻」二字，今據《藝文類聚》二十二引玢《與妹劉氏書》、《太平御覽》九百七十引玢《石榴賦》，並題「徐藻妻」，故依以補入。康獻《褚皇后傳》有太學博士徐藻，當即其人。

陳珍集

《隋書・經籍志・別集》 晉海西令劉臻妻《陳珍集》七卷。亡。

鄭樵《通志・藝文略・別集二》 海西令劉麟妻《陳珍集》七卷。

文廷式《補晉書藝文志・別集類》 海西令劉驎妻《陳珍集》七卷。《隋志》：亡。驎《通志略》作麟。

王邵之集

《隋書・經籍志・別集》 晉劉柔妻《王邵之集》十卷。亡。

鄭樵《通志・藝文略・別集二》 劉柔妻《王邵之集》十卷。

文廷式《補晉書藝文志・別集類》 劉柔妻《王劭之集》十卷。《隋志》：亡。劭之《通志略》作邵之。

辛蕭集

《隋書・經籍志・別集》 晉散騎常侍傅伉妻《辛蕭集》一卷。亡。

鄭樵《通志・藝文略・別集二》 散騎常侍傅統妻《辛蕭集》一卷。

文廷式《補晉書藝文志・別集類》 散騎常侍傅伉妻《辛蕭集》一卷。《隋志》：亡。《類聚》録文三篇，嚴可均已鈔入《全晉文》，又卷四有傅充妻辛氏《元正詩》，九十二題傅統妻辛女《燕頌》，皆不作傅伉。《書鈔》一百五十五亦引傅統妻《元正詩》。

孫瓊集

《隋書・經籍志・別集》 晉松陽令鈕滔母《孫瓊集》二卷。亡。

鄭樵《通志・藝文略・別集二》 松楊令鈕滔母《孫瓊集》二卷。

文廷式《補晉書藝文志・別集類》 松陽令鈕滔母《孫瓊集》二卷。《隋志》：亡。《類聚》三十四有晉劉滔母孫氏《悼艱賦》，劉滔當是鈕滔之誤。《書鈔》一百一十引鈕滔母孫氏《箜篌賦》云：匪借和於簫管，豈假韻於筑箏。孔校云：嚴輯孫氏《箜篌賦》脱此二句。

龐馥集

《隋書・經籍志・別集》 晉成公道賢妻《龐馥集》一卷。亡。

鄭樵《通志・藝文略・別集二》 成公道賢妻《龐馥集》一卷。

文廷式《補晉書藝文志・別集類》 成公道賢妻《龐馥集》一卷。《隋志》：亡。

徐氏集

《隋書・經籍志・別集》 晉宣城太守何殷妻《徐氏集》一卷。亡。

鄭樵《通志・藝文略・別集二》 宣城太守何殷妻《徐氏集》一卷。

文廷式《補晉書藝文志・別集類》 宣城太守何殷妻《徐氏集》一卷。《隋志》：亡。

陳氏集

《舊唐書・經籍志・別集》 劉臻妻《陳氏集》五卷。

文廷式《補晉書藝文志・别集類》 劉臻妻《陳氏集》二卷。見《唐志》。

織錦迴文詩

高儒《百川書志・别集》 蘇蕙《織錦迴文詩》一卷。前秦苻堅時秦州刺史扶風竇滔妻蘇蕙若蘭撰。夫失音問，蘇悔恨自傷，因織迴文，五綵相宣，計八百餘言。後附七圖，各加讀法，得詩三四五六七言三千七百五十二首，爲迴文之正宗。武則天有記，序其始末。

文廷式《補晉書藝文志・總集類》 苻堅秦州刺史竇滔妻蘇氏《織錦迴文詩》一卷。今存。唐武后《璇璣圖序》曰：前秦苻堅時扶風竇滔妻蘇氏，名蕙，字若蘭。滔鎮襄陽，絶蘇氏音問，蘇氏因織錦爲迴文，五彩相宣，縱廣八寸，題詩二百餘首，計八百餘言，縱横反覆，皆爲文章。按《太平御覽》卷五百二十引崔鴻《前秦録》曰：秦州刺史竇滔妻，彭城令蘇道之女，有才學，織錦製迴文詩，以贖夫罪。其説特異。按，迴文詩無怨懟之詞，亦無懷思之語，鴻之所言，當得其實。吴淑《事類賦》、《錦賦》注引臧榮緒《晉書》曰：竇滔妻蘇氏，善屬文，苻堅時，滔爲秦州刺史，被徙流沙，蘇氏思之，織錦爲迴文詩寄滔，循環宛轉以讀之，詞甚淒切。《晉書・列女傳》同。此言滔被徙流沙，亦與崔鴻所記相近。

璿璣圖詩讀法

《四庫提要・别集類一》 《璿璣圖詩讀法》一卷。湖北巡撫採進本。明康萬民撰。萬民字無沴，武功人，海之孫也。蘇蕙織錦回文，古今傳爲佳話，劉勰《文心雕龍》稱「回文所興，道原爲始」，則齊、梁之際，尚未見其圖。此圖及唐則天皇后序，均莫知所從來。考《晉書・列女傳》載苻堅秦州刺史竇滔，有罪徙流沙，其妻蘇蕙織錦爲回文旋圖詩。無滔鎮襄陽及趙陽臺譏閒事。又考《晉書・孝武帝紀》稱太元四年苻丕陷襄陽。《苻堅載記》稱以其中壘梁成爲南中郎將，都督荆揚州諸軍事、荆州刺史、領護南蠻校尉，配兵一萬，鎮襄陽，亦不言竇滔。與序所言全然乖異。序末稱如意元年五月一日，是時《晉書》久成，不應矛盾至此。又其文萎弱，亦不類初唐文體，疑後人依託。然《晉書》稱其圖凡八百四十字，縱横宛轉以讀之，文多不録，則唐初實有是圖。又李善注江淹《别賦》引《織錦回文詩序》曰：「竇滔秦州被徙沙漠，其妻蘇氏，秦州臨去别蘇，誓不再娶，至沙漠，更娶婦，蘇氏織錦端中作此回文詩以贈之，苻國時人也。」其説亦與《晉書》合。益知詩真而序僞。考黄庭堅詩已用「連波悔過陽臺暮雨」事，其僞當在宋以前也。序稱其錦縱廣八寸，題詩二百餘首，計八百餘言，縱横反覆，皆成章句。黄伯思《東觀餘論》謂其圖本五色相宣，因以别三五七言之異，後人流傳，不復施采，故迷其句讀。又謂嘗於王晉玉家得唐申諴之釋，而後曉然。今諴本已不傳。僧起宗以意推求，得三四五六七言詩三千七百五十二首，分爲七圖；萬民更爲尋繹，又於第三圖内增立一圖，併增讀其詩至四千二百六首。合起宗所讀，共成七千九百五十八首。合兩家之圖，輯爲此編。夫但求協韻成句，而不問義之如何，輾轉鉤連，旁行斜上，原可愈增愈多。然必以爲若蘭本意如斯，則未之能信，存以爲藝林之玩可矣。起宗不知何許人，王士禎《居易録》載趙孟頫妻管道昇《璇璣圖》真蹟，已稱起宗道人云云，則其人當在宋、元閒也。

百一詩集

《舊唐書・經籍志・總集》 《百一詩集》二卷。李夔撰。

《新唐書・藝文志・總集類》 李夔《百一詩集》二卷。

鄭樵《通志・藝文略・詩總集》 《百一詩集》二卷。李彪集。

文廷式《補晉書藝文志・總集類》 蜀郡太守李彪《百一詩》二卷。《唐志》：李夔《百一詩集》二卷，彪、夔未詳孰是。

李正奮《補後魏書藝文志・總集類》 《百一詩》二卷。見《通志・藝文略》。《魏書》彪本傳不分卷，《北史》同。佚。

趙子聲讖詩賦之屬

文廷式《補晉書藝文志・總集類》 李宓釋河内趙子聲讖詩賦之屬二十餘

篇。見《華陽國志》。

枕　賦

《隋書·經籍志·總集》《枕賦》一卷。張君祖撰。

鄭樵《通志·藝文略·賦》《枕賦》一卷。張君祖撰。

迦維國賦

文廷式《補晉書藝文志·總集類》虞干紀《迦維國賦》二卷。右軍行參軍。

九歎　七諷

文廷式《補晉書藝文志·別集類》段業《九歎》、《七諷》十六篇。見《吕光載記》。

與劉丹陽書

鄭樵《通志·藝文略·書》晉左將軍王鎮惡《與劉丹陽書》一卷。

文廷式《補晉書藝文志·總集類》左將軍王鎮惡《與劉丹陽書》一卷。

宋武帝集

《隋書·經籍志·別集》《宋武帝集》十二卷。梁二十卷，録一卷。

《舊唐書·經籍志·別集》《宋武帝集》二十卷。

《新唐書·藝文志·別集類》《宋武帝集》二十卷。

鄭樵《通志·藝文略·別集三》《宋武帝集》二十卷。

尤袤《遂初堂書目·別集類》《宋武帝集》。

宋文帝集

《隋書·經籍志·別集》《宋文帝集》七卷。梁十卷，亡。

《舊唐書·經籍志·別集》《宋文帝集》十卷。

《新唐書·藝文志·別集類》《文帝集》十卷。

鄭樵《通志·藝文略·別集三》《文帝集》十卷。

宋孝武帝集

《隋書·經籍志·別集》《宋孝武帝集》二十五卷。梁三十一卷，録一卷。

鄭樵《通志·藝文略·別集三》《孝武帝集》三十一卷。

陳振孫《直齋書録解題·詩集類上》《宋武帝集》一卷。孝武駿也。

馬端臨《文獻通考·經籍考·詩集》《宋武帝集》一卷。

宋前廢帝集

《隋書·經籍志·別集》又有《宋廢帝景和集》十卷，録一卷。亡。

鄭樵《通志·藝文略·別集三》廢帝《景和集》十卷。

徐崇《補南北史藝文志·南史·別集》宋《宋前廢帝集》。見本紀。《宋書》同。

【略】按，《南史·前廢帝紀》：帝少好讀書，頗識古事，粗有文才，自造《孝武帝誄》及雜篇章，往往有詞采。

明帝集

《隋書・經籍志・別集》《明帝集》三十三卷。亡。

鄭樵《通志・藝文略・別集三》《明帝集》三十三卷。

長沙王集

《舊唐書・經籍志・別集》宋《長沙王集》十卷。

《新唐書・藝文志・別集類》《長沙王義欣集》十卷。

長沙王道憐集

《隋書・經籍志・別集》宋《長沙王道憐集》十卷。録一卷。

鄭樵《通志・藝文略・別集三》《長沙王道憐集》十卷。

臨川王道規集

《隋書・經籍志・別集》梁有《宋臨川王道規集》四卷，録一卷。亡。

鄭樵《通志・藝文略・別集三》《臨川王道規集》四卷。

臨川王集

《隋書・經籍志・別集》宋《臨川王義慶集》八卷。

《舊唐書・經籍志・別集》宋《臨川王集》八卷。

《新唐書・藝文志・別集類》《臨川王義慶集》八卷。

鄭樵《通志・藝文略・別集三》《臨川王義慶集》八卷。

江夏王集

《隋書・經籍志・別集》宋《江夏王義恭集》十一卷。梁十五卷，録一卷。又有《江夏王集》別本十五卷。

《舊唐書・經籍志・別集》宋《江夏王集》十三卷。

《新唐書・藝文志・別集類》《江夏王義恭集》十五卷。

鄭樵《通志・藝文略・別集三》《江夏王義恭集》十五卷。

衡陽王集

《隋書・經籍志・別集》宋《衡陽王義季集》十卷，録一卷。亡。

《舊唐書・經籍志・別集》宋《衡陽王集》十卷。

《新唐書・藝文志・別集類》《衡陽王義季集》十卷。

鄭樵《通志・藝文略・別集三》《衡陽王義季集》十卷。

南平王集

《隋書・經籍志・別集》宋《南平王鑠集》五卷。

《舊唐書・經籍志・別集》宋《南平王集》五卷。

《新唐書・藝文志・別集類》《南平王鑠集》五卷。

鄭樵《通志・藝文略・別集三》《南平王鑠集》五卷。

竟陵王誕集

《隋書・經籍志・別集》梁有宋《竟陵王誕集》二十卷。亡。

鄭樵《通志・藝文略・別集三》《竟陵王誕集》二十卷。

建平王集

《隋書・經籍志・別集》《建平王休度集》十卷。亡。

《舊唐書・經籍志・別集》宋《建平王集》十卷。

《新唐書・藝文志・別集類》《建平王宏集》十卷。

建平王小集

《舊唐書・經籍志・別集》宋《建平王小集》十五卷。

《新唐書・藝文志・別集類》《建平王宏小集》六卷。

劉休祐集

鄭樵《通志・藝文略・別集三》《建平王休佑集》十卷。

劉義宗集

《隋書・經籍志・別集》《新渝惠侯義宗集》十二卷。亡。

《舊唐書・經籍志・別集》宋《劉義宗集》十五卷。

《新唐書・藝文志・別集類》《新渝侯義宗集》十二卷。

鄭樵《通志・藝文略・別集三》《新喻惠侯義宗集》十二卷。

祖柔之集

《隋書・經籍志・別集》散騎常侍《祖柔之集》二十卷。亡。

鄭樵《通志・藝文略・別集三》散騎常侍《祖柔之集》二十卷。

謝瞻集

《隋書・經籍志・別集》宋豫章太守《謝瞻集》三卷。

《舊唐書・經籍志・別集》《謝瞻集》二卷。

《新唐書・藝文志・別集類》《謝瞻集》二卷。

鄭樵《通志・藝文略・別集三》豫章太守《謝瞻集》三卷。

沈林子集

《隋書・經籍志・別集》梁有宋征虜將軍《沈林子集》七卷。亡。

《舊唐書・經籍志・別集》《沈林子集》七卷。

《新唐書・藝文志・別集類》《沈林子集》七卷。

鄭樵《通志・藝文略・別集三》征虜將軍《沈林子集》七卷。

孔琳之集

《隋書・經籍志・別集》宋太常卿《孔琳之集》九卷。并目録。梁十卷，録一卷。

《舊唐書・經籍志・別集》《孔琳之集》十卷。

《新唐書・藝文志・別集類》《孔琳之集》十卷。

鄭樵《通志・藝文略・別集三》 太常卿《孔琳之集》十卷。

王叔之集

《隋書・經籍志・別集》 宋《王叔之集》七卷。梁十卷，録一卷。

《舊唐書・經籍志・別集》《王叔之集》十卷。

《新唐書・藝文志・別集類》《王叔之集》十卷。

鄭樵《通志・藝文略・別集三》《王叙之集》十卷。

徐廣集

《隋書・經籍志・別集》 宋太中大夫《徐廣集》十五卷。録一卷。

《舊唐書・經籍志・別集》《徐廣集》十五卷。

《新唐書・藝文志・別集類》《徐廣集》十五卷。

鄭樵《通志・藝文略・別集三》 太中大夫《徐廣集》十五卷。

文廷式《補晉書藝文志・別集類》 祕書監《徐廣集》十五卷，録一卷。《隋志》題「散騎常侍」。按，本傳云：劉裕受禪，乞歸，卒於家。故當以晉官題之。

盧繁集

《隋書・經籍志・別集》 宋秘書監《盧繁集》一卷。殘缺。梁十卷，録一卷。

鄭樵《通志・藝文略・別集三》 祕書監《盧繁集》十卷。

孔寧子集

《隋書・經籍志・別集》 宋侍中《孔寧子集》十一卷。并目録。梁十五卷，録一卷。

《舊唐書・經籍志・別集》《孔寧子集》十五卷。

《新唐書・藝文志・別集類》《孔寧子集》十五卷。

鄭樵《通志・藝文略・別集三》 侍中《孔寧子集》十五卷。

卞瑾集

《隋書・經籍志・別集》 宋建安太守《卞瑾集》十卷。梁十卷。

《舊唐書・經籍志・別集》《卞瑾集》十卷。

《新唐書・藝文志・別集類》《卞瑾集》十卷。

鄭樵《通志・藝文略・別集三》 建安太守《卞瑾集》十卷。

蔡廓集

《隋書・經籍志・別集》 宋太常卿《蔡廓集》九卷。并目録。梁十卷，録一卷。

《舊唐書・經籍志・別集》《蔡廓集》十卷。

《新唐書・藝文志・別集類》《蔡廓集》十卷。

鄭樵《通志・藝文略・別集三》 太常卿《蔡廓集》十卷。

王韶之集

《隋書・經籍志・別集類》 又有宋《王韶之集》二十四卷。亡。

《舊唐書・經籍志・別集》《王韶之集》二十四卷。

《新唐書・藝文志・別集類》《王韶之集》二十卷。

鄭樵《通志・藝文略・別集三》《王韶之集》二十四卷。

傅亮集

《隋書・經籍志・別集》 宋尚書令《傅亮集》三十一卷。梁二十卷，録一卷。

《舊唐書・經籍志・別集》 《傅亮集》十卷。

《新唐書・藝文志・別集類》 《傅亮集》十卷。

鄭樵《通志・藝文略・別集三》 尚書令《傅亮集》三十一卷。

孫康集

《隋書・經籍志・別集》 又有宋征南長史《孫康集》十卷。亡。

《舊唐書・經籍志・別集》 《孫康集》十卷。

《新唐書・藝文志・別集類》 《孫康集》十卷。

鄭樵《通志・藝文略・別集三》 征南長史《孫康集》十卷。

范述集

《隋書・經籍志・別集》 左軍長史《范述集》三卷。亡。

鄭樵《通志・藝文略・別集三》 左軍長史《范述集》三卷。

鄭鮮之集

《隋書・經籍志・別集》 宋太常卿《鄭鮮之集》十三卷。梁二十卷，録一卷。

《舊唐書・經籍志・別集》 《鄭鮮之集》二十卷。

《新唐書・藝文志・別集類》 《鄭鮮之集》二十卷。

鄭樵《通志・藝文略・別集三》 太常卿《鄭鮮之集》十三卷。

徐崇《補南北史藝文志・南史・別集》 《鄭鮮之集》。見本傳。《宋書》同。

【略】按，《南史・鮮之傳》：文集行於世。

陶淵明集

《隋書・經籍志・別集》 宋徵士《陶潛集》九卷。梁五卷，録一卷。

《舊唐書・經籍志・別集》 《陶淵明集》五卷。

《新唐書・藝文志・別集類》 《陶潛集》二十卷。又《集》五卷。

鄭樵《通志・藝文略・別集三》 處士《陶潛集》二十卷。

晁公武《郡齋讀書志・別集類上》 《陶潛集》十卷。右晉陶淵明元亮也。一名潛，潯陽人。蕭統云：「淵明字元亮。」《晉書》云：「潛字元亮。」《宋書》云：「潛字淵明。」或云字深明，名元亮。按集《孟嘉傳》與《祭妹文》皆自稱淵明，當從之。晉安帝末，起爲州祭酒。桓玄篡位，淵明自解而歸。州召主簿，不就，躬耕自資。劉裕舉兵討玄，誅之，爲鎮軍將軍。淵明參其軍事，未幾，改爲建威將軍。淵明見裕有異志，乃求爲彭澤令，去職。潛少有高趣，好讀書，不求甚解，著《五柳先生傳》以自況，世號靖節先生。今集有數本：七卷者，梁蕭統編，以序、傳、顔延之誄載卷首。十卷者，北齊陽休之編，以《五孝傳》、《聖賢羣輔録》、序、傳、誄分三卷，益之詩，篇次差異。按《隋・經籍志》潛集九卷，又云梁有五卷，録一卷。《唐藝文志》潛集五卷。今本皆不與二《志》同。獨吴氏《西齋書目》有潛集十卷，疑即休之本也。休之本出宋庠家，云江左名家舊書，其次第最有倫貫。獨《四八目》後《八儒》、《三墨》二條，似後人妄加。

尤袤《遂初堂書目・別集類》 《陶淵明集》。

陳振孫《直齋書録解題・別集類上》 《陶靖節集》十卷。晉彭澤令潯陽陶潛淵明撰。或云淵明字元亮，大司馬侃曾孫，自號五柳先生，世稱靖節徵士。

馬端臨《文獻通考・經籍考・別集》 《陶靖節集》十卷。**【略】**東坡蘇氏曰：吾於詩人無所好，獨好淵明詩。淵明詩不多，然質而實綺，癯而實腴。自曹、劉、沈、謝、李、杜諸人，莫能及也。

《宋史・藝文志・別集類》 《陶淵明集》十卷。

范邦甸等《天一閣書目・別集類》 《陶集》十卷。刊本。晉陶潛撰。卷首載梁昭明太子著《淵明傳》暨各家總論。

徐𤊹《徐氏家藏書目・別集類》《陶潛集》五卷。翻宋板《陶集》八卷。

張萱等《内閣藏書目録・集部》《陶淵明集》。二册，全。晉陶潛著。

毛晉《汲古閣書跋》《陶靖節集》。按先生集卷數章次，古今不同。齊梁以前，無考矣。至梁太子編入，自撰序、傳及顔誄爲八卷，而少《五孝傳》及《四八目》。北齊楊僕射以《五孝傳》、《四八目》離爲二卷，益之共編十卷。《隋志》云九卷，又云梁有五卷，録一卷。《唐志》云五卷，俱泯没無傳。至宋，宋丞相《私記》云：「晚獲先生集十卷，出於江左舊書。其次第最若倫貫，疑即楊僕射所撰。其序并昭明序、傳，誄等合一卷，別分《四八目》，自甄表狀，杜喬以下爲十卷。」今予徧搜宋元善本，合以今刻，更博稽嚴訂，汰彼淆訛，而卷次互殊，無可確據，特彙詩爲一卷，文爲一卷，而《四八目》附焉。至評注並列本文，繁瑣參錯，悉用删去。間有一二可疑可採者，另附卷末，以俟賞識君子。

錢謙益《絳雲樓書目・六朝文書類》宋板《陶靖節集》四册。北宋刻《陶靖節集》一卷，文休承定爲東坡書。牧翁《初學集》中有《跋宋刻陶集》。末有《年譜辨正》，見《渭南文集》。

錢曾《讀書敏求記・集》《陶淵明文集》十卷。

于敏中等《天禄琳琅書目・明版集部》《陶靖節集》。一函，八册。

《四庫提要・別集類一》《陶淵明集》八卷。内府藏本。

錢東垣等輯《崇文總目・別集類》《陶潛集》十卷。

彭元瑞等《天禄琳琅書目後編・元版集部》《陶靖節集》。一函，二册。

又《明版集部》《陶靖節集》。一函，六册。

《陶靖節集》。一函，八册。

《陶靖節集》。一函，五册。

《陶靖節集》。一函，二册。

黄丕烈《蕘圃藏書題識・集類一》《陶淵明文集》十卷。校宋本。

黄丕烈《百宋一廛書録》《陶淵明集》。《汲古閣珍藏祕本書目》云：「宋板《陶淵明集》二本，與世本夐然不同。

張之洞《書目答問・別集》《陶淵明文集》十卷。晉陶潛。汲古閣仿宋大字本，何氏成都刻繙毛本。

文廷式《補晉書藝文志・別集類》《陶潛集》五卷，録一卷。《隋志》九卷，題宋徵士。《唐志》二十卷。又五卷。

陶靖節詩注

馬端臨《文獻通考・經籍考・別集》《靖節詩注》四卷。

倪燦等《宋史藝文志補・別集類》湯漢注《陶靖節詩》四卷。

阮元《四庫未收書目提要・別集類》《陶靖節詩注》四卷。《愚谷叢書》本，會稽章氏翻刻本。宋湯漢撰。漢字伯紀，鄱陽人。淳祐間，充史館校書，官至端明殿學士，謚文清。人品爲真德秀所重，事蹟具《宋史》本傳。淵明詩文高妙，學者未易窺測，漢乃反覆研究，如《述酒》之作，讀者幾不省爲何語，漢云窺見其指，詳加箋釋，以及他篇有宜發明者，亦併著之。清言微旨，抉出無遺，馬端臨《文獻通考》以爲淵明異代之知己。其所稱説，多與世本不同。如《擬古詩》「聞有田子泰」句，《魏志》作「泰」，今本多譌原本「譌」誤「僞」爲「田子春」，惟此與《魏志》無異。其他佳處，尤不勝指。此從宋槧影寫，誠祕笈也。

黄丕烈《蕘圃藏書題識・集類一》《陶靖節先生詩注》四卷。宋刻本。

張之洞《書目答問・別集》《陶靖節詩注》四卷。宋湯漢注。拜經樓校本。

箋注陶淵明集

范邦甸等《天一閣書目・別集類》《陶靖節集》十卷附録四首。刊本。晉陶潛著。

彭元瑞等《天禄琳琅書目後編・宋版集部》《箋注陶淵明集》。一函，八册。

陶集注

王圻《續文獻通考・經籍考・詩集》《陶集注》三卷。真定王沂著。

錢大昕《補元史藝文志・評注類》王沂《陶集注》三卷。

陶淵明集

錢大昕《補元史藝文志・評注類》 詹若麟注《陶淵明集》十卷。

陶淵明詩

楊士奇等《文淵閣書目・詩詞》 《陶淵明詩》。一部，二册。闕。《陶淵明詩》。一部，二册。完全。《陶淵明詩》。一部，一册。闕。《陶淵明詩》。一部，二册。闕。

高儒《百川書志・漢魏六朝詩》 《陶潛詩》。靖節本集之詩，凡百二十八首。

陶潛集何孟春注

高儒《百川書志・秦漢六朝文》 《陶靖節集》十卷。晉彭澤令陶淵明元亮也。詩一百二十八，辭賦三，雜文二十二，集《聖賢羣輔録》并附録。皇朝何孟春注。

徐𤊹《徐氏家藏書目・別集類》 《陶潛集何孟春注》十卷。

黄虞稷《千頃堂書目・文史類》 何孟春注《陶靖節集》十卷。

陶詩析義

《四庫提要・別集類存目一》 《陶詩析義》二卷。福建巡撫採進本。明黄文焕撰。文焕有《詩經考》，已著録。崇禎中，文焕以召試擢翰林。會其鄉人黄道周以論楊嗣昌、陳新甲逮問，詞連文焕，同下詔獄。獄中箋注《楚辭聽直》八卷，並著此書。自序所謂「首夏之廿五日，襆被就白雲」者是也。其析義之例有三：一曰練句練章，不專平淡；一曰憂時念亂，不徒隱逸；一曰理學標宗，聖賢自任。每首附批句下，而又總論於篇末。陶詩之妙，所謂寄至味於淡泊，發纖穠於簡古，其神理在筆墨之外，可以涵泳與化，而不可一字一句求之於町畦之內。如伯英、逸少之蹟，不可鉤摹以波磔；襄陽、雲林之畫，不可比量以形象。文焕遭逢世難，借以寓意則可，必謂得陶之精微，則不然也。別本或作四卷，又附以文焕自作《赭留集》一卷，雖意求附驥，而事類續貂，今析出別著於録焉。

陶詩箋

《四庫提要・別集類存目一》 《陶詩箋》五卷。户部尚書王際華家藏本。國朝邱嘉穗撰。嘉穗有《考定石經大學經傳解》，已著録。是編乃所注《陶潛集》。摸索語氣，全類時文批語。其力辨潛不信佛爲能崇正學，遠異端，尤爲拘滯。潛之可重，在於人品志節。其不入白蓮社，特蕭散性成，不耐禪儀拘束，非有儒佛門户在其意中也。嘉穗刻意講學，故以潛不入慧遠之社爲千古第一大事，不知唐以前人正不以是論賢否耳。

陶詩彙注

《四庫提要・別集類存目一》 《陶詩彙注》四卷。江蘇周厚堉家藏本。國朝吴瞻泰撰。瞻泰字東巖，歙縣人。是編成於康熙乙酉。首卷載宋吴仁傑、王質二家《年譜》，末卷附詩話百餘條。其詩注則採宋湯漢、元劉履、明何孟春、張爾岐、黄文焕諸家之説。履未嘗注陶詩，蓋自其《文選補遺》摭出也。其中如辨辛丑歲《遊斜川》詩之「開歲倏五日」，亦仍舊注，未爲特解。辨《讀山海經》詩之「形天無千歲」句，則持疑於曾季貍、周必大二家之説，不能遽斷。案精衛本屬銜冤，故借以寓忠臣志士之報復。若刑天争帝不成，本屬亂賊化形而舞，仍爲妖魄，正可爲卓、莽之流逆常干紀之比。《山海經》之文，班班可考。潛何取而反尚其猛志耶？瞻泰不考其本，而徒争於字形疑似之閒，未爲得也。又《贈長沙公族祖》一首，吴仁傑、張縯往復考證，終與世系不合。惟楊時偉所訂陶集，謂序首「長沙公於余爲族」當讀一句，「祖同出大司馬」當讀一句。其題中「族祖」二字乃後人誤讀序文「祖」字爲句，因而妄增詩題。其説頗確，而瞻泰不引。豈偶未見其本乎？集中《歸田園》詩末首，據《遯齋閒覽》定爲江淹詩，有《文選》可證。《問來使》詩題一首，據《七修類稿》定爲蘇舜欽詩，有《蘇子美集》可證。其《四時》一章，但據許顗《彦周詩話》定爲顧愷之詩，而愷之詩於古書別無所見，似尚當存疑，未可遽删也。《讀史述九章》舊本不入詩集，瞻泰以其爲四言韻語，移於卷末。然畫扇諸贊，亦四言韻語，何獨舍彼取此乎？

陶詩彙評　東坡和陶合箋

耿文光《萬卷精華樓藏書記・別集類一》　《陶詩彙評》四卷，《東坡和陶合箋》四卷。國朝温汝能撰。聽松閣本。嘉慶丁卯年刊，板本甚佳。《彙評》首自序，次《陶徵士誄》，顔延年撰，次傳，昭明太子撰，次目，次像並贊，末有自跋。是本句中之注不列名氏，評語低三格夾注。書之所收評語，凡數十家。在宋如朱子、東坡、後村、山谷，國朝如查初白、何義門尤多。蓋即其家藏舊本，綴拾成帙。末則附以案語，故曰「彙評」。《和陶合箋》首自序，次孝宗序，次傳，次像並贊，次目，附録《和歸去來兮辭》、《歸去來集字》十首，《問淵明》一首。末有跋，考《和陶詩》甚詳。此本詩句中標施注、查注、馮注，故曰「合箋」。詩後多黄潛菴之評，間有案語。《和陶詩》各刻本章數互異，大約諸家選輯，分合不同。

云「同源分流，人易世殊，慨然寤歎，念兹厥初。禮服遂悠，歲月眇徂，感彼行路，眷然躊躇」云云，蘇明允《族譜引》一篇之意，不出此數語。《歸鳥》四章，一章和風，二章接清陰句下，三章日夕氣清，四章寒條，具四時意。《桃源記》云「無論魏晉」，乃寓意劉裕，託之於秦爾。

文光案，《四八目》即《聖賢羣輔録》，不知何人所撰，刻入陶集，實爲贅疣，宜删去之。

張野集

《隋書・經籍志・別集》　又有《張野集》十卷。亡。

鄭樵《通志・藝文略・別集三》　《張野集》十卷。

姚振宗《隋書經籍志考證・別集類六》　梁又有《張野集》十卷，亡。張野始末未詳。嚴氏《全宋文編》曰：張野仕晉，入宋官爵未詳。《世説・文學篇》注有《遠法師銘》一篇。案《高僧・慧遠傳》云：南陽宗炳、張萊民、張季碩並棄世遺榮，依遠游止。疑張萊民即野之字。《御覽》諸書引張野《廬山記》，蓋即此張野。《廬山記》不詳若干卷，當編入是集。

文廷式《補晉書藝文志・別集類》　《張野集》十卷。《隋志》亡。野事詳史部地理類。《高僧傳》卷六《釋慧遠傳》有南陽張萊民，即此人。《蓮社高賢傳》，野卒於義熙十四年。《隋志》列入宋人，誤也。陳舜俞《廬山記》卷二引遠公《匡山集》，稱張常侍野。

陶階集

《隋書・經籍志・別集》　宋零陵令《陶階集》八卷。亡。

鄭樵《通志・藝文略・別集三》　零陵令《陶階集》八卷。

姚振宗《隋書經籍志考證・別集類六》　梁又有宋零陵令《陶階集》八卷，亡。陶階始末未詳。

張元瑾集

《隋書・經籍志・別集》　東莞太守《張元瑾集》八卷。亡。

鄭樵《通志・藝文略・別集三》　東莞太守《張元瑾集》八卷。

姚振宗《隋書經籍志考證・別集類六》　梁又有東莞太尉《張元瑾集》八卷，亡。張元瑾始末未詳。

王曇首集

《隋書・經籍志・別集》　光禄大夫《王曇首集》二卷，録一卷。亡。

《舊唐書・經籍志・別集》　《王曇首集》二卷。

《新唐書・藝文志・別集類》　《王曇首集》二卷。

鄭樵《通志・藝文略・別集三》 光禄大夫《王曇首集》二卷。

姚振宗《隋書經籍志考證・別集類六》 梁又有光禄大夫《王曇首集》二卷，録一卷，亡。琅邪。《晉書・王導傳》：導第三子洽，洽長子珣，珣五子：弘、虞、柳、孺、曇首，宋世並有高名。【略】

嚴氏《全宋文編》：王曇首有集二卷。本傳有《南臺不開門啓》，《淳化閣帖》有《與釋某書》各一篇。

范泰集

《隋書・經籍志・別集》 宋太常卿《范泰集》十九卷。梁二十卷，録一卷。

《舊唐書・經籍志・別集》 《范泰集》二十卷。

《新唐書・藝文志・別集類》 《范泰集》二十卷。

鄭樵《通志・藝文略・別集三》 太常卿《范泰集》二十卷。

荀昶集

《隋書・經籍志・別集》 宋中書郎《荀昶集》十四卷。梁十五卷，録一卷。

《舊唐書・經籍志・別集》 《荀昶集》十四卷。

《新唐書・藝文志・別集類》 《荀昶集》十四卷。

鄭樵《通志・藝文略・別集三》 中書郎《荀昶集》十五卷。

卞伯玉集

《隋書・經籍志・別集》 《卞伯玉集》五卷，録一卷。亡。

《舊唐書・經籍志・別集》 《卞伯玉集》五卷。

《新唐書・藝文志・別集類》 《卞伯玉集》五卷。

鄭樵《通志・藝文略・別集三》 《卞伯玉集》五卷。

羊欣集

《隋書・經籍志・別集》 中散大夫《羊欣集》七卷。亡。

鄭樵《通志・藝文略・別集三》 中散大夫《羊欣集》七卷。

王弘集

《隋書・經籍志・別集》 宋司徒《王弘集》一卷。梁二十卷，録一卷。

《舊唐書・經籍志・別集》 《王弘集》二十卷。

《新唐書・藝文志・別集類》 《王弘集》二十卷。

鄭樵《通志・藝文略・別集三》 司徒《王弘集》二十卷。

沈演集

《隋書・經籍志・別集》 又有宋金紫光禄大夫《沈演集》十卷。亡。

鄭樵《通志・藝文略・別集三》 金紫光禄大夫《沈演集》十卷。

范凱集

《隋書・經籍志・別集》 廣平太守《范凱集》八卷。亡。

鄭樵《通志・藝文略・別集三》 廣平太守《范凱集》八卷。

釋惠琳集

《隋書・經籍志・別集》 宋沙門《釋惠琳集》五卷。梁九卷，録一卷。

《舊唐書·經籍志·別集》沙門《惠琳集》五卷。

《新唐書·藝文志·別集類》《惠琳集》五卷。

鄭樵《通志·藝文略·別集三》沙門《釋惠琳集》五卷。

范晏集

《隋書·經籍志·別集》又有宋《范晏集》十四卷。亡。

鄭樵《通志·藝文略·別集三》《范晏集》十四卷。

謝惠連集

《隋書·經籍志·別集》宋司徒府參軍《謝惠連集》六卷。梁五卷，録一卷。

《新唐書·藝文志·別集類》《謝惠連集》五卷。

鄭樵《通志·藝文略·別集三》司徒府參軍《謝惠連集》六卷。

晁公武《郡齋讀書志·別集類上》《謝惠連集》五卷。右宋謝惠連，方明子也。元嘉七年，爲彭城王法曹行參軍。十歲能屬文，爲《雪賦》，以高麗見奇。族兄靈運每見其新文，曰：「張華重生，不能易也。」

尤袤《遂初堂書目·別集類》《謝惠連集》。

陳振孫《直齋書録解題·詩集類上》《謝惠連集》一卷。宋司徒參軍謝惠連撰。本集五卷，今惟詩二十四首。惠連得名早，輕薄多尤累，故仕不顯，死時財三十七歲。

馬端臨《文獻通考·經籍考·別集》《謝惠連集》五卷。

又《詩集》《謝惠連集》一卷。

《宋史·藝文志·別集類》《謝惠連集》五卷。

徐𤊹《徐氏家藏書目·別集類》《謝惠連集》二卷。

謝惠連詩選

高儒《百川書志·漢魏六朝詩》《謝惠連詩選》。唐子西梓，凡五首。

謝弘微集

《隋書·經籍志·別集》又有宋太常《謝弘微集》二卷。亡。

《舊唐書·經籍志·別集》《謝弘微集》二卷。

《新唐書·藝文志·別集類》《謝弘微集》二卷。

鄭樵《通志·藝文略·別集三》宋太常《謝弘微集》二卷。

謝靈運集

《隋書·經籍志·別集》宋臨川内史《謝靈運集》十九卷。梁二十卷，録一卷。

《舊唐書·經籍志·別集》《謝靈運集》十五卷。

《新唐書·藝文志·別集類》《謝靈運集》十五卷。

鄭樵《通志·藝文略·別集三》臨川内史《謝靈運集》二十卷。

尤袤《遂初堂書目·別集類》《謝靈運集》。

《宋史·藝文志·別集類》《謝靈運集》九卷。

王世貞《讀書後》《書謝靈運集後》：余始讀謝靈運詩，初甚不能入，既入，而漸愛之，以至于不能釋手。其體雖或近俳而其意有似合掌者，然至穠麗之極而反若平淡，琢磨之極而更似天然，則非餘子所可及也。鮑照對顔延之請隲，而謂「謝如初發芙蓉，自然可愛；君若鋪錦列繡，亦復雕繢滿眼也」，自有定論，而王仲淹乃謂「靈運小人哉，其文傲，君子則謙，顔延之有君子之心焉，其文約以則」，此何説也？靈運之傲不可知，若延之之病，正坐於不能約以則也。余謂仲淹非能知詩者，殆以成敗論耳。

徐𤊹《徐氏家藏書目・别集類》《謝靈運集》八卷。

謝靈運詩集

高儒《百川書志・漢魏六朝詩》《謝靈運詩》一卷。宋臨川太守謝康樂撰，凡六十四首。

范邦甸等《天一閣書目・别集類》《謝靈運詩集》二卷。刊本。吴郡黄省曾編次。序稱：「學士大夫傳誦者止昭明所集，予南遊會稽，偶見舊寫本，又得登游之詩自《永嘉緑嶂山》以下十三首，皆世所未覩，乃合舊新并及樂府，録爲二卷，詩凡六十九首。」

謝靈運詩選

高儒《百川書志・漢魏六朝詩》《謝靈運詩選》一卷。宋唐子西哀其精華，别爲一卷，凡四十四首。

丘深之集

《隋書・經籍志・别集》宋給事中《丘深之集》七卷。梁十五卷。

《舊唐書・經籍志・别集》《丘泉之集》六卷。

《新唐書・藝文志・别集類》《丘淵之集》六卷。

鄭樵《通志・藝文略・别集三》給事中《丘深之集》十五卷。

祖企之集

《隋書・經籍志・别集》又有義成太守《祖企之集》五卷。亡。

鄭樵《通志・藝文略・别集三》義成太守《祖企之集》五卷。

孫詔集

《隋書・經籍志・别集》荆州西曹《孫詔集》十卷。亡。

鄭樵《通志・藝文略・别集三》荆州西曹《孫詔之集》十卷。

殷淳集

《隋書・經籍志・别集》《殷淳集》二卷。亡。

《舊唐書・經籍志・别集》《殷淳集》三卷。

《新唐書・藝文志・别集類》《殷淳集》三卷。

鄭樵《通志・藝文略・别集三》《殷淳集》二卷。

殷景仁集

《隋書・經籍志・别集》揚州刺史《殷景仁集》九卷。亡。

鄭樵《通志・藝文略・别集三》揚州刺史《殷景仁集》九卷。

姚濤之集

《隋書・經籍志・别集》國子博士《姚濤之集》二十卷，録一卷。亡。

《舊唐書・經籍志・别集》《姚濤之集》二十卷。

《新唐書・藝文志・别集類》《姚濤之集》二十卷。

鄭樵《通志・藝文略・别集三》國子博士《姚濤之集》二十卷。

周祋集

《隋書·經籍志·别集》《周祋集》十一卷。亡。

鄭樵《通志·藝文略·别集三》《周祋集》十一卷。

殷闡之集

《隋書·經籍志·别集》《殷闡之集》一卷。

鄭樵《通志·藝文略·别集三》《殷闡之集》一卷。

宗炳集

《隋書·經籍志·别集》宋徵士《宗景集》十六卷。梁十五卷。

《舊唐書·經籍志·别集》《宗炳集》十五卷。

《新唐書·藝文志·别集類》《宗炳集》十五卷。

鄭樵《通志·藝文略·别集三》處士《宗炳集》十六卷。

雷次宗集

《隋書·經籍志·别集》宋徵士《雷次宗集》十六卷。梁二十九卷，録一卷。

《舊唐書·經籍志·别集》《雷次宗集》三十卷。

《新唐書·藝文志·别集類》《雷次宗集》三十卷。

鄭樵《通志·藝文略·别集三》處士《雷次宗集》三十卷。

伍緝之集

《隋書·經籍志·别集》宋奉朝請《伍緝之集》十二卷。

《舊唐書·經籍志·别集》《伍緝之集》十一卷。

《新唐書·藝文志·别集類》《伍緝之集》十一卷。

鄭樵《通志·藝文略·别集三》奉朝請《伍緝之集》十二卷。

衛令元集

《隋書·經籍志·别集》梁有宋南蠻主簿《衛令元集》八卷。

《舊唐書·經籍志·别集》《衛令元集》八卷。

《新唐書·藝文志·别集類》《衛令元集》八卷。

鄭樵《通志·藝文略·别集三》南蠻主簿《衛令元集》八卷。

范曄集

《隋書·經籍志·别集》《范曄集》十五卷，録一卷。

鄭樵《通志·藝文略·别集三》《范曄集》十五卷。

姚振宗《隋書經籍志考證·别集類六》梁有《范曄集》十五卷，録一卷，亡。

范曄有《後漢書》，見史部正史類。《宋書》本傳：曄性精微，有思致，觸類多善，衣裳器服莫不增損制度，世人皆法學之。《獄中與諸甥姪書》以自序其略。又曰：曄自序並實，故存之。

鍾嶸《詩品》曰：宋記室何長瑜、羊曜璠、詹事范曄詩乃不稱其才，亦爲鮮舉矣。

馮氏《詩紀》輯存《樂游應詔詩》、《臨終詩》各一首。汪氏《文選撰人篇目》曰：《文選》有宋范蔚宗曄《樂游應詔詩》、《後漢書·皇后紀論》、《二十八將論》、《宦者傳論》、《逸民傳論》、《光武紀贊》。

嚴氏《全宋文編》范曄有集十五卷，本傳所載有《探時旨上言》一篇，《作彭城王義康與徐湛之書》一篇，《獄中與諸甥姪書》一篇，《和香方序》一篇，《藝文類聚》又有《雙鶴詩序》，凡存五篇。

范廣集

《隋書・經籍志・别集》 撫軍諮議《范廣集》一卷。

鄭樵《通志・藝文略・别集三》 撫軍諮議《范廣集》一卷。

姚振宗《隋書經籍志考證・别集類六》 梁有撫軍諮議《范廣集》一卷，亡。范廣當作范廣淵，唐人避諱，節去「淵」字。《宋書・范曄傳》：元嘉元年冬，曄弟廣淵時爲司徒祭酒。又《范泰傳》：泰少子廣淵，善屬文，世祖撫軍諮議參軍領記室，坐曄事從誅。

王敬集

《隋書・經籍志・别集》 右光禄大夫《王敬弘集》五卷，録一卷。

鄭樵《通志・藝文略・别集三》 右光禄大夫《王敬集》五卷。

任豫集

《隋書・經籍志・别集》 《任豫集》六卷。

鄭樵《通志・藝文略・别集三》 《任豫集》一卷。

何承天集

《隋書・經籍志・别集》 宋御史中丞《何承天集》二十卷。梁三十二卷，亡。

《舊唐書・經籍志・别集》 《何承天集》三十卷。

《新唐書・藝文志・别集類》 《何承天集》二十卷。

鄭樵《通志・藝文略・别集三》 御史中丞《何承天集》二十卷。

裴松之集

《隋書・經籍志・别集》 宋太中大夫《裴松之集》十三卷。梁二十一卷。

《舊唐書・經籍志・别集》 《裴松之集》三十卷。

《新唐書・藝文志・别集類》 《裴松之集》三十卷。

鄭樵《通志・藝文略・别集三》 太中大夫《裴松之集》三十卷。

王韶之集

《隋書・經籍志・别集》 又有《王韶之集》十九卷。亡。

鄭樵《通志・藝文略・别集三》 《王韶之集》二十卷。

江湛集

《隋書・經籍志・别集》 宋光禄大夫《江湛集》四卷，録一卷。亡。

鄭樵《通志・藝文略・别集三》 光禄大夫《江湛集》四卷。

袁淑集

《隋書・經籍志・别集》 宋太尉《袁淑集》十一卷。并目録。梁十卷，録一卷。

《舊唐書・經籍志・别集》 《袁淑集》十卷。

《新唐書・藝文志・别集類》 《袁淑集》十卷。

鄭樵《通志・藝文略・别集三》 太尉《袁淑集》十一卷。

王微集

《隋書・經籍志・別集》宋秘書監《王微集》十卷。梁有録一卷。

《舊唐書・經籍志・別集》《王微集》十卷。

《新唐書・藝文志・別集類》《王微集》十卷。

鄭樵《通志・藝文略・別集三》祕書監《王微集》十卷。

王僧謙集

《隋書・經籍志・別集》又有宋太子舍人《王僧謙集》二卷。亡。

鄭樵《通志・藝文略・別集三》太子舍人《王僧謙集》二卷。

王僧綽集

《隋書・經籍志・別集》金紫光禄大夫《王僧綽集》一卷。亡。

鄭樵《通志・藝文略・別集三》金紫光禄大夫《王僧綽集》一卷。

顧邁集

《隋書・經籍志・別集》征北行參軍《顧邁集》二十卷。亡。

鄭樵《通志・藝文略・別集三》征北行參軍《顧邁集》二十卷。

陳超之集

《隋書・經籍志・別集》魚復令《陳超之集》十卷。亡。

鄭樵《通志・藝文略・別集三》魚復令《陳超之集》十卷。

何長瑜集

《隋書・經籍志・別集》平南將軍《何長瑜集》八卷。亡。

鄭樵《通志・藝文略・別集三》平南將軍《何長瑜集》八卷。

荀雍集

《隋書・經籍志・別集》宋員外郎《荀雍集》二卷。梁四卷。

《舊唐書・經籍志・別集》《荀雍集》十卷。

《新唐書・藝文志・別集類》《荀雍集》十卷。

鄭樵《通志・藝文略・別集三》員外郎《荀雍集》二卷。

范演集

《隋書・經籍志・別集》又有宋國子博士《范演集》八卷。亡。

鄭樵《通志・藝文略・別集三》國子博士《范演集》八卷。

顧昱集

《隋書・經籍志・別集》錢唐令《顧昱集》六卷。亡。

鄭樵《通志・藝文略・別集三》錢唐令《顧昱集》六卷。

韓濬之集

《隋書・經籍志・别集》 臨成令《韓濬之集》八卷。亡。

鄭樵《通志・藝文略・别集三》 《韓濬之集》八卷。

沈亮之集

《隋書・經籍志・别集》 南陽太守《沈亮之集》七卷。亡。

鄭樵《通志・藝文略・别集三》 南陽太守《沈亮之集》七卷。

孔欣集

《隋書・經籍志・别集》 國子博士《孔欣集》九卷。亡。

《舊唐書・經籍志・别集》 《孔欣集》八卷。

《新唐書・藝文志・别集類》 《孔欣集》十卷。

鄭樵《通志・藝文略・别集三》 國子博士《孔欣集》九卷。

江玄叔集

《隋書・經籍志・别集》 臨海太守《江玄叔集》四卷。亡。

鄭樵《通志・藝文略・别集三》 臨海太守《江玄叔集》四卷。

劉馥集

《隋書・經籍志・别集》 尚書郎《劉馥集》十一卷。亡。

鄭樵《通志・藝文略・别集三》 尚書郎《劉馥集》十一卷。

張演集

《隋書・經籍志・别集》 太子中舍人《張演集》八卷。亡。

鄭樵《通志・藝文略・别集三》 太子中舍人《張演集》八卷。

蔡眇之集

《隋書・經籍志・别集》 南昌令《蔡眇之集》三卷。亡。

鄭樵《通志・藝文略・别集三》 南昌令《蔡眇之集》三卷。

顧雅集

《隋書・經籍志・别集》 太學博士《顧雅集》十三卷。亡。

鄭樵《通志・藝文略・别集三》 太學博士《顧雅集》十三卷。

孫仲之集

《隋書・經籍志・别集》 巴東太守《孫仲之集》十一卷。亡。

鄭樵《通志・藝文略・别集三》 巴東太守《孫仲之集》十二卷。

謝元集

《隋書・經籍志・别集》 太尉諮議參軍《謝元集》一卷。亡。

鄭樵《通志・藝文略・別集三》太尉諮議参軍《謝元集》一卷。

陸展集

《隋書・經籍志・別集》南海太守《陸展集》九卷。亡。

鄭樵《通志・藝文略・別集三》南海太守《陸展集》九卷。

山謙之集

《隋書・經籍志・別集》棘陽令《山謙之集》十二卷。亡。

鄭樵《通志・藝文略・別集三》棘陽令《山謙之集》十二卷。

楊希集

《隋書・經籍志・別集》廣州刺史《羊希集》九卷。亡。

鄭樵《通志・藝文略・別集三》廣州刺史《楊希集》九卷。

周始之集

《隋書・經籍志・別集》員外常侍《周始之集》十一卷。亡。

鄭樵《通志・藝文略・別集三》員外郎常侍《周始之集》十一卷。

羊崇集

《隋書・經籍志・別集》主客郎《羊崇集》六卷。亡。

鄭樵《通志・藝文略・別集三》主客郎《羊崇集》六卷。

孔景亮集

《隋書・經籍志・別集》太子舍人《孔景亮集》三卷。亡。

鄭樵《通志・藝文略・別集三》太子舍人《孔景亮集》三卷。

袁伯文集

《隋書・經籍志・別集》宋中書郎《袁伯文集》十一卷。并目録。

《舊唐書・經籍志・別集》《袁伯文集》十卷。

《新唐書・藝文志・別集類》《袁伯文集》十卷。

鄭樵《通志・藝文略・別集三》中書郎《袁伯文集》十一卷。

蔡超集

《隋書・經籍志・別集》梁有宋丞相諮議《蔡超集》七卷。亡。

鄭樵《通志・藝文略・別集三》丞相諮議《蔡超集》七卷。

孫緬集

《隋書・經籍志・別集》宋東中郎長史《孫緬集》八卷。并目録。梁十一卷。

《舊唐書・經籍志・別集》《孫緬集》十卷。

《新唐書・藝文志・別集類》《孫緬集》十卷。

鄭樵《通志・藝文略・別集三》東中郎長史《孫緬集》八卷。

賀道養集

《隋書・經籍志・別集》 又有宋《賀道養集》十卷。亡。

《舊唐書・經籍志・別集》 《賀道養集》十卷。

《新唐書・藝文志・別集類》 《賀道養集》十卷。

鄭樵《通志・藝文略・別集三》 《賀道養集》十卷。

謝澄集

《隋書・經籍志・別集》 太子洗馬《謝登集》六卷。亡。

鄭樵《通志・藝文略・別集三》 太子洗馬《謝澄集》六卷。

張鏡集

《隋書・經籍志・別集》 新安太守《張鏡集》十卷。亡。

鄭樵《通志・藝文略・別集三》 新安太守《張鏡集》十卷。

褚詮之集

《隋書・經籍志・別集》 兼中書舍人《褚詮之集》八卷，録一卷。亡。

《舊唐書・經籍志・別集》 《褚詮之集》八卷。

《新唐書・藝文志・別集類》 《褚詮之集》八卷。

鄭樵《通志・藝文略・別集三》 兼中書舍人《褚詮之集》八卷。

顔延之集

《隋書・經籍志・別集》 宋特進《顔延之集》二十五卷。梁三十卷。

《舊唐書・經籍志・別集》 《顔延之集》三十卷。

《新唐書・藝文志・別集類》 《顔延之集》三十卷。

鄭樵《通志・藝文略・別集三》 特進《顔延之集》二十五卷。

尤袤《遂初堂書目・別集類》 《顔延之集》。

《宋史・藝文志・別集類》 《顔延之集》五卷。

徐𤊹《徐氏家藏書目・別集類》 《顔延之集》五卷。

顔延之逸集

《隋書・經籍志・別集》 又有《顔延之逸集》一卷。亡。

顔竣集

《隋書・經籍志・別集》 宋東揚州刺史《顔竣集》十四卷。并目録。

《舊唐書・經籍志・別集》 《顔竣集》十三卷。

《新唐書・藝文志・別集類》 《顔竣集》十三卷。

鄭樵《通志・藝文略・別集三》 東揚州刺史《顔竣集》十四卷。

顔測集

《隋書・經籍志・別集》 宋大司馬録事《顔測集》十一卷。并目録。

《舊唐書・經籍志・別集》 《顔測集》十一卷。

《新唐書・藝文志・别集類》《顔測集》十一卷。

鄭樵《通志・藝文略・别集三》　大司馬録事《顔測集》十一卷。

王僧達集

《隋書・經籍志・别集》　宋護軍將軍《王僧達集》十卷。梁有録一卷。

《舊唐書・經籍志・别集》《王僧達集》十卷。

《新唐書・藝文志・别集類》《王僧達集》十卷。

鄭樵《通志・藝文略・别集三》　護軍將軍《王僧達集》十卷。

尤袤《遂初堂書目・别集類》《王僧達集》。

《宋史・藝文志・别集類》《王僧達集》十卷。

羊戎集

《隋書・經籍志・别集》　又有國子博士《羊戎集》十卷。亡。

蘇寶生集

《隋書・經籍志・别集》　江寧令《蘇寶生集》四卷。亡。

鄭樵《通志・藝文略・别集三》　江寧令《蘇寶生集》四卷。

范義集

《隋書・經籍志・别集》　兖州别駕《范義集》十二卷。亡。

鄭樵《通志・藝文略・别集三》　兖州别駕《范義集》十二卷。

劉瑀集

《隋書・經籍志・别集》　吴興太守《劉瑀集》七卷。亡。

《舊唐書・經籍志・别集》《劉瑀集》七卷。

《新唐書・藝文志・别集類》《劉瑀集》七卷。

鄭樵《通志・藝文略・别集三》　吴興太守《劉瑀集》七卷。

劉氏集

《隋書・經籍志・别集》　本郡孝廉《劉氏集》九卷。亡。

張暢集

《隋書・經籍志・别集》　宋會稽太守《張暢集》十二卷。殘缺。梁十四卷，録一卷。

《舊唐書・經籍志・别集》《張暢集》十四卷。

《新唐書・藝文志・别集類》《張暢集》十四卷。

鄭樵《通志・藝文略・别集三》　會稽太守《張暢集》十二卷。

何尚之集

《隋書・經籍志・别集》　又有宋司空《何尚之集》十卷。亡。

鄭樵《通志・藝文略・别集三》　司空《何尚之集》十卷。

何偃集

《隋書・經籍志・别集》 宋吏部尚書《何偃集》十九卷。梁十六卷。

《舊唐書・經籍志・别集》 《何偃集》八卷。

《新唐書・藝文志・别集類》 《何偃集》八卷。

鄭樵《通志・藝文略・别集三》 吏部尚書《何偃集》十九卷。

周朗集

《隋書・經籍志・别集》 又有廬江太守《周朗集》八卷。亡。

沈懷文集

《隋書・經籍志・别集》 宋侍中《沈懷文集》十二卷。殘缺。梁十六卷。

《舊唐書・經籍志・别集》 《沈懷文集》十三卷。

《新唐書・藝文志・别集類》 《沈懷文集》十三卷。

鄭樵《通志・藝文略・别集三》 侍中《沈懷文集》十二卷。

江智深集

《隋書・經籍志・别集》 宋北中郎長史《江智深集》九卷。并目一卷。

《舊唐書・經籍志・别集》 《江智泉集》十卷。

《新唐書・藝文志・别集類》 《江智淵集》十卷。

鄭樵《通志・藝文略・别集三》 北中郎長史《江智深集》九卷。

殷琰集

《隋書・經籍志・别集》 宋太子中庶子《殷琰集》七卷。

《舊唐書・經籍志・别集》 《殷琰集》八卷。

《新唐書・藝文志・别集類》 《殷琰集》八卷。

鄭樵《通志・藝文略・别集三》 太子中庶子《殷琰集》七卷。

袁顗集

《隋書・經籍志・别集》 梁又有宋武陵太守《袁顗集》八卷。亡。

鄭樵《通志・藝文略・别集三》 武陵太守《袁顗集》八卷。

荀欽明集

《隋書・經籍志・别集》 《荀欽明集》六卷。亡。

《舊唐書・經籍志・别集》 《荀欽明集》六卷。

《新唐書・藝文志・别集類》 《荀欽明集》六卷。

鄭樵《通志・藝文略・别集三》 《荀欽明集》六卷。

王詢之集

《隋書・經籍志・别集》 安北參軍《王詢之集》五卷。亡。

鄭樵《通志・藝文略・别集三》 安北參軍《王詢之集》五卷。

戴法興集

《隋書・經籍志・別集》 越騎校尉《戴法興集》四卷。亡。

鄭樵《通志・藝文略・別集三》 越騎校尉《戴法興集》四卷。

虞通之集

《隋書・經籍志・別集》 宋黄門郎《虞通之集》十五卷。梁二十卷。

《舊唐書・經籍志・別集》 《虞通之集》五卷。

《新唐書・藝文志・別集類》 《虞通之集》五卷。

鄭樵《通志・藝文略・別集三》 黄門郎《虞通之集》二十卷。

沈勃集

《隋書・經籍志・別集》 宋司徒左長史《沈勃集》十五卷。梁二十卷。

《舊唐書・經籍志・別集》 《沈勃集》十五卷。

《新唐書・藝文志・別集類》 《沈勃集》十五卷。

鄭樵《通志・藝文略・別集三》 司徒左長史《沈勃集》二十卷。

謝莊集

《隋書・經籍志・別集》 宋金紫光禄大夫《謝莊集》十九卷。梁十五卷。

《舊唐書・經籍志・別集》 《謝莊集》十五卷。

《新唐書・藝文志・別集類》 《謝莊集》十五卷。

鄭樵《通志・藝文略・別集三》 金紫光禄大夫《謝莊集》十九卷。

尤袤《遂初堂書目・別集類》 《謝莊集》。

《宋史・藝文志・別集類》 《謝莊集》一卷。

徐𤊹《徐氏家藏書目・別集類》 《謝莊集》四卷。

謝協集

《隋書・經籍志・別集》 有宋金紫光禄大夫《謝協集》三卷。亡。

鄭樵《通志・藝文略・別集三》 金紫光禄大夫《謝協集》三卷。

張悦集

《隋書・經籍志・別集》 三巴校尉《張悦集》十一卷。亡。

鄭樵《通志・藝文略・別集三》 三巴校尉《張悦集》十一卷。

賀顗集

《隋書・經籍志・別集》 揚州從事《賀顗集》十一卷。亡。

鄭樵《通志・藝文略・別集三》 揚州從事《賀顗集》十一卷。

孔邁之集

《隋書・經籍志・別集》 領軍長史《孔邁之集》八卷。亡。

鄭樵《通志・藝文略・別集三》 領軍長史《孔邁之集》八卷。

賀弼集

《隋書・經籍志・別集》 撫軍參軍《賀弼集》十六卷。亡。

鄭樵《通志・藝文略・別集三》 撫軍參軍《賀弼集》十六卷。

劉遂集

《隋書・經籍志・別集》 本州秀才《劉遂集》二卷。亡。

鄭樵《通志・藝文略・別集三》 本州秀才《劉遂集》二卷。

建平王景素集

《隋書・經籍志・別集》 宋《建平王景素集》十卷。

鄭樵《通志・藝文略・別集三》 《建平王景素集》十卷。

鮑照集

《隋書・經籍志・別集》 宋征虜記室參軍《鮑照集》十卷。梁六卷。

《舊唐書・經籍志・別集》 《鮑照集》十卷。

《新唐書・藝文志・別集類》 《鮑照集》十卷。

鄭樵《通志・藝文略・別集三》 征虜記室參軍《鮑照集》十卷。

晁公武《郡齋讀書志・別集類上》 《鮑照集》十卷。右宋鮑照明遠也。上黨人。世祖以爲中書舍人，後臨海王子頊鎮荆州，以照爲參軍。子頊敗，爲亂兵所殺。初，孝武好文，自謂人莫能及。照悟其旨，爲文多鄙言累句，當時謂照才盡，實不然也。事見沈約書。而李延壽乃以世祖爲文帝。集有齊虞炎序，云：「爲宋景所害。」儻見於他書乎？唐人避武后諱，改「照」爲「昭」。

尤袤《遂初堂書目・別集類》 《鮑照集》。

陳振孫《直齋書録解題・別集類上》 《鮑參軍集》十卷。宋前軍行參軍東海鮑照明遠撰。世多云鮑昭，以避唐武后諱也。沈約《宋書》、李延壽《南史》皆作鮑照。而《館閣書目》直以爲鮑昭，且云上黨人，非也。

馬端臨《文獻通考・經籍考・別集》 《鮑參軍集》十卷。

《宋史・藝文志・別集類》 《鮑昭集》十卷。

高儒《百川書志・秦漢六朝文》 《鮑參軍集》十卷。宋參軍上黨鮑照明遠也。賦十，詩二百三，文二十六，共三百三十九篇。

徐𤊹《徐氏家藏書目・別集類》 《鮑照集》六卷。

毛晉《汲古閣書跋附編》 《鮑氏集》。丙辰七夕後三日，借吴趨友人宋本，比校一過。扆。

錢謙益等《絳雲樓書目・六朝文書類》 宋板《鮑照集》一册。十卷。

《四庫提要・別集類一》 《鮑參軍集》十卷。安徽巡撫採進本。宋鮑照撰。照字明遠，東海人。晁公武《讀書志》作「上黨人」，蓋誤讀虞炎序中「本上黨人」之語。「照」或作「昭」，蓋唐人避武后諱所改。韋莊詩有「欲將張翰松江雨，畫作屏風寄鮑昭」句，押入平聲，殊失其實。案《宋禮部貢舉條式》，「齊桓」違諱，作「齊威」，可用於句中，不可押入微韻。沈約《宋書》、李延壽《南》《北史》作於武后稱制前者，實皆作「照」，不作「昭」也。照爲臨川王子頊參軍，没於亂兵，遺文零落，齊散騎侍郎虞炎始編次成集。《隋書・經籍志》著録十卷，而注曰「梁六卷」，然則後人又續增矣。此本爲明正德庚午朱德登所刊，云「得自都穆家」，卷數與《隋志》合，而冠以炎序，未審即《隋志》舊本否？考其編次，既以樂府別爲一卷，而《采桑》、《梅花落》、《行路難》亦皆樂府，乃列入詩中。唐以前人皆解聲律，不應舛互若此。又《行路難》第七首「蹲蹲」字下注曰《集》作「樽樽」，「啄」字下注曰《集》作「逐」，使果原集，何得又稱「《集》作」？此爲後人重輯之明驗矣。然文章皆有首尾，詩賦亦往往有自序、自注，與六朝他集從類書採出者不同。殆因相傳舊本而稍爲竄亂歟？鍾嶸《詩品》云：「學鮑照纔能『日中市朝滿』，學謝朓劣得『黄鳥度青枝』。」今集中無此一句，益知非梁時本也。

孫星衍《平津館鑒藏書籍記・影寫本》 《鮑氏集》十卷。前有散騎侍郎虞炎《鮑照集序》。晁氏《讀書志》虞炎，唐人。每卷前俱有目録，卷一即在序文後，不另葉起。《四庫全書》朱應登十卷刊本，《行路難》第七首「蹲蹲」字下注云：《集》作

「樽樽」、「椓」字下注云：《集》作「逐」，此本正作「樽樽」、「逐」字。宋諱俱有缺筆，是從宋刊本影寫。每葉廿行，行十六字。

黄丕烈《蕘圃藏書題識・集類一》《鮑氏集》十卷。影宋鈔本。

顧廣圻《思適齋集外書跋輯存・集類》《鮑氏集》十卷。影宋鈔本。

張金吾《愛日精廬藏書志・別集類》《鮑氏集》十卷。舊抄本，毛氏斧季手校。

張之洞《書目答問・別集》《鮑參軍集》十卷。宋鮑照。明朱應登刻本。

鮑照詩集

楊士奇等《文淵閣書目・詩詞》《鮑照詩集》。一部，一册。闕。《鮑照詩集》。一部，一册。闕。

高儒《百川書志・漢魏六朝詩》《鮑照詩》。參軍詩集，凡二百三首。

錢東垣等輯《崇文總目・別集類三》《鮑照詩集》一卷。

沈懷遠集

《隋書・經籍志・別集》又有宋武康令《沈懷遠集》十九卷。亡。

鄭樵《通志・藝文略・別集三》武康令《沈懷遠集》十九卷。

裴駰集

《隋書・經籍志・別集》《裴駰集》六卷。亡。

鄭樵《通志・藝文略・別集三》《裴駰集》六卷。

費修集

《隋書・經籍志・別集》宜都太守《費修集》十卷。亡。

鄭樵《通志・藝文略・別集三》宜都太尉《費修集》十卷。

劉鯤集

《隋書・經籍志・別集》删定郎《劉鯤集》五卷。亡。

《舊唐書・經籍志・別集》《劉緄集》五卷。

《新唐書・藝文志・別集類》《劉緄集》五卷。

鄭樵《通志・藝文略・別集三》删定郎《劉緄集》五卷。

徐爰集

《隋書・經籍志・別集》宋太中大夫《徐爰集》六卷。梁十卷。

《舊唐書・經籍志・別集》《徐爰集》十卷。

《新唐書・藝文志・別集類》《徐爰集》十卷。

鄭樵《通志・藝文略・別集三》太中大夫《徐爰集》六卷。

孫勃集

《隋書・經籍志・別集》又有宋護軍司馬《孫勃集》六卷。亡。

鄭樵《通志・藝文略・別集三》護軍司馬《孫勃集》六卷。

張永集

《隋書・經籍志・別集》右光禄大夫《張永集》十卷。亡。

鄭樵《通志・藝文略・別集三》右光禄大夫《張永集》十六卷。

趙繹集

《隋書・經籍志・別集》陽羨令《趙繹集》十六卷。亡。

鄭樵《通志・藝文略・別集三》陽羨令《趙繹集》十六卷。

庾蔚之集

《隋書・經籍志・別集》宋《庾蔚之集》十六卷。梁二十卷。

《舊唐書・經籍志・別集》《庾蔚之集》十一卷。

《新唐書・藝文志・別集類》《庾蔚之集》十一卷。

鄭樵《通志・藝文略・別集三》《庾蔚之集》十六卷。

王素集

《隋書・經籍志・別集》又有太子中舍人徵不就《王素集》十六卷。亡。

鄭樵《通志・藝文略・別集三》太子中舍人召不就《王素集》十六卷。

劉愔集

《隋書・經籍志・別集》宋豫章太守《劉愔集》八卷。梁十卷。

《舊唐書・經籍志・別集》《劉愔集》十卷。

《新唐書・藝文志・別集類》《劉愔集》十卷。

鄭樵《通志・藝文略・別集三》豫章太守《劉愔集》十卷。

費景運集

《隋書・經籍志・別集》又有宋起部《費鏡運集》二十卷。亡。

鄭樵《通志・藝文略・別集三》《費景運集》二十卷。

孫夐集

《隋書・經籍志・別集》光禄大夫《孫夐集》十一卷。亡。

鄭樵《通志・藝文略・別集三》光禄大夫《孫夐集》十一卷。

蔡頤集

《隋書・經籍志・別集》太尉從事中郎《蔡頤集》三卷。亡。

鄭樵《通志・藝文略・別集三》太尉從事中郎《蔡頤集》三卷。

劉緬集

《隋書・經籍志・別集》司空《劉勔集》二十卷，録一卷。亡。

鄭樵《通志・藝文略・別集三》司空《劉緬集》二十卷。

明僧嵩集

《隋書・經籍志・別集》青州刺史《明僧暠集》十卷。亡。

鄭樵《通志・藝文略・別集三》青州刺史《明僧嵩集》十卷。

蕭惠開集

《隋書・經籍志・別集》 吳興太守《蕭惠開集》七卷。亡。

鄭樵《通志・藝文略・別集三》 吳興太守《蕭惠開集》七卷。

沈宗之集

《隋書・經籍志・別集》《沈宗之集》十卷。亡。

鄭樵《通志・藝文略・別集三》《沈宗之集》十卷。

張辯集

《隋書・經籍志・別集》 大司農《張辯集》十六卷。亡。

鄭樵《通志・藝文略・別集三》 大司農《張辨集》十六卷。

王瓚集

《隋書・經籍志・別集》 金紫光禄大夫《王瓚集》十五卷，録一卷。亡。

鄭樵《通志・藝文略・別集三》 金紫光禄大夫《王瓚集》十五卷。

郭坦之集

《隋書・經籍志・別集》《郭坦之集》五卷。亡。

鄭樵《通志・藝文略・別集三》《郭坦之集》五卷。

辛湛之集

《隋書・經籍志・別集》 會稽主簿《辛湛之集》八卷。亡。

鄭樵《通志・藝文略・別集三》 會稽主簿《辛湛之集》八卷。

朱年集

《隋書・經籍志・別集》 太子舍人《朱百年集》二卷。亡。

鮑德遠集

《隋書・經籍志・別集》 東海王常侍《鮑德遠集》六卷。亡。

鄭樵《通志・藝文略・別集三》 東海王常侍《鮑德遠集》六卷。

張緩集

《隋書・經籍志・別集》 會稽郡丞《張緩集》六卷。亡。

鄭樵《通志・藝文略・別集三》 會稽郡丞《張綏集》六卷。

劉薈集

《隋書・經籍志・別集》 宋寧國令《劉薈集》七卷。

鄭樵《通志・藝文略・別集三》 寧國令《劉薈集》七卷。

吴邁遠集

《隋書·經籍志·别集》宋江州從事《吴邁遠集》一卷。殘缺。梁八卷，亡。

鄭樵《通志·藝文略·别集三》江州從事《吴邁遠集》一卷。

湯惠休集

《隋書·經籍志·别集》宋宛朐令《湯惠休集》三卷。梁四卷。

《舊唐書·經籍志·别集》《湯惠休集》三卷。

《新唐書·藝文志·别集類》《湯惠休集》三卷。

鄭樵《通志·藝文略·别集三》宛朐令《湯惠休集》四卷。

孫奉伯集

《隋書·經籍志·别集》又有南海太守《孫奉伯集》十卷。亡。

鄭樵《通志·藝文略·别集三》南海太守《孫奉伯集》十卷。

成元範集

《隋書·經籍志·别集》右將軍《成元範集》十卷。亡。

鄭樵《通志·藝文略·别集三》右將軍《成元範集》十卷。

虞喜集

《隋書·經籍志·别集》奉朝請《虞喜集》十一卷。亡。

鄭樵《通志·藝文略·别集三》奉朝請《虞喜集》十一卷。

唐思賢集

《隋書·經籍志·别集》延陵令《唐思賢集》十五卷。亡。

鄭樵《通志·藝文略·别集三》延陵令《唐思賢集》十五卷。

戴凱之集

《隋書·經籍志·别集》《戴凱之集》六卷。亡。

鄭樵《通志·藝文略·别集三》《戴凱之集》六卷。

袁粲集

《隋書·經籍志·别集》宋司徒《袁粲集》十一卷。并目録。梁九卷。

《舊唐書·經籍志·别集》《袁粲集》十卷。

《新唐書·藝文志·别集類》《袁粲集》十卷。

鄭樵《通志·藝文略·别集三》司徒《袁粲集》十一卷。

韓蘭英集

《隋書·經籍志·别集》宋後宫司儀《韓蘭英集》四卷。亡。

鄭樵《通志·藝文略·别集三》後宫司儀《韓蘭英集》四卷。

牽氏集

《隋書・經籍志・別集》 又有婦人《牽氏集》一卷。亡。

鄭樵《通志・藝文略・別集三》 婦人《牽氏集》一卷。

四帝誡

鄭樵《通志・藝文略・箴銘》 《四帝誡》三卷。王誕撰。

文廷式《補晉書藝文志・總集類》 王誕《四帝誡》三卷。《桓玄傳》：流驃騎長史王誕於交廣諸郡，當即此人。

誹諧文

鄭樵《通志・藝文略・俳諧》 《俳諧文》一卷。沈宗之撰。

任子春秋

鄭樵《通志・藝文略・俳諧》 《任子春秋》一卷。杜嵩撰。

博陽春秋

鄭樵《通志・藝文略・俳諧》 《博陽春秋》一卷。宋零陵令辛邕之撰。

東西晉興亡論

《隋書・經籍志・總集》 《東西晉興亡論》一卷。

鄭樵《通志・藝文略・論》 《東西晉興亡論》一卷。

陶神論

《隋書・經籍志・總集》 《陶神論》五卷。

《舊唐書・經籍志・總集》 《陶神論》五卷。釋靈祐撰。

正流論

《隋書・經籍志・總集》 《正流論》一卷。

齊文帝集

《隋書・經籍志・別集》 《齊文帝集》一卷。殘缺。梁十一卷。

鄭樵《通志・藝文略・別集三》 《齊文帝集》十一卷。

晉安王子懋集

《隋書・經籍志・別集》 又有齊《晉安王子懋集》四卷，録一卷。亡。

鄭樵《通志・藝文略・別集三》 《晉安王子懋集》四卷。

隨王子隆集

《隋書・經籍志・別集》《隨王子隆集》七卷。亡。

鄭樵《通志・藝文略・別集三》《隨王子隆集》七卷。

竟陵王集

《隋書・經籍志・別集》齊《竟陵王子良集》四十卷。

《舊唐書・經籍志・別集》齊《竟陵王集》三十卷。

《新唐書・藝文志・別集類》齊《竟陵王集》三十卷。

鄭樵《通志・藝文略・別集三》《竟陵王子良集》四十卷。

蕭遥欣集

《隋書・經籍志・別集》梁又有齊聞喜公《蕭遥欣集》十一卷。亡。

鄭樵《通志・藝文略・別集三》聞喜公《蕭遥欣集》十一卷。

劉祥集

《隋書・經籍志・別集》領軍諮議《劉祥集》十卷。亡。

鄭樵《通志・藝文略・別集三》領軍諮議《劉祥集》十卷。

褚彦回集

《隋書・經籍志・別集》齊太宰《褚彦回集》十五卷。

《舊唐書・經籍志・別集》齊《褚彦回集》十五卷。

《新唐書・藝文志・別集類》《褚淵集》十五卷。

鄭樵《通志・藝文略・別集三》太宰《褚彦回集》十五卷。

崔祖思集

《隋書・經籍志・別集》梁又有齊黄門侍郎《崔祖思集》二十卷。亡。

鄭樵《通志・藝文略・別集三》黄門侍郎《崔祖思集》二十卷。

鍾蹈集

《隋書・經籍志・別集》中軍佐《鍾蹈集》十二卷。亡。

鄭樵《通志・藝文略・別集三》中軍佐《鍾蹈集》十二卷。

丘巨源集

《隋書・經籍志・別集》餘杭令《丘巨源集》十卷，録一卷。亡。

鄭樵《通志・藝文略・別集三》餘杭令《丘巨源集》十卷。

王儉集

《隋書・經籍志・別集》齊太尉《王儉集》五十一卷。梁六十卷。

《舊唐書・經籍志・別集》《王儉集》六十卷。

《新唐書・藝文志・別集類》《王儉集》六十卷。

鄭樵《通志・藝文略・別集三》太尉《王儉集》六十卷。

謝顥集

《隋書·經籍志·别集》 又有齊東海太守《謝顥集》十六卷。亡。

鄭樵《通志·藝文略·别集三》 東海太守《謝顥集》十六卷。

謝瀹集

《隋書·經籍志·别集》《謝瀹集》十卷。亡。

鄭樵《通志·藝文略·别集三》《謝瀹集》十卷。

劉善明集

《隋書·經籍志·别集》 豫州刺史《劉善明集》十卷。亡。

鄭樵《通志·藝文略·别集三》 豫州刺史《劉善明集》十卷。

褚賁集

《隋書·經籍志·别集》 侍中《褚賁集》十二卷。亡。

鄭樵《通志·藝文略·别集三》 侍中《褚賁集》十二卷。

劉虯集

《隋書·經籍志·别集》 徵士《劉虯集》二十四卷。亡。

鄭樵《通志·藝文略·别集三》《劉虯集》二十四卷。

庾易集

《隋書·經籍志·别集》 司徒主簿徵不就《庾易集》十卷。亡。

鄭樵《通志·藝文略·别集三》 司徒主簿徵不就《庾易集》十卷。

顧歡集

《隋書·經籍志·别集》《顧歡集》三十卷。亡。

鄭樵《通志·藝文略·别集三》《顧歡集》三十卷。

劉瓛集

《隋書·經籍志·别集》《劉瓛集》三十卷。亡。

鄭樵《通志·藝文略·别集三》《劉瓛集》三十卷。

劉璡集

《隋書·經籍志·别集》 射聲校尉《劉璡集》三卷。亡。

鄭樵《通志·藝文略·别集三》 射聲校尉《劉璡集》三卷。

周顒集

《隋書·經籍志·别集》 齊中書郎《周顒集》八卷。梁十六卷。

《舊唐書·經籍志·别集》《周顒集》二十卷。

《新唐書・藝文志・別集類》《周顒集》二十卷。

鄭樵《通志・藝文略・別集三》中書郎《周顒集》八卷。

鮑鴻集

《隋書・經籍志・別集》又有齊左侍郎《鮑鴻集》二十卷，録一卷。亡。

鄭樵《通志・藝文略・別集三》《鮑鴻集》二十卷。

韋瞻集

《隋書・經籍志・別集》雍州秀才《韋瞻集》十卷。亡。

鄭樵《通志・藝文略・別集三》雍州秀才《韋瞻集》十卷。

劉懷慰集

《隋書・經籍志・別集》正員郎《劉懷慰集》十卷，録一卷。亡。

鄭樵《通志・藝文略・別集三》正員郎《劉懷慰集》十卷。

江山圖集

《隋書・經籍志・別集》永嘉太守《江山圖集》十卷。亡。

鄭樵《通志・藝文略・別集三》永嘉太守《江山圖集》十卷。

荀慧憲集

《隋書・經籍志・別集》驃騎記室參軍《荀憲集》十一卷。亡。

鄭樵《通志・藝文略・別集三》驃騎記室參軍《荀憲集》十一卷。

虞羲集

《隋書・經籍志・別集》齊前軍參軍《虞羲集》九卷。殘缺。梁十一卷。

《舊唐書・經籍志・別集》《虞羲集》十一卷。

《新唐書・藝文志・別集類》《虞羲集》十一卷。

鄭樵《通志・藝文略・別集三》前軍參軍《虞羲集》九卷。

韋沈集

《隋書・經籍志・別集》又有平陽令《韋沈集》十卷。亡。

鄭樵《通志・藝文略・別集三》平陽令《韋沈集》十卷。

任文集

《隋書・經籍志・別集》車騎參軍《任文集》十一卷。亡。

鄭樵《通志・藝文略・別集三》車騎參軍《任文集》十一卷。

卞鑠集

《隋書・經籍志・別集》《卞鑠集》十六卷。亡。

鄭樵《通志・藝文略・別集三》《卞鑠集》十六卷。

婁幼瑜集

《隋書・經籍志・別集》《婁幼瑜集》六十六卷。亡。

鄭樵《通志・藝文略・別集三》《婁幼瑜集》六十六卷。

祖沖之集

《隋書・經籍志・別集》長水校尉《祖沖之集》五十一卷。亡。

鄭樵《通志・藝文略・別集三》長水校尉《祖沖之集》五十一卷。

姚振宗《隋書經籍志考證・別集類七》梁又有長水校尉《祖沖之集》五十一卷，亡。祖沖之有《綴術》，見子部曆數家。《齊書》、《南史・文學傳》：沖之稽古，有機思。宋孝武使直華林學省，始元嘉中用何承天所製曆，比古十一家爲密，沖之以爲尚踈，乃更造新法，上表言之。孝武令朝士善曆者難之，不能屈，文惠太子在東宫，見沖之曆法，啓武帝施行。文惠尋薨，又寢。轉長水校尉，造《安邊論》，欲開屯田，廣農殖。建武中，明帝欲使沖之巡行四方，興造大業，可以利百姓者，會連有軍事，竟不行。著《易》、《老》、《莊》義，釋《論語》、《孝經》，注《九章》，造《綴術》，數十篇。

嚴氏《全齊文編》祖沖之有集五十一卷，《宋書・曆志》及本傳載《上新曆表》、《辯戴法興難新曆》各一篇，《南史》本傳有《安邊論》，亡。

案，祖沖之所著《易義》、《老子義》、《莊子義》、《論語釋》、《孝經釋》、《九章注》諸書，本志皆不見，維《綴術》六卷載之，曆數家觀史文連綴，所著於傳末，似與所造新曆皆編入本集五十卷中也。

王融集

《隋書・經籍志・別集》齊中書郎《王融集》十卷。

《舊唐書・經籍志・別集》《王融集》十卷。

《新唐書・藝文志・別集類》《王融集》十卷。

鄭樵《通志・藝文略・別集三》齊中書郎《王融集》十卷。

尤袤《遂初堂書目・別集類》齊《王融集》。

《宋史・藝文志・別集類》《王融集》七卷。

徐𤊹《徐氏家藏書目・別集類》《王融集》四卷。

錢東垣等輯《崇文總目・別集類一》《王融文集》七卷。

謝朓集

《隋書・經籍志・別集》齊吏部郎《謝朓集》十二卷。

《舊唐書・經籍志・別集》《謝朓集》十卷。

《新唐書・藝文志・別集類》《謝朓集》十卷。

鄭樵《通志・藝文略・別集三》吏部郎《謝朓集》十二卷。

晁公武《郡齋讀書志・別集類上》《謝朓集》十卷。右齊謝朓玄暉也。陽夏人。明帝初，自中書郎出爲東海太守。東昏時，爲江祏黨譖害之。朓少好學，有美名，文章清麗，善草隸，尤長五言詩。沈約嘗云：「二百年來無此詩也。」《文選》所録朓詩僅二十首，集中多不載，今附入。

尤袤《遂初堂書目・別集類》《謝玄暉集》。

陳振孫《直齋書録解題・別集類上》《謝宣城集》五卷。

馬端臨《文獻通考・經籍考・別集》《謝宣城集》五卷。

《宋史・藝文志・別集類》《謝朓集》十卷。

高儒《百川書志・漢魏六朝詩》《謝宣城集》五卷。

范邦甸等《天一閣書目・別集類》《謝宣城集》五卷。刊本。

徐𤊹《徐氏家藏書目・別集類》《謝朓集》六卷。

張萱等《内閣藏書目録・集部》《謝宣城集》一册，全。劉宋謝朓著。

于敏中等《天禄琳琅書目・宋版集部》《謝宣城詩集》。一函，二册。

《四庫提要・別集類一》《謝宣城集》五卷。内府藏本。齊謝朓撰。朓字玄暉，陳郡陽夏人，事蹟具《南齊書》本傳。案，朓以中書郎出爲宣城太守，以選復爲中書郎，又出爲晉安王鎮北諮議、南東海太守，行南徐州事，遷尚書吏部郎，被誅。其官實不止於宣城太守，然詩家皆稱「謝宣城」，殆以北樓吟咏爲世盛傳耶。據陳振孫《書録解題》稱：「朓集本十卷，樓炤知宣州，止以上五卷賦與詩刊之，下五卷皆當時應用之文，衰世之事。可采者已見本傳及《文選》，餘視詩劣焉，無傳可也。」考鍾嶸《詩品》稱「朓極與予論詩，感激頓挫過其文」，則振孫之言審矣。張溥刻《百三家集》，合朓詩賦五卷爲一卷。此本五卷即紹興二十八年樓炤所刻。前有炤序，猶南宋佳本也。本傳稱朓長於五言詩，沈約嘗云二百年來無此詩，鍾嶸《詩品》乃稱其微傷細密，頗在不倫。一章之中，自有玉石。又稱其善自發端，而末篇多躓，過毀過譽，皆失其真。趙紫芝詩曰「輔嗣易行無漢學，玄暉詩變有唐風」，斯於文質升降之間，爲得其平矣。

錢東垣等輯《崇文總目・別集類一》 《謝元暉文集》十卷。謝朓撰。

張之洞《書目答問・別集》 《謝宣城集》五卷。齊謝朓，拜經樓校本。

謝朓詩

《宋史・藝文志・別集類》 《謝朓詩》一卷。

謝玄暉詩選

高儒《百川書志・漢魏六朝詩》 《謝玄暉詩選》。唐子西梓，凡二十首。

謝朓外集

鄭樵《通志・藝文略・別集三》 《謝朓外集》一卷。

謝朓逸集

《隋書・經籍志・別集》 《謝朓逸集》一卷。

鄭樵《通志・藝文略・別集三》 《謝朓逸集》一卷。

王巾集

《隋書・經籍志・別集》 梁又有《王巾集》十一卷。亡。

張融集

《隋書・經籍志・別集》 齊司徒左長史《張融集》二十七卷。梁十卷。

鄭樵《通志・藝文略・別集三》 司徒左長史《張融集》二十七卷。

玉海集

《隋書・經籍志・別集》 又有張融《玉海集》十卷。亡。

《舊唐書・經籍志・別集》 張融《玉海集》六十卷。

《新唐書・藝文志・別集類》 張融《玉海集》六十卷。

鄭樵《通志・藝文略・別集三》 又張融《玉海集》十卷。

大澤集

《隋書・經籍志・別集》 《大澤集》十卷。亡。

鄭樵《通志・藝文略・別集三》 又張融《大澤集》十卷。

金波集

《隋書・經籍志・別集》 《金波集》六十卷。亡。

鄭樵《通志・藝文略・别集三》 又張融《金波集》六十卷。

庾韶集

《隋書・經籍志・别集》 又有齊羽林監《庾韶集》十卷。亡。

鄭樵《通志・藝文略・别集三》 羽林監《庾韶集》十卷。

王僧佑集

《隋書・經籍志・别集》 黄門郎《王僧祐集》十卷。亡。

鄭樵《通志・藝文略・别集三》 黄門郎《王僧佑集》十卷。

劉悛集

《隋書・經籍志・别集》 太常卿《劉悛集》二十卷，録一卷。亡。

鄭樵《通志・藝文略・别集三》 太常卿《劉悛集》二十卷。

王寂集

《隋書・經籍志・别集》 祕書《王寂集》五卷。亡。

鄭樵《通志・藝文略・别集三》 祕書《王寂集》五卷。

孔稚珪集

《隋書・經籍志・别集》 齊金紫光禄大夫《孔稚珪集》十卷。

《舊唐書・經籍志・别集》 《孔稚珪集》十卷。

《新唐書・藝文志・别集類》 《孔稚珪集》十卷。

鄭樵《通志・藝文略・别集三》 金紫光禄大夫《孔稚珪集》十卷。

尤袤《遂初堂書目・别集類》 《孔德璋集》。

陳振孫《直齋書録解題・别集類上》 《孔德璋集》十卷。齊太子詹事山陰孔稚圭德璋撰。《北山移文》，其所作也。

馬端臨《文獻通考・經籍考・别集》 《孔德璋集》十卷。

《宋史・藝文志・别集類》 《孔稚圭集》十卷。

錢東垣等輯《崇文總目・别集類一》 《孔稚圭集》十卷。

陸厥集

《隋書・經籍志・别集》 齊後軍法曹參軍《陸厥集》八卷。梁十卷。

《舊唐書・經籍志・别集》 《陸厥集》十卷。

《新唐書・藝文志・别集類》 《陸厥集》十卷。

鄭樵《通志・藝文略・别集三》 後軍法曹參軍《陸厥集》八卷。

徐孝嗣集

《隋書・經籍志・别集》 齊太尉《徐孝嗣集》十卷。梁七卷。

《舊唐書・經籍志・别集》 《徐孝嗣集》十二卷。

《新唐書・藝文志・别集類》 《徐孝嗣集》十二卷。

鄭樵《通志・藝文略・别集三》 太尉《徐孝嗣集》十卷。

劉暄集

《隋書・經籍志・别集》 又有侍中《劉暄集》一十一卷。亡。

鄭樵《通志·藝文略·别集三》　侍中《劉晅集》二十一卷。

裴昭明集

《隋書·經籍志·别集》　通直常侍《裴昭明集》九卷。亡。

鄭樵《通志·藝文略·别集三》　通直常侍《裴昭明集》九卷。

虞炎集

《隋書·經籍志·别集》　《虞炎集》七卷。亡。

鄭樵《通志·藝文略·别集三》　《虞炎集》七卷。

劉瑱集

《隋書·經籍志·别集》　吏部郎《劉瑱集》十卷。亡。

鄭樵《通志·藝文略·别集三》　吏部郎《劉瑱集》十卷。

劉繪集

《隋書·經籍志·别集》　梁國從事中郎《劉繪集》十卷。亡。

鄭樵《通志·藝文略·别集三》　梁國從事中郎《劉繪集》十卷。

袁彖集

《隋書·經籍志·别集》　齊侍中《袁彖集》五卷。并録。

鄭樵《通志·藝文略·别集三》　侍中《袁彖集》五卷。

江奂集

《隋書·經籍志·别集》　齊中書郎《江奂集》九卷。并録。

《舊唐書·經籍志·别集》　《江奂集》十一卷。

《新唐書·藝文志·别集類》　《江奂集》十一卷。

鄭樵《通志·藝文略·别集三》　中書郎《江奂集》十一卷。

宗躬集

《隋書·經籍志·别集》　齊平西諮議《宗躬集》十三卷。

《舊唐書·經籍志·别集》　《宗躬集》十二卷。

《新唐書·藝文志·别集類》　《宗躬集》十二卷。

鄭樵《通志·藝文略·别集三》　平西諮議《宗躬集》十三卷。

沈驎士集

《隋書·經籍志·别集》　齊太子舍人《沈驎士集》六卷。

鄭樵《通志·藝文略·别集三》　太子舍人《沈驎士集》六卷。

引連珠

《隋書·經籍志·總集》　黄芳《引連珠》一卷。

鄭樵《通志·藝文略·論》　黄芳《引連珠》一卷。

上法書表

《隋書・經籍志・總集》《上法書表》一卷。虞和撰。

鄭樵《通志・藝文略・章表》《上法書表》一卷。虞和撰。

梁武帝集

《隋書・經籍志・別集》《梁武帝集》二十六卷。梁三十二卷。

《舊唐書・經籍志・別集》《梁武帝集》十卷。

《新唐書・藝文志・別集類》《武帝集》十卷。

鄭樵《通志・藝文略・別集三》《梁武帝集》三十二卷。

徐𤊹《徐氏家藏書目・別集類》《梁武帝集》十二卷。

梁武帝詩賦集

《隋書・經籍志・別集》《梁武帝詩賦集》二十卷。

梁武帝雜文集

《隋書・經籍志・別集》《梁武帝雜文集》九卷。

鄭樵《通志・藝文略・別集三》《武帝雜文集》九卷。

梁武帝別集目録

《隋書・經籍志・別集》《梁武帝別集目録》二卷。

鄭樵《通志・藝文略・別集三》《武帝別集目録》二卷。

梁武帝净業賦

《隋書・經籍志・別集》《梁武帝净業賦》三卷。

圍碁賦

《隋書・經籍志・總集》《圍碁賦》一卷。梁武帝撰。

鄭樵《通志・藝文略・賦》《圍碁賦》一卷。梁武帝撰。

梁武連珠

《隋書・經籍志・總集》《梁武連珠》一卷。沈約注。

鄭樵《通志・藝文略・論》《梁武連珠》一卷。沈約注。

梁簡文帝集

《隋書・經籍志・別集》《梁簡文帝集》八十五卷。陸罩撰，并録。

《舊唐書・經籍志・別集》《梁簡文帝集》八十卷。

《新唐書・藝文志・別集類》《簡文帝集》八十卷。

鄭樵《通志・藝文略・別集三》《簡文帝集》八十五卷。

尤袤《遂初堂書目・別集類》《簡文帝集》并詩。

陳振孫《直齋書録解題・詩集類上》《梁簡文帝集》五卷。簡文帝綱也。

按：《隋志》：八十五卷；唐已缺五卷，《中興書目》止存一卷，詩百篇又缺其三首。今五卷皆詩，總二百四十四篇。

馬端臨《文獻通考・經籍考・詩集》《梁簡文集》五卷。

《宋史・藝文志・別集類》《梁簡文帝集》一卷。

徐𤊹《徐氏家藏書目・別集類》《梁簡文帝集》十五卷。

梁元帝集

《隋書・經籍志・別集》《梁元帝集》五十二卷。

《舊唐書・經籍志・別集》《梁元帝集》五十卷。

《新唐書・藝文志・別集類》《元帝集》五十卷。

鄭樵《通志・藝文略・別集三》《元帝集》五十卷。

徐𤊹《徐氏家藏書目・別集類》《梁元帝集》十卷。

梁元帝小集

《隋書・經籍志・別集》《梁元帝小集》十卷。

《舊唐書・經籍志・別集》《梁元帝集》十卷。

《新唐書・藝文志・別集類》又《小集》十卷。

鄭樵《通志・藝文略・別集三》《元帝小集》十卷。

梁元帝詩

陳振孫《直齋書録解題・詩集類上》《梁元帝詩》一卷。即湘東王繹。

馬端臨《文獻通考・經籍考・詩集》《梁元帝詩》一卷。

梁文帝集

《舊唐書・經籍志・別集》《梁文帝集》十八卷。

《新唐書・藝文志・別集類》《梁文帝集》十八卷。

鄭樵《通志・藝文略・別集三》《文帝集》十八卷。

昭明太子集

《隋書・經籍志・別集》梁《昭明太子集》二十卷。

《舊唐書・經籍志・別集》梁《昭明太子集》二十卷。

《新唐書・藝文志・別集類》《昭明太子集》二十卷。

鄭樵《通志・藝文略・別集三》《昭明太子集》二十卷。

尤袤《遂初堂書目・別集類》梁《昭明太子集》。

陳振孫《直齋書録解題・別集類上》《昭明太子集》五卷。梁太子蕭統德施撰。

《宋史・藝文志・別集類》《昭明太子集》五卷。

楊士奇等《文淵閣書目・文集》《昭明太子文集》。一部，一册，闕。

范邦甸等《天一閣書目・別集類》《昭明太子集》五卷。朱絲闌鈔本。卷首載梁簡文帝、劉孝綽序，并簡文帝《上昭明太子別傳等表》，蕭子範《求撰昭明太子集序》，明成都楊慎、周滿、東吴周復俊、皇甫汸校刊。

徐𤊹《徐氏家藏書目・別集類》梁《昭明太子集》五卷。

錢謙益等《絳雲樓書目・六朝文書類》《昭明太子集》一册。二十卷。

《四庫提要・別集類一》《昭明太子集》六卷。江蘇巡撫採進本。梁昭明太子統撰。案《梁書》本傳，稱統有集二十卷。《隋書・經籍志》、《唐書・藝文志》竝同。《宋史・藝文志》僅載五卷，已非其舊。《文獻通考》不著録，則宋末已佚矣。此本爲明嘉興葉紹泰所刊。凡詩、賦一卷，雜文五卷。賦每篇不過數句，蓋自類書採掇而成，皆非完本。詩中《擬古》第二首《林下作伎》一首，《照流看落釵》一首，《美人晨妝》一首，《名士悦傾城》一首，皆梁簡文帝詩，見於《玉臺新詠》。其書爲徐陵奉簡文之令而作，不容有誤。當由書中稱簡文帝爲皇太子，輾轉稗販，故誤作昭明。又《錦帶書》、《十二月啓》亦不類齊梁文體。其《姑洗二月啓》中有「啼鶯出谷，争傳求友之聲」句，考唐人《試鶯出谷詩》，李綽《尚書故實》譏其事無所出。使昭明先有此啓，綽豈不見乎？是亦作僞之明證也。張溥《百三家集》中亦有統集，以兩本互校，此本《七召》一篇，與《東宮官屬令》一篇，《謝賚涅槃經講疏啓》一篇，《謝敕齎銅造善覺寺塔露盤啓》一篇，《謝賚魏國錦》、《賚廣州塸》、《賚城邊橘》、《賚河南菜》、《賚大菘啓》五篇，《與劉孝儀》、《與張纘》、《與晉安王論張新安書》三篇，《駁舉樂議》一篇，皆溥本所無。溥本《與明山賓令》一篇，《詳東宮禮絶旁親議》一篇，《謝敕鑄慈覺寺鐘啓》一篇，亦此本所無。然則是二本者皆明人所掇拾耳。

彭元瑞等《天禄琳琅書目後編・宋版集部》《梁昭明太子文集》。一函，二册。

孫星衍《平津館鑒藏書籍記・明版》《梁昭明太子文集》五卷。題梁昭明太子撰。第三行。

張之洞《書目答問・別集》《昭明太子集》六卷。梁蕭統。明葉紹泰編刻《蕭梁文苑》本。

晉安成王集

《隋書・經籍志・別集》梁有梁《安成王集》三十卷。亡。

鄭樵《通志・藝文略・別集三》《晉安成王集》三十卷。

岳陽王詧集

《隋書・經籍志・別集》梁《岳陽王詧集》十卷。

鄭樵《通志・藝文略・別集三》《岳陽王詧集》十卷。

張鵬一《隋書經籍志補・別集總集》梁王《蕭詧集》十五卷，見本傳。

梁王蕭巋集

《隋書・經籍志・別集》梁王《蕭巋集》十卷。

鄭樵《通志・藝文略・別集三》梁主《蕭巋集》十卷。

邵陵王集

《隋書・經籍志・別集》梁《邵陵王綸集》六卷。

《舊唐書・經籍志・別集》梁《邵陵王集》四卷。

《新唐書・藝文志・別集類》《邵陵王綸集》四卷。

鄭樵《通志・藝文略・別集三》《邵陵王綸集》六卷。

武陵王集

《隋書・經籍志・別集》梁《武陵王紀集》八卷。

《舊唐書・經籍志・別集》梁《武陵王集》八卷。

《新唐書・藝文志・別集類》《武陵王紀集》八卷。

鄭樵《通志・藝文略・別集三》《武陵王紀集》八卷。

蕭琮集

《隋書・經籍志・別集》梁《蕭琮集》七卷。

鄭樵《通志・藝文略・別集三》《蕭琮集》七卷。

宗夬集

《隋書・經籍志・別集》梁司徒諮議《宗夬集》九卷。并録。

《舊唐書・經籍志・別集》《宗史集》十卷。

《新唐書・藝文志・別集類》《宗夬集》十卷。

鄭樵《通志・藝文略・別集三》司徒諮議《宗夬集》九卷。

丘遲集

《隋書・經籍志・別集》梁國子博士《丘遲集》十卷。并録。梁十一卷。

《舊唐書・經籍志・別集》《丘遲集》十卷。

《新唐書・藝文志・別集類》《丘遲集》十卷。

鄭樵《通志・藝文略・別集三》國子博士《丘遲集》十卷。

謝朓集

《隋書・經籍志・別集》又有《謝朓集》十五卷。亡。

鄭樵《通志・藝文略・別集三》《謝朓集》十五卷。

江淹集

《隋書・經籍志・別集》梁金紫光禄大夫《江淹集》九卷。梁二十卷。

《舊唐書・經籍志・別集》《江淹前集》十卷。

《新唐書・藝文志・別集類》《江淹前集》十卷。

鄭樵《通志・藝文略・別集三》金紫光禄大夫《江淹集》二十卷。

晁公武《郡齋讀書志・別集類上》《江淹集》十卷。右梁江淹文通也。濟陽人。梁初，爲散騎常侍，封醴陵侯。少好學，不事章句，留情於文章，晚節才思微退，人謂才盡。著述百餘篇，自撰爲前後集。今集二百四十九篇。魏晉間名人詩文行於世者，往往羨於史所載。曹植、王粲及淹皆是也，豈後人妄益之歟？

尤袤《遂初堂書目・別集類》《江淹集》。

陳振孫《直齋書録解題・別集類上》《江文通集》十卷。梁散騎常侍江淹文通撰。

馬端臨《文獻通考・經籍考・別集》《江淹集》十卷。

《宋史・藝文志・別集類》《江淹集》十卷。

楊士奇等《文淵閣書目・文集》《江文通文集》。一部，二册。闕。

徐𤊹《徐氏家藏書目・別集類》《江淹集》十卷。

錢謙益等《絳雲樓書目・六朝文書類》《江文通集》六册。十卷。黄板佳。

錢曾《讀書敏求記・集》《江文通集》八卷。元趙質翁領國子學，閱崇文館舊書，得《文通全集》，鈔寄蕭山舊宅夢筆寺。此本乃元僧弘濟所録者，末卷《中山楚辭》後多《歌詞》三首，流俗本所無，行間脱誤字咸可考正，校過始知其佳耳。

《四庫提要・別集類一》《江文通集》四卷，江蘇巡撫採進本。

錢東垣等輯《崇文總目・別集類一》《江淹集》十卷。

張之洞《書目答問・別集》《江文通集》四卷。梁江淹。梁賓校刻本。

江文通集彙注

張之洞《書目答問・別集》《江文通集彙注》十卷。明胡人驥注刻本。

江淹後集

《隋書・經籍志・別集》《江淹後集》十卷。

《舊唐書・經籍志・別集》《江淹後集》十卷。

《新唐書・藝文志・別集類》《後集》十卷。

鄭樵《通志・藝文略・別集三》《江淹後集》十卷。

江淹擬古

《隋書・經籍志・總集》《江淹擬古》一卷。羅潛注。

范雲集

《隋書・經籍志・別集》梁尚書僕射《范雲集》十一卷。并録。

《舊唐書・經籍志・別集》梁《范雲集》十二卷。

《新唐書・藝文志・別集類》《范雲集》十二卷。

鄭樵《通志・藝文略・別集三》尚書僕射《范雲集》十一卷。

任昉集

《隋書・經籍志・別集》梁太常卿《任昉集》三十四卷。

《舊唐書・經籍志・別集》《任昉集》三十四卷。

《新唐書・藝文志・別集類》《任昉集》三十四卷。

鄭樵《通志・藝文略・別集三》太常卿《任昉集》三十四卷。

尤袤《遂初堂書目・別集類》《任昉集》。

《宋史・藝文志・別集類》《任昉集》六卷。

徐𤊹《徐氏家藏書目・別集類》《任昉集》六卷。

謝纂集

《隋書・經籍志・別集》梁有晉安太守《謝纂集》十卷。亡。

鄭樵《通志・藝文略・別集三》晉安太守《謝纂集》十卷。

柳惔集

《隋書・經籍志・別集》撫軍將軍《柳惔集》二十卷。亡。

鄭樵《通志・藝文略・別集三》撫軍將軍《柳憺集》二十卷。

柳吴興集

《隋書・經籍志・別集》中護軍《柳惲集》十二卷。亡。

陳振孫《直齋書録解題・詩集類上》《柳吴興集》一卷。梁吴興太守河東柳惲文暢撰。僅有十八首。

馬端臨《文獻通考・經籍考・詩集》《柳吴興集》一卷。

柳憕集

《隋書・經籍志・別集》豫州刺史《柳憕集》六卷。亡。

鄭樵《通志・藝文略・別集三》豫州刺史《柳憕集》六卷。

柳忱集

《隋書・經籍志・別集》尚書令《柳忱集》十三卷。亡。

鄭樵《通志・藝文略・別集三》尚書令《柳忱集》十三卷。

何倜集

《隋書・經籍志・別集》義興郡丞《何倜集》三卷。亡。

鄭樵《通志・藝文略・別集三》義興郡丞《何倜集》三卷。

韋温集

《隋書·經籍志·别集》 撫軍中兵參軍《韋温集》十卷。亡。

鄭樵《通志·藝文略·别集三》 撫軍中兵參軍《韋温集》十卷。

到洽集

《隋書·經籍志·别集》 鎮西録事參軍《到洽集》十一卷。亡。

鄭樵《通志·藝文略·别集三》 鎮西録事參軍《到洽集》十一卷。

劉苞集

《隋書·經籍志·别集》 太子洗馬《劉苞集》十卷。亡。

鄭樵《通志·藝文略·别集三》 太子洗馬《劉苞集》十卷。

諸葛璩集

《隋書·經籍志·别集》 南徐州秀才《諸葛璩集》十卷。亡。

鄭樵《通志·藝文略·别集三》 南徐州秀才《諸葛璩集》十卷。

傅昭集

《舊唐書·經籍志·别集》《傅昭集》十卷。

《新唐書·藝文志·别集類》《傅昭集》十卷。

袁昂集

《舊唐書·經籍志·别集》《袁昂集》二十卷。

《新唐書·藝文志·别集類》《袁昂集》二十卷。

沈約集

《隋書·經籍志·别集》 梁特進《沈約集》一百一卷。并録。

《舊唐書·經籍志·别集》《沈約集》一百卷。

《新唐書·藝文志·别集類》《沈約集》一百卷。

鄭樵《通志·藝文略·别集三》 特進《沈約集》一百卷。

尤袤《遂初堂書目·别集類》《沈休文集》。

陳振孫《直齋書録解題·别集類上》《沈約集》十五卷，《别集》一卷，又九卷。梁特進吴興沈約休文撰。約有文集百卷，今所存惟此而已。十五卷者，前二卷爲賦，餘皆詩也。《别集》雜録詩文，不分卷。九卷者，皆詔草也。《館閣書目》但有此九卷及詩一卷，凡四十八首。

馬端臨《文獻通考·經籍考·别集》《沈休文集》十五卷，《别集》一卷，又九卷。

《宋史·藝文志·别集類》《沈約集》九卷。

高儒《百川書志·秦漢六朝文》《沈休文文集》一卷。梁尚書僕射武康沈約撰，凡五十八篇。

徐𤊹《徐氏家藏書目·别集類》《沈約集》十六卷。

錢謙益等《絳雲樓書目·六朝文書類》《沈休文集》六册。十五卷。《别集》一卷，又九卷。

錢東垣等輯《崇文總目·别集類一》《沈約集》九卷。

沈休文詩集

《宋史・藝文志・別集類》《沈約詩》一卷。

高儒《百川書志・漢魏六朝詩》《沈休文詩集》一卷。梁吴興沈約撰。樂府九十七首，雜詩八十一首。

沈約集略

《舊唐書・經籍志・別集》《沈約集略》三十卷。

《新唐書・藝文志・別集類》《沈約集略》三十卷。

謝綽集

《隋書・經籍志・別集》梁又有《謝綽集》十一卷。亡。

鄭樵《通志・藝文略・別集三》《謝綽集》十一卷。

王僧儒集

《隋書・經籍志・別集》梁中軍府諮議《王僧孺集》三十卷。

《舊唐書・經籍志・別集》《王僧孺集》三十卷。

《新唐書・藝文志・別集類》《王僧孺集》三十卷。

鄭樵《通志・藝文略・別集三》中軍府諮議《王僧孺集》三十卷。

徐𤊹《徐氏家藏書目・別集類》《王僧孺集》四卷。

范縝集

《隋書・經籍志・別集》梁尚書左丞《范縝集》十一卷。

鄭樵《通志・藝文略・別集三》尚書左丞《范縝集》十一卷。

周捨集

《隋書・經籍志・別集》梁護軍將軍《周捨集》二十卷。

《舊唐書・經籍志・別集》《周捨集》二十卷。

《新唐書・藝文志・別集類》《周捨集》二十卷。

鄭樵《通志・藝文略・別集三》護軍將軍《周捨集》二十卷。

金河集

《隋書・經籍志・別集》梁有祕書張熾《金河集》六十卷。亡。

鄭樵《通志・藝文略・別集三》祕書張熾《金河集》六十卷。

劉歊集

《隋書・經籍志・別集》《劉歊集》八卷。亡。

鄭樵《通志・藝文略・別集三》《劉歊集》八卷。

劉訏集

《隋書・經籍志・別集》玄真處士《劉訏集》一卷。亡。

鄭樵《通志・藝文略・別集三》 玄真處士《劉訏集》一卷。

蕭洽集

《隋書・經籍志・別集》 梁《蕭洽集》二卷。

《舊唐書・經籍志・別集》 《蕭洽集》二卷。

《新唐書・藝文志・別集類》 《蕭洽集》二卷。

鄭樵《通志・藝文略・別集三》 《蕭洽集》二卷。

陶弘景集

《隋書・經籍志・別集》 梁隱居先生《陶弘景集》三十卷。

《舊唐書・經籍志・別集》 《陶弘景集》三十卷。

《新唐書・藝文志・別集類》 《陶弘景集》三十卷。

鄭樵《通志・藝文略・別集三》 隱居先生《陶弘景集》三十卷。

尤袤《遂初堂書目・別集類》 《陶弘景集》。

范邦甸等《天一閣書目・別集類》 《陶隱居集》二卷。刊本。梁陶弘景撰，隴西傅霄編，潁川陳桷校，江總序。

徐𤊹《徐氏家藏書目・別集類》 《陶弘景集》四卷。

錢謙益等《絳雲樓書目・六朝文書類》 《陶貞白集》一册。三十卷。

孫星衍《平津館鑒藏書籍記・影寫本》 《華陽陶隱居集》二卷。題「昭臺弟子傅霄編，大洞弟子陳桷校勘」。此從道藏本影寫，上卷有「尊一」，下卷有「尊二」字號。《陶弘景集》，《隋》、《唐志》俱作卅卷，此本不知何時編集，《唐》、《宋藝文志》、晁氏《讀書志》、陳氏《書録解題》、《讀書敏求記》、《四庫全書》俱不載。每葉十行，行十七字。

阮元《四庫未收書目提要・別集類》 《華陽陶隱居集》二卷。梁陶弘景撰。弘景有《真誥》，《四庫全書》已著録。此其生平雜文及與武帝往復論書之箚。據集中《尋山誌》云「先生去世後，久無人編録文集，至陳武帝貞明二年，勅令侍中、尚書令江總始撰文集。先生以梁大同二年解駕，至是五十二載矣，文章頗多散落」云云。然考《隋書・經籍志》，梁隱居先生《陶弘景集》三十卷，又《内集》十五卷，至宋人作《唐書・藝文志》，僅載《陶弘景集》三十卷，則疑其所作《内集》已佚。自是以後，傳述愈微，晁公武、陳振孫，皆未著録。是本從明道藏本録出，卷首載「昭臺弟子傅霄編集，大洞弟子陳桷校勘」，蓋亦道家者流。惟集前有江總序一首，似尚存其舊，餘則存什之一二而已。若夫殘膏賸馥，實足以沾溉後人，蓋弘景在道家，亦號學者，其著述與《抱朴》抗衡，所謂列仙之儒也。

陶弘景内集

《隋書・經籍志・別集》 《陶弘景内集》十五卷。

鄭樵《通志・藝文略・別集三》 隱居先生《陶弘景内集》十五卷。

魏道微集

《隋書・經籍志・別集》 梁徵士《魏道微集》三卷。

《舊唐書・經籍志・別集》 《魏道微集》三卷。

《新唐書・藝文志・別集類》 《魏道微集》三卷。

鄭樵《通志・藝文略・別集三》 處士《魏道微集》三卷。

張率集

《隋書・經籍志・別集》 梁黄門郎《張率集》三十八卷。

《舊唐書・經籍志・別集》 《張率集》三十卷。

《新唐書・藝文志・別集類》 《張率集》三十卷。

鄭樵《通志・藝文略・別集三》 黄門郎《張率集》三十八卷。

王冏集

《隋書・經籍志・別集》 梁南徐州治中《王冏集》三卷。

《舊唐書・經籍志・別集》 《王冏集》三卷。

《新唐書・藝文志・別集類》 《王冏集》三卷。

鄭樵《通志・藝文略・別集三》 南徐州治中《王冏集》三卷。

江革集

《隋書・經籍志・別集》 梁都官尚書《江革集》六卷。

《舊唐書・經籍志・別集》 《江革集》六卷。

《新唐書・藝文志・別集類》 《江革集》十卷。

鄭樵《通志・藝文略・別集三》 都官尚書《江革集》六卷。

吴均集

《隋書・經籍志・別集》 梁奉朝請《吴均集》二十卷。

《舊唐書・經籍志・別集》 《吴均集》二十卷。

《新唐書・藝文志・別集類》 《吴均集》二十卷。

鄭樵《通志・藝文略・別集三》 奉朝請《吴均集》二十卷。

晁公武《郡齋讀書志・別集類上》 《吴均集》三卷。右梁吴均叔庠也。史稱均博學多才，俊拔有古氣。好事效之，謂「吴均體」。有集二十卷。唐世搜求，止得十卷，今又亡其七矣。舊題誤曰吴筠。筠乃唐人，此詩殊不類，而其中有贈周興嗣、柳貞陽輩詩，固已知其非筠。又有蕭子雲《贈吴朝請入東詩》，蓋均在武帝時爲奉朝請，則知爲均也無疑矣。蕭子雲詩八，蕭子顯、朱異、王筠、王僧孺詩各一附。顔之推譏均集中有《破鏡賦》，今已亡之。

尤袤《遂初堂書目・別集類》 《吴均集》。

馬端臨《文獻通考・經籍考・別集》 《吴均集》三卷。

王圻《續文獻通考・經籍考・集中》 《吴公集》，吴均著。

徐𤊹《徐氏家藏書目・別集類》 《吴均集》四卷。

錢東垣等輯《崇文總目・別集類一》 《吴均集》十卷。

吴均詩集

《宋史・藝文志・別集類》 《吴均詩集》三卷。

庾曇隆集

《隋書・經籍志・別集》 梁光禄大夫《庾曇隆集》十卷。并録。

《新唐書・藝文志・別集類》 《庾曇隆集》十卷。

鄭樵《通志・藝文略・別集三》 光禄大夫《庾曇隆集》十卷。

徐勉前集

《隋書・經籍志・別集》 梁儀同三司《徐勉前集》三十五卷。

《舊唐書・經籍志・別集》 《徐勉前集》二十五卷。

《新唐書・藝文志・別集類》 《徐勉前集》三十五卷。

鄭樵《通志・藝文略・別集三》 儀同三司《徐勉前集》三十五卷。

徐勉後集

《隋書・經籍志・別集》 《徐勉後集》十六卷。并序録。

《舊唐書・經籍志・别集》《徐勉後集》十六卷。

《新唐書・藝文志・别集類》《後集》十六卷。

鄭樵《通志・藝文略・别集三》又《徐勉後集》十六卷。

王錫集

《隋書・經籍志・别集》梁吏部郎《王錫集》七卷。并録。

《舊唐書・經籍志・别集》《王錫集》七卷。

《新唐書・藝文志・别集類》《王錫集》七卷。

鄭樵《通志・藝文略・别集三》吏部郎《王錫集》七卷。

王暕集

《隋書・經籍志・别集》梁尚書左僕射《王暕集》二十一卷。

《舊唐書・經籍志・别集》《王瑓集》二十卷。

《新唐書・藝文志・别集類》《王暕集》二十卷。

鄭樵《通志・藝文略・别集三》尚書左僕射《王暕集》二十一卷。

劉孝標集

《隋書・經籍志・别集》梁平西刑獄參軍《劉孝標集》六卷。

鄭樵《通志・藝文略・别集三》平西刑獄參軍《劉孝標集》六卷。

徐𤊹《徐氏家藏書目・别集類》《劉孝標集》二卷。

姚振宗《隋書經籍志考證・别集類八》梁平西刑獄參軍《劉孝標集》六卷。

劉孝標名峻，有《漢書注》，見史部正史類。《梁書》、《南史》本傳：峻游東陽紫巖山，築室居焉。爲《山栖志》，其文甚美。初梁武帝招文學之士，擢以不次，峻率性而動，不能隨衆浮沈，帝頗嫌之，故不任用，乃著《辨命論》以寄其懷。論成，中山劉沼致書以難之，凡再反，峻並爲申析以答之。會沼卒，不見峻後報者，乃爲書以序其事。其文論並多不載。峻又嘗爲《自序》，自比馮敬通，而有同之者三，異之者四云。峻自以少時未開晤，晚更厲精，明慧過人，博極羣書，文藻秀出，故其《自序》云「釁中濟濟皆升堂，亦有愚者解衣裳」，言其少年魯鈍也。【略】

汪氏《文選撰人篇目》曰：《文選》有梁劉孝標峻《答劉秣陵書》、《辯命論》、《廣絶交論》。

嚴氏《全梁文編》劉峻有《世説注》十卷，集六卷，今存啓、書、《辯命論》、《廣絶交論》、《山栖志》、《相經序》、《自序》凡一十三篇。

裴子野集

《隋書・經籍志・别集》梁鴻臚卿《裴子野集》十四卷。

《舊唐書・經籍志・别集》《裴子野集》十四卷。

《新唐書・藝文志・别集類》《裴子野集》十四卷。

鄭樵《通志・藝文略・别集三》鴻臚卿《裴子野集》十四卷。

司馬褧集

《隋書・經籍志・别集》梁仁威府長史《司馬褧集》九卷。

《舊唐書・經籍志・别集》《司馬褧集》九卷。

《新唐書・藝文志・别集類》《司馬褧集》九卷。

鄭樵《通志・藝文略・别集三》仁威府長史《司馬褧集》九卷。

蕭子暉集

《隋書・經籍志・别集》梁《蕭子暉集》九卷。

《舊唐書・經籍志・别集》《蕭子暉集》十一卷。

《新唐書・藝文志・別集類》《蕭子暉集》十一卷。
鄭樵《通志・藝文略・別集三》《蕭子暉集》九卷。

蕭子範集

《隋書・經籍志・別集》梁始興内史《蕭子範集》十三卷。
《舊唐書・經籍志・別集》《蕭子範集》三卷。
《新唐書・藝文志・別集類》《蕭子範集》三卷。
鄭樵《通志・藝文略・別集三》始興内史《蕭子範集》十三卷。

江洪集

《隋書・經籍志・別集》梁建陽令《江洪集》二卷。
鄭樵《通志・藝文略・別集三》建陽令《江洪集》二卷。

鮑畿集

《隋書・經籍志・別集》梁鎮西府記室《鮑畿集》八卷。
《舊唐書・經籍志・別集》《鮑畿集》八卷。
《新唐書・藝文志・別集類》《鮑畿集》八卷。
鄭樵《通志・藝文略・別集三》鎮西府記室《鮑畿集》八卷。

虞⿰日爵集

《隋書・經籍志・別集》梁尚書祠部郎《虞⿰日爵集》十卷。
《舊唐書・經籍志・別集》《虞⿰日爵集》六卷。

《新唐書・藝文志・別集類》《虞⿰日爵集》六卷。
鄭樵《通志・藝文略・別集三》尚書祠部郎《虞⿰日爵集》十卷。

費昶集

《隋書・經籍志・別集》梁新田令《費昶集》三卷。
鄭樵《通志・藝文略・別集三》新田令《費昶集》三卷。

蕭幾集

《隋書・經籍志・別集》梁又有《安成煬王集》五卷。亡。
《隋書・經籍志・別集》梁《蕭幾集》二卷。
鄭樵《通志・藝文略・別集三》《蕭機集》二卷。《安成煬王集》五卷。

庾景興集

《舊唐書・經籍志・別集》《庾景興集》十卷。

周興嗣集

《舊唐書・經籍志・別集》《周興嗣集》十卷。
《新唐書・藝文志・別集類》《周興嗣集》十卷。
鄭樵《通志・藝文略・別集三》《周興嗣集》十卷。

謝瑱集

《隋書・經籍志・别集》 梁東陽郡丞《謝瑱集》八卷。

《舊唐書・經籍志・别集》 《謝瑱集》十卷。

《新唐書・藝文志・别集類》 《謝瑱集》十卷。

鄭樵《通志・藝文略・别集三》 東陽郡丞《謝瑱集》八卷。

謝琛集

《隋書・經籍志・别集》 梁通直郎《謝琛集》五卷。

《舊唐書・經籍志・别集》 《謝琛集》五卷。

《新唐書・藝文志・别集類》 《謝琛集》五卷。

鄭樵《通志・藝文略・别集三》 通直郎《謝琛集》五卷。

何遜集

《隋書・經籍志・别集》 梁仁威記室《何遜集》七卷。

《舊唐書・經籍志・别集》 《何遜集》八卷。

《新唐書・藝文志・别集類》 《何遜集》八卷。

鄭樵《通志・藝文略・别集三》 仁威記室《何遜集》七卷。

晁公武《郡齋讀書志・别集類上》 《何遜集》二卷。右梁何遜仲言也。東海人。終水部員外郎。遜少能詩，州舉秀才。范雲見其文，嗟賞曰：「觀文人，質則過儒，麗則傷俗。能含清濁，中今古，見之何生矣。」沈約謂：「每讀卿詩，一日三復，猶不能已。」與劉孝綽以文章見重於世，謂之「何、劉」。王僧孺集其文爲八卷，今亡逸不全。

尤袤《遂初堂書目・别集類》 《何遜集》。

陳振孫《直齋書録解題・别集類上》 《何仲言集》三卷。梁水部郎何遜仲言撰。本傳集八卷，《館閣書目》同。今所傳止此。

馬端臨《文獻通考・經籍考・别集》 《何遜集》二卷。

高儒《百川書志・秦漢六朝文》 《何水部集》。梁水部員外東海何遜仲言也，凡十一篇。

范邦甸等《天一閣書目・别集類》 《何水部集》三卷。刊本。何遜撰。《何集》載《南史》傳一篇。

徐𤊹《徐氏家藏書目・别集類》 《何遜集》二卷。

錢謙益等《絳雲樓書目・六朝文書類》 《何水部集》一册。二卷。

《四庫提要・别集類一》 《何水部集》一卷，江蘇蔣曾瑩家藏本。梁何遜撰。遜字仲言，東海郯人。官至水部員外郎，故自唐以來稱何水部。王僧孺嘗輯遜詩，編爲八卷。宋黄伯思《東觀餘論》有遜集跋，稱爲「春明宋氏本」，蓋宋敏求家所傳，其卷數尚與《梁書》相符。而伯思云杜甫所引「昏鴉接翅歸，金粟裹搔頭」等句不見集中，則當時已有佚脱。舊本久亡，所謂八卷者不可復睹，即《永樂大典》所引遜詩，亦皆今世所習見，則元、明閒已不存矣。此本爲正德丁丑松江張紘所刊，首列遜小傳，凡詩九十五首，附載范雲、劉孝綽同作《擬古》二首，《聯句》十三首，末載黄伯思跋。跋後附《七召》一篇，末復有紘跋，稱舊與《陰鏗集》偕刻，紘以二家體裁各别，不當比而同之，公暇獨取是集，删其繁蕪，同寅毘陵陸懋之、永嘉李昇之捐俸共刻。然則是集又經紘刊削，有所去取歟？《玉臺新詠》載遜《學青青河邊草》一首，此本標題作《擬〈青青河畔草〉轉韻體爲人作其人識節工歌》，與《玉臺新詠》不同。考六朝以前之詩題無此體格，顯爲後人所妄加。又《青青河邊草》爲蔡邕之作，《青青河畔草》爲枚乘之作，六朝人人所擬，截然有别。此效邕體而題作「畔」字，明爲後人據十九首而改。復以古詩不换韻，此詩换韻，妄增「轉韻體」云云。蓋字句亦多所竄亂，非其舊矣。

張之洞《書目答問・别集》 《何水部集》一卷。梁何遜。明張紘刻本。

何遜詩集

《宋史・藝文志・别集類》 《何遜詩集》五卷。

高儒《百川書志·漢魏六朝詩》《何水部集》二卷。梁水部員外東海何遜仲言撰。

范邦甸等《天一閣書目·别集類》《何水部詩集》一卷。梁尚書水部郎何遜著。東海王僧孺集其文爲八卷。明正德丁丑雲間張紘刊并跋曰：「何詩舊與陰偕刻，余謂二家體裁各出，不當比而同之。爰獨取是集，芟其繁蕪，録刻寘郎署中。有闕誤則因之，而不敢益。」

劉綏集

《隋書·經籍志·别集》梁有安西記室《劉綏集》四卷。亡。

鄭樵《通志·藝文略·别集三》安西記室《劉綏集》四卷。

釋智藏集

《隋書·經籍志·别集》沙門《釋智藏集》五卷。亡。

鄭樵《通志·藝文略·别集三》沙門《釋智藏集》五卷。

陸倕集

《隋書·經籍志·别集》梁太常卿《陸倕集》十四卷。

《舊唐書·經籍志·别集》《陸倕集》二十卷。

《新唐書·藝文志·别集類》《陸倕集》二十卷。

鄭樵《通志·藝文略·别集三》太常卿《陸倕集》十四卷。

徐𤊹《徐氏家藏書目·别集類》《陸倕集》二卷。

劉孝綽集

《隋書·經籍志·别集》梁廷尉卿《劉孝綽集》十四卷。

《舊唐書·經籍志·别集》《劉孝綽集》十一卷。

《新唐書·藝文志·别集類》《劉孝綽集》十一卷。

鄭樵《通志·藝文略·别集三》廷尉卿《劉孝綽集》十四卷。

尤袤《遂初堂書目·别集類》《劉孝綽集》。

陳振孫《直齋書録解題·别集類上》《劉孝綽集》一卷。梁秘書監彭城劉孝綽撰。宋僕射勔之孫。本傳稱文集數十萬言，今所存止此。又言兄弟及羣從子姪，當時有七十人，並能屬文，近古未有。其三妹亦並有才學，適徐悱者，文尤清拔，所謂劉三娘者也。今《玉臺集》中有悱妻詩。

馬端臨《文獻通考·經籍考·别集》《劉孝綽集》一卷。

《宋史·藝文志·别集類》《劉孝綽集》一卷。

徐𤊹《徐氏家藏書目·别集類》《劉孝綽集》二卷。

劉孝儀集

《隋書·經籍志·别集》梁都官尚書《劉孝儀集》二十卷。

《舊唐書·經籍志·别集》《劉孝儀集》二十卷。

《新唐書·藝文志·别集類》《劉孝儀集》二十卷。

鄭樵《通志·藝文略·别集三》都官尚書《劉孝儀集》二十卷。

徐𤊹《徐氏家藏書目·别集類》《劉潛集》二卷。

劉孝威集

《隋書·經籍志·别集》梁太子庶子《劉孝威集》十卷。

《舊唐書・經籍志・别集》《劉孝威前集》十卷。

《新唐書・藝文志・别集類》《劉孝威前集》十卷。

鄭樵《通志・藝文略・别集三》太子庶子《劉孝威集》十卷。

尤袤《遂初堂書目・别集類》《劉孝威集》。

《宋史・藝文志・别集類》《劉孝威集》一卷。

徐𤊹《徐氏家藏書目・别集類》《劉孝威集》二卷。

劉孝威後集

《舊唐書・經籍志・别集》《劉孝威後集》十卷。

《新唐書・藝文志・别集類》《後集》十卷。

劉孝威詩

錢東垣等輯《崇文總目・别集類三》《劉孝威詩》一卷。

王揖集

《隋書・經籍志・别集》梁東陽太守《王揖集》五卷。

鄭樵《通志・藝文略・别集三》東陽太守《王揖集》五卷。

陸雲公集

《隋書・經籍志・别集》梁黄門郎《陸雲公集》十卷。

《舊唐書・經籍志・别集》《陸雲公集》四卷。

《新唐書・藝文志・别集類》《陸雲公集》四卷。

鄭樵《通志・藝文略・别集三》黄門郎《陸雲公集》十卷。

蕭子雲集

《隋書・經籍志・别集》梁國子祭酒《蕭子雲集》十九卷。

《舊唐書・經籍志・别集》《蕭子雲集》二十卷。

《新唐書・藝文志・别集類》《蕭子雲集》二十卷。

鄭樵《通志・藝文略・别集三》國子祭酒《蕭子雲集》十九卷。

楊眺集

《隋書・經籍志・别集》梁征西府長史《楊眺集》十一卷。并録。

《舊唐書・經籍志・别集》《楊眺集》十卷。

《新唐書・藝文志・别集類》《楊眺集》十卷。

鄭樵《通志・藝文略・别集三》征西府長史《楊眺集》十一卷。

王筠集

《隋書・經籍志・别集》梁太子洗馬《王筠集》十一卷。并録。

鄭樵《通志・藝文略・别集三》太子洗馬《王筠集》十一卷。

徐𤊹《徐氏家藏書目・别集類》《王筠集》二卷。

中書集

《隋書・經籍志・别集》王筠《中書集》十一卷。并録。

《舊唐書・經籍志・别集》王筠《中書集》十卷。

《新唐書・藝文志・别集類》《中書集》十卷。

鄭樵《通志・藝文略・别集三》又王筠《中書集》十一卷。

臨海集

《隋書・經籍志・别集》王筠《臨海集》十一卷。并録。

《舊唐書・經籍志・别集》王筠《臨海集》十卷。

《新唐書・藝文志・别集類》《臨海集》十卷。

鄭樵《通志・藝文略・别集三》王筠《臨海集》十一卷。

左佐集

《隋書・經籍志・别集》王筠《左佐集》十一卷。并録。

鄭樵《通志・藝文略・别集三》王筠《左佐集》十一卷。

尚書集

《隋書・經籍志・别集》王筠《尚書集》九卷。并録。

《舊唐書・經籍志・别集》王筠《尚書集》十一卷。

《新唐書・藝文志・别集類》《尚書集》十一卷。

鄭樵《通志・藝文略・别集三》王筠《尚書集》九卷。

洗馬集

《舊唐書・經籍志・别集》王筠《洗馬集》十卷。

《新唐書・藝文志・别集類》王筠《洗馬集》十卷。

中庶子集

《舊唐書・經籍志・别集》王筠《中庶子集》十卷。

《新唐書・藝文志・别集類》又《中庶子集》十卷。

左右集

《舊唐書・經籍志・别集》王筠《左右集》十卷。

《新唐書・藝文志・别集類》《左右集》十卷。

蕭深藻集

《隋書・經籍志・别集》梁西昌侯《蕭深藻集》四卷。并録。

鄭樵《通志・藝文略・别集三》西昌侯《蕭深藻集》四卷。

任孝恭集

《隋書・經籍志・别集》梁中書郎《任孝恭集》十卷。

《舊唐書・經籍志・别集》《任孝恭集》十卷。

《新唐書・藝文志・别集類》《任孝恭集》十卷。

鄭樵《通志・藝文略・别集三》中書郎《任孝恭集》十卷。

鮑泉集

《隋書・經籍志・别集》梁平北府長史《鮑泉集》一卷。

《舊唐書・經籍志・別集》《鮑泉集》一卷。

《新唐書・藝文志・別集類》《鮑泉集》一卷。

鄭樵《通志・藝文略・別集三》 平北府長史《鮑泉集》一卷。

張纘集

《隋書・經籍志・別集》 梁雍州刺史《張纘集》十一卷。并録。

《舊唐書・經籍志・別集》《張纘集》十卷。

《新唐書・藝文志・別集類》《張纘集》十卷。

鄭樵《通志・藝文略・別集三》 雍州刺史《張纘集》十一卷。

張綰集

《隋書・經籍志・別集》 梁尚書僕射《張綰集》十一卷。并録。

《舊唐書・經籍志・別集》《張綰集》十卷。

《新唐書・藝文志・別集類》《張綰集》十卷。

鄭樵《通志・藝文略・別集三》 尚書僕射《張綰集》十一卷。

庾肩吾集

《隋書・經籍志・別集》 梁度支尚書《庾肩吾集》十卷。

《舊唐書・經籍志・別集》《庾肩吾集》十卷。

《新唐書・藝文志・別集類》《庾肩吾集》十卷。

鄭樵《通志・藝文略・別集三》 度支尚書《庾肩吾集》十卷。

《宋史・藝文志・別集類》《庾肩吾集》二卷。

徐𤊹《徐氏家藏書目・別集類》《庾肩吾集》四卷。

庾肩吾詩

尤袤《遂初堂書目・別集類》《庾肩吾詩》。

劉之遴前集

《隋書・經籍志・別集》 梁太常卿《劉之遴前集》十一卷。

《舊唐書・經籍志・別集》《劉之遴前集》十卷。

《新唐書・藝文志・別集類》《劉之遴前集》十一卷。

鄭樵《通志・藝文略・別集三》 太常卿《劉之遴前集》十一卷。

劉之遴後集

《隋書・經籍志・別集》《劉之遴後集》二十一卷。

《舊唐書・經籍志・別集》《劉之遴後集》三十卷。

《新唐書・藝文志・別集類》《後集》三十卷。

鄭樵《通志・藝文略・別集三》 又《劉之遴後集》二十一卷。

謝郁集

《隋書・經籍志・別集》 梁豫章世子侍讀《謝郁集》五卷。

《舊唐書・經籍志・別集》《謝郁集》五卷。

《新唐書・藝文志・別集類》《謝郁集》五卷。

鄭樵《通志・藝文略・別集三》 豫章世子侍讀《謝郁集》五卷。

蕭欣集

《隋書・經籍志・別集》梁安成蕃王《蕭欣集》十卷。

《舊唐書・經籍志・別集》《蕭欣集》十卷。

《新唐書・藝文志・別集類》《蕭欣集》十卷。

鄭樵《通志・藝文略・別集三》安成蕃王《蕭欣集》十卷。

朱超集

《隋書・經籍志・別集》梁中書舍人《朱超集》一卷。

鄭樵《通志・藝文略・別集三》中書舍人《朱超集》一卷。

甄玄成集

《隋書・經籍志・別集》梁護軍將軍《甄玄成集》十卷。并録。

《舊唐書・經籍志・別集》《甄玄成集》十卷。

《新唐書・藝文志・別集類》《甄玄成集》十卷。

鄭樵《通志・藝文略・別集三》護軍將軍《甄玄成集》十卷。

沈君游集

《隋書・經籍志・別集》梁散騎常侍《沈君游集》十三卷。

《舊唐書・經籍志・別集》《沈君攸集》十二卷。

《新唐書・藝文志・別集類》《沈君攸集》十二卷。

鄭樵《通志・藝文略・別集三》散騎常侍《沈君攸集》十三卷。

明帝集

鄭樵《通志・藝文略・別集三》後梁《明帝集》一卷。

臨安恭公主集

《隋書・經籍志・別集》梁臨安恭公主集三卷。武帝女。

《舊唐書・經籍志・別集》《臨安公主集》三卷。

《新唐書・藝文志・別集類》《臨安公主集》三卷。

鄭樵《通志・藝文略・別集三》《臨安恭公主集》三卷。武帝女。

沈滿願集

《隋書・經籍志・別集》梁征西記室范靖妻《沈滿願集》三卷。

《舊唐書・經籍志・別集》范靖妻《沈滿願集》五卷。

《新唐書・藝文志・別集類》范靖妻《沈滿願集》三卷。

鄭樵《通志・藝文略・別集三》征西記室范靖妻《沈滿願集》三卷。

劉令嫺集

《隋書・經籍志・別集》梁太子洗馬徐悱妻《劉令嫺集》三卷。

《舊唐書・經籍志・別集》徐悱妻《劉氏集》六卷。

《新唐書・藝文志・別集類》徐悱妻《劉氏集》六卷。

鄭樵《通志・藝文略・別集三》太子洗馬徐悱妻《劉令嫺集》三卷。

與侯景書

《隋書・經籍志・總集》 高澄《與侯景書》一卷。

鄭樵《通志・藝文略・書》 高澄《與侯景書》一卷。

後魏孝文帝集

《隋書・經籍志・別集》 後魏《孝文帝集》三十九卷。

《舊唐書・經籍志・別集》 後魏《文帝集》四十卷。

《新唐書・藝文志・別集類》 後魏《文帝集》四十卷。

鄭樵《通志・藝文略・別集四》 後魏《孝文帝集》四十卷。

後魏明帝集

《舊唐書・經籍志・別集》 後魏《明帝集》一卷。

《新唐書・藝文志・別集類》 後梁《明帝集》一卷。

張鵬一《隋書經籍志補・別集總集》 後魏《明帝集》一卷。《隋志》無，《舊唐書志》有。

高允集

《隋書・經籍志・別集》 後魏司空《高允集》二十一卷。

《舊唐書・經籍志・別集》 後魏《高允集》二十卷。

《新唐書・藝文志・別集類》 《高允集》二十卷。

鄭樵《通志・藝文略・別集四》 司空《高允集》二十卷。

徐𤊹《徐氏家藏書目・別集類》 《高允集》二卷。

李諧集

《隋書・經籍志・別集》 後魏司農卿《李諧集》十卷。

《舊唐書・經籍志・別集》 《李諧集》十卷。

《新唐書・藝文志・別集類》 《李諧集》十卷。

鄭樵《通志・藝文略・別集四》 司農卿《李諧集》十卷。

盧元明集

《隋書・經籍志・別集》 後魏太常卿《盧元明集》十七卷。

《舊唐書・經籍志・別集》 《盧元明集》六卷。

《新唐書・藝文志・別集類》 《盧元明集》六卷。

鄭樵《通志・藝文略・別集四》 太常卿《盧元明集》十七卷。

袁躍集

《隋書・經籍志・別集》 後魏司空祭酒《袁躍集》十三卷。

《舊唐書・經籍志・別集》 《袁躍集》九卷。

《新唐書・藝文志・別集類》 《袁躍集》九卷。

鄭樵《通志・藝文略・別集四》 司空祭酒《袁躍集》十三卷。

韓顯宗集

《隋書・經籍志・別集》 後魏著作佐郎《韓顯宗集》十卷。

《舊唐書・經籍志・別集》《韓宗集》五卷。

《新唐書・藝文志・別集類》《韓宗集》五卷。

鄭樵《通志・藝文略・別集四》 著作佐郎《韓顯宗集》十卷。

温子昇集

《隋書・經籍志・別集》 後魏散騎常侍《温子昇集》三十九卷。

《舊唐書・經籍志・別集》《温子昇集》二十五卷。

《新唐書・藝文志・別集類》《温子昇集》三十五卷。

鄭樵《通志・藝文略・別集四》 散騎常侍《温子昇集》三十九卷。

徐𤊹《徐氏家藏書目・別集類》《温子升集》二卷。

陽固集

《隋書・經籍志・別集》 後魏太常卿《陽固集》三卷。

《舊唐書・經籍志・別集》《陽固集》三卷。

《新唐書・藝文志・別集類》《陽固集》三卷。

鄭樵《通志・藝文略・別集四》 太常卿《陽固集》三卷。

薛孝通集

《舊唐書・經籍志・別集》《薛孝通集》六卷。

《新唐書・藝文志・別集類》《薛孝通集》六卷。

鄭樵《通志・藝文略・別集四》《薛孝通集》六卷。

魏孝景集

《舊唐書・經籍志・別集》《魏孝景集》一卷。

《新唐書・藝文志・別集類》《魏孝景集》一卷。

鄭樵《通志・藝文略・別集四》《魏孝景集》一卷。

元順集

張鵬一《隋書經籍志補・別集總集》《任城王集》，後魏任城王順。本傳：撰《帝録》，詩、賦、表、頌數十篇，多亡失。今本傳有《魏頌》，文多不載，有《蠅賦》一篇。

李騫集

張鵬一《隋書經籍志補・別集總集》《李黄門集》，後魏趙郡李騫。見《李順傳》，云所著詩、賦、碑、誄，別有集録。今本傳有《釋情賦》、《贈盧元明魏收詩》。

刁雍集

張鵬一《隋書經籍志補・別集總集》《刁特進集》，後魏刁雍。本傳云：所爲詩、賦、頌、論并雜文百餘篇。今本傳有《請鑿薄骨律鎮富平河渠表》、《造船運穀沃野鎮表》、《積穀表》、《修禮樂表》。

邢虯集

張鵬一《隋書經籍志補・别集總集》《邢光禄集》，後魏河間邢虯。本傳云：少爲《三禮》鄭氏學，明經有文思，清河崔亮、頓丘李平並與親善。所作碑、頌、雜筆三十餘篇。

陸恭之集

張鵬一《隋書經籍志補・别集總集》《陸恭之集》，後魏代郡陸恭之。《陸俟傳》：恭之爲詩、賦、文千餘篇。《北史》同。

盧道將集

張鵬一《隋書經籍志補・别集總集》《盧太常集》，後魏范陽盧道將。見《盧玄傳》，云涉獵經史，頗有文才，爲文筆數十篇。《北史》同。

趙逸集

張鵬一《隋書經籍志補・别集總集》《趙寧朔集》，後魏天水趙逸。《北史》本傳云：著詩、賦、銘、頌五十餘篇。

高閭集

張鵬一《隋書經籍志補・别集總集》《高刺史集》三卷，後魏漁陽高閭。本傳云：閭好爲文章，軍國書檄、詔令、碑頌、銘贊，百有餘篇，集三十卷。《北史》作四十卷其文亦高允之流，後稱二高，爲當時所服。又本傳有《至德頌》文一首、表三首，《列女傳》有《魏溥妻房氏頌》。

七諫

張鵬一《隋書經籍志補・别集總集》《七諫》，代郡陸暐。

七醉

張鵬一《隋書經籍志補・别集總集》《七醉》，代郡陸暐。

游肇集

張鵬一《隋書經籍志補・别集總集》《游僕射集》，後魏游肇。本傳云：有詩、賦、啓七十五篇，皆傳於世。又云：肇謙廉不競，撰《儒碁》以表其志，有《白圭論》。

崔孝芬集

張鵬一《隋書經籍志補・别集總集》《崔吏部集》，後魏博陵崔孝芬。《崔挺傳》云：子孝芬著文章數十篇。

程駿集

張鵬一《隋書經籍志補・别集總集》《程兗州集》，後魏廣平程駿。本傳云：所集文筆自有集録，駿師事劉昞，有表三首，《慶國頌》十六章，《得一頌》十篇。《北史》同。

楊博士集

張鵬一《隋書經籍志補·别集總集》 《楊博士集》，後魏天水楊謙之。本傳：謙之與袁飜、常景、酈道元、温子昇之徒咸申款舊，撰《沮渠涼書》十卷，見《隋志》。又所著文章百餘篇，别有集録。謙之妻中山張敖，勸諸子從師受業，常誡之曰：自我爲汝家婦，未見汝父一日不讀書，汝等宜各修勤，勿替先業。

李彪集

張鵬一《隋書經籍志補·别集總集》 《李中尉集》，後魏李彪。本傳云：所著詩、頌、賦、誄、章、奏、雜筆百餘篇，别有集。

李平集

張鵬一《隋書經籍志補·别集總集》 《李僕射集》，後魏頓丘李平。本傳云：所製詩、賦、箴、諫、頌、詠，别有集録，《北史》同。

崔光集

張鵬一《隋書經籍志補·别集總集》 《崔太保集》五十餘卷，後魏東清河崔光。本傳云：所爲詩、賦、銘、贊、誄、頌、表、啓數百篇，五十餘卷，别有集。《北史》同。今本傳有表七首。

高聰集

張鵬一《隋書經籍志補·别集總集》 《高光禄集》，後魏勃海高聰。本傳云：所作文筆二十卷，别有集。

裴景融集

張鵬一《隋書經籍志補·别集總集》 《裴參軍集》，後魏河東裴景融。見《裴延儁傳》，云：景融雖才不稱學，而緝綴無倦，文詞汎濫，理會處寡。所作文章，别有集録。又造《鄴都》、《晉都賦》云。

袁飜集

張鵬一《隋書經籍志補·别集總集》 《袁尚書集》，後魏陳郡袁飜。本傳云：文筆百餘篇，行於世，有《修明堂辟雍箴》、《戍邊議》、《思歸賦》、《安置蠕蠕二王表》、《轉都官謝表》。

祖瑩集

張鵬一《隋書經籍志補·别集總集》 《祖祕書集》，後魏范陽祖瑩。本傳云：瑩以文章見重，常語人云：文章須自出機杼，成一家風骨，何能共人同生活也。文集行於世。今本傳有《悲彭城》一首。

馮光禄集

張鵬一《隋書經籍志補・別集總集》 《馮光禄集》，後魏魏郡馮元興。本傳云：隨父僧集在平原，就中山張吾貴、常山房虬學通禮傳，頗有文才，文集百餘篇。

常景集

張鵬一《隋書經籍志補・別集總集》 《常祕書集》，後魏河内常景。本傳云：撰《高顯碑銘》，崔光奏曰：常景名位在諸人之下，文出諸人之上，遂以景文刊石。著述數百篇，行於世。《北史》本傳云：删正晉張華《博物志》，及撰《儒林》、《列女傳》各數十篇。今本傳有《公主家令持服議》，有《司馬相如王褒嚴君平揚子雲四賢贊》、《高允遺德頌》、《洛汭銘》、《鑒象贊》。

封肅集

張鵬一《隋書經籍志補・別集總集》 《封郎中集》，後魏勃海封肅。本傳云：所製文章多亡失，存者十餘卷。

邢昕集

張鵬一《隋書經籍志補・別集總集》 《邢常侍集》，後魏河間邢昕。本傳云：所著文章，自有集録。《北史》同。

邢臧集

張鵬一《隋書經籍志補・別集總集》 《邢太守集》，後魏河間邢臧。《北史》本傳：撰古來文章並叙作者氏族，號曰《文譜》，未就，病卒。其文章凡百餘篇。

蔣少游集

張鵬一《隋書經籍志補・別集總集》 《蔣都水集》，後魏樂安蔣少游。

西游詩

張鵬一《隋書經籍志補・別集總集》 《西游詩》，安定胡叟。《魏書》本傳。

統萬城銘

張鵬一《隋書經籍志補・別集總集》 《統萬城銘》，安定胡方回撰。文見《晉書・赫連勃勃載記》。

蛇祠碑

張鵬一《隋書經籍志補・別集總集》 《蛇祠碑》，安定胡方回撰。

司空李沖誄

張鵬一《隋書經籍志補・别集總集》 《司空李沖誄》，李師尚撰。見《李寶傳》。

贈敦煌公李寶詩

張鵬一《隋書經籍志補・别集總集》 《贈敦煌公李寶詩》七首，武威段承根。

沮渠東宮侍臣箴

張鵬一《隋書經籍志補・别集總集》 《沮渠東宮侍臣箴》，金城宗欽。見本傳。

與高允詩

張鵬一《隋書經籍志補・别集總集》 《與高允詩》十二首，金城宗欽。

弔比干文注

張鵬一《隋書經籍志補・别集總集》 《弔比干文注》，劉芳撰。本傳：高祖《弔殷比干文》，芳爲注解，表上，詔付之集書。

靖恭堂銘

張鵬一《隋書經籍志補・别集總集》 《靖恭堂銘》一卷，後魏劉昞。《北史》自序西涼李暠立靖恭堂以議朝政，閲武事焉。圖贊自古聖帝、明王、忠臣、孝子、烈士、貞女，親爲序頌，以明鑒誡之義。當時文武羣公寮佐，亦皆圖贊所志。庚子五年，改元建初。自敦煌徙都酒泉，勒銘酒泉，使儒林祭酒劉彦明爲文，刻石頌德。彦明即延明，昞之字也。又按《周書・庾信傳》論云：朔漢胡義周之頌國都，足稱宏麗；河右劉延明之銘酒泉，可謂清典。其云國都頌即《統萬城銘》，酒泉銘即《靖恭堂銘》也。

觀象賦

《隋書・經籍志・總集》 《觀象賦》一卷。

鄭樵《通志・藝文略・賦》 《觀象賦》一卷。

張鵬一《隋書經籍志補・别集總集》 《觀象賦》，張淵。《後魏・淵傳》云：不知何許人，明占候，曉内外。《星分賦》載本傳。

七　聘

張鵬一《隋書經籍志補・别集總集》 《七聘》，後魏范陽酈道元。本傳云：歷覽奇書，注《水經》四十卷，《本志》十三篇，又爲《七聘》及諸文，皆行于世。

朋友論

張鵬一《隋書經籍志補・别集總集》 《朋友論》，後魏趙郡眭夸。本傳云：

少與崔浩爲莫逆之交，浩奏徵爲司徒郎中，不受。及浩誅，爲之素服，受鄉人弔唁，經一時乃止。歎曰：崔公既死，誰能更容？睦夸遂作《朋友篇》，辭義爲時人所稱。

知命論

張鵬一《隋書經籍志補・別集總集》 《知命論》，同上。本傳云：或人謂夸曰：吾聞有大才者必居貴仕，子何獨在桑榆乎？遂著《知命論》以釋之。

風　賦

張鵬一《隋書經籍志補・別集總集》 《風賦》，後魏中山甄密。本傳：密疾世俗貪競，乾没榮寵，曾作《風賦》以見意。

代都賦

張鵬一《隋書經籍志補・別集總集》 《代都賦》，梁祚。

平西策

張鵬一《隋書經籍志補・別集總集》 《平西策》一卷，北齊盧思武。見本傳。

陽休之集

《舊唐書・經籍志・別集》 北齊《楊休之集》二十卷。

《新唐書・藝文志・別集類》 北齊《陽休之集》二十卷。

鄭樵《通志・藝文略・別集四》 《陽休之集》三十卷。

張鵬一《隋書經籍志補・別集總集》 《陽刺史集》三十卷。【略】北齊陽休之。本傳云：文集行于世。按《祖鴻勳傳》有《致休之書》一篇。

邢子才集

《隋書・經籍志・別集》 北齊特進《邢子才集》三十一卷。

《舊唐書・經籍志・別集》 《邢子才集》三十卷。

《新唐書・藝文志・別集類》 《邢卲集》三十卷。

鄭樵《通志・藝文略・別集四》 北齊特進《邢子才集》三十卷。

徐𤊹《徐氏家藏書目・別集類》 《邢卲集》二卷。

魏收集

《隋書・經籍志・別集》 北齊尚書僕射《魏收集》六十八卷。

《舊唐書・經籍志・別集》 《魏收集》七十卷。

《新唐書・藝文志・別集類》 《魏收集》七十卷。

鄭樵《通志・藝文略・別集四》 尚書僕射《魏收集》七十卷。

徐𤊹《徐氏家藏書目・別集類》 《魏收集》三卷。

劉逖集

《隋書・經籍志・別集》 北齊儀同《劉逖集》二十六卷。

《舊唐書・經籍志・別集》 《劉逖集》四十卷。

《新唐書・藝文志・別集類》 《劉逖集》四十卷。

鄭樵《通志・藝文略・別集四》 儀同《劉逖集》二十六卷。

王昕集

張鵬一《隋書經籍志補・別集總集》《王尚書集》二十卷，北齊華山王昕。本傳云：王猛六世孫，家于華山之鄜城，有文集二十卷。《北史》同。

樊散騎集

張鵬一《隋書經籍志補・別集總集》《樊散騎集》，北齊河東樊遜。本傳有《清德頌》十首、《升中紀號對》、《求才客飲對》、《釋道兩教對》、《刑罰寬猛對》、《禍福報應對》、《刊定祕府書籍議》。

楊愔集

張鵬一《隋書經籍志補・別集總集》《楊驃騎愔集》，北齊弘農楊愔。本傳云：所著詩、賦、表、奏、書甚多，誅後散失，門生鳩集所得者萬餘言。《北史》同。

陸印集

張鵬一《隋書經籍志補・別集總集》《陸吏部印集》十四卷，北齊陸印。本傳云：文章十四卷，行于世，齊之郊廟諸歌多印所製。

盧懷仁集

張鵬一《隋書經籍志補・別集總集》《盧記室集》，北齊盧懷仁。《盧潛傳》：從祖兄懷仁，卜居陳留界，所著有詩、賦、銘、頌二萬餘言，又撰《中表實録》二十卷。《北史》同。

李廣集

張鵬一《隋書經籍志補・別集總集》《李記室集》十卷，北齊范陽李廣。見《文苑傳》：畢義雲集其文筆十卷，《北史》作七卷託魏收爲之叙。

盧詢祖集

張鵬一《隋書經籍志補・別集總集》《盧司徒記室集》十卷，北齊范陽盧詢祖。見《盧文偉傳》。《北史》本傳：詢祖爲《破蠕蠕賀表》，有句云「昔十萬横行，樊將軍請而受屈；五千深入，李都尉降而不歸」，時重其工。又有《築長城賦》。《魏書》本傳有文集十卷。

魏季景集

張鵬一《隋書經籍志補・別集總集》《魏司農集》，北齊鉅鹿魏季景。《北史》本傳：著文筆二百餘篇。

顔之推集

張鵬一《隋書經籍志補・別集總集》《顔黄門集》三十卷，北齊琅邪顔之推。本傳云：之推集，子思魯自爲序録。今本傳有《觀我賦》一篇。

稽聖賦

《新唐書・藝文志・總集類》 李淳風注顔之推《稽聖賦》一卷。

鄭樵《通志・藝文略・賦》 顔之推《稽聖賦》一卷。李淳風注。

陳振孫《直齋書録解題・別集類上》 《稽聖賦》三卷。北齊黄門侍郎琅邪顔之推撰。其孫師古注。蓋擬《天問》而作。《中興書目》稱李淳風注。

馬端臨《文獻通考・經籍考・別集》 《稽聖賦》三卷。

《宋史・藝文志・別集類》 顔之推《稽聖賦》一卷。

錢東垣等輯《崇文總目・別集類五》 《稽聖賦》一卷。顔之推撰，李淳風注。

明帝集

《隋書・經籍志・別集》 後周《明帝集》九卷。

《舊唐書・經籍志・別集》 後周《明帝集》十卷。

《新唐書・藝文志・別集類》 後周《明帝集》五十卷。

鄭樵《通志・藝文略・別集四》 後周《明帝集》五十卷。

趙王集

《隋書・經籍志・別集》 後周《趙王集》八卷。

《舊唐書・經籍志・別集》 後周《趙王集》十卷。

《新唐書・藝文志・別集類》 《趙平王集》十卷。

鄭樵《通志・藝文略・別集四》 《趙平王集》十卷。

滕簡王集

《隋書・經籍志・別集》 後周《滕簡王集》八卷。

《舊唐書・經籍志・別集》 後周《滕王集》十二卷。

《新唐書・藝文志・別集類》 《滕簡王集》十二卷。

鄭樵《通志・藝文略・別集四》 《滕簡王集》十二卷。

宗懔集

《隋書・經籍志・別集》 後周儀同《宗懔集》十二卷。并録。

《舊唐書・經籍志・別集》 後周《宗懔集》三十卷。

《新唐書・藝文志・別集類》 《宗懔集》十卷。

鄭樵《通志・藝文略・別集四》 儀同《宗懔集》十二卷。

釋亡名集

《隋書・經籍志・別集》 後周沙門《釋亡名集》十卷。

《舊唐書・經籍志・別集》 沙門《亡名集》十卷。

《新唐書・藝文志・別集類》 《亡名集》十卷。

鄭樵《通志・藝文略・別集四》 沙門《釋忘名集》十卷。

王褒集

《隋書・經籍志・別集》 後周小司空《王褒集》二十一卷。并録。

《舊唐書・經籍志・別集》 《王褒集》三十卷。

《新唐書・藝文志・別集類》《王褒集》二十卷。

鄭樵《通志・藝文略・別集四》 小司空《王褒集》二十一卷。

高儒《百川書志・漢魏六朝詩》 周《王褒集》一卷。後周王褒詩，凡三十七首。今世罕傳。

徐𤊹《徐氏家藏書目・別集類》《王褒集》三卷。

蕭撝集

《隋書・經籍志・別集》 後周少傅《蕭撝集》十卷。

《舊唐書・經籍志・別集》《蕭撝集》十卷。

《新唐書・藝文志・別集類》《蕭撝集》十卷。

鄭樵《通志・藝文略・別集四》 少傅《蕭撝集》十卷。

庾信集

《隋書・經籍志・別集》 後周開府儀同《庾信集》二十一卷。并録。

《舊唐書・經籍志・別集》《庾信集》二十卷。

《新唐書・藝文志・別集類》《庾信集》二十卷。

鄭樵《通志・藝文略・別集四》 開府儀同《庾信集》二十一卷。

晁公武《郡齋讀書志・別集類上》《庾信集》二十卷。右周庾信子山也。南陽人。梁元帝時，爲散騎常侍。聘西魏，遂留長安。孝閔時，終司憲中大夫。信在梁與徐陵文並綺麗，世號「徐庾體」。集有滕王逌序。

尤袤《遂初堂書目・別集類》《庾信集》。

陳振孫《直齋書録解題・別集類上》《庾開府集》二十卷。周司憲中大夫南陽庾信子山撰。信，肩吾之子，仕梁及周。其在揚都，有集四十卷；及江陵，又有三卷，皆兵火不存。今集止自入魏以來所作，而《哀江南賦》寔爲首冠。

馬端臨《文獻通考・經籍考・別集》《庾開府集》二十卷。

《宋史・藝文志・別集類》《庾信集》二十卷。

范邦甸等《天一閣書目・別集類》《庾開府集》六卷。刊本。有「吴下馬相陸宗華寫刻」圖章。梁庾信著。信字子山，南陽新野人。父肩吾，爲梁太子中庶子，管書記，信爲鈔撰。父子在東宫，與東海徐陵才並綺艷，故世號爲「徐庾體」。沛國朱曰藩序稱：「予家故有鈔本《庾信詩》二卷，卷次無序，字畫舛脱，因取是本校讐，本内諸樂章則考之《隋書・音樂志》、郭茂倩《樂府詩集》等書，五七言諸詩則考之《藝文類聚》、《初學記》、《文苑英華》等書，凡增入詩十二首，非信詩删去二首，釐爲六卷，取《後周書》信本傳置諸首，題曰《庾開府詩集》。按《隋》、《唐藝文志》載信集二十卷，《文獻通考》：陳氏則曰：信在陽都，有集四十卷，及江陵又有三卷，皆兵火不存，今集止入魏以來所作。乃知予家所有直魏以後詩耳，姑校讐如此。

徐𤊹《徐氏家藏書目・別集類》《庾信集》十六卷。

庾開府詩集

錢曾《讀書敏求記・詩集》《庾開府詩集》六卷。朱子儋重刻《庾開府詩》四卷于存餘堂。引序末少陵語，謂其集刻在唐後。予近得子山詩舊鈔校之，首卷同存餘堂本，餘五卷序次迥異，凡多詩百十五首，始知子儋所刻未盡也。《庾信全集》二十卷藏之天府，未知百六飈迴，靈光猶無恙否？今考其詩集行世者唯予本爲佳，因録《哀江南賦》于後而匱藏之，俟識者覽焉。

庾信集注

張鵬一《隋書經籍志補・別集總集》《庾信集注》，隋魏澹。

庾開府集箋注

《四庫提要・別集類一》《庾開府集箋注》十卷。少詹事陸費墀家藏本。周庾信撰，國朝吴兆宜注。信，《周書》有傳，然考集中辛成碑文，稱開皇元年七月某日，反葬河州，則入隋幾一載矣。信爲梁元帝守朱雀航，望敵先奔，厥後歷仕諸朝，如更傳舍，其立身本不足重。其駢偶之文，則集六朝之大成，而導四傑之先路。自古迄今，屹然爲四六宗匠。初在南朝，與徐陵齊名。【略】《北史》本傳稱有集二十卷，與周滕王逌之序合。《隋書・經籍志》作二十一卷，皆已久佚。【略】則元末明初尚有重編之本，今亦未見此本。雖冠以滕王逌序，實由諸書鈔撮而成，非其原帙也。《隋書・魏澹傳》稱，廢太子勇命澹注《庾信集》，其書不傳。《唐志》載張廷芳等三家嘗注《哀江南賦》，《宋志》已不著録。近代胡渭始爲作注，而未及成帙。兆宜採輯其説，復與崑山徐樹穀等補綴成編，粗得梗概。然六朝人所見之書，今已十不存一。兆宜捃摭殘文，補苴求合，勢不能盡詳所出。如注《哀江南賦》「經邦佐漢」一事，引《史記索隱》誤本，以園公爲姓庾，以四皓爲漢相，殊不免附會牽合。後錢塘倪璠別爲箋注，而此本遂不甚行。然其經營刱始之功，終不可没。與倪注竝録存之，亦言杜詩者不盡廢千家注意也。兆宜字顯令，吴江人，康熙中諸生。嘗注徐、庾二集，又注《玉臺新詠》、《才調集》、《韓偓詩集》，今惟徐、庾二集刊版行世，餘惟鈔本僅存云。

庾子山集注

《四庫提要・別集類一》 《庾子山集注》十六卷。通行本。國朝倪璠撰。璠字魯玉，錢塘人，康熙乙酉舉人，官内閣中書舍人。是編以吴兆宜所箋《庾開府集》合衆手以成之，頗傷漏略，乃詳考諸史，作《年譜》冠於集首，又旁採博蒐，重爲注釋。其中如《小園賦》前一段本屬散文，而璠以爲用古韻，未免失之穿鑿。《漢書・藝文志》「《別栩陽賦》五篇」，自是人姓名，而信《哀江南賦》乃云「栩陽亭有離別之賦」，唐山夫人《安世房中歌》「桂華」二字，自屬篇名，「馮馮翼翼，承天之則」二句，乃下章之首，而信《黄帝雲門舞歌》乃云「清野桂馮馮」，皆顯然舛誤，璠依違其詞，不加駁正，亦失之附會。然比核史傳，實較吴本爲詳，《哀江南賦》一篇，引據時事，尤爲典核。集末《彭城公夫人爾朱氏墓誌銘》、《伯母東平郡夫人李氏墓誌銘》竝考核年月，證以《文苑英華》，知爲楊炯之文，誤入信集。辨證亦頗精審，不以稍傷蕪冗爲嫌也。

張之洞《書目答問・別集》 《庾子山集注》十六卷。周庾信，倪璠注。通行本。

庾信略集

鄭樵《通志・藝文略・別集四》 《庾信略集》三卷。

哀江南賦

《宋史・藝文志・別集類》 庾信《哀江南賦》一卷。

哀江南賦注

《宋史・藝文志・別集類》 王道珪注《哀江南賦》一卷。

錢東垣等輯《崇文總目・別集類五》 《哀江南賦》一卷。原釋王道珪注。見天一閣鈔本。

哀江南賦注

錢東垣等輯《崇文總目・別集類五》 《哀江南賦》一卷。原釋張廷秀注。見天一閣鈔本。

《新唐書・藝文志・總集類》 張庭芳注庾信《哀江南賦》一卷。

鄭樵《通志・藝文略・賦》 庾信《哀江南賦》一卷。唐張庭芳注。

《宋史・藝文志・別集類》 張庭芳注《哀江南賦》一卷。

哀江南賦注

《新唐書・藝文志・總集類》 崔令欽《哀江南賦注》一卷。

鄭樵《通志·藝文略·賦》《哀江南賦》一卷。崔令欽注。

哀江南賦注

鄭樵《通志·藝文略·賦》《哀江南賦》一卷。魏彦淵注。

王衡集

《舊唐書·經籍志·别集》《王衡集》三卷。

《新唐書·藝文志·别集類》《王衡集》三卷。

鄭樵《通志·藝文略·别集四》《王衡集》三卷。

柳弘集

張鵬一《隋書經籍志補·别集總集》《柳晉州集》，後周解縣柳弘。本傳云：弘卒，楊素誄之曰：山陽王弼，風流長逝；潁川荀粲，零落無時。修竹夾池，永絶梁園之賦；長楊映沼，無復洛川之文。其爲士友痛惜如此。有文集行於世。《北史》同。

盧柔集

張鵬一《隋書經籍志補·别集總集》《盧開府集》，後周范陽盧柔。本傳云：作詩、頌、碑、銘、檄、表、啓行于世數十篇。《北史》同。

唐瑾集

張鵬一《隋書經籍志補·别集總集》《唐内史集》，後周北海唐瑾。《北史》本傳云：撰賦、頌、碑、誄二十餘萬言，《新儀》十篇。

薛慎集

張鵬一《隋書經籍志補·别集總集》《薛刺史集》，後周河東薛慎。本傳云：文集爲世所傳。又云：太祖於諸生中簡德行淳懿者侍讀書，慎與李璨及隴西李伯良、辛韶，武功蘇衡，譙郡夏侯裕，安定梁曠、梁禮，河南長孫璋，河東裴舉、薛同，滎陽鄭朝等十二人並應其選。《北史》同。

吕思禮集

張鵬一《隋書經籍志補·别集總集》《吕思禮集》，後周東平吕思禮。本傳云：沙苑之捷，命爲露布，食頃便成，太祖歎其工而速。所爲碑、誄、表、頌并傳于世。又云：年十四，受學于徐遵明，長於論難。《北史》同。

薛寘集

張鵬一《隋書經籍志補·别集總集》《薛刺史集》，後周河東薛寘。本傳云：文筆二十餘卷，行于世。《北史》同。

蘇亮集

張鵬一《隋書經籍志補・別集總集》《蘇侍中集》，後周武功蘇亮。本傳云：亮初舉秀才，至洛陽，遇河内常景，景深器之，退而語人曰：秦中之學可以抗山東者，將此人乎！與從弟綽俱知名，世稱二蘇。

柳虯集

張鵬一《隋書經籍志補・別集總集》《柳祕書集》，後周河東柳虯。本傳云：文筆數十篇，行于世。有《論史事疏》。又云：時人論文體有古今之異，虯以爲時有今古，非文有今古，乃爲《文質論》。《北史》同。

顔之儀集

張鵬一《隋書經籍志補・別集總集》《顔刺史集》十卷，後周琅邪顔之儀。本傳云：有文集十卷，行于世。又云：嘗獻《神州頌》於梁元帝。

蕭圓肅集

張鵬一《隋書經籍志補・別集總集》《蕭將軍集》十卷，後周蕭圓肅。本傳云：有文集十卷，今有《少傅箴》一首。《北史》同。

蕭大圜集

張鵬一《隋書經籍志補・別集總集》《蕭太守集》二十卷，後周蘭陵蕭大圜。見本傳。

劉璠集

張鵬一《隋書經籍志補・別集總集》《劉司録集》二十卷，後周沛國劉璠。本傳云：著《梁典》三十卷。有集二十卷，行于世。《北史》同。

蕭中丞文集

張鵬一《隋書經籍志補・別集總集》《蕭中丞文集》三十卷，後周蘭陵蕭巘。

蕭特進集

張鵬一《隋書經籍志補・別集總集》《蕭特進集》三十卷，後周蕭大寶。見《北史》。

傅准文集

張鵬一《隋書經籍志補・別集總集》《傅太常集》二十卷，後周北地傅准。本傳云：有文才，善詞賦，仕于蕭詧。

蔡大寶集

張鵬一《隋書經籍志補・別集總集》《蔡司空集》，後周濟陽蔡大寶。仕于蕭詧。

甄玄成集

張鵬一《隋書經籍志補·別集總集》《甄吏部集》二十卷，後周中山甄玄成。仕于蕭詧。《北史》同。

岑善方集

張鵬一《隋書經籍志補·別集總集》《岑尚書集》十卷，後周南陽岑善方。仕于蕭巋。《北史》同。

蕭欣集

張鵬一《隋書經籍志補·別集總集》《蕭僕射集》三十卷，後周蕭欣。仕于蕭巋。

范迪集

張鵬一《隋書經籍志補·別集總集》《范常侍集》十卷，後周順陽范迪。仕于蕭巋。

陳後主集

《隋書·經籍志·別集》《陳後主集》三十九卷。

《舊唐書·經籍志·別集》《陳後主集》五十卷。

《新唐書·藝文志·別集類》《陳後主集》五十五卷。

鄭樵《通志·藝文略·別集四》《陳後主集》五十五卷。

尤袤《遂初堂書目·別集類》《陳後主集》。

《宋史·藝文志·別集類》《陳後主集》一卷。

徐𤊹《徐氏家藏書目·別集類》《陳後主集》三卷。

錢東垣等輯《崇文總目·別集類三》《陳後主集》十卷。

陳後主沈后集

《隋書·經籍志·別集》《陳後主沈后集》十卷。

鄭樵《通志·藝文略·別集四》《後主沈后集》十卷。

杜之偉集

《隋書·經籍志·別集》陳大匠卿《杜之偉集》十二卷。

鄭樵《通志·藝文略·別集四》大匠卿《杜之偉集》十二卷。

周弘讓集

《隋書·經籍志·別集》陳金紫光禄大夫《周弘讓集》九卷。

《新唐書·藝文志·別集類》《周弘讓集》十八卷。

鄭樵《通志·藝文略·別集四》金紫光禄大夫《周弘讓集》九卷。

周弘讓後集

《隋書·經籍志·別集》陳《周弘讓後集》十二卷。

鄭樵《通志·藝文略·別集四》《周弘讓後集》十二卷。

沈炯前集

《隋書·經籍志·別集》陳侍中《沈炯前集》七卷。

《舊唐書·經籍志·別集》陳《沈炯前集》六卷。

《新唐書·藝文志·別集類》《沈炯前集》六卷。

鄭樵《通志·藝文略·別集四》侍中《沈炯前集》七卷。

尤袤《遂初堂書目·別集類》《沈炯集》。

《宋史·藝文志·別集類》《沈炯集》七卷。

徐𤊹《徐氏家藏書目·別集類》《沈炯集》三卷。

沈炯後集

《隋書·經籍志·別集》陳《沈炯後集》十三卷。

《舊唐書·經籍志·別集》《沈炯後集》十三卷。

《新唐書·藝文志·別集類》《後集》十三卷。

鄭樵《通志·藝文略·別集四》《沈炯後集》十三卷。

釋標集

《隋書·經籍志·別集》陳沙門《釋標集》二卷。

鄭樵《通志·藝文略·別集四》沙門《釋標集》二卷。

釋洪偃集

《隋書·經籍志·別集》陳沙門《釋洪偃集》八卷。

鄭樵《通志·藝文略·別集四》《釋洪偃集》八卷。

釋瑗集

《隋書·經籍志·別集》陳沙門《釋瑗集》六卷。

鄭樵《通志·藝文略·別集四》《釋瑗集》六卷。

釋靈裕集

《隋書·經籍志·別集》陳沙門《釋靈裕集》四卷。

《舊唐書·經籍志·別集》沙門《靈裕集》二卷。

《新唐書·藝文志·別集類》《靈裕集》二卷。

鄭樵《通志·藝文略·別集四》《釋靈裕集》四卷。

周弘正集

《隋書·經籍志·別集》陳尚書僕射《周弘正集》二十卷。

《舊唐書·經籍志·別集》《周弘正集》二十卷。

《新唐書·藝文志·別集類》《周弘正集》二十卷。

鄭樵《通志·藝文略·別集四》尚書僕射《周弘正集》二十卷。

陰鏗集

《隋書·經籍志·別集》陳鎮南府司馬《陰鏗集》一卷。

鄭樵《通志·藝文略·別集四》鎮南府司馬《陰鏗集》一卷。

晁公武《郡齋讀書志·別集類上》《陰鏗集》一卷。右陳陰鏗字子堅，幼聰慧，五歲能誦詩賦，日千言。及長，博涉史傳，尤善五言詩。徐陵言之於世祖，使賦安樂宫，援筆立成。累遷散騎常侍。有集三卷，《隋志》已亡其二，今所存者十數詩而已。

尤袤《遂初堂書目・别集類》《陰鏗集》。

陳振孫《直齋書録解題・詩集類上》《陰鏗集》一卷。陳散騎常侍南平陰鏗子堅撰。財三十餘篇。杜子美云「李侯有佳句，往往似陰鏗」，今考之，未見鏗之所以似太白者。太白固未易似也，子美云爾，殆必有説。

馬端臨《文獻通考・經籍考・别集》《陰鏗集》一卷。

又《詩集》《陰鏗集》一卷。

高儒《百川書志・漢魏六朝詩》《陰常侍集》一卷。陳散騎常侍陰鏗子堅撰。

范邦甸等《天一閣書目・别集類》《陰常侍集》一卷。梁陰鏗撰。陰集載小傳一篇。吴郡韓椿繕寫，後有黄伯思跋。

徐𤊹《徐氏家藏書目・别集類》《陰鏗詩》一卷。

錢謙益等《絳雲樓書目・六朝文書類》《陰常侍集》一册。一卷。

錢曾《讀書敏求記・集》《陰常侍詩集》一卷《何水部詩集》二卷《集》一卷。吾家所藏者二：一是舊刻，一是舊鈔，然總名曰《陰何集》。末載黄長睿跋語，云：「得何遜舊集于春明宋氏，八卷特完，而此止三卷，其殆所云天福本歟？」

吴壽暘《拜經樓藏書題跋記》《陰晉陵集》。右陰子堅集一册，詩三十二首，後附録、《詩話》。先君子從抱經堂借舊鈔録藏，記首頁云：「《陰晉陵集》，爲周芚兮大令手輯。其後予從盧紹弓學士借得一舊鈔本，不知何人所集，視周本多詩數首，因録其副，以補毛氏《百三名家》刻之所未備。附録、《詩話》乃周所輯。」

顧野王集

《隋書・經籍志・别集》陳左衛將軍《顧野王集》十九卷。

鄭樵《通志・藝文略・别集四》左衛將軍《顧野王集》十九卷。

策上人集

《隋書・經籍志・别集》陳沙門《策上人集》五卷。

鄭樵《通志・藝文略・别集四》《策上人集》五卷。

徐陵集

《隋書・經籍志・别集》陳尚書左僕射《徐陵集》三十卷。

《舊唐書・經籍志・别集》《徐陵集》三十卷。

《新唐書・藝文志・别集類》《徐陵集》三十卷。

鄭樵《通志・藝文略・别集四》尚書左僕射《徐陵集》三十卷。

尤袤《遂初堂書目・别集類》《徐陵集》。

陳振孫《直隸書録解題・詩集類上》《徐孝穆集》一卷。陳太子太傅東海徐陵孝穆撰。本傳稱其文喪亂散失，存者二十卷。今惟詩五十餘篇。

馬端臨《文獻通考・經籍考・詩集》《徐孝穆集》一卷。

《宋史・藝文志・别集類》《徐陵詩》一卷。

徐𤊹《徐氏家藏書目・别集類》《徐陵集》十卷。

錢東垣等輯《崇文總目・别集類一》《徐陵文集》二卷。

徐孝穆集箋注

《四庫提要・别集類一》《徐孝穆集箋注》六卷。內府藏本。陳徐陵撰，國朝吴兆宜注。《隋書・經籍志》載陵集本三十卷，久佚不傳。此本乃後人從《藝文類聚》、《文苑英華》諸書内採掇而成。陵文章綺麗，與庾信齊名，世號徐庾體。《陳書》本傳稱其緝裁巧密，多有新意，自有陳創業，文檄軍書及禪授詔策，皆陵所製，爲一代文宗。其集舊無注釋，兆宜既箋《庾信集》，因并《陵集》箋之。未及卒業，其同里徐文炳續爲補緝，以成是編。其中可與史事相證者，如《資治通鑑》梁武帝太清二年，遣建康令謝挺、散騎常侍徐陵等聘於東魏。胡三省注謂：建康令秩千石，散騎常侍秩二千石，謝挺不當在徐陵之上，蓋陵將命而使，挺特輔行耳。今案集中《在北齊與楊僕射書》有云「謝常侍今年五十有一，吾今年四十有四。介已知命，賓又杖鄉」云云，是謝挺實爲正使，蓋假散騎常侍以行。特《通鑑》但書其本官，竝非舛錯，胡三省未考陵書，未免曲爲之説。參諸此集，可正其謬。而兆宜所箋，略不言及，蓋主於捃拾字句，不甚考訂史傳也。然箋釋詞藻，亦頗足備稽考，故至今與所箋庾集竝傳焉。

張之洞《書目答問・别集》《徐孝穆集箋注》六卷。陳徐陵，吴兆宜注。原刻本，阮氏困學書屋重刻本。吴亦有庾注，倪行吴廢。

張式集

《隋書・經籍志・别集》陳右衛將軍《張式集》十四卷。

《舊唐書・經籍志・别集》《張式集》十三卷。

《新唐書・藝文志・别集類》《張式集》十三卷。

鄭樵《通志・藝文略・别集四》右衛將軍《張式集》十四卷。

張正見集

《隋書・經籍志・别集》陳尚書度支郎《張正見集》十四卷。

《舊唐書・經籍志・别集》《張正見集》四卷。

《新唐書・藝文志・别集類》《張正見集》四卷。

鄭樵《通志・藝文略・别集四》度支郎《張正見集》十四卷。

尤袤《遂初堂書目・别集類》《張正見集》。

《宋史・藝文志・别集類》《張正見集》一卷。

徐𤊹《徐氏家藏書目・别集類》《張正見集》二卷。

陸琰集

《隋書・經籍志・别集》陳司農卿《陸琰集》二卷。

鄭樵《通志・藝文略・别集四》司農卿《陸琰集》二卷。

陸玠集

《隋書・經籍志・别集》陳少府卿《陸玠集》十卷。

鄭樵《通志・藝文略・别集四》少府卿《陸玠集》十卷。

陸瑜集

《隋書・經籍志・别集》陳光禄卿《陸瑜集》十一卷。并録。

《舊唐書・經籍志・别集》《陸瑜集》十卷。

《新唐書・藝文志・别集類》《陸瑜集》十卷。

鄭樵《通志・藝文略・别集四》光禄卿《陸瑜集》十一卷。

蔡景歷集

《隋書・經籍志・别集》陳護軍將軍《蔡景歷集》五卷。

鄭樵《通志・藝文略・别集四》護軍將軍《蔡景歷集》五卷。

釋暠集

《隋書・經籍志・别集》陳沙門《釋暠集》六卷。

鄭樵《通志・藝文略・别集四》《釋暠集》六卷。

褚玠集

《隋書・經籍志・别集》陳御史中丞《褚玠集》十卷。

《舊唐書・經籍志・別集》《褚介集》十卷。
《新唐書・藝文志・別集類》《褚介集》十卷。
鄭樵《通志・藝文略・別集四》御史中丞《褚玠集》十卷。

司馬君卿集

《隋書・經籍志・別集》陳安右府諮議《司馬君卿集》二卷。
鄭樵《通志・藝文略・別集四》安右府諮議《司馬君卿集》二卷。

張仲簡集

《隋書・經籍志・別集》陳著作佐郎《張仲簡集》一卷。
鄭樵《通志・藝文略・別集四》著作佐郎《張仲簡集》一卷。

陸珍集

《舊唐書・經籍志・別集》《陸珍集》五卷。
《新唐書・藝文志・別集類》《陸珍集》五卷。

沈不害集

《舊唐書・經籍志・別集》《沈不害集》十卷。
《新唐書・藝文志・別集類》《沈不害集》十卷。

顧越集

《舊唐書・經籍志・別集》《顧越集》二卷。
《新唐書・藝文志・別集類》《顧越集》二卷。

顧覽集

《舊唐書・經籍志・別集》《顧覽集》五卷。
《新唐書・藝文志・別集類》《顧覽集》五卷。

姚察集

《舊唐書・經籍志・別集》《姚察集》二十卷。
《新唐書・藝文志・別集類》《姚察集》二十卷。

隋煬帝集

《隋書・經籍志・別集》《煬帝集》五十五卷。
《舊唐書・經籍志・別集》《隋煬帝集》三十卷。
《新唐書・藝文志・別集類》《隋煬帝集》三十卷。
鄭樵《通志・藝文略・別集四》《隋煬帝集》五十五卷。
徐𤊹《徐氏家藏書目・別集類》《隋煬帝集》八卷。

王祐集

《隋書・經籍志・别集》《王祐集》一卷。

鄭樵《通志・藝文略・别集四》《王祐集》一卷。

盧思道集

《隋書・經籍志・别集》武陽太守《盧思道集》三十卷。

《舊唐書・經籍志・别集》隋《盧思道集》二十卷。

《新唐書・藝文志・别集類》《盧思道集》二十卷。

鄭樵《通志・藝文略・别集四》武陽太守《盧思道集》三十卷。

徐𤊹《徐氏家藏書目・别集類》《盧思道集》三卷。

張鵬一《隋書經籍志補・别集總集》《盧侍郎集》，北齊范陽盧思道。本傳云：有《文宣帝挽歌》八篇、《孤鴻賦》一篇，有集二十卷，行于世。《北史》同。

李元操集

《隋書・經籍志・别集》金州刺史《李元操集》十卷。

《舊唐書・經籍志・别集》《李元操集》二十二卷。

《新唐書・藝文志・别集類》《李元操集》二十二卷。

鄭樵《通志・藝文略・别集四》金州刺史《李元操集》十卷。

辛德源集

《隋書・經籍志・别集》蜀王府記室《辛德源集》三十卷。

《舊唐書・經籍志・别集》《辛德源集》三十卷。

《新唐書・藝文志・别集類》《辛德源集》三十卷。

鄭樵《通志・藝文略・别集四》蜀王府記室《辛德源集》三十卷。

張鵬一《隋書經籍志補・别集總集》《辛諮議集》二十卷，隋辛德源。本傳：蜀王秀孫其名，奏以爲掾，轉諮議參軍，卒官。有集二十卷。

楊素集

《隋書・經籍志・别集》太尉《楊素集》十卷。

鄭樵《通志・藝文略・别集四》太尉《楊素集》十卷。

李德林集

《隋書・經籍志・别集》懷州刺史《李德林集》十卷。

《舊唐書・經籍志・别集》《李德林集》十卷。

《新唐書・藝文志・别集類》《李德林集》十卷。

鄭樵《通志・藝文略・别集四》懷州刺史《李德林集》十卷。

徐𤊹《徐氏家藏書目・别集類》《李德林集》二卷。

牛弘集

《隋書・經籍志・别集》吏部尚書《牛弘集》十二卷。

《舊唐書・經籍志・别集》《牛弘集》十二卷。

《新唐書・藝文志・别集類》《牛弘集》十二卷。

鄭樵《通志・藝文略・别集四》吏部尚書《牛弘集》十二卷。

徐𤊹《徐氏家藏書目・别集類》《牛弘集》三卷。

薛道衡集

《隋書・經籍志・別集》 司隸大夫《薛道衡集》三十卷。

《舊唐書・經籍志・別集》 《薛道衡集》三十卷。

《新唐書・藝文志・別集類》 《薛道衡集》三十卷。

鄭樵《通志・藝文略・別集四》 司隸大夫《薛道衡集》三十卷。

陳振孫《直齋書録解題・詩集類上》 《薛道衡集》一卷。隋内史侍郎河東薛道衡玄卿撰，詩凡十九篇。本集三十卷，所存止此。大抵隋以前文集存全者亡幾，多好事者於類書中鈔出，以備家數也。

馬端臨《文獻通考・經籍考・詩集》 《薛道衡集》一卷。

高儒《百川書志・漢魏六朝詩》 《薛侍郎集》一卷。隋内史侍郎河東薛道衡元卿撰，詩凡十八首。

徐𤊹《徐氏家藏書目・別集類》 《薛道衡集》二卷。

何妥集

《隋書・經籍志・別集》 國子祭酒《何妥集》十卷。

《舊唐書・經籍志・別集》 《何妥集》十卷。

《新唐書・藝文志・別集類》 《何妥集》十卷。

鄭樵《通志・藝文略・別集四》 國子祭酒《何妥集》十卷。

大隋封禪書

《隋書・經籍志・總集》 《大隋封禪書》一卷。

柳䛒集

《隋書・經籍志・別集》 祕書監《柳䛒集》五卷。

鄭樵《通志・藝文略・別集四》 祕書監《柳䛒集》五卷。

江總集

《隋書・經籍志・別集》 開府《江總集》三十卷。

《舊唐書・經籍志・別集》 《江總集》二十卷。

《新唐書・藝文志・別集類》 《江總集》二十卷。

鄭樵《通志・藝文略・別集四》 開府《江總集》三十卷。

尤袤《遂初堂書目・別集類》 《江總集》。

陳振孫《直齋書録解題・詩集類上》 《江總集》一卷。陳尚書令考城江總總持撰。總在陳爲太子詹事，以宮禁爲長夜之飲。及後主即位，當權任，日爲艷詩，君臣昏亂，以至亡國。入隋，爲上開府。《唐志》集三十卷，《中興書目》七卷，今惟存詩近百首云。

馬端臨《文獻通考・經籍考・詩集》 《江總集》一卷。

《宋史・藝文志・別集類》 《江總集》七卷。

徐𤊹《徐氏家藏書目・別集類》 《江總集》五卷。

江總後集

《隋書・經籍志・別集》 《江總後集》二卷。

鄭樵《通志・藝文略・別集四》 《江總後集》二卷。

蕭愨集

《隋書・經籍志・别集》 記室參軍《蕭愨集》九卷。

《舊唐書・經籍志・别集》《蕭愨集》九卷。

《新唐書・藝文志・别集類》《蕭愨集》九卷。

鄭樵《通志・藝文略・别集四》 記室參軍《蕭愨集》九卷。

魏彦深集

《隋書・經籍志・别集》 著作郎《魏彦深集》三卷。

鄭樵《通志・藝文略・别集四》 著作郎《魏彦深集》三卷。

諸葛潁集

《隋書・經籍志・别集》 著作郎《諸葛潁集》十四卷。

《舊唐書・經籍志・别集》《諸葛潁集》十四卷。

《新唐書・藝文志・别集類》《諸葛潁集》十四卷。

鄭樵《通志・藝文略・别集四》 著作郎《諸葛潁集》十四卷。

祖氏集

《隋書・經籍志・别集》 劉子政母《祖氏集》九卷。

鄭樵《通志・藝文略・别集四》 劉子政母《祖氏集》九卷。

王胄集

《隋書・經籍志・别集》 著作郎《王胄集》十卷。

《舊唐書・經籍志・别集》《王胄集》十卷。

《新唐書・藝文志・别集類》《王胄集》十卷。

鄭樵《通志・藝文略・别集四》 著作郎《王胄集》十卷。

柳顧言集

《舊唐書・經籍志・别集》《柳顧言集》十卷。

《新唐書・藝文志・别集類》《柳顧言集》十卷。

殷英童集

《舊唐書・經籍志・别集》《殷英童集》三十卷。

《新唐書・藝文志・别集類》《殷英童集》三十卷。

鄭樵《通志・藝文略・别集四》《殷英童集》三十卷。

魏澹集

《舊唐書・經籍志・别集》《魏澹集》四卷。

《新唐書・藝文志・别集類》《魏澹集》四卷。

尹式集

《舊唐書·經籍志·别集》《尹式集》五卷。

《新唐書·藝文志·别集類》《尹式集》五卷。

鄭樵《通志·藝文略·别集四》《尹式集》五卷。

虞茂代集

《舊唐書·經籍志·别集》《虞茂代集》五卷。

《新唐書·藝文志·别集類》《虞茂世集》五卷。

鄭樵《通志·藝文略·别集四》《虞茂世集》五卷。

劉興宗集

《舊唐書·經籍志·别集》《劉興宗集》三卷。

《新唐書·藝文志·别集類》《劉興宗集》三卷。

鄭樵《通志·藝文略·别集四》《劉興宗集》三卷。

李播集

《舊唐書·經籍志·别集》《李播集》三卷。

《新唐書·藝文志·别集類》《李播集》三卷。

鄭樵《通志·藝文略·别集四》《李播集》三卷。

江旻集

《舊唐書·經籍志·别集》道士《江旻集》三十卷。

《新唐書·藝文志·别集類》道士《江旻集》三十卷。

鄭樵《通志·藝文略·别集四》道士《江旻集》三十卷。

曇瑗集

《舊唐書·經籍志·别集》沙門《曇瑗集》六卷。

《新唐書·藝文志·别集類》《曇瑗集》六卷。

鍾夫人集

《舊唐書·經籍志·别集》《鍾夫人集》二卷。

《新唐書·藝文志·别集類》《鍾夫人集》二卷。

陳氏集

《舊唐書·經籍志·别集》劉臻妻《陳氏集》五卷。

《新唐書·藝文志·别集類》劉臻妻《陳氏集》五卷。

杜臺卿集

張鵬一《隋書經籍志補·别集總集》《杜著作郎集》十五卷，隋博陵杜臺卿。

見本傳。按，臺卿爲杜弼次子，本京兆杜陵人。

劉臻集

張鵬一《隋書經籍志補・別集總集》 《劉儀同集》，隋沛國劉臻。本傳：臻精于兩《漢書》，時人稱「漢聖」。

王頍集

張鵬一《隋書經籍志補・別集總集》 《王參軍集》十卷，隋王頍。本傳：撰《五經大義》三十卷，有集十卷，并兵亂無序。

孫萬壽集

張鵬一《隋書經籍志補・別集總集》 《孫司直集》十卷，隋信都《北史》作武邑武遂人。聞萬壽。本傳有《贈京邑知友詩》、《就熊安生受五經略通大義》。

王貞集

張鵬一《隋書經籍志補・別集總集》 《王主簿集》三十三卷，隋梁郡王貞。本傳：齊王暕有書召之，又索文集，貞有《謝啓》一首。《北史》本傳：貞後上《江都賦》，王賜錢十萬貫，良馬二匹。

庾自直集

張鵬一《隋書經籍志補・別集總集》 《庾舍人集》十卷，隋潁川庾自直。本傳云：能屬文，於五言詩尤善。

杜正藏集

張鵬一《隋書經籍志補・別集總集》 杜秀才文百篇，隋鄴郡杜正藏。見本傳。本京兆人，八世祖曼爲石趙從事郎中，因家於鄴，與兄正玄以文名著，正藏著碑、誄、銘、頌、詩、賦百餘篇，又著《文章體裁》，大爲後進所寶，時人號爲「文軌」，乃至海外高麗百濟亦共傳習，稱爲「杜家新書」。

治道集

張鵬一《隋書經籍志補・別集總集》 李司馬《治道集》十卷，隋博陵李文博。本傳：文博本爲經學，後讀史書，於諸子及論尤所賅洽，性長議論，亦善屬文，著《治道集》十卷，大行于世。《隋書・柳彧傳》：彧嘗得博陵李文博所撰《治道集》十卷，蜀王秀遣人求之，彧送之於秀，秀復賜彧奴婢十口。

崔賾集

張鵬一《隋書經籍志補・別集總集》 《崔著作集》，隋博陵崔賾。

李昭徽集

張鵬一《隋書經籍志補・別集總集》 《李黄冠文集》十卷，隋中山李昭徽。《北史・李先傳》：昭徽，中山盧奴人，善談論，有宏辨，屬文任氣，不拘常則。大業中，將妻子隱于嵩山，號黄冠子。有文集十卷，爲學者所稱。

鮑宏集

張鵬一《隋書經籍志補·别集總集》《鮑刺史集》，隋鮑宏。本傳：有集十卷，行于世。

宇文尚書集

張鵬一《隋書經籍志補·别集總集》《宇文尚書集》，隋河南宇文弼。本傳：著辭賦二十餘萬言。

劉炫集

張鵬一《隋書經籍志補·别集總集》《劉博士集》，隋劉炫。《北史》本傳有《擬屈原卜居》、《爲箴塗駁牛弘大夫》、《降傍親期議》、《撫夷論》、《九品妻無再醮論》、《自贊》各文。

明克讓集

張鵬一《隋書經籍志補·别集總集》《明常侍集》二十卷，隋平原明克讓。

高祖頌

張鵬一《隋書經籍志補·别集總集》《高祖頌》，甄楷撰。見《甄琛傳》。

唐五代分部

郎楚之集

《舊唐書·經籍志·别集》《郎楚之集》十卷。
《新唐書·藝文志·别集類》《郎楚之集》三卷。
鄭樵《通志·藝文略·别集四》《郎楚之集》五卷。

陳叔達集

《舊唐書·經籍志·别集》唐《陳叔達集》五卷。
《新唐書·藝文志·别集類》《陳叔達集》十五卷。
鄭樵《通志·藝文略·别集四》《陳叔達集》十五卷。

庾抱集

《舊唐書·經籍志·别集》《庾抱集》六卷。
《新唐書·藝文志·别集類》《庾抱集》十卷。
鄭樵《通志·藝文略·别集四》《庾抱集》十卷。

竇威集

《新唐書·藝文志·别集類》《竇威集》十卷。
鄭樵《通志·藝文略·别集四》《竇威集》十卷。

曹憲集

《舊唐書·經籍志·别集》《曹憲集》三十卷。

《新唐書·藝文志·别集類》《曹憲集》三十卷。

鄭樵《通志·藝文略·别集四》《曹憲集》三十卷。

蕭德言集

《舊唐書·經籍志·别集》《蕭德言集》三十卷。

《新唐書·藝文志·别集類》《蕭德言集》二十卷。

鄭樵《通志·藝文略·别集四》《蕭德言集》二十卷。

褚亮集

《舊唐書·經籍志·别集》《褚亮集》二十卷。

《新唐書·藝文志·别集類》《褚亮集》二十卷。

鄭樵《通志·藝文略·别集四》《褚亮集》二十卷。

虞世南集

《舊唐書·經籍志·别集》《虞世南集》三十卷。

《新唐書·藝文志·别集類》《虞世南集》三十卷。

鄭樵《通志·藝文略·别集四》《虞世南集》三十卷。

虞世南詩

高儒《百川書志·唐詩》《虞世南詩》一卷。永興文懿公越州虞世南伯施著。

徐𤊹《徐氏家藏書目·文集類》《虞世南詩》一卷。

杜正倫集

《新唐書·藝文志·别集類》《杜正倫集》十卷。

鄭樵《通志·藝文略·别集四》《杜正倫集》十卷。

劉洎集

《新唐書·藝文志·别集類》《劉洎集》十卷。

鄭樵《通志·藝文略·别集四》《劉洎集》十卷。

李百藥集

《舊唐書·經籍志·别集》《李百藥集》三十卷。

《新唐書·藝文志·别集類》《李百藥集》三十卷。

鄭樵《通志·藝文略·别集四》《李百藥集》三十卷。

李百藥詩

徐𤊹《徐氏家藏書目·文集類》《李百藥詩》一卷。

孔紹安集

《舊唐書・經籍志・别集》《孔紹安集》三卷。
《新唐書・藝文志・别集類》《孔紹安集》五十卷。
鄭樵《通志・藝文略・别集四》《孔紹安集》五十卷。

劉孝孫集

《舊唐書・經籍志・别集》《劉孝孫集》三十卷。
《新唐書・藝文志・别集類》《劉孝孫集》三十卷。
鄭樵《通志・藝文略・别集四》《劉孝孫集》三十卷。

鄭世翼集

《舊唐書・經籍志・别集》《鄭(代)〔世〕翼集》八卷。
《新唐書・藝文志・别集類》《鄭世翼集》八卷。
鄭樵《通志・藝文略・别集四》《鄭世翼集》八卷。

潘求仁集

《舊唐書・經籍志・别集》《潘求仁集》三卷。
《新唐書・藝文志・别集類》《潘求仁集》三卷。
鄭樵《通志・藝文略・别集四》《潘求仁集》三卷。

崔君實集

《舊唐書・經籍志・别集》《崔君實集》十卷。
《新唐書・藝文志・别集類》《崔君實集》十卷。
鄭樵《通志・藝文略・别集四》《崔君實集》十卷。

霸國箴

《新唐書・藝文志・别集類》李靖《霸國箴》一卷。
鄭樵《通志・藝文略・箴銘》《霸國箴》一卷。唐李靖撰。
《宋史・藝文志・别集類》李靖《霸國箴》一卷。
錢東垣等輯《崇文總目・别集類六》《霸國箴》一卷。李靖撰。

蔡允恭集

《新唐書・藝文志・别集類》《蔡允恭集》二十卷。
鄭樵《通志・藝文略・别集四》《蔡允恭集》二十卷。

趙弘智集

《新唐書・藝文志・别集類》《趙弘智集》二十卷。
鄭樵《通志・藝文略・别集四》《趙弘智集》二十卷。

賀德仁集

《新唐書・藝文志・別集類》《賀德仁集》二十卷。

鄭樵《通志・藝文略・別集四》《賀德仁集》二十卷。

僧法琳集

《新唐書・藝文志・別集類》《僧法琳集》三十卷。

鄭樵《通志・藝文略・別集五》《法琳集》三十卷。

温彦博集

《舊唐書・經籍志・別集》《温彦博集》二十卷。

《新唐書・藝文志・別集類》《温彦博集》二十卷。

鄭樵《通志・藝文略・別集四》《温彦博集》二十卷。

李玄道集

《舊唐書・經籍志・別集》《李玄道集》十卷。

《新唐書・藝文志・別集類》《李玄道集》十卷。

鄭樵《通志・藝文略・別集四》《李玄道集》十卷。

袁朗集

《舊唐書・經籍志・別集》《袁朗集》四卷。

《新唐書・藝文志・別集類》《袁朗集》十四卷。

鄭樵《通志・藝文略・別集四》《袁朗集》十四卷。

凌敬集

《舊唐書・經籍志・別集》《凌敬集》十四卷。

《新唐書・藝文志・別集類》《凌敬集》十四卷。

鄭樵《通志・藝文略・別集四》《凌敬集》十四卷。

謝偃集

《舊唐書・經籍志・別集》《謝偃集》十卷。

《新唐書・藝文志・別集類》《謝偃集》十卷。

鄭樵《通志・藝文略・別集四》《謝偃集》十卷。

蕭瑀集

《舊唐書・經籍志・別集》《蕭瑀集》一卷。

《新唐書・藝文志・別集類》《蕭瑀集》一卷。

鄭樵《通志・藝文略・別集四》《蕭瑀集》一卷。

孔穎達集

《舊唐書・經籍志・別集》《孔穎達集》五卷。

《新唐書・藝文志・別集類》《孔穎達集》五卷。

鄭樵《通志・藝文略・別集四》《孔穎達集》五卷。

陳子良集

《舊唐書·經籍志·别集》《陳子良集》十卷。
《新唐書·藝文志·别集類》《陳子良集》十卷。
鄭樵《通志·藝文略·别集四》《陳子良集》十卷。

魏徵集

《舊唐書·經籍志·别集》《魏徵集》二十卷。
《新唐書·藝文志·别集類》《魏徵集》二十卷。
鄭樵《通志·藝文略·别集四》《魏徵集》二十卷。

時務策

《新唐書·藝文志·别集類》魏徵《時務策》五卷。
鄭樵《通志·藝文略·策》魏鄭公《時務策》一卷。
《宋史·藝文志·别集類》魏文正公《時務策》五卷。
錢東垣等輯《崇文總目·别集類六》魏文正公《時務策》五卷。

魏徵諫録

徐𤊹《徐氏家藏書目·文集類》《魏徵諫録》六卷。

顔師古集

《舊唐書·經籍志·别集》《顔師古集》四十卷。
《新唐書·藝文志·别集類》《顔師古集》六十卷。
鄭樵《通志·藝文略·别集四》《顔師古集》六十卷。

令狐德棻集

《新唐書·藝文志·别集類》《令狐德棻集》三十卷。
鄭樵《通志·藝文略·别集四》《令狐德棻集》三十卷。

張昌齡集

《新唐書·藝文志·别集類》《張昌齡集》二十卷。
鄭樵《通志·藝文略·别集四》《張昌齡集》二十卷。

杜易簡集

《新唐書·藝文志·别集類》《杜易簡集》二十卷。
鄭樵《通志·藝文略·别集四》《杜易簡集》二十卷。

于志寧集

《舊唐書·經籍志·别集》《于志寧集》四十卷。

《新唐書・藝文志・别集類》《于志寧集》四十卷。

鄭樵《通志・藝文略・别集四》《于志寧集》四十卷。

薛收集

《舊唐書・經籍志・别集》《薛收集》十卷。

《新唐書・藝文志・别集類》《薛收集》十卷。

鄭樵《通志・藝文略・别集四》《薛收集》十卷。

楊師道集

《舊唐書・經籍志・别集》《楊師道集》十卷。

《新唐書・藝文志・别集類》《楊師道集》十卷。

鄭樵《通志・藝文略・别集四》《楊師道集》十卷。

楊師道詩

徐𤊹《徐氏家藏書目・文集類》《楊師道詩》一卷。

許敬宗集

《舊唐書・經籍志・别集》《許敬宗集》六十卷。

《新唐書・藝文志・别集類》《許敬宗集》八十卷。

鄭樵《通志・藝文略・别集四》《許敬宗集》八十卷。

尤袤《遂初堂書目・别集類》《許敬宗集》。

《宋史・藝文志・别集類》《許敬宗集》十卷。

錢東垣等輯《崇文總目・别集類一》《許敬宗集》十卷。

許敬宗詩

高儒《百川書志・唐詩》《許敬宗詩》一卷。著作郎杭州許敬宗著。

徐𤊹《徐氏家藏書目・文集類》《許敬宗詩》一卷。

岑文本集

《舊唐書・經籍志・别集》《岑文本集》六十卷。

《新唐書・藝文志・别集類》《岑文本集》六十卷。

鄭樵《通志・藝文略・别集四》《岑文本集》六十卷。

褚遂良集

《舊唐書・經籍志・别集》《褚遂良集》二十卷。

《新唐書・藝文志・别集類》《褚遂良集》二十卷。

鄭樵《通志・藝文略・别集四》《褚遂良集》二十卷。

高季輔集

《舊唐書・經籍志・别集》《高季輔集》二卷。

《新唐書・藝文志・别集類》《高季輔集》二十卷。

鄭樵《通志・藝文略・别集四》《高季輔集》二十卷。

劉子翼集

《舊唐書・經籍志・别集》《劉子翼集》十卷。
《新唐書・藝文志・别集類》《劉子翼集》二十卷。
鄭樵《通志・藝文略・别集四》《劉子翼集》二十卷。

殷聞禮集

《舊唐書・經籍志・别集》《殷聞禮集》十卷。
《新唐書・藝文志・别集類》《殷聞禮集》一卷。
鄭樵《通志・藝文略・别集四》《殷聞禮集》一卷。

陸士季集

《舊唐書・經籍志・别集》《陸士季集》十卷。
《新唐書・藝文志・别集類》《陸士季集》十卷。
鄭樵《通志・藝文略・别集四》《陸士季集》十卷。

殷芊集

《舊唐書・經籍志・别集》《殷芊集》三卷。
《新唐書・藝文志・别集類》《殷(芋)〔芊〕集》三卷。
鄭樵《通志・藝文略・别集四》《殷芊集》三卷。

蕭鈞集

《舊唐書・經籍志・别集》《蕭鈞集》三十卷。
《新唐書・藝文志・别集類》《蕭鈞集》三十卷。
鄭樵《通志・藝文略・别集四》《蕭鈞集》三十卷。

沈叔安集

《舊唐書・經籍志・别集》《沈叔安集》二十卷。
《新唐書・藝文志・别集類》《沈叔安集》二十卷。
鄭樵《通志・藝文略・别集四》《沈叔安集》二十卷。

兔園策

《宋史・藝文志・别集類》杜嗣先《兔園策》十卷。

楊續集

《舊唐書・經籍志・别集》《楊續集》十卷。
《新唐書・藝文志・别集類》《楊續集》十卷。
鄭樵《通志・藝文略・别集四》《楊續集》十卷。

王約集

《舊唐書・經籍志・别集》《王約集》一卷。

《新唐書・藝文志・別集類》《王約集》一卷。

鄭樵《通志・藝文略・別集四》《王約集》一卷。

唐太宗集

《舊唐書・經籍志・別集》《太宗文皇帝集》三十卷。

《新唐書・藝文志・別集類》《太宗集》四十卷。

鄭樵《通志・藝文略・別集四》《唐太宗集》四十卷。

尤袤《遂初堂書目・別集類》《唐太宗集》。

陳振孫《直齋書録解題・別集類上》《唐太宗集》三卷。唐太宗皇帝本集四十卷。《館閣書目》但有詩一卷，六十九首而已。今此本第一卷賦四篇、詩六十五首，後二卷爲碑銘、書詔之屬，而訛謬頗多。世所傳太宗之文見於石刻者，如《帝京篇》、《秋日效庾信體詩》、《三藏聖教序》，皆不在。又《晉書》紀、傳論稱「制曰」者四，皆太宗御製也。今獨載宣、武二紀論，而《陸機》、《王羲之傳》論不預焉。《宣紀》論復重出，其他亦多有非太宗文者雜厠其中，非善本也。

馬端臨《文獻通考・經籍考・別集》《唐太宗集》三卷。

都穆《南濠居士文跋》《唐太宗集》。《唐文皇帝集》舊四十卷，世已不傳。宋直齋陳氏本三卷，昔人謂雜以他人之文，頗多譌謬，而今亦不復見。此本近得之京師。按《館閣書目》，有《文皇詩》一卷，凡六十九首，今以詩考之，正符是數，但其中《春臺望》乃明皇詩，《餞中書侍郎來濟》乃宋之問詩，當是後人誤入，殆又非館閣之舊矣。

范邦甸等《天一閣書目・別集類》《唐太宗文皇帝集》一卷。刊本。司馬公題籤。內第二、第三、第十、第十一、第十二共五版鈔補。明淮海朱應辰訂梓，北江聞人泠序。吳郡都穆跋云：「《唐文皇帝集》舊四十卷，世不傳。宋直齋陳氏本三卷，昔人謂雜以他人之文，頗多譌謬，而今亦不復見。此本近得之邊太常廷實。按《館閣書目》有《文皇詩》一卷，凡六十九首，今以詩考之，正符是數。但其中《春臺望》乃明皇詩，《餞中書侍郎來濟》乃宋之問詩，當是後人誤入，殆非館閣之舊矣。」

張萱等《內閣藏書目録・集部》《唐太宗集》一册。全。

錢東垣等輯《崇文總目・別集類一》《唐太宗集》一卷。

孫星衍《平津館鑒藏書籍記續編・寫本》《唐太宗文皇帝集》一卷。題淮海朱應爲訂梓。前有嘉靖戊子聞人詮序，末有弘治甲子都穆題識，稱「此本得之邊太常廷實，《館閣書目》又有《文皇詩》一卷，凡六十九首，今以此詩考之，正符是數」。

凌烟閣功臣讚

錢東垣等輯《崇文總目・別集類六》《凌烟閣功臣讚》一卷。唐太宗撰。

《新唐書・藝文志・別集類》太宗《凌煙閣功臣讚》一卷。

唐太宗詩

《宋史・藝文志・別集類》《唐太宗詩》一卷。

高儒《百川書志・唐詩》《太宗詩》一卷。

徐𤊹《徐氏家藏書目・文集類》《唐太宗詩》一卷。

王績集

《舊唐書・經籍志・別集》《王績集》五卷。

錢東垣等輯《崇文總目・別集類一》《東皋子集》二卷。王績撰。

《新唐書・藝文志・別集類》《王績集》五卷。

鄭樵《通志・藝文略・別集四》《王(勣)〔績〕集》五卷。

晁公武《郡齋讀書志・別集類上》王績《東皋子集》五卷。右唐王績無功也。龍門人。隋大業中，舉孝悌廉潔，授六合丞。棄官耕東皋，自號東皋子。《唐書》以爲隱逸。集有呂才序，稱其「幼岐嶷，年十五謁楊素，占對英辨，一坐盡傾，以爲神仙童子。薛道衡見其《登龍門憶禹賦》，歎曰：『今之庾信也！』且載其卜筮之驗者數事」云。

尤袤《遂初堂書目・別集類》王(勣)〔績〕《東皋子集》。

陳振孫《直齋書録解題・別集類上》《東皋子》五卷。唐大樂丞太原王績無功撰。績，文中子王通仲淹之弟也。仕隋，爲正字，嗜酒簡放，不樂仕進。晚以大業吏焦革善釀，求爲其丞，不問流品，亦阮嗣宗步兵之意也。革死，乃歸於所居，立杜康祠，爲文祭之，以焦革配。自號東皋子。其友吕才鳩訪遺文，編成五卷，爲之序。有《醉鄉記》傳於世。其後陸淳又爲後序。

馬端臨《文獻通考・經籍考・別集》《東皋子》五卷。【略】

周氏《涉筆》曰：舊傳四聲，自齊、梁至沈、宋，始定爲唐律。然沈、宋體製時帶徐、庾，未若王績剪裁鍛鍊，曲盡清玄，真開迹唐詩也。如云「牧人驅犢返，獵馬帶禽歸」、「琴曲唯留古，書名半是經」。《九月九日》一篇：「野人迷節候，端坐隔塵埃。忽見黄花吐，方知素節回。映巖千段發，臨浦萬株開。香氣徒盈把，無人送酒來。」蓋淵明古體，蟠屈入八句中，渾然天成，又唐末諸家所不能也。無功放逸傲世，而詩句如此，豈其真得於自然乎？《獨坐》云：「問君尊酒外，獨坐更何須？有客談名理，無人索地租。三男婚令族，五女嫁賢夫。百年隨分了，未羡陟方壺。」無功本席世家之盛，師友之門，恩誼暖熱，生理不干其心，因得以一意世外，不屈節求人，所謂福慧雙入者邪！

《宋史・藝文志・別集類》《王績集》五卷。

錢謙益等《絳雲樓書目・唐文集類》《東皋子集》。五卷。吕才序。

錢曾《讀書敏求記・集》《東皋子集》三卷。吕才仲英鳩訪無功遺文，輯成一書，其集今世罕傳。清常道人從金陵焦太史本録出。披閲之餘，想其與子光對酌時，雖未嘗交語，胸中各有一段真趣，爲酒家南董耳。

《四庫提要・別集類二》《東皋子集》三卷。兩江總督採進本。唐王績撰。績字無功，太原祁人。隋大業中授祕書省正字，出爲六合丞，歸隱北山東皋，自號東皋子。唐初以前官待詔門下，復求爲太樂丞，後乃解官歸里。是身事兩朝，皆以仕途不達，乃退而放浪於山林。《新唐書》列之《隱逸傳》，所未喻也。然績爲王通之弟，而志趣高雅，不隨通聚徒講學，獻策干進，其人品亦不可及矣。史稱其簡放嗜酒，嘗作《醉鄉記》、《五斗先生傳》、《無心子傳》。其《醉鄉記》爲蘇軾所稱，然他文亦疎野有致。其詩惟《野望》一首爲世傳誦，然如《石竹詠》，意境高古，《薛記室收過莊見尋詩二十四韻》，氣格遒健，皆能滌初唐俳偶板滯之習，置之開元、天寶閒，弗能別也。《唐書・藝文志》載績集五卷，陳振孫《書録解題》亦云「其友吕才鳩訪遺文，編成五卷，爲之序」。而今本實止三卷。又晁公武《讀書志》引吕才序，稱「績年十五，謁楊素，占對英辨。薛道衡見其《登龍門憶禹賦》，嘆爲今之庾信」，且載其卜筮之驗者數事。今本吕才序尚存，而晁公武所引之文則無之。又序稱「鳩訪未畢，緝爲三卷」，與《書録解題》不合。其《登龍門》一賦亦不載集中，或宋末本集已佚，後人從《文苑英華》、《文粹》諸書中採績詩文，彙爲此編，而僞託才序以冠之，未可知也。此本爲明崇禎中刊本，卷首尚有陸淳序一首，晁、陳二家目中皆未言及，其真僞亦在兩可閒矣。

孫星衍《平津館鑒藏書籍記・影寫本》《王無功集》三卷。前有唐吕才《東皋子集序》，末有近人余蕭客跋，稱「從北宋本録出」。《讀書敏求記》云：「今世罕傳。清常道人從金陵焦太史本録出。」亦即此三卷之本。巾箱小字本，每葉十八行，行十六字。

黄丕烈《蕘圃藏書題識再續録・集部》《東皋子集》三卷。鈔校本。乙未四月燈下校畢。枚庵。庚子初冬于鮑以文丈處見宋槧本，凡五卷，視此增多三十餘篇，惜未暇得校補，書此以俟。十八日，延陵吴翌鳳又記。

又《東皋子集》三卷附録一卷。明刻校本。此明翻《東皋子集》，乃余尚湖秋泛時所得書也，亦係王西莊家舊藏，然與余得自郡中之王西莊家鈔本略異。刻有增多者，亦有脱落者，兩本不可偏廢也。初余收得鈔本時，苦無別本可對勘，因借吴枚菴家鈔本相對過，今余得此明刻，枚菴已先逝二年，賞奇析疑之樂，無復有矣。思之黯然。道光紀元中秋後十日，復見心翁記。

張金吾《愛日精廬藏書志・別集類》《東皋子集》三卷。舊抄本。趙清常藏書。唐太原王績無功著。

王績文集

徐𤊹《徐氏家藏書目・文集類》《王績文集》二卷。漳刻。

東皋子集略

《宋史・藝文志・別集類》陸淳《東皋子集略》二卷。

馬周集

《舊唐書・經籍志・别集》《馬周集》十卷。
《新唐書・藝文志・別集類》《馬周集》十卷。
鄭樵《通志・藝文略・別集四》《馬周集》十卷。

郝處俊集

《舊唐書・經籍志・别集》《郝處俊集》十卷。
《新唐書・藝文志・別集類》《郝處俊集》十卷。
鄭樵《通志・藝文略・別集四》《郝處俊集》十卷。

蔣儼集

《新唐書・藝文志・別集類》《蔣儼集》五卷。
鄭樵《通志・藝文略・別集四》《蔣儼集》五卷。

來濟集

《新唐書・藝文志・別集類》《來濟集》三十卷。
鄭樵《通志・藝文略・別集四》《來濟集》三十卷。

張文琮集

《新唐書・藝文志・別集類》《張文琮集》二十卷。
鄭樵《通志・藝文略・別集四》《張文琮集》二十卷。

崔行功集

《新唐書・藝文志・別集類》《崔行功集》六十卷。
鄭樵《通志・藝文略・別集四》《崔行功集》六十卷。

李義府集

《舊唐書・經籍志・别集》《李義府集》三十九卷。
《新唐書・藝文志・別集類》《李義府集》四十卷。
鄭樵《通志・藝文略・別集四》《李義府集》四十卷。

李敬玄集

《新唐書・藝文志・別集類》《李敬玄集》三十卷。
鄭樵《通志・藝文略・別集四》《李敬玄集》三十卷。

上官儀集

《舊唐書・經籍志・别集》《上官儀集》三十卷。
《新唐書・藝文志・別集類》《上官儀集》三十卷。
鄭樵《通志・藝文略・別集四》《上官儀集》三十卷。

王梵志詩集

《宋史・藝文志・别集類》《王梵志詩集》一卷。

濮王泰集

《新唐書・藝文志・别集類》《濮王泰集》二十卷。

鄭樵《通志・藝文略・别集四》《濮王泰集》二十卷。

裴行儉集

《新唐書・藝文志・别集類》《裴行儉集》二十卷。

鄭樵《通志・藝文略・别集四》《裴行儉集》二十卷。

薛元超集

《舊唐書・經籍志・别集》《薛元超集》三十卷。

《新唐書・藝文志・别集類》《薛元超集》三十卷。

鄭樵《通志・藝文略・别集四》《薛元超集》三十卷。

武后集

《宋史・藝文志・别集類》《則天别集》一卷。

錢謙益等《絳雲樓書目・唐詩類》《武后集》附武平一、三思。昔人言武后詩，皆元萬頃、崔融輩爲之。

中興集

《宋史・藝文志・别集類》則天《中興集》十卷。

垂拱集

《舊唐書・經籍志・别集》《垂拱集》一百卷。天后撰。

《新唐書・藝文志・别集類》武后《垂拱集》一百卷。

鄭樵《通志・藝文略・别集四》武后《垂拱集》一百卷。

金輪集

《舊唐書・經籍志・别集》《金輪集》十卷。天后撰。

《新唐書・藝文志・别集類》武后《金輪集》十卷。

鄭樵《通志・藝文略・别集四》武后《金輪集》十卷。

訓記襍載

錢東垣等輯《崇文總目・别集類一》武后《訓記襍載》十卷。

僧惠澄詩

《宋史・藝文志・别集類》《僧惠澄詩》一卷。

高智周集

《舊唐書・經籍志・別集》《高智周集》五卷。

《新唐書・藝文志・別集類》《高智周集》五卷。

鄭樵《通志・藝文略・別集四》《高智周集》五卷。

陸楷集

《舊唐書・經籍志・別集》《陸楷集》十卷。

《新唐書・藝文志・別集類》《陸楷集》十卷。

鄭樵《通志・藝文略・別集四》《陸楷集》十卷。

王德儉集

《舊唐書・經籍志・別集》《王德儉集》十卷。

《新唐書・藝文志・別集類》《王德儉集》十卷。

鄭樵《通志・藝文略・別集四》《王德儉集》十卷。

康國安集

《新唐書・藝文志・別集類》《康國安集》十卷。以明經高第直國子監，教授三館進士，授右典戎衛録事參軍，太學崇文助教，遷博士，白獸門内供奉、崇文館學士。

鄭樵《通志・藝文略・別集四》《康國安集》十卷。

董思恭詩

徐𤊹《徐氏家藏書目・文集類》《董思恭詩》一卷。

谷倚集

《舊唐書・經籍志・別集》《谷倚集》十卷。

《新唐書・藝文志・別集類》《谷倚集》十卷。

鄭樵《通志・藝文略・別集四》《谷倚集》十卷。

吴少微集

《舊唐書・經籍志・別集》《吴少微集》十卷。

《新唐書・藝文志・別集類》《吴少微集》十卷。

鄭樵《通志・藝文略・別集四》《吴少微集》十卷。

富嘉謨集

《舊唐書・經籍志・別集》《富嘉謨集》十卷。

《新唐書・藝文志・別集類》《富嘉謨集》十卷。

鄭樵《通志・藝文略・別集四》《富嘉謨集》十卷。

張柬之集

《舊唐書・經籍志・別集》《張柬之集》十卷。

《新唐書・藝文志・別集類》《張柬之集》十卷。
鄭樵《通志・藝文略・別集四》《張柬之集》十卷。

高宗集

《舊唐書・經籍志・別集》《高宗大帝集》八十六卷。
《新唐書・藝文志・別集類》《高宗集》八十六卷。
鄭樵《通志・藝文略・別集四》《高宗集》八十六卷。

徐孝德集

《舊唐書・經籍志・別集》《徐孝德集》十卷。
《新唐書・藝文志・別集類》《徐孝德集》十卷。
鄭樵《通志・藝文略・別集四》《徐孝德集》十卷。

杜之松集

《舊唐書・經籍志・別集》《杜之松集》十卷。
《新唐書・藝文志・別集類》《杜之松集》十卷。
鄭樵《通志・藝文略・別集四》《杜之松集》十卷。

宋令文集

《舊唐書・經籍志・別集》《宋令文集》十卷。
《新唐書・藝文志・別集類》《宋令文集》十卷。
鄭樵《通志・藝文略・別集四》《宋令文集》十卷。

顏顗集

《舊唐書・經籍志・別集》《顏顗集》十卷。
《新唐書・藝文志・別集類》《顏顗集》十卷。
鄭樵《通志・藝文略・別集四》《顏顗集》十卷。

劉穎集

《舊唐書・經籍志・別集》《劉穎集》十卷。
《新唐書・藝文志・別集類》《劉穎集》十卷。
鄭樵《通志・藝文略・別集四》《劉穎集》十卷。

司馬僉集

《舊唐書・經籍志・別集》《司馬僉集》十卷。
《新唐書・藝文志・別集類》《司馬僉集》十卷。
鄭樵《通志・藝文略・別集四》《司馬僉集》十卷。

鄭秀集

《舊唐書・經籍志・別集》《鄭秀集》十二卷。
《新唐書・藝文志・別集類》《鄭秀集》十二卷。
鄭樵《通志・藝文略・別集四》《鄭秀集》十二卷。

耿義褒集

《舊唐書·經籍志·別集》《耿義褒集》七卷。

《新唐書·藝文志·別集類》《耿義褒集》七卷。

鄭樵《通志·藝文略·別集四》《耿義褒集》七卷。

楊元亨集

《舊唐書·經籍志·別集》《楊元亨集》五卷。

《新唐書·藝文志·別集類》《楊元亨集》五卷。

鄭樵《通志·藝文略·別集四》《楊元亨集》五卷。

劉綱集

《舊唐書·經籍志·別集》《劉綱集》三卷。

《新唐書·藝文志·別集類》《劉綱集》三卷。

鄭樵《通志·藝文略·別集四》《劉綱集》三卷。

王歸一集

《舊唐書·經籍志·別集》《王歸一集》十卷。

《新唐書·藝文志·別集類》《王歸一集》十卷。

鄭樵《通志·藝文略·別集四》《王歸一集》十卷。

崔知悌集

《舊唐書·經籍志·別集》《崔知悌集》五卷。

《新唐書·藝文志·別集類》《崔知悌集》五卷。

鄭樵《通志·藝文略·別集四》《崔知悌集》五卷。

李安期集

《舊唐書·經籍志·別集》《李安期集》二十卷。

《新唐書·藝文志·別集類》《李安期集》二十卷。

鄭樵《通志·藝文略·別集四》《李安期集》二十卷。

唐覲集

《舊唐書·經籍志·別集》《唐覲集》五卷。

《新唐書·藝文志·別集類》《唐覲集》五卷。

鄭樵《通志·藝文略·別集四》《唐覲集》五卷。

麴崇裕集

《新唐書·藝文志·別集類》《麴崇裕集》二十卷。

鄭樵《通志·藝文略·別集四》《麴崇裕集》二十卷。

武三思詩

高儒《百川書志・唐詩》《武三思詩》一卷。則天之姪也，詩十四首。

狄仁傑集

《舊唐書・經籍志・别集》《狄仁傑集》十卷。

《新唐書・藝文志・别集類》《狄仁傑集》十卷。

鄭樵《通志・藝文略・别集四》《狄仁傑集》十卷。

劉禕之集

《舊唐書・經籍志・别集》《劉禕之集》五十卷。

《新唐書・藝文志・别集類》《劉禕之集》七十卷。

鄭樵《通志・藝文略・别集四》《劉禕之集》七十卷。

李懷遠集

《舊唐書・經籍志・别集》《李懷遠集》八卷。

《新唐書・藝文志・别集類》《李懷遠集》八卷。

鄭樵《通志・藝文略・别集四》《李懷遠集》八卷。

盧受采集

《舊唐書・經籍志・别集》《盧受采集》十卷。

《新唐書・藝文志・别集類》《盧受采集》二十卷。

鄭樵《通志・藝文略・别集四》《盧受采集》二十卷。

王適集

《舊唐書・經籍志・别集》《王適集》二十卷。

《新唐書・藝文志・别集類》《王適集》二十卷。

鄭樵《通志・藝文略・别集四》《王適集》二十卷。

喬知之集

《舊唐書・經籍志・别集》《喬知之集》二十卷。

《新唐書・藝文志・别集類》《喬知之集》二十卷。

鄭樵《通志・藝文略・别集四》《喬知之集》二十卷。

陳振孫《直齋書録解題・詩集類上》《喬知之集》一卷。唐右司郎喬知之撰。天授中爲酷吏所陷死。集中有《緑珠怨》，蓋其所由以致禍也。

馬端臨《文獻通考・經籍考・詩集》《喬知之集》一卷。

喬知之詩

高儒《百川書志・唐詩》《喬知之詩》一卷。右司郎中喬知之著，缺里。

徐𤊹《徐氏家藏書目・文集類》《喬知之詩》三卷。

蘇味道集

《舊唐書・經籍志・别集》《蘇味道集》十五卷。

《新唐書・藝文志・別集類》《蘇味道集》十五卷。

鄭樵《通志・藝文略・別集四》《蘇味道集》十五卷。

尤袤《遂初堂書目・別集類》《蘇味道集》。

蘇味道詩

《宋史・藝文志・別集類》《蘇味道詩》一卷。

薛耀集

《舊唐書・經籍志・別集》《薛曜集》二十卷。

《新唐書・藝文志・別集類》《薛耀集》二十卷。

鄭樵《通志・藝文略・別集四》《薛耀集》二十卷。

郎餘慶集

《舊唐書・經籍志・別集》《郎餘慶集》十卷。

《新唐書・藝文志・別集類》《郎餘慶集》十卷。

鄭樵《通志・藝文略・別集四》《郎餘慶集》十卷。

盧光容集

《舊唐書・經籍志・別集》《盧光容集》五卷。

《新唐書・藝文志・別集類》《盧光容集》二十卷。

鄭樵《通志・藝文略・別集四》《盧光容集》二十卷。

崔融集

《舊唐書・經籍志・別集》《崔融集》四十卷。

《新唐書・藝文志・別集類》《崔融集》六十卷。

鄭樵《通志・藝文略・別集四》《崔融集》六十卷。

尤袤《遂初堂書目・別集類》《崔融集》。

《宋史・藝文志・別集類》《崔融集》十卷。

崔融表集

錢東垣等輯《崇文總目・別集類二》《崔融表集》四卷。

寶圖贊

《新唐書・藝文志・別集類》崔融《寶圖贊》一卷。王起注。

鄭樵《通志・藝文略・贊頌》《寶圖贊》一卷。唐崔融撰，王起注。

《宋史・藝文志・別集類》王起注《崔融寶圖贊》一卷。

錢東垣等輯《崇文總目・別集類六》《寶圖贊》一卷。崔融撰，王起注。

閻鏡機集

《舊唐書・經籍志・別集》《閻鏡機集》十卷。

《新唐書・藝文志・別集類》《閻鏡機集》十卷。

鄭樵《通志・藝文略・別集四》《閻鏡機集》十卷。

王澣集

《新唐書·藝文志·別集類》《王澣集》十卷。

鄭樵《通志·藝文略·別集四》《王澣集》十卷。

鄧玄挺集

《舊唐書·經籍志·別集》《鄧玄挺集》十卷。

《新唐書·藝文志·別集類》《鄧玄挺集》十卷。

鄭樵《通志·藝文略·別集四》《鄧玄挺集》十卷。

駱賓王集

《舊唐書·經籍志·別集》《駱賓王集》十卷。

《新唐書·藝文志·別集類》《駱賓王集》十卷。

鄭樵《通志·藝文略·別集四》《駱賓王集》十卷。

晁公武《郡齋讀書志·別集類上》《駱賓王集》十卷。右唐駱賓王也。義烏人。武后時，數言事，得罪，貶臨海丞。不得志，棄官去。文明中，徐敬業亂，署府佐，爲敬業傳檄天下，斥武后罪。后讀之矍然。及敗，亡命，不知所之。後宋之問逢之於靈隱，已祝髮爲浮屠矣。賓王七歲能屬文，妙於五言詩。中宗詔求其文，得百餘篇，命郗雲卿次序之。

洪邁《容齋題跋》《跋駱賓王集》。王勃等四子之文，皆精切有本原。其用駢儷作記、序、碑、碣，蓋一時體格如此，而後來頗議之。杜詩云：「王楊盧駱當時體，輕薄爲文哂未休。爾曹身與名俱滅，不廢江河萬古流。」正謂此耳。「身名俱滅」，以責輕薄子；「江河萬古流」，指四子也。韓公《滕王閣記》云：「江南多遊觀之美，而滕王閣獨爲第一。及得三王所爲序、賦、記等，壯其文辭。」注謂：「王勃作《遊閣序》。」又云：「中丞命爲記，竊喜載名其上，詞列三王之次，有榮耀焉。」則韓之所以推勃，亦爲不淺矣。勃之文，今存者二十卷云。

尤袤《遂初堂書目·別集類》《駱賓王集》。

陳振孫《直齋書録解題·別集類上》《駱賓王集》十卷。唐臨海丞義烏駱賓王撰。賓王後爲徐敬業傳檄天下，罪狀武后，所謂「一抔之土未乾，六尺之孤安在」者也。其首卷有魯國郗雲卿序，言賓王光宅中廣陵亂伏誅，莫有收拾其文者，後有勅搜訪，雲卿撰焉。又有蜀本，卷數亦同，而次序先後皆異。序文視前本加詳，而云廣陵起義不捷，因致遁逃，文集散失，中宗朝詔令搜訪。案：本傳言賓王既敗，亡命，不知所之，與蜀本序合。

馬端臨《文獻通考·經籍考·別集》《駱賓王集》十卷。【略】《朝野僉載》云：「駱賓王爲文好以數對，如『秦地重關一百二，漢家離宮三十六』之類，時號『算博士』。」

《宋史·藝文志·別集類》《駱賓王集》十卷。

楊士奇等《文淵閣書目·文集》《駱賓王文集》。一部，一册。闕。

高儒《百川書志·唐文》《駱賓王文集》十卷。武功主簿義烏人駱賓王也。詩二百一十三，文四十三。

范邦甸等《天一閣書目·別集類》《駱丞集》二卷。刊本。（明）〔唐〕駱賓王撰。

錢謙益等《絳雲樓書目·唐文集類》《駱賓王集》。十卷。

《四庫提要·別集類二》《駱丞集》四卷。副都御史黄登賢家藏本。唐駱賓王撰。《唐書·文苑傳》稱：「中宗時詔求其文，得百餘篇，命郗雲卿編次之。」《書録解題》引雲卿舊序，稱「光宅中，廣陵亂，伏誅」。蓋據李孝逸奏捷之語。孟棨《本事詩》則云：「賓王落髮，徧遊名山。宋之問遊靈隱寺作詩，嘗爲續『樓觀滄海日，門對浙江潮』之句」。今觀集中，與之問蹤蹟甚密，在江南則有投贈之作，在兗州則有餞別之章。宜非不相識者，何至覿面失之？封演爲天寶中人，去賓王時甚近，所作《聞見記》中載之問此詩，證月中桂子之事竝不云出賓王，知當時尚無是說。又朱國楨《湧幢小品》載：「正德九年，有曹某者鑿靛池於海門城東黄泥口，得古冢題石，曰『駱賓王之墓』」云云，亦足證亡命爲僧之說不確。蓋武后改唐爲周，人心共憤，敬業、賓王之敗，世頗憐之，故造是語，孟棨不考而誤載也。其集新、舊《唐書》皆作十卷，《宋·藝文志》載有《百道判》三卷，今竝散佚。此本四卷，蓋後人所裒輯。其注則明給事中顏文選所作。援引疎舛，殆無可取。以《文選》之外別無注本，而其中亦尚有一二可採者，故姑竝録之，以備參考焉。

錢東垣等輯《崇文總目·別集類一》 《駱賓王集》十卷。

孫星衍《平津館鑒藏書籍記·元版》 《駱賓王文集》十卷。前有《唐書》本傳。明刻駱集有四卷、六卷、八卷之本，此本乃元時所刻，與晁氏《讀書志》、陳氏《書録解題》卷數相同。據《書録解題》，卷首有魯國郗雲卿序，而此本無之。洪頤煊曰：宋彭叔夏《文苑英華辨證》引駱賓王《帝京篇》、《寄東臺詳正學士》詩，《釣磯應詰文》，集中字俱與此本相同。俗本《代徐敬業討武氏檄》，此本作《李敬業以武后臨朝移諸郡縣檄》；俗本「六尺之孤何託」，此本作「六尺之孤安在」，與《書録解題》引同。每葉廿二行，行十八字。

黃丕烈《蕘圃藏書題識·集類一》 《駱賓王文集》十卷。北宋本。嘉慶丁卯影寫。一部。後十年丙子，秦敦夫太史開雕於揚州文局，覆勘印行，爲記首帙，使閱此者知其是祖本也。思適居士書。

陳氏《書録解題》言其卷首有魯國郗雲卿序，又言蜀本序文云「廣陵起義不捷而遁」，皆與此合。惟魯國下「郗雲卿」之名，毛鈔所據損失耳。然則爲蜀本駱集可知也。嘉慶丁卯九月廣圻審定并記。

北宋板《駱賓王集》，余友顧抱沖小讀書堆藏書也。余欲假歸傳録，非一日矣。歲丁巳，抱沖下世，遺孤尚幼，一切書籍俱託季弟東京代司筦鑰。以余素與抱沖好，故時得借觀。此册昨歲假録，至今始竣事而還之。檢《汲古閣珍藏祕本書目》有云：「宋板《駱賓王集》二本，藏經紙面，八兩。」當即是書。近日書價踊貴，其視毛氏所估，不知又添幾倍。阿和兄弟，其善守之。嘉慶甲子十月十有四日，蕘翁黃丕烈識。

黃丕烈《蕘圃藏書題識再續録·集類一》 《駱賓王文集》十卷。影宋鈔本。宋板《駱賓王文集》十卷，小讀書堆藏書也。抱沖故後，書籍不輕假人，余以素好，故每從其弟假之，時得展閱焉。此本昨歲假歸，倩鈔胥影寫，輒復中止，至今歲始命門僕畢其工。蓋幾幾乎不能竣事矣。此書向爲汲古閣所藏，然已非全是宋刻。毛氏以鈔寫補完，亦鈐「宋本」，知非妄作。於每卷字體及畫烏絲欄處，皆有分辨。而觀原書固可一目了然，而此時重經傳録，未免火棗餻，因將顧本面目詳載於後，而余本之所以分辨刻與鈔者，亦附載之。

裝潢藏金紙面，分二册。一卷至五卷上册，六卷至十卷下册。

圖書宋本甲「汲古閣」、「毛晉私印」、「子晉」、「毛晉」、「汲古主人」、「毛氏子晉」、「毛晉書印」。「汲古得修綆」，皆毛氏一家圖書，惟卷五末有「魯可圭圖書」，係狹長方印，辨其印式，當是元人圖書。

宋刻目録第三葉至五卷止。

影宋鈔序文、目録二葉止，第六卷至第十卷止。十卷細字，較六、七、八、九卷字體略異。

校勘一卷二葉五行「燁」紅筆校「爛」，三葉二行白筆塗「理」作「埋」，四葉五行白筆塗「清」作「清」，二卷七葉八行黑筆改「轉」作「傳」。

上册至下册六卷，七葉六行。鈔胥許某寫，皆畫烏絲。烏絲五卷，至六卷起仍未畫。下册六卷，七葉七行。至十卷。門僕張泰寫，未畫烏絲。

駱集十卷本宋刻外未之見，余故影鈔是册也。頃五柳主人以十卷本示余，書係白口板，每葉十八行，每行二十一字，其非宋刻明矣。每葉紙背俱册籍，蓋宋元明以來俱有用廢紙刷印者。此刻疑出自明，而余舊藏《皮日休文集》與此刻手正同，與此用廢紙刷印亦類。彼有祝之夏跋于卷端，餘紙以爲殘紙，有蒙古姓名，斷爲元刻。此書紙背未及審其文，元與明不敢遽定也。總之，古書分卷以宋刻爲準，駱集之十卷是爲可寶，吾故詳叙其源流，附載于影鈔本後云。丁卯夏四月二十九日復翁。【略】

十一月望日復翁臨顧千里跋。

第三卷《早秋出塞寄東臺詳政學士》詩「投迹忝詞源」下明本空六格，此本空二格，「園」接「源」韻也。十卷《應詰》一篇連脱十六字，余故跋明本云「書無宋本不可讀」。此明刻之佳者尚如是，質諸復翁丈，以爲何如？庚午十二月十四日，嘉興金錫爵借校，書此以還。

五柳本以原直四金歸嘉禾金轡庭，轡庭于中冬廿又三日暫寓余齋，故歸之，并借影鈔宋本以去也。此本經轡庭以明本校，益信此本爲佳。此本係從宋本影鈔，雖千里壽階各有影鈔本，總不及此本之精。小讀書堆而外，其以此爲乙本歟？庚午小除夕前一日，燒燭書。復翁。小讀書堆本，澗蘋影鈔之，以貽，秦敦父太史於嘉慶丙子開雕。昨歲大除始得寓目，刻板雖精，字句已有移易矣。復翁戊寅元旦。

顧廣圻《思適齋書跋·集部》 《駱賓王文集》十卷。北宋刻本。嘉慶丁卯景寫一部。後十年丙子，秦敦夫太史開雕於揚州文局，覆勘印行，爲記帙首，使閱此者知其是祖本也。思適居士書。

顧廣圻《思適齋集外書跋輯存·集類》《駱賓王文集》十卷。宋刊本。

張之洞《書目答問·別集》《駱丞集》四卷。顧廣圻校。秦恩復刻本。合李元賓呂衡州爲《三唐人集》。**又**《駱賓王集》十卷。顧之逵小讀書堆校刻。足本。

補注駱賓王集

黃虞稷《千頃堂書目·文史類》顏文選《補注駱賓王集》十卷。

注駱賓王集

徐𤊹《徐氏家藏書目·文集類》《駱賓王集》十卷。黃用中注。

黃虞稷《千頃堂書目·文史類》黃用中《注駱賓王集》十卷。字道行，閩縣人。

駱賓王注釋文集

徐𤊹《徐氏家藏書目·文集類》《駱賓王注釋文集》。陸弘祚。

黃虞稷《千頃堂書目·文史類》陸弘祚《注釋駱集》。

駱子集注

彭元瑞等《天禄琳琅書目後編·明版集部》《駱子集注》。一函，四册。唐駱賓王撰，明陳魁士注。魁士，漳浦人，嘉靖戊午舉人，官工部主事。書四卷，凡頌一、賦二、詩百十七、表一、對策三、啓十、書五、序九、雜著六，計百五十四篇。前有遺事二條、《唐書》本傳，葉逢春、李寀二序，萬曆己卯魁士自序，劉大烈書後。

駱臨海集注

張之洞《書目答問·別集》《駱臨海集注》十卷。陳熙晉注。原刻本。

駱賓王詩

楊士奇等《文淵閣書目·詩詞》《駱賓王詩》。一部，二册。闕。

高儒《百川書志·唐詩》《駱賓王詩》一卷。臨海丞義烏駱賓王著。

百道判集

《新唐書·藝文志·別集類》駱賓王《百道判集》一卷。

鄭樵《通志·藝文略·案例》《百道判》一卷。駱賓王撰。

《宋史·藝文志·別集類》駱賓王《百道判》一卷。

錢東垣等輯《崇文總目·別集類七》駱賓王《百道判》一卷。【原釋】以下俱闕。見天一閣鈔本。

劉允濟集

《舊唐書·經籍志·別集》《劉允濟集》二十卷。

《新唐書·藝文志·別集類》《劉允濟集》二十卷。

鄭樵《通志·藝文略·別集四》《劉允濟集》二十卷。

雕蟲集

《新唐書・藝文志・別集類》王助《雕蟲集》一卷。

鄭樵《通志・藝文略・別集四》王助《雕蟲集》一卷。

錢東垣等輯《崇文總目・別集類二》王(勃)〔助〕《雕蟲集》一卷。

高邁賦

《新唐書・藝文志・別集類》《高邁賦》一卷。

鄭樵《通志・藝文略・賦》《高邁賦》一卷。

《宋史・藝文志・別集類》《高邁賦》一卷。

閻朝隱集

《舊唐書・經籍志・別集》《閻朝隱集》五卷。

《新唐書・藝文志・別集類》《閻朝隱集》五卷。

鄭樵《通志・藝文略・別集四》《閻朝隱集》五卷。

員半千集

《舊唐書・經籍志・別集》《員半千集》十卷。

《新唐書・藝文志・別集類》《員半千集》十卷。

鄭樵《通志・藝文略・別集四》《員半千集》十卷。

丘悦集

《舊唐書・經籍志・別集》《丘悦集》十卷。

《新唐書・藝文志・別集類》《丘悦集》十卷。

鄭樵《通志・藝文略・別集四》《丘悦集》十卷。

錢東垣等輯《崇文總目・別集類一》《丘説文集》十卷。

劉子玄集

《舊唐書・經籍志・別集》《劉子玄集》十卷。

《新唐書・藝文志・別集類》《劉子玄集》三十卷。

鄭樵《通志・藝文略・別集四》《劉子玄集》三十卷。

顏元孫集

《新唐書・藝文志・別集類》《顏元孫集》三十卷。

鄭樵《通志・藝文略・別集四》《顏元孫集》三十卷。

姚璹集

《新唐書・藝文志・別集類》《姚璹集》七卷。

鄭樵《通志・藝文略・別集四》《姚璹集》七卷。

盧照隣集

《舊唐書・經籍志・別集》《盧照鄰集》二十卷。

《新唐書・藝文志・別集類》《盧照鄰集》二十卷。又《幽憂子》三卷。

鄭樵《通志・藝文略・別集四》《盧照鄰集》二十卷。又《幽憂子集》三卷。盧照鄰撰。

晁公武《郡齋讀書志・別集類上》盧照隣《幽憂子集》十卷。右唐盧照隣昇之也。范陽人。調新都尉，病去官，隱具茨山下。手足攣廢，疾久，訣親戚，自沈潁水。照隣自以當高宗時尚吏，己獨儒；武后尚法，己獨黄老；后封嵩山，聘賢士，己病廢。著《五悲文》，今在集中。嘗自號幽憂子。

尤袤《遂初堂書目・別集類》《盧照鄰集》。

陳振孫《直齋書録解題・別集類上》《盧照鄰集》十卷。唐新都尉范陽盧照鄰撰。以久病，自沈潁水。

馬端臨《文獻通考・經籍考・別集》盧照隣《幽憂子集》十卷。

《宋史・藝文志・別集類》《盧照鄰集》十卷。盧照鄰《幽憂子》三卷。

范邦甸等《天一閣書目・別集類》《盧照鄰集》二卷。刊本。明張遜業校正并序云：「照鄰字昇之，幽州范陽人。歲十餘，就義方之教於曹獻王。善屬文，拜典籤鄧王府職。王嘗以相如期之，后因底疾，再拜新都尉，疾作，竟不能任。得方士元明膏，餌之。處太白山中，遇父喪，嘔丹，疾益甚。徙居陽翟具茨山，預爲墓，掩其所著《釋疾》、《五悲》等作。暨沉涸攣廢，不堪其苦，與親屬執別，遂投潁水而死，時年四十。《文集》二十卷，《幽憂子》三卷，今無可稽，是集足以傳其概云。」

徐𤊹《徐氏家藏書目・文集類》《盧照鄰詩》二卷。《文集》□卷。

《四庫提要・別集類二》《盧昇之集》七卷。兩江總督採進本。唐盧照鄰撰。《唐書・文苑傳》稱照鄰初爲鄧王府典籤，調新都尉，以病去官。後手足攣廢，竟自沈潁水而死。考集中《相里夫人檀龕序》稱「乾封紀歲」，當爲乾封元年丙寅，《對蜀父老問》稱「龍集荒落」，當爲總章二年己巳，皆在益州時所作。《病梨樹賦序》稱「癸酉之歲，卧病長安」，則其罷官當在咸亨四年以前。計其羈栖一尉，僅五六年。又《窮魚賦序》稱「曾以横事被拘，將致之深議」，則中閒又遭非罪。其病廢以後，與洛陽名流朝士乞藥借書，至每人求乞錢二千，其貧亦可想見，蓋文士之極坎坷者。故平生所作，大抵歡寡愁殷，有騷人之遺響，亦遭遇使之然也。史又稱王、楊、盧、駱以文章齊名，楊炯嘗謂「愧在盧前，恥居王後」，張説則曰「盈川文如懸河，酌之不竭，優於盧而不減王。恥居後，信然；愧在前，謙也。」今觀照鄰之文，似不及王、楊、駱三家之宏放，疑説之論爲然。然所傳篇什獨少，未可以一斑概全豹。杜甫均以「江河萬古」許之，似難執殘編斷簡以強定低昂。況張鷟《朝野僉載》亦記是語，而作照鄰謂「喜居王後，恥在駱前」，文人品目，多一時興到之言，尤未可據爲定論也。其集晁氏、陳氏書目俱作十卷，此本僅七卷，則其散佚者已多。又《窮魚賦序》稱「嘗思報德，故冠之篇首」，則照鄰自編之集，當以是賦爲第一。而此本列《秋霖》、《馴鳶》二賦後。其《與在朝諸賢書》亦非完本，知由後人掇拾而成，非其舊帙矣。

錢東垣等輯《崇文總目・別集類一》《盧照鄰集》十卷。又《幽憂子》三卷。盧照鄰撰。

盧照鄰詩

高儒《百川書志・唐詩》《盧照隣詩》一卷。新都尉范陽盧照隣升之著。

杜元志集

《新唐書・藝文志・別集類》《杜元志集》十卷。字道寧，開元考功郎中，杭州刺史。

鄭樵《通志・藝文略・別集四》《杜元志集》十卷。

蘇瓌集

《舊唐書・經籍志・別集》《蘇瓌集》十卷。

《新唐書・藝文志・別集類》《蘇瓌集》十卷。

鄭樵《通志・藝文略・別集四》《蘇瓌集》十卷。

韋承慶集

《舊唐書・經籍志・別集》《韋承慶集》六十卷。

《新唐書・藝文志・別集類》《韋承慶集》六十卷。

鄭樵《通志・藝文略・別集四》《韋承慶集》六十卷。

閭丘均集

《舊唐書・經籍志・別集》《閭丘均集》三十卷。

《新唐書・藝文志・別集類》《閭丘均集》二十卷。

鄭樵《通志・藝文略・別集四》《閭丘鈞集》二十卷。

李嶠集

《舊唐書・經籍志・別集》《李嶠集》三十卷。

《新唐書・藝文志・別集類》《李嶠集》五十卷。

鄭樵《通志・藝文略・別集四》《李嶠集》五十卷。

李嶠詩

《宋史・藝文志・別集類》《李嶠詩》十卷。

徐𤊹《徐氏家藏書目・文集類》《李嶠詩》一卷。

李嶠雜詠詩

《新唐書・藝文志・別集類》《李嶠雜詠詩》十二卷。

鄭樵《通志・藝文略・別集五》《李嶠雜詠詩》十二卷。

晁公武《郡齋讀書志・別集類上》《李嶠集》一卷。右唐李嶠巨山也。贊皇人。擢進士第，制策甲科，拜爲監察御史。武后時，同鳳閣鸞臺平章事。嶠富才思，前與王勃、楊炯，中與崔融、蘇味道齊名，晚諸人没，爲文章宿老，學者取法焉。集本六十卷，未見。今所録一百二十詠而已，或題曰《單題詩》，有張(方)〔庭芳〕注。

馬端臨《文獻通考・經籍考・別集》《李嶠集》一卷。

《宋史・藝文志・別集類》《李嶠(新)〔雜〕詠》一卷。

高儒《百川書志・唐詩》《李嶠詩》三卷。中書令趙州李嶠巨山著。其詠物之作，凡一二十首。

錢東垣等輯《崇文總目・別集類四》《李嶠襍詠詩》十二卷。

孫星衍《平津館鑒藏書籍記・外藩本》《李嶠雜咏》二卷。影寫本。前有唐天寶六載張庭芳序，自《乾象》至《玉帛》十二部，每部十首，共百廿首。《全唐詩・李嶠集》本有此詩，中多缺句，此本俱完。末有己未天瀑跋。

劉憲集

《新唐書・藝文志・別集類》《劉憲集》三十卷。

鄭樵《通志・藝文略・別集四》《劉憲集》三十卷。

尤袤《遂初堂書目・別集類》《劉憲集》。

劉憲詩

《宋史・藝文志・別集類》《劉憲詩》一卷。

沈佺期集

《舊唐書・經籍志・別集》《沈佺期集》十卷。

《新唐書・藝文志・別集類》《沈佺期集》十卷。

鄭樵《通志・藝文略・別集四》《沈佺期集》十卷。

晁公武《郡齋讀書志・別集類上》《沈佺期集》五卷。右唐沈佺期雲卿也。相州人。及進士第，由協律郎累遷弘文館直學士。嘗侍中宗宴，舞《回波》，爲弄辭悦帝。還，賜牙笏、衣緋。

尤袤《遂初堂書目・別集類》《沈雲卿集》。

陳振孫《直齋書録解題・別集類上》《沈佺期集》十卷。唐中書舍人内黄沈佺期雲卿撰。自沈約以來，始以音韻、對偶爲詩，至之問、佺期，益加靡麗。學者宗之，號爲「沈宋」。唐律蓋本於此。二人者，皆以諂附二張進，景龍中俱爲修文館學士。佺期《回波詞》有所謂「齒録牙緋」者，其爲人可知。之問尤反覆無行，卒以罪行。

馬端臨《文獻通考・經籍考・別集》《沈佺期集》五卷。【略】石林葉氏曰：黄大臨云：「魯直晚喜沈佺期、宋之問詩，以爲與杜審言同時。老杜五言，不惟出其家法，亦參得二人之妙也。責宜州，並不以書同行，篋中惟有《佺期集》一部。」然魯直文字中未嘗及，當是不示人以朴也。吾嘗問大臨詩中所甚愛者，舉「海外逢寒食，春來不見餳。洛陽新甲子，何日是清明」一篇，以篇二十字中，婉而有味，如人序百許言者。然今歷論節氣，有清明無寒食，流俗但以清明前爲寒食，既不知清明，安能知寒食？此不可解也。

《宋史・藝文志・別集類》《沈佺期集》十卷。

楊士奇等《文淵閣書目・文集》《沈佺期文集》。一部，一册。闕。

范邦甸等《天一閣書目・別集類》《沈雲卿》二卷。刊本。

錢曾《讀書敏求記・詩集》《沈雲卿集》二卷。沈、宋裁詩矜變律，律而云變者，蓋詩之體裁，至沈、宋排比聲律，比齊梁格法益嚴，故遂爲千古律詩之龜鑑耳。之問集已失傳，佺期集未知今有新刻本否。此爲吴門柯氏藏書。柯君名僉，字大中，別號味茶居士，摹寫宋本唐人詩數十種，今皆歸述古書庫中。視《百家詩刻》，直霄壤矣。

錢東垣等輯《崇文總目・別集類一》《沈佺期集》十卷。

沈佺期詩

高儒《百川書志・唐詩》《沈雲卿詩》二卷。弘文館直學士相州沈佺期著。

徐𤊹《徐氏家藏書目・文集類》《沈佺期詩》三卷。

徐彦伯前集　後集

《舊唐書・經籍志・別集》《徐彦伯前集》十卷，《後集》十卷。

《新唐書・藝文志・別集類》《徐彦伯前集》十卷，《後集》十卷。

鄭樵《通志・藝文略・別集四》徐彦伯《前》、《後集》二十卷。

喬備集

《舊唐書・經籍志・別集》《喬備集》六卷。

《新唐書・藝文志・別集類》《喬備集》六卷。

鄭樵《通志・藝文略・別集四》《喬備集》六卷。

杜審言集

《舊唐書・經籍志・別集》《杜審言集》十卷。

《新唐書・藝文志・別集類》《杜審言集》十卷。

鄭樵《通志・藝文略・別集四》《杜審言集》十卷。

晁公武《郡齋讀書志・別集類上》《杜審言集》一卷。右唐杜審言必簡也。

襄陽人。預之後裔。擢進士，恃高才以傲世。嘗對武后賦《歡喜詩》，后歎重其文。與李嶠、崔融、蘇味道爲「文章四友」。集有詩四十餘篇而已。

尤袤《遂初堂書目・別集類》《杜審言集》。

陳振孫《直齋書録解題・詩集類上》《杜必簡集》一卷。唐著作郎襄陽杜審言必簡撰。工部之祖也。唐初沈、宋以來，律詩始盛行，然未以平側失眼爲忌。審言詩雖不多，句律極嚴，無一失粘者，甫之家傳有自來矣。然遂欲衙官屈、宋，則不可也。

馬端臨《文獻通考・經籍考・別集》《杜審言集》十卷。

又《詩集》《杜必簡集》一卷。

《宋史・藝文志・別集類》《杜審言詩》一卷。

高儒《百川書志・唐詩》《杜審言詩》三卷。著作郎襄陽杜審言必簡著，子美之祖也。詩凡四十三首。

范邦甸等《天一閣書目・別集類》《杜審言集》二卷。刊本。宋乾道庚寅楊萬里序。

徐𤊹《徐氏家藏書目・文集類》《杜審言詩》一卷。

魏知古集

《舊唐書・經籍志・別集》《魏知古集》二十卷。

《新唐書・藝文志・別集類》《魏知古集》二十卷。

鄭樵《通志・藝文略・別集四》《魏知古集》二十卷。

薛少保集

《新唐書・藝文志・別集類》《薛稷集》三十卷。

鄭樵《通志・藝文略・別集四》《薛稷集》三十卷。

陳振孫《直齋書録解題・詩集類上》《薛少保集》一卷。唐太子少保河東薛稷嗣通撰。稷，道衡曾孫，魏徵外孫。

馬端臨《文獻通考・經籍考・詩集》《薛少保集》一卷。

楊炯集

《舊唐書・經籍志・別集》《楊炯集》三十卷。

《新唐書・藝文志・別集類》楊炯《盈川集》三十卷。

鄭樵《通志・藝文略・別集四》楊炯《盈川集》三十卷。

晁公武《郡齋讀書志・別集類上》楊炯《盈川集》二十卷。右唐楊炯也。華陰人。顯慶六年舉神童，授校書郎，終婺州盈川令，卒。炯博學，善屬文，與王勃、盧照隣、駱賓王以文詞齊名，海内稱王、楊、盧、駱「四才子」，亦曰「四傑」。炯自謂：「吾愧在盧前，恥居王後。」張説曰：「盈川文如懸河，酌之不竭。恥王後，信然；愧盧前，謙也。」集本三十卷，今多亡逸。

尤袤《遂初堂書目・別集類》《楊炯集》。

馬端臨《文獻通考・經籍考・別集》《楊盈川集》二十卷。

《宋史・藝文志・別集類》《楊炯集》二十卷。又《拾遺》四卷。

范邦甸等《天一閣書目・別集類》《盈川集》五卷。刊本。唐楊炯撰。永嘉張遜業校正并序云：「炯，華陰人。幼博學聰慧，揮文宏富。平生著作，惟存是帙。三十卷者，惜未見之。其自評『吾愧在盧前，恥居王後』，張説以其『文思如懸河注水，酌之不竭。既優於盧，亦不減王。恥居王後，信然；愧在盧前，謙也』。」

又《楊盈川集》十卷，附録一卷。刊本。唐華陰楊炯撰。明龍游童珮子鳴詮次。序云：唐盈川令贈著作郎華陰楊炯有詩文二十卷，世遠遺逸，流傳者僅詩一卷。余竊生侯州民之後，每見侯文章于他書，輒自手録。凡得若干篇，久之恐復散漫，因爲詮次成帙，仍其舊題曰《楊盈川集》云，因請郡守高淳韓公刻之以行。今集十卷，本傳、雜文别爲一卷。

徐𤊹《徐氏家藏書目・文集類》《楊盈川集》十三卷。漳新刻。

黄虞稷《千頃堂書目・文史類》章佩輯《楊盈川集》十卷。

《四庫提要・別集類二》《盈川集》十卷，附録一卷。浙江鮑士恭家藏本。唐楊炯撰。《唐書・文苑傳》稱其文集本三十卷，晁公武《讀書志》僅著録二十卷，云「今多亡逸」，是宋代已非完本。然其本今亦不傳。此乃明萬曆中龍游童佩從諸書裒集，詮次成編，併以本傳及贈答之文、評論之語別爲附録一卷，皇甫汸爲之序。凡賦八首、詩三十四首、雜文三十九首。《文苑英華》載其《彭城公夫人爾朱氏墓誌銘》一首、《伯母東平郡夫人李氏墓誌銘》一首，列庾信文後，明人因誤編入信集中。此本收《爾朱氏誌》一篇，而《李氏誌》仍不載，則蒐羅尚有所遺也。《舊唐書》本傳最稱其《盂蘭盆賦》，然炯之麗製，不止此篇，劉昫殆以爲奏御之作，故特加紀録歟？傳又載其《駁太常博士蘇知幾冕服議》一篇，引援經義，排斥游談，炯文之最有根柢者。知其詞章瑰麗，由於貫穿典籍，不止涉獵浮華。而《新唐書》本傳删之不載，蓋猶本紀不載詔令之意，是宋祁之偏見，非定評也。又新、舊《唐書》竝稱炯爲政嚴酷，則非循吏可概見。童佩序稱：「盈川廢縣在瀔水北，其地隸龍丘，去郡四十餘里，今址巋然獨存。炯令盈川，無何卒，縣尋罷。民尸祝其地，至今春秋不輟。」是則因其文藝而更粉飾其治績，亦非公論矣。

錢東垣等輯《崇文總目・別集類一》 《盈川集》二十卷。楊炯撰。

楊炯詩

高儒《百川書志・唐詩》 《楊炯詩》一卷。著作郎華陰楊炯著。

徐𤊹《徐氏家藏書目・文集類》 《楊炯詩》二卷。漳新刻。

王勃集

《舊唐書・經籍志・別集》 《王勃集》三十卷。

《新唐書・藝文志・別集類》 《王勃集》三十卷。

鄭樵《通志・藝文略・別集四》 《王勃集》三十卷。

晁公武《郡齋讀書志・別集類上》 《王勃集》二十卷。右唐王勃子安也。通之孫。麟德初，劉祥道薦其才，對策高等，授朝散郎。沛王召署府修撰，以戲爲諸王作《鬬雞檄》，高宗怒，斥出府。父爲交趾令，勃往省，溺海卒。勃屬文，初不精思，先磨墨數升，酣飲，引被覆面卧，及寤，援筆成篇，不易一字，時人謂之「腹稾」。有劉元濟序。

尤袤《遂初堂書目・別集類》 《王勃集》。

馬端臨《文獻通考・經籍考・別集》 《王勃集》二十卷。

《宋史・藝文志・別集類》 〔王勃〕又《文集》三十卷。《雜序》一卷。

范邦甸等《天一閣書目・別集類》 《王子安集》四卷。刊本。唐王勃撰。

徐𤊹《徐氏家藏書目・文集類》 《〔王勃〕文集》卷。漳新刻。

《四庫提要・別集類二》 《王子安集》十六卷。山東巡撫採進本。唐王勃撰。《唐書・文苑傳》稱其文集三十卷，而《楊炯集序》則謂分爲二十卷，具諸篇目。洪邁《容齋隨筆》亦稱今存者二十卷，蓋猶舊本。明以來其集已佚，原目遂不可考。世所傳《初唐十二家集》，僅載勃詩賦二卷，闕略殊甚。故皇甫汸作《楊炯集序》，稱王詩賦之餘，未睹他製。此本乃明崇禎中閩人張燮搜輯《文苑英華》諸書，編爲一十六卷，雖非唐宋之舊，而以視別本，則較爲完善矣。勃文爲四傑之冠，儒者頗病其浮豔。案，段成式《酉陽雜俎》曰：「張燕公嘗讀勃《夫子學堂碑頌》『帝車南指，遁七曜於中階；華蓋西臨，高五雲於太甲』四句，悉不解，訪之一公，案，一公謂僧一行也。一公言：『北斗建午，七曜在南方。有是之祥，無位聖人當出。』華蓋以下，卒不可悉。」洪邁《容齋隨筆》亦曰：「王勃等四子之文，皆精切有本原。其用駢儷作記、序、碑、碣，蓋一時體格如此，而後來頗議之。杜詩云：『王楊盧駱當時體，輕薄爲文哂未休。爾曹身與名俱滅，不廢江河萬古流。』正謂此耳。『身名俱滅』，以責輕薄子；『江河萬古』，指四子也。韓公《滕王閣記》云：『江南多游觀之美，而滕王閣獨爲第一。及得三王爲序、賦、記等，壯其文詞。』注謂：『王勃作《遊閣序》。』又云：『中丞命爲記，竊喜載名其上，詞列三王之次，有榮耀焉。』則韓之所以推勃，亦爲不淺矣。」夫一行、段成式博洽冠絶古今，杜甫、韓愈詩文亦冠絶古今，而其推勃如是。枵腹白戰之徒，掇拾語録之糟粕，乃沾沾焉而動其喙，殆所謂蚍蜉撼樹者歟？今録勃集併録成式及邁之所記，庶耳食者無輕詆焉。

錢東垣等輯《崇文總目・別集類一》 《王勃文集》三十卷。

黄丕烈《蕘圃藏書題識・集類一》 《王子安集》十六卷。鈔本。己巳中秋前五日，晨起，有書友吴立方候於門，攜書一包，云從乍浦韓家得來者。書皆可觀，其中宋刻最精者爲《賢良進卷》，係季振宜藏書。惜止四卷，目後已遭剜改，合諸滄葦

《延令宋版書目》所云八卷，已佚半矣，且需直昂，未之得。此外有《佛祖通載》二十二卷，書甚祕，亦價貴不獲。收此《王子安集》二册，鈔本。雖不爲善本，然傳本少，以家刻零種易之。復翁記。

王勃詩

《宋史・藝文志・别集類》《王勃詩》八卷。

高儒《百川書志・唐詩》《王勃詩》一卷。修撰虢州參軍王勃子安也，絳州人。

徐𤊹《徐氏家藏書目・文集類》《王勃詩》二卷。漳新刻。

舟中纂序

錢東垣等輯《崇文總目・别集類六》《舟中纂序》五卷。王勃撰。

《新唐書・藝文志・别集類》王勃《舟中纂序》五卷。

《宋史・藝文志・别集類》王勃《舟中纂序》五卷。

王勃刀筆

鄭樵《通志・藝文略・刀筆》《王勃刀筆》一卷。

劉希夷集

《舊唐書・經籍志・别集》《劉希夷集》三卷。

《新唐書・藝文志・别集類》《劉希夷集》十卷。

鄭樵《通志・藝文略・别集四》《劉希夷集》十卷。

尤袤《遂初堂書目・别集類》《劉希夷集》。

劉希夷詩集

《新唐書・藝文志・别集類》《劉希夷詩集》四卷。

鄭樵《通志・藝文略・别集五》《劉希夷詩》四卷。

《宋史・藝文志・别集類》《劉希夷詩》四卷。

徐𤊹《徐氏家藏書目・文集類》《劉庭芝詩》一卷。

錢東垣等輯《崇文總目・别集類四》《劉希夷詩集》四卷。

姚崇集

《舊唐書・經籍志・别集》《姚崇集》十卷。

《新唐書・藝文志・别集類》《姚崇集》十卷。

鄭樵《通志・藝文略・别集四》《姚崇集》十卷。

桓彦範集

《舊唐書・經籍志・别集》《桓彦範集》三卷。

《新唐書・藝文志・别集類》《桓彦範集》三卷。

鄭樵《通志・藝文略・别集四》《桓彦範集》三卷。

中宗集

《舊唐書・經籍志・别集》《中宗皇帝集》四十卷。

《新唐書・藝文志・别集類》《中宗集》四十卷。

鄭樵《通志・藝文略・别集四》《中宗集》四十卷。

宋之問集

《舊唐書・經籍志・别集》《宋之問集》十卷。

《新唐書・藝文志・别集類》《宋之問集》十卷。

鄭樵《通志・藝文略・别集四》《宋之問集》十卷。

晁公武《郡齋讀書志・别集類上》宋之問《考功集》十卷。右唐宋之問延清也。汾州人。武后召與楊炯分直習藝館。諂事太平公主，爲考功員外郎。睿宗初，貶欽州，賜死。自魏建安迄江左，詩律屢變，至沈約、庾信，以音韻相婉附，屬對精密，及之問、沈佺期，又加靡麗，回忌聲病，約句準篇，如錦繡成文，學者宗之，號曰「沈宋」。徐堅嘗論之問之文：「如良金美玉，無施不可。」其爲當時所重如此。

尤袤《遂初堂書目・别集類》《宋之問集》。

陳振孫《直齋書録解題・别集類上》《宋之問集》十卷。唐越州長史河汾宋之問延清撰。

馬端臨《文獻通考・經籍考・别集》宋之問《考功集》十卷。

《宋史・藝文志・别集類》《宋之問集》十卷。

范邦甸等《天一閣書目・别集類》《宋之問集》二卷。刊本。

錢東垣等輯《崇文總目・别集類一》《宋之問集》十卷。

宋之問詩

高儒《百川書志・唐詩》《宋之問詩》一卷。考功員外郎汾州宋之問著。

徐𤊹《徐氏家藏書目・文集類》《宋之問詩》二卷。漳刻。

宋之問文集

徐𤊹《徐氏家藏書目・文集類》《宋之問文集》□卷。漳刻。

郭元振集

《舊唐書・經籍志・别集》《郭元振集》二十卷。

《新唐書・藝文志・别集類》《郭元振集》二十卷。

鄭樵《通志・藝文略・别集四》《郭元振集》二十卷。

安邦策

《新唐書・藝文志・别集類》郭元振《安邦策》一卷。

鄭樵《通志・藝文略・策》郭元振《安邦策》一卷。

《宋史・藝文志・别集類》《安邦策》三卷。

錢東垣等輯《崇文總目・别集類六》《安邦策》一卷。郭元振撰。

九諫書

《新唐書・藝文志・别集類》郭元振《九諫書》一卷。

《宋史・藝文志・别集類》郭元振《九諫書》一卷。

錢東垣等輯《崇文總目・别集類六》《九諫書》一卷。郭元振撰。

李乂集

《舊唐書・經籍志・别集》《李乂集》五卷。

《新唐書・藝文志・别集類》《李乂集》五卷。

鄭樵《通志・藝文略・别集四》《李乂集》五卷。

李乂詩

《宋史・藝文志・別集類》 《李乂詩》一卷。

龍筋鳳髓

《新唐書・藝文志・別集類》 張文成《龍筋鳳髓》十卷。

鄭樵《通志・藝文略・案判》 《龍筋鳳髓》十卷。唐張文成撰。

晁公武《郡齋讀書志・別集類上》 張鷟《龍筋鳳髓判》十卷。右唐張鷟字文成。辭章藻麗，嘗八中制科。此乃其書判也，凡一百首。自號浮休子。

洪邁《容齋題跋》 《跋張鷟龍筋鳳髓判》。《唐史》稱張鷟早慧絶倫，以文章瑞，朝廷屬文，下筆輒成。今其書傳於世者，《朝野僉載》、《龍筋鳳髓判》是也。《僉載》紀事瑣尾擿裂，且多媟語。百判純是當時文格，全類俳體，但知堆垛故事，而於蔽罪議法處不能深切，殆是無一篇可讀，一聯可采。如樂天《甲乙判》，則讀之愈多，使人不厭也。

陳振孫《直齋書録解題・別集類上》 《龍筋鳳髓判》十卷。唐司門員外郎陸澤張鷟文成撰。鷟，調露中進士，事跡見《張薦傳》，薦之祖也。唐以書判拔萃科選士，此集凡百題，自《省臺》、《寺監》、《百司》下及《州縣》、《類事》、《屬辭》，蓋待選預備之具也。鷟自號浮休子。

馬端臨《文獻通考・經籍考・別集》 張鷟《龍筋鳳髓判》十卷。

都穆《南濠居士文跋》 《龍筋鳳髓判》。唐世選士之科不一，書判拔萃其尤也。張氏斯集自《省臺》、《寺監》以至《州縣》，爲題僅百而辭章藻麗，世莫與比，誠可謂萬選萬中，而士子之當究心者。宋洪文敏謂其堆垛故事，不切于蔽罪議法，又謂其純于時格，而不逮樂天之《甲乙判》，似非至當之論也。

張萱等《内閣藏書目録・集部》 《龍筋鳳髓》二册，全。

吴焯《繡谷亭薰習録・集一》 《龍筋鳳髓判》二卷。唐張鷟文成著。案，唐世選士科，書判亦其一也。沈潤卿刻本，丹陽都穆跋其後。

錢東垣等輯《崇文總目・別集類七》 《龍筋鳳髓》十卷。張文成撰。

龍筋鳳髓判注

張萱等《内閣藏書目録・集部》 《龍筋鳳髓判注》四册，全。唐張鷟著，明劉允鵬注。

黄虞稷《千頃堂書目・文史類》 劉允鵬《注龍筋鳳髓判》四卷。

才命論

《新唐書・藝文志・別集類》 《才命論》一卷。張鷟撰，郄昂注。一作張説撰，潘詢注。

鄭樵《通志・藝文略・論》 《才命論》一卷。張鷟撰，郄昂注。一云張説撰，潘詢注。

錢東垣等輯《崇文總目・別集類六》 《才命論》一卷。張鷟撰，郄昂注。一云張説撰，潘詢注。

徐堅集

《新唐書・藝文志・別集類》 《徐堅集》三十卷。

鄭樵《通志・藝文略・別集四》 《徐堅集》三十卷。

許子儒集

《新唐書・藝文志・別集類》 《許子儒集》十卷。

鄭樵《通志・藝文略・別集四》 《許子儒集》十卷。

陳子昂集

《舊唐書・經籍志・別集》《陳子昂集》十卷。

《新唐書・藝文志・別集類》《陳子昂集》十卷。

鄭樵《通志・藝文略・別集四》《陳子昂集》十卷。

晁公武《郡齋讀書志・別集類上》《陳子昂集》十卷。右唐陳子昂伯玉也。梓州人。文明初舉進士，上書，召見，累擢拾遺。《新唐書》稱子昂聖曆初解官歸養。父喪，廬墓。縣令段簡貪暴，脅取其賂不厭，逮捕，死獄中。沈下賢獨云爲武承嗣所殺。未知孰是。子昂少以豪俠使氣，及冠，折節爲學，精究墳籍，耽愛黄老、《易》《象》，尤善屬文。唐興，文章承徐、庾餘風，天下祖尚，至是始變雅正。故雖無風節，而唐之名人無不推之。柳儀曹曰：「張説以著述之餘攻比興而莫能極，張九齡以比興之暇窮著述而不克備，唐興以來，稱是選而不怍者，子昂一人而已。」

尤袤《遂初堂書目・別集類》《陳子昂集》。

陳振孫《直齋書録解題・別集類上》《陳拾遺集》十卷。唐右拾遺射洪陳子昂伯玉撰。黄門侍郎盧藏用爲之序。又有《別傳》系之卷末。

馬端臨《文獻通考・經籍考・別集》《陳子昂集》十卷。

《宋史・藝文志・別集類》《陳子昂集》十卷。

楊士奇等《文淵閣書目・文集》《陳伯玉文集》。一部，三册。完全。又《陳伯玉文集》。一部，三册。闕。

高儒《百川書志・唐文》《陳伯玉文集》十卷，附録一卷。拾遺蜀人陳子昂也。詩一百十八，表三十八，文六十九，附録五。

徐𤊹《徐氏家藏書目・文集類》《陳子昂集》十卷。

張萱等《内閣藏書目録・集部》《陳伯玉文集》二册，全。唐陳子昂著，有盧藏用序。

又《陳君文集》三册，全。唐陳子昂著。

錢謙益等《絳雲樓書目・唐文集類》《陳子昂集》。十卷。盧藏用序。

王士禛《漁洋書跋》《陳子昂文集》。

《四庫提要・別集類二》《陳拾遺集》十卷。内府藏本。唐陳子昂撰。子昂事蹟具《唐書》本傳及盧藏用所爲《別傳》。唐初文章，不脱陳、隋舊習。子昂始奮發自爲，追古作者。韓愈詩云：「國朝盛文章，子昂始高蹈。」柳宗元亦謂：「張説工著述，張九齡善比興，兼備者子昂而已。」馬端臨《文獻通考》乃謂子昂惟詩語高妙，其他文則不脱偶儷卑弱之體。韓、柳之論不專稱其詩，皆所未喻。今觀其集，惟諸表序猶沿排儷之習，若論事書疏之類，實疎樸近古，韓、柳之論未爲非也。子昂嘗上書武后，請興明堂、太學。宋祁《新唐書》傳贊以爲「薦圭璧於房闥，以脂澤汙漫之」，其文今載集中。王士禛《香祖筆記》又舉其《大周受命頌》四章、《進表》一篇、《請追上太原王帝號表》一篇，以爲視《劇秦美新》，殆又過之。其下筆時，不復知世有節義廉恥事。今亦載集中。然則是集之傳，特以詞采見珍。譬諸蕩姬佚女，以色藝冠一世，而不可以禮法繩之者也。此本傳寫多譌脱，第七卷闕兩葉。據目録尋之，《禡牙文》、《禜海文》在《文苑英華》九百九十五卷，《弔塞上翁文》在九百九十九卷，《祭孫府君文》在九百七十九卷。又《送崔融等序》之後，據目録尚有《餞陳少府序》一篇，此本亦佚，《英華》七百十九卷有此文。今竝葺補，俾成完本。《英華》八百二十二卷收子昂《大崇福觀記》一篇，稱武士彠爲太祖孝明皇帝。此集不載其目，殆偶佚脱。今併補入，俾操觚揮翰之士知立身一敗，遺詬萬年，有求其不傳而不能者焉。

錢東垣等輯《崇文總目・別集類一》《陳拾遺集》十卷。陳子昂撰。

孫星衍《平津館鑒藏書籍記・明版》《陳伯玉文集》十卷，附録一卷。題「新都楊春重編，射洪楊澄校正」。

孫星衍《平津館鑒藏書籍記補遺・明版》《陳伯玉文集》十卷，附録一卷。標題、目録俱同前本。前有弘治四年張頤序，後有弘治四年楊澄跋，筆畫放縱，是後人重刊之本。黑口板。每葉廿二行，行廿一字。

張之洞《書目答問・別集》《陳伯玉文集》三卷。唐陳子昂。楊國楨輯刻本。明新都楊春刻本。雖依舊題十卷，未足。此本蒐輯較多，亦不盡。

陳子昂詩

高儒《百川書志・唐詩》《陳伯玉詩》二卷。右拾遺梓州陳子昂伯玉著。

張之洞《書目答問・別集》《陳伯玉詩集》二卷。唐陳子昂。

睿宗集

《舊唐書・經籍志・别集》《睿宗皇帝集》十卷。

《新唐書・藝文志・别集類》《睿宗集》十卷。

鄭樵《通志・藝文略・别集四》《睿宗集》十卷。

元希聲集

《舊唐書・經籍志・别集》《元希聲集》十卷。

《新唐書・藝文志・别集類》《元希聲集》十卷。

鄭樵《通志・藝文略・别集四》《元希聲集》十卷。

李適集

《舊唐書・經籍志・别集》《李適集》二十卷。

《新唐書・藝文志・别集類》《李適集》十卷。

鄭樵《通志・藝文略・别集四》《李適集》十卷。

尤袤《遂初堂書目・别集類》《李適集》。

李適詩

《宋史・藝文志・别集類》《李適詩》一卷。

宋璟集

《新唐書・藝文志・别集類》《宋璟集》十卷。

鄭樵《通志・藝文略・别集四》《宋璟集》十卷。

盧藏用集

《舊唐書・經籍志・别集》《盧藏用集》二十卷。

《新唐書・藝文志・别集類》《盧藏用集》三十卷。

鄭樵《通志・藝文略・别集四》《盧藏用集》三十卷。

上官昭容集

《新唐書・藝文志・别集類》《上官昭容集》二十卷。

鄭樵《通志・藝文略・别集四》《上官昭容集》二十卷。

許彦伯集

《新唐書・藝文志・别集類》《許彦伯集》十卷。

鄭樵《通志・藝文略・别集四》《許彦伯集》十卷。

任希古集

《舊唐書・經籍志・别集》《任希古集》五卷。

《新唐書・藝文志・別集類》《任希古集》十卷。

鄭樵《通志・藝文略・別集四》《任希古集》十卷。

尤袤《遂初堂書目・別集類》《任希古集》。

《宋史・藝文志・別集類》《任希古集》十卷。又《任敬臣集》十卷。

錢東垣等輯《崇文總目・別集類一》《任希古文集》十卷。

僧玄範集

《新唐書・藝文志・別集類》《僧玄範集》二十卷。

鄭樵《通志・藝文略・別集五》《玄範集》二十卷。

張大素集

《舊唐書・經籍志・別集》《張大素集》十卷。

《新唐書・藝文志・別集類》《張大素集》十五卷。

鄭樵《通志・藝文略・別集四》《張太素集》十五卷。

武平一集

尤袤《遂初堂書目・別集類》《武平一集》。

《宋史・藝文志・別集類》《武平一詩》一卷。

高儒《百川書志・唐詩》《武平一詩》一卷。金壇令武甄以行著，凡九首。

禪宗永嘉集

吴壽暘《拜經樓藏書題跋記》《禪宗永嘉集》。《永嘉集》，唐僧玄覺撰，慶州刺史魏靖輯，宋石壁僧行靖注。凡二卷，首有楊億所撰《無相大師行狀》。

趙彦昭集

尤袤《遂初堂書目・別集類》《趙彦昭集》。

《宋史・藝文志・別集類》《趙彦昭詩》一卷。

張説集　外集

《新唐書・藝文志・別集類》《張説集》二十卷。

鄭樵《通志・藝文略・別集四》《張説集》三十卷。又《燕公外集》一卷。

晁公武《郡齋讀書志・別集類上》《張説集》三十卷。右唐張説道濟也。洛陽人。永昌元年，賢良方正策第一，累遷鳳閣舍人。睿宗時，兵部侍郎、平章事。開元十八年，終左丞相、燕國公。説爲文精壯，長於碑志，朝廷大述作多出其手。嘗典集賢圖書之任，間爲天平軍大使及致仕一歲，皆即軍中，於其家論撰國史。晚謫岳州，詩益悽惋，人謂得江山助。

尤袤《遂初堂書目・別集類》《張説集》。

陳振孫《直齋書録解題・別集類上》《張燕公集》三十卷。唐宰相范陽張説説之撰。一字道濟，與蘇頲號「燕許大手筆」。家未有《蘇許公集》。二人名相，而以文擅天下，盛矣哉！

馬端臨《文獻通考・經籍考・別集》《張燕公集》三十卷。

《宋史・藝文志・別集類》《張説集》三十卷。又《外集》二卷。

楊士奇等《文淵閣書目・文集》《張説之文集》。一部，四册。殘缺。塾本六册。

高儒《百川書志・唐詩》《張説詩》二卷。中書令燕國公洛陽張説道濟著，即文貞公也。

徐𤊹《徐氏家藏書目・文集類》《張説燕公詩》二卷。

錢謙益等《絳雲樓書目・唐文集類》《宋板張燕公道濟集》三十卷。

《四庫提要・別集類二》《張燕公集》二十五卷。兩淮馬裕家藏本。唐張説撰。説事蹟具《唐書》本傳。其文章典麗宏贍，當時與蘇頲竝稱，朝廷大述作多出其手，號曰「燕許」。《唐書・藝文志》載其集三十卷，今所傳本止二十五卷。然自宋以後，諸家著録竝同，則其五卷之佚久矣。集中《元處士碣銘》稱「序爲處士子將作少監行沖撰」，而《唐書・行沖傳》乃不載其爲此官。《爲留守奏慶山醴泉表》稱「萬年縣令鄭國忠狀，六月十四日縣界霸陵鄉有慶山，見醴泉出」，而《唐書・武后傳》載此事乃作「新豐縣」。皆與史傳頗有異同。然説在當時，必爲譌誤。知《唐書》之疎舛多矣，此書所以貴舊本也。集首永樂七年伍德記一篇，稱兵燹之後，散佚僅存，録而藏之。至嘉靖間，其子孫始爲梓行，而譌舛特甚。又參考本傳及《文粹》、《文苑英華》諸書，其文不載於集者尚多。今旁加搜輯，於集外得頌一首、箴一首、表十八首、疏二首、狀六首、策三首、批答一首、序十一首、啓一首、書二首、露布一首、碑四首、墓誌九首、行狀一首，凡六十一首，皆依類補入。而原集目次錯互者，亦詮次更定。仍釐爲二十五卷，庶幾復成完本焉。

孫星衍《平津館鑒藏書籍記・明版》 《張説之文集》二十五卷。前有永樂七年伍德序，後有「嘉靖丁酉冬十月朔旦椒郡伍氏龍池草堂家藏本校刊」廿二字。又張九齡撰《燕國公墓誌銘并序》一篇。《新唐書・藝文志》、晁氏《讀書志》、陳氏《書録解題》集本三十卷，此本止廿五卷。《四庫全書》蒐輯《唐文粹》、《文苑英華》諸書所藏在此集之外者，得頌、箴、表、疏等六十一首，足證此本缺佚尚多。每葉廿行，行廿字，收藏有「落花三徑雨鳴鳥半牀書」朱文方印，「鷺水浪仙書籍之印」白文方印。

黄丕烈《蕘圃藏書題識・集類一》 《張説之文集》十卷。影宋鈔本。此碧鳳坊顧氏所藏書也。相傳顧氏書雖殘鱗片甲，無一不精。宋刻固不待言，即影宋本亦無弗精絶者。世傳二十五卷，不可得見，此本雖十卷，尚有缺失，然較舊鈔已無可比擬，矧明刻耶。愛日精廬主人聞此書題殘宋刻，欲購之。予曰：「非也，乃影宋本耳。」亦視如宋刻珍之，可謂知所好惡取舍矣。予故爲此書，倍珍重焉。甲申孟夏，蕘夫。

黄丕烈《蕘圃藏書題識續録・集類上》 《張説之文集》二十五卷。明鈔本。

顧廣圻《思適齋書跋・集部》 《張燕公集》二十五卷。宋刻本。右秦敦夫太史藏本，所見《燕公集》以此爲最佳。第十卷末葉義門之「以上脱」，今就他本補之，恰得三葉。蓋其行款每半葉十一行，每行二十字，宋槧唐集類如是，計有多家。此及李翰林、駱丞皆其一耳。余前別校正燕公文十五卷，又從汪孟慈得椒花吟舫鈔本，多出五卷。又益以《英華》、《文粹》所載若干篇，合此庶爲全集，贏可寫定。唯惜無好事有力者刊以行世也。

張金吾《愛日精廬藏書志・別集類》 《張説之文集》二十五卷。明刊本。唐張説撰。前有《墓誌銘》。張九齡撰。【略】《張説之文集殘本》十卷。影寫宋刊本。

張之洞《書目答問・別集》 《張燕公集》二十五卷。唐張説。聚珍版輯補本福本。

蘇頲集

《新唐書・藝文志・別集類》 《蘇頲集》三十卷。

鄭樵《通志・藝文略・別集四》 《蘇頲集》三十卷。

晁公武《郡齋讀書志・別集類上》 蘇頲《許公集》二十卷。右唐蘇頲廷碩也。武功人。調露二年進士，賢良方正異等，除左司禦率府胄曹。玄宗時，中書舍人、知制誥。開元四年，同紫微黄門平章事。頲幼敏悟，一覽五千言，輒覆。景龍後，與張説俱以文章顯，時號「燕許」。李德裕謂：「近世詔誥，惟頲叙事外爲文章。」韓休爲序。集本四十六卷，今亡其半矣。

尤袤《遂初堂書目・別集類》 《蘇頲集》。

馬端臨《文獻通考・經籍考・別集》 《蘇許公集》二十卷。

《宋史・藝文志・別集類》 《蘇頲集》三十卷。

高儒《百川書志・唐詩》 《蘇頲詩》二卷。【略】《蘇許公集》三卷。許國公雍州蘇頲著。

徐𤊹《徐氏家藏書目・文集類》 《蘇頲詩》一卷。

崔湜集

尤袤《遂初堂書目・別集類》 《崔湜集》。

《宋史・藝文志・別集類》 《崔湜詩》一卷。

張九齡集

《新唐書・藝文志・別集類》　《張九齡集》二十卷。

鄭樵《通志・藝文略・別集四》　《張九齡集》二十卷。

晁公武《郡齋讀書志・別集類上》　張九齡《曲江集》二十卷。右唐張九齡子壽也。曲江人。長安二年進士，調校書郎，以道侔伊吕科策高等，爲左拾遺。開元中，爲中書令，卒，謚文獻。九齡風度醖藉，幼善屬文。玄宗朝，知制誥，雅爲帝知。爲相，謇謇有大臣節。及貶荆州，惟文史是娱，朝廷許其勝流。徐堅論九齡之文，如輕縑素練，實濟時用，而窘邊幅。柳宗元以九齡兼攻詩文，但不能究其極爾。集後有姚子彦所撰行狀，吕温撰真贊，鄭宗珍撰謚議，徐浩撰墓碑及《贈司徒敕辭》。

尤袤《遂初堂書目・別集類》　《張曲江集》。

陳振孫《直齋書録解題・別集類上》　《曲江集》二十卷。唐宰相曲江張九齡子壽撰。

馬端臨《文獻通考・經籍考・別集》　張九齡《曲江集》二十卷。

《宋史・藝文志・別集類》　《張九齡集》二十卷。

楊士奇等《文淵閣書目・文集》　《張曲江文集》。一部，五册。闕。【略】《張曲江文集》。一部，四册。完全。

高儒《百川書志・唐文》　張子壽《曲江集》。始興文獻公九齡也。詩二百九，文二百一十六。

又《唐詩》　《張九齡詩》二卷。丞相文獻公韶州張子壽也。

范邦甸等《天一閣書目・別集類》　《唐丞相曲江張先生文集》二十卷。刊本。唐張九齡撰。明成化九年丘濬序，稱童稚時嘗得韶郡所刻《金鑑録》，讀之，灼知其僞，有志求公全集。自來京師，游太學，入官翰林，每遇藏書家輒訪求之，竟不可得，蓋餘二十年矣。歲己丑始得公《曲江集》于館閣羣書中，手自鈔録。太守毘陵蘇君韡、同知甫田方君新謂公此集乃韶之文獻，請留刻郡齋，是以不揣愚陋，頊首僭書。

徐𤊹《徐氏家藏書目・集類》　張九齡《曲江集》六卷。

張萱等《内閣藏書目録・集部》　《曲江集》五册，全。唐文獻公張九齡著，凡二十卷。【略】《張子壽文集》四册，不全。唐張九齡著。【略】張文獻公《曲江集》四册，不全。唐張九齡著。

錢謙益等《絳雲樓書目・唐文集類》　宋板張子壽《曲江集》二十八册。二十卷。

吴焯《繡谷亭薰習録・集一》　《曲江集》十二卷。唐右丞相謚文獻曲江張九齡子壽著。明瓊山丘濬録自閣本，成化九年序而刻于韶郡。萬曆十二年，南韶兵備豫章王民順重翻。案：晁氏題《曲江集》二十卷，末有姚子彦行狀、吕温真讚、鄭宗珍謚議、徐浩墓及《贈司徒敕》。今惟浩碑與敕存，餘則并元祐中鄧開序亦失之，益以歷官制，蓋録之《文苑英華》、《内閣書目》亦題二十卷，豈舊本猶在耶？

《四庫提要・別集類二》　《曲江集》二十卷。廣東巡撫採進本。唐張九齡撰。九齡事蹟具《唐書》本傳。徐浩作九齡墓碑，稱其學究精義，文參微旨，而不及其文集卷數。唐、宋二史《藝文志》俱載有《九齡文集》二十卷，其後流播稍稀，惟明《文淵閣書目》有《曲江文集》一部四册，又一部五册，而外間多未之覩。成化間，丘濬始從内閣録出，韶州知府蘇韡爲刊行之。其卷目與《唐志》相合，蓋猶宋以來之舊本也。九齡守正嫉邪，以道匡弼，稱開元賢相。而文章高雅，亦不在燕、許諸人下。《新唐書・文藝傳》載徐堅之言，謂其文如輕縑素練，實濟時用而窘邊幅。今觀其《感遇》諸作，神味超軼，可與陳子昂方駕。文筆宏博典實，有垂紳正笏氣象，亦具見大雅之遺。堅局於當時風氣，以富豔求之，不足以爲定論。至所撰制草，明白切當，多得王言之體。本傳稱爲祕書少監時，會賜渤海詔，而書命無足爲者，乃命九齡爲之。被詔輒成，因遷工部侍郎，知制誥。今檢集中有《渤海王大武藝書》，當即其時所作。而其他詔命，亦多可與史傳相參考。如集中有《敕奚都督右金吾衛大將軍歸誠王李歸國書》，而核之《唐書・外國傳》所載奚事，自開元以後，僅有李大酺、魯蘇、李詩延、寵婆固諸酋長名，而不及歸國，知記載有所脱漏，是尤可以補史之闕矣。

錢東垣等輯《崇文總目・別集類一》　《張九齡集》二十卷。

顧廣圻《思適齋書跋・集部》　《張曲江集》二十卷。明刻本。

張金吾《愛日精廬藏書志・別集類》　《唐丞相曲江張先生文集》二十卷。明成化刊本。唐張九齡撰。丘濬重刊序。成化九年。

張之洞《書目答問・別集》　《曲江集》二十卷。唐張九齡。通行祠堂本。

劉彙集

《新唐書・藝文志・別集類》《劉彙集》三卷。

鄭樵《通志・藝文略・別集四》《劉彙集》三卷。

趙冬曦集

《新唐書・藝文志・別集類》《趙冬曦集》。卷亡。

鄭樵《通志・藝文略・別集四》《趙冬曦集》。卷亡。

李北海集

《新唐書・藝文志・別集類》《李邕集》七十卷。

鄭樵《通志・藝文略・別集四》《李邕集》七十卷。

徐𤊹《徐氏家藏書目・文集類》《李邕文集》卷。

《四庫提要・別集類二》《李北海集》六卷，附録一卷。浙江鮑士恭家藏本。唐李邕撰。邕事蹟具《唐書》本傳。邕文集本七十卷，《宋志》已不著録。此本爲明無錫曹荃所刊，前有荃序，稱「紹和徵君刻唐人集，初得《北海集》，而余論之」，不言爲何人所編。大抵皆採摭《文苑英華》諸書，裒而成帙，非原本矣。史稱邕長於碑頌，前後所製凡數百首。今惟賦五首，詩四首，表十四首，疏、狀各一首，碑文八首，銘、記各一首，神道碑五首，墓誌銘一首，蓋已十不存一。【略】卷末附録載新、舊《唐書》邕本傳及贈送諸作，而別載《文苑英華》所録邕《賀赦表》六篇，題曰「糾繆」，謂考其事在代宗、德宗、憲宗時，邕不及見。其論次頗爲精審。然考彭叔夏《文苑英華辨證》曰：「《賀赦表》六首，《類表》以爲李吉甫作，而《文苑》以爲李邕。案邕天寶初卒，而六表乃在代宗、德宗、憲宗時。況《文苑》於三百五十九卷重出一表，題曰李吉甫。又第二表末云「謹遣衛前虞侯王國清奉表陳賀以聞」，正與吉甫《郴州謝上表》末語同。則非邕作也」云云。是宋人已經考證，編是集者用其說而諱所自來，亦可謂攘人之善矣。

張之洞《書目答問・別集》《李北海集》六卷，附録一卷。唐李邕。明崇禎庚辰刻本。

玄宗集

《新唐書・藝文志・別集類》《玄宗集》。

鄭樵《通志・藝文略・別集四》《明皇集》。卷亡。

尤袤《遂初堂書目・別集類》《明皇集》。

《宋史・藝文志・別集類》《玄宗詩》一卷。

高儒《百川書志・唐詩》《玄宗詩》一卷。

徐𤊹《徐氏家藏書目・文集類》《唐玄宗詩》一卷。

盧僎詩

徐𤊹《徐氏家藏書目・文集類》《盧僎詩》一卷。

孟浩然集

《新唐書・藝文志・別集類》《孟浩然詩集》三卷。弟洗然。宜城王士源所次，皆三卷也。士源別爲七類。

鄭樵《通志・藝文略・別集五》《孟浩然詩》三卷。

晁公武《郡齋讀書志・別集類上》《孟浩然詩》一卷。右唐孟浩然也。襄陽人。工五言詩，隱鹿門山，年四十，乃遊京師。一日，諸名士集祕省聯句，浩然句曰：「微雲淡河漢，疎雨滴梧桐。」衆皆欽服。張九齡、王維雅稱道之。維私邀入禁林，遇玄宗臨幸，浩然匿牀下，維以聞。上曰：「素聞其人。」因召見，命自誦所爲詩，至「不才明主棄」之句，上曰：「不求進而誣朕棄人。」命放歸。所著詩二百一十首。宜城處士王士源序次爲三卷，今併爲一，又有天寶中韋縚序。

尤袤《遂初堂書目・别集類》《孟浩然集》。

陳振孫《直齋書録解題・詩集類上》《孟襄陽集》三卷。唐進士孟浩然撰。宜城王士源序之。凡二百十八首，分爲七類，太常卿韋縚爲之重序。

馬端臨《文獻通考・經籍考・别集》《孟浩然詩》一卷。

又《詩集》《孟襄陽集》三卷。【略】東坡謂浩然詩：「韻高而才短，如造内法酒手，而無材料耶！」

《宋史・藝文志・别集類》《孟浩然詩》三卷。

楊士奇等《文淵閣書目・詩詞》《孟浩然詩》。一部，一册。闕。又《孟浩然詩》。一部，二册。闕。塾本一册。又《孟浩然詩》。一部，一册。完全。

高儒《百川書志・唐詩》《孟浩然詩》三卷。襄陽人。或曰孟浩，字浩然。須溪劉辰翁批點，詩二百二十三首。

范邦甸等《天一閣書目・别集類》《孟浩然集》四卷。刊本。唐孟浩然撰。

徐𤊹《徐氏家藏書目・文集類》《孟浩然詩》四卷。新刻《襄陽集》三卷。五唐人。

毛晉《汲古閣書跋》《孟襄陽集》余藏襄陽詩甚多，可據者凡三種：一宋刻三卷，逐卷意編，不標類目，共計二百一十首；一元刻劉須溪評者，亦三卷，類分游覽、贈答、旅行、送别、宴樂、懷思、田園、美人、時節、拾遺凡十條，共計二百三十三首；一弘治間關中刻孟浩浩然者，卷數與宋元相合，編次互有異同，共計二百一十八首。至近來十二家唐詩及王孟合刻等，或一卷，或二卷，或四卷，詮次寡多，本本淆譌，予悉依宋刻，以元本、關中本參之，附以《拾遺》，共得二百六十六首，間有字異、句異、先後倒者，分注「元刻某」、「今刻某」，不敢臆改云。

錢謙益等《絳雲樓書目・唐詩類》《孟浩然集》。

《四庫提要・别集類二》《孟浩然集》四卷。江蘇蔣曾瑩家藏本。唐孟浩然撰。浩然事蹟具《新唐書・文藝傳》。前有天寶四載宜城王士源序。案士源即補《亢倉子》之王士元，其事亦見序中，此作「源」字，蓋傳寫異文。又有天寶九載韋滔序。士源序稱浩然卒於開元二十八年，年五十有二。凡所屬綴，就輒毁棄，無復編録。鄉里購採，不有其半；敷求四方，往往而獲。今集其詩二百一十七首，分爲四卷。此本四卷之數，雖與序合，而詩乃二百六十二首，較原本多四十五首。洪邁《容齋隨筆》嘗疑其《示孟郊》詩時代不能相及。今考《長安早春》一首，《文苑英華》作張子容，而《同張將軍薊門看鐙》一首亦非浩然遊迹之所及，則後人竄入者多矣。士源序又稱詩或闕逸未成而製思清美，及他人酬贈，咸次而不棄。而此本無不完之篇，亦無唱和之作。其非原本，尤有明徵。排律之名，始於楊宏《唐音》，古無此稱。此本乃標排律爲一體，其中《田家元日》一首、《晚泊潯陽望香爐峰》一首、《萬山潭》一首、《渭南園即事貽皎上人》一首，皆五言近體。而編入古詩。《臨洞庭詩》舊本題下有「獻張相公」四字，見方回《瀛奎律髓》，此本亦無之，顯然爲明代重刻，有所移改。至序中「丞相范陽張九齡等與浩然爲忘形之交」語，考《唐書》，張説嘗謫岳州司馬，集中稱「張相公」、「張丞相」者凡五首，皆爲説作。若九齡則籍隸嶺南，以曲江著號，安得署曰范陽？亦明人以意妄改也。以今世所行别無他本，姑仍其舊録之，而附訂其舛互如右。

錢東垣等輯《崇文總目・别集類三》《孟浩然詩》三卷。

黄丕烈《蕘圃藏書題識・集類一》《孟浩然詩集》三卷。宋本。

黄丕烈《百宋一廛書録》《孟浩然集》。余始得須溪先生批點《孟浩然集》，元刻本，分三卷，自以爲佳矣。及得此宋刻三卷本，方知元本分卷雖同，而强分門類，脱衍甚多，不如宋刻遠甚。元刻但有宜城王士源序，「宜」誤作「宣」，序文首句云「孟浩，字浩然」，開卷即錯。通序之錯不可枚舉，惟宋刻卷首題「孟浩然詩集序宜城王士源撰」，序首云「孟浩然，字浩然」，古人名與字多同者，此其可證。王序後多重序一篇，爲天寶九載正月初、三日特進行太常卿禮儀使集賢院修撰上柱國沛國郡開國公韋滔敘，其每卷與元刻異同，不可枚舉，即如《歲晚歸南山作》，《新書》所云「浩然自誦所爲詩，至『不才明主棄』句」云云，豈有史傳載其事而本集反遺其詩者？元刻脱而宋刻有，此宋刻之妙一也。如《除夕有懷作》，元刻明知《衆妙集》中爲崔塗詩，而猶存之，余觀宋刻卻不如此，此宋刻之妙二也。卷中有「翰林國史院官書」楷書朱記一，瞿木夫云此是元時印，余所見宋刻唐人文集多有此印，則在當時諒不下數十種，而今廑存者亦寥寥矣。

張之洞《書目答問・别集》《孟襄陽集》三卷。唐孟浩然。汲古閣本。明閔齊伋刻本。又明刻本四卷。

李頎集

《新唐書・藝文志・别集類》《李頎詩》一卷。並開元進士第。

鄭樵《通志・藝文略・別集五》《李頎詩》一卷。

洪邁《容齋題跋》《跋李頎詩》。歐陽公好稱頌唐嚴維持「柳塘春水漫，花塢夕陽遲」及楊衡「竹徑通幽處，禪房花木深」之句，以爲不可及。余紀喜李頎詩云：「遠客坐長夜，雨聲孤寺秋。請量東海水，看取淺深愁。」且作客涉遠，適當窮秋，暮投孤村古寺中，夜不能寐，起坐凄惻而聞簷外雨中，其爲一時襟抱，不言可知。而此兩句十字中盡其意態。海水喻愁，非過語也。

尤袤《遂初堂書目・別集類》《李頎集》。

陳振孫《直齋書録解題・詩集類上》《李頎集》一卷。唐李頎撰。開元二十三年進士。

馬端臨《文獻通考・經籍考・詩集》《李頎集》一卷。

高儒《百川書志・唐詩》《李頎詩集》一卷。新都尉東川李頎撰。

徐𤊹《徐氏家藏書目・文集類》《李頎詩》三卷。

王昌齡集

《新唐書・藝文志・別集類》《王昌齡集》五卷。

鄭樵《通志・藝文略・別集四》《王昌齡集》五卷。

晁公武《郡齋讀書志・別集類上》《王昌齡詩》六卷。右唐王昌齡少伯也。江寧人。開元十五年進士，爲校書郎，又中宏詞科。不謹細行，貶龍標尉。以世亂，歸鄉里，爲刺史閭丘曉所殺。昌齡工詩，縝密而思清，時謂王江寧云。

尤袤《遂初堂書目・別集類》《王昌齡集》。

陳振孫《直齋書録解題・詩集類上》《王江寧集》一卷。

馬端臨《文獻通考・經籍考・別集》《王昌齡詩》六卷。

又《詩集》《王江寧集》一卷。

《宋史・藝文志・別集類》《王昌齡集》十卷。

楊士奇等《文淵閣書目・詩詞》《王昌齡詩》。一部，一册。闕。

高儒《百川書志・唐詩》《王昌齡集》三卷。汜水尉江寧王昌齡少伯撰。

徐𤊹《徐氏家藏書目・文集類》《王昌齡詩》三卷。

錢東垣等輯《崇文總目・別集類三》《王昌齡詩》一卷。

于休烈集

《新唐書・藝文志・別集類》《于休烈集》十卷。

鄭樵《通志・藝文略・別集四》《于休烈集》十卷。

楊仲昌集

《新唐書・藝文志・別集類》《楊仲昌集》十五卷。

鄭樵《通志・藝文略・別集四》《楊仲昌集》十五卷。

鮮于向集

《新唐書・藝文志・別集類》《鮮于向集》十卷。

鄭樵《通志・藝文略・別集四》《鮮于向集》十卷。

崔液集

《新唐書・藝文志・別集類》《崔液集》十卷。裴耀卿纂。

鄭樵《通志・藝文略・別集四》《崔液集》十卷。裴耀卿纂。

孫逖集

《新唐書・藝文志・別集類》《孫逖集》二十卷。

鄭樵《通志・藝文略・別集四》《孫逖集》二十卷。

尤袤《遂初堂書目·別集類》《孫逖集》。
《宋史·藝文志·別集類》《孫逖集》二十卷。
徐𤊹《徐氏家藏書目·文集類》《孫逖詩》一卷。
錢東垣等輯《崇文總目·別集類二》《孫逖文集》二十卷。

王維集

《新唐書·藝文志·別集類》《王維集》十卷。
鄭樵《通志·藝文略·別集四》《王維集》十卷。
晁公武《郡齋讀書志·別集類上》《王維集》十卷。右唐王維摩詰也。太原人。開元九年進士，終尚書右丞。維幼能屬文，工草隸，善畫，名盛。安禄山反，嘗陷賊中。賊大宴凝碧池，賦詩痛悼。詩聞行在，後得免死。代宗訪維文章於維弟縉，裒集十卷上之。李肇譏維「漠漠水田飛白鷺，陰陰夏木囀黄鸝」之句，以爲竊李嘉祐者，今嘉祐之集無之，豈肇之厚誣乎？
尤袤《遂初堂書目·別集類》《王維集》。
陳振孫《直齋書録解題·別集類上》《王右丞集》十卷。唐尚書右丞河中王維摩詰撰。建昌本與蜀本次序皆不同，大抵蜀刻唐六十家集多異于他處本，而此集編次尤無倫。維詩清逸，追逼陶、謝。《輞川別墅》圖畫摹傳至今。嘗與裴迪同賦，各二十絶句。
馬端臨《文獻通考·經籍考·別集》《王右丞集》。十卷。
《宋史·藝文志·別集類》《王維集》十卷。
楊士奇等《文淵閣書目·文集》《王右丞文集》。一部，三册。闕。
高儒《百川書志·唐文》《王右丞集》十卷。尚書右丞太原王維摩詰也。
范邦甸等《天一閣書目·別集類》《王摩詰集》六卷。刊本。唐王維撰。又《王摩詰集》十卷。刊本。唐王維著，弟王縉奉詔編輯表上。又《王右丞集》十册。唐河東王維撰。明嘉靖二十四年武陵顧伯子刊。卷首載王縉《進右丞集表》并新、舊《唐書》列傳、《年譜》。
錢謙益等《絳雲樓書目·唐文集類》《王摩詰集》。十卷。
錢曾《讀書敏求記·集》《王右丞文集》十卷。寶應二年正月七日，王縉搜求其兄詩筆十卷，隨表奉進。此刻是麻沙宋板，集中《送梓州李使君》詩，亦如牧翁所跋，作「山中一半雨，樹杪萬重泉」，知此本之佳也。
錢東垣等輯《崇文總目·別集類一》《王維文集》十卷。
于敏中等《天禄琳琅書目·影宋鈔集部》《王摩詰文集》。一函，四册。唐王維著，十卷。前維弟縉《進書表》、代宗答詔。《唐書》：王維字摩詰，太原祁人，九歲知屬辭，與弟縉齊名。開元初擢進士，歷官給事中。安禄山反，維爲賊得，以藥下利，陽瘖。禄山素知其才，迫爲給事中，維賦詩悼痛。賊平下獄，或以詩聞行在，時縉位已顯，請削官贖兄罪，肅宗亦自憐之，下遷太子中允。久之，遷中庶子，三遷尚書右丞。上元初，卒。至寶應中，代宗語縉曰：「朕嘗於諸王座閒聞維樂章，今傳幾何？」遣中人王承華往取，縉裒集數十百篇上之。今書中縉《上文集表》稱「中使王承華奉宣進止，令臣進亡兄故尚書右丞維文章」云云，與史脗合。代宗答詔有「抗行周《雅》，長揖《楚詞》」之語，蓋亦深重其才矣。縉字夏卿，舉草澤文辭清麗科上第。累官至黄門侍郎，同中書門下平章事。以招納財賄獲罪論死，上憫其耄，貶括州刺史。久之，遷太子賓客，分司東都。建中二年，卒，年八十二。此書前後無序，未審爲宋代何時刊本。自元、明以來，刻維集者甚多，今得此影鈔，以留宋槧面目，亦超出於諸家之上矣。琴川毛氏鈔本。
彭元瑞等《天禄琳琅書目後編·明版集部》《唐王右丞集》。二函，十册。明顧起經編。起經字元緯，無錫人，官廣東鹽課提舉。詩十卷，分體分類，起經注文四卷。賦、表狀、露布、書、序、記、讚、碑、墓誌、哀詞、祭文六十四首，無注。前有王縉《進集表》、《批答》、《新舊書》列傳、《新書·宰相世系表》一卷、《世系圖》、《年譜》一卷、《凡例》、《正譌》一卷、《詩畫評》一卷。後有《外編》一卷、《諸家贈題集》一卷、《同詠》一卷，皆有識語。冠起經自序，序後刻「嘉靖二十四年涂月白分錫山武陵顧伯子圖籍之宇刻」，《年譜》後刻「丙辰孟陬月得辛日錫山武陵家墅刻」，《贈題集》後刻「丙辰年初月人日付梓」，《同詠》後刻「丙辰上元雕版」。闕補《外編》。一、二、三。
又《唐王右丞集》。二函，十六册。同上，係一版摹印。
孫星衍《平津館鑒藏書籍記·明版》《王摩詰集》十卷。前有王縉進表、代宗批敕。晁氏《讀書志》、陳氏《書録解題》皆即此十卷之本。陳氏云：「建昌本與蜀本次序皆不同，大抵蜀刻唐六十家集多異於他處本，而此集編次尤無倫。」今本卷一至卷六爲賦與詩，卷七以下爲表、狀、書、序、記、讚、文、碑、墓誌，編次皆有條理，疑從建昌本翻雕。每葉廿行，行十八字，收藏有「扶風」朱文方印、「馬氏叢書樓珍藏圖記」朱文方印。

黄丕烈《蕘圃藏書題識・集類一》《王右丞集》十卷。宋刻本。此宋刻《王右丞文集》十卷二册，頃余友陶蘊輝從都中寄來而得之者也。先是，蘊輝在蘇時，余與商搉古書，謂《讀書敏求記》中物須爲我購之。今兹八月中旬，有人自北來者，寄我三種書，此本而外，尚有元刻《許丁卯集》及宋刻小字本《説文》。來札云「《王右丞文集》即所謂『山中一半雨』本，《許丁卯集》即所謂『校宋板多詩幾大半』本」，可見留心蒐訪，竟熟讀也。是翁書以「爲左券而不負余託，惜以物主居奇，必與《説文》并售，索直白金百二」，而余又以「《説文》已置一部，不復重出」作書復之，許以二十六金。得此兩書，往返再三，竟能如願。不特幸余得書之福，亦重感余友購書之力也。此書作「山中一半雨」本，向見劉須溪評點元刻，止詩六卷，見藏周香嚴家。香嚴又藏何義門校宋本，亦止詩無文，雖同出傳是樓而叙次紊亂，字句不同，非一本矣。十月十三日毛二榕坪過訪士禮居，余知其能識古書，出此相質。榕坪并爲余言，向見桐鄉金氏本板刻差大，詩中亦作「山中一半雨」，文則無有也，與此更非一本，益見此刻最善。而爲余所藏，抑何幸與！客去，攜書插架，即跋數語於尾。蕘圃黄丕烈識。

黄丕烈《百宋一廛書録》《王右丞文集》。

顧廣圻《思適齋書跋・集部》《王右丞文集》十卷。宋刻本。

又《王摩詰文集》十卷。北宋刻本。

顧廣圻《思適齋集外書跋輯存・集類》《王右丞文集》十卷。宋刊本。

又《王摩詰文集》十卷。宋刊本。

張金吾《愛日精廬藏書續志・別集類》《王摩詰集》卷十。何氏義門手校本。

類箋王右丞詩集　文集

范邦甸等《天一閣書目・別集類》《類箋王右丞詩集》十卷《文集》四卷。刊本。唐王摩詰著，尚書王縉表上，代宗手敕，平章事劉昫撰。宋歐陽修撰《世系表》，尚書宋祁撰《文藝略》云：「王維字摩詰，九歲知屬辭，與弟縉齊名。資性孝友，開元擢進士，調大樂丞，坐累爲濟州司倉參軍。張九齡執政，擢右拾遺，歷監察御史。母喪，毀幾不生。服除，累遷給事中。元宗回鑾，下遷太子中允。久之，遷中庶子，三遷尚書右丞。縉爲蜀州刺史，未還，維自表己有五短，縉五長，願歸所任官，放田里，使縉得還京師。上元初卒，年六十一。縉在鳳翔，作書與別，又遺親故書數幅，停筆而化。兄弟皆篤志奉佛，食不葷，衣不文彩。別墅在輞川，與裴迪游其中，賦詩相酬爲樂。喪妻不娶，孤居三十年。寳應中，代宗語縉曰：「朕嘗於諸王座聞維樂章，今傳幾何？」遣中人王承華往收，縉裒集數十百篇上之。明嘉靖二十四年，顧起經首題小引。

徐𤊹《徐氏家藏書目・文集類》《王維文集類箋》。百家注。

黄虞稷《千頃堂書目・文史類》顧起綸《注王右丞詩集》十卷。又《文集》四卷。

《四庫提要・別集類存目一》《類箋王右丞集》十卷，附《文集》四卷。浙江范懋柱家天一閣藏本。明顧起經撰。起經字長濟，更字元緯，無錫人。嘉靖中以國子監生官廣東鹽課副使。是集以王維詩分類重編，五言古詩分十一門，七言古詩分六門，五言律詩分十一門，五言排律分八門，五言絶句分七門，七言絶句分五門，各爲箋注，而以劉辰翁評散附句下。冠以本傳、年譜，別以外編、遺詩及同詠、鑒答、畫評附後。其文集四卷則絶無箋注。大都區別繁碎，更甚於王洙之割裂杜詩，王十朋之竄亂蘇集。如《清如玉壺冰》詩，雖題出鮑照《白頭吟》，然實省試之作，列之閨情，殊爲不類，配隸尤多乖舛也。

于敏中等《天禄琳琅書目・明版集部》《類箋唐王右丞集》。二函，十二册。唐王維著。《詩集》十卷，《文集》四卷。前明顧起經序，次凡例，次開局氏里，次王集表敕，次王氏世系并圖、目録。末載右丞詩畫評一卷，後唐諸家同詠集一卷，唐諸家贈題集一卷，右丞年譜一卷，外編一卷。外編後有起經識語。按：此書凡例稱《詩集》舊本係六卷，今析爲十卷；文四卷，編置末册。其開局氏里後標「嘉靖三十四年十二月望授鋟，三十五年六月朔完局」，每卷末俱記刊書之月并校閲諸姓氏，可謂鄭重經營者矣。版雖不能甚工，而字畫清朗，尚稱佳本。考《常州志》，顧起經字長濟，無錫人，以國子生謁選，授廣東鹽課副提舉兼署市舶。弟起綸，輯明諸家詩，名《國雅》，爲世所重。

王右丞集箋注

《四庫提要・別集類二》《王右丞集箋注》。二十八卷，附録二卷。江蘇巡撫採進本。唐王維撰。國朝趙殿成注。殿成字松谷，仁和人。《王維集》舊有顧起經分類注本，但注詩而不及文，詩注亦閒有舛漏。殿成是本，初定稿，於雍正戊申，成書於乾隆丙辰，鉤稽考訂，定爲古體詩六卷、近體詩八卷，皆以元劉辰翁評本所載爲斷。其别本所增及他書互見者，則爲《外編》一卷。其雜文則釐爲十三卷，併爲箋注。又以王縉進表、代宗批答、《唐書》本傳、世系、遺事及同時唱和、後人題詠爲一卷，弁之於首；以詩評、畫録、年譜爲一卷，綴之於末。其年譜亦本傳、世系之類，後人題詠，亦詩評、畫録之類，而一置於後，一置於前，編次殊爲未協。又集外之詩既爲外編，其論畫諸篇亦集外之文，疑以傳疑者而混於文集，不復分别，體例亦未畫一。然排比有緒，終較他本爲精審。其箋注往往捃拾類書，不能深究出典。即以開卷而論，「閶闔」字見《楚辭》，而引《三輔黄圖》；「八荒」字見《淮南子》而引章懷太子《後漢書注》；「胡牀」字見《世説新語》桓伊戴淵事，而引張端義《貴耳集》；「朱門」字亦見《世説新語》支遁語，而引程大昌《演繁露》；「雙鵠」字自用古詩「願爲雙黄鵠」語，而引謝維新《合璧事類》；「絶迹」字見《莊子》，而引曹植《與楊修書》，皆未免舉末遺本。然於顧注多所訂正。又維本精於佛典，顧注多未及詳。殿成以王琦熟於三藏，屬其助成，亦頗補所未備。核其品第，固猶在顧注上也。

張之洞《書目答問・别集》 《王右丞集注》二十八卷。唐王維。趙殿成注。乾隆二年刻本。

王維詩集

楊士奇等《文淵閣書目・詩詞》 《王維詩集》。一部，二册。闕。又《王維詩集》。一部，二册。闕。

高儒《百川書志・唐詩》 《藍田王摩詰詩集》六卷，尚書右丞太原王維摩詰撰。舊名《輞川集》。

劉須溪批王右丞詩

錢謙益等《絳雲樓書目・唐文集類》 《劉須溪批王右丞詩》。

彭元瑞等《天禄琳琅書目後編・明版集部》 《唐王右丞詩劉須溪校本》。一函，一册。唐王維撰。書六卷，凡詩四百餘篇，附録《唐書》列傳、《文獻通考》一條。弘治甲子吕夔重雕，前後有夔序、跋。夔，廣信永豐人，弘治壬戌進士，官杭州知府。書中朱書，用錢本校。

黄丕烈《蕘圃藏書題識・集類一》 《王右丞詩集》六卷。明刊本。此六卷本《王右丞詩集》，係覆刊劉須溪校本，其分卷序次卻與宋本合，余偶得諸坊閒、坊友胡葦州云：「《送梓州李使君》詩尚作『一半雨』，洵佳本也。」及余攜歸核之，卷六《出塞作》脱去一行，計二十一字，「驅」字之下，「遼」字之上。從他本證之，有「馬秋日平原好射雕護羌校尉朝乘障破虜將軍夜渡」云云。以宋刻行款而論，「驅」字上半葉止，「遼」字下半葉起，可見此本從宋刻覆刊無疑矣。唯是辭句尚多歧異，當再以宋本勘之，則美備無遺憾。當俟暇日，手校可爾。庚辰冬至日，復翁。

又《王右丞詩集》六卷。校宋本。《摩詰集》先借毛斧季十丈宋槧影寫本，屬道林叔校過。康熙己亥，又借退谷前輩從東海相國架上宋槧本手鈔者再校，此集庶可傳信矣。記示餘兒。

道光乙酉，錢唐何夢華以義門校本《摩詰集》十卷見示，因予先有手校宋本六卷詩不分體者，復以何校參之。復翁記。

予藏《王右丞文集》十卷，即其弟王縉表上者也，不知何時付梓。僅存詩六卷，雖宋刻，詩止六卷，餘盡古文，然序次先後衍脱亦多。爰從宋刻手校一過，其最不可通者，一題而兼古今體，宋刻連叙而時本分爲兩處，此急當改正者也。至於宋刻，亦有脱落，可據文義正之。七月下浣，蕘圃記。

丙戌四月，伯洪借校一過。均在末卷後。

凡覆勘《王摩詰詩》六卷例：何校與舊校合者用圈，何校所據明刻本與舊校合者用△，遇何校仍明刻及校宋者用「何校識之」，有校語者用「校云」别之。至於何校分卷及各首序次，多與此刻同。閒有異者，標出之，校畢總記於卷端。

顧可久注王右丞詩

徐𤊹《徐氏家藏書目・文集類》 《王維右丞集》六卷。顧可久注。

黄虞稷《千頃堂書目・文史類》《(顔)〔顧〕可久注王右丞詩》六卷。

寒山子詩集　附豐干拾得詩

高儒《百川書志・唐詩》《寒山子集》一卷。又《拾得詩》。又《豐干長老詩》。三集爲天台國清禪寺三隱之作也。

錢曾《讀書敏求記・詩集》《寒山拾得詩》一卷。豐干語閭丘胤，寒山文殊，拾得普賢，真爲饒舌矣。胤令國清寺僧道翹纂集文句成卷而爲之序讚，附著《拾得録》于詩之前，惜乎傳世絶少。此從宋刻摹寫。考南北《藏》俱未收。余謂應同《龐居士詩》並添入《三藏目録》中，庶不至泯滅無傳耳。

《四庫提要・別集類二》《寒山子詩集》一卷，附《豐干拾得詩》一卷。浙江巡撫採進本。案：寒山子，貞觀中天台廣興縣僧，居於寒巖，時還往國清寺。豐干、拾得，則皆國清寺僧也。世傳台州刺史閭丘允遇三僧事，蹤蹟甚怪，蓋莫得而考證也。其詩相傳即允令寺僧道翹尋寒山平日於竹木石壁上及人家廳壁所書，得三百餘首，又取拾得土地堂壁上所書偈言，竝纂集成卷。豐干則僅存房中壁上詩二首。允自爲之序。宋時又名《三隱集》，見淳熙十六年沙門道南所作記中。《唐書・藝文志》載寒山詩入釋家類，作七卷。今本併爲一卷，以拾得、豐干詩別爲一卷附之，則明新安吴明春所校刻也。

彭元瑞等《天禄琳琅書目後編・宋版集部》《寒山子詩集》。一函，一册。唐釋寒山子撰。寒山子，天台廣興縣僧，居寒巖，時還往國清寺。書一卷，計詩三百十三首。前有閭丘允序，附豐干詩二首，拾得詩五十六首，皆國清寺僧。亦有閤丘允録，宋時所稱《三隱集》也。是書明新安吴明春有刻本，是本宋諱闕筆，雕手古雅，汲古閣所藏。

黄丕烈《蕘圃藏書題識・集類一》《寒山拾得詩》一卷。影宋鈔本。《寒山拾得詩》一卷，載諸《讀書敏求記》，此從宋刻摹寫。余向收一精鈔本，似與遵王藏本相類，當亦宋刻摹寫者也，惜首尾略有殘闕耳。後五柳主人自都中寄一本示余，楮墨古雅，甚爲可愛，細視之，乃係外洋板刻，惜通體覆背俱用字紙，殊不耐觀。頃命工重裝，知有失去半葉者共四處，以洋紙補之。復取向所收者核其文理，始信二本互異。詩之次序有先後，分七言於五言之外，洋板所獨。此拾得詩《雲林最幽棲》一首内「日斜挂影低」句精鈔本「日」字下俱缺，此外皆不可考矣。故兹所失四半葉無從補全，而二本板心彼題「寒山子詩」，此題「三隱」，後又云深詩，本不相類也。惜遵王所記但云傳世絶少，豈知宋刻摹寫之外，尚有他刻流傳於世耶！此刻似係洋板，然寒山詩後有一條云「杭州錢塘門裏車橋南大街郭宅口鋪」印行，則又不知此刻之果爲何地本矣，俟與藏書家驗之。嘉慶丁卯春三月二十有五日，復翁黄丕烈識。

毛欽一集

《新唐書・藝文志・別集類》《毛欽一集》三卷。字傑，荆州長林人。

鄭樵《通志・藝文略・別集四》《毛欽一集》三卷。

尤袤《遂初堂書目・別集類》《毛欽一集》。

陳振孫《直齋書録解題・別集類上》《毛欽一集》二卷。唐荆州長林毛欽一撰。長林，荆門軍屬縣。欽一上諸公書自稱毛欽一，字傑。或時又以傑爲名。唐人以字行者多矣。自號雲夢子。開元中人。

馬端臨《文獻通考・經籍考・別集》《毛欽一集》二卷。

《宋史・藝文志・別集類》《毛欽一集》三十卷。又《毛欽一文》二卷。

錢東垣等輯《崇文總目・別集類二》《毛欽一文集》三卷。

徐侍郎集

范邦甸等《天一閣書目・總集類》《徐侍郎集》二卷。唐徐安貞撰。太原王穉登序云：「侍郎衢之，龍丘人，當明皇朝三應制科，並擢上第，尤工五言詩。迨今千載，龍丘逸民童君佩集其詩賦、雜文十六篇次第之而鋟之木，童有序。」

錢謙益等《絳雲樓書目・唐文集類》《徐侍郎集》。元宗朝。

錢曾《讀書敏求記・集》《徐侍郎集》二卷。

張金吾《愛日精廬藏書志・別集類》《徐侍郎集》二卷。舊抄本。唐中書侍郎集賢院學士徐安貞撰。附録《舊唐書》本傳等六則及顧況、趙抃、王瓚詩三首，袁文紀贊一首。

白履忠集

《新唐書・藝文志・別集類》《白履忠集》十卷。

鄭樵《通志・藝文略・別集四》《白履忠集》十卷。

丘爲集

《新唐書・藝文志・別集類》《丘爲集》。卷亡。蘇州嘉興人，事繼母孝，嘗有靈芝生堂下。累官太子右庶子，時年八十餘，而母無恙，給俸禄之半。及居憂，觀察使韓滉以致仕官給禄所以惠養老臣，不可在喪爲異，唯罷春秋羊酒。初還鄉，縣令謁之，爲候門磬折，令坐，乃拜，里胥立庭下，既出，乃敢坐。經縣署，降馬而趨。卒年九十六。

尤袤《遂初堂書目・別集類》《丘爲集》。

《宋史・藝文志・別集類》《丘爲詩》一卷。

崔良佐集

《新唐書・藝文志・別集類》《崔良佐集》十卷。

鄭樵《通志・藝文略・別集四》《崔良佐集》十卷。

張孝嵩集

《新唐書・藝文志・別集類》《張孝嵩集》十卷。字仲山，南陽人。開元河東節度使，南陽郡公。

鄭樵《通志・藝文略・別集四》《張孝嵩集》十卷。

崔國輔集

《新唐書・藝文志・別集類》《崔國輔集》。卷亡。應縣令舉，授許昌令，集賢直學士、禮部員外郎。坐王鉷近親貶竟陵郡司馬。

鄭樵《通志・藝文略・別集四》《崔國輔集》。卷亡。又《崔國輔集》。卷亡。

尤袤《遂初堂書目・別集類》《崔國符集》。

陳振孫《直齋書録解題・詩集類上》《崔國輔集》一卷。唐集賢直學士禮部員外郎崔國輔撰。開元十三年進士，應縣令舉，爲許昌令。天寶中加學士，後以王鉷近親坐貶。詩凡二十八首。臨海李氏本。後又得石林葉氏本，多六首。

馬端臨《文獻通考・經籍考・詩集》《崔國輔集》一卷。

《宋史・藝文志・別集類》《崔國輔詩》一卷。

高儒《百川書志・唐詩》《崔國輔詩》一卷。禮部員外郎吴郡崔國輔撰。

康玄辯集

《新唐書・藝文志・別集類》《康玄辯集》十卷。字通理，開元瀘州刺史。

鄭樵《通志・藝文略・別集四》《康玄辨集》十卷。

陶翰集

《新唐書・藝文志・別集類》《陶翰集》。卷亡。潤州人。開元禮部員外郎。

鄭樵《通志・藝文略・別集四》《陶翰集》。卷亡。

尤袤《遂初堂書目・別集類》《陶翰集》。

陳振孫《直齋書録解題・詩集類上》《陶翰集》一卷。唐禮部員外郎丹陽陶翰撰。開元十八年進士，次年鴻詞。

馬端臨《文獻通考・經籍考・詩集》《陶翰集》一卷。

《宋史・藝文志・別集類》《陶翰詩》一卷。

權若訥集

《新唐書・藝文志・別集類》《權若訥集》十卷。開元梓州刺史。

鄭樵《通志・藝文略・別集四》《權若訥集》十卷。

康希銑集

《新唐書・藝文志・別集類》《康希銑集》二十卷。字南金，開元台州刺史。

鄭樵《通志・藝文略・別集四》《康希銑集》二十卷。

張均集

《新唐書・藝文志・別集類》《張均集》二十卷。

鄭樵《通志・藝文略・別集四》《張均集》二十卷。

常建詩

《新唐書・藝文志・別集類》《常建詩》一卷。肅、代時人。

鄭樵《通志・藝文略・別集五》《常建詩》一卷。

晁公武《郡齋讀書志・別集類上》《常建詩》一卷。右唐常建也。開元十五年進士。歐陽永叔嘗愛「竹徑通幽處，禪房花木深」之句，乃建詩也。

尤袤《遂初堂書目・別集類》《常建集》。

陳振孫《直齋書録解題・詩集類上》《常建集》一卷。唐盱眙尉常建撰。

馬端臨《文獻通考・經籍考・別集》《常建集》一卷。

又《詩集》《常建集》一卷。

《宋史・藝文志・別集類》《常建詩》一卷。

高儒《百川書志・唐詩》《常建詩集》三卷。盱眙尉常建也。

徐𤊹《徐氏家藏書目・文集類》《常建詩》三卷。

毛晉《汲古閣書跋》《常建詩》。常建字無考。開元十五年進士，大曆中爲盱眙尉，丹陽進士殷璠選《河嶽英靈集》，起甲寅終癸巳，上下四十年，品藻二十四人，譔録二百三十四詩，叙云：「名不副實，才不合衛，縱權壓（果）〔梁〕竇，終無取焉。」唯以建詩一十五首，列于卷端，尤稱《王將軍》一篇，以爲潘岳弗如也。惜其淪于下僚，且曰「高才無貴士」，誠哉是言。可謂感慨極矣。據《唐・藝文志》及《通考》俱云一卷，今流傳詩五十有七首，不知何人類而析之爲三卷。又見洪魏公載《吴故宫》一絶，因附焉。隱湖毛晉識。

《四庫提要・別集類二》《常建詩》三卷。江蘇巡撫採進本。案：唐常建，不知其字，其里貫亦無可考。據陳振孫《書録解題》，知爲開元十五年進士，終於盱眙尉而已。詩家但稱曰堂尉，從其官也。《唐書・藝文志》載《常建詩》一卷，此本三卷，乃毛晉汲古閣所刊，云不知何人類而析之。據《書録解題》作於宋末，尚稱一卷，則元、明人所分矣。殷璠作《河嶽英靈集》，去取至爲精核，肅、代之閒，「所録僅二十四人，以建爲冠。載詩僅二百三十四首，而建詩居十五首。」

彭元瑞等《天禄琳琅書目後編・宋版集部》《常建詩集》。一函。一本。唐常建撰。建，里貫無考，開元十五年進士，官盱眙尉，見陳振孫《書録解題》。書二卷，計詩五十七首，上卷末刻「臨安府棚北大街睦親坊南陳宅刊印」，即陳道人書坊也。《唐書・藝文志》載建集一卷，《書録解題》尚仍之。此本乃陳起宗之書肆所鐫，作二卷，蓋其所分。近毛晉汲古閣所刊乃三卷，其爲元明人所分，不可考矣。明楊士奇家藏。士奇名寓，以字行，號東里，吉安泰和人，官至大學士，時稱「西楊」。贈太師，謚文貞。堯峰，汪琬號。

郗純集

《新唐書・藝文志・別集類》《郗純集》六十卷。

鄭樵《通志・藝文略・別集四》《郗純集》六十卷。

張登集

《新唐書·藝文志·別集類》《張登集》六卷。貞元漳州刺史。

鄭樵《通志·藝文略·別集四》《張登集》六卷。

晁公武《郡齋讀書志·別集類中》《張登集》六卷。右唐張登。性剛潔耿介，始以巾褐就辟，歷衛佐，廷尉平、監察御史。貞元中，改河南士曹掾，遷殿中侍御史，漳州刺史。居七年，坐公累受劾，吏議侵誣，感疾，卒。權德輿爲之序甚詳，以公幹、景陽比之。《國史補》亦稱登長於小賦，氣宏而密，間不容髮，有織成隱起結綵蹙金之狀。其舊集詩賦之外，書、啓、序、述、誌、記、銘、誄，合一百二十二篇，今存者纔六十餘首。

尤袤《遂初堂書目·別集類》《張登集》。

馬端臨《文獻通考·經籍考·別集》《張登集》六卷。

《宋史·藝文志·別集類》《張登集》六卷。

沈齊家集

《舊唐書·經籍志·別集》《沈齊家集》十卷。

《新唐書·藝文志·別集類》《沈齊家集》十卷。

鄭樵《通志·藝文略·別集四》《沈齊家集》十卷。

崔顥集

《新唐書·藝文志·別集類》《崔顥詩》一卷。汴州人。才俊無行，娶妻不愜即去之者三四。歷司勳員外郎。

鄭樵《通志·藝文略·別集五》《崔顥詩》一卷。

尤袤《遂初堂書目·別集類》《崔顥集》。又《崔顥集》。

陳振孫《直齋書録解題·詩集類上》《崔顥集》一卷。唐司勳員外郎崔顥撰。開元十年進士。才俊無行。《黃鶴樓》詩盛傳於世。

馬端臨《文獻通考·經籍考·詩集》《崔顥集》一卷。

《宋史·藝文志·別集類》《崔顥詩》一卷。

高儒《百川書志·唐詩》《崔顥詩集》三卷。司勳員外郎卞州崔顥撰。詩四十三首。

徐𤊹《徐氏家藏書目·文集類》《崔顥詩》三卷。

綦毋潛集

《新唐書·藝文志·別集類》《綦毋潛詩》一卷。字孝通。開元中，繇宜壽尉入集賢院待制，遷右拾遺，終著作郎。

鄭樵《通志·藝文略·別集五》《綦(母)〔毋〕潛詩》一卷。

尤袤《遂初堂書目·別集類》《綦毋潛集》。

陳振孫《直齋書録解題·詩集類上》《綦毋潛集》一卷。唐待制集賢院南康綦毋潛孝通撰。南康，今贛州。

馬端臨《文獻通考·經籍考·詩集》《綦(母)〔毋〕潛集》一卷。

《宋史·藝文志·別集類》《綦毋潛詩》一卷。

祖詠集

《新唐書·藝文志·別集類》《祖詠詩》一卷。

鄭樵《通志·藝文略·別集五》《祖詠詩》一卷。

尤袤《遂初堂書目·別集類》《祖詠集》。

陳振孫《直齋書録解題·詩集類上》《祖詠集》一卷。唐祖詠撰。開元十二年進士。

馬端臨《文獻通考·經籍考·詩集》《祖詠集》一卷。

《宋史·藝文志·別集類》《祖詠詩》一卷。

高儒《百川書志・唐詩》 《祖詠集》一卷。駕部員外郎洛陽祖詠撰。

徐𤊹《徐氏家藏書目・文集類》 《祖詠詩》一卷。

包融詩

《新唐書・藝文志・別集類》 《包融詩》一卷。潤州延陵人。歷大理司直。二子何、佶齊名，世稱「二包」。何，字幼嗣，大曆起居舍人。融與儲光羲皆延陵人；曲阿有餘杭尉丁仙芝、緱氏主簿蔡隱丘、監察御史蔡希周、渭南尉蔡希寂、處士張彦雄、張潮、校書郎張暈、吏部常選周瑀、長洲尉談戭，句容有忠王府倉曹參軍殷遥、硤石主簿樊光、横陽主簿沈如筠，江寧有右拾遺孫處玄、處士徐延壽，丹徒有江都主簿馬挺、武進尉申堂構，十八人皆有詩名。殷璠彙次其詩，爲《丹楊集》者。

鄭樵《通志・藝文略・別集五》 《包融詩》一卷。

嚴從集

《新唐書・藝文志・別集類》 《嚴從集》三卷。從卒，詔求其稿，吕向集而進焉。

鄭樵《通志・藝文略・別集四》 《嚴從集》三卷。從卒，詔求其稿，吕向集而進焉。

晁公武《郡齋讀書志・別集類上》 嚴從《中黄子》三卷。右唐嚴從，開元中爲著作郎，春宫侍讀，集賢院學士，卒。自號中黄子。當時，命太子侍文吕向訪遺文於家，得《訓考》、《經頌》等八篇，序爲三卷。

尤袤《遂初堂書目・別集類》 嚴從《中黄子》。

馬端臨《文獻通考・經籍考・別集》 嚴從《中黄子》三卷。

《宋史・藝文志・別集類》 嚴從《中黄子》三卷。

李太白集

《新唐書・藝文志・別集類》 李白《草堂集》二十卷。李陽冰録。

鄭樵《通志・藝文略・別集類》 李白《草堂集》二十卷。李陽冰録。

晁公武《郡齋讀書志・別集類》 《李翰林集》二十卷。右唐李白太白也。白集舊十卷，唐李陽冰序。咸平中，樂史別得白歌詩十卷，凡歌詩七百七十六篇，又纂雜著，爲《別集》十卷。宋次道治平中得王文獻及唐魏萬所纂白詩，又裒唐類詩洎刻石所傳者，通李陽冰、樂史集，共一千一篇，雜著六十五篇。曾子固乃考其先後而次第之，云：「白，蜀郡人。天寶初至長安，明皇召爲翰林供奉，頃之不合，去。安禄山反，明皇在蜀，永王璘節度東南。白時卧廬山，迫致之。璘敗，坐繫潯陽獄，崔涣、宋若思驗治白，以爲罪薄，釋白囚，使謀其軍。乾元元年，終以汚璘事，長流夜郎，以赦得釋，過當塗以卒。始終更涉如此。此白之詩書所自序可考者也。《舊史》稱：『白，山東人，爲翰林待詔』。又稱：『白在宣城謁見永王璘，遂辟爲從事。』而《新書》又稱『白流夜郎，還潯陽，坐事下獄，宋若思釋之』者，皆不合於白之自序，蓋史誤也。」予按杜甫詩亦以白爲山東人，而蘇子瞻常恨白集爲庸俗所亂，則白之自序亦未可盡信，而遂以爲史誤。近蜀本又附入左綿邑人所裒白《隱處少年所作詩》六十篇，尤爲淺俗。白天才英麗，其辭逸蕩儁偉，飄然有超世之心，非常人所及，讀者自可別其真僞也。

趙希弁《讀書附志・別集類》 《李翰林文集》三十卷。右唐李白太白之文也。《讀書志》云二十卷，希弁所藏三十卷。以常山宋敏求、南豐曾鞏序考之，則三十卷爲是。然第一卷乃李陽冰、魏顥、樂史三人所作序，李華、劉全白、范傳正、裴敬四人所作誌與碑。第二卷以後乃白詩文云。

尤袤《遂初堂書目・別集類》 《李白集》。

陳振孫《直齋書録解題・別集類》 《李翰林集》三十卷。案《解題》中所云，應作三十卷。原本脱「十」字，今校補。唐翰林供奉廣漢李白撰。《唐志》有《草堂集》二十卷者，李陽冰所録也。今案：陽冰序文但言十喪其九，而無卷數。又樂史序文稱《李翰林集》十卷，別收歌詩十卷，因校勘爲二十卷，又於館中得賦、序、表、書、贊、頌等，亦爲十卷，號曰《別集》。然則三十卷者，樂史所定也。家所藏本，不知何處本，前二十卷爲詩，後十卷爲雜著，首載陽冰、史及魏顥、曾鞏四序，李華、劉全白、范傳正、裴敬碑誌，卷末又載《新史》本傳，而《姑孰十詠》、《笑矣》、《悲來》、《草書》三歌行亦附焉，復著東坡辨證之語，其本最爲完善。別有蜀刻大小二本，卷數亦同，而首卷專載碑、序，餘二十三卷歌詩，而雜著止六卷。有宋敏求後序，言舊集歌詩七百七十六篇，又得王溥及唐魏萬集本，因裒唐《類詩》諸編洎石刻所傳，廣之無慮千篇。以《別集》、雜著附其後。曾鞏蓋因宋本而次第之者也，以校舊藏本篇數，如其言，然則蜀本即宋本也耶？末又有元豐中毛漸題，云「以宋公編類之勤，曾公考次之詳，而晏公又能鏤板以傳於世」，乃晏知止刻於蘇州者。然則蜀本蓋傳蘇本，而蘇本不復有矣。

馬端臨《文獻通考・經籍考・別集》 《李翰林集》二十卷。【略】《南豐》曾氏序略曰：「白以汙永王璘事，長流夜郎，會赦得釋，如潯陽、金陵，徘徊歷陽、宣城二郡。其族人陽冰爲當塗令，白過之，以病卒，年六十有四，時寶應元年也。白之詩連類引義，雖中於法度者寡，然其辭閎肆雋偉，殆騷人所不及，近世所未有也。《舊史》稱白有逸才，志氣宏放，飄然有超世之心，余以爲實録。而《新書》不著其語，故録之，使覽者得詳焉。」

潁濱蘇氏云：李白詩類其爲人，駿發豪放，華而不實，好事者喜名，而不知義理之所在也。語用兵，則先登陷陣不以爲難；語游俠，則白晝殺人不以爲非，此豈其誠能也。白始以詩酒奉事明皇，遇讒而去，所至不改其舊。永王將竊據江淮，白起而從之不疑，遂以放死。今觀其詩，固然。唐詩人，李、杜稱首，今其詩皆在，杜甫有好義之心，白所不及也。漢高祖歸豐、沛，作歌曰：「大風起兮雲飛揚，威如海内兮歸故鄉，安得壯士兮守四方！」高帝豈以文字高世者哉？帝王之度，固然發於中而不自知也。白詩反之曰：「但歌大風雲飛揚，安用壯士守四方？」其不達理如此。老杜贈白詩，有「細論文」之句，謂此類也哉！

《朱子語録》曰：作詩先用看李、杜，如士人治本，經本既立，方可看蘇、黄諸家。太白詩如無法度，乃從容於法度中，蓋聖於詩者。《古風》五十篇，多是學陳子昂《感遇》詩，有全用他句處。太白去子昂未遠，其尊慕如此。然多爲人所亂，有一篇分而爲二者，有二篇合而爲一者。太白詩不專是豪放，亦有雍容和緩底，如首篇「大雅久不作」，多少和緩。太白始終學《選》詩，所以好。子美詩，好處亦是效《選》詩。夔州諸詩不然也。

《宋史・藝文志・別集類》 《李白集》三十卷。

楊士奇等《文淵閣書目・詩詞》 《李翰林集》。一部，六册。完全。《李太白集》。一部，四册。闕。《李太白集》。一部，二册。闕。《李太白集》。一部，七册。闕。《李太白集》。一部，三册。闕。《李太白集》。一部，三册。闕。《李太白集》。一部，四册。闕。

又《文集》 《李太白集》。一部，四册。闕。

高儒《百川書志・集類》 《李翰林集》十卷。翰林供奉李白也。賦八，文六十三。

徐㶿《徐氏家藏書目・文集類》 《李白詩文集》三十卷。百家注。

張萱等《内閣藏書目録・集部》 《李翰林集》。六册，全。唐李白著。

錢謙益等《絳雲樓書目・唐文集類》 宋板李翰林《草堂集》四册。二十卷。

錢曾《讀書敏求記・集》 《李翰林全集》三十卷。太白集宋刻絶少，此是北宋鏤本，闕十六卷之二十、二十六卷之三十，予以善本補録，遂成完書。前二十卷爲歌詩，後十卷爲雜著，卷下注「別集」，簡端冠以李陽冰序。蓋《通考》所載陳氏家藏不知何處本，或即此耶？

吴焯《繡谷亭薰習録・集部》 《李太白集》三十卷。李白《草堂集》，李陽冰、魏顥爲序。考白生卒，新舊《唐書》不同，嘗因弇州辨升菴之説而考訂之，當以二序爲正。

于敏中等《天禄琳琅書目・元版集部》 《唐翰林李太白集》。一函，八册。唐李白著。二十六卷。前唐李陽冰序，後宋樂史、曾鞏、毛漸三序，目録後載薛仲邕編白年譜。此書不載編纂人姓氏，前二十四卷皆載歌詩，賦則列於二十五卷，其二十六卷專載讃十七篇，較前部故多一卷。然橅印遜於前部，其中錯誤亦多，如作序之毛漸並譌爲毛述，似是坊間自爲刊行之本也。

《四庫提要・別集類二》 《李太白集》三十卷。安徽巡撫採進本。唐李白撰。《舊唐書》白傳稱山東人，《新唐書》則作隴西成紀人。考杜甫作《崔端薛復筵醉歌》有「近來海内爲長句，汝與山東李白好」句。楊慎《丹鉛録》據魏顥《李翰林集序》有「世號爲『李東山』」之文，謂杜集傳寫誤倒其字，似乎有理。然元稹作杜甫墓誌，亦稱「與山東人李白」，其文鑿然。如倒之作東山人，則語不成文，又不得以魏序爲解。檢白集《寄東魯二子詩》，有「我家寄東魯」句。顥序亦稱「合於魯一婦人，生子曰頗黎」。蓋居山東頗久，故人亦以是稱之。實則非其本籍，劉昫等誤也。至於隴西成紀，乃唐時李氏以郡望通稱，故劉知幾《史通・因習篇》自注曰：「近代史爲王氏傳云『瑯邪臨沂人』，爲李氏傳云『隴西成紀人』。非惟王李二族久離本郡，亦自當時無此郡縣，皆是魏晉以前舊名。」今勘驗《唐書・地理志》，果如所説。則宋祁等因襲舊文，亦不足據。惟李陽冰序稱涼武昭王暠之後，謫居條支，神龍之始，逃歸於蜀，復指李樹而生伯陽，驚姜之夕，長庚入夢。顥序稱白本隴西，乃因家於緜，身既生蜀云云。則白爲蜀人，具有確證。二史所書，皆非其實也。陽冰序不言卷數，《新唐書・藝文志》則曰：「《草堂集》二十卷，李陽冰編。」案宋敏求後序曰：「唐李陽冰序李白《草堂集》十卷，咸平中樂史別得白歌詩十卷，合爲《李翰林集》二十卷。史又云，雜著爲《別集》十卷。」然則《草堂集》原本十卷，《唐志》以陽冰所編爲二十卷者，殊失之不考。今《草堂集》不傳，樂史所編亦罕見。此本乃宋敏求得王溥及唐魏顥本，又裒集唐《類詩》諸編洎石刻所傳，編爲一集。曾鞏又考其先後而次第之，爲三十卷。首卷惟載諸序碑記。二卷以下乃爲歌詩，爲二十三卷。雜著六卷。流傳頗少。國朝康熙中，吴縣繆曰芑始重刊之。後有曰芑跋云：「得臨川晏氏宋本，重加校正，較坊刻頗爲近古。」然陳氏《書録解題》、晁氏《讀書志》並題《李翰林集》，而此乃云《太白全集》，未審爲宋本所改，曰芑所改，是則稍稍可疑耳。據王琦注本，是刻尚有《考異》一卷。而坊間印本皆削去曰芑序目，以贋宋本，遂併《考異》而削之。以其文已全載王琦本中，今亦不更補録焉。

錢東垣等輯《崇文總目·别集類》 《李翰林别集》十卷。李白撰。

又 《李翰林集》二十卷。李白撰。

黄丕烈《百宋一廛書録》 《李太白集》。《讀書敏求記》云《李翰林全集》三十卷。太白集宋刻絶少，此是北宋鏤本，前二十卷爲歌詩，後十卷爲雜著。今此刻亦三十卷，卷一載序及墓誌、碣、碑記、新碑文、碑文等，卷二至二十四爲歌詩，卷二十五至卷三十爲古賦、表、書、序、讚、頌、銘記、碑文、與遵王所藏者異矣。其先藏自郡城繆氏，繆曾用以翻刊，楮精墨妙，嘗以僞亂真，曾欲作考異一卷而未成，其夾籤猶在卷中也。余以一百五十金得之繆氏。昔繆氏藏此特構一樓，名曰太白樓。今余兩遷居矣，居各有樓，亦以此集貯於樓上，名曰太白，謫仙人其好樓居耶？行款序次，翻本多同，余不復贅。藏書諸家如崑山徐氏，其最著者。此外有王氏敬美、錢氏南金。王印彦澤、王氏君復皆不詳其人，惟袁氏與之，則吾吴六俊之一也。

顧廣圻《思適齋書跋·集部》 《李太白集》三十卷。繆武子刻本。道光丙戌在揚州校刊姚鉉《文粹》，因徧搜唐集之存於今者，互相勘訂，覺此尚多疵漏，雖出宋、曾二公手，仍未可全據。繆氏自言有《考異》，不知成否；且作之非易，或草創而旋輟歟？樂史舊編《翰林集》廿卷，今未見。又編《别集》十卷，嘉靖時六俊袁氏有翻本，前在洪殿撰家見之，實此後六卷藍本也。

張之洞《書目答問·别集》 《李太白集》三十卷。唐李白。繆曰芑仿宋本。

李白詩

劉若愚《内板經書紀略》 《李白詩》。四本。三百六葉。

彭元瑞等《天禄琳琅書目後編·明版集部》 《李太白詩》。一函，十二册。唐李白撰。書十二卷。分體分門，無注，前有李陽冰序。

注太白詩

黄虞稷《千頃堂書目·文史類·補金》 王繪《注太白詩》。字質夫，濟南人，天會二年進士。

錢大昕《補元史藝文志·評注類》 王繪《注太白詩》。字質夫，濟南人，太常卿。

龔顯曾《金藝文志補録·集部》 《注太白詩》。王繪字賢夫，濟南人。

李太白詩注

黄虞稷《千頃堂書目·文史類》 朱錬《李太白詩注》。

李太白詩集注

《四庫提要·别集類二》 《李太白詩集注》三十六卷。浙江巡撫採進本。國朝王琦撰。琦字琢崖，錢塘人。注李詩者自楊齊賢、蕭士贇後，明林兆珂有《李詩鈔述注》十六卷，簡陋殊甚。胡震亨駁正舊注，作《李詩通》二十一卷。琦以其尚多漏略，乃重爲編次箋釋，定爲此本。其詩參合諸本，益以逸篇，釐爲三十卷。以合曾鞏序所言之數。別以序、誌、碑、傳、贈、答、題詠、詩文評語、年譜、外紀爲附録六卷，而繆氏本所謂《考異》一卷，散入文句之下，不另列焉。其注欲補三家之遺闕，故採摭頗富，不免微傷於蕪雜。然捃拾殘賸，時亦寸有所長。自宋以來注杜詩者林立，而注李詩者寥寥僅二三本。録而存之，亦足以資考證。是固物少見珍之義也。

張之洞《書目答問·别集》 《李太白集注》三十六卷。王琦注。通行本。

李翰林詩類編

高儒《百川書志・唐詩》　《唐翰林李白詩類編》十二卷。翰林李白太白撰。蜀人。

范邦甸等《天一閣書目・別集類》　《李翰林詩類編》十二卷。刊本。明長安田瀾序，咸寧徐明府刊。

《唐翰林李白詩類編》十二卷。刊本。明延平推官華亭楊樞刻。跋後云：「延平刻李詩成，闕文斷簡，未之或正也。乙巳仲秋，雙華柯翁來旬劍水，首覽茲集，慨然曰：『疇昔夢見，非此也耶？』遂手校定之。先是，公按楚，夢謫仙授之詩，且屬以刻集，入閩而茲刻僅完，若有冥會而懸待之者，斯亦奇矣。」

李翰林分類

范邦甸等《天一閣書目・別集類》　《李翰林分類》八卷，附賦一卷。刊本。明廣陵李齊芳姪茂年、茂材分類，同里潘應詔、舒度、馮春同閱，俱有序，茂材跋後。

分類補注李太白詩

高儒《百川書志・別集類》　楊齊賢《集注李白詩》二十五卷。

范邦甸等《天一閣書目・別集類》　《分類補注李太白詩文集》三十卷。刊本。明嘉靖癸卯吴人郭雲鵬重刊。春陵楊齊賢集注，章貢蕭士贇補注，雲鵬後跋。卷首並載唐寶應元年當塗令李陽冰序，咸平元年職方員外樂史序，李華撰墓誌銘，貞元六年當塗令顧遊秦建碣、劉全白撰記，宋熙寧元年常山宋敏求後序，南豐曾鞏後序。其二十六卷後無注，係郭雲鵬採于別集編入者。

又　《分類補注李太白詩集》二十五卷。刊本。唐李白撰。春陵楊齊賢集注，章貢蕭士贇補注。至元辛卯蕭士贇序，例云：「唐詩大家，數李杜爲稱首，古今注〔杜〕詩者號千家，注李詩者，曾不一二見，非詩家一欠事歟！僕自弱冠，知誦李太白詩，時習舉子業，雖好之，未暇究也。厥後乃得專意於此，間趨庭以求聞所未聞，或從師以蘄解所未解。真思遐想，章究其意之所寓；旁搜遠引，句考其字之所原。若夫義之顯者，概不贅演。或疑其贋作，則移置卷末，以俟具眼者自擇焉。此其例也。」

錢謙益等《絳雲樓書目・唐文集類》　《元板分類李詩》四册。二十卷。楊齊賢集注，蕭士贇補注。

黄虞稷《千頃堂書目・文史類・補元》　楊齊賢、蕭士贇《分類補注李太白詩集》二十五卷。

倪燦等《補遼金元藝文志・文史類》　楊齊賢、蕭士贇《分類補注李太白詩集》二十五卷。

吴焯《繡谷亭薰習録・集一》　《分類補注李太白詩》二十五卷。宋春陵楊齊賢子見注，元章貢蕭士贇粹可補注。案齊賢本刊于左綿，士贇以其多繆，重爲分編補注，并增注賦八篇，至元辛卯序。

于敏中等《天禄琳琅書目・元版集部》　《分類補注李太白詩集》。一函，五册。唐李白著。元楊齊賢集注，蕭士贇補注。二十五卷。前載唐李陽冰、宋樂史、宋敏求、曾鞏、毛漸五序，劉全白《李君碣記》。【略】今觀此本首卷録賦八篇，餘二十四卷皆載歌詩，並無雜著，與振孫所見諸本不惟卷數參差，亦且所收反少，雖載陽冰諸人之序而皆不妨其舊矣。書中有「建安余氏勤有堂刊」篆書木記，目録末葉板心記「至大辛亥三月刊」。按：辛亥爲元武宗至大四年，其時勤有堂之名尚存，蓋建安余氏子孫皆世守其業者也。楊齊賢無考。蕭士贇字粹可，寧都人，篤學工詩，與吴澄友善。所著有《冰崖集》，見《西江志》。「陳惟中」收藏印記，無考。闕補卷三。三十三。

又《明版集部》　《分類補注李太白詩集》。二函，十六册。唐李白著。元楊齊賢集注，蕭士贇補注。二十五卷。前元版中有是書，目録末葉版心標「至大辛亥三月刊」，此本版式似之，而目録末葉版心則稱「正統己巳二月印」，當即由前版翻出者。其所載「建安余氏勤有堂刊」木記，係仍元刻之舊。然元刻尚有李陽冰、樂史、宋敏求、曾鞏、毛漸諸序，此則全佚之矣。「子謙」、「李春陽」二印，未詳其人。

《分類補注李太白詩集》。一函，六册。篇目同前，附《文集》五卷，共三十卷。前唐李陽冰序，次宋樂史《別集序》，次唐李華《李公墓誌》，次（宋）〔唐〕劉全白《李公碣記》，次宋宋敏求、曾鞏後序各一篇。此本《詩集》首卷標題下先列楊齊賢、蕭士贇名，次標吴會郭雲鵬校刊；而《文集》首卷則第標雲鵬編次，不列齊賢、士贇，蓋以《文集》無兩家之注故也。按：雲鵬自標吴會而吴中志乘不見其名。書中但稱校刊編次，前後俱不自爲序跋，以後《歐陽文粹》一書證之，亦稱雲鵬校刊而序跋俱無，則疑雲鵬者，第書肆中刻梓鬻市人耳。特此本槧印精潔，遠出前部之上，當亦書林良賈也。明王時敏藏本印記見前。

《四庫提要·别集類一》 《分類補注李太白集》三十卷。通行本。宋楊齊賢集注，而元蕭士贇所删補也。杜甫集自北宋以來，注者不下數十家。李白集注，宋元人所撰輯者，今惟此本行世而已。康熙中，吴縣繆曰芑翻刻宋本《李翰林集》，前二十三卷爲歌詩，後六卷爲雜著。此本前二十五卷爲古賦、樂府、歌詩，後五卷爲雜文，且分標門類，與繆本目次不同。其爲齊賢改編，或士贇改編，原書無序跋，已不可考。惟所輯注文，則以「齊賢曰」、「士贇曰」互爲標題以别之，故猶可辨識。注中多徵引故實，兼及意義。卷帙浩博，不能無失。唐觀《延州筆記》嘗摘士贇注《寄遠詩》第七首「滅燭解羅衣」句，不知出《史記·滑稽傳》淳于髡語，乃泛引謝瞻、曹植諸詩。又如《臨江王節士歌》，齊賢以爲史失其名，士贇則引樂府《遊俠曲》證之，不知《漢書·藝文志》《臨江王》及《愁思節士歌》原各爲一篇。自南齊陸厥始併作《臨江王節士歌》。後來庾信、杜甫俱承其誤。白詩亦屬沿譌。齊賢等不爲辨析，而轉以爲史失名。此類俱未爲精核。然其大致詳贍，足資檢閲。中如《廣武戰場懷古》一首，士贇謂非太白之詩，釐置卷末，亦具有所見。其於白集固不爲無功焉。齊賢字子見，春陵人。士贇字粹可，寧都人，宋辰州通判立等之子。篤學工詩，與吴澄相友善。所著有《詩評》二十餘篇及《冰崖集》，俱已久佚，獨此本爲世所其傳云。

彭元瑞等《天禄琳琅書目後編·元版集部》 《分類補注李太白詩》。一函，八册。唐李白撰。宋楊齊賢集注，元蕭士贇删補。【略】書二十五卷，分類二十二：曰古賦，曰古風，曰樂府，曰歌吟，曰贈，曰寄，曰留别，曰送，曰酬答，曰遊宴，曰登覽，曰行役，曰懷古，曰閒適，曰懷思，曰感遇，曰寫懷，曰詠物，曰題咏，曰雜咏，曰閨情，曰哀傷。前有至元辛卯士贇自序，稱八賦楊本無注，己所補。辛卯爲元世祖至元二十八年也。目録後有空墨印一。按：下一部係「至元五年萬玉堂刊」八字，蓋市賈故爲漏印，以贋宋本耳。涿州馮氏快雪堂藏本。《分類補注李太白詩》。二函，十六册。同上，係一版摹印。闕補卷二十五。二十二。

張金吾《愛日精廬藏書續志·别集類》 《分類補注李太白詩》二十五卷。元刊元印本。

錢大昕《補元史藝文志·評注類》 楊齊賢、蕭士贇《分類補注李白詩》二十五卷。齊賢字子見。

孫星衍《平津館鑒藏書籍記·元版》 《分類補注李太白詩》十八卷。題「春陵楊齊賢子見集注，章貢蕭士贇粹可補注」。前有至元辛卯蕭士贇序，目録後有「建安余氏勤有堂刊」八字篆書長木印，又有李陽冰、樂史、宋敏求、曾鞏、毛漸五序，劉全白《李君碣記》，共爲一卷。黑口版，每葉廿四行，行廿字。天禄琳琅藏本，此書本廿五卷，此本缺十九以下七卷。目録作十八卷者，蓋書賈割齊以充完書。末葉版心猶有參差痕迹可辨。洪頤煊曰：「此本十八卷，止古賦、古風、樂府、歌吟、贈、寄、留别、送八類。據繆曰芑本分類，當有酬答、遊宴、登覽、行役、懷古、閑適、懷思、感遇、寫懷、詠物、題詠、雜咏、閨情、哀傷十四類。《竹汀先生日記鈔》所見本亦廿五卷。收藏有「朱氏家藏書畫」朱文長印，「葑溪朱氏圖書」朱文方印，「石湖漫士」朱文方印，「顧孔殷印」白文方印，「禹功」朱文方印，「顧氏德育」白文方印，「克承私印」白文方印。

李太白五言律詩辨注

黄虞稷《千頃堂書目·文史類》 汪瑗《李太白五言律詩辨注》。以李詩之合唐律者爲正律，合古律者爲變律，故曰辨注。又有《杜律詩注》，與并行。

李白選詩

楊士奇等《文淵閣書目·詩詞》 《李白選詩》。一部，六册。闕。《李白選詩》。一部，一册。闕。

范德機批選李翰林詩

楊士奇等《文淵閣書目·詩詞》 《李詩范選》。一部，一册。闕。

范邦甸等《天一閣書目補遺・別集類》《范德機批選李翰林詩》四卷。刊本。唐李白撰，鄭鼒編。鼒先刻《范選杜詩》，已，讀者便之，因復取范批選李集并鋟諸梓。舊編皆以樂府、歌行編類爲次第，今則以五七言、長短句爲之綱，諸體以次刻焉。寶應元年，李陽冰序、嘉靖壬辰周臣輯語。

錢謙益等《絳雲樓書目・唐文集類》《范德機選李詩》。二册。

黄虞稷《千頃堂書目・文史類・補元》《范梈批選李太白詩》四卷。

倪燦等《補遼金元藝文志・文史類》《范梈批選李太白詩》四卷。

錢大昕《補元史藝文志・評注類》《范梈選李翰林詩》四卷。

李詩選

王圻《續文獻通考・經籍考・詩集類》《李詩選》。新都人楊慎用修著。

李詩鈔述注

《四庫提要・別集類存目一》《李詩鈔述注》十六卷。福建巡撫採進本。明林兆珂撰。兆珂有《詩經多識編》，已著録。兆珂守衡州時，曾刻《杜詩鈔述注》。茲其守安慶時所刊，以白游蹟多在皖，猶在衡刻甫詩意也。其書亦分體選鈔，每篇首箋故實，終加闡發。亦頗以考訂爲事，欲突過蕭士贇、張齊賢舊本。然其中有本詩誤者，如《王昭君》詩「一上玉關道」，玉關與西域相通，非漢與匈奴往來之道；《懷子房詩》「我來圯橋上」，東楚謂橋爲圯，不應於「圯」下加「橋」字。有傳寫誤者，如《擬古》「因之寄金徽」，據《漢書・和帝紀》《唐書・地理志》，金徽當作金微，乃山名。《聽新鶯百囀歌》「還過茝石聽新鶯」，據《西都賦》，「茝石」當作「茝若」，乃殿名。今注内皆未辨及。至於詩之必須注而後明者，如《擬古》之「蒼然五情熱」，乃用《爾雅》「春蒼天」郭注「萬物蒼蒼然生」語，言五情蒼然而生也。《開元寺贈衡嶽僧》之「五峰秀其骨」，乃用《傳燈録》慧可大師一日頭痛，其頂骨如五峰秀出事。今注内亦未證明，文義便不可曉。凡此不一而足，尚未可謂之善本也。

度北門集

鄭樵《通志・藝文略・別集四》李白《度北門集》一卷。

徐浩集

尤袤《遂初堂書目・別集類》《徐浩集》。

崔曙集

鄭樵《通志・藝文略・別集五》《崔曙詩》一卷。

尤袤《遂初堂書目・別集類》《崔曙集》。

陳振孫《直齋書録解題・詩集類上》《崔曙集》一卷。唐崔曙撰。開元二十六年進士狀頭。

馬端臨《文獻通考・經籍考・詩集》《崔曙集》一卷。

高儒《百川書志・唐詩》《崔曙集》一卷。開元二十六年進士狀頭。

儲光羲集

《新唐書・藝文志・別集類》《儲光羲集》七十卷。

鄭樵《通志・藝文略・別集四》《儲光羲集》七十卷。

晁公武《郡齋讀書志・別集類上》《儲光羲集》五卷。右唐儲光羲也。魯人。登開元十四年進士第，嘗爲監察御史。後從安禄山僞署。賊平，貶死。

尤袤《遂初堂書目・別集類》《儲光羲集》。

陳振孫《直齋書録解題・詩集類上》《儲光羲集》五卷。唐監察御史魯國儲光羲撰。與崔國輔、綦毋潛皆同年進士。天寶末任僞官，貶死。顧況爲集序。

馬端臨《文獻通考・經籍考・別集》《儲光羲集》五卷。

又《詩集》《儲光羲集》五卷。

《宋史・藝文志・別集類》《儲光羲集》二卷。

高儒《百川書志・唐詩》《儲光羲詩集》五卷。獨孤及按，獨孤及有《毘陵集》，此亦存其名，訪其集耳。御史兗州儲光羲撰。

徐𤊹《徐氏家藏書目・文集類》《儲光羲詩》五卷。

《四庫提要・別集類二》《儲光羲詩》五卷。內府藏本。案，陳振孫《書録解題》載：「《儲光羲詩》五卷，唐監察御史魯國儲光羲撰。與崔國輔、綦毋潛皆同年進士。天寶末任僞官，貶死。」《唐書・藝文志》「儲光羲《政論》」下注曰：「兗州人，開元進士第。又詔中書試文章，歷監察御史。安禄山反，陷賊自歸。」與振孫所叙爵里相同，而任僞官事已小異。又《包融集》條下注曰：「融與儲光羲皆延陵人，與丁仙芝等十八人皆有詩名，殷璠彙次其詩，號曰《丹陽集》。」則併其里籍亦異。自相矛盾，莫之詳也。《唐志》載其集七十卷。是集前有顧況序，亦稱所著文篇賦論七十卷。辛文房《唐才子傳》稱其又有《九經分疏義》二十卷，與所作《政論》十五卷竝傳。今皆散佚，存者惟此詩五卷耳。其詩源出陶潛，質樸之中有古雅之味。位置於王維、孟浩然閒，殆無愧色。殷璠《河岳英靈集》稱其「削盡常言，得浩然之氣」，非溢美也。

彭元瑞等《天禄琳琅書目後編・明版集部》《唐儲光羲詩集》。一函，二册。唐儲光羲撰。光羲兖州人，開元中進士，官監察御史。書五卷，凡詩二百二十四首，前有顧況序，殷璠評語一條，欒城遺言一條。

張金吾《愛日精廬藏書志・別集類》《儲光羲集》五卷。明活字本。楊夢羽藏書。唐儲光羲撰。楊夢羽、葉石君俱有印記。顧況序。

吴興集

《新唐書・藝文志・別集類》顏真卿《吴興集》十卷。

鄭樵《通志・藝文略・別集四》顏真卿《吴興集》十卷。

廬陵集

《新唐書・藝文志・別集類》顏真卿《廬陵集》十卷。

鄭樵《通志・藝文略・別集四》顏真卿《廬陵集》十卷。

臨川集

《新唐書・藝文志・別集類》顏真卿《臨川集》十卷。

鄭樵《通志・藝文略・別集四》顏真卿《臨川集》十卷。

顏真卿詩集

高儒《百川書志・唐詩》《顏真卿詩集》一卷。魯公萬年顏真卿清臣撰。

顏魯公集　補遺

尤袤《遂初堂書目・別集類》《顏魯公集》。

陳振孫《直齋書録解題・別集類上》《顏魯公集》十五卷，《補遺》一卷，附録一卷。唐太子太師京兆顏真卿清臣撰。之推五世孫，師古曾侄孫。案《館閣書目》：「嘉祐中宋敏求惜其文不傳，乃集其刊於金石者，爲十五卷。」今本序文，劉敞所作，乃云吴興沈侯編輯，而不著沈之名。劉元剛刻於永嘉，爲後序，則云「劉原父所序，即宋次道集其刻於金石者也」，又不知何據？元剛復爲之《年譜》，益以《拾遺》一卷，多世所傳帖語，且以《行狀》、碑傳》爲附録。魯公之裔孫裕，自五代時官溫州，與其弟倫祥案：《文獻通考》「倫」作「綸」。皆徙居永嘉樂清。本朝世復其家，且時褎録，其子孫亦有登科者。

《宋史・藝文志・別集類》《顏真卿集》十五卷。

楊士奇等《文淵閣書目・文集》《顏魯公文集》。一部，六册。完全。《顏魯公文集》。一部，四册。完全。

高儒《百川書志・唐詩》《顏魯公文集》十五卷，《補遺》一卷，附録四卷。臨沂顏真卿清臣也。文八十二，詩二十六。

范邦甸等《天一閣書目・別集類》《顏魯公文集》十五卷，刊本。明錫山安國刊，嘉靖癸未楊一清序，稱公之文初輯于宋人沈氏，劉原父序之，劉元剛氏又續爲蒐輯，刻之以傳。今版不存，學者罕得而見，散見于金石者千百之一二耳，近錫山安國民泰得傳録舊本，乃重梓之。

徐𤊹《徐氏家藏書目・文集類》《顏真卿集》。

錢謙益等《絳雲樓書目・唐文集類》《鈔本顏魯公集》。劉原父序。

吳焯《繡谷亭薰習録・集》《魯公文集》十五卷，《補遺》一卷。唐太子太師、謚文忠萬年顏真卿清臣著。宋時本有二：一嘉祐中宋敏求集，見《館閣書目》；一劉敞原序稱「吳興沈侯編並十五卷，及劉元剛永嘉刻本。」後序又謂敞所序十二卷，即宋敏求所集，陳氏有辨，見《經籍考》。其《年譜》、《拾遺》皆元剛所益也。今本吳郡都穆改編，嘉靖中毗陵安民泰刻。舊以詩居首，今則首奏議而表次之，碑銘次之，書序與記又次之，詩終焉。卷仍舊數，詳穆後序。前有揚一清序。案：公所著有《廬陵》、《臨川》、《吳興》、《禮儀》諸集，大都皆不傳。自宋敏求輩始搜括金石之文，裒次成集，而晁氏《志》僅題一卷，是當時猶未見其全，而數傳以降，又復散佚，何也？公一代偉人，與日星河嶽長留天地，其辭章翰墨散落人間，當亦有鬼神爲之呵護者矣。案：煉師，女冠之稱，魯公有《贈吳鍊師》詩，《晏公類要》引入女道士類，自宋以降，皆作道流通稱，識者未可沿其誤也。

《四庫提要・別集類二》《顏魯公集》十五卷，《補遺》一卷，《年譜》一卷，附録一卷。副都御史黄登賢家藏本。唐顏真卿撰。真卿事蹟具《唐書》本傳。其集見於《藝文志》者有《吳興集》十卷，又《廬州集》十卷、《臨川集》十卷，至北宋皆亡。有吳興沈氏者，採掇遺佚，編爲十五卷。劉敞爲之序，但稱沈侯而不著名字。嘉祐中，又有宋敏求編本，亦十五卷，見《館閣書目》。江休復《嘉祐雜志》極稱其採録之博。至南宋時，又多漫漶不完。嘉定閒，劉元剛守永嘉，得敏求殘本十二卷，失其三卷。乃以所見真卿文別爲《補遺》，併撰次《年譜》附之，自爲後序。後人復即元剛之本分爲十五卷，以符沈、宋二本之原數。沿及明代，劉本亦不甚傳。今世所行乃萬曆中真卿裔孫允祚所刊。脱漏舛錯，盡失其舊。獨此本爲錫山安國所刻，雖已分十五卷，然猶元剛原本也。真卿大節，炳著史册，而文章與博莊重，亦稱其爲人。集中《廟亭議》等篇，説禮尤爲精審。特收拾於散佚之餘，即元剛所編亦不免闕略。今考其遺文之見於石刻者，往往爲元剛所未收。謹詳加搜輯，得《殷府君夫人顏氏碑銘》一首，《尉遲迥廟碑銘》一首，《太尉宋文貞公神道碑側記》一首，《贈祕書少監顏君廟碑》、《碑側記》、《碑額》、《陰記》各一首，《竹山連句》詩一首，《奉使蔡州》詩一首，皆有碑帖現存。又《政和公主碑》殘文、《顏元孫墓誌》殘文二篇，見《江氏筆録》。《陶公栗里》詩見《困學紀聞》。今俱採出，增入《補遺》卷内。至劉元剛所録《禘祫議》，其文既與《廟享議》複見，而篇末「時議者舉然」云云，乃《新唐書・陳京傳》叙事之辭，亦非真卿本文。又《干禄字書序》乃顏元孫作，真卿特書之刻石，元剛遂以爲真卿文，亦爲舛誤。今竝從刊削焉。後附《年譜》一卷，舊亦題元剛作，而譜中所列詩文諸目，多集中所無，疑亦元剛因舊本增輯也。元剛字茂潛，丞相留正之子，官終起居舍人。

彭元瑞等《天禄琳琅書目後編・明版集部》《顏魯公文集》。一函，四册。唐顏真卿撰。真卿字清臣，臨沂人，官尚書右丞，封魯郡公。唐史有傳。書十五卷，凡奏議五，表十一，碑二十，墓碣一，墓誌一，祭文一，書帖七，讚一，題名五，序四，記十二，詩二十五，《補遺》十五，附録《年譜》、《行狀》，神道碑、銘，新、舊《唐書》本傳。按《真卿集》見於《唐書・藝文志》者有《吳興集》、《廬州集》、《臨川集》各十卷，至北宋皆亡。吳興沈氏採掇爲十五卷，劉敞序之。又有宋敏求編本十五卷，至南宋時漫漶不完。留元剛守永嘉得敏求殘本十二卷，以所見補遺，自爲後序。至明嘉靖中安國重刻，楊一清、都穆序之。此本爲萬曆己丑山海劉思誠爲平原令所刻，并劉、留、楊、都四序，前有邑人趙焞序，後有學博羅樹聲識。

孫星衍《平津館鑒藏書籍記・明版》《顏魯公文集》十五卷，附《補遺》一卷，《年譜》一卷，《行狀》一卷，碑銘一卷，舊史本傳一卷，新史本傳一卷，題「錫山安國刊」。前有嘉靖二年楊一清序，劉敞《顏魯公文集序》，後有留元剛序，嘉靖癸未都穆序。此集據劉敞序本十五卷，後留元剛僅得十二卷，附以《補遺》、《年譜》、《行狀》。明都穆復重爲編次，仍作十五卷，以符舊集之數。碑銘新舊史本傳，則又穆所附益也。每葉廿行，行廿字，板心上有「錫山安氏館」五字，收藏有「吳周之奭圖書」朱文方印，「吳周之奭」朱文方印，「周燕生氏」白文方印，「昆山周氏家藏經籍」朱文長印，「顧氏伯念」白文方印。

張之洞《書目答問・別集》顏魯公《内集》十二卷，《外集》八卷，《書評》十卷。唐顏真卿。黄本驥編輯。三長物齋本。聚珍本、福本止十七卷，較黄本少文四十四首及《年譜》。

顔真卿文

晁公武《郡齋讀書志・別集類上》《顔真卿文》一卷。右唐顔真卿清臣也。萬年人。博學，工辭章。開元二十二年進士，又登制科。代宗時，爲太子太師。使李希烈，爲希烈所害。世謂真卿忤楊國忠、李輔國、元載、楊炎、盧杞，拒安禄山、李希烈，廢斥者七八，以至於死，而不自悔，天下一人而已。而學問文章往往雜於神仙浮屠之説，不皆合於理，而所爲乃爾者，蓋天性然也。

馬端臨《文獻通考・經籍考・別集》《顔真卿文》一卷。【略】原父劉氏《序略》曰：魯公極忠不避難，臨難不違義，是其塵垢糠粃，猶將祇飾而誦習之，以勸事君，況其所自造之文乎？然公殁且三百年，未有祖述其書者。其在舊史，施之行事，蓋有存焉，而雜出傳記，流於簡牘，則百而一二，銘載功業，藏於山川，則十而一二。非好學不倦，周流天下，則不能徧知而盡見。彼簡牘者有盡，而山川者有壞，不幸而不傳，則又至於千萬而一二，未可知也。

吴筠集

《新唐書・藝文志・別集類》道士《吴筠集》十卷。

鄭樵《通志・藝文略・別集五》道士《吴筠集》十卷。

晁公武《郡齋讀書志・別集類上》吴筠《宗玄先生集》十卷。右唐吴筠撰。前有權德輿序。筠字貞節，華陰人。生十五年，隱於南陽。天寶初，召至京師，請爲道士，居嵩山。已而敕待詔翰林。筠知禄山將亂，求還茅山，許之。乃東遊會稽，往來天台、剡中，與李白、孔巢父酬唱。大曆中卒，弟子謚爲宗玄先生。筠通經義，美文辭，性高鯁。其待詔翰林也，特承恩顧。高力士素奉佛，嘗短筠於帝，故筠所著文賦，深詆釋氏，頗爲通人所譏云。

尤袤《遂初堂書目・別集類》《吴(均)〔筠〕集》。

陳振孫《直齋書録解題・別集類上》《吴筠集》十卷。唐嵩陽觀道士華陰吴筠貞節撰。筠舉進士不中第，天寶初召至京師，爲道士，待詔翰林，爲高力士所惡而斥，後入剡中、天台卒，弟子謚爲宗玄先生。事見《隱逸傳》。傳稱筠所善孔巢父、李白，歌詩相甲乙。巢父詩未之見也。筠詩固不碌碌，豈能與太白相甲乙哉！

馬端臨《文獻通考・經籍考・別集》吴筠《宗玄先生集》十卷。

《宋史・藝文志・別集類》《吴筠一作「均」集》十一卷。

徐𤊹《徐氏家藏書目・文集類》道士吴筠《宗玄集》。

錢謙益等《絳雲樓書目・唐詩類》吴筠《宗〔玄〕先生詩集》。十卷。權文公序。毛氏有刻本。道士，以詩名於天寶間。

錢曾《讀書敏求記・集》《宗玄先生文集》三卷。《吴筠集》，王顔編次，權載之序。邵溪黄子羽藏書。

《四庫提要・別集類二》《宗玄集》三卷，附録《玄綱論》一卷，《内丹九章經》一卷。浙江巡撫採進本。唐吴筠撰。筠字貞節，華陰人，隱於南陽。天寶中召至京師，請爲道士，居嵩山。復求還茅山，東遊會稽，往來天台、剡中，與李白、孔巢父酬唱。大曆中卒，弟子私謚曰宗玄先生。新、舊《唐書》皆載《隱逸傳》。此本爲浙江鮑氏知不足齋所鈔，末有跋云「收入《道藏》中，世無別本」。然《文獻通考》云「吴筠《宗玄先生集》十卷，前有權德輿序，列於別集諸人之次」，則當時非無傳本。此跋題戊申歲，不著年號，疑作於《通考》前也。卷首權德輿序，稱太原王顔類遺文爲三十卷；後又有《吴尊師傳》，亦德輿撰，乃言文集二十卷，均與《文獻通考》稱十卷者不合。考德輿序稱四百五十篇，而此本合詩、賦、論僅一百十九篇，則非完書矣。又《舊書》筠本傳云：「魯中儒士也。」《新書》本傳云：「華州華陰人。」德輿序稱華陰人，而《傳》又云魯儒士。序稱受正一法於馮尊師，上距陶弘景五傳；傳又云受正一法於潘體元，乃馮之師，亦相乖剌。考《舊書・李白傳》稱天寶初客遊會稽，與道士吴筠隱於剡中。而《傳》乃言「禄山將亂，求還茅山。既而中原大亂，江淮多盜，乃東遊會稽，與詩人李白、孔巢父詩篇酬和」，不知天寶亂後，白已因永王璘事流夜郎矣，安能與筠同隱？此《傳》殆出於依託。序又稱筠卒於大曆十三年，後二十五歲乃序此集，其年爲貞元十九年。德輿於貞元十七年知禮部貢舉，明年真拜侍郎，故是年作序，系銜云禮部侍郎，其文與史合。而《金丹九章經》前又載筠自序一篇，題元和戊戌年作。戊戌乃元和十三年，距所謂「先生化去」之年又隔四十年。後且云「元和中遊淮西，遇王師討蔡賊吴元濟，避亂東岳，遇李謫仙，授以《内丹九章經》」，殆似囈語。然則此序與《傳》

同一僞撰矣。據新、舊《書》皆有「《玄綱》三篇」語，則卷末所附《玄綱論》三篇，自屬筠作。至《内丹九章經》，核之以序，僞妄顯然。以流傳已久，姑併録之，而辨其牴牾如右。

錢東垣等輯《崇文總目・別集類一》 《吴筠集》五卷。

黄丕烈《蕘圃藏書題識・集類一》 《宗玄先生文集》三卷。校鈔本。嘉慶丁卯，借袁氏五硯樓明刻《道藏》本手校，略有異同也。復翁。在卷首。乾隆甲辰重九，吴翌鳳借江藩《道藏》本録於求我齋中，嘉慶乙亥轉從蕘圃借鈔。在末卷後。

高常侍集

《新唐書・藝文志・別集類》 《高適集》二十卷。

鄭樵《通志・藝文略・別集四》 《高適集》二十卷。

晁公武《郡齋讀書志・別集類上》 《高適集》十卷、《集外文》一卷，《別詩》一卷。右唐高適達夫也。渤海人。天寶八年，舉有道科中第。永泰初，終散騎常侍。五十始爲詩，即工，以氣質自高。每一篇出，好事者輒傳布云。

尤袤《遂初堂書目・別集類》 《高適集》。

陳振孫《直齋書録解題・別集類上》 《高常侍集》十卷。唐左散騎常侍渤海高適達夫撰。適年五十始爲詩，即工部子美所善也。豪傑之士，亦何所往而不能哉！

馬端臨《文獻通考・經籍考・別集》 《高適集》十卷，《集外文》二卷，《別詩》一卷。

高儒《百川書志・唐文》 《高常侍集》十卷。散騎常侍渤海高適達夫也。

范邦甸等《天一閣書目・別集類》 《高常侍集》十卷。刊本。唐高適撰。

錢曾《讀書敏求記・集》 《高常侍集》十卷。《達夫集》，予借林宗宋槧本影摹，族祖求赤又從予轉假去録而藏于懷古堂。今宋槧本流落無聞，予本久已歸之滄葦，此乃懷古堂録本也。聚散不常，閲人成世，三君墓木已拱，獨予抱斷編殘簡，栖遲于魚蠹之中。閒房良夜，静言思之，吾家典籍，異日傳于不知何人。惜世無王仲宣，聯作鄭餘慶舐掌之藏可耳。

《四庫提要・別集類二》 《高常侍集》十卷。浙江鮑士恭家藏本。唐高適撰適，《唐書》作渤海人，其集亦題曰渤海。《河閒府志》據其《封丘縣詩》「我本漁樵孟諸野」句，又《初至封丘》詩有「去家百里不得歸」句，定爲梁宋閒人。然集中《別孫沂》詩題下又注：「時俱客宋中。」則又非生於梁宋者。《志》所辨似亦未確。考唐代士人，多題郡望，史傳亦復因之，往往失其里籍。劉知幾作《史通》，極言其弊，而終不能更。適集既無定詞，則亦闕疑可也。其集《唐志》作十卷。《通考》又有集外文一卷，詩一卷。此本從宋本影鈔，内「廓」字闕筆，避寧宗嫌名，當爲慶元以後之本。凡詩八卷，文二卷。其集外詩文則無之。考明人所刻適集，以《太平廣記》高鍇侍郎《墓中之狐妖》絶句「危冠高髻楚宫妝，閒步前庭趁夜涼。自把玉簪敲砌竹，清歌一曲月如霜」一首，併載入之，蕪雜殊甚。又《九日》一詩見宋程俱《北山集》，毛奇齡選唐人七律亦誤題適作。此本不載，較他本特爲精審。第十卷中有《賀安禄山死表》，稱「臣得河南道及諸州牒，皆言逆賊安禄山苦痛而死，手足俱落，眼鼻殘壞」，則禄山竟以病死，與史載李猪兒事迥異。蓋兵戈雲擾，得諸傳聞之故也。

錢東垣等輯《崇文總目・別集類一》 《高適文集》十卷。

彭元瑞等《天禄琳琅書目後編・明版集部》 《高常侍集》。一函，四册。唐高適撰，適字達夫，滄州人，官諫議大夫。書十卷，凡賦二首，詩二百四十六首，表九首，讚二首，記一首，序一首，祭文一首。卷數與《唐志》合，無序跋。

孫星衍《平津館鑒藏書籍記・明版》 《高常侍集》十卷。前後無序跋，賦與詩八卷，文二卷。《四庫全書》影宋鈔十卷之本，七言絶句無《聽張立本女吟》一首，此本有之，當別是一本。每葉廿行，行十八字，收藏有「江左」朱文小長印，「子孫保之」朱文葫蘆印，「福□齋」藍文長印。

高適詩

《宋史・藝文志・別集類》 《高適詩集》十二卷。

楊士奇等《文淵閣書目・詩詞》 《高達夫詩》。一部，一册。闕。

高儒《百川書志・唐詩》 《高適詩集》七卷。左散騎長侍、封渤海侯、滄州高適達夫撰。又字仲武。

徐𤊹《徐氏家藏書目・文集類》 《高適詩》十卷。

錢東垣等輯《崇文總目・別集類三》《高適詩》一卷。

錢考功集

《新唐書・藝文志・別集類》《錢起詩》一卷。

鄭樵《通志・藝文略・別集五》《錢起詩》一卷。

晁公武《郡齋讀書志・別集類上》《錢起詩》二卷。右唐錢起，徽之父也。吴郡人。天寶中舉進士。初，從鄉薦，客舍月夜，聞人哦於庭曰：「曲終人不見，江上數峰青。」起攝衣從之，無所見矣。及就試，詩題乃《湘靈鼓瑟》也。起即以鬼謡十字爲落句，主文李暐深嘉之，擢置高第，釋褐授校書郎，終考功。與郎士元齊名，時曰「前有沈、宋，後有錢、郎」。

尤袤《遂初堂書目・別集類》《錢起集》。

陳振孫《直齋書録解題・詩集類上》《錢考功集》十卷。唐考功員外郎吴興錢起撰。天寶十載進士。世所傳《湘靈鼓瑟》詩斷句用鬼語者，即其試作也。蜀本作《前》、《後集》十三卷。

馬端臨《文獻通考・經籍考・詩集》《錢考功集》二卷。

《宋史・藝文志・別集類》《錢起詩》十二卷。

高儒《百川書志・唐詩》《錢起詩集》十卷。考功郎中吴興錢起仲文撰。諸體五百篇。

范邦甸等《天一閣書目・別集類》《錢考功集》七卷。刊本。唐考功郎中錢起撰。明嘉靖間少華山人羅龍淵編校、跋，後新安王寅序。

徐𤊹《徐氏家藏書目・文集類》《錢起詩》十卷。

錢曾《讀書敏求記・詩集》《錢考功詩集》十卷。仲文詩佳本絶少，此於雜言、往體、近體諸篇編次極當，允爲舊集無疑。自高廷禮之《品匯》出而排律之名始著于世，詩家不復辨唐詩編次之非古。唐人集有不改其舊觀者，幾希矣。

《四庫提要・別集類三》《錢仲文集》十卷。内府藏本。唐錢起撰。起字仲文，吴郡人，天寶中舉進士，官至考功郎中。大曆以還，詩格初變，開、寶渾厚之氣，漸遠漸漓。風調相高，稍趨浮響。升降之關，十子實爲之職志。起與郎士元，其稱首也。然温秀藴藉，不失風人之旨，前輩典型，猶有存焉。其集《唐志》作一卷，晁公武《讀書志》作二卷。今本十卷，殆後人所分。其中凡古體詩皆題曰「往體」。考陸龜蒙《松陵集》亦以古體爲往體，蓋唐代詩集標目，有此二名，偶然異文，別無他義。又集末《江行絶句》一百首，胡震亨《唐音統籤》以爲本錢珝之詩，誤入起集，有考辨甚詳。然舊本流傳，相沿已久，且珝固起孫，即附録祖集之末，亦無不可，故今仍竝存之焉。

錢東垣等輯《崇文總目・別集類三》《錢起詩》一卷。

張金吾《愛日精廬藏書志・別集類》《錢考功集》十卷。明活字本。唐錢起撰。

張之洞《書目答問・別集》《錢考功集》十卷。唐錢起。席氏本。

杜工部集

《新唐書・藝文志・別集類》《杜甫集》六十卷。

鄭樵《通志・藝文略・別集四》《杜甫集》六十卷。

晁公武《郡齋讀書志・別集類上》《杜甫集》二十卷，《集外詩》一卷。右唐杜甫子美也。審言之孫。天寶十三年玄宗朝獻太清宫，享廟及郊，奏賦三篇，使待制集賢院。宰相試文，再遷右衛率府胄曹，終於劍南參謀、檢校工部員外。曠放不自檢，好論天下大事，高而不切。少與李白齊名，時號「李杜」。數嘗寇亂，挺節無汚。爲歌詩，傷時橈弱，情不忘君，人憐其忠云。集有王洙原叔、王琪君玉序。皇朝自王原叔以後，學者喜觀甫詩，世有爲之注者數家，率皆鄙淺可笑。有託原叔名者，其實非也。吕微仲在成都時，嘗譜其年月。近時有蔡興宗者，再用年月編次之。而趙次公者，又以古律詩雜次第之，且爲之注。兩人頗以意改定其誤字云。

尤袤《遂初堂書目・別集類》《杜甫集》。

陳振孫《直齋書録解題・別集類上》《杜工部集》二十卷。唐左拾遺檢校工部員外郎劍南節度參謀襄陽杜甫子美撰。案：《唐志》六十卷，《小集》六卷。王洙原叔蒐裒中外書九十九卷，除其重複，定取千四百五篇，古詩三百九十九，近體千有六。起太平時，終湖南所作，視居行之次若歲時爲先後。別録雜著爲二卷，合二十卷，寶元二年記，遂爲定本。王琪君玉嘉祐中刻之姑蘇，且爲後記。元稹《墓銘》亦附第二十卷之末。又有遺文九篇，治平中太守裴集刊，附集外。蜀本大略同。而以遺文入正集中，則非其舊也。世言子美詩集大成，而無韻者幾不可讀。然開、天以前文體大略皆如此。若《三大體賦》，辭氣壯偉，又非唐初餘子所能及也。

馬端臨《文獻通考・經籍考・別集》《杜工部集》二十卷，《集外詩》一卷。

范邦甸等《天一閣書目・別集類》《杜工部詩集》二十卷，附《文集》二卷。刊本。明嘉靖丙申玉几山人校刊。寶元二年，翰林學士王洙序云：「杜集初六十卷，今祕府舊藏、通人家所有稱大小集者，皆亡逸之餘，人自編摭，非當時第序矣。蒐裒中外書，凡九十九卷。除其重複，定取千四百有五篇，凡古詩三百九十有九，近體千有六。起太平時，終湖南所作，視居行之次與歲時爲先後。分十八卷，又別録賦草雜著二十九篇，爲二卷，合二十卷。意兹未可謂盡，他日有得，尚圖益諸。」又有王安石序、胡宗愈序、蔡夢弼跋。

毛晉《汲古閣書跋・附編》《杜工部集》。先君昔年以一編授扆曰：「此《杜工部集》，乃王原叔洙本也。余借得宋板，命蒼頭劉臣影寫之。其筆雖不工，然從宋本鈔出者。今世行杜集，不可以計數，要必以此本爲祖也，汝其識之。」扆受書而退，開卷細讀。原叔記云：「甫集初六十卷，今祕府舊藏、通人家所有稱大小集者，人自編摭，非當時第次。乃搜裒中外書九十九卷，古本一卷，蜀本二十卷，集略十五卷，樊晃序《小集》六卷，孫光憲序二十卷，鄭文寶序《少陵集》二十卷，別題《小集》二卷，孫僅一卷，雜編三卷。除其重複，定取一千四百有五篇。凡古詩三百九十有九，近體千有六。

錢曾《讀書敏求記・集》《杜工部集》二十卷。王洙原叔蒐裒老杜中外書凡九十九卷，除其重複，定取千四百有五篇，凡古詩三百九十有九，近體千有六。起太平時，終湖南所作。視居行之次若歲時爲先後，分十八卷。又別録賦筆雜著二十九篇爲二卷，合二十卷。寶元二年十月爲之記。嘉祐四年四月，太原王琪取原叔本參考之，鏤板姑蘇郡齋。又爲後記附于卷終，而遷原叔之文于卷首。牧翁箋注杜集，一以吳若本爲歸，此又若本之祖也。予生何幸，于墨汁因緣有少分如此。斯文未墜，珠囊重理，知吾者不知何人。蓬蓬然有感于中，爲之放筆三歎。

吳焯《繡谷亭薰習録・集一》《杜工部文集》二卷，《詩集》二十卷。須溪劉會孟評。大德癸卯，會孟之子將孫序。杜詩千家注多不足觀，須溪所評，尤不足觀也。

錢東垣等輯《崇文總目・別集類一》《杜甫集》二十卷。

于敏中等《天禄琳琅書目・明版集部》《杜工部全集》。一函，六册。唐杜甫著。六十六卷。前明姚士麟序，次杜集舊序八篇，跋二篇，次甫墓誌，次韓愈《題杜子美墳》詩，次《舊唐書》本傳，次《新唐書》本傳，次《年譜》，次《凡例》，後明劉鑒序。此書爲明人劉世教分體編校，所著《凡例》係合李、杜二集而言。劉鑒序中亦述其伯父之言，謂「李源《風》，杜源《雅》，兩公之詩體從《風》、《雅》出」云云，是鑒亦爲李、杜合編而作。惟姚士麟一序止言杜詩，不及李集。或士麟別有序文載於李集之首，而此則其分部單行之本，而當時固爲合刊也。考《海鹽縣圖經》稱世教字少彝，萬曆庚子舉北闈，謁選授閩清令，於詩好李、杜，嘗取舊集之編年者，分體次之，序以行世云云。據《圖經》所言，尤於此書體例隱然脗合。劉鑒，靖江人，嘉靖三十年歲貢，官蜀府紀書，見《常州府志》。姚士麟，爵里未詳。闕補卷十二三、卷二十三七。

張金吾《愛日精廬藏書志・別集類》《杜工部集》二十卷，附《補遺》。影寫宋刊本。絳雲樓藏書。唐前劍南節度參謀、宣義郎、檢校尚書、工部員外郎、賜緋魚袋京兆杜甫撰。宋王洙編。凡詩十八卷，雜著二卷，後附遺文九篇爲《補遺》，元稹墓銘附二十卷末，均與《直齋書録解題》合，蓋朗王原叔編定本也。杜集以吳若本爲最善，此又若本之祖。中遇宋諱皆缺筆，板心有刻工姓名，如張逢、史彥、余青、吳圭等名，蓋從宋雕本影寫者。絳雲樓、述古堂俱有印記。王原叔記。寶元二年。王琪後記。嘉祐四年。

潘祖蔭《滂喜齋藏書記・集部》北宋刻《杜工部集》二十卷。一函，十册。題「前劍南節度參謀宣義郎檢校尚書工部員外郎賜緋魚袋京兆杜甫」。每卷先列其目，目後接詩，前有王原叔記，嘉祐 四年蘇州郡守王琪刻本也。浣花全集當以此爲最古，其餘槧本不下數十家，皆雲礽矣。祕帙流傳海內，恐無第二本，能不視爲鴻寶耶？王琪後記有近質者，下注云：「『如麻鞋見天子垢膩脚不襪之句』凡十三字，今本皆脱。」每半葉十行，行二十字。宋諱缺筆甚嚴。舊爲汲古閣藏書。宋刻存者，卷一首三葉、卷十之十二、卷十七至末，共七卷。餘皆影鈔。結搆精嚴，毫髮不苟，斧季之甥王爲玉筆也。後有斧季手跋，王琪之「琪」誤作「祺」。

杜工部小集

《新唐書・藝文志・別集類》《杜工部小集》六卷。潤州刺史樊晃集。

鄭樵《通志・藝文略・別集四》《杜工部小集》六卷。潤州刺史樊晃集。

《宋史・藝文志・別集類》《杜甫小集》六卷。

錢東垣等輯《崇文總目・別集類三》《杜工部小集》六卷。杜甫撰，樊晃集。

杜浣花集

楊士奇等《文淵閣書目・詩詞》《杜浣花集》。一部，一册。闕。

杜草堂集

楊士奇等《文淵閣書目・詩詞》《杜草堂集》。一部，一册。闕。

杜少陵文集

高儒《百川書志・唐文》《杜少陵文集》十卷。工部員外郎杜甫子美撰。凡三十二篇。按《通考》云：「雜著二十九篇。」

杜甫詩

洪邁《容齋題跋》《跋杜甫詩》。劉夢得云：「詩中用茱萸字者凡三人，杜甫云『醉把茱萸仔細看』，王維云『插遍茱萸少一人』，朱放云『學他年少插茱萸』。三君所用，杜公爲優。」予觀唐人七言，用此者又十餘家，漫録於後。王昌齡「茱萸插鬢花宜壽」，戴叔倫「插鬢茱萸來未盡」，盧綸「茱萸一朵映華簪」，權德輿「酒泛茱萸晚易醺」，白居易「無鬟擺落茱萸房」，「茱萸色淺未經霜」，楊衡「強插茱萸隨衆人」，張諤「茱萸凡作幾年新」，耿湋「髮希那敢插茱萸」，劉商「郵筒不解獻茱萸」，崔櫓「茱萸冷吹溪口香」，周賀「茱萸城裏一尊前」，比之杜句，真不侔矣。

《宋史・藝文志・別集類》《杜甫詩》二十卷。又《外集》一卷。

楊士奇等《文淵閣書目・詩詞》《杜詩》。一部，八册。闕。又《杜詩》。一部，四册。闕。又《杜詩》。一部，二册。闕。又《杜詩》。一部，八册。闕。塾本四册。

高儒《百川書志・唐詩》《杜工部詩集》八卷。工部員外杜甫子美撰。

范邦甸等《天一閣書目・別集類》《杜工部詩》八卷。刊本。明嘉靖五年關中許宗魯編并序。

倪燦等《補遼金元藝文志・文史類》《杜子美詩》六卷。

王士禛《漁洋書跋》《杜詩》二則。今人但貴宋槧本。顧宋版亦多譌舛，但從善本可耳。如錢牧翁所定杜集《九日寄岑參》詩，從宋刻作「兩脚但如舊」，而注其下云：「陳本作『雨』。」此甚可笑。《冷齋夜話》云：「老杜詩『雨脚泥滑滑』，世俗乃作『兩脚泥滑滑』。」此類當時已辨之，然猶不如前句之必不可通也。

錢大昕《補元史藝文志・評注類》《杜子美詩》六卷。

注杜詩

晁公武《郡齋讀書志・別集類上》《注杜詩》二十卷。託名王洙原叔。

馬端臨《文獻通考・經籍考・別集》《注杜詩》二十卷。託名王洙原叔。

蔡興宗編杜詩

晁公武《郡齋讀書志・別集類上》《蔡興宗編杜詩》二十卷。

馬端臨《文獻通考・經籍考・別集》《蔡興宗編杜詩》二十卷。

趙次公注杜詩

晁公武《郡齋讀書志・別集類上》《趙次公注杜詩》五十九卷。

馬端臨《文獻通考・經籍考・別集》《趙次公注杜詩》五十九卷。

校定杜工部集

陳振孫《直齋書録解題・別集類上》 又《校定杜工部集》二十二卷。祕書郎黄伯思長睿所校。既正其差誤，參考歲月出處異同，古、律相間，凡一千四百十七首。雜著二十九首，別爲二卷。李丞相伯紀爲序之。

馬端臨《文獻通考・經籍考・別集》 又《校定杜工部集》二十二卷。

黄氏補千家集注杜工部詩史

趙希弁《讀書附志・別集類一》 《黄氏補千家集注杜工部詩史》三十六卷，《外集》二卷。右唐杜甫少陵之詩也。嘉定中，臨川黄希夢得及其子鶴叔似所補也。《外集》上卷詩二十九首，下卷《祭遠祖當陽君文》、《祭外祖祖母文》、《爲閬州王使君進論巴蜀安危表》、《東西兩川説》，凡四篇，以《唐書》本傳冠于前，而吕汲公《年譜》附于後云。

錢謙益等《絳雲樓書目・唐文集類》 宋板《黄氏補注杜工部紀年詩史》十四册，三十六卷。

于敏中等《天禄琳琅書目・宋版集部》 《黄氏補千家注杜工部詩史》。一函，十二册。唐杜甫著，宋黄希、黄鶴補注，三十六卷。前載宋吴元集録傳序、碑銘、詩記，鶴自訂甫《年譜辨疑》，並《集注杜詩姓氏》，有董居誼、吴文序。【略】

松陽氏藏本，未詳其人，内有紅筆校正處，頗爲精核。

又《明版集部》 《集千家注杜工部詩集》。二函，二十三册。唐杜甫著，《詩集》二十卷，附《文集》二卷。前宋王洙、王安石、胡宗愈、蔡夢弼四序，後載甫《墓誌》、本傳二篇。前元版中有是書，展轉翻刻，木記互異，然標題俱稱「集千家注分類杜工部集」。此則明人所梓行者，删去「分類」二字，所收序文亦與元刊不一。按，後一部標題次行，稱「玉几山人校刊」，此本無之，所空一行亦未别刊姓氏，則知玉几山人者，必爲明人書賈欲僞作宋槧，嫌其名而掩之，固瞭然也。

又《集千家注杜工部詩集》。四函，二十三册。篇目同前，闕《墓誌》、本傳。此爲前版初印之本，字畫較爲清朗，紙質之潔膩亦遠勝之。

明米萬鍾藏本。按《明史》，萬鍾字友石，萬曆二十三年進士，歷官江西按察使，終太僕少卿。餘印未詳。

《四庫提要・別集類二》 《黄氏補注杜詩》三十六卷。内府藏本。宋黄希原本，而其子鶴續成之者也。希字夢得，宜黄人，登進士第，官至永新令。嘗作春風堂於縣治，楊萬里爲作記，今載《誠齋集》中。鶴字叔似，著有《北窗寓言集》，今已久佚。希以杜詩舊注每多遺舛，嘗爲隨文補緝，未竟而殁。鶴因取槧本集注，即遺稿爲之正定，又益以所見，積三十餘年之力，至嘉定丙子始克成編。書首原題《補千家集注杜工部詩史》，所列注家姓氏，實止一百五十一人。注中徵引，則王洙、趙次公、師尹、鮑彪、杜修可、魯訔諸家之説爲多，其他亦寥寥罕見。而當時所稱僞蘇注者，乃竝見採綴。蓋坊行原有千家注本，鶴特因而廣之，故以補注爲名。其郭知達《九家注》、蔡夢弼《草堂詩箋》，視鶴本成書稍前，案知達本成於淳熙辛丑，在鶴本前三十餘年。夢弼成於嘉泰甲子，在鶴本前十有二年。而注内無一字引及，殆流傳未廣，偶未之見也。書中凡原注各稱「某曰」，其補注則稱「希曰」、「鶴曰」以别之。大旨在於案年編詩，故冠以《年譜辨疑》，用爲綱領。而詩中各以所作歲月注於逐篇之下，使讀者得考見其先後出處之大致，其例蓋始於黄伯思，後魯訔等踵加考訂，至鶴父子而益推明之。鉤稽辨證，亦頗具苦心。

彭元瑞等《天禄琳琅書目後編・明版集部》 《集千家注杜工部詩集》。二函，二十册。書二十卷，前有王洙《詩史舊集序》、王安石《後集序》、胡宗愈《成都草堂詩碑序》、蔡夢弼《草堂詩箋跋》，卷三前刻「玉几山人校刊」，上有補迹，蓋坊賈去其年號以贗宋本，實明刻之精工者。闕補目録。三十八。

又《集千家注杜工部詩集》。二函，十二册。篇目同上。卷一前列「大明嘉靖丙申明易山人校刻」。吴江史鑑字明古，號西村，有集，才名亞於沈周，《静志居詩話》謂其勝沈一籌。又《集千家注杜工部詩集》。四函，二十四册。同上，係一版摹印。闕補卷八。四十五、四十六。

又《集千家注杜工部詩集》。一函，七册。同上，係一版摹印，割補「明易山人」款一行。闕補卷四。四十一。

又《集千家注杜工部詩集》。二函，十二册。同上，係一版而摹印稍後。

又《集千家注杜工部詩集》四函，二十四册。《詩集》篇目同上，《文集》二卷版式與上同。闕補卷十五、十四。卷二十。十一。

孫星衍《平津館鑒藏書籍記・明版》《集千家注杜工部詩集》廿卷。題「大明嘉靖丙申明易山人校刻」。前有宋王洙、王安石、胡宗愈、蔡夢弼舊序四篇，一即前元板須溪批點、高楚芳編本，删去圈點，改作大字本。《天禄琳琅》所收，後附《文集》二卷，又載甫《墓誌》、本傳二篇，此本無之。又一部標題次行，題《玉几山人校刊》，亦與此本不同。每葉十六行，行十七字。

吴壽暘《拜經樓藏書題跋記》《集千家注杜詩》。右二十五卷。前題「東萊徐居仁編次，臨川黄鶴補注」，後記「皇慶壬子余志安刊于勤有堂」。首列集注姓氏，自昌黎韓氏迄廬陵劉氏辰翁。按，《四庫書目》二十卷，元高楚芳編，竝云本南宋書肆所刊，楚芳略爲刊削，而以劉辰翁評語散附句下，已非其舊。此本多五卷，未知視楚芳本何如。至楮墨精雅，不減宋刻。每葉二十四行，每行大字二十，小字二十六，有「雪莊張氏鑒藏」圖記，與向藏《周禮重言重意》所鈐用者同，蓋精於賞鑒者也。

集千家注分類杜工部詩

吴焯《繡谷亭薰習録・集一》《集千家注分類杜工部詩》二十五卷。東萊徐居仁編類，臨川黄鶴補注，附鶴所撰年譜。都穆《鐵網珊瑚》謂杜集黄注最下，然舊本已難得矣。

于敏中等《天禄琳琅書目・元版集部》《集千家注分類杜工部詩》。一函，十册。唐杜甫著。宋徐居仁編次，黄鶴補注，二十五卷。前載《傳序碑銘》一卷，《注杜詩姓氏》一卷，《年譜》一卷。陳振孫《書録解題》曰「《門類杜詩》二十五卷，稱東萊徐居仁編次，未詳何人」云云，是「門類」係居仁所編，而「集千家注」之名，則自黄鶴爲之。書分七十二門，所列諸詩姓氏始韓愈、元稹，終以文天祥、謝枋得、劉會孟，共一百五十六家。其曰「集千家」者，蓋夸大之詞耳。黄鶴字叔似，臨川人，所著有《北窗寓言》，見《西江志》。書中「門類」、目録後有「皇慶壬子」鐘式木記，「勤有堂」鑪式木記。《傳序碑銘》後有「建安余氏勤有堂刊」篆書木記。詩題目録及卷二十五後皆別行刊「皇慶壬子余志安刊於勤有堂」。按，皇慶壬子爲元仁宗皇慶元年，前余氏所刊《李太白集》係至大辛亥，與此刻僅隔一年，蓋欲以李杜詩集並行於時，故刻手印工亦復相等也。

闕補卷二、十六。卷五、十一。卷七、十七之二十二。卷十五、三十二、三十三。卷十九。十四、十五、二十七。

又《集千家注分類杜工部詩》。二函，二十册。篇目同前，後附《文集》二卷。此書即前版，惟將《傳序碑銘》後「建安余氏」篆書木記剷去，別刊「廣勤書堂新刊」木記。「門類」目録後鐘式、鑪式二木記尚存，而以「皇慶壬子」易刊「三峰書舍」、「勤有堂」易刊「廣勤堂」。其詩題目録後別行所刊之「皇慶壬子余志安刊於勤有堂」十二字雖亦鑱去，而卷二十五後所刊者當時竟未檢及，失於削補。所增附之《文集》二卷槧印草草，較之前二十五卷亦不相類，此拙工所爲，雖欲作僞，亦安能自掩也耶！

本朝泰興季氏藏本。餘印無考。

又《集千家注分類杜工部詩》。一函，六册。篇目同前，闕《傳序碑銘》一卷，《年譜》一卷，《文集》二卷。此本與前第二部爲一時槧印之書，其卷二十五後雖亦無「皇慶壬子余志安刊於勤有堂」一行，乃用別紙黏接，非由板中鑱去，係後之鬻書者知其作僞未周，又從而彌縫之耳。闕補詩題目録、十八。卷七。十七。

又《集千家注分類杜工部詩》。二函，二十六册。篇目同前。此書乃以前版重加翻刻，故將「建安余氏」前後所列之名盡爲削去，其「廣勤書堂新刊」木記亦復不存。惟以鐘式木記中「三峰書舍」四字易刊「汪諒重刊」，而鑪式木記中之「廣勤堂」則仍其舊。汪諒無考，觀其去「廣勤書堂新刊」木記，則是堂亦非汪諒所有矣。書中注字本小，一經翻刻，筆畫未免較肥，然紙質印工，實出前二部之上。

闕補卷十一、全。卷十五。全。

彭元瑞等《天禄琳琅書目後編・宋版集部》《集千家注分類杜工部詩》。四函，二十四册。宋徐居仁編次，黄鶴補注。《詩集》二十五卷，末附《文集》二卷，前標「杜工部傳序碑銘」，爲《唐書》杜甫本傳，元微之《杜工部墓誌銘》，韓愈《題杜子美墳》，李觀《遺補杜子美傳》，王洙《杜工部詩史舊集序》，孫僅《讀杜工部詩集序》，王安石《杜工部詩後集序》，胡宗愈《成都草堂詩碑序》，魯訔《編次杜工部詩序》，王琪《增修王原叔編次杜詩後記》，王彦輔《增注杜工部詩集序》，鄭卬《杜少陵詩音義序》，《跋杜子美詩并序》，孫何《讀子美集詩》，歐陽修、王安石《子美畫像詩》，張伯玉《讀子美集詩》，楊蟠觀《子美畫像詩》。又集注姓氏一百五十一家，又集注門類，又《年譜》，則鶴所撰也。鶴字叔似，宜黄人，著有《北窗寓言集》，是書乃續成其父希所作。希字夢得，登進士，官永新令。書中所引，至文謝及劉辰翁，蓋宋末始成。卷首有「廣勤書堂新刊」字及墨印二：曰「三峰書舍」，鐘式；曰「廣勤堂」，鑪式。建陽書肆梓。闕補卷十一、一二三四。《文集》。末。

又《元版集部》 《集千家注分類杜工部詩》。一函，六册。篇目見前宋版集部黄鶴補注本。惟列《集注姓氏》、門類，其附録及《年譜》俱不載。麻沙小字本。

孫星衍《平津館鑒藏書籍記・元版》 《集千家注分類杜工部詩》廿五卷。題「東萊徐居仁編次，臨川黄鶴補注」。前有《杜工部傳序碑銘》一卷，後有「廣勤書堂新刊」六字長木印。《杜工部詩年譜》一卷，題臨川黄鶴撰。《目録》一卷。《集注姓氏》。《詩門類》後有「三峰書舍」四字鐘式木印，「廣勤堂」三字鼎式木印。黑口版，每葉廿四行，行廿字。據《集注姓氏》，韓愈、元稹題唐賢，王禹偁至謝枋得題宋賢，劉會孟題時賢，則元時刻本也。收藏有「馮氏藏本」朱文方印，「宋本」二字朱文小橢圓印，「長興吴氏汝貴家藏」朱文方印。

又 《集千家注分類杜工部詩》廿五卷。題次、目録、鐘鼎木印、行款俱同前本，紙色、模印亦不相遠，唯《杜工部傳序碑銘》後無「廣勤書堂新刊」六字長木印，疑後人取別本補之。

又 《集千家注分類杜工部詩》廿五卷。題次、目録、鐘鼎木印、行款俱同前本，絶色、模印亦不相遠，唯失《杜工部傳序碑銘》一卷，《年譜》一卷，收藏有「爆印」白文小長印，「江陰葛惟善氏珍藏」朱文方印，「旌表節義之門」朱文方印，「用賓」白文方印。

張金吾《愛日精廬藏書續志・別集類》 《集千家注分類杜工部詩》二十五卷。元刊元印本。

集十家注杜工部詩　文集

范邦甸等《天一閣書目・別集類》 《集十家注杜工部詩集》二十卷，《文集》二卷。刊本。明嘉靖丙申明易山人校刊。

集千家注杜詩

《四庫提要・別集類二》 《集千家注杜詩二十卷》。江蘇巡撫採進本。不著編輯人名氏，前載王洙、王安石、胡宗愈、蔡夢弼四序，所採不滿百家，而題曰千家，蓋務誇摭拾之富。如魏仲舉《韓柳集注》，亦虚稱五百家也。其句下篇末諸評，悉劉辰翁之語。朱彝尊謂夢弼所編入，然夢弼所撰，本名《草堂詩箋》，其自序内標識注例甚詳，與此本不合。宋犖謂杜詩評點自劉辰翁始，劉本無注，元大德間有高楚芳者，删存諸注，以劉評附之，此本疑即楚芳編也。辰翁評所見至淺，其標舉尖新字句，殆於竟陵之先聲，王士禎乃比之郭象注《莊》，殆未爲篤論。至編中所集諸家之注，真贋錯雜，亦多爲後來所抨彈。然宋以來注杜諸家，鮮有尊本傳世，遺文緒論，頗賴此書以存，其蓽路藍縷之功，亦未可盡廢也。

九家集注杜詩

陳振孫《直齋書録解題・詩集類上》 《杜工部詩集注》三十六卷。蜀人郭知達所集九家注。世有稱東坡《杜詩故事》者，隨事造文，一一牽合，而皆不言其所自出。且其辭氣首末若出一口，蓋妄人依託以欺亂流俗者，書坊輒勦入《集注》中，殊敗人意，此本獨削去之。福清曾噩子肅刻板五羊漕司，最爲善本。

馬端臨《文獻通考・經籍考・詩集》 《杜工部詩集注》三十六卷。

錢曾《讀書敏求記・集》 《新刊校正集注杜詩》三十六卷。《目録》一卷。淳熙八年，郭知(遠)[達]以杜詩注牴牾雜出，因輯善本，得王文正公、宋景文公、豫章先生、王源叔、薛夢符、杜時可、鮑文虎、師民瞻、趙彦材九家注讐校，鋟板于成都。寶慶乙酉，曾噩子肅謂注杜者挾僞亂真，如僞蘇注之類，惟蜀士趙次公爲少陵功臣，今蜀本引趙注最詳，重摹刊于南海之漕臺，開板弘爽，刻鏤精工，乃宋本中之絶佳者。予觀《通考・經籍志》云：「趙次公注杜詩五十九卷。」今按趙注散見于蜀本，曾序已稱其最詳，卷帙安得有如此之富？恕端臨所考或未覈。書此以諗世之讀杜詩者。

于敏中等《天禄琳琅書目・宋版集部》 《九家集注杜詩》。四函，二十四册。唐杜甫著。宋郭知達集九家注三十六卷，前知達序、宋曾噩序。宋鼂公武《郡齋讀書志》謂：自王洙源叔以後，學者喜觀甫詩。有趙次公者，以古律詩雜次第之，且爲之注。按趙次公字彦材，蜀人，所注杜詩名曰《正誤》，此書爲成都郭知達所輯。知達《宋史》未載其人，而家於成都，係與彦材同鄉里，故所輯之注首王文公而終之以彦材，蓋以彦材之注爲盡善也。按序中所載九人，其一爲趙彦材，餘入人：王文公名安石，臨川人；宋景文名祁，蜀人；豫章先生即黄庭堅，寧州人；王源叔名洙，太原人；薛夢符，河東人；杜時可名田，南城人；鮑文虎，縉雲人；師民瞻名尹，蜀人。知達序稱蜀二三士友各隨是非而去取之，如假託名氏，撰造事實，皆删削不載。據此則亦博採而取其至精者矣。其書刻於宋孝宗淳熙八年，至理宗寶慶元年曾噩爲廣南東路轉運判官，重爲校刊，序稱「蜀士趙次公爲少陵忠臣。蜀本引趙注最詳，所恨紙惡字缺，不滿人意。兹摹蜀本刊於海南漕臺，會士友以正其脱誤」云云。書後有承議郎通判韶州軍州事劉鎔、潮州州學賓辛安中、進士陳大信同校勘，銜名列於噩銜之右。考明淩迪知《萬姓統譜》載：噩字噩甫，閩縣人。學問淹貫，文章簡古。慶元間尉上高，有聲，後遷廣東漕使。鎔、安中、大信俱無考。噩之刻是書也，集諸僚友，精其校讐，固非苟焉付剞劂者。故字畫端整，一秉唐人，而刻手印工，皆爲上選。【略】闕補卷二、二十八、六十之六十五。卷二十。末葉。

《四庫提要・別集類二》 《九家集注杜詩》三十六卷。内府藏本。宋郭知達編。知達蜀人。前有自序，作於淳熙八年。又有曾噩重刻序，作於寶慶元年。噩，據《書録解題》，作「字子肅，閩清人」，淩迪知《萬姓統譜》則作「字噩甫，閩縣人。慶元中尉上高，復遷廣東漕使」，與陳振孫所記小異。振孫與噩同時，迪知所叙又與序中結銜合，未詳孰是也。宋人喜言杜詩，而注杜詩者無善本。此書集王洙、宋祁、王安石、黄庭堅、薛夢符、杜甲、鮑彪、師尹、趙彦材之注，頗爲簡要。知達序稱：「屬二三士友隨是非而去取之，如假託名氏，撰造事實，皆删削不載。」陳振孫《書録解題》亦曰「世有稱《東坡事實》者，案當作《老杜事實》。隨事造文，一一牽合，而皆不言其所自出。且其詞氣首末出一口，蓋妄人僞託以欺亂流俗者。書坊輒鈔入集注中，殊敗人意。此本獨削去之」云云，與序相合，知其别裁有法矣。振孫稱噩刊版五羊漕司，字大宜老，案宜老謂宜乎老眼。刻本或作可考，非。最爲善本。此本即噩家所初印。字畫端勁而清楷，宋版中之絶佳者。振孫所言，固不爲虚云。

黄丕烈《百宋一廛書録》 《新刊校定集注杜詩》。《九家注杜詩》鋟板成都者未之見也。寶慶乙酉，曾噩子肅重摹棨於南海之漕臺，開板宏爽，刻鏤精工。余嘗見之小讀書堆，然亦不全。兹嘉定瞿木夫以一册見遺，卷耑有「楊氏家藏書畫」私印，標題下及板心俱割去卷幾字樣，不知其何卷矣。且抱沖已故，書籍封閉，不能假讀，余甚恨之。卷耑題曰「古詩爲秋行官張望督促東渚耗稻」云云，末一題曰「釋悶」。共五十五葉半，其後半已鈔補。

杜詩辨證

趙希弁《讀書附志・别集類一》 《杜詩辨證》一卷。右洪興祖所纂也。《年譜》列于前。興祖，字慶善，鎮之丹陽人也。張釜刻于興國。

《宋史・藝文志・别集類》 洪興祖《杜詩辨證》二卷。

杜詩注

王圻《續文獻通考・經籍考・詩集》 《杜詩注》。魯訔撰。

杜詩注

王圻《續文獻通考・經籍考・詩集》 《杜詩注》。趙汝談撰。

門類杜詩

陳振孫《直齋書録解題・詩集類上》 《門類杜詩》二十五卷。稱東萊徐宅居仁編次，未詳何人。

馬端臨《文獻通考・經籍考・詩集》 《門類杜詩》二十五卷。

錢謙益等《絳雲樓書目・唐文集類》 元板《分類杜詩》五册。二十五卷。

類集詩史

陳振孫《直齋書録解題・詩集類上》 《類集詩史》三十卷。莆陽方醇道温叟編。

馬端臨《文獻通考・經籍考・詩集》 《類集詩史》三十卷。

杜詩刊誤

《宋史・藝文志・別集類》 薛蒼舒《杜詩刊誤》一卷。

杜詩補遺　續注杜詩補遺

《宋史・藝文志・別集類》 薛倉舒《杜詩補遺》五卷。

又 《續注杜詩補遺》八卷。

杜詩補遺正繆

《宋史・藝文志・別集類》 杜田注《杜詩補遺正繆》十二卷。

杜詩標題

《宋史・藝文志・別集類》 《杜詩標題》三卷。題鮑氏，不知名。

杜工部大禮賦

錢謙益等《絳雲樓書目・唐文集類》 宋板吕東萊注《杜工部大禮賦》。

錢曾《讀書敏求記・集》 《杜工部進三大禮賦》一卷。東萊吕祖謙注，牧翁全録入《杜詩箋注》中，此則其原本也。

劉須溪批點杜詩

高儒《百川書志・唐詩》 《劉須溪批點杜詩》二十四卷。宋須溪劉辰翁批點。又集諸家注，編以歲月，不拘體裁。間有闕略，取虞伯生、趙子常評解補益之。

范邦甸等《天一閣書目・別集類》 《杜詩集注》二十卷。刊本。宋須溪劉會孟評點，明嘉靖九年陳沂序。

《杜詩集注》二十卷。刊本。須溪先生劉會孟評點，明靖江王刊行。

又 《劉須溪批點杜詩》二十二卷，後增趙東山《類選》一卷，虞伯生《注》一卷。羅履泰序云：「舊見《後村詩話》中評王楊盧駱，證以杜詩，頗有貶數子意。嘗疑後村誤認杜詩爲貶語。一日須溪談此，先生因出所批本示僕曰：『吾意正如此』。時《興觀集》未出也，惟末章，僕有欲請者，客至而罷。每自恨賦遠遊、病索居，望先生之盧，有不能卒業之愧。今《興觀集》行，不載此。每念復見先生所示本，不可得。族孫祥翁得其本以示僕，視六絶句批語，則昔所見也。其舅氏彭鏡溪又銓摘舊注，不失去取，刻之以便覽者。」東川黎堯卿跋云：「杜少陵詩舊注坌冗，探公心曲者尠。頃居秣陵，得劉須溪批本，續見趙東山五言批評，又復明備。不揣并虞伯生七言注，統三子合爲一編，以便檢閲。其闕解，質以全集補之。湘江盧綸後序。」

錢謙益等《絳雲樓書目・唐文集類》 元板《劉辰翁批杜詩》。

彭元瑞等《天祿琳琅書目後編・宋版集部》 《集千家注批點杜工部集》。二函，十六册。宋劉辰翁批點。辰翁字會孟，號須溪，廬陵人。少舉進士，宋末不仕，書凡《文集》二卷，《詩集》二十卷。前有《年譜》，後附録元微之《誌銘》，

《唐書》本傳，王洙序，王琪後記，王安石序，胡宗愈序，歐陽修、王安石詩，蔡夢弼《草堂詩箋跋》。又十三條，則辰翁文集中評論杜詩之説也。注有遺者，補附每卷之後。

建陽小字本。

錢大昕《補元史藝文志・評注類》《劉辰翁評點杜工部詩》二十卷。

孫星衍《平津館鑒藏書籍記補遺・元版》《集千家注批點杜工部詩集》廿卷。題「須溪先生劉會孟評點」。前有大德癸卯劉將孫序，序後有「須溪劉氏」「將孫」、「尚友父」五木印。二印不可識。《杜工部年譜》一卷，目録一卷。據序云：「先君子須溪先生，平生隻看杜集，既選爲興觀，他評論尚多，批點皆各有意。高楚芳類粹刻之，復删舊注無稽者、泛濫者，特存精確必不可無者，求爲序以傳。」然則此本是高楚芳所編。每卷後有補注刻葉，末卷已缺，係後人鈔補。黑口板，每葉廿二行，行廿二字，收藏有「陸貽典墨蹟」題識，「貴生堂印」白文方印，「淩氏云翼」朱文方印，「起家二千石」朱文方印，「陸貽典印」白文方印，「人中爽」白文方印，「敕先」白文方印，「陸貽典名貽芬」白文小方印，「敕先」朱文小方印，「陸氏敕先收藏書籍」白文方印。

草堂詩箋

錢謙益等《絳雲樓書目・唐文集類》宋板《草堂詩箋》。《草堂詩》有高麗刻本，如《水筒》詩「何假將軍蓋」之句，「蓋」高麗本作「佩」，注引李貳師拔刀刺泉事。錢受之謂較「蓋」字爲穩，宜從之，其爲善本可知。

杜詩范選

楊士奇等《文淵閣書目・詩詞》《杜詩范選》。一部，五册。闕。

錢謙益等《絳雲樓書目・唐文集類》元板《范德機批杜詩》。

黃虞稷《千頃堂書目・文史類・補元》范椁批選《杜子美詩》六卷。

杜詩纂例

黃虞稷《千頃堂書目・總集類》申屠致遠《杜詩纂例》十卷。

錢大昕《補元史藝文志・評注類》申屠致遠《杜詩纂例》十卷。

徐𤊹《徐氏家藏書目・文集類》《杜律五言趙注》四卷。趙汸。

黃虞稷《千頃堂書目・文史類・補明》趙汸《杜五言律注》四卷。

吳壽暘《拜經樓藏書題跋記》《杜律五言注解》。《杜五言律》三卷，元趙汸注。吾族商山家塾刻本。卷末一行云：「戊子春日之吉，休邑商山吴氏七松居家。」藏板下有「吴懷保印」、「四皓居」二圖記。

錢謙益等《絳雲樓書目・唐文集類》趙東山選《杜詩五言律》。

杜律虞注

楊士奇等《文淵閣書目・詩詞》《杜詩邵菴注》。一部，一册。闕。

高儒《百川書志・唐詩》《杜律虞注》二卷。元雍虞集伯生注。倣朱子《詩經》、《楚詞》例，訓解集覽，一視詳明，得詩本旨。惜止七言律耳。

范邦甸等《天一閣書目・別集類》《杜工部七言律詩虞注》。鈔本。元虞集注。明楊士奇序。

徐𤊹《徐氏家藏書目・文集類》《杜律七言虞注》二卷。虞集。

黃虞稷《千頃堂書目・文史類・補元》虞集《杜律七言注》二卷。

《四庫提要・別集類存目一》《杜律注》二卷。內府藏本。舊本題元虞集撰。集有《平猺記》，已著録。是編所注杜詩，凡七言近體一百四十九首。卷首楊士奇序，稱其解《題桃樹》一篇，瞭然於仁民愛物之旨，深得杜意，必伯生所爲。然歐陽玄撰集墓碑，不載其有此書。觀其詞意，亦皆淺近。考元趙汸學詩於集，而所注杜詩乃無一語及其師。董文玉爲趙注作序，亦疑虞注之非真，然不云實出誰手。案，曹安《讕言長語》稱：「元進士臨川張伯成著《杜律演義》，曾昂夫作傳有此名，又有刊版，惜其少傳，往往誤以爲虞伯生」。李東陽《懷麓堂詩話》亦云：「徐竹軒以道嘗謂予曰：『杜律非虞伯生注。宣德初已有刊本，乃張姓某人注，渠所親見』。」合二家之言觀之，則此注實出張伯成手，特後人假集之名以行耳。王士禎《池北偶談》謂伯成名性，江西金谿人，嘗注《尚書補傳》，吴伯慶有輓詩云：「箋疏定令傳杜律，誌銘誰與繼唐碑。」此尤可爲明徵也。

錢大昕《補元史藝文志・評注類》 虞集《杜律訓解》二卷。或云張伯成託名。

杜律演義

范邦甸等《天一閣書目・别集類》 《杜律演義》二卷。刊本。元張性撰。序殘闕。

徐𤊹《徐氏家藏書目・文集類》 《杜律衍義》二卷。張伯成。

黄虞稷《千頃堂書目・文史類・補元》 張性《杜律衍義》二卷。字伯成，臨川人，鄉貢進士。又嘗著《尚書補傳》。見曾昂夫撰《張先生傳》。

倪燦等《補遼金元藝文志・文史類》 張性《杜律衍義》二卷。字伯成，臨川人，後人以此書託名虞集。

元書杜陵詩律

范邦甸等《天一閣書目・别集類》 《元書杜陵詩律》一卷。宋紙烏絲闌鈔本，卷首有「尚寶少卿袁氏忠徹」、「范氏圖書之記」、「范子受氏」三印。卷末有「静思齋」、「崑崙山人」二印。是編元至治浦城楊載仲宏氏得之工部九世孫杜舉，杜舉得之甫門人吴成、鄒遂、王恭，爲篇四十有三，爲格五十有一。仲宏以授鄒縣孟惟誠，孟因參校增注，復取仲宏集中律詩數篇附刻于後，以見法不難守而詩可傳世爲不誣也。楊載自有序其詩五首，京兆杜本跋，孟惟誠有序并識，後又莆人鄭初題并序。

杜詩句解

王圻《續文獻通考・經籍考・詩集》 《杜詩句解》。安成劉應登著。

錢大昕《補元史藝文志・評注類》 劉應登《杜詩句解》。安成人。

杜詩舉隅

王圻《續文獻通考・經籍考・詩集》 《杜詩舉隅》。宋景濂曰：「杜子美詩，注者數百家。務穿鑿者謂一字皆有所出，泛引經史，巧爲傅會，誼議而叢脞；騁新奇者稱其一飯不忘君，發爲言辭，無非忠愛之意，至率爾咏懷之作，亦必遷就而爲之説。近代廬陵大儒頗患之，通集所用事實，别見篇末，固無繳繞猥雜之病，未免輕加批抹，如醉翁寱語，終不能了了。會稽俞先生季淵以卓絶之識，脱略衆説，獨法序詩者之意，各析章句，具舉衆義，于是燦然可觀。晚所著又有《韓文舉隅》，而《孝經》、《易》、《書》、《詩》、《禮記》、《春秋》、《離騷》各有審問，不但箋杜詩而已。」

錢大昕《補元史藝文志・評注類》 俞浙《杜詩舉隅》。

杜詩注釋

王圻《續文獻通考・經籍考・詩集》 《杜詩注釋》。興化黄鍾器之著。

錢大昕《補元史藝文志・評注類》 黄鍾《杜詩注釋》。字器之，興化人。

韻編杜詩

黄虞稷《千頃堂書目・文史類・補元》 曾巽申《韻編杜詩》十卷。

倪燦等《補遼金元藝文志・文史類》 曾巽申《韻編杜詩》十卷。

錢大昕《補元史藝文志・評注類》 曾巽申《韻編杜詩》十卷。

杜詩類選

都穆《南濠居士文跋》 《杜詩類選》。昔之注杜詩者凡十數家，黄鶴注最下而最盛行。余所取惟劉孟會之評點，董養性之《選注》，單元陽之《愚得》。此外又有張伯成《演義》。趙子常《類選》。伯成之注善矣，然惟律詩七言而其他未之及也。子常所注亦惟五言律，視注家尤爲簡當，而時取劉氏評語附之，豈其竟全詩而力有未暇，故所注僅止是與？子常名汸，新安人，仕元，行樞密院都事，洪武初預修先史，不仕而歸，學者稱東山先生。此書刻板在廣平府，金陵何仕甫爲府同知，近考績京師，求序於余，曰：「他人詩可序，杜詩不必序也」。漫爲識之如此。

高儒《百川書志・唐詩》 《杜詩類選》一卷。元樞密院都事東山趙汸子常選注、批點。選止五言，視諸家獨爲簡當，而時取劉氏評語附之，想有意全詩而未暇，故僅此耳。

杜詩類注

王圻《續文獻通考・經籍考・詩集》 《杜詩類注》。劉霖著。

黄虞稷《千頃堂書目・文史類・補元》 劉霖《杜詩類注》。

倪燦等《補遼金元藝文志・文史類》 劉霖《杜詩類注》。

錢大昕《補元史藝文志・評注類》 劉霖《杜詩類注》。

杜詩類編

黄虞稷《千頃堂書目・文史類・補元》 傅若川《杜詩類編》三卷。類輯楊仲弘、揭曼碩、范德機所解杜詩。

倪燦等《補遼金元藝文志・文史類》 傅若川《杜詩類編》三卷。類輯楊仲宏、揭曼碩、范德機所解杜詩。

錢大昕《補元史藝文志・評注類》 傅若川《杜詩類編》三卷。字次舟。

讀杜愚得

高儒《百川書志・唐詩》 《讀杜愚得》十八卷，《年譜》、《詩史目録》一卷。皇明洪武中，漢陽河泊官古郯單復陽元用志于杜，不足前注，遂以自得，倣文公例爲注。考事究旨，必歸于當，簡直明白，要其得杜之心爲多。其疑不可通者闕之。

范邦甸等《天一閣書目・別集類》 《讀杜詩愚得》十八卷。刊本。明古郯單復撰。自序與《杜詩單注》同。

徐𤊹《徐氏家藏書目・文集類》 《讀杜愚得》□卷。單復。

張萱等《内閣藏書目録・集部》 《讀杜愚得》四册，全。洪武初古郯單復著。有大學士楊公士奇序。

錢謙益等《絳雲樓書目・唐文集類》 《讀杜愚得》。單復。

黄虞稷《千頃堂書目・文史類》 單復《讀杜愚得》十八卷。字陽元，嵊縣人，洪武中爲漢陽河泊官。一云名復亨，舉懷材抱德科，授漢陽知縣。

《四庫提要・別集類存目一》 《讀杜愚得》十八卷。通行本。明單復撰。復字陽元，會稽人。《千頃堂書目》作嵊縣人，洪武中爲漢陽河泊官。又云一名復亨，舉懷才抱德科，授漢陽知縣。傳聞異詞，未詳孰是。是編前有宣德九年黄淮序，稱楊士奇得其本於湖湘，以授江陰朱善慶兄弟刻之。考黄伯思《東觀餘論》，稱嘗撰《杜詩編年集》，則編年實始自伯思。其本今已不傳。後魯訔、黄鶴諸家穿鑿字句，鉤稽歲月，率多未安。是編冠以新定年譜，亦未免附會。其箋釋典故，皆剽掇《千家注》，無所考證。注後櫽括大意，略爲訓解，亦循文敷衍，無所發明。至每篇仿《詩傳》之例，注「興也」、「賦也」、「比也」字，尤多所牽合矣。

杜詩單注

范邦甸等《天一閣書目・別集類》 《杜詩單注》十卷。刊本。明陳明輯。洪武壬戌，古刻單復自序云：「初讀杜子詩，茫然莫知其旨意。注釋者雖衆，率多著其用事之出處耳，或有指其立言之意者，又復穿鑿傅會，作詩之旨意，卒莫能白，深竊疑焉。于是屏去諸家注，止取杜子詩反覆諷詠，似畧見大意，亦未昭晰。既又得范德機氏分段批抹杜詩，觀之恍若有得。向所謂莫知而可疑者，始釋然矣。暇日輒取杜子長短古律詩讀，每篇必先考其出處之歲月、地理、時事，以著『詩史』之實。録次乃虚心玩味，以《三百篇》賦、比、興例分節段，以詳其作詩命意之由，及遺辭用事之故，且於承接轉換照應處略爲之説。其諸家注釋之當者取之，而刪其穿鑿附會者，庶以發杜子作詩之旨意。積久成帙，題曰《讀杜愚得》，蓋取『愚者千慮，必有一得』耳，非欲多上人也。」

徐𤊹《徐氏家藏書目・文集類》 《杜律單注》。單復。

杜甫詩注

黄虞稷《千頃堂書目・文史類》 熊釗《杜甫詩注》。

杜詩發微

楊士奇等《文淵閣書目・詩詞》 《杜詩發微》。一部，一册。闕。

杜少陵詩格

楊士奇等《文淵閣書目・詩詞》 《杜少陵詩格》。一部，一册。闕。

杜詩集句

楊士奇等《文淵閣書目・詩詞》 《杜詩集句》。一部，一册。闕。

杜詩節齋解

楊士奇等《文淵閣書目・詩詞》 《杜詩節齋解》。一部，十二册。闕。

杜詩集箋

楊士奇等《文淵閣書目・詩詞》 《杜詩集箋》。一部，九册。闕。塾本無「集」字。

杜詩解

楊士奇等《文淵閣書目・詩詞》 《杜詩解》。一部，十二册。闕。

杜詩補注

楊士奇等《文淵閣書目・詩詞》 《杜詩補注》。一部，九册。闕。

杜律鈔

范邦甸等《天一閣書目・別集類》 《杜律鈔》二卷。刊本。明無錫邵寶鈔，姚九功校。

錢謙益等《絳雲樓書目・唐文集類》 邵二泉《抄杜七言律》。

杜詩解

黄虞稷《千頃堂書目・文史類》 邵寶《杜詩解》□□卷。

杜律訓解

黄虞稷《千頃堂書目・文史類》 張璁《杜律訓解》二卷。

杜詩選

王圻《續文獻通考・經籍考・詩集》 《杜詩選》。新都人楊慎用修著。

杜律選注

黄虞稷《千頃堂書目・文史類》 蕭鳴鳳《杜律選注》二卷。

杜詩類集

范邦甸等《天一閣書目・別集類》 《杜詩類集》二册。刊本。明閩人姚鳴鳳集。戴金序稱是編姚侍御、李父臺、史少雲分門析句，撮其警語，類萃成帙。

杜律測旨

范邦甸等《天一閣書目・別集類》 《杜律測旨》二册。刊本。明趙大綱撰。

杜律二注

范邦甸等《天一閣書目・別集類》 《杜律二注》二册。刊本。明嘉靖丁未章美中序云：「讀杜者容有以文害詞，以詞害意，而于少陵作詩之本旨，多或昧之。惟伯生、子常二注最爲詳明。支分句解，挈旨探原，宛然朱子釋詩家法。故不讀杜不可與言詩，不考二注不可以讀杜。偶閲關中舊本，虞、趙二注類爲一篇，而中州文獻地，未有是刻，方與牧伯蓮塘崔君議改梓之，而郟令賓暘熊子慨然捐俸舉之。刻成，書此以識歲月。」

杜詩長古注解

范邦甸等《天一閣書目・別集類》 《杜詩長古注解》一册。刊本。明謝省注。弘治壬子王弼序云：「此弼鄉先進桃溪先生所注杜詩長古若干首，蓋始得之興化郡庠程司訓懷佐，而并屬之莆田邑庠程教授應韶，相與正其訛舛而梓行焉。杜詩之注至千百家，若近代虞紹菴注杜律，實用文公注《三百篇》法，先訓詁而後章旨，蓋他家所不及。今先生之注，又用虞法而益精以覈者也。先生以進士歷官兵部，出爲寶慶守。三年，遂以老請，于是居隱桃溪者二十年，其在官在鄉，所以嘉惠生民、儀式後學者，具有典則，此益其餘事云」。

又 《杜詩長古注解》二册。刊本。明謝省注解并序。所注係 長古詩一百四十二首。

黄虞稷《千頃堂書目・文史類》 謝世修《杜詩長古注解》□卷。

杜甫詩文集

徐𤊹《徐氏家藏書目・文集類》 《杜甫詩文集》二十卷。百家注。

杜詩通

徐燉《徐氏家藏書目・文集類》 《杜詩通》十六卷。

張萱等《内閣藏書目録・集部》 《杜工部詩通》四册，全。即張綖《七言律注解》。又四册，全。

《四庫提要・别集類存目一》 《杜詩通》十六卷、《本義》四卷。安徽巡撫採進本。明張綖注。綖字世文，《千頃堂書目》作字世昌，疑傳寫誤也。高郵人，正德癸酉舉人，官至光州知州。是編因清江范德機批點杜詩三百十一篇，每首先明訓詁名物，後詮作意，頗能去詩家鉤棘穿鑿之説，而其失又在於淺近。《本義》四卷，皆釋七言律詩，大抵順文演意，均不能窺杜之藩籬也。

杜律本義

張萱等《内閣藏書目録・集部》 《杜律本義》二册，全。嘉靖閒高郵張綖注，俱七言律。

黄虞稷《千頃堂書目・文史類》 張綎《杜律本意》二卷。

《四庫提要・别集類存目一》 《杜詩本義》四卷。安徽巡撫採進本。明張綖注。

杜律頗解

張萱等《内閣藏書目録・集部》 《杜律頗解》二册，全。嘉靖閒學士王維楨注。

黄虞稷《千頃堂書目・文史類》 王維楨《杜律頗解》二卷。

杜詩質疑

黄虞稷《千頃堂書目・文史類》 周旋《杜詩質疑》。慈谿人。

少陵純音

黄虞稷《千頃堂書目・文史類》 南大吉《少陵純音》十卷。

杜律删注

黄虞稷《千頃堂書目・文史類》 馮惟訥《杜律删注》。

杜律意箋

黄虞稷《千頃堂書目・文史類》 顔廷榘《杜律意箋》二卷。

《四庫提要・别集類存目一》 《杜律意箋》二卷。福建巡撫採進本。明顔廷榘撰。廷榘字範卿，永春人。官九江府通判，終岷府左長史。是編取杜甫詩七言律一百五十一首，先用疏釋，次加證引，名曰《意箋》，蓋取「以意逆志」之義。其譏僞虞注之草草，持論良是。然核其所解，與僞虞注正復相等也。

杜律注評

《四庫提要・别集類存目一》 《杜律注評》二卷。浙江巡撫採進本。明陳與郊撰。與郊有《檀弓集注》，已著録。是編因元張性《杜律演義》略施評點，每首皆有旁批，注文亦時有塗乙，大致皆劉辰翁之緒論也。

杜詩鈔述注

《四庫提要・别集類存目一》 《杜詩鈔述注》十六卷。福建巡撫採進本。明林兆珂撰。兆珂官西曹時即手纂是帙，及守衡州，遂刊刻之，謂甫嘗遊衡，刻甫詩於衡，所以爲衡重也。自叙以爲博摭羣書，增釋未備，時或附以己見，分體選注，成十六卷。然甫詩全集凡一千四百餘首，巨製名章，往往不録，而於《杜鵑行》、《虢國夫人》二詩，向因黄鶴、陳浩然二本誤入者，反竝登選。其《秦州雜詩》二十首，則僅録八首。《遊何氏山林》十首，則僅録六首，竟以「其一」、「其二」標寫次第，似原詩止有此數，尤不可解。至注中援引事實，多不注出典。此又明代著述之通病，非獨兆珂一人矣。

杜律批點

徐𤊹《徐氏家藏書目・文集類》《杜律批點》一卷。郭正域。

杜詩分類

《四庫提要・別集類存目一》《杜詩分類》五卷。内府藏本。明傅振商撰。振商字君雨，汝陽人，萬曆丁未進士，官至南京兵部尚書。杜詩分類始於王洙《千家注》，振商此編，則又因《千家注》本小爲更定，殊無所取也。

杜律箋言

徐𤊹《徐氏家藏書目・文集類》《杜律箋言》二卷。謝杰。

黄虞稷《千頃堂書目・文史類》謝杰《杜律箋言》二卷。長樂人。户部尚書。

杜詩箋注

軍機處奏《禁毁書目》《杜詩箋注》八本。查《杜詩箋注》係錢謙益撰，中有故刻方空，殊屬悖妄，應請銷燬。

杜七言律注

黄虞稷《千頃堂書目・文史類》徐常吉《杜七言律注》二卷。

杜詩攟

《四庫提要・別集類二》《杜詩攟》四卷。江蘇巡撫採進本。明唐元竑撰。元竑字遠生，烏程人。萬曆戊子舉人。明亡，不食死，論者以首陽餓夫比之。是編乃其讀杜詩時所劄記。所閲蓋千家注本，其中附載劉辰翁評，故多駁正辰翁語。自宋人倡「詩史」之説，而箋杜詩者遂以劉昫、宋祁二書據爲稿本，一字一句，務使與紀傳相符。夫忠君愛國，君子之心；感事憂時，風人之旨。杜詩所以高於諸家者，固在於是。然集中根本不過數十首耳。咏月而以爲比肅宗，詠螢而以爲比李輔國，則詩家無景物矣；謂紈袴下服比小人，謂儒冠上服比君子，則詩家無字句矣。元竑所論，雖未必全得杜意，而刊除附會，涵泳性情，頗能會於意言之外。其中如「白鷗没浩蕩」句，必抑蘇軾而申宋敏求。「宛馬總肥秦苜蓿」句，正用漢武帝離宫種苜蓿事，而執誤本「春苜蓿」事，以爲不對「漢嫖姚」。又往往喜言詩讖，尤屬不經。然大旨合者爲多，勝舊注之穿鑿遠矣。

杜律意注

《四庫提要・別集類存目一》《杜律意注》二卷。陝西巡撫採進本。明趙統撰。統字伯一，臨潼人，嘉靖乙未進士，官至户部郎中。是編詮釋杜甫七言律詩，首論拗體，謂爲杜之粗律，是全然不解聲調者。所詮釋亦皆臆度，不甚得作者之意。凡例稱所見杜詩惟虞注二卷，故雖頗有所校正，而漫無考證。如《崔氏東山草堂》詩，以「芹」字爲出韻，是未知唐韻「殷」字附「真」不附「文」，至宋賈昌朝乃移之。許觀《東齋紀事》、王應麟《玉海》皆可考也。

杜詩解

《四庫提要・別集類存目一》《杜詩解》八卷。浙江巡撫採進本。明楊德周撰。德周有《澹圃芋紀》，已著録。是編裒詩家之論杜詩者爲第一篇，蓋即蔡夢弼《草堂詩話》之意，推而廣之。然分類不免於瑣屑，其最不檢者，如八卷補注例第一條云「韓昌黎曰：『人各有能有不能，抑而行之，必發狂疾。』故杜云：『束帶發狂欲大叫。』如此注那得不補」云云。是杜詩乃用韓語，天下寧有是事！他如楊慎「辨槎字」一條，既全載於「訂譌字」中，又復見於「正譌例」中。如斯之類，亦往往失之嗜博也。

杜詩五七言律注解

范邦甸等《天一閣書目・別集類》《杜詩五七言律注解》五卷。刊本。國朝梁溪顧宸修遠氏著，觀陽李贊元望石氏閲，同里黃家舒漢臣氏評，均有序。

杜詩選注

高儒《百川書志・唐詩》董養性《杜詩選注》四卷。臨川高閑雲叟董養性。

范邦甸等《天一閣書目・別集類》《杜詩選注》七卷。刊本。臨川董益輯。叙稱平生最嗜讀，然觀舊注如魯訔之《編年》，黃鶴之《分類》，劉會孟之《評論》，雖頗詳悉，病其附會穿鑿，徒牽合引據，而於作者之情性，略無見焉。遂校勘諸本，略加刪補，必求以著明作者之初意。分門歸類，共爲七卷，庶於初學之士，或少助焉。

黃虞稷《千頃堂書目・文史類》董養性《杜詩選注》四卷。自稱臨川高閒雲叟。

讀書堂杜詩注解

《四庫提要・別集類存目一》《讀書堂杜詩注解》二十卷。直隸總督採進本。國朝張溍撰。溍字上若，磁州人，順治壬辰進士，官翰林院庶吉士。是編乃其晚年家居所作。以《千家注》爲本，而稍節其冗複。凡稱「原注」者，皆《千家注》。每詩下評語及圈點，則溍所增入也。自稱起己丑迄癸丑，閲二十四寒暑，五易稿而成。其用功甚勤，然多依傍舊文，尚未能獨開生面。

杜文注解

張之洞《書目答問・別集》《杜文注解》二卷。張溍注。成都合刻本。杜詩注本太多，仇、楊爲勝。

杜詩分類全集

范邦甸等《天一閣書目・別集類》《杜詩分類全集》五卷。刊本。國朝中州張縉彦垣公、古燕谷應泰霖蒼輯定，海鹽高士錢塘汪淇較閲。西陵亮明齋主人識云：「杜工部詩凡箋疏丹黃，多屬蠡測，甚至矯誣穿鑿，幾没作者本意。兹集恪遵古本，依題分類，不尚詮釋。繡梓精工，校訂詳確，庶幾工部真色常存天地間。識者自辨。」

杜詩説

《四庫提要・別集類存目一》《杜詩説》十二卷。内府藏本。國朝黃生撰。生有《字詁》，已著録。此書以杜甫詩分體注釋，於句法、字法皆逐一爲之剖別。大旨謂前人注杜求之太深，皆出於私臆，故著此以闢其謬。其説未嘗不是。然分章别段，一如評點時文之式，又不免失之太淺。中如謂《行經昭陵》詩非禄山亂後所作，《寄裴施州》詩據《文苑英華》本增「遥憶書樓碧池映」七字於末，雖亦間有考證，然視其《字詁》、《義府》，相去不止上下牀矣。蓋深於小學而疎於詩法者也。

杜詩詳注

《四庫提要・别集類二》《杜詩詳注》二十五卷。《附編》二卷。内府藏本。國朝仇兆鼇撰。兆鼇字滄柱，鄞縣人。康熙乙丑進士，官至吏部侍郎。是書乃康熙三十二年兆鼇爲編修時所奏進。凡詩注二十三卷，雜文注二卷。後以逸杜、咏杜、補杜、論杜爲《附編》上、下二卷。其總目自二十八卷以下尚有《做杜》、《集杜》諸卷，皆有録無書，疑欲續爲而未成也。每詩各分段落，先詮釋文義於前，而徵引典故列於詩末。其中摭拾類書，小有舛誤者，如注「忘機對芳草」句，引《高士傳》「葉幹忘機」，今《高士傳》無此文，即《太平御覽》所載嵇康《高士傳》幾盈二卷，亦無此文。又注「宵旰憂虞軫」句，不知二字本徐陵文，乃引《左傳》注旰食，引《儀禮》注宵衣。考之鄭注，「宵」乃同「綃」，非「宵旦」之「宵」也。至吟杜卷中載徐增一詩，本出其《説唐詩》中。所謂「佛讓王維作，才憐李白狂」者，蓋以維詩雜禪趣，白詩多逸氣，以互形甫之謹嚴。兆鼇乃改上句爲「賦似相如逸」，乖其本旨。如此之類，往往有之，皆不可據爲典要。然援據繁富，而無千家諸注僞撰故實之陋習。核其大局，可資考證者爲多，亦未可竟廢也。

張之洞《書目答問・别集》《杜詩詳注》二十五卷，《附編》二卷。唐杜甫。仇兆鼇注。通行本。

杜詩論文

《四庫提要・别集類存目一》《杜詩論文》五十六卷。内藏本。國朝吴見思撰。見思字齊賢，武進人。是編成於康熙壬子。據其凡例，蓋擬舉杜詩典故别爲一書，名曰《杜詩論事》，故此編但詮釋作意，謂之《杜詩論文》。夫箋注與故，所以明文義也。論事自論事，論文自論文，是已兩無據矣。而所論之文又皆敷衍，即以開卷言之，望《嶽》詩「齊魯青未了」，正極寫「望」字耳，其注乃云「行至於齊，初見岱色，及行至於魯，岱色依然，故曰『青未了』」。《過宋員外之問舊莊》詩杜甫自注曰：「員外季弟執金吾見知於代，故有下句。」其語已明矣。其注乃云「落到執金吾結」。如此之類，皆頗嫌於詞費。《重題鄭氏東亭》詩「華亭入翠微」句，《爾雅》：「山未及上，曰翠微。」古有明訓。其注乃云：「山曰翠微，秋山也。」如此之類，考證亦多未詳。首列章法、句法、字法諸論，其「三折句法」一條引「塵中老盡力，歲晚病傷心」一聯，謂「塵中」字、「歲晚」字一折，「老」字、「病」字一折，「盡力」字、「傷心」字一折，已嫌破碎。又引「峽雲籠樹小，湖日落船明」一聯，謂「峽」字、「湖」字一折，「雲籠」字、「日落」字一折，「樹小」字、「船明」字一折，詩家有是句法乎！

杜詩闡

《四庫提要・别集類存目一》《杜詩闡》三十三卷。江蘇周厚堉家藏本。國朝盧元昌撰。元昌有《左傳分國纂略》，已著録。是書成於康熙壬戌。前有自序，稱杜詩有因注而顯者，有因注反晦者，一晦於訓詁之太雜，一晦於講解之太鑿，一晦於援引之太繁。反是者，又爲膚淺凡庸之詞，曰「吾以杜注杜也」，則太陋。其持論甚當。然其注如《四書講章》，其評亦如時文批語，説詩不當如是，説杜詩尤不當如是也。

杜詩會稡

《四庫提要・别集類存目一》《杜詩會稡》二十四卷。内府藏本。國朝張遠撰。案，康熙中有兩張遠，其一侯官人，有《超然詩集》，别著録。此張遠字邇可，蕭山人，由貢生官縉雲縣教諭。朱彝尊《曝書亭集》有《送遠之桂林》詩，即其人也。是書採諸家之注而成，故曰《會稡》。其分析段落，訓釋文意，頗便初學，然不免尋行數墨。詩依年譜編次，與諸本互有異同，考核亦未爲詳審。

讀杜心解

《四庫提要・别集類存目一》《讀杜心解》六卷。通行本。國朝浦起龍撰。起龍有《史通通釋》，已著録。此書雖總題六卷，而卷首分上、下二册，不入卷數；卷一分子卷六，卷二分子卷三，卷三分子卷六，卷四分子卷二，卷五分子卷五，卷六分子卷二，實二十六卷也。自昔注杜詩者，或分體、或編年。起龍是編則於分體之中又各自編年，殊爲繁碎。如《江頭五詠》以二首編入五言古詩，三首編入五言律詩，尤割裂失倫。其賦及雜文，舊本皆繫卷末。起龍亦散附各詩之後。如《雜述》附《送孔巢父》詩後，《秋述》附《秋雨嘆》後，《祭房琯文》附《别琯墓》詩後，《説旱》附《大雨》詩後，《封西岳賦》附《贈獻納使田舍人》詩後，事尚相屬。以《三大禮賦》附《贈崔國輔、于休烈》詩後，因詩中有「謬稱三賦在」句。以《皇甫淑妃碑》附《宴鄭駙馬宅》詩後，因公主爲淑妃所生。以《華州試進士策問》附《洗兵馬》後，因所問乃中興之政，已爲牽合。至以《天狗賦》附《靈湫》詩後，以《雕賦》附《義鶻行》後，以《畫太乙天尊圖》文附《李道士松樹障子歌》後，則強綴之甚矣。自有别集以來，無此編次法也。其閒考訂年月，印證時事，頗能正諸家之疎舛。而句下之注，漏略特甚。篇末之解，繳繞亦多。又詮釋之中，每參以評語，近於點論時文，彌爲雜糅，與所撰《史通通釋》評與注釋夾雜成文者同一有乖體例，殆好學深思之士而不善用所長者歟？

杜律疏

《四庫提要・别集類存目一》《杜律疏》八卷。洗馬劉權之家藏本。國朝紀容舒撰。容舒有《唐韻考》，已著録。此書因顧宸所撰《辟疆園杜詩注解》繁碎太甚，又多穿鑿，乃汰其蕪雜，參以己意，以成是編。初名《杜詩詳解》。其後以所解皆律詩，又字字句句備爲詮釋，體近於疏，因改今名焉。

杜詩鏡銓

張之洞《書目答問・别集》《杜詩鏡銓》二十卷。楊倫注。

竇永賦

《宋史・藝文志・别集類》《竇永賦》一卷。

李峴集

尤袤《遂初堂書目・别集類》《李峴集》。

《宋史・藝文志・别集類》《李峴詩》一卷。

歸崇敬集

《新唐書・藝文志・别集類》《歸崇敬集》二十卷。

鄭樵《通志・藝文略・别集四》《歸崇敬集》二十卷。

楊評事文集

馬端臨《文獻通考・經籍考・别集》《楊評事文集》。楊凌撰。柳子厚作後序曰：楊君少以篇什著聲於時，其炳耀尤異之詞，諷誦於文人，滿盈於江湖，達於京師。晚節偏悟文體，尤邃著述，學富識遠，才涌未已，其雄傑老成之風，與時增加，既獲是而夭。季年所作尤善，其爲《鄂州新城頌》、《諸葛武侯傳論》，餞送梓潼陳衆甫、汝南周愿、河東裴秦、武都符義甫、泰山羊士諤、隴西李錬凡六序,《盧山禪居記》、《辭李常侍啓》、《遠遊賦》、《七夕賦》,皆文人之選已。用是陪陳君之後,言之昂也。其可謂具體者歟!

劉迥集

《新唐書・藝文志・別集類》《劉迥集》五卷。

鄭樵《通志・藝文略・別集四》《劉逈集》五卷。

武就集

《新唐書・藝文志・別集類》《武就集》五卷。元衡父。

鄭樵《通志・藝文略・別集四》《武就集》五卷。元衡父。

李遐叔文集

《新唐書・藝文志・別集類》《李華前集》十卷,《中集》二十卷。

鄭樵《通志・藝文略・別集四》《李華前集》十卷,《中集》二十卷。

尤袤《遂初堂書目・別集類》《李華集》。

《宋史・藝文志・別集類》《李華集》二十卷。

《四庫提要・別集類三》《李遐叔文集》四卷。浙江吴玉墀家藏本。唐李華撰。華字遐叔,趙州贊皇人,累中進士宏辭科。【略】新、舊《唐書》俱載入《文苑傳》中。《舊唐書》稱華有《文集》十卷,獨孤及序則稱自監察以前十卷,號爲《前集》,其後二十卷爲《中集》,卷數頗不合。馬端臨《經籍考》不列其目,則南宋時原本已亡。此本不知何人所編,蓋取《唐文粹》、《文苑英華》所載哀集類次,而仍以及序冠之,有篇次而無卷目。今釐爲四卷,著之於録。

錢東垣等輯《崇文總目・別集類一》《李華集》二十卷。

張繼集

《新唐書・藝文志・別集類》《張繼詩》一卷。字懿孫,襄州人。大曆末,檢校祠部員外郎,分掌財賦於洪州。

鄭樵《通志・藝文略・別集五》《張繼詩》一卷。

尤袤《遂初堂書目・別集類》《張繼集》。

《宋史・藝文志・別集類》《張繼詩》一卷。

柳渾集

《新唐書・藝文志・別集類》《柳渾集》十卷。

鄭樵《通志・藝文略・別集四》《柳渾集》十卷。

蕭穎士集

《新唐書・藝文志・別集類》《蕭穎士集》十卷。

鄭樵《通志・藝文略・別集四》《蕭穎士集》十卷。

晁公武《郡齋讀書志・別集類上》《蕭穎士集》十卷。右唐蕭穎士茂挺也。梁宗室之後。舉進士,開元二十三年中第,爲史館待制。安禄山反,竄山南。節度崔圓授揚州工曹,至官,信宿而去。客死汝南逆旅。門人謚曰文元先生。穎士善觀書,一覽即誦,通百家譜系、書籀,嘗教授濮陽,時號蕭夫子。李林甫惡不附己,故數罷去。閻士和盛推穎士文章,以爲聞蕭氏之風者,童子羞稱曹、陸。《唐書》云:「穎士作《伐櫻桃賦》以詆李林甫,君子恨其褊。」按集載其辭,有曰「每俯臨乎蕭牆,姦回得而窺伺」,蓋謂林甫之必致寇也。其後果階禄山之禍,唐遂不振。然則穎士可謂知幾矣,宜褒而返加以貶詞,何哉?

尤袤《遂初堂書目・別集類》《蕭穎士集》。

陳振孫《直齋書録解題・別集類上》《蕭功曹集》十卷。唐揚州功曹參軍蕭穎士茂挺撰。門人柳并爲序。穎士，梁鄱陽王之裔，敏悟夙成，負才尚氣，見惡於李林甫，其後卒不遇以死，壽亦不逮中年。

馬端臨《文獻通考・經籍考・別集》《蕭穎士集》十卷。

《宋史・藝文志・別集類》《蕭穎士集》十卷。

徐𤊹《徐氏家藏書目・文集類》《蕭穎士集》□卷。

《四庫提要・別集類三》《蕭茂挺文集》一卷。江蘇巡撫採進本。唐蕭穎士撰。穎士字茂挺，穎川人，梁鄱陽王之裔，世系具載其《贈韋司業書》中。【略】事蹟具《新唐書・文藝傳》。【略】穎士文章與李華齊名，而穎士尤爲當代所重。李邕負一代宿望，而《進芝草表》假手穎士，則其推挹可知。《唐志》載穎士《游梁新集》三卷，《文集》十卷，《宋志》僅載《文集》十卷，而《游梁新集》已佚。此本前有曹溶名、字二印，蓋其所藏。僅賦九篇、表五篇、牒一篇、序五篇、書五篇。史稱其《與崔圓書》，今集中不載。《書録解題》所云柳并序，今亦佚之。又後人鈔撮《文苑英華》、《唐文粹》諸書而成，非復十卷之舊矣。然殘膏賸馥，猶足沾溉，正不必以不完爲歉也。

錢東垣等輯《崇文總目・別集類一》《蕭穎士文集》十卷。

游梁新集

《新唐書・藝文志・別集類》蕭穎士《游梁新集》三卷。

鄭樵《通志・藝文略・別集四》蕭穎士《游梁新集》三卷。

皇甫冉集

《新唐書・藝文志・別集類》《皇甫冉詩集》三卷。字茂政，潤州丹陽人，祕書少監、集賢院修撰彬姪也。天寶末無錫尉，避難居陽羡，後爲左金吾衛兵曹參軍、左補闕，與弟曾齊名。曾，字孝常，歷侍御史，坐事貶徙舒州司馬、陽翟令。

鄭樵《通志・藝文略・別集五》《皇甫冉詩集》三卷。

晁公武《郡齋讀書志・別集類上》《皇甫冉詩》二卷。右唐皇甫冉茂政也。丹陽人。天寶十五年進士，爲無錫尉，歷拾遺、補闕，卒。與弟曾齊名，當時比張氏景陽、孟陽云。集有獨孤及序。

尤袤《遂初堂書目・別集類》《皇甫冉集》。

陳振孫《直齋書録解題・詩集類上》《皇甫冉集》一卷。案：《唐書・藝文志》作三卷。唐左補闕丹陽皇甫冉茂政撰。與其弟曾齊名。集有獨孤及序。

馬端臨《文獻通考・經籍考・詩集》《皇甫冉集》一卷。

《宋史・藝文志・別集類》《皇甫冉集》二卷。

高儒《百川書志・唐詩》《皇甫冉集》二卷。左補闕潤州皇甫冉茂政，元晏先生之後也。與弟曾并名于時。

徐𤊹《徐氏家藏書目・文集類》《皇甫冉詩》二卷。

于邵集

《新唐書・藝文志・別集類》《于邵集》四十卷。

鄭樵《通志・藝文略・別集四》《于邵集》四十卷。

竇叔向集

《新唐書・藝文志・別集類》《竇叔向集》七卷。字遺直。與常衮善，衮爲相，用爲左拾遺、内供奉，及貶，亦出溧水令。

鄭樵《通志・藝文略・別集四》《竇叔向集》七卷。

尤袤《遂初堂書目・別集類》《竇叔向集》。

陳振孫《直齋書録解題・詩集類上》《竇拾遺集》一卷。唐左拾遺扶風竇叔向撰。包何爲序。案：《竇叔向集》包何爲之序，原本作「包行」，誤，今改正。羣、常、牟、庠、鞏，皆其子也。

馬端臨《文獻通考・經籍考・詩集》《竇拾遺集》一卷。

《宋史・藝文志・別集類》《竇叔向詩》一卷。

裴倩集

《新唐書・藝文志・別集類》《裴倩集》五卷。

鄭樵《通志・藝文略・別集四》《裴倩集》五卷。裴均父。

湓城集

《新唐書・藝文志・別集類》裴倩《湓城集》五卷。均之父。

鄭樵《通志・藝文略・別集四》裴倩《湓城集》五卷。

岑參集

《新唐書・藝文志・別集類》《岑參集》十卷。

鄭樵《通志・藝文略・別集四》《岑參集》十卷。

晁公武《郡齋讀書志・別集類上》《岑參集》十卷。右唐岑參，南陽人。文本裔孫。天寶三年進士，累官補闕、起居郎，出爲嘉州刺史。杜鴻漸表置幕府，爲職方郎中兼侍御史，罷，終於蜀。參博覽史籍，尤工綴文，屬辭清尚，用心良苦，其有所得，往往超拔孤秀，度越常情。每篇絶筆，人競傳諷。至德中，裴薦、杜甫等嘗薦其「識度清遠，議論雅正，佳名早立，時輩所仰，可以備獻替之官」云。集有杜確序。

尤袤《遂初堂書目・別集類》《岑參集》。

陳振孫《直齋書録解題・詩集類上》《岑嘉州集》八卷。唐嘉州刺史南陽岑參撰。文本之曾孫。案《唐書》，岑參乃岑文本之曾孫。原本脱「文本」二字，今補正。天寶三載進士，爲補闕左史郎官，與杜甫唱和。

馬端臨《文獻通考・經籍考・別集》《岑參集》十卷。

又《詩集》《岑嘉州集》八卷。

《宋史・藝文志・別集類》《岑參集》十卷。

高儒《百川書志・唐詩》《岑嘉州集》八卷。嘉州刺史高陽岑參撰。

錢謙益等《絳雲樓書目・唐詩類》《岑嘉州集》。十卷。杜確序。陸放翁曾刻之蜀中，蓋攝官嘉州時也。

孫星衍《平津館鑒藏書籍記・明版》《岑嘉州集》八卷。前有唐杜確序，稱區分類聚，勒成八卷。陳氏《書録解題》無此集，而晁氏《讀書志》有之，亦引杜確序，惟作十卷，與此本不同。每葉廿行，行十八字，此與王摩詰、高常侍兩集，皆同時並刻之本。收藏有「古吴」朱文小葫蘆印、「無礙散人」白文方印、「子孫保之」朱文葫蘆印。

阮元《四庫未收書目提要・別集類》《岑嘉州集》八卷。唐岑參撰。參，南陽人，爲文本曾孫。【略】事蹟詳《唐才子傳》。案：岑詩律健整，非晚唐纖碎可比。方回云：「學杜詩，當先觀《工部集》中所稱詠敬歎及交遊倡酬者。其稱詠敬歎，則如蘇武、李陵、陶潛諸人；其交遊倡酬，則如李白、高適、岑參之類。」杜確序亦稱岑「每一篇絶筆，則人人傳寫，雖閭里士庶，莫不諷誦吟習焉。」其卷帙之數，《唐書・藝文志》及《崇文總目》、《通考・經籍考》、《通志・藝文略》、焦竑《經籍志》並云十卷，《文淵閣書目》則云「四册，闕」。是編與杜確序合。然如《瀛奎律髓》所載《同崔十三侍御灌口夜宿報恩寺作》，爲此本所佚，疑非唐人舊册矣。按是集有正德中熊相所刻七卷本，猶是宋、元相傳蘇軼。

錢東垣等輯《崇文總目・別集類一》《岑參集》十卷。

黃丕烈《蕘圃藏書題識・集類一》《岑嘉州集》八卷。舊鈔本。余向藏唐人岑嘉州詩，以正德刻者爲最舊，古鹽官張氏藏書也。頃書友攜此書鈔本來，以五百青蚨得之，可謂好書而賤直者矣。較正德刻殊不同，序後多目録，分卷爲八，與杜序合。明刻分卷爲七，兼分體，非復舊觀矣。然攷諸家書目，有七卷，□延令季滄葦家是也。有□卷者，以爲宋□影鈔，則述古堂書目云□□。余以宋人《書録解題》及《文獻通考》證之，則八卷爲舊。若影鈔四卷，未知其又爲何時□矣。宋刻而已移八卷□□次，吾烏敢信之哉！嘉慶庚申五月望後一日識於讀未見書齋。是日宿雨初晴，薰風乍拂，坐古樸緣蔭下，亦□避炎威逼人也。蕘圃黃丕烈。

岑參詩

楊士奇等《文淵閣書目・詩詞》《岑參詩》。一部，四册。闕。

范邦甸等《天一閣書目・別集類》《岑嘉州詩》八卷。刊本。唐嘉州刺史岑參著。明正德庚辰漢嘉安磐序云：「岑詩晁子止云十卷，陳止齋云八卷，高廷又云十卷，然皆不著若干篇。州舊有刻本七卷，近見別本亦止七卷，首卷至百篇，六卷、七卷僅八九篇，多寡不倫。兹集收舊本《無題》、《關門》、《古興》等詩三十五篇，其誤入岑羲《應制詩》，削去之。凡八卷二百七十一篇，黎侍御乾德屬嘉州守謝元良刻置郡齋。

徐𤊹《徐氏家藏書目・文集類》《岑參詩》八卷。

張金吾《愛日精廬藏書志・別集類》《岑嘉州詩》七卷。明初刊本。唐岑參撰。

賈至集　別集

《新唐書・藝文志・別集類》《賈至集》二十卷。又《別》十五卷。蘇冕編。

鄭樵《通志・藝文略・別集四》《賈至集》二十卷。又《別集》十五卷。蘇冕編。

晁公武《郡齋讀書志・別集類上》《賈至集》十卷。右唐賈至幼幾也。洛陽人。天寶十年，明經擢第。累官起居舍人、知制誥。從幸西川，當撰傳位册，既進藁，上曰：「先天誥命，乃父爲之。今兹册命，又爾爲之。兩朝大典，出卿父子，可謂繼美矣。」大曆中，終散騎常侍。《集》，李邯鄲淑家本二十卷，蘇弁編次，常仲孺爲序，以墓銘、敘碑列於後，今亡其半。蘇子瞻嘗行吕惠卿責詞，有「元兇在位」之語，仇人乃曰：「世惟宋太子劭謂之元兇。」因誣其指斥。殊不知曹子建《責躬詩》有曰「元兇是率」，蓋自謂也。今至制誥中除魏仲犀、徐歸道詞，亦以元兇指禄山，豈獨劭爲元兇邪？世多疑子瞻失詞，因表出之。

尤袤《遂初堂書目・別集類》《賈至集》。

陳振孫《直齋書録解題・別集類上》《賈幼幾集》十卷。唐起居舍人河南賈至幼幾撰。《唐志》二十卷，《別》十五卷。李淑《書目》云：「至集有三本，又有十卷者，有序。今本無序，《中興館閣》本亦同。」

馬端臨《文獻通考・經籍考・別集》《賈至集》十卷。

《宋史・藝文志・別集類》《賈至集》十卷。又《詩》一卷。

錢東垣等輯《崇文總目・別集類一》《賈至文集》十卷。

元海集

《新唐書・藝文志・別集類》《元海集》十卷。字休則，開元臨河尉。

鄭樵《通志・藝文略・別集四》《元海集》十卷。

王季友集

陳振孫《直齋書録解題・詩集類上》《王季友集》一卷。唐王季友撰。元結《篋中集》有季友詩二首，今此集有七篇，而《篋中》二首不在焉。杜詩所謂「酆城客子王季友」者，意即其人耶？

馬端臨《文獻通考・經籍考・詩集》《王季友集》一卷。

《宋史・藝文志・別集類》《王季友詩》一卷。

高儒《百川書志・唐詩》《王季友集》一卷。王季友，不知何郡人。

元次山集

尤袤《遂初堂書目・別集類》《元次山集》。

陳振孫《直齋書録解題・別集類上》《元次山集》十卷。唐容管經略使河南元結次山撰。蜀本但載自序，江州本以李商隱所作序冠其首。蜀本《拾遺》一卷，《中興頌》、《五規》、《二惡》之屬皆在焉。江本分置十卷。結自號漫叟。

《宋史・藝文志・别集類》 《元結集》十卷。

楊士奇等《文淵閣書目・文集》 《元次山文集》。一部，四册。完全。

高儒《百川書志・唐文》 《元次山文集》十卷。《拾遺》一卷。 贈禮部侍郎元結也。

徐𤊹《徐氏家藏書目・文集類》 《元結文集》十卷。

張萱等《内閣藏書目録・集部》 《元次山文集》四册，全。 唐天寶閒禮部侍郎元結著，凡十卷。

錢謙益等《絳雲樓書目・唐文集類》 《元次山集》。

《四庫提要・别集類二》 《次山集》十二卷。内府藏本。 唐元結撰。 結事蹟具《新唐書》本傳。 結所著有《元子》十卷，李商隱爲作序。《文編》十卷，李紓爲作序。又《猗玗子》一卷。 竝見《唐志》，今皆不傳。 所傳者惟此本，而書名卷數皆不合。 蓋後人摭拾散佚而編之，非其舊本。 觀洪邁譏所記二十國事，如方國、圓國、言國、相乳國、無手國、無足國、惡國、忍國、無鼻國、觸國之類，見於《容齋隨筆》者，此本皆無之，則其佚篇多矣。

黄丕烈《蕘圃藏書題識・集類一》 《唐漫叟文集》十卷、《拾遺》、《拾遺續》附。舊刻本。 此《唐漫叟文集》十卷，并《拾遺》、《拾遺續》，余向得諸書肆中，篋藏之久矣。 頃書船攜一本來，初寓目，疑與此刻同，及取對勘，乃知是本在先，而後得者爲明正德湛若水校刊本，且脱《拾遺續》一種，非全本也。 然有《自序》、《自釋》兩篇，文字較此又異，因並儲之。 此外又有雍正時天都黄氏刻本，强分十二卷，更非其舊可知。 書以重刻而愈失其真，勢所必然者爾，爲之三歎。 嘉慶歲在己未冬十二月八日，黄丕烈識。

張之洞《書目答問・别集》 《元次山集》十二卷。 唐元結。 刻本。 明湛若水校本十卷。

元 子

晁公武《郡齋讀書志・别集類上》 《元子》十卷。 右唐元結次山也。 後魏之裔。 天寶十三年進士，復舉制科，授右金吾兵曹，累遷容管經略使。 始在商餘山，稱元子，逃難入琦玗洞，稱琦玗子，或稱浪士，漁者稱爲聱叟，酒徒呼爲漫叟，及官呼爲漫郎，因以命其所著。 結性耿介，有憂道閔世之思。 逢天寶之亂，或仕或隱，自謂與世聱牙，豈獨其行事而然，其文辭亦如之。 然其辭義幽約，譬古鍾磬，不諧於里耳，而可尋玩。 在當時，名出蕭、李下，至韓愈稱數唐之文人，獨及結云。

洪邁《容齋題跋》 《跋元子》元次山有《文編》十卷，李商隱作序，今九江所刻是也。 又有《元子》十卷，李紓作序，予家有之。 凡一百五篇，其十四篇以見於《文編》，餘者大抵澶漫矯亢。 而第八卷中所載《睿方國二十國事》最爲譎誕，其略云：「方國之僊，盡身皆方。 其俗惡圓，設有問者曰：『汝心圓，則兩手起。』胷露心曰：『此心圓耶？』圓國則反是。 言國之僊，三口三舌。 相乳國之僊，口以下直爲一竅。 無手國足便於手，無足國膚行如風。」其説頗近《山海經》，固已不韙。 至云「惡國之僊，男長大則殺父，女長大則殺母。 忍國之僊，父母見子如臣見君。 無鼻之國，兄弟相逢則相害。 觸國之僊，子孫長大則殺之」，如此之類，皆悖理害教，於事無補。 次山《中興頌》與日月争光，此書雖不作可也。 惜哉！

馬端臨《文獻通考・經籍考・别集》 《元子》十卷。【略】高氏《子略》曰：「元子曰：『人之毒於鄉，毒於國，毒於鳥獸草木，不如毒其形，毒其命。 人之媚於時，媚於君，媚於朋友郡縣，不如媚於廐，媚於室。 人之貪於權，貪於位，貪於取求聚積，不如貪於道，貪於閑静。 人之忍於毒，忍於媚，忍於詐惑貪溺，不如忍於貧苦，忍於棄廢。』英哉斯言！ 次山平生辭章奇古，不蹈襲。 其視柳柳州又英崛。 唐代文人，惟二公而已。 猶有一説，頌者，所以美盛德之形容也。 如《江漢》諸詩，所以寫宣王中興之美者，皆係之《雅》。 唐既中興，而《磨崖》一碑乃以頌稱，漫郎豈不能致思於此邪？ 初，結居商餘山著書，其序謂天寶九載庚寅至十二載癸巳，一萬六千五百九十五言，分十卷，是蓋有意存焉。 卷首有《元氏家録》，具紀其世次。

《宋史・藝文志・别集類》 元結《元子》十卷。

錢謙益等《絳雲樓書目・唐詩類》 元結《元子》十卷。 李紓集，凡一百五篇。

錢東垣等輯《崇文總目・别集類一》 《元子編》十卷。 元結撰。

琦玗子

晁公武《郡齋讀書志・别集類上》 元結《琦玗子》一卷。

馬端臨《文獻通考・經籍考・别集》 元結《琦玗子》一卷。

《宋史・藝文志・別集類》 元結《琦玗子》一卷。

元結文編

《新唐書・藝文志・別集類》 元結《文編》十卷。

鄭樵《通志・藝文略・別集四》 元結《文編》十卷。

晁公武《郡齋讀書志・別集類上》 元結《文編》十卷。

馬端臨《文獻通考・經籍考・別集》 元結《文編》十卷。

錢謙益等《絳雲樓書目・唐詩類》 元結《文編》十卷。李商隱序，宋時有九江刻本。

漫叟拾遺

高儒《百川書志・別集》 《漫叟拾遺》一卷。唐元結著。序曰：「《次山集》行世久矣，顧此數首，於警策人心、感激時事頗切，故別録之，非有所去取也。」

《四庫提要・別集類存目一》 《漫叟拾遺》一卷。浙江范懋柱家天一閣藏本。是編選録唐元結之文，不著編輯者名氏。卷末有竹岡居士跋云：「《元次山全集》廣南近已重刻，湛甘泉太史序之詳矣，茲復何言。顧此數篇於警策人心、感激時事頗切，故別録之，非有所去取也。」末署戊寅冬季，不著年號。以湛若水官翰林年月計之，蓋正德十三年也。

元結詩

高儒《百川書志・唐詩》 《元結詩》。贈禮部侍郎元結也。

元載集

《新唐書・藝文志・別集類》 《元載集》十卷。

鄭樵《通志・藝文略・別集四》 《元載集》十卷。

劉長卿集

《新唐書・藝文志・別集類》 《劉長卿集》十卷。字文房。至德監察御史，以檢校祠部員外郎爲轉運使判官，知淮西鄂岳轉運留後，鄂岳觀察使。吴仲孺誣奏，貶潘州南巴尉。會有爲辨之者，除睦州司馬，終隨州刺史。

鄭樵《通志・藝文略・別集四》 《劉長卿集》十卷。又《隨州外集》十卷。

晁公武《郡齋讀書志・別集類上》 《劉長卿集》十卷。右唐劉長卿字文房。開元末中進士第。至德中，監察御史，以檢校祠部員外郎爲轉運使判官，知淮西、岳鄂轉運留後，觀察使吴仲孺誣奏，貶潘州南巴縣尉。會有爲之辨者，除睦州司馬，終隨州刺史。長卿剛而犯上，故兩逢斥廢。詩雖窘於才，而能鍛鍊。權德輿嘗謂爲「五言長城」。今集詩九卷，雜文一卷。

尤袤《遂初堂書目・別集類》 《劉長卿集》。

陳振孫《直齋書録解題・別集類上》 《劉隨州集》十卷。唐隨州刺史宣城劉長卿文房撰。詩九卷，末一卷雜著數篇而已。建昌本十卷，別一卷爲雜著。長卿，開元二十一年進士。

馬端臨《文獻通考・經籍考・別集》 《劉長卿集》。

《宋史・藝文志・別集類》 《劉長卿集》二十卷。

楊士奇等《文淵閣書目・詩詞》 《劉文房隨州稿》。一部，一册。闕。又《劉長卿詩》。一部，二册。闕。

高儒《百川書志・唐文》 《劉隨州文集》十卷。隨州刺史劉長卿文房也。《劉隨州詩》十卷。隨州刺史河間劉長卿文房撰。

范邦甸等《天一閣書目・別集類》 《劉隨州詩》十一卷。刊本。唐劉長卿著。

集題隨州，以其爲隨州刺史也。明西蜀李士修知隨，求其集重刻之。弘治庚申隨陽宗彝序首，餘姚韓明近湖沈寶跋後。

《劉隨州集》十一卷。刊本。唐劉長卿撰。明弘治戊午餘姚韓明校。

徐𤊹《徐氏家藏書目・文集類》《劉長卿詩》十二卷。

錢謙益等《絳雲樓書目・唐詩類》《劉隨州集》。

《四庫提要・別集類二》《劉隨州集》十一卷。編修鄭炳泰家藏本。唐劉長卿撰。長卿字文房，河間人。姚合《極玄集》作宣城人，莫能詳也。開元二十一年登進士第，官終隨州刺史，故至今稱曰劉隨州。是集凡詩十卷，文一卷。第二卷中《送河南元判官赴河南勾當苗稅充百官俸錢》詩。不書「勾」字，但注曰「御名」，蓋宋高宗名構，當時例避同音，故勾字稱御名，則猶從南宋舊本翻雕也。然編次叢脞頗甚，諸體皆以絶句爲冠，中間古體、近體亦多淆亂。如「四月深澗底，桃花方欲然。寧知地勢下，遂使春風偏」四句，第四卷中作《晚桃》詩前半首，乃《幽居八詠・上李侍郎》之一，而第一卷又割此四句爲絶句，題曰《入百丈澗見桃花晚開》，是二者必有一譌也。舊原有《外集》一卷，所録僅詩十首，而《重送》一首已見八卷中，又佚去題中「裴郎中貶吉州」六字；《次前溪館作》一首，已見二卷中；《贈袁贊府》一首，已見九卷中，而又誤以題下所注「時經劉展平後」句爲題，併軼「時經」二字；《送裴二十七端公》詩，亦見二卷中；《哭李宥》一首，亦見九卷中；《秋雲嶺》、《洞山陽》、《橫龍渡》、《赤沙湖》四首，即四卷中《湘中紀行》十首之四，又譌《秋雲嶺》爲《雲秋嶺》、《洞山陽》爲《山陽洞》，《寄李侍郎行營五十韻》一首，已見七卷，又佚其題首「至德三年」等二十四字，不知何以舛謬至此。蓋宋本亦有善不善，不能一一精核也。今刊除《入百丈簡見桃花晚開》一首，其《外集》亦一併刊除，以省重複。長卿詩號「五言長城」，大抵研鍊深穩，而自有高秀之韻。其文工於造語，亦如其詩，故於盛唐、中唐之閒，號爲名手。但才地稍弱，是其一短。高仲武《中興閒氣集》病其「十首以後，語意略同」，可謂識微之論。王士禎《論詩絶句》乃云「不解雌黄高仲武，長城何意貶文房」，非篤論也。

孫星衍《平津館鑒藏書籍記・明版》《唐劉隨州詩集》十一卷。末卷爲文，題「隨州刺史劉長卿」。前後無序跋。卷二《送河南元判官赴河南(句)〔勾〕當苗稅充百官俸錢》詩，不書(句)〔勾〕字，注云「御名」，是避宋高宗諱搆嫌名，知此本從南宋本翻雕。《四庫全書》所收本有《外集》一卷，此本無之。每葉廿行，行廿字，收藏有「留耕堂」朱文長印，「朱之赤印」白文方印，「子孫保之」朱文方印，「朱之赤印」白文大方印，「卧庵老人」白文大方印，「休寧朱之赤印珍藏圖書」朱文長印，「馮子元家藏」朱文長印，「劉氏惟喆珍藏」朱文方印，「敬一主人」朱文方印，「清賞無厭」白文方印，「劉氏家藏」朱文方印，「子孫保之」白文圓印。

黄丕烈《蕘圃藏書題識・集類一》《劉隨州集》□卷。鈔本。此本乃即照手校本録正以爲定本者也。余最愛唐人文集。非舊刻即名校、名鈔，故所儲甚夥。此重爲辥徵君手蹟，因購得之。今爲屠伯洪從山淵堂購得手校本，以兩餅金易得之。伯洪固請曰：「手校者既歸我矣，兹手書者可割愛，以爲兩美之合乎？」予曰：「成人之美，予性固然。」允之。伯洪知余病，以燕窩一兩送予，爲養疴之需。予曰：「昔汲古主人毛斧季有云『當去珊瑚買參服』，文字結習，先後同符。」因爲之跋其尾而歸之。時道光五年乙酉秋八月己酉癸丑日，是爲白露節後第二日。蕘夫。

黄丕烈《百宋一廛書録》《劉文房文集》。余向藏《劉隨州集》係沈寶研齋臨何義門校宋本，然非此宋本也。嘗取勘何校本，知彼爲南宋刻，而此爲北宋刻也。即如卷九《白鷗》一首云：「泛泛江上鷗，毛色皓如雪。朝飛瀟湘水，夜宿洞庭月。洞庭歸客正夷猶，愛煞滄江閑白鷗。」明刻各本於「歸客正夷猶」上脱去「洞庭」二字，幾不成句。何校亦未之及。此刻「洞庭」二字巋然獨存，可信其佳絶。陳氏《書録解題》有《劉隨州集》十卷，唐隨州刺史宣城劉長卿文房撰，詩九卷，末一卷雜著數篇而已。殘宋本與之合。建昌本十卷，別一卷爲雜著。何義門所校如此，蓋建昌本也。

張金吾《愛日精廬藏書志・別集類》《劉隨州集》十卷。明活字本。楊夢羽藏書。唐劉長卿撰。卷首有楊夢羽、葉石君印記。

張之洞《書目答問・別集》《劉隨州集》十卷，《補遺》一卷。唐劉長卿。席氏本。

郎士元詩

《新唐書・藝文志・別集類》《郎士元詩》一卷。字君胄，中山人。寶應元年，選畿縣官，詔試中書，補渭南尉，歷拾遺、郢州刺史。

鄭樵《通志・藝文略・別集五》《郎士元詩》一卷。

晁公武《郡齋讀書志・別集類上》《郎士元詩》一卷。右唐郎士元字君胄，中山人。天寶十五年進士，爲郢州刺史。與錢起俱有詩名，而士元尤更清雅。時朝廷公卿出牧奉使，若兩人無詩祖行，人以爲愧。

尤袤《遂初堂書目・別集類》《郎士元集》。

陳振孫《直齋書録解題・詩集類上》《郎士元集》一卷。唐郢州刺史中山郎士元君胄撰。天寶十五載進士。寶應中選畿縣官，肅宗詔試中書，補渭南尉，歷拾遺、刺史。案《唐書》，士元於寶應元年選畿縣官，詔試中書，補渭南尉，歷拾遺，郢州刺史。原本脱誤，今改正。

馬端臨《文獻通考・經籍考・詩集》《郎士元詩》一卷。

《宋史・藝文志・別集類》《郎士元詩》二卷。

楊士奇等《文淵閣書目・詩詞》《郎士元詩》。一部，一册。闕。

高儒《百川書志・唐詩》《郎士元集》一卷。右拾遺郢州刺史中山郎士元君胄著。

范邦甸等《天一閣書目・別集類》《郎士元詩集》三卷。刊本。唐諫院拾遺中山郎士元著。明正德十年河中劉成德校增并序云：「士元字君胄，中山人，登天寶十五年進士。與考功郎中錢起仲文友善，與盧綸、耿緯、崔洞、李端、韓翃、司空曙、吉中孚、夏侯審皆以能詩名，號『大曆十才子』。昔人評云：『前有沈、宋，後有錢、郎。』」

徐𤊹《徐氏家藏書目・文集類》《郎士元詩》一卷。

杼山集

《新唐書・藝文志・別集類》《皎然詩集》十卷。字清晝，姓謝，湖州人，靈運十世孫，居杼山。顔真卿爲刺史，集文士撰《韻海鏡源》，預其論著。貞元中，集賢御書院取其集以藏之，刺史于頔爲序。

鄭樵《通志・藝文略・別集五》《皎然詩集》十卷。

晁公武《郡齋讀書志・別集類中》皎然《杼山集》十卷。右唐僧皎然撰。字清晝，吴興人。謝靈運十世孫。工篇什，德宗詔録本納集賢院，集前有于頔序并《贈晝上人》詩。

陳振孫《直齋書録解題・詩集類上》《吴興集》一卷。唐僧吴興謝皎然清晝撰。康樂十世孫。顔魯公爲刺史，與之唱酬，其後刺史于頔爲作集序。所居龍興寺之西院，今天寧寺是也。又嘗居杼山寺。

馬端臨《文獻通考・經籍考・詩集》皎然《杼山集》十卷。【略】石林葉氏曰：唐詩僧皎然，居湖州妙喜，今寶積寺是其故廬。自言謝靈運後，詩祖其家法，自許甚高。顔魯公爲守時，與張志和、陸鴻漸皆爲客，意其人品亦必不凡。吾嘗至妙喜，訪其遺跡，無復有，但山巔墳存耳。其詩十卷，尚行於世，無甚令人喜者，以爲優於唐詩僧可也。觀其詩評，亦貶駁老杜，如論《送高三十五書記》詩云：「崆峒小麥熟，且願休王師。請君問主將，安用窮荒爲？」以爲四句已前不見題，則其所知可見矣。

《宋史・藝文志・別集類》《僧皎然詩》十卷。

高儒《百川書志・唐詩》僧皎然《杼山集》一卷。湖州人，本姓謝，字清晝，靈運十世孫也。

徐𤊹《徐氏家藏書目・文集類》僧皎然《杼山集》四卷。

毛晉《汲古閣書跋》《杼山集》。

錢謙益等《絳雲樓書目・唐詩類》皎然《(抒)〔杼〕山集》。十卷。

錢曾《讀書敏求記・集》《吴興晝上人集》十卷。貞元壬申歲于頔分刺吴興之明年，集賢殿御書院有命徵皎然文集，頔採而編之，得詩筆五百四十六首，分爲十卷，納于延閣書府，即此本是也。今漫稱《杼山集》，乃後人所題，非原書矣。識者辨之。

王士禛《漁洋書跋》《杼山集》。唐釋晝《杼山集》十卷，有湖州刺史于頔序。首載「敕浙西觀察使牒湖州當州皎然禪師集。牒得集賢殿御書院牒，前件集庫内無本，交闕進奉，牒使請速寫送院訖，垂報者，牒州寫送使者，故牒。貞元八年正月十日牒。都團練副使權判兼侍御史李元、使潤州刺史兼御史中丞王緯」。按《唐六典》，集賢殿學士掌刊緝古今圖籍，凡天下圖書之遺逸，賢才之隱滯，則承旨而徵求焉。當時一衲子之集，至敕觀察使牒本州寫送御書院，其於文章之事，可謂勤矣，後世亦豈易得哉！此集爲吴郡馮舒鈔本，詩七卷，碑誌、書序、雜文二卷，聯句一卷。按：張睿卿所編《吴興五家集》僅四卷，篇目略同。

吴焯《繡谷亭薰習録・集一》《杼山集》十卷。唐釋皎然著，湖州刺史于頔序。詩卷及僧録皆云皎然名晝，頔序云字清晝。又頔《郡齋寄贈》詩注云：「早名皎然，晚字晝。」頔與同時，應無誤。獨集中每自稱晝，似又不應人皆書名，已獨書字也。前有敕浙西觀察使下湖州一牒，署貞元八年正月十日，其時頔方刺湖，皎然居杼峰，因與作序。當時稱《吴興晝上人詩》、《杼山集》之名，乃後人所題。此固貞元進本，德宗詔納集賢院者是已。

《四庫提要·別集類二》《杼山集》十卷。内府藏本。唐僧皎然撰。案《唐書·藝文志》，皎然字清晝，湖州人，謝靈運十世孫，居杼山。顏真卿爲刺史，集文士撰《韻海鏡源》，預其論著。貞元中，取其集藏集賢御書院，刺史于頔爲序。此集卷數與《唐志》合，頔序亦存，蓋猶舊本。前有贊寧所爲傳，蓋自《高僧傳》録入。末有《集外詩》，則毛晉所補緝也。皎然及貫休、齊己皆以詩名。今觀所作，弱於齊己而雅於貫休，在中唐作者之間，可厠末席。集末附載雜文數篇，則聊以備體，非其所長矣。別本附刊《杼山詩式》一卷。案《唐志》晝公詩式、詩評皆載「文史類」中，不附本集。今亦析出別録著焉。

張金吾《愛日精廬藏書志·別集類》《晝上人集》十卷。賜書樓抄本。錢罄室藏書。唐吳興釋皎然撰。首末葉俱有木記云：「百計尋書志亦迂，愛護不異隨侯珠。有假不返遭神誅，子孫不寶真甘愚。」蓋錢叔寶家藏書印記也。御書院牒。貞元八年。于迪序。

葉氏手跋曰：「《晝上人集》二册，乃無錫談學山綽板釘宋鈔本，罄室因得借録。予與錢子契合，遂借録焉。《晝上人集》人有藏者，不能如此之備。予何幸躬逢其盛，因記以示後人云。括蒼山人恭焕志。

司空曙集

《新唐書·藝文志·別集類》《司空曙詩集》二卷。

鄭樵《通志·藝文略·別集五》《司空曙詩》二卷。

尤袤《遂初堂書目·別集類》《司空曙集》。

陳振孫《直齋書録解題·詩集類上》《司空文明集》二卷。唐虞部郎中京兆司空曙文明撰。別本一卷，財數篇。

馬端臨《文獻通考·經籍考·詩集》《司空文明集》三卷。

《宋史·藝文志·別集類》《司空文明集》一卷。

高儒《百川書志·唐詩》《司空曙集》三卷。《司空圖詩》此存目，待訪書。虞部郎中廣平司空曙文明著。

徐𤊹《徐氏家藏書目·文集類》《司空曙詩》一卷。

錢東垣等輯《崇文總目·別集類三》《司空曙詩》二卷。

李嘉祐集

《新唐書·藝文志·別集類》《李嘉祐詩》一卷。別名從一，袁州、台州二刺史。

鄭樵《通志·藝文略·別集五》《李嘉祐詩》一卷。

晁公武《郡齋讀書志·別集類上》《李嘉祐詩》二卷。右唐李嘉祐，別名從一。趙州人。天寶七年進士，爲祕書正字，袁、台二州刺史。善爲詩，綺靡婉麗，有齊、梁之風，時人以比吳均、何遜云。

尤袤《遂初堂書目·別集類》《李嘉祐集》。

陳振孫《直齋書録解題·詩集類上》《李嘉祐集》一卷。唐台州刺史李嘉祐從一撰。天寶七載進士。亦號《臺閣集》。李肇稱其「水田飛白鷺，夏木囀黃鸝」之句，王維取之以爲七言，今按此集無之。

馬端臨《文獻通考·經籍考·別集》《李嘉祐詩》二卷。

又《詩集》《李嘉祐集》一卷。

《宋史·藝文志·別集類》《李嘉祐詩》一卷。

楊士奇等《文淵閣書目·詩詞》《李嘉祐詩》。一部，一册。闕。

高儒《百川書志·唐詩》《李嘉祐詩卷》一卷。李文山、李中、李羣玉此亦存其人，訪其書。中臺郎趙州李嘉祐從一也。

徐𤊹《徐氏家藏書目·文集類》《李嘉祐詩》一卷。

吴焯《繡谷亭薰習録·集一》《臺閣集》一卷。唐袁州刺史李嘉祐從一著。宋建炎三年，郡守陽夏謝克家後序。案：克家上蔡人，先爲諫議大夫，言蔡京事後，以龍圖閣待制知台州。嘉祐于上元中嘗刺台，後守表揚前烈，因刻于郡齋。序尾只題郡守，是前人失檢點處。末有崇禎四年海虞薛茘子記，稱宋本在吴郡柳僉家，此影録也。

錢東垣等輯《崇文總目·別集類三》《李嘉祐詩》一卷。

黄丕烈《蕘圃藏書題識·集類一》《臺閣集》一卷。汲古閣鈔元本。嘉慶甲戌夏五月，新收此毛子晉舊藏鈔本《臺閣集》，因出向藏精鈔本手校一過。精鈔本無目與序，此皆有之，似勝。至詞句亦多異同。世無古刻，不敢定其誰是也。復翁。【略】

《唐李嘉祐詩集》五卷。□本。李嘉祐詩舊名《臺閣集》，通一卷，不分體。余家藏有二本，皆如是也。其一本毛氏舊藏，前有目，後有建炎年間謝克家跋，是可信其舊矣。是册出劉成德編校，故分五卷。其所以分五卷者，特分體耳。然不及一卷爲是。余取此以校毛藏本，字句多不同，反同於精鈔之一本，亦時與兩本有不合，因盡載異同於毛本上，而此本留爲舊刻之一本云。上有「何焯」圖記，又有手校字，益可珍矣。乙亥二月二十有一日，復翁記。

後檢諸藏書家目，亦有標題「李嘉祐詩集」者，知與《臺閣集》並稱也，特五卷乃明人所編耳，舊本亦作一卷也。又記。

蘇源明集

《新唐書・藝文志・別集類》《蘇源明前集》三十卷。

鄭樵《通志・藝文略・別集四》《蘇源明前集》二十卷。

盧象集

《新唐書・藝文志・別集類》《盧象集》十二卷。字緯卿，左拾遺、膳部員外郎，授安禄山僞官，貶永州司户參軍，起爲主客員外郎。

鄭樵《通志・藝文略・別集四》《盧象集》十二卷。

尤袤《遂初堂書目・別集類》《盧象集》。

《宋史・藝文志・別集類》《盧象詩》一卷。

韓翃集

《新唐書・藝文志・別集類》《韓翃詩集》五卷。

鄭樵《通志・藝文略・別集五》《韓翃詩集》五卷。

晁公武《郡齋讀書志・別集類上》《韓翃詩》五卷。右唐韓翃君平也。南陽人。天寶十三年進士，淄青侯希逸、宣武李勉相繼辟幕府。俄以駕部郎中知制誥，終於中書舍人。翃詩興致繁富，朝野重之。

尤袤《遂初堂書目・別集類》《韓翃集》。

陳振孫《直齋書録解題・詩集類上》《韓翃集》五卷。唐中書舍人韓翃君平撰。天寶十三載進士。以「春城飛花」之句受知德宗。

馬端臨《文獻通考・經籍考・詩集》《韓翃集》五卷。

《宋史・藝文志・別集類》《韓翃詩》五卷。

楊士奇等《文淵閣書目・詩詞》《韓君平詩》。一部，一册。闕。

高儒《百川書志・唐詩》《韓君平集》三卷。中書舍人南陽韓(翊)〔翃〕君平著。

徐𤊹《徐氏家藏書目・文集類》《韓翃詩》一卷。

錢東垣等輯《崇文總目・別集類三》《韓翃詩》五卷。

張鼎詩

《宋史・藝文志・別集類》《張鼎詩》一卷。

閻防詩

《宋史・藝文志・別集類》《閻防詩》一卷。

張謂詩

《宋史・藝文志・別集類》《張謂詩》一卷。

段全緯集

鄭樵《通志・藝文略・表章》《段全緯集》二十卷。

《新唐書・藝文志・別集類》《段全緯集》二十卷。

《宋史・藝文志・別集類》《段全緯集》五卷。

錢東垣等輯《崇文總目・別集類二》《段(金)〔全〕緯文集》五卷。

崔祐甫集

《新唐書・藝文志・別集類》《崔祐甫集》三十卷。

鄭樵《通志・藝文略・別集四》《崔祐甫集》三十卷。

李泌集

《新唐書・藝文志・別集類》《李泌集》二十卷。

鄭樵《通志・藝文略・別集四》《李泌集》二十卷。

鮑防集

《宋史・藝文志・別集類》《鮑防集》五卷。

錢東垣等輯《崇文總目・別集類一》《鮑防集》五卷。

雜感詩

《宋史・藝文志・別集類》《雜感詩》一卷。

錢東垣等輯《崇文總目・別集類三》鮑防《雜感詩》一卷。**【原釋】**以下闕。
見天一閣鈔本。

孟雲卿詩集

高儒《百川書志・唐詩》《孟雲卿詩集》一卷。校書郎平昌孟雲卿也。

劉太真集

《新唐書・藝文志・別集類》《劉太真集》三十卷。

鄭樵《通志・藝文略・別集四》《劉太真集》三十卷。

陳蜕詩

晁公武《郡齋讀書志・別集類上》《陳蜕詩》一卷。右唐陳蜕。未詳其行事。集有《長安十五詠》。自序云：「蜕生長江、淮間，以詩句從賊，近十餘年矣。今我后撫運，澤及四海，蜕復得爲太平人」云云。若此殆肅、代間人也。

馬端臨《文獻通考・經籍考・詩集》《陳蜕詩》一卷。

嚴武詩集

高儒《百川書志・唐詩》《嚴武詩集》一卷。劍南節度使華州嚴武季鷹撰。

徐𤊹《徐氏家藏書目・文集類》《嚴武詩》一卷。

包何集

尤袤《遂初堂書目・別集類》《包何集》。

陳振孫《直齋書録解題・詩集類上》《包何集》一卷。唐起居舍人延陵包何幼嗣撰。案《唐書》，包何字幼嗣。原本作幼正，今改正。何，融之子，與弟佶齊名。

馬端臨《文獻通考・經籍考・詩集》《包何集》一卷。

高儒《百川書志・唐詩》《包何集》一卷。刑侍延陵包何幼嗣著。與弟佶齊名。

徐𤊹《徐氏家藏書目・文集類》《包何詩》一卷。

楊炎集

《新唐書・藝文志・別集類》《楊炎集》十卷。又《制集》十卷。蘇弁編。

鄭樵《通志・藝文略・別集四》《楊炎集》十卷。

尤袤《遂初堂書目・別集類》《楊炎集》。

《宋史・藝文志・別集類》《楊炎集》十卷。

錢東垣等輯《崇文總目・別集類一》《楊炎文集》一卷。

包佶集

尤袤《遂初堂書目・別集類》《包幼正集》。

陳振孫《直齋書録解題・詩集類上》《包佶集》一卷。唐秘書監包佶撰。天寶六載進士，兄何後一年。

馬端臨《文獻通考・經籍考・詩集》《包佶集》一卷。《唐書・藝文志》：何、佶皆包融之子，兄弟齊名，世稱「二包」。融與儲光羲皆延陵人。曲阿有餘杭尉丁仙芝，緱氏主簿蔡隱丘，監察御史蔡希周，渭南尉蔡希寂，處士張彥惟、張湘，校書郎張暈，吏部常選周瑀，長洲尉談戭；句容有王府參軍殷遥，硤石主簿樊光，横陽主簿沈如筠；江寧有右拾遺孫處玄，處士徐延壽；丹徒有江都主簿馬挺，武進尉申堂構，十八人皆有詩名。殷蟠彙次其詩爲《丹陽集》者。

《宋史・藝文志・別集類》《包幼正詩》一卷。

楊士奇等《文淵閣書目・詩詞》《包佶祕監詩》。一部，一册。闕。

高儒《百川書志・唐詩》《包佶集》一卷。秘書封丹陽郡公包佶幼正著。

徐𤊹《徐氏家藏書目・文集類》《包佶詩》一卷。

顧況文集

《新唐書・藝文志・別集類》《顧況集》二十卷。

鄭樵《通志・藝文略・別集四》《顧況集》二十卷。皇甫湜編。

晁公武《郡齋讀書志・別集類上》《顧況集》二十卷。右唐顧況字逋翁，蘇州人。至德二年，江東進士。善爲歌詩，性詼諧。德宗時，柳渾輔政，以祕書郎召況。況素善李泌，及泌相，自謂當得達官，久之，遷著作郎。及泌卒，有調笑語，貶饒州司户，卒。集有皇甫湜序。

尤袤《遂初堂書目・別集類》《顧況集》。

陳振孫《直齋書録解題・詩集類上》《顧況集》五卷。唐著作郎吴郡顧況逋翁撰。至德二載進士。皇甫湜作序。湜嘗言「吾自爲顧況作序，未嘗許他人」，況在唐，蓋爲人推重也。集本十五卷，案：《唐書・藝文志》作二十卷。今止五卷，不全。

馬端臨《文獻通考・經籍考・詩集》《顧況集》二卷。

《宋史・藝文志・別集類》《顧況集》十五卷。

高儒《百川書志・唐詩》《顧況集》二卷。《華陽真逸集》二卷。著作郎姑蘇顧況逋翁著。

徐𤊹《徐氏家藏書目・文集類》《顧況詩》二卷。

《四庫提要・別集類二》《華陽集》三卷，附《顧非熊詩》一卷。浙江鮑士恭家藏本。唐顧況撰。況字逋翁，海鹽人。至德二年進士，德宗時官祕書郎，遷著作郎，貶饒州司户參軍。晚年退居茅山，自號華陽真逸。集有皇甫湜序，稱爲三十卷，《讀書志》作二十卷，《書録解題》惟載其詩集，云「本十五卷，今止五卷」，其本今皆不傳。此本乃明萬曆中況裔孫名端裒其詩文成三卷。末附況子非熊詩十餘首。《文苑英華》、《唐文粹》中尚有況詩四首，非熊詩一首，皆未收入，尚未爲賅備也。非熊詩有父風，長慶中登第，大中閒爲盱眙簿，亦棄官隱茅山。《酉陽雜俎》記況作殤子詩，旦夕悲吟，其子之魂聞之，因再生爲況子，即非熊也。其事怪誕，不足信。《本事詩》又載況紅葉題詩事，尤屬不經。其所題詩亦猥鄙不足傳，皆好事者爲之也。舊本所有，姑存之以爲談助云爾。

錢東垣等輯《崇文總目・別集類二》《顧況文集》十九卷。

張之洞《書目答問・別集》《華陽集》二卷，附《顧非熊詩》一卷。唐顧況。明姚士粦輯，顧端刻本。席氏本。

僧靈一集

尤袤《遂初堂書目・別集類》《僧靈一集》。

陳振孫《直齋書録解題・詩集類上》《靈一集》一卷。唐僧，與皇甫曾同時。

馬端臨《文獻通考・經籍考・詩集》《靈一集》一卷。

《宋史・藝文志・別集類》《僧靈一詩》一卷。

高儒《百川書志・唐詩》《僧靈一集》一卷。越中雲門寺律師靈一著。

徐𤊹《徐氏家藏書目・文集類》《僧靈一詩》一卷。

常衮集

《新唐書・藝文志・別集類》《常袞集》十卷。

鄭樵《通志・藝文略・別集四》《常袞集》十卷。

尤袤《遂初堂書目・別集類》《常衮集》。

《宋史・藝文志・別集類》《常衮集》三十三卷。又《集》十卷。

錢東垣等輯《崇文總目・別集類一》《常相文集》三十卷。常衮撰。

常衮詔集

《新唐書・藝文志・別集類》《常衮詔集》六十卷。

《宋史・藝文志・別集類》《常衮詔集》二十卷。

崔元翰集

《新唐書・藝文志・別集類》《崔元翰集》三十卷。

鄭樵《通志・藝文略・別集四》《崔元翰集》三十卷。

《宋史・藝文志・別集類》《崔元翰集》十卷。

姚南仲集

《新唐書・藝文志・別集類》《姚南仲集》十卷。

鄭樵《通志・藝文略・別集四》《姚南仲集》十卷。

楊凝集

《新唐書・藝文志・別集類》《楊凝集》二十卷。

鄭樵《通志・藝文略・別集四》《楊凝集》二十卷。

柳冕集

《新唐書・藝文志・別集類》《柳冕集》。卷亡。

鄭樵《通志・藝文略・別集四》《柳冕集》。卷亡。

《宋史・藝文志・別集類》《柳冕集》四卷。

錢東垣等輯《崇文總目・別集類二》《柳冕文集》一卷。

戴叔倫集

高儒《百川書志・唐詩》《戴叔倫集》二卷。客管經略潤州戴叔倫幼公也。

按：「客」當作「容」。

戴叔倫述稿

《新唐書・藝文志・別集類》《戴叔倫述稿》十卷。

鄭樵《通志・藝文略・別集四》《戴叔倫述稿》十卷。

晁公武《郡齋讀書志・別集類中》《戴叔倫述稿》十卷。右唐戴叔倫幼公也。潤州人。爲人温雅，善舉止。中進士第，累遷容管經畧使，政治稱最。德宗賜《中和詩》，世以爲榮。代還，請爲道士。未幾，卒。集有馬總序。或題曰《會録》。《唐史》但云「師事蕭穎士」，初不稱其能詩，以時人少其詩骨氣綿弱故也。

尤袤《遂初堂書目・別集類》《戴叔倫述稿》。

馬端臨《文獻通考・經籍考・別集》《戴叔倫述稿》十卷。

《宋史・藝文志・別集類》《戴叔倫述稿》十卷。

書狀

晁公武《郡齋讀書志・別集類中》《書狀》一卷。戴叔倫著。

馬端臨《文獻通考・經籍考・別集》《書狀》一卷。戴叔倫著。

戴叔倫詩

晁公武《郡齋讀書志・別集類中》《外詩》一卷。戴叔倫著。

馬端臨《文獻通考・經籍考・別集》《外詩》一卷。戴叔倫著。

徐𤊹《徐氏家藏書目・文集類》《戴叔倫詩》一卷。

錢東垣等輯《崇文總目・別集類三》《戴叔倫詩》一卷。

陳羽集

尤袤《遂初堂書目・別集類》《陳羽集》。

陳振孫《直齋書録解題・詩集類上》《陳羽集》一卷。唐東宮衛佐陳羽撰。貞元八年陸贄下第二人。

馬端臨《文獻通考・經籍考・詩集》《陳羽集》一卷。

《宋史・藝文志・別集類》《陳羽詩》一卷。

張建封集

《新唐書・藝文志・別集類》《張建封集》二百三十篇。

鄭樵《通志・藝文略・別集四》《張建封集》二百三十篇。

韋蘇州集

《新唐書・藝文志・別集類》《韋應物詩集》十卷。

鄭樵《通志・藝文略・別集五》《韋應物詩集》十卷。

晁公武《郡齋讀書志・別集類上》《韋應物集》十卷。右唐韋應物，京兆人。周逍遥公敻之後。左僕射扶陽公待價生令儀，令儀生鑾，鑾生應物。天寶時，爲三衛。永泰中，任洛陽丞、京兆府功曹。大曆十四年，自鄠縣制除櫟陽令，稱疾辭歸。建中二年，授比部郎中，守滁州。居頃之，改江州。召還，擢左司郎中。或媢其進，媒孽之，出爲蘇州刺史。性高潔，鮮食寡欲，所居焚香除地而坐。詩律自沈、宋以後，日益靡曼，鎪章刻句，揣合浮切，雖音韻婉諧，屬對麗密，而嫺雅平淡之氣不存矣，獨應物之詩，馳驟建安以還，得其風格云。

洪邁《容齋題跋》《跋韋蘇州集》。《韋蘇州集》中有《逢揚州府》詩云：「少事武皇帝，無賴恃恩私。身作里中横，家藏亡命兒。朝持樗蒲局，暮竊東隣姬。司隸不敢捕，立在白玉墀。驪山風雪夜，長楊羽獵時。一字都不識，飲酒肆頑癡。武皇升僊去，憔悴被人欺。讀書事已晚，把筆學題詩。兩府始收跡，南宫謬見推。非才果不容，出守撫惸嫠。忽逢楊開府，論舊涕俱垂。」味此詩，蓋應物自敘其少年事也，其不羈乃如此。李肇《國史補》云：「應物爲性高潔，鮮食寡欲，所居焚香掃地而坐。其爲詩，馳驟建安已還，各得風韻。」蓋記其折節後來也。唐史失其事，不爲立傳。高適亦少落魄，年五十始爲詩，即工。皆天分超卓，不可以常理論云。應物爲三衛，正天寶間所爲，如是而吏不敢捕，又以見時政矣。

尤袤《遂初堂書目・别集類》《韋蘇州詩集》。

陳振孫《直齋書録解題・詩集類上》《韋蘇州集》十卷。唐韋應物，京兆人，天寶時爲三衛，後作洛陽丞、京兆府功曹，知滁、江二州。召還，或媢其進媒孽之計，出爲蘇州刺史。詩律自沈、宋以後日益靡嫚，鏤章刻句，揣合浮切，雖音韻諧婉，屬對麗密，而閑雅平淡之氣不存矣。獨應物之詩，馳驟建安以還，得其風格云。

馬端臨《文獻通考・經籍考・别集》《韋蘇州集》十卷。【略】韓子蒼曰：蘇州少以三衛郎事玄宗，豪縱不羈。玄宗崩，始折節務讀書。故其《逢楊開府》詩曰：「少事武皇帝，無賴恃恩私。身作里中横，家藏亡命兒。朝持樗蒲局，暮竊東鄰姬。司隸不敢捕，立在白玉墀。一字都不識，飲酒肆頑癡」云云。然余觀其人，爲性高潔，鮮食寡欲，所居掃地焚香而坐，與豪縱者不類。其詩清深妙麗，雖唐詩人之盛，亦少其比，又豈似晚節把筆學爲者？豈蘇州自序之過歟！

徐師川云：韋蘇州詩，人多言其古淡，乃是不知言。自李、杜以後，古人詩法盡廢，惟蘇州有六朝風致，最爲流麗。

《宋史・藝文志・别集類》《韋應物集》十卷。

楊士奇等《文淵閣書目・詩詞》《韋蘇州詩》。一部，一册。闕。《韋蘇州詩》。一部，三册。完全。《韋蘇州詩》。一部，一册。闕。《韋蘇州詩》。一部，三册。闕。《韋蘇州詩》。一部，三册。闕。

高儒《百川書志・唐詩》《韋蘇州集》十卷，《拾遺》一卷。蘇州刺史京兆韋應物撰。

范邦甸等《天一閣書目・别集類》《韋蘇州集》十卷。刊本。唐韋應物著。嘉祐元年太原王欽臣序，稱《韋蘇州集》十卷，綴敘猥并，非舊次矣。今取諸本校定，仍所部居，去其雜厠，分十五總類，合五百七十一篇，題曰《韋蘇州集》。舊或云《古風集》號《澧上西齋吟稿》者又數卷，可以繕寫。

又《韋江州集》十卷。刊本。唐韋應物撰。計賦一首，古今詩一百六十首，宋嘉祐間王欽臣編定。《拾遺》八首，熙寧後增入，舊本另爲卷，今附末卷之後。而序、傳、跋尾别爲一卷。明户部郎晉陵華雲視榷九江，謂韋公嘗刺是州，命子復初校刻之，參考新舊善本頗多，自謂精覈，無復訛脱。韋官止蘇州，曰江州者，以集所由刻也。

徐𤊹《徐氏家藏書目・文集類》《韋應物集詩》十卷。

張萱等《内閣藏書目録・集部》《韋蘇州詩》三册，全。唐韋應物著。《韋蘇州集》四册，全。唐韋應物著。

錢謙益等《絳雲樓書目・唐詩類》《韋蘇州集》。詩十卷。宋刻有平江板，葛繁校，見姚令威《西溪叢話》。

吴焯《繡谷亭薰習録・集一》《韋蘇州集》十卷。唐蘇州刺史京兆韋應物著。宋凡三刻：熙寧丙辰，紹興壬子，乾道辛卯，並有校添。首載《冰賦》一篇，詩之序次與今本同，第分雜擬、燕集、寄贈、送别、酬答、逢遇、懷思、行旅、感歎、登眺、游覽、雜興、歌行諸類。古本有《拾遺》一卷，自《荅暢參軍》以下，凡八篇，今本併入末卷矣。又今本末卷有《黿頭山神女歌》、《冠季膺古刀歌》二篇，古本所無。觀其筆勢繁縟，不似韋作。應物仕宦本末，《唐書》無考，其稱蘇州者，謂官止于此，後人遂引香山「敢有文章替左司」爲證。宋沈明遠撰應物傳云：「貞元二年，由左司郎中補外，得蘇州刺史。罷郡後，寓郡之永定佛寺。大和中，劉禹錫以故官舉之，以太僕少卿兼御史中丞，領諸道鹽鐵轉運、江淮留後。年九十餘，不知其所終。」案：《蔡寛夫詩話》謂：「禹錫所舉别是一人，趙與時《賓退録》辨之特詳。」今觀集中，自罷郡後不復有詩，足證蔡説之足據。

于敏中等《天禄琳琅書目・元版集部》《韋蘇州集》。一函，五册。唐韋應物著，十卷。前宋王欽臣序，元沈明遠補撰傳。馬端臨《文獻通考》載《韋蘇州集》十卷，未及作序之人。考《宋史》，王欽臣字仲至，應天宋城人，洙之子。用蔭入官。文彦博薦試學士院，賜進士及第。歷集賢殿修撰，知和州，徙饒州，斥提舉太平觀。徽宗立，復待制，知成德軍，卒。欽臣性嗜古，藏書數萬卷，手自讎正，世稱善本。沈明遠，元人，史無傳。考顧瑛《玉山名勝集》載明遠吴興人，精隸法，玉山草堂、春暉樓、緑波亭諸額，皆其所書。又稱其與顧德輝同時。按：德輝之子元臣，於太祖至元之季爲水軍副都萬户，則明遠爲元初人無疑。此書當屬欽臣所訂，而明遠重刻於元初者，故槧印精好，與宋槧猶不相遠。

御題：韋應物五言詩，高遠閒淡，世所罕及。年至九十餘，益造微妙。浮屠皎然工詩，嘗擬其體，應物語之曰：「人各有能有不能，子欲爲我，且失其故步。」至今傳爲知言。白居易繼守蘇州，詩云：「敢有文章替左司。」其見推重如此。惜其文史逸不傳，所傳者特詩集耳。是集編次雕鋟雅稱善本，予愛讀其詩，因書數語於卷首。乾隆甲子九秋三日。鈐寶二：曰「乾隆宸翰」，曰「幾暇臨池」。

或謂公詩不琢句，不用事，不鍊詞，不知公之所以爲唐大家者，或謂此也。晴窗點檢，遂爲三歎。辰翁志。沈明遠補傳後。

右識語一，作小行書，用筆高古。考《西江志》，辰翁姓劉名會孟，廬陵人，補太學生。壬戌廷試，忤賈似道意，而理宗嘉之，寘内第，以親老請濂溪書院山長。江萬里、陳宜中薦居史館，又除太學博士，皆固辭。宋亡，託方外以歸，著《須溪集》百卷。書中有「漱石枕流」印，當爲辰翁託方外時所寄意者。以此證之，是書爲元初刊本益信。

《四庫提要・別集類二》 《韋蘇州集》十卷。江蘇巡撫採進本。唐韋應物撰。應物，京兆人。新、舊《唐書》俱無傳。宋姚寬《西溪叢話》載吴興沈作喆爲作補傳，稱應物「少游太學。當開元、天寶閒，充宿衛，扈從遊幸，頗任俠負氣。兵亂後，流落失職，乃更折節讀書。由京兆功曹累官至蘇州刺史、太僕少卿，兼御史中丞，爲諸道鹽鐵轉運、江淮留後。年九十餘，不知其所終。」先是，嘉祐中王欽臣校定其集，有序一首，述應物事迹與補傳皆合。惟云「以集中及時人所稱，推其仕宦本末，疑止於蘇州刺史」，考《劉禹錫集》有《蘇州舉韋中丞自代狀》，則欽臣爲疎略矣。《李觀集》有《上應物書》，深言其褊躁，而李肇《國史補》云：「應物性高潔，鮮食寡欲，所居焚香掃地而坐。」二説頗異。蓋狷潔之過，每傷峭刻，亦事理所兼有也。其詩七言不如五言，近體不如古體。五言古體源出於陶，而鎔化於三謝，故真而不朴，華而不綺。但以爲步趨柴桑，未爲得實。如「喬木生夏涼，流雲吐華月」，陶詩安有是格耶。此本爲康熙中項絪以宋槧翻雕，即欽臣所校定。首賦，次雜擬，次燕集，次寄贈，次送別，次酬答，次逢遇，次懷思，次行旅，次感歎，次登眺，次遊覽，次雜興，次歌行。凡爲類十四，爲篇五百七十一。原序乃云分類十五，殊不可解。然字畫精好，遠勝毛氏所刻四家刻本，故今據以著録。其毛本所載拾遺數首，真僞莫決，亦不復補入焉。

錢東垣等輯《崇文總目・別集類三》 《韋應物詩》一卷。

彭元瑞等《天禄琳琅書目後編・宋版集部》 《韋蘇州集》。一函，三册。唐韋應物撰。應物京兆人，新、舊書俱無傳。姚寬《西溪叢語》載沈作喆爲補傳，云官至蘇州刺史、太僕少卿，兼御史中丞，爲諸道鹽鐵轉運使。書十門，分十四類：曰賦，曰雜擬，曰燕集，曰寄贈，曰送別，曰酬答，曰逢遇，曰懷思，曰行旅，曰感歎，曰登眺，曰遊覽，曰雜興，曰歌行。後《拾遺》一卷，標熙寧丙辰校本添四首，紹興壬子校本添三首，乾道辛卯校本添一首。前有嘉祐元年王欽臣序，云「分十五總類，合五百七十一篇」，「五」字殆筆誤。書宋有墨蹟跋二，一云：「韋應物居官自愧，閔閔有卹人之心。其詩如深山採藥，飲泉坐石，日晏忘歸。孟浩然如訪梅問柳，偏入幽寺。二人意趣相似，然入處不同。韋詩潤處如石，孟詩如雪，雖淡無采色，不免有輕盈之意。德祐初初秋，看二集并記。須溪。」一云：「韋蘇州詩易讀不易學，比陶之自然，又有異趣。須溪評猶仿佛，可見不用意不能似，用意又不復似，是以爲難爾。至正丁酉九月十五日，天全叟題。」以二跋證之，爲宋本無疑。須溪，劉辰翁號。天全叟無考。

巾箱本。謝遷字于喬，號木齋，餘姚人。明成化乙未進士，官大學士，謚文正。又藏常熟毛氏。闕補卷五、二。卷八。十。

《韋蘇州集》。一函，三册。篇目同上。後有熙寧九年葛蘩後序，稱昌黎韓公知蘇州事，得晁文元家藏韋氏全集，俾僚屬賓佐参校而終於蘩，鋟版傳之。後列銜三人：長洲尉王昌彦，州學教授霍漢英，而蘩則知吴縣事也。又紹興昭陽作噩，姚寬《書蘩校韋蘇州集後》一，又乾道辛卯平江府學教授胡觀國跋一，崔敦禮跋一，皆稱丞相觀文魏公守平江，鏤版以傳。署曰「重刊」，蓋即葛蘩所校本也。丞相魏公乃魏杞，乾道六年以參知政事、右僕射罷授觀文殿學士、知平江府。大字本。建安楊氏，明大學士楊榮家。後爲常熟毛氏、檇李項氏藏。闕補卷一。十五。

又《明版集部》 《韋蘇州集》。一函，五册。篇目同前宋版集部《韋蘇州集》第一本，係明翻宋版。泰興季氏藏本。《韋蘇州集》。一函，六册。同上，係一版摹印。是本多明人藏印。完菴，劉珏號。珏字廷美，長洲人，由舉人官山西按察使僉事。

張之洞《書目答問・別集》 《韋蘇州集》十卷。唐韋應物。項絪繙刻宋本。席啓寓編刻《唐百家詩》本。汲古閣本後有《拾遺》一卷。

盧綸集

《新唐書・藝文志・別集類》《盧綸詩集》十卷。

鄭樵《通志・藝文略・別集五》《盧綸詩集》十卷。

晁公武《郡齋讀書志・別集類上》《盧綸詩》一卷。右唐盧綸，與吉中孚、韓翃、錢起、司空曙、苗發、崔峒、耿緯、夏侯審、李端皆以能詩名，號「大曆十才子」。綸字允言，累舉進士，不第。

陳振孫《直齋書録解題・詩集類上》《盧綸集》十卷。唐户部郎中河東盧綸允言撰。綸與吉中孚、錢起、韓翃、司空曙、苗發、崔峒、耿湋、夏侯審、李端皆有詩名，號「大曆十才子」。

馬端臨《文獻通考・經籍考・詩集》《盧綸詩》一卷。

《宋史・藝文志・別集類》《盧綸詩》一卷。

楊士奇等《文淵閣書目・詩詞》《盧綸詩》。一部，一册。闕。

高儒《百川書志・唐詩》《盧綸集》一卷。監察御史河中盧綸允言著。

徐𤊹《徐氏家藏書目・文集類》《盧綸詩》十卷。

錢東垣等輯《崇文總目・別集類四》《盧綸集》十八卷。《盧綸詩》十卷。

彭元瑞等《天禄琳琅書目後編・宋版集部》《盧户部詩集》。一函，三册。唐盧綸撰。綸字允言，河中蒲人。大曆初，屢舉進士，不第。元載取其文以進，補閿鄉尉，累遷監察御史。建中初爲昭應令，渾瑊辟河中判官，遷檢校户部郎中。書十卷。得詩三百三首。

齊抗集

《新唐書・藝文志・別集類》《齊抗集》二十卷。

鄭樵《通志・藝文略・別集四》《齊抗集》二十卷。

陸迅集

《新唐書・藝文志・別集類》《陸迅集》十卷。德宗時監察御史裏行。

鄭樵《通志・藝文略・別集四》《陸迅集》十卷。

邵説集

《新唐書・藝文志・別集類》《邵説集》十卷。

鄭樵《通志・藝文略・別集四》《邵説集》十卷。

《宋史・藝文志・別集類》《邵説集》十卷。

樊澤集

《新唐書・藝文志・別集類》《樊澤集》十卷。

鄭樵《通志・藝文略・別集四》《樊澤集》十卷。

德宗集

《新唐書・藝文志・別集類》《德宗集》。卷亡。

鄭樵《通志・藝文略・別集四》《德宗集》。卷亡。

高儒《百川書志・唐詩》《德宗詩》一卷。

章八元詩

《新唐書・藝文志・別集類》《章八元詩》一卷。睦州人，大曆進士第。

鄭樵《通志・藝文略・別集五》《章八元詩》一卷。

戎昱集

《新唐書・藝文志・別集類》《戎昱集》，五卷。衛伯玉鎮荆南從事，後爲辰州、虔州二刺史。

鄭樵《通志・藝文略・別集四》《戎昱集》五卷。

晁公武《郡齋讀書志・別集類中》《戎昱集》三卷。右唐戎昱撰。初，李虁廉察桂林，月夜聞鄰居吟詠之音清暢，遲明訪之，乃昱也，即延爲幕賓。後因飲席調其侍兒，虁微知其故，即贈之，昱感怍賦詩，有「恩合死前酬」之句。又爲衛伯玉荆南從事。從歷辰、虔二州刺史。

尤袤《遂初堂書目・別集類》《戎昱集》。

陳振孫《直齋書録解題・別集類上》《戎昱集》五卷。案：《文獻通考》作三卷。唐虔州刺史扶風戎昱撰。其姪孫爲序言：「弱冠謁杜甫於渚宫，一見禮遇。」集中有哭甫詩，世所傳「在家貧亦好」之句，昱詩也。

馬端臨《文獻通考・經籍考・別集》《戎昱集》三卷。

《宋史・藝文志・別集類》《戎昱集》五卷。

高儒《百川書志・唐詩》《戎昱集》二首。京兆尹，荆南人也。

徐𤊹《徐氏家藏書目・文集類》《戎昱》一卷。

錢東垣等輯《崇文總目・別集類四》《戎昱詩》一卷。

張薦集

《新唐書・藝文志・別集類》《張薦集》三十卷。

鄭樵《通志・藝文略・別集四》《張薦集》三十卷。

毗陵集

《新唐書・藝文志・別集類》獨孤及《毗陵集》二十卷。

鄭樵《通志・藝文略・別集四》獨孤及《毗陵集》二十卷。

晁公武《郡齋讀書志・別集類上》獨孤及《毘陵集》二十卷。右唐獨孤及至之也。洛陽人。天寶中，舉洞曉玄經科。代宗初爲太常博士，濠、舒二州刺史，政最，徙常州，卒於官。及幼有成人之量，徧覽五經，觀其大義，不爲章句學。爲文以立憲誡世，褒賢遏惡爲用，長於論議。《唐實録》稱韓愈師其爲文云。集有李舟、梁肅前後序，末載崔祐甫碑誌。

尤袤《遂初堂書目・別集類》《獨孤及集》。

陳振孫《直齋書録解題・別集類上》《獨孤常州集》二十卷。唐常州刺史洛陽獨孤及至之撰。其門人梁肅編集，爲後序，而李舟爲序於篇首，且刻崔祐甫所爲墓志。其子曰郁字古風者，亦有名，韓退之志其墓。

馬端臨《文獻通考・經籍考・別集》獨孤及《毗陵集》二十卷。

《宋史・藝文志・別集類》《獨孤及集》二十卷。

楊士奇等《文淵閣書目・文集》《獨孤公文集》。一部，四册。闕。

錢謙益等《絳雲樓書目・唐文集類》獨孤及《毘陵集》。二十卷。後序梁肅。

王士禛《漁洋書跋》《毘陵集》。唐獨孤及至之《毘陵集》二十卷，補闕安定梁肅所編。肅後序稱門下生，蓋其門人也。集首有虔州刺史李舟序，末有吴郡祝允明跋，云是吴文定寬所抄東閣本。予按，皇甫湜《諭業》一篇，歷評唐人文章，稱獨孤之文「如危峰絶壁，穿倚霄漢，長松怪石，顛倒谿壑」。今讀其文，殊不盡然。大抵序記猶沿唐習，碑版叙事，稍見情實。《仙掌》《函谷》二銘，《琅邪溪述》、《馬退山茅亭記》、《風後八陣圖記》是其傑作，《文粹》略已載之。權德輿議及謚曰：「立言遺辭，有古風格。濬波瀾而去流宕，得菁華而無枝葉。其樞衣入室之徒，皆足以掌贊書而秉方策。」及之爲文可徵矣。卒謚曰憲。及位止牧守而得謚，亦非常格。

《四庫提要・別集類三》《毘陵集》二十卷。江蘇巡撫採進本。唐獨孤及撰。及字至之，洛陽人，官至司封郎中、常州刺史，卒謚曰憲，事蹟具《唐書》本傳。權德輿作及謚議，稱其「立言遺詞，有古風格。濬波瀾而去流宕，得菁華而無枝葉」。皇甫湜《諭業》亦稱及文「如危峰絶壁，穿倚霄漢；長松怪石，顛倒巖壑」。王士禛《香祖筆記》則謂其「序記尚沿唐習，碑版敘事，稍見情實。《仙掌》、《函谷》二銘、《琅邪溪述》、《馬退山茅亭記》、《風後八陣圖記》是其傑作，《文粹》略已載之」，頗不以湜言爲然。考唐自貞觀以後，文士皆沿六朝之體。經開元、天寶，詩格大變，而文格猶襲舊規。元結與及始奮起湔除，蕭穎士、李華左右之。其後韓、柳繼起，唐之古文，逐蔚然極盛。斲雕爲樸，數子實居首功。《唐實録》稱韓愈學獨孤及之文，當必有據。案此據晁氏《讀書志》所引。特風氣初開，明而未融耳。士禎於篳路藍縷之初，責以制禮作樂之事，是未尚論其世也。集爲其門人安定梁肅所編，李舟爲之序。凡詩三卷，文十七卷。舊本久湮，明吴寬自内閣鈔出，始傳於世。其中如《景皇帝配天議》，郭知運、吕諲等謚議，皆粹然儒者之言，非徒以詞采爲勝。不止士禎所舉諸篇，至《馬退山茅亭記》乃柳宗元作，後人誤入及集。士禎一例稱之，尤疎於考證矣。又《文苑英華》載有及《賀赦》二表、《代獨孤將軍讓魏州刺史表》、《爲崔使君讓潤州表》、《代于京兆請停官侍親表》、《唐文粹》有《招北客文》，凡六篇，集内皆無之。案，《賀赦表》所云「誅翦大憝，清復闕廷」及「歸過罪己，降去鴻名」，並德宗興元時事，及没於大曆十二年，已不及見。《招北客文》、《文苑英華》又以爲岑參之作，彼此錯互，疑莫能詳，今姑依舊本闕載焉。

錢東垣等輯《崇文總目・别集類一》 《毘陵集》二十卷。獨孤及撰。

黄丕烈《蕘圃藏書題識・集類一》 《毘陵集》二十卷。校舊鈔本。余所藏唐人文集極多，非舊刻即名鈔，不下一二百種，惟《毘陵集》無善本。今秋訪友上津橋，於骨董鋪中獲見舊鈔本，同時又有澹生堂鈔本蘇天爵《國朝名臣事略》，索直十番。攜歸取對《毘陵集》，借香嚴書屋藏書鈔本，《事略》出舊藏鈔本，彼此互勘。《事略》固無甚大佳，《毘陵集》則似勝於所借本。蓋香嚴本行款雖似自宋本出，而丹黄燦然，已爲校者所亂，反不若此本之一仍其舊。此本行款雖異，而鈔手甚舊，知非妄作者。因擬獨留《毘陵集》而還其《事略》，許以四番。物主不允，久而始成，蓋還書之後，無過而問焉者，故懇如所許而售也。他日當仍借香嚴本細爲參校云。乙丑十一月二十五日，蕘翁識。

是集借得同郡吴枚菴藏遵王手校舊鈔本麤勘一過，錢校謂出於趙靈均所藏方山吴岫本及馮己蒼本，其原本出吴文定公鈔録天府祕藏本。今余校注云「原本」者，鈔本舊文也，「舊校」者，遵王手校異文也，枚菴又從《英華》、《文粹》校其異同，余悉傳之。閒有注「吴校云」者，以枚菴手跡證之，知非遵王筆矣。遵王校用墨筆，枚菴校用朱筆，兹混而一之，故必注某校也。雨窗無事，輟幾日工畢此。復翁校并識，時嘉慶癸酉二月二十有九日。

枚菴本余極欲易之，不敢啓齒。甲戌夏旱，米價遽貴，枚菴不無去書，稍佐薪水之費。吴春生以五餅金易去，今錢述古本在露凝書屋中矣。乙亥正月二十日，新知陳仲遵氏借讀還余，并記。復翁。

余向亦有重本，去年易去，所藏止此趙氏新刊本，亦未有也。同日記。均在末卷後。

張之洞《書目答問・别集》 《毘陵集》二十卷。唐獨孤及。亦有生齋校刻本。

獨孤及詩

徐𤊹《徐氏家藏書目・文集類》 《獨孤及詩》三卷。

鄭餘慶集

《新唐書・藝文志・别集類》 《鄭餘慶集》五十卷。

鄭樵《通志・藝文略・别集四》 《鄭餘慶集》五十卷。

僧靈澈詩集

《新唐書・藝文志・别集類》 《僧靈徹詩集》十卷。姓湯，字源澄，越州人。

鄭樵《通志・藝文略・别集五》 《靈徹詩集》一十卷。

馬端臨《文獻通考・經籍考・詩集》 《僧靈澈詩集》一卷。澈姓湯，字源澄。越州人。劉夢得序曰：「如《芙蓉園新寺》詩云：『經來白馬寺，僧到赤烏年。』《謫汀州》云：『青蠅爲吊客，黄耳寄家書。』可謂入作者閫域，豈特雄於詩僧間邪？」《雪浪齋日記》：「靈澈詩僧中第一，如：『海日生殘夜，江春入暮年。窗風枯硯水，山雨慢琴弦。』前輩評此詩云：『轉石下千仞江。』」

《宋史・藝文志・别集類》 《僧靈澈詩》一卷。

竇常集

《新唐書・藝文志・别集類》 《竇常集》十八卷。

鄭樵《通志·藝文略·別集四》《竇常集》十八卷。

尤袤《遂初堂書目·別集類》《竇氏聯珠集》。

范邦甸等《天一閣書目·別集類》《竇氏聯珠集》一卷。烏絲闌鈔本。唐竇常著。序稱聯珠之義，蓋取一家之言，以偕刻郎署，法五星如聯珠，星，郎星也。詩凡一百首，故國子祭酒致仕，贈太子少保，諱常字仲行，詩并傳。常，扶風平陵人，有文十八卷。

錢謙益等《絳雲樓書目·唐詩類》《竇氏聯珠集》。五卷。

李益集

晁公武《郡齋讀書志·別集類上》《李益詩》一卷。右唐李益君虞也。姑臧人，大曆四年進士，調鄭縣尉，幽州劉濟辟從事。憲宗雅聞其名，召爲集賢殿學士。負才，凌藉士類，衆不能堪，暴其獻濟詩「不上望京樓」之句，以涉怨望，詔降秩，俄復舊。益少富詞藻，長於歌詩，與宗人賀齊名。每作一篇，樂工以賂求取，被聲歌，供奉天子。《征人早行》詩，天下皆施之圖繪。今集有《從軍詩》五十首而無此詩，惜其放逸多矣。

尤袤《遂初堂書目·別集類》《李君虞集》。《李益集》。

陳振孫《直齋書録解題·詩集類上》《李益集》二卷。唐集賢學士右散騎常侍李益君虞撰。益，宰相揆之族子。大曆四年進士。歌詩與宗人賀齊名，舊史本傳稱其少有癡病，防閑妻妾過於苛酷，有「散灰扃户」之説聞於時，故時謂妒癡爲「李益疾」。按：世傳《霍小玉傳》，所謂李十郎詩「開簾風動竹，疑是故人來」者，即益也。舊史所載如此，豈小玉將死，訣絶之言果驗耶？抑好事者因其有此疾，遂爲此説以實之也？

馬端臨《文獻通考·經籍考·詩集》《李益詩》一卷。

《宋史·藝文志·別集類》《李益詩》一卷。

楊士奇等《文淵閣書目·詩詞》《李君虞詩》。一部，一册，闕。

高儒《百川書志·唐詩》《李益集》二卷。《李君虞集》二卷。禮部尚書隴西李益君虞撰。予所收唐詩，率多別本，出入不同，鮮卷數者，多從《唐百家集》。按，此集蘇州所刻，乃好事廣積，將爲久傳，豈有一家分爲兩家之理！此中蘇許公、李君虞、顧逋翁皆二集，抑爲傳者之別？更有説歟？姑並列以俟博考。

徐𤊹《徐氏家藏書目·文集類》《李益詩》一卷。

張之洞《書目答問·別集》《李君虞集》二卷。唐李益。席氏本。張澍有輯本，未刊。

濮陽吴君文集

馬端臨《文獻通考·經籍考·別集》《濮陽吴君文集》十卷。唐吴德光撰。武陵人也。柳子厚序略曰：「其爲詞賦，有戒苟冒陵僭之志；其爲詩歌，有交大人王公之義；其爲誄志弔祭，有孝恭慈仁之誠，而舉六經聖人之大旨，發言成章，有可觀者。」

皇甫曾集

尤袤《遂初堂書目·別集類》《皇甫曾集》。

陳振孫《直齋書録解題·詩集類上》《皇甫曾集》一卷。唐侍御史皇甫曾孝常撰。天寶十二載進士。兄冉，後曾三載登第。

馬端臨《文獻通考·經籍考·詩集》《皇甫曾集》一卷。

《宋史·藝文志·別集類》《皇甫曾詩》一卷。

高儒《百川書志·唐詩》《皇甫曾集》一卷。侍御史潤州皇甫曾孝常著。冉之弟也。

徐𤊹《徐氏家藏書目·文集類》《皇甫曾詩》一卷。

劉商集

《新唐書·藝文志·別集類》《劉商詩集》十卷。貞元比部郎中。

鄭樵《通志·藝文略·別集五》《劉商詩集》十卷。

尤袤《遂初堂書目・別集類》《劉商集》。《劉子夏集》。

陳振孫《直齋書録解題・別集類上》《劉虞部集》十卷。唐虞部郎中劉商子夏撰。武元衡爲之序。集中有《送弟歸懷州舊業序》言：「高祖當武德經綸，勳在王府。」案：武德功臣，有劉文静、宏基、政會，史皆有傳。文静之後誅絶，宏基、政會傳後無所考，未詳何人之後也。《胡笳十八拍》行於世。

馬端臨《文獻通考・經籍考・別集》《劉虞部集》十卷。

《宋史・藝文志・別集類》《劉商集》十卷。

錢東垣等輯《崇文總目・別集類三》《劉商詩集》十卷。

胡笳十八拍

晁公武《郡齋讀書志・別集類中》《胡笳十八拍》一卷。右唐劉商撰。漢蔡邕女琰爲胡騎所掠，因胡人吹蘆葉以爲歌，遂翻爲琴曲，其辭古淡。商因擬之以叙琰事，盛行一時。商，彭城人。擢進士第，歷臺省爲郎。好道術，隱義興胡父渚，世傳其仙去。

馬端臨《文獻通考・經籍考・詩集》《胡笳十八拍》一卷。

僧清江詩

高儒《百川書志・唐詩》《僧清江詩》一卷。凡十三首。

柳郯詩

晁公武《郡齋讀書志・別集類上》《柳郯詩》一卷。右唐柳郯。集有與李端、盧綸輩相酬贈詩。大曆間進士也。

尤袤《遂初堂書目・別集類》《柳倓集》。

馬端臨《文獻通考・經籍考・詩集》《柳郯詩》一卷。

《宋史・藝文志・別集類》《柳倓詩》一卷。

冷朝陽集

尤袤《遂初堂書目・別集類》《冷朝陽集》。

李端集

《新唐書・藝文志・別集類》《李端詩集》三卷。

鄭樵《通志・藝文略・別集五》《李端詩》三卷。

晁公武《郡齋讀書志・別集類上》《李端司馬集》三卷。右唐李端，趙州人。大曆五年進士，爲校書郎。卒官杭州司馬。郭曖尚昇平公主，賢明，招納士類，故端等皆客之。嘗座上賦詩，奇甚，主大加稱歎。錢起曰：「素爲之，請賦起姓。」端立獻一章云：「新開金埒看調馬，舊錫銅山許鑄錢。」錢起乃服。主喜，厚賜之。

尤袤《遂初堂書目・別集類》《李端集》。

陳振孫《直齋書録解題・詩集類上》《李端集》三卷。唐杭州司馬趙郡李端撰。大曆五年進士。

馬端臨《文獻通考・經籍考・詩集》《李端司馬集》三卷。

《宋史・藝文志・別集類》《李端詩》三卷。

楊士奇等《文淵閣書目・詩詞》《李端詩》。一部，一册。闕。

高儒《百川書志・唐詩》《李端集》三卷。端原作湍，今改。下同。杭州司馬趙州李端著。嘉祐之姪也。

徐𤊹《徐氏家藏書目・文集類》《李端詩》三卷。

錢東垣等輯《崇文總目・別集類三》《李端詩》三卷。

黄丕烈《蕘圃藏書題識・集類一》《李校書集》三卷。校明鈔本。時萬曆肆拾捌年正月初六日，鈔完。按李端字正己，趙州人，李嘉祐之姪也。大曆五年進士，從郭曖游。曖嘗進官，大集賓客賦詩，端最工。錢起曰：「此素爲之，請賦起姓。」端立獻一章，又工於前，客乃服。曖賜帛百匹，後移疾江南，仕至杭州司馬。

有詩三卷。

《李端集》三卷，見諸《書録解題》，藏書如述古未列於目，想傳本希也。予於唐人集，遇本即收，不少數十餘種，而此集亦無，頃揚州估人攜此求售，喜爲得未曾有。本係舊鈔，校者之筆，亦是明人。前後所鈐圖記止一印，而印文、印色皆非近時，則此本誠可寶也。裝成并記。蕘翁。

張金吾《愛日精廬藏書志・別集類》《李端集》四卷。明活字本。唐李端撰。

苗發詩

高儒《百川書志・唐詩》《苗發詩》。大曆才子之一，無集，詩存二首。

耿湋集

《新唐書・藝文志・別集類》《耿湋詩集》二卷。

鄭樵《通志・藝文略・別集五》《耿湋詩集》二卷。

晁公武《郡齋讀書志・別集類上》《耿緯詩》二卷。右唐耿緯。寶應元年進士，爲左拾遺。

尤袤《遂初堂書目・別集類》《耿緯集》。

陳振孫《直齋書録解題・詩集類上》《耿湋集》二卷。唐右拾遺河東耿湋撰。寶應二年進士。《登科記》一作「緯」。

馬端臨《文獻通考・經籍考・詩集》《耿湋集》一卷。

《宋史・藝文志・別集類》《耿緯詩》三卷。

高儒《百川書志・唐詩》《耿湋集》二卷。左拾遺河東耿湋著。

徐𤊹《徐氏家藏書目・文集類》《耿湋詩》一卷。

錢謙益等《絳雲樓書目・唐詩類》《耿湋詩集》一册。二卷。

錢東垣等輯《崇文總目・別集類四》《耿湋集》二卷。

朱灣集

《新唐書・藝文志・別集類》《朱灣詩集》四卷。李勉永平從事。

鄭樵《通志・藝文略・別集五》《朱灣詩集》四卷。

尤袤《遂初堂書目・別集類》《朱灣集》。

陳振孫《直齋書録解題・詩集類上》《朱灣集》一卷。案：《唐書・藝文志》作四卷。唐永平從事朱灣撰。自號滄州，其爲從事，李勉辟之也。

馬端臨《文獻通考・經籍考・詩集》《朱灣集》一卷。

《宋史・藝文志・別集類》《朱灣詩》一卷。

錢東垣等輯《崇文總目・別集類四》《朱灣詩集》四卷。

李季蘭詩

鄭樵《通志・藝文略・別集五》《李季蘭詩》一卷。唐女道士李冶，字季蘭。

陳振孫《直齋書録解題・詩集類上》《李季蘭集》一卷。唐女冠，與劉長卿同時，相識調之語見《中興間氣集》。

馬端臨《文獻通考・經籍考・詩集》《李季蘭集》一卷。

《宋史・藝文志・別集類》《李季蘭詩集》一卷。唐女道士李裕撰。

錢東垣等輯《崇文總目・別集類三》《李季蘭詩》一卷。

嚴維集

《新唐書・藝文志・別集類》《嚴維詩》一卷。字正文，越州人，祕書郎。

鄭樵《通志・藝文略・別集五》《嚴維詩》一卷。

陳振孫《直齋書録解題・詩集類上》《嚴維集》一卷。唐秘書郎山陰嚴維正文撰。至德二載辭藻宏麗科。

馬端臨《文獻通考・經籍考・詩集》《嚴維集》一卷。

《宋史・藝文志・別集類》《嚴維詩》一卷。

高儒《百川書志・唐詩》《嚴維集》一卷。校書郎越州嚴維(文正)〔正文〕著。

徐𤊹《徐氏家藏書目・文集類》《嚴維》一卷。

錢謙益等《絳雲樓書目・唐詩類》《嚴維詩集》一册。一卷。字正文。

張南史集

《新唐書・藝文志・別集類》《張南史詩》一卷。字季直，幽州人。以試參軍避亂居揚州楊子，再召之，未赴，卒。

鄭樵《通志・藝文略・別集五》《張南史詩》一卷。

尤袤《遂初堂書目・別集類》《張南史集》。

陳振孫《直齋書録解題・詩集類上》《張南史集》一卷。唐試參軍范陽張南史季直撰。

馬端臨《文獻通考・經籍考・詩集》《張南史集》一卷。

《宋史・藝文志・別集類》《張南史詩》一卷。

暢當詩

《新唐書・藝文志・別集類》《暢當詩》二卷。

鄭樵《通志・藝文略・別集五》《暢當詩》二卷。

《宋史・藝文志・別集類》《暢當詩》一卷。

鄭常詩

《新唐書・藝文志・別集類》《鄭常詩》一卷。

鄭樵《通志・藝文略・別集五》《鄭常詩集》一卷。

蘇涣詩

《新唐書・藝文志・別集類》《蘇涣詩》一卷。涣少喜剽盜，善用白弩，巴蜀商人苦之，號白跖，以比莊蹻。後折節讀書，進士及第。湖南崔瓘辟從事，瓘遇害，涣走交廣，與哥舒晃反，伏誅。

鄭樵《通志・藝文略・別集五》《蘇涣詩》一卷。

吉中孚詩

《新唐書・藝文志・別集類》《吉中孚詩》一卷。楚州人，始爲道士，後官校書郎，登宏辭，諫議大夫、翰林學士、户部侍郎，判度支。貞元初卒。

鄭樵《通志・藝文略・別集五》《吉中孚詩》一卷。

高儒《百川書志・唐詩》《吉中孚詩》。户部侍郎楚州吉中孚，今亡其集。《才子集》只詩一首。

朱放集

《新唐書・藝文志・別集類》《朱放詩》一卷。字長通，襄州人，隱居剡溪。嗣曹王皋鎮江西，辟節度參謀，貞元初召爲拾遺，不就。

鄭樵《通志・藝文略・別集五》《朱放詩》一卷。

晁公武《郡齋讀書志・別集類中》《朱倣詩》一卷。右唐朱倣字長通，襄陽人。隱居剡溪。嗣曹王皋鎮江西，辟節度參謀。貞元初，召爲拾遺，不就。

尤袤《遂初堂書目・別集類》《朱放集》。

陳振孫《直齋書録解題・詩集類上》《朱放集》一卷。唐右拾遺吴郡朱放長通撰。按：《藝文志》云襄州人，隱居剡谿，貞元初召爲右拾遺，不就。

馬端臨《文獻通考・經籍考・詩集》《朱倣詩》一卷。

《宋史・藝文志・别集類》《朱放詩》二卷。

劉方平詩

《新唐書・藝文志・别集類》《劉方平詩》一卷。河南人，與元魯山善，不仕。

鄭樵《通志・藝文略・别集五》《劉方平詩》一卷。

徐𤊹《徐氏家藏書目・文集類》《劉方平詩》一卷。

麴信陵集

《新唐書・藝文志・别集類》《麴信陵詩》一卷。

鄭樵《通志・藝文略・别集五》《麴信陵詩》一卷。

晁公武《郡齋讀書志・别集類上》《麴信陵集》一卷。右唐麴信陵。貞元元年進士。爲舒州望江令，卒。

陳振孫《直齋書録解題・詩集類上》《麴信陵集》一卷。唐望江令麴信陵撰。貞元元年進士。

馬端臨《文獻通考・經籍考・詩集》《麴信陵集》一卷。

《宋史・藝文志・别集類》《麴信陵詩》一卷。

尤袤《遂初堂書目・别集類》《麴信陵集》。

秦系詩

《新唐書・藝文志・别集類》《秦系詩》一卷。

鄭樵《通志・藝文略・别集五》《秦系詩》一卷。

陳振孫《直齋書録解題・詩集類上》《秦隱君集》一卷。唐處士秦系公緒撰。系自天寶間有詩名。藩鎮奏辟，皆不就。嘗隱越之剡，泉之南安，至貞元中，年八十餘，不知所終。此本南安所刻，余又嘗於宋次道《寶刻叢章》得其逸詩二首，書册末。

馬端臨《文獻通考・經籍考・詩集》《秦隱君集》一卷。

《宋史・藝文志・别集類》秦系《秦隱君詩》一卷。

高儒《百川書志・唐詩》《秦隱君集》一卷。會稽秦系公續也。

徐𤊹《徐氏家藏書目・文集類》《秦系詩》一集。

陳詡集

《新唐書・藝文志・别集類》《陳詡集》十卷。字載物，福州閩縣人。貞元户部郎中，知制誥。

鄭樵《通志・藝文略・别集四》《陳詡集》十卷。

徐𤊹《徐氏家藏書目・文集類》《陳詡集》一卷。

崔峒詩

《新唐書・藝文志・别集類》《崔峒詩》一卷。

鄭樵《通志・藝文略・别集五》《崔峒詩》一卷。

高儒《百川書志・唐詩集》《崔峒集》一卷。集賢學士博陵崔峒詩三十八首。

徐𤊹《徐氏家藏書目・文集類》《崔峒詩》一卷。

許經邦詩集

《新唐書・藝文志・别集類》《許經邦詩集》一卷。建中右武衛冑曹參軍。

鄭樵《通志・藝文略・别集五》《許經邦詩集》一卷。

韋渠牟詩集

《新唐書・藝文志・別集類》《韋渠牟詩集》十卷。諫議大夫時集。

鄭樵《通志・藝文略・別集五》《韋渠牟詩集》十卷。

南燕染翰

《宋史・藝文志・別集類》李景略《南燕染翰》二十卷。

穆員集

《新唐書・藝文志・別集類》《穆員集》十卷。

鄭樵《通志・藝文略・別集四》《穆員集》十卷。

尤袤《遂初堂書目・別集類》《穆員集》。

《宋史・藝文志・別集類》《穆員集》九卷。

錢東垣等輯《崇文總目・別集類二》《穆員集》九卷。

崔咸集

《新唐書・藝文志・別集類》《崔咸集》二十卷。大和人。

鄭樵《通志・藝文略・別集四》《崔咸集》二十卷。

孟東野集

《新唐書・藝文志・別集類》《孟郊詩集》十卷。

鄭樵《通志・藝文略・別集五》《孟郊詩集》十卷。

晁公武《郡齋讀書志・別集類上》《孟郊詩集》十卷。右唐孟郊東野也。湖州人。貞元十二年進士，調溧陽尉，辟爲興元參謀，卒。郊少隱嵩山，性介寡合。韓愈一見爲忘形交。爲詩有理致，然思苦澀。李觀論其詩，曰「高處在古無上，平處下顧二謝」云。張籍謚爲貞曜先生。集宋次道重編。先時，世傳汴吴鏤本，五卷一百二十四篇。周安惠本，十卷三百三十一篇。別本五卷三百四十篇。蜀人蹇濬用退之贈郊句，纂成《咸池集》二卷，一百八十篇。自餘不爲編秩，雜録之，家家自異。次道總拾遺逸，摘去重複，若體製不類者，得五百十一篇，而十聯句不與焉，一贊二書附於後。郊集於是始有完書。

尤袤《遂初堂書目・別集類》《孟東野集》。

陳振孫《直齋書録解題・別集類上》《孟東野集》十卷。唐溧陽尉武康孟郊東野撰。惟末卷有書二篇，贊一篇，餘皆詩也。郊，貞元十二年進士。

又《詩集類上》《孟東野集》一卷。唐溧陽尉孟郊東野撰。

馬端臨《文獻通考・經籍考・別集》《孟東野集》十卷。詳見《詩集》。

又《詩集》《孟東野詩集》十卷。**【略】**潁濱蘇氏曰：唐人工於爲詩，而陋於聞道。孟郊嘗有詩曰：「食薺腸亦苦，強歌聲無歡。出門如有礙，誰云天地寬？」郊耿介之士，雖天地之大，無以安其身，起居飲食，有戚戚之憂，是以卒窮以死，而李觀盛稱之。至韓退之亦談不容口，甚矣唐人之不聞道也！孔子稱顔子在陋巷，人不堪其憂，「回也不改其樂」。與郊異矣。

《宋史・藝文志・別集類》《孟東野詩集》十卷。

楊士奇等《文淵閣書目・詩詞》《孟東野詩》。一部，一册。闕。塾本補入。

高儒《百川書志・唐詩》《孟東野文集》一卷。溧陽尉武康孟郊東野詩，後所載一贊二書而已。《通考》有其目，今仍之。

又《孟東野詩》十卷。溧陽尉謚貞曜先生湖州孟郊撰。

范邦甸等《天一閣書目・別集類》《孟東野集》十卷。刊本。唐孟郊撰。常山宋敏求後序云：「東野詩世傳汴吴鏤本五卷，一百二十四篇，周安惠本十卷，三百三十五篇；別卷本五卷，三百四十篇。蜀人蹇濬用退之贈郊句纂，咸池集。二卷，一百八十篇。自餘不爲編帙，雜録之，家家自異。今總括遺逸，摘去重複若體製不類者，得五百一十一篇。釐別樂府、感興、詠懷、游適、居處、行役、寄贈、懷寄、酬答、送別、咏詩、雜題、哀傷、聯句十四種，又以贊、書二系于後，合十卷。嗣有所得，當次第益請。十聯句見《昌黎集》章章于時，此不著云。」

《孟東野詩集》十卷。刊本。唐山南節度參謀、大理評事、武康孟郊著。明嘉靖丙辰，武康知縣、無錫秦禾重刊。序稱諸家編帙東野詩互有異同，宋學士倣求摘去重複及體制不類者，得五百十一首，彙爲十卷。東野，武康産也，宋景定間武康令國德成用宋本刻之。曩得其集于都氏，因其宋刻而寶之。癸丑冬承乏令武康繙閲邑志。國令無聞焉，豈宋李師旅方興，忽不及録，歟爰令杭士趙伯觀正其舛訛而重鋟諸梓，并録國材原序及宋敏求序。

徐𤊹《徐氏家藏書目·文集類》《孟郊詩》十卷。《孟郊東野集》十卷。唐五人。

毛晉《汲古閣書跋》《東野集》。據舊跋，東野詩向有汴吴鏤本五卷一百二十餘篇，周安惠本十卷三百三十餘篇，悉泯没無存矣。近來雜刻舛謬多遺，不及四百。既從吴興得一宋本，釐別樂府、感興十四類，共五百一十有奇，系以贊、書爲十卷，尾有常山宋敏求跋，真善本也。但聯句止《有所思》、《遣興》、《贈劍客》三章，而《城南》諸篇，因已見韓集，不復具載。先輩云：「此乃潤色退之耳！何必不載之本集耶。至一讚二書，已章章《英華》、《文粹》册中，妄用削去云。」

錢謙益等《絳雲樓書目·唐詩類》《孟東野集》。

《四庫提要·別集類三》《孟東野集》十卷。内府藏本。唐孟郊撰。郊字東野，武康人。貞元中舉進士，官溧陽尉，事蹟附載《新唐書·韓愈傳》。愈集中《貞曜先生墓誌銘》，即爲郊作也。是集前有宋敏求序，稱世傳其集編汴吴鏤本五卷一百二十四篇，周安惠本十卷三百三十一篇。蜀人蹇濬所纂凡二卷一百八十篇，取韓愈贈郊句，名之曰《咸池集》。自餘諸家所雜録，不爲編帙，諸本各異。敏求總括遺逸，删除重複，分十四類編集，得詩五百一十一篇。又以雜文二篇附於後，共爲十卷。此本卷數相符，蓋敏求所編也。郊詩託興深微，而結體古奥。唐人自韓愈以下，莫不推之。自蘇軾詩「空螯」、「小魚」之誚，始有異詞。元好問《論詩絶句》，乃有「東野窮愁死不休，高天厚地一詩囚」之句。當以蘇尚俊邁，元尚高華，門徑不同，故是丹非素。究之郊詩品格，不以二人之論减價也。

錢東垣等輯《崇文總目·別集類三》《孟郊詩》五卷。

孫星衍《平津館鑒藏書籍記·明版》《孟東野詩集》十卷。題「唐山南西道節度參謀試大理評事武康孟郊著，明進士文林郎知武康縣事無錫秦禾重刻，曾孫秦伯欽鎡藏板」。目録前有常山宋敏求序，不題年月；景定壬戌天台國材序，景定壬戌舒岳祥贈詩一首；嘉靖丙辰秦禾《刻孟東野詩集序》。此本國氏得宋敏求定本鋟梓，秦氏又從國本翻刊，卷帙、行款尚是宋本之舊。末附《與韓退之聯句》十首，不在目録中者，亦宋敏求原編所有。每葉十八行，行十八字。收藏有「愛日堂藏書」朱文方印。

黄丕烈《蕘圃藏書題識·集類一》《孟東野詩集》十卷。北宋本。【略】《孟東野文集》十卷。宋刻本。【略】《孟東野詩集》十卷。校宋舊鈔本。【略】《孟東野集》十卷。校本。

黄丕烈《蕘圃藏書題識再續録·集類》《孟東野詩集》十卷。校宋舊鈔本。周校標明元藏本及有圈記出者，確可信爲蜀本矣。有墨筆校於旁行者，卻無標明。兹余編校，概曰元藏本，恐當日不如是，故加校字別之。在卷五末。

黄丕烈《百宋一廛書録》《孟東野詩集》。此《孟東野集》十卷本，前有目録，無前序，有後序。序爲集賢校理常山宋敏求題，末附孟郊本傳《貞曜先生墓誌》二篇，真古本也。余向藏洪武間人影寫書棚本，與此殊別，蓋此猶北宋舊刻矣。歷來諸藏書家如崑山徐氏、泰興季氏，皆曾藏過。而「安麓邨藏書」印一，則又在徐季兩家後。「安岐」之印，未知即是麓邨否。相傳麓邨爲北地人，善識骨董，係明珠家門客，渠所鑒定，都爲可信。其餘「錢氏敬先」、「毘陵唐良士藏書」、「儀周珍藏」、「存威齋」等圖記，皆未詳。此册爲余同年蔣賓嵎得於金陵之書攤，轉以贈余。良友之惠，不可没云。

張之洞《書目答問·別集》《孟東野集》十卷。唐孟郊。席氏本。汲古閣本。明閔刻本。

韋武集

《新唐書·藝文志·別集類》《韋武集》十五卷。

鄭樵《通志·藝文略·別集四》《韋武集》十五卷。

鄭絪集

《新唐書·藝文志·別集類》《鄭絪集》三十卷。

鄭樵《通志・藝文略・別集四》《鄭絪集》三十卷。

梁肅集

《新唐書・藝文志・別集類》《梁肅集》二十卷。

鄭樵《通志・藝文略・別集四》《梁肅集》二十卷。

尤袤《遂初堂書目・別集類》《梁肅集》。

陳振孫《直齋書録解題・別集類上》《梁補闕集》二十卷。唐右補闕翰林學士安定梁肅敬之撰。崔恭爲之序，首稱其從釋氏，爲天台大師元浩之弟子。今案《獨孤及集》後序，稱「門下生」，頗述師承之意。韓愈亦言其佐助陸相貢士，所與及第者，皆赫然有聞。然則梁固名儒善士也，而獨以爲師從釋氏者，何哉？

馬端臨《文獻通考・經籍考・別集》《梁補闕集》二十卷。

《宋史・藝文志・別集類》《梁肅集》二十卷。

錢東垣等輯《崇文總目・別集類一》《梁肅文集》二十卷。

陸宣公文集

趙希弁《讀書附志・別集類一》《陸宣公文集》二十二卷。右唐陸贄敬輿之文也。《讀書志》云：「《陸贄奏議》十二卷。」希弁所藏《制誥》十卷，《奏草》六卷，《奏議》六卷，凡二十二卷云。

陳振孫《直齋書録解題・別集類上》《陸宣公集》二十二卷。唐宰相嘉興陸贄敬輿撰。權德輿爲序，稱《制誥集》十三卷、《奏草》七卷、《中書奏議》七卷。今所存者，《翰苑集》十卷，《牓子集》十二卷。序又稱別集文、賦、表、狀十五卷，今不傳。

《宋史・藝文志・別集類》《陸贄集》二十卷。

楊士奇等《文淵閣書目・文集》《陸宣公文集》。一部，六册。完全。《陸宣公文集》。一部，六册。殘缺。《陸宣公文集》。一部，六册。殘缺。《陸宣公文集》。一部，三册。完全。

張萱等《内閣藏書目録・集部》《陸宣公文集》。六册，全。唐陸贄著。又《陸宣公集》。六册，全。又五册，不全。又三册，不全。

吴焯《繡谷亭薰習録・集一》《陸宣公集》二十二卷。唐宰相陸贄著，權德輿序。案：權序稱公《制誥集》十卷，《奏草》七卷，《中書奏議》七卷，《別集》十五卷，此乃元祐八年蘇軾、吕希哲、吴安詩、豐稷、趙彦若、范祖禹、顧臨等編校，上于經筵。

于敏中等《天禄琳琅書目・元版集部》《陸宣公集》。一函，五册。唐陸贄著。十卷。陳振孫《書録解題》曰：「《陸宣公集》二十二卷，權德輿爲之序，「稱《制誥集》十三卷，《奏草》七卷，《中書奏議》七卷。今所存者，《翰苑集》十卷，《牓子集》十二卷。序又稱別集文、賦、表、狀十五卷，今不傳。」據此，則《陸贄集》乃四十二卷，至宋已闕二十卷矣。振孫所謂《翰苑集》即《制誥集》，其《牓子集》係合《奏草》、《奏議》爲一書。馬端臨《文獻通考》專載《奏議》十二卷，蓋因《制誥》、《奏議》，集名既分，原可各自單行，不必合二十二卷，始爲全本。此書所載，皆制誥之文，分以十卷，即單行之《翰苑集》也。字朗紙潤，洵屬元刊善本。

又《明版集部》《陸宣公集》。一函，十册。唐陸贄著，二十二卷，前唐權德輿《翰苑集序》。此書總標二十二卷，而分《制誥》十卷，《奏草》六卷，《中書奏議》六卷，與陳振孫所載《翰苑集》十卷、《牓子集》十二卷者，正相符合。前元版書中僅録《制誥》，此方是其全本。以版式較之，當屬明翻宋槧，第惜紙質黝厚，槧印亦不能工耳。

「王後山」印記，未詳何人。

彭元瑞等《天禄琳琅書目後編・宋版首部》《御題唐陸宣公集》。一函，十二册。唐陸贄撰。贄事具《唐書》本傳。書二十二卷，分三門：《制誥》十卷，《奏草》六卷，《中書奏議》六卷。前有本朝名臣《進奏議劄》，乃蘇軾之文，見本集。

按：《藝文志》載(志)〔贄〕《議論表疏集》十二卷，又《翰苑集》十卷。《書録解題》載《陸宣公集》二十二卷，中分《翰苑》、《榜子》爲二集。晁公武《郡齋讀書志》稱：《奏議》十二卷，舊有《榜子集》五卷，《議論集》三卷，《翰苑集》十卷。元祐中蘇軾乞校正進呈，改從今名，疑是裒諸集成此書。據此則贄《翰苑集》之更名《奏議》，昉自北宋，而孝宗淳熙八年講筵劄子有旨：陸贄《奏議》，今日讀五版，是《奏議》之名久爲通稱矣。此本卷數與諸書合而文不同，其名《陸宣公集》則同陳振孫所載，實一書也。

御題《題宋版陸宣公奏議》：熟讀東坡進奏篇，欣看議疏陸家宣。行間字裏通時事，曲譬直陳總道詮。一部允當置棐几，萬言猶喜見初鐫。梁洋失及忠州遣，措舍何殊天與淵。癸卯仲秋，御筆。鈐寶二：曰「古稀天子之寶」，曰「猶日孜孜」。上鈐寶二：曰「乾隆御覽之寶」，曰「古希天子」。

元揭傒斯藏本。傒斯字曼碩，富州人，侍講學士、同知經筵事。王鐸字覺斯，孟津人。本朝大學士。

孫星衍《平津館鑒藏書籍記・宋版》 《新刊唐陸宣公集》二十二卷《目録》一卷。分《制誥》十卷，《奏草》六卷，《中書奏議》六卷。前有權德輿《翰苑集序》，《本朝名臣進奏議劄子》二篇，唐陸宣公像。據權序，《制誥集》十卷，《奏草》七卷，《中書奏議》七卷。此本《奏草》、《奏議》各少一卷，與序所稱不同。陳氏《書録解題》有《翰苑集》十卷，《牓子集》十二卷，《翰苑集》疑即《制誥》，《牓子集》疑即《奏草》與《中書奏議》，然又别是一本。黑口板，板心俱題「奏議」，每葉廿行，行廿字，收藏有「獲古堂印」朱文方印。

孫星衍《平津館鑒藏書籍記補遺・元版》 《唐陸宣公集》廿二卷《目録》一卷。前有權德輿《翰苑集序》，《本朝名臣進奏議劄子》一篇，唐陸宣公像，至大辛亥厲一鶚序。目録後有題識云：「至大辛亥秋，教官厲心齋奏，總管王公子中命重新繡梓，詳加校訂。任其責者，學正四明陳沆、學録毗陵蔣鷵孫、路掾廬陵易偉也。」又有監督直學二吏姓名。黑口板，板心題「苑十卷，奏十二卷」。每葉廿二行，行十九字。

張金吾《愛日精廬藏書志・别集類》 《唐陸宣公集》二十二卷。元至大刊本。陸贄撰。權德輿序。蘇軾《進奏議劄子》。《淳熙講筵劄子》。

陸宣公文集菁華

楊士奇等《文淵閣書目・文集》 《陸宣公文集菁華》。一部，一册。完全。

張萱等《内閣藏書目録・集部》 《陸宣公文集菁華》。一册，全。元唐仲英摘録，凡二卷。

黄虞稷《千頃堂書目・文史類・補元》 唐仲英《陸宣公文集菁華》二卷。

倪燦《補遼金元藝文志・文史類》 唐仲英《陸宣公文集菁華》二卷。

錢大昕《補元史藝文志・評注類》 唐仲英《陸宣公文集菁華》二卷。

翰苑集

《新唐書・藝文志・别集類》 《翰苑集》十卷。韋處厚纂。

晁公武《郡齋讀書志・别集類上》 陸贄《翰苑集》十卷。右唐陸贄敬輿也。贄，嘉興人，大曆八年進士，中博學宏詞書判拔萃科。德宗初，爲翰林學士。從奉天，還，爲中書舍人平章事。贄在奉天，日下詔書數百，初如不經思，逮成，皆周盡人情。嘗爲帝言：「今盜徧天下，宜痛自悔，以感人心。誠不吝改過，以言謝天下，使臣持筆無所忌，庶叛者革心。」上從之。故下制書，雖武夫悍卒，無不感動流涕。議者謂興元戡難功，雖爪牙宣力，蓋腹心有助焉。舊《翰苑集》外，有《牓子集》五卷，《議論集》三卷。元祐中，蘇子瞻乞校正進呈，改從今名。疑是時裒諸集以成云。

尤袤《遂初堂書目・别集類》 陸宣公《翰苑集》。

張萱等《内閣藏書目録・集部》 陸宣公《翰苑集》。二册，全。

錢謙益等《絳雲樓書目・唐文集類》 陸宣公《翰苑集》五册。十卷，韋處厚纂。

錢曾《讀書敏求記・集》 陸宣公《翰苑集》二十二卷。《制誥》十卷，《奏草》六卷，《中書奏議》六卷，權載之序。大字宋槧本。惜其詩文别集十五卷失傳，于世爲恨耳。

《四庫提要・别集類三》 《翰苑集》二十二卷。内府藏本。唐陸贄撰。贄事蹟具《唐書》本傳。案：《藝文志》載贄《議論表疏集》十二卷，又《翰苑集》十卷，（常）〔韋〕處厚纂。陳振孫《書録解題》載《陸宣公集》二十二卷，中分《翰苑》、《牓子》爲二集，其目亦與史志相同。惟晁公武《讀書志》所載乃衹有《奏議》十二卷，且稱舊有《牓子集》五卷，《議論集》三卷，《翰苑集》十卷，元祐中蘇軾乞校正進呈，改從今名。疑是裒諸集成此書，與史志名目全不相合。今考尤袤《遂初堂書目》所列，實作《翰苑集》，而錢曾《讀書敏求記》載所見宋槧大字本二十二卷者，亦作《翰苑集》，則自南宋以後，已合議論、表疏爲一集，而總題以《翰苑》之名。公武所見乃元祐本，恐非全册。而今世刊行贄集，亦有題作《陸宣公奏議》者，則又沿《讀書志》而失之者也。宋祁作贄傳贊，稱其論諫數十百篇，譏陳時病，皆本仁義，炳炳如丹青，而惜德宗之不能盡用。故《新唐書》例不録排偶之作，獨取贄文十餘篇，以爲後世法。司馬光作《資治通鑑》，尤重贄議論，採奏疏三十九篇。其後蘇軾亦乞以贄文校正進讀。蓋其文雖多出於一時匡救規切之語，而於古今來政治得失之故，無不深切著明，有足爲萬世龜鑑者，故歷代寶重焉。贄尚有詩文別集十五卷，久佚不傳，《全唐詩》所録僅存試帖詩三首及《語林》所載逸句。然經世有用之言，悉具是書。其所以爲贄重者，固不必在雕章繪句之末矣。

錢東垣等輯《崇文總目・別集類六》 陸贄《翰苑集》十卷。

彭元瑞等《天禄琳琅書目後編・明版集部》 唐陸宣公《翰苑集》。一函，六册。唐陸贄撰。書二十四卷，分三編：凡《制誥》十卷，八十五篇；《奏草》七卷，三十二篇；《奏議》七卷，二十四篇。前有權德輿《翰苑集序》，蘇軾《進奏議劄子》，蕭燧《淳熙講筵劄子》，郎煜《進所注奏議表》。宣德三年胡元節重刻，金實序。天順元年延祥重刻，項忠序。弘治十五年于鳳喈重刻，錢福序。嘉靖丁酉沈伯咸序，萬曆辛巳葉逢春序。是本乃其二十七世孫基忠校梓，萬曆丁未吴道南序。道南字會甫，崇仁人，萬曆己丑進士，官大學士，贈少師，謚文恪，有《曙谷集》。

陸贄制集

錢東垣等輯《崇文總目・別集類六》 《陸贄制集》二卷。

劉伯芻集

《新唐書・藝文志・別集類》 《劉伯芻集》三十卷。

鄭樵《通志・藝文略・別集四》 《劉伯芻集》三十卷。

張仲方集

《新唐書・藝文志・別集類》 《張仲方集》三十卷。

鄭樵《通志・藝文略・別集四》 《張仲方集》三十卷。

歐陽詹集

《新唐書・藝文志・別集類》 《歐陽詹集》十卷。

鄭樵《通志・藝文略・別集四》 《歐陽詹集》十卷。

晁公武《郡齋讀書志・別集類上》 《歐陽詹集》十卷。右唐歐陽詹行周也。泉州人。貞元八年進士，終國子四門助教。初，閩人不肯北宦。及常衮爲觀察使，興學勸士，詹始以進士舉，其聯第者如韓愈、李絳諸人，皆天下選，時稱「龍虎榜」云。此集李貽孫纂，退之作詹《哀辭》，稱詹甚美，大意謂詹覔舉京師，將以爲父母榮也。又云其德行信於朋友。而唐小説載詹惑太原一妓，爲賦「高城已不見，況復城中人」之詩，卒爲之死。今集中載焉。然則詹之志豈僅在父母哉！有德行者乃爾耶？

尤袤《遂初堂書目・別集類》 《歐陽詹集》。

陳振孫《直齋書録解題・別集類上》 《歐陽行周集》五卷。唐國子四門助教莆田歐陽詹行周撰。詹亦韓愈同年進士，故其集中各有《明水賦》。詹亦早死，愈爲之哀詞，尤拳拳焉。李翱作傳，而李集不載。其序，福建廉使李貽孫所爲也。詹之爲人，有《哀辭》可信矣，黄璞何人斯，乃有太原函髻之謗。好事者喜傳之，不信愈而信璞，異哉！「高城已不見」之句，樂府此類多矣，不得以爲實也。然「高城已不見」之詩，題云《途中寄太原所思》，蓋亦有以召其疑也。昔人以曖昧受謗，傳之千古，尚未能明，孰謂今人之行己而可不謹哉？

馬端臨《文獻通考・經籍考・別集》 《歐陽集》十卷。

《宋史・藝文志・別集類》 《歐陽詹集》一卷。

楊士奇等《文淵閣書目・文集》 《歐陽詹文集》。一部，一册。闕。《歐陽詹文集》。一部，二册。闕。

范邦甸等《天一閣書目・別集類》 《行周文集》十卷。刊本。唐歐陽詹著。序缺。

徐𤊹《徐氏家藏書目・文集類》 歐陽詹《四門集》十卷。

錢謙益等《絳雲樓書目・唐文集類》 《歐陽詹集》三册，抄本。十卷。李貽孫纂并序。有泉州板，佳。

錢曾《讀書敏求記・集》《歐陽行周文集》十卷。昌黎作《歐陽詹哀詞》，自書兩通，可爲拳拳于行周至矣。行周過南陽孝子而傳之，則所謂「舍朝夕之養以來京師，其心將以有得于是，而歸爲父母榮」之言，昌黎蓋非聊爾信之者。《途中》詩云：「五原東北晉，千里西南秦。一屨不出門，一車無停輪。流萍與繫匏，早晚期相親。」至今吟咀之，覺意莊語重。其所思必高隱流輩，故有繫匏之感。焉得借「高城不見」句而騰「太原函髻」之謗乎！書此以辨小説之誣。

王士禛《漁洋書跋》《歐陽四門集》。唐歐陽詹《四門集》八卷。卷中《棧道銘》、《弔九江驛碑材文》最佳。其《自明誠論》有云：「尹喜自明誠而長生，公孫弘自明誠而爲卿，張子房自明誠而輔劉，公孫鞅自明誠而佐嬴。」安得此離經畔道、狂誖謬悠之論耶！韓文公與之同時同年，獨作《原道》、《原性》諸篇，不愧稱大儒矣。

《四庫提要・別集類三》《歐陽行周集》十卷。福建巡撫採進本。唐歐陽詹撰。詹字行周，泉州人，舉進士，官至四門助教，事蹟具《新唐書・文藝傳》。其集有大中六年李貽孫序，稱「韓侍郎愈、李校書觀洎君，竝數百歲傑出」。今觀詹之文，與李觀相上下，去愈甚遠。蓋此三人同年舉進士，皆出陸贄之門，竝有名聲，其優劣未經論定，故貽孫之言如此。然詹之文實有古格，在當時纂組排偶者上。韓愈爲《歐陽生哀辭》，稱許甚至，亦非過情也。《太原贈妓》一詩，陳振孫《書録解題》力辨函髻之誣。考《閩川名士傳》，載詹游太原，始末甚詳。所載《孟簡》一詩，乃同時之所作，亦必無舛誤。又考邵博《聞見後録》載妓家至宋猶隸樂籍，珍藏詹之手迹，博嘗見之。則不可謂竟無其事。蓋唐宋官妓，士大夫往往狎游，不以爲訝。見於諸家詩集者甚多，亦其時風氣使然，固不必獎其風流，亦不必諱爲瑕垢也。惟王士禛《池北偶談》摘其《自(誠明)〔明誠〕論》，謂「尹喜自明誠而長生，公孫弘自明誠而爲卿，張子房自明誠而輔劉，公孫鞅自明誠而佐嬴」諸句，以爲離經畔道，則其説信然。然宋儒未出以前，學者論多駁雜，難以盡糾，亦存而不論可矣。

錢東垣等輯《崇文總目・別集類一》《歐陽詹集》十卷。

顧廣圻《思適齋書跋・集部》《歐陽行周集》八卷。閩刻本。《行周文集》舊十卷，藏書家尚有之。其序次與此本已夐乎不同，無論字句之異矣。其割裂顛倒，不知出何人手書。有愈刻愈亡者，此其類也。可歎可歎。

又《歐陽行周集》十卷。鈔本。前孫淵翁家鈔本，攜在中正街寓内時，悤悤未録其副也。後聞其弟受其甲之誑，盡付所有唐人文集并他種書若干，託其寄借與孫古雲，而從中乾没去矣。旋販至常熟，賣於張姓，張亦不能守，未詳今流轉何所。首尾僅一週星耳。余既校此本，感觸往事，聊附記之。

何校葉鈔多雜糅，而何自下己意，語多不確。即如第五卷《韓城西尉廳》云「列縣出於千」，乃文集最妙處。《文苑英華》八百六、《文粹》七十三於「千」上多「五」字，皆大誤。《舊唐志》：「貞觀十三年定簿縣一千五百五十一。」《新唐志》：「開元廿八年户部帳縣千五百七十三。」行周此記作於貞元十五年，已非復貞觀、開元之盛，其決不得反有五千縣之多，甚明矣。宜據集删《苑》、《粹》衍字，而義門反以添集，何耶？姑舉一條，用貽後之覽斯者貴乎心知其意，若尋行數墨，恐縱遇善本，仍有必不得之病也。元和顧千里澗薲識。

張金吾《愛日精廬藏書志・別集類》《歐陽行周文集》十卷。舊鈔本。臨何氏義門校。唐將仕郎守國子監四門助教晉江歐陽詹字行周撰。李貽孫序。

康熙乙丑重陽前一日，從内弟吴紫臣借得所收葉文莊公家抄本，手校改正數處。葉本與此亦互有得失，俟訪得宋雕及他藏書家善本，常再校之。行周文尚當爲李元賓之亞，然其諸序，固未減梁補闕，特不宜於多爾。昆湖舟中義門焯記。

張之洞《書目答問・別集》《歐陽行周集》十卷。唐歐陽詹。明萬曆丙午刻本。明閔刻本八卷。

李吉甫集

《新唐書・藝文志・別集類》《李吉甫集》二十卷。

鄭樵《通志・藝文略・別集四》《李吉甫集》二十卷。

武元衡集

《新唐書・藝文志・別集類》《武元衡集》十卷。

鄭樵《通志・藝文略・別集四》《武元衡集》一卷。

晁公武《郡齋讀書志・別集類上》武元衡《臨淮集》二卷。右唐武元衡伯蒼也。河南人。建中四年進士。元和二年，以門下侍郎平章事，出爲劍南節度。八年，復秉政。明年，早朝遇盜，爲所害。元衡工五言詩，好事者傳之，被於管絃。嘗夏夜作詩曰：「夜久喧暫息，池臺惟月明。無因駐清景，日出事還生。」翌日遇害。舊有《臨淮集》七卷，此其一也。議者謂唐世工詩宦達者惟高適，達宦詩工者惟元衡。

錢東垣等輯《崇文總目・別集類三》《武元衡詩》一卷。

尤袤《遂初堂書目・別集類》《武元衡集》。《武伯蒼集》。

陳振孫《直齋書録解題・詩集類上》《武元衡集》一卷。唐宰相武元衡伯蒼撰。初用莆田李氏本傳録，後以石林葉氏本校，益以六首，及李吉甫唱酬六首。川本作二卷。

馬端臨《文獻通考・經籍考・詩集》武元衡《臨淮集》兩卷。

《宋史・藝文志・別集類》《武元衡詩》三卷。

高儒《百川書志・唐詩》《武元衡集》三卷。侍郎河南武元衡伯蒼著。

徐𤊹《徐氏家藏書目・文集類》《武元衡詩》二卷。

臨淮尺題

《新唐書・藝文志・別集類》《臨淮尺題》二卷。武元衡西川從事撰。

鄭樵《通志・藝文略・啓事》《臨淮尺題》二卷。武元衡西川從事撰。

錢東垣等輯《崇文總目・別集類七》《臨淮尺題》二卷。武元衡撰。

魏謩集

《新唐書・藝文志・別集類》《魏謩集》十卷。

鄭樵《通志・藝文略・別集四》《魏謩集》十卷。

權文公集

《新唐書・藝文志・別集類》《權德輿集》五十卷。

鄭樵《通志・藝文略・別集四》《權德輿集》五十卷。

晁公武《郡齋讀書志・別集類中》《權德輿集》五十卷。右唐權德輿載之也。秦州人。未冠，以文章稱諸儒間。貞元十年，知制誥，累官中書舍人。元和五年，以禮部尚書平章事。德輿三歲知變四聲，四歲能賦詩，積思經術，無不貫綜。自始學至老，未曾一日去書。其文雅正贍縟，當時公卿功德卓異者，皆所銘記。雖動止無外飾，其醖藉風流，自然可慕。貞元、元和間，爲縉紳羽儀。其《兩漢辨亡論》、《世祖封不義侯議》，世多稱之云。嘗自纂《制誥集》五十卷，楊憑爲序，今亡逸。文集孫憲孫編次，楊嗣復爲序。

尤袤《遂初堂書目・別集類》《權德輿集》。

陳振孫《直齋書録解題・別集類上》《權丞相集》五十卷。唐宰相略陽權德輿載之撰。楊嗣復爲序。德輿父皋，以不汙禄山見《卓行傳》。其子璩，爲中書舍人，劾李訓傾覆，亦能世其家。性寬和，有大體，文亦純雅宏贍。三世名迹，可謂德門矣！墓碑韓昌黎所爲也。序又言九年掌誥，自纂録爲五十卷，不在此集内，今未之見。

馬端臨《文獻通考・經籍考・別集》《權丞相集》五十卷。

《宋史・藝文志・別集類》《權德輿集》五十卷。

楊士奇等《文淵閣書目・文集》《權載之文集》。一部，四册。完全。

王士禛《漁洋書跋》《權文公集》。唐《權文公德輿集》五十卷。集賢殿大學士楊嗣復爲序。序云「別有《制集》五十卷，湖南觀察使楊憑爲序」，今不在編次之内。此集故友潁川劉考功公戢得之梁谿顧孝廉修遠宸家，考功子凡元歎寫以見寄者。凡，丙辰進士，今知河南孟縣。

《四庫提要・別集類三》《權文公集》十卷。内府藏本。唐權德輿撰。德輿字載之，天水人。初辟河南幕府，歷中書門下平章事，事蹟具《唐書》本傳。德輿嘗自纂《制集》五十卷，楊憑序之。其孫憲又編其詩文爲五十卷，楊嗣復序之。今《制集》已佚，《文集》亦久無傳本。此本乃明嘉靖二十年楊慎得之於滇南，僅存目録及詩賦十卷。劉大謨序而刻之，又删其無書之目録。德輿文集遂不可考。惟《文苑英華》及《唐文粹》中時時散見耳。考王士禛《居易録》載《權文公集》五十卷，注曰：「詩賦十卷、文四十卷、碑銘八卷、論二卷、記二卷、集序三卷、贈送序四卷、策問一卷、書二卷、疏表狀五卷、祭文三卷。」稱無錫顧宸藏本、劉體仁之子凡寫之以貽士禎者。然則德輿全集，康熙中猶存，不識何以今所存者皆楊慎之殘本。第士禎所注卷目，以數計之，乃八十卷。與五十卷之説不合，又不識其何故也。

錢東垣等輯《崇文總目・別集類二》《權文公集》五十卷。權德輿撰。

彭元瑞等《天禄琳琅書目後編・宋版集部》《權文公詩集》。一函，四冊。唐權德輿撰。德輿字載之，天水人，官中書門下平章事，《唐書》有傳。書十卷，前有楊嗣復序。按序稱其集五十卷，此本祇詩、賦兩類十卷。今所行，明劉大謨鐫本稱楊慎得之雲南，然此本亦無各體文，或慎之前已有單行本矣。長洲顧氏藏本。

張之洞《書目答問・別集》《權文公集》五十卷。唐權德輿。嘉慶間校刻足本。明嘉靖辛丑劉大謨刻本止十卷。

童蒙集

《新唐書・藝文志・別集類》權德輿《童蒙集》十卷。

鄭樵《通志・藝文略・別集四》權德輿《童蒙集》十卷。

權德輿制集

《新唐書・藝文志・別集類》《權德輿制集》五十卷。

權德輿詩

高儒《百川書志・唐詩》《權德輿詩》二卷。丞相權德輿載之，秦州人也。

徐𤊹《徐氏家藏書目・文集類》《權德輿詩》二卷。

錢曾《讀書敏求記・集》《權文公詩集》十卷。新都楊慎得此集于滇南士人家，止存目録與詩賦十卷，嘉靖辛丑劉大謨刻于川中。

東平小集

《新唐書・藝文志・別集類》呂述《東平小集》三卷。

《宋史・藝文志・別集類》呂述《東平小集》三卷。

錢東垣等輯《崇文總目・別集類二》《東平小集》三卷。呂述撰。

韋貫之集

《新唐書・藝文志・別集類》《韋貫之集》三十卷。

鄭樵《通志・藝文略・別集四》《韋貫之集》三十卷。

皇甫鏞集

《新唐書・藝文志・別集類》《皇甫鏞集》十八卷。

鄭樵《通志・藝文略・別集四》《皇甫鎛集》十八卷。《唐志》作「鏞」。

王起集

《新唐書・藝文志・別集類》《王起集》一百二十卷。

鄭樵《通志・藝文略・別集四》《王起集》一百二十卷。

來擇集　秣陵子集

《新唐書・藝文志・別集類》《秣陵子集》一卷。來擇，字无擇，寶曆應賢良科。

鄭樵《通志・藝文略・別集四》《秣陵子集》一卷。寶曆中，應賢良來擇撰。

《宋史・藝文志・別集類》來擇《秣陵子集》一卷。又《集》三卷。

錢東垣等輯《崇文總目・別集類二》《秣陵子文集》一卷。來擇撰。

羊士諤集

晁公武《郡齋讀書志·别集類上》《羊士諤詩》一卷。右唐羊士諤也。貞元元年，擢進士第。順宗時，爲宣歙巡官，王叔文惡之，貶汀州寧化尉。元和初，李吉甫知獎，擢監察御史，掌制誥。嘗出爲資州刺史。

尤袤《遂初堂書目·别集類》《羊士諤集》。

陳振孫《直齋書録解題·詩集類上》《羊士諤集》一卷。唐侍御史羊士諤撰。貞元元年進士。竇羣引爲御史，共傾李吉甫者也。

馬端臨《文獻通考·經籍考·詩集》《羊士鶚詩》一卷。

《宋史·藝文志·别集類》《羊士諤詩》一卷。

高儒《百川書志·唐詩》《羊士諤集》一卷。監察御史，太山人也。

徐𤊹《徐氏家藏書目·文集類》《羊士諤》一卷。

竇羣詩

《宋史·藝文志·别集類》《竇羣詩》一卷。

劉栖楚集

《新唐書·藝文志·别集類》《劉栖楚集》二十卷。

鄭樵《通志·藝文略·别集四》《劉栖楚集》二十卷。

王涯集

《新唐書·藝文志·别集類》《王涯集》十卷。

鄭樵《通志·藝文略·别集四》《王涯集》十卷。

尤袤《遂初堂書目·别集類》《王涯詩》。又《宫詞》。

陳振孫《直齋書録解題·詩集類上》《王涯集》一卷。唐宰相王涯廣津撰。

馬端臨《文獻通考·經籍考·詩集》《王涯集》一卷。

《宋史·藝文志·别集類》王涯《翰林歌詞》一卷。

錢東垣等輯《崇文總目·别集類三》《王涯詩》一卷。

李絳集

《新唐書·藝文志·别集類》《李絳集》二十卷。

鄭樵《通志·藝文略·别集四》《李絳集》二十卷。

李絳文集

《宋史·藝文志·别集類》《李絳文集》六卷。

楊士奇等《文淵閣書目·文集》《李深之文集》。一部，一册。完全。《李深之文集》。一部，一册。闕。

張萱等《内閣藏書目録·集部》《李深之文集》。一册，全。唐李絳著。

論事集

《新唐書·藝文志·别集類》李絳《論事集》三卷。蔣偕集。

錢謙益等《絳雲樓書目·唐文集類》李絳《論事集》。三卷。蔣偕集，并序。

錢東垣等輯《崇文總目·别集類六》《李絳論》三卷。

論諫集

晁公武《郡齋讀書志・別集類上》 李絳《論諫集》七卷。右唐李絳深之也。贊皇人。貞元八年進士，中宏詞科，補渭南尉。六年，進中書侍郎、平章事。大和初，爲山南西道節度使。四年，南蠻入寇，爲亂兵所害。絳儀質魁偉，以直道進退，望冠一時，賢不肖太分，屢爲讒邪所中。平生論諫數十百事。其甥夏侯孜所編，大中史官蔣偕爲序。

李司空論事

《宋史・藝文志・別集類》 《李司空論事》十七卷。

青蕪編集

《宋史・藝文志・別集類》 《青蕪編集》一卷。

李程集

尤袤《遂初堂書目・別集類》 《李程集》。

武成王廟十哲贊

《新唐書・藝文志・別集類》 盧鋌《武成王廟十哲讚》一卷。

鄭樵《通志・藝文略・贊頌》 《武成王廟十哲贊》一卷。唐奉天縣令盧挺撰。

錢東垣等輯《崇文總目・別集類六》 《武成王廟十哲讚》一卷。盧挺撰。

裴度集

鄭樵《通志・藝文略・別集四》 《裴度集》三卷。

尤袤《遂初堂書目・別集類》 《裴晉公集》。

陳振孫《直齋書録解題・別集類上》 《裴晉公集》二卷。唐宰相河東裴度中立撰。

馬端臨《文獻通考・經籍考・別集》 《裴晉公集》二卷。

《宋史・藝文志・別集類》 《裴度集》二卷。

温造集

《新唐書・藝文志・別集類》 《温造集》八十卷。

鄭樵《通志・藝文略・別集四》 《温造集》八十卷。

牟融集

高儒《百川書志・唐詩》 《牟融集》一卷。

徐𤊹《徐氏家藏書目・文集類》 《牟融詩》一卷。

于鵠集

《新唐書・藝文志・別集類》 《于鵠詩》一卷。

鄭樵《通志・藝文略・別集五》 《于鵠詩》一卷。

尤袤《遂初堂書目・別集類》 《于鵠集》。

陳振孫《直齋書録解題・詩集類上》 《于鵠集》一卷。唐于鵠撰。與張籍同時，未詳其人。

馬端臨《文獻通考·經籍考·詩集》《于鵠集》一卷。

《宋史·藝文志·別集類》《于鵠詩》一卷。

高儒《百川書志·唐詩》《于鵠集》一卷。隱居漢陽，大曆間應薦起諸府從事。

徐𤊹《徐氏家藏書目·文集類》《于鵠》一卷。

錢謙益等《絳雲樓書目·唐詩類》《于鵠詩集》一册。一卷。貞元間人。

樊宗師集

《新唐書·藝文志·別集類》《樊宗師集》二百九十一卷。

鄭樵《通志·藝文略·別集四》《樊宗師集》二百九十一卷。

尤袤《遂初堂書目·別集類》《樊宗師集》。

陳振孫《直齋書録解題·別集類上》《樊宗師集》一卷。唐諫議大夫南陽樊宗師紹述撰。韓文公爲《墓誌》，稱《魁紀公》三十卷，《樊子》三十卷，詩文千餘篇，今所存纔數篇耳，讀之殆不可句。

馬端臨《文獻通考·經籍考·別集》《樊宗師集》一卷。【略】陳氏曰：《國史補》云：元和之後，文章則學奇於韓愈，學澁於樊宗師。退之作樊墓志，稱其爲文不剽襲。觀《絳守居園池記》，誠亦太奇澁矣。本朝王晟、劉忱皆爲之注解，如「瑶翻碧瀲鬼眼頩耳」等語，皆前人所未道也。歐陽公《跋絳守居》：偶來登覽周四隅。異哉樊子怪可吁，心欲獨去無古初。窮荒探幽入有無，一語詰曲百盤紆。孰云已出不剽襲，句斷欲學《盤庚》書。

後山陳氏曰：歐陽公謂退之爲《樊宗師墓志》，便似樊文，其始出於司馬子長，子長爲《長卿傳》如其文，惟其過之，故兼之也。

《宋史·藝文志·別集類》《樊宗師集》一卷。

樊紹述集

吴焯《繡谷亭薰習録·集一》《樊紹述集》二卷。唐樊宗師紹述著。所録《絳守居園池記》、《綿州越王樓詩序》二篇，趙仁舉、吴師道、許謙三家注。

樊紹述集注

《四庫提要·別集類存目一》《樊紹述集注》二卷。浙江巡撫採進本。國朝孫之騄撰。之騄所輯《尚書大傳》，已著録。樊宗師之文見稱於韓愈，愈所爲墓誌，稱其書號《魁紀公》者三十卷，曰《樊子》者又三十卷，《春秋集傳》十五卷，表箋以下雜文凡二百九十一篇，又雜銘二百二十，賦十，詩七百一十九。《唐書·藝文志》云：《樊宗師集》二百九十一卷，而今傳於世者止此二卷。《絳守居園池記》舊有宋王晟、劉忱所注，至元時已不傳。其載於《輟耕録》者凡有二本：其一爲灤陽趙仁舉字伯昂者所箋注，其一不著注者姓名。然宗儀亦僅著其句讀，而不盡著其箋注。此本以宗儀所得前本爲主，而以後一本及他本注釋并題跋附焉。至《綿州越王樓詩序》一篇，則得自計有功《唐詩紀事》，舊無句讀，之騄以意創補之。宗師文故爲詭異，本非正軌，韓愈以交游之故，曲以文從字順許之。然所謂二百九十一卷者，卒以無傳，則是非之公，雖愈不能奪也。之騄乃掇拾廢棄，爲之注釋，謂之好奇則可，如謂有當於文章則未也。故特存舊注《絳守居園池記》一篇，示好奇之戒，而此則附存目焉。

張之洞《書目答問·別集》《樊紹述集注》二卷。唐樊宗師。孫之騄注。自刻本。

絳守園池記注

陳振孫《直齋書録解題·別集類》《絳守園池記注》一卷。有王晟者，天聖中爲絳倅，取其《園池記》章解而句釋之，猶有不盡通者。孔子曰「辭達而已矣」，爲文而晦澁若此，其湮没弗傳也宜哉。

書以「魁紀公」名，異甚，文之不可句，當亦類是。隨齋批注。

馬端臨《文獻通考·經籍考·別集》《絳守園池記注》一卷。

絳守居園池記注

《四庫提要・別集類三》《絳守居園池記注》一卷。浙江鄭大節家藏本。唐樊宗師撰，元趙仁舉、吴師道、許謙注。宗師始末具韓愈所作墓誌中。是文乃長慶三年宗師官絳州刺史，即守居構園池，自爲之記。文僻澀不可句讀，董逌《廣川書跋》稱，嘗至絳州，得其舊碑，易刮劘洗，見其後有宗師自釋。然僅略注亭榭之名，其文仍不盡可解，故好奇者多爲之注。據李肇《國史補》稱，唐時有王晟、劉忱二家，今竝不傳，故趙仁舉補爲此注。皇慶癸丑，吴師道病其疎漏，爲補二十二處，正六十處。延祐庚申，許謙仍以爲未盡，又補正四十一條。至順三年，師道因謙之本，又重加刊定，復爲之跋。二十年屢經竄易，尚未得爲定稿。蓋其字句皆不師古，不可訓詁考證。不過據其文義推測，鉤貫以求通。一篇之文僅七百七十七字，而衆説糾紛，終無定論，固其宜也。以其相傳既久，如古器銘識，雖不可音釋，而不得不謂之舊物，賞鑒家亦存而不棄耳。宗師別有《越王樓詩序》，其僻澀與此文相類。計有功《唐詩紀事》尚載其文，諸家未注，蓋偶未及檢。國朝仁和孫之騄始合二篇而注之，題曰《樊紹述集》，今別著於録云。

絳守居園池記

楊士奇等《文淵閣書目・文集》《絳守居園池記》。一部，一册。完全。

徐𤊹《徐氏家藏書目・文集類》 樊宗師《絳守居園池記》一卷。元吴師道注。

黄虞稷《千頃堂書目・文史類・補元》 吴師道注《絳守居園池記》一卷。

倪燦等《補遺金元藝文志・文史類》 吴師道注《絳守居園池記》一卷。

錢大昕《補元史藝文志・評注類》 吴師道注《絳守居園池記》一卷。

梁苑文類

《新唐書・藝文志・別集類》 令狐楚《梁苑文類》三卷。

《宋史・藝文志・別集類》 令狐楚《梁苑文類》三卷。

錢東垣等輯《崇文總目・別集類七》 令狐楚《梁苑文類》三卷。

漆匳集

《新唐書・藝文志・別集類》 令狐楚《漆匳集》一百三十卷。

鄭樵《通志・藝文略・別集四》 令狐楚《漆匳集》一百三十卷。

令狐楚歌詩

尤袤《遂初堂書目・別集類》《令狐楚歌詞》。

《宋史・藝文志・別集類》《令狐楚歌詩》一卷。

李程集

《宋史・藝文志・別集類》《李程集》一卷。

李天賓文編　外編

《新唐書・藝文志・別集類》《李觀集》三卷。陸希聲纂。

鄭樵《通志・藝文略・別集四》《李觀集》三卷。陸希聲纂。又一卷。

晁公武《郡齋讀書志·別集類上》《李觀文編》三卷，《外集》二卷。右唐李觀元賓也。華之從子。貞元八年進士，中宏詞科，終太子校書郎。觀爲文不襲前人，時謂與韓愈相上下。觀少夭，文故未極，愈得中壽，故獨擅名。大順中，陸希聲編觀文，爲之序，有謂「觀尚辭，故辭勝理；愈尚質，故理勝辭。雖愈窮老，終不能加觀之辭；觀後愈死，亦不能逮愈之質」云。其後蜀人趙昂又得其《安邊書》至《晁錯論》一十四首，爲《後集》二卷。頃年，從父詹事公掌誥命，以「四之日」爲「四日」，不學者鬨然以爲非。觀集中亦云爾，乃知本於此。

尤袤《遂初堂書目·別集類》《李觀集》。

陳振孫《直齋書録解題·別集類上》《李元賓集》五卷。唐太子校書江東李觀元賓撰。觀與韓退之貞元八年同年進士。明年試博學宏詞，觀中其科，而愈不在選，《顔子不貳過論》，其年所試文也。又一年，觀年二十九，卒，愈爲之誌銘。使觀不死，可量也哉！陸希聲得其文二十九篇，爲之序。慶曆中，章詧又得十四首於楚人趙昂，通爲五卷。

馬端臨《文獻通考·經籍考·別集》《李觀文編》三卷，《外集》二卷。

《宋史·藝文志·別集類》《李觀集》五卷。

楊士奇等《文淵閣書目·文集》《李元賓文集》。一部，一册。完全。

范邦甸等《天一閣書目·別集類》《李元賓文集》三卷，附録《唐詩紀事》所載詩三首。藍絲闌鈔本。唐隴西李觀著。韓愈撰墓誌，大順元年陸希聲序，明嘉靖壬子嘉興周元宇重校序。

錢謙益等《絳雲樓書目·唐文集類》《李元賓集》。

錢曾《讀書敏求記·集》《李觀文編》三卷，《外編》二卷。大順元年，陸希聲得元賓文于漢上，條次爲三卷，爲序以冠其首。後天水趙昂又輯遺文二卷，爲《外編》。昌黎稱元賓「文高乎當世，行過乎古人」，一何張之甚歟！

《四庫提要·別集類三》《李元賓文編》三卷，《外編》二卷。兩江總督採進本。

唐李觀撰。觀字元賓，趙州贊皇人，李華之從子也。貞元八年登進士第，九年復中博學宏詞科，官至太子校書郎，年二十九卒。事蹟具《新唐書·文藝傳·李華傳》内。韓愈爲誌其墓，文載《昌黎集》中。是集前三卷爲大順元年給事中陸希聲所編，希聲自爲之序。後爲《外編》二卷，題曰蜀人趙昂編。希聲後至宰相，昂則未詳其仕履。晁公武《讀書志》稱昂所編凡十四篇，此本闕《帖經日上王侍御書》一篇，又時時有闕句闕字，蓋輾轉傳寫，脱佚久矣。觀與韓愈、歐陽詹爲同年，並以古文相砥礪。其後愈文雄視百世，而二人之集寥寥僅存，論者以元賓蚤世，其文未極，退之窮老不休，故能獨擅其名。希聲之序則謂：「文以理爲本，而詞質在所尚。元賓尚於詞，故詞勝於理，退之尚於質，故理勝其詞。退之雖窮老不休，終不能爲元賓之詞；假使元賓後退之死，亦不及退之之質。」今觀其文，大抵琱琢艱深，或格格不能自達其意。殆與劉蜕、孫樵同爲一格，而鎔鍊之功或不及，則不幸蚤凋，未卒其業之故也。然則當時之論，以較蜕、樵則可，以較於愈則不及。希聲之序爲有見，宜不以論者爲然也。顧當琱章繪句之時，方競以駢偶鬥工巧，而觀乃從事古文，以與愈相左右，雖所造不及愈，固非餘子所及。王士禎《池北偶談》詆其與孟簡吏部、奚員外諸書如醉人使酒罵坐，抑之未免稍過矣。惟希聲之序稱其文不古不今，卓然自作一體，品題頗當。今併録之，以弁於篇首焉。

錢東垣等輯《崇文總目·別集類二》《李觀文集》三卷。

孫星衍《平津館鑒藏書籍記補遺·舊寫本》《李元賓文集》六卷，《補遺》一卷。題「隴西李觀」。前有大順元年陸希聲序，末附録韓愈《北極贈李觀》詩一首，《李元賓墓銘》一首，《舊唐書·文藝傳》一首。《四庫全書》所收《李元賓文編》三卷，陸希聲序；《外編》二卷，題「蜀人趙昂編」，與晁氏《讀書志》同。《郡齋讀書志》《李觀文編》三卷《外集》二卷，云陸希聲大順中編觀文，爲之序。其後蜀人趙昂又得其《安邊書》至《晁錯論》一十四首，爲《後集》二卷。此本分《雜著》三卷，《書》三卷，《補遺》一卷，共五十一篇，内闕五篇，未知爲何人所編。洪頤煊曰：徐居仁《集千家注杜工部詩叙録》有李觀《補杜子美傳》一首，《文苑英華》有李觀《通儒道説》一首、《常州軍事判官廳壁記》一首，此集俱不載。收藏有「王鳴盛印」白文方印，「鳳喈」朱白合文方印，「通議大夫」朱文方印，「光禄卿之章」白文方印。

黄丕烈《蕘圃藏書題識·集類一》《李元賓文集》五卷。舊鈔本。己巳得葉林宗本校一過，行間脱字增補十之三四，儻再遇善本補完此書，殆無遺憾矣。虞山楊灝志。余向藏《李元賓文集》系金孝章先生手鈔，此又其一也。丁丑秋，有人向予購唐宋元明人文集百六十種，金鈔本與焉。蓋余藏孝章手跡甚夥，故此集反輟贈之，而是册雖不知何人所鈔，然經楊、席兩家藏弆，亦名書也。因著其原委如此。復翁。

道光紀元之三月，得見葉林宗本，即楊繼梁所據以校者。然葉本分陸所輯爲三卷，又趙昂所編二卷與《敏求記》合，是此本之合爲五卷者，非舊本，且校亦未盡照葉本也。書之不可信如此。蕘夫。

顧廣圻《思適齋書跋・集部》《李元賓集》五卷。明鈔殘本。此明嘉靖閒吳元恭家鈔本，又曾在鄉先輩李鑑明古家。雖僅存上册，然尚可貴。李即義門門人也。惜不於泰澹翁刻是書前收得之。

《李元賓集》五卷。鈔本。此蓋據馮氏校本所録也，與往歲石研齋新刻亦不全同。庚辰四月得之，存篋中，備他日參考。

崇禎庚午，彦淵又借得秦季公此本來，余因校考於此，不及卒業。偉節爲余對訖，其歸札云：「乙者，字有多少也；，傍列者，字之異同也。」此書余始得之楊氏，即此本。是注在卷首，則錢本也。今偉節所校，則在行閒矣。孱守老人跋。

張金吾《愛日精廬藏書志・別集類》《李元賓文集》五卷。舊抄本。曹倦圃藏書。唐李觀撰。卷首有「檇李曹氏」印記。陸希聲序。大順元年。

張之洞《書目答問・別集》《李元賓文編》三卷，《外編》二卷，《補》一卷。唐李觀。顧校秦刻足本。粵雅堂重刻本。

王司馬集

《新唐書・藝文志・別集類》《王建集》十卷。大和陝州司馬。

鄭樵《通志・藝文略・別集五》《王建詩》十卷。

晁公武《郡齋讀書志・別集類上》《王建詩》十卷。右唐王建也。大曆十年進士。爲昭應縣丞、太府寺丞。大和中，陝州司馬。尤長宫詞。

尤袤《遂初堂書目・別集類》《王司馬集》。《王建集》。

陳振孫《直齋書録解題・詩集類上》《王建集》十卷。唐陝州司馬王建仲和撰。建長於樂府，與張籍相上下，大曆十年進士也。歷官昭應縣丞，太和中爲陝州司馬。尤長宫詞。

馬端臨《文獻通考・經籍考・詩集》《王建集》十卷。陳氏曰：【略】尤長宫詞，在集中第十卷，録出別行。

《漁隱叢話》：余閱王建宫詞，選其佳者亦自少得，只世所膾炙者數詞而已。其間雜以他人之詞，如「閑吹玉殿昭華管，醉折黎園縹蔕花。十年一夢歸人世，絳縷猶封繫臂紗。」「銀燭秋光冷畫屏，輕羅小扇撲流螢。天階夜色涼如水，卧看牽牛織女星。」並杜牧之也。「淚滿羅巾夢不成，夜深前殿按歌聲。紅顔未老恩先斷，斜倚薰籠坐到明。」此白樂天也。「寶仗平明金殿開，暫將紈扇共徘徊。玉顔不及寒鴉色，猶帶昭陽日影來。」此王昌齡也。建詞凡百有四篇，又逸詞九篇。或云元微之亦有詞雜於其間，余以《元氏長慶集》檢尋，却無之，或者之言誤矣。

舊跋：王建，太和中爲陝州司馬，與韓愈、張籍同時，而籍相友善。工爲樂府歌行，思遠格幽。初爲渭南尉，與宦者王守澄有宗人之分，因過飲相譏戲，守澄深憾曰：「吾弟所作宫詞，禁掖深邃，何以知之？」將奏劾，建因以詩解之曰：「先朝行坐鎮相隨，今上春宫見長時。脱下御衣偏得著，進來龍馬每教騎。嘗承密旨還家少，獨奏邊情出殿遲。不是當家頻向説，九重爭遣外人知。」事遂寢。宫詞凡百絶，天下傳播，傚此體者雖有數家，而建爲之祖也。

《宋史・藝文志・別集類》《王建集》十卷。

楊士奇等《文淵閣書目・詩詞》《王建司馬詩》。一部，一册。闕。《王建司馬詩》。一部，一册。闕。《王建司馬詩》。一部，一册。闕。塾本補入。

徐𤊹《徐氏家藏書目・文集類》《王建詩》八卷。

張萱等《内閣藏書目録・集部》《王建詩集》一册，全。

毛晉《汲古閣書跋》《王建詩》。

錢謙益等《絳雲樓書目・唐詩類》《王建詩集》。十卷。

錢曾《讀書敏求記・集》《王建詩集》十卷。建與樞密王守澄有宗人之分，偶因過飲相譏，守澄憾，欲借宫詞奏劾之，建作詩以解，結句云：「不是當家親向説，九重爭遣外人知。」事遂寢。當家猶今人言一家也。此集作「姓同」，其爲後人改竄無疑。

《四庫提要・別集類三》《王司馬集》八卷。浙江巡撫採進本。唐王建撰。建字仲和，潁川人。大曆十年進士，大和中爲陝州司馬。據《文獻通考》，建集十卷，此本爲國朝胡介祉所校刊。凡古體二卷，近體六卷，蓋後人所合併。前有介祉序，謂虞山毛氏曾有刊本行世，校對亦未盡善。至宫詞自宋南渡後逸去其七，好事者妄爲補之。如「淚盡羅巾」，白樂天詩也；「鴛鴦瓦上」，花蘂夫人詩也；「寶帳平明」，王少伯詩也；「日晚長秋」與「日映西陵」，樂府《銅爵臺》詩也；「銀燭秋光冷畫屏」與「閒吹玉殿昭華管」，皆杜牧之詩也。獨《楊升菴集》中別載七首，云得之古本，今録於後云云。介祉所論，蓋本之胡仔《苕溪漁隱叢話》，其考證皆精確。惟楊慎之言多不足據，《石鼓文》尚能僞造，何有於王建宫詞，介祉遽從而增入，未免輕信之失。至於《傷近而不見》，乃《玉臺新詠》舊題，此本譌爲《傷近者不見》。《江南三臺》，名見《樂府詩集》及《才調集》，此本譌爲《江南書》，亦未免小有所失，不能全譏毛本。但取以相較，猶爲此善於彼耳。

錢東垣等輯《崇文總目・别集類三》《王建詩》二卷。

黄丕烈《蕘圃藏書題識・集類一》《王建詩集》八卷。明刻毛校本。此毛子晉手校本《王建詩集》八卷本，與余舊藏吴匏菴家鈔本正同。吴本亦藏自汲古閣，而毛所校時合時不合，子晉之依宋刻校正，未知所據何本。此刻相傳爲明代川中刻，刻手既劣，印本復糊塗。幸得子晉手校，加以題跋，且屢經名家收藏。其所知者，「南京解元六如居士」爲吾吴唐伯虎圖章；「玉峰徐炯」即傳是樓後人，曾住我郡齊門内花谿。竹垞《播芳文粹》云：「丙戌三月，留徐學使章仲花谿别業，觀宋槧本。」即其人也。其餘「戌郎私印」、「中文蔣癡」、「米□頭陀」，皆未詳其人。古香馣馤，珍重異常，書之以前賢手澤而足重者，此爾。

嘉慶癸未六月四日，收於郡廟前五柳居。所收《王建詩集》以編年計之，此爲第三本。前兩本一爲影宋緜紙本，有「毛仲辛氏」一印，一爲叢書堂鈔紅格竹紙本，有「汲古閣」一印，并有子晉校字。三書同出一源，而久分復合，是一奇也，并記。蕘翁。

此刻爲明監察御史河中劉成德注編校本。唐人詩集如此刻者頗鮮，頃遊海禺，於坊中徧索古書，僅見一元刻校宋本郭茂倩《樂府》，中有毛子晉校，擬購之而議價未果，心甚怏怏。後於故家獲書數種，内有明刻唐人張籍詩，亦劉所梓。其版刻之古拙近是，每葉每行字數亦同，唯張詩有直格，與此殊耳。因憶此集卷端弁言有「與韓愈、張籍同時，而籍尤相友善」語，當是劉公屬意兩家之詩，故並梓之也。昔並梓而今並儲之，誠爲快事。首記於此。蕘翁。

張之洞《書目答問・别集》《王司馬集》八卷。唐王建。胡介祉校刻本。席氏本十卷。汲古閣本。

王建宫詞

尤袤《遂初堂書目・别集類》《王建宫詞》。

陳振孫《直齋書録解題・詩集類上》《王建宫詞》一卷。即集中第十卷録出别行。

高儒《百川書志・唐詩》《王建宫詞》一卷。陝西司馬王建仲和撰。凡百首，爲宫詞之祖。

范邦甸等《天一閣書目・詞曲類》《宫詞》一卷。藍絲闌鈔本。唐王建撰。

毛晉《汲古閣書跋》《王建宫詞》。

王士禛《漁洋書跋》《王建宫詞》。王建《宫詞》「每遍舞頭分兩向，太平萬歲字當中」，今外國猶傳其制。鄭麟趾《高麗史》云：「教坊女弟子奏王母隊歌舞，一隊五十五人，舞成四字，或『君王萬歲』，或『天下太平』，此其遺意也。」

王建宫詞注

錢謙益等《絳雲樓書目・唐詩類》《王建宫詞注》。

王司馬宫詞

黄虞稷《千頃堂書目・文史類》顧起綸編注《王司馬宫詞》二卷。又附録一卷。字玄言，無錫人。

羅讓集

《新唐書・藝文志・别集類》《羅讓集》三十卷。

鄭樵《通志・藝文略・别集四》《羅讓集》三十卷。

馮宿集

錢東垣等輯《崇文總目・别集類二》《馮宿文集》一卷。

《新唐書・藝文志・別集類》《馮宿集》四十卷。

鄭樵《通志・藝文略・別集四》《馮宿集》四十卷。

《宋史・藝文志・別集類》《馮宿集》十卷。

張司業集

《新唐書・藝文志・別集類》《張籍詩集》七卷。

鄭樵《通志・藝文略・別集五》《張籍詩集》七卷。

晁公武《郡齋讀書志・別集類上》《張籍詩集》五卷。右唐張籍文昌也。和州人。貞元十五年登進士第。終國子司業。籍性狷急，爲詩長於樂府，多警句。元和中，與白樂天、孟東野相酬唱，天下宗之，謂之「元和體」云。其集五卷，張洎爲之編次。

尤袤《遂初堂書目・別集類》《張籍集》。

陳振孫《直齋書録解題・詩集類上》《張籍集》三卷。案：《唐書・藝文志》作七卷。唐國子司業張籍文昌撰。川本作五卷。

《木鐸集》十二卷。張洎所編。錢公輔名《木鐸集》，與他本相出入，亦有他本所無者。

《張司業集》八卷，附録一卷。湯中季庸以諸本校定，且考訂其爲吳郡人。魏峻叔高刻之平江，續又得《木鐸集》，凡他本所無者，皆附其末。

馬端臨《文獻通考・經籍考・詩集》《張籍詩集》五卷。

《宋史・藝文志・別集類》《張籍集》十二卷。

楊士奇等《文淵閣書目・詩詞》《張文昌詩》。一部，一册。闕。《張籍司業詩》。一部，三册。闕。

高儒《百川書志・唐詩》《張司業集》七卷。國子司業蘇州張籍文昌著。今併一册，卷數仍舊。樂府三百九十有奇。

徐𤊹《徐氏家藏書目・文集類》《張籍詩》八卷。

錢謙益等《絳雲樓書目・唐詩類》《宋刻張司業詩集》七卷，附録一卷。

《四庫提要・別集類三》《張司業集》八卷。安徽巡撫採進本。唐張籍撰。籍字文昌，和州人。貞元十五年進士，官至國子司業，事蹟附載《唐書・韓愈傳》中。籍以樂府鳴一時，其骨體實出王建上。後人概稱張、王，未爲篤論。韓愈稱「張籍學古淡，軒鶴避雞羣」，諒矣。其文惟《文苑英華》載與韓愈二書，餘不概見。相其筆力，亦在李翺、皇甫湜閒。視李觀、歐陽詹之有意剷彫，亦爲勝之。《昌黎集》有《代籍上李浰東書》，稱以盲廢。然集中《祭退之》詩，稱「公比欲爲書，遺約有修章。令我署其末，以爲後事程」，則愈没之時，籍猶執筆作字，知其目疾已愈，世傳盲廢者非也。其集爲張洎所編，洎序稱自丙午至乙丑相次綴輯，得四百餘篇。考丙午爲南唐李昪昇元元年，當晉開運三年，乙丑爲宋乾德二年。蓋洎搜葺二十年始成完本，亦云勤矣。陳振孫《書録解題》云：「張洎所編籍詩，名《木鐸集》，凡十二卷。近世湯中季庸以諸本校定，爲《張司業集》八卷，刻之平江。」此本爲明萬曆中和州張尚儒與張孝祥《于湖集》合刻者。尚儒稱「購得河中劉侍御本，又參以朱蘭嵎太史金陵刊本，得詩四百四十九首，并録《與韓昌黎書》二首，訂爲八卷」，則已非張洎、湯中之舊。然其數不甚相遠，似乎無所散佚也。

錢東垣等輯《崇文總目・別集類三》《張籍詩》七卷。

黄丕烈《蕘圃藏書題識・集類一》《張司業詩集》八卷。舊鈔本。

《張司業詩集》余所藏三卷本，係影宋本，續又借試飲堂顧氏藏陸敕先手校本臨校一過。頃書友以八卷本舊鈔者示余，取對前本，知八卷爲勝，方信顧本陸敕先跋以爲八卷最勝者，果不誣矣。三卷中詩，此皆有之，而諸體中間有多於彼者，此所以爲勝也。其聯句、拾遺、附録，皆八卷所録爲獨，迥與三卷本不同矣。至於古色古香，人所共愛，余又無庸贅言。嘉慶癸酉春三月三日，復翁識。

道光壬午秋，試飲堂書散出，余從坊閒轉收得小種幾册陸手校本，此《張司業集》在焉，遂以余臨陸校本貼補坊友。今後余所藏張集，竟成雙璧矣。外此又有正德時河中劉成德增次本，係分體編輯，統爲一卷，古色古香，居然舊刻，未始不可與此及陸校鼎足而三也。中秋前三日，暑退涼生，秋香滿院，展閱一過，覺塵俗一清。蕘夫記。

此卷末數葉爲陳岐仲手書，時癸未之季秋也。今年春，岐仲没矣。期年之內，遂隔生死，臨紙不覺涕零。

此吾友頤仲書題也。年少多情，當今無雙，世上何□常有如此人耶！

《張司業集》八卷本爲最勝，席百家唐詩本亦八卷，即此。彼有馮、錢兩家跋可證也。癸酉三月十二記。

右二行爲黄蕘翁手書原包紙上語，百家本適無此書。頤仲，見馮定遠《鈍吟雜録》，姓錢，馮呼爲小友。黄所謂馮，蓋小馮也。咸豐己未七月晦日，録附書末并記如右。應陛。按陳岐仲手書當从《調張籍》第三行起至末，計共十葉。

《張司業詩》三卷。舊鈔配明刻本。此顧氏試飲堂藏書也。余于庚午冬曾借校一過，今書已散在坊間，余仍訪得之，與之畫底舊時帳，坊主甚怏怏，即以校本貼補之。臨陸校本，因續得八卷本舊鈔者，悉校之。此不復校八卷本者，各存其面目而已。而後乃今，張集之舊本，洵稱雙璧矣。回憶庚午之借，壬午之得，歲星一周，光陰如箭，不知甲午之交又如何爾。八月六日，蕘夫。

《張司業詩集》三卷。朱刊本。宋刻《張司業集》有二：一本八卷，一本上、中、下三卷，而要以八卷爲勝。百家唐詩中所刻一卷，僅三卷中之下卷耳，其爲可笑如此。子既別鈔北宋本，復借遵王南宋本補此二卷。聞此外尚有《木鐸集》，惜無從一見之也。辛丑六月十一日，貽典識。

按，敕先跋謂宋刻《張司業集》有三本，除此三卷及八卷本，當即《通考》所載《張籍詩集》五卷也。《木鐸集》凡十二卷，直齋陳氏云然未之見也，近獲湯中季庸以諸本校定爲《張司業集》八卷本，魏峻叔高又得《木鐸集》，凡他本所無者，皆附其末，并八卷爲勝之矣。復翁識。

張之洞《書目答問・別集》《張司業集》八卷，《拾遺》一卷，附録一卷。唐張籍。席氏唐百家詩本。明萬曆張尚儒刻本八卷。

文輿

《新唐書・藝文志・別集類》李道古《文輿》三十卷。

鄭樵《通志・藝文略・別集四》李道古《文輿》三十卷。

武陵集

《新唐書・藝文志・別集類》董侹《武陵集》。卷亡。侹，字庶中，元和荆南從事。

鄭樵《通志・藝文略・別集四》董侹《武陵集》。卷亡。

薛濤詩

晁公武《郡齋讀書志・別集類中》《薛洪度詩》一卷。右唐薛濤字洪度，四川樂妓。工爲詩，當時人多與酬贈。武元衡奏校書郎。大和中卒。李肇云：「樂妓而工詩者，濤亦文妖也。」

陳振孫《直齋書録解題・詩集類上》《薛濤集》一卷。唐成都妓女薛濤撰。字洪度，號薛校書，世傳奏授，恐無是理，殆一時州鎮褒借爲戲，如今世《白帖》借補之類耶。濤得年最長，至近八十。

馬端臨《文獻通考・經籍考・詩集》《薛洪度詩》一卷。

徐𤊹《徐氏家藏書目・文集類》《薛濤詩》一卷。

僧靈穆集

《宋史・藝文志・別集類》《僧靈穆集》一卷。

韓愈集

《新唐書・藝文志・別集類》《韓愈集》四十卷。

鄭樵《通志・藝文略・別集四》《韓愈集》四十卷。

晁公武《郡齋讀書志・別集類上》《韓愈集》四十卷，《集外文》一卷。右唐韓愈退之也。南陽人。貞元八年進士，累擢知制誥，進中書舍人，遷吏部侍郎。爲京兆尹，與李紳不協，紳出，愈罷爲兵部，俄復舊。劉昫《唐書》稱愈「恃才肆意，盩孔孟之旨。若南人妄以柳宗元爲羅池神，而愈作碑以實之。李賀父名晉肅，不應進士，而愈爲作《諱辨》。又爲《毛穎傳》，譏戲不近人情。此文章之甚紕繆者。」《新書》稱「愈三歲而孤，自知讀書。比長，盡通《六經》、百家學」，「性明鋭，不詭隨」，「每言文章自相如，子長後，作者不世出，故深探本原，卓然樹立，成一家言。造端置辭，要爲不襲蹈前人者」。議者謂舊史譏其文章甚紕繆，固不待辨，而新史褒其造端置辭，不襲蹈前人，亦未爲知愈。蓋愈之置辭造端，字字悉有依據。如《毛穎傳》、《進學解》之類，皆有所師範云。其集屢經名人是正，其訛舛絶少，但編次殊失倫類，當重爲編輯之。

尤袤《遂初堂書目·别集類》《韓文公集》。

趙希弁《讀書附志·别集類一》《昌黎先生文集》四十卷，《外集》三卷，《順宗實録》五卷，附録三卷。右唐韓愈退之之文也。《讀書志》云：「《韓愈集》四十卷，《集外文》一卷。」希弁所藏合五十一卷。嘗以宜春新、舊本兼饒本參校，又以嘉祐壬寅所刊杭本是正之。饒本刊《年譜》於《目録》之後，刊附録於《外集》之前。又附録止載九篇，而前後共列五序。柳開但曰後序，亦不書其姓名。杭本並無《目録》、《年譜》、附録，亦無柳開一序；趙德之序文，録列于李漢之先。歐陽修之記，舊本較之他集則異：他本所載者，六百二十七字；杭本所刊者，一百六十二字。以嘉祐壬寅考之，歐陽方在政府，刊者不應謬誤，豈非後來更改而然歟？遂寫杭本歐陽之序、饒本汲公之記，續於附録之後。石守道、秦少游、張文潛之論，黄魯直、蔣穎叔、李伯紀之詩，鄭介甫之祭文，陳元光之集序，黄直卿之記新廟，真希元之記祠堂，又寫附歐、吕二公之後，而諸賢評論先生之文者，各以其説注于逐篇之上。若夫委綏大學宜序天臺之屬，此先生除都官郎之誥詞也，當攷誰行；道德博聞，此先生謚文公之法也，當攷誰議；有所謂示浩初序之書者，王逢原代先生之作也；續鴛驤行之詩者，李泰伯廣先生之説也。如此類者，亦當寫補附録之缺云。

陳振孫《直齋書録解題·别集類上》《昌黎集》四十卷，《外集》十卷。唐吏部侍郎南陽韓愈退之撰。李漢序。漢，文公婿也。其言「辱知最厚且親，收拾遺文，無所失墜」者，性後之人僞妄，輒附益其中也。外有《注論語》十卷傳學者，《順宗實録》五卷列於史官，不在集中。今《實録》在《外集》。然則世所謂《外集》者，自《實録》外皆僞妄，或韓公及其婿所删去也。「南陽」者，唐東都之河陽，《春秋傳》「晉於是始啓南陽」者也。《新書》以爲鄧州，非是。方崧卿《年譜》辨之詳矣。

又陳振孫《直齋書録解題·别集類上》《昌黎集》四十卷，《外集》一卷，附録五卷，《年譜》一卷，《舉正》十卷，《外鈔》八卷。《年譜》，洪興祖撰，莆田方崧卿增考，且撰《舉正》以校其同異，而刻之南安軍。《外集》但據嘉祐蜀本劉煜所録二十五篇，而附以石刻聯句、詩文之遺見於他集者。及葛嶠刻柳文，則又以大庾丞韓郁所編注諸本號《外集》者，案：《文獻通考》作「韓都」。并考校疑誤，輯遺事，共爲《外鈔》刻之。

馬端臨《文獻通考·經籍考·别集》《韓昌黎集》四十卷，《集外文》一卷。

【略】李漢《文集序略》曰：先生幼孤，自知讀書爲文，日記數千百言。比壯，經書通念曉析，酷排釋氏，諸史百子皆搜抉無隱。汗瀾卓踔，奫泫澄深。詭然而蛟龍翔，蔚然而虎鳳躍，鏘然而韶鈞鳴。日光玉潔，周情孔思，千態萬貌，卒澤於道德仁義，炳如也。洞視萬古，悠惻當世，遂大拯頹風，教人自爲。時人始而驚，中而笑且排，先生益堅，終而翕然隨以定。嗚呼！先生於文，摧陷廓清之功，比於武事，可謂雄偉不常者矣。

本傳贊曰：愈以六經之文爲諸儒倡，障隄末流，反刓以樸，剗僞以真，粹然一出於正，刊落陳言，横鶩别驅，汪洋大肆，無抵牾聖人者。又云：其《原道》、《原性》、《師説》數十篇，皆奥衍宏深，與孟軻、揚雄相爲表裏，而佐佑六經云。至其他文，造端置辭，要不爲蹈襲前人者。惟愈爲之，沛然有餘，至其徒李翺、李漢、皇甫湜從而效之，遂不及遠甚。程子曰：韓退之晚年爲文，所得甚多。學本是修德，有德然後有言。退之因學文，日求其所未至，遂有所得，亦近世豪傑之士。如《原道》中言語雖有病，然自孟子而後，能將許大見識尋求者，才見此人。

《歐公詩話》曰：退之筆力，無施不可，而嘗以詩爲文章末事，故其詩曰「多情懷酒伴，餘事作詩人」也。然其資談笑，助諧謔，敘人情，狀物態，一寓於詩，而曲盡其妙。此在雄文大手，固不足論，而予獨愛其工於韻也。蓋其得韻寬，則波瀾横溢，泛入傍韻，乍還乍離，出入回合，殆不可拘以常格，如《此日足可惜》之類是也；得韻窄，則不復傍出，而因難見巧，愈險愈奇，如《病中贈張十八》之類是也。余嘗與聖俞論此，以謂譬如善馭良馬者，通衢廣陌，縱横馳逐，惟意所之。至於水曲蟻封，疾徐中節，而不少蹉跌，乃天下之至工也。聖俞戲曰：「前史言退之爲人木強，若寬韻可自足而輒傍出，窄韻獨用而反不出，豈非其拗強而然？」與坐客皆爲之笑也。

胡師安等《元西湖書院重整書目·集》《韓昌黎文集》。

《宋史·藝文志·别集類》《韓愈集》五十卷，又《遺文》一卷。

楊士奇等《文淵閣書目·文集》《韓昌黎文集》。一部，二十二册。闕。《韓昌黎文集》。一部，十五册。殘缺。《韓昌黎文集》。一部，八册。完全。《韓昌黎文集》。一部，十四册。完全。《韓昌黎文集》。一部，八册。闕。《韓昌黎文集》。一部，七册。闕。《韓昌黎文集》。一部，二册。闕。

高儒《百川書志·集》《韓昌黎文集》四十卷，《外集》六卷。

范邦甸等《天一閣書目·别集類》《韓文》四十卷。刊本。明新會莫如重校，嘉靖丙辰王材序云：「《韓文》刻本既多，舛誤棼出。晦菴朱先生又特著爲《考異》，力加是正。而柳文後有誤者，則沈氏晦爲校定焉。今閩、吴二本皆循朱、宋所校，惜其又不能無誤也。寧國本，前侍御可齋游君所刻，兹二十年矣。讐覈頗精，稱善本。摹行既廣，輒已劘昧沙濱。莫君由翰林爲御史，出按南畿，寧國朱守自充以爲言，乃重加校正，用不墜前蹟云。」原本《韓文》係門人李漢編，《柳文》係劉禹錫編，均載原序。

王世貞《讀書後》 《書韓文後》。韓公於碑志之類，最爲雄奇有氣力，亦甚古而間有未脱蹊逕者在。欲求勝古而不能勝之，舍而就己，而未盡舍耳。奏疏爽切動人，然論事不及晁、賈，談理不及衡、向；與人書最佳，多得子長遺意，而急於有所干請，於人則詞漫而氣亦屈；記、序或濃或淡，在意合與不合之際，終亦不落節也。第所謂原者，僅一《原道》，而所謂辨者，僅一《諱辨》而已，不作可也。蓋公於六經之學甚淺，而於佛氏之書更鹵莽，以故有所著釋，不能皆迎刃也。而他彈射亦不能多中的。謂之文士，則西京而下，故當以牛耳歸之。

徐𤊹《徐氏家藏書目・文集類》 《韓文公集》五十卷。

張萱等《内閣藏書目録・集部》 《昌黎文集》十四册。全。唐憲宗朝侍郎韓愈著。《正集》四十卷，七册；附録一册；《年譜》一册；《外集》一册；朱熹《考異》十卷，三册；江山祝充《音義》二册，一册。

又《韓文》十三册，不全。

唐韓愈著。《文集》四十二卷，全；後附方崧卿《舉正》十卷，内闕一卷至五卷；《年譜》一卷，《外集》一卷，俱全；附録五卷止存半册。

又一册，不全。

錢謙益等《絳雲樓書目・唐文集類》 《宋板韓文》。

于敏中等《天禄琳琅書目・明版集部》 《昌黎先生集》。四函，三十六册。唐韓愈著，四十卷，《外集》十卷，《遺文》一卷。前昌黎集敍説，次凡例，次集傳。書中凡例、集傳之後以及各卷中皆有原刊姓氏木記而盡爲割去，補以别紙，無復存者，蓋此書槧刻極精，書賈遂欲逞其詐僞之計，而校刊苦心之人，其名轉不可得而傳矣。「懷永堂印」未知誰氏所鈐。

彭元瑞等《天禄琳琅書目後編・明版集部》 《昌黎先生集》。四函，三十二册。篇目見前宋版《朱文公校昌黎先生集》，前有李漢序、敍説七條，重校凡例十條，朱子編昌黎先生集傳四篇，通部卷末俱刻「東吴徐氏刻梓家塾」，或長方，或橢圓，或亞字形印。每葉版心俱刻「東雅堂」，明徐時泰家刻也。是書乃宋廖瑩中世綵堂原本，時泰仿刊時以瑩中爲賈似道黨人，不足重，削去每葉「世綵堂」字，改題「東雅堂」，世遂稱爲《東雅堂韓文》，以爲書林甲觀。凡重雕者，以脱胎宋本爲重，此獨深没其文，可知視乎其人耳。時泰，長洲人，萬曆甲戌進士，官工部郎中。

《昌黎先生集》。二函，十六册。同上，係一版摹印。

《昌黎先生集》。二函，十六册。同上，係一版摹印。

《昌黎先生集》。二函，十六册。同上，係一版摹印。王寵藏本。寵，字履吉，以書畫接踵文徵明。有聲，故有「古吴畫史」之章。後歸檇李項氏。

錢東垣等輯《崇文總目・别集類二》 《韓愈集》四十卷。

黄丕烈《百宋一廛書録》 《昌黎先生集》。小字本《昌黎先生集》余有十卷，賦、詩俱全，文俱缺失。别得一本，與前刻正同，爲三十九、四十卷，皆文也。首尾有「上黨圖書」，知爲馮氏舊藏。安得訪求遺逸，得此文集之全者，豈不更美乎！

《昌黎先生集》。此《昌黎先生集》十卷，門人李漢編。雖闕雜著已下，然賦、詩俱全，亦可爲無用之用矣。《昌黎先生集》注本行世，此係白文，間有小注，勵云「一作某」而已。字畫斬方，尚是北宋風氣。卷中多舊校語，朱墨燦然，惜遭俗手裝潢，上下方各有損傷字處，是可歎也。

《昌黎先生集》。【略】余急問其有他書否，曰：「尚有《韓文》在，欲得之乎？」急索觀，而破舊兩册，居然宋刻韓集之極精者！標題《昌黎先生文集》，存卷二十二至卷二十六，宋刻宋印，紙背皆有小朱印，蓋宋紙之佳者。卷第二十二下有「梁國公之裔」一印，又有「乾學」、「徐健菴」二印。卷第二十四下但有「乾學」、「徐健菴」二印，信爲傳是樓藏書。每葉廿行，行十八字，字畫軒朗，可云韓集之最。雖余向藏小字本，亦遜此精妙矣。勿以其缺失而忽之。

朱文公校昌黎先生集

陳振孫《直齋書録解題・别集類上》 《校定韓昌黎集》四十卷、《外集》十卷。晦庵朱侍講熹以方氏本校定。凡異同定歸于一，多所發明，有益後學。《外集》皆如舊本，獨用方本益大顛三書。愚案：方氏用力於此集勤矣，《外集》删削甚嚴，而存此書以見其邀速常語，初無崇信之説，但欲明世間問答之僞，而不悟此書爲僞之尤也，蓋由歐陽公跋語之故。不知歐陽公自以《易大傳》之名與己意合，從而實之，此自通人之一蔽，東坡固嘗深辨之，然其謬妄，三尺童子所共識，不待坡公也。今朱公決以爲韓筆無疑，方氏未足責，晦翁識高一世，而其所定者迺爾，殆不可解。今案《外鈔》第七卷曰「疑誤」者，韓郁注云：「潮州靈山寺所刻末云吏部侍郎、潮州刺史者，非也。退之自刑部侍郎貶潮，晚乃由兵部爲吏部，流俗但稱韓吏部爾。其書蓋國初所刻，故其謬如此。又潮本韓集不見有此書，使靈山舊有此刻，集時何不編入？可見此書妄也。」然其妄甚白，亦不待此而明。

馬端臨《文獻通考・經籍考・别集》 《校定韓昌黎集》四十卷，《外集》十卷。

【略】朱子《韓文考異序》曰：南安《韓文》出莆田方氏，近世號爲佳本，予讀之信然，然猶恨其不盡載諸本同異，而多折衷於三本也。原三本之見信，杭、蜀以舊閣，以官，其信之也則宜。然如歐陽公之言，韓文印本初未必誤，多爲校讎者妄改。亦謂如《羅池碑》改「步」爲「涉」，《田氏廟》改「天明」爲「王明」之類耳。觀其自言，爲兒童時得蜀本《韓文》於隨州李氏，計其歲月，當在天禧中年。且其書已故敝脱略，則其摹印之日，與祥符杭本，蓋未知其孰先孰後。而嘉祐蜀本又其子孫明矣。然而猶曰：「三十年間聞人有善本者，必求而改正之。」則固未嘗必以舊本爲是，而悉從之也。至於祕閣、官本，則亦民間所獻，掌故令史所抄，而一時館職所校耳。其所傳者，豈真作者之手藁？而正之者，豈盡劉向、揚雄之倫哉？讀者正當擇其文理意義之善者而從之，不當但以地望形勢爲重輕也。抑韓子之爲文，雖以「力去陳言」爲務，而又必以文從字順，各識其職爲貴。讀者或未得此權度，則其文理意義，正自有未易言者。是以予於此書，姑考諸本之同異而兼存之，以待覽者之自擇。區區妄意，雖或竊有所疑，而不敢偏有所廢也。

潘祖蔭《滂喜齋藏書記・集部》 《宋刻昌黎先生集》四十卷，《外集》十卷。一函，六册。

《百宋一廛賦》注云：「小字本《昌黎集》每半葉十一行，行廿字，字畫方勁而未有注，當是北宋槧。」此本行款與蕘圃所言一一脗合，惟後有影寫紹興己未劉昉序一葉，序云：「潮州，公舊治。大觀初，先大夫嘗集京、浙、閩蜀刊本及趙德舊本，參以石刻訂正。之郡，以公廟香火錢刊行。中經兵火，遂無孑遺。今訪得舊本重刊。」序後又有木圖記，云：「淳熙改元錦谿張監税宅善本」，以此證之，小字本一刊於大觀，再刊於紹興，三刊於淳熙。此刻精勁拔俗，疑爲大觀祖本，末後一葉從别本影鈔耳，不得執此以難蕘圃也。蕘圃所藏僅前十卷，此惟有五卷影寫，餘皆宋刻，可以傲士禮矣。舊爲朱筠河藏書。附藏印：「元父印」、「九邨」、「渟」、「筠河府君遺藏書記」、「朱印錫庚」、「少河」、「椒花吟舫」。

彭元瑞等《天禄琳琅書目後編・宋版首部》 《御題朱文公校昌黎先生集》。四函，三十二册。唐韓愈撰，宋朱熹考異，王伯大音釋。《正集》四十卷，《外集》十卷，後附遺文，又附録《新書》本傳、趙德文録序、蘇軾《潮州韓文公廟碑》，前有考異序、伯大序、諸家姓氏、李漢序、汪季路書、凡例并刊書家識。據印記，藏是書者有沛國劉氏、吴越王孫錢氏、西崖諸氏、朱家賓四家，人俱無考。其「大經」一印，或宋羅大經，著《鶴林玉露》者。宋麻沙本。按，識云：「留耕王先生倅南劍時，將《考異》附《正集》本文下，又集諸家所定《音釋》於通卷之左。今本宅所刊，係將南劍州官本爲據，併將《音釋》附《正集》焉。」按：《韓文考異》本别爲卷帙，至伯大始散附本句下，以便覽。又採洪興祖、樊汝霖、孫汝聽、韓醇、祝充之説，著爲《音釋》，各附篇末。今此刊者未詳何人，又以伯大所輯《音釋》散諸句下，故注中「某云」、「集曰」，皆以白文别之。是此書薈萃方崧卿、朱熹、王伯大及諸家之全，流傳特盛而已，經兩番散攤，此李光地所以有《原本韓文考異》之刻也。伯大，字幼學，號留耕，福州人，嘉定七年進士，理宗朝參知政事。

御題：《題宋版朱文公校昌黎集》：校集都因《考異》詮，門人李漢更詳編。官書率就私書獻，杭本應爲蜀本先。無得兼存期自擇，允爲獨出更誰肩。一篇《原道》接孔孟，見道因文啓宋傳。癸卯仲春御筆。鈐寶二：曰「古稀天子之寶」，曰「猶日孜孜」。上鈐寶二：曰「乾隆御覽之寶」，曰「古希天子」。闕補卷二十三、十三。附傳。二。

彭元瑞等《天禄琳琅書目後編・宋版集部》 《朱文公校昌黎先生集》。四函，三十二册。見前。書四十卷，《外集》十卷，《遺文》一卷。首有李漢序。又朱文公校《昌黎集》，添入《考異》，凡例後有朱文公編《昌黎先生傳》，凡《新書》本傳一，《文録序》一，《記舊本韓文後》一，《潮州韓文公廟碑》一。又汪季路書，有白文「紹定癸巳臨江軍學刊本」字。大字本，宋槧最佳者。婁東王氏、長洲文氏、泰興季氏、商邱宋氏遞藏。王世懋，字敬美，號麟洲，世貞之弟；嘉靖己未進士，官至太常卿。五峰，文伯仁號，徵明從子也。闕補卷十七、十八。《外集》。目、一。

《朱文公校昌黎先生集》。二函，二十二册。同前首部麻沙小字本，係一版摹印。闕補《外集》一、二、三、四。《外集》三。一、二。

《朱文公校昌黎先生集》。二函，十册。篇目見前。中字本。

孫星衍《平津館鑒藏書籍記・宋版》 《朱文公校昌黎先生文集》四十卷。題

「晦庵朱先生考異，留耕王先生音釋」。目録一卷，題「李漢編集」。前有朱文公《韓文考異序》闕末葉。寶慶三年王伯大序，闕首二葉。諸家姓氏、李漢序、汪季路書、朱文公校集凡例。末有題識云：「右凡例十二條，乃南劍官本所載。按：朱文公校《昌黎集》，又著《考異》十卷，在正集之外，自爲一書。留耕王先生倅南劍時，并將《考異》附於正集本文之下，以便觀覽。又集諸家之善，更定音釋，猶未附入正集，仍於逐卷之左，空其下方，以待竄補。今本宅所刊，係將南劍州官本爲據，併音釋附正集焉。使觀者一目可盡」云云。此刻又當在寶慶後矣。末附《遺文》一卷、《集傳》一卷。黑口板，每葉廿六行，行廿三字。收藏有「讀書樓」白文長印，「任奎之印」白文方印。

黄丕烈《百宋一廛書録》 《朱文公校昌黎先生集》。《朱文公校昌黎先生集》序、目全，共四十卷，脱去一至十卷。書友因不全，故以賤直售余。余則因《昌黎先生集》先有細字本賦詩十卷在，雖非朱文公所校，然彼此合之，居然可作完集讀也。此刻不及十卷之精，而以視東雅堂刻本，則頗古矣。

張金吾《愛日精廬藏書志·別集類》 《朱文公校昌黎先生文集》四十卷，《外集》十卷，附集傳、遺文、遺詩。元刊本。唐韓愈撰，宋晦菴朱先生考異，留耕王先生音釋。朱子序。王伯大音釋序。寶慶三年。

韓文考異

趙希弁《讀書附志·別集類一》 《韓文考異》十卷。右朱文公所定也。以南安《舉正》及祥符杭本、嘉祐蜀本、李謝所據館閣本，考其同異，一以文勢義理及它書之可證驗者決之云。嘉定戊辰，三山鄭自誠刻而叙其後。

《宋史·藝文志·別集類》 朱熹《韓文考異》十卷。

高儒《百川書志·唐文》 韓退之撰，李漢編次，宋朱文公考異校定。

錢謙益等《絳雲樓書目·唐文集類》 元板朱文公《韓文考異》。四十卷。又《外集》十卷。

《四庫提要·別集類三》 《原本韓文考異》十卷。江蘇巡撫採進本。宋朱子撰。其書因韓集諸本互有異同，方崧卿所作《舉正》，雖參校衆本，棄短取長，實則惟以館閣本爲主，多所依違牽就。即《南山有高樹》詩之「婆娑弄毛衣」，傅安道所舉爲笑端者，亦不敢明言其失。是以覆加考訂，勒爲十卷。凡方本之合者存之，其不合者一一詳爲辨證。其體例本但摘正文一二字大書，而所考夾注於下，如陸德明《經典釋文》之例，於全集之外別行。至宋末王伯大始取而散附句下。以其易於省覽，故流布至今，不復知有朱子之原本。其閒譌脱竄亂，頗失本來。此本出自李光地家，乃從朱子門人張洽所校舊本翻雕，最爲精善。第一卷末有洽補注一條，稱《陪杜侍御游湘西兩寺》詩「長沙千里平」句，「千里」當作「十里」，言親至嶽麓寺見之，方氏及朱子皆未知。又第四卷末洽補注一條，辨《原性》一篇，唐人實作《性原》，引楊倞《荀子注》所載全篇，證方氏《舉正》不誤，朱子偶未及考。又第七卷末有洽補注一條，辨《曹成王碑》中「搏力句卒」之義，皆今本所未載。其字爲徐用錫所校，點畫不苟。然光地没後，其版旋佚，故傳本頗少。此本猶當日之初印，毫無刓闕，尤可貴也。

《別本韓文考異》四十卷，《外集》十卷，《遺文》一卷。兩江總督採進本。宋王伯大編。伯大字幼學，號留耕，福州人。嘉定七年進士，理宗朝官至端明殿學士，拜參知政事，事蹟具《宋史》本傳。伯大以朱子《韓文考異》於本集之外別爲卷帙，不便尋覽，乃重爲編次，離析《考異》之文，散入本集各句之下，刻於南劍州。又採洪興祖《年譜辨證》、樊汝霖《年譜注》、孫汝聽解、韓醇解、祝充解爲之音釋，附於各篇之末。厥後麻沙書坊以注釋綴於篇末，仍不便檢閲，亦取而散諸句下。蓋伯大改朱子之舊第，坊賈又改伯大之舊第，已全失其初。即卷首題「朱文公校昌黎先生集凡例」十二條者，勘驗其文，亦伯大重編之凡例，非朱子《考異》之凡例。流俗相傳，執此爲朱子之本，實一誤且再誤也。據李光地《翻刻宋版考異跋》，此本之舛譌遺漏，不一而足。蓋屢次重編，不能一一清整，勢所必然。然注附句下，較與文集別行者究屬易觀。今録光地所刻十卷之本，以存舊式，仍録此本以便參稽。自宋以來，《經典釋文》、《史記索隱》均於原書之外別本各行，而監本經史仍兼行散入句下之本，是即其例矣。

彭元瑞等《天禄琳琅書目後編·明版集部》 《韓文考異》。六函，三十六册。宋朱熹撰。原本十卷，因方崧卿《韓集舉正》重定，後王伯大重編，《集》四十卷，《外集》十卷，《遺文》一卷，以《考異》散入句下。更後書肆重刊，又散伯大音釋入句下，至今仍之。是本乃明萬曆三十三年高安朱吾弼重校，亦載李漢序、《凡例》、《集傳》，而無《敘説》，其裔孫宗沐梓。每葉版心標「韓文考異」，與舊諸刻不同。吾弼字諧卿，高安人，萬曆十七年進士，官太僕卿。

吴壽暘《拜經樓藏書題跋記》 《韓文考異》。右二十卷，元刻本。每葉二十六行，每行大字二十，小字夾行二十。首序無撰人姓氏；次爲寶慶三年王伯大序；又次諸家姓氏；又次李漢序、汪季路書及《凡例》。先君子書夾簽云：「按《書録解題》

載《韓文考異》四十卷，《外集》十卷，今此本《文集》止二十卷，《外集》不分卷數，不知何故。」又簽云：「查氏得樹樓本《外集》別刻目録，《潮州謝孔大夫狀》後尚有疏一首，《憲宗崩慰諸道》。題名七首。然查本刻法亦有誤題下注在後一行，字畫校此本端整。宋諱如廟諱「慎」字、「敦」字皆不缺筆，蓋亦元刻也。」又簽云：「按此當即留耕王氏原刻所謂南劍本也。第余考秀水王惺齋《讀韓記疑》云王伯大本每卷末附音釋若干條，而此未見。其音釋惟散入注中，譌舛亦甚多，又豈後人翻王本歟？」

又明刻《韓文考異》四十一卷，朱崇沐本。卷首無「宋莒公」一條，墨筆補，内有丹黄評點。又卷中補注各條細書於上下眉，頗徵用力之勤，惜不著其名氏。前後有「秀水朱氏潛采堂圖書」及「查初白印」二圖記，蓋曾經竹垞、他山二先生寓目者。先君子書云：「秀水王元啓《讀韓記疑》云明新安朱崇沐刻是書，脱誤甚多，因其行世最廣，故據此此詳校，俾讀者考焉。」據王説，是此本誠未爲善本，暇日當更以王記覆校之。

張之洞《書目答問・別集》　《韓文考異》十卷。宋方崧卿舉正，朱子校定。李光地刻本。宋王伯大重編《韓文考異》，《正集》、《外集》、《遺文》共五十一卷。明刻本，昨朱子原書。

新刊詁訓唐昌黎先生文集

于敏中等《天禄琳琅書目・宋版集部》　《新刊詁訓唐昌黎先生文集》。六函，三十二册。唐韓愈著，宋韓醇詁訓。《正集》四十卷，《外集》十卷，《遺文》一卷，共五十一卷。前載唐李漢序。

是書惟卷一下標「臨邛韓醇」四字，前後俱無序跋。考之《宋史》，不載醇傳。按，宋刊《五百家詁訓昌黎文集》列諸儒名氏，載醇字仲韶。又《詁訓柳宗元集》亦出醇手。書後有醇記，作於宋孝宗淳熙丁酉，稱「世所傳昌黎文公文，雖屢經名儒手，余昔校以家集，其舛誤尚多有之，用爲之詁訓」云云，則醇爲愈之裔可知。其家在臨邛，當即爲蜀中所刊。宋葉夢得以蜀本在建本之上，觀此書字精紙潔，刻印俱佳，夢得所言，洵不誣也。

御題：「宋刊《昌黎集》五十一卷，卷首有『乾學』、『徐健菴』諸印，想未收入御府之先，爲舊臣徐氏藏書。字畫精好，紙墨細潤，非坊賈貌爲舊刻者可比。天禄琳琅所貯韓集，當以是本爲第一。乾隆御題。」鈐寶三：曰「乾隆宸翰」，曰「幾暇臨池」，曰「幾暇鑒賞之璽」。又御題：「載道惟文語不磨，齊昌黎者更伊何。唐家制度傳垂露，宋氏槧鉛存璧窠。真是起衰空八代，弗慚濟溺息千波。言宜長短因氣盛，玩味多年受益多。乙未新正，再題。」鈐「乾」、「隆」雙璽。明李廷相藏本。淩迪知《萬姓統譜》載：「廷相字夢弼，濮州人，巡撫順天提督紫荆關李瓚之子。弘治壬戌進士第三，歷官禮部尚書，謚文敏。」本朝尚書徐乾學亦曾收藏，俱有印記。餘印無考。書中卷二十二之卷二十七，凡三册，每葉有「模」字紅印，乃出俗刻，斜印紙上，雜出不倫，故不採録。闕補卷三、十八。卷八、二。卷十二、一。卷二十六、六。卷三十四。一。

五百家注音辨昌黎先生文集

于敏中等《天禄琳琅書目・宋版集部》　《新刊五百家注音辨昌黎先生文集》。四函，三十二册。唐韓愈著。《正集》四十卷，《外集》十卷，宋魏仲舉集注。前載《引用書目》一卷，《評論詁訓音釋諸儒名氏》一卷，《韓文類譜》七卷。《宋史・藝文志》及（宋）〔元〕馬端臨《文獻通考》皆不載是書，書中亦無纂集人名氏，惟《正集》目録後有木記，曰「慶元六禩孟春，建安魏仲舉刻梓于家塾」，應即爲仲舉集注。當時係韓、柳並刊，柳集《引用書目》中載仲舉名懷忠。按，宋人刻梓家塾之書多有款識，如宋版《春秋經傳集解》二部，一曰「相臺岳氏刻梓家塾」，一曰「世綵廖氏刻梓家塾」，皆有木記，亦此例也。韓、柳二集，其所引書係合爲一目，標曰「韓柳先生文集引用書目」，有後一部可證。此本亡去「韓柳」二字，改爲「昌黎」，乃書賈未得柳集，因而僞爲。至後一部韓集，書前有昌黎先生之序記、碑銘一卷，《韓文鋼目》一卷，後有《昌黎別集》一卷，《論語筆解》十卷，文集後序五篇，皆此本所無。此本書前載吕大防著《韓吏部文公年譜》一卷，程俱著《韓文公歷官記》一卷，洪興祖著《韓子年譜》五卷，統名之曰《韓文類譜》，而後一部逸之，蓋流傳既久，互有散佚耳。其所收諸儒評論、詁訓、音釋，有名氏者一百四十八家，新添逸姓氏者二百三十家，合計爲三百七十八家，而曰「五百家」者，未免夸大其詞，然採録亦可謂之博贍矣。

御題：「子厚退之昔並傳，論文可擬以詩詮。韓如杜也柳如李，此則聖而彼則仙。注五百家孰窺奥，垂千萬代獨鈎玄。學馬有志知難到，難到猶然勵勉旃。

乾隆甲午仲秋，御筆。」鈐「乾」、「隆」雙璽。琴川毛氏藏本，有印記。餘無考。闕補卷九之卷十四。全。按：卷九之卷十一，後一部亦係鈔補。而此本所鈔之注較少，且此本卷十二之卷十四所鈔與後部刊本亦異，則此係從他本採録，非得於原書也。

《新刊五百家注音辨昌黎先生文集》。四函。二十册。《正集》四十卷，《外集》十卷。前載昌黎先生序傳、碑記一卷，《看韓文綱目》一卷，《引用書目》一卷，《評論詁訓音釋諸儒名氏》一卷，後有《別集》一卷，《論語筆解》十卷，許渤序，《昌黎文集後序》五篇。此本與前部版同，紙色墨光亦復相似，皆一時摹印之書。【略】

明文伯仁藏本。按，馮仙湜《圖繪寶鑑續纂》：「文伯仁，字德承，號玉峰，善畫山水，爲文徵明從子。」徵明有玉蘭堂，此書中有「雙玉蘭堂」印，蓋伯仁仿徵明爲之者。朱彝尊《曝書亭集》有《五百家昌黎集注跋》，稱「是書向藏長洲文伯仁家，歸吾鄉李太僕君寔，蓋宋槧之最精者。惜中閒闕三卷，後人補鈔」云云。今書中有「伯仁」印，而補鈔之卷數亦適相符，彝尊所指即是書也。餘印無考。

闕補卷九之卷十一，全。卷十二，二十一。卷三十二，二。卷四十。十六。

《四庫提要・別集類三》《五百家注音辯昌黎先生文集》四十卷。內府藏本。宋魏仲舉編。仲舉，建安人。書前題慶元六年刻於家塾，實當時坊本也。首列《評論詁訓音釋諸儒名氏》一篇，自唐燕山劉氏迄潁人王氏，共一百四十八家。又附以新添集注五十家，補注五十家，廣注五十家，釋事二十家，補音二十家，協音十家，正誤二十家，考異十家，統計祇三百六十八家，不足五百之數。而所云新添諸家，皆不著名氏，大抵虛構其目，務以炫博，非實有其書。即所列一百四十八家，如皇甫湜、孟郊、張籍等，皆同時唱和之人，劉昫、宋祁、范祖禹等，亦僅撰述《唐史》，均未嘗詮釋文集。乃引其片語，即列爲一家，亦殊牽合。蓋與所刊《五百家注柳集》，均一書肆之習氣。然其閒如洪興祖、朱子、程敦厚、朱廷玉、樊汝霖、蔣璨、任淵、孫汝聽、韓醇、劉崧、祝充、張敦頤、嚴有翼、方崧卿、李樗、鄭耕老、陳汝義、劉安世、謝無逸、李朴、周行己、蔡夢弼、高元之、陸九淵、陸九齡、郭忠孝、郭雍、程至道、許開、周必大、史深大等，有考證音訓者，凡數十家，原書世多失傳，猶賴此以獲見一二，亦不可謂非仲舉之功也。朱彝尊稱此書尚有宋槧本在長洲文氏，後歸李日華家，《止集》之外，尚有《外集》十卷，《別集》一卷，附《論語筆解》十卷。此本止四十卷，而《外集》、《別集》不與焉。蓋流傳既久，又有所闕佚矣。

韓文年譜

《宋史・藝文志・別集類》 洪興祖《韓文年譜》一卷。

韓文公志

陳振孫《直齋書録解題・別集類上》《韓文公志》五卷。金堂樊汝霖澤之撰。汝霖嘗爲《韓集譜注》四十五卷，又集其碑誌、祭文、序譜之屬爲一編，此是也。《譜注》未之見。汝霖，宣和六年進士，仕至瀘帥以卒，玉山汪端明志其墓。

馬端臨《文獻通考・經籍考・別集》《韓文公志》五卷。

譜注韓文

《宋史・藝文志・別集類》 樊汝霖《譜注韓文》四十卷。

韓集舉正

趙希弁《讀書附志・別集類一》《韓集舉正》一卷。右莫詳誰作。而説云：唐儒郭京有《周易舉正》三卷，蓋以所得王輔嗣、韓康伯注定真本，舉正傳本之訛。題義取此。

《宋史・藝文志・別集類》 方崧卿《韓集舉正》一卷。

《四庫提要・別集類三》《韓集舉正》十卷，《外集舉正》一卷。編修朱筠家藏本。宋方崧卿撰。崧卿，莆田人，孝宗時嘗知台州軍事。是書後有淳熙己酉崧卿自跋，稱「右《昌黎先生集》四十卷，《外集》一卷，附録五卷，增考《年譜》一卷，復次其異同爲《舉正》十卷。」陳振孫《書録解題》所載同，而多《外鈔》八卷。其注稱：

「《年譜》洪興祖撰，莆田方崧卿增考，且撰《舉正》以校其同異，而刻之南安。《外集》但據嘉祐劉煜所録二十五篇，而附以石刻聯句、詩文之遺見於他集者。及葛嶠刻柳文，又以大庾韓郁所編注諸本號外集者，併考疑誤，輯遺事共爲《外鈔》刻之。」然則《外鈔》非方氏書，特葛氏刻柳集以配韓，因而增入，故崧卿跋不之及也。據自跋與陳氏所録，則此書蓋與文集、外集、附録、年譜竝刻。此本惟有《舉正》，蓋所存止此也。十卷之末，又有《外集舉正》一卷，而跋中不及，陳氏亦不及。核其原刻，不標卷第，殆即附之十卷中歟？自朱子因崧卿是書作《韓文考異》，盛名所掩，原本遂微。越及元、明，幾希泯滅。此本紙墨精好，内「桓」字闕筆，避欽宗諱。「敦」字全書，不避光宗諱。蓋即淳熙舊刻，越五百載而幸存者。殆亦其精神刻苦，足以自傳，故若有呵護其間，非人力所能抑遏歟！閻若璩號最博洽，其《潛邱劄記》中不知李浙東爲誰，稱得李翱全集，或可以考。今觀此本第六卷《代張籍書》下明注爲李遜，且引《舊書》本傳「遜以元和五年刺浙東，九年召選，此書作於六七年閒」云云，則若璩亦未見此本，可稱罕覯之笈。其名曰「舉正」，蓋因郭京《易舉正》之舊，見首篇之自注。《考異》删去此條，遂莫知其命名之義。其於改正之字用朱書，案刻本實作陰文，蓋古無套版之法，不能作二色也。觀《政和本草》稱《神農本經》用朱書，而皆作陰文，是其明證，謹附識於此。衍去之字以圓圈圍之，增入之字以方圈圍之，顛倒之字以墨線曲折乙之，體例亦似較《考異》爲明晰。所據碑本凡十有七，所據諸家之書，凡唐令狐澄本、南唐保大本、祕閣本、祥符杭本、嘉祐蜀本、謝克家本、李昞本，參以唐趙德《文録》、宋白《文苑英華》、姚鉉《唐文粹》，參互鉤貫，用力亦勤。雖偏信閣本，是其一失，宜爲朱子所糾。然司馬遷因《國策》作《史記》，不以《史記》廢《國策》，班固因《史記》作《漢書》，不以《漢書》廢《史記》。倪思嘗集《國策》、《史記》、《漢書》之同異，纂爲二書，今其《班馬異同》猶有傳本。然則雖有《考異》，不妨竝存此書，以備參訂。亦何必堅持門户，盡没前人著作之功乎！《書録解題》又曰：「《韓昌黎集》四十卷，《外集》十卷，朱侍講以方氏本校定，凡異同定歸於一，多所發明。《外集》皆如舊本，獨用方本益《大顛三書》。」今考《外集舉正》所列，自《海水》詩至《明水賦》，二十五篇之數俱全，無所謂《大顛三書》者，亦無所謂石刻聯句、詩文之遺於他集者，不知《考異》所據何本。此亦千古之大疑，姑闕所不知可矣。

韓文音義

趙希弁《讀書附志・別集類一》 《韓文音義》一卷。右右從政郎潭州寧鄉縣丞祝充所進也。毛叔度爲之序。張杓刻而叙其後。

《宋史・藝文志・別集類》 祝充《韓文音義》五十卷。

楊士奇等《文淵閣書目・文集》 祝充《韓文音義》。一部，一册。闕。

東雅堂韓昌黎集注

《四庫提要・別集類三》 《東雅堂韓昌黎集注》四十卷、《外集》十卷。副都御史黄登賢家藏本。不著撰人名氏，惟卷末各有東吴徐氏刻梓家塾小印。考陳景雲《韓集點勘書後》曰：「近代吴中徐氏東雅堂刊《韓集》，用宋末廖瑩中世綵堂本。其注採建安魏仲舉五百家注本爲多，閒有引他書者，僅十之三。復删節朱子單行《考異》，散入各條下，皆出瑩中手也。瑩中爲賈似道館客，事見《宋史》似道傳。徐氏刊此本，不著其由來，殆深鄙瑩中爲人，故削其名氏併開版年月也云云。」今考此本，前列重校凡例九條，内稱廟諱一條，確爲宋人之語，景雲之説爲可信，知此本爲瑩中注也。景雲又自注此文曰：「東雅堂主人徐時泰，萬曆中進士，官工部郎中。」今考《明進士題名碑》，萬曆甲戌科有徐時泰，長洲人，蓋即其人矣。

張之洞《書目答問・別集》 重刻《東雅堂韓昌黎集》四十卷，《外集》十卷，附點勘。唐韓愈。宋廖瑩中輯注。蘇州繙刻本。陳景雲點勘。明徐氏東雅堂原刻本，今尚有。

韓文舉隅

錢大昕《補元史藝文志・評注類》 俞浙《韓文舉隅》。字季淵，會稽人。

昌黎文集序傳碑記

《宋史・藝文志・別集類》《昌黎文集序傳碑記》一卷。

韓文辨證

《宋史・藝文志・別集類》《韓文辨證》一卷。

昌黎先生文集音釋

張萱等《内閣藏書目録・集部》《昌黎先生文集音釋》十册，全。音釋韓退之文，莫詳姓氏。

輯注韓昌黎集

黄虞稷《千頃堂書目・文史類》蔣之翹《輯注韓昌黎集》五十二卷。《正集》四十卷，《外集》十卷，《遺文》一卷，附録一卷。

韓集點勘

《四庫提要・別集類二》《韓集點勘》四卷。浙江巡撫採進本。國朝陳景雲撰。景雲有《通鑑胡注舉正》，已著録。是編取廖瑩中世綵堂所注《韓集》，糾正其誤，因彙成編。卷首注曰「校東雅堂本」，以廖注爲徐時泰東雅堂所翻雕也。末有景雲自跋，稱「瑩中粗涉文義，全無學識。其博採諸條，不特遴擇失當，即文義亦多疎舛」。今觀所校，考據史傳，訂正訓詁，删繁補闕，較原本實爲精密。如《別知賦》之「一旦爲仇」證以《爾雅》，《元和聖德詩》之「麻列」證以李白《夢遊天姥》詩，《城南聯句》之「疆甿」證以《周禮》鄭注，《梁國公主輓歌》之「厭翟」證以《毛詩》鄭箋，《師説》之「句讀」證以《經典釋文》，《送韓侍御序》之「所治」證以魏文帝《與吴質書》，《祭李使君文》之「驚透」、證以揚雄《方言》、左思賦《烏氏廟碑》之「立議」證以《漢書》顔注，《太原郡公神道碑》之「耆事」證以王安石文，《劉統軍墓誌》之「父訟」證以《漢書・段熲傳》，《太傅董公行狀》之「其子乃」證以《唐書・李萬榮傳》，以至《鄖城聯句》之「詇噱」當爲「庾噱」，證以《李藩傳》，《進學解》之「守正」當爲「宗王」，證以《新唐書》及《文粹》，皆援據精確。他如引《赤藤杖歌》證「南宫」不止稱禮部，引《唐志・五岳四瀆令》證廟令老人，引德宗祔廟高宗已祧證《諱辨》之「治」字，亦具有典據。而於時事辨別尤詳，可稱善本。惟「尸子」先見《公羊傳》，而云出《漢書》，稍爲疎漏。又《次潼關先寄張十二閣老》詩忽參宋人諧謔一條，非惟無預於校讎，乃併無預於韓集，殊乖體例耳。

張之洞《書目答問・別集》《韓集點勘》四卷。陳景雲。《文道十書》本。重刻《五百家注韓集》四十卷，乾隆甲辰富氏仿宋本。雖遜東雅堂本，雕印尚好。

韓愈詩

楊士奇等《文淵閣書目・詩詞》《韓昌黎詩》。一部，四册。闕。

高儒《百川書志・唐詩》《韓愈詩》。吏部侍郎南陽韓文公退之也。

彭元瑞等《天禄琳琅書目後編・宋版集部》《昌黎先生詩集》。一函，四册。書中卷賦、詩兩體，外集遺詩具載，各句下併注考異。「樓鑰」見前。鬮，古「鑰」字。

朱墨本昌黎詩注

張之洞《書目答問・別集》《朱墨本昌黎詩注》十一卷。怡刻本。

昌黎詩箋注

張之洞《書目答問・別集》《昌黎詩箋注》十一卷。顧嗣立補注。秀埜草堂原刻本，吴廷榕重刻本。

編年昌黎詩注

張之洞《書目答問・別集》《編年昌黎詩注》十二卷。方世舉。雅雨堂本。

昌黎詩增注證譌

張之洞《書目答問・別集》《昌黎詩增注證譌》十一卷。黄鉞。家刻本。

西掖雅言

《宋史・藝文志・別集類》《西掖雅言》五卷。

韓柳音辯

陳振孫《直齋書録解題・別集類上》《韓柳音辨》二卷。南劍州教授新安張敦頤撰。紹興八年進士也。

馬端臨《文獻通考・經籍考・別集》《韓柳音辯》二卷。

武儒衡集

《新唐書・藝文志・別集類》《武儒衡集》二十五卷。

鄭樵《通志・藝文略・別集四》《武儒衡集》二十五卷。

武儒衡制集

《新唐書・藝文志・別集類》《武儒衡制集》二十卷。

張仲素詩

尤袤《遂初堂書目・別集類》《張仲素歌詞》。

《宋史・藝文志・別集類》《張仲素詩》一卷。

陳通方詩

徐㶿《徐氏家藏書目・文集類》《陳通方詩》一卷。

五題

《新唐書・藝文志・別集類》杜元穎《五題》一卷。

《宋史・藝文志・別集類》杜元穎《五題》一卷。

錢東垣等輯《崇文總目・別集類六》杜元穎《五題》一卷。

于公異奏記集

尤袤《遂初堂書目・別集類》《于公異奏記集》。

《宋史・藝文志・別集類》《唐于公異奏記》一卷。

楊衡集

尤袤《遂初堂書目・別集類》《楊衡集》。

《宋史・藝文志・別集類》《楊衡詩》一卷。

劉軻文

錢東垣等輯《崇文總目・別集類二》《劉軻文》一卷。

《新唐書・藝文志・別集類》《劉軻文》一卷。

翼　孟

《宋史・藝文志・別集類》劉軻《翼孟》三卷。

楊巨源詩

錢東垣等輯《崇文總目・別集類三》《楊巨源詩》一卷。

《新唐書・藝文志・別集類》《楊巨源詩》一卷。字景山，大和河中少尹。

鄭樵《通志・藝文略・別集五》《楊巨源詩》一卷。

晁公武《郡齋讀書志・別集類上》《楊巨源詩》一卷。右唐楊巨源字景山，河中人。貞元五年第進士，爲張弘靖從事，自祕書郎擢太常博士，遷禮部員外郎。出爲鳳翔少尹，復召除國子司業。巨源在元和中，詩韻不造新語，體律務實，用功頗深。旦暮摇首，微詠不輟，年老成疾。嘗贈弘靖詩，叙其世家云：「伊陟無聞祖，韋賢不到孫。」時人稱之。年滿七十，乞歸。時宰惜其去，使爲其鄉少尹，不絶其禄。大和時，以官壽卒。

尤袤《遂初堂書目・別集類》《楊巨源集》。

陳振孫《直齋書録解題・詩集類上》《楊少尹集》五卷。案：《唐書・藝文志》、《文獻通考》俱作一卷。唐河南少尹楊巨源景山撰。按：韓退之有《送楊少尹序》，蓋自司業爲少尹。稱其都少尹者，乃其鄉里也。《藝文志》乃云太和河中少尹，誤。案《唐詩紀事》，楊巨源蒲州人，爲國子司業時，年滿七十，丐歸，時宰惜其去，署以爲其都少尹，不絶其禄。張籍有《送楊少尹赴河中》詩，云「官爲本府當身榮，因得還鄉任野情」，則爲河中少尹無疑。陳氏稱河南少尹，反以河中爲誤，非也。又考韓愈《送楊少尹序》，乃在長慶中，《唐詩紀事》稱爲大中時固非，《唐志》稱爲太和中，亦疑誤也。第三卷末二十餘篇，有目無詩。

馬端臨《文獻通考・經籍考・詩集》《楊巨源詩》一卷。

《宋史・藝文志・別集類》《楊巨源詩》一卷。

劉賓客文集　外集

《新唐書・藝文志・別集類》《劉禹錫集》四十卷。

鄭樵《通志・藝文略・別集四》《劉禹錫集》四十卷。

晁公武《郡齋讀書志・別集類上》《劉禹錫集》三十卷，《外集》十卷。右唐劉禹錫夢得也。中山人。貞元九年進士，登博學宏詞科。貶朗州司馬。元和十年召還，欲任以南省郎，作《玄都觀看花》詩，譏忿當路，出爲播州刺史。裴度以母老爲請，得易連州。入爲主客郎中，復作《遊玄都》詩，以詆權近。俄分司東都，遷賓客。會昌時，加檢校禮部尚書，卒。禹錫少工文章，恃才而廢，老年寡所合，乃以文章自適。素善詩，晚節尤精。白居易推爲「詩豪」，嘗言：「其詩在處應有神物護持。」禹錫早與柳宗元爲文章之友，稱「劉柳」；晚與白居易爲詩友，號「劉白」。雖詩文似少不及，然能抗衡二人間，信天下之奇才也。

尤袤《遂初堂書目·別集類》《劉禹錫外內集》。

陳振孫《直齋書録解題·別集類上》《劉賓客集》三十卷，《外集》十卷。唐檢校禮部尚書兼太子賓客中山劉禹錫夢得撰。集本四十卷，逸其十卷。常山宋次道哀輯其遺文，得詩四百七篇、雜文二十二篇，篇《外集》。然未必皆十卷所逸也。

《宋史·藝文志·別集類》《劉禹錫集》三十卷。又《外集》十卷。

馬端臨《文獻通考·經籍考·別集》《劉賓客文集》三十卷，《外集》十卷。

【略】夢得自言吾友柳議曹嘗謂吾文雋而膏，味無窮，炙而愈出也。

後村劉氏曰：劉賓客夢得所作詩，雄渾老蒼，沈着痛快，小家數不能及，絶句尤工。又曰：夢得歷德、順、憲、穆、敬、文、武七朝，其詩尤多感慨，惟「在人雖晚達，於樹比冬青」之句，差閑婉。《答樂天》云：「莫道桑榆晚，爲霞尚滿天。」亦足以見其精華，老而不竭。

楊士奇等《文淵閣書目·文集》《劉禹錫文集》。一部，五册。闕。塾本八册。

《劉禹錫文集》。一部，三册。闕。

《劉禹錫文集》。一部，三册。完全。

范邦甸等《天一閣書目·別集類》《劉賓客外集》十卷。唐劉禹錫撰。

《劉賓客文集》三十卷。緜紙藍絲闌鈔本。唐劉禹錫撰。

張萱等《內閣藏書目録·集部》《劉中山文集》五册，不全。唐劉禹錫著。

錢謙益等《絳雲樓書目·唐文集類》鈔本《劉賓客集》四册。全集四十卷，萬曆中黎惟敬刻《劉夢得集》，中多是正。見胡元瑞《筆叢》。

又《唐詩類》《劉賓客外集》。十卷。

錢曾《讀書敏求記·集》《劉賓客文集》三十卷，《外集》十卷。是集繕寫精妙，讐勘無譌，嘗以汲古舊抄校之，行次差殊，遠遜此本多矣。

于敏中等《天禄琳琅書目·影宋鈔集部》《劉賓客外集》。一函，二册。唐劉禹錫著，十卷。《唐書》：劉禹錫字夢得，自言系出中山，世爲儒。擢進士第，登博學宏詞科，歷官太子右庶子。憲宗時貶連州刺史，未至，斥朗州司馬，久之，召還。宰相欲任南省郎，以作詩譏忿，出爲播州刺史。裴度居相位，薦爲吏部郎中、集賢直學士。度罷，出爲蘇州刺史，徙汝、同二州，遷太子賓客，分司東都。會昌時，加檢校禮部尚書。陳振孫《書録解題》曰：禹錫集「本四十卷，逸其十卷。常山宋次道哀集其遺文，得詩四百七篇、雜文二十二篇，爲《外集》。然未必皆十卷所逸也。」是書雖無次道序跋，而卷數篇目相同，乃即振孫所指之本。影鈔分行布白，結構清朗，與《王維集》同出一手。琴川毛氏鈔本。

《四庫提要·別集類三》《劉賓客文集》三十卷，《外集》十卷。江蘇巡撫採進本。唐劉禹錫撰。《唐書》禹錫本傳稱爲彭城人，蓋舉郡望，實則中山無極人。是編亦名《中山集》，蓋以是也。陳振孫《書録解題》稱原本四十卷，宋初佚其十卷，宋次道哀其遺詩四百七篇、雜文二十二首爲《外集》，然未必皆十卷所逸也。禹錫在元和初以附王叔文被貶，爲八司馬之一，召還之後，又以詠玄都觀桃花觸忤執政，頗有輕薄之譏。然韓愈頗與之友善，集中有《上杜黄裳書》歷引愈言爲重。又《外集》有《子劉子自傳》一篇，敘述前事，尚不肯詆諆叔文，蓋其人品與柳宗元同。其古文則恣肆博辨，於昌黎、柳州之外，自爲軌轍。其詩則含蓄不足而精鋭有餘，氣骨亦在元、白上，均可與杜牧相頡頏，而詩尤矯出。陳師道稱蘇軾詩初學禹錫，呂本中亦謂蘇轍晚年令人學禹錫詩，以爲用意深遠，有曲折處。劉克莊《後村詩話》乃稱其詩多感慨，惟「在人雖晚達，於樹似冬青」十字差爲閑婉，似非篤論也。其雜文二十卷，詩十卷，明時曾有刊版。獨《外集》世罕流傳，藏書家珍爲祕笈。今揚州所進鈔本，乃毛晉汲古閣所藏，紙墨精好，猶從宋刻影寫。謹合爲一編，著之於録，用還其卷目之舊焉。

彭元瑞等《天禄琳琅書目後編·元版集部》《劉賓客外集》。一函，二册。唐劉禹錫撰。禹錫字夢得，中山無極人。擢進士，中博學鴻辭科，官至太子賓客。書十卷。陳振孫《書録解題》云原本四十卷，宋初佚其十卷，宋次道哀其遺詩四百七篇、雜文二十二首爲《外集》。明時曾刻其集爲雜文二十卷、詩十卷，今行於世。獨《外集》罕所流傳，藏書家珍爲祕笈，毛氏汲古閣嘗影鈔之。此刻本真稀見者。

黄丕烈《蕘圃藏書題識·集類一》《劉賓客文集》三十卷，《外集》十卷。校舊鈔本。辛酉秋月，從書坊觀汪氏開萬樓書，有舊鈔《劉夢得文集》四册，卷第皆後人以意補寫，辨其筆跡，非原鈔之舊矣。攜歸，校於明刻《中山集》上，案其卷第，爲此刻二十一至三十，然未可據此正彼，亦未可據彼正此，存面目可矣。其餘爲《外集》一至八，因有影宋本在，明刻《中山集》所無，故未之校。即此十卷，略存佳者，以備參考。然亥豕甚多，脱誤不免，無足取也。因是舊鈔，故存其異。校畢書，蕘圃跋。在第三十卷後。

舊藏鈔本《劉賓客集》三十卷，近有人購去，爰重繕副本，益以《外集》十卷，俾成完璧，以志欣幸云。庚子初秋，苕溪漫士識。在《外集》末卷後。

《劉夢得集》三十卷，《外集》十卷。明鈔本。甲戌端陽後二日，有友人言坊間新出一舊鈔《劉夢得文集》，爲張君訒菴所得。余喜甚，蓋書之出者多矣，何能一已盡遇之？苟遇之得其人，猶余之遇也。越日，寓書借之，果以全書來。《文集》三十卷舊鈔，《外集》十卷，則國朝人補之者。字跡墨痕昭昭可辨，矧經席玉炤家藏，則尤可珍者也。唯是朱校紛如，間有鈐「《文粹》校過」「《英華》勘過」小印于上方者，行間又不分剖何者爲《文粹》，何者爲《英華》。其餘每卷每篇每首各有朱筆及鉛粉校改痕，然以余所藏宋刊本核之，舊鈔之底子動合于宋，向校改者不知所自矣。偶以明刊《中山集》勘之，時合，因略展一過，還之，并以所勘異同質諸訒菴，未知訒菴以爲然否。復翁。

《劉夢得文集》三十卷。校本。丙子秋日，借張訒菴所收席玉炤所藏舊鈔本，別以《英華》、《樂府》勘過者，丹鉛紛若，幾不知其原本如何。且於鈔本上以丹鉛或墨筆蓋之，欲尋其底子上字，邈不可得，可謂點金成鐵矣。是集余有殘宋刻一至四卷，取對舊鈔，多合。而兹所校者，出他選本，如《英華》、《樂府》等，以彼改此，反致失真，可歎可歎。故余校此書，不能一一悉據校本。欲校一舊鈔本子之原者，而亦不可據，聊紀其異文云爾。安能得一宋刻之全者，一正其誤耶！重陽日校畢，因記。復翁。

黄丕烈《百宋一廛書録》《劉夢得文集》。《劉賓客文集》三十卷，《外集》十卷，《敏求記》所載乃繕寫精妙之本，余所儲影宋鈔小字本有《外集》，若《文集》三十卷，止有明刻而已。錢少詹辛楣先生曾借閲於卷四，《袁州萍鄉縣楊岐山故廣禪師碑文》下夾入校語一紙云：「石刻與刻本不同者二十餘字，多五十字。」既而余得宋刻《劉夢得文集》存者卷一之卷四，所云《袁州碑》正在卷中，因取少詹所校與宋刻對之，合者四處：「形政不及」，「形」作「刑」；「墮其去來」，「墮」作「隨」；「甄升」，「升」作「廾」，「廾」即「廾」字；「千百人」，「千百」作「百千」。較明刻爲勝，始信少詹昔與余戲語曰：「君輩佞宋，我輩佞金石。」蓋有以夫！今四卷中二至四俱碑文，安得盡得石刻而一一證之？

張金吾《愛日精廬藏書志·别集類》《劉賓客文集》三十卷，《外集》十卷。舊抄本。唐正議大夫檢校禮部尚書兼太子賓客贈兵部尚書劉禹錫撰。

張之洞《書目答問·别集》《劉賓客文集》三十卷，《外集》十卷。唐劉禹錫。正集通行本，外集傳鈔本。

劉賓客集外詩

徐𤊹《徐氏家藏書目·文集類》《劉禹錫詩》六卷。

錢東垣等輯《崇文總目·别集類三》《劉賓客集外詩》三卷。劉禹錫撰。

孫星衍《平津館鑒藏書籍記·明版》《唐劉賓客詩集》六卷。題「太子賓客禮部尚書劉禹錫夢得撰」。前後無序跋，與上《隨州詩集》同時並刊之本。每葉廿行，行廿字，收藏圖書俱同。

連載

徐𤊹《徐氏家藏書目·文集類》劉禹錫《連載》一卷。

白氏長慶集

《新唐書·藝文志·别集類》《白氏長慶集》七十五卷。白居易。

鄭樵《通志·藝文略·别集四》《白氏長慶集》七十五卷。

晁公武《郡齋讀書志·别集類中》《白居易長慶集》七十一卷。右唐白居易樂天也。太原人。居易自序生於鄭州滎陽。貞元十七年進士，中拔萃科。元和初，制策一等，調盩厔尉，入翰林爲學士。大和初，遷刑部侍郎。會昌初，以刑部尚書致仕。居易於文章最爲精切，然尤工詩，當時士人争傳，雞林賈國相，率篇易一金。在杭州時，自類詩稿，分諷諭、閒適、感傷、雜律四類。《前集》五十卷，有元稹序。《後集》二十卷，自爲序、紀。又有《續後集》五卷，今亡三卷矣。

尤袤《遂初堂書目·别集類》《白居易長慶集》。

陳振孫《直齋書録解題·别集類上》《白氏長慶集》七十一卷，《年譜》一卷，又《新譜》一卷。唐太子少傅太原白居易樂天撰。案：集後記稱「前著《長慶集》五十卷，元微之爲序；《後集》二十卷，自爲序；今又《續後集》五卷，自爲記；前後七十五卷。時會昌五年也」。墓志乃云「集前後七十卷」。當時預爲誌，時未有《續後集》。今本七十一卷，蘇本、蜀本編次亦不同。蜀本又有《外集》一卷，往往皆非樂天自記之舊矣。《年譜》，維揚李璜德劭所作，樓大防參政得之，以遺吴郡守李伯珍諫議刻之。余嘗病其疎略牴牾，且號爲《年譜》而不繫年，乃别爲《新譜》，刊附集首。

馬端臨《文獻通考·經籍考·别集》《白樂天長慶集》七十一卷。【略】

《宋史·藝文志·别集類》《白居易長慶集》七十一卷。

楊士奇等《文淵閣書目·文集》《白氏長慶集》。一部，二十册。闕。《白氏長慶集》。一部，十八册。闕。

高儒《百川書志·唐文》《白氏長慶集》七十一卷。尚書太原白居易樂天也。

范邦甸等《天一閣書目·别集類》《白氏長慶集》七十一卷。刊本。唐白居易撰。明馬元校刊，卷首載宋祁撰《新唐書》本傳，李商隱撰墓碑銘，陶穀撰《龍門重修白樂天影堂記》。

徐𤊹《徐氏家藏書目·文集類》《白居易長慶集》七十一卷。

錢謙益等《絳雲樓書目·唐文集類》《白氏長慶集》。

錢曾《讀書敏求記·集》《白氏文集》七十一卷，《年譜》一卷。樂天自杭州刺史以右庶子詔還，排纂其文成五十卷，號《長慶集》，微之爲之序。又成《後集》二十卷，自爲之序。嘗録一部，置廬山東林寺經藏院，北宋時鏤諸板，所謂廬山本是也。絳雲樓藏書中有之，惜乎不及繕寫。庚寅一炬，此本種子斷絶，自此無有知廬山本者矣。予昔從婁東王奉常購得宋刻，卷次與世行本無異，後亦歸之滄葦。此乃對宋本校寫者，其一之二、五之七、四十三、四十八之五十二，共宋本十一卷，仍同奉常本。十三之十六、二十六之三十、三十三之三十八共十七卷是金華宋氏景濂所藏小宋板，圖記宛然，古香可愛，更精于奉常本。然總名《白氏文集》，愈知廬山舊本之爲艱得矣。戊子己丑，予日從牧翁遊，奇書共欣賞，駭心悦目，不數蓬山。今人侈言藏書，陋板惡鈔，盈箱插架，書生見錢，但不在紙裹中，可爲一慨。

王士禛《漁洋書跋》《長慶集》。白樂天論詩多不可解。如劉夢得「雪裏高山頭白早，海中仙果子生遲」、「沉舟側畔千帆過，病樹前頭萬木春」等句，最爲下劣，而樂天乃極賞歎，以爲此等語在在當有神物護持，悖謬甚矣。元、白二集瑕瑜錯陳，持擇須慎，初學人尤不可觀之。白古詩，晚歲重複，什而七八。絶句作眼前景語，却往往入妙，如「上得籃輿未能去，春風敷水店門前」、「可憐八月初三夜，露似珍珠月似弓」之類，似出率易，而風趣復非雕琢可及。敷水在華州東，水出羅敷谷。酈注：「敷水又北逕集靈宫西。」予數過其地，憶白詩，亦爲之流連而不發也。

于敏中等《天禄琳琅書目·明版集部》《白氏長慶集》。四函，三十二册。唐白居易著，七十一卷。前唐元稹序，後載宋陶穀《重修白樂天影堂記》。此書目録後并各卷末俱有「錫山蘭雪堂華堅活字銅版」印記。考明時活版之書，出於錫山安國家者流傳最廣，華堅姓名不見郡邑志乘，蓋與安國同鄉里，因倣其以活版製書。其書於一行之中分列兩行之字，全部皆如小注，遂致參錯不齊，則其法雖精，而其製尚未盡善也。按《宋史》，陶穀字秀實，新平人，本姓唐，避晉祖諱改焉。入宋，仁爲翰林承旨，累加刑部、户部尚書，贈右僕射。

御題：「儒雅曾聞白樂天，漫將草易議前賢。但從性地中流出，月露風雲總道詮。大咸謂香山之詩傷於易，不知其易處正難及也。偶讀其集，題此。甲子仲冬，御筆。」鈐寶二：曰「稽古右文之璽」，曰「乾隆御筆」。

《四庫提要·别集類四》《白氏長慶集》七十一卷。通行本。唐白居易撰。居易有《六帖》，已著録。案，錢曾《讀書敏求記》稱所見宋刻居易集兩本，皆題爲《白氏文集》，不名《長慶集》。汪立名校刻《香山詩集》，亦謂寶曆以後之詩不應概題曰「長慶」。今考居易嘗自寫其集，分置僧寺。據所自記，大和九年置東林寺者二千九百六十四首，勒成六十卷；開成元年置於聖善寺者三千二百五十五首，勒成六十五卷，開成四年置於蘇州南禪院者凡三千四百八十七首，勒爲六十七卷，皆題曰《白氏文集》。開成五年置於香山寺者凡八百首，合爲十卷，則别題曰《洛中集》。惟長慶四年元稹作《白氏長慶集序》，稱盡徵其文，手自排纂，成五十卷，二千一百九十一首。又稱明年當改元長慶，訖於是，因號曰《白氏長慶集》。則《長慶》一集，特穆宗甲辰以前之作，曾及立名所辨，不爲無據。然《唐志》載《白氏長慶集》七十五卷，《宋志》亦載《白氏長慶集》七十一卷，而《白氏文集》之名轉不著録。又高斯得《恥堂存稿》有《白氏長慶集序》，宋人目録傳於今者，晁公武《讀書志》、尤袤《遂初堂書目》、陳振孫《書録解題》亦均作《白氏長慶集》，則謂宋刻必作《白氏文集》，亦未盡然。況元稹之序本爲《長慶集》作，而《聖善寺文集記》中載有居易自注，稱元相公先作集序并目録一卷在外，則《長慶集序》已移弁開成新作之目録，知寶曆以後之詩文均編爲《續集》，襲其舊名矣，未可遽以總題「長慶」爲非也。其卷帙之數，晁公武謂《前集》五十卷，《後集》二十卷，《續集》五卷，今亡三卷，則當有七十二卷。陳振孫謂七十一卷之外又有《外集》一卷，亦當有七十二卷。而所標總數乃皆仍爲七十一卷，與今本合，則其故不可得詳。至彭叔夏《文苑英華辨證》謂集中《進士策問》第二道俗本妄有所增，又馮班《才調集評》亦稱每卷首古調、律詩、格詩之目爲重刻改竄，則今所行本已迥非當日之舊矣。

錢東垣等輯《崇文總目・別集類二》 《白氏文集》七十卷。白居易撰。

黄丕烈《蕘圃藏書題識・集類一》 宋刻殘本《白氏文集》十七卷。二函，十册。東城顧五癡家藏書甚富，余嘗購得數十種矣。主人知余好之篤，雖一鱗片甲，亦自侈爲奇寶。因出破書一束，指示余曰：「此絳雲餘燼也，曷歸之。」余開卷，知是宋刻《白氏文集》，每卷首末皆有「金華宋氏景濂」圖記。爰憶《讀書敏求記》中曾言之，未知即是此書否。然窺主人意，頗祕之，未便假歸。歸家檢遵王所記，十三之十六、二十六之三十、三十三之三十八共十七卷，是金華宋氏景濂所藏，小宋板，圖記宛然，古香可愛。乃知是書即述古堂中物。倩五癡族姪開之往核卷數，并問其直。後開之來，云是十七卷，余喜甚。而索直逾百金，余又以不能即得爲憂。越歲丙辰，五癡以老病終，厥子南雅昆季皆兢兢焉守其父書，而南雅與余交亦頗投契，每一過訪，必以是書爲請，遂與元刻《伯生詩續編》以白金二十兩易得，命工重加裝潢，所以存舊物也。顧其書，有疑義待析者。遵王云廬山本爲庚寅一炬，而此集卷中燒痕尚在，有一葉中不過數字者，知絳雲餘燼之説未必無據。餘卷皆散，而二十六之三十獨完好，勝於餘卷，尚是舊時裝潢。通册又似經水溼者，未知天下奇書，何其厄於水火之甚耶！至於十七卷中，遵王所記又與今所見不同：十三之十六、二十六之三十，合於遵王所記者也；三十三、三十四卷之前有三十一、三十二，後無三十五、三十六、三十七、三十八而有五十五、五十六、五十七、五十八，不盡合於遵王所記者也。此或係遵王筆誤，而古書之傳信於後綦難矣。余向得蘭雪堂活字本《白氏文集》，敘次亦與宋刻合，惜小注多缺，本文亦有譌脱，擬爲校録副本。聞顧竹君家有宋本《白氏長慶集》，此或廬山真面目矣。然則庚寅一炬受厄者，果《白氏長慶集》乎，抑《白氏文集》乎？儻得一見之，以釋其疑，不亦快乎！但未知其書果在否也。大清嘉慶二年丁巳四月己卯日，立夏。蕘圃黄丕烈識。

是書裝潢時，適錢竹汀塤瞿萇生來。萇生爲目録之學者，見古書必爲討厥源流。爰取是書展閲，并及拙跋，見遵王所記卷數，悉數之曰：「君所得逾於遵王矣！」余曰：「否，蓋猶是十七卷也。」萇生曰：「十三之十六、二十六之三十、三十三之三十八，不過十五卷。而君今所得十三之十六、二十六之三十同於遵王，三十五之三十八爲五十五之五十八所誤，亦未可知。其三十一、三十二兩卷，遵王所未見者也。互計之，遵王所記者十三、十四、十五、十六卷，二十六、二十七、二十八、二十九、三十卷，三十三、三十四、三十五、三十六、三十七、三十八卷，君所得者十三、十四、十五、十六卷，二十六、二十七、二十八、二十九、三十、三十一、三十二、三十三、三十四卷，五十五、五十六、五十七、五十八卷，豈非今多於昔乎？」余亦無辭以對，因思遵王未知其誤而偶誤於前，余欲正其誤而仍誤於後，天下事之一誤再誤而尚有待於旁人之繩糾者，比比皆是也，爰誌萇生之語，兼以自訟云爾。蕘圃又識。

余收得《白氏文集》在春夏之交，以殘闕不完之物而閟藏在塵封蠹蝕中已歷有年所，至今始得發而讀之，或亦公之精靈，有以呵護之也。近日陳東浦方伯建藩蘇郡，訪求唐宋先賢遺跡，慨然於公之未有專祠，因從虎丘買得蔣氏故園，園爲國初顧云美塔影園故址。鳩工庀材，葺而新之，以祀白公。又於其旁添立懷杜閣，移建仰蘇樓，以祀少陵、東坡焉。余思白公在蘇遺愛，至今稱之，有云白公隄者。兹又特立專祠，俾廣大教化，常被中吴矣。新祠落成之日，適是集裝潢竣事，殆氣機之感召使然耶！爰誌其事於卷末，以告後之覽者。中秋前六日夕時，翦燭書，書魔。

嘉慶癸亥夏六月十有二日，輯《百宋一廛書目》，重展於縣橋之新居。蕘翁。

《白氏文集》七十一卷。校宋本。目後雌黄書二行，是子晉手跡。卷中句讀有「晉」字小圖印，其朱筆皆斧季字跡。所補缺葉畫烏絲欄者，亦出斧季手。

琴川張君月霄藏有宋刊本《白氏文集》，假歸，命長孫秉剛校勘一過，知斧季朱筆校者，即據張君所藏本也。兹校亦用朱筆，恐與斧季混同，因載於格欄外，其行間字以朱筆點於旁，所以識別也。

黄丕烈《百宋一廛書録》 《白氏文集》。此殘宋本《白氏文集》十七卷，即《讀書敏求記》中所云，是金華宋氏景濂所藏小宋板，圖記宛然，古香可愛者也。然遵王所記尚有錯誤，記云十三之十六、二十六之三十、三十三之三十八共十七卷，然如數計之，止得十五卷。今余所得者十三之十六、二十六之三十四、五十五之五十八，適符十七卷之數。其每卷首末皆有「金華宋氏景濂」圖記，即爲《讀書敏求記》中物，特所載卷數偶誤爾。余本得諸顧五癡家，五癡以爲絳雲餘燼，故每卷中燒痕尚在，甚至有一葉中不過數字者。昔遵王以爲庚寅一炬，廬山本實遭其厄，今觀此本亦出燼餘，何幸六丁所收，尚留此十七卷在天壤閒耶！珍藏之者，自明初至今，又將五百年矣。在在處處有神物護持，吾烏得不信其説。爰重付裝潢，加諸什襲，以視向之破書一束，堆積於塵坷蟻蝕中者，其顯晦爲何如耶！

張金吾《愛日精廬藏書志·別集類》　《白氏文集》七十一卷。宋紹興刊本。玉蘭堂藏書。唐白居易撰。中遇「構」字注「犯御名」，「桓」字注「淵聖御名」，蓋紹興三十年以前刊本也。案《讀書敏求記》云：「宋刻白集從婁東王奉常購得，後歸之滄葦。」此本玉蘭堂、玉煙客、季滄葦俱有印記，蓋文氏故物，後歸王氏，轉入錢氏、季氏者。闕卷三十一至三十三，又三十五、三十六，共闕五卷，抄補。元稹序。長慶四年。

張金吾《愛日精廬藏書續志·別集類》　《白氏文集》七十一卷。毛氏子晉、斧季合校本。唐白居易撰。斧季所據宋刊本今藏金吾家，此本因毛氏父子手跡，故並存之。元稹序。

毛氏手識曰：庚午歲予在疚，不敢研朱，借於昭遠宋版訂句讀，在丁卯春秋，故用印色。

黄氏手跋曰：目後雌黄書二行，是子晉手跡。卷中句讀有「晉」字小圓印，其朱筆皆斧季字跡，所補缺頁畫烏絲欄者，亦出斧季手。

又曰：琴川張君月霄藏有宋刊本《白氏文集》，假歸，命長孫秉剛校勘一過，知斧季用朱筆校者，即據張君所藏本也。兹校亦用朱筆，恐與斧季混，因載於格闌外，其行間字以朱筆點於旁，所以識别也。

秉剛手識曰：道光甲申，以常熟張氏所藏宋本手校一過，并鈎行款鋈記。

張之洞《書目答問·别集》　《白氏長慶集》七十一卷。唐白居易。明元、白合刻通行本。

潘祖蔭《滂喜齋藏書記·集部》　宋刻殘本《白氏文集》十七卷。二函，十册。《白氏文集》以北宋廬山本爲最古。絳雲一炬，種子斷絶矣。此南宋殘本，有宋景濂藏書印，即見於《敏求記》者。然與遵王所記頗有牴牾，《記》云：「十三之十六、二十六之三十、三十三之三十八共十七卷。」據其所列，衹有十五卷耳，不當云十七卷，已可疑矣。此本前九卷同，三十卷後有三十一、三十二兩卷，而無三十五至三十八四卷，有五十五之五十八四卷，此更可疑者也。蕘圃不能破此疑案，以爲遵王之誤，不知《敏求記》當時藏書家祕爲鴻寶，輾轉傳鈔，不無譌奪，豈遵王之誤哉！舊爲顧五癡藏書，嘉慶丙辰，五癡之子南雅通政以歸蕘圃，雖殘珪斷璧，彌可寶貴。蕘圃據卷端燒痕亦欲歸之絳雲燼餘，則蛇足矣。遵王又有一宋刻全本歸太倉王奉常者，今在常熟瞿氏。此本每半葉十一行，行二十一、二十二字不等，瞿藏本每半葉十三行，行二十二至二十五字不等，行款不同。【略】

附藏印：「金華宋氏景濂」。「二泉邵寶」。「南陽彦智」。長印，朱文甚舊。「丕烈私印」、「蕘圃」、「無雙」。「汪士鍾藏」。「汪印振勳」。「某泉」。

百道判

鄭樵《通志·藝文略·案判》　《百道判》一卷。白樂天撰。

白樂天詩

洪邁《容齋題跋》　《跋白樂天詩》。世言白樂天侍兒唯小蠻、樊素二人，予讀集中《小庭亦有月》一篇云：「菱角執笙簧，谷兒抹琵琶，紅綃信手舞，紫綃隨意歌。」自注云：「菱、谷、紫、紅皆小臧獲名。」若然則紅、紫二綃亦女奴也。

又《東坡志林》云：「白樂天嘗爲王涯所讒，貶江州司馬。甘露之禍，樂天有詩云：『當君白首同歸日，是我青山獨往時。』不知者以樂天爲幸之。樂天豈幸人之禍者哉！蓋悲之也。」予讀白集有《詠史》一篇，注云：「九年十一月作。」其詞曰：「秦磨利刃斬李斯，齊燒沸鼎烹酈其。可憐黄綺入商洛，閒卧白雲歌紫芝。彼爲葅醢機上盡，此作鸞凰天外飛。去者逍遥來者死，乃知禍福非天爲。」正爲甘露事而作，其悲之之意可見矣。

高儒《百川書志·唐詩》　《白樂天詩》。右僕射太原白居易也。

白香山詩集　附録年譜

《四庫提要·别集類四》　《白香山詩集》四十卷，附録《年譜》二卷。内府藏本。國朝汪立名編。立名有《鐘鼎字源》，已著録。唐白居易《長慶集》詩文各半，立名引宋祁之言，謂居易長於詩而他文未能稱是，因别刊其詩，以成是集。又據元稹序，謂長慶時所作僅前五十卷，其實曆以後所作不應概名以「長慶」。案，立名此論未確，已詳辨於《長慶集》下。因即其歸老之地，題曰「香山」。參互衆本，重加編次，定爲

《長慶集》二十卷、《後集》十七卷、《別集》一卷。又採摭諸書爲《補遺》二卷。而以新定《年譜》一卷、陳振孫舊本《年譜》一卷并元稹《長慶集序》一篇、《舊唐書》本傳一篇冠於首，復採諸書之有關居易詩者，各箋注於其下。居易集在東林寺者，陸游《入蜀記》稱宋時已佚，真宗嘗令崇文院爲校，包以斑竹帙送寺，建炎中亦壞于兵。其傳于世者，錢曾所云宋本，莫知存佚。舊有明武定侯家刻本，今亦罕見。世所行者惟蘇州錢氏、松江馬氏二本，皆頗有顛倒譌舛。胡震亨《唐音丁籤》所録，又分體瑣屑，往往以一題割隸二卷，殊爲叢脞。立名此本，考證編排特爲精密。其所箋釋，雖不能篇篇皆備，而引據典核，亦勝於注書諸家漫衍支離，徒溷耳目，蓋於諸刻之中特爲善本。其書成於康熙壬午，朱彝尊、宋犖皆爲之序云。

張之洞《書目答問・別集》 《白香山詩集》四十卷，附録《年譜》一卷。汪立名編校。一隅草堂刻本。

香山詩鈔

《四庫提要・別集類存目一》 《香山詩鈔》二十卷，内府藏本。國朝楊大鶴編。大鶴字芝田，武進人。康熙己未進士，官至左春坊左諭德。是編用明馬元調所刊《白氏馬慶集》本，録十之三四，芟其所分門目，但以五言、七言分古今體編之。

諷諫集

楊士奇等《文淵閣書目・詩詞》 白樂天《諷諫集》。一部，二册。闕。

高儒《百川書志・別集》 白樂天《諷諫》一卷。唐白居易著。凡九千二百五十二言，爲長句五十篇，繫意不繫文。首句標目，古十九首之義也。此本集鈔出另行者。

徐𤊹《徐氏家藏書目・文集類》 白香山《諷諫詩》一卷。

錢曾《讀書敏求記・集》 新雕校正大字《白氏諷諫》一卷。《白氏諷諫》原自單行。此新雕者，其字句與揔集中稍異。歲久，墨敝紙渝，《園陵妾》缺一字，竟無從補録，可惜也。

白集年譜

陳振孫《直齋書録解題・別集類上》 《白集年譜》一卷。知忠州漢嘉何友諒，以居易舊治，既刊其《文集》，又作《年譜》，刊之集首。始余爲譜既成，妹夫王栐叔永守忠録寄之，則忠已有此譜，視余譜詳略互見，亦各有發明。其辨李崖州三絶非樂天作，及載晁子止之語，謂與楊虞卿爲姻家，與牛僧孺爲師生，而不陷牛李黨中，與余暗合，因並存之。詳見新譜末章。

馬端臨《文獻通考・經籍考・別集》 《白集年譜》一卷。【略】潁濱蘇氏曰：士雖不遇如樂天，入爲從官，以諫諍顯；出爲牧守，以循良稱；歸老泉石，憂患不及其身，而文詞足以名世，可以老死而無憾矣。又曰：樂天每閑冷衰病發於咏歎，輒以公卿投荒、僇死不獲其終者自解，予亦鄙之。至其《聞文饒謫朱崖三絶句》，刻覈尤甚，樂天雖陋，蓋不至此。蓋樂天之徒淺陋不學者附益之耳！

《詩史》：沈存中謂樂天詩不必皆好，然識趣可尚。章子厚謂不然，云樂天識趣最淺狹，謂詩中言「甘露之事」，幾如幸禍。樂天爲王涯所讒，謫江州司馬，其詩謂「當君白首同歸日，是我青山獨往時」。雖私讎可快，然朝廷當此不幸，臣子不當形之歌詠。東坡謂：「樂天豈幸人之禍者？蓋悲之也。」

晁氏《法藏碎金》曰：白氏集中頗有遺懷之作。故達道之人，率多愛之。余友李公維録出其詩，名曰《養恬集》，余亦如之，名曰《助道》。其辭語出於經教法門，用此彌縫其闕，而直捷曉悟於人也。

平園周氏曰：香山詩語平易，文體清駛，疑若信手而成者，間觀遺稿，則竄定甚多。

《朱子語録》曰：樂天多説其清高，其實愛官職。詩中凡及富貴處，都説得口津津地涎出。

呂衡州集

《新唐書・藝文志・別集類》 《呂温集》十卷。

鄭樵《通志・藝文略・別集四》《呂温集》十卷。

晁公武《郡齋讀書志・別集類上》《呂温集》十卷。右唐呂温和叔也，一字化光，河中人，貞元十四年進士。以善韋執誼、王叔文起家，再命左拾遺。同張薦使吐蕃，元和初使還。累進知御史雜事，再貶道州刺史，徙衡州。温從梁肅，爲文章規摹《左氏》，藻瞻精富，流輩推尚。劉尚錫爲編次其文，序之云：「古之爲書，先立言而後體物。賈生之書首《過秦》，而荀卿亦後其賦，故斷自《人文化成論》至《諸葛武侯廟記》爲上篇。」今集先賦、詩，後雜文，非禹錫本也。

尤袤《遂初堂書目・別集類》《呂温集》。

陳振孫《直齋書録解題・別集類上》《呂衡州集》十卷。唐衡州刺史河中呂温和叔撰。一字化光。劉禹錫爲序。温本善韋執誼、王叔文，偶使絶域，得免在八司馬之數，而終以好利敗。與竇羣、羊士諤昵比，傾誣宰相李吉甫，謫死。屢校不懲，至於滅耳，此其所以爲小人歟！

馬端臨《文獻通考・經籍考・別集》《呂衡州集》十卷。

《宋史・藝文志・別集類》《呂温集》十卷。

楊士奇等《文淵閣書目・文集》《呂和叔文集》。一部，三册。闕。《呂和叔文集》。一部，二册。闕。《呂和叔文集》。一部，二册。闕。《呂和叔文集》。一部，一册。闕。

高儒《百川書志・唐詩》《呂衡州集》一卷。衡州刺史河東呂温和叔也。又字化光。

范邦甸等《天一閣書目・別集類》《呂衡州文集》十卷。綿紙烏絲闌鈔本。唐呂温撰，劉禹錫序。

徐𤊹《徐氏家藏書目・集類》《呂温》一卷。

錢謙益等《絳雲樓書目・唐文集類》宋板《呂和叔集》十卷。劉禹錫序。

錢曾《讀書敏求記・集》《呂和叔文集》十卷。《和叔集》，絳雲樓宋槧本繕寫。凡載于《英華》、《文粹》中或字有異同者，俱詳注于上。予所謂讀書者之藏書，此類是也。

王士禛《漁洋書跋》《呂衡州集》。唐衡州刺史《呂温集》十卷，詩二卷，雜文八卷。温于詩非所長，贊頌等時有奇逸之氣，如史所稱《凌煙閣功臣贊》、《張始興畫像贊》及集中三受降城、古東周城、望恩臺、成皋諸碑銘，皆有可傳者。惟《武侯廟記》持論頗謬，同時劉禹錫、柳宗元亟稱之。温亦伾、文之黨，八司馬之貶，以使吐蕃獨免于禍。嘗與竇羣、羊〔士〕諤共傾李吉甫，而其父渭亦附裴延齡，皆非長者。蓋其門風如此。

《四庫提要・別集類三》《呂衡州集》十卷。浙江鮑士恭家藏本。唐呂温撰。温字和叔，一字化光，河中人。貞元十四年進士，官至刑部郎中，兼侍御史。後謫道州刺史，徙衡州，卒。事蹟具《唐書》本傳。劉禹錫編次其文，稱斷自《人文化成論》至《諸葛武侯廟記》爲上篇，此本先詩賦，後雜文已非禹錫編次之舊。又第六卷、七卷誌銘已闕數篇。卷末有孱守居士跋云：「甲子歲從錢氏借得前五卷，戊辰從郡中買得後三卷，俱宋本。第六、第七二卷均之闕如，因取《英華》、《文粹》照目寫入，以俟得完本校定。」又云：「第二卷《聞砧》以下十五首，宋本所無，照陳解元棚本鈔入。」孱守居士，常熟馮舒之別號，蓋舒所重編也。温亦八司馬之黨，當王叔文敗時，以使吐蕃幸免。其人品本不純粹，而學《春秋》於陸淳，學文章於梁肅，則授受頗有淵源。集中如《與族兄皋書》，深有得於六經之旨。《送薛天信歸臨晉序》，洞見文字之源；《裴氏海昏集序》，論詩亦殊精邃；《古東周城銘》，能明君臣之義，以糾左氏之失；其《思子臺銘序》，謂「遇一物可以正訓於世者，秉筆之士未嘗闕焉」，其文章之本可見矣。惟《代尹僕射度女爲尼表》可以不存，而《諸葛侯廟記》以爲有才而無識，尤好爲高論，失之謬妄，分別觀之可矣。

錢東垣等輯《崇文總目・別集類二》《呂温集》十卷。

黄丕烈《蕘圃藏書題識・集類一》《呂衡州文集》十卷。校舊鈔本。缺第一至第三卷。余藏《呂刺史文集》緜紙舊鈔本得諸碧鳳坊顧氏，惜闕其首三卷。因欲鈔補，遇是集即收。有周松靄藏十卷本，錢遵王藏五卷本，毛子晉藏五卷本，又借得周香嚴藏葉石君家鈔本十卷全者，知周本、毛本皆不可據。周本硬析五卷爲十卷，毛本又移易十卷中爲五卷，紛如亂絲，無可取證。最後得王西沚藏十卷本，出於葉鈔原本，方信錢本之五卷，乃十卷之鬫存前五卷也。去年倩友傳録錢本之三卷，思補顧本所闕，因照顧本行款寫之。新年杜門謝客，取王本校其異於錢本上，雖未必合舊鈔面目，然葉鈔十卷，其來有自。末有孱守居士跋，謂「甲子歲從錢牧齋借得前五卷，戊辰歲從郡中買得後三卷，俱宋本」，則葉鈔之前五卷，其據宋本可信矣。再，行間所注「某作某」，俱孱守所校。又云「第二卷《聞砧》以下十五首，宋本所無，案陳解元棚本增入」，是顧本原失之三卷中，第二卷未知有此否，安得宋本一證之乎？時道光元年二日立春，宋廛一翁定更後燒燭書。在末卷後。

《呂衡州文集》五卷。校明鈔本。從友人處借嘉靖壬午清明日吳門忍齋黄冀録本訂一徧，卷首有「六爻堂」、「黄女成氏」二印記。崇禎甲申二月初吉。丙戌元宵後五日，又求施師重訂。

舊鈔《吕衡州文集》十卷本，余得諸東城顧五癡家，惜亡其首三卷。後海鹽家椒升來，以新鈔本售余，雖亦十卷，序次與舊鈔不同。馬鋪橋周香嚴先生借兩本去，取所藏葉石君家鈔本對之，知舊鈔者爲佳，而海監本葢分前五卷以符十卷之數耳。葉本有劉序并全目，余俱鈔得，而前三卷異同較海鹽本爲勝者，盡録之，擬補顧本所失落也。厥後香嚴又得吴岫所藏五卷舊鈔本，余亦借校，亦幾幾乎稱善矣。近從書友郁某得一毛子晉手跋本，亦衹五卷，而與海鹽本不同。其所謂五者，葢取十卷而紊亂之者也。爰取葉本、顧本參訂，知第一、第二乃是葉本之第一、二、三，以一、二卷爲一卷，三卷爲二卷也。三卷之前五篇，乃葉、顧本第四卷之半，後十篇則又葉、顧本之第八卷也。四卷爲葉、顧本之第九卷，五卷爲葉、顧本之第十卷。顛倒錯亂，不知其由，姑存之以待考核云爾。黄丕烈識。

嘉慶壬戌冬十月望日，復從周丈香嚴處借得一舊鈔本，亦五卷，與此行款正同。顛倒錯亂，卻復如此，知此本由來有舊矣。卷端墨書一行云「照依錢少室家藏本鈔寫」，朱印一文云「沈印穀伯」。卷末有跋五行云：「此書向無佳本，讀之不勝魯魚。近在君宣齋頭獲覩此編，有王庭槐圖書并校録跋語，云彼先君從内府傳寫者，亟取歸而讐正之。大約次序相同，互有少差耳。俟有博學，還祈請正。萬曆丙辰中秋記於懸罄室。」爰誌此備考。蕘翁丕烈。均在末卷後。

《吕衡州文集》十卷。校舊鈔本。此本十卷，實衹此集之半，大約好事者之僞爲也。吴岫所藏舊鈔殘本校，每葉二十行，每行十□字。楊紹机案：復翁手記。

顧廣圻《思適齋書跋·集部》 《吕衡州文集》十卷。舊鈔校本。馮校此書，雖日用《英華》、《文粹》，然極草草，觀余今所校出可知也。後之得此本者詳之。千翁。

吴方山本止此卷，馮本可取大抵出於《英華》，但擇焉未精、語焉未詳者往往而有。且馮氏疏於史學，故不能洞見曲折。今之去取較爲審密，仍候澹翁他日勒成定本，則化光之幸也。九月二十四日霜降節，元和顧千里覆勘并記。

張金吾《愛日精廬藏書志·别集類》 《吕相叔文集》十卷。舊抄本。唐朝議郎使持節衡州諸軍事守衡州刺史、上騎都尉、賜緋魚袋吕温撰。後附柳宗元誄、劉禹錫序。

張之洞《書目答問·别集》 《吕衡州集》十卷。唐吕温。顧校秦刻足本。粤雅堂重刊本。

追昔遊詩

《新唐書·藝文志·别集類》 李紳《追昔遊詩》三卷。

鄭樵《通志·藝文略·别集五》 李紳《追昔遊詩》三卷。

晁公武《郡齋讀書志·别集類中》 李紳《追昔遊》三卷。右唐李紳公垂也。亳州人。元和元年進士，補國子助教。穆宗召爲翰林學士，累進中書舍人。武宗即位，拜中書侍郎、平章事。紳爲人短小精悍，於詩最有名，號「短李」。與李德裕、元稹同時，號「三俊」。《追昔遊》者，葢賦詩紀其平生所遊歷。謂起梁、漢，歸諫署，升翰苑，及播越荆、楚，踰嶺嶠，止高安，移九江，過鍾陵，守滁陽，轉壽春，留洛陽，廉會稽，分務東周，守蜀，鎮梁也。開成戊午八月自爲之序。

尤袤《遂初堂書目·别集類》 李紳《追昔遊編》。

陳振孫《直齋書録解題·詩集類上》 《追昔遊編》三卷。唐宰相李紳公垂撰。皆平生歷官及遷謫所至，述懷紀遊之作也。余嘗書其後云：「讀此編，見其飾智矜能，誇榮殉勢，益知子陵、元亮爲千古高人。」

馬端臨《文獻通考·經籍考·詩集》 李紳《追昔游集》三卷。

《宋史·藝文志·别集類》 《李紳詩》三卷。

楊士奇等《文淵閣書目·詩詞》 李紳《追昔遊詩》。一部，一册。闕。

徐㶿《徐氏家藏書目·文集類》 李紳《追昔遊》三卷。唐五人。

毛晉《汲古閣書跋》 《追昔遊集》。字公垂，亳州人，與李文饒、元微之齊名，人號「元和三俊」。爲人短小，俗呼「短李」。其平生歷官及遷謫，略見本序。或謂「其飾志矜能，夸榮殉勢，益知子陵、元亮爲千古高人」，然紀遊述懷，俯仰感慨，一洗唐人小賦柔靡風氣云。

錢謙益等《絳雲樓書目·唐詩類》 李紳《追昔遊詩》。三卷。

于敏中等《天禄琳琅書目·明版集部》 《追昔游詩集》。一函，三册。唐李紳著。三卷。晁公武《讀書志》中載《追昔游詩集》云：「開成戊午八月紳自爲之序。」此本書首不載序文，葢至明時從舊本槧刊，其序已佚之矣。李紳字公垂，亳州人，元和元年進士，累官中書侍郎、平章事。其曰《追昔游》者，敘生平歷官及遷謫所至，述懷紀游之作也。泰興縣季振宜滄葦氏珍藏。卷下。

右識語一，作小行書，絶無俗韻。書首有明「黄姬水」印記，係先爲黄所藏而後歸於季者也。姬水見前，餘印無考。

《四庫提要・別集類三》《追昔遊集》三卷。浙江范懋柱家天一閣藏本。唐李紳撰。紳字公垂，亳州人，元和元年進士，武宗時爲中書侍郎、同中書門下平章事。事蹟具《唐書》本傳。此集皆其未爲相時所作。晁公武《讀書志》載「前有開成戊午八月紳自序」，此本無之。詩凡一百一首。《新唐書》本傳所載「貶端州司馬，禱神灘漲」及「刺壽州，虎不爲暴。爲河南尹，惡少斂跡」，皆語出此集。史傳事須實録，而宋祁以所自言者爲據，殊難徵信。且考紳之赴端州也，在夏秋之閒。其妻子舟行，十月始至。其時灘水減矣，故以書祝媪龍祠，而江復漲。紳詩内及所自注者如此，祁乃以爲紳自度嶺時事，是閲其集而未審。後儒以名之輕重爲文之是非，必謂《新書》勝《舊書》，似非篤論也。紳與李德裕、元稹號「三俊」，白居易亦有「笑勸迂辛酒，閒吟短李詩」句。今觀此集，音節嘽緩，似不能與同時諸人角争强弱。然春容恬雅，無雕琢細碎之習，其格究在晚唐諸人刻畫纖巧之上也。

錢東垣等輯《崇文總目・別集類四》《追昔遊詩》三卷。李紳撰。

李紳批答

《新唐書・藝文志・別集類》《批答》一卷。

《宋史・藝文志・別集類》《李紳批答》一卷。

錢東垣等輯《崇文總目・別集類六》《李紳批答》一卷。

李公垂集

尤袤《遂初堂書目・別集類》《李公垂集》。

悲甘陵賦

《宋史・藝文志・別集類》劉惲《悲甘陵賦》一卷。張龍泉、章孝標注。

柳宗元集

《新唐書・藝文志・別集類》《柳宗元集》三十卷。

鄭樵《通志・藝文略・別集四》《柳宗元集》三十卷。

晁公武《郡齋讀書志・別集類上》《柳宗元集》三十卷，《集外文》一卷。右唐柳宗元子厚也。後魏濟陰公某之裔。貞元九年進士，中博學宏詞科，授校書郎，終於柳州刺史。宗元少精敏絶倫，爲文章卓偉精緻。既竄斥，堙厄感鬱，一寓諸文，倣《離騷》數十篇，讀者悲惻。在柳州，進士走數千里從學，經指授者，文辭皆有法。世號柳柳州。韓愈評其文曰：「雄深雅健，似司馬子長，崔、蔡不足多也。」集中有《御史周君碣》，司馬温公《考異》以此碣爲《周子諒碣》，實開元二十五年，宗元作天寶時，誤。按子諒以彈牛仙客，杖流瀼州，死藍田。《舊唐書紀》、《牛仙客傳》及《玄宗實録》皆載之，而此碣殊疎略。

趙希弁《讀書附志・別集類一》《柳先生文集》四十五卷，《外集》二卷，附録二卷。右唐柳宗元子厚之文也。《讀書志》云：「《柳宗元集》三十卷，《集外文》一卷。」希弁所藏卷帙與劉禹錫四十五通之説同，以諸本點校，寫諸公評論於逐篇之上。附録中先後失次者正之，遺缺者補之。若夫昌黎所作先生墓誌祭文，他本皆在附録中，惟此本在《正符》之後，蓋禹錫自謂附于第一通之末也。朱文公嘗謂：「《柳文》後《龍城雜記》，王銍性之所爲也。子厚叙事文字，多少筆力，此記衰弱之甚，皆寓古人詩文中不可曉知底於其中，似暗影出云。」

尤袤《遂初堂書目・別集類》《柳宗元集》。

陳振孫《直齋書録解題・別集類上》《柳柳州集》四十五卷，《外集》二卷。唐禮部員外郎柳州刺史河東柳宗元子厚撰。劉禹錫作序，言編次其文爲三十二通，退之之誌若祭文附第一通之末。今世所行本皆四十五卷，又不附誌文，非當時本也，或云沈元用所傳穆伯長本。

《柳先生集》四十五卷，《外集》二卷，《別録》一卷。《摭異》一卷《音釋》一卷附録二卷《事迹本末》一卷。方崧卿既刻韓集於南安軍，其後，江陰葛嶠爲守，復刊柳集以配之。《別録》而下，皆嶠所裒集也。《別録》者，《龍城録》及《法言注》五則。《龍城》近世人僞作。

《重校添注柳文》四十五卷，《外集》二卷。姑蘇鄭定刊於嘉興。以諸家所注輯爲一編，曰《集注》，曰《補注》，曰章，曰孫，曰韓，曰張，曰董氏，而皆不著其名。其曰「重校」，曰「添注」，則其所附益也。

馬端臨《文獻通考・經籍考・別集》 《重校添注柳文》四十五卷，《外集》二卷。【略】

《柳柳州文集》四十五卷，《外集》二卷。【略】

《柳先生集》四十五卷，《外集》二卷，《別録》二卷，《摭異》一卷，《音釋》一卷，附録二卷，《事迹本末》一卷。

《宋史・藝文志・別集類》 《柳宗元集》三十卷。

楊士奇等《文淵閣書目・文集》 《柳子厚文集》。一部，二十册。完全。《柳子厚文集》。一部，十五册。完全。《柳子厚文集》。一部，八册。殘缺。《柳子厚文集》。一部，八册。闕。《柳子厚文集》。一部，五册。闕。

高儒《百川書志・唐文》 《柳子厚文集》四十三卷，《外集》二卷，附録一卷，《非國語》。詳見經志。河東柳宗元也。

范邦甸等《天一閣書目・別集類》 《柳文》四十五卷，《内外集》二卷。刊本。唐劉禹錫編次并序。

王世貞《讀書後》卷三 《書柳文後》。柳子才秀於韓而氣不及。金石之文亦峭麗，與韓相爭長，而大篇則瞠乎後矣。《封建論》之勝《原道》，非文勝也，論事易長，論理易短故耳。其他駁辨之類，尤更破的。永州諸記峭板緊潔，其小語之冠乎。獨所行諸書牘，敘述艱苦。酸鼻之辭，似不勝楚；搖尾之狀，似不勝屈。至於他篇，非掊擊則夸毗，雖復斐然，終垂大雅。似此氣質，羅池之死，終墮神趣，有以也。吾嘗謂柳之蚤歲，多棄其日於六季之學，而晚得幽僻遠地，足以深造韓堂奧，便超六季而上之；而晚爲富貴功名所分，且多酬應，蓋於益損，各中半耳。

徐𤊹《徐氏家藏書目・文集類》 《柳宗元文集》四十五卷。

張萱等《内閣藏書目録・集部》 《柳先生文集》二十册，全。唐柳宗元著，凡四十五卷，《外集》二卷。又十一册，不全。

錢謙益等《絳雲樓書目・唐文集類》 宋板《柳子厚集》。四十五卷。劉禹錫序。

于敏中等《天禄琳琅書目・明版集部》 《柳文》二函，二十册。唐柳宗元著，四十三卷，《別集》二卷，《外集》二卷，附録一卷。前唐劉禹錫序。陳振孫《書録解題》所載柳集凡三種，其稱禹錫編次者係四十五卷，《外集》二卷，并云「今世所行本皆四十五卷，又不附誌文，非當時本也」云云。是宋時所刊柳集，已非禹錫編次之舊。此書卷數既不相符，而卷一標題下漫署「禹錫」之名，且係以別紙補入，其字畫與全書迥殊，安知前後不別有序跋，而亦爲坊閒所私汰耶。

彭元瑞等《天禄琳琅書目後編・明版集部》 《河東先生集》。四函，三十二册。唐柳宗元撰。書四十五卷。凡詩文四十三卷，《非國語》二卷，又《外集》二卷，《龍城録》二卷，附録二卷，《集傳》二卷，《後序》一卷。每葉版心刻「濟美堂」，與《增廣注釋音辨唐柳先生集》另本。

檇李項氏藏本。

錢東垣等輯《崇文總目・別集類二》 《柳子厚集》三十卷。柳宗元撰。

孫星衍《平津館鑒藏書籍記・明版》 《河東先生集》四十五卷，《目録》一卷。題「夔州刺史劉禹錫編」，末附《集傳》一卷，《外集》二卷，《龍城録》二卷，附録二卷。前有劉禹錫《河東先生集序》，每卷後俱有「東吴郭雲鵬校壽梓木」長印。宋刊本《唐柳先生集》四十三卷，此并入《非國語》二卷，故四十五。《外集》增《處士段宏古墓誌》三篇，附録篇目與宋本不同。《龍城録》，宋本所無也。注不題撰人名氏。郭雲鵬，明嘉靖時人。每葉十八行，行十七字，板心下方有「濟美堂」三字。

張之洞《書目答問・別集》 《柳集》。四十五卷。《龍城録》二卷，《外集》二卷，附録二卷，《集傳》一卷。唐柳宗元。明嘉靖郭雲鵬重刻宋本。天啓壬戌柳氏再刻本。廷桂永州新刻本附《年譜》，無《龍城録》。陳景雲《柳集點勘》四卷，未刊。

詁訓柳先生文集

于敏中等《天禄琳琅書目・宋版集部》 《新刊詁訓唐柳先生文集》。六函，六十六册。唐柳宗元著，宋韓醇詁訓。《正集》四十五卷，《外集》上下二卷，《新編外集》一卷，共四十八卷。前載唐劉禹錫序、宋王咨序，後醇自記并附録宋穆修後序。是書與前《韓愈文集》體例版式相同，後有醇記。王咨爲之序，稱本朝古文，始自河南穆修伯長，寔宗韓柳。韓之文定於諸鉅公之手，而柳集亦經伯長是正。胥山沈晦復相讐正，比伯長加詳。然其機杼源委，要未呈露。仲韶先注釋韓集，學者爭傳其書。而斯文加密，非仲韶發之，孰窺其祕云云，是醇注愈集既就，已先版行。後又注宗元集付刊，悉仿愈集之式。以二書合而並傳，故宗元集後有記而愈集後無記也。穆修鄆州人，真宗東封，詔舉齊魯經行之士，賜進士出身，歷潁州文學參軍。

沈晦字光用，錢塘人，宣和閒進士第一，累官徽猷閣直學士。王咨字夢得，蜀人，著有《雪齋文集》。

雲間莫氏城南精舍藏書。後序末。

右識語一，係莫是龍書。此本歷經明文徵明、王世懋、顧從禮、莫是龍至本朝季振宜、徐乾學收藏，俱有印記。考顧從禮明嘉靖閒中書舍人，徵明諸人並已見前。餘印無考。

闕補卷三十、二之五。卷四十四。全。

《四庫提要·別集類三》《詁訓柳先生文集》四十五卷，《外集》二卷，《新編外集》一卷。內府藏本。唐柳宗元撰，宋韓醇音釋。醇字仲韶，臨邛人，其始末未詳。宗元集爲劉禹錫所編，其後卷目增損，在宋時已有四本：一則三十三卷，爲元符閒京師開行本；一則曾丞相家本；一則晏元獻家本；一則此四十五卷之本，出自穆修家，云即禹錫原本。案，陳振孫《書録解題》曰：「劉禹錫作序，稱編次其文爲三十二通，退之之誌若祭文，附第一通之末。今世所行本皆四十五卷，又不附誌文，非當時本也。」考今本所載禹錫序，實作四十五通，不作三十二通，與振孫所說不符。或後人追改禹錫之序，以合見行之卷數，亦未可知。要之，刻韓柳集者，自穆修始。雖非禹錫之舊第，諸家之本亦無更古於是者矣。政和中，胥山沈晦取各本參校，獨據此本爲正，而以諸本所餘者別作《外集》二卷，附之於後，蓋以此也。至淳熙中，醇因沈氏之本爲之箋注，又搜葺遺佚，別成一卷，附於《外集》之末，權知珍州事王咨爲之序。醇先作《韓集全解》，及是又注柳文，其書蓋與張敦頤《韓柳音辨》同時竝出，而詳博實過之。魏仲舉《五百家注》亦多引其說。明唐覲《延州筆記》當摘其注《南霽雲碑》不知汧城鑿穴之奇句，本潘岳《馬汧督誄》，是誠一失，然不以害其全書也。

五百家注音辨柳先生文集

于敏中等《天禄琳琅書目·宋版集部》《新刊五百家注音辨唐柳先生文集》。二函，十二册。唐柳宗元著，宋魏仲舉集注。《正集》二十一卷，附録二卷，《外集》二卷，《新編外集》一卷，《龍城録》二卷。前載《看柳文綱目》一卷，宋文安禮《柳先生年譜》一卷，評論、詁訓、諸儒名氏一卷。後附柳先生序、傳、碑記、紀一卷，《文集後序》五篇。

宗元正集四十五卷，此書自廿二卷以下皆闕，書賈將「目録終」三字移補廿一卷後，故無魏仲舉木記。然版式、字體與韓集同，寔爲宋本。且正集尚存其半，而外集諸種卷帙完好，亦足珍也。

《御題五百家注昌黎集》，寔宋槧之佳者。《柳子厚集》雖亦五百家注，版式、行款、標題並同，而紙色、墨香遜韓集遠甚。且正集廿二卷以下至末皆闕，又改目録，終以彌縫之，更非完善。第柳集注刊本今鮮存者，亦覺片羽可珍，惟當居韓之次耳。附識《題韓集詩》之後，並書冠此集卷端。乾隆甲子仲秋御筆，鈐「乾隆雙璽」。

闕補卷十二。四。

《四庫提要·別集類三》《五百家注音辨柳先生文集》二十一卷，《外集》二卷，《新編外集》一卷，《龍城録》二卷，附録八卷。內府藏本。宋魏仲舉編。其版式廣狹，字畫肥瘠，與所刻《五百家注昌黎集》纖毫不爽，蓋二集一時竝出也。前有評論、詁訓、諸儒姓氏，檢核亦不足五百家。書中所引，僅有《集注》、有《補注》、有《音釋》、有《解義》及孫氏、童氏、張氏、韓氏諸解，此外罕所徵引，又不及韓集之博。蓋諸家論韓者多，論柳者較少，故所取不過如此。特姑以五百家之名與韓集相配云爾。書後《外集》二卷、《新編外集》一卷，乃原集未録之文，其二十五首。附録二卷，則《羅池廟牒》及崇寧、紹興加封誥詞之類，而《法言注》五則亦在其中。又附以《龍城録》二卷，序傳、碑記共一卷，《後序》一卷，而《柳文綱目》、文安禮《年譜》則俱冠之卷首。其中如《封建論》後附載程敦夫論一篇。又揚雄《酒箴》、李華《德銘》、屈原《天問》、劉禹錫《天論》之類，亦俱採掇附入，其體例與韓集稍異。雖編次叢雜，不無繁贅。而旁搜遠引，寧冗毋漏，亦有足資考訂者。且其本槧鍥精工，在宋版中亦稱善本。今流傳五六百年，而紙墨如新，神明焕發，復得與《昌黎集注》先後同歸祕府，有類乎珠還合浦，劍會延津，是尤可爲寶貴矣。

黄丕烈《蕘圃藏書題識·集類一》《五百家注音辨唐柳先生文集》十一卷。殘宋本。余向聞柳文以吳門鄭氏本爲最善，東城五聖閣顧氏有殘本，數年前書賈曾以示余，索重直，且未定其爲鄭本與否，故未之得。時往來於心，不能釋。自遷居縣橋，去顧所居不遠。跡之，書主人已作古，無從問津矣。今茲五柳主人以此二册贈余，欣喜之至，蓋即前所見物也。書存十六至二十一、三十七至四十一，卷第之原不可知，因檢近刻《直齋書録解題》，見有「《重校添注柳文》四十五卷、《外集》二卷。姑蘇鄭定刊於嘉興。以諸家所注輯爲一編，曰《集注》，曰《補注》，曰章，曰孫，曰韓，曰張，曰董氏，而皆不著其名。其曰『重校』，曰『添注』，則其所附益也」云云。案諸是本，庶幾近之。然亦有不同者，每卷題「五百家注音辯唐柳先生文集」或加「新刊」於其前。不云「重校添注」也。卷中曰《集注》曰《補注》外，又有曰「舊注」者，曰章、曰孫、曰韓、曰張、曰董此本「董」作「童」。外，又有曰汪、曰黄、曰劉者，未知直齋所解題者，即此否也。世傳《增廣注釋音辨柳集》亦多矣，大抵元明刻本，惟此殘宋槧十一卷，楮精墨妙，實出宋刻宋印，急收之，以爲續《百宋一廛賦》之助，豈不與前賦昌黎宋槧諸殘本競美乎。戊辰冬至前一日，燒燭書此跋，時已二更餘。新月既墜，微霜乍飛，寒威從窗隙中來。一種清興，祇自領之，卻憶贈書良友正放舟過梁溪也。復翁。

有客衝寒急遠征，一身端爲利名輕。陔南成養虚真樂，薊北馳聲戀俗情。漫説持家妻共子，空勞相事弟兼兄。束裝早辦歸裝計，莫負良朋勸勉情。嘉慶戊辰十一月五日，五柳主人以京師書肆須急料理，冒寒北行。余意謂家有老母，侍奉事大，早作歸計爲安。瀕行，諄諄勸勉。去後，適檢是書，因追賦一律以贈。復翁。

俱在卷首。

柳文音釋

趙希弁《讀書附志・别集類一》《柳文音釋》一卷。右南城童宗説編。

柳文音辨

《宋史・藝文志・别集類》張敦頤《柳文音辨》一卷。

柳文音義

楊士奇等《文淵閣書目・文集》潘緯《柳文音義》。一部，一册。闕。

錢謙益等《絳雲樓書目・唐文集類》元板《柳文音義》。

增廣注釋音辯柳集

范邦甸等《天一閣書目・别集類》《柳文》四十三卷。刊本。唐柳宗元撰。劉禹錫編，童宗説音注。

吴焯《繡谷亭薫習録・集一》《柳先生集》四十二卷，《别集》二卷，《外集》二卷。中山劉禹錫編，南城童宗説注釋，新安張敦頤音辯，雲間潘緯音義。禹錫序，乾道三年吴郡陸之淵序。

于敏中等《天禄琳琅書目・元版集部》《增廣注釋音辯唐柳先生集》。一函八册。唐柳宗元著，童宗説音注，宋張敦頤音辯，潘緯增廣音義。《正集》四十三卷，《别集》二卷，《外集》二卷，附録一卷，共四十八卷。前唐劉禹錫原序，宋陸之淵序，並編集姓氏。

陸之淵序作於宋孝宗乾道三年，稱「子至灊山郡齋，雲間潘廣文攜音訓數帙示予，比於祝充之注昌黎集」云云。潘緯《宋史》無傳，考淩迪知《萬姓統譜》載緯字仲寶，華亭人，紹興中舉進士甲科，恬於進取，工著述。陸之淵，無考。是書亦係翻刻宋本，字畫猶存其概，而紙質墨香則不相侔矣。

明晉莊王鍾鉉藏本。鍾鉉見前。

《增廣注釋音辯唐柳先生集》。一函，五册。篇目同前，闕《編集姓氏》。

前書於《正集》外雖分《别集》、《外集》、附録，而《目録》則同列於《正集》之首。此本以末五卷移置《别集》之前，版式雖仿前書，而實别爲刊梓，槧印之工，又出其下也。

明毘陵周氏藏本。良金印已見前，「吴蒙」印記，無考。

《增廣注釋音辯唐柳先生集》。一函，十三册。篇目同前，闕《别集》、《外集》、附録、《目録》。

此本較第二部又遜一籌。合觀三書，皆非一版，何開雕者如是之多，而顧草草以從事耶。

「鄭翼明收藏」印記，無考。

《四庫提要・别集類三》《增廣注釋音辯柳集》四十三卷。内府藏本。舊本題宋童宗説注釋，張敦頤音辯，潘緯音義。宗説，南城人，始末未詳。敦頤有《六朝事蹟》，已著録。緯字仲寶，雲間人，據乾道三年吴郡陸之淵序，稱爲乙丑年甲科，官瀔山廣文，亦不知其終於何官也。之淵序但題《柳文音義》，序中所述，亦僅及（韓）〔緯〕仿祝充《韓文音義》傳《柳氏釋音》，不及宗説與敦頤。書中所注，各以「童云」、「張云」、「潘云」别之，亦不似緯自撰之體例。蓋宗説之《注釋》、敦頤之《音辯》，「本各自爲書，坊賈合緯之《音義》刊爲一編，故書首不以《柳文音義》標目，而别題曰《增廣注釋音辯唐柳先生集》也。其本以宗元本集、外集合而爲一，分類排次，已非劉禹錫所編之舊。而不收王銍僞《龍城録》之類，則尚爲謹嚴。其音釋雖隨文詮解，無大考證，而於僻音難字，一一疏通，以云詳博則不足，以云簡明易曉，以省檢閲篇韻之煩，則於讀柳文者亦不爲無益矣。舊有明代刊本，頗多譌字。此本爲麻沙小字版，尚不失其真云。

彭元瑞等《天禄琳琅書目後編・宋版集首部》　《御題增廣注釋音辨唐柳先生集》。四函，三十二册。唐柳宗元撰，宋童宗説注釋，張敦頤音辨，潘緯音義。《正集》四十三卷，《别集》二卷，《外集》二卷，附録劉禹錫《天論》，祭文三首，《唐書》本傳，曹輔、黄翰、許尹祭文，汪藻《祠堂記》，穆修舊本後序，沈晦四明新本後序，李褫柳州舊本後序，文安禮《年譜後序》。前有乾道三年陸之淵《音義序》，《諸家姓氏》、《年譜》。

宋麻沙本。按，柳集在宋凡六刻：一穆修宋大字本爲最初，後多承用；一元符小字本；一曾丞相家本；一晏元獻家本；一四明新本，政和四年沈晦刻；一柳州舊本，紹興四年李褫刻，與此本而七。今通行乃明鐫，卷帙、音注皆照此本而舛誤特甚。此雖未知較北宋四刻及南渡後二刻爲何如，而精審足寶。童宗説字夢弼，南城人，官袁州教授。張敦頤字養正，婺源人，紹興八年進士，官知舒、衡二州。潘緯字仲寶，雲間人，紹興十五年進士。據序，著《音義》時方爲瀔山學官。注中白文，童、張、潘竝作「某云」，非緯所自刻。然較其闕筆字，的是南宋中葉本。

御題：

《題增廣注釋音辨唐柳宗元集》：「文章韓柳稱伯仲，邪正立身冬夏然。黨入叔文真是謬，州憐禹錫或猶賢。政傳柳郡差可耳，廟祀羅池實幸焉。終是昌黎敦厚道，惜其末路鮮周旋。癸卯仲夏，御筆。」鈐寶二：曰「古稀天子之寶」，曰「猶日孜孜」。上鈐寶二：曰「乾隆御覽之寶」，曰「古希天子」。

印記與韓集多同，蓋以麻沙本相配也。其朱季子或即朱家賓。

闕補卷二十二。九。

又《宋版集部》　《增廣注釋音辨唐柳先生集》。二函，二十册。同前首部麻沙小字本，係一版摹印。

《增廣注釋音辨唐柳先生集》。一函，四册。篇目同前首部，亦麻沙小字本，而尺寸微豐，字畫較展，無《年譜》，乃另一刻。

檇李項氏藏本。

《增廣注釋音辨唐柳先生集》。一函，七册。篇目同前首部，亦麻沙小字另刻本。

又《元版集部》　《增廣注釋音辨唐柳先生集》。二函，十六册。篇目同前宋版首部。

《增廣注釋音辨唐柳先生集》。二函，十二册。同上，係一版摹印，惟陸之淵序佚。

孫星衍《平津館鑒藏書籍記・宋版》　《增廣注釋音辯唐柳先生集》四十三卷，《别集》二卷，《外集》二卷，附録一卷。題「南城先生童宗説注釋，新安先生張敦頤音辯，雲閒先生潘緯音義」。前有《夔州刺史劉禹錫序》、《柳先生年譜》。據後本，當有陸之淵序文，疑此本脱去。《别集》、《外集》、附録總目既列在《正集》目録之後，又别刻在當卷之首，殊爲重複。黑口版，每葉廿六行，行廿三字，收藏有「季振宜藏書」朱文小長方印。

《增廣注釋音辯唐柳先生集》四十三卷。題童宗説、張敦頤、潘緯，俱同前本。前有劉禹錫序，又有乾道三年陸之淵《柳文音義序》，即爲潘緯作也。末附《别集》上、下兩卷，已殘缺不全。黑口版，每葉廿六行，行廿三字。此本與前本行款毫髮無異，惟前本目録後有《别集》、《外集》、附録目録，此本雖有《别集》而無目録，亦無别刻之葉。細審之，版式與前本差減一分，間有字畫減不減之異。又紙色頗不及前，故知其模刻當在後也。

張金吾《愛日精廬藏書志・别集類》　《增廣注釋音辨唐柳先生集》四十三卷，《别集》二卷，《外集》二卷，附録一卷。元刊本。述古堂藏書。唐柳宗元撰，宋南城先生童宗説注釋，新安先生張敦頤音辨，雲間先生潘緯音義。卷首有毛友仁及錢遵王印記。陸之淵《音義序》乾道三年。劉禹錫序。

毛氏手跋曰：「萬曆丙子，余泊舟荆溪，偶至王鵝湖書肆閲此，因授值攜歸。以舊所藏者參之，乃元延祐間刻也。喜成二帙，援筆志之。會川子友仁。」

柳河東集輯注

黄虞稷《千頃堂書目・文史類》　蔣之翹《輯注柳柳州集》五十二卷。《正集》四十五卷，《外集》五卷，《遺文》一卷，附録一卷。

張之洞《書目答問・別集》《柳河東集輯注》。四十五卷。《外集》五卷，附録、《揚子注龍城録》一卷。明蔣之翹輯，楊廷理刻本。此本通行。宋人《柳文音辯五百家注》已括此書内。

柳宗元詩

陳振孫《直齋書録解題・詩集類上》《柳宗元詩》一卷。唐柳宗元撰。子厚詩在唐與王摩詰、韋應物相上下，頗有陶、謝風氣。古律、絶句總一百四十五篇，在全集中不便於觀覽，因鈔出别行。

馬端臨《文獻通考・經籍考・別集》《柳宗元詩》一卷。【略】東坡曰：【略】子厚詩在陶淵明下、韋蘇州上，退之豪放奇險則過之，而温麗靖深不及也。所貴於枯淡者，謂外枯而中膏，似淡而實美，淵明、子厚之流是也。若中邊皆枯，亦何足道？佛言「譬如食蜜，中邊皆甜」，人食五味，知其甘苦者皆是，能分别其中邊者，百無一也。後村劉氏曰：柳子厚才高，他文惟韓可對壘，古律詩精妙，韓不及也。當舉世爲「元和體」，韓猶未免諧俗，而子厚獨能爲一家之言，豈非豪傑之士乎？昔何文縝嘗語李漢老云：「如子厚詩，人豈可不學他做數百首？」漢老退而嘆曰：「得一二首似之足矣。」文縝後從北狩，病中詩云：「歷歷通前劫，依依返舊魂，人生會有死，遺恨滿乾坤。」雖意極忠憤，而語不刻急，亦學柳之驗。

高儒《百川書志・唐詩》《柳宗元詩》。柳州刺史河東柳子厚也。

碧雲集

《宋史・藝文志・別集類》僧文暢《碧雲集》一卷。

韋處厚集

《新唐書・藝文志・別集類》《韋處厚集》七十卷。

鄭樵《通志・藝文略・別集四》《韋處厚集》七十卷。

馬端臨《文獻通考・經籍考・別集》《韋處厚集》七十卷。唐中書侍郎平章事韋處厚撰。劉禹錫序略曰：按公未爲近臣以前所著詞賦、讚論、記述、銘志，皆文士之詞也，以才麗爲主。自入爲學士，至宰相以往所執筆，皆經綸制置、財成潤色之詞也，以識度爲宗。觀其發德音，福生人，沛然如時雨；褒元老，論功臣，穆然如景風。命相之册和而莊，命將之誥昭而毅。薦賢能，其氣似孔文舉；論經學，其博似劉子駿；發十難以摧言利者，其辯似管夷吾。

段文昌集

《新唐書・藝文志・別集類》《段文昌集》三十卷。

鄭樵《通志・藝文略・別集四》《段文昌集》三十卷。

李翺文集

《新唐書・藝文志・別集類》《李翺集》十卷。

鄭樵《通志・藝文略・別集四》《李翺集》十卷。

晁公武《郡齋讀書志・別集類上》《李翺集》十八卷。右唐李翺習之也。涼武昭王之後。貞元十四年進士。調校書郎，知制誥。會昌初，終山南東道節度使。翺性峭鯁，論議無所屈，仕不得顯官，怫鬱無所發。從韓愈爲文，詞致渾厚，見推當時。集皆雜文，無歌詩，前有蘇舜欽序，云：「唐之文章稱韓、柳，翺文雖辭不逮韓，而理過於柳。」

尤袤《遂初堂書目・別集類》《李翺集》。

陳振孫《直齋書録解題・別集類上》《李文公集》十卷。唐山南東道節度使李翺習之撰。蜀本分二十卷。集中無詩，獨有《戲贈》一篇，拙甚，決非其作也。然韓集《遠遊聯句》有習之一聯，云「前之詎灼灼，此去信悠悠」，亦殊不工。他無一語，意者於詩非所長而不作耶？習之爲文，源委於退之，可謂得其傳矣，但其才氣不能及耳。

馬端臨《文獻通考・經籍考・別集》《李文公集》十八卷。【略】石林葉氏曰：李習之之文辭高古，幾可追配韓退之，然不長於作詩，故集中無傳。今惟《傳燈録》載其《贈藥山僧》一篇云：「鍊得身形似鶴形，千株松下兩函經。我來欲問西來意，雲在青天水在瓶。」氣格與其文全不相類。韓退之《遠游聯句》亦記其一聯云：「前之詎灼灼，此去信悠悠。」終篇不再見。或云退之以其不工却之，使不復與也。

《宋史・藝文志・別集類》　《李翱集》十二卷。

楊士奇等《文淵閣書目・文集》　《李文公文集》。一部，三册。完全。

徐𤊹《徐氏家藏書目・文集類》　《李翱文公集》十八卷。

張萱等《内閣藏書目録・集部》　《李文公集》三册，全。唐德宗朝户部尚書李翱著，凡十八卷。

毛晉《汲古閣書跋》　《李習之集》。習之，涼武昭王裔也。貞元間進士，調校書郎、知制誥，終爲山南東道節度使、檢校户部尚書。其性鯁介，喜爲危言，仕不得顯。從昌黎公游，與皇甫持正並推當時。葉石林評其文詞高古，可追配韓。蘇舜欽評其理過於柳。總集凡十有八卷，共一百三首，皆雜著，無歌詩。今逸其《疏引見待制官》及《歐陽詹傳》二首，惜無從考。邇來鈔本末附《戲贈》詩一篇云：「縣君好塼渠，繞水恣行遊。鄙性樂疏野，鑿池便成溝。兩岸植芳草，中央漾清流。所尚既不同，塼鑿各自修。從他後人見，境趣誰爲幽。」鄙拙之甚。又《傳燈録》載其《贈藥山僧》一篇云：「鍊得身形似鶴形，千秋松下兩函經。我來欲問西來意，雲在青天水在瓶。」風味亦不相類。又韓文公《遠遊聯句》亦載一聯云：「前之詎灼灼，此去信悠悠。」其詩句僅見此耳。或病其不長於作詩，信哉！

錢謙益等《絳雲樓書目・唐文集類》　《李文公集》。十八卷。有毛板新刻。陸渭南云：「《張文昌集》無一篇文字，《李習之集》無一篇詩，皆是詩文各爲集耳。皇甫持正亦自有詩集孤行，故文集中無詩也。」

錢曾《讀書敏求記・集》　《李文公集》十八卷。習之《與陸傪書》：「李觀雖不永年，亦不甚遠于楊子雲。又思我友韓愈，非茲世之文，古之文也；非茲世之人，古之人也。孟軻既殁，亦不見有過于斯者。夫文章爲載道之器，必其自信真而後信他人也不僞。」習之稱許韓、李，其通懷樂善如此，是豈過情之聲譽哉？及觀其《答皇甫湜書》云：「僕叙高愍女、楊烈婦，豈盡出班孟堅、蔡伯喈之下！」則其高自標置，當仁不讓又如此，豈非自信真而後信他人之不僞者歟！昌黎曰：「近李翱從僕學文，頗有所得。」古君子師資相長，不以浮名虚聲妄爲誘悦。今人但知韓、柳，而弗知有元賓、持正、習之諸人，與之俠轂起者，斯文若江河行地，異流同源。讀習之文，或可憬然而悟矣。

《四庫提要・別集類三》　《李文公集》十八卷。浙江鮑士恭家藏本。唐李翱撰。翱字習之，隴西成紀人，涼武昭王暠之裔也。貞元十四年進士，官至山南東道節度使、檢校户部尚書。事蹟具《唐書》本傳。其集《唐・藝文志》作十八卷。趙汸《東山存稿》有《書後》一篇，稱「《李文公集》十有八卷，百四篇，江浙行省參政趙郡蘇公所藏本」，與《唐志》合。陳振孫《書録解題》則云「蜀本分二十卷」。近時凡有二本：一爲明景泰閒河東邢讓鈔本，國朝徐養元刻之，譌舛最甚。此本爲毛晉所刊，仍十八卷，或即蘇天爵家本歟。考閻若璩《潛邱劄記》有《與戴唐器書》曰「特假《舊唐書》參考，李浙東不知何名。或李翺習之全集出，尚可得其人。然老矣，倦於尋訪矣」云云。則似尚不以爲足本，不知何所據也。翱爲韓愈之姪壻，故其學皆出於愈。集中載《答皇甫湜書》，自稱高愍女、楊烈婦傳不在班固、蔡邕下，其自許稍過。然觀《與梁載言書》，論文甚詳。至《寄從弟正辭書》，謂「人號文章爲一藝者，乃時世所好之文。其能到古人者，則仁義之詞，惡得以一藝名之」。故才與學雖皆遜愈，不能鎔鑄百氏皆如已出，而立言具有根柢。大抵温厚和平，俯仰中度，不似李觀、劉蜕諸人有矜心作意之態。蘇舜欽謂其詞不逮韓，而理過於柳，誠爲篤論。鄭獬謂其尚質而少工，則貶之太甚矣。集不知何人所編，觀其有《與侯高第二書》而無第一書，知其去取之閒，特爲精審。惟集中《皇祖實録》一篇，立名頗爲僭越。夫皇祖、皇考，文見《禮經》，至明英宗時始著爲禁令。翱在其前，稱之猶有説也。若實録之名，則六代以來，已定爲帝制。《隋志》所載，班班可稽。唐、宋以來，臣庶無敢稱者。翱乃以題其祖之行狀，殊爲不經。編集者無所刊正，則殊失别裁矣。陳振孫謂集中無詩，獨載《戲贈》一篇，拙甚。葉適亦謂其不長於詩，故集中無傳，惟《傳燈録》載其《贈藥山僧》一篇，韓退之《遠遊聯句》記其一聯。振孫所謂有一詩者，蓋蜀本。適所謂不載詩者，蓋即此本。毛晉跋謂「邇來鈔本，始附《戲贈》一篇」，蓋未考振孫語也。然《傳燈録》一詩，得於鄭州石刻。劉攽《中山詩話》云：「唐李習之不能詩，鄭州掘石刻，有鄭州刺史李翱詩云云，此別一李翱，非習之。《唐書》習之傳不記爲鄭州，王深甫編習之集，乃收此詩，爲不可曉。」《苕溪漁隱叢話》所論亦同。惟王楙《野客叢書》獨據僧録叙翱仕履，斷其實嘗知鄭州，諸人未考。考開元寺僧嘗請翱爲鐘銘，翱答以書曰：「翱學聖人之心焉，則不敢遜乎知聖人之道者也。吾之銘是鐘也，吾將明聖人之道焉，則於釋氏無益。吾將順釋氏之教而述焉，則紿乎下之人甚矣，何貴乎吾之先覺也！」觀其書語，豈肯向藥山問道者。此石刻亦如韓愈《大顛三書》，因其素不信佛，而緇徒務欲言其皈依，用彰彼教耳。楙乃以翱嘗爲鄭州信之，是知其一，不知其二也。至《金山志》載翱五言律詩一篇，全勦五代孫魴作，則尤近人所託，不足與辨。葉夢得《石林詩話》曰：「人之材力有限。李翱、皇甫湜皆韓退之高弟，而二人獨不傳其詩。不應散亡無一篇者，計或非其所長，故不作耳。二人以非所長而不作，賢於世之不能而強爲之者也。」斯言允矣。

錢東垣等輯《崇文總目・別集類二》《李翱文集》一卷。

彭元瑞等《天禄琳琅書目後編・元版集部》《李文公集》。一函，六册。唐李翱撰。翱字習之，隴西成紀人。貞元十四年進士，官山南東道節度使、檢校户部尚書。《唐書》有傳。書十八卷。元趙汸《東山存稿・書李文公集後》稱「十有八卷，百四篇」，與此本合，乃蘇天爵所藏。是本前有無名氏序，云「邵武郡守西蜀馮君師虞命工梓傳」，云「百三篇」者，筆誤也。

是書明景泰年邢讓鈔本，近徐養元刻之，譌舛最甚。惟毛晉所刻十八卷爲通行善本，此其原録也。

黄丕烈《蕘圃藏書題識續録・集類上》《李文公集》十八卷。舊鈔本。嘉慶丙辰仲秋後三日，黄丕烈假觀。

嘉慶己卯閏四月朔，海虞女士歸樂安席佩蘭道華氏，向小琅嬛福地張氏借讀，一月始還。此唐人集之不易得者，爲述古錢氏、馮二癡先生舊藏。

《李文公集》，余昔藏有兩本，與後九卷同出一板，審其字畫，是明成、弘閒所刻，目録之前無銜名一行，則知前補鈔之九卷從宋本所出，宋金華一跋想亦從真跡鈔者，尤爲難得之祕笈也。芙川先生幸善藏之。道光丙申九月下澣，嘉興錢天樹觀并題。

張金吾《愛日精廬藏書志・別集類》《唐李文公集》十八卷。明感化刊本。唐山南東道節度使、檢校户部尚書李翱字習之撰。何宜序。成化乙未。

張之洞《書目答問・別集》《李文公集》十八卷。唐李翱。汲古閣本。

獨孤郁集

鄭樵《通志・藝文略・別集四》《獨孤郁集》一卷。

白竹簡集

《新唐書・藝文志・別集類》《白竹簡集》二十卷。

鄭樵《通志・藝文略・別集四》《白竹簡集》二十卷。

鄭澣集

《新唐書・藝文志・別集類》《鄭澣集》三十卷。

鄭樵《通志・藝文略・別集四》《鄭澣集》三十卷。

皇甫湜集

《新唐書・藝文志・別集類》《皇甫湜集》三卷。

鄭樵《通志・藝文略・別集四》《皇甫湜集》三卷。

晁公武《郡齋讀書志・別集類中》《皇甫湜文》六卷。右唐皇甫湜持正也。睦州人。元和元年進士，仕至工部郎中。裴度辟東都判官。度修福先寺，欲求碑文於白居易。湜怒曰：「近舍湜而遠取居易，請從此辭。」度謝之。湜即酣飲，援筆立就。度贈車馬繒綵甚厚，湜怒曰：「吾自爲《顧況集序》，未嘗許人。今碑字三千，一字三縑，何遇我薄邪？」度笑曰：「不羈之才也。」從而酬之。今集雜文三十八篇而已。況集序在焉，而碑已亡矣。

洪邁《容齋題跋》《跋皇甫持正集》。皇甫湜、李翱雖爲韓門弟子，而皆不能詩。浯溪石間有湜一詩，爲元結而作，其辭云：「次山有文章，可惋只在碎。然長於指敘，約潔多餘態。心語適相應，出句多分外。於諸作者間，拔戟成一隊。中行雖富劇，粹美君可蓋。子昂《感遇》佳，未若君雅裁。退之全而神，上與千載對。李杜才海翻，高下非可概。文於一氣間，爲物莫與大。先王路不荒，豈不仰吾輩。石屏立衙衙，溪口楊素瀨。我思何人知，徙倚如有待。」味此詩，乃論唐人文章爾，風格殊無可悉也。

尤袤《遂初堂書目・別集類》《皇甫湜集》。

陳振孫《直齋書録解題・別集類上》《皇甫持正集》六卷。唐工部郎中新定皇甫湜持正撰。東都修《福先寺碑》三千字，一字索三縑。其輕傲不羈，非裴晉公鉅德，殆不能容之也。今集纔數十篇，《碑》不復存，意其多所亡逸。然湜之矜負如此，固不苟爲人作，人亦未必敢求之也。

馬端臨《文獻通考・經籍考・別集》《皇甫持正集》六卷。

《宋史・藝文志・別集類》《皇甫湜集》八卷。

楊士奇等《文淵閣書目・文集》《皇甫持正文集》。一部，一册。完全。《皇甫持正文集》。一部，一册。闕。

高儒《百川書志・唐文》《皇甫持正文集》。六卷。工部郎中新安皇甫湜也。文才三十九篇。

張萱等《内閣藏書目録・集部》《皇甫持正文集》一册，全。唐皇甫湜著。

毛晉《汲古閣書跋》《皇甫持正集》。持正，睦州新安人也。元和初進士，爲陸渾尉，仕至工部郎中。辨急使酒，數忤同省，求分司東都留守。裴度辟爲判官。度修福先寺，將立碑，求文於白居易，湜大怒曰：「近捨湜而遠徵居易，請從此辭。」度謝罪未遑，湜即請斗酒，飲酣，援筆立就。度贈以車馬繒綵甚厚，湜又大怒曰：「吾自爲《顧況集序》，未嘗許人。今碑字三千，一字三縑，何遇我薄耶！」度笑曰：「不羈之才也。」從而酬之。今總集六卷，凡三十八篇，而碑文已亡，豈逸稿尚多耶？抑未易輕求，不苟爲人作耶？其歌詩亦不傳。洪容齋曰：「皇甫湜、李翺雖爲韓門弟子，而皆不能詩。嘗見浯溪詩一篇，爲元結而作，其辭云：『次山有文章，可惋只在碎。然長於指叙，約潔多餘態。心語適相應，出句多分外。於諸作者間，拔戟成一隊。中行雖富劇，粹美君可蓋。子昂《感遇》佳，未若君雅裁。退之全而神，上與千載對。李杜才海翻，高下非可概。文於一氣間，爲物莫與大。先王路不荒，豈不仰吾輩。石屏立衙衙，溪口揚素瀨，我思何人知，徙倚如有待。』此詩乃評論唐人文章風格，殊無可采也。」

錢謙益等《絳雲樓書目・唐文集類》《皇甫持正集》一册。六卷，有舊刻，王文恪公序，遠勝汲古閣板。

錢曾《讀書敏求記・集》《皇甫持正集》十卷。孫可之得文章要訣于來無擇，無擇得之于皇甫持正，持正得之于韓吏部。退之斯文，自有真傳，非同俗學之冥行擿埴，自以剽耳傭目爲能事也。是集予從閩本鈔録，因記得樂天《哭皇甫七郎中》詩：「《涉江》文一首，便可敵公卿。」注云：「持正奇文甚多，《涉江》一篇尤佳」。而此缺之，知持正之文，亡逸者多矣。

《四庫提要・別集類三》《皇甫持正集》六卷。浙江鮑士恭家藏本。唐皇甫湜撰。湜，睦州人，持正其字也。元和元年進士，解褐爲陸渾尉，仕至工部郎中。卞急使氣，數忤同省，求分司。裴度特愛之，辟爲東都判官。其集《唐志》作三卷，晁公武《讀書志》作六卷，雜文三十八篇，與今本合。《唐書》本傳載湜爲度作（光福寺）〔福先寺〕碑文，酬飲援筆立就，度贈車馬繒綵甚厚。湜曰：「吾自爲《顧況集序》，未嘗許人。今碑字三千，一字三縑，何遇我薄耶！」高彦休《唐闕史》亦載是碑，并記其字數甚詳。蓋實有是作，非史之謬。然此本僅載況集序，而碑文已佚，即《集古》、《金石》二録已均不載，此碑殆唐末尚存，故彦休得見。五代兵燹，遂已亡失歟！足證此本爲宋人重編，非唐時之舊矣。其文與李翺同出韓愈。翺得愈之醇，而湜得愈之奇崛。其答李生三書，盛氣攻辨，又甚於愈。然如《編年》、《紀傳》、《論孟子荀子言性論》，亦未嘗不持論平允。鄭玉《師山遺文》有《與洪君實書》曰「所假《皇甫集》，連日細看，大抵不愜人意。其言語叙次，卻是著力鋪排，往往反傷工巧，終無自然氣象。其記文中又多叶韻語，殊非大家數」云云。蓋講學之家，不甚解文章體例，持論往往如斯，亦不足辨也。集中無詩，洪邁《容齋隨筆》嘗記其《浯溪》一篇，以爲風格無可采。陸游跋湜集，則以爲自是傑作，邁語爲傳寫之誤。今考此詩，爲論文而作，李白集之《大雅久不作》一篇，蘇軾集之《我雖不工書》一篇，即是此格，安可全詆。游之所辨是也。游集又有一跋，謂司空圖論詩，有「皇甫祠部文集外所作，亦爲遒逸」之語，疑湜亦有詩集。又謂張文昌集無一篇文，李習之集無一篇詩，皆詩文各爲集之故。其説則不盡然。三人非漠漠無聞之流，果别有詩集、文集，豈有自唐以來都不著録者乎！

錢東垣等輯《崇文總目・别集類二》《皇甫湜文集》一卷。

張金吾《愛日精廬藏書志・别集類》《皇甫持正文集》六卷。毛板校本。唐皇浦湜字持正撰。卷末有題識云：「康熙己亥孟冬，將叢書堂抄本對校。」

張之洞《書目答問・別集》《皇甫持正集》六卷。唐皇甫湜。汲古閣本。

元積集

《宋史・藝文志・別集類》《元積集》四十八卷。

元相逸詩

《宋史・藝文志・別集類》《元相逸詩》二卷。

元稹詩

高儒《百川書志・唐詩》《元稹詩》。尚書右丞河南元稹徽之也。按,「徽」當作「微」。

元稹長慶集　外集

《新唐書・藝文志・别集類》《元氏長慶集》一百卷。元稹撰。

鄭樵《通志・藝文略・别集四》《元氏長慶集》一百卷。

晁公武《郡齋讀書志・别集類中》《元稹長慶集》六十卷,《外集》一卷。右唐元稹微之也。河南人。擢明經,書判入等,授校書郎。元和初,舉制科,對策第一,拜左拾遺。在江陵,與監軍崔潭峻善,潭峻以稹歌詩奏御,穆宗賞悦,除祠部郎中,知制誥。未幾,入翰林,爲中書舍人、承旨學士。長慶二年,拜同中書門下平章事。稹爲文長於詩,與白居易齊名,號「元和體」,往往播樂府。穆宗在東宫,妃嬪近習皆誦之,宫中呼爲元才子。及知制誥,變詔書體,務純厚明初,盛傳一時。有《長慶集》百卷,今亡其四十卷。又有《外集》一卷,詩五十二篇,皆宫體也。

尤袤《遂初堂書目・别集類》《元稹長慶集》。

陳振孫《直齋書録解題・别集類上》《元氏長慶集》六十卷。唐宰相河南元稹微之撰。《中興書目》止四十八卷,又有《逸詩》二卷。稹嘗自彙其詩爲十體,其末爲艷詩,暈眉約鬢,匹配色澤,劇婦人之怪艷者。今世所傳《李娃》、《鶯鶯》、《夢遊春》、《古决絶句》、《贈雙文》、《示楊瓊》諸詩,皆不見於六十卷中。意館中所謂「逸詩」者,即其艷體者耶?稹初與白樂天齊名,文章相上下,出處亦不相悖。晚而欲速化,依奄宦得相,卒爲小人之歸,而居易終始全節。嗚呼!爲士者可以鑒矣!

馬端臨《文獻通考・經籍考・别集》《元稹長慶集》六十卷,《外集》一卷。

楊士奇等《文淵閣書目・文集》《元氏長慶集》。一部,六册。闕。《元氏長慶集》。一部,四册。闕。

高儒《百川書志・唐文》《元氏長慶集》六十卷,《集外文章》一卷。中書門下平章事河南元稹微之也。

徐𤊹《徐氏家藏書目・文集類》《元稹長慶集》六十卷。

錢謙益等《絳雲樓書目・唐文集類》《元氏長慶集》。

錢曾《讀書敏求記・集》《元氏長慶集》六十卷。弘治元年,楊君謙鈔微之集,行間多空字,蓋因宋本歲久漫滅,而不敢益之也。《代書詩一百韻》「光陰聽話移」後全闕,乃宋本脱去二葉,故無從補入耳。嘉靖壬子,東吴董氏用此本翻雕,而以己意妄填空字,可資捧腹。亂後,牧翁得北宋刻微之全集于南城廢殿,向所闕誤,一一完好,遂校之于此本,手自補寫脱簡。牧翁云:「微之集殘闕四百餘年,一旦復爲全書,寶玉大弓,其猶歸魯之徵歟!」

于敏中等《天禄琳琅書目・明版集部》《元氏長慶集》。一函,十四册。唐元稹著,六十卷。前宋劉麟序,後附稹集外詩一章,文一篇。

按:劉麟不見《宋史》,爵里無可考。序文之末標爲「建安人,字應禮」。其序作於宣和甲辰,自稱其父先經鈔寫,因閲手澤,募工刊行,則麟殆首刊稹集之人歟?此書版式實爲明槧,而猶存此序者,蓋沿其舊也。

明内府藏本,有「内府圖書」。其「王氏」、「趙氏」印未詳。

闕補卷十、五、六。卷二十六。三、四。

《元氏長慶集》。一函,八册。篇目同前。

此即前版,而紙墨之佳,槧印之善,遠出前部上矣。明陸完、文徵明藏本。完,見前。徵明有「玉蘭堂印」。又有「春草堂印」。考朱彝尊《明詩綜》小傳,載朱茂曙字子衡,太傅國祚之孫,有《春草堂遺稿》,此印當其所鈐。

本朝泰興季氏亦經收藏。

《四庫提要・别集類四》《元氏長慶集》六十卷,《補遺》六卷。通行本。唐元稹撰。稹事蹟具《唐書》本傳。考稹與白居易書,稱:「河東李明府景儉在江陵時,僻好僕詩章,僕因撰成卷軸。其中有旨意可觀而詞近古往者爲古諷,意亦可觀而流在樂府者爲樂諷,詞雖近古而止於吟寫性情者爲古體,詞實樂流而止於模象物色者爲新題樂府,聲勢沿順、屬對穩切者爲律詩,仍以五、七言爲兩體,其中有稍存寄興與諷爲流者爲律諷。」又稱有悼亡詩數十首,豔詩百餘首,自十六時至元和七年,有詩八百餘首,成二十卷。又稱「昨巴南道中有詩五十首,又書中得七年以後所爲向二百篇。」然則稹三十七歲之時,已有詩千餘首。《唐書》本傳稱,稹卒時年五十三,其後十六年中,又不知所作凡幾矣。白居易作稹墓誌,稱著文一百卷,題曰《元氏長慶集》。《唐書・藝文志》又載有小集十卷。然原本已闕佚不傳，此本爲宋宣和甲辰建安劉麟所傳，明松江馬元調重刊。自一卷至八卷前半爲古詩，八卷後半至九卷爲傷悼詩，十卷至二十二卷爲律詩，二十三卷爲古樂府，二十四卷至二十六卷爲新樂府，二十七卷爲賦，二十八卷爲策，二十九卷至三十一卷爲書，三十二卷至三十九卷爲表狀，四十卷至五十卷爲制誥，五十一卷爲序記，五十二卷至五十八卷爲碑誌，五十九卷至六十卷爲告祭文。其卷帙與舊説不符，即標目亦與自敘迥異，不知爲何人所重編。前有麟序，稱「稹文雖盛傳一時，厥後浸以不顯，惟嗜書者時時傳録。某先人嘗手自鈔寫，謹募工刻行」云云，則麟及其父均未嘗有所增損，蓋在北宋即僅有此殘本爾。

錢東垣等輯《崇文總目・別集類三》《元稹長慶集》十卷。

張之洞《書目答問・別集》《元氏長慶集》六十卷，《補遺》六卷。唐元稹。

長慶小集

《新唐書・藝文志・別集類》《長慶小集》十卷。元稹。

鄭樵《通志・藝文略・別集四》《長慶小集》十卷。

錢東垣等輯《崇文總目・別集類六》《長慶小集》十卷。元稹撰。

元稹制集

錢東垣等輯《崇文總目・別集類六》《元稹制集》二卷。李紳注。

長江集

《新唐書・藝文志・別集類》賈島《長江集》十卷。

鄭樵《通志・藝文略・別集四》賈島《長江集》十卷。

晁公武《郡齋讀書志・別集類中》賈島《長江集》十卷。右唐賈島閬仙也。詩共三百七十九首。《唐書》稱島「范陽人，初爲浮屠，名無本。後從韓愈，遂去浮屠，舉進士，累舉不第。文宗時，坐飛謗，謫長江主簿。會昌初，終普州司倉參軍」。今長江祠堂中有石刻，大中九年墨制也。大中，宣宗年號，與傳不合。《摭言》又載武宗時謫去，尤差誤。

尤袤《遂初堂書目・別集類》賈島《長江集》。

陳振孫《直齋書録解題・詩集類上》《賈島長江集》十卷。唐長江尉范陽賈島閬仙撰。韓退之有《送無本》詩，即其人也。後返初服，舉進士不第。文宗時作飛謗，貶長江。會昌初以普州參軍卒。案：《唐書》賈島會昌初以普州司倉參軍遷司户，未受命卒。原本作「晉州」，今改正。本傳所載如此。今遂寧刊本首載大中墨制云：「比者禮部奏卿風狂，且養疾關外，今卻攜卷軸潛至京城，遇朕微行，聞卿諷詠，觀其志業，可謂屈人，是用顯我特恩，賜卿墨制，宜從短簿，別俟殊科。」與傳所稱誹謗不同。蓋宣宗好微行，小説載島應對忤旨，好事者撰此制以實之，安有微行而顯著訓詞者？首稱「奏卿風狂」，尤爲可笑，當以本傳爲正，本傳亦據墓志也。唐貴進士科，故誌言責授長江，如温飛卿亦謫方城尉，當時爲鄉貢進士不博上州刺史則簿尉，固宜謂之責授。若使今世進士得罪而責授簿尉，則惟恐責之不早耳。

馬端臨《文獻通考・經籍考・詩集》《賈長江集》十卷。

《宋史・藝文志・別集類》《賈島詩》一卷。

高儒《百川書志・唐詩》浪仙《長江集》七卷。長江尉賈島著。

范邦甸等《天一閣書目・別集類》《賈浪仙集》七卷。刊本。唐長江尉賈島著。

徐𤊹《徐氏家藏書目・文集類》《賈島詩》十卷。

錢謙益等《絳雲樓書目・唐詩類》賈島《長江集》。十卷。

《四庫提要・別集類三》《長江集》十卷。浙江汪啓淑家藏本。唐賈島撰。島字閬仙，范陽人。初爲僧，名無本。後返初服，舉進士不第。坐謗責授長江主簿，終於普州司倉參軍。島之謫也，《唐書》本傳謂在文宗時，王定保《摭言》謂在武宗時。晁公武《讀書志》謂長江祠中有宣宗大中九年墨制石刻，陳振孫《書録解題》亦稱遂寧刊本首載此制，二人皆辨其非。今考集中卷二有《寄與令狐相公》詩，不署其名，卷五有《送令狐綯相公》詩，卷六有《謝令狐綯相公賜衣九事》詩，又有《寄令狐綯相公》詩二首，則顯出綯名。考綯本傳，其爲相在大中四年十月，與石刻墨制年號相合。然韓愈《送無本師歸范陽》詩，年譜在元和六年。本傳載島卒時年五十六，從大中九年逆數至元和六年，凡四十五年，則愈贈詩時，島纔十二歲。自長江移普州又在其後，則愈贈詩時，島不滿十歲，恐無此理。今檢與綯諸詩，皆明言在長江以後，尚無顯證。至送綯詩中有「梁園趨旌節」句，又有「是日榮遊汴，當時怯往陳」句，當是楚鎮河中之時，若綯則未嘗爲是官，島安得有是語乎！知原集但作令狐相公，遂寧本各增一綯字，以遷就大中九年之制。經晁、陳二家辨明，故後來刊本削去此制，而詩題所妄增，則未及改正耳。晁氏稱《長江集》十卷，詩三百七十九首。此本共存三百七十八首，僅佚其一，蓋猶舊本。《唐音統籤》載島《送無可上人》詩「獨行潭底影，數息樹邊身」二句之下，自注一絶云：「二句三年得，一吟雙淚流。知音如不賞，歸臥故山秋。」晁氏其併此數之爲三百七十九耶？集中《劒客》一首，明代選本末二句皆作「今日把示君，誰有不平事」，惟舊本《才調集》「誰有」作「誰爲」。案，「爲」字去聲。馮舒兄弟嘗論之，以「有」字爲後人妄改。今此集正作「誰爲」，然則猶舊本之未改者矣。

錢東垣等輯《崇文總目・別集類三》《賈島集》十卷。

黄丕烈《蕘圃藏書題識・集類一》賈浪仙《長江集》七卷。明刻本。《賈長江集》十卷宋刻本，藏揚州阮氏，其毛鈔影宋藏余家。余曾借宋刻校影宋，所差毫釐矣。此外又有舊鈔，爲義門學士手校，無古詩，序次亦多不同。何以張氏藏書棚本校，張氏本即阮氏本也，余因借校知之。此册爲余友訒菴張君所收，云是郡故家物。余見其友葉子寅圖記，朱筆校亦似其手迹，遂借歸，出毛鈔勘之。其卷一數番校字悉同於宋本，分卷一處注曰「卷一」，於五絶中《劒客》等首皆注曰「一之幾」，宋刻不分體，故卷一古、今體俱有。是校本親見十卷本也。不知何以於《寄孟協律》一題已下皆無校字，遂使此刻之訛謬百出，未經勘正，爲可恨爾。余還書之日，數語以記是書源流。儻訒菴有意續校，當舉所藏界之，俾《長江集》又添一善本，豈不美與。戊寅六月大盡日，復翁識。

黄丕烈《蕘圃藏書題識續録・集類上》《賈長江詩集》十卷。舊鈔本。嘉慶戊辰秋，錢唐何夢華攜雲臺中丞所藏宋刻《賈長江集》有鈔補者借校一過。其書爲泰興季振宜藏本，後歸延令張氏三鳳堂，毛氏所鈔未必出此，故前之墓銘、後之傳皆阮本所無而毛獨有。余又藏一舊鈔本，何義門先生跋云：「後得張氏所藏書棚本再校，止改《登樓》落句一『比』字耳。」今與阮本對勘，正同，是即當時何氏所云張氏藏本也。此黄筆注宋本者，都與阮本合。閒有脱校，以硃筆注於下方。阮本宋刻存數附載於後。

宋刻存數：目録。第七葉。卷一。第二葉至第七葉。卷二。第一葉、二葉、四葉至第八葉。卷三。第一葉至第九葉。卷四。第一葉至第九葉。卷五。第一葉至第九葉。卷六。第一葉至第九葉。卷七。第一葉至第九葉。卷八。第一葉至第九葉。卷九。第一葉至第四葉。卷十第三葉至第六葉上半。共七十五葉半。

張之洞《書目答問・別集》《長江集》十卷，附録一卷。唐賈島。席氏本。汲古閣本。

張金吾《愛日精廬藏書志・別集類》賈浪仙《長江集》十卷。精抄本。錢履之藏書。唐范陽賈島浪仙撰。前有《新唐書》本傳、韓文公《送島歸范陽》詩題、浪仙贊及蘇絳撰墓銘、唐宣宗賜島墨制。王遠後序。紹興二年。

賈島小集

《新唐書・藝文志・別集類》《賈島小集》三卷。

鄭樵《通志・藝文志・別集四》《賈島小集》三卷。

《宋史・藝文志・別集類》《賈島小集》八卷。

錢謙益等《絳雲樓書目・唐詩類》《賈島小集》三卷。

錢東垣等輯《崇文總目・別集類三》《賈島小集》三卷。

無本詩

高儒《百川書志・唐詩》《無本詩》。即賈島初爲僧之作也，纔四首。

無可集

尤袤《遂初堂書目・別集類》《僧無可集》。

陳振孫《直齋書録解題・詩集類上》《無可集》一卷。唐僧賈無可撰。島弟也。

馬端臨《文獻通考・經籍考・詩集》《無可集》一卷。

《宋史・藝文志・別集類》《僧無可詩》一卷。

高儒《百川書志・唐詩》《僧無可集》一卷。無本同時人，或曰無本弟也。

徐𤊹《徐氏家藏書目・文集類》《僧無可詩》一卷。

莊南傑集

陳振孫《直齋書録解題・詩集類上》《莊南傑集》一卷。唐進士莊南傑撰。與賈島同時。

馬端臨《文獻通考・經籍考・詩集》《莊南傑集》一卷。

《宋史・藝文志・別集類》《莊南傑雜歌行》一卷。

錢東垣等輯《崇文總目・別集類五》《莊南傑歌詩》一卷。

牛僧孺集

鄭樵《通志・藝文略・別集四》《牛僧孺集》二卷。

尤袤《遂初堂書目・別集類》《牛僧孺集》。

《宋史・藝文志・別集類》《牛僧孺集》五卷。

牛僧孺論集

鄭樵《通志・藝文略・論》《牛僧孺論》一卷。

錢東垣等輯《崇文總目・別集類六》《牛僧孺論集》一卷。

姚少監詩集

《新唐書・藝文志・別集類》《姚合詩集》十卷。

鄭樵《通志・藝文略・別集五》《姚合詩集》十卷。

晁公武《郡齋讀書志・別集類中》《姚合詩》十卷。右唐姚合也。崇曾孫，以詩聞。元和十一年，李逢吉知舉進士，歷武功主簿，富平、萬年尉。寶應中，監察、殿中御史，户部員外郎，出金、杭二州刺史，爲刑、户二部郎中，諫議大夫，給事中，陝虢觀察使。開成末，終祕書監。世號姚武功云。

陳振孫《直齋書録解題・詩集類上》《姚少監集》十卷。唐秘書少監姚合撰。崇之曾孫也。元和十一年進士，嘗爲杭州刺史，開成末終秘書監。川本卷數同，編次異。

馬端臨《文獻通考・經籍考・詩集》《姚少監集》十卷。

《宋史・藝文志・別集類》《姚合詩集》十卷。

楊士奇等《文淵閣書目・詩詞》《姚合少監詩》。一部，二册。殘缺。

徐𤊹《徐氏家藏書目・文集類》《姚合詩》一卷。

毛晉《汲古閣書跋》《姚少監詩集》。《唐書》載合于《姚崇傳》中，甚略。余按，合乃宰相崇之曾孫，未詳其字。元和十一年，李逢吉知舉進士，調武功主簿，世號姚武功。又爲富平萬年尉，寶應中，歷監察殿中御史、户部員外郎，出荆、杭二州刺史，爲户、刑二部郎中，諫議大夫、給事中，陝虢觀察使。開成末，終祕書監。與馬戴、費冠卿、殷堯藩、張籍游，喜採僧詩。如清教云「香連雲舍像」，雲容云「木末上明星」，荆州僧云「犬熟獲鄰房」，吟之不輟。李頻師之。方玄英哭之云：「入室幾人爲弟子，爲儒是處哭先生。」仰止極矣。隱湖晉潛在丁酉春朝識于追雲舫中。

天啓丁卯，余梓《極玄集》，迺姚武功取王維至戴叔倫二十餘人詩一百首，曰：「此詩家射雕手也。」遂願遘其本集，卒不可得。偶閲《緇林法語》，見「移花兼蝶至，買石得雲饒」十字，□謂禪悟後語。既讀《主客圖》，方知出武功手。繼從《紀事》，又讀「一日看除目，終年損道心」，豈食烟火人能道隻字！廣搜博訪十有餘年，真所謂「求之不得，寤寐思服」也。迨崇禎壬午秋，忽從錫籠中獲此本，凡十卷，蓋吾宗圖記，印抄宋刻，豈武功有靈，錫我百朋耶！擊節欣賞三日夜，急授諸梓，未知海内亦有如飢如渴如余者否。但未及招與公于臨頓里中，亦用率更筆法，與浪仙、長吉媲美，洵一恨事。晉又識。

此浙本也，川本編次稍異。余向藏宋治平王頤石刻《武功縣中詩》三十首，詮次不同：「縣去京城遠」一，「方拙天然性」二，「微官如馬足」三，「縣僻仍寥落」四，「簿書多不會」五，「曉鐘驚睡覺」六，「自下青山路」七，「性疏常愛卧」八，「日出方能起」九,「客至皆相笑」十,「一日看除目」十一,「作吏荒城裏」十二,「誰念東山客」十三,「鄰里皆相愛」十四,「窮達天應與」十五,「閉門風雨裏」十六,「朝朝眉不展」十七,「簿籍誰能問」十八,「腥膻都不食」十九,「宦名渾不計」二十,「假日都無事」廿一,「一官無限日」廿二,「朝朝門不閉」廿三,「欲依循循術」廿四,「漫作容身計」廿五,「主印三年坐」廿六,「長憶青山下」廿七,「自知狂僻性」廿八,「作吏渾無思」廿九,「門外青山路」三十。其字句差池,夾注行間。石本今已失去,每詠表聖「亡書久似憶良朋」之句,爲之泫然。晉又識。

錢謙益等《絳雲樓書目・唐詩類》

《姚少監集》。十卷。名合,元之曾孫也。

《四庫提要・別集類四》

《姚少監詩集》十卷。江蘇巡撫採進本。 唐姚合撰。合。宰相崇之曾孫也,登元和十一年進士第,調武功主簿,又爲富平、萬年二縣尉。寶應中歷監察殿中御史、户部員外郎,出爲荆、杭二州刺史,後爲户、刑二部郎中,諫議大夫,陝、虢觀察使。開成末,終於祕書少監。然詩家皆謂之姚武功,其詩派亦稱武功體,以其早作《武功縣詩》三十首,爲世傳誦,故相習而不能改也。合選《極玄集》,去取至爲精審。自稱所録爲詩家射雕手,論者以爲不誣。其自作則刻意苦吟,冥搜物象,務求古人體貌所未到。張爲作《主客圖》,以李益爲清奇雅正主,以合爲入室。然合詩格與益不相類,不知爲何以云然。其集在北宋不甚顯,至南宋永嘉四靈,始奉以爲宗。其末流寫景於瑣屑,寄情於偏僻,遂爲論者所排。然由摹倣者滯於一家,趨而愈下,要不必追咎作始,遽懲羹而吹虀也。此本爲毛晉所刻,分類編次,唐人從無此例,殆宋人所重編。晉跋稱此爲浙本,尚有川本,編次小異。又稱得宋治平四年王䪾石刻《武功縣詩》三十首,其次序字句皆有不同。然則非唐時舊本審矣。

錢東垣等輯《崇文總目・別集類三》

《姚合詩》一卷。

黃丕烈《蕘圃藏書題識・集類一》

《姚少監文集》六卷。校宋本。 宋本唐人文集有「翰林國史院官書」朱印者,予所見者劉賓客、劉隨州,係從陸西屏家得來。西屏除二本外,尚有幾册,未能記其名目。西屏故後,書籍散亡,屬伊族姪樹屏蒐訪,已杳不可得。今此過訪周香嚴,見案頭有《姚少監集》,實陸家故物也,遂假歸校勘,惜殘缺與二劉同。世閒好物,不堅牢有如是耶!書此以誌慨。丙辰十月望前二日,棘人黃丕烈。在卷首。

《水東日記》云:宋時所刻書,其匡廓中摺行上下不留黑牌,首則刻工私記本板字數,次書名,次卷第數目,其末刻工姓名以及字總數。余所見當時印本如此。浦宗源家有司馬公《傳家集》,行款皆然。又潔白厚紙所印,乃知古書籍不惟雕鐫不苟,雖摹印亦不苟也。《梅花草堂筆談》云:有傳視宋刻者,其文鉤畫如繡,手模之,若窪窿然。故出紹興守家,其先憲副藏書也。問故,將質以償路符之費,且戒售者勿洩,有是哉!

此二條係陸西屏所寫附於宋本後者,今并録之以備考。

《姚少監文集》五卷。舊鈔本。 此《姚少監詩集》五卷殘宋本,亦出郡城陸西屏家,向爲翰林國史院官書。余所得殘宋本二劉文集,板刻正與此同,西屏家物也。此後出,周香嚴歸之,因借而命門僕影鈔,俾與二劉並藏焉。甲子小春月萬壽日裝成并記,黃丕烈。

《姚少監文集》,殘宋本。存卷一至卷五。 此書舊藏陸西屏家,爲水月亭周丈香嚴所得,余曾借鈔其副。壬申五月十有一日,爲余五十賤辰,諸親友之以禮物相遺者,余敬謝,弗敢拜嘉。而相知中又有以筆墨文玩諸物爲贈,則弗敢固辭矣。是書贈自香嚴,有札云:「《姚武功集》雖未全,尚是宋版宋印,且有元官印,可寶。奉送聊以當祝,幸哂存之。」蓋香嚴喜藏書,家多祕本,先余數十年而收藏者,今年已七十外矣。知余有同嗜,故蹤跡甚密。余每購得一書,攜以相質,有須參考者,必往借所藏祕本證之。二十年來,可謂同志之友矣。向時尚有抱沖、壽階,今兩君皆先後下世,唯周丈與余,一老一艾,孜孜於故紙堆中尋活計,可喜亦可憂也。其所贈適及是書者,先是,西屏家有劉長卿、劉禹錫集,皆宋刻殘本,皆有「翰林國史院官書」印,爲余所得,故以此歸余,俾散者復聚。且稔知余所藏《孟浩然集》、《孟東野集》,皆與此本同一板式。今又得此,唐集宋刻又多一種,可見好書之心,在書得其所,不論獨有爲祕也。余之跋此,非第感朋友贈遺之厚,且以誌書籍彙聚之難。後之得是書者,幸勿以其不全而忽之。壬申六月十有八日,百宋一廛主人黃丕烈識。

卷一至卷五全,目録存五葉,第六卷後目録割去。 統計四十七葉。年來生計日拙,力不足以副書,所藏珍祕大半散失。二孟集之一全一缺,同此翰林國史院官書,已歸他所,今所存,惟此原出西屏家之三種矣。香嚴與余雖皆日就老耄,而處境亦略似,故不無散失焉。聚久必散,理或然與!書此自慰。戊寅元旦,復翁識。

己卯秋重展,其去香嚴殁已五月餘矣。并記。

《姚少監詩集》十卷。汲古閣鈔本。 余向藏姚少監集,止五卷,殘宋刊也。頃從小讀書堆收得毛子晉舊藏姚集前五卷,審是明人鈔本,後五卷似後來鈔補,不知與前五卷是一是二否。子晉但云此浙本也,川本編次稍異。今取殘宋本對之，果異。蓋相傳殘宋刊是蜀本，當即子晉所云川本，而與此之川本異者，宜其説之合也。唐人詩集，舊刊面目往往不同，附存其説於此，以諗好古者云。己卯秋，復翁。

黃丕烈《蕘圃藏書題識續録・集類上》《姚少監文集》五卷。宋刻殘本。

【略】大隆案：繆輯本誤脱，今據鐵琴銅劍樓宋元書影補。

張之洞《書目答問・別集》《姚少監詩集》十卷。唐姚合。汲古閣本。席氏本。

姚郃詩

錢東垣等輯《崇文總目・別集類四》《姚郃詩》一卷。

僧棲白集

陳振孫《直齋書録解題・詩集類上》《棲白集》一卷。

馬端臨《文獻通考・經籍考・詩集》《(柳)[棲]白集》一卷。

《宋史・藝文志・別集類》《僧棲白詩》一卷。

顧櫰三《補五代史藝文志・詩文集類》《僧棲白詩》一卷。

桂香詩

鄭樵《通志・藝文略・別集五》《桂香詩》一卷。喬舜。

錢東垣等輯《崇文總目・別集類四》《桂香詩》一卷。喬舜撰。

擬謡

《宋史・藝文志・別集類》喬舜《擬謡》十卷。

顧櫰三《補五代史藝文志・詩文集類》喬舜《擬謡》十卷。

司馬禮集

尤袤《遂初堂書目・別集類》《司馬禮集》。

李衛公文集

《新唐書・藝文志・別集類》李德裕《會昌一品集》二十卷。《姑臧集》五卷。《雜賦》二卷。《窮愁志》三卷。

鄭樵《通志・藝文略・別集四》李德裕《姑臧集》五卷。《會昌一品集》二十卷。《一品外集》十卷。《別集》八卷。《窮愁志》三卷。又鄭樵《通志・藝文略・賦》《李德裕賦》二卷。

晁公武《郡齋讀書志・別集類中》李德裕《會昌一品集》二十卷《姑臧集》五卷《平泉詩》一卷《窮愁志》三卷《別集》八卷又《賦》一卷。右唐李德裕文饒也。趙郡人。宰相吉甫之子。少力於學，既冠，卓犖有大節。不喜與諸生試有司，憲宗時，以廕補校書郎。穆宗時，擢翰林學士，號令大典皆出其手。進中書舍人，召兵部尚書、中書門下平章事。會昌初，復秉政。平澤潞，策功拜太尉，封衛公。大中貶崖州司户參軍，三年，卒。德裕性孤峭，明辨有風采，善爲文章。雖在大位，手不去書。謀議援古，袞袞可喜，爲武宗所知。常以經綸天下爲己任，時王室幾中興焉。《一品集》，鄭亞爲之序，皆會昌制誥、表狀、外内册贊、碑序文也。賦詩四首。《窮愁志》乃在崖州時所撰。《姑臧集》題段全緯纂，上四卷亦制誥，第五乃《戞黠斯朝貢傳》與八詩。《別集》乃裒合古賦、《平泉詩》、集外雜著。又有《古賦》一卷，載《金松》等四賦。

尤袤《遂初堂書目・別集類》李衛公《會昌集》。

陳振孫《直齋書録解題・別集類上》《會昌一品集》二十卷《別集》十卷《外集》四卷。唐宰相趙郡李德裕文饒撰。《一品集》者，皆會昌在相位制誥、詔册、表疏之類也；《別集》詩賦、雜著；《外集》則《窮愁志》也。德裕自穆宗時已掌内外制，累踐方鎮，遂相文宗，平生著述詎止此，此外有《姑臧集》五卷而已，其不傳於世者亦多矣。《窮愁志》晚年遷謫後所作，凡四十九篇，其論精深，其詞峻潔，可見其英偉之氣。《周秦行紀》一篇奇章，怨家所爲，而文饒遂信之爾。

《李衛公備全集》五十卷《年譜》一卷《摭遺》一卷。比永嘉及蜀本三十四卷之外，有《姑臧集》五卷，《獻替記》、《辨謗略》等諸書共十一卷。知鎮江府江陰耿秉直之所輯；并考次爲《年譜》、《摭遺》。《姑臧集》者，兵部員外郎段令緯所集，前四卷皆西掖、北門制草，末卷惟《黠戛斯朝貢圖》及歌詩數篇。其曰「姑臧」，未詳。衛公三爲浙西，出入十年，皆治京口，故秉直刻其集。若永嘉，則其事頗異。郡故有海神廟，本城北隅叢祠。元祐中太守范峋夢其神自言李姓，唐武宗時宰相，南遷以没。寤而意其爲德裕，訪得其祠，遂作新廟，且列上其事。自是日盛，賜廟額，封王爵。然衛公平生於温，蓋邈乎不相及也，殊有不可曉者。

《平泉雜文》一卷。即《别集》第九、第十卷。平泉山居所作詩、賦、記也。

馬端臨《文獻通考・經籍考・别集》 《會昌一品集》二十卷《别集》十卷《外集》四卷。【略】《李衛公備全集》五十卷《年譜》一卷《摭遺》一卷。【略】《平泉雜文》一卷。

《宋史・藝文志・别集類》 《李德裕集》二十卷。《别集》十卷。又《姑臧集》五卷。德裕翰苑所作。《雜賦》二卷。又李德裕《窮愁志》三卷。《記集》二卷。《平泉草木記》一卷。

楊士奇等《文淵閣書目・文集》 《李衛公文集》。一部，八册。殘缺。《李衛公文集》。一部，八册。闕。《李衛公文集》。一部，六册。闕。

范邦甸等《天一閣書目・别集類》 《李文饒文集》二十卷《别集》十卷《外集》四卷。刊本。唐衛國公贊皇李德裕著，《文集》二十卷，署曰《會昌一品制集》，鄭亞序。《外集》四卷，自署爲《窮愁志》，宋紹興己卯建安邵某守袁州合刻之，序其後。

張萱《内閣藏書目録・集部》 《李衛公文集》，五册，不全。唐李德裕著，即《會昌一品集》。又二册，不全。

錢謙益等《絳雲樓書目・唐文集類》 《李衛公文集》。《會昌一品集》二十卷《姑臧集》五卷。鄭亞序，宋刻全集五十卷。

《四庫提要・别集類三》 《會昌一品集》二十卷，《别集》十卷，《外集》四卷。江蘇巡撫採進本。唐李德裕撰。德裕有《次柳氏舊聞》，已著録。是編凡分三集：《會昌一品集》，皆武宗時制誥，《外集》皆賦詩雜文，《窮愁志》則遷謫以後閒居論史之文也。明代袁州有刊本，然僅《會昌一品集》十卷，《外集》四卷。此本《正集》二十卷，《别集》十卷，《外集》四卷，即《窮愁志》，與晁公武《讀書志》所載相合，意即蜀本之舊歟。陳振孫《書録解題》稱《衛公備全集》五十卷，《年譜》一卷，又稱蜀本之外有《姑臧集》五卷，《獻替録》、《辨謗略》諸書共十一卷，則其本不傳久矣。史言德裕在穆宗朝爲翰林學士，號令大典册咸出其手，而文多不傳，意皆在五十卷内也。《會昌一品集序》鄭亞所作，《李商隱集》所謂「滎陽公」者是也。其文亦見商隱集序，稱代亞作，而兩本異同者不一。考尋文義，皆以此集所載爲長，蓋亞所改定之本云。

錢東垣等輯《崇文總目・别集類二》 《會昌一品集》二十卷。李德裕撰。又《别集類二》《姑臧集》五卷。李德裕撰，段令緯集。又《别集類五》《李德裕賦》二卷。又《别集類六》《窮愁志》二卷。□李德裕撰。

黄丕烈《蕘圃藏書題識・集類一》 《李衛公文集》十七卷，《外集》四卷。《别集》四卷。校宋、明鈔本。《文集》卷十八至二十、《别集》卷一至六均闕。【略】

《李文饒文集》十六卷。鈔本。余藏《李文饒文集》多矣。有吴方山藏舊鈔殘本宋刻十卷，殘本舊鈔正集、别集本，手校殘宋明刻二十卷本，紅格舊鈔殘本有外集本。年來吴本已補全售去，殘宋亦他徙，篋中止有二本矣。頃陳貞白家書散出，復得此殘鈔本十六卷。覩序文，知原來如是，非鈔後逸也。序中「犬子」二字，獨此與宋刻合，他本不及，因急收之。賈人索直□□金，余以家刻書易之。蕘夫。

癸未歲初，整理案頭堆積之書，知紅格舊鈔本尚留在外未歸，因加跋語，取與此本並儲。一紅一黑，皆殘本也。併緜紙無欄格本，有三舊鈔本，明刻不數矣。正月人日癸未人蕘夫手記。

黄丕烈《百宋一廛書録》 《會昌一品制集》。余得《會昌一品制集》二十卷，爲沈與文所藏。已有明中葉本，又得舊鈔《李文饒集》，則不止《會昌一品制集》，與明刻合，亦無佳處，唯此宋刻較二本爲勝。宋刻題曰《會昌一品制集》，而「卷第幾」下俱割補一行，未知其何字而補入之。鈔本題曰《李文饒集》，而列《會昌一品集》於下，非宋刻之舊矣。鈔葉上有李廷相印，白隄錢聽默云：「明代人則鈔補亦舊，姑以其可便卒讀而存之。」

張金吾《愛日精廬藏書續志・别集類》 《會昌一品制集》二十卷《别集》十卷《外集》四卷。葉氏石君手校本。唐李德裕撰。每册首俱有「楳學齋」印記。鄭亞序。

崇禎庚辰冬十月名山藏收藏，次年冬十月重裝。

葉氏手識曰：「戊子年夏，假得太原張孟恭所藏蘇州文衡下缺洞庭葉石君記。」

張之洞《書目答問·別集》《會昌一品集》二十卷《別集》十卷《外集》四卷。唐李德裕。明天啓吴興茅氏刻本。明袁州刻本止十四卷。

沈亞之集

《新唐書·藝文志·別集類》《沈亞之集》九卷。

鄭樵《通志·藝文略·別集四》《沈亞之集》九卷。

晁公武《郡齋讀書志·別集類中》《沈亞之集》十卷。右唐沈亞之字下賢，長安人。元和十年進士。涇原李彙辟掌書記，爲祕書省正字。長慶初，補櫟陽尉。四年，爲福建都團練副使，事徐晦。後累進殿中丞、御史内供奉。大和三年，栢耆宣慰德州，取爲判官。耆罷，亞之貶南康尉。後終郢州掾。亞之以文詞得名，狂躁貪污，曾輔耆爲惡，故及於貶。嘗遊韓愈門，李賀、杜牧、李商隱俱有擬下賢詩，亦當時名輩所稱許云。此本之後有景文宋公題字，稱得之於端明李學士，編次無倫，蓋唐本也。予頗愛其能造語，然其本極舛誤，頗是正之。且裒其遺闕者數篇，及賀、牧、商隱三詩附於後。

尤袤《遂初堂書目·別集類》《沈亞之集》。

陳振孫《直齋書録解題·別集類上》《沈下賢集》十二卷。案：《文獻通考》十卷。唐福建團練副使吴興沈亞之下賢撰。元和十年進士，仕不出藩府。長慶中爲櫟陽尉，案：《唐詩紀事》及《文獻通考》俱作樂陽。太和中謫掾郢州，皆集中可見者也。吴興者著郡望，其實長安人。

馬端臨《文獻通考·經籍考·別集》《沈亞之集》十卷。

《宋史·藝文志·別集類》《沈亞之詩》十二卷。

楊士奇等《文淵閣書目·文集》《沈下賢文集》。一部，一册。闕。

范邦甸等《天一閣書目·別集類》《沈下賢文集》十二卷。緜紙藍絲闌鈔本。唐沈亞之撰。卷首有序一篇，不著姓名。其序稱「亞之吴興人，元和十年登進士第，歷辟藩府，嘗游韓愈門。李賀許其工爲情語，有窈窕之思，其後杜牧、李商隱俱有《擬沈下賢詩》」，則當時聲稱甚盛。而存於今者，既不盡世之所有，復舛錯訛謬，脱文漏句十二三。頃得善本，再加校覆，皆得其正。惜其藏於篋笥，不得與好學之士共其玩繹，因命工刻鏤，以廣其傳。

徐𤊹《徐氏家藏書目·文集類》《沈亞之文集》十二卷。

張萱等《内閣藏書目録·集部》《沈下賢文集》一册，全。唐吴興沈亞之著。

錢謙益等《絳雲樓書目·唐文集類》《沈亞之集》。九卷。下賢亦嘗游於韓門。

又《唐詩類》《沈亞之詩集》。九卷。附李季蘭。妓女。

錢曾《讀書敏求記·集》《沈下賢文集》二十卷。樊川、義山皆有擬下賢詩，則當時之聲稱甚盛，其詩必多。而集中止十八首，何歟？此刊于元祐丙申，不識流俗本有異同否。惜未一校對耳。

王士禛《漁洋書跋》《沈下賢集》。唐沈亞之下賢集十二卷。昔人謂其工爲情語，善窈窕之思。觀集中《秦夢記》、《異夢録》、《湘中怨詞》、《歌者葉記》等，信矣。然頗類傳奇小説，姚鉉概不之録，無亦以其誕謾不經耶。至以滄寇李同捷之誅，朝廷與柏耆牽連同貶，實以兩河諸將之譖，姑謫罰以悦其心耳。而晁公武遽以爲亞之狂躁，輔耆爲惡，愚矣哉。吾讀下賢《與鄭使君書》而悲之。

《四庫提要·別集類三》《沈下賢集》十二卷。編修汪如藻家藏本。唐沈亞之撰。下賢，亞之字也。本長安人，而原序稱曰吴興人，似從其郡望。然《李賀集》有送亞之詩，亦曰「吴興才人怨春風」，又曰「家在錢塘東復東」，則其里貫似真在吴興者也。亞之登元和十年進士第，大和三年柏耆宣慰德州，辟爲判官。耆罷，亞之亦坐貶南康尉。是集凡詩賦一卷，雜文、雜記一卷，雜著二卷，記二卷，書二卷，序一卷，策問并對一卷，碑文、墓誌、表一卷，行狀、祭文一卷。杜牧、李商隱集均有《擬沈下賢》詩，則亞之固以詩名世。而此集所載乃止十有八篇。其文則務爲險崛，在孫樵、劉蜕之閒。觀其《答學文僧請益書》，謂「陶器速售而易敗，煅金難售而經久」，《送韓靜略序》，亟述韓愈之言，蓋亦戛然自異者也。其中如《秦夢記》、《異夢録》、《湘中怨解》，大抵諱其本事，託之寓言，如《唐人后土夫人傳》之類。劉克莊《後村詩話》詆其「名檢掃地」，王士禛《池北偶談》亦謂「弄玉、邢鳳等事，大抵近小説家言」。考《秦夢記》、《異夢録》二篇見《太平廣記》二百八十二卷，《湘中怨解》一篇見《太平廣記》二百九十八卷，均注曰「出《異聞集》」，不云出亞之本集。然則或亞之偶然戲筆，爲小説家所採。後來編亞之集者又從小説摭入之，非原本所舊有歟？此本前有元祐丙寅重刊序，不署姓名。錢曾《讀書敏求記》乃稱爲元祐丙申刻。考元祐元年歲在丙寅，至甲戌已改元紹聖，中間不應有丙申。蓋即此本，而曾誤記寅爲申。又是集本十二卷，曾記爲二十卷，亦誤倒其文也。《池北偶談》又記末有萬曆丙午徐𤊹跋，此本無之，而別有跋曰：「《吴興文集》十二卷，義取艱深，字多舛脱，不可卒讀。因從秦對巖先生借所藏季滄葦鈔本校閲一過。」題曰辛卯仲夏，有小印曰「邦采」，不知爲誰。然則此本校以季氏本，季氏本鈔自錢氏宋刻，其源流固大概可見矣。

錢東垣等輯《崇文總目·别集類二》 《沈亞之集》九卷。

孫星衍《平津館鑒藏書籍記·舊影寫本》 《沈下賢文集》十二卷。題吴興沈亞之下賢，前有元祐丙寅序，不題姓名。錢氏《讀書敏求記》作廿卷，又丙寅作丙申，皆傳寫誤也。王漁洋《池北偶談》所見本，有萬曆丙午徐𤊹跋，云鈔諸焦太史者，後附張祐、杜牧、李商隱三詩。此本無之。

黄丕烈《蕘圃藏書題識·集類一》 《沈下賢文集》十二卷。校舊鈔本。余所藏唐人文集頗富，沈下賢集向亦有之，似係舊鈔竹紙本。因未甚佳，已轉歸他人，忘其本之所自出矣。此舊鈔緜紙本爲故人周香嚴藏書，於其身後得之其家者，蓋後人各房分散，故去之而得之。因思借本讐校，惟吴丈枚菴曾有是書，惜枚菴云逝，請假爲難，幸其子晉齋允余請，仍啓篋出示，俾得對勘一過。兹悉校於上方，不改本文。云「作」者，枚菴録本，即青芝張氏本也。云「校」者，即枚菴借毛扆藏本，對校存參數字者也。云「英華」者，即枚菴復校英華本也。己卯十一月望日校畢記。復翁黄丕烈。

顧廣圻《思適齋書跋·集部》 《沈下賢文集》十二卷。校鈔本。道光丁亥，秦敦夫太史以家藏本雇手鈔成此部贈我，其見待之厚，非可多得。立秋後三日，因付裝成記，示我後人。

復假原本來臨何校一過。

又取《文苑英華》所有對勘，並記在《文粹》之篇，較前麤爲詳整矣。

明年之夏，又得震澤王氏家藏鈔本一校，首補宋元祐丙寅序一首，十一卷末補南卓《題劉薫蘭表後》一首，蓋王文恪後人圖記，但不審其名耳。

張金吾《愛日精廬藏書志·别集類》 《沈下賢文集》十二卷。舊鈔本。唐沈亞之字下賢撰。無名氏序曰：「文章盛衰，與世升降。唐之文風，大振于貞元、元和之間，韓、柳倡其端，劉、白繼其軌。當時學者，涵濡游泳，攬其英華，洗濯磨淬，輝光日新。苟有作者，皆足以拔山流俗，自成一家之語，則吴興之文是已。公諱亞之，字下賢，吴興人。元和十年登進士第，歷辟藩府，嘗游韓愈門。李賀許其工爲情語，有窈窕之思。其後杜牧、李商隱俱有《擬沈下賢》詩，則當時稱聲甚盛。而存于今者，既不盡見，世之所有，復舛錯訛謬，脱文漏句，十有二三。頃得善本，再加校覈，皆得其正。恐其藏于篋笥，不得與好學之士共其玩繹，因欲命工刻鏤，以廣其傳。惜乎志有待而未能也。元祐丙寅十月一日題。」

張之洞《書目答問·别集》 《沈下賢集》十二卷。唐沈亞之。明萬曆丙午刻本。罕見。

舒元輿集

《新唐書·藝文志·别集類》 《舒元輿集》一卷。

鄭樵《通志·藝文略·别集四》 《舒元輿集》一卷。

《宋史·藝文志·别集類》 《舒元輿文》一卷。

錢東垣等輯《崇文總目·别集類二》 《舒元輿文》一卷。

李賀集　外集

《新唐書·藝文志·别集類》 《李賀集》五卷。

鄭樵《通志·藝文略·别集五》 《李賀詩》五卷。

晁公武《郡齋讀書志·别集類中》 《李賀集》四卷《外集》一卷。右唐李賀字長吉，鄭王之孫。七歲能辭章，韓愈、皇甫湜聞之，過其家，使賦詩，援筆輒就，自目曰《高軒過》，二人大驚。年二十七，終協律郎。賀詞尚奇詭，爲詩未始先立題，所得皆警邁，遠去筆墨畦逕，當時無能效者。樂府十數篇，雲韶工合之絃管云。或説賀卒後，爲不相悦者盡取其所著投圊中，以故世傳者不多。外集予得之梁子美家。姚鉉頗選載《文粹》中。

尤袤《遂初堂書目·别集類》 《李長吉集》。

陳振孫《直齋書録解題·詩集類上》 《李長吉集》一卷。案：《唐書·藝文志》作五卷，《文獻通攷》亦云《集》四卷、《外集》一卷。唐奉禮郎李賀長吉撰。賀不壽，仕不顯，而世多喜言其人，此不復叙。

馬端臨《文獻通考·經籍考·詩集》 《李長吉集》四卷。【略】宋景文諸公在館，嘗評唐人詩云：「太白仙才，長吉鬼才。」然長吉有《雁門太守詩》曰：「黑雲壓城城欲摧，甲光向日金鱗開。」王安石曰：「是兒言不相副也。方黑雲如此，安得向日之甲光也？」

《朱子語録》曰：「李賀詩巧，然較怪，不如太白自在。」

後村劉氏曰：「樂府惟李賀最工，張籍、王建輩皆出其下。然全集不過一小册。世傳賀中表有妬賀才名，投其集溷中，故傳於世者極少。余竊意不然。天地間尤物且不多得，況佳句乎？使賀集不遭厄，必不能一一如今所傳本之精善，疑賀手自銓擇者耳。」

《宋史·藝文志·別集類》 《李賀集》一卷。又《外集》一卷。

楊士奇等《文淵閣書目·詩詞》 《李長吉詩》。一部，一册。闕。又《李長吉詩》。一部，一册。闕。

高儒《百川書志·唐詩》 《李賀詩歌》四卷，《別集》一卷。協律郎李賀長吉，鄭王之後也。共詩二百二十五首，又名《錦囊集》。

范邦甸等《天一閣書目·別集類》 《李長吉詩集》。唐隴西李賀著，前有杜牧序。弘治壬戌劉淮後序云：「賀年七歲，以長短製鳴，爲韓昌黎輩奇重，舉進士。生二十七年死。此爲少時作。」

徐𤊹《徐氏家藏書目·文集類》 《李賀詩》五卷。

毛晉《汲古閣書跋》 《李賀歌詩編》。余齠年從莊樂舅氏流憩舟中，見《李長吉詩》會稽本，誦之，不能釋手。匄之而歸，廿年來出入懷袖，敝若砌前腐草。但病其評注多雜眩，真復有圈園職識之疑。繼獲臨安陳氏本，如《勉愛行》二首，離爲三首；《神絃別曲》、《神絃曲》、《神絃》三處，合編一處，詮次倒顛。又如「空白凝雲遏不流」誤作「空山凝雲」，「杜若已老蘭苕春」誤作「繭苕春」，「泣露嬌啼色」誤作「帝色」，「向壁印狐蹤」誤作「孤蹤」云云，一一釐正。既而復見鮑欽止手定本，無論《白門前大樓喜》一篇，得未曾有。如「碧玉破不復」，陳本作「破瓜後」；「柳臉半眠丞相樹」，陳本作「柳陰」之類。雖同是宋版，不啻涇渭之迥别。第《摩多樓子》作「棲子」，「試伴漢家君」作「漢家書」，此又鮑本白璧微瑕矣。倘古破錦囊中所藏，不遭混中之阨，盡出鮑氏手眼，李藩侍郎不稱大快耶。琴川毛晉識。

據杜牧之叙云：「歌詩離爲四編，凡二百二十三首。」今攷鮑欽之手定本四卷所載，共二百二十首。又《集外詩》二十三首，已多二十首矣。何流傳至北宋大觀戊子冬者，反多於唐太和五年冬沈子明授杜牧之者耶？豈賀鑄氏得于梁鐸氏者，或有贗鼎耶？抑厠鬼有靈，復爾流布人間耶？毛晉又識。

錢謙益等《絳雲樓書目·唐詩類》 《李長吉詩集》。五卷。

錢曾《讀書敏求記·詩集》 《李賀歌詩編》四卷，《集外詩》一卷。宋京師本無後集，此鮑欽止家本也。臨安府棚前北睦親坊南陳宅經籍鋪印行。

吴焯《繡谷亭薰習録·集一》 《李賀歌詩編》四卷，《外詩》一卷。唐協律郎隴西李賀長吉著。京兆杜牧序。元至正丁丑復古堂翻雕，遵宋臨安陳氏書坊舊本。明再翻，有劉淮東之跋。今則攙和紊亂，失其舊矣。

《四庫提要·別集類三》 《昌谷集》四卷，《外集》一卷。浙江巡撫採進本。唐李賀撰。賀事蹟具《新唐書·文學傳》，案，賀系出鄭王，故自以郡望稱隴西，實則家於昌谷。昌谷地近洛陽，於唐爲福昌縣，今爲宜陽縣地。集中屢言歸昌谷，宋張耒集有《春遊昌谷訪長吉故宅》詩，又《福昌懷古》詩中亦有《李賀宅》一首，其明證矣。《幽閒鼓吹》稱賀遺詩爲其表兄投溷中，故流傳者少。然但謂李藩所收耳，其沈子明所編、杜牧所序者，實未嘗亡。牧序述子明之書，稱「賀且死，嘗授我平生所著歌詩，釐爲四編，凡二百三十三首，」則卷帙併賀所手定也。唐、宋《志》皆稱賀集五卷，較牧序多一卷。檢《文獻通考》始知爲《集》四卷，《外集》一卷。吴正子《昌谷集箋注》曰：「京師本無後卷，鮑本也。嘗聞薛常州士龍言長吉詩蜀本、會稽姚氏本皆二百一十九篇，宣城本二百四十二篇云云。」蓋《外集詩》二十三首，合之則爲二百四十二，除之則爲二百一十九，實即一本也。惟《正集》較杜牧所序少十四首，而《外集》較黃伯思《東觀餘論》所跋少二十九首，則莫可考耳。《樂府詩集》載有賀《静女春曙曲》一首，《少年樂》一首，今本皆無之，得非伯思藏本所佚耶。正子又謂《外集》詞意儇淺，不類賀作，殆出後人摹仿。然《正集》如《苦篁調》、《嘯引》之類，句格鄙率，亦不類賀作。古人操觚亦時有利鈍。如杜甫詩之「林熱鳥開口，水渾魚掉頭」，使非刊在本集，誰信爲甫作哉！疑以傳疑可矣。

黄丕烈《蕘圃藏書題識·集類一》 《歌詩編》四卷，《集外詩》一卷。影宋本。余藏唐人集不下百餘種，舊刻名鈔都備，即同一集而藏書之家有異，亦在所收，故種更多也。頃書友鄭益偕袖此舊鈔《李賀歌詩編》一册遺余，識是馮氏藏本。檢所藏，尚缺此種，急收之。馮所藏唐集，已有一二種，行款、圖章卻不相類，知鈔各有本，其藏亦非一人也。乙丑夏蕘翁記。

戊辰夏從經義齋得舊刻本，較此多至元丁丑弘治壬戌二序，當是明翻元刻也。分卷雖同，標題序次略異，即字句亦閒有不同，稍暇當參校之。《讀書敏求記》載鮑欽止家本，此殆近之。復翁識。

《李賀歌詩編》四卷。金刻本。金刻《李賀歌詩編》四卷，余去年得何義門手校者，始知世有其書，諸家藏書目未之載也。何云碭石趙衍刊本，每葉二十行，行二十字，頃見是本正合，其爲金刻無疑。最後序文何校未録，但云龍山先生所藏舊本，乃司馬温公物。今觀全文，語亦符合。且可補何校所未備，因急收之。書之奇遇之巧，無有過是者，雖重直弗惜矣。己巳中秋月，復翁記。

金劉仲尹字致君，蓋州人，有《龍山集》，李獻能欽叔，其外孫也。義門語并記。

壬申仲冬望日，陸拙生獲覩於讀未見書齋，并題簽以誌幸。

《李長吉詩集》四卷《外集》一卷。校影宋本。馮藏影宋本每葉二十行，行二十八字。昔義門何學士曾見宋本於内府，未及校。後得伊弟心友攜示金本，遂細校一過，以未將宋本覆勘爲憾。其跋云：「然兹校影宋本勘過，復以金本參之，知二本相同有一二誤處，二本互有即有實誤者，亦可參互證之也。」復翁記。

馮藏影宋本校訖。己巳季秋五日。

風雨廉纖向晚晴，悄然獨坐一鐙明。忽驚寒信今年早，雁叫天邊三兩聲。重陽前五日，復翁。

重陽纔過喜天晴，寒月宵來分外明。一種清閑誰領得，滿階梧葉盡秋聲。重陽後三日，復翁疊前韻。

吴正子注李長吉集

錢謙益等《絳雲樓書目・唐詩類》《吴正子注李長吉集》。《昌谷集》四卷，《外集》一卷。

錢曾《讀書敏求記・詩集》《吴正子箋注李長吉歌詩》四卷，《詩外集》一卷。此書是元人舊鈔，潘君顯甫贈予。君諱榮，别號郭指，平生交唯孟皃先生、石林長老與予三人。著《法苑紺珠集》。牧翁極稱之。窮居陋巷，書聲琅琅，出金石，虞山一隱君子也。惜乎單門寒素，將來湮没無聞，未免有名氏醫如之嘆耳。

劉須溪批李長吉集

錢謙益等《絳雲樓書目・唐詩類》《劉須溪批李長吉集》。

箋注評點李長吉歌詩

《四庫提要・别集類三》《箋注評點李長吉歌詩》四卷《外集》一卷。江蘇巡撫採進本。舊本題西泉吴正子箋注，須溪劉辰翁評點。辰翁所評《班馬異同》，已著録。正子則不知何許人。近時王琦作《李長吉歌詩彙解》，亦稱正子時代、爵里未詳。考此本以辰翁之評列於其後，則當爲南宋人。又《外集》之首注稱「嘗聞薛常州士龍言」云云，士龍爲薛季宣字，據《書録解題》，季宣卒於乾道九年，則正子亦孝宗時人矣。注李賀詩者，明以來有徐渭、董懋策、曾益、余光、姚佺五家本，又有邱象升、邱象隨、陳愫、陳開先、楊研、吴甫六家之辨注，孫枝蔚、張恂、蔣文運、胡廷佐、張星、謝啓秀、朱潮遠七家之評。王琦又采諸家之説，作爲彙解，遞相糾正，互有發明，而要以正子是注爲最古。賀之爲詩，冥心孤詣，往往出筆墨蹊徑之外，可意會而不可言傳。嚴羽所謂「詩有别趣，非關於理」者，以品賀詩，最得其似。故杜牧序稱其少加以理，可以奴僕命騷。而諸家所論，必欲一字一句爲之詮釋，故不免輾轉轇轕，反成滯相。又所用典故，率多點化其意，藻飾其文，宛轉關生，不名一格。如「羲和敲日玻瓈聲」句，因羲和馭日而生敲日，因敲日而生玻瓈聲，非真有敲日事也。又如「秋墳鬼唱鮑家詩」，因鮑照有《蒿里吟》而生鬼唱，因鬼唱而生秋墳，非真有唱詩事也。循文衍義，詎得其真。王琦解「塞土臙脂凝夜紫」，不用紫塞之説，而改「塞土」爲「塞上」，引《隋書・長孫晟傳》「望見磧北有赤氣，爲匈奴欲滅之徵」，此豈復作者之意哉！正子此注，但略疏典故所出，而不一一穿鑿其説，猶勝諸家之淆亂。辰翁論詩，以幽雋爲宗，逗後來竟陵弊體。所評杜詩，每舍其大而求其細，王士禎顧極稱之。好惡之偏，殆不可解。惟評賀詩，其宗派見解，乃頗相近，故所得較多。今亦竝録之，以資參證焉。

張金吾《愛日精廬藏書續志・别集類》《唐李長吉歌詩》四卷，《外集》一卷。

抄本。從陳君子準藏舊抄本傳録。宋西泉吴正子箋注，須溪劉辰翁評點。

余光注李賀詩集

黄虞稷《千頃堂書目・文史類》《余光注李賀詩集》二卷。字希之，莆田人。

徐渭注李長吉集

黄虞稷《千頃堂書目・文史類》《徐渭注李長吉集》四卷，又《外集》一卷。

曾益注昌谷集

黄虞稷《千頃堂書目・文史類》《曾益注昌谷集》四卷。浙江山陰人。

李賀詩注

徐𤊹《徐氏家藏書目・文集類》《李賀詩注》五卷。

李長吉詩選

徐𤊹《徐氏家藏書目・文集類》《李長吉詩選》四卷。吴秉志。

李長吉歌詩彙解

《四庫提要・别集類存目一》《李長吉歌詩彙解》五卷。浙江巡撫採進本。國朝王琦撰。琦有《李太白詩注》，已著録。注《昌谷集》者，宋有吴正子，明有徐渭、董懋策、曾益、余光、姚佺，又有宋劉辰翁評本。然賀詩鏤心劌腎，意匠多在筆墨之外，往往可以意會，不可言詮。諸家多鑽研字句以求之，失之愈遠。琦此注兼採諸家之本，故曰《彙解》，亦不免尋行數墨之見，或附會穿鑿，或引據失當。如《鴈門太守行》「塞土臙脂凝夜紫」句，舊注引《古今注》「紫塞」爲解，本不爲謬，而琦必從别本作「塞上」，引王勃「煙光凝而暮山紫」句，以就「凝」、「紫」二字，是豈塞上夜景耶？又如《勉愛行》「洛郊無俎豆，弊廄慙老馬」句，舊本誤「慙」爲「斬」，曾益注遂云「斬老馬以祖别」，直謂殺馬食客，固非事理。余光注「斬」爲「絶」，謂廄中無馬可乘，亦牽強未安。琦不從之，是矣。然不知此用陶潛詩「馬廄講肆」之意，明儒者之不得志，而以爲「無俎豆以餞行，即乘馬亦非強壯」，仍郢書燕説也。至《蘇小小墓》詩「油壁車，久相待，泠翠燭，勞光彩，西陵下，風吹雨」。「下」與「雨」叶，乃用古音。集中如讀「來」爲「釐」，押入支韻之類，不一而足。琦乃易末句爲「風雨改」，以就待、彩二韻，尤失古法矣。此類不可枚舉，與諸家亦魯、衛之政也。

張之洞《書目答問・别集》《李長吉歌詩》四卷《外集》一卷。唐李賀。王琦彙解。通行本。

丁卯集　續集　續補　集外遺詩

《新唐書・藝文志・别集類》許渾《丁卯集》二卷。字用晦，圉師之後，大中睦州、郢州二刺史。

鄭樵《通志・藝文略・别集四》許渾《丁卯集》二卷。

晁公武《郡齋讀書志・别集類中》許渾《丁卯集》二卷。右唐許渾字用晦，圉師之後。大和六年進士。爲當塗、太平二令，以病免，起潤州司馬。大中三年，爲監察御史，歷虞部員外，睦、郢二州刺史。嘗分司於朱方丁卯間，自編所著，因以爲名。賀鑄本跋云：「按渾自序，集三卷，五百篇。世傳本兩卷，三百餘篇。求訪二十年，得沈氏、曾氏本，并取《擬玄》、《天竺集》校正之，共得四百五十四篇。」予近得渾集完本，五百篇皆在，然止兩卷。《唐・藝文志》亦言渾集兩卷，鑄稱三卷者，誤也。

尤袤《遂初堂書目・别集類》許渾《丁卯集》。

陳振孫《直齋書録解題・詩集類上》 《丁卯集》二卷。唐郢州刺史丹陽許渾用晦撰。太和五年進士。案：晁公武《讀書志》作太和六年進士。「丁卯」者，其所居之地有丁卯橋。蜀本又有《拾遺》二卷。

馬端臨《文獻通考・經籍考・詩集》 許渾《丁卯集》二卷。【略】後村劉氏曰：杜牧、許渾同時，然各爲體。牧於唐律中，常寓少拘峭以矯時弊，渾則不然。如「荆樹有花兄弟樂，橘林無實子孫忙」之類，律切麗密或過牧，而抑揚頓挫不及也。二人詩，不著姓名亦可辨。樊川有《續》、《别集》三卷，十之八九皆渾詩。牧佳句自多，不必又取他人詩益之。若《丁卯集》割去許多傑作，則渾詩無一篇可傳矣。

《宋史・藝文志・别集類》 《許渾詩集》十二卷。

楊士奇等《文淵閣書目・詩詞》 《許用晦詩》。一部，二册。闕。《許用晦詩》。一部，一册。闕。《許渾詩》。一部，一册。闕。許郢州《丁卯集》。一部，一册。闕。

高儒《百川書志・集》 唐刺史《丁卯詩》二卷。郢州刺史丹陽許渾仲晦著。

徐𤊹《徐氏家藏書目・文集類》 《許渾詩》六卷。毛(音)[晉]刻。《許渾詩》六卷。

錢謙益等《絳雲樓書目・唐詩類》 許郢州《丁卯集》。

錢曾《讀書敏求記・詩集》 許渾《丁卯集》二卷。暇日校用晦詩元刻增廣者，較宋板多詩幾大半。此又宋本之不如元本矣。

吴焯《繡谷亭薫習録・集一》 《丁卯集》二卷。唐許渾用晦著。元刻有《增廣丁卯集》，以宋刻搜録未全耳。此與元增廣本同，而廟諱仍用缺筆，蓋後人摹仿，欲充宋版也。

《四庫提要・别集類四》 《丁卯集》二卷，《續集》二卷，《續補》一卷，《集外遺詩》一卷。江蘇巡撫採進本。唐許渾撰。渾字用晦，武后朝宰相圉師之後。考《新唐書・宰相世系表》，圉師爲安陸許氏。渾爲其後，應亦出於安陸，陳振孫《書録解題》乃稱渾爲丹陽人。觀集中《送王總歸丹陽》詩有曰：「憑寄家書爲回報，舊居還有故人知。」其家於丹陽，猶李白系出隴西而爲蜀人矣。渾大和六年進士及第，爲當塗、太平二令，以病免。起潤州司馬。大中三年爲監察御史，歷虞部員外郎，睦、郢二州刺史。其曰「丁卯集」者，潤州有丁卯橋，渾别墅在焉，因以名集。集中有《夜歸丁卯橋村舍》詩是也。《新唐書・藝文志》作二卷，晁氏《讀書志》亦作二卷，陳氏《書録解題》注云「蜀本有《拾遺》二卷。」今之《續集》當即陳氏所謂《拾遺》，爲後人改題。其《續補》及《集外遺詩》，又後人掇拾增入耳。惟晁氏稱「近得渾集完本五百篇，止二卷」，是本篇數雖合，而卷帙不同，蓋總非宋人刊本之舊矣。毛晉汲古閣刊本亦二卷，詩僅三百餘篇，疑即晁氏所見之本。《讀書志》或誤三爲五，亦未可知。以此本較毛本完備，故置彼而録此焉。

錢東垣等輯《崇文總目・别集類三》 《丁卯集》三卷。許渾撰。

黄丕烈《蕘圃藏書題識・集類一》 《丁卯集》二卷。宋本。此書宋本。余先藏有一本，版刻糊塗，多屬全寫。因有義門先生跋，故珍之，列諸《百宋一廛賦》中。後復收此，覺字跡清朗，勝於義門全寫者多矣。因以何跋本歸嘉禾金□華居，而此本遂爲甲本，庚午八月，蕘翁記。《增廣音注唐郢州刺史丁卯詩集》二卷。信安後學祝德子訂正。

黄丕烈《蕘圃藏書題識續録・集類上》 《丁卯集》二卷。宋刻本。《丁卯集》余舊藏宋刊，有義門何先生跋者，已登諸《百宋一廛賦》中矣。兹本板刻正同，而印較前故楮墨更精，且歷爲諸名家藏弆，真奇物也。余用白鏹三十金得之，嘉禾人家郡城書坊爲介焉。先是，坊友稱是書於余，因物主欲求售於貴人，未之許。今隔年餘而仍歸余，欣幸之至。卷尾有戴公松識語二行，與舊藏宋刊《魚元機集》正同。古書之合而分，分而合，若有神物護持者，安得不視爲珍寶耶。嘉慶庚午八月朔日，復翁黄丕烈識。

黄丕烈《百宋一廛書録》 《許丁卯集》。余於唐人集多所儲藏，而《丁卯集》一種，尤多異本。一爲毛鈔影宋本上、下兩卷，又有補遺本，又有元大德刻二卷本，明洪武刻二卷本，錢遵王家鈔二卷本，元刻二卷《遺篇》一卷、《拾遺》一卷本，其二卷元明刻多同，《遺篇》一卷、《拾遺》一卷則大德、洪武刻所無也。然余所珍者，斷推宋刻二卷。遵王雖云「元刻增廣者較宋板多詩幾大半，此又宋本不如元刻矣」，而余則未敢信之。此書末有義門跋云：「凡舊刻印久，模糊處最忌以新本填補。此集有二葉板壞，適心友有毛豹孫家所藏宋本景鈔者對之補寫，庶異於不知而作云。」誠哉是言！可云信而好古矣。

張金吾《愛日精廬藏書志・别集類》 《丁卯集》二卷，《續集》三卷。舊抄本。馮氏藏書。唐郢州刺史許渾撰。格闌外有「馮氏藏本」四字，末有題識云：「崇禎庚午借柳大中本抄。」

張之洞《書目答問・别集》 《丁卯集》二卷，《續集》二卷，《續補》一卷，《集外遺詩》一卷。唐許渾。席氏百家唐詩足本。

李捷注許郢州詩

黃虞稷《千頃堂書目・文史類・補元》《李捷注許郢州詩》□卷。字好古，豐城人。

李甘集

《新唐書・藝文志・別集類》《李甘文》一卷。

尤袤《遂初堂書目・別集類》《李甘集》。

陳振孫《直齋書録解題・別集類上》《李甘文集》一卷。唐侍御史李甘和鼎撰。甘欲壞鄭注麻，坐貶死。杜牧所爲賦詩者也。

馬端臨《文獻通考・經籍考・別集》《李甘文集》一卷。

《宋史・藝文志・別集類》《李甘集》一卷。

錢東垣等輯《崇文總目・別集類二》《李甘文》一卷。

玉川子詩

《新唐書・藝文志・別集類》《玉川子詩》一卷。盧仝。

鄭樵《通志・藝文略・別集五》《玉川子詩》一卷。盧仝。

晁公武《郡齋讀書志・別集類中》《盧仝詩》一卷。右唐盧仝，范陽人。隱少室山，號玉川子，徵諫議不起。《唐史》稱：「韓愈爲河南令，愛其詩，厚禮之。嘗作《月蝕詩》以譏元和逆黨，愈稱其工。」按其詩云元和庚寅，蓋五年也。憲宗遇弑在十五年，後十歲也。豈追託庚寅歲事爲詩乎？不然，則史誣也。後死於甘露之禍。

尤袤《遂初堂書目・別集類》《盧仝集》。

陳振孫《直齋書録解題・詩集類上》《盧仝集》三卷。唐處士洛陽盧仝撰。自號玉川子。其詩古怪，而《女兒集》、《小婦吟》、《有所思》諸篇，輒嫵媚艷冶。其第三卷號《集外詩》，凡十首。慶曆中有韓盈者爲之序。川本止前二卷。

馬端臨《文獻通考・經籍考・詩集》《盧仝集》一卷。

《宋史・藝文志・別集類》《盧仝詩》一卷。

楊士奇等《文淵閣書目・詩詞》盧仝《月蝕詩》。一部，一册。完全。

高儒《百川書志・唐詩》《盧仝詩》二卷《別集》一卷。洛陽人，號玉川子。詩總一百四首。

徐𤊹《徐氏家藏書目・文集類》《盧仝詩》三卷。

錢東垣等輯《崇文總目・別集類三》《玉川子詩》一卷。盧仝撰。

玉川子詩集注

《四庫提要・別集類存目一》《玉川子詩集注》五卷。浙江巡撫採進本。國朝孫之騄撰。《盧仝詩》，《唐書・藝文志》一卷，《書録解題》作二卷，又《外集》一卷。明正德中刊本作二卷，蓋無《外集》。《全唐詩》增多二十二篇，編爲三卷。之騄又增入《櫛銘》一篇、《月詩》一篇，編爲五卷。然《月詩》見《錦繡萬花谷》，其詞不類。《櫛銘》則僅與《梳銘》異數字，乃一詩而譌爲兩題，不當重入。且彭叔夏《文苑英華辨證》據羅衮《四銘小序》，知《櫛銘》乃衮所作，《唐文粹》誤題爲盧仝。之騄均未能訂正，殊考之未詳也。案朱彝尊《明詩綜》以《櫛銘》爲明人所作，僅刪去二「兮」字，尤爲舛謬，併附訂於此。仝詩故爲粗獷，非風雅之正聲。之騄嗜奇，故特注之。卷首《月蝕》一篇，考據元和庚寅時事，箋注最詳。然「後幅天若不肯信，試喚皋陶鬼一問，而今三台文昌宮」云云，應以「問」字爲句，之騄乃以「而今」字爲句，殊爲割裂。其他注亦多支蔓，如《客答蛺蝶》一首，引羅隱詩以釋黃雀字，不顧其人之在仝後，亦未免失檢矣。

張之洞《書目答問・別集》《玉川子詩注》五卷。唐盧仝。孫之騄注。自刻本。

李敬方詩

《新唐書・藝文志・別集類》《李敬方詩》一卷。字中虔，大和歙州刺史。

鄭樵《通志・藝文略・別集五》《李敬方詩》一卷。

慜征賦

《新唐書・藝文志・別集類》 盧獻卿《慜征賦》一卷。

鄭樵《通志・藝文略・賦》 《慜征賦》一卷。唐盧獻卿撰。

《宋史・藝文志・別集類》 盧獻卿《慜征賦》一卷。

錢東垣等輯《崇文總目・別集類五》 《慜征賦》一卷。盧獻卿撰。

段成式集

《宋史・藝文志・別集類》 《段成式集》七卷。

錢謙益等《絳雲樓書目・唐文集類》 《集段成式文》一册。

漢上題襟集

尤袤《遂初堂書目・別集類》 段成式《漢上題襟集》。

湯賁集

《新唐書・藝文志・別集類》 《湯賁集》十五卷。字文叔，潤州丹陽人。貞元宋州刺史。

鄭樵《通志・藝文略・別集四》 《湯賁集》十五卷。

雍裕之集

《新唐書・藝文志・別集類》 《雍裕之詩》一卷。

鄭樵《通志・藝文略・別集五》 《雍裕之詩》一卷。

尤袤《遂初堂書目・別集類》 《雍裕之集》。

陳振孫《直齋書録解題・詩集類上》 《雍裕之集》一卷。唐雍裕之撰。未詳何時人。

馬端臨《文獻通考・經籍考・詩集》 《雍裕之集》一卷。

《宋史・藝文志・別集類》 《雍裕之詩》一卷。

錢東垣等輯《崇文總目・別集類四》 《雍裕之詩》一卷。

林藻集

鄭樵《通志・藝文略・別集四》 《林藻集》一卷。

尤袤《遂初堂書目・別集類》 《林藻文集》。

陳振孫《直齋書録解題・別集類上》 《林藻集》一卷。唐嶺南節度副使莆田林藻緯乾撰。藻，貞元七年進士，試《珠還合浦賦》，叙珠去來之意，人謂有神助焉。

馬端臨《文獻通考・經籍考・別集》 《林藻集》一卷。

《宋史・藝文志・別集類》 《林藻集》一卷。

徐𤊹《徐氏家藏書目・文集類》 《林藻詩》一卷。

林蘊集

鄭樵《通志・藝文略・別集四》 《林蘊集》一卷。

陳振孫《直齋書録解題・別集類上》 《林蘊集》一卷。唐邵州刺史林蘊復夢撰。藻之弟也，見《儒學傳》。蘊父披，蘇州別駕，有子九人，世號「九牧林氏」。其族至今衣冠詩禮，以蘊所爲父墓碑攷之，其八子爲刺史、司馬，其一號處士。而披之父爲饒陽郡守，祖爲瀛州刺史，蓋亦盛矣。

馬端臨《文獻通考・經籍考・別集》 《林蘊集》一卷。

徐凝詩

洪邁《容齋題跋》 《跋徐凝詩》。徐凝「以瀑布界破青山」之句，東坡指爲惡詩，故不爲詩人所稱説。予家有凝集，觀其餘篇，亦自有佳處，今漫紀數絶於此。《漢宫曲》云：「水色簾前流玉霜，趙家飛燕侍昭陽。掌中舞罷簫聲絶，三十六宫秋夜長。」《憶揚州》云：「蕭娘臉下難勝淚，桃葉眉頭易得愁。天下三分明月夜，二分無賴是揚州。」《相思林》云：「遠客遠遊新過嶺，每逢芳樹問芳名。長林遍是相思樹，争遣愁人獨自行。」《翫花》云：「一樹梨花春向草，雪枝殘處怨風來。明朝漸校無多去，看到黄昏不欲回。」《將歸江外辭韓侍郎》云：「一生所遇唯元白，天下無人重布衣。欲别朱門淚先盡，白頭遊子白身歸。」皆有情致，宜其見知於微之、樂天也。但俗子妄作樂天詩，繆爲賞激，以起東坡之誚耳。

尤袤《遂初堂書目・别集類》 《徐凝集》。

《宋史・藝文志・别集類》 《徐凝詩》一卷。

顧櫰三《補五代史藝文志・詩文集類》 《徐凝詩》一卷。

鮑溶集　外集

《新唐書・藝文志・别集類》 《鮑溶集》五卷。

鄭樵《通志・藝文略・别集四》 《鮑溶集》五卷。

晁公武《郡齋讀書志・别集類中》 《鮑溶詩》五卷。右唐鮑溶字德源。元和四年中進士第。集中有《别韓博士愈》詩云：「不知無聲淚，中感一顧厚。」蓋退之所嘗推激也。張爲謂溶詩氣力宏贍，博識清度，雅正高古，衆才無不備具。曾子固亦愛其詩清約謹嚴而違理者少。因以史館本及歐陽公所藏互校，得二百三十三篇。今本有一百九十二篇，餘逸。

尤袤《遂初堂書目・别集類》 《鮑溶集》。

陳振孫《直齋書録解題・詩集類上》 《鮑溶集》五卷。唐鮑溶撰。元和四年進士。

馬端臨《文獻通考・經籍考・詩集》 《鮑溶詩》五卷。【略】南豐曾氏曰：《鮑溶詩集》六卷。史館書舊題云「《鮑防集》五卷」，《崇文總目》叙别集亦然。知制誥宋敏求爲臣言：「此集詩見《文粹》、《唐詩類選》者，皆稱鮑溶作；又防之《雜感詩》最顯，而此集無之，知此詩非防作也。」臣以《文粹》、《類選》及防《雜感詩》考之，敏求言皆是。又得參知政事歐陽修所藏《鮑溶集》，與此集同，然後知爲溶集决也。史館書五卷，總二百篇，歐陽氏書無卷第，纔百餘篇，然其三十三篇史館書所無，今别爲一卷，附於後，而總題曰《鮑溶詩集》六卷。蓋自先王之澤熄而《詩》亡，晚周以來，作者嗜文辭抒情思而已，然亦往往有可采者。溶詩尤清約謹嚴而違理者少，亦近世之能言者也。故既正其誤謬，且著其大旨以傳焉。

《宋史・藝文志・别集類》 《鮑溶歌詩》五卷。

楊士奇等《文淵閣書目・詩詞》 《鮑溶詩》。一部，一册。完全。

范邦甸等《天一閣書目・别集類》 《鮑溶詩集》一卷。藍絲闌鈔本。唐鮑溶撰。

徐𤊹《徐氏家藏書目・文集類》 《鮑溶詩》一卷。

毛晋《汲古閣書跋》 《鮑溶詩》。按《新唐書・藝文志》云「《鮑溶集》五卷」，未見列傳。計氏《紀事》但云「與韓愈、李正封、孟郊友善」，亦未詳其始末。惟晁氏云：「字德源，元和四年進士，集中有《别韓博士》詩云：『不知無聲淚，中感一顧厚。』蓋退之所嘗推激也。張爲謂溶詩氣力宏贍，博識清度，雅正高古，衆才無不備具。曾子固亦愛其詩，以史館本及歐公所藏互校，得二百三十三篇。今本有一百九十二篇，餘逸。」想即馬氏《經籍攷》所云五卷者也。余家所藏本凡六卷，又集外詩一卷，共一百七十七首。校之晁氏、馬氏本，又多逸矣。張爲《主客圖》取溶爲「工用博解宏拔主」，所采警句具在。但集中《秋懷》五首，未見「萬里岐路多，一身天地窄」一聯。讀許用晦《過鮑溶宅有感》之作，令人心傷。隱湖毛晋識。

《四庫提要・别集類四》 《鮑溶詩集》六卷，《外集》一卷。江蘇巡撫採進本。唐鮑溶撰。溶字德源，元和四年進士，其仕履未詳。溶詩在後世不甚著，然張爲作《主客圖》，以溶爲「博解宏拔主」，以李羣玉爲上入室，而爲與司馬退之二人同居入室之例，則當時固絶重之也。其集宋史館舊本五卷，譌題鮑防，曾鞏始據《唐文粹》、《唐詩類選》考正之，又以歐陽修本參校，增多三十三篇，合舊本共二百三十三篇，釐爲六卷。晁公武《讀書志》仍作五卷，稱惟存一百九十三篇，餘皆佚。此本爲江南葉裕家所鈔，首有曾鞏校上序，今核所録，惟《集外詩》一卷與曾鞏新增三十三首之説合，其正集比鞏序多一卷，而詩止一百四十五首。蓋舊本殘闕，傳寫者離析卷帙，以足鞏序之數，而忘外集一卷本在六卷中也。《全唐詩》所録，較此本多十六首，較晁本多二首，而較曾本尚少三十九首，則其集之佚者多矣。

陳去疾詩

徐𤊹《徐氏家藏書目·文集類》《陳去疾詩》一卷。

熊孺登集

尤袤《遂初堂書目·別集類》《熊登集》。

陳振孫《直齋書録解題·詩集類上》《熊儒登集》一卷。唐西川從事熊儒登撰。元和中人。執易，其從姪也。

馬端臨《文獻通考·經籍考·詩集》《熊孺登集》一卷。

《宋史·藝文志·別集類》《熊孺登詩》一卷。

符載集

《新唐書·藝文志·別集類》《符載集》十四卷。

鄭樵《通志·藝文略·別集四》《符載集》十四卷。

晁公武《郡齋讀書志·別集類中》《符載集》十四卷。右唐符載字厚之，岐襄人。幼有宏遠之志，隱居廬山，聚書萬卷，不爲章句學。貞元中，李巽江西觀察，薦其材，授奉禮郎，爲南昌軍副使，繼辟西川韋皐掌書記、澤潞郄士美參謀，歷協律郎，監察御史。元和中卒。段文昌爲墓誌，附於後。集皆雜文，末篇有數詩而已。集前有崔羣、王湘送符處士歸覲序，皆云載蜀人，以比司馬、王、揚云。

尤袤《遂初堂書目·別集類》《符載集》。

馬端臨《文獻通考·經籍考·別集》《符載集》十四卷。

《宋史·藝文志·別集類》《符載集》二卷。

錢東垣等輯《崇文總目·別集類一》《符載文集》十四卷。

顧櫰三《補五代史藝文志·詩文集類》《符載集》二卷。

劉得仁集

《新唐書·藝文志·別集類》《劉得仁詩》一卷。

鄭樵《通志·藝文略·別集五》《劉得仁詩》一卷。

晁公武《郡齋讀書志·別集類中》《劉得仁詩集》一卷。右唐劉得仁，公主之子。長慶中以詩名，五言清瑩，獨步文場。自開成後，昆弟皆居顯仕，獨自苦於詩，舉進士二十年，竟無所成。嘗有《寄所知》詩云：「外族帝王是，中朝親故稀。翻令浮議者，不許九霄飛。」及卒，詩僧棲白以絶句弔之曰：「忍苦爲詩身到此，冰魂雪魄已難招。直教桂子落墳上，生得一枝冤始銷。」

尤袤《遂初堂書目·別集類》《劉得仁集》。

陳振孫《直齋書録解題·詩集類上》《劉得仁集》一卷。唐進士劉得仁撰。公主之子，累舉不第而卒。

馬端臨《文獻通考·經籍考·詩集》《劉德仁詩集》一卷。

《宋史·藝文志·別集類》《劉得仁詩集》一卷。

錢東垣等輯《崇文總目·別集類三》《劉德仁詩》一卷。

劉言史詩

《新唐書·藝文志·別集類》《劉言史詞詩》六卷。

鄭樵《通志·藝文略·別集五》《劉言史歌詩》六卷。

《宋史·藝文志·別集類》《劉言史詩》十卷。

長孫佐輔集

陳振孫《直齋書録解題·詩集類上》《長孫佐輔集》一卷。唐長孫佐輔撰。

按：《百家詩選》云德宗時人，其弟公輔爲吉州刺史，往依焉，當必有所據也。其詩號《古調集》。

馬端臨《文獻通考·經籍考·詩集》《長孫佐輔集》一卷。

袁不約集

陳振孫《直齋書録解題·詩集類上》《袁不約集》一卷。唐袁不約還朴撰。長慶三年進士。其年試《麗龜賦》。

馬端臨《文獻通考·經籍考·詩集》《袁不約集》一卷。

《宋史·藝文志·別集類》《袁不約詩》一卷。

費冠卿詩

《宋史·藝文志·別集類》《費冠卿詩》一卷。

賀蘭明吉集

《宋史·藝文志·別集類》《賀蘭明吉集》一卷。

殷堯藩集

《新唐書·藝文志·別集類》《殷堯藩詩》一卷。元和進士第。

鄭樵《通志·藝文略·別集五》《殷堯藩詩》一卷。

尤袤《遂初堂書目·別集類》《殷堯藩集》。

陳振孫《直齋書録解題·詩集類上》《殷堯藩集》一卷。唐侍御史殷堯藩撰。元和元年進士。案：《唐書》作元和九年進士。

馬端臨《文獻通考·經籍考·詩集》《殷堯藩集》一卷。

《宋史·藝文志·別集類》《殷堯藩詩》一卷。

裴夷直集

《新唐書·藝文志·別集類》《裴夷直詩》一卷。

鄭樵《通志·藝文略·別集五》《裴夷直詩》一卷。

尤袤《遂初堂書目·別集類》《裴夷直集》。

《宋史·藝文志·別集類》《裴夷直詩》二卷。

章孝標集

《新唐書·藝文志·別集類》《章孝標詩》一卷。

鄭樵《通志·藝文略·別集五》《章孝標詩》一卷。

尤袤《遂初堂書目·別集類》《章孝標集》。

陳振孫《直齋書録解題·詩集類上》《章孝標集》一卷。唐秘書省正字章孝標撰。元和十四年進士。

馬端臨《文獻通考·經籍考·詩集》《章孝標集》一卷。

《宋史·藝文志·別集類》《章孝標集》七卷。

高儒《百川書志·唐詩》《章孝標集》一卷。秘書省正字章孝標撰。

徐𤊹《徐氏家藏書目·文集類》《章孝標》一卷。

錢謙益等《絳雲樓書目·唐詩類》《章孝標詩集》。一卷。

劉叉詩

晁公武《郡齋讀書志·別集類中》《劉叉詩》一卷。右唐劉叉也。少嘗任俠殺人，後更折節讀書，善歌詩，客韓愈門，作《冰柱》、《雪車》二詩，出盧仝、李賀右。

歸齊、魯，不知所終。今集二十餘篇爾，不載二詩。

尤袤《遂初堂書目・别集類》《劉叉集》。

陳振孫《直齋書録解題・詩集類上》《劉叉集》二卷。唐處士劉叉撰。案：《唐書》附見《韓愈傳》者，乃劉叉也。作《冰柱》、《雪車》二詩，出盧仝、孟郊右。有集二卷。原本作「劉義」，今改正。附見《新史・韓愈傳》。不知何處人，但云「歸齊、魯，不知所終」而已。其《冰柱》、《雪車》二詩，狂怪誠出盧仝右，然豈風人之謂哉？

馬端臨《文獻通考・經籍考・詩集》《劉叉詩》一卷。

《宋史・藝文志・别集類》《劉叉詩》一卷。

高儒《百川書志・唐詩》《劉叉詩》三卷。不詳出處。常客退之家，詩二十七首。

徐𤊹《徐氏家藏書目・文集類》《劉叉詩》三卷。

大隱賦

《新唐書・藝文志・别集類》 皇甫松《大隱賦》一卷。

鄭樵《通志・藝文略・賦》《大隱賦》一卷。皇甫松撰。

《宋史・藝文志・别集類》 皇甫松《大隱賦》一卷。

錢東垣等輯《崇文總目・别集類五》《大隱賦》一卷。皇甫松撰。

薛能詩集

《新唐書・藝文志・别集類》《薛能詩集》十卷。

鄭樵《通志・藝文略・别集五》《薛能詩集》十卷。

晁公武《郡齋讀書志・别集類中》《薛能集》十卷。右唐薛能字大拙，汾州人。會昌六年登進士第。大中末，書判中選，補盩厔尉，辟太原、陝虢、河陽從事。李福鎮滑，表署觀察判官，歷御史、都官、刑部員外郎。福徙西蜀，奏以自副。咸通中，攝嘉州刺史。造朝，遷主客度支、刑部郎中。俄刺同州。京兆尹温璋貶，命權知尹事。出帥咸化，入授工部尚書。復節度徐州，徙忠武。廣明元年，徐軍戍溵水，經許，能以軍懷舊惠，館之城中。時軍以供備踈闕，大譟。能登子城樓，慰勞之久，乃定；忠武亦遣大將周岌詣溵水，聞之，夜還，襲擊徐卒，盡殺之；且怨能之厚徐卒也，遂逐之。能將奔襄陽，亂兵追殺之，并屠其家。能爲政嚴察，禁絶私謁。資性倨傲，輕佻忤物。晚節惑浮屠法，信奉惟謹。其爲藩鎮，尤易武吏。嘗命其子屬櫜鞬，雅拜新進士，或問其故，曰「與渠銷弭災咎」云。

洪邁《容齋題跋》《跋薛許昌集》。能晚唐人，詩格調不甚高而妄自尊大，其《海棠詩》、《荔枝詩》、《折楊柳》十詩序可見，而所作皆無過人。又别有《柳枝詞》五首，最後一章曰：「劉白蘇臺總近時，當初章句是誰推。纖腰舞盡春楊柳，未有儂家一首詩。」自注云：「劉、白二尚書繼爲蘇州刺史，皆賦《楊柳枝詞》，世多傳唱。雖有才語，但文字太僻，宫商不高耳。」其大言如此。但稍推杜陵，視劉、白以下蔑如也。今讀其詩，正堪一笑。劉之詞云：「城外春風吹酒旗，行人揮袂日西時。長安陌上無窮樹，唯有垂楊管别離。」白之詞云：「紅板江橋青酒旗，館娃宫暖日斜時。可憐雨歇東風定，萬樹千條各自垂。」其風流氣概，豈能所可髣髴哉！

尤袤《遂初堂書目・别集類》《薛能集》。

陳振孫《直齋書録解題・詩集類上》《薛許昌集》十卷。唐許昌節度使薛能撰。會昌六年進士。

馬端臨《文獻通考・經籍考・詩集》《薛許昌集》十卷。【略】後村劉氏曰：能自稱舉太過。五言云：「空餘氣長在，天子用平人。」不但自譽其詩，又自譽其材，然位歷節鎮，不爲不用矣。卒以驕恣凌忽，僨軍殺身，其材安在？妄庸如此，乃敢妄議諸葛，可謂小人之無忌憚者。

《宋史・藝文志・别集類》《薛能詩集》十卷。

范邦甸等《天一閣書目・别集類》《薛許昌詩集》十卷。緜紙藍絲闌鈔本。唐薛能撰。張咏序稱：「薛能詩千餘篇，少得全本。咸平癸卯，移自咸鎬，再莅三川。同列各出薛集，僅將十本。五言七言，二韻至一百韻，凡得四百四十八篇。爰命通理太常博士王好古、太子中允乞伏矩、節度推官韋宿從長參校，依舊本例編爲十卷。」

徐𤊹《徐氏家藏書目・文集類》《薛能詩》一卷。

錢謙益等《絳雲樓書目・唐詩類》《薛許昌詩集》。十卷。薛能。

吴焯《繡谷亭薰習録・集一》《薛許昌詩》十卷。唐節度使檢校禮部尚書、汾州薛能大拙著。宋咸平癸卯刻于三川，凡四百四十八篇，樞密直學士、尚書刑部侍郎、知益州張詠序。此本凡二百三十篇，紹興元年山陰陸榮望選録也。有後跋，汲古閣刻。

錢東垣等輯《崇文總目・别集類三》《薛能詩》十卷。

繁城集

《新唐書・藝文志・别集類》 薛能《繁城集》一卷。

鄭樵《通志・藝文略・别集五》 薛能《繁城集》一卷。

丁稜集

尤袤《遂初堂書目・别集類》 《丁稜集》。

《宋史・藝文志・别集類》 《丁稜詩》一卷。

江漢編

《宋史・藝文志・别集類》 《江漢編》七卷。不知作者。

張祜集

《新唐書・藝文志・别集類》 《張祜詩》一卷。字承吉，爲處士，大中中卒。

鄭樵《通志・藝文略・别集五》 《張祜詩》一卷。

晁公武《郡齋讀書志・别集類中》 《張祜詩》一卷。右唐張祜字承吉，清河人。樂高尚，客淮南，杜牧爲度支使，善其詩，嘗贈之詩，曰：「何人得似張公子，千首詩輕萬户侯。」嘗作《淮南詩》，有「人生只合揚州死，禪智山光好墓田」之句。大中中，果終丹陽旅舍，人以爲讖云。

洪邁《容齋題跋》 《跋張祜詩》。唐開元天寶之盛，見於傳記歌詩多矣，而張祜所詠尤多，皆他詩人所未嘗及者。如《正月十五夜燈》云：「千門開鎖萬燈明，正月中旬動帝京。三百内人連袖舞，一時天上著詞聲。」《上巳樂》云：「猩猩血染繫頭標，天上齊聲舉畫橈。却是内人争意切，六宫紅袖一時招。」《春鶯囀》云：「興慶池南柳未開，太真先把一枝梅。内人已唱《春鶯囀》，花下傞傞軟舞來。」又有《大酺樂》、《邠王小管》、《李謨笛》、《寧哥來》、《邠娘羯鼓》、《退宫人》、《耍娘歌》、《悖拏兒舞》、《阿鵮湯》、《雨零鈴》、《香囊子》等詩，皆可補開天遺事，弦之樂府也。

尤袤《遂初堂書目・别集類》 《張祜集》。《張承吉集》。

陳振孫《直齋書録解題・詩集類上》 《張祜集》十卷。案：《唐書・藝文志》作一卷。唐處士張祜承吉撰。

馬端臨《文獻通考・經籍考・詩集》 《張祜詩》一卷。

《宋史・藝文志・别集類》 《張祜詩》十卷。

楊士奇等《文淵閣書目・詩詞》 《張祜詩》。一部，一册。闕。塾本二册。

高儒《百川書志・唐詩》 《張處士集》四卷。清河處士張祜承吉著。

徐𤊹《徐氏家藏書目・文集類》 《張祜詩》五卷。

吴壽暘《拜經樓藏書題跋記》 《張承吉集》。右唐張祜承吉撰。舊鈔本首題「張處士詩集」，凡六卷，無序目，按《晁志》作一卷。

錢東垣等輯《崇文總目・别集類三》 《張祜詩》一卷。

謝觀賦

《新唐書・藝文志・别集類》 《謝觀賦》八卷。

鄭樵《通志・藝文略・賦》 《謝觀賦》八卷。

《宋史・藝文志・别集類》 《謝觀賦集》八卷。

錢東垣等輯《崇文總目・别集類五》 《謝觀賦》八卷。

劉蕡策

《新唐書・藝文志・别集類》 《劉蕡策》一卷。

鄭樵《通志・藝文略・策》 《劉蕡策》一卷。

錢東垣等輯《崇文總目・别集類六》 《劉蕡策》一卷。

朱景玄集

《新唐書・藝文志・別集類》《朱景玄詩》一卷。

鄭樵《通志・藝文略・別集五》《朱景玄詩》一卷。

尤袤《遂初堂書目・別集類》《朱景玄集》。

陳振孫《直齋書録解題・詩集類上》《朱景玄集》一卷。唐太子諭德朱景玄撰。

馬端臨《文獻通考・經籍考・詩集》《朱景玄集》一卷。

《宋史・藝文志・別集類》《朱景玄詩》一卷。

錢東垣等輯《崇文總目・別集類四》《朱景玄詩》一卷。

僧廣宣詩

高儒《百川書志・唐詩》《僧廣宣詩》一卷。應制詩十四首。

李廓集

尤袤《遂初堂書目・別集類》《李廓集》。

陳振孫《直齋書録解題・詩集類上》《李廓集》一卷。唐武寧節度李廓撰。程之子也。案：《唐書》李程子名廓，原本作「廊」，誤，今改正。

馬端臨《文獻通考・經籍考・詩集》《李廓集》一卷。

《宋史・藝文志・別集類》《李廓詩》一卷。

吴武陵書

《新唐書・藝文志・別集類》《吴武陵書》一卷。

鄭樵《通志・藝文略・書》《吴武陵書》一卷。

錢東垣等輯《崇文總目・別集類六》《吴武陵書》一卷。

吴武陵詩

《宋史・藝文志・別集類》《吴武陵詩》一卷。

僧鴻漸詩

《宋史・藝文志・別集類》《僧鴻漸詩》一卷。

張碧集

《新唐書・藝文志・別集類》《張碧詞行集》二卷。貞元人。

鄭樵《通志・藝文略・別集五》《張碧歌行集》二卷。

尤袤《遂初堂書目・別集類》《張碧集》。

陳振孫《直齋書録解題・詩集類上》《張碧歌詩集》一卷。案：《唐書・藝文志》作《張碧歌行集》二卷。唐張碧太碧撰。《藝文志》云貞元時人。集中有《覽貫休上人詩》，或勦入之也。

馬端臨《文獻通考・經籍考・詩集》《張碧歌詩集》一卷。

《宋史・藝文志・別集類》《張碧詩》一卷。又《歌行》一卷。

錢東垣等輯《崇文總目・別集類四》《張碧詞行集》二卷。

陸暢集

尤袤《遂初堂書目・別集類》《陸暢集》。

《宋史・藝文志・別集類》《陸暢集》一卷。

蔣防集

尤袤《遂初堂書目・別集類》《蔣防集》。

《宋史・藝文志・別集類》《蔣防集》一卷。

蔣防賦集

《宋史・藝文志・別集類》《蔣防賦集》一卷。

施肩吾集

《新唐書・藝文志・別集類》《施肩吾詩集》十卷。

鄭樵《通志・藝文略・別集五》《施肩吾詩集》十卷。

晁公武《郡齋讀書志・別集類中》 施肩吾《西山集》五卷。右唐施肩吾，吴興人。元和十五年進士。以豫章之西山乃十二真仙羽化之所，心慕之，因卜隱焉。且以名其所著，自爲之序。

尤袤《遂初堂書目・別集類》《施肩吾集》。

陳振孫《直齋書録解題・詩集類上》《西川集》一卷。案：《唐書・藝文志》作十卷。唐施肩吾撰。元和十五年進士。

馬端臨《文獻通考・經籍考・詩集》 施肩吾《西山集》五卷。

《宋史・藝文志・別集類》《施肩吾集》十卷。

錢東垣等輯《崇文總目・別集類二》《施肩吾集》十卷。

春山百韻詩

鄭樵《通志・藝文略・別集五》 施肩吾《春山百韻》一卷。

錢東垣等輯《崇文總目・別集類四》《春山百韻詩》一卷。

滕珦集

《新唐書・藝文志・別集類》《滕珦集》。卷亡。珦，東陽人。歷茂王傅，大和初以右庶子致仕，四品給券還鄉自珦始。

小山雜著

楊士奇等《文淵閣書目・文集》 何自然《小山雜著》。一部，十一册。闕。

朱慶餘集

《新唐書・藝文志・別集類》《朱慶餘詩》一卷。名可久，以字行。寶曆進士第。

鄭樵《通志・藝文略・別集五》《朱慶餘詩》一卷。

尤袤《遂初堂書目・別集類》《朱慶餘集》。

陳振孫《直齋書録解題・詩集類上》《朱慶餘集》一卷。唐朱可久慶餘撰。以字行，受知於張籍，寶曆二年進士。

馬端臨《文獻通考・經籍考・詩集》《朱慶餘集》一卷。

《宋史・藝文志・別集類》《朱慶餘詩》一卷。

高儒《百川書志・唐詩》《朱慶餘集》一卷。進士越州朱可久著。

徐𤊹《徐氏家藏書目・文集類》《朱慶餘》一卷。

錢東垣等輯《崇文總目・別集類三》《朱慶餘詩》一卷。

黃丕烈《蕘圃藏書題識・集類一》《朱慶餘詩集》一卷。宋刻本。泰興季振宜滄葦氏珍藏。在卷末。此唐人朱慶餘詩集，目録五葉，詩三十四葉，宋刻之極精者。余以番錢十圓易諸五柳居。初，書主人有札來云：「尊藏書棚本《朱慶餘集》有否？有人託售，價貴。」余即訂其往觀。是日，肩輿出金閶，過而訪焉，見案頭有紅綢包，知必是書在其中，故鄭重若斯。攜歸，與舊藏鈔本勘之，雖行款相同，總不及宋刻之真，席氏百家唐詩本更無論矣。嘉慶癸亥閏二月，蕘翁記。

余所藏鈔本有二：一爲舊鈔本，而崇禎年間葉奕校者；一爲柳大中鈔本，而爲毛豹孫藏者。葉所據校，謂出於柳氏原本，悉用朱筆校正，然余以柳氏原本核之，實多不合，未知葉之紅筆，又何據也。柳本有何義門手校字，如《送陳標》云：「滿酌歡僮僕，相隨即馬歸。」何校「歡」爲「勸」，「即」爲「郎」，宋刻不如是也。舊鈔本有葉校字，如《看濤》云：「風雨驅□玉。」葉校「驅□玉」爲「翻前駐」，宋刻亦不如是也。惟兩鈔本多空字，而此宋刻半有填補之字。余以宋刻本羅昭諫《甲乙集》證之，知所空者皆墨釘，妄人不知，謬以意補，去其墨釘耳。从前影寫所據本猶是墨釘，故兩本空字皆合宋刻補字，讀者細辨之，便可得其作僞之跡。至於席刻，何、葉所校盡入，行閒諺云「火棗兒糕」，非目覩諸家藏本，烏能一訂其是非耶！蕘翁。

張文通似是吴江人，復社中名彦也。余家藏其手札數通，乃與金孝章者。癸未三月晦日，蕘翁出宋刻《朱慶餘詩集》相賞，見卷首有文通圖記，因附識册尾，亦足爲是書珍重也。萇生瞿中溶觀。

黄丕烈《百宋一廛書録》　《朱慶餘詩集》。余所藏《朱慶餘詩集》有二本：一爲舊鈔本，而崇禎年間葉奕苞校者；一爲柳大中鈔本，而爲毛豹孫藏者。葉所據校謂出於柳氏原本，悉用朱筆校正，然余以柳本核之，實多不合，未知葉所據云何也。柳本有何義門手校字，如《送陳標》云：「滿酌歡僮僕，相隨即馬蹶。」何校「歡」爲「勸」，校「即」爲「郎」。舊鈔本有葉校字，如《看濤》云：「風雨驅□玉。」葉校「驅□玉」爲「翻前駐」，今見宋刻與兩鈔本多同，可知鈔本即從宋刻出。何葉所校，多屬臆改，今席氏《百家唐詩本》盡將何、葉所校之字入之。諺云「火棗兒糕」，此其是也。宋刻閒有墨釘，余所藏宋刻諸唐人集多如是，此集兩鈔本亦復然。此刻多爲妄人填補，因裱托在先，未便改易，明眼人讀之自辨可爾。書凡目録五葉，詩三十四葉，兩鈔本以「目終」二字寫於第四葉後，遂比宋刻少一葉，非詩有缺也。末有「臨安府睦親坊陳宅經籍鋪印」墨書一行，所云書棚本者。是書舊爲文氏藏本，故有玉蘭堂諸印。徐健菴、季振宜亦藏之，惟「張雋之印」、「一字文通」二圖記，余未知其人。瞿木夫爲余云：「張文通似是吴江人，復社中名彦也。余家藏其手札數通，乃與金孝章者」。是在徐、季之先矣。

翰稿

《新唐書・藝文志・别集類》　封敖《翰稿》八卷。

《宋史・藝文志・别集類》　封翺《翰稿》八卷。

錢東垣等輯《崇文總目・别集類六》　《翰稿》八卷。封敖撰。

顧櫰三《補五代史藝文志・詩文集類》　封翺《翰林稿》八卷。

雍陶詩集

《新唐書・藝文志・别集類》　《雍陶詩集》十卷。字國鈞，大中八年自國子《毛詩》博士出爲簡州刺史。

鄭樵《通志・藝文略・别集五》　《雍陶詩集》十卷。

晁公武《郡齋讀書志・别集類中》　《雍陶詩》五卷。右唐雍陶字國鈞。大和八年進士。大中六年，自國子《毛詩》博士出刺簡州。《唐志》：集十卷，今亡其半。

馬端臨《文獻通考・經籍考・詩集》　《雍陶詩》五卷。

《宋史・藝文志・别集類》　《雍陶詩集》三卷。

錢東垣等輯《崇文總目・别集類四》　《雍陶詩》一卷。

張爲詩

《新唐書・藝文志・别集類》　《張爲詩》一卷。

鄭樵《通志・藝文略・别集五》　《張爲詩》一卷。

《宋史・藝文志・别集類》　《張爲詩》一卷。

錢東垣等輯《崇文總目・别集類四》　《張爲詩》一卷。

顧櫰三《補五代史藝文志・詩文集類》　《張爲詩》一卷。

百篇集

《新唐書·藝文志·别集類》 郁渾《百篇集》一卷。渾常應百篇舉，壽州刺史李紳命百題試之。

鄭樵《通志·藝文略·别集五》 郁渾《百篇集》一卷。

《宋史·藝文志·别集類》 郁渾《百篇》一卷。

錢東垣等輯《崇文總目·别集類三》 《百篇集》一卷。

洞庭詩集

《新唐書·藝文志·别集類》 薛瑩《洞庭詩集》一卷。

鄭樵《通志·藝文略·别集五》 薛瑩《洞庭詩集》一卷。

尤袤《遂初堂書目·别集類》 薛瑩《洞庭集》。

陳振孫《直齋書録解題·詩集類上》 《薛瑩集》一卷。唐薛瑩撰，號《洞庭集》。文宗時人，集中多蜀詩，其曰「壬寅歲」者，在前則爲長慶四年，後則爲中和二年，未知定何年也。

馬端臨《文獻通考·經籍考·詩集》 《薛瑩集》一卷。

《宋史·藝文志·别集類》 《薛瑩詩》一卷。又薛瑩《洞庭詩》一卷。

錢東垣等輯《崇文總目·别集類四》 薛瑩《洞庭詩集》一卷。

顧櫰三《補五代史藝文志·詩文集類》 薛瑩《洞庭詩集》一卷。

項斯集

《新唐書·藝文志·别集類》 《項斯詩》一卷。字子遷，江東人，會昌丹徒尉。

鄭樵《通志·藝文略·别集五》 《項斯詩》一卷。

尤袤《遂初堂書目·别集類》 《項斯集》。

陳振孫《直齋書録解題·詩集類上》 《項斯集》一卷。唐丹徒尉江東項斯子遷撰。初受知於張籍水部，而楊敬之祭酒亦知之，有「逢人説項斯」之句。會昌四年進士。

馬端臨《文獻通考·經籍考·詩集》 《項斯集》一卷。

《宋史·藝文志·别集類》 《項斯詩》一卷。

高儒《百川書志·唐詩》 《項斯集》一卷。丹徒尉江東項斯子遷著。

徐𤊹《徐氏家藏書目·文集類》 《項斯》一卷。

錢謙益等《絳雲樓書目·唐詩類》 《項斯詩集》一册。一卷。字子遷。

錢東垣等輯《崇文總目·别集類四》 《項斯詩》一卷。

樊川文集　外集　别集

《新唐書·藝文志·别集類》 杜牧《樊川集》二十卷。

鄭樵《通志·藝文略·别集四》 杜牧《樊川集》二十卷。又《外集》一卷。又《别集》一卷。

晁公武《郡齋讀書志·别集類中》 杜牧《樊川集》二十卷、《外集》一卷。右唐杜牧牧之也。京兆人。大和二年進士，復舉制科。會昌中，以考功郎中知制誥，終中書舍人。牧善屬文，剛直有奇節，敢論列大事，指陳利病，爲詩情致豪邁，人號「小杜」，以别甫云。臨終自爲墓誌，悉焚所爲文章。其甥裴廷翰輯其稿編次，爲之後序。樊川蓋杜氏所居。《外集》皆詩也。

尤袤《遂初堂書目·别集類》 《杜牧集》。

陳振孫《直齋書録解題·别集類上》 《樊川集》二十卷、《外集》一卷。唐中書舍人京兆杜牧牧之撰。牧，佑之孫。其甥裴延翰編而序之。《外集》皆詩也。又在天台録得集外詩一卷，别見「詩集類」，未知是否？牧才高，俊邁不羈，其詩豪而艷，有氣概，非晚唐人所能及也。

馬端臨《文獻通考·經籍考·别集》 杜牧《樊川集》二十卷、《外集》一卷。

【略】後村劉氏曰：杜牧、許渾同時，然詩各自爲體，牧於唐律中常寓拗峭，以矯時弊；渾則不然，如「荆樹有花兄弟樂，橘林無實子孫忙」之類，律切麗密或過牧，而抑揚頓挫不及也。二人詩不著姓名亦可辨。樊川有《續别集》三卷，十之八九皆渾詩。牧佳句自多，不必又取他人詩益之，若《丁卯集》剟去許多傑作，則渾詩無一篇可傳矣。牧仕宦不至南海，《别集》乃存《南海府罷》之作，甚可笑。

《宋史・藝文志・别集類》 《杜牧集》二十卷。

楊士奇等《文淵閣書目・文集》 杜牧之《樊川集》。一部，六册。完全。

張萱等《内閣藏書目録・集部》 《樊川文集》六册，全。唐杜牧著。

錢謙益等《絳雲樓書目・唐文集類》 《樊川集》六册。二十卷。裴延翰作後序。陸務觀云：「唐人詩文，近多刻本，唯牧之集誤謬特甚。」可知此集在宋時已鮮佳本。

錢曾《讀書敏求記・集》 《樊川文集》二十卷、《外集》一卷。牧之集舊人從宋本摹寫者，新刻校之，無大異，此翻宋雕之佳也。

王士禛《漁洋書跋》 《樊川集》。米芾《畫史》云：「潁州公庫顧凱之《維摩百補》，是杜牧之摹寄潁守本，精彩照人。」是小杜亦工畫也。

《四庫提要・别集類四》 《樊川文集》二十卷、《外集》一卷、《别集》一卷。内府藏本。 唐杜牧撰。牧字牧之，京兆萬年人，大和二年登進士第，官至中書舍人，事蹟附載《新唐書・杜佑傳》内。是集爲其甥裴延翰所編，《唐・藝文志》作二十卷，晁氏《讀書志》又載《外集》一卷。王士禎《居易録》謂舊藏杜集止二十卷，後見宋版本，雕刻甚精，而多數卷。考劉克莊《後村詩話》云：「樊川有《續别集》三卷，十八九皆許渾詩。」牧仕宦不至南海，而《别集》乃有《南海府罷》之作，則宋本《外集》之外又有《續别集》三卷，故士禎云然也。此本僅附《外集》、《别集》各一卷，有裴延翰序，又有宋熙寧六年田概序。較克莊所見《别集》尚少二卷，而《南海府罷》之作不收焉，則又經後人删定，非克莊所見本矣。

錢東垣等輯《崇文總目・别集類二》 《樊川集》二十卷。杜牧撰。

彭元瑞等《天禄琳琅書目後編・明版集部》 《杜樊川集》一函，八册。唐杜牧撰。牧字牧之，京兆萬年人。太和二年進士，官中書舍人。《唐書》附傳。書十七卷，計文百九十八篇，有裴延翰序。延翰，牧之甥，即爲編集者。是本明朱一是、吴璵評次，一是自序。一是字近修，海寧人，崇禎壬午舉人，有《爲可堂集》。

孫星衍《平津館鑒藏書籍記・明版集部》 《樊川文集》二十卷、《外集》一卷，《别集》一卷。題中書舍人杜牧，字牧之。前有裴延翰序。《别集》前有熙寧八年田概序。集本廿卷，晁氏《讀書志》有《外集》一卷，王漁洋《居易録》見宋雕本有《續别集》三卷。此本無《續别集》，而有《外集》、《别集》各一卷。《外集》晁氏本所有，《别集》田概所益，與《居易録》所見别一本。每葉廿行，行十八字。

張金吾《愛日精廬藏書志・别集類》 《樊川文集》二十卷、《别集》一卷、《外集》一卷。明重刊宋本。 唐中書舍人杜牧字牧之撰。裴延翰序。集賢校理裴延翰編次牧之文，號《樊川集》者二十卷，中有古律詩二百四十九首，且言牧始少得恙，盡搜文章，閲千百紙，擲焚之，纔屬留者十二三。疑其散落于世者多矣。舊傳集外詩者又九十五首，家家有之。于往年於棠郊魏處士野家得牧詩九首，近汶上盧訥處又得五十篇，皆二集所逸者。其《後池泛舟宴送王十秀才》詩，乃知《外集》所亡，取别句以補題。今編次作一卷，俟有所得，更益之。熙甯六年三月一日杜陵田概序。

樊川詩集

高儒《百川書志・唐詩》 《樊川詩集》四卷。中書舍人杜牧之，京兆人也。

樊川文集注

張之洞《書目答問・别集》 《樊川文集注》二十卷、《外集》一卷、《别集》一卷。唐杜牧。馮集梧注。原刻本。

玄英集

《新唐書・藝文志・别集類》 《玄英先生詩集》十卷。方干。

鄭樵《通志・藝文略・别集五》 《玄英先生詩集》十卷。方干。

晁公武《郡齋讀書志・别集類中》 《方干詩集》一卷。右唐方干字雄飛，歙人。唐末舉進士，不第，隱鏡湖上。徐凝有詩名，一見干，器之，授以詩律。其貌寢陋，又兔闕，而喜凌侮。嘗謁廉帥，誤三拜，人號「方三拜」。將薦於朝而卒，門人謚玄英先生，其甥楊弇與孫郃編次遺詩，王贊爲序。郃又爲作《玄英先生傳》附。

尤袤《遂初堂書目・别集類》 《方干集》。又《方雄飛集》。

陳振孫《直齋書録解題・詩集類上》《玄英集》十卷。唐處士新定方干撰。

馬端臨《文獻通考・經籍考・詩集》《方干詩集》一卷。

《宋史・藝文志・別集類》《方干詩》二卷。

楊士奇等《文淵閣書目・詩詞》《方干詩》。一部，三册。闕。

徐𤊹《徐氏家藏書目・文集類》方干《玄英集》十卷。

毛晉《汲古閣書跋》《玄英先生詩集》。干字雄飛，真應仙翁之後，進士肅之子，協律章八元之甥也。貌寢，又兔闕，晚年遇醫補之，里中呼爲「補脣先生」。爲人質野，每見客，設三拜曰：「禮數有三。」戲稱爲「方三拜」。或謂其謁廉師，誤三拜，故云。亦好事者爲之也。樂安孫郃作傳，不若吴融贈詩云：「把筆盡爲詩，何人獻天子。句滿天下口，名聒天下耳。不識朝，不識市，曠逍遥，閒徙倚。一杯酒，無萬事；一葉舟，無千里。衣裳白雲，坐卧流水。霜落風高忽相憶，惠然見訪留一夕。一夕聽吟十數篇，水榭林蘿爲岑寂。拂旦舍我亦不辭，攜笻徑去隨所適。無處覓，雲半片，鶴一隻。」宛然畫出玄英先生小像。居桐廬邑西南四十里白雲原，又名鸕鷀原，與釣臺遥對。宋范仲淹登臺東望，絶壁插天，林麓蒼秀，白雲徐起。問之，迺知唐處士方干舊隱處，裔孫蒙鼎讀書其上，遂賦詩曰：「風雅先生舊隱存，子陵臺下白雲村。唐朝三百年冠蓋，誰聚詩書到遠孫。」遂繪像于臺，以配子陵，《詩》云：「高山仰止，景行行之。雖不能爾，至心尚之。」崇禎庚午秋七月四日，虞山毛晉跋於讀禮齋。

《唐志》：《玄英先生詩》十卷，與孫傳、王序相符。馬氏謂方干詩一卷，相未見全豹耳。余向藏南宋版，雖亦十卷，傳序弁首，詩不及三百。考之伊甥楊弇所編三百七十餘之數，散逸已多矣。故張爲《主客圖》所采《貽天台中峰客》一聯云：「枯井夜聞鄰果落，廢巢寒見别禽來。」集中未見。又從别本得如干首，并贈篇、紀事數則附録於後。晉陵徐氏刻本，更多逸詩。若五言律《湖上言事》以下九首，七言絶《夜會鄭氏昆季》以下四首，不知何人贋作。第集中「窗接停猿樹，岩飛浴鶴泉」、「雪折停猿樹，花藏浴鶴泉」，「纔吟五字句，又白幾莖髭」，「吟成五字句，用破一生心」之類，自用自句頗多，比之王摩詰「水田飛白鷺，夏木囀黄鸝」，又逕庭矣。毛晉又跋。

又毛晉《汲古閣書跋》《玄英先生詩集》。

此卷雖鈔録草率，然尚是先王父遺書分授相弟者，予亦分得一黑格條鈔本。頗多異同，並校一過。歲在甲午日唯長至。汲古孫綏萬識。

乙未春正二十有五日，風雨扃户，出東山席氏刻本細訂一過，增詩如右。

席氏刻本與墨筆鈔本同，當是原文。右增删數字，依家藏墨格條本訂入。

錢謙益等《絳雲樓書目・唐詩類》方干《玄英先生詩集》。十卷。

錢曾《讀書敏求記・集》《玄英先生家集》十卷。樂安孫郃作《玄英先生傳》。王贊稱方干入錢起之室，撰序題于集首。此云元英者，避宋諱也。集中《贈美人》七言長句四首，今本爲俗子芟去，得此始補全之。

《四庫提要・別集類四》《玄英集》八卷。浙江范懋柱家天一閣藏本。唐方干撰。干字雄飛，新定人，章八元之外孫也。以詩名於江南。咸通中一舉不第，遂遯蹟會稽。殁後，宰相張文蔚請追賜名儒淪落者及第凡十五人，干與焉。是集前有乾寧丙辰中書舍人祁縣王贊序，又有安樂孫郃所作小傳。名曰玄英者，干私謚玄英先生也。何光遠《鑑戒録》稱干「爲詩鍊句，字字無失。詠繫風雅，體絶物理」。部傳亦稱其「高堅峻拔」。蓋其氣格清迥，意度閒遠，於晚唐纖靡俚俗之中，獨能自振，故盛爲一時所推。然其七言淺弱，較遜五言。《郝氏林亭》而外，佳句無多，則又風會之有以限之也。贊序稱干甥楊弇洎門僧居遠收綴遺詩三百七十餘篇，析爲十卷。《唐書・藝文志》亦同。此本爲明嘉靖丁酉干裔孫廷璽重刊，祇分八卷，詩三百七篇。卷目俱非其舊。近時洞庭席氏百家唐詩本從宋刻録出者，雖仍作十卷，而詩亦止三百十六篇。《全唐詩》搜羅放失，增爲三百四十七篇。然與贊序原數終不相合，蓋流傳既久，其佚闕者多矣。

錢東垣等輯《崇文總目・別集類三》《玄英先生詩集》十卷。方干撰。

黄丕烈《蕘圃藏書題識・集類一》《玄英先生詩集》十卷。校明影宋鈔本。崇禎戊辰年六月，馮氏空居閣閲。此卷雖鈔録草率，然尚是先王父遺書分授相弟者，予亦分得一黑格條鈔本，頗多異同，並校一過。歲在甲午日，唯長至汲古孫綏萬識。

乙未春正二十有五日，風雨扃户，出東山席氏刻本，細訂一過，增詩如右。

席氏刻本與墨筆鈔本同，當是原文右增删數字。依家藏墨格條本訂入。

汲古後人毛綏萬以黑格本及席刻本校此集，俱用紅筆，使讀者莫辨何本之爲黑格，何本之爲席刻。且所校席刻有未盡者，得此本後，遂向坊間所得席刻，悉爲校出。席刻不分體，并多詩七首，在毛校未補外，因盡録之。此本黄筆皆席刻也。是本間有羨於席刻之詩題，首無某卷某首是也。癸酉五月小晦日校畢，識。時農人望雨甚切，天雖蒸潤，未知能大雨時行否？復翁。

席刻有與原鈔本不同者，鈔如右；有爲紅筆校改之處，仍照席刻校上，所以專存席刻面目也。均在卷首傳後。

張金吾《愛日精廬藏書志・别集類》《玄英先生集》十卷。叢書堂抄本。汲古閣藏書。唐方干撰。前有《玄英先生傳》，孫郃撰。後有《集外詩》兩首，《文獻通考》等書十三則。王贊序。乾甯丙辰。

應曆集

顧櫰三《補五代史藝文志・詩文集類》李濤《應曆集》十卷。

温飛卿集

尤袤《遂初堂書目・别集類》《温飛卿集》。

陳振孫《直齋書録解題・詩集類上》《温飛卿集》七卷。唐方城尉温庭筠飛卿撰。

《宋史・藝文志・别集類》《温庭筠集》七卷。又《集》十四卷。

金荃集　外集

《新唐書・藝文志・别集類》温庭筠《金筌集》十卷。

鄭樵《通志・藝文略・别集四》温庭筠《金筌集》十卷。

晁公武《郡齋讀書志・别集類中》温庭筠《金荃集》七卷，《外集》一卷。右唐温庭筠也。庭筠本名岐，字飛卿，宰相彦博之裔。詩賦清麗，與李商隱齊名，時號「温李」。然薄於行，多作側辭艷曲，累舉不第，終國子助教。宣宗嘗作詩賜宫人，句有「金步摇」，遣場中對之，庭筠對以「玉跳脱」。上喜其敏，欲用之，以嘗作詩忤時相令狐綯，終廢斥云。

馬端臨《文獻通考・經籍考・詩集》温庭筠《金筌集》七卷，《外集》一卷。

徐𤊹《徐氏家藏書目・文集類》温庭筠《金荃集》八卷。唐五人。

毛晉《汲古閣書跋》《金荃集》。飛卿本名岐，并州祁人，宰相彦博之裔，與李義山、段柯古等號「西崑三十六體」，而温、李尤著。相傳有《方城令詩集》五卷、《漢南真稿》十卷、《握蘭》、《金荃》等集，今不盡傳。僅見宋刻《金荃集》七卷，《别集》一卷，參之邇來分體本子，略有不同。其小詞亦名《金荃集》，尚容嗣鐫。

錢謙益等《絳雲樓書目・唐詩類》《温庭筠集》四册。《金荃集》七卷，《外集》一卷。

錢東垣等輯《崇文總目・别集類二》《金荃集》十卷。温庭筠撰。

握蘭集

《新唐書・藝文志・别集類》温庭筠《握蘭集》三卷。

鄭樵《通志・藝文略・别集四》温庭筠《握蘭集》三卷。

《宋史・藝文志・别集類》温庭筠《握蘭一作「簡」集》三卷。

錢東垣等輯《崇文總目・别集類二》《握蘭集》三卷。温庭筠撰。

漢南道稿

《新唐書・藝文志・别集類》《漢南真稿》十卷。温庭筠撰。

鄭樵《通志・藝文略・别集四》温庭筠《漢南真稿》十卷。

《宋史・藝文志・别集類》温庭筠《漢南真稿》十卷。

錢東垣等輯《崇文總目・别集類七》《漢南真稿集》十卷。温庭筠撰。

記室備要

《宋史・藝文志・别集類》温庭筠《記室備要》三卷。

温庭筠詩集

《新唐書・藝文志・別集類》 温庭筠《詩集》五卷。

鄭樵《通志・藝文略・別集四》 《温庭筠詩》五卷。

《宋史・藝文志・別集類》 温庭筠《詩集》五卷。

楊士奇等《文淵閣書目・詩詞》 《温庭筠詩》。一部，一册。闕。

高儒《百川書志・唐詩》 《温庭筠詩集》七卷，《別集》一卷。方山尉并州温岐飛卿著。

徐𤊹《徐氏家藏書目・文集類》 《温廷筠詩》七卷。

錢曾《讀書敏求記・集》 《温庭筠詩集》七卷，《別集》一卷。世傳温、李爲側艷之詞，今誦其「雞聲茅店月，人跡板橋霜」及「魚鹽橋上市，燈火雨中船」諸名句，豈獨以六朝金粉爲能事者？解對「金跳脱」，正不必「再讀《南華》第二篇」矣！

張金吾《愛日精廬藏書志・別集類》 《温庭筠詩集》七卷，《別集》一卷。毛板校宋本。唐温庭筠撰。前有題識，云從馮定遠攜錢子健校本對過。末有南浦題識，云假錢遵王抄宋本重勘。

温飛卿集箋注

《四庫提要・別集類四》 《温飛卿集箋注》九卷。内府藏本。明曾益撰，顧予咸補輯，其子嗣立又重訂之。凡注中不署名者，益原注；署「補」字者，予咸注；署「嗣立案」者，則所續注也。益字予謙，山陰人，其書成於天啓中。予咸字小阮，長洲人，順治丁亥進士，官至吏部考功司員外郎。嗣立字俠君，康熙壬辰進士，由庶吉士改補中書舍人。曾注謬譌頗多，如《漢皇迎春詞》乃詠漢成帝時事，而以漢皇爲高祖；《邯鄲郭公詞》爲北齊樂府舊題，郭公者，傀儡戲也，舊本譌「詞」爲「祠」，遂引東京郭子儀祠以附會「祠」字之譌。嗣立悉爲是正，考據頗爲詳核。然多引白居易、李賀、李商隱詩爲注，雖李善注《洛神賦》遠遊「履」字引繁欽《定情詩》爲證，古人本有此例，然必謂《夜宴謡》「裂管」字用白居易「翕然聲作如管裂」句，《曉仙謡》「下視九州」字用賀「遥望齊州九點煙」句，《生禖屏風歌》「銀鴨」字用商隱「睡鴨香鑪換夕薰」句，似乎不然，是亦一短也。《唐・藝文志》載庭筠《握蘭集》三卷，《金荃集》十卷，《詩集》五卷，《漢南真稿》十卷。《宋志》亦同。陳振孫《書録解題》作《飛卿集》七卷。又陸游《渭南集》有《温庭筠集跋》，稱其父所藏舊本，以《華清宫》詩爲首，中有《早行》詩，後得蜀本，則《早行》詩已佚。《文獻通考》則云温庭筠《金荃集》七卷，《別集》一卷。是宋刻已非一本矣。曾本合爲四卷，名曰《八義集》，以作賦之事名其詩，頗爲杜撰。嗣立此注，稱從所見宋刻分《詩集》七卷，《別集》一卷，以還其舊。疑即《通考》所載之本。又稱采《文苑英華》、《萬首絶句》所録爲《集外詩》一卷，較曾本差爲完備。然總之非唐本之舊也。

張之洞《書目答問・別集》 《温飛卿集箋注》九卷。唐温庭筠。顧予咸、顧嗣立注。秀埜草堂本。

樊南甲集　乙集

《新唐書・藝文志・別集類》 李商隱《樊南甲集》二十卷，《乙集》二十卷。

鄭樵《通志・藝文略・四六》 《樊南四六甲集》二十卷。李商隱撰。又《樊南四六乙集》二十卷。

晁公武《郡齋讀書志・別集類中》 李商隱《樊南甲集》二十卷，《乙集》二十卷。右唐李商隱義山也。隴西人。開成二年進士。令狐楚奏爲集賢校理，楚出汴、滑、興元，皆表幕府，嘗補太學博士。初，爲文瑰邁奇古，及從楚學，儷偶長短，而繁縟過之。旨意能感人，人謂其横絶前後無儔者。今《樊南甲》、《乙集》皆四六，自爲序，即所謂繁縟者。又有古賦及文共三卷，辭旨恢詭，宋景文序傳中稱「譎怪則李商隱」，蓋以此。詩五卷，清新纖艷，故舊史稱其與温庭筠、段成式齊名，時號「三十六體」云。

陳振孫《直齋書録解題・別集類上》 《樊南甲乙集》四十卷。唐太學博士河内李商隱義山撰。商隱，令狐楚客，開成二年進士，書判入等。從王茂元、鄭亞辟，二人皆李德裕所善，坐此爲令狐綯所憾，竟坎壈以終。《甲乙集》者，皆表章、啓牒四六之文。既不得志於時，歷佐藩府，自茂元、亞之外，又依盧弘正、柳仲郢，故其所作應用若此之多。商隱本爲古文，令狐楚長於章奏，遂以授商隱。然以近世四六觀之，當時以爲工，今未見其工也。

馬端臨《文獻通考・經籍考・別集》 李商隱《樊南甲集》二十卷，《乙集》二十卷。【略】《談苑》：商隱爲文，多檢閲書册，左右鱗次，號「獺祭魚」。

石林葉氏曰：唐人學老杜，惟李商隱一人而已，雖未盡造其妙，然精密華麗，亦自得其彷彿。故國初錢文僖與楊大年、劉中山皆傾心師尊，以爲過老杜，一時翕然從之，好事者次爲《西崑集》，所謂「崑體」者也。至歐陽文忠公始力排之。然宋莒公兄弟雖尊老杜，終不廢商隱，雖王荆公亦與之。嘗爲蔡天啓言學詩者未可遽學老杜，當先學商隱，未有不能爲商隱而能爲老杜者。故公詩晚年亦微樂於華巧，其所好者然也。

《宋史・藝文志・別集類》 李商隱《四六甲乙集》四十卷。《別集》二十卷。

錢東垣等輯《崇文總目・別集類七》 《樊南四六甲集》二十卷。李商隱撰。《樊南四六乙集》二十卷。李商隱撰。

玉溪生賦

鄭樵《通志・藝文略・賦》 《玉溪生賦》一卷。李商隱撰。

錢東垣等輯《崇文總目・別集類五》 《玉溪生賦》一卷。李商隱撰。

玉溪生集

《新唐書・藝文志・別集類》 李商隱《賦》一卷，《文》一卷。

陳振孫《直齋書録解題・別集類上》 《玉溪生集》三卷。李商隱自號。此集即前卷中賦及雜著也。

馬端臨《文獻通考・經籍考・別集》 《玉谿生集》三卷。

《宋史・藝文志・別集類》 《李商隱賦》一卷。又《雜文》一卷。

李義山文集

晁公武《郡齋讀書志・別集類中》 《李商隱文集》八卷。右唐李商隱義山也。

尤袤《遂初堂書目・別集類》 《李義山集》。

陳振孫《直齋書録解題・別集類上》 《李義山集》八卷。唐太學博士河内李商隱義山撰。

楊士奇等《文淵閣書目・文集》 《李義山文集》。一部，十册。闕。塾本十一册。

李義山文集箋注

《四庫提要・別集類四》 《李義山文集箋注》十卷。通行本。國朝徐樹穀箋，徐炯注。樹穀字藝初，康熙乙丑進士，官至山東道監察御史。炯字章仲，康熙壬戌進士，官至直隸巡道。皆崑山人。考《舊唐書・李商隱傳》，稱有《表狀集》四十卷；《新唐書・藝文志》稱李商隱《樊南甲集》二十卷、《乙集》二十卷、《玉溪生詩》三卷、文、賦一卷；《宋史・藝文志》稱《李商隱文集》八卷、《四六甲乙集》四十卷、《別集》二十卷、《詩集》三卷。今惟詩集三卷傳，文集皆佚。國初吴江朱鶴齡始裒輯諸書，編爲五卷，而闕其狀之一體。康熙庚午，炯典試福建，得其本於林佶，採摭《文苑英華》所載諸狀補之，又補入《重陽亭銘》一篇，是爲今本。鶴齡原本雖略爲詮釋，而多所疎漏，蓋猶未竟之稿。樹穀因博考史籍，證驗時事，以爲之箋。炯復徵其典故訓詁，以爲之注。其中《上崔華州書》一篇，樹穀斷其非商隱作。近時桐鄉馮浩注本，則辨此書爲開成二年春初作；崔華州乃崔龜從，非崔戎，故賈相國乃賈餗，非賈耽，崔宣州乃崔鄲，非崔羣，引據《唐書》紀傳證樹穀之誤疑。又《重陽亭銘》一篇，炯據《全蜀藝文志》採入，馮浩注本則辨其碑末結銜及鄉貫皆可疑，知爲舊碑漫漶，楊慎僞補足之，援慎僞補樊敏、柳敏二碑證炯之誤信。又據《成都文類》採入《爲河東公上西川相國京兆公書》一篇及逸句九條，皆足補正此本之疎漏。然《上京兆公書》乃案牘之文，本無可取，逸句尤無關宏旨，故仍以此本著於録焉。

樊南文集詳注

張之洞《書目答問・別集》《樊南文集詳注》八卷唐李商隱。馮浩注。原刻本，勝於徐樹穀、徐炯箋注本。

樊南文集補編

張之洞《書目答問・別集》《樊南文集補編》十二卷。今人。清河刻本。

李義山詩集

《新唐書・藝文志・別集類》《玉溪生詩》三卷。

鄭樵《通志・藝文略・別集五》《玉溪生詩》三卷。

陳振孫《直齋書録解題・詩集類上》《李義山詩》三卷。唐太學博士李商隱義山撰。

馬端臨《文獻通考・經籍考・別集》《李義山集》三卷。【略】《詩話》：王荆公晚年亦喜稱義山詩，以爲唐人知學老杜而得其藩籬，惟義山一人而已。每誦其「雪嶺未歸天外使，松州猶駐殿前軍」、「永憶江湖歸白髮，欲回天地入扁舟」與「池光不受月，暮氣欲沉山」、「江海三年客，乾坤百戰場」之類，雖老杜亡以過也。義山詩合處信有過人，若其用事深僻，語工而意不及，自是其短，世人反以爲奇而效之。故「崑體」之弊，適重其失，義山本不至是云。詩到義山，謂之文章一厄，以其用事僻澁，時稱「西崑體」。然荆公晚年亦或喜之，而字字有根蒂。如：「試問火城將策探，何如雲屋聽窻知」，「未愛京師傳谷口，但知鄉里勝壺頭」，其用事琢句，前輩無相犯者。

《宋史・藝文志・別集類》《李商隱詩集》三卷。

《漁隱叢話》：李義山詩，楊大年諸公皆深喜之，然淺近者亦多。如《華清宮》詩云：「華清恩幸古無倫，猶恐蛾眉不勝人。未免被他褒女笑，只教天子暫蒙塵。」用事失體，在當時非所宜言也。豈若崔魯《華清宮》詩云：「障掩金雞蓄禍機，翠華西拂蜀雲飛。珠簾一閉朝元閣，不見人歸見燕歸。」又云：「草遮回磴絶鳴鸞，雲樹深深碧殿寒。明月自來還自去，更無人倚玉欄干。」語意既精深，用事亦隱而顯也。義山又有《馬嵬》詩云：「如何四紀爲天子，不及盧家有莫愁。」《渾河中》詩云：「咸陽原上英雄骨，半是君家養馬來。」如此等詩，庸非淺近乎？

楊士奇等《文淵閣書目・詩詞》《李商隱詩》。一部，四册。闕。

高儒《百川書志・唐詩》《李商隱詩集》一卷。大學博士隴西李商隱義山撰。此非全集，蓋抄録之僅存耳。餘俟博求。

徐𤊹《徐氏家藏書目・文集類》《李商隱詩》六卷。

錢謙益等《絳雲樓書目・唐文集類》《李商隱詩集》三册。詩三卷。

錢曾《讀書敏求記・集》《李商隱詩集》三卷。文宗時，椓人用命，朝士箝結，甘露之變爲千古所未有，國勢亦岌岌乎殆哉。義山忠憤逼塞，不敢訟言北司，美人、香草，讔詞托寄，其旨微矣。《留贈畏之》詩題下注云：「時將赴職梓潼，遇韓朝迴三首。」夫時事日非，期望畏之來有所論建，而喑無一語，竟如囈如酲者，何也？故次章云「待得郎來月已低，寒暄不道醉如泥」也。隨例趨朝，轉轅迴去，國成誰秉？若珥耳不聞。宫鄰金虎，委之蜩螗沸羹之徒，忠于君者若是乎？故繼之以「五更又欲向何處，騎馬出門烏夜啼」也。首章起句即責韓以「清時無事奏明光」，反言之，亦激言之耳。詞臣引領，歸客迴腸，義山于君臣、朋友之間，情義剴切。且又託爲艷詩以委曲諷諭，此豈笨伯所能解乎！朱鶴齡箋注義山詩，初稿云此題有誤，予笑語之：「義山既誤作于前，韋縠《才調集》又誤選于後。」鶴齡面發赤，因削去。今聊引此以啓其端，見義山之詩之難讀如此。

于敏中等《天禄琳琅書目・明版集部》《李義山集》。一函，四册。唐李商隱著。三卷。陳振孫《書録解題》載《李義山集》八卷，《樊南甲乙集》四十卷，惟《玉溪生集》爲三卷，然云即前卷中賦及雜著，且馬端臨《文獻通考》亦祇稱爲二卷。此本標《李義山集》，專録其詩，與振孫所載《玉溪生集》卷帙雖同，其書各異，則非宋人所刊無疑。特槧刻清朗，亦明槧之善本也。

《四庫提要・別集類四》《李義山詩集》三卷。內府藏本。唐李商隱撰。商隱字義山，懷州河內人。開成二年進士，釋褐祕書省校書郎，調宏農尉。會昌二年，又以書判拔萃。王茂元鎮河陽，辟爲掌書記。歷佐幕府，終於東川節度判官、檢校工部郎中。事蹟具《唐書・文藝傳》。商隱詩與温庭筠齊名，詞皆縟麗。然庭筠多綺羅脂粉之詞，而商隱感時傷事，尚頗得風人之旨。故蔡寬夫《詩話》載王安石之語，以爲唐人能學老杜而得其藩籬者，惟商隱一人。自宋楊億、劉子儀等沿其流波，作《西崑唱酬集》，詩家遂有西崑體。致伶官有撏撦之譏，劉攽載之《中山詩話》，以爲口實。元祐諸人起而矯之，終宋之世，作詩者不以爲宗。胡仔《漁隱叢話》至摘其《馬嵬》詩、《渾河中》詩詆爲淺近。後江西一派漸流於生硬麤鄙，詩家又返而講温、李。自釋道源以後，注其詩者凡數家，大抵刻意推求，務爲深解，以爲一字一句皆屬寓言，而《無題》諸篇，穿鑿尤甚。今考商隱《府罷》詩中有「楚甫含情皆有託」句，則借夫婦以喻君臣，固嘗自道。然《無題》之中有確有寄託者，「來是空言去絶踪」之類是也；有戲爲艷體者，「近知名阿侯」之類是也；有實屬狎邪者，「昨夜星辰昨夜風」之類是也；有失去本題者，「萬里風波一葉舟」之類是也；有與《無題》相連，誤合爲一者，「幽人不倦賞」之類是也。其摘首二字爲題，如《碧城》、《錦瑟》諸篇，亦同此例。一概以美人香草解之，殊乖本旨。至於流俗傳誦，多録其綺艷之作，如集中《有感》二首之類，選本從無及之者，取所短而遺所長，益失之矣。

錢東垣等輯《崇文總目・別集類三》 《李義山詩》三卷。李商隱撰。

張金吾《愛日精廬藏書志・別集類》 《李義山集。三卷。舊抄校本。唐李商隱撰。末有護浄居士跋，中有「家定遠」云云，蓋馮氏定遠昆季行也。

馮氏手跋曰：崇禎甲戌三月初十日，護浄居士勘完此書，先用錢憲副春池公本，寫有篇次，無卷目。後得牧齋錢禮部宋板，始有卷目。又請謝行甫録之，方爲善本。首尾十年，始得完善，後有得此本者，慎勿輕之。是日爲清明日。

又曰：乙亥六月十五日，孫方伯功父丈以一水見示，焕然若披雲霧。凡錢本之可疑，一朝永釋，因與家定遠、何士龍又校一過，凡卷中粉塗處，皆是也。孫本三大帙，爲無錫華氏物，卷凡三，亦分上中下。「遘」、「桓」諸字俱不避，其爲北宋本無疑也。廿七日始校完，乃知錢本直坊本耳。錢本亦有善處，併記卷端。

《李商隱詩集》三卷。毛板校宋本。唐李商隱撰。後有太丘氏跋。金吾藏舊抄本《汗簡》後有太丘陳鴻跋。案：陳鴻字鴻文，初名煌圖，工大小篆，書《隸釋篆韻》六卷、《詩集》十卷。

陳氏手跋曰：丙戌正月，借孫孝若家北宋板本對正，時家南浦，映鈔全部三卷完，復將此讐校避，筆畫無譌，因記。二月初二日，太丘氏。

李義山詩注　補注

《四庫提要・別集類四》 《李義山詩注》三卷，附録一卷。通行本。國朝朱鶴齡撰。鶴齡有《尚書埤傳》，已著録。李商隱詩舊有劉克、張文亮二家注本，後俱不傳，故元好問《論詩絶句》有「詩家總愛西崑好，只恨無人作鄭箋」之語。案西崑體乃宋楊億等摹擬商隱之詩，好問竟以商隱爲西崑，殊爲謬誤。謹附訂於此。明末釋道源始爲作注，王士禎《論詩絶句》所謂「獺祭曾驚博奥殫，一篇《錦瑟》解人難。千秋毛鄭功臣在，尚有彌天釋道安」者，即爲道源是注作也。然其書徵引雖繁，實冗雜寡要，多不得古人之意。鶴齡刪取其什一，補輯其什九，以成此注。後來注商隱集者，如程夢星、姚培謙、馮浩諸家，大抵以鶴齡爲藍本，而補正其闕誤。惟商隱以婚於王茂元之故，爲令狐綯所擠，淪落終身，特文士輕於去就，苟且目前之常態。鶴齡必以爲茂元黨李德裕，綯父子黨牛僧孺，商隱之從茂元爲擇木之智、涣邱之公，然則令狐楚方盛之時，何以從之受學，令狐綯見讐之後，何以又屢啓陳情？新、舊《唐書》班班具在，鶴齡所論未免爲回護之詞。至謂其詩寄託深微，多寓忠憤，不同於温庭筠、段成式綺靡香艷之詞，則所見特深，爲從來論者所未及。惟所作《年譜》，於商隱出處及時事頗有疎漏，故多爲馮浩注本所糾。又如《有感》二首詠文宗甘露之變者，引錢龍惕之箋，以李訓、鄭注爲奉天討，死國難，則觸於明末璫禍，有激而言，與詩中「如何本初輩，自取屈氂誅。臨危對盧植，始悔用龐萌」諸句，顯爲背觸，殊失商隱之本旨。又《重有感》一首，所謂「竇融表已來關右，陶侃軍宜次石頭」者，竟以稱兵犯闕望劉從諫。漢十常侍之已事，獨未聞乎？鶴齡又引龍惕之語，不加駁正，亦未免牽就其詞。然大旨在於通所可知，而闕所不知，絶不牽合新、舊《唐書》，務爲穿鑿，其摧陷廓清之功，固超出諸家之上矣。

玉谿生詩詳注

張之洞《書目答問・別集》 《玉谿生詩詳注》三卷。唐李商隱。馮浩注。原刻本，勝於朱鶴齡、姚培謙注本。

唐英歌詩

毛晉《汲古閣書跋》 《唐英歌詩》。吴子華越州人，與韓偓同學，久困名場，龍紀元年同舉進士，又同直玉堂，故韓詩云「二紀計偕勞筆研，一朝宣入掌絲綸」，落句云「語餘相聚却酸辛」，懷昔叙懇，感慨係之矣。歷官始末詳見本傳。隴右李巨川，才甚敏，儕輩退舍，惟子華對壘。一日，昭宗至華清宫，賜華帥韓建御容一軸，時巨川爲建掌書記，草謝表示子華，中有「彤雲似蓋以長隨，紫氣臨關而不度」之句。子華吟罷，立成一篇，其略曰：「霧開五里，容諧披睹之心；掌拔一峰，兼助捧持之力。」巨川賞歎不已。壬戌卜居閿鄉，與貫休上人結方外交，互多酧寄。琴川毛晉識。集中有《送僧歸破山寺》云：「萬里指吴山，高秋杖錫還。别來雙闕老，歸去片雲間。師在有無外，我嬰塵十間。居然本相别，不要慘離顏。」此詩邑乘失載，因特拈出。余渭陽豈菴先生嘗拈《山居》第四絶云：「無鄰無里不成村，水曲雲重掩石門。何用深求避秦客，吾家便是武陵源。」懸之座右，日夕歌之，且笑南陽劉子驥多事，可稱詩林嘉話。晉又識。

錢謙益等《絳雲樓書目・唐詩類》 吴學士《唐英歌詩》四册。四卷。吴融。

錢曾《讀書敏求記・集》 吴融《[唐]英歌詩》三卷余生平所見子華詩，宋槧本唯此，宜寶護之。

《四庫提要・别集類四》 《唐英歌詩》三卷。江蘇巡撫採進本。唐吴融撰。融字子華，越州山陰人，龍紀元年登進士第。昭宗時官翰林學士承旨，户部侍郎、知制誥，事蹟具《新唐書・文藝傳》。融與韓偓同爲翰林學士，故偓有《與融玉堂同直》詩。然二人唱酬僅一兩篇，未詳其故。以立身本末論之，偓心在朝廷，力圖匡輔，以孱弱文士毅然折逆黨之凶鋒，其詩所謂「報國危曾將虎鬚」者，實非虚語。純忠亮節，萬萬非融所能及。以文章工拙論之，則融詩音節諧雅，猶有中唐之遺風，較偓爲稍勝焉。在天祐諸詩人中，閒遠不及司空圖，沈摯不及羅隱，繁富不及皮日休，奇闢不及周朴。然其餘作者，實罕與雁行。《唐書》本傳稱昭宗反正，融於御前跪作《十許詔》，少選即成，意詳語當。《唐詩紀事》又稱李巨川爲韓建草謝表以示融，融吟罷立成一篇，巨川賞歎不已。蓋在當時，亦鐵中錚錚者矣。

彭元瑞等《天禄琳琅書目後編・宋版集部》 《唐英歌詩》。一函，二册。唐吴融撰。融字子華，越州山陰人，龍季元年進士，見《唐書・文藝傳》，書三卷。揭銜「翰林學士承旨、銀青光禄大夫、行在尚書户部侍郎、知制誥、上柱國、漢陽縣開國男食邑三百户」。考融與韓偓同爲學士，僅集有《同直詩》，其曰「行在」，蓋昭宗在鳳翔時所命官。

首有「允文」、「樞密之章」二印，蓋宋虞允文家藏，至明入上元焦氏。又一印，不可辨。

劉綺莊集

《新唐書・藝文志・别集類》 《劉綺莊集》十卷。

鄭樵《通志・藝文略・别集五》 《劉綺莊集》十卷。

晁公武《郡齋讀書志・别集類中》 《劉綺莊歌詩》四卷。右唐劉綺莊，未詳其人。唐《四庫書目》有《綺莊集》十卷，今所餘止四卷，詩三十二、啓狀四十四而已，惜其散落大半。其本乃南唐故物，紙墨甚精，後題曰「昇平四年重題」，印其文曰「建鄴文房」，本内「密」字皆闕其畫，而「超」字不闕，蓋吴時所繕寫也。其詩如《置酒》、《揚州送人》皆不凡，而樂府格調尤高。然史逸其行事，詩中亦不可考。獨啓事内有白、韋、崔三相公狀，白乃敏中，崔乃元式，韋乃琮也。三人同相於宣宗初載，其末云「限守藩服」，則知綺莊時已任刺史矣。

馬端臨《文獻通考・經籍考・别集》 《劉綺莊歌詩》四卷。

《宋史・藝文志・别集類》 《劉綺莊集》十卷。

錢東垣等輯《崇文總目・别集類二》 《劉綺莊集》十卷。

薛逢别集

《宋史・藝文志・别集類》 《薛逢别集》九卷。

薛逢賦集

《新唐書・藝文志・別集類》薛逢《賦集》十四卷。

鄭樵《通志・藝文略・賦》《薛逢賦》四卷。

《宋史・藝文志・別集類》《薛逢賦》四卷。

錢東垣等輯《崇文總目・別集類五》《薛逢賦集》四卷。

薛逢別紙

《新唐書・藝文志・別集類》《薛逢別紙》十三卷。

鄭樵《通志・藝文略・別集五》《薛逢別紙》十三卷。【略】《表章》《薛逢別紙》十三卷。

《宋史・藝文志・別集類》《薛逢別紙》十三卷。

錢東垣等輯《崇文總目・別集類七》《薛逢別紙》十三卷。

薛逢刀筆

鄭樵《通志・藝文略・刀筆》《薛逢刀筆》一卷。

薛逢四六集

陳振孫《直齋書録解題・別集類上》《薛逢四六集》一卷。唐祕書監河東薛逢陶臣撰。

馬端臨《文獻通考・經籍考・別集》《薛逢四六集》一卷。

薛逢詩集

《新唐書・藝文志・別集類》《薛逢詩集》十卷。

鄭樵《通志・藝文略・別集五》《薛逢詩集》十卷。

晁公武《郡齋讀書志・別集類中》《薛逢歌詩》二卷。右唐薛逢陶臣也。河東人。會昌元年進士。終祕書監。逢持論骾切，以謀畧高自標顯。與楊收、王鐸同年登第，而逢文藝最優。收作相，逢有詩云：「誰知金印朝天客，同是沙堤避路人。」鐸作相，逢又有詩云：「昨日鴻毛萬鈞重，今朝山岳一毫輕。」二人皆怒，故不見齒。

尤袤《遂初堂書目・別集類》《薛逢集》。

陳振孫《直齋書録解題・詩集類上》《薛逢集》一卷。案：《唐書・藝文志》作十卷。唐祕書監薛逢陶臣撰。會昌元年進士。

馬端臨《文獻通考・經籍考・詩集》《薛逢歌詩》二卷。

《宋史・藝文志・別集類》《薛逢詩》一卷。

徐𤊹《徐氏家藏書目・文集類》《薛逢詩》一卷。

錢東垣等輯《崇文總目・別集類三》《薛逢詩》十卷。

馬戴集

《新唐書・藝文志・別集類》《馬戴詩》一卷。字虞臣，會昌進士第。

鄭樵《通志・藝文略・別集五》《馬戴詩》一卷。

尤袤《遂初堂書目・別集類》《馬戴集》。

陳振孫《直齋書録解題・詩集類上》《馬戴集》一卷。唐馬戴虞臣撰。

馬端臨《文獻通考・經籍考・詩集》《馬戴集》一卷。

《宋史・藝文志・別集類》《馬（載）〔戴〕詩》一卷。

高儒《百川書志・唐詩》《會昌進士詩》一卷。馬戴虞臣也。

徐𤊹《徐氏家藏書目・文集類》《馬戴》一卷。

錢東垣等輯《崇文總目・別集類三》《馬戴詩》一卷。

鄭畋集

《新唐書・藝文志・別集類》 鄭畋《玉堂集》五卷。

晁公武《郡齋讀書志・別集類中》 《鄭畋集》五卷。右唐鄭畋台文也。滎陽人。會昌二年進士，書判入等，授校書郎，調渭南尉，知制誥，中書舍人。乾符四年，以本官同中書門下平章事。二年，召復秉政。至成都，以疾不拜，終太子少保。《稿草》皆乾符掌判敕語云。

馬端臨《文獻通考・經籍考・別集》 《鄭畋集》五卷。

《宋史・藝文志・別集類》 《鄭畋集》五卷。

錢東垣等輯《崇文總目・別集類二》 《鄭畋文集》五卷。

又《別集類六》 鄭畋《玉堂集》五卷。

鳳池稿草　續鳳池稿草

《新唐書・藝文志・別集類》 鄭畋《鳳池稿草》三十卷。《續鳳池稿草》三十卷。

敕語堂判集

尤袤《遂初堂書目・別集類》 鄭畋《敕誥集》。鄭畋《堂判集》。

陳振孫《直齋書録解題・別集類上》 《敕語堂判集》一卷。唐宰相滎陽鄭畋台文撰。

鄭畋論事

《宋史・藝文志・別集類》 《鄭畋論事》五卷。

鄭畋詩集

《宋史・藝文志・別集類》 《鄭畋詩集》一卷。

林滋詩

徐𤊹《徐氏家藏書目・文集類》 《林滋詩》一卷。

海潮賦

《新唐書・藝文志・別集類》 盧肇《海潮賦》一卷。

鄭樵《通志・藝文略・賦》 《海潮賦》一卷。唐宣歙團練盧肇撰。

《宋史・藝文志・別集類》 盧肇《海潮賦》一卷。

錢東垣等輯《崇文總目・別集類五》 《海潮賦》一卷。盧肇撰。

通屈賦

《新唐書・藝文志・別集類》 《通屈賦》一卷。

鄭樵《通志・藝文略・賦》 《通屈賦》一卷。盧肇撰。

《宋史・藝文志・別集類》 盧肇《通屈賦》一卷。

錢東垣等輯《崇文總目・別集類五》 《通屈賦》一卷。盧肇撰【原釋】以下闕。見天一閣鈔本。

大統賦

鄭樵《通志・藝文略・賦》《大統賦》二卷。盧肇撰。

錢東垣等輯《崇文總目・别集類五》《大統賦》六卷。

大統賦

《新唐書・藝文志・别集類》《注林絢大統賦》二卷。字子發，袁州人。咸通歙州刺史。

鄭樵《通志・藝文略・賦》《大統賦》二卷。林絢撰，盧肇注，安裕重箋。

《宋史・藝文志・别集類》盧肇《大統賦注》六卷。

錢東垣等輯《崇文總目・别集類五》《大統賦》二卷。林絢撰，盧肇注，安裕重箋。

文標集

趙希弁《讀書附志・别集類一》《文標集》三卷。右唐集賢學士盧肇之文也。肇，字子發，宜春人。幼好學，穎拔不羣，宜春令盧蕚一見奇之，曰：「子異日有聞乎！」由是愈激厲。唐會昌二年，預江西解試，末送，啓謝曰：「巨鼇贔屭，首冠蓬山。」主文詢其謂，對曰：「巨鼇不靈，頑石在上。」一坐盡笑。唐制取士，許簾獻所業，先察其素。時王起知舉，肇爲書以獻，起問曰：「鄉薦如公材幾何？」對曰：「皆才選也，未易品判，然如肇者，亦猶沅江之鼇，九肋實希。」繼而同舉黄頗進謁，起問如初，則曰：「捨頗其誰才？」起由是少頗而多肇之謙。始，李德裕以言事出爲宜春長史，嘉肇文行，異禮之。至是德裕以言事遷太尉，總樞柄，絶朋黨，晚進寒素，難游其門，獨肇入謁，常許袍帶，從容談論。既試有期，知舉以取士白，亦舊例也。德裕曰：「某不薦人，然喜今榜得一狀元矣。」追試，果魁中，任著作郎，遷京兆府司録，使相盧商、裴休、盧簡求争辟之。歷集賢學士，歙、宣、池三州刺史，所至皆有可紀。後爲吉州刺史，卒。

尤袤《遂初堂書目・别集類》盧肇《文標集》。

《宋史・藝文志・别集類》盧肇《文標集》三卷。

愈風集

《宋史・藝文志・别集類》盧肇《愈風集》十卷。

劉威集

《新唐書・藝文志・别集類》《劉威詩》一卷。

鄭樵《通志・藝文略・别集五》《劉威詩》一卷。

尤袤《遂初堂書目・别集類》《劉威集》。

陳振孫《直齋書録解題・詩集類上》《劉威集》一卷。

馬端臨《文獻通考・經籍考・詩集》《劉威集》一卷。

《宋史・藝文志・别集類》《劉威詩》一卷。

高儒《百川書志・唐詩》《劉威集》一卷。

徐𤊹《徐氏家藏書目・文集類》《劉威》一卷。

錢東垣等輯《崇文總目・别集類四》《劉威詩》一卷。

顧櫰三《補五代史藝文志・詩文集類》《劉威詩》一卷。

渭南詩

《新唐書・藝文志・别集類》趙嘏《渭南集》三卷。

鄭樵《通志・藝文略・别集五》趙嘏《渭南集》三卷。

晁公武《郡齋讀書志・别集類中》趙嘏《渭南詩》三卷。右唐趙嘏承祐也。

會昌四年進士。終渭南尉。杜紫微讀其《早秋》詩云「殘星幾點雁橫塞，長笛一聲人倚樓」，因謂之「趙倚樓」云。

尤袤《遂初堂書目・別集類》 趙嘏《渭南集》。

陳振孫《直齋書録解題・詩集類上》《渭南集》一卷。案：《唐書・藝文志》作三卷。唐渭南尉趙嘏承祐撰。壓卷有「長笛一聲人倚樓」之句，當時稱爲「趙倚樓」。

馬端臨《文獻通考・經籍考・詩集》 趙嘏《渭南詩》三卷。

徐𤊹《徐氏家藏書目・文集類》《趙嘏詩》一卷。

錢東垣等輯《崇文總目・別集類三》《渭南集》三卷。趙嘏撰。

編年詩

《新唐書・藝文志・別集類》 趙嘏《編年詩》二卷。字承祐，大中渭南尉。

鄭樵《通志・藝文略・別集五》 趙嘏《編年詩》二卷。

《宋史・藝文志・別集類》 趙嘏《編年詩》二卷。

錢東垣等輯《崇文總目・別集類四》《趙氏編年詩》二卷。

賈嵩賦

《新唐書・藝文志・別集類》《賈嵩賦》三卷。

鄭樵《通志・藝文略・賦》《賈嵩賦》三卷。

《宋史・藝文志・別集類》《賈嵩賦集》三卷。

錢東垣等輯《崇文總目・別集類五》《賈嵩賦》三卷。

五源文集

《宋史・藝文志・別集類》 陳汀《五源文集》三卷。

陳汀賦

《新唐書・藝文志・別集類》《陳汀賦》一卷。字用濟，並大中進士第。

鄭樵《通志・藝文略・賦》《陳汀賦》一卷。

《宋史・藝文志・別集類》《陳汀賦》一卷。

錢東垣等輯《崇文總目・別集類五》《陳汀賦》一卷。

宋言賦

《新唐書・藝文志・別集類》《宋言賦》一卷。字表文。

鄭樵《通志・藝文略・賦》《宋言賦》一卷。

《宋史・藝文志・別集類》《宋言賦》一卷。

錢東垣等輯《崇文總目・別集類五》《宋言賦》一卷。

楊弁詩

《宋史・藝文志・別集類》《楊弁詩》一卷。

喻鳧集

《新唐書・藝文志・別集類》《喻鳧詩》一卷。開成進士第，烏程令。

鄭樵《通志・藝文略・別集五》《喻鳧詩》一卷。

尤袤《遂初堂書目・別集類》《喻鳧集》。

陳振孫《直齋書録解題・詩集類上》《喻鳧集》一卷。唐烏程尉喻鳧撰。開成五年進士。

馬端臨《文獻通考・經籍考・詩集》《喻鳬集》一卷。

《宋史・藝文志・別集類》《喻鳬詩》一卷。

高儒《百川書志・唐詩》《喻鳬詩》一卷。烏程令昆陵喻鳬坦之著。

徐𤊹《徐氏家藏書目・文集類》《喻鳬》一卷。

潘咸詩

《宋史・藝文志・別集類》《潘咸詩》一卷。

文史聯珠

《宋史・藝文志・別集類》《文史聯珠》十三卷。不知作者。

文泉子集

《新唐書・藝文志・別集類》劉蛻《文泉子》十卷。字復愚，咸通中書舍人。

鄭樵《通志・藝文略・別集四》劉蛻《文泉子》十卷。

尤袤《遂初堂書目・別集類》劉蛻《文泉子》。

陳振孫《直齋書録解題・別集類上》《文泉子》十卷。唐中書舍人長沙劉蛻復愚撰。自爲序云：「覃以九流之旨[曰文]，配以不竭之義曰泉。」有《文塚銘》，甚奇。蛻，大中四年進士。其爲西掖，在咸通時。

馬端臨《文獻通考・經籍考・別集》《文泉子》十卷。

《宋史・藝文志・別集類》《劉蛻集》十卷。

徐𤊹《徐氏家藏書目・文集類》《劉蛻文集》六卷。

王士禛《漁洋書跋》《文泉子》。唐劉蛻《文冢銘》自評其文「粲如星光，如貝氣，如蛟宫之水」，此喻最妙。文冢在今潼川州，予康熙壬子曾過之，爲賦一詩。唐末古文，並稱樵、蛻。蛻《文泉子》予所手録，然不逮樵遠甚。樵之文，在大中時，惟杜牧可稱勍敵耳。

《四庫提要・別集類四》《文泉子集》一卷。兵部侍郎紀昀家藏本。唐劉蛻撰。蛻字復愚，長沙人，大中四年進士及第，咸通中官至左拾遺，外謫華陰令。案，王定保《唐摭言》載：「劉纂者，商州劉蛻之子，亦善爲文。」則蛻當爲商州人。又孫光憲《北夢瑣言》載劉蛻桐廬人，官至中書舍人，有從其父命、死不祭祀一事，所敘爵里復不同，或疑爲別一劉蛻，未之詳也。是集前有自序曰：「自褐衣以後，辛卯以來，辛丑以前，收其微詞屬意古今上下之閒者爲內、外篇。復收其怨抑頌記、嬰於仁義者，雜爲諸篇焉。物不可以終雜，故離爲十卷。離則名之不絶，故授之以爲《文泉》。蓋覃以九流之旨曰文，配以不竭之義曰泉。崖谷結珠璣，昧則將救之；雨雷亢粢盛，乾則將救之。豈託之空言哉！」觀其命名之義，自負者良厚。其《文冢銘》最爲世所傳，他文皆原本揚雄，亦多奇奥。險於孫樵，而易於樊宗師，大旨與元結相出入，欲挽末俗反之古。而所謂古者，乃多歸宗於老氏，不盡協聖賢之軌。又詞多恚憤，亦非仁義藹如之旨。然唐之末造，相率爲纂組俳儷之文，而蛻獨毅然以復古自任，亦可謂特立者矣。高彦休《唐闕史》載蛻能辨齊桓公盎之僞，其學蓋有根柢。《舊唐書・令狐楚傳》載：「咸通二年，左拾遺劉蛻極論令狐綯子滈恃權納貨之罪，坐貶華陰令。」則蛻在當時，本風裁矯矯，宜其文之拔俗也。集十卷，今已不傳。此本爲崇禎庚辰間人韓錫所編，僅得一卷，蓋從《文苑英華》諸書採出，非其舊帙。存備唐文之一家，姑見崖略云爾。

錢東垣等輯《崇文總目・別集類二》《文泉子》十卷。劉蛻撰。

張之洞《書目答問・別集》《文泉子集》一卷。唐劉蛻。別下齋本。

高駢集

《新唐書・藝文志・別集類》《高駢詩》一卷。

鄭樵《通志・藝文略・別集五》《高駢詩》一卷。

陳振孫《直齋書録解題・詩集類上》《高駢集》一卷。唐淮南節度使高駢撰。

馬端臨《文獻通考・經籍考・詩集》《高駢集》一卷。

《宋史・藝文志・別集類》《高駢集》三卷。《高駢詩》一卷。

錢東垣等輯《崇文總目・別集類三》《高駢詩》一卷。

柳仲郢集

《新唐書・藝文志・別集類》《柳仲郢集》二十卷。

鄭樵《通志・藝文略・別集四》《柳仲郢集》二十卷。

陳商集

《新唐書・藝文志・別集類》《陳商集》十七卷。

鄭樵《通志・藝文略・別集四》《陳商集》十七卷。

鄭誠集

《新唐書・藝文志・別集類》《鄭誠集》。卷亡。字申虞，福州閩縣人。大中國子司業，郢、安二州刺史，江西節度副使。

張玄晏集

《新唐書・藝文志・別集類》《張玄晏集》二卷。字寅節，昭宗翰林學士。

鄭樵《通志・藝文略・別集五》《張玄晏集》二卷。

《宋史・藝文志・別集類》《張玄晏集》二卷。

沈光集

《新唐書・藝文志・別集類》《沈光集》五卷。題曰《雲夢子》。

鄭樵《通志・藝文略・別集五》《沈光集》五卷。

《宋史・藝文志・別集類》《沈光詩集》一卷。

顧櫰三《補五代史藝文志・詩文集類》《沈光集》五卷。

李羣玉集　後集

《新唐書・藝文志・別集類》《李羣玉詩》三卷。《後集》五卷。字文山，澧州人。裴休觀察湖南，厚延致之，及爲相，以詩論薦，授校書郎。

鄭樵《通志・藝文略・別集五》《李羣玉詩》三卷。又《後集》五卷。

晁公武《郡齋讀書志・別集類中》《李羣玉詩》一卷。右唐李羣玉文山也。澧州人。曠逸不樂仕進，專以吟詠自適。詩筆妍麗，才力遒健。好吹笙，善書翰。親友強赴舉，一上而止。裴休廉察湖南，延郡中。大中八年來京師，進詩三百篇。休復論薦，授弘文館校書郎。集後附其進詩表，并除官制。《太平廣記》所載黄陵廟事甚異，其絶句在焉。

尤袤《遂初堂書目・別集類》《李羣玉集》。

陳振孫《直齋書録解題・詩集類上》《李羣玉集》三卷。唐宏文校書澧陽李羣玉文山撰。裴休以處士薦。集後有《乞假歸別業》及《朝士送行》詩。

馬端臨《文獻通考・經籍考・詩集》《李群玉詩》一卷。

《宋史・藝文志・別集類》《李羣玉後集》五卷。又《詩集》二卷。

徐𤊹《徐氏家藏書目・文集類》李羣玉《文山集》二卷。毛音刻。

錢謙益等《絳雲樓書目・唐詩類》《李羣玉集》。《詩》三卷，《後集》五卷。

錢曾《讀書敏求記・詩集》《李羣玉詩集》三卷《詩後集》五卷。羣玉以草澤士子表上其詩，人主遂有錦綵器物之賜。令狐綯薦之于朝，授弘文館校書郎。唐君臣愛惜人才若此。風雅之化，於斯爲盛，能無令後人望古遥集乎！

吴焯《繡谷亭薰習録・集一》《李文山詩集》二卷。唐弘文館校書郎澧州李羣玉著。羣玉以草澤之士自表其詩于朝，延英口敕云：「所進歌詩，異常高雅，朕已遍覽。今有少錦彩器物賜卿，宜領取。夏熱，卿比平安好。」又有僕射令狐綯薦狀，降制特命授官。舊稱《集》三卷，《後集》五卷。今汲古閣刻最佳。

《四庫提要・別集類四》《李羣玉集》三卷，《後集》五卷。江蘇蔣曾瑩家藏本。

唐李羣玉撰。羣玉字文山，澧州人，大中八年詣闕進詩，授弘文館校書郎。其集首載羣玉進詩表及令狐綯薦狀、鄭處約所行制詞。表稱歌行、古體、今體七言、今體五言四通，合三百首。考劉禹錫作《柳宗元集序》稱三十二通。案今本作四十五通，乃後人追改。則唐時以一通爲一卷。今本三卷，已與表不合。又表稱三百首，而今本正集僅一百三十五首，外集亦僅一百一十三首，合之不足三百之數。觀中卷之末有《出春明門》一首，自注曰「時請告歸」，則此集雖仍以歌行、古體、今體七言、今體五言分目，而已兼得官以後之詩，非復奏進之原本矣。《太平廣記》載羣玉遇湘君事甚異，其詩今載《後集》第三卷。然前一首爲弔古之詞，無媟褻之意，後一首寫當時棹女與二妃，尤不相關。況羣玉雖放誕風流，亦豈敢造作言語，瀆慢神明，污蔑古聖？殆因其詩爲時傳誦，小説家因造此事附會之耳。《洛神》譌爲《感甄》，李善至引以注《文選》，俗語丹青，往往如是，未可據爲實録也。

錢東垣等輯《崇文總目・別集類三》《李羣玉詩》三卷。《李羣玉後集》五卷。

黄丕烈《蕘圃藏書題識・集類一》《羣玉集》三卷，《後集》四卷。宋本。

黄丕烈《蕘圃藏書題識續録・集類上》《李羣玉詩集》三卷，《後集》五卷。影宋鈔本。

張金吾《愛日精廬藏書志・別集類》《李羣玉詩集》三卷，《後集》五卷。影寫宋刊本。從吳門黄氏藏宋刊本影寫。唐李羣玉撰。前有羣玉進詩表、延英口宣勅旨及令狐綯薦狀，守弘文館校書郎制詞，後有「臨安府棚前睦親坊南陳宅書籍鋪刊行」一行。【略】

《李羣玉詩集》三卷，《後集》五卷。精抄本。錢履之藏書。唐李羣玉撰。守弘文館校書郎制詞，後有「臨安府棚北大街（親）睦〔親〕坊南陳解元宅經籍鋪印」兩行，蓋從宋刊本傳録者。末題「嘉靖丁未夏季松逸山居童子王臣録」，卷首有「錢履之讀書記」印記，板心有「竹深堂」三字。

聯珠集

《宋史・藝文志・別集類》王叡《聯珠集》五卷。

南卓集

《新唐書・藝文志・別集類》《南卓文》一卷。

《宋史・藝文志・別集類》《南卓集》一卷。

錢東垣等輯《崇文總目・別集類二》《南卓文集》一卷。

劉滄集

《新唐書・藝文志・別集類》《劉滄詩》一卷。字藴靈。

鄭樵《通志・藝文略・別集五》《劉滄詩》一卷。

晁公武《郡齋讀書志・別集類中》《劉滄詩》一卷。右唐劉滄字藴靈。大中八年進士。詩頗清麗，句法絶類趙嘏。

尤袤《遂初堂書目・別集類》《劉滄集》。

陳振孫《直齋書録解題・詩集類上》《劉滄集》一卷。唐進士劉滄藴靈撰。

馬端臨《文獻通考・經籍考・詩集》《劉滄詩》一卷。

《宋史・藝文志・別集類》《劉滄詩》一卷。

高儒《百川書志・唐詩》《劉滄集》一卷。龍門令魯人劉滄藴靈著。

徐𤊹《徐氏家藏書目・文集類》《劉滄詩》一卷。

崔珏詩

《新唐書・藝文志・別集類》《崔珏詩》一卷。字夢之，並大中進士第。

鄭樵《通志・藝文略・別集五》《崔珏詩》一卷。

許棠詩

《新唐書・藝文志・別集類》《許棠詩》一卷。字文化。

鄭樵《通志・藝文略・別集五》《許棠詩》一卷。

尤袤《遂初堂書目・別集類》《許棠集》。

陳振孫《直齋書録解題・詩集類上》《許棠集》一卷。唐宛陵許棠文化撰。亦咸通十二年進士。

馬端臨《文獻通考・經籍考・詩集》《許棠集》一卷。

《宋史・藝文志・別集類》《許棠詩集》一卷。

徐𤊹《徐氏家藏書目・文集類》《許棠詩》一卷。

文化集

范邦甸等《天一閣書目・別集類》《文化集》一卷。鈔本。宣城許棠著。

林寬集

尤袤《遂初堂書目・別集類》《林寬集》。

陳振孫《直齋書録解題・詩集類上》《林寬集》一卷。唐林寬撰。與李頻、許棠皆同時，集有送二人詩。

馬端臨《文獻通考・經籍考・詩集》《林寬集》一卷。

《宋史・藝文志・別集類》《林寬詩》一卷。

高儒《百川書志・唐詩》《林寬集》一卷。

徐𤊹《徐氏家藏書目・文集類》《林寬詩》一卷。

李涉集

《新唐書・藝文志・別集類》《李涉詩》一卷。

鄭樵《通志・藝文略・別集五》《李涉詩》一卷。

晁公武《郡齋讀書志・別集類中》《李涉歌詩》一卷。右唐李涉也。早從陳許辟，一再謫官夷陵。大和中，爲太學博士，自號清溪子。渤三詩附。

尤袤《遂初堂書目・別集類》《李涉集》。

陳振孫《直齋書録解題・詩集類上》《李涉集》一卷。唐國子太學博士李涉撰。渤之弟也。

馬端臨《文獻通考・經籍考・詩集》《李涉歌詩》一卷。

《宋史・藝文志・別集類》《李涉詩》一卷。

潘咸集

陳振孫《直齋書録解題・詩集類上》《潘咸集》一卷。唐潘咸撰。不知何人，與喻鳧同時，《藝文志》不載。

馬端臨《文獻通考・經籍考・詩集》《潘咸集》一卷。

清塞詩集

鄭樵《通志・藝文略・別集五》《清塞詩》一卷。

晁公武《郡齋讀書志・別集類中》《清塞詩》一卷。右唐僧清塞，字南卿。詩格清雅，與賈島、無可齊名。寶曆中，姚合涖杭，因攜書投謁。合聞其誦《哭僧詩》云「凍鬚亡夜剃，遺偈病中書」，大愛之，因加以冠巾，爲周賀云。

《宋史・藝文志・別集類》《僧清塞集》一卷。

高儒《百川書志・唐詩》《清塞集》一卷。即周賀，東洛人也。初爲僧，後加冠巾。

徐𤊹《徐氏家藏書目・文集類》《僧清塞詩》一卷。

毛晉《汲古閣書跋》《清塞詩》。此周賀詩也。少年爲僧，號清塞，與無可齊名。寶曆間，姚合爲杭州，讀其《哭僧詩》，云「凍髭亡夜剃，遺偈病中書」，擊節歎賞，加以冠巾。字南鄉，坊間《清塞》、《周賀》離爲二集，篇章互混。其《留辭姚郎中》至《送僧》四十五首，乃荷澤李和父編入《唐僧弘秀集》中者也。因汰其重複，又編四十五首，釐爲上、下卷，仍其舊名。余嘗謂詩禪古稱韻品，惟唐時鉅公輒欲其反初，不知何意。如韓昌黎亦欲冠巾觀、靈二老，既見觀霜髭種種，爲之潸然，惜其無及。先輩謂其「善戲謔兮，不爲虐兮」，猶乎否耶！隱湖毛晉識。

錢東垣等輯《崇文總目・別集類三》《清塞詩集》一卷。

黄丕烈《蕘圃藏書題識・集類一》《唐清塞詩集》一卷。明刊本。藏書以奇祕爲主，不必論刻之宋、金、元、明也。即如此等書，世不多見，即爲祕矣。余藏殘宋刻《唐僧弘秀集》，係菏澤李龏和父編，其行款正與此同，想此集亦必有宋刻矣。世無宋刻，安得不以此爲奇祕乎。中秋日重檢及此，因記。時潘榕皐、理齋父子散步至舍，劇談而去，頗極友朋之樂。復翁。

衢本《郡齋讀書志》云：「《清塞詩》一卷。右唐僧清塞，字南卿，詩格清雅，與賈島、無可齊名。寶曆中姚合蒞杭，因攜書投謁。合聞其誦《哭僧詩》云『凍鬚亡夜剃，遺偈病中書』，大愛之，因加以冠巾，爲周賀云。」按，袁本「蒞杭」爲「杭州刺史」，袁本「誦哭僧詩」無「誦」字。

《全唐詩》：周賀字南卿，東洛人。初爲浮屠，名清塞，杭州太守姚合愛其詩，加以冠巾，改名賀。詩一卷。

余初得此詩集，卻未知清塞之名。既從友人處借《全唐詩》核之，於僧中亦無自檢覓，心頗疑焉。後友人以《郡齋讀書志》中所載一條示余，方知清塞即周賀也。覆考《全唐詩》，果詳載于周賀下，因並録之如右。余家舊藏《周賀詩》係影鈔書棚本，而金俊明與何義門兩先生合校者取對是本，彼此多不同，詩亦互有存失。蓋此爲菏澤李龏和父編，非棚本所自出，故所載各異。至於《全唐詩》，采録最詳，故此集之詩無一首遺者。余所重在古本，此集雖載於《晁志》，而編自何人，僅見於此，諸家皆不著録，是可寶矣。同得者尚有《唐貫休詩集》，亦和父編。喻鳧、盧仝，板刻正同，不列編次之人，皆僅見之本也。嘉慶丁卯夏五月二十日，復翁黄丕烈記。

越歲乙巳重陽前一日，雨窗無聊，檢宋刻《唐僧弘秀集》，第四卷悉是周賀詩，知此即翻本矣，特改標題耳。爰校正幾字。復翁記。

《清塞詩》二卷。校明鈔本。【略】

《清塞詩》宋刻在李和父所編《唐僧弘秀集》中，《周賀詩》宋刻自有書棚本在，見藏濂溪坊蔣氏。余曾借校於舊鈔本上，此册出自毛子晉以意竄定，非其舊也。吾友陶公因係子晉手跋本歸余，余亦以汲古閣重之。適聞思菴主昷峰上人處，有武林梵天寺賜紫沙門法欽編《唐宋高僧詩集》，有元祐元年楊無爲敘者舊刻本，遂手校異字於每首上方，以資考證。且此書雖子晉亦未見過，曾於其家刻《弘秀集》中跋語及之，則余所見不差廣於子晉耶！書此誌喜。辛未小春二十日，復翁記。均在末卷後。

周賀詩

《新唐書・藝文志・別集類》《周賀詩》一卷。

鄭樵《通志・藝文略・別集五》《周賀詩》一卷。

尤袤《遂初堂書目・別集類》《周賀集》。

陳振孫《直齋書録解題・詩集類上》《周賀集》一卷。唐周賀撰。嘗爲僧，名清塞，後反初服。別本又號《清塞集》。

馬端臨《文獻通考・經籍考・詩集》《周賀集》一卷。

《宋史・藝文志・別集類》《周賀詩》一卷。

高儒《百川書志・唐詩》《周賀集》一卷。即清塞也。字南卿，姚合加冠巾。

徐𤊹《徐氏家藏書目・文集類》《周賀詩》一卷。

錢東垣等輯《崇文總目・別集類四》《周賀詩》一卷。

黄丕烈《蕘圃藏書題識・集類一》《周賀詩集》一卷。宋刻本。甲辰冬十月，耿菴借鈔重校。

康熙乙酉十二月，感寒在告，手校。焯。

丙戌秋夕得毛豹孫影鈔宋本，又校。是冬得王伯谷所藏書棚本，又校，改正一字。

嘉慶戊辰秋，借濂溪坊蔣氏宋梓《周賀詩》，即王伯谷所藏書棚本，末有義門跋。手校一過，用墨筆識於下方。復翁黄丕烈。

書棚本二十行，行十八字，通十七番。甲戌六月，又得見顧竹君家舊鈔本，對一過，與宋刻多同。閒有異者，略識於上方。復翁。

《周賀詩》既得見宋刻本，又見《弘秀集》本，可無遺憾。然宋本非一校，時或有漏落，故遇舊鈔，又復覆校。每葉廿行，行十八字，與宋本同而序次偶異。閒有異字，而注云「『某』一作『某』」，其所云「一作」者，皆與宋本同。則此舊鈔本行款雖同，非即向所校宋本録出耶？校舊鈔畢并記。復翁。以上在卷末。

《周賀集》以宋刻手校。

蕘翁新得毛子晉跋、手編《清塞詩集》二卷本，重檢及此，補記。辛未莫秋。

周賀初爲僧，名清塞，其詩荷澤李龏和父編入《唐僧弘秀集》，余家藏有宋刻。以上在册面。

劉三復文

錢東垣等輯《崇文總目·別集類二》《劉三復文》一卷。

問遺雜録　別集

《新唐書·藝文志·別集類》劉三復《問遺雜録》三卷。

《宋史·藝文志·別集類》劉三復《問遺集》三卷。《別集》一卷。

錢東垣等輯《崇文總目·別集類七》劉三復《問遺雜録》三卷。

劉三復表狀

《新唐書·藝文志·別集類》《劉三復表狀》十卷。

鄭樵《通志·藝文略·表章》《劉三復表狀》一卷。

別紙

鄭樵《通志·藝文略·表章》劉三復《別紙》五卷。

景臺雜編

《宋史·藝文志·別集類》劉三復《景臺雜編》十卷。

周朴集

《新唐書·藝文志·別集類》《周朴詩》二卷。朴稱處士。

鄭樵《通志·藝文略·別集五》《周朴詩》二卷。

尤袤《遂初堂書目·別集類》《周朴集》。

馬端臨《文獻通考·經籍考·詩集》《周朴詩》二卷。唐處士周朴撰。歐公《詩話》曰：唐之晚年，詩人無復李、杜豪放之格，然亦務以精意相高。如周朴者，搆思尤艱，每有所得，必極其雕琢，故時人稱朴詩「月鍛季鍊，未及成篇，已播人口」，其名重當時如此，而今不復傳矣。余少時猶見其集其句，有云：「風暖鳥聲碎，日高花影重。」又云：「曉來山雨鬧，雨過杏花稀。」誠佳句也。

《宋史·藝文志·別集類》《周朴詩》一卷。

錢謙益等《絳雲樓書目·唐詩類》《周朴集》。二卷。唐末處士。

錢東垣等輯《崇文總目·別集類四》《周朴詩》二卷。

顧非熊詩

《新唐書·藝文志·別集類》《顧非熊詩》一卷。況之子，大中盱眙簿，棄官隱茅山。

鄭樵《通志・藝文略・別集五》《顧非熊詩》一卷。

尤袤《遂初堂書目・別集類》《顧非熊集》。

陳振孫《直齋書録解題・詩集類上》《顧非熊集》一卷。唐盱眙主簿顧非熊撰。案：《唐書》顧非熊大中盱眙主簿，原本誤作「台州」，今改正。況之子，會昌五年進士。

馬端臨《文獻通考・經籍考・詩集》《顧非熊集》一卷。

《宋史・藝文志・別集類》《顧非熊詩》一卷。

孟遲詩

《新唐書・藝文志・別集類》《孟遲詩》一卷。字遲之，會昌進士第。

鄭樵《通志・藝文略・別集五》《孟遲詩》一卷。

晁公武《郡齋讀書志・別集類中》《孟遲詩》一卷。右唐孟遲字叔之，平昌人。會昌五年，陳商下及第。

馬端臨《文獻通考・經籍考・詩集》《孟遲詩》一卷。

《宋史・藝文志・別集類》《孟遲詩》一卷。

姚鵠集

《新唐書・藝文志・別集類》《姚鵠詩》一卷。字居雲，會昌進士第。

鄭樵《通志・藝文略・別集五》《姚鵠詩》一卷。

尤袤《遂初堂書目・別集類》《姚鵠集》。

《宋史・藝文志・別集類》《姚鵠詩》一卷。

高儒《百川書志・唐詩》《姚鵠集》一卷。會昌進士姚鵠居雲著。

徐𤊹《徐氏家藏書目・文集類》《姚鵠》一卷。

司馬先輩集

陳振孫《直齋書録解題・詩集類上》《司馬先輩集》一卷。唐司馬札撰。與儲嗣宗同時。

馬端臨《文獻通考・經籍考・詩集》《司馬先輩集》一卷。

高儒《百川書志・唐詩》《司馬先輩集》一卷。司馬□，大中時人，或云名札。

徐𤊹《徐氏家藏書目・文集類》《司馬札》一卷。

儲嗣宗集

陳振孫《直齋書録解題・詩集類上》《儲嗣宗集》一卷。唐儲嗣宗撰。大中十三年進士。案：儲嗣宗大中十三年進士，原本作「十年」，係脱誤，今改正。

馬端臨《文獻通考・經籍考・詩集》《儲嗣宗集》一卷。

《宋史・藝文志・別集類》《儲嗣宗詩》一卷。

高儒《百川書志・唐詩》《儲嗣宗集》一卷。大中進士。

徐𤊹《徐氏家藏書目・文集類》《儲嗣宗詩》一卷。

孫可之集

《新唐書・藝文志・別集類》孫樵《經緯集》三卷。字可之，大中進士第。

鄭樵《通志・藝文略・別集四》孫樵《經緯集》三卷。

晁公武《郡齋讀書志・別集類中》孫樵《經緯集》三卷。右唐孫樵字隱之。大中九年進士。廣明初，黄巢犯闕，赴岐隴，授職方員外。時詔書曰「行在三絶」，以常侍李隲有曾、閔之行，前進士司空圖有巢、由之風，樵有揚、馬之文，遂輯所著名《經緯集》。

尤袤《遂初堂書目・別集類》《孫樵集》。

陳振孫《直齋書録解題・別集類上》《孫樵集》十卷。唐職方郎中孫樵可之撰。自爲序。凡三十五篇，蓋其刪擇之餘也。樵，大中九年進士。東坡嘗曰：「學韓愈而不至者爲皇甫湜，學湜而不至者爲孫樵。」

馬端臨《文獻通考・經籍考・別集》孫樵《經緯集》三卷。

《宋史・藝文志・別集類》《孫樵集》三卷。

高儒《百川書志・唐文》《孫可之文集》十卷。職方郎中孫樵可之也。樵、湜俱接昌黎之學，自蘗其可觀者三十五篇。

徐𤊹《徐氏家藏書目・文集類》《孫樵文集》十卷。

毛晉《汲古閣書跋》《孫可之集》。可之一字隱之。晁氏云有《經緯集》三卷，今已不傳。既獲正德間刻本，乃震澤王先生祕閣手鈔也。其序頗詳，凡卷次篇目俱合可之自序，真稱完璧矣。可之與友人論文云：「嘗得爲文真訣於來無擇，來無擇得之皇甫持正，皇甫持正得之於韓吏部退之。」至《與王霖秀才書》亦云：「非自信昌黎後一人耶。」蘇長公謂其少遜於持正，恐未可雄雄云。

錢謙益等《絳雲樓書目・唐文集類》孫樵《經緯集》。三卷。

《四庫提要・別集類四》《孫可之集》十卷。浙江鮑士恭家藏本。唐孫樵撰。

樵字可之，又字隱之，自稱關東人。函谷以外，幅員遼闊，不知其籍何郡縣也。大中九年進士，授中書舍人。僖宗幸岐、隴時，詔赴行在，遷職方郎中、上柱國，賜紫金魚袋。《新唐書・藝文志》、《通志》、《通考》皆載樵《經緯集》三卷，《書録解題》稱樵自爲序，凡三十五篇。此本十卷，爲毛晉汲古閣所刊，稱王鏊從内閣鈔出。前載樵自序，稱藏書五千卷，常自探討，幼而工文，得其真訣。廣明元年，駕避岐、隴，朝廷以省方蜀國，文物攸興，品藻朝論，旌其才行，遂閱所著文及碑碣書檄傳記銘誌，得二百餘篇，撮其可觀者三十五篇云云，與陳振孫之説合。又稱編成十卷，藏諸篋笥云云，則與三卷之説迥異。近時汪師韓集有《孫文志疑序》一篇，因謂樵文惟《唐文粹》所載《後佛寺奏》、《讀開元雜記》、《書褒城驛》、《刻武侯碑陰》、《文貞公笏銘》、《與李諫議行方書》、《與賈秀才書》、《孫氏西齋録》、《書田將軍邊事》、《書何易于》十篇爲真，餘一十五篇皆後人僞撰。然卷帙分合，古書多有，未可以是定真僞。且師韓别無確據，但以其字句格局斷之，尤不足以爲定論也。樵《與王霖秀才書》云：「某嘗得爲文真訣於來無擇，來無擇得之於皇甫持正，皇甫持正得之於韓吏部退之。」其《與友人論文書》，又復云然。今觀三家之文，韓愈包孕羣言，自然高古，而皇甫湜稍有意爲奇，樵則視湜益有努力爲衍之態，其彌有意於奇，是其所以不及歟！《讀書志》引蘇軾之言，稱「學韓愈而不至者爲皇甫湜，學湜而不至者爲孫樵」，其論甚微。毛晉跋是集，乃以軾言爲非，所見淺矣。

錢東垣等輯《崇文總目・別集類一》孫樵《經緯集》三卷。

彭元瑞等《天禄琳琅書目後編・宋版集部》《孫可之文集》。一函，二册。唐孫樵撰。樵字可之，又字隱之，里貫無考。大中九年進士，廣明中授職方郎中。書十卷，得文三十五篇，目録後刻「大宋天聖元年戊辰祕閣校理仲淹家塾」字。考宋仁宗天聖元年，歲在癸亥，戊辰乃六年也。其字畫濃重，與通部不同，蓋書賈增印作僞然。此書今所行毛晉汲古閣刻本跋云：「王鏊從内閣鈔出。」則近代無刻本，信矣。

册末墨蹟「辛未十又二月惠山石樵贈瓜疇藏」。瓜疇，乃英人布衣邵彌字。僧彌，善書畫，其「種五色瓜」印用邵平故事。

孫星衍《平津館鑒藏書籍記・明版》《孫可之文集》十卷。每卷目録在前。前有中和四年樵自序。正德丁丑王鏊序，稱「内閣祕本，手録以歸。户部主事王君直夫請刻以傳」，末有丁丑三月王諤跋，直夫即諤字也。每葉廿四行，行廿一字。

黄丕烈《蕘圃藏書題識・集類一》《孫可之文集》十卷。宋刻本。《孫可之文集》，毛刻《三唐人集》而外，世無刊本。即毛氏所本，亦云震澤王守溪先生從内閣録出者，究未識其爲刻與鈔也。余友顧抱沖得宋刻本於華陽橋顧聽玉家，楮墨精良，首尾完好，真宋刻中上駟。爰從假歸，校於毛刻本上，實有佳處，悉爲勘定。内卷二卷三與毛刻互倒，自當以宋刻爲是。其脱落如卷八《唐故倉部郎中康公墓誌銘》「楊嚴」已下二十四字宋刻獨全，知内閣本非宋刻也。雖宋刻亦有訛脱，然無心之誤，讀者自知。卷中朱筆所改，已得其大半。夫抱沖與余之生後守溪，子晉者幾何年，而所見有勝於前人者，不誠幸與！還書之日，因誌數語於卷端，藉抱沖小讀書堆以並傳不朽云。大清嘉慶元年正月上元日書於讀未見書齋。棘人黄丕烈。

王震澤於正德丁丑刻《孫可之集》而自序之，謂獲内閣祕本，手録以歸，毛子晉合習之、持正爲《三唐人文》者也。此宋槧前在小讀書堆，今藏藝芸主人處。丁亥夏閏，假來細勘正德本，知傳之多失。卷中絶無賞鑒諸家圖記，或皆未見歟？凡取《文粹》所有若干條入《辨證》。顧千里記。

《龍多山録》云：「樵起辛而游，洎甲而休。」此用《書》「辛壬癸甲」也。《刻武侯碑陰》云：「獨謂武侯治於燕奭。」此用《左傳》「管夷吾治於高傒」也。見宋刻而後知正德本之謬，校定書籍，可不慎哉！六月朔日，再閱書。

道光丁亥，因有《文粹辨證》之役，徧搜唐賢遺集，得王濟之所刻孫可之内閣本，復從長洲汪氏借宋槧勘正，視汲古閣三唐人本，遠過之矣。宋本舊在小讀書堆，重見恍若隔世，爲題數語於後。澗蘋。

《孫可之文集》十卷。校宋本。《孫可之集》，毛刊入《三唐人集》中，世無刻本。子晉跋云：「其集十卷，乃震澤王守溪先生從内閣録出者。」亦未識内閣之本或刻或鈔，惜無明文耳。余友顧抱沖得羣書於華陽橋顧聽玉家中，有宋刻《孫可之文集》，首尾完善，信稱善本。客歲借歸，至新春歲事麤畢，始竭一日之力，手爲對勘。宋本實有勝於毛刻者，知内閣本非宋刻也。卷中第二第三宋本與毛本互易，自當以所見宋刻爲是。宋刻亦有譌脱處，所謂無心之錯，有紅筆校正，悉與毛刻合，知錯處自可悟會耳。可之文全得力於退之，觀其《復佛寺奏》，彷彿《諫迎佛骨表》。學有淵源，即此可見其大矣。大清嘉慶元年春正月元夕前一日，鐙下書於養恬軒之北窗。棘人黄丕烈。

此書從東城顧氏得來，内有紅筆圈點并評語，未知誰氏筆。今校宋刻悉用墨筆，後之閲者，可知表異矣。蕘圃氏又識。

嘉慶庚申春中，從昭文同年友借明崇禎時所刻《經緯集》十卷，比毛刻，敘次適同。然其閒竟有與宋刻合者，可知書舊一日，佳處必有。内載王守溪序，謂正德丁丑授户部主事白水王君直夫以刻，則正德時自有刻本，何毛氏竟未及見，且并未及見崇禎時刻也！書此以誌博聞。丕烈。

辛酉冬日，偶至南倉橋書坊，見有殘帙半册。閲之，知爲孫可之文而震澤王守溪刻者。行款、字形與宋本大約相同。以百餘錢得之，攜歸，取勘校宋本，十有八九之合，始信正德本亦從宋刻本出也。誌之，以見書之源流有自，輒得徵信於後云。蕘圃又識。

甲子三月，得一守溪本全帙，爲吴枚菴家書。暇日當臨校宋本一過，蕘圃。

乙丑冬十月，於書坊見守溪刻《孫可之集》，又有崇禎烏程閔齊伋刻劉蜕集、孫樵集。劉云「拾遺」，孫云「職方」，此又向所未經見之本也。可知書不患無人刻，特傳之未廣，遂不知耳。因並儲之而著其集之刻，在崇禎時刊者，不止有《經緯集》之名，而又有《職方集》之名也。丕烈。均在末卷後。

顧廣圻《思適齋書跋・集部》《孫可之文集》十卷。宋刻本。【略】澗蘋于翁，時年六十有二。

顧廣圻《思適齋集外書跋輯存・集類》《孫可之文集》十卷。宋刊本。

張之洞《書目答問・別集》《孫可之集》十卷。唐孫樵。汲古閣本。

張次宗集

《新唐書・藝文志・別集類》《張次宗集》六卷。

鄭樵《通志・藝文略・表章》《張次宗牋記》六卷。

《宋史・藝文志・別集類》《張次宗集》六卷。

錢東垣等輯《崇文總目・別集類七》《(王)〔張〕次宗集》六卷。

僧處默詩

鄭樵《通志・藝文略・別集五》《處默詩》一卷。

《宋史・藝文志・別集類》《僧處默詩》一卷。

錢東垣等輯《崇文總目・別集類三》《僧處默詩》一卷。

曹唐集

《新唐書・藝文志・別集類》《曹唐詩》三卷。字堯賓。

鄭樵《通志・藝文略・別集五》曹唐《大遊仙詩》一卷。又《小遊仙詩》一卷。

晁公武《郡齋讀書志・別集類中》《曹唐詩》一卷。右唐曹唐字堯賓，桂州人。初爲道士。咸通中，爲府從事，卒。作《遊仙詩》百餘篇。或靳之曰：「堯賓嘗作鬼詩。」唐曰：「何也？」曰：「『井底有天春寂寂，人間無路月茫茫』，非鬼詩而何？」唐乃大哂。今集中不見，然他詩及神仙者尚多。

尤袤《遂初堂書目・別集類》《曹唐集》。

陳振孫《直齋書録解題・詩集類上》《曹唐集》一卷。唐桂林曹唐堯賓撰。

有大、小《游仙詩》。

馬端臨《文獻通考·經籍考·詩集》《曹唐詩》一卷。

《宋史·藝文志·別集類》《曹唐詩》三卷。

高儒《百川書志·唐詩》《曹唐集》一卷。從事桂州曹唐堯賓著。初爲道士，詩六十二首。

徐𤊹《徐氏家藏書目·文集類》《曹唐詩》二卷。

錢東垣等輯《崇文總目·别集類四》曹唐《大游仙詩》一卷。曹唐《小游仙詩》一卷。

李洞集

《新唐書·藝文志·别集類》《李洞詩》一卷。

鄭樵《通志·藝文略·别集五》《李洞詩》一卷。

晁公武《郡齋讀書志·别集類中》《李洞詩》一卷。右唐李洞字才江。諸王之孫。慕賈島爲詩，銅鑄爲像，事之如神。時人多誚其僻澁，不貴其奇峭，惟吴融稱之。昭宗時不第，遊蜀，卒。

陳振孫《直齋書録解題·詩集類上》《李洞集》一卷。唐李洞撰，與張喬同時。稱餘杭明經潘熙載編。

馬端臨《文獻通考·經籍考·詩集》《李洞詩》一卷。

《宋史·藝文志·别集類》《李洞詩集》三卷。

高儒《百川書志·唐詩》《李洞集》三卷。諸王孫京兆李洞才江著。

錢東垣等輯《崇文總目·别集類三》《李洞詩》一卷。

李江才詩集

范邦甸等《天一閣書目·别集類》《李江才詩集》三卷。藍絲闌鈔本。李洞著。

徐𤊹《徐氏家藏書目·文集類》《李洞》三卷。

錢謙益等《絳雲樓書目·唐詩類》《李洞詩集》。一卷。

韓琮詩

《新唐書·藝文志·别集類》《韓琮詩》一卷。字成封，大中湖南觀察使。

鄭樵《通志·藝文略·别集五》《韓琮詩》一卷。

尤袤《遂初堂書目·别集類》《韓琮集》。

《宋史·藝文志·别集類》《韓(宗)〔琮〕詩》一卷。

徐𤊹《徐氏家藏書目·文集類》《韓琮詩》一卷。

錢東垣等輯《崇文總目·别集類四》《韓琮詩》一卷。

李郢集

《新唐書·藝文志·别集類》《李郢詩》一卷。字楚望，大中進士第，侍御史。

鄭樵《通志·藝文略·别集五》《李郢詩》一卷。

晁公武《郡齋讀書志·别集類中》《李郢端公詩》一卷。右唐李郢楚望也。大中十年進士。詩調清麗。居餘杭，踈於馳競。爲藩鎮從事，兼侍御史。

陳振孫《直齋書録解題·詩集類上》《李端公集》一卷。唐侍御史李郢楚望撰。大中十年進士。

馬端臨《文獻通考·經籍考·詩集》《李郢端公詩》一卷。

《宋史·藝文志·别集類》《李郢詩》一卷。

錢東垣等輯《崇文總目·别集類三》《李郢詩》一卷。

馮涓集

《宋史·藝文志·别集類》馮涓《集》十三卷。

顧櫰三《補五代史藝文志·詩文集類》馮涓《文集》十三卷。

龍吟集

鄭樵《通志・藝文略・別集五》 馮涓《龍吟集》三卷。僞蜀。

《宋史・藝文志・別集類》 馮涓《龍吟集》三卷。

顧櫰三《補五代史藝文志・詩文集類》 馮涓《龍吟集》一卷。

錢東垣等輯《崇文總目・別集類二》 《龍吟集》三卷。 馮涓撰。

長樂集

鄭樵《通志・藝文略・別集五》 馮涓《長樂集》十卷。

《宋史・藝文志・別集類》 馮涓《長樂集》一卷。

顧櫰三《補五代史藝文志・詩文集類》 馮涓《長樂集》一卷。

錢東垣等輯《崇文總目・別集類二》 《長樂集》一卷。 馮涓撰。

懷秦賦

鄭樵《通志・藝文略・賦》 《懷秦賦》一卷。僞蜀馮涓撰。

《宋史・藝文志・別集類》 馮涓《懷秦賦》一卷。

顧櫰三《補五代史藝文志・詩文集類》 馮涓《懷秦賦》一卷。

錢東垣等輯《崇文總目・別集類五》 《懷秦賦》一卷。 馮涓撰。

南冠集

顧櫰三《補五代史藝文志・詩文集類》 馮涓《南冠集》一卷。

唐彦謙集

《新唐書・藝文志・別集類》 《唐彦謙詩集》三卷。

鄭樵《通志・藝文略・別集五》 《唐彦謙詩集》三卷。

晁公武《郡齋讀書志・別集類中》 唐彦謙《鹿門詩》一卷。 右唐唐彦謙茂業也。并州人。咸通末舉進士第。中和中，王重榮表河中從事，歷節度副使，晉、絳二州刺史。重榮遇害，貶漢中掾。興元楊守亮留署判官，遷副使，閬、壁刺史，卒。彦謙才高負氣，無所摧屈，博學多藝，尤能七言詩，師温庭筠，故格體類之，世稱「耳聞明主提三尺，眼見愚民盜一抔」，蓋彦謙句也。自號鹿門先生。有薛廷珪序。

尤袤《遂初堂書目・別集類》 《唐彦謙集》。

陳振孫《直齋書録解題・詩集類上》 《唐彦謙集》一卷。 案：《唐書・藝文志》作三卷。唐河中節度副使襄陽唐彦謙茂業撰。號鹿門先生。

馬端臨《文獻通考・經籍考・詩集》 唐彦謙《鹿門詩》一卷。【略】後村劉氏曰：揚、劉諸人，師李義山可也，又師唐彦謙，唐詩雖雕斲對偶，然求如「一抔」「三尺」之聯，惜不多見。五言《叙亂離》云：「不見泥函谷，俄驚火建章。剪茅行殿濕，伐栢舊陵香。」語猶渾成，未甚破碎。若《西崐酬唱集》對偶字面雖工，而佳句可録者殊少，宜爲歐公所厭也。

《宋史・藝文志・別集類》 《唐彦謙詩集》二卷。

曹祠部集

《新唐書・藝文志・別集類》 《曹鄴詩》三卷。字鄴之，大中進士第，洋州刺史。

鄭樵《通志・藝文略・別集五》 《曹鄴詩》三卷。

尤袤《遂初堂書目・別集類》 《曹鄴集》。

陳振孫《直齋書録解題・詩集類上》 《曹鄴集》一卷。 唐洋州刺史曹鄴撰。大中四年進士。

馬端臨《文獻通考・經籍考・詩集》 《曹鄴集》一卷。

《宋史・藝文志・別集類》曹鄴《古風詩》二卷。

高儒《百川書志・唐詩》《曹鄴集》二卷。洋州刺史桂州曹鄴著。又名《曹祠部集》。

范邦甸等《天一閣書目・別集類》《曹祠部詩集》二卷。刊本。唐曹鄴撰。嘉靖庚子，句容楊沔序。

徐𤊹《徐氏家藏書目・文集類》《曹鄴》二卷。

《四庫提要・別集類四》《曹祠部集》二卷，附《曹唐詩》一卷。江蘇蔣曾瑩家藏本。唐曹鄴撰。鄴字鄴之，陽朔人。明蔣冕序。稱大中間登進士第，由天平節度掌書記累遷太常博士、祠部郎中，仕至洋州刺史。然鄭谷《雲臺編》有《送曹鄴吏部歸桂林》詩，則又嘗官吏部。冕考之未盡也。《唐書・高元裕傳》載，鄴爲太常博士時，議高璩贈謚事，其論甚偉。顧其詩乃多怨老嗟卑之作，蓋坎壈不遇，晚乃成名，故一生寄託，不出此意，不但韋慤所稱《四怨》、《三愁》、《五情》諸篇。及乎登第以後，《杏園席上同年》詩則曰「怱怱出九衢，僮僕顔色異」，《獻恩門》詩則曰「名字如鳥飛，數日便到越」，《寄陽朔友人》詩則曰「桂林須産千秋桂，未解當天影月開。我到月中收得種，爲君移向故園栽」，又何其淺也。張爲作《主客圖》，鄴與其數，則當時亦爲文士所推。其《讀李斯傳》及《始皇陵下作》二首，諸家選本或取之，然皆無深致。《唐志》載鄴集三卷，今僅二卷，其有佳篇而逸之耶！流傳已久，姑存以備一家可也。末附《曹唐詩》一卷。唐字堯賓，桂林人，初爲道士，大和中返初服，舉進士。累辟諸府從事。其遊仙詩最著名，蓋本顔延之《爲織女贈牽牛》詩，而曼衍及諸女仙，各擬贈答。然諸篇姓名雖易，語意略同，實非傑出之作。《唐志》載其集亦三卷。蔣冕求其原本不獲，乃蒐諸選本，裒成一卷。附之曹鄴詩後，以二人皆粵西産耳。

李遠集

錢東垣等輯《崇文總目・別集類四》《李遠詩集》一卷。

《新唐書・藝文志・別集類》《李遠詩集》一卷。字求古，大中建州刺史。

鄭樵《通志・藝文略・別集五》《李遠詩》一卷。

尤袤《遂初堂書目・別集類》《李遠集》。

陳振孫《直齋書録解題・詩集類上》《李遠集》一卷。唐建州刺史李遠求古撰。

馬端臨《文獻通考・經籍考・詩集》《李遠集》一卷。

《宋史・藝文志・別集類》《李遠詩》一卷。

高儒《百川書志・唐詩》《李遠集》二卷。御史中丞蜀人李遠承吉著。

徐𤊹《徐氏家藏書目・文集類》《李遠》一卷。

錢謙益等《絳雲樓書目・唐詩類》《李遠詩集》。一卷。

劉駕集

尤袤《遂初堂書目・別集類》《劉駕集》。

陳振孫《直齋書録解題・詩集類上》《劉駕集》一卷。唐劉駕司南撰。大中六年進士。

馬端臨《文獻通考・經籍考・詩集》《劉駕集》一卷。

《宋史・藝文志・別集類》劉駕《古風詩》一卷。

高儒《百川書志・唐詩》《劉駕集》一卷。國子博士江東劉駕司南著。

徐𤊹《徐氏家藏書目・文集類》《劉駕》一卷。

錢東垣等輯《崇文總目・別集類四》《劉駕詩》一卷。

陳陶集

《新唐書・藝文志・別集類》《陳陶文録》十卷。

鄭樵《通志・藝文略・別集四》《陳陶文録》十卷。

晁公武《郡齋讀書志・別集類中》《陳陶集》二卷。右唐陳陶嵩伯也。鄱陽人。大中時，隱洪州西山，自號「三教布衣」云。《江南野史》有傳。

尤袤《遂初堂書目・別集類》《陳陶集》。

馬端臨《文獻通考・經籍考・別集》《陳陶集》二卷。

《宋史・藝文志・別集類》《陳陶文録》十卷。《陳陶詩》十卷。

徐𤊹《徐氏家藏書目・文集類》《陳陶詩》二卷。《陳陶詩》一卷。

錢東垣等輯《崇文總目・別集類二》《陳陶文集》十卷。

顧櫰三《補五代史藝文志・詩文集類》《陳陶文集》十卷,《詩》一卷。

于鄴詩

《新唐書・藝文志・別集類》《于鄴詩》一卷。

鄭樵《通志・藝文略・別集五》《于鄴詩》一卷。

尤袤《遂初堂書目・別集類》《于鄴集》。

《宋史・藝文志・別集類》《于鄴詩》十卷。

高儒《百川書志・唐詩》《于鄴集》一卷。

徐𤊹《徐氏家藏書目・文集類》《于鄴》一卷。

于武陵集

《新唐書・藝文志・別集類》《于武陵詩》一卷。

鄭樵《通志・藝文略・別集五》《于武陵詩》一卷。

晁公武《郡齋讀書志・別集類中》《于武陵詩》一卷。右唐于武陵,大中進士。

尤袤《遂初堂書目・別集類》《于武陵集》。

陳振孫《直齋書録解題・詩集類上》《于武陵集》一卷。

馬端臨《文獻通考・經籍考・詩集》《于武陵集》一卷。

《宋史・藝文志・別集類》《于武陵詩》一卷。

高儒《百川書志・唐詩》《于武陵集》一卷。杜曲人,或曰于鄴。

徐𤊹《徐氏家藏書目・文集類》《于武陵詩》一卷。

錢謙益等《絳雲樓書目・唐詩類》《于武陵詩集》。一卷。

錢東垣等輯《崇文總目・別集類三》《于武陵詩》一卷。

大中年與涼州書

《新唐書・藝文志・別集類》夏侯韞《大中年與涼州書》一卷。

鄭樵《通志・藝文略・書》夏侯韞《大中年與涼州書》一卷。

《宋史・藝文志・別集類》夏侯韞《與涼州書》一卷。

錢東垣等輯《崇文總目・別集類六》《大中年與涼州書》一卷。夏侯韞撰。

津陽門詩

《新唐書・藝文志・別集類》鄭嵎《津陽門詩》一卷。

鄭樵《通志・藝文略・別集五》《津陽門詩》一卷。鄭嵎。

晁公武《郡齋讀書志・別集類中》鄭嵎《津陽門詩》一卷。右唐鄭嵎字賓光。大中五年進士。津陽,即華清宮之外闕。嵎開成中過之,聞逆旅主人道承平故實,明日,馬上成長句一千四百言,自爲之序云。

尤袤《遂初堂書目・別集類》《鄭愚集》。

陳振孫《直齋書録解題・詩集類上》《津陽門詩》一卷。唐鄭嵎撰。大中五年進士。或作愚者,非也,愚嘗爲嶺南節度,好著錦半臂者,非此鄭嵎也。「津陽」者,華清宮門名。

馬端臨《文獻通考・經籍考・詩集》鄭嵎《津陽門詩》一卷。

《宋史・藝文志・別集類》鄭嵎《津陽門詩》一卷。

錢東垣等輯《崇文總目・別集類三》《津陽門詩》一卷。鄭嵎撰。

鄭嵎表狀略

《宋史・藝文志・別集類》《鄭嵎表狀略》三卷。

王希羽集

《宋史·藝文志·別集類》《王希羽詩》一卷。

禪月集

鄭樵《通志·藝文略·別集五》《禪月詩》三十卷。貫休。

晁公武《郡齋讀書志·別集類中》貫休《禪月集》三十卷。右唐僧貫休撰。字德隱，姓姜氏，婺州人。後入蜀，號禪月大師。初，吴融爲之序，其弟子曇域削去，别爲序引，僞蜀乾德中獻之。

陳振孫《直齋書録解題·詩集類上》《禪月集》十卷。唐僧蘭溪貫休撰。姓姜氏，後入蜀。

馬端臨《文獻通考·經籍考·詩集》《寶月詩》一卷。

《宋史·藝文志·別集類》《僧貫休集》三十卷。

高儒《百川書志·唐詩》《僧貫休集》一卷。婺之僧貫休德隱著。

徐𤊹《徐氏家藏書目·文集類》《僧貫休詩》一卷。

錢謙益等《絳雲樓書目·唐詩類》貫休《禪月集》。婺州人，與齊己齊名。

錢曾《讀書敏求記·詩集》《禪月集》二十五卷。吴融初序貫休詩，名《西岳集》。此乃蜀乾德五年門人曇域尋檢稿草及暗記憶者，約一千首，雕刻板部，題號《禪月集》。曇域稱蜀主崇奉其師，過秦主待道安之禮，踰趙王迎圖澄之儀。今觀其卷首開題云：「大蜀國龍樓待詔，明因辨果功德大師，祥麟殿首座，引駕内供奉講唱大師，道門子使選鍊校授文章應制大師，兩街僧録，封司空太僕卿，雲南八國鎮國大師，左右御龍華道場對御講讚大師兼禪月大師，食邑八千户，賜紫大沙門貫休。」結銜如此，知域之言可信不誣。然師以「一劍霜寒」之句，睥睨吴越，固非榮名利養足以移其心者。一瓶一缽，遠勝紅樓應制之僧。千載而下，閑雲野鶴，如遇師于寥天碧落中，吾祖奈何以添州拒之乎！

《四庫提要·別集類四》《禪月集》二十五卷，《補遺》一卷。内府藏本。

唐釋貫休撰。貫休字德隱，姓姜氏，蘭谿人。舊本題曰梁人。案：貫休初以乾寧三年依荆帥成汭，後歷遊高季興、錢鏐間，晚乃入蜀依王建。至乾德癸未卒，年八十一，終身實未入梁，舊本誤也。陶岳《五代史補》稱貫休《西岳集》四十卷，吴融序之。然集末載其門人曇域後序，「編次歌詩、文贊爲三十卷」，則岳亦誤記矣。此本爲宋嘉熙四年蘭谿兜率寺僧可燦所刊，毛晉得而重刊之，僅詩二十五卷，豈佚其文贊五卷耶？《補遺》一卷，亦晉所輯。然所收佚句如「朱門當大道，風雨立多時」一聯，乃《贈乞食僧》詩，今在第十七卷之首，但「道」作「路」、「雨」作「雪」耳。晉不辨而重收之，殊爲失檢。《文獻通考》别載《寶月集》一卷，亦云貫休作，今已不傳。然曇域不云有此集，疑馬端臨或誤。毛晉又云「《西岳集》或作《南岳集》」，考貫休生平，未登太華，疑南岳之名爲近之，西字或傳寫誤也。又書籍刊版始於唐末，然皆傳布古書，未有自刻專集者。曇域後序作於王衍乾德五年，稱「檢尋稿草及闇記憶者，約一千首，雕刻成部」，則自刻專集自是集始，是亦可資考證也。

錢東垣等輯《崇文總目·別集類三》《禪月詩》三卷。僧貫休撰。

孫星衍《平津館鑒藏書籍記·舊影寫本》《禪月集》廿五卷。題「浙江東道婺州蘭溪縣和安寺西岳賜紫蜀國禪月大師貫休述」。前有己未歲翰林學士吴融序，後有門人曇域後序二篇，嘉熙四年婺州重刊題字，嘉熙戊戌周伯奮跋，嘉熙戊戌童必明跋，附載楊傑、江衍詩三首，末有正德九年吴中布衣柳僉大中手鈔題識，并詩一首。《禪月集》，曇域刊於乾道五年。嘉熙中，可燦復刊於婺州。此本乃柳僉從可燦本影寫。明毛晉刊有《補遺》一卷，在此本之後矣。收藏有「葉氏菉竹堂藏書」朱文圓印。

黄丕烈《蕘圃藏書題識·集類一》《唐貫休詩集》一卷。明本。辛未孟冬月朔，支硎澄公挈其徒孫無逸過訪求古堂，相與談詩半日，輟此《貫休詩》、《清塞詩》兩種以贈，并以陳陽山所贈破山老師「淨如蓮花」印伴之，以誌詩友石交之意云爾。復翁。

《禪月集》余有二本，此《貫休詩集》又一本也，惜無舊刻可勘。此刻小號似連而文理殊未貫，知有缺失，小號已改刊矣。目爲《禪月》多不合，無可校者。標題及字句間有歧異，存此作古本觀可耳。丁卯夏五月，復翁。

己巳重陽前一日，以宋刻《唐僧弘秀集》校，知三四葉係非原本應有，可據彼補入。餘序次多同，并校正數字。復翁。

顧櫰三《補五代史藝文志·詩文集類》僧貫休《寶月集》一卷。

張金吾《愛日精廬藏書志・別集類》《禪月集》二十五卷。舊抄本。雁里草堂藏書。唐西岳僧貫休撰。曇域後序。蜀乾德五年。周伯奮跋。嘉熙戊戌。童必明跋。同上。

張之洞《書目答問・別集》《禪月集》二十五卷，《補遺》一卷。蜀釋貫休。汲古閣本。《金華叢書》本。

西岳集

錢謙益等《絳雲樓書目・唐詩類》貫休又有《西岳集》十卷，吴融序。

顧櫰三《補五代史藝文志・詩文集類》僧貫休《西嶽集》四十卷。

李頻集

《新唐書・藝文志・別集類》《李頻詩》一卷。

鄭樵《通志・藝文略・別集五》《李頻詩》一卷。

尤袤《遂初堂書目・別集類》《李頻集》。

陳振孫《直齋書録解題・詩集類上》《李頻集》一卷。唐建州刺史新定李頻德新撰。大中八年進士。姚合之壻也。

馬端臨《文獻通考・經籍考・詩集》《李頻集》一卷。

《宋史・藝文志・別集類》《李頻詩》一卷。

高儒《百川書志・唐詩》李建州《梨嶽詩集》一卷。附録一卷。都官員外郎建州刺史壽昌李頻德新撰。詩百九十五首，附歷年文。

徐𤊹《徐氏家藏書目・文集類》李頻《梨岳集》二卷。李頻《梨岳集》三卷。建州新刻，解學尹徐𤊹序。

錢謙益等《絳雲樓書目・唐詩類》李頻《黎嶽詩集》。一卷。晚唐人。

錢曾《讀書敏求記・詩集》李頻《黎嶽詩集》一卷。集刊于至元後丁丑，卷終有雍虞集收藏字蹟，其殆道園家藏本歟？

《四庫提要・別集類四》《梨岳集》一卷，附録一卷。浙江鄭大節家藏本。唐李頻撰。頻字德新，壽昌人。大中八年擢進士第，調祕書郎，累遷建州刺史，卒於官。州民思其德，立廟梨山，事蹟具《唐書・文藝傳》。頻爲姚合之壻，然其詩別自爲格，不類武功之派。是編本名《建州刺史集》，後人敬頻之神，尊梨山曰黎嶽，集亦因之改名。初罕傳本，真德秀得本於三館，欲刻未果。嘉熙三年，金華王埜始求得舊本鋟版。元元貞及後至元間，頻裔孫邦材、會同，明永樂中河南師祐，正統中廣州彭森，先後重刊者四。此本即正統刻也。凡詩一百九十五首，較《全唐詩》所載少八首，而《送劉山人歸洞庭》一首，卷中兩見，惟起二句小異。又《秋宿慈恩寺遂上人院》詩誤作《送宋震先輩赴青州》，題與詩兩不相應，殊不及席氏《唐百家詩》本之完善。末爲附録，則歷朝廟祀敕書、碑記及刻詩序跋。張復、彭森二序皆稱初刻出真德秀，與王埜序稱德秀欲刻不果者自相矛盾，未喻其故，殆傳聞譌異歟！王士禎《居易録》稱詩人爲神，未有頻之顯著者。然頻詩自佳耳，其爲神則政事之故，非文章之故也。

錢東垣等輯《崇文總目・別集類三》《李頻詩》一卷。

甫里集

尤袤《遂初堂書目・別集類》《陸龜蒙集》。

《宋史・藝文志・別集類》《陸龜蒙集》四卷。

范邦甸等《天一閣書目・別集類》《陸魯望文集》八卷。宋絲闌鈔本。唐陸龜蒙撰。元符庚辰，郫人樊開序，稱龜蒙「字魯望，三吴人，所著有《吴興實録》四十卷，《松陵集》十卷，《笠澤叢書》八十餘篇，自謂江湖散人，號天隨子、甫里先生，贈左補闕。本朝宋景文公重修《唐書》，仍列于《隱逸傳》。今蜀中惟《松陵集》盛行，《笠澤叢書》未有。」是書家藏久矣，愚謂貯之篋笥，以私一人之觀覽，不若鏤版而傳諸好事。庶斯文之不墜，而魯望之名復振，亦儒者之用心也。

徐𤊹《徐氏家藏書目・文集類》陸龜蒙《甫里集》二十卷。

錢謙益等《絳雲樓書目・唐文集類》《甫里先生集》十卷。

吴焯《繡谷亭薰習録・集一》《甫里先生集》二十卷。唐笠澤陸龜蒙魯望著。魯望本蘇人，後居松江甫里，因稱甫里先生。其所著有《吴興實録》四十卷，《松陵集》十卷。《笠澤叢書》八十餘篇，乾符六年自爲叢書序，宋元符三年刻于蜀，係七卷，郫人樊開序。政和元年刻于平江，毗陵朱袞序。二序均題《笠澤叢書》也。

至寶祐五年，吳江葉茵景文始以《松陵集》、《笠澤叢書》二集歸併，總爲二十卷，計詩文六百五十二篇，題曰《甫里先生集》，茵爲序。明年，林希逸序此集之源流也。明吳人顧元慶《夷白齋詩話》云：「皮日休《文藪》載詩數首，陸龜蒙《笠澤叢書》詩亦不多，其詩俱在《松陵倡和集》。三集共覽，始爲二公全書。今刻《甫里集》者併之，豈原書之本旨乎？」此論誠然，蓋譏其時崑山嚴景和方刻《甫里集》，殊不知此集併自葉茵，景和特翻雕耳，故晁氏、陳氏皆無《甫里集》之名也。

《四庫提要・別集類四》 《甫里集》二十卷。浙江汪汝瑮家藏本。唐陸龜蒙撰。龜蒙著作頗富，其載於《笠澤叢書》者卷帙無多，即《松陵集》亦僅倡和之作，不爲賅備。宋寶祐間，葉茵始蒐採諸書，得遺篇一百七十一首。合二書所載四百八十一首，共六百五十二首，編爲十九卷，並附録總爲二十卷。林希逸爲序，刊版置於義莊。歲久闕失。明成化丁未，崑山嚴景和重刊之，於附録之中增胡宿所撰《甫里先生碑銘》一篇。陸釴序之。萬曆乙卯，松江許自昌又取嚴本重刻，於附録中續增范成大《吳郡志》一條、王鏊《姑蘇志》一條。其餘詩十三卷，賦二卷，雜文四卷，則悉依舊次，即此本也。葉本所附顔萱《過張祐丹陽故居詩序》，龜蒙特屬和而已，其事不應附之於集。胡宿《碑銘》，姑《蘇志》云其碑亡，嚴氏所録乃有全文，意成化中宿集尚未佚也。希逸序中辨詔拜拾遺一事極精核，足證《新唐書》之誤。茵於楊億《談苑》所載彈鴨一事，反覆辨其必無，殊爲蛇足。文人游戲，亦復何關於賢否？乃以爲瑕玷而諱之，亦迂拘之甚矣。

黄丕烈《蕘圃藏書題識・集類一》 《甫里先生文集》二十卷。鈔校本。周丈香嚴云：「許丹臣爲葉九來壻，故藏書具有淵源。」余所見五硯樓藏《劉子》，亦其藏書也。此册中所有記語，皆其手筆。其云先中翰刊於萬曆癸卯夏者，即所謂明代第二刻也。許以第二刻校此鈔本，故云少二序，《碑銘》、《郡志》、《姑蘇志》五篇也。其云二序者，或即第一刻陸(錢)[釴]及嚴景和，云《碑銘》者，必宋胡宿《甫里先生碑銘》也。兹係舊鈔，宜乎其無之也。復翁記。

參校成化時覆本。在首葉。

序目至卷六十，三日往西山，在舟中校。舟行剞側，筆勢歪斜，手校幾不成字。十五晚歸，十六酬應一日，至十七日始校此卷七至卷十一。時因山行遇風，頸中作痛，幾不能抅項，殊爲困苦，聊藉校勘以破寂寥。小春望後二日，復翁。在卷十一後。

卷七至十九并卷尾葉跋，二十晨起始校竣，緣十八九日作輟，未能悉心校勘也。復翁記。在卷二十後。

《笠澤》、《松陵》二集，世多傳本，唯此《甫里先生文集》，向所未見。《四庫全書》中有之，《提要》云：明有二刻，卻未得遇，兹遇其葉茵輯本之原者。何以辨之？蓋因得見嚴景和刻本而知之也。嚴刻藏香嚴書屋，余假之以補兹本二十卷之缺，因手校一過。嚴本覆刻，自較葉輯原本爲遜，時有一二佳處，反爲妄人改去。即如卷十二中「且將絲綍繫蘭舟」，嚴刻改「綍」爲「綫」。檢字書「綍」與「紼」通，引舟笅也。則「綍」字義自佳，改爲「綫」，殊無理，此其遜處也。舉一可以例其餘，唯是葉輯本已屬鈔寫，或因葉誤，或因原刻模黏，遂致多訛，此又可以嚴刻正之者也。故手校時是非俱載，其異字讀者臨時自辨之可耳。甫里先生云「值本即校」，其斯之謂歟！復翁。在卷二十後。

嘉慶甲戌初冬，新收舊鈔《唐甫里先生文集》，係寶祐時葉茵輯本，惜缺第二十卷。雖屬附録，究非全書，因從周丈香嚴處借得成化時崑山嚴景和覆本。行款雖不同，卻可補全，遂輟一日工，手影足之。計書八葉，幾及三千字。余憚鈔録書帙，遇補缺時亦録之，久未爲此，手腕欲脱矣。録畢記。十月十有一日，復翁燒燭書。

此書鈔補畢，即付裝池，奈工人事冗，不及料理此種書籍。蓋近時風氣，非特書籍價昂，即裝潢書籍亦費大也。雖許以重直而遷延歲月，擇其尤急者爲之，故付諸裝潢，其書有不易得見者。此書裝畢，在乙亥秋杪，亦可爲遲矣。復翁記。在補鈔後。

張之洞《書目答問・別集》 《甫里集》二十卷。唐陸龜蒙。明萬曆乙卯許自昌刻足本。

笠澤叢書　補遺

《新唐書・藝文志・別集類》 陸龜蒙《笠澤叢書》三卷。

鄭樵《通志・藝文略・別集四》 陸龜蒙《笠澤叢書》三卷。

晁公武《郡齋讀書志・別集類中》 陸龜蒙《笠澤叢書》四卷。右唐陸龜蒙魯望也。蘇州人。少高放，通六經大義，尤明《春秋》。舉進士，一不中，從張搏爲蘇、湖從事。居松江甫里，以文章自怡。少工歌詩，其體裁不一，卒造乎平淡而已。自號江湖散人，或號甫里先生。著作之博，《新史》多取之，而獨不云工歌詩。笠澤者，松江地名也。其集自序云：「自乾符六年春卧病笠澤時，隱几著書，試賦銘記，往往雜發，混而録之，故曰『叢書』。」今按其集歌詩爲多，又比他文最工，《新史》疎漏如此。

陳振孫《直齋書録解題・別集類上》 《笠澤叢書》四卷，《補遺》一卷。唐處士吴郡陸龜蒙魯望撰。爲甲、乙、丙、丁，詩文、雜編。政和中朱衮刊之吴江。末有四賦，用蜀本增入。

《笠澤叢書蜀本》十七卷。元符中郫人樊開所序。龜蒙自號天隨子、甫里先生、江湖散人。與皮日休善，有《松陵倡和集》，皆不在《文藪》、《叢書》中。

馬端臨《文獻通考・經籍考・別集》 陸龜蒙《笠澤叢書》四卷。

都穆《南濠居士文跋》 《笠澤叢書》。《笠澤叢書》四卷，鄉先生唐陸龜蒙魯望撰。其自序云：「叢書者，叢脞之書也。歌詩、賦頌、銘記、傳序，往往雜發，不類不次，混而載之，故稱《叢書》。笠澤者，松江之名也。」宋元符庚辰，蜀人樊開嘗刻是書，金元遺山謂得唐人録本，爲之校定，豈遺山生長北方，未嘗見蜀本與？松江即今之吴江，其地一名松陵。魯望別有《松陵集》十卷。

錢謙益等《絳雲樓書目・唐文集類》 《笠澤叢書》四卷。集首自序。

錢曾《讀書敏求記・集》 《笠澤叢書》二卷，《補遺》一卷。《叢書》爲陸魯望卧病松陵時雜著。元符庚辰樊開序而鏤諸板。政和改元，毘陵朱衮又爲後序刊行，止分上、下二卷，《補遺》一卷。今人所鈔元時刻本，已釐爲甲、乙、丙、丁四卷，詮次棼亂，兼少《憶白菊》、《閒吟》二絶句，非經讎勘，無復知此本之善矣。

王士禛《漁洋書跋》 《笠澤叢書》。康熙甲子春，予在成均。從温陵黄俞邰借《笠澤叢書》，係江西士夫家藏鈔本，以甲、乙、丙、丁爲次。喜其古雅可寶惜，録而藏之。然舛午甚多，如乙集中《寒泉子》一篇，脱落竟至十餘行。頗取《文粹》補正，又附録《小名録序》一篇。夏五月端午後二日，傔人顧淵自虞山來，得毛扆斧季書，見寄此本，蓋宋元符蜀人樊開本，而都穆重校刊者。二本編次篇目略同，惟《耒耜經》，江西本分《耒耜數》另爲一篇。而蜀本甲集有樊序，丁集末有王益祥、陸德原及玄敬三跋，又有《續補遺賦》四篇，皆江西本所無。又《紀錦裙》在丙集，《迎潮詞》在丁集，《築城詞》在《補遺》中，與黄本次第小異耳。予舊藏皮襲美《文藪》舊版本，獨恨不得《叢書》合爲一函。今一旦獲雙璧，快何如邪！因揮汗志之。時陪祀方澤，齋宿國子監東廂書。

吴焯《繡谷亭薰習録・集一》 《重刊校正笠澤叢書》五卷。元後至元五年，魯望之十一世孫惪原刊于書院，不分卷帙，以甲、乙、丙、丁爲次，所謂原書八十餘篇者是也。後一卷《補遺》并續，几録詩文十八篇。三山王益祥跋，惪原爲後序。

《四庫提要・別集類四》 《笠澤叢書》四卷，《補遺》一卷。內府藏本。唐陸龜蒙撰。龜蒙有《耒耜經》，已著録。此集爲龜蒙自編，以其叢脞細碎，故名《叢書》。以甲、乙、丙、丁爲次，後又有《補遺》一卷。宋元符閒，蜀人樊開始序而梓之，政和初，毘陵朱衮復行校刊，止分上、下二卷，及《補遺》爲三。此本爲元季龜蒙裔孫德原重鐫，既依蜀本釐爲四卷，而序仍毘陵本作三卷者，字偶誤也。王士禎《漁洋文略》有此書跋，謂得都穆重刊蜀本，內《紀錦裙》在丙集，《迎潮詞》在丁集。而此本《錦裙》在乙集，《迎潮詞》在丙集，敘次又不盡依蜀本之舊，疑德原又有所竄亂矣。龜蒙與皮日休相倡和，見於《松陵集》者，工力悉敵，未易定其甲乙。惟雜文則龜蒙小品爲多，不及日休《文藪》時標偉論。然閒情別致，亦復自成一家，固不妨各擅所長也。

錢東垣等輯《崇文總目・別集類二》 《笠澤叢書》三卷。陸龜蒙撰。

黄丕烈《蕘圃藏書題識・集類一》 《笠澤叢書》□卷。□□本。《紀錦裙》一首，兔牀先生引吴融詩爲證，可破羣疑矣。余謂「裾」與「裙」雖各本不同，而篇中「曳其裾」者，「裾」字本不誤，且曳裙未見所出，斷非「裙」或爲「裾」之誤也。承兔牀借讀，附著於此。嘉慶乙丑四月十九日，蕘翁黄丕烈識。

黄丕烈《蕘圃藏書題識續録・集類上》 《重刊校正笠澤叢書》四卷，《補遺》一卷，《續補遺》一卷。舊鈔本。

《笠澤叢書八卷》。鈔本。

顧廣圻《思適齋書跋・集部》 《笠澤叢書》四卷。校本。此刻非但譌脱累累，抑且偏旁點畫尤不足觀。聞近日有重刻者。許槤，海鹽人。但恐亦未必佳耳。思適居士記，丙戌。

今年覓到，果然不幸多言而中也。又記。戊子。以上二則，在封面後。

《笠澤叢書》宋槧本上、下二卷，《補遺》一卷，錢遵王猶及見之，而今無有也。其甲、乙、丙、丁四卷，近世吴門邗上各有刻本，大致相同，均多舛誤，唯池北書庫傳黄俞邰得自江右者爲善，惜鈔本僅存，流傳不廣耳。毛斧季家本於末增續補遺四賦及王孟祥、陸德原二跋，遵王謂之元槧本是矣。別有七卷本，前四卷雜著，後三卷詩與天隨子自序，言「不類不次，混而載之」者不合，必後人所編。馬端臨《經籍考》已云「七卷，《補遺》一卷」，則出南宋時矣。余嘗見何心友用馬寒中所藏弘正時人鈔手校本，補遺爲二卷，蓋後一卷又元以來重添也。字句頗爲碩異，今悉依江右本爲正，而以毛增者附焉。又依刻增樊開序。在目録後。

二十年前，老書估錢聽默嘗告余曰：「《問吴宮辭》『大姑蘇兮小長洲』，善本『大』作『火』，『小』作『沼』。」頃從洪殿撰借其家藏舊鈔本正如此，餘尤多是正。後至元槧者向在吴郡，今不知歸何人，異日當訪得併勘之。道光丙戌二月，一雲老人書於揚城寓館。時年六十有一。在卷末。

顧廣圻《思適齋集外書跋輯存・集類》

《笠澤叢書》四卷，《補遺》一卷。

《笠澤叢書》四卷。舊鈔本。此從池北書庫本鈔出，較我家養拙齋依後至元書院本重刊者爲勝。道光三年，觀於揚州洪氏績學堂，爲題其後。元和顧千里。

【略】《笠澤叢書》四卷。叢書樓鈔本。

吴壽暘《拜經樓藏書題跋記》

《笠澤叢書》。右鈔本七卷。《補遺》一卷，先君子校，定爲蜀本。題辭見《愚谷文存》中。仁和趙寬夫跋後云：「《笠澤叢書》舊刻本不傳久矣。近時有吴門顧氏新雕本，字畫精好，然諦審之，譌謬疊見。海寧吴槎客先生初借吾鄉郁氏本以勘新雕本，復校以拜經樓自藏本及林厂山本、海鹽吾以方本、秀水蔣春雨本，凡五校。初用硃筆，次録，次藍，次墨，末復用硃，而以『蔣本』二字別之。又以《文苑英華》、《唐文粹》參校，用黄色筆及硃筆，合諸前五校爲七。先生於是書，可謂勤且密矣。郁氏本、拜經樓本、林氏本、蔣氏本皆舊鈔，吾氏本則陸鍾輝所刊，吾氏據宋本校正者也。郁氏有元人王益祥跋，即都元敬據以付刊者。然無元敬跋，則或鈔自元刻，無謬誤可依。據其篇次，不與顧氏新雕本合。如《紀錦裙》在丙集首，《迎潮送潮辭》在丁集首，《憶白菊》及《閒吟》二詩缺。《重憶白菊》詩在丙集末，《求志賦》下接《問吴宮辭》，王益祥跋在陸憙原跋前。拜經樓本分七卷，《補遺》一卷，《直齋書録解題》蜀本十七卷，蜀人樊開所刊，《文獻通考》云七卷，『十』當爲衍字，則七卷爲蜀本無疑矣。特《補遺》一卷未知何時編入，或《書録解題》及《通考》不數《補遺》耳。前列魯望自序，無樊序，殆佚去。案，魯望自序云：『不類不次，混而載之，得稱爲叢書。』則分甲、乙、丙、丁者，陸氏原書式也；以詩文分類析爲七卷者，樊開所編也。特字句較各本殊勝。林氏本者後有阮林跋，云得龔蘅圃鈔本校，然不知出自宋元人何本，無勝處，不可信。吾氏本訂譌僅數處，想多與郁本合。蔣本分上、下二卷，篇次與新雕本同，惟少《耒耜經》一篇，字句無謬，足爲郁本之佐證。若顧氏新雕本，先生以爲似從黄俞邰本出，即王貽上初得本也。其中《紀錦裙》蜀本作《記錦裾》，先生證以吴融詩，謂作「裾」者是。《送豆盧處士謁宋丞相序》，先生以丞相爲豆盧瑑，有「宋」字者謬，皆確不可易。坦既借得校本，手自繕寫，浹辰始畢，爰述其校勘次第，各本優劣以質諸先生，且以志嘉惠云。嘉慶十六年十月廿一日書。

又。右蜀本即從舊本録出，後復從宋本附録《補遺》一卷，每葉二十四行，行二十一字，視各本多《送小雞山樵人序》、《漢三高士贊》、《小雪後書事》、《小名録序》諸篇。先君子記云：「此卷行款字數，悉照宋本。」

又。右中吴顧氏刻本，先君子從諸本校，凡五次，並補録《小名録序》、王益祥跋、陸鍾輝跋及明王良棟、康熙丁卯龔蘅圃、阮善長諸題識，其始末具詳《愚谷文存跋》中。此本記云：「甲午秋日，借錢唐郁陛宣東歗軒舊鈔本校，用硃筆。復用拜經樓藏本校，用緑筆。乙未二月，以文又購得林厂山先生鈔本，用藍筆校。丙申秋仲，復從海鹽吾太學以方借其照宋本校正陸氏刊本，用墨筆，并補録《小名録序》及跋。辛丑九月，又借得秀水蔣君春雨舊鈔本校勘，仍用硃筆。蔣本惟分上、下二卷，無目録，前列樊開序及自序，卷末附《陸龜蒙傳》、朱衮後序、德原跋。蔣本前後篇數與刻本同，唯少《耒耜經》一篇。」復經周松靄大令、吾竹房太學校。大令記云：「乙未正月初四日校起，初九日畢。其確無疑義者用圈，顯然謬誤者用擲，至字可兩通者用點於傍。但心緒苦劣，匆匆或有未盡處。況風庭掃葉，此事本難。兔牀其再勘之。松靄棘人周春記。」吾竹房太學書云：「戊戌首春，兔牀先生以此書屬余校勘，勘法一遵松靄先生之例，其是正處朱黄二毫爲勝。然蹲鴟雞尸，自昔爲然。兔牀其值本即校，勿以再三爲限可也。竹素後人吾進識。」先君子又書《紀錦裙》篇後云：「吴融集有《古錦裾》六韻，自注云：『錦上有鸚鵡、鶴，陸處士有序。』此是『錦裾』而非『錦裙』明矣。按，鮑鈔《道腴堂集》云：『《甫里集》亦作《記錦裾》』。」又書云：「按，詳《記錦裾》文，前言『瓦官寺有天后羅裙、佛旛，皆組繡』，明是裙與旛爲二物。復云『李君乃出古錦裾一幅眎余』云云，似李君所藏衣裾與瓦官之天后羅裙無涉。詳其制，殆如今之霞帔，故上狹而下廣，前有鶴而背有鸚鵡，的係子華所賦者無疑。陸記又云：『縱非齊梁物，亦不下三百年矣。』又曰：『曳其裾者誰歟？』其爲非天后羅裙益可見。然其詩落句有『武威應認得』之語，不知其何所指。豈子華當日讀此記不審，而亦認爲天后物耶？書此俟考古者更詳之。嘉慶辛未除夕。」「又考梁元帝詩云：『願織回文錦，因君寄武威。』融詩用『武威』當出此，非指則天也。又記。」張文漁徵君書云：「《笠澤叢書》余向有碧筠草堂刊本，好友陸白齋又贈何義門先生校本，自喜所藏稱善矣。今假兔牀先生所校，集諸家之大成，較何本訂正更多。按，碧筠本爲吴人王岐所書，筆訛尤多，先生一一改正，以《説文》爲宗，且有益於小學，不僅爲甫里功臣也。又《紀錦裙》一首，先生校正，是『裾』字非『裙』字，引《吴融集》《古錦裾》六韻。自注云『上有鸚鵡、鶴，陸處士有序』爲證，皆刊本所沿訛者。先生精心校之，後之求《叢書》者不得朱衮、樊開本，當以先生本爲甲觀矣。乾隆乙巳七月十九日，海鹽張燕昌識於冰玉堂。」黄蕘圃主事書云：「《紀錦裙》一首，兔牀先生引吴融詩爲證，可破羣疑矣。余謂『裾』與『裙』雖各本不同，而篇中『曳其裾』者，『裾』字本不誤。且『曳裙』未見所出，斷非『裾』或爲『裙』之誤也。承兔牀借讀，附著於此。嘉慶乙丑四月十有九日，蕘翁黄丕烈識。」

又。右陸氏刻本，先君子從慈谿畢氏所藏何義門先生校本、烏程嚴氏所藏何仲子校本勘對，並録義門跋云：「此册丙寅歲大人從江右雜書中攜歸，以其脱誤難讀，久置敝簏中。己丑秋，適從虞山錢氏借得馮已蒼所傳元板佳本，因取而改竄，以示後人，使知鈔本之不足據如此。若能細寫一浄本，便自可讀，亦不負吾區區讐比之意也。焯記。」「又此書別有編爲八卷者，以自序冠之，則此四卷者乃舊次。八卷分雜著與詩而二之，便非『不類不比』矣。或謂八卷乃宋刻，殆耳學也。焯又記。」仲子跋云：「借華山馬寒中所藏弘、正中鈔本校，鈔本雖未經校勘，訛誤觸目，詳其所自，卻從宋本胥録，究爲善本，觀者幸不以訛誤而忽諸。康熙戊戌秋又八月之一日，仲子記。」

先君子書後云：「乾隆丁酉夏日，鮑君以文爲借得慈谿畢氏所藏何義門先生校本，因傳録於此。《叢書》舛謬至多，予廣求善本讐比，至此凡七本矣。常欲別刊一本，以正江都吴下二刻之失，未知何時得遂斯願也。」「甲寅夏日，烏程嚴久能茂才又以所藏何仲子小山手校本見借，因復校一過。」又記義門先生跋後云：「畢本後附宋刻《叢書》八卷目録，與予舊藏鈔本略同，故不録兔牀記。」

又書《紀錦裙》「曳裾」二句下云：「按吴融有《古錦裾》六韻，自注云云。而蜀本《笠澤叢書》亦作《記錦裾》，似魯望所記者乃『錦裾』而非『錦裙』。然《文苑英華》亦作《記錦裙》，蓋仍訛已久矣。觀此二句，則斷非『裙』，亦與瓦官無涉。疑瓦官者，乃武后之羅裙，而魯望所記與吴融所詠者，是李侍御所藏之古錦裾，不得混而爲一也。」又書卷首云：「陳直齋云：『《叢書》爲甲、乙、丙、丁者，詩文、雜記。政和中朱衮刊之吴江，未有賦，用蜀本增入。蜀本七卷，郫人樊開所序。』據陳氏之説，是蜀本刊在朱衮前矣。自元符庚辰至政和辛卯，凡十二年。予舊有鈔本七卷《笠澤叢書》，以諸本會勘之，定爲蜀本，倘能刊之，當遠勝此本矣。」

又。右亦陸氏刻本，前有甫里先生像。馮君補亭所贈。先君子記云：「嘉慶乙丑秋日，馮爾修茂才以此本見寄，時爾修已瞽三載矣。」

張之洞《書目答問・別集》 《笠澤叢書》四卷，《補遺》一卷。唐陸龜蒙。仿宋刻本。《笠澤叢書》七卷，《補遺》一卷，《陸考》一卷。許槤編刻本。

陸龜蒙賦

《新唐書・藝文志・別集類》 陸龜蒙《賦》六卷。

鄭樵《通志・藝文略・賦》 陸龜蒙《賦》六卷。

《宋史・藝文志・別集類》 陸龜蒙《賦》六卷。

錢東垣等輯《崇文總目・別集類五》 陸龜蒙《賦》六卷。

陸龜蒙詩

《新唐書・藝文志・別集類》 陸龜蒙《詩編》十卷。

鄭樵《通志・藝文略・別集四》 陸龜蒙《詩編》十卷。

《宋史・藝文志・別集類》 《陸龜蒙詩編》十卷。

錢東垣等輯《崇文總目・別集類三》 《陸龜蒙詩》十卷。

行朝詩

鄭樵《通志・藝文略・別集五》 《行朝詩》一卷。楊復恭。

《宋史・藝文志・別集類》 楊復恭《行朝詩》一卷。

錢東垣等輯《崇文總目・別集類三》 《行朝詩》一卷。

羅昭諫集

鄭樵《通志・藝文略・別集五》 《羅隱集》二十卷。又羅隱《江東後集》三卷。

晁公武《郡齋讀書志・別集類中》 羅隱《甲乙集》十卷。右杭越羅隱字昭諫，餘杭人。唐乾符中舉進士不第。從事諸鎮皆無合，久之而歸。錢鏐辟掌書記，歷節度判官副使，奏授司勳郎中。梁祖以諫議大夫召，不行。魏博羅紹威推爲叔父，表薦給事中，卒。隱少聰敏，作詩著文，以譏刺爲主。自號「江東生」。其集皆自爲序。

尤袤《遂初堂書目・別集類》 《羅隱集》。《羅昭諫集》。

陳振孫《直齋書録解題・詩集類上》 羅江東《甲乙集》十卷。《後集》五卷。唐鄉貢進士新城羅隱昭諫撰。隱舉進士不第，更辟諸鎮幕府，羅紹威待以從叔。晚依吴越，奏授給事中。《甲乙集》皆詩。《後集》有律賦數首。隱又有《淮海寓言》、《讒書》等，求之未獲。又《羅江東集》十卷。唐羅隱昭諫撰。

馬端臨《文獻通考・經籍考・別集》 羅隱《甲乙集》十卷。【略】又有《吴越掌記集》一卷，隱掌錢鏐記室所著表啓也。

馬端臨《文獻通考・經籍考・詩集》 《羅江東集》十卷。

《宋史・藝文志・別集類》 羅隱《甲乙集》三卷。《羅隱後集》二十卷。

范邦甸等《天一閣書目・別集類》 《羅昭諫集》十卷。棉紙，烏絲闌鈔本。唐羅隱撰。司馬公題籤，卷面有天一閣圖章。

錢謙益等《絳雲樓書目・唐文集類》 羅隱《江東集》五卷。又《唐詩類》羅隱《甲乙集》。十卷。

黄虞稷《千頃堂書目・文史類・補明》 姚士粦重輯《羅昭諫集》五卷。

《四庫提要・別集類四》 《羅昭諫集》八卷。浙江巡撫採進本。唐羅隱撰。隱有《兩同書》，已著録。考《吴越備史》隱本傳云，隱有《江東甲乙集》、《淮海寓言》及《讒書》、《後集》，竝行於世。鄭樵《通志・藝文略》載《羅隱集》二十卷，《後集》三卷，又有《吴越掌記集》三卷。至陳振孫《書録解題》，則《甲乙集》僅十卷，而《後集》反有五卷，又多《湘南集》三卷。且注「《甲乙集》皆詩，《後集》有律賦數首，《湘南集》乃長沙幕中應用之文。隱又有《淮海寓言》及《讒書》等，求之未獲」云云。據此，則不特《吴越掌記集》不傳，即《淮海寓言》、《讒書》二種，振孫且不得見矣。此本爲康熙初彭城知縣張瓚所刻，後有瓚跋云：「昭諫諸集，今不復見，僅得《江東集》鈔本於邑人袁英家。嗣後得《甲乙集》刻本，合而讀之，雖全集不獲盡覩，窺豹者已得一斑矣。」蓋出於後人所掇拾，非舊帙也。所載詩四卷，又有雜文一卷。詩與毛晉所刻《甲乙集》合，雜文則不知原在何集。其《湘南集》僅存自序一篇，列於卷中。序謂湘南文失落於馬上軍前，僅分三卷，而舉業祠祭亦與焉。今雜文既無長沙應用之作，亦無舉業祠祭之文。惟請啓多作於湖南，或即《湘南集》中之遺歟？《文苑英華》有隱《秋雲似羅賦》一篇，蓋即《後集》之律賦，此本失載，則所採亦尚遺漏矣。第七卷末一篇爲《廣陵妖亂志》，前十一篇疑即《淮海寓言》之文也。第八卷有《兩同書》十篇，《唐志》著録，其説以儒、道爲一致，故曰「兩同」，似乎《讒書》之外又有此書者，其異同則不可考矣。隱不得志於唐，迨唐之亡也，梁主以諫議大夫召之，拒不應。又力勸錢鏐討梁，事雖不成，君子韙之。其詩如《徐寇南逼感事獻江南知己》一首，即《事中元甲子》一首，《中元甲子以辛丑駕幸蜀》四首，皆忠憤之氣溢於言表，視同時李山甫、杜荀鶴輩，有鸞梟之分。雖殘闕之餘，猶爲藝林所寶重，殆有由矣。

錢東垣等輯《崇文總目・別集類二》 《羅隱集》二十卷。《江東後集》十卷。又《別集類四》羅隱《甲乙集》十卷。

黄丕烈《蕘圃藏書題識・集類一》 《甲乙集》十卷。宋刻本。泰興季振宜滄葦氏珍藏。去歲顧澗薲秋試歸余，言有宋版羅昭諫《甲乙集》，惜去遲，爲他人得去，心甚怏怏。既而坊閒人自金陵歸者，告余顛末。蓋是書在委巷骨董鋪，嘉定瞿木夫往觀之，需四兩銀，未能決其爲宋刻，且欲俟澗薲去一決之，故遲之未得也。有顧某者，在席氏埽葉山房作夥，素不識古書，聞白堤錢聽默在彼，急取是書相質。聽默本老眼，性又直，曰：「此等宋板書，何待看耶！」顧某狂喜，即持銀易歸，并欲聽默定價。聽默估以數金，顧某頗不惬意，以爲宋板書天壤希有，我從未買過，今幸得之，非重直不肯售。遂居奇，雖欲索觀，必親自解包，一展卷而已。什襲藏之，直視此書爲至寶矣。余所存惟舊刻，羅集亦有一本，惜止四卷，并無目，故聞有十卷本，欲蓄之以爲全璧也。議價至一斤金，牢不可破。時余方北行，未成交易。頃自都門旋里，問坊閒人，知尚未銷。如願償之，而全書始獲。至寶之説，竟與少見者同病，夫亦可笑已。因思甲寅秋，同年蔣賓嵎曾在金陵得宋本《孟東野集》贈余，爲季滄葦、安麓村所藏，今觀是書，圖章正同，兩書同出一源而散失，不知何時。今復俱歸，插架翰墨，因緣何其深與！卷首有「文太青」、「漁洋山人」兩家圖章，余所藏書未之見，更足以罕見珍，故特表出之。至於十卷本，毛刻亦然，然字句不盡合，諒未見宋刻廬山真面目，當以此爲最耳。嘉慶辛酉夏六月望前一日揮汗書。黄丕烈。

癸亥夏五月望日，重展讀於新居縣橋之百宋一廛中，并取四卷殘宋本展對一過。彼印本差，後紙背有「至正十一年」字，蓋元印也。舊藏毛氏汲古閣與席玉照家，未知渠兩家收藏時尚全否。卷中墨釘多同，閒有舊人校補字，各書於上方，可謂慎重矣。就所補者録於此，以備參攷。如卷二：金陵夜泊「冷煙輕」下作「霧」字。湘南春日懷古「蒼」下作「茫野樹凝」字。别龍陽所居雨夜「老農」下作「傷」字。送内史周大夫自杭州朝貢「三變」下作「殿」字。綉「一片緑羅」下作「反絳綃」字。卷三：重遷隨州故兵部李侍郎恩知因行長句「周高論百牙琴」上作「莊」字。卷四：姑蘇臺「高泰伯開基日」上作「臺」字。共七處。未知所據是何本，就字跡論之，當在毛、席兩家收藏前。殘刻已照此本影寫補全，他日或與友人易去，未必久留我前，特説記梗概於此。蕘翁識。

黄丕烈《百宋一廛書録》 《甲乙集》。余初得《甲乙集》宋本，止四卷，無目録，爲汲古舊藏。此全本，則季振宜藏書也。□□□□□從金陵購得，後以歸余。十卷俱全，惟目録缺首□，□舊時鈔補。如錢遵王、徐健菴圖記俱鈐於鈔補處，則由來久矣。毛氏無圖書，其時刻本亦不與之合，故字句多異，當是汲古搜訪未及爾。

《甲乙集》。此宋刻《甲乙集》一至四卷，爲毛汲古藏書，後歸席玉照家。余初得之，亦是殘本，後别得一全本於金陵書肆，遂命工影寫目録并後六卷，居然完璧矣。昔何義門先生於宋刻《許丁卯集》磨滅處，得毛豹孫影寫本乃敢補填，謂非不知而作。吾於是書，亦復云然。

顧櫰三《補五代史藝文志・詩文集類》 羅隱《甲乙集》三卷。《羅江東集》一卷。《江東後集》二十卷。

張之洞《書目答問・别集》 《羅昭諫集》八卷。唐羅隱。張瓚輯刻本。

讒書

晁公武《郡齋讀書志・别集類中》 羅隱《讒書》五卷。

馬端臨《文獻通考・經籍考・别集》 羅隱《讒書》五卷。

《宋史・藝文志・别集類》 羅隱《讒書》五卷。《讒本》三卷。

阮元《四庫未收書目提要・别集類》 《讒書》五卷。拜經樓刊本。唐羅隱撰。隱有《兩同書》，《四庫全書》已著録。晁公武《讀書志》所載卷帙，與此同。陳振孫《書録解題》云「求之未獲」，蓋佚已久矣。是編依舊鈔本影寫。方回跋稱：「隱在京師舉進士，留七載不第。咸通八年丁亥，著《讒書》，皆憤悶不平之言，不遇于當世，而無所以泄其怒之所作。」今觀是編，益信回言之不虚。然隱既仕吴越，能請舉兵討梁，勸伐無道，侃侃大義，又豈僅以文士見稱哉！

錢東垣等輯《崇文總目・别集類六》 《讒書》五卷。羅隱撰。又羅隱《讒書本》三卷。

黄丕烈《蕘圃藏書題識・集類一》 《讒書》五卷。鈔本。海寧吴君槎客因吴江楊進士慧樓有言，聞吴興書賈云：「吴門藏書家見有全帙，尚願宛轉借鈔。」故託其同邑陳仲魚向余借鈔。其實余無此書，遂謝之。此乙丑春事也。後余從書肆果得吴枚菴鈔本，有前四卷，可補吴槎客本，急寓書仲魚取槎客原本五卷相質，證實較枚菴本多所裨益，而前四卷復賴余所得枚菴鈔本足之。爰倩鈔胥鈔此以寄，他日可語慧樓，俾遂宛轉借鈔之願云。嘉慶丙寅正月十一日，黄丕烈識。

顧廣圻《思適齋書跋・集部》 《讒書》五卷。拜經樓刻本。《唐文粹》所載亦未全校，可謂草草矣。刻書易，校書難，豈不洵然耶！

顧櫰三《補五代史藝文志・詩文集類》 羅隱《讒書》五卷。《讒本》三卷。

張金吾《愛日精廬藏書志・别集類》 《讒書》五卷。抄本。從照曠閣藏本傳録。唐江東羅隱撰。前有《吴越備史》本傳。是書《郡齋讀書志》著録，今讀其書，大抵皆憂讒畏譏、憤時嫉俗之語，故其書不甚流布。《直齋書録解題》云：「隱有《淮海寓言》及《讒書》，求之未獲。」隨齋批注云：「《讒書》刊於新城縣。」則是書在宋已罕覯矣。此本從錢叔寶家影元抄本轉輾傳寫者。

余少讀羅公昭諫《嚴陵釣臺》遺刻，蓋所著《讒書》之一者氣節凛然，煜煜方册間，每以未睹全書爲恨。近客徽學，會公之遠孫雲叔來爲學正，因得拜觀《讒書》及所賦詩，大抵忿勢嫉邪，舒泄胸中不平之蘊焉耳。公晚唐節士也，抱負卓犖，遭時不偶，受知吴越錢氏幕辟，歷仕給事中、諫議大夫，首勸調師勤王，問罪朱温。雖錢不見聽而依中國以自固，遇真主納款歸疆，終其身及其子若孫無僭竊之志，往往皆出公平日講明之素也。唐末僭僞紛起，立其朝者安食厚禄，充然無復赧容。如公沉淪下僚，氣節弗渝者，幾何人吁！士以氣節爲重，而文辭特其餘事。在昔憸邪輩，豈無絺章績句，取媚一時，而泯泯莫聞？公氣節可敬可慕，凡片言隻字，皆足以傳世，況其著書垂訓者乎！新城楊令君舊嘗梓行，久而失其板。雲叔不忍廢墜，割俸重刊，亦可謂克承先志矣。讀者當知公之氣節，盡在是書，而不可徒以其文辭例視之也。大德六年仲秋後五日，前進士東嘉黄真輔德弼父書。《自序》。

宋子京《唐書》無羅隱姓名，歐陽永叔《五代史》記《吴越世家》，始書錢鏐以沈松、皮光業、林鼎、羅隱爲賓客，在唐昭宗景福元年壬子之前，去天祐四年丁卯唐亡十六年耳。唐懿宗即位咸通元年庚辰，隱在京師，舉進士，留七載而不第。咸通八年丁亥，著《讒書》。唐僖宗光啓二年丙午，錢鏐知杭州；丁未，拜杭州刺史。今《方輿勝覽》取《杭州圖志》書隱唐光啓間爲錢唐令，辟掌書記，爲給事中，遷發運使，即皆錢氏之除擢也，而歐陽公稱爲錢鏐賓客，何耶？自咸通改元至景幅改元，歷懿、僖、昭三十三年，隱之本末可考者如此。所爲《讒書》乃憤悶不平之言，不遇於當世而無所以泄其怒之所作。詳見淳熙二年乙未知新城縣楊思濟集叙裔孫應龍見佐學徽州將刻俸重刊是書，俾識其本末。大德六年壬寅六月十九日辛巳，紫陽山人方回跋。

隆慶二年二月中旬，借顧從化元板本抄第二卷，内闕二葉，鈔完因以《吴越備史》列傳書卷首。錢穀記。

羅昭諫《讒書》五卷，著録於《郡齋讀書志》，至《直齋書録解題》已云「求之未獲」。《永樂大典》中有隨齋批注曰：「《讒書》近刻於新城縣令。」方萬里跋所謂「淳熙二年乙未知新城楊思濟集叙」，殆即指此。辛亥秋日，從姚子英三假其舊藏寫本第五卷及原跋讀之，内惟《與招討宋將軍書》、《説石烈士》、《拾甲子年事》、《請追癸巳日詔疏》四首載入姚叔祥所刊《羅江東集》，餘皆近代所罕傳，雖殘編斷簡，亦希世之珍也。因亟録之，聞吴興書估言吴門藏書家見有全帙，尚願宛轉借抄，未知能逮斯志否。至命名之故，大約不離乎憂讒畏譏，同時沈顔有《聱書》，意猶是也。癸丑寒食日松陵楊復吉識。

吴壽暘《拜經樓藏書題跋記》 《讒書》。《讒書》五卷，先君子從蕘圃先生借本校刊，跋見《愚谷文存》。又鈔本一卷至四卷，蕘翁録寄，有題語。

張之洞《書目答問・別集》 《讒書》五卷。唐羅隱。拜經樓校本。

吴越掌記集

鄭樵《通志・藝文略・別集五》 《吴越掌記集》三卷。

晁公武《郡齋讀書志・別集類中》 《吴越掌記集》一卷。右唐羅隱也。與其族人虬、鄴齊名。後歸吴越，掌錢鏐記室。集中其所著表啓也。

《宋史・藝文志・別集類》 羅隱《吴越掌書記集》三卷。

錢東垣等輯《崇文總目・別集類二》 《吴越掌記集》三卷。羅隱撰。

吴越應用集

錢東垣等輯《崇文總目・別集類七》 《吴越應用集》三卷。羅隱撰。

湘南應用集

鄭樵《通志・藝文略・表章》 《湘南應用》三卷。羅隱撰。

陳振孫《直齋書録解題・別集類上》 羅隱《湘南集》三卷。《湘南集》者，長沙幕中應用之文也。

《宋史・藝文志・別集類》 羅隱《湘南應用集》三卷。

錢東垣等輯《崇文總目・別集類七》 《湘南應用》三卷。羅隱撰。

淮海寓言

鄭樵《通志・藝文略・表章》 《淮海寓言》七卷。羅隱撰。

《宋史・藝文志・別集類》 羅隱《淮海寓言》七卷。

錢東垣等輯《崇文總目・別集類七》 《淮海寓言》七卷。羅隱撰。

顧櫰三《補五代史藝文志・詩文集類》 羅隱《淮海寓言》七(言)〔卷〕。

羅隱賦

鄭樵《通志・藝文略・賦》 《羅隱賦》一卷。

錢東垣等輯《崇文總目・别集類五》 《羅隱賦》一卷。

羅隱啓事

鄭樵《通志・藝文略・啓事》 《羅隱啓事》一卷。

《宋史・藝文志・别集類》 羅隱《啓事》一卷。

錢東垣等輯《崇文總目・别集類六》 《羅隱啓事》一卷。

汝江集

《宋史・藝文志・别集類》 羅隱《汝江集》三卷。

顧櫰三《補五代史藝文志・詩文集類》 羅隱《汝江集》三卷。

羅隱詩

楊士奇等《文淵閣書目・詩詞》 《羅隱詩》。一部，五册。闕。

徐𤊹《徐氏家藏書目・文集類》 《羅隱詩》十卷。

歌詩

《宋史・藝文志・别集類》 羅隱《歌詩》十四卷。

顧櫰三《補五代史藝文志・詩文集類》 羅隱《歌詩》十四卷。

外集詩

《宋史・藝文志・别集類》 羅隱《外集詩》一卷。

顧櫰三《補五代史藝文志・詩文集類》 羅隱《外集詩》一卷。

比紅兒詩

晁公武《郡齋讀書志・别集類中》 羅虬《比紅兒詩》一卷。右唐羅虬也。皇朝方性夫注。虬詞藻富贍，與其族人隱、鄴齊名，時號「三羅」。從鄜州李孝恭。籍中有杜紅兒者，善歌，常爲副使者屬意。副使聘鄰道，虬請紅兒歌，贈之以綵。孝恭不令受，虬怒，拂衣而起，詰旦，手刃之。既而追其冤，作絶句詩百篇，借古人以比其艷，盛行於世。

尤袤《遂初堂書目・别集類》 羅虬《比紅兒詩》。

陳振孫《直齋書録解題・詩集類上》 《比紅兒詩》一卷。唐鄜州從事羅虬撰。紅兒者，雕陰官妓杜也。

馬端臨《文獻通考・經籍考・詩集》 羅虬《比紅兒詩》一卷。

《宋史・藝文志・别集類》 羅虬《比紅兒詩》十卷。

高儒《百川書志・唐詩》 羅虬《比紅兒詩》一卷。鄜州從事羅虬爲雕陰令官妓杜紅兒作也，皆擇古之美色灼然可稱于史傳者比之，凡百首。

徐𤊹《徐氏家藏書目・文集類》 《羅虬詩》一卷。

錢謙益等《絳雲樓書目・唐詩類》 羅虬《比紅兒詩》一册。一卷。

羅鄴詩

《新唐書・藝文志・别集類》 《羅鄴詩》一卷。

鄭樵《通志·藝文略·別集五》《羅鄴詩》一卷。

陳振孫《直齋書録解題·詩集類上》《羅鄴集》一卷。唐羅鄴撰。

馬端臨《文獻通考·經籍考·詩集》《羅鄴集》一卷。

《宋史·藝文志·別集類》《羅鄴詩》一卷。

高儒《百川書志·唐詩》《羅鄴集》一卷。餘杭人，與兄隱、虬齊名，時稱三羅。

徐𤊹《徐氏家藏書目·文集類》《羅鄴》一卷。

錢謙益等《絳雲樓書目·唐詩類》《羅鄴詩集》一册。一卷。

錢東垣等輯《崇文總目·別集類四》《羅鄴詩》一卷。

皮子文藪

《新唐書·藝文志·別集類》皮日休《文藪》十卷。《皮日休集》十卷。

鄭樵《通志·藝文略·別集四》《皮日休集》十卷。

晁公武《郡齋讀書志·別集類中》皮日休《文藪》十卷。右唐皮日休字襲美，一字逸少，襄陽人。隱鹿門山，自號「醉吟先生」。以文章自負，尤善箴銘。咸通八年，登進士第，爲著作佐郎，太常博士。乾符之亂，東出關，爲毘陵副使，陷巢賊中。賊遣爲讖文，疑其遠己，遂害之。集乃咸通丙戌年居州里所編。自序云：「發篋次類文稿，繁如藪澤，因以名之。凡二百篇。」

尤袤《遂初堂書目·別集類》《皮日休集》。

陳振孫《直齋書録解題·別集類上》《文藪》十卷。唐太常博士襄陽皮日休襲美撰。日休，咸通八年進士。黄巢之難，陷賊中，爲「果頭三屈律」之讖，賊疑譏己髪拳，遂見害。陸游《筆記》以《皮光業碑》辨其不然。

馬端臨《文獻通考·經籍考·別集》皮日休《文藪》十卷。

《宋史·藝文志·別集類》皮日休《文藪》十卷。《皮日休別集》七卷。

楊士奇等《文淵閣書目·文集》《皮日休文集》。一部，二册。完全。《皮日休文集》。一部，二册。闕。

高儒《百川書志·唐文》唐皮日休《文藪》十卷。襄陽皮日休襲美撰。一字逸少，隱鹿門山。又號醉吟先生，賦辭、碑銘、詩頌、雜著二百四篇。

徐𤊹《徐氏家藏書目·文集類》皮日休《文藪》十卷。

張萱等《内閣藏書目録·集部》《皮日休文集》，二册。日休，唐咸通中人，自名曰《文藪》，有柳開序，凡十卷。

錢謙益等《絳雲樓書目·唐文集類》《皮日休集》二册。十卷。

《四庫提要·別集類四》《皮子文藪》十卷。浙江鮑士恭家藏本。唐皮日休撰。日休字襲美，襄陽人。居於鹿門山，自號醉吟先生，登咸通八年進士，官太常博士。《唐書》稱其降於黄巢，後爲所害。尹洙《河南集》有《大理寺丞皮子良墓誌》，則稱日休避廣明之難，奔錢氏。子光業，爲吴越丞相，生璨，爲元帥判官，子良即璨之子。陸游《老學菴筆記》亦據《皮光業碑》以爲日休終於吴越，竝無陷賊之事，皆與史全異，未知果誰是也。是編乃其文集。自序稱咸通丙戌不上第、退歸州墅，編次其文。發篋叢萃，繁如藪澤，因名《文藪》。凡二百篇。宋晁公武謂其尤善箴銘，今觀集中書序論辨諸作，亦多能原本經術。其《請孟子立學科》、《請韓愈配饗太學》二書，在唐人尤爲卓識，不得僅以詞章目之。集中詩僅一卷，蓋已見《松陵唱和集》者不復重編，亦如《笠澤叢書》之例耳。王士禎《池北偶談》嘗摘其中「鹿門隱書」一條，「與元徵君書」一條，皆「世民」二字句中連用，以爲不避太宗之諱，今考之信然。然後人傳寫古書，往往改易其諱字。安知日休原本非「世」本作「代」、「民」本作「人」而今本易之耶？是固未足爲日休病也。

錢東垣等輯《崇文總目·別集類二》皮日休《文藪》十卷。《皮日休文集》十卷。

彭元瑞等《天禄琳琅書目後編·明版集部》唐皮日休《文藪》。一函，四册。唐皮日休撰。日休字襲美，襄陽人，咸通八年進士，官太常博士。《唐書》稱其降黄巢，爲所害。尹洙《河南集》謂其避廣明之難，奔錢氏。陸游《老學菴筆記》亦以爲終於吴越，其子光業爲吴越相，日休無陷賊事，與史不同。書十卷，計文九十首，詩五十一首，前有日休自序，又柳開序。後有正德庚辰袁表、袁褧兩識，蓋其兄弟所鐫。末刻「吴趨陸潮刊字」。

孫星衍《平津館鑒藏書籍記·明版》唐皮日休《文藪》十卷。前有柳開序。皮日休自序云：「咸通丙戌中，日休射策不上第，退歸州，來別墅，編次其文。」又云：「凡二百篇，爲十卷。」此本即其所自定。文九卷，詩一卷。已見《松陵唱和集》者，不在卷中。每葉廿二行，行廿字。

顧廣圻《思適齋書跋·集部》《文藪》十卷。明刻本。偶從坊閒架上見此萬曆《文藪》，有新安汪啓淑名印。汪在乾隆時頗名，好事藏書，曰開萬樓，雖不能精，亦甚富。今零落盡矣，乃買之而歸。校正德袁板，無異同，但不如彼行款古雅耳。袁序在末，余所鈔闕，藉此補之。

張金吾《愛日精廬藏書志・别集類》 唐皮日休《文藪》十卷。明正德刊本。唐皮日休撰。《自序》。咸通丙戌。柳開序曰：讀皮子文，其目曰藪，凡藪者，澤也，又曰淵藪也。以其事物萃集之也。古國之大，各有藪焉。魯大野，晉大陸，秦陽陓，宋孟諸，楚雲夢，吴越具區，齊海隅，燕昭余祁，鄭圃田，周，焦護，皆爲藪也。謂是地之廣，故以名之也。魯、晉、秦、宋、楚、吴、越、齊、燕、鄭、周分里之不同，各名以異之焉，然一天地矣。于謂皮子之名藪也，疑爲以其文之衆作之藪也，又疑爲若魯、晉、泰、宋、楚、吴越、齊、燕、鄭、周，以其文類不同，各爲藪也。是文之類雖不同而曰藪，亦若魯、泰、宋、楚、吴、越、齊、燕、鄭、周之藪雖異，而總一天地也。都以文而統之，是曰「文藪」也。疑而愛之，觀其首，又無所序説，遂盡而讀之，見其藪之爲意也。《霍山》爲賦之藪，《首陽》爲碑之藪，《隋鼎》爲銘之藪，《易商君傳》爲讚之藪，《周昌相趙》爲論之藪，《陵母》爲銘之藪，《心》爲箴之藪，《移成均博士》爲書之藪，《三羞》爲詩之藪。藪之于文，不可盡舉。若《九諷》、《十原》、《決疑》、《雜著》之類是也。約其名幾尤者，例而取之也。謂賦下題名也。大野之下，國之藪焉；霍山之下，文之藪也。孰謂《皮子文藪》之義，不曰是乎！將不曰是，即不在此而在於彼也。傳者得以取義焉。袁表題役。正德庚辰。

張之洞《書目答問・别集》 《皮子文藪》十卷。唐皮日休。明正統庚辰袁氏刻本。

弔江都賦

《宋史・藝文志・别集類》 皮日休《弔江都賦》一卷。

胥臺集

《新唐書・藝文志・别集類》 皮日休《胥臺集》七卷。

鄭樵《通志・藝文略・别集四》 皮日休《胥臺集》七卷。

《宋史・藝文志・别集類》 皮日休《胥臺集》一卷。

錢謙益等《絳雲樓書目・唐文集類》 皮日休《胥臺集》七卷。

錢東垣等輯《崇文總目・别集類二》 《胥臺集》七卷。皮日休撰。

皮日休詩

《新唐書・藝文志・别集類》 皮日休《詩》一卷。

鄭樵《通志・藝文略・别集四》 皮日休《詩》一卷。

高儒《百川書志・集》 《皮日休詩》。《文藪》中所載，凡三十五首。

錢東垣等輯《崇文總目・别集類三》 《皮日休詩》一卷。

南燕染翰集

鄭樵《通志・藝文略・表章》 《南燕染翰集》十卷。王鐸鎮滑州日牋記。

錢東垣等輯《崇文總目・别集類七》 《南燕染翰集》十卷。王鐸撰。

李磎集

《宋史・藝文志・别集類》 《李磎集》四卷。

韋莊集

顧櫰三《補五代史藝文志・詩文集類》 《韋莊集》二十卷。

浣花集 補遺

鄭樵《通志·藝文略·别集五》 韋莊《浣花集》二十卷。僞蜀。

晁公武《郡齋讀書志·别集類中》 韋莊《浣花集》五卷。右僞蜀韋莊字端己。仕王建，至吏部侍郎、平章事。集乃其弟藹所編，以所居即杜甫草堂舊址，故名。《僞史》稱莊有集二十卷，今止存此。

陳振孫《直齋書録解題·詩集類上》 《浣花集》一卷。蜀韋莊撰。唐乾寧元年進士也。

馬端臨《文獻通考·經籍考·詩集》 韋莊《浣花集》五卷。

《宋史·藝文志·别集類》 韋莊《浣花集》十卷。

范邦甸等《天一閣書目·别集類》 《浣花集》十卷。藍絲闌鈔本。唐韋莊著。朱承爵記云：「韋莊字端己，見素之孫。唐昭宗乾寧元年進士，授校書郎。王建開僞蜀，莊時在華州，駕前遷起居舍人。後爲蜀相，卒。所著有《浣花集》，其弟藹嘗爲作序，今不存，故缺之。既刻其集，又考得遺詩二篇，附後作《補遺》云。」

徐𤊹《徐氏家藏書目·文集類》 韋莊《浣花集》十卷。

毛晉《汲古閣書跋》 《浣花集》。端己集十卷，乃其弟藹所編。因居是杜子美草堂舊址，故名。《僞史》云二十卷，馬氏云五卷，今皆不可考。向有朱氏版頗善，惜逸藹序，予幸獲完璧矣。梓行既久，復閲《才調集》、《文苑英華》諸書，又得諸體詩三十首有奇，悉附作《補遺》云。

錢謙益等《絳雲樓書目·唐詩類》 韋莊《浣花集》。

《四庫提要·别集類四》 《浣花集》十卷，《補遺》一卷。編修汪如藻家藏本。唐韋莊撰。莊字端己，杜陵人。乾寧九年第進士，授校書郎，轉補闕。後仕蜀王建，至吏部侍郎同平章事。《文獻通考》載莊集五卷。此本十卷，乃毛晉汲古閣所刻，爲莊弟藹所編，前有藹序。疑後人析五爲十，故第十卷僅詩六首也。末爲《補遺》一卷，則毛晉所增。然如《癸丑年下第獻新先輩》一首，既見於卷八，又入《補遺》，殊爲失檢。《全唐詩》所録較此本多《勉兒子即事》等篇共三十餘首。蓋藹序作於癸亥年六月，爲唐昭宗之天復三年，莊方得杜甫草堂，故以名集。自是以後，篇什皆未載焉。故往往散見於諸書，後人遞有增入耳。

錢東垣等輯《崇文總目·别集類二》 《浣花集》二十卷。韋莊撰。又《别集類五》：《浣花集》二十卷。

黄丕烈《蕘圃藏書題識·集類一》 《浣花集》十卷。宋刻本。此殘宋刻本《浣花集》四至十卷，余友陸子東蘿以青蚨一分得諸閶門外上塘街冷攤，特爲持贈余者。東蘿初不知爲宋刻本，但云：「有舊人圖書，葉陽生欲就君質之。」余曰：「此人余卻知之，余將爲言其詳。」及觀後一無名氏跋，而益信余所知之人也。近因上津橋葉氏將刊其先世天士所著《本事方釋義》，向余借宋刊許學士《本事方》，因相往還，登眉壽堂，見爲號有「陽生道兄詢悉」。陽生即天士之父，素精於醫，曾治范伏菴太史初生時無榖道一證。此書所鈐印，即其人也。末跋語云「某因病久嗽不愈，以此償藥直」，知向時醫家脈藥相連，故云「以此償藥直」也。是書破爛不堪，命工麤加整理，裝成攜示葉氏。後訥人丰帆輩各幡陽生手批醫書，皆云跋語字跡實係陽生公書，而康熙乙卯三月去陽生辭世之年庚申尚有六載，此跋洵不誣也。訥人云：「陽生公與汪鈍翁有唱酬之作，蓋精于詩者。」一書之微，多取印證，余喜而筆諸卷端。復翁。

余藏韋莊《浣花集》向有三本：一爲黑格精鈔本，一爲藍格舊鈔本，一爲毛氏影鈔宋本。三者之中，影鈔爲上，然得此殘宋刻證之，則又在影鈔者上矣。蓋書以古刻爲第一，一字一句之誤，猶可諦視版刻，審其誤之由來。影鈔則已非廬山真面目，矧其爲泛泛傳鈔者乎！故余佞宋，雖殘鱗片甲，亦在珍藏，勿以不全忽之。此册前缺序目及首三卷，若就影鈔本補全，誠爲兩美。然業無宋刻，即影鈔已失其真，故仍願離之則兩美也。欲卒讀者，有影鈔本在，取而觀之可耳。甲戌六月六日，復翁補書於第九卷尾，以此半葉係裝時補綴，非宋版本有，雖灰之無傷。

余家向藏毛氏影宋本《浣花集》，在唐人諸集中取對此，此實宋版。卷中「徵」「禎」「玄」「樹」避此四字，而「玄」「樹」有不盡避者，宋版時或有此。余初付裝，見者或疑此刻之非宋，而妄笑余佞宋之太甚，所信未必真然。裝成，同人傳觀，藏書家如周香嚴，賞鑒家如陶朗軒，皆以余言爲信，則誠可信矣。佞宋何嘗佞哉！

昔何義門學士跋宋刊許渾《丁卯集》云：「惜板刻黏塗，幸得毛豹孫影寫宋本，一一補其缺失差異於不知而妄作者。」今余收《浣花集》，失其序目及首三卷，亦賴影宋本補全，即守義門之意也。宋刻出自陸東蘿所贈，此屬東蘿影鈔，蓋是書始終成於東蘿云。丁卯季夏裝。復翁記。

顧櫰三《補五代史藝文志·詩文集類》 《浣花集》五卷。

張之洞《書目答問·别集》 《浣花集》十卷，《補遺》一卷。蜀韋莊。汲古閣本。

席氏本。

幽居褋編

錢東垣等輯《崇文總目・別集類三》 韋莊《幽居褋編》一卷。

韋文靖箋表

鄭樵《通志・藝文略・表章》 《韋文靖箋表》一卷。僞蜀韋莊撰。

《宋史・藝文志・別集類》 《韋文靖牋表》一卷。

諫疏牋表

《宋史・藝文志・別集類》 韋莊《諫疏牋表》四卷。

諫　草

《宋史・藝文志・別集類》 《諫草》一卷。韋莊撰。

一鳴集

《新唐書・藝文志・別集類》 司空圖《一鳴集》三十卷。

鄭樵《通志・藝文略・別集四》 司空圖《一鳴集》三十卷。

晁公武《郡齋讀書志・別集類中》 司空圖《一鳴集》三十卷。右唐司空圖表聖也。河中人。咸通十一年，王凝下及第。黄巢陷長安，僖宗次鳳翔，召爲知制誥、中書舍人。朱温將篡，召爲禮部尚書，不赴。聞哀帝遇弑，不食而卒。圖居中條山，自號知非子、耐辱居士。集自爲序，以《濯纓亭》、《一鳴牕》名其集。子荷別爲集後記。最長於詩，其論詩有曰「梅止於酸而鹽止於鹹，味常在於酸鹹之外」，謂其詩「棋聲花院静，旛影石壇高」之句爲得之，人以其言爲然。

尤袤《遂初堂書目・別集類》 司空圖《一鳴集》。

陳振孫《直齋書録解題・別集類上》 《一鳴集》一卷。案：《文獻通考》作三十卷。唐兵部侍郎虞鄉司空圖表聖撰。案：虞鄉即今解州，原本作「虞卿」，誤。今改正。圖見《卓行傳》，唐末高人勝士也。羅本但有雜著，無詩。自有詩十卷，別行。詩格尤非晚唐諸子所可望也。其論詩以「梅止於酸，鹽止於鹹；鹹酸之外，醇美乏焉」，東坡嘗以爲名言。自號知非子，又曰耐辱居士。

馬端臨《文獻通考・經籍考・別集》 司空圖《一鳴集》三十卷。

《宋史・藝文志・別集類》 司空圖《一鳴集》三十卷。

楊士奇等《文淵閣書目・文集》 《司空表聖文集》。一部，一册。闕。《司空表聖文集》。一部，一册。闕。

錢謙益等《絳雲樓書目・唐文集類》 司空圖《一鳴集》三十卷。

《四庫提要・別集類四》 《司空表聖文集》十卷。兩淮馬裕家藏本。唐司空圖撰。圖，河内人。表聖，圖字也。僖宗時知制誥，爲中書舍人，旋解職去，晚自號耐辱居士。朱全忠召之，力拒不出。及全忠僭位，遂不食而死。《新唐書》列之《卓行傳》。所著詩集別行於世，此十卷乃其文集，即《唐志》所謂《一鳴集》也。其文尚有唐代舊格，無五季猥雜之習。集内《韓建德政碑》，《五代史》謂乾寧三年昭宗幸華州所立，還朝乃封建潁川郡王，而碑稱爲乾寧元年立，已書建爲潁川郡王，蓋史之誤。其時建方強横，昭宗不得已而譽之。圖奉敕爲文，詞多諷飭，足見其剛正之氣矣。又集内《解縣新城碑》爲王重榮作，《河中生祠碑》爲其弟重盈作，宋祁遂謂重榮父子雅重圖，嘗爲作碑。今考其文，亦皆奉敕所爲，事非得已，不足以爲圖病也。陳繼儒《太平清話》載《耐辱居士墨竹筆銘》，此集無之。其銘序云：「咸通二年，余登進士，叨職史館。」按，唐制進士無即入史館者，圖成進士在咸通末，出依王凝爲幕職，本傳甚明，安有職史館之事？又云：「自後召拜禮部員外郎，遷知制誥，尋以中書舍人拜禮、户二侍，無日不與竹對。」按，序稱墨竹種於長安，圖爲知制誥、中書舍人，乃僖宗次鳳翔時，其爲兵部侍郎，又當昭宗在華州時，何由得與竹對？況圖身爲唐死，年七十二，而序乃云「今爲梁庚寅，余年八十有二」，其爲僞撰益明矣。是編前後八卷，皆題爲雜著，五卷、六卷獨題曰碑，實則他卷亦有碑文，例殊叢脞。舊本如是，今姑仍之焉。

錢東垣等輯《崇文總目・別集類二》 《一鳴集》三十卷。司空圖撰。

孫星衍《平津館鑒藏書籍記・舊影寫本》 《司空表聖文集》十卷，題司空圖子表聖，大題下又題《一鳴集》。前有光啓三年司空氏自序，陳氏《書録解題》：《一鳴集》十卷，蜀本但有雜著，無詩。此本前後八卷俱題「雜著」，唯五、六兩卷題作「碑」，洪頤煊曰：「卷七雜著中有《復安南碑》，不應此二卷獨題作碑，當由後人誤改。」即陳氏所見之本。

顧廣圻《思適齋書跋・集部》 《一鳴集》十卷。鈔本。是集從吾師張先生所藏季滄葦家鈔本景寫，復録吴子有堂所傳何義門校，具有淵源，可寶也。近見鮑氏知不足齋校宋本，大概相同，唯多《連珠》一葉，今更補入。又補末卷，闕字略具，殆可稱善。余前欲合刊唐集罕傳者十家，秦敦夫開雕《吕衡州》即其一也。此外如《歐陽四門》、《皮子文藪》、《張燕公》俱嬴勘定，但未知何日汗青耳。

十卷掇拾殘叢，其謬誤尤甚，不可謂架有是書也。康熙癸巳，傳自錢楚殷。漫記，焯。

錢楚殷，遵王之子也。其本與何傳之本，惜皆未見。

張金吾《愛日精廬藏書志・別集類》 《司空表聖文集》十卷。舊抄本。唐司空圖字表聖撰。自序。光啓三年。

張之洞《書目答問・別集》 《司空表聖文集》十卷。唐司空圖。席氏本。

司空表聖集

洪邁《容齋題跋》 《跋司空表聖詩》。東坡稱司空表聖詩文高雅，有承平之遺風，蓋嘗有列其詩之有得於文字之表者二十四韻，懼當時不識其妙。又云：表聖論其詩，以爲得味外味，如「緑樹連村暗，黄花入麥稀」，此句最善。又「棋聲花院閉，幡影石壇高」，吾嘗獨入白鶴觀，松陰滿地，不見一人，惟聞棋聲，然後知此句之工，但恨其寒儉有僧態。予讀表聖《一鳴集》，有《與李生論詩》一書，乃正坡公所言者。其餘五言句云：「人家寒食月，花影午時天」，「雨微吟足思，花落夢無憀」，「坡暖冬生笋，松凉夏健人」，「川明虹照雨，樹密鳥衝人」，「夜短猿悲減，風和鵲喜靈」，「馬色經寒慘，鵰聲帶晚飢」，「客來當意愜，花發遇歌成」。七言句云：「孤嶼池痕春漲滿，小欄花韻午晴初」，「五更惆悵迴孤枕，由自殘燈照落花」。皆可稱也。

陳振孫《直齋書録解題・詩集類上》 《司空表聖集》十卷。唐兵部侍郎司空圖表聖撰。咸通十年進士。別有全集，此集皆詩也。其子永州刺史荷爲後記。

馬端臨《文獻通考・經籍考・詩集》 《司空表聖集》十卷。

中和制集

《新唐書・藝文志・別集類》 劉崇望《中和制集》十卷。

《宋史・藝文志・別集類》 《劉宗一作「榮」望制集》八卷。

錢東垣等輯《崇文總目・別集類六》 《中和制集》十卷。劉崇望撰。

黄御史集

《新唐書・藝文志・別集類》 《黄滔集》十五卷。字文江，光化四門博士。

鄭樵《通志・藝文略・別集四》 《黄滔集》十五卷。

馬端臨《文獻通考・經籍考・詩集》 《黄御史集》。誠齋序略曰：詩至唐而盛，至晚唐而工。御史黄公之詩尤奇，如《聞雁》：「一聲初觸夢，半白已侵頭。餘燈依古壁，片月下滄洲。」如《遊東林寺》：「寺寒三伏雨，松偃數朝枝。」如《退居》：「青山寒帶雨，古木夜啼猿。」此與韓致光、吴融輩並遊，未知何人徐行後長也。永豐君自言其集久逸，其父考功公始得之，僅數卷而已。其後永豐又得詩文五卷於吕夏卿之家，又得逸詩於翁承贊之家，又得銘碣於浮屠、老子之宫，而後御史公之文復傳於二百年之後。按《唐・藝文志》，御史諱滔，字文江。光啓中爲四門博士。其集舊曰《黄滔集》云。

《宋史・藝文志・別集類》 黄滔《莆陽黄御史集》二卷。

楊士奇等《文淵閣書目・文集》 《黄御史文集》。一部，二册。完全。

范邦甸等《天一閣書目・別集類》 《莆陽黄御史集》四册。鈔本。唐黄滔撰。首篇興邁撰序文，今闕。淳熙三年廬陵楊萬里序云：余在中都，于官書及士大夫家見唐人詩集，略及二百餘家，自謂不貧矣。逮歸耕南溪之上，永豐明府莆陽黃君沃又遺余以其祖御史公文集。其詩尤奇，蓋余在中都時所未見也。永豐君自言此集久逸，其父考功始得之，僅數卷而已。其後永豐又得詩文五卷于吕夏卿之家，得逸詩于翁承贊之家，得銘碣于浮屠、老子之宫。當御史公之時，豈自知其詩文之傳不傳哉！二百年間，幾乎泯矣，而復傳于二百年之後。然則士之所立，顧其可傳與否耳。不傳奚慼，復傳奚欣，而永豐君能力求其祖之詩文于二百年之前，其可尚也夫。内翰洪公敘引載二百八十有五篇，續增《雪峰》、《報恩》二碑而逸《御試》一試，今并詩文五篇補八，共二百九十一篇，詳見裔孫方子後跋。

徐𤊹《徐氏家藏書目·文集類》《黃滔御史集》十五卷。

張萱等《内閣藏書目録·集部》《莆陽黃御史集》二册。唐昭宗朝黃滔著。

錢謙益等《絳雲樓書目·唐文集類》《黃滔集》。十五卷。字文江，光化四門博士。

《四庫提要·別集類四》《黃御史集》十卷，附録一卷。浙江汪啓淑家藏本。

唐黃滔撰。滔字文江。莆田人，乾寧二年進士第。光化中除四門博士，尋遷監察御史裏行，充威武軍節度推官。王審知據有全閩，而終守臣節，滔匡正之力爲多。《五代史》稱審知好禮下士，王淡、楊沂、徐寅，唐時知名士多依之，獨不及滔。《五代史》多漏略，不足據也。又集中有《祭南海南平王文》，稱「崔員外昨持禮幣，嘗詣門牆，爰蒙執手之懽，宏敘親仁之旨」云云，乃爲王審知祭劉隱而作。案，隱初封大彭王，進封南平王，再進封南海王，據《五代會要》，南海之封在隱卒後一月，故此文尚稱南平王。説者或以高季興亦封南平，又不知此文爲代審知所作，遂謂滔曾應高氏之聘，亦考之未審矣。《唐書·藝文志》載滔集十五卷，又《泉山秀句》三卷，竝已散佚。此本卷首有楊萬里及謝諤序，萬里序謂滔裔孫永豐君自言此集久逸，其父考功公始得之，僅四卷而已。其後永豐君又得詩文五卷於吕夏卿家，又得逸詩於翁承贊家，又得銘碣於浮屠、老子之宫，編爲十卷。是爲淳熙初刻。後再刻於明正德，三刻於萬曆，四刻於崇禎，此本即崇禎刻也。集中文頗贍蔚，詩亦有貞元、長慶之遺。雖不及羅隱、司空圖，而實非徐寅諸人之所及。其《潁川陳先生集序》稱：「天復元年，某叨閩相之辟。」考乾寧四年，唐以福州爲威武軍，拜審知節度使，累遷同中書門下平章事，封琅邪王。至梁太祖即位，乃封閩王，仍同中書門下平章事。滔稱閩相而不稱王，則所謂規正審知、使守臣節者，是亦一證也。末有附録一卷，又載滔裔孫補遺文一篇。補字季全，紹興中進士，歷官安溪縣令，所著《詩解》、《九經解》、《人物志》等書，皆失傳。惟此篇僅存，故附滔集以行世云。

顧櫰三《補五代史藝文志·詩文集類》《黃滔集》十五卷。《莆陽御史集》二卷。

吴壽暘《拜經樓藏書題跋記》《黃御史集》。右曹氏刻本八卷，末爲附録，前有洪邁、楊萬里、謝諤三序及曹學佺重刻序。《四庫書目》作十卷，附録一卷，云原集久佚，此本乃宋淳熙中其後人所重編。今此爲八卷，未知視閣本何如。首有「敬亭山人」、「家本濟溪」二圖記。

張之洞《書目答問·別集》《黃御史集》十卷，附録一卷。唐黃滔。明崇禎刻本。

編略

《宋史·藝文志·別集類》黃滔《編略》十卷。

顧櫰三《補五代史藝文志·詩文集類》黃滔《編略》十卷。

香奩集

《新唐書·藝文志·別集類》韓偓《香奩集》一卷。

鄭樵《通志·藝文略·別集五》韓偓《香奩集》一卷。

晁公武《郡齋讀書志·別集類中》《香奩集》一卷。唐韓偓著。《香奩集》，沈括《筆談》以爲和凝所作，凝既貴，惡其側艷，故詭稱偓著。或謂括之言妄也。

尤袤《遂初堂書目·別集類》韓偓《香奩集》。

陳振孫《直齋書録解題·詩集類上》《香奩集》二卷。唐翰林學士韓偓致光撰。

馬端臨《文獻通考·經籍考·詩集》《香奩集》一卷。韓偓著。

《宋史・藝文志・別集類》 韓偓《香奩小集》一卷。

徐𤊹《徐氏家藏書目・文集類》 韓偓《香奩集》一卷。唐五人。

毛晉《汲古閣書跋》 《香籢集》。沈夢溪云：「和魯公凝有艶詞一編，名《香籢集》，凝後貴，乃嫁其名爲韓偓。今世傳韓偓《香籢集》，乃凝所爲也。」此説惟劉潛夫信之，石林、遯齋、虚谷諸公，俱以爲誤，引吴融《和韓侍郎無題詩》三首及致光親書《裊娜》、《多情》等詩爲證，則斯編是致光作無疑矣。如凝之香籢，乃浮艶小詞，集名偶同耳。況凝自謂不行於世，後人又何必借韓侍郎行本以實之耶！

錢謙益等《絳雲樓書目・唐詩類》 韓偓《香奩集》。一卷。

錢曾《讀書敏求記・詩集》 韓内翰《香奩集》三卷。《香奩集》三卷，予從元人鈔本録出，末卷多《自負》一詩，洪邁絶句亦未收。行間字極佳，比流俗本迥異。予嘗命名手繪圖二十六幅，裝潢成帙，精妙絶倫，閲之意蕊舒放。嗟乎！致光遭唐末造，金鑾前席，危捋虎鬚。及乎投老無門，托迹甌閩，竟賫志殁。此豈淺夫浪子所能然耶！後人但知流浪《香奩》，無有洗發其心事者，千載而下，可爲隕涕也。沈括云：「和凝後貴，以此集嫁名于致光。」則宋人已辨之詳矣。

吴焯《繡谷亭薰習録・集一》 《香匳集》三卷。唐韓偓著。《戊籤》題二卷者，誤也。《別集》中艶體六篇，此編未收，宋世本如是。至和凝僞詞假託，沈存中《筆談》已辨之矣。

顧櫰三《補五代史藝文志・詩文集類》 韓偓《香奩集》一卷。案：《香奩集》係和凝嫁名。

張之洞《書目答問・別集》 唐韓偓別有《香籢集》三卷，《四庫》著録本删去。

韓偓詩

《新唐書・藝文志・別集類》 《韓偓詩》一卷。

鄭樵《通志・藝文略・別集五》 《韓偓詩》一卷。

晁公武《郡齋讀書志・別集類中》 《韓偓詩》二卷。右唐韓偓致堯也。京兆人。龍紀元年進士，累遷諫議大夫、翰林學士。昭宗幸鳳翔，進兵部侍郎、承旨。朱全忠怒，貶濮州司馬，榮懿尉。天祐初，挈族依王審知而卒。

馬端臨《文獻通考・經籍考・詩集》 《韓偓詩》一卷。【略】

許彦周《詩話》：高秀實言：「元微之詩艶麗而有骨，韓偓《香匳集》麗而無骨。」李端叔意喜韓偓詩，誦其序云：「咀五色之靈芝，香生九竅；咽三危之瑞露，美動七情。」秀實云：「勸不得也。」石林葉氏曰：偓在閩所爲詩，皆手自寫成卷。嘉祐間，裔孫奕出其數卷示人，龐潁公爲漕，取奏之，因得官。詩文氣格不甚高，吾家僅有其詩百餘篇。世傳別本有名《香匳集》者，《唐書・藝文志》亦載，其辭皆閨房不雅馴。或謂江南韓熙載所爲，誤以爲偓，若然，何爲録於《唐志》乎？熙載固當有之，然吾所藏偓詩中，亦有一二篇絶相類，豈其流落亡聊中，姑以爲戲，然不可以爲訓矣。

又曰：《韓偓傳》自貶濮州司馬後，載其事即不甚詳。其再召爲學士，在天祐二年。吾家所藏偓詩雖不多，然自貶後皆以甲子歷歷自記其所在，有《乙丑年在袁州得人賀復除戎曹依舊承旨》詩，即天祐二年也。昭宗前一年已弑，蓋哀帝之命也。末句云：「若爲將朽質，猶擬杖於朝。」固不往矣。其後又有《丁卯年正月聞再除戎曹依前充職》詩，末句云：「豈獨鴟夷解歸去，五湖魚艇且餔糟。」天祐四年也。是嘗兩召皆辭，《唐史》止書其一。是歲四月，全忠篡，其召命自哀帝之世，自後復召，則癸酉年南安縣之作，即梁之乾化二年。時全忠亦已被弑，明年梁亡。其兩召不行，非特避禍，蓋終身不食梁禄，其大節與司空表聖略相等，惜乎《唐史》不能少發明之也。

《宋史・藝文志・別集類》 《韓偓詩》一卷。

徐𤊹《徐氏家藏書目・文集類》 《韓偓詩》一卷。

錢曾《讀書敏求記・詩集》 《韓偓詩集》一卷。昭宗反正，密勿之謀，致光爲多。觀其不草韋貽範詔，正所謂「如今冷笑東方朔，只用詼諧侍漢皇」也。詩以言志，致光可稱卓然不拔之君子矣。

錢東垣等輯《崇文總目・別集類三》 《韓偓詩》一卷。

顧櫰三《補五代史藝文志・詩文集類》 《韓偓詩》一卷。

入翰林後詩

陳振孫《直齋書録解題・詩集類上》 韓偓《入内廷後詩集》一卷。

《宋史・藝文志・別集類》 韓偓《入翰林後詩》一卷。

毛晉《汲古閣書跋》　《韓翰林詩别集》。按：《列傳》云：「偓字致光，京兆萬年人。」計有功云「字致堯」。今曰致光，誤矣」，胡仔云致元，未知孰是。自號玉山樵人。小字冬郎，開成六年進士韓瞻之子。李義山與瞻同年，偓童時即席爲詩送之，一座盡驚。李因贈詩云：「十歲裁詩走馬成，冷灰殘燭動離情。桐花萬里丹山路，雛鳳清于老鳳聲。」《藝文志》載詩一卷，《香奩集》一卷。余梓《香匳》已十餘年矣，兹吴匏庵叢書堂抄别集，皆天復元年辛酉入内庭後詩也。自辛酉迄甲戌凡十有四年，往往借自述入直、扈從、貶斥、復除，互叙朝廷播遷、奸雄篡弑始末，歷然如鏡，可補史傳之缺。第乙卯、丙辰未入翰林，不知何人混入。惜未得慶曆間温陵所刻致光手書詩帖一訂正耳。其亂後依王審知，本傳與李晁諸家言之甚詳。惟劉克莊謂審知據福唐，韓致光迺居南安，曷嘗依之乎？又見墨林方氏所藏《祭裴君文》，自書「唐故官」，不書梁年號，稱其賢于楊風子輩，且以宋景文不與表聖同列爲欠事。此皆克莊極贊致光不事二姓也。若王審知爲閩王，始于丁卯，卒于乙酉，相去十九年。致光即匿影於三山九曲之間，何損其爲李唐遺民耶！况全忠被刺，刀腹出於背，瘞以敗氊，致光亦可以含笑見昭宗于地下矣。嘗寓沙陽天王院歲餘，其詩奚止與藴明一篇？若得章僚碑記，考其傳外遺事，則羣疑涣然冰泮矣。隱湖毛晉識。

吴焯《繡谷亭薰習録・集一》　《韓翰林詩别集》一卷。唐翰林學士承旨、行尚書户部侍郎、知制誥韓偓致堯著。余以《全唐詩》校之，此缺四篇：一《寄禪師》，一《訪明公大德》，一《大酺樂》，一《思歸樂》。後三篇《戊籤》已據《閩南唐雅》補，而《全唐詩》因之。此本卻多《褭娜》、《多情》、《閨怨》、《夜閨》、《詠燈》、《春恨》六篇。《戊籤》云：「彙《翰林集》編年爲四卷，《香匳》合《别集》中一二艷詞爲二卷。」則此六詩當時原載《别集》中，自後人移攙入《香匳》者也。《戊籤》又云：「《入翰林集》不滿二十篇，《别集》自出官迄寓閩詩俱在，而及第前後諸作亦附。」今此本首行標題云「入内庭後詩」，下注云「大復元年辛酉五月後」。偓以是時入翰林，詩題下繫年遞至癸酉，其後又重繫乙卯甲子者，即所謂「及第前後諸作亦附」者，此也。石林葉氏稱「吾藏偓集僅百餘篇，世傳别本」，今起天復元年至癸酉止，僅百餘首，正葉氏世傳别本，與《唐・藝文志》合。其及第前後諸作併入者，乃嘉祐間從裔孫奕以取奏之本而附益者也。

《四庫提要・别集類四》　《韓内翰别集》一卷。江蘇巡撫採進本。唐韓偓撰。《唐書》本傳謂偓字致光，計有功《唐詩紀事》作字致堯，胡仔《漁隱叢話》謂字致元，毛晉作是集跋，以爲未知孰是。案：劉向《列仙傳》稱，偓佺，堯時仙人，堯從而問道，則偓字致堯，於義爲合，致光、致元，皆以字形相近誤也。世爲京兆萬年人。父瞻與李商隱同登開成四年進士第，又同爲王茂元壻，商隱集中所謂《留贈畏之同年》者，即瞻之字。偓十歲即能詩，商隱集中所謂「韓冬郎即席得句，有老成之風」者，即偓也。偓亦登龍紀元年進士第，昭宗時官至兵部侍郎、翰林學士承旨。忤朱全忠，貶濮州司馬，再貶榮懿尉，徙鄧州司馬。天祐二年復故官，偓惡全忠逆節，不肯入朝，避地入閩，依王審知以卒。偓爲學士時，内預祕謀，外争國是，屢觸逆臣之鋒，死生患難，百折不渝。晚節亦管寧之流亞，實爲唐末完人。其詩雖局於風氣，渾厚不及前人，而忠憤之氣，時時溢於語外。性情既摯，風骨自遒，慷慨激昂，迥異當時靡靡之響。其在晚唐，亦可謂文筆之鳴鳳矣。變風變雅，聖人不廢，又何必定以一格繩之乎？《唐書・藝文志》載偓集一卷，《香奩集》一卷。晁氏《讀書志》云《韓偓詩》二卷，《香奩》不載卷數。陳振孫《書録解題》云《香奩集》二卷，《八内廷後詩集》一卷，《别集》三卷。各家著録，互有不同。今鈔本既曰《别集》，又注曰「入内廷後詩」，而集中所載又不盡在内廷所作，疑爲後人裒集成書，按年編次，實非偓之全集也。

顧櫰三《補五代史藝文志・詩文集類》　《入翰林後詩》一卷。韓偓著。

韓偓别集

尤袤《遂初堂書目・别集類》　《韓偓集》。

陳振孫《直齋書録解題・詩集類上》　韓偓《别集》三卷。

《宋史・藝文志・别集類》　韓偓《别集》三卷。

顧櫰三《補五代史藝文志・詩文集類》　韓偓《别集》三卷。

張之洞《書目答問・别集》　《韓内翰别集》一卷。唐韓偓。汲古閣本。

魚玄機集

陳振孫《直齋書録解題・詩集類上》　《魚玄機集》一卷。唐女冠，坐妒殺女婢，抵死。余嘗言婦女從釋入道，有司不禁，亂禮法、敗風俗之尤著。原注：事見《補妒記》。

馬端臨《文獻通考・經籍考・詩集》　《魚玄機集》一卷。

《宋史・藝文志・别集類》 《魚玄機詩集》一卷。

高儒《百川書志・唐詩》 《魚玄機詩集》一卷。「詩集」二字原倒，從瞿校鈔本改。

咸通中西京咸宜觀女道士魚玄機幼微著。

徐𤊹《徐氏家藏書目・文集類》 《女冠魚玄機詩》一卷。

黄丕烈《蕘圃藏書題識・集類一》 《唐女郎魚玄機詩》一卷。宋刻本。唐女道士魚玄機詩集，陳氏《書録解題》載其名，其書則世未之聞也。癸亥閏餘之月，五柳主人以書棚本《朱慶餘詩集》易余番錢十圓而去，謂是蘭陵繆氏物，且聞其家多宋刻小種，皆善本。惜遲遲散出，大都爲居奇計。余亦利其有，故于其始出也，不惜以重直艷之。既而五柳主人云有《魚玄機集》，亦宋本也。余聞其名，急欲一覩。適五柳主人出弔海寧，遷延不獲見所謂《魚玄機》者，方悵然若有所失。忽從他處遇之，即此《唐女郎魚玄機詩集》也。書僅十二葉耳，索白銀八金，惜錢之癖與惜書之癖交戰而不能決，稽留者數日矣。至是始許以五番售余，可云快甚。而後乃令百宋一廛又添一名書，好事之譏，余竊自哂。此集無别本可對，偶取洪邁《唐人絶句》、韋縠《才調集》本證之，題句亦互異。蓋洪、韋本俱宋刻，而彼有不同於此者，可知宋時亦非一本，烏能執而同之耶！遂用别紙條載其後。是本出項墨林家，尤爲可寶。朱承爵字子儋，據《列朝詩集小傳》知爲江陰人，世傳有以愛妾换宋刻《漢書》事，其人亦好事之尤者。唐女郎何幸而爲其所珍重若斯。沈勁寒，不知何許人，「茶僊」一印，更不知其姓與名，俟博訪之。嘉慶八年三月望春，盡日挑鐙讀畢書。黄丕烈。

「茶僊」一印是義門先生圖章，辛未仲冬獲觀，因附誌於此。

《魚玄機跋補遺》。分韻得「機」字。小字流芳説幼微，女冠入道翦霞衣。鍾情尚憶雲同夢，怨别還驚雁獨飛。洪度有才偏遇譴，季蘭無行便相譏。見憐難忘温京兆，笞婢身先動殺機。

井桐吟後又薔薇，才女工詩卻也稀。補闕郎猶羞玉貌，咸宜觀自勝羅幃。貪看蝴蝶尋花徑，怕説鴛鴦近釣磯。誦到焚香端簡句，依然一室坐忘機。

道光乙酉七月七日，再集同人於宋廛，分題魚集。一切情事，並詳第二册中。予戲集集中句念四首，皆七言絶句，鳳兒補集二首，共得念六首。持示同人，詫爲鉤心鬭角，無縫天衣。即予自詡，亦以爲巧奪天工也。詩具存第二册中。客有慫恿余曰：「子心思萬竅玲瓏，能更集二首，以成『二十八宿羅心胸』，可誦『元精耿耿貫當中』矣。」予應之曰：「特患無題耳，不患無詩也。」展卷見秋室學士詩集寫照，妙墨猶存，仙蹤已杳，曾幾何時，不勝室邇人遠之感。因集賸句成詩，即録於秋室札子後空紙。

雪遠寒峰想玉姿，帶風楊柳認蛾眉。憶君心似西江水，鏡在鸞飛話向誰。

近日吴中講究古籍，自香巖、抱沖、壽階二十餘年來先後作古，藏書四友惟余老蕘一人存矣。舊刻名鈔，心乎愛之者絶無其人。予閉門養痾，時有遠近書友送古籍來破悶，亦遂不惜重價購之，以此爲良藥苦口利於病也。其書魔之故智復萌哉！近所得最得意者，元鈔陳基《夷白齋稿》、舊鈔舊刻王行《半軒集》諸種，一爲流寓吴中，一爲北郭十友又稱十才子。之一，皆眷眷於宋廛，而遠則揚州，近則吴郡，聚諸一時，豈不快哉。借集魚集賸句以紀其事，并遺興焉。

朱絃獨撫自清歌，空有青山號苧蘿。應爲價高人不問，道家書卷枕前多。魚玄機爲女道士，故借稱爲道家書卷。中元後二日午後，坐學耕堂。蕘翁續集。

黄丕烈《百宋一廛書録》 《唐女郎魚玄機詩》。此《唐女郎魚玄機詩》宋刻本，蘭陵繆氏物也。外間無别刻單行本，此其屻見矣。書共十二葉，諸家藏書圖記羅列滿紙，其最著者，如「檇李項氏」，所謂項元汴也。又有「朱子儋」一印，「朱承爵鑒」四字，其人曾刻《庚開府詩集》四卷於存餘堂，《讀書敏求記》曾言之。考《列朝詩集小傳》，知爲江陰人。歷考國初藏書諸家目，無有及此者，可云罕祕矣。近時《全唐詩》所載，頗與此刻爲近，然脱《光威裒姊妹三人》原唱一首，末衍《折楊柳》一首，小傳云：魚玄機字幼微，長安里家女，喜讀書，有思。補闕李億納爲妾，愛衰，遂從冠帔於咸宜觀。以笞殺女童緑翹事，爲京兆温璋所戮。集中《贈鄰女》一作《寄李億員外》，詩中三四句云「易求無價寶，難得有心郎」，是即其故夫也。又《情書寄李子安》一本題下有「補闕」二字。子安殆李億之字歟？

黄丕烈《蕘圃刻書題識》 《影宋書棚本魚玄機詩跋》。唐女道士魚玄機詩集，陳氏《書録解題》載其名，其集則世未專行也。癸亥閏餘之月，偶得之於蘭陵繆氏，書屻一十二番，歷爲諸名家寶藏。古色古香，溢于楮墨，真爲奇祕之物。此集無别本可勘，遂取家藏洪邁《唐人絶句》，韋縠《才調集》選本證之，題句亦多互異。蓋洪、韋本俱宋刊，而彼有不同於此者，可知宋時亦非一本，烏能執而同之耶！因用别紙條載于後，俾讀是書者有所考焉。嘉慶八年三月望春盡日，黄丕烈識。

頤山録詩

《新唐書・藝文志・别集類》 陸希聲《頤山詩》一卷。

鄭樵《通志・藝文略・别集五》 陸希聲《頤山詩》一卷。

《宋史・藝文志・别集類》 陸希聲《頤山録詩》一卷。

錢東垣等輯《崇文總目・别集類四》 《頤山録詩》一卷。陸希聲撰。

君陽遁叟山集記

《宋史・藝文志・别集類》 陸希聲《君陽遁叟山集記》一卷。

唐風集

《新唐書・藝文志・别集類》 《杜荀鶴詩集》一卷。

晁公武《郡齋讀書志・别集類中》 杜荀鶴《唐風集》十卷。右唐杜荀鶴，池州人。大順二年進士，善爲詞章。宣州田頵重之，嘗以牋問至，梁祖薦爲翰林學士，主客員外。恃勢侮易搢紳，衆怒，欲殺之而未及。天祐初，病卒。有顧雲序。荀鶴自號九華山人。

尤袤《遂初堂書目・别集類》 《杜荀鶴集》。

陳振孫《直齋書録解題・詩集類上》 《唐風集》三卷。案：晁公武《讀書志》作十卷。唐九華山杜荀鶴撰。

馬端臨《文獻通考・經籍考・詩集》 杜荀鶴《唐風集》十卷。【略】《幕府燕談》：杜荀鶴詩鄙俚近俗，惟宫詞爲唐第一。云：「早被嬋娟誤，欲粧臨鏡慵。承恩不在貌，教妾若爲容。風暖鳥聲碎，日高花影重，年年越溪女，相憶採芙蓉。」故諺云「杜詩三百首，惟在一聯中」，正謂「風暖」、「日高」之句也。此句歐公《詩話》以爲周朴詩。

《宋史・藝文志・别集類》 杜荀鶴《唐風集》二卷。

楊士奇等《文淵閣書目・詩詞》 《杜荀鶴詩》。一部，一册。闕。

毛晉《汲古閣書跋》 《唐風集》。杜荀鶴池州人，《紀事》云：牧之微子也。會昌末，牧之自齊安移守秋浦，時妾有妊，出嫁長林鄉杜筠而生荀鶴，自號九華山人。少有詩名，年四十六，始擢第。殷文圭賀詩云：「一戰平酬五字勞，晝歸鄉去錦爲袍。大鵬出海翎猶濕，駿馬辭天氣正豪。九子舊山增秀絶，二南新格變風騷。」可謂叙述曲盡矣。與楊夔、康軿、夏侯淑、王希羽、殷文圭皆爲淮南將田頵上客，及頵遇禍，梁太祖表授翰林學士、主客員外郎、知制誥。天祐初卒。顧雲時叙極其推重，或又病其詩近俗，惟宫詞爲第一。諺云「杜詩三百首，惟在一聯中」，正謂「風煖鳥聲碎，日高花影重」也。《唐風集》以之壓卷，亦此意耶？琴川毛晉識。

錢曾《讀書敏求記・詩集》 《杜荀鶴文集》三卷。余藏《九華山人詩》，是陳解元書棚宋本，總名《唐風集》。後得北宋本繕寫，乃名《杜荀鶴文集》，而以「唐風集」三字注于下。竊思荀鶴有詩無文，何以集名若此，殊所不解。《通考》云《唐風集》十卷，更與顧雲撰序剌謬矣。

《四庫提要・别集類四》 《唐風集》三卷。江蘇巡撫採進本。唐杜荀鶴撰。荀鶴，池州人。案計有功《唐詩紀事》稱荀鶴有詩名，大順初擢進士第二，牧之微子也。牧之自齊安移守秋浦，時有妾懷妊，出嫁長林鄉杜筠而生荀鶴。又稱荀鶴擢第，時危勢晏，復還舊山。田頵在宣州，甚重之。頵起兵，陰令以牋問至梁太祖，許。及頵遇禍，梁主表授翰林學士、主客員外郎中、知制誥。恃勢侮易縉紳，衆怒，欲殺之，未及。天祐初卒。又稱荀鶴初謁梁王朱全忠，雨作而天無雲，荀鶴賦詩有「若教陰翳都相似，争表梁王造化功」句，是荀鶴爲人至不足道。其稱杜牧之子，殆亦梁師成之依託蘇軾乎？其詩最有名者爲「風暖鳥聲碎，日高花影重」一聯，而歐陽修《六一詩話》以爲周朴詩，吴聿《觀林詩話》亦稱見唐人小説，作朴詩，荀鶴特竊以壓卷。然則此一聯者，又如寶月之於柴廓矣。此集乃其初登第時所自編，詩多俗調，不稱其名。以唐人舊集，流傳已久，姑存以備一家。毛晉刻本前有顧雲序，序末「謂之《唐風集》」以下，文不相屬。蓋舊本《唐詩紀事》載雲此序，誤連下條「荀鶴初謁梁王云云」六十四字爲一條，晉不察而誤併鈔之，殊爲疎舛。今刊除此段，以還其舊焉。

錢東垣等輯《崇文總目・别集類四》 《杜荀鶴詩集》一卷。

顧廣圻《思適齋書跋・集部》 《杜荀鶴文集》三卷。景宋鈔本。《讀書敏求記》云：「余藏《九華山人詩》，是陳解元書棚宋本，總名《唐風》者。後得北宋繕，乃名《杜荀鶴文集》，而以『唐風集』三字注於下。竊思荀鶴有詩無文，何以集名若此，殊所不解。《通考》云《唐風集》十卷，更與顧雲撰序剌謬矣。」此本爲虞山毛氏所藏，想從北宋本傳録者，與述古繕寫本同出一源，而鈔手工整，雖非景宋，已迥勝世俗流傳之本矣。 潤蕢記。

顧廣圻《思適齋集外書跋輯存・集類》 《杜荀鶴文集》三卷。景宋本。

顧懷三《補五代史藝文志・詩文集類》 杜荀鶴《唐風集》三卷。

張金吾《愛日精廬藏書志・別集類》 《杜荀鶴文集》三卷。舊抄馮氏手校北宋本。唐杜荀鶴撰。每頁格闌外有「馮彦淵撰本」五字。

顧雲序。

馮氏手跋曰：此予家藏南宋板抄本。癸卯春仲，借得隱湖毛氏北宋版細校一過，異同處悉兩存之。 海虞馮武。

葉氏手跋曰：馮氏書法爲臨池正傳，此卷其所抄本也。遒勁流麗，出入鍾、王。不知何時流落敝篋，半充脉望之腹。頃因曬書，檢得，深悲其遭際之失所也。拔登鄴架，眠食與俱。又慮其糜蠹之難存也，特爲裱而裝之，以壽於世。其詩雖晚唐，直入風雅，亦工部之的派也。佳章妙筆，可稱合璧。乾隆十年九月庚午朔，居由葉坦跋。

《唐風集》三卷。精抄本。錢履之藏書。 唐九華山人杜荀鶴撰。卷首有「錢履之讀書記」印記，板心有「竹深堂」三字。

蔡融詩

《宋史・藝文志・別集類》 《蔡融詩》一卷。

陸扆集

《新唐書・藝文志・別集類》 《陸扆集》七卷。

鄭樵《通志・藝文略・別集四》 《陸扆集》七卷。

《宋史・藝文志・別集類》 陸扆《禁林集》七卷。

錢東垣等輯《崇文總目・別集類二》 《陸扆集》七卷。

弔梁郊賦

鄭樵《通志・藝文略・賦》 《弔梁郊賦》一卷。唐張策撰。

《宋史・藝文志・別集類》 張瑩一作「策」《弔梁「梁」下或有「郊」字賦》一卷。

錢東垣等輯《崇文總目・別集類五》 《弔梁郊賦》一卷。

金行啓運集

《宋史・藝文志・別集類》 庾傳昌《金行啓運集》二十卷。

錢東垣等輯《崇文總目・別集類七》 《金行啓運集》十卷。庾傳昌編。

青宫載筆記

顧懷三《補五代史藝文志・詩文集類》 庾傳昌《青宫載筆記》二卷。

玉堂集

顧懷三《補五代史藝文志・詩文集類》 庾傳昌《玉堂集》二十卷。

杜光庭集

鄭樵《通志・藝文略・別集五》 《杜光庭集》三十卷。

錢東垣等輯《崇文總目・別集類二》《杜光庭集》三十卷。

王圻《續文獻通考・經籍考・集上》《杜氏集》。杜光庭著。

廣成集

《宋史・藝文志・別集類》杜光庭《廣成集》一百卷。

《四庫提要・別集類四》《廣成集》十二卷。浙江汪汝瑮家藏本。蜀杜光庭撰。光庭有《了證歌》，已著録。《宋史・藝文志》載光庭《廣成集》一百卷，又《壺中集》三卷，《通志・藝文略》載《光庭集》三十卷。今此本十二卷，僅表及齋醮文二體。《十國春秋》所載《序毛仙翁略文》一篇，又《瀘州劉真人碑記》、《青城縣重修沖妙觀碑記》、《雲昇宮廣雲外尊師碑記》、《三學山功德碑文》諸目，皆不載集中，蓋殘闕之餘，已非完本也。考《通鑑》載蜀主以光庭爲諫議大夫，而集有《謝除戸部侍郎表》，史竝不言其爲此官。又《通鑑》載王宗綰取寶雞、岐，保勝節度使李繼岌降，復姓名爲桑弘志，而集中《賀收復隴州表》稱「節度使桑簡以手下兵士歸降」，是弘志又名簡，而史不之及。又有《賀太陽當虧不虧表》稱「今月一日丁未巳時，太陽合虧於軫十一度」，今以史志核之，蜀高祖永平元年正月丁亥朔，後主乾德三年六月乙卯朔、五年十月辛未朔，皆當日食，而獨無丁未日。蜀用胡秀林永昌曆，或其法與中國不同，是可以備參考。又其在唐末時爲王建所作醮詞，有稱「川主相公」者，有稱「司徒」者，有稱「蜀王」者，有稱「太師」者，考之於史，建以西川節度、同平章事守司徒，封蜀王，一一皆合，而獨失載其太師之號。又有稱「漢州尚書王宗夔」、「鎮江侍中王宗黯」者，二人皆王建養子，《十國春秋》具詳其官，而獨不紀其嘗爲漢州刺史、鎮江軍節度使。又有《越國夫人爲都統宗侃還願詞》，稱「俯迫孤城，遽淹旬月。俄開壁壘，大破兇狂。成掃蕩之功，副聖明之獎」云云，而史記王宗侃爲北路行軍都統伐岐青泥鎮之戰，侃兵大敗，爲蜀主所責，無功而還，與所言全不相合。光庭駢偶之文，詞頗贍麗，而多涉其教中荒誕之説，不能悉軌於正。獨五季文字闕略，集中所存，足與正史互證者尚多。故具録之，以爲稽考同異之助焉。

黄丕烈《蕘圃藏書題識續録・集類上》《廣成集》十二卷。舊鈔本。此書向藏五硯樓，校近鈔本，多《莫廷乂周天醮詞》一篇，《請不赴山陵表》一章。余家藏有曝書亭藏鈔本，校之，正譌五十餘字，善本也。汲古閣毛氏所藏，毋忽視之。乙亥秋七月，蕘夫。

顧櫰三《補五代史藝文志・詩文集類》杜光庭《廣成集》一百卷。

壺中集

《宋史・藝文志・別集類》杜光庭《壺中集》三卷。

顧櫰三《補五代史藝文志・詩文集類》杜光庭《壺中集》三卷。

三教論

《宋史・藝文志・別集類》杜光庭《三教論》一卷。

大寶論

《宋史・藝文志・別集類》杜光庭《大寶論》一卷。

雲臺編

《新唐書・藝文志・別集類》鄭谷《雲臺編》三卷。

鄭樵《通志・藝文略・別集五》鄭谷《雲臺編》三卷。

晁公武《郡齋讀書志・別集類中》《雲臺編》三卷。右唐鄭谷字守愚，宜春人。光啓三年，擢高第，遷右拾遺，歷都官郎中。乾寧四年，歸宜春，卒於別墅。其集號《雲臺編》者，以其扈從華山下觀居所編次也。谷詩屬思凝切於理，而格韻繁猥，語句浮俚不競，不爲議者所多，然一時傳諷，號鄭都官而弗名也。

尤袤《遂初堂書目・別集類》《鄭都官集》。

陳振孫《直齋書録解題・詩集類上》《雲臺編》三卷。唐都官郎中宜春鄭谷守愚撰。光啓三年進士。

馬端臨《文獻通考・經籍考・詩集》《雲臺編》三卷。【略】歐陽氏《詩話》曰：鄭谷詩名，盛於唐末，號《雲臺編》，而世俗但稱其官，爲鄭都官。其詩極有意思，亦多佳句，但其格不甚高。以其易曉，人家多以教小兒，余爲兒時，猶誦之。今其集不行於世矣。

《宋史・藝文志・別集類》《鄭谷詩》三卷。又《詩》一卷。

楊士奇等《文淵閣書目・詩詞》《鄭谷詩》。一部，一册。闕。

高儒《百川書志・唐詩》《雲臺編》三卷。都官郎中宜春鄭谷守愚撰。凡三百首。

范邦甸等《天一閣書目・別集類》《雲臺編》一部。唐都官郎中鄭谷著。其自序稱游舉場凡十六年，著述近千餘首，自可者無幾。登第後孜孜忘倦，甚于始學。乾寧初，上幸三峰，朝謁多暇，寓止雲臺道舍，因以所記。或得章句綴于牋毫，或得于故侯屋壁，或聞于江左近儒，或衹省一聯，或不知落句，遂拾墜補遺，編成三百首，分爲上、中、下三卷。目之爲《雲臺編》，所不能自負初心，非敢矜于作者。又嘉靖乙未，袁郡嚴嵩刻《雲臺編》，序曰：「都官郎中鄭谷集，予往得之吴中故少傳王文恪公。二本録自祕閣，予假以歸，手自讐校，正其譌缺三之一，刻之以補是州文獻之闕遺云。」

徐𤊹《徐氏家藏書目・文集類》鄭谷《雲臺篇》一卷。

毛晉《汲古閣書跋》《雲臺編》。按新、舊《唐書》俱不列鄭谷傳，惟《藝文志》載《雲臺編》三卷，又《宜陽集》三卷，注云：「字守愚，袁州人，爲右拾遺，乾寧中以都官郎中卒於家。」歐陽永叔謂兒時曾讀之，其集不行于世。今《宜陽集》不可得見，吴中所傳《雲臺編》，迺王文恪公從祕閣鈔出，凡三卷，又補遺一十有三首。前有鄭都官自序，後有祖刺史墓表，童參軍後序，洵是善本。余因録《唐詩紀事》、《袁州志》二則洎唐宋諸家詩附焉。但集中佳篇最多，獨《鷓鴣》之名最著，不解何故。其《輦下冬暮詠懷》一篇，與《才調》迥異，豈韋縠改本耶？父史，字惟直，開成元年進士，歷官至刺史。《紀事》又云：「終國子博士，著賦百篇，亡。曾見《永州送姪歸宜春》詩云：『宋玉正悲秋，那堪更別離。從來襟上淚，盡作鬢邊絲。永水清如此，哀江色可知。到家黄菊坼，亦莫怪歸遲。』又經過池陽，廉使崔君悦一妓行雲，有詩云：『最愛鉛華薄薄粧，更兼衣著又鵝黄。從來南國名佳麗，何事今朝在此行。』臨岐，博陵公輟贈之。兄啓，亦能詩，《嚴塘經亂書事》云：『塵生宮闕霧濛濛，萬騎飛龍幸蜀中。在野傳巖君不夢，□□衛懿鶴何功。雖知四海同盟久，未合中原武備空。星落夜原妖氣滿，漢家麟閣待英雄。』又：『梁園皓色月如珪，清景傷時一慘悽。未見山前歸牧馬，猶聞江上帶征鞞。鯤魚爲隊潛鱗困，鶴處雞羣病翅低。正是四郊多壘日，波濤早晚静鯤鯢。』雖未得其集，亦足見豹斑矣。」隱湖晉潛在跋于載德堂中。

錢謙益等《絳雲樓書目・唐詩類》鄭都官谷《雲臺集》一册。三卷。

《四庫提要・別集類四》《雲臺編》三卷。江蘇巡撫採進本。唐鄭谷撰。谷字守愚，宜春人。光啓三年進士，乾寧中仕至都官郎中。谷父嘗爲永州刺史，與司空圖同院。圖見谷，即奇之，謂當爲一代風騷主。詩名盛於唐末，人多傳諷，稱爲「鄭都官」。史不立傳，其事蹟頗見計有功《唐詩紀事》中。《新唐書・藝文志》載谷所著有《雲臺編》三卷，《宜陽集》三卷。今《宜陽集》已佚，惟此編存，所録詩約三百首。其云《雲臺編》者，據自序稱：「乾寧初上幸三峰，朝謁多暇，寓止雲臺道舍，因以所紀編而成之。」蓋昭宗幸華州時也。谷以《鷓鴣》詩得名，至有「鄭鷓鴣」之稱。而其詩格調卑下，第七句「相呼相喚」，字尤重複。寇宗奭《本草衍義》引作「相呼相應」，差無語病，然亦非上乘。方回《瀛奎律髓》又稱谷詩多用「僧」字，凡四十餘處。谷自有句云：「詩無僧字格還卑。」此與張端義《貴耳集》謂「詩句中有『梅花』二字，便覺有清意」者，同一雅中之俗，未可遽舉爲美談。至其他作，則往往於風調之中獨饒思致。汰其膚淺，擷其菁華，固亦晚唐之巨擘矣。

錢東垣等輯《崇文總目・別集類三》鄭谷《雲臺編》三卷。

黄丕烈《蕘圃藏書題識續録・集類上》《雲臺編》二卷。明鈔本。鄭守愚《雲臺編》共三卷，此脱上卷。俗人妄改卷中爲卷上，以滅其痕，殊爲可惜。幸有葉石君藏本可參校也。蕘圃記。

張金吾《愛日精廬藏書志・別集類》《雲臺編》三卷。舊抄本。汲古閣藏書。唐都官郎中鄭谷撰。後附補遺十三首及祖無擇撰墓表，又附録四則、曹鄴等投贈詩八首，則毛氏子晉所輯也。後附毛氏手跋，「清」字缺末二筆，蓋避家諱。每頁格闌外有「毛氏正水汲古閣藏」八字。自序乾寧甲寅。

童宗説後序曰：宗説始見《唐書・藝文志》所載鄭谷《雲臺編》三卷，以謂谷之詩盡於此。及考祖擇之所作墓表，稱《雲臺編》與《外集詩》，凡四百篇行於世。自至和甲午迄今，百有七年，外集又缺其半，則知谷於道舍詮次之外者，述尚多而傳者寡也。谷字守愚，宜春人，永州刺史史之子。幼負雋聲，司空圖許其爲一代風騷主，而薛能、李頻當世名士，咸愛重之。擢第於光啓三年，嘗作拾遺補闕。乾寧中以尚書都官郎中退居于仰山東莊之書堂，高尚其事，以至于卒。蓋唐自牛李植黨之後，學士大夫不擇所附，貪得躁進者罕能獨守於義命之戒，而不牽於名利之域。至於吟咏性情，出處默語之際，能不悖於理者，固希矣。況至於僖、昭之世哉！守愚獨能知足不辱，盡心於聖門六藝之一，豐入而嗇出之論，其格雖苦，不甚高要。其鍛鍊句意，鮮有不合於道。其所得於内者，又能信而充之。韜晦里閭，全去就始終之大節。嘗取其《退居》、《淨吟》等篇，三復而賢之。因其言以求其爲人，又知其行之可賢也。惜其有補於風教而重之者，以村學堂中兒童諷誦，往往視爲發蒙之具，曾不獲齒偏裨於李杜詩將之壇。日往月來，殆將磨滅，蓋跡其表裏所得而以世俗耳鑒決之。彼烏能知守愚之意哉？顧宗説道榛力綿，豈足軒輊。其詩使得以行遠，因興教於此而重其鄉之先賢之難得也。亟請諸郡邑葺其墓宇。又得賢史君家藏善本，鋟木流遏而序其顛末，所以致區區之意焉。

宜陽集　外集

《新唐書・藝文志・別集類》　鄭谷《宜陽集》三卷。字守愚，袁州人，爲右拾遺。乾寧中，以都官郎中卒于家。

鄭樵《通志・藝文略・別集五》　鄭谷《宜陽集》一卷。

晁公武《郡齋讀書志・別集類中》　《宜陽外編》一卷。鄭谷著。

馬端臨《文獻通考・經籍考・詩集》　《宜陽外編》一卷。鄭谷著。

《宋史・藝文志・別集類》　鄭谷《宜陽集》一卷。又《外集》一卷。

錢東垣等輯《崇文總目・別集類三》　鄭谷《宜陽外集》一卷。

克家志

顧櫰三《補五代史藝文志・詩文集類》　《克家志》五卷。案，廷珪父逢著《鑿混沌》、《真珠簾》等賦，爲時人所賞。廷珪亦著賦數十篇，同爲一集，故曰《克家志》。

薛廷珪集

鄭樵《通志・藝文略・別集五》　《薛廷珪集》一卷。

錢東垣等輯《崇文總目・別集類二》　《薛廷珪文集》一卷。

鳳閣書詞

《新唐書・藝文志・別集類》　薛(延)〔廷〕珪《鳳閣書詞》十卷。

《宋史・藝文志・別集類》　薛廷珪《鳳閣書詞》十卷。

顧櫰三《補五代史藝文志・詩文集類》　薛廷珪《鳳閣集》十卷。

錢東垣等輯《崇文總目・別集類二》　《鳳閣書詞》十卷。薛廷珪撰。

白巖集

《新唐書・藝文志・別集類》　鄭良士《白巖集》十卷。字君夢。昭宗時獻詩五百篇，授補闕。

鄭樵《通志・藝文略・別集五》　《白巖集》十卷。鄭良士。

《宋史・藝文志・別集類》　鄭昌士《白巖集》五卷。又《詩集》十卷。

顧櫰三《補五代史藝文志・詩文集類》　鄭良士《白巖文集詩集》十卷。

中壘集

顧櫰三《補五代史藝文志・詩文集類》　鄭良士《中壘集》十卷。

白巖四六

鄭樵《通志・藝文略・四六》《白巖四六》五卷。後唐人。

《宋史・藝文志・別集類》鄭昌士《四六集》一卷。

錢東垣等輯《崇文總目・別集類七》《白巖四六》五卷。

桂苑筆耕

《新唐書・藝文志・別集類》崔致遠《桂苑筆耕》二十卷。高麗人，賓貢及第，高駢淮南從事。

鄭樵《通志・藝文略・表章》《桂苑筆耕》二十卷。唐崔致遠表牋文檄。

《宋史・藝文志・別集類》崔致遠《筆耕集》二十卷。

錢東垣等輯《崇文總目・別集類七》《桂苑筆耕》二十卷。崔致遠撰。

張之洞《書目答問・別集》《桂苑筆耕》二十卷。唐高麗人崔致遠。朝鮮刻本。海山仙館本。

潘祖蔭《滂喜齋藏書記・集部》高麗活字本《桂苑筆耕》三十卷。四册。崔致遠撰。致遠新羅人，唐末入中國，舉進士第，爲高駢掌書記。東方之有文章，自致遠始。此本豐山洪奭周以家藏本屬湖南觀察使徐有榘用活字排印。

四六集

《新唐書・藝文志・別集類》崔致遠《四六》一卷。

鄭樵《通志・藝文略・四六》崔致遠《四六》一卷。唐人。

《宋史・藝文志・別集類》崔致遠《別集》一卷。

錢東垣等輯《崇文總目・別集類七》崔致遠《四六集》一卷。

錢金集

《宋史・藝文志・別集類》沈松《錢金集》八卷。

顧櫰三《補五代史藝文志・詩文集類》沈松《錢金集》八卷。

沈崧文集

顧櫰三《補五代史藝文志・詩文集類》《沈崧文集》二十卷。

沈彬集

鄭樵《通志・藝文略・別集五》《沈彬詩》二卷。

晁公武《郡齋讀書志・別集類中》《沈彬集》一卷。右南唐沈彬。保大中以尚書郎致仕，居要安。集中有與韋莊、杜光庭、貫休詩；唐末三人皆在蜀，疑其同時避亂，嘗入蜀云。《上李昇山水圖》詩在焉。

尤袤《遂初堂書目・別集類》《沈彬集》。

馬端臨《文獻通考・經籍考・詩集》《沈彬集》一卷。

《宋史・藝文志・別集類》沈彬《閑居集》十卷。

錢東垣等輯《崇文總目・別集類五》《沈彬詩》二卷。

顧櫰三《補五代史藝文志・詩文集類》《沈彬詩集》二卷。

白蓮集　白蓮外編

鄭樵《通志・藝文略・別集五》《白蓮集》十卷。齊己。又《外編》十卷。

陳振孫《直齋書録解題・詩集類上》《白蓮集》十卷。唐僧齊己撰。長沙胡氏。

馬端臨《文獻通考・經籍考・詩集》《白蓮集》一卷。

《宋史・藝文志・別集類》《僧齊己集》十卷。又《白蓮華或無「華」字編外集》十卷。

高儒《百川書志・唐詩》《僧齊己集》一卷《白蓮集》。益陽人也。

徐𤊹《徐氏家藏書目・文集類》《僧齊己詩》一卷。

毛晉《汲古閣書跋》《白蓮集》。齊己俗名胡得生，性喜吟，頸有瘤，人戲呼爲「詩囊」。跡不入王侯門，惟醉心於鄭都官，投詩謁之云：「高名喧省闥，雅頌出吾唐。疊巘供秋望，無雲到夕陽。自封修藥院，別下著僧床。幾夢中朝事，久離鴛鷺行。」谷覽之云：「請改一字，方可相見。」經數日，再謁，稱已改得，云「別掃著僧床」。谷嘉賞，結爲詩友。既因後唐明宗太子從榮招入中秋大讌，己公窺從榮懷不軌，有「東林莫礙漸高勢，四海正看當路時」之句，幾被戮辱，賴荆帥高公匿而獲免。其不屈節王公，詩寓諷刺，往往如此。後同慧寂仰山禪師住豫章觀音院，總轄庶務，作《粥疏》曰：「粥名良藥，佛所贊揚。義冠三檀，功標十利。更祈英哲，各遂願心。既備清晨，永資白業。」此疏堪與《食時五觀》並傳，惜未有揭示學人者。其後居西山金鼓，示寂，塔存焉。龍盤乃其書堂云。虞山毛晉識。

贊寧作《唐三高僧傳》，未甚詳覈，余各就其詩句拈出數字。如休公云：「得句先呈佛，無人知此心。」晝公云：「不因尋長者，無事到人間。」已公云：「未曾將一字，容易謁諸侯。」道價詩聲，和盤托出，可作三公自傳。余先得《杼山》、《禪月》，未遘《白蓮》，丙寅春杪，再過雲間康孟修内父東梵川，值藤花初放，纏絡松杉間，如入山谷，皆内父少年手植也，不勝人琴之感。既登閣禮佛，閣爲紫栢尊者休夏之地，破窗風雨，散帙狼籍。搜得紫栢手書《梵川紀略》一幅。末贅一絶云：「只因地僻無人到，更爲池清有月來。惱殺藤花能抱樹，枝枝都向半天開。」儼然拈出眼前景相示。又搜得《白蓮集》六卷，惜其未全。忽從架上墮一破簏，復得四卷，咄咄奇哉！余夢想十年，何意憑弔之餘，忽從廢紙堆中現出，豈内父有靈，遺余未曾有耶！既知爲紫栢手授遺編，早向未來際尋契，余小子有深幸焉。晉又識。

錢謙益等《絳雲樓書目・唐詩類》齊己《白蓮集》。本益陽人，五代高氏據荆南，延已居龍興寺。

錢曾《讀書敏求記・詩集》《白蓮集》十卷。北宋本影録，行間多脱字，牧翁以朱筆補完。又一本有柳僉跋，附《風騷旨格》一卷。

王士禛《漁洋書跋》《白蓮集》。僧齊己《白蓮集》十卷、《風騷旨格》一卷。有荆南節度副使、朝議郎校祕書少監、試御史、賜紫金魚袋孫光憲序。嘉靖己丑柳僉跋云：「原書北宋刻，傳世既久，湮滅首卷數字，當俟善本補完。與皎然、貫休三集並傳之。」

《四庫提要・別集類四》《白蓮集》十卷。兩江總督採進本。唐釋齊己撰。齊己，益陽人，自號衡岳沙門。宋人注杜甫《己上人茅齋》詩，謂齊己與杜甫同時，其謬不待辨。舊本題爲梁人，亦殊舛謬。考齊己嘗依高季興爲龍興寺僧正，季興雖嘗受梁官，然齊己爲僧正時，當龍德元年辛巳，在唐莊宗入洛之後矣。集中已稱季興爲南平王，而陶岳《五代史補》載徐東野在湖南幕中贈齊己詩，稱「我唐有僧號齊己」，安得謂爲梁人耶！是集爲其門人西文所編，首有天福三年孫光憲序。前九卷爲近體，後一卷爲古體。古體之後又有絶句四十二首，疑後人採輯附入也。唐代緇流能詩者衆，其有集傳於今者，惟皎然、貫休及齊己。皎然清而弱，貫休豪而麤，齊己七言律詩不出當時之習，其七言古詩以盧仝、馬異之體縮爲短章，詰屈聱牙，尤不足取。惟五言律詩居全集十分之六，雖頗沿武功一派，而風格獨遒。如《劒客》、《聽琴》、《祝融峰》諸篇，猶有大曆以還遺意。其絶句中，《庚午年十五夜對月》詩曰：「海澄空碧正團圝，吟想元宗此夜寒。玉兔有情應記得，西邊不見舊長安。」惓惓故君，尤非他釋子所及，宜其與司空圖相契矣。

錢東垣等輯《崇文總目・別集類三》《白蓮集》十卷。僧齊己撰。《白蓮外編》十卷。

顧櫰三《補五代史藝文志・詩文集類》《僧齊己集》十卷。《蓮社集》一卷。《白蓮編外集》十卷。案：李調元《五代全詩》作《白蓮集》十一卷。

張金吾《愛日精廬藏書志・別集類》《白蓮集》十卷。附《風騷旨格》一卷。舊抄本。唐廬岳僧齊己撰。孫光憲序。天福三年。

擬江東集

《宋史・藝文志・別集類》僧希覺《擬江東集》五卷。

玉壘集

顧櫰三《補五代史藝文志・詩文集類》 僧曉微《玉壘集》一卷。

僧康白詩

鄭樵《通志・藝文略・別集五》《康白詩》一卷。

《宋史・藝文志・別集類》《僧康白詩》十卷。

錢東垣等輯《崇文總目・別集類三》《僧康白詩集》十卷。

僧無願集

鄭樵《通志・藝文略・別集五》《無願詩》一卷。

《宋史・藝文志・別集類》《僧無願集》一卷。

錢東垣等輯《崇文總目・別集類三》《僧無願詩》一卷。

僧自牧詩

鄭樵《通志・藝文略・別集五》《自牧詩》一卷。

《宋史・藝文志・別集類》 僧自牧《括囊集》十卷。

錢東垣等輯《崇文總目・別集類三》《僧自牧詩》十卷。

僧虛中詩

鄭樵《通志・藝文略・別集五》《虛中詩》一卷。

晁公武《郡齋讀書志・別集類中》《碧雲詩》一卷。右唐僧虛中詩也。司空圖嘗以詩贈之，云：「十年太華無知己，只得虛中一首詩。」

馬端臨《文獻通考・經籍考・詩集》《碧雲詩》一卷。

《宋史・藝文志・別集類》《僧虛中詩》一卷。

錢東垣等輯《崇文總目・別集類三》《虛中詩》一卷。

僧修睦集

鄭樵《通志・藝文略・別集五》《修睦詩》一卷。

尤袤《遂初堂書目・別集類》《僧修睦集》。

陳振孫《直齋書録解題・詩集類上》 修睦《東林集》一卷。

馬端臨《文獻通考・經籍考・詩集》 修睦《東林集》一卷。

《宋史・藝文志・別集類》《僧修睦詩》一卷。

錢東垣等輯《崇文總目・別集類三》《僧修（陸）〔睦〕詩》一卷。

顧櫰三《補五代史藝文志・詩文集類》 僧修睦《東林集》一卷。

來鵬集

《新唐書・藝文志・別集類》《來鵬詩》一卷。

鄭樵《通志・藝文略・別集五》《來鵬詩》一卷。

尤袤《遂初堂書目・別集類》《來鵠集》。

陳振孫《直齋書録解題・詩集類上》《來鵬集》一卷。唐豫章來鵬撰。咸通中舉進士，不第。

馬端臨《文獻通考・經籍考・詩集》《來鵬集》一卷。

《宋史・藝文志・別集類》《來鵬詩》一卷。

錢東垣等輯《崇文總目・別集類五》《來鵬詩集》一卷。

公乘億集

《宋史・藝文志・別集類》《公乘億集》七卷。

公乘億賦集

《新唐書・藝文志・別集類》《公乘億賦集》十二卷。

鄭樵《通志・藝文略・賦》《公乘億賦集》十二卷。

《宋史・藝文志・別集類》公乘億《賦》十二卷。

錢東垣等輯《崇文總目・別集類五》《公乘億賦集》十二卷。

珠林集

鄭樵《通志・藝文略・別集五》公乘億《珠林集》一卷。

又《表章》公乘億《珠林集》三卷。後唐人。

《宋史・藝文志・別集類》公乘億《珠林集》四卷。

錢東垣等輯《崇文總目・別集類二》《珠林集》四卷。公乘億撰。

華林集

《宋史・藝文志・別集類》公乘億《華林集》三卷。

錢東垣等輯《崇文總目・別集類七》《華林集》三卷。公乘億撰。

公乘億詩

《新唐書・藝文志・別集類》《公乘億詩》一卷。字壽山，並咸通進士第。

鄭樵《通志・藝文略・別集五》《公乘億詩》一卷。

詠史

《宋史・藝文志・別集類》王遒一作「遵」《詠史》一卷。

九筆雜編

《宋史・藝文志・別集類》康軿《九筆雜編》十五卷。

邵謁集

尤袤《遂初堂書目・別集類》《邵謁集》。

陳振孫《直齋書録解題・詩集類上》《邵謁集》一卷。唐國子生曲江邵謁撰。集後有胡賓王者爲之序，言其没後，降巫賦詩，自稱「邵先輩」，殆若今世請大仙之類耶？

馬端臨《文獻通考・經籍考・詩集》《邵謁集》一卷。

《宋史・藝文志・別集類》《邵謁詩》一卷。

高儒《百川書志・唐詩》《邵謁集》一卷。韶州人也，詩二十八首。

徐𤊹《徐氏家藏書目・文集類》《邵謁詩》一卷。

李殷集

尤袤《遂初堂書目・别集類》《李殷集》。

古風詩

《宋史・藝文志・别集類》李殷《古風詩》一卷。

鄭巢集

尤袤《遂初堂書目・别集類》《鄭巢集》。

《宋史・藝文志・别集類》《鄭巢詩》一卷。

高儒《百川書志・唐詩》《鄭巢集》一卷。

徐𤊹《徐氏家藏書目・文集類》《鄭巢詩》一卷。

喻坦之集

尤袤《遂初堂書目・别集類》《喻坦之集》。

陳振孫《直齋書録解題・詩集類上》《喻坦之集》一卷。唐喻坦之撰。

馬端臨《文獻通考・經籍考・詩集》《喻坦之集》一卷。

《宋史・藝文志・别集類》《喻坦之集》一卷。

周繇集

尤袤《遂初堂書目・别集類》《周繇集》。

陳振孫《直齋書録解題・詩集類上》《周繇集》一卷。唐周繇撰。咸通十三年進士。

馬端臨《文獻通考・經籍考・詩集》《周繇集》一卷。

李昌符集

尤袤《遂初堂書目・别集類》《李昌符集》。

陳振孫《直齋書録解題・詩集類上》《李昌符集》一卷。唐膳部員外郎李昌符撰。咸通四年進士。

馬端臨《文獻通考・經籍考・詩集》《李昌符集》一卷。

《宋史・藝文志・别集類》《李昌符詩》一卷。

高儒《百川書志・唐詩》《李昌符詩》一卷。尚書郎李昌符嚴夢著。

徐𤊹《徐氏家藏書目・文集類》《李昌符詩》一卷。

詠史詩

鄭樵《通志・藝文略・别集五》胡曾《詠史》三卷。

陳振孫《直齋書録解題・詩集類上》《詠史詩》三卷。唐邵陽胡曾撰。凡一百五十首。曾，咸通末爲漢南從事。

馬端臨《文獻通考・經籍考・詩集》《詠史詩》三卷。

《宋史・藝文志・别集類》胡曾《詠史詩》三卷。

高儒《百川書志・唐詩》胡曾《詠史詩》三卷。漢南節度從事長沙胡曾撰。上自往古，下迄六朝，君臣得失明於心者，秉史筆斷爲絶句詩一百五十首。

錢謙益等《絳雲樓書目・唐詩類》胡曾《咏史詩》二册。三卷，百篇。晚唐人。

吴焯《繡谷亭薰習録・集一》《詠史詩》三卷。唐邵陽胡曾著。曾舉咸通進士不第，爲漢南從事。詩凡一百五十二篇，舉地名爲題。案：曾所著有《安定集》十卷，今傳詩僅十篇。

《四庫提要・别集類四》《詠史詩》二卷。編修汪如藻家藏本。唐胡曾撰。曾，邵陽人。《文苑英華》載其二啓，皆干謁方鎮之作。陳振孫《書録解題》稱其咸通末爲漢南從事，何光遠《鑑戒録》「判木夾」一條，載高駢鎮蜀，曾爲記室，有草檄諭西山八國事，蓋終於幕府也。是編雜咏史事，各以地名爲題，自其工之不周山，迄於隋之汴水，凡一百五十首。《文獻通考》載三卷，此本不分卷數，蓋後人合而編之。其詩興寄頗淺，格調亦卑，何光遠稱其中陳後主、吴夫差、隋煬帝三首，然在唐人之中，未爲傑出。惟其追述興亡，意存勸戒，爲大旨不悖於風人耳。每首之下，鈔撮史書，各爲之注。前後無序跋，亦不載注者名氏。觀所引證，似出南宋人手。如《鉅橋》詩中「遂作商郊一聚灰」句，注曰：「武王發鹿臺之財，散鉅橋之粟，大賚於四海，而萬姓悦服。詩謂其作商郊聚灰，非也。」又《渭濱》詩「當時未入非熊夢」句，注曰：「舊作非羆，俗本誤，後世莫知是正。」亦間有駁正，然舛陋特甚。如《洞庭》詩詠軒轅自指張樂一事，而注乃置《莊子》本文，引《史記》鼎湖之説，未免失之於眉睫。徒以舊本存之耳。

黄丕烈《百宋一廛書録》《注胡曾詠史詩》。此宋刻胡曾《詠史詩》，揚州江鄭堂得諸懸門橋書坊，後介洞庭鈕非石歸余，余未見之。先陽湖孫觀察曾見之，載入藏書記。記云：「宋刻胡曾《詠史詩》三卷，宋槧本題『前進士胡曾著述并序，邵陽叟陳蓋注詩，京兆郡米崇吉評注并續序』。其續序云『近代胡曾』，是陳、米俱唐人也。詩一百五十首，自烏江終滎陽。」四庫所收本二卷，自不周王汴山，亦有注，不著姓名，蓋後人重加編次，易其卷，偶失陳蓋、米崇吉署名耳。據此，則宋本與今本不合。且余檢《四庫總目》，云《鉅橋》詩中注曰云云，又《渭濱》詩句注曰云云，皆與宋本注不合，可知宋本爲足寶矣。宋本舊爲延令季氏所藏，原裝二册，今並依之改裝云。

胡曾詩

《宋史·藝文志·別集類》《胡曾詩》一卷。

安定集

錢東垣等輯《崇文總目·別集類七》《安定集》十卷。胡曾撰。

《新唐書·藝文志·別集類》胡曾《安定集》十卷。

鄭樵《通志·藝文略·表章》《安定集》十卷。胡曾奏表。

胡曾集

《宋史·藝文志·別集類》《胡曾集》十卷。

羊昭業集

《宋史·藝文志·別集類》《羊昭業集》十五卷。

甘棠集

《新唐書·藝文志·別集類》劉鄴《甘棠集》三卷。

鄭樵《通志·藝文略·表章》《甘棠集》三卷。唐劉鄴撰。

《宋史·藝文志·別集類》《劉鄴集》四卷。

錢東垣等輯《崇文總目·別集類七》《甘棠集》三卷。唐劉鄴撰。

從　事

《宋史·藝文志·別集類》劉鄴《從事》三卷。

鳳池刀筆

鄭樵《通志·藝文略·刀筆》劉鄴《鳳池刀筆》一卷。

東浮集

尤袤《遂初堂書目・別集類》 崔道融《東浮集》。

陳振孫《直齋書録解題・詩集類上》 《東浮集》九卷。唐荆南崔道融撰。自稱「東甌散人乾寧乙卯永嘉山齋編成」，蓋避地於此。今缺第十卷。

馬端臨《文獻通考・經籍考・詩集》 《東浮集》九卷。

《宋史・藝文志・別集類》 《崔道融集》九卷。

申唐詩

《新唐書・藝文志・別集類》 崔道融《申唐詩》三卷。

鄭樵《通志・藝文略・別集五》 崔道融《申唐詩》三卷。

陳振孫《直齋書録解題・詩集類上》 《唐詩》三卷。崔道融撰。皆四言詩，述唐中世以前事實。事爲一篇，篇各有小序，凡六十九篇。

馬端臨《文獻通考・經籍考・詩集》 《唐詩》三卷。崔道融撰。

《宋史・藝文志・別集類》 崔道融《申唐詩》三卷。

錢東垣等輯《崇文總目・別集類四》 《申唐詩》三卷。崔道融撰。

顧櫰三《補五代史藝文志・詩文集類》 崔道融《申唐詩》三卷。

鄭雲叟詩集

《新唐書・藝文志・別集類》 《鄭雲叟詩集》三卷。

鄭樵《通志・藝文略・別集五》 《鄭雲叟詩集》三卷。

《宋史・藝文志・別集類》 鄭雲叟《擬峰集》一卷。

錢東垣等輯《崇文總目・別集類四》 《鄭雲叟詩》三卷。

顧櫰三《補五代史藝文志・詩文集類》 鄭雲叟《凝峰集》二卷。

金門集

鄭樵《通志・藝文略・別集五》 李琪《金門集》十卷。

《宋史・藝文志・別集類》 李琪《金門集》十卷。

錢東垣等輯《崇文總目・別集類二》 《金門集》十卷。李琪撰。

顧櫰三《補五代史藝文志・詩文集類》 李琪《金門集》十卷。

應用集

鄭樵《通志・藝文略・表章》 李琪《應用集》三卷。

《宋史・藝文志・別集類》 李琪《應用集》三卷。

錢東垣等輯《崇文總目・別集類七》 李琪《應用》三卷。

顧櫰三《補五代史藝文志・詩文集類》 李琪《應用集》三卷。

篋中集

尤袤《遂初堂書目・別集類》 李琪《篋中集》。

李建勳集

鄭樵《通志・藝文略・別集五》 李建勳《鍾山公集》二十卷。

《宋史・藝文志・別集類》 《李建勳集》二十卷。

錢東垣等輯《崇文總目・別集類五》 李建勳《鍾山公集》二十卷。

顧櫰三《補五代史藝文志・詩文集類》 《李建勳集》二十卷。

李建勳詩

鄭樵《通志·藝文略·别集五》《李建勳詩》二卷。僞唐。

尤袤《遂初堂書目·别集類》南唐《李建勳集》。

陳振孫《直齋書録解題·詩集類上》《李建勳集》一卷。案：高棅《唐詩品彙》作三卷。南唐宰相李建勳撰。

馬端臨《文獻通考·經籍考·詩集》《李建勳集》一卷。

高儒《百川書志·集》《李丞相集》二卷。南唐丞相李建勳，隴西人也。

徐𤊹《徐氏家藏書目·文集類》《李建勳》三卷。

錢謙益等《絳雲樓書目·唐詩類》《李丞相詩集》。

錢東垣等輯《崇文總目·别集類五》《李建勳詩》二卷。

顧櫰三《補五代史藝文志·詩文集類》《李建勳詩》一卷。

楊凝式詩

顧櫰三《補五代史藝文志·詩文集類》《楊凝式詩》一卷。

政餘集

鄭樵《通志·藝文略·别集五》羅紹威《政餘集》五卷。

《宋史·藝文志·别集類》羅紹威《政餘詩集》一卷。

徐𤊹《徐氏家藏書目·文集類》羅紹威《政餘詩集》一卷。

錢東垣等輯《崇文總目·别集類四》《政餘集》五卷。羅紹威撰。

馮道集

《宋史·藝文志·别集類》《馮道集》六卷。

顧櫰三《補五代史藝文志·詩文集類》《馮道集》六卷。

河間集

《宋史·藝文志·别集類》馮道《河間集》五卷。

顧櫰三《補五代史藝文志·詩文集類》馮道《河間集》五卷。

馮道詩

鄭樵《通志·藝文略·别集五》馮道詩十卷。

《宋史·藝文志·别集類》馮道《詩集》十卷。

顧櫰三《補五代史藝文志·詩文集類》馮道詩一卷。

錢東垣等輯《崇文總目·别集類五》馮道詩十卷。

宋齊丘集

鄭樵《通志·藝文略·别集五》《宋齊丘集》六卷。僞唐。

錢東垣等輯《崇文總目·别集類二》《宋齊丘集》四卷。

祀玄集

《宋史·藝文志·别集類》宋齊丘《祀玄集》三卷。

顧懷三《補五代史藝文志・詩文集類》 宋齊丘《祀玄集》三卷。

文傳

《宋史・藝文志・別集類》 宋齊丘《文傳》十三卷。

宋齊丘四六

鄭樵《通志・藝文略・四六》 《宋齊丘四六》一卷。

僧尚顏集

高儒《百川書志・唐詩》 《僧尚顏集》一卷。

供奉集

陳振孫《直齋書録解題・詩集類上》 尚顏《供奉集》一卷。

馬端臨《文獻通考・經籍考・詩集》 尚顏《供奉集》一卷。

顧懷三《補五代史藝文志・詩文集類》 僧尚顏《供奉集》一卷。

荆門集

《宋史・藝文志・別集類》 僧尚顏《荆門集》五卷。

顧懷三《補五代史藝文志・詩文集類》 僧尚顏《荆門集》五卷。

僧尚顏詩

鄭樵《通志・藝文略・別集五》 《尚顏詩》一卷。

徐𤊹《徐氏家藏書目・文集類》 《僧尚顏詩》一卷。

錢東垣等輯《崇文總目・別集類三》 《僧尚顏詩》一卷。

玉堂集

《新唐書・藝文志・別集類》 獨孤霖《玉堂集》二十卷。

《宋史・藝文志・別集類》 獨孤霖《玉堂集》二十卷。

錢東垣等輯《崇文總目・別集類六》 《玉堂集》二十卷。獨孤霖撰。

王棨集

尤袤《遂初堂書目・別集類》 《王棨集》。

《宋史・藝文志・別集類》 《王棨詩》一卷。

錢謙益等《絳雲樓書目・唐詩類》 王郎中《麟角集》。

《四庫提要・別集類四》 《麟角集》一卷。浙江汪啓淑家藏本。 唐王棨撰。棨字輔之，福清人，咸通三年進士，官至水部郎中。黄巢亂後，不知所終。唐代取士，科目至多，而所最重者惟進士，其程試詩賦，《文苑英華》所收至夥，然諸家或不載於本集中。如李商隱以《霓裳羽衣曲》詩及第，而《玉溪生集》無此詩；韓愈以《明水賦》及第，而其賦乃在外集是也。其自爲一集行世，得傳於今者，惟棨此編。凡律賦四十五篇。又棨八代孫宋著作郎蘋於館閣得棨省試詩，録附於集，凡二十一篇。題曰「麟角」者，蓋取《顔氏家訓》「學如牛毛，成如麟角」之義，以及第比登仙也。集中佳作，已多載《文苑英華》中。雖科舉之文，無關著述，而當時風氣，略見於斯。録而存之，亦足備文章之一格也。

張之洞《書目答問・別集》《麟角集》一卷。唐王棨。知不足齋本。

詠史詩

鄭樵《通志・藝文略・別集五》（江）〔汪〕遵《詠史詩》一卷。

錢東垣等輯《崇文總目・別集類四》汪遵《詠史詩》一卷。

韓遂詩

《宋史・藝文志・別集類》《韓遂詩》一卷。

聶夷中集

《新唐書・藝文志・別集類》《聶夷中詩》二卷。字坦之，咸通華陰尉。

鄭樵《通志・藝文略・別集五》《聶夷中詩》二卷。

尤袤《遂初堂書目・別集類》《聶夷中集》。

陳振孫《直齋書録解題・詩集類上》《聶夷中集》一卷。唐華陰尉聶夷中撰。咸通十二年進士。

馬端臨《文獻通考・經籍考・詩集》《聶夷中集》一卷。

《宋史・藝文志・別集類》《聶夷中詩》一卷。

徐𤊹《徐氏家藏書目・文集類》《聶夷中詩》一卷。

錢東垣等輯《崇文總目・別集類四》《聶夷中詩》二卷。

李山甫文集

顧櫰三《補五代史藝文志・詩文集類》《李山甫文集》十卷。

李山甫賦

《新唐書・藝文志・別集類》《李山甫賦》二卷。

鄭樵《通志・藝文略・賦》《李山甫賦》二卷。

《宋史・藝文志・別集類》《李山甫雜賦》二卷。

錢東垣等輯《崇文總目・別集類五》《李山甫賦》三卷。

李山甫詩

《新唐書・藝文志・別集類》《李山甫詩》一卷。

鄭樵《通志・藝文略・別集五》《李山甫詩》一卷。

尤袤《遂初堂書目・別集類》《李山甫集》。

陳振孫《直齋書録解題・詩集類上》《李山甫集》一卷。唐魏博從事李山甫撰。唐末進士不第。

馬端臨《文獻通考・經籍考・詩集》《李山甫集》一卷。

《宋史・藝文志・別集類》《李山甫詩》一卷。

楊士奇等《文淵閣書目・詩詞》《李山甫詩》。一部，一册。闕。

高儒《百川書志・唐詩》《李山甫集》一卷。魏博從事李山甫撰。唐末進士不第。「博」下當脱一字。

徐𤊹《徐氏家藏書目・文集類》《李山甫詩》一卷。

錢東垣等輯《崇文總目・別集類四》《李山甫詩》一卷。

蔣凝賦

《新唐書・藝文志・別集類》《蔣凝賦》三卷。字仲山，咸通進士第。

鄭樵《通志・藝文略・賦》《蔣凝賦》一卷。

《宋史・藝文志・別集類》《蔣凝賦集》三卷。
錢東垣等輯《崇文總目・別集類五》《蔣凝賦》三卷。

于濆集

《新唐書・藝文志・別集類》《于濆詩》一卷。字子漪。
鄭樵《通志・藝文略・別集五》于濆《古風》一卷。《于濆詩》一卷。
尤袤《遂初堂書目・別集類》《于濆集》。
陳振孫《直齋書録解題・詩集類上》《于濆集》一卷。唐于濆子漪撰。案：《唐書・藝文志》作《于濆集》一卷。濆字子漪，原本作「于瀆」，誤，今改正。咸通二年進士。
馬端臨《文獻通考・經籍考・詩集》《于濆集》一卷。
《宋史・藝文志・別集類》于濆《古風詩》一卷。
高儒《百川書志・唐詩》《于濆集》一卷。咸通進士、堯山于濆子漪著。
徐𤊹《徐氏家藏書目・文集類》《于濆》一卷。
錢東垣等輯《崇文總目・別集類五》于濆《古風》一卷。

陳黯集

《新唐書・藝文志・別集類》《陳黯集》三卷。字希孺，泉州南安人，昭宗時。
鄭樵《通志・藝文略・別集四》《陳黯集》三卷。
晁公武《郡齋讀書志・別集類中》《陳黯文集》三卷。右唐陳黯撰。黯，字希孺，潁川人。十歲能詩，十三袖文謁清源牧，牧面令賦詩，頗稱賞之，由是一時聲名大振。會昌初，就鄉薦，至禮部，輒罷歸。咸通中卒。有羅隱、黄滔序。
尤袤《遂初堂書目・別集類》《陳黯集》。
馬端臨《文獻通考・經籍考・別集》《陳黯文集》三卷。
《宋史・藝文志・別集類》《陳黯集》一卷。又《陳黯集》一卷。
錢東垣等輯《崇文總目・別集類二》《陳黯文集》三卷。
顧櫰三《補五代史藝文志・詩文集類》《陳黯集》三卷。

景臺編

《新唐書・藝文志・別集類》沈栖遠《景臺編》十卷。字子鸞，咸通進士第。
鄭樵《通志・藝文略・別集四》沈栖遠《景臺編》十卷。
《宋史・藝文志・別集類》沈棲遠《景臺編》十卷。
錢東垣等輯《崇文總目・別集類二》《景臺編》十卷。沈栖遠撰。

寧蘇集

《新唐書・藝文志・別集類》周慎辭《寧蘇集》五卷。字若訥，咸通進士第。
鄭樵《通志・藝文略・別集四》周慎辭《寧蘇集》五卷。
《宋史・藝文志・別集類》《周慎辭表狀》五卷。
錢東垣等輯《崇文總目・別集類二》《寧蘇集》五卷。周慎辭撰。

陸鸞集

《新唐書・藝文志・別集類》《陸鸞文》一卷。字离祥，咸通進士第。
《宋史・藝文志・別集類》《陸鸞集》一卷。
錢東垣等輯《崇文總目・別集類二》《陸鸞文》一卷。

袁皓文集

《宋史・藝文志・別集類》《袁皓集》一卷。
錢東垣等輯《崇文總目・別集類二》《袁浩文集》一卷。

碧池書

《新唐書・藝文志・別集類》 袁皓《碧池書》三十卷。袁州宜春人。龍紀集賢殿圖書使，自稱碧池處士。

鄭樵《通志・藝文略・別集四》 袁皓《碧池書》三十卷。

大統賦

《宋史・藝文志・別集類》 林絢《大統賦》二卷。

大紀賦

《宋史・藝文志・別集類》 林絢《大紀賦》三卷。

歐陽玭詩

徐𤊹《徐氏家藏書目・文集類》 《歐陽玭詩》一卷。

苕川總載集

《新唐書・藝文志・別集類》 《苕川總載》十卷。顧雲著。

鄭樵《通志・藝文略・別集四》 顧雲《苕川總載集》十卷。

《宋史・藝文志・別集類》 顧雲《苕一作「昭」川總載》十卷。

錢東垣等輯《崇文總目・別集類二》 《苕川總載集》十卷。顧雲撰。

苕亭雜筆

《宋史・藝文志・別集類》 顧雲《苕一作「昭」亭雜筆》五卷。

顧雲賦

《新唐書・藝文志・別集類》 《顧雲賦》二卷。

鄭樵《通志・藝文略・賦》 《顧雲賦》二卷。

《宋史・藝文志・別集類》 《顧雲賦》二卷。

錢東垣等輯《崇文總目・別集類五》 《顧雲賦》一卷。

啓　事

《新唐書・藝文志・別集類》 顧雲《啓事》一卷。

鄭樵《通志・藝文略・啓事》 唐顧雲《啓事》一卷。

《宋史・藝文志・別集類》 顧雲《啓事》一卷。

錢東垣等輯《崇文總目・別集類六》 顧雲《啓事》一卷。

投知己啓事

鄭樵《通志・藝文略・啓事》 顧垂象《投知己啓事》一卷。

纂新文苑

《新唐書・藝文志・別集類》 《纂新文苑》十卷。顧雲著。

鄭樵《通志・藝文略・表章》《纂新文苑》十卷。顧雲别紙。

《宋史・藝文志・别集類》顧雲《纂新文苑》十卷。

錢東垣等輯《崇文總目・别集類七》《纂新文苑》十卷。顧雲撰。

顧雲編稿

《新唐書・藝文志・别集類》《顧氏編遺》十卷。顧雲著。

尤袤《遂初堂書目・别集類》《顧雲編稿》。

《宋史・藝文志・别集類》《顧雲編稿》十卷。

鳳策聯華

鄭樵《通志・藝文略・别集四》顧雲《鳳策聯華》三卷。

陳振孫《直齋書録解題・别集類上》《鳳策聯華》三卷。唐虞部郎中淮南從事秋浦顧雲垂象撰。多以擬古爲題，蓋行卷之文也。雲，咸通十五年進士。

馬端臨《文獻通考・經籍考・别集》《鳳策聯華》三卷。

《宋史・藝文志・别集類》顧雲《鳳策聯華》三卷。

錢東垣等輯《崇文總目・别集類二》《鳳策聯華》三卷。顧雲撰。

集遺具録

《新唐書・藝文志・别集類》《集遺具録》十卷。顧雲，字垂象，池州人。虞部郎中，高駢淮南從事。

鄭樵《通志・藝文略・别集四》顧雲《集遺具録》十卷。

《宋史・藝文志・别集類》《顧雲集遺》十卷。

錢東垣等輯《崇文總目・别集類二》《集遺具録》十卷。顧雲撰。

舟中録

《新唐書・藝文志・别集類》錢珝《舟中録》二十卷。

《宋史・藝文志・别集類》錢珝《舟中録》二十卷。

錢東垣等輯《崇文總目・别集類六》《舟中録》二卷。錢珝撰。

錢珝制集

《宋史・藝文志・别集類》《錢珝制集》十卷。

劉干詩

《新唐書・藝文志・别集類》《劉干詩》一卷。

鄭樵《通志・藝文略・别集五》《劉干詩》一卷。

張蠙集

《新唐書・藝文志・别集類》《張蠙詩集》二卷。字象文。

鄭樵《通志・藝文略・别集五》《張蠙詩集》二卷。

晁公武《郡齋讀書志・别集類中》《張蠙詩》一卷。右僞蜀張蠙字象文，清河人。唐乾寧中進士。爲校書郎、櫟陽尉、犀浦令。王建開國，拜膳部員外郎，後爲金堂令。王衍與徐后遊大慈寺，見壁間書「牆頭細雨垂纖草，水面回風聚落花」，愛之，問知蠙句，給札，令以詩進。蠙以二百首獻。衍頗重之，將召爲知制誥，宋光嗣以其輕傲，止賜白金而已。蠙生而穎秀，幼能爲詩，作《登單于臺》，有「白日地中出，黄河天外來」之句，爲世所稱。

尤袤《遂初堂書目・別集類》《張蠙集》。

陳振孫《直齋書録解題・詩集類上》《張蠙集》一卷。唐張蠙象文撰。乾寧二年進士。

馬端臨《文獻通考・經籍考・詩集》《張蠙詩》一卷。

《宋史・藝文志・別集類》《張蠙詩》一卷。

高儒《百川書志・唐詩》《張蠙詩集》一卷。膳部員外郎清和張蠙象文著。

徐𤊹《徐氏家藏書目・文集類》《張蠙》一卷。

錢東垣等輯《崇文總目・別集類四》《張蠙詩》一卷。

黄丕烈《蕘圃藏書題識・集類一》《張蠙集》一卷。校舊鈔本。　蠙字象文，清河人也。乾寧二年趙觀文榜進士及第，釋褐爲校書郎，調櫟陽尉，遷犀浦令。僞蜀王建開國，拜膳部員外郎，後爲金堂令。王衍與徐后遊大慈寺，見壁間題「牆頭細雨垂纖草，水面回風聚落花」，愛賞久之。問誰作，左右以蠙對，因給禮，令以詩進。蠙上二篇，衍尤待重，將召掌制誥，朱光嗣以其輕傲駙馬，宣疏之，止賜白金千兩而已。蠙生而秀穎，幼能爲詩。《登單于臺》有「白日地中出，黄河天上來」句，由是知名。初以家貧，累下第，留滯長安，賦詩：「月裏路從何處上，江邊身自幾時歸。十年九陌寒風夜，夢埽蘆花絮客衣。」主司知爲非濫成名。餘詩皆佳，各有意度，過人遠矣。詩集二卷，今傳。右録日本刻《唐才子傳》一則，見第十卷。

睡早曉不寐，涼新晨更宜。挑鐙還獨坐，展卷且吟詩。細雨聞空滴，狂風任亂吹。旱荒雖可慮，我自作書癡。甲戌六月，亢旱之至。近有江湖人謝姓，當道延之祈雨。自斯人登臺作法，風雲際會，而雨獨微。熱去涼生，頗宜讀書，因賦此。復翁。以上在卷首。

甲戌六月，聞顧竹君家遺書散出，有舊鈔唐人小集數十種在友人處，因尋跡獲見，遂借歸，録其目。内余家所無者，一二種而已。此集向無舊刻，覆校卷中，墨校出於耿菴，朱校出於義門，並多以意改正。兹取顧本校之，大有佳處。識於上下方，用小圈記出者，顧本所獨，似較勝也。復翁。

顧本廿行〔行〕十八字，當即書棚本。蓋余所見宋刻唐人小集皆如是也。在卷末。

《張蠙集》以舊鈔本校。甲戌六月十有二日。在册面。

顧櫰三《補五代史藝文志・詩文集類》《張蠙詩》一卷。

歐陽衮集

《新唐書・藝文志・別集類》《歐陽衮集》二卷。衮，福州閩縣人，歷侍御史。

鄭樵《通志・藝文略・別集四》《歐陽衮集》二卷。

《宋史・藝文志・別集類》《歐陽衮集》一卷。

徐𤊹《徐氏家藏書目・文集類》《歐陽衮詩》一卷。

錢東垣等輯《崇文總目・別集類二》《歐陽衮文集》三卷。

朱鄴賦

鄭樵《通志・藝文略・賦》《朱鄴賦》一卷。

《宋史・藝文志・別集類》《朱鄴賦》三卷。

錢東垣等輯《崇文總目・別集類五》《朱鄴賦集》三卷。

朱鄴詩

《宋史・藝文志・別集類》《朱鄴詩》三卷。

鄭渥詩

《宋史・藝文志・別集類》《鄭渥詩》一卷。

錢東垣等輯《崇文總目・別集類四》《鄭渥詩》一卷。

侯圭賦

《宋史・藝文志・别集類》《侯圭賦集》五卷。

顧櫰三《補五代史藝文志・詩文集類》《侯圭賦》五卷。

江都宫賦

鄭樵《通志・藝文略・賦》《江都宫賦》一卷。後唐侯圭撰，楊守業注。

《宋史・藝文志・别集類》侯圭《江都賦》一卷。

錢東垣等輯《崇文總目・别集類五》《江都宫賦》一卷。侯圭撰，楊守業注。

王德輿詩

《新唐書・藝文志・别集類》《王德輿詩》一卷。

鄭樵《通志・藝文略・别集五》《王德輿詩》一卷。

晁公武《郡齋讀書志・别集類中》《王德輿詩》一卷。右唐王德輿。集有次韻和鄭畋詩，知其懿、僖間人也。

馬端臨《文獻通考・經籍考・詩集》《王德輿詩》一卷。

《宋史・藝文志・别集類》《王德輿詩》一卷。

錢東垣等輯《崇文總目・别集類四》《王德輿詩》一卷。

顧櫰三《補五代史藝文志・詩文集類》《王德輿詩》一卷。

翁承贊詩

《新唐書・藝文志・别集類》《翁承贊詩》一卷。字文堯。

鄭樵《通志・藝文略・别集五》《翁承贊詩》一卷。

陳振孫《直齋書録解題・詩集類上》《翁承贊集》一卷。唐諫議大夫京兆翁承贊文堯撰。乾符二年進士。

馬端臨《文獻通考・經籍考・詩集》《翁承贊集》二卷。

《宋史・藝文志・别集類》《翁承贊詩》一卷。

徐𤊹《徐氏家藏書目・文集類》《翁承贊詩》一卷。

錢東垣等輯《崇文總目・别集類四》《翁承贊詩》一卷。

林嵩賦

《新唐書・藝文志・别集類》《林嵩賦》一卷。字降臣，乾符進士第。

鄭樵《通志・藝文略・賦》《林嵩賦》一卷。

錢東垣等輯《崇文總目・别集類五》《林嵩賦》一卷。

林嵩集

尤袤《遂初堂書目・别集類》《林嵩集》。

《宋史・藝文志・别集類》《林嵩詩》一卷。

高蟾集

《新唐書・藝文志・别集類》《高蟾詩》一卷。乾寧御史中丞。

鄭樵《通志・藝文略・别集五》《高蟾詩》一卷。

尤袤《遂初堂書目・别集類》《高蟾集》。

陳振孫《直齋書録解題・詩集類上》《高蟾集》一卷。唐御史中丞高蟾撰。乾符三年進士。

馬端臨《文獻通考・經籍考・詩集》《高蟾集》一卷。

《宋史・藝文志・別集類》《高蟾詩》二卷。

錢東垣等輯《崇文總目・別集類三》《高蟾詩》一卷。

鄭賨集

《新唐書・藝文志・別集類》《鄭賨集》十卷。字貢華，乾符進士第。

鄭樵《通志・藝文略・別集四》《鄭賨集》十卷。

《宋史・藝文志・別集類》鄭賓一作「寶」《行宮集》十卷。

錢東垣等輯《崇文總目・別集類二》《鄭賓文集》十卷。

愈風集

鄭樵《通志・藝文略・表章》《愈風集》十卷。唐盧嗣業撰。

錢東垣等輯《崇文總目・別集類七》《愈風集》十卷。盧嗣業撰。

探龍集

鄭樵《通志・藝文略・賦》徐寅《探龍集》一卷。

《宋史・藝文志・別集類》徐寅《探龍集》五卷。

錢東垣等輯《崇文總目・別集類五》《探龍集》一卷。徐寅撰。

顧櫰三《補五代史藝文志・詩文集類》徐寅《探龍集》一卷。

徐寅賦

鄭樵《通志・藝文略・賦》《徐寅賦》一卷。僞唐人。

錢東垣等輯《崇文總目・別集類五》《徐寅賦》一卷。

顧櫰三《補五代史藝文志・詩文集類》《徐寅賦》五卷。

徐寅別集

《宋史・藝文志・別集類》《徐寅別集》五卷。

顧櫰三《補五代史藝文志・詩文集類》《徐寅別集》一卷。

徐寅詩

徐𤊹《徐氏家藏書目・文集類》《徐寅詩》四卷。

徐正字詩賦

《四庫提要・別集類四》《徐正字詩賦》二卷。福建巡撫採進本。唐徐寅撰。寅字昭夢，莆田人，乾寧元年進士及第，授祕書省正字，後依王審知幕府，歸老延壽溪。所著有《探龍》、《釣磯》二集，共五卷，自《唐書・藝文志》已不著録，諸家書目亦不載其名，意當時即散佚不傳。此本僅存賦一卷，計八首；各體詩一卷，計三百六十八首。蓋其後裔從《唐音統籤》、《文苑英華》諸書裒輯成編，附刻家乘之後者，已非五卷之舊矣。其賦句雕字琢，不出當時程試之格，而刻意鍛煉，時多秀句。集中《贈渤海賓貢高元固詩序》稱其國傳寫寅《斬蛇劍》、《御溝水》、《人生幾何》三賦，至以金書列爲屏幛，則當時亦價重雞林矣。詩亦不出五代之格，體物之咏尤多。五言如「白髮隨梳少，青山入夢多」、「歲計懸僧債，科名負國恩」。七言如「豐年甲子春無雨，良夜庚申夜足眠」、「月明南浦夢初斷，花落洞庭人未歸」、「鷓鴣聲中雙闕雨，牡丹花畔六街塵」諸聯，已爲集中佳句。然當時文體，不過如斯，不能獨責備於寅也。寅嘗獻賦於朱全忠，後忤全忠，乃遁歸閩，非真有惓惓故主之思。乃與司空圖、羅隱二人遥相倡和，有如臭味。又作《大夫松》詩曰：「争如澗底凌霜節，不受秦王號此官。」《馬嵬》詩曰：「張均兄弟皆何在，却是楊妃死報君。」更似一飯不忘唐者。蓋文士之言，不足盡據，論世者所以貴考其實也。

釣磯文集

《四庫未收書目提要・别集類》《釣磯文集》五卷，唐徐寅撰。按寅字昭夢，莆田人，乾寧初進士，釋褐授祕書省正字。欽定《提要》云：「寅著有《探龍》、《釣磯》二集，原本「集」誤「卷」，據《四庫全書總目》校。共五卷，自《唐・藝文志》已不著録，意當時即散佚不傳。此本僅存賦一卷，計八首，各體詩一卷，計三百六十八首。蓋其後裔從《唐音統籤》、《文苑英華》諸書裒集成編，附刻家乘之後者，已非五卷之舊矣。」此爲錢遵王所藏影宋本，據其族孫師仁序云：「家故有賦五卷，《探龍集》五卷，又於蔡君謨家得《雅道機要》，訪得詩二百五十餘首，以類相從爲八卷，并藏焉。」《宋史・藝文志》載《徐寅别集》五卷，疑即師仁所藏之五卷也。今本乃其裔孫玩所編次，《賦》五卷，凡五十首，《四庫全書》所録八首皆在其中，而《全唐文》未採者較多二十一首云。

顧櫰三《補五代史藝文志・詩文集類》徐寅《釣磯集》三卷。

張金吾《愛日精廬藏書志・别集類》唐秘書省正字先輩徐公《釣磯文集》十卷。抄本。從子謙姪藏舊抄本影寫。唐徐賨昭夢著。

温陵集

顧櫰三《補五代史藝文志・詩文集類》徐寅《温陵集》十卷。

徐寅書

顧櫰三《補五代史藝文志・詩文集類》《徐寅書》二十卷。

程晏集

《新唐書・藝文志・别集類》《程晏集》七卷。字晏然，乾寧進士第。

鄭樵《通志・藝文略・别集四》《程晏集》七卷。

晁公武《郡齋讀書志・别集類中》《程晏集》六卷。右唐程晏字晏然。乾寧二年進士。集皆雜文。

尤袤《遂初堂書目・别集類》《程晏集》。

馬端臨《文獻通考・經籍考・别集》《程晏集》一卷。

《宋史・藝文志・别集類》《程晏集》十卷。

錢東垣等輯《崇文總目・别集類二》《程晏集》七卷。

無譏集

《新唐書・藝文志・别集類》崔櫓《無譏集》四卷。

鄭樵《通志・藝文略・别集五》崔櫓《無譏集》四卷。

尤袤《遂初堂書目・别集類》《崔櫓集》。

陳振孫《直齋書録解題・詩集類上》《無譏集》四卷。唐崔櫓撰。僖宗時人。

馬端臨《文獻通考・經籍考・詩集》《無譏集》四卷。

《宋史・藝文志・别集類》《崔魯詩》一卷。

投知小録

《新唐書・藝文志・别集類》秦韜玉《投知小録》三卷。字中明，田令孜神策判官、工部侍郎。

鄭樵《通志・藝文略・别集四》秦韜玉《投知小録》三卷。

晁公武《郡齋讀書志・别集類中》 秦韜玉《投知小録》三卷。右唐秦韜玉字中明，京兆人。有詞藻，工歌吟，險而好進，爲田令孜所善。僖宗幸蜀，令孜引爲工部侍郎。中和二年，賜進士第，編入春榜。

尤袤《遂初堂書目・别集類》 秦韜玉《投知小録》。

陳振孫《直齋書録解題・别集類上》 《投知小録》三卷。唐神策判官部陽秦韜玉中明撰。田令孜客。中和二年特賜及第。

馬端臨《文獻通考・經籍考・詩集》 秦韜玉《投知小録》三卷。

錢東垣等輯《崇文總目・别集類二》 《投知小録》五卷。秦韜玉撰。

秦韜玉集

尤袤《遂初堂書目・别集類》 《秦韜玉集》。

陳振孫《直齋書録解題・詩集類上》 《秦韜玉集》一卷。唐秦韜玉撰。

《宋史・藝文志・别集類》 《秦韜玉集》三卷。

高儒《百川書志・唐詩》 《秦韜玉集》一卷。賜進士第工部侍郎京兆秦韜玉中明著。

秦韜玉詩

徐𤊹《徐氏家藏書目・文集類》 《秦韜玉詩》一卷。

鄭濆賦

《宋史・藝文志・别集類》 《鄭濆賦》二卷。

蘇拯集

陳振孫《直齋書録解題・詩集類上》 《蘇拯集》一卷。

馬端臨《文獻通考・經籍考・詩集》 《蘓拯集》一卷。

《宋史・藝文志・别集類》 《蘇拯詩》一卷。

高儒《百川書志・唐詩》 《蘇拯集》一卷。

徐𤊹《徐氏家藏書目・文集類》 《蘇拯詩》一卷。

崔塗集

《新唐書・藝文志・别集類》 《崔塗詩》一卷。字禮山，光啓進士第。

鄭樵《通志・藝文略・别集五》 《崔塗詩》一卷。

陳振孫《直齋書録解題・詩集類上》 《崔塗集》一卷。唐崔塗禮山撰。光啓四年進士。

馬端臨《文獻通考・經籍考・詩集》 《崔塗集》一卷。

《宋史・藝文志・别集類》 《崔塗詩》一卷。

高儒《百川書志・唐詩》 《崔塗集》一卷。光啓進士崔塗禮仙著。

徐𤊹《徐氏家藏書目・文集類》 《崔塗詩》一卷。

錢東垣等輯《崇文總目・别集類四》 《崔塗詩》一卷。

沈文昌集

鄭樵《通志・藝文略・表章》 《記室集》三卷。唐沈文昌表狀。

《宋史・藝文志・别集類》 《沈文昌集》二十卷。

錢東垣等輯《崇文總目・别集類七》 沈文昌《記室集》三卷。

顧櫰三《補五代史藝文志・詩文集類》 《沈文昌集》二十卷。

吴融集

《新唐書・藝文志・別集類》《吴融詩集》四卷。又《制誥》一卷。

鄭樵《通志・藝文略・別集五》《吴融詩集》四卷。

尤袤《遂初堂書目・別集類》《吴融集》。

陳振孫《直齋書録解題・詩集類上》《唐英集》三卷。唐翰林學士吴融子華撰。融與偓皆龍紀元年進士。

馬端臨《文獻通考・經籍考・詩集》《唐英集》三卷。

《宋史・藝文志・別集類》《吴融賦集》五卷。《吴融集》五卷。

高儒《百川書志・唐詩》《唐英歌詞》三卷。翰林學士承旨侍郎山陰吴融子華著。歌詩二百九十六首。

徐𤊹《徐氏家藏書目・文集類》《吴融詩》一卷。

錢東垣等輯《崇文總目・別集類六》《吴融制誥》一卷。

王駕詩

《新唐書・藝文志・別集類》《王駕詩集》六卷。字大用。

鄭樵《通志・藝文略・別集五》《王駕詩集》六卷。

陳振孫《直齋書録解題・詩集類上》《王駕集》一卷。案：《唐書・藝文志》作六卷。唐彭城王駕大用撰。大順元年進士。自號守素先生。

馬端臨《文獻通考・經籍考・詩集》《王駕集》一卷。

《宋史・藝文志・別集類》《王駕詩》六卷。

錢東垣等輯《崇文總目・別集類四》《王駕詩》六卷。

遺榮集

《新唐書・藝文志・別集類》養素先生《遺榮集》三卷。

鄭樵《通志・藝文略・別集四》養素先生《遺榮集》三卷。

《宋史・藝文志・別集類》守素先生《遺榮詩集》三卷。

錢東垣等輯《崇文總目・別集類二》《遺榮集》三卷。

顧櫰三《補五代史藝文志・詩文集類》養素先生《遺榮集》三卷。

王虬集

《新唐書・藝文志・別集類》《王虬集》十卷。字希龍，泉州南安人。大順初舉進士第。

鄭樵《通志・藝文略・表章》《王虬集》十卷。

張喬集

《新唐書・藝文志・別集類》《張喬詩集》二卷。

鄭樵《通志・藝文略・別集五》《張喬詩集》二卷。

尤袤《遂初堂書目・別集類》《張喬集》。

陳振孫《直齋書録解題・詩集類上》《張喬集》二卷。唐進士九華張喬撰。喬與許棠、張蠙、鄭谷、喻坦之等同時，號「十哲」。喬試京兆，《月中桂》詩擅場，傳於今，而《登科記》無名，蓋不中第也。

馬端臨《文獻通考・經籍考・詩集》《張喬集》一卷。

《宋史・藝文志・別集類》《張喬詩》一卷。

高儒《百川書志・唐詩》《張喬集》四卷。大順進士，池州人也。

徐𤊹《徐氏家藏書目・文集類》《張喬》四卷。

錢東垣等輯《崇文總目・別集類四》《張喬集》一卷。

羅衮集

《新唐書・藝文志・別集類》《羅衮集》二卷。字子制，天祐起居郎。

鄭樵《通志・藝文略・別集四》《羅衮集》二卷。

《宋史・藝文志・別集類》《羅衮集》二卷。

錢東垣等輯《崇文總目・別集類二》《羅（襄）〔衮〕集》三卷。

黄璞集

《新唐書・藝文志・別集類》黄璞《霧居子》十卷。

鄭樵《通志・藝文略・別集四》黄璞《霧居子集》十卷。

尤袤《遂初堂書目・別集類》黄璞《霧居集》。

《宋史・藝文志・別集類》《黄璞集》五卷。

錢東垣等輯《崇文總目・別集類二》《霧居子》十卷。黄璞撰。

顧櫰三《補五代史藝文志・詩文集類》《黄璞集》五卷。

朱朴詩

《新唐書・藝文志・別集類》《朱朴詩》四卷。

鄭樵《通志・藝文略・別集五》《朱朴詩》四卷。

《宋史・藝文志・別集類》朱朴《荆山子詩集》四卷。

錢東垣等輯《崇文總目・別集類三》《朱（卜）〔朴〕詩》四卷。

雜表

《新唐書・藝文志・別集類》朱朴《雜表》一卷。

鄭樵《通志・藝文略・表章》朱朴《雜表》一卷。

《宋史・藝文志・別集類》朱朴《雜表》一卷。

錢東垣等輯《崇文總目・別集類七》朱朴《裸表》一卷。

致理書

晁公武《郡齋讀書志・別集類中》朱朴《致理書》十卷。右唐朱朴也。襄陽人。以三史舉，爲荆門令。乾寧中，方士許巖士得幸禁中，言朴有經濟才，帝幸石門召對，即拜諫議大夫、平章事。

馬端臨《文獻通考・經籍考・別集》朱朴《致理書》十卷。

數賦

《新唐書・藝文志・別集類》崔葆《數賦》十卷。乾寧進士王克昭注。

鄭樵《通志・藝文略・賦》《數賦》十卷。唐崔葆撰，乾寧中進士王克昭注。

《宋史・藝文志・別集類》崔葆《數賦》十卷。

錢東垣等輯《崇文總目・別集類五》《數賦》一卷。崔葆撰，王克昭注。

王貞白集

《新唐書・藝文志・別集類》《王貞白詩》一卷。字有道。

鄭樵《通志・藝文略・別集五》《王貞白詩》一卷。

趙希弁《讀書附志・別集類一》《靈溪集》七卷。右唐王貞白之文也。貞白字有道，信州永豐人。乾寧二年進士，後七年，調校書郎。手編所爲詩三百篇，命曰《靈溪集》云。慶元中，洪文敏公邁爲之序。

尤袤《遂初堂書目・別集類》王貞白《靈溪集》。《王貞白集》。

陳振孫《直齋書録解題・詩集類上》《靈溪集》七卷。唐校書郎上饒王貞白有道撰。乾寧二年進士。其集有自序，永豐人有藏之者，洪景盧得而刻之。詩雖多，在一時儕輩未爲工也。

馬端臨《文獻通考・經籍考・詩集》《靈溪集》七卷。

《宋史・藝文志・別集類》《王貞白集》七卷。

孫郃集

鄭樵《通志・藝文略・別集四》《孫郃集》四十卷。

尤袤《遂初堂書目・別集類》《孫郃集》。

《宋史・藝文志・別集類》《孫郃集》二卷。

錢東垣等輯《崇文總目・別集類二》《孫郃文集》四十卷。

孫子文纂

《新唐書・藝文志・別集類》《孫子文纂》四十卷。孫郃著。

鄭樵《通志・藝文略・別集四》孫郃《孫子文纂》四十卷。

晁公武《郡齋讀書志・別集類中》《孫郃文纂》一卷。右唐孫郃字希韓，四明人。乾寧四年進士。好荀卿、揚雄、孟氏之書，慕韓愈。爲校書郎，河南府文學。舊四十卷。

馬端臨《文獻通考・經籍考・別集》《孫郃文纂》一卷。

《宋史・藝文志・別集類》孫郃《孫子文纂》四十卷。

錢東垣等輯《崇文總目・別集類二》《孫子文纂》四十卷。孫郃著。

孫郃小集

《新唐書・藝文志・別集類》《孫氏小集》三卷。孫郃，字希韓，乾寧進士第。

鄭樵《通志・藝文略・別集四》孫郃《孫氏小集》三卷。

《宋史・藝文志・別集類》《孫郃小集》三卷。

錢東垣等輯《崇文總目・別集類二》《孫氏小集》三卷。孫郃撰。

褚載集

《新唐書・藝文志・別集類》《褚載詩》三卷。字厚之，並乾寧進士第。

鄭樵《通志・藝文略・別集五》褚載《詠史詩》三卷。

陳振孫《直齋書録解題・詩集類上》《褚載集》一卷。案：《唐書・藝文志》作三卷。唐褚載厚之撰。乾寧五年進士。

馬端臨《文獻通考・經籍考・詩集》《褚載集》一卷。

《宋史・藝文志・別集類》《褚載詩》一卷。

錢東垣等輯《崇文總目・別集類四》褚載《詠史詩》三卷。

王轂集

《新唐書・藝文志・別集類》《王轂詩集》三卷。字虛中，乾寧進士第，郎官致仕。

鄭樵《通志・藝文略・別集五》《王轂詩集》三卷。

尤袤《遂初堂書目・別集類》王轂《觀光集》。

陳振孫《直齋書録解題・詩集類上》《王轂集》一卷。唐王轂虛中撰。乾寧五年進士。

馬端臨《文獻通考・經籍考・詩集》《王轂集》一卷。

《宋史・藝文志・别集類》《王轂詩》三卷。

錢東垣等輯《崇文總目・别集類四》《王轂詩集》三卷。

顧櫰三《補五代史藝文志・詩文集類》《王轂集》一卷。

章碣詩

《新唐書・藝文志・别集類》《章碣詩》一卷。

鄭樵《通志・藝文略・别集五》《章碣詩》一卷。

尤袤《遂初堂書目・别集類》《章碣集》。

陳振孫《直齋書録解題・詩集類上》《章碣集》一卷。唐章碣撰。亦僖宗時人。

馬端臨《文獻通考・經籍考・詩集》《章碣集》一卷。

《宋史・藝文志・别集類》《章碣詩》一卷。

高儒《百川書志・唐詩》《章碣集》一卷。乾符進士，錢塘人，章孝標之子也。

徐𤊹《徐氏家藏書目・文集類》《章碣》一卷。

錢東垣等輯《崇文總目・别集類五》《章碣詩》一卷。

任翻詩

《新唐書・藝文志・别集類》《任翻詩》一卷。

鄭樵《通志・藝文略・别集五》《任翻詩》一卷。

陳振孫《直齋書録解題・詩集類上》《任藩集》一卷。唐任藩撰。或作翻。客居天台，有《宿帢幘山》絶句，爲人所稱。今城中巾子山也。

馬端臨《文獻通考・經籍考・詩集》《任藩集》一卷。【略】後村劉氏曰：唐任藩詩，存者五言十首而已，然多佳句。「衆鳥已歸樹，旅人猶過山。」《贈僧》云：「半頂髮根白，一生心地清。」居然可愛。今人動爲千百首，而無一可傳者。

《宋史・藝文志・别集類》《任翻詩》一卷。

錢東垣等輯《崇文總目・别集類三》《任翻詩》一卷。

陳光詩

《新唐書・藝文志・别集類》《陳光詩》一卷。

鄭樵《通志・藝文略・别集五》《陳光詩》一卷。

陳振孫《直齋書録解題・詩集類上》《陳光集》一卷。

馬端臨《文獻通考・經籍考・詩集》《陳光集》一卷。

《宋史・藝文志・别集類》《陳光詩》一卷。

錢東垣等輯《崇文總目・别集類四》《陳光詩》一卷。

顧櫰三《補五代史藝文志・詩文集類》《陳光詩》一卷。

陳蟠隱集

《新唐書・藝文志・别集類》《陳蟠隱集》五卷。

鄭樵《通志・藝文略・表章》《陳蟠隱集》五卷。

飲河集

《新唐書・藝文志・别集類》張澤《飲河集》十五卷。

鄭樵《通志・藝文略・表章》《飲河集》十五卷。唐張澤撰。

《宋史・藝文志・别集類》張澤《飲河集》十五卷。

錢東垣等輯《崇文總目・别集類七》《歛河集》十五卷。張澤撰。

渚宫集

《新唐書・藝文志・别集類》鄭準《渚宫集》一卷。字不欺，乾寧進士第。

鄭樵《通志·藝文略·別集五》 鄭準《渚宮集》一卷。

《宋史·藝文志·別集類》 鄭準《渚宮集》四卷。

錢東垣等輯《崇文總目·別集類二》 鄭準《渚宮文集》十卷。

鄭準四六

鄭樵《通志·藝文略·四六》 《鄭準四六》一卷。五代人。

錢東垣等輯《崇文總目·別集類七》 《鄭準四六集》一卷。

曹松集

《新唐書·藝文志·別集類》 《曹松詩集》三卷。字夢徵，天復進士第，校書郎。

鄭樵《通志·藝文略·別集五》 《曹松詩集》三卷。

晁公武《郡齋讀書志·別集類中》 《曹松詩》一卷。右唐曹松夢徵也。舒州人。學賈島爲詩。天復元年，與王希羽、劉象、柯崇、鄭希顔同登第，年皆七十餘，號「五老榜」。時以新平内難，聞放進士，喜，特敕授校書郎而卒。

陳振孫《直齋書録解題·詩集類上》 《曹松集》一卷。案：《唐書·藝文志》作三卷。唐曹松夢徵撰。天復元年進士。別本與印本互有詳略，但別本《大遊仙》十三首，乃曹唐詩也。

馬端臨《文獻通考·經籍考·詩集》 《曹松集》一卷。

《宋史·藝文志·別集類》 《曹松詩》一卷。

高儒《百川書志·唐詩》 《曹松集》一卷。校書郎衡陽曹松夢徵著。

徐𤊹《徐氏家藏書目·文集類》 《曹松》一卷。

錢東垣等輯《崇文總目·別集類四》 《曹松詩》三卷。

盧延讓詩

晁公武《郡齋讀書志·別集類中》 《盧延讓詩》一卷。右僞蜀盧延讓子善也。范陽人。唐光化元年進士。朗陵雷滿辟，滿敗，歸王建。及僭號，授水部員外郎，累遷給事中，卒官終刑部侍郎。延讓師薛能，詩不尚奇巧，人多誚其淺俗，獨吴融以其不蹈襲，大奇之。

馬端臨《文獻通考·經籍考·詩集》 《盧延讓詩》一卷。

《宋史·藝文志·別集類》 《盧延讓詩集》一卷。

錢東垣等輯《崇文總目·別集類四》 《盧延讓詩》一卷。

顧櫰三《補五代史藝文志·詩文集類》 《盧延讓詩》一卷。

裴説集

晁公武《郡齋讀書志·別集類中》 《裴説集》一卷。右唐裴説撰。天祐三年進士。詩有「避亂一身多」之句。

尤袤《遂初堂書目·別集類》 《裴説集》。

陳振孫《直齋書録解題·詩集類上》 《裴説集》一卷。唐裴説撰。天祐三年進士狀頭，唐蓋將亡矣。説後爲禮部員外郎，世傳其《寄邊衣》古詩甚麗，此集無之，僅有短律而已，非全集也。其詩有「避亂一身多」之句。

馬端臨《文獻通考·經籍考·詩集》 《裴説集》一卷。

《宋史·藝文志·別集類》 《裴説詩》一卷。

錢東垣等輯《崇文總目·別集類四》 《裴説集》二卷。

顧櫰三《補五代史藝文志·詩文集類》 《裴説集》一卷。

吴仁壁詩

《新唐書·藝文志·別集類》 《吴仁壁詩》一卷。字廷實，並大順進士第。

鄭樵《通志·藝文略·別集五》 《吴仁壁詩》一卷。

《宋史·藝文志·別集類》 《吴仁壁詩》一卷。

錢東垣等輯《崇文總目·別集類四》 《吴仁壁詩》一卷。

顧櫰三《補五代史藝文志·詩文集類》 《吴仁壁詩》一卷。

王翃賦

《新唐書·藝文志·別集類》《王翃賦》一卷。字雄飛，大順進士第。

鄭樵《通志·藝文略·賦》《王翃賦》一卷。

《宋史·藝文志·別集類》《王翃賦集》二卷。

錢東垣等輯《崇文總目·別集類五》《王翃賦》一卷。

洪恩靈濟真人文集

張萱等《内閣藏書目録·集部》《洪恩靈濟真人文集》四册。全。真人徐知諤著。閩人。

楊夔集

《新唐書·藝文志·別集類》《楊夔集》五卷。

鄭樵《通志·藝文略·別集四》《楊夔集》五卷。

《宋史·藝文志·別集類》《楊夔集》五卷。

錢東垣等輯《崇文總目·別集類二》《楊夔集》五卷。

冗書

《新唐書·藝文志·別集類》楊夔《冗書》十卷。

鄭樵《通志·藝文略·別集四》楊夔《冗書》十卷。

《宋史·藝文志·別集類》楊夔《冗書》十卷。

錢東垣等輯《崇文總目·別集類二》楊夔《冗書》十卷。

冗餘集

《新唐書·藝文志·別集類》楊夔《冗餘集》一卷。

鄭樵《通志·藝文略·別集四》楊夔《冗餘集》一卷。

《宋史·藝文志·別集類》楊夔《冗餘集》十卷。

錢東垣等輯《崇文總目·別集類二》楊夔《冗餘集》一卷。

楊夔賦

《宋史·藝文志·別集類》《楊夔賦》一卷。

綸閣集

《新唐書·藝文志·別集類》樂朋龜《綸閣集》十卷。

《宋史·藝文志·別集類》樂朋龜《綸閣集》十卷。

錢東垣等輯《崇文總目·別集類六》樂朋龜《綸閣集》十卷。

樂朋龜賦

《新唐書·藝文志·別集類》樂朋龜《賦》一卷。字兆吉，僖宗翰林學士，太子少保致仕。

鄭樵《通志·藝文略·賦》《樂朋龜賦》一卷。

錢東垣等輯《崇文總目·別集類五》《樂朋龜賦》一卷。

德門集

《新唐書・藝文志・别集類》 欒朋龜《德門集》五卷。

欒朋龜集

《宋史・藝文志・别集類》 《欒朋龜集》七卷。

揖讓録

錢東垣等輯《崇文總目・别集類六》 《江南揖讓録》七卷。陳岳撰。

《宋史・藝文志・别集類》 陳濬《揖讓録》七卷。

唐求集

尤袤《遂初堂書目・别集類》 《唐求集》。

陳振孫《直齋書録解題・詩集類上》 《唐求集》一卷。唐唐求撰。與顧非熊同時，《藝文志》不載。

馬端臨《文獻通考・經籍考・詩集》 《唐求集》一卷。

高儒《百川書志・唐詩》 《唐求集》一卷。

徐𤊹《徐氏家藏書目・文集類》 《唐求》一卷。

黄丕烈《蕘圃藏書題識・集類一》 《唐求詩集》一卷。宋本。泰興季振宜滄葦氏珍藏。

此宋刻《唐求詩集》，與宋刻《茅亭客話》同得於友人顧千里所，云是桐鄉金諤嚴家物而散入他人手者也。從前諸藏書家目録不多見，惟《延令季氏書目》於「唐詩八家」條下列其名，今卷中有「季振宜字詵兮號滄葦」一印，「季振宜藏書」印，又有「泰興季振宜滄葦氏珍藏」墨書一行，其即《延令季氏書目》中物無疑。卷端有長方印甚古，惜其文莫辨，似三字，僅末「山」字可識，此外如「危氏大樸與之印」、「陶廬顧湄之印」共四印，皆表表可見者。惟「紫薇館印」不知誰氏。通卷僅八葉，而收藏自元明以來皆知寶貴，宜其珍祕若斯。余檢《書録解題》載《唐求詩》一卷云：「唐唐求撰，與顧非熊同時。《藝文志》不載。」又檢《茅亭客話》卷第三有「味江山人」一條，即論唐求事。爰影寫宋板二十六行，附於此集後，非但可以考見其事跡，且所載詩與此集閒有異同，可以辨證，則此集之與《茅亭客話》必偕來者，豈非奇之又奇乎。嘉慶癸亥七月白露後一日，蕘翁黄丕烈書於百宋一廛。

越日，余友洞庭鈕非石過訪，出示此書，云長方印文是「鹿頂山」三字，記以俟考。

士禮居命工重裝。十一月朔，往候海鹽友人張芑塘。芑塘亦愛素好古，年七旬，所見古書甚多，與長塘鮑渌飲相友善，於數年前曾得楊振武家書籍，内有宋刊《唐求詩集》渌飲易去，未知今歸何處。因余所好爲宋本，故爾談及，而不知此書之已爲余有也。歸而筆諸是集之副葉，以見古書源流，有不謀而相爲印證者。蕘翁。

顧櫰三《補五代史藝文志・詩文集類》 唐求《味江山人詩》一卷。

詠史詩

鄭樵《通志・藝文略・别集五》 周曇《詠史詩》八卷。

《宋史・藝文志・别集類》 周曇《詠史詩》八卷。

高儒《百川書志・唐詩》 經進周曇《詠史詩》三卷。守國子直講周曇撰進。自唐虞歷隋，君臣上下，政治賢否，各詠絶句，以昭明鑒。進上時君，用心勤且忠矣。有關世教，凡百九十五首。

徐𤊹《徐氏家藏書目・文集類》 周墨《咏史》三卷。

吴焯《繡谷亭薰習録・集一》 《詠史詩》三卷。唐守國子直講周曇著。自唐虞迄隋，並舉人名，凡一百九十五篇。卷首題「具官某撰進」，唐詩稱舊編八卷者誤。

錢東垣等輯《崇文總目・別集類四》 周曇《詠史詩》八卷。

彭元瑞等《天禄琳琅書目後編・宋版集部》 經進周曇《詠史詩》。一函，一册。唐周曇撰。書三卷。揭銜「守國子直講臣周曇撰進」。分八門，自唐虞至隋，以人系題，得七言絶句二百三首。每首題下注大意，詩下引史而以己意論斷之，謂之講語。當時進講體式如此。

槧式與書儀相似，宋本之最佳者。册尾墨書「泰興季振宜滄葦氏珍藏」。

齊夔集

《新唐書・藝文志・別集類》《齊夔集》一卷。

鄭樵《通志・藝文略・別集四》《齊夔集》一卷。

《宋史・藝文志・別集類》《齊夔文》一卷。

錢東垣等輯《崇文總目・別集類二》《齊夔集》一卷。

張友正雜編

《新唐書・藝文志・別集類》《張友正雜編》一卷。

鄭樵《通志・藝文略・別集四》《張友正雜編》一卷。

《宋史・藝文志・別集類》《張友正文》一卷。

錢東垣等輯《崇文總目・別集類二》《張友正襍編》一卷。

王振詩

《宋史・藝文志・別集類》《王振詩》一卷。

錢東垣等輯《崇文總目・別集類五》《王振詩》一卷。

趙摶歌詩

《新唐書・藝文志・別集類》《趙摶歌詩》二卷。

鄭樵《通志・藝文略・別集五》《趙摶歌詩》二卷。

《宋史・藝文志・別集類》《趙摶歌詩》二卷。

錢東垣等輯《崇文總目・別集類四》《趙摶歌詩》二卷。

雜感詩

《新唐書・藝文志・別集類》 謝蟠隱《雜感詩》二卷。

鄭樵《通志・藝文略・別集五》 謝蟠隱《雜感詩》二卷。

《宋史・藝文志・別集類》 謝蟠隱《雜感詩》二卷。

錢東垣等輯《崇文總目・別集類四》 謝磻隱《襍感詩》二卷。

嚴郾詩

《新唐書・藝文志・別集類》《嚴郾詩》二卷。

鄭樵《通志・藝文略・別集五》《嚴郾詩》二卷。

尤袤《遂初堂書目・別集類》《嚴郾集》。

《宋史・藝文志・別集類》《嚴郾詩》一卷。

錢東垣等輯《崇文總目・別集類四》《嚴郾詩》二卷。

李善夷集

鄭樵《通志・藝文略・別集五》《李善夷集》一卷。

《宋史・藝文志・别集類》《李善夷集》六卷。

錢東垣等輯《崇文總目・别集類二》《李善夷集》一卷。

江南集

《新唐書・藝文志・别集類》李善夷《江南集》十卷。

鄭樵《通志・藝文略・别集五》李善夷《江南集》十卷。

錢東垣等輯《崇文總目・别集類二》《江南集》十卷。李善夷撰。

顧懷三《補五代史藝文志・詩文集類》李(美)〔善〕夷《江南集》十卷。

李善夷表集

《宋史・藝文志・别集類》《李善夷表集》一卷。

王秉集　編遺

《新唐書・藝文志・别集類》《王秉集》五卷。

鄭樵《通志・藝文略・别集五》《王秉集》一卷。又《編遺》十卷。

錢東垣等輯《崇文總目・别集類二》《王秉集》五卷。

程遜集

《宋史・藝文志・别集類》《程遜集》十卷。

錢東垣等輯《崇文總目・别集類六》程遜《辛卯録》十卷。

顧懷三《補五代史藝文志・詩文集類》《程遜集》十卷。

趙上交集

錢東垣等輯《崇文總目・别集類二》《趙上交文集》二十卷。

顧懷三《補五代史藝文志・詩文集類》《趙上交集》二十卷。

演論集

鄭樵《通志・藝文略・别集五》和凝《演編集》五十卷。

《宋史・藝文志・别集類》和凝《演論集》三十卷。

錢東垣等輯《崇文總目・别集類二》《演論集》五十卷。和凝撰。

游藝集

鄭樵《通志・藝文略・别集五》和凝《游藝集》五十卷。

《宋史・藝文志・别集類》和凝《游藝集》五十卷。

錢東垣等輯《崇文總目・别集類二》《游藝集》五十卷。和凝撰。

紅藥編

《宋史・藝文志・别集類》和凝《紅藥編》五卷。

錢東垣等輯《崇文總目・别集類六》《紅藥編》五卷。和凝撰。

和凝六集

顧懷三《補五代史藝文志・詩文集類》和凝《演綸》《游藝》《孝悌》《紅藥》

《籯金》《香奩》六集共一百卷。

盧士衡集

陳振孫《直齋書録解題・詩集類上》《盧士衡集》一卷。後唐盧士衡撰。天成二年進士。

馬端臨《文獻通考・經籍考・詩集》《盧士衡集》一卷。

《宋史・藝文志・別集類》《盧士衡詩》一卷。

顧櫰三《補五代史藝文志・詩文集類》《盧士衡集》一卷。天成二年進士。

葉楚詩

《宋史・藝文志・別集類》《葉楚詩》一卷。

陳三思詩

《宋史・藝文志・別集類》《陳三思詩》一卷。

田霖四六

陳振孫《直齋書録解題・別集類上》《田霖四六集》一卷。南唐田霖撰。

馬端臨《文獻通考・經籍考・別集》《田霖四六集》一卷。

《宋史・藝文志・別集類》《田霖四六》一卷。

顧櫰三《補五代史藝文志・詩文集類》《田霖四六》一卷。

符蒙集

陳振孫《直齋書録解題・詩集類上》《符蒙集》一卷。題符侍郎。同光三年進士也。同年四人，蒙初爲狀頭，覆試爲第四。

馬端臨《文獻通考・經籍考・詩集》《符蒙集》一卷。

顧櫰三《補五代史藝文志・詩文集類》《符蒙集》十卷。

韋説詩

《宋史・藝文志・別集類》《韋説詩》一卷。

顧櫰三《補五代史藝文志・詩文集類》《韋説詩》一卷。

蔣吉集

陳振孫《直齋書録解題・詩集類上》《蔣吉集》一卷。

馬端臨《文獻通考・經籍考・詩集》《蔣吉集》一卷。

韋鼎詩

《宋史・藝文志・別集類》《韋鼎詩》一卷。

錢東垣等輯《崇文總目・別集類五》《韋鼎詩》一卷。

徐融集

《宋史・藝文志・別集類》《徐融集》一卷。

顧懷三《補五代史藝文志・詩文集類》《徐融集》一卷。

擬諷諫集

《宋史・藝文志・別集類》楊士達《擬諷諫集》五卷。

蔡琨詩

《宋史・藝文志・別集類》《蔡崑詩》一卷。
錢東垣等輯《崇文總目・別集類五》《蔡琨詩》五卷。

郭鵬詩

鄭樵《通志・藝文略・別集五》《郭鵬詩》一卷。僞唐。
《宋史・藝文志・別集類》《郭鵬詩》一卷。
錢東垣等輯《崇文總目・別集類五》《郭鵬詩》一卷。

斐然集

鄭樵《通志・藝文略・別集五》李爲先《斐然集》五十卷。僞唐。
《宋史・藝文志・別集類》李爲光《斐然集》五卷。
錢東垣等輯《崇文總目・別集類五》《鄉黨斐然集》五卷。
顧懷三《補五代史藝文志・詩文集類》李爲光《斐然集》五卷。

廖匡圖集

陳振孫《直齋書録解題・詩集類上》《廖匡圖集》一卷。湖南從事廖匡圖撰。
馬端臨《文獻通考・經籍考・詩集》《廖匡圖集》一卷。
《宋史・藝文志・別集類》《廖正圖詩》一卷。《廖光圖詩集》二卷。
錢東垣等輯《崇文總目・別集類五》《廖圖詩》二卷。
顧懷三《補五代史藝文志・詩文集類》《廖光圖詩集》二卷。

廖氏家集

《宋史・藝文志・別集類》《廖氏家集》一卷。

廖融詩集

《宋史・藝文志・別集類》《廖融詩集》四卷。
錢東垣等輯《崇文總目・別集類五》《廖融詩》二卷。
顧懷三《補五代史藝文志・詩文集類》《廖融詩集》四卷。

廖凝詩集

鄭樵《通志・藝文略・別集五》《廖光凝詩》七卷。僞唐。
《宋史・藝文志・別集類》《廖凝詩集》七卷。
錢東垣等輯《崇文總目・別集類五》《廖凝詩》七卷。
顧懷三《補五代史藝文志・詩文集類》《廖凝詩》一卷。

李叔文詩

鄭樵《通志・藝文略・别集五》《李叔文詩》一卷。僞唐。

《宋史・藝文志・别集類》《李叔文一作「父」詩》一卷。

錢東垣等輯《崇文總目・别集類五》《(季)〔李〕叔文詩》一卷。

李明詩集

鄭樵《通志・藝文略・别集五》《李明詩集》五卷。僞唐。

《宋史・藝文志・别集類》《李明詩集》五卷。

錢東垣等輯《崇文總目・别集類五》《李明詩》五卷。

廖邈詩集

《宋史・藝文志・别集類》《廖邈詩集》二卷。

錢東垣等輯《崇文總目・别集類五》《廖邈詩》二卷。

倪曙賦

鄭樵《通志・藝文略・賦》《倪曙賦》一卷。僞唐人。

《宋史・藝文志・别集類》倪曙《賦》一卷。《倪曙賦》一卷。

錢東垣等輯《崇文總目・别集類五》《倪曙賦》一卷。

顧櫰三《補五代史藝文志・詩文集類》《倪曙賦》一卷。

獲稿

鄭樵《通志・藝文略・賦》《獲稿》三卷。倪曙既亡，得其遺稿二十一首賦。

《宋史・藝文志・别集類》倪曙《獲稿集》三卷。

錢東垣等輯《崇文總目・别集類五》《獲稿》三卷。倪曙撰。

顧櫰三《補五代史藝文志・詩文集類》倪曙《獲稿集》三卷。

體物集

鄭樵《通志・藝文略・賦》郭賁《體物賦集》一卷。僞唐人。

《宋史・藝文志・别集類》郭賁《體物集》一卷。

錢東垣等輯《崇文總目・别集類五》《體物集》一卷。郭賁撰。

江翰林賦集

鄭樵《通志・藝文略・賦》《江翰林賦集》三卷。僞唐江之蔚。

錢東垣等輯《崇文總目・别集類五》《江翰林賦集》三卷。江之蔚撰。

汪文蔚集

《宋史・藝文志・别集類》《汪文蔚集》三卷。

顧櫰三《補五代史藝文志・詩文集類》《江文蔚集》三卷。

丘旭賦

鄭樵《通志·藝文略·賦》《丘明賦》一卷。僞唐人。

《宋史·藝文志·别集類》《丘旭賦》一卷。

錢東垣等輯《崇文總目·别集類五》《丘旭賦》一卷。

顧櫰三《補五代史藝文志·詩文集類》《丘旭賦》一卷。

丘旭詩

《宋史·藝文志·别集類》《丘旭詩》一卷。

錢東垣等輯《崇文總目·别集類五》《丘旭詩》一卷。

顧櫰三《補五代史藝文志·詩文集類》《丘旭詩》一卷。

詠唐史

《宋史·藝文志·别集類》杜輦《詠唐史》十卷。

馬幼昌集

《宋史·藝文志·别集類》《馬幼昌集》四卷。

六朝詠史詩

《宋史·藝文志·别集類》孫元晏《六朝詠史詩》一卷。

覽北史

《宋史·藝文志·别集類》孫玄晏《覽北史》三卷。

鍾山集

《宋史·藝文志·别集類》左偃《鍾山集》一卷。

左偃集

顧櫰三《補五代史藝文志·詩文集類》《左偃集》一卷。

狎鷗集

顧櫰三《補五代史藝文志·詩文集類》《狎鷗集》一卷。

晝錦集宏詞前後集

顧櫰三《補五代史藝文志·詩文集類》《晝錦集宏詞前後集》二十卷。

梅嶺集

鄭樵《通志·藝文略·别集五》成文幹《梅嶺集》五卷。僞唐。

晁公武《郡齋讀書志・別集類中》 成彦雄《梅(頂)〔嶺〕集》一卷。右僞唐成彦雄，江南進士。有徐鉉序。

馬端臨《文獻通考・經籍考・別集》 成彦雄《梅(頂)〔嶺〕集》一卷。

《宋史・藝文志・別集類》 《成文幹詩集》五卷。

錢東垣等輯《崇文總目・別集類二》 成文幹《梅嶺集》五卷。

馮延巳集

鄭樵《通志・藝文略・別集五》 《馮延巳集》一卷。僞唐。

《宋史・藝文志・別集類》 馮延巳《陽春録》一卷。

錢東垣等輯《崇文總目・別集類五》 《馮彦巳集》一卷。

劉昭禹詩

鄭樵《通志・藝文略・別集五》 《劉昭禹詩》一卷。

陳振孫《直齋書録解題・詩集類上》 《劉昭禹集》一卷。湖南天策府學士桂陽劉昭禹撰。

馬端臨《文獻通考・經籍考・詩集》 《劉昭禹集》一卷。

《宋史・藝文志・別集類》 《劉昭禹詩》一卷。

錢東垣等輯《崇文總目・別集類五》 《劉昭禹詩》一卷。

顧懷三《補五代史藝文志・詩文集類》 《劉昭禹集》一卷。

鼎國詩

晁公武《郡齋讀書志・別集類中》 《鼎國詩》三卷。右後唐李雄撰。雄，洛輩人。莊宗同光甲申歲，遊金陵、成都、鄴下，各爲詠古詩三十章，以三國鼎峙，故曰「鼎國」。

馬端臨《文獻通考・經籍考・詩集》 《鼎國詩》三卷。

《宋史・藝文志・別集類》 《李雄詩》三卷。

牛嶠歌詩

晁公武《郡齋讀書志・別集類中》 《牛嶠歌詩》三卷。右僞蜀牛嶠字延峰，隴西人。唐相僧孺之後。博學有文，以歌詩著名。乾符五年進士，歷拾遺、補闕、尚書郎。王建鎮西川，辟判官。及開國，拜給事中，卒。集本三十卷。自序云：「竊慕李長吉所爲歌詩，輒效之。」

馬端臨《文獻通考・經籍考・詩集》 《牛嶠歌詩》三卷。

顧懷三《補五代史藝文志・詩文集類》 牛嶠《歌詩》三卷。

牛嶠集

顧懷三《補五代史藝文志・詩文集類》 《牛嶠集》三十卷。

韓熙載文集

晁公武《郡齋讀書志・別集類中》 《韓熙載文集》五卷。右僞唐韓熙載字叔言，北海人。後唐同光中進士。南奔江、淮。李昪建國，用爲祕書郎，使與其子璟遊。璟嗣位，爲虞部員外郎，史館修撰，兼太常博士、知制誥。頃之，請誅陳覺，黜和州司馬，復召中書舍人，累遷兵部尚書。第宅華侈，妓樂四十餘人，不知檢束。時人比徐之才。璟屢欲倚以爲相，用是不果。後左授右庶子、分司，乃盡斥羣妓，單車引道，留爲祕書監，俄復位，已而其去妓皆還。熙載天才俊敏，工隸書及畫，聲名冠一時。自朱元叛後，煜頗疑北人，多因事誅之，熙載愈益淫縱。然喜延譽後進，如舒雅等，後多知名。謚曰文。

馬端臨《文獻通考・經籍考・別集》 《韓熙載文集》五卷。

擬議集

顧櫰三《補五代史藝文志・詩文集類》 韓熙載《擬議集》十五卷。

定居集

顧櫰三《補五代史藝文志・詩文集類》 韓熙載《定居集》二卷。

章震詩

鄭樵《通志・藝文略・別集五》 《章震詩》十卷。僞唐。

錢東垣等輯《崇文總目・別集類五》 《章震詩》十卷。

磨盾集

《宋史・藝文志・別集類》 章震《磨盾集》十卷。

錢東垣等輯《崇文總目・別集類七》 《磨盾集》一卷。

肥川集

《宋史・藝文志・別集類》 章震《肥川集》十卷。

豐溪存稿

《四庫提要・別集類存目一》 《豐溪存稿》一卷。安徽巡撫採進本。舊本題唐呂從慶撰。前有任啓運所撰小傳，稱從慶字世膺，大梁人。從其祖伸官於金陵。廣明元年黄巢攻金陵，從慶走歙之堨田。及朱温簒唐，遂遁居旌德萬山中，隱居不仕，稱唐遺民。至南唐時乃卒，年九十七。其集歷代史志書目皆不著録。此本爲乾隆庚申其裔孫積祚所刊，稱其從叔高祖元進所手録。黄之雋、邵泰、儲大文皆爲之序，稱其湮没八百年而始顯。然其書晚出，授受源流渺不可考。越宋、元、明至今，忽傳於世，論者頗以爲疑。其詩如《賊警》之「何以慰時匆」、《遊多寶寺》之「先供座佛歆」、《村徑即景》之「啼鳥斷還仍」及「長此樂清礽」、《草堂坐雨》之「僊黍轉餘精」、《薄暮步村徑》之「飛蟲搏澗舞，鳴鵲抱巢修」、《醉卧田閒里人扶歸》之「垂手引模糊」、《咏菊》之「風雨困秋曦」，皆不似晚唐五代人語。又其中有《懷嚴子陵前輩》一題。案，李肇《國史補》稱進士互相推敬，謂之先輩，無稱人以前輩之事。杜甫詩「晝手看前輩，吴生遠擅場」，又「前輩飛騰入，餘波綺麗爲」，亦僅用爲詞藻，無稱人以某前輩之事。況遠隔千年，忽被此目，唐人諸集，實未前聞。又《春雪往柵山》題中有「敲詩驢子背上」語。案賈島咏「推敲」二字不定，見《唐摭言》。鄭綮言詩思在灞橋風雪中驢子背上，見《唐詩紀事》。在今日則爲故典，在唐末猶爲近事，不應從慶用之。且稱吟詩爲推敲，已屬割裂。至改爲敲詩，明以前人實無此語。疑爲贗鼎，蓋亦有由矣。

梓潼集

《宋史・藝文志・別集類》 李堯夫《梓潼集》二十卷。

顧櫰三《補五代史藝文志・詩文集類》 李堯夫《梓潼集》二十卷。

純陽呂真人文集

高儒《百川書志・唐詩》《純陽呂真人文集》五卷。《傳記》一卷、神迹、詩四、詞。河中呂巖洞賓著。

純陽真人混成集

高儒《百川書志・唐詩》《純陽真人混成集》二卷。呂仙洞賓著。此藏室中抄出，凡百九十六首。

紫閣集

鄭樵《通志・藝文略・別集五》王仁裕《紫閣集》十一卷。

《宋史・藝文志・別集類》王仁裕《紫閣集》五卷。

錢東垣等輯《崇文總目・別集類二》《紫閣集》十一卷。王仁裕撰。

顧櫰三《補五代史藝文志・詩文集類》王仁裕《紫閣集》十卷。

乘軺集

鄭樵《通志・藝文略・別集五》王仁裕《乘軺集》五卷。又《表章》《乘軺集》一卷。周王仁裕撰。

《宋史・藝文志・別集類》王仁裕《乘輅集》五卷。

錢東垣等輯《崇文總目・別集類二》王仁裕《乘輅集》五卷。

顧櫰三《補五代史藝文志・詩文集類》王仁裕《乘軺集》十卷。

紫泥集　紫泥後集

《宋史・藝文志・別集類》王仁裕《紫泥集》十二卷。《紫泥後集》四十卷。

顧櫰三《補五代史藝文志・詩文集類》王仁裕《紫泥集》十卷。《紫泥後集》四十卷。

王仁裕詩集

《宋史・藝文志・別集類》《王仁裕詩集》十卷。

顧櫰三《補五代史藝文志・詩文集類》《王仁裕詩集》十卷。

西江集

顧櫰三《補五代史藝文志・詩文集類》《西江集》十卷。

聱　書

《新唐書・藝文志・別集類》沈顔《聱書》十卷。

鄭樵《通志・藝文略・別集五》沈顔《聱書》十卷。僞吴。

晁公武《郡齋讀書志・別集類中》沈顔《聱書》十卷。右僞吴沈顔字可鑄，傳師之孫。天復初進士，爲校書郎。屬亂離，奔湖南，辟巡官。吴國建，爲淮南巡官、禮儀使、兵部郎中、知制誥、翰林學士。順義中卒。顔少有辭藻，琴棊皆臻妙。場中語曰「下水船」，言爲文敏速，無不載也。性閑淡，不樂世利。嘗疾當時文章浮靡，倣古著書百篇，取元次山「聱叟」之説附己志而名書。其自序云：「自孟軻以後千餘年，經百千儒者，咸未有聞焉。天厭其極，付在鄙子。」其誇誕如此。

陳振孫《直齋書録解題・別集類上》《聱書》十卷。唐天復進士沈顔可鑄撰。傳師之孫，仕僞吴，順義中爲翰苑。名「聱」者，以元結聱叟自況也。其文骩骳，而自序之語，極其矜負。

馬端臨《文獻通考・經籍考・別集》沈顔《(贅)〔聱〕書》十卷。

《宋史・藝文志・別集類》沈顔《聱書》十卷。

錢東垣等輯《崇文總目・別集類二》《聱書》十卷。沈顔撰。

解聱書

鄭樵《通志・藝文略・別集五》沈顔《解聱書》十五卷。

《宋史・藝文志・別集類》沈顔《解聱》十五卷。

錢東垣等輯《崇文總目・別集類二》《解聱書》十五卷。沈顔撰。

大紀賦

鄭樵《通志・藝文略・賦》《大紀賦》一卷。僞吴沈顔撰。

錢東垣等輯《崇文總目・別集類五》《大紀賦》一卷。沈顔撰。

陵陽集

《宋史・藝文志・別集類》沈顔《陵陽集》五卷。

顧櫰三《補五代史藝文志・詩文集類》沈顔《陵陽集》五卷。

游恭文集

鄭樵《通志・藝文略・別集五》《游恭集》一卷。僞吴。

錢東垣等輯《崇文總目・別集類二》《游恭文集》一卷。

東里集　廣東里集

鄭樵《通志・藝文略・別集五》游恭《小東里集》三卷。又《廣東里集》四卷。

《宋史・藝文志・別集類》游恭《東里集》三卷。又《廣東里集》二十卷。

錢東垣等輯《崇文總目・別集類二》《小東里集》三卷。游恭撰。《廣東里集》四十卷。游恭撰。

顧櫰三《補五代史藝文志・詩文集類》游恭《東里集》三卷，《廣東里集》二十卷。

短兵集

《宋史・藝文志・別集類》游恭《短兵集》三卷。

顧櫰三《補五代史藝文志・詩文集類》游恭《短兵集》三卷。

屠龍集

鄭樵《通志・藝文略・別集五》熊皦《屠龍集》五卷。

晁公武《郡齋讀書志・別集類中》熊皦《屠龍集》五卷。右晉熊皦。後唐清泰二年進士。爲延安劉景巖從事。天福中，説景巖歸朝，擢右司諫。坐累，黜上津令。集有陶穀序。陳沆賞皦《早梅》詩云：「一夜欲開盡，百花猶未知。」曰：「太妃容德，於是乎在。」

陳振孫《直齋書録解題・詩集類上》熊皦《屠龍集》一卷。五代晉九華熊皦撰。後唐清泰二年進士。集中多下第詩，蓋老於場屋者。

馬端臨《文獻通考・經籍考・別集》熊皦《屠龍集》五卷。

《宋史・藝文志・別集類》熊皦《屠龍集》五卷。

錢東垣等輯《崇文總目・別集類二》《屠龍集》五卷。熊皦撰。

顧櫰三《補五代史藝文志・詩文集類》熊皦《屠龍集》一卷。清泰二年進士。

南金集

《宋史・藝文志・別集類》熊皎《南金集》二卷。

登龍集

鄭樵《通志・藝文略・別集五》湯文圭《登龍集》十卷。僞吴。

《宋史・藝文志・別集類》殷文圭《登龍集》十五卷。

錢東垣等輯《崇文總目・別集類二》湯文圭《登龍集》十卷。

顧櫰三《補五代史藝文志・詩文集類》殷文圭《登龍集》十五卷。

冥搜集

鄭樵《通志・藝文略・別集五》湯文圭《冥搜集》二十卷。

《宋史・藝文志・別集類》殷文圭《冥搜集》二十卷。

錢東垣等輯《崇文總目・別集類五》《冥搜集》二十卷。殷文圭撰。

顧櫰三《補五代史藝文志・詩文集類》殷文圭《冥搜集》二十卷。

從軍稿

鄭樵《通志・藝文略・軍書》《從軍稿》二十卷。僞吴湯文圭撰。

《宋史・藝文志・別集類》商文圭《從軍稿》二十卷。

錢東垣等輯《崇文總目・別集類七》《從軍稿》二十卷。湯文圭撰。

筆耕詞

鄭樵《通志・藝文略・表章》湯文圭《筆耕》二十卷。僞吴人。

《宋史・藝文志・別集類》商文圭《筆耕詞》二十卷。

錢東垣等輯《崇文總目・別集類七》湯文圭《筆耕》一卷。

顧櫰三《補五代史藝文志・詩文集類》商文圭《筆耕詞》二十卷。

鏤冰集

鄭樵《通志・藝文略・別集五》殷文圭《鏤冰集》二十卷。

《宋史・藝文志・別集類》商文圭《鏤冰録》二十卷。

錢東垣等輯《崇文總目・別集類七》《鏤冰集略》三卷。湯文圭撰。

顧櫰三《補五代史藝文志・詩文集類》商文圭《鏤冰集》二十卷。

殷文珪集

陳振孫《直齋書録解題・詩集類上》《殷文珪集》一卷。唐殷文珪撰。乾寧五年進士。後仕南康。其子曰崇義，歸朝更姓名，即湯悅也。

馬端臨《文獻通考・經籍考・詩集》《殷文珪集》一卷。

高儒《百川書志・唐詩》《殷文珪集》一卷。乾寧五年進士，後仕南唐。

徐𤊹《徐氏家藏書目・文集類》《殷文珪詩》一卷。

顧櫰三《補五代史藝文志・詩文集類》《殷文圭集》一卷。

殷文圭四六

鄭樵《通志・藝文略・四六》《殷文圭四六》三卷。趙文翼注。

湯悦集

顧櫰三《補五代史藝文志・詩文集類》《湯悦集》三卷。

要録

鄭樵《通志・藝文略・别集五》楊九齡《要録》十卷。僞蜀。

錢東垣等輯《崇文總目・别集類二》《要録》十卷。楊九齡撰。

桂堂編事

《宋史・藝文志・别集類》楊九齡《桂堂編事》二十卷。

僧楚巒詩

《宋史・藝文志・别集類》《僧楚巒詩》一卷。

石召集

《宋史・藝文志・别集類》《石召集》一卷。

僧文彧詩

《宋史・藝文志・别集類》《僧文彧詩》一卷。

楊鳧書啓

鄭樵《通志・藝文略・刀筆》《楊鳧書啓》一卷。

詠史

《宋史・藝文志・别集類》閻承琬《詠史》三卷。

六朝詠史

《宋史・藝文志・别集類》〔閻承琬〕《六朝詠史》六卷。

許琳集

高儒《百川書志・唐詩》《許琳集》一卷。

徐𤊹《徐氏家藏書目・文集類》《許琳詩》一卷。

雪心賦

范邦甸等《天一閣書目・雜著類》《雪心賦》一册。刊本。唐章貢卜則巍著，新安謝子期注。

涪江集

《新唐書・藝文志・別集類》 張安石《涪江集》一卷。

鄭樵《通志・藝文略・別集四》 張安石《涪江集》一卷。

《宋史・藝文志・別集類》《張安石詩》一卷。《張安石集》一卷。

錢東垣等輯《崇文總目・別集類二》 張安石《涪江集》一卷。

顧櫰三《補五代史藝文志・詩文集類》 張安石《涪江集》一卷。

韓溉詩

《宋史・藝文志・別集類》《韓溉詩》一卷。

鼎國集

《宋史・藝文志・別集類》 李稹《鼎國集》三卷。

文丙集

陳振孫《直齋書録解題・詩集類上》《文丙集》一卷。稱布衣文丙，未詳何人。

馬端臨《文獻通考・經籍考・詩集》《文丙集》一卷。

《宋史・藝文志・別集類》《文丙詩》一卷。

顧櫰三《補五代史藝文志・詩文集類》《文丙集》一卷。

顧佐鎔集

尤袤《遂初堂書目・別集類》《顧佐鎔集》。

一字至七字詩

《宋史・藝文志・別集類》 吴蛻《一字至七字詩》二卷。

顧櫰三《補五代史藝文志・詩文集類》 吴蛻《一字至七字詩》二卷。

李咸用集

尤袤《遂初堂書目・別集類》《李咸用集》。

陳振孫《直齋書録解題・詩集類上》 李推官《披沙集》六卷。唐李咸用撰。其八世孫兼孟達居宛陵，亦能詩，嘗爲台州，出其家集，求楊誠齋作序。

馬端臨《文獻通考・經籍考・詩集》 李推官《披沙集》六卷。【略】誠齋序略曰：推官公詩，如「見後却無語，別來長獨愁」，如「危城三面水，古樹一邊春」，如「月明千嶠雪，灘急五更風」，如「煙殘偏有焰，雪甚却無聲」，如「春雨有五色，灑來花旋成」，如「雲藏山色時還媚，風約溪聲静又回」，如「未醉已知醒後憶，欲開先爲落聲愁」，蓋征人凄苦之情，孤愁窈眇之聲，騷客婉約之靈，風物榮悴之英，所謂周禮盡在魯矣。讀之使人發融冶之歡於荒寒無聊之中，動慘戚之感於笑談方懌之後，《國風》之遺音，江左之異曲，孰謂其果弦絶歟！

楊士奇等《文淵閣書目・詩詞》《李咸用推官詩》。一部，一册。闕。

高儒《百川書志・唐詩》 李推官《披沙集》六卷。隴西李咸用也。

徐𤊹《徐氏家藏書目・文集類》《李咸用詩》一卷。

錢謙益等《絳雲樓書目・唐詩類》 李咸用《披沙集》。六卷。

劉乙集

尤袤《遂初堂書目・別集類》《劉乙集》。

陳振孫《直齋書録解題・詩集類上》《劉乙集》一卷。似唐末五代人。《藝文志》不載。其詩怪而不律，亦不工。

馬端臨《文獻通考・經籍考・詩集》《劉一集》一卷。

顧懷三《補五代史藝文志・詩文集類》《劉乙集》一卷。

僧子蘭詩

鄭樵《通志・藝文略・別集五》《子蘭詩》一卷。

《宋史・藝文志・別集類》《僧子蘭詩》一卷。

僧懷浦詩集

《宋史・藝文志・別集類》《僧懷浦詩集》一卷。

玉壘集

《宋史・藝文志・別集類》僧可朋《玉壘集》十卷。

龍華集

《宋史・藝文志・別集類》僧曇域《龍華集》十卷。

顧懷三《補五代史藝文志・詩文集類》僧曇域《龍華集》十卷。

僧彙征集

鄭樵《通志・藝文略・別集五》《僧彙征集》七卷。吳越。

《宋史・藝文志・別集類》《僧彙征集》三卷。

錢東垣等輯《崇文總目・別集類二》《僧彙征集》七卷。

顧懷三《補五代史藝文志・詩文集類》《僧彙征集》七卷。

周濆集

尤袤《遂初堂書目・別集類》《周濆集》。

陳振孫《直齋書録解題・詩集類上》《周濆集》一卷。

馬端臨《文獻通考・經籍考・詩集》《周濆集》一卷。

《宋史・藝文志・別集類》《周濆集》一卷。

孟賓于集

尤袤《遂初堂書目・別集類》《孟賓于集》。

陳振孫《直齋書録解題・詩集類上》《孟賓于集》一卷。五代進士孟賓于撰。仕湖南、江南。

馬端臨《文獻通考・經籍考・詩集》《孟賓于集》一卷。

《宋史・藝文志・別集類》孟賓(子)〔于〕《金鼇詩集》二卷。

顧懷三《補五代史藝文志・詩文集類》孟賓于《金鼇集》一卷。

孟歸唐集

尤袤《遂初堂書目・別集類》《孟歸唐集》。

僧應之集

《宋史・藝文志・別集類》《僧應之集》一卷。

錢東垣等輯《崇文總目・別集類三》《僧應之詩》一卷。

孟貫集

尤袤《遂初堂書目・別集類》《孟貫集》。

高儒《百川書志・唐詩》《孟貫集》一卷。

徐𤊹《徐氏家藏書目・文集類》《孟貫詩》一卷。

花蕊夫人詩

晁公武《郡齋讀書志・別集類中》《花蕊夫人詩》一卷。右僞蜀孟昶愛姬也，青城費氏女。幼能屬文，長於詩，宫詞尤有思致。蜀平，以俘輸織室。後有罪，賜死。

趙希弁《讀書附志拾遺》《花蕊夫人詩》一卷。右蜀孟昶愛姬也，青城費氏女。幼能屬文，長於詩，宫詞尤有思致。蜀平，以俘輸織室。後有罪，賜死。此卷乃王安國寫入館者，毛恕鐫于衡陽。

尤袤《遂初堂書目・別集類》《蜀花蕊夫人宫詞》。

馬端臨《文獻通考・經籍考・詩集》《花蕊夫人詩》一卷。

楊士奇等《文淵閣書目・詩詞》《花蕋夫人詩》。一部，一册。闕。

高儒《百川書志・唐詩》《花蕋夫人詩集》一卷。僞蜀孟昶之夫人也。集皆宫詞，「詞」原作「詩」，從瞿校、鈔本改。凡百首。

毛晉《汲古閣書跋》《花蕊夫人宫詞》按蜀主王建納徐耕二女，姊爲淑妃，妹爲貴妃，俱善爲詩，有藻思。妹生衍，衍即位，册貴妃爲順聖太后，淑妃爲翊聖太

妃。或即以順聖爲花蕊夫人，如詩話所稱小徐妃者是也。及唐莊宗平蜀後，孟知祥再有蜀，傳孟昶。青城女費氏，幼能屬文，尤長於詩，以才貌事昶得幸，賜號花蕊夫人。然則花蕊夫人果有二耶？但徐妃以汙亂失國，孟昶繼之，寵溺後宫，而猶襲亡國夫人之號，豈大惑者固不知其不祥也。乃陶宗儀以孟昶納徐匡璋女，拜爲貴妃，別號花蕊夫人，而以費氏爲誤，蓋未詳王建之有徐妃，孟昶之有費妃也。意蜀主有前後之異，而世傳夫人爲蜀主妃，不及攷其爲王爲孟，爲徐爲費，爲順聖爲花蕊耶。今《宫詞》百首，實孟昶妃費氏作，不聞小徐妃云。

宋太祖平後蜀，花蕊夫人以俘見，問其所作，口占一絶云：「君王城上竪降旗，妾在深宫那得知。四十萬人齊解甲，更無一箇是男兒。」楊用修云：「宫詞之外，尤工樂府。蜀亡入汴，書葭萌驛壁云：『初離蜀道心將碎，離恨綿綿，春日如年，馬上時聞杜鵑。』書未畢，爲軍騎催行。後人續之云：『三千宫女皆花貌，妾最嬋娟，此去朝天，只恐君王寵愛偏。』花蕊見宋祖，猶作『更無一箇是男兒』之句，焉有隨昶行而書此敗節之語乎？續之者不惟虚空架橋，而詞之鄙，亦狗尾續貂矣。」

顧櫰三《補五代史藝文志・聲樂類》《宫詞》一卷。花蕊夫人撰。

孫晟文集

鄭樵《通志・藝文略・別集五》《孫晟集》五卷。僞唐。

晁公武《郡齋讀書志・別集類中》《孫晟文集》三卷。右南唐孫晟字鳳，密州人。好學，有文辭，尤長於詩。少爲道士，嘗畫賈島像，置於屋壁，晨夕事之。後乃儒服謁唐莊宗於鎮州，莊宗以爲著作佐郎。天成中，奔於吴，李昪父子用之爲相。周世宗征淮上諸郡，璟懼，遣晟奉表求和。世宗召問江南事，不對，殺之。璟聞，贈魯國公。

馬端臨《文獻通考・經籍考・別集》《孫晟文集》三卷。

《宋史・藝文志・別集類》《孫晟集》五卷。

錢東垣等輯《崇文總目・別集類二》《孫晟文集》五卷。

顧櫰三《補五代史藝文志・詩文集類》《孫晟集》五卷。

續古闕文

《宋史・藝文志・別集類》 孫晟《續古闕文》一卷。

譚藏用詩集　集外詩

《新唐書・藝文志・別集類》 《譚藏用詩》一卷。

鄭樵《通志・藝文略・別集五》 《譚藏用詩》一卷。

《宋史・藝文志・別集類》 《譚藏用詩》一卷。《譚用之詩》一卷。

《四庫提要・別集類存目一》 《譚藏用詩集》一卷，《集外詩》一卷。江蘇巡撫採進本。舊本題唐譚用之撰。用之字藏用，其履貫時代不見於史。《新唐書・藝文志》載有《譚藏用詩》一卷，次於劉言史、黃滔之前。《全唐詩》亦載用之詩一卷，謂爲五代末人。而《宋史・文苑傳》又云：「開寶初，有穎贊、劉從義善爲文章，張翼、譚用之善爲詩，張之翰善箋啓。」則又當爲宋初人。厲鶚《宋詩紀事》遂系之於宋。衆説紛紛，莫能考定。今此集前題「姑蘇吴岫家藏本，悉依宋鈔」十一字，後有譚氏子孫札一通，稱「集本元人鈔宋版，鈔書家珍藏，罕行於世」云云。是其書當出於明之中葉，而《全唐詩》所載之七律四十首，則别爲《集外詩》附之於後。蓋亦其子孫所題，以别於本集者。然自宋以來，閲數百年，收藏者從未著録，而忽得於吴岫家。又集外諸詩皆本於《唐詩鼓吹》，當時郝天挺所選録已不爲少，乃無一篇出於本集，其故頗不可解。且反覆檢勘，頗多疑竇。如「經歷」官名，不特《唐・百官志》所無，即宋代亦未曾置，至元時始有此職，而集中《夢祝直》詩，乃有「忽夢潯州祝經歷」句，其可疑者一也。又吴《真人奉旨求賢》詩，不似唐人語。考元時有道士吴全節，被遇成宗、仁宗、英宗，封「崇文宏道真人」，見於《元史》，而延祐中嘗命真人王壽衍求訪道行之士，與此所云「奉旨求賢」者情事相近，似當爲吴全節作，其可疑者二也。又集中《贈胡守》詩，鋪敘時事極詳，其大略云：「因思闤廣閒，壤地有深阻。兇豪據深洞，老幼負戈弩。幸逢天子聖，元帥復神武。詔書一日下，海内盡歌舞。横算罷舟車，求賢復科舉。」而《金盤山》詩又有貞元紀年。案：貞元爲德宗年號，距唐末百餘歲，時代大不相及。而證諸《唐書》亦無闤、廣作亂之事。惟《元史》載、成宗元貞元年，昭、賀、藤、邕、澧、全、衡、柳、吉、贛、南、安等處，蠻寇竊發，二年，上思州叛賊黃勝許攻剽水口思光寨，其後屢見於本紀，似與闤廣兇豪之語相合。而仁宗皇慶二年始行科舉，與「求賢復科舉」語亦相近。蓋元代未嘗有此制，仁宗始法古舉行，故謂之「復」。若唐則科舉一代不絶，不可謂之「復」矣。貞元年號恐當是「元貞」之譌，特元貞盡二年，而此作七年爲不相符耳，其可疑者三也。又《送趙容》詩云：「武林楊柳舊依依，甲第樓臺有是非。莫道天涯龍已化，但看雲際鶴還飛。」其意似指南宋之亡，若唐末五代時，則錢氏據有臨安，勢方全盛，安得有此語，其可疑者四也。豈用之遺集散佚殘闕，其子孫剽他人所作，攙雜其閒，以足卷帙，故牴牾如是歟？

錢東垣等輯《崇文總目・別集類四》 《譚藏用詩》一卷。

顧櫰三《補五代史藝文志・詩文集類》 《譚藏用詩》一卷。《(潭)〔譚〕用之詩》一卷。

李翰集

《新唐書・藝文志・別集類》 《李翰前集》三十卷。

鄭樵《通志・藝文略・別集四》 《李翰前集》三十卷。

尤袤《遂初堂書目・別集類》 《李翰集》。

《宋史・藝文志・別集類》 《李翰集》一卷。

丘光庭集

《新唐書・藝文志・別集類》 《丘光庭集》三卷。

鄭樵《通志・藝文略・別集四》 《丘光庭集》三卷。

錢東垣等輯《崇文總目・別集類二》 《丘光庭文集》三卷。

丘光庭詩

錢東垣等輯《崇文總目・別集類四》《丘光庭詩》一卷。

丘光庭四六

鄭樵《通志・藝文略・四六》《丘光庭四六》一卷。

海潮論

《宋史・藝文志・別集類》丘光庭《海潮論》一卷。

丘光業詩

鄭樵《通志・藝文略・別集五》《丘光業詩》一卷。

《宋史・藝文志・別集類》《丘光業詩》一卷。

顧櫰三《補五代史藝文志・詩文集類》《丘光業詩》一卷。

滎陽集

鄭樵《通志・藝文略・別集五》《潘舍人集》二十卷。僞唐潘佑。

晁公武《郡齋讀書志・別集類中》潘佑《滎陽集》十卷。右僞唐潘佑，金陵人。韓熙載薦於璟，授祕書正字，直崇文館。煜時爲虞部員外郎、史館修撰、知制誥、中書舍人。佑性貞介，文章贍逸，尤長論議。坐言事悖慢下獄，自經死。人頗言張洎譜之。

尤袤《遂初堂書目・別集類》《潘佑集》。

馬端臨《文獻通考・經籍考・別集》潘佑《滎陽集》十卷。

《宋史・藝文志・別集類》潘佑《(榮)〔滎〕陽集》二十卷。

錢東垣等輯《崇文總目・別集類二》《潘舍人文集》二十卷。潘佑撰。

顧櫰三《補五代史藝文志・詩文集類》潘祐《滎陽集》二十卷。

韋靄詩

《新唐書・藝文志・別集類》《韋靄詩》一卷。

鄭樵《通志・藝文略・別集五》《韋靄詩》一卷。

《宋史・藝文志・別集類》《韋藹詩》一卷。

錢東垣等輯《崇文總目・別集類四》《韋靄詩》一卷。

顧櫰三《補五代史藝文志・詩文集類》《韋藹詩》一卷。

一飛集

鄭樵《通志・藝文略・別集五》張沈《一飛集》一卷。

《宋史・藝文志・別集類》張沈《一飛集》三卷。

錢東垣等輯《崇文總目・別集類二》《一飛集》一卷。張沈撰。

崔拙集

鄭樵《通志・藝文略・別集五》《崔拙集》二卷。

《宋史・藝文志・別集類》《崔拙集》二卷。

錢東垣等輯《崇文總目・別集類二》《崔拙文集》二卷。

顧櫰三《補五代史藝文志・詩文集類》《崔拙集》二卷。

梁震集

鄭樵《通志·藝文略·別集五》《梁震集》一卷。

錢東垣等輯《崇文總目·別集類二》《梁震文集》一卷。

梁震表狀

《宋史·藝文志·別集類》《梁震表狀》一卷。

李氏應歷小集

鄭樵《通志·藝文略·別集五》《李氏應歷小集》十卷。李澣，晉末人。晉陷契丹，以僞遼應歷年號名集。

《宋史·藝文志·別集類》李瀚《丁年集》十卷。

錢東垣等輯《崇文總目·別集類二》《李氏應歷小集》十卷。李澣撰。

顧櫰三《補五代史藝文志·詩文集類》李瀚《丁年集》十卷。

白沙集

鄭樵《通志·藝文略·別集五》李愚《白沙集》十卷。

《宋史·藝文志·別集類》李愚《白沙集》十卷。

錢東垣等輯《崇文總目·別集類二》《白沙集》十卷。李愚撰。

顧櫰三《補五代史藝文志·詩文集類》李愚《白沙集》十卷。

五書

《宋史·藝文志·別集類》李愚《五書》一卷。

顧櫰三《補五代史藝文志·詩文集類》李愚《五書》一卷。

草堂集　續草堂集

鄭樵《通志·藝文略·別集五》《賈緯集》二十卷。又《續草堂集》一卷。

《宋史·藝文志·別集類》賈緯《草堂集》二十卷。又《續草堂集》十五卷。

錢東垣等輯《崇文總目·別集類二》《賈續文集》三十卷。又《續草集》十卷。

顧櫰三《補五代史藝文志·詩文集類》賈緯《草堂集》二十五卷。《續草堂集》十五卷。

孫魴詩集

鄭樵《通志·藝文略·別集五》《孫魴詩》三卷。僞唐。

《宋史·藝文志·別集類》《孫魴詩集》三卷。《孫魴詩》五卷。

錢東垣等輯《崇文總目·別集類五》《孫魴詩》三卷。

顧櫰三《補五代史藝文志·詩文集類》《孫魴詩》一卷。

范質集

鄭樵《通志·藝文略·別集五》《范質集》三十卷。《范魯公集》三十卷。范質。

晁公武《郡齋讀書志・別集類下》《范魯公集》三十卷。右皇朝范質字文素，大名人。後唐長興中舉進士。時和凝典貢舉，覽質程文，器之，自以登第名在十三，即以其數處質，舉子謂之「傳衣鉢」。晉天福中，爲翰林學士。周廣順初拜相。太祖受禪，加兼侍中。乾德二年，始罷爲太子太傅。卒，年五十四。將終，戒其子旻勿請謚，勿刻墓碑。質力學強記，好聚書。既登朝，猶手不釋卷。《國史》載其《宗從子詩》、《家書自序》、《薦吕餘慶趙普表》三篇。

尤袤《遂初堂書目・別集類》《范質集》。

馬端臨《文獻通考・經籍考・別集》《范魯公集》三十卷。

《宋史・藝文志・別集類》《范質集》三十卷。

錢東垣等輯《崇文總目・別集類二》《范質文集》三十卷。

薛居正集

鄭樵《通志・藝文略・別集五》《薛居正集》三十卷。

《宋史・藝文志・別集類》《薛居正集》三十卷。

錢東垣等輯《崇文總目・別集類二》《薛居正集》二十卷。

顧櫰三《補五代史藝文志・詩文集類》《薛居正集》三十卷。

王朴集

《宋史・藝文志・別集類》《王朴集》三卷。

翰苑集

《宋史・藝文志・別集類》王朴《翰苑集》十卷。

顧櫰三《補五代史藝文志・詩文集類》王朴《翰苑集》十卷。

樂賦

《宋史・藝文志・別集類》王朴《樂賦》一卷。

顧櫰三《補五代史藝文志・聲樂類》《樂賦》一卷。王朴撰。

騎省集

鄭樵《通志・藝文略・別集五》《徐鉉集》二十卷。

晁公武《郡齋讀書志・別集類中》《徐鉉集》三十卷。右僞唐徐鉉字鼎臣，廣陵人。仕楊溥，爲祕書郎，直宣徽北院，掌文翰。李昪時，知制誥。璟、煜時，累遷翰林學士。歸朝，爲直學士院、給事中、散騎常侍。淳化初，坐累黜靜難軍司馬。鉉初至京師，見御毛褐者，輒哂之。邠苦寒，竟以冷氣入腹而卒。鉉幼能屬文，尤精小學，嘗謂爲文速則意思雄壯，緩則體勢疎慢，故未嘗沈思。集有陳彭年序。

尤袤《遂初堂書目・別集類》《徐鉉集》。

陳振孫《直齋書録解題・別集類中》《徐常侍集》三十卷。左散騎常侍廣陵徐鉉鼎臣撰。其二十卷，仕江南所作；餘十卷，歸朝後所作也。所撰《李煜墓銘》，婉娩有體，《文鑑》取之。

馬端臨《文獻通考・經籍考・別集》《徐常侍集》三十卷。

《宋史・藝文志・別集類》《徐鉉集》三十二卷。

楊士奇等《文淵閣書目・文集》《徐騎省文集》。一部，十册。完全。

徐𤊹《徐氏家藏書目・文集類》徐鉉《騎省集》三十卷。

錢謙益等《絳雲樓書目・宋文集類》徐鉉《騎省集》四册。三十卷。

王士禛《漁洋書跋》《徐公文集》。《徐公文集》三十卷，南唐徐鉉寶臣著。宋都官員外郎胡克順所撰天禧中表進，批答甚優。五代時，中原喪亂，文獻放闕，惟南唐文物甲于諸邦。而鉉、鍇兄弟與韓熙載爲之冠冕。常侍詩文都雅，有唐代承平之風。入宋，與湯悦即殷崇義。奉詔撰《江南録》。至金陵亡國之際，不言其君之過，但以曆數爲言。誄後主文，尤極悱惻，讀者悲之。《老學叢談》記常侍入汴，市一宅居。後見宅主貧甚，曰：「得非市宅虧價而至是耶。吾近撰碑文，獲潤筆二百千，可以相濟。」其人堅辭，亟命左右輦致之。其厚德如此。集外又有《稽神録》若干卷。予家亦有寫本。

吴焯《繡谷亭薰習録・集一》 《徐常侍集》三十卷。宋徐鉉鼎臣著。仕江南時所作。凡二十卷，鉉自編也。歸朝後所作凡十卷，其女夫尚書水部員外郎吴淑編也。序則秘閣吴正儀參知政事陳彭年也，後序則集賢晏殊、待制徐琛也，墓銘則尚書僕射李昉也。雕板于天禧朝則尚書都官員外郎胡克順，重刻于紹興間即徐琛也。正儀即淑字，集中又稱秘閣，疑後歷之官也。

《四庫提要・别集類五》 《騎省集》三十卷。兩淮馬裕家藏本。宋徐鉉撰。鉉有《稽神録》，已著録。晁公武《讀書志》、陳振孫《書録解題》竝載鉉集三十卷，與今本同。陳氏稱其前二十卷仕南唐時作，後十卷皆歸宋後作。今勘集中所載年月事蹟，亦皆相符。蓋猶舊本也。集爲其壻吴淑所編。天禧中，都官員外郎胡克順得其本於陳彭年，刊刻表進，始行於世。鉉精於小學，所校許慎《説文》，至今爲六書矩矱。而文章淹雅，亦冠一時。《讀書志》稱其文思敏速，凡有撰述，常不喜預作。有欲從其求文者，必戒臨事即來請，往往執筆立就，未嘗沈思。常曰文遠則意思敏壯，緩則體勢疎慢。故其詩流易有餘，而深警不足。然如《臨漢隱居詩話》所稱《喜李少保卜隣詩》「井泉分地脈，砧杵共秋聲」之句，亦未嘗不具有思致。蓋其才高而學博，故振筆而成，時出名雋也。當五季之末，古文未興，故其文沿溯燕、許，不能嗣韓、柳之音。而就一時體格言之，則亦迥然孤秀。翟耆年《籀史》曰：太平興國中，李煜薨，詔侍臣撰神道碑。有欲中傷鉉者，奏曰：吴王事莫若徐鉉爲詳，遂詔鉉撰。鉉請存故主之義，太宗許之。鉉但推言曆數有盡，天命有歸而已。其警句曰：「東隣構禍，南箕扇疑，投杼致慈親之惑，乞火無隣婦之詞。始勞因壘之師，終後塗山之會。」太宗覽之，稱歎不已云云。後吕祖謙編《文鑑》，多不取儷偶之詞，而特録此碑。蓋亦賞其立言有體。以視楊維楨作《明鼓吹曲》，反顔而詆故主者，其心術相去遠矣。然則鉉之見重於世，又不徒以詞章也。

錢東垣等輯《崇文總目・别集類二》 《徐鉉文集》二十卷。

孫星衍《平津館鑒藏書籍記・舊影寫本》 《徐騎省文集》卅卷。前有天禧元年胡克順《進徐騎省文集表》并批答，淳化四年陳彭年序，行狀、墓誌銘、祭文、挽詩，大中祥符元年晏殊後序，紹興十九年明州重刊徐琛跋。鉉集爲其壻吴淑所編。天禧中，都官員外郎胡克順得其本於陳彭年，刊刻表。此從明州重刊本影鈔，卷數與晁氏《讀書志》、陳氏《書録解題》同。

黄丕烈《蕘圃藏書題識・補遺》 《徐騎省集》。舊鈔本。余向欲蓄《徐騎省集》，即新鈔本，亦不多得。多方往求始得一見。既聞吴枚庵茂才貧而蓄書，遇善本多手鈔者，訪之，已質他姓。末有跋語，是金侃亦陶者，云此書錢宗伯從宋大字本縮爲小字本録出。擬借鈔，苦其多而未就，已置之矣。後從香嚴周氏談及是書，云有影宋大字本，遂丐歸展讀。適書友自錫山故家收得鈔本，較吴本頗舊，行款亦與影宋本大同小異。爰竭數日功手校其誤。雖縮本仍然，而宋本面目約略可見。宋本亦有訛脱，鈔本間有空格處，當是按其文義以意存疑，此時悉據宋本校勘，不敢輕易佞宋之譏，識者諒之。宋本遇宋諱，避之甚嚴，知宋本確然可信，而影寫者纖悉遵之，知非貿貿傳録之本矣。嘉慶庚申七月白露節後七日，書於聯吟西館。黄丕烈。

黄丕烈《蕘圃藏書題識續録・集類上》 《徐公文集》三十卷。舊鈔本。目録據影宋本補。在目録前。

卷第一，影宋本連目録排葉數，此葉爲第十一起第十八葉止，以後脱同。在卷一首。

嘉慶庚申秋七月二十七日，用影宋大字本校訖記。在卷三十末。

影宋大字本校，每葉二十行，每行十九字，間有十八字、二十字不等。

大隆案：繆輯本誤脱，今據《四部叢刊》影印本補。

顧櫰三《補五代史藝文志・詩文集類》 《徐鉉集》三十二卷。

張金吾《愛日精廬藏書志・别集類》 《徐公文集》三十卷。舊抄校宋本。宋東海徐鉉撰。後附行狀、墓誌銘。李昉撰。李至等祭文、挽詞。【略】

周氏手跋曰：嘉慶十三年，以影宋鈔本校，十六卷十七卷内缺兩半葉，賴影宋本補全，其餘訛脱亦多校補。以是知名鈔之可寶，僅下宋本一等耳。香嚴居士周仲漣錫瓚記。

張之洞《書目答問・别集》 《騎省集》三十卷。宋徐鉉。明有刻本，今不可見。在南唐以前所作，已收入《全唐文》，合入宋以後作者。止有傳鈔本。鉉爲北宋初文學之最，故舉其名。

質論

鄭樵《通志·藝文略·論》《質論》二卷。皇朝徐鉉集。

《宋史·藝文志·别集類》徐鉉《質論》一卷。

錢東垣等輯《崇文總目·别集類六》《質論》一卷。徐鉉撰。鑒按《通志略》二卷。《東觀餘論》校正。《崇文總目》云：李後主與徐鉉書云：爲爾於《質論》前作得一小敘子，即此論也。

内典集

顧懷三《補五代史藝文志·詩文集類》僧贊寧《内典集》一百五十卷。

外學集

顧懷三《補五代史藝文志·詩文集類》《外學集》四十九卷。

李嵩集

鄭樵《通志·藝文略·别集五》《李嵩集》三卷。

李松褋文

《宋史·藝文志·别集類》李松《别集》一卷。

錢東垣等輯《崇文總目·别集類二》《李松褋文》一卷。

真珠集

鄭樵《通志·藝文略·表章》《真珠集》五卷。漢李崧撰。

《宋史·藝文志·别集類》李崧《真珠集》一卷。

錢東垣等輯《崇文總目·别集類七》《真珠集》五卷。李崧撰。

顧懷三《補五代史藝文志·詩文集類》李崧《真珠集》一卷。

錦囊集

《宋史·藝文志·别集類》李松《錦囊集》三卷。

顧懷三《補五代史藝文志·詩文集類》李崧《錦囊集》三卷。

徐鍇集

鄭樵《通志·藝文略·别集五》《徐鍇集》十卷。

《宋史·藝文志·别集類》《徐鍇集》十五卷。

錢東垣等輯《崇文總目·别集類二》《徐鍇集》十卷。

顧懷三《補五代史藝文志·詩文集類》《徐鍇集》十五卷。

王溥集

鄭樵《通志·藝文略·别集五》《王溥集》二十卷。

《宋史·藝文志·别集類》《王溥集》二十卷。

顧懷三《補五代史藝文志·詩文集類》《王溥集》二十卷。

扈載集

鄭樵《通志・藝文略・别集五》《扈載集》二十卷。

陳振孫《直齋書録解題・别集類上》《扈載集》十卷。後周翰林學士范陽扈載仲熙撰。少俊，早達，年三十六以死。其子蒙，顯於國初。

馬端臨《文獻通考・經籍考・别集》《扈載集》十卷。

《宋史・藝文志・别集類》《扈載集》五卷。

錢東垣等輯《崇文總目・别集類二》《扈載文集》二十卷。

顧櫰三《補五代史藝文志・詩文集類》《扈載集》十卷。

盧文度集

《宋史・藝文志・别集類》《盧文度集》二卷。

錢東垣等輯《崇文總目・别集類六》《盧文度制集》一卷。

孫開物集

鄭樵《通志・藝文略・别集四》《孫開物集》十六卷。

《宋史・藝文志・别集類》《孫開物集》十六卷。

錢東垣等輯《崇文總目・别集類二》《孫開物文集》十六卷。

江爲詩

《宋史・藝文志・别集類》《江爲詩》一卷。

僧大容集

《宋史・藝文志・别集類》《僧大容集》一卷。

吴越石壁記

《宋史・藝文志・别集類》錢鏐《吴越石壁記》一卷。

錢東垣等輯《崇文總目・别集類六》《吴越石壁記》二卷。錢鏐撰。

顧櫰三《補五代史藝文志・詩文集類》《吴越石壁集》二卷。

昌城後寓集

鄭樵《通志・藝文略・表章》《昌城後寓集》五卷。僞蜀毛文晏撰。

《宋史・藝文志・别集類》毛文晏《昌城後寓集》十五卷。

錢東垣等輯《崇文總目・别集類七》《昌城後寓集》五卷。毛文晏撰。

顧櫰三《補五代史藝文志・詩文集類》毛文晏《昌城寓言集》十五卷。

西閣集

《宋史・藝文志・别集類》毛文晏《西閣集》十卷。

顧櫰三《補五代史藝文志・詩文集類》毛文晏《西〔園〕〔閣〕集》十卷。

東壁出言

《宋史・藝文志・别集類》毛文晏《東壁出言》三卷。

顧櫰三《補五代史藝文志・詩文集類》 毛文晏《東壁寓言》三卷。

敬翔集

《宋史・藝文志・別集類》 《敬翔集》十卷。

顧櫰三《補五代史藝文志・詩文集類》 《敬翔集》十卷。

表奏集

鄭樵《通志・藝文略・表章》 《敬翔表奏》十卷。梁人。

《宋史・藝文志・別集類》 敬翔《表奏集》十卷。

錢東垣等輯《崇文總目・別集類七》 《敬翔表奏》十卷。

戎機集

鄭樵《通志・藝文略・軍書》 湯筠《戎機集》五卷。僞吴人。

《宋史・藝文志・別集類》 湯筠《戎機集》五卷。

錢東垣等輯《崇文總目・別集類七》 湯筠《戎機集》五卷。

顧櫰三《補五代史藝文志・詩文集類》 湯筠《戎機集》五卷。

潛龍筆職

鄭樵《通志・藝文略・表章》 《潛龍筆職集》二卷。僞蜀趙仁撰。

《宋史・藝文志・別集類》 趙仁拱《潛龍筆職》三卷。

吴江應用集

鄭樵《通志・藝文略・表章》 林鼎《吴江應用集》二十卷。僞吴人。

《宋史・藝文志・別集類》 林鼎《吴江應用》二十卷。

錢東垣等輯《崇文總目・別集類七》 林鼎《吴江應用集》二十卷。

李有中詩集

晁公武《郡齋讀書志・別集類中》 《李有中詩集》二卷。右僞唐李有中。嘗爲新塗令，與水部郎中孟賓于善。賓于稱其詩如方干、賈島之徒。賓于，晉天福中進士也。有中集内有贈韓、張、徐三舍人詩，韓乃熙載，張乃洎，徐乃鉉也。《春日》詩云「乾坤一夕雨，草木萬方春」，頗佳。他皆稱是。

馬端臨《文獻通考・經籍考・詩集》 《李有中詩》二卷。

碧雲集

徐𤊹《徐氏家藏書目・文集類》 李中《碧雲集》七卷。

錢謙益等《絳雲樓書目・唐詩類》 李中《碧雲集》。

錢東垣等輯《崇文總目・別集類三》 《碧雲集》三卷。

黄丕烈《蕘圃藏書題識・集類一》 《碧雲集》三卷。宋本。

黄丕烈《蕘圃藏書題識續録・集類上》 《碧雲集》三卷。汲古閣毛氏鈔本。

顧廣圻《思適齋書跋・集部》 《碧雲集》二卷。校本。此臨何義門校也，得自揚州坊間，旋晤敦夫先生，談次及之，因以爲贈。時嘉慶乙丑三月，澗薲顧廣圻記。

顧廣圻《思適齋集外書跋輯存・集類》 《碧雲集》三卷。

顧櫰三《補五代史藝文志・詩文集類》 李中《碧雲集》二卷。

張金吾《愛日精廬藏書志・別集類》 《碧雲集》三卷。影寫宋刊本。從吴門黄氏藏宋刊本影寫。

吴壽暘《拜經樓藏書題跋記》 《碧雲集》。右李中撰。卷分上下，首有孟賓于序，舊鈔本。

説李中集

《宋史・藝文志・別集類》 《説李中集》三卷。

江爲詩

鄭樵《通志・藝文略・別集五》 《江爲詩》一卷。僞唐。

陳振孫《直齋書録解題・詩集類上》 《江爲集》一卷。五代建安江爲撰。爲王氏所誅，當漢乾祐中。

馬端臨《文獻通考・經籍考・詩集》 《江爲集》一卷。

徐𤊹《徐氏家藏書目・文集類》 《江爲詩》一卷。

錢東垣等輯《崇文總目・別集類五》 《江爲詩》一卷。

顧懷三《補五代史藝文志・詩文集類》 《江爲集》一卷。

金陵古跡詩

鄭樵《通志・藝文略・別集五》 李存《金陵古跡詩》四卷。僞唐。

《宋史・藝文志・別集類》 朱存《金陵覽古詩》二卷。

錢東垣等輯《崇文總目・別集類五》 《金陵古跡詩》四卷。李存撰。

孟拱辰集

鄭樵《通志・藝文略・別集五》 《孟拱辰集》三卷。僞唐。

《宋史・藝文志・別集類》 孟拱辰《鳳苑集》三卷。

錢東垣等輯《崇文總目・別集類二》 《孟拱辰文集》三卷。

顧懷三《補五代史藝文志・詩文集類》 孟拱辰《鳳苑集》三卷。

百一集

鄭樵《通志・藝文略・別集五》 周延禧《百一集》二十卷。僞吴。

《宋史・藝文志・別集類》 周延禧《百一集》二十卷。

錢東垣等輯《崇文總目・別集類二》 周延禧《百一集》二十卷。

芸閣集

鄭樵《通志・藝文略・別集五》 郭昭慶《芸閣集》十卷。僞唐。

《宋史・藝文志・別集類》 郭昭慶《芸閣集》十卷。

錢東垣等輯《崇文總目・別集類二》 《芸閣集》十卷。郭昭慶撰。

顧懷三《補五代史藝文志・詩文集類》 郭昭慶《芸閣集》十卷。

鳳鳴集

《宋史・藝文志・別集類》 王超《鳳鳴集》三卷。

錢東垣等輯《崇文總目・別集類二》 《鳳鳴集》三卷。王超撰。

顧懷三《補五代史藝文志・詩文集類》 王超《鳳鳴集》三卷。

洋源集

鄭樵《通志・藝文略・別集五》 王超《洋源集》二卷。僞蜀。

《宋史・藝文志・别集類》 王超《洋源集》十卷。

錢東垣等輯《崇文總目・别集類二》 王超《洋源集》二卷。

鞏湖編玩

鄭樵《通志・藝文略・别集五》 孫光憲《鞏湖編玩》三卷。

晁公武《郡齋讀書志・别集類中》 孫光憲《鞏湖編玩》三卷。右荆南孫光憲字孟文，陵州人。王衍降唐，避地荆南，從誨辟掌書記，歷檢校祕書監，御史大夫。王師收朗州，光憲勸其主獻三州地。乾德中，終黄州刺史。自號葆光子。

馬端臨《文獻通考・經籍考・别集》 孫光憲《鞏湖編》三卷。

《宋史・藝文志・别集類》 孫光憲《鞏湖編甄》三卷。

錢東垣等輯《崇文總目・别集類二》 《鞏湖編玩》三卷。孫光憲撰。

顧櫰三《補五代史藝文志・詩文集類》 孫光憲《鞏湖編玩》三卷。

橘齋集

《宋史・藝文志・别集類》 孫光憲《橘齋集》二卷。

錢東垣等輯《崇文總目・别集類五》 孫光憲《摘〔橘〕齋集》二卷。

顧櫰三《補五代史藝文志・詩文集類》 〔孫光憲〕《橘齋集》二卷。

荆臺集

鄭樵《通志・藝文略・表章》 孫光憲《荆臺集》四十卷。光憲爲荆南高季興記室所作牋奏。

《宋史・藝文志・别集類》 孫光憲《荆臺集》四十卷。

錢東垣等輯《崇文總目・别集類七》 孫光憲《金臺集》四十卷。

王圻《續文獻通考・經籍考・集上》 《荆臺集》。孫光憲著。光憲，陵州貴平人。少好學，遊荆渚，博通經史，聚書數千卷，校讎不倦。自號寶光子。

顧櫰三《補五代史藝文志・詩文集類》 孫光憲《荆臺集》四十卷。

筆傭集

鄭樵《通志・藝文略・表章》 孫光憲《筆傭集》十卷。

《宋史・藝文志・别集類》 孫光憲《筆傭集》十卷。

錢東垣等輯《崇文總目・别集類七》 孫光憲《筆傭集》十卷。

紀遇詩

《宋史・藝文志・别集類》 孫光憲《紀遇詩》十卷。

顧櫰三《補五代史藝文志・詩文集類》 孫光憲《紀遇詩》十卷。

詠劉子詩

《新唐書・藝文志・别集類》 陸元皓《詠劉子詩》三卷。

鄭樵《通志・藝文略・别集五》 陸元皓《詠劉子詩》三卷。

《宋史・藝文志・别集類》 陸元皓《詠劉子詩》三卷。

錢東垣等輯《崇文總目・别集類三》 《詠劉子詩》一卷。陸元皓撰。

李洪茂集

《宋史・藝文志・别集類》 《李洪茂集》十卷。

顧櫰三《補五代史藝文志・詩文集類》 《李洪茂集》十卷。

李煜集

鄭樵《通志・藝文略・別集五》《李後主集》十卷。僞唐。《李後主集略》十卷。

晁公武《郡齋讀書志・別集類中》《李煜集》十卷。右僞唐主李煜重光也，璟之子。少聰悟，喜讀書屬文，工書畫，知音律。建隆三年嗣僞位。開寶八年，王師克金陵，封違命侯。太平興國三年，終隴西郡公，贈吴王。江鄰幾《雜志》云爲秦王廷美所毒而卒。

尤袤《遂初堂書目・別集類》《南唐李後主集》。

陳振孫《直齋書録解題・別集類上》《李後主集》十卷。江南國主李煜重光撰。

馬端臨《文獻通考・經籍考・別集》《李後主集》十卷。

《宋史・藝文志・別集類》《李煜集》十卷。又《集略》十卷。又《詩》一卷。《南唐李後主集》十卷。

錢東垣等輯《崇文總目・別集類二》《李煜集》十卷。《李煜集略》十卷。

顧懷三《補五代史藝文志・詩文集類》《李後主集》十卷。《集略》七卷。《詩》一卷。

李煜詩

《宋史・藝文志・別集類》李煜《詩》一卷。

顧懷三《補五代史藝文志・詩文集類》李煜《詩》一卷。

閣中集

顧懷三《補五代史藝文志・詩文集類》李侯《閣中集》第九一卷。

李九齡集

尤袤《遂初堂書目・別集類》《李九齡集》。

陳振孫《直齋書録解題・詩集類下》《李九齡集》一卷。洛陽李九齡撰。乾德二年進士第三人。

馬端臨《文獻通考・經籍考・詩集》《李九齡集》一卷。

《宋史・藝文志・別集類》《李九齡詩集》一卷。

伍喬集

陳振孫《直齋書録解題・詩集類下》《伍喬集》一卷。本江南進士，後歸朝。

馬端臨《文獻通考・經籍考・詩集》《伍喬集》一卷。

高儒《百川書志・唐詩》《伍喬集》一卷。

徐𤊹《徐氏家藏書目・文集類》《伍喬》一卷。

錢謙益等《絳雲樓書目・唐詩類》《伍喬詩集》。一卷。南唐進士。

顧懷三《補五代史藝文志・詩文集類》《伍喬集》一卷。

嘉善集

鄭樵《通志・藝文略・別集五》《嘉善集》五十卷。吏部尚書張昭。

《宋史・藝文志・別集類》張昭《嘉善集》五十卷。

錢東垣等輯《崇文總目・別集類二》《嘉（喜）善集》五十卷。

顧懷三《補五代史藝文志・詩文集類》張昭《嘉善集》五十卷。

東堂集

《宋史・藝文志・別集類》 竇夢證《東堂集》三卷。

顧櫰三《補五代史藝文志・詩文集類》 竇夢徵《東堂集》三十卷。

錢東垣等輯《崇文總目・別集類二》 《東堂集》三卷。竇夢證撰。

丹臺集

鄭樵《通志・藝文略・別集五》 高輦《丹臺集》三卷。

錢東垣等輯《崇文總目・別集類五》 《丹臺集》三卷。

崑玉集

《宋史・藝文志・別集類》 高輦《崑玉集》一卷。

徐𤊹《徐氏家藏書目・文集類》 高輦《崑玉集》一卷。

高輦詩

錢東垣等輯《崇文總目・別集類五》 《高輦詩》一卷。

釣潭集

《宋史・藝文志・別集類》 陳摶《釣潭集》二卷。

顧櫰三《補五代史藝文志・詩文集類》 陳摶《釣潭集》二卷。

高越賦

顧櫰三《補五代史藝文志・詩文集類》 《高越賦》一卷。

劉昌言文集

顧櫰三《補五代史藝文志・詩文集類》 《劉昌言文集》三十卷。

洋源集

顧櫰三《補五代史藝文志・詩文集類》 王保《洋源集》二卷。

瓊瑶集

顧櫰三《補五代史藝文志・詩文集類》 李珣《瓊瑶集》一卷。

錢宏偓詩

顧櫰三《補五代史藝文志・詩文集類》 《錢宏偓詩》十卷。

錢惟治文集

顧櫰三《補五代史藝文志・詩文集類》 《錢惟治文集》十卷。

錢惟濬文集

顧懷三《補五代史藝文志・詩文集類》《錢惟濬文集》二十卷。

陳周拙詩集

顧懷三《補五代史藝文志・詩文集類》《陳周拙詩集》八卷。

雲南趙和雜詩牋

顧懷三《補五代史藝文志・詩文集類》《雲南趙和雜詩牋》一卷。

嵐齋集

顧懷三《補五代史藝文志・詩文集類》李躍《嵐齋集》二十五卷。

毛炳詩集

顧懷三《補五代史藝文志・詩文集類》《毛炳詩集》一卷。

錢昆文集

顧懷三《補五代史藝文志・詩文集類》《錢昆文集》十卷。

劉洞詩

顧懷三《補五代史藝文志・詩文集類》《劉洞詩》一卷。

顏詡詩集

顧懷三《補五代史藝文志・詩文集類》《顏詡詩集》一卷。

睽叟集

顧懷三《補五代史藝文志・詩文集類》田吉《睽叟集》二卷。

偷江東集

顧懷三《補五代史藝文志・詩文集類》王智興《偷江東集》一卷。

徐仲雅集

顧懷三《補五代史藝文志・詩文集類》《徐仲雅集》一百卷。

鈞鼇集

顧懷三《補五代史藝文志・詩文集類》劉吉《鈞鼇集》一卷。

趙宏詩集

顧懷三《補五代史藝文志・詩文集類》《趙宏詩集》一卷。

錢儼前集

顧懷三《補五代史藝文志・詩文集類》《錢儼前集》五十卷。

錢儼後集

顧懷三《補五代史藝文志・詩文集類》儼仍有《後集》五十卷，係入宋後撰。

邵拙文集

顧懷三《補五代史藝文志・詩文集類》《邵拙文集》三百卷。

廬嶽集

顧懷三《補五代史藝文志・詩文集類》邵拙《廬嶽集》一卷。

蜀祖經緯略

《宋史・藝文志・別集類》李昊《蜀祖經緯略》一百卷。

樞機集

《宋史・藝文志・別集類》〔李昊〕《樞機集》二十卷。

廖偃詩

顧懷三《補五代史藝文志・詩文集類》《廖偃詩》一卷。

李慎儀集

《宋史・藝文志・別集類》《李慎儀集》十二卷。

唐鴻集

《宋史・藝文志・別集類》《唐鴻集》五卷。

陳光圖集

《宋史・藝文志・別集類》《陳光圖集》七卷。

魚化集

《宋史・藝文志・別集類》李翥《魚化集》一卷。

李鍇詩

《宋史・藝文志・別集類》《李鍇詩》一卷。

李約詩

《宋史・藝文志・別集類》《李約詩》一卷。

錢昭度詩集

錢東垣等輯《崇文總目・別集類五》《錢昭度詩集》一卷。

桑維翰賦

鄭樵《通志・藝文略・賦》《桑維翰賦》二卷。

《宋史・藝文志・別集類》《桑維翰賦》二卷。

錢東垣等輯《崇文總目・別集類五》《桑維翰賦》二卷。

顧櫰三《補五代史藝文志・詩文集類》《桑維翰賦》二卷。

王周集

陳振孫《直齋書録解題・詩集類上》《王周集》一卷。

馬端臨《文獻通考・經籍考・詩集》《王周集》一卷。

高儒《百川書志・集》《王周集》一卷。

徐𤊹《徐氏家藏書目・文集類》《王周詩》一卷。

劉兼集

高儒《百川書志・唐詩》《劉兼集》一卷。

徐𤊹《徐氏家藏書目・文集類》《劉兼詩》一卷。

西掖集

《宋史・藝文志・別集類》張正《西掖集》三十卷。

顧櫰三《補五代史藝文志・詩文集類》張正《西掖集》十三卷。

喬諷集

《宋史・藝文志・別集類》《喬諷集》十卷。

顧櫰三《補五代史藝文志・詩文集類》《喬諷集》十五卷。

王倓後集

《宋史・藝文志・別集類》《王倓後集》十卷。

顧櫰三《補五代史藝文志・詩文集類》《王倓後集》十卷。

筆　詩

尤袤《遂初堂書目・別集類》張拾遺《筆詩》。

龔霖詩

尤袤《遂初堂書目·别集類》《龔霖集》。

《宋史·藝文志·别集類》《龔霖詩》一卷。

潼江集

《宋史·藝文志·别集類》童九齡《潼江集》二十卷。

顧懷三《補五代史藝文志·詩文集類》章九齡《潼江集》二十卷。

玄舟集

《宋史·藝文志·别集類》勾令言《玄舟集》十二卷。

顧懷三《補五代史藝文志·詩文集類》勾令言《玄舟集》十二卷。

迴文詩

《宋史·藝文志·别集類》戴文一作「乂」《迴文詩》一卷。

樵漁論

《宋史·藝文志·别集類》孫希廣《樵漁論》三卷。

章鄖詩

《宋史·藝文志·别集類》《章一作「辛」鄖詩》一卷。

詠史

《宋史·藝文志·别集類》冀訪《詠史》十卷。

詠史

《宋史·藝文志·别集類》童汝爲《詠史》一卷。

左紹沖集

《宋史·藝文志·别集類》《左紹沖集》三卷。

趙暘詩

《宋史·藝文志·别集類》《趙暘詩》一卷。

塗昭良集

《宋史·藝文志·别集類》《塗昭良集》八卷。

陳九疇集

《宋史・藝文志・別集類》《陳九疇集》五卷。

湘西詩集

《宋史・藝文志・別集類》熊惟簡《湘西詩集》三卷。

李慎詩

《宋史・藝文志・別集類》《李慎詩》一卷。

張韋詩

《宋史・藝文志・別集類》《張韋詩》一卷。

從軍集

《宋史・藝文志・別集類》劉韶美《從軍集》四十卷。

周汾詩

錢東垣等輯《崇文總目・別集類五》《周汾詩》三卷。

衛單詩

《宋史・藝文志・別集類》《衛單詩》一卷。

錢東垣等輯《崇文總目・別集類五》《衛單詩》一卷。

張翼詩

錢東垣等輯《崇文總目・別集類五》《張翼詩》一卷。

張味道詩

錢東垣等輯《崇文總目・別集類五》《張味道詩》一卷。

倪明基詩

《宋史・藝文志・別集類》《倪明基詩》一卷。

錢東垣等輯《崇文總目・別集類五》《倪明基詩》一卷。

宗嚴集

《宋史・藝文志・別集類》《宗嚴集》一卷。

兩京賦

《宋史・藝文志・別集類》李希運《兩京賦》一卷。

渾天賦

《宋史・藝文志・別集類》毛濤一作「鑄」《渾天賦》一卷。

俞巖賦集

《宋史・藝文志・別集類》《俞巖賦集》一卷。

王嘏集

《宋史・藝文志・別集類》《王嘏集》十卷。

記室定名集

《宋史・藝文志・別集類》蔣文彧《記室定名集》三卷。

崔遘集

《宋史・藝文志・別集類》《崔遘集》二卷。

顧櫰三《補五代史藝文志・詩文集類》《崔遘集》二卷。

裴文集

錢東垣等輯《崇文總目・別集類二》《裴文集》五卷。

沈堯文集

錢東垣等輯《崇文總目・別集類二》《沈堯文集》五卷。

譚正夫集

《新唐書・藝文志・別集類》《譚正夫集》一卷。

鄭樵《通志・藝文略・別集四》《譚正夫集》一卷。

《宋史・藝文志・別集類》《譚正夫文》一卷。

錢東垣等輯《崇文總目・別集類二》《譚正夫集》一卷。

金鏤集

《宋史・藝文志・別集類》程簡之《金鏤集》十二卷。

遠華集

《宋史・藝文志・別集類》方納《遠華集》一卷。

忘筌集

《宋史・藝文志・別集類》楊懷玉《忘筌集》三卷。

顧懷三《補五代史藝文志・詩文集類》楊懷玉《忘筌集》三卷。

答輿論

《宋史・藝文志・別集類》張麟《答輿論》三卷。

李洪源集

《宋史・藝文志・別集類》《李洪源集》二卷。

安居雜著

《宋史・藝文志・別集類》程柔《安居雜著》十卷。

顧懷三《補五代史藝文志・詩文集類》程柔《安居雜著》十卷。

張傑詩

《宋史・藝文志・別集類》《張傑詩》一卷。

張琳集

《宋史・藝文志・別集類》《張琳集》十卷。

錢東垣等輯《崇文總目・別集類二》《張琳文集》十卷。

孫該詩

《宋史・藝文志・別集類》《孫該詩》一卷。

錢東垣等輯《崇文總目・別集類五》《孫該詩》二卷。

魯史分門屬類賦

鄭樵《通志・藝文略・賦》《魯史分門屬類賦》二卷。崔昇撰。

《宋史・藝文志・別集類》崔昇《魯史分門屬類賦》一卷。

錢東垣等輯《崇文總目・別集類五》《魯史分門屬賦》二卷。崔昇撰。

潛陽雜題詩

《新唐書・藝文志・別集類》湯緒《潛陽雜題詩》三卷。

鄭樵《通志・藝文略・別集五》《潛陽雜題詩》三卷。湯緒。

《宋史・藝文志・別集類》商緒《潛陽詩集》三卷。

錢東垣等輯《崇文總目・別集類四》《潛陽襍題詩》三卷。湯緒撰。

劉史詩

錢東垣等輯《崇文總目·别集類四》《劉史詩》一卷。

孟庭詩

錢東垣等輯《崇文總目·别集類四》《孟庭詩》一卷。

羅浩源詩

《新唐書·藝文志·别集類》《羅浩源詩》一卷。

鄭樵《通志·藝文略·别集五》《羅浩源詩》一卷。

《宋史·藝文志·别集類》羅浩源《廬山雜詠詩》一卷。

錢東垣等輯《崇文總目·别集類四》《羅源浩詩》一卷。

顧櫰三《補五代史藝文志·詩文集類》《羅浩源詩》一卷。

曾鄴詩

錢東垣等輯《崇文總目·别集類四》《曾鄴詩》一卷。

經緯略

錢東垣等輯《崇文總目·别集類七》《經緯略》一百卷。李僞撰。

唐興替論

鄭樵《通志·藝文略·論》《唐興替論》一卷。丁友亮撰。

《宋史·藝文志·别集類》丁友亮《唐興替論》一卷。

錢東垣等輯《崇文總目·别集類六》丁友亮《唐興(讚)〔替〕論》一卷。

汪藩集

尤袤《遂初堂書目·别集類》《汪藩集》。

寶華集

尤袤《遂初堂書目·别集類》徐鴻《寶華集》。

徐鴻詩

《宋史·藝文志·别集類》《徐鴻詩》一卷。

鄭崇集

尤袤《遂初堂書目·别集類》《鄭崇集》。

于勃集

尤袤《遂初堂書目・別集類》《于勃集》。

僧賓付集

《宋史・藝文志・別集類》《僧賓付集》一卷。

僧義現集

《宋史・藝文志・別集類》《僧義現集》三卷。

僧承訥集

《宋史・藝文志・別集類》《僧承訥集》一卷。

僧文雅集

《宋史・藝文志・別集類》《僧文雅集》一卷。

主父果詩

鄭樵《通志・藝文略・別集五》天台道士《主父果詩》一卷。

《宋史・藝文志・別集類》道士《主父果詩》一卷。

錢東垣等輯《崇文總目・別集類二》天台山道士《主父果詩》一卷。

從政文集

錢東垣等輯《崇文總目・別集類二》《從政文集》三卷。【原釋】以下俱闕。

見天一閣鈔本。

鄭氏貽孫集

《新唐書・藝文志・別集類》《鄭氏貽孫集》四卷。唐末人。

鄭樵《通志・藝文略・別集四》《鄭氏貽孫集》四卷。

《宋史・藝文志・別集類》《鄭氏貽孫集》四卷。

錢東垣等輯《崇文總目・別集類二》《鄭氏貽孫集》四卷。

顧懷三《補五代史藝文志・詩文集類》《鄭氏貽孫集》四卷。

樂安公德文集

錢東垣等輯《崇文總目・別集類二》《樂安公德文集》五卷。

□□詩集

錢東垣等輯《崇文總目・別集類三》《□□詩集》五卷。

疑諷諫集

錢東垣等輯《崇文總目·别集類四》《疑諷諫集》五卷。

紀遇詩

錢東垣等輯《崇文總目·别集類五》《紀遇詩》七卷。

彰武閒吟

錢東垣等輯《崇文總目·别集類五》《彰武閒吟》一卷。

策名集

錢東垣等輯《崇文總目·别集類五》《策名集》一卷。

江南李王詩

錢東垣等輯《崇文總目·别集類五》《江南李王詩》一卷。

翰苑制草集

錢東垣等輯《崇文總目·别集類六》《翰苑制草集》二十卷。

干旟集

《宋史·藝文志·别集類》崔氏《干旟録》六卷。

錢東垣等輯《崇文總目·别集類六》《干旟制集》六卷。崔氏失名撰。

金臺鳳藻集

《宋史·藝文志·别集類》李氏《金臺鳳藻集》五十卷。

錢東垣等輯《崇文總目·别集類七》《金臺鳳藻集》五十卷。李氏失名撰。

顧櫰三《補五代史藝文志·詩文集類》李氏《金臺鳳藻集》五十卷。

顧氏遺編

錢東垣等輯《崇文總目·别集類七》《顧氏遺編》十卷。

百道判圖

鄭樵《通志·藝文略·案判》《百道判圖》一卷。

關郎中四六

鄭樵《通志·藝文略·四六》《關郎中四六》一卷。

王侍讀集

尤袤《遂初堂書目・別集類》《王侍讀集》。

石臺集

尤袤《遂初堂書目・別集類》《石臺集》。

蘆中詩

《宋史・藝文志・別集類》《蘆中詩》二卷。不知作者。

皮氏玉笥集

《宋史・藝文志・別集類》《皮氏玉笥集》一卷。不知作者。

黄寺丞詩

《宋史・藝文志・別集類》《黄寺丞詩》一卷。不著名，題唐人。

擬狀制集

《宋史・藝文志・別集類》《擬狀制集》三卷。不知作者。

章表分門

《宋史・藝文志・別集類》《章表分門》一卷。〔不知作者。〕

兩制珠璣集

《宋史・藝文志・別集類》《兩制珠璣集》二卷。〔不知作者。〕

搢紳集

《宋史・藝文志・別集類》《搢紳集》三卷。〔不知作者。〕

蓬壺集

《宋史・藝文志・別集類》《蓬壺集》一卷。〔不知作者。〕

忘機子集

《宋史・藝文志・別集類》《忘機子集》五卷。〔不知作者。〕

洞天留題詩

楊士奇等《文淵閣書目・詩詞》《洞天留題詩》。一部，四冊。闕。

丘氏雙貞詩

楊士奇等《文淵閣書目・詩詞》《丘氏雙貞詩》。一部，一册。闕。

支離子詩

楊士奇等《文淵閣書目・詩詞》《支離子詩》。一部，一册。闕。《支離子詩》。一部，一册。完全。

江海吟稿

楊士奇等《文淵閣書目・詩詞》王道士《江海吟稿》。一部，六册，完全。

無名氏詩集

高儒《百川書志・唐詩》《無名氏詩集》一卷。凡五十五首。

徐𤊹《徐氏家藏書目・文集類》《無名氏詩》一卷。

鹿園集

顧懷三《補五代史藝文志・詩文集類》《鹿園集》一卷。

宋代分部

金陵詩

《宋史・藝文志・別集類》朱存《金陵詩》一卷。

方山集

王圻《續文獻通考・經籍考・集上》《方山集》四卷。嚴大猷著。閬州蒼溪人。以特奏名授隆慶府司理參軍。

黃虞稷《千頃堂書目・別集類・補宋》嚴大猷《方山集》四卷。蒼溪人。特奏名，授隆興府司理參軍。

倪燦等《宋史藝文志補・別集類》嚴大猷《方山集》四卷。蒼溪人。

趙上交集

鄭樵《通志・藝文略・別集五》《趙上交集》二十卷。

《宋史・藝文志・別集類》《趙上交集》二十卷。

陶穀集

鄭樵《通志・藝文略・別集五》《陶穀集》十卷。

尤袤《遂初堂書目・別集類下》《陶穀集》。

《宋史・藝文志・別集類》《陶穀集》十卷。

錢東垣等輯《崇文總目・別集類二》《陶穀文集》十卷。

襄陽風景古跡詩

《宋史・藝文志・別集類》王佑《襄陽風景古跡詩》一卷。

孟諸集

尤袤《遂初堂書目・別集類》戚同文《孟諸集》。

端揆集

鄭樵《通志・藝文略・別集五》《端揆集》四十五卷。右僕射竇儀。

《宋史・藝文志・別集類》竇儀《端揆集》四十五卷。

錢東垣等輯《崇文總目・別集類二》《端揆集》四十五卷。竇儀撰。

揀金集

陳振孫《直齋書録解題・詩集類下》《揀金集》一卷。螺江僧可尚撰。有送徐鉉詩，蓋國初人。

馬端臨《文獻通考・經籍考・詩集》《揀金集》一卷。

《宋史・藝文志・別集類》僧可尚《揀金集》九卷。

竇儼集

鄭樵《通志・藝文略・別集五》《竇儼集》五十卷。

錢東垣等輯《崇文總目・別集類二》《竇儼文集》五十卷。

楊徽之集

《宋史・藝文志・別集類》《楊徽之集》五卷。

楊聘君集

鄭樵《通志・藝文略・別集五》楊徽君《東里集》一卷。楊朴。

陳振孫《直齋書録解題・詩集類下》《東里楊聘君集》一卷。處士鄭圃楊朴契元撰。太宗嘗召對，拜郎中不受，以其子爲長水尉。

馬端臨《文獻通考・經籍考・詩集》東里《楊聘君集》一卷。

楊朴詩

《宋史・藝文志・別集類》《楊朴詩》一卷。

高錫集

鄭樵《通志・藝文略・別集五》《高錫集》一卷。

簪履編

鄭樵《通志・藝文略・別集五》高錫《簪履編》七卷。

《宋史・藝文志・別集類》高錫《簪履編》七卷。

趙普集

晁公武《郡齋讀書志・別集類下》《趙韓王集》三卷。右皇朝趙普字則平，薊州人，其父遷洛陽，占籍焉。乾德中，代范質爲平章事，太平興國六年及端拱初，三入相。薨，封真定王，謚忠獻，卒年七十一。普初少學術，太宗勉之，晚年頗該博。

趙希弁《讀書附志・別集類二》《趙韓王文集》五卷。右韓忠獻王趙普之文也。《讀書志》云：《文集》三卷，而叙述甚略。希弁所藏《文集》一册，列劉昌言所作行狀于前，記一，表疏二十九，附手詔、批答五，奏狀、劄子二十五，附御詩二十一，啓狀十，詞帖三。希弁又得其《謝請班師批答》一表於《國史》本傳，《賀平江南》一表及《與諸公遺書》於《國朝文粹》，通六十八篇。以太宗皇帝御製《神道碑》冠于帙首，并《行狀》爲一卷，次以記，又次以表疏，又次以奏狀、劄子，又次以啓狀、詞帖，成五卷。碑稱「晚歲酷愛讀書，經史百家，常存几案，强記默識，經目諳心，碩學老儒，宛有不及」。又爲之銘曰：「經綸宏異，學識通該。」傳亦稱：普初以吏道聞，寡學術。及爲相，太祖常勸以讀書。晚年手不釋卷，謚以忠獻，取慮國忘家、薦可替否之法也。追封韓王，配享太祖皇帝廟庭。

陳振孫《直齋書録解題・別集類中》《趙韓王遺稿》十卷。丞相韓忠獻王范陽趙普則平撰。普開國元臣，不以文著，而《彗星》、《班師》二疏，天下至今傳誦。末有劉昌言所撰《行狀》。案：《館閣書目》惟有《奏議》一卷，今麻沙書坊刊本，奏議止數篇，餘皆表狀之屬也。

馬端臨《文獻通考・經籍考・別集》《趙韓王集》三卷。【略】巽岩李氏《遺稿序》曰：王禹偁嘗賦詩哭普，謂其章疏與《夏訓》、《商謨》相表裏，本傳獨載普《諫伐幽州辭》，多删潤，每恨弗見其全，網羅搜索，久乃得普遺文，而幽州之奏咸在，後有《論星變》及《薦張齊賢》二奏，其言諄諄，要本於仁。嗚呼，賢矣！禹偁褒讚，諒不爲私，而史官簡編，誠可歎息，乃次第其遺文，以傳於世。其四六表狀，往往見《禹偁集》，蓋禹偁代作也，雖禹偁代作，必普之心聲云耳，因弗敢棄。顧草疏決不止此，當博求而附益之。

王祐集

鄭樵《通志・藝文略・別集五》《王祐集》二十卷。

《宋史・藝文志・別集類》《王祐集》二十卷。

狂簡集

王圻《續文獻通考・經籍考・集上》《狂簡集》百卷，《雅書》三卷，《志苑》三卷。萬適著。適，陳州宛丘人。自號遺玄子。喜學問，精于老子書，不求仕進。

雅書

王圻《續文獻通考・經籍考・集上》〔萬適〕《雅書》三卷。

志苑

王圻《續文獻通考・經籍考・集上》〔萬適〕《志苑》三卷。

雍熙詩

王圻《續文獻通考・經籍考・詩集》《雍熙詩》二百首。萬適著。陳州宛丘人，自號遺玄子。

經籍摘科討論記

王圻《續文獻通考・經籍考・詩集》 萬適所著又有《經籍摘科討論記》四十卷。

劉寅文集

鄭樵《通志・藝文略・別集五》 《劉夤集》一卷。

錢東垣等輯《崇文總目・別集類二》 《劉寅文集》一卷。

李瑩集

鄭樵《通志・藝文略・別集五》 《李瑩集》十卷。

《宋史・藝文志・別集類》 《李瑩集》十卷。

又 《李瑩集》一卷。

錢東垣等輯《崇文總目・別集類二》 《李瑩文集》十卷。

李昉集

鄭樵《通志・藝文略・別集五》 《李昉集》五十卷。

《宋史・藝文志・別集類》 《李昉集》五十卷。

錢東垣等輯《崇文總目・別集類二》 《李昉集》五十卷。

朱昂集

鄭樵《通志・藝文略・別集五》 《朱昂集》三十卷。

《宋史・藝文志・別集類》 《朱昂集》三十卷。

錢東垣等輯《崇文總目・別集類二》 《朱昂文集》三十卷。

湯悅集

《宋史・藝文志・別集類》 《湯悅集》三卷。

鞠常集

鄭樵《通志・藝文略・別集五》 《鞠氏集》二十卷。鞠常。

《宋史・藝文志・別集類》 《鞠常集》二十卷。

錢東垣等輯《崇文總目・別集類二》 《鞠氏文集》二十卷。鞠常撰。

石仲元詩

《宋史・藝文志・別集類》 《石仲元詩》二卷。

玉臺集

《宋史・藝文志・別集類》 王賞《玉臺集》四十卷。

王圻《續文獻通考・經籍考・集上》 《玉臺集》。王賞著。賞，當之弟。舉進士，累官禮部侍郎兼直學士。爲文師蘇軾。

翰苑制草集

《宋史・藝文志・別集類》 梁周翰《翰苑制草集》二十卷。

唐孝悌讚

鄭樵《通志·藝文略·贊頌》《唐孝悌贊》五卷。宋朝欒史撰。

錢東垣等輯《崇文總目·别集類六》《唐孝悌讚》五卷。欒史撰。

瑶臺集

《宋史·藝文志·别集類》王綸《瑶臺集》二卷。

奉常集

王圻《續文獻通考·經籍考·集上》《奉常集》五卷。和峴著。

秘閣集

王圻《續文獻通考·經籍考·集上》《秘閣集》五十卷。和峴著。

策名詩

《宋史·藝文志·别集類》李度《策名詩》一卷。

張洎集

鄭樵《通志·藝文略·别集五》《張洎集》五十卷。

晁公武《郡齋讀書志·别集類下》《張師黯集》五十卷。右皇朝張洎字師黯，滁州人。仕李煜，知制誥、中書舍人。歸朝爲史館修撰、翰林學士。淳化中，參知政事。至道二年，卒。洎風神灑落，文辭清麗，通釋氏學。然性險陂而諂附。集有吴淑序，其子安期所編。咸平五年上之。

尤袤《遂初堂書目·别集類》《張洎集》。

馬端臨《文獻通考·經籍考·别集》《張師黯集》五十卷。

《宋史·藝文志·别集類》《張洎集》五十卷。

錢東垣等輯《崇文總目·别集類二》《張洎集》五十卷。

柴成務集

鄭樵《通志·藝文略·别集五》《柴成務集》二十卷。

《宋史·藝文志·别集類》《柴成務集》二十卷。

鼇山集

錢東垣等輯《崇文總目·别集類二》《鼇山集》一卷。

王氏文集

錢東垣等輯《崇文總目·别集類二》《王氏文集》二十卷。

文懿集

鄭樵《通志·藝文略·别集五》郭贄《文懿集》三十卷。

《宋史·藝文志·别集類》郭贄《文懿集》三十卷。

錢東垣等輯《崇文總目・別集類二》《文懿集》二十卷。郭贄撰。

王圻《續文獻通考・經籍考・集上》《郭贄集》三十卷。郭贄字仲儀，襄邑人。屬文敏速。乾德中舉進士，仕終禮部尚書，卒贈左僕射，謚文懿。

宋白集

鄭樵《通志・藝文略・別集五》《宋白集》一百卷。

晁公武《郡齋讀書志・別集類下》《宋文安集》一百卷。右皇朝宋白字素臣，開封人。年十二，善屬文。建隆二年進士，調嘉州玉津令。從太宗平晉，獻《頌》，上嘉之，累擢翰林學士。祥符中卒，謚文安。白之文頗浮麗，而理致或不工。典貢舉，取王禹偁、田錫、胡旦，時稱得人。

尤袤《遂初堂書目・別集類》《宋白集》。

陳振孫《直齋書録解題・別集類中》《廣平公集》一百卷。翰林學士文安公大名宋白太素撰。

馬端臨《文獻通考・經籍考・別集》《宋文安集》一百卷。

《宋史・藝文志・別集類》《宋白集》一百卷。

錢東垣等輯《崇文總目・別集類二》《宋白文集》一百卷。

柳枝詞

《宋史・藝文志・別集類》宋白《柳枝詞》一卷。

胡旦集

晁公武《郡齋讀書志・別集類下》《胡周父文集》十卷。右皇朝胡旦字周父，渤海人。太平興國三年進士第一人。知海州，上《河平頌》。先是，盧多遜、趙普罷，《頌》内有「逆遜投荒，姦普屏外」之語，太宗怒，貶商州團練副使。上《平燕八議》，召復官，再遷知制誥。翟馬周上封事，斥時政，語連旦，謫坊州團練副使。復召知制誥。草王繼恩制，辭溢美，流潯州。景德初，以目病致仕，終祕書監。爲人雋辨強敏，少有大志，力學以贍博聞。雍熙、淳化間奏御之文，爲時推賞。晚節黷貨，多干擾州縣，持吏短長，時論薄之。

馬端臨《文獻通考・經籍考・別集》《胡周父文集》十卷。

《宋史・藝文志・別集類》《胡旦集》十六卷。

滕工部集

陳振孫《直齋書録解題・詩集類下》《滕工部集》一卷。滕白撰。篇首《寄陳摶》，知爲國初人。又有《右省懷山中》及《臺中寄朱從事詩》，則其敭歴清要亦多矣。史傳亡所見，未有考也，後見《實録》載，嘗以户部判官爲南面前轉運使，坐軍糧損折免官。

馬端臨《文獻通考・經籍考・詩集》《滕工部集》一卷。

王喦集

陳振孫《直齋書録解題・詩集類下》《王喦集》一卷。王喦撰。集中有《春日感懷上滕白郎中》，蓋亦國初人。又有「聖駕親征河東」及有「甲午避寇，全家欲下荆南」之語，則是李順亂蜀之歲。喦蓋蜀人也耶？

馬端臨《文獻通考・經籍考・詩集》《王喦集》一卷。

漁舟集

陳振孫《直齋書録解題・詩集類下》《漁舟集》五卷。處士成都郭震希聲撰。自稱汾陽山人。李畋爲作集序。淳化四年忽作詩曰：「朝出東門遊，東門好春色。青青原上草，莫放征馬食。」詣闕獻書，言蜀利病，未幾順賊已作矣。

馬端臨《文獻通考・經籍考・詩集》《漁舟集》一卷。

《宋史・藝文志・別集類》《郭震集》四卷

王圻《續文獻通考・經籍考・詩集》《漁舟集》。成都郭震著。震博學能詩，李畋稱其有孟郊風。

太宗御集

《宋史・藝文志・別集類》《太宗御集》一百二十卷。

安德裕集

王圻《續文獻通考・經籍考・集上》《安德裕集》四十卷。安德裕著。

咸平集　別集

晁公武《郡齋讀書志・別集類下》田表聖《咸平集》五十卷。右皇朝田錫字表聖，其先京兆人，唐末徙於蜀。國初，與胡旦、何士宗齊名。中太平興國三年進士第。歷相臺、桐廬、淮陽、海陵四郡守，知制誥，終於諫議大夫。范仲淹、司馬光讀其書，皆稱其直諒，蘇軾亦以比賈誼云。

尤袤《遂初堂書目・別集類》《田錫咸平集》。

陳振孫《直齋書録解題・別集類中》《咸平集》五十一卷。右諫議大夫漢嘉田錫表聖撰。太平興國三年進士第二人。范文正公誌其墓。東坡序其奏議十篇，所謂憂治世而危明主者也。今首卷有奏議十二篇，即東坡所序。錫之子孫亡顯者。端平初，南充游似景仁爲成都漕，奏言朝廷方用端拱、咸平之舊紀元，而臣之部內乃有端拱、咸平之直臣，宜褒表之以示勸，願下有司議謚。博士徐清叟直翁、考功黄朴誠甫議謚曰獻翼，云：今漢嘉田氏子孫，不知存亡，而文集板之在州者，亦燬於兵燼矣，可爲永慨！

馬端臨《文獻通考・經籍考・別集》田表聖《咸平集》五十卷。【略】

東坡蘇氏《奏議序》曰：嗚呼！田公古之遺直也，其盡言不諱，蓋自敵以下受之有不能堪者，而況於人主乎！吾是以知二宗之聖也。自太平興國以來，至於咸平，可謂天下大治，千載一時矣，而田公之言，常若有不測之憂近在朝夕者，何哉？古之君子，必憂治世而危明主，明主有絶人之資，而治世無可畏之防。夫有絶人之資，必輕其臣，無可畏之防，必易其民，此君子之所甚懼也。方漢文時，刑措不用，兵革不試，而賈誼之言曰：天下有可長太息者，有可流涕者，有可痛哭者。後世不以是少漢文，亦不以是甚賈誼。由此觀之，君子之遇治世而事明主，法當如是也。誼雖不遇，而其所言，略已施行，不幸早世，功烈不著於時，雖誼嘗建言使諸侯王子孫各以次受分地，文帝未及用，歷孝、景至武帝，而主父偃舉行之，漢室以安。今公之言，十未用五六也，安知來世不有若偃者，舉而行之歟！願廣其書於世，必有與公合者，此亦忠臣孝子之志也。

《宋史・藝文志・別集類》《田錫集》五十卷。又《別集》三卷。

錢謙益等《絳雲樓書目・宋文集類》田錫《咸平集》。五十卷。字表聖，嘉州人。東坡集中有《田表聖奏議序》。

《四庫提要・別集類五》《咸平集》三十卷。兩江總督採進本。宋田錫撰。錫有《奏議》已著録。考《奏議》乃明安磐所輯，其文已全載此集中。然《宋史・藝文志》載錫《奏議》二卷。《文獻通考》載錫《咸平集》五十卷。此本載奏議一卷，書三卷，賦五卷，論三卷，箴銘二卷，詩六卷，頌、策、笏、記、表、狀七卷，制誥、考詞三卷。以奏議與詩文集合爲一編，僅三十卷，則亦後人重輯之本，非其舊也。錫常慕魏徵、李絳之爲人，以獻納爲己任。《國老談苑》記太宗幸龍圖閣閲書，指西北架一漆畫篋，上親自署鑰者，謂學士陳堯叟曰：「此田錫之奏疏也。」愴然者久之。則當時已重其言。故其没也，范仲淹作墓誌，司馬光作神道碑，而蘇軾序其《奏議》亦比之賈誼。爲之操筆者，皆天下偉人，則錫之生平可知也。詩文乃其餘事，然亦具有典型。其氣體光明磊落如其爲人，固終非淟涊者所得彷彿焉。

張金吾《愛日精廬藏書志・別集類》《咸平集》三十卷。抄本。宋京兆田錫著。前有墓誌銘，范仲淹撰。神道碑陰，司馬温公撰。蘇軾《奏議集序》。

賈黃中集

尤袤《遂初堂書目・別集類》《賈黃中集》。

《宋史・藝文志・別集類》《賈黃中集》三十卷。

呂文穆集

鄭樵《通志・藝文略・別集五》《呂文穆集》十卷。呂蒙正。

民士編

晁公武《郡齋讀書志・別集類下》《民士編》一十九卷。右皇朝陳充撰。充，成都人。雍熙中，擢甲科，仕至刑部郎中。知祥符六年貢舉。卒年七十。辭學典贍，性曠達，善談謔，澹於榮利，自號中庸子。「民士」云者，蓋其未仕已仕前後所著文也。嘗以唐牛僧孺《善惡無餘論》爲害教，著書反之，《國史》稱焉。今集載其論兩篇。

馬端臨《文獻通考・經籍考・別集》《民士編》一十九卷。

《宋史・藝文志・別集類》陳充《民士編》二十卷。

乖崖集

鄭樵《通志・藝文略・別集五》《張乖崖集》一卷。

晁公武《郡齋讀書志・別集類下》《張乖崖集》十卷。右皇朝張詠字復之，濮州人。太平興國中進士。累擢至樞密直學士、御史中丞、禮部尚書，卒年七十。少好擊劍，兼通術數，爲文尚氣，不事雕飾，自號乖崖。公知益州，恩威並著，至今人畏愛之。錢易所撰墓誌、李畋所纂語録附於後。

尤袤《遂初堂書目・別集類》《張乖厓集》。

陳振孫《直齋書録解題・別集類中》《乖崖集》十二卷，附録一卷。樞密直學士忠定公鄄城張詠復之撰。乖崖其自號也。錢希白爲《墓誌》，韓魏公爲《神道碑》。近時郭森卿宰崇陽刻。此集舊本十卷，今增廣，并《語録》爲十二卷。

馬端臨《文獻通考・經籍考・別集》《張乖崖集》十卷。

《宋史・藝文志・別集類》《張詠集》十卷。

楊士奇等《文淵閣書目・文集》《張乖崖文集》。一部，二册。殘缺。

范邦甸等《天一閣書目・別集類》《張乖崖文集》十二卷。烏絲闌鈔本。宋張詠著。郭森卿序云：故禮部尚書忠定張公，以直道事太宗、真宗，雖不登相位，而眷倚特隆。天下誦其事業，而鮮有知其文者。森卿初至邑，會舊歸三山陳侯樸授一編書，乃公遺文，欲刊之縣齋而未果，屬使成之。歌詩有古樂府風氣，律句得唐人體。若《聲賦》之作，又其傑然雄偉者，因揭以冠編首。或者以《小英歌》等不類公作，然其詞艷而不流，政自不害爲宋廣平《梅花賦》耳。《語録》舊傳有三卷，今采摭傳記，僅爲一卷以附焉。遺事所載未備，輒以所聞增廣，又于石刻中增收詩八篇。好事者有爲公年譜，亦加删次，別爲一卷。舊本得之通城楊君津家，凡十卷，今爲十二卷。其會萃訂證，寔屬之尉曹孫君惟寅，而使學生存中參焉。外有韓魏公所作《神道碑》，内翰王公《送公宰崇陽序》，李巽巖《詞堂記》，項平庵《北峰亭記》。其文皆知公之深者，爰並録之。

錢謙益等《絳雲樓書目・宋文集類》《張乖崖文集》十卷。

《四庫提要・別集類五》《乖崖集》十二卷，附録一卷。衍聖公孔昭焕家藏本。宋張詠撰。詠事蹟具《宋史》本傳。其集宋代有兩本。一本十卷，見於趙希弁《讀書附志》，所稱錢易《墓誌》，李畋《語録》，附於後者是也。一本十二卷，見於陳振孫《書録解題》，所稱郭森卿宰崇陽刻此集，舊本十卷，今增廣并《語録》爲十二卷者是也。此本前有森卿序，蓋即振孫所見之本。序稱於世刻中增詩八篇，別附以韓琦《神道碑》，王禹偁《送宰崇陽序》，李燾《祠堂記》，項安世《北峰亭記》。今檢勘并合。惟所稱删次年譜別爲一卷者，則已不見。蓋傳寫有所脱佚矣。詠兩莅益州，爲政恩威並用，吏民畏服。平日剛方尚氣，有巖巖不可犯之節。其文乃疏通平易，不爲嶄絶之語。其詩亦列名西崑體中。案西崑酬唱十七人，詠名在第十一。其《聲賦》一首，窮極幽渺，梁周翰至歎爲一百年不見此作。則亦非無意於爲文者。特其光明俊偉，發於自然，故真氣流露，無雕章琢句之態耳。案韓琦《神道碑》，稱詠與邑人傅霖友善，登第後與傅詩有「巢由莫相笑，心不爲輕肥」之句。今集中乃作七言，琦蓋節用其意，故與集本不合。又案《陳輔之詩話》，稱蕭林之知溧陽時，張乖崖召食，見几案一絶句云：「獨恨太平無一事，江南閒殺老尚書。」蕭改「恨」作「幸」字。且言公功高身重，姦人側目，以此與公全身。乖崖曰「蕭弟一字之師也」云云。今考集中《游趙氏西園》詩末聯云「方信承平無一事，淮陽閒殺老尚書」，詩中既無「恨」字、「幸」字，亦不作「江南」字，且七律而非絶句。則輔之所記，乃傳聞譌異之詞。又《青箱雜記》載詠《贈官妓小英歌》，今不見集中。其詩詞意凡劣，決非詠之所爲。殆亦吳處厚誤採鄙談，不足據也。

孫星衍《平津館鑒藏書籍記・舊影寫本》　《乖崖先生文集》十二卷。前有宣教郎、知鄂州崇陽縣、主管勸農營田公事天台郭森卿序。《乖崖集》，宋刻有兩本。趙希弁《讀書附志》本，十卷。《書録解題》本，十二卷。稱：「郭森卿宰崇陽刻。此集舊本十卷，今增廣并《語録》爲十二卷」，即此本也。《四庫全書》「《乖崖集》十二卷附録一卷」，在此本之後。收藏有「隨處體認」白文方印，「疏窗蔭緑筠」朱文圓印，「細嚼梅花讀杜詩」白文長印，「户映花叢當下簾」白文方印。

黄丕烈《蕘圃藏書題識・集類二》　《乖崖先生文集》十二卷，附録一卷。朱本。自右見卮史以下從舊鈔本，補鈔本已於壬戌春攜贈蜀人張船山太史同年矣。蕘翁記。

黄丕烈《百宋一廛書録》　《乖崖先生文集》。《乖崖先生文集》相傳宋代有二本。一本十卷，一本十二卷。十二卷之本蓋郭森卿官崇陽刻者也。今所得即郭本，而又爲後人重刻。前有咸淳己巳中春朔邑子朝散大夫、特差荆湖安撫大吏司主管機宜文字、權澧州軍州事，賜緋龔夢龍序。其云：前令君天台郭公森卿嘗栞寘郡齋，己未兵燬，遂爲煨燼。今令史左綿伊公賡昌儒術飾吏，復鋟梓以壽其傳，是此本又爲宋刻之第三本矣。惜斸存六卷，六卷以下爲賜書樓舊鈔本。然較外閒傳本已有不同處，即如《青箱雜記》載詠《贈官妓小英歌》時本以爲今不見集中。然宋刻第二卷有云《筵上贈小英》當即此首。而郭序云：或者以《小英歌》詩等不類公作。然其辭豔而不流，自不害爲宋廣平《梅花賦》耳。則《小英歌》宋刻明明有之，時本豈以其不類而削去耶？然非其舊矣。

張金吾《愛日精廬藏書志・别集類》　《乖崖先生文集》十二卷，附録一卷。舊抄本。宋張詠撰。

潘祖蔭《滂喜齋藏書記・集部》　宋刻《乖崖集》十二卷，《附集》一卷。四册。晁公武《讀書志》著録十卷。陳直齋曰：「近時郭森卿宰崇陽刻此集，并《語録》爲十二卷。」此即森卿刻本。前有其序，後附項平叔《北峰亭記》，題嘉定三年九月，則嘉定以後刻也。黄蕘圃藏本「咸淳乙巳左緜伊賡刻」，即出郭本。《百宋一廛賦》所謂「諼乖厓於崇陽」者也。其書僅有六卷，卷七至末皆賜書樓舊鈔。此本既爲祖本，且首尾完好，槧印精美，誠足駕士禮而上之。每半葉九行，行十八字。黄本每半葉十二行，行廿字。蓋覆刻時行款亦改易矣。畢秋帆、董蔗林兩尚書皆有藏印。

河東集

鄭樵《通志・藝文略・别集五》　柳開《河東先生集》十五卷。

晁公武《郡齋讀書志・别集類下》　《柳仲塗集》一卷。右皇朝柳開字仲塗，大名人。開寶六年進士。太平興國中，上書願備邊用，換崇儀使，知寧邊軍。徙全、桂二州，貶復州團練副使。居久之，復官。歷環、邠、曹、邢、代、忻、滄七州。咸平四年，終如京使。開幼奇警有膽氣，學必宗經。慕韓愈、柳宗元爲文，因名肩愈，字紹先。既而易今名字，自以爲能開聖學之塗也。集乃門人張景所編。歐公嘗推本朝古文自仲塗始。

趙希弁《讀書附志・别集類三》　《河東先生文集》十五卷。右如京使知滄州河東伯柳開字仲塗之文也。《讀書志》云：《柳仲塗集》一卷。希弁所藏乃十五卷。咸平三年張景序云：「緝其遺文，得九十六首，成十五卷，命之曰《河東先生集》。」行狀附于後，亦景所撰也。開著書號東郊野夫，又號補亡先生，作二傳以見意。開垂絶，語景曰：「吾十年著一書，可行於世。」景爲名之曰《默書》，辭義稍隱，讀者難遽曉，今載文集第一卷第一篇，凡六百二十三言。

尤袤《遂初堂書目・别集類》　《柳仲塗集》。

陳振孫《直齋書録解題・别集類中》　《柳仲塗集》十五卷。如京使大名柳開仲塗撰。開，開寶六年進士，歷知常、潤州，以殿中侍御史換崇儀使，又歷八郡以卒。門人張景爲《行狀》及集序。本朝爲古文自開始，然其體艱澁。爲人伉慨，喜功名，急義。史亦稱其傲狠強愎云。

馬端臨《文獻通考・經籍考・别集》　《柳仲塗集》一卷。

《宋史・藝文志・別集類》《柳開集》十五卷。

楊士奇等《文淵閣書目・文集》《柳仲塗文集》。一部三册。殘缺。

錢謙益等《絳雲樓書目・宋文集類》 柳開《河東先生集》。一卷。仲塗門人張景編。

王士禛《漁洋書跋》《河東集》。宋如京使柳開《仲塗文集》十五卷，附《行狀》一卷。門人張景所編，亦名《河東先生集》。其文多拗拙。石守道極推尊之。《徂徠集》有《過魏東郊詩》一篇。至上擬之堯、舜、皋、夔、伊、吕，下擬之遷、固、通、愈。又嘗作《怪説》三篇，以詆楊文公，比之狐媚梟鳴。噫！亦誖矣。《湘山野録》云：景字晦之，避難逋竄，改姓名曰李田。所至題曰：欲識我蹤跡，一氣萬物母。景作《柳集序》，首云：一氣，萬物之母也。故云然。

吴焯《繡谷亭薰習録・集一》《河東集》十五卷。宋知滄州柳開仲塗著，門人清河張景晦之輯，并爲之序。方五季之餘，文體萎弱，開獨能以韓、柳爲宗，故其初名肩愈，字紹元，既而易之，自謂能開聖道之塗，斯固有心文教者。盧陵嘗推本朝古文，斷自開始，而尹洙、穆修繼之。此特論文章氣運之先後耳，然亦難乎其爲創矣。今讀其《默書》諸篇，沈雄堅潔，實有本源。而陳氏以艱澀目之，過已。然持論有偏僻處，如論揚雄《劇秦美新》之論，謂比新于秦同其惡也。劇者，惡之甚也，美者，謂新之惡少異于秦也。夫秦滅六國，豈與莽竊漢同科，而尚分其優劣哉。《駁班史》論雄言不當稱經，謂明聖人之道，即稱聖人之言似也。至謂聖人之道存乎揚，其可乎？《昌黎集序》謂韓之文得聖人大道似也，至謂遠過于孟子，其可乎？觀其立論，殆亦賢者之過與。此本有丹筆校讐，凡改誤處俱稱依何本，未知爲誰氏也。

《四庫提要・別集類五》《河東集》十五卷，附録一卷。浙江鮑士恭家藏本。宋柳開撰。開字仲塗，大名人。開寶六年進士。歷典州郡，終於如京使。事蹟具《宋史・文苑傳》。開少慕韓愈、柳宗元爲文，因名肩愈，字紹先。既又改名，改字，自以爲能開聖道之塗也。集中《東郊野夫》、《補亡先生》二傳，自述甚詳。集十五卷，其門人張景所編，附以景所撰《行狀》一卷。蔡條《鐵圍山叢談》記其在陜右爲刺史，喜生膾人肝，爲鄭文寶所按，賴徐鉉救之得免。則其人實酷暴之流。《石介集》有《過魏東郊》詩爲開而作，乃推重不遺餘力。條説固多虚飾，介亦名心過重，好爲詭激，不合中庸。其説未知孰確。今第就其文而論，則宋朝變偶儷爲古文，實自開始。惟體近艱澀，是其所短耳。盛如梓《恕齋叢談》載開論文之語曰：「古文非在詞澀言苦，令人難讀。在於古其理，高其意。」王士禛《池北偶談》譏開能言而不能行。非過論也。又尊崇揚雄太過，至比之聖人，持論殊謬。要其轉移風氣，於文格實爲有功。謂之明而未融則可。王士禛以爲初無好處，則已甚之詞也。

錢東垣等輯《崇文總目・別集類二》《河東先生集》十五卷。柳開撰。

吴壽暘《拜經樓藏書題跋記》卷五 《河東集》。《河東先生集》十五卷，舊鈔本，有附録。《四庫書目》作十卷，附録一卷。按：景序明言十五卷。近慈谿柳氏有重刻本，抱經先生、竹汀先生並爲之序，均未詳卷數，未審視此本何如，當更訪之。先君子書《鐵圍山叢談》「江南徐鉉歸朝後」一則於前，云：「據此，則仲塗文章雖擅一時，而人品不無可議。張景《行狀》謂不拘小謹，蓋其微詞。而陳直齋亦云開爲人史稱其傲狠剛愎。合觀數語，則開先時自名曰肩愈者，不亦妄乎。戊戌春日，偶從武林得舊鈔本，漫題首簡。」

張之洞《書目答問・別集》《河東集》十五卷，附録一卷。柳開。國朝人校刻本。

李至集

鄭樵《通志・藝文略・別集五》《李至集》四十卷。

尤袤《遂初堂書目・別集類》《李志集》。

《宋史・藝文志・別集類》《李至集》三十卷。

錢東垣等輯《崇文總目・別集類二》《李至集》四十卷。

吕祐之集

《宋史・藝文志・別集類》《吕祐之集》二十卷。

古成之集

《宋史・藝文志・別集類》《古成之集》三卷。

曾致堯文集

馬端臨《文獻通考・經籍考・別集》《曾致堯文集》十卷。贈諫議大夫曾致堯撰。南豐之祖也。南豐作集序曰：公所爲書，號《仙鳧羽翼》者三十卷，《西陲要紀》者十卷，《清邊前要》五十卷，《廣中台志》八十卷，《爲臣要紀》三卷，《四聲韻》五卷，總一百七十八卷，皆刊行於世。今類次詩賦書奏一百二十三篇，又自爲十卷，藏於家。方五代之際，儒學既擯，後生小子治術業於閭巷，文多淺近，是時公雖少，所學已皆治亂得失興壞之理，其爲文閎深雋美，而長於諷諭，今類次樂府已下是也。宋既平天下，公始出仕，當此之時，太祖、太宗已綱紀大法矣，公於是更言當世之得失。其在朝廷疾當事者不忠，故凡言天下之要，必本天子憂憐百姓勞心萬事之意，而推大臣從官執事之人觀望懷姦不稱天子屬任之心，故治未久洽。至其難言，則人有所不敢言者，雖屢不合而出，而所言亦切，不以利害禍福動其意也。公所言甚衆，其在上前及書亡者，蓋不得而集，其或從或否，而後常可思者，與歷官行事，廬陵歐陽修已銘公之碑特詳焉，此故不論，論其盡載者。

直言集

《宋史・藝文志・別集類》曾致堯《直言集》一卷。

錢東垣等輯《崇文總目・別集類六》曾致堯《直言集》一卷。

陳靖集

《宋史・藝文志・別集類》《陳靖集》十卷。

錢昭度詩

《宋史・藝文志・別集類》《錢昭度詩》一卷。

漢沔詩集

王圻《續文獻通考・經籍考・詩集》《漢沔詩集》五卷。平原趙自化著。

向文簡公集

尤袤《遂初堂書目・別集類》《向文簡公集》。

道院別集

鄭樵《通志・藝文略・別集五》《道院別集》二十卷。

晁公武《郡齋讀書志・別集類下》晁文元《道院別集》十五卷。右五世祖文元公也。諱某，字明遠，澶州人。自父始徙家彭門。幼從王禹偁學，太平興國五年進士。至道末，擢右正言、直史館、知制誥，入翰林爲學士，加承旨，眷禮優厚。天禧中，祈解近職，判西京留司御史臺。居六年，請老，以太子少保致仕，終少傅，年八十四。文元，謚也。《國史》云：公樂易淳固，守道甚篤，雖貴勢無所摧屈。嘗言歷官臨事，未嘗挾情害人以售進，保全護固，如免髮膚之傷。真宗數稱其長者。楊億謂其所作書命，得代言之體。李獻臣亦言公服膺墳典，耆年不倦。少遇異人，指導心要，不喜術數之說。疑文滯義，須質正而後已。文章典贍，書法端楷，時輩推重。自唐以來，世掌誥命者，惟楊於陵及見其子，而晁氏繼之。延譽後進，其門人如宋宣獻、晏元獻、李邯鄲，皆爲世顯人。集皆自有序及李遵勗後序。自經兵亂，六世圖書，焚棄無孑遺。《法藏碎金》世傳最廣，先得之於趙郡蘇符，《昭德新編》則得之於丹稜李燾，《道院別集》則得之於知閬州王輔，《耄智餘書》則得之於眉山程敦厚，《理樞》則得之於《澠池集》中。

馬端臨《文獻通考・經籍考・別集》 晁文元公《道院別集》十五卷。

錢謙益等《絳雲樓書目・宋文集類》 晁文元名迥《道院別集》十五卷。

法藏碎金録

晁公武《郡齋讀書志・別集類下》 晁文元《法藏碎金録》十卷。右五世祖文元公也。

馬端臨《文獻通考・經籍考・別集》 晁文元公《法藏碎金録》十卷。

錢謙益等《絳雲樓書目・宋文集類》 晁文元名迥《法藏碎金録》十卷。

耄智餘書

晁公武《郡齋讀書志・別集類下》 晁文元《耄智餘書》三卷。右五世祖文元公也。

馬端臨《文獻通考・經籍考・別集》 晁文元公《耄智餘言》三卷。

昭德新編

鄭樵《通志・藝文略・別集五》 晁迥《昭德新編》三卷。

晁公武《郡齋讀書志・別集類下》 晁文元《昭德新編》三卷。右五世祖文元公也。

馬端臨《文獻通考・經籍考・別集》 晁文元公《昭德新編》三卷。

《宋史・藝文志・別集類》 晁迥《昭德新編》三卷。

錢謙益等《絳雲樓書目・宋文集類》 《昭德新編》三卷。

理　樞

晁公武《郡齋讀書志・別集類下》 晁文元《理樞》一卷。右五世祖文元公也。

馬端臨《文獻通考・經籍考・別集》 晁文元公《理樞》一卷。

道院集要

晁公武《郡齋讀書志・別集類下》 晁文元《道院集要》三卷。右皇朝王古編。其序云：「文元晁公，博觀内書，不徒力行，復勤於撰述，以開導後學。其書曰《道院別集》，曰《自擇增修百法》，曰《法藏碎金》，曰《隨因紀述》，曰《耄智餘書》。余嘗徧閲之，以爲名理之妙，雖白樂天不逮也。輒删去重複，總集精粹，以便觀覽」云。古，元祐中侍從。

馬端臨《文獻通考・經籍考・別集》 晁文元《道院集要》三卷。**【略】**雲龕李氏書後曰：晁公《道院集要》，觀之始則簡暢清遠，如聞超世特立之士希微之言；反復數十過，乃知深入理窟，開導後學，直而不迂，簡而易行，非有道君子，莫能爲也。

徐𤊹《徐氏家藏書目・文集類》 晁文元《道院集要》三卷。

錢謙益等《絳雲樓書目・宋文集類》 晁文元名迥《道院集要》三卷。

吴焯《繡谷亭薰習録・集一》 《道院集要》三卷。宋晁迥著。治平乙巳清源王古序。以文元公所著《道院別集》、《自擇增修百法》、《法藏碎金》、《隨因記述》、《耄智餘書》諸編定爲《集要》，以便觀覽云。古，元祐中侍從。

韓丕詩

《宋史・藝文志・別集類》 《韓丕詩》三卷。

鄭文寶集

《宋史・藝文志・别集類》《鄭文寶集》三十卷。

王圻《續文獻通考・經籍考・集上》《鄭文寶集》三十卷。文寶字伯玉，寧化人。太平興國中進士，官至工部侍郎。

王操詩

《宋史・藝文志・别集類》《王操詩》一卷。

觸麟集

馬端臨《文獻通考・經籍考・别集》張穆之《觸麟集》。尚書郎知蔡州張肅穆之撰，濟北晁無咎序。略曰：公之曾孫大方，出公遺稿曰《觸麟集》。蓋公爲太宗御史時所上疏議，而「觸麟」所自名也。三復彌月，凛乎直諒多聞之益，如藥石，如米穀，非無用而設者，其多至數十章，皆切當世之務，不可盡舉。至其他詩文，皆清麗。有唐中葉以來才士之風，非若五季及國初，文物始復，武夫粗鄙、田里朴陋者之作也。其相與切磋學問見於酬唱者，翰林王黄州元之，黄州名世士，以直諫斥，久而召，於流輩少許可，獨畏公，以爲不可及，則公之爲人可知矣。

廖執象文集

王圻《續文獻通考・經籍考・集上》《廖執象文集》五十卷。執象，順昌人。陳摶謂曰，子謫仙人也，恐塵世不能久留，果早卒。

章士廉集

《宋史・藝文志・别集類》《章士廉集》二卷。

韶程詩

《宋史・藝文志・别集類》韋文化《韶程詩》一卷。

小畜集　外集

鄭樵《通志・藝文略・别集五》王禹偁《小畜集》三十卷。又《别集》二十卷。

晁公武《郡齋讀書志・别集類下》王元之《小畜集》三十卷。右皇朝王禹偁字元之，鉅野人。家微賤，九歲能爲歌詩，畢士安見而異之。及長，善屬文。太平興國八年登進士第。端拱初，試文，擢左司諫、知制誥，判大理寺。辨徐鉉罪，忤上旨，貶商州團練副使。久之，復召知制誥，入翰林爲學士。孝章皇后崩，梓宫遷至主第，禹偁謂后嘗母儀天下，當用舊典。以謗訕，左遷知滁州。真宗即位，復召掌制誥，修《太宗實録》，坐語涉輕誣，出守黄州，徙蘄州，卒，年四十八。元之辭學敏贍，獨步一時，鋒氣俊厲，極談世事，臧否人物，以直道自任，故屢被擯斥。喜稱奬後進，當世名士，多出其門下。集自爲序。

尤袤《遂初堂書目・别集類》王元之《小畜集》。

陳振孫《直齋書録解題・别集類中》《小畜集》三十卷，《外集》二十卷。知制誥濟陽王禹偁元之撰。自爲之序，略曰：閲平生所爲文，類而第之，得三十卷。將名其集，以《易》筮之，遇乾之「小畜」，象曰「君子以懿文德」，未能行其施，但可懿文而已。《外集》者，其曾孫汾裒輯遺文，得三百四十首。又有《承明集》十卷、《奏議集》三卷、《後集詩》三卷，未見。案：《宋史・藝文志》無《奏議集》、《後集詩》，而有《別集》十六卷。

馬端臨《文獻通考・經籍考・別集》 王元之《小畜集》三十卷。水心葉氏曰：王禹偁文，簡雅古淡，由上三朝，未有及者，而不甚爲學者所稱，蓋無師友議論故也。

竹溪林氏曰：王元之又在尹、穆之前，雖未能盡去五代浮靡之習，而意已務實，但未得典則之正。

《宋史・藝文志・別集類》 王禹偁《小畜集》三十卷。又《外集》二十卷。《別集》十六卷。

楊士奇等《文淵閣書目・文集》 王黄州《小畜集》。一部八册。完全。

范邦甸等《天一閣書目・別集類》 王黄州《小畜集》三十卷。緜紙監絲闌鈔本。司馬公題籤。有「天一閣」并「東明山人之印」二圖章。宋王禹偁撰。紹興丁卯歷陽沈虞卿校刊。并識云：内翰王公，以文章道義被遇太宗皇帝。偶坐事左遷，咸平初，來於齊安，在郡政化孚洽，容與暇景，作樓無齋、睡足軒以玩意。邦人爲繪像立祠。東坡居士嘗親拜其下，歷歲滋久，音徽渺然，良可太息。平生撰著極富，有手編文集三十卷，名曰《小畜集》。得之者珍祕不傳，以故人多未見。虞卿假守于此，追訪舊址，躊躇增慨，想見其人，思欲以次興葺。且先其大者，因以家笥所藏《小畜集》八本，更加點勘，鳩工鏤版，以廣其傳。

張萱等《内閣藏書目録・集部》 王黄州《小畜集》八册。全。宋淳化間王禹偁著。

錢謙益等《絳雲樓書目・宋文集類》 王禹偁《小畜集》四册。三十卷。自爲序。又有《後集詩》三卷，《奏議集》三卷，《五代史闕文》一卷，並行於世。又曾孫汾裒集遺文凡三十卷，目曰《小畜外集》。蘇魏公作序。以上皆節録蘇序中語也。

錢曾《讀書敏求記・集》 王黄州《小畜集》三十卷。黄州契勘《小畜集》。文章典雅，有益後學。舊本計一十六萬三千八百四十八字。紹興十七年，申明雕造，開板之不苟如此。是本後有嘉靖乙丑岳西道人復初跋語，藏于栩栩齋。

吴焯《繡谷亭薰習録・集一》 黄州《小畜集》三十卷。宋刑部郎中知蘄州鉅野王禹偁元之著。咸平三年自序。元之以是年守黄州，編集成，取筮卦「小畜」之蒙名其集。時年四十六，後二年卒于蘄州。其曾孫汾復裒遺文三百四十篇爲《外集》，已不傳。此集紹興十七年，雕于黄州郡舍，卷尾題名，自左而右，知黄州府沈虞卿，通判胡兟，推官王傑、宗亞昌，教授梅守卓，録事李杉，司理李儼，巡轄周郁，而虞卿爲後序，并開載工價計雕五百三十二板，依舊本凡一十六萬三千八百四十八字。蓋當時申明開版，今亦因之有考焉。此卷末有萬曆庚戌謝肇淛跋，云從相國葉進卿録自秘府宋板，則此即黄州雕本。虞山錢氏稱有嘉靖乙丑岳西道人復初跋者，即此本也。宋初古文稱柳開、穆修、張景、劉牧，而元之又在其前，能去五代繁缛之習，一出于典雅簡重。是所謂能開風氣之先者，竹溪林氏猶議之過已。

《四庫提要・別集類五》 《小畜集》三十卷，鴻臚寺少卿曹學閔家藏本。《小畜外集》七卷。兵部侍郎紀昀家藏本。宋王禹偁撰。禹偁字元之，鉅野人。太平興國八年進士。官至翰林學士，知制誥。屢以事謫守郡，終於知蘄州。事蹟具《宋史》本傳。禹偁嘗自次其文，以易筮之，得乾之「小畜」，因以名集。晁公武《讀書志》、陳振孫《書録解題》皆作三十卷，與今本同。惟《宋志》作二十卷。然《宋志》荒謬最甚，不足據也。宋承五代之後，文體纖儷，禹偁始爲古雅簡淡之作。其奏疏尤極剴切。《宋史》採入本傳者，議論皆英偉可觀。在詞垣時所爲應制駢偶之文，亦多宏麗典贍，不愧一時作手。集凡賦二卷，詩十一卷，文十七卷。紹興丁卯歷陽沈虞卿嘗刻之黄州。明代未有刊本。世多鈔傳其詩，而全集罕覯。故王士禎《池北偶談》稱僅見書賈以一本持售，後不可復得爲憾。近時平陽趙氏始得宋本刊行。而陳振孫《書録解題》所載《外集》三百四十首，其曾孫汾所裒輯者，則久佚不傳。此殘本爲河間紀氏閲微草堂所藏。僅存第七卷至第十三卷。而又七卷前闕數頁，十三卷末《集賢錢侍郎知大名府序》，惟有篇首二行，計亦當闕一兩頁。原帙籤題，即曰《小畜外集》殘本上、下二册，知所傳止此矣。其中《次韻和朗公見贈》詩及題下自注，「朗」字皆闕筆，知猶從宋本影鈔也。凡詩四十四篇，雜文八篇，論議五篇，傳三篇，箴、贊、頌九篇，代擬二十篇，序十二篇，共一百一篇。較原帙僅三之一。然北宋遺集，流傳漸少。我皇上稽古右文，凡零篇斷簡，散見《永樂大典》中者，苟可編排，咸命儒臣輯録成帙，以示表章。此集原書七卷，巋然得存。是亦可寶之祕笈，不容以殘闕廢矣。

錢東垣等輯《崇文總目・別集類二》 《小畜集》三十卷。王禹偁撰。

孫星衍《平津館鑒藏書籍記・舊影寫本》 王黄州《小畜集》卅卷。前有紹興戊辰沈虞卿序，後有紹興十七年黄州刊書契勘銜名。洪頤煊曰：末記印書紙并副板四百四十八張，表褙碧紙一十一紙，大紙八張，共錢二百六文足，賃板棧墨錢五百文足，裝印工食錢四百三十文足。除印書紙外，共計錢一千一百三十六文足。見成出賣每部價五貫文，可省宋時印書工價如此。晁氏《讀書志》、陳氏《書録解題》，《小畜集》卅卷，有王禹偁自序。《書録解題》本，又有《外集》廿卷，此本皆無之，此從南宋黄州刊本影寫，每葉十六行，行廿三字。

黄丕烈《蕘圃藏書題識·集類二》 王黄州《小畜集》六十二卷。校宋舊鈔本。

又 《小畜集》三十卷。補鈔宋本。

黄丕烈《蕘圃藏書題識再續録·集類》 《小畜集》三十卷。校本。

張金吾《愛日精廬藏書志·别集類》 王黄州《小畜集》三十卷。宋刊配舊抄本。宋王禹偁撰。沈虞卿序，後附紙墨工價及校正監雕造銜名，八行。卷十二至卷十六，卷十八至卷二十四，宋紹興刊本，餘俱舊抄本。舊抄本板心有「吾研齋補抄」五字。

自序。咸平三年。沈虞卿鏤板序。紹興丁卯。謝肇淛跋。萬曆庚戌。

王黄州《小畜外集》殘本七卷。舊抄本。宋王禹偁撰。原三十卷，今存卷七至卷十三，凡七卷，又卷六末葉一葉。【略】公之屬稿，晚年手自編綴，集爲三十卷。命名《小畜》，蓋取《易》之懿文德而欲己之集大成也。《後集詩》三卷、《奏議集》三卷、《承明集》十卷、《五代史闕文》一卷，並行於世。而遺編墜簡，尚多散落，集賢君購尋裒類，又得詩賦、碑誌、論議、表著凡三十卷，目曰《小畜外集》，因其名所以成先志也。謂僕常學舊史，前言往行，多得其詳，見諮序引，久不獲辭。竊謂文章末流，由唐季涉五代，氣格摧弱，倫於鄙儷。國初屢有作者，留意變風，而習尚難移，未能復雅。至公特起，力振斯文，根源於六經，枝派於百氏，斥浮僞，去陳言，作而述之，一變於道。後之秉筆之士，學聖人之言，由藩墻而踐突奥，緊公爲之司馬也。集賢君力學名家，克大門伐，振其絶業，傳於無窮，又足以繼紀事善述之美也，不其韙歟！

張之洞《書目答問·别集》 《小畜集》三十卷，《外集》七卷。宋王禹偁。聚珍本福本。平陽趙氏刻本。無外集。

承明集

錢東垣等輯《崇文總目·别集類六》 《承明集》十卷。王禹偁撰。

《宋史·藝文志·别集類》 王禹偁《承明集》十卷。

錢謙益等《絳雲樓書目·宋文集類》 王禹偁《承明集》十卷。

王禹偁四六

鄭樵《通志·藝文略·四六》 《王禹偁四六》一卷。

逍遥集

晁公武《郡齋讀書志·别集類下》 《潘逍遥詩》三卷。右皇朝潘閬字逍遥，大名人。通《易》、《春秋》，尤以詩知名。太宗嘗召對，賜進士第，將官使之，不就。王繼恩與之善。繼恩下獄，捕閬甚急，久之弗得。咸平初，來京師，尹收繫之。真宗釋其罪，以爲滁州參軍，後卒於泗上。與王禹偁、孫何、柳開、魏野交好最密。集有祖無擇序，錢易、張逵皆碣其墓，附於集後。蘇子瞻少年時，過一山院，見壁上有句云：「夜涼知有雨，院静若無僧。」而不知何人詩。今集有此聯，乃閬《夏日宿西禪院》詩也。小説中謂閬坐盧多遜黨，嘗追捕，非也。

陳振孫《直齋書録解題·詩集類下》 《潘逍遥集》一卷。四門助教廣陵潘閬逍遥撰。案：晁公武《讀書志》作大名人。嘗賜及第，後坐追奪，或云坐盧多遜黨，追捕變姓名，僧服入中條山，卒於泗州。又有嚴陵刻本同，但少卷末三首。

馬端臨《文獻通考·經籍考·詩集》 《潘逍遥詩》三卷。

《宋史·藝文志·别集類》 《潘閬詩》一卷。

楊士奇等《文淵閣書目·詩詞》 《潘逍遥詩》一部，一册。闕。

《四庫提要·别集類五》 《逍遥集》一卷。《永樂大典》本。宋潘閬撰。閬，大名人。晁公武《讀書志》謂其字曰逍遥。江少虞《事實類苑》則謂其自號逍遥子。少虞説或近是歟。【略】《讀書志》載《逍遥詩》三卷。《宋史·藝文志》則作《潘閬集》一卷。原本久佚，未詳孰是。今考《永樂大典》所載，裒而録之，編爲一卷。而逸篇遺句載在他書者，亦併採輯，以補其闕。雖不能如晁氏著録之數，而較《宋志》所載，則約略得其八九矣。其《古意》一首，今刻唐詩者皆以爲崔國輔作，而《永樂大典》則題閬名。疑以傳疑，亦姑並録之，而注其譌異於本題之下焉。

金龜子文集

《宋史・藝文志・别集類》《陳漸集》十五卷。

王圻《續文獻通考・經籍考・集上》《金龜子文集》十五卷。陳漸著。漸，堯叟從子。少以文學知名。太宗時嘗與父堯封同廷試中第，辭不就，願擢其父，從之。後累官耀州節度推官。自號金龜子，因以名集。

种放集

晁公武《郡齋讀書志・别集類下》《种明逸集》六卷。右皇朝种放字明逸，長安人。隱終南之豹林谷。咸平中，遣使召赴闕，授左司諫，累遷諫議大夫、給事中。祥符八年，終工部侍郎。放通經史，七歲能屬文。不喜釋氏，常裂佛書以製帷帳。著《嗣禹説》。在朝有所啓奏，時無知者，楊億譏其循默，真宗乃出其議十三篇，以示輔臣。晚年頗嗜酒，盛輿服。王嗣宗知京兆，嘗條上其不法，詔問狀。不娶，無子。集乃姪孫説所編，范巽爲之序。卷首載真宗詔書及御製詩十首。

馬端臨《文獻通考・經籍考・别集》《种明逸集》六卷。**【略】**陳氏曰：淳化中，有李介者序之於九江，名《江南小集》，凡二卷。《館閣書目》别有《正集》十卷，云大略與此同。

《宋史・藝文志・别集類》《种放集》十卷。

江南小集

鄭樵《通志・藝文略・别集五》《种隱君小集》二卷。种放。

趙希弁《讀書附志・别集類二》种隱君《江南小集》二卷。右种放字明逸之文也。明逸，洛陽人。少時往來嵩、華間，慨然有山林之志。隱居終南豹林谷，自號雲溪醉叟，又號退士。聞陳摶之風，往見之。放作樵夫，拜庭下，摶挽之而上曰：「君豈樵者耶！二十年當爲顯官，名聞天下。」放曰：「放爲道義，官禄非所願也。」摶笑曰：「人之貴賤，莫不有命。貴者不可爲賤，亦猶賤者之不可爲貴也。君骨相當爾，雖晦迹山林，恐不能安，異日當自知之。」太宗時，召之不起。真宗時，召爲左司諫，攜其手登龍圖閣，論天下事。累遷工部侍郎。嘗侍宴，真宗令羣臣賦詩，杜鎬以素不屬辭，誦《北山移文》以譏之。真宗因出放所上《時議》十二篇，謂近臣曰：「放爲朕言事甚衆，但人無知者耳。」放一日晨興，忽取前後章疏稿焚之，服道士服，召諸生飲與訣，酒數行而卒，年六十。贈工部尚書。集凡二百九十四篇，乃淳化三年李介所編者。序謂以所集之地定名，故曰《江南小集》云。

陳振孫《直齋書録解題・别集類中》《江南小集》二卷。工部侍郎終南种放明逸撰。淳化中有李介者，序之於九江，故以爲名。《館閣書目》别有《正集》十卷，大略與此同。原注：正集名《豹林》。

《宋史・藝文志・别集類》李介《种放江南小集》二卷。

錢東垣等輯《崇文總目・别集類二》《种隱君小集》二卷。种放撰。

曾樂軒集

《四庫提要・别集類存目一》《曾樂軒集》一卷。兵部侍郎紀昀家藏本。宋張維撰。維，烏程人。仁宗時官衛尉寺丞。都官郎中張先之父也。先嘗摘維所自愛詩十首，繪爲《十詠圖》，孫覺爲之序。周密《齊東野語》備載其詩及《覺序》，併述是圖始末甚詳。此本乃安邑葛鳴陽所刊，即從《齊東野語》録出。原圖殘闕，佚其第五首，故此亦惟存九首焉。

王旦集

鄭樵《通志・藝文略・别集五》《王旦集》二十卷。

鄭樵《通志・藝文略・别集五》《王文正公集》五十卷。王旦。

《宋史・藝文志・別集類》《王旦集》二十卷。

錢東垣等輯《崇文總目・別集類二》《文正集》十卷。王旦撰。

鄭褒集

晁公武《郡齋讀書志・別集類下》《鄭成之集》十卷。右皇朝鄭褒字成之，閩人。登進士第。慕韓愈爲文。陳詁爲編次其集，張景爲之序。

尤袤《遂初堂書目・別集類》《鄭褒集》。又《鄭成之集》。

馬端臨《文獻通考・經籍考・詩集》《鄭成之集》十卷。

東觀集

錢東垣等輯《崇文總目・別集類六》《東觀集》十卷。原釋：羅處約撰。淳化二年七月上之，藏史館。見《玉海・藝文類》。

鄭樵《通志・藝文略・別集五》羅處約《東觀集》十卷。

《宋史・藝文志・別集類》羅處約《東觀集》十卷。

王圻《續文獻通考・經籍考・集上》《東觀集》十卷。羅處約著。處約，益州華陽人。太宗時舉進士，初知吴縣，後召直史館。

羅處約詩

《宋史・藝文志・別集類》《羅處約詩》一卷。

趙文定集

王圻《續文獻通考・經籍考・集上》《趙文定集》五十卷。趙安仁著。謚文定。

雅正集

王圻《續文獻通考・經籍考・詩集》《雅正集》十卷。建安李虚己著。虚己精於詩律。

姚揆詩

尤袤《遂初堂書目・別集類》《姚揆詩》。

趙叔靈詩

尤袤《遂初堂書目・別集類》《趙叔靈詩》。

趙湘集

《宋史・藝文志・別集類》《趙湘集》十二卷。

南陽趙叔靈文集

楊士奇等《文淵閣書目・文集》《南陽趙叔靈文集》。一部，三冊。闕。

南陽集

《四庫提要・別集類五》《南陽集》六卷。《永樂大典》本。宋趙湘撰。湘，字叔靈，其先自京兆徙家於越。至湘始家於衢，遂爲西安人。登淳化三年孫何榜進士。即資政殿大學士趙抃之祖也。【略】是原集實抃所編。今其目次已不可考，謹分類排訂，釐爲六卷。

蘇易簡集

尤袤《遂初堂書目・别集類》《蘇易簡集》。

東觀集

鄭樵《通志・藝文略・别集五》魏野《東觀集》十卷。

晁公武《郡齋讀書志・别集類下》《鉅鹿東觀集》二卷。右皇朝魏野字仲先，陝州人。志清逸，以吟詠自娱，忘懷榮利，隱於陝之東郊。手植竹木，繞以流泉，鑿土袤丈，曰樂天洞，前立草堂。爲詩清苦，句多警策。與寇準、王旦善，每往來酬唱。祀汾陰歲，召不起。卒，贈著作郎。集有薛田序。《鉅鹿東觀集》乃野之子閑集其父詩四百篇，以贈著作，故以「東觀」名集。

陳振孫《直齋書録解題・詩集類下》《鉅鹿東觀集》十卷。野之子閑集其父詩四百篇，薛田爲之序。野既没，贈著作郎，故以「東觀」名集。

馬端臨《文獻通考・經籍考・詩集》魏仲先《鉅鹿東觀集》二卷。

《宋史・藝文志・别集類》魏野《鉅鹿東觀集》十卷。

錢謙益等《絳雲樓書目・宋文集類》魏野《鉅鹿東觀集》。二卷。

吴焯《繡谷亭薰習録・集一》《鉅鹿東觀集》十卷。宋陝州處士東郊魏野仲先著。天聖元年樞密直學士知益州薛田序，集乃野之子閑所編。晁氏稱詩四百餘首，已經零落，見于田序。野别有《草堂集》，汾陰未召之先，蚤流傳於世。晁氏謂田序爲《草堂集》而作，誤也。

《四庫提要・别集類五》《東觀集》十卷。兩江總督採進本。宋魏野撰。野字仲先，號草堂居士。先世蜀人，徙於陝州。真宗聞其名，召之不出。天禧三年卒，贈祕書省著作郎。事蹟具《宋史・隱逸傳》。【略】序又稱其子閑以新舊詩三百篇混而編之，彙爲七卷。因取贈典命之曰《鉅鹿東觀集》。則《東觀集》者，閑所重編七卷之本也。此本凡詩三百五十九首，題曰《東觀集》，而乃作十卷。未喻其故。豈序文誤十爲七歟。别有《東觀集補遺》三卷，出杭州汪氏家，前後無序跋，不知何人所輯。今核所載詩一百十九首，即此本之四卷至六卷。蓋書賈作僞之本，不足爲據。或疑除此三卷，正合薛田序七卷之數，當爲後人所合併。不知除此一百一十九首，則七卷僅詩二百四十首，與田序三百首之説仍不相合。知決不然矣。野在宋初，其詩尚仍五代舊格，未能及林逋之超詣。而胸次不俗，故究無齷齪凡鄙之氣。較楊朴《詠蓑》諸篇固無多讓。趙與虤《娱書堂詩話》曰「魏仲先詩沖淡閒逸，前輩稱其警句甚多。《上陳使君》云：『憂民如有病，見客似無官。』形容甚切，余喜誦之」云云。亦録隱逸詩者所不廢矣。

孫星衍《平津館鑒藏書籍記・舊影寫本》《東觀集》七卷。題「宋魏野仲先著」。前有天聖元年薛田《鉅鹿東觀集序》，稱其子閑出所著新舊詩四百篇，彙爲七卷。《四庫全書》本作十卷。薛田序四百篇，「四」改作「三」。又别有《補遺》三卷。本皆後人重改。此從宋本影寫，每葉十二行，行十四字。

黄丕烈《蕘圃藏書題識・集類二》《鉅鹿東觀集》十卷。宋刊本。此宋刻《鉅鹿東觀集》。余友顧抱沖得諸郡城華陽橋顧聽玉家，真希世珍也。偶檢陸其清《佳趣堂書目》，知其清藏有元刻《玉山雅集》，檇李曹秋岳侍郎聞之，擬購去，而其清未之許。秋岳遂折節訂交，以宋梓魏仲先《鉅鹿東觀集》、孫奕《示兒編》相贈。古人惓惓愛書之意，迄今猶可想見。余始疑抱沖所藏或是其清故物，今從抱沖假歸，開卷有「曹溶私印」、「檇李曹氏收藏圖書記」，方信此書即曹所贈陸者也。且《玉山雅集》見藏聽玉處，則此書之同出於陸氏無疑，特未識《示兒編》又散落何處耳。抱沖愛書好古，所藏《示兒編》有吴方山舊藏鈔本，其去宋刻當不遠。《魏仲先集》已爲所得，何不并《玉山雅集》而歸之，以還平原舊觀乎？抱沖聞之，當亦以余言爲不謬也。乾隆乙卯冬季，借魏集校畢，還書之日，因記數語於卷尾餘紙云。棘人黄丕烈。

又《鉅鹿東觀集》十卷。抄本。余向於顧抱沖處見有宋刻魏野《鉅鹿東觀集》，擬假録而苦無鈔胥可以任其事者，遂未之假。今兹冬仲晦日，偶至郡廟前五柳書居，案頭有鈔本《鉅鹿東觀集》，云是收來者，因得之。鈔手不甚俗，惜紙皺，難以展讀，命工重裝，而假抱沖宋刻本對勘一過，訛字賴正頗多。宋刻闕四五六卷，係鈔補，未知與宋刻合否，亦一憾也。宋刻本爲曹潔躬物，後以貽我郡陸其清，此見諸陸其清收藏書目。今抱冲得於東城華陽橋顧聽玉家。蓋古書源流固不可没云。乾隆乙卯十二月中澣三日。棘人黄丕烈。

張金吾《愛日精廬藏書志・別集類》 《東觀集》十卷。舊鈔本。宋魏野仲先撰。【略】鉅鹿魏野，字仲先，甘棠東郭人也。【略】出先君所著新舊詩四百篇，除零落外，以其國風教化、諷刺、歌頌、比興、緣情者，混而編，凡其詩之所觀者，彙爲七卷。求其序述，欲使乎先君之道之行彬蔚而不泯耳。余既徃知生，不當推讓，聊陳梗概，用布之於編首。《漢書》班固引著作局爲東觀，因取諸贈典，故命之曰《鉅鹿東觀集》。時天聖元年十二月二十七日，樞密直學士、知益州苑、兵馬鈐轄薛田述。

草堂集

晁公武《郡齋讀書志・別集類下》 魏仲先《草堂集》二卷。

陳振孫《直齋書録解題・詩集類下》 《草堂集》二卷。處士鉅鹿魏野仲先撰。

馬端臨《文獻通考・經籍考・詩集》 魏仲先《草堂集》二卷。

《宋史・藝文志・別集類》 魏野《草堂集》二卷。

孫何集

鄭樵《通志・藝文略・別集五》 《孫何集》二十卷。又《西垣集》四十卷。

晁公武《郡齋讀書志・別集類下》 《孫漢公集》三十卷。右皇朝孫何字漢公，蔡州人。淳化三年應進士，殿省俱中第一。四遷起居舍人、知制誥。性卞急，嘗任京西東、兩浙轉運副使，頗事苛察。幼篤學嗜古，爲文宗經義，與丁謂同爲王元之所稱，時謂之「孫、丁」。集有丁謂序。

馬端臨《文獻通考・經籍考・別集》 《孫漢公集》三十卷。

《宋史・藝文志・別集類》 《孫何集》四十卷。

錢東垣等輯《崇文總目・別集類二》 《西垣集》四十卷。孫何撰。

巴東集

趙希弁《讀書附志拾遺》 《巴東集》一卷。右萊國忠愍公寇準之詩也。《讀書志》云：《寇忠愍詩》三卷。希弁所藏《巴東集》，乃公自編而爲之序，凡一百五十有六篇，《秋風亭記》附。按公本傳云：巴東有秋風亭，公析韋應物一言爲二句云：「野水無人渡，孤舟盡日横。」識者知其必大用，凡五年不得代。邑庭有二栢，民以比甘棠。集後有范忠文諸公題秋風亭詩。然東坡亦有詩曰：「萊公昔未遇，寂寞在巴東。聞道山中樹，猶餘手種松。」惜不之載焉。

尤袤《遂初堂書目・別集類》 寇萊公《巴東集》。

陳振孫《直齋書録解題・詩集類下》 《巴東集》三卷。丞相萊國忠愍公下邽寇準平仲撰。初，以將作監丞知巴東縣，自擇其詩百餘首，且爲之序，今刻於巴東。

《宋史・藝文志・別集類》 又《巴東集》一卷。

楊士奇等《文淵閣書目・詩詞》 寇忠愍公《巴東集》。一部，一册，闕。

錢謙益等《絳雲樓書目・宋文集類》 《巴東集》三卷。平仲嘗知巴東縣。

寇忠愍公詩集

鄭樵《通志・藝文略・別集五》 《寇忠愍集》三卷。寇準。

晁公武《郡齋讀書志・別集類下》 《寇忠愍詩》三卷。右皇朝寇準字平叔，華州人，太平興國中舉進士科。淳化五年，參知政事，定策立真宗爲皇太子。景德元年，拜平章事。契丹入寇，決親征之策。凡三入相。真宗不豫，皇后預政，準白上，請太子監國，因令楊億草制，且進億以代丁謂。詰朝，準被酒漏言，累貶雷州司户，徙衡州司馬，卒。仁宗時，贈中書令，謚忠愍，嘗封萊國公。初，篤學喜屬文，尤長詩什，多得警句。在相位，論議忠直，不顧身謀。仇邪媒孼，既以讁死，或又謗之云：「在相位時，與張齊賢相傾，未能爲天書降乾祐，準知而不言。」曾子固明其不然，曰：「審如是，丁謂拂鬚，固足以悦之。」司馬温公《訓儉文》亦言其奢侈，子孫丐於海上。然以史考之，萊公蓋無子也。集有范雍叙，共二百四十首。「野水無人渡」及《江南春》二首皆在，獨「到海只十里」之詩已亡其全篇矣。

陳振孫《直齋書録解題·詩集類下》《忠愍公集》三卷。河陽守范雍得寇公詩二百首，爲三卷，今刻板道州。

馬端臨《文獻通考·經籍考·詩集》《寇忠愍詩》三卷。

《宋史·藝文志·别集類》《寇準詩》三卷。

楊士奇等《文淵閣書目·詩詞》《寇忠愍公集》。一部，一册。完全。

范邦甸等《天一閣書目·别集類》《寇忠愍公詩集》三卷。刊本首頁有「范氏」及「東明山人」、「壬辰進士」、「范氏圖書記」四圖章。宋萊國公寇準著。明弘治庚申平川王承裕序。卷首有孫汴敕撰《旌忠碑》文，王次翁《新開寇公詩集序》文，范雍《忠愍公詩集序》文，丁理行《贈謚誥》文。卷末有隆興改元長樂辛敩後序，曰：萊公人皆知其名，而或不知其有詩，勲業揜之也。太原范伯純始收拾編録，分爲三卷。宣和間王公次翁取舊集刊版以傳。近時春陵守陽惇亦即舊版，重加刊治，未幾，而字多漫滅，敩適兹承乏，復校正，鳩工一新云。

張萱等《内閣藏書目録·集部》《忠愍公詩》一册。全。宋寇萊公準著。

錢謙益等《絳雲樓書目·宋文集類》《寇忠愍公集》。平仲嘗知巴東縣。

吴焯《繡谷亭薰習録·集一》《寇忠愍集》七卷。宋太傅中書令萊國公華州寇準平叔著。知河陽軍范雍開版于道州并序。宣和五年重刻，嗣守濟南王次翁序。隆興元年再刻，長樂辛敩序。諸序只稱三卷，凡録詩二百四十餘篇，則此七卷乃後人分衍耳。明嘉靖中，清湘唐侃所刻，侃又取孫抃所撰《旌忠碑》及《贈謚誥》與名人題詠附録于後，後有蔣玢絢臣跋。

《四庫提要·别集類五》《寇忠愍公詩集》三卷。兩淮鹽政採進本。宋寇準撰。準事蹟具《宋史》本傳。初，準知巴東縣時，自擇其詩百餘篇爲《巴東集》。後河陽守范雍裒合所作二百餘篇，編爲此集。考《石林詩話》有《過襄州留題驛亭》詩一首，《侍兒小名録拾遺》有《和蒨桃》詩一首，《合璧事類·前集》有《春恨》一首、《春晝》一首，皆集中所無。蓋《題驛亭》和《蒨桃》二篇，語皆淺率。《春晝》、《春恨》二首格意頗卑。雍殆有所持擇，特爲删汰，非遺漏也。準以風節著於時，其詩乃含思悽婉，綽有晚唐之致。然骨韻特高，終非凡艶所可比。惟《湘山野録》嘗稱其《江南春》二首，及「野水無人渡，孤舟盡日横」二句，以爲深入唐格，則殊不然。《江南春》體近填詞，不止秦觀之《小石調》。「野渡無人舟自横」本韋應物《西磵》絶句，準點竄一二字，改爲一聯，殆類生吞活剥，尤不爲工。準詩自佳，此二句實非其佳處，未足據爲定論也。

李仲方集

晁公武《郡齋讀書志·别集類下》《李仲方集》二十卷。右皇朝李維，字仲方。雍熙二年進士。景德中，知制誥，遷中書舍人，爲翰林學士承旨。年七十一。維以文學進，至老手不釋卷，能詩嗜酒，嘗謂人曰：「人生詩酒足，則尚何營哉！」

馬端臨《文獻通考·經籍考·别集》《李仲方集》二十卷。

燕肅詩

《宋史·藝文志·别集類》《燕肅詩》二卷。

曲肱集

鄭樵《通志·藝文略·别集五》盧稹《曲肱集》六卷。

《宋史·藝文志·别集類》盧稹《曲肱編》六卷。

錢東垣等輯《崇文總目·别集類二》盧植《曲肱集》六卷。

錢文僖集

鄭樵《通志·藝文略·别集五》《錢文僖集》十卷。錢惟演。

典懿集

鄭樵《通志·藝文略·别集五》《曲懿集》三十卷。錢惟演。

擁旄集

鄭樵《通志・藝文略・別集五》 錢惟演《擁旄集》五卷。

尤袤《遂初堂書目・別集類》 錢文僖《擁旄集》。

陳振孫《直齋書録解題・別集類中》 《擁旄集》五卷。樞密使思公吴越錢惟演希聖撰。易，倧之子；惟演，俶之子也。惟演文集甚多，此特其一集爾，出鎮河陽、河南時所作也。全集未見。

馬端臨《文獻通考・經籍考・別集》 《擁旄集》五卷。

《宋史・藝文志・別集類》 錢惟演《擁旄集》五卷。

伊川集

鄭樵《通志・藝文略・別集五》 《伊川集》五卷。錢惟演。

尤袤《遂初堂書目・別集類》 錢文僖《伊川集》。

陳振孫《直齋書録解題・別集類中》 《伊川集》五卷。樞密使思公吴越錢惟演希聖撰。

馬端臨《文獻通考・經籍考・別集》 《伊川集》三卷。

《宋史・藝文志・別集類》 錢惟演《伊川集》五卷。

李畋集

《宋史・藝文志・別集類》 《李畋集》十卷。

張餗集

《宋史・藝文志・別集類》 《張餗集》三卷。

瑯琊集

王圻《續文獻通考・經籍考・集上》 《瑯琊集》。王言徹著。言徹字子昭，晉江人。端拱中進士。所至州縣，人皆立生祠。

愚丘集

鄭樵《通志・藝文略・別集五》 陳文惠《愚丘編》三卷。陳堯佐。

晁公武《郡齋讀書志・別集類下》 陳文惠《愚丘集》二卷。右皇朝陳堯佐字希元，閬州人。端拱初進士，累遷三司副使，修《永定實録》，擢知制誥，歷韶、廬、壽、洛、并、同、雍、鄭八州。景祐四年，召拜同中書門下平章事。旋以太子太師致仕。年八十二卒。號知餘子，謚文惠。堯佐屬辭尚古，不牽世用，喜爲二韻詩，辭調清警可雋味。集皆自有序。

馬端臨《文獻通考・經籍考・別集》 陳文惠公《愚丘集》。

《宋史・藝文志・別集類》 陳堯佐《愚丘集》二卷。

潮陽集

晁公武《郡齋讀書志・別集類下》 《潮陽編》一卷。右皇朝陳堯佐字希元，閬州人。

《宋史・藝文志・別集類》 陳堯佐《潮陽新編》一卷。

天竺靈苑集　採遺

陳振孫《直齋書録解題・詩集類下》 《天竺靈苑集》三卷，《採遺》一卷。錢塘僧遵式撰。所謂「式懺主」者也。

馬端臨《文獻通考・經籍考・詩集》《天竺靈苑集》三卷,《採遺》一卷。

錢謙益等《絳雲樓書目・宋文集類》宋板慈雲《靈宛集》。

慈雲法師詩集

錢謙益等《絳雲樓書目・宋文集類》宋板《慈雲法師詩集》。

鮮于伯圭集

晁公武《郡齋讀書志・別集類下》《鮮于伯圭集》一卷。右皇朝鮮于瓌字伯圭,閬中人。文章爲一時之冠。累舉不第,嘗作《擫愁詞》,時人稱之。李宗諤贈詩云:「漢殿無人薦揚子,滿朝空誦《擫愁詞》。」後與宗諤同年登科,名列第四。趙普判秦州,辟爲觀察推官,卒。

馬端臨《文獻通考・經籍考・別集》《鮮于伯圭集》一卷。

承幹文集

《宋史・藝文志・別集類》《承幹文集》十卷。

惠崇集

陳振孫《直齋書録解題・詩集類下》《惠崇集》十卷。淮南僧惠崇撰。與潘閬同時,在九僧之數,亦善畫。

馬端臨《文獻通考・經籍考・詩集》《惠崇集》十卷。

《宋史・藝文志・別集類》《僧惠崇詩》三卷。

泉山集

王圻《續文獻通考・經籍考・集上》《泉山集》三十卷。陳從易著。

丁晉公集

鄭樵《通志・藝文略・別集五》《丁給事集》四卷。丁謂。

晁公武《郡齋讀書志・別集類下》《丁晉公集》四卷。右皇朝丁謂字公言,初字謂之,蘇州人。淳化三年進士。累遷知制誥,出知鄆州、亳州、昇州。天禧四年,拜平章事。俄以户部罷。未幾復相,封晉國公。乾興中,坐擅改永定陵,貶崖州司户,更赦徙道州。明道末,以祕書監召還,卒於光州。幼聰敏,書過目輒記不忘,善爲古文章,尤工詩什。憸巧險詖,世鮮其儔。大中祥符初,上欲封禪,未堅決,謂因言「大計有餘」,議遂定。當時所奏祥瑞事,皆謂及王欽若附會成之。性喜圖畫、博弈及音律。集皆詩也。吴人自陸宣公後,至謂始相本朝。熙寧以來,議者莫不指謂爲姦邪之首,自王安石用事,則稱其賢智云。王安石之大概亦從可知矣。

尤袤《遂初堂書目・別集類》《丁晉公集》。

馬端臨《文獻通考・經籍考・別集》《丁晉公集》四卷。【略】集皆詩也。

《宋史・藝文志・別集類》《丁謂集》八卷。

丁謂四六

鄭樵《通志・藝文略・四六》《丁謂四六》二卷。

丁晉公刀筆

鄭樵《通志・藝文略・刀筆》《丁晉公刀筆》一卷。

《宋史・藝文志・別集類》《丁謂刀筆集》二卷。

青衿集

鄭樵《通志・藝文略・別集五》 又丁晉公《青衿集》三卷。

《宋史・藝文志・別集類》 丁謂《青衿集》三卷。

虎丘録

《宋史・藝文志・別集類》 丁謂《虎丘録》五十卷。

知命集

《宋史・藝文志・別集類》 丁謂《知命集》一卷。

高弁集

《宋史・藝文志・別集類》《高弁集》三卷。

薛簡肅公文集

馬端臨《文獻通考・經籍考・別集》《薛簡肅公文集》四十卷。參知政事薛奎宿藝撰。歐陽公序略曰：公絳州正平人。自少以文行推於鄉里，既舉進士，獻其文百軸於有司，由是名動京師。平生所爲文，至八百餘篇，何其盛哉！公之事業顯矣，其爲文章，氣質純深而勁正，蓋發於其志，如其爲人云。

真宗御集

鄭樵《通志・藝文略・別集五》《真宗御集》三百卷。

尤袤《遂初堂書目・別集類》《真宗皇帝集》。

《宋史・藝文志・別集類》《真宗御集》三百卷，《目》十卷。又《御集》一百五十卷。

真宗御集注

鄭樵《通志・藝文略・別集五》《真宗御集注》三百卷。宋綬、錢易、李淑等注。

錢易集

鄭樵《通志・藝文略・別集五》《錢易集》六十卷。

《宋史・藝文志・別集類》《錢易集》六十卷。

王圻《續文獻通考・經籍考・集上》《錢公文集》。錢易著。

金閨集

尤袤《遂初堂書目・別集類》 錢希白《金閨集》。

滑稽集

陳振孫《直齋書録解題・別集類中》《滑稽集》四卷。翰林學士吳越錢易希白撰。多譎諷之詞。淳化癸巳自序。

馬端臨《文獻通考·經籍考·別集》《滑稽集》四卷。

錢希白歌詩

陳振孫《直齋書録解題·詩集類下》《錢希白歌詩》二卷。翰林學士吴越錢易希白撰。廢王倧之子。咸平二年進士第二人，景德二年制科。初，錢氏歸國，羣從皆補官，獨易與兄昆不見録，遂刻志讀書，皆第進士，昆至諫議大夫，易子彦遠、明逸又皆以賢良方正入等。宋興，父子兄弟制舉登科者，惟錢氏一門。易有集百五十卷，未見，家止有此及《滑稽集》四卷而已。

馬端臨《文獻通考·經籍考·詩集》《錢希白歌詩》二卷。

林和靖集

晁公武《郡齋讀書志·別集類下》《林君復集》二卷。右皇朝林逋字君復，杭州錢塘人。少刻志爲學，結廬西湖之孤山。真宗聞其名，詔郡縣常存遇之。善行書，喜爲詩，其語孤峭澄淡。臨終作一絶曰：「茂陵他日求遺稿，猶喜初無封禪書。」或刻石置之其墓中。賜謚曰和靖先生。集有梅聖俞序。

尤袤《遂初堂書目·別集類》《林和靖集》。又《林和靖詩》。

陳振孫《直齋書録解題·詩集類下》《和靖集》三卷。處士錢唐林逋君復撰。梅聖俞爲之序。《紀逸》者，近時桑世昌澤卿所輯遺文逸事也。

馬端臨《文獻通考·經籍考·詩集》《林和靖詩》三卷。

《元西湖書院重整書目·集》《林和靖詩》。

《宋史·藝文志·別集類》《林逋詩》七卷。又《詩》二卷。

都穆《南濠居士文跋》卷一 《和靖先生集》。梅聖俞序先生詩，謂未嘗自貴，就輒棄之，所存百無一二。《後村詩話》謂先生摘句五言十三聯，見集中者逸其八。七言聯十七聯，見集中者逸其三。以聖俞之言可爲可信。余曰先生「暗香疎影」之句爲梅寫真，膾炙人口，固不必以多貴也。詩曰爲《漫稿》，但分上下。正統間浙中刻本，乃類爲六卷，甚失初意，使先生有知，能不惋恨地下。

高儒《百川書志·宋詩》《林和靖詩集》四卷。錢塘隱者林逋君復撰。

范邦甸等《天一閣書目·別集類》《林和靖集》四卷。刊本。宋隱士林逋著。諸孫大年掇集其詩，請太常博士梅堯臣序而刊之。明正德丁丑，户部主事西蜀韓士英、當塗喻智相繼督課至杭，屬士人沈行蒐輯考訂，并續以名賢題跋及近世士大夫謁墓弔輓之詞，萃爲一卷，復得遺像冠于卷端，刑部尚書錢塘洪鐘序。

徐𤊹《徐氏家藏書目·文集類》《林逋和靖集》四卷。

錢謙益等《絳雲樓書目·宋文集類》《林和靖逋詩集》。三卷。

王士禛《漁洋書跋》《林逋詩集》。和靖詩特工五言。如「晝岩松鼠静，春棧竹雞深。水風清晚釣，花日重春眠。」何減昔人所舉「草泥行郭索，雲木叫鉤輈」耶。若咏梅「疎影暗香」之句，及「雪後園林才半樹，水邊籬落忽横枝」一聯。七言惟此可稱絶唱。他殊不類，何也？

《四庫提要·別集類五》《和靖詩集》四卷。安徽巡撫採進本。宋林逋撰。逋事蹟具《宋史·隱逸傳》。其詩澄澹高逸，如其爲人。史稱其就稿輒棄去，好事者往往竊記之。今所傳尚三百餘篇。兹集篇數與本傳相合，蓋當時所收止此。其他逸句，往往散見於説部及真蹟中。劉克莊《後村詩話》謂逋一生苦吟，自摘出五言十三聯。今惟五聯見集中。如「隱非唐甲子，病有晉春秋」、「水天雲黑白，霜野樹青紅」、「風回時帶溜，烟遠忽藏村」及「郭索鉤輈」之聯，皆不在焉。七言十七聯，集逸其三。使非有摘句圖旁證，則皆成逸詩矣。今摘句圖亦不傳，則其失於編輯者固不少也。是集前有皇祐五年梅堯臣序，康熙中長洲吴調元校刊之。後附《省心録》一卷，實李邦獻所作，誤以爲逋。今爲考辨釐正，别著録子部中，而此集則削之不載焉。

彭元瑞等《天禄琳琅書目後編·明版集部》《宋林和靖先生詩集》。一函，二册。宋林逋撰。逋字君復，錢塘人。隱居不仕，仁宗賜謚和靖先生，入《宋史·隱逸傳》。書七卷，凡詩二百八十九首，詩餘二首。又《補遺》一卷，詩八首。又《省心録》一卷，實李邦獻所作，誤入逋集。前皇祐五年梅堯臣序，後附録一卷。明萬曆四十一年，錢塘何養純刻，有喬時敏、張蔚然二序。今行世乃近人吴調元所刻，此猶舊本。

黄丕烈《蕘圃藏書題識·集類二》《西湖林和靖先生詩集》四卷。校宋本。

又《和靖先生詩集》不分卷。影宋精鈔本。

又《林和靖集》四卷。宋刻本。

張之洞《書目答問・别集》《和靖詩集》四卷。宋林逋。吴調元校刻本。

西湖紀逸

陳振孫《直齋書録解題・詩集類下》《西湖紀逸》一卷。處士錢唐林逋君復撰。

馬端臨《文獻通考・經籍考・詩集》《西湖紀逸》一卷。

錢謙益等《絳雲樓書目・宋文集類》君復又《西湖紀遊》一卷。

柴慶集

《宋史・藝文志・别集類》《柴慶集》十卷。

將歸集

晁公武《郡齋讀書志・别集類下》《將歸集》一卷。右未詳何人。有《題林逋隱居詩》，當是昭陵時人也。

馬端臨《文獻通考・經籍考・詩集》《將歸集》一卷。

姚鉉文集

晁公武《郡齋讀書志・别集類下》《姚鉉文集》二十卷。右皇朝姚鉉字寶臣，廬州合淝人。中進士甲科。文辭敏麗。淳化中，直史館，應制賦《賞花釣魚詩》，特被嘉賞，翌日，命中使就第賜白金褒獎之。累遷兩浙轉運使。鉉儁爽尚氣，薛映知杭州，與之不協，中以危法，除其名。卒，年五十三。

馬端臨《文獻通考・經籍考・别集》《姚鉉文集》二十卷。

愚谷集

王圻《續文獻通考・經籍考・集上》《愚谷集》。盛度著。度，餘杭人。端拱初進士，歷官翰林學士、參知政事、知樞密院事。卒謚文肅。

銀臺集

王圻《續文獻通考・經籍考・集上》《銀臺集》。盛度著。

甘棠集

陳振孫《直齋書録解題・詩集類下》《甘棠集》一卷。知制誥上蔡孫僅鄰幾撰。咸平元年進士第一人，後其兄何一榜。嘗從何通判陝府，以所賦詩集而序之，首篇曰「甘棠思循吏」，故以名集。僅兄弟皆不壽，故不大顯。

馬端臨《文獻通考・經籍考・詩集》《甘棠集》一卷。

《宋史・藝文志・别集類》《孫僅詩》一卷。

陳絳文集

王圻《續文獻通考・經籍考・集上》《陳絳文集》十二卷。絳，蒲田人。咸平中進士甲科，再試賢良第一，除右正言，歷司諫初〔起〕居舍人凡十年，以工部郎中知福州，左遷藤州通判。

張晦之集

晁公武《郡齋讀書志・別集類下》《張晦之集》二十卷。右皇朝張景，字晦之。師事柳開，學爲古文，名震一時。卒官至廷評，年四十九。《集》有文百九十三首。禹偁所編，并爲之序。

馬端臨《文獻通考・經籍考・別集》《張晦之集》二十卷。

張景集

《宋史・藝文志・別集類》《張景集》二十卷。

册府應言

鄭樵《通志・藝文略・別集五》《册府應言》十卷。劉筠。

《宋史・藝文志・別集類》劉筠《册府應言集》十卷。

錢東垣等輯《崇文總目・別集類二》《册府應言》十卷。劉筠撰。

榮遇集

鄭樵《通志・藝文略・別集五》劉筠《榮遇集》二十卷。

尤袤《遂初堂書目・別集類》劉筠《榮遇集》。

《宋史・藝文志・別集類》劉筠《榮遇集》二十卷。

翰林新著

鄭樵《通志・藝文略・別集五》劉筠《翰林新著》一卷。

鍾山雜述

鄭樵《通志・藝文略・別集五》劉筠《鍾山雜述》二卷。

汝陰雜述

鄭樵《通志・藝文略・別集五》劉筠《汝陰雜述》一卷。

玉堂雜編

鄭樵《通志・藝文略・別集五》劉筠《玉堂雜編》一卷。

中山刀筆

鄭樵《通志・藝文略・刀筆》劉筠《中山刀筆》一卷。

晁公武《郡齋讀書志・別集類》劉中山《刀筆》二卷。右皇朝劉筠字子儀，大名人。咸平元年進士，三遷右正言、直史館，以司諫知制誥，出知鄧、陳兩州，召入翰林爲學士。嘗草丁謂、李迪罷相制，既而又命草制，復留丁謂，筠不奉詔，遂出知廬州。再召爲學士，月餘以疾知潁州，後召入翰林，加承旨。未幾，進户部、龍圖閣學士，再知廬州。爲人不苟合，學問宏博，文章以理爲主，辭尚緻密，尤工篇詠，能侔揣情狀，音調淒麗。自景德以來，與楊億以文章齊名，號爲「楊劉」，天下宗之。《刀筆集》并《淝川集》，有黄鑑序。

陳振孫《直齋書録解題・别集類中》《中山刀筆集》三卷。翰林學士大名劉筠子儀撰。皆四六應用之文。筠與楊大年同時，號「楊劉」，詩號「西崑體」。别有《册府應言集》十卷、《榮遇集》十二卷、《表奏》六卷、《淝川集》四卷，見《館閣書目》。

馬端臨《文獻通考・經籍考・别集》 劉中山《刀筆》二卷。

《宋史・藝文志・别集類》《中山刀筆集》三卷。

肥川集

晁公武《郡齋讀書志・别集類》《淝川集》四卷。

馬端臨《文獻通考・經籍考・别集》《淝川集》四卷。

《宋史・藝文志・别集類》〔劉筠〕《肥川集》四卷。

肥川後集

鄭樵《通志・藝文略・别集五》 劉筠《肥川後集》一卷。

李復古集

晁公武《郡齋讀書志・别集類下》《李復古集》一百卷。右皇朝李迪字復古，濮州人。少從柳開學，爲古文。開嘗謂其門人張景、高弁曰：「此公輔器也。」景祐初，應進士，擢居第一。累遷翰林學士，拜同中書門下平章事。後致仕，謚文定。

馬端臨《文獻通考・經籍考・别集》《李復古集》一百卷。

胡青巖先生文集

張萱等《内閣藏書目録・集部》《胡青巖先生文集》二册。不全。未詳其名。男太學生胡瑗校刻。

藥名詩

晁公武《郡齋讀書志・别集類下》《陳亞之集》一卷。右皇朝陳亞，字亞之。性滑稽，喜賦藥名詩，仕至司封郎中。藥名詩始於唐人張籍，有「江臯歲暮相逢地，黄葉霜前半下枝」之詩，人謂起於亞，實不然也。

陳振孫《直齋書録解題・詩集類下》《藥名詩》一卷。司封郎中陳亞亞之撰。咸平五年進士。有集三卷，《藥名詩》特其一體爾。如「馬嘶曾到寺，犬吠乍行村」，「吏辭如賀日，民送似迎時」皆佳句，不在此集也。

馬端臨《文獻通考・經籍考・詩集》《陳亞之集》一卷。

《宋史・藝文志・别集類》 陳亞《藥名詩》一卷。

王隨集

《宋史・藝文志・别集類》《王隨集》二十卷。

趙仲鋭文集

《宋史・藝文志・别集類》《趙仲鋭文集》十卷。

武夷新集

鄭樵《通志・藝文略・別集五》 楊億《武夷集》二十卷。

趙希弁《讀書附志・別集類二》 楊文公《武夷集》二十卷。右楊文公億之文也。景德丁未，公所自編。序於前曰：「目之『武夷』，蓋山林之士，不忘維桑之情，雕篆之文，竊懷敝帚之愛。」命題之意，蓋以是也。集凡五百七十五篇。公兩爲翰林學士，寇準得罪，公憂畏而卒。自唐大中後，文氣衰濫，國朝稍革其弊，至億乃振起風采，與古之作者方駕矣。景祐初，贈禮部尚書，謚曰文。鎮國節度使、駙馬都尉李遵勗乞加謚「忠」字，奏雖不行，詔付史館。

尤袤《遂初堂書目・別集類》 楊文公《武夷集》。

陳振孫《直齋書録解題・別集類中》 《武夷新集》二十卷。翰林學士文公浦城楊億大年撰。案本傳：所著《括蒼》、《武夷》、《穎陰》、《韓城》、《退居》、《汝陽》、《蓬山》、《冠鼇》等集，及《内外制》、《刀筆》，共一百九十四卷。《館閣書目》猶有一百四十六卷。今所有者，惟此而已。《武夷新集》者，億初入翰苑，當景德丙午，明年，條次十年詩筆而序之。《別集》者，祥符五年避讒，佯狂歸陽翟時所作也，《君可思賦》居其首，亦見本傳。餘書疏皆作其弟倚酬答。倚亦景德中進士。

《宋史・藝文志・別集類》 楊億《武夷新編集》二十卷。

楊士奇等《文淵閣書目・文集》 楊文公《武夷新集》。一部，五册。殘缺。楊文公《武夷新集》。一部，五册。完全。

張萱等《内閣藏書目録・集部》 《武夷新集》。五册。全。宋真宗朝楊億著。

王士禛《漁洋書跋》 《武夷集》。宋翰林學士楊億大年《武夷新集》二十卷。景德丁未大年在翰林所自編定也。詩五卷，雜文十五卷。閩謝在杭寫本。大年以西崑體擅名宋初，其詩在同時錢劉諸公之上。攬其全集，警策絶少，文皆駢體，大抵五季以來風氣如此。而石介作《怪説》三篇刺之，張皇其詞，亦過矣。介最推柳仲塗，至擬之周、孔，尤妄。予嘗于池北紀談辨之。

吳焯《繡谷亭薰習録・集一》 《武夷新集》二十卷。宋建州楊億大年著。大年自序。據本傳，億所著有《括蒼》、《武夷》、《潁陰》、《韓城》、《退居》、《汝陽》、《蓬山》、《冠鼇》等集，及《内外制》、《刀筆》共一百九十四卷。《館閣書目》猶有一百四十六卷。傳者惟《武夷集》二十卷，《別集》十二卷而已。考《別集》乃歸陽翟時所作，以《君可思賦》居其首。今是編以此賦，并逸詩十二篇附詩卷中，則《別集》恐失矣。然葉氏《菉竹堂目》尚有之，《焦氏志》又載《蓬山集》五十四卷。豈《通考》所云不傳者，至明時復有邪？

《四庫提要・別集類五》 《武夷新集》二十卷。江蘇巡撫採進本。宋楊億撰。億有《歷代銓政要略》，已著録。《宋史》億本傳載，所著有《括蒼》、《武夷》、《潁陰》、《韓城》、《退居》、《汝陽》、《蓬山》、《冠鼇》諸集，及《内外制》、《刀筆》。《藝文志》所著録者，惟《蓬山集》五十四卷，《武夷新編集》二十卷，《潁陰集》二十卷，《刀筆集》二十卷，《別集》十二卷，《汝陽雜編》二十卷，《鑾坡遺札》二十卷。較本傳所載，已不相符。陳氏《書録解題》謂億所著共一百九十四卷。《館閣書目》猶有一百四十六卷。今俱亡佚，所存者獨《武夷新集》及《別集》而已。《武夷新集》者，億景德丙午入翰林，明年輯其十年以來詩筆而自序之。《別集》者，避讒歸陽翟時作也。此本但有《武夷新集》，則《別集》又亡矣。別本或題曰《楊大年全集》，誤也。凡詩五卷，雜文十五卷。大致宗法李商隱，而時際昇平，春容典贍，無唐末五代衰颯之氣。田況《儒林公議》稱，億在兩禁，變文章之體，劉筠、錢惟演輩皆從而斆之，時號「楊劉」。三人以詩更相屬和，極一時之麗。惟石介不以爲然，至作怪説以譏之，見所著《徂徠集》中。近時吳之振作《宋詩鈔》，遂置億集不録，未免隨聲附和。觀蘇軾深以介説爲謬，至形之於奏牘，知文章之不可以一格限矣。

錢東垣等輯《崇文總目・別集類二》 《武夷集》二十卷。楊億撰。

張之洞《書目答問・別集》 《武夷新集》二十卷，附《西崑酬唱集》。宋楊億。祝氏留香室刻本。《西崑酬唱集》亦刻《浦城遺書》内。

蓬山集

鄭樵《通志・藝文略・別集五》 楊億《蓬山集》五十四卷。

《宋史・藝文志・別集類》 楊億《蓬山集》五十四卷。

號略集

鄭樵《通志・藝文略・表章》　《號略集》七卷。楊億撰。

《宋史・藝文志・別集類》　楊億《號略集》七卷。

楊文公刀筆

鄭樵《通志・藝文略・刀筆》　楊文公《刀筆》三卷。

晁公武《郡齋讀書志・別集類下》　楊文公《刀筆集》十卷。右皇朝楊億字大年，建州人。祖文逸嘗夢一羽人，自稱懷玉山人，覺而億生，白毛被體，其長盈尺，踰月始墮。雍熙初，以才名聞，年纔十一。召至闕下，面試詩賦，授祕書省正字，宰臣等賀得神童。淳化中，奏《二京賦》，命試禁林，賜進士第。久之，直集賢院。修《永熙實録》，獨成五十六卷。真宗即位，累擢知制誥，入翰林爲學士。祥符中，母病陽翟，謁告，不待報，歸省。俄自以疾丐解官，以太常少卿分司。病愈，起知汝州，復爲學士。卒，年四十七。天性穎悟，自幼迄終，不離翰墨。爲文敏速，對客談笑，揮毫無滯。博聞強記，於歷代典章制度，尤所該洽，時多取正。樂道人善，後進翕然宗之。然評品人物，黑白太明，姦邪疾惡之，故屢被讒毁。真宗愛其材，特保持之，僅免焉。景祐中，王晦叔上其代寇相請皇太子親政疏草，仁宗嘉歎，特贈禮部尚書，謚曰文。《刀筆集》有陳詁序，凡三百六十三首。

尤袤《遂初堂書目・別集類》　楊文公《刀筆集》。

馬端臨《文獻通考・經籍考・別集》　楊文公《刀筆》十卷。

《東齋記事》：夏英公言楊文公文如錦綉屏風，但無骨耳。

《古今詩話》：楊大年、錢文僖、晏元獻、劉子儀，爲詩皆宗李義山，號「西崑體」，後進效之，多竊取義山詩句。嘗内宴，優人有爲義山者，衣服敗裂，告人曰：「吾爲諸館職，撏撦至此！」聞者大噱。然大年《咏漢武詩》云：「力通清海求龍種，死諱文成食馬肝。待詔先生齒編貝，忍令乞米向長安。」義山不能過也。

後村劉氏曰：歐陽公《答蔡君謨詩》云：「先朝楊、劉，風采聳動天下，至今使人傾想。」世謂公尤惡楊、劉之作，而其言如此，豈公特惡其碑版奏疏磔裂古文爲偶儷者，其詩之精工律切者，自不可廢歟？

《宋史・藝文志・別集類》　楊億《刀筆集》二十卷。

穎陰集

《宋史・藝文志・別集類》　楊億《穎陰集》二十卷。

汝陽雜編

《宋史・藝文志・別集類》　楊億《汝陽雜編》二十卷。

楊億別集

尤袤《遂初堂書目・別集類》　楊億《別集》。

《宋史・藝文志・別集類》　楊億《別集》十二卷。

楊士奇等《文淵閣書目・文集》　楊文公《別集》。一部，四册。闕。

鑾坡遺札

《宋史・藝文志・別集類》　楊億《鑾坡遺札》十二卷。

劉宣集

《宋史・藝文志・別集類》　《劉宣集》一卷。

金陵覽古詩

陳振孫《直齋書録解題・詩集類下》《金陵覽古詩》三卷。虞部員外郎楊備撰。億之弟也。

馬端臨《文獻通考・經籍考・詩集》《金陵覽古詩》三卷。

姑蘇百題詩

《宋史・藝文志・別集類》楊備《姑蘇百題詩》三卷。

僧保暹集

《宋史・藝文志・別集類》《僧保暹集》二卷。

野語

《宋史・藝文志・別集類》張君房《野語》三卷。

白積集

鄭樵《通志・藝文略・別集五》《白積集》十卷。

《宋史・藝文志・別集類》《白積集》十卷。

李問集

陳振孫《直齋書録解題・詩集類下》《李問集》一卷。國子博士廣陵李問舜俞撰。

馬端臨《文獻通考・經籍考・詩集》《李問集》一卷。

《宋史・藝文志・別集類》《李問詩》一卷。

閒居編

《宋史・藝文志・別集類》僧智圓《閒居編》五十一卷。

張師德文集

王圻《續文獻通考・經籍考・集上》《張師德文集》十卷。師德，去華之子。真宗時父子皆中狀元。其父集岳珂爲校正。

龍昌期集

《宋史・藝文志・別集類》《龍昌期集》八卷。

詩賦雜文

王圻《續文獻通考・經籍考・詩集》《詩賦雜文》千六百餘篇。周啓明著。龍泉人。舉賢良方正，既而罷歸，教授子弟百餘人，不復仕。

杜衍詩

《宋史・藝文志・別集類》《杜衍詩》一卷。

觀時感事詩　困編

《宋史・藝文志・別集類》丘濬《觀時感事詩》一卷，《困編》一卷。

黄亢集

《宋史・藝文志・別集類》《黄亢集》十二卷。

東溪集

王圻《續文獻通考・經籍考・集上》《東溪集》二十卷。黄亢著。亢，浦城人。少奇穎過人，雖侏儒野率，如不能言，然嗜學強記，文詞奇偉。

呂文靖集

陳振孫《直齋書録解題・詩集類下》《呂文靖集》五卷。丞相許國文靖公壽春呂夷簡坦夫撰。文靖不以文鳴，而其詩清潤和雅，未易及也。

馬端臨《文獻通考・經籍考・詩集》《呂文靖集》五卷。

呂文靖試卷

陳振孫《直齋書録解題・別集類中》《呂文靖試卷》一卷。丞相許國文靖公壽春呂夷簡坦夫撰。咸平二年，壽州應舉，此其程文也。真本藏范太史氏，前有《家狀》，大略與今同。其所習曰《春秋何論大義》。「何論」者，當是何晏《論語》也。其所問各十條，皆非深義，逐條所答，纔數句，或止一言，或直稱未審。考官二人，花書其上，并批通不。又《禮行於郊賦》、《建侯置守孰優論》。其所習又稱《雜文時務策》，則不復存。此可以見國初場屋事體，文法簡寬，士習淳茂，得人之盛，後世反不能及。文盛則實衰，世變蓋可覩矣。

馬端臨《文獻通考・經籍考・別集》《呂文靖試卷》一卷。

盧載雜歌詩

陳振孫《直齋書録解題・詩集類下》《盧載雜歌詩》一卷。盧載厚元撰。集中有與胡則、錢惟演往來詩。

馬端臨《文獻通考・經籍考・詩集》《盧載雜歌詩》一卷。

穆參軍集

陳振孫《直齋書録解題・別集類中》《穆參軍集》三卷。泰州司法參軍東平穆修伯長撰。修，祥符二年經明行修進士。仕不遇，困窮以死。師事陳摶，傳其《易》學，以授李之才，之才傳邵雍。而尹洙兄弟亦從之學古文，且傳其《春秋》學。或曰《太極圖》亦修所傳於陳摶、种放者。今其遺文傳世者僅如此。門人祖無擇爲之序。

馬端臨《文獻通考・經籍考・別集》《穆參軍集》三卷。水心葉氏曰：柳開、穆修、張景、劉牧當時號能古文，今《文鑑》所存《來賢亭記》柳，《河南尉廳壁記》

張，《法相院鐘記》、《靜勝亭記》穆，《待月亭記》劉，諸篇可見。時以偶儷工巧爲尚，而我以斷散拙鄙爲高。自齊、梁以來言古文者，無不如此。韓愈之備盡時體，抑不自名，李翱、皇甫湜往往不能知，而況孟郊、張籍乎！古人文字，固極天下之巧麗矣，彼怪迂鈍樸，用功不深，纔得其腐敗粗澁而已。

《宋史·藝文志·别集類》《穆修集》三卷。

楊士奇等《文淵閣書目·文集》《河南穆伯長文集》。一部，一册。完全。

張萱等《内閣藏書目録·集部》《河南穆公集》一册。全。宋真宗朝泰州參軍河南穆修著，慶曆中祖無擇序，凡三卷。

錢謙益等《絳雲樓書目·宋文集類》《穆修集》。三卷。伯長門人祖無擇序。

《四庫提要·别集類五》《穆參軍集》三卷，附録《遺事》一卷。大學士于敏中家藏本。宋穆修撰。修字伯長，鄆州人。

張金吾《愛日精廬藏書志·别集類》《河南穆先生集》三卷，附録一卷。舊抄本。宋穆修伯長著。至我朝，乃或推孫、丁、楊、劉爲文詞之雄。是時穆參軍伯長獨不以爲然，實始爲古文在尹師魯、蘇子美、歐陽永叔之先。自爾以來，學者益以光大，非止求夫文之近於古而已。蓋異端既闢，則必以聖人爲師；不專注疏，則必以經旨爲歸。學均爲己，一變至道，遡其承傳。爰有端緒□□云。銀關闢書，售與有力焉。愚嘗評穆參軍之復古，以爲不在董生、昌黎之下。永州之學教授宜春歐陽椿，得參軍之文於其從孫化州使君淮，俾零陵鄉貢進士張淡、吴倫校之。不鄙謂愚可紀歲月，深惟會友輔仁之義，有不得而辭者，輒書其後，大不自量。淳熙丁未孟秋既望，衡陽假守臨江劉清之謹題。

吴壽暘《拜經樓藏書題跋記》卷五《穆河南集》。右舊鈔本，穆修伯長著。三卷。附録《遺事》。有劉清之跋，有「吕氏藏書」、「恥叁」二圖記。

祖英集

錢曾《讀書敏求記·集》《雪竇祖英集》二卷。師諱重顯，《文獻通考》諱道顯。字隱之，大寂九世孫，俗姓李氏，其生平見吕夏卿《塔銘》。茲集乃門人總輯，成於天聖十年孟陬月，小師文政爲之序。雪竇本智覺道場，曾公守明州，手疏請師住持于此。

《四庫提要·别集類五》《祖英集》二卷。編修汪如藻家藏本。宋釋重顯撰。重顯字隱之，遂州李氏子。幼依普安院僧仁銑，落髮後至靈隱翠峰，晚住明州雪竇，皇祐四年卒。事蹟詳具《僧寶傳》。此編乃其詩集。前有僧文政序，稱師自戾止雪竇，或先德言句，師因而頌之，或感興懷别貽贈之作，總輯成二百二十首。末署天聖十年孟陬月。天聖十年即明道元年，是歲十一月改元，故正月猶稱天聖也。重顯戒行清潔，彼教稱爲古德。故其詩多語涉禪宗，與道濳、惠洪諸人專事吟詠者蹊逕稍别。然胸懷脱灑，韻度自高，隨意所如，皆天然拔俗。五言如「静空孤鶚遠，高柳一蟬新」、「草隨春岸緑，風倚夜濤寒」、「片石幽龕蘚，殘花冷襯雲」、「啼狖銜寒影，歸鴻見斷行」，皆綽有九僧遺意。七言絶句如《自貽》、《送僧喜禪人回山》諸篇，亦皆風致清婉，琅然可誦，固非概作禪家酸餡語也。

吴門集

王圻《續文獻通考·經籍考·集上》《吴門集》二十卷。蔣堂著。堂，宜興人。舉進士，爲監察御史，累遷禮部侍郎致仕。

春卿遺稿

《四庫提要·别集類五》《春卿遺稿》一卷。編修汪如藻家藏本。宋蔣堂撰。堂字希魯，宜興人。大中祥符五年擢進士第。仁宗朝歷官左諫議大夫，知蘇州。改給事中，仍知州事。後以禮部侍郎致仕，因家於蘇。事蹟具《宋史》本傳。案胡宿《文恭集》有堂神道碑，稱堂以皇祐六年卒，贈吏部侍郎。此集題曰「春卿」，仍舉其致仕之官，所未詳也。碑稱其有高情，富清藻，多所綴述，尤邃於詩。其閒所得，往往清絶。善作尺牘，思致簡詣。時人得之，藏爲名筆。及退居林下，神機日旺。雖飲食寢處，未嘗忘詩，亦天性然。有文集二十卷。本傳亦稱其好學工文詞，尤嗜作詩。與碑文合。所載文集卷數亦同。然原集今不傳。此本乃明天啓中堂二十世孫鐄掇拾佚稿而成。凡賦一篇，詩三十七篇，記一篇，不及原集十分之一。其閒惟詩獨多。則碑所云尤邃於詩者信也。其詩雖興象不深，而平正通達，無雕鏤纖瑣之習。北宋遺集，流傳日少，録之亦可備一家焉。

閨秀集

尤袤《遂初堂書目·別集類》《徐夫人詩》。

陳振孫《直齋書録解題·別集類下》《閨秀集》二卷。建安徐氏撰。徐，林稺山之從姑，祥符敕頭。案：唐時舉宏詞第一謂之敕頭，原本「敕」訛作「初」，又脱去「頭」字，今據《文獻通考》改正。奭之姪孫女。嫁括蒼祝璣，璣爲部使者。有子曰永之，嘗知滁州。

馬端臨《文獻通考·經籍考·別集》《閨秀集》二卷。

《宋史·藝文志·別集類》徐氏《閨秀集》一卷。

王氏詩

《宋史·藝文志·別集類》《王氏詩》一卷。

拙菴文集

王圻《續文獻通考·經籍考·集上》《拙菴文集》四卷。晉江郭咸著。

拙菴雜咏

王圻《續文獻通考·經籍考·詩集》《拙菴雜咏》一卷。晉江郭咸著。

文公文集

王圻《續文獻通考·經籍考·集上》《文公文集》一百五十卷。莆田黄士殷次撰。

許申集

《宋史·藝文志·別集類》《許申集》一卷。

畢田詩

《宋史·藝文志·別集類》《畢田詩》一卷。

楊日嚴集

《宋史·藝文志·別集類》《楊日嚴集》十卷。

錢子高集

鄭樵《通志·藝文略·別集五》《錢子高集》三十卷。

寇隨詩

《宋史・藝文志・別集類》《寇隨詩》一卷。

清風集　後集

尤袤《遂初堂書目・別集類》鮑當《清風集》。

陳振孫《直齋書録解題・詩集類下》《清風集》一卷。職方員外郎鮑當撰。

馬端臨《文獻通考・經籍考・詩集》《清風集》一卷。

《宋史・藝文志・別集類》《鮑當集》一卷。又《後集》一卷。

李諮集

鄭樵《通志・藝文略・別集五》《李憲成公文集》二十卷。李諮。

《宋史・藝文志・別集類》《李諮集》二十卷。

劉夔應制

《宋史・藝文志・別集類》《劉夔應制》一卷。

陳簡能集

《宋史・藝文志・別集類》《陳簡能集》一卷。

李光輔集

《宋史・藝文志・別集類》《李光輔集》一卷。

永昌應制集

《宋史・藝文志・別集類》劉若沖《永昌應制集》三卷。

雪齋文集

趙希弁《讀書附志・別集類四》《雪齋居士文集》二十卷。右導江王咨字夢得之文也。門人計運孫援李漢裒昌黎文章故事爲序。咨嘗知劍州，其訓詞有曰「早登儒科，文采著見；久更民事，爲朕所知」云。

尤袤《遂初堂書目・別集類》《王夢得集》。

《宋史・藝文志・別集類》王咨《雪齋文集》四十卷。

楊士奇等《文淵閣書目・文集》王咨《雪齋文集》。一部，五册。全。

文莊集

鄭樵《通志・藝文略・別集五》《鄭國文莊公集》一百卷。夏竦。

晁公武《郡齋讀書志・別集類下》《夏文莊集》一百卷。右皇朝夏竦字子喬，江州德安人。以父死事補官。舉賢良，除光禄丞。累擢知制誥。仁宗屢欲相之，爲言者所攻而寢。初封英國公，後改封鄭，謚文莊，貴顯凡四十年。天資好學，自經史、百氏、陰陽、律曆之書，無所不通。善爲文章，尤長偶儷之語，朝廷大典策，屢以屬之。爲詩巧麗，皆「山勢蜂腰斷，溪流燕尾分」之類。其集夏伯孫編次，有宋次道序。

尤袤《遂初堂書目・別集類》 《夏文莊集》。

陳振孫《直齋書録解題・別集類中》 《夏文莊集》一百卷。樞密使鄭國文莊公九江夏竦子喬撰。竦父死王事，身中賢科，工爲文辭，復多材術，而不自愛重，甘心姦邪。聲伎之盛，冠於承平。夫婦反目，陰慝彰播。皆可爲世戒也。

馬端臨《文獻通考・經籍考・別集》 《夏文莊集》一百卷。

《宋史・藝文志・別集類》 《夏竦集》一百卷。

楊士奇等《文淵閣書目・文集》 《夏英公文集》。一部，五册。闕。

《四庫提要・別集類五》 《文莊集》三十六卷。《永樂大典》本。宋夏竦撰。竦有《古文四聲韻》，已著録。其集本一百卷，《宋史・藝文志》著録，今已不傳。兹據《永樂大典》所載，兼以他書附益之，尚得詩文三十六卷。竦之爲人無足取。其文章則詞藻贍逸，風骨高秀，尚有燕許軌範。《歸田録》、《青箱雜記》、《東軒筆録》、《中山詩話》、《玉海》、《困學紀聞》諸書皆稱引之。吕祖謙編《文鑑》，亦頗採録。蓋其文可取，不以其人廢矣。集中多朝廷典册之文，蓋所長特在於是。所載事蹟如太宗爲京兆尹時召見魏咸信事在乾德五年，而史以爲在開寶中。澶淵河清見底事在端拱元年，而史以爲在雍熙四年。竦之直集賢院以獻文得官，而史以爲自通判召入。凡斯之類，皆足以訂《宋史》之譌。他若李昉之追封韓國公，王曾之爲兵部郎中，魯宗道之爲給事中，任中正之爲右諫議大夫，史皆失書。凡斯之類，亦足補《宋史》之闕。蓋托克托等年遠傳聞，不及竦紀録時事爲得其實也。集中表奏有代王曾、王旦、寇準諸人作者。考之史傳，竦在洪州，能斷妖巫，毁淫祠。仁宗時增設賢良等六科，復百官轉對，置理檢使，亦皆竦所發。好水川之事，議者歸咎韓琦，竦於任福衣帶中得琦檄奏之，明其非罪。則竦雖巧佞，較之丁謂、王欽若輩，尚稍稍有間，故正人尚肎假手歟。抑或爲所籠絡，當時尚未遽悟其姦也。竦學賅洽，百家及二氏之書，皆能通貫。故其文徵引奥博。傳寫者不得其解，往往舛譌。今參考諸書，爲之是正，各附案語以明之。其不可盡考者，則姑仍其舊，從闕疑之義焉。

朱陵編

《宋史・藝文志・別集類》 廖偁《朱陵編》一卷。

戴真詩

《宋史・藝文志・別集類》 《戴真詩》二卷

儒林舊德集

《宋史・藝文志・別集類》 趙師民《儒林舊德集》三十卷。

儒林舊德集

尤袤《遂初堂書目・別集類》 趙彦若《儒林舊德集》。

書臺集

陳振孫《直齋書録解題・詩集類下》 《書臺集》三卷。處士南隆朱有大有撰。自稱雲臺山人。天禧中王晦叔守蜀，以古風六十言遺之。「書臺」者，其所居坊名也。

馬端臨《文獻通考・經籍考・詩集》 《書臺集》三卷。

蘇國老集

尤袤《遂初堂書目・別集類》 《蘇國老集》。

柳公樂章

楊士奇等《文淵閣書目・詩詞》 《柳公樂章》。一部，一册。闕。

蘄春集

《宋史・藝文志・別集類》 聶冠卿《蘄春集》十卷。

王圻《續文獻通考・經籍考・集上》 《蘄春集》一卷。聶冠卿著。冠卿，歙州新安人。舉進士，累官翰林學士。嗜學好古，尤工于詩。

沈夏文集

《宋史・藝文志・別集類》 《沈夏文集》二十卷。

清風集

鄭樵《通志・藝文略・別集五》 《清風集》五十卷。龐籍。

尤袤《遂初堂書目・別集類》 龐莊敏《清風集》。

馬端臨《文獻通考・經籍考・別集》 龐相國《清風集》十卷。丞相龐籍撰。司馬温公序略曰：公之勳業治行，范景仁所爲《清風集敘》言之詳矣。公性喜詩，雖相府機務之繁，邊庭軍旅之急，未嘗一日置不爲。凡所以怡神養志，及逢時值事，一寓之於詩，其高深閎遠之趣，固非庸淺所可及。至於用事精當，偶對的切，雖古人能者，殆無以過。及疾亟，光時爲諫官，有謁禁走手啓參候，公猶録詩十餘篇相示，手注其後曰：「欲令吾弟知老夫病中尚有此意思耳！」字已慘淡難識，後數日而薨。曏者嗣子某，字懋賢，已集其文爲五十卷，既而以文字之多，懼世人傳者不能廣也，又選詩之尤善者，凡千篇，爲十卷。命曰《清風集略》，刻版摹之，命光繼敘其事。

齊唐集

尤袤《遂初堂書目・別集類》 《齊祖之賢良集》。

陳振孫《直齋書録解題・別集類中》 《少微集》三十卷。職方員外郎會稽齊唐祖之撰。齊澣之後。天聖八年進士。兩應制科，皆爲首選，以切直報罷。居鑑湖東北，去城五里。名其山曰少微。其集，顧臨爲之序。

馬端臨《文獻通考・經籍考・別集》 《少微集》三十卷。

《宋史・藝文志・別集類》 《齊唐集》三十卷。又《策論》十卷。

范文正公集　別集　補編

鄭樵《通志・藝文略・別集五》 《范文正公集》十五卷。范仲淹。

晁公武《郡齋讀書志・別集類下》 《范文正公集》二十卷，《別集》四卷。右皇朝范仲淹字希文，其先邠人。大中祥符八年進士。仕至樞密副使、參知政事。謚文正。爲學明經術，跂慕古人事業，慨然有康濟之志，作文章尤以傳道爲任。事母至孝。姑蘇之范，皆疎屬，置義莊以賙給之。天下想聞其風采，賢士大夫以不獲登門爲恥。獨梅堯臣嘗著《碧雲騢》以譏詆之云。

尤袤《遂初堂書目・別集類》 《范文正集》。

陳振孫《直齋書録解題・別集類中》 《范文正集》二十卷，《別集》四卷。參政文正公吴郡范仲淹希文撰。祥符八年進士曰朱説者，即公也。幼孤，從其母適朱氏。其爲兖州推官，始復姓更名。

馬端臨《文獻通考・經籍考・別集》 《范文正公集》二十卷，《別集》四卷。又《尺牘》五卷，其家所傳，在《正集》之外。

東坡《蘇氏集序》曰：古之君子如伊尹、太公、管仲、樂毅之流，其王霸之略，皆定於畎畝中，非仕而後學者也。淮陰侯見高帝於漢中，論劉、項短長，畫取三秦，如指諸掌，及佐帝定天下，漢中之言，無一不酬者；諸葛孔明卧草廬中，與先主策曹操、孫權，規取劉璋，因蜀之資，以争天下，終身不易其言，此豈口傳耳授嘗試爲之而僥倖其或成者哉！公在天聖中，居太夫人憂，則已有憂天下致太平之意，故爲萬言書以遺宰相，天下傳誦，至用爲將帥，爲執政，考其平生所爲，無出此書者。今其集二十卷，爲詩賦二百六十八，爲文一百六十五，其於仁義禮樂忠信孝弟，蓋如饑渴之於飲食，欲須臾忘而不可得，如火之熱，水之濕，蓋其天性有不得不然者，雖弄翰戲語，率然而作，必歸於此。故天下信其誠，争師尊之。孔子曰：「有德者必有言，非有言也，德之發於口者也。」又曰：「我戰則克，祭則受福，非能戰也，德之見於怒者也。」

《宋史·藝文志·别集類》 《范仲淹集》二十卷。又《别集》四卷。

楊士奇等《文淵閣書目·文集》 《范文正公文集》。一部，六册。殘缺。《范文正公文集》。一部，六册。闕。《范文正公文集》。一部，五册。完全。《范文正公文集》。一部，五册。殘缺。塾本補入。《范文正公尺牘》。一部，一册。闕。

范邦甸等《天一閣書目·别集類》 《范文正公集》一册。刊本。宋蘇軾序稱：公在天聖中居太夫人憂，已有天下致太平之意，故爲萬言書以遺宰相，天下傳誦。至用爲將，擢爲執政，考其平生所爲，無出此書者。今其集二十卷，爲詩賦二百六十八，爲文一百六十五。其于仁、義、禮、樂、忠、信、孝、悌，蓋如飢渴之於飲食，欲須臾忘而不可得。如火之熱，如水之濕，蓋其天性有不得不然者。雖弄翰戲語，率然而作，必歸于此。故天下信其誠。

徐𤊹《徐氏家藏書目·文集類》 《范仲淹文正公集》三十二卷。

張萱等《内閣藏書目録·集部》 《范文正公集》六册。全。宋范仲淹著。凡二十卷。《别集》四卷。又五册。不全。又五册。不全。

錢謙益等《絳雲樓書目·宋文集類》 《范文正公文集》二十卷。蘇子瞻序。又《别集》四卷。

《四庫提要·别集類五》 《文正集》二十卷，《别集》四卷，《補編》五卷。江蘇巡撫採進本。宋范仲淹撰。仲淹有《奏議》，已著録。是編本名曰《丹陽集》，凡詩賦五卷，二百六十八首，雜文十五卷，一百六十五首。元祐四年蘇軾爲之序。淳熙丙午鄱陽從事綦焕校定舊刻，又得詩文三十七篇，爲《遺集》附於後。即今《别集》。其《補編》五卷，則國朝康熙中仲淹裔孫能濬所搜輯也。仲淹人品事業，卓絶一時，本不借文章以傳。而貫通經術，明達政體，凡所論著，一一皆有本之言。固非虚飾詞藻者所能，亦非高談心性者所及。蘇軾稱其天聖中所上執政萬言書，天下傳誦。考其平生所爲，無出此者。蓋行求無愧於聖賢，學求有濟於天下。古之所謂大儒者，有體有用，不過如此。初不必説太極，衍先天，而後謂之能聞聖道。亦不必講封建，議井田，而後謂之不愧王佐也。觀仲淹之人與仲淹之文，可以知空言實效之分矣。

彭元瑞等《天禄琳琅書目後編·宋版集部》 《范文正公集》。二函，十册。宋范仲淹撰。《正集》二十卷，《别集》四卷。前有元祐四年蘇軾序，後有乾道丁亥俞翊跋。跋稱鄱陽在江左，爲守者以賢稱九人，而傑出者唐之顔魯公、本朝之范文正公二公。文章散落人間，是邦獨無墨本。翊攝乏來此，首得之，鳩工鏤版，以致師仰景慕。是當時顔、范二集並刊，今顔集無南宋本流傳矣。

《范文正公集》。二函，十二册。同上，係一版摹印，而俞翊跋後增淳熙丙午綦焕跋。略云鄱陽郡齋州學有《文正范公集》，又得詩文三十七篇爲《遺集》附於後。丙午上距丁亥二十年，焕爲郡從事所補刊，而正集則仍其舊也。後又多《尺牘》三卷，計一百十四帖，末有張栻、朱熹二跋，又附録富弼、歐陽修、王安石、韓琦祭文四首。

張金吾《愛日精廬藏書志·别集類》 《范文正公集》二十卷，《别集》四卷，附《遺文》。元天曆刊本。宋范仲淹撰。蘇氏序後有天曆戊辰改元褒賢世家重刻于家塾歲寒堂篆文木記。蘇軾序。元祐四年。俞翊跋。乾道丁亥。綦焕跋。寧熙丙午。

張之洞《書目答問·别集》 《文正集》二十卷，《别集》四卷，《補編》五卷。宋范仲淹。通行本。近范氏後裔以范文正范忠宣集合刻。

潘祖蔭《滂喜齋藏書記·集部》 元刻《范文正公集》二十卷，《别集》四卷。一函四册。宋范仲淹撰。八世孫文英刻。前有蘇軾序。序後有墨圖記云：「天曆戊辰改元褒賢世家重刻於家塾歲寒堂。」按公集宋乾道丁亥鄱陽守俞翊刻於郡齋。淳熙丙午郡從事北海綦焕補刊此本，即自鄱陽本出。後有俞、綦二跋。俞跋前有闕葉，僅存末二行，歲月、姓名猶可認也。綦跋之後，題字三行，云：「嘉定壬申仲夏重修，朝奉郎通判饒州軍州兼管内勸農營田事宋鈞、朝請大夫知饒州軍州兼管内勸農營田事趙□㦸。」舊尚有文英跋，此脱之。每半葉十二行，行二十字。舊怡府藏書也。

潘祖蔭《滂喜齋藏書記·集部》 元刻殘本《范文正公集》十一卷，《别集》一卷，《尺牘》三卷，《政府奏議》二卷。十四册。亦歳寒堂刻印本，差後《文集》，存卷一、卷四、卷五、卷九至十六，凡十一卷。《別集》存第四一卷。元時陸續附刊，尚有《補編》五卷，及《尺牘》、《奏議》等十三種。此本補編闕，餘存《奏議》二卷，《尺牘》三卷及《言行拾遺》、《西夏堡寨洛陽遺跡》、《白山遺跡》、《吴中遺跡》、《鄱陽遺跡》，贊、頌、論、碑銘、褒賢、祠記，凡十種。祠記衹第二一卷，亦不全矣。尺牘宋淳熙三年，張栻刻於桂林郡齋，南軒及朱文公均有跋。元至元再元丁丑文英重刻。其跋云：「先公尺牘舊刊郡庠，今梓家塾。」所謂郡庠者，自是蘇州郡庠，是桂林一刻，吴中再刻，凡三刻矣。奏議刻於元統二年甲戌。據文英跋，則公奏議有二本，一十七卷，韓魏公序。一二卷即此本也。又天曆三年八世孫國儁跋，謂有年譜，與文集、奏議並行。此本無年譜，蓋亦脱之。卷首有長洲顧仁效「水東館收藏圖籍」私印。

丹陽編

鄭樵《通志・藝文略・別集五》〔范仲淹〕又《丹陽編》八卷。

《宋史・藝文志・別集類》〔范仲淹〕《丹陽編》八卷。

范文正尺牘

陳振孫《直齋書録解題・別集類中》《范文正尺牘》五卷。其家所傳。在正集之外。

范邦甸等《天一閣書目・雜著類》《范文正公尺牘》三卷。刊本。宋張栻序云：右文正范公帖，得之文定胡公家，以刻于桂林郡齋。

范文正公《尺牘》三卷。刊本。明進士十六世孫惟一校正，序稱：公集吴中舊有刻，歳久寖毁不可讀，將以次校而新之。茲先刻《尺牘》，凡三卷。

《四庫提要・別集類存目一》《范文正公尺牘》三卷。浙江巡撫採進本。宋范仲淹撰。仲淹有《范文正集》，已著録。是編皆其平生手簡，爲家書三十六首，交游八十一首。蓋其家子孫所輯，宋時已於集外別行。後有張栻及朱子所作文正《書帖》、《跋語》二則，當亦後人所附入。原本五卷，今止三卷，則陳振孫所改編也。

《宋史・藝文志・別集類》〔范仲淹〕《尺牘》二卷。

范文正公書牘

范邦甸等《天一閣書目・總集類》范文正公《書牘》一卷。刊本。明十六世孫惟一、朱希周、孫承恩、文徵明、顧存仁同校，韓叔陽重刊。

唐異詩集

《宋史・藝文志・別集類》《唐異詩集》一卷。

張子野集

《宋史・藝文志・別集類》《張先詩》二十卷。

楊士奇等《文淵閣書目・詩詞》《張子野集》。一部，二册，闕。

文館集

鄭樵《通志・藝文略・別集五》宋綬《文館集》五十卷。

祕殿常山集

尤袤《遂初堂書目・別集類》宋宣獻《祕殿常山集》。

《宋史・藝文志・別集類》宋綬《常山祕殿集》三卷。

託居集

鄭樵《通志・藝文略・别集五》〔宋綬〕《託居集》三卷。

《宋史・藝文志・别集類》《託居集》五卷。

常山遺札

《宋史・藝文志・别集類》〔宋綬〕《常山遺札》三卷。

許推官吟

《宋史・藝文志・别集類》《許推官吟》一卷。

晏殊集

《宋史・藝文志・别集類》《晏殊集》二十八卷。

晏元獻公文集

楊士奇等《文淵閣書目・文集》《晏元獻公文集》。一部，六册。闕。

臨川集

鄭樵《通志・藝文略・别集五》晏相《臨川集》三十卷。晏殊。

晁公武《郡齋讀書志・别集類下》晏元獻《臨川集》三十卷。右皇朝晏殊字同叔，臨川人。景德二年，張知白薦，得召，賜同進士出身，再試文，擢祕書正字，爲昇王府記室，累擢知制誥、翰林學士。寶元三年，拜平章事。四年，坐事，罷知潁川。歷陳、許、雍、洛，以疾歸，侍經席，卒。性剛峻，幼孤篤學，爲文温純應用，尤長於詩，抒情寓物，辭多曠達。當世賢士，如范文正、歐陽文忠皆出其門；女適富鄭公、楊察，世稱其知人。集有兩本，一本自作序。

陳振孫《直齋書録解題・别集類中》《臨川集》三十卷。丞相臨淄元獻公臨川晏殊同叔撰。其五世孫大正爲年譜，言：先元獻嘗自差次起儒館至學士，爲《臨川集》；起樞廷至宰席，爲《二府集》。今案本傳，有《文集》二百四十卷，《中興書目》亦九十四卷，今所刊止此爾。《臨川集》有自序。

馬端臨《文獻通考・經籍考・别集》晏元獻《臨川集》三十卷。

《宋史・藝文志・别集類》〔晏殊〕又《臨川集》三十卷。

二府集

尤袤《遂初堂書目・别集類》晏元獻《二府集》。

陳振孫《直齋書録解題・别集類中》《二府集》二十五卷。丞相臨淄元獻公臨川晏殊同叔撰。

《宋史・藝文志・别集類》〔晏殊〕《二府集》十五卷。

二府别集

《宋史・藝文志・别集類》〔晏殊〕《二府别集》十二卷。

紫微集

晁公武《郡齋讀書志・別集類下》 晏元獻《紫微集》一卷。

尤袤《遂初堂書目・別集類》 晏元獻《紫薇集》。

馬端臨《文獻通考・經籍考・別集》 晏元獻《紫微集》一卷。

北海新編

《宋史・藝文志・別集類》 《北海新編》六卷。

平臺集

《宋史・藝文志・別集類》 〔晏殊〕《平臺集》一卷。

晏元獻遺文

《四庫提要・別集類五》 《晏元獻遺文》一卷。江西巡撫採進本。宋晏殊撰。殊有《類要》，已著録。《東都事略》稱殊有文集二百四十卷。《中興書目》作九十四卷。《文獻通考》載《臨川集》三十卷。《紫薇集》一卷。陳振孫《書録解題》云，其五世孫大正，爲《年譜》一卷。言先元獻嘗自差次起儒館至學士爲《臨川集》三十卷。起樞廷至宰席爲《二府集》二十五卷云云。今皆不傳。此本爲國朝康熙中慈谿胡亦堂所輯。僅文六篇，詩六首。餘皆詩餘。殊當北宋盛時，日與諸名士文酒唱和，其零章斷什，往往散見諸書。如《復齋漫録》、《古今歲時雜詠》、《侯鯖録》、《西清詩話》所載諸詩，此本皆未收入，未爲完備。然殊在北宋，號曰能文。雖二宋之作，亦資其點定。如《能改齋漫録》所記「白雪久殘梁複道，黃頭閒守漢樓船」者，其推重可以想見。原集既已無存，則此裒輯之編，僅存什一於千百者，亦不能不録備一家矣。

睢陽集

鄭樵《通志・藝文略・別集五》 《睢陽小集》十卷。孫復。

晁公武《郡齋讀書志・別集類下》 孫明復《睢陽子集》十卷。右皇朝孫復字明復，晉州人。居泰山，深於《春秋》。自石介以次，皆師事之。年四十未娶，李丞相迪以其弟子妻之。慶曆中，范文正公、富鄭公言之於朝，除國子監直講。嘗對邇英閣説詩，上欲以爲侍講，楊安國沮之而寢。

尤袤《遂初堂書目・別集類》 孫明復《睢陽集》。

馬端臨《文獻通考・經籍考・別集》 孫明復《睢陽子集》十卷。

《宋史・藝文志・別集類》 《孫復集》十卷。

孫明復小集

《四庫提要・別集類五》 《孫明復小集》一卷。兵部侍郎紀昀家藏本。宋孫復撰。復有《春秋尊王發微》，已著録。案《文獻通考》載孫復《睢陽子集》十卷。《宋史・藝文志》亦同。此本出自泰安趙國麟家，僅文十九篇，詩三篇，附以歐陽修所作墓誌一篇。蓋從《宋文鑑》、《宋文選》諸書鈔撮而成，十不存一。然復集久佚，得此猶見其梗概。蘇轍、歐陽修墓碑載，修謂於文得尹師魯、孫明復，而意猶不足。蓋宋初承五代之敝，文體卑靡。穆修、柳開始追古格，復與尹洙繼之。風氣初開，菁華未盛。故修之言云爾。然復之文，根柢經術，謹嚴峭潔，卓然爲儒者之言。與歐、蘇、曾主千變萬化，務極文章之能事者，又別爲一格。修之所言，似未可概執也。至於揚雄過爲溢美，謂其《太玄》之作非以準《易》，乃以嫉莽。則白圭之玷，亦不必爲復諱矣。

太平雅頌

王圻《續文獻通考・經籍考・樂律》《太平雅頌》十篇。葛宫著。宫，江陰人。善屬文。舉進士，授中正軍掌書記。上《太平雅頌十篇》，真宗嘉之。

西漢史詠

楊士奇等《文淵閣書目・詩詞》李照《西漢史詠》。一部，二册。闕。

石曼卿集

晁公武《郡齋讀書志・別集類下》《石曼卿集》一卷。右皇朝石延年，字曼卿，南京宋城人。舉進士不中，爲三班奉職，改太常寺太祝，遷祕閣校理。氣貌雄偉，喜論事，善書札，縱酒不羈，世多傳其仙去。其詩如《春陰》、《紅梅》，及「樂意相關禽對語，生香不斷樹交花」、「鶯聲不逐春光老，花影常隨日脚流」之句，至今諷詠焉。

陳振孫《直齋書録解題・詩集類下》《石曼卿歌詩集》一卷。祕閣校理宋城石延年曼卿撰。自爲序，石介復爲作序。其仕以三舉進士，爲三班奉職，出處詳見歐陽公所作《墓志》。

馬端臨《文獻通考・經籍考・詩集》《石曼卿集》一卷。【略】《歐公詩話》曰：石曼卿自少以詩酒豪放自得，其氣貌偉然，詩格奇峭。又工於書，筆畫遒勁，體兼顔、柳，爲世所珍。余家嘗得南唐後主「澄心堂紙」，曼卿爲余以此紙書其《籌筆驛》詩，詩曼卿平生所自愛者，至今藏之，號爲「三絶」，真余家寶也。曼卿卒後，其故人有見之者，云恍惚如夢中。言「我今爲鬼仙也，所主芙蓉城」。欲呼故人往遊不得，忿然騎一素騾去如飛。其後又云降於亳州一舉子家，又呼舉子去不得，因留詩一篇與之。余亦略記其一聯云：「鶯聲不逐春光老，花影長隨日脚流。」神仙事怪不可知，其詩頗類曼卿平生語，舉子不能道也。

張浮休評曼卿詩：如飢鷹夜歸，巖冰春拆，俊爽有餘而不可尋繹。《朱子語録》：因舉曼卿詩，極有好處，如「仁者雖無敵，王師固有征；無私乃時雨，不殺是天聲」長篇，某舊於某人處，見曼卿親書此詩，大字，氣象方嚴遒勁，極可寶愛，真所謂「顔筋柳骨令人喜」，蘇子美字遠不及矣。如《籌筆驛》詩「意中流水遠，愁外舊山青」。又「樂意」「生香」之句極佳，惜不見全集。

後村劉氏曰：曼卿詩，惟《籌筆驛》詞翰俱妙，人所傳誦。及「樂意相關禽對語，生香不斷樹交花」一聯，爲伊、洛中人所稱，他作苦不甚見。晚得其集，石徂徠作序，稱其「與穆參軍以古文自任，而曼卿尤豪於詩」。石自序：「性懶，有作不能録，早時解記數百篇，過壯記益衰，近幾盡廢。有收百篇來者，覽之或尚能識，或非己言，久迺能辨，遂併近詩存三百篇，藏之於家。」歐公尤重其人，范公有「鑿幽索祕，破堅發奇，高凌虹霓，清出金石」之評。集中《華山》、《泰山》、《嵩山》五言長篇各一首，筆力在薛能之上，餘警句尚多，五言云：「行人晚更急，歸鳥夕無行。」「天寒河影淡，山凍瀑聲微。」「水盡天不盡，人在天盡頭。」「草白有時榮，鬢白不再好，人生不如春，鬢白不如草。」「弋下失冥鴻，網細遺巨鵾。」「風勁香逾遠，天寒色更鮮，秋天買不斷，無意學金錢。」七言云：「洛渚微波長映步，漢宫香水不濡肌。」「獨步世無吴苑艷，渾身天與漢宫香。」「恥居湯、武干戈域，寧死唐、虞揖遜區。」「汾、河不斷天南流，天色無情淡如水。」「南朝文物盡清賢，不事風流即放言；三百年間却堪笑，絶無人可定中原。」「中散向人踈懶甚，步兵因酒過差多。」皆清拔有氣骨。

《宋史・藝文志・別集類》《石延年詩》二卷。

諫垣集

《宋史・藝文志・別集類》錢彦遠《諫垣集》三十卷。

諫垣遺稿

《宋史・藝文志・別集類》錢彦遠又《諫垣遺稿》五卷。

謝伯初詩

《宋史·藝文志·別集類》《謝伯初詩》一卷。

女郎謝希孟集

尤袤《遂初堂書目·別集類》《女郎謝希孟集》。

陳振孫《直齋書録解題·詩集類下》《女郎謝希孟集》二卷。閩人謝景山之妹，嫁陳安國，年二十三而死。其詩甚可觀，歐公爲之序，言有古淑女幽閒之風雅，非特婦人之言也。景山者，按歐陽《詩話》，言「謝伯初字景山，當天聖景祐間，以詩知名。余謫夷陵，景山方爲許州法曹，以長韻見寄，頗多佳句。仕不偶，困窮以卒，詩亦不見於世。」此序又言景山少以進士一舉甲科。攷《登科記》，天聖二年甲科但有謝伯景，而謝伯初者乃在寶元元年。公謫夷陵，當景祐三年，景山已爲法曹，則非寶元登第者。名字差齵如此，未可攷也。

馬端臨《文獻通考·經籍考·詩集》《女郎謝希孟集》二卷。【略】歐陽氏序略曰：「希孟之言，尤隱約深厚，守禮而不自放，有古幽閒淑女之風，非特婦人之能言者也。然景山嘗從今世賢豪者游，故得聞於當世，而希孟不幸爲女子，莫自章顯於世。昔衛莊姜許穆夫人，録於仲尼而列之《國風》，今有傑然巨人，能輕重時人而取信後世者，一爲希孟重之，其不泯没矣。」

《宋史·藝文志·別集類》《謝希孟詩》二卷。

采蘋詩

《宋史·藝文志·別集類》〔謝希孟〕《采蘋詩》一卷。

王初歌詩集

陳振孫《直齋書録解題·詩集類下》《王初歌詩集》一卷。王初撰。未詳何人。有《延平天慶觀詩》，當是祥符後人也。

馬端臨《文獻通考·經籍考·詩集》《王初歌詩集》一卷。

尹子漸集

趙希弁《讀書附志·別集類三》《河内先生文集》六卷。右太常博士尹源字子漸之文也。源與弟洙俱以儒學知名。趙元昊寇邊，圍定川堡，大將葛懷敏發涇原兵救之。源與懷敏書曰：「賊舉其國而來，其利不在城堡，而兵法有不得而救者。且吾軍畏法，見敵必赴而不計利害，此其所以數敗也。宜駐兵瓦亭，見利而後動。」懷敏不能用。今此書不見於集中。

陳振孫《直齋書録解題·別集類中》《尹子漸集》六卷。太常博士知懷州河南尹源子漸撰。待制焞彦明，其孫也。

馬端臨《文獻通考·經籍考·別集》《尹子漸集》六卷。

《宋史·藝文志·別集類》《尹源集》六卷。

幕中集

《宋史·藝文志·別集類》〔尹源〕《幕中集》十六卷。

孫文懿集

晁公武《郡齋讀書志·別集類下》《孫文懿集》三十卷。右皇朝孫抃字夢得，眉山人。六世祖長孺喜藏書，貯以樓，蜀人號「書樓孫家」。天聖中進士甲科，累遷知制誥、翰林學士承旨，後參知政事。謚文懿。

馬端臨《文獻通考・經籍考・別集》《孫文懿集》三十卷。

宋元憲公集

鄭樵《通志・藝文略・別集類》《宋元憲公集》五卷。宋庠。

陳振孫《直齋書録解題・別集類中》《宋元憲集》四十四卷。丞相鄭國元憲公安陵宋庠公序撰。本名郊，字伯庠。天聖二年進士第一。後有忌者譏之，以姓符國號，名應郊天，仁宗命改焉。忌者之力止此，後卒大用，爲名臣。

馬端臨《文獻通考・經籍考・別集》《宋元憲集》四十四卷。一作《湜巾集》二十卷。

《宋史・藝文志・別集類》《宋郊文集》四十四卷。

楊士奇等《文淵閣書目・文集》《宋元憲公文集》。一部，十册。完全。

《四庫提要・別集類五》《宋元憲集》四十卷。《永樂大典》本。宋宋庠撰。史稱庠所著有《國語補音》三卷，《紀年通譜》十二卷，《別集》四十卷，《掖垣叢志》三卷，《尊號録》一卷。今惟《國語補音》有傳本，已著録。餘書與文集並佚。國朝厲鶚編《宋詩紀事》，僅採掇《西清詩話》、《侯鯖録》、《合璧事類》、《揚州府志》所載，得詩八首，則海内絶無其本已三四百年矣。《永樂大典》修於明初，距宋末僅百餘年，舊刻猶存，故得以採録。而庠文章淹雅，可取者多，故所載特爲繁富。今以類排比，仍可得四十卷，疑當時全部收入也。方回《瀛奎律髓》載，夏竦守安州日，庠兄弟以布衣遊學，席上各賦《落花詩》。竦以爲有台輔器。趙令畤《侯鯖録》亦云：二宋《落花詩》，爲時膾炙。今考庠詩所謂「漢皋佩冷臨江失，金谷樓危到地香」，祁詩所謂「將飛更作回風舞，已落猶成半面粧」者。特晚唐濃麗之格，實不盡其所長。祁集有《和庠赴鎮圃田遊西池作》，極稱其「長楊獵近寒熊吼，太液歌殘瑞鵠飛」句，嘆其警邁。蔡絛《西清詩話》亦稱之。又載其許昌《西湖詩》「鑿開魚鳥忘情地，展盡江湖極目天」，曠古未有。然集中名章雋句，絡繹紛披，固不止是數聯也。文章多館閣之作，皆温雅瑰麗，渢渢乎治世之音。蓋文章至五季而極弊，北宋諸家，各奮起振作，以追復唐賢之舊。穆修、柳開以至尹洙、歐陽修，則沿洄韓、柳之波。庠兄弟則方駕燕、許之軌。譬諸賈、董、枚、馬，體制各殊，而同爲漢京之極盛。固不必論甘而忌辛，是丹而非素矣。陳振孫稱景文清約莊重不逮其兄，以此不至公輔。今觀其集，庠有沈博之氣，而祁多新警之思，其氣象亦復小殊。所謂文章關乎器識者歟。《書録解題》載是集作四十四卷，與史不合。然《文獻通考》亦作四十四卷，似非譌舛。疑別本以《掖垣叢志》三卷、《尊號録》一卷編入集中，其成此數。唐、宋諸集往往有兼收雜著例也。《通考》於是集之下又附注曰：一作《湜巾集》二十卷，其名又異。然《永樂大典》實祇標《宋元憲集》，則非《湜巾集》明甚。故今仍舊目，不取《通考》之名焉。

張之洞《書目答問・別集》《宋元憲集》四十卷。宋宋庠。聚珍本福本。

緹巾集

鄭樵《通志・藝文略・別集五》〔宋庠〕又《緹巾集》十二卷。

晁公武《郡齋讀書志・別集類下》《緹巾集》二十卷。右皇朝宋庠字公序，開封雍丘人。天聖中，擢進士第一。入翰林爲學士。皇祐元年，拜相。嘉祐中，復爲樞密使，封莒國公，以司空致仕。初名郊，字伯庠，御史言其姓符國號，名應郊天，乃改今名。遺命子孫，不得以其文集流傳。

尤袤《遂初堂書目・別集類》宋宣獻《緹巾集》。

《宋史・藝文志・別集類》宋庠《緹巾集》十二卷。

操縵集

尤袤《遂初堂書目・別集類》宋宣獻《操縵集》。

《宋史・藝文志・別集類》〔宋庠〕又《操縵集》六卷。

連珠

《宋史・藝文志・別集類》〔宋庠〕《連珠》一卷。

孫沔集

《宋史・藝文志・別集類》《孫沔集》十卷。

王圻《續文獻通考・經籍考・集上》《孫公文集》。孫沔著。

胡文恭集　補遺

尤袤《遂初堂書目・別集類》《胡文恭集》。

陳振孫《直齋書録解題・別集類中》《胡文恭集》七十卷。樞密副使文恭公晉陵胡宿武平撰。晉陵之胡，自文恭始大，其猶子宗愈仍執政，子孫爲侍從、九卿者以十數。紹興初，世將承公，亦其後也。至今猶名族。

馬端臨《文獻通考・經籍考・別集》《胡文恭公集》七十卷。

《宋史・藝文志・別集類》《胡宿集》七十卷。又《制詞》四卷。

楊士奇等《文淵閣書目・文集》《胡文恭公文集》。一部，十册。完全。《胡文恭公文集》。一部，十册。完全。

張萱等《内閣藏書目録・集部》《胡文恭公集》十册。全。宋仁宗朝太子少師胡宿著，凡七十卷。

錢謙益等《絳雲樓書目・宋文集類》《秦國胡文恭公宿文集》六册。七十卷。

《四庫提要・別集類五》《文恭集》五十卷，《補遺》一卷。永樂大典本。宋胡宿撰。宿字武平，常州晉陵人。天聖二年進士。歷官兩浙轉運使，召修起居注，知制誥。由翰林學士拜樞密副使，以太子少師致仕。文恭其謚也。事蹟具《宋史》本傳。宿立朝以廉直著，而學問亦極該博。當時文格未變，尚沿四六駢偶之習，而宿於是體尤工。所爲朝廷大制作，典重贍麗，追蹤六朝。其五七言律詩，波瀾壯闊，聲律鏗訇，亦可彷彿盛唐遺響。陳氏《書録解題》載宿集七十卷，久無傳本。近人編《北宋名賢小集》，所輯僅寥寥數篇。厲鶚撰《宋詩紀事》搜羅至博，所録宿詩，亦祇從志乘掇拾，未窺全豹。至金元好問選《唐詩鼓吹》，誤編入宿詩二十餘首，説者遂以爲唐末之人，爵里未詳。今考好問所録諸詩，大半在《文恭集》内。且其中有《和朱況》一首，其人爲胡氏之壻，與宿同籍常州。具見所撰《李太夫人行狀》，確鑿可據。好問乃不能考證，舛錯至此。亦可知金、元之間，其集已罕覯矣。今惟《永樂大典》分採入各韻下者，裒而録之，計詩文一千五百餘首。雖未必盡合原目，而篇帙較富，已可什得其八九。謹以類編次，釐爲五十卷。庶俾藝林好古之士得以復見完書。其有《永樂大典》失採而散見於他書者，則別加搜輯，爲《補遺》一卷，附之於後焉。

張之洞《書目答問・別集》《文恭集》五十卷，《補遺》一卷。宋胡宿。聚珍本、杭本、福本。

王琪詩

《宋史・藝文志・別集類》《王琪詩》二十卷。

昌元集

尤袤《遂初堂書目・別集類》《王原叔遺文》。

《宋史・藝文志・別集類》王洙《昌元集》十卷。

狄遵度集

《宋史・藝文志・別集類》《狄遵度集》十卷。

宋景文集　補遺

鄭樵《通志・藝文略・別集五》《宋景文公集》七十八卷。宋祁。又《出麾小集》五卷。

晁公武《郡齋讀書志・别集類下》《宋景文集》一百五十卷。右皇朝宋祁字子京。與其兄郊同舉進士，奏名第一，章獻以爲弟不可先兄，乃擢郊第一，而以爲第十。當是時，兄弟俱以辭賦妙天下，號「大小宋」。累遷知制誥，除翰林學士承旨。以文章擅名一時，終不至大用，衆頗惜之。張方平爲之請，謚景文。通小學，故其文多奇字。蘇子瞻嘗謂其淵源皆有考，奇嶮或難句，世以爲知言。集有《出麾小集》、《西州猥稿》之類，合併而爲一。

尤袤《遂初堂書目・别集類》《宋景文集》。

陳振孫《直齋書録解題・别集類中》《宋景文集》一百卷。翰林學士景文公宋祁子京撰。庠弟也。自布衣名動場屋，號二宋。天聖二年同登第，祁本首唱，章獻謂弟不可以先兄，以爲第十人，而庠遂魁天下。兄弟後皆貴顯。景文清約莊重不逮其兄，以此不至公輔。所撰《唐書》列傳，不稱良史。景文《筆記》：「余於爲文似遽瑗，年五十，知四十九年非；余年六十，始知五十九年非，其庶幾至於道乎！」每見舊所作文章，憎之必欲燒棄。梅堯臣喜曰：「公之文進矣。」景文未第時，爲學於永陽僧舍，或問曰：「君好讀何書？」答曰：「余最好《大誥》。」故景文爲文謹嚴，至修《唐書》，其言艱，其思苦，蓋亦有所自歟。案：「景文《筆記》」以下原本俱脱去，今據《文獻通考》增入。

馬端臨《文獻通考・經籍考・别集》《宋景文集》一百五十卷。

《宋史・藝文志・别集類》《宋祁集》一百五十卷。

《四庫提要・别集類五》《宋景文集》六十二卷《補遺》二卷附録一卷。《永樂大典》本。宋宋祁撰。祁有《益部方物略》，已著録。晁公武《讀書志》謂祁詩文多奇字，證以蘇軾詩淵源皆有考，奇險或難句之語。以今觀之，殆以祁撰《唐書》彫琢劖削，務爲艱澀，故有是言。實則所著詩文，博奥典雅，具有唐以前格律。殘膏賸馥，沾匄靡窮，未可盡以詰屈斥也。又陳振孫《書録解題》稱：祁自言年至六十，見少時所作，皆欲燒棄。然考祁筆記嘗云：年二十五，即見奇於宰相夏公。試禮部又見稱於龍圖劉公。蓋少作未嘗不工，特晚歲彌爲進境耳。至於舉陸機之謝華啓秀，韓愈之陳言務去，以爲爲文之要。則其生平得力，具可想見矣。祁筆記又深戒其子無妄編綴作集，使後世嗤詆。然當時實已裒合成編，且非一種。據本傳稱集百卷。《藝文志》則稱百五十卷，又有《濡削》一卷，《刀筆集》二十卷。已與本傳不符。馬端臨《通考》亦稱百五十卷。《書録解題》暨焦竑《經籍志》俱止稱百卷。王偁《東都事略》則《文集》百卷之外，又有《廣樂記》六十五卷。記載互殊，莫詳孰是。《陸游集》載祁詩有《出麾小集》、《西州猥稿》，蜀人任淵曾與黄庭堅、陳無已二家同注。今亦不傳。近人所傳《北宋小集》中有《西州猥稿》一種，乃從成都文類《瀛奎律髓》、《文翰類選》諸書採輯而成，非其原帙。兹就《永樂大典》所載，彙萃裒次，釐爲六十有二卷。又旁採諸書，纂成《補遺》二卷。併以軼聞餘事各爲考證，附録於末。雖未必盡還舊觀，名章鉅製，諒可得十之七八矣。祁兄弟俱以文學名，當時號大宋小宋。今其兄庠遺集已從《永樂大典》採掇成編，祁集亦於蠹蝕之餘得以復見於世。雖其文章足以自傳，實亦幸際聖朝表章遺佚，乃得晦而再顯，同邀乙夜之觀。其遭遇之奇，良非偶然也。

張之洞《書目答問・别集》《宋景文集》六十二卷。《補遺》二卷。附録一卷。宋宋祁。聚珍本、福本。

刀筆集

鄭樵《通志・藝文略・刀筆》宋景文《刀筆》二卷。

尤袤《遂初堂書目・别集類》宋景文《刀筆集》。

《宋史・藝文志・别集類》〔宋祁〕《刀筆集》二十卷。

濡削

《宋史・藝文志・别集類》〔宋祁〕又《濡削》一卷。

西川猥稿

《宋史・藝文志・别集類》〔宋祁〕《西川猥稿》三卷。

熊知至集

《宋史·藝文志·别集類》《熊知至集》一卷。

鰲峰隱人集

王圻《續文獻通考·經籍考·詩集》《鰲峰隱人集》三卷。熊知至著。字意誠，建陽人。博學工詩。

陳副使詩

黄虞稷《千頃堂書目·别集類·補宋》陳洎《陳副使詩》一卷。字亞之，彭城人。官三司羣牧副使，陳師道之祖。

倪燦等《宋史藝文志補·别集類》陳洎《陳副使詩》一卷。字亞之，彭城人。

《四庫提要·别集類存目一》《陳副使詩》一卷。浙江巡撫採進本。宋陳洎撰。洎字亞之，彭城人。即師道之祖也。皇祐中官至三司鹽鐵副使。宋國史、實録皆不爲立傳，故《宋史》亦失載其人。此本僅詩十二首，金侃跋語謂陸繩仲從宋人墨蹟卷録出者。前有熙寧九年曲阜顔復序。後有張徽、司馬光、蘇軾、任希夷、李皐五跋。復序謂其事業在卿大夫者，以補國利民傳。皐跋亦謂景行懿文，知者蓋鮮。曲阜長道顔公，侯官宏中鄭公而下諸大賢，表而出之，輯成巨軸。蓋皆當時就題卷中者。皐跋作於嘉定癸酉。自皇祐改元至是一百六十餘年，賢士大夫猶相與珍其遺篇，景企不置，則洎之爲人可知矣。金侃又謂跋其後者尚有林希、孫覺、蘇轍、徐積、錢世雄諸人，惟遺侯官鄭宏中一跋，今希等諸跋並佚不存，則已非侃所見之本。又顔復稱詩二十二篇，蘇軾稱詩二十五篇，今所存僅及其半，亦不知何時散失。厲鶚《宋詩紀事》載洎詩十三篇，較此本多《過項羽廟》、《過田文墓》二篇。惟此本所有之《黄鵠》詩，鶚失採耳。

鳧繹先生集

馬端臨《文獻通考·經籍考·别集》《鳧繹先生集》十卷。顔太初淳之撰。東坡序略曰：昔吾先君適京師，與卿士大夫遊，歸以語軾曰：「自今以往，文章其日工，而道將散矣。士慕遠而忽近，貴華而賤實，吾已見其兆矣。」以魯人鳧繹先生之詩文十餘篇示軾曰：「小子識之，後十餘年，天下無復爲斯文者也。」先生之詩文，皆有爲而作，精悍確苦，言必中當世之過，鑿鑿乎如五穀必可以療饑，斷斷乎如藥石必可以伐病，其遊談以爲高，校詞以爲觀美者，先生無一言焉。其後二十餘年，先君既没，而其言存，士之爲文者，莫不超然出於形器之表，微言高論，既以鄙陋漢、唐，而其反復論難，正言不諱，如先生之文者，世莫之貴也。軾是以悲於孔子之言，而懷先君之遺訓，益求先生之文，而得之於其子復，乃録而藏之。

司馬温公序略曰：太初常以爲讀先王之書，不治章句，必求其理而已矣。既得其理，不徒誦之以誇誑於人，必也蹈而行之在其身。與鄉黨無餘於其外則不光，不光先王之道，猶翳如也。乃求天下國家政理風俗之得失，爲詩歌洎文以宣暢之。景祐初，青州牧有荒淫放蕩爲事，慕嵇康、阮籍之爲人，當時四方士大夫，樂其無名教之拘，翕然效之，寖以成風。太初惡其爲大亂風俗之本，作《東州逸黨》詩以刺之，遂上聞天子，亟治牧罪。又有鄆州牧，怒屬令之清直與己異者，誣以罪，搒掠死獄中，妻子弱不能自訴。太初素與令善，憐其冤死，作《哭友人》詩，牧亦坐是廢。於時世人見太初官職不能動人，又其文多指訐，有疵病者所惡聞，雖得其文，不甚重之，故所棄居多。余止得其兩卷，在同州，又得其所爲《題名記》，今集而序之。

《宋史·藝文志·别集類》《顔太初集》十卷。

仲訥集

鄭樵《通志·藝文略·别集五》《仲樸翁集》十二卷。仲訥。

馬端臨《文獻通考·經籍考·别集》《仲樸翁文集》十二卷。尚書屯田員外郎仲訥樸翁撰。歐陽公序略曰：君生於有宋百年全盛之際，儒學文章得用之時，宜其馳騁上下，發揮其所畜，振耀於當世，而獨韜藏抑欝，久伏而不顯者，蓋其不苟屈以合世，故世亦莫之知也，豈非知命之君子歟！余謂君非徒知命而不苟屈，亦自負其所有者，謂雖抑於一時，必將伸於後世而不可揜也。君之既没，富春孫莘老狀其行以告於史，臨川王介甫銘之石以藏諸幽，而余又序其集以行於世，然則君之不苟屈於一時，而有待於後世者，其不在吾三人者邪！

《宋史・藝文志・別集類》《仲訥集》十二卷。

葉清臣集

《宋史・藝文志・別集類》《葉清臣集》十六卷。

王圻《續文獻通考・經籍考・集上》《葉氏文集》。葉清臣著。

武溪集

尤袤《遂初堂書目・別集類》《余襄公集》。

陳振孫《直齋書録解題・別集類中》《武溪集》二十卷。集賢院學士襄公曲江余靖安道撰。

馬端臨《文獻通考・經籍考・別集》《武溪集》二十卷。

《宋史・藝文志・別集類》《余靖集》二十卷。又《諫草》三卷。

楊士奇等《文淵閣書目・文集》《余襄公文集》。一部，五册。完全。

高儒《百川書志・宋文》《武溪集》三十二卷。少師余襄公靖撰。

徐𤊹《徐氏家藏書目・文集類》余靖《武溪集》二十卷。

張萱等《内閣藏書目録・集部》余襄公《武溪集》四册。全。宋余靖著，凡二十卷。又四册。全。又二册。不全。

錢謙益等《絳雲樓書目・宋文集類》余靖《武溪集》。二十卷。字安道，曲江人，年六十五。

王士禛《漁洋書跋》《武溪集》。宋余襄公靖《武溪集》二十卷，成化間丘文莊所得祕閣本，嘉靖中衡陽劉穩重刊之韶郡者。有宋尚書屯田郎中周源序。予過曲江，秦令熙祚以此本見遺。云購之一老儒家。秦，山西聞喜人。其祖爲先太師門生，有孔、李之誼云。康熙二十四年孟夏，記於韶石舟中。

《四庫提要・別集類五》《武溪集》二十卷。浙江汪啓淑家藏本。宋余靖撰。靖字安道，韶州曲江人。天聖二年進士。累除右正言、知制誥。出知古州，經略廣西南路安撫使。預平儂智高，遷工部侍郎。英宗時官至工部尚書。謚曰襄。事蹟具《宋史》本傳。靖初爲臺諫，以申救范仲淹外貶。蔡襄因作《四賢一不肖》詩，頗涉標榜。語詳《蔡忠惠集》條下。然實襄隨衆嚚譁，非靖之本志。蹟其生平樹立，要不失爲名臣。其文章不甚著名。然狄青討平儂智高，靖摩崖作記，以旌武功，當時咸重其文。嘗奉命使遼，作《契丹官儀》一篇，頗可與史傳參證。他如《論史》、《序潮》諸作，亦多斐然可觀。以方駕歐、梅，固爲不足。要於北宋諸人之中，固亦自成一隊也。是集乃其子屯田員外郎仲荀所編，有屯田郎中周源序。凡古律詩一百二十，碑誌記五十，議論箴碣表五十三，制誥九十八，判五十五，表狀啓七十五，祭文六。卷目與歐陽修所撰墓誌相合。其《奏議》五卷，别爲一編，今已散佚。故集中闕此體焉。歷元及明，幾希湮没。成化中丘濬鈔自内閣，始傳於世。今所行本爲嘉靖甲午都御史唐胄所重刊云。

彭元瑞等《天禄琳琅書目後編・明版集部》《武溪集》。一函，四册。宋余靖撰。靖字安道，曲江人。天聖二年進士，官至工部尚書，謚曰「襄」。《宋史》有傳。書二十卷，凡古律詩百二十，碑誌記五十，議論箴碣表五十三，制誥九十八，判五十五，表狀啓七十五，祭文六。有周源序，附録歐陽修撰《神道碑》，韓璜書後。至明丘璿手鈔此集，韶州知府韓韡、同知方新、通判涂暲留刻郡齋，成化癸巳濬序。泰興季氏藏本。【略】

《武溪集》。二函，十六册。同上係一版摹印，丘濬序佚。

黄丕烈《蕘圃藏書題識・集類二》《武溪集》二十卷。明成化本。明刻黑口《宋人集》，世以爲珍。余《武溪集》向曾置一部，係黄紙者，質麤而墨氣淡。茲書友攜此來，居然勝一籌矣。命工重爲易其面，餘仍舊也。蕘翁甲子十月十有三日。

武溪詩

高儒《百川書志・宋詩》《武溪詩》。少師俞襄公靖撰。

寓山集

馬端臨《文獻通考・經籍考・别集》 陸子履《寓山集》十二卷。集賢修撰洛陽陸經子履撰。周平園序略曰：公與歐陽文忠公周旋館閣，詩文往復，相與至厚。惜仕不偶，陷於朋黨，屢起屢仆；晚遇裕陵，方嚮於用，則已老矣。予嘗謂尹師魯、蘇子美、江鄰幾、梅聖俞、丁元珍皆著美名負屈稱，與子履大略相似。彼五賢者，得文忠銘其藏、序其文，姓名鏗轟，炳耀至今，盪人耳目。獨公以死後不得與於斯文，或者遂謂公生既不遇，其殁又重不幸也。予曰不然。公當古文復興時，文忠實與爲友，其出倅宿州，送以詩曰：「子履自少聲名馳，落筆文章天下知；開懷吐胸不自疑，世路迫窄多穽機；鬢毛零落風霜摧，十年江湖千首詩。」又曰：「一自蘇梅閉九泉，始聞東潁播新篇」。暮年酬唱尤多，有「怕逢詩敵力難當」及「敢期佳句報琅玕」之句，則是公之生也，已爲文忠所稱道如此，尚何待於身後？其垂名不朽，亦豈下於五賢哉！予故表而出之云。

計用章集

《宋史・藝文志・别集類》 臨邛《計用章集》十二卷。

楊士奇等《文淵閣書目・文集》 計用章《希通編》。一部，二册。全。

張萱等《内閣藏書目録・集部》 計用章《希通編》二册。全。宋嘉祐間臨邛人。

迂遺編

楊士奇等《文淵閣書目・文集》 計用章《迂遺編》。一部，二册。闕。

閒燕集

鄭樵《通志・藝文略・别集五》 李遵勉《閒燕集》二十卷。

河南集

晁公武《郡齋讀書志・别集類下》 《尹師魯集》二十卷。右皇朝尹洙字師魯，河南人。天聖中進士，以薦爲館閣校勘，累遷右司諫、知渭州兼鎮涇源路經略公事。争城永洛事，爲董士廉所訟，遣御史就鞫，不能得其罪，猶貶均州監酒。師魯内剛而外和，與人言必極辯其是非，如前世治亂沿革之變，靡不該博，人有疑不能通，爲指畫講説，皆釋然自得。尤長於《春秋》。文章自唐末卑弱，本朝柳開始爲古文，天聖初，與穆修大振起之。

趙希弁《讀書附志・别集類三》 《河南先生文集》十五卷。右起居舍人尹洙師魯之文也。《讀書志》云：《尹師魯集》二十卷。希弁所藏二十七卷，洙傳中所載亦同。希弁嘗考《邵氏聞見録》云：「錢惟演守西都，起雙桂樓，建臨園驛，命永叔、師魯作記。永叔文先成，凡千餘言。師魯曰：『某止用五百字可記。』文成，永叔服其簡古。永叔自此始爲古文。」然二記皆不載於集。

陳振孫《直齋書録解題・别集類中》 《尹師魯集》二十二卷。直龍圖閣尹洙師魯撰。源之弟也。其父仲宣，明經入仕。父子皆歐陽公誌其墓。洙與穆伯長同爲古文，范文正公爲作集序。歐公亦稱其文簡而有法。以剛直數忤時，卒以貶死。死時精明不亂，有過人者。

馬端臨《文獻通考・經籍考・别集》 《尹師魯集》二十卷。【略】石林葉氏曰：尹師魯不長於詩，亦自以爲無益而廢事故。方洛中《歐陽文忠公》與梅聖俞鋭意作詩時獨不作，余平生僅見其三五篇而已。吳下施昌言家子弟，有其《和昌言》一絶云：「千里觀風使節來，百城舒慘係行臺。威嚴少霽猶知幸，誰信芳尊盡日開。」氣格終自不凡。竹溪林氏曰：本朝古文，自尹、穆始倡爲之。然二公去華就實，可謂近古，而未盡變化之妙，所以歐公謂老泉曰：於文得尹師魯、孫明復，而意猶不足。此語見子由作公墓碑。

《宋史・藝文志・别集類》 《尹洙集》二十八卷。

錢謙益等《絳雲樓書目・宋文集類》 《尹師魯洙集》。二十卷。范文正公作序。河南人。年四十七。

錢曾《讀書敏求記・集》 《河南尹先生文集》二十七卷。盧陵論尹師魯墓誌，條析其事，再述于後。予覽之喟然歎曰：甚矣！古人珍重著述，一字不敢聊且，命筆若是之難而慎也。歐公述師魯文曰：「簡而有法，此一句，六經唯《春秋》可當之。又思平生作文，唯師魯展卷疾讀，便曉人深處，死者有知，必愛此文，所以慰吾亡友。」嗟嗟。文章千古事，歐公直欲起師魯于九原而質之，其寸心知已爲何如耶！當吾世而無廬陵則已，世有廬陵何患無知師魯者，吾又爲今之師魯慶所遭也。

王士禛《漁洋書跋》 《河南集》。尹師魯爲古文，在歐陽子前。前乎師魯者，又有穆修、鄭條、柳開輩。開《河東集》，予從温陵黄俞邰氏千頃堂鈔得藏本。穆修《參軍集》則代州馮秋水方伯順治間刻於金陵。唯《鄭條集》未之見。然二集文皆疎拙。而石守道《徂徠集》尊開之學，不啻李漢輩之於昌黎，此不可曉也。師魯《河南集》二十四卷，詩一卷，餘皆雜文，前有范希文序。蓋北宋人文章之傳於今日，猶得見其全如此集者，廑矣。惜寫本多魚豕之謬，恨不得别本讎對之。姑校正其可知者，餘則闕疑，不敢妄有竄改云。

吴焯《繡谷亭薰習録・集一》 《尹師魯集》二十七卷。宋河南尹洙師魯著。范文正序。晁氏題二十卷，繆也。考集中有《五代春秋》二卷，《范序》及《韓忠獻墓表》均不言其史事，即歐陽公撰墓誌亦弗及焉。余初疑之，比讀《邵氏聞見録》，云修嘗與洙約分撰《五代史》，及修書成，頒之學官，内果有洙之文乎？抑修自爲之也。據此則洙所撰似未成書，而趙希弁《附志》載洙《五代春秋》五卷，今集中二卷。止述本紀，文雖太簡而與《五代史》歐公體裁略同，歐公殆亦有取于爾乎？昔太宗嘗命薛居正等撰《五代史》，繼命李昉等編次前代名號，昉等以梁爲僞，盡黜之。歐公論其非史法，今觀洙所撰，足徵當時議論相合也。

《四庫提要・别集類五》 《河南集》二十七卷。兩淮馬裕家藏本。宋尹洙撰。洙有《五代春秋》，已著録。洙爲人内剛外和，能以義自守。久歷邊塞，灼知情形。凡所措置，多有成效。其没也，歐陽修爲墓誌，韓琦爲墓表，而范仲淹爲序其集。其爲正人君子所重，與田錫相等。至所爲文章，古峭勁潔，繼柳開、穆修之後，一挽五季浮靡之習，尤卓然可以自傳。邵伯温《聞見録》稱，錢惟演守西都，起雙桂樓，建臨園驛，命歐陽修及洙作記。修文千餘言，洙止用五百字。修服其簡古。又稱修早工偶儷之文，及官河南，始得洙，乃出韓退之之文學之。蓋修與洙文雖不同，而修爲古文則居洙後也云云。蓋有宋古文，修爲巨擘，而洙實開其先。故所作具有原本。自修文盛行，洙名轉爲所掩。然洙文具在，亦烏可盡没其功也。集凡二十七卷，與《宋史・藝文志》所載合。晁公武《郡齋讀書志》云二十卷者，蓋傳寫之脱漏。其《雙桂樓》、《臨園驛記》集中未載，當由編録之時，已佚其稿矣。

黄丕烈《蕘圃藏書題識・集類二》 《尹河南集》九卷，附録一卷。校舊鈔本。以上九卷并附録一卷。亦傳青芝山堂本，與舊鈔同出一手，故差誤特多。兹用盧學士本校定之。時戊戌冬至後二日漫士。

甲子五月，從師德堂收得此本，取對舊鈔本，正彼訛脱特多，可見校本，自不可廢。倘有宋刻出，未知相勘又何如矣。蕘翁黄丕烈識。

甲戌夏初，友人從都中歸，路過滋陽，獲其縣令陳貞白所刊《尹河南集》，轉以贈余。貞白，吴中名士也，由縣佐得知縣，頗著循聲，仕優則學，流布古書，勝於輦金以歸，但爲求田問舍計者，多矣。

黄丕烈《蕘圃藏書題識再續録・集類》 《河南先生集》□卷。校舊鈔本。存首末二册。從吴枚庵□校本校，吴本有紅黄兩筆，後悉標出。專云吴本者，原鈔本也。在卷首。此本舊鈔式樣，想從宋本録出，然闕落甚多，或宋刻殘毁所致。兹從吴枚庵鈔本校，可云盡善也。如有宋刻出，當更有誤者。蕘翁。

余校此集後，又見一鈔本甚精，上鈐錢辛楣名號圖章，當是其家所逸者，中多脱文，略與此鈔同。余前云，或宋刻殘毁所致，恐職是故也。草草不及細讎，惟末有尤延之一跋，以可見宋刻原委，爰録于右。蕘翁。以上在卷末。

案吴枚庵本無目録，故未校，後見錢本有之，故校如右。然錢本目録亦二十卷止，奏爲金湯云云一條，適一葉盡，疑宋本目録此後闕，故也。尤跋又有廿卷之説，未知何故，俟博考之。在目録後。

張金吾《愛日精廬藏書志・别集類》 《河南先生文集》二十七卷。抄本。宋尹洙撰。范仲淹序。

張之洞《書目答問・别集》 《河南集》二十七卷。宋尹洙。長洲陳氏校刻本。

書殿集

尤袤《遂初堂書目・別集類》 李邯鄲《書殿集》。

《宋史・藝文志・別集類》 李淑《書殿集》二十卷。

筆語

尤袤《遂初堂書目・別集類》 李邯鄲又《筆語》。

《宋史・藝文志・別集類》 李淑《筆語》十五卷。

宛陵集　外集　後集

鄭樵《通志・藝文略・別集五》《梅聖俞集》十五卷。

晁公武《郡齋讀書志・別集類下》 梅聖俞《宛陵集》六十卷，《外集》十卷。

右皇朝梅堯臣字聖俞，宛陵人。少以蔭補吏，累舉進士，輒抑於有司。幼習爲詩，出語已驚人。既長，學《六經》仁義之説。其爲文章簡古純粹，然最樂爲詩。歐陽永叔與之友善，其意如韓愈之待郊、島云。

尤袤《遂初堂書目・別集類》《梅聖俞集》。

陳振孫《直齋書録解題・別集類中》《宛陵集》六十卷，《外集》十卷。都官員外郎國子監直講宣城梅堯臣聖俞撰。凡五十九卷爲詩，他文賦纔一卷而已。謝景初所集，歐公爲之序。《外集》者，吴郡宋績臣所序，謂皆前集所不載。今考之首卷諸賦，已載前集，不可曉也。聖俞爲詩，古澹深遠，有盛名於一時。近世少有喜者，或加毀訾，惟陸務觀重之，此可爲知者道也。自世競宗江西，已看不入眼，況晚唐卑格方錮之時乎？杜少陵猶有竊議妄論者，其於宛陵何有？

馬端臨《文獻通考・經籍考・別集》 梅聖俞《宛陵集》六十卷，《外集》十卷。

【略】

歐陽氏序略曰：聖俞文章簡古純粹，不求苟説於世，世之人徒知其詩而已，然時無賢愚，語詩者必求之聖俞，聖俞亦自以其不得志者樂於詩而發之，故其平生所作，於詩尤多，世既知之矣，而未有薦於上者。昔王文康公嘗見而歎曰：「二百年無此作矣！」雖知之深，亦不果薦也。若使其幸得用於朝廷，作爲雅頌，以歌咏大宋之功德，薦之清廟，而追商、周、魯《頌》之作者，豈不偉歟！柰何使其老不得志而爲窮者之詩，乃徒發於蟲魚物類羈愁感歎之言，世徒喜其工，不知其窮之久而將老也，可不惜哉！聖俞詩既多，不自收拾，其妻之兄子謝景初，懼其多而易失也，取其自洛陽至於吴興已來所作，次爲十卷。予嘗嗜聖俞詩而患不能盡得之，遽喜謝氏之能類次也，輒序而藏之。其後十五年，聖俞以疾卒於京師，余既哭而銘之，因索於其家，得其遺稿千餘篇，并舊所藏，掇其尤者六百七十七篇，爲一十五卷。

又《詩話》曰：子美筆力豪雋，以超邁横絶爲奇；聖俞覃思精微，以深遠閑淡爲意，各極其長，雖善論者，不能優劣也。余嘗於《水谷夜行詩》略道其一二云：「子美氣尤雄，萬竅號一噫，有時肆顛狂，醉墨灑滂沛。譬如千里馬，已發不可殺，盈前盡珠璣，一一難揀汰。梅翁事清切，石齒激寒瀨，作詩三十年，視我猶後輩。文辭愈精新，心意雖老大，有如妖韶女，老自有餘態。近詩尤古硬，咀嚼苦難嘬，又如食橄欖，真味久愈在。蘇豪以氣轢，舉世徒驚駭，梅窮我獨知，古貨今難賣。」語雖非工，謂粗得髣髴，然不能優劣之也。

《漁隱叢話》：聖俞詩工於平淡，自成一家。如《東溪》云：「野鳧眠岸有閑意，老樹著花無醜枝。」《山行》云：「人家在何處，雲外一聲雞。」《春陰》云：「鳩鳴桑葉吐，村暗杏花殘。」《杜鵑》云：「月樹啼方急，山房人未眠。」似此等句，須細味之，方見其用意也。

張浮休評聖俞詩如深山道人，草衣菌茹，土形木質，雖王公大人見之，不覺屈膝。

許彦周《詩話》：聖俞詩句之精鍊，如「焚香露蓮泣，聞磬清鷗邁」之類，宜乎爲歐公所稱。其他古體如「朱弦疎越，一唱三歎」，讀者當以意求之。

後村劉氏曰：歐公詩如昌黎，不當以詩論，本朝詩惟宛陵爲開山祖師，宛陵出，然後桑、濮之哇淫稍息，風雅之氣脉復續，其功不在歐、尹下，世之學梅詩者，率以爲淡。集中如「葑上春田闊，蘆中走吏參」，「海貨通閭市，漁歌入縣樓」，「白水照茆屋，清風生稻花」，「霜落熊升樹，林空鹿飲溪」，「河漢微分練，星辰淡布螢」，「每令夫結友，不爲子求郎」，「山形無地接，寺界與波分」，「山風來虎嘯，江雨過龍腥」之類，殊不草草。蓋逐字逐句，銖銖而較者，決不足爲大家數，而前輩號大家數者，亦未嘗不留意於句律也。

《宋史・藝文志・別集類》 《梅堯臣集》六十卷。又《後集》二卷。

楊士奇等《文淵閣書目・文集》 《梅宛陵文集》。一部，十二册。全。《梅宛陵文集》。一部，十册。全。

高儒《百川書志・宋文》 梅聖俞《宛陵集》六十卷。宛陵梅堯臣聖俞撰。

范邦甸等《天一閣書目・別集類》 《宛陵集》六十卷，附録一卷。刊本。宋梅聖俞著。前無序，後有正統己未廬陵楊士奇序曰：右宋都官員外郎宣城梅氏《宛陵集》六十卷，今宣城太守袁旭廷輔所重刻也。袁君表章先賢，風勵多士，修都官之墳，率學諸生行展謁之禮。訪都官之後，始得此編，遂刻以傳。聖俞平生所著，又有《唐載》二十六卷，《詩小傳》二十卷，注《孫子》十三篇，又嘗編修《唐書》。此亦宣之人所當知也。

徐𤊹《徐氏家藏書目・文集類》 梅堯臣《宛陵集》六十卷。

錢謙益等《絳雲樓書目・宋文集類》 《宛陵先生集》六册。六十卷。又《外集》十卷。梅聖俞。

吴焯《繡谷亭薰習録・集一》 《宛陵集》六十卷，《目録》一卷，《拾遺附録》一卷。宋尚書都官員外郎宣城梅堯臣聖俞著。慶曆六年知滁州歐陽修序。紹興十年重刊于宣城，知宣州汪伯彦後序。詩五十九卷，文賦一卷，拾遺僅詩二篇，文一篇而已。《通考》有《外集》十卷，今佚。張師魯所輯《宛陵先生年譜》亦不存，惟至元二年，廬陵劉性題年譜序，并宋元人題跋並載附録中。聖俞詩字字瑩潔，學者宜細心玩味。明寧國本既潦率，而傳鈔終有魚魯之憾，不若此元刻之精且當也。

《四庫提要・別集類六》 《宛陵集》六十卷，附録一卷。内府藏本。宋梅堯臣撰。堯臣字聖俞，宣城人。官屯田都官員外郎。事蹟具《宋史》本傳。其詩初爲謝景初所輯，僅十卷。歐陽修得其遺稿增併之，亦止十五卷。其增至五十九卷，又他文賦一卷者，未詳何人所編。陳振孫《書録解題》謂即景初舊本，修爲作序者，未詳考修序文也。《通考》載《正集》六十卷，又有《外集》十卷。此本爲明姜奇芳所刊，卷數與《通考》合，惟無《外集》。祇有《補遺》三篇，及贈答詩文、墓誌一卷，亦不知何人所附。陳振孫謂《外集》多與《正集》複出，或後人删汰重複，故所録者止此耶。宋初詩文，尚沿唐末五代之習。柳開、穆修欲變文體，王禹偁欲變詩體，皆力有未逮。歐陽修崛起爲雄，力復古格。於時曾鞏、蘇洵、蘇軾、蘇轍、陳師道、黄庭堅等皆尚未顯。其佐修以變文體者，尹洙。佐修以變詩體者，則堯臣也。曾敏行《獨醒雜志》載，王曙知河南日，堯臣爲縣主簿，袖所爲詩文呈覽。曙謂其詩有晉、宋遺風，自杜子美没後二百餘年，不見此作。然堯臣詩旨趣古淡，知之者希。陳善《捫蝨新話》記蘇舜欽稱平生作詩，不幸被人比梅堯臣。又記晏殊賞其「寒魚猶著柢，白鷺已飛前」二句，堯臣以爲非我之極致者，則其孤僻寡和，可知。惟歐陽修深賞之。邵博《聞見後録》乃載傳聞之説，謂修忌堯臣出己上，每商榷其詩，多故删其最佳者，殊爲誣謾。無論修萬不至此，即堯臣亦非不辨白黑者，豈得失不自知耶。陸游《渭南集》有《梅宛陵別集序》曰，蘇翰林多不可古人，惟次韻和淵明及先生二家詩而已。案蘇軾和陶詩有傳本，和梅詩則未聞。然游非妄語者，必原有而今佚之。是堯臣之詩，蘇軾亦心折之矣。

吴壽暘《拜經樓藏書題跋記》卷五 《宛陵集》六十卷。吴樵石先生評。本書卷首云：宛陵先生謂作詩須寫難言之景，如在目前，含不盡之意，見于言外。今讀其集，方知此語實先生自道所得也。敬業師曾語余：「宛陵正是突過摩詰。」又云：「宛陵仍是唐音，非宋調也。」《阮亭詩話》：作詩曰典、曰遠、曰諧。典，諧易得，遠字惟韋蘇州及宛陵到之。先君子記云：右跋當爲吴樵石先生筆。樵石名嗣廣，字芑君。邑諸生。嘗以詩受知於初白先生，故稱敬業師。壬申秋日記。又書後云：《宛陵集》爲吴樵石先生評點，樵石名嗣廣，字芑君，樵石其號，海寧硤石人。工詩，與錢坤一、汪匡古諸君往還唱和，身後遺書多散佚。予嘗從其孫曉亭見《樵石詩稿》若干卷，今曉亭没久矣，不知此稿尚存其家否。余藏弆《宛陵集》亦幾五十年矣。嘉慶壬申七月，八十老人吴某記於小桐溪之拜經樓。

張之洞《書目答問・別集》 《宛陵集》六十卷，附録五卷。宋梅堯臣。震澤徐氏刻本。又梁中孚刻本。

梅宛陵詩

楊士奇等《文淵閣書目・詩詞》 《梅宛陵詩》。一部，十册。闕。

高儒《百川書志・宋詩》《宛陵詩》。宛陵梅堯臣聖俞撰。

羣英集

楊士奇《文淵閣書目・詩詞》梅宛陵《羣英集》。一部，五册。闕。

梅直講詩集

楊士奇《文淵閣書目・詩詞》《梅直講詩集》。一部，一册。闕。

宛陵六一詩選

王圻《續文獻通考・經籍考・詩集》《宛陵六一詩選》。新都人楊慎用修著。

蓬萊詩

《宋史・藝文志・別集類》張伯玉《蓬萊詩》二卷。

王圻《續文獻通考・經籍考・詩集》《蓬萊詩》二卷。張伯玉著。建安人。知太平州，遷司封郎官。

論思集

王圻《續文獻通考・經籍考・集上》《論思集》十卷。何中立著。中立，長社人。幼警邁，頗以文辭自喜。進士及第，累官樞密直學士。

何中立文集

王圻《續文獻通考・經籍考・集上》《文集》二十卷。何中立著。

盧江集

王圻《續文獻通考・經籍考・集上》《盧江集》七十卷。何涉著。涉，南充人。讀書刻苦，自六經百家，無所不學，一過目，終身不忘。舉進士，累官知合州。

治道中術

《宋史・藝文志・別集類》何涉《治道中術》六卷。

吴正肅制科文集

《宋史・藝文志・別集類》《吴正肅制科文集》十卷。

富文忠集

陳振孫《直齋書録解題・別集類中》《富文忠集》二十七卷。丞相韓國文忠公河南富弼彦國撰。《奉使録》亦在其末。

方孝能文集

《宋史・藝文志・別集類》《方孝能文集》一卷。

西掖雅言

錢東垣等輯《崇文總目・別集類六》《西掖雅言》五卷。原釋不著撰人名氏。見《玉海藝文類》。鑒按《玉海》引《崇文目》作《西掖雜言》。

徂徠集

鄭樵《通志・藝文略・別集五》《徂徠集》二十卷。石介。

晁公武《郡齋讀書志・別集類下》《徂徠集》二十卷。右皇朝石介字守道，兖州奉符人。天聖八年登進士第，遷直集賢院。篤學有大志，嘗謂「時無不可爲，不在其位，則行其言，雖獲禍，至死不悔。」其爲文章，陳古今治亂成敗，以指切當時，無所忌諱。作《慶曆聖德詩》，分别邪正，專斥夏竦。其後守道死，竦因誣以北走契丹，請剖棺驗視云。

尤袤《遂初堂書目・別集類》石守道《徂徠集》。

陳振孫《直齋書録解題・別集類中》《徂徠集》二十卷。國子監直講魯國石介守道撰。集中有《南京夏尚書啓》及《夫子廟上梁文》，皆爲夏竦作。此介所謂「大姦之去如距斯脱」者也。豈當是時，竦之姦猶未著耶？陸子遹刻於新定，述其父放翁之言，曰「老蘇之文不能及」，然世自有公論也。歐公所以重介者，非緣其文也。

馬端臨《文獻通考・經籍考・別集》《徂徠集》二十卷。【略】竹溪林氏曰：石徂徠之文，多方少圓，却略有典則。

《宋史・藝文志・別集類》《石介集》二十卷。

楊士奇等《文淵閣書目・文集》《石徂徠文集》。一部，六册。完全。《石徂徠文集》。一部，五册。完全。《石徂徠文集》。一部，四册。完全。《石徂徠文集》。一部，四册。完全。

范邦甸等《天一閣書目・別集類》《徂徠文集》二十卷。鈔本卷首有「天一閣」、「古司馬氏」、「四明范氏圖書記」三圖章。宋徂徠石介守道著。卷末有歐陽文忠公撰墓志銘，并《讀徂徠集》文一篇，又《重讀徂徠集》文一篇，云：「我欲哭石子，夜開徂徠編。開編未及讀，涕泗已漣漣。勉盡三四章，收淚切忻歡。切切善惡戒，丁寧仁義言。如聞子談論，疑子立我前。乃知長在世，誰謂已沉泉。昔也人事乖，相從常苦難。今而每思子，開卷子在顔。我欲貴子文，刻以金玉聯。金可鑠而銷，玉可碎非堅。不若書以紙，六經皆紙傳。但當書百本，傳百以爲千。或落于四夷，或藏在深山。待彼謗焰熄，放此光芒懸。人生一世中，長短無百年。無窮在其後，萬世在其先。年長多幾何，年短未足憐。惟彼不可朽，名聲文行然。讒誣不須辨，亦止百年間。百年後來者，憎愛不相緣。公議然後出，自然見媸妍。孔孟困一生，毁逐遭百端。後世苟不公，至今無聖賢。所以忠義士，恃此死不難。當子病方革，謗辭正騰喧。衆人皆欲殺，聖主獨保全。已埋猶不信，僅免斲其棺。此事古未有，每思輒長嘆。我欲犯衆怒，爲子記此寃。下紓冥冥忿，仰叫昭昭天。書于蒼翠石，立彼崔嵬巔。詢求子世家，恨子兒女頑。經歲不見報，有辭未能詮。忽開子遺文，使我心已寬。子道自能久，吾言豈須鐫。」

張萱等《内閣藏書目録・集部》《徂徠文集》四册。全。宋神宗朝石介著。凡二十卷。又五册。全。又六册。全。

錢謙益等《絳雲樓書目・宋文集類》《石徂徠介文集》二十卷。守道。

錢曾《讀書敏求記・集》《徂徠文集》二十卷。守道《慶曆聖德頌》出，孫明復曰：「子禍始于此矣。」蓋所云「大奸之去如距斯脱者」，謂夏竦也。未幾歸徂徠山，遇疾卒。而竦欲以奇禍中傷大臣，遂稱介詐死，北走契丹，幾陷人主有剖棺發塚之過。繙《徂徠集》，因思小人欺君，無所不用其極，爲之掩卷失聲，并録歐公誌銘及詩于後。

吴焯《繡谷亭薰習録・集一》《徂徠集》二十卷。宋直集賢院奉符石介守道著。陸子遹新定刻本，敘述其父放翁之言，見陳氏《書録》。而竹溪林氏亦有著論。今康熙中泰安知州石鍵得漁洋書庫本校刊，舊序跋皆不載，後附録歐公誌銘及詩，絳雲本也。

《四庫提要・别集類五》《徂徠集》二十卷。江蘇巡撫採進本。宋石介撰。介字守道，兖州奉符人。天聖八年進士及第。初授嘉州判官。後以直集賢院出通判濮州。事蹟具《宋史》本傳。初，介嘗躬耕徂徠山下，人以徂徠先生稱之，因以名集。介深惡五季以後文格卑靡，故集中極推柳開之功，而復作《怪説》以排楊億。其文章宗旨，可以想見。雖主持太過，抑揚皆不得其平，要亦戛然自爲者。王士禎《池北偶談》稱其倔強勁質，有唐人風。較勝柳、穆二家，而終未脱草昧之氣，亦篤論也。歐陽修作介墓誌，稱所爲文章曰，某集者若干卷。又曰，某集者若干卷。凡重言之，似原集當分爲二部。此本統名《徂徠集》，殆後人所合編歟。第四卷内《寄元均叔仁》、《讀易堂》、《永軒》、《暫憩》四詩，有録無書。則傳寫脱佚，亦非盡其舊矣。介傳孫復之學，毅然以天下是非爲己任。然客氣太深，名心太重，不免流於詭激。王偁《東都事略》記仁宗時罷吕夷簡、夏竦，而進章得象、晏殊、賈昌朝、杜衍、范仲淹、韓琦、富弼、王素、歐陽修、余靖諸人。介時爲國子直講，因作《慶曆聖德詩》，以褒貶忠佞。其詩今載集中。蓋仿韓愈《元和聖德詩》體。然唐憲宗削平淮、蔡，功在社稷，愈仿雅頌以紀功，是其職也。至於賢姦黜陟，權在朝廷，非儒官所應議。且其人見在，非蓋棺論定之時。蹟涉嫌疑，尤不當播諸簡牘，以分恩怨。厥後歐陽修、司馬光朋黨之禍屢興，蘇軾、黄庭堅文字之獄迭起，實介有以先導其波。又若太學諸生挾持朝局，北宋之末，或至於臠割中使。南宋之末，或至於驅逐宰執。由來者漸，亦介有以倡之。史稱孫復見詩，有子禍始此之語。是猶爲一人言之，未及慮其大且遠者也。雖當時以此詩得名，而其事實不可以訓。故仍舊本存之，而附論其失如右。

孫星衍《平津館鑒藏書籍記・舊影寫本》《徂徠文集》廿卷。題「徂徠石介守道」。目録一卷。每卷前又各有目録。末附歐陽文忠所撰墓誌銘一首，詩二首。書中有「祖宗」、「朝廷」等字，俱空一格，知從宋本影寫。《四庫全書》：「《徂徠集》廿卷」，無附録三篇。第四卷闕《寄元均叔仁》、《讀易堂》、《永軒》、《暫憩》四詩。此本俱完。收藏有「隨處體認」白文方印，「疏窗蔭緑筠」朱文圓印，「户映花叢當下簾」白文方印。

潘祖蔭《滂喜齋藏書記・集部》日本刻《徂徠集》。二十册。日本物茂卿著。東方言樸學者，自茂卿始。其人在正德享保閒，我朝雍正時也。《七經孟子考文序》即其所作。論文直追秦漢，韓、柳以下皆遭掊擊，亦人傑矣哉。然獨傾心於明之王、李，則不可解也。文七卷，詩二十三卷，合三十卷。補遺詩十九首。序之者，滕忠統，亦彼國人也。

江休復集

尤袤《遂初堂書目・别集類》《江鄰幾集》。

馬端臨《文獻通考・經籍考・别集》江鄰幾《文集》二十卷。刑部郎中，修起居注江休復鄰幾撰。歐陽公序略曰：鄰幾毅然仁厚君子也。雖知名於時，仕宦久而不進，晚而朝廷方將用之，未及而卒。其學問通博，文詞雅正深粹，而議論多所發明，詩尤清淡閑肆可喜。其文已行於世矣，固不待余言而爲重輕也。

《宋史・藝文志・别集類》《江休復集》四十卷。

金巖集

晁公武《郡齋讀書志・别集類下》田公《金巖集》兩卷。右皇朝田況，字元均。嘗登學究進士賢良科，終尚書左丞。嘗知成都，聽斷之明，以比張乖崖。

馬端臨《文獻通考・經籍考・别集》田公《金巖集》兩卷。

田況文集

《宋史・藝文志・别集類》《田況文集》三十卷。

廬江文集　刀筆

晁公武《郡齋讀書志・别集類下》何聖從《廬江文集》二十卷，《刀筆》五卷，《奏議》二十卷。右皇朝何郯字聖從，成都人。仁廟朝爲御史、諫官，擢天章閣待制。熙寧中，以尚書右丞致仕。歷漢、梓、永興、河南四帥守。天資好學，殆廢寢食。爲詩章簡重淳淡，有孟東野之風。其仕臺諫時，知無不言，頗有直聲。鮮于子駿志其墓。集有李邦直序。

馬端臨《文獻通考・經籍考・别集》 何聖從《廬江文集》二十卷，《刀筆》五卷，《奏議》二十卷。

何聖從刀筆

晁公武《郡齋讀書志・别集類下》 《何聖從刀筆》五卷。右皇朝何郯字聖從，成都人。

馬端臨《文獻通考・經籍考・别集》 《何聖從刀筆》五卷。

蘇才翁集

晁公武《郡齋讀書志・别集類下》 《蘇才翁集》一卷。右皇朝蘇舜元字才翁，子美兄也。工草隸，詩章豪麗。

馬端臨《文獻通考・經籍考・詩集》 《蘇才翁集》一卷。

文潞公集　補遺

尤袤《遂初堂書目・别集類》 《文潞公集》。

陳振孫《直齋書録解題・别集類中》 《文潞公集》四十卷，《補遺》一卷。丞相介休文彦博寬夫撰。

馬端臨《文獻通考・經籍考・别集》 《文潞公集》四十卷，《補遺》一卷。

【略】石林葉氏序略曰：公平生所爲文章，上自朝廷典册，至於章奏議論，下及詞賦歌詩閑適之辭，世猶未盡見。兵興以來，故家大族，多奔走遷移，於是公之集藏於家者，散亡無餘。其少子維申稍討求追輯，猶得二百八十六篇，以類編次，爲《略集》二十卷，而屬某爲序。

《宋史・藝文志・别集類》 《文彦博集》三十卷。

楊士奇等《文淵閣書目・文集》 《文潞公文集》。一部，十册。完全。

徐𤊹《徐氏家藏書目・文集類》 《文彦博集》四十卷。

張萱等《内閣藏書目録・集部》 《文潞公文集》十册。全。宋仁宗朝文彦博著。凡四十卷。又四册。全。又三册。不全。

錢謙益等《絳雲樓書目・宋文集類》 《文潞公文集》。四十卷。又《補遺》一卷。

《四庫提要・别集類六》 《潞公集》四十卷。兩淮鹽政採進本。宋文彦博撰。彦博事蹟具《宋史》本傳。是集凡賦頌二卷，詩六卷，論一卷，表啓一卷，序一卷，碑記、墓誌一卷，雜文一卷。自十四卷以後，則皆奏議、劄子之文。核其卷數，與陳振孫《書録解題》同。惟尚闕《補遺》一卷。考葉夢得序，稱兵興以來，世家大族，多奔走遷徙，於是公之集藏於家者散亡無餘。其少子維申、案：維申乃文及甫之字。稍討求追輯，猶得二百八十六篇，以類編次爲《略集》二十卷。是葉氏所序者已非原本，陳氏所著録者又非葉氏所序本，今所傳者又較陳氏之本佚其一卷也。

彭元瑞等《天禄琳琅書目後編・明版集部》 《文潞公文集》。二函十八册。宋文彦博撰。彦博字寬夫，介休人。相仁宗，官太師，封潞國公，謚忠烈。事具《宋史》本傳。書四十卷，凡賦頌二卷，詩六卷，論一卷，表、啓一卷，序一卷，碑記、墓誌一卷，雜文一卷，奏議、劄子二十七卷。前有葉夢得序略，後有吕枏跋。序稱公集散亡無餘，少子維申追輯，得二百八十六篇，爲《略集》二十卷。陳振孫《書録解題》：四十卷外尚有《補遺》一卷。跋稱沁水李司徒叔淵家有鈔本，巡按山西初公命枏校正十之七八。平陽守王子濟刊木以行。初杲，潛江人，嘉靖時山西巡鹽、御史。

張金吾《愛日精廬藏書志・别集類》 《文潞公文集》四十卷。抄本。宋文彦博撰。吕枏重刊序。石林葉氏序略。

潘祖蔭《滂喜齋藏書記・集部》 明刻《文潞公集》四十卷。一函四册。宋文彦博撰。明嘉靖五年，高陵吕枏刻。舊有枏序及石林葉氏序略，此本脱去枏序。前有趙琦美印，後有楷書鈐記，云「吴郡何慈公娱野園珍藏書籍」，蓋由脈望館歸於何氏。卷末有慈公手跋，云：「崇禎庚午，吴君平以是集求售，此故内兄玄度物也，亟收之，入宋文集部。慈公記。」每册之後皆題《文潞公集》第幾本，計若干葉。常熟瞿氏亦有一本，以胡心耘鈔本校，吕枏序未佚。

顯忠集

《宋史・藝文志・別集類》 文彥博《顯忠集》二卷。

楊樂道集

馬端臨《文獻通考・經籍考・別集》 《楊樂道集》二十卷。龍圖閣學士、知諫院楊畋樂道撰。王介甫序略曰：公所爲文，莊厲謹潔，類其爲人。而尤好爲詩，其詞平易不迫，而能自道其意。讀其書，咏其詩，視其平生之大節如此，所謂善人之好學而能言者也。

歐陽修集

鄭樵《通志・藝文略・別集五》 《六一居士全集》一百五十卷。歐陽修。又《六一居士別集》二十卷。

晁公武《郡齋讀書志・別集類下》 《歐陽文忠公集》八十卷，《諫垣集》八卷。右皇朝歐陽修，字永叔，吉州人。舉進士，累遷知制誥。夏竦以永叔黨於杜、韓、范、富，因以外甥張氏事汙之，下開封府治之，無狀，坐用張氏匳中物市田，出知滁州。召入修《唐書》，爲翰林學士。未幾，參知政事。蔣之奇言其帷箔事，連其子婦吳氏，詔詰之奇，辭窮，坐貶。年六十，乞致仕。卒，謚文忠。博極羣書，好學不倦，尤以獎進天下士爲己任，延譽慰藉，極其力而後已。於經術，治其大指，不求異於諸儒。與尹洙皆爲古學，遂爲天下宗匠。蘇明允以其文辭令雍容似李翱，切近適當似陸贄，而其才亦似過此兩人。至其作《唐書》、《五代史》，不愧班固、劉向也。獨議濮邸事，議者不以爲是。有蘇子瞻序。

趙希弁《讀書附志・別集類二》 《歐陽文忠公文集》一百五十三卷，附録五卷，《廬陵歐陽先生[集]》六十一卷。右歐陽文忠公修永叔之文也。《讀書志》云：《文忠公集》八十卷，《諫垣集》八卷。希弁所藏一百五十三卷，内《居士集》五十卷，《外集》二十五卷，《易童子問》三卷，《外内制》十一卷，《表奏書啓四六奏議》二十五卷，《雜著述》十九卷，《集古録跋語》一十卷，附録五卷。別一本六十一卷，乃舊物也。

尤袤《遂初堂書目・別集類》 《歐公集》。《歐陽公刀筆集》。

陳振孫《直齋書録解題・別集類中》 《六一居士集》一百五十二卷，附録四卷，《年譜》一卷。參政文忠公廬陵歐陽修永叔撰。本朝初爲古文者，柳開、穆修，其後有二尹、二蘇兄弟。歐公本以辭賦擅名場屋，既得韓文，刻意爲之。雖皆在諸公後，而獨出其上，遂爲一代文宗。其集徧行海内，而無善本，周益公解相印歸，用諸本編校，定爲此本，且爲之《年譜》。自《居士集》、《外集》而下，至於《書簡集》，凡十，各刊之家塾。其子綸又以所得歐陽氏傳家本，乃公之子棐叔弼所編次者，屬益公舊客曾三異校正，益完善無遺恨矣。《居士集》，歐公手所定也。

馬端臨《文獻通考・經籍考・別集》 《六一居士集》一百五十二卷，附録四卷，《年譜》一卷。

《宋史・藝文志・別集類》 《歐陽修集》五十卷。又《別集》二十卷。《六一集》七卷。《奏議》十八卷。《内外制集》十一卷。《從諫集》八卷。

范邦甸等《天一閣書目・別集類》 《歐陽文忠公全集》一部。《居士集》五十卷，《外集》二十五卷，《易童子問》三卷，《外制集》三卷，《内制集》八卷，《表奏書啓四六集》七卷，《奏議集》十八卷，《雜著述》十九卷，《集古録跋尾》十卷，《書簡》十卷。又附録五卷。刊本。宋歐陽修撰。周必大序云：《文忠公集》，自汴京、江、浙、閩、蜀皆有之。前輩嘗言：公作文，揭之壁間，朝夕改定。今觀手寫《秋聲賦》，凡數本。《劉原父手帖》亦至再三，而用字往往不同，故別本尤多。後世傳録既廣，又或以意輕改，殆至訛謬不可讀。廬陵所刊，抑又甚焉。卷帙叢脞，略無統紀。私竊病之，久欲訂正，而患寡陋未能也。會郡人孫謙益，老于儒學，刻意斯文。承直郎丁朝佐，博覽羣書，尤詳考證。于是徧蒐舊本，傍采先賢文集，與鄉貢進士曾三異等，互加編校。起紹熙辛亥春，迄慶元丙辰夏，成一百五十三卷，別爲附録五卷，可繕寫模印，惟《居士集》經公決擇，篇目素定，而參校衆本，有增損其辭至百字者，有移易後章爲前章者，皆已附注其下。如《正統論》、《吉州學記》、《瀧岡阡表》，又迥然不同，則收寘《外集》，自餘去取因革，麤有依據，或不必存而存之，各爲之説，列于卷末，以釋後人之惑。第首尾浩博，隨得隨刊，歲月差互，標注抵牾，所不能免，其視舊本，則有間矣。既以補鄉邦之闕，亦使學者據舊鑒新，思公所以增損移易，則雖與公生不同時，殆將如升堂避席，親承指授，或因是稍悟爲文之法，此區區之本意也。又蘇軾序，紹興十六孫謙益校正，三年丁朝佐校正，四年曾三異校正，五年胡柯校正，慶元元年葛澧、王伯芻、朱岑、胡柄等覆校，二年曾焕、胡焕、劉贇、羅泌等又覆校，均附存。

王世貞《讀書後》卷三　《書歐陽文後》。歐陽之文，雅渾不及韓，奇峻不及柳，而雅靚亦自勝之。記序之辭，紆徐曲折；碑志之辭，整暇流動，而間於過折處或少力，結束處或無歸。著然如此，十不一二也。獨不能工銘。詩，易於造語，率於押韻，要不如韓之變化奇崛。他文亦有迂遠而不切、太淡而無味者，然要之宋文，竟當與蘇氏踞洛屋兩頭，曾、王而下，置之兩廡。

徐㶿《徐氏家藏書目・文集類》　《歐陽修文忠集》一百五十卷。

張萱等《内閣藏書目録・集部》　《歐陽文忠公集》四十册。全。宋歐陽修著。凡一百五十八卷。《歐陽公大全集》三十六册。不全。内闕一二卷、五十一之五十三卷、一百五十二之五十八卷。又三十三册。不全。

錢謙益等《絳雲樓書目・宋文集類》　《歐陽文忠公全集》。《居士集》一百五十二卷，附録四卷，《年譜》一卷。

于敏中等《天禄琳琅書目・宋版集部》　《居士集》。八函，六十四册。宋歐陽修著。九十九卷，後附祭修文及行狀、謚議、墓誌銘一卷，共一百卷。前宋祝庇民序。

祝庇民列銜爲：迪功郎、士曹掾兼户曹及管左推勘公事。序後又列：朝散大夫、知軍州兼管内勸農、借紫金魚袋方時可，朝請郎、通判軍州兼管内勸農事、賜緋魚袋周詵，從事郎、司儀曹事監方薦可諸銜名。卷五十後載：吉州公使庫開到《六一居士集》，計五十卷。宣和四年九月記。又列迪功郎、司士曹事郭嗣明，迪功郎、司兵曹事監曹尹，迪功郎、刑曹掾監洪知柔諸銜名。庇民序稱：太守陳公嘗以公帑之餘，刻《居士集》五十卷，觀者猶恨未爲全。今太守方公惜之，俾嗣其事云云。其書中所列之人，《宋史》俱無傳。考《吉安府志》載：宋徽宗宣和三年至五年知州事者爲陳城，六年繼其任者爲方時可。則序中所稱太守陳公即爲陳城。序後所列銜名，蓋時可同官。卷五十後所列銜名，蓋城同官也。城與時可，世系里居，志亦未載。而核其官，稽其時，寔兩相脗合，則是書之爲北宋刊本，信而有徵矣。收藏諸印無考。

又《元版集部》　《歐陽文忠公文集》。五函，四十五册。宋歐陽修著。《居士集》五十卷，《外集》二十五卷，《易童子問》三卷，《外制集》三卷，《内制集》八卷，《表奏書啓四六集》七卷，《奏議集》十八卷，《雜議集》十九卷，《集古録跋尾》十卷，《書簡》十卷，共一百五十三卷。總目後有宋胡柯撰《年譜》一卷并記。書後有附録五卷及編校姓氏，宋周必大序。

胡柯記、周必大序，皆作於宋寧宗慶元二年。必大序稱：郡人孫謙益、丁朝佐、曾三異，互加編校，起紹熙辛亥之春，迄慶元丙辰之夏，始成是書云云。按：陳振孫《書録解題》曰：歐公爲一代文宗，「其集偏行海内，而無善本，周益公解相印歸，用諸本偏校，定爲此本，且爲之《年譜》。曰《居士集》、《外集》而下，至於《書簡》，凡十，各刊之家塾。其子綸又以所得歐陽氏傳家本，乃公之子棐所編次者，屬益公舊客曾三異校正，益完善無遺恨矣。」今以必大序考之，三異本預校讐之列，書中並無必大子綸重加編次之語，且《年譜》係出胡柯之手，而非必大所作，豈振孫所見又爲别本耶？此書字法，規仿鷗波，深得其妙，定屬元時所重刊者。觀其橅印之精，非好古者不能爲。此書前應有序文，似是書賈欲充宋槧，遂妄爲割去，而不知其掩其善也。曾三異，《宋史》無傳。淩迪知《萬姓統譜》載：三異，字無疑，臨江新淦人。少有詩名，尤尊經學，屢從朱子問辯。因顔讀書之堂曰「仰高」。部使薦於朝，授承務郎。端平初，以祕閣校勘召，力辭。年八十一卒。孫謙益，字彦撝。丁朝佐，字懷忠。胡柯，字伯信。俱吉州人，其事蹟無考。

弘治十五年十月二日，收入淮東書院一部，一百五十三卷，附録五卷，四十五册，留都人獻。第四十五册末。右識語，一作蠅頭楷書，而筆法不工。乃書院中掌書籍者所識，以取便於稽核耳。淮東書院無考。按：《明史・地理志》載，淮安、揚州二府，元時隸淮東道宣慰司，則書院當在二府間也。

明李廷相、周良金俱經收藏，印記見前。

又《明版集部》　《歐陽文忠公集》。四函，二十六册。宋歐陽修著。《居士集》五十卷，《外集》二十五卷，《易童子問》三卷，《外制集》三卷，《内制集》八卷，《表奏書啓四六集》七卷，《奏議集》十八卷，《雜著述》十九卷，《集古録跋尾》十卷，《書簡》十卷，附録五卷，共一百五十八卷。前宋周必大序，次蘇軾《居士集序》，次修小像并宋李端叔、晁説之贊，次宋胡柯撰《年譜》一卷并記。前元版中有是書，橅刻精妙，實元本之最佳者。其中特無歐陽修小像耳。此本雖非草草剞劂，然刻手印工俱遠不相逮矣。李端叔，名之儀，滄州無棣人。元豐中登第，終朝請大夫。自號

「姑溪老農」。晁説之，字以道，清豐人。元豐五年進士，仕至徽猷閣待制。自號「景迂生」。俱見《明一統志》。

《四庫提要・別集類六》　《文忠集》一百五十三卷，附録五卷。江西巡撫採進本。宋歐陽修撰。修有《詩本義》，已著録。案《宋史・藝文志》載修所著《文集》五十卷、《別集》二十卷、《六一集》七卷、《奏議》十八卷、《内外制集》十一卷、《從諫集》八卷。諸集之中，惟《居士集》爲修晚年所自編。其餘皆出後人裒輯。各自流傳，如衢州刻《奏議》，韶州刻《從諫集》，浙西刻《四六集》之類。又有廬陵本、京師舊本、綿州本、宣和吉本、蘇州本、閩本諸名，分合不一。陳振孫《書録解題》謂修集遍行海内，而無善本，蓋以是也。此本爲周必大所編定。自《居士集》至《書簡集》，凡分十種。前有必大所作序。陳振孫以爲益公解相印歸，用諸本編校，刊之家塾。其子綸又以所得歐陽氏傳家本、歐陽棐所編次者，屬益公舊客曾三異校正，益完善無遺恨。然必大原序又稱：「郡人孫謙益、承直郎丁朝佐徧搜舊本，與鄉貢進士曾三異等互相編校，起紹熙辛亥，迄慶元庚辰。」據此，則是書非三異獨校，亦非必大自輯。與振孫所言俱不合。檢書中舊存編校人姓名，有題紹熙三年十月丁朝佐編次，孫謙益校正者。有題紹熙五年十月孫謙益、王伯芻校正者。又有題郡人羅泌校正者。亦無曾三異之名。惟卷末考異中多有云「公家定本作某者」，似即周綸所得之歐陽氏本。疑此書編次義例，本出必大。特意存讓善，故序中不自居其名。而振孫所云綸得歐陽氏本付三異校正者，乃在朝佐等校定之後添入刊行，故序亦未之及歟！其書以諸本參校同異。見於所紀者，曰《文纂》、曰《薛齊誼編年慶曆文粹》、曰《熙寧時文》、曰《文海》、曰《文藪》、曰《京本英辭類稿》、曰《緘啓新範》、曰《仕途必用》、曰《京師名賢簡啓》，皆廣爲蒐討。一字一句，必加考覈。又有兩本重見而删其複出者，如《濮王典禮奏》之類。有他本所無而旁採附入者，如《詩解》、《統序》之類。有別本所載而據理不取者，如錢鏐等傳之類。其鑒別亦最爲詳允。觀樓鑰《攻媿集》有濮議跋，稱廬陵所刊《文忠集》，列於一百二十卷以後，首尾俱同。又第四卷《劄子》注云：「是歲十月撰，不曾進呈。」檢勘所云，即指此本。以鑰之博洽，而必引以爲據，則其編訂精密，亦概可見矣。

彭元瑞等《天禄琳琅書目後編・元版集部》　《歐陽文忠公集》。八函，六十四册。宋歐陽修撰。書一百五十三卷。凡《居士集》五十卷，《外集》二十五卷，《易童子問》三卷，《外制集》三卷，《内制集》八卷，《表奏書啓四六集》七卷，《奏議集》十八卷，《雜著述》十九卷，《集古録跋尾》十卷，《書簡》十卷。每卷末附考異。前有慶元二年郡人登仕郎胡柯伯信所定《年譜》，後有附録五卷，周必大跋稱：爲郡人孫謙益彦撝，承直郎、前桂陽軍學教授丁朝佐懷忠，郡人鄉貢進士曾三異無疑等所編校，俱列名於末。又有覆校，州縣學職事葛潨德源，王伯芻駒甫，朱岑山父，胡棲謙甫，郡人迪功郎、新臨江軍清江縣丞曾焕文卿，郡人鄉貢進士胡焕季亨，劉贇棠仲，郡人羅泌長源八人。

陳振孫《書録解題》謂修集徧行海内，而無善本。此周必大父子校本，至精審。其槧法精朗，紙墨俱佳，元版中甲觀。

又《明版集部》　《歐陽文忠公集》。五函，二十册。篇目同前元版集部，附録後多《記神清洞》一卷。是集明天順壬午吉安知府海虞程宗得於胡廣家，刻之。侍讀學士雲間錢溥、副使郡人彭勖序。弘治壬子，知府姑蘇顧福、同知馬平歐陽允直再刻，庶子宣谿王臣序。正德壬申，知府慈谿劉喬三刻，喬自序。此本爲嘉靖丁酉攝郡彭山季本四刻，訓導新安詹治跋。諸序皆載書中。本，山陰人。正德丁丑進士，官御史。王守仁之門人。

泰興季氏藏本。

《歐陽文忠公集》。五函，五十册。同上。係一版摹印，傳刻諸序佚。

孫星衍《平津館鑒藏書籍記・明版》　《歐陽文忠公全集》一百五十三卷。内分《居士集》五十卷，《外集》廿五卷，《易童子問》三卷，《外制集》三卷，《内制集》八卷，《表奏書啓四六集》七卷，《奏議集》十八卷，《雜著述》十九卷，《集古録跋尾》十卷，《書簡》十卷。又附録六卷，不在數中。前有蘇軾《居士集序》，《集古録目序》，六一先生小影，《四朝國史》本傳，《廬陵歐陽文忠公年譜》。後有胡柯記。又有周必大序，稱《歐陽文忠公集》，自汴京、江、浙、閩、蜀皆有之，後世傳録既廣，又或以意輕改，殆至譌謬不可讀。廬陵所刊，抑又甚焉。今郡人孫謙益、承直郎丁朝佐，徧搜舊本，傍采先賢文集，與鄉貢進士曾三異，互加編校。起紹熙辛亥春，迄慶元丙辰夏，成一百五十三卷，別爲附録五卷。疑當作六卷。末有編定校正孫謙益等四人銜名，覆校葛潨等八人銜名。每卷首，皆小題在上，大題在下。卷後皆有考證。卷百五十三後，有嘉靖庚申何遷重刻跋。每葉廿行，行廿字。

張金吾《愛日精廬藏書志・別集類》　《歐陽文忠公集》一百五十三卷，附録五卷，《年譜》一卷。明天順刊本。宋歐陽修撰。每卷末俱有「熙寧五年秋七月男發等編定」、「紹熙二年三月郡人謙益校正」兩條。蘇軾《居士集序》。元祐六年。胡柯

《年譜跋》。慶元二年。周必大後序。錢溥重刊序。天順壬午。彭勗重刊後序。天順辛巳。

張之洞《書目答問・別集》 《文忠集》一百五十三卷，附録五卷。宋歐陽修。歐陽衡編刻本。

歐陽文忠公文集

楊士奇等《文淵閣書目・文集》 《歐陽文忠公文集》。一部，五十三册。殘缺。《歐陽文忠公文集》。一部，四十册。完全。《歐陽文忠公文集》。一部，三十六册。殘缺。《歐陽文忠公文集》。一部，二十册。闕。《歐陽文忠公文集》。一部，十一册。完全。《歐陽文忠公文集》。一部，六册。完全。《歐陽公本末》。一部，十册。完全。

高儒《百川書志・宋文》 《歐陽文忠公集》五十卷。宋歐陽文忠公廬陵歐陽修永叔撰。

范邦甸等《天一閣書目・別集類》 《廬陵歐陽先生文集》六十四卷。宋刊本。

張萱等《内閣藏書目録・集部》 《歐陽文集》十一册。不全。凡十卷。附録五册。《歐陽文忠公文集》六册。全。《歐陽文集》三册。不全。《六一集》九册。不全。同前人，前後俱闕。

吴焯《繡谷亭薰習録・集一》 《居士集》。五十卷。此歐公存日集，已行海内，迄無全本。自周益公集諸本編次，且爲之《年譜》曰：《居士集》、《外集》而下，至于《書簡集》凡十名，刻于家塾。其子綸又得歐陽氏傳家本，乃公之子棐所編，屬益公舊客曾三異校正。即《文獻通考》所載《六一居士集》一百五十三卷，附録四卷，《年譜》一卷是也。明嘉靖中，行人陳珊總舊集，釐爲一百三十五卷，刻于江西藩署。而其先，天順、弘治、正德，吉安皆有刊本，皆祖慶元刻也。此編或疑非足本。案公誌表皆云「《居士集》五十卷」，即益公十集中之一。而陳氏云：《居士集》歐公手定，今卷尾有熙寧五年男發等編定。案《年譜》：公以是年閏七月卒。則此五十卷，是當時手定本。至益公慶元刻本始彙其全耳。又案：蘇文忠作《居士集序》只稱得公詩文凡七百六十六首，當即此本。後爲曾魯考異。至紹熙二年，郡人孫謙益校正，陳斐重校，其爲《居士集》無疑。公去留慎重之意，可想見云。

《四庫提要・別集類存目一》 《居士集》五十卷。内府藏本。宋歐陽修撰。前列蘇軾序及年譜。舊本每卷有熙寧五年子發等編次數字。而軾序謂得於其子棐，乃次而論之。蓋序作於元祐六年，時發已卒，故序中不及耳。慶元中周必大編次修集，自《居士集》外，有《外集》等九種，通一百五十三卷。此編僅三之一，然出自修所手輯。《文獻通考》引葉夢得之言曰：歐陽文忠公晚年取平生所爲文，自爲編次。今所謂《居士集》者，往往一篇閲至數十過，有累日去取未決者。則其選擇爲最審矣！此本又取淳熙間孫益謙所校重鐫，卷末列諸本字句異同，極爲詳核。又一本爲明代朝鮮所刊，校正亦極精審。以周必大所編《文忠集》已全部收入，無庸復録，故今惟存其目焉。

歐陽文粹

錢謙益等《絳雲樓書目・宋文集類》 陳同父《歐陽文粹》三册。

于敏中等《天禄琳琅書目・明版集部》 《歐陽先生文粹》。二函，十二册。宋歐陽修著。《文粹》二十卷，《遺粹》十卷。前宋蘇軾序，次《宋史》本傳，次蘇轍撰神道碑，次韓琦撰墓誌銘，次蘇軾、王安石《祭文忠公文》。《文粹》後有宋陳亮序。此與前《分類補注李太白詩》之第二部，同爲明人郭雲鵬所刊。《文粹》、《遺粹》卷末俱有「吴會郭雲鵬選輯付梓」木記。陳亮序後亦有木記，稱「吴會郭雲鵬校刊刻於寶善堂」。按：選輯校勘之人，前後應有序跋，乃僅刊木記爲識，則不過沿廖氏世綵、余氏勤有之舊，其爲刻梓售書而非自行操選者明矣。陳亮，字同父，永康人。紹興中進士第二，授僉書建康府判官廳公事。《宋史》有傳。

明檇李項氏、錫山安氏藏本有「子京珍藏」、「安氏家藏」諸印。又有「庸菴」印。考《姚江逸詩傳》，元宋僖，字無逸。洪武閒召修《元史》，事畢還山，與桂彦良同徵，主考福建。有《庸菴集》十卷。此印當其所鈐。「史樹駿」印無考。

《四庫提要・別集類六》 《歐陽文粹》二十卷。編修勵守謙家藏本。宋陳亮編。亮有《三國紀年》，已著録。是編有亮乾道癸巳後敘，謂録公文凡一百三十篇。案修著作浩繁，亮所選不及十之一二，似不足盡其所長。然考周必大序，謂《居士集》經公決擇，篇目素定，而參校衆本，迥然不同。如《正統論》、《吉州學記》、《瀧岡阡表》皆是也。今以此本校之，與必大之言正合。是書卷首有《原正統論》、《明正統論》、《正統論上》、《正統論下》四篇。《居士集》則但存《正統論》上、下二篇。其《正統論上》乃以《原正統論》「學者疑焉」以上十餘行竄入。而論内其可疑之際有四，其不同之説有三，以下半篇多删易之。其《正統論下》復取《明正統論》「斯立正統矣」以上數行竄入。而論内「昔周厲王之亂」以下亦大半删易之。其他字句異同，不可枚舉。皆可以資參考，固不妨與原集並存也。

六一先生在滁詩

《宋史·藝文志·别集類》 王大昌《六一先生在滁詩》一卷。

六一先生事證

《宋史·藝文志·别集類》 薛齊誼《六一先生事證》一卷。告詞附。

歐陽小簡

高儒《百川書志·啓劄》 《歐陽小簡》一卷。宋文忠公廬陵歐陽修撰。

文忠公外制集

錢謙益等《絳雲樓書目·宋文集類》 宋刻《文忠公外制集》。周益公云：歐公學士院草録，世已不傳。近歲有《玉堂集》，云是李漢老邴所編。亦差誤，非全書。

歐陽先生文衡

黄虞稷《千頃堂書目·文史類》 馮忠《歐陽先生文衡》六卷。金華人，洪武五年進士。輯歐文一百七十二首。

歐陽遺粹

《四庫提要·别集類存目一》 《歐陽遺粹》十卷。編修勵守謙家藏本。明郭雲鵬編。雲鵬爵里未詳。卷首有嘉靖丁未雲鵬自敘，以陳亮《歐陽文粹》僅録一百三十篇，所收太隘，乃補録八十三篇，附刻其後。然亮所録持擇精審，與本集多有異同，宋人舊本，存之可以備參考。此則全從本集採出，字句既無可互證。又其精不及亮所録，而其博又不及修所自定《居士集》。實兩無所取，故析出别存其目焉。

六一居士集正訛

黄虞稷《千頃堂書目·文史類》 曾魯《六一居士集正訛》。新淦人，洪武初禮部侍郎。

鐔津集

楊士奇等《文淵閣書目·文集》 僧契嵩《鐔津文》。一部，五册。完全。

徐𤊹《徐氏家藏書目·文集類》 僧契嵩《鐔津文集》二十二卷。

張萱等《内閣藏書目録·集部》 《鐔津文集》五册。全。宋藤州釋契嵩著。凡二十卷。

王士禛《漁洋書跋》 《鐔津集》。《鐔津集》十五卷。宋僧契嵩著。嵩作《非韓》三十篇，在集中。【略】《夢粱録》云：「姓李，字仲靈。嘉祐中進輔教編，賜號明教禪師。」《林間録》：「嵩明教初至開先，主者命掌書記。笑云：『我豈爲汝一杯薑杏湯耶？』乃去之西湖。坡公所云『契嵩禪師多嗔，人未嘗見其笑者』是也。」

于敏中等《天禄琳琅書目・明版集部》 《鐔津文集》。一函，四册。宋沙門契嵩著。二十卷。目録後載宋陳舜俞撰《鐔津明教大師行業記》，末附契嵩與沙門唱和詩一卷，序詩題讚一卷。

按陳舜俞記稱「契嵩所著書自《定祖圖》而下，謂之《嘉祐集》，又有《治平集》，凡百餘卷，總六十有餘萬言。其甥沙門法鐙克奉藏以信後世」云云。據此則契嵩所著述甚富。此二十卷僅其十之一二，但謂法鐙奉藏，則未全行鏤版可知也。今書末有洪武甲子天台松雨齋沙門原旭募重刊，《鐔津集疏》一篇，又有永樂三年嘉興沙門宏宗書後一篇，稱「松雨製疏重刊，既已化行，開至二十餘版，適疾作，不克成其事，兹以天全叡公首座發堅固志，繼其芳猷」云云。則此版爲天全所雕，始末俱見。又有後序一篇，稱天全叡公爲東海慧眼宏辨禪師之弟子，似亦沙門所作。乃書賈於署名處割補别紙，意在僞充宋槧，而不知原旭之疏、宏宗之序已題洪武、永樂年號，又安從而掩飾乎？考《浙江通志》：契嵩字仲靈，自號潛子，藤州鐔津李氏。授記莂於洞庭聰公，作《原教論》十餘萬言。未幾遊衡岳，歸，著《禪(定)〔宗〕定祖圖》、《傳法正宗記》。書成，游京師。仁宗覽之嘉歎，付傳法院編次入藏，賜號明教。韓琦、歐陽修俱尊禮之。後居錢塘佛日禪院，應蔡公襄所請也。陳舜俞字令舉，嘉禾人。慶曆六年進士。歷都官員外郎，謫監南康酒税，《宋史》有傳。

闕補卷三、十一、十二。卷十五、八。卷十八、十五。卷十九、十。

《四庫提要・别集類五》 《鐔津集》二十二卷。浙江鮑士恭家藏本。宋釋契嵩撰。契嵩姓李氏，字仲靈，藤州鐔津人。慶曆間居杭州靈隱寺。皇祐間入京師，兩作萬言書上之。仁宗賜號「明教大師」。尋還山而卒。契嵩博通内典，而不自參悟其義諦。乃恃氣求勝，嘵嘵然與儒者争。嘗作《原教》、《孝論》十餘篇，明儒、釋之一貫，以與當時闢佛者抗。又作《非韓》三十篇，以力詆韓愈。又作《論原》四十篇，反覆强辨，務欲援儒以入墨。以儒理論之，固爲偏駮。即以彼法論之，亦嗔癡之念太重，非所謂解脱纏縛，空種種人我相者。第就文論文，則筆力雄偉，論端鋒起，實能自暢其説，亦緇徒之健於文者也。是編爲明弘治己未嘉興僧如卺所刊。凡文十九卷，詩二卷。附他人所作序贊詩題疏一卷。卷首有陳舜俞所撰《行業記》，稱契嵩所著，自《定祖圖》而下，爲《嘉祐集》、《治平集》凡百餘卷。蓋兼宗門語録言之。此集僅載詩文，故止有此數。王士禎《居易録》稱其詩多秀句，而云集止十三卷。是所見篇帙更少，不及此本之完備矣。

張金吾《愛日精廬藏書志・别集類》 《鐔津文集》二十二卷。明弘治刊本。

宋藤州鐔津東山沙門契嵩撰。

陳舜俞《鐔津明教大師行業記》。

《沙門如卺引》。弘治十二年。

《廣源重刊後叙》。弘治十二年。

潘祖蔭《滂喜齋藏書記・集部》 舊刻殘本《鐔津集》二卷。宋藤州鐔津東山沙門契嵩撰。原本二十二卷，存首二卷。板寬一尺四五寸，疏行大字，即非宋刻，亦明槧之出於宋刻者也。前有《行業記》，尚書屯田員外郎陳舜俞撰，稱其所著有《禪宗定祖圖》、《傳法正宗記》、《嘉祐集》、《治平集》。契師化於熙寧五年，與老泉同時。又與韓魏公、蔡君謨游，乃其集亦名嘉祐，豈獨不識明允耶？

王君玉詩

尤袤《遂初堂書目・别集類》 《王君玉詩》。

樂全集

尤袤《遂初堂書目・别集類》 張安道《樂全集》。

陳振孫《直齋書録解題・别集類中》 《樂全先生集》四十卷。參政文定公南都張方平安道撰。初舉茂材異等，再舉賢良方正，皆中其科。識略過人，知蘇洵父子於布衣，惡王安石於考試進士之日，皆人所不能及也。壽至八十五，薨於元祐中。於當時最爲耆德，然頗爲司馬温公所不喜。

馬端臨《文獻通考・經籍考・别集》 《樂全先生集》四十卷。【略】東坡蘇氏文集序曰：孔北海志大而論高，功烈不見於世，然英偉豪傑之氣，自爲一時所宗。其論盛孝章、郗鴻豫書，慨然有烈丈夫之風。

《宋史・藝文志・别集類》 《張方平集》四十卷。

楊士奇等《文淵閣書目・文集》 張安道《樂全文集》。一部，七册。完全。 張安道《樂全文集》。一部，六册。完全。

張萱等《内閣藏書目録・集部》 《樂全先生文集》六册。全。 宋神宗朝張方平著。凡四十卷。

錢謙益等《絳雲樓書目・宋文集類》 張方平《樂全先生集》。四十卷。

吴焯《繡谷亭薰習録・集一》 《樂全集》四十卷。宋參政謚文定宋城張方平安道著。門人蘇軾序。案，王鞏行狀稱方平又有内外制、辭、雜著二十卷，名《玉堂集》，劉忠肅爲序。

《四庫提要・别集類六》 《樂全集》四十卷，附録一卷。編修汪如藻家藏本。 宋張方平撰。方平字安道，宋城人。舉茂材異等，爲校書郎。歷官參知政事，卒贈司空。謚文定。事蹟具《宋史》本傳。方平自號樂全居士，因以名集。蓋取《莊子》「樂全之謂得志」語，詳所作《樂全堂》詩中。其集見於《宋史・藝文志》者四十卷，與此本合。然方平在翰林時代言之文，如《立太子》、《除种諤節度使》、《韓琦守司徒》、《吕公弼樞密使》、《李昭亮殿前副都指揮使》諸制，見於《宋文鑑》者，此集皆無之。考王鞏作方平行狀，稱别有《玉堂集》二十卷。《東都事略》所載亦同。蓋制草别爲一編，故集中不載耳。集凡詩四卷，頌一卷，芻蕘論十卷，雜論二卷，對策一卷，論事九卷，表狀三卷，書一卷，牋啓一卷，記序一卷，雜著一卷，祭文、碑志六卷。方平天資穎悟，於書一覽不忘。文思敏贍，下筆數千言立就。才氣本什伯於人，而其識又能灼見事理，剸斷明決。故集中論事諸文，無不豪爽暢達，洞如龜鑑。不獨史所載《平戎十策》、《論新法疏》爲切中利弊。蘇軾作序，以孔融、諸葛亮比之。雖推挹之詞稍爲溢量，然亦殆於近似矣。其集流傳甚少。此本首尾頗完善，「慎」字下皆注「今上御名」四字。蓋從孝宗時刊本鈔出。惟不載蘇軾原序，疑傳寫者偶遺之。今併爲録補，冠於卷首，以存其舊焉。

張金吾《愛日精廬藏書志・别集類》 《樂全先生文集》四十卷。抄本。 宋張方平撰。後附行狀。王鞏撰。 蘇軾序。

玉堂集

趙希弁《讀書附志・别集類二》 張文定《玉堂集》二十卷。 右張文定公方平之文也。公字安道，宋城人。明道二年，以茂材異等，擢爲校書郎。神廟時，參大政。元祐六年，終於太子少師致仕，贈司空，謚文定。公出入兩禁，垂二十年，一時大典，多出其手。劉忠肅嘗序其《玉堂集》二十卷，乃在東坡所序《樂全集》四十卷之外。淳熙九年，錫山尤袤重刻于江西漕臺。

尤袤《遂初堂書目・别集類》 張安道《玉堂集》。

陳振孫《直齋書録解題・别集類中》 《玉堂集》二十卷。參政文定公南都張方平安道撰。

《宋史・藝文志・别集類》 張方平《玉堂集》二十卷。

錢謙益等《絳雲樓書目・宋文集類》 張方平《玉堂集》二十卷。

祕演詩集

馬端臨《文獻通考・經籍考・詩集》 《祕演詩集》。釋祕演撰。

《宋史・藝文志・别集類》 《僧祕演集》二卷。

惟儼集

馬端臨《文獻通考・經籍考・詩集》 《惟儼集》。釋惟儼撰。杭州人，姓魏氏。

處女王安之集

陳振孫《直齋書録解題・詩集類下》 《處士女王安之集》一卷。簡池王亢子倉之女尚恭，字安之，年二十，未嫁而死，乾道戊子也。亢自志其墓。有任公鼒者，爲作集序，援歐公所序謝希孟爲比，而稱其詩不傳。今余家有之，任蓋未之見也。

馬端臨《文獻通考・經籍考・詩集》 《處女王安之集》一卷。

《宋史・藝文志・别集類》 《汪尚恭詩》一卷。王亢女。

鄭伯玉詩

《宋史・藝文志・別集類》《鄭伯玉詩》一卷。

蘇學士集

鄭樵《通志・藝文略・別集五》《蘇子美集》十五卷。蘇舜欽。

晁公武《郡齋讀書志・別集類下》《滄浪集》十五卷。右皇朝蘇舜欽字子美，易簡之孫，杜祁公衍之壻也。景祐中進士，累遷集賢校理，監進奏院。坐用故紙錢會客，除名。慷慨有大志，好古，工文章。及廢，居蘇州，買水石作滄浪亭，益讀書，發其憤懣於歌詩。其體豪放，往往驚人。又善草書，酣醉落筆，争爲人所傳翫。集歐公爲之序。

尤袤《遂初堂書目・別集類》《蘇子美集》。

陳振孫《直齋書録解題・別集類中》《滄浪集》十五卷。集賢校理蘇舜欽子美撰。舜欽，易簡之孫，杜祁公衍之壻。坐進奏院用公錢會客，爲王拱辰輩所擠，坐以深文，廢逐而死。置園蘇州，爲滄浪亭，水竹之勝，冠於吳下，至今猶存。嘗答韓持國書，具見其意趣，本傳載之。歐陽公序其文，言：「子美之齒少於予，而予學古文反在其後。」同時得罪者，未幾復顯用，舜欽獨先没，可哀也。

馬端臨《文獻通考・經籍考・別集》《滄浪集》十五卷。

《宋史・藝文志・別集類》《蘇舜欽集》十六卷。

楊士奇等《文淵閣書目・文集》《蘇子美文集》。一部，二册。闕。

《四庫提要・別集類五》《蘇學士集》十六卷。浙江鮑士恭家藏本。宋蘇舜欽撰。舜欽字子美，其先梓州人，家開封。參政易簡之孫，直集賢院耆之子。景祐中進士。累遷集賢校理，監進奏院。坐事除名。後復爲湖州長史而卒。事蹟具《宋史》本傳。是集據歐陽修序，乃舜欽没後四年，修於其婦翁杜衍家蒐得遺稿編輯。修序稱十五卷，晁、陳二家目並同。而此本乃十六卷，則後人又有所續入。考費衮《梁溪漫志》，載舜欽與歐陽公《辨謗書》一篇，句下各有自注。論官紙事甚詳，併有修附題之語。蓋修編是集時，以語涉於己，引嫌避怨而删之。此本仍未收入，則尚有所佚矣。

張之洞《書目答問・別集》《蘇學士集》十六卷。宋蘇舜欽。宋犖校刻本，震澤徐氏刻本。

安陽集

趙希弁《讀書附志・別集類二》韓魏王《安陽集》五十卷。右魏忠獻王韓琦之文也。王，安陽人，故以名集。王，字稚圭，天聖五年進士第二人，定策三朝，功在國史。

尤袤《遂初堂書目・別集類》韓忠獻《安陽集》。又《韓魏公集》。

陳振孫《直齋書録解題・別集類中》《安陽集》五十卷。丞相魏國忠獻公安陽韓琦稚圭撰。

馬端臨《文獻通考・經籍考・別集》《安陽集》五十卷。

《宋史・藝文志・別集類》《韓琦集》五十卷。又《諫垣存稿》三卷。

楊士奇等《文淵閣書目・文集》韓魏公《安陽集》。一部，五册。殘缺。

徐𤊹《徐氏家藏書目・文集類》韓琦《安陽集》五十卷。

張萱等《内閣藏書目録・集部》《安陽集》十册。全。宋韓琦著。凡五十卷。

錢謙益等《絳雲樓書目・宋文集類》韓魏公《安陽集》。

吴焯《繡谷亭薰習録・集一》《安陽集》五十卷。宋丞相魏國公謚忠獻安陽韓琦稚圭著。此本合《家傳》十卷，《別録》、《遺事》各一卷，舊稱《全集》是也。《遺事》強至撰，卷末程瑀序，乃題公致仕章奏耳。公之薨也，神宗《御製神道碑》，復篆額曰：「兩朝顧命定策元勛之碑。」此碑應補入也。又案：家傳公奏議有《二府忠義》五卷，《諫垣存稿》三卷，《陝西奏議》五十卷，《河北奏議》三十卷，《雜奏議》三十卷。公薨後，敕崇文院筆吏即其家，繕録進呈。今《諫垣存稿》，自序猶見集中，書皆亡矣。明正德朝御史安陽張士隆刊于河東鹺使署。

《四庫提要・別集類五》《安陽集》五十卷。内府藏本。宋韓琦撰。琦事蹟具《宋史》本傳。其集晁公武《讀書志》、陳振孫《書録解題》、《宋史・藝文志》俱作五十卷。此本目次相符，蓋即原本。琦歷相三朝，功在社稷，生平不以文章名世。

而詞氣典重，敷陳剴切，有垂紳正笏之風。【略】此集之後，舊附《家傳》十卷，《別録》、《遺事》各一卷。檢驗《通考》三書，本各自爲目，乃後人彙而附之。今仍釐原帙，別著録於史部，從其類焉。

諫垣存稿

《宋史・藝文志・別集類》〔韓琦〕又《諫垣存稿》三卷。

清獻集

《宋史・藝文志・別集類》 趙抃《南臺諫垣集》二卷。又《清獻盡言集》二卷。

楊士奇等《文淵閣書目・文集》《趙清獻公文集》。一部，十册。完全。《趙清獻公文集》。一部，六册。殘缺。塾本補入。《趙清獻公文集》。一部，六册。完全。

高儒《百川書志・宋文》《趙清獻公文集》二卷。附録。西安趙抃閱道撰。

范邦甸等《天一閣書目・別集類》《重編趙清獻公文集》十卷。刊本。宋趙抃著。明嘉靖元年衢州知府莆田林有年序稱：余忝守三衢，始至，謁公祠而修之，復祀公於郡齋之北。治理之暇，取公集而閲之。年久簡篇失次，字畫脱落，讀者病焉。遂謀之同寅陸君仁傑、曾君天敘、楊君時明，囑江山尹吴亞甫考訂，編補而新之。托姓名于不朽，庸非幸歟。爰書于集之末，以告後之欲知公者。卷首有宋景定天台陳仁玉序。至治首元蒙古晉人僧家奴鈞元卿、明成化馬嵬、閻鐸各有序。

又一册。重刊本。明嘉靖壬戌宜興楊準有序。

徐𤊹《徐氏家藏書目・文集類》《趙抃清獻集》十五卷。

張萱等《内閣藏書目録・集部》《趙清獻公文集》四册。全。宋仁宗朝丞相趙抃著。凡十卷。又六册。全。又六册。全。又三册。不全。

錢謙益等《絳雲樓書目・宋文集類》《趙清獻公抃集》。十五卷。

王士禛《漁洋書跋》《趙清獻集》。

吴焯《繡谷亭薰習録・集一》《趙清獻集》十卷。宋資政殿學士西安趙抃閱道著。《文獻通考》不載是集，焦氏《經籍志》題十五卷。此嘉靖壬戌宜興楊準守三衢時翻雕本也。考元刻有至治中蒙古晉人僧家奴鈞元卿序，景定中天台陳仁玉又序。

《四庫提要・別集類五》《清獻集》十卷。副都御史黄登賢家藏本。宋趙抃撰。抃事蹟具《宋史》本傳。是集詩、文各五卷，前有天台陳仁玉序，乃從宋嘉定中舊本重刊。所載多關時事。其劾陳執中、王拱辰疏，皆七八上，可以知其伉直。而宋庠、范鎮亦皆見之彈章。古所稱羣而不黨，抃庶幾焉。其詩諧婉多姿，乃不類其爲人。王士禎《居易録》稱其五言律中《暖風》一首，《芳草》一首，《杜鵑》一首，《寒食》一首，《觀水》一首，謂數詩掩卷讀之，豈復知鐵面者所爲。案，皮日休《桃花賦序》稱，宋廣平鐵心石腸，而所作《梅花賦》輕便富艷，得南朝徐、庾體。抃之詩情，殆亦是類矣。

黄丕烈《蕘圃藏書題識續録・集類上》《趙清獻公集》十卷。明刻本。嘉慶庚申九月，黄氏士禮居得之五柳居珍藏此足本也。蕘圃丕烈。

《趙清獻公集》，舊藏明人鈔本爲述古堂所藏，惜缺下半部。甲午正月過味經書屋，芙川兄出此明刻本新得之士禮居者，讀之欣喜，遂假歸補足鈔本，爲之一快。八月初十日，伯生蔣因培識。

成都古今集

《宋史・藝文志・別集類》 趙抃《成都古今集》三十卷。

盱江集　外集

鄭樵《通志・藝文略・別集五》《退居類稿》十二卷。李覯。

趙希弁《讀書附志・別集類四》 李泰伯《退居類稿》十二卷，《皇祐續稿》八卷，《常語》三卷，《周禮致太平論》十卷，《後集》六卷。右李覯泰伯之文也。覯，盱江人。嘗試制科六論不得，其一曰：「吾書未嘗不讀，必《孟子注疏》也。」擲而出。人爲檢視之，果然，遂下第而歸。後以海門簿召赴太學説書以卒。【略】希弁嘗得《修梓山寺殿記》，云：「應茂材異等科李覯撰。」然不載於稿中。

尤袤《遂初堂書目·别集類》 李泰伯《盱江集》。

陳振孫《直齋書録解題·别集類中》 李泰伯《退居類稿》十二卷，《續稿》八卷，《常語》三卷，《周禮致太平論》十卷，《後集》六卷。太學説書南城李覯泰伯撰。其自序曰：「天將壽我歟，所爲固未足也。不然，斯亦足以藉手見古人矣。」《類稿》，慶曆所録。《續稿》，皇祐所録。《後集》則門人傅野編。泰伯不喜《孟子》，《常語》專辨之。嘗舉茂材，不中。世傳閣試論題，有全不記所出者，曰：「此必《孟子注》也。」擲筆而出。

馬端臨《文獻通考·經籍考·别集》 李泰伯《退居類稿》十二卷，《續稿》八卷，《常語》三卷，《周禮致太平論》十卷，《後集》六卷。【略】《朱子語録》曰：李泰伯文，實得之經中，雖淺，然皆自大處起議論。首卷《潛書》、《民言》好，如古《潛夫論》之類；《周禮論》好，如宰相掌人主飲食男女事。某意如此，今其論皆然。文字氣象大段好，甚使人愛之，亦可見其時節方興如此。老蘇父子自史中《戰國策》得之，故皆自小處起議論，歐公喜之。李不軟帖，不爲所喜。

《宋史·藝文志·别集類》 李泰伯《直講集》三十三卷。又《後集》六卷。

楊士奇等《文淵閣書目·文集》 《李泰伯文集》。一部，十册。殘闕。《李泰伯文集》。一部，十册。闕。《李泰伯文集》。一部，八册。闕。

徐𤊹《徐氏家藏書目·文集類》 李覯《盱江集》四十卷。

張萱等《内閣藏書目録·集部》 《李先生文集》八册。全。宋仁宗朝直講李覯著《内集》三十七卷。《外集》三卷。《李直講文集》一部。全。同前人。又六册。不全。同前人。闕二十二之二十六卷并三十三卷，以後《外集》皆闕。

錢謙益等《絳雲樓書目·宋文集類》 《直講李先生文集》。

王士禛《漁洋書跋》 《李泰伯集》。李泰伯覯文章皆談經濟，其本領尤在《周禮》一書。范文正公薦之，以爲著書立言，有孟軻、揚雄之風，在北宋歐、蘇、曾、王間別成一家。【略】此集乃正德乙亥南城令孫甫刊本，有祖無擇及泰伯自序，最爲完善。予家藏本差不及。

吴焯《繡谷亭薰習録·集一》 《盱江集》三十七卷，《外集》三卷。宋太學説書南城李覯泰伯著。明成化中邑人吏部主事左贊時翊編。案《文獻通考》《退居類稿》十二卷，《續稿》八卷，《常語》三卷，《周禮致太平論》十卷，《後集》六卷，《類稿》慶曆中自編，有自序，南康祖無擇序。《續稿》皇祐中自編，亦自序。《周禮致太平論》另爲一集。《後集》門人傅野亨甫編，末附《年譜》并門人姓氏録。案，《朱子語録》稱首卷《潛書》、《民言》可知當時所定《類稿》次第。此編總彙諸集，蒐羅勤矣，所惜者攙和紊亂耳。然諸編自序猶存，尚可尋繹端緒。昔朱子嘗稱泰伯文得之經中，雖淺，然自大處説起。今讀其自序，亟亟欲以文章名世，而且徒步京師以文求通天子，胡爲自炫若是。自序有云「天將壽我乎，所爲未足也。不然，亦足藉手以見古人。」。嗚呼！千載下猶可見其苦心矣。無擇，蔡州人，曾知南康軍。此序書南康後人，誤之也。

《四庫提要·别集類六》 《盱江集》三十七卷，《年譜》一卷，《外集》三卷。浙江孫仰曾家藏本。宋李覯撰。覯字泰伯，建昌南城人。皇祐初以薦授太學助教，終海門主簿，太學説書。事蹟具《宋史·儒林傳》。考覯年譜，稱慶曆三年癸未，集《退居類稿》十二卷。又皇祐四年庚辰，集《皇祐續稿》八卷。此集爲明南城左贊所編。凡詩文雜著三十七卷，前列《年譜》一卷，後以制誥、薦章之類爲《外集》三卷。蓋非當日之舊。宋人多稱覯不喜《孟子》，余允文《尊孟辨》中載覯《常語》十七條。而此集所載僅「仲尼之徒無道桓文之事」及「伊尹廢太甲」、「周公封魯」三條，蓋贊諱而删之。集首載祖無擇《退居類稿序》，特以孟子比覯。又集中《答李觀書》云，孟氏、荀、揚，醇疵之説，不可復輕重。其他文中亦頗引及《孟子》，與宋人所記種種相反。以所删《常語》推之，毋亦贊所竄亂歟。覯文格次於歐、曾，其論治體，悉可見於實用，故朱子謂覯文實有得於經。不喜《孟子》，特偶然偏見。與歐陽修不喜《繫辭》同，可以置而不論。贊必欲委曲彌縫，務滅其跡，所見陋矣。集中《平土書》、《明堂》、《五宗》皆別有圖。此本不載，則或久佚不傳，未必贊所刊除也。覯在宋不以詩名，然王士禛《居易録》嘗稱其《王方平》、《璧月》、《梁元帝》、《送僧還廬山》、《憶錢塘江》五絶句，以爲風致似義山。今觀諸詩，惟《梁元帝》一首，不免傖父面目。餘皆不媿所稱，亦可謂淵明之賦閒情矣。《湘山野録》載覯《望海亭席上作》一首，集中不載。考是時蔡襄守福唐，於此亭邀覯與陳烈飲。烈聞官妓唱歌，纔一發聲，即越墻攀樹遁去。講學家以爲美談。覯所謂「山鳥不知紅粉樂，一聲拍板便驚飛」者，正以嘲烈。殆亦左贊病其輕薄，諱而删之歟。

張之洞《書目答問·别集》 《盱江集》三十七卷，《年譜》一卷，《外集》三卷。宋李覯。明李贊重編刻本。江西祠堂本。

皇祐續稿

楊士奇等《文淵閣書目・文集》 李覯《皇祐續稿》。一部，二册。完全。

張萱等《内閣藏書目録・集部》 《皇祐續稿》二册。全。同前人。凡八卷。

錢謙益等《絳雲樓書目・宋文集類》 李泰伯《皇祐續稿》。八卷。

嘉祐集

鄭樵《通志・藝文略・别集五》 《老蘇集》五卷。蘇洵。又《嘉祐集》三十卷。

晁公武《郡齋讀書志・别集類下》 蘇明允《嘉祐集》十五卷。右皇朝蘇洵字明允，眉山人。至和中，歐陽永叔得明允書二十二篇，大愛其文辭，以爲賈誼、劉向不過也。以書獻，除校書郎。與姚子張同編《太常因革禮》百卷，書方成而卒。治平史臣謂永叔所獻明允之文甚美，大抵兵謀權利機變之言也。

尤袤《遂初堂書目・别集類》 《老蘇嘉祐集》。

陳振孫《直齋書録解題・别集類中》 《老蘇嘉祐集》十五卷。文安主簿編修禮書眉山蘇洵明允撰。洵初入京師，益帥張文定薦之歐陽公，世皆知之。而有雷簡夫者，爲雅守，以書薦之張、歐及韓魏公尤力。張之知洵由簡夫，世罕知之。雷之書文，亦慷慨偉麗可觀。

馬端臨《文獻通考・經籍考・别集》 蘇明允《嘉祐集》十五卷。【略】南豐曾氏哀詞曰：明允始舉進士，又舉茂材異等，皆不中。歸，焚所爲文，閉户讀書五六年，所有既富矣，乃始復爲文。蓋少或百字，多至千言，其指事析理，引物托諭，侈能盡之約，遠能見之近，大能使之微，小能使之著，煩能不亂，肆能不流，其雄壯俊偉，若決江河而下也，其輝光明白，若引星辰而上也。

《朱子語録》曰：老蘇文雄渾，其父子爲文，自史中《戰國策》得之，皆自小處起議論。看老蘇《六經論》，則是聖人全是以術欺天下。老蘇門只就《孟子》學作文，不理會他道理，然其文亦實是好。

《宋史・藝文志・别集類》 《蘇洵集》十五卷。又《别集》五卷。

楊士奇等《文淵閣書目・文集》 《蘇老泉文集》。一部，八册。殘缺。《眉山嘉祐集》。一部，二册。完全。

王世貞《讀書後》卷四 《書老蘇文後》。明允晚而始嚮學，且僻處西裔，無師友之淵源與琢劘之助。以故于六經雜肋耳，而其學僅《戰國策》、《史記》、班、范諸書，雖佛、老、莊、列之言，亦未之考索也。夫以明允之雜肋六經，則當寘而弗論可也。而何至以其私臆而窺聖人之心，又以勢之所不得已者而爲聖人之作用，使六經之道下而與百家諸子等。且有詆譴往古多深文而不中情事，其建白置措必權術，而亡益治亂。

徐𤊹《徐氏家藏書目・文集類》 蘇洵《嘉祐集》十五卷。

張萱等《内閣藏書目録・集部》 《眉山嘉祐集》四册。全。宋蘇洵著。凡十五卷。

錢謙益等《絳雲樓書目・宋文集類》 蘇老泉《嘉祐集》。十五卷。

于敏中等《天禄琳琅書目・明版集部》 《老泉先生文集》。二函十二册。宋蘇洵著。十四卷。宋人諸書目所載蘇洵《嘉祐集》，皆稱十五卷。此本標題既不仍「嘉祐」之名，而分卷僅止十四。其版雖仿宋巾箱本式，然字畫結體較大，筆法亦不能工，決非宋槧。其前後無序跋者，當爲書賈割去無疑。「王執禮」收藏印記亦無考。

《四庫提要・别集類六》 《嘉祐集》十六卷，附録二卷。兩淮馬裕家藏本。宋蘇洵撰。洵有《謚法》，已著録。考曾鞏作洵墓誌，稱有集二十卷。晁公武《讀書志》、陳振孫《書録解題》俱作十五卷。蓋宋時已有二本。是本爲徐乾學家傳是樓所藏。卷末題「紹興十七年四月晦日婺州州學雕」。紙墨頗爲精好。又有康熙間蘇州邵仁泓所刊，亦稱從宋本校正。然二本並十六卷，均與宋人所記不同。徐本名《嘉祐新集》，邵本則名《老泉先生集》，亦復互異，未喻其故。或當時二本之外，更有此一本歟？今世俗所行，又有二本。一爲明凌濛初所刊朱墨本，併爲十三卷。一爲國朝蔡士英所刊任長慶所校本，凡十五卷，與晁氏、陳氏所載合。然較徐本闕《洪範圖論》一卷，《史論》少引一篇。又以《史論中》爲《史論下》，而闕其《史論下》一篇。又闕《辨姦論》一篇，《題張仙畫像》一篇，《送吴侯職方赴闕序》一篇，《謝歐陽樞密啓》一篇，《謝相府啓》一篇，《香詩》一篇。朱彝尊《經義考》載洵《洪範圖論》一卷，注曰「未見」。疑所見洵集，當即此本。中間闕漏如是，恐亦未必晁、陳著録之舊也。今以徐本爲主，以邵本互相參訂，正其譌脱。亦有此存而彼逸者，並爲補入。又附録二卷，爲奉議郎充婺州學教授沈斐所輯。較邵本少國史本傳一篇，而多挽詞十餘首，亦並録以備考焉。

黄丕烈《蕘圃藏書題識・集類二》 《嘉祐集》十五卷。宋本。癸酉四月十四日，有書友攜此宋刻《嘉祐集》示余，索直白鏹四十金，云出自松江故家。余一見稱異，刻本之精，印本之爽，在宋本書可爲希有。雖首尾略缺，諸藏書家圖記已鈐於缺少處。崑山徐氏收得時即如是，則缺失已久。瑕不掩瑜，惜牀頭金盡，弗敢過而問焉。及書友持去，因檢舊藏蔣篁亭校宋本核之，方知所據即是本。末句缺失，篁亭注明卷首朱筆校改第七卷目録起，乃悔當時未及留一對勘也。復令攜來，取第十一卷中第七葉，校云宋本作「數月」，顧千里以爲不可解，借余校本識後語。與此宋本對，「數月」二字作「年」。蓋覆本譌「數年」爲「數月」，蔣校宋作「數年」，而涉筆偶誤，仍寫「年」爲「月」耳。益見宋本之可寶，而校本之不足恃如此。余遂有欲得意，適外來有至蘇購書者，欲得宋元人集。余輟重出本屬書友往應其求，固爲貶損以就之。而是書亦以他人還價未至，物主允降價相就，竟成交易。書直未酬，據爲己有。再取蔣校本一一勘之，無不脗合，宋刻中有墨筆所改所增者，皆篁亭筆，卷四中《遠慮篇》「故後世不得見耳」，校云「耳」或改「其」，非是。此舊時人校改，故篁亭以爲非。惟親見宋刻，又先得校本，故得互相證明。古書授受源流，親切如是，余於翰墨因緣抑何深耶！通體塗抹，尚爲宋人讀本，標舉眼目，遇宋諱皆以朱筆圈其字，亦足證板刻之前，故所避不廣，皮相者以爲大疵，非真知宋本之妙者。至於書之由來，唯傳是樓物猶可指證其目，云宋板蘇明允《嘉祐集》十五卷四册，今本悉符云。嘉慶十八年四月十八日，黄丕烈書於百宋一廛。案卷十三《蘇氏族譜》「子洵」下，宋本爲妄人增「軾」、「轍」二字，篁亭未及細審，校云：從宋本增，當誤。爲非親見宋刻，何由知之。校本之不如宋本，此可見矣！

越日晨起覆閲，知前跋多誤字，三行「缺少」當作「缺失」，六行「末句」當作「末卷」，十二行「固爲」當作「過爲」。昨晚書畢，燭已見跋，未及細閲，因此致誤，乃悟篁亭校誤亦出無心也。復翁又識。時雨甚天陰，薔薇一架，落紅繽紛，新緑掩映，幽窗岑宋，清味如是。

越歲丙子仲春六日，晨起無聊，偶檢及此，覺古色古香，久而彌著。跋語精詳，書之源流，洞悉無遺，半生心血略盡於此矣，重展慨然。

黄丕烈《蕘圃藏書題識再續録・集類》 《嘉祐集》十五卷。校宋本。凝碧亭顧氏有殘宋本新雕《老泉先生文全集》，僅存詩一卷，此首起至末，宋本標題大字，餘小字，廿行廿八字。復翁記。在卷十五《答陳公美》詩首。

顧廣圻《思適齋書跋・集部》 《嘉祐集》十五卷。蘇明允《嘉祐集》十五卷，自晁氏《讀書志》、陳氏《書録解題》、馬氏《經籍考》諸家著録，名目卷數無不相同。何義門言嘗見宋槧，所謂紹興十七年婺州本，曾在傳是樓者，正如此。前明嘉靖壬辰太原府尚有重刻本，余曾收之，亦然。是明允集之真，並未亡也。後有邵仁泓者，凡增第八《洪範論》，第十七至末《謚法》，共五卷，以附合明允墓誌、哀詞等稱二十卷之數。餘十五卷中，又往往有增入之篇，全非本來。世閒通行，大率其本。而明允集之真於是幾亡矣。至其名目改云《蘇老泉先生全集》，爲同時閻百詩所笑，載《潛邱札記》第四卷中，説甚是也。邵乃更造凡例數則，反謂之依宋本改正，思掩其失，豈不益可笑哉！觀者勿爲所惑可耳。

《嘉祐集》十五卷。明嘉靖刻本。此前明鄭端簡家藏書，嘉慶壬戌得於金閶萃古齋書坊中。黄蕘圃有蔣篁亭臨校宋本，從之轉録焉。九月廿九日顧廣圻記。

顧廣圻《思適齋集外書跋輯存・集類》 《嘉祐集》十五卷。明張鏜刊本。

吴壽暘《拜經樓藏書題跋記》卷五 《嘉祐集》。《嘉祐集》十四卷。《四庫書目》作十六卷，云洵集在宋凡四本，曾鞏作洵墓志稱二十卷，晁氏、陳氏著録皆十五卷，徐氏傳是樓紹興十七年婺州槧本作十五卷，附録二卷，又有邵仁泓翻雕宋本，與徐本小有異同，亦十六卷。今所傳者有兩本，一爲淩濛初朱墨板本十三卷，又有蔡士英刻本十五卷。曾鞏所誌與晁、陳所録今不可見。以所存四本相較，當以徐氏宋本爲近古。今用以著録，而以邵氏宋本互核焉。是本卷數與諸家悉不合，紙墨頗舊，惟無序及刊刻歲月，未能定爲何本耳。

張之洞《書目答問・别集》 《蘇老泉先生集》二十卷，附録二卷。宋蘇洵。邵仁泓刻本。原名《嘉祐集》。

老泉文粹

高儒《百川書志・宋文》 《老泉文粹》十二卷。眉山蘇洵明允撰。

老泉文鈔

《四庫提要・别集類存目一》 《老泉文鈔》。無卷數。編修勵守謙家藏本。明郭祥鵬編。祥鵬，泰和人，成化辛丑進士。是集於《蘇洵集》中摘取《權書》十篇，《衡論》十篇，《箋策》二篇，別爲一集。案洵全集具存，其文章之妙，豈止於此。此選亦無謂甚矣。

玉堂集

晁公武《郡齋讀書志・別集類下》 《元氏集》三卷。右皇朝元絳字厚之，杭州人。鏁廳中進士第，爲翰林學士、參知政事。立朝無特操。晚入翰林，諂事王安石及其子弟，時論鄙之。工文辭，爲流輩所推許。卒，年七十六。謚章簡。

尤袤《遂初堂書目・別集類》 元厚之《玉堂制集》。

陳振孫《直齋書録解題・別集類中》 元章簡《玉堂集》二十卷。參政章簡公錢塘元絳厚之撰。絳之祖德昭，相吳越。本姓危氏，臨川人。唐末危全諷，其伯父也。德昭父曰仔倡，聚衆保鄉里，兵敗，自臨川奔杭州，易姓元。至今建昌撫州邵武多危姓。絳能文辭，晚歲以王介甫薦入翰林，甚稱職，遂柄用。

馬端臨《文獻通考・經籍考・別集》 元章簡《玉堂集》二十卷。

《宋史・藝文志・別集類》 元絳《玉堂集》二十卷。

楊士奇等《文淵閣書目・文集》 元章簡《玉堂集》。一部，三册。全。

錢謙益等《絳雲樓書目・宋文集類》 元絳章簡《玉堂集》二册。二十卷。

玉堂詩集

尤袤《遂初堂書目・別集類》 《玉堂詩集》。

陳振孫《直齋書録解題・詩集類下》 元章簡《玉堂集》十卷。參政元絳厚之撰。

馬端臨《文獻通考・經籍考・詩集》 《元章簡詩集》十卷。

《宋史・藝文志・別集類》 元章簡《玉堂詩》十卷。

楊士奇等《文淵閣書目・詩詞》 章簡公《詩集》。一部，二册。完全。元公《玉堂詩集》。一部，二册。完全。

張萱等《內閣藏書目録・集部》 元公《玉堂詩》二册。全。同前人。章簡公《玉堂詩》二册。全。宋魏國□□詩。

程師孟文集

《宋史・藝文志・別集類》 《程師孟文集》二十卷。

長樂集

《宋史・藝文志・別集類》 程師孟《長樂集》一卷。

范蜀公集

尤袤《遂初堂書目・別集類》 《范蜀公集》。

馬端臨《文獻通考・經籍考・別集》 《范蜀公集》一百二十卷。汪玉山序：按蜀公墓誌云：「《文集》一百卷，《諫垣集》十卷，《內制集》二十卷，《外制集》十卷，《正書》三卷，《樂書》三卷。」公，成都人也。應辰守成都凡三年，求公文集，雖搜訪殆徧，來者不一，而竟無全書。蓋公之没，距今八十年矣。竊意歲月愈久，則雖此不全之書，亦或未易得也！於是以意類次爲六十二卷，曰《樂議》，曰《使北録》，不見於墓誌，亦恐其初文集中未必載也，而《樂議》或特出於世俗所裒輯，今皆存之。又以《諫疏》、《內制》、《外制》、《正書》、《樂書》附之，通爲一百十二卷。《正書》所得止一卷，今分爲二。司馬温公論《正書》，其間有云「舜無焚廩浚井之事」，而今之《正書》無此語，豈亦非全書邪？

諫垣集

《宋史・藝文志・別集類》 范鎮《諫垣集》十卷。

渚宮集

陳振孫《直齋書録解題・詩集類下》　《渚宮集》三卷。錢塘僧文瑩道温撰。及識蘇子美，嘗題其詩後，欲挽致於歐陽永叔，而瑩辭不往，老於荆州之金鑾。鄭毅爲作序。

馬端臨《文獻通考・經籍考・詩集》　《渚宮集》三卷。

湛俞詩

《宋史・藝文志・别集類》　《湛俞詩》一卷。

仁宗御集

鄭樵《通志・藝文略・别集五》　《仁宗御集》一百卷。

《宋史・藝文志・别集類》　《仁宗御集》一百卷，《目録》三卷。

范陽集

尤袤《遂初堂書目・别集類》　祖擇之《范陽集》。

龍學文集

楊士奇等《文淵閣書目・文集》　《祖龍學文集》。一部，三册。全。

張萱等《内閣藏書目録・集部》　《祖龍學文集》三册。宋仁宗朝祖無擇著。凡十六卷。

錢謙益等《絳雲樓書目・宋文集類》　祖無擇《龍學集》。無擇，字擇之。少從穆伯長學爲古文，集名龍學，蓋擇之嘗官龍圖閣學士也。擇之又嘗游孫明復之門。

錢曾《讀書敏求記・集》　《祖龍學集》十六卷。祖無擇，字擇之。洛陽九老之一也。集十卷，附《名臣賢士往來詩文》二卷，系《家集》又四卷。其曾孫衍編次成帙，并著《龍學始末》于卷終。

吳焯《繡谷亭薰習録・集一》　《洛陽九老祖龍學集》十六卷。宋龍圖閣學士蔡州祖無擇擇之著。龍學曾出守吾杭，其詩文散見于《咸淳臨安志》。及進銀臺，與王安石不合，乞分司提舉西京。爲洛陽九老之一。集十卷，《名臣賢士往來詩文》二卷，《家集》四卷。紹熙三年，其曾孫袁州判官衍編次并著龍學始末于卷終。首行集名之上署「洛陽九老」四字。宋槧本如是，第衍稱集十卷，名《焕斗》，取歐公贈詩有「西州政事藹風謡，右掖文章焕星斗」之句，今此名不見集中，或翻雕者去之耶。

《四庫提要・别集類六》　《龍學文集》十六卷。浙江鮑士恭家藏本。宋祖無擇撰。無擇字擇之，上蔡人。登進士第。歷官龍圖閣學士，知通進銀臺司。坐事謫忠正軍節度副使，移知信陽軍，卒。事蹟具《宋史》本傳。無擇受經於孫復，而文章則傳自穆修。世傳《穆參軍集》，即所編次。著作頗富，南渡後僅存十之二三。紹熙三年其曾孫袁州軍事判官(行)〔衍〕，始裒爲十卷。取無擇知陜府日，歐陽修《餞行》詩中「右掖文章焕星斗」語，名之曰《焕斗集》。又採司馬光、梅堯臣等與無擇贈答之作，曰《名臣賢士詩文》，凡二卷。又輯無擇叔祖岊、叔起居舍人知制誥士衡、弟福建路提刑無頗等傳記敕書，及其姪知普州德恭詩三首，曰《家集》，凡四卷。皆附之於後。見第十六卷(行)〔衍〕所作《龍學始末》中，即此本也。惟每卷標目，别題《洛陽九老祖龍學文集》，蓋無擇分司西京時，與文彦博等九人爲真率會，當時推爲盛事，故(行)〔衍〕特舉之以爲重。然諸家書目，緣是並稱《龍學文集》，而《焕斗集》之名遂隱矣。集中詩一百二十三首，文四十二首。詩下間注所作時地，頗爲詳審。其中如《三教圓通堂》云：「龍學時知制誥。」《蔡州壺仙觀》云：「龍學四月八日遊。」《九老》詩云：「英宗即位，龍學充契丹國信使。」皆不類無擇自注。其《咏震山巖彭徵君釣臺》一首注中有「紹興己未雷轟石斷」之語。無擇尤不及見，殆(行)〔衍〕編次之時，以所聞補入歟？又《上安撫張擇端薦孫復牛仲容書》注云：「初任齊州通判，居官十有一月，作此書。」案《宋史》無擇傳，但紀其舉進士後歷知南康軍，而不言嘗判齊州。與注不符，蓋史偶闕漏也。無擇爲文峭厲勁折，當風氣初變之時，足與尹洙相上下。雖流傳者少，而掇拾散亡，菁華猶未盡佚。至所附《家集》中如士衡之《西齋話》，記載宋初故事，多他書所未及，亦可以備考據焉。

張金吾《愛日精廬藏書志・別集類》《洛陽九老祖龍學文集》十六卷。舊抄本。宋龍圖閣學士、左諫議大夫、上柱國、范陽郡開國侯、食邑二千八百户、賜紫金魚袋祖無擇撰。後附祖氏源流，龍學始末。無擇曾孫衍撰。

東原集

尤袤《遂初堂書目・別集類》龔輔之《東原集》。

《宋史・藝文志・別集類》《龔鼎臣集》五十卷。

龔鼎臣諫草

《宋史・藝文志・別集類》《龔鼎臣諫草》三卷。

任大中集

《宋史・藝文志・別集類》《任大中集》三卷。

釋希白詩

晁公武《郡齋讀書志・別集類下》《希白詩》三卷。右皇朝僧希白撰。張逸序之曰：「希白能詩，與宋白、梁周翰、張詠而下十數公相友善，其格律不減齊己」云。

馬端臨《文獻通考・經籍考・詩集》《希白詩》三卷。

擊壤集

晁公武《郡齋讀書志・別集類下》邵堯夫《擊壤集》二十卷。右皇朝邵雍堯夫，隱居洛陽。熙寧中，與常秩同召，力辭不起。遂於《易》數。始爲學，至二十年不施枕榻睡，其精思如此。歌詩蓋其餘事，亦頗切理，盛行於時。卒謚康節。集自爲序。

尤袤《遂初堂書目・別集類》邵堯夫《擊壤集》。

陳振孫《直齋書録解題・詩集類下》《擊壤集》二十卷。處士共城邵雍堯夫撰。自爲之序。始自共城徙河南，卒於熙寧十年，謚康節。

馬端臨《文獻通考・經籍考・詩集》邵堯夫《擊壤集》二十卷。【略】《朱子語録》：康節之學，其骨髓在《皇極經世書》，其花草便是詩。

《元西湖書院重整書目・集》《擊壤詩集》。

《宋史・藝文志・別集類》《邵雍集》二十卷。

楊士奇等《文淵閣書目・文集》《伊川擊壤集》。一部，四冊。完全。

又《詩詞》《伊川擊壤集》。一部，三冊。闕。《伊川擊壤集》。一部，五冊。完全。

高儒《百川書志・宋詩》《伊川擊壤集》十卷。康節先生伊川邵堯夫撰。

徐𤊹《徐氏家藏書目・文集類》邵雍《擊壤集》二十卷。

張萱等《内閣藏書目録・集部》《擊壤集》三冊。全。宋邵堯夫著。

劉若愚《内板經書紀略》《擊壤集》。四本。三百五十葉。

錢謙益等《絳雲樓書目・宋文集類》宋板《伊川擊壤集》。邵堯夫自序。

吴焯《繡谷亭薰習録・集一》《伊川擊壤集》八卷。宋康節先生著。治平丙午自序。元祐六年原武邢恕後序。原本先生之子伯温編次，今本明隆慶中陽羡萬士和分類改編也。

于敏中等《天禄琳琅書目・元版集部》《伊川擊壤集》。二函十冊。宋邵雍撰。二十卷。前雍自序。

晁公武《郡齋讀書志》載邵堯夫《擊壤集》二十卷。稱「堯夫隱居洛陽。熙寧中，與常秩同召，力辭不起。遂於《易》數。始爲學，至二十年不施枕而睡，其精如此。歌詩蓋其餘事，亦頗切理，盛行於時。自爲之序」云云。是宋時《擊壤集》，雍所自刊。此本亦仿宋槧式而標爲伊川者，蓋據《宋史》雍葬親伊水上，遂爲河南人也。

又《明版集部》《伊川擊壤集》。一函四册。宋邵雍著。二十卷。前明人希古序，次雍自序，後附集外詩十三章，并宋邢恕、明畢亨二序。

希古，不載姓氏，其序作於成化乙未，稱「披閲《擊壤集》，愛其體物切實，立意高古，乃重鋟梓」云云。夫曰重梓，則先有刻本，據而重梓焉耳。畢亨序祇標庚子歲作，不題年號，以序中之言考證諸書，則爲成化庚子，後於乙未希古之序又五年矣。按：明時有兩畢亨，皆成進士，歷顯官。一字嘉會，山東新城人，成化乙未進士，歷官順天府丞，終南京工部尚書，見淩迪知《萬姓統譜》。一爲山東單縣人，河南衛軍籍，景泰甲戌登進士第，累官應天府尹，進副都御史，見《江寧府志》。今亨序後結銜爲副都御史，序中又有尹應天及回洛之語，則是籍隸河南之畢亨無疑矣。序稱「於監察御史晉陽王濬家得《擊壤集》，每欲壽梓而未暇及，後尹應天始克刊行。及今致政，特取此版回洛，適郡守桂林劉公尚文建先生安樂窩書院，復訪先生集而梓行之，遂以此版授焉」云云。其言復訪梓行者，非即希古序中重鋟之謂乎？希文當即劉尚文之名，惜無可考。邢恕，字和叔，河東人。元祐初，除御史，後謫隨州。《宋史》有傳。王濬，蒲州人，宣德丁未進士，見《太學題名碑》。

《四庫提要・别集類六》《擊壤集》二十卷。河南巡撫採進本。宋邵子撰。前有治平丙午自序，後有元祐辛卯邢恕序。晁公武《讀書志》云，雍邃於《易》數，歌詩蓋其餘事，亦頗切理。案，自班固作《詠史》詩，始兆論宗。東方朔作《誡子》詩，始涉理路。沿及北宋，鄙唐人之不知道，於是以論理爲本，以修詞爲末，而詩格於是乎大變。此集其尤著者也。【略】集爲邵子所自編。而楊時《龜山語録》所稱「須信畫前原有《易》，自從删後更無《詩》」一聯，集中乃無之。知其隨手散佚，不復收拾。真爲寄意於詩，而非刻意於詩者矣。又案邵子抱道自高，蓋亦顔子陋巷之志。而黄冠者流以其先天之學出於華山道士陳摶，又恬淡自怡，迹似黄、老，遂以是集編入《道藏太玄部》「賤」字、「禮」字二號中，殊爲誕妄。今併附辨於此，使異教無得牽附焉。

黄丕烈《蕘圃藏書題識・集類二》《伊川擊壤集》殘本四卷。宋本。此殘宋刻本《伊川擊壤集》，祇三四五六卷，一二卷已鈔補，餘皆失之矣。收藏家圖書如竹塢、玉蘭堂、古吴王氏諸章，皆明代故家，余所藏書多有之，毛、季兩家尤彰彰較著者也，惟周氏天球所見僅此書，當亦不僞。余檢《延令書目》載此書爲宋板，與此同。二十五卷之目，恐是誤處。蓋宋代書目皆云二十卷，延令所藏奚以過之？「五」者，衍字也。惜傳之又久，僅存此卷數耳。余與殘宋本李文饒《會昌一品制集》同得於嚴二酉齋，吉光片羽，寶何如之。蕘圃。

黄丕烈《百宋一廛書録》《伊川擊壤集》。

張金吾《愛日精廬藏書志・别集類》《伊川擊壤集》二十卷。元刊本。汲古閣藏書。宋伊川邵雍堯夫撰。

《擊壤集》，伊川翁自樂之詩也。非唯自樂，又能樂時，與萬物之自得也。

白雲集

晁公武《郡齋讀書志・别集類下》張少愚《白雲集》三十卷。右皇朝張俞字少愚。幼通悟，於書無不該貫。朝廷嘗以校書郎召，表乞授其父。隱於岷山之白雲溪，凡六被徵召，皆不起。爲文有西漢風，嘗賦《洛陽懷古》，蘇子美見而歎曰：「優游感諷，意不可盡，吾不能也。」

馬端臨《文獻通考・經籍考・别集》張少愚《白雲集》三十卷。

《宋史・藝文志・别集類》《張俞集》二十六卷。

女郎曹希蘊詩　歌詩後集

尤袤《遂初堂書目・别集類》《女郎曹希蘊詩》。

《宋史・藝文志・别集類》《曹希蘊歌詩後集》二卷。

玉清編

《宋史・藝文志・别集類》蒲氏《玉清編》一卷。

南宮詩

《宋史・藝文志・別集類》 吴氏《南宮詩》二卷。

蔡忠惠集

鄭樵《通志・藝文略・別集五》 《蔡端明集》三十卷。蔡襄。

晁公武《郡齋讀書志・別集類下》 《蔡君謨集》十七卷。右皇朝蔡襄字君謨，興化人。天聖中舉進士。在慶曆四年諫官選中，累遷至翰林學士，權三司使。嘗知福、泉、杭三州。文章清遒粹美，工書，爲本朝第一。

趙希弁《讀書附志・別集類四》 《莆陽居士蔡公文集》三十卷。右蔡忠惠公襄字君謨之文也。《讀書志》止載《蔡君謨集》十七卷。希弁所藏三十卷，乃公之曾孫刑部郎洸所刊者，陳參政騤序。

尤袤《遂初堂書目・別集類》 《蔡君謨集》。

陳振孫《直齋書録解題・別集類中》 《蔡忠惠集》三十六卷。端明殿學士忠惠莆田蔡襄君謨撰。近世始刻於泉州。王十朋龜齡爲之序。余嘗官莆，至其居，去城三里。荔子號「玉堂紅」者，正在其處。矮屋欲壓頭，猶是當時舊物。歐公所撰墓誌，石立堂下。真蹟及諸公書帖多有存者。京、卞同郡晚出，欲自附於名閥，自稱族弟，本傳云爾。襄孫佃，唱名第一，京時當國，以族孫引嫌，降第二，佃終身恨之。

馬端臨《文獻通考・經籍考・別集》 《蔡君謨集》十七卷。

《宋史・藝文志・別集類》 《蔡襄集》六十卷。

楊士奇等《文淵閣書目・文集》 《蔡端明文集》。一部，八册。殘缺。

范邦甸等《天一閣書目・別集類》 《蔡端明文集》二十四卷。藍絲闌鈔本。宋蔡君謨撰。永嘉王十朋序稱：國朝四葉，文章尤盛，歐陽文忠公、徂徠先生石守道、河南尹公陟魯、莆陽蔡公君謨皆所謂傑然者。文忠之文追配韓子，其剛氣所激，尤見于《責高司諫書》。徂徠之氣則見于《慶曆聖德頌》。陟魯則見于《願與范文正公同貶之書》。君謨則見于《四賢一不肖》詩。四君乃同出仁祖治平醇厚之世，何其盛歟！興化守鍾離君松傅君自得訪故家，得其善本。教授蔣君雝手校之，鋟版郡庠。得古律詩三百七十首，奏議六十四首，雜文五百八十四首，而以《四賢一不肖》詩置諸卷首。與參議之切直，舊所不載者，悉編之。比他集爲最全。

徐𤊹《徐氏家藏書目・文集類》 蔡襄《忠惠集》三十六卷。

錢謙益等《絳雲樓書目・宋文集類》 《蔡忠惠集》。三十六卷。南宋時刻於泉州，王梅溪作序。

《四庫提要・別集類五》 《蔡忠惠集》三十六卷。江蘇巡撫採進本。宋蔡襄撰。襄有《茶録》，已著録。《宋史・藝文志》載襄集六十卷，《奏議》十卷。《文獻通考》則作十七卷。多寡懸殊，不應如是。疑《通考》以《奏議》十卷合于集六十卷，總爲七十卷。而傳刻譌舛，倒其文爲十七也。然其初本世不甚傳，乾道四年王十朋出知泉州，已求其本而不得。後屬知興化軍鍾離松訪得其書，重編爲三十六卷，與教授蔣雝校正鋟版，乃復行於世。陳振孫《書録解題》惟載十朋三十六卷之本。與史不符，蓋以此也。元代版復散佚，明人皆未覩全帙。閩謝肇淛嘗從葉向高入祕閣檢尋，亦僅有目無書。萬曆中莆田盧廷選始得鈔本於豫章俞氏，於是御史陳一元刻於南昌，析爲四十卷。興化府知府蔡善繼復刻於郡署，仍爲三十六卷，而附以徐𤊹所輯《別紀》十卷。然盧本錯雜少緒。陳、蔡二本均未及詮次。後其里人宋珏重爲編定，而不及全刻，僅刻其詩集以行。雍正甲寅，襄裔孫廷魁又裒次重刻，是爲今本。觀十朋序稱所編凡古律詩三百七十首，奏議六十四首，雜文五百八十四首，則已合奏議於集中。又稱嘗於張唐英《仁英政要》見所作《四賢一不肖》詩，而集中不載，乃補置於卷首。又稱奏議之切置、舊所不載者併編之。則十朋頗有所增益，已非初本之舊。今本不以《四賢一不肖》詩弁首，又非十朋之舊。然據目録末徐居敬跋，則此本僅古今體詩從宋珏本，更其舊第。其餘惟刪除十五卷、十九卷內重見之《請用韓琦、范仲淹奏》一篇而已。則與十朋舊本亦無大異同也。襄於仁宗朝危言讜論，持正不撓，一時號爲名臣。不但以書法名一世，其詩文亦光明磊落，如其爲人。惟其爲祕閣校勘時，以《四賢一不肖》詩得名，《宋史》載之本傳，以爲美談。今考其時范仲淹以言事去國，余靖論救之，尹洙亦上書請與同貶，歐陽修又移書責司諫高若訥，均坐譴貶謫。襄時爲祕閣校勘，因作是詩，至刊刻模印，爲遼使所鬻。夫一人去國，衆人譁然而爭之，章疏交於上，諷刺作於下。此其意雖出於公，而其跡已近於黨。北宋門户之禍，實從此肧胎。且宋代之制，雖小臣亦得上書，襄既以朝廷賞罰爲不公，何難稽首青蒲，正言悟主。乃僅作爲歌詩，使萬口流傳，貽侮隣國，於事理尤爲不宜。襄平生著作，確有可傳，惟此五篇，不可爲訓。歐陽修作襄墓誌，削此一事不書。其自編《居士集》，亦削去《與高司諫書》不載。豈非晚年客氣漸平，知其過當歟？王十朋續收入集，殆非襄志。讀是集者固當分別觀之，未可循聲而和也。

張之洞《書目答問・別集》《蔡忠惠集》三十六卷。宋蔡襄。國朝人校刻本。

沈興宗集

尤袤《遂初堂書目・別集類》《沈興宗集》。

張刑部詩

馬端臨《文獻通考・經籍考・詩集》《張刑部詩》。王介甫序：君詩明而不華，喜諷道而不刻切，其唐人善詩者之徒歟！君並楊、劉生，楊、劉以其文詞染當世，學者迷其端原，靡然窮日力以摹之，粉墨青朱，顛錯叢厖，無文章黼黻之序，其屬情籍事，不可考據也。方此時，自守不污者少矣！君詩獨不然，其自守不污者邪？

冰堅遺稿

高儒《百川書志・宋詩》《冰堅遺稿》四卷。淮右潘亨崇禮撰。王拱辰同時人。古近體詩二百一十有六首。

韓絳文集

《宋史・藝文志・別集類》《韓絳文集》五十卷。

内外制集

《宋史・藝文志・別集類》〔韓絳〕《内外制集》十三卷。

溪堂集

《宋史・藝文志・別集類》俞汝尚《溪堂集》四卷。

新豐集

王圻《續文獻通考・經籍考・集上》《新豐集》。徐九思著。九思字公謹，崇安人。登進士第，與王安石不合，坐廢。

吕誨集

尤袤《遂初堂書目・別集類》《吕獻可集》。

《宋史・藝文志・別集類》《吕誨集》十五卷。

金氏文集

《宋史・藝文志・別集類》《金君卿集》十卷。

楊士奇等《文淵閣書目・文集》《金君卿文集》。一部，三册。闕。

《四庫提要・別集類六》《金氏文集》二卷。《永樂大典》本。宋金君卿撰。君卿字正叔，浮梁人。《江西通志》載，君卿登慶曆進士。累官知臨川，權江西提刑。入爲度支郎中。洪邁《夷堅志》載「君卿讀書浮梁山」一條，稱其策高科，歷郡守，部使者，積伐至度支郎中。與通志相合，然亦不詳其事蹟。【略】《宋史・藝文志》載《金君卿集》十卷。《江西通志》作十五卷。考《永樂大典》載是集，有富臨原序一篇，稱臨川江明仲求遺稿，編成十五卷，號《金氏文集》。則《宋志》稱十卷者誤矣。原本久佚。今掇拾《永樂大典》所載，僅得十之一二。然北宋文集，傳者日稀，此本尤世所罕見。殘珪碎璧，彌少彌珍。謹以類編次，分爲上、下二卷。集中所作，有文彦博、韓琦生日詩，范仲淹移鎮杭州次韻詩，《和歐陽修潁州西湖》及《芍藥》二詩。是君卿所與遊者，皆一代端人正士。故詩文皆清醇雅飭，猶有古風。陳災事貢舉諸疏，剴切詳明，尤爲有裨世用。又如《和介甫寄安豐張公儀》一首，即用《臨川集》中安豐張令修芍陂之韻。而據君卿詩知張宇爲公儀，爲李壁注所未引。又《和曾子固直言謫官者》一首，檢《元豐類稿》無其原唱，知此篇爲鞏所自删。亦均可互資考證。富臨序稱君卿長於易，嘗著《易説》、《易箋》。今並不存，獨有《傳易之家》一篇，具載傳授本末，疑即易説前所載之敘録。今既無可考，姑並附於集末焉。

都官集

陳振孫《直齋書録解題・別集類中》 《陳都官集》三十卷。都官員外郎嘉禾陳舜俞令舉撰。舜俞，慶曆六年進士，嘉祐四年制科。以言新法，謫官南康，與劉凝之騎牛游廬山，詩畫皆傳於世。舜俞居湖秀境上，初從安定胡先生學。熙寧中六客，其一也。其墓在城南之蘇灣。子孫猶宅於烏鎮。

馬端臨《文獻通考・經籍考・別集》 《陳都官集》三十卷。

《宋史・藝文志・別集類》 《陳舜俞集》三十卷。

楊士奇等《文淵閣書目・文集》 《陳都官文集》。一部，六册。全。

張萱等《内閣藏書目録・集部》 《陳都官文集》。宋仁宗朝山陰令嘉禾陳舜俞著。凡三十卷。蔣之奇序。

《四庫提要・別集類六》 《都官集》十四卷。《永樂大典》本。宋陳舜俞撰。舜俞有《廬山記》，已著録。其集乃舜俞殁後其壻周開祖所編。凡三十卷。蔣之奇爲之序。慶元中，其曾孫杞以徽猷閣待制知慶元府，復刊版四明，名之曰《都官集》。樓鑰爲後序。原本久佚，惟《永樂大典》所載，篇什頗多。檢核排比，可得十之六七。謹以類編次，益以厲鶚《宋詩紀事》、沈季友《檇李詩繫》所録詩七首，釐爲文十一卷，詩三卷。

三江集

王圻《續文獻通考・經籍考・集上》 《三江集》三卷，鄧至著。至，雙流人。通六經，學者從之甚衆。

陶弼集

《宋史・藝文志・別集類》 《陶弼集》十五卷。

邕州小集

吴焯《繡谷亭薰習録・集一》 《邕州小集》一卷。宋閤門使永州陶弼商翁著，前有黄庭堅所撰墓志。

《四庫提要・別集類六》 《邕州小集》一卷。浙江鮑士恭家藏本。宋陶弼撰。弼字商翁，祁陽人。慶曆中，隨楊畋討湖南猺，以功授陽朔縣主簿。歷官知邕州。四遷爲東上閤門使，康州團練使。《宋史》本傳詳敘其招納諸蠻之績，人稱其能。黄庭堅集有弼墓誌銘，亦謂其聚晚學子弟講授六經。平生不治細故，獨以文章自喜，尤號爲能詩。詩文書奏十有八卷，讀其書，知非碌碌者。今十八卷之本久佚，惟此集一卷尚存鈔帙。所載詩僅七十三首。厲鶚《宋詩紀事》録弼詩，有《詠藕》、《詠蜨》二首，見於《合璧事類》者，玆集不載。又《湖廣通志》稱，弼詩尤善言風土，《蠟茶》詩至五十韻，今亦不見集中。蓋是集皆在湖南所作，故以邕州爲名。其非湖南所作者，則不在此集也。其中《辰州》一首，《園中》一首，皆闕首二句。《五溪》一首，闕末二句。無別本校補，今亦仍之焉。

袁遯翁詩

尤袤《遂初堂書目・别集類》《袁遯翁詩》。

廬山四游詩

《宋史・藝文志・别集類》袁陟《廬山四游詩》一卷。

金陵訪古詩

《宋史・藝文志・别集類》袁陟《金陵訪古詩》一卷。

魯交集

《宋史・藝文志・别集類》袁陟《魯交集》三卷。

章安集

王圻《續文獻通考・經籍考・集上》《章安集》，楊蟠著。蟠，臨海人。舉進士。歐陽修稱其詩。蘇軾知杭州，蟠通判州事，與軾倡和居多。

西湖百詠

王圻《續文獻通考・經籍考・詩集》《西湖百詠》。楊公濟著。

濂溪集

趙希弁《讀書附志・别集類三》《濂溪先生大成集》七卷。濂溪先生大全集七卷。右周元公敦頤字茂叔之文也。濂溪，在營道之西，蓋營川之支流也。先生既不能返其故鄉，上居廬山之下，築室溪上，名曰濂溪書堂，以無忘父母之邦之意。學者因號爲濂溪先生。國朝道學始於先生。嘉定十二年，賜謚曰元，太常丞藏格取主善行德之法也。淳祐初元，詔從祀于學，封舂陵伯。始，道守蕭一致刻先生遺文并附録七卷，名曰《大成集》。進士易統又刻于萍鄉，名曰《大全集》。然兩本俱有差誤，今併參校而藏之。

尤袤《遂初堂書目・别集類》《周濂溪集》。

陳振孫《直齋書録解題・别集類中》《濂溪集》七卷。廣東提刑營道周敦頤茂叔撰。遺文纔數篇，爲一卷，餘皆附録也。本名敦實，避英宗舊名改焉。其仕以舅鄭向任。晚年以疾求知南康軍，因家廬山，前有溪，取營道故居濂溪名之。二程所從學也。又本并《太極圖》爲一卷，《遺事》、《行狀》附焉。

馬端臨《文獻通考・經籍考・别集》《濂溪集》七卷。

楊士奇等《文淵閣書目・文集》《周濂溪文集》。一部，十一册。闕。《周濂溪文集》。一部，十册。完全。《周濂溪文集》。一部，二册。完全。

范邦甸等《天一閣書目・别集類》《濂溪集》六卷。宋周先生惇頤著。紹定元年，萍卿胡安之叔器序，後有跋云：「編是集者，周子世孫倫也。正之者，郡博左子序也。刻之者，郡貳黄子敏才也。跋之者，新寧林山。是歲乙未秋七月戊辰也。」

徐𤊹《徐氏家藏書目・文集類》周敦頤《濂溪集》六卷。

張萱等《内閣藏書目録・集部》《周元公集》十二册。全。宋周敦頤著，凡十二卷。内《正集》七卷，附録五卷。《濂溪文集》二册。全。同前人，凡七卷。

錢謙益等《絳雲樓書目・宋文集類》宋板《濂溪先生大成集》二册。七卷。

周元公集

《四庫提要・別集類六》《周元公集》九卷。編修朱筠家藏本。宋周子撰。

周子之學以主静爲宗。平生精粹，盡於《太極圖説》、《通書》之中。詞章非所留意，故當時未有文集。陳振孫《書録解題》載有文集七卷者，後人之所編輯，非其舊也。故振孫稱是集遺文纔數篇爲一卷，餘皆附録。則在宋代已勉強綴合，爲數無多矣。此本亦不知何人所編。凡遺書、雜著二卷，圖譜二卷，其後五卷則皆諸儒議論及誌傳、祭文。與宋本不甚相合，而大致亦不甚相遠。蓋後人病其篇目寂寥，又取所著二書編之集内，以取盈卷帙耳。明嘉靖間，漳浦王會曾爲刊行。國朝康熙初，其裔孫沈珂又校正重鐫。先儒著述，學者所宗，固不以其太少而廢之。原本後附《遺芳集》五卷，乃沈珂輯其先世文章事蹟，自爲一編。與本集不相比附，今別入之總集類，不使相淆。集中《愛蓮説》一篇，江昱《蕭湘聽雨録》力攻其出於依托。然昱説亦別無顯證。流傳已久，今仍並録之焉。

古靈集

尤袤《遂初堂書目・別集類》《陳述古古靈先生集》。

陳振孫《直齋書録解題・別集類中》《古靈集》二十五卷。樞密直學士長樂陳襄述古撰。襄在經筵，薦司馬光而下三十三人，皆顯於時。紹興詔旨，布之天下。集序，李忠定綱作也。《年譜》載其世系，出陳夷行之弟夷實。自光州固始從王緒入閩，家于福州。攷之《唐世系表》，有不合者。嘗怪閩之士族推本家世，輒言出自固始。光在唐爲下州，固始又其一縣，當時不聞顯人，安得衣冠望族如許？就令有之，王緒以壽春屠者爲盜，王潮從之爲部曲，轉鬭萬里，而後入閩，士大夫何緣隨逐不置？蓋嘗思之，王氏初建，國人不自保，謾言鄉人，幸其不殺，後世子孫承襲其説，世禩緜邈，并與其初而忘之爾，若陳氏尤不應云然。當永嘉之亂，林、黄、陳、鄭四姓先入閩，林諝爲《閩中記》，明著之矣，尚得以一時脱死賊手之説，守之而不變乎？

馬端臨《文獻通考・經籍考・別集》《古靈集》二十五卷。

《宋史・藝文志・別集類》《陳襄集》二十五卷。

楊士奇等《文淵閣書目・文集》《古靈陳先生文集》。一部，八册。完全。《古靈陳先生文集》。一部，五册。完全。《古靈陳先生文集》。一部，四册。完全。

張萱等《内閣藏書目録・集部》《古靈集》四册。全。宋陳襄著。

吴焯《繡谷亭薰習録・集一》《古靈集》二十五卷。宋樞密直學士福唐陳襄述古著。紹興五年，李綱序。建炎二年，陳公輔跋。先是，徐世昌刻于閩。紹興三十一年四世從孫輝復刻于贛。重爲《年譜》，附葉祖洽行狀、孫覺墓誌、劉彝祠堂記。此本仿自贛刻，其《論樂劄子》與《詳定禮文》，並有闕文。襄所定銅木尺二條，亦失焉。案：元豐元年，詔陳襄、李清臣、王存、黄履、何洵直、孫諤、楊完，就太常寺考訂禮文沿革，又詔陸佃、張璪詳定。復以前後所進，獨詔楊完編類成《郊廟禮文》三十卷。襄于考禮日，撰《銅木尺度》一卷，其後劉幾、范鎮、楊傑等更制大樂，則襄所制，已經更改，是以史志闕之。古靈，山名。有古靈村，在侯官縣西南百里。

《四庫提要・別集類五》《古靈集》二十五卷。福建巡撫採進本。宋陳襄撰。

襄有《州縣提綱》，已著録。【略】故其生平所作文集止二十五卷。與今本卷數相符。王士禎《居易録》稱《古靈集》二十卷，蓋所見乃謝氏鈔本，非其完帙。惟其稱冠以紹興元年求賢手詔者，與李綱序合。此本不載，蓋傳寫佚之。綱序稱「其性理之學，庶乎子思、孟子」，其言太過。至謂詩篇平淡如韋應物，文詞高古如韓愈，論事明白激切如陸贄。雖亦稍覺溢量，然核其所作，固約略近之矣。

張金吾《愛日精廬藏書志・別集類》《古靈先生文集》二十五卷，附録一卷。抄本。宋陳襄撰。【略】公諱襄，字述古。官至樞密直學士、尚書右司郎中，累贈少師，國史有傳云。紹興五年閏月朔，觀文殿大學士、左銀青光禄大夫，提舉西京嵩山崇福宫隴西郡開國公、食邑三千户、實封一千四百户李綱謹序。

家君重刊先正密學遺文于贛之郡齋，俾曄次第《年譜》以冠之。庶幾平生遊宦歲月之先後，與夫壯志晚節詩文之辭力，曉然可見，曄謹承命，恭攷三朝實録，暨文集、行狀、墓誌、家譜諸書參校，有可據者乃繫於歷歲之下云。皇宋龍集辛巳，紹興紀號之三十載十月朔旦六世姪孫將仕郎曄謹拜手記。

吴壽暘《拜經樓藏書題跋記》卷五《古靈集》。《古靈先生集》二十五卷，宋刻本。每卷前有子目，末有《使遼語録》一卷，乃諸本所無者。詳先君子《愚谷文存》跋語中，每葉二十行，每行十八字。雖間有闕翻及文字漫漶處，然紙墨精雅，古香馣馤，誠宋本之甲也。巳卯夏，錢唐何夢華少府過談，云新得舊本《古靈先生使遼語録》一種，未知即集中之本否，擬借校尚未果也。又鈔本《古靈集》二册，乃曹氏古林書屋藏本，有「曹溶私印」、「潔躬」二圖記，無闕葉，有闕字，較宋刻多本傳及《年譜》二篇。先君子以宋本及小艸齋藏本校，記後云：「乾隆甲寅長夏，以所藏宋刻本校讐一過，宋本乃鮑緑飲歸余，二本互有存佚。鈔本與謝在杭藏本相同，刻本多《使遼語録》一篇，尤世所希覯也。是歲秋七月記。」

雙峰詩集

王圻《續文獻通考・經籍考・詩集》《雙峰詩集》，謝履著。字履道，惠安人。嘉祐中進士。

南陽集

尤袤《遂初堂書目・別集類》韓持國《南陽集》。

陳振孫《直齋書録解題・別集類中》《南陽集》二十卷。門下侍郎潁昌韓維持國撰。封南陽郡公，故以名集。沈晦元用，其外孫也。卷首載鮮于綽所述行狀，而晦跋其後。南澗元吉無咎，其四世孫。

馬端臨《文獻通考・經籍考・別集》《南陽集》二十卷。

《宋史・藝文志・別集類》韓維《南陽集》三十卷。

楊士奇等《文淵閣書目・文集》《韓維南陽集》。一部，十册。全。

張萱等《内閣藏書目録・集部》《南陽集》十册。全。宋英宗朝韓維著。凡三十卷。

錢謙益等《絳雲樓書目・宋文集類》《韓維南陽集》五册。二十卷。南陽，持國所封郡名也。

吴焯《繡谷亭薰習録・集一》《南陽集》三十卷。宋門下侍郎韓維持國著。維封南陽郡公，故以名集。陳氏《書録解題》云：「卷首載鮮于綽所述行狀，沈晦元用跋其後。」晦，其外孫也。據晦跋，此集刻于中興渡江後。今考前十四卷詩，後十六卷文。馬氏《通考》題文集二十卷，詩集三卷，何其刺繆也。行狀之目，列于卷前，而綽文反附卷末，或後人移置于後耳。第十八卷制辭有闕字，十九卷《王邸記室》闕二十一篇，二十卷文全闕，二十七卷以後並有闕文。吴中有宋槧本，闕軼略同也。陳氏題潁昌韓維案：維乃億之第五子，開封雍丘人，則書地當稱雍丘。考綽狀，維于宣仁垂簾日，以言事切直爲時所忌，命分司南京。兄康公上章乞改近郡，移知汝州，就差知潁昌府，累章乞休，以太子少傅致仕。史傳失載知潁昌，陳氏又誤爲潁昌人矣。

《四庫提要・別集類六》《南陽集》三十卷，附録一卷。江蘇巡撫採進本。宋韓維撰。維字持國。潁昌人。絳之弟也。以蔭入仕，英宗朝，累除知制誥。神宗即位，爲翰林學士。元祐初，拜門下侍郎，以太子少傅致仕。紹聖中，坐元祐黨籍謫均州安置。元符初，復官，卒。嘗封南陽郡公，故以名集。事蹟具《宋史》本傳。陳振孫《書録解題》作二十卷，稱後有其外孫沈晦跋，前有鮮于綽所撰行狀。此本凡詩十四卷，《内制》一卷，《外制》三卷，《王邸記室》二卷，《奏議》五卷，表章、雜文、碑志各一卷，手簡歌詞共一卷，附録一卷，較陳氏所載多十卷。疑陳氏譌三十爲二十。鮮于綽所撰行狀，今與沈晦跋並列卷末，亦與陳氏所説不同。然目録仍以行狀列卷首，則傳寫者誤移之也。其第十九卷、二十卷稱《王邸記室》，立名頗別。考邵伯温《聞見前録》，稱「神宗開潁邸，韓琦擇官僚，用王陶、韓維、陳薦、孫國忠、孫思恭、邵亢」云云。蓋維於是時掌兩宫牋奏所作耳。其集刊版久佚，藏書家轉相繕録，譌脱頗多。第三十卷與附録一卷，尤顛舛參差，幾不可讀。蓋沈晦作跋之時，已云文字舛駁，不可是正。今流傳又四五百載，其愈謬也，固宜矣。謹考定其可知者。其原闕字句無可校補，則姑仍其舊焉。

潁邸記室集

《宋史・藝文志・別集類》〔韓維〕《潁邸記室集》一卷。

韓持國詩

晁公武《郡齋讀書志・別集類下》《韓持國詩》三卷。右皇朝韓維字持國，億之子也。元豐中，入翰林爲學士，遷承旨。哲宗初載，拜門下侍郎。與其兄子華、玉汝俱位宰相。持國最能詩，世傳其「酴醾」絶句，他多稱是。

馬端臨《文獻通考・經籍考・詩集》《韓持國詩》三卷。

張詵文集

《宋史・藝文志・別集類》《張詵文集》十卷。

丹淵集

晁公武《郡齋讀書志・別集類下》文與可《丹淵集》四十卷。右皇朝文同字與可，蜀人。進士高第。以文學名，操韻高潔，畫筆尤妙。仕至太常博士、集賢校理。元豐初，出守吴興，至宛丘驛，忽留不行，沐浴衣冠，正坐而逝。

洪邁《容齋題跋》卷一《跋文與可丹淵集》。今人但能知文與可之竹石，惟東坡公知其詩騷。又表出「美人却扇坐，羞落庭下花」之句。予嘗恨不見其全。比得蜀本石室先生《丹淵集》，蓋其遺文也。於樂府雜詠，有《秦王卷衣篇》曰：「咸陽秦王家，宫闕明曉霞。丹文映碧鏤，光彩相鉤加。銅螭逐銀猊，壓屋驚蟠拏。洞户瑣日月，其中光景賒。春風動珠箔，鸞額金窠斜。美人却扇坐，羞落庭下花。閒弄玉指環，輕冰抱紅牙。君王顧之笑，爲駐七寶車。自卷金縷衣，龍鸞蔚紛葩。持以贈所愛，結歡其無涯。」其語意深，入騷人閫域。又有《王昭君》三絶句云：「絶艷生殊域，芳年入内庭。誰知金屋寵，只是信丹青。」「幾歲後宫塵，今朝絶國春。君王重恩信，不欲遣他人。」「極目胡塵滿，傷心漢月圓。一生埋没恨，長入四條絃。」令人讀之，縹縹然感慨無已也。

陳振孫《直齋書録解題・別集類中》《丹淵集》四十卷。集賢校理潼川文同與可撰。東坡與之厚善，《墨君堂記》、《篔簹竹記》皆爲同作也。司馬温公稱其襟韻瀟灑，如晴雲秋月，塵埃不到，則其爲人可知矣。其爲湖州，蓋未至而卒。

馬端臨《文獻通考・經籍考・別集》文與可《丹淵集》四十卷。【略】東坡謂與可有四絶：詩一，楚詞二，草書三，畫四。世少知者，惟予一見識其妙處。又有詩云：「斯人定何人，游戲得自在；詩鳴草聖餘，兼入竹三昧。」他日觀其飛白，復恨知與可之不盡也。

楊士奇等《文淵閣書目・文集》文與可《丹淵集》。一部，十册。全。文與可《丹淵集》。一部，八册。全。

王圻《續文獻通考・經籍考・集上》《丹淵集》四十卷。文同著。同，梓潼人。以學名世，操行高潔，善詩文篆隸行草飛白。舉進士，遷太常博士、集賢校理。

徐𤊹《徐氏家藏書目・文集類》文同《丹淵集》四十卷。

張萱等《内閣藏書目録・集部》石室先生《丹淵集》八册。全。宋元豐間知湖州文同著凡四十卷。

毛晉《汲古閣書跋》《丹淵集》。予昔從牧翁師得覩文與可畫竹，因請曰：「聞之墨竹一派，近在彭城，信然耶！」時孟陽在坐曰：「擬將一段鵝谿綃，掃取寒梢萬尺長。」此之謂矣。遂乞歸。每風日晴美之際，披圖展對，如身在篔簹叢中已。顧嘗記長公之言曰：「溢而爲書，變而爲畫，皆詩之餘。」思一購其詩文讀之，未逮也。今年花朝，過吴門，遇吴蒼木氏，相與放舟虎丘。明月之夜，啜茗劇坐，因尚論宋南渡後諸名家，如周益公葉水心輩，俱落落無傳。蒼木慨然曰：「向曾偕蜀友李君，訂正《丹淵集》四十卷，能梓而不能行，亦漸入蠹魚腹矣！」因告以獲有墨竹之緣，蒼木曰：「然則在我者，其莫邪耶。行當自合，明日盡挈其梨棗以相贈。」予感蒼木之誼，亟爲之理其殘缺，授之楮君，以廣其傳焉。庶海内慕與可之竹而不獲見者，猶得於其詩文見之。蓋余嘗讀長公偃竹記而想見與可之竹，則夫讀與可之詩文者，不想見其人也？舉世有好其德如好其畫者，當於此徵之，亦以見蒼木與予流通之意，不僅以其詩文已也。辛未上巳海虞毛晉題於虎丘僧舍。

錢謙益等《絳雲樓書目・宋文集類》文與可《丹淵集》。四十卷。宋蜀本最佳。

《四庫提要・別集類六》《丹淵集》四十卷，《拾遺》二卷，《年譜》一卷，附録二卷。浙江鮑士恭家藏本。宋文同撰。同字與可，梓潼人。漢文翁之後，故人以石室先生稱之。皇祐元年進士。解褐爲邛州軍事判官。後歷知陵州、洋州。改湖州，未上而卒。今畫家稱文湖州，從其終而言之也。同事蹟具《宋史・文苑傳》。遺文五十卷，其曾孫鷟編爲四十卷。慶元中曲沃家誠之守邛州，以同嘗三仕於邛，多遺蹟，因取其集重加釐正，而卷帙則仍其舊。所增《拾遺》二卷及卷首《年譜》，卷末附録司馬光、蘇軾等往來詩文，則誠之所輯也。同未第時，即以文章受知文彦博。其詩如「美人却扇坐，羞落庭下花」諸篇，亦盛爲蘇軾所推。特以墨竹流傳，遂爲畫掩，故世人不甚稱之。然馳驟於黄、陳、晁、張之閒，未嘗不頡頏上下也。集中稱蘇軾爲胡侯，或曰蘇子平，見誠之跋中。蓋其家避忌蜀黨而改之，今亦姑仍其舊云。

彭元瑞等《天禄琳琅書目後編・明版集部》《丹淵集》。一函，八册。宋文同撰。同字與可，梓潼人。漢文翁後，故稱石室先生。皇祐元年進士，官知洋州，改湖州。入《宋史・文苑傳》。書四十卷，分詞、賦、樂府雜詠、詩、畫廚雜詠、挽詩、雜著、記、序、表、啓、行狀奏狀、文、墓誌十四門。其曾孫鷟所編，前有范百禄撰墓誌銘。其《年譜》及《補遺》二卷、附録，皆曲沃家誠之宜父守邛州時所輯。目録後有慶元乙卯誠之識，書末有誠之跋。誠之，大觀年進士。明翻宋本。

吕正獻集

尤袤《遂初堂書目・别集類》《吕正獻集》。

陳振孫《直齋書録解題・别集類中》《吕正獻集》二十卷。丞相東萊吕公著晦叔撰。

馬端臨《文獻通考・經籍考・别集》《吕正獻公集》二十卷。汪玉山序曰：應辰頃知成都，始得申《正獻吕公集》，蓋散逸之餘，哀緝補綴，非當時全書矣。然見所未見，亦不爲少，其雜以他人所作者什三四。既而以授公之曾孫金部員外郎企中，金部又屬其兄子大麟、大虬，考訂刊剟爲二十卷。方全盛時，士大夫家集之藏，未必輕出，中更黨禁，愈益閟匿，故一旦紛擾，遂不復見，而此雖殘缺不全，未易得也。金部惻然念之，欲以所得鍥板，庶廣其傳焉。應辰方待罪太史，論次熙寧、元豐以來公卿大夫事實，雖前修盛德，蓋有不待言論風旨而可知者。然而傳信垂後，不可以無證，詔求遺書，將以補史氏之缺，久之無送官者，每爲之閣筆而歎也！

吕申公試卷

《宋史・藝文志・别集類》《吕申公試卷》一卷。

葵亭集

王圻《續文獻通考・經籍考・集上》《葵亭集》。吕正獻公〔公著〕。倅穎日，作亭後圃，曰葵亭，因以名集。

伐檀集

陳振孫《直齋書録解題・别集類中》《伐檀集》二卷。知康州豫章黄庶亞夫撰。自爲序。庭堅，其子也。世所傳「山魈水怪著薜荔」之詩，集中多此體。庭堅詩集，蓋有自來也。庶，慶曆二年進士。

馬端臨《文獻通考・經籍考・别集》《伐檀集》一卷。

《元西湖書院重整書目・集》《伐檀集》。

《宋史・藝文志・别集類》《黄庶集》六卷。

楊士奇等《文淵閣書目・文集》黄庶《伐檀集》。一部，二册。全。

徐𤊹《徐氏家藏書目・文集類》黄庶《伐檀集》二卷。

張萱等《内閣藏書目録・集部》《伐檀集》二册。宋皇祐間從事江夏黄庶著，上下凡二卷。

錢謙益等《絳雲樓書目・宋文集類》黄庶《伐檀集》。一卷。

吴焯《繡谷亭薰習録・集一》《伐檀集》二卷。宋豫章黄庶亞夫著。庭堅，其子也。其詩體艱澀，當時謂庭堅律法有所自來云。皇祐五年自序，嘉定二年諸孫犖、畓並有跋。其文舊以歲月相次，今各以類從，亦陳以志改編也。

《四庫提要・别集類五》《伐檀集》二卷。兩淮馬裕家藏本。宋黄庶撰。庶字亞夫，分寧人。慶曆二年進士。歷佐一府三州，皆爲從事。後終於攝知康州。黄庭堅之父也。

張文叔集

馬端臨《文獻通考・經籍考・別集》《張文叔集》四十卷。袁州判官張彦博文叔撰。曾南豐序略曰：文叔年未三十，喜從余問道理，學爲文章，雖久窮而講道益明，屬文益工，其辭精深雅贍有過人者，而比三遇之，蓋未嘗爲余出其文。又知文叔自進爲甚強，自待爲甚重，皆可喜也。

公是集

尤袤《遂初堂書目・別集類》《劉原父集》。

晁公武《郡齋讀書志・別集類下》《劉公是集》七十五卷。右皇朝劉敞字原父，袁州人。慶曆中舉進士，廷試第一。累遷知制誥，出知永興。爲人明白俊偉，自《六經》、百氏，下至傳記，無所不通。爲文章尤敏贍，好摹倣古語句度。在西掖時嘗食頃草九制，各得其體。英宗嘗語及原父，韓魏公對以有文學，歐陽公曰：「其文章未佳，特博學可稱耳。」

陳振孫《直齋書録解題・別集類中》《公是集》七十五卷。侍讀學士新喻劉敞仲邍父撰。號公是先生。

馬端臨《文獻通考・經籍考・別集》《劉公是集》七十五卷。【略】公是劉氏文集後序曰：古今之文人多矣，其能道胸中之蘊積，暢物理之有無，合衆美以爲己用，超倫類而獨得，使其語言如其心，其馳騁極所欲，瓌偉奇正，放肆自若，非夫豪傑之士不能至是。故自申、韓、管、商、慎、墨、屈原之倫，其道未必皆是，而其書傳焉。雖然，猶之貴文也。若夫原性命之統，貫誠明之本，考百子之雜博，判其真僞，雖至於六經，可折衷也。極帝王之治，奉事有功，雖在於今日，可按行也。是好古博雅之士，所以貴乎學聖人而得其道真者。嗚呼！先生之文，優出於前人者在是矣！傳曰：「情深而文明，氣盛而化神。」惟深，故能通天下之志，以極萬物之理，則文有不明者乎？盛如四時，煦育賦予，雕刻衆形，萌芽夭條，無有不備，是之謂神。故古今之士，智有所不周，文有所不明，由其情之蹇淺也。知其一，不知其二，善於此，不善於彼，由其氣窳而化狹也。嗚呼！先生可謂備矣。

石林葉氏曰：慶曆後，歐陽文忠公以文章擅天下，世莫敢抗衡者。劉原父雖出其後，以博學通經自許，文忠亦以是推之。作《五代史》、《新唐書》凡例，多問《春秋》於原父，書梁入閣事之類，原父即爲剖析，辭辯風生。文忠論《春秋》，多取平易，原父每深言經旨，文忠有不同，原父間以謔語酬之，文忠久或不能平。復忤韓魏公，終不得爲翰林學士。將死，戒其子弟毋得遽出其文集，後百年世好定，當有知我者。故貢父次其集，藏之不肯出，私謚曰公是先生。貢父平生亦好諧謔，慢侮公卿，與荆公素厚，坐是相失。及死，弟子私謚公非先生。

《朱子語録》曰：劉原父才思極多湧將出來，每作文，多法古，絶相似。有幾件文字學《禮記》，《春秋説》學《公》、《穀》，文勝貢父。劉侍讀氣平文緩，乃自經術中來，比之蘇公，誠有高古之趣，但亦覺詞多理寡，苦無甚發明。

竹溪林氏曰：劉原父於諸經，錯綜貫穿，自得於心，不肯下荆公，荆公實畏之。《尚書義》更定《武成》先後脱簡，皆從原父。

《宋史・藝文志・別集類》《劉敞集》七十五卷。

范邦甸等《天一閣書目・別集類》《劉公是集》。宋劉敞撰。

吴焯《繡谷亭薰習録・集一》《公是集》十卷。宋集賢學士臨江劉敞原父著。後序見馬氏《通考》，已失作者名。葉石林以原父忤韓魏公，終身不得爲翰林學士。考本傳，原父舉進士甲科，爲大理評事，通判蔡州，召試遷直集賢院、判尚書考功，遷右正言、知制誥，以議郭后祔謚。御史論之，因請外補，除翰林侍讀學士，知永興軍，召還翰林。治平中，判太常寺，尋出知汝州，改集賢學士、判西京留司御史臺。是原父凡再入翰林，終以讜言爲人所忌云。《通考》題七十五卷。本傳稱集六十卷。則原父之文散佚者，衆矣。

《四庫提要・別集類六》《公是集》五十四卷。《永樂大典》本。宋劉敞撰。

《四庫提要・別集類存目一》 別本《公是集》六卷。山東巡撫採進本。宋劉敞撰。敞有《春秋傳》，已著録。其文集久佚，今始從《永樂大典》編次成帙。此本乃錢塘吴允嘉從諸書中搜輯而成。考《宋文鑑》尚有敞所作《續謚法》一篇，唐順之《右編》有奏議六篇，此集均未收入。又誤載劉攽詩及詩文重複、文同題異者數篇。又舜讓禹以下三篇，鈔録舛錯，原目亦頗失先後之序。然較之新喻所刻《三劉集》，採摭稍富。故今仍存其目，不没其蒐輯之勞焉。

張之洞《書目答問・別集》《公是集》五十四卷。宋劉敞。聚珍本福本。

書閫前後集　西垣制詞文集

《宋史・藝文志・別集類》　宋敏求《書閫前後集》、《西垣制詞文集》四十八卷。

東觀絶筆

尤袤《遂初堂書目・別集類》　宋敏求《東觀絶筆》。

《宋史・藝文志・別集類》　宋敏求《東觀絶筆》二十卷。

元豐類稿　續稿

鄭樵《通志・藝文略・別集五》　《曾子固集》三十卷。曾鞏。又《雜文》十五卷。

晁公武《郡齋讀書志・別集類下》　曾子固《元豐類稿》五十卷。右皇朝曾鞏字子固，南豐人。元豐中爲中書舍人，卒。子固師事歐陽永叔，早以文章名天下。壯年，其文慓鷙奔放，雄渾瓌瑋。其自負要似劉向，藐視韓愈以下也。晚年，始在掖垣，屬新官制，方除目填委，占紙肆書，初若不經意，及屬草授吏，所以本法意、原職守，爲之訓勅者，人人不同，贍裕雅重，自成一家。歐公門下士，多爲世顯人，議者獨以子固爲得其傳，猶學浮屠者所謂嫡嗣云。

趙希弁《讀書附志・別集類四》　《續元豐類稿》四十卷。右南先生遺文也。建昌郡丞陳東叔魯刊而叙之。

尤袤《遂初堂書目・別集類》　曾子固《元豐類稿》。又《續稿》。

陳振孫《直齋書録解題・別集類中》　《元豐類稿》五十卷，《續》四十卷，《年譜》一卷。中書舍人南豐曾鞏子固撰。王震爲之序。《年譜》，朱熹所輯也。案：韓持國爲鞏《神道碑》，稱《類藁》五十卷，《續》四十卷，《外集》十卷，本傳同之。及朱公爲《譜》時，《類藁》之外，但有《別集》六卷。以爲散逸者五十卷，而《別集》所存其什一也。開禧乙丑建昌守趙汝礪、丞陳東得於其族孫濰者，校而刊之，因碑傳之舊，定著爲四十卷。然所謂《外集》者，又不知何當，則四十卷亦未必合其舊也。

馬端臨《文獻通考・經籍考・別集》　曾子固《元豐類稿》五十卷。【略】

《朱子語録》曰：南豐文字確實。他初亦只是學爲文，却因學文，漸見些子道理，故文字依傍道理，不爲空言。只是關鍵緊要處，也説得寬緩不分明，緣他見處不徹，本無根本工夫，所以如此。但比之東坡，則又較質而近理，東坡則華艷處多。

《宋史・藝文志・別集類》　曾鞏《元豐類稿》五十卷，又《別集》六卷。《續稿》四十卷。

徐𤊹《徐氏家藏書目・文集類》　曾鞏《元豐類稿》五十卷。

錢謙益等《絳雲樓書目・宋文集類》　南豐先生《元豐類稿》。五十卷。又《續稿》四十卷。

吴焯《繡谷亭薰習録・集一》　《南豐類稿》五十卷《補遺》一卷。宋南豐曾鞏子固著。

于敏中等《天禄琳琅書目・明版集部》　南豐先生《元豐類稿》。一函，八册。宋曾鞏著。五十卷，附《行狀》《碑銘》一卷。前宋王震序。按，《文獻通考》祇載《元豐類稿》五十卷，而王偁《東都事略》則稱有《外集》十卷。《宋史》本傳與韓維所作《神道碑》及今《西江志》所載，又稱有《續稿》四十卷。然近時流傳惟《類稿》爲完書，而《續稿》、《外集》久經散佚。又按陳氏《書録解題》，稱《類稿》爲王震所序，而《年譜》則朱子所輯。今震序尚存卷首，而失列《年譜》，則非宋時原槧可知。每卷標題，次行有「南豐後學邵廉校刊」八字，未詳邵廉爲何如人。而版式、紙質均係明製，無可掩襲，且書名《類稿》則必撰人已作始可編入卷數。是書末卷行狀、碑、銘宜稱附録，而版心標爲五十一卷，則編次之失，宜方家必不出此，寧可託爲宋槧耶？按《宋史》王震，字子發，以父任試銓優等，賜及第，元豐官制行，執筆入記上語，面授尚書右司員外郎，使自書除目，舉朝榮之。進起居舍人，使行西邊。還爲中書舍人，遷給事中、權吏部尚書，拜龍圖閣直學士、知開封府。後坐折獄滋蔓，奪職。知岳州。

收藏諸印見前。

《四庫提要・別集類六》　《元豐類稿》五十卷。江西巡撫採進本。宋曾鞏撰。鞏字子固，建昌南豐人。嘉祐二年進士。官至中書舍人。事迹具《宋史》本傳。鞏所作《元豐類稿》本五十卷，見於《郡齋讀書志》。韓維撰鞏《神道碑》，又載有《續稿》四十卷，《外集》十卷。《宋史》本傳亦同。至南渡後，《續稿》、《外集》已散佚不傳。開禧中，建昌郡守趙汝礪始得其本於鞏族孫濰，闕誤頗多。乃同郡丞陳東合《續稿》、《外集》校定之，而删其僞者，仍編定爲四十卷，以符原數。元季兵燹，其本又亡。今所存者惟此五十卷而已。吴曾《能改齋漫録》所載《懷友》一首，莊綽《雞肋編》所載《厄臺記》一首，高似孫《緯略》所載《實録院謝賜硯紙筆墨表》一首，及世所傳《書魏鄭公傳後》諸佚文，見於《宋文鑑》、《宋文選》者，當即《外集》、《續稿》之文。故今悉不見集中也。今世所行凡有二本。一爲明成化六年南豐知縣楊參所刊。前有元豐八年王震序，後有大德甲辰東平丁思敬序。又有年譜序二篇，無撰人姓名，而年譜已佚。蓋已非宋本之舊，其中舛謬尤多。一爲國朝康熙中長洲顧崧齡所刊。以宋本參校，補入第七卷中《水西亭書事》詩一首，第四十七卷中《太子賓客陳公神道碑銘》中闕文四百六十八字，頗爲清整。然何焯《義門讀書記》中有校正《元豐類稿》五卷。其中有如《雜詩五首》之顛倒次序者，有如《會稽絶句》之妄增題目者，有如《寄鄆州邵資政》詩諸篇之脱落原注者。其他字句異同，不可殫舉。顧本尚未一一改正。今以顧本著録，而以何本所點勘者補正其譌脱。較諸明刻，差爲完善焉。

彭元瑞等《天禄琳琅書目後編・宋版集部》 《南豐曾子固先生集》。一函，六册。宋曾鞏撰。鞏字子固，南豐人。嘉祐二年進士，官中書舍人。《宋史》有傳。書三十四卷，分詩、雜文、雜説、雜議、論策、問表、書啓、序記、行狀、墓誌、祠疏、祭文。前有元豐元年王震序，云「客有得其新舊所著，而裒録之，不載編者姓名」。震，開封人，詵之從子，大觀間知蔡州。建陽巾箱本，與元大德丁思敬所刻《元豐類稿》序次多寡迥異。明唐寅藏。

彭元瑞等《天禄琳琅書目後編・元版集部》 《元豐類稿》。二函，十二册。宋曾鞏撰。書五十卷。與晁公武《郡齋讀書志》所載合。前有元豐八年王震序，後附録行狀、碑誌、哀挽一卷。大德甲辰丁思敬後序，有云假守是邦，獲拜祠墓，得文集善本，前邑令王斗齋繡梓，乃鳩工摹而新之。是本書法、槧手俱極古雅，蔴紙、濃墨、摹印精工，爲元刻上乘。明成化時，南豐知縣楊參重雕，遠遜初刊矣。

彭元瑞等《天禄琳琅書目後編・明版集部》 《元豐類稿》。二函，十二册。篇目同前。元版集部無王震序，多朱熹《南豐先生年譜》、前後序、《序説》、遺像。成化庚寅楊參刻，有羅倫、王一夔二序。倫，字彜正，永豐人。成化丙戌進士第一，有《一峰集》。一夔，新建人，天順庚辰進士第一，官工部尚書，謚文莊。參，南靖人，正統丁卯舉人。是書參爲南豐知縣所刻，志稱其講學好古，以孝行著云。

《元豐類稿》。一函，六册。篇目同前元版集部，多《年譜》、前後序、《序説》、遺像，每卷前刻「南豐後學邵廉校刊」。上元焦氏藏本。

張之洞《書目答問・别集》 《元豐類稿》五十卷。宋曾鞏。顧崧齡刻本。

南豐類稿辨誤

黄虞稷《千頃堂書目・文史類》 曾魯《南豐類稿辨誤》。

曾南豐文集

楊士奇等《文淵閣書目・文集》 《曾南豐文集》。一部十二册。完全。《曾南豐文集》。一部十册。闕。《曾南豐文集》。一部六册。殘缺。《曾南豐文集》。一部六册。闕。《曾南豐文集》。一部三册。殘缺。

王世貞《讀書後》卷三 《書曾子固文後》。子固有識有學，尤近道理，其辭亦多宏潤遒美；而不免爲道理所束，間有闇塞而不暢者，率纏而不了者。要之，爲朱氏之濫觴也。朱氏以其近道理而許之。近代王慎中輩，其材力本勝子固，乃掇拾其所短，而舍其長，其闇塞牽纏迫又甚者，此何意也？毋論子固，即明允、子由、介甫，俱不足與四家列而稱大，若名家者，庶幾矣。

張萱等《内閣藏書目録・集部》 《曾南豐文集》十二册。全。宋曾鞏著。

隆平集

吴焯《繡谷亭薰習録・集一》 《隆平集》二十卷。宋曾鞏著。紹興十二年，淄國趙伯衛序。董氏萬卷堂槧本。

曾南豐先生文粹

彭元瑞等《天禄琳琅書目後編・宋版集部》　《曾南豐先生文粹》。一函，四册。不著編者姓名。書十卷，凡論一首，議三首，序三十首，書十五首，記二十九首，詔三首，策問二首，疏一首，劄子七首，狀五首，哀詞一首，墓誌十首。南宋時於諸名家多有文粹選本，今存者如《歐陽文粹》、《三蘇文粹》、《蘇門六君子文粹》、《浮溪文粹》、《吴都文粹》，皆沿姚鉉《唐文粹》之名也。

華陽集

鄭樵《通志・藝文略・别集五》　王岐公《華陽集》一百卷。王珪。

晁公武《郡齋讀書志・别集類下》　《華陽集》一百卷。右皇朝王珪字禹玉，其先成都人，故號「華陽」，後居開封。少好學，日誦數千言。及長，博通羣書。慶曆二年，廷試第二。嘉祐初，入翰林，至熙寧三年，始參大政，凡爲學士者十五年。後拜相。薨，年六十七。謚文恭。

趙希弁《讀書附志・别集類二》　王岐公《華陽集》一百卷。右王文恭公珪之文也。大觀二年，詔故相岐國王公之家，以文集來上，其子朝奉大夫、管勾南京鴻慶宫上護軍仲修等表進之，許光疑爲之序。公字禹玉，成都華陽人也。舉進士，廷試第二，以左僕射、岐國公薨于位，贈太師，謚文恭。紹聖中，爲章惇所誣，追貶萬安軍司户。元符三年，其子仲修訴父冤，乃盡復故官，贈謚。及蔡京用事，又以珪爲臣不忠，入黨籍。哲宗嘗篆其碑額曰「懿文」，徽宗又賜之曰：「元豐治定，弼亮功成。」

尤袤《遂初堂書目・别集類》　王岐公《華陽集》。

陳振孫《直齋書録解題・别集類中》　《華陽集》一百卷。丞相岐國文恭公龍舒王珪禹玉撰。本成都人，故稱《華陽》。典内、外制十八年。集中多大典册、詔令。其詩號「至寶丹」，以其好爲富貴語也。在相位無所建明，人目爲「三旨」：於上前曰取聖旨，曰領聖旨，退謂吏則曰已得旨。元豐末命，珪本無異論，亦緣其備首相，不能早發大議，依違遷延，以召讒賊，卒爲本朝大禍。需，事之賊也，豈不然哉！珪一身追貶，不足道也。

馬端臨《文獻通考・經籍考・别集》　《華陽集》一百卷。

《宋史・藝文志・别集類》　《王珪集》一百卷。

楊士奇等《文淵閣書目・文集》　王氏《華陽集》。一部，十二册。全。

張萱等《内閣藏書目録・集部》　《華陽集》十二册全。宋徽宗朝岐公王珪著。

錢謙益等《絳雲樓書目・宋文集類》　王珪《華陽集》三十册。一百卷。王岐公。岐公先世居蜀，故集名《華陽》。陸務觀言王岐公文章閎麗，有西漢風，又張參政綱集，亦名《華陽》，綱金壇人。華陽，茅山也。其官二府，在南渡初，距王岐公亦未遠，而集名相同，但取義各異耳。參政晚自號「華陽老人」。

《四庫提要・别集類五》　《華陽集》六十卷，附録十卷。《永樂大典》本。宋王珪撰。珪字禹玉，成都華陽人。後徙舒。舉慶曆二年進士第二。授大理評事。累官翰林學士，知開封府，兼侍讀學士。神宗時拜尚書左僕射門下侍郎。哲宗即位，封岐國公。卒贈太師，謚文恭。事蹟具《宋史》本傳。【略】集本一百卷，諸家著録皆同。自明以來，久已湮没。僅《宋文鑑》、《文翰類選》等書略載數篇。今從《永樂大典》各韻中裒掇排比，所存詩文尚夥，而内外制草爲尤備。其生平高文典册，大約已罕所遺佚。謹依類編次，釐爲六十卷。其遺聞逸事，與後人評論之語，見於他書者，亦詳加蒐輯。别爲附録十卷。系之集末，用資考核。至其中有青詞、密詞、道場文、齋文、樂語之類，雖屬當時沿用之體，而究非文章正軌，不可爲訓。今以原集所用，姑附存之。而刊本則概加刪削焉。

張之洞《書目答問・别集》　《華陽集》六十卷，附録十卷。宋王珪。聚珍本福本。

王珪宫詞

陳振孫《直齋書録解題・詩集類下》　《王岐公宫詞》一卷。王珪禹玉撰。

馬端臨《文獻通考・經籍考・詩集》　《王岐公宫詞》一卷。

徐𤊹《**徐氏家藏書目・文集類**》《王珪宫詞》一卷。

毛晉《**汲古閣書跋**》《王珪宫詞》。公自執政至宰相凡十六年，朝廷大典策，多出其手。其文閎侈瓌麗，自成一家，詞林稱之，作宫詞百首，時本誤刻花蕊夫人者四十一首。而即以夫人三十九首移入公集，復以唐絶二首足之。今悉釐正無差。

傳家集

鄭樵《**通志・藝文略・别集五**》司馬温公《嘉謨前後集》四十二卷。司馬光。又《文集》八十卷。

晁公武《**郡齋讀書志・别集類下**》司馬文正公《傳家集》八十卷。右皇朝司馬光字君實，陝州夏縣人。初，以父蔭入官，年二十，舉進士甲科。故相龐籍薦除館閣校理。神宗即位，擢翰林學士、御史中丞，後除樞密副使，力辭而去。元祐初，拜門下侍郎，繼遷尚書左僕射，卒年六十八，謚文正。好學如飢之嗜食，於學無所不通，音樂律曆天文書數，皆極其妙，晚節猶好《禮》。其文如金玉穀帛藥石也，必有適於用，無益之文，未嘗一語及之。集乃公自編次。公薨，子康又没，晁以道得而藏之。中更禁錮，迨至渡江，幸不失墜。後以授謝克家，劉嶠刻版上之。今光州有集本。

尤袤《**遂初堂書目・别集類**》《司馬文正集》。

陳振孫《**直齋書録解題・别集類中**》《傳家集》一百卷。丞相温國文正公涑水司馬光君實撰。生於光州，故名。今光州有集本。

馬端臨《**文獻通考・經籍考・别集**》司馬文正公《傳家集》。

《**宋史・藝文志・别集類**》《司馬光集》八十卷。又《全集》一百十六卷。

徐𤊹《**徐氏家藏書目・文集類**》《司馬光温公集》一百卷。

張萱等《**内閣藏書目録・集部**》《司馬温公傳家集》十三册，不全。凡七十六卷闕目録及二十五至三十七卷五十八至六十四卷。

錢謙益等《**絳雲樓書目・宋文集類**》《司馬文正公傳家集》八十卷。

于敏中等《**天禄琳琅書目・明版集部**》《司馬太師温國文正公傳家集》。二函，十册。宋司馬光著。八十卷。前宋劉隨序。陳氏《書録解題》載《傳家集》，稱一百卷。馬氏《文獻通考》引晁公武之言不及卷數。然云「今光州有集本」，與陳氏語同，則亦爲一百卷可知。且云「劉嶠刻版上之」，并不言有隨序。今此本僅八十卷，已非宋槧之舊，况隨序亦不詳刊刻源流，則並非付梓而作也。按《宋史》，隨，字仲預，開封考城人。進士及第，歷官工部郎中，知應天府，遷户部副使，改天章閣待制。「沈穀似」、「潘汝棟」二印，未詳其人。

《**四庫提要・别集類五**》《傳家集》八十卷。宋司馬光撰。光有《温公易説》，已著録。是集凡賦一卷，詩十四卷，雜文五十六卷，題跋、《疑孟》、《史剡》共一卷，《迂書》一卷，壺格、策問、樂詞共一卷，誌三卷，碑、行狀、墓表、哀辭共一卷，祭文一卷。光大儒名臣，固不以詞章爲重。然即以文論，其氣象亦包括諸家，凌跨一代。邵伯温《聞見録》記王安石推其文類西漢，語殆不誣。伯温又稱「光除知制誥，自云不善爲四六，神宗許其用古文體」。今案集中諸詔，亦有用儷體者，但語自質實，不以駢麗爲工耳。邵博《聞見後録》稱，光《辭樞密副使疏》，《傳家集》不載，博獨記之。熙寧中光嘗論西夏事，其疏亦不傳，惟略見於《元城語録》中。又《論張載私謚》一書，載《張子全書》之首，稱真蹟在楊時家，本集不載。則亦頗有散佚矣。光所作《疑孟》，今載集中。元白珽《湛淵静語》謂爲王安石而發考。《孟子》之表章爲經，實自王安石始。或意見相激，務與相反，亦事理所有。疑珽必有所受之，亦可存以備一説也。

黄丕烈《**蕘圃藏書題識・集類二**》《温國文正司馬公文集》八十卷。宋刊本。

黄丕烈《**百宋一廛書録**》《温國文正司馬公文集》。此《温國文正司馬公文集》，宋刻標題如是已。與鈔本所云《司馬太師温國文正公傳家集》者不合，而序文節去首尾，并誤撰序人劉嶠爲劉隨，不知其何來也。至於年號、官銜，概從缺略，俾攷古者茫無依據，是可慨已！此本序文，一一完善，次列進《司馬温公文集》表一通，分卷序次，離合先後，多有不同，信祖本也。更有奇者，余初見此書在嘉慶丁巳夏，其購之日在秋八月，而此書爲明初人收藏本，卷首表文第一葉末餘紙有硃書一行，云「洪武丁巳秋八月收」八字。有小方印，其文云：「徐達左印。」有大方印一，其文云：「松雲道人徐良夫藏書」，是松雲與余收藏之歲月，雖甲子七更而析符複合，何其巧耶！卷第八十後空葉有墨書三行云：「國初吴儒徐松雲先生收藏《温公集》八十卷，缺九卷，雍謹鈔補以爲完書。」云「弘治乙丑秋九月望日，石湖盧雍謹記」。則此書本爲吴中藏書，而今自武陵購來。

張之洞《**書目答問・别集**》《司馬文正集》八十卷。宋司馬光。劉繩遠刻乾隆修補本。陳宏謀刻本附《年譜》。繙陳本。

司馬温公文集

楊士奇等《文淵閣書目・文集》《司馬温公文集》。一部，十六册。完全。《司馬温公文集》。一部，十五册。闕。《司馬温公文集》。一部，十册。殘缺。《司馬温公傳家集》。一部，五册。殘缺。

張萱等《内閣藏書目録・集部》《司馬温公文集》十六册。全。公名光。凡八十卷。又續集一册九卷。

司馬文正公集略

高儒《百川書志・宋文》《司馬文正公集略》十五卷。文正温公司馬光君實撰。

鮮于諫議集

晁公武《郡齋讀書志・别集類下》《鮮于諫議集》三卷。右皇朝鮮于侁字子駿，閬中人。景祐中登進士乙科。神宗初上書，上愛其文，以爲不減王陶。元祐中，仕至諫議大夫。侁治經術有法，論著多出新意，晚年爲詩與楚辭尤精，世以爲有屈、宋風。族姪之武編次，有序。

馬端臨《文獻通考・經籍考・别集》《鮮于諫議集》三卷。【略】東坡蘇氏曰：鮮于子駿《九誦》，友屈、宋於千載上；《堯祠》、《舜祠》二章，氣格高古，東漢以來鮮及。

少游秦氏曰：公晚年爲詩與楚辭尤精。蘇翰林讀公《八詠》，自謂欲作而不可得，讀《九誦》以爲有屈、宋之風。

石林葉氏曰：晁無咎嘗云：「頃以諸生見鮮于諫議子駿，教之爲文曰：『文章但取簡易和緩，不必奇險，如詩言「維北有斗，不可以挹酒漿。」此豈不甚平？後人因之，乃曰：「援北斗兮酌酒漿，」一變雖奇，以北斗爲酌，無已夸乎？其甚，遂有言「上天揭取北斗柄」，辭至於此，則已弊矣。』」極以其言爲然，子駿在前輩，詩文亦高古。初，世未有爲《騷》者，自子駿與文與可發之，後遂有相繼得其味者也。

《宋史・藝文志・别集類》《鮮于侁集》二十卷。

趙懿簡集

晁公武《郡齋讀書志・别集類下》《趙懿簡集》三十卷。右皇朝趙瞻字大觀，盩厔人。少善爲古文。慶曆五年，登進士第。治平中，爲侍御史，論濮邸事及貶。元祐中，終於同知樞密院。謚懿簡。學《春秋》，著書十卷，其他文不皆奇也。

馬端臨《文獻通考・經籍考・别集》《趙懿簡集》三十卷。

《宋史・藝文志・别集類》《趙瞻集》二十卷。

臨淮集

王圻《續文獻通考・經籍考・集上》《臨淮集》十卷。李植著。植，泗州臨淮人。幼明敏篤學。靖康初補迪功郎，累官户部員外，以寳文閣學士致仕。

杜師雄詩

晁公武《郡齋讀書志・别集類下》《杜師雄詩》一卷。右皇朝杜默字師雄，徂徠人。石介作《三豪篇》，所謂「歌之豪」者。蘇子瞻頗陋之。

尤袤《遂初堂書目・别集類》《杜默詩稿集》。

馬端臨《文獻通考・經籍考・詩集》《杜師雄詩》一卷。

張公庠詩

《宋史・藝文志・别集類》《張公庠詩》一卷。

慎伯筠集

尤袤《遂初堂書目・別集類》《慎伯筠集》。

晉溪集

王圻《續文獻通考・經籍考・集上》 任山《晉溪集》。山，平晉人。有大志，不仕，嘗法春秋作《通紀》，擬井田作《中田圖》。

張載集

鄭樵《通志・藝文略・別集五》 張載《正蒙集》十卷。

晁公武《郡齋讀書志・別集類下》 張横渠《崇文集》十卷。右皇朝張載字厚之，京師人。後居鳳翔之横渠鎮，學者稱曰横渠先生。吕晦叔薦之於朝，命校書崇文。未幾，詔按獄浙東，既歸，卒。

尤袤《遂初堂書目・別集類》《横渠先生集》。

馬端臨《文獻通考・經籍考・別集》 張横渠《崇文集》十卷。

《宋史・藝文志・別集類》《張載集》十卷。

王陶詩

《宋史・藝文志・別集類》《王陶詩》三十卷。

王陶集

《宋史・藝文志・別集類》 王陶《集》五卷。

王紫微文集

楊士奇等《文淵閣書目・文集》《王紫微文集》。一部，五册。闕。

蘇魏公集

陳振孫《直齋書録解題・別集類中》《蘇魏公集》七十二卷。丞相魏國公温陵蘇頌子容撰。紳之子也。紳在兩禁，人稱其險詖。而頌器局閎厚，未嘗與人較短長。其爲相在元祐末，大臣奏事，多稟宣仁，獨頌必再以白哲廟，其後免於遷謫，蓋上以爲識君臣之禮故也。年逾八十，薨於建中靖國之初。自草遺表，卻醫屏藥，死生之際了然。集前、後序，汪藻、周必大撰。

馬端臨《文獻通考・經籍考・別集》《蘇魏公集》七十二卷。

《宋史・藝文志・別集類》《蘇頌集》七十二卷。

楊士奇等《文淵閣書目・文集》《蘇魏公文集》。一部，二十册。闕。

《四庫提要・別集類五》《蘇魏公集》七十二卷。浙江鮑士恭家藏本。宋蘇頌撰。頌，字子容，南安人，徙居丹陽。慶曆二年進士。官至右僕射同中書門下平章事，罷爲集禧觀使。徽宗立，進太子太保，累爵趙郡公。卒贈司空、魏國公。事蹟具《宋史》本傳。集爲其子攜所編。《宋史・藝文志》、陳振孫《書録解題》皆作七十二卷。今本與之相合，蓋猶原帙。惟《藝文志》尚載有《外集》一卷，而今本無之，則其書已佚也。**【略】**是其學本博洽，故發之於文，亦多清麗雄贍，卓然可爲典則。《石林燕語》又稱「神宗用吕公著爲中丞，召頌使就曾公亮第中草制」。又稱「頌爲晏殊謚議，以其能薦范仲淹、富弼，比之胡廣、謝安」。又稱「頌過省時，以《歷者天地之大紀賦》爲本場魁。既登第，遂留意天文術數之學」。陸游《老學菴筆記》又引頌「引草才多封卷速，把麻人衆引聲長」之句，以證當時宣麻之制。徐度《卻掃編》又稱「頌奉使契丹，文彦博留守北京，與之宴。問魏收逋峭難爲之語何謂。頌言梁上小柱名，取曲折之義。因即席作詩以獻」。今檢是集，凡諸家所舉各篇，悉在其中。足知完本尚存，無所闕佚。而頌文翰之美，單詞隻句，膾炙人口，即此亦可見其概矣。

張金吾《愛日精廬藏書志・別集類》《蘇魏公文集》七十二卷。鈔本。宋蘇頌撰。【略】公没四十年，公之子攜始克輯公遺文，得詩若干，内外制若干，表疏、奏章、誌銘、雜説若干，使藻與觀焉。藻少習公文，以不獲拜公爲恨者也。今乃盡得其書讀之，可謂幸矣。故謹識其端，而歸其書蘇氏。紹興九年三月十五日，顯謨閣學士左中大夫提舉江州太平□汗藻序。

蘇頌略集

《宋史・藝文志・別集類》〔蘇頌〕《略集》卷。

錢賢良進卷

晁公武《郡齋讀書志・別集類下》《錢賢良進卷》十卷。右皇朝錢公輔字君倚，武進人。從胡瑗學。昭陵末，知制誥。

馬端臨《文獻通考・經籍考・別集》《錢賢良進卷》十卷。

臨川集　臨川復集

鄭樵《通志・藝文略・別集五》《臨川集》一百卷。王安石。又《臨川後集》八十卷。

晁公武《郡齋讀書志・別集類下》王介甫《臨川集》一百三十卷。右皇朝王安石字介甫，撫州臨川人。慶曆二年進士。累除知制誥，神宗在藩邸見其文，異之，召爲翰林學士。熙寧三年，拜中書門下平章事。熙寧七年，罷。明年，再入相。九年，罷。卒年六十六，謚文公。其壻蔡卞謂自先王澤竭，士習卑陋，不知道德性命之理，安石奮乎百世之下，追堯、舜三代，通乎晝夜陰陽所不能測而入於神，著《雜説》數十萬言，其言與孟軻相上下。晚以所學考字畫奇耦横直，深造天地陰陽造化之理，著《字説》，包括萬象，與《易》相表裏。崇寧初，卞之兄京秉政，詔配文宣王廟。近時議者謂自紹聖以來，學術政事，敗壞殘酷，貽禍社稷，實出於安石云。

尤袤《遂初堂書目・別集類》王文公《臨川集》。

陳振孫《直齋書録解題・別集類中》《臨川集》一百卷。丞相荆國文公臨川王安石介甫撰。後改封舒王。方嘉祐以前，名重一世，迹其文學、論議、操守，使不至大位，則光明俊偉，不可瑕玼矣。老蘇曰：「使斯人而不用也，則吾言爲過，而斯人有不遇之歎。孰知其禍之至此哉！」何其知之明也。

馬端臨《文獻通考・經籍考・別集》王介甫《臨川集》一百三十卷。【略】東坡蘇氏曰：文字之衰，未有如今日者也，其源出於王氏。王氏之文，未必不善也，而患在於好使人同己。自孔子不能使人同，顔淵之仁，子路之勇，不能以相移，而王氏欲以其學同天下。地之美者同於生物，而不同於所生。惟荒瘠斥鹵之地，彌望皆黄茅白葦，此則王氏之同也。

《宋史・藝文志・別集類》《王安石集》一百卷。

楊士奇等《文淵閣書目・文集》《王荆公文集》。一部，三十册。完全。王荆公《臨川集》。一部，二十册。闕。王荆公《臨川集》。一部，十九册。完全。

高儒《百川書志・集》王介甫《臨川集》一百卷。丞相王安石介甫撰，即荆公也。

范邦甸等《天一閣書目・別集類》《臨川先生文集》一百卷。刊本。宋荆國公王安石撰。明豫章黄次山季岑氏序。

王世貞《讀書後》卷三《書王介甫文後》。介甫於文章頗能持論，近道理，而好以已勝。至於語務簡而意務多，欲以百餘言而中爲層疊宛曲。其所長在是，而其所病亦在是也。誌傳之類亦刻削有矩度，而好爲小巧於字句間立法，此所短也。吾嘗謂介甫於《字説》其初不無一二會心者，遂欲字字而爲之説，此其所以貽笑。猶之治鄞，非不足以阜財而得民，遂欲行之天下，此其所以流毒。使介甫而實其行、虚其心、崇其智、卑其禮，則君實固瞠乎後矣。

徐𤊹《徐氏家藏書目・文集類》 王安石《臨川集》一百卷。

張萱等《内閣藏書目録・集部》 《王荊公文集》三十册。全。宋神宗朝王安石著。

錢謙益等《絳雲樓書目・宋文集類》 《王臨川文集》。一百三十卷。

于敏中等《天禄琳琅書目・明版集部》 《臨川先生文集》。二函，十册。宋王安石著。一百卷。前宋黄次山序。考馬端臨《文獻通考》，載王介甫《臨川集》一百三十卷。國朝查慎行作《西江志》，又載《王荊公集》一百卷、《後集》八十卷。是書爲卷止一百，則非《通考》所稱之本矣。《西江志》所稱一百卷，疑即指是書，而《後集》則别本單行耳。黄次山，爵里未詳，惟自署爲豫章人。而序中稱是書爲「知州事詹大和甄老所校刊」，則知次山與安石爲同郡，而與大和則同時也。按《西江志》，稱詹大和於乾道間，以直顯謨閣學士出知撫州，則此書原刻於南渡孝宗之世，而明時又復經翻刻者，已非復大和剞劂之舊矣。

《四庫提要・别集類六》 《臨川集》一百卷。内府藏本。宋王安石撰。安石有《周禮新義》，已著録。案《宋史・藝文志》載《王安石集》一百卷。陳振孫《書録解題》亦同。晁公武《讀書志》則作一百三十卷。焦竑《國史・經籍志》亦作一百卷，而别出《後集》八十卷。並與史志參錯不合。今世所行本實止一百卷，乃紹興十年郡守桐廬詹大和校定重刻，而豫章黄次山爲之序。次山謂集原有閩、浙二本。殆刊版不一，著録者各據所見，故卷數互異歟。案蔡絛《西清詩話》載：「安石嘗云：『李漢豈知韓退之，輯其文不擇美惡，有不可以示子孫者，況垂世乎？』以此語門弟子，意有在焉。而其文迄無善本。如『春殘密葉花枝少』云云，皆王元之詩。《金陵獨酌寄劉原甫》，皆王君玉詩。『臨津艷艷花千樹』云云，皆王平甫詩。」陳善《捫蝨新話》所載，亦大略相同。據二人所言，則安石詩文本出門弟子排比，非所自定。故當時已議其舛錯。而葉夢得《石林詩話》又稱：「蔡天啓稱荊公嘗作詩，得『青山捫蝨坐，黄鳥挾書眠』，自謂不減杜詩。然不能舉全篇。薛肇明被旨編公集，偏求之，終莫之得。」肇明爲薛昂字，是昂亦曾奉詔編定其集。顧蔡絛與昂同時，而並未言及。次山序中亦祇舉閩、浙本而不稱别有敕定之書，其殆爲之而未成歟？又考吴曾《能改齋漫録》，稱荊公嘗題一絶句於夏旼扇，本集不載，見《湟川集》。又稱「荊公嘗任鄞縣令，昔見一士人，收公親札詩文一卷，有兩篇今世所刊文集無之。其一《馬上》，其一《書會别停》」云云。是當時遺篇逸句，未經搜輯者尚夥。其編訂之不審，有不僅如《西清詩話》所譏者。然此百卷之内，菁華具在。其波瀾法度，寬足自傳不朽。朱子《楚辭後語》謂安石致位宰相，流毒四海，而其言與生平行事心術，略無毫髮肖。夫子所以有於予改是之嘆。斯誠千古之定評矣。

彭元瑞等《天禄琳琅書目後編・宋版集部》 《臨川先生文集》。二函，二十册。宋王安石撰。書一百卷。前有紹興十年黄次山序，稱丞相之文流布閩、浙，今所校本仍閩、浙之故。蓋知州事桐廬詹太和甄老所譜校，標曰《紹興重刊臨川文集序》。今閩、浙兩本無傳，此其最古矣。

張金吾《愛日精廬藏書志・别集類》 《臨川先生文集》一百卷。宋刊本。宋王安石撰。

《臨川先生文集》四函十四册。同上係一版摹印。

張之洞《書目答問・别集》 《臨川集》一百卷。宋王安石。明嘉靖三十九年何氏繙宋本，萬曆再刻本。

王文公集彙選

張萱等《内閣藏書目録・集部》 《王文公集彙選》二册。全。即《王安石集》，明游李勳選刻。凡七卷。

王荊公詩集

楊士奇等《文淵閣書目・詩詞》 《王荊公詩集》。一部，十册。完全。《王荊公詩集》。一部，二十八册。殘缺。《王荊公詩集》。一部，十九册。闕。

張萱等《内閣藏書目録・集部》 《荊公詩集》二十五册。不全。宋王安石著。凡五十卷，闕二十五至三十卷。又九册。不全。闕第七卷至十四卷。

王荊公詩注

趙希弁《讀書附志・别集類二》 《王荊公詩注》五十卷。右李文懿公壁所注，魏文靖公了翁序。

陳振孫《直齋書録解題・詩集類下》《注荆公集》五十卷。参政眉山李壁季章撰。謫居臨川時所爲也。助之者曾極景建。魏鶴山爲作序。

馬端臨《文獻通考・經籍考・詩集》《注荆公詩》十五卷。【略】《石林詩話》曰：荆公少以意氣自許，故詩語惟其所向，不復更爲涵蓄。如「天下蒼生待霖雨，不知龍向此中蟠」。又「濃緑萬枝紅一點，動人春色不須多」。又「平治險穢非無力，潤澤焦枯是有才」之類，皆直道其胸中事。後爲群牧判官，從宋次道盡假唐人詩集，博觀而約取，晚年始盡深婉不迫之趣。乃知文字雖工拙有定限，然必視其幼壯，雖公方其未至，亦不能力强而遽至也。

又曰：荆公晚年詩律尤精嚴，造語用字，間不容髮，然意與言會，言隨意遣，渾然天成，殆不見有牽率排比處。如「含風鴨緑鱗鱗起，弄日鵝黄裊裊垂」。讀之初不覺有對偶，至「細數落花因坐久，緩尋芳草得歸遲」，但見舒閑容與之態耳。而字字細考之，皆經檃括權衡者，其用意亦深刻矣。嘗與葉致遠諸人和「頭」字韻詩，往返數四，其末篇云：「名譽子真居谷口，事功新息困壺頭。」以谷口對壺頭，其精切如此，後數月，取本追改云：「豈愛京師傳谷口，但知鄉里勝壺頭。」今集中兩本并存。

《漫叟詩話》：荆公定林後詩，精深華妙，非少作之比，嘗作《歲晚》詩云：「月映林塘静，風涵笑語涼。俯窺憐净緑，小立佇幽香。携幼尋新菂，扶衰上野航，延緣久未已，歲晚惜流光。」自以比謝靈運，議者亦以爲然。

《後山詩話》：魯直謂荆公之詩，莫年方妙，然格高而體下，如云：「自聞青秧底，復作龜兆坼。」乃前人所未道。又云：「扶輿度陽焰，窈窕一川花。」謂包含數個意，雖前人亦未道，然學三謝失於巧耳。

又云：荆公詩云：「力去陳言誇末俗，可憐無益費精神。」而公平生文體數變，莫年詩益工，用意益苦，故言不可不謹也。

張浮休評王介甫詩如空中之音，相中之色，欲有執着而曾不可得。

張萱等《内閣藏書目録・集部》《王荆公詩》一册。不全。李壁箋注，劉長翁批點。

《四庫提要・别集類六》《王荆公詩注》五十卷。江蘇巡撫採進本。宋李壁撰。考《宋史》及諸刊本，壁或從玉作璧。然壁爲李燾第三子。其兄曰垕，曰塾。其弟曰𡌴。名皆從土。則作璧誤也。壁字季章，號雁湖居士。初以蔭入官。後登進士。寧宗朝累遷禮部尚書、參知政事，兼同知樞密院事。謚文懿。事蹟具《宋史》本傳。是書乃其謫居臨川時所作。劉克莊《後村詩話》嘗譏其注「歸腸一夜繞鍾山」句，引《韓詩》不引《吴志》。注「世論妄以蟲疑冰」句，引《莊子》不引盧鴻一、唐彦謙語。指爲疎漏。然大致捃摭蒐採，具有根據。疑則闕之，非穿鑿附會者比。原本流傳絶少，故近代藏書家俱不著録。海鹽張宗松得元人槧本，始爲校刊。集中古今體，以世行《臨川集》校之，增多七十二首。其所佚者，附録卷末。考葉紹翁《四朝聞見録》，稱「開禧初，韓平原欲興兵，遣張嗣古覘敵。張還，大拂韓旨。復遣壁。壁還，與張異詞，階是進政府」云云。是壁附和權姦，以致喪師辱國，實墮其家聲。其人殊不足重。而箋釋之功，足裨後學，固與安石之詩均不以人廢云。

彭元瑞等《天禄琳琅書目後編・元版集部》《王荆文公》。二函，二十册。宋王安石撰。李壁注，劉辰翁批點。壁字季章，號雁湖，登進士，累官禮部尚書、參知政事、同知樞密院事，謚文懿。事具《宋史》本傳。辰翁，已見。書五十卷。前有劉歸孫序，即辰翁之子也。又詹太和所著《王荆文公年譜》，目録後有墨記「僕頃問詩於須溪先生，及半山，則恨李注本極少。於是，先生出示善本，併得其評點。兹不敢私，命刻之梓，期與四方學者共之。門人王常謹題。」常字士吉，安成人。蓋大德辛丑所刻，而歸孫序之。太和字甄老，桐廬人。

張之洞《書目答問・别集》《王荆公詩注》五十卷。宋李壁注。張宗松清綺齋校刻本。

臨川詩選

尤袤《遂初堂書目・别集類》汪彦章選《荆公詩》。

陳振孫《直齋書録解題・詩集類下》《臨川詩選》一卷。汪藻彦章得《半山别集》，皆罷相後山居時老筆。過江失之，遂於《臨川集》録出。又言有表、啓十餘篇，不存一字。

馬端臨《文獻通考・經籍考・詩集》《臨川詩選》一卷。

周子文集

王圻《續文獻通考・經籍考・集上》 《周子文集》。周弁著。

周少師集

黃虞稷《千頃堂書目・別集類・補宋》 周弁《周少師集》二十卷。

倪燦等《宋史藝文志補・別集類》 周弁《少師集》二十卷。

潛山文集

尤袤《遂初堂書目・別集類》 《馮文簡集》。

《宋史・藝文志・別集類》 馮京《潛山文集》一卷。

潘延之集

鄭樵《通志・藝文略・別集五》 《潘延之集》六十卷。潘興嗣。

靈谷詩

馬端臨《文獻通考・經籍考・詩集》 吴處士《靈谷詩》。王介甫序略曰：君浩然有以自養，遨遊於山川之間，嘯歌謳吟以寓其所好，終身樂之不厭，而有詩數百篇，傳誦於閭里。他日，出其《靈谷》三十二篇，以屬其甥曰：「我爲讀而序之，惟君之所得。」蓋有伏而不見者，豈特盡於此詩而已。雖然，觀其鑱刻萬物而接之以藻繢，非夫人之巧，亦孰能至於此？

呂公孺詩集奏議

《宋史・藝文志・別集類》 《呂公孺詩集奏議》二十卷。

臨漢居士集

陳振孫《直齋書録解題・詩集類下》 《臨漢居士集》七卷。南豐曾紘伯容撰。其父阜子山，於子固爲從兄弟。

馬端臨《文獻通考・經籍考・詩集》 《臨漢居士集》七卷。

琴軒集

陳振孫《直齋書録解題・詩集類下》 《琴軒集》一卷。題南榮浪翁李有慶撰。與石昌言、任師中同時。卷末贈答十二絶，闕其六。其曰癸巳歲者，殆皇祐中耶？

馬端臨《文獻通考・經籍考・詩集》 《琴軒集》一卷。

金溪文集

楊士奇等《文淵閣書目・文集》 吴顯道《金溪文集》。一部，六册。全。

張萱等《内閣藏書目録・集部》 《金谿先生文集》六册。全宋元符間旌德簿吴頣著。

黃虞稷《千頃堂書目・別集類・補宋》 吴頣《金溪先生文集》二十卷。元符間人。官旌德簿。

倪燦等《宋史藝文志補・別集類》 吴頤《金谿文集》二十卷。

青丘集

王圻《續文獻通考・經籍考・集上》 《青丘集》二十卷。練定著。定字公權，浦城人。第進士，忤時相，終廣東提刑。

鄖溪集

鄭樵《通志・藝文略・別集五》 《鄭毅夫集》六卷。

晁公武《郡齋讀書志・別集類下》 鄭毅夫《鄖溪集》五十卷。右皇朝鄭獬字毅夫，安州人。少俊異，爲詩賦有聲，廷試第一。累遷知制誥，入翰林爲學士。王安石不悦之，乘宰相在告，除獬知杭州。爲文有豪氣，峭整無長語。與滕達道少相善，並嗜酒，落魄無檢操，人目之爲「滕屠鄭沽」云。

尤袤《遂初堂書目・別集類》 鄭毅夫《鄖溪集》。

陳振孫《直齋書録解題・別集類中》 《鄖溪集》五十卷。翰林學士安陸鄭獬毅夫撰。皇祐五年進士首選。坐知開封府不肯用案問新法，爲王安石所惡而出。廷試《圜丘象天賦》，時獬與滕甫俱有場屋聲，甫賦首曰「大禮必簡，圜丘自然」，自謂人莫能及。獬但倒一字，曰「禮大必簡，丘圜自然」，甫聞之大服，果居其次云。

馬端臨《文獻通考・經籍考・別集》 鄭毅夫《鄖溪集》五十卷。

《宋史・藝文志・別集類》 《鄭獬集》五十卷。

楊士奇等《文淵閣書目・文集》 《鄭氏鄖溪集》。一部，十册。闕。

《四庫提要・別集類六》 《鄖溪集》三十卷。《永樂大典》本。宋鄭獬撰。獬字毅夫，安陸人。皇祐五年進士第一。通判陳州。入直集賢院，知制誥。英宗即位，數上疏論事，出知荆南，還判三班院。神宗初，召拜翰林學士，權知開封府。以不旨行新法忤王安石，出知杭州。徙青州，又力言青苗之害，引疾提舉鴻慶宫，卒。事蹟具《宋史》本傳。初，獬以進士較試於廷，舍人劉敞得獬卷，曰「此文似皇甫湜」。獬嘗與敞書，亦言「韓退之時，用文章雄立一世者，獨李翶、皇甫湜、張籍耳。然翶之文尚質而少工。湜之文務實而不肆。張籍歌行，乃勝於詩。至於他文不少見，計亦在歌詩下。使之質而工，奇而肆，則退之作也」云云。觀其所言，知文章宗旨，實源出韓門矣。《宋志》載《鄖溪集》五十卷，淳熙十三年秦熺嘗序而刊之。今已久佚。惟從《永樂大典》内裒輯編次，又以《宋文鑑》、《兩宋名賢小集》諸書所載，分類補入，勒爲三十卷。王得臣《塵史》稱「鄭内翰久遊場屋，詞藻振時。唱名之日，同試進士皆嘆曰：『好狀元！』仁宗爲之慰悦。」《本傳》亦稱其文章豪偉峭整，議論剴切，精練民事。今以所存諸作核之，殆非虚美。秦熺序稱：「於《論綏州》見其計深慮遠，於《論毁譽》見其居寵思危。辨楊繪、救祖無擇，則特立不詭隨。今其文雖不盡傳，然大概亦可想見矣。」

祠部集

尤袤《遂初堂書目・別集類》 《強幾聖集》。

陳振孫《直齋書録解題・別集類中》 《強祠部集》四十卷。三司户部判官餘杭強至幾聖撰。亦韓魏公客也，在幕府，表章、書記多出其手。曾南豐作集序，稱其文備古今體，兼人所長云。

馬端臨《文獻通考・經籍考・別集》 《強祠部集》四十卷。【略】南豐曾氏序略曰：幾聖工爲詩，語出驚人，最爲韓魏公所知。魏公喜爲詩，每合屬賢士大夫賓客與游，多賦詩以自見。其屬而和之者，幾聖獨思致逸發，若不可追躡，魏公未嘗不嘆其得之晚也。其任幕府，魏公每上奏天子，以歲時慶賀問候。及爲書記四方之所好，幾聖爲屬稿草，必聲比字屬，曲當繩墨，然氣質渾渾，不見刻畫，遠近多稱誦之。及爲他文，若誌銘序記、策問學士大夫，則簡古而不少貶以就俗，其所長兼人如此。

《宋史・藝文志・別集類》 《強至集》四十卷。

楊士奇等《文淵閣書目・文集》 《強祠部文集》。一部，十一册。全。

張萱等《内閣藏書目録・集部》 《強祠部文集》七册。不全。宋仁宗朝強至著。又三册。不全。

《四庫提要・別集類五》 《祠部集》三十六卷。《永樂大典》本。宋強至撰。至有《韓忠獻遺事》，已著録。《宋史・藝文志》載至《祠部集》四十卷。《文淵閣書目》

尚著於録，其後遂湮没不傳。近時厲鶚撰《宋詩紀事》，僅從高似孫《蟹略》、方回《瀛奎律髓》採録二詩，其他均佚不可見。今從《永樂大典》各韻中裒輯編綴，得詩文數百篇。雖原自久佚，無由知其完闕。而準計卷帙，當尚存十之八九。謹分類排纂，釐爲三十六卷。稍據其出處之跡，以爲論次。而曾鞏原序載於《元豐類稿》者，仍録以冠篇。大抵奏牘之文，曲折疏暢，切中事情，多有裨於世用。《杭州志》稱：「韓琦出鎮時，上奏及他書，皆至屬稿。琦乞不散青苗錢，神宗閱之曰：『此必强至之文也。』因出疏以示宰臣，新法幾罷。」是固琦之忠誠惻怛，足以感動人主，亦至文章懇摯，有以助之矣。其詩沈鬱頓挫，氣格頗高，在北宋諸家之中可自樹一幟。觀所作《送郭秀才序》，稱初爲鄉試舉首，賦出，四方皆傳誦之。既得第，恥以賦見稱，乃專力六經，發爲文章。有舉其賦者，輒頸漲面赤，惡其薄己。是其屏斥時蹊，力追古人，實有毅然以著作自命者。宜其以餘事爲詩，亦根柢深厚若此也。

强常州詩

尤袤《遂初堂書目・別集類》 《强常州詩》。

錢藻賢良策

《宋史・藝文志・別集類》 《錢藻賢良策》五卷。

明善集

《宋史・藝文志・別集類》 劉彝《明善集》三十卷。

王圻《續文獻通考・經籍考・集上》 《明善集》三十卷。劉彝著。彝，淮安人。幼從胡瑗學，善治水。第進士，官至都水丞。

居易集

《宋史・藝文志・別集類》 劉彝《居易集》二十卷。

王圻《續文獻通考・經籍考・集上》 《居易集》三十卷。劉彝著。

王深父集

尤袤《遂初堂書目・別集類》 《王深父集》。

馬端臨《文獻通考・經籍考・別集》 《王深父集》二十卷。王回深父，福州侯官人。舉進士中第。爲亳州衛真縣主簿。卒於治平二年，年四十三。【略】

西麓周氏曰：王深父學於歐陽公，與王介甫、曾子固、劉原甫游。其文出歐陽體而尤純淡，序事曲折不窮，特壯偉不及也。至於摘經傳語以爲賦，詞短而意深，有味其言哉！文章自漢、魏以來，體益下；至唐中世，韓、柳作興之，習俗相沿，未遽盡革；加以五代亂離，死生於矛戟中而文章喪失。國初，漸欲修復古文，天聖、明道以後，歐陽公與穆伯長、尹師魯、石守道數君子，以大手筆倡之，流傳於後，遂以歐陽公爲宗，文章高下，固自有時哉！以吾觀之，數君子之功，誠不可泯没，然其離合盛衰，關於世道，似亦非偶然者。古詩逮齊、梁浮靡不振，唐自陳子昂氏以前，猶未數也，開元、天寶之盛，李、杜之光燄始長矣。同時王摩詰、孟浩然、韋蘇州，片言隻字，皆不入俗，惜無李、杜詩，不得不變也。王深父、曾子固不遇歐陽公，亦豈作「落霞孤鶩」等語哉！

水心葉氏曰：聞之吕氏，讀王深父文序，使人長一格，《事君》、《責難》、《受人》、《抱關》諸賦，可以熟玩。自王安石、王回始有幽遠遺俗之思，異於他人；而回不志於利，能充其言，非安石所能及。少假不死，及安石之用，未知與曾鞏常秩何如？士之出處，固難言也。

《宋史・藝文志・別集類》 《王回集》十卷。

彭城集

尤袤《遂初堂書目·別集類》 《劉貢父集》。

趙希弁《讀書附志·別集類三》 《彭城先生文集》六十卷。右中書舍人劉攽字貢父之文也。攽與兄敞同學，自刻厲，博讀羣書，遂偕中第。或曰：原父將死，戒子弟無得遽出其集，曰：「後百餘年，世好定當有知我者。」故貢父次其集，藏之不肯出。私謚曰公是先生。貢父平生亦好諧謔，與荆公素厚，坐是亦相失。及死，子弟亦次其文，私謚曰公非先生。然今謂原父之文爲《公是集》，貢父止曰《彭城集》云。

陳振孫《直齋書録解題·別集類中》 《彭城集》六十卷。中書舍人劉攽叔贛父撰。號公非先生。敞兄弟俊敏博洽，同登慶曆六年進士第。敞本首冠，以內兄王堯臣爲編排官引嫌，遂得第二人。仕早貴而不永年，年財五十。攽歷州縣二十年，晚乃游館學，元祐中始掌外制。敞子奉世仲馮亦有名，官至執政，世稱三劉。

馬端臨《文獻通考·經籍考·別集》 《劉公非集》六十卷。【略】

《朱子語録》曰：劉貢父文字工於摹倣，學《公羊》、《儀禮》。

《宋史·藝文志·別集類》 《劉攽集》六十卷。

楊士奇等《文淵閣書目·文集》 劉貢父《彭城集》。一部，十五册。闕。劉貢父《彭城集》。一部，十三册。闕。

張萱等《內閣藏書目録·集部》 《彭城先生文集》十四册。不全。宋仁宗朝中書舍人劉攽著。

錢謙益等《絳雲樓書目·宋文集類》 《彭城先生文集》八册。

《四庫提要·別集類六》 《彭城集》四十卷。《永樂大典》本。宋劉攽撰。攽字貢父，號公非。與兄敞同登慶曆六年進士第。官至中書舍人。【略】史載所著諸書有《文集》五十卷，《五代春秋》十五卷，《內傳國語》二十卷，《經史新議》七卷，《東漢刊誤》四卷，《詩話》二卷，《漢官儀》三卷，《芍藥譜》三卷。今所存者自《詩話》以外，惟《東漢刊誤》散附北監本《後漢書》中，近日始有刻本。《芍藥譜》亦僅而不亡。文集則《宋史·藝文志》、《文獻通考》俱作六十卷。明《文淵閣書目》有《彭城集》十五册，不列卷數。今所傳《三劉文集》，僅有《公非集》一卷，凡詩四首，文二十三篇。蓋掇拾於散佚之餘，多所闕漏。即《宋文鑑》所選者且不盡載，其他可知。至以劉顔之《輔弼召對序》誤屬之攽，舛謬尤屬顯然，殊不足據。今檢《永樂大典》所載，篇章尚富。蓋即據《彭城集》收入。謹掇拾排比，釐爲四十卷。較之原書，所少不過十之一二。與新編其兄敞《公是集》，鉅製鴻裁，舊觀幾復。在北宋諸家中，可謂超軼三孔，而憑陵兩宋者矣。

張之洞《書目答問·別集》 《彭城集》四十卷，宋劉攽。聚珍本福本。

王存文集

《宋史·藝文志·別集類》 《王存文集》五十卷。

李昭集

《宋史·藝文志·別集類》 《李昭集》三十卷。

蒲左丞集

晁公武《郡齋讀書志·別集類下》 《蒲左丞集》十卷。右皇朝蒲宗孟字傳正，閬州新井人。皇祐五年進士。曾公亮薦除館職。神宗謂宰相曰：「宗孟有史才。」乃同修《國史》。入爲翰林學士，除尚書左丞。卒，年六十六。爲人酷暴奢侈。蘇子瞻嘗規之云：「一曰慈，二曰儉。」世以爲中其膏肓之疾。

馬端臨《文獻通考·經籍考·別集》 《蒲左丞集》十卷。

《宋史·藝文志·別集類》 《蒲宗孟文集奏議》七十卷。

顯親集

《宋史·藝文志·別集類》 李觀《顯親集》六卷。

劉定詩

《宋史・藝文志・別集類》《劉定詩》一卷。

輞川集

晁公武《郡齋讀書志・別集類下》 呂晉伯《輞川集》五卷。右皇朝呂大忠字晉伯，藍田人，汲公之兄。皇祐中進士，除檢詳樞密院吏房文字，爲河北轉運判官。累遷寶文閣直學士，三帥秦鳳。晉伯博極羣書，爲文尚理致，有益於用，章奏皆親爲文。

馬端臨《文獻通考・經籍考・別集》 呂晉伯《輞川集》五卷。

王無咎集

陳振孫《直齋書録解題・別集類中》《王直講集》十五卷。天台縣令南城王無咎補之撰。無咎，嘉祐二年進士，曾鞏之妹夫。從王安石游最久，將用爲國子學官，未及而卒，爲之誌墓。曾肇序其集云二十卷，今惟十五卷。

馬端臨《文獻通考・經籍考・別集》《王直講集》十五卷。

《宋史・藝文志・別集類》《王無咎集》十五卷。

傅獻簡集

陳振孫《直齋書録解題・別集類中》《傅獻簡集》七卷。中書侍郎獻簡公河陽傅堯俞欽之撰。

馬端臨《文獻通考・經籍考・別集》《傅獻簡集》七卷。

《宋史・藝文志・別集類》《傅堯俞集》十卷。

黄直講泉書

趙希弁《讀書附志・別集類二》《黄直講泉書》十卷。右國子監直講黄君俞之説也。觀其自序，蓋仁廟時閩人也。所謂《六經關言》、《二傳節適》、《三史訓彝》、《五經續注》、《六代史記》，惜不得而見之矣。

王圻《續文獻通考・經籍考・集上》《及泉書》十卷。莆田黄君俞著。

龐元英文集

《宋史・藝文志・別集類》《龐元英文集》三十卷。

熊本文集

《宋史・藝文志・別集類》《熊本文集》三十卷。

雉山集

王圻《續文獻通考・經籍考・集上》《雉山集》二十卷。方仲謀著。仲謀，青溪人。嘉祐中進士，累官殿中丞。工于詩。

黄通集

《宋史・藝文志・別集類》《黄通集》三卷。

西溪集

陳振孫《直齋書録解題・别集類中》《西溪集》十卷。翰林學士錢塘沈遘文通撰。初以郊社齋郎舉進士第一，執政謂已宦者不應先多士，遂居其次。實皇祐元年，自是爲故事。文通吏事精明强敏，爲杭州、開封府，皆有能名。從容閒暇，夙興治事，及午而畢。卒時年四十餘。其孫晦元用，宣和中亦魁天下。

馬端臨《文獻通考・經籍考・别集》《西溪集》十卷。

《四庫提要・别集類六》《西溪集》十卷。浙江巡撫採進本。宋沈遘撰。遘字文通，錢塘人。以蔭爲郊社齋郎。皇祐元年舉進士第一。以已官者不應先多士，改第二。歷知杭州、開封府，皆有能名。終於翰林學士。事蹟具《宋史》本傳。是集十卷。南宋初有從事郎處州司理參軍高布者，與遘弟遼《雲巢集》，遘從叔《括長興集》合刻於括蒼，名《吴興三沈集》，以是編爲首。然史稱遘通判江寧，還朝奏《本治論》十篇，爲仁宗所嘉賞，而集中竟未之載。則亦非全帙矣。遘以文學致身，而吏事精敏，一時推爲軼材。其知制誥時所撰詞命，大都莊重温厚，有古人典質之風。詩亦清俊流逸，不染俗韻。第二卷末《題揚州山光寺》二詩，其一有夾注，稱「爲盧中甫和詩」。其《高臺已傾曲池平》一首，已見前而重出於此。字句稍不同，詩下亦有夾注，稱「傳自山光寺壁，與集中異」云云。疑皆高布校刊時所增入，非原集之舊，亦足見其校勘之不苟也。

英華集

《宋史・藝文志・别集類》趙世逢《英華集》十卷。

文録　文録掇遺

晁公武《郡齋讀書志・别集類下》呂汲公《文録》二十卷，《文録掇遺》一卷。右皇朝吕大防微仲，京兆藍田人。皇祐初，中進士第。哲宗即位，召知制誥，翰林學士，拜尚書左僕射，兼門下侍郎。紹聖初，責授舒州團練副使，循州安置，未踰嶺，卒。大防既拜相，常分其俸之半以録書，故所藏甚富。其在翰林，書命典麗，議者謂在元絳之上云。

馬端臨《文獻通考・經籍考・别集》呂汲公《文録》二十卷，《文録掇遺》一卷。

楊元素集

晁公武《郡齋讀書志・别集類下》《楊元素集》四十卷。右皇朝楊繪字元素，漢州綿竹人。幼警敏，讀書一過輒誦，至老不忘。皇祐初，擢進士第二人。累擢翰林學士。沈存中爲三司使，暴其所薦王永年事，因貶官。終於天章閣待制、知杭州。嘗居無爲山，號無爲子。爲文立就。

尤袤《遂初堂書目・别集類》《楊元素集》。

馬端臨《文獻通考・經籍考・别集》《楊元素集》四十卷。

《宋史・藝文志・别集類》《楊繪文集》八十卷。

李常文集

《宋史・藝文志・别集類》《李常文集》六十卷。

忠宣文集

趙希弁《讀書附志・别集類二》《范忠宣公文集》二十卷。右范忠宣公純仁之文也。後三卷乃國史載公本傳及行狀。公字堯夫，文正公次子，以恩補太祝。中皇祐元年進士第。再相元祐之間。元符末，自穎昌以大觀文、中太一宮使召，以疾不赴，薨。上覽遺表震悼，贈開府儀同三司，謚忠宣，賜其墓碑曰：「世濟忠直。」曾文昭公銘之，四明樓鑰序其文。别有《臺諫論事》五卷，《邊防奏議》二十卷，又在此文之外。

尤袤《遂初堂書目·别集類》《范忠宣集》。

陳振孫《直齋書録解題·别集類中》《范忠宣集》二十卷。丞相忠宣公吴郡范純仁堯夫撰。文正公之次子也。文正子四人，長純佑尤俊，有賢行，早年病廢以死，富文忠誌其墓，近時禮部尚書之柔者，其四世孫也。次純禮、純粹，皆顯用，至大官。

馬端臨《文獻通考·經籍考·别集》《范忠宣集》二十卷。

《宋史·藝文志·别集類》 范純仁《忠宣集》二十卷。

楊士奇等《文淵閣書目·文集》《范忠宣公文集》。一部，十册。完全。塾本補入。《范忠宣公文集》。一部，五册。完全。塾本補入。

王圻《續文獻通考·經籍考·集上》《范忠宣公文集》五十卷。蘇州范純仁著。

張萱等《内閣藏書目録·集部》 元祐丞相《范忠宣公文集》十册。全。公名純仁。凡二十卷。

錢謙益等《絳雲樓書目·宋文集類》《范忠宣公文集》。二十卷。

《四庫提要·别集類六》《忠宣文集》二十卷，《奏議》二卷，《遺文》一卷，附録一卷，《補編》一卷。兩淮馬裕家藏本。宋范純仁撰。純仁字堯夫，仲淹次子。皇祐元年進士。神宗時累擢天章閣待制，哲宗時貶永州安置，建中靖國初，召爲光禄卿，分司南京。卒謚忠宣。事蹟附見《宋史·仲淹傳》。《文集》凡二十卷。前五卷爲詩，後十二卷皆雜文。其末三卷爲國史本傳及李之儀所撰行狀，皆其姪孫之柔刊集時所附入也。前有嘉定五年樓鑰序，後有之柔及知永州沈圻、廖視、永州教授陳宗道四跋。又《奏議》二卷，自治平元年爲殿中侍御史，至元祐八年再相，前後所奏封事凡七十三首。又《遺文》一卷，載純仁文七首，附以其弟純禮文二首，純粹文十九首，乃其裔孫能濬據舊本重加删補。又附録一卷，爲諸賢論頌十三首。《補遺》一卷，載純仁尺牘一首，附以制詞、題跋等十二首，亦能濬所編訂。康熙丁亥其二十世孫時崇與仲淹集合刻行之。《書録解題》載《純仁言行録》二十卷，在宋世已佚。又有《彈事》五卷，《國論》五卷，今悉未見，蓋亦久不傳矣。

張金吾《愛日精廬藏書志·别集類》《范忠宣公文集》二十卷。元天慶刊本。

宋範純仁撰。

樓鑰序。嘉定五年。

范之柔跋。嘉定辛未。

沈圻跋。嘉定壬申。

廖視跋。同上。

陳宗道跋。同上。

彈事

《宋史·藝文志·别集類》 范純仁《彈事》五卷。

國論

《宋史·藝文志·别集類》 范純仁《國論》五卷。

浄德集

《宋史·藝文志·别集類》《吕陶集》六十卷。

張萱等《内閣藏書目録·集部》《浄德先生文集》十册。全。宋紹聖閒給事吕陶元鈞著。

《四庫提要·别集類六》《浄德集》三十八卷。《永樂大典》本。宋吕陶撰。陶字元鈞，號浄德，成都人。皇祐中進士。熙寧閒復登制科，歷官給事中，改集賢院學士，知陳州。紹聖末坐黨籍貶。徽宗初復集賢殿修撰，知梓州。至仕卒。《宋史·藝文志》載陶集六十卷，久無傳本。其得見於世者，僅《宋文鑑》所載《請罷黄隱》一疏。今就《永樂大典》各韻内採掇裒輯，分類編次，釐爲三十八卷。雖以史傳相較，其奏疏諸篇，或載或闕。其《應制科策》一首，不可復考，未必盡還舊觀。然已什得其七八，所闕者固無幾也。

尤袤《遂初堂書目·别集類》《吕元均集》。

楊士奇等《文淵閣書目·文集》 吕元鈞《浄德文集》。一部，十册。全。

王容季集

尤袤《遂初堂書目・別集類》《王容季集》。

馬端臨《文獻通考・經籍考・別集》《王容季文集》。王冏容季，子直之弟。

王安國集

鄭樵《通志・藝文略・別集五》《王平甫集》三十卷。

尤袤《遂初堂書目・別集類》《王平甫集》。

陳振孫《直齋書録解題・別集類中》《王校理集》六十卷。祕閣校理王安國平甫撰。安國雖安石親弟，而意向頗不合，尤惡吕惠卿，卒爲所陷。坐鄭俠事，奪官歸田里，亦會惠卿方叛安石故也。尋復之，命下而卒。

馬端臨《文獻通考・經籍考・別集》《王校理集》六十卷。【略】南豐曾氏序略曰：平甫自少已桀然以材高見於世，爲文思若決河，語出驚人，一時争誦之。其學問尤敏，而資之以不倦，至晚愈篤，博覽強記，於書無所不通。其明於是非得失之理爲尤詳，其文閎富典重，其詩博而深矣。世皆謂平甫之詩，宜爲樂歌薦之郊廟，其文宜爲典册施諸朝廷，而不得用於世。然其文之可貴，人莫得而揜也。古今作者，或能文不必工於詩，或長於詩不必有文，平甫獨兼得之。其於詩尤自喜，其憂喜哀樂感激怨懟之情，於詩見之，故詩尤多也。

《元西湖書院重整書目・集》《王校理集》。

《宋史・藝文志・別集類》《王安國集》六十卷。又《序言》八卷。

治平文集

《宋史・藝文志・別集類》鄧綰《治平文集》三十卷。

翰林制集

《宋史・藝文志・別集類》鄧綰《翰林制集》十卷。

西垣制集

《宋史・藝文志・別集類》鄧綰《西垣制集》三卷。

雜文詩賦

《宋史・藝文志・別集類》鄧綰《雜文詩賦》五十卷。

孫覺文集　外集

《宋史・藝文志・別集類》《孫覺文集》四十卷。《外集》十卷。

節孝集

尤袤《遂初堂書目・別集類》《徐仲車集》。

陳振孫《直齋書録解題・別集類中》《節孝集》二十卷。楚州教授山陽徐積仲車撰。治平四年進士。以耳聵，不能仕。事其母極孝，行義純篤，古所謂卓行也。東坡謂其詩文怪而放，如玉川子。政和中賜謚節孝處士。

馬端臨《文獻通考・經籍考・別集》《節孝集》二十卷。

《宋史・藝文志・別集類》《徐積集》三十卷。

楊士奇等《文淵閣書目·文集》《徐節孝文集》。一部，四册。完全。

高儒《百川書志·宋文》《徐節孝文集》三十卷。楚州教授山陽徐積仲車撰。

徐𤊹《徐氏家藏書目·文集類》徐積《節孝集》。

張萱等《内閣藏書目録·集部》《徐節孝先生文集》五册。全。宋孝子徐積著。凡二十卷，附載一卷。又六册。全。又四册。全。

錢謙益等《絳雲樓書目·宋文集類》《徐節孝積集》。二十卷。仲車東坡謂其詩文怪而放，如玉川子。

王士禛《漁洋書跋》《徐節孝集》。《節孝先生集》三十卷，附録二卷。淳祐間，淮南轉運判官王夬亭序，丘洗馬象隨季貞重刻。其文率拙而碎，殊不成章。詩尤多笑柄，坡公《志林》謂如玉川子，蓋微辭也。唯江端禮子和所録《問答語》一卷，多可觀。然仲車獨行，其人在仕隱間，不必以詩文重也。

吴焯《繡谷亭薰習録·集一》《節孝集》三十卷。宋楚州教授謚節孝山陽徐積仲車著。淳祐庚戌淮南東路提點刑獄兼轉運判官王夬亭序，淮安州教授翁蒙正重編，景定甲子刊本也。舊有紹興戊辰一跋，稱萃備員山陽時，太守王直閣訪其遺稿數萬言，命萃鏤板以廣其傳。即夬亭序所云「山陽舊刻」是也。前有《事實》一卷，後增門人江端禮季恭録節孝語一卷。曝書亭本有皇慶癸丑玉霄賓序，元刻增節孝像及題贊，明嘉靖刻又增祠堂記。余所見元板漫漶，不及景定摹本。

《四庫提要·別集類六》《節孝集》三十卷，附録一卷。兩淮馬裕家藏本。宋徐積撰。積有《節孝語録》，已著録。積受業胡瑗之門，淵源篤實。其事母以純孝稱，立身亦堅苦卓絶，蓋古所謂獨行之士。然其文乃奇譎恣肆，不主故常。故陳振孫《書録解題》引蘇軾之言，稱其詩文怪而放，如玉川子。今觀其集，往往縱逸自如，不可繩以格律。軾所論者誠然。然其文雖雅俗兼陳，利鈍互見，頗有似於盧仝。而大致醇正，依經立訓，不失爲儒者之言，則非仝之所及也。惟其《復河説》一篇，欲求九河故道而穿之。不究地形，不明水勢，未免失於迂僻。史稱其雙耳聵甚，畫地爲字，乃始通語。終日面壁坐，不與人接，而四方事無不周知其詳。殆不然歟。舊本首載《事實》一卷，後附《語録》一卷。景定甲子淮安州學教授翁蒙正合編刊行，明嘉靖閒淮安兵備副使劉祐又因翁本重刊。今《語録》已别本孤行，不更複載。惟附録其《事實》一卷，備考核焉。

彭元瑞等《天禄琳琅書目後編·宋版集部》《節孝先生文集》。二函，十册。宋徐積撰。積字仲車，山陽人，官楚州教授，謚節孝。《宋史》有傳。書三十卷，前淳祐庚戌王夬亭序，結銜淮南東路提點刑獄公事兼淮南東路轉運判官稱「舊集版燬於兵，哀集全書，藏諸鄉校」云云。後有《語録》一卷，《事實》一卷，《附載》一卷。

又《明版集部》《節孝先生文集》。一函，四册。篇目同前元版集部，佚《事實》一卷，後有嘉靖己丑唐龍重修《節孝祠記》。龍字虞佐，蘭谿人。正德戊辰進士，官吏部尚書，謚文襄，《明史》有傳。

徐仲車詩

晁公武《郡齋讀書志·別集類下》《徐仲車詩》一卷。右皇朝徐積字仲車，東莞人。

馬端臨《文獻通考·經籍考·詩集》《徐仲車詩》一卷。

三江集

王圻《續文獻通考·經籍考·集上》《三江集》。王汲著。汲，通州人。嘉祐中嘗作《天將以夫子爲木鐸賦》，士以爲矜式，因呼爲王木鐸。後舉進士，官至梓州通判，多政聲。

王子直文集

馬端臨《文獻通考·經籍考·別集》《王子直文集》。王向子直，深父之弟。南豐文集序曰：子直自少已著文數萬言，與其兄弟俱名聞天下，可謂魁奇拔出之才，而其文能馳騁上下，偉麗可喜者也。讀其書，知其與漢以來名能文者，俱列作者之林，未知其孰先孰後，考其意，不當於理者亦少矣。然子直晚自以爲不足，而悔其少作，更欲窮探力取極聖人之指要，大行則欲發而見之事業，窮居則欲推而托之文章，將與《詩》、《書》之作者並，而文未知其孰先孰後也。然不幸早世，故雖有難得之材，獨立之志，而不得及其成就，此吾徒與子直之兄深甫所以深恨也。

西麓周氏曰：子直之於深甫，猶潁濱之於東坡也，芝蘭之叢，無不香者。然子直時有英氣，而能力自蟠屈以就法度，可謂有意於文章也。

晁君成集　别集

晁公武《郡齋讀書志・别集類下》《晁氏新城集》十卷。右皇朝族祖新城府君也。公諱某，字君成。早登進士第，爲杭州新城令，以没。蘇子瞻嘗稱其詩「清厚静深，而每篇輒出新意奇語」。

尤袤《遂初堂書目・别集類》《晁君成詩》。

陳振孫《直齋書録解題・詩集類下》《晁君成集》十卷，《别集》一卷。新城令晁端友君成撰。東坡爲作序。補之，其子也。

馬端臨《文獻通考・經籍考・詩集》《晁君成集》十卷，《别集》一卷。

【略】《東坡序略》曰：晁君成，君子人也。吾與之游三年，知其爲君子而不知其能文與詩，而君亦未嘗一語及此者。其後君既没，其子補之出君之詩三百六十篇，讀之而驚曰：嗟乎！詩之指雖微，然其美惡高下，猶有可以言傳而指見者；至於人之賢不肖，其深遠茫昧難知，蓋甚於詩。今吾尚不能知君之能詩，則其所謂知君之爲君子者，果能盡知之乎？君以進士得官，所至民安樂之，惟恐其去，然未嘗以一言求於他人，凡從仕二十三年而後改官以没。由此觀之，非獨吾不知，舉世莫之知也。君之詩，清厚静深，如其爲人，而每篇輒出新意奇語，宜爲人所共愛，其勢非君深自覆匿，人必知之。而其子補之，於文無所不能，博辨俊偉，絶人遠甚，將必顯於世。吾是以知有其實而辭其名者之必有後也。

《宋史・藝文志・别集類》《晁端友詩》十卷。

蔣康叔小集

鄭樵《通志・藝文略・别集五》《蔣康叔小集》一卷。

《宋史・藝文志・别集類》《蔣康叔小集》一卷。

赤城集

尤袤《遂初堂書目・别集類》羅正之《赤城集》。

陳振孫《直齋書録解題・别集類中》《赤城集》十卷。兩浙提刑寧海羅適正之撰。治平二年進士。學於四明樓郁。爲吏健敏，頗爲蘇子瞻、劉貢父諸公所知。台士有聞於世，自適始。

馬端臨《文獻通考・經籍考・别集》《赤城集》十卷。

《宋史・藝文志・别集類》羅適《赤城先生文集》十卷。

無爲集　别集

鄭樵《通志・藝文略・别集五》楊傑《無爲集》九卷。

尤袤《遂初堂書目・别集類》楊傑《無爲集》。

陳振孫《直齋書録解題・别集類中》《無爲集》十五卷，《别集》十卷。禮部郎濡須楊傑次公撰。嘉祐四年進士。元祐中爲郎。傑善談禪，《别集》皆爲釋、老，而釋又居十之九。

馬端臨《文獻通考・經籍考・别集》《無爲集》十五卷，《别集》十卷。

《宋史・藝文志・别集類》《楊傑集》十五卷。又《别集》十卷。

楊士奇等《文淵閣書目・文集》楊傑《無爲集》。一部，三册。全。

錢曾《讀書敏求記・集》楊傑《無爲集》十五卷。傑字次公，號無爲子。紹興癸亥歲，趙士䌽取其詩賦、碑記、雜文、表次成集。

《四庫提要・别集類六》《無爲集》十五卷。安徽巡撫採進本。宋楊傑撰。傑字次公，無爲軍人，因自號無爲子。嘉祐四年進士。元豐中歷官禮部員外郎，出知潤州。除兩江提點刑獄，卒於官。**【略】**集凡賦二卷，詩五卷，文八卷。紹興癸亥，知無爲軍趙士䌽所編。士䌽序云，删除蕪纇，取有補於教化者。若釋、道二家詩文則見諸《别集》。今《别集》不傳。故張敦頤《六朝事迹》載其《雨花臺詩》一首，王象之《輿地紀勝》載其《浄居寺》詩一首，潛説友《咸淳臨安志》載其《西湖參寥山房》詩一首,《鐵網珊瑚》載其《佛日山別長老弼公》詩一首,凡爲僧作者,今皆不見於集中也。然第五卷中有《寶山寺壁》一首、第七卷中有《題寶林院五松》一首、《東峰白雲院》一首、《野寺》一首,第十卷中有《圓同菴銘》一首、《圓寂菴銘》一首,未免自亂其例。又如銘五首入雜文。贊亦雜文,乃列詩中。詩以古體、律體分編,而《和謝判官宴南樓》一首,本拗體七言律,而誤入古詩,編次尤爲無緒。至於《魏詔君贊》「詔」字,蓋避仁宗嫌名,而次卷仍稱《魏徵君草堂》,校讎亦未盡善。惟傑集自南渡以後湮没不傳,士㢸積兩歲之力,搜求編次,使得復傳至今。其表章之功,固亦不可盡没耳。

彭元瑞等《天禄琳琅書目後編·宋版集部》 《無爲集》。一函,四册。宋楊傑撰。傑字次公,無爲軍人,因自號無爲子。官禮部員外郎、提點兩江刑獄。見《宋史·文苑傳》。書十五卷,分賦、詩、序、記、表、啓、誌、行狀、表述,而以奏議終焉。前有紹興癸亥趙士㢸序,傑集久未成書,士㢸知無爲軍時始搜求編刻成集也。

張金吾《愛日精廬藏書續志·別集類》 《無爲集》十五卷。舊鈔本。宋楊傑撰。國家以文教作成海内近二百年,主上紹開中興,息焉論道者,一紀於兹。比詔有司,修建太學,蓋以儒術粉飾治具,漸磨士類,未始須臾置也。無爲在淮右,小壘而多名士。侍講楊先生名傑,字次公,道號無爲子,實一時文人。公自妙齡擢巍科,以雄文妙賦,醇德懿行得名於時。中間立朝,議禮樂因革,人尤多之。晚年嘗奉使過太山,觀日出於絶頂之上;重九日賦詩,舉酒於華山蓮花之峰。繼被詔,從高麗僧統義天遊,前輩以謂皆以王事而得方外之樂,故於瞿曇,尤造理窟,當時如大丞相王公、内翰蘇公,悉印可之。年七十而終。生平所著文集,湮没未傳於世。吁,可惜也!歲在重光作噩之冬,士㢸誤恩,假守是邦。服膺侍講公之名舊矣,視事之初,首詢公文於縉紳間,歲餘搜獲不一。公遺辭典麗,立意奥妙,因删除其蕪類,及其有補於教化者,編次成集,將以爲學者標準,上佐吾君偃武修文之意,不其韙歟!其詩賦、碑記、雜文、表啓,共分爲一十五卷。若釋、道二家詩文,則見諸《别集》云。紹興癸亥歲夏四月,左朝議大夫、知無爲軍兼管内勸農營田事趙士㢸謹序。

宋名家詩文全集,余家藏亦不少。偶造白門,向屯部周浩若索異書,首出楊次公《無爲集》十五卷見眎。乃趙士㢸所編,鏤版於紹興癸亥年,大書深刻,紙墨雙妙。亟命童子三四,窮五日夜之力,依樣印書。雖字畫不工,皆余手訂正者。又得葉石林《建康集》、章草韻石刻,皆快事也。崇禎十六年八月九日,石城橋下雨航毛晉。

楊氏文集

王圻《續文獻通考·經籍考·集上》 《楊氏文集》二十餘卷。楊傑撰。

東歸集

尤袤《遂初堂書目·别集類》 劉煇《東歸集》。

陳振孫《直齋書録解題·别集類中》 《劉狀元東歸集》十卷。大理評事鉛山劉煇之道撰。煇,嘉祐四年進士第一人,《堯舜性仁賦》,至今人所傳誦。始在場屋有聲,文體奇澁,歐公惡之,下第。及是在殿廬得其賦,大喜。既唱名,乃煇也,公爲之愕然。蓋與前所試文如出二人手,可謂速化矣。仕止於郡幕,年三十六以卒。世傳煇既黜於歐陽公,怨憤造謗,爲猥褻之詞。今觀楊傑志煇墓,稱其祖母死,雖有諸叔,援古誼以適孫解官承重服,又嘗買田數百畝,以聚其族而餉給之。蓋篤厚之士也。肯以一試之淹,而爲此憸薄之事哉?

馬端臨《文獻通考·經籍考·别集》 《劉狀元東歸集》十卷。

《宋史·藝文志·别集類》 劉煇《東歸集》十卷。

感山賦

《宋史·藝文志·别集類》 崔公度《感山賦》一卷。

劉煇集

《宋史·藝文志·别集類》 《劉煇集》八卷。

范子功集

晁公武《郡齋讀書志・别集類下》《范子功集》五十卷。右皇朝范百禄子功，鎮之姪也。終於中書侍郎。

馬端臨《文獻通考・經籍考・别集》《范子功集》五十卷。

《宋史・藝文志・别集類》范百禄《榮國集》五十卷。

范百禄内制

《宋史・藝文志・别集類》《范百禄内制》五卷。

范百禄外制

《宋史・藝文志・别集類》《范百禄外制》五卷。

忠肅集

趙希弁《讀書附志・别集類二》《劉忠肅公文集》四十卷。右劉忠肅公摯之文也。忠肅制誥附于後。元城先生劉安世序之。公名摯，字莘老，永静軍東光人。嘉祐中，登進士甲科。元祐六年，拜右僕射，出知鄆州。紹聖四年，責鼎州團練副使，新州安置。薨，詔許歸葬，追復觀文殿學士。中興，贈少師，謚正肅，以家諱，改忠肅。

尤袤《遂初堂書目・别集類》《劉忠肅集》。

陳振孫《直齋書録解題・别集類中》《劉忠肅集》四十卷。丞相忠肅公東光劉摯莘老撰。凡四舉於鄉，試禮部爲第一，登嘉祐四年甲科。劉元城爲集序，述其出處大概。

馬端臨《文獻通考・經籍考・别集》《劉忠肅集》四十卷。

《宋史・藝文志・别集類》《劉摯集》四十卷。

楊士奇等《文淵閣書目・文集》《劉忠肅公集》。一部，十册。完全。

張萱等《内閣藏書目録・集部》《劉忠肅文集》十册。全。宋元祐閒劉摯著。

錢謙益等《絳雲樓書目・宋文集類》《劉忠肅公摯文集》。四十卷。劉元城作序。

《四庫提要・别集類六》《忠肅集》二十卷。《永樂大典》本。宋劉摯撰。摯字莘老，東光人。家於東平。登嘉祐四年甲科。神宗朝累遷禮部侍郎。哲宗即位，歷官門下侍郎，尚書右僕射。以觀文殿學士罷知鄆州。紹聖初，坐黨籍累貶鼎州團練副使，新州安置，卒紹興中，追贈少師，謚忠肅。事蹟具《宋史》本傳。其文集四十卷，見於《宋史・藝文志》，久無傳本。今從《永樂大典》各韻中裒輯編綴，共得文二百八十五首，詩四百四十三首。以原書卷目相較，尚可存十之六七。謹以類排纂，釐爲二十卷，而仍以劉安世原序冠之於首。摯忠亮骨鯁，於邪正是非之介，辨之甚嚴。終以見愠羣小，貶死荒裔。其爲御史時，論率錢助役之害，至王安石設難相詰，而摯反覆條辨，侃侃不撓。今其疏並在集中。他若劾蔡確、章惇諸疏，見於《宋史》者，亦并存無闕。其所謂修嚴憲法，辨别淄澠者，言論風采，猶可想見。固不獨文詞暢達，能曲鬯情事已也。至集中有《訟韓琦定策功疏》，頗論王同老攘功冒賞之罪。而《道山清話》遂謂文彦博再入，摯於簾前言王同老劄子，皆彦博教之，乞下史官改正。宣仁不從，彦博因力求退。今考此事，史所不載。而集中有《請彦博平章重事疏》，其推重之者甚至，尤足以證小説之誣。蓋當時黨論交訌，好惡是非，率難憑據。幸遺集具在，得以訂正其是非。於論世知人之學，亦不爲無補矣。

劉莘老聲畫集

楊士奇等《文淵閣書目・詩詞》《劉莘老聲畫集》。一部，二册。闕。

邵茂誠詩集

馬端臨《文獻通考・經籍考・詩集》《邵茂誠詩集》。邵迎茂誠撰。東坡序略曰：茂誠出其詩數百篇，余讀之彌月不厭。其文清和妙麗，如晉宋間人，而詩尤可愛，咀嚼有味，雜以江左唐人之風。

李誠之集

晁公武《郡齋讀書志・別集類下》《李誠之集》三卷。右皇朝李師中字誠之。中進士科。仁宗朝，權廣南轉運使，終天章閣待制。唐子方貶春州，嘗有詩送行，盛傳一時。

馬端臨《文獻通考・經籍考・別集》《李誠之集》三卷。

《宋史・藝文志・別集類》《李師中詩》三卷。

孫賢良進卷

晁公武《郡齋讀書志・別集類下》《孫賢良進卷》十卷。右皇朝孫洙字巨源，廣陵人。歐陽永叔舉洙賢良，上策論五十篇，極論時事。元豐中，直學士院，奉詔作《靈津廟碑》。上稱洙學術行誼，且大用之，暴得風緩而卒。或云上欲復大理獄，洙對合旨，由是驟進。

馬端臨《文獻通考・經籍考・別集》《孫賢良進卷》十卷。

誠德集

晁公武《郡齋讀書志・別集類下》呂和叔《誠德集》三十卷。右皇朝呂大鈞和叔。嘉祐二年，中進士第。大防仲弟也。終於宣義郎、鄜延路漕司屬官。師張厚之。贍學博文，無所不該，其文非義理不發。

馬端臨《文獻通考・經籍考・別集》呂和叔《誠德集》三十卷。

長興集

鄭樵《通志・藝文略・別集五》《沈存中集》七卷。沈括。

陳振孫《直齋書録解題・別集類中》《長興集》四十一卷。翰林學士沈括存中撰。括於文通爲叔，而年少於文通，世傳文通常稱括叔。今《四朝史》本傳以爲從弟者，非也。文通之父扶，扶之父同，括之父曰周，皆以進士起家，官皆至太常少卿。王荆公志周與文通墓，及文通弟遼誌其伯父振之墓可考。括坐永樂事貶。晚居京口，自號夢溪翁，自敍甚詳。

馬端臨《文獻通考・經籍考・別集》《長興集》四十一卷。**【略】**山谷黄氏曰：沈存中博極群書，至於《左氏春秋傳》、班固《漢書》，取之左右逢其原，真篤學之士也。

《四庫提要・別集類七》《長興集》十九卷。浙江巡撫採進本。宋沈括撰。括有《夢溪筆談》，已著録。陳振孫《書録解題》載括集四十一卷。南宋高布嘗合沈遼、沈遘二集刻於括蒼，題曰《吴興三沈集》。此本卷末題「從事郎處州司理參軍高布重校」一行，蓋即括蒼所刻本也。括博聞强記，一時罕有其匹。所作《筆談》，於天文、算數、音律、醫卜之術，皆能發明考證，洞悉源流。而在當時乃不甚以文章著。然學有根柢，所作亦宏贍淹雅，具有典則。其四六表啓，尤凝重不佻，有古作者之遺範。惜流傳既久，篇帙脱佚，闕卷一至卷十二，又闕卷三十一，又闕卷三十三至四十一，共二十二卷。勘驗諸本，亦皆相同。知斷爛蠹蝕，已非一日。《宋文鑑》及《侯鯖録》諸書載括詩什頗多，而集中乃無一首。又史稱括爲河北西路察訪使，條上三十一事，皆報可。其他建白甚衆，而集中亦無奏劄一門。蓋皆在闕卷之中矣。又案三沈之中以括集列遘集之後，實則行輩括爲長。《書録解題》曰「括於文通爲叔，案文通，沈遘之字也。而年少於文通，世傳文通常稱括叔。今《四朝史》本傳以爲從弟者，非也。文通之父扶，扶之父同，括之父曰周，皆以進士起家，官皆至太常少卿。王荆公誌周與文通墓，及文通弟遼誌其伯父振之墓可考」云云。其辨證甚明。元修《宋史》，仍以括爲遘之從弟，殊爲乖誤。今據陳氏之説，附正其失。用以見《宋史》疎舛，不足盡爲典據焉。

張金吾《愛日精廬藏書志・别集類》《長興集》殘本十六卷。鈔本。宋龍圖閣學士沈括存中著。原四十一卷，今缺卷一至十二，卷二十九至末，共缺二十五卷。

荆溪前後集　别集

《宋史・藝文志・别集類》蔣之奇《荆溪前後集》八十九卷。又《别集》九卷。

北扉集

《宋史・藝文志・别集類》蔣之奇《北扉集》九卷。

西樞集

《宋史・藝文志・别集類》蔣之奇《西樞集》四卷。

巵言集

《宋史・藝文志・别集類》蔣之奇《巵言集》五卷。

芻　言

《宋史・藝文志・别集類》蔣之奇《芻言》五十篇。

蔣之奇集

《宋史・藝文志・别集類》《蔣之奇集》一卷。

蔣之奇文集

王圻《續文獻通考・經籍考・集上》《蔣之奇文集》百餘卷。之奇，宜興人。

盧秉文集

《宋史・藝文志・别集類》《盧秉文集》十卷。

廣陵集　拾遺

鄭樵《通志・藝文略・别集五》《王逢原集》十卷。

尤袤《遂初堂書目・别集類》《王逢原集》。

陳振孫《直齋書録解題・别集類中》《廣陵集》二十卷。揚州布衣王令逢原撰。令少年有盛名，王介甫尤重之。年二十八而卒。其妻吴氏，安石夫人之女弟也，守志不嫁。一女遺孕，嫁吴師禮；其子曰説，所謂吴傳朋也。令之墓，安石銘之。後有劉發者爲之傳。吴氏之墓，其姪王雲銘之，奉使死磁州者也。

馬端臨《文獻通考・經籍考・别集》《廣陵集》二十卷。**【略】**石林葉氏曰：王逢原作騷文極工，蓋非徒有意言語。嘗渡揚州江，中流，慨然有感，乃作《江上詞》，既以爲未極其意，又作《山中詞》，寄示王荆公。荆公讀中篇，不覺失聲嘆曰：「秦、漢後，乃有斯人邪！」自以爲不及，於是與之交益密。逢原早死，文字多散落，二詞世少有見者。

後村劉氏曰：昔讀《廣陵集》，草草用硃筆點出妙處，晚年遂再選一番。本朝諸人，惟逢原别是一種風調，如靈芝慶雲，出爲祥瑞。半山崛強於歐、蘇，無所推讓，非苟嘆服後生者。

《宋史・藝文志・別集類》《王令集》二十卷。又《廣陵文集》六卷。

楊士奇等《文淵閣書目・文集》 王逢原《廣陵文集》。一部，四册。全。

范邦甸等《天一閣書目・別集類》《王廣陵文集》二十二卷。藍絲闌鈔本。宋王令撰。外孫吴説編次。卷首有王安石撰墓誌銘，并劉發撰傳。

張萱等《内閣藏書目録・集部》《廣陵文集》四册。全。宋神宗朝王逢原著。凡二十二卷。

錢謙益等《絳雲樓書目・宋文集類》《王廣陵文集》。二十卷。揚州布衣王令逢原，最爲王荆公所重。

吴焯《繡谷亭薰習録・集一》《廣陵集》二十一卷，《拾遺》一卷。宋王令逢原著。外孫吴説編。王安石序。令古詩不減韓吏部，而臨川獨稱其《江上》、《山中》二辭，謂是秦漢後安有斯人。葉石林謂二辭世人罕有見者，今具見集中。臨川之論似欲排抑歐、蘇，籠罩當世，非定論也。其律詩佳句已見《桐江詩話》。他如《春雪》云：「風披海國鹽波涸，春入仙田玉氣肥。」《京口》云：「水開海月寒初上，樹盡秋城碧自圍。」《潤州》云：「半夜樓臺横海日，萬家簫鼓過江風。」《春城》云：「不見暮雲成宿雨，空看芳草到斜陽。」是皆可爲詩法。其文亦喜言性理，高自位置。此東坡所謂王氏好使人同己，此則王氏之同也。末有《廣陵先生傳》，門人劉發作。

《四庫提要・別集類六》《廣陵集》三十卷，《拾遺》一卷。兩淮鹽政採進本。宋王令撰。令，元城人。幼隨其叔祖乙居廣陵，遂爲廣陵人。初字欽美，后王萃字之曰逢原。少不檢。既而折節力學，王安石以妻吴氏之妹妻之。年二十八，卒。遺腹一女，適吴師禮。生子曰説。其集即説所編。凡詩賦十八卷，文十二卷。又《拾遺》一卷，墓誌、事狀及交游、投贈、追思之作皆附焉。令才思奇軼，所爲詩磅礴奥衍，大率以韓愈爲宗，而出入於盧仝、李賀、孟郊之閒。雖得年不永，未能鍛鍊以老其材，或不免縱横太過。而視局促剽竊者流，則固倜倜乎遠矣。劉克莊《後村詩話》嘗稱其《暑旱苦熱》詩，骨力老蒼，識度高遠。又稱其《富公并門入相》、《答孫莘老》、《聞雁》諸篇。明馮惟訥編《古詩紀》，以其《於忽操》三章誤收入古逸詩中，以爲龐德公作。豈非其氣格遒上，幾與古人相亂，故惟訥不能辨歟！古文如《性説》等篇，亦自成一家之言。王安石於人少許可，而最重令。同時勝流如劉敞等，並推服之。固非阿私所好矣。其集久無刊本，傳寫譌脱，幾不可讀。今於有可考校者，悉爲釐正。其必不可通者，則姑仍舊本，庶不失闕疑之意焉。

張金吾《愛日精廬藏書志・別集類》《廣陵先生文集》四十二卷。舊鈔本。宋王逢原令撰。甥吴説編次。

英宗御製

《宋史・藝文志・別集類》《英宗御製》一卷。

澤畔集

鄭樵《通志・藝文略・別集五》 劉恕《澤畔集》一卷。

雲巢編

陳振孫《直齋書録解題・別集類中》《雲巢集》十卷。審官西院主簿沈遼叡達撰。遘親弟也。以兄任爲京官，坐法流貶，事見《揮麈録》。自永徙池，築室齊山，號雲巢，竟不復起。以上三集刊於括蒼，號《三沈集》，其次序如此，蓋未之考也。

馬端臨《文獻通考・經籍考・別集》《雲巢集》十卷。

《四庫提要・別集類七》《雲巢編》十卷。浙江巡撫採進本。宋沈遼撰。遼字叡達，錢塘人。遘之弟也。用兄任監壽州酒稅。熙寧初，爲審官西院主簿。久之，以太常寺奉禮郎攝華亭縣。坐事流永州。更徙池州，築室齊山，自號雲巢，遂不復起。事蹟具《宋史》本傳。遼墓誌稱所著《雲巢編》二十卷。今此本乃宋高布載入《吴興三沈集》者，所存祗十卷。《文獻通考》所載卷數亦同。殆布校刊之時，已有所合併歟。又集中《海天寥寥禾黍秋》一首，此本題曰《初聞鶴唳》，而徐碩《至元嘉禾志》乃作《題干山圓智寺》。又《門箴》一首，《至元嘉禾志》作《華亭縣門箴》，且有跋語兩行。均與此乖互不合。或當時尚有別本，故所據互有異同也。遼文章豪放奇麗，無塵俗齷齪之氣，而尤長於歌詩。王安石嘗贈以「風流謝安石，瀟灑陶淵明」之句，而安石子雱亦云「前日覽佳作，淵明知不如」，皆以柴桑格調爲比，其傾倒可謂甚至。然遼詩實主於生峭，與陶詩蹊徑頗不相類。觀其生平，屢與黃庭堅酬和，而庭堅亦稱其「能轉古語爲我家物」，知爲豫章之別派，非彭澤之支流矣。

張金吾《愛日精廬藏書志・別集類》 《雲巢集》十卷。鈔本宋太常寺奉禮郎、番官西院主簿沈遼睿達著。

明道集　遺文

趙希弁《讀書附志・別集類三》 《明道先生文集》四卷，《遺文》九篇。右程純公顥字伯淳之文也。太師潞國公文彦博題其墓曰：「大宋明道先生程君伯淳之墓。」弟頤序其所以而刻之。嘉定十二年，謚曰純公，取法所謂「中正粹精」也。淳祐初，詔從祀于學，封河南伯。此集并《伊川集》刻于長沙者，南軒先生識其後曰：「右遺文九篇，新安朱熹得之玉山汪應辰者，敬授教授何蘊俾嗣刻之。」

尤袤《遂初堂書目・別集類》 《明道先生集》。

陳振孫《直齋書録解題・別集類中》 《明道集》四卷，《遺文》一卷。監察御史河南程顥伯淳撰。三司使羽之後也。其父曰珦。顥之没，文潞公題其墓曰明道先生。

馬端臨《文獻通考・經籍考・別集》 《明道集》四卷，《遺文》一卷。

《宋史・藝文志・別集類》 《程顥集》四卷。

楊士奇等《文淵閣書目・文集》 《程明道文集》。一部，二册。完全。《程明道文集》。一部，二册。完全。

徐𤊹《徐氏家藏書目・文集類》 程顥《明道集》五卷。

張萱等《内閣藏書目録・集部》 《明道先生文集》二册。全。宋神宗朝程顥著。凡四卷。

李清臣文集

《宋史・藝文志・別集類》 《李清臣文集》一百卷。

淇水集

鄭樵《通志・藝文略・別集五》 《淇水釣翁文集》八十卷。李清臣。

尤袤《遂初堂書目・別集類》 《李邦直集》。

陳振孫《直齋書録解題・別集類中》 《淇水集》八十卷。門下侍郎大名李清臣邦直撰。清臣，韓魏公姪壻。治平二年中制科。歐陽公愛其文，以比蘇軾。其爲人亦寬博有度，而趨時嗜權利，首主紹述之論，意規宰相，亦卒不如其志。

馬端臨《文獻通考・經籍考・別集》 《李淇水集》八十卷。

《宋史・藝文志・別集類》 《李清臣集》八十卷。

呂惠卿集

鄭樵《通志・藝文略・別集五》 《呂吉甫集》二十卷。呂惠卿。

晁公武《郡齋讀書志・別集類下》 《呂吉甫集》二十卷。右皇朝呂惠卿字吉甫，閩人。王安石執政，擢參知政事。元祐初，謫知福州。紹聖後，累領藩鎮。有《莊子解》。爲文長於表奏。

馬端臨《文獻通考・經籍考・別集》 《呂吉甫集》二十卷。【略】後村劉氏曰：考亭論荆公東坡門人，寧取呂吉甫而不取秦少游輩，其説以爲吉甫猶看經書，少游翰墨而已。孫鴻慶序其文，謂辭嚴義密，追古作者。

《宋史・藝文志・別集類》 《呂惠卿文集》一百卷，又《呂惠卿集》五十卷。

支離子集

徐𤊹《徐氏家藏書目・文集類》 黄希旦《支離子集》二卷。

張萱等《内閣藏書目録・集部》 《支離子詩》。一册。全。宋仁宗朝邵武真人黄希旦著。後希旦坐化，去右丞。黄公履爲傳，蘇子瞻有跋。

黄虞稷《千頃堂書目・別集類・補宋》 黄希旦《支離子詩集》一卷。邵武道士。

倪燦等《宋史藝文志補・別集類》 黄希旦《支離子詩集》一卷。邵武道士。

《四庫提要・別集類存目一》 《支離子集》一卷。浙江鮑士恭家藏本。一曰《竹堂集》。宋道士黄希旦撰。希旦，邵武人，一名晞，字姬仲，自號支離子。熙寧中嘗召至京師，典太乙宫事。後病卒，其徒傳爲仙去，無可證驗也。此集爲淳祐己酉九龍觀道士危必升所編。後附小傳云，希旦爲九天彌羅真人，掌上帝章奏，語甚怪妄。其詩亦凡近無深致，不類出世有道者之言。且希旦没於熙寧甲寅，不云有詩。越一百七十五年，是集忽出於羽流，則非惟仙去之説事涉荒誕，并此集殆亦依託矣。

孔文仲文集

《宋史・藝文志・別集類》 《孔文仲文集》五十卷。

横渠集

尤袤《遂初堂書目・別集類》 劉景文《横渠集》。

劉景文集

陳振孫《直齋書録解題・詩集類下》 《劉景文集》一卷。左藏庫使知隰州劉季孫景文撰。環慶死事將平之子也。東坡嘗薦之。坡在杭，季孫寄詩，有「四海共知霜鬢滿，重陽曾插菊花無」之句，其詩慷慨有氣，如其爲人。

馬端臨《文獻通考・經籍考・詩集》 《劉景文集》十卷。

喬執中古律詩賦

《宋史・藝文志・別集類》 《喬執中古律詩賦》十五卷。

喬執中雜文碑誌

《宋史・藝文志・別集類》 《喬執中雜文碑誌》十卷。

錢塘集

陳振孫《直齋書録解題・別集類中》 《錢塘韋先生集》十八卷。主客郎中錢塘韋驤子駿撰。驤，皇祐五年進士。元祐中，以近臣薦爲監司數路，知明州，以左朝議大夫致仕。崇寧中乃卒。少以辭賦有聲場屋，王荆公喜其《借箸賦》，頗稱道之。陳師錫誌其墓。

馬端臨《文獻通考・經籍考・別集》 《錢塘韋先生集》十八卷。

《宋史・藝文志・別集類》 《韋驤集》十八卷。又《賦》二十卷。

楊士奇等《文淵閣書目・文集》 《韋錢塘文集》。一部，九册。全。《韋錢塘文集》。一部，九册。闕。

張萱等《内閣藏書目録・集部》 《韋錢塘集》九册。全。宋皇祐間朝議大夫韋驤著，錢塘人。凡十八卷。

吴焯《繡谷亭薰習録・集一》 《錢唐韋先生集》十八卷。宋左朝議大夫錢唐韋驤子駿著。驤，登皇祐五年進士。初仕睦州壽昌縣尉，以憂不赴。後歷興國軍司理參軍、婺州武義縣令，改秘書省著作佐郎，知袁州萍鄉縣、通州海門縣，通判滁州、楚州，遷尚書、屯田員外郎，改朝奉郎、少府監主簿。元祐初，詔舉可任諸路使者，用薦擢利州路轉運判官，移福建路運判，召爲尚書主客郎中，出爲夔州路提點刑獄。秩滿，知明州。將代乞閑局，遂提舉洞霄宫，以左朝議大夫上柱國隴西縣開國子致仕。子壽隆，知衢州。迎養，以崇寧四年終于郡邸，年七十三。明年，歸葬錢唐縣長壽鄉。左朝請大夫陳師錫誌其墓。集本二十卷。乾道四年，其孫知江州能定刻于郡庠。跋云：「已失去後二卷。」故《通考》題十八卷是也。今又失去首二卷。驤于故里，著作頗多，而吾郡志乘録者寥寥。以未經見此集耳。聞之故老，宋槧本尚在人間，合浦珠離，豐城劍散，不知可能複合焉否？

《四庫提要·別集類六》《錢塘集》十四卷。編修汪如藻家藏本。宋韋驤撰。驤字子駿，錢塘人。皇祐五年進士。除知袁州萍鄉縣。歷福建轉運判官，主客郎中。出爲夔路提刑。建中靖國初，除知明州。勾宫祠，以左朝議大夫提舉杭州洞霄宫，卒。其事蹟不見於《宋史》。而集中所載表狀、祭文諸篇，署銜尚存，可以得其大概。馬端臨《經籍考》有《錢唐韋先生集》十八卷。《宋史·藝文志》卷數亦同。是編原本十六卷，前有收藏家題識云：「宋版韋驤集，係明吴寬家藏本，原闕第一、第二卷，實止十四卷。」檢勘書中，凡「構」字皆空闕，而注其下云「太上皇帝御名」，當由孝宗時刊本鈔傳。特所闕兩卷，諸本皆同。今已末由考補耳。驤少以詞賦知名，王安石最稱其《借箸賦》，而集中未見。考《宋史·藝文志》，驤別有賦二十卷。當別在賦集之内，而今佚之矣。其古體詩亦已不完，而梗概尚具。觀其氣格，大抵不屑於規橅唐人。而密詠恬吟，頗有自然之趣。雜文多安雅有法，而四六表啓，爲尤工。其精麗流逸，已開南宋一派。雖未能接蹟歐、梅，要亦一時才傑之士也。謹釐改目次，即所存之本以第三卷爲第一，定爲一十四卷，著之於録。屢經傳寫，脱落頗多。世無別本，其可知者隨文校正，其不可知者則姑從闕疑之義焉。

張金吾《愛日精廬藏書志·別集類》《錢塘韋先生文集》十八卷。鈔本。宋韋驤撰。原闕一二兩卷，後附墓誌銘。陳師鏐撰。先大父文稿二十卷，家藏日久，中以季父參議，携往別塾，最後二卷遺失，不可復得。能定大懼歲月寖遠，復有亡逸，以隳先志。謹命工鋟本於臨汀郡庠，時乾道四年五月中澣，孫右奉直大夫、知汀州軍州主管學事兼管内勸農使能定謹題。

韋驤賦

《宋史·藝文志·別集類》《韋驤賦》二十卷。

伊川集

晁公武《郡齋讀書志·別集類下》《伊川集》二十卷。右皇朝程頤正叔，珦之子也。少與其兄顥，從汝南周茂叔學。元祐初，司馬温公薦於朝，自布衣擢崇政殿説書。未幾，罷。紹聖中，嘗謫涪陵顓務。讀經明道，深斥辭章之學，從其遊者，多知名於世。

尤袤《遂初堂書目·別集類》《伊川先生集》。

陳振孫《直齋書録解題·別集類中》《伊川集》九卷。崇政殿説書程頤正叔撰。

馬端臨《文獻通考·經籍考·別集》《伊川集》二十卷。

《宋史·藝文志·別集類》《程頤集》二十卷。

楊士奇等《文淵閣書目·文集》《程伊川大全集》。一部，五册。完全。《程伊川文集》。一部，三册。殘缺。

徐𤊹《徐氏家藏書目·文集類》程頤《伊川集》九卷。

張萱等《内閣藏書目録·集部》《伊川大全集》五册。全。凡二十三卷。

錢謙益等《絳雲樓書目·宋文集類》《伊川先生集》四册。二十卷。

綸閣編

《宋史·藝文志·別集類》陳軒《綸閣編》六卷。

榮名集

《宋史・藝文志・別集類》 陳軒《榮名集》二卷。

臨汀集

《宋史・藝文志・別集類》 陳軒《臨汀集》六卷。

陳敦詩

《宋史・藝文志・別集類》 《陳敦詩》六卷。

馮安岳集

晁公武《郡齋讀書志・別集類下》 《馮允南集》十卷。右皇朝馮山字允南，普州人。鄧綰爲中丞，薦爲臺官，允南力辭不就，士論稱之。

馬端臨《文獻通考・經籍考・別集》 《馮允南集》十卷。

楊士奇等《文淵閣書目・文集》 《馮太師文集》。一部，三册。全。

張萱等《内閣藏書目録・集部》 《馮太師集》三册。全。宋嘉定間祠部郎中馮山著。凡三十卷。

黄虞稷《千頃堂書目・別集類・補宋》 馮山《馮太史集》三十卷。安岳人，官祠部郎中，贈太史。

倪燦等《宋史藝文志補・別集類》 《馮山太史集》三十卷。安岳人。

《四庫提要・別集類六》 《馮安岳集》十二卷。浙江汪啓淑家藏本。宋馮山撰。山字允南，初名獻能，安岳人。嘉祐二年進士。官至禮部郎中。山詩文本三十卷，嘉定中瀘州周鋭與山子澥集合刊之。前有劉光祖太師左丞合集序，及何憙固《二馮先生文集序》。此本澥集全佚。山集目録雖具，而自十三卷以後悉佚不傳，所存者惟詩十二卷。徐氏《傳是樓書目》所闕亦同。知散佚已久，世僅有此殘本也。山與梅堯臣、蘇舜欽同時。時已盡變楊、劉西崑之體，故其詩平正條達，無翦紅刻翠之態。其《上金陵王荆公詩》，有「更張漢法新」句，原字所謂當熙、豐間不能苟合於新法者，於此可見。蓋亦介立之士。其人足重，雖殘編斷簡，要不害其可傳。至澥當靖康中奏罷李綱宣撫西河，又受張邦昌僞命，隳其家聲。其集與山並刻，實爲薰蕕同器。其不傳也，正亦不足惜矣。

張金吾《愛日精廬藏書志・別集類》 《安岳馮公太師文集》十二卷。舊鈔本。曝書亭藏書。宋馮山撰。原三十卷，今佚十八卷。卷首有竹垞印記。《二馮先生文集序》曰：父子傳受，古難其兼。有開於前，後莫之嗣，作者窮矣。故父作子述，中庸以侈，周家之盛。而唐史臣傳李德裕，亦首表而出之曰：「元和宰相吉甫之子。」夫君臣之道，胥貴於續承者如此，而況斯文乎！韓昌黎一世儒宗，毫端所向，變化莫測，而得手應心之妙，已不能授其子，他可知也。司馬談之有遷，劉向之有歆，班彪之有固，父子相承，照耀一世，若可尚矣！然三家之子，類皆不善用其身，君子或慊焉，豈文章公器，造物者靳之而不畀人以其全耶？獨吾宋三蘇先生之出，掩千古而奪之氣，其文辭渾浩如長江大河，沛然莫禦，非斷港支流之可望。而其名節峻峙又如泰山喬岳，巖巖層霄之間，使人聳瞻而不敢議。父作子述之懿必如是，而後可以無愧也。彼三家者，溟涬然下風矣哉！普慈馮公允南以文名於時，其子澥承之益大以肆。今觀其父子之作，敷腴典重，不費追琢，自合法度。非有本者疇克爾。里人周君鋭關之契於心，乃鋟諸木。俾憙固序其首，辭不獲命，則以其素所感者書焉。嘉定乙亥中秋日梧谿散人何憙固叔堅序。

顏復集

《宋史・藝文志・別集類》 《顏復集》十三卷。

籟鳴集

王圻《續文獻通考・經籍考・集上》《籟鳴集》十卷，《奏議》十卷。沙縣曹輔著。輔子論，度支郎中，以詩名，有《約菴集》行世。

錢穆父集

尤袤《遂初堂書目・別集類》《錢穆父集》。

安燾文集

《宋史・藝文志・別集類》《安燾文集》四十卷。

廣諷味集

陳振孫《直齋書録解題・詩集類下》《廣諷味集》五卷。吏部侍郎南京王欽臣仲至撰。

馬端臨《文獻通考・經籍考・詩集》《廣諷味集》五卷。

滄浪集

鄭樵《通志・藝文略・別集五》張微《滄浪集》十卷。

進卷集

尤袤《遂初堂書目・別集類》徐德占《進卷集》。

王魏公集

尤袤《遂初堂書目・別集類》《王和父集》。

陳振孫《直齋書録解題・別集類中》《王魏公集》二十卷。尚書左丞王安禮和甫撰。近時厚順伯，其曾孫也。

馬端臨《文獻通考・經籍考・別集》《王魏公集》二十卷。

《元西湖書院重整書目・集》《王魏公集》。

《宋史・藝文志・別集類》《王安禮集》二十卷。

楊士奇等《文淵閣書目・文集》《王魏公文集》。一部，六册。全。《王魏公文集》。一部，六册。殘闕。

張萱等《内閣藏書目録・集部》《王魏公文集》六册。全。宋神宗朝王安禮著。又四册。不全。

錢謙益等《絳雲樓書目・宋文集類》《王魏公文集》。二十卷。名安禮，厚之曾祖。

《四庫提要・別集類六》《王魏公集》八卷。《永樂大典》本。宋王安禮撰。安禮字和甫，臨川人。安石之弟也。登嘉祐六年進士第。歷官翰林學士，知開封府，尚書左丞。還資政殿學士，知太原府。事蹟具《宋史》本傳。安石兄弟三人，惟安國以正議見絀，其文集亦湮没不傳。安禮位稍通顯，史稱其以經濟自任，而闊略細謹。故其生平，一以知湖、潤兩州與倡女共飯論罷，一以貪論罷。屢躓屢起，蓋亦跅弛於法度之外者。然其知制誥時，因彗星見，極言執政大臣不察上惠養元元之意，用力殫於溝瘠，取利究於園夫。其語皆以譏刺新法，則於大體尚能持正，固未可以一節概貶之矣。其集本二十卷，見於《宋史・藝文志》，陳振孫《書録解題》者並同。明葉盛《菉竹堂書目》亦載有《王魏公集》六册，是明初尚有傳本。厥後諸家書目，皆不著録。蓋自明中葉以後，已佚不存。今從《永樂大典》散見各韻者，裒輯彙編，釐爲八卷。其中内外制草，頗典重可觀。敘事之文，亦具有法度。至若沈季良、元絳諸誌銘，尤足補史傳之闕。以視安石，雖規模稍隘，而核其體格，固亦約略相似也。安禮封魏公，史所不載。惟田晝所撰《王和甫家傳》有云：「累勳至上柱國，爵魏郡開國公，食邑三千户，食實封五百户。」蓋宋世每遇郊恩，輒賜羣臣勳封。名號冗濫，故史不盡載。觀安禮所修《靈臺祕苑》，今著録子部中者，書前有安禮署銜一條，題「上騎都尉劇縣開國男」，而本傳亦未之及，則其爲史所略者，固已多矣。

林子中集

尤袤《遂初堂書目・別集類》《林子中集》。

内制集

尤袤《遂初堂書目・別集類》章子厚《内制集》。

王觀集

尤袤《遂初堂書目・別集類》《王觀集》

青山集　續集

鄭樵《通志・藝文略・別集五》郭祥正《青山集》五卷。

陳振孫《直齋書録解題・詩集類下》《青山集》三十卷。朝奉郎當塗郭祥正功父撰。初見賞於梅聖俞，後見知於王介甫，仕不達而卒。李端叔晚寓其鄉，祥正與之争名，未嘗同堂語，至爲俚語以譏誚之，則其爲人不足道也。

馬端臨《文獻通考・經籍考・詩集》《青山集》三十卷。【略】張浮休評郭祥正詩如大排筵席二十四味，終日揖讓而適口者少。

《宋史・藝文志・別集類》《郭祥正集》三十卷。

張萱等《内閣藏書目録・集部》《青山集》二册。當塗郭祥正著。又五册。全。

錢謙益等《絳雲樓書目・宋文集類》郭功父《青山集》。三十卷。祥正與李端叔同里，而不相能，嘗訹人訐端叔之罪，李以此削籍。

王士禛《漁洋書跋》《青山集》。二則。郭祥正《青山集》。閩謝氏寫本。六卷。古詩二卷，近體詩四卷，七言歌行僅二篇，或有闕文也。祥正多與王安石倡和之作，而集中不及蘇、黄一字。李端叔晚居姑孰，與祥正有隙，至爲詩相排詆最力。蓋各有所主也。方安石當國，祥正止言，請以天下計，專聽相公區畫，罷一切異議者。其人可知已。

《墨客揮犀》云：王荊公過金山寺，壁間得一絶句，反復諷咏，問知爲郭功甫所作，由此見重。尤愛其兩句云：「鳥飛不盡暮天碧，漁歌忽斷蘆花風。」又《題山居》云：「謝家莊上無多景，只有黄鸝三兩聲。」荊公命繪爲圖，自題其上，以金酒鍾並圖遺之。予謂此四句亦無足取，介甫事事與人異趣，此亦可見。

吴焯《繡谷亭薰習録・集一》《青山集》三十卷。宋朝奉郎當塗郭祥正功父著。余舊藏一本，只後二十卷而縮爲六卷，編次何人無考。吾家志上一本，係三十卷，而闕第十一卷至十六卷。以兩家所藏合之，俱成足本，與《通考》之數相符，第舊序並闕如焉，末卷《和楊蟠公濟西湖百題》，吾邑古蹟猶能徵之。

《四庫提要・別集類七》《青山集》三十卷，浙江巡撫採進本。《續集》七卷。編修朱筠家藏本。宋郭祥正撰。祥正字功父，當塗人。熙寧中舉進士。官至汀州通判，攝守漳州。事蹟具《宋史》本傳。晁公武《讀書志》、陳振孫《書録解題》皆載祥正《青山集》三十卷。王士禎《居易録》曰：「郭祥正《青山集》，閩謝氏寫本六卷。古詩二卷，近體詩四卷。七言歌行僅二篇，或有闕文。」是士禎所見已爲傳寫殘闕之本。此本三十卷，與陳、晁二家所載合，猶完書矣。又《續集》七卷，晁氏、陳氏均不載，《宋史・藝文志》亦不著録。前後無序跋，莫審誰所編次。然核其詩格，確出祥正，非後人所能依託。其中紀述，頗足與史傳相參考。

孫星衍《平津館鑒藏書籍記・舊影寫本》《青山集》六卷。題「當塗郭祥正字功父」。前後無序跋。《四庫全書》:「《青山集》卅卷,《續集》七卷。」此本古詩二卷,近體詩四卷,即王漁洋《居易録》所見閩謝氏寫本。收藏有「新安汪氏」朱文方印「啓淑信印」白文方印。

黄丕烈《蕘圃藏書題識・集類二》《青山集》六卷。舊鈔本。余於數年前海鹽友人攜舊鈔《郭青山集》求售,止六卷,因其與陳録三十卷之説不合,還之。後檢《居易録》知郭祥正《青山集》閩謝氏寫本六卷,古詩二卷,近體詩四卷。余所見者當即此,惜已交臂失之矣。頃有湖估持《青山集》二本,一即前所見者,一三十卷本。卅卷本鈔較後有硃筆校,似曾見過六卷本者,疑六卷本異同處爲勝,遂留六卷本,而舍其三十卷本。既而思三十卷陳録所云,必係古本,復從書友借校,知近體詩不過敘次倒置三十卷間,有多而無少。若古體則彼此互有多少,在五古内。而七言古及長短句、歌行、雜體,六卷中所少紛如,始知卅卷本非盡無用也。擬將別録其少者附後。三十卷本舛誤不一,分體分卷,多所未協,不知即陳録所云之舊本否。嘉慶十一年丙寅春三月九日。蕘翁識。

葉康直文集

《宋史・藝文志・別集類》《葉康直文集》十卷。

吴孝宗集

《宋史・藝文志・別集類》《吴孝宗集》二十卷。

馬子才集

鄭樵《通志・藝文略・別集五》《馬子才集》十卷。馬存。

尤袤《遂初堂書目・別集類》《馬子才集》。

陳振孫《直齋書録解題・別集類中》《馬子才集》八卷。鎮南節度推官鄱陽馬存子才撰。元祐三年進士第四人。

馬端臨《文獻通考・經籍考・別集》《馬子才集》八卷。【略】研軒程氏曰:「子才文波瀾雄壯,英毅有奇氣,不可摯維。且徐節孝、蘇文忠許可最厚,淵源有所自矣。或疑其過於豪放,故宦業不甚顯以没,是未免以成敗論也。方新學盛行,士皆以穿鑿怪誕相高,子才自上庠奉大對,首闢災異曲説,歸諸人事。至論外患,則略西南而獨斥北方,淵然有爲國經久意。不溺時好,卓卓如此。既没之後,川黨議起,蘇、黄文字,焚燬無遺,而子才亦在指揮中,故世罕傳,傳復訛舛。近得其族黨所儲善本,參以板行者,精加是正,釐爲十一卷。凡爲策二,策題四,時論三,史論二十二,古詩四十六,律詩五十,絶句八十四,記十一,序八,書四,啓七,文疏八,雜著四,誌銘十三。又爲年譜,列於墓碣之次,以詳其出處,大率得之傳聞,雖未保其無謬,其於尊慕師匠,則深有意焉。既成,有示以舊刊進策十六卷,似非本真,故不敢附著云。先公曰:「子才諸史論,如論晉人以父母之邦委之於群胡,殘暴戮辱,百餘年間,無有奮發以生吾中國之氣,又安得有奇士哉?」又論後魏謂中國以禮義文采之腴,而飼禽獸之饑,此之謂不幸,非吾一人可與之争,古之善戰者,能用天下之氣而已矣。嗚呼!安得此語聞於炎、紹中天之初乎。子才從節孝徐先生游且久,其文章雄直,雅似節孝。今取徐集中所贈三詩,繫家集後,并書其説云。

《宋史・藝文志・別集類》《馬存集》十卷。

經濟集

《宋史・藝文志・別集類》馬存《經濟集》十二卷。

曾布集

尤袤《遂初堂書目・別集類》《曾子宣集》。

《宋史・藝文志・別集類》《曾布集》三十卷。

丹丘使君詩詞

《宋史・藝文志・別集類》 曾布之《丹丘使君詩詞》一卷。

鳳臺子和杜詩

《宋史・藝文志・別集類》 王彦輔《鳳臺子和杜詩》三卷。

南湖詩

《宋史・藝文志・別集類》 郭徹《南湖詩》八卷。

臨漢隱居集

晁公武《郡齋讀書志・別集類下》 《臨漢隱居集》二十卷。右皇朝魏泰，字道輔，襄陽人。曾布子宣之妻弟。幼爽邁，能屬文。嘗從徐禧。晚節卜隱漢上。人頗言其倚子宣之勢，爲鄉里患苦云。

馬端臨《文獻通考・經籍考・別集》 《臨漢隱居集》二十卷。

王圻《續文獻通考・經籍考・集上》 《臨漢隱居集》二十卷。魏泰著。泰，襄陽人。善文章，崇觀間章惇欲官之，竟拂袖還家。

東軒筆録

王圻《續文獻通考・經籍考・集上》 《東軒筆録》十五卷。魏泰著。

策論

尤袤《遂初堂書目・別集類》 王賢良《策論》。

儒志

楊士奇等《文淵閣書目・文集》 王賢良《儒志》。一部，一册。全。

自鳴集

陳振孫《直齋書録解題・詩集類下》 易足居士《自鳴集》十五卷。鄱陽章甫冠之撰。居吴下，自號轉庵，作易足堂，韓無咎爲之記。

馬端臨《文獻通考・經籍考・詩集》 易足居《自鳴集》十五卷。

楊士奇等《文淵閣書目・詩詞》 章甫《自鳴集》。一部，三册。闕。

張萱等《内閣藏書目録・集部》 易足居士《自鳴集》三册。宋寧宗朝鄱陽章甫著。

《四庫提要・別集類十三》 《自鳴集》六卷。《永樂大典》本。宋章甫撰。【略】一字冠之，鄱陽人。徙居真州，自號易足居士。即撰此集者也。甫行事不概見。惟張端義《貴耳集》有云：「張冠之名甫，有文集十卷。」

東坡全集

晁公武《郡齋讀書志・別集類下》 《蘇子瞻東坡前集》四十卷，《後集》二十卷，《奏議》十五卷，《内制》十卷，《外制》三卷，《和陶集》四卷，《應詔集》十卷。

尤袤《遂初堂書目・別集類》 《東坡前後集》。

陳振孫《直齋書録解題·别集類中》 《東坡集》四十卷，《後集》二十卷，《内制集》十卷，《外制集》三卷，《奏議》十五卷，《和陶集》四卷，《應詔集》十卷。

馬端臨《文獻通考·經籍考·别集》 蘇子瞻《東坡前集》四十卷，《後集》二十卷，《奏議》十五卷，《内制》十卷，《外制》三卷，《和陶集》四卷，《應詔集》十卷。

《元西湖書院重整書目·集》 《蘇東坡集》。

《宋史·藝文志·别集類》 《蘇軾前後集》七十卷，《奏議》十五卷，《補遺》三卷，《南徵集》一卷，《詞》一卷，《南省説書》一卷，《應詔集》十卷，《内外制》十三卷，《别集》四十六卷，《黄州集》二卷，《續集》二卷，《和陶詩》四卷，《北歸集》六卷，《儋耳手澤》一卷，《年譜》一卷。王宗稷編。

高儒《百川書志·宋文》 蘇子瞻《東坡集》七十五卷，《年譜》一卷，附録二卷，《前集》四十卷，《後集》二十卷，《續集》十二卷，《奏議》，《應詔集》，《内制》，《外制》。文忠公眉山蘇軾子瞻撰。

范邦甸等《天一閣書目·别集類》 《蘇文忠公文集》四十卷，《奏議》十五卷，《外制集》三卷，《内制集》十卷，《後集》二十卷，《續集》十二卷。刊本。

徐𤊹《徐氏家藏書目·文集類》 《蘇軾東坡集》一百九卷。

張萱等《内閣藏書目録·集部》 《東坡文集》二十六册。不全。宋蘇軾著。《目録》一册，《前集》十二册，《後集》七册，《奏議》五册，《和淵明詩》一册，俱全。《内訓》三册，闕，第二册并闕，《外集》一册。《東坡文集》十五册。不全。《東坡後集》六册。不全。又四册。不全。《東坡詩集》三十四册。不全。《東坡内外制》二册。不全。

錢謙益等《絳雲樓書目·宋文集類》 《蘇文忠公集》。《東坡集》四十卷，《後集》二十卷，《奏議》十五卷，《内制》十卷，《外制》三卷，《和陶詩》四卷，又有《外集》，亦宋人所編，最精審。

吴焯《繡谷亭薰習録·集一》 《東坡全集》一百一十五卷，《目録》七卷，《年譜》一卷，此後人總彙舊本七集，分類編次，而以乾道九年孝宗御製序及贈太師敕、《宋史》本傳、蘇轍墓誌、五羊王宗稷年譜冠其前。凡例稱：長公全集，舊惟有江西、京本二刻。殊不知坡公在日，已有杭本行世，蜀本亦同。第杭本無《應詔集》耳。後公之曾孫給事嶠季真又刻家集于建安，亦遵杭本。孝宗序即題賜嶠也，麻沙書坊亦曾刻大全集。此本頗有增補，而源流不清，明季勘書家牽率類是。

于敏中等《天禄琳琅書目·元版集部》 《東坡集》。一函，十二册。宋蘇軾著。《前集》四十卷，《後集》二十卷，《奏議》十五卷，《内制集》十卷，《外制集》三卷，《和陶詩》四卷，《應詔集》十卷，共一百二卷。無校刊姓氏。

此書前後俱無序跋。密行細書，橅印工緻，係仿宋巾箱本式，欲以之亂真者，當屬元初人所爲，始克有此形似。惜紙質鬆脆，不能相強耳。

又《明版集部》 《東坡全集》。四函，二十六册。宋蘇軾著。《東坡集》四十卷，《奏議》十五卷，《應詔集》十卷，《内制集》十卷，附《樂語》一卷，《外制集》二卷，《後集》二十卷，《續集》十二卷，共一百十卷。前有序，闕名，次宋贈蘇軾太師敕，次《宋史》本傳，次《年譜》，次蘇轍撰墓誌銘。

《四庫提要·别集類七》 《東坡全集》一百十五卷。内府藏本。宋蘇軾撰。軾有《易傳》，已著録。宋蘇轍作軾墓誌，稱軾所著有《東坡集》四十卷，《後集》二十卷，《奏議》十五卷，《内制》十卷，《外制》三卷，《和陶詩》四卷。

張之洞《書目答問·别集》 《東坡七集》一百一十卷。宋《蘇軾集》四十卷，《後集》二十卷，《奏議》十五卷，《内制集》十卷，《外制》附《樂語》三卷，《應詔集》十卷，《續集》十二卷。明成化四年江西布政司重刻宋本。嘉靖十三年江西布政司又重刻此本，爲最古。又《大全集》本一百三十卷，分體編次，易於檢尋，明刻、今刻多有。

大成集

鄭樵《通志·藝文略·别集五》 《大成集》八十卷。蘇軾。

東坡集

范邦甸等《天一閣書目·别集類》 《東坡集》十六卷。刊本。明萬曆庚子，焦竑序云：「古今之文，至東坡先生，無餘能矣。獨其簡帙浩繁，部分叢雜，故先生之文，學者未盡讀。即讀而弗知其味，猶弗讀也。卓吾先生乃詮擇什一，并爲點定。頃王太史取見行全集與向余于中祕見蘇集，不減十餘種，手自排纂爲一編，未成。外集，類次之以傳，屬余以卓翁本先付梓人，學者讀此而有得，因以讀先生之全書，斯無負于兩先生耳。」

黃虞稷《千頃堂書目・文史類》 李贄《坡仙集》十六卷。

東坡別集　續別集

趙希弁《讀書附志・別集類三》 《東坡先生別集》三十二卷，《續別集》八卷。

右《東坡先生別集》、《續別集》，乃蘇公嶠刊置建安而删略者。淳祐甲辰廬陵郡庠刊。

陳振孫《直齋書録解題・別集類中》 《東坡別集》四十六卷。坡之曾孫給事嶠季真刊家集於建安，大略與杭本同。蓋杭本當坡公無恙時已行於世矣。

馬端臨《文獻通考・經籍考・別集》 《東坡別集》四十六卷。

楊士奇等《文淵閣書目・文集》 《東坡別集》。一部，十五册。殘缺。《東坡後集》。一部，五册。闕。

東坡續集

吴焯《繡谷亭薰習録・集一》 《東坡續集》十二卷。有目無序，紙墨近古。案《文獻通考》載坡公《前集》四十卷，《後集》二十卷，《奏議》十五卷，《内制》十卷，《外制》三卷，《和陶》四卷，《應詔》十卷。而《絳雲書目》則以《續集》十二卷，列于《應詔》之後。疑出舊人編次，牧齋蓋有所本也。

東坡外集

錢謙益等《絳雲樓書目・宋文集類》 《東坡外傳》四册。此恐即是《外集》。「傳」字殆傳寫之誤耳。宋人編公《外集》，盡去《志林》、《詩話》標目。入之雜志中，最爲有識。此東澗老人之言也。

吴焯《繡谷亭薰習録・集一》 《東坡外集》八十六卷。此編坡公前後二集未録之文，萬曆戊甲濟南康丕揚視鹺兩淮日所刻，有序，瑯琊焦竑、晉興毛九苞並序。序中只稱向有《外集》一書而已，不詳編自何人。其卷首載《坡公集》名，如《南行集》、《坡梁集》、《錢唐集》、《超然集》、《黃樓集》、《眉山集》、《武功集》、《雪堂集》、《黃岡小集》、《仇池集》、《毗陵集》、《蘭臺集》、《真一集》、《岷精集》、《掞庭集》、《百斛明珠集》、《玉局集》、《海上老人集》、《東坡前集》、《後集》、《東坡備成集》、《類聚東坡集》、《東坡大全集》、《東坡遺編》。并有跋云：「如上諸集詳加校定，輒以類附，合爲一編，目曰《外集》。親蹟出于先生孫子與？凡當時故家者皆在。庶幾觀是集者，并前後二集，則先生之文無復逸遺之憾。」據跋語似出舊人所編，且諸集在當時各有單行，後人又不可不知也。

《四庫提要・別集類存目一》 《東坡外集》八十六卷。江蘇巡撫採進本。不著編輯者名氏。前有焦竑序，稱「世傳東坡集多亂以他人之作」

蘭臺前集

鄭樵《通志・藝文略・別集五》 《蘭臺前集》一百卷。蘇軾。

蘭臺後集

鄭樵《通志・藝文略・別集五》 又《蘭臺後集》七十卷。蘇軾。

蘭臺續集

鄭樵《通志・藝文略・別集五》 又《蘭臺續集》四十卷。蘇軾。

黃樓集

《四庫提要・別集類存目一》 《黃樓集》二卷。兩淮馬裕家藏本。明魯點編。

胡廷宴補。點有《齊雲山志》，已著録。廷宴，漳州人。點書成於萬曆甲辰，廷宴補刊則在丁未，相距二三年，而廷宴序稱歲久浸壞，漸以失次，殆不可曉。蓋明代朝覲官入都，例以重貨賂津要。其餘朝官，則刊書一部，佐以一帕致餽，謂之書帕。其書即謂之書帕本。其倉卒不暇自刊者，則因舊官所刊，稍改面目而用之。動以舊刊漫漶爲詞，而偶忘其相去不久也。宋熙寧十年，蘇軾守徐州，值河決澶淵，南溢於泗，城幾没。軾捍禦百方，城以無恙。乃取土尅水之義，即城東門爲樓，堊以黄土，名曰黄樓。其弟轍及秦觀皆爲之賦，陳師道爲之銘，軾亦有《九日黄樓》、《黄樓觀月》諸詩，遂爲古蹟。點官徐州，因裒軾詩文作於徐州者爲一集，題曰《黄樓集》。實非皆爲黄樓作也。入之《地理》，名實不倫。今仍入之《别集》，附軾集後焉。

東坡守膠西集

《四庫提要・别集類存目一》《東坡守膠西集》四卷。浙江巡撫採進本。明閻士選編。士選字立吾，綏德州人。萬曆庚辰進士。官至山東按察使。是編乃士選爲萊州府知府時，採蘇軾在膠西詩文刻爲一帙。以尚有挂漏，及官按察使時補完之。其王宗稷《年譜》，亦僅摘録熙寧八年乙卯軾到密州，及十年丁巳自密移知河中府，復改知徐州一段。蓋借軾以重膠西也。

東坡寓黄集

黄虞稷《千頃堂書目・文史類》 王同軌編《東坡寓黄集》三卷。

東坡寓惠録

黄虞稷《千頃堂書目・文史類》《東坡寓惠録》四卷。

東坡禪喜集

《四庫提要・别集類存目一》《東坡禪喜集》十四卷。浙江巡撫採進本。明凌濛初編。濛初有《聖門傳詩嫡冢》，已著録。先是徐長孺嘗取蘇軾談禪之文，彙集成編，唐文獻序而刊之。濛初以其未備，更爲增訂。萬曆癸卯，濛初與馮夢禎遊吴閶，攜是書舟中，各加評語於上方。至天啓辛酉，與《山谷禪喜集》並付之梓。濛初喜取前人小品，以套版刻之，剞劂頗工，而無裨藝苑。此亦其一種也。

東坡養生集

《四庫提要・别集類存目一》《東坡養生集》十二卷。内府藏本。國朝王如錫編。如錫字武工，江寧人。是編前有王思任序，則當成於前明之末。然又有康熙甲辰邱象升序。蓋書成於崇禎中，批點行世則出象升手也。其書取蘇軾詩文雜著有關於閒適頤養者，分《飲食》《方藥》《居止》《游覽》《服御》《翰墨》《妙理》《調攝》《利濟》《述古》《志異》十二門。軾以文章氣節雄視百代，其游戲諸作，大抵患難中有託而逃。如錫乃惟録其小品，所謂飛鴻翔於寥廓，而弋者索之藪澤也。使軾僅以此見長，則軾亦一明季山人而已矣，何足以爲軾乎？

蘇東坡文集

楊士奇等《文淵閣書目・文集》《蘇東坡文集》。一部，三十册。殘缺。《蘇東坡文集》。一部，二十四册。完全。《蘇東坡文集》。一部，二十二册。殘缺。《蘇東坡文集》。一部，二十九册。完全。塾本二十七册。《蘇東坡文集》。一部，二十六册。殘缺。

東坡尺牘

楊士奇等《文淵閣書目・文集》《東坡尺牘》。一部，十二册。闕。塾本一册。《東坡尺牘》。一部，五册。闕。塾本二册。

東坡翰墨

楊士奇等《文淵閣書目・文集》《東坡翰墨》。一部，一册。闕。《東坡翰墨》。一部，一册。闕。

東坡書簡

鄭樵《通志・藝文略・刀筆》《東坡書簡》。一卷。蘇軾。

高儒《百川書志・啓劄》《蘇公小簡》一卷。宋眉山東坡蘇軾子瞻撰。

東坡刀筆集

尤袤《遂初堂書目・别集類》《東坡刀筆集》。

蘇文忠公表啓

范邦甸等《天一閣書目・雜著類》《蘇文忠公表啓》二卷。刊本。明東坡居士朱睦㮮選校。

東坡外制集

吴焯《繡谷亭薰習録・集一》《東坡外制集》三卷。此即七集中之一，宋本槧樣如是。

東坡文粹

高儒《百川書志・宋文》《東坡文粹》三十二卷。不知何人所選，并老泉、潁濱，爲《三蘇文粹》。

蘇文奇賞

《四庫提要・别集類存目一》《蘇文奇賞》五十卷。江蘇周厚堉家藏本。明陳仁錫編。仁錫有《繫辭十篇書》，已著録。是編取《東坡七集》分體選録，一以時文之法批點之。至於《志林》之屬，亦皆摘録，不知是固不以文章論也。《颶風賦》乃蘇過之作，後人誤題其父。仁錫因而録之，亦漫無考證矣。

蘇東坡詩集

楊士奇等《文淵閣書目・詩詞》《蘇東坡詩集》。一部，六十册。殘缺。《蘇東坡詩集》。一部，二十四册。殘缺。《蘇東坡詩集》。一部，二十四册。殘缺。《蘇東坡詩集》。一部，六册。闕。《東坡詩》。一部，十册。殘缺。《東坡詩》。一部，十册。闕。《東坡詩》。一部，二册。完全。《東坡詩》。一部，一册。闕。《東坡詩》。一部，二册。完全。《東坡詩》。一部，二册。闕。《東坡古詩》。一部，一册。闕。

東坡編類歌詩

高儒《百川書志・宋詩》《東坡編類歌詩》十九卷。文忠公眉山蘇軾子瞻撰。此後人摘去文賦，取詩，以古近體類之，凡二千一百有奇。

東坡律詩

高儒《百川書志・宋詩》《東坡律詩》二卷。明御史趙克用取《王梅溪注東坡詩》中七言律詩四百五十八首，摘類刊行。

黄虞稷《千頃堂書目・文史類》趙克用《東坡律詩》□二卷。官御史。

東坡和陶詩

楊士奇等《文淵閣書目・文集》《東坡和陶詩》。一部，二册。闕。

高儒《百川書志・别集》《東坡和陶詩》五卷。宋蘇子瞻謫居時和晉陶淵明之作也，各詩下間有子由及時人所和。

于敏中等《天禄琳琅書目・宋版集部》《東坡先生和陶淵明詩》。一函，四册。宋蘇軾著。四卷。前蘇轍詩引。《文獻通考》載蘇東坡《前集》四十卷，《後集》二十卷，《奏議》十五卷，《内制》十卷，《外制》三卷，《和陶集》四卷，《應詔集》十卷。又載陳振孫語曰「杭、蜀本同，但杭本無《應詔集》。」是軾《和陶集》，宋時杭、蜀刊本皆有之，具在全集中。係别爲四卷，原可單行。此本無校刊人名氏，似即從全集中抽出，且紙緻墨潤，寔爲宋本之佳者。

本朝崑山徐乾學藏本有印記，餘無考。

蘇詩摘律

黄虞稷《千頃堂書目・文史類》劉弘《蘇詩摘律》六卷。字超遠，無錫人。□□□舉人，官東平知縣。

《四庫提要・别集類存目一》《蘇詩摘律》六卷。内府藏本。舊本題「長垣縣知縣無錫劉弘集注」，不詳時代，惟取蘇軾集七言律詩注之，潦草殊甚。

施注蘇詩　王注正譌　蘇詩續補遺

陳振孫《直齋書録解題・詩集類下》《注東坡集》四十二卷，《年譜》、《目録》各一卷。司諫吴興施元之德初與吴郡顧景蕃共爲之。元之子宿從而推廣，且爲《年譜》，以傳於世。陸放翁爲作序，頗言注之難，蓋其一時事實，既非親見，又無故老傳聞，有不能盡知者。

馬端臨《文獻通考・經籍考・詩集》《注東坡詩》四十二卷，《年譜》、《目録》各一卷。

錢謙益等《絳雲樓書目・宋文集類》《東坡詩注》。施元之著。

王圻《續文獻通考・經籍考・詩集》宋板《東坡詩集》。施注四十二卷。又《年譜》《目録》各一卷。

《四庫提要・别集類七》《施注蘇詩》四十二卷，《東坡年譜》一卷，《王注正譌》一卷，《蘇詩續補遺》二卷。内府藏本。

黄丕烈《蕘圃藏書題識・集類二》《注東坡先生詩》二卷。宋刻殘本，存第十一、四十二二卷。

東坡詩集注

楊士奇等《文淵閣書目・文集》《東坡詩須齋批點》。一部，二册。闕。「齋」疑

「溪」，塾本同。《東坡詩王狀元分類》。一部，八册。闕。

高儒《百川書志・宋詩》 《王狀元集注東坡詩》二十卷。宋王十朋龜齡集諸家注而成也，各以類聚，不爲體拘。

于敏中等《天祿琳琅書目・元版集部》 《增刊校正王狀元集注分類東坡先生詩》。三函，三十册。宋蘇軾著，王十朋集注，劉會孟批點。二十五卷。前十朋序、趙夔序，并注詩姓氏。傅藻撰《東坡紀年録》一卷。

毗陵邵長蘅作《王注正譌》，稱王十朋分類蘇詩注，三十二卷。注中引用故事，謬誤實多，有極淺陋可爲失笑者。十朋爲南渡名臣，著《梅溪集》行世。

《四庫提要・別集類七》 《東坡詩集注》三十二卷。少詹事陸費墀家藏本。舊本題宋王十朋撰。十朋有《會稽三賦》，已著録。是集前有趙夔序，稱分五十類。此本實止二十九類，蓋有所合併。十朋序題百家注。此本所引，數亦不足。

彭元瑞等《天祿琳琅書目後編・宋版集部》 《王狀元集諸家注分類東坡先生詩》。四函，二十四册。

孫星衍《平津館鑒藏書籍記・元版》 《增刊校正王狀元集注分類東坡先生詩》廿五卷。題「宋禮部尚書端明殿學士兼侍讀學士贈太師謚文忠公蘇軾、廬陵須溪劉辰翁批點」。前有《東坡先生詩序》，王十朋一篇，趙公夔一篇。集注姓氏題「狀元王公十朋龜齡纂集」，後有「廬陵□□□□原刻羼去。書堂新刊」：十字長木印。《東坡紀年録》題「僊溪傅藻編纂」。目録一卷。黑口版。每葉廿四行，行廿一字。旁有黑圈點，注中有增刊者，用黑蓋子別之，亦間載批語。邵長蘅作《王注正譌》，謂此書非十朋所作。《四庫全書》王氏注本三十二卷，分廿九類。此本分七十六類，與天祿琳琅本同。而内府本姓氏後長木印作「汪氏誠意齋集書堂新刊」十字，與此本又異。收藏有「退翁」曰文方印，「虛寂齋」朱文方印。

吳壽暘《拜經樓藏書題跋記》卷五 《王梅溪集百家注東坡先生詩集》。宋刻《王梅溪集注分類東坡先生詩集》，每葉二十行，每行大字十九、小字夾注二十五。前有「建安萬卷堂刊梓於家塾」長墨印，卷首有「慶元路提學副使矖理書籍關防」鈐記及「濮陽李廷相雙檜堂書畫私印」圖記。先君子跋見《愚谷文存續編》。

潘祖蔭《滂喜齋藏書記・集部》 宋刻《王注分類東坡詩》二十卷。四函十九册。

東坡詩雅

王圻《續文獻通考・經籍考・詩集》 《東坡詩雅》三卷。金元好問著。

錢大昕《補元史藝文志・評注類》 《東坡詩雅》二卷。

補注東坡詩集

王圻《續文獻通考・經籍考・詩集》 《補注東坡詩集》一卷。龍溪黃學皐著。

補注東坡編年詩

《四庫提要・別集類七》 《補注東坡編年詩》五十卷。通行本。國朝查慎行撰。慎行有《周易玩辭集解》，已著録。

吳壽暘《拜經樓藏書題跋記》卷五 《蘇詩補注》。《蘇詩補注》五十卷，查初白先生手稿，桐鄉汪氏藏本。面頁題「初白翁原稿，擁書樓收藏」，並有「梧桐鄉汪氏擁書樓所藏」圖記。

蘇詩補注

張之洞《書目答問・別集》 《蘇詩補注》八卷。翁萬綱注。《蘇齋叢書》本，粤雅堂本。

蘇詩合注

張之洞《書目答問・別集》《蘇詩合注》五十卷，附録五卷。馮應榴注。自刻本。蘇詩，宋施元之注最有名，查慎行補注亦善，馮王翁三注更詳備。

蘇詩編注集成　雜綴

張之洞《書目答問・別集》《蘇詩編注集成》。《總案》四十五卷，《詩》四十六卷，《雜綴》一卷。王文誥注，自刻本。馮詳事實，王兼論詩。

畫墁集

晁公武《郡齋讀書志・別集類下》張浮休《畫墁集》一百卷，《奏議》十卷。

尤袤《遂初堂書目・別集類》《張浮休集》。

陳振孫《直齋書録解題・別集類中》《畫墁集》一百卷。吏部侍郎邠國張舜民芸叟撰。

馬端臨《文獻通考・經籍考・別集》張浮休《畫墁集》一百卷。《奏議》十卷。

《宋史・藝文志・別集類》張舜民《畫墁集》一百卷。《張舜民集》一百卷。

楊士奇等《文淵閣書目・文集》《張舜民集》。一部，九册。闕。

《四庫提要・別集類七》《畫墁集》八卷。《永樂大典》本。宋張舜民撰。舜民有《畫墁録》已著録。周紫芝《太倉稊米集》有《書舜民集後》一篇，稱世所歌東坡《南遷詞》「回首夕陽紅盡處，應是長安」二語，乃舜民過岳陽樓作。又舜民《題庾樓》詩有「萬里秋風吹鬢髮，百年人事倚欄干」之句，世或載之《東坡集》中。蓋由其筆意豪健，與蘇軾相近。故後人不能辨別，往往誤入軾集也。《文獻通考》載舜民《畫墁集》一百卷，《奏議》十卷。

王定國詩集

馬端臨《文獻通考・經籍考・詩集》《王定國詩集》。

清虚先生文集

王圻《續文獻通考・經籍考・集上》《清虚先生文集》。洛縣王鞏著。鞏字定國，素之子，旦之孫。

李承之文集

《宋史・藝文志・別集類》《李承之文集》三十卷。又《奏議》二十卷。

七峰集

王圻《續文獻通考・經籍考・集上》鄧寧《七峰集》十卷。寧字仲吉，沙縣人。熙寧進士，工詩文。

吴居厚文集

《宋史・藝文志・別集類》《吴居厚文集》一百卷。又《奏議》一百二十卷。

杜紘文集

《宋史・藝文志・别集類》 《杜紘文集》二十卷。又《奏議》十卷。

後山集

《宋史・藝文志・别集類》 〔杜紘〕《後山集》三十卷。

上官均文集

《宋史・藝文志・别集類》 《上官均文集》五十卷。又《奏議》十卷。

樂圃餘稿

尤袤《遂初堂書目・别集類》 《朱伯原集》。

楊士奇等《文淵閣書目・文集》 朱長文《樂圃餘稿》。一部，二册。闕。

張萱等《内閣藏書目録・集部》 《樂圃餘稿》二册全。宋高宗朝吴郡朱長文詩文。

錢謙益等《絳雲樓書目・宋文集類》 朱長文《樂圃先生集》。

黄虞稷《千頃堂書目・别集類・補宋》 朱長文《樂圃餘稿》十卷。

倪燦等《宋史藝文志補・别集類》 朱長文《樂圃餘稿》十卷。

吴焯《繡谷亭薰習録・集一》 《樂圃餘稿》十卷。

《四庫提要・别集類八》 《樂圃餘稿》十卷，附録一卷。兩淮馬裕家藏本。宋朱長文撰。長文有《吴郡圖經續記》，已著録。長文著述甚富。所撰詩詞、賦辨、表章、雜説凡一百卷。以所居名「樂圃」，故名之曰《樂圃集》。南渡以後，盡燬於兵。其從孫知漢陽軍思哀集遺文，得詩百六十有三，記五，序六，啓七，墓誌五，雜文六。重爲編次，類爲十卷。又以墓銘、表傳爲附録一卷。鋟木以傳。以非《樂圃集》之全本，故名之曰「餘稿」。

張金吾《愛日精廬藏書志・别集類》 《吴郡樂圃朱先生餘稿》十卷。舊鈔本。

欒城集

鄭樵《通志・藝文略・别集五》 《蘇黄門集》七十卷。蘇轍。又《欒城前集》五十卷，又《欒城後集》二十四卷，又《欒城第三集》十卷。

晁公武《郡齋讀書志・别集類下》 蘇子由《欒城集前集》五十卷，《後集》二十四卷，《第三集》十卷，《慶詔集》十二卷。

尤袤《遂初堂書目・别集類》 子由《欒城集》。

陳振孫《直齋書録解題・别集類中》 《欒城集》五十卷，《後集》二十四卷，《第三集》十卷，《應詔集》十二卷。

馬端臨《文獻通考・經籍考・别集》 蘇子由《欒城集前集》五十卷，《後集》二十四卷，《第三集》十卷，《應詔集》十二卷。

《宋史・藝文志・别集類》 蘇轍《欒城集》八十四卷。《應詔集》十卷。《策論》十卷。《均陽雜著》一卷。

楊士奇等《文淵閣書目・文集》 《蘇穎濱文集》。一部，二十三册。闕。

范邦甸等《天一閣書目・别集類》 《欒城集》五十卷，《後集》二十四卷，《三集》十卷。藍絲闌鈔本。

徐𤊹《徐氏家藏書目・文集類》 蘇轍《灤城集》一百卷。

張萱等《内閣藏書目録・集部》 《欒城集》十册。全。宋蘇轍著。

錢謙益等《絳雲樓書目・宋文集類》 蘇文定公《欒城集》。《前集》五十卷，《後集》二十四卷，《第三集》十卷，《應詔集》二十卷。

于敏中等《天禄琳琅書目・宋版集部》 《欒城集》，三函，十六册。宋蘇轍著。《前集》五十卷，《後集》二十四卷，《三集》十卷，共八十四卷。前載淳熙三年禮部定謚議，後有宋鄧光、轍曾孫詡、四世孫森三跋。

又《元版集部》 《欒城集》。三函，三十册。宋蘇轍著。《前集》五十卷，《後集》二十有四卷，《三集》十卷，《應詔集》十有二卷，共成九十有六卷，無校刊人姓氏。

《四庫提要・别集類七》《欒城集》五十卷，《欒城後集》二十四卷，《欒城三集》十卷，《應詔集》十二卷。内府藏本。宋蘇轍撰。轍有《詩傳》，已著録。案晁公武《讀書志》、陳振孫《書録解題》載欒城諸集卷目，並與今本相同。惟《宋史・藝文志》稱《欒城集》八十四卷，《應詔集》十卷，《策論》十卷，《均陽雜著》一卷。焦竑《國史經籍志》則又於《欒城集》外别出《黄門集》七十卷。均與晁、陳二家所紀不合。今考《欒城集》及《後集》、《三集》，共得八十四卷。

黄丕烈《百宋一廛書録》《欒城集》。《欒城集》，往昔於小讀書堆曾見一殘宋本，止一册，板刻略寬，大與明刻板差同。繼余得一本，板刻略小，每卷下俱遭俗手割補，移其卷第。取明刻證之，改爲卷一者爲三十三，卷二爲三十四，卷三爲三十五，卷四爲四十二，卷五爲三十六，卷六爲三十七，卷七爲三十九，卷八爲四十，皆《欒城集》也。卷九至卷二十一皆《欒城後集》。明刻正同。偶取校明刻，大有異處，宋本爲勝。即如三十四卷，年月日甲子，可爲□□之用，官銜姓氏，可爲職官之用，明刻皆删去，何耶？

吴壽暘《拜經樓藏書題跋記》卷五《欒城集》。鈔本。《前集》五十卷，插花山馬氏藏本。首頁有「玉音孝友著於家庭信誼隆於鄉黨」朱文印。卷内有「古鹽官州馬思贊之印」、「馬寒中印」、「華山馬仲安家藏善本」及「秀水朱氏潛采堂圖書」諸印記，鈔寫及書側題識俱精整。

張之洞《書目答問・别集》《欒城集》五十卷。《後集》二十四卷，《第三集》十卷，《應詔集》十二卷。宋蘇轍。明刻本。右三集，近人合刻本不善。

潁濱文粹

高儒《百川書志・宋文》《潁濱文粹》二十七卷。蘇轍子由撰。泉次子，坡之弟也。

蘇潁濱詩集

楊士奇等《文淵閣書目・詩詞》《蘇潁濱詩集》。一部，五册。闕。《蘇潁濱詩集》。一部，五册。闕。

李少卿詩

馬端臨《文獻通考・經籍考・詩集》《李少卿詩》二十卷。太常少卿李簡夫撰。

邢和叔集

尤袤《遂初堂書目・别集類》《邢和叔集》。

曾孝廣文集

《宋史・藝文志・别集類》《曾孝廣文集》二十卷。

方祕校集

尤袤《遂初堂書目・别集類》《方祕監集》。

陳振孫《直齋書録解題・詩集類下》《方祕校集》十卷。莆田方惟深子通撰。

馬端臨《文獻通考・經籍考・詩集》《方祕校集》十卷。

《宋史・藝文志・别集類》《方惟深集》十卷。又《録》一卷。

方子通詩

《宋史・藝文志・别集類》《方子通詩》一卷。

雲壑集

《宋史·藝文志·別集類》 王庭《雲壑集》三卷。

杭州集

王圻《續文獻通考·經籍考·集上》 《杭州集》二十卷。李深著。深字叔平，光澤人。熙寧進士，入元祐黨籍。

玉池集

趙希弁《讀書附志·別集類三》 《玉池先生文集》十二卷。右鄧忠臣字謹思之文也。即覆議范忠宣公謚者，以此入黨籍。欽宗踐祚，贈直祕閣。

尤袤《遂初堂書目·別集類》 《鄧考功集》。

陳振孫《直齋書録解題·別集類中》 《玉池集》十二卷。考功郎湘陰鄧忠臣慎思撰。

馬端臨《文獻通考·經籍考·別集》 《玉池集》十二卷。

《宋史·藝文志·別集類》 《鄧忠臣文集》十二卷。

李之純文集

《宋史·藝文志·別集類》 《李之純文集》二十卷。又《奏議》五卷。

楊信祖集

陳振孫《直齋書録解題·詩集類下》 《楊信祖集》一卷。楊符信祖撰。未詳出處。

馬端臨《文獻通考·經籍考·詩集》 《楊信祖集》一卷。**【略】**後村劉氏曰：「吏道官官惡，田家事事賢。」唐人得意語也。

楊士奇等《文淵閣書目·詩詞》 《楊信祖詩稿》。一部，一册。完全。

傅翼之集

《宋史·藝文志·別集類》 《傅翼之集》一卷。

揚蟠詩

《宋史·藝文志·別集類》 《揚蟠詩》二十卷。

袁思正集

《宋史·藝文志·別集類》 《袁思正集》六卷。

清高集

王圻《續文獻通考·經籍考·集上》 《清高集》。祝常著。

許少張集

鄭樵《通志・藝文略・別集五》《許少張集》一卷。許安世。

范太史集

陳振孫《直齋書録解題・別集類中》《范太史集》五十五卷。翰林學士成都范祖禹淳甫撰。

尤袤《遂初堂書目・別集類》《范淳父集》。

馬端臨《文獻通考・經籍考・別集》《范太史集》五十五卷。

《宋史・藝文志・別集類》《范祖禹集》五十五卷。

楊士奇等《文淵閣書目・文集》《范太史文集》。一部，十二册。殘闕。

《四庫提要・別集類六》《范太史集》五十五卷。浙江汪啓淑家藏本。宋范祖禹撰。祖禹有《唐鑑》，已著録。其文集世有兩本。一本僅十八卷，乃明程敏政從祕閣借閲，因爲摘録刊行，非其完本。此本五十五卷，與《宋史・藝文志》卷目相符，蓋猶當時舊帙也。

范淳夫集鈔

黄虞稷《千頃堂書目・文史類》程敏政《范淳夫集鈔》十七卷，附録一卷。范祖禹。

前溪集

晁公武《郡齋讀書志・別集類下》劉巨濟《前溪集》五卷。右皇朝劉涇字巨濟，蜀人。終於太學博士。爲文奇怪。

馬端臨《文獻通考・經籍考・別集》劉巨濟《前溪集》五卷。

舒信道集

鄭樵《通志・藝文略・別集五》《舒信道集》二十卷。舒亶。

《宋史・藝文志・別集類》《舒亶文集》一百卷。

王圻《續文獻通考・經籍考・集上》《舒信道集》百卷。舒亶字信道，鄞人。爲龍圖閣待制。

西塘集

趙希弁《讀書附志・別集類三》《西塘先生文集》二十卷。

尤袤《遂初堂書目・別集類》鄭錢夫《西塘集》。

陳振孫《直齋書録解題・別集類中》《西塘集》二十卷。監安上門三山鄭俠介夫撰。

馬端臨《文獻通考・經籍考・別集》《西塘集》二十卷。

《宋史・藝文志・別集類》《鄭俠集》二十卷。

徐𤊹《徐氏家藏書目・文集類》鄭俠《西塘集》二十卷。

張萱等《内閣藏書目録・集部》《西塘先生集》三册。全。宋神宗朝鄭俠著。凡二十卷。

錢謙益等《絳雲樓書目・宋文集類》《西塘先生文集》。二十卷。鄭俠。

王士禛《漁洋書跋》《西塘集》。

《四庫提要・別集類七》《西塘集》十卷。浙江鮑士恭家藏本。其集本二十卷。明季重刊，葉向高更爲刪汰。存奏疏雜文八卷，詩一卷。附本傳、謚議、祠記等爲一卷。具見向高所作序中。

臥龍集

王圻《續文獻通考・經籍考・詩集》《臥龍集》。惠安王獻臣著。

林仲嘉詩

王圻《續文獻通考・經籍考・詩集》《林仲嘉詩》三卷。仲嘉，福清人。以詩名時，與鄭俠、王聖時、林圖南、李天與爲詩友。

趙世繁歌詩

《宋史・藝文志・別集類》《趙世繁歌詩》十卷。

鄱陽集

尤袤《遂初堂書目・別集類》《彭器資集》。

《宋史・藝文志・別集類》彭汝礪《鄱陽集》四十卷。

楊士奇等《文淵閣書目・文集》彭氏《鄱陽文集》。一部，十册。

張萱等《内閣藏書目録・集部》《鄱陽先生文集》十册。全。宋彭汝礪著。凡四十卷。

《四庫提要・別集類六》《鄱陽集》十二卷。兩淮馬裕家藏本。宋彭汝礪撰。汝礪字器資，饒州鄱陽人。治平二年舉進士第一。歷官權吏部尚書，出知江州。事迹具《宋史》本傳。《東都事略》載所著《易義》、《詩義》、《奏議》、詩文五十卷。《宋史・藝文志》：《鄱陽集》四十卷。今《易義》、《詩義》已不傳。此本乃其詩集，亦止十二卷，非其完帙。又編次錯互。

陶山集

鄭樵《通志・藝文略・別集五》陸農師《陶山集》三十卷。

尤袤《遂初堂書目・別集類》《陸農師集》。

陳振孫《直齋書録解題・別集類中》《陶山集》二十卷。尚書左丞山陰陸佃農師撰。

馬端臨《文獻通考・經籍考・別集》《陶山集》二十卷。

楊士奇等《文淵閣書目・文集》陸農師《陶山集》。一部，五册。闕。陸農師《陶山集》。一部，四册。闕。

《四庫提要・別集類七》《陶山集》十四卷。《永樂大典》本。宋陸佃撰。佃有《埤雅》，已著録。此集據《書録解題》本二十卷。歲久散佚。今以《永樂大典》所載，裒爲十四卷，蓋僅存十之七矣。

大名集

尤袤《遂初堂書目・別集類》王巖叟《大名集》。

陳振孫《直齋書録解題・別集類中》《大名集》四十卷。簽書樞密魏郡王巖叟彦霖撰。韓魏公客也。

馬端臨《文獻通考・經籍考・別集》《大名集》四十卷。

《宋史・藝文志・別集類》《王巖叟集》四十卷。

家傳別録　遺事附

錢謙益等《絳雲樓書目・宋文集類》《家傳別録》《遺事》附。五十卷。《遺事》乃王巖叟撰，魏公門下士也。

趙仲庠内外制

《宋史・藝文志・别集類》《趙仲庠内外制》十卷。

趙仲庠雜文

《宋史・藝文志・别集類》《趙仲庠雜文》五十卷。

趙仲庠制誥表章

《宋史・藝文志・别集類》《趙仲庠制誥表章》十卷。

龔原文集

《宋史・藝文志・别集類》《龔原文集》七十卷。

潁川唱和詩

《宋史・藝文志・别集類》《潁川唱和詩》三卷。

張無盡集　别集

鄭樵《通志・藝文略・别集五》《張無盡集》五十三卷。張商英。又《别集》十七卷。

晁公武《郡齋讀書志・别集類下》《張無盡集》二十二卷。

尤袤《遂初堂書目・别集類》《張天覺集》。

馬端臨《文獻通考・經籍考・别集》《張無盡集》三十二卷。

《宋史・藝文志・别集類》《張商英集》十三卷。又《張商英文集》一百卷。

演山集

尤袤《遂初堂書目・别集類》黄冕仲《演山集》。

陳振孫《直齋書録解題・别集類下》《演山集》六十卷。端明殿學士延平黄裳冕仲撰。

馬端臨《文獻通考・經籍考・别集》《演山集》六十卷。

《宋史・藝文志・别集類》《黄裳集》六十卷。

楊士奇等《文淵閣書目・文集》黄氏《演山文集》。一部，十册。全。

張萱等《内閣藏書目録・集部》《演山先生文集》十册。全。宋神宗朝端明黄裳著。凡六十卷。

《四庫提要・别集類八》《演山集》六十卷。編修汪如藻家藏本。宋黄裳撰。裳字冕仲，南平人。元豐五年進士第一。累官禮部尚書。《宋史》列傳别有一黄裳，普城人。乾道五年進士。光宗時官至顯謨閣待制。名姓偶同，非一人也。其集見於陳振孫《書録解題》者六十卷。今此本卷目相符，蓋猶宋時原本。《國史經籍志》作「黄裳《兼山集》四十卷」。書名卷數俱不合，蓋焦竑傳録之誤耳。

參寥子集

晁公武《郡齋讀書志・别集類下》《參寥集》十二卷。

陳振孫《直齋書録解題・詩集類下》《參寥集》十二卷。僧道潛撰。唐人。舊有號參寥子者，用《莊子》語也。

馬端臨《文獻通考・經籍考・詩集》《參寥集》十二卷。

錢謙益等《絳雲樓書目・宋文集類》《參寥子詩集》。十二卷。

《四庫提要・別集類七》《參寥子集》十二卷。兵部侍郎紀昀家藏本。宋僧道潛撰。道潛，於潛人。蘇軾守杭州，卜智果精舍居之。《墨莊漫録》載其本名曇潛，軾爲改曰道潛。軾南遷，坐得罪，返初服。建中靖國初，詔復祝髮。崇寧末，歸老江湖，嘗賜號妙總大師。國朝吴之振《宋詩鈔》云：「《參寥集》杭本多誤，採他詩未及與析。」今所傳者凡二本。

黄丕烈《蕘圃藏書題識・集類二》《參寥子詩集》十二卷。宋本。

又《百宋一廛書録》《參寥子詩集》。

蜀道紀行詩

《宋史・藝文志・別集類》吴栻《蜀道紀行詩》三卷。

菴峰集

《宋史・藝文志・別集類》〔吴栻〕《菴峰集》一卷。

丁永州集

陳振孫《直齋書録解題・別集類中》《丁永州集》三卷。知永州吴興丁注葆光撰。元豐中余中榜進士。喜爲歌詞，世所傳《催雪無悶》及《重午慶清朝》，皆有承平閒雅氣象。有女適樂清令富春李素見素，實先妣之大父母也。

馬端臨《文獻通考・經籍考・別集》《丁永州集》三卷。

丁氏文集

王圻《續文獻通考・經籍考・集上》《丁氏文集》。丁注著。

張勵詩

《宋史・藝文志・別集類》《張勵詩》二十卷。

葉棣集

尤袤《遂初堂書目・別集類》《葉棣集》。

王元澤集

鄭樵《通志・藝文略・別集五》《王元澤集》三十四卷。王雱。

趙希弁《讀書附志・別集類三》《元澤先生文集》三十六卷。右王雱字元澤之文也。雱未冠，著書已數千百言。舉進士，爲旌德尉。作策三十餘篇，極論天下事，又作《老子訓傳》及《佛書義解》，亦數萬言。

尤袤《遂初堂書目・別集類》《王元澤集》。

新集釣臺詩

楊士奇等《文淵閣書目・詩詞》王旉《新集釣臺詩》。一部，二册。完全。

詩戲

尤袤《遂初堂書目・別集類》《孔氏詩戲》。

趙希弁《讀書附志・別集類二》孔毅父《詩戲》一卷。右孔平仲毅甫之詩也，向子諲跋之。平仲父延之，字長源，生文仲、武仲、平仲，皆登制科。晚又得子，極穎悟，多才思。有故人見其三子既顯貴，以書勸長源歸休，長源報書云：「某又有一子，年七歲能作《梅花詩》，云：『舊葉落未盡，新花開更繁。』俟其及第則致仕。」未幾而夭。

《宋史・藝文志・別集類》 孔平仲《詩戲》一卷。

石亘文集

王圻《續文獻通考・經籍考・集上》 《石亘文集》十卷。亘出處見前。

唐恪文集

《宋史・藝文志・別集類》 《唐恪文集》八十卷。

山谷集

鄭樵《通志・藝文略・別集五》 《豫章前後集》八十卷。黄庭堅。

晁公武《郡齋讀書志・別集類下》 黄魯直《豫章集》三十卷，《外集》十四卷。

趙希弁《讀書附志・別集類三》 《豫章先生別集》二十卷《黄文纂異》一卷。右《豫章先生別集》，乃《前集》、《外集》之未載者，淳熙壬寅先生諸孫㽦所編也。

尤袤《遂初堂書目・別集類》 《黄魯直集》。

陳振孫《直齋書録解題・別集類中》 《豫章集》五十卷，《外集》十四卷。著作郎黄庭堅魯直撰。自號山谷道人。《豫章別集》二十卷。皆集中所遺者，如《承天塔記》、《黄給事行狀》、《毀璧》，其顯顯者也。諸孫㽦子耕集而傳之。

馬端臨《文獻通考・經籍考・別集》 黄魯直《豫章集》三十卷，《別集》十四卷。《豫章別集》一卷。

《宋史・藝文志・別集類》 《黄庭堅集》三十卷，《樂府》二卷，《外集》十四卷，《書尺》十五卷。

徐𤊹《徐氏家藏書目・文集類》 黄庭堅《山谷集》六十七卷。

錢謙益等《絳雲樓書目・宋文集類》 《黄山谷集》二十冊。九十七卷。宋刻《豫章集》三十卷，《外集》十四卷。

吳焯《繡谷亭薰習録・集一》 《山谷集》三十卷，《外集》十四卷，《別集》二十卷，《年譜》十四卷，《後録》一卷。案：張鎡《仕學規範》稱，山谷有《南昌文集》，則宋時以南昌名其集矣。《外集》，嘉定元年，錢文子序。《別集》，先生之諸孫㽦子耕編以補正、外二集所未備。淳熙王寅跋其後，《通考》題《別集》一卷者，誤也。趙氏《讀書附志》云：「《別集》二十卷，《黄文纂異》一卷，《年譜》三十卷，並㽦所編。」明南昌刻始録集，獨無纂異。而攙入黄庶《伐檀集》，約《年譜》爲十四卷，乃萬曆中陳以志改編。余考《山谷詩注》内外集，皆附《年譜》，蓋欲使後人因是以求其詳，何必改作。

《四庫提要・別集類七》 《山谷内集》三十卷，《外集》十四卷，《別集》二十卷，《詞》一卷，《簡尺》二卷，《年譜》三卷。安徽巡撫採進本。宋黄庭堅撰。《年譜》二卷，庭堅孫㽦撰。庭堅事蹟具《宋史・文苑傳》。㽦字子耕，從學於朱子。朱子於元祐諸人，詆二蘇而不詆庭堅，㽦之故也。葉夢得《避暑録話》載黄元明之言曰：「魯直有詩千餘篇，中歲焚三之二。存者無幾，故名《焦尾集》。其後稍自喜，以爲可傳，故復名《敝帚集》。晚歲復刊定，止三百八篇，而不克成。今傳於世者尚幾千篇」云云。然庭堅所自定者皆已不存。其存者，一曰《内集》，庭堅之甥洪炎所編，即庭堅手定之内篇，所謂退聽堂本者也。一曰《外集》，李彤所編，所謂丘濬藏本者也。一曰《別集》，即㽦所編，所謂内閣鈔出宋蜀人所獻本者也。《内集》編於建炎二年。《別集》編於淳熙九年。《年譜》則編於慶元五年。蓋《外集》繼《内集》而編，《別集》繼内、外兩集而編，《年譜》繼《別集》而編。獨李彤之編《外集》，未著年月。然考《外集》第十四卷《送鄧慎思歸長沙》詩，慎字空格，注云「今上御名」。是《外集》亦編於孝宗時也。三集皆合詩文同編。後人注釋，則惟取其詩。任淵所注之《内集》，即洪炎所編之《内集》。史容所注之《外集》，則與李彤所編次第已多有不同。而李彤編《外集》之大意，猶稍見於史注第一卷《溪上吟》題下。惟史季温所注之《別集》，則與㽦所編《別集》大有牴牾。此則原本與注本不可相無者矣。又《外集》第十一卷以下四卷，詩凡四百有奇，皆庭堅晚年刪去，而李彤附載入者。此則任史三注本皆未之有。庭堅之詩，得此而後全。又其中有與《年譜》相應者，㽦編

《年譜》時，皆一一分注某年某事之次。而今但據三集檢其目，則《年譜》有而本集無。故此四卷尤不可廢也。嵤之《年譜》，專爲考證詩文集而作。故刻全集必當兼刻《年譜》。而近日刻本，或删節《年譜》，或删併卷次，或移易分類以就各體，或專刻一集而不及其全。此本刻於明嘉靖中，前有蜀人徐岱序，尚爲不失宋本之遺，非外間他刻所及焉。

黄丕烈《蕘圃藏書題識・集類二》 《豫章黄先生外集》六卷。殘宋刻本。

又《百宋一廛書録》 《豫章黄先生文集》。

張之洞《書目答問・别集》 《山谷内集》三十卷，《外集》十四卷，《别集》二十卷，《詞》一卷，《簡尺》二卷，《年譜》三卷。宋黄庭堅，聚珍本福本。

南昌集

鄭樵《通志・藝文略・别集五》 《南昌集》九十一卷。黄庭堅。

修水集

鄭樵《通志・藝文略・别集五》 黄庭堅《修水集》二十六卷。

黄山谷文集

楊士奇等《文淵閣書目・文集》 《黄山谷文集》。一部，十四册。殘闕。《黄山谷文集》。一部，二十八册。闕。《黄山谷文集》。一部，十七册。闕。《黄山谷文集》。一部，十册。闕。《山谷簡尺》。一部，二册。闕。

張萱等《内閣藏書目録・集部》 《豫章文集》六册。不全。宋黄庭堅著。

類編增廣黄先生大全文集

錢謙益等《絳雲樓書目・宋文集類》 《類編增廣黄先生集》。二十六卷。

黄丕烈《蕘圃藏書題識・集類二》 《類編增廣黄先生大全文集》五十卷。宋刻本。《黄山谷大全集》係南宋刊本，吾家世藏宋本，僅留此種，是可寶也。子孫其善守之。書凡五十卷，十六册。乾隆壬戌除夕隱拙翁廷芳志。在卷首。

張金吾《愛日精廬藏書續志・别集類》 《類編增廣黄先生大全文集》五十卷。宋乾道刊本。

豫章書簡

鄭樵《通志・藝文略・刀筆》 《豫章書簡》一卷。

山谷刀筆

楊士奇等《文淵閣書目・文集》 《山谷刀筆》。一部，三册。闕。

高儒《百川書志・啓劄》 《山谷老人刀筆》二十卷。宋豫章黄庭堅魯直撰。

徐𤊹《徐氏家藏書目・啓劄類》 《山谷刀筆》二十卷。

《四庫提要・别集類存目一》 《山谷刀筆》二十卷。編修汪如藻家藏本。宋黄庭堅撰。庭堅全集已著録，此乃所著尺牘也。以年爲次，自初仕至館職四卷，居憂時三卷，在黔州三卷，戎州七卷，荆渚二卷，宜州一卷，皆於全集中摘出别行者。然是編向有宋槧本，非後人所爲。考《宋史・藝文志》，楊億亦以刀筆别行，蓋當時風氣，有此一體云。

于敏中等《天禄琳琅書目・明版集部》 《山谷老人刀筆》。一函，四册。宋黄庭堅著。二十卷。前《山谷老人傳》。

考晁公武、陳振孫、馬端臨諸書目，止載黄魯直《豫章集》三十卷、《别集》十四卷，又《别集》一卷，初無此書之名。《宋史・藝文志》於《豫章集》、《别集》之外，又載《樂府》二卷、《書尺》十五卷，亦未以「刀筆」名書，則非宋槧可見。此書前後當有選輯人序跋，或由書賈欲充宋槧，遂從而汰之耳。

明檇李項氏藏本。其「衡齋」印無考。又有謝疊山、趙孟頫二印，係出僞作，不足存。

彭元瑞等《天禄琳琅書目後編・宋版集部》 《山谷老人刀筆》。一函，八册。宋黄庭堅撰。書二十卷。以初仕館職、居憂、黔州、戎州、荆渚、宜州分帙，專編尺牘，詳見《豫章先生遺文》下。前有《山谷老人傳》。

豫章先生遺文

彭元瑞等《天禄琳琅書目後編・宋版集部》 《豫章先生遺文》。二函，十二册。宋黄庭堅撰。庭堅字魯直，號山谷老人，分寧人。舉進士，官祕書丞、集賢校理、同修《國史》。《宋史》有傳。書十二卷，得詩七十二首，銘十八首，贊十八首，頌二十四首，序二十二首，記六首，上書三首，策問三首，表六首，奏狀六首，啓九首，婚書五首，雜著十七首，疏祝文青詞十六首，祭文十五首，墓銘十首，墓表十一首，行狀一首，題跋百三十七首，行記六首，家乘一首。後有嘉定戊辰其孫鉼跋，揭銜通直郎、知信州貴溪縣。略云：先祖訓以《豫章文集》尚多遺闕。吾持節東蜀，訪諸耆耋，得之黔僰間，凡若干紙，别而爲二，遂刊於梓，詩曰《遺文》，簡曰《刀筆》。鉼來宰三山，修剔舊版，特以先訓著編末云。常熟毛氏、北平孫氏藏本。

黄太史集選

吴焯《繡谷亭薰習録・集一》 《黄太史集選》三十六卷。明監察御史魏郡崔邦亮際虞選録山谷之文。萬曆二十七年，南京户部主事汴南張有德序。

山谷詩集

陳振孫《直齋書録解題・詩集類下》 《山集》三十卷，《外集》十一卷，《别集》二卷。黄庭堅魯直撰。江西所刻《詩派》，即《豫章前、後集》中詩也。《别集》者，慶元中莆田黄汝嘉增刻。

馬端臨《文獻通考・經籍考・詩集》 《山谷集》十一卷，《外集》十一卷，《别集》二卷。

張萱等《内閣藏書目録・集部》 《山谷詩集》二册，《年譜》四册。不全。

楊士奇等《文淵閣書目・詩詞》 《黄山谷詩集》。一部，十册。殘缺。《黄山谷詩》。一部，十册。殘缺。《黄山谷詩外集》。一部，八册。完全。

山谷編年詩集

陳振孫《直齋書録解題・詩集類下》 《山谷編年詩集》三十卷，《年譜》二卷。山谷詩文，其甥洪氏兄弟所編，斷自進德堂以後。今《外集》所載數卷，有晚年删去者，故任子淵所注亦惟取《前集》而已。監丞黄㽦子耕者，其諸孫也，既會稡《别集》，復盡取其平生詩，以歲月次第編録，且爲之《譜》，今刊板括蒼。青城史容儀甫近注《外集》，「外集」者，謂山谷曾欲以「前」「後」倣《莊子》爲「内」「外」也。

馬端臨《文獻通考・經籍考・詩集》 《山谷編年詩集》三十卷，《年譜》二卷。

楊士奇等《文淵閣書目・詩詞》 《黄山谷編年詩集》。一部，十二册。闕。

山谷詩注

陳振孫《直齋書録解題・詩集類下》 《注黄山谷詩》二十卷。新津任淵子淵注。鄱陽許尹爲序。大抵不獨注事而兼注意，用功爲深。二集皆取前集。陳詩以魏衍集記冠焉。

馬端臨《文獻通考・經籍考・詩集》《注黃山谷詩》二十卷。

高儒《百川書志・宋詩》《山谷黃太史詩注》二十卷。豫章黃魯直庭堅撰，天社任淵注。

錢曾《讀書敏求記・詩集》《黃山谷詩注》二十卷，目録一卷，《年譜》附。舊刻《山谷詩注》甚佳。但目録中《宿舊影澤懷陶令》題下注云：「舊本自此以上缺二板，以後諸題例之，前各題下皆當有注脚。今詢無此本，姑列各題如右，倘後得之，當別補入。」今吾家所藏，二葉宛在，卷首各題下注脚俱全，前更有紹興鄱陽許尹《豫章後山詩解》一序，始知淵嘗以文藝類試有司，爲四川第一。惜乎刻此書者，不及見之，遂令舉世缺此幾葉，宋本之難得遇如此。

黃丕烈《蕘圃藏書題識・集類二》《山谷黃先生大全詩注》十八卷。明本。余鄉舉後游京師，於廠肆中獲此册。雖多殘缺，而板刻既舊且末粘籤一條云：「一本永樂二年七月二十五日，蘇叔敬買到。」蓋猶是明初官書也。其詳載《讀書敏求記・古列女傳》條下。因此珍重弆藏，擬覓全本補鈔。數年以來，僅見一本於顧竹君家，印本較此爲勝，惜亦未全。竹君故後，書籍封閉，不復可假矣。殘鱗片甲，無傷古物，爰付裝池，略補素紙，以當闕疑云。丁卯白露後一日，復翁黃丕烈識。

又《百宋一廛書録》《山谷黃先生大全詩注》。

張金吾《愛日精廬藏書志・別集類》《山谷黃先生大全詩注》殘本六卷。宋刊本。

黃太史精華録

高儒《百川書志・宋詩》《黃太史精華録》八卷。天社任淵撰。山谷詩文之精華以鳴世。

錢謙益等《絳雲樓書目・宋文集類》宋板任淵選《黃太史精華録》六册。任子淵嘗注山谷、後山詩，行於世。南宋初人也。

黃虞稷《千頃堂書目・別集類・補宋》任淵《黃太史精華録》八卷。

又《千頃堂書目・文史類・補宋》任淵《黃太史精華録》八卷。

倪燦等《宋史藝文志補・別集類》任淵《黃太史精華録》八卷。又《内集注》二十卷。字子淵，新津人。

王士禛《漁洋書跋》《山谷精華録》。予與李中麓太常爲鄉里後進，曾購其藏書目録，累年不可得。廑於京師慈仁寺市得小册《西漢文鑑》一種，朱印宛然。後數年，聞其書盡捆載歸崑山徐司寇矣。康熙戊寅，司寇次子章仲爲工部郎中，以宋槧本《山谷精華録》八卷見貽。視其卷首，即中麓印記在焉，與《文鑑》無異。此書藏濟南李氏二百年而歸於江南，又十餘年而復歸濟南，似亦有數焉，因感而誌之。

于敏中等《天禄琳琅書目・元版集部》《黃太史精華録》。一函，二册。宋黃庭堅著，任淵選。八卷，前淵序，後朱承爵跋。陳振孫《書録解題》載《黃山谷詩》二十卷，新津任淵注。稱其不獨注事而兼注意。惜《宋史》無任淵傳，始末不可考。淵既嘗注庭堅詩，則是書所録擇焉必精。朱承爵跋不記年月，觀其跋稱「任子淵《精華録選》，予嘗得其目録，蓋宋元祐間刻版而亡其文，愚輯其辭而完刻之」云云。是承爵必非宋人，以板式、紙質定之，當屬元時刊本無疑。

陳氏收藏諸印，無考。

《四庫提要・別集類存目一》《精華録》八卷。浙江鮑士恭家藏本。舊本題宋任淵編。淵有《山谷内集注》，已著録。是集皆摘録黃庭堅詩文。前有淵序，不著年月。

山谷外集詩注

張萱等《内閣藏書目録・集部》《山谷外集詩注》三册。不全。

倪燦等《宋史藝文志補・別集類》《史容注黃山谷外集》十七卷。字公儀，青衣人。

錢曾《讀書敏求記・詩集》《黃山谷外集詩注》十七卷，《序目》一卷，《年譜》附。山谷倣《樂天集》廬山本，分本詩爲内外篇，青神史容惜《内集》有注而《外集》未也，故爲續注之。

潘祖蔭《滂喜齋藏書記・集部》明刻《山谷外集注》十七卷。一函四册。宋青神史容注。翁學士藏本。卷末硃筆記云：「乾隆三十七年二月，看史注《外集》起，至十一月廿六日，始看一遍訖，雪中記。」又云：「乾隆四十年五月十四日重校一遍，至廿六日校訖。青棠書屋記。」又云：「乾隆五十二年九月廿五日至三十日校一遍訖。鉛山舟中記。」又云：「乾隆五十四年五月十日，贛州使院翠玉樓前軒校一遍訖。」第三册面葉墨筆記云：「已酉午日晨起校此册，是日贛郡科試生員榜出，文字視吉安郡爲稍勝也。翠玉樓南軒記。」前有「提督江西學政關防」，蓋其視學章門時所鈐也。上下方校語，朱墨爛然。後補録淳祐庚戌容孫季温跋，亦蘇齋筆。每册有錢孝修圖書印。孝修原名興祖，東澗翁之子，亦好藏書。

附藏印

虞山錢純孝修氏原名興祖

翁印方綱　祕閣校理　翁引達　蘇孫過眼　葉志詵　東卿過眼

史季温注黄山谷別集

范邦甸等《天一閣書目・別集類》《山谷別集》二卷。刊本。宋黄庭堅撰，青神史季温注。

倪燦等《宋史藝文志補・別集類》《史季温注黄山谷別集》二卷。容孫，字子威。

山谷詩注

《宋史・藝文志・別集類》 陳逢寅《山谷詩注》二十卷。

山谷内集注　外集注　別集注

范邦甸等《天一閣書目・別集類》《山谷黄先生詩集》《内集》二十卷，《外集》十七卷。宋黄庭堅著。明南昌陳沛、陳沾承其父陳鳳岐之志重校刊。弘治丙辰張元禎序曰：「寧，南昌屬縣，先生其縣人，縣閭右有陳鳳岐者，圖刻先生詩文，未得斯集而卒。今提學黄未齋仲昭家，故所有者示其沛、沾二子，躍然跽請賜刻，以彰先正久晦之遺文，以終先人之志。刻既，沛來謁，序以歸之。其《内集》二十卷，天社任淵注。《外集》十七卷，青神史容注。」

《四庫提要・別集類七》《山谷内集注》二十卷，《外集注》十七卷，兩淮監政採進本。《別集注》二卷。編修翁方綱家藏本。宋任淵、史容、史季温所注黄庭堅詩也。任淵所注者《内集》，史容所注者《外集》，其《別集》則容之孫季温所補，以成完書。《内集》一稱《正集》。其又稱《前集》者，蓋《内集》編次成書在《外集》之前，故注家相承，謂《内集》爲《前集》耳。《外集》之詩起嘉祐六年辛丑，庭堅時年十七。而《内集》之詩起元豐元年戊午，庭堅時年三十四。故《外集》諸詩轉在《内集》之前。

張金吾《愛日精廬藏書志・別集類》《山谷内集詩注》二十卷，《外集詩注》十七卷，《別集詩注》二卷。舊鈔本。

張之洞《書目答問・別集》《山谷内集注》二十卷。宋任淵。《外集注》七卷。宋史容。《別集》注二卷，《外集補》四卷，《年譜》十四卷。宋史季温。翁方綱校刻本，聚珍本無末二種。

黄詩内篇

范邦甸等《天一閣書目・別集類》《黄詩内篇》十四卷。刊本。

山谷禪喜集

《四庫提要・別集類存目一》《山谷禪喜集》二卷。内府藏本。明陶元柱編。元柱始末未詳。是集於《黄庭堅集》中録其闡發禪理者，別爲一書。蓋欲以配《東坡禪喜集》也。

章望之集

尤袤《遂初堂書目・別集類》 章望之《道窮集》。

《宋史・藝文志・別集類》《章望之集》四十卷。又《集》十一卷。

吴頎詩

《宋史・藝文志・别集類》《吴頎詩》一卷。

封丘集

晁公武《郡齋讀書志・别集類下》 晁氏《封丘集》二十卷。右世父封丘府君。諱某，字伯宇。鏁廳中進士第。

尤袤《遂初堂書目・别集類》 晁伯《封丘詩集》。

馬端臨《文獻通考・經籍考・别集》 晁氏《封丘集》二十卷。

玉溪集　玉溪别集

晁公武《郡齋讀書志・别集類下》 吕與叔《玉溪集》二十五卷，《玉溪别集》十卷。右皇朝吕大臨字與叔，汲公季弟也。登進士第。嘗歷太學博士、秘書省正字。從程正叔、張厚之學。通《六經》，尤精於《禮》，解《中庸》、《大學》等篇行於世。

尤袤《遂初堂書目・别集類》 吕與叔《芸閣集》。

馬端臨《文獻通考・經籍考・别集》 吕與叔《玉溪集》二十五卷，《玉溪别集》十卷。**【略】**《朱子語録》曰：《吕與叔文集》煞有好處，他文字極是實，説得好處，如千兵萬馬，飽滿伉壯。

《宋史・藝文志・别集類》 吕大臨《玉溪先生集》二十八卷。

晁次膺集

楊士奇等《文淵閣書目・詩詞》《晁次膺集》。一部，一册。闕。

胡宗元詩集

馬端臨《文獻通考・經籍考・詩集》《胡宗元詩集》。清江胡宗元撰。山谷序略曰：君自結髮至白首，未嘗廢書，其胸次所藏，未肯下一世事也；前莫挽，後莫推，是以窮於丘壑。然以其耆老於翰墨，故後生晚出，無不讀書而好文。其卒也，子弟門人次其詩爲若干卷。

畢憲父詩集

馬端臨《文獻通考・經籍考・詩集》《畢憲父詩集》三卷。河南畢憲父撰。

桃花源記

楊士奇等《文淵閣書目・詩詞》 姚孳《桃花源記》。一部，二册。闕。

李文叔集

尤袤《遂初堂書目・别集類》《李格非集》。

馬端臨《文獻通考・經籍考・别集》《李文叔集》四十五卷。後村劉氏曰：李格非字文叔，濟南人。詩文四十五卷，文高雅條鬯有義味，在晁、秦之上，詩稍不逮。

劉涣詩

《宋史・藝文志・别集類》《劉涣詩》十二卷。

元祐進本制舉策論

尤袤《遂初堂書目・别集類》 王發《進卷》。

《宋史・藝文志・别集類》 王發《元祐進本制舉策論》十卷。

盧江集

王圻《續文獻通考・經籍考・集上》 《盧江集》十卷。浦城何述著。

吕益柔文集

《宋史・藝文志・别集類》 《吕益柔文集》五十卷。又《奏議》一卷。

道山集

王圻《續文獻通考・經籍考・集上》 《道山集》三十卷。沙縣羅畸著。

灌園集

尤袤《遂初堂書目・别集類》 吕南公《灌園集》。

陳振孫《直齋書録解題・别集類中》 《灌園集》三十卷。鄉貢進士吕南公次儒撰。熙寧初，試禮部不利，會以新經取士，遂罷舉。欲修《三國志》，題其齋曰衮斧，書將成而死，其書亦不傳。元祐初，諸公欲薦進之，不及。

馬端臨《文獻通考・經籍考・别集》 《灌園集》三十卷。

《宋史・藝文志・别集類》 吕南公《灌園集》三十卷。

《四庫提要・别集類八》 《灌園集》二十卷。《永樂大典》本。宋吕南公撰。南公字次儒，南城人。陳振孫《書録解題》稱南公欲修《三國志》，名其齋曰「衮斧」。將成而南公卒，書亦不傳。惟其子郁編次遺文爲三十卷。然刊版久佚，流傳遂絶。僅存鈔本《吕次儒集》一卷，惟録《麻姑山詩》二十四首，《福山詩》一首，及《錢鄧州不燒紙錢頌》、《義鷹志》、《龍母墓》三編。蓋後人從《宋文鑑》及《麻姑山志》鈔撮而成，十不存一。今據《永樂大典》所載，裒輯薈萃，篇帙尚夥。謹依類排次，釐爲二十卷。

吕次儒集

《四庫提要・别集類存目一》 《吕次儒集》一卷。編修汪如藻家藏本。宋吕南公撰。南公有《灌園集》，已於《永樂大典》中裒輯成編。此本乃後人採掇而成。僅《麻姑山詩》二十四首，《福山詩》一首，文三首，仍以符行中原序冠之。其《麻姑山詩》蓋出《麻姑山志》，前有小引。《西江詩話》所載之《葛仙峰詩》，即在其中，而題作《上葛仙壇》，標目小異。其《錢鄧州不燒楮鏹頌》一首，則自吕祖謙《宋文鑑》中録出者也。篇帙寥寥，採摭殊爲寒窘。今既别編巨帙，此爲廢稿矣。

曾肇集

晁公武《郡齋讀書志・别集類下》 曾子開《曲阜集》四十卷，《奏議》十二卷，《西掖集》十二卷，《内制》五十卷，《外制》三十卷。右皇朝曾肇字子開，子固之弟也。登進士第。元祐中，爲中書舍人。元符末，再入西掖，遂爲翰林學士。

尤袤《遂初堂書目・别集類》 《曾子開集》。

陳振孫《直齋書録解題・别集類中》 《曲阜集》四十卷，《奏議》十二卷，《西垣集》十二卷，《外制集》三卷，《内制集》五卷。

馬端臨《文獻通考・經籍考・别集》 曾子開《曲阜集》四十卷，《奏議》十二卷，《西掖集》十二卷，《内制》五十卷，《外制》三十卷。

《宋史・藝文志・别集類》 曾肇《元祐制集》十二卷。又《曲阜外集》三十卷。《曾肇集》四十卷。又《奏議》十二卷。《西垣集》十二卷。《庚辰外制集》三卷。

《内制集》五卷。

張萱等《内閣藏書目録·集部》 《曾文昭公集》三册。不全。宋元符間翰林學士曾肇著。闕第一至第十一卷。

《四庫提要·別集類六》 《曲阜集》四卷。浙江鮑士恭家藏本。宋曾肇撰。肇字子開，南豐人，鞏、布之弟也。治平四年進士。官至中書舍人，龍圖閣學士。以元祐黨籍貶濮州團練副使，汀州安置。崇寧中，復朝散郎，歸潤州而卒。

乘桴集

趙希弁《讀書附志·別集類四》 得得居士《乘桴集》三卷。右任忠敏公伯雨字德翁之文也。公眉山人，元豐五年進士。爲左正言，僅半歲而上一百八疏。以黨事編管通州，遷儋耳，移道州。復官，提點明道宫，卒。紹興中，累贈右諫議。謚忠敏。集首刻朱震所作行狀。

尤袤《遂初堂書目·別集類》 任德翁《乘桴集》。

《宋史·藝文志·別集類》 任伯雨《乘桴集》三卷。

戇草

趙希弁《讀書附志·別集類四》 得得居士《戇草》二卷。

《宋史·藝文志·別集類》 任伯雨《戇草》二卷。

西臺集

晁公武《郡齋讀書志·別集類下》 畢公叔《西臺集》五十卷。自臺郎爲憲漕綽有能聲。後入黨籍，終於西京留臺。集陳叔易爲之序。

尤袤《遂初堂書目·別集類》 畢仲游《西臺集》。

馬端臨《文獻通考·經籍考·別集》 畢公叔《西臺集》五十卷。

《宋史·藝文志·別集類》 《畢仲游文集》五十卷。

楊士奇等《文淵閣書目·文集》 畢仲游《西臺文集》。一部，十五册。全。

張萱等《内閣藏書目録·集部》 《西臺先生文集》十五册。全。宋仁宗朝御史臺畢仲游著。凡十五卷。

錢謙益等《絳雲樓書目·宋文集類》 畢仲游《西臺集》。三十卷。

《四庫提要·別集類八》 《西臺集》二十卷。《永樂大典》本。宋畢仲游撰。仲游字公叔，鄭州人。同平章事士安之曾孫。《東都事略》但稱仲游有集行世，不詳卷數。《宋史·藝文志》作五十卷。而晁公武《讀書志》則稱《西臺集》二十卷。所紀卷目，多寡互殊。傳本亦久絶於世。今從《永樂大典》各韻中搜輯排比，詩文諸體俱全。似已尠所遺闕，特未能足五十卷之數。然《宋志》荒謬，多不可憑。疑「五」字爲傳寫之誤。謹仍依《讀書志》釐爲二十卷，亦幾幾乎還其舊矣。

張之洞《書目答問·別集》 《西臺集》二十卷。宋畢仲游。聚珍本福本。

朱服集

《宋史·藝文志·別集類》 《朱服集》十三卷。

神宗御集

鄭樵《通志·藝文略·別集五》 《神宗御集》一百六十卷。

晁公武《郡齋讀書志·別集類下》 《神宗皇帝御集》二百卷。右皇朝神宗皇帝撰，章惇等纂。紹聖初，以元祐中所集止九百四十三道，命惇再加編次。至元符中，書成上之。比元祐所編，增多八千七百三十道，分《文辭》、《政事》、《邊機》三門。言者謂元祐諸臣託邊機不宜洩露，致掩没先帝盛美，於是徧以賜群臣云。

馬端臨《文獻通考·經籍考·別集》 《神宗皇帝御集》二百卷。

《宋史·藝文志·別集類》 《神宗御集》一百六十卷。

神宗御筆手詔

《宋史・藝文志・別集類》《神宗御筆手詔》二十一卷。

龍雲集

鄭樵《通志・藝文略・別集五》《劉偉明集》二十五卷。

尤袤《遂初堂書目・別集類》《劉偉明集》。

陳振孫《直齋書録解題・別集類中》《龍雲集》三十二卷，附録一卷。著作佐郎盧陵劉弇偉明撰。元豐進士，紹聖詞科。曾慥《詩選》以比石敏若，非其倫也。「龍雲」，安福縣鄉名，弇所居也。

馬端臨《文獻通考・經籍考・別集》《龍雲集》三十二卷，附録一卷。

《宋史・藝文志・別集類》劉弇《龍雲集》三十二卷。

楊士奇等《文淵閣書目・文集》《劉雲龍文集》。一部五册。闕。

王圻《續文獻通考・經籍考・集上》《龍雲集》三十卷。劉弇著。

錢謙益等《絳雲樓書目・宋文集類》劉弇《龍雲集》。三十二卷，又附録一卷。偉明登紹聖辭科。

《四庫提要・別集類八》《龍雲集》三十二卷。浙江鮑士恭家藏本。其集初刊於浦城，僅二十五卷。紹興四年，其鄉人羅良弼搜求別本，益以彭德源、曾如晦等所編，又得《宏詞》、《詩議》諸篇於郭明叔家。總六百三十一首，釐爲三十二卷。後附誌銘及良弼跋。歲久服佚。明弘治中劉璋復序而重刊。吴之振《宋詩鈔》，不及弇集。曹庭棟撰《宋詩存》，始補收之。蓋傳本較稀，故之振偶未見云。

張金吾《愛日精廬藏書志・別集類》《龍雲先生文集》三十二卷。明弘治刊本。

劉安世文集

《宋史・藝文志・別集類》《劉安世文集》二十卷。

楊士奇等《文淵閣書目・文集》《劉元城文集》。一部，三册。殘缺。

元城盡言集

《宋史・藝文志・別集類》劉安世《元城盡言集》十三卷。

楊士奇等《文淵閣書目・文集》《劉元城盡言集》。一部，三册。闕。

姑溪居士集　後集

尤袤《遂初堂書目・別集類》李之儀《姑溪集》。

陳振孫《直齋書録解題・別集類中》《姑溪集》五十卷，《後集》二十卷。朝請大夫趙郡李之儀端叔撰。嘗從東坡辟中山幕府，後代范忠宣作《遺表》，爲世傳誦。

馬端臨《文獻通考・經籍考・別集》《姑溪集》五十卷，《後集》二十卷。

《宋史・藝文志・別集類》李端叔《姑溪集》五十卷。又《後集》二十卷。

楊士奇等《文淵閣書目・文集》李端叔《姑溪集》。一部，十册。全。

王圻《續文獻通考・經籍考・集上》《李之儀文集》二十卷。之儀，趙州人。工于尺牘，蘇軾以爲得發遣三昧。自號古溪老農。

張萱等《内閣藏書目録・集部》《姑谿居士文集》十册。全。宋哲宗朝李之儀著。凡五十卷。

錢謙益等《絳雲樓書目・宋文集類》李之儀《姑溪集》六册。六十卷。又《後集》二十卷。字端叔。最工尺牘。東坡帥定武，闢爲寮屬，賓主酬倡甚歡。集名「姑溪」，蓋端叔自號姑溪老農也。

吳焯《繡谷亭薰習録・集一》《姑溪居士集》五十卷，《後集》二十卷。

《四庫提要・别集類八》《姑溪居士前集》五十卷，《後集》二十卷。編修汪如藻家藏本。宋李之儀撰。之儀字端叔。

張金吾《愛日精廬藏書志・别集類》《姑溪居士文集》五十卷，《後集》二十卷。舊鈔本。

雙誨編

《宋史・藝文志・别集類》王定民《雙誨編》二十四卷。

周子文集

王圻《續文獻通考・經籍考・集上》《周子文集》。周彦質著。

淮海集　後集

鄭樵《通志・藝文略・别集五》秦太虚《淮海集》二十九卷。秦觀。

晁公武《郡齋讀書志・别集類下》秦少游《淮海集》三十卷。右皇朝秦觀字少游，高郵人。登進士第。

尤袤《遂初堂書目・别集類》秦少游《淮海集》。

陳振孫《直齋書録解題・别集類中》《淮海集》四十卷，《後集》六卷，《長短句》三卷。

馬端臨《文獻通考・經籍考・别集》秦少游《淮海集》三十卷。

《宋史・藝文志・别集類》《秦觀集》四十卷。

楊士奇等《文淵閣書目・文集》《秦淮海文集》。一部，七册。殘闕。

高儒《百川書志・唐文》《淮海文集》四十五卷。《前集》四十卷，《後集》五卷。淮海秦觀少游撰。

徐𤊹《徐氏家藏書目・文集類》秦觀《淮海集》四十卷。

張萱等《内閣藏書目録・集部》秦少游《淮海集》五册。全。宋神宗朝秦觀著。又四册。又七册。不全。

錢謙益等《絳雲樓書目・宋文集類》《秦淮海集》。三十卷。

吳焯《繡谷亭薰習録・集一》《淮海集》四十卷，《後集》六卷。宋校勘書籍高郵秦觀少游著。往見一本十卷，或謂非足本。考元豐七年自題序，係當時手定。凡録詩文二百十七篇，號《淮海閒居集》是也。《文獻通考》題三十卷，宋世本乃爾。此編爲明初閩坊本，萬曆中重刻，仁和李之藻序，又一本許吉人序。

《四庫提要・别集類七》《淮海集》四十卷，《後集》六卷，《長短句》三卷。副都御史黄登賢家藏本。宋秦觀撰。《文獻通考・别集類》載《淮海集》三十卷，又《歌詞類》載《淮海集》一卷。《宋史》則作四十卷。今本卷數與《宋史》相同，而多《後集》六卷，《長短句》分爲三卷。蓋嘉靖中高郵張綖以黄瓚本及監本重爲編次云。

彭元瑞等《天禄琳琅書目後編・宋版集部》《淮海集》。二函，十册。

又《天禄琳琅書目後編・元版集部》《淮海集》。一函，八册。篇目見前宋版集部，無《長短句》三卷。

黄丕烈《蕘圃藏書題識續録・集類上》《淮海先生文集》四十卷，《後集》六卷，《長短句》三卷，又《長短句補遺》舊鈔本。

又《蕘圃藏書題識再續録・集類》《淮海先生文集》四十卷，《後集》六卷，《長短句》三卷，又《長短句補遺》。舊鈔本。自十二至二十五卷，偶得宋本殘帙，藏篋中久矣。兹收此舊鈔，出爲對勘，用墨筆識之。

張金吾《愛日精廬藏書志・别集類》《淮海先生前集》四十卷，《後集》六卷。明初刊本。

張之洞《書目答問・别集》《淮海集》四十卷，《後集》六卷，《長短句》三卷。宋秦觀。明李之藻刻，乾隆修補本。道光丁酉高郵重刻本，改併二十卷，《補遺》一卷，附年譜。

淮海詩

高儒《百川書志・宋詩》《淮海詩》。淮海秦觀少游撰。

昌邑集

晁公武《郡齋讀書志・別集類下》 滿氏《昌邑集》二十卷。右皇朝滿中行字思復。登進士第。元豐中，爲太學官，虞蕃獄起。思復獨不結吏議，詔褒之。

馬端臨《文獻通考・經籍考・別集》 滿氏《昌邑集》二十卷。

竹林集

晁公武《郡齋讀書志・別集類下》 廖明略《竹林集》三卷。右皇朝廖正一字明略。

尤袤《遂初堂書目・別集類》 《廖明略集》。

馬端臨《文獻通考・經籍考・別集》 廖明略《竹林集》三卷。

《宋史・藝文志・別集類》 《廖正一集》八卷。

王圻《續文獻通考・經籍考・集上》 《白雲集》八卷。將樂廖正一著。正一，元豐進士，入元祐黨。自號「竹林居士」。

三蓮集

晁公武《郡齋讀書志・別集類下》 員逢原《三蓮集》二十卷。右皇朝員逢原，關中人。仕至朝議大夫。

學易集

尤袤《遂初堂書目・別集類》 《劉斯立集》。

陳振孫《直齋書録解題・別集類中》 《學易集》二十卷。朝奉郎東平劉跂斯立撰。忠肅公摯之長子也，與其弟蹈同登元豐二年進士第。元祐初，以其父在言路，政府不得用。紹聖以後復坐黨家，連蹇終其身。晁景迂誌其墓，比孫明復、石守道之徒。爲文無所不長，《宣防宫賦》、《學易堂記》，世傳誦之。

馬端臨《文獻通考・經籍考・別集》 《學易集》二十卷。

《宋史・藝文志・別集類》 《劉跂集》二十卷。

楊士奇等《文淵閣書目・文集》 劉氏《學易文集》。一部，四册。闕。

《四庫提要・別集類八》 《學易集》八卷。《永樂大典》本。宋劉跂撰。跂字斯立，東光人，家於東平。尚書右僕射摯之子也。其集原本二十卷。陳振孫《書録解題》謂最初李相之得於跂甥蔡瞻明，紹興中洪邁傳於長樂官舍，後施元之刻版行世。《宣防宫賦》、《學易堂記》世尤傳誦。今元之舊刻，久無傳本。惟《永樂大典》載跂詩文頗多。雖未免有所脱佚，而掇拾排次，尚可得什之六七。謹依類編訂，共録爲十有二卷。今恭承聖訓，於刊刻時削去青詞，以歸雅正。其《同天節道場疏》、《管城縣修獄道場疏》、《供給看經疏》、《北山塑像疏》、《靈泉修告疏》、《仁欽陞坐疏》、《請崇寧長老疏》以及爲其父母舅氏修齋諸疏，皆蹟涉異端，與青詞相類，亦概爲削除。重加編次，釐爲八卷，用昭鑑古斥邪之訓，垂萬世立言之準焉。

高隱集

陳振孫《直齋書録解題・詩集類下》 《高隱集》七卷。高隱處士蘄春林敏功子仁撰。案：《宋史・藝文志》有《林敏功集》十卷，曾端伯作《高隱小傳》，稱林敏功兄弟皆隱君子也，原本脱姓氏，今補入。嘗以《春秋》預鄉薦不第。有詩文百卷，號《蒙山集》，兵火後不存。

馬端臨《文獻通考・經籍考・詩集》 《高隱集》七卷。

《宋史・藝文志・別集類》 《林敏功集》十卷。

無思集

陳振孫《直齋書録解題・詩集類下》 《無思集》四卷。林敏修子來撰。敏功之弟。

馬端臨《文獻通考・經籍考・詩集》 《無思集》四卷。後村劉氏曰：二林詩極少。曾端伯作《高隱小傳》，云有詩文百二十卷，今所存十無一二。兄弟皆隱君子，不獨以詩重。

楊士奇等《文淵閣書目・詩詞》《林無思居士詩》。一部，一册。完全。

張萱等《内閣藏書目録・集部》《無思居士詩集》一册。全。林敏修著。

東謀集

王圻《續文獻通考・經籍考・集上》《東謀集》。王資深著。又著《周書》及《方言》。

荀里退居編

王圻《續文獻通考・經籍考・集上》《荀里退居編》。蘇州范正平著。

元豐懷遇集

《宋史・藝文志・别集類》王震《元豐懷遇集》七卷。

尤袤《遂初堂書目・别集類》王子發《元豐懷遇集》。

晁端忠詩

《宋史・藝文志・别集類》《晁端忠詩》一卷。

寶晉英光集

陳振孫《直齋書録解題・别集類中》《寶晉集》十四卷。禮部員外郎襄陽米芾元章撰。其母閻氏，與宣仁后在藩時有舊，故以后恩補試銜入仕。其上世皆武官，蓋國初勳臣米信之後也，視芾爲五世孫。

馬端臨《文獻通考・經籍考・别集》《寶晉集》十四卷。

楊士奇等《文淵閣書目・文集》米芾《寶晉英光集》。一部，五册。闕。

吴焯《繡谷亭薰習録・集一》《寶晉英光集》六卷。宋尚書禮部員外郎襄陽米芾元章著。紹定壬辰鄂國岳珂序，珂仕潤州，考海岳遺址，築堂以祀之。又編輯是集，序云：《山林集》舊一百卷，今所會萃未十之一，南渡而後文獻不足徵也。然陳氏《書録題》十四卷，此豈又有散佚耶？吴原博藏本，萬曆丁巳張丑跋。

《四庫提要・别集類七》《寶晉英光集》八卷。浙江鮑士恭家藏本。宋米芾撰。芾有《畫史》，已著録。其集於南渡之後，業已散佚。紹定壬辰，岳珂官潤州時，既葺芾祠，因摭其遺文爲一編，併爲之序。序中不言卷數，而稱《山林集》舊一百卷，今所薈稡附益，未十之一。

黄丕烈《蕘圃藏書題識・集類二》《寶晉英光集》六卷。校舊鈔本。

張金吾《愛日精廬藏書志・别集類》《寶晉英光集》八卷。舊鈔本。

山林集拾遺

《宋史・藝文志・别集類》米芾《山林集拾遺》八卷。

潘祖蔭《滂喜齋藏書記・集部》舊鈔本《寶晉山林集拾遺》八卷。四册。宋米芾撰。芾所著《山林集》百卷，亡於南渡，紹定壬辰岳倦翁重爲編輯。今四庫本八卷，題曰《寶晉英光集》，即岳本而有所附益者也。此本芾孫憲所輯，嘉泰改元刻於筠陽郡齋。卷一賦，卷二詩，卷三長短句，卷四文，卷五《寶章待訪録》，卷六《書史》，卷七《畫史》，卷八《硯史》。嘉泰元年下距紹定壬辰二十八年，則其本尚在倦翁前矣。米集存於今者當以此爲第一。集中遇「桓」、「完」、「貞」、「瑋」等字皆缺筆，則猶從宋本傳録。并録南禺外史跋云：「南宫《山林集》，嘗見鈔本六十卷。兹孫憲所刻《拾遺》爾。嘉靖乙酉，豐道生觀於錫山華中甫真賞齋。」六十卷本雖非全帙，已過其半。明時中葉尚有流傳，則珠光劍氣當有神物護持，安知不重出於世耶？汲古閣毛氏、百歲堂惠氏皆有藏印。

襄陽遺集

黃虞稷《千頃堂書目・文史類》 范明泰輯《米襄陽遺集》一卷。

《四庫提要・別集類存目一》 《襄陽遺集》一卷。兩淮馬裕家藏本。明范明泰編。明泰有《米襄陽外紀》，已著録。此乃所輯米芾遺文。考芾《寶晉英光集》，世有傳本，明泰蓋未之見。故蒐采各書，裒爲此編。然闕略殊甚。至於《倒書心經咒語》一則，本佛書舊文，非芾所撰。亦登簡牘，則更誤矣。

雲溪居士集

楊士奇等《文淵閣書目・文集》 華鎮《雲溪集》。一部，十册。全。

張萱等《内閣藏書目録・集部》 《雲谿居士文集》十册。全。宋紹興間平原華鎮著。凡一百卷。

黃虞稷《千頃堂書目・別集類・補宋》 華鎮《雲溪居士文集》一百卷。紹興間人，稱平原華鎮。

倪燦等《宋史藝文志補・別集類》 華鎮《雲溪居士文集》一百卷。

《四庫提要・別集類八》 《雲溪居士集》三十卷。《永樂大典》本。宋華鎮撰。鎮字安仁，會稽人。元豐二年進士。官至朝奉大夫，知漳州軍事。鎮原集本一百卷。又有《揚子法言訓解》十卷，《書記》三卷，《會稽覽古詩》一百三篇，《長短句》一卷，《會稽録》一卷，并附哀文一卷，通一百十七卷。紹興十三年，其子初成裒集刊刻，曾表進於朝。又鎮《上蔡樞密書》，自云「有所作《王制解》一編」。而初成所爲狀跋，則不載是書。蓋當時已散佚矣。其集諸家書目皆不著録。寶慶《會稽續志》但稱鎮好學博古，嘗著《會稽覽古詩》一百三篇，不及其集。惟焦竑《經籍志》載《雲溪居士集》一百卷，而其他著作亦均未載。近錢塘厲鶚編《宋詩紀事》，僅從地志之中鈔得《會稽覽古詩》九首。知自明以來，是集無傳本也。兹於《永樂大典》中掇輯詮次，釐爲三十卷。雖未能頓還舊觀，然原刻卷數，已得三之一矣。

釣臺棄稿

《宋史・藝文志・別集類》 江公望《釣臺棄稿》十四卷。

楊天惠集

《宋史・藝文志・別集類》 《楊天惠集》六十卷。

東堂集

《宋史・藝文志・別集類》 趙仲御《東堂集》一卷。

慶湖遺老集　拾遺　後集

陳振孫《直齋書録解題・詩集類下》 《慶湖遺老集》九卷，《拾遺》一卷。朝奉郎共城賀鑄方回撰。

馬端臨《文獻通考・經籍考・詩集》 《慶湖遺老集》九卷，《拾遺》一卷。

《宋史・藝文志・別集類》 賀鑄《慶湖遺老集》二十九卷。

楊士奇等《文淵閣書目・詩詞》 《慶湖賀遺老集》。一部，四册。闕。

徐𤊹《徐氏家藏書目・文集類》 賀方回《慶湖遺老集》。

錢謙益等《絳雲樓書目・宋文集類》 賀方回《慶湖遺老詩集》九卷，《拾遺》一卷。方回善校書，朱黃不去手，詩文皆高，不獨工長短句，陸放翁之言云爾。

吳焯《繡谷亭薰習録・集一》 《慶湖遺老集》九卷，《拾遺》一，《後集》一卷。

《四庫提要・別集類八》 《慶湖遺老集》九卷。兩江總督採進本。宋賀鑄撰。鑄字方回，衛州人。唐諫議大夫知章之後。其詩自元祐己卯以前凡九卷，自製序文，是爲《前集》。己卯以後者爲《後集》。合前後集共二十卷，同時程俱爲之序。今《後集》已佚，惟《前集》僅存。

黄丕烈《蕘圃藏書題識·集類二》《慶湖遺老詩集》九卷，《拾遺》一卷，《補遺》一卷。舊鈔本。

張金吾《愛日精廬藏書志·別集類》《慶湖遺老詩集》九卷，《拾遺》一卷，《補遺》一卷。舊鈔本。

潏水集

尤袤《遂初堂書目·別集類》李履中《潏水集》。

陳振孫《直齋書録解題·別集類中》《潏水集》四十卷。集英殿修撰長安李復履中撰。元豐二年進士。

馬端臨《文獻通考·經籍考·別集》《潏水集》四十卷。

《宋史·藝文志·別集類》李復《潏水集》四十卷。

楊士奇等《文淵閣書目·文集》李復《潏水集》一部五册。全。李復《潏水集》一部四册。全。

王圻《續文獻通考·經籍考·集上》《潏水集》。李復著。

張萱等《内閣藏書目録·集部》《李潏水先生集》五册。全。宋神宗朝長安李復著。凡四十卷。又《潏水先生集》殘闕一束。

《四庫提要·別集類八》《潏水集》十六卷。《永樂大典》本。宋李復撰。復字履中。先世家開封祥符，以其父官關右，遂爲長安人。登元豐二年進士。歷官熙河轉運使，終於中大夫集賢殿修撰。集本四十卷，乾道間嘗刻於饒郡，即朱子所謂信州本也。後散佚無存，談宋文者多不能舉其名氏。今從《永樂大典》裒輯編綴，釐爲一十六卷，著之於録。既以發潛德之幽光，且以補史傳之闕略焉。

何通判文集

王圻《續文獻通考·經籍考·集上》《何通判文集》二十卷，何去非著。去非字正通，浦城人。元豐中對策，論用兵之要，擢高等，除武學教諭，仕終廬州通判。

何博士備論

陳振孫《直齋書録解題·別集類中》《何博士備論》四卷。武學博士浦城何去非正通撰。去非以累舉對策稱旨，授左班殿直，教授武學，後以東坡薦，授承奉郎，司農寺丞，通判廬州。別有文集二十卷，未見。

馬端臨《文獻通考·經籍考·別集》《何博士備論》四卷。

王圻《續文獻通考·經籍考·集上》《備論》四卷。何去非著。

會稽覽古詩

《宋史·藝文志·別集類》葉鎮《會稽覽古詩》一卷。

後山集

鄭樵《通志·藝文略·別集五》《後山陳無己集》十五卷。陳師道。

晁公武《郡齋讀書志·別集類下》《陳無己後山集》二十卷。

趙希弁《讀書附志·別集類三》《後山先生文集》五十五卷。右陳師道無己之文也。《續書志》云二十卷。希弁所藏乃紹興二年謝克家所叙者。或謂二十卷者，乃魏衍所編，而《讀書志》不載。

尤袤《遂初堂書目·別集類》《陳後山集》。

陳振孫《直齋書録解題·別集類中》《後山集》十四卷，《外集》六卷，《談叢》六卷，《理究》一卷，《詩話》一卷，《長短句》二卷。祕書省正字彭城陳師道無己撰。一字履常。蜀本但有詩文，合二十卷。

馬端臨《文獻通考·經籍考·別集》《陳無己後山集》二十卷。

《宋史・藝文志・別集類》《陳師道集》十四卷。又《語叢》一卷。

楊士奇等《文淵閣書目・文集》《陳後山文集》。一部，四册。殘闕。

高儒《百川書志・宋文》《後山文集》八卷。彭城陳師道履常著，即陳無己也。

徐𤊹《徐氏家藏書目・文集類》陳師道《後山集》十四卷。

張萱等《内閣藏書目録・集部》《後山文集》四册。不全。宋陳師道著。

錢謙益等《絳雲樓書目・宋文集類》《陳後山集》。《後山集》，世所傳多雜僞，唯魏衍所編二十卷者最善。衍蓋後山高弟也，從游日久，徐敦立侍郎《却掃編》云爾。敦立亦嘗從衍游，其言最爲淵源。

《四庫提要・別集類七》《後山集》二十四卷。副都御史黄登賢家藏本。宋陳師道撰，師道字履常，一字無己，彭城人。受業曾鞏之門。又學詩於黄庭堅。是集爲其門人彭城魏衍所編。前有衍記，稱「以甲乙丙稿合而校之。得詩四百六十五篇，分爲六卷。文一百四十篇，分爲十四卷。《詩話》、《談叢》則各自爲集」云云。此本爲明馬暾所傳，而松江趙鴻烈所重刊。凡詩七百六十五篇，編八卷。文一百七十一篇，編九卷。《談叢》編四卷。《詩話》、《理究》、《長短句》各一卷。又非衍之舊本。

張金吾《愛日精廬藏書志・別集類》《後山先生集》三十卷。明嘉靖刊本　何氏義門從舊鈔本手校。

吴壽暘《拜經樓藏書題跋記》卷五　《後山集》。《後山集》二十卷，舊鈔本。

張之洞《書目答問・別集》《後山集》二十四卷。宋陳師道。趙鴻烈學稼山莊刻本。

後山詩集

陳振孫《直齋書録解題・詩集類下》《後山集》六卷，《外集》五卷。陳師道無己撰。亦於正集中録出入《詩派》。

馬端臨《文獻通考・經籍考・詩集》《後山集》六卷，《外集》五卷。

楊士奇等《文淵閣書目・詩詞》《陳後山詩》。一部，三册。完全。

高儒《百川書志・宋詩》《後山詩集》十二卷。彭城陳師道履常撰。

《四庫提要・別集類存目一》《後山詩集》十二卷。江蘇巡撫採進本。宋陳師道撰。師道有全集，已著録。此本爲雍正乙巳嘉善陳唐所刊。正集六卷，仍魏衍所編之舊。逸詩五卷、詩餘一卷，則唐蒐輯諸書，補所未備者也。正集舊有任淵注，今皆削去。別本各行，未爲不可。唐同里吴淳爲作序，乃極論其注當削，則謬之甚矣。

後山詩注

陳振孫《直齋書録解題・詩集類下》《注後山詩》六卷。新津任淵子淵注。

馬端臨《文獻通考・經籍考・詩集》《注後山詩》六卷。

錢謙益等《絳雲樓書目・宋文集類》宋板《集注後山詩》。十二卷。

錢曾《讀書敏求記・詩集》《陳後山詩注》十二卷。

王士禛《漁洋書跋》《陳後山集》。

《四庫提要・別集類七》《後山詩注》十二卷。浙江巡撫採進本。宋陳師道撰，任淵注。原本六卷，此本作十二卷，則淵作注時每卷釐爲二也。淵生南北宋間，去元祐諸人不遠。佚文遺蹟，往往而存。即同時所與周旋者，亦一一能知始末。故所注排比年月，鉤稽事實，多能得作者本意。

黄丕烈《蕘圃藏書題識・集類二》《後山詩注》一卷。殘宋本。

張金吾《愛日精廬藏書志・別集類》《後山詩注》十二卷。宋刊本。宋天社任淵注。闕卷一至卷三三卷。抄補。

張之洞《書目答問・別集》《後山詩注》十二卷。宋陳師道，宋任淵注。聚珍本福本。

雞肋集

鄭樵《通志・藝文略・別集五》晁補之《緡城集》八卷。又《雞肋集》七十卷。

晁公武《郡齋讀書志・別集類下》晁無咎《雞肋編》七十卷。

尤袤《遂初堂書目・別集類》晁無咎《雞肋集》。

陳振孫《直齋書録解題・別集類中》《雞肋集》七十卷。吏部員外郎鉅野晁補之無咎撰。

馬端臨《文獻通考·經籍考·別集》 晁無咎《雞肋編》七十卷。

《宋史·藝文志·別集類》 晁補之《雞肋集》一百卷。《晁補之集》七十卷。

楊士奇等《文淵閣書目·文集》 晁補之《雞肋集》。一部十六册，殘闕。

范邦甸等《天一閣書目·別集類》 《雞肋集》七十卷。藍絲闌鈔本。 宋晁補之著。

《四庫提要·別集類七》 《雞肋集》七十卷。兩淮馬裕家藏本。 宋晁補之撰。補之字無咎，鉅野人。元豐間舉進士。此本爲明崇禎乙亥蘇州題凝遠依宋版重刊。

彭元瑞等《天禄琳琅書目後編·明版集部》 濟北晁先生《雞肋集》。四函，三十二册。宋晁補之撰。

張金吾《愛日精廬藏書志·別集類》 濟北晁先生《雞肋集》七十卷。舊鈔本。

張之洞《書目答問·別集》 《雞肋集》七十卷。宋晁補之。明崇禎刻本。李廌《濟南集》八卷，《四庫》傳鈔本，無刻本。秦、黄、張、晁、陳、李諸家文，有《蘇門六君子文鈔》七十卷，明崇禎韓氏刻本。

游廌山集

尤袤《遂初堂書目·別集類》 《游定夫集》。

徐𤊹《徐氏家藏書目·文集類》 游酢《豸山集》二卷。

《四庫提要·別集類八》 《游廌山集》四卷。福建巡撫採進本。 宋游酢撰。酢字定夫，建陽人。元豐五年進士。建中靖國初，歷官監察御史。宣和初，終於知濠州。事蹟具《宋史·道學傳》。楊時《龜山集》有酢墓誌銘，稱所著有《中庸義》一卷，《易説》一卷，《詩二南義》一卷，《論語》、《孟子》雜解各一卷，文集十卷。年譜稱其年二十九，録明道先生語。年四十一，録伊川先生語。年四十六作《論孟雜解》、《中庸義》。年四十七，作《易説》、《詩二南義》。而不言文集。蓋本各爲書也。此本首以《論語雜解》、《中庸義》、《孟子雜解》爲一卷。次《易説》、《詩二南義》爲一卷。次《師語》、《師訓》爲一卷。次以文七篇，詩十三首，附以墓誌、年譜爲一卷。又《中庸義》後有《拾遺》。《孟子雜解》僅八條，《詩二南義》僅二條。蓋後人掇拾重編，不但非其原本，且併非完書矣。

龜山集

尤袤《遂初堂書目·別集類》 《楊龜山集》。

陳振孫《直齋書録解題·別集類下》 《龜山集》二十八卷。工部侍郎延平楊時中立撰。

馬端臨《文獻通考·經籍考·別集》 《龜山集》二十八卷。

《宋史·藝文志·別集類》 《楊時集》二十卷。又《龜山集》三十五卷。

楊士奇等《文淵閣書目·文集》 《龜山楊先生文集》。一部，六册全。《龜山楊先生文集》。一部，十二册全。

高儒《百川書志·宋文》 《龜山文集》十六卷。工部侍郎延平楊時中立撰。

范邦甸等《天一閣書目·別集類》 《龜山先生集》十六卷。刊本。

徐𤊹《徐氏家藏書目·文集類》 楊時《龜山集》二十八卷。

張萱等《内閣藏書目録·集部》 《龜山先生文集》十二册全。宋神宗朝楊時著。凡三十五卷。又六册，全。又六册，全。

錢謙益等《絳雲樓書目·宋文集類》 《楊龜山集》。二十八卷。

《四庫提要·別集類九》 《龜山集》四十二卷。浙江鮑士恭家藏本。 宋楊時撰。時事蹟具《宋史·道學傳》。是集凡書奏、表劄、講義、經解、史論、啓記、序跋各一卷，語録四卷，答問二卷，辨二卷，書七卷，雜著一卷，哀辭祭文一卷，狀述一卷，誌銘八卷，詩五卷。

楊龜山集鈔

黄虞稷《千頃堂書目·文史類》 《楊龜山集鈔》□卷。

龜山詩

高儒《百川書志・宋詩》 《龜山詩》。工部侍郎延平楊時中立撰。

姚祐文集

《宋史・藝文志・別集類》 《姚祐文集》六十卷。又《奏議》二十卷。

鄧春卿詩文

王圻《續文獻通考・經籍考・詩集》 《鄧春卿詩文》三卷。春卿字榮伯，長汀人。甘貧樂道。崇寧間詔舉隱逸，不就，後舉八行，又不就。卜築南山之阿而老焉。

松菊集

趙希弁《讀書附志・別集類三》 總龜先生《松菊集》五卷。右阮閱之詩也。建炎初，以中奉大夫知袁州。

郴江百詠

《四庫提要・別集類十》 《郴江百詠》一卷。浙江巡撫採進本。宋阮閱撰。閱字閎休，舒城人。趙希弁《讀書附志》稱其建炎初以中奉大夫知袁州，其事蹟則未詳也。所撰有《松菊集》，今佚不傳。此《郴江百詠》，則其宣和中知郴州時作也。

阮户部詩

楊士奇等《文淵閣書目・詩詞》 《阮户部詩》。一部，一册。完全。塾本二册。

益齋讀易詩

楊士奇等《文淵閣書目・詩詞》 《益齋讀易詩》。一部，一册。闕。

吴思道集

尤袤《遂初堂書目・別集類》 《吴思道集》。

藏海居士集

尤袤《遂初堂書目・別集類》 《藏海居士詩》、《吴思道詩》。

楊士奇等《文淵閣書目・詩詞》 《吴藏海居士集》。一部，一册。完全。

《四庫提要・別集類十》 《藏海居士集》二卷。《永樂大典》本。案《藏海居士集》散見《永樂大典》中，題宋吴可撰。可事蹟無考，亦不知何許人。

柯山集

晁公武《郡齋讀書志・別集類下》 張文潛《柯山集》一百卷。右皇朝張耒字文潛，譙郡人。仕至起居舍人。嘗爲宣、潤、汝、潁、兖五州守，又嘗謫居黄州、復州，最後居陳以没。

馬端臨《文獻通考・經籍考・别集》 張文潛《柯山集》一百卷。

錢謙益等《絳雲樓書目・宋文集類》 張右史《柯山集》八册。一百卷。

張之洞《書目答問・别集》 《柯山集》五十卷。宋張耒。聚珍本福本。

宛丘集

陳振孫《直齋書録解題・别集類中》 《宛丘集》七十卷，《年譜》一卷。起居舍人譙國張耒文潛撰。宛丘，陳州其所居也。蜀本七十五卷。

《宋史・藝文志・别集類》 《張(來)〔耒〕集》七十卷。又《進卷》十二卷。

楊士奇等《文淵閣書目・文集》 《張宛丘文集》。一部，十三册。全。

張萱等《内閣藏書目録・集部》 《宛丘集》十二册。全。宋張耒文潛著。

錢謙益等《絳雲樓書目・宋文集類》 《宛丘先生文集》六册。

王士禛《漁洋書跋》 《宛丘集》二則。

吴焯《繡谷亭薰習録・集一》 《宛丘集》七十卷，《同文倡和》六卷。宋起居舍人譙郡張耒文潛著。《文獻通考》作《柯山集》一百卷，葉石林序。宛丘之名似出後人彙集者所改。此本有傳無序，余以曝書亭本校勘，只六十五卷，則耒集久無完本矣。

《四庫提要・别集類七》 《宛丘集》七十六卷。浙江鮑士恭家藏本。宋張耒撰。耒有《詩説》，已著録。此本卷數與紫芝所記四本皆不合，又不知何時何人摭拾殘剩所編。宜其闕佚者頗夥。

張文潛集

鄭樵《通志・藝文略・别集五》 《張文潛集》一卷。

尤袤《遂初堂書目・别集類》 《張文潛集》。

彭元瑞等《天禄琳琅書目後編・明版集部》 《張文潛文集》。一函，二册。宋張耒撰。耒字文潛，淮陰人。第進士，遷史館檢討，知汝、潁二州，入元祐黨籍，《宋史》有傳。書十三卷。凡進論五篇、論五十七篇、雜著十四篇、序記六篇。

張耒文潛集略

徐𤊹《徐氏家藏書目・文集類》 《張耒文潛集略》十二卷。

張文潛文選

吴焯《繡谷亭薰習録・集一》 《張文潛文選》十三卷。宋張耒著。嘉靖甲申江都馬駉序，稱此係宋人選本，凡録文八十二首，龍渠子刻之。《論有慮遠擇將審戰》諸篇，《宛丘集》中所無，固知耒之文散佚者衆矣。龍渠子，廣陵郝梁子高也。

張右丞集

尤袤《遂初堂書目・别集類》 《張右丞集》。

王子立文集

馬端臨《文獻通考・經籍考・别集》 《王子立文集》。王適子立撰。潁濱蘇子由之壻也。

清真集

趙希弁《讀書附志・别集類三》 《清真先生文集》二十四卷。右周邦彦字美成之文也。神宗時，嘗奏《汴都賦》七千言，上命近臣讀於邇英閣，由諸生爲學官。哲宗寘之文館，徽宗列之郎曹。嘗守四明，故樓忠簡公鑰序而刻之。

陳振孫《直齋書録解題・别集類中》 《清真集》二十四卷。徽猷閣待制錢塘周邦彦美成撰。

馬端臨《文獻通考・經籍考・别集》《清真集》二十四卷。

《宋史・藝文志・别集類》 周邦彦《清真居士集》十一卷。

楊士奇等《文淵閣書目・文集》《周美成文集》。一部，五册。殘闕。

清真雜著

陳振孫《直齋書録解題・别集類中》《清真雜著》三卷。邦彦嘗爲溧水令，故邑有詞集。其後有好事者，取其在邑所作文記詩歌，併刻之。

馬端臨《文獻通考・經籍考・别集》《清真雜著》三卷。

楊士奇等《文淵閣書目・文集》 周美成《清真雜著》。一部，一册。闕。

操縵集

陳振孫《直齋書録解題・詩集類下》《操縵集》五卷。周邦彦撰。亦有前集中所無者。

馬端臨《文獻通考・經籍考・詩集》《操縵集》五卷。

劉跋集

《宋史・藝文志・别集類》《劉跋集》二十卷。王家撰。

了齋集

鄭樵《通志・藝文略・别集五》《陳了翁前集》三十卷。陳瓘。又《了翁後集》二十五卷。

晁公武《郡齋讀書志・别集類下》 陳瑩中《了齋集》三十卷。

尤袤《遂初堂書目・别集類》《陳了齋集》。

陳振孫《直齋書録解題・别集類中》《了齋集》四十二卷。司諫延平陳瓘瑩中撰。江應辰爲集序，以爲出死力攻權姦者，天下一人而已矣。非虚語也。

馬端臨《文獻通考・經籍考・别集》 陳瑩中《了齋集》三十卷。

《宋史・藝文志・别集類》《陳瓘集》四十卷。

楊士奇等《文淵閣書目・文集》 陳忠肅公《了齋集》。一部，十册。完全。

張萱等《内閣藏書目録・集部》 忠肅陳公《了齋集》十册。全。宋神宗朝陳瓘著。凡四十二卷。

諫垣集

趙希弁《讀書附志・别集類二》 陳忠肅公《諫垣集》二卷。

《宋史・藝文志・别集類》《諫垣集》三卷。

約論

陳振孫《直齋書録解題・别集類中》《約論》十七卷。陳瓘撰。起戰國，至後漢安帝。蓋讀《通鑑》，隨事有所發明者也。

責沈

《宋史・藝文志・别集類》〔陳瓘〕又《責沈》一卷。

四明尊堯集

《宋史・藝文志・别集類》〔陳瓘〕《四明尊堯集》五卷。

了齋親筆

《宋史·藝文志·別集類》〔陳瓘〕《了齋親筆》一卷。

尊堯餘言

《宋史·藝文志·別集類》〔陳瓘〕《尊堯餘言》一卷。

了齋言行録

徐㶿《徐氏家藏書目·文集類》 陳瓘《了齋言行録》八卷。

婆娑集

晁公武《郡齋讀書志·別集類下》 崔德符《婆娑集》三十卷。

尤袤《遂初堂書目·別集類》《崔德符集》。

陳振孫《直齋書録解題·別集類中》《婆娑集》三十卷。

馬端臨《文獻通考·經籍考·別集》《婆娑集》三十卷。

《宋史·藝文志·別集類》《崔鶠集》三十卷。

周彦廉文集

王圻《續文獻通考·經籍考·集上》《周彦廉文集》二十卷。周鍔著。鍔字彦廉，鄞人。元豐二年進士，調桐城尉，辭不赴。

承宣集

王圻《續文獻通考·經籍考·集上》《承宣集》一卷。周鍔著。

明天集

王圻《續文獻通考·經籍考·集上》《明天集》一卷。周鍔著。

河南邵氏集

王圻《續文獻通考·經籍考·集上》《河南邵氏集》。邵伯温著。

石月老人集

陳振孫《直齋書録解題·別集類下》《石月老人集》三十五卷。朝議大夫致仕鄱陽余安行勉仲撰。安行累舉不第。其子應求以童子登崇寧五年進士科，爲御史，歷麾節，所至迎養其父，至九十六乃終。著書號《至言》，蓋純篤之士也。

馬端臨《文獻通考·經籍考·別集》《石月老人集》三十五卷。

《宋史·藝文志·別集類》 余安行《石月老人文集》三十五卷。

余氏至言集

晁公武《郡齋讀書志·別集類下》《余氏至言》十八篇。右皇朝余安行字仲勉，鄱陽人。少受知於彭汝礪。年八十餘著此書，自謂有得於《中庸》也。東南學者多。

鄭少微策

《宋史・藝文志・別集類》《鄭少微策》六卷。

蒭蕘集

趙希弁《讀書附志・別集類二》《蒭蕘集》十卷。右從政郎差充嚴州州學教授鄭範撰進。凡五十篇。一曰《叙篇》，叙述其所以言之意云。

澗上丈人詩

晁公武《郡齋讀書志・別集類下》《澗上丈人詩》二十卷。右皇朝陳恬字叔易，堯叟裔孫也。博學有高志，不從選舉，躬耕於陽翟，與鮮于綽、崔鶠齊名，號「陽城三士」。

馬端臨《文獻通考・經籍考・詩集》《澗上丈人詩》二十卷。

《宋史・藝文志・別集類》陳恬《澗上卷》三十卷。

符桂録

《宋史・藝文志・別集類》汪中立《符桂録》三卷。

藏寂軒文稿

晁公武《郡齋讀書志・別集類下》《藏寂軒文稿》。

襄陵文集

趙希弁《讀書附志・別集類二》許右丞《襄陵文集》二十二卷，詩二卷，行狀一卷。右尚書右丞許翰之文也。

陳振孫《直齋書録解題・別集類下》《襄陵集》二十四卷。尚書右丞襄陵許翰崧老撰。元祐三年進士，靖康初入西府，建炎爲丞轄，與黄潛善輩不合而去。

馬端臨《文獻通考・經籍考・別集》《襄陵集》二十四卷。

《宋史・藝文志・別集類》許翰《襄陵文集》二十二卷。

楊士奇等《文淵閣書目・文集》《許翰襄陵文集》。一部四册。闕。

《四庫提要・別集類八》《襄陵集》十二卷。《永樂大典》本。宋許翰撰。【略】陳振孫《書録解題》稱《襄陵集》二十四卷。其本久佚。今據《永樂大典》所載，採輯編次，釐爲十二卷。其奏疏爲《永樂大典》所原闕者，則別據歷代名臣奏議補入。庶直言讜論，猶得以考見其什一云。

蔡肇集

尤袤《遂初堂書目・別集類》蔡天啓《浮玉集》，又《丹陽集》。

《宋史・藝文志・別集類》《蔡肇文集》三十卷。《蔡肇集》六卷。又《詩》三卷。

張萱等《内閣藏書目録・集部》《丹陽集》十四册。全。宋徽宗朝葛文康公勝仲著。凡八十卷。

濟南集

陳振孫《直齋書録解題・別集類中》《濟南集》二十卷。鄉貢進士華山李廌方叔撰。又號《月嚴集》。東坡知貢舉，得試卷，以爲廌也，置之首選，已而不然，賦詩自咎，有「平生漫説古戰場，過眼方迷日五色」之句。後竟不第。

馬端臨《文獻通考・經籍考・別集》《濟南集》二十卷。

《宋史・藝文志・別集類》《李廌集》三十卷。

楊士奇等《文淵閣書目・文集》 李廌《濟南集》。一部，四册。全。李廌《濟南集》。一部，五册。殘闕。

張萱等《内閣藏書目録・集部》《濟南集》四册。不全。莫詳姓氏。

錢謙益等《絳雲樓書目・宋文集類》《濟南先生集》二十卷。李廌撰。又號《月巖集》。

《四庫提要・別集類七》《濟南集》八卷。《永樂大典》本。宋李廌撰。廌有《德隅齋畫品》，已著録。《文獻通考》載廌《濟南集》二十卷，而當時又名曰《月巖集》。周紫芝《太倉稊米集》有《書〈月巖集〉後》一篇，稱滑臺劉德秀借本於妙香寮，始得見之。則南渡之初，已爲罕覯。後遂散佚不傳。惟《蘇門六君子文粹》中載遺文一卷而已。《永樂大典》修於明初，其時原集尚存，所收頗夥。採掇編輯，十尚得其四五。蓋亦僅而得存矣。

宗忠簡集

楊士奇等《文淵閣書目・文集》《忠簡宗公集》。一部，二册。闕。

徐𤊹《徐氏家藏書目・文集類》 宗澤《忠簡集》四卷。

黄虞稷《千頃堂書目・別集類・補宋》 宗澤《忠簡公文集》六卷。

倪燦等《宋史藝文志補・別集類》 宗澤《忠簡文集》八卷。

《四庫提要・別集類九》《宗忠簡集》八卷。浙江鮑士恭家藏本。宋宗澤撰。澤事蹟具《宋史》本傳。是編自一卷至六卷皆劄子、狀疏、詩文、雜體。七卷八卷爲遺事、附録，皆後人紀澤事實及誥敕、銘記之類也。澤孤忠耿耿，精貫三光。其奏劄規畫時勢，詳明懇切。當時狃於和議，不用其言，亦竟無收拾其文者。至寧宗嘉定間，四明樓昉乃綴緝散佚，以成是集。然陳振孫《書録解題》竟不著録。是宋末已不甚行。蓋理宗以後，天下趨朝廷風旨，道學日興，談心性者謂之真儒，講事功者謂之雜霸。人情所競，在彼而不在此，其沈晦不彰，固其所也。明崇禎間，熊人霖始據舊本重刻。國朝義烏縣知縣王庭曾又重爲編定，增入諫止割地一疏，而以樓昉原序及明初方孝孺序弁於篇首。考史稱澤力請高宗還汴，疏凡二十八上。本傳不盡録其文。今集中所載僅十八篇，猶佚其十，則其散亡已多矣。

黄丕烈《蕘圃藏書題識續録・集類上》《宗忠簡公集》八卷。舊鈔本。案從正德本出，前後序有明人名，鈔時有意削之。兹已補録，本書行款與明刻異。乙亥夏記。復翁。

錢謙益等《絳雲樓書目・宋文集類》《宋忠簡公集》。四卷。

景迂集

晁公武《郡齋讀書志・別集類下》 晁氏《景迂集》十二卷。

尤袤《遂初堂書目・別集類》《晁説之集》。

陳振孫《直齋書録解題・別集類下》《景迂集》二十卷。徽猷閣待制晁説之以道撰。又本止刊前十卷。説之平生著述至多，兵火散逸。其孫子健裒其遺文，得十二卷，續廣之爲二十卷。別本刊前十卷而止者，不知何説也。劉跂斯立墓誌，景迂所撰，見《學易集》後，而此集無之，計其逸者多矣。説之，元豐五年進士。元祐初，蘇文忠、范太史、曾文昭皆薦之。坐元祐邪等，廢棄，靖康末始爲從官。卒於建炎三年。慕司馬温公爲人，自號景迂生。

馬端臨《文獻通考・經籍考・別集》 晁氏《景迂集》十二卷。

《宋史・藝文志・別集類》《晁説之集》二十卷。

楊士奇等《文淵閣書目・文集》 晁説之《嵩山文集》。一部，十三册。全。

徐𤊹《徐氏家藏書目・文集類》 晁説之《景迂集》二卷。

張萱等《内閣藏書目録・集部》《嵩山景迂文集》十三册。全。宋晁説之著。

王士禛《漁洋書跋》《嵩山集》。晁以道説之《嵩山集》十九卷。

《四庫提要・別集類七》《景迂生集》二十卷。兩淮馬裕家藏本。宋晁説之撰。説之有《儒言》，已著録。説之博極群籍，尤長經術。著書數十種，靖康中兵燹不存。其孫子健訪輯遺文，編爲一十二卷，又續廣爲二十卷。前三卷爲奏議。四卷至九卷爲詩。十卷爲《易元星紀譜》。十一卷爲《易規》十一篇，又《堯典》、《中氣》、《中星》、《洪範小傳》各一篇，《詩序論》四篇。十二卷爲《中庸傳》及《讀史》數篇。十三卷即《儒言》。十四卷爲雜著。十五卷爲書。十六卷爲記。十七卷爲序。十八卷爲後記。十九、二十卷爲傳、墓表、誌銘、祭文。其中《辨證經史》，多極精當。《星紀譜》乃取司馬光元曆、邵雍元圖而合譜之，以七十二候、六十四卦相配而成。蓋潛虛之流也。陳振孫《書録解題》曰：「劉跂斯立墓誌，景迂所撰見《學易集》後。此集無之，計其佚者多矣。」此本當即陳氏所見，而譌誤頗甚。《洪範小傳》及十七卷序文内兼有脱簡。又有别本，題曰《嵩山集》，所録詩文均與此本相合，譌闕之處亦同。蓋一書而兩名，今附著於此，不復别存其目云。

見南山集

陳振孫《直齋書録解題・詩集類下》《見南山集》二十卷。祕閣修撰吴興劉燾無言撰。

馬端臨《文獻通考・經籍考・詩集》《見南山集》二十卷。

《宋史・藝文志・别集類》《劉燾詩集》二十卷。

劉無言詩

尤袤《遂初堂書目・别集類》《劉無言詩》。

瑞麟集

王圻《續文獻通考・經籍考・集上》《瑞麟集》。彭大益著。大益，攸縣人。登元祐三年鄉薦，爲大學博士，以議論不合致仕。居司空山，修然有物外意。

畢集

王圻《續文獻通考・經籍考・集上》《畢集》十卷。姚易著。易字夢錫，浦城人。元豐中進士。

左丞集

黄虞稷《千頃堂書目・别集類・補宋》馮澥《左丞集》四十五卷。馮山子，登進士，紹興中累官資政殿學士。

倪燦等《宋史藝文志補・别集類》馮澥《左丞集》四十五卷。山子資政殿學士。

具茨集

晁公武《郡齋讀書志・别集類下》晁氏《具茨集》三卷。右先君子詩集也。

陳振孫《直齋書録解題・詩集類下》《具茨集》十卷。晁沖之叔用撰。沖之在羣從中亦有才華，而獨不第。紹聖以來，黨禍既作，超然獨往。侍郎公武子止，蓋其子也。

馬端臨《文獻通考・經籍考・詩集》晁氏《具茨集》三卷。

楊士奇等《文淵閣書目・詩詞》《具茨先生詩集》。一部，一册。闕。

范邦甸等《天一閣書目・别集類》《具茨集》六卷。晁氏寶文堂刊本。宋澶淵晁沖之著。紹興十一年，陵陽俞汝礪序。

徐𤊹《徐氏家藏書目・文集類》晁沖之《具茨集》一卷。

吴焯《繡谷亭薰習録・集一》《具茨詩集》十五卷。宋澶淵晁沖之叔用著。紹興十一年，陵陽俞汝礪序。《通考》只三卷，此有注，吴中近有刻者。

阮元《四庫未收書目提要・别集類》《晁具茨集》十五卷。宋晁沖之撰。沖之字叔用，鉅野人。即侍郎公武之父。考晁氏於咸平景德中，爲天下甲門。一時羣從之盛，多在黨中，其富貴亦莫與倫比。故著述之多，如詹事以道之《景迂集》，朝請之道之《崇福集》，進士伯宇之《封丘集》，吏部無咎之《雞肋集》，皆與沖之爲同輩。沖之以文莊爲曾大父，以文元公爲高祖，是以其學具有淵源。然公武作《讀書志》，載喻汝礪序言，叔用棲志林澗，曠遠之中，遇事寫物，形於興屬，淵雅疎亮，則其不溺於聲色之場可知。今《景迂》《雞肋》兩集，七閣已著録，而此集流傳甚少，卷首有喻序，正與《讀書志》合。得古今體詩共一百六十七首。劉後村曰：「喻汝礪所作序，筆力浩大，與叔用之詩相稱。余讀叔用詩，見其意度宏闊，氣力寬餘，一洗詩人窮餓酸辛之態。其律詩云：『不擬伊優陪殿下，相隨于蔿過樓前。』追書承平之事，未有悲哀警策於此句者。晁氏家世顯貴，而叔用不肯陪伊優之列，甘隨于蔿之後，可謂賢矣。他作皆激烈慷慨，南渡放翁，可以繼之。」克莊所稱挹如此，此詩今具載集中，題作《次二十一兄季》，此韻則爲原編無疑。視北山律式後附沖之之詩僅數首，則是爲足寶矣。其注不知何人所作，引書内有《一統志》，及《韻會》《韻府》等書，當爲明時人。

張金吾《愛日精廬藏書志・別集類》《具茨晁先生詩集》一卷。明晁瑮重刊宋本。宋澶淵晁沖之叔用撰。卷末有慶元己未校官黄汝嘉刊一條。

田承君集

尤袤《遂初堂書目・別集類》《田承君集》。

陳振孫《直齋書録解題・別集類中》《田承君集》三卷。大宗正丞陽翟田晝承君撰。

馬端臨《文獻通考・經籍考・別集》《田承君集》三卷。

《宋史・藝文志・別集類》《田晝集》二卷。

東堂集

尤袤《遂初堂書目・別集類》《毛澤民集》。

陳振孫《直齋書録解題・別集類中》《東堂集》六卷，《詩》四卷，《書簡》二卷，《樂府》二卷。祠部郎江山毛滂澤民撰。

馬端臨《文獻通考・經籍考・別集》《東堂集》六卷，《詩》四卷，《書簡》二卷，《樂府》二卷。

《宋史・藝文志・別集類》《毛滂集》十五卷。

楊士奇等《文淵閣書目・文集》毛滂《東堂文集》。一部，六册。全。毛滂《東堂集》。一部，六册。闕。

張萱等《内閣藏書目録・集部》《東堂文集》七册。全。宋毛滂著。

《四庫提要・別集類八》《東堂集》十卷。《永樂大典》本。宋毛滂撰。【略】謹從《永樂大典》蒐採裒輯，釐爲詩四卷，文六卷，仍還其十卷之舊。其書簡即附入文集，不復別編。至所作《東堂詞》，則毛晉已刊入《六十家詞》中，世多有其本。今亦別著於録焉。

毛氏詩集

王圻《續文獻通考・經籍考・詩集》《毛氏詩集》。毛滂撰。

柯山集

陳振孫《直齋書録解題・詩集類下》《柯山集》二卷。齊安潘大臨邠老撰。

馬端臨《文獻通考・經籍考・詩集》《柯山集》二卷。

陳司諫集

晁公武《郡齋讀書志・別集類下》《陳司諫集》兩卷。右皇朝陳祐字純益，仙井監人。登進士第。建中靖國爲臺諫，與龔夬、任伯雨、江公望協力彈擊紹聖奸臣。後蔡京用事，廢斥而没。

馬端臨《文獻通考・經籍考・别集》《陳司諫集》兩卷。

洪龜父集

陳振孫《直齋書録解題・詩集類》《清虚集》一卷。豫章洪朋龜父撰。

馬端臨《文獻通考・經籍考・詩集》《清非集》二卷。

《宋史・藝文志・别集類》《洪龜父詩》一卷。

《四庫提要・别集類八》《洪龜父集》二卷。《永樂大典》本。宋洪朋撰。陳振孫《書録解題》載有朋集一卷，久無傳本。故厲鶚作《宋詩紀事》，僅從《宋文鑑》、《聲畫集》諸書摭得遺詩數篇。即《江湖小集》所載，亦未爲完備。今採掇《永樂大典》，分體排比，釐爲上、下二卷。雖王直方、劉克莊所稱諸名句今悉不見全篇，未免尚有佚脱。然核黄氏所編僅一百首，今乃得一百七十八首。陳氏所載僅一卷，今乃溢爲二卷。疑《永樂大典》所據之本，别經後人輟輯，續有所增。約略大凡，其所闕諒亦無幾矣。

道鄉集

尤袤《遂初堂書目・别集類》《鄒道鄉集》。

陳振孫《直齋書録解題・别集類中》《道鄉集》四十卷。吏部侍郎晉陵鄒浩志完撰。

馬端臨《文獻通考・經籍考・别集》《道鄉集》四十卷。

《宋史・藝文志・别集類》鄒浩《文卿集》四十卷。

楊士奇等《文淵閣書目・文集》《道鄉鄒公文集》。一部，六册。闕。

徐𤊹《徐氏家藏書目・文集類》鄒浩《道鄉集》四十卷。

錢謙益等《絳雲樓書目・宋文集類》鄒浩《道卿集》四十卷。

王士禛《漁洋書跋》《道鄉集》。鄒忠公浩《道鄉集》四十卷。其子柄、栩所編。有李忠定公序、邵文莊後序。正德七年壬申重刊本也。

吴焯《繡谷亭薰習録・集一》《道鄉集》四十卷。宋吏部侍郎謚忠晉陵鄒浩志完著。紹興五年李綱序，公之二子柄、栩鏤板傳世。既經散失，明初謝應芳龜巢訪其遺文，著爲《思賢集》五卷，刻于常州。成化中翰林學士王思軒從内閣録得原本，以授公之十四孫量，于是此集復行翻雕，并《思賢集》附。此本無《思賢集》名，當是量未翻雕以前鈔本也。

《四庫提要・别集類八》《道鄉集》四十卷。兩淮馬裕家藏本。宋鄒浩撰。浩字志完，常州晉陵人。元豐五年進士。官終直龍圖閣，贈寶文閣學士。謚曰忠。事蹟具《宋史》本傳。此集乃其子柄、栩所輯。凡詩十四卷，文二十六卷。李綱嘗爲之序，此本失載。《東都事略》載浩集三十卷。疑此亦後人所分也。浩於元符二年以上疏諫立劉后，編管新州。當時已焚燬其稿。徽宗初，蔡京重治浩罪，求其疏不得，仍僞作浩疏宣示之。今集中具載原疏，蓋自《徽宗實録》浩傳中採出者。又集載疏其四首，而李燾《長編》内尚有元符元年《論執政大臣不和》一疏，不見集中。又《論章惇》凡四疏，集亦祇載其三。而《高俅轉官一制》乃存而不删。蓋編類之時，蒐採未備，去取亦未盡當也。柄等鏤版，宋末已燬。明成化間其裔孫鄒量始得内閣鈔本。萬曆中錢塘令鄒忠允亦浩之裔，乃再刊行之。王士禛《居易録》稱其古詩似白居易，律詩似劉夢得。又稱其受學程門，而特嗜禪理，詩文多宗門語。其《括蒼易傳序》，服膺荆舒之學，亦駁而不醇。夫浩之大節，可謂不愧師門矣。語言文字，小小異同，未足爲累，蓋所學在此不在彼也。以是吹求，是亦不揣其本矣。

張金吾《愛日精廬藏書志・别集類》道鄉先生《鄒忠公文集》四十卷。明正德刊本。季滄葦藏書。宋鄒浩撰。後附《諫哲宗立劉后疏》一篇，爲《續集》。同里陳御史察泰興季御史振宜俱有印記。

許氏詩

《宋史・藝文志・别集類》《許氏詩》一卷。許彦國母。

韓筠集

《宋史・藝文志・别集類》《韓筠集》一卷。

北湖集

尤袤《遂初堂書目・別集類》《吴則禮集》。

陳振孫《直齋書録解題・別集類下》《北湖集》十卷,《長短句》一卷。直祕閣知虢州富川吴則禮子副撰。

馬端臨《文獻通考・經籍考・別集》《北湖集》十卷,《長短句》一卷。

《宋史・藝文志・別集類》《吴則禮集》十卷。

楊士奇等《文淵閣書目・文集》吴則禮《北湖居士集》。一部,二册。全。

張萱等《内閣藏書目録・集部》《北湖居士集》二册。全。宋徽宗朝知虢州豫章吴則禮詩。韓駒序,凡七十卷。

《四庫提要・別集類八》《北湖集》五卷。《永樂大典》本。宋吴則禮撰。【略】駒序稱坰所編集爲三十卷。《書録解題》則作《北湖集》十卷、《長短句》一卷。世久無傳,未詳孰是。今從《永樂大典》各韻中裒輯編綴,尚得詩三百餘首,長短句二十餘首,雜文三十餘首。謹校正譌舛,釐爲五卷。

張金吾《愛日精廬藏書志・別集類》《北湖集》五卷。文瀾閣傳鈔本。宋吴則禮撰。

翁彦約文集

王圻《續文獻通考・經籍考・集上》《翁彦約文集》十卷。彦約字行簡,崇安人。初以免解進士應詔,進格言二十篇,政和中第進士,知高郵軍。

安樂集

趙希弁《讀書附志・別集類四》藏六居士《安樂集》十二卷。右安定郡王令時之文也。

《宋史・藝文志・別集類》趙令時《安樂集》三十卷。

夷白堂小集　別集

尤袤《遂初堂書目・別集類》《鮑欽心集》。

陳振孫《直齋書録解題・別集類下》《夷白堂小集》二十卷,《別集》三卷。考功員外郎括蒼鮑慎由欽止撰。

馬端臨《文獻通考・經籍考・別集》《夷白堂小集》二十卷,《別集》三卷。

《宋史・藝文志・別集類》《鮑欽止集》二十卷。

注杜詩及文集

王圻《續文獻通考・經籍考・詩集》《注杜詩及文集》二十卷。鮑慎由著。慎由龍泉人,舉進士。嘗從王安石、蘇軾游,爲文汪洋閎肆,詩尤高妙。

跨鼇集

晁公武《郡齋讀書志・別集類下》李元應《跨鼇集》五十卷。右皇朝李新字元應,仙井監人。早登進士第。

尤袤《遂初堂書目・別集類》李新《跨鼇集》。

馬端臨《文獻通考・經籍考・別集》李元應《跨鼇集》五十卷。

《宋史・藝文志・別集類》《李新集》四十卷。

楊士奇等《文淵閣書目・文集》李新《跨鼇文集》。一部,十三册。全。

張萱等《内閣藏書目録・集部》《跨鼇文集》十三册。全。宋哲宗朝李新著。凡四十四卷。又《遺集》八卷,《別集》一册。

《四庫提要・別集類八》《跨鼇集》三十卷。《永樂大典》本。宋李新撰。【略】集本五十卷。今散見《永樂大典》者,裒合編次,尚得三十卷。集中《更生閣記》,述政和丁酉剿茂州叛羌旺烈事，所述宋兵怯弱之狀，殆可笑噱。核其地理，即今之金川土司。而諸書言蜀事者，未嘗舉是篇，則是集亦罕覯之笈矣。

沈洙文集

《宋史・藝文志・别集類》《沈洙文集》十卷。

還還集

陳振孫《直齋書録解題・詩集類下》《還還集》二卷。直龍圖閣江陵高荷子勉撰。

馬端臨《文獻通考・經籍考・詩集》《還還集》二卷。

壁水集

王圻《續文獻通考・經籍考・集上》《壁水集》十五卷。周固著。固字無可，浦城人。崇寧中釋褐。

玉泉集

王圻《續文獻通考・經籍考・集上》《玉泉集》。儲惇敍著。惇敍字彦倫，晉江人。崇寧中進士，歷官三十年，屋不增椽，田不增畝。

崇福集

晁公武《郡齋讀書志・别集類下》晁氏《崇福集》三十五卷。

陳振孫《直齋書録解題・别集類中》《崇福集》三十五卷。朝請郎晁詠之之道撰。景迂弟也，爲作集序。

馬端臨《文獻通考・經籍考・别集》晁氏《崇福集》三十五卷。

四六集

晁公武《郡齋讀書志・别集類下》晁氏《四六集》十五卷。

陳振孫《直齋書録解題・别集類中》《四六集》十五卷，朝請郎晁詠之之道撰。

馬端臨《文獻通考・經籍考・别集》晁氏《四六集》十五卷。

浮沚集　後集

尤袤《遂初堂書目・别集類》《周行己集》。

陳振孫《直齋書録解題・别集類中》《浮沚先生集》十六卷，《後集》三卷。祕書省正字永嘉周行己恭叔撰。

馬端臨《文獻通考・經籍考・别集》《浮沚先生集》十六卷，《後集》三卷。

《宋史・藝文志・别集類》《周行己集》十九卷。

《四庫提要・别集類八》《浮沚集》八卷。《永樂大典》本。宋周行己撰。**【略】**振孫載《浮沚先生集》十六卷，《後集》三卷。《宋史・藝文志》載《周行己集》十九卷。正合前後兩集之數，而又别出《周博士集》十卷，已相牴牾。萬曆《温州府志》又稱《行己集》凡三十卷，更參錯不符。考振孫之祖母，即行己之第三女。振孫所記，當必不誤。《宋史》及《温州志》均傳譌也。行己早從伊川程子游，傳其緒論，實開永嘉學派之先。集中有《上宰相書》云：「少慕存心養性之説，於周、孔、佛、老無所不求，而未嘗有意於進取。」又有《上祭酒書》云：「十五學屬文。十七補太學諸生，學科舉。又二年讀書益見道理，於是學古人之修德立行」云云。觀所自敘，其生平學問梗概，可以略見。則發爲文章，明白淳實，粹然爲儒者之言，固有由也。且行己之學雖出程氏，而與曾鞏、黄庭堅、晁説之、秦觀、李之儀、左譽諸人皆相倡和。集中《寄魯直學士》一詩，稱「當今文伯眉陽蘇，新詞的爍垂明珠」。於蘇軾亦極傾倒，絶不立洛蜀門户之見。故耳濡目染，詩文亦皆嫻雅有法，尤講學家所難能矣。集久失傳。今從《永樂大典》所載蒐羅排比，共得八卷。較之原編，十幾得五，尚足見其大凡也。

周博士文集

《宋史・藝文志・別集類》《周博士文集》十卷。不知名。

楊士奇等《文淵閣書目・文集》《周博士文集》。一部，四册。全。

張萱等《内閣藏書目録・集部》《周博士文集》四册。全。莫詳其名。

夏陽集

晁公武《郡齋讀書志・別集類下》司馬才仲《夏陽集》兩卷。

馬端臨《文獻通考・經籍考・詩集》司馬才仲《夏陽集》兩卷。

逸堂集

晁公武《郡齋讀書志・別集類下》司馬才叔《逸堂集》十卷。

馬端臨《文獻通考・經籍考・詩集》司馬才叔《逸堂集》十卷。

海門集

陳振孫《直齋書録解題・詩集類下》《海門集》八卷。渤海張重撰。有《上蘇子瞻内翰》詩，又有《與張伯玉游鑑湖晚歸》詩。伯玉知越州當嘉祐末，而東坡爲翰苑在元祐間，重皆與同時，特未詳其人。

馬端臨《文獻通考・經籍考・詩集》《海門集》八卷。

《宋史・藝文志・別集類》《張重集》八卷。

逸民鳴

陳振孫《直齋書録解題・詩集類下》《逸民鳴》一卷。盱江李樵撰。泰伯之姪孫。

馬端臨《文獻通考・經籍考・詩集》《逸民鳴》一卷。

《宋史・藝文志・別集類》《李樵詩》二卷。

朱淢集

《宋史・藝文志・別集類》《朱淢集》十二卷。

湛推官集

陳振孫《直齋書録解題・詩集類下》《湛推官集》一卷。長樂湛鴻季潛撰。紹聖初韓昌國序。

馬端臨《文獻通考・經籍考・詩集》《湛推官集》一卷。

酒隱集

陳振孫《直齋書録解題・別集類下》《酒隱集》三卷。宣州司理趙育去病撰。其父鼎臣承之，號竹隱畸士者也。

馬端臨《文獻通考・經籍考・詩集》《酒隱集》三卷。

《宋史・藝文志・別集類》趙育《酒隱集》三卷。

曾匪集

《宋史・藝文志・別集類》《曾匪集》十六卷。

劉顯文集

王圻《續文獻通考・經籍考・集上》《劉顯文集》數十卷。顯，吉水人。舉進士，爲廣禄主簿。顯于曾布爲甥婿，而布當國時未嘗私見。

盧瞻詩集

王圻《續文獻通考・經籍考・詩集》《盧瞻詩集》。瞻，惠安人。

揭陽集

《宋史・藝文志・別集類》陳先生《揭陽集》十卷。不知名。

菱溪集野議

王圻《續文獻通考・經籍考・集上》《菱溪集野議》十篇。惠安謝文龍著。嘗獻趙鼎，鼎厚遇之。

集句詩

陳振孫《直齋書録解題・詩集類下》《集句詩》三卷。江陰葛次仲亞卿撰。勝仲之兄。兄弟皆爲大司成。

馬端臨《文獻通考・經籍考・詩集》《集句詩》三卷。

《宋史・藝文志・別集類》葛次仲《集句詩》三卷。

章貢集

尤袤《遂初堂書目・別集類》李先之《章貢集》。

陳振孫《直齋書録解題・別集類下》《章貢集》二十卷。祕書監章貢李朴先之撰。紹聖元年進士。坐言隆祐之賢，廢二十年，蔡京欲強致之，不屈。靖康、建炎之間，半歲五遷，而病不能行以死。其教授西京國子監也，程伊川與之甚厚，然謂其太直，以洛中風波爲戒。朴笑曰：「不意此言發于先生之口。」伊川爲之改容愧謝，其風節可畏也。

馬端臨《文獻通考・經籍考・別集》《章貢集》二十卷。

《宋史・藝文志・別集類》《李朴集》二十卷。

楊士奇《文淵閣書目・文集》李朴《章貢文集》。一部，五册。闕。

老圃集

尤袤《遂初堂書目・別集類》洪駒父《老圃集》。

陳振孫《直齋書録解題・詩集類下》《老圃集》一卷。諫議大夫洪芻駒父撰。

馬端臨《文獻通考・經籍考・詩集》《老圃集》一卷。

楊士奇等《文淵閣書目・詩詞》洪芻《老圃集》。一部，一册。闕。洪芻《老圃集》。一部，一冊。闕。

《四庫提要・別集類九》《老圃集》二卷。《永樂大典》本。宋洪芻撰。芻字駒父，南昌人。紹聖元年進士。靖康中官至諫議大夫。後謫沙門島以卒。【略】《宋史・藝文志》載《老圃集》一卷。久佚不傳。《宋詩紀事》僅從諸地志、類書中捃摭數篇，不及百分之一。惟《永樂大典》所載尚得一百七十首，殆當時全部收入歟。以篇帙稍多，謹釐爲上、下二卷，以便循覽焉。

蔚蘿雜稿

楊士奇等《文淵閣書目・詩詞》《蔚蘿雜稿》。一部，一冊。完全。

張叔夜集

尤袤《遂初堂書目・別集類》《張叔夜集》。

楊天隱詩

晁公武《郡齋讀書志・別集類下》《楊天隱詩》十卷。右皇朝楊恬字天隱，潼川人。

馬端臨《文獻通考・經籍考・詩集》《楊天隱詩》十卷。

城山集

王圻《續文獻通考・經籍考・集上》《城山集》。陳元老著。元老，福安人。學者稱城山先生。

杜詩集句一編

王圻《續文獻通考・經籍考・詩集》《杜詩集句一編》。寧化李元白著。哲宗時人。

饒德操集

晁公武《郡齋讀書志・別集類下》《饒德操集》一卷。右皇朝饒節字德操，曾布之客也。性剛峻，晚與布論不合，因棄去，祝髮爲浮屠，在襄漢間聲望甚重云。

馬端臨《文獻通考・經籍考・別集》《饒德操集》一卷。

倚松老人集

陳振孫《直齋書録解題・詩集類下》《倚松集》二卷。臨川饒節德操撰。後爲僧，號如璧。

《宋史・藝文志・別集類》饒節《倚松集》十四卷。

《四庫提要・別集類七》《倚松老人集》二卷。兩淮馬裕家藏本。宋饒節撰。節字德操，撫州人。嘗爲曾布客。【略】《宋史・藝文志》載《倚松集》十四卷。今止存鈔本二卷，末有「慶元己未校官黄汝嘉重刊」一行。蓋猶沿宋刻之舊。又今所傳本與謝薖、韓駒二集行款相同。卷首標目下俱別題「江西詩派」四字，與他詩集不同。或即宋人所編《江西詩派集》一百三十七卷内之三種。舊本殘闕，後人析出單行歟？

張金吾《愛日精廬藏書志・別集類》《倚松老人詩集》三卷。舊鈔本。宋饒節德操撰。每卷末有「慶元己未校官黄汝嘉重刊」一條。

後湖集

尤袤《遂初堂書目·别集類》《蘇後湖集》。

陳振孫《直齋書録解題·别集類下》《後湖集》十卷。丹陽蘇庠養直撰。其父堅伯固，亦有詩名。

馬端臨《文獻通考·經籍考·别集》《後湖集》十卷。

《宋史·藝文志·别集類》《蘇庠集》三十卷。

皇華編

《宋史·藝文志·别集類》 李師稷《皇華編》一卷。

釋祖可集

鄭樵《通志·藝文略·别集五》《東溪集》。十二卷。釋祖可。

陳振孫《直齋書録解題·詩集類下》《瀑泉集》十二卷。僧祖可正平撰。蘇養直之弟，有惡疾，號癩可。

馬端臨《文獻通考·經籍考·詩集》《瀑泉集》十三卷。

《宋史·藝文志·别集類》《僧祖可詩》十三卷。

秦敏學集

《宋史·藝文志·别集類》《秦敏學集》二卷。

樂静集

尤袤《遂初堂書目·别集類》 李成季《樂静集》。

陳振孫《直齋書録解題·别集類中》《樂静集》三十卷。起居舍人鉅野李昭玘成季撰。元豐二年甲科。所居有樂静堂，故以名集。其姪邴漢老爲書其後。

馬端臨《文獻通考·經籍考·别集》《樂静集》三十卷。【略】其爲詩，奇麗愜適，章斷句絶，餘思羡溢，得詩人味外之味，此其大略也。

《宋史·藝文志·别集類》《李昭玘集》三十卷。

楊士奇等《文淵閣書目·文集》 李昭玘《樂静集》。一部，三册。闕。

《四庫提要·别集類八》《樂静集》三十卷。編修汪如藻家藏本。宋李昭玘撰。昭玘字成季。【略】其集前後無序跋，不知何人所編。晁、陳二家書目及《宋史·藝文志》皆不著録。葉盛《菉竹堂書目》有之，而無卷數。惟焦竑《國史經籍志》載三十卷。此本凡詩四卷，《徐州十事》一卷，記一卷，傳序一卷，雜文二卷，書二卷，表三卷，啓狀七卷，疏一卷，青詞疏文一卷，僧疏一卷，進卷二卷，試館職策一卷，碑誌行狀三卷，與焦竑志合。蓋即竑所見之本也。

如村冗稿

《宋史·藝文志·别集類》 胡嶧《如村冗稿》二十卷。

愛梅集

王圻《續文獻通考·經籍考·集上》《愛梅集》。余發林著。發林字希董，古田人。舉進士，授崇安縣尉。爲文操筆立就。及卒，門人集其文，號《愛梅集》。

摛文堂集

《宋史・藝文志・别集類》 《慕容彦逢集》三十卷。

楊士奇等《文淵閣書目・文集》 慕容彦《達摛堂文集》。一部，十册。殘闕。

張萱等《内閣藏書目録・集部》 《文友公摛文堂集》七册。不全。宋刑部尚書慕容彦達著。凡三十卷，闕目録并七卷至十二卷。

《四庫提要・别集類八》 《摛文堂集》十五卷，附録一卷。《永樂大典》本。宋慕容彦逢撰。彦逢字淑遇，宜興人。元祐三年進士。調銅陵主簿。復中詞科，遷淮南節度推官。崇寧元年除祕書省校書郎，歷官刑部尚書。卒謚文定。《宋史》不爲立傳。其生平行履僅見《永樂大典》所載墓誌中。誌稱所著文集二十卷，外制二十卷，内制十卷，奏議五卷，講解五卷，藏於家。合計之，當爲六十卷。而《宋史・藝文志》載有《慕容彦逢集》三十卷，其目與誌頗不合。今按彦逢孫綸原序，稱：「因兵火散失，綸搜訪所得，分爲三十卷。命工鏤版，目以摛文堂集。」則是集乃綸所重編，《宋史》據以著録。故與墓誌互異也。

西渡集

陳振孫《直齋書録解題・詩集類下》 《西渡集》一卷。中書舍人洪炎玉父撰。

馬端臨《文獻通考・經籍考・詩集》 《西渡集》一卷。

楊士奇等《文淵閣書目・詩詞》 洪炎《西渡集》。一部，三册。殘缺。

《四庫提要・别集類九》 《西渡集》二卷，《補遺》一卷。浙江鮑士恭家藏本。宋洪炎撰。炎字玉父，南昌人。元祐末登進士。官至著作祕書少監。炎與兄朋、芻，弟羽，號曰四洪，皆黄庭堅之甥，受詩法於庭堅。羽元符中以上書入黨籍，不幸早卒，篇章散佚。故吕本中《江西宗派圖》中僅列芻、炎、朋三人。陳振孫《書録解題》亦云羽集不傳，惟載朋《清非集》一卷，芻《老圃集》一卷，炎《西渡集》一卷。《宋史・藝文志》並同。自明以來，《清非》、《老圃》二集並佚。近乃從《永樂大典》復裒輯成帙，惟炎集僅存，而亦無刊版。此本爲浙江鮑氏知不足齋所藏，惟分上、下二卷，與陳氏所載少異。然《老圃集》陳氏亦稱一卷，而今日掇拾殘賸，尚非一卷所能容。則或《書録解題》傳寫之譌，《宋志》因之，均未可知也。炎詩酷似其舅。今全集巋然獨完，殊足寶貴。卷末所附朋詩九首，芻詩二十四首，記二篇，不知何人所輯。觀其所引之書，如《宋元詩會》、《辟疆園宋文選》，皆康熙中人所集，則亦出近時人手矣。二人詩集已别著録。此爲複贅，故删之不録焉。

張金吾《愛日精廬藏書志・别集類》 《西渡詩集》一卷。舊鈔本。

西山老文集

馬端臨《文獻通考・經籍考・别集》 《西山老文集》二十四卷。豫章胡直孺少汲撰。紹興中，仕至刑部尚書。

鶴溪集

陳振孫《直齋書録解題・别集類下》 《鶴溪集》十二卷。辟雍博士青田陳汝錫師予撰。紹聖四年進士，持節數路，帥越而卒。青田登科人自汝錫始。希點子與，其孫也。

馬端臨《文獻通考・經籍考・别集》 《鶴溪集》十二卷。

《宋史・藝文志・别集類》 陳汝錫《鶴溪集》十二卷。

呻吟集

晁公武《郡齋讀書志・别集類下》 邢敦夫《呻吟集》一卷。

尤袤《遂初堂書目・别集類》 邢敦夫《呻吟集》。

陳振孫《直齋書録解題・别集類中》 《呻吟集》一卷。原武邢居實敦夫撰。

馬端臨《文獻通考・經籍考・别集》 邢敦夫《呻吟集》一卷。

《宋史・藝文志・別集類》　邢居實《呻吟集》一卷。

溪堂集

尤袤《遂初堂書目・別集類》　《謝無逸集》。

陳振孫《直齋書録解題・別集類中》　《溪堂集》二十卷。臨川謝逸無逸撰。

馬端臨《文獻通考・經籍考・別集》　《溪堂集》二十卷。

《宋史・藝文志・別集類》　《謝逸集》二十卷。

《四庫提要・別集類八》　《溪堂集》十卷。《永樂大典》本。宋謝逸撰。逸字無逸，臨川人。【略】逸所著《文集》二十卷，《詩集》五卷，《補遺》二卷，《詩餘》一卷，尤稱繁富。今自黄、陳、吕、晁諸家外，惟韓駒《陵陽集》及邁之《竹友集》猶有寫本。逸集已久佚無傳。故王士禎跋《竹友集》，以未見逸集爲歉。近時厲鶚撰《宋詩紀事》，蒐羅極廣，所採逸詩亦止十餘首。今從《永樂大典》所載，裒集綴輯，尚得詩文數百篇。中間如《冷齋夜話》所載「貪夫蟻旋磨，冷官魚上竿」句。又《豫章詩話》所引逸《蝴蝶詩》「狂隨柳絮有時見，舞入梨花何處尋」。「江天春暖晚風細，相逐賣花人過橋」等句。雖皆已失其全篇。然其存者，詩詞約什之七八，文亦約什之四五，已可略見其大概。謹訂正譌舛，釐爲十卷。庶考江西詩派者，猶得以備一家焉。

張金吾《愛日精廬藏書志・別集類》　《溪堂集》十卷。文瀾閣舊鈔本。

溪堂集　補遺

陳振孫《直齋書録解題・詩集類下》　《溪堂集》五卷，《補遺》二卷。臨川謝逸無逸撰。

馬端臨《文獻通考・經籍考・詩集》　《溪堂集》五卷，《補遺》二卷。

《宋史・藝文志・別集類》　〔謝逸〕《溪堂詩》五卷。

楊士奇等《文淵閣書目・詩詞》　《謝溪堂詩集》。一部，一册。完全。

言志録

楊士奇等《文淵閣書目・詩詞》　張敬齋《言志録》。一部，一册。闕。

張閣文集

《宋史・藝文志・別集類》　《張閣文集》二十卷。

劉左史集

陳振孫《直齋書録解題・別集類中》　《劉左史集》四卷。

馬端臨《文獻通考・經籍考・別集》　《劉左史集》四卷。

《宋史・藝文志・別集類》　《劉安節文集》五卷。

楊士奇等《文淵閣書目・文集》　《左史劉公集》。一部，四册。闕。

張萱等《內閣藏書目録・集部》　《左史劉公文集》二册。宋元符間劉安節著。

《四庫提要・別集類八》　《劉左史集》四卷。浙江鮑士恭家藏本。宋劉安節撰。安節字元承，永嘉人。元符三年進士。官至起居郎，擢太常少卿，出知饒州。遷知宣州，卒於官。是集不知何人所編。

歸叟集

陳振孫《直齋書録解題・詩集類下》　《歸叟集》一卷。開封王直方立之撰。

馬端臨《文獻通考・經籍考・詩集》　《歸叟集》一卷。

金川集

王圻《續文獻通考·經籍考·集上》《金川集》。江越著。

江氏遺稿

王圻《續文獻通考·經籍考·集上》《江氏遺稿》。江褒著。

葉常文集

王圻《續文獻通考·經籍考·集上》《葉常文集》五十卷。葉常著。常字權之，浦城人。紹聖中進士，知河中府。常喜作詩。

劉給事集

陳振孫《直齋書録解題·別集類下》《劉給事集》五卷。給事中劉安上元禮撰。紹聖四年登第，歷臺諫、掖垣、瑣闥，以次對歷三郡而終。集中有《彈蔡京疏》。

馬端臨《文獻通考·經籍考·別集》《劉給事集》五卷。

《宋史·藝文志·別集類》《劉安上文集》四卷。《劉給事文集》一卷。

張萱等《内閣藏書目録·集部》《給事劉公文集》二册。全。宋紹聖間劉安上著。凡五卷。

《四庫提要·別集類八》《劉給事集》五卷。浙江鮑士恭家藏本。宋劉安上撰。安上字元禮，永嘉人。【略】薛嘉言作安上行狀，稱其有詩五百首，制誥雜文三十卷，篇帙頗富。然焦竑《國史經籍志》載《劉安上集》實止五卷，與此本相合。蓋兵燹之餘，後人掇拾而成，非其原本矣。《宋史·藝文志》作四卷，則當由刊本舛譌，以五爲四耳。

竹隱畸士集

尤袤《遂初堂書目·別集類》《趙承之集》。

陳振孫《直齋書録解題·別集類中》《竹隱畸士集》四十卷。右文殿修撰韋城趙鼎臣承之撰。元祐甲科，紹聖宏詞。又自號葦溪翁。其孫綱立刊於復州。本百二十卷，刊止四十卷而代去，遂止。

馬端臨《文獻通考·經籍考·別集》《竹隱畸士集》四十卷。

《宋史·藝文志·別集類》趙鼎臣《竹隱畸士集》四十卷。

楊士奇等《文淵閣書目·文集》趙鼎臣《竹隱畸士文集》。一部，八册。全。

張萱等《内閣藏書目録·集部》《竹隱畸士文集》。宋光宗朝修撰趙鼎臣著。紹熙間陳方序。凡四十卷。

《四庫提要·別集類八》《竹隱畸士集》二十卷。《永樂大典》本。宋趙鼎臣撰。鼎臣字承之，衛城人。自號葦溪翁。元祐間進士。紹聖中登宏詞科。宣和中以右文殿修撰知鄧州。召爲太府卿。其集見於《宋史·藝文志》者四十卷。陳振孫《書録解題》云：「其孫綱立刊於復州。本百二十卷，刊至四十卷而代去，遂止。」是在當時版行者已非完本。劉克莊《後村詩話》又云：「《竹隱集》十一卷，多其舊作。暮年詩無稾本。所紀卷目多寡頗不合。」疑克莊所稱十一卷者，乃專指其詩而言也。

遠遊堂集

尤袤《遂初堂書目·別集類》《夏均父詩》。

陳振孫《直齋書録解題·詩集類下》《遠遊堂集》二卷。知江州蘄春夏倪均父撰。

馬端臨《文獻通考·經籍考·詩集》《遠遊堂集》二卷。

魚山集

王圻《續文獻通考・經籍考・集上》 廖天覺《魚山集》十卷。天覺，順昌人。紹聖進士。有惠政，在餘姚縣無愧古循吏，後以朝請大夫致仕。

雲溪集

王圻《續文獻通考・經籍考・集上》 《雲溪集》十卷。順昌廖峣著。

北門集

楊士奇等《文淵閣書目・文集》 李邦彦《北門集》。一部，二册。全。

張萱等《内閣藏書目録・集部》 《北門集》二册。全。宋徽宗朝李邦彦著。

黄策集

《宋史・藝文志・別集類》 《黄策集》四十卷。

張勸詩

《宋史・藝文志・別集類》 《張勸詩》二卷。

十議

《宋史・藝文志・別集類》 何宗元《十議》三卷。

陳邦光集

尤袤《遂初堂書目・別集類》 《陳邦光集》。

英華集

陳振孫《直齋書録解題・詩集類下》 《英華集》三卷。李季萼死後爲鬼仙，事見《夷堅志》。縉雲人，傳其集，亦怪矣。

馬端臨《文獻通考・經籍考・詩集》 《英華集》三卷。

鄭修集

《宋史・藝文志・別集類》 《鄭修集》一卷。

許允豹詩

《宋史・藝文志・別集類》 《許允豹詩》一卷。

青谷集

《宋史·藝文志·别集類》 止禪師《青谷集》二卷。

青溪集

尤袤《遂初堂書目·别集類》《汪信民集》。

陳振孫《直齋書録解題·别集類中》《清溪集》十卷，附録一卷。楚州教授臨川汪革信民撰。紹聖四年試禮部第一，遂登甲科。蔡京當國，召爲宗子博士，力辭不就。年財四十卒。吕原明誌其墓，晁以道爲辭以哀之。革嘗有言曰：「咬得菜根，則萬事可做。」誠名言也。

馬端臨《文獻通考·經籍考·别集》《青溪集》十卷，附録一卷。

青溪詩集

陳振孫《直齋書録解題·詩集類下》《青溪集》一卷。臨川汪革信民撰。吕居仁序之。

馬端臨《文獻通考·經籍考·詩集》《青溪集》一卷。

唐子西集

鄭樵《通志·藝文略·别集五》《唐子西集》五卷。唐庚。又《别集》三卷。

晁公武《郡齋讀書志·别集類下》《唐子西集》十卷。

尤袤《遂初堂書目·别集類》《唐子西集》。

陳振孫《直齋書録解題·别集類中》《唐子西集》二十卷。宗學博士眉山唐庚子西撰。張商英拜相，庚作内前行。後坐貶惠州，歸蜀而卒。其文長於論議，所著《名治》、《存舊》、《正友》、《議賞》諸論，皆精確。

馬端臨《文獻通考·經籍考·别集》《唐子西集》十五卷。

《宋史·藝文志·别集類》《唐庚集》二十二卷。

范邦甸等《天一閣書目·别集類》《唐子西集》七卷。刊本。宋唐庚著。宣和四年鄭總太玉序。弟庚有序，温陵吕柴義德修序。

又《天一閣書目·别集類》《唐子西集》二卷。刊本。宋宣德四年，唐庚纂并序。

徐𤊹《徐氏家藏書目·文集類》《唐子西集》。□卷。

王士禛《漁洋書跋》《唐眉山集》。宋唐庚《眉山集》二十四卷。詩賦十卷，雜文十二卷，三國雜事二卷。紹興二十一年，朝奉郎鄭康佐刊於惠州。有鄭總、吕榮義及庚弟庚、子文若序。

吴焯《繡谷亭薰習録·集一》《眉山集》二十卷。宋眉山唐庚子西著。《通考》題十卷，今考此集，凡二編。宣和四年，鄭總太玉、吕榮義德修及其弟庚爲序，前十卷並嶺海之作，即庚序中所謂京師先已刊行者是也，後十卷雜記紹聖宣和年號。

《四庫提要·别集類八》《唐子西集》二十四卷。浙江巡撫採進本。宋唐庚撰。庚有《三國雜事》，已著録。《讀書志》、《書録解題》均載《唐子西集》二十卷。《宋史》庚本傳亦同。《文獻通考》則作十卷。此本乃明崇禎庚辰福州徐𤊹從何楷家鈔傳。國朝雍正乙巳，歸安汪亮采所校刊。凡詩十卷，文十二卷。文末綴以《三國雜事》二卷，共二十四卷。前有鄭總、吕榮義及庚弟庚三序，俱作於宣和四年。又庚子文若書後，作於紹興二十九年。總序但云太學諸生所録，鬻書家所刊。榮義序亦言非完本。庚序則稱比見京師刊行者，止載嶺外所述，因併取其少年時所作，隨卷附之。與文若書後均不言其卷數。惟紹興二十一年鄭康佐序，乃稱初於鵝城得文四十五首，詩賦一百八十五首。續得閩本文十二首，詩賦一百十有一首。又續得蜀本文一百四十二首，詩賦三百有十首。屬教授王維則校讐，勒爲二十二卷，刻版摹之。則此本實鄭氏所刊。晁、陳諸目所著録者，殆即所謂閩本、蜀本，故卷數不同歟。强行父作《唐子西文録序》，稱《次韻冬日旅舍》及《留别》二詩，集者逸之。而二詩今在集中。信當時非一本矣。又汪亮采序稱其《論三國事》，雖别爲撰著，亦史所稱精密之一。則《三國雜事》二卷爲亮采所增入，故又與二十二卷之數不符也。

黄丕烈《蕘圃藏書題識・補遺》《唐子西先生集》。明刻本。

唐子西文集

楊士奇等《文淵閣書目・文集》《唐子西文集》。一部，三册。闕。

錢謙益等《絳雲樓書目・宋文集類》《唐子西文集》。十卷。

張金吾《愛日精廬藏書志・別集類》《眉山唐先生文集》三十卷。舊鈔本。

宋眉山唐庚子西撰。鄭總序。宣和四年。庚弟庚序。宣和四年。吕榮義序。宣和四年。鄭康佐跋。紹興二十一年。庚子文若跋。紹興己卯。

唐子西詩

高儒《百川書志・宋詩》《唐子西先生集》七卷。大觀中博士眉山唐庚子西撰。

錢謙益等《絳雲樓書目・宋文集類》《唐子西詩》二册。

甘露集

鄭樵《通志・藝文略・別集五》《甘露集》九卷。釋惠洪。

筠溪集

晁公武《郡齋讀書志・別集類下》洪覺範《筠溪集》十卷。右皇朝僧惠洪覺範，姓喻氏，高安人。少孤，能緝文。

馬端臨《文獻通考・經籍考・別集》德洪覺範《筠溪集》十卷。

物外集

陳振孫《直齋書録解題・詩集類下》《物外集》三卷。僧德洪覺範撰。

馬端臨《文獻通考・經籍考・詩集》《物外集》三卷。

《宋史・藝文志・別集類》僧惠洪《物外集》二卷。

石門文字禪

陳振孫《直齋書録解題・別集類中》《石門文字禪》三十卷。僧高安喻德洪覺範撰。一作惠洪。其在釋門，得法於真浄克文，而於士大夫，則與黨人皆厚善，誦習其文，得罪不悔。爲張商英、陳瓘、鄒浩尤盡力。其文俊偉，不類浮屠語。韓駒子蒼爲塔銘云爾。

馬端臨《文獻通考・經籍考・別集》《石門文字禪》三十卷。

《宋史・藝文志・別集類》僧惠洪《石門文字禪》三十卷。

徐𤊹《徐氏家藏書目・文集類》僧覺範《石門文字禪》三十卷。

《四庫提要・別集類七》《石門文字禪》三十卷。内府藏本。宋僧惠洪撰。惠洪有《冷齋夜話》，已著録。是集爲其門人覺慈所編。釋氏收入《大藏支那著述》中。此本即釋藏所刊也。

妙筆集

陳振孫《直齋書録解題・別集類下》《妙筆集》四十卷。中書舍人福清林遹述中撰。元符三年甲科。苗、劉之變，在西掖不失節，思陵嘉之。終龍圖直學士。

馬端臨《文獻通考・經籍考・別集》《妙筆集》四十卷。

忠穆集

尤袤《遂初堂書目・別集類》 《呂元直集》。

陳振孫《直齋書録解題・別集類下》 《呂忠穆集》十五卷。丞相濟南呂頤浩元直撰。後三卷爲《燕魏録》，雜記古今事。卷末言金人敗盟，始末甚詳。

馬端臨《文獻通考・經籍考・別集》 《呂忠穆集》十五卷。

《元西湖書院重整書目・集》 《呂忠穆公集》。

《宋史・藝文志・別集類》 呂頤浩《忠穆文集》十五卷。

楊士奇等《文淵閣書目・文集》 《呂頤浩文集》。一部，十册。殘闕。

張萱等《内閣藏書目録・集部》 丞相《呂忠穆公文集》五册。全。宋高宗朝呂頤浩著。

《四庫提要・別集類九》 《忠穆集》八卷。《永樂大典》本。宋呂頤浩撰。頤浩字元直，其先樂陵人，徙齊州。中進士第。徽宗時歷官至河北都轉運使。高宗南渡，起知揚州。兩入政府，同中書門下平章事。後以少傅，醴泉觀使致仕。卒贈太師、秦國公，謚忠穆。事蹟具《宋史》本傳。頤浩集凡十五卷，見於陳振孫《書録解題》、《宋史・藝文志》者並同。舊本久佚，惟《永樂大典》頗散見其遺篇。裒而輯之，尚得文一百三十七首，詩詞五十八首。今重爲排輯，勒成八卷。

三顧隱客文集

《宋史・藝文志・別集類》 《三顧隱客文集》十一卷。

靈仙集

《宋史・藝文志・別集類》 岳陽黄氏《靈仙集》十五卷。

宋初梅花千詠

《宋史・藝文志・別集類》 《宋初梅花千詠》二卷。

和靖集

陳振孫《直齋書録解題・別集類下》 《尹和靖集》一卷，《附集》一卷。徽猷閣待制河南尹焞彦明撰。子漸之孫。年十九舉進士，策問欲誅元祐黨籍，不對而出，遂罷舉。靖康賜號和靖處士。敵陷洛陽，闔門遇害，死而復蘇，門人潛載以逃。客涪州，以范元長薦入經筵，擢列侍從。葬會稽山。

馬端臨《文獻通考・經籍考・別集》 《尹和靖集》一卷，《附集》一卷。

楊士奇等《文淵閣書目・文集》 《尹和靖文集》。一部，二册。全。《尹和靖文集》。一部，二册。全。

高儒《百川書志・宋文》 《尹和靖文集》一卷，附録一卷，《年譜》一卷。徽猷閣待制河南尹焞彦明撰。

徐𤊹《徐氏家藏書目・文集類》 尹焞《和靖集》二卷。

張萱等《内閣藏書目録・集部》 《和靖先生文集》二册。全。宋尹焞著。凡二卷，後有吴匏庵先生、張洪陽先生真跡跋語。又二册。全。

錢謙益等《絳雲樓書目・宋文集類》 《尹和靖集》。一卷。《附集》一卷。

黄虞稷《千頃堂書目・別集類・補宋》 尹焞《和靖先生文集》十卷。

倪燦等《宋史藝文志補・別集類》 尹焞《和靖文集》十卷。

《四庫提要・別集類十》 《和靖集》八卷。江西巡撫採進本。宋尹焞撰。焞有《孟子解》，已著録。然《孟子解》雖名見《書録解題》，原書實已散佚。今所行者乃贋本。惟此集猶相傳舊笈。凡奏劄三卷，詩文三卷。

彭元瑞等《天禄琳琅書目後編・宋版集部》 《和靖先生文集》。一函，二册。宋尹焞撰。

高峰文集

《宋史・藝文志・別集類》 廖剛《高峰集》十七卷。

楊士奇等《文淵閣書目・文集》 廖氏《高峰集》。一部，四册。全。

錢謙益等《絳雲樓書目・宋文集類》 宋板高峰先生《廖則文集》八册。

《四庫提要・別集類十二》 《高峰文集》十二卷。兩淮馬裕家藏本。宋廖剛撰。剛字用中，順昌人。紹興中爲御史中丞，出提舉明道宮，致仕。高峰其號也。

汪伯彦後集 續編

《宋史・藝文志・別集類》 《汪伯彦後集》二十五卷。又《續編》一卷。

静智集

黄虞稷《千頃堂書目・別集類・補宋》 洪擬《静智集》十六卷。寧海人。

倪燦等《宋史藝文志補・別集類》 洪擬《静智集》十六卷。寧海人。

繼明集

《宋史・藝文志・別集類》 葉焕《繼明集》一卷。

王庠文集

《宋史・藝文志・別集類》 《王庠文集》五十卷。《王庠集》五十卷。

劉紋集

《宋史・藝文志・別集類》 《劉紋集》六十卷。

固窮先生集

張萱等《内閣藏書目録・集部》 《固窮先生集》三册。不全。宋政和間彭俊民著。

斜川集

陳振孫《直齋書録解題・別集類中》 《斜川集》十卷。通直郎蘇過叔黨撰。世號小坡。坐黨家不得仕進，終於通判中山府。晁以道誌墓，稱其純孝。給事中嶠，其孫也。

馬端臨《文獻通考・經籍考・別集》 《斜川集》十卷。

《宋史・藝文志・別集類》 蘇過《斜川集》十卷。

楊士奇等《文淵閣書目・文集》 蘇叔黨《斜川集》。一部，五册。闕。

《四庫提要・別集類存目一》 《斜川集》十卷。江蘇蔣曾瑩家藏本。舊本題宋蘇過撰。過，軾之季子，字叔黨，斜川其自號也。事蹟附載《宋史・蘇軾傳》。其集《文獻通考》作十卷，世無傳本。王士禎《香祖筆記》稱康熙乙酉，有書賈來益都之顔神鎮，攜蘇過叔黨《斜川集》僅二册，價至二百金有奇。惜未得見之，其存佚今不可知。然士禎所記，多傳聞之詞，未必確也。此集乃近時坊間所刊。其本但有邊闌，而不界每行之烏絲。此本染紙作古色，每頁補畫烏絲，而僞鐫「虞山汲古閣毛子晉圖書」一印，印於卷末。蓋欲以宋版炫俗。然考晁説之所作《蘇過墓誌》，過卒於宣和五年。此集中所稱乃嘉泰、開禧諸年號，以及周必大、姜堯章、韓侂胄諸人，過何從見之？其中所指時事，亦皆在南渡以後，尤爲乖剌。案劉過《龍洲集》中所載之詩，與此盡同。蓋作僞者因二人同名爲過，而鈔出冒題爲《斜川集》，刊以漁利耳。《龍洲集》已别著録，此本本不足存。以世傳刊本、鈔本不一而足，且卷數與《文獻通考》所載相合，恐其熒聽。故存其目，而辯之焉。

阮元《四庫未收書目提要・别集類》 《斜川集》六卷。趙懷玉刊本，附《補遺》、《續抄》。《知不足齋叢書》本併入各卷。《三蘇全集》本。宋蘇過撰。

張之洞《書目答問・别集》 《斜川集》六卷，附録上下二卷。宋蘇過。四庫館輯。趙懷玉校刻本。知不足齋本。附《三蘇集》本不善。

汪公麟集

楊士奇等《文淵閣書目・文集》 《汪公麟集》。一部，一册。

横塘集

陳振孫《直齋書録解題・别集類下》 《横塘集》三十卷。尚書右丞瑞安許景衡少伊撰。亦嘗從程氏學。建炎初爲執政，與黄、汪不合罷。建議渡江幸建康，言者以爲非是，及下還京之詔，景衡以憂卒於瓜洲。未幾，敵騎奄至淮揚，倉卒南渡。

馬端臨《文獻通考・經籍考・别集》 《横塘集》三十卷。

《宋史・藝文志・别集類》 許景衡《横塘集》三十卷。

楊士奇等《文淵閣書目・文集》 許景衡《横塘集》。一部，十册。全。

王圻《續文獻通考・經籍考・詩集》 《横塘集》。許景衡撰。

張萱等《内閣藏書目録・集部》 《横塘集》十册。全。宋徽宗朝許景衡著。凡三十卷。

《四庫提要・别集類九》 《横塘集》二十卷。《永樂大典》本。宋許景衡撰。

【略】《宋史・藝文志》載《横塘集》三十卷，《書録解題》亦同。自明以來，傳本久絶。今從《永樂大典》中採掇裒綴，以次排纂，釐爲二十卷。《朱子語録》嘗稱陳少陽事，其詳見許右丞哀詞中，今已不睹是篇。則鉅製鴻裁，佚者不少。其幸而存者彌宜寶貴矣。

豫章文集

王圻《續文獻通考・經籍考・集上》 《羅仲素文集》十八卷。沙縣曾道振編次。

徐𤊹《徐氏家藏書目・文集類》 羅從彦《豫章集》十七卷。

張萱等《内閣藏書目録・集部》 《豫章文集》三册。全。宋豫章先生羅從彦著。凡十三卷，附録三卷，外集一卷。又二册。全。又二册。全。

錢謙益等《絳雲樓書目・宋文集類》 羅從彦《豫章集》。十七卷。

黄虞稷《千頃堂書目・别集類・補宋》 羅從彦《豫章文集》十七卷。正集十三卷，外集一卷，附録三卷。元揚州路通判同邑曹道振編。

倪燦等《宋史藝文志補・别集類》 羅從彦《豫章文集》十七卷。

《四庫提要・别集類十》 《豫章文集》十七卷。浙江鮑士恭家藏本。宋羅從彦撰。**【略】**是編爲至正三年延平進士曹道振所編。以宋儒稱從彦爲豫章先生，因以名集。道振原序稱：「郡人許源堂刻其遺集五卷，近得邑人吴紹宗稿，釐爲一十三卷，附録三卷，外集一卷，年譜一卷，凡一十八卷。」此本乃明代重刻。前有成化八年張泰序。後有嘉靖甲寅謝鸞跋。《遵堯録》八卷，集二程及楊龜山語録一卷，雜著二卷，詩一卷，附録三卷，外集一卷。以年譜别置於前，不入卷數，故題爲十七卷。然第一卷雖列經解之目，而其文久佚。有録無書，實止十六卷而已。

彭元瑞等《天禄琳琅書目後編・元版集部》 《豫章羅先生文集》。一函，二册。宋羅從彦撰。從彦字仲嘉，沙縣人。以累舉恩授惠州博羅縣主簿，追謚文質。入《宋史・道學傳》。書十七卷，經解一卷，有録無書，集録九卷，雜著二卷，詩一卷，附録四卷。前有至正二十七年卓説序。曹道振撰年譜。

張金吾《愛日精廬藏書續志・别集類》 《豫章羅先生文集》十七卷。明成化刊本。

丹陽集

尤袤《遂初堂書目・别集類》 葛文康《丹陽集》。

陳振孫《直齋書録解題・别集類下》 《丹陽集》四十二卷，《後集》四十二卷。

顯謨閣待制江陰葛勝仲魯卿撰。紹聖四年進士，元符三年詞科。

馬端臨《文獻通考・經籍考・别集》《丹陽集》四十二卷，《後集》四十二卷。

《宋史・藝文志・别集類》《葛勝仲集》八十卷。

楊士奇等《文淵閣書目・文集》葛文康《丹楊集》。一部，十四册。闕。

錢謙益等《絳雲樓書目・宋文集類》葛文康公《丹陽集》六册。四十二卷。名勝仲，徽宗時侍從。

《四庫提要・别集類九》《丹陽集》二十四卷。《永樂大典》本。宋葛勝仲撰。

【略】據其壻章倧所作行狀，稱有文集八十卷，外集二十卷。初刊版於真州，兵燹殘闕。隆興甲寅，知州事宋曉修補之，自跋其後。淳熙丙午，知州事姚恪又爲重鋟，中書舍人王信爲之跋。自明以來，傳本遂絶。今據《永樂大典》所載，以類裒輯，得文十五卷，詩七卷，詩餘一卷，又附録行狀、謚議爲一卷，共成二十四卷。

東觀餘論

尤袤《遂初堂書目・别集類》黄長睿《東觀餘論》。

陳振孫《直齋書録解題・别集類中》《東觀餘論》二卷。秘書郎昭武黄伯思長睿撰。伯思，右丞黄履之孫，吴園張根之壻，於李忠定綱爲中外襟袂，故忠定誌其墓。伯思元符庚辰進士，年四十而卒。好古博雅，喜神仙家言，自號雲林子，别字霄賓。有集一百卷。此書止《法帖刊誤》及序跋古書畫器物，故名《餘論》。

馬端臨《文獻通考・經籍考・别集》《東觀餘論》三卷。

雲林子文集

王圻《續文獻通考・經籍考・集上》《雲林子文集》五十卷。黄伯思著。伯思字履孫，邵武人。元符中進士，爲秘書郎，縱觀册府藏書，至忘寢食，自六經至子史百家無不精詣。頗好道，自號雲林子，遂以名。

空青遺文

尤袤《遂初堂書目・别集類》曾紆《空青集》。

陳振孫《直齋書録解題・别集類下》《空青遺文》十卷。直寶文閣南豐曾紆公卷撰。紆，布之子，有異材。建中靖國初，布在相位，奉詔爲《景靈西宫碑》，紆之筆也。建炎、紹興之際，將漕江浙，入爲司農少卿，知信、衢州以卒。汪彦章誌其墓，孫仲益序其文。王銍性之，其壻也。

馬端臨《文獻通考・經籍考・别集》《空青遺文》十卷。

林震集句

《宋史・藝文志・别集類》《林震集句》二卷。

湓江集

《宋史・藝文志・别集類》《湓江集》六卷。不知作者。

周總集

《宋史・藝文志・别集類》《周總集》一卷。

竹友集

尤袤《遂初堂書目・别集類》《謝幼槃集》。

弟也。

陳振孫《直齋書録解題・别集類中》《竹友集》十卷。臨川謝薖幼槃撰。逸從

馬端臨《文獻通考・經籍考・别集》《竹友集》十卷。

《宋史・藝文志・别集類》《謝薖集》十卷。

楊士奇等《文淵閣書目・文集》《謝幼槃文集》。一部，二册。闕。

張萱等《内閣藏書目録・集部》《謝幼槃文集》二册。全。宋欽宗朝謝薖著。凡十卷。

王士禛《漁洋書跋》《竹友集》三則。宋謝薖幼槃《竹友集》十卷，詩七卷，雜文三卷。有苗昌言、吕本中二跋。謝方伯在杭手鈔本也。

吴焯《繡谷亭薰習録・集一》《竹友集》十卷。宋臨川謝薖幼槃著。

《四庫提要・别集類八》《竹友集》十卷。編修汪如藻家藏本。宋謝薖撰。薖字幼槃，臨川人。《宋史・藝文志》、陳振孫《書録解題》載薖《竹友集》俱作十卷。而世所行本止四卷，又有詩無文。蓋流傳僅存，已多闕佚。此本乃明謝肇淛從内府鈔出。凡古詩四卷，律詩三卷，雜文三卷。與宋時卷數相合，蓋猶舊本。卷末有紹興壬申撫州州學教授建康苗昌言題識。

張金吾《愛日精廬藏書志・别集類》《謝幼槃文集》十卷。舊鈔本。

潘祖蔭《滂喜齋藏書記・集部》宋刻《竹友集》十卷。一函，三册。宋謝薖撰。薖字幼槃，其兄逸字無逸，著《溪堂集》。兄弟並以詩名，文集合三十卷。

竹友詩

陳振孫《直齋書録解題・詩集類下》《竹友集》七卷。謝薖幼槃撰。逸之弟。

馬端臨《文獻通考・經籍考・詩集》《竹友集》七卷。

楊士奇等《文淵閣書目・詩詞》謝幼槃《竹友詩》。一部，一册。完全。

張萱等《内閣藏書目録・集部》《竹友居士詩》一册。謝薖著。

陸純集

《宋史・藝文志・别集類》《陸純集》一卷。

譚世勣文集

《宋史・藝文志・别集類》《譚世勣文集》三十卷。

譚世勣外制

《宋史・藝文志・别集類》《譚世勣外制》五卷。

師陶集

《宋史・藝文志・别集類》《師陶集》二卷。

王圻《續文獻通考・經籍考・詩集》《師陶集》。長沙譚世勣著。師陶者，師淵明也。

自然集

陳振孫《直齋書録解題・詩集類下》七里先生《自然集》七卷。江端友子我撰。端本兄也，休復鄰幾之孫。其父楙相有遺澤，子我以遜端本。靖康初吴敏元中薦子我，召見賜出身，爲京官，後至太常少卿。

馬端臨《文獻通考・經籍考・詩集》七里先生《自然集》七卷。

武夷集

趙希弁《讀書附志・別集類二》 胡文定公《武夷集》十五卷。右胡文定公安國之文也。

陳振孫《直齋書録解題・別集類下》 胡文定公《武夷集》十五卷。給事中崇安胡安國康侯撰。紹聖四年進士第三人。仕四十年，實歷不及三載。著《春秋傳》，行于世。

馬端臨《文獻通考・經籍考・別集》 胡文定公《武夷集》十五卷。

《宋史・藝文志・別集類》 胡安國《武夷集》二十二卷。

楊士奇等《文淵閣書目・文集》 胡安國《武夷集》。一部，五册。闕。 胡安國《武夷集》。一部，五册。闕。

李希聲集

陳振孫《直齋書録解題・詩集類下》 《李希聲集》一卷。祕書丞李錞希聲撰。與徐師川、潘邠老同時。

馬端臨《文獻通考・經籍考・詩集》 《李希聲集》一卷。

楊士奇等《文淵閣書目・詩詞》 《李希聲詩集》。一部，一册。闕。

東湖集

陳振孫《直齋書録解題・詩集類下》 《東湖集》三卷。樞密豫章徐俯師川撰。禧之子，亦魯直諸甥也，思陵以黄庭堅故召用之，丞相吕頤浩作書，具道上旨，而一時或言其由中人以進。其初除大坡也，程俱在西掖，繳奏不行，奉祠去，其然乎否耶？然俯在位，亦不聞有所建明也。

馬端臨《文獻通考・經籍考・詩集》 《東湖集》二卷。

《宋史・藝文志・別集類》 《徐俯集》三卷。

日涉園集

陳振孫《直齋書録解題・詩集類下》 《日涉園集》十卷。廬山李彭商老撰。公擇之從孫。

馬端臨《文獻通考・經籍考・詩集》 《日涉園集》十卷。

楊士奇等《文淵閣書目・詩詞》 李商老《日涉園詩》。一部，三册。闕。 李商老《日涉園詩》。一部，一册。完全。塾本三册。

張萱等《内閣藏書目録・集部》 《日涉園詩集》三册。李彭著。

《四庫提要・別集類八》 《日涉園集》十卷。《永樂大典》本。宋李彭撰。【略】其集《書録解題》作十卷，世久無傳。今檢《永樂大典》，所載彭詩頗多。鈔撮編次，共得七百二十餘首，諸體咸備。謹校定譌謬，仍釐爲十卷，以還其舊。

中齋拙稿

楊士奇等《文淵閣書目・文集》 趙中甫《中齋拙稿》。一部，一册。闕。

哲宗御製前後集

鄭樵《通志・藝文略・別集五》 《哲宗前後集》。

《宋史・藝文志・別集類》 《哲宗御製前後集》共二十七卷。

初寮集　内制　外制

鄭樵《通志・藝文略・別集五》 《初寮先生後集》十卷。

晁公武《郡齋讀書志・別集類下》 王履道《初寮集》十卷，《內制》十八卷，《外制》八卷。

趙希弁《讀書附志・別集類三》 《初寮先生前集》四十卷，《後集》十卷。右王安中字履道之文也。《讀書志》止載《初寮集》十卷。希弁所藏乃周益文忠公必大序前集中興以前、後集中興以後文也。《內外制》二十六卷，則李文敏公邴序。

尤袤《遂初堂書目・別集類》 《王初寮集》。

陳振孫《直齋書録解題・別集類下》 《初寮集》四十卷，《後集》十卷，《內外制》二十四卷。尚書左丞中山王安中履道撰。

馬端臨《文獻通考・經籍考・別集》 王履道《初寮集》十卷，《內制》十八卷，《外制》十卷。雲龕李氏序略曰：本朝承五季之後，楊、劉之學盛於一時，其裁割綦組之工極矣。石介憤然以楊公破碎聖人之道，爲世巨害，著論排之甚力。然當時文宗鉅儒司翰墨之職者，亦必循本朝故事。如近世張公安道高簡粹純，王公禹玉温潤典裁，元公厚之精麗穩密，蘇東坡先生雄深秀偉，皆制詞之傑然者。譬之王良、造父策驥騄而騁康莊，一日千里，而節以和鑾，馳之蟻封，亦必中度，豈能彼而不能此哉！初寮先生太保王公，自布衣以文稱天下，由東觀入掖垣，由烏府登鼇禁，皆天下第一選。司內外制者累年，其所製，體大而義嚴，事覈而旨深，奇而不失正，雄而不爲夸。褒勳勞，則有帶礪丹青之信；施霈宥，則有雨露涵濡之澤；文治平，則祥極乎鳳麟；申戒飭，則誠著乎金石；嘉武節，則毅乎彪虎之威；美文德，則昭乎藻火之華。極其致，蓋與本朝三數公不相上下。而馳驟乎燕、許、常、揚之域，若不以體製拘之，駸駸乎漢氏矣。蓋公天才英邁，筆力有餘，於文於詩，皆瓌奇高妙，無所不能，故出爲世用者如此。自徽宗皇帝即位以來，擅制誥之美者，公一人而已，得不謂一代之奇文歟！

周平園序略曰：公年二十有七，游五臺，爲《竹林泉賦》，以將相喻泉石，格高而意新。送某(贈)[曾]大父詩云：「不論與汝小一月，政自容君數百人。」專用吾宗公瑾、伯仁事，致推尊年德之意，精切混成，不類少作。時方諱言蘇學，而公已潛啓其祕鑰。久之，徽宗旁求文士，召寘館閣，給札親試，驟掌書命，由中司入北門，歷二轄，其制誥、表章、詩文大率雅重温潤而時發秀傑之語。《定功》、《繼伐》等碑，《睿謨曲宴百韻詩》，多出特命，上恩與天通矣。萬目睽睽，徒謂其鶴鳴九皋，而不知奪胎換骨自有仙手，故未嘗以曲學指之。今前集四十卷是也。中興南渡，四海名勝，遷謫避地，萃於湖、廣。而公壻趙奇、子辟章，又家之游、夏，大篇短章，更唱迭和。既已盡發平昔之所蘊，且復躬閱事物之變，益以江山之助，心與境會，意隨辭達，韻遇險而反夷，事積故而逾新，他人瞠乎其後，我乃綽有餘裕。至如桂、柳佛寺諸記，閎深辨麗，近坡暮年之作。黄、張、晁、秦既没，系文統，接墜緒，誰出公右，豈止襲其裳、佩其環而已！今後集十卷是也。

《宋史・藝文志・別集類》 《王安中集》二十卷。

楊士奇等《文淵閣書目・文集》 王氏《初寮文集》。一部，七册。全。

《四庫提要・別集類九》 《初寮集》八卷。《永樂大典》本。宋王安中撰。【略】其集見於本傳者七十六卷。晁公武《讀書志》止作十卷。趙希弁《附志》則作《前集》四十卷，《後集》十卷，又《內外制》二十六卷。與史傳目次相符。自明以來，久佚不見。今從《永樂大典》採掇裒次，尚得詩文數百篇。周必大序稱安中送其曾大父詩「不論與汝小一月，政自容君數百人」句。又楊萬里《誠齋詩話》稱安中「行余深少宰制，仰惟前代，守文爲難，相我受民，非賢不乂」句。又在象州思鄉作文，有「萬里丘墳，草木牛羊之踐履。百年鄉社，室家風雨之飄摇」等句。今俱不見於集中。是其散佚尚多。然蒐羅什一，猶可考見崖略。謹釐爲八卷，而仍以李邴、周必大、周紫芝原序三篇冠之卷首，以存其舊焉。

翟忠惠集

趙希弁《讀書附志・別集類三》 《忠惠先生文集》三十卷。右翟汝文字公巽之文也。

尤袤《遂初堂書目・別集類》 《翟公巽集》。

陳振孫《直齋書録解題・別集類下》 《翟忠惠集》三十卷。參政丹陽翟汝文公巽撰。

馬端臨《文獻通考・經籍考・別集》 《翟忠惠集》三十卷。

《宋史・藝文志・別集類》 《翟汝文集》三十卷。

楊士奇等《文淵閣書目・文集》 《翟忠惠文集》。一部，十一册。全。

張萱等《內閣藏書目録・集部》 《忠惠先生集》十册。全。宋高宗朝翟汝文著。凡三十卷。汝文，丹陽人。忠惠，其私謚也。

《四庫提要・別集類九》 《忠惠集》十卷，附録一卷。《永樂大典》本。宋翟汝文撰。【略】集乃其子耆年所編。見於《宋史・藝文志》者三十卷。明以來久不復傳。今從《永樂大典》各韻中掇拾排比，編爲十卷，以存其梗概。又汝文罷執政後，嘗提舉洞霄宫。《宋史》失載其事。近朱彝尊撰《洞霄題名記》，僅以李彌遜《筠溪集》所作制詞爲據，繫之紹興二年。且取靖康原職，題曰顯謨閣學士。今考孫繁誌銘，則汝文實在紹興七年冬以郊恩除資政殿學士，提舉洞霄宫。彝尊未見此文，故所記俱誤。今並以繁文附録於末，亦足爲考證之一助焉。

張金吾《愛日精廬藏書志・別集類》《忠惠集》十卷，附録一卷。文瀾閣傳鈔本。

龍山集

王圻《續文獻通考・經籍考・集上》《龍山集》。福清黄鋭著。

東窻集

尤袤《遂初堂書目・別集類》張彦實《東窻詩集》。

《四庫提要・別集類九》《東窻集》十六卷。《永樂大典》本。宋張擴撰。擴字彦實，一字子微，德興人。《宋史》不爲立傳。《江西通志》載其崇寧中進士，授國子監簿，遷博士，調處州工曹，召爲祕書省校書郎，尋充館職，南渡後歷中書舍人。當有所據也。《宋志》載擴《東窻集》四十卷，又詩十卷。

定庵集

張萱等《内閣藏書目録・集部》《定庵集》四册。不全。宋紹興間陳公輔著。

鄭諶詩

尤袤《遂初堂書目・別集類》《鄭諶詩》。

石林總集

陳振孫《直齋書録解題・別集類下》《石林總集》一百卷，《年譜》一卷。尚書左丞吴郡葉夢得少藴撰。紹聖四年進士。

馬端臨《文獻通考・經籍考・別集》《石林總集》一百卷，《年譜》一卷。

《宋史・藝文志・別集類》葉夢得《石林集》一百卷，又《奏議》十五卷。

石林居士建康集

陳振孫《直齋書録解題・別集類下》《石林建康集》十卷。皆帥建康時詩文。其初，以所莅官各爲一集，後其家編次，總而合之，此集其一也。

馬端臨《文獻通考・經籍考・別集》《石林建康集》十卷。

《宋史・藝文志・別集類》〔葉夢得〕《建康集》八卷。

楊士奇等《文淵閣書目・文集》葉夢得《建康集》。一部，一册。闕。

張萱等《内閣藏書目録・集部》《石林居士建康集》一册。全。宋葉夢得著。

錢曾《讀書敏求記・詩集》葉石林《建康集》八卷。少藴兩帥金陵，故以建康名其集，蓋其涖官時所作也。

王士禛《漁洋書跋》《建康集》。葉石林，晁氏之甥。學有師承，筆力雄邁，猶有東京盛時風氣，非南渡諸人所及。按《經籍志》，《石林集》百卷，今所傳止《建康集》八卷，餘率湮沒。幸《避暑録話》、《燕語》、《放言》、《玉磵》等書，猶存「説部」中。豈一人之身，其著書傳不傳亦各有數耶？石林之學，尤邃於《春秋》，觀集中《答王從一教授》二書，可見。

吴焯《繡谷亭薰習録・集一》《建康集》八卷。宋尚書左丞吴郡葉夢得少藴著。紹興八年再帥金陵時所作詩文也。嘉泰癸亥孫簵後序，《通考》題十卷，據簵序只八卷，而此在《石林總集》百卷之外。

《四庫提要・別集類九》《石林居士建康集》八卷。福建巡撫採進本。宋葉夢得撰。夢得有《春秋傳》，已著録。陳振孫《書録解題》載夢得總集一百卷，《審是集》八卷。今俱不傳。又載《建康集》十卷，乃紹興八年再鎮建康時所著。此本八卷，與振孫所記不合。然末有其孫畧題跋，亦云八卷。其或《書録解題》屢經傳寫，誤以八卷爲十卷。抑或舊本殘闕，亡其二卷，後人追改畧跋以僞稱完帙。則均不可考矣。

黄丕烈《蕘圃藏書題識・集類二》《石林居士建康集》八卷。鈔本。錢遵王《讀書敏求記》云：「葉石林《建康集》八卷。少蘊兩帥金陵，故以建康名其集，蓋其涖官時所作也。」

張金吾《愛日精廬藏書志・別集類》《石林居士建康集》八卷。抄本。從子謙姪藏舊抄本傳録。

張之洞《書目答問・別集》《石林居士建康集》八卷。宋葉夢得。

石林審是集

陳振孫《直齋書録解題・別集類下》《石林審是集》八卷。其門人盛光祖子紹所録。亦已入《總集》。

馬端臨《文獻通考・經籍考・別集》《石林審是集》八卷。

葉石林集略

尤袤《遂初堂書目・別集類》《葉石林集略》。

梅文安集

尤袤《遂初堂書目・別集類》《梅執禮集》。

陳振孫《直齋書録解題・別集類中》《梅文安集》十五卷。户部尚書浦江梅執禮和勝撰。

馬端臨《文獻通考・經籍考・別集》《梅文安集》十五卷。

《宋史・藝文志・別集類》《梅執禮集》十五卷。

岷山百境詩

晁公武《郡齋讀書志・別集類下》《岷山百境詩》二卷。右皇朝王寀字道輔。少有能詩名。世謂其詩初若不經意，然遣辭屬意，清麗絶人。自號南陔居士。宣和中，以狂譎被譖，伏誅。

馬端臨《文獻通考・經籍考・詩集》《岷山百境詩》二卷。

九峰集

陳振孫《直齋書録解題・別集類中》《九峰集》四十卷。太常少卿眉山蘇元老在廷撰。東坡從孫也。坡在海上，嘗有書往來。其罷奉常歸潁昌，正坐元祐邪説。未幾遂卒，年四十七。

馬端臨《文獻通考・經籍考・別集》《九峰集》四十卷。

《宋史・藝文志・別集類》《蘇元老文集》三十二卷。

忠恪章公文集

趙希弁《讀書附志・別集類二》《忠恪章公文集》二十卷。右章忠恪公誼之文也。公字且叟，丹陽人。崇寧二年進士。建炎三年，通判杭州。苗、劉之變，公正色以斥時希孟，二賊就擒，擢倉部員外郎，累遷樞密都承旨。同孫近使金國歸，拜刑部尚書，終於端明殿學士、提舉明道宫。謚忠恪。集乃陳季習序。

章誼文集

《宋史・藝文志・別集類》《章誼奏議》二卷。《文集》二十卷。

傅崧卿集

《宋史・藝文志・别集類》《傅崧卿集》六十卷。又《奏議》二卷。

傅崧卿制誥

《宋史・藝文志・别集類》《傅崧卿制誥》三卷。

榮遇集

王圻《續文獻通考・經籍考・集上》《榮遇集》。王彦成撰。

真隱集

陳振孫《直齋書録解題・詩集類下》《真隱集》三卷。僧善權巽中撰。靖安人。落魄嗜酒。

馬端臨《文獻通考・經籍考・詩集》《真隱集》三卷。

北山小集

尤袤《遂初堂書目・别集類》程俱《北山集》。

陳振孫《直齋書録解題・别集類下》《北山小集》四十卷。中書舍人信安程俱致道撰。俱父祖世科，而俱乃以外祖鄧潤甫蔭入仕，宣和中賜上舍出身，爲南宫舍人，紹興初入西掖。徐俯爲諫議大夫，封還詞頭，罷去。後以次對修史，病不能赴而卒。

馬端臨《文獻通考・經籍考・别集》《北山小集》四十卷。石林葉氏序略曰：余居吴，始識致道，見其學問風節卓然有不獨見於其文者，即爲移書當路，并上其文數十篇。宰相見而驚曰：「今之韓退之也。」亟召見政事堂。其後二十四年間，卒登侍從，爲天子掌制命，文章擅一時。今觀其文，精確深遠，議論皆本仁義，而經緯錯綜之際，則左丘明、班孟堅之用意也。至於詩章，兼得唐中葉以後名士衆體。晚而在朝，雖不久，遇所建明尤偉。蓋其爲人剛介自信，擇於理者明，所行寧失之隘，不肯少貶以從物。是以善類皆相與推先，惟恐失之，雖有不樂之者，亦不敢秋毫加疵病。信乎直道之不終屈也！

《宋史・藝文志・别集類》《程俱集》三十四卷。

范邦甸等《天一閣書目・别集類》《北山小集》八卷，附行狀一卷。鈔本。宋程俱撰，施介夫編，葉夢得序。

張萱等《内閣藏書目録・集部》《北山集》八册。宋紹聖間信安程俱著。葉夢得序。凡四十卷，闕十九至二十八卷。

吴焯《繡谷亭薰習録・集一》《北山小集》四十卷。宋徽猷閣待制開化程俱致道著。集手自編次，屬其友石林葉夢得爲序，門人中吴鄭作肅後序，末附程瑀行狀。

《四庫提要・别集類九》《北山小集》四十卷。浙江鮑士恭家藏本。宋程俱撰。俱有《麟臺故事》，已著録。是集凡詩十一卷，賦及雜文二十九卷。

黄丕烈《蕘圃藏書題識・集類二》《北山小集》四十卷。鈔本。

黄丕烈《百宋一廛書録》《北山小集》。此程俱致道所撰《北山小集》四十卷。宋刻宋印，即其紙背之字已可徵信。

張金吾《愛日精廬藏書志・别集類》《北山小集》四十卷。影寫宋刊本。

北山律式

《四庫提要・别集類存目一》《北山律式》二卷，附《王炎詩》一卷、《晁沖之詩》一卷。浙江鮑士恭家藏本。宋葉夢得所選程俱詩也。夢得有《春秋傳》，俱有《麟臺故事》，皆已著録。是編前有夢得序，稱「致道《北山集》四十卷，既爲之序」。

默堂集

陳振孫《直齋書録解題・別集類下》《默堂集》二十二卷。宗正少卿延平陳淵知默撰。一字幾叟。了翁之姪孫，楊龜山門人，紹興初嘗爲諫官。

馬端臨《文獻通考・經籍考・別集》《默堂集》二十二卷。

楊士奇等《文淵閣書目・文集》《陳默堂文集》。一部，八册。全。

尤袤《遂初堂書目・別集類》《陳知默集》。

張萱等《内閣藏書目録・集部》《默堂先生文集》八册。全。宋紹興間陳淵著。凡二十二卷。楊萬里序。

《四庫提要・別集類十一》《默堂集》二十二卷。浙江鮑士恭家藏本。宋陳淵撰。**【略】**《宋史・藝文志》載淵集二十六卷，詞三卷。此本止二十二卷，未知爲傳寫脱佚，或《宋史》字誤。又別本十二卷，題曰《存誠齋集》。蓋淵嘗以「存誠齋」銘示學者，故後人以名其集。有文無詩。第一卷末較此本少啓三篇，第九卷末較此本少書二篇，字亦多所譌闕，未若此本之完善也。

莊簡集

趙希弁《讀書附志・別集類二》《李莊簡公文集》二十卷。右李莊簡公光之文也。光，字泰發，紹興中參知政事。庚申歲，虜敗盟，奪河南地，光在榻前攻檜之短，遂罷，尋謫藤州，移瓊州，又移萬安。檜死，量移郴。己卯，用赦放還，舟行至江州而卒。

《宋史・藝文志・別集類》《李光前後集》三十卷。

楊士奇等《文淵閣書目・文集》《李莊簡公集》。一部，八册。全。

張萱等《内閣藏書目録・集部》《李莊簡公集》八册。全。宋高宗朝李光著。凡二十六卷。

《四庫提要・別集類九》《莊簡集》十八卷。《永樂大典》本。宋李光撰。光有《周易詳説》，已著録。其集目載於《紹興正論》者四十卷，載於《宋史・藝文志》者《前後集》三十卷，載於焦竑《國史經籍志》者二十六卷，錯互不合。錢溥《祕閣書目》、葉盛《菉竹堂書目》俱載有《莊簡集》八册。是明初尚存。其後散佚，原目多寡，遂無可考證。今從《永樂大典》中掇採編次，共詩四百二十五首，詞十三首，雜文二百六十五首，釐爲十八卷。

張金吾《愛日精廬藏書志・別集類》《莊簡集》十六卷。文瀾閣傳抄本。

苕溪集

尤袤《遂初堂書目・別集類》《劉行簡集》。

陳振孫《直齋書録解題・別集類下》《非有齋類稿》五十卷。給事中吳興劉一止行簡撰。宣和三年進士。居瑣闥僅百餘日，忤秦檜罷去。閒居十餘年，以次對致仕。檜死，被召，力辭，進雜學士而終，年八十二，實紹興庚辰。

馬端臨《文獻通考・經籍考・別集》《非有齋類稿》五十卷。

《宋史・藝文志・別集類》劉一止《苕溪集》五十五卷。《劉一止集》五十卷。《苕溪集》多五卷。張攀書目以此本爲《非有齋類稿》。

楊士奇等《文淵閣書目・文集》劉行簡《苕溪集》。一部，十二册。闕。劉行簡《苕溪集》。一部，十二册。全。

張萱等《内閣藏書目録・集部》《苕谿集》十册全。宋高宗朝閣學劉一止行簡著。凡五十五卷。又十一册。全。

錢謙益等《絳雲樓書目・宋文集類》劉行簡《苕溪集》。五十五卷。

吳焯《繡谷亭薰習録・集一》《苕溪集》五十五卷。宋敷文閣直學士歸安劉一止行簡著。焦氏題行簡《苕溪集》五十五卷，即此是已。

《四庫提要・別集類九》《苕溪集》五十五卷。浙江鮑士恭家藏本。宋劉一止撰。**【略】**行狀及《宋史》本傳皆稱《非有齋類稿》五十卷。《書録解題》亦同。此本前有「曝書亭」印記，蓋朱彝尊家舊鈔。題曰《苕溪集》，不知何人所改。又詩文共五十三卷，末附行狀一卷，誥詞一卷，凡五十五卷。卷數亦非其舊，或後人掇拾遺篇，增附其後，因而更名歟。

張金吾《愛日精廬藏書志・別集類》《苕溪集》五十五卷，目録三卷。舊抄本。

南陔集

《宋史・藝文志・别集類》 王寀《南陔集》一卷。

宇文肅愍公文集

馬端臨《文獻通考・經籍考・别集》 《宇文肅愍公文集》。

浮溪集

晁公武《郡齋讀書志・别集類下》 《汪彦章集》十卷。右皇朝汪藻字彦章。嘗爲翰林學士。

趙希弁《讀書附志・别集類三》 《浮溪先生文集》六十卷，《猥稿外集》一卷，《龍溪先生文集》六十卷。右汪藻字彦章之文也。《讀書志》止載《汪彦章集》十卷。希弁所藏《浮溪》、《龍溪》兩本，卷帙皆六十卷。

尤袤《遂初堂書目・别集類》 《汪彦章集》。

陳振孫《直齋書録解題・别集類下》 《浮溪集》六十卷。翰林學士婺源汪藻彦章撰。

馬端臨《文獻通考・經籍考・别集》 汪彦章《浮溪集》六十卷。

《宋史・藝文志・别集類》 《汪藻集》六十卷。

楊士奇等《文淵閣書目・文集》 《汪浮谿文集》。一部，十一册。殘闕。《汪浮谿文集》。一部，十册。

王圻《續文獻通考・經籍考・集上》 《龍溪文集》。汪藻著。

張萱等《内閣藏書目録・集部》 《浮谿先生文集》二册。不全。宋高宗朝汪藻著。

《四庫提要・别集類九》 《浮溪集》三十六卷。《永樂大典》本。宋汪藻撰。

【略】其集見於晁公武《讀書志》者僅十卷。陳振孫《書録解題》始載有《浮溪集》六十卷。而趙希弁《讀書後志》又增《猥稿外集》一卷，《龍溪文集》六十卷，共一百二十一卷。《宋史・藝文志》並著於録。然趙汸跋《羅願小集》，謂浮溪之文，再更變故，失傳頗多。則明初已非完帙，其後遂亡佚不存。後有胡堯臣者，别得《浮溪文粹》十五卷，刊行於世。而其原集終不復可見。今檢勘《永樂大典》所載，視《文粹》所收，不啻倍蓰。雖未必盡符原數，而什可得其六七。

張之洞《書目答問・别集》 《浮溪集》三十六卷。宋汪藻。聚珍本福本。

浮溪文粹

徐𤊹《徐氏家藏書目・文集類》 汪藻《浮溪文粹》十五卷。

錢謙益等《絳雲樓書目・宋文集類》 汪藻《浮溪文粹》。六十卷。孫覿序。

黄虞稷《千頃堂書目・别集類・補宋》 汪藻《浮溪文粹》十五卷。

倪燦等《宋史藝文志補・别集類》 汪藻《浮溪文粹》十五卷。集三十六卷，久佚，今《四庫》亦録出版行。

吴焯《繡谷亭薰習録・集一》 《浮溪集》十五卷。宋顯謨閣學士德興汪藻彦章著。原集六十卷，晉陵孫覿序，又臨川吴澄序，後附覿所撰誌銘。

《四庫提要・别集類九》 《浮溪文粹》十五卷。江蘇巡撫採進本。宋汪藻撰。明胡堯臣刊。其爲何人所編録，則原本不載，他書亦未言及，不可得而復考矣。所載僅詩文八十五篇，未能盡窺全豹。

彭元瑞等《天禄琳琅書目後編・明版集部》 《浮溪文粹》。一函，四册。宋汪藻撰。藻，字彦章，德興人。崇寧二年進士，官顯謨閣學士。入《宋史・文苑傳》。書十五卷。凡敕、制、表、奏、記、序、碑、傳、詩、跋八十五篇，附録孫覿撰墓誌銘。

黄丕烈《蕘圃藏書題識・集類二》 《浮溪文粹》十五卷。明刻本。

蓮社文集

《宋史・藝文志・别集類》 張宰《蓮社文集》五卷。

瀛海殘編

王圻《續文獻通考・經籍考・集上》《瀛海殘編》十卷。權邦彦著。邦彦，河間人。崇寧中上舍登第，累官簽書樞密院事，嘗獻十議以圖中興，尋兼權參知政事。

桐川集

王圻《續文獻通考・經籍考・集上》《桐川集》十卷。沈虚中著。廣德人。舉進士，歷官吏部尚書。

王著作集

陳振孫《直齋書録解題・別集類下》《王著作集》四卷。著作佐郎福清王蘋信伯撰。

馬端臨《文獻通考・經籍考・別集》《王著作集》四卷。

錢謙益等《絳雲樓書目・宋文集類》《王蘋集》。四卷。字信伯，吴江人。程門高弟。朱子載之《伊洛淵源録》中。

錢曾《讀書敏求記・集》《王蘋集》八卷。蘋字信伯，福清人。從學程門，以王安石尚經義而廢《春秋》，守所學不就科舉。紹興四年，孫佑疏薦引，見賜進士出身，除秘書省正字。是集乃其十一世孫觀所編也。

吴焯《繡谷亭薰習録・集一》《王著作集》八卷。題贈、誌傳、語録而附麗之，有先生繡像，李東陽篆題。

《四庫提要・別集類十》《王著作集》八卷。浙江鮑士恭家藏本。宋王蘋撰。

【略】陳氏著録作四卷，寶祐中其曾孫思文刊於吴學，盧鉞爲序。此本爲明弘治中蘋十一世孫觀所編。一卷爲《傳道支派圖》，二卷爲劄子、雜文十餘篇，三卷以下爲像讃、題跋及門人私志語録之類。較陳氏所記，卷數遽增一倍。然遺文不過一卷，餘皆附録。實則亡佚四分之三。

陵陽集

晁公武《郡齋讀書志・別集類下》《韓子蒼集》三卷。

尤袤《遂初堂書目・別集類》韓子蒼《陵陽集》。

陳振孫《直齋書録解題・別集類下》《陵陽集》五十卷。

又《詩集類下》《陵陽集》四卷，《別集》二卷。韓駒子蒼撰。

馬端臨《文獻通考・經籍考・別集》《陵陽集》五十卷。

又《詩集》《韓子蒼集》三卷。

《宋史・藝文志・別集類》韓駒《陵陽集》十五卷。又《別集》三卷。

錢謙益等《絳雲樓書目・宋文集類》韓子蒼《陵陽詩集》。五十卷。陵陽，子蒼所居之地也。後人因稱之爲陵陽先生。

王士禛《漁洋書跋》《陵陽集》。

《四庫提要・別集類十》《陵陽集》四卷。浙江鮑士恭家藏本。宋韓駒撰。

盧溪集

陳振孫《直齋書録解題・詩集類下》《盧溪集》七卷。直敷文閣盧陵王庭珪民瞻撰。政和八年進士。仕不合棄去，隱居數十年，坐作詩送胡邦衡除名，徙辰州，年已七十矣。

馬端臨《文獻通考・經籍考・詩集》《盧溪集》七卷。

《宋史・藝文志・別集類》王庭珪《盧溪集》十卷。

王圻《續文獻通考・經籍考・集上》《盧溪集》。王廷珪著。

徐𤊹《徐氏家藏書目・文集類》王廷珪《盧溪集》。

錢謙益等《絳雲樓書目・徐文集類》王廷珪《瀘溪集》。七卷。

黄虞稷《千頃堂書目・別集類・補宋》王廷珪《盧溪先生文集》五十卷。安福人。舉進士。胡銓上封事，得罪秦檜，廷珪送以詩，坐流辰州。孝宗時召還。終直敷文閣。

倪燦等《宋史藝文志補・別集類》 王庭珪《盧溪文集》五十卷。安福人。

吴焯《繡谷亭薰習録・集一》 《盧溪集》五十卷。

《四庫提要・別集類十》 《盧溪集》五十卷。副都御史黄登賢家藏本。宋王庭珪撰。卷首載胡銓、周必大等序文、題跋、志狀，敘述始末甚詳。其生平著作頗富，有《六經論語講義》、《易解》、《語録》及《滄海遺珠》等書。今皆散佚，惟此集猶傳。凡古近體詩二十五卷，雜文二十五卷。其脱稿不全者，亦附於卷末。讀其所作，矯然伉厲之氣，時流露於筆墨間。劉澄評其文，在廬陵可繼歐陽修。後楊萬里嘗從之遊，亦謂其詩出自少陵、昌黎，大要主於雄剛渾大。雖推挹之詞，未免涉於溢量，要亦得其近似矣。

許彦國詩

晁公武《郡齋讀書志・別集類下》 《許表民詩》十卷。右皇朝許彦國字表民，青社人。周邦彦稱其寬平優游，中極物情，惜乎流落不偶，故世人知之者或寡也。

馬端臨《文獻通考・經籍考・詩集》 《許表民詩》十卷。

《宋史・藝文志・別集類》 《許彦國詩》三卷。

碔砆集

陳振孫《直齋書録解題・詩集類下》 三逕老人《碔砆集》十三卷。福建提舉常平昭武杜圮受言撰。胡憲原仲爲之序。

馬端臨《文獻通考・經籍考・詩集》 三逕老人《碔砆集》十三卷。

《宋史・藝文志・別集類》 杜受言《碔砆集》十三卷。

汪神童詩

高儒《百川書志・集》 《汪神童詩》二卷。或云宋人。止五言小絶句六十首，頗有意味。

雙溪漫叟集

王圻《續文獻通考・經籍考・集上》 《雙溪漫叟集》二十卷。張豸著。豸字正仲，浦城人。大觀中進士。

松窗摭遺

王圻《續文獻通考・經籍考・集上》 《松窗摭遺》十二卷。張豸著。

李師正文集

王圻《續文獻通考・經籍考・集上》 《李師正文集》十卷。李規字師正，松溪人。元豐中進士，居官有幹才，仕終朝議大夫。

季氏文集

王圻《續文獻通考・經籍考・集上》 《季氏文集》。季陵著。

陳淵集

《宋史・藝文志・別集類》 朱敦儒《陳淵集》二十六卷。又《詞》三卷。

巖壑老人詩文

陳振孫《直齋書録解題・別集類下》 《巖壑老人詩文》一卷。左朝請大夫洛陽朱敦儒希真撰。初以遺免召用，嘗爲館職。既挂冠，秦檜之孫壎欲學爲詩，起希真爲鴻臚少卿，將使教之，懼禍不敢辭。不久秦亡，物論少之。合有全集，未見。

馬端臨《文獻通考・經籍考・別集》 《巖壑老人詩文》一卷。

王寔集

《宋史・藝文志・別集類》 《王寔集》三十卷。

頤堂集

趙希弁《讀書附志・別集類三》 《頤堂先生文集》五十九卷《碧雞漫志》一卷，《長短句》一卷，《祭文》一卷。右王灼晦叔之文也。灼，遂寧人。嘗佐總幕，故趙公爲之序。《漫志》可以見樂府之源委。

《宋史・藝文志・別集類》 王灼《頤室文集》五十七卷。

錢謙益等《絳雲樓書目・宋文集類》 王灼《頤堂集》。

孫尚書大全集

趙希弁《讀書附志・別集類二》 《孫尚書大全集》五十七卷。右孫覿之文也。覿字仲益，蘭陵人。大觀三年進士。嘗以靖康間文字得罪，廢徙久之，終於左朝奉郎、龍圖閣待制。

楊士奇等《文淵閣書目・文集》 《孫尚書大全集》。一部，四册。闕。

黄丕烈《蕘圃藏書題識・集類二》 《孫尚書大全文集》三十三卷。宋本。《孫尚書大全集》五十七卷，見于趙希弁《讀書志附志》。而《鴻慶集》四十二卷，《書録解題》云然則是集在宋時已有兩本矣，惟王文恪家藏鈔本後經葉石君校補者爲七十卷，未知增益出於何時。

又《蕘圃藏書題識・集類二》 《孫尚書大全文集殘本》三十三卷。影寫宋刊本。此殘宋刻本《孫尚書大全文集》勵存三十三卷，即趙希弁《讀書附志》所云《孫尚書大全集》五十七卷本也。

張金吾《愛日精廬藏書志・別集類》 《南蘭陵孫尚書大全文集》七十卷。明初抄本。王文恪公藏書。

孫仲益尚書小簡

高儒《百川書志・啓劄》 《孫仲益尚書小簡》一卷。

鴻慶居士集

陳振孫《直齋書録解題・別集類下》 《鴻慶集》四十二卷。户部尚書晉陵孫覿仲益撰。大觀三年進士，政和四年詞科。

馬端臨《文獻通考・經籍考・別集》 《鴻慶集》四十二卷。

《宋史・藝文志・別集類》 孫覿《鴻慶集》四十二卷。

楊士奇等《文淵閣書目・文集》 孫氏《鴻慶集》。一部，十册。全。

錢謙益等《絳雲樓書目・宋文集類》 孫覿《鴻慶集》五册。四十二卷。字仲益，嘗提舉鴻慶宫，故以名集。

吴焯《繡谷亭薰習録・集一》 《鴻慶集》四十二卷。宋户部尚書晉陵孫覿仲益著。

于敏中等《天禄琳琅書目・明版集部》 《鴻慶居士文集》一函十二册。宋孫覿著。十四卷。前宋周必大序。

《四庫提要・别集類十》 《鴻慶居士集》四十二卷。兩淮馬裕家藏本。宋孫覿撰。

張之洞《書目答問・别集》 《鴻慶居士集》四十二卷。宋孫覿。明繙宋本，止周必大原定十二卷。

内簡尺牘編注

楊士奇等《文淵閣書目・文集》 《孫尚書尺牘》。一部，三册。闕。

高儒《百川書志・啓劄》 《内翰尺牘》十卷。宋左朝奉郎充龍圖閣待制户部尚書孫覿仲益著。

徐𤊹《徐氏家藏書目・啓劄類》 《孫尚書内簡尺牘》。宋孫仲益。

錢謙益等《絳雲樓書目・宋文集類》 孫覿《内簡尺牘》。

黄虞稷《千頃堂書目・别集類・補宋》 孫覿《内簡尺牘》十卷。《大全》、《鴻慶》二集，已見《宋志》。

倪燦等《宋史藝文志補・别集類》 孫覿《内簡尺牘》十卷。門人李祖堯編并注。

王士禛《漁洋書跋》 《内簡尺牘》。

《四庫提要・别集類十》 《内簡尺牘編注》十卷。編修勵守謙家藏本。宋孫覿撰。其門人李祖堯編，併爲之注。覿所撰《鴻慶集》，自三十七卷至五十卷皆書帖。

黄丕烈《蕘圃藏書題識・集類二》 《孫尚書内簡尺牘》十卷。校宋本。辛卯之春，假林宗氏藏本校過，其缺者，友人孫凱之補入，今可爲葉石君校正本矣。

黄丕烈《百宋一廛書録》 《李學士新注孫尚書内簡尺牘》。

天台集　外集

尤袤《遂初堂書目・别集類》 陳子高《天台集》。

陳振孫《直齋書録解題・詩集類下》 《天台集》十卷，《外集》四卷，《長短句》三卷附。臨海陳克子高撰。

馬端臨《文獻通考・經籍考・詩集》 《天台集》十卷，《外集》四卷，《長短句》三卷附。

《宋史・藝文志・别集類》 陳克《天台詩》十卷。又《外集》四卷。

清溪詩集

《宋史・藝文志・别集類》 劉綺《清溪詩集》三卷。

橘林集　後集

鄭樵《通志・藝文略・别集五》 石懋《橘林集》三十卷。

陳振孫《直齋書録解題・别集類中》 《橘林集》十六卷，《後集》十五卷。密州教授石懋敏若撰。崇寧壬午以同進士出身中詞科。

馬端臨《文獻通考・經籍考・别集》 《橘林集》十六卷，《後集》十五卷。

《宋史・藝文志・别集類》 石懋《橘林集》十六卷。

陳留集

陳振孫《直齋書録解題・詩集類下》 《陳留集》一卷。開封江端本子之撰。

馬端臨《文獻通考・經籍考・詩集》 《陳留集》一卷。

太倉稊米集

尤袤《遂初堂書目・別集類》周少隱《稊米集》。

陳振孫《直齋書録解題・別集類下》《太倉稊米集》七十卷。樞密編修宣城周紫芝少隱撰。自號竹坡居士。

馬端臨《文獻通考・經籍考・別集》《太倉稊米集》七十卷。

《宋史・藝文志・別集類》周紫芝《太倉稊米集》七十卷。

楊士奇等《文淵閣書目・文集》周紫芝《太倉稊米集》。一部，十册。全。

張萱等《内閣藏書目録・集部》《太倉稊米集》十五册。全。宋乾道間宰掾周紫芝著，凡七十卷。

錢謙益等《絳雲樓書目・宋文集類》宋板周紫芝《太倉稊米集》。七十卷。字少隱。

吴焯《繡谷亭薰習録・集一》《太倉稊米集》七十卷。宋樞密編修宣城周紫芝少隱著。

《四庫提要・別集類十一》《太倉稊米集》七十卷。編修朱筠家藏本。宋周紫芝撰。紫芝字少隱，宣城人。紹興中登第。歷官樞密院編修官，出知興國軍。自號「竹坡居士」。是集樂府詩四十三卷，文二十七卷。

張金吾《愛日精廬藏書志・別集類》《太倉稊米集》七十卷。舊抄本。

東山集

王圻《續文獻通考・經籍考・集上》《東山集》十卷。吴激著。激，甌寧人。舉進士，知蘇州，累官龍圖閣直學士。

翁五峰詩文集

王圻《續文獻通考・經籍考・集上》《翁五峰詩文集》二十卷。翁挺字士挺，崇安人，號五峰居士。

化庵湖海集

陳振孫《直齋書録解題・詩集類下》《化庵湖海集》二卷。僧法具圖復撰。吴興人。

馬端臨《文獻通考・經籍考・詩集》《化庵湖海集》二卷。

大隱集

《宋史・藝文志・別集類》李正民《大隱文集》三十卷。

楊士奇等《文淵閣書目・文集》李正民《大隱文集》。一部，五册全。

張萱等《内閣藏書目録・集部》《大隱先生集》五册。全。宋孝宗朝待制李正民著。凡三十卷。

《四庫提要・別集類九》《大隱集》十卷。《永樂大典》本。宋李正民撰。正民有《己酉航海記》，已著録。其集見於《宋史・藝文志》者三十卷。傳本久佚，惟《嘉興府志》載其《海月亭詩》一首。今據《永樂大典》所載，掇拾編次，釐爲文六卷，詩四卷。中多中書制誥之作，温潤流麗，頗近浮溪。其詩亦妍秀可誦。在南渡初，猶不失爲雅音焉。

芸庵類稿

楊士奇等《文淵閣書目・文集》李正民《芸庵類稿》。一部，五册。全。

張萱等《内閣藏書目録・集部》《芸庵類稿》二册。全。宋侍郎李正民著。

《四庫提要・別集類十三》《芸庵類稿》六卷。《永樂大典》本。宋李洪撰。洪姓名不著於史，諸家書目亦未載有是集。惟《永樂大典》頗散見其文。

黄虞部詩

晁公武《郡齋讀書志·别集類下》《黄虞部詩》一卷。右皇朝黄觀。昭陵時，嘗將漕成都。

馬端臨《文獻通考·經籍考·詩集》《黄虞部詩》一卷。

歸愚集

王圻《續文獻通考·經籍考·集上》《歸愚集》。順昌吴致堯著。致堯，政和進士，除安化令，以事忤當路去官。

徽宗皇帝集

尤袤《遂初堂書目·别集類》《徽宗皇帝集》。

崇觀宸奎集

《宋史·藝文志·别集類》《徽宗御製崇觀宸奎集》一卷。

宣和御製詩

趙希弁《讀書附志拾遺》《宣和御製詩》一卷。右徽宗皇帝賜張忠文公叔夜之詩也，凡二十有八篇云。

宋徽宗宫詞

《宋史·藝文志·别集類》〔徽宗〕又《宫詞》一卷。

高儒《百川書志·宋詩》《徽宗宫詞詩集》三卷。緝熙殿所收御製七言絶句，積二十二年，得三百首，皆詠宫掖之事，樂昇平之句也。

毛晉《汲古閣書跋》《宋徽宗宫詞》。

沈氏文集

王圻《續文獻通考·經籍考·集上》《沈氏文集》。沈造著。

黄邦俊集

《宋史·藝文志·别集類》《黄邦俊集》三卷又《强記集》八卷。

强記集

《宋史·藝文志·别集類》〔黄邦俊〕《强記集》八卷。

王圻《續文獻通考·經籍考·集上》《强記集》八卷。永福黄邦俊著。

江袤集

《宋史·藝文志·别集類》《江袤集》二十卷。

梁溪集

趙希弁《讀書附志・別集類三》《梁谿先生文集》一百七十卷。

陳振孫《直齋書録解題・別集類下》《梁谿集》一百二十卷。丞相忠定公昭武李綱伯紀撰。

馬端臨《文獻通考・經籍考・別集》《梁溪集》一百二十卷。

楊士奇等《文淵閣書目・文集》李忠定公《梁谿集》。一部，四十册。殘闕。

張萱等《内閣藏書目録・集部》《梁谿先生文集》三十六册。不全。宋李綱著，凡一百八十卷。闕五十六至六十一，一百四至一百八，一百三十三至三十七，一百四十九至五十四。卷外附年譜、行狀二册。又二十册。不全。

錢謙益等《絳雲樓書目・宋文集類》李忠定公《梁溪集》十册。十五卷。

吴焯《繡谷亭薰習録・集一》《梁溪集》一百八十卷。宋丞相謚忠定邵武李綱伯紀著。

《四庫提要・別集類九》《梁溪集》一百八十卷。附録六卷。編修汪如藻家藏本。宋李綱撰。綱有《建炎時政記》，已著録。

黄丕烈《蕘圃藏書題識・集類二》《梁溪集》三十五卷。宋刻殘本一函二十册。

黄丕烈《百宋一廛書録》《梁溪先生文集》。【略】孫枝謹識。則此書爲隴西鎮家之寶，雖殘缺亦可珍也。余按《書録解題》云「《梁溪集》一百二十卷。丞相忠定公昭武李綱伯紀撰文。夔進士起家，至右文殿修撰，葬錫山，忠定嘗廬墓云」，故以是名集歟。今存三十八卷，已遭剜改，移易卷第。余就板心字迹推之，得其宜存卷數，條載如右。卷末有錫山安國家藏印，又有毛子晉、毛表奏叔印，知汲古亦曾藏此。

張金吾《愛日精廬藏書志・別集類》《梁溪先生文集》一百八十卷，附録六卷。抄本。

張之洞《書目答問・別集》《李忠定公集》□卷。宋李綱。原名《梁溪集》。活字本。通行本。

潘祖蔭《滂喜齋藏書記・集部》宋刻殘本《梁溪集》三十五卷。一函二十册。宋李忠定公撰。原本一百八十卷，此本存者卷十三、十四，卷四十一至五十二，卷六十二至七十，卷九十一至九十五，卷九十七，卷一百，卷百四十三，卷百四十八，卷百六十一至百六十三，凡三十五卷。黄蕘翁跋以爲三十八卷，誤也。每半葉九行，行二十字。

李忠定集選

《四庫提要・別集類存目一》《李忠定集選》四十四卷。福建巡撫採進本。宋李綱撰。綱有《梁溪集》，已著録。此本凡録奏議十五卷，文十六卷，詩六卷，《靖康傳信録》三卷，《建炎進退志》四卷，冠以本傳一卷，行狀三卷。

李綱文集

《宋史・藝文志・別集類》《李綱文集》十八卷。

北海集

趙希弁《讀書附志・別集類三》《北海先生文集》六十卷。

陳振孫《直齋書録解題・別集類下》《綦北海集》六十卷。翰林學士北海綦崈禮叔厚撰。工於四六。秦檜初罷相，崈禮當制，有御筆詞頭藏其家。檜再相，下台州追索，時崈禮已死，幸不及禍。

馬端臨《文獻通考・經籍考・別集》《綦北海集》六十卷。

《宋史・藝文志・別集類》綦崈禮《北海集》六十卷。

楊士奇等《文淵閣書目・文集》綦崈禮《北海文集》。一部，七册。闕。

《四庫提要・別集類十》《北海集》四十六卷，附録三卷。《永樂大典》本。宋綦崈禮撰。《藝文志》、《書録解題》俱載崈禮《北海集》六十卷。世久失傳。

綦叔厚内外制

尤袤《遂初堂書目・別集類》《綦叔厚内外制》。

邵氏集

晁公武《郡齋讀書志・別集類下》《邵氏集》二十卷。右皇朝邵溥字澤民。進士第。靖康初，爲户部侍郎。上踐祚，以例貶官。紹興中，復待制，宣撫川陝。師事崇福十二父，詩文早有能聲。

馬端臨《文獻通考・經籍考・別集》《邵氏集》二十卷。

華陽集

陳振孫《直齋書録解題・別集類下》張章簡《華陽集》四十。

馬端臨《文獻通考・經籍考・別集》張章簡《華陽集》四十卷。

《四庫提要・別集類九》《華陽集》四十卷。兩江總督採進本。宋張綱撰。以其自號「華陽老人」，即以名集。洪邁爲之序。凡文三十三卷，詩五卷，詞一卷，後附行狀一卷。詩文典雅麗則，講筵所進故事，因事納忠，亦皆剴切。至南宋之初，盡革紹述之弊。凡元祐諸臣之後，無不甄録。轉相標牓，頗滋僞昌。綱乃復有剳子論黨籍推恩太濫。尤可謂卓然特立，毫無門户之見者矣。

張金吾《愛日精廬藏書志・別集類》《華陽集》四十卷。舊抄本。

張君文集

王圻《續文獻通考・經籍考・集上》《張君文集》。張光著。

澹巖集

《宋史・藝文志・別集類》張澂《澹巖集》四十卷。

東窗集

陳振孫《直齋書録解題・別集類下》《東窗集》四十卷。中書舍人鄱陽張廣彦實撰。與吕居仁爲詩友，其在西掖，當紹興十一年。

馬端臨《文獻通考・經籍考・別集》《東窗集》四十卷。

《宋史・藝文志・別集類》張彦實《東牕集》四十卷。又《詩》十卷。

集杜詩句

《宋史・藝文志・別集類》潘辟《集杜詩句》一卷。

林圖南詩

王圻《續文獻通考・經籍考・詩集》《林圖南詩》二卷。林搏著。圖南，其字也。出處見《琴譜》。

浯溪集

陳振孫《直齋書録解題・詩集類下》《浯溪集》二十一卷。僧顯萬撰。洪景盧作序。前二卷爲賦，餘皆詩也。

馬端臨《文獻通考・經籍考・詩集》《浯溪集》二十一卷。

清溪集

王圻《續文獻通考・經籍考・集上》《清溪集》二十卷。汴人李璆著。璆，政和中進士，累官四川安撫制置使，有惠政可紀。

紫薇集

尤袤《遂初堂書目・别集類》呂希純《紫薇集》。

呂居仁集

晁公武《郡齋讀書志・别集類下》《呂居仁集》十卷。右皇朝呂本中字居仁，好問右丞之長子。靖康初，權尚書郎。紹興中，賜進士第，除右史，遷中書舍人，已而落職奉祠。少學山谷爲詩，嘗作《江西宗派圖》，行於世。

尤袤《遂初堂書目・别集類》《呂居仁集》。

東萊詩集　外集

陳振孫《直齋書録解題・詩集類下》《東萊集》二十卷，《外集》二卷。中書舍人呂本中居仁撰。希哲之孫，好問之子，而祖謙之伯祖也，撰《江西宗派》者。後人亦以其詩入派中。

馬端臨《文獻通考・經籍考・詩集》《東萊集》二十卷，《外集》二卷。

《宋史・藝文志・别集類》《呂本中詩》二十卷。

吴焯《繡谷亭薰習録・集一》《東萊詩集》二十卷。

《四庫提要・别集類十一》《東萊詩集》二十卷。兩淮馬裕家藏本。宋呂本中撰。本中有《春秋集解》，已著録。【略】《文獻通考》别載有《集外詩》二卷。此本無之，蓋已散佚。又陸游序稱嗣孫祖平悉裒集他文爲若干卷。今此本有詩無文。惟其《草趙鼎遷右僕射制詞》所云「合晉楚之成，不若尊王而賤伯。散牛李之黨，未如明是而去非」之語，以秦檜惡之，載於日歷，尚爲世所傳誦。其他文則泯没久矣。

張金吾《愛日精廬藏書志・别集類》《東萊先生詩集》二十卷。精抄本。

毗陵集

陳振孫《直齋書録解題・别集類下》《毗陵集》五十卷。參政文靖毗陵張守全真撰。

馬端臨《文獻通考・經籍考・别集》《毗陵集》五十卷。

《宋史・藝文志・别集類》《張守集》五十卷。又《奏議》二十五卷。又十八卷。

楊士奇等《文淵閣書目・文集》張子固《毗陵文集》一部五册。

張萱等《内閣藏書目録・集部》《毗陵公集》三册，不全。宋孝宗朝張守著。凡五十卷。闕一卷至十八卷。

《四庫提要・别集類九》《毗陵集》十五卷。《永樂大典》本。宋張守撰。所著《毗陵集》見於陳振孫《書録解題》者五十卷。其本久佚。故遺文世不概見，僅《前賢小集拾遺》中載其詩一首而已。今從《永樂大典》各韻中蒐輯編綴，約尚存十之三四。謹校訂排次，釐爲一十五卷。而以婁機等所作謚議文二篇附之於後。

斷腸集

楊士奇等《文淵閣書目・詩詞》《朱淑貞詩集》。一部，一册。闕。

高儒《百川書志・宋詩》《斷腸詩》十卷。女子朱淑貞撰，錢唐鄭元佐注。

范邦甸等《天一閣書目・别集類》《朱淑真詩集》八卷。刊本。

王圻《續文獻通考・經籍考・詩集》《朱淑真詩集》。淑真，歸安人。文章幽態，才色清嚴，因匹偶之非，勿遂素志，嘗賦斷腸哀怨詩自解。没後，臨安王唐佐爲傳，以述其始末，吴中士大夫拾其詩二百餘篇梓之，宛陵魏仲恭爲之序。

錢謙益等《絳雲樓書目·宋文集類》 朱淑真《斷腸前後集》四册。十六卷。

黄虞稷《千頃堂書目·別集類·補宋》 朱淑真《斷腸詩集》十卷。又《續集》八卷。錢塘女子。

倪燦等《宋史藝文志補·別集類》 朱淑真《斷腸詩集》十卷。又《續集》八卷。

《四庫提要·別集類存目一》 《斷腸集》二卷。浙江鮑士恭家藏本。

黄丕烈《蕘圃藏書題識續録·集類上》 《斷腸集》十卷。元刻本。

吴壽暘《拜經樓藏書題跋記》卷五 《斷腸集》。詩三卷。宋閨秀朱淑真撰。先君子手寫本，並附録《百川書志》、《詩女史》、《名媛詩歸》、《宋詩紀事》、汲古閣校刊題語，《巖居幽事》各條于前。又記云「某按：《名媛詩歸》選淑真古近體詩凡一百七十餘首」。

李易安集

晁公武《郡齋讀書志·別集類下》 《李易安集》十二卷。右皇朝李格非之女。幼有才藻名。先嫁趙誠之，其舅正夫相徽宗朝，李氏嘗獻詩曰「炙手可熱心可寒」。然無檢操，後適張汝舟，不終晚節。流落江湖間，以卒。

馬端臨《文獻通考·經籍考·別集》 《李易安集》十二卷。

《宋史·藝文志·別集類》 《易安居士文集》七卷。宋李格非女撰。又《易安詞》六卷。

吴楚紀行

《宋史·藝文志·別集類》 《吴楚紀行》一卷。宋峽州守吴氏撰。不知名。

爛柯集

尤袤《遂初堂書目·別集類》 毛友《爛柯集》。

《宋史·藝文志·別集類》 《毛友文集》四十卷。

茶山集

陳振孫《直齋書録解題·詩集類下》 《曾文清集》十五卷。禮部侍郎章貢曾幾吉父撰。

馬端臨《文獻通考·經籍考·詩集》 《曾文清集》十五卷。

《宋史·藝文志·別集類》 《曾幾集》十五卷。

楊士奇等《文淵閣書目·詩集》 《曾文清詩集》。一部，五册。殘缺。

王圻《續文獻通考·經籍考·集上》 《曾幾集》五十卷。幾，贛州人。開之弟。以秦檜怒開，幾亦罷。爲文純正。

徐𤊹《徐氏家藏書目·文集類》 曾幾《茶山詩》二卷。

《四庫提要·別集類十一》 《茶山集》八卷。《永樂大典》本。宋曾幾撰。墓誌稱有文集十三卷，《易釋象》五卷。《易釋象》已不傳。文集則《書録解題》及《宋史·藝文志》均作十五卷。是當時已佚其半。自明以來，并十五卷亦佚，僅僅散見各書，偶存一二。兹從《永樂大典》中搜採編輯，勒爲八卷。凡得古今體五百五十八首。雖不足盡幾之長，然較劉克莊《後村詩話》所記九百一十篇之數，所佚者不過三百五十二篇耳。殘膏賸馥，要足沾匄無窮也。

張之洞《書目答問·別集》 《茶山集》八卷。宋曾幾。聚珍本杭本、福本。

吕景實詩

尤袤《遂初堂書目·別集類》 《吕景實詩》。

滕康文集

王圻《續文獻通考・經籍考・集上》《滕康文集》二十卷。康，應天府宋城人。崇寧中進士。

胡承公集

晁公武《郡齋讀書志・別集類下》《胡承公集》十卷。右皇朝胡世將字承公。中進士科。早受知晁無咎。建炎南渡，嘗直學士院，終於資政殿學士、川陝宣撫使。爲文敏贍温雅，掌書命，頗有能聲。

尤袤《遂初堂書目・別集類》《胡世將集》。

陳振孫《直齋書録解題・別集類下》《胡忠獻集》六十卷。端明殿學士晉陵胡世將承公撰。文恭公宿之曾孫。以兵部侍郎爲川陝副宣，金人敗盟，繼吴玠之後，經畫守禦，以迄和議再成，分疆未定，死于河池。世將好古博雅，有《資古紹志録》，倣《集古録》，跋尾亦見集中。謚忠獻。

馬端臨《文獻通考・經籍考・別集》《胡承公集》十卷。

《宋史・藝文志・別集類》《胡世將集》十五卷。又《忠獻胡公集》六十卷。

資古紹志集

晁公武《郡齋讀書志・別集類下》《資古紹志集》十卷。右皇朝胡世將字承公。【略】喜聚金石刻，效歐公《集古録》爲《資古紹志集》，序云：以成其先人之志，故以「紹志」目其書。

馬端臨《文獻通考・經籍考・別集》〔胡世將〕《資古紹志集》十卷。

聘遊集

王圻《續文獻通考・經籍考・集上》《聘遊集》。朱弁著。弁，婺源人。弱冠入太學，建炎初議遣使問安兩宫。弁奮身自獻。至雲中，見粘罕言用兵講和利害甚悉，而守節不屈。後和議成得歸，轉奉議郎。集名《聘遊》，皆其往來時所撰也。

草堂集

尤袤《遂初堂書目・別集類》李漢老《草堂集》。

王圻《續文獻通考・經籍考・集上》《草堂集》一百卷。李邴著。邴，濟州任城人。崇寧中進士，累官翰林學士。

雲龕草堂後集

陳振孫《直齋書録解題・別集類下》《雲龕草堂後集》二十六卷。參政鉅野李邴漢老撰。

馬端臨《文獻通考・經籍考・別集》《雲龕草堂後集》二十六卷。

《宋史・藝文志・別集類》李邴《草堂後集》二十六卷。

張萱等《内閣藏書目録・集部》李文肅公《草堂後集》四册。全。宋高宗朝兵部侍郎李邴著。凡三十六卷。

錢謙益等《絳雲樓書目・宋文集類》李文簡邴《草堂後集》四册。二十六卷，朱子序。

忠正德文集

趙希弁《讀書附志・別集類二》趙豐公《忠正德文集》十卷。右豐國趙忠簡公鼎之文也。始號《得全居士集》。

陳振孫《直齋書録解題・別集類下》《忠正德文集》十卷。丞相聞喜趙鼎元鎮撰。四字，高廟所賜宸翰中語也。

馬端臨《文獻通考・經籍考・別集》《忠正德文集》十卷。

《宋史・藝文志・別集類》〔趙鼎〕又《忠正德文集》十卷。

楊士奇等《文淵閣書目・文集》趙元鎮《忠正德文集》。一部，六册。全。

錢謙益等《絳雲樓書目・宋文集類》趙鼎《忠正德文集》五册。十卷。忠正德文，高宗所賜宸翰中語也。

《四庫提要・別集類九》《忠正德文集》十卷。《永樂大典》本。宋趙鼎撰。**【略】**有奏疏、詩文二百餘篇。《紹興正論》、陳振孫《書録解題》皆作十卷，今久佚不傳。僅就《永樂大典》散見各條，案時事先後，分類裒綴，得奏議六十四篇，駢體十四篇，古今體詩二百七十四首，詩餘二十五首，筆録七篇。又據《歷代名臣奏議》增補十二篇。仍釐爲十卷。計所存者尚二百九十六篇，與《宋史》所稱二百餘篇不符。疑其集本三百餘篇，傳刻《宋史》者或偶誤「三」字爲「二」字歟。鼎南渡名臣，屹然重望。氣節、學術，彪炳史書。本不以詞藻争短長，而出其緒餘，無忝作者。蓋有物之言，有不待雕章繪句而工者。觀於是集，可以見一斑矣。

得全居士集

陳振孫《直齋書録解題・詩集類下》《得全居士集》三卷。趙鼎元鎮撰。全集號忠正德文。

馬端臨《文獻通考・經籍考・詩集》《得全居士集》三卷。

《宋史・藝文志・別集類》趙鼎《得全居士集》二卷。

少陽集

《四庫提要・別集類十》《少陽集》十卷。編修朱筠家藏本。宋陳東撰。東有《靖炎兩朝見聞録》，已著録。其文集《宋志》不載。《書録解題》亦不載。

退齋居士文集

趙希弁《讀書附志・別集類四》《退齋居士文集》二十八卷。右起居舍人侯延慶字季長之文也。季長，衡山人。政和六年進士，嘗侍講筵。高宗取杜詩「直臣寧戮辱，賢路不崎嶇」之句，書扇以賜之。兄彭老所爲誌銘附集後。

雲溪集

楊士奇等《文淵閣書目・文集》郭印《雲溪集》。一部，六册。全。

張萱等《内閣藏書目録・集部》《雲谿集》六册。全。宋高宗朝郭印著。凡三十卷。

黄虞稷《千頃堂書目・別集類・補宋》郭印《雲溪集》三十卷。

倪燦等《宋史藝文志補・別集類》郭印《雲溪集》三十卷。

《四庫提要・別集類十》《雲溪集》十二卷。《永樂大典》本。宋郭印撰。印詩數百篇，散見《永樂大典》各韻中，皆題曰《雲溪集》。而《宋史・藝文志》及諸家書目均未著録。

委羽集

王圻《續文獻通考・經籍考・集上》《委羽集》。左緯著。

黄虞稷《千頃堂書目・別集類・補宋》左緯《委羽集》□卷。黄巖人。

倪燦等《宋史藝文志補・別集類》左緯《委羽集》。黄巖人。

和陶詩

尤袤《遂初堂書目・別集類》鄒德久《和陶詩》。

盤谷集

尤袤《遂初堂書目・別集類》 張臺卿《盤谷集》。

龜溪集

尤袤《遂初堂書目・別集類》 沈與求《龜溪集》。

陳振孫《直齋書録解題・別集類下》 《龜谿集》十二卷。

馬端臨《文獻通考・經籍考・別集》 《龜溪集》十二卷。

《宋史・藝文志・別集類》 沈與求《龜溪集》十二卷。

楊士奇等《文淵閣書目・文集》 沈與求《龜溪集》。一部，五册，全。沈與求《龜溪集》。一部，四册，全。沈與求《龜溪集》。一部，五册，闕。

徐𤊹《徐氏家藏書目・文集類》 沈與求《龜溪集》十二卷。

張萱等《内閣藏書目録・集部》 沈忠敏公《龜谿集》五册。全。宋紹興間樞密使吴興沈與求著。凡十二卷。又四册。全。

錢謙益等《絳雲樓書目・宋文集類》 沈文敏公《龜溪集》。十二卷。名與求，吴興人。

《四庫提要・別集類十》 《龜溪集》十二卷。兩淮鹽政採進本。宋沈與求撰。

張金吾《愛日精廬藏書志・別集類》 沈忠敏公《龜溪集》十二卷。舊抄本。

檆溪居士集

楊士奇等《文淵閣書目・文集》 劉才邵《杉溪居士集》。一部，三册。全。

王圻《續文獻通考・經籍考・集上》 《檆溪居士集》。劉才邵著。才邵，廬陵人，鴞之後。紹興中累官中書舍人，兼權直學士院，高宗稱其文。

黄虞稷《千頃堂書目・別集類・補宋》 劉才邵《杉溪集》十二卷。廬陵人。紹興中官吏部尚書。

倪燦等《宋史藝文志補・別集類》 劉才邵《檆溪居士集》十二卷。廬陵人。

《四庫提要・別集類九》 《檆溪居士集》十二卷。《永樂大典》本。宋劉才邵撰。是集之名，亦見傳中。然《藝文志》乃闕而不載。據周必大序，原本蓋二十二卷。

玉溪集

陳振孫《直齋書録解題・別集類中》 《玉溪集》二十二卷。左司員外郎永嘉倪濤巨濟撰。其父始徙居廣德。濤，大觀三年進士。燕山之役，誦言其非，以沮軍罷，謫衡州茶陵以死，年三十九。吕居仁誌其墓，曾吉父爲作集序。

馬端臨《文獻通考・經籍考・別集》 《玉谿集》二十二卷。

《宋史・藝文志・別集類》 倪濤《玉溪集》二十二卷。

雲陵集

王圻《續文獻通考・經籍考・集上》 《雲陵集》二十餘卷。倪濤著。濤，廣德人。總角能屬文，博學強記，十五遊太學，試第一，太觀初舉進士。

溪園集

陳振孫《直齋書録解題・別集類下》 《溪園集》十卷。蘄春吴億大年撰。其父擇仁爲尚書。億仕至静江倅，居餘干，有溪園佳勝。世傳其「樓雪初銷」詞，爲建康帥晁謙之作。

馬端臨《文獻通考・經籍考・別集》 《溪園集》十卷。

《宋史・藝文志・別集類》 吴億《溪園自怡集》十卷。

竹西集

尤袤《遂初堂書目・別集類》 王居正《竹西集》。

陳振孫《直齋書録解題・別集類下》 《竹西集》十卷。兵部侍郎維揚王居正剛中撰。宣和三年進士。紹興初入詞掖。

馬端臨《文獻通考・經籍考・別集》 《竹西集》十卷。

《宋史・藝文志・別集類》 王居正《竹西文集》十卷。

西垣集

陳振孫《直齋書録解題・別集類下》 《西垣集》五卷。兵部侍郎維揚王居正剛中撰。又載：《西垣集》者，制草及繳章也。其篇目，凡繳章皆云「封還詞頭」，蓋其子孫編次者之失也，除授則有詞頭，政刑庶事，何詞頭之有？

馬端臨《文獻通考・經籍考・別集》 〔王居正〕《西垣集》五卷。

會稽公倡和

尤袤《遂初堂書目・別集類》 《會稽公倡和》。

西漢補遺

錢謙益等《絳雲樓書目・宋文集類》 何俌《西漢補遺》。

耕録稿

錢謙益等《絳雲樓書目・宋文集類》 胡錡《耕録稿》。

彈駁集

錢謙益等《絳雲樓書目・宋文集類》 《彈駁集》。

東牟集

《宋史・藝文志・別集類》 王洋《東牟集》二十九卷。

楊士奇等《文淵閣書目・文集》 王氏《東牟文集》。一部，五册。全。

張萱等《内閣藏書目録・集部》 《東牟先生文集》五册。全。宋高宗朝王洋著。周必大序。又五册。全。

《四庫提要・別集類九》 《東牟集》十四卷。《永樂大典》本。宋王洋撰。洋字元渤，山陽人。以省試第二名中宣和六年甲科。紹興初累官起居舍人，知制誥，直徽猷閣，歷典三郡。其事蹟不見於《宋史》。【略】集爲其子昌祖所編。《宋史・藝文志》列其目爲二十九卷，而必大原序實作三十卷。則《宋史》爲誤。自明以來，世罕傳本。選録宋詩者多未之及。獨《永樂大典》各韻中散見頗多。謹採掇編訂，得古今體詩七百首，雜文三百五十餘首。【略】今姑就其尚存者分類排纂，析爲十四卷，以著其概。其周必大序亦仍冠之於首焉。

江公文集

王圻《續文獻通考・經籍考・集上》 《江公文集》。江少虞著。

向伯奮時論

王圻《續文獻通考・經籍考・集上》《向伯奮時論》十卷。伯奮，樂平人。孝宗時户部侍郎。

向伯奮奏稿

王圻《續文獻通考・經籍考・集上》《向伯奮奏稿》。

向伯奮詩

王圻《續文獻通考・經籍考・集上》《向伯奮詩》。

捫膝先生文集

馬端臨《文獻通考・經籍考・别集》《捫膝先生文集》。尚書郎三嵎喻汝礪撰。後溪劉氏序略曰：靖康之難，虜議立僞楚以絶民望。先生捫其膝曰：「此膝豈可屈哉！」即日掛冠神武門，遂自號捫膝居士。由是名重海内。先生之於學，不古不好；於文，不古不嗜；於事，不古不愜：故其於名節，不古不止也。既没，六十三年而文集始出。

北山集

陳振孫《直齋書録解題・别集類下》《北山集》三十卷。端明殿學士金華鄭剛中亨仲撰。紹興二年進士亞魁。受知秦相，擢使川陝，後忤意，貶死封州。

馬端臨《文獻通考・經籍考・别集》《北山集》三十卷。

《宋史・藝文志・别集類》《鄭剛中文集》八卷。

楊士奇等《文淵閣書目・文集》鄭剛中《北山集》。一部，十册。闕。鄭剛中《北山集》。一部，七册。闕。鄭剛中《北山集》。一部，十册。全。

張萱等《内閣藏書目録・集部》《北山集》一册。全。宋高宗朝鄭剛中著。凡二卷。

《四庫提要・别集類十一》《北山集》三十卷。浙江鮑士恭家藏本。宋鄭剛中撰。剛中有《周易窺餘》，已著録。是集一名《腹笑編》，凡《初集》十二卷，《中集》八卷，《後集》十卷。《初集》起宣和辛丑，至紹興乙卯。《中集》起紹興乙卯，至甲子。皆剛中所自編。《後集》起紹興戊辰，至甲戌，爲乾道癸巳其子良嗣所編。始末具見剛中自序及良嗣跋中。此本題《初集》、《二集》、《三集》，而相連編爲三十卷。

張金吾《愛日精廬藏書志・别集類》鄭忠愍公《北山文集》三十卷。抄本。

繙經堂集

尤袤《遂初堂書目・别集類》《畢良史集》。又《繙經堂詩》。

陳振孫《直齋書録解題・别集類下》《繙經堂集》八卷。知盱眙軍東平畢良史少董撰。文簡公士安五世孫。嘗陷敵，有從之游者，因爲圖，名《繙經》，寫其訪問紬繹之狀。

馬端臨《文獻通考・經籍考・别集》《繙經堂集》八卷。

鄱陽集

陳振孫《直齋書録解題・别集類下》《鄱陽集》十卷。徽猷閣直學士鄱陽洪皓光弼撰。皓奉使金國，守節不屈。既歸，爲秦所忌，謫英州。死之日與秦適相先後。三子登詞科，俱貴顯。

馬端臨《文獻通考・經籍考・別集》《鄱陽集》十卷。

《宋史・藝文志・別集類》《洪皓集》十卷。

楊士奇等《文淵閣書目・文集》洪皓《鄱陽集》。一部，二冊。全。

張萱等《内閣藏書目録・集部》洪忠宣公《鄱陽集》二冊。全。公名皓。宋徽宗朝人。前後二卷。

錢謙益等《絳雲樓書目・宋文集類》洪忠宣公《鄱陽集》二冊十卷。皓，字光弼。

《四庫提要・別集類十》《鄱陽集》四卷。《永樂大典》本。宋洪皓撰。皓有《松漠紀聞》，已著録。此其詩集也。【略】其詩世無傳本。傳稱皓有文集五十卷，而《書録解題》作十卷。考皓子適《盤洲集》中載有皓集跋語一篇，稱裒其在北方詩文爲十卷，刻之新安郡。則《宋史》誤矣。其集久不傳。今從《永樂大典》所載，裒輯編次，共爲四卷。

硯岡居士集

王圻《續文獻通考・經籍考・集上》《硯岡居士集》。唐稷著。稷，雩都人。政和間進士，授樞密院編修官。自號硯岡居士，因以名集。

玉峰集

王圻《續文獻通考・經籍考・集上》《玉峰集》二十卷。楊公度著。公度字元宏，建寧人。政和中登第，趙弼嘗薦其才，而不肯見秦檜，竟中止。

藍溪集

王圻《續文獻通考・經籍考・集上》《藍溪集》。陳若沖著。若沖字德用，永福人。以經學詞章爲趙鼎輩所知。

玉坡集

王圻《續文獻通考・經籍考・集上》《玉坡集》。邵景之著。景之字季山，長樂人，清之子也。受業于籍溪胡憲之門。官止莆田令。

沈氏文集雜著

王圻《續文獻通考・經籍考・集上》《沈氏文集雜著》。沈該著。

竹軒雜著

尤袤《遂初堂書目・別集類》《竹軒雜著》。

陳振孫《直齋書録解題・別集類下》《竹軒雜著》十五卷。太常少卿永嘉林季仲懿成撰。以趙元鎮薦入朝，奏疏沮和議得罪。仲熊、叔豹、季貍，其弟也，皆知名。

馬端臨《文獻通考・經籍考・別集》《竹軒雜著》十五卷。

《四庫提要・別集類十一》《竹軒雜著》六卷。《永樂大典》本。宋林季仲撰。季仲字懿成，永嘉人。登進士第。歷官太常少卿，知婺州。自號蘆山老人。嘗僑居暨陽。集中又自稱濟南林某者，蓋其祖貫也。【略】集本十五卷，世久失傳。論宋代人物者或不能知其姓氏。今從《永樂大典》中搜輯編綴，釐爲詩一卷，文四卷，用存其概。且爲略考本末，附著於此，俾不至無聞於後焉。

北門集

《宋史・藝文志・別集類》李士美《北門集》四卷。

汴都賦

《宋史·藝文志·別集類》 李長民《汴都賦》一卷。

傅安道集

尤袤《遂初堂書目·別集類》 《傅安道集》。

忠肅集

尤袤《遂初堂書目·別集類》 《傅察集》。

陳振孫《直齋書録解題·別集類中》 《傅忠肅集》三卷。待制濟源傅察公晦撰。堯俞從孫也。宣和七年，以吏部郎接伴金使。金人入寇，使人不來，爲敵驅去幹里布，脅使拜，不屈見殺。

馬臨端《文獻通考·經籍考·別集》 《傅忠肅集》三卷。【略】周平園序其集，謂公文務體要，辭約而理盡，甚類獻簡。詩尤温純該貫，間次險韻，愈多而愈工。

《宋史·藝文志·別集類》 《傅察卷》三卷。

吴焯《繡谷亭薰習録·集一》 《傅忠肅集》三卷。宋吏部郎濟源傅察公晦著。

《四庫提要·別集類八》 《忠肅集》三卷。浙江鮑士恭家藏本。宋傅察撰。察字公晦，濟源人。晁公休爲作行狀，言生於元祐四年。年十七舉進士，當在崇寧五年。周必大序作十八，則大觀元年登第也。初，察登第時，蔡京欲以女妻之。察固辭。復娶趙挺之女，以外家恩例，爲青州司法參軍，歷轉吏部員外郎。宣和七年，借宗正少卿，接伴金使。適金兵至韓城鎮，挾以行，不屈死。贈徽猷閣待制。事蹟具《宋史·忠義傳》。此本稱《忠肅公集》，則乾道中所贈謚，而其孫伯壽裒集遺文時所題也。

張金吾《愛日精廬藏書志·別集類》 《傅忠肅公文集》三卷。抄本。後附行狀。晁公休撰。

三餘集

《宋史·藝文志·別集類》 黄季岑《三餘集》十卷。

楊士奇等《文淵閣書目·文集》 黄次山《三餘集》。一部，二册。全。

張萱等《内閣藏書目録·集部》 《三餘集》二册。全。宋知邵州豐城黄次山著。凡十卷。

《四庫提要·別集類九》 《三餘集》四卷。《永樂大典》本。案《三餘集》世無傳本，惟散見《永樂大典》中。然各韻所載，題爲黄次岑者計七十餘篇，題爲黄次山者計五篇，已自相牴牾。集中有《見山堂記》一首，篇末自署豫章黄次岑。又別載謝鍔所撰《三餘集序》，則曰流江黄季岑，更互相舛迕。《宋史·藝文志》則作黄季岑《玉餘集》。焦竑《國史經籍志》則作黄次山《三餘集》。《前賢小集》拾遺載其詩一首，《歷代名臣奏議》載其文三篇，亦均作黄次山。近時厲鶚撰《宋詩紀事》，則云黄次山字季岑。輾轉異同，幾於不可究詰。惟《豐城縣志》載宋黄得禮字執中，元祐間進士，曾爲柳州軍事參軍。與集中《先大夫述》一首符合。【略】今據《永樂大典》所存，編爲賦詩二卷、雜文二卷。存其文，併以存其人焉。

林待聘内外制

尤袤《遂初堂書目·別集類》 《林待聘内外制》。

《宋史·藝文志·別集類》 《林待聘内外制》十五卷。

筠溪集

陳振孫《直齋書録解題·別集類下》 《筠谿集》二十四卷。户部侍郎連江李彌遜似之撰。大觀三年上舍第一，知冀州，能抗金敵，攝江東帥，與李忠定平周德之亂。晚爲從官，沮和議，坐廢而終。

馬端臨《文獻通考・經籍考・別集》《筠溪集》二十四卷。

《宋史・藝文志・別集類》《李彌遜筠溪集》二十四卷。

楊士奇等《文淵閣書目・文集》 李彌遜《竹溪文集》。一部，十一册，全。

王圻《續文獻通考・經籍考・詩集》《筠溪真隱詩集》，李彌遜著。

張萱等《内閣藏書目録・集部》《竹谿先生集》十二册。宋神宗朝李彌遜著。

《四庫提要・別集類九》《筠溪集》二十四卷。編修汪如藻家藏本。宋李彌遜撰。彌遜字似之，連江人，居於吳縣。大觀三年上舍第一。高宗朝試中書舍人，再任户部侍郎。以争和議忤秦檜，乞歸。【略】舊本原題《筠溪集》。筠溪者，其歸連江時所居之地，彌遜以自號，因以名集。集中有《筠溪圖跋》，敘其始末甚明。《宋史・藝文志》載彌遜集二十四卷，亦名曰《筠溪》，可以互證。此本題曰《竹溪集》。考諸家著録，皆無此名，知爲傳寫之誤。今仍改題曰《筠溪集》，以復其舊焉。

松谿集

王圻《續文獻通考・經籍考・集上》《松谿集》。豐城范璿著。

論語詩

王圻《續文獻通考・經籍考・詩集》《論語詩》五十卷。林子充著。福清人，長於性學。

指南集

王圻《續文獻通考・經籍考・詩集》〔林子充〕《指南集》三卷。

林子充詩文

王圻《續文獻通考・經籍考・詩集》〔林子充〕《詩文》二卷。

持盈要論

晁公武《郡齋讀書志・別集類下》 趙延《持盈要論》。右皇朝趙延。宣和初，任合州石照縣丞日所上。

簡齋集

晁公武《郡齋讀書志・別集類下》 陳參政《簡齋集》二十卷。右皇朝陳與義字去非，汝州葉縣人。中進士第。宣和中，徽宗見其所賦《墨梅詩》，喜之，遂登册府。建炎中，掌内外制，拜參知政事，以卒。晚年詩尤工。周葵得其家所藏五百餘篇，刊行之，號《簡齋集》。

尤袤《遂初堂書目・別集類》《陳簡齋集》。

陳振孫《直齋書録解題・詩集類下》《簡齋集》十卷。參政洛陽陳與義去非撰。其先蓋蜀人，東坡所傳陳希亮公弼者，其曾祖也。

馬端臨《文獻通考・經籍考・別集》 陳參政《簡齋集》二十卷。

《宋史・藝文志・別集類》《陳與義詩》十卷。

楊士奇等《文淵閣書目・詩詞》《陳簡齋詩集》。一部，三册。完全。《陳簡齋詩集》。一部，六册。闕。

高儒《百川書志・宋詩》《簡齋詩集》十三卷、《外集》一卷。秘書陳與義去非撰。

徐𤊹《徐氏家藏書目・文集類》 陳與義《簡齋集》十五卷。

錢謙益等《絳雲樓書目・宋文集類》《陳簡齋詩集》二十卷。名與義，字去非。在裕陵朝，以《墨梅》一詩，受上眷知。擢寘館閣。王仲言言：「簡齋出處氣節，翰墨文章，爲中興大臣之冠。」

《四庫提要・別集類九》《簡齋集》十六卷。浙江鮑士恭家藏本。宋陳與義撰。與義字去非，洛陽人，簡齋其號也。登政和三年上舍甲科。紹興中官至參知政事。事蹟具《宋史》本傳。是集第一卷爲賦及雜文九篇，第十六卷爲詩餘十八首，中十四卷皆古今體詩。

張之洞《書目答問・別集》《簡齋集》十六卷。宋陳與義。聚珍本，福本。

陳簡齋内外制

尤袤《遂初堂書目・別集類》《陳簡齋内外制》。

岳陽紀咏

尤袤《遂初堂書目・別集類》簡齋《岳陽紀咏》。

《宋史・藝文志・別集》〔陳與義〕《岳陽紀詠》一卷。

增廣箋注簡齋詩集

阮元《四庫未收書目提要・別集類》《增廣箋注簡齋詩集》三十卷，《無住詞》一卷。宋陳與義撰，胡穉箋。《簡齋集》十六卷，《四庫全書》已著録。此本作三十卷，末附詞一卷，蓋穉作注時，去雜文，每卷復釐爲二。

黄丕烈《蕘圃藏書題識再續録・集類》《增廣箋注簡齋詩集》三十卷。元刻鈔配本。

張金吾《愛日精廬藏書志・別集類》《增廣箋注簡齋詩集》三十卷。附《無住詞》一卷。宋刊本宋竹坡胡穉仲孺箋。

須溪先生評點簡齋詩集

黄丕烈《蕘圃藏書題識再續録・集類》《須溪先生評點簡齋詩集》十五卷。日本刻本。毛藏本。每葉十六行，每行十六字，末無刊刻時地人名，似活板印行者。《簡齋集》刻本，世不多有，即鈔本亦鮮傳録。惟《汲古閣珍藏祕本書目》兩載之。一云：「《簡齋詩集》四本，高麗紙，宋板，四册。」一云：「《陳簡齋詩集》十五卷，四本。陳與義，字去非，舊鈔，二册。」

秦會之表集

尤袤《遂初堂書目・別集類》《秦會之表集》。

雲海敝帚

王圻《續文獻通考・經籍考・集上》《雲海敝帚》五十卷。宋之才著。之才，永嘉人。從楊龜山學，得程氏正脉。性恬静，操潔白。自號雲海居士。

雙溪集

尤袤《遂初堂書目・別集類》蘇籀《雙溪集》。

《宋史・藝文志・別集類》蘇籀《雙溪集》十一卷。

楊士奇等《文淵閣書目・文集》《眉山蘇仲滋文集》。一部，六册。全。

張萱等《内閣藏書目録・集部》《眉山蘇仲滋文集》六册。全。宋眉山蘇籀著。東坡先生從孫也。凡十五卷，一名《雙谿集》。

錢謙益等《絳雲樓書目・宋文集類》蘇籀《雙溪集》。十五卷。

《四庫提要・別集類十》《雙溪集》十五卷。江蘇巡撫採進本。宋蘇籀撰。籀有《欒城遺言》，已著録。考蘇、黄二家并隸名元祐黨籍。南渡以後，黄氏雖承藉先澤，頗見甄録，而家學殆失其傳。惟其孫畣，依附朱子之門，得以挂名於《語録》。朱子於蘇氏兄弟攻擊如讐，而於庭堅無貶詞，畣之故也。然畣之著作，惟《宋史・藝文志》載有《復齋漫稿》二卷。世無其本。《文獻通考》已不著録，宋人亦無稱述者。文章一道，殆非所長。惟籀以蘇轍之孫，蘇遲之子，尚有此一集傳世，爲能不墮其家風。獨是軾、轍之爲偉人，不僅以文章爲重。其立身本末，俱不愧古賢。

箕潁集

陳振孫《直齋書録解題・別集類中》《箕潁集》二十卷。潁昌曹組元寵撰。組本與兄緯有聲太學，亦能詩文，而以滑稽下俚之詞行於世得名，良可惜也。謝克家任伯爲集序，其子勛跋其後，略見其出處。

馬端臨《文獻通考・經籍考・別集》《箕潁集》二十卷。

壺山集

王圻《續文獻通考・經籍考・集上》《壺山集》七十卷。徐師仁著。師仁字存聖，莆田人。七歲，外祖問霍光何以不學，對曰，伊尹放太甲，而霍光不知，非不學而何？後登第爲校書郎，終著作郎。

栟櫚集

尤袤《遂初堂書目・別集類》鄧奭《栟櫚集》。

《宋史・藝文志・別集類》鄧肅《栟櫚集》二十六卷。

楊士奇等《文淵閣書目・文集》鄧肅《栟櫚文集》。一部，二册。殘闕。

王圻《續文獻通考・經籍考・集上》《栟櫚集》二十五卷。鄧肅著。肅字志宏，沙縣人。嘗疏留李綱不宜罷相，後在諫垣，不三月，凡二十疏，皆切直。

徐𤊹《徐氏家藏書目・文集類》鄧肅《栟櫚集》二十五卷。

張萱等《内閣藏書目録・集部》《栟櫚先生文集》二册。全。宋高宗朝左正言鄧肅著。

錢謙益等《絳雲樓書目・宋文集類》鄧肅《栟櫚集》。肅字志宏，南劍人。宣和間，爲太學生，以論花石之擾得罪。靖康初李伯紀薦爲右正言。

《四庫提要・別集類十》《栟櫚集》十六卷。福建巡撫採進本。宋鄧肅撰。案王明清《揮麈後録》稱：「宣和壬寅，艮岳成，徽宗御製記。李質、曹組各獻賦。獨太學生鄧肅上十詩，備述花石之事。其末句云：『但願君王安萬姓，圃中何日不春風。』詔屏逐之。靖康初，李伯紀啓其事，薦其才，召對賜進士出身。後爲右正言，著亮直之名於當日。肅字志宏，南劍人。有文集，號栟櫚，遺文三十卷，詩附集中」云云，即其人也。今本僅詩一卷，詞一卷，文十四卷。與三十卷之數不符，殆散佚不完，又經後人重編歟。

彭元瑞等《天禄琳琅書目後編・明版集部》《栟櫚集》一函，四册。宋鄧肅撰。肅字志宏，南劍人。官右正言。書二十五卷，凡詩十卷，詞一卷，奏劄一卷，文、書序各一卷，記三卷，題跋二卷，啓、簡、祭文、疏語、誌銘、評論各一卷。前有正德己卯胡瑗、林孜二序，後有羅珊序。蓋珊爲永安令時所刻。泰興季氏藏本。

黄丕烈《蕘圃藏書題識・集類二》《栟櫚集》二十五卷。明刻本。書有不必宋、元舊刻而亦足珍者，此種是也。《述古堂書目》云：「鄧肅《栟櫚集》二十五卷，猶是足本，近時傳本則爲十六卷矣。」

張金吾《愛日精廬藏書志・別集類》《栟櫚先生文集》二十五卷。舊抄本。

無相居士文集

《宋史・藝文志・別集類》《陳桷文集》十六卷。

王圻《續文獻通考・經籍考・集上》《無相居士文集》。陳桷著。桷，平陽人。政和初進士，累官太常少卿，權禮部侍郎。寬洪蘊籍，以誠接物，而恬于榮利。自號無相居士。

楊湖居士集

楊士奇等《文淵閣書目・文集》 周氏《楊湖居士集》。一部，四册。全。

張萱等《内閣藏書目録・集部》 《楊湖居士集》四册。全。宋寧宗朝知黄州周林著，教授危俠序，凡四卷。

黄虞稷《千頃堂書目・別集類・補宋》 周林《楊湖居士集》四卷。寧宗時知黄州。

倪燦等《宋史藝文志補・別集類》 周林《楊湖居士集》四卷。

小醜集　續集

陳振孫《直齋書録解題・別集類下》 《小醜集》十二卷，《續集》三卷。直祕閣眉山任盡言元受撰。元符諫官伯雨之孫，紹興從臣申先之子。乙卯甲科，仕爲太常寺主簿，終于閩憲。

馬端臨《文獻通考・經籍考・別集》 《小醜集》十二卷，《續集》三卷。

《宋史・藝文志・別集類》 任正言《小醜集》十二卷。又《續集》五卷。

盧川歸來集

楊士奇等《文淵閣書目・文集》 張元幹《蘆川歸來集》。一部，八册。闕。

《四庫提要・別集類十一》 《蘆川歸來集》十卷，附録一卷。《永樂大典》本。宋張元幹撰。元幹字仲宗，自號真隱山人，又曰蘆川老隱。其集今有鈔本，稱嘉定己卯其孫欽臣所鋟。然跋稱誦《上陳侍郎詩序》，知挂冠之年甫四十一。鈔本無此篇。又曾季貍《詩話》載元幹《題瀟湘圖》詩，鈔本亦無此篇。考胡仔《苕溪漁隱叢話》，稱「嘗録元幹之詩一卷，而元幹不自憶。」則當時已不自收拾，疑欽臣所録本有佚失。然近本但有五言律詩一卷，七言律詩一卷，而無古體及絶句，知非完書。又《跋米元暉瀑布軸》、《跋蘇養直絶句後》、《跋江天暮雨圖》、《跋江貫道古松絶句》，乃收之題跋類中。亦似後人所竄亂，非其原本。及考《永樂大典》所載，則所佚諸篇，釐然具在。今裒集成帙，與鈔本互相勘校，删其重複，補其殘闕，定爲十卷。

又《別集類存目一》 別本《蘆川歸來集》六卷。編修汪如藻家藏本。宋張元幹撰。是集已於《永樂大典》中裒輯成編，別著於録。此本凡詩二卷，雜文三卷，末附《幽巖尊祖事實》一卷。詩僅有近體。又編次無緒，至以《題米元暉瀑布横軸》一詩，《題蘇養直絶句後》一詩，《題江天暮雨圖》一詩，《題江貫道絶壁古松》一詩，入之雜文跋類中。蓋殘闕掇拾之本也。

苗彦先集

尤袤《遂初堂書目・別集類》 《苗彦先集》。

箕潁集

《宋史・藝文志・別集類》 曹彦章《箕潁集》一十卷。

横浦集

楊士奇等《文淵閣書目・文集》 張九成《横浦文集》。一部，五册。全。

徐𤊹《徐氏家藏書目・文集類》 張九成《横浦集》二十卷。

錢謙益等《絳雲樓書目・宋文集類》 張九成《横浦集》二十卷。

黄虞稷《千頃堂書目・別集類・補宋》 張九成《横浦集》二十卷。字子韶，錢塘人。紹興二年進士第一。累官禮部侍郎兼侍講。爲秦檜所惡，謫守邵州，再起知温州卒。

倪燦等《宋史藝文志補・別集類》 張九成《横浦集》二十卷。字子韶，錢塘人。

《四庫提要·别集類十一》《横浦集》二十卷。江蘇巡撫採進本。宋張九成撰。九成有《孟子傳》，已著録。是集乃其門人郎昱所編。凡賦詩四卷，雜文十六卷。【略】原本附刻《心傳》、《日新》二録，本皆各自爲書。今以已存目於子部，故竝從刪削，不更複出焉。

彭元瑞等《天禄琳琅書目後編·宋版集部》《横浦先生文集》二函，十二册。宋張九成撰。崑山徐氏藏本。

荆溪集

尤袤《遂初堂書目·别集類》邵緝《荆谿集》。

《宋史·藝文志·别集類》邵緝《荆溪集》八卷。

符川集

《宋史·藝文志·别集類》吴氏《符川集》一卷。不知名。

東溪集

尤袤《遂初堂書目·别集類》高彦先《東溪集》。

陳振孫《直齋書録解題·别集類下》《東溪集》十二卷。案：《文獻通攷》作二十卷。迪功郎漳浦高登彦先撰。考試潮州，策問忤秦相，謫死。

馬端臨《文獻通考·經籍考·别集》《東溪集》二十卷。

《宋史·藝文志·别集類》高登《東溪集》十二卷。

王圻《續文獻通考·經籍考·集上》《東漢集》，漳浦高登著。登，宣和中爲太學生，與陳東乞誅六賊，後觸怒秦檜，編管容州。

徐𤊹《徐氏家藏書目·文集類》高登《東溪集》二卷。

張萱等《内閣藏書目録·集部》《東谿子集》一册。全。宋欽宗朝太學生高登者。

錢謙益等《絳雲樓書目·宋文集類》高登《東溪集》四册二十卷。彦先。

吴焯《繡谷亭薰習録·集一》《東溪集》二卷。宋漳浦高登彦先著。明閩人林希元、漳州節推黄直刻于閩，實非完本，後附《朱文公請褒狀》及《祠堂記》。

《四庫提要·别集類十》《東溪集》二卷，附録一卷。兩江總督採進本。宋高登撰。登字彦先，號東溪，漳浦人。【略】此則集本傳鈔所脱，非史之誤矣。登之遺集《文獻通考》作二十卷。《書録解題》及《宋史·藝文志》俱云十二卷。此本爲明林希元所編，僅分上下二卷。書疏、論議、辨説等作共二十篇，詩三十一首，贊五首，箴銘二十六首，詞十二首，啓二首。末有附録一卷，則朱子《褒録奏狀》、《祠堂記》兩篇，及《言行録》十條。史稱所上時議六篇，僅存其序。所上五書，已亡其一。

張金吾《愛日精廬藏書志·别集類》《高東溪先生文集》二卷，附録一卷。舊抄本。

忠愍集

尤袤《遂初堂書目·别集類》《李忠愍集》。

陳振孫《直齋書録解題·别集類中》《李忠愍集》十二卷。吏部侍郎臨洺李若水清卿撰。後二卷爲附録。

馬端臨《文獻通考·經籍考·别集》《李忠愍集》十二卷。

《宋史·藝文志·别集類》《李若水集》十卷。

錢謙益等《絳雲樓書目·宋文集類》李若水《忠愍公集》一册。十卷附録二卷。

《四庫提要·别集類八》《忠愍集》三卷。《永樂大典》本。宋李若水撰。若水本名若冰，欽宗爲改今名。字清卿，曲周人。【略】《書録解題》載《李忠愍集》十二卷，蓋以其追謚名集。劉克莊《後村詩話》作《忠烈集》，當由傳寫之誤。《宋史·藝文志》作十卷。考《書録解題》稱後二卷爲附録其死節時事。《宋志》蓋但舉其詩文，其實一也。【略】南宋時蜀中有鋟本。劉子翬《屏山集》有《題忠愍集詩》，詞極悲壯。今原集不傳。茲就《永樂大典》中所散見者，掇拾編次，釐爲三卷，以建炎時《誥詞》三道附録於後。其子淳跋是集云：「秭歸費守樞爲先公作文序，能不没其實。」今費序已佚，惟淳跋僅存，亦併附諸篇末。雖蒐羅補綴，非復蜀本之舊。

張金吾《愛日精廬藏書志・別集類》《李忠愍集》三卷。文瀾閣傳鈔本。

勾龍如淵雜著

《宋史・藝文志・別集類》《勾龍如淵雜著》一卷。

延平文集

《四庫提要・別集類存目一》《延平文集》三卷，附録一卷。編修汪如藻家藏本。宋李侗撰。侗有朱子所輯《延平問答》，已著録。此本乃侗裔孫葆初更彙詩文一卷，附綴於後，改題此名，故《宋志》不載。前三卷均標曰「朱熹編」。其實朱子惟編《問答》，未編詩文，特借以爲重耳。後二卷爲附録，則朱子所爲行狀之類也。

相山集

陳振孫《直齋書録解題・別集類下》《相山集》二十六卷。朝奉大夫濡須王之道彦猷撰。宣和六年，兄弟三人同登科。建炎寇亂，率衆保明避山，從之者皆得免。以功改京官，沮和議得罪。晚乃歷麾節。其子藺被遇阜陵，貴顯。

馬端臨《文獻通考・經籍考・別集》《相山集》二十六卷。

《宋史・藝文志・別集類》王之道《相山居士文集》二十五卷。又《相山長短句》二卷。

楊士奇等《文淵閣書目・文集》王之道《相山文集》。一部，十册。全。王之道《相山文集》。一部，十一册。殘闕。

王圻《續文獻通考・經籍考・集上》《桐山文集》。王之道著。之道，無爲人。宣和間舉進士，與兄之義、之深同科，名其堂曰三桂。

張萱等《内閣藏書目録・集部》《相山文集》十册。全。宋淳熙間王之道著。凡二十五卷。

錢謙益等《絳雲樓書目・宋文集類》《相山居士文集》五册。二十六卷。王之道撰。紹興初以阻和議得罪。晚歷麾節。

《四庫提要・別集類九》《相山集》三十卷。《永樂大典》本。宋王之道撰。之道字彦猷，廬州人。宣和六年與兄之義、弟之深同登進士第。調歷陽丞。南渡後累官湖南轉運判官。以朝奉大夫致仕。後以其子藺官樞密使，追贈太師。《宋史》爲藺立傳，而不及之道。故其事蹟不詳。惟尤袤所撰《神道碑》尚在《永樂大典》中，可以考見大略。之道嘗自號相山居士，其集即以爲名。《宋史・藝文志》作二十五卷，《書録解題》作二十六卷，《寶祐濡須志》及《濡須續志》俱作四十卷，尤袤碑文作三十卷，彼此乖互不合。今原集既亡，無可復證。然袤碑乃據其子家狀所書，似當得其實也。

蘖菴文集

《宋史・藝文志・別集類》李璜《蘖菴文集》十二卷。

默成文集

陳振孫《直齋書録解題・別集類下》《默成居士集》十五卷。中書舍人潘良貴子賤撰。一字義榮，剛介之士也。朱侍講序其集，略見其出處大致。

馬端臨《文獻通考・經籍考・別集》《默成居士集》十五卷。

《宋史・藝文志・別集類》《潘良貴集》十五卷。

楊士奇等《文淵閣書目・文集》潘氏《默成文集》。一部，四册。全。

張萱等《内閣藏書目録・集部》《默成先生集》四册。全。宋哲宗朝金華潘良貴著。凡十五卷。

《四庫提要・別集類十》《默成文集》八卷。浙江汪啓淑家藏本。宋潘良貴撰。良貴字義榮，一字子賤，號默成居士。婺州金華人。【略】其集見於史者十五卷，久佚不傳。此本乃康熙中其裔孫所刊，僅文二十首，詩二十七首，詞一首，皆掇拾於散亡之餘，粗存梗概。然以集中除謝諸表，與本傳年譜相較，亦多足資參訂。

金安節文集

王圻《續文獻通考・經籍考・集上》 《金安節文集》二十卷。安節，休寧人。嘗拒秦檜，孤立無助。

霜傑集

陳振孫《直齋書録解題・别集類下》 《霜傑集》三十卷。德興董穎仲達撰。紹興初人。從汪彦章、徐師川游。彦章爲作序。

馬端臨《文獻通考・經籍考・别集》 《霜傑集》三十卷。

楊士奇等《文淵閣書目・文集》 董仲達《霜傑文集》。一部，四册。闕。

曹粹中文集

王圻《續文獻通考・經籍考・集上》 《曹粹中文集》。曹粹中著。

筆峰集

王圻《續文獻通考・經籍考・集上》 《筆峰集》五卷。方醇道著。醇道字温叟，興化人。

芸室文集

《宋史・藝文志・别集類》 楊椿《芸室文集》七十五卷。

教忠堂集

王圻《續文獻通考・經籍考・集上》 《教忠堂集》。劉寧止著。

章叔度集

尤袤《遂初堂書目・别集類》 《章叔度集》。

崧菴集

楊士奇等《文淵閣書目・詩詞》 《李崧菴詩集》。一部，三册。闕。

黄虞稷《千頃堂書目・别集類・補宋》 李處權《崧庵集》十卷。

倪燦等《宋史藝文志補・别集類》 李處權《崧菴集》十卷。

《四庫提要・别集類十》 《崧菴集》六卷。《永樂大典》本。宋李處權撰。處權《宋史》無傳。其集諸家亦不著録。惟方回《瀛奎律髓》中録所作《送二十兄還鎮江詩》一首，而注其後云：「處權字巽伯，洛陽人。邯鄲公淑之後。有《崧菴集》。宣和間與陳叔易、朱希真以詩名。南渡後嘗領三衢」云云。其履貫略可考證，而不言其距李淑爲幾世。今其集傳本已絶，獨《永樂大典》中有之。且尋檢各韻，處權自序及其從弟處全原序、邵驥原跋、一一具在。【略】久經湮没，幸而復存，亦論宋詩者所宜甄録也。謹採掇排比，以體區别，釐爲六卷。仍以原序跋分繫前後，俾將來有以考見焉。

許尹文集

王圻《續文獻通考・經籍考・集上》 《許尹文集》數十卷。尹，樂平人。政和進士，歷高孝皆盡忠款，以敷文閣待制致仕。

關博士集

尤袤《遂初堂書目・別集類》 《關子東詩》。

陳振孫《直齋書録解題・別集類下》 《關博士集》二十卷。太學博士錢塘關注子東撰。紹興五年進士。嘗爲湖州教授。自號香巖居士。

馬端臨《文獻通考・經籍考・別集》 《關博士集》二十卷。

《宋史・藝文志・別集類》 《關注集》二十卷。

紫微集

尤袤《遂初堂書目・別集類》 《張巨山集》。

陳振孫《直齋書録解題・別集類下》 《張巨山集》三十卷。中書舍人光化張嵲巨山撰。

馬端臨《文獻通考・經籍考・別集》 《張巨山集》三十卷。

《宋史・藝文志・別集類》 張嵲《紫微集》三十卷。

楊士奇等《文淵閣書目・文集》 《張紫微文集》。一部，十二册。全。

《四庫提要・別集類九》 《紫微集》三十六卷。《永樂大典》本。宋張嵲撰。嵲字巨山，襄陽人。宣和三年上舍中第。紹興九年除司勳員外郎。累遷敷文閣待制，知衢州。終於提舉江州太平興國宫。**【略】**《宋史・藝文志》載《紫微集》三十卷。《書録解題》則作《張巨山集》，亦三十卷。自明以來，久無傳本。今據《永樂大典》所録，裒輯排比，諸體咸備，當已尠所闕遺。以其篇帙較富，析爲三十六卷。仍依《宋史》題作《紫微集》，復其舊目焉。

張紫薇詩集

楊士奇等《文淵閣書目・詩詞》 《張紫薇集》。一部，三册。完全。

志道集

《四庫提要・別集類存目一》 《志道集》一卷。浙江鮑士恭家藏本。舊本題宋顧禧撰。禧字景繁，吴郡人。居於光福山，閉户誦讀，不求仕進。紹興間，有司以遺逸薦，不起。後築室邳村，表曰漫莊。凡田居五十年而終。嘗與吴興施宿注蘇軾詩，行於世。陸游《序》所謂「助以顧君景繁之賅洽」是也。兹編稱禧子宏聞搜求遺稿，從江浙提刑轉運任某鈔得若干首。取《魯論》隱居求志之義，題曰《志道集》。

歐陽修撰集

陳振孫《直齋書録解題・別集類下》 《歐陽修撰集》六卷。崇仁布衣贈祕閣修撰歐陽澈德明撰。澈死時年三十一。環溪吴沆哀其詩爲《飄然集》三卷，而會稽胡衍晉遠取其所上三書，并刻之臨川倅廨。

馬端臨《文獻通考・經籍考・別集》 《歐陽修撰集》六卷。

楊士奇等《文淵閣書目・文集》 歐陽澈《飄然集》。一部，四册。闕。

張萱等《内閣藏書目録・集部》 歐陽澈《飄然集》四册。全。宋靖康間布衣也，江西崇仁人，後官修撰。内萬言書三册，詩一册。

黄虞稷《千頃堂書目・別集類・補宋》 歐陽澈《飄然集》六卷，附録一卷。

徐𤊹《徐氏家藏書目・文集類》 歐陽澈《飄然集》六卷。

倪燦等《宋史藝文志補・別集類》 歐陽澈《飄然集》六卷，附録一卷。

吴焯《繡谷亭薰習録・集一》 《飄然集》六卷，附録一卷。宋贈祕閣修撰崇仁歐陽徹德明著。徹于建炎初三上萬言書，論黄潛善、汪伯彦不可用，李綱不可去，與陳東論死南京都市。後高宗悔悟，累詔贈恤。讀中書舍人王居正草制，高宗可謂善聞過者矣。紹興二十六年，環溪吴沆裒其集三卷。嘉定甲申，會稽胡衍晉遠取所上三書，重并編次，刻于臨川倅廨。永樂丁亥重刻，李至剛序。

《四庫提要・别集類十》《歐陽修撰集》七卷。編修汪如藻家藏本。宋歐陽澈撰。澈字德明，崇仁人。建炎初徒步走行在，伏闕上書，請誅黄潛善、汪伯彦，與陳東俱論死。後高宗悔之，追贈祕閣修撰。事蹟具《宋史・忠義傳》。紹興二十六年，吴沆次其詩爲《飄然集》三卷，并爲作序。至嘉定甲申，會稽胡衍又取其所上三書，并序而刻之，釐爲六卷。元季版燬於兵。明永樂丙申，澈十世孫永康縣丞齊重刊之。金華唐光祖跋，稱其書編爲三卷，詩文事蹟爲四卷。當時陳東所同上之書，亦爲掇拾，無所失墜，并取附爲一卷。合爲八卷。所稱贊府士莊甫，即齊字也。而永樂丁酉崇仁知縣王克義序，乃稱齊録前後奏議，次繼《飄然集》，分爲六卷。與光祖跋不同。蓋詞有詳略，實即一本。萬曆甲寅，澈二十世孫鉞再新其版，吴道南爲序。此本即從鉞刻傳寫，而闕第八卷陳東之書。然東已有别集單行，可不必附録於此。今亦仍從此本，定爲七卷焉。

張金吾《愛日精廬藏書續志・别集類》《歐陽修撰集》七卷。抄本。

韋齋集

尤袤《遂初堂書目・别集類》朱喬年《韋齋集》。

陳振孫《直齋書録解題・别集類下》《韋齋小集》十二卷。吏部員外郎新安朱松喬年撰。

馬端臨《文獻通考・經籍考・别集》《韋齋小集》十二卷。

《宋史・藝文志・别集類》朱松《韋齋集》十二卷。

楊士奇等《文淵閣書目・文集》《韋齋朱先生集》。一部，六册。全。

高儒《百川書志・集》《朱韋齋小集》五卷。吏部員外郎新安朱松喬年撰。侍講文公朱晦菴之父也。

徐𤊹《徐氏家藏書目・文集類》朱松《韋齋集》十二卷。

張萱等《内閣藏書目録・集部》《韋齋集》并《玉瀾集》六册。全。宋建炎間朱松著。又《詩集》三册。全。

錢謙益等《絳雲樓書目・宋文集類》《韋齋先生集》，附《玉瀾集》。《韋齋小集》十二卷。又《玉瀾集》一卷，韋齋弟逢年撰。

《四庫提要・别集類十》《韋齋集》十二卷，附《玉瀾集》一卷。内府藏本。宋朱松撰。松字喬年，别字韋齋。朱子之父也。政和八年，同上舍出身，官至吏部員外郎。以言事忤秦檜，出知饒州。未上請閒，得主管台州崇道觀。滿秩再請，命下而卒。朱子作行狀，稱有《韋齋集》十二卷，《外集》十卷。《外集》今已久佚。是集初刻於淳熙，再刻於至元，又刻於弘治。傳本亦稀。康熙庚寅，其裔孫昌辰，又校録重刊，是爲今本。核其卷數，與行狀所言相合，蓋猶舊帙也。

張金吾《愛日精廬藏書續志・别集類》《韋齋集》十二卷，附《玉瀾集》一卷。明弘治刊本。宋新安朱松喬年撰。《玉瀾集》新安朱槔逢年撰。《傅自得序》，康熙七年。《劉性序》，至元三年。尤袤《玉瀾集跋》，淳熙辛丑。

韋齋小集

陳振孫《直齋書録解題・别集類下》《韋齋小集》一卷。朱松喬年撰。

馬端臨《文獻通考・經籍考・詩集》《韋齋小集》一卷。

《宋史・藝文志・别集類》朱松《小集》一卷。

楊士奇等《文淵閣書目・詩詞》《朱韋齋集》。一部，三册。完全。

高儒《百川書志・宋詩》《朱韋齋詩集》六卷，附録一卷。吏部員外新安朱松喬年撰。

葛谿集

《宋史・藝文志・别集類》陳康伯《葛谿集》三十卷。

陳文恭公集

《四庫提要・別集類存目一》《陳文恭公集》十三卷。浙江鮑士恭家藏本。舊本題宋陳康伯撰。康伯字長卿，弋陽人。宣和三年中上舍丙科，仕終尚書左僕射，同中書門下平章事。謚文恭。事蹟具《宋史》本傳。是集爲其裔孫以範編次，并以誥敕及諸書文字有涉於康伯者彙於附後。然遺文僅二卷，而附録乃十一卷，末大於本，殊非體例。且遺文亦多僞作。

灊山集

尤袤《遂初堂書目・別集類》《朱新仲詩》。

陳振孫《直齋書録解題・詩集類下》《灊山集》三卷。中書舍人龍舒朱翌新仲撰。

馬端臨《文獻通考・經籍考・詩集》《灊山集》三卷。

《宋史・藝文志・別集類》《朱翌集》四十五卷。又《詩》三卷。

楊士奇等《文淵閣書目・詩詞》《朱灊山集》。一部，三册。完全。

張萱等《内閣藏書目録・集部》《灊山集》一册。不全。宋孝宗朝敷文閣待制朱翌詩。翌字新仲，灊山人。

《四庫提要・別集類十》《灊山集》三卷。《永樂大典》本。宋朱翌撰。翌有《猗覺寮雜記》，已著録。其集目見於諸書者，《宋史・藝文志》作四十五卷，《詩》三卷。陳氏《書録解題》作三卷。焦氏《經籍志》作二卷。而周必大《平園集》又云：「其子輀等類公遺稿凡四十四卷。」卷目彼此互異。蓋必大所言，即《宋志》之四十五卷，乃其文集；所云三卷者，則專指詩集。《經籍志》所載亦其詩集，而又譌三卷爲二卷也。今文集已不可見，詩集亦無傳本，惟《永樂大典》所收篇什尚多。謹裒而集之，釐爲三卷，以還其原目。

補過齋拙稿

王圻《續文獻通考・經籍考・集上》《補過齋拙稿》。劉章著。

玉瀾集

尤袤《遂初堂書目・別集類》朱逢年《玉瀾集》。

陳振孫《直齋書録解題・詩集類下》《玉瀾集》一卷。朱槔逢年撰。韋齋之弟，晦庵之叔父也。嘗夢爲玉瀾堂之游甚异，有詩紀之。

馬端臨《文獻通考・經籍考・詩集》《玉瀾集》一卷。

高儒《百川書志・宋詩》《玉瀾集》一卷。新安朱槔逢年撰。韋齋弟也。

徐𤊹《徐氏家藏書目・文集類》朱槔《玉蘭集》一卷。

孫星衍《平津館鑒藏書籍記・舊影寫本》《玉瀾集》一卷。題新安朱槔逢年撰。前有淳熙辛卯尤袤序。

斐然集

趙希弁《讀書附志・別集類三》致堂先生《斐然集》三十卷。右禮部侍郎胡寅字明仲之文也，章穎爲序。

陳振孫《直齋書録解題・別集類下》致堂《斐然集》三十卷。禮部侍郎胡寅明仲撰。

馬端臨《文獻通考・經籍考・別集》致堂《斐然集》三十卷。

《宋史・藝文志・別集類》胡寅《斐然集》二十卷。

楊士奇等《文淵閣書目・文集》胡致堂《斐然集》。一部，十册。殘闕。胡致堂《斐然集》。一部，十册。闕。

張萱等《内閣藏書目録・集部》《斐然集》九册。不全。宋致堂先生胡寅著。凡三十卷,闕十一至十四卷。

《四庫提要・别集類十一》《斐然集》三十卷。兩江總督採進本。宋胡寅撰。寅有《讀史管見》,已著録。是集端平元年馮邦佐刻於蜀,樓鑰序之。嘉定三年鄭肇之又刻於湘中,章穎序之。《宋史》本傳作三十卷,與此本相合,蓋猶從宋槧繕録也。寅父子兄弟皆篤信程氏之學,寅尤以氣節著。

寵堂集　後集

《宋史・藝文志・别集類》程敦儒《寵堂集》六十八卷。又《後集》二十卷。

忠嘉集　後集

《宋史・藝文志・别集類》宋汝爲《忠嘉集》一卷。又《後集》一卷。

王圻《續文獻通考・經籍考・集上》《忠嘉集》。豐縣宋汝爲著。汝爲議秦檜和金之非,檜將械汝爲送金,汝爲變姓名爲趙復,徒步入蜀青城山而卒。

又《忠嘉集》。宋汝爲著。

陳熙甫奏劄

《宋史・藝文志・别集類》《陳熙甫奏劄》一卷。

邵博文集

尤袤《遂初堂書目・别集類》《邵公濟集》。

《宋史・藝文志・别集類》《邵博文集》五十七卷。

梅谷文集

王圻《續文獻通考・經籍考・集上》《梅谷文集》。宋翔著。

紹興樂府十二章

王圻《續文獻通考・經籍考・樂律》《紹興樂府十二章》。宋翔著。翔字子飛,崇安人。爲張浚十客之一。韋太后既歸,獻《紹興樂府十二章》。

藥寮叢稿

陳振孫《直齋書録解題・别集類下》《藥寮叢稿》二十卷。太常少卿上蔡謝伋景思撰。參政克家之子。

馬端臨《文獻通考・經籍考・别集》《藥寮叢稿》二十卷。

《宋史・藝文志・别集類》謝伋《藥寮叢藁》二十卷。

勤王忠義集

王圻《續文獻通考・經籍考・集上》《勤王忠義集》。胡閎休著。閎休,開封人。嘗著兵書二卷,靖康中應知兵科,中優等,補承信郎,後從岳飛討賊湖湘進成忠郎。

松隱文集

尤袤《遂初堂書目・别集類》曹勛《松隱集》。

《宋史・藝文志・别集類》 曹勛《松隱集》四十卷。

楊士奇等《文淵閣書目・文集》 曹忠靖《松隱文集》。一部，九册。全。 曹忠靖《松隱文集》。一部，六册。全。

張萱等《内閣藏書目録・集部》 曹忠靖公《松隱文集》九册。全。 宋淳熙間曹勳著。四明樓鑰序。又六册。全。同前。

吴焯《繡谷亭薰習録・集一》 《松隱集》四十卷。宋太尉謚忠靖陽翟曹勛公顯著。靖康之難，勛奔走燕山，朝謁嗣主，生平行跡略著史傳。高宗留心翰墨、法書、名繪，屬勛檢定，勛盡裂去舊人題跋，易以己書，亦好名而狹者也。父組字元寵，有《箕潁集》二十卷，見《通考》，勛集卻不載。此本無原序目，惟正統五年玉湖洪益中一序，則此集至明中葉始顯也。

《四庫提要・别集類九》 《松隱文集》三十九卷。浙江鮑士恭家藏本。 宋曹勛撰。勛有《北狩見聞録》，已著録。是集前載正統中大理寺正洪益中序，稱爲勛十世孫參所藏。朱彝尊亦嘗從其家借鈔《迎鑾賦》七篇。謂勛之子姓保有此卷半，千余年勿失。後復得文集録之。蓋止有家傳鈔本，從未鋟版也。其中第十四卷已全佚。樓鑰《攻媿集》載有《松隱集序》，亦闕不載。又脱篇落句，不一而足。則亦蠹蝕斷爛之餘，轉相傳寫，幸而僅存矣。

迎鑾賦

黄虞稷《千頃堂書目・騷賦類・補宋》 曹勛《迎鑾賦》。

倪燦等《宋史藝文志補・騷賦類》 曹勛《迎鑾賦》。右騷賦類六家十九卷。

聖壽詩二十篇

王圻《續文獻通考・經籍考・詩集》 《聖壽詩二十篇》。周葵著。宜興人。宣和進士，歷官殿中侍御史，知無不言。孝宗時爲參知政事。

無旁集

王圻《續文獻通考・經籍考・集上》 《無旁集》一編。歐陽凱士著。字彦成，建陽人，建炎中一舉不第，上書論事，宰相以爲狂，編管洪州，後得還，徜徉山水，預知將死之期。

羅浮集

王圻《續文獻通考・經籍考・集上》 《羅浮集》十卷。陳鵬飛著。鵬飛，永嘉人。紹興中進士。其學不爲章句新説，必本人倫正論。

蒙谷詩集

王圻《續文獻通考・經籍考・詩集》 《蒙谷詩集》。李安期著。字泰伯，建寧人。淹貫經史，援筆成文。岳飛被禍，作《表忠詩》百二十首弔之。

焦桐集

王圻《續文獻通考・經籍考・集上》 《焦桐集》。鄧祚著。祚字成材，沙縣人。建炎進士，安撫江西，盗賊勦蕩，尋以疾請祠。

松隱集

王圻《續文獻通考・經籍考・集上》 《松隱集》二十卷。卞大亨著。大亨字嘉甫。其先泰州人，靖康中調懷寧簿，隱居象山。自號松隱居士，取其號名集。

適齋類藁

陳振孫《直齋書録解題・别集類下》《適齋類藁》八卷。奉新袁去華定卿撰。紹興乙丑進士，改官知石首縣而卒。善爲歌詞，嘗賦《長沙定王臺》，見稱於張安國，爲書之。

馬端臨《文獻通考・經籍考・别集》《適齋類藁》八卷。

寓山集

陳振孫《直齋書録解題・别集類下》《寓山集》三卷。吴興沈仲喆明遠撰。丞相該之姪。紹興五年進士，改官爲江西運管。嘗爲《悲扇工》詩，忤魏良臣，陷以深文，奪三官，不得志以卒。

馬端臨《文獻通考・經籍考・詩集》《寓山集》三十卷。

宣城雙溪集

王圻《續文獻通考・經籍考・集上》《宣城雙溪集》。魯冠著。冠，東陽人。博學强紀。紹興間進士，遷太常博士。

林特進文集

王圻《續文獻通考・經籍考・集上》《林特進文集》二十卷。林保著。保字庇民，鄞人。登政和二年上舍第，紹興中以敷文閣待制奉祠。

黄莊定遺文

王圻《續文獻通考・經籍考・集上》《黄莊定遺文》十五卷，黄祖舜謚莊定。

屏山集

陳振孫《直齋書録解題・别集類下》《屏山集》二十卷。通判興化軍崇安劉子翬彦沖撰。父韐，兄子羽。子翬以蔭入仕。年甫四十八而卒。

馬端臨《文獻通考・經籍考・别集》《屏山集》二十卷。

《宋史・藝文志・别集類》劉子翬《屏山集》二十卷。

楊士奇等《文淵閣書目・文集》《劉屏山文集》。一部，四册。全。

高儒《百川書志・宋文》《屏山文集》二十卷。文静公劉子翬彦仲著。

王圻《續文獻通考・經籍考・集上》《屏山文集》二十卷。劉子翬著。

徐𤊹《徐氏家藏書目・文集類》劉子翬《屏山集》二十卷。

張萱等《内閣藏書目録・集部》《劉屏山先生文集》四册。全。宋劉子翬著。門人朱晦庵序。又四册。又三册。不全。同前。

錢謙益等《絳雲樓書目・宋文集類》劉子翬《屏山集》。二十卷。

吴焯《繡谷亭薰習録・集一》《屏山集》二十卷。宋崇安劉子翬彦沖著。朱子嘗受業其門。此集出朱子手校。乾道癸巳後序，紹興三十年胡憲序。元刻于崇安至元庚辰高凝跋。明弘治十七年建寧重刻。

于敏中等《天禄琳琅書目・元版集部》《屏山集》。二函，十二册。宋劉子翬著。二十卷。前宋胡憲序，朱子撰《遺帖跋》，墓表，後朱子《屏山集跋》。

《四庫提要・别集類十》《屏山集》二十卷。兩江總督採進本。宋劉子翬撰。子翬字彦沖，崇安人。劉韐之季子。嘗通判興化軍。移疾歸里，築室屏山以終。此集乃其嗣子坪所編，而朱子爲之序。序末署門人朱某，蓋早年嘗以父命受業於子翬也。集中談理之文，辨析明快，曲折盡意，無南宋人語録之習；論事之文，洞悉時勢，亦無迂闊之見。

彭元瑞等《天禄琳琅書目後編・元版集部》《屏山集》。一函，八册。

張金吾《愛日精廬藏書志・別集類》《屏山集》二十卷。期刊本。

潘祖蔭《滂喜齋藏書記・集部》明刻《劉屏山集》二十卷。一函，四册。附藏印：董印其昌、玄賞齋、澹生堂藏書記、曠翁手識、山陰祁氏藏書之章、子孫永珍、蕭印夢松、静君、蕭寥亭四世家藏圖籍，以身守之罔敢失墜、楝亭曹氏藏書、長白敷槎氏堇齋昌齡圖書印。

雪溪集略

陳振孫《直齋書録解題・別集類下》《雪谿集略》八卷。汝陰王銍性之撰。國初《周易》博士昭素之後也。其父莘樂道嘗從歐公學。銍爲曾紆壻，嘗撰《七朝國史》，紹興初，常同子正薦之，詔視秩史官，給札奏御，會秦氏柄國中止，書竟不傳。其子明清，著《揮麈録》。

馬端臨《文獻通考・經籍考・別集》《雪溪集略》八卷。

《宋史・藝文志・別集類》王性之《雪溪集》八卷。

楊士奇等《文淵閣書目・文集》王性之《雪溪集》。一部二册。全。

張萱等《内閣藏書目録・集部》《雪谿集》二册。全。宋潁人王銍詩文。

雪溪集

王士禛《漁洋書跋》《雪溪集》。宋王銍性之《雪溪集》五卷。詩不能佳，獨《曉發石牛》一絶云：「悤悤車馬出清晨，日淡風微已仲春。松竹陰中山未盡，梅花林外有行人。」寫景頗工。性之別有《默記》若干卷，今傳于世。明清，仲言之父也。

吴焯《繡谷亭薰習録・集一》《雪溪詩集》五卷。宋潁人王銍性之著。有王新城跋，此從漁洋書庫傳寫，謂其詩鮮合作，亦定論也。

《四庫提要・別集類十一》《雪溪集》五卷。兩江總督採進本。宋王銍撰。銍有《待兒小名録補遺》，已著録。是編乃其詩集。陳振孫《書録解題》、《宋史・藝文志》竝作八卷，此本僅五卷。考《墨莊漫録》載銍所作《王文孺臞菴》詩一首，又《山村詩》一首，《越詠》載銍所作《雲門寺詩》一首，今皆不見於集中。知今世所傳，已佚其三卷，非完帙矣。

孫星衍《平津館鑒藏書籍記・舊影寫本》《雪溪詩》五卷。題「潁人王銍」。《宋史・藝文志》、陳氏《書録解題》，銍詩俱作八卷，此本止五卷。影寫原本，字多殘闕。

張金吾《愛日精廬藏書志・別集類》《雪溪詩》五卷。舊抄本。

吴壽暘《拜經樓藏書題跋記》卷五《雪溪集》。右舊鈔本。止五卷。《四庫書目》云原本八卷，今佚三卷，蓋不復有足本矣。此本卷心題「觀稼樓鈔書」，有「五峰徐氏家藏」及「沈廷芳」、「茮園」、「晦藥軒」諸圖記。集中載《國香詩》二首，一原作，一次韻，其元唱非銍作也，銍詩乃次韻耳。鈔本不標題名氏，而以元作附録者書前，致相溷耳，安得它本正之？壬午立春日又記。

香溪集

《宋史・藝文志・別集類》范浚《香溪文集》二十二卷。

范邦甸等《天一閣書目・別集類》《范賢良文集》二十二卷。刊本缺一册。宋范浚撰。屠維大淵獻之歲，後學章懋跋，云：「進士唐君尚虞之治蘭谿也，用儒飾吏，善於其職，聲稱翕然。乃于莅政之餘，閲地志，訪遺書。于是香溪先生范公之後曰永昌者，出其家藏之集二十有二卷，蓋先生從子右吏蒙齋之所類也。爰命授梓以惠學者，而俾懋識諸其末。」

王圻《續文獻通考・經籍考・集上》《香溪文集》。范浚著。

徐𤊹《徐氏家藏書目・文集類》范浚《香溪集》二十二卷。

錢謙益等《絳雲樓書目・宋文集類》范浚《香溪集》。二十四卷，字茂明，蘭溪人。嘗舉賢良，以秦檜當國不赴。

吴焯《繡谷亭薰習録・集一》《香溪集》二十二卷。宋賢良蘭江范浚茂明著。從子端臣與門人高栴編，紹興三十一年陳巖肖序。元至順中端臣之裔孫元壽重刻，吴師道後序。明常熟唐詔、尚虞令蘭溪再刻，見章懋後跋。此本吕氏南陽講習堂校定。

《四庫提要・別集類十一》《香溪集》二十二卷。安徽巡撫採進本。宋范浚撰。浚字茂名，蘭溪人。紹興中舉賢良方正，以秦檜柄政，辭不赴。然浚雖不仕，實非無意於當世者。【略】集爲其門人高栴所編，其姪端臣刊之。前有紹興三十一年陳巖肖序。後有元吴師道跋，稱朱子取其《心箴》注《孟子》。而其集金履祥時已不傳，後從應氏得其前七卷。又從其族孫俊家得殘本，佚前五卷。合之遂爲完書。跋又稱端臣《蒙齋集》未及刊，先刊其與浚唱酬諸詩附見焉。此本無端臣詩，蓋又佚矣。

張金吾《愛日精廬藏書志・別集類》《香溪先生范賢良文集》二十二卷。元刊本。

玉壺集

鄭樵《通志・藝文略・別集五》陳諫《玉壺集》二卷。

時務論

鄭樵《通志・藝文略・論》楊偉《時務論》十二卷。

漁陽刀筆

鄭樵《通志・藝文略・刀筆》《漁陽刀筆》一卷。

浮山集

尤袤《遂初堂書目・別集類》《仲彌性集》。

陳振孫《直齋書録解題・別集類下》《浮山集》十六卷。左朝請大夫江都仲并彌性撰。紹興壬子進士。晚丞光禄寺，得知蘄州。并嘗倅湖，籍中有所盼，爲作生朝青詞，好事者傳誦之，遂漏露，坐謫官，其訓詞略曰：「爾爲瀆侮之詞，曾弗知畏天，其知畏吾法乎？」吾鄉前輩能道其事如此。

馬端臨《文獻通考・經籍考・別集》《浮山集》十六卷。

《宋史・藝文志・別集類》仲并《浮山集》十六卷。

楊士奇等《文淵閣書目・文集》仲并《浮山先生文集》。一部，五册。全。

張萱等《内閣藏書目録・集部》《浮山先生文集》五册。全。宋慶元間江都仲并著。周必大序。

《四庫提要・別集類十一》《浮山集》十卷。《永樂大典》本。宋仲并撰。并字彌性，江都人。《宋史・藝文志》載并《浮山集》十六卷，而不爲立傳，其事蹟遂無可考。惟周必大《平園集》有所作并集序，稱并「以紹興壬子擢進士第。【略】據周必大序，其集乃并外孫南安太守孟猷所編。舊本久佚，今據《永樂大典》所載，排次訂正，輯成十卷。

王瞻叔集

尤袤《遂初堂書目・別集類》《王瞻叔集》。

善願集

王圻《續文獻通考・經籍考・集上》《善願集》。賈廷佐著。

愚齋雜著

王圻《續文獻通考・經籍考・集上》《愚齋雜著》。賈廷佐著。

山堂集

王圻《續文獻通考・經籍考・集上》《山堂集》。賈廷佐著。

澹菴文集

陳振孫《直齋書録解題・別集類下》《澹庵集》七十八卷。端明殿學士忠簡廬陵胡銓邦衡撰。建炎甲科第五人。既上書乞斬秦檜，謫嶺海，秦死得歸。孝宗即位，始復官召用，又以沮再和之議得罪去。乾道中入爲丞郎，亦不容于時，奉祠，至淳熙七年乃終，年七十有九。

馬端臨《文獻通考・經籍考・別集》《澹菴集》七十八卷。

《宋史・藝文志・別集類》胡銓《澹菴集》七十卷。

楊士奇等《文淵閣書目・文集》《胡澹菴文集》。一部，二十册。全。《胡澹菴文集》。一部，八册。全。《胡澹菴文集》。一部，七册。殘闕。

張萱等《内閣藏書目録・集部》《澹菴先生文集》二十册。全。宋胡銓著。凡七十一卷。又二十册。全。又八册。不全。鈔本。又六册。不全。同前闕三十四至五十卷。

《四庫提要・別集類十一》《澹菴文集》六卷。兩淮馬裕家藏本。宋胡銓撰。銓字邦衡，廬陵人。建炎二年進士甲科。紹興五年以薦除樞密院編修官。抗疏詆和議，謫吉陽軍。孝宗即位，特召還擢用，歷官權中書舍人兼國子祭酒，權兵部侍郎，以資政殿學士致仕。卒謚忠簡。事蹟具《宋史》本傳。銓師蕭楚，明於《春秋》，故集中嘉言讜論，多本《春秋》義例，於南渡大政，多所補救。史但稱其高宗時請誅秦檜。今考集中論撰《賀金國啓》一篇，則於孝宗朝召還以後，更嘗請誅湯思退。又《孝宗本紀》：隆興元年三月，金以書來索四州，未報。八月，又齎書兩省。今考集中《玉音問答》一篇，知答金人書孝宗已與銓定於五月三日。遲至八月未遣，必湯思退有以持之。當時情勢，可以考見。史文疏漏，賴此集尚存其崖略也。本傳稱銓集凡百卷，今所存者僅文五卷，詩一卷，蓋得之散佚之餘。然《書録解題》載銓集七十八卷，《宋志》載銓集七十卷，則在當時已非百卷之舊矣。

胡忠簡先生文選

張金吾《愛日精廬藏書志・別集類》《胡忠簡先生文選》九卷。精抄本。

岳武穆集

陳振孫《直齋書録解題・別集類下》《岳武穆集》十卷。樞密副使鄂郡岳飛鵬舉撰。飛功業偉矣，不必以集著也。世所傳誦其《賀和議成》一表，當亦是幙客所爲，而意則出于岳也。

馬端臨《文獻通考・經籍考・別集》《岳武穆集》十卷。

徐𤊹《徐氏家藏書目・文集類》岳飛《忠武集》二卷。

錢謙益等《絳雲樓書目・宋文集類》《岳忠武集》。十卷。

黄虞稷《千頃堂書目・文史類》徐階編輯《岳忠武集》五卷。

岳武穆遺文

《四庫提要・別集類十一》《岳武穆遺文》一卷。浙江巡撫採進本。宋岳飛撰。飛事蹟具《宋史》本傳。陳振孫《書録解題》載《岳武穆集》十卷，今已不傳。此《遺文》一卷，乃明徐階所編。凡上書一篇，劄十六篇，奏二篇，狀二篇，表一篇，檄一篇，跋一篇，盟文一篇，題識三篇，詩四篇，詞二篇。其《辭鎮南軍承宣使》僅有第三奏，《辭開府》僅有第四劄，《辭男雲轉官》僅有第二劄，《辭男雲特轉恩命》僅有第四劄，《辭少保》僅有第三劄、第五劄，《乞敘立王次翁下》僅有第二劄，《乞解樞柄》僅有第三劄，《辭除兩鎮》僅有第三劄，則其佚篇蓋不可殫數。

岳武穆詩

高儒《百川書志・宋詩》《岳武穆詩》一卷。忠烈武穆岳飛鵬舉撰。無集。止詩詞五首。

觀物集

《宋史・藝文志・別集類》張行成《觀物集》三十卷。

曾紘父詩詞

陳振孫《直齋書録解題・詩集類下》《曾紘父詩詞》一卷。知台州曾惇紘父撰。紆之子也，皆在台時所作。

馬端臨《文獻通考・經籍考・詩集》《曾紘父詩詞》一卷。

《宋史・藝文志・別集類》《曾惇詩》一卷。

王剛中文集

《宋史・藝文志・別集類》《王剛中文集》六卷。

鶴鳴先生集

《宋史・藝文志・別集類》張積《鶴鳴先生集》四十一卷。

漢濱集

陳振孫《直齋書録解題・別集類下》《漢濱集》六十卷。參政襄陽王之望瞻叔撰。周益公爲集序。

馬端臨《文獻通考・經籍考・別集》《漢濱集》六十卷。

楊士奇等《文淵閣書目・文集》王之望《漢濱文集》。一部，十三册。全。

張萱等《内閣藏書目録・集部》《漢濱先生文集》十三册。全。宋高宗朝王之望著。凡六十卷。有周必大序。

錢謙益等《絳雲樓書目・宋文集類》《漢濱集》八册。六十卷。王之望撰。周益公作序。

《四庫提要・別集類十一》《漢濱集》十六卷。《永樂大典》本。宋王之望撰。之望字瞻叔，襄陽穀城人，後寓台州。登紹興八年進士第，累遷太府少卿。孝宗即位，除户部侍郎，充川陝宣諭使，洊擢至參知政事，勞師江淮，爲言者論罷。乾道元年起爲福建安撫使，加資政殿大學士，移知温州卒。事蹟具《宋史》本傳。錢溥《祕閣書目》載有之望《漢濱集》，而佚其册數。焦竑《經籍志》作六十卷。然趙希弁、陳振孫兩家俱未著録，則宋代已罕傳本。後遂散佚不存。今從《永樂大典》中采掇裒綴，所存什之三四而已。

濟溪老人遺藁

陳振孫《直齋書録解題・別集類下》《濟溪老人遺藁》一卷。通判明州濟源李迎彦將撰。永嘉周浮沚先生之壻，與先大父爲襟袂。集中有送先君子赴戊子秋試詩，首句「籍甚人言《易》已東」，蓋先君治《易》故也。集序周益公作。

馬端臨《文獻通考・經籍考・別集》《濟溪老人遺藁》一卷。

《宋史・藝文志・別集類》《李迎遺藁》一卷。

夾漈遺稿

《四庫提要・别集類十二》　《夾漈遺稿》三卷。編修汪如藻家藏本。宋鄭樵撰。樵有《爾雅注》，已著録。樵鋭於著述，嘗上書自陳，稱所作已成者凡四十一種，未成者八種。當時頗以博洽著，而未嘗以文章名。其集自陳振孫《書録解題》以下亦皆不著録。此本前後無序跋，不知何人所編。上卷古近體詩五十六首。中卷記一篇，論一篇，書二篇。下卷書三篇。

吴壽暘《拜經樓藏書題跋記》卷五　《夾漈遺稿》。右舊鈔本，三卷。詩五十六首，文七篇。

歸愚集

尤袤《遂初堂書目・别集類》　葛謙問《歸愚集》。

陳振孫《直齋書録解題・别集類下》　《歸愚集》二十卷。吏部侍郎葛立方常之撰。勝仲之子，丞相邲之父也。以郎官攝西掖，忤秦相得罪。更化召用，言者又以爲附會沈該，罷去，遂不復起。

馬端臨《文獻通考・經籍考・别集》　《歸愚集》二十卷。

《宋史・藝文志・别集類》　葛立方《歸愚集》二十卷。

楊士奇等《文淵閣書目・文集》　葛侍郎《歸愚集》。一部，三册。闕。

王士禛《漁洋書跋》　《歸愚集》。

黄丕烈《蕘圃藏書題識・集類二》　《歸愚集》九卷。宋刻殘本。一函，四册。

又　侍郎葛公《歸愚集》十卷。舊鈔本。此集係從宋刻殘本録出，卷中行款間有不同。宋本自五卷至十三卷與此本合，而此本中多樂府一卷，爲宋刻所無，大約後人從他處補入，以足十卷之數。

黄丕烈《百宋一廛書録》　侍郎葛公《歸愚集》。侍郎葛公《歸愚集》載諸王漁洋《居易録》卷十六，有云宋葛立方常之《歸愚集》十卷。詩四卷，樂府一卷，騷賦、雜文一卷，外制一卷，表啓二卷。後見一鈔本前有王阮亭、朱竹垞題識，即是《居易録》所載本。然卷第下不標數目，未知其本之何自來也。適於故家得一殘本，自五卷至十三卷獨全，足證《經籍志》二十卷之説。但並無樂府一卷，未知鈔本之何所本，而有樂府一卷也。此本楮墨精好，如初印出者，然初未裝訂，余始重裝爲四册。

張金吾《愛日精廬藏書志・别集類》　侍郎葛公《歸愚集》十卷。舊抄本。

潘祖蔭《滂喜齋藏書記・集部》　宋刻殘本《歸愚集》九卷。一函，四册。宋葛立方撰。原本二十卷，見《國史經籍志》，此存卷五至十三共九卷。每半葉十二行，行二十二字，楮墨精雅，宋刻中之上駟也。舊爲士禮居藏書，前有阮亭、竹垞題識，蕘翁從别一鈔本影寫。鈔本多樂府一卷，今歸皕宋樓矣。蕘翁跋鈔本三則，已刻入《士禮居題跋記》。此本二則未刻，因録於後。又案蕘翁謂著録家作十卷，誤於阮亭《居易録》，此實不然，阮亭題識明言已佚其半矣，豈有誤耶？

湖山集　别集

趙希弁《讀書附志・别集類二》　吴康肅公《湖山集》四十三卷，《别集》一卷，附録三卷。右吴康肅公芾之文也。附録則行狀、神道碑及謚誥。周益公爲之序。

《宋史・藝文志・别集類》　吴芾《湖山集》四十三卷。又《别集》一卷。附録三卷。

楊士奇等《文淵閣書目・文集》　吴芾《湖山文集》。一部，十一册。全。吴芾《湖山文集》。一部，七册。全。

王圻《續文獻通考・經籍考・集上》　《湖山集》、《别集》吴芾著。

張萱等《内閣藏書目録・集部》　《湖山集》十一册。不全。宋高宗朝吴康肅公芾著。凡四十三卷。又《和陶詩》三卷，附録三卷。内闕三十九至四十三卷。

《四庫提要・别集類十一》　《湖山集》十卷。《永樂大典》本。宋吴芾撰。芾字明可，自號湖山居士，台州仙居人。紹興二年進士。官至禮部侍郎，歷知數郡，以龍圖閣直學士致仕。【略】周必大集有芾《湖山集序》，稱集二十五卷，長短句三卷，别集一卷，奏議八卷。而《宋史・藝文志》則稱《湖山集》四十三卷，又《别集》一卷，《和陶詩》三卷，附録三卷，《當塗小集》八卷。本傳又稱表奏五卷，詩文三十卷。所載卷目殊牴牾不合。原本亡佚，無從核定。今據《永樂大典》散見各韻者，採輯編訂，釐爲十卷，以《和陶詩》併入，而仍取必大原序冠之。史稱芾爲文豪健俊整，是其雜著亦必可觀。惜《永樂大典》中已經闕佚，僅得表一首，序一首，附之末卷，以略存其概云。

和陶詩

趙希弁《讀書附志・別集類三》 吳康肅公《和陶詩》三卷。

《宋史・藝文志・別集類》 吳芾《和陶詩》三卷。

當塗小集

《宋史・藝文志・別集類》 吳芾《當塗小集》八卷。

王圻《續文獻通考・經籍考・集上》 《當塗小集》。吳芾著。

蒙隱集

楊士奇等《文淵閣書目・詩詞》 《陳蒙隱詩集》。一部，三册。殘缺。

《四庫提要・別集類十二》 《蒙隱集》二卷。《永樂大典》本。宋陳棣撰。棣始末，諸書不載。惟凌迪知《萬姓統譜》載陳汝錫字師子，紹聖四年進士，官至浙東安撫使。【略】其詩邊幅稍狹，比興稍淺，固勢使之然。然統各體而觀之，雖乏鴻篇，實殊僞體，大都平易近情，不失風旨。較以生硬晦澀爲奇偉，以鄙俚蕪雜爲真切者，其品固有間矣。宋代遺篇，日傳日少，録而存之，俾談藝家見所未見，亦稽古者所不廢也。自明以來，選宋詩者皆未及，厲鶚作《宋詩紀事》，亦不載其姓名，則原集之佚已久，其卷帙多少，不可復考。詩惟一篇，題甲子，其年月先後亦不可知。謹從《永樂大典》所載，按體區分，釐爲上、下二卷，以略存梗概焉。

王述文集

《宋史・藝文志・別集類》 《王述文集》二十卷。

狂夫論

《宋史・藝文志・別集類》 詹叔羲《狂夫論》十二卷。

桂齋拙稿

《宋史・藝文志・別集類》 蔣邁《桂齋拙藁》二卷。

五峰集

趙希弁《讀書附志・別集類三》 《五峰先生文集》五卷。右胡宏字仁仲之文。門人張栻所序也。

尤袤《遂初堂書目・別集類》 《胡五峰詩》。

陳振孫《直齋書録解題・別集類下》 《五峰集》五卷。右承務郎胡宏仁仲撰。文定季子。不出仕，篤意理學。南軒張栻，其門人也。別本不分卷。

馬端臨《文獻通考・經籍考・別集》 《五峰集》五卷。

《宋史・藝文志・別集類》 《胡宏集》一卷。

楊士奇等《文淵閣書目・文集》 《胡五峰文集》。一部，五册。全。

張萱等《内閣藏書目録・集部》 《五峰胡先生文集》四册。宋儒胡宏著。門人張栻序。凡五卷。

《四庫提要・別集類十一》 《五峰集》五卷。浙江鮑士恭家藏本。宋胡宏撰。

宏有《皇王大紀》，已著録。案陳振孫《書録解題》，其集凡有二本，一本五卷，一本不分卷。此本題其季子大時所編，門人張栻爲之敘。凡詩一百六首爲一卷，書七十八首爲一卷，雜文四十四首爲一卷，《皇王大紀論》八十餘條爲一卷，經義三種爲一卷，蓋即所謂五卷之本也。

西溪居士集

陳振孫《直齋書録解題・別集類下》 《西溪居士集》五卷。剡川姚寬令威撰。待制舜明廷輝之子。兄宏令聲爲删定官，得罪秦檜，死大理獄。寬爲六部監門，逆亮入寇，寬言木德所照，必無虞。言驗，將除郎，召對，得疾仆殿上卒。遂用其弟憲令則，後至執政。

馬端臨《文獻通考・經籍考・詩集》 《西溪居士集》五卷。

昭德晁公文集

馬端臨《文獻通考・經籍考・別集》 《昭德晁公文集》六十卷。

倪石陵書

錢謙益等《絳雲樓書目・宋文集類》 《倪石陵書》。

黃虞稷《千頃堂書目・別集類・補宋》 倪朴《倪石陵書》一卷。

倪燦等《宋史藝文志補・別集類》 倪朴《石陵書》一卷。

《四庫提要・別集類十二》 《倪石陵書》一卷。江蘇巡撫採進本。宋倪樸撰。樸字文卿，浦江人。居於石陵村，因以爲號。嘗應進士舉。紹興末爲萬言書擬上高宗而不果。鄭伯熊、陳亮皆極稱之。後爲里人所搆，徙置筠州，以赦得還。吴師道、宋濂皆爲作傳。師道稱其究悉用兵攻守險要，尤精地理，著《輿地會元志》四十卷，今不傳。傳者僅此集。前載吴、宋二傳，次《擬上高宗書》，又書劄八篇，書唐史諸傳七篇，辨一篇。

許志仁集

尤袤《遂初堂書目・別集類》 《許志仁集》。

遯菴文集

《宋史・藝文志・別集類》 唐文若《遯菴文集》三十卷。

鄮峰真隱漫録

陳振孫《直齋書録解題・別集類下》 《鄮峰真隱漫録》五十卷。丞相文惠公四明史浩直翁撰。

馬端臨《文獻通考・經籍考・別集》 《鄮峰真隱漫録》五十卷。

《宋史・藝文志・別集類》 史浩《真隱漫録》五十卷。

錢謙益等《絳雲樓書目・宋文集類》 史浩《鄮峰真隱漫録》三册。五十卷。浩字直翁，鄞人，謚文惠。

《四庫提要・別集類十二》 《鄮峰真隱漫録》五十卷。浙江范懋柱家天一閣藏本。宋史浩撰。浩有《尚書講義》，已著録。其集見於陳振孫《書録解題》、《宋史・藝文志》者皆五十卷。此本卷數竝合，而目録別爲三卷。首題門人周鑄編，則猶宋時刊行舊式也。

張金吾《愛日精廬藏書續志・別集類》 《鄮峰真隱漫録》五十卷。抄本。

龍山文集

王圻《續文獻通考・經籍考・集上》 《龍山文集》，余良弼著。良弼字岩起，順昌人。建炎中登第，晚直秘閣致仕。聚書萬卷，自爲序，以教子孫。

拙齋遺稿

《宋史・藝文志・別集類》 任古《拙齋遺稿》三卷。

杜起莘文集

馬端臨《文獻通考・經籍考・別集》 《杜起莘文集》。殿中侍御史杜莘老起莘撰。

胡獻簡詞垣草

陳振孫《直齋書録解題・別集類下》 《胡獻簡詞垣草》四卷。禮部尚書會稽胡沂周伯撰。

馬端臨《文獻通考・經籍考・別集》 《胡獻簡詞垣草》四卷。

唯室集

楊士奇等《文淵閣書目・文集》 陳齊之《唯室文集》。一部，三册。全。

張萱等《内閣藏書目録・集部》 《唯室先生文集》三册。全。宋陳長方著。凡十四卷。

黄虞稷《千頃堂書目・別集類・補宋》 陳長方《唯室先生文集》十四卷。

倪燦等《宋史藝文志補・別集類》 陳長方《唯室文集》十四卷。今四卷，附録一卷。

《四庫提要・別集類十一》 《唯室集》四卷，附録一卷。《永樂大典》本。宋陳長方撰。長方有《步里客談》，已著録。是集詩文散入《永樂大典》各韻下。據胡百能行狀，原本凡十四卷。又唐璩原序稱其家所刊凡二百篇。今掇拾殘闕，僅得文五十五首，詩三十九首，勒爲四卷。而以他人所作銘、狀、記、序附録於後，以備考。雖較原書篇數祇及其半，而菁華具在，亦可以觀其大凡矣。

唯室兩漢論

陳振孫《直齋書録解題・別集類下》 《唯室兩漢論》一卷。吴郡陳長方齊之撰。紹興八年進士。

馬端臨《文獻通考・經籍考・別集》 《唯室兩漢論》一卷。

陳氏文集

王圻《續文獻通考・經籍考・集上》 《陳氏文集》。陳良翰著。

方舟集　後集

陳振孫《直齋書録解題・別集類下》 《方舟集》五十卷，《後集》二十卷。資陽李石知幾撰。石有盛名於蜀。少嘗客蘇符尚書家。紹興末爲學官，乾道中爲郎，歷麾節，皆以論罷。趙丞相雄，其鄉人也，素不善石，石以是晚益困，其自敍云「宋魋、魯倉今猶古」也。

馬端臨《文獻通考・經籍考・別集》 《方舟集》五十卷，《後集》二十卷。

楊士奇等《文淵閣書目・文集》 李知幾《方舟集》。一部，四册。全。

《四庫提要・別集類十二》 《方舟集》二十四卷。《永樂大典》本。宋李石撰。石有《方舟易學》，已著録。《宋史》不爲石立傳，其集亦不見於《藝文志》。惟《書録解題》載《方舟集》五十卷，《後集》二十卷。自明以來，絶無傳本。今從《永樂大典》採綴編次，猶可得十之六七。

張金吾《愛日精廬藏書志·别集類》《方舟集》二十四卷。文瀾閣傳抄本。

鄮峰漫録

楊士奇等《文淵閣書目·文集》 樓叔韞《鄮峰漫録》。一部，十册。闕。

静泰堂集

陳振孫《直齋書録解題·詩集類下》《静泰堂集》十卷。參政莆田龔茂良實之撰。黄公度以莆人魁天下，陳正獻次之。故事，拜黄甲，推最老者一人，最少者一人。是歲茂良年最少，莆人以爲盛事。後參大政，相位久虚，實行相事，坐撻曾覿直省官忤阜陵意，用謝廓然賜出身入臺擊罷之，遂謫英州以没。其風節凛凛，爲世名臣。

馬端臨《文獻通考·經籍考·詩集》《静泰堂集》十卷。

《宋史·藝文志·别集類》 龔茂良《静泰堂集》三十九卷。

耐賢翁詩集

王圻《續文獻通考·經籍考·詩集》《耐賢翁詩集》六卷。吴岡著。惠安人。研究經學，第進士，教授邵、峽二州，葺治黌舍，磨厲諸生，始相繼登第。

知稼翁集

《宋史·藝文志·别集類》 黄公度《莆陽知稼翁集》十二卷。

楊士奇等《文淵閣書目·文集》 黄師憲《知稼翁集》。一部，三册，闕。

王圻《續文獻通考·經籍考·集上》《知稼翁集》。黄公度著。公度，莆田人。紹興八年進士第一，官至考功員外郎。工詩能文。

徐𤊹《徐氏家藏書目·文集類》 黄公度《知稼翁集》二卷。

吴焯《繡谷亭薰習録·集一》《知稼翁集》二卷。宋尚書考功員外郎莆田黄公度師憲著。子知邵州沃編，乾道五年丞相魏國同邑陳俊卿序，慶元二年焕章閣學士鄱陽洪邁重序，沃爲後跋并撰壙銘，附龔茂良行狀、林太鼐墓銘。考誌傳俱稱集十一卷。此裔孫崇翰重編，天啓乙丑跋其後。

《四庫提要·别集類十一》《知稼翁集》二卷。兩淮鹽政採進本。宋黄公度撰。公度字師憲，莆田人。紹興八年進士第一。歷官考功員外郎。《書録解題》載公度集十一卷。卷端洪邁序稱公度既没，其嗣子知邵州沃收拾手澤，彙次爲十有一卷。卷末載有沃跋，亦稱故笥所存，塗乙之餘，纔十一卷，均與陳氏所載合。又《書録解題·詞典部》别有公度《知稼翁詞》一卷，合之當爲十二卷。此本爲天啓乙丑其裔孫崇翰所刊。稱嘉靖丙午得於陝西謁選人，乃前朝祕府之本，尚有御印。然併詞集合爲一編，僅一百三十四頁，分爲上、下二卷，似不足十二卷之數，豈尚有佚遺歟？

彭元瑞等《天禄琳琅書目後編·明版集部》《知稼翁集》。一函，二册。宋黄公度撰。公度字師憲，莆田人。紹興八年進士第一，官考功員外郎。書二卷，凡賦三首，詩三百十首，奏議三首，書一首，表二首，啓二十九首，記一首，序三首，跋一首，行狀一首，青詞二首，祝祭文四首，詞十五首，附録《漢書鐫譔》一條，府志小傳、行狀、墓誌銘、壙銘。其子沃跋稱集十一卷。此本乃天啓乙丑裔孫崇翰所刻，稱家集久無存，此集得之陝中選人，上有御印，乃祕府之本，初刻於衡州。此其再刻云。前有洪邁、陳俊卿二舊序。

方有聞文集

《宋史·藝文志·别集類》《方有聞文集》一卷。

梅百詠詩

《宋史·藝文志·别集類》 李縝《梅百詠詩》一卷。

蓮社集

尤袤《遂初堂書目·别集類》 曾覿《蓮社集》。

藝圃折衷

晁公武《郡齋讀書志·别集類下》 《藝圃折衷》六卷。右皇朝鄭厚，莆陽人。紹興中，舉進士第一，坐臺評廢于家。

縉雲文集

《宋史·藝文志·别集類》 馮時行《縉雲集》四十三卷。

楊士奇等《文淵閣書目·文集》 馮時行《縉雲文集》。一部，九册。殘闕。

王圻《續文獻通考·經籍考·集上》 《縉雲集》。馮時行著。時行，巴縣人。紹興初召對，以斥和議，除知萬州，秦檜諷使者摭拾其罪，坐廢。

張萱等《内閣藏書目録·集部》 《縉雲先生文集》六册。巴郡馮時行著。

《四庫提要·别集類十一》 《縉雲文集》四卷。編修汪如藻家藏本。 宋馮時行撰。時行字當可，壁山人。紹興乙卯、丙辰間爲丹稜令，罷歸後出守蓬黎州，終於提點成都刑獄公事。嘗居縣北縉雲山授徒，因以爲號。《宋志》載其文集本五十五卷，歲久散佚。明嘉靖中，重慶推官李璽始訪得舊鈔殘本，編爲四卷授梓。此本即從璽所刻傳寫者也。

漁溪後集

王圻《續文獻通考·經籍考·集上》 《漁溪後集》。胡仔著。

九華集

楊士奇等《文淵閣書目·文集》 員興宗《九華文集》。一部，八册。全。

張萱等《内閣藏書目録·集部》 《九華先生文集》八册。全。宋徽宗朝檢討員興宗著。寶慶間李心傳序。凡五十卷。

黄虞稷《千頃堂書目·别集類·補宋》 員興宗《九華先生文集》五十卷。官檢討，徽宗時人。李心傳爲序。

倪燦等《宋史藝文志補·别集類》 員興宗《九華文集》五十卷。今二十五卷，附録一卷。

《四庫提要·别集類十三》 《九華集》二十五卷，附録一卷。《永樂大典》本。 宋員興宗撰。興宗有《采石戰勝録》，已著録。其集見於焦竑《國史經籍志》者本五十卷，乃寶慶三年其孫榮祖所編。興宗弟夢協、井研李心傳，俱爲之序。明以來久佚不存。今檢勘《永樂大典》所録，摭拾詮次，釐爲詩六卷、雜文十五卷，又《論語解》、《老子解略》、《西陲筆略》倂《紹興采石大戰始末》各一卷。而原集所載同時祭文可以互證興宗始末者，則别爲一卷附之於後。

雲壑隱居

趙希弁《讀書附志·别集類四》 《雲壑隱居集》三卷。右蔡柟堅老之作也。柟嘗爲宜春别駕云。

尤袤《遂初堂書目·别集類》 《蔡堅老詩》。

陳振孫《直齋書録解題·别集類下》 《雲壑隱居集》三卷。南城蔡柟堅老撰。宣和以前人，没於乾道庚寅。曾公卷、吕居仁輩皆與之倡和。

馬端臨《文獻通考·經籍考·詩集》 《雲壑隱居集》三卷。

浩歌集

趙希弁《讀書附志・別集類四》 《浩歌集》一卷。右蔡柟堅老之作也。

《宋史・藝文志・別集類》 蔡柟《浩歌集》一卷。

虞忠肅集

王圻《續文獻通考・經籍考・集上》 《虞忠肅集》數十卷。虞允文著。允文，隆州仁壽人，謚忠肅。出將入相垂二十年。有詩文奏議數十卷。

得閒文集

王圻《續文獻通考・經籍考・集上》 《得閒文集》。吴曾著。曾，崇仁人。高宗時獻所著書，累官吏部侍郎奉祠。平生苦學，爲文奇偉。

梅溪集

陳振孫《直齋書録解題・別集類下》 《梅溪集》三十二卷，《續集》五卷。詹事樂清王十朋龜齡撰。丁丑大魁，立朝剛正。劉珙作序。

馬端臨《文獻通考・經籍考・別集》 《梅溪集》三十二卷，《續集》五卷。

《宋史・藝文志・別集類》 王十朋《南游集》二卷。又《後集》一卷。

楊士奇等《文淵閣書目・文集》 王龜齡《梅溪文集》。一部，十四册。全。王龜齡《梅溪文集》。一部，六册。全。

高儒《百川書志・宋文》 《梅溪文集》五十卷。《御史策》一卷，《奏議》、《前集》二十卷，《後集》二十九卷。詹事樂清王十朋龜齡撰。

徐𤊹《徐氏家藏書目・文集類》 王十朋《梅溪集》五十卷。

張萱等《内閣藏書目録・集部》 《梅谿先生》文集。宋王十朋著。《前集》二十卷四册，《後集》三十卷八册，《奏議》一册，《日記》一册。又二十册。不全内有《續集》五册。又六册。全。《前集》。

錢謙益等《絳雲樓書目・宋文集類》 王十朋《梅溪集》。集三十二卷，朱晦翁序，泉州板刻。又有《梅溪續集》，亦泉州刻，真西山跋。

吴焯《繡谷亭薰習録・集一》 《梅溪集》五十四卷。宋太子詹事樂清王十朋龜齡著。劉珙共父序。紹熙壬子先生之子聞禮鋟木江陵，定爲《前集》二十卷，《後集》二十九卷，《奏議》五卷。聞禮爲後序。《文獻通考》題三十二卷，説本劉序。然聞禮所載卷帙甚明，且見于汪應辰墓誌者，自足憑也。第劉序云：「公殁後幾十年，其子聞詩出公遺文，凡三十二卷。」而聞禮序則云：「刻集時，先君即世已二十有一年。」則劉見集時在聞禮刻集之先，豈尚未編定耶？劉序朱文公代作，其文見大全集。明正統五年刻于温州，黄淮序。天順六年又刻，莆田周琰序。

《四庫提要・別集類十二》 《梅溪集》五十四卷。兵部侍郎紀昀家藏本。宋王十朋撰。十朋有《會稽三賦》，已著録。是集爲正統五年温州教授何潢所校，知府劉謙刻之，黄淮爲序。凡《奏議》五卷，而冠以廷試策。《前集》二十卷，《後集》二十九卷，而附以汪應辰所作墓誌。後有紹熙壬子其子宣教郎聞禮跋，稱文集合前後竝《奏議》五十四卷。與此本合。而《文獻通考》作《梅溪集》三十二卷，《續集》五卷，并載劉珙之序。今無此序，卷數更多寡不符。應辰墓誌則稱《梅溪前後集》五十卷，與此本亦不相應。疑珙所序者初稿，應辰所誌者晚年續增之稿，而此本則十朋没後其子聞詩、聞禮所編次之定稿也。

彭元瑞等《天禄琳琅書目後編・明版集部》 《梅溪先生文集》。二函，十册。

【略】《梅溪先生文集》。二函，十二册。同上，係一版摹印。何序佚。泰興季氏藏本。

張金吾《愛日精廬藏書志・別集類》 《梅溪先生文集》五十四卷。明正統抄本。

會稽三賦

楊士奇等《文淵閣書目・文集》 王龜齡《會稽三賦》。一部，一册。闕。

高儒《百川書志・別集》《會賦三賦》三卷。宋東嘉王十朋撰。會稽即南宋紹興府也。三賦，《風俗》、《民事堂》、《蓬萊閣賦》也。明渭南南逢吉校注也。

張萱等《内閣藏書目録・雜部》《會稽三賦》一册。全。宋孝宗朝王十朋著。

錢謙益等《絳雲樓書目・宋文集類》王梅溪《會稽三賦》。重。見地誌類。

黄丕烈《百宋一廛書録》《會稽三賦》。此宋刻《會稽三賦》，東嘉王十朋撰。前有嘉定歲在丁丑日長至愚齋史鑄序。

吴壽暘《拜經樓藏書題跋記》卷五《會稽三賦》。《會稽三賦》不分卷。前題「東嘉王十朋撰」。次「剡谿周世則注，郡人史鑄增注」。并撰《釋音》附入。有嘉定丁丑鑄序。每葉二十二行，每行大小字二十，均空一格。

楚東唱酬集

王圻《續文獻通考・經籍考・詩集》《楚東唱酬集》。王十朋著。

鄞江集

王圻《續文獻通考・經籍考・詩集》《鄞江集》。王十朋著。

拙齋文集

陳振孫《直齋書録解題・別集類下》《拙齋集》二十二卷。校書郎侯官林之奇少穎撰。之奇學于吕本中，而太史祖謙學于之奇。其登第當紹興辛未，年已四十，未幾即入館。方鄉用，而得末疾。

馬端臨《文獻通考・經籍考・別集》《拙齋集》二十二卷。

《四庫提要・別集類十一》《拙齋文集》二十卷。浙江鮑士恭家藏本。宋林之奇撰。之奇有《尚書全解》，已著録。是集凡《記問》二卷，蓋即本傳所謂《道山記問》者。詩一卷、雜文十七卷。末附吕祖謙祭文及李棡所爲哀詞、姚同所爲行實。以之奇自號曰拙齋，因以名集。

沖虚集

黄虞稷《千頃堂書目・別集類》錢朝彦《沖虚集》二十卷。字用明，樂清人。

李文肅公集

楊士奇等《文淵閣書目・文集》《李文肅公集》。一部，四册。全。

李文肅公經濟編

張萱等《内閣藏書目録・集部》《文肅李公經濟編》六册。全。宋敷文閣直學士李椿著。

黄虞稷《千頃堂書目・別集類・補宋》李椿《李文肅公經濟編》六卷。本洺州永年人，避金亂徙潭州。守敷文閣待制。李芾之曾祖。

倪燦等《宋史藝文志補・別集類》李椿《文肅經濟編》六卷。洺州永年人，避金亂徙潭州。

直諒集

《宋史・藝文志・別集類》蕭之敏《直諒集》三卷。

同庵集

陳振孫《直齋書録解題·詩集類下》《同庵集》一卷。吴興施士衡德求撰。嘗試中教官，爲宣州簽幕，坐廢，雖牽復，仕竟不進。

馬端臨《文獻通考·經籍考·詩集》《同庵集》一卷。

柟山老人集

陳振孫《直齋書録解題·詩集類下》《柟山老人集》八卷。龍泉季相文成撰。

馬端臨《文獻通考·經籍考·詩集》《柟山老人集》八卷。

林栗集

《宋史·藝文志·别集類》《林栗集》三十卷。

觀堂集

王圻《續文獻通考·經籍考·集上》《觀堂集》。合江劉望之著。望之，紹興間進士，官秘書省正字，宰相沈該以無塵埃氣薦之。

雲莊集

楊士奇等《文淵閣書目·文集》曾協《雲莊集》。一部，四册。全。

張萱等《内閣藏書目録·集部》曾同季《雲莊集》四册。全。宋徽宗朝曾協著。凡二十卷。

黄虞稷《千頃堂書目·别集類·補宋》曾協《雲莊集》二十卷。字同季，徽宗時人。

倪燦等《宋史藝文志補·别集類》曾協《雲莊集》二十卷。今五卷，字同季。

《四庫提要·别集類十一》《雲莊集》五卷。《永樂大典》本。宋曾協撰。協字同季，南豐人。《宋史》無傳，志乘亦不載其名。據傅伯壽所作集序，知爲曾肇之孫，曾纁之子。而所敘仕履但曰官零陵太守，不及其詳。且宋無零陵郡，亦無太守之名，殊非實事。今以集中詩文考之，知紹興中舉進士不第，以世賞得官。初爲長興丞，遷嵊縣丞。繼爲鎮江通判，遷臨安通判。乾道癸巳權知永州事以卒。伯壽所云，蓋以古地名與古官名假借用之，文人换字之陋習耳。協没已二十八年。其子直敷文閣福建轉運副使炎輯其文爲二十通，考劉禹錫作柳宗元集序，稱一卷爲一通，則原集蓋二十卷。今傳於世者，惟《詠芭蕉》一詩，僅見陳景沂《全芳備祖》中。他不概見，則其亡已久矣。今捃拾《永樂大典》所載，以類編次，尚得五卷。又得傅伯壽序一篇，亦併録入。

陳正獻集

陳振孫《直齋書録解題·詩集類下》《陳正獻集》十卷。丞相福正獻公莆田陳俊卿應求撰。紹興八年進士第二人。乾淳間名相，與虞并父異論，去國。

馬端臨《文獻通考·經籍考·詩集》《陳正獻集》十卷。

家藏集

《宋史·藝文志·别集類》芮暉《家藏集》七卷。

艾軒集

馬端臨《文獻通考·經籍考·别集》《林艾軒集》二十卷。工部侍郎林光朝撰。後村劉氏序略曰：以言語文字行世，非先生意也。先生乾淳間大儒，國人師之。朱文公於當世之學，間有異同，惟於先生加敬。然先生學力既深，下筆簡嚴，高處逼《檀弓》、《穀梁》，平處猶與韓並驅。在當時，片簡隻字人已貴重，今其存者如岣嶁之碑、岐陽之鼓矣。先生歿六十年，微言散軼。復齋陳公、某所序者，僅十之二三，外孫方之泰討求裒拾，彙爲二十卷，勤於李漢、趙德矣。

楊士奇等《文淵閣書目·文集》《林艾軒文集》。一部，八册。殘闕。

徐𤊹《徐氏家藏書目·文集類》林光朝《艾軒集》二十卷。

張萱等《内閣藏書目録·集部》《艾軒文集》三册。不全。宋太平興國間莆田林光朝著。

錢謙益等《絳雲樓書目·宋文集類》林光朝《艾軒文鈔》。集二十卷。閩人。

黄虞稷《千頃堂書目·别集類·補宋》林光朝《艾軒集》十卷。

倪燦等《宋史藝文志補·别集類》林光朝《艾軒集》。十卷。

吴焯《繡谷亭薰習録·集一》《艾軒集》十卷。宋工部侍郎林光朝謙之著。復齋陳宓、後村劉克莊並序。淳祐十年刻于鄱陽，林希逸序。案陳序：「族孫同叔彙爲十卷。」後村序云：「外孫方之泰彙爲二十卷。」今所傳者，疑同叔本。正德辛巳，莆田重刻，族孫浚序。

《四庫提要·别集類十二》《艾軒集》九卷，附録一卷。江蘇巡撫採進本。宋林光朝撰。光朝字謙之，莆田人。登隆興元年進士。【略】平生不喜著書。既没後，其族孫同叔裒其遺文爲十卷，陳宓序之。後其外孫方之泰搜求遺逸，輯爲二十卷，刻於鄱陽，劉克莊序之。至明代，宋刊已佚，僅存鈔本。正德辛巳，光朝鄉人鄭岳擇其尤者九卷，附以遺事一卷，題曰《艾軒文選》，是爲今本。所謂十卷、二十卷者，今皆不可見。王士禎《居易録》稱：「嘗從黄虞稷借觀其全集，憾未鈔録。」未審即此本否也。然即此本觀之，亦可見其一斑矣。舊本間有評語，蓋明林俊所附入。皆無發明，故今悉删汰焉。

燭湖文集

楊士奇等《文淵閣書目·文集》孫介《燭湖文集》。一部，十三册。闕。

雪巢小集

陳振孫《直齋書録解題·别集類下》《雪巢小集》二卷。東魯林憲景思撰。

馬端臨《文獻通考·經籍考·詩集》《雪巢小集》二卷。

《宋史·藝文志·别集類》林憲《雪巢小集》二卷。

芮國器集

尤袤《遂初堂書目·别集類》《芮國器集》。

李文簡公集

馬端臨《文獻通考·經籍考·别集》《李文簡公集》一百二十卷。敷文閣學士、丹稜李燾仁父撰。

《宋史·藝文志·别集類》《李燾文集》一百二十卷。

沂庵集

陳振孫《直齋書録解題·别集類下》《沂庵集》四十卷。新津任淵子淵撰。紹興乙城類試第一人，仕至潼川憲。

馬端臨《文獻通考·經籍考·别集》《沂庵集》四十卷。

綺川集

尤袤《遂初堂書目·别集類》倪□《綺川集》。

陳振孫《直齋書録解題・別集類下》《綺川集》十五卷。太常寺主簿歸安倪偁文舉撰。紹興八年進士。齊齋之父。

馬端臨《文獻通考・經籍考・別集》《綺川集》十五卷。

《宋史・藝文志・別集類》倪文舉《綺川集》十五卷。

敝帚集

《宋史・藝文志・別集類》張嗣良《敝帚集》十四卷。

橘園策

《宋史・藝文志・別集類》《李浩文集》二卷。

張萱等《内閣藏書目録・集部》《橘園先生策》二册。宋乾淳間吏部侍郎李浩撰。凡三十七篇。

黃虞稷《千頃堂書目・別集類・補宋》李浩《橘園策》二卷。臨川人。紹興中進士，乾淳間官吏部侍郎，廣西安撫使。

倪燦等《宋史藝文志補・別集類》李浩《橘園策》二卷。臨川人。吏部侍郎。

王司業集

陳振孫《直齋書録解題・別集類下》《王司業集》二十卷。國子司業宛丘王速致君撰。

馬端臨《文獻通考・經籍考・別集》《王司業集》三十卷。

樵隱集

陳振孫《直齋書録解題・別集類下》《樵隱集》十五卷。信安毛幵平仲撰。禮部尚書友之子。負才傲世，仕止州倅。與尤遂初厚善，臨終以書別之，囑以志墓。延之既爲銘，又序其集。

馬端臨《文獻通考・經籍考・別集》《樵隱集》十五卷。

《宋史・藝文志・別集類》毛幵《樵隱集》十五卷。

至樂齋集

《宋史・藝文志・別集類》傅自得《至樂齋集》四十卷。

鄧紳伯集

楊士奇等《文淵閣書目・詩詞》《鄧大隱居士詩》。一部，一册。闕。

黃虞稷《千頃堂書目・別集類・補元》《鄧大隱居士詩》□卷。

倪燦等《補遼金元藝文志・別集類・補元》《鄧大隱居士詩》。

《四庫提要・別集類十一》《鄧紳伯集》二卷。《永樂大典》本。案《鄧紳伯集》散見《永樂大典》中，裒集排纂，尚得二卷。然原本不著其名，亦不著時代。諸家目録皆不載其書。惟集中有《遊羅正仲磬沼分韻》詩，題曰：「深得『一』字。」又有《諸人集貧樂軒賞花分韻》詩，題曰：「深得『把』字。」則其名當爲鄧深。考《永樂大典》鄧字韻下，引《古羅志》曰：「宋鄧深字資道，試中教官，入爲太府丞。輪對論京西湖南北户及士大夫風俗，高宗嘉納，提舉廣西市舶。以親老求便郡，知衡州。茶陵安仁溪峒之盜，望風帖息。擢潼川，潼鹽酒虚額，久爲民害，請於朝，蠲川引四十七萬。守令貪虐，劾奏之。虞允文貽書云：『不畏彊禦，思濟斯民，挺然之操，未見近比。』後以朝散大夫終於家。愛居東湖之勝，建閣曰明秀。有文集十卷。」凌迪知

《萬姓通譜》亦載「鄧深，湘陰人。紹興中進士。」餘與《古羅志》同。是編中《鄉人禱雨有應》、《寓烏石》及《咏醴泉》、《題巖石山石鼓》、《贈别饒司理》、《别長沙驛》、《渡玉虚洞》諸作，其地皆近衡州。《探禹穴》、《溯峽》、《三遊洞》、《峽江》、《灩澦堆》諸作，其地皆近潼川。與深宦遊所歷，一一相符。則此集爲鄧深所撰審矣。惟紳伯之字與《古羅志》所載不同，殆有兩字歟？黄虞稷《千頃堂書目》載有元《鄧大隱居士詩集》。此集中《荅杜友詩》有「小軒名大隱」句，又有《自賦大隱》一律，與之相合。然核其詩句標題，實宋人而非元人。或「大隱」即深别號，《大隱居士詩集》即此集之别名。虞稷等輾轉傳寫，誤宋爲元，亦未可知也。

棲雲集

尤袤《遂初堂書目·别集類》《趙莊叔集》。

趙希弁《讀書附志·别集類二》 趙中書《棲雲集》二十五卷。右中書舍人趙逵之文。逵字莊叔。紹興辛未，入奉大對，天子親擢爲第一。嘗卜居溪山間，榜之曰「棲雲」，故名其集。潘文熹編，周麟之所撰墓誌附于後。

陳振孫《直齋書録解題·别集類下》《棲雲集》二十五卷。中書舍人資川趙逵莊叔撰。辛未大魁，大氣節。四十一歲卒。

馬端臨《文獻通考·經籍考·别集》《棲雲集》二十五卷。

《宋史·藝文志·别集類》 趙逵《棲雲集》二十五卷。

王圻《續文獻通考·經籍考·集上》《棲雲集》三十卷。趙逵著。資州人。一目數行，好聚古書，考歷代治亂之迹。紹興對策擢第一。文似蘇軾，稱小東坡。

湯進之内外制

尤袤《遂初堂書目·别集類》《湯進之内外制》。

白蘋集

尤袤《遂初堂書目·别集類》 龐佑甫《白蘋集》。

陳振孫《直齋書録解題·别集類下》《白蘋集》四卷。右文林郎單父龐謙儒祐甫撰。莊敏公籍之曾孫。用季父恩仕，不遂而死，韓南澗志其墓。嘗客居吴興，故集名「白蘋」。

馬端臨《文獻通考·經籍考·别集》《白蘋集》四卷。

《宋史·藝文志·别集類》 龐謙孺《白蘋集藁》四卷。

楊士奇等《文淵閣書目·文集》 龐祐甫《白蘋集稿》。一部，二册，全。

張萱等《内閣藏書目録·集部》《白蘋集》二册。全。宋孝宗朝龐謙孺著。凡四卷。

桃溪集

王圻《續文獻通考·經籍考·集上》《桃溪集》百卷，李蘩著。蘩字崇慶，晉源人。登，進士，爲隆州推官，遷太常少卿，講學臨政皆有源委。

黄虞稷《千頃堂書目·别集類·補宋》 李蘩《桃溪文集》一百卷。崇慶晉原人，舉進士，官太府少卿。

倪燦等《宋史藝文志補·别集類》 李蘩《桃溪文集》一百卷。崇慶，晉原人。

萬石書

《宋史·藝文志·别集類》 胡執《萬石書》一卷。

盤洲集

趙希弁《讀書附志・別集類二》 《洪文惠盤洲集》八十卷。右文惠公洪适之文也。公字景伯，紹興十二年，與文安公遵同中博學宏詞科，宰臣進呈所試制詞，高宗曰：「父在遠，子能自立，可嘉，宜與陞擢。」遂除勑令所删定官。後三年，文敏公邁亦中選，由是洪氏文名滿天下。适以乾道元年十二月拜通奉大夫、尚書右僕射兼樞密使，淳熙十一年二月薨於家。前自撰遺表上之，神道碑、謚議附于集後。

陳振孫《直齋書録解題・別集類下》 《盤洲集》八十卷。丞相文惠公鄱陽洪适景伯撰。忠宣之長子。方奉使時，文惠甫十三歲，後與其弟遵同中壬戌宏博科。本名造，後改焉。

馬端臨《文獻通考・經籍考・別集》 《盤洲集》八十卷。

《宋史・藝文志・別集類》 洪适《盤洲集》八十卷。

楊士奇等《文淵閣書目・文集》 洪适《盤洲文集》。一部，十一册，闕。洪适《盤洲文集》。一部，十册，殘闕。

張萱等《内閣藏書目録・集部》 《盤洲文集》十一册。全。宋洪文惠公适著。鈔本。凡八十卷。又八册。不全。鈔本。

錢謙益等《絳雲樓書目・宋文集類》 洪适《盤洲集》十册。八十卷。字景伯，謚文惠。

王士禛《漁洋書跋》 《盤洲集》二則。洪文惠适《盤洲集》十三卷。有詩無文。按《經籍志》：集八十卷，此非其全也。文惠與弟文安遵、文敏邁同登館閣，文名滿天下，號稱三洪。此集十卷以下皆挽歌、樂章、詩餘，無足録。八卷九卷皆雜詠盤洲山水草木，擬李衛公平泉諸詠。

吴焯《繡谷亭薫習録・集一》 《盤洲集》八十卷。宋丞相、謚文惠鄱陽洪适景伯著。适入相才數月而罷，家居十六年，老而益學，宜其論著之富贍也。後附女夫許及之行狀，周必大神道碑。此集哀廣，難得其全。

于敏中等《天禄琳琅書目・影宋鈔集部》 《盤洲文集》四函二，十四册。宋洪适著。八十卷，後附行狀、碑銘并拾遺共一册。

《四庫提要・別集類十三》 《盤洲集八十卷》。浙江巡撫採進本。宋洪适撰。适有《隸釋》，已著録。許及之撰适行狀，稱有文集一百卷，藏於家。周必大撰适神道碑，則稱其論著爲四方傳誦，有《盤洲集》八十卷。與行狀互異。考陳振孫《書録解題》、張萱《重編内閣書目》俱作八十卷。則及之所稱其家藏之舊稿，必大所稱乃其行世之刊本。其書流傳頗尠。王士禎《居易録》謂：朱彝尊所藏《盤洲集》，僅有其詩。則藏書家已罕覩全帙。此本爲毛氏汲古閣所藏，猶從宋刻影寫。惟末卷拾遺剳子第三篇，蠹損特甚。其餘雖字句間有脱落，而卷帙完好，亦古本之僅存者矣。

張金吾《愛日精廬藏書志・別集類》 《盤洲集》八十卷。影宋抄本。惠紅豆藏書。

張之洞《書目答問・別集》 《盤洲集》八十卷。宋洪适。洪氏家刻本。宜黄黄氏刻本。

天台石橋詩選

楊士奇等《文淵閣書目・詩詞》 洪适《天台石橋詩選》。一部，一册。完全。

嵩山居士集

楊士奇等《文淵閣書目・文集》 晁子西《嵩山集》。一部，四册。殘闕。

王士禛《漁洋書跋》 晁子西《嵩山集》。宋刻晁公遡子西《嵩山集》五十四卷。公遡，公武子止弟也。《古賦》一卷，《神女廟賦》最奇麗。詩在叔用无咎之下，間有警策。

《四庫提要・別集類十一》 《嵩山居士集》五十四卷。江蘇巡撫採進本。宋晁公遡撰。公遡字子西，鉅野人。公武之弟。《宋史》無傳，其仕履無考。【略】此集刻於乾道四年，蓋皆眉州以前所作。師璿序又稱「公遡《抱經堂稿》，以甲乙分第，汗牛充棟，此特管中之豹。」則其選輯之本也。晁氏自迥以來，家傳文學，幾於人人有集。南渡後則公武兄弟最爲知名。公武《郡齋讀書志》世稱該博，而所著《昭德文集》已不可見。惟公遡此集僅存。

蓮峰集

楊士奇等《文淵閣書目・文集》 史堯弼《蓮峰家集》。一部，六册。全。

張萱等《内閣藏書目録・集部》 《蓮峰先生家集》六册。全。宋乾道間史堯弼著。凡三十卷。

黄虞稷《千頃堂書目・別集類・補宋》 史堯弼《蓮峰先生家集》三十卷。乾道時人。

倪燦等《宋史藝文志補・別集類》 史堯弼《蓮峰文集》三十卷，乾道時人。今十卷。

《四庫提要・別集類十四》 《蓮峰集》十卷。《永樂大典》本。宋史堯弼撰。堯弼字唐英，眉州人。其仕履不見於史傳。焦竑《國史經籍志》載堯弼《蓮峰集》三十卷，而世間亦無傳本，故録宋詩者多不能舉其姓名。惟《永樂大典》載有是集原序二篇，其一作於乾道丙戌，自署曰省齋，不知何人。其一爲任清全序，作於嘉定癸酉。【略】其文在宋已多散落，是集乃其從孫師道所重刻，今亦不可復覩。謹從《永樂大典》中掇拾裒輯，釐爲十卷，著之於録。俾懷才齎志之士，無聲塵翳如之慨焉。

海陵集　外集

尤袤《遂初堂書目・別集類》 《周麟之集》。

陳振孫《直齋書録解題・別集類下》 《海陵集》三十二卷。同知樞密院海陵周麟之茂振撰。乙丑進士，戊辰詞科。既執政，被命使金亮，辭行得罪，去。

馬端臨《文獻通考・經籍考・別集》 《海陵集》三十二卷。

《宋史・藝文志・別集類》 周麟之《海陵集》二十三卷。

楊士奇等《文淵閣書目・文集》 周麟之《海陵文集》。一部，四册。殘闕。

《四庫提要・別集類十二》 《海陵集》二十三卷，《外集》一卷。編修汪如藻家藏本。宋周麟之撰。麟之字茂振，海陵人。紹興十五年進士，中宏詞科。任起居舍人。歷擢兵部侍郎，直學士院、給事中，知制誥，翰林學士。官至周知樞密院事。《宋史・藝文志》載麟之《海陵集》二十三卷，與此本合。前有淳熙癸卯周必大序，亦稱其子準裒遺稿得二十三卷。蓋猶舊帙。

《四庫提要・別集類存目一》 《別本海陵集》一卷。浙江巡撫採進本。宋周麟之撰。麟之《海陵集》二十三卷，《外集》一卷，已著録。此本僅詩六十三首，文四篇。即《外集》一卷，書賈削去標題「外集」字，別作僞帙，以售欺耳。

翰林詞草

趙希弁《讀書附志・別集類三》 《玉山先生表奏》六卷。右汪應辰聖錫之文也。本名洋，紹興五年進士第二，黄中以有官，遂升洋爲第一。洋乞避遠祖嫌名，高宗以其與王拱辰皆年十八，遂賜今名。

尤袤《遂初堂書目・別集類》 汪端明《内制》。

陳振孫《直齋書録解題・別集類下》 玉山《翰林詞草》五卷。尚書玉山汪應辰聖錫撰。紹興五年進士首選。本名洋，御筆改賜。天材甚高，而不喜爲文，謂不宜弊精神於無用，然每作輒過人。以天官兼翰苑近二年，所撰制詔温雅典實，得王言體，朱晦翁稱爲近世第一。

馬端臨《文獻通考・經籍考・別集》 《玉山翰林詞草》五卷。

《宋史・藝文志・別集類》 汪應辰《翰林詞草》五卷。

文定集

楊士奇等《文淵閣書目・文集》 汪應辰《玉山文集》。一部，十三册。全。

張萱等《内閣藏書目録・集部》 玉山《汪文定公文集》十三册。全。宋孝宗朝汪應辰著。凡四十三卷。

《四庫提要・別集類十一》 《文定集》二十四卷。《永樂大典》本。宋汪應辰撰。應辰字聖錫，信州玉山人。初名洋，紹興五年登進士第一，高宗爲改此名。初授鎮東軍僉判。後官至敷文閣學士，四川制置使，知成都府。【略】《宋史・藝文志》載其集五十卷。明初已罕流傳。弘治中，程敏政於内閣得其本。以卷帙繁重，不能盡録，乃摘鈔其要，編爲《廷試策》一卷，《奏議》二卷，《内制》一卷，《雜文》八卷。嘉靖間，其鄉人夏浚刻之，又附以《遺事》、《志傳》等文凡二卷。今世所行，皆從程本傳録，不見完帙者已二三百年。今考《永樂大典》所載，爲程本不載者幾十之四五。蓋姚廣孝等所據之本，即敏政所見之内閣本。而敏政取便鈔録，所採太狹，故鉅製鴻篇，多所挂漏。謹以浙江所購程本與《永樂大典》互相比較，除其重複，增所未備，勒爲二十四卷。較五十卷之舊，業已得其大半。計其精華，亦約略具於是矣。

張之洞《書目答問・別集》 《文定集》三十四卷。宋汪應辰。聚珍本，福本。

別本汪文定集

黄虞稷《千頃堂書目・文史類》 《汪文定公集鈔》十二卷，附録一卷。汪應辰。

《四庫提要・別集類存目一》 《別本汪文定集》十三卷。江蘇巡撫採進本。宋汪應辰撰。《應辰全集》已於《永樂大典》内裒輯成編，別著於録。此本乃明程敏政以内閣藏本選録而成，非其完帙。

石子文集

王圻《續文獻通考・經籍考・集上》 《石子文集》。石子重著。

南澗甲乙藁

陳振孫《直齋書録解題・別集類下》 《南澗甲乙藁》七十卷。吏部尚書潁川韓元吉无咎撰。門下侍郎維之玄孫。與其從兄元龍子雲皆嘗試詞科不利。居廣信溪南。案：「廣信」原本作「廣德」，誤。今據《文獻通攷》改正。號南澗。

馬端臨《文獻通考・經籍考・別集》 《南澗甲乙稿》七十卷。

《宋史・藝文志・別集類》 韓元吉《南澗甲乙藁》七十卷。

楊士奇等《文淵閣書目・文集》 韓元吉《南澗集》。一部，七册。全。

張萱等《内閣藏書目録・集部》 《南澗集》七册。全。宋高宗朝韓元吉著。凡七十卷。

錢謙益等《絳雲樓書目・宋文集類》 《韓南澗甲乙藁》八册。七十卷。韓元吉撰。元吉持國之後也。仕至吏部尚書。

《四庫提要・別集類十三》 《南澗甲乙稾》二十二卷。《永樂大典》本。宋韓元吉撰。元吉有《桐陰舊話》，已著録。【略】集本七十卷，又自編其詞爲《焦尾集》一卷。《文獻通考》竝著録。歲久散佚。今從《永樂大典》所載，總裒爲詩七卷，詞一卷，文十四卷。統觀全集，詩體文格，均有歐、蘇之遺，不在南宋諸人下。而湮没不傳，殆不可解。然沈晦數百年，忽出於世，炳然發翰墨之光，豈非精神光采，終有不可磨滅者。故靈物撝訶，得以復顯於今歟！

愚戇録

《宋史・藝文志・別集類》 韓元吉《愚戇録》十卷。

三近齋餘録

馬端臨《文獻通考・經籍考・別集》 《三近齋餘録》。朝奉郎知信州王從正夫撰。從，文正公五世孫。有詩文四百八十餘篇，自題《三近齋餘録》。

《宋史・藝文志・別集類》 王從《三近齋餘録》五卷。

顔師魯文集

《宋史・藝文志・別集類》 《顔師魯文集》四十四卷。

香山集

楊士奇等《文淵閣書目・文集》 喻良能《香山文集》。一部，二册。全。

王圻《續文獻通考・經籍考・集上》 《香山集》，喻良能著。良能，義烏人。累官至太常寺。

張萱等《内閣藏書目録・集部》 《香山先生文集》。宋理宗朝喻良能著。凡十七卷。

黄虞稷《千頃堂書目・別集類・補宋》 喻良能《香山集》十七卷。義烏人。累官太常寺丞，以開國縣男致仕。孝宗時進《忠義傳》二十卷。

倪燦等《宋史藝文志補・別集類》 喻良能《香山集》十七卷。義烏人。

《四庫提要・別集類十二》 《香山集》十六卷。《永樂大典》本。宋喻良能撰。良能字叔奇，義烏人。登紹興二十七年進士。【略】今從《永樂大典》採掇裒次，而以《南宋名賢小集》所載參校補入。釐爲十六卷，庶猶得考見其大略。其集稱香山者，案集中《次韻李大著春日雜詩》中有「清夢到香山」句。自注曰：「余所居山名。」蓋以地名其集云。

小隱集

陳振孫《直齋書録解題・別集類下》 《小隱集》七十卷。樞密文安公洪遵景嚴撰。其進用最先于兄弟，而得年不永，薨於淳熙元年。

馬端臨《文獻通考・經籍考・別集》 《小隱集》七十卷。

《宋史・藝文志・別集類》 洪遵《小隱集》七十卷。

房山文集

王圻《續文獻通考・經籍考・集上》 《房山文集》三十卷。魏杞著。杞，鄞人。乾道右僕射，謚文節。

適齋存稿

王圻《續文獻通考・經籍考・集上》 《適齋存稿》。汪大猷著。大猷，鄞人。紹興中進士，爲吏部侍郎兼權尚書。所著又有《備忘訓鑑》等書。

省齋集

王圻《續文獻通考・經籍考・集上》 《省齋集》。龍溪吴獬著。陳知柔稱其貌古心古學古文古，閉户著書，不在子雲下。

王稱詩

《宋史・藝文志・別集類》 《王稱詩》四卷。

介庵集

趙希弁《讀書附志・別集類四》 《介庵趙居士文集》十卷。右趙彦端字德莊之文也。德莊寓居南昌，登紹興八年進士第。出更麾節，入踐臺省，凡奏對獻策，陳述利害，如蠲丁錢，講治體，禦敵守邊之謀，用兵行賞之規，議論醇正，卓然皆有可用之實。淳熙十四年，江西運副趙彦操刻之。

尤袤《遂初堂書目・別集類》 《趙德莊集》。

陳振孫《直齋書録解題・別集類下》 《介庵集》十卷。左司郎官趙彦端德莊撰。乾淳間名士也。

馬端臨《文獻通考・經籍考・別集》 《介庵集》十卷。

《宋史・藝文志・別集類》 趙彦端《介菴集》十卷。又《外集》三卷。《介菴詞》四卷。

玉雪小集　外集

陳振孫《直齋書録解題・詩集類下》 《玉雪小集》六卷,《外集》七卷。太常博士龍泉何偁德揚撰。隆興初,在朝言和議,觸時相,去後遂不復召,歷麾節而卒。

馬端臨《文獻通考・經籍考・詩集》 《玉雪小集》六卷,《外集》七卷。

江行雜著

《宋史・藝文志・別集類》 謝諤《江行雜著》三卷。

宮教集

楊士奇等《文淵閣書目・文集》 《崔宮教集》。一部,六册。全。

張萱等《内閣藏書目録・集部》 《崔宮教集》六册。全。宋孝宗朝崔敦禮著。凡二十卷。

黄虞稷《千頃堂書目・別集類・補宋》 崔敦禮《崔宮教集》二十卷。孝宗時人。

倪燦等《宋史藝文志補・別集類》 崔敦禮《宮教集》二十卷。孝宗時人。

《四庫提要・別集類十二》 《宮教集》十二卷。《永樂大典》本。宋崔敦禮撰。敦禮有《芻言》,已著録。焦竑《國史經籍志》載有《敦禮集》二十卷,其本久佚。他家書目亦罕著於録。故厲鶚《宋詩紀事》不及敦禮之名。惟《永樂大典》載有敦禮《宮教集》,其詩文篇帙尚富。大抵格律平正,詞氣暢達。雖不能領新標異,而周規折矩尺寸不踰。前輩典型,兹猶未墜,未可等諸自鄶無譏。謹採掇編次,釐爲十有二卷。

横堂小集

陳振孫《直齋書録解題・別集類下》 《横堂小集》十卷。右司郎中福清林栴子長撰。

馬端臨《文獻通考・經籍考・別集》 《横堂小集》十卷。

千巖擇稾　外編　續編

陳振孫《直齋書録解題・別集類下》 《千巖擇稾》七卷,《外編》三卷,《續編》四卷。知峽州三山蕭德藻東夫撰。嘗宰烏程,後遂家焉。楊誠齋序其集曰:「近世詩人若范石湖之清新,尤梁谿之平淡,陸放翁之敷腴,蕭千巖之工緻,皆余所畏也。」

馬端臨《文獻通考・經籍考・別集》 《千巖擇稾》七卷,《外編》三卷,《續編》四卷。

《宋史・藝文志・別集類》 蕭德藻《千巖擇稾》七卷。又《外編》三卷。

劉珙集

《宋史・藝文志・別集類》 《劉珙集》九十卷。又附録四卷。

澹軒集

楊士奇等《文淵閣書目・文集》 《李澹軒文集》。一部,三册。全。

王圻《續文獻通考・經籍考・集上》 《澹軒集》十二卷。光澤李賓老著。

張萱等《内閣藏書目録・集部》 《澹軒文集》三册。全。宋寧宗朝李呂著。

黄虞稷《千頃堂書目・別集類・補宋》 李呂《淡軒文集》十五卷。

倪燦等《宋史藝文志補・別集類》 李呂《淡軒文集》十五卷。

《四庫提要・別集類十二》 《澹軒集》八卷。《永樂大典》本。宋李呂撰。呂字濱老，一字東老，邵武軍光澤人。其行事不見於史傳。惟周必大《平園續稿》第三十五卷内有所作呂墓誌一篇，稱其端莊自重，記誦過人。年四十，即棄科舉。至七十七而卒。【略】《國史經籍志》載《澹軒集》十五卷，與周必大墓誌相符。然世無傳本，惟散見於《永樂大典》中。謹採掇裒綴，釐爲詩三卷、詩餘一卷、雜文四卷。周必大墓誌一首亦附之卷末，以備考核焉。

黃德潤文集奏議

王圻《續文獻通考・經籍考・集上》 《黃德潤文集奏議》八十五卷。黃洽字德潤，侯官人。嘗言居家不欺妻，仕不欺君，仰不欺天，俯不欺人，幽不欺鬼神，何用求福報哉？官至資政殿大學士。

頤齋遺稿

王圻《續文獻通考・經籍考・集上》 《頤齋遺稿》。劉季裴字少度，福安人。紹興中進士。所著文有《論孟周易解》等書。

金山詩

《宋史・藝文志・別集類》 趙晟《金山詩》一卷。

復齋制表

陳振孫《直齋書録解題・別集類下》 《復齋制表》二卷。刑部侍郎王秬嘉叟撰。初寮安中之孫，紹興、乾道間名士也，陸放翁與之厚善。

馬端臨《文獻通考・經籍考・別集》 《復齋制表》二卷。

《宋史・藝文志・別集類》 王秬《復齋制表》一卷。

畏齋集

尤袤《遂初堂書目・別集類》 《游畏齋集》。

《宋史・藝文志・別集類》 游桂《畏齋集》二十二卷。

東野居士集

王圻《續文獻通考・經籍考・集上》 《東野居士集》四十卷。徐詡著。詡字元敏，浦城人。紹興中第進士，歷官有善政。

澹齋集

楊士奇等《文淵閣書目・文集》 《李澹齋文集》。一部，十五册。全。

張萱等《内閣藏書目録・集部》 《澹齋先生文集》十五册。全。宋李流謙著。

黃虞稷《千頃堂書目・別集類・補宋》 李流謙《淡齋先生文集》八十九卷。

倪燦等《宋史藝文志補・別集類》 李流謙《淡齋文集》八十九卷。

《四庫提要・別集類十》 《澹齋集》十八卷。《永樂大典》本。宋李流謙撰。流謙字無變，漢州德陽人。少以父良臣廕，補將仕郎，授成都府靈泉縣尉。秩滿調雅州教授。曾虞允文宣撫全蜀，置之幕下，多有贊畫。尋以薦除諸王宮大小學教授。力匄補外，改奉議郎，通判潼州府事。其事蹟不見於《宋史》。惟其兄益謙所作行狀，尚具見其始末。所著文集，《宋志》亦不著録。惟焦竑《國史經籍志》、黃虞稷《千頃堂書目》俱載有《澹齋集》八十一卷。是明世尚有傳本，今已湮沒無聞。厲鶚撰《宋詩紀事》，僅從《成都文類》中蒐得《梅林分韻》一首，其文亦與本集頗有異同。又以流謙爲綿竹人，與行狀不合。知鶚未覩本集，故傳聞異詞也。流謙以文學知名。其父良臣，嘗出張浚門下，爲所論薦。集中《分陜志》，專爲頌浚勳德而作，鋪張太甚，殊不免門户之私。其詩文邊幅稍狹，間傷淺俚，亦未能盡臻醇粹。然筆力峭勁，不屑屑以雕琢爲工。視後來破碎薾弱之習，較爲勝之。宋代遺集，大半散佚。若流謙者，固不妨存備一家矣。謹就《永樂大典》所載，鈔撮編次，釐爲十八卷。其益謙行狀及其子廉渠刊集原跋，竝附録於末，以備考證焉。

程文簡集

陳振孫《直齋書録解題・別集類下》《程文簡集》二十卷。吏部尚書新安程大昌泰之撰。每卷分上下，其實四十卷也。博學，長於考究，著述甚多，皆傳于世。

馬端臨《文獻通考・經籍考・別集》《程文簡集》二十卷。

《宋史・藝文志・別集類》《程大昌文集》二十卷。

楊士奇等《文淵閣書目・文集》程文簡公《演蕃集》。一部，三册。闕。

野處類稿

陳振孫《直齋書録解題・別集類下》《野處類藁》一卷。翰林學士文敏公洪邁景盧撰。其全集未見。

馬端臨《文獻通考・經籍考・別集》《野處類藁》二卷。

《宋史・藝文志・別集類》洪邁《野處猥藁》一百四卷。又《瓊野録》三卷。

張萱等《内閣藏書目録・集部》《野處文集》九册。不全。宋洪邁著。前後凡二集，散逸莫詳卷數。

錢謙益等《絳雲樓書目・宋文集類》洪邁《野處文集》八册。二卷。字景盧，謚文敏。

吳焯《繡谷亭薰習録・集一》《野處類藁》二卷。宋鄱陽洪邁景盧著。自爲小序。邁又號容齋，「野處」者，孝宗御書以賜者也，見《瀟湘圖考》。

《四庫提要・別集類十三》《野處類藁》二卷。編修汪如藻家藏本。宋洪邁撰。邁有《容齋隨筆》，已著録。《宋史・藝文志》載邁《野處猥藁》一百四卷，《瓊野録》三卷。而陳振孫《書録解題》祇載有此集二卷，且云前集未見。則當時傳播已稀。觀馬端臨《經籍考》以別集、詩集分類，而收此稿於別集中，不知其爲詩集，則亦未見其本，而循名誤載者矣。惟《内閣書目》有《野處内外集》九册，不著卷數。當即猥稿之殘本，今亦未見有傳録者。世所行邁集，獨有此本而已。

張金吾《愛日精廬藏書志・別集類》《野處類藁》二卷。舊抄本。

洪景盧内外制

尤袤《遂初堂書目・別集類》《洪景盧内外制》。

雙溪集

陳振孫《直齋書録解題・別集類下》《雙溪集》二十卷。知郴州東陽曹冠宗臣撰。由舍選登甲科，坐爲秦壎假手，奪官，再赴廷試，得初品。

馬端臨《文獻通考・經籍考・別集》《雙溪集》二十卷。

景物類要詩

陳振孫《直齋書録解題・詩集類下》《景物類要詩》十卷。東陽曹冠宗臣撰。隨物爲題，類事成詩，凡二百餘篇。冠爲秦檜客，與其孫壎同登甲科。未幾秦亡，奪前名恩數，再赴廷試，仕至知郴州。

馬端臨《文獻通考・經籍考・詩集》《景物類要詩》十卷。

冰壺集

王圻《續文獻通考·經籍考·集上》 《冰壺集》。李長庚著。長庚，寧遠人。紹興進士第，歷仕五十年，廉潔有守。號其讀書之所曰「冰壺」，遂名其集。

簫臺公餘詞

《宋史·藝文志·别集類》 姚述堯《簫臺公餘》一卷。

吴焯《繡谷亭薰習録·集一》 《簫臺公餘詞》一卷。宋姚述堯進道著。述堯名見《咸淳臨安志·進士表》，是爲吾杭人。而施彦執《北窗炙輠》，又謂是華亭人，嘗爲學士。案：張子韶詩云「四海惟三友」，三友謂彦執、進道與葉先覺也。同時且友之，其言或不誣云。

山林思古録

王圻《續文獻通考·經籍考·集上》 《山林思古録》。俞亨宗著。亨宗，山陰人，知漳州。

癖齋小集

黄虞稷《千頃堂書目·别集類·補宋》 杜旃《癖齋小集》一卷。字仲高，金華人。

倪燦等《宋史藝文志補·别集類》 杜旃《癖齋小集》一卷。字仲高，金華人。

王士禛《漁洋書跋》 《癖齋小集》。康熙己巳庚午間在京師，每從朱錫鬯、黄俞邰借書，得宋元人詩集數十家。就中以長沙陳泰志同爲冠，因抄其《所安遺藁》一卷。以周弼伯弜《汶陽稿》、臨江鄧林性之《皇荂曲》、金華杜旃仲高《癖齋小集》附之。

書潛集

《宋史·藝文志·别集類》 鄧良能《書潛集》三十卷。

施正憲集　外集

陳振孫《直齋書録解題·别集類下》 《施正憲集》六十七卷《外集》二卷。知樞密院廣信施師點聖與撰。其在政府六年，上眷未衰，慨然勇退引去不可回。識者壯其決。趙南塘汝談，其壻也，爲序其集而傳之。

馬端臨《文獻通考·經籍考·别集》 《施正憲集》六十七卷。《外集》三卷。

施正憲遺稿

《宋史·藝文志·别集類》 《施正憲遺稿》二卷。

習庵集

陳振孫《直齋書録解題·别集類下》 《習庵集》十二卷。户部侍郎曾逮仲躬撰。文清公幾之子。

馬端臨《文獻通考·經籍考·别集》 《習庵集》十二卷。

韓庵集

陳振孫《直齋書録解題・詩集類下》《韓庵集》一卷。閤門舍人永嘉潘檉德久撰。

馬端臨《文獻通考・經籍考・詩集》《韓庵集》一卷。

頤菴居士集

高儒《百川書志・宋詩》《頤菴居士集》二卷。四明劉應時良佐著。凡百篇。

錢謙益等《絳雲樓書目・宋文集類》《頤菴居士集》。

黄虞稷《千頃堂書目・別集類・補宋》劉應時《頤庵居士集》二卷。字良佐,四明人。

倪燦等《宋史藝文志補・別集類》劉應時《頤菴居士集》二卷。字良佐,四明人。

《四庫提要・別集類十三》《頤菴居士集》二卷。江蘇巡撫採進本。宋劉應時撰。應時字良佐,四明人。是集前有陸游、楊萬里二序。

張金吾《愛日精廬藏書志・別集類》《頤菴居士集》二卷。舊抄本。

頤庵詩稿

馬端臨《文獻通考・經籍考・詩集》《頤庵詩稿》。四明劉應時良佐撰。

楊士奇等《文淵閣書目・詩詞》《劉頤菴詩》。一部,一册。闕。

王圻《續文獻通考・經籍考・詩集》《頤庵詩稿》。劉應時著。字良佐,慈谿人。性敏而勤,于書無所不讀,刻意于詩,寄興瀟洒,范致能深賞之。

艇齋雜著

陳振孫《直齋書録解題・別集類下》《艇齋雜著》一卷。南豐曾季貍裘父撰。鞏之弟曰湘潭主簿宰,宰之孫曰大理司直晦之,季貍其子也。少從吕居仁、徐師川遊,嘗一試禮部不中,乾淳間名公多敬畏之,具見其子灉所集《師友尺牘》。此編蓋其議論古今之文,辭質而義正,可以得其人之大略。

馬端臨《文獻通考・經籍考・別集》《艇齋雜著》一卷。

竹洲集　附棣華雜著

徐𤊹《徐氏家藏書目・文集類》吴儆《文肅集》二十卷。

黄虞稷《千頃堂書目・別集類・補宋》吴儆《吴文肅公竹洲文集》二十卷。字益恭,休寧人。舉紹興二十七年進士,官朝散郎,主管台州崇道觀。吴偁《棣華雜著》一卷。吴儆弟。

倪燦等《宋史藝文志補・別集類》吴儆《竹洲文集》二十卷。字益恭,休寧人,謚文肅。吴偁《棣華雜著》一卷。儆弟。

吴焯《繡谷亭薰習録・集一》《竹洲集》十卷,附録一卷。宋朝散郎謚文肅、休寧吴儆益恭著。端平二年程珌序。嘉熙二年,曾孫資深表上于朝。洪揚祖序。淳祐七年吕午再序。後附程卓行狀。儆所論恢復諸大政及富國彊兵之議,慷慨激烈,當時服其名言。竹洲在新安南六十里,儆家于此云。後十四世孫繼良重翻。

《四庫提要・別集類十二》《竹洲集》二十卷。附《棣華雜著》一卷。安徽巡撫採進本。宋吴儆撰。儆字益恭。初名偁,避秀邸諱改名。休寧人。紹興二十七年第進士。歷朝散郎、廣南西路安撫使,主管台州崇道觀。卒謚文肅。其集《宋史・藝文志》、《書録解題》、《文獻通考》皆不著録。集首有端平乙未敷文閣學士程珌序。

彭元瑞等《天禄琳琅書目後編・元版集部》《竹洲文集》。一函四册。宋吴儆撰。儆初名偁,避秀邸諱改名,字益恭,休寧人。紹興二十七年進士,官廣南西路安撫使，謚文肅。書二十卷，分奏議、政議、表、啓、書、記、序、雜著、銘、贊、祭文、古賦、古風、律詩、絶句、樂府十四門。

張金吾《愛日精廬藏書志・別集類》《竹洲文集》二十卷，附録一卷。明弘治刊本。

渭南文集　逸稿

陳振孫《直齋書録解題・別集類下》《渭南集》三十卷。華文閣待制山陰陸游務觀撰。左丞佃之孫。紹興末召對，賜出身。隆興初爲樞密院編修官，鄉用矣，坐漏泄省中語，阜陵以爲反復，斥遠之。後以夔倅入蜀，益自放肆，不護細行，自號放翁。在蜀九年乃歸。晚由嚴陵召爲南宫舍人。將内禪，益公薦直北門，上終不用。及韓氏用事，游既挂冠久矣，有幼子澤不逮，爲侂胄作《南園記》，起爲大蓬。以次對再致仕。嘉定庚午年八十六而終。

馬端臨《文獻通考・經籍考・別集》《渭南集》三十卷。

《宋史・藝文志・別集類》又《渭南集》五十卷。

高儒《百川書志・集》《渭南文集》五十卷。山陰放翁陸游務觀著。

范邦甸等《天一閣書目・別集類》《渭南文集》五十二卷。刊本。宋陸游著。

徐𤊹《徐氏家藏書目・文集類》陸游《渭南集》三十卷。《劍南集》六卷。

毛晉《汲古閣書跋》《渭南文集》。放翁富於文辭，諸體具備，惜其集罕見於世。馬氏《通考》載《渭南集》三十卷，今不傳。邇來吴中士夫，有鈔而祕其本者，亦頗無詮次。紹興郡有刻本，去《入蜀記》，混增詩九卷，據翁命子云：「詩家事不可施於文」，況十僅一二耶？既得光禄華君活字印本《渭南文集》五十卷，乃嘉定中翁幼子遹編輯也。

錢謙益等《絳雲樓書目・宋文集類》陸游《渭南文集》三十卷。

于敏中等《天禄琳琅書目・明版集部》《渭南文集》一函，八册。宋陸游著。五十卷。

《四庫提要・別集類十三》《渭南文集》五十卷，《逸稿》二卷。内府藏本。宋陸游撰。游晚封渭南伯，故以名集。陳振孫《書録解題》作三十卷。此本爲毛氏汲古閣以無錫華氏活字版本重刊。凡表牋二卷，劄子二卷，奏狀一卷，啓七卷，書一卷，序二卷，碑一卷，記五卷，雜文十卷，墓誌、墓表、壙記、塔銘九卷，祭文、哀辭二卷，《天彭牡丹譜》、《致語》共爲一卷，《入蜀記》六卷，詞二卷，共五十卷。與陳氏所載不同。疑「三」字、「五」字筆畫相近而譌刻也。

彭元瑞等《天禄琳琅書目後編・元版集部》《渭南文集》。四函，二十四册。宋陸游撰。

黄丕烈《蕘圃藏書題識・集類二》《渭南文集五十卷》。宋本。

黄丕烈《百宋一廛書録》《渭南文集》。

張之洞《書目答問・別集》《渭南文集》五十卷，《逸稿》二卷。陸游。汲古閣本。

劍南詩稿　續稿

尤袤《遂初堂書目・別集類》《陸務觀詩》。

陳振孫《直齋書録解題・別集類下》《劍南詩藁》、《續藁》八十七卷。

又《別集類下》《劍南詩藁》二十卷，《續藁》六十七卷。陸游務觀撰。初爲嚴州，刻前集藁，止淳熙丁未。自戊申以及其終，當嘉定庚午，二十餘年爲詩益多，其幼子遹復守嚴州，續刻之。篇什之富以萬計，古所無也。

馬端臨《文獻通考・經籍考・別集》《劒南詩藁》、《續藁》八十七卷。

又《詩集》《劒南詩藁》二十卷，《續藁》六十七卷。

《宋史・藝文志・別集類》陸游《劍南續藁》二十一卷。

楊士奇等《文淵閣書目・詩詞》《陸放翁詩》。一部，二册。完全。《陸放翁詩》。一部，一册，闕。《陸放翁詩》。一部，二十二册。完全。《陸放翁劒南稿》。一部，二十四册。殘缺。《陸放翁劒南稿》。一部，四册。完全。《陸放翁劒南續稿》。一部，十九册。闕。《陸放翁劒南續稿》。一部，二十册。殘缺。

錢謙益等《絳雲樓書目・宋文集類》《劍南續稿》。

高儒《百川書志・宋詩》《渭南詩》八十卷。山陰放翁陸游務觀撰。

毛晉《汲古閣書跋》《劍南詩稿》。甲子秋，得翁子虡編輯《劍南詩稿》，又吴、錢兩先生嚴訂天天者，真名祕本也。亟梓行之，以公同好，其命名次第，具載跋語云。

錢謙益等《絳雲樓書目・宋文集類》陸游《渭南詩稿》二十册。并《續稿》共八十七首。

《四庫提要・別集類十三》 《劍南詩稿》八十五卷。内府藏本。宋陸游撰。游有《入蜀記》，已著録。是集末有嘉定十三年游子朝請大夫知江州軍事子虡跋，稱「游西泝僰道，樂其風土，有終焉之志，宿留殆十載。戊戌春正月，孝宗念其久外，趣召東下。然心未嘗一日忘蜀也。是以題其平生所爲詩卷曰《劍南詩稿》，蓋不獨謂蜀道所賦詩也。」又稱戊申、己酉後詩，游自大蓬謝事歸山陰故廬，命子虡編次爲四十卷，復題其籤曰《劍南詩續稿》。自此至捐館舍，通前稿爲詩八十五卷。子虡假守九江，刊之郡齋，遂名曰《劍南詩稿》案「遂」字文義未順，疑當作「通名曰《劍南詩稿》」云云。則此本游子虡之所編。

黄丕烈《蕘圃藏書題識・集類二》 《放翁先生劍南詩稿》十八卷。殘宋刻本。

黄丕烈《百宋一廛書録》 《新刊劍南詩稿》。《劍南詩稿》二十卷，《續稿》六十七卷，《書録解題》並載之。

張之洞《書目答問・別集》 《劍南詩稿》八十五卷。陸游。汲古閣本。

須溪精選放翁詩集

高儒《百川書志・宋詩》 《須溪精選放翁詩集》八卷。宋須溪劉孟會辰翁選。

黄虞稷《千頃堂書目・文史類・補宋》 《劉辰翁精選陸放翁詩》八卷。

陸放翁詩別集

黄丕烈《蕘圃藏書題識續録・集類上》 《集》八卷。《陸放翁詩別集》一卷。明刻本。

放翁律詩鈔

范邦甸等《天一閣書目・別集類》 《放翁律詩鈔》四卷。刊本。宋陸游撰。明正德庚辰江陰朱承爵選序云：放翁嘗從范石湖辟入蜀，故其詩號《劍南集》。集中諸體皆備，惟律尤爲和平粹美。如「百年浮世幾人樂，一雨虛齋三日涼」、「畫樓酒旆滴殘雨，緑樹鶯聲催暮春」，概可想見。而晦翁亦善稱之。余嘗編讀其集，録七言律得三百首有奇，釐爲四卷，因名曰《放翁律詩鈔》，未敢曰「選摘」也。

陸放翁詩選前後集

高儒《百川書志・宋詩》 澗谷《陸放翁詩選》十卷。宋澗谷羅椅子遠選，諸體皆備。

范邦甸等《天一閣書目・別集類》 《澗谷精選陸放翁詩集》十卷。刊本。宋陸游撰，元羅椅選。

黄虞稷《千頃堂書目・文史類・補宋》 羅椅《陸放翁詩選》十卷。字子遠，號澗谷。

錢謙益等《絳雲樓書目・宋文集類》 《劉須溪羅磵谷選放翁詩集》二册。

倪燦等《補遼金元藝文志・文史類》 羅椅《陸放翁詩選》十卷。字子遠。劉會孟《精選陸放翁詩》八卷。

《四庫提要・別集類十三》 《放翁詩選前集》十卷，《後集》八卷，附《別集》一卷。兵部侍郎紀昀家藏本。宋羅椅、劉辰翁所選陸游詩也。《前集》椅所選，元大德辛丑其孫愨始刻之。前有愨自序。《後集》辰翁所選，前後無序跋。椅間有圈點而無評論，辰翁則句下及篇末頗有附批。大致與所評杜甫、王維、李賀諸集相似。明人刻辰翁評書九種，是編不在其中。蓋偶未見此本。詳其詞意，確爲須溪門徑，非僞託也。末有明人重刻舊跋，蠹蝕斷爛，幾不可讀，并作者姓名亦莫辨。其可辨者，惟稱弘治某年，得於餘杭學究家，屬其同年餘杭知縣冉孝隆校刻之耳。又稱「《放翁集》鈔本尚存，然聞而未嘗見。獨羅澗谷、劉須溪所選在。勝國時書肆嘗合而梓行，以故轉相鈔録，迄今漸出。而印本則見亦罕矣」云云。據其所言，則兩人本各自爲選。其《前集》、《後集》之目，蓋元時坊賈所追題矣。跋又有「複者去之」之語。故兩集所録，無一首重見。末附爲《別集》一卷，不題編纂名氏。其詩皆見《瀛奎律髓》中。以跋中取方虛谷句推之，知即作跋者所緝，以補二集之遺。

錢大昕《補元史藝文志・評注類》 羅椅《放翁詩選》十卷。字子遠。《精選陸放翁詩》八卷。

黄丕烈《蕘圃藏書題識・集類二》 《放翁詩選前集》十卷，《後集》十卷，《別集》一卷。舊刻本。

放翁逸稿

毛晉《汲古閣書跋》 《放翁逸稿》。《渭南文集》，皆放翁未病時手自編輯者。

又《汲古閣書跋・附録》 《放翁逸稿》。先君刻《逸稿》後六十餘年。扆購得別本《渭南集》五十二卷。其前後與家刻略同，祇少《入蜀記》六卷，而多詩八卷，細檢《劍南集》中，除其重複，又得未刻詩二十首，并續添於後云。汲古後人毛扆識。

芸山居士文集

《宋史・藝文志・別集類》 費氏《芸山居士文集》二十一卷。不知名。

梅山詩稿　續稿

陳振孫《直齋書録解題・別集類下》 《梅山詩藁》六卷，《續藁》五卷。括蒼姜特立邦傑撰。以父死事得西班，累舉不第。晚爲閤職，春坊攀附，己酉龍飛，恩至節度使，周益公、留衛公皆爲其所間。

馬端臨《文獻通考・經籍考・詩集》 《梅山詩稿》六卷《續稿》十五卷。

楊士奇等《文淵閣書目・詩詞》 姜特立《梅山稿》。一部，五册。闕。

張萱等《内閣藏書目録・集部》 《梅山續集》五册。全。括蒼姜特立詩。

《四庫提要・別集類十四》 《梅山續稿》十七卷。浙江鮑士恭家藏本。宋姜特立撰。特立字邦傑，麗水人。父綬，靖康中殉難。南渡後蔭補承信郎。孝宗召爲太子春坊，累官浙東馬步軍副總管，慶遠軍節度使。事蹟具《宋史・佞倖傳》。陳振孫《書録解題》載《梅山稿》六卷，《續稿》十五卷，列之詩集類中。則兩集皆有詩無文。此本出休寧汪森家，附以雜文及詩餘共爲十七卷，不知何人所增輯。

張金吾《愛日精廬藏書志・別集類》 《梅山續稿》十七卷。抄本。

屏山七者翁

陳振孫《直齋書録解題・詩集類下》 《屏山七者翁》十卷。從事郎崇安劉珵平父撰。子翬，彦沖之子也。

馬端臨《文獻通考・經籍考・詩集》 《屏山七者翁》十卷。

孚齋又録

趙希弁《讀書附志・別集類四》 《孚齋又録》十卷。右張翃仲龍之文也，李艮爲之序。翃，三山人。嘗以隆興倅攝袁州。

須江集

王圻《續文獻通考・經籍考・集上》 《須江集》。劉敏士著。

北海集

陳振孫《直齋書録解題・詩集類下》 王季夷《北海集》二卷。北海王嵎季夷撰。紹淳間名士，寓居吴興，陸務觀與之厚善。三子甲、田、申皆登科。

馬端臨《文獻通考・經籍考・詩集》 王季夷《北海集》二卷。

敬齋文集

楊士奇等《文淵閣書目・文集》 王(佑)[佐]《敬齋文集》。一部，四册。全。

張萱等《内閣藏書目録・集部》 《敬齋先生文集》四册。全。宋淳熙間山陰王佐著，凡二十卷。

黄虞稷《千頃堂書目・别集類・補宋》 王佐《敬齋先生文集》二十卷。山陰人，紹興十八年進士第一，累官户部尚書。一名《寶文集》。

倪燦等《宋史藝文志補・别集類》 王佐《敬齋文集》二十卷。山陰人，户部尚書。一名《寶文集》。

奇堂集

《宋史・藝文志・别集類》 劉儀鳳《奇堂集》三十卷。

劉儀鳳　樂府

《宋史・藝文志・别集類》 《劉儀鳳樂府》一卷。

石湖集

陳振孫《直齋書録解題・别集類下》 《石湖集》一百三十六卷。參政吴郡范成大致能撰。初以起居郎使金，附奏受書事，抗金主於其殿陛間，歸而益被上眷，以至柄用。

馬端臨《文獻通考・經籍考・别集》 《石湖集》一百三十六卷。

《宋史・藝文志・别集類》 范成大《石湖居士文集》卷亡。又《石湖别集》二十九卷。《石湖大全集》一百三十六卷。

楊士奇等《文淵閣書目・文集》 范致能《石湖居士文集》。一部，六册。殘闕。

范邦甸等《天一閣書目・别集類》 《石湖文集》三十四卷。綿紙藍絲闌鈔本。宋范成大撰。

徐𤊹《徐氏家藏書目・文集類》 范成大《石湖集》三十四卷。

張萱等《内閣藏書目録・集部》 《石湖文集》四册。不全。宋孝宗朝范成大著。楊萬里序，凡三十四卷。二十二卷以後俱闕。

錢謙益等《絳雲樓書目・宋文集類》 《石湖居士詩集》六册。三十三卷。楊祕書誠齋作序，龔編修芥隱校字。

《四庫提要・别集類十三》 《石湖詩集》三十四卷。江蘇巡撫採進本。宋范成大撰。成大有《吴郡志》，已著録。案陳振孫《書録解題》，成大有集一百三十六卷。《宋史・藝文志》亦載《石湖大全集》一百三十六卷，與陳氏著録同。而又有《石湖别集》二十九卷，又有《石湖居士文集》亡其卷數。此本爲長洲顧嗣立等所訂，乃於全集之中獨摘其詩别行，而附以賦一卷。前有楊萬里、陸游二序。然萬里所序者乃其全集，不專序詩。游所序者乃其《西征小集》，亦非序全詩。

張之洞《書目答問・别集》 《石湖詩集》三十四卷。宋范成大。秀埜草堂刻本。南宋四家，蕭千巖詩集已佚。尤袤止存《梁溪遺稿》一卷，尤侗輯本。

石湖居士田園雜興詩

都穆《南濠居士文跋》卷二 《范文穆公田園雜詩》。

吴焯《繡谷亭薰習録・集一》 《石湖居士田園雜興詩》一卷。宋范石湖著。倦圃録本。今詩見《石湖集》，疑當時别有刻也。

范成大田園雜興詩

黄虞稷《千頃堂書目・文史類・補元》 釋慶間箋注《范成大田園雜興詩》一

卷。字無逸，吴人。

倪燦等《補遼金元藝文志·文史類》 釋慶間箋注《范成大田園雜興詩》一卷。字無逸，吴人。

錢大昕《補元史藝文志·評注類》 釋慶問注《范成大田園雜興詩》一卷。無逸，吴人。

鄭忠肅奏議遺集

《四庫提要·別集類十一》 《鄭忠肅奏議遺集》二卷。江蘇巡撫採進本。宋鄭興裔撰。興裔字光錫，初名興宗，顯肅皇后外家三世孫。由成忠郎歷官江東路鈐轄，遷均州防禦使，保静軍節度使，召領内祠，武康軍節度使。贈太尉。謚忠肅。是集所録多奏疏表狀，其記、序、辨、跋諸雜著，則間附數篇。其中如《請起居重華宫》及《論淮西荒政》諸疏，詞意剴摯。他如《蠲緡錢》、《禁改鈔》、《論折帛錢》諸奏，所列紹興間一切弊政，皆《宋史·食貨志》及《文獻通考》所未載，亦足補史志之闕。又紀《淳化閣帖》之摹搨傳寫，與黄伯思互有異同。辯瓊花之復榮，較周必大《玉蕊辨證》更爲詳贍，亦考據者所不廢矣。《書録解題》及《宋史·藝文志》皆不著録。蓋其裔孫所裒輯，出於南宋之後，録之亦足徵宋代故實之一二焉。案此編雖以奏議爲名，實則裒輯雜文，共爲一集。故録之别集類中。

周益公集

陳振孫《直齋書録解題·别集類下》 《周益公集》二百卷，《年譜》一卷，附録一卷。丞相益文忠公廬陵周必大子充撰。一字洪道。其家既刊《六一集》，故此集編次一切視其凡目，其間有《奉詔録》、《親征録》、《龍飛録》、《思陵録》凡十一卷，以其多及時事，託言未刊，人莫之見。

馬端臨《文獻通考·經籍考·别集》 《周益公集》二百卷，《年譜》一卷，附録一卷。

《宋史·藝文志·别集類》 周必大《詞科舊藁》三卷。又《掖垣類藁》七卷，《玉堂類藁》二十卷，《政府應制藁》一卷，《歷官表奏》十二卷，《省齋文藁》四十卷，《别藁》十卷，《平園續藁》四十卷，《承明集》十卷，《奏議》十二卷，《雜著述》二十三卷，《書藁》十五卷，附録五卷。

楊士奇等《文淵閣書目·文集》 《周益公文集》。一部，五十八册。殘闕。《周益公文集》。一部，五十七册。殘闕。《周益公文集》。一部，五十二册。闕。

范邦甸等《天一閣書目·别集類》 《周益國文忠公文集》三百卷。紅絲闌鈔本。宋少傅益國公周必大撰。

錢謙益等《絳雲樓書目·宋文集類》 《周益公文集》四十册。二百卷。又《年譜》一卷。附録一卷。謚文惠。

《四庫提要·别集類十二》 《文忠集》二百卷。浙江鮑士恭家藏本。宋周必大撰。必大有《玉堂雜記》，已著録。是集即史所稱《平園集》者是也。開禧中，其子綸所手訂。以其家嘗刻《六一集》，故編次一遵其凡例，爲《省齋文稿》四十卷，《平園續稿》四十卷，《省齋别稿》十卷，《詞科舊稿》三卷，《掖垣類稿》七卷，《玉堂類稿》二十卷，《政府應制稿》一卷，《歷官表奏》十二卷，《奏議》十二卷，《奉詔録》七卷，《承明集》十卷，《辛巳親征録》一卷，《龍飛録》一卷，《歸廬陵日記》一卷，《閒居録》一卷，《泛舟游山録》三卷，《乾道庚寅奏事録》一卷，《壬辰南歸録》一卷，《思陵録》一卷，《玉堂雜記》三卷，《二老堂詩話》二卷，《二老堂雜誌》五卷，《唐昌玉蕊辨證》一卷，近體樂府一卷，書稿三卷，劄子十一卷，小簡一卷。其年譜一卷，亦綸所編。又以祭文、行狀、謚誥、神道碑等别爲附録四卷終焉。陳振孫謂初刻時以《奉詔録》、《親征録》、《龍飛録》、《思陵録》十一卷所言，多及時事，託言未刊。鄭子敬守吉時，募工人印得之，世始獲見完書。今雕本久佚，止存鈔帙。而《玉堂雜記》、《二老堂雜誌》等編，世亦多有别本單行者，已各著於録。兹集所載，則依原書編次之例。仍爲録入，以存其舊第焉。

黄丕烈《百宋一廛書録》 《周益公集》。

顧廣圻《思適齋書跋·集部》 《周益文忠公文集》一百二十五卷。舊鈔本。

張金吾《愛日精廬藏書續志·别集類》 《周益公文集》二百卷。淡生堂舊抄本。宋周益公必大著。

張之洞《書目答問·别集》 《周益公大全集》二百五卷。宋周必大。

省齋文稿　別藁

《宋史・藝文志・別集類》〔周必大〕《省齋文藁》四十卷。《別藁》十卷。

張萱等《内閣藏書目録・集部》《省齋文稿》十八册。不全。宋周益公必大著。

掖垣類稿

趙希弁《讀書附志・別集類四》《掖垣類稿》七卷。右周益文忠公必大之文也。公自爲之序。

《宋史・藝文志・別集類》〔周必大〕《掖垣類稿》七卷。

玉堂類稿

趙希弁《讀書附志・別集類四》〔周必大〕《玉堂類稿》二十卷。

《宋史・藝文志・別集類》〔周必大〕《玉堂類稿》二十卷。

楊士奇等《文淵閣書目・文集》周益公《玉堂類稿》。一部，七册。殘闕。

張萱等《内閣藏書目録・集部》《玉堂類稿》二册。不全。宋周益公必大著。

詞科舊稿

《宋史・藝文志・別集類》〔周必大〕《詞科舊稿》三卷。

平園續稿

《宋史・藝文志・別集類》〔周必大〕《平園續稿》四十卷。

承明集

《宋史・藝文志・別集類》〔周必大〕《承明集》十卷。

周益公表啓大全

楊士奇等《文淵閣書目・文集》《周益公表啓大全》。一部，四册。闕。

益公文選

吴焯《繡谷亭薰習録・集一》《益公文選》五卷。宋益國公廬陵周必大子充著。明清漳胡廷宴選。案《平園集》最裒廣，此僅録二百餘首，而序猶自詡，其表揚何所見之不廣也。卷首有萬曆戊申及辛亥行人司圖記，崇禎十年左司副馬思理衘印，此閣本之散落人間者。

東谷集

王圻《續文獻通考・經籍考・集上》《東谷集》。鄭汝諧著。汝諧，青田人。累官至信州刺史。自號東谷居士。

歐陽伯威詩

馬端臨《文獻通考·經籍考·詩集》《歐陽伯威詩》。廬陵歐陽伯威，少與周益公同場屋，連戰不利，篤意於詩。

宜林集

《宋史·藝文志·别集類》沈樞《宜林集》三十卷。

詅癡符

陳振孫《直齋書録解題·别集類下》《詅癡符》二十卷。御史臨海李庚子長撰。「詅」之義，衒鬻也。市人鬻物於市，誇號之，曰「詅」。此三字本出《顔氏家訓》，以譏無才思而流布醜拙者，以名其集，示謙也。庚，乙丑進士，以湯鵬舉薦辟入臺，家藏書甚富。

馬端臨《文獻通考·經籍考·别集》《詅癡符》二十卷。

劉汝一進卷

陳振孫《直齋書録解題·别集類下》《劉汝一進卷》十卷。諫議大夫吴興劉度汝一撰。度嘗應大科，此其所業也。策曰《傳言》，論曰《鑑古》，各二十五篇。

馬端臨《文獻通考·經籍考·别集》《劉汝一進卷》十卷。

環溪稿

《宋史·藝文志·别集類》吴沆《環溪集》八卷。

王圻《續文獻通考·經籍考·集上》《環溪藁》。吴沆著。沆，崇仁人。政和間獻書于朝，不用，歸隱環溪以此名集。

張萱等《内閣藏書目録·集部》《環谿先生大全集》三册。全。宋淳熙間吴沆著。

静安作具　别集

陳振孫《直齋書録解題·别集類下》《静安作具》十四卷，《别集》十卷。清江徐得之思叔撰。與其子筠孟堅同甲辰進士，次子天麟仲祥亦乙丑甲科。其家長於史學。

馬端臨《文獻通考·經籍考·别集》《静安作具》十四卷。《别集》十卷。

鄭景望集

陳振孫《直齋書録解題·别集類下》《鄭景望集》三十卷。宗正少卿永嘉鄭伯熊景望撰。

馬端臨《文獻通考·經籍考·别集》《鄭景望集》三十卷。

《宋史·藝文志·别集類》《鄭伯熊集》三十卷。

楊士奇等《文淵閣書目·文集》《鄭景望集》。一部，一册，闕。

勸戒詩

《宋史·藝文志·别集類》何耕《勸戒詩》一卷。

梁溪集

陳振孫《直齋書録解題・別集類下》 《梁溪集》五十卷。禮部尚書錫山尤袤延之撰。家有遂初堂，藏書爲近世冠。

馬端臨《文獻通考・經籍考・別集》 《梁溪集》五十卷。

王圻《續文獻通考・經籍考・集上》 《遂初小稿》六十卷。尤袤著。前考有《梁溪集》五十卷，恐即《遂初小稿》也，姑兩存之。

梁溪遺稿

《四庫提要・別集類十二》 《梁溪遺稿》一卷。兩淮馬裕家藏本。宋尤袤撰。袤有《遂初堂書目》，已著録。《宋史》表本傳載所著《遂初小稿》六十卷，《內外制》三十卷。陳振孫《書録解題》載《梁溪集》五十卷。今竝久佚。

誠齋集

尤袤《遂初堂書目・別集類》 《楊誠齋詩》。

陳振孫《直齋書録解題・別集類下》 《誠齋集》一百三十三卷。寶謨閣學士文節公廬陵楊萬里廷秀撰。當淳熙末，爲大蓬，論思陵配饗不合，去。及韓侂冑用事，召之，卒不至。

馬端臨《文獻通考・經籍考・別集》 《誠齋集》一百三十三卷。

楊士奇等《文淵閣書目・文集》 《楊誠齋文集》。一部，四十册，殘闕。

張萱等《內閣藏書目録・集部》 《誠齋文集》三十八册。不全。宋楊萬里著。凡一百三十三卷，闕一百二至一百五并末三卷。又十七册。不全。

錢謙益等《絳雲樓書目・宋文集類》 《楊誠齋文集》四十二册。一百三十三卷。

《四庫提要・別集類十三》 《誠齋集》一百三十三卷。編修汪如藻家藏本。宋楊萬里撰。萬里有《誠齋易傳》，已著録。此集則嘉定元年其子長孺所編也。萬里立朝多大節。若乞留張栻，力争吕頤浩等配享，及裁變應詔諸奏，今具載集中，丰采猶可想見。然其生平乃特以詩擅名。有《江湖集》七卷，《荆溪集》五卷，《西歸集》二卷，《南海集》四卷，《朝天集》六卷，《江西道院集》二卷，《朝天續集》四卷，《江東集》五卷，《退休集》七卷，今併在集中。

張金吾《愛日精廬藏書志・別集類》 《誠齋集》一百二十二卷。舊抄本　朱竹垞藏書。

吴壽暘《拜經樓藏書題跋記》卷五 《誠齋集》。舊鈔本《誠齋集》四十二卷。無序目，後題「嘉定元年春三月男長孺編，端平元年夏五月門人羅茂良校」一條。卷內有朱筆、藍筆評點及校字，每册有「以甯吕叔子印」、「楨以甯之印」諸圖記。

張之洞《書目答問・別集》 《誠齋集》一百三十卷。宋楊萬里。乾隆乙卯吉安刻本，八十五卷。《函海》刻詩集十卷。嘉慶庚申徐氏編刻詩集十六卷。

誠齋文膾

徐𤊹《徐氏家藏書目・文集類》 楊萬里《誠齋文膾》二十四卷。

分類誠齋文膾後集

《四庫提要・別集類存目一》 《分類誠齋文膾後集》十二卷。副都御史黄登賢家藏本。不著編輯者名氏。其書分三十二類。取楊萬里《易傳》、《千慮策》中之語摘録標題，各加批點，殊爲庸俗。又有題見此集，而注云文見前集者，亦非完書。相其版式，乃麻沙舊刻，蓋宋末書坊陋本也。

錦繡論

《四庫提要・别集類存目一》 《錦繡論》二卷。《永樂大典》本。舊本題宋楊萬里撰。考宋貢舉條式，第二場試論一道，限五百字以上。則此編蓋當時應試程式也。然體例拘陋，未必真出於萬里。疑併書中國子監批點，皆坊賈託名耳。

千慮策

《四庫提要・别集類存目一》 《千慮策》二卷。江西巡撫採進本。宋楊萬里撰。萬里有《誠齋易學》，已著録。是編凡《君道》三策，《國勢》三策，《治原》三策，《人才》三策，《論相》二策，《論將》二策，《論兵》二策，《馭吏》三策，《選法》二策，《刑法》二策，《冗官》二策，《民政》三策。前有自序，已載於《誠齋集》中。此江西所刊别行本也。本傳稱虞允文爲相，見此策，薦爲國子博士，則當時已别行矣。

江湖集

《宋史・藝文志・别集類》 楊萬里《江湖集》十四卷。

荆溪集

《宋史・藝文志・别集類》 〔楊萬里〕《荆溪集》十卷。

南海集

《宋史・藝文志・别集類》 〔楊萬里〕《南海集》八卷。

朝天集

《宋史・藝文志・别集類》 〔楊萬里〕《朝天集》十一卷。

江西道院集

《宋史・藝文志・别集類》 〔楊萬里〕《江西道院集》三卷。

朝天續集

《宋史・藝文志・别集類》 〔楊萬里〕《朝天續集》八卷。

江東集

《宋史・藝文志・别集類》 〔楊萬里〕《江東集》十卷。

西歸集

《宋史・藝文志・别集類》 〔楊萬里〕《西歸集》八卷。

張萱等《內閣藏書目録・集部》《西歸集》一册。全。宋淳熙間楊萬里毗陵罷守時歸途詩也。

退休集

《宋史・藝文志・別集類》〔楊萬里〕《退休集》十四卷。

張萱等《內閣藏書目録・集部》《退休集》二册。全。宋楊萬里詩。

晦巖集

陳振孫《直齋書録解題・別集類下》《晦巖集》十二卷。祕書丞鹽官沈清臣正卿撰。嘗爲國子録，有薦于朝，欲得召試，執政有發笑者曰：「安有張子蓋女壻而可爲館職者乎？」遂罷。欲爲奇節以蓋之，會王希吕爲諫官，上書力言其不可，孝宗大怒，時相虞允文惡沈介，下清臣大理，風使引介，不從，謫封州。晚乃召用。勸孝宗力行三年喪，爲翊善嘉邸，以直諒稱。初從張無垢學，後居霅川。自嶺南歸，開門受徒，動以聖賢自命，效禪門入室規式，與其徒問答，下語不契，輒使再參，頗爲人所譏。

馬端臨《文獻通考・經籍考・別集》《晦巖集》十二卷。

四六類藁

陳振孫《直齋書録解題・別集類下》《四六類藁》三十卷。起居郎建安熊克子復撰。皆四六應用之文也，亦無過人者。克以王丞相季海薦驟用。王時在樞府，趙温叔當國，莫知其所從來，頗疑其由徑，沮之，而上意向之，不能回也。

馬端臨《文獻通考・經籍考・別集》《四六類藁》三十卷。

東皋子詩集

高儒《百川書志・宋詩》《東皋子詩集》一卷。黄巖戴敏敏才著。止詩十首。

黄虞稷《千頃堂書目・別集類・補宋》戴敏《東皋子詩集》一卷。戴復古父，字敏才。復古集其遺詩十篇行世。

倪燦等《宋史藝文志補・別集類》戴敏《東皋子詩集》一卷。字敏才，子復古，集其遺詩十篇行世。

懷峴居士集

陳振孫《直齋書録解題・詩集類下》《懷峴居士集》六卷。曾思顯道撰。紘之子也。阜嘗將漕湖南，後家襄陽。紘父子皆有官，而皆高亢不仕。楊誠齋序其詩，以附《詩派》之後。

馬端臨《文獻通考・經籍考・詩集》《懷峴居士集》六卷。

碧崖詩集

趙希弁《讀書附志・別集類四》《碧崖詩集》五卷。右閤皂山羽士甘夢叔叔懷之詩也。叔懷嘗登晦庵、誠齋之門。楊長孺爲之序。

橘林文集

楊士奇等《文淵閣書目・文集》曹教授《橘林文集》。一部，四册。全。

張萱等《內閣藏書目録・集部》《橘林居士文集》四册。全。宋紹興間永嘉

□夢良著。未詳其姓。登王十朋榜。其集男叔遠所編，凡十二卷。

臺溪集

王圻《續文獻通考・經籍考・集上》 《臺溪集》。何鎬著。鎬，兑之子，邵武人。

梁文靖集

尤袤《遂初堂書目・別集類》 《梁文靖集》。

梭山文集

王圻《續文獻通考・經籍考・集上》 《梭山文集》。陸九韶著。九韶，金谿人。其學淵粹，晝之言行，夜必書之。自號梭山老圃，集因之名。

平庵悔藁　後編

陳振孫《直齋書録解題・詩集類下》 《平庵悔藁》十五卷，《後編》六卷。太府卿松陽項安世平父撰。「悔藁」者，以語言得罪，悔不復爲也。自序當慶元丙辰，《後編》自丁巳終壬戌。

馬端臨《文獻通考・經籍考・別集》 《平庵悔藁》十五卷，《後編》六卷。

《宋史・藝文志・別集類》 項安世《丙辰悔藁》四十七卷。

楊士奇等《文淵閣書目・文集》 《項平菴丙辰悔藁》。一部十五册。全。

又《文淵閣書目・詩詞》 項平甫《悔稿》。一部，三册。殘缺。項安世《悔稿》。一部，六册。闕。

張萱等《内閣藏書目録・集部》 平庵項氏《丙辰悔藁》十五册。不全。項安世著。

阮元《四庫未收書目提要・別集類》 《平安悔稿》十二卷。宋項安世撰。安世有《周易玩辭》，《四庫全書》已著録。案《文淵閣書目》日字號，載《丙辰悔稿》十五册；又月字號，載《悔稿》三册；又一部六册，並殘缺之本。《宋史・藝文志》載《丙辰悔稿》四十七卷。近日傳本殊希。厲鶚《宋詩紀事》僅從《後村詩話》、《方輿勝覽》、《後村千家詩》蒐采數首，此則依舊鈔過録，合前後集，凡一千二百八十五首，分卷與《宋志》不合。即《後村詩話》所録《春日堤上》、《吹帽臺》、《抛毬》、《糟蟹》、《永州》諸作，皆未見于是編。卷六以下，乃慶元丙辰謫居江陵後所作。缺佚雖多，然就存者觀之，固紹熙、嘉泰間一作者也。

古括篇

楊士奇等《文淵閣書目・詩詞》 趙常菴《古括篇》。一部，一册。完全。

趙宋英氣侯推蒙詩

楊士奇等《文淵閣書目・詩詞》 《趙宋英氣侯推蒙詩》。一部，一册。闕。

月湖信筆

《宋史・藝文志・別集類》 《月湖信筆》三卷。不知作者。

拙庵雜著　外集

陳振孫《直齋書録解題・別集類下》 《拙庵雜著》三十卷，《外集》四卷。工部侍郎東平趙磻老渭師撰。門下侍郎野之姪。以婦翁歐陽懋待制澤入仕，從范石湖使虜。虞丞相并父亦薦之，遂擢用，知臨安。坐殿司招兵事，謫饒州。

馬端臨《文獻通考・經籍考・別集》《拙菴雜著》三十卷，《外集》四卷。

歸愚翁集

陳振孫《直齋書録解題・別集類下》《歸愚翁集》二十六卷。秀州判官鄭伯英景元撰。近世永嘉學者推二鄭。伯熊，紹興乙丑進士，自隆興初爲館職、王府、東宮，官至少司成、宗正。鄉用矣，每小不合，輒乞去，卒於建寧守。伯英癸未甲科第四人，以親養，三十年不調，竟不出。二人皆豪傑之士也。

馬端臨《文獻通考・經籍考・別集》《歸愚翁集》二十六卷。

《宋史・藝文志・別集類》《鄭伯英集》二十六卷。

薛元鼎詩文講議

王圻《續文獻通考・經籍考・集上》《薛元鼎詩文講義》二十卷。元鼎字叔雲，興化人。紹興進士。孝宗以直諒多聞褒之。

西征隨筆集

王圻《續文獻通考・經籍考・集上》《西征隨筆集》。趙彦秬著。

黄山先生集

楊士奇等《文淵閣書目・詩詞》《黄山先生集》。一部，一册。闕。

晦庵文集　續集　別集

趙希弁《讀書附志・別集類三》《晦庵先生文集》一百卷，《續集》十卷。右朱文公之文。嘉熙己亥，王埜刻于建安，黄壯猷嗣成之，識于後。《續集》則王遂刊而序之。然南康黄西坡諸處所刻《墨帖》之類，或不在焉，然則遺逸尚多有之。

陳振孫《直齋書録解題・別集類下》《晦庵集》一百卷，《紫陽年譜》三卷。待制侍講文公新安朱熹元晦撰。《年譜》，昭武李方子公晦所述，其門人也。

馬端臨《文獻通考・經籍考・別集》《晦庵集》一百卷，《紫陽年譜》三卷。

《元西湖書院重整書目・集》《晦菴大全集》。

《宋史・藝文志・別集類》《朱熹前集》四十卷，《後集》九十一卷，《續集》十卷，《別集》二十四卷。

楊士奇等《文淵閣書目・文集》《晦菴先生文集》。一部，一百册。全。《晦菴先生文集》。一部，九十九册。全。《晦菴先生文集》。一部，八十册。全。《文公大全集》。一部，四十册。全。《晦菴先生文集》。一部，八十册。闕。《晦菴先生文集》。一部，四十四册。闕。

徐𤊹《徐氏家藏書目・文集類》《朱文公大全集》一百卷。

張萱等《内閣藏書目録・集部》《晦庵文集》八十册。全。宋朱熹著。又九十九册。不全。又七十五册。不全。又四十五册。不全。又《大全集》六册。不全。

錢謙益等《絳雲樓書目・宋文集類》宋板《晦菴文集》四十册。一百卷。又《年譜》三卷。閩板舊刻佳。

于敏中等《天禄琳琅書目・明版集部》《朱文公文集》六函三十六册。宋朱子著。一百卷。按陳振孫《書録解題》，載《朱子文集》一百卷，《紫陽年譜》三卷。王圻《續文獻通考》載《文公文集》一百五十卷，莆田黄士毅編次。此本卷數雖與陳氏所録相符，然不載《年譜》，其槧印亦不工，係明時坊間刊售之本，故前後俱無序跋也。

《四庫提要・別集類十二》《晦菴集》一百卷，《續集》五卷，《別集》七卷。内府藏本。宋朱子撰。《書録解題》載《晦菴集》一百卷，《紫陽年譜》三卷，不云其集誰所編，亦不載《續集》。明成化癸卯莆田黄仲昭跋，稱「《晦菴朱先生文集》一百卷，閩、浙舊皆有刻本。浙本洪武初取置南雍，不知輯於何人。今閩藩所存本，則先生季子在所編也。又有《續集》若干卷，《别集》若干卷，亦併刻之」云云。是正集百卷，編於在手。然朱玉《朱子文集大全類編》稱在所編實八十八卷，合《續集》、《别集》乃成百卷。是正集百卷又不出在手矣。

彭元瑞等《天禄琳琅書目後編・宋版集部》《晦菴先生文集》二函，十二册。宋朱熹撰。《前集》十二卷，爲古律詩賦、策問銘文、贊詞、歌解義、表劄、上書、記、題跋、序、墓誌銘、祭文，《後集》十八卷，爲序辨、論問、答易、贊記、行狀、碑銘墓誌，無編者姓名，亦無序跋。

又《天禄琳琅書目後編・明版集部》《晦菴先生朱文公文集》四函四十册。宋朱熹撰。書一百卷，分詞、賦、琴操、詩、樂府、封事、奏劄、講義、議狀、劄子、奏狀、申請、辭免、書、雜著、序、記、跋、銘、箴、贊、表、疏、啓、婚書、上梁文、祝文、祭文、碑、墓表、墓誌銘、行狀、事寔、年譜、傳、公移三十六門，不分前、後、續、别集。

張之洞《書目答問・别集》《朱子大全集》一百一十二卷。宋朱子。《朱子古文》。蔡方炳刻本。卷貴陽官本。

朱晦菴先生集

楊士奇等《文淵閣書目・詩詞》《朱晦菴先生集》。一部，一册。闕。

晦庵文鈔

高儒《百川書志・宋文》《晦菴文鈔》七卷。皇朝海虞吴訥編鈔，朱文公元晦之文也。

范邦甸等《天一閣書目・别集類》《晦菴文鈔》六卷，《後集》四卷。刊本。宋朱子著。明海虞吴訥選編。嘉靖庚子潁川張光祖會集。又《晦菴文鈔》六卷。刊本。宋朱子著。

錢謙益等《絳雲樓書目・宋文集類》《晦菴文鈔》。吴訥編《晦翁文鈔》及《詩鈔》。見訥行狀。

黄虞稷《千頃堂書目・文史類》吴訥《晦庵文鈔》七卷。

晦庵文鈔續集

《四庫提要・别集類存目一》《晦菴文鈔續集》四卷。安徽巡撫採進本。明崔銑編。銑有《讀易餘言》，已著録。宣德中，常熟吴訥有《晦菴文鈔》六卷。銑以其未備，復爲續輯，而略釋大意於每篇之末。蓋與訥書相輔而行，目録以七卷爲始，亦合訥書計之也。

朱公文集奏議

王圻《續文獻通考・經籍考・集上》《朱公文集奏議》，浮梁吏部尚書朱貔孫著。

朱子文集大全類編

《四庫提要・别集類存目一》《朱子文集大全類編》一百一十卷。兵部侍郎紀昀家藏本。國朝朱玉編。玉，建陽人。朱子十六代孫也。是編以朱子正、續、别三集合而爲一，俾諸體各以類從。每體之中，又以編年爲先後，分爲八册。一册爲道學淵源世系、題贊、事實、年譜、祭文、行狀、褒典、祠廟及門人姓氏附録，凡三卷。二册爲賦，詩，詩餘，凡十卷。三册爲封事、奏劄，凡二卷。四册爲政蹟、宫觀、經筵、表文、疏文，凡十一卷。五册爲書劄，凡十四卷。六册爲問答，凡三十五卷。七册爲雜著，凡十五卷。八册爲序記、祝文、碑文、行狀、墓誌、事實、年譜、遺事及庭訓、墨蹟，附編著書目，凡二十一卷。每卷各爲之引述，其用力頗勤。然割裂煩瑣，究不及大全集之原本，爲能存其舊也。

朱文公詩集

楊士奇等《文淵閣書目・詩詞》《朱文公詩集》。一部，二册。闕。

大同集

吴焯《繡谷亭薰習録・集一》《大同集》十卷。朱子著。蓋官同安日所作詩文。門人陳光卿編輯，鄱陽都璋重刊，至正壬辰東魯孔公俊序。

《四庫提要・別集類存目一》朱子《大同集》十三卷。江蘇巡撫採進本。宋陳利用編。明林希元增輯。希元有《易注存疑》，已著録。是編皆朱子官同安時所作。考《朱子年譜》，二十四歲爲同安主簿。越二年，受學於李侗。又四年，秩滿而歸。凡莅事七年。其稱大同者，唐貞觀中於同安置大同場，宋時亦有大同驛，從古名也。詩文皆全集所載，問答亦《語録》所收，別無新異。徒以賢者所莅，人争攀附以爲重。故同安之人哀刻以夸飾其地。實不足以盡朱子，而朱子亦不藉此表章也。

楚辭集注辨微　城南雜咏　感興

王圻《續文獻通考・經籍考・詩集》《楚辭集注辨微》、《城南雜咏》、《感興》二十首。朱文公著。

性理吟

吴焯《繡谷亭薰習録・集一》《性理吟》二卷。朱子著。凡録詩一百四十三首。

朱文公感興詩

楊士奇等《文淵閣書目・詩詞》《朱文公感興詩》。一部，一册。闕。《朱文公感興詩》。一部，一册。完全。《朱文公感興詩》。一部，一册。完全。

范邦甸等《天一閣書目・別集類》《文公感興詩》一卷。刊本。元新安後學胡炳文編。序稱子朱子感興詩，明道統，斥異端，正人心，黜末學。六百三十字中，凡天地萬物之理，聖賢萬古之心，今古萬事之變，關焉。始言一理，中散爲萬事，末復合爲一理，與《中庸》合。朱子分《中庸》作五節，詩凡五起伏，由此十家之注以合。朱子之意，未必不爲升高行遠之一助云。時泰定甲子十月望日。

錢大昕《補元史藝文志・評注類》胡炳文注《朱子感興詩》一卷。

朱子詩解

王圻《續文獻通考・經籍考・詩集》《朱子詩解》，戴亨著。

朱子詩集

范邦甸等《天一閣書目・別集類》《晦菴朱文公詩集》十卷。刊本。新安程璩校輯。詩録於《大全集》中及《別集》，他書所載而不重出者咸輯焉。編次以詞、賦、箴、銘、琴操居首，次古體詩，次律詩，次排律，次絶句，而雜體、樂府又其次也。是以不拘其所作年月之先後，其考異悉遵《大全集》中，但移置本句之下，以便玩讀及校對。他善本有差訛者，正之。有事不同而理條貫者，增注、考異其下，並不敢以己意附焉。其原本有缺者，求諸善本得者，補之。不得者，仍舊缺之。

吴焯《繡谷亭薰習録・集一》《朱子詩集》十二卷。明新安程璩叔玉編，正德十六年刻于歙。

晦菴詩鈔

高儒《百川書志・宋詩》 《晦菴詩鈔》一卷。《朱文公全集》百卷。（此存目待訪書）皇明海虞吴訥於《晦翁全集》手鈔五言古體首二百首，以訓子弟。今梓行。

晦庵先生五言詩鈔

黄丕烈《蕘圃藏書題識續録・集類上》 《晦庵先生五言詩鈔》不分卷。明刻本。衛前西山堂書坊買得殘零故籍，中多可觀之本。此《晦庵先生五言詩鈔》是舊刻，卻少首半葉，惜無同此刻者補之。頃張君訒庵過訪，見此，因問及伊藏弆有何本，曰有時刻在，遂往借焉，果與此刻合。手爲補闕，其首行標題則據後序爲之，不嫌妄作也。癸未孟夏。蕘夫。

晦庵詩鈔

黄虞稷《千頃堂書目・文史類》 《晦庵詩鈔》十卷。

朱文公武夷櫂歌

黄虞稷《千頃堂書目・文史類》 劉孟純注《朱文公武夷櫂歌》一卷。南海人，休寧教諭。

金陵百咏

王圻《續文獻通考・經籍考・詩集》 《金陵百咏》。魯極著。臨川人。志氣豪放，聲名四達，朱子大異之。

奏稿進卷

尤袤《遂初堂書目・别集類》 程仁《奏稿進卷》。

陸長翁文集

《宋史・藝文志・别集類》 《陸長翁文集》四十卷。

腴齋詞草

趙希弁《讀書附志・别集類四》 《腴齋詞草》三卷。右叚允迪之作也。允迪，濟陽人，乃武人之能文者。陳朴厚、黄庚序。

松峰時議

楊士奇等《文淵閣書目・文集》 何一之《松峰時議》。一部，一册。闕。

路史羅氏文集

楊士奇等《文淵閣書目・文集》 《路史羅氏文集》。一部，十一册。闕。

轂城集

陳振孫《直齋書録解題・詩集類下》《轂城集》五卷。建安黄銖子厚撰。晦庵作序，極稱之。

馬端臨《文獻通考・經籍考・詩集》《轂城集》五卷。

野堂集

楊士奇等《文淵閣書目・詩詞》沈虞卿《野堂集》。一部，二册。完全。

黄虞稷《千頃堂書目・別集類・補宋》沈揆《野堂集》五卷。

倪燦等《宋史藝文志補・別集類》沈揆《野堂集》五卷。

于湖集

趙希弁《讀書附志・別集類四》《于湖居士文集》四十卷。右張孝祥字安國之文也。安國，歷陽人。紹興甲戌大魁多士，明年入館，浸登清華，至中書舍人，出典藩郡。

尤袤《遂初堂書目・別集類》《張于湖集》。

陳振孫《直齋書録解題・別集類下》《于湖集》四十卷。中書舍人歷陽張孝祥安國撰。甲戌冠多士，出思陵親擢，秦相孫壎遂居其下。

馬端臨《文獻通考・經籍考・別集》《于湖集》四十卷。

《宋史・藝文志・別集類》《張孝祥文集》四十卷。又詞一卷。

楊士奇等《文淵閣書目・文集》張氏《于湖居士文集》。一部，六册。全。張氏《于湖居士文集》。一部，七册。闕。

張萱等《內閣藏書目録・集部》《于湖文集》六册。全。宋孝宗朝張孝祥著。凡四十卷。

錢謙益等《絳雲樓書目・宋文集類》張孝祥《于湖居士集》四十卷。

王士禛《漁洋書跋》《于湖集》。

《四庫提要・別集類十一》《于湖集》四十卷。浙江巡撫採進本。宋張孝祥撰。《于湖集》四十卷，此本卷數相合。前有其門人謝堯仁及其弟華文閣直學士孝伯序。

古風律詩絶句

《宋史・藝文志・別集類》〔張孝祥〕《古風律詩絶句》三卷。

玉壘題詠

《宋史・藝文志・別集類》石行正《玉壘題詠》九卷。

復齋先生文集

趙希弁《讀書附志・別集類三》《復齋先生文集》六卷。右陸文安公之兄九齡字子壽之文也。東萊呂太史所作墓誌附。

《宋史・藝文志・別集類》《陸九齡文集》六卷。

張萱等《內閣藏書目録・集部》《復齋先生文集》二册。全。宋孝宗朝陸九齡著。凡六卷。

楊士奇等《文淵閣書目・文集》陸子壽《復齋文集》。一部，二册。全。

盤隱集

王圻《續文獻通考・經籍考・集上》《盤隱集》。林湜著。湜字正甫，長溪人。紹興末進士，官至司農卿直寶文閣。

愚谷集

王圻《續文獻通考・經籍考・集上》《愚谷集》十五卷。張紱著。紱，清江人。紹興末舉進士。

定菴類稿

《四庫提要・别集類十二》《定菴類稿》四卷。《永樂大典》本。宋衛博撰。博《宋史》無傳。其集諸家亦未著録。惟散見《永樂大典》中。考《宋中興百官題名記》，載乾道四年正月，衛博爲樞密院編修官，四月致仕。知其終於是職。然平生事蹟，已不可考。

鼎論

陳振孫《直齋書録解題・别集類下》《鼎論》三卷。三山何萬一之撰。隆興元年進士。仕爲都司，知漳州。

馬端臨《文獻通考・經籍考・别集》《鼎論》三卷。

時議

陳振孫《直齋書録解題・别集類下》《時議》一卷。三山何萬一之撰。

馬端臨《文獻通考・經籍考・别集》《時議》一卷。

西陂集

王圻《續文獻通考・經籍考・集上》《西陂集》四十卷。都昌黄灝著。

南軒集

趙希弁《讀書附志・别集類三》《南軒先生文集》四十四卷。右張宣公栻字敬夫之文也。朱文公校定而爲之序。然《紫巖棊圖》、跋語之類，皆不載於集中。

尤袤《遂初堂書目・别集類》《張南軒集》。

陳振孫《直齋書録解題・别集類下》《南軒集》三十卷。侍講廣漢張栻敬夫撰。魏忠獻公浚之長子。當孝宗朝，以任子不賜第入西掖者，韓元吉、劉孝韙，其入經筵則栻也。

馬端臨《文獻通考・經籍考・别集》《南軒集》三十卷。

《元西湖書院重整書目・集》《張南軒文集》。

《宋史・藝文志・别集類》張栻《南軒文集》四十八卷。

楊士奇等《文淵閣書目・文集》《張南軒文集》。一部，三十册。全。《張南軒文集》。一部，三十册。全。《張南軒文集》。一部，十五册。全。《張南軒文集》。一部，十册。全。《張南軒遺文》。一部，四册。全。

張萱等《内閣藏書目録・集部》《南軒文集》六册。全。宋張栻著。又三十册。全。又十册。全。又十五册。全。又《遺文》四册。全。

錢謙益等《絳雲樓書目・宋文集類》《張南軒集》三十卷。

《四庫提要・别集類十四》《南軒集》四十四卷。浙江鮑士恭家藏本。宋張栻撰。栻殁之後，其弟杓裒其故稿四巨編，屬朱子論定。朱子又訪得四方學者所傳數十篇，益以平日往還書疏，編次繕寫。未及蒇事，而已有刻其别本流傳者。朱子以所刻之本多早年未定之論，而末年談經論事，發明道要之語，反多所佚遺。乃取前所蒐輯，參互相校斷，以栻晚歲之學，定爲四十四卷。

彭元瑞等《天禄琳琅書目後編・宋版集部》《南軒先生文集》。二函，十二册。

宋張栻撰。栻字敬夫，號南軒。廣漢人。丞相浚之子，以蔭補官至荆湖北路安撫使。見《宋史·道學傳》。書四十四卷，前有淳熙甲辰朱熹序。集乃栻卒後熹所定也。上元焦氏藏本。

朱張倡酬詩

范邦甸等《天一閣書目·別集類》 《朱張倡酬詩》一卷。刊本。明祝完序云：《朱張倡酬詩》傳之當時，副在名山舊矣，數百年來學士大夫侈爲盛事，固古今一嘉會也。歲久版刻浸湮，幾不可讀，且編次無序，雜寘各卷，殊非二先生一時倡酬之義。偶過東明，范公談及嶽山諸勝，因出家藏善本示余，乃一一考訂，得南軒先生五十有九首，視南軒序記缺者尚多，豈當時傳者之遺邪？抑林檡之所作未見録于集中邪？今即所存者特表而出之，題曰「朱張倡酬詩」，以次分別，人所易曉，固有一展卷而二先生之遺蹟風韻，宛然在目，不徒以供遊觀者之一快也。

黄泰之文集

王圻《續文獻通考·經籍考·集上》 《黄泰之文集》。黄定字泰之，永福人。乾道中進士第二。

江湖長翁文集

錢謙益等《絳雲樓書目·宋文集類》 陳造《江湖長翁集》。字唐卿，高郵人。又嘗撰《芹宫講古》十卷。皆記爲平江教授時，與諸生往復語也。

黄虞稷《千頃堂書目·別集類·補宋》 陳造《江湖長翁集》四十卷。高郵人。

倪燦等《宋史藝文志補·別集類》 陳造《江湖長翁集》四十卷。高郵人。

《四庫提要·別集類十四》 《江湖長翁文集》四十卷。山東巡撫採進本。宋陳造撰。造字唐卿，高郵人。淳熙二年進士。官至淮南西路安撫司參議。遭宋不競，事多齟齬，自以爲無補於世，置江湖乃宜，遂號江湖長翁。既不竟其用，故無所表見，而《宋史》亦不爲立傳。惟元申屠駉爲作墓誌，稱其「於誨誘則良師，於撫字則循吏。身篤操修，道兼體用。」雖金石之文，稱述例多溢量，亦未必純搆虚詞也。集中《罪言》一篇，蓋仿杜牧而作，不免紙上談兵，徒爲豪語。其文則恢奇排奡，要亦陳亮、劉過之流。其他劄子諸篇，多剴切敷陳，當於事理。記序各體，錘字鍊詞，稍傷真氣，而皆謹嚴有法，不失規程。在南宋諸作者中，亦鐵中錚錚者矣。至《易説》一卷，始於「无妄」，終於「比」，凡十五篇，疑其未完之書。中多以史證經，與楊萬里《誠齋易説》、李光《讀易詳説》相類。殆爲時事而發，託之詁經歟？其集久無刻本。明崇禎中，李之藻以淮南自秦觀而後，惟造有名於時，始與觀集同刻之於高郵云。

清閟集

王圻《續文獻通考·經籍考·集上》 《清閟集》三十卷。周承勛著。廣德人。博學能文，舉進士。

涉齋集

《宋史·藝文志·別集類》 《許及之文集》三十卷。

楊士奇等《文淵閣書目·詩詞》 《許涉齋詩集》。一部，七册。殘缺。

張萱等《内閣藏書目録·集部》 《陟齋詩集》不全。宋淳熙間右府許著。

黄虞稷《千頃堂書目·別集類·補宋》 許右府《涉齋詩集》二十卷。

倪燦等《宋史藝文志補·別集類》 許右府《涉齋詩集》二十卷。

《四庫提要·別集類十二》 《涉齋集》十八卷。《永樂大典》本。案《涉齋集》，《永樂大典》原題許綸撰。《藝文志》載許及之文集三十卷，《涉齋課稿》九卷。與今本涉齋之名合。焦竑《經籍志》載許右府《涉齋集》三十卷。宋人稱樞密爲右府，與及之本傳官知樞密院又合。則此集當爲及之所撰。又《宋史·寧宗本紀》，紹熙四年六月，遣許及之賀金主生辰。《金史·交聘表》亦同。今集中使金之詩，一一具在。本傳稱及之嘗爲宗正簿，今集中亦有《題玉牒所壁間詩》。則此集出於及之，尤證佐鑿然。《永樂大典》所題，不知何據。或及之初名綸，史偶未載更名事歟？此集世無傳本。今摭拾殘賸，編爲十八卷。

涉齋課藁

《宋史・藝文志・別集類》〔許及之〕《涉齋課藁》九卷。

拙庵集

黄虞稷《千頃堂書目・別集類・補宋》 李紹《拙庵先生集》四卷。

倪燦等《宋史藝文志補・別集類》 李紹《拙菴集》四卷。

鳳山集

王圻《續文獻通考・經籍考・集上》《鳳山集》。姚瀛著。瀛字子山，福安人。隆興進士。

李嘉言文集

王圻《續文獻通考・經籍考・集上》《李嘉言文集》二十卷。嘉言，廣德人，隆興初進士。

草堂文集

王圻《續文獻通考・經籍考・集上》《草堂文集》。方秉白著。秉白號草堂，莆田人。孝宗朝憲臣以孝廉薦，不起。

胖軒録

王圻《續文獻通考・經籍考・集上》《胖軒録》。黄時著。時字景仁，寧德人。開禧初登進士第，累官知德慶州，文章政事皆有聲于時。所著詩文名《胖軒》，又嘗掇取言行可鑑者百餘條，目曰《禔身録》。

尊白堂集

楊士奇等《文淵閣書目・文集》 虞儔《尊白堂集》。一部，七册。闕。

《四庫提要・別集類十二》《尊白堂集》六卷。《永樂大典》本。宋虞儔撰。儔字壽老，寧國人。隆興初入太學，舉進士。累官兵部侍郎，奉祠卒。陳貴誼原序，儔集本二十四卷。今從《永樂大典》中採掇裒次，釐爲詩四卷，文二卷。録而存之，亦所謂布帛菽粟之文，雖常而不可厭者歟。

浪語集

楊士奇等《文淵閣書目・文集》 薛季宣《艮齋浪語集》。一部，十册。全。

張萱等《内閣藏書目録・集部》 艮齋先生薛常州《浪語集》十册。不全。宋乾道間薛季宣著，闕二册。

黄虞稷《千頃堂書目・別集類・補宋》 薛季宣《浪語集》三十五卷。字士龍，常州人，別號艮齋先生。

倪燦等《宋史藝文志補・別集類》 薛季宣《浪語集》三十五卷。

《四庫提要・別集類十三》《浪語集》三十五卷。兩淮馬裕家藏本。宋薛季宣撰。季宣有《書古文訓》已著録。其集乃寶慶二年其姪孫知府州事旦所編次刊行。旦所作後序尚存，而自明以來，刻本遂絶。藏書家輾轉傳鈔，譌脱頗甚。謹重爲校正，而卷帙則悉仍其舊焉。

張金吾《愛日精廬藏書志・別集類》 艮齋先生薛常州《浪語集》三十五卷。抄本。

張之洞《書目答問・別集》 《浪語集》三十五卷。宋薛士龍。止見傳鈔本，今溫州人議刻。

劉清之文集

《宋史・藝文志・別集類》 《劉清之文集》二十三卷。

蠹齋鉛刀編

《宋史・藝文志・別集類》 周孚《鉛刀編》三十二卷。《玉堂梅林文集》二十卷。又《雲溪類集》三十卷。

楊士奇等《文淵閣書目・文集》 周信道《鉛刀編》。一部，四冊。闕。

《四庫提要・別集類十二》 《蠹齋鉛刀編》三十二卷。編修汪如藻家藏本。宋周孚撰。孚字信道，濟南人，寓家丹徒。乾道二年進士，官真州教授。集首有京口陳珙序，稱遺文共三十卷。《儀真縣志》竝同。而鄜延解百禴跋語又稱三十二卷，與今集本相合。蓋珙序專指詩文而言。末二卷爲《非詩辨妄》，原自別本單行，百禴取以附入，故通爲三十二卷耳。

張金吾《愛日精廬藏書續志・別集類》 蠹齋先生《鉛刀編》三十二卷。抄本。

玉堂梅林文集

《宋史・藝文志・別集類》 〔周孚〕《玉堂梅林文集》二十卷。

雲溪類集

《宋史・藝文志・別集類》 〔周孚〕《雲溪類集》三十卷。

雪山集

陳振孫《直齋書録解題・詩集類下》 《雪山集》三卷。富川王質景文撰。質游太學，治《詩》有聲，仕爲樞屬。嘗著《詩解》三十卷，未之見也。

馬端臨《文獻通考・經籍考・詩集》 《雪山集》三卷。

《宋史・藝文志・別集類》 王質《雪山集》三卷。

楊士奇等《文淵閣書目・文集》 王質《雪山文集》。一部，八冊。全。

張萱等《内閣藏書目録・集部》 《雪山文集》八冊。全。宋高宗朝東平王質著。凡四十卷。

《四庫提要・別集類十二》 《雪山集》十六卷。《永樂大典》本。宋王質撰。質有《詩總聞》，已著録。其集久佚不傳，僅散見《永樂大典》中。史稱其嘗著論五十篇，言歷代君臣治亂，謂之《樸論》。今止存《漢高帝》、《文帝》、《五代梁末帝》、《周世宗》四篇。質自序《西征叢記》云：「自丁亥至庚寅，得詩一百三十有九，詞五十有一，記十，序六，銘二。」又於淳熙二年作《退文》，有《六悔》、《六變》。《永樂大典》所載乃總題曰《雪山集》，不可辨識。又《宋史・藝文志》稱《王景文集》四十卷，而別出《雪山集》三卷。陳振孫《書録解題》亦作三卷。焦竑《經籍志》、朱彝尊《經義考》則俱云四十卷。考王阮原序，稱其家以遺稿見屬，乃爲蒐羅刪次，釐爲四十卷。名曰雪山，本其舊也。然則質初有小集三卷，自題《雪山》之名。迨阮刪定遺稿，編爲全集，而其名如故。故三卷之本與四十卷之本諸書互見也。張端義《貴耳集》載其《何處難忘酒》詩四首，稱所撰有《雪齋集》，則又刊本流傳譌「山」爲「齋」矣。今蒐羅排次，共得一十六卷。

張之洞《書目答問・別集》 《雪山集》十六卷。宋王質。聚珍版輯本，福本。

林泉結契

吴焯《繡谷亭薰習録・集一》《林泉結契》五卷。宋泰山王質著。質紹興中進士，慕陶靖節，故所著名《紹陶録》。此編亦見録中，凡禽蟲草木並有箋釋繫以詩。

《四庫提要・别集類存目一》《林泉結契》五卷。編修汪如藻家藏本。宋王質撰。質有《詩總聞》，已著録。是編乃商邱宋犖摘《紹陶録》中《山友辭》、《山友續辭》、《水友辭》、《水友續辭》、《山水友續辭》各爲一卷。謂其有玩物適情之趣，改題此名。其文則無所增損也。

王景文集

《宋史・藝文志・别集類》〔王質〕《王景文集》四十卷。

丘文定集　拾遺

陳振孫《直齋書録解題・别集類下》《丘文定集》十卷。《拾遺》一卷。樞密江陰丘崈宗卿撰。隆興癸未進士第三人。其文慷慨有氣，而以吏能顯，故其文不彰。

馬端臨《文獻通考・經籍考・别集》《丘文定集》十卷，《拾遺》一卷。

《宋史・藝文志・别集類》《丘崈文集》十卷。

楊士奇等《文淵閣書目・文集》《丘文定公集》。一部，十册。殘闕。

張萱等《内閣藏書目録・集部》《丘文定公集》十册。全。宋樞密丘崈著。

三山張先生質言

趙希弁《讀書附志・别集類三》《三山張先生質言》四卷。右張淵叔潛撰。叔潛，三山人。嘗爲左宣教郎、樞密院編修云。

石室先生百論

趙希弁《讀書附志・别集類三》《石室先生百論》十卷。右陸子才所進也。《君論》三十篇，《政事論》二十篇，《臣論》三十篇，《攻守論》二十篇，各有其目云。

燕堂詩藁

《四庫提要・别集類十二》《燕堂詩稿》一卷。浙江鮑士恭家藏本。宋趙公豫撰。公豫字仲謙，常熟人。紹興中由進士知真州。官至寶謨閣待制。是集卷首有傳一篇，不著撰人名氏，稱公豫本宗室子，南渡後徙居常熟。然考《宋史・宗室表》，諸王系中無以公字聯名者，不知其出何派也。傳又稱公豫所著《燕堂類稿》原本十六卷，詔誥、表策多爲時傳誦。其詩因屬對不甚工切，泉州守蔣雝選録全部，澄汰太甚，僅存若干首。是公豫止優於文，而詩則非所擅長。故雖鈔本僅存，而選録宋詩者亦未經採摭。今讀其詩，雖吐屬未工，而直寫胸臆，要自落落不凡。傳又稱公豫居官廉正，常言吾求爲良吏，不求爲健吏。去任之日，挈壺漿攀轅者甚衆，是其政績不愧於古之循吏。當因人以重其詩。使魯恭卓茂有遺集以傳於後，雖聲律未嫻，談藝者敢毅然斥去乎？存此一集，以風厲官方。較之掞藻摛華，其有補於世道爲多也。

西窗文集

楊士奇等《文淵閣書目・文集》 徐衡仲《西窗文集》。一部，六册。全。

張萱等《内閣藏書目録・集部》 《西窗先生文集》六册。全。宋孝宗朝上饒徐安國著。凡十五卷。

黄虞稷《千頃堂書目・别集類・補宋》 徐安國《西窗先生文集》十五卷。字衡仲，上饒人。

倪燦等《宋史藝文志補・别集類》 徐安國《西窗文集》十五卷。字衡仲，上饒人。

沈子壽文集

馬端臨《文獻通考・經籍考・别集》 《沈子壽文集》。《水心集》序曰：吴興沈子壽，少入太學，名聞四方。仕四十餘年，絀於王官。再入郡，三佐帥幕，公私憔悴而子壽老矣。然其平生業嗜文字，若性命在身，非外物也。甲乙自著累百千首。

鄭氏文集

王圻《續文獻通考・經籍考・集上》 《鄭氏文集》。鄭升之著。

鄂州小集

《宋史・藝文志・别集類》 《羅願小集》五卷。

楊士奇等《文淵閣書目・文集》 《羅鄂州文集》。一部，二册。全。

徐𤊹《徐氏家藏書目・文集類》 羅願《鄂州集》五卷。

張萱等《内閣藏書目録・集部》 《羅鄂州文集》二册，全。元至元間羅願著。

錢謙益等《絳雲樓書目・宋文集類》 羅願《鄂州小集》五卷。

吴焯《繡谷亭薰習録・集一》 《鄂州小集》五卷，《遺文》一卷。宋知鄂州新安羅願端良著。願以淳熙六年知鄂州，十一年卒于官。時劉静春清爲州倅，葺其文十卷刻于鄂。明初僅存五卷。七世孫宣復搜得遺文一卷，洪武二年刻於歙州。

《四庫提要・别集類十二》 《鄂州小集》六卷，附録二卷。兩淮馬裕家藏本。宋羅願撰。願有《爾雅翼》，已著録。淳熙甲辰願由知南劍州改鄂州。乙巳卒於官。州佐劉清之爲刊其遺稿，名《鄂州小集》，止六卷。史稱十卷，與原集不合。蓋《宋史》多譌，不足爲據。此本卷數雖符，然編次無法。又以《新安志》中小序二篇入之，疑經後人掇拾而成，亦非其舊也。

黄丕烈《蕘圃藏書題識續録・集類上》 《羅鄂州小集》六卷，附録一卷。舊鈔本。此鈔本《羅鄂州集》二册。余於癸丑夏從同郡貯書樓蔣氏得來。字跡雖不甚佳，似係影鈔者。

吴壽暘《拜經樓藏書題跋記》卷五 《鄂州小集》。右六卷。國朝程哲輯録。此從程氏刻本傳録者。首有哲序，並鄭玉、趙汸、趙壎、李宗頤、宋濂、王禕、馬琙、蘇伯衡、林公慶、祝允明諸原序，裔孫文達、從裔孫朗原跋，及曹涇撰傳等篇。後附《郢州遺文》。《四庫目録》作六卷，附録二卷，此本附録即在六卷中。目録謂其集本劉清之所編，此本叢雜少緒，似非原帙。又云附録二卷，爲其兄頌、姪似臣之文，今是編但有頌文而無似臣文。

羅端良詩

尤袤《遂初堂書目・别集類》 《羅端良詩》。

網山集

馬端臨《文獻通考・經籍考・别集》 《林網山集》。

黄虞稷《千頃堂書目・别集類・補宋》 林亦之《網山集》八卷。字學可，福清人。師林光朝爲高弟。學者稱網山先生，一曰月魚先生。景定間林希逸追舉其賢，贈迪功郎，謚文靖。

倪燦等《宋史藝文志補・別集類》 林亦之《網山集》八卷。字學可，福清人。謚文節。

吴焯《繡谷亭薰習録・集一》 《網山集》八卷。宋福清林亦之學可著。劉克莊序。集中多誄辭、銘歌，疑出後人裒集者。

《四庫提要・別集類十二》 《網山集》八卷。浙江鮑士恭家藏本。宋林亦之撰。亦之字學可，號月漁，福清人。林光朝之弟子也。光朝講學於紅泉，及卒，學者請亦之繼其席。趙汝愚帥閩，嘗薦於朝，未及用而卒。景定間贈迪功郎。原集刊於紹定辛卯。劉克莊序稱：「嘗謂艾軒高處逼《檀弓》、《穀梁》，平處猶與韓並驅」，「至於網山論著，句句字字，足以明周公之志，得少陵之髓。其律詩高妙者，絶類唐人。疑老師當避其鋒。他文稱是」云云。其推之可謂至矣。今觀此本，詩僅二卷，而輓詩居一卷。文凡六卷，而祭文居二卷，祝文聘書居一卷，青詞、募疏之類不軌於正者，又居一卷。

張金吾《愛日精廬藏書志・別集類》 《網山集》十卷。抄本。

吴壽暘《拜經樓藏書題跋記》卷五 《網山集》。舊鈔本。月魚先生《網山集》八卷。有劉克莊、林希逸二序。

日湖遺稿

王圻《續文獻通考・經籍考・集上》 《日湖遺稿》五十卷。鄭昭先著。昭先字景紹，閩縣人。遊朱文公之門。官至樞密院兼參知政事，謚文靖。

木鐘集

王圻《續文獻通考・經籍考・集上》 《木鐘集》。陳湞著。湞，永嘉人。從學朱文公，稱潛室先生。

徐𤊹《徐氏家藏書目・文集類》 陳潛室《木鐘集》十一卷。

盤澗集

王圻《續文獻通考・經籍考・集上》 《盤澗集》。程若中著。若中，古田人。朱熹門人。

克齋文集

王圻《續文獻通考・經籍考・集上》 《克齋文集》。余偶著。偶字占之，古田人。從學朱文公，與林用中齊名。

鼯技集

王圻《續文獻通考・經籍考・集上》 《鼯技集》。孟浩著。浩，宜春人。乾道間知武寧縣有聲，官至直秘閣。

緣督集

王圻《續文獻通考・經籍考・集上》 《緣督集》。曾幼度著。幼度，樂安人。乾道進士，仕至太守，以文章名。

朱景文文集

王圻《續文獻通考・經籍考・集上》 《朱景文文集》四十卷。景文，靖江人。乾道間進士。讀書過目不忘，爲文頃刻立就。

治述

陳振孫《直齋書録解題・別集類下》《治述》十卷。從政郎鄭湜，紹熙元年撰進。按：丙戌榜有三山鄭湜溥之，是年已爲祕書郎，面對劄子，剴切通練，于今傳誦。此當别是一鄭湜耶？

馬端臨《文獻通考・經籍考・別集》《治述》十卷。

知非集　精金訓鑒　童蒙記

王圻《續文獻通考・經籍考・集上》《知非集》、《精金訓鑒》、《童蒙記》共八十卷。葉楠著。楠，貴池人。調鄱陽尉，後爲績溪令。

説齋文集　别集

楊士奇等《文淵閣書目・文集》唐仲友《説齋文集》。一部，二十二册。殘闕。

王圻《續文獻通考・經籍考・集上》《唐子文集》。唐仲友著。

張萱等《内閣藏書目録・集部》《説齋文集》二十一册。不全。宋理宗朝唐仲友著。凡四十卷。闕第二、第三卷。又别集三卷。

黄虞稷《千頃堂書目・别集類・補宋》唐仲友《説齋文集》四十卷。又《别集》三卷。金華人，登第後復中宏詞科，仕至江西提刑。

倪燦等《宋史藝文志補・别集類》唐仲友《説齋文集》四十卷。又《别集》三卷。

説齋文粹

黄虞稷《千頃堂書目・别集類・補宋》〔唐仲友〕《説齋文粹》十五卷。元季諸孫懷敬輯。文十卷，九經發題愚書五卷。

倪燦等《宋史藝文志補・别集類》〔唐仲友〕《説齋文粹》十五卷。金華人。《文粹》諸孫所輯。

舒文靖集

《四庫提要・别集類十三》《舒文靖集》二卷。浙江汪啓淑家藏本。宋舒璘撰。璘字元質，一字元賓，奉化人。與乾道八年進士。初授徽州教授，擢知平陽縣，終宜州通判。淳祐中追謚文靖。事蹟具《宋史・儒林傳》。璘棲遲州縣，終身未一挂朝籍，故集中無章奏之文，其經略遂不可考見。

勉齋集

《宋史・藝文志・别集類》《黄幹文集》十卷。

楊士奇等《文淵閣書目・文集》《黄勉齋文集》。一部，八册，全。《黄勉齋文集》。一部，六册，全。

范邦甸等《天一閣書目・别集類》《勉齋文集》四十卷。緜紙藍絲闌鈔本。宋黄幹撰。

徐𤊹《徐氏家藏書目・文集類》黄幹《勉齋集》二十卷。

張萱等《内閣藏書目録・集部》《勉齋實録》一册，《存稿》一册。全。宋寧宗朝黄幹著。《勉齋黄文肅公文集》六册。全。宋黄幹著。凡十卷又《講義》一卷，又八册。全。

錢謙益等《絳雲樓書目・宋文集類》《黄勉齋集》十卷。

吴焯《繡谷亭薰習録・集一》《勉齋先生黄文肅公集》四十卷。宋黄幹直卿著。前一行云：「富沙裔孫若金手鈔藏本」。趙氏《讀書附志》只載先生《孟子講義》一卷，今見集中，則知此集後人彙輯，卷中畧有闕文。

《四庫提要・别集類十四》《勉齋集》四十卷。編修勵守謙家藏本。宋黄榦撰。榦字直卿，號勉齋，閩縣人。少受業於朱子，朱子以女妻之。寧宗朝，補將仕郎。歷知漢陽軍安慶府，以主管亳州明道宮致仕。卒謚文肅。事蹟具《宋史・道學傳》。是集《講義經説》三卷,雜文三十六卷,詩一卷。

彭元瑞等《天禄琳琅書目後編・元版集部》《勉齋先生黄文肅公文集》二函二十册。宋黄榦撰。書四十卷,分詩、書、銘、記、序、題跋、啓、婚書、疏、祝文、奏狀、擬奏、代奏、論、講義、經説、策問、公移、公劄、公狀、行狀、誌銘、祭文、雜著、判語二十五門。末附國史傳、告詞、謚議、覆謚、行實、祠堂記、祭文十二篇。闕補卷一,二十三。卷八,十三、十四。卷十一,十二。卷十二,八。卷十三,九十。卷十七,一之二十。卷二十六,五、六。卷二十八,二十二。卷三十二,一五、二十六,十。卷三十七,十二。卷四十,十。附集,五。

錦屏先生文集

《宋史・藝文志・別集類》《錦屏先生文集》十一卷。不知名。

龜湖文集

《宋史・藝文志・別集類》王萊《龜湖集》十卷。

楊士奇等《文淵閣書目・文集》王萊《龜湖文集》。一部,四册。全。

張萱等《内閣藏書目録・集部》《龜湖先生文集》四册。全。宋王萊著。

蒙野集

《宋史・藝文志・別集類》何暹《蒙野集》四十九卷。

東萊集　別集　外集

陳振孫《直齋書録解題・別集類下》《東萊呂太史集》十五卷,《別集》十六卷,《外集》五卷,附録三卷。著作郎東萊呂祖謙伯恭撰,其弟祖儉編録。凡家範、尺牘之類,總之《別集》;策問、宏詞、程文之類,總之《外集》;年譜、遺事則見附録。太史,曾文清外孫,隆興癸未鎖廳甲科,宏詞亦入等。仕未達,得末疾,奉祠,年才四十五,卒于淳熙辛丑。平生著述皆略舉端緒,未有成書者,學者惜之。

馬端臨《文獻通考・經籍考・別集》《東萊呂太史集》十五卷,《別集》十六卷,《外集》五卷,附録三卷。

《宋史・藝文志・別集類》《呂祖謙集》十五卷,又《別集》十六卷,《外集》五卷,附録三卷。

楊士奇等《文淵閣書目・文集》《呂東萊文集》。一部,十一册。闕。《呂東萊文集》。一部,九册。闕。

高儒《百川書志・集》《東萊文集》三卷,《年譜》一卷。著作郎東萊呂祖謙伯恭撰。

張萱等《内閣藏書目録・集部》《東萊博議》六册,全。宋呂祖謙著。

錢謙益等《絳雲樓書目・宋文集類》《呂東萊文集》。《集》五十卷,《別集》十六卷,《外集》五卷,附録三卷,弟祖儉編。

吴焯《繡谷亭薰習録・集一》《東萊全集》四十卷。宋著作郎東萊呂祖謙伯恭著。先是先生之集已行于世,其從子喬年以刊本真贋錯糅,于是以其父祖儉舊所編次者,定爲《正集》十五卷、《別集》十六卷、《外集》五卷、附録四卷。

《四庫提要・別集類十二》《東萊集》四十卷。宋呂祖謙撰。祖謙有《古周易》,已著録。其生平詩文,皆祖謙殁後,其弟祖儉及從子喬年先後刊補遺稿,釐爲文集十五卷;又以家範、尺牘之類爲《別集》十六卷,程文之類爲《外集》五卷;年譜遺事則爲附録三卷;又《附録拾遺》一卷,即今所傳之本也。

彭元瑞等《天禄琳琅書目後編・宋版集部》《東萊呂太史集》四函三十册。宋呂祖謙撰。書五十卷,凡詩文之類爲《文集》十五卷,家範、尺牘之類爲《別集》十六卷,程文之類爲《外集》五卷,《麗澤論説》集録十卷。見前。年譜、遺事,爲附録三卷,附録《拾遺》一卷。其弟祖儉、從子喬年等所編。

東萊尺牘

高儒《百川書志・啓劄》《東萊尺牘》五卷。宋東萊呂居仁祖謙撰。

呂東萊詩集　續集

楊士奇等《文淵閣書目・詩詞》《呂東萊詩集》。一部，六册。闕。

錢謙益等《絳雲樓書目・宋文集類》《東萊先生詩集續集》。

東萊集詩

王圻《續文獻通考・經籍考・詩集》《東萊集詩》。呂祖謙著。

省齋集

楊士奇等《文淵閣書目・文集》廖行之《省齋文集》。一部，六册。全。

張萱等《内閣藏書目録・集部》《省齋文集》六册。全。宋淳熙間寧鄉簿衡陽廖行之著。正集十卷，附集一卷。

黄虞稷《千頃堂書目・別集類・補宋》廖行之《省齋文集》十卷，附集一卷。字天民，衡州人，淳熙間寧鄉簿。

倪燦等《宋史藝文志補・別集類》廖行之《省齋文集》十卷，附集一卷。字天民，衡州人。

《四庫提要・別集類十四》《省齋集》十卷。《永樂大典》本。宋廖行之撰。行之字天民，其先延平人。五季時徙於衡州。是集乃其子謙所刊，原本十卷。今從《永樂大典》中採掇裒輯，篇帙頗夥，似當日全部收入。謹排次審訂，仍析爲十卷，以還其舊。其原跋十七通，行狀、墓銘等三首，仍附於後，以備考核。

是齋集

王圻《續文獻通考・經籍考・集上》《是齋集》。王信著。信，麗水人。紹興末進士，累官給事中，遷煥章閣待制。

止齋文集

陳振孫《直齋書録解題・別集類下》《止齋集》五十三卷。中書舍人永嘉陳傅良君舉撰。三山本五十卷。

馬端臨《文獻通考・經籍考・別集》《止齋集》五十二卷。

《宋史・藝文志・別集類》陳傅良《止齋集》五十二卷。

楊士奇等《文淵閣書目・文集》《陳止齋集》。一部，四册。闕。

高儒《百川書志・宋文》《止齋文集》五十二卷。中書舍人永嘉陳傅良君舉撰。

范邦甸等《天一閣書目・別集類》《止齋先生文集》五十二卷，附録一卷。刊本宋陳傅良著。

徐𤊹《徐氏家藏書目・文集類》陳傅良《止齋集》五十二卷。

錢謙益等《絳雲樓書目・宋文集類》《陳止齋文集》五十二卷。三山本五十卷。嘉定戊辰門人曹叔遠序。

《四庫提要・別集類十二》《止齋文集》五十一卷，附録一卷。浙江巡撫採進本。宋陳傅良撰。傅良有《春秋後傳》，已著録。此集爲其門人曹叔遠所編，前後各有叔遠序一篇。所取斷自乾道丁亥，訖於嘉泰癸亥。凡乾道以前之少作，盡削不存，其去取特爲精審。末爲附録一卷，爲樓鑰所作神道碑，蔡幼學所作墓誌，葉適所作行狀。而又有雜文八篇，綴於其後，不知誰所續入。

張金吾《愛日精廬藏書志・別集類》《止齋先生文集》五十二卷，附録一卷。明正德刊本。

張之洞《書目答問・別集》《止齋文集》五十一卷，附録一卷。宋陳傅良。陳用光重刻本。

止齋論祖　止齋論訣

高儒《百川書志・別集》《止齋論祖》四卷。《止卷論訣》一卷。宋止齋先生永嘉陳傅良君舉著。蛟峰先生嚴陵方逢辰君錫批點，凡三十九篇。

《四庫提要・別集類存目一》《止齋論祖》五卷。浙江鮑士恭家藏本。宋陳傅良撰。傅良有《春秋傳》，已著録。初，傅良講學城南茶院時，以科舉舊學，人無異辭。於是芟除宿説，標發新穎，學者翕然從之。此論五卷，蓋即爲應舉而作也。首列作論要訣八章，中分四書、諸子、通鑑、君臣、時務五門，凡爲論九十二篇。考《止齋文集》卷末附録雜文數首，編内守令文章民論三篇存焉，餘皆削而不録。疑傅良當日自悔其少作，故其門人編次之時，不以入集。特别録此本，私存爲程試之用耳。

止齋奥論

黄虞稷《千頃堂書目・別集類・補宋》陳傅良《止齋奥論》十卷。

倪燦等《宋史藝文志補・別集類》陳傅良《止齋奥論》十卷。

止齋詩

高儒《百川書志・集》《止齋集》。中書永嘉陳傅良君舉撰。

攻媿集

陳振孫《直齋書録解題・別集類下》《攻媿集》一百二十卷。參政四明樓鑰大防撰。隆興癸未省試考作賦魁，以犯諱當黜，知舉洪文安遵奏收寘末甲首。

馬端臨《文獻通考・經籍考・別集》《攻媿集》一百二十卷。

《宋史・藝文志・別集類》《樓鑰文集》一百二十卷。

楊士奇等《文淵閣書目・文集》樓鑰《攻媿集》。一部，十五册。殘闕。樓鑰《攻媿集》。一部，六册。闕。

張萱等《内閣藏書目録・集部》《樓攻媿集》二十八册。不全。宋四明樓鑰著。又六册。不全。

王士禛《漁洋書跋》《攻媿集》。宋樓宣獻公鑰《攻媿集》八十五卷。温陵黄氏寫本。詩僅九卷，雜文七十六卷。諸體中題跋最勝。

《四庫提要・別集類十二》《攻媿集》一百一十二卷。兩淮鹽政採進本。宋樓鑰撰。鑰有《范文正年譜》，已著録。其集載於諸家書目者，或作百卷，或作八十五卷。而世所傳鈔本有僅存四十二卷者。蓋流傳既久，多所佚脱。此本原作一百二十卷，與《宋史・藝文志》及陳振孫《書録解題》所載相同，猶爲舊帙。

張金吾《愛日精廬藏書志・別集類》《攻媿先生文集》一百二十卷。舊抄本。

張之洞《書目答問・別集》《攻媿集》一百一十二卷。宋樓鑰。聚珍版删定本，福本。

別本攻媿文集　詩集

《四庫提要・別集類存目一》《別本攻媿文集》三十二卷，《詩集》十卷。兵部侍郎紀昀家藏本。宋樓鑰撰。鑰有《攻媿集》，已著録。此本前後無序跋。又文集有目，而詩集無目，較原集少七十八卷，蓋後人選録而成。然世所傳寫，大抵此本。今亦附存其目焉。

雙峰存藁

趙希弁《讀書附志・別集類四》《雙峰猥藁》八卷。右舒邦佐平叔之文也。開禧丙寅，劉德秀爲之序。平叔，豫章雙谿人也。

《四庫提要・別集類存目一》《雙峰存藁》六卷。江西巡撫採進本。舊本題宋進士舒邦佐平叔撰。《宋志》及諸家書目皆不著録。

吴壽暘《拜經樓藏書題跋記》卷五《雙峰集》。《雙峰先生集》九卷。初白太史校本，前有八世孫泰亨及永樂丙申徐錬、正統元年劉球序，後有李大異撰墓志，七世孫佳及永樂二十二年舒仲誠、洪武癸酉劉鉞跋及高才贊。初白翁手跋云：是集初刻於宋甯宗嘉泰四年，公季子邁所編。先生自序，題曰《雙峰猥稿》。至理宗淳祐七年再刻於連山，章枕山有序。元初公之七世孫名世重刊，有歐陽冀公序。未幾板燬。洪武中八世孫泰亨以家藏舊雕本重刻於南昌，訓導劉鉞志其本末。正統中十世孫守中重刻，劉忠愍爲之序。今所鈔者照正統本。

湘中類藁

趙希弁《讀書附志・別集類四》《湘中類藁》三卷。右楊叔虎文若之詩也。環澗王容爲之序。文若，長安人。爲武成宮諸生第一，嘗任陰平太守，得罪謫長沙云。

雙溪集

楊士奇等《文淵閣書目・文集》 王炎《雙溪文集》。一部，七册。殘闕。

高儒《百川書志・宋詩》《王雙溪文集》十七卷。

錢謙益等《絳雲樓書目・宋文集類》《王雙溪文集》。

黄虞稷《千頃堂書目・別集類・補宋》 王炎《雙溪文集》十七卷。歙縣人，乾道五年進士，官中奉大夫，軍器監。

倪燦等《宋史藝文志補・別集類》 王炎《雙溪文集》十七卷。歙縣人。

《四庫提要・別集類十三》《雙溪集》二十七卷。兩淮馬裕家藏本。宋王炎撰。炎字晦叔，婺源人。乾道五年進士。官至軍器少監。與淳熙中觀文殿大學士王炎名姓偶同，非一人也。所著有《讀易筆記》、《尚書小傳》、《禮記》、《論語》、《孝經》、《老子解》、《春秋衍義》、《象數稽疑》、《禹貢辨》、《考工記・鄉飲酒儀》、《諸經考疑》、《編年通紀》、《紀年提要》、《天對解》、《韓柳辨證》、《傷寒論》，總題曰《雙溪類稿》。今已無傳。惟詩文集僅存。世所行者凡二本。一本爲康熙中其族孫祺等所刊，凡十二卷。一即此本，乃明萬曆丙申尚寶司丞王鏻得沈一貫家舊本爲校正開雕者也。凡賦、樂府一卷，詩、詞九卷，文十七卷。

大愚叟集

陳振孫《直齋書録解題・別集類下》《大愚叟集》十一卷。太府寺丞吕祖儉子約撰。祖謙弟也。慶元初上封事，論救祭酒李祥，謫高安以没。寓居大愚寺，故以名集。

馬端臨《文獻通考・經籍考・別集》《大愚叟集》十一卷。

《宋史・藝文志・別集類》 吕祖儉《大愚集》十一卷。

楊士奇等《文淵閣書目・文集》 吕子約《大愚叟集》。一部，五册。全。

張萱等《内閣藏書目録・集部》《大愚文集》五册。全。宋寧宗朝大府丞吕祖儉著。《正集》十一卷，《別集》一卷。

草堂集

王圻《續文獻通考・經籍考・集上》《草堂集》。林用中著。用中字擇之，古田人。從朱文公學，文公稱其晦外而明于内，樸外而敏于中。

草堂集

徐𤊹《徐氏家藏書目・文集類》 無名氏《草堂集》一卷。

應齋雜著

《四庫提要・別集類十三》《應齋雜著》六卷。《永樂大典》本。宋趙善括撰。善括《宋史》無傳。惟《宗室表》載此名爲太宗第四子商王元份六代孫。是集《宋志》不載，其原本卷帙不可考。今以《永樂大典》所載，裒爲六卷。

張金吾《愛日精廬藏書志・別集類》《應齋雜著》六卷。文瀾閣傳抄本。

松坡集

陳振孫《直齋書録解題・詩集類下》《松坡集》七卷，《樂府》一卷。丞相豫章京鏜仲遠撰。鏜使虜執節，驟用。其在相位，當韓侂胄用事，無所立。

馬端臨《文獻通考・經籍考・詩集》《松坡集》七卷，《樂府》一卷。

《宋史・藝文志・別集類》《京鏜詩》七卷。又《詞》二卷。

客亭類稿

楊士奇等《文淵閣書目・文集》揚夢錫《客亭類稿》。一部，四册。闕。

《四庫提要・別集類十三》《客亭類稿》十五卷。《永樂大典》本。宋揚冠卿撰。冠卿字夢錫，江陵人。宋史不爲立傳。陳振孫《書録解題》載有此集，而亦不詳冠卿之始末，故事蹟無可考見。其集世頗罕傳。惟浙江採進書中有舊刊《客亭類稿》，爲巾箱小字本。檢勘尚係原刻，分《四六編》、《雜著編》、《古律編》，皆所作詩文。《惠答客亭書啓編》則同時名人酬贈之作。不標卷數，前後亦無序跋。而《永樂大典》各韻内所收冠卿之文，尚有表牋、詩餘各數十首，皆刊本所未收。疑當時本各自爲編，流傳既久，遂有闕脱。今據《永樂大典》所載，以刊本參校，搜緝補綴，諸體始全。謹仿原編名目，釐爲十四卷，而仍以《書啓》一卷附之。

崔舍人集

楊士奇等《文淵閣書目・文集》《崔舍人文集》。一部，四册。全。

張萱等《内閣藏書目録・集部》《崔舍人集》四册。全。宋寧宗朝崔敦詩著。

黄虞稷《千頃堂書目・別集類・補宋》崔敦詩《崔舍人集》三十卷。字大雅，紹興庚辰進士，中書舍人，直學士院。世家静海，晚居常熟。

倪燦等《宋史藝文志補・別集類》《崔敦詩舍人集》三十卷。

玉堂類藁

楊士奇等《文淵閣書目・文集》崔舍人《玉堂類稿》。一部，六册。闕。

阮元《四庫未收書目提要・別集類》《玉堂類藁》二十卷。宋崔敦詩撰。敦詩字大雅，本河北人。南渡後，遂居溧陽。登紹興進士，官至中書舍人。

西垣類稿

阮元《四庫未收書目提要・別集類》《西垣類稿》二卷。宋崔敦詩撰。

象山集

趙希弁《讀書附志・別集類三》《象山先生文集》二十八卷《外集》四卷。右陸文安公九淵字子静之文也。嘗作書院於象山之上，以待講學之士，因以自號。集有袁燮、楊簡序。嘉定十三年賜謚。行狀、謚議附。

陳振孫《直齋書録解題・別集類下》《象山集》二十八卷。《外集》四卷。知荆門軍金谿陸九淵子静撰。與其兄九齡子壽，乾淳間名士也。象山在貴溪，結茅其上，與士友講學，山形如象，故名。

馬端臨《文獻通考・經籍考・別集》《象山集》二十八卷《外集》四卷。

《宋史・藝文志・別集類》陸九淵《象山集》二十八卷。又《外集》四卷。

楊士奇等《文淵閣書目・文集》《陸象山文集》。一部，六册。全。《陸象山文集》。一部，六册。全。《陸象山文集》。一部，五册。闕。

徐𤊹《徐氏家藏書目・文集類》陸九淵《象山集》二十八卷。

張萱等《内閣藏書目録・集部》《象山文集》六册。全。宋陸九淵著，凡二十八卷。又五册。全。又九册。不全，闕第一册。又六册。不全。

錢謙益等《絳雲樓書目・宋文集類》《陸象山全集》十二册。二十八卷。又《外集》四卷。

吴焯《繡谷亭薰習録・集一》《象山集》三十六卷。宋知荆門軍謚文安金谿陸九淵子静著。初先生之冢子特之伯微集其遺言，爲二十八卷，集四卷。開禧元年，門人楊簡序，後持之復爲哀益合成三十三卷。嘉定五年，門人袁燮序。今本增語録二卷，年譜一卷，明正德辛巳刻于撫州，王守仁序。

于敏中等《天禄琳琅書目・元版集部》《象山先生集》三函十八册。宋陸九淵著。《正集》二十八卷，《外集》五卷，共三十三卷。前宋楊簡、袁燮、吴杰三序。馬端臨《文獻通考》載《象山文集》二十八卷，《外集》四卷，并録袁燮序文。今觀此書《外集》係五卷，其第五卷乃録孔煒、丁端祖所撰謚議二篇。然則九淵《外集》仍止四卷也。

又《天禄琳琅書目・明版集部》《象山先生全集》一函，十册。宋陸九淵著。三十六卷。前有序，闕名。次宋袁燮、楊簡二序。

《四庫提要・別集類十三》《象山集》二十八卷，《外集》四卷，附《語録》四卷。大理寺卿陸錫熊家藏本。宋陸九淵撰。九淵字子静，金谿人。乾道八年進士。紹熙初官至奉議郎，知荆門軍，卒於官。事蹟具《宋史》本傳。據九淵年譜，集爲其子持之所編，其門人袁燮刊於江西提舉倉司者，凡三十二卷。《宋史・藝文志》、《文獻通考》竝作《象山集》二十八卷，《外集》四卷。

彭元瑞等《天禄琳琅書目後編・明版集部》《象山先生全集》一函，八册。宋陸九淵撰。九淵字子静，金谿人。乾道八年進士，官知荆門軍。謚文安。入《宋史・儒林傳》。書三十六卷。凡書十七卷，表奏一卷，記一卷，序贈一卷，雜著四卷，詩一卷，祭文一卷，行狀一卷，誌銘一卷，程文三卷，拾遺一卷，其後四卷則孔煒撰謚議，丁端祖覆議，楊簡行狀及其門人所編語録也。

別本象山文集

《四庫提要・別集類存目一》別本《象山文集》六卷。宋陸九淵撰。舊本題九淵門人傅子雲編。首卷爲年譜，次卷爲講學語録，後四卷爲詩文，末附以謚議、行狀。前有萬曆乙卯金谿傅文兆重刻《序》，稱文集已經七刻，殊無善本。

陸象山粹言

范邦甸等《天一閣書目・別集類》《陸象山粹言》六卷。刊本。宋撫州金溪陸先生子静，居貴溪之象山，學者尊爲象山先生。明嘉靖癸丑，臨海王宗沐既刻《朱子大全私鈔》，而稍論次朱、陸之異同，更録象山書文、語録、論學者，釐爲六卷。

閑静治本論　將論

陳振孫《直齋書録解題・別集類下》《閑静治本論》五卷知樞密院廣陵張巖肖翁撰。

馬端臨《文獻通考・經籍考・別集》《閑静治本論》五卷。

將論

陳振孫《直齋書録解題・別集類下》《將論》五卷。知樞密院廣陵張巖肖翁撰。

馬端臨《文獻通考・經籍考・別集》《將論》五卷。

東江集

陳振孫《直齋書録解題・別集類下》《東江集》十卷。丞相臨海謝深甫子肅撰。

馬端臨《文獻通考・經籍考・別集》《東江集》十卷。

槎溪集

王圻《續文獻通考·經籍考·集上》《槎溪集》。廖德明著。德明，順昌人。少學釋氏，得楊時書，讀之大悟，遂受學朱熹。乾道中第進士，遷吏部郎官。

軒山集

陳振孫《直齋書録解題·别集類下》《軒山集》十卷。樞密使獻肅公濡須王藺謙仲撰。淳熙乙未，駕幸太學，藺爲武學諭，在班列中，人物偉然，上一見奇之，自是擢用，馴至執政。其在經帷，論官僚攀附而登輔佐者，挾數用術，道諛濟私，陳義凛然。嘉定以來，其子孫不敢求仕，亦不敢請謚，至端平乃得謚。

馬端臨《文獻通考·經籍考·别集》《軒山集》十卷。

梔林集

陳振孫《直齋書録解題·詩集類下》《梔林集》十卷。吴郡沈繼祖撰。慶元初有爲察官者，家富川，豈即其人耶？人固不足道，詩亦無可觀者。

馬端臨《文獻通考·經籍考·詩集》《梔林集》十卷。

楊士奇等《文淵閣書目·詩詞》《沈梔林集》。一部，一册。闕。

白石丁稿

陳振孫《直齋書録解題·詩集類下》《白石丁稿》一卷。三山黄景説巖老撰。淳熙辛丑進士。

馬端臨《文獻通考·經籍考·詩集》《白石丁稿》一卷。

《宋史·藝文志·别集類》黄景説《白石丁稿》一卷。

吴賦之文集

《宋史·藝文志·别集類》《吴賦之文集》一卷。

歌詩雜著

王圻《續文獻通考·經籍考·詩集》《歌詩雜著》。安溪林德秀著。

朴菴外集

王圻《續文獻通考·經籍考·集上》《朴菴外集》。史彌大著。有《朴語》二篇，《世家》二篇及《鏡菴叢書》、《朴齋外集》若干卷。

周元忠詩

尤袤《遂初堂書目·别集類》《周元忠詩》。

谷橋愚稿

《宋史·藝文志·别集類》孫稽仲《谷橋愚稿》十卷。

濟美集

楊士奇等《文淵閣書目·文集》王氏《濟美集》。一部，十册。殘闕。

忠定公集

陳振孫《直齋書録解題・別集類下》　《趙忠定集》十五卷《奏議》十五卷。丞相福公趙汝愚子直撰。別本總爲一集，亦三十卷。

馬端臨《文獻通考・經籍考・別集》　《趙忠定集》十五卷《奏議》十五卷。

張萱等《内閣藏書目録・集部》　《趙忠定公文集》五册。全。合《奏議》共十册。宋趙汝愚著。凡十五卷。

錢謙益等《絳雲樓書目・宋文集類》　趙汝愚《忠定公集》。十五卷。

敬齋集

《宋史・藝文志・別集類》　吴鎰《敬齋集》三十二卷。

東塘集

楊士奇等《文淵閣書目・文集》　袁起巖《東塘文集》。一部，十二册。闕。

《四庫提要・別集類十二》　《東塘集》二十卷。《永樂大典》本。宋袁説友撰。説友字起巖，建安人。流寓湖州。登隆興元年進士第。嘉泰中官至同知樞密院參知政事。説友學問淹博，留心典籍。官四川安撫使時，嘗命屬官程遇孫等八人輯蜀中詩文，自西漢迄於淳熙，爲《成都文類》五十卷，深有表章文獻之功。其集則《書録解題》、《宋史・藝文志》皆不載。故厲鶚《宋詩紀事》僅從楊慎《全蜀藝文志》採其《巫山十二峰》詩一首，從郁逢慶《書畫題跋記》採其《題米敷文瀟湘圖》詩一首，而不言其有集。則非惟詩文散佚，并其集名亦湮没不傳矣。今據《永樂大典》所載，蒐羅排纂，得詩七卷文十三卷。又家傳一篇，不知誰作。

張金吾《愛日精廬藏書志・別集類》　《東塘集》二十卷。文瀾閣傳抄本。

鳳山集

《宋史・藝文志・別集類》　吴天驥《鳳山集》十二卷。

過溪前集　後集

《宋史・藝文志・別集類》　雍焯《過溪前集》二十卷。又《後集》三卷。

南征詩

《宋史・藝文志・別集類》　丁逢《南征詩》一卷。

駢文玉楮

徐𤊹《徐氏家藏書目・四六類》　葉樞《駢文玉楮》四卷。

刻鵠詩集

王圻《續文獻通考・經籍考・詩集》　《刻鵠詩集》。彭止著。字應期，崇安人。嘗謁辛棄疾，值其晝寢，題一絶于齋而去。辭云：「棋子聲乾案接塵，午窗詩夢煖于春。清風不動階前竹，誰道今朝有故人。」棄疾覺，遣人追之，延留累月。所爲詩皆清麗典則。

定齋集

陳振孫《直齋書録解題・別集類下》《定齋集》四十卷。寶謨閣直學士蔡戡定夫撰。君謨四世孫，丙戌甲科。

馬端臨《文獻通考・經籍考・別集》《定齋集》四十卷。

楊士奇等《文淵閣書目・文集》《蔡定齋文集》。一部，十册。全。

《四庫提要・別集類十三》《定齋集》二十卷。《永樂大典》本。宋蔡戡撰。戡字定夫，其先興化軍仙遊人。端明殿學士襄之四世孫也。集本四十卷，乃紹定三年其季子户部郎官總領四川財賦廙所刊，眉山李埴爲序。見於陳振孫《書録解題》。今據《永樂大典》所載者，蒐採彙集，竝集《歷代名臣奏議》得所未載者二十篇，互相訂正，釐爲二十卷。

全室翁集

尤袤《遂初堂書目・別集類》錢聞詩《全室翁集》。

《宋史・藝文志・別集類》《錢聞詩文集》二十八卷。

廬山雜著

陳振孫《直齋書録解題・別集類下》《廬山雜著》一卷。知南康軍錢聞詩撰。

馬端臨《文獻通考・經籍考・別集》《廬山雜著》一卷。

《宋史・藝文志・別集類》〔錢聞詩〕《廬山雜著》三卷。

程正伯集

尤袤《遂初堂書目・別集類》《程正伯集》。

書舟雅詞

《宋史・藝文志・別集類》陳〔程〕正伯《書舟雅詞》十一卷。

茶甘甲乙稿

王圻《續文獻通考・經籍考・集上》《茶甘甲乙稿》。高元之著。凡詩三千、雜著五百。

默齋遺稿

《四庫提要・別集類十六》《默齋遺稿》二卷。浙江鮑士恭家藏本。宋游九言撰。九言字誠之，建陽人。由古田尉知光化縣，充荆鄂宣武參謀官。端平中，特贈直龍圖閣，謚文靖。其集《宋史・藝文志》不著録。此本爲浙江鮑氏知不足齋所藏。凡詩一卷，文一卷。

止堂集

《宋史・藝文志・別集類》彭龜年《止堂集》四十七卷。

《四庫提要・別集類十三》《止堂集》二十卷。《永樂大典》本。宋彭龜年撰。

龜年字子壽，清江人。乾道五年進士。《宋史・藝文志》載其集四十七卷，世久失傳。今從《永樂大典》所載，益以《歷代名臣奏議》所録，共得文二百二十三首，詩二百二十首。依類編次，釐爲二十卷。雖得諸殘闕之餘，而其一生建白，史所未盡載者，已略具於是。傳龜年之文，益足傳龜年之人矣。

梅坡集

《宋史・藝文志・別集類》 彭鳳《梅坡集》五卷。

後溪集

王圻《續文獻通考・經籍考・集上》 《後溪集》。劉光祖著。光祖，簡州陽安人。登進士第，光宗時爲殿中侍御史。

後溪文粹

楊士奇等《文淵閣書目・文集》 劉光祖《後溪文粹》。一部，十册。全。

張萱等《內閣藏書目録・集部》 《後谿先生文粹》十册。全。宋紹熙間劉光祖著。凡三十六卷。

黄虞稷《千頃堂書目・別集類・補宋》 劉光祖《後溪先生文粹》三十六卷。字德修，簡州人。登進士第，累官顯謨閣直學士，提舉嵩山崇福宮。謚文節。

倪燦等《宋史藝文志補・別集類》 劉光祖《後溪文粹》三十六卷。字德修簡州人，顯謨閣直學士，謚文節。

緣督集

《宋史・藝文志・別集類》 曾丰《樽齋緣督集》十四卷。

《四庫提要・別集類十三》 《緣督集》二十卷。《永樂大典》本。宋曾丰撰。丰字幼度，樂安人。乾道五年進士。官至知德慶府事。真德秀幼嘗受學於丰，及執政，奏取其集入崇文四部。當時嘗版行於世，歲久不傳。元元統間，丰五世孫德安購其遺集，得四十卷。丰晚年築室，自號曰「撙齋」。故是編一名《撙齋集》，見於《宋史・藝文志》。今從虞集所序，仍以《緣督》爲名。集序稱凡四十卷，而《宋志》乃作十四卷，蓋刊刻傳寫，誤倒其文。今原目不可復睹，謹據所存各體，以類區分，共釐爲二十卷。

別本緣督集

《四庫提要・別集類存目一》 《別本緣督集》十二卷。浙江鮑士恭家藏本。宋曾丰撰。丰集久無完本，近始採《永樂大典》所載，葺綴成帙，已著於録。此本爲其十世孫自明所輯。萬曆癸未，詹事講爲選而刻之。據事講自序，其先本曾氏裔也。所選僅詩三卷，文九卷，挂漏頗多。今已採其中《永樂大典》所未載者，編入新本，故附存其目，不更繕録焉。

曾樽齋文集

楊士奇等《文淵閣書目・文集》 《曾樽齋文集》。一部，九册。闕。

慈湖遺書　續集

高儒《百川書志・宋文》 《慈湖文集》□卷附録一卷。賀方回鑑湖遺老詩九首，柳仲塗，穆伯長。寶謨閣學士慈湖楊簡敬仲著。

范邦甸等《天一閣書目・別集類》 《慈湖先生遺書》十八卷。刊本。宋楊簡撰。

楊士奇等《文淵閣書目・文集》 楊敬仲《慈湖文集》。一部，二册。全。

徐𤊹《徐氏家藏書目・文集類》 楊簡《慈湖遺書》。

張萱等《内閣藏書目録・集部》 《慈湖文集》二册。全。宋理宗朝慈谿楊簡著。

吴焯《繡谷亭薰習録・集一》 《慈湖遺書》十七卷。附録一卷。宋寶謨閣學士慈溪楊簡敬仲著。

《四庫提要・別集類十三》 《慈湖遺書》十八卷，《續集》二卷。編修汪如藻家藏本。宋楊簡撰。簡有《慈湖易傳》，已著録。《宋史》本傳載簡所著有《甲稿》、《乙稿》、《冠記》、《昏記》、《喪禮》、《家記》、《祭記》、《釋菜禮記》、《石魚家記》及《已易啓蔽》諸書，其目甚多。陳振孫《書録解題》則稱簡《遺書》止三卷。此本自六卷以前爲雜文及詩，七卷至十六卷爲《家記》，皆雜録論經史治道之説，如語録之體。十七卷紀先訓，十八卷乃錢時行狀及真德秀跋。又編雜文一卷及《孔子閒居解》一卷於後，謂之《續集》。與振孫所記卷數，多寡不合。而集中家記内各條，又有別標曰：「見《遺書》者」。疑先有《遺書》三卷，初本別行，後又裒輯諸編，共成此集，仍總以《遺書》名之。

彭元瑞等《天禄琳琅書目後編・明版集部》 《慈湖先生遺書》。一函，六册。宋楊簡撰。簡字敬仲，慈谿人。乾道五年進士，官寶謨閣學士、大中大夫。陸九淵之門人。《宋史》有傳。書十八卷，凡序、記、書、祝文、行狀、墓誌、銘文、講義、跋、銘、賦、詩六卷，《家記》十卷，紀先訓一卷，附録一卷。又雜文一卷，《孔子閒居解》一卷，爲《續集》。嘉靖乙酉邑人秦鉞刻，有陳洪謨前序，周廣後序。鉞字懋功，正德甲戌進士。時以御史巡按江西，洪謨方爲江西巡撫，廣，守信州也。常熟毛氏、泰興季氏藏本

慈湖甲稿

陳振孫《直齋書録解題・別集類下》 《慈谿甲稿》二十卷。寶謨閣直學士慈谿楊簡敬仲撰。

馬端臨《文獻通考・經籍考・別集》 《慈溪甲稿》二十卷。

楊士奇等《文淵閣書目・詩詞》 《楊慈湖甲稿》。一部，二册。完全。

張萱等《内閣藏書目録・集部》 《慈湖甲稿》二册。全。宋嘉定間楊簡著。

志隱類稿

趙希弁《讀書附志・別集類四》 《志隱類稿》二十卷。右許開仲啓之文也，信安陳晅爲之序。開嘗爲中奉大夫，提舉武夷沖祐觀。《清江二王帖》，開爲守時所刻。

《宋史・藝文志・別集類》 許開《志隱類稿》二十卷。

退庵集

陳振孫《直齋書録解題・別集類下》 《退庵集》十五卷。提轄文思院龍泉陳炳撰。

馬端臨《文獻通考・經籍考・別集》 《退庵集》十五卷。

王圻《續文獻通考・經籍考・集上》 《還庵集》。陳炳著。

龍川文集

陳振孫《直齋書録解題・別集類下》 《龍川集》四十卷，《外集》四卷。永康陳亮同父撰。少入太學，嘗三上孝廟書，召詣政事堂，宰相無宏度，迄報罷。後以免舉爲癸丑進士第一，未禄而卒。

馬端臨《文獻通考・經籍考・別集》 《龍川集》四十卷，《外集》四卷。

《宋史・藝文志・別集類》 《陳亮集》四十卷。又《外集》，詞四卷。

楊士奇等《文淵閣書目・文集》 《陳龍川文集》。一部，十二册。全。《陳龍川文集》。一部，十册。全。

徐𤊹《徐氏家藏書目・文集類》 陳亮《龍川集》四十卷。

張萱等《内閣藏書目録・集部》 《龍川文集》十册。全。宋孝宗朝陳亮著。葉適序。《内集》四十卷，《外集》四卷。又十二册。全。又六册。全。

錢謙益等《絳雲樓書目·宋文集類》 陳同甫《龍川文集》四十卷，又《外集》四卷。葉水心序。婺州刻。崇正間，德州盧德水刻《三國紀年史傳序》題曰：「龍川二書。」

吳焯《繡谷亭薰習録·集一》 《龍川集》三十卷。宋建康軍節度判官永康陳亮同甫著。嘉泰甲子，龍泉葉適序。

《四庫提要·別集類十五》 《龍川文集》三十卷。浙江巡撫採進本。宋陳亮撰。亮有《三國紀年》，已著録。葉適序謂亮集凡四十卷。今是集僅存三十卷，蓋流傳既久，已多佚闕，非復當時之舊帙。以世所行者祇有此本，故仍其卷目著之於録焉。

彭元瑞等《天禄琳琅書目後編·明版集部》 《龍川先生文集》二函，十六册。宋陳亮撰。亮字同甫，永康人。紹熙四年御試第一，官建康簽判。謚文毅。《宋史》有傳。書三十卷，凡二十七體。曰書疏、《中興論》、問答、《酌古論》、論經書、發題、箴銘、贊策、《三國紀年史傳》、序説、引記、題跋、詩歌、詞、表、啓、書、祝文、祭文、行狀、哀辭、墓誌銘，附録書、祭文、墓誌、記、詩六首，佚。前有嘉泰甲子葉適序。紹熙四年，建康軍節度判官誥陳贊晉江史朝富編刻。

孫星衍《平津館鑒藏書籍記補遺·明版》 《龍川先生文集》卅卷。題晉江後學史朝富編刻，惠安後學徐鑑校正。前有嘉泰甲子葉適序。紹熙四年陳亮誥，龍川先生象贊。《宋史·藝文志》「《陳亮集》四十卷，《外集》詞四卷。」葉序云：「子沆聚爲四十卷。」此本作卅卷。是明人重編刊於閩中者。每葉廿行，行廿二字。

張之洞《書目答問·別集》 《龍川文集》三十卷，《補遺》一卷，附録二卷，《札記》一卷。宋陳亮。同治八年永康應氏刻本。又活字版本。《金華叢書》本。

畏齋文集奏議

王圻《續文獻通考·經籍考·集上》 《畏齋文集奏議》六十卷。醴陵吳獵著。獵從張栻朱熹學。謚文定，廟祀于蜀。

合齋集

陳振孫《直齋書録解題·別集類下》 《合齋集》十六卷。祕書少監永嘉王柟木叔撰。乾道丙戌進士。在永嘉諸老最爲先登。其容貌偉然，襟韻灑然，雖不以文自鳴，而諸老皆推敬之。

馬端臨《文獻通考·經籍考·別集》 《合齋集》十六卷。

王祕監集

陳振孫《直齋書録解題·詩集類下》 《王祕監集》四卷。永嘉王柟木叔撰。

馬端臨《文獻通考·經籍考·詩集》 《王祕監集》四卷。

月溪集

《宋史·藝文志·別集類》 姜如晦《月溪集》三十二卷。

乾道稿　淳熙藁　章泉藁

王圻《續文獻通考·經籍考·集上》 《章泉集》。玉山趙蕃著。

張萱等《內閣藏書目録·集部》 章泉先生《淳熙詩稿》十册。宋趙蕃著。

黃虞稷《千頃堂書目·別集類·補宋》 趙蕃《淳熙詩稿》四十卷。本鄭州人，家玉山。官直祕閣，嘗受學朱熹。

倪燦等《宋史藝文志補·別集類》 趙蕃《淳熙詩稿》四十卷。

《四庫提要·別集類十三》 《乾道稿》一卷，《淳熙稿》二十卷，《章泉稿》五卷。宋趙蕃撰。蕃字昌父，號章泉，先世鄭州人。蕃集世亦無傳，而《永樂大典》所收頗富。并爲採掇編次，依舊本標題，釐爲《乾道稿》一卷，《淳熙稿》二十卷，《章泉稿》五卷，共二十六卷。

章泉趙先生詩

楊士奇等《文淵閣書目・詩詞》《章泉趙先生詩》。一部，十二册。殘缺。

玉雪詩

楊士奇等《文淵閣書目・詩詞》徐月臺《玉雪詩》。一部，二册。完全。

黄虞稷《千頃堂書目・别集類・補宋》徐恢《玉雪詩》六卷。

倪燦等《宋史藝文志補・别集類》徐恢《玉雪詩》六卷。

易菴文集

王圻《續文獻通考・經籍考・集上》《易菴文集》，陳謙著。

雲莊集

徐𤊹《徐氏家藏書目・文集類》劉爚《雲莊集》十二卷。

錢謙益等《絳雲樓書目・宋文集類》劉爚《雲莊集》。

黄虞稷《千頃堂書目・别集類・補宋》劉爚《雲莊集》十二卷，《附集》十卷。
建陽人。乾道中進士，累官工部尚書，兼左諭德，謚文簡。

倪燦等《宋史藝文志補・别集類》劉爚《雲莊集》十二卷，又《附集》十卷。
建陽人，工部尚書，謚文簡。

《四庫提要・别集類十三》《雲莊集》十二卷。浙江巡撫採進本。宋劉爚撰。爚有《四書問目》，已著録。爚與弟炳均游朱子之門。故嘗上疏乞開僞學之禁，爲《宋史》本傳所採。然其《上史彌遠書》，論用人聽言之道，及《宋史》載其奏《便民五事》、《論貢舉五弊》諸疏，尤爲有用之言。今書載集中，而五事、五弊疏，集無其文。則所闕佚不少矣。是集爲祁承㸁澹生堂鈔本。前有嘉定間李埴序，又附真德秀碑文，乃明天順間其十世孫梗所編。又别一本爲其十世孫櫄所重刻。

絜齋集

陳振孫《直齋書録解題・别集類下》《潔齋集》二十六卷，《後集》十三卷。
禮部侍郎四明袁燮和叔撰。

馬端臨《文獻通考・經籍考・别集》《潔齋集》二十六卷，《後集》十二卷。

楊士奇等《文淵閣書目・文集》《袁潔齋文集》。一部，二十七册。全。

《四庫提要・别集類十三》《絜齋集》二十四卷。《永樂大典》本。宋袁燮撰。燮有《絜齋家塾書鈔》，已著録。乾道、紹熙之間，陸九淵以心學倡一世。燮初與同里沈焕、楊簡、舒璘同師事之，均號金谿高弟。猶程門之稱游、楊、吕、謝也。簡與璘各有全集流傳於後。焕之著述，久已不存，今亦無從蒐輯。惟燮《絜齋集》二十六卷，《後集》十三卷，見於《書録解題》者，明初尚有其本。故《永樂大典》採掇頗多。厥後遂罕相傳録，漸就散亡。即祖述象山之派者，亦不能舉其篇目矣。今據《永樂大典》所載，裒集編次，得文二百四十八首，詩一百七十六首。大抵淳樸質直，不事雕繪，而真氣流溢，頗近自然。其剖析義理，敷陳利病，凡議論爲語録所未採，事迹爲史傳所未詳者，亦多足證焉，固不徒以文章貴也。惟《永樂大典》於前、後二集不各爲標識，今遂無可辨别。謹以類排纂，并爲一集，勒成二十四卷，而以燮子甫所作序一篇附之，用存其舊云。

陳德豫文稿

王圻《續文獻通考・經籍考・集上》《陳德豫文稿》三十卷。德豫字子順，連江人。淳熙中登進士乙榜。歲旱求言，德豫上封事，以諱天變諱人言爲致旱之由，乞去二諱以回天變，上嘉納之。官至大理卿。

馬氏文集

王圻《續文獻通考·經籍考·集上》《馬氏文集》。馬之純著。

德齋詩集

王圻《續文獻通考·經籍考·詩集》《德齋詩集》。龍溪陳經著。經工於詩，名士趙汝讜敖陶孫危禎傅伯成輩皆推服之。

兼山集

陳振孫《直齋書録解題·别集類下》《兼山集》四十卷。端明殿學士劍門黄裳文叔撰。在嘉邸最久，備盡忠益，甲寅御極，未及大用，病不能朝，士論惜之。

馬端臨《文獻通考·經籍考·别集》《兼山集》四十卷。

王同集

《宋史·藝文志·别集類》《王同集》十卷。

小山雜著

陳振孫《直齋書録解題·别集類下》《小山雜著》八卷。知樞密院龍泉何澹自然撰。

馬端臨《文獻通考·經籍考·别集》《小山雜著》八卷。

罔編遺稿

黄虞稷《千頃堂書目·别集類·補宋》呂定象《罔編遺稿》一卷。一名《説劍吟》。

倪燦等《宋史藝文志補·别集類》呂定象《罔編遺稿》一卷。一名《説劍吟》。

齊齋稿

陳振孫《直齋書録解題·别集類下》《齊齋甲稿》二十卷，《乙稿》十五卷，《翰林前稿》二十卷，《後稿》二卷，《掖垣詞草》二十卷，《兼山論著》三十卷，《附益》五卷，《年譜》一卷。禮部尚書歸安倪思正父撰。丙戌進士，戊戌宏詞。受知阜陵，蚤登禁直。紹、熙間遂位法從，立朝剛介不苟合。慶元、嘉定，屢召屢出，嘗言「與其爲有瑕執政，寧爲無瑕從官」，由是名重天下。端平初，詔以先朝遺直，得謚文節。

馬端臨《文獻通考·經籍考·别集》《齊齋甲稿》二十卷，《乙稿》十五卷，《翰林前稿》二十卷，《後稿》二卷，《掖垣詞草》二十卷，《兼山論著》三十卷，附録五卷，《年譜》一卷。

《宋史·藝文志·别集類》《倪思奏議》二十六卷，又《歷官表奏》十卷，《翰林奏草》一卷，《翰林前稿》二十卷，《翰林後稿》二卷。

兼山小集

《宋史·藝文志·别集類》倪正甫《兼山小集》三十卷。

義豐集

黄虞稷《千頃堂書目・别集類・補宋》 王阮《義豐集》一卷。德安人，王韶曾孫。隆興初舉進士，知撫州。忤韓侂胄，予祠歸隱廬山。

倪燦等《宋史藝文志補・别集類》 王阮《義豐集》一卷。德安人。

《四庫提要・别集類十二》 《義豐集》一卷。編修勵守謙家藏本。宋王阮撰。阮字南卿，德安人。王韶之曾孫。隆興元年進士。仕至撫州守。召入奏，韓侂胄欲見之，卒不往。怒，使奉祠歸廬山以終。阮少謁朱子於考亭。朱子知南康時，阮又從遊。故集中有唱酬之作。阮之歸也，朱子惜之，謂其才氣術略過人，而流落不偶。集首有淳祐癸卯吴愈序，謂其文無一字無來處，論邊事則晁、賈其倫，爲記銘則韓、柳其亞。今其文集未見，所存僅詩一卷。

黄丕烈《百宋一廛書録》 《義豐文集》。《義豐文集》者，王阮南卿所著也。題曰文集，而兹所存者僅詩一卷。

李南昌文集

王圻《續文獻通考・經籍考・集上》 《李南昌文集》三十卷。李誼著。誼，南昌人。嘗極論秦檜講和之非，累官工部尚書資政殿大學士。

竹坡集

王圻《續文獻通考・經籍考・集上》 《竹坡集》。豐城黄疇若著。

遠庵集

王圻《續文獻通考・經籍考・集上》 《遠庵集》，方士繇著。士繇字伯謨，莆田人。其爲詩温潤。嘗勸朱熹少著書，以熹教人讀集注爲未然。

東平集

陳振孫《直齋書録解題・詩集類下》 《東平集》二十七卷。鞏豐仲至撰。淳熙甲辰進士。

馬端臨《文獻通考・經籍考・别集》 《東平集》二十七卷。

冰壺詩

王圻《續文獻通考・經籍考・詩集》 《冰壺詩》十卷。義太初著。字仲遠，營道人。以詞賦名，登淳熙戊戌進士。自號冰壺。

冰壺文集

王圻《續文獻通考・經籍考・詩集》 《冰壺文集》二十卷。義太初著。

復齋漫藁

陳振孫《直齋書録解題・詩集類下》 《復齋漫藁》二卷。知台州黄㽦子耕撰。

馬端臨《文獻通考・經籍考・詩集》 《復齋漫藁》二卷。

《宋史・藝文志・别集類》 黄㽦《復齋漫藁》二卷。

皛然集

王圻《續文獻通考・經籍考・集上》《皛然集》，安丙著。安丙，渠江人。淳熙間進士，知大安軍。吴曦叛，丙設策誅之。進資政殿大學士，四川制置使。

鈍齋集

陳振孫《直齋書録解題・別集類下》《鈍齋集》六十卷。著作郎唐安楊濟濟道撰。淳熙五年進士。京鏜帥蜀，上巳出遨，濟爲樂語，首云：「三月三日，豈無水邊麗人；一詠一觴，亦有山陰褉事。」又云：「良辰美景，賞心樂事，四者難并；崇山峻嶺，修竹茂林，羣賢畢至。」一時傳誦。京爲相，召入館權郎，出知果州而終。

馬端臨《文獻通考・經籍考・別集》《鈍齋集》六十卷。

梅山詩集

王圻《續文獻通考・經籍考・詩集》《梅山詩集》。劉褒著。字伯寵，崇安人。十歲能屬文，登淳熙進士，才高見忌，不久仕于朝。

水心集

趙希弁《讀書附志・別集類三》《水心先生文集》二十八卷。右葉適字正則之文也，門人趙汝讜序而刻之。水心，其自號云。

陳振孫《直齋書録解題・別集類下》《水心集》二十八卷，《拾遺》一卷，《別集》十六卷。吏部侍郎永嘉葉適正則撰。淮東本無《拾遺》，編次亦不同。《外集》者，前九卷爲制科進卷，後六卷號「外藁」，皆論時事，末卷號「後總」，專論買田贍兵。

馬端臨《文獻通考・經籍考・別集》《水心集》二十八卷，《拾遺》一卷，《別集》十六卷。

《宋史・藝文志・別集類》《葉適文集》二十八卷。

楊士奇等《文淵閣書目・文集》《葉水心文集》。一部，十五册。全。《葉水心文集》。一部，十册。全。《葉水心別集》。一部，五册。全。

徐𤊹《徐氏家藏書目・文集類》葉適《水心集》三十卷。

張萱等《内閣藏書目録・集部》《水心先生文集》。宋淳熙間葉適著。凡二十八卷。又十册。全。又《別集》五册。全。

錢謙益等《絳雲樓書目・宋文集類》《葉水心文集》又《別集》六册。《集》二十八卷，《別集》十六卷，《拾遺》一卷。

吴焯《繡谷亭薰習録・集一》《水心集》二十九卷。宋吏部侍郎永嘉葉適正則著。門人趙汝讜序。明正統十三年，括郡推官章貢黎諒拾其散亡，凡得八百餘篇。景泰二年，王直序，又以經傳子史編爲後集。案《通考》題《水心集》二十八卷，《拾遺》一卷，《別集》十六卷。

《四庫提要・別集類十三》《水心集》二十九卷。編修朱筠家藏本。宋葉適撰。適有《習學記言》，已著録。其文集之目見於陳振孫《書録解題》、趙希弁《讀書附志》者，皆二十八卷。又有《拾遺》一卷，《別集》十六卷，則獨載於《書録解題》。且稱「淮東本無《拾遺》，編次亦不同」。《別集》前九卷爲制集進卷。後六卷號外稿，皆論時事。末卷號總集，專論買田贍兵。

張之洞《書目答問・別集》《水心集》二十九卷。宋葉適。通行本。

水心別集

張金吾《愛日精廬藏書志・別集類》《水心先生別集》十六卷。抄本。從子謙姪藏舊抄本影寫。宋葉適撰。適有《水心文集》二十八卷，《拾遺》一卷，《別集》十六卷，俱著録《直齋書録解題》，此即《別集》十六卷也。

張之洞《書目答問・別集》《水心別集》十六卷。宋葉適。温州新刻本。武昌局本。

賢良進卷

阮元《四庫未收書目提要・別集類》《賢良進卷》四卷。宋寶文閣學士龍泉葉適撰。按適有《水心文集》二十九卷，《四庫全書》已著録。宋人《賢良進卷》甚多，如孫洙《賢良進卷》十卷，錢公輔《賢良進卷》十卷，均載《郡齋讀書志》，而適書獨不存。唯前明葉盛《菉竹堂書目・經濟門》有葉正則《賢良進卷》二册，即此書也。

樂軒集

馬端臨《文獻通考・經籍考・別集》《陳樂軒集》。福清陳藻元潔撰。

黄虞稷《千頃堂書目・別集類・補宋》陳藻《樂軒集》八卷。字元藻，福清人。林亦之弟子。門人林希逸請贈迪功郎，謚文遠。集本十六卷，軼其半。

倪燦等《宋史藝文志補・別集類》陳藻《樂軒集》八卷。字元藻，福清人。集本十六卷，軼其半。

《四庫提要・別集類十二》《樂軒集》八卷。兩淮馬裕家藏本。宋陳藻撰。藻字元潔，福清人。林亦之之弟子。樂軒其自號也。是集爲其門人林希逸所編。

樂軒詩集

王圻《續文獻通考・經籍考・詩集》《樂軒詩集》。陳藻著。字元藻，福清人。得林光朝經學之傳，遂成通儒，學者稱爲樂軒先生。所著又有《杜詩解》。

遁思遺藁

陳振孫《直齋書録解題・別集類下》《遁思遺藁》六卷，《事監韻語》三卷。永康吕皓子陽撰。「遁思」，其庵名，後溪劉光祖德修爲作記。當淳熙中投匭救父兄之難，朝奏上，夕報「可」，一時非辜，盡得清脱。其書辭甚偉，然非孝廟聖明，安能照覆盆之下哉？

馬端臨《文獻通考・經籍考・別集》《遁思遺藁》六卷，《事監韻語》三卷。

王圻《續文獻通考・經籍考・詩集》《遁思遺稿》。吕(皎)〔皓〕撰。

事監韻語

陳振孫《直齋書録解題・別集類下》《事監韻語》三卷。永康吕皓子陽撰。

橘山四六

楊士奇等《文淵閣書目・類書》《李橘山四六》。一部，三册。闕。

范邦甸等《天一閣書目・雜著類》《橘山四六》二十卷。藍絲闌鈔本。宋李廷忠撰。

徐𤊹《徐氏家藏書目・四六類》《李橘山四六》二十卷。宋李廷忠。

《四庫提要・別集類十四》《橘山四六》二十卷。浙江鮑士恭家藏本。宋李廷忠撰。廷忠字居厚，橘山其號也。於潛人。淳熙八年進士。歷無爲教官，旌德知縣，終於夔州通判。《宋史》無傳。厲鶚作《宋詩紀事》，載所著有《洞霄詩集》，今亦不傳。惟是編尚存，明萬曆中丹陽孫雲翼爲之箋注。

李廷忠橘山四六

黄虞稷《千頃堂書目・文史類》孫雲翼注《李廷忠橘山四六》二十卷。丹陽人。萬曆辛卯舉人，□□主事。

金陵吏餘

趙希弁《讀書附志・別集類四》 《金陵吏餘》四卷。右劉棨帥建康日所作詩詞也。

豫章雜著

趙希弁《讀書附志・別集類四》 《豫章雜著》二卷。右馬某分教隆興日所作詩文也。

格齋集

黃虞稷《千頃堂書目・別集類・補宋》 范子長《格齋集》四十卷。

倪燦等《宋史藝文志補・別集類》 范子長《格齋集》四十卷。

天台集

王圻《續文獻通考・經籍考・詩集》 《天台集》。林詠道著。

審是集

王圻《續文獻通考・經籍考・集上》 《審是集》。陳舜申著。

高齋文集

王圻《續文獻通考・經籍考・集上》 〔陳舜申〕《高齋文集》。

醒庵遺珠集

陳振孫《直齋書録解題・詩集類下》 《醒庵遺珠集》十卷。臨川俞國寶撰。淳熙前人。

馬端臨《文獻通考・經籍考・詩集》 《醒庵遺珠集》十卷。

華亭百詠

《四庫提要・別集類十四》 《華亭百詠》一卷。浙江鮑士恭家藏本。宋許尚撰。尚自號和光老人，華亭人。其始末無考。是編作於淳熙間，取華亭古蹟，每一事爲一絶句，題下各爲注。然百篇之中，無注者凡二十九，而其中多有非注不明者。以例推之，當日不容不注，殆傳寫佚脱歟？

北山集略

陳振孫《直齋書録解題・別集類下》 《北山集略》十卷。直龍圖閣三山陳孔碩膚仲撰。全集未傳。

馬端臨《文獻通考・經籍考・別集》 《北山集略》十卷。

西峴類藳

王圻《續文獻通考・經籍考・集上》 《西峴類藳》。喬夢符著。

叢脞集

王圻《續文獻通考・經籍考・集上》 《叢脞集》。鄒補之著。

三松集

陳振孫《直齋書録解題・別集類下》 《三松集》十八卷。廬陵王子俊才臣撰。周益公、楊誠齋客，以列薦補官入蜀，爲成都帥幕。

馬端臨《文獻通考・經籍考・別集》 《三松集》十八卷。

格齋四六

《四庫提要・別集類十二》 《格齋四六》一卷。浙江鮑士恭家藏本。宋王子俊撰。子俊字材臣，吉水人。安丙帥蜀，嘗辟爲制置使屬官。其始末則未詳也。所著有《史論》、《師友緒言》、《三松類稿》諸書，俱已不傳。此編原本題曰《格齋三松集》，疑即類稿中之一種，散佚僅存者。

南湖集

尤袤《遂初堂書目・別集類》 張鎡《南湖集》。

楊士奇等《文淵閣書目・詩詞》 張約齋《南湖集》。一部，五册。闕。

《四庫提要・別集類十三》 《南湖集》十卷。《永樂大典》本。宋張鎡撰。鎡有《仕學規範》，已著録。其集久佚不傳。楊士奇《文淵閣書目》雖載有：「張約齋《南湖集》一部，五册。」藏弆家亦皆未見。今檢《永樂大典》各韻中，收入鎡詩尚多。評其格律，大都清新獨造，於蕭散之中時見雋永之趣。以視嘈雜者流，可謂翛然自遠。詩固有不似其人者，鎡之謂歟！鎡又工長短句，有《玉照堂詞》，選本多見採録，而原本亦久散佚。謹裒集編次，以類相從，釐爲詩九卷，詞一卷，用存其略。《永樂大典》所載，多題曰《湖南集》。以諸書參考，知爲傳寫之誤，今亦竝從改正焉。

王防集

尤袤《遂初堂書目・別集類》 《王防集》。

鄄城集

尤袤《遂初堂書目・別集類》 杜澤民《鄄城集》。

石孝若集

尤袤《遂初堂書目・別集類》 《石孝若集》。

吴淮集

尤袤《遂初堂書目・別集類》 《吴淮集》。

吕叔巽集

尤袤《遂初堂書目·別集類》《吕叔巽集》。

林元凱集

尤袤《遂初堂書目·別集類》《林元凱集》。

張仝真集

尤袤《遂初堂書目·別集類》《張仝真集》。

孫叔諧内外制

尤袤《遂初堂書目·別集類》《孫叔諧内外制》。

熊叔雅集

尤袤《遂初堂書目·別集類》《熊叔雅集》。

李吉先集

尤袤《遂初堂書目·別集類》《李吉先集》。

馮蹇叔集

尤袤《遂初堂書目·別集類》《馮蹇叔集》。

東湖集

尤袤《遂初堂書目·別集類》徐師堅《東湖集》。

唐仁傑詩

尤袤《遂初堂書目·別集類》《唐仁傑詩》。

趙獻簡詩

尤袤《遂初堂書目·別集類》《趙獻簡詩》。

青啓集

尤袤《遂初堂書目·別集類》《青啓集》。

曹直講集

尤袤《遂初堂書目·別集類》《曹直講集》。

李直言集

尤袤《遂初堂書目・別集類》《李直言集》。

李襄公詩

尤袤《遂初堂書目・別集類》《李襄公詩》。

危先生詩

尤袤《遂初堂書目・別集類》《危先生詩》。

蘋溪詩集

尤袤《遂初堂書目・別集類》《蘋溪詩集》。

春陵小雅

黄虞稷《千頃堂書目・別集類・補宋》曾極《春陵小雅》□卷。臨川人，朱文公嘗稱其詩。

倪燦等《宋史藝文志補・別集類》曾極《春陵小雅》。臨川人。

金陵百詠

黄虞稷《千頃堂書目・別集類・補宋》曾極《金陵百詠》一卷。

倪燦等《宋史藝文志補・別集類》曾極《金陵百咏》一卷。

《四庫提要・別集類十三》《金陵百詠》一卷。浙江鮑士恭家藏本。宋曾極撰。極字景建，臨川布衣。晚以《江湖集》事得罪，謫道州卒。所著《春陵小雅》，今已不傳。此乃其詠建康故蹟之作。

北征集

王圻《續文獻通考・經籍考・集上》《北征集》。俞烈著。

顔棫詩文

王圻《續文獻通考・經籍考・詩集》《顔棫詩文》四十卷。棫詞章雅麗有體，外夷皆敬慕之。

燭湖集

《宋史・藝文志・別集類》孫應時《燭湖集》十卷。

《四庫提要・別集類十四》《燭湖集》二十卷，《附編》二卷。《永樂大典》本。宋孫應時撰。應時字季和，自號燭湖居士，餘姚人。登淳熙乙未進士。初尉黄巖，遷海陵丞，再遷遂安令，改知常熟縣。以倉粟流欠貶秩，移判邵武軍，未上而卒。《宋史・藝文志》載《燭湖集》十卷。據應時詩中自序，蓋嘗應劉克莊之求，手編其稿爲五十卷。集末有其姪祖祐跋，稱涑水司馬述先以十卷付梓。後附以《問思録》

五十條，《通鑑摘義》三十條，總名之曰《經史説》。又附雪齋父子倡和詩及雪齋行狀墓銘，楊簡所撰壙記，《會稽續志》小傳，子祖開補官省劄等篇。是十卷爲祖祐所編，非其舊本也。

龍洲集

楊士奇等《文淵閣書目・文集》 《劉龍洲集》。一部，二册。闕。

范邦甸等《天一閣書目・總集類》 《龍州道人集》十五卷。藍絲闌鈔本。宋西昌劉過著。端平紀元弟劉澥序，云「古人以詩名家者衆矣，余兄改之詩章散漫人間，無從薈萃，澥遊江浙，涉淮甸，得詩、詞、表、啓、賦、序于所交遊中，彙成帙，用鋟木以廣其傳」。

錢謙益等《絳雲樓書目・宋文集類》 《龍洲道人詩集》。

黄虞稷《千頃堂書目・别集類・補宋》 劉過《龍洲道人集》十五卷。

倪燦等《宋史藝文志補・别集類》 劉過《龍洲道人集》十五卷。

《四庫提要・别集類十五》 《龍洲集》十四卷，附録二卷。浙江鮑士恭家藏本。宋劉過撰。過字改之，廬陵人。當宋光宗、寧宗時，以詩遊謁江湖。韓侂胄嘗欲官之，使金國，而輕率漏言，卒以窮死。集凡十四卷，後附宋以來諸人所題詩文二卷，合十六卷。

張金吾《愛日精廬藏書志・别集類》 《龍洲道人詩集》十四卷，附録一卷。舊抄本。

育德堂集

陳振孫《直齋書録解題・别集類下》 《育德堂外制集》八卷，《内制集》三卷。兵部尚書永嘉蔡幼學行之撰。成童穎異，從同郡陳傅良君舉學治《春秋》，年十七，試補上庠，首選，陳反出其下。明年，陳改用賦，冠監舉，而幼學爲經魁。又明年，省闈先多士，而傅良亦爲賦魁。一時師弟子雄視場屋，莫不歆艶。

馬端臨《文獻通考・經籍考・别集》 《育德堂外制集》八卷，《内制集》三卷。

《宋史・藝文志・别集類》 蔡幼學《育德堂集》五十卷。

陳氏集

王圻《續文獻通考・經籍考・集上》 《陳氏集》二十卷。陳黼著。

敖臞庵集

王圻《續文獻通考・經籍考・集上》 《敖臞庵集》。敖陶孫著。字器之，福清人。爲文援筆立就。

臞翁詩集

王士禛《漁洋書跋》 《臞翁詩集》。《臞翁詩集》一卷。宋長樂敖陶孫器之所著。器之非江西詩派中人，而詩深得江西之體。

克齋集

黄虞稷《千頃堂書目・别集類・補宋》 陳文蔚《克齋集》十七卷。字才卿，上饒人。朱子門人。隱居不仕。

倪燦等《宋史藝文志補・别集類》 陳文蔚《克齋集》十七卷。字子才，上饒人。

《四庫提要・别集類十五》 《克齋集》十七卷。湖北巡撫採進本。宋陳文蔚撰。文蔚字才卿，上饒人。嘗舉進士。端平二年，都省言其所作《尚書類編》有益治道，詔補迪功郎。今《尚書類編》已佚，其文集亦無傳本。故《書録解題》、《宋史・藝文志》俱未著録。明初，其郡人張時雨及其裔孫良鑑始掇拾成編，即此本也。

政議進稿

《宋史・藝文志・別集類》 胡恭《政議進藁》一卷。

葉訪所業

《宋史・藝文志・別集類》 《葉訪所業》二卷。

達齋文集

《宋史・藝文志・別集類》 勾滋《達齋文集》七卷。

鄧文節文集

楊士奇等《文淵閣書目・文集》 《鄧文節文集》。一部，三册。全。

張萱等《内閣藏書目録・集部》 《文節先生文集》三册。全。宋寧宗朝鄧虎著。凡六卷。

黄虞稷《千頃堂書目・別集類・補宋》 鄧虎《文節先生文集》六卷。

倪燦等《宋史藝文志補・別集類》 鄧虎《文節文集》六卷。

徐氏文集

王圻《續文獻通考・經籍考・集上》 《徐氏文集》。徐大受著。

大中集　林文集

王圻《續文獻通考・經籍考・集上》 《大中集》、《林文集》共二十四卷。葛洪著。

詩文雜著

王圻《續文獻通考・經籍考・詩集》 《詩文雜著》二十四卷。葛洪著。

竹埜詩集

王圻《續文獻通考・經籍考・集上》 《行埜集》。葉時著。

黄虞稷《千頃堂書目・別集類・補宋》 葉時《竹埜詩集》□卷。字秀發，仁和人。累官龍圖閣學士。謚文康。

倪燦等《宋史藝文志補・別集類》 葉時《竹埜詩集》。字秀發，仁和人。謚文康。

南塘集

楊士奇等《文淵閣書目・文集》 趙汝談《南塘文集》。一部，一册。全。

張萱等《内閣藏書目録・集部》 《南塘文集》一册。宋光宗朝趙汝談著。九卷，無序。目疑非全書。

黄虞稷《千頃堂書目・別集類・補宋》 趙汝談《南塘集》九卷。餘杭人。淳熙中進士，權刑部尚書。

倪燦等《宋史藝文志補・別集類》 趙汝談《南塘集》九卷。餘杭人。

南塘四六

《四庫提要・別集類存目一》《南塘四六》一卷。浙江巡撫採進本。宋趙汝談撰。汝談字履常，太宗八世孫。居於餘杭，淳熙十二年進士，官至權刑部尚書。事蹟具《宋史》本傳。汝談在當時，頗以詩名。歷掌制誥，亦以文章典雅見稱。其《嘉定賀玉璽表》有「函封遠致，不知何國之白環；瑑刻孔彰，咸曰寧王之大寶」四語。王應麟《困學紀聞》極稱之。今全篇在集中。然他作不盡如是也。

白石詩集

陳振孫《直齋書録解題・詩集類下》《白石道人集》三卷。鄱陽姜夔堯章撰。千巖蕭東夫識之於年少客游，以其兄之子妻之。石湖范致能尤愛其詩，楊誠齋亦愛之，嘗稱其《歲除舟行》十絶，以爲有裁雲縫月之妙思，敲金戛玉之奇聲。夔頗解音律，進樂書，免解，不第而卒。詞亦工。

馬端臨《文獻通考・經籍考・詩集》《白石道人集》三卷。

《宋史・藝文志・別集類》姜夔《白石叢稿》十卷。

黄虞稷《千頃堂書目・別集類・補宋》姜夔《白石道人詩集》一卷。字堯章，鄱陽人。流寓吴興。

倪燦等《宋史藝文志補・別集類》姜夔《白石道人詩集》一卷。

王士禛《漁洋書跋》《白石道人集》。宋姜夔堯章《白石集》，予鈔之近百首，蓋能參活句者。白石，詞家大宗，其于詩亦能深造自得。自序同時詩人，以温潤推范石湖，痛快推楊誠齋，高古推蕭千巖，俊逸推陸放翁。白石游于諸公間，故其言如此。其詩初學黄太史，正以不深染江西派爲佳。

《四庫提要・別集類十五》《白石詩集》一卷，附《詩説》一卷。編修汪如藻家藏本。宋姜夔撰。夔有《絳帖平》，已著録。羅大經《鶴林玉露》稱夔學詩於蕭𣂏。而卷首有夔自序二篇，其一篇稱：「三薰三沐，師黄太史氏，居數年，一語噤不敢吐。始大悟學即病，不若無所學者之爲得。」其一篇稱：「作詩求與古人合，不如求與古人異。求與古人異，不如不求與古人合而不能不合，不求與古人異而不能不異。」其學蓋以精思獨造爲宗，故序中又述千巖、誠齋、石湖咸以爲與己合，而己不欲與合。其自命亦不凡矣。今觀其詩，運思精密，而風格高秀，誠有拔於宋人之外者，傲視諸家有以也。《宋史・藝文志》載《夔白石叢稿》十卷，陳振孫《書録解題》載《白石道人集》三卷，今止一卷，殆非完本。考《武林舊事》載夔詩四首，《咸淳臨安志》載夔詩三首，《研北雜志》亦載夔詩一首，皆此本所無，知在所佚諸卷之内矣。夔又有《詩説》一卷，僅二十七則，不能自成卷帙，舊附刻詞集之首。然既有詩集，則附之詞集爲不倫，今移附此集之末，俾從其類。觀其所論，亦可以見夔於斯事所得深也。

孫星衍《平津館鑒藏書籍記補遺・舊寫本》《白石道人詩集》一卷。題「鄱陽姜夔堯章」。前有夔自序二首，不題年月、姓名。序後有「臨安府棚北大街陳宅書籍鋪刊行」十四字，知從宋本影寫。附《補遺》一卷。末有俞蘭跋引王漁洋《香祖筆記》，是近人所附。每葉廿行，行十八字。

顧廣圻《思適齋書跋・集部》《姜白石集》一卷。□本。

張之洞《書目答問・別集》《白石詩集》一卷，附《詩説》一卷。宋姜夔。揚州鮑刻本。

澹齋草紙目録

《宋史・藝文志・別集類》陳伯魚《澹齋草紙目録》四十二卷。

葛無懷詩

趙希弁《讀書附志・別集類四》《葛無懷詩》一卷。右會稽葛天民無懷之詩也。

方壺存稿

黄虞稷《千頃堂書目・別集類・補宋》汪華《方壺小稿》九卷。字叔耕，休寧人。嘉定間下詔求言，扣闕三上書不報。

倪燦等《宋史藝文志補・別集類》 汪莘《方壺小稿》九卷。字叔耕，休寧人。

吴焯《繡谷亭薰習録・集一》 《方壺存稿》九卷。宋休寧汪莘叔耕著。嘉定元年閬風劉次皋允叔、端平二年洺水程珌懷古並序。咸淳元年從子貴孫刻于新安，山陰孫嶸叟、浚儀王應麟並序，東鄞學史唐卿、仁峰汪循、華陽(子)〔宇〕文十朋龜從並跋。

《四庫提要・別集類十六》 《方壺存稿》八卷。編修汪如藻家藏本。宋汪莘撰。莘字叔耕，休寧人。嘉定間以布衣上封事，不用，退而築室柳溪之上，圃以方渠，自號方壺居士。與朱子頗相善。然集首《辭晦菴朱侍講書》，反覆以調和兩宫責望朱子。至稱建明稍緩，非特不能爲天下學道者之地，亦不能爲後世學道者之地，其言剴切耿直，相規以善，非依草附木，苟邀奬借者比。朱子答書，今佚不傳。而集中別有與莘兩書。其一書頗以好論説、喜文章爲戒，亦深以道義相切劘，或病其前書太直歟。是編第一卷爲書，辨、序、説、頌，第二爲賦、歌行，第三卷至第七卷爲古今體詩，第八卷爲詩餘。附録李以申所撰傳及交游往來書。前有程珌、孫嶸叟、王應麟三序，後有宇文十朋、史唐卿、劉次皋、汪循四跋。

山牕斐稿

《宋史・藝文志・別集類》 趙時逢《山牕斐稿》一卷。

方巖集

王圻《續文獻通考・經籍考・集上》 《方巖集》。王居安著。居安，黄巖人。幼有異質。淳熙中舉進士，爲右司諫。宅心空明，待物不一。

梅塢集

王圻《續文獻通考・經籍考・集上》 《梅塢集》。林學蒙著。學蒙字正卿，永福人。從朱文公學，鄉人皆尊師之。

孔山文集

王圻《續文獻通考・經籍考・集上》 《孔山文集》。喬行簡著。

弘山集

王圻《續文獻通考・經籍考・集上》 《弘山集》。喬行簡著。

昌谷集

楊士奇等《文淵閣書目・文集》 《曹文簡公集》。一部，十五册。全。《曹文簡公集》。一部，十二册。全。

張萱等《内閣藏書目録・集部》 曹文簡公《昌谷小集》十四册。全。宋真宗朝曹參約著。凡二十卷。

曹文簡公《昌谷小集》十二册。全。宋理宗朝曹彦約著。《正集》二十卷，《續集》一卷。

黄虞稷《千頃堂書目・別集類・補宋》 曹彦約《昌谷小集》二十卷，又《續集》一卷。都昌人，淳熙中進士，累官兵部尚書，謚文簡。

倪燦等《宋史藝文志補・別集類》 曹彦約《昌谷小集》二十卷。又《續集》一卷。

都昌人，兵部尚書，謚文簡。

《四庫提要・別集類十四》 《昌谷集》二十二卷。《永樂大典》本。宋曹彦約撰。彦約有《經幄管見》，已著録。是編稱《昌谷集》者，考集中有《與劉後溪書》，謂世爲都昌村落人，後遷於城下昌谷巷，則其所居地名也。彦約初游朱子之門，其後歷任州郡，卻敵平寇，獨卓有實用。故《宋史》本傳稱其可以建立事功。及入侍講筵，亦能殫心啓沃。其《經幄管見》一書，敷陳祖訓，規箴時政，尚歷歷可稽。文集乃湮没不顯。《宋史・藝文志》皆不著録。惟焦竑《國史經籍志》有《昌谷小集》二十卷，錢溥《祕閣書目》亦有《曹文簡公集》十五册，然亦久無傳本。厲鶚《宋詩紀事》蒐羅繁富，絶不及其姓名，則無徵久矣。今考《永樂大典》，載彦約詩文頗多，核其篇目，如本傳所稱爲利路轉運判官時所作《病夫議》，爲兵部侍郎時所上《薦李心傳劄子》，俱不載其中，知已未免於佚闕。然其餘諸作，世所不傳者，爲數尚夥。謹類次排纂，釐爲二十二卷。

南臯劉先生集

楊士奇等《文淵閣書目・文集》《南臯劉先生集》。一部，五册。闕。

磬沼集

陳振孫《直齋書録解題・詩集類下》《磬沼集》一卷。崇仁羅鑑正仲撰。樞密春伯之從弟。磬沼者爲池，因地曲折如磬然。

馬端臨《文獻通考・經籍考・詩集》《磬沼集》一卷。

茅齋集

陳振孫《直齋書録解題・詩集類下》《茅齋集》二卷。南城鄧繼祖撰。

馬端臨《文獻通考・經籍考・詩集》《茅齋集》二卷。

疏寮集

陳振孫《直齋書録解題・詩集類》《疏寮集》三卷。四明高似孫續古撰。少有俊聲，登甲辰科，不自愛重，爲館職，上韓侂胄生日詩九首，皆暗用「錫」字，爲時清議所不齒。晚知處州，貪酷尤甚。其讀書以隱僻爲博，其作文以怪澀爲奇，至有甚可笑者，就中詩猶可觀也。

馬端臨《文獻通考・經籍考・詩集》《疏寮集》三卷。

黄虞稷《千頃堂書目・別集類・補宋》〔高似孫〕《疏寮集》一卷。

倪燦等《宋史藝文志補・別集類》高似孫《踈寮集》一卷。又《煙雨集》。

煙雨集

楊士奇等《文淵閣書目・詩詞》高似孫《煙雨詩》。一部，一册。闕。

張萱等《内閣藏書目録・集部》《煙雨集》一册。全。宋高似孫詩。

錢謙益等《絳雲樓書目・宋文集類》高似孫《煙雨集》三卷。

黄虞稷《千頃堂書目・別集類・補宋》高似孫《煙雨集》□□卷。

倪燦等《宋史藝文志補・別集類》〔高似孫〕《煙雨集》。

騷略

《四庫提要・別集類存目一》《騷略》三卷。浙江汪啓淑家藏本。宋高似孫撰。似孫有《剡録》，已著録。是編皆所擬騷賦，凡三十三篇。其後《欸乃詞》一篇，集杜甫詩八句、柳宗元詩四句爲之，殊纖詭也。

巽齋集

《宋史・藝文志・別集類》《危稹文集》二十卷。

王圻《續文獻通考・經籍考・集上》《巽齋集》。危稹著。稹字逢吉，和之兄。淳熙中進士，歷屯田郎官，後請祠歸，與鄉老爲真率會。

黄虞稷《千頃堂書目・別集類・補宋》危稹《巽齋集》一卷。字逢吉，臨川人，淳熙中進士，知漳州。

倪燦等《宋史藝文志補・別集類》 危稹《巽齋集》一卷。字逢吉，臨川人。

清獻集

高儒《百川書志・宋文》 《崔清獻公全録》十卷。言行録三卷，奏劄四卷，宸翰一卷，遺詩文一卷，贈挽一卷。清獻公崔與之正子集。

徐𤊹《徐氏家藏書目・文集類》 崔與之《清獻集》十卷。

錢謙益等《絳雲樓書目・宋文集類》 《崔與之集》。謚清獻，番禺人。理宗朝名臣，蓋真魏之流也。

黄虞稷《千頃堂書目・別集類・補宋》 崔與之《清獻公集》十卷。增城人，紹熙中舉進士。累官四川安撫制置使，召爲禮部尚書，進參知政事，又進右丞相，皆辭不就。

倪燦等《宋史藝文志補・別集類》 崔與之《清獻集》十卷。增城人。

竹齋詩集

徐𤊹《徐氏家藏書目・文集類》 《裘萬頃詩》六卷。

黄虞稷《千頃堂書目・別集類・補宋》 裘萬頃《竹齋詩集》六卷。字元量，新建人，登淳熙十四年進士，官大理寺丞。

倪燦等《宋史藝文志補・別集類》 裘萬頃《竹齋詩集》六卷。字元量，新建人。

《四庫提要・別集類十四》 《竹齋詩集》三卷，附録一卷。兩淮馬裕家藏本。宋裘萬頃撰。萬頃字元量，新建人。淳熙十四年進士，歷官大理寺司直。請外任，添差江西撫幹。楊簡誌其墓，以默識稱之。陳宏緒《寒夜録》稱萬頃在當時，與胡桐原、萬澹菴、徐竹堂往來倡和，號爲四傑。今三人俱已湮没，惟萬頃集存。劉克莊《後村集》有《裘元量司直詩跋》，稱其「標致高勝，有顔氏之臞，龔生之潔」。又稱「其猶子南昌理掾應材攜《竹齋遺墨》古律詩三首，其季元齡又手録四十二首，其言若近而遠，若淡而深。近而淡者可能，遠而深者不可能。爲人自貴重，恥表襮，惟詩亦然。世知竹齋者多，而見其詩者絶少。理掾盍鋟諸梓，與同志共之」云云。則元量之詩，克莊時尚無專集。此本爲康熙己丑其裔孫錦縣知縣奏所刊。凡詩三卷。末一卷附録誥敕誌銘，不知何人所編。

山房集　後集

陳振孫《直齋書録解題・別集類下》 《周氏山房集》二十卷，《後集》二十卷。祕書省正字吴郡周南南仲撰。南有聲學校，庚戌登甲科，而仕不偶，再入館，再罷，以殿廷所授文林郎終焉。

馬端臨《文獻通考・經籍考・別集》 《周氏山房集》二十卷，《後集》二十卷。

《宋史・藝文志・別集類》 周南《山房集》五卷。

楊士奇等《文淵閣書目・文集》 周南仲《山房稿》。一部，八册。殘闕。《周氏山房集》。一部，十一册。全。

張萱等《内閣藏書目録・集部》 《山房稿》六册。全。宋寧宗朝姑蘇周南仲著。《前集》二十卷，《後集》二十卷。又六册。不全。

錢謙益等《絳雲樓書目・宋文集類》 《周氏山房集》。又《後集》七册。共四十卷。周南，字南仲。官至正字。吴郡人。黄度之壻也。

《四庫提要・別集類十四》 《山房集》九卷。《永樂大典》本。宋周南撰。南字南仲，吴郡人。淳熙庚戌登甲科。官至祕書省正字。再以薦入詞館，皆不久罷去，遂以殿廷所授文林郎終焉。《藝文志》有周南《山房集》五卷。陳振孫《書録解題》則稱《周氏山房集》二十卷，《後集》二十卷，卷目多寡迥異。今檢《永樂大典》所載，有題《山房集》者，亦有題《山房後稿》者，與陳氏著録之本合。知《宋志》五卷之目，乃傳寫脱譌，不足據也。惟計《永樂大典》所録，篇帙無幾，當由删薙太甚，故佚去者多。今但就其存於今者，各依原目，釐爲《前集》八卷，《後稿》一卷，以略存其舊。

周氏山房後稿

張萱等《内閣藏書目録・集部》 《周氏山房後稿》五册。全。周南仲著。凡二十卷。

雁湖先生詩集

趙希弁《讀書附志·别集類三》《雁湖先生詩集》四十卷。右李文懿公壁字季章之詩也。壁，文簡公燾之子，嘗爲參知政事。神道碑附于集後，真文忠公德秀所作也。

雁湖集

王圻《續文獻通考·經籍考·集上》《雁湖集》一百卷。李壁著。壁日誦萬餘言。舉進士，爲正字，寧宗時累官參知政事。文學德望轟震一時。

消塵録

王圻《續文獻通考·經籍考·集上》《消塵録》三卷。李壁著。

援毫録

王圻《續文獻通考·經籍考·集上》《援毫録》八十卷。李壁著。

臨汝閒書

王圻《續文獻通考·經籍考·集上》《臨汝閒書》五十卷。李壁著。

雁湖文集

楊士奇等《文淵閣書目·文集》李壁《雁湖文集》。一部，十册。闕。

北溪大全集　外集

范邦甸等《天一閣書目·别集類》《北溪先生文集》五十卷。又《外集》一卷。刊本。宋陳淳字安卿著。至元改元漳州學教授宓軒王環翁舜玉父序，稱集五十卷。

徐𤊹《徐氏家藏書目·文集類》陳淳《北溪集》二卷。

張萱等《内閣藏書目録·集部》《北谿文集》八册。不全。宋嘉定間龍谿陳淳著。

錢謙益等《絳雲樓書目·宋文集類》《陳浮北溪集》。五十卷。

黄虞稷《千頃堂書目·别集類·補宋》《陳淳北溪集》五十卷。字安卿，龍溪人。朱文公弟子，官安溪縣主簿。

倪燦等《宋史藝文志補·别集類》陳淳《北溪大全集》五十卷。又《外集》一卷。字安卿，龍溪人。

《四庫提要·别集類十四》《北溪大全集》五十卷，《外集》一卷。編修汪如藻家藏本。宋陳淳撰。淳有《北溪字義》，已著録。其生平不以文章名，故其詩其文皆如語録。然淳於朱門弟子之中，最爲篤實。故發爲文章，亦多質樸真摯，無所修飾。元王環翁序以爲「讀其文者，當如布帛菽粟，可以濟乎人之饑寒。苟律以古文律度，聯篇累牘，風形露狀，能切日用乎否」云云。是雖矯枉過直之詞，要之儒家實有此一派，不能廢也。又淳以朱子終身與陸九淵如水火，故生平大旨，在於力申儒、釋之辨，以鍼砭金谿一派之失。集中如《道學體統》等四篇，《似道》、《似學》二辨，皆在嚴陵時所作。反覆詰辨，務闡明鵝湖會講之緒論。亦可謂堅守師傳，不失尺寸者矣。集爲其子榘所編。末有《外集》一卷，載奠祭文、誌銘、敘述五篇，亦榘所輯附。淳祐戊辰郡倅薛季良爲鋟版龍溪書院，歲久散佚。元至元乙亥、明弘治庚戌，又兩經翻刻。今所傳者，蓋猶弘治本云。

澗泉集

楊士奇等《文淵閣書目·詩詞》《韓澗泉詩》。一部，五册。殘缺。

黄虞稷《千頃堂書目·别集類·補宋》 韓淲《澗泉詩集》八卷。

倪燦等《宋史藝文志補·别集類》 韓淲《澗泉詩集》八卷。今《四庫》録行其集二十卷。

《四庫提要·别集類十六》《澗泉集》二十卷。《永樂大典》本。宋韓淲撰。淲有《澗泉日記》，已著録。此其詩集也。淲詩稍不逮其父，而淵源家學，故非徒作。同時趙蕃號章泉，有詩名，與淲竝稱曰二泉。李龏《端平詩雋序》所謂「章澗二泉先生」，方回詩所謂「上饒有二泉」者，即指蕃與淲也。然其集世罕傳本。《文獻通考》、《宋史·藝文志》皆不著録。方回《瀛奎律髓》絶推重之，有「世言韓澗泉名下固無虚士」之語，尤稱其「人家寒食常晴日，野老春遊近午天」之句。而所録淲作，亦屬寥寥。又戴復古輓淲詩，有「三篇遺稿在，當竝史書傳」句。復古自注稱：「淲臨終作三詩」。近厲鶚輯《宋詩紀事》，采摭極博，乃僅載《所以商山人》、《所以桃源人》二首，而《所以鹿門人》一首佚焉。則淲之詩文湮没已久。今檢《永樂大典》所載，凡得詩二千四百餘首，詞七十九首，編爲二十卷。又得制詞一首，銘二首，亦併附焉。而《所以鹿門人》一編，終不可見。知所佚者尚多。然較諸書所載，僅得殘章斷句者，已可謂富有矣。觀淲所撰《澗泉日記》，於文章所得頗深。又制行清高，恬於榮利，一意以吟咏爲事。平生精力，具在於斯。故雖殘闕之餘，所存仍如是之夥也。

觀省雜著

王圻《續文獻通考·經籍考·集上》《觀省雜著》三十卷。奉化胡誼著。觀省其號也，因名集。

止安集

陳振孫《直齋書録解題·别集類下》《止安齋集》十八卷。太府寺丞三山陳振震亨撰。

馬端臨《文獻通考·經籍考·别集》《止安集》十八卷。

後樂集

張萱等《内閣藏書目録·集部》《後樂先生集》九册。不全。宋孝宗時人，未詳姓氏。前後俱闕。

《四庫提要·别集類十四》《後樂集》二十卷。《永樂大典》本。宋衛涇撰。涇字清叔，華亭人，徙居崑山。登淳熙十一年進士第一。【略】涇初號拙齋居士，改號西園居士。後築堂成，取范仲淹《岳陽樓記》中語題之曰後樂堂，遂以自號，并名其集。原本凡七十卷，乃其子樵所編，嘗刻之於永州。歲久亡佚。明楊樞淞《故述》僅著其名，而其本已不可見。今從《永樂大典》中裒輯編次，釐爲二十卷。

張金吾《愛日精廬藏書志·别集類》《後樂集》二十卷。文瀾閣傳抄本。

别本後樂集

《四庫提要·别集類存目一》《别本後樂集》十卷，附録二卷。江蘇巡撫採進本。宋衛涇撰。涇集本五十卷，刊於元代，歲久散佚。今從散見《永樂大典》中者編次成帙，已著於録。此本乃其十四世孫楫所輯。以志乘諸傳及遺像弁卷首，而以廷試策爲卷一。奏疏爲卷二至卷九，各以時代編次。其末卷則涇與人往還書及所題詩，而以後人祠記之類附焉。楫之大旨，以奏疏爲主，故詩别録於末。然與後人之文雜編，究非體例。其搜採頗爲未周，亦不及新編之完備也。

毅齋別録

阮元《四庫未收書目提要・別集類》 《毅齋別録》一卷。不著撰人名氏。卷端有正德辛未十一世孫興序一首，云「先世文清公，號毅齋。嘗從東萊、晦菴相與倡學於婺。其所著有《讀易記》、《讀詩記詠》文集等書。以之格君心，淑後學，羽翼吾道，有補於世教也尚矣」云云。考之《宋史》，乃徐僑之詩也。僑字崇甫，婺州義烏人。早從學於吕祖謙門人葉邽。淳熙十四年舉進士，調上饒主簿。始登朱熹之門，熹稱其明白剛直，命以毅名齋。端平中官至工部侍郎，以寶謨閣待制奉祠，卒謚文清。僑之學以真踐實履爲尚，奏對之言，剖析理欲，因致勸懲，宏益爲多。乃理宗時之名臣，不以詩名，然無講學家習氣，頗近江湖詩派。興序又云有文集一十卷，遭回禄煨燼，今世無傳本矣。

毅齋集

《宋史・藝文志・別集類》 曾焕《毅齋集》十八卷。

臺城丙稿

《宋史・藝文志・別集類》 曾焕《臺城丙稿》四卷。

南城集

《宋史・藝文志・別集類》 〔曾焕〕《南城集》十八卷。

曾習之詩文

《宋史・藝文志・別集類》 《曾習之詩文》二卷。

薛舜俞文集

王圻《續文獻通考・經籍考・集上》 《薛舜俞文集》三百餘卷。舜俞字欽甫，同安人。紹興中登第。晚年學問益淹貫，里居教授，門人多通顯者。

梅屋詩集

高儒《百川書志・宋詩》 《程梅屋詩集》四卷。宋進士遺鄉撰。晦翁門人也。

黄虞稷《千頃堂書目・別集類・補宋》 程遺卿《梅屋詩集》四卷。新安人，朱文公門人。

倪燦等《宋史藝文志補・別集類》 程遺卿《梅屋詩集》四卷。

浩齋稿

王圻《續文獻通考・經籍考・集上》 《浩齋稿》三卷。長溪孫龍坡著。

閑止堂

趙希弁《讀書附志・別集類四》 《閑止堂集》一卷。右沈弇德遠之作也。趙蕃爲之序。弇之子兢莊可亦以詩名，自號菊山。此集乃莊可之手寫。

方是閑居士小稿

楊士奇等《文淵閣書目・詩詞》《方是閑居士集》。一部，一册。闕。

范邦甸等《天一閣書目・別集類》《方是閑居士小稿》二卷。宋劉學箕撰。

《四庫提要・別集類十五》《方是閒居士小稿》二卷。兩淮鹽政採進本。宋劉學箕撰。學箕字習之，崇安人。劉軨之曾孫，劉子翬之孫，劉玶之子也。閒居不仕，自號種春子。家饒池館，有堂曰方是閒，故又號方是閒居士。是編上卷，古今體詩一百七十一首。下卷，賦及雜文二十七首，長短調三十八首。前有嘉定間建陽劉淮、東里趙蕃、開封趙必愿三序。末有學箕自記，及其門人游彬等跋。初已鋟版，因兵亂散失。元至正辛丑，其裔孫名張者，復重刊之。此編蓋從刻本影鈔者也。

孫星衍《平津館鑒藏書籍記・舊影寫本》《方是閒居士小藁》二卷。前有嘉定戊寅趙必愿序，後有嘉定丁丑劉學箕記，游郴方、陳以莊、劉瑑三跋。此編即劉學箕所撰。據《四庫全書》本，前尚有建陽劉淮、東里趙蕃兩序，此本無之。又稱宋時已鋟板，因兵亂散失，元至正辛丑，其裔孫名張者，復重刊之。此本無重刊題識，或所失二序中言之，或即是宋鋟原本。巾箱本，每葉廿行，行廿字，卷首有影摹「家住花谿石蕖南」圓印、「門無剥啄，松影參差，禽聲上下，午睡初足」方印。

黄丕烈《蕘圃藏書題識續録・集類上》《方是閒居士小稿》二卷。舊鈔本。

張金吾《愛日精廬藏書志・別集類》《方是閒居小稿》一卷。舊抄本。

桐鄉集

黄虞稷《千頃堂書目・別集類・補宋》徐綱《桐鄉集》三卷。

倪燦等《宋史藝文志補・別集類》徐綱《桐鄉集》三卷。

徐照集

陳振孫《直齋書録解題・詩集類下》《徐照集》三卷。永嘉徐照道暉撰。自號山民。道暉又字靈暉，致中又字靈淵，紫芝又字靈秀，翁卷又字靈舒，是爲四靈。水心爲選詩。

馬端臨《文獻通考・經籍考・詩集》《徐照集》三卷。

徐𤊹《徐氏家藏書目・文集類》《徐靈暉詩》一卷。

芳蘭軒集

黄虞稷《千頃堂書目・別集類・補宋》徐照《芳蘭軒詩》五卷。字靈暉。

倪燦等《宋史藝文志補・別集類》徐照《芳蘭軒詩》五卷。今一卷。字靈暉。

《四庫提要・別集類十五》《芳蘭軒集》一卷。浙江鮑士恭家藏本。宋徐照撰。照字道暉，一字靈暉，永嘉人。與徐璣、翁卷、趙師秀號曰永嘉四靈，照即四靈之首也。嘗自號曰山民，故其集又曰《山民集》。趙師秀《清苑齋集》有《哀山民》詩，可以爲證。陳振孫《書録解題》獨稱照自號天民，未知何據，當屬傳刻之譌也。【略】照集原本三卷，此本祇一卷，不知何人所併。又從《瀛奎律髓》得詩六首，《東甌詩集》得詩二首，《東甌續集》得詩一首，併爲《補遺》，附之於後焉。

悦齋集

王圻《續文獻通考・經籍考・集上》《悦齋集》，李埴著。埴舉進士，入爲館職，文聲赫然。

徐璣集

陳振孫《直齋書録解題・詩集類下》《徐璣集》二卷。徐璣致中撰。

馬端臨《文獻通考・經籍考・詩集》《徐璣集》二卷。

《宋史・藝文志・別集類》徐璣《泉山詩藁》一卷。

徐𤊹《徐氏家藏書目・文集類》《徐靈淵詩》一卷。

二薇亭集

黄虞稷《千頃堂書目・別集類・補宋》徐璣《二薇亭詩》四卷。字靈淵。

倪燦等《宋史藝文志補・別集類》徐璣《二薇亭詩》四卷。今一卷。字靈淵。

《四庫提要・別集類十五》《二薇亭集》一卷。浙江鮑士恭家藏本。宋徐璣撰。璣字文淵，一字致中，號靈淵。趙師秀集作靈囦。「囦」字即古「淵」字，蓋偶以別體書之。永嘉四靈之二也。

《宋元詩會》載璣官建安主簿，龍游丞，武當、長泰令，嘉定七年卒，年五十九。而陳振孫《書録解題》則曰四人者惟師秀嘗登科改官，意謂三人皆未嘗出仕。曹學佺亦謂二徐皆隱居不仕。今觀此卷中，璣有《監造御茶》五言古詩，蓋爲主簿時作。其《贈趙師秀》詩有「游宦歸來幾度春」之句，七言絶句又有《移官南浦》一首。則陳振孫所言偶然失考，學佺又誤因之也。《書録解題》載璣集一卷，與此本相符。其名《二薇亭集》，則《通考》未載，或亦偶遺也。集後有補遺三首，從《瀛奎律髓》、《東甌詩集》、《東甌續集》中鈔出。厲鶚《宋詩紀事》載璣又有《泉山集》，今未之見。或《東甌詩集》所載爲《泉山集》中詩歟？

黄虎詩藁

《宋史・藝文志・別集類》《黄虎詩藁》一卷。

康範詩集

范邦甸等《天一閣書目・別集類》《西園汪康範詩集》一卷。刊本。

《四庫提要・別集類十五》《康範詩集》一卷，附録三卷。安徽巡撫採進本。宋汪晫撰。晫所編《曾子》，已著録。是集題曰康範者，真德秀參知政事時，屬績溪令李遇求晫言行之實，將薦於朝，會德秀卒，未果，後晫亦卒，遇私謚之曰康範，因以名集也。末有晫三世孫夢斗跋語，稱「其詩詞共七十首。其餘雜著，亦嘗編輯得二十篇。并《静觀常語》三十餘卷，亡於兵火。惟詩詞草本僅存」云云。蓋掇拾於殘燬之餘，已非其完帙，故所存僅此集。後又有《康範續録》，載夢斗進晫所編《曾子》、《子思子全書》表及《褒贈通直郎指揮》二篇。又有《康範實録》，載行狀、銘、誄之類，蓋仿李翺文集所作《皇考實録》之例。案自六朝以後，實録已爲國史之尊名，臣庶不應僭擬，已駁正於李翺集條下，兹不具論。又有《附録外集》，載諸名賢與其先世酬唱題贈之作，皆後人所續輯也。是集及夢斗《北遊集》舊本，合題曰《西園遺稿》。西園蓋其先世監簿琛別業，蘇轍有《題汪文通豁然亭》詩，即在其地。今以二人相距三世，本各爲一集，故仍分著於録，而附存其改題之總名於此焉。

時齋集

楊士奇等《文淵閣書目・文集》《趙時齋集》。一部，二册。全。

黄虞稷《千頃堂書目・別集類・補宋》趙綸《時齋集》四卷。

倪燦等《宋史藝文志補・別集類》趙綸《時齋集》四卷。

洛水集

王圻《續文獻通考・經籍考・集上》《洛水集》。程珌著。珌，休寧人。紹熙中進士。拜翰林學士。立朝剛正，風裁凜然。

錢謙益等《絳雲樓書目・宋文集類》 程珌《洺水集》。

黄虞稷《千頃堂書目・别集類・補宋》 程珌《洺水文集》三十卷。又一本二十六卷。休寧人，紹興中進士，官端明殿學士。

倪燦等《宋史藝文志補・别集類》 程珌《洺水文集》三十卷。一本二十六卷。休寧人，端明殿學士。

《四庫提要・别集類十五》 《洺水集》三十卷。江西巡撫採進本。宋程珌撰。珌字懷古，休寧人。以先世居洺州，因自號洺水遺民。紹熙四年進士。理宗朝累官禮部尚書、翰林學士、知制誥。歷端明殿學士致仕。事蹟具《宋史》本傳。珌立朝以經濟自任，詩詞皆不甚擅長。俞文豹《吹劍録》稱其《省試紅藥當階翻》詩「黄麻方草罷，紅藥正花翻」一聯，亦未爲佳句。至於《論備邊蠲税》諸疏，則拳拳於國計民瘼，詳明剴切，利病井然，蓋所長在此不在彼也。其跋洪邁《萬首絶句》，以爲不當進之於朝，與張栻詆吕祖謙撰《文鑑》大意相類，未免操之已蹙。至於跋張載《西銘》，論其欲復井田爲不可，則深明今古之宜，破除門户之見，其識迥在講學諸儒上矣。集本六十卷，載於《書録解題》。此本乃崇禎乙巳其裔孫至遠所刻，僅三十卷。原序稱歲久散佚，舊闕其半云。

北磵集

張萱等《内閣藏書目録・集部》 《北磵文集》二册。全。宋寧宗朝釋居簡著。凡十卷。

錢謙益等《絳雲樓書目・宋文集類》 僧居簡《北磵集》。十卷。

黄虞稷《千頃堂書目・别集類・補宋》 釋居簡《北磵文集》十卷。

倪燦等《宋史藝文志補・别集類》 釋居簡《北澗文集》十卷。

《四庫提要・别集類十七》 《北磵集》十卷。浙江鮑士恭家藏本。宋釋居簡撰。居簡字敬叟，潼川王氏子。嘉熙中敕住浄慈光孝寺。因寓北磵日久，故以名集。其集詩文各爲一編，此則皆其所作雜文也。張誠子序稱：「讀其文，與宗密未知伯仲。誦其詩，合參寥、覺範爲一人，不能當也。」宗密即圭峰禪師，裴休爲書傳法碑者。其文集《唐志》不著録，今亦未見傳本，無從較其工拙。

北磵詩集

黄虞稷《千頃堂書目・别集類・補宋》 釋居簡《北磵詩集》九卷。

倪燦等《宋史藝文志補・别集類》 釋居簡《北澗詩集》九卷。

北澗文集

楊士奇等《文淵閣書目・文集》 僧《北澗文集》。一部，二册。完全。

鳳城集

黄虞稷《千頃堂書目・别集類・補宋》 釋子騰《鳳城集》一卷。

倪燦等《宋史藝文志補・别集類》 釋子騰《鳳城集》一卷。

慢亭遺稿

王圻《續文獻通考・經籍考・集上》 《慢亭遺稿》。詹師文著。師文字叔簡，崇安人。慶元中第進士，居官有理獄平寇之功。

墨莊文集

王圻《續文獻通考・經籍考・集上》 《墨莊文集》。張泳著。泳字潛夫，福安人。慶元初試天下之言性論，有司讀其文警喜，以爲壓倒場屋，策問僞學，泳抵排異端，力主朱文公正學之傳，有司賢之。號省齋，學者稱爲墨莊先生。

集釣臺詩

楊士奇等《文淵閣書目・詩詞》 謝德輿《集釣臺詩》。一部，一册。闕。

野雪行卷

楊士奇等《文淵閣書目・文集》 許景迂《野雪行卷》。一部，五册。全。

張萱等《内閣藏書目録・集部》 《野雪行卷》五册。全。宋理宗朝許景迂著。并名賢贈詩。

黄虞稷《千頃堂書目・別集類・補宋》 許景迂《野雪行卷》五卷。名賢贈言附。皆理宗時人。

倪燦等《宋史藝文志補・別集類》 許景迂《野雪行卷》五卷。名賢贈言附。

鍛排雜説

黄虞稷《千頃堂書目・別集類・補宋》 許景迂《鍛排雜説》一卷。

倪燦等《宋史藝文志補・別集類》 許景迂《鍛排雜説》一卷。

蟾塘文集

王圻《續文獻通考・經籍考・集上》 《蟾塘文集》。危和著。和，臨川人。淳熙中進士，以詩名。

性善堂藁

趙希弁《讀書附志・別集類四》 《性善堂藁》十五卷。右度正周卿之文也，曹文簡公彦約爲之序。周卿，巴川人。紹熙元年進士，嘗爲禮部侍郎。

楊士奇等《文淵閣書目・文集》 度周卿《性善堂稿》。一部，五册。全。

王圻《續文獻通考・經籍考・集上》 《性善堂文集》。度正著。正，合州人。紹興初進士。早從朱文公，誨以正心誠意之學。官國子監丞，遷禮部侍郎致仕。

張萱等《内閣藏書目録・集部》 《性善堂稿》五册。宋理宗朝度正著。正字周卿，巴川人。

黄虞稷《千頃堂書目・別集類・補宋》 度正《性善堂稿》十五卷。字周卿，合州人。紹興初進士，從朱文公學，累官禮部侍郎。

倪燦等《宋史藝文志補・別集類》 度正《性善堂稿》十五卷。字周卿，合州人。

《四庫提要・別集類十五》 《性善堂稿》十五卷。《永樂大典》本。宋度正撰。正有《周子年譜》，已著録。《宋史》正本傳載正有《性善堂集》，而不著卷數。趙希弁《讀書附志》始列其目，凡十五卷，曹彦約爲之序。自明以來，世久失傳。今從《永樂大典》中採掇裒次，以類排纂，仍析爲十五卷，以還其舊。

魏鶴林文集

楊士奇等《文淵閣書目・文集》 《魏鶴林文集》。一部，十二册。殘闕。

涎溪集

王圻《續文獻通考・經籍考・集上》 《涎溪集》。丁黼著。

漫塘文集

楊士奇等《文淵閣書目・文集》《劉漫塘集》。一部，十二册。全。

范邦甸等《天一閣書目・别集類》《漫塘文集》四卷。刊本。宋寶謨閣學士金壇劉宰著。

王圻《續文獻通考・經籍考・集上》《漫塘集》。劉宰著。宰，金壇人。紹熙進士，理宗以爲籍田令，遷太常丞，知寧國府，皆不就。隱處三十年，于書無所不讀。

徐𤊹《徐氏家藏書目・文集類》劉宰《漫塘集》。

張萱等《内閣藏書目録・集部》《漫塘劉先生文集》五册。不全。殘闕不全，未詳其名。

錢謙益等《絳雲樓書目・宋文集類》劉宰《漫塘集》。三十六卷。字平國，潤州人。漫塘，其别號也。

黄虞稷《千頃堂書目・别集類・補宋》劉宰《漫堂文集》三十六卷。金壇人。紹熙進士，官籍田令，理宗召爲太常丞，及知寧國府，皆不就。謚文靖。

倪燦等《宋史藝文志補・别集類》劉宰《漫塘文集》三十六卷。金壇人，謚文清。

吴焯《繡谷亭薰習録・集一》《漫塘文集》三十六卷。宋直顯謨閣謚文清金壇劉宰平國著。此編名前集，先生之子翁望剛叔編，淳祐二年王遂穎叔序。

于敏中等《天禄琳琅書目・明版集部》《漫堂劉先生文集》。一函，十册。宋劉宰著。二十二卷。前宋趙葵序。

劉宰字平國，金壇人。紹聖元年進士，官泰興令。謚文清。

《四庫提要・别集類十五》《漫塘文集》三十六卷。浙江鮑士恭家藏本。宋劉宰撰。宰字平國，金壇人。紹熙元年進士。仕至浙東倉司幹官。屬北伐釁起，遂退居漫塘，閲三十年，屢薦不起，以直顯謨閣主管玉局觀卒於家。翰廷嘉其節，賜謚文清。事蹟具《宋史》本傳。宰著作甚富，淳祐初，王遂裒其遺稿，十僅得四五，爲編訂作序，名曰《前集》。理宗收入祕閣，世遂無傳。明正德間，大學士靳貴從内閣鈔出，因授王臯鋟梓，釐爲三十六卷，即此本也。

彭元瑞等《天禄琳琅書目後編・宋版集部》《漫塘劉先生文集》。二函，十册。

李孟達集

陳振孫《直齋書録解題・詩集類下》《李孟達集》一卷。宗正丞宣城李兼孟達撰。唐末李咸用《披沙集》者，即其遠祖也。嘗知台州，時稱善士。

馬端臨《文獻通考・經籍考・詩集》《李孟達集》一卷。

蒙谷集

王圻《續文獻通考・經籍考・集上》《蒙谷集》。林夔孫著。夔孫，古田人。朱熹高弟。

抱甕集

陳振孫《直齋書録解題・詩集類下》《柯東海集》十五卷。莆田柯夢得東海撰。嘗試春官不第。

馬端臨《文獻通考・經籍考・詩集》《柯東海集》十五卷。

《宋史・藝文志・别集類》柯夢得《抱甕集》十五卷。

王圻《續文獻通考・經籍考・詩集》《抱甕集》十五卷。柯夢得著。莆田人。嘉定中，屢上春官不第，以特科入官。一生苦吟，學孟東野。又編選唐絶句爲五卷。

瓦全居士詩詞

陳振孫《直齋書録解題・詩集類下》《瓦全居士詩詞》二卷。太常博士寧海王澡身甫撰。初名津，字子知。

馬端臨《文獻通考・經籍考・詩集》《瓦全居士詩詞》二卷。

刀筆集

《宋史・藝文志・別集類》李祺《刀筆集》十五卷。

象臺四六集

《宋史・藝文志・別集類》李祺《象臺四六集》七卷。

藍縷稿

楊士奇等《文淵閣書目・文集》王與鈞《藍縷稿》。一部，十六册。全。

張萱等《内閣藏書目録・集部》《藍縷集》十六册。全。宋人莫詳姓氏。

黄虞稷《千頃堂書目・別集類・補宋》王與鈞《藍縷稿》七十四卷。

倪燦等《宋史藝文志補・別集類》王與鈞《藍縷稿》七十四卷。

梅坡稿

楊士奇等《文淵閣書目・文集》張叔瀾《梅坡稿》。一部，五册。闕。

遺音

徐㶿《徐氏家藏書目・文集類》吕聲之《遺音》二卷。

蔡九峰詩集

楊士奇等《文淵閣書目・詩詞》《蔡九峰詩集》。一部，三册。完全。

張萱等《内閣藏書目録・集部》《九峰先生蔡永公詩集》三册。全。

李微之詩文集

王圻《續文獻通考・經籍考・集上》《李微之詩文集》一百卷。井研李心傳著。

江南凱歌

《宋史・藝文志・別集類》張文伯《江南凱歌》二十卷。

百將詩

王圻《續文獻通考・經籍考・詩集》《百將詩》一卷。林仲虎著。字景瞻，寧德人。慶元中應武舉第二，使北虜，執禮不撓。

青城遺稿

《宋史・藝文志・別集類》宋德之《青城遺稿》二卷。

沈涣文集

《宋史・藝文志・別集類》《沈涣文集》五卷。

石屏詩集　石屏續集

楊士奇等《文淵閣書目・詩詞》《戴石屏詩》。一部，二册。闕。

高儒《百川書志・宋詩》《石屏詩集》十卷。天台戴復古式之所著。敏之子也，共詩八百六十九首。

范邦甸等《天一閣書目・別集類》《石屏詩集》十卷。刊本。宋黄巖戴敏著。

徐𤊹《徐氏家藏書目・文集類》戴復古《石屏集》四卷。

黄虞稷《千頃堂書目・別集類・補宋》戴復古《石屏詩集》十卷。《石屏續集》四卷。

倪燦等《宋史藝文志補・別集類》戴復古《石屏詩集》十卷。《石屏續集》四卷。

《四庫提要・別集類十四》《石屏集》六卷。浙江鮑士恭家藏本。宋戴復古撰。復古字式之，天台人。嘗登陸游之門，以詩鳴江湖間。所居有石屏山，因以爲號，遂以名集。卷首載其父敏詩十首。蓋復古幼孤，勉承家學，因搜訪其先人遺稿，以冠己集。

彭元瑞等《天禄琳琅書目後編・明版集部》《石屏詩集》。一函，十册。宋戴復古撰。復古字式之，天台人。書十卷。凡詩詞八百九十有奇。前附其父敏《東皋子》詩十首，復古自跋。又陳昉、趙以夫、倪祖義跋。是本乃正德中西充馬金汝礪校刊，有書後。

黄丕烈《蕘圃藏書題識・集類二》《石屏詩集》十卷。明刊鈔補本。《石屏長短句》。此汲古閣鈔本詞中目，其序次余所定也。

又《戴石屏詩集》十卷。明刻本。

又《石屏續集》四卷，《長短句》一卷。汲古影宋本。《石屏續集》，余向藏舊鈔本，晉江黄氏物也。四卷而止，無《石屏長短句》。此册從坊間購得，行款的是書棚本，以二番餅易之，因記。戊辰夏六月，復翁。

又《蕘圃藏書題識續録・集類上》《石屏詩集》十卷。明刻鈔補本。此卷八目，刻本已有，兹鈔胥贅録，當以卷第九一行録起，徑接刻本爲是。戊寅秋裝成記。大隆案：繆輯本誤脱，今據墨蹟補。

裨幄集

徐𤊹《徐氏家藏書目・文集類》趙萬年《裨幄集》一卷。

南海百咏

阮元《四庫未收書目提要・別集類》《南海百詠》一卷。《琳瑯祕室叢書》本。宋方信孺撰。信孺字孚若，莆田人。以蔭補官。開禧中，假朝奉郎使金，三往返。歷淮東轉運判官，知真州。至廣西漕所。著有《好菴游戲詩境集》，未見。是編乃其官番禺縣原本縣誤漫。據《宋史・列傳》改。尉時所作，取南海古蹟，每一事爲七言絶句一首。每題之下各詳原本「詳」誤「詞」，據《瀛洲筆談》校。其顛末，注中多記五代南漢劉氏事。所引沈懷遠《南越志》、鄭熊番《禺雜志》，近多不傳。厲鶚《宋詩紀事》載劉後村序信孺詩文云：「宫羽協諧，經緯麗密。」于此亦足見其一斑矣。

方泉集

黄虞稷《千頃堂書目・別集類・補宋》周文璞《方泉集》三卷。字晉仙，汝陽人。

倪燦等《宋史藝文志補・別集類》周文璞《方泉集》三卷。

《四庫提要・別集類十五》《方泉集》四卷。編修汪如藻家藏本。宋周文璞撰。

文璞字晉仙，號方泉，又號野齋，又號山楹，陽穀人。諸書不詳其仕履。蓋亦江湖派中人也。是集凡賦一卷、詩三卷。張端義《貴耳集》極稱其《灌口二郎歌》、《聽歐陽琴行》、《金塗塔歌》，以爲不減賀、白。按賀白謂李賀、李白也。語殊杜撰，謹附訂於此。然文璞古體長篇，微病頽唐，不出當時門徑，較諸東坡、山谷，已相去不知幾許。端義擬以青蓮、長吉，未免不倫。至於古體短章，近體小詩，如端義所稱《題鍾山》一絶、《晨起》一絶，固可肩隨於《白石》、《澗泉》諸集之間，宜其迭相唱和也。端義所稱《灌口二郎歌》，集無此題。惟四卷之首有《瞿塘神君歌》，觀其詞意，殆即所謂《灌口二郎歌》者，或文璞以名不雅馴，後改此題歟。

方泉先生詩

楊士奇等《文淵閣書目・詩詞》《方泉先生詩》。一部，一册。闕。

東澗集

楊士奇等《文淵閣書目・文集》 許應龍《東澗文集》。一部，十册。闕。許應龍《東澗文集》。一部，六册。闕。

張萱等《内閣藏書目録・集部》《許東澗文集》八册。不全。宋嘉熙間許應龍著。

黄虞稷《千頃堂書目・別集類・補宋》 許應龍《東澗文集》□卷。閩縣人。舉進士，累官端明殿學士，簽書樞密院事。

倪燦等《宋史藝文志補・別集類》 許應龍《東澗文集》。閩縣人。

《四庫提要・別集類十五》《東澗集》十四卷。《永樂大典》本。宋許應龍撰。應龍字恭甫，閩縣人。嘉定元年進士第。調汀州教授，累遷國子司業祭酒，權直舍人學士二院。官至端明殿學士，簽書樞密院事，提舉洞霄宫。事蹟具《宋史》本傳。其集則不見於《藝文志》，原書卷目已不可考。明錢溥編次《祕閣書目》，亦不載其名。則明初已散佚矣。惟《永樂大典》頗散見其詩文，鈔撮排綴，各體麤備，而制誥一類尤繁。【略】謹以類裒次，釐爲十有四卷，著之於録，俾不致泯没於後焉。

北山漫遊集　雜稿

王圻《續文獻通考・經籍考・集上》《北山漫遊集》十卷，《雜稿》二十卷。劉用行著。用行字聖與，晉江人。登嘉定戊辰第。遇事有執，詩文典雅。

翁卷集

陳振孫《直齋書録解題・詩集類下》《翁卷集》一卷。翁卷靈舒撰。

馬端臨《文獻通考・經籍考・詩集》《翁卷集》一卷。

徐𤊹《徐氏家藏書目・文集類》《翁靈舒詩》一卷。

葦碧軒詩

黄虞稷《千頃堂書目・別集類・補宋》 翁卷《葦碧軒詩》四卷。字靈舒。

倪燦等《宋史藝文志補・別集類》 翁卷《葦碧軒詩》四卷。字靈舒。

西巖集

《四庫提要・別集類十五》《西巖集》一卷。浙江鮑士恭家藏本。宋翁卷撰。卷字續古，一字靈舒。永嘉四靈之三也。嘗登淳祐癸卯鄉薦，終於布衣。葉適序其詩，稱爲自吐性情，靡所依傍。劉克莊《後村集》亦有贈卷詩云：「非止擅唐風，尤於選體工。有時千載事，祇在一聯中。」張端義《貴耳集》曰：「翁卷，四靈也。有《曉對》詩云：『梅花分地落，井氣隔簾生。』《瀑布詩》云：『千年流不盡，六月地長寒。』《春日》云：『一階春草碧，幾片落花輕。』《游寺》云：『分石同僧坐，看松見鶴來。』《吾廬》云：『移花連舊土，買石帶新苔。』」其所取者，大抵尖新刻畫之詞。蓋一時風氣所趨，四靈如出一手也。卷別有《葦碧軒集》，今未見其本。厲鶚《宋詩紀事》載卷詩四首，皆注出《葦碧軒集》。以校此集，惟《寄遠》一首不載，餘皆相同。可知二集之詩，實互相出入。至張端義所舉五聯，鶚但列之逸句中，不能得其全篇，是又在《葦碧軒集》之外。殆當時所刊原非一本，尚不止此二集歟。

宜拙平心集

王圻《續文獻通考・經籍考・集上》《宜拙平心集》。福安王士奇著。

智仁堂藁

王圻《續文獻通考・經籍考・集上》《智仁堂藁》十卷。熊節著。

秋江煙草

黄虞稷《千頃堂書目・别集類・補宋》 張弋《秋江煙草》一卷。

倪燦等《宋史藝文志補・别集類》 張弋《秋江煙草》一卷。

林伯仁集

尤袤《遂初堂書目・别集類》《林伯仁集》。

趙師秀集

陳振孫《直齋書録解題・詩集類下》《趙師秀集》二卷。別本《天樂堂集》一卷。趙師秀紫芝撰。四人者，號「永嘉四靈」，皆爲晚唐體者也。惟師秀嘗登科改官，亦不顯。

馬端臨《文獻通考・經籍考・詩集》《趙師秀集》二卷。

徐𤊹《徐氏家藏書目・文集類》《趙靈秀詩》一卷。

清苑齋集

黄虞稷《千頃堂書目・别集類・補宋》 趙師秀《清苑齋詩》四卷。字靈秀，號紫芝。

倪燦等《宋史藝文志補・别集類》 趙師秀《清苑齋詩》四卷。字靈秀。

《四庫提要・别集類十五》《清苑齋集》一卷。浙江鮑士恭家藏本。宋趙師秀撰。師秀字紫芝，號靈秀，永嘉人。太祖八世孫。紹熙元年進士。浮沈州縣，終於高安推官。【略】陳振孫《書録解題》載《師秀集》二卷。別本《天樂堂集》一卷，今皆未見。此本僅一卷，而題曰《清苑齋集》，未審爲即《天樂堂集》之别名否。趙與虤《娱書堂詩話》載《送謝耘游淮》詩二句，又《東甌續集》載師秀詩五首，《瀛奎律髓》載師秀詩四首，今竝附録集末，題曰《拾遺》。似乎别有《天樂堂集》，而《詩人玉屑》所論《冷泉夜坐》及《病起》二首稱曰天樂者，今皆載此集中，似乎又即《天樂堂集》。今未能盡睹其全，莫之詳也。厲鶚《宋詩紀事》稱師秀有《清苑齋集》，有《天樂堂集》，分爲二種。而所録皆此集之詩，則鶚亦未見《天樂堂集》矣。古書散佚，闕所不知可也。

天樂堂集

陳振孫《直齋書録解題・詩集類下》 別本《天樂堂集》一卷。趙師秀紫芝撰。

馬端臨《文獻通考・經籍考・詩集》〔趙師秀〕別本《天樂堂集》一卷。

菊磵小集

黃虞稷《千頃堂書目・別集類・補宋》 高九萬《菊磵小集》一卷。字□□。高瓊裔孫，南渡後移家四明。制行高潔，隱居不仕。其居曰信天巢。

倪燦等《宋史藝文志補・別集類》 高九萬《菊磵小集》一卷。

信天巢遺稿　附林湖遺稿　江邨遺稿　疎寮小集

《四庫提要・別集類十四》 《信天巢遺稿》一卷，附《林湖遺稿》一卷，《江邨遺稿》一卷，《疎寮小集》一卷。浙江巡撫採進本。宋高翥撰。翥字九萬，號菊磵，餘姚人。孝宗時游士也。有《菊磵集》二十卷，久佚不存。至國朝康熙二十六年，其裔孫士奇於徐乾學家宋槧書中採得遺詩一百九首。益以家藏二十二首。又於他集中得十三首。續得朱彝尊宋刻《江湖集》所載四十七首。刪除重複，共得詩一百八十九首刻之，題曰《信天巢遺稿》。信天巢者，翥所以名其居也。然卷前元貞元年姚燧序，本稱曰《菊磵集》，不知何以改名也。後附《林湖遺稿》一卷，爲翥姪鵬飛字南仲者所撰。又附《江邨遺稿》一卷，則翥父選、叔邁之詩。選、邁皆紹興間登第。選官武當軍節推，邁官縣尉。此卷之中，又附質齋、遁翁二人之詩，則高氏譜中所載。僅存其號，即士奇亦莫能舉其名矣。最後附高似孫《疎寮小集》一卷。似孫即撰《緯略》者。《文獻通考》載《疎寮集》三卷。此所刻甚少，尚有他選所有而此刻無之者。

獨善先生集

王圻《續文獻通考・經籍考・集上》 《獨善先生集》。史彌鞏著。

泠然齋集

陳振孫《直齋書録解題・詩集類下》 《泠然齋集》十二卷。山陰蘇泂召叟撰。丞相子容四世孫，師德仁仲之孫。

馬端臨《文獻通考・經籍考・詩集》 《泠然齋集》二十卷。

楊士奇等《文淵閣書目・詩詞》 蘇泂《泠然齋詩集》。一部，六册。完全。

《四庫提要・別集類十六》 《泠然齋集》八卷。《永樂大典》本。宋蘇泂撰。泂字召叟，山陰人。右僕射頌之四世孫。《宋史》頌傳，不詳列其後裔，故泂始末無可考。陳振孫《書録解題》有泂《泠然齋集》二十卷，亦久亡佚。惟宋無名氏《詩家鼎臠》中尚存其二詩而已。今從《永樂大典》所載採輯排比，共得詩八百五十餘篇，釐爲八卷。

張金吾《愛日精廬藏書志・別集類》 《泠然齋集》八卷，附《補遺》、附録。文瀾閣傳抄本。

趙善湘詩文集

王圻《續文獻通考・經籍考・集上》 《趙善湘詩文集》百卷。善湘，宋宗室。

詩詞雜著

王圻《續文獻通考・經籍考・詩集》 《詩詞雜著》二十五卷。趙善湘著。

容安詩稿

王圻《續文獻通考・經籍考・詩集》 《容安詩稿》十卷。同安王顯世著。

介庵張居士文集

趙希弁《讀書附志・別集類四》 《介庵張居士文集》七卷。右張耕字莘翁之文也。莘翁，嘉泰壬戌進士，終于清江別駕，希弁妻之諸父也。故生父師冋爲之序，繼而程公許亦序之，行狀則令應大參繇之筆。

恕齋集

王圻《續文獻通考・經籍考・集上》 《恕齋集》。汪綱著。綱，勃曾孫。以祖任入官，理宗朝累官户部侍郎致仕。綱學有本原，多聞博記，機神明鋭，遇事立决，尤良于論事。所著又有《左帑志漫存録》。

螺江集

陳振孫《直齋書録解題・詩集類下》 《螺江集》一卷。僧有朋撰。號困山禪師，族陳氏，閩帥巖六世孫。

馬端臨《文獻通考・經籍考・詩集》 《螺江集》一卷。

《宋史・藝文志・別集類》 《僧有鵬詩》一卷。

東溪詩稿

趙希弁《讀書附志・別集類四》 《東溪詩稿》六卷。右許玠介之之詩也。周益公嘗親寫其《漢宫春夜》、《朱陵洞詞》、《古別離》、《出塞曲》四篇而跋之。

松垣集

王圻《續文獻通考・經籍考・集上》 《松垣集》。辛元龍著。元龍高安人。嘉泰初進士，通判鄂州。上書雪濟邸之冤，忤史彌遠，屏棄而卒。

《四庫提要・別集類存目一》 《松垣集》十一卷。衍聖公孔昭焕家藏本。舊本題宋辛元龍撰。元龍字震父，高安人。《宋史》不爲立傳。據集中所言，嘗舉進士。理宗朝任朝奉郎，郢州通判。以論史彌遠，爲陳畛所劾，罷歸。是集宋志亦不著録。所載凡疏三篇，書四篇，記事六篇，序一篇，行狀一篇，墓誌銘一篇，詩十首。前有像贊及傳，今已佚。後爲事蹟一卷，載所判岳飛、万俟卨子孫争田事，不知何人所記。疑即集中稱濱谷居士者所爲。濱谷名鳴鶴，即元龍後裔，搜輯遺稿，編成此帙者也。

野谷詩稿

黄虞稷《千頃堂書目・別集類・補宋》 趙汝鐩《野谷詩稿》六卷。字明翁，汴人。宋宗室。

倪燦等《宋史藝文志補・別集類》 趙汝鐩《野谷詩稿》六卷。字明翁，汴人，宗室。

《四庫提要・別集類十五》 《野谷詩稿》六卷。兩淮馬裕家藏本。宋趙汝鐩撰。汝鐩字明翁，袁州人。其稱開封者，汝鐩爲太宗八世孫，追溯祖系，不忘本源，猶唐代諸李皆稱隴西成紀也。登嘉泰二年進士。授館職。嘉定中分司鎮江管榷。

月林醜鏡集

王圻《續文獻通考・經籍考・集上》 《月林醜鏡集》。曾逢震著。震字誠叟，閩縣人。與鄭性之俱從朱文公學，洞見道體，耻爲場屋之文，隱居道山，觀書自怡，家事有無不問也。自編録其詩文曰《月林醜鏡集》。

張翼詩

《宋史・藝文志・別集類》《張翼詩》一卷。

徹齋文集

王圻《續文獻通考・經籍考・集上》《徹齋文集》。陶崇著。崇，全州人。嘉定中進士。理宗在潛邸時，崇爲講讀官，及即位，被召，首陳保業謹微慎獨持久之説，擢知信州，卒贈特進，謚文肅。

徐鳳集

趙希弁《讀書附志・別集類二》《徐學士北門集》十二卷。右徐鳳之文也。盧壯父刻于瑞陽。

王圻《續文獻通考・經籍考・集上》《徐學士文集》二十卷。浦城徐鳳著。

翠樾集

王圻《續文獻通考・經籍考・集上》《翠樾集》。張安修著。安修字孟堅，寧德人。嘗領漕舉，以子文虎登第引年賜承務郎。

山中集

陳振孫《直齋書録解題・詩集類下》《山中集》一卷。莆田趙庚夫仲白撰。兩上春官不第，以取應得右選，不得志而没。劉潛夫志其墓，擇其詩百篇，屬趙南塘序而傳之。

馬端臨《文獻通考・經籍考・詩集》《山中集》一卷。

王圻《續文獻通考・經籍考・詩集》趙庚夫《山中集》。庚夫字仲白，莆田人。平生志業無所洩，一寓於詩，嘗自删取五百首，劉克莊擇百篇爲《山中集》，屬趙庚夫序而傳之。

蜀阜集

黃虞稷《千頃堂書目・別集類・補宋》錢時《蜀阜集》十八卷。淳安人。官祕閣檢閲，喬行簡嘗進其所爲五經管見，兩漢筆記於朝。

倪燦等《宋史藝文志補・別集類》錢時《蜀阜集》十八卷。淳安人。

梅亭類藁

張萱等《内閣藏書目録・集部》《梅亭類藁》十二册。不全。宋李劉著。凡九十卷，闕目録上并二十五卷至四十四卷。又八册。散逸不全。

黃虞稷《千頃堂書目・別集類・補宋》李劉《梅亭類稿》九十卷。

倪燦等《宋史藝文志補・別集類》李劉《梅亭類稿》九十卷。

四六標準

楊士奇等《文淵閣書目・類書》《李梅亭四六》。一部，八册。完全。李梅亭《四六標準》。一部，三册。闕。

錢謙益等《絳雲樓書目・宋文集類》梅亭《四六標準》十册。

黃虞稷《千頃堂書目・別集類・補宋》〔李劉〕《四六標準》四十卷。

倪燦等《宋史藝文志補・別集類》〔李劉〕《四六標準》四十卷。

《四庫提要·別集類十六》 《四六標準》四十卷。内府藏本。宋李劉撰。明孫雲翼箋釋。劉字公甫，崇仁人。嘉定七年進士。歷官寶章閣待制。雲翼有《橘山四六箋注》，已著録。劉平生無他事可述，惟以儷語爲專門。所著《類稿》、《續類稿》、《梅亭四六》，今皆未見。此本乃其門人羅逢吉所編。以劉初年館何異家，及在湖南、蜀中所作彙爲一集。題曰「標準」，蓋門弟子遵師之詞也。凡分七十一目，共一千九十六首。

彭元瑞等《天禄琳琅書目後編·元版集部》 梅亭先生《四六標準》。二函，十二册。宋李劉撰。劉字公甫，崇仁人。嘉定七年進士，官寶章閣待制。書四十卷，分六十六目，凡箋啓千九十六首。前有門人羅逢吉序，謂「爲初年館月湖及湖南蜀川所作，名曰『標準』以尊師也」。是書坊行明張雲翼箋釋本，此無注。初刻爲稀珍也。昭德後人，乃晁氏印。

李釗梅亭四六標準

黄虞稷《千頃堂書目·文史類》 孫雲翼注《李釗梅亭四六標準》四十卷。

翠微南征録

黄虞稷《千頃堂書目·別集類·補宋》 華岳《翠微南征録》十一卷。貴池人。寧宗時武科，忤韓侂胄謫死。

倪燦等《宋史藝文志補·別集類》 華岳《翠微南征録》十一卷。貴池人。

王士禎《漁洋書跋》 《翠微南征録》。宋華岳集十一卷，名《翠微南征録》。

《四庫提要·別集類十五》 《翠微南征録》十一卷。編修汪如藻家藏本。宋華岳撰。岳字子西，貴池人。爲武學生。開禧元年上書請誅韓侂胄、蘇師旦，下大理寺鞫治，編管建寧。侂胄誅，放還。登嘉定武科第一，爲殿前司官。又謀去丞相史彌遠，事覺，下臨安獄，杖死。其集名《南征》者，皆其竄建寧時所作。翠微則其別號也。此本卷首有新城王士禎題語。【略】其持議頗允。士禎又引《吴興掌故》云：「《翠微集》，華廉字仲清著。不知何據。」案岳名著史册，此集亦著録《藝文志》，昭灼無疑。華廉所著《翠微集》，當別自一人一書，與岳集不得相混。士禎乃録以存疑，則失於裁斷矣。

黄丕烈《蕘圃藏書題識·集類二》 《翠微南征録》十卷。鈔本。余向藏《翠微先生北征録》係舊鈔本，外間罕有也。

張金吾《愛日精廬藏書志·別集類》 《翠微先生南征録》十一卷。舊抄本。汲古閣叢書。宋華岳撰。板心有「汲古閣」三字。

潘祖蔭《滂喜齋藏書記·集部》 鈔本《翠微南征録》一册。宋華岳撰。翠微其號也。岳以劾韓侂胄、蘇師旦流竄建寧。此本《劾侂胄疏》即附其後。岳又有《北征集》。《四庫》所未收，傳本更稀也。册首題字云「咸豐庚申九秋購於揚州仙女廟鎮」。似許信臣中丞筆。

翠微先生北征録

黄虞稷《千頃堂書目·別集類·補宋》 華岳《北征録》十一卷。

倪燦等《宋史藝文志補·別集類》 華岳又《北征録》十一卷。

顧廣圻《思適齋書跋·集部》 《翠微先生北征録》十二卷。舊鈔本。翠微先生華岳，字子西。在《宋史·忠義》十。其《南征録》、《北征録》皆不著於《藝文志》。《南征録》詩居十九，即其別集。此《北征録》皆兵家言。近盧氏《召弓志補》，亦著於別集，從類列也。唯云十一卷者，依此是十二卷。

顧廣圻《思適齋集外書跋輯存·集類》 《翠微先生北征録》十二卷。鈔本。

張金吾《愛日精廬藏書志·別集類》 《翠微先生北征録》十二卷。舊抄本。

肯堂集

王圻《續文獻通考·經籍考·集上》 《肯堂集》。李仲光著。仲光字景温，崇安人。開熙初進士甲科，以才忌不遇，放情山水，寓意花木。

靈巖集

《四庫提要・別集類十七》《靈巖集》十卷。《永樂大典》本。宋唐士恥撰。士恥所作，蓋即備詞科之用也。仲友曾著《詞科雜録》，其亦家學濡染，世擅其長歟。集久失傳，非惟史不著録，即志乘亦不登其姓名。故談藝諸家，率不之及。今從《永樂大典》内採輯，次爲十卷，并其代人之作以類附焉。循誦其文，洽聞殫見，古澤斑然。非南宋末流操臆見，騁空談者所能望其涯涘。未可以其名不著而忽之也。

平齋集

陳振孫《直齋書録解題・別集類下》《平齋集》三十二卷。翰林學士於潛洪咨夔舜俞撰。

馬端臨《文獻通考・經籍考・別集》《平齋集》三十二卷。

楊士奇等《文淵閣書目・文集》洪舜俞《平齋文集》。一部，十一册。闕。洪舜俞《平齋文集》。一部，十册。闕。洪舜俞《平齋文集》。一部，九册。殘闕。洪舜俞《平齋文集》。一部，八册。殘闕。

王圻《續文獻通考・經籍考・集上》《正齋集》。洪咨夔著。

張萱等《内閣藏書目録・集部》《平齋文集》十册。不全。宋端平間於潛洪咨夔著。凡三十七卷，闕前四卷。又九册。不全，闕目録。又八册。不全，闕後二册。又四册。不全。

錢謙益等《絳雲樓書目・宋文集類》宋板洪咨夔《平齋集》二十册。三十二卷。

《四庫提要・別集類十五》《平齋文集》三十二卷。編修汪如藻家藏本。宋洪咨夔撰。咨夔有《春秋傳》，已著録。是集經筵進講及制誥之文居多，詩歌、雜著僅十之三。咨夔官御史時，忠言讜論，力陳時弊，略見於《宋史》本傳。而集中不録其奏疏，或避人焚草之意歟。考史稱咨夔爲嘉定二年進士。而厲鶚《宋詩紀事》據《咸淳臨安志》謂嘉定無二年牓，因斷爲元年。今考集中《題陶崇》詩卷云：「某與宗山同壬戌進士。」案嘉定以戊辰改元，其二年爲己巳。若壬戌則實嘉泰二年。史特誤「泰」爲「定」，鶚未詳考，而以咨夔爲嘉定元年進士，非也。又謝枋得《疊山集》末附録《贈行》諸詩，有洪平齋七律一首。核其時代，與咨夔殊不相及。《宋詩紀事》別出洪平齋一條，不以入咨夔條下。是則考之爲審矣。

安晚堂詩集

王圻《續文獻通考・經籍考・集上》《安晚集》六十卷。鄭清之著。鄞人。從樓昉學。嘉定中進士。理宗潛邸教授，四登相位。端平間召用正人，多清之力。

黄虞稷《千頃堂書目・別集類・補宋》鄭清之《安晚堂詩》。

倪燦等《宋史藝文志補・別集類》鄭清之《安晚堂詩》。

王士禎《漁洋書跋》《安晚集》。鄭清之《安晚集》六十卷。兹本僅古今體詩第六卷至第十二卷，殘缺多矣。

《四庫提要・別集類十五》《安晚堂詩集》七卷。編修汪如藻家藏本。宋鄭清之撰。清之初名燮，字文叔。後改今名，字德源。安晚其別號也。鄞縣人。嘉定四年進士。寶慶初以定策功，累官太傅左丞相。卒謚忠定。事蹟具《宋史》本傳。所撰《安晚集》，本六十卷，宋時刊於臨安。此本所存僅第六卷至第十二卷，但有詩而無文，較原目僅十之一。

文房四友除授集

錢謙益等《絳雲樓書目・宋文集類》《文房四友除授集》。一卷。宋鄭安晚名清之。當入雜藝類。

南湖先生集

王圻《續文獻通考・經籍考・集上》《南湖先生集》。杜燁著。

著齋類稿

楊士奇等《文淵閣書目·文集》 高定子《著齋類稿》。一部，六册。殘闕。

王圻《續文獻通考·經籍考·集上》 《存著齋文集》，高定子著。定子，蒲江人。博通六經。嘉泰初進士，累官端明殿學士兼參知政事。又著《北門類稿》。

張萱等《内閣藏書目録·集部》 《著齋類稿》六册。全。宋理宗朝臨邛高定子著。凡四十卷，闕末二卷。

黄虞稷《千頃堂書目·别集類·補宋》 高定子《著齋類稿》四十卷。邛州人，嘉泰初進士，累官端明殿學士，僉書樞密院兼參知政事。

倪燦等《宋史藝文志補·别集類》 高定子《著齋類稿》四十卷。邛州人。

玉堂類稿

錢謙益等《絳雲樓書目·宋文集類》 高定子《玉堂類稿》。

瓜廬詩

吴焯《繡谷亭薰習録·集一》 《瓜廬詩》一卷。宋永嘉薛師石景石著。

《四庫提要·别集類十五》 《瓜廬詩》一卷。編修勵守謙家藏本。宋薛師石撰。師石字景石，永嘉人。隱居不仕，築屋會昌湖西，題曰瓜廬。趙師秀詩「野水多於地，春山半是雲」之句，即爲瓜廬作也。是集卷末有王綽所作墓誌，述其始末甚詳。卷首有趙汝回序，稱其「每與四靈聚吟，獨主古淡。融狹爲廣，夷鏤爲素，神悟意到，自然清空」。

西山文集

陳振孫《直齋書録解題·别集類下》 《西山集》五十六卷。參政浦城真德秀希元撰。

馬端臨《文獻通考·經籍考·别集》 《西山集》五十六卷。

楊士奇等《文淵閣書目·文集》 《真西山文集》。一部，三十册。殘闕。《真西山文集》。一部，八册。闕。《真西山文集》。一部，七册。闕。

徐𤊹《徐氏家藏書目·文集類》 真德秀《西山集》五十六卷。

張萱等《内閣藏書目録·集部》 《西山文集》二十九册。不全。宋真悳秀著。凡五十五卷。闕十九二十卷。《西山先生文集》十九册。不全。闕四十六至四十九卷。《西山真先生文集》二册。不全。門人莆陽王邁編。

錢謙益等《絳雲樓書目·宋文集類》 《真文忠公集》。《西山集》五十六卷。

黄虞稷《千頃堂書目·别集類·補宋》 真德秀《西山文集》五十五卷。

倪燦等《宋史藝文志補·别集類》 真德秀《西山文集》五十五卷。

吴焯《繡谷亭薰習録·集一》 《西山集》五十五卷。宋真德秀著。明嘉靖閩雕莆陽黄鞏、常熟張文麟校刊。第末卷有闕文，非足本也。《文獻通考》題五十六卷，而萬曆二十六年刊本係五十五卷。金學曾序，又有西山門人莆陽王邁所編者，殊爲難購。

《四庫提要·别集類十五》 《西山文集》五十五卷。福建巡撫採進本。宋真德秀撰。德秀有《四書集編》，已著録。考《宋史》本傳，德秀有《西山甲乙稿》、《對越甲乙集》、《經筵講義》、《端平廟議》、《翰林詞草》、《四六獻忠集》、《江東救荒録》、《清源雜志》、《星沙集志》諸書。此本爲明萬曆中福建巡撫金學曾所刊，國朝浦城縣知縣王允元又補葺之。所載詩賦而外，惟《對越甲乙稿》、《經筵講義》、《翰林詞草》三種自分卷帙。其餘序記等作，但以類次，不别分名目。或即本傳所謂《西山甲乙稿》者，未可知也。他如《端平廟議》諸書，俱不編入，疑其闕佚尚多。然馬端臨《通考》所載亦作五十六卷，則此本所少僅一卷。殆宋時刊本，即未嘗以諸書編入耶。

彭元瑞等《天祿琳琅書目後編・元版集部》 西山先生《真文忠公文集》。四函四十八册。宋真德秀撰。書五十一卷。分詩、賦二卷，《對越甲稿》十卷，《對越乙稿》五卷，《經筵講義》一卷，《翰林詞草》五卷，記、碑、序、問答、講義、策、策問、説、箴、頌、銘、贊、題跋、書、啓、文辭、神道碑、墓表、墓誌銘、行狀、祝文、祭文二十八卷。無序跋。按是書明萬曆間福建巡撫金學曾重刊，國朝浦城知縣王允文補葺，皆五十五卷，此元時舊刻，祇五十一卷。

黄丕烈《百宋一廛書録》 《西山先生真文忠公集》。《西山先生真文忠公文集》五十五卷，無序，有目録，分上下二卷。

張金吾《愛日精廬藏書志・別集類》 西山先生《真文忠公文集》五十一卷。八世祖明建寧守端□公刊本。

鶴山全集

趙希弁《讀書附志・別集類三》 《鶴山先生文集》十三卷，《後集》十卷，《續集》十三卷，《別集》十一卷。右魏文靖公了翁字華父謫靖州日所作，故名《渠陽集》云。

楊士奇等《文淵閣書目・文集》 《魏鶴山文集》。一部，二十册。全。

王圻《續文獻通考・經籍考・集上》 《鶴山文集》。邛州魏了翁著。

徐𤊹《徐氏家藏書目・文集類》 魏了翁《鶴山集》一百十卷。

張萱等《内閣藏書目録・集部》 《鶴山文集》二十册。全。宋理宗朝魏文靖公了翁著。凡一百卷。

錢謙益等《絳雲樓書目・宋文集類》 《鶴山先生全集》。一百卷。魏了翁。

黄虞稷《千頃堂書目・別集類・補宋》 魏了翁《鶴山全集》一百十卷。《周禮折衷》、《師友雅言》附。

倪燦等《宋史藝文志補・別集類》 魏了翁《鶴山全集》一百十卷。

《四庫提要・別集類十五》 《鶴山全集》一百九卷。浙江鮑士恭家藏本。 宋魏了翁撰。了翁有《周易要義》，已著録。南宋之衰，學派變爲門户，詩派變爲江湖。了翁容與其間，獨以窮經學古，自爲一家。所著作詩文極富，本各自爲集。此本乃後人裒合諸本，共次爲一編。其三十五卷下題《渠陽集》，三十七卷下題《朝京集》，九十卷下題《自菴類稿》，則猶仍其舊名，刊削未盡者也。

黄丕烈《蕘圃藏書題識・集類二》 《魏鶴山集》一百二十卷。宋本。

黄丕烈《蕘圃藏書題識續録・集類上》 《魏鶴山集》一百二十卷。宋刻本。書遇原裝卷十五第二葉與卷十六第三葉誤到，今憑五柳主人攜示照宋鈔本正之。書一部，必展讀一過，必有益處，此其是也。嘉慶丙寅夏六月望後一日，蕘翁記。

黄丕烈《百宋一廛書録》 《魏鶴山集》。《鶴山先生大全集》一百十卷。目録上下兩卷，全。卷一少一葉又四行，故詩自《寄題雅州胥園》起。嘗見明嘉靖時邛州刊本竟以此題爲卷首，知亡來已久。

張金吾《愛日精廬藏書續志・別集類》 《重校鶴山先生大全文集》一百九卷。影寫明安國本。

渠陽集

楊士奇等《文淵閣書目・文集》 魏了翁《渠陽集》。一部，三册。全。

張萱等《内閣藏書目録・集部》 《渠陽集》三册。全。宋魏了翁著。凡二十二卷。謫靖州日所作，故名渠陽。

黄虞稷《千頃堂書目・別集類・補宋》 〔魏了翁〕又《渠陽集》二十二卷。

倪燦等《宋史藝文志補・別集類》 〔魏了翁〕又《渠陽集》二十二卷。

黄丕烈《蕘圃藏書題識・集類二》 魏鶴山《渠陽詩》一卷。宋本。

梅屋吟

黄虞稷《千頃堂書目・別集類・補宋》 鄒登龍《梅屋吟》一卷。字震父，臨江人。

倪燦等《宋史藝文志補・別集類》 鄒登龍《梅屋吟》一卷。字震父，臨江人。

陳洽遺稿

王圻《續文獻通考・經籍考・集上》 《陳洽遺稿》數十卷。洽字澤南，同安人。真德秀薦洽文章根義理，政事出慈祥，未召卒，官終廣州通判。

嗚和集

王圻《續文獻通考・經籍考・集上》《嗚和集》。寧德李鑑汝明著。鑑，嘉定中進士。從黄幹楊復遊，得聞敬義之旨。

花翁集

陳振孫《直齋書録解題・詩集類下》《花翁集》一卷。開封孫惟信季蕃撰。在江湖中頗有標致，多見前輩，多聞舊事，善雅談，長短句尤工。嘗有官，棄去不仕。

馬端臨《文獻通考・經籍考・詩集》《花翁集》一卷。

竹坡類稿

黄虞稷《千頃堂書目・別集類・補宋》呂午《竹坡類稿》□□卷。字伯可，歙人。官右文殿修撰，贈通奉大夫。

倪燦等《宋史藝文志補・別集類》呂午《竹坡類稿》。字伯可，歙人。

雲麓集

王圻《續文獻通考・經籍考・集上》《雲麓集》。留元剛著。元剛字潛茂，晉江人。開禧二年試博學宏詞科。早負盛名，已乃鬱鬱不適。築圃北山，號雲麓。

嘉禾百詠

《四庫提要・別集類十八》《嘉禾百詠》一卷。浙江鮑士恭家藏本。宋張堯同撰。堯同，秀水人。仕履未詳。詩中所咏會景亭，爲潘師旦所築。趙老園爲趙衮歸隱之處。核其時代，蓋寧宗以後人也。宋世文人學士，歌詠其土風之勝者，往往以誇多鬬靡爲工。如阮閱《郴江百詠》，許尚《華亭百詠》，曾極《金陵百詠》，皆以百首爲率。故堯同所咏嘉興山川古蹟，亦以百篇概之。徐碩《至元嘉禾志》，已與陸蒙老所賦《嘉禾八詠》，同採入題詠門内。後來作郡志者，亦頗散見其間，而掇拾均未全備。此乃其初出單行之本，每首之後皆有附考，不知何人所作。末有跋語，亦不載姓名年月。其詞雖不甚工，而自吴越以來，嘉興典故，頗可得其梗概。近時朱彝尊作《鴛鴦湖櫂歌》一百首，蓋即踵前例而稍變其面目者。雖彝尊詩情温麗，遠勝堯同。而堯同採掇名目，臚敘大凡，其於地志考據，要亦不爲無助矣。

篔窗集

趙希弁《讀書附志・別集類三》《篔牕先生初集》三十卷，《續集》三十八卷。右陳耆卿字壽老之文也。壽老，台之臨海人。《初集》，葉水心爲之序。吴子良併刻于江西漕司。於中沂邸牋表爲多。

楊士奇等《文淵閣書目・文集》陳耆卿《篔窗文集》。一部，五册。全。

王圻《續文獻通考・經籍考・集上》《篔窗總集》。陳耆卿著。

張萱等《内閣藏書目録・集部》《篔窗文集》五册。又五册。原置二處，俱不全，疑是一部。宋嘉定間陳耆卿著。耆卿，浙之臨海人。

黄虞稷《千頃堂書目・別集類・補宋》陳耆卿《篔窗文集》。臨海人。

倪燦等《宋史藝文志補・別集類》陳耆卿《篔窗文集》。臨海人。

《四庫提要・別集類十六》《篔窗集》十卷。《永樂大典》本。宋陳耆卿撰。耆卿有《赤城志》，已著録。【略】《讀書附志》載所著《篔窗初集》三十卷，《續集》三十八卷。《宋史・藝文志》、馬端臨《經籍考》已不著録。世亦久無傳本。今從《永樂大典》中採掇薈稡，共得文一百三十一篇，詩三十八篇，詞四篇。中如《林下偶談》所稱，《代謝希孟上錢相啓》、《游仲鴻謚議》之類，均已亡闕。蓋所存僅十之一二矣。謹釐正譌舛，録爲十卷，俾不終就湮没。其葉適、吴子良序跋及耆卿自序，仍録置前後，庶有以考見其大略焉。

橫槎宏辭所業

楊士奇等《文淵閣書目·文集》 《橫槎宏辭所業》。一部，二册。全。

梅軒集

陳振孫《直齋書録解題·別集類下》 《梅軒集》十二卷。奉化丞山陰諸葛興仁叟撰。

馬端臨《文獻通考·經籍考·別集》 《梅軒集》十二卷。

王文貫詩文

王圻《續文獻通考·經籍考·集上》 《王文貫詩文》五十卷。王宗道著。

鶴林集

王圻《續文獻通考·經籍考·集上》 《鶴林集》。吴泳著。泳，中江人。嘉定進士，歷官著作郎，屢抗疏直言，遷寶章閣學士。

張萱等《内閣藏書目録·集部》 《鶴林文集》。九册。不全。宋理宗朝潼川吴泳著。散逸。莫查卷數。

黄虞稷《千頃堂書目·別集類·補宋》 吴泳《鶴林文集》四十卷。中江人。嘉定間進士，歷官寶章閣學士，知泉州、温州。

倪燦等《宋史藝文志補·別集類》 吴泳《鶴林文集》。中江人。

《四庫提要·別集類十五》 《鶴林集》四十卷。《永樂大典》本。宋吴泳撰。泳字叔永，潼川人。嘉定元年進士。理宗朝歷官起居舍人，兼直學士院，權刑部尚書。終寶章閣學士，知泉州。事蹟具《宋史》本傳。史稱所著有《鶴林集》，而不詳卷數。《藝文志》亦不著録。惟《永樂大典》各韻中，頗散見其詩文。謹裒輯編次，釐爲四十卷。放佚之餘，篇什尚夥，亦可見其著作之富矣。

張金吾《愛日精廬藏書志·別集類》 《鶴林集》四十卷。文瀾閣傳抄本。

滄洲塵缶編

趙希弁《讀書附志·別集類三》 《滄洲先生塵缶編》三十五卷，《内外制》二十四卷。右程先生公許之文也。先生字季與，眉桂枝人。嘉定辛未進士，嘗以禮部侍郎兼侍講。聖上親御翰墨，以「桂枝永芳世家」及「南山滄洲」字賜之。臞軒王邁爲之序其集。希弁生父郴倅墓銘，先生筆也。

楊士奇等《文淵閣書目·文集》 程公許《滄洲塵缶編》。一部，八册。殘闕。

王圻《續文獻通考·經籍考·集上》 《塵缶文集》。程公許著。字季與，宣化人。嘉定中進士。應詔言事，抗直有聲，官至刑部尚書，寶章閣學士，知隆興府。

《四庫提要·別集類十五》 《滄洲塵缶編》十四卷。《永樂大典》本。宋程公許撰。公許字季與，一字希穎，敘州宣化人。舉嘉定四年進士。歷官權刑部尚書，寶章閣學士，知隆興府。事蹟具《宋史》本傳。【略】本傳稱所著有《塵缶文集》、《内外制》、《奏議》、《奉常擬謚》、《掖垣繳奏》、《金華講義進故事》行世。今皆散佚不傳。惟《永樂大典》載有公許詩文，題曰《滄洲塵缶編》。又有公許自序一篇，末署淳祐改元辛丑。蓋公許爲祕書少監時所自編也。按公許當日所論列，如《應詔言事乞留杜範》、《乞還言官》、《言蜀事十條》、《請蠲和糴》、《乞罷龔基先》、《論徐元杰事》諸疏，《宋史》皆撮其大綱，著於本傳。其全文必更剴切詳明，而詳檢《永樂大典》，均未之載。殆以《内外制》、《奏議》諸編當時皆別本單行，今惟文集僅存，故其他遂不復見。至古今體詩，據自序本以一官爲一集。而其目爲《永樂大典》所割裂，原第已無可考。雜文亦僅有序記、策問等寥寥數篇，尤非完帙。今姑就所存者裒輯掇拾，分類編次，釐爲十四卷。

滄洲文集

張萱等《内閣藏書目録・集部》《滄州程先生文集》五册。不全。端平間眉山程公許著。

黄虞稷《千頃堂書目・別集類・補宋》程公許《滄洲先生文集》□卷。敘州宣化人。嘉定中進士。累官寶章閣學士。知隆興府。

倪燦等《宋史藝文志補・別集類》程公許《滄洲文集》。敘州宣化人。

徐斯遠文集

馬端臨《文獻通考・經籍考・別集》《徐斯遠文集》。《水心集》序曰：斯遠盡平生文僅二十餘首，首輒精善，疑其親自料揀，應留者止此爾。徐觀筆墨輕重，以十一斂藏千百，雖鋪寫縱放，亦無怠惰剥落之態，逆流陡起，體勢各成，殆非料揀所能致也。

梅軒集

王圻《續文獻通考・經籍考・詩集》《梅軒集》。諸葛興詠撰。

清獻集

楊士奇等《文淵閣書目・文集》《杜清獻公文集》。一部，八册。闕。

王圻《續文獻通考・經籍考・集上》《清獻集》。杜範著。

徐𤊹《徐氏家藏書目・文集類》杜范《清獻集》十九卷。

黄虞稷《千頃堂書目・別集類・補宋》杜範《清獻集》三十卷。黄巖人。嘉定初進士，累官右丞相。

倪燦等《宋史藝文志補・別集類》杜範《清獻集》三十卷。黄巖人，右丞相。

吴焯《繡谷亭薰習録・集一》《杜清獻集》二十卷。宋中書右丞相，謚清獻。黄巖杜範成已著。集中奏劄居多。範學有源本，入相才八十日而卒。讀諸條奏，剴陳時事得失，猶覺生氣凛然。集止十九卷。以黄震戊辰修史傳、《宋史列傳》戴良齊、車若水贈詩、公《許黄中德祠堂記》、危素、朱右《書院記》、弘治中《祀典文》爲附録一卷，編于首。

《四庫提要・別集類十五》《清獻集》二十卷。編修汪如藻家藏本。宋杜範撰。範字成己，黄巖人。嘉定元年進士。淳祐中官至右丞相，清獻其謚也。事蹟具《宋史》本傳。史載範所著古律詩五卷，今此本四卷。又雜文六卷，今此本亦四卷。又奏稿十卷，今此本十卷，又多書劄一卷。又外制三卷，進故事五卷，經筵講義三卷，今此本俱不載，而有行狀、本傳、祠記等一卷，列於卷首。共爲二十卷。蓋後人重輯之本，非其舊矣。

張金吾《愛日精廬藏書續志・別集類》宋《杜清獻公集》十九卷，《別録》一卷。鈔本。

敝帚稿略

楊士奇等《文淵閣書目・文集》包宏齋《敝帚稿》。一部，五册。闕。

《四庫提要・別集類十六》《敝帚稿略》八卷。《永樂大典》本。宋包恢撰。恢字宏父，建昌人。嘉定十三年進士。歷官刑部尚書，簽書樞密院事。封南城縣侯。以資政殿學士致仕。卒贈少保，謚文肅。【略】恢平生不以文名，史傳亦絶不及其著作。惟元劉壎《隱居通議》有云「恢以學文爲時師表，平生爲人作豐碑巨刻，每下筆輒汪洋放肆，根據義理娓娓不窮。蓋其學力深厚，不可涯涘」云云。獨推重之甚至。今觀所作，大都疏通暢達，沛然有餘。其奏劄諸篇，亦剴切詳明，得敷奏之體。雖附合權姦，不免負其所學。置其人而論其文，固亦不失爲儒者之言矣。《隱居通議》又稱「恢平生最疑《周禮》，以爲非聖哲之書。遂著書剖其非，號曰《周禮六官辨》。景定壬戌，恢與劉克莊同侍緝熙殿，克莊奏之。有詔宣取，歐聖弼爲作進表。

雖所辨未當，而表則極佳」云云。此事本傳失載，而《六官辨》亦不在集中。意其有別本單行，故未經收入歟。集爲恢所自編。《宋史・藝文志》、馬氏《經籍考》皆未著録。世亦別無傳本，原目已不可考。今從《永樂大典》採掇編輯，共得文七十餘首，詩八十餘首，釐爲八卷。而以恢自識及門人鄭无妄書後附於末簡。尚略見是集之始末也。

格齋文集

張萱等《内閣藏書目録・集部》 《格齋文集》十二册。全。宋孝宗朝潼川吴□□著。即鶴林吴泳弟也。凡四十卷。

黄虞稷《千頃堂書目・別集類・補宋》 吴昌裔《格齋文集》四十卷。泳弟。舉嘉定進士，官寶章閣待制。謚忠肅。

倪燦等《宋史藝文志補・別集類》 吴昌裔《格齋文集》四十卷。泳弟。謚忠肅。

鐵菴集

徐𤊹《徐氏家藏書目・文集類》 方大琮《鐵菴集》。

黄虞稷《千頃堂書目・別集類・補宋》 方大琮《鐵庵集》四十五卷。莆田人。官集英殿修撰，知廣州。

倪燦等《宋史藝文志補・別集類》 方大琮《鐵菴集》四十五卷。莆田人。

《四庫提要・別集類十六》 《鐵菴集》三十七卷。浙江鮑士恭家藏本。宋方大琮撰。大琮字德潤，號壺山，莆田人。開禧元年省試第三人。除右正言，疏論天下大勢，復言理亂安危之要。遷起居舍人，兼實録院檢討官，奉祠去職。尋改集英殿修撰，知廣州。調知隆興。卒謚忠惠。《宋史》無傳。其事蹟略見《福建通志》中。今按周密《齊東野語》，稱閩漕方大琮與王臞軒友善，而集中亦有將鄉漕之命語，則嘗官福建轉運使。又集首原題宋寶章閣直學士，則不終於集英修撰。蓋《通志》所紀，歷官猶未備也。宋季《三朝政要》載「理宗端平二年，大琮爲右正言，上疏極論濟王之冤。侍御史蔣峴劾其鼓扇異端，與王逸、劉克莊同日去國」。蓋亦謇諤敢言之士。故其奏疏多能疏通暢達，切中時弊。經義亦頗有可觀。雖文格稍涉平衍，而要非游談無根也。原集久佚，此本乃其族孫良永、良節等蒐輯編成。蓋散亡之餘，已非全帙矣。

張金吾《愛日精廬藏書志・別集類》 《鐵菴方公文集》三十六卷。舊抄本。

壺山四六

《四庫提要・別集類十六》 《壺山四六》一卷。浙江鮑士恭家藏本。不著撰人名氏。考南宋文士號壺山者有四。其一爲宋自遜，字謙父。方回《瀛奎律髓》所謂賈似道獲楮幣二十萬以造華居者也。其一爲徐師仁，字存聖。所著有《壺山集》七十卷，見於《續文獻通考》中。其一爲黄士毅，字子洪。自莆徙吴，不忘故鄉，因號壺山。從學朱子，嘗編類其語録以行世者。其一則方大琮也。四人之中，師仁事蹟已無考。自遜爲江湖遊客，未嘗仕宦。士毅則藉承師蔭，列名道學，亦非顯官。惟大琮曾任閩漕，而此集第一首即《除福建漕謝喬平章啓》。其中所云「竟坐非宜言之誅，當伏不可赦之罪」者，亦與大琮疏論濟王被斥事蹟相符。似當爲大琮所作。第今所傳大琮《鐵菴集》，爲其族孫良永等所編，取入四六啓劄六十四首，多不與此相同。而此本所收八十餘首，其數轉浮於本集。良永等既加搜輯，不應疎脱如是，其偶未見此本耶。以其屬對親切，工於翦裁，當南宋駢體之中，尚爲佳手。疑以傳疑，姑附録於《鐵菴集》後，以備參考云爾。

南唐稿

王圻《續文獻通考・經籍考・集上》 《南唐稿》。鄒斌著。斌，臨川人。博記敏識。見陸九淵，問平日何學，以「求放心」對，一語便契合。

玉楮集

錢謙益等《絳雲樓書目・宋文集類》 岳珂《玉楮詩集》。

黄虞稷《千頃堂書目・别集類・補宋》 岳珂《玉楮詩稿》八卷。字肅之，岳飛孫。官户部侍郎，浙東總領兼制置使，嘗知嘉興府，後家焉。

倪燦等《宋史藝文志補・别集類》 岳珂《玉楮詩稿》八卷。字肅之，飛孫。

王士禎《漁洋書跋》 《玉楮集》。安丘張貞杞園，以明經需次翰林孔目。博雅好古，工篆刻，喜交遊，青州名士也。以寫本宋岳珂肅之《玉楮集》相寄。集八卷，有嘉熙庚子自序。

《四庫提要・别集類十七》 《玉楮集》八卷。浙江鮑士恭家藏本。宋岳珂撰。珂有《九經三傳沿革例》，已著録。此集凡詩三百八十五首。其編年起理宗嘉熙戊戌，迄於庚子。珂《桯史》稱，紹熙壬子年十歲，則是集其五十八歲所編。名曰《玉楮》，蓋取列子刻玉爲楮葉，三年而成之意也。

張金吾《愛日精廬藏書志・别集類》 《玉楮詩稿》八卷。舊抄本。

吴壽暘《拜經樓藏書題跋記》卷五 《玉楮集》。右刻本，八卷。先君子録抱經先生跋於前，並書後云：「右《玉楮詩稿》八卷，據岳倦翁跋，『自寫清本，凡百零七版』，今正合其數。每卷首題『十六世孫元聲等藏墨』，殆明時即依倦翁手録傳寫付梓，故版數適符，而字句間猶不免晉豕，何耶？」

棠湖詩稿

《四庫提要・别集類存目一》 《棠湖詩稿》一卷。浙江鮑士恭家藏本。書本題宋岳珂撰。珂有《金陀稡編》，已著録。兹編乃所作宫詞一百首，皆咏北宋之事。

黄丕烈《蕘圃藏書題識・集類二》 《棠湖詩藁》不分卷。毛鈔本。

棠湖宫詞

潘祖蔭《滂喜齋藏書記・集部》 影宋鈔《棠湖宫詞》不分卷。一册。汲古閣影宋鈔本。後有木圖記云「臨安府棚北大街陳宅書籍鋪印行」。所謂書棚本也，按蕘翁跋云：「何夢華示余毛氏宋本，板心第曰『棠湖一』、『棠湖二』，不標『宫詞』，疑宋刻全集中一種。」此板心添入「宫詞」字，非其舊矣。考倦翁《玉楮集》八卷，絳雲樓、述古堂皆著録。此本前有小序云：「比因棠湖綸釣之暇，成一百首，以示黍離，宗周之未忘。」則「棠湖」二字專爲宫詞而設甚明，非全集之一也。《汲古祕本書目》有宋板岳倦翁《宫詞》，與《石屏詞》、許棐《梅屋詞》合爲一函，當即蕘翁所見本。

臞軒集

楊士奇等《文淵閣書目・文集》 《王臞軒文》。一部，七册。闕。

王圻《續文獻通考・經籍考・集上》 《曜軒集》二十卷。王邁著。邁，仙游人。嘉定中進士，爲秘書正字。

《四庫提要・别集類十六》 《臞軒集》十六卷。《永樂大典》本。宋王邁撰。邁字實之，興化軍仙遊人。嘉定十年進士。調南外睦宗院教授。召試學士院，改通判漳州。應詔直言，爲臺官所劾，削二秩。淳祐中，知邵武軍，予祠。卒贈司農少卿。事蹟見《宋史》本傳。然考周密《癸辛雜識》有載邁爲正字時事，而本傳不言其爲此官。則史文亦有所闕略也。邁所著文集，《宋史・藝文志》不著録，惟明錢溥《祕閣書目》載有《臞軒集》七册，王圻《續文獻通考》亦有《臞軒集》二十卷。是明代尚有傳本。今世所存《祇臞軒四六》一卷，皆啓劄駢偶之作。蓋即從集中鈔出別行，偶然獨存者也。今以《永樂大典》所載，兼採他書所引附益之，共得文一百七十一首，詩四百四十三首，詩餘五首，釐爲一十六卷。計其篇目，約略得十之七八矣。

臞軒四六

《四庫提要・別集類存目一》 《臞軒四六》二卷。浙江鮑士恭家藏本。宋王邁撰。邁有《臞軒集》，已於《永樂大典》中裒輯成編，別著於録。此乃所作駢體凡一百五首，蓋即從原集中摘出別行者也。

藏一詩

楊士奇等《文淵閣書目・詩詞》 陳郁《藏一詩》。一部，一册。闕。

鷄肋集

王圻《續文獻通考・經籍考・集上》 《鷄肋集》。袁長吉著。長吉字叔異，崇安人。嘉定中進士，博覽善文。

鷄肋集

王圻《續文獻通考・經籍考・集上》 樂安何霖亦有《鷄肋集》。

玉溪集

王圻《續文獻通考・經籍考・集上》 《玉溪集》。玉霆著。霆，東陽人。少有奇氣。嘉定間中式舉異等，最立戰功。

蒙齋集

楊士奇等《文淵閣書目・文集》 袁廣微《蒙齋集》。一部，二十册。全。袁廣微《蒙齋集》。一部，六册。全。袁廣微《蒙齋番江集》。一部，十二册。全。

張萱等《内閣藏書目録・集部》 《蒙齋文集》十册。全。宋端平間袁燮著。《袁蒙齋集》十八册。不全。宋四明袁甫著。凡四十卷，闕。《目録》并一卷。

黄虞稷《千頃堂書目・別集類・補宋》 袁甫《蒙齋集》四十卷。四明人，嘉定中進士第一。累官吏部尚書，謚正肅。

倪燦等《宋史藝文志補・別集類》 袁甫《蒙齋集》四十卷。今十八卷。四明人，吏部尚書，謚正肅。

《四庫提要・別集類十五》 《蒙齋集》十八卷。《永樂大典》本。宋袁甫撰。甫字廣微，鄞縣人。禮部侍郎燮之子。舉嘉定七年進士第一。歷官吏部侍郎，兼國子祭酒，權兵部尚書。贈少傅，謚正肅。事蹟具《宋史》本傳。焦竑《國史經籍志》載甫《蒙齋集》四十卷。明以來傳本甚稀。近時李鄴嗣等輯《甬上耆舊詩》，蒐羅頗廣，而亦未見甫集，僅從他書摭拾編次。則其佚固已久矣。今取《永樂大典》所載者，以類排比，釐爲一十八卷。

省齋文稿

王圻《續文獻通考・經籍考・集上》 《省齋文稿》。晉江蘇思恭著。

漁墅類稿

楊士奇等《文淵閣書目・文集》 陳元晉《漁墅類稿》。一部，四册。全。

張萱等《内閣藏書目録・集部》 《漁墅稿》五册。不全。宋理宗朝寶唐陳元晉著。止存甲、乙、丙、丁、已五册。

黄虞稷《千頃堂書目・别集類・補宋》 陳元晉《溪墅類稿》十卷。一作《漁墅類稿》。寶唐人。

倪燦等《宋史藝文志補・别集類》 陳元晉《溪墅類稿》十卷。一作《漁墅類稿》，寶唐人。

《四庫提要・别集類十五》 《漁墅類稿》八卷。《永樂大典》本。宋陳元晉撰。元晉《宋史》無傳。惟《江西通志》載其字明父，崇仁人。登嘉定四年進士。初授雩都尉，遷知福州、融州。累官邕管安撫使。嘗建漁墅書院，因以名集。然考趙汸《東山存稿》有虞集行狀，稱集之祖解組過臨川，寓公陳元晉之夫人爲其女弟，因迎以歸。則元晉亦蜀人，僑居崇仁。《通志》尚考之未詳也。焦竑《經籍志》載有元晉《漁墅類稿》十卷，諸家悉不著録。今檢《永樂大典》中，尚存雜文八十餘首，各體詩一百一十餘首，謹以類編輯，釐爲八卷。

友林乙稿

趙希弁《讀書附志・别集類四》 《友林詩稿》二卷。右史彌寧安卿之詩也。集有黄景説、曾丰序。安卿，嘉定中，以國子舍生之望涖春坊事，帶閤門宣贊舍人，知邵陽。

《四庫提要・别集類十六》 《友林乙稿》一卷。浙江巡撫採進本。宋史彌寧撰。彌寧字安卿，鄞縣人。丞相浩之從子也。嘉定中以國子舍生莅春坊事，帶閤門宣贊舍人，知邵陽。《宋史》無傳，其集亦不見於《藝文志》。此本猶宋時舊刊，楷法頗爲工緻。凡録詩一百七十首，前有原序一篇，自稱其名曰域。大略謂浩帥閩時，以庠序諸生最沐稱賞。後四十年，得見彌寧於湘南，因掇拾《友林詩稿》，命工鋟之。而序末舊闕一翻，失去題署年月，不知其姓爲誰。

黄丕烈《百宋一廛書録》 《友林乙稿》。《友林乙稿》四明史彌寧著。前有序一首，其文似不全，并多描寫字。

張金吾《愛日精廬藏書志・别集類》 《友林乙藁》一卷。舊抄本。

潘祖蔭《滂喜齋藏書記・集部》 宋刻《友林乙稿》一卷。一函一册。

東齋小集

黄虞稷《千頃堂書目・别集類・補宋》 陳鑒之《東齋小集》一卷。字剛父，初名璟。三山人。

倪燦等《宋史藝文志補・别集類》 陳鑒之《東齋小集》一卷。字剛父，初名璟。三山人。

字溪集

楊士奇等《文淵閣書目・文集》 陽昌朝《字溪文集》。一部，八册。全。

張萱等《内閣藏書目録・集部》 字谿《楊先生文集》八册。宋理宗朝楊枋著。凡十卷。

黄虞稷《千頃堂書目・别集類・補宋》 陽枋《字谿陽先生文集》十二卷。字昌期，理宗時人。

倪燦等《宋史藝文志補・别集類》 陽枋《字谿陽文集》十二卷。字昌朝，理宗時人。

《四庫提要・别集類十七》 《字溪集》十一卷，附録一卷。《永樂大典》本。宋陽枋撰。枋字宗驥，初名昌朝，巴川人。居字溪小龍潭之上，因以自號。端平元年冠鄉選。淳祐四年以蜀難免入對，賜同進士出身。閫帥交辟，於昌州監酒税，於大寧爲理掾，於紹慶爲學官。晚以子炎卯貴，加朝奉大夫，致仕。年八十一卒。其行履不見於史傳。惟《文淵閣書目》載有陽《字溪集》之名，而不著卷數。黄虞稷《千頃堂書目》則稱其集爲十二卷。久無傳本。今檢勘《永樂大典》所載，裒而集之，附以其子所作年譜行狀，仍析爲十二卷。

後村先生大全集

范邦甸等《天一閣書目・别集類》 《劉後村先生大全集》一百九十六卷。緜紙藍絲闌鈔本。

黄虞稷《千頃堂書目・别集類・補宋》 劉克莊《後村居士大全集》一百九十六卷。

倪燦等《宋史藝文志補・别集類》 劉克莊《後村居士大全集》一百九十六卷。

張金吾《愛日精廬藏書志・别集類》 《後村先生大全集》一百九十六卷。抄本。從天一閣舊抄本影寫。

後村集

楊士奇等《文淵閣書目・文集》 《劉後村居士集》。一部，五册。闕。

黄虞稷《千頃堂書目・别集類・補宋》 劉克莊《後村居士集》五十卷。詩文。莆田人，以父彌正任得官。真德秀薦其文追騷雅，賜進士，官至龍圖閣直學士。

倪燦等《宋史藝文志補・别集類》 劉克莊《後村居士集》五十卷。詩文。莆田人，龍圖閣直學士。

《四庫提要・别集類十六》 《後村集》五十卷。編修汪如藻家藏本。宋劉克莊撰。克莊字潛夫，莆田人。以蔭入仕，官至龍圖閣直學士。謚文定。克莊初受業真德秀，而晚節不終。年八十，乃失身於賈似道。坊本所刻詩十六卷，詩話、詩餘各二卷。毛晉《津逮祕書》又刻其題跋二卷。而他作竝闕。此爲傳鈔足本，前有淳祐九年林希逸序。較坊刻多文集三十卷，詩話亦較多後集二卷，蓋猶從舊刻繕録云。

彭元瑞等《天禄琳琅書目後編・宋版集部》 《後村居士集》。四函，二十四册。宋劉克莊撰。克莊字潛夫，莆田人。以蔭入仕，至龍圖閣直學士，謚文定。書五十卷，前有淳祐九年林希逸序，乃其領郡時刊之郡齋者。目録分詩集二十卷，文集三十卷，爲上下。

黄丕烈《蕘圃藏書題識・集類二》 《劉後村集》五十卷。舊鈔本。

吴壽暘《拜經樓藏書題跋記》卷五 《後村集》。右五十卷。藍格鈔寫，極精。卷内朱筆評點，前有秀水朱氏潛采堂圖書印，卷首林希逸序，目録後題「迪功郎新差昭州司法參軍林秀發編次」，後有武林盧文弨手校圖記。《四庫書目》作六十卷，今此實止五十卷。

後村詩集

楊士奇等《文淵閣書目・詩詞》 《劉後村詩》。一部，五十册。殘缺。

張萱等《内閣藏書目録・集部》 《劉後村詩集》四十五册。不全。宋劉克莊著。凡二百卷。又四十四册。不全。

錢謙益等《絳雲樓書目・宋文集類》 宋板劉潛夫克莊《後村居士集》。二十卷。

黄虞稷《千頃堂書目・别集類・補宋》 劉克莊《後村居士詩集》十五卷。

倪燦等《宋史藝文志補・别集類》 劉克莊《後村居士詩集》十五卷。

黄丕烈《蕘圃藏書題識・集類二》 《後村先生詩集大全》十一卷。宋刻殘本。一函四册。

潘祖蔭《滂喜齋藏書記・集部》 宋刻殘本《後村先生詩集大全》十一卷，一函四册。宋劉克莊撰。華林劉帝與編集。《後村文集》有五十卷本，有六十卷本。天一范氏有《大全集》一百九十六卷，視墓志所稱二百卷者僅缺四卷，當爲最完之本。此本分類編集，原十五卷，又佚去自五至八四卷，據錢天樹手跋，則《大全集》之一種也。明天籟閣項氏，國朝林吉人、季振宜、席玉照、黄蕘圃、張芙川皆有藏印。第一册後有《芙初女史絶句》四首，外函簽則常熟蔣伯生筆。芙初即芙川之室，故其所用印記曰「雙芙閣」。又有桐城方若蘅題字，當時虞山閨媛多好翰墨，蔣氏刻《法苑珠林》，其後捐資姓氏一一可證也。

南岳稿

楊士奇等《文淵閣書目・詩詞》 劉克莊《南岳稿》。一部，一册。闕。

後村文集

王圻《續文獻通考・經籍考・集上》《後村文集》，劉克莊著。克莊，淳熙中進士。生有異質，日誦萬言，爲文援筆立就。爲龍圖閣直學士，真德秀以學貫古今、文追騷雅薦之。

黄虞稷《千頃堂書目・别集類・補宋》劉克莊《後村居士集》又六十卷。皆文。

倪燦等《宋史藝文志補・别集類》劉克莊《後村居士集》又六十卷，皆文。

王士禛《漁洋書跋》《劉後村集》五則。劉克莊《後村大全集》六十卷。自四十六卷以後，皆詩話、詩餘。有「晉安謝氏家藏圖書」印，謝在杭鈔本也。首有林希逸二序。

菊磵集

楊士奇等《文淵閣書目・詩詞》高九萬《菊磵集》。一部，一册。闕。

捄楮奏藁

趙希弁《讀書附志・别集類四》《捄楮奏藁》一卷。右唐璘伯玉之奏疏也，刻于江東漕司籌思堂。

瓜圃詩

黄虞稷《千頃堂書目・别集類・補宋》翁定《瓜圃詩》五卷。字應叟，福建南安人。隱士。

倪燦等《宋史藝文志補・别集類》翁定《瓜圃詩》五卷。字應叟，福建南安人。隱士。

勿齋集

范邦甸等《天一閣書目・别集類》《勿齋文集》二卷。宋楊至質撰。

《四庫提要・别集類十七》《勿齋集》二卷。編修汪如藻家藏本。宋楊至質撰。至質字休文，號勿齋，閣皁山道士。淳祐中敕賜高士，右街鑒儀，主管教門公事。是集皆四六書啓，多與一時當事酬答之作。

何先生文集

王圻《續文獻通考・經籍考・集上》《何先生文集》。何基著。

泉谷集

王圻《續文獻通考・經籍考・集上》《泉谷集》。豐城徐鹿卿著。

歷官對越集

王圻《續文獻通考・經籍考・集上》《歷官對越集》。徐鹿卿著。

清正存稿

徐𤊹《徐氏家藏書目・文集類》徐鹿卿《清正公集》。

黃虞稷《千頃堂書目・別集類・補宋》 徐鹿卿《清正公集》六卷。豐城人。嘉定中進士，官禮部右侍郎。

倪燦等《宋史藝文志補・別集類》 徐鹿卿《清正集》六卷，附録一卷。豐城人，禮部侍郎。

吴焯《繡谷亭薰習録・集一》 《徐清正存藁》六卷，《年譜附録》一卷。宋禮部侍郎，謚清正，豐城徐鹿卿德夫著。萬曆甲寅十二世孫鑒編序，而刻于閩。案：史傳鹿卿所著有《泉谷文集》、《奏議》、《講義》、《鹽楮議》、《政稿》、《歷官對越集》、手編《漢唐文類》、《文苑菁華》。

《四庫提要・別集類十六》 《清正存稿》六卷，附録一卷。浙江鮑士恭家藏本。宋徐鹿卿撰。鹿卿字德夫，號泉谷，豐城人。嘉定十六年進士。官至禮部侍郎，以華文閣待制致仕。卒謚清正。事蹟具《宋史》本傳。其所著有《泉谷文集》、《奏議》、《講議》、《鹽楮議》、《政稿》、《歷官對越集》諸書。今俱散佚。此本乃明萬曆中其十二世孫鑑巡按福建，於家乘中蒐輯刊行者也。

淮海詩集

王圻《續文獻通考・經籍考・詩集》 《淮海詩集》。元肇著。通州人。生而癡愚，號淮海。淳熙間爲人牧羊，忽吟詩曰：麥浪清如水浪，梨花白似梅花。不煖不寒天氣，半村半郭人家。後爲僧，遍遊江湖。爲詩清麗，文亦雅健。

退庵文集

王圻《續文獻通考・經籍考・集上》 《退庵文集》。吴淵著。淵，柔勝子。苦志力學。嘉定中進士，累官端明殿學士。所著又有《易解奏議》。

黃虞稷《千頃堂書目・別集類・補宋》 吴淵《退庵集》二卷。宣城人，嘉定中進士，累官參知政事，贈少師。

倪燦等《宋史藝文志補・別集類》 吴淵《退菴集》二卷。宣城人。

東野農歌集

黃虞稷《千頃堂書目・別集類・補宋》 戴昺《東埜詩集》一卷。復古從子。

倪燦等《宋史藝文志補・別集類》 戴昺《東野農歌集》五卷。復古從子。

《四庫提要・別集類十六》 《東野農歌集》五卷。浙江巡撫採進本。宋戴昺撰。昺字景明，東野其自號也。天台人。石屏居士復古之從孫。嘉定十二年登進士第，授贛州法曹參軍。其自序有效官秋浦之語，則寶祐中又嘗爲池州幕僚，不知其終於何職也。其詩世有二本。一爲兩淮所進，題曰《戴東野詩》，祇一卷，卷首又題曰《石屏詩集附録》，蓋本綴復古詩後以行者。一爲浙江所進，分爲五卷，其編次稍有條理，而詩視兩淮本較少數篇。今以浙江本爲主，據兩淮本增入詩十一首。又據《宋詩鈔》增入詩三首。凡百有餘篇。

梅屋集

黃虞稷《千頃堂書目・別集類・補宋》 〔許棐〕《融春小綴》一卷。《梅屋詩稿》一卷。又《梅屋第三稿》一卷。又《第四稿》一卷。

倪燦等《宋史藝文志補・別集類》 〔許棐〕《融春小綴》一卷。又《梅屋詩稿》一卷。又《第三稿》一卷。又《第四稿》一卷。

《四庫提要・別集類十七》 《梅屋集》五卷。編修汪如藻家藏本。宋許棐撰。棐字忱夫，海鹽人。嘉熙中居於秦溪，自號曰梅屋。因以名集。首爲《梅屋詩稿》一卷，次《融春小綴》一卷，次爲《第三稿》一卷，次爲《第四稿》一卷，次爲《雜著》一卷。蓋《梅屋詩稿》其初集，《融春小綴》其二集，故以下稱《第三稿》、《第四稿》。厲鶚《宋詩紀事》但稱其有《梅屋詩稿》、《融春小綴》，殊考之未備。觀其「趁得山間筍蕨春」一首，本在《梅屋稿》中，題曰《山間》。而鶚録此詩，改其題曰《筍蕨羹》，注曰：「出《山家清供》。」知未細檢其集矣。

獻醜集

楊士奇等《文淵閣書目・文集》 許棐《獻醜集》。一部，一册，闕。

高儒《百川書志・宋文》 《梅屋獻醜集》一卷。梅屋許棐著。并《自序》十二篇。《樵談》三十節，今另行。

徐㶿《徐氏家藏書目・文集類》 許棐《梅屋獻醜集》一卷。

錢謙益等《絳雲樓書目・宋文集類》 許棐《梅屋獻醜集》一卷。

黄虞稷《千頃堂書目・別集類・補宋》 許棐《梅屋獻醜集》一卷。字忱父。

倪燦等《宋史藝文志補・別集類》 許棐《梅屋獻醜集》一卷。字忱父。

《四庫提要・別集類存目一》 《獻醜集》一卷。浙江巡撫採進本。宋許棐撰。棐有《梅屋集》，已著録。是集前有嘉熙丁酉自序，僅短文十一篇，《樵談》三十則。載左圭《百川學海》中，似非完本。詞旨淺俗，亦無可取。

滄浪集

高儒《百川書志・宋文》 《滄浪吟》三卷，《詩話》、《逸詩文》。滄浪嚴羽儀卿著。古近體、歌行、詞操、詩餘諸作百四十首，書一。

范邦甸等《天一閣書目・總集類》 《滄浪先生吟卷》二卷。彭城清省堂刊本。宋樵川嚴羽著。

王圻《續文獻通考・經籍考・集上》 《滄浪集》。嚴羽著。羽字丹丘，邵武人。有才名。所著詩辯，議論深到。自號滄浪逋客，因以名。

徐㶿《徐氏家藏書目・文集類》 嚴羽《滄浪吟》二卷。

錢謙益等《絳雲樓書目・宋文集類》 嚴羽《滄浪吟》。

黄虞稷《千頃堂書目・別集類・補宋》 嚴羽《滄浪吟》一卷。

倪燦等《宋史藝文志補・別集類》 嚴羽《滄浪吟卷》一卷。一作集，二卷。

王士禛《漁洋書跋》 《嚴滄浪吟卷》二則。余訪《滄浪先生吟卷》積有歲年。康熙戊申，始得宋刻于亡友程太史翼蒼。

《四庫提要・別集類十六》 《滄浪集》二卷。兩淮鹽政採進本。宋嚴羽撰。羽字儀卿，一字丹邱，邵武人。自號滄浪逋客。與嚴仁、嚴參齊名，世號三嚴。今仁與參詩集無傳，惟羽集在。其《詩話》一卷，舊本別行。此本爲明正德中淮陽胡仲器所編，置之詩集之前，作第一卷。意在標明宗旨，殊乖體例。今惟以詩二卷著録《別集類》。其詩話別入《詩文評類》，以還其舊焉。

黄丕烈《蕘圃藏書題識・集類二》 《嚴滄浪先生吟卷》二卷。鈔校本。余向得《嚴滄浪先生吟卷》有二，皆樵川陳士元暘谷編次，進士黄清老子肅校正者。

吴壽暘《拜經樓藏書題跋記》卷五 《滄浪先生吟卷》。舊鈔本。《嚴滄浪集》二卷，陳士元、黄清老編校，黄公紹序。

張之洞《書目答問・別集》 《嚴滄浪集》六卷。宋嚴羽。明潘氏編刻《宋元名家詩集》本。

玉淵文藁

楊士奇等《文淵閣書目・文集》 劉子澄《玉淵文稿》。一部，三册，闕。

張萱等《内閣藏書目録・集部》 《玉淵先生文稿》三册。全。宋孝宗朝劉子澄著。

黄虞稷《千頃堂書目・別集類・補宋》 劉子澄《玉淵先生文稿》□□卷。孝宗時人。

倪燦等《宋史藝文志補・別集類》 劉子澄《玉淵文稿》。孝宗時人。

王淵集

王圻《續文獻通考・經籍考・集上》 《王淵集》。泰和劉子澄著。

雙峰文集

黄虞稷《千頃堂書目・別集類・補宋》 饒魯《雙峰文集》□卷。餘干人。從黄幹學，累薦不起，門人私謚曰文元。集皆往來問學書及講義。

倪燦等《宋史藝文志補・別集類》 饒魯《雙峰文集》。餘干人。

張氏拙軒集

楊士奇等《文淵閣書目・文集》 《張拙軒初稿》。一部，四册。全。

張萱等《内閣藏書目録・集部》 《拙軒初稿》四册。全。宋嘉定間邗城張侃著。

黄虞稷《千頃堂書目・別集類・補宋》 張侃《拙軒初稿》四卷。

倪燦等《宋史藝文志補・別集類》 張侃《拙軒初稿》四卷。

《四庫提要・別集類十七》 《張氏拙軒集》六卷。《永樂大典》本。宋張侃撰。侃字直夫。其事蹟不見於史乘。據集中自稱邗城，又稱淮海，則當爲揚州人。而自《寶祐維揚志》以下，記廣陵人物者，皆未嘗舉其姓名，獨錢溥《祕閣書目》載有《張拙軒初稿》四册。焦竑《國史經籍志》則有張侃《拙軒稿》四卷。而《宋藝文志》、《書録解題》俱無之。宋人《江湖》前後諸集，及近時選録宋詩者，亦多未之及。則其湮晦於世，蓋已久矣。今《永樂大典》各韻内，尚頗載其詩文，或題《拙軒集》，或題《拙軒初稿》。勘驗標目，與錢溥、焦竑所記竝合，當即其書。惟其人無可考見。今即集中謝樓監丞爲其父作行實一書，反覆參核，知侃即開禧中知樞密院張巖之子也。而其集久佚僅存，實爲世所未睹。謹排訂編次，釐爲六卷，俾言宋詩者猶得以知其名氏焉。

蘇臺稿

楊士奇等《文淵閣書目・詩詞》 潘紫巖《蘇臺稿》。一部，一册。完全。

梅花集句

楊士奇等《文淵閣書目・詩詞》 陳旻窩《梅花集句》。一部，三册。闕。

矩山存稿

徐𤊹《徐氏家藏書目・文集類》 徐經孫《文惠公集》。

黄虞稷《千頃堂書目・別集類・補宋》 徐經孫《文惠公集》五卷。豐城人，寶慶初進士。官翰林學士，知制誥，忤賈似道罷歸。

倪燦等《宋史藝文志補・別集類》 徐經孫《文惠集》五卷。豐城人。

《四庫提要・別集類十六》 《矩山存稿》五卷。衍聖公孔昭焕家藏本。宋徐經孫撰。經孫字仲立，初名子柔，豐城人。寶慶二年進士。授瀏陽主簿。歷官刑部侍郎，太子詹事，拜翰林學士，知制誥。以忤賈似道罷歸。閑居十年，卒贈金紫光禄大夫，謚文惠。事蹟具《宋史》本傳。經孫家在洪、撫之間，有山方正，因號曰矩山，并以名集。前後無序跋，惟附録劉克莊贈其先人文集序一篇。殆傳寫佚脱歟。

鬳齋集

楊士奇等《文淵閣書目・文集》 《林鬳齋文集》。一部，十一册。闕。

王圻《續文獻通考・經籍考・集上》 《竹溪稿》。林希逸著。

張萱等《内閣藏書目録・集部》 《竹谿鬳齋十一藁續集》，宋林希逸著。

錢謙益等《絳雲樓書目・宋文集類》 《竹溪鬳齋集》二十册。十一稿。

黄虞稷《千頃堂書目・別集類・補宋》 林希逸《竹谿鬳齋十一集》九十卷。又《續稿》三十卷。字肅翁，福清人。端平二年進士，官中書舍人。

倪燦等《宋史藝文志補・別集類》 林希逸《竹溪鬳齋十一稿》九十卷。又《續稿》三十卷。字肅翁，福清人。

《四庫提要・別集類十七》 《鬳齋續集》三十卷。江蘇巡撫採進本。宋林希逸撰。希逸有《考工記解》，已著録。《宋史・藝文志》載希逸有《鬳齋前集》六十卷。久佚不存。惟此續集謂之《竹溪十一稿》者，尚有傳本，即此三十卷也。凡詩五卷，雜著一卷，少作三卷，記二卷，序一卷，跋一卷，四六三卷，省題詩二卷，輓詩一卷，祭文一卷，墓誌二卷，行狀二卷，學記四卷。其門人福清林式之所編，共十三類。而謂之《十一稿》，不詳其故。或十中存一之意歟？

楳埜集

楊士奇等《文淵閣書目・文集》 徐元杰《楳埜文集》。一部，十册。闕。

張萱等《内閣藏書目録・集部》 《梅野先生文集》。九册。不全。宋嘉熙間□□著。先生嘗忤權臣，下獄死。

《四庫提要・别集類十七》 《楳埜集》十二卷。《永樂大典》本。宋徐元杰撰。元杰字仁伯，信州上饒人。紹定五年進士第一。累官國子祭酒，權中書舍人，拜工部侍郎。謚忠愍。事蹟具《宋史》本傳。【略】其集不載於《宋史・藝文志》。觀其子直諒跋語，乃景定二年直諒知興化州時所刊。本二十五卷，世久失傳，今從《永樂大典》中採輯編次，釐爲雜文十一卷，詩詞一卷。雖僅存十之五六，而本傳所列奏議，條目具存，尚可得其大概。

寒松閣集

《四庫提要・别集類十六》 《寒松閣集》三卷。山東巡撫採進本。宋詹初撰。初字以元，休寧人。始爲縣尉，以薦入太學爲學録。嘗上《乞辨邪正疏》，忤韓侂胄，罷歸。所居曰流塘里，故其詩文名《流塘集》。《宋史・藝文志》不載。諸家書目亦不著録。據其子陽跋，稱舊有二十一卷，後燬於火。陽於族人處乞得殘本，歸而藏之。又有其十六世孫景鳳、十七世孫璧二跋，稱嘉靖戊午，景鳳等始鋟於木。因其讀書之處，改名曰《寒松閣集》。分爲三卷。首卷《翼學》十篇，述學問大旨。又《序經》二篇，《序論語》上下篇義如《易序卦》之例。次卷爲《目録》五十五條，分上下二篇。三卷爲古今體詩四十九首，又附以往來書簡。末有宋饒魯、李士英及明嘉靖間田怡等跋。據璧跋，是集之刻共四十一版。此本版數相符，蓋從刻本影鈔也。

存齋集

王圻《續文獻通考・經籍考・集上》 《存齋集》。牟子才著。

亭山文集

王圻《續文獻通考・經籍考・集上》 《亭山文集》。李丑父著。丑父字艮翁，莆田人。端平初登第，遷諸王宫教授，坐忤丁大全奉祠。

梅花衲

黄虞稷《千頃堂書目・别集類・補宋》 李龏《梅花衲》一卷。又《翦綃集》一卷。菏澤人，字和父。二集皆集句。

倪燦等《宋史藝文志補・别集類》 李龏《梅花衲》一卷。又《剪綃集》一卷。二集皆集句。字和父，菏澤人。

翦綃集

黄虞稷《千頃堂書目・别集類・補宋》 〔李龏〕《翦綃集》一卷。

倪燦等《宋史藝文志補・别集類》 〔李龏〕《翦綃集》一卷。

《四庫提要・别集類存目一》 《翦綃集》二卷。編修汪如藻家藏本。宋李龏撰。龏字和父，號雪林，菏澤人。是編皆集唐人之句。上卷凡二十八首，惟五言律一首，餘皆古體。下卷凡九十首，則皆七言絶句。殆以艱於屬對故耶。不及石延年、王安石、孔平仲所集多矣。

吾竹詩稿

黃虞稷《千頃堂書目・別集類・補宋》 毛翊《吾竹詩稿》一卷。字元白，柯山人。

倪燦等《宋史藝文志補・別集類》 毛翊《吾竹詩稿》一卷。字元白，柯山人。

汶陽端平詩雋

黃虞稷《千頃堂書目・別集類・補宋》 周弼《端平詩雋》四卷。文璞子，字伯弜。

倪燦等《宋史藝文志補・別集類》 周弼《端平詩雋》四卷。文璞子字伯弜。此李龏所編。

《四庫提要・別集類十七》 《汶陽端平詩雋》四卷。浙江鮑士恭家藏本。宋周弼撰。弼字伯弜，汶陽人。所選《三體唐詩》，黃虞稷《千頃堂書目》載之，乃稱爲新建人。洪武間以明經官訓導。考是編前有寶祐丁巳菏澤李龏序，稱與弼同庚生，同寓里，相與論詩三十餘年，嘗手刊《端平集》十二卷行於世。又稱弼十七八時即博聞強記，侍乃翁晉仙，已好吟詠。長而四十年間宦遊吳、楚、江、漢。又稱弼名振江湖，人皆爭先求市。但卷帙中有晚學未能曉者，多恐有不行之弊。茲摘其坦然者，兼集外所得者二百餘首，目曰《端平詩雋》。

浣川集

楊士奇等《文淵閣書目・文集》 戴詡《浣川集》。一部，三册。全。

張萱等《内閣藏書目録・集部》 《浣川集》三册全。宋永嘉戴栩著。

黃虞稷《千頃堂書目・別集類・補宋》 戴栩《浣川集》十八卷。

倪燦等《宋史藝文志補・別集類》 戴栩《浣川集》十八卷。

《四庫提要・別集類十五》 《浣川集》十卷。《永樂大典》本。宋戴栩撰。栩字文子。朱彝尊《經義考》引王瓚説，作字立子，未知孰是也。永嘉人。登嘉定元年進士。爲太學博士，遷祕書郎。出知臨江軍，不赴。後復起爲湖南安撫司參議官。焦竑《國史經籍志》載所著《浣川集》十八卷。按栩有絶句云「近來萬境心如洗，笑改斜川作浣川」。蓋其罷官後所自號，因以名集也。外間久無傳本。今從《永樂大典》採掇編次，釐爲十卷。

靖逸小集

黃虞稷《千頃堂書目・別集類・補宋》 葉紹翁《靖逸小集》一卷。字嗣宗，建安人。

倪燦等《宋史藝文志補・別集類》 葉紹翁《靖逸小集》一卷。字嗣宗，建安人。

海瓊白玉蟾集

徐𤊹《徐氏家藏書目・文集類》 葛長庚《海瓊集》。

黃虞稷《千頃堂書目・別集類・補宋》 葛長庚《海瓊白玉蟾集》八卷，又《續集》四卷。閩人，一云瓊州人，居武夷。嘉定中詔徵赴闕，封紫清明道真人。

倪燦等《宋史藝文志補・別集類》 葛長庚《海瓊白玉蟾集》八卷，又《續集》四卷。閩人，一云瓊州人。

阮元《四庫未收書目提要・別集類》 重編《海瓊白玉蟾文集》六卷，《續集》二卷。

印玉蟾海瓊摘稿

彭元瑞等《天禄琳琅書目後編・明版集部》 《印玉蟾海瓊摘稿》。一函，四册。宋葛長庚撰。長庚，閩清人，後更姓名爲白玉蟾。從陳泥丸受仙訣，居武夷山，道號海瓊子。書十卷，凡詩六百十一首，詞二十四首，賦一首，序六首，文一首，記四首，論三首，説三首，書一首，告牒四首，疏七首，銘四首，贊十六首，偈四首。前有嘉靖癸巳唐胄序，稱其詩文有《松風》、《上清》、《武夷》、《指元》、《玉隆》、《問道》、《珠玉》等集。近臞仙重編并於《翰墨》、《郡志》等書中摘其切於景事者爲此集云。

雪坡小稿

黄虞稷《千頃堂書目·别集類·補宋》 羅與之《雪坡小稿》二卷。

倪燦等《宋史藝文志補·别集類》 羅與之《雪坡小稿》二卷。

可齋文集

楊士奇等《文淵閣書目·文集》 陳塏《可齋文集》。一部，八册。全。

王圻《續文獻通考·經籍考·集上》 《可齋覆瓿藁》二十卷。陳愷著。愷字子爽，嘉興人。

張萱等《内閣藏書目録·集部》 《可齋陳先生文集》七册。不全。宋孝宗朝人。莫詳其名及卷數。又《續集》□册。不全。

采芝集　續集

黄虞稷《千頃堂書目·别集類·補宋》 芳庭斯植《采芝集》一卷，又《續集》一卷。

倪燦等《宋史藝文志補·别集類》 芳庭斯植《采芝集》一卷，又《續稿》一卷。

履齋遺集

錢謙益等《絳雲樓書目·宋文集類》 吴潛《履齋遺集》。

黄虞稷《千頃堂書目·别集類·補宋》 吴潛《履齋遺集》四卷。淵弟。舉進士第一，累官右丞相，封許國公。

倪燦等《宋史藝文志補·别集類》 吴潛《履齋遺集》四卷。淵弟。

《四庫提要·别集類十六》 《履齋遺集》四卷。浙江鮑士恭家藏本。宋吴潛撰。潛字毅夫，宣州寧國人。嘉定十年進士第一。官至參知政事。右丞相，兼樞密使，進左丞相，封許國公。後謫化州團練使，安置循州卒。事蹟具《宋史》本傳。是集爲明末宣城梅鼎祚所編。凡詩一卷，詩餘一卷，雜文二卷。蓋裒輯而成，非其原本。

洞庭玉虹日邊盟鷗清江集

王圻《續文獻通考·經籍考·詩集》 《洞庭玉虹日邊盟鷗清江集》。郴雷應春著。以詩擅名，累官監察御史，首疏時相繼忤權貴，歸隱北湖。

荆溪集

王圻《續文獻通考·經籍考·集上》 《荆溪集》。吴子良著。

陽巖文集

王圻《續文獻通考·經籍考·集上》 《陽巖文集》。洪天錫著。天錫，寶慶末進士，累官端明殿學士，言動有準繩。

浩堂類稿

王圻《續文獻通考・經籍考・集上》　《浩堂類藁》。翁甫著。甫，孝宗時人。

東山集

趙希弁《讀書附志・別集類四》　《東山詩文選》十卷。右葛紹體元承之作也。家大酉、應繇爲之序，葉夢鼎跋其後，行狀、墓誌附焉。

黄虞稷《千頃堂書目・別集類・補宋》　葛紹體《東山集》十卷。

倪燦等《宋史藝文志補・別集類》　葛紹體《東山集》十卷。

《四庫提要・別集類十五》　《東山詩選》二卷。《永樂大典》本。案《東山詩選》散見《永樂大典》中，皆題葛元承撰，而不著時代爵里。今考集中《早發》詩云：「天台今日去，步步紫雲鄉。」又《新昌道中》詩云：「明朝行幾里，應近赤城西。」則當爲天台人矣。謝鐸《赤城續志》載有葛紹體字元承，家於黄巖。嘗師事永嘉葉適，得其指授。趙希弁《讀書附志》亦載有葛紹體《東山詩文選》十卷。則此集即紹體所撰，舊本偶題其字耳。惟《讀書附志》稱《詩文選》，而《永樂大典》所載乃有詩無文。或文不足録，爲編纂者所删歟？希弁又稱「家大酉應繇爲之序，葉夢鼎跋其後，及《行狀》、《墓誌》原附集中」。今竝佚不存，其事蹟則無可考見矣。

魯齋集

楊士奇等《文淵閣書目・文集》　《王魯齋集》。一部，九册。闕。

徐𤊹《徐氏家藏書目・文集類》　王柏《魯齋集》十卷。

張萱等《内閣藏書目録・集部》　《魯齋甲寅稿》四册。全。鈔本宋景定間金華王柏著。又《魯齋王文憲公甲辰稿》四册。不全。王柏著。鈔本。

黄虞稷《千頃堂書目・別集類・補宋》　王柏《魯齋甲寅稿》□□卷，又《甲辰稿》□卷，又《魯齋三稿》六十卷。金華人。謚文憲。

倪燦等《宋史藝文志補・別集類》　王柏《魯齋三稿》六十卷。

《四庫提要・別集類十七》　《魯齋集》二十卷。山東巡撫採進本。宋王柏撰。柏有《書疑》，已著録。柏好妄逞私臆，竄亂古經。《詩》三百篇，重爲删定。《書》之周誥殷盤，皆昌言排擊，無所忌憚。殊不可以爲訓。其詩文雖亦豪邁雄肆，然大旨乃一軌於理。

王文憲公集

黄虞稷《千頃堂書目・別集類・補宋》　〔王柏〕《王文憲公集》，二十卷。

倪燦等《宋史藝文志補・別集類》　〔王柏〕《文憲集》二十卷。

朱子詩指

王圻《續文獻通考・經籍考・詩集》　《朱子詩指》。王柏纂。

朝華集

王圻《續文獻通考・經籍考・集上》　《朝華集》。王柏著。

鷗渚微吟

黄虞稷《千頃堂書目・別集類・補宋》　趙崇鉘《鷗渚微吟》一卷。字元治，宋宗室。

倪燦等《宋史藝文志補・別集類》　趙崇鉘《鷗渚微吟》一卷。字元治，宗室。

雅林小稿

黃虞稷《千頃堂書目・別集類・補宋》 王琮《雅林小稿》一卷。字中玉，括蒼人。

倪燦等《宋史藝文志補・別集類》 王琮《雅林小稿》一卷。字中玉，括蒼人。

白雲稿

王圻《續文獻通考・經籍考・集中》 《白雲稿》。南豐趙崇璠著。

可齋文集

楊士奇等《文淵閣書目・文集》 李曾伯《可齋文集》。一部，十二册。全。

張萱等《内閣藏書目録・集部》 《可齋李先生文集》十二册。宋理宗朝李曾伯著。《正集》三十四卷，《續集》八卷。

黃虞稷《千頃堂書目・別集類・補宋》 李曾伯《可齋先生文集》三十四卷。又《續集》八卷。本懷州人，家於嘉禾，累官觀文殿大學士。

倪燦等《宋史藝文志補・別集類》 李曾伯《可齋文集》三十四卷。又《續集》八卷。本懷州人，家於嘉禾，觀文殿大學士。

《四庫提要・別集類十六》 《可齋雜稿》三十四卷，《續稿》八卷，《續稿後》十二卷。浙江鮑士恭家藏本。宋李曾伯撰。曾伯字長孺，覃懷人。丞相邦彦之孫。南渡後流寓嘉興。邦彦庸材具位，時有浪子之稱。【略】其《雜稿》編於淳祐壬子，《續稿》編於寶祐甲寅，《續稿後》不著年月，不知編於何時。皆有曾伯自序。其子杓，嘗彙三稿刻之荆州。湖北倉使劉甀又刻之武陵。咸淳庚午，書肆又爲小本刊行，其序即杓所作。蓋其人其文，並爲當時所重，故流傳之廣如是也。然三稿皆各自爲編，至元嘉禾志始稱爲《可齋類稿》。蓋後人合而名之，殊非宋刻之舊。今仍標三集之本名，從其朔焉。

張金吾《愛日精廬藏書續志・別集類》 《可齋雜稿》三十四卷，《續稿》八卷，《續稿後》十二卷。抄本

煮瀑庵詩

趙希弁《讀書附志・別集類四》 《煮瀑庵詩》一卷。右莆陽方左鉞武成之詩也。劉克莊所作墓誌附。

唐山存稿

王圻《續文獻通考・經籍考・集上》 《唐山存稿》。直寶章閣浮梁李雷奮著。

楊焕文集

王圻《續文獻通考・經籍考・集上》 《楊焕文集》三十卷。楊焕字元暉，浦城人。崇寧中進士，仕終知蘄州。

宦遊集

王圻《續文獻通考・經籍考・集上》 楊焕《宦遊集》十卷。

竹莊稿

黃虞稷《千頃堂書目・別集類・補宋》 胡仲參《竹莊稿》一卷。字希道，清

源人。

倪燦等《宋史藝文志補・別集類》 胡仲參《竹莊稿》一卷。字希道，清源人。

壁林文集

楊士奇等《文淵閣書目・文集》 黃應龍《壁林文集》。一部，四冊。全。

張萱等《内閣藏書目録・集部》 《壁林先生文集》四冊。宋嘉熙間黃應龍著。凡十四卷。傳琴山弟子。

黃虞稷《千頃堂書目・別集類・補宋》 黃應龍《壁林先生文集》十四卷。嘉熙間人。

倪燦等《宋史藝文志補・別集類》 黃應龍《壁林文集》十四卷。嘉熙間人。

恥堂存稿

楊士奇等《文淵閣書目・文集》 高斯得《恥堂存稿》。一部，七冊。全。

王圻《續文獻通考・經籍考・集上》 《耻堂集》。高斯得著。斯得少從李坤臣學。坤臣聱，斯得左右扶持之。紹定初進士，累官翰林學士。

張萱等《内閣藏書目録・集部》 《恥堂先生存稿》七冊。全。宋理宗朝祕監高斯得著。凡七卷。鈔本。

黃虞稷《千頃堂書目・別集類・補宋》 高斯得《恥堂先生存稿》七卷。定子從子，紹定間進士，累官翰林學士，僉書樞密院事兼參知政事。

倪燦等《宋史藝文志補・別集類》 高斯得《恥堂存稿》七卷。今八卷，定子從子。

《四庫提要・別集類十七》 《恥堂存稿》八卷。《永樂大典》本。宋高斯得撰。斯得字不妄，邛州蒲江人。紹定二年進士。李心傳辟爲史館檢閲，遷祕閣校勘。歷官端明閣學士，簽書樞密院事，兼參知政事。爲留夢炎所搆，罷官予祠。宋亡，隱居苕霅間而卒。【略】案本傳載，斯得所著有《恥堂文集》，明葉盛《菉竹堂書目》亦有《恥堂集》七册，而皆不言卷數。其後遂亡佚不傳。厲鶚撰《宋詩紀事》，亦無斯得之名。今從《永樂大典》各韻中掇拾排次，釐爲文五卷、詩三卷，用存其概。而仍以元龔璛原序冠之於前。

崇道集

王圻《續文獻通考・經籍考・集上》 《崇道集》。楊棟著。棟，紹定二年進士第一，爲宗正少卿，累官禮部尚書。棟之學本諸周程，負海内重望。

秋崖集

楊士奇等《文淵閣書目・文集》 方巨山《秋崖小稿》。一部，七冊。闕。

高儒《百川書志・啓劄》 《方秋崖小稿》一卷。

張萱等《内閣藏書目録・集部》 《秋崖方先生集》十冊。全。宋紹定間方岳著。文集四十五卷，詩集三十八卷。

錢謙益等《絳雲樓書目・宋文集類》 方岳《秋崖小品稿》。

黃虞稷《千頃堂書目・別集類・補宋》 方岳《秋崖小稿》八十三卷。文四十五卷，詩三十八卷。字巨山，祁門人。理宗朝官中祕書，出守袁州。

倪燦等《宋史藝文志補・別集類》 方岳《秋崖小稿》八十三卷。字巨山，祁門人。

吴焯《繡谷亭薰習録・集一》 《秋崖小稿》八十三卷。宋朝散大夫起知撫州歙方岳巨山著。分二编，詩三十八卷，文四十五卷。

《四庫提要・別集類十七》 《秋崖集》四十卷。浙江鮑士恭家藏本。宋方岳撰。岳字巨山，號秋崖，歙縣人。紹定五年進士。淳祐中爲趙葵參議官。移知南康軍，以杖舟卒忤荆帥賈似道。後知袁州，又忤丁大全，被劾罷歸。其集世有二本。一爲《秋崖新稿》，凡三十一卷，乃從宋寶祐五年刻本影鈔。一爲《秋崖小稿》，凡文四十五卷，詩三十八卷，乃明嘉靖中其裔孫方謙所刊。今以兩本參校，嘉靖本所載較備。然寶祐本所有而嘉靖本所無者，詩文亦尚各數十首。又有別行之本，題曰《秋崖小簡》，較之本集多書札六首。謹刪除重複，以類合編，併成一集，勒爲四十卷。

彭元瑞等《天禄琳琅書目後編・明版集部》《秋崖小稿》。二函，十册。宋方岳撰。岳字巨山，號秋崖，歙縣人。紹定五年進士。官知袁州。書八十三卷，分二集，詩集三十八卷，文集四十五卷。其集在宋時一刻於開化，再刻於建陽，三刻於竹溪書院。至明初而泯。弘治中，程敏政從中祕録出十二卷，授其九世孫國子博士舜舉。嗣是囦之知蘄州得五卷，舜明訓導江右得十卷，舜中教授江浙得十卷，舜玉客吴得十五卷，合之家藏三十一卷。嘉靖乙酉十世孫廷孚等互訂成書付刻。前有李汎序，族裔孫方謙序，後有吴焕跋。

菊山清雋集

楊士奇等《文淵閣書目・文集》鄭起《菊山清雋集》。一部，一册。闕。

錢謙益等《絳雲樓書目・宋文集類》《鄭菊山清雋集》附鄭所南《一百二十圖詩》。

黄虞稷《千頃堂書目・别集類・補宋》鄭起《菊山清雋集》一卷。鄭思肖父。

倪燦等《宋史藝文志補・别集類》鄭起《菊山清雋集》一卷，鄭思肖父。

盧柳南小簡

高儒《百川書志・咨劄》《盧柳南小簡》一卷。

趙清曠小簡

高儒《百川書志・咨劄》《趙清曠小簡》一卷。

彝齋文編

楊士奇等《文淵閣書目・文集》趙孟堅《彝齋文編》。一部，四册。全。

黄虞稷《千頃堂書目・别集類・補宋》趙孟堅《彝齋文編》四卷。海鹽人，寶慶初進士，官至太守。

倪燦等《宋史藝文志補・别集類》趙孟堅《彝齋文編》四卷。海鹽人。

《四庫提要・别集類十七》《彝齋文編》四卷。《永樂大典》本。宋趙孟堅撰。孟堅字子固，自號彝齋。太祖十一世孫。【略】其集《宋史・藝文志》不著録。惟見於明《祕閣書目》者四册。世久失傳。今從《永樂大典》摭拾補綴，釐爲四卷。大都清遠絶俗，類其爲人。剩璧零珪，風流未泯，亦足與書畫竝傳不朽云。

張金吾《愛日精廬藏書志・别集類》《彝齋文編》四卷。抄本。宋趙孟堅撰。

雪巖詩集

徐𤊹《徐氏家藏書目・文集類》宋伯仁《雪巖詩集》二卷。

黄虞稷《千頃堂書目・别集類・補宋》宋器之《雪巖詩集》一卷。字伯仁。

倪燦等《宋史藝文志補・别集類》宋器之《雪巖詩集》一卷。字伯仁。

西塍集

黄虞稷《千頃堂書目・别集類・補宋》〔宋器之〕《西塍集》一卷。

倪燦等《宋史藝文志補・别集類》〔宋器之〕《西塍集》一卷。

《四庫提要・别集類十七》《西塍集》一卷。編修汪如藻家藏本。宋宋伯仁撰。伯仁字器之，湖州人。嘉熙中爲鹽運司屬官。多與高九萬、孫季蕃唱和，亦江湖派中人也。是編卷首題《雪巖吟草》，下注《西塍集》。又寓西馬塍詩題下注云：「嘉熙丁酉五月二十一日，寓京遭熱，僑居西馬塍。」其曰西塍，蓋由於是。是《雪巖吟草》乃全集之總名，《西塍》特集中之一種。厲鶚《宋詩紀事》稱伯仁有《雪巖集》、《馬塍稿》，分爲二編，已誤。又以「西塍」爲「馬塍」，益舛其實矣。其詩有流麗之處，亦有淺率之處，大致不出四靈餘派。《自序》稱：「隨口應聲，高下精麤，狂無節制。低昂疾徐，因勢而出。雖欲強之而不可。」足知其稱意揮灑，本乏研練之功。然點綴映媚，時亦小小有致。蓋思清而才弱者也。陳起《江湖集》中已列其目，此其單行之本。今亦別著於録焉。

葦航漫遊稿

《四庫提要・別集類十八》 《葦航漫遊稿》四卷。《永樂大典》本。宋胡仲弓撰。仲弓字希聖，清源人。其生平不少概見。惟集中《一第詩》，有「衣冠新進士，湖海舊詩人」之句，知嘗登第。**【略】**《永樂大典》所載，別有《漫遊集》一書。核其體例，蓋採宋、元兩代之作彙爲總集。當時校讎未密，朱書標目，往往與此集混淆。今竝考校姓名，删除譌異。不使與此集相亂，庶幾不失其真焉。

月溪詩集

楊士奇等《文淵閣書目・詩詞》 李宣子《月谿詩》。一部，一册。完全。

張萱等《内閣藏書目録・集部》 《李月谿詩》一册。全。宋理宗朝杭州李宣子著。

黄虞稷《千頃堂書目・別集類・補宋》 李宣子《月溪詩集》七卷。杭州人。

倪燦等《宋史藝文志補・別集類》 李宣子《月溪詩集》七卷。杭州人。

天隱集

王圻《續文獻通考・經籍考・集上》 《天隱集》。繆主一著。

劉氏家言

軍機處奏《禁毀書目》 《劉氏家言》一部，三本。查《劉氏家言》，係劉思允撰。詩中語多憤激，應請銷燬。

和丸堂詩集

軍機處奏《禁毀書目》 《和丸堂詩集》一部，二本。查《和丸堂詩集》，係毛翊撰。詩中語有憤激，應請銷燬。再查此書止有卷八、卷十，尚非完本，應令該督撫查明，一併送銷。

雪窗集

黄虞稷《千頃堂書目・別集類・補宋》 孫夢觀《雪窗文集》二卷，附録一卷。慈谿人。寶慶初進士，知建寧府。

倪燦等《宋史藝文志補・別集類》 孫夢觀《雪窗文集》二卷，附録一卷。慈谿人。

《四庫提要・別集類十六》 《雪牕集》二卷，附録一卷，兩淮鹽政採進本。宋孫夢觀撰。夢觀字守叔，號雪牕，慈谿人。寶慶二年進士。官至吏部侍郎。後求外補，以集英殿修撰知建寧府。事蹟具《宋史》本傳。是編乃明嘉靖間其裔孫應奎所校刊。有劉教後序云：「集凡二卷，曰《奏議》，曰《故事》。」其誌贊誄文爲附録一卷。故事者，徵引古書於前，而附列議論於後。更番進御，因事納規。同時李曾伯集亦嘗載之。蓋當時體制如是也。其奏議自嘉熙庚子以迄寶祐丙辰，正宋政極壞之時。所言皆切直激昂，洞達時務。如謂理宗能容直言而不能用。又謂士大夫有寬厚之虚名，非國之福。尤切中宋末之弊。視當時迂腐儒生，高談三代，衣冠而拯焚溺者，固不可同日而語矣。

訥齋集

王圻《續文獻通考・經籍考・集上》 《訥齋集》。程元鳳著。元鳳，歙縣人。紹定中禮部第一，歷監察御史、右正言兼侍講，御書「清忠儒碩昭光」六字褒之。

黄虞稷《千頃堂書目・別集類・補宋》 程元鳳《訥齋集》。歙人，紹定中禮部第二人。官右丞相兼樞密使，封吉國公。贈少師，謚文清。

倪燦等《宋史藝文志補・別集類》 程元鳳《訥齋集》。歙人，吉國公，謚文清。

湯先生文集

王圻《續文獻通考・經籍考・集上》 《湯先生文集》六十卷。安仁湯漢著。

東澗集

《四庫提要・別集類存目一》 《東澗集》一卷。江西巡撫採進本。宋湯漢撰。漢字伯紀，安仁人。以薦授信州教授。度宗時，官至工部尚書。謚文清。事蹟具《宋史・儒林傳》。史稱《漢文集》六十卷。今惟所編《妙絶古今》尚有傳本，而文集則久佚。此本不知何人所輯，雜掇史傳所載奏疏七段，皆非全文。又益以《陶靖節詩注序》一篇、《重修楊龜山舊宅記》一卷、《真西山讀書記序》一篇、《石鼓書院記》一篇、《妙絶古今序》一篇、遺詩三首。附以諸家題跋及告身。其於原帙，蓋泰山一毫芒矣。

順適堂吟稿

黄虞稷《千頃堂書目・別集類・補宋》 葉茵《順適堂吟稿》五卷。字景文，吴人。

倪燦等《宋史藝文志補・別集類》 葉茵《順適堂吟稿》五卷。字景文，吴人。

夢昌陵古律二十韻

王圻《續文獻通考・經籍考・詩集》 《夢昌陵古律二十韻》。《宋史》曰：理宗改端平春三月，上齋居恭默，夜夢一真人，峨冠佩玉，略似藝祖，色黧而貌和，延帝殿上即東席，西向坐，以賓禮揖，上東向面命洋洋，俄而夢覺。越三日，宗臣善來以昌陵御容進，如夢中真人，毫髮無異。因述古律二十韻紀實，大臣請送之秘閣，刊之琬琰，從之。

文溪存稿

徐𤊹《徐氏家藏書目・文集類》 李昴英《文溪集》二十卷。

黄虞稷《千頃堂書目・別集類・補宋》 李昴英《文溪集》二十卷。字俊明，一作公昴，番禺人。寶慶初進士，累官右正言，贈吏部侍郎，謚忠簡。

倪燦等《宋史藝文志補・別集類》 李昴英《文溪集》二十卷。字俊明，番禺人。謚忠簡。

《四庫提要・別集類十七》 《文溪存稿》二十卷。兩江總督採進本。宋李昴英撰。昴英字俊明，番禺人。【略】是集爲元至元間其門人李春叟所輯，凡奏稿雜文一百二十二篇，詩詞一百二十五首。明成化中重刻，陳獻章爲之序。其文質實簡勁，如其爲人。詩間有麤俗之語，不離宋格，而骨力遒健，亦非靡靡之音。蓋言者心聲，其剛直之氣有自然不掩者矣。

庸齋集

楊士奇等《文淵閣書目・文集》 《趙庸齋紫霞洲集》。一部，一册。闕。《趙庸齋蓬萊集》。一部，三册。全。

張萱等《内閣藏書目録・集部》 《蓬萊集》三册。全。宋宗室趙汝騰著。

黃虞稷《千頃堂書目・別集類・補宋》 趙汝騰《蓬萊集》□□卷。宋宗室。居福州。寶慶初進士，累官翰林學士，知泉州。

倪燦等《宋史藝文志補・別集類》 趙汝騰《蓬萊集》宗室居福州翰林學士。

《四庫提要・別集類十七》 《庸齋集》六卷。《永樂大典》本。宋趙汝騰撰。汝騰字茂實，庸齋其自號也。太宗七世孫。居於福州。登寶慶二年進士。歷官端明殿學士，提舉佑神觀，兼翰林學士承旨。事蹟具《宋史》本傳。其集《宋史・藝文志》及諸家書目皆不著録。

橘林文集

王圻《續文獻通考・經籍考・集上》 《橘州文集》。姚希得著。希得，潼州人。嘉定進士，累官參知政事，忠貞清儉，好引用善類。

大山集

王圻《續文獻通考・經籍考・詩集》 《大山集》。新喻蕭山則著。善吟咏碑銘記序，得盤誥體。

錢大昕《補元史藝文志・別集類》 蕭山則《大山集》。新喻人。

小山集

楊士奇等《文淵閣書目・詩詞》 〔蕭泰來〕《小山集》。一部，四册。完全。

王圻《續文獻通考・經籍考・詩集》 《小山集》。蕭泰來著。即山則弟。

張萱等《内閣藏書目録・集部》 《小山大全集》五册。全。臨江蕭泰來詩。

黃虞稷《千頃堂書目・別集類・補宋》 蕭泰來《小山集》二十五卷。臨江人。

倪燦等《宋史藝文志補・別集類》 蕭泰來《小山集》二十五卷。臨江人。

錢大昕《補元史藝文志・別集類》 蕭泰來《小山集》。山則弟。

雪林删餘

黃虞稷《千頃堂書目・別集類・補宋》 張至龍《雪林删餘》一卷。

倪燦等《宋史藝文志補・別集類》 張至龍《雪林删餘》一卷。

芸隱横舟稿　芸隱倦遊稿

黃虞稷《千頃堂書目・別集類・補宋》 施樞《横舟稿》一卷。字知言，浮玉人。

倪燦等《宋史藝文志補・別集類》 施樞《横舟稿》一卷。字知言，浮玉人。

《四庫提要・別集類十七》 《芸隱横舟稿》一卷，《芸隱倦遊稿》一卷。編修汪如藻家藏本。宋施樞撰。樞字知言，芸隱其號也，丹徒人。嘉熙時嘗爲浙東轉運司幕屬，又嘗爲越州府僚。《横舟稿》首有嘉熙庚子自序一首。【略】亦屬尋常賦咏，未見有超詣之處，不知何以矜詡若是。至其他登臨酬贈之作，雖乏氣格，而神韻尚爲清婉。在江湖詩派中，固猶爲庸中佼佼矣。

蕭冰厓詩集

阮元《四庫未收書目提要・別集類》 《蕭冰厓詩集》三卷。宋蕭立之撰。立之，寧都人，字斯立，一名立等，號冰厓。登方逢辰榜進士。仕至通守，歸隱後，自放於詩，大旨宗江西派。《宋詩紀事》嘗採其詩。此三卷僅有五七言古體、五七律及七絶，乃其九世從孫敏所訪求而得者，其原跋稱，向有詩集二十六卷，然則立之詩佚者多矣。此集雖僅存什一，但明羅倫序稱其納交吴氏艸廬，見知謝氏疊山，是詩以人重，一鱗片羽，亦可珍貴云。

玉壺梅花三百詠

《宋史·藝文志·别集類》 彭克《玉壺梅花三百詠》一卷。

潘廷堅詩集古樂府

王圻《續文獻通考·經籍考·詩集》 《潘廷堅詩集古樂府》。潘牥著。字廷堅，閩縣人。端平二年對策，忤史彌遠，調鎮南軍節度推官，累遷潭州通判。

古樂府

王圻《續文獻通考·經籍考·樂律》 《古樂府》。潘昉著。昉，閩縣人。端平初進士，對制策語最直，時論韙之。

霜厓集

王圻《續文獻通考·經籍考·集上》 《霜厓集》。侯畐著。畐，樂清人。三貢于鄉，兩試轉運使皆第一，以武舉授合浦尉。

賓齋梅花詩

高儒《百川書志·别集》 《賓齋梅花詩》四卷。宋張道洽撰。五七言律、絶凡百五十八。

黄虞稷《千頃堂書目·别集類·補宋》 張道洽《實齋梅花詩》四卷。

倪燦等《宋史藝文志補·别集類》 張道洽《實齋梅花詩》四卷。

斛峰集

王圻《續文獻通考·經籍考·集上》 《斛峰集》。李伯玉著。伯玉字純甫，餘干人。端平二年進士第二，官至禮部尚書。

學吟

黄虞稷《千頃堂書目·别集類·補宋》 朱南杰《學吟》一卷。古徐人。

倪燦等《宋史藝文志補·别集類》 朱南杰《學吟》一卷。古徐人。

丹山文集

王圻《續文獻通考·經籍考·集上》 《丹山文集》。翁合著。合，崇安人。登進士第，歷官内外有聲，景定中爲侍講。

秋聲集

楊士奇等《文淵閣書目·文集》 衛宗武《秋聲集》。一部，三册。全。

《四庫提要·别集類十八》 《秋聲集》六卷。《永樂大典》本。宋衛宗武撰。宗武字淇父，自號九山，華亭人。淳祐間歷官尚書郎，出知常州。【略】然核其全集，大都氣韻沖澹，有蕭然自得之趣。蓋胸襟既别，神致自殊，吕究在《江湖》諸集上。且眷懷故國，匿跡窮居，其志節深有足取，而《宋遺民録》諸書乃竟脱漏其姓名。録存是集，以發潛德之光，亦足見聖朝表章幽隱、砥礪風教之義也。

北窗詩稿

黄虞稷《千頃堂書目·别集類·補宋》 余觀復《北窗詩稿》一卷。字中行，盱江人。

倪燦等《宋史藝文志補·别集類》 余觀復《北窗詩稿》一卷。字中行，盱江人。

雪磯叢稿

黄虞稷《千頃堂書目·别集類·補宋》 樂雷發《雪磯叢稿》五卷。春陵人，字聲遠。寶祐癸丑特科狀元，明裔孫教諭韶，户部主事宣成化中重梓。

倪燦等《宋史藝文志補·别集類》 樂雷發《雪磯叢稿》五卷。字聲遠，春陵人。

《四庫提要·别集類十七》 《雪磯叢稿》五卷。兩淮馬裕家藏本。宋樂雷發撰。雷發字聲遠，寧遠人。累舉不第。【略】其詩舊列《江湖集》中，而風骨頗遒，調亦瀏亮，實無猥雜麤俚之弊，視江湖一派迴殊。如《寄姚雪篷》、《寄許介之》、《送丁少卿》、《讀繫年録》諸篇，尚有杜牧、許渾遺意。即《秋日村落》絶句「一路稻花誰是主，紅蜻蜓伴緑螳螂」之類，雖涉纖仄，亦無俗韻也。

巽齋文集

楊士奇等《文淵閣書目·文集》 歐陽守道《巽齋文》。一部，四册。闕。

黄虞稷《千頃堂書目·别集類·補宋》 歐陽守道《巽齋集》二十三卷。廬陵人。淳祐初進士，累官崇政殿説書。

倪燦等《宋史藝文志補·别集類》 歐陽守道《巽齋集》二十三卷。廬陵人。

《四庫提要·别集類十七》 《巽齋文集》二十七卷。大學士程景伊家藏本。宋歐陽守道撰。【略】事蹟具《宋史》本傳。是編分甲、乙、丙、丁、戊五集。中如《復劉學士書》，辨李習之以守其中爲慎獨，非《中庸》本旨。《荅丁教授書》，辨劉景雲中心爲忠，如心爲恕之説，本之王安石《字説》，非六書本義。凡此之類，持論咸有根柢，非苟立異同。史稱守道少孤貧無師，自力於學。年未三十，翕然以德行爲鄉郡儒宗。蓋崛起特立，不由依託門户而來，故所見皆出自得也。

玉峰冗稿

黄虞稷《千頃堂書目·别集類·補宋》 車清臣《玉峰冗稿》十卷。字若水，黄巖人。王柏弟子。

倪燦等《宋史藝文志補·别集類》 車清臣《玉峰冗稿》十卷。字若水，黄巖人。

脚氣集

吴焯《繡谷亭薰習録·集一》 《脚氣集》一卷。宋天台車若水清臣著雜記也。從子惟一後序稱：若水晚年所作，故有絶麟之語。

潛山集

楊士奇等《文淵閣書目·詩詞》 宋僧《灊山集》。一部，一册。闕。

《四庫提要·别集類十七》 《潛山集》十二卷。《永樂大典》本。宋釋文珦撰。文珦，於潛人。其生平遊歷，略見於所作《舊遊一百十韻詩》中。大抵出家於杭州，遊於湖州，因而遊浙東至閩，由金華、嚴陵返越。又至毘陵、陽羨、金陵、淮甸而止，後仍歸杭州。遘讒下獄，久之得免。遂遯跡以終。

若存文集

王圻《續文獻通考・經籍考・集上》《若存文集》。林文之著。

西溪文集

王圻《續文獻通考・經籍考・集上》《西溪文集》八十卷。卓立著。立字志道，福清人。

皮龍榮文集

王圻《續文獻通考・經籍考・集上》《皮龍榮文集》三十卷。龍榮，醴陵人。淳祐進士，拜參知政事。嘗對言一過改一善，著百過，改百善，〔融〕理宗深嘉之。

曲轅散木集

王圻《續文獻通考・經籍考・集上》《曲轅散木集》。陳宗理著。宗理字立之，南豐人。淳祐四年進士，官參知政事。

寄懷斐稿

王圻《續文獻通考・經籍考・集上》《寄懷斐稿》。陳宗理著。

秋堂集

《四庫提要・別集類十八》《秋堂集》三卷。編修汪如藻家藏本。宋柴望撰。望有《丙丁龜鑑》，已著録。其詩有《道州台衣集》、《詠史詩》、《西涼鼓吹》諸編，俱佚不存。此本乃後人雜裒而成。詩末尚有《道州台衣集序》。其《夢傳説》以下十一絶，疑即《詠史詩》中之作也。

錢大昕《補元史藝文志・別集類》柴望《秋堂集》三卷。

文溪集

王圻《續文獻通考・經籍考・集上》《文溪集》六十五卷。陳仲微著。嘉熙進士。自號遂初老人。

雲泉詩

《四庫提要・別集類十八》《雲泉詩》一卷。編修汪如藻家藏本。宋薛嵎撰。嵎字仲止，一字賓日。永嘉人。寶祐四年進士，官長溪簿。宋承五代之後，其詩數變。一變而西崑，再變而元祐，三變而江西。江西一派，由北宋以逮南宋，其行最久。久而弊生，於是永嘉一派以晚唐體矯之，而四靈出焉。然四靈名爲晚唐，其所宗實止姚合一家，所謂「武功體」者是也。其法以新切爲宗，而寫景細瑣，邊幅太狹，遂爲宋末江湖之濫觴。葉適以鄉曲之故，初力推之，久而亦覺其偏，始稍異論。吴子良《林下偶談》述之頗悉。嵎之所作，皆出入四靈之間，不免局於門户。然尚永嘉之初派，非永嘉之末派。録之亦足備一格也。

柳塘外集

《四庫提要・別集類十八》 《柳塘外集》四卷。浙江鮑士恭家藏本。宋釋道璨撰。道璨字無文，姓陶氏，南昌人。咸淳間嘗主饒州薦福寺。所著別有《語録》，故此以《外集》爲名。釋氏以佛典爲内學，以儒書爲外學也。其詩邊幅頗狹，未能脱蔬筍之氣。而短章絶句，能善用其短者，亦時有清致。

吴壽暘《拜經樓藏書題跋記》卷五 《柳塘外集》。右舊鈔本，二卷。釋道璨撰。□師孔序。

則堂集

楊士奇等《文淵閣書目・文集》 家鉉翁《則堂文集》。一部，六册。全。

張萱等《内閣藏書目録・集部》 《則堂先生文集》六册。全。宋末家鉉翁著。名瀛洲。集凡十六卷。

黄虞稷《千頃堂書目・別集類・補宋》 家鉉翁《則堂先生文集》十六卷。眉山人。舉進士，累官僉書樞密院事。

倪燦等《宋史藝文志補・別集類》 家鉉翁《則堂文集》十六卷。眉州人。

《四庫提要・別集類十八》 《則堂集》六卷。《永樂大典》本。宋家鉉翁撰。鉉翁喜談《春秋》，尤喜談《易》。其《河閒假館詩》曰：「擬從諸君豫乞石一方，他年埋之家前三四尺。上書宋使姓某其名某，下書人是西州之西老縫掖。平生著書苦不多，可傳者見之《春秋》與《周易》。」然《春秋詳説》至今尚有刊本，已別著録。其説《易》之書與其文集二十卷，則已全佚。惟《永樂大典》收其詩文尚夥。

感興詩注

王圻《續文獻通考・經籍考・詩集》 《感興詩注》。蔡汝揆著。

黄氏文集

王圻《續文獻通考・經籍考・集上》 《黄氏文集》。黄夢炎著。

玉堂稿

王圻《續文獻通考・經籍考・集上》 《玉堂稿》。樂平禮部侍郎洪芹著。

稼村類稿

錢謙益等《絳雲樓書目・宋文集類》 《稼村類稿》。十卷。王義山。

竹所吟稿

黄虞稷《千頃堂書目・別集類・補宋》 徐集孫《竹所吟稿》一卷。字義夫，建安人。

倪燦等《宋史藝文志補・別集類》 徐集孫《竹所吟稿》一卷。字義夫，建安人。

烏山小稿

楊士奇等《文淵閣書目・文集》 方澄孫《烏山小稿》。一部，一册。闕。

黄虞稷《千頃堂書目・別集類・補元》 方澄孫《烏山小稿》□卷。莆田人，景定間知邵武軍。

倪燦等《補遼金元藝文志・別集類・補元》 方澄孫《烏山小稿》。莆田人。

錢大昕《補元史藝文志・別集類》 方澄孫《烏山小稿》。莆田人。

洞齋集

王圻《續文獻通考・經籍考・集上》 《洞齋集》。莆田方澄孫著。

和劉克莊梅花百咏

王圻《續文獻通考・經籍考・詩集》 《和劉克莊梅花百詠》一卷。莆田方澄孫著。

本堂集

王圻《續文獻通考・經籍考・集上》 《本堂集》五十九卷。陳著撰。著字子微，德剛子，別號本堂。登文天祥榜進士，咸淳中通判臨安，後隱居四明奉川。

《四庫提要・別集類十七》 《本堂集》九十四卷。浙江汪啓淑家藏本。宋陳著撰。著字子微，號本堂，鄞縣人。寶祐四年進士。官著作郎，出知嘉興府。忤賈似道，改臨安通判。是集凡詩三十四卷，詞五卷，雜文五十五卷。據其原目，尚有講義二卷。此本有録無書，蓋傳寫佚之矣。

杭山集

王圻《續文獻通考・經籍考・集上》 《杭山集》。右承相兼樞密使章鑑著。

徐氏遺稿

王圻《續文獻通考・經籍考・集上》 《徐氏遺稿》五十卷。徐霖著。

蘭皐集

黃虞稷《千頃堂書目・別集類・補宋》 吳錫疇《蘭皐詩集》二卷。新安人。

倪燦等《宋史藝文志補・別集類》 吳錫疇《蘭皐詩集》二卷。新安人。

《四庫提要・別集類十八》 《蘭皐集》二卷。浙江鮑士恭家藏本。宋吳錫疇撰。錫疇字元倫，休寧人。廣南西路安撫使儆之從孫，處士垕之子也。【略】性喜藝蘭，自號曰蘭皐子，因以名集。殆亦寓無人自芳之意。其人品心術，可謂超然流俗之外矣。集所存詩不多，然皆晚年所自刪定，簡汰頗嚴。其《題林逋墓》詩：「清風千載梅花共，説著梅花定説君」句，爲吕午所賞。《春日》詩：「燕子成家寒食雨，人如中酒落花風」句，又爲方岳所賞。竝見於方岳跋中。然集中佳句，似此者尚頗不乏，岳偶舉其一二耳。蓋其刻意清新，雖不免偶涉纖巧，而視宋季潦倒率易之作，則尚能生面別開。以繼《竹洲集》後，亦云不愧其家學矣。

東遊集

黃虞稷《千頃堂書目・別集類・補宋》 鄧道樞《東遊集》。字應叔，錦州人。住持吳文昌宮。

倪燦等《宋史藝文志補・別集類》 鄧道樞《東遊集》。字應叔，緜州人。住持吳文昌宮。

雪坡文集

楊士奇等《文淵閣書目・文集》 姚成一《雪坡文集》。一部，十一册。闕。

王圻《續文獻通考・經籍考・集上》 《雪坡集》。姚勉著。勉，高安人。少穎敏。寶祐初以詞賦擢第，廷對萬言，理宗親擢第一，尋除校書郎，兼太子舍人。

《四庫提要・別集類十七》 《雪坡文集》五十卷。浙江巡撫採進本。宋姚勉撰。勉字述之，一字成一，高安人。寶祐元年以詞賦擢第，廷對萬言策第一。除校書郎，兼太子舍人。《宋史》無傳。是集《藝文志》亦失載。此本爲其從子龍起所編。凡奏對牋策七卷、講義二卷、賦一卷、詩十一卷、雜文二十九卷。

雪坡詩集

王圻《續文獻通考・經籍考・詩集》 《雪坡詩集》。高安姚勉著。

孝詩

《四庫提要・別集類十七》 《孝詩》一卷。江蘇巡撫採進本。宋林同撰。【略】林希逸《鬳齋續集》中與其兄弟贈答詩文甚多。又有《同壬申酬倡集跋》，今皆散佚。惟此集猶傳，皆摭古今孝事，每一事爲五言絕句一首，亦間有兩事合詠一首者。凡《聖人之孝》十首，《賢者之孝》二百四十首，《仙佛之孝》十首，《異域之孝》十首，《物類之孝》十首。其間如唐李迥秀之類，本爲佞幸；寒山子煮爺煮孃之類，亦愛無差等之談，不免於駁雜。然大旨主於敦飭人倫，感發天性，未可以其詞旨陳腐棄之。況其人始以孝著，終以忠聞。雖零篇斷什，猶當珍惜，是固不僅以文章論矣。

吴壽暘《拜經樓藏書題跋記》卷五 《孝詩》。林同撰。一卷。劉克莊序。查初白先生從崑山徐氏借千頃堂鈔本傳録。

山屋集

黃虞稷《千頃堂書目・別集類・補宋》 許月卿《山屋集》。字太空，改字宋士。學者稱山屋先生。淳安人。淳祐甲辰進士，官承直郎，幹辦浙西安撫司公事。

倪燦等《宋史藝文志補・別集類》 許月卿《山屋集》。字太空，改字宋士，新安人。

蒙川遺稿

王圻《續文獻通考・經籍考・集上》 《蒙川集》。劉黼著。黼，樂清人。以太學生上書，言朝廷進退大臣當以禮，忤執政，送南安軍。

黃虞稷《千頃堂書目・別集類・補宋》 劉黼《蒙川集》□卷。樂清人。官吏部尚書。二王浮海。陳宜中迎黼共政。至羅浮以病卒。

倪燦等《宋史藝文志補・別集類》 劉黼《蒙川集》十卷。樂清人。

《四庫提要・別集類十七》 《蒙川遺稿》四卷。浙江鮑士恭家藏本。宋劉黻撰。【略】此詩文殘稿四卷，乃其弟應奎所裒集也。黻危言勁氣，屢觸權姦，當國家版蕩之時，瑣尾流離，抱節以死，忠義已足不朽。其詩亦淳古淡泊，雖限於風會，格律未純，而人品既高，神思自別。下視方回諸人，如鳳凰之翔千仞矣。惟傳鈔既久，文多譌脱，更無別本可校，爲足惜耳。卷首有應奎序，作於元大德中。又有鄭滁孫《朝陽閣記》一篇。閣爲黻山中讀書之地，黻没後，舊宅盡燬，惟是閣尚存，故應奎屬滁孫爲之記云。

問梅集

王圻《續文獻通考・經籍考・集上》 《問梅集》。劉黼著。

詩銘集

王圻《續文獻通考・經籍考・集上》 《詩銘集》。劉黼著。

江湖吟社集

王圻《續文獻通考・經籍考・詩集》 《江湖吟社集》。曾原一著。博學工詩。

真山民集

徐𤊹《徐氏家藏書目・文集類》《真山民詩》四卷。

《四庫提要・別集類十八》《真山民集》一卷。浙江巡撫採進本。宋真山民撰。山民始末不可考。宋末竄跡隱淪，以所至好題咏，因傳於世。或自呼山民，因以稱之。或云李生喬嘗歎其不愧乃祖文忠西山。考真德秀號曰西山，謚曰文忠，以是疑其姓真。或云本名桂芳，括蒼人。宋末嘗登進士。

山居稿

王圻《續文獻通考・經籍考・集上》《山居稿》。高安劉元高著。

閬風集

王圻《續文獻通考・經籍考・集上》《篆畦稿》，《蝶軒稿》，《竹梧里稿》。舒岳祥著。岳祥，天台人。以文學師表一代，奉化戴表元嘗受學焉。

張萱等《内閣藏書目録・集部》《閬風文集》五册。全。宋理宗朝天台舒岳祥著。内《三史纂言》六卷，《篆畦集》九卷，《蝶軒稿》九卷，《避地稿》十卷，《遜野稿》三卷，《閬風家録》三卷。

黄虞稷《千頃堂書目・別集類・補宋》舒岳祥《閬風集》二十卷，又《閣本閬風集》五册，又《三史纂言》六卷，又《篆畦集》九卷，又《蝶軒稿》九卷，又《避地稿》十卷，又《遜野稿》三卷，又《閬風家録》三卷。

倪燦等《宋史藝文志補・別集類》舒岳祥《閬風集》二十卷，又《三史纂言》六卷，又《篆畦集》九卷，又《蝶軒稿》九卷，又《避地稿》十卷，又《遜野稿》三卷，又《閬風家録》三卷。

《四庫提要・別集類十八》《閬風集》十二卷。《永樂大典》本。宋舒岳祥撰。岳祥字舜侯，寧海人。寶祐四年進士。官奉化尉，終承直郎。宋亡不仕，教授鄉里以終。《兩浙名賢録》載所著有《史述》、《漢砭》、《補史》、《家録》、《蓀墅稿》、《避地稿》、《篆畦稿》、《蝶軒稿》、《梧竹里稿》、《三史纂言》、《談藁藁續》、《藁殘》、《藁傳》、《藁肆》、《昔遊録》、《深衣圖説》，凡二百二十卷。今多散佚。

王同祖學詩稿

楊士奇等《文淵閣書目・詩詞》《王同祖學詩稿》。一部，一册。闕。

心泉學詩稿

楊士奇等《文淵閣書目・詩詞》《蒲心泉詩稿》。一部，一册。闕。

《四庫提要・別集類十八》《心泉學詩稿》六卷。《永樂大典》本。宋蒲壽宬撰。壽宬之名不見於史，其集亦不載於《藝文志》。惟明《文淵閣書目》載有《蒲心泉詩》一部，一册。檢《永樂大典》各韻内所録頗多，題名皆作壽宬。而淩迪知《萬姓統譜》則作壽㞼，黄仲昭《八閩通志》又作壽晟，互有同異。今案《永樂大典》，卷卷皆作「宬」字，當非偶誤。其作「晟」「㞼」字者，殆傳寫譌也。

倚梅吟稿

王圻《續文獻通考・經籍考・詩集》《倚梅吟稿[illegible]》[illegible]心漣著。字仲漣，崇安人。刻苦讀書。開慶間以父蔭當補官，辭不受。晚植梅數[illegible]名其居曰梅花莊，與弟若楸日吟咏其中。

自堂存稿

張萱等《内閣藏書目録・集部》《自堂存稿》一册。不全。豫章陳杰詩。莫詳卷數。

黄虞稷《千頃堂書目・别集類・補宋》陳杰《自堂存稿》十三卷。字壽甫，豐城人。淳熙十年方逢辰榜進士，官提刑。

倪燦等《宋史藝文志補・别集類》陳杰《自堂存稿》十三卷。今四卷。字壽甫，豐城人。

《四庫提要・别集類十八》《自堂存稿》四卷。《永樂大典》本。宋陳杰撰。厲鶚《宋詩紀事》載，杰字壽夫，分寧人。淳祐十年進士。制置司屬官。有《自堂存稿》。然鶚僅録其《題梅壇毛慶甫雲悦樓詩》一首，云出梅仙事實，則尚未見其集，故所載爵里亦不能具其始末。今從《永樂大典》裒輯遺篇，尚得四卷。

蛟峰文集　外集

高儒《百川書志・集》《蛟峰文集》七卷，《奏剳》。淳祐狀元淳安方逢辰撰。

徐𤊹《徐氏家藏書目・文集類》方逢辰《蛟峰集》八卷。

錢謙益等《絳雲樓書目・宋文集類》方逢辰《蛟峰集》八卷。《方逢辰外集》。

黄虞稷《千頃堂書目・别集類・補宋》方逢辰《蛟峰先生文集》八卷，又《外集》四卷淳安人，舉進士第一。累官兵部侍郎，國史修撰兼侍讀。

倪燦等《宋史藝文志補・别集類》方逢辰《蛟峰文集》八卷。又《外集》四卷。淳安人。

《四庫提要・别集類十八》《蛟峰文集》八卷，《外集》四卷。江蘇蔣曾瑩家藏本。宋方逢辰撰。逢辰初名夢魁，字君錫，淳安人。登淳祐十年進士第一。理宗改賜今名。官至吏部侍郎，以母憂歸。德祐初，徵拜禮部尚書。會父疾，未赴。宋亡，元世祖詔御史中丞崔彧起之於家，以疾堅辭不出。至正間修《宋史》，有司不得其事狀，故不爲立傳。惟《黄溍集》中有所作《逢辰墓表》，尚略見其始末。

孫星衍《平津館鑒藏書籍記・明版》《蛟峰集》七卷。附《山房先生遺文》一卷，《外集》四卷。蛟峰，方逢辰字。逢辰登宋淳祐十年進士，官禮部尚書。山房，則其弟逢振也。前有天順七年錢溥序，拱辰跋。嘉靖甲午胡宗明序。黑口，板每葉廿行，行廿二字。

張金吾《愛日精廬藏書志・别集類》《蛟峰集》八卷。《外集》四卷。明天順刊本。宋方逢辰撰。第八卷逢辰弟逢振撰。後附誥勅及酬贈詩文爲外集四卷。錢溥序。天順七年。

蛟峰詩

高儒《百川書志・宋詩》《蛟峰詩》。淳祐狀元淳安方逢辰撰。

栢岡文集

王圻《續文獻通考・經籍考・集上》《栢岡文集》。新昌羅大酉著。

德音類稿　集録

王圻《續文獻通考・經籍考・集上》《德音類稿》三卷，《集録》十卷。清江黄祈著。祈博學，以能賦稱。

黄清江詩稿

王圻《續文獻通考・經籍考・詩集》《黄清江詩稿》二十卷。清江黄祈著。

飲水文集

王圻《續文獻通考・經籍考・集上》《飲水文集》。王慶之著。

艮峰集

王圻《續文獻通考・經籍考・集上》《艮峰集》。蔣思庸著。

東蒙集

王圻《續文獻通考・經籍考・集上》《東蒙集》。周景辰著。

蘭谷集

王圻《續文獻通考・經籍考・集上》《蘭谷集》。葉學韻著。

平山文集

王圻《續文獻通考・經籍考・集上》《平山文集》。陳顯著。

寄菴集

王圻《續文獻通考・經籍考・集上》《寄菴集》。晉江趙鞏之著。

徐博士雜著

王圻《續文獻通考・經籍考・集上》《徐博士雜著》。武學博士徐思立著。藏于家。有詩議刊于臨江郡庠。

王子文集

王圻《續文獻通考・經籍考・集上》《王子文集》。王及著。

劉氏文集

王圻《續文獻通考・經籍考・集上》《劉氏文集》。劉觀德著。

華陽集

王圻《續文獻通考・經籍考・集上》《華陽集》。盧袁著。

玉堂集

王圻《續文獻通考・經籍考・集上》《玉堂集》。汪叔達著。叔達，黔人。嗜學至老不倦。第進士，典湖州學，累官華文閣直學士。

詹新豐文集

王圻《續文獻通考・經籍考・集上》《詹新豐文集》二十卷。詹造著。造字應之，崇安人。安貧守道，訓迪後進。爲文援筆立就，人以爲腹稿。晚爲新豐尉。

兩山塗稿

王圻《續文獻通考・經籍考・集上》《兩山塗稿》。徐汝一著。

周子文集

王圻《續文獻通考・經籍考・集上》《周子文集》。周穎著。

南明集

王圻《續文獻通考・經籍考・集上》《南明集》。吕炳南著。

林朝老遺稿

王圻《續文獻通考・經籍考・集上》《林朝老遺稿》二十卷。莆田方之太輯。之太，朝老外甥也。

樂天集

王圻《續文獻通考・經籍考・集上》《樂天集》十卷。陳英著。英字羲叟，號存齋，寧德人。博通經史，以所學淑人，執經北面者半青紫。

龍門集

王圻《續文獻通考・經籍考・集上》《龍門集》、《紀夢集》。陳寛著。寛，福清人。嘗寓龍門，有《龍門集》。後入蜀，有《紀夢集》。

紀夢集

王圻《續文獻通考・經籍考・集上》〔陳寛〕《紀夢集》。

白雲編　文集

王圻《續文獻通考・經籍考・集上》《白雲編》二十卷，《文集》十卷。陳炳著。炳，贛縣人。結廬峒山，躬耕求志，與學者琢磨俱成。

象山集

王圻《續文獻通考・經籍考・集上》《象山集》。陽從易著。從易，晉江人。第進士。好學強記。

類稿

王圻《續文獻通考・經籍考・集上》《類稿》。劉正著。

箬溪集

王圻《續文獻通考・經籍考・集上》《箬溪集》。劉正著。

遺一文

王圻《續文獻通考・經籍考・集上》《遺一文》。劉陶著。

默齋集

王圻《續文獻通考・經籍考・集上》《默齋集》。寧德陳汝玉著。

滄軒類稿

王圻《續文獻通考・經籍考・集上》《滄軒類稿》。艾謙著。

横州文集

王圻《續文獻通考・經籍考・集上》《横州文集》。陳一德著。

宋野遺民集

王圻《續文獻通考・經籍考・集上》《宋野遺民集》。練來著。

錢謙益等《絳雲樓書目・宋文集類》《宋遺民録》。重。見傳記類。

中淵文集

王圻《續文獻通考・經籍考・集上》《中淵文集》。分宜易克著。

俞咸熙文集

王圻《續文獻通考・經籍考・集上》《俞咸熙文集》十卷。咸熙，閩縣人。性尚凝簡，操履純潔，鄉邦稱爲長者。

滄浪集

王圻《續文獻通考・經籍考・詩集》《滄浪集》。光化石溁著。光化詩淡泊，時出偉麗。

龍陽十詠

王圻《續文獻通考・經籍考・詩集》《龍陽十詠》一卷。趙善齡知龍州時著。

錢塘詩前後集

《宋史・藝文志・別集類》 薛傳正《錢塘詩前後集》三十卷。

王圻《續文獻通考・經籍考・詩集》 《錢塘詩前後集》。薛傳正著。

古詩考

王圻《續文獻通考・經籍考・詩集》 《古詩考》。王景昌著。

朝陽詩集

王圻《續文獻通考・經籍考・詩集》 《朝陽詩集》。晉江陳權撰。

黄古愚箒金集

王圻《續文獻通考・經籍考・詩集》 《黄古愚箒金集》。黄館著。長谿人，號古愚。博通經史，尤長於詩。

荆南叢録

王圻《續文獻通考・經籍考・詩集》 《荆南叢録》。興化方畢著。畢爲潛江簿。詩集鄭樵爲序。

杜俣詩集

王圻《續文獻通考・經籍考・詩集》 《杜俣詩集》。杜俣著。

梅軒集

王圻《續文獻通考・經籍考・詩集》 《梅軒集》。陳從龍著。字登雲，嘉魚人。少嗜學，每夜讀書至曙，能詩。環居栽梅，倚樹而歌。

李琉詩集

王圻《續文獻通考・經籍考・詩集》 《李琉詩集》。琉字粹之，建寧人。學行爲鄉閭所推，以八行薦，未受命而卒。

克齋董正翁集

王圻《續文獻通考・經籍考・集上》 《克齋董正翁集》。董楷著。楷，臨海人。爲績溪簿，遷知洪洲，有惠政，官至吏部郎中。

碧梧玩芳集

楊士奇等《文淵閣書目・文集》 馬翔仲《碧梧玩芳集》。一部，三册。闕。

《四庫提要・別集類十八》 《碧梧玩芳集》二十四卷。《永樂大典》本。宋馬廷鸞撰。廷鸞字翔仲，樂平人。淳祐七年進士。歷官右丞相，兼樞密使。事蹟具《宋史》本傳。史稱其罷相歸後，又十七年而卒。考廷鸞之罷在度宗咸淳八年壬申，其歿當在元世祖至元二十六年己丑。今集中《老學道院記》，稱著雍困敦之歲，余年六十有七，則作是文時，去其病歿已不遠。似集爲其子端臨所編矣。

張金吾《愛日精廬藏書志・別集類》 《碧梧玩芳集》二十四卷。文瀾閣傳抄本。宋馬廷鸞撰。

蘂閣集

《四庫提要・別集類存目一》 《蘂閣集》一卷。兩淮馬裕家藏本。舊本題宋辛棄疾撰。棄疾有《美芹十論》，已著録。是編集六朝及唐人詩句爲五七言近體，平聲上下三十韻，韻爲一首。前有棄疾自序。今案《唐韻》及《宋禮部韻》皆上平二十八部，下平二十九部。至理宗末，平水劉淵始併爲上下平各十五部。

張徽集

《宋史・藝文志・別集類》 《張徽集》三卷。

北閩詩

《宋史・藝文志・別集類》 〔張徽〕《北閩詩》一卷。

四明文獻集

王士禛《漁洋書跋》 《王厚齋集》。門人陳庶常汝咸，遺其鄉前輩王厚齋《應麟文集》寫本，僅五卷，明鄭真千之所輯。厚齋，宋末大儒。常言今之習舉業者，苟沽名譽，得則一切委棄，于典章制度，漫不加省，非國家所望于通儒。乃假館閣書晝讀之。所著《深寧居士集》一百卷。《玉海》二百卷。《通鑑地理考》一百卷，《困學紀聞》、《小學紺珠》、《六經天文編》、《詩考》等又六百九十餘卷。著述之富，冠絶古今。其集顧寥寥如此，何也？

《四庫提要・別集類十八》 《四明文獻集》五卷。浙江鮑士恭家藏本。宋王應麟撰。應麟有《周易鄭氏注》，已著録。所著《深寧集》，本一百卷，然《宋志》已不著録。焦竑《國史經籍志》亦不載其名，則散佚久矣。此本乃明鄞縣鄭真陳朝輔所輯《四明文獻》之一種。故一人之作，冒總集之名也。通一百七十餘篇，制誥居十之七。

默齋稿

王圻《續文獻通考・經籍考・集上》 鄞縣王應鳳亦有《默齋稿》。

春山文集

王圻《續文獻通考・經籍考・集上》 《春山文集》，危昭德著。昭德，邵武人。寶祐進士，嘗爲崇政殿説書，以《易》、《春秋》之學衍義進講，反覆規正甚多。徐霖字景説，西安人。年十四，存心聖道，淳祐四年禮部第一，官至工部侍郎。所著亦有《春山文集》。

巽齋四六

《四庫提要・別集類存目一》 《巽齋四六》一卷。浙江鮑士恭家藏本。宋危昭德撰。昭德字子恭，昭武人。寶祐元年進士。官至權工部侍郎。事蹟具《宋史》本傳。昭德所著有《春山集》，今已久佚。此本摘録其駢體，僅四十九首，非完本也。

疊山集

王圻《續文獻通考・經籍考・集上》《疊山文集》，弋陽謝枋得著。

徐𤊹《徐氏家藏書目・文集類》謝枋得《叠山集》十六卷。

錢謙益等《絳雲樓書目・宋文集類》《謝疊山集》。十六卷。

黃虞稷《千頃堂書目・別集類・補宋》謝枋得《疊山文集》十六卷。

倪燦等《宋史藝文志補・別集類》謝枋得《疊山文集》十六卷。

《四庫提要・別集類十七》《疊山集》五卷。編修汪如藻家藏本。宋謝枋得撰。枋得事蹟具《宋史》本傳。所著《易》、《詩》、《書》三傳及《四書解》、雜著、詩文，原本六十四卷，歲久散佚。明嘉靖中，揭陽林光祖爲廣信府知府，始以黃溥所校刊行世，僅分上下二卷。萬曆中，御史吴某所輯《疊山集》，又刻之上饒。編次錯迕，未爲精審。此本乃本朝康熙中弋陽知縣譚瑄所重訂，視舊本較爲詳備。

彭元瑞等《天禄琳琅書目後編・明版集部》《疊山謝先生文集》一函，二册。宋謝枋得撰。枋得字君直，弋陽人。寶祐中進士乙科，官江東提刑、江西招諭使，知信州，與元師戰敗，變姓名隱建陽。元福建行省參政魏天祐薦不就，強之入京師，不食死。《宋史》有傳。書二卷，凡詩六十八，書十一，啓十二，婚啓二十三，劄十六，青詞一，頌一，序七，記五，墓銘一，説二，跋三，功德表疏文二十，附録胡一桂《上疊山書》，行實李源道撰《神道碑》、《宋史列傳》，李養吾《讀北行詩跋》，李仲東、周岳祭文，李奎《請褒崇忠節疏》。是本乃嘉靖中揭陽林光祖知廣信府，以黃溥所校刊行。書首餘姚王守文一序，與集不相應，蓋其意欲刻疊山批點諸書而不果行耳。

張金吾《愛日精廬藏書志・別集類》《疊山集》十六卷。明景泰刊本。

疊山成仁稿

高儒《百川書志・宋文》《疊山成仁稿》二卷。弋陽疊山先生謝枋得君直撰。

疊山成仁詩稿

高儒《百川書志・宋詩》《疊山成仁詩稿》弋山謝枋得撰。

滕元秀詩

楊士奇等《文淵閣書目・詩詞》《滕元秀詩》。一部，一册。闕。

牟氏陵陽集

楊士奇等《文淵閣書目・文集》牟巘《陵陽文集》。一部，六册。全。

張萱等《内閣藏書目録・集部》《陵陽先生文集》六册。全。宋末牟巘著。元至順間編修程端學序，凡二十四卷。

錢謙益等《絳雲樓書目・宋文集類》牟巘《陵陽先生文集》二十四卷。其先本蜀人，後徙吴興。父之才，宋贈光禄大夫，謚清忠。巘歷官大理少卿。子應龍，咸淳進士，入元除教授溧陽州。

《四庫提要・別集類十八》《牟氏陵陽集》二十四卷。浙江鮑士恭家藏本。宋牟巘撰。巘字獻之，湖州人。父子才，理宗朝官端明殿學士，禮部尚書，以剛直著名。巘亦登進士第。官至大理少卿。入元不仕，閉户三十六年。【略】是集凡詩六卷，雜文十八卷，前有至順二年程端學序。王士禎《居易録》稱其詩有坡、谷門風，雜文皆典實詳雅。今觀所作，知士禎之論不誣。牟氏本蜀之井研人，世居陵山之陽，至子才始著籍湖州。其以陵陽名集，蓋不忘本。以韓駒詩先有是名，故此集冠以牟氏，用相别焉。

張金吾《愛日精廬藏書志・別集類》《陵陽先生集》二十四卷。舊抄本。

西麓詩稿

黄虞稷《千頃堂書目・別集類・補宋》 陳允平《西麓詩稿》一卷。字君衡，明州人。淳熙中嘗爲餘杭令。

倪燦等《宋史藝文志補・別集類》 陳允平《西麓詩稿》一卷。字君衡，明州人。

蜩鳴稿

黄虞稷《千頃堂書目・別集類・補宋》 〔陳允平〕《蜩鳴稿》□卷。

倪燦等《宋史藝文志補・別集類》 〔陳允平〕《蜩鳴稿》。

蘇景暐文集

黄虞稷《千頃堂書目・別集類・補宋》 《蘇景暐文集》十二卷。永嘉人，遷丹徒。宋寶祐四年進士，入元不仕。

倪燦等《宋史藝文志補・別集類》 《蘇景暐文集》十二卷。永嘉人。

虚齋文集

王圻《續文獻通考・經籍考・集上》 《虚齋文集》。鄧林著。林字楚材，福清人。年十五，以詩義冠鄉校。朱熹吕祖謙皆與之遊。

皇荂曲

黄虞稷《千頃堂書目・別集類・補宋》 鄧林《皇荂曲》一卷。字性之，臨江人。自號四清社友。

倪燦等《宋史藝文志補・別集類》 鄧林《皇荂曲》一卷。字性之，臨江人。

鶴心集

王圻《續文獻通考・經籍考・集上》 《鶴心集》。安仁陳夲著。

潛齋文集　附鐵牛翁遺稿

黄虞稷《千頃堂書目・別集類・補宋》 何夢桂《潛齋文集》十一卷。字巖叟，初名應祈，字申甫。淳安人。咸淳中廷試一甲第三人，仕至大理寺卿，至元中累徵不起。

倪燦等《宋史藝文志補・別集類》 何夢桂《潛齋文集》十一卷。字巖叟，初名應祈，字申甫，淳安人。

《四庫提要・別集類十八》 《潛齋文集》十一卷，附《鐵牛翁遺稿》一卷。浙江鮑士恭家藏本。宋何夢桂撰。夢桂字巖叟，別號潛齋，淳安人。咸淳元年進士。官至大理寺卿。引疾去，築室小西源。元至元中，屢召不起，終於家。此集凡遺詩三卷，詞及試策一卷，雜文七卷。【略】明成化中，其八世孫淳訪得舊印本於同邑汪廷貴家，校正刊行。後其遠孫之論等又爲重刊。

梅巖文集

《四庫提要・別集類十八》 《梅巖文集》十卷。兩江總督採進本。宋胡次焱撰。次焱字濟鼎，號梅巖，晚號餘學。其始祖本唐宗室，五代時育於胡氏，因冒姓胡。婺源人。咸淳四年進士。官貴池縣尉。德祐元年，元兵至貴池，元帥張林以城降。次焱奉母遁歸，教授鄉里以終。集中有《媒婺問答》詩，所謂「井底水不波，山頭石不遷，什襲藏破鏡，他年會黄泉」者，所以自寓其志也。其詩文本未編集，故藏書家多不著録。此本乃明嘉靖中其族孫璉蒐輯而成，璉甥潘滋校刊之，竝爲之序。凡賦詩、雜文八卷，冠以《雪梅賦》，蓋著其素心。九卷以下皆附録同時贈答往來之作。目録所載，往往與集中詩文不相應，則編次之疏也。

富山嬾稿

錢大昕《補元史藝文志・別集類》 方一夔《富山嬾稿》。淳安人。

《四庫提要・別集類十八》 《富山遺稿》十卷。浙江鮑士恭家藏本。宋方夔撰。夔一名一夔，字時佐，淳安人。生於宋季，嘗從何夢桂游。屢舉不第，退居富山之麓，扁其堂曰「緑猗」，自號知非子。嘗著《漢論》十卷，《富山嬾稿》三十卷。後刊版散佚，其裔孫世德等復裒集其詩，輯爲是編。

吴壽暘《拜經樓藏書題跋記》卷五 《富山嬾稿》。舊鈔本。《富山嬾稿》十九卷。前題從曾孫方宗大編，集有周瑄、商輅二序。周序謂「曾孫宗大既嘗編次，今五世孫文傑復能珍藏校正以壽諸梓」云云。蓋是本爲重編付刊。《四庫書目》作十卷或猶是初本與。

古樓觀紫雲衍慶集

范邦甸等《天一閣書目・別集類》 《古樓觀紫雲衍慶集》二卷。刊本。句曲朱象先著。

雲林癡菴集

王圻《續文獻通考・經籍考・集上》 《雲林癡菴集》。林千之著。

南記錙林藏雲山相鋤諸編

王圻《續文獻通考・經籍考・集上》 《南記錙林藏雲山相鋤諸編》。張山翁著。山翁字君壽，景定三年進士。德祐元年爲荆湖宣撫司幹官，爲元所執，不屈，元人義之，貸不殺。後居黄鵠山，聚徒教授而終。

北遊集

黄虞稷《千頃堂書目・別集類・補宋》 汪夢斗《北遊集》二卷。字以南，績溪人。中景定漕試，爲史館編修，與葉李等論賈似道不臣誤國被譴。元至元間被薦不起。

倪燦等《宋史藝文志補・別集類》 汪夢斗《北遊集》二卷。字以南，績溪人。

《四庫提要・別集類十八》 《北遊集》一卷。安徽巡撫採進本。宋汪夢斗撰。夢斗號杏山，績溪人。景定間以明經發解，江東漕試。授承節郎，江東司制幹官。咸淳初，遷史館編校，與葉李等議，上書劾丞相賈似道。李等坐罪，夢斗亦遁歸。宋亡後，尚書謝昌言薦夢斗於元世祖，特召赴京。卒不受官，放還。是集乃其北遊紀行之作。【略】考《宋史》，似道江上肅清之奏在理宗景定元年三月乙酉之前，吴潛之罷在是年四月己酉。若如夢斗言，是於己酉之明日始以似道奏付外，則上距四月乙酉前將及一月。是時朝野方以荆、鄂爲奇功，乃捷書到禁中，一月始布於外，與情勢尤有未合。或其後人掇拾遺稿，不免以贋本竄入，未及致詳耶。又《杏山摭稿》數條，乃後人所集夢斗講學之語。原附集末，今亦仍之焉。

雲間集

黄虞稷《千頃堂書目・別集類・補宋》 汪夢斗《雲間集》 卷。

倪燦等《宋史藝文志補・別集類》 汪夢斗《雲間集》。

竹素園稿

倪燦等《宋史藝文志補・別集類》 胡三省《竹素園稿》一百卷。字身之，寧海人。寶祐進士。

四如集

范邦甸等《天一閣書目・別集類》 《黄四如先生集》刊本。宋黄仲元著。《黄四如文稿》四卷。刊本。宋莆田黄仲元著。元至治三祀前進士傅定保序。

王圻《續文獻通考・經籍考・集上》 《四如文稿》，莆田黄仲元著。仲元字善甫，始號四如先生。咸淳中登第，陸秀夫薦充益王府撰述官，除武學教諭太常博士，兼閩廣宣撫司機宜，改國子主簿，兼福建招捕司參議，皆不就。宋亡改其名字曰「淵天叟」，又改其「四如」之號，而以韻卿贅翁彦安爲稱。

錢謙益等《絳雲樓書目・宋文集類》 黄仲元《四如集》，閩人。

倪燦等《宋史藝文志補・別集類》 黄仲元《四如先生集》五卷。字淵叟，莆田人，國子監簿，入元不仕。

王士禛《漁洋書跋》 《黄四如集》。宋末文弊。莆有黄四如仲元，著文獨學《檀弓》、《公》、《穀》，可謂豪傑之士。其文多聱牙詰曲，不諧于俗。惜往往雜語録腐習，不加淘汰，故不能追樵、蛻于三百年之上。亦可惜也！

《四庫提要・別集類十八》 《四如集》五卷。兩淮馬裕家藏本。宋黄仲元撰。仲元有《四如講稿》，已著録。是集前有咸淳甲戌余謙一序，所作《夢筆記》附焉。又有至治三年傅定保序，似猶原本。然考宋濂《潛溪集》中有《仲元集序》，稱其門人詹清子類次《六經》、《四書》講義爲六卷，其子梓又分記、序、墓銘、字訓爲五卷，其曾孫至又裒其遺文爲十卷，而請濂序之。是仲元原集實合講義、雜文共爲二十一卷。今講義已別本單行，不入集内。此本止文四卷，附録一卷。與其子所輯之五卷既不相合，而其曾孫所續輯之十卷亦不在其内。是散佚之餘，重爲掇拾成帙，非其舊矣。集内諸文，皆有注釋，不著名氏，疑或即其子之所作歟。

東溪集

王圻《續文獻通考・經籍考・詩集》 《東溪集》。崇仁甘泳著。黄大山序。其詩一言而役萬景，片詞而括萬情，全體似李賀，而不涉於怪也。

佩韋齋文集

黄虞稷《千頃堂書目・別集類・補宋》 俞德鄰《佩韋先生文集》二十卷。字宗大，號太玉山人。與熊禾同舉癸酉進士。集有禾序。

倪燦等《宋史藝文志補・別集類》 俞德鄰《佩韋文集》二十卷。字宗大，玉山人。

《四庫提要・別集類十八》 《佩韋齋文集》十六卷。湖北巡撫採進本。宋俞德鄰撰。德鄰有《佩韋齋輯聞》，已著録。是集原本二十卷。凡詩七卷，雜文九卷，末即《輯聞》四卷。然考集首有皇慶壬子熊禾序，稱其平生詩文多不留稿，其子庸，裒集僅得詩文五百二十二首，釐爲一十六卷。則集與《輯聞》本各爲卷帙。此本爲後人所附綴。今仍分著於録，從其初也。

錢大昕《補元史藝文志・別集類》 俞德鄰《佩韋齋文集》十六卷。

黄丕烈《蕘圃藏書題識・集類二》 《佩韋齋集》二十卷。舊鈔本。此書鈔本《佩韋齋詩文集》并《輯聞》也。《四庫書目》及他書録皆分隸集部與雜家部，此卻是合排卷數者。

吴壽暘《拜經樓藏書題跋記》卷五 《佩韋齋集》、《佩韋齋輯聞》。舊鈔本。

《佩韋齋集》十六卷。熊禾序,《輯聞》四卷,德鄰自序。前有「海鹽夏曉峰書畫記」印,後有「聞人訥甫秘笈之印」木印。

須溪集

王圻《續文獻通考・經籍考・集上》 《須溪文集》百卷。劉辰翁著。辰翁,廬陵人。少舉進士。宋季亂,遂隱居求道。

《四庫提要・別集類十八》 《須溪集》十卷。《永樂大典》本。宋劉辰翁撰。辰翁字會孟,廬陵人。須溪其所居地名也。少補太學生。景定壬戌,廷試入丙第,以親老,請濂溪書院山長。江萬里、陳宜中薦居史館,除太學博士,皆固辭。宋亡遂不復出。**【略】**《須溪集》明人見者甚罕,即諸書亦多不載其卷數。輯敬選訂晚宋諸家之文,嘗以不得辰翁全集爲恨。聞蘭溪胡應麟遺書中有其名,往求之,卒弗能獲。蓋其散失已久。世所傳者惟《須溪記鈔》及《須溪四景詩》二種,篇什寥寥。今檢《永樂大典》所録,記、序、雜著、詩餘尚多。謹採輯裒次,釐爲十卷。其《天下同文集》及《記鈔》所載,而不見於《永樂大典》者,亦别爲鈔補,以存其概。至《四景詩》則原屬單行之本,今仍各著於録。故不復採入云。

須溪記鈔

錢謙益等《絳雲樓書目・宋文集類》 《劉須溪記鈔》。

《四庫提要・別集類存目一》 《須溪記鈔》八卷。副都御史黄登賢家藏本。宋劉辰翁撰。辰翁有《評點班馬異同》,已著録。其集本一百卷,明代已不傳。獨存記七十篇,其十八世孫棻等重刻之,即此本也。今全集於《永樂大典》中重爲裒輯,業已成帙。此殘闕之本,可無庸復録。以孤行已久,姑附存其目焉。

劉須溪翰墨

楊士奇等《文淵閣書目・文集》 《劉須溪翰墨》。一部,二册。闕。

須溪四景詩集

范邦甸等《天一閣書目・別集類》 《四景詩集》四卷。藍絲闌鈔本。宋劉辰翁著。内春景七十二首,夏景二十五首,秋景四十四首,冬景十六首。

《四庫提要・別集類十八》 《須溪四景詩集》四卷。編修汪如藻家藏本。宋劉辰翁撰。辰翁生於宋末,故是集各以四時寫景之句命題。春景凡六十三題,詩七十二首。夏景凡三十二題,詩三十五首。秋景凡四十題,詩四十四首。冬景十六題,詩如題數。所作皆氣韻生動,無堆排塗飾之習,在程試詩中,最爲高格。末附《東桂堂賦》一篇,爲劉端伯教子讀書而作。此集殆亦授劉之子,備科舉之用者歟。

弁山詩集

倪燦等《宋史藝文志補・別集類》 周密《弁山詩集》五卷。字公謹,錢塘人。寶祐間義烏令。入元不仕。

蠟屐集

倪燦等《宋史藝文志補・別集類》 周密《蠟屐集》。

仁山文集

王圻《續文獻通考・經籍考・集中》 《仁山文集》。金履祥著。

黄虞稷《千頃堂書目・別集類・補元》 金履祥《仁山文稿》。

倪燦等《補遼金元藝文志・別集類・補元》 金履祥《仁山文稿》。

《四庫提要・別集類十八》 《仁山集》六卷。浙江巡撫採進本。宋金履祥撰。

履祥有《尚書表注》，已著録。

錢大昕《補元史藝文志・別集類》 金履祥《仁山集》六卷。柳貫作《行狀》曰：《昨非存稿》、《仁山新稿》、《仁山亂稿》、《仁山噫稿》。

中齋集

黄虞稷《千頃堂書目・別集類・補宋》 鄧剡《中齋集》。字光薦，廬陵人。文文山客。景定元年進士，宋亡以節行著。

倪燦等《宋史藝文志補・別集類》 鄧剡《中齋集》。字光薦，廬陵人。

廬山集　英溪集

《四庫提要・別集類十八》 《廬山集》五卷，《英溪集》一卷。《永樂大典》本。宋董嗣杲撰。嗣杲履貫未詳。【略】其集爲諸家書目所未載。獨明焦竑《國史經籍志》有嗣杲《廬山集》，而闕著其卷數。今據《永樂大典》所録，有題《廬山集》者，又有題《英溪集》者，是嗣杲本有二集。但其名不顯，集亦久絶流傳。今觀集中多與葛秋巖唱和詩，秋巖即葛慶龍，爲宋末高尚之士，見於《鎦績霏雪録》，則嗣杲亦必勝流。又有《題周伯弜手澤》詩，推挹甚至。則其詩亦江湖集派。然吐屬新穎，無鄙俚瑣碎之態，固非江湖游士所及也。謹甄次裒輯，依仿原目，分爲《廬山集》五卷，《英溪集》一卷，著之於録。庶論宋元間詩人者猶得有所稽考。至若《富池客中諸作》，應編入《廬山集》者，《永樂大典》或標《英溪集》，當由繕寫之誤。今竝詳悉考正，俾各從其類焉。

西湖百詠

范邦甸等《天一閣書目・別集類》 《西湖百詠》二卷。刊本。宋咸祐壬申董嗣杲撰并序。

《四庫提要・別集類十八》 《西湖百詠》二卷。浙江鮑士恭家藏本。宋董嗣杲撰。附明陳贄和韻。據《西湖志》，嗣杲宋季入道孤山四聖觀，改名思學，字無益。此集當作於是時。贄字維成，餘姚人，徙於錢塘。洪武間以薦授杭州學訓導，後官至太常寺卿。其和嗣杲此集，亦當在居錢塘時。《西湖志》稱嗣杲原唱及贄所和皆九十六首，天順癸未，始以二家所作合刻，南康知府陳敏政爲之序。又載嘉靖丁酉，周藩南陵王雲樓子重刻。其序亦稱董倡居前，陳和居後，仍各九十六首，共一百九十二首。謂之「百詠」者，蓋亦極言之耳云云。此本上卷四十九題，下卷五十一題，實各足百詠之數，與《西湖志》所記不符。鮑廷博跋疑周藩翻雕之時，其底本偶有脱頁，未及深考，遂以爲原闕四首。田汝成修《西湖志》時，又僅見周藩之序，遂據以筆之於書，以志中僅載周藩序，不載陳敏政序爲證，理或然歟。

史詠集

阮元《四庫未收書目提要・別集類》 《史詠集》二卷。宋徐鈞撰。鈞字秉國，蘭谿人。與金履祥友善，履祥嘗延致以教授諸子。是編卷首載許謙序，末有張樞、黄溍及其子津後序，謙、溍並稱鈞取《通鑑》所載君相事實，人爲一詩，總一千五百三十首。此本所存僅三之一，止于唐，而不及五季，即唐以前諸詠，逸佚已多。然意存勸戒，隱發姦諛之旨，溢于言表，雖殘闕之餘，猶爲藝林所重也。

古梅吟稿

《四庫提要・別集類十八》 《古梅吟稿》六卷。編修汪如藻家藏本。宋吴龍翰撰。龍翰字式賢，歙縣人。咸淳中貢於鄉。以薦授編校國史院實録院文字。至元丙子，鄉校請充教授，尋棄去。家有老梅，因以古梅爲號。嘗爲之賦，併以名集。

甲子文集

王圻《續文獻通考・經籍考・集上》《甲子文集》五十卷。陳天瑞，公輔之後。師事金華王柏，明性理之學。宋末隱遁林壑，倣淵明詩著此集。

在軒集

《四庫提要・別集類十八》《在軒集》一卷。浙江鮑士恭家藏本。宋黄公紹撰。公紹字直翁，昭武人。宋咸淳元年進士。集中《樵川新驛記》稱至元二十有三年。是歲丙戌，上距德祐乙亥，已十年矣。記中自稱曰民，蓋入元未仕也。公紹嘗取胡安國「心要在腔子裏」語，名所居曰在軒，因以名集。然所載僅文三十九篇，詩餘二十八首。其文三十九篇之中爲儒言者六篇，而爲佛氏疏榜之語者乃三十三篇。殆原本散逸，後人掇拾遺稿，以僧徒重其筆墨，藏弆爲榮，故所收特多歟。考厲鶚《宋詩紀事》蒐採最博，而求公紹一詩不可得。僅以《西湖棹歌》十首介於詩詞之間者當之。知鶚所見亦此本，別無全集矣。公紹嘗作《古今韻會》，有名於世。然原本久已散佚。今所傳者乃熊忠舉要，已非復公紹之原本。真出公紹手者，惟此一卷耳。宋人遺集，不傳者多。公紹在當時爲耆宿，雖殘編猶可寶也。《書在軒銘後》一篇，記詞曰以下，乃其友吴昇之文。意當時手蹟，必併載於末，故其文意相屬。亦仍併録之，存其舊焉。

見山文集

王圻《續文獻通考・經籍考・集上》《見山文集》。楊文仲著。棟從子。邃于《春秋》。淳祐間入太學，兩試皆第一，寶祐中登進士，官太常丞兼崇政殿説書。

文安家集

楊士奇等《文淵閣書目・文集》余謙一《文安家集》。一部，二册。闕。

張萱等《内閣藏書目録・集部》《文安余氏家集》二册。全。宋寶祐間余謙一著。

黄虞稷《千頃堂書目・別集類・補宋》余謙一《文安余氏家集》□卷。寶祐間人。

倪燦等《宋史藝文志補・別集類》余謙一《文安家集》寶祐間人。

今是堂稿

王圻《續文獻通考・經籍考・集上》《今是堂稿》。邵囦著。

文山集

楊士奇等《文淵閣書目・文集》《文山先生文集》。一部，六册。全。《文山先生遺文》。一部，八册。殘闕。

王圻《續文獻通考・經籍考・集上》《文文山文集》，文天祥著。號文山，因以名集。

徐𤊹《徐氏家藏書目・文集類》文天祥《文山集》三十二卷。

張萱等《内閣藏書目録・集部》《文山先生文集》五册。全。宋丞相文天祥著。前集三十二卷，後集七卷。《文山先生全集》十册。全。同前人。又六册。不全。

錢謙益等《絳雲樓書目・宋文集類》《文文山先生集》三十二卷。又《後集》七卷。少保殉義之歲，元世祖至元十九年十二月也，年四十七。

黄虞稷《千頃堂書目・別集類・補宋》又《文山先生文集》三十二卷，又《後集》七卷，又《文山先生全集》二十八卷。

倪燦等《宋史藝文志補・别集類》　又《文文山集》三十二卷。又《後集》七卷，又《文山全集》二十八卷。

吴焯《繡谷亭薰習録・集一》　《文山先生全集》二十卷。宋丞相信國公吉水文天祥宋瑞著。康熙十二年吉水曾弘重刊。此本最惡陋。以嘉靖三十九年羅洪先序冠簡端。其韓雍文集序、王守仁别集序、鄢懋卿全集序並見附録中，此彙諸集編次，而于鄢本猶有闕者，何也？且諸序並録，而景泰五年吉本會稽韓陽序又失之。

《文山先生文集》十七卷，《别集》六卷。宋文山先生著。案公集元貞二年道體堂刊本係三十二卷，大德元年又刊後集七卷。此編歸併大約景泰吉本也。

《四庫提要・别集類十七》　《文山集》二十一卷。兩淮馬裕家藏本。宋文天祥撰。【略】「……生平有《文山隨筆》數十大册，常以自隨。遭難後盡失之。元貞、大德間，其鄉人搜訪，編爲《前集》三十二卷，《後集》七卷，世稱道體堂刻本。」考天祥有《文山道體堂觀大水記》，稱「自文山門入，過障東橋，爲道體堂」云云。則是堂本其里中名勝，而鄉人以爲刊版之地者也。書中原跋九條，竝詳載本事，頗可以資考證。明初其本散佚，尹鳳岐從内閣得之，重加編次爲詩文十七卷。起寶祐乙卯，迄咸淳甲戌，皆通籍後及贛州以前之作。江西副使陳价、廬陵處士張祥先後刻之。附以《指南前録》一卷，《後録》二卷，則自德祐丙子天祥奉使入元營，間道浮海，誓師閩、粵，羈留燕邸，患難中手自編定者。《吟嘯集》則當時書肆所刊行，與《指南録》頗相複出。《紀年録》一卷，亦天祥在獄時所自述，後又復集衆説以益之。惟《集杜詩》以世久單行，未經收入。今各著於録。至原本所載序記、碑銘之類，乃其家子孫所綴録，冗雜頗甚，今竝從删削焉。

彭元瑞等《天禄琳琅書目後編・明版集部》　《文山先生全集》。二函，十册。宋文天祥撰。書二十卷，凡詩詞二卷，對策、封事、内制表、牋疏、申省狀、書啓、記序、題跋、贊銘、辭説、講義、行狀、墓誌銘、祭文、祝文、上梁文、公牘文、判十卷，《指南録》一卷，《指南後録》一卷，《吟嘯集》一卷，《集杜詩》一卷，《紀年録》一卷，《拾遺》一卷，附録二卷。下及明嘉靖間人。别本有羅洪先序，乃嘉靖三十九年何遷巡撫江西檄吉安知府張元諭刻，此本佚。明司經局官書。

信國公文山傳集

吴焯《繡谷亭薰習録・集一》　《信國公文山傳集》四卷。公之孫富編次。第一卷盧陵劉岳申所撰《丞相傳》、相臺許有壬題傳序，第二卷《指南録後録》，第三卷《吟嘯集》，第四卷附録招魂、生祭、像贊、銘誄。當爲湖廣檢校官時刻，見元統元年有壬序。然「吟嘯」之名，書坊所題其實《指南别集》爾。

文天祥詩

楊士奇等《文淵閣書目・詩詞》　宋《文天祥詩》。一部，一册。闕。

文山吟嘯集

楊士奇等《文淵閣書目・詩詞》　文天祥《文山吟嘯集》。一部，一册。闕。

高儒《百川書志・宋文》　文天祥《長嘯集》一卷。

王圻《續文獻通考・經籍考・詩集》　文天祥《吟嘯集》。

指南集

高儒《百川書志・集》　《指南集》二卷，《杜詩集》一卷。文信公右丞相文天祥履善撰。廬陵人。

王圻《續文獻通考・經籍考・詩集》　《指南集》，《集杜詩》百首。吉水文天祥著。天祥作文未嘗屬草，下筆滔滔不竭，尤長于詩，有古賦比興之旨，流離中感嘆悲悼，一發于詩。在京口則有《指南集》，在燕獄則有《集杜詩百首》。

黄虞稷《千頃堂書目・别集類・補宋》　文天祥《指南前録》四卷，又《指南後録》四卷。

倪燦等《宋史藝文志補・別集類》 文天祥《指南前録》四卷，又《後録》四卷。

吴焯《繡谷亭薫習録・集一》 《指南録》一卷，《後録》三卷。宋文山先生著。德祐二年自序。是年夏五改元景炎，又爲《後序》。所録皆詩，自奉使北營及被虜逃歸轉海入閩之作，每詩之前並係小序，蓋日記也，八世孫承蔭重刊。

文山詩成仁稿

高儒《百川書志・宋詩》 《文山詩成仁稿》。文信國公右丞相文天祥撰。

文信公集杜詩

高儒《百川書志・別集》 《文山集杜詩》一卷。宋丞相文天祥集句。

王圻《續文獻通考・經籍考・詩集》 《集杜詩百首》，吉水文天祥著。

黄虞稷《千頃堂書目・別集類・補宋》 文天祥《集杜詩》。

倪燦等《宋史藝文志補・別集類》 文天祥《集杜詩》。

《四庫提要・別集類十七》 《文信公集杜詩》四卷。編修汪如藻家藏本。 一名《文山詩史》，宋文天祥撰。【略】詩凡二百篇，皆五言二韻，專集杜句而成。每篇之首，悉有標目次第，而題下敘次時事，於國家淪喪之由，生平閲歷之境，及忠臣義士之周旋患難者，一一詳誌其實。顛末粲然，不愧「詩史」之目。吴之振《宋詩選》徒以裁割巧合評之，其所見抑亦末矣。《劉定之序》稱原書序跋中有闕文，指元之君臣、宋之叛逆，闕而不書。今皆補之爲白字。又題姓某履善甫者，即《指南集》中所謂越蠡改陶朱之意。案今本序跋竝無闕字，蓋即定之所補。而履善甫上已署天祥之名，則不知何人增入。又定之稱分爲四卷，而今本止一卷，殊失原第。今仍析爲四卷，以存其舊焉。

青山稿

王圻《續文獻通考・經籍考・集上》 《趙青山文集》。廬陵趙文著。

倪燦等《宋史藝文志補・別集類》 趙文《青山稿》三十一卷。字儀可，廬陵人，入元不仕。

吴塘稿

黄虞稷《千頃堂書目・別集類・補宋》 周才《吴塘稿》。字仲美，常熟人。

倪燦等《宋史藝文志補・別集類》 周才《吴塘稿》。字仲美，常熟人。

九華詩集

《四庫提要・別集類十八》 《九華詩集》一卷。浙江鮑士恭家藏本。 宋陳巖撰。巖字清隱，青陽人。咸淳末屢舉進士不第。入元遂隱居不仕。築室於所居高陽河，日嘯歌其内。出則徧遊九華之勝，至一處則作一詩紀之，名《九華詩集》。前有至大戊申同里方時發序，稱以山之東西繪爲圖本，繡入於梓，與遠方朋友共之。詩人陳清隱吟咏有舊版，兵燬不全。此二百一十篇乃掇拾於散佚之餘者，捐帑重梓，俾詩與山相照耀於無窮。是時發本刻《九華山圖》，而以巖詩附於後。今圖佚而詩集獨存。篇數與時發序合，蓋猶原本。巖以大德三年己亥卒，而時發序作於戊申，則巖殁後之十年也。其詩皆七言絶句，凡咏名勝者二百七首，咏物産者三首。九華山自唐以李白得名，詩家多有題咏。而取泉石洞壑之勝，徧加品目，實莫備於是編。其詩亦俱蕭灑出塵，絶去畦逕，有高人逸士風格，不僅足供山志採擇而已。集後附釋希坦詩十一首，乃後人從《池州府志》録入，中有可與巖詩互證者，亦竝仍其舊存之焉。

湖山汗漫集

王圻《續文獻通考・經籍考・集上》《湖山汗漫集》。趙孟潤著。孟潤，浙人。

黄虞稷《千頃堂書目・別集類・補宋》趙孟僴《湖山汗漫集》。

倪燦等《宋史藝文志補・別集類》趙孟僴《湖山汗漫集》。

畫餅編

王圻《續文獻通考・經籍考・詩集》《畫餅編》。范師孔著。字學可，崇安人。咸淳中預薦，肄業武夷書院。此編皆其所爲詩若文也。

蠟臺稿

王圻《續文獻通考・經籍考・集上》《蠟臺稿》。汪灝著。灝字季夷，奉化黄甘里人。父懋卿與弟森卿並因宋革不仕，杜門著書。

西甌文集

王圻《續文獻通考・經籍考・集上》《西甌文集》。葉夢鱻著。

存雅堂遺稿

黄虞稷《千頃堂書目・別集類・補宋》方鳳《存雅堂集》。一名景山，字韶父，浦江人。特恩授容州文學，宋亡遂不仕。

倪燦等《宋史藝文志補・別集類》方鳳《存雅堂集》。一名景山，字韶父，浦江人。

《四庫提要・別集類十八》《存雅堂遺稿》五卷。浙江鮑士恭家藏本。宋方鳳撰。鳳字韶卿，一字景山，浦江人。試太學，舉禮部不第。後以特恩授容州文學。宋亡，遁歸，隱於仙華山。同里義烏令吴渭闢家塾敬事之。疾革，命子樗題其旌曰容州，示不忘宋也。其門人柳貫輯其遺詩三百八十篇，釐爲九卷，屬永嘉尹趙敬叔刻置縣齋，黄溍爲之序。及宋濂作鳳傳，又稱《存雅堂稿》三千餘篇。蓋據其未刻者而言，故與溍序篇數多寡不合。其後寖以散逸，遂并版本亦亡。國朝順治甲午，其里人張燧乃博蒐諸書，掇拾殘剩，裒爲此編。凡詩七十三首，文十二首，《金華洞天行紀》一篇，附以鳳子樗、梓詩十六首，文五首。【略】原本尚有《物異考》一卷，《月泉吟社詩》二卷，外篇詩文二卷。今案《物異考》出自《唐宋遺書》，寥寥數則，無資考證。《月泉吟社詩》已有別本自行。至《外篇》所輯他人贈答之作，并《謝翱傳》、《吴萊碑》而録之，尤爲汎濫。今竝從刪削焉。

方韶卿集

《四庫提要・別集類存目一》《方韶卿集》一卷。江蘇巡撫採進本。舊本題宋方鳳撰。鳳有全集，已著録。此集前有曹溶圖記，蓋其家藏鈔本。然前半卷全採《宋遺民録》。後半卷《錢塘》詩以下，則皆汪元量作。蓋書賈僞鈔以射利，溶不辨而收之也。

百正集

《四庫提要・別集類十八》《百正集》三卷。《永樂大典》本。宋連文鳳撰。文鳳字百正，號應山。三山人。仕履未詳。【略】《文淵閣書目》載連百正《丙子稿》一部，一册。久無傳本。《永樂大典》所載，但題曰《連百正集》，當即其本。今裒輯排比，編爲三卷。又賦三首，序二首，記二首，説一首，傳一首，亦散見《永樂大典》中。

文格雅潔，亦不失前民矩矱。其《冰壺先生傳》一首，雖以文爲戲，然毛穎、羅文諸傳載之韓、蘇集中，古有是例。今竝附綴卷末，以存其梗概焉。

厚倫詩

王圻《續文獻通考・經籍考・詩集》《厚倫詩》一卷。鄭撲翁著。

黄虞稷《千頃堂書目・別集類・補宋》鄭楪翁《厚倫詩》一卷。

倪燦等《宋史藝文志補・別集類》鄭楪翁《厚倫詩》一卷。

續古雜著

黄虞稷《千頃堂書目・別集類・補宋》鄭楪翁《續古雜著》二卷。

倪燦等《宋史藝文志補・別集類》鄭楪翁《續古雜著》二卷。

湖山類稿

高儒《百川書志・宋詩》《湖山類稿》十三卷。吴人水雲汪元量大有著。

黄虞稷《千頃堂書目・別集類・補宋》汪元量《湖山類稿》十三卷。

倪燦等《宋史藝文志補・別集類》汪元量《湖山類稿》十三卷。

《四庫提要・別集類十八》《湖山類稿》五卷。浙江巡撫採進本。宋汪元量撰。元量字大有，號水雲，錢塘人。度宗時以善琴供奉掖庭。宋亡，隨三宫入燕。久之爲黄冠南歸，往來匡廬、彭蠡閒。【略】黄虞稷《千頃堂書目》載《湖山類稿》十三卷、《水雲詞》三卷，久失流傳。此本爲劉辰翁所選，祇五卷，前脱四翻，間存評語。近時鮑廷博因復采《宋遺民録》，補入辰翁元序，合《水雲集》刻之。以二本參互校訂，詩多重複，今亦姑仍原本焉。

錢大昕《補元史藝文志・別集類》汪元量《湖山類稿》十三卷。

黄丕烈《蕘圃藏書題識・集類二》《湖山類稿》六卷。校舊鈔本。

汪水雲詩鈔

楊士奇等《文淵閣書目・詩詞》《汪水雲詩》。一部，一册。闕。《汪水雲詩》。一部，一册。闕。

高儒《百川書志・宋詩》《汪水雲詩》二卷。吴人水雲汪元量大有著。

王圻《續文獻通考・經籍考・詩集》《水雲集》。(江)〔汪〕大有號水雲，因以名集。

黄虞稷《千頃堂書目・別集類・補宋》汪元量《汪水雲詩》四卷。

倪燦等《宋史藝文志補・別集類》汪元量《水雲詩》四卷。

《四庫提要・別集類十八》《水雲詩》一卷。浙江巡撫採進本。宋汪元量撰。

又《別集類存目一》《汪水雲詩鈔》一卷。江蘇巡撫採進本。宋汪元量撰。元量有《湖山類稿》，已著録。此本末有崇禎辛未舊跋，稱夏日晒書，理雲閒人鈔詩舊册，得水雲詩二百二十餘首，録成一帙。其劉辰翁所批點刊行者，藏書家必有全本。當與好事者共購之云云。蓋其時《湖山類稿》尚無刊本，故所見止此。所附録元納新原本作酒賢，今改正。《讀水雲集詩并序》，稱其多記亡國時事，及與文天祥獄中唱和之作。此本無與天祥唱和之詩，蓋亦從《全臺集》中鈔入，非原本所有也。

錢大昕《補元史藝文志・別集類》《汪水雲詩》四卷。

黄丕烈《蕘圃藏書題識・集類二》《汪水雲詩》不分卷。鈔本。此鈔本《汪水雲詩》，余向從騎龍巷顧氏得來。卷首及尾圖記皆武陵所鈐也。今乙卯四月書人吕邦惟攜書三種求售，内有汪大有《詩史》一册，行款與此本相同，而字跡較舊，譌舛亦少。第三十九葉多《恭宗皇帝送汪大有南還詩》一首，卷尾多補録四葉，第四十八葉末有「牧翁」、「蒙叟錢謙益印」兩方印，煞尾有「此君別館」小方印，不知誰氏。

又《汪水雲詩》不分卷。後有附録、補録數葉。校舊鈔本。壬寅端陽前三日，樂饑翁攜贈。

此舊鈔《汪水雲集》，予從郡城賜書樓蔣氏得來。卷端有金耿庵題識并大小圖章四方，又有迺昭印信、樂饑兩圖章，不知彼何人。斯卷尾有行楷四葉，未識誰氏筆。

又《水雲詩鈔》一卷。

心史

黄虞稷《千頃堂書目・別集類・補宋》 鄭思肖《所南心史》二卷。崇禎十一年蘇州承天寺僧濬井得鐵函，發之即是書，乃行於世。

《四庫提要・別集類存目一》 《心史》七卷。江蘇巡撫採進本。舊本題宋鄭思肖撰。思肖有《題畫詩》、《錦錢集》及所著雜文并附載其父震《菊山清雋集》後，已著於録。此書至明季始出，吴縣陸坦、休寧汪駿聲皆爲刊行。

錦錢集

黄虞稷《千頃堂書目・別集類・補宋》 鄭思肖《錦錢集》。

倪燦等《宋史藝文志補・別集類》 鄭思肖《錦錢集》。

一百二十圖詩文集

黄虞稷《千頃堂書目・別集類・補宋》 鄭思肖《一百二十圖詩文集》一卷。

倪燦等《宋史藝文志補・別集類》 鄭思肖《一百二十圖書詩文集》一卷。

錢大昕《補元史藝文志・別集類》 鄭思肖《文集》一卷。

謬餘集　文集

錢大昕《補元史藝文志・別集類》 鄭思肖《謬餘集》一卷。又《文集》一卷。

冕山瞿梧集

楊士奇等《文淵閣書目・文集》 熊瑞《冕山瞿梧集》。一部，五册。全。

張萱等《内閣藏書目録・集部》 《冕山翟梧集》五册。不全。宋熊瑞著。莫詳卷數。

黄虞稷《千頃堂書目・別集類・補宋》 熊瑞《冕山瞿梧集》二十八卷。

倪燦等《宋史藝文志補・別集類》 熊瑞《冕山瞿梧集》二十八卷。

石室文集

王圻《續文獻通考・經籍考・集上》 《石室文集》。林一龍著。

梁隆吉詩集

黄虞稷《千頃堂書目・別集類・補宋》 梁棟《梁隆吉詩集》。字中砥。

倪燦等《宋史藝文志補・別集類》 梁棟《隆吉詩集》。字中砥。

林霽山集

王圻《續文獻通考・經籍考・集上》 《霽山集》。林景熙著。

徐𤊹《徐氏家藏書目・文集類》 林景熙《霽山集》十卷。

張萱等《内閣藏書目録・集部》 《霽山文集》二册。全。宋林德暘著。

錢謙益等《絳雲樓書目・宋文集類》 林景熙《霽山集》。十卷。德暘號霽山，太學生。據鄭明德遂昌山樵雜録，楊髠既發宋諸陵，後霽山潛收高孝陵遺骸，瘞之東嘉。

黄虞稷《千頃堂書目・別集類・補宋》 林景熙《霽山集》十卷。温州平陽人。

倪燦等《宋史藝文志補・別集類》 林景熙《霽山集》十卷。温州平陽人。

吴焯《繡谷亭薰習録・集一》 《霽山集》十卷。宋釋褐進士平陽林景熙德陽著。舊序稱文十卷，曰《白石稿》，詩六卷，曰《白石樵唱》。今驗之文只四卷也。序詩者蛟峰万逢辰君錫、崑陽章祖程和父，而祖程更撰詩注，元統二年注成，又爲序，至元元年鄭僖序。案：景熙拾宋諸陵骨，其詩多隱語，故祖程爲之注。嘉靖辛卯平陽尹海康馮彬重刊，樂清陳璋、吴下張寰並序，彬與丁瓚並後序。

《四庫提要・別集類十八》 《林霽山集》五卷。浙江巡撫採進本。宋林景熙撰。景熙一作景曦，字德陽，温州平陽人。咸淳七年太學釋褐。官禮部架閣，轉從政郎。宋亡不仕。【略】所著有《白石稿》十卷，皆其雜文。又有《白石樵唱》六卷，皆諸體詩。元統甲戌，崑山章祖程爲其詩集箋注，傳本僅存，其文集遂就散佚。此本乃明天順癸未其鄉人監察御史吕洪所編，以章祖程所注詩集并爲三卷，增以元音所録《讀文山集詩》一篇，又捃摭遺文得記十四篇、傳一篇、説一篇、文一篇、序十三篇、墓誌六篇、銘一篇，釐爲二卷。嘉靖戊子，遼藩光澤王得江陵毛秀校本重刊，附以秀辨證一篇。於《白石樵唱》題卷一、卷二、卷三，《白石稿》題卷四、卷五。書名各別，而卷數相屬。驟閲之，似《白石稿》佚其前三卷者，殊不了了。國朝康熙癸酉，歙縣汪士鋐等重刊，乃總題曰《林霽山集》，較有體例，今用以繕録焉。

黄丕烈《蕘圃藏書題識・集類二》 《林霽山集》五卷。舊鈔本。此林霽山先生文集詩集各一册，係舊鈔。每册俱有「古吴姚宗甲剩頑手録」字樣，知即其人所鈔。惜其人姓氏雖存，而時代究未得其詳，惟卧庵老人有題跋，其人固素藏書者。

聊復軒稿

王圻《續文獻通考・經籍考・集上》 《聊復軒稿》二十餘卷。毛直方著。

倪燦等《宋史藝文志補・別集類》 毛直方《聊復軒稿》二十卷。

剡源集

王圻《續文獻通考・經籍考・集上》 《剡源集》。戴表元著。表元，奉化州人。七歲能屬文。咸淳中進士，爲建寧教授。學博而才贍，以文章大家名重東南。

石堂集

徐𤊹《徐氏家藏書目・文集類》 陳普《石堂集》二十二卷。

張萱等《内閣藏書目録・集部》 《重刻石堂先生遺集》十册。全。宋末寧德隱士陳普著。

錢謙益等《絳雲樓書目・宋文集類》 《石堂先生鈔集》。

石堂遺集

《四庫提要・別集類存目一》 《石堂遺集》四卷。福建巡撫採進本。宋陳普撰。普有全集，已著録。此本以《渾天儀論》十六條及各體文爲第一卷。賦三首、詞四首、歌二首及各體詩爲第二卷。其三、四兩卷七言絶句二百餘首，皆詠史之詩，末附以雜纂十二條。乃明天啓中普里人阮光寧所選刻，非完帙也。

樗園文集

黄虞稷《千頃堂書目・別集類・補宋》 劉莊孫《樗園先生文集》□卷。字子仲，天台人。與舒岳祥、戴表元善。

倪燦等《宋史藝文志補・別集類》 劉莊孫《樗園文集》。字子仲，天台人。

雞肋集

《四庫提要・別集類存目一》 《雞肋集》一卷。江西巡撫採進本。宋何希之撰。希之，撫州樂安人。咸淳甲戌進士。署零陵教授。宋亡後，遁跡以終。此本首冠以廷試、省試策二篇，後附以詩文五十餘篇。皆其子孫搜輯而成，故體制舛錯，編次殊爲無法。文格亦多平衍。蓋闕帙之餘，其菁華已不復存矣。

巽溪集

王圻《續文獻通考・經籍考・詩集》《巽溪集》。陳敬叟著。字炳然，臨武人。中咸淳甲戌進士，授迪功郎。德祐北附，隱居不仕，肆力於詩文。後子章伯又輯其所作爲《巽溪遺稿》。

覆瓿集

《四庫提要・別集類十八》《覆瓿集》六卷。編修汪如藻家藏本。宋趙必瑑撰。必瑑字玉淵，自號秋曉，太宗十世孫。居於東莞，咸淳元年，與父崇詯同登進士。初任高要尉，攝四會令。再任南康丞。文天祥開府惠州，辟攝惠州軍事判官。入元後隱居温塘村。是集詩二卷、長短句一卷、雜文二卷、附録一卷。必瑑治邑有惠政，屬宗邦淪喪，慷慨從軍，其志可取。滄桑以後，肥遯終身，其節亦不可及。詩文篇帙無多，在宋末諸家中未爲穎脱。

豫章集

楊士奇等《文淵閣書目・文集》熊朋來《豫章集》。一部，六册。闕。

范邦甸等《天一閣書目・別集類》《熊豫章家集》七卷。藍絲闌鈔本。宋豫章熊朋來撰。鄉生欒安鄒良刊，錫山安國重刊。

王圻《續文獻通考・經籍考・集上》《天慵先生集》三十卷。豫章熊朋來著。

張萱等《内閣藏書目録・集部》《熊豫章先生集》六册。全。元延祐間熊朋來著。凡二十四卷。

錢謙益等《絳雲樓書目・金元文集類》《熊朋來集》。天慵先生集。

黄虞稷《千頃堂書目・別集類・補元》熊朋來《豫章家集》三十卷。

倪燦等《補遼金元藝文志・別集類・補元》熊朋來《豫章家集》三十卷。

錢大昕《補元史藝文志・別集類》熊朋來《豫章集》三十卷。

伯牙琴

都穆《南濠居士文跋》卷二《鄧牧心集》。錢唐鄧先生牧心，生宋世之季，有文數十首，名《伯牙琴》。

黄虞稷《千頃堂書目・別集類・補元》鄧牧《伯牙琴》一卷。字牧心，錢塘人，隱大滌山。

倪燦等《補遼金元藝文志・別集類・補元》鄧牧《伯牙琴》一卷。字牧心，錢塘人，隱大滌山。

《四庫提要・別集類十八》《伯牙琴》一卷。浙江巡撫採進本。宋鄧牧撰。牧字牧心，錢塘人。宋亡不仕。至元己亥入洞霄，止於超然館，沈介石爲營白鹿山房居之。後無疾而逝。【略】是集爲牧所自編，皆滔滔清辨，而不失修潔，非晚宋諸人所及。前有自序，後有自跋，以知音難遇，故以「伯牙琴」爲名。跋稱詩文六十餘篇，此本惟文二十四篇，併序跋爲二十六，蓋佚其詩一卷也。末又附《沖天觀記》、《超然館記》、《清真道院碑記》三篇，題曰「補遺」。而《清真道院碑記》末有「大德四年庚子錢塘鄧牧記」、「集賢直學士趙孟頫書」字，知後人從石刻鈔入，非集所本有。自跋稱平生爲文不止此，是一證矣。

錢大昕《補元史藝文志・別集類》鄧牧《伯牙琴》一卷。

勿軒集

高儒《百川書志・宋文》《勿軒文集》八卷，附録一卷。汀州司户連陽熊鉌去非撰。

徐𤊹《徐氏家藏書目・文集類》熊禾《勿軒集》四卷。

錢謙益等《絳雲樓書目・宋文集類》熊禾《勿軒集》。八卷。理宗時人。

黃虞稷《千頃堂書目・別集類・補宋》 熊禾《勿軒集》八卷。字去非，建陽人。舉進士，授汀州司户參軍。入元不仕，從學者數百人。

倪燦等《宋史藝文志補・別集類》 熊禾《勿軒集》八卷。字去非，建陽人。

《四庫提要・別集類十八》 《勿軒集》八卷。福建巡撫採進本。宋熊禾撰。禾初名鉌，字去非，號勿軒，又號退齋，建陽人。咸淳十年進士。授寧武州司户參軍。宋亡不仕，教授鄉里以終。近時儀封張伯行嘗刊是集，多所刊削，殊失其真。是書凡《易學圖傳》二卷、《春秋通義》一卷、《四書標題》一卷，詩文三卷、補遺一卷。蓋明天順中舊刻，猶爲完帙。惟前有元許衡序，稱其晚年修《三禮通解》，將脱稿，竟以疾卒。平生著述，獨《四書標題》、《易經講義》、《詩選正宗》、《小學句解》傳於世。嗣孫澍，家藏遺稿，存十一於千百。族孫孟秉，類次成帙，釐爲八卷。傳諸二世孫斌，授梓以傳，求予序之云云。末署至元十七年。考至元爲世祖年號，而禾卒於仁宗皇慶元年。自至元訖皇慶，相距三十餘年，何以先稱其疾卒。年月錯繆，依託顯然。蓋其後人僞撰此文，借名炫俗，不知禾亦通儒，固不必以衡重也。今删除此序，庶不以僞亂真焉。

錢大昕《補元史藝文志・別集類》 熊禾《勿軒集》八卷。

黃丕烈《蕘圃藏書題識・集類二》 《勿軒集》八卷。明成化刊本。《勿軒先生文集》，舊藏有鈔本藍格者，出淡生堂，甚古雅。近從胥門書肆於架上獲此，疊經汲古閣毛氏、孝慈堂王氏收藏。雖明刻，實希有也。攜歸與鈔本勘對，彼脱誤多矣，書之明刻而可寶者此爾。嘉慶己巳七月十有一日，復翁丕烈。

張金吾《愛日精廬藏書志・別集類》 《勿軒先生文集》六卷。淡生堂抄本。

牟隆山集

王圻《續文獻通考・經籍考・集上》 《牟隆山集》。牟應龍著。

紫巖詩選

《四庫提要・別集類十八》 《紫巖詩選》三卷。編修汪如藻家藏本。宋于石撰。石字介翁，蘭谿人。宋亡不仕。因所居自號紫巖。晚徙城中，更號兩谿。《浙江通志》載入《文苑傳》中，又載入《隱逸傳》中。蓋二者均所不愧，故兩見也。集有丁丑、己卯紀年，乃臨安初破之後。又有丁亥、戊子歲作，乃至元二十四五年。皆其中年以後之詩。每卷題「門人吴師道選」。僅古今體詩二百首，殆意求精汰，故少作皆不録歟。

黃丕烈《蕘圃藏書題識・集類二》 《紫巖于先生詩選》三卷。鈔本。

晞髮集　晞髮遺集　遺集補

高儒《百川書志・宋詩》 《晞髮集》四卷。遺民長溪謝翱皋羽著。

徐𤊹《徐氏家藏書目・文集類》 謝翱《晞髮集》六卷。

錢謙益等《絳雲樓書目・宋文集類》 謝皋羽《晞髮集》。二十卷。弘治間儲柴墟刻於廣陵，已佚其半。至萬曆中，頒張氏刻本，更誤謬百出矣。

黃虞稷《千頃堂書目・別集類・補宋》 謝翱《晞髮集》五卷。又《遺詩》一卷。

倪燦等《宋史藝文志補・別集類》 謝翱《晞髮集》五卷。又《遺詩》一卷。

《四庫提要・別集類十八》 《晞髮集》十卷、《晞髮遺集》二卷、《遺集補》一卷，附《天地間集》一卷、《西臺慟哭記注》一卷、《冬青引注》一卷。兩淮馬裕家藏本。宋謝翱撰。翱字皋羽，一字皋父，長溪人，後徙浦城。咸淳中試進士不第。文天祥開府延平，署爲咨議參軍。天祥兵敗，避地浙東。後以元貞元年卒於杭州。事蹟具《宋史》本傳。南宋之末，文體卑弱，獨翱詩文桀驁有奇氣，而節概亦卓然可觀。據方鳳作翱行狀，稱翱遺稿凡手鈔詩六卷，雜文五卷，《唐補傳》一卷，《南史贊》一卷，《楚詞芳草圖譜》一卷，《宋鐃歌鼓吹曲》、《騎吹曲》各一卷，《睦州山水人物古蹟記》一卷，《浦陽先民傳》一卷，《東坡夜雨句圖》一卷。其《唐補傳》以下如編入集中，當共二十八卷；如别本各行，則詩文當止十一卷。然世無傳本，莫知其審。明弘治間，儲巏所刻，已與鳳所記不合。萬曆中有歙縣張氏重刻本，益以降乩之作，尤爲穢雜。此本爲平湖陸大業以家藏鈔本刊行，云向從舊刻録出。卷第已亂，大業以意釐定之，校他本差爲完善，然亦非其舊也。末附《天地間集》一卷，皆翱所録宋末故臣遺老之詩。

彭元瑞等《天禄琳琅書目後編・明版集部》 《晞髪集》。一函，一册。宋謝翱撰。翱字皋羽，長溪人。咸淳中試進士不第，文天祥署爲諮議參軍。宋亡避地浙東。《宋史》有傳。書六卷。凡記十一首、序一首、詩二百二十首，附録任士林撰傳一首、胡翰撰傳一首、宋濂撰傳一首、壙誌一首、墓碑一首。有吴煦後序，嘉靖乙卯程煦識，蓋其所刊也。泰興季氏藏本。

晞髪文集

高儒《百川書志・宋文》 《晞髪集》一卷。長溪遺民謝翱皋羽著。記序十三篇。

范邦甸等《天一閣書目・别集類》 《晞髪集》一卷。宋謝翱著。明弘治十四年海陵儲巏序，云《晞髪集》有宋遺民謝翱皋羽著。

黄虞稷《千頃堂書目・别集類・補宋》 謝翱《文集》二十卷。

倪燦等《宋史藝文志補・别集類》 謝翱《文集》二十卷。

錢大昕《補元史藝文志・别集類》 謝翱《晞髪集》五卷。《雜文》二十卷。

西臺慟哭記

都穆《南濠居士文跋》卷一 《西臺慟哭記》。山東按察副使張孟兼氏在勝國時，嘗注謝翱先生《西臺慟哭記》及《冬青樹引》，當時薦紳君子爲詩跋者甚衆，迄今百數十年而人鮮有知者。先師禮部尚書文定吴公舊蓄其本，穆嘗得而録之。同年進士丁君汝正知浙之桐廬，以西臺爲邑中勝迹，且謝先生之墓在焉，遂取而鋟之於木。

黄虞稷《千頃堂書目・文史類》 張丁注謝翱《西臺痛哭記》一卷。

天地間氣集

王圻《續文獻通考・經籍考・集上》 《天地間氣集》。謝翱著。翱，宋忠義士也。墓在嚴陵旁。

宋鐃歌鼓吹曲

王圻《續文獻通考・經籍考・樂律》 《宋鐃歌鼓吹曲》。謝翱著。

黄虞稷《千頃堂書目・别集類・補宋》 謝翱《鐃歌鼓吹曲》一卷。

倪燦等《宋史藝文志補・别集類》 謝翱《鐃歌鼓吹曲》一卷。

錢大昕《補元史藝文志・别集類》 謝翱《宋鐃歌鼓吹曲》一卷。

滄州詩集

倪燦等《宋史藝文志補・别集類》 羅公升《滄州詩集》一卷。字時翁，永豐人。初以軍功授本邑尉。入元不仕。

羅滄洲集

《四庫提要・别集類存目一》 《羅滄洲集》五卷。編修勵守謙家藏本。 舊本題宋羅公升撰。案厲鶚《宋詩紀事》載公升字時翁，永豐人。大父開禮，從文天祥勤王，兵敗被執，不食死。公升以軍功授本邑尉，北遊圖恢復，不果。有《滄洲先生集》云云。其文不甚了了。天祥既敗，所謂軍功者何功？所謂本邑尉者何人所授？且宋亡之後，孑然一匹夫，何以北上圖恢復？皆於事理不甚近。毋乃據地志、家乘之文，疑以傳疑乎？此本有曹溶名字二印，蓋其所藏。題曰「宋禮部侍郎鄧中齋中甫批點，明翰林國史修撰七世孫倫校正」。首載賦一篇，以下各體分編，而每體之中分《無名集》、《還山稿》、《抗塵集》、《凝業集》、《北行卷》五名，各爲標題。其體例既爲繁碎，而以絶句居律詩前，律詩居古體前，亦爲倒置。意者其初五集自爲卷帙，其後人以體分之，故雜亂如是耶。

述述稿

倪燦等《宋史藝文志補・別集類》 程時登《述述稿》三十卷。字登庸，江西樂平人。咸淳鄉貢。入元不仕。

釣月臺耕雲堂集

王圻《續文獻通考・經籍考・集上》 《釣月臺耕雲堂集》。王南美著。南美，新化人。宋開國勳臣王溥之後。隱居伊溪桂巖，博通經史，尤長于《易》。

梅壑集

王圻《續文獻通考・經籍考・集上》 《梅壑集》。長溪鄭君老著。君老十歲能詩，十二能綴文，十六領鄉薦首，十七登進士。

吾汶稿

都穆《南濠居士文跋》卷二 《王炎午集》。宋廬陵王先生《炎午集》九卷。弘治辛亥先生八世孫華嘗刻之於木，後華之族弟懋復加參考，正其訛舛，始爲完書。南京禮部主事偉于先生爲九世從孫，近得懋所遺本，其中表弟知六安州劉君見之，爲重刻以行。劉君以余進士同年，而禮部亦同年也，俾有以識之。

王圻《續文獻通考・經籍考・集上》 《吾汶稿》。王鼎翁著。鼎翁字炎午，安福人，號梅邊。爲上舍生，會文天祥舉義兵，杖策謁見，後有《生祭文丞相文》。

黃虞稷《千頃堂書目・別集類・補宋》 王炎午《吾汶稿》九卷。字鼎翁，安福人，國子上舍生。

倪燦等《宋史藝文志補・別集類》 王炎午《吾汶稿》九卷。字鼎翁，安福人。

王士禛《漁洋書跋》 《吾汶稿》。《吾汶稿》九卷，安福王炎午鼎翁著。炎午以《生祭文丞相》得名，然他文乃似里社中慶弔卷軸之語。晚以書干姚參政貫學士，自比于爨下之焦尾，若惟恐其不已知者。誌父之墓，又必于當世顯者是求。此數端皆所未喻。集中惟《張尉舊祠堂記》頗佳，不減羅鄂州《社壇記》。存此一篇足矣。

《四庫提要・別集類十八》 《吾汶稿》十卷。浙江鮑士恭家藏本。宋王炎午撰。炎午初名應梅，字鼎翁，後改今名。安成人。宋末爲太學生。咸淳間，文天祥募兵勤王，炎午杖策謁之，留入幕府。旋以母老辭歸。天祥被執北上，炎午爲文生祭之，勵以必死，尤世所稱。入元後終身不出。因所居汶源里名其稿曰「吾汶」，以示不仕異代之義。其稿凡文九卷，附録一卷，揭徯斯、歐陽玄皆爲之序。然傳本頗稀。明宣德中始行於世。正德中其裔孫偉乃刻之南京，後版散佚。萬曆中其裔孫伯洪重刊，乃摘鈔爲二卷。僅録文二十八首，詞二首，又自以雜文數篇綴於末。去取失當，殊不足觀。此本從舊刻録出，猶完帙之僅存者也。

錢大昕《補元史藝文志・別集類》 王炎午《吾汶稿》十卷。字鼎翁，安福人。

王梅邊集

黃丕烈《蕘圃藏書題識・集類二》 《王梅邊集》一册。鈔本。《王梅邊集》不分卷，蓋《吾汶稿》節本也。首載《生祭文山》、《望祭文山》兩大文，此集中最大手筆也。所録文先後不以《吾汶稿》爲次，此别有本也。予取校《吾汶稿》，覺缺文譌字，時賴此補正，則此雖節本，其本必善也。余從戴松門戴五借得，知爲檇李曹氏古林藏書，而流轉於吾郡。

林屋山人集

《四庫提要・別集類存目一》 《林屋山人集》一卷。浙江鮑士恭家藏本。宋俞琬撰。琬有《周易集説》，已著録。是集詩僅一册，附雜文數首，率淺俗不足觀。其

《題楊妃圖》絶句一首及《食鰻辨》一篇，尤爲鄙俚。蓋琬以數學著，不以文章著也。後人重其高名，搜録遺篇存之，轉爲疵累耳。

覺是集

王圻《續文獻通考・經籍考・集上》 《覺是集》。林泉生著。

寧極齋稿　附慎獨叟遺稿

《四庫提要・別集類十八》 《寧極齋稿》一卷，附《慎獨叟遺稿》一卷。編修汪如藻家藏本。 宋陳深撰。深所著有《讀易編》、《讀詩編》、《讀春秋編》，今惟《讀春秋編》有刻本，已別著録，其《易》、《詩》二編未見傳本，其詩則僅存此本而已。卷首有顧嗣立名字二印，蓋即《元百家詩選》之所據。卷末有題識曰：「陳清全先生詩稿藏於荻溪王寧遠氏，泰昌改元八月十日，張丑敬觀。」丑以賞鑒書畫稱，而不以收藏圖籍著。詳其語意，殆從真蹟録出歟。後附詩一卷，別題曰《寧極齋遺稿》。考《元詩選》，深詩之後附刻其子植詩五首，核之皆在此卷中。嗣立稱其遺稿若干首出於祝希哲手鈔，併録鄭元祐所作墓銘於後，必當日親見墨蹟，故有是言。但《元詩選》題曰慎獨叟陳植，而此本乃題《寧極齋遺稿》，似乎深之外集，殊爲淆混。今仍題曰《慎獨叟遺稿》，以相區別。

汪炎昶詩集

黄虞稷《千頃堂書目・別集類・補宋》 《汪炎昶詩集》五卷。字懋遠，婺源人。隱居不仕，人稱古逸先生。

倪燦等《宋史藝文志補・別集類》 《汪炎昶詩集》五卷。字懋遠，婺源人。隱居不仕。

古逸民先生集

阮元《四庫未收書目提要・別集類》 《古逸民先生集》三卷。卷四集部。 宋汪炎昶撰。炎昶，字懋遠，婺源人。幼有奇志，於書無所不讀，鈎深探賾，洞極淵奥。其學原本六經，得程朱性理之要。宋末嘗從太學生孫嵩元遊，遂不仕。自號古逸民，學者稱爲古逸先生。得年七十有八。其門人東山趙汸爲之狀，而金華宋濂爲之銘，皆極力推重。此本詩一卷、文一卷、附録一卷，爲近時藏書家所罕覯。惟黄虞稷《千頃堂書目》有之，作五卷，蓋與趙汸所作行狀相合。此則係後人所編輯，非當時原本。

黄丕烈《蕘圃藏書題識・集類二》 《古逸民先生集》一卷，附録一卷。舊鈔本。 辛未三月，初游嘉禾，遇渌飲鮑丈於雙溪橋下，晝則同席，夜則聯舫，縱談書林舊聞，亹亹不倦，真快事也。越日，同至本立堂書坊，取其家鈔傳秘册贈余，得《古逸民先生集》一卷，精妙絶倫，他日珍之，當不減汲古鈔本矣。復翁。

牧萊脞語　二稿

楊士奇等《文淵閣書目・文集》 陳仁子《牧萊脞語》。一部，九册。闕。

倪燦等《宋史藝文志補・別集類》 陳仁子《牧萊脞語》二十卷。又《二集》八卷。字同倩，長沙人，不仕元。

《四庫提要・別集類存目一》 《牧萊脞語》十二卷，《二稿》八卷。浙江鮑士恭家藏本。 宋陳仁子撰。仁子字同倩，號古迂，茶陵人。咸淳十年漕試第一。宋亡不仕。是集名曰「牧萊」，言牧牛於草萊間也。初稿題其門人李懋宣編，二稿題其門人譚以則編。觀卷首余恁、鄧光薦、蕭龍友序，則仁子蓋自定之，託於門人耳。仁子作《文選拾遺》，襲真德秀《文章正宗》之説，進退古今作者，若有特識。今觀所作，則殊爲猥濫。

松壑集

王圻《續文獻通考·經籍考·集上》《松壑集》。童成大著。成大字元偉，甌寧人。宋季優游林泉，不求仕進。謝枋得兵敗入閩，成大首往訪之。

正一齋集

王圻《續文獻通考·經籍考·集上》《正一齋集》。黄淼著。淼字水心，甌寧人。宋亡不復仕，自愧不能如夷齊。

南稜類稿

黄虞稷《千頃堂書目·別集類·補宋》 王炎澤《南稜類稿》二十卷。字咸仲，義烏人。宋免解進士，入元不仕。

倪燦等《宋史藝文志補·別集類》 王炎澤《南稜類稿》二十卷。字咸仲，義烏人。

遺安集

倪燦等《宋史藝文志補·別集類》 鄒次陳《遺安集》十八卷。字用弼，宜黄人。中博學宏辭科。入元不仕。

淵泉集

倪燦等《宋史藝文志補·別集類》 劉躍《淵泉集》二卷。字起宗，安城人。元屢聘不出。

冶靈稿

倪燦等《宋史藝文志補·別集類》《冶靈稿》四卷。字静可，建安人。咸淳鄉薦。入元不仕。

寶峰集

《四庫提要·別集類存目一》《寶峰集》二卷。兩淮鹽政採進本。宋趙偕撰。偕字子永，慈谿人。自以宋宗室，入元不仕，隱居大寶山東麓。是集爲其外孫顧恭所編，後兵燹散失。明嘉靖中，其裔孫廣東僉事繼宗得舊本於楊昔濟、向純夫處，重梓行之，今所鈔傳，即其本也。上卷多與邑令陳文昭所論治縣規條。下卷皆古今體詩，亦多陳腐。蓋其學以楊簡爲宗，故不免以語録爲文云。

待清遺稿

《四庫提要·別集類存目一》《待清遺稿》二卷。浙江巡撫採進本。宋潘音撰。音字聲甫，天台人。自咸淳之末，遭逢世亂，即隱居不仕，題所居曰待清軒。入元以後，仍隱遯以終。其集舊無傳本。明嘉靖間，其後人從敗簏中得遺稿，屬徐雲卿校定而序之。

龐居士語録　詩

錢曾《讀書敏求記·集》《龐居士語録》一卷，《詩》一卷。「有男不婚，有女不嫁，大家團圞頭，共説無生話。世出世間法，都一往攝盡矣。老老大大，更摸索得幾個話頭。明明祖師意，未知作麽生也。」此書籤題猶是元人手筆。静對之，覺身世俱忘。

風雅遺音

王圻《續文獻通考・經籍考・詩集》《風雅遺音》。南昌熊凱著。

王鎡集

《宋史・藝文志・别集類》《王鎡集》二十三卷。

月洞吟

徐𤊹《徐氏家藏書目・文集類》王鎡《月洞詩》一卷。

黄虞稷《千頃堂書目・别集類・補宋》王鎡《月洞詩》一卷。字介翁，遂昌人。宋末官縣尉。元滅宋，棄官歸，扁其居曰月洞。明裔孫養端刻其集以行。

倪燦等《宋史藝文志補・别集類》王鎡《月洞詩》一卷。字介翁，遂昌人。

《四庫提要・别集類十八》《月洞吟》一卷。浙江鮑士恭家藏本。宋王鎡撰。鎡字介翁，括蒼人。嘗官縣尉。宋亡之後，棄印綬歸隱湖山，扁所居爲月洞，因以名其所著之詩。此本爲嘉靖壬子其族孫端茂所刊。詩僅七十餘首，前有端茂序。又有嘉靖辛丑湯顯祖序，摘舉集中佳句，併稱其七言絶句有閒逸之趣。

紫微集

王圻《續文獻通考・經籍考・集上》《紫微集》。王鎡著。鎡，池州人。爲中書舍人兼侍講。

箬溪集

王圻《續文獻通考・經籍考・集上》《箬溪集》。華質義著。

翠微集

王圻《續文獻通考・經籍考・集上》華質義《翠微集》。

適情小稿

王圻《續文獻通考・經籍考・集上》《適情小稿》。進賢趙若焕著。

逸民自得

王圻《續文獻通考・經籍考・集上》《逸民自得》。進賢趙若焕著。

於山集

王圻《續文獻通考・經籍考・集上》《於山集》。高安胡希是著。爲文有西漢風。